中国人口普查
CHINA POPULATION CENSUS
2020

2020

安徽省人口普查年鉴

（第1册）

ANHUI POPULATION CENSUS YEARBOOK 2020

（BOOK 1）

安　徽　省　统　计　局
安徽省第七次全国人口普查领导小组办公室　编

Compiled by
Anhui Provincial Bureau of Statistics
Office of the Leading Group of Anhui province for the Seventh National Population Census

中国统计出版社
China Statistics Press

图书在版编目（CIP）数据

安徽省人口普查年鉴. 2020. 第 1 册 / 安徽省统计局，安徽省第七次全国人口普查领导小组办公室编. -- 北京：中国统计出版社, 2022.9
ISBN 978-7-5037-9947-1

Ⅰ. ①安… Ⅱ. ①安… ②安… Ⅲ. ①人口普查－统计资料－安徽－2020－年鉴 Ⅳ. ①C924.255.4-54

中国版本图书馆 CIP 数据核字(2022)第 157081 号

安徽省人口普查年鉴-2020（第 1 册）
Anhui Population Census Yearbook 2020 (Book 1)

作　　者/安徽省统计局　安徽省第七次全国人口普查领导小组办公室
责任编辑/郭　栋　佘竞雄
执行编辑/张　怡
封面设计/李雪燕
出版发行/中国统计出版社有限公司
通信地址/北京市丰台区西三环南路甲 6 号　邮政编码/100073
发行电话/邮购（010）63376909　书店（010）68783171
网　　址/http://www.zgtjcbs.com/
印　　刷/合肥同传印务有限公司
经　　销/新华书店
开　　本/880mm×1230mm　1/16
字　　数/1440 千字
印　　张/61
版　　别/2022 年 9 月第 1 版
版　　次/2022 年 9 月第 1 次印刷
定　　价/980.00 元（全四册）

《安徽省人口普查年鉴—2020》编委会和编辑工作人员

编 辑 说 明

在以习近平同志为核心的党中央坚强领导下，按照国务院人口普查领导小组统一部署，在省委省政府高度重视下，全省各级各有关部门精心组织、扎实推进，全体普查人员艰苦奋战、无私奉献，广大普查对象共同参与、积极配合，安徽省第七次全国人口普查取得了圆满成功，获得了丰富详实的资料。为了满足社会各界的需要，现将汇总的数据资料编辑出版。

为便于读者使用本资料，现将有关情况说明如下:

一、普查对象和标准时点

第七次全国人口普查的普查对象指普查标准时点在中华人民共和国境内的自然人以及在中华人民共和国境外但未定居的中国公民，不包括在中华人民共和国境内短期停留的境外人员。普查标准时点为 2020 年 11 月 1 日零时。

二、普查表式

第七次全国人口普查采用长、短两种普查表。普查短表包括反映人口基本状况的项目，由全部住户（不包括港澳台居民和外籍人员）填报；普查长表包括所有短表项目和人口的经济活动、婚姻生育和住房等情况的项目，在全部住户中抽取 10%的户（不包括港澳台居民和外籍人员）填报。

三、资料主要内容

本资料分为三部分。第一部分是全部人口数据，主要反映人口的基本状况，分为八卷，共 196 张表；第二部分是普查长表数据，主要反映人口的各种结构情况，分为九卷，共 218 张表；第三部分是附录，主要是普查的有关规定和技术文件等。

四、数据汇总口径及推算说明

本资料是普查实际登记直接汇总的数据，不包括漏登的人口，不包括现役军人。

资料中各项指标的汇总结果未做任何误差校正，读者在使用时应考虑不同指标登记误差因素的影响。

由于普查长表是按户抽样并进行登记，因此人口总数以及各种人口结构数据的抽样比会存在略微差异，请读者使用本资料推算总体时，对采用的方法予以注意。

五、城乡划分规定

本次人口普查关于城乡的划分，按照国家统计局《统计上划分城乡的规定》执行。

六、其他

本资料中部分相对数由于单位取舍问题而产生的计算误差，均未做机械调整。本资料中空项表示无数字或数字很小。

目　　录

第1册

第一部分　全部数据资料

第一卷　概要

第2册

第一部分　全部数据资料（续）

第五卷　家庭

第六卷　死亡

第七卷　户口登记状况

第二部分　长表数据资料

第一卷　概要

第二卷　民族

第 3 册

第二部分　长表数据资料（续）

第三卷　教育

第 4 册

第二部分　长表数据资料（续）

第五卷　婚姻

第六卷　生育

第九卷 住房

第三部分 附 录

第一部分　全部数据资料

第一卷　概要

1-1 各地区户数、

地区	户数			合计			
	合计	家庭户	集体户	合计	男	女	性别比(女=100)
安徽	**22888078**	**21910377**	**977701**	**61027171**	**31103394**	**29923777**	**103.94**
合肥市	**3580492**	**3216982**	**363510**	**9369881**	**4821924**	**4547957**	**106.02**
瑶海区	331972	312574	19398	862043	436843	425200	102.74
庐阳区	262461	244436	18025	697293	347808	349485	99.52
蜀山区	398245	338194	60051	1047150	525830	521320	100.87
包河区	458463	407703	50760	1217469	627505	589964	106.36
长丰县	303392	286823	16569	783982	407835	376147	108.42
肥东县	350189	329719	20470	884792	464542	420250	110.54
肥西县	371222	328584	42638	967508	506811	460697	110.01
庐江县	352257	343693	8564	888238	457599	430639	106.26
合肥高新技术产业开发区	98703	75772	22931	269922	141211	128711	109.71
合肥经济技术开发区	195107	146931	48176	557858	291746	266112	109.63
合肥新站高新技术产业开发区	168655	127214	41441	466464	247713	218751	113.24
巢湖市	289826	275339	14487	727162	366481	360681	101.61
芜湖市	**1442241**	**1360209**	**82032**	**3644420**	**1868742**	**1775678**	**105.24**
镜湖区	197911	188874	9037	478658	234806	243852	96.29
弋江区	153109	128858	24251	422620	211923	210697	100.58
鸠江区	207578	195130	12448	540487	281690	258797	108.85
三山区	64539	59794	4745	162255	86224	76031	113.41
芜湖县	131003	123180	7823	344016	178210	165806	107.48
繁昌县	101495	99231	2264	243907	125189	118718	105.45
南陵县	181024	177645	3379	431148	218791	212357	103.03
芜湖经济技术开发区	75366	63544	11822	181034	99369	81665	121.68
安徽芜湖长江大桥经济开发区	9288	9191	97	22298	11400	10898	104.61
无为市	320928	314762	6166	817997	421140	396857	106.12
蚌埠市	**1186884**	**1141146**	**45738**	**3296408**	**1669446**	**1626962**	**102.61**
龙子湖区	87647	84579	3068	216875	108696	108179	100.48
蚌山区	67561	64012	3549	171045	85261	85784	99.39
禹会区	125543	119915	5628	325814	163948	161866	101.29
淮上区	98869	94266	4603	283872	145753	138119	105.53
怀远县	325100	320025	5075	935335	477802	457533	104.43
五河县	187831	184926	2905	523531	266733	256798	103.87
固镇县	172668	169446	3222	501449	254135	247314	102.76
蚌埠市高新技术开发区	21498	19485	2013	61850	31387	30463	103.03
蚌埠市经济开发区	100167	84492	15675	276637	135731	140906	96.33
淮南市	**1186078**	**1137336**	**48742**	**3033528**	**1547407**	**1486121**	**104.12**
大通区	63575	61734	1841	165671	84179	81492	103.30
田家庵区	287830	264458	23372	730078	360177	369901	97.37
谢家集区	92658	89952	2706	221589	109260	112329	97.27
八公山区	49697	48301	1396	118221	57440	60781	94.50
潘集区	122712	119288	3424	326077	170367	155710	109.41
凤台县	238287	227637	10650	633385	331680	301705	109.94
寿县	331319	325966	5353	838507	434304	404203	107.45

人口数和性别比

单位：户、人

人口数	人口数	人口数	人口数	人口数	人口数	人口数	人口数	平均家庭户规模（人/户）
家庭户				集体户				
小计	男	女	性别比（女=100）	小计	男	女	性别比（女=100）	
57272157	**28929853**	**28342304**	**102.07**	**3755014**	**2173541**	**1581473**	**137.44**	**2.61**
8108510	**4080851**	**4027659**	**101.32**	**1261371**	**741073**	**520298**	**142.43**	**2.52**
797703	400562	397141	100.86	64340	36281	28059	129.30	2.55
639142	314351	324791	96.79	58151	33457	24694	135.49	2.61
851980	417171	434809	95.94	195170	108659	86511	125.60	2.52
1053628	524070	529558	98.96	163841	103435	60406	171.23	2.58
717197	369588	347609	106.32	66785	38247	28538	134.02	2.50
804667	414950	389717	106.47	80125	49592	30533	162.42	2.44
815205	418856	396349	105.68	152303	87955	64348	136.69	2.48
849827	430254	419573	102.55	38411	27345	11066	247.11	2.47
198147	98069	100078	97.99	71775	43142	28633	150.67	2.62
396750	199209	197541	100.84	161108	92537	68571	134.95	2.70
327132	166654	160478	103.85	139332	81059	58273	139.10	2.57
657132	327117	330015	99.12	70030	39364	30666	128.36	2.39
3348366	**1695685**	**1652681**	**102.60**	**296054**	**173057**	**122997**	**140.70**	**2.46**
448567	219826	228741	96.10	30091	14980	15111	99.13	2.37
328352	164213	164139	100.05	94268	47710	46558	102.47	2.55
491855	249510	242345	102.96	48632	32180	16452	195.60	2.52
146714	75442	71272	105.85	15541	10782	4759	226.56	2.45
308209	156988	151221	103.81	35807	21222	14585	145.51	2.50
234015	119060	114955	103.57	9892	6129	3763	162.88	2.36
421968	213265	208703	102.19	9180	5526	3654	151.23	2.38
151438	78209	73229	106.80	29596	21160	8436	250.83	2.38
22058	11222	10836	103.56	240	178	62	287.10	2.40
795190	407950	387240	105.35	22807	13190	9617	137.15	2.53
3125639	**1575597**	**1550042**	**101.65**	**170769**	**93849**	**76920**	**122.01**	**2.74**
206023	101753	104270	97.59	10852	6943	3909	177.62	2.44
159005	77973	81032	96.22	12040	7288	4752	153.37	2.48
306484	154224	152260	101.29	19330	9724	9606	101.23	2.56
263654	134285	129369	103.80	20218	11468	8750	131.06	2.80
915424	466794	448630	104.05	19911	11008	8903	123.64	2.86
513142	260912	252230	103.44	10389	5821	4568	127.43	2.77
489794	247359	242435	102.03	11655	6776	4879	138.88	2.89
54145	26743	27402	97.60	7705	4644	3061	151.72	2.78
217968	105554	112414	93.90	58669	30177	28492	105.91	2.58
2871121	**1450970**	**1420151**	**102.17**	**162407**	**96437**	**65970**	**146.18**	**2.52**
158505	79904	78601	101.66	7166	4275	2891	147.87	2.57
647448	316591	330857	95.69	82630	43586	39044	111.63	2.45
213215	104628	108587	96.35	8374	4632	3742	123.78	2.37
114389	55323	59066	93.66	3832	2117	1715	123.44	2.37
317490	164291	153199	107.24	8587	6076	2511	241.98	2.66
607896	311751	296145	105.27	25489	19929	5560	358.44	2.67
812178	418482	393696	106.30	26329	15822	10507	150.59	2.49

1-1 续表 1

地 区	户数			合计			
	合计	家庭户	集体户	合计	男	女	性别比(女=100)
马鞍山市	**835828**	**799767**	**36061**	**2159930**	**1104810**	**1055120**	**104.71**
花山区	182479	175246	7233	450983	226021	224962	100.47
雨山区	140480	123905	16575	355986	182107	173879	104.73
博望区	56546	55259	1287	158483	83428	75055	111.16
当涂县	164744	160263	4481	446991	229390	217601	105.42
含山县	131388	129721	1667	336588	172460	164128	105.08
和县	160191	155373	4818	410899	211404	199495	105.97
淮北市	**722299**	**692071**	**30228**	**1970265**	**986388**	**983877**	**100.26**
杜集区	92713	88991	3722	239692	120618	119074	101.30
相山区	207380	195436	11944	548934	269607	279327	96.52
烈山区	95257	88198	7059	249237	122221	127016	96.22
濉溪县	326949	319446	7503	932402	473942	458460	103.38
铜陵市	**539459**	**519512**	**19947**	**1311726**	**655329**	**656397**	**99.84**
铜官区	178198	164108	14090	450949	223183	227766	97.99
义安区	94795	93639	1156	227493	115502	111991	103.14
郊区	68943	67910	1033	164233	83373	80860	103.11
枞阳县	197523	193855	3668	469051	233271	235780	98.94
安庆市	**1593998**	**1547076**	**46922**	**4165284**	**2103208**	**2062076**	**101.99**
迎江区	102880	99018	3862	253694	125374	128320	97.70
大观区	87939	84395	3544	214112	106062	108050	98.16
宜秀区	72523	61749	10774	196672	98223	98449	99.77
怀宁县	190834	187079	3755	496683	252258	244425	103.20
太湖县	166565	163736	2829	430465	218868	211597	103.44
宿松县	230624	226580	4044	612586	317862	294724	107.85
望江县	168320	164733	3587	462367	230468	231899	99.38
岳西县	119605	117882	1723	323837	164811	159026	103.64
安徽安庆经济开发区	53716	50248	3468	140015	73099	66916	109.24
桐城市	229580	223866	5714	593629	293717	299912	97.93
潜山市	171412	167790	3622	441224	222466	218758	101.70
黄山市	**522404**	**503976**	**18428**	**1330565**	**673019**	**657546**	**102.35**
屯溪区	110380	101206	9174	291188	141195	149993	94.13
黄山区	59306	57373	1933	146942	76665	70277	109.09
徽州区	36022	35045	977	96162	48628	47534	102.30
歙县	146391	143674	2717	362962	185229	177733	104.22
休宁县	80434	78974	1460	211456	107076	104380	102.58
黟县	31245	30432	813	76211	39502	36709	107.61
祁门县	58626	57272	1354	145644	74724	70920	105.36
滁州市	**1456115**	**1410309**	**45806**	**3987054**	**2052337**	**1934717**	**106.08**
琅琊区	99527	95441	4086	268430	135114	133316	101.35
南谯区	127370	119504	7866	348762	179101	169661	105.56
来安县	158605	154023	4582	416048	215051	200997	106.99
全椒县	156812	153412	3400	395633	203666	191967	106.09
定远县	243561	241056	2505	671361	350057	321304	108.95
凤阳县	214979	208485	6494	631934	329820	302114	109.17
苏滁现代产业园	9082	6027	3055	23609	14268	9341	152.75
滁州经济技术开发区	42570	35083	7487	141870	75205	66665	112.81
天长市	217206	213098	4108	603780	305101	298679	102.15
明光市	186403	184180	2223	485627	244954	240673	101.78

单位：户、人

人口数								平均家庭户规模（人/户）
家庭户				集体户				
小计	男	女	性别比（女=100）	小计	男	女	性别比（女=100）	
2028744	**1027330**	**1001414**	**102.59**	**131186**	**77480**	**53706**	**144.27**	**2.54**
431661	214244	217417	98.54	19322	11777	7545	156.09	2.46
296577	147621	148956	99.10	59409	34486	24923	138.37	2.39
153605	80253	73352	109.41	4878	3175	1703	186.44	2.78
421599	213927	207672	103.01	25392	15463	9929	155.74	2.63
330627	168753	161874	104.25	5961	3707	2254	164.46	2.55
394675	202532	192143	105.41	16224	8872	7352	120.67	2.54
1855173	**924946**	**930227**	**99.43**	**115092**	**61442**	**53650**	**114.52**	**2.68**
227162	112743	114419	98.54	12530	7875	4655	169.17	2.55
507014	247557	259457	95.41	41920	22050	19870	110.97	2.59
217845	109406	108439	100.89	31392	12815	18577	68.98	2.47
903152	455240	447912	101.64	29250	18702	10548	177.30	2.83
1242597	**617502**	**625095**	**98.79**	**69129**	**37827**	**31302**	**120.85**	**2.39**
405136	199079	206057	96.61	45813	24104	21709	111.03	2.47
222113	112160	109953	102.01	5380	3342	2038	163.98	2.37
159585	80519	79066	101.84	4648	2854	1794	159.09	2.35
455763	225744	230019	98.14	13288	7527	5761	130.65	2.35
3968254	**1990566**	**1977688**	**100.65**	**197030**	**112642**	**84388**	**133.48**	**2.57**
242055	117928	124127	95.01	11639	7446	4193	177.58	2.44
202192	98906	103286	95.76	11920	7156	4764	150.21	2.40
160839	80822	80017	101.01	35833	17401	18432	94.41	2.60
477465	240330	237135	101.35	19218	11928	7290	163.62	2.55
418509	211875	206634	102.54	11956	6993	4963	140.90	2.56
593457	305191	288266	105.87	19129	12671	6458	196.21	2.62
442125	220623	221502	99.60	20242	9845	10397	94.69	2.68
316365	160534	155831	103.02	7472	4277	3195	133.87	2.68
123245	61991	61254	101.20	16770	11108	5662	196.19	2.45
563734	277319	286415	96.82	29895	16398	13497	121.49	2.52
428268	215047	213221	100.86	12956	7419	5537	133.99	2.55
1257801	**629164**	**628637**	**100.08**	**72764**	**43855**	**28909**	**151.70**	**2.50**
261051	126063	134988	93.39	30137	15132	15005	100.85	2.58
136973	69508	67465	103.03	9969	7157	2812	254.52	2.39
92721	46517	46204	100.68	3441	2111	1330	158.72	2.65
350871	178470	172401	103.52	12091	6759	5332	126.76	2.44
206000	103440	102560	100.86	5456	3636	1820	199.78	2.61
73135	37220	35915	103.63	3076	2282	794	287.41	2.40
137050	67946	69104	98.32	8594	6778	1816	373.24	2.39
3771652	**1919594**	**1852058**	**103.65**	**215402**	**132743**	**82659**	**160.59**	**2.67**
251704	125028	126676	98.70	16726	10086	6640	151.90	2.64
311556	156515	155041	100.95	37206	22586	14620	154.49	2.61
393269	199307	193962	102.76	22779	15744	7035	223.80	2.55
376610	192336	184274	104.38	19023	11330	7693	147.28	2.45
658594	342127	316467	108.11	12767	7930	4837	163.94	2.73
606294	314849	291445	108.03	25640	14971	10669	140.32	2.91
14631	7618	7013	108.63	8978	6650	2328	285.65	2.43
97237	49002	48235	101.59	44633	26203	18430	142.18	2.77
584972	293116	291856	100.43	18808	11985	6823	175.66	2.75
476785	239696	237089	101.10	8842	5258	3584	146.71	2.59

1−1 续表 2

地区	户数						
				合计			
	合计	家庭户	集体户	合计	男	女	性别比(女=100)
阜阳市	**2836016**	**2778700**	**57316**	**8200264**	**4157132**	**4043132**	**102.82**
颍州区	274064	257936	16128	828527	409166	419361	97.57
颍东区	179595	174977	4618	538187	276342	261845	105.54
颍泉区	212203	207695	4508	598004	301828	296176	101.91
临泉县	547507	537954	9553	1658442	836107	822335	101.67
太和县	517667	513678	3989	1379982	702513	677469	103.70
阜南县	393226	388590	4636	1183602	600947	582655	103.14
颍上县	416632	409168	7464	1198830	618890	579940	106.72
阜阳合肥现代产业园区	13093	12815	278	40352	20776	19576	106.13
阜阳经济技术开发区	41860	39271	2589	123468	62518	60950	102.57
界首市	240169	236616	3553	650870	328045	322825	101.62
宿州市	**1912792**	**1878015**	**34777**	**5324476**	**2695358**	**2629118**	**102.52**
埇桥区	599619	588264	11355	1658682	840849	817833	102.81
砀山县	290633	286684	3949	765564	386016	379548	101.70
萧县	401125	394324	6801	1054597	533832	520765	102.51
灵璧县	331621	325599	6022	974720	493895	480825	102.72
泗县	254277	250586	3691	763310	386288	377022	102.46
宿州马鞍山现代产业园区	16065	15096	969	48012	24501	23511	104.21
宿州经济技术开发区	19452	17462	1990	59591	29977	29614	101.23
六安市	**1712411**	**1655641**	**56770**	**4393699**	**2257485**	**2136214**	**105.68**
金安区	329584	310884	18700	829236	417207	412029	101.26
裕安区	333780	319267	14513	923301	473002	450299	105.04
叶集区	74653	72240	2413	216229	114305	101924	112.15
霍邱县	383778	377982	5796	944985	493157	451828	109.15
舒城县	288096	279711	8385	697250	353824	343426	103.03
金寨县	188335	185098	3237	496501	260861	235640	110.70
霍山县	114185	110459	3726	286197	145129	141068	102.88
亳州市	**1802352**	**1762660**	**39692**	**4996844**	**2554536**	**2442308**	**104.60**
谯城区	577901	560361	17540	1537231	781713	755518	103.47
涡阳县	411417	402914	8503	1170719	601112	569607	105.53
蒙城县	374178	365795	8383	1101640	563673	537967	104.78
利辛县	438856	433590	5266	1187254	608038	579216	104.98
池州市	**531220**	**512929**	**18291**	**1342764**	**671596**	**671168**	**100.06**
贵池区	231690	221115	10575	592802	292491	300311	97.40
东至县	159051	156418	2633	398414	199627	198787	100.42
石台县	32678	32088	590	80612	41133	39479	104.19
青阳县	92877	90315	2562	232974	118240	114734	103.06
池州市国家经济技术开发区	5319	4679	640	13048	6809	6239	109.14
皖江江南新兴产业集中区	4374	3330	1044	9424	5292	4132	128.07
九华山风景区	5231	4984	247	15490	8004	7486	106.92
宣城市	**1027489**	**994048**	**33441**	**2500063**	**1284677**	**1215386**	**105.70**
宣州区	282417	274391	8026	671209	339081	332128	102.09
郎溪县	124507	121148	3359	311513	159119	152394	104.41
泾县	121185	119036	2149	275837	143008	132829	107.66
绩溪县	59632	58802	830	138784	70295	68489	102.64
旌德县	45827	45092	735	112368	58022	54346	106.76
宣城市经济开发区	41452	35837	5615	106576	56729	49847	113.81
宁国市	160575	156720	3855	384644	198606	186038	106.76
广德市	191894	183022	8872	499132	259817	239315	108.57

单位：户、人

人口数								平均家庭户规模（人/户）
家庭户				集体户				
小计	男	女	性别比（女=100）	小计	男	女	性别比（女=100）	
7925705	**4006605**	**3919100**	**102.23**	**274559**	**150527**	**124032**	**121.36**	**2.85**
745373	370405	374968	98.78	83154	38761	44393	87.31	2.89
512025	259482	252543	102.75	26162	16860	9302	181.25	2.93
577255	289501	287754	100.61	20749	12327	8422	146.37	2.78
1604515	806928	797587	101.17	53927	29179	24748	117.90	2.98
1364715	694301	670414	103.56	15267	8212	7055	116.40	2.66
1160337	587859	572478	102.69	23265	13088	10177	128.60	2.99
1172183	601940	570243	105.56	26647	16950	9697	174.80	2.86
38551	19498	19053	102.34	1801	1278	523	244.36	3.01
113700	57089	56611	100.84	9768	5429	4339	125.12	2.90
637051	319602	317449	100.68	13819	8443	5376	157.05	2.69
5150303	**2596970**	**2553333**	**101.71**	**174173**	**98388**	**75785**	**129.83**	**2.74**
1596078	806445	789633	102.13	62604	34404	28200	122.00	2.71
749566	376838	372728	101.10	15998	9178	6820	134.57	2.61
1018480	512672	505808	101.36	36117	21160	14957	141.47	2.58
948342	479099	469243	102.10	26378	14796	11582	127.75	2.91
743163	374495	368668	101.58	20147	11793	8354	141.17	2.97
43836	22092	21744	101.60	4176	2409	1767	136.33	2.90
50838	25329	25509	99.29	8753	4648	4105	113.23	2.91
4184425	**2137494**	**2046931**	**104.42**	**209274**	**119991**	**89283**	**134.39**	**2.53**
765388	383956	381432	100.66	63848	33251	30597	108.67	2.46
864712	440938	423774	104.05	58589	32064	26525	120.88	2.71
203043	105910	97133	109.04	13186	8395	4791	175.22	2.81
924087	479514	444573	107.86	20898	13643	7255	188.05	2.44
673074	339192	333882	101.59	24176	14632	9544	153.31	2.41
481567	250951	230616	108.82	14934	9910	5024	197.25	2.60
272554	137033	135521	101.12	13643	8096	5547	145.95	2.47
4791151	**2443181**	**2347970**	**104.06**	**205693**	**111355**	**94338**	**118.04**	**2.72**
1464433	745557	718876	103.71	72798	36156	36642	98.67	2.61
1111139	567037	544102	104.22	59580	34075	25505	133.60	2.76
1070091	545276	524815	103.90	31549	18397	13152	139.88	2.93
1145488	585311	560177	104.49	41766	22727	19039	119.37	2.64
1267280	**627327**	**639953**	**98.03**	**75484**	**44269**	**31215**	**141.82**	**2.47**
548138	268967	279171	96.34	44664	23524	21140	111.28	2.48
388885	193285	195600	98.82	9529	6342	3187	199.00	2.49
76777	38274	38503	99.41	3835	2859	976	292.93	2.39
221454	110600	110854	99.77	11520	7640	3880	196.91	2.45
11553	5784	5769	100.26	1495	1025	470	218.09	2.47
6527	3453	3074	112.33	2897	1839	1058	173.82	1.96
13946	6964	6982	99.74	1544	1040	504	206.35	2.80
2375436	**1206071**	**1169365**	**103.14**	**124627**	**78606**	**46021**	**170.80**	**2.39**
645752	324612	321140	101.08	25457	14469	10988	131.68	2.35
299581	151641	147940	102.50	11932	7478	4454	167.89	2.47
266113	136128	129985	104.73	9724	6880	2844	241.91	2.24
135479	68184	67295	101.32	3305	2111	1194	176.80	2.30
109042	55679	53363	104.34	3326	2343	983	238.35	2.42
87552	44431	43121	103.04	19024	12298	6726	182.84	2.44
372009	190688	181321	105.17	12635	7918	4717	167.86	2.37
459908	234708	225200	104.22	39224	25109	14115	177.89	2.51

1-1a 各地区户数、

地区	户数			合计			
	合计	家庭户	集体户	合计	男	女	性别比(女=100)
安 徽	**6125474**	**5663611**	**461863**	**16329087**	**8142601**	**8186486**	**99.46**
合肥市	**1576141**	**1414209**	**161932**	**4162834**	**2105541**	**2057293**	**102.35**
瑶海区	314960	296359	18601	815848	413047	402801	102.54
庐阳区	236653	220033	16620	622373	310756	311617	99.72
蜀山区	379950	321172	58778	1002167	501408	500759	100.13
包河区	456179	405767	50412	1211298	623952	587346	106.23
长丰县							
肥东县							
肥西县	22109	16443	5666	60828	32312	28516	113.31
庐江县							
合肥高新技术产业开发区							
合肥经济技术开发区							
合肥新站高新技术产业开发区	24954	23776	1178	65109	32904	32205	102.17
巢湖市	141336	130659	10677	385211	191162	194049	98.51
芜湖市	**583217**	**530778**	**52439**	**1518097**	**766028**	**752069**	**101.86**
镜湖区	190004	181014	8990	458287	224331	233956	95.89
弋江区	153109	128858	24251	422620	211923	210697	100.58
鸠江区	121327	110236	11091	323521	169636	153885	110.24
三山区	40261	35900	4361	101537	55234	46303	119.29
芜湖县	3392	3284	108	8833	4558	4275	106.62
繁昌县							
南陵县							
芜湖经济技术开发区	1143	1118	25	2603	1364	1239	110.09
安徽芜湖长江大桥经济开发区							
无为市	73981	70368	3613	200696	98982	101714	97.31
蚌埠市	**271632**	**256235**	**15397**	**689398**	**343241**	**346157**	**99.16**
龙子湖区	69996	67207	2789	167704	82502	85202	96.83
蚌山区	61833	58329	3504	154449	76455	77994	98.03
禹会区	85102	79988	5114	209219	103626	105593	98.14
淮上区	54701	50711	3990	158026	80658	77368	104.25
怀远县							
五河县							
固镇县							
蚌埠市高新技术开发区							
蚌埠市经济开发区							
淮南市	**434945**	**406299**	**28646**	**1085864**	**532762**	**553102**	**96.32**
大通区	15813	15292	521	40058	19683	20375	96.60
田家庵区	271425	248169	23256	686493	337491	349002	96.70
谢家集区	71919	69279	2640	170233	82761	87472	94.61
八公山区	47252	45869	1383	112563	54648	57915	94.36
潘集区	28536	27690	846	76517	38179	38338	99.59
凤台县							
寿县							

人口数和性别比(城市)

单位：户、人

人口数								平均家庭户规模(人/户)
家庭户				集体户				
小计	男	女	性别比(女=100)	小计	男	女	性别比(女=100)	
14638587	**7210026**	**7428561**	**97.06**	**1690500**	**932575**	**757925**	**123.04**	**2.58**
3620661	**1792474**	**1828187**	**98.05**	**542173**	**313067**	**229106**	**136.65**	**2.56**
753719	378009	375710	100.61	62129	35038	27091	129.33	2.54
568181	279660	288521	96.93	54192	31096	23096	134.64	2.58
811971	396594	415377	95.48	190196	104814	85382	122.76	2.53
1048746	521430	527316	98.88	162552	102522	60030	170.78	2.58
38126	20205	17921	112.74	22702	12107	10595	114.27	2.32
61432	30898	30534	101.19	3677	2006	1671	120.05	2.58
338486	165678	172808	95.87	46725	25484	21241	119.98	2.59
1322125	**656712**	**665413**	**98.69**	**195972**	**109316**	**86656**	**126.15**	**2.49**
428453	209507	218946	95.69	29834	14824	15010	98.76	2.37
328352	164213	164139	100.05	94268	47710	46558	102.47	2.55
280030	140738	139292	101.04	43491	28898	14593	198.03	2.54
87038	45084	41954	107.46	14499	10150	4349	233.39	2.42
8343	4308	4035	106.77	490	250	240	104.17	2.54
2532	1325	1207	109.78	71	39	32	121.88	2.26
187377	91537	95840	95.51	13319	7445	5874	126.74	2.66
633630	**312347**	**321283**	**97.22**	**55768**	**30894**	**24874**	**124.20**	**2.47**
159186	77683	81503	95.31	8518	4819	3699	130.28	2.37
142652	69349	73303	94.61	11797	7106	4691	151.48	2.45
191635	94776	96859	97.85	17584	8850	8734	101.33	2.40
140157	70539	69618	101.32	17869	10119	7750	130.57	2.76
987630	**480731**	**506899**	**94.84**	**98234**	**52031**	**46203**	**112.61**	**2.43**
38294	18679	19615	95.23	1764	1004	760	132.11	2.50
604322	294193	310129	94.86	82171	43298	38873	111.38	2.44
162139	78327	83812	93.46	8094	4434	3660	121.15	2.34
108756	52549	56207	93.49	3807	2099	1708	122.89	2.37
74119	36983	37136	99.59	2398	1196	1202	99.50	2.68

1-1a 续表 1

地区	户数						
				合计			
	合计	家庭户	集体户	合计	男	女	性别比(女=100)
马鞍山市	**340911**	**316180**	**24731**	**863074**	**437670**	**425404**	**102.88**
花山区	178676	171558	7118	441731	221262	220469	100.36
雨山区	135259	118724	16535	342877	175319	167558	104.63
博望区	26976	25898	1078	78466	41089	37377	109.93
当涂县							
含山县							
和县							
淮北市	**305906**	**285186**	**20720**	**815765**	**401700**	**414065**	**97.01**
杜集区	54490	51994	2496	142543	71467	71076	100.55
相山区	189089	177259	11830	501240	245292	255948	95.84
烈山区	41094	35854	5240	110167	52314	57853	90.43
濉溪县	21233	20079	1154	61815	32627	29188	111.78
铜陵市	**224969**	**210524**	**14445**	**568928**	**281812**	**287116**	**98.15**
铜官区	173696	160179	13517	439626	217390	222236	97.82
义安区	34342	33824	518	88147	43388	44759	96.94
郊区	16931	16521	410	41155	21034	20121	104.54
枞阳县							
安庆市	**412605**	**387135**	**25470**	**1084509**	**528491**	**556018**	**95.05**
迎江区	97902	94072	3830	243948	120350	123598	97.37
大观区	67305	64230	3075	158457	77393	81064	95.47
宜秀区	50704	40748	9956	142092	70489	71603	98.44
怀宁县							
太湖县							
宿松县							
望江县	34488	32648	1840	98393	46512	51881	89.65
岳西县							
安徽安庆经济开发区	313	235	78	463	364	99	367.68
桐城市	105860	101283	4577	293473	142109	151364	93.89
潜山市	56033	53919	2114	147683	71274	76409	93.28
黄山市	**142222**	**135182**	**7040**	**369432**	**179456**	**189976**	**94.46**
屯溪区	96990	91576	5414	249966	120148	129818	92.55
黄山区	23705	22973	732	60266	29719	30547	97.29
徽州区	18938	18078	860	51651	25791	25860	99.73
歙县	1199	1182	17	3424	1727	1697	101.77
休宁县	1390	1373	17	4125	2071	2054	100.83
黟县							
祁门县							
滁州市	**311336**	**299069**	**12267**	**879762**	**439476**	**440286**	**99.82**
琅琊区	95014	91002	4012	257817	129396	128421	100.76
南谯区	63965	59185	4780	188355	97227	91128	106.69
来安县							
全椒县							
定远县							
凤阳县							
苏滁现代产业园							
滁州经济技术开发区							
天长市	83828	81663	2165	241167	119309	121858	97.91
明光市	68529	67219	1310	192423	93544	98879	94.60

单位：户、人

人口数								平均家庭户规模（人/户）
家庭户				集体户				
小计	男	女	性别比（女=100）	小计	男	女	性别比（女=100）	
781517	**389732**	**391785**	**99.48**	**81557**	**47938**	**33619**	**142.59**	**2.47**
422882	209840	213042	98.50	18849	11422	7427	153.79	2.46
283707	141037	142670	98.86	59170	34282	24888	137.75	2.39
74928	38855	36073	107.71	3538	2234	1304	171.32	2.89
736845	**361111**	**375734**	**96.11**	**78920**	**40589**	**38331**	**105.89**	**2.58**
133507	66092	67415	98.04	9036	5375	3661	146.82	2.57
459601	223449	236152	94.62	41639	21843	19796	110.34	2.59
86395	42694	43701	97.70	23772	9620	14152	67.98	2.41
57342	28876	28466	101.44	4473	3751	722	519.53	2.86
521226	**256365**	**264861**	**96.79**	**47702**	**25447**	**22255**	**114.34**	**2.48**
395831	194436	201395	96.54	43795	22954	20841	110.14	2.47
86571	42484	44087	96.36	1576	904	672	134.52	2.56
38824	19445	19379	100.34	2331	1589	742	214.15	2.35
989208	**478923**	**510285**	**93.85**	**95301**	**49568**	**45733**	**108.39**	**2.56**
232570	113132	119438	94.72	11378	7218	4160	173.51	2.47
149170	72189	76981	93.78	9287	5204	4083	127.46	2.32
108824	54635	54189	100.82	33268	15854	17414	91.04	2.67
88562	41990	46572	90.16	9831	4522	5309	85.18	2.71
279	213	66	322.73	184	151	33	457.58	1.19
269161	129289	139872	92.43	24312	12820	11492	111.56	2.66
140642	67475	73167	92.22	7041	3799	3242	117.18	2.61
345972	**167453**	**178519**	**93.80**	**23460**	**12003**	**11457**	**104.77**	**2.56**
233185	112109	121076	92.59	16781	8039	8742	91.96	2.55
56706	27625	29081	94.99	3560	2094	1466	142.84	2.47
48593	23962	24631	97.28	3058	1829	1229	148.82	2.69
3395	1708	1687	101.24	29	19	10	190.00	2.87
4093	2049	2044	100.24	32	22	10	220.00	2.98
829749	**408046**	**421703**	**96.76**	**50013**	**31430**	**18583**	**169.13**	**2.77**
241641	119763	121878	98.26	16176	9633	6543	147.23	2.66
168518	83874	84644	99.09	19837	13353	6484	205.94	2.85
231844	113531	118313	95.96	9323	5778	3545	162.99	2.84
187746	90878	96868	93.82	4677	2666	2011	132.57	2.79

1—1a 续表 2

地区	户数			合计			
	合计	家庭户	集体户	合计	男	女	性别比(女=100)
阜阳市	**356555**	**332077**	**24478**	**1068847**	**526928**	**541919**	**97.23**
颍州区	153096	138159	14937	468826	227069	241757	93.92
颍东区	59837	56329	3508	178468	90583	87885	103.07
颍泉区	72189	68906	3283	214133	107128	107005	100.11
临泉县							
太和县							
阜南县							
颍上县							
阜阳合肥现代产业园区							
阜阳经济技术开发区							
界首市	71433	68683	2750	207420	102148	105272	97.03
宿州市	**227265**	**219912**	**7353**	**638910**	**315670**	**323240**	**97.66**
埇桥区	225170	217854	7316	633000	312720	320280	97.64
砀山县							
萧县	2095	2058	37	5910	2950	2960	99.66
灵璧县							
泗县							
宿州马鞍山现代产业园区							
宿州经济技术开发区							
六安市	**286999**	**261304**	**25695**	**818023**	**408749**	**409274**	**99.87**
金安区	130505	117870	12635	358953	176938	182015	97.21
裕安区	128826	117162	11664	375550	187219	188331	99.41
叶集区	24975	23614	1361	76774	41138	35636	115.44
霍邱县	989	975	14	2546	1302	1244	104.66
舒城县	1704	1683	21	4200	2152	2048	105.08
金寨县							
霍山县							
亳州市	**222222**	**206600**	**15622**	**634335**	**316968**	**317367**	**99.87**
谯城区	220768	205220	15548	629287	314609	314678	99.98
涡阳县							
蒙城县							
利辛县	1454	1380	74	5048	2359	2689	87.73
池州市	**140526**	**130298**	**10228**	**380458**	**182280**	**198178**	**91.98**
贵池区	130833	122289	8544	357986	170179	187807	90.61
东至县							
石台县							
青阳县							
池州市国家经济技术开发区	5319	4679	640	13048	6809	6239	109.14
皖江江南新兴产业集中区	4374	3330	1044	9424	5292	4132	128.07
九华山风景区							
宣城市	**288023**	**272623**	**15400**	**750851**	**375829**	**375022**	**100.22**
宣州区	99763	94662	5101	256084	123986	132098	93.86
郎溪县							
泾县							
绩溪县							
旌德县							
宣城市经济开发区							
宁国市	94635	91797	2838	245362	123272	122090	100.97
广德市	93625	86164	7461	249405	128571	120834	106.40

单位：户、人

人口数								平均家庭户规模（人/户）
家庭户				集体户				
小计	男	女	性别比（女=100）	小计	男	女	性别比（女=100）	
946290	**465077**	**481213**	**96.65**	**122557**	**61851**	**60706**	**101.89**	**2.85**
392305	192454	199851	96.30	76521	34615	41906	82.60	2.84
158896	78889	80007	98.60	19572	11694	7878	148.44	2.82
198729	98299	100430	97.88	15404	8829	6575	134.28	2.88
196360	95435	100925	94.56	11060	6713	4347	154.43	2.86
595692	**291112**	**304580**	**95.58**	**43218**	**24558**	**18660**	**131.61**	**2.71**
590002	288335	301667	95.58	42998	24385	18613	131.01	2.71
5690	2777	2913	95.33	220	173	47	368.09	2.76
720324	**356745**	**363579**	**98.12**	**97699**	**52004**	**45695**	**113.81**	**2.76**
316957	155563	161394	96.39	41996	21375	20621	103.66	2.69
328453	162173	166280	97.53	47097	25046	22051	113.58	2.80
68247	35592	32655	108.99	8527	5546	2981	186.04	2.89
2509	1284	1225	104.82	37	18	19	94.74	2.57
4158	2133	2025	105.33	42	19	23	82.61	2.47
570940	**286375**	**284565**	**100.64**	**63395**	**30593**	**32802**	**93.27**	**2.76**
567050	284422	282628	100.63	62237	30187	32050	94.19	2.76
3890	1953	1937	100.83	1158	406	752	53.99	2.82
339902	**162352**	**177550**	**91.44**	**40556**	**19928**	**20628**	**96.61**	**2.61**
321822	153115	168707	90.76	36164	17064	19100	89.34	2.63
11553	5784	5769	100.26	1495	1025	470	218.09	2.47
6527	3453	3074	112.33	2897	1839	1058	173.82	1.96
696876	**344471**	**352405**	**97.75**	**53975**	**31358**	**22617**	**138.65**	**2.56**
241389	116925	124464	93.94	14695	7061	7634	92.49	2.55
236388	117942	118446	99.57	8974	5330	3644	146.27	2.58
219099	109604	109495	100.10	30306	18967	11339	167.27	2.54

1-1b 各地区户数、

地区	户数			合计			
	合计	家庭户	集体户	合计	男	女	性别比(女=100)
安徽	**6987883**	**6548174**	**439709**	**19266016**	**9752125**	**9513891**	**102.50**
合肥市	**1278329**	**1104352**	**173977**	**3546443**	**1835123**	**1711320**	**107.23**
瑶海区	8988	8545	443	23287	11906	11381	104.61
庐阳区	23401	22104	1297	69520	34195	35325	96.80
蜀山区	11455	10867	588	30460	15798	14662	107.75
包河区							
长丰县	166539	154358	12181	471250	241673	229577	105.27
肥东县	217688	199191	18497	601520	312459	289061	108.09
肥西县	200609	179847	20762	551649	285353	266296	107.16
庐江县	177063	170082	6981	475100	239394	235706	101.56
合肥高新技术产业开发区	98625	75748	22877	269721	141093	128628	109.69
合肥经济技术开发区	191184	143180	48004	549732	287453	262279	109.60
合肥新站高新技术产业开发区	141430	101671	39759	396463	211788	184675	114.68
巢湖市	41347	38759	2588	107741	54011	53730	100.52
芜湖市	**438689**	**411032**	**27657**	**1117251**	**572230**	**545021**	**104.99**
镜湖区	416	403	13	1040	533	507	105.13
弋江区							
鸠江区	31475	30358	1117	79835	40907	38928	105.08
三山区	7048	6713	335	19441	9538	9903	96.31
芜湖县	83744	76103	7641	232525	119425	113100	105.59
繁昌县	58395	56802	1593	146003	73449	72554	101.23
南陵县	94305	91418	2887	232557	113409	119148	95.18
芜湖经济技术开发区	72701	60942	11759	175254	96370	78884	122.17
安徽芜湖长江大桥经济开发区	5868	5777	91	14027	7142	6885	103.73
无为市	84737	82516	2221	216569	111457	105112	106.04
蚌埠市	**404637**	**376472**	**28165**	**1126159**	**560447**	**565712**	**99.07**
龙子湖区	3704	3455	249	10633	6319	4314	146.48
蚌山区							
禹会区	3909	3730	179	10241	5335	4906	108.74
淮上区	10666	10176	490	28945	14942	14003	106.71
怀远县	122649	117829	4820	347234	173702	173532	100.10
五河县	84716	82015	2701	233023	115836	117187	98.85
固镇县	57328	55290	2038	157596	77195	80401	96.01
蚌埠市高新技术开发区	21498	19485	2013	61850	31387	30463	103.03
蚌埠市经济开发区	100167	84492	15675	276637	135731	140906	96.33
淮南市	**293878**	**277916**	**15962**	**766865**	**393398**	**373467**	**105.34**
大通区	30698	29398	1300	80675	41000	39675	103.34
田家庵区	4710	4608	102	13764	7164	6600	108.55
谢家集区	1576	1532	44	3834	2016	1818	110.89
八公山区	26	24	2	51	24	27	88.89
潘集区	28185	26731	1454	71431	38073	33358	114.13
凤台县	90801	82508	8293	237410	124277	113133	109.85
寿县	137882	133115	4767	359700	180844	178856	101.11

人口数和性别比(镇)

单位：户、人

人口数								平均家庭户规模(人/户)
家庭户				集体户				
小计	男	女	性别比(女=100)	小计	男	女	性别比(女=100)	
17562037	**8752635**	**8809402**	**99.36**	**1703979**	**999490**	**704489**	**141.87**	**2.68**
2927405	**1471526**	**1455879**	**101.07**	**619038**	**363597**	**255441**	**142.34**	**2.65**
21870	11115	10755	103.35	1417	791	626	126.36	2.56
65785	32014	33771	94.80	3735	2181	1554	140.35	2.98
27777	14037	13740	102.16	2683	1761	922	191.00	2.56
420407	214043	206364	103.72	50843	27630	23213	119.03	2.72
530173	268836	261337	102.87	71347	43623	27724	157.35	2.66
477342	242558	234784	103.31	74307	42795	31512	135.81	2.65
442851	216694	226157	95.82	32249	22700	9549	237.72	2.60
198088	98037	100051	97.99	71633	43056	28577	150.67	2.62
389193	195219	193974	100.64	160539	92234	68305	135.03	2.72
262024	133790	128234	104.33	134439	77998	56441	138.19	2.58
91895	45183	46712	96.73	15846	8828	7018	125.79	2.37
1028619	**516366**	**512253**	**100.80**	**88632**	**55864**	**32768**	**170.48**	**2.50**
1004	513	491	104.48	36	20	16	125.00	2.49
75882	38602	37280	103.55	3953	2305	1648	139.87	2.50
18638	9099	9539	95.39	803	439	364	120.60	2.78
197676	98799	98877	99.92	34849	20626	14223	145.02	2.60
140961	70323	70638	99.55	5042	3126	1916	163.15	2.48
225428	109354	116074	94.21	7129	4055	3074	131.91	2.47
145838	75310	70528	106.78	29416	21060	8356	252.03	2.39
13845	7017	6828	102.77	182	125	57	219.30	2.40
209347	107349	101998	105.25	7222	4108	3114	131.92	2.54
1020604	**503410**	**517194**	**97.33**	**105555**	**57037**	**48518**	**117.56**	**2.71**
8420	4291	4129	103.92	2213	2028	185	1096.22	2.44
9592	4975	4617	107.75	649	360	289	124.57	2.57
27313	14006	13307	105.25	1632	936	696	134.48	2.68
328484	163436	165048	99.02	18750	10266	8484	121.00	2.79
223569	110646	112923	97.98	9454	5190	4264	121.72	2.73
151113	73759	77354	95.35	6483	3436	3047	112.77	2.73
54145	26743	27402	97.60	7705	4644	3061	151.72	2.78
217968	105554	112414	93.90	58669	30177	28492	105.91	2.58
715084	**359654**	**355430**	**101.19**	**51781**	**33744**	**18037**	**187.08**	**2.57**
75444	37883	37561	100.86	5231	3117	2114	147.45	2.57
13361	6919	6442	107.40	403	245	158	155.06	2.90
3675	1921	1754	109.52	159	95	64	148.44	2.40
46	22	24	91.67	5	2	3	66.67	1.92
67403	35246	32157	109.61	4028	2827	1201	235.39	2.52
218013	109611	108402	101.12	19397	14666	4731	310.00	2.64
337142	168052	169090	99.39	22558	12792	9766	130.99	2.53

1-1b 续表 1

地区	户数			合计			
	合计	家庭户	集体户	合计	男	女	性别比(女=100)
马鞍山市	**257559**	**248268**	**9291**	**685476**	**345742**	**339734**	**101.77**
花山区							
雨山区							
博望区	3646	3539	107	10246	5529	4717	117.21
当涂县	103441	99630	3811	281650	143440	138210	103.78
含山县	71827	70325	1502	187909	93472	94437	98.98
和县	78645	74774	3871	205671	103301	102370	100.91
淮北市	**163495**	**156527**	**6968**	**448337**	**225650**	**222687**	**101.33**
杜集区	19561	18506	1055	45950	23247	22703	102.40
相山区							
烈山区	13546	13068	478	30991	15852	15139	104.71
濉溪县	130388	124953	5435	371396	186551	184845	100.92
铜陵市	**121774**	**117742**	**4032**	**299054**	**146201**	**152853**	**95.65**
铜官区	146	143	3	255	130	125	104.00
义安区	10546	10093	453	27391	14270	13121	108.76
郊区	12758	12361	397	29466	14654	14812	98.93
枞阳县	98324	95145	3179	241942	117147	124795	93.87
安庆市	**455666**	**437941**	**17725**	**1227991**	**611362**	**616629**	**99.15**
迎江区							
大观区	7245	6954	291	19695	9934	9761	101.77
宜秀区	10904	10265	639	27905	14045	13860	101.33
怀宁县	88860	85599	3261	241120	119143	121977	97.68
太湖县	66032	63681	2351	176506	86562	89944	96.24
宿松县	89223	86204	3019	245326	122738	122588	100.12
望江县	20866	19432	1434	61920	30497	31423	97.05
岳西县	44333	42967	1366	124212	60354	63858	94.51
安徽安庆经济开发区	51880	48513	3367	135941	70929	65012	109.10
桐城市	41933	41150	783	104950	51791	53159	97.43
潜山市	34390	33176	1214	90416	45369	45047	100.71
黄山市	**151946**	**142509**	**9437**	**406212**	**200665**	**205547**	**97.62**
屯溪区	5703	2021	3682	19377	10021	9356	107.11
黄山区	10105	9174	931	26088	14289	11799	121.10
徽州区	4008	3927	81	11642	5961	5681	104.93
歙县	57866	55549	2317	157829	77310	80519	96.01
休宁县	31899	30876	1023	84629	40867	43762	93.38
黟县	13115	12554	561	32209	16017	16192	98.92
祁门县	29250	28408	842	74438	36200	38238	94.67
滁州市	**559138**	**531975**	**27163**	**1585942**	**812896**	**773046**	**105.15**
琅琊区							
南谯区	22213	21356	857	56363	28654	27709	103.41
来安县	86828	82833	3995	238798	122359	116439	105.08
全椒县	94762	92060	2702	256177	130636	125541	104.06
定远县	104639	102558	2081	303835	155190	148645	104.40
凤阳县	106806	100931	5875	315375	161785	153590	105.34
苏滁现代产业园	9082	6027	3055	23609	14268	9341	152.75
滁州经济技术开发区	38417	31819	6598	122717	63637	59080	107.71
天长市	66239	64790	1449	191918	97113	94805	102.43
明光市	30152	29601	551	77150	39254	37896	103.58

单位：户、人

人口数								平均家庭户规模（人/户）
家庭户				集体户				
小计	男	女	性别比（女=100）	小计	男	女	性别比（女=100）	
646407	**323562**	**322845**	**100.22**	**39069**	**22180**	**16889**	**131.33**	**2.60**
9586	5025	4561	110.17	660	504	156	323.08	2.71
260460	130975	129485	101.15	21190	12465	8725	142.87	2.61
183100	90611	92489	97.97	4809	2861	1948	146.87	2.60
193261	96951	96310	100.67	12410	6350	6060	104.79	2.58
422781	**210360**	**212421**	**99.03**	**25556**	**15290**	**10266**	**148.94**	**2.70**
43136	21320	21816	97.73	2814	1927	887	217.25	2.33
29591	14993	14598	102.71	1400	859	541	158.78	2.26
350054	174047	176007	98.89	21342	12504	8838	141.48	2.80
283208	**137171**	**146037**	**93.93**	**15846**	**9030**	**6816**	**132.48**	**2.41**
247	125	122	102.46	8	5	3	166.67	1.73
24580	12498	12082	103.44	2811	1772	1039	170.55	2.44
28039	13914	14125	98.51	1427	740	687	107.71	2.27
230342	110634	119708	92.42	11600	6513	5087	128.03	2.42
1149217	**565414**	**583803**	**96.85**	**78774**	**45948**	**32826**	**139.97**	**2.62**
18479	9210	9269	99.36	1216	724	492	147.15	2.66
25875	12883	12992	99.16	2030	1162	868	133.87	2.52
224875	109392	115483	94.73	16245	9751	6494	150.15	2.63
166751	81137	85614	94.77	9755	5425	4330	125.29	2.62
233587	116035	117552	98.71	11739	6703	5036	133.10	2.71
52904	26041	26863	96.94	9016	4456	4560	97.72	2.72
119072	57682	61390	93.96	5140	2672	2468	108.27	2.77
119415	60018	59397	101.05	16526	10911	5615	194.32	2.46
102268	50139	52129	96.18	2682	1652	1030	160.39	2.49
85991	42877	43114	99.45	4425	2492	1933	128.92	2.59
369893	**179594**	**190299**	**94.37**	**36319**	**21071**	**15248**	**138.19**	**2.60**
6350	3190	3160	100.95	13027	6831	6196	110.25	3.14
21854	11118	10736	103.56	4234	3171	1063	298.31	2.38
11383	5787	5596	103.41	259	174	85	204.71	2.90
147454	71804	75650	94.92	10375	5506	4869	113.08	2.65
81667	39179	42488	92.21	2962	1688	1274	132.50	2.64
30795	15134	15661	96.63	1414	883	531	166.29	2.45
70390	33382	37008	90.20	4048	2818	1230	229.11	2.48
1463574	**738482**	**725092**	**101.85**	**122368**	**74414**	**47954**	**155.18**	**2.75**
53120	26448	26672	99.16	3243	2206	1037	212.73	2.49
219733	109635	110098	99.58	19065	12724	6341	200.66	2.65
241234	122031	119203	102.37	14943	8605	6338	135.77	2.62
293349	148818	144531	102.97	10486	6372	4114	154.89	2.86
292384	148467	143917	103.16	22991	13318	9673	137.68	2.90
14631	7618	7013	108.63	8978	6650	2328	285.65	2.43
88711	44542	44169	100.84	34006	19095	14911	128.06	2.79
185260	92921	92339	100.63	6658	4192	2466	169.99	2.86
75152	38002	37150	102.29	1998	1252	746	167.83	2.54

1-1b 续表 2

地 区	户数			合计			
	合计	家庭户	集体户	合计	男	女	性别比(女=100)
阜阳市	**799406**	**769539**	**29867**	**2373135**	**1196053**	**1177082**	**101.61**
颍州区	21071	20226	845	63726	32128	31598	101.68
颍东区	24110	23281	829	75624	39713	35911	110.59
颍泉区	28432	27352	1080	82425	42207	40218	104.95
临泉县	156506	147383	9123	505006	251949	253057	99.56
太和县	224388	220556	3832	614876	309217	305659	101.16
阜南县	111771	108107	3664	346564	171472	175092	97.93
颍上县	158136	150940	7196	475233	242771	232462	104.43
阜阳合肥现代产业园区	1880	1781	99	6436	3398	3038	111.85
阜阳经济技术开发区	34952	32413	2539	102172	51700	50472	102.43
界首市	38160	37500	660	101073	51498	49575	103.88
宿州市	**588176**	**563186**	**24990**	**1691117**	**845241**	**845876**	**99.92**
埇桥区	77407	74297	3110	198929	100342	98587	101.78
砀山县	137820	134103	3717	373965	186504	187461	99.49
萧县	128379	122072	6307	368822	185652	183170	101.36
灵璧县	115559	109907	5652	354086	175279	178807	98.03
泗县	99854	96606	3248	306522	152629	153893	99.18
宿州马鞍山现代产业园区	9705	8739	966	29202	14858	14344	103.58
宿州经济技术开发区	19452	17462	1990	59591	29977	29614	101.23
六安市	**507936**	**483589**	**24347**	**1312323**	**655973**	**656350**	**99.94**
金安区	57506	53928	3578	143646	68669	74977	91.59
裕安区	31758	30087	1671	86047	43794	42253	103.65
叶集区	10569	10101	468	28970	14593	14377	101.50
霍邱县	128701	123533	5168	331711	170760	160951	106.09
舒城县	127048	119979	7069	315256	153377	161879	94.75
金寨县	76262	73419	2843	208351	106144	102207	103.85
霍山县	76092	72542	3550	198342	98636	99706	98.93
亳州市	**494312**	**473208**	**21104**	**1489157**	**757507**	**731650**	**103.53**
谯城区	46341	45342	999	121282	62154	59128	105.12
涡阳县	142393	134546	7847	447959	228994	218965	104.58
蒙城县	158876	151070	7806	480168	243455	236713	102.85
利辛县	146702	142250	4452	439748	222904	216844	102.79
池州市	**164684**	**159184**	**5500**	**420921**	**205985**	**214936**	**95.84**
贵池区	14561	13519	1042	36878	19231	17647	108.98
东至县	87696	85379	2317	221424	107552	113872	94.45
石台县	13406	13032	374	34012	16423	17589	93.37
青阳县	47784	46208	1576	124880	60774	64106	94.80
池州市国家经济技术开发区							
皖江江南新兴产业集中区							
九华山风景区	1237	1046	191	3727	2005	1722	116.43
宣城市	**308258**	**294734**	**13524**	**769633**	**387652**	**381981**	**101.48**
宣州区	42670	41027	1643	102020	51277	50743	101.05
郎溪县	76539	73394	3145	197399	98872	98527	100.35
泾县	60946	59440	1506	145568	71211	74357	95.77
绩溪县	33649	32975	674	82619	40515	42104	96.23
旌德县	25410	24809	601	64703	31798	32905	96.64
宣城市经济开发区	32942	28401	4541	86451	45887	40564	113.12
宁国市	11754	11360	394	25629	13662	11967	114.16
广德市	24348	23328	1020	65244	34430	30814	111.73

单位：户、人

人口数								平均家庭户规模（人/户）
家庭户				集体户				
小计	男	女	性别比（女=100）	小计	男	女	性别比（女=100）	
2240399	**1119902**	**1120497**	**99.95**	**132736**	**76151**	**56585**	**134.58**	**2.91**
60024	29990	30034	99.85	3702	2138	1564	136.70	2.97
70668	35780	34888	102.56	4956	3933	1023	384.46	3.04
77962	39412	38550	102.24	4463	2795	1668	167.57	2.85
453356	224251	229105	97.88	51650	27698	23952	115.64	3.08
600667	301686	298981	100.90	14209	7531	6678	112.77	2.72
329883	162194	167689	96.72	16681	9278	7403	125.33	3.05
450358	226926	223432	101.56	24875	15845	9030	175.47	2.98
5800	2911	2889	100.76	636	487	149	326.85	3.26
92555	46370	46185	100.40	9617	5330	4287	124.33	2.86
99126	50382	48744	103.36	1947	1116	831	134.30	2.64
1575540	**780203**	**795337**	**98.10**	**115577**	**65038**	**50539**	**128.69**	**2.80**
187191	94224	92967	101.35	11738	6118	5620	108.86	2.52
359443	178258	181185	98.38	14522	8246	6276	131.39	2.68
334736	165827	168909	98.18	34086	19825	14261	139.02	2.74
330216	162168	168048	96.50	23870	13111	10759	121.86	3.00
288074	141936	146138	97.12	18448	10693	7755	137.89	2.98
25042	12461	12581	99.05	4160	2397	1763	135.96	2.87
50838	25329	25509	99.29	8753	4648	4105	113.23	2.91
1230697	**608258**	**622439**	**97.72**	**81626**	**47715**	**33911**	**140.71**	**2.54**
131850	63008	68842	91.53	11796	5661	6135	92.27	2.44
80201	40373	39828	101.37	5846	3421	2425	141.07	2.67
26856	13359	13497	98.98	2114	1234	880	140.23	2.66
314564	159714	154850	103.14	17147	11046	6101	181.05	2.55
295774	142567	153207	93.06	19482	10810	8672	124.65	2.47
196051	98225	97826	100.41	12300	7919	4381	180.76	2.67
185401	91012	94389	96.42	12941	7624	5317	143.39	2.56
1367573	**689763**	**677810**	**101.76**	**121584**	**67744**	**53840**	**125.82**	**2.89**
118440	60574	57866	104.68	2842	1580	1262	125.20	2.61
393193	198576	194617	102.03	54766	30418	24348	124.93	2.92
451434	226905	224529	101.06	28734	16550	12184	135.83	2.99
404506	203708	200798	101.45	35242	19196	16046	119.63	2.84
399716	**192205**	**207511**	**92.62**	**21205**	**13780**	**7425**	**185.59**	**2.51**
33071	16474	16597	99.26	3807	2757	1050	262.57	2.45
213741	102534	111207	92.20	7683	5018	2665	188.29	2.50
31890	15040	16850	89.26	2122	1383	739	187.14	2.45
118518	56942	61576	92.47	6362	3832	2530	151.46	2.56
2496	1215	1281	94.85	1231	790	441	179.14	2.39
721320	**356765**	**364555**	**97.86**	**48313**	**30887**	**17426**	**177.25**	**2.45**
97136	48364	48772	99.16	4884	2913	1971	147.79	2.37
186702	92322	94380	97.82	10697	6550	4147	157.95	2.54
139562	67381	72181	93.35	6006	3830	2176	176.01	2.35
80165	39040	41125	94.93	2454	1475	979	150.66	2.43
62370	30323	32047	94.62	2333	1475	858	171.91	2.51
71657	36142	35515	101.77	14794	9745	5049	193.01	2.52
24326	12729	11597	109.76	1303	933	370	252.16	2.14
59402	30464	28938	105.27	5842	3966	1876	211.41	2.55

1-1c 各地区户数、

地区	户数			合计			
	合计	家庭户	集体户	合计	男	女	性别比（女=100）
安　徽	**9774721**	**9698592**	**76129**	**25432068**	**13208668**	**12223400**	**108.06**
合肥市	**726022**	**698421**	**27601**	**1660604**	**881260**	**779344**	**113.08**
瑶海区	8024	7670	354	22908	11890	11018	107.91
庐阳区	2407	2299	108	5400	2857	2543	112.35
蜀山区	6840	6155	685	14523	8624	5899	146.19
包河区	2284	1936	348	6171	3553	2618	135.71
长丰县	136853	132465	4388	312732	166162	146570	113.37
肥东县	132501	130528	1973	283272	152083	131189	115.93
肥西县	148504	132294	16210	355031	189146	165885	114.02
庐江县	175194	173611	1583	413138	218205	194933	111.94
合肥高新技术产业开发区	78	24	54	201	118	83	142.17
合肥经济技术开发区	3923	3751	172	8126	4293	3833	112.00
合肥新站高新技术产业开发区	2271	1767	504	4892	3021	1871	161.46
巢湖市	107143	105921	1222	234210	121308	112902	107.45
芜湖市	**420335**	**418399**	**1936**	**1009072**	**530484**	**478588**	**110.84**
镜湖区	7491	7457	34	19331	9942	9389	105.89
弋江区							
鸠江区	54776	54536	240	137131	71147	65984	107.82
三山区	17230	17181	49	41277	21452	19825	108.21
芜湖县	43867	43793	74	102658	54227	48431	111.97
繁昌县	43100	42429	671	97904	51740	46164	112.08
南陵县	86719	86227	492	198591	105382	93209	113.06
芜湖经济技术开发区	1522	1484	38	3177	1635	1542	106.03
安徽芜湖长江大桥经济开发区	3420	3414	6	8271	4258	4013	106.11
无为市	162210	161878	332	400732	210701	190031	110.88
蚌埠市	**510615**	**508439**	**2176**	**1480851**	**765758**	**715093**	**107.09**
龙子湖区	13947	13917	30	38538	19875	18663	106.49
蚌山区	5728	5683	45	16596	8806	7790	113.04
禹会区	36532	36197	335	106354	54987	51367	107.05
淮上区	33502	33379	123	96901	50153	46748	107.28
怀远县	202451	202196	255	588101	304100	284001	107.08
五河县	103115	102911	204	290508	150897	139611	108.08
固镇县	115340	114156	1184	343853	176940	166913	106.01
蚌埠市高新技术开发区							
蚌埠市经济开发区							
淮南市	**457255**	**453121**	**4134**	**1180799**	**621247**	**559552**	**111.03**
大通区	17064	17044	20	44938	23496	21442	109.58
田家庵区	11695	11681	14	29821	15522	14299	108.55
谢家集区	19163	19141	22	47522	24483	23039	106.27
八公山区	2419	2408	11	5607	2768	2839	97.50
潘集区	65991	64867	1124	178129	94115	84014	112.02
凤台县	147486	145129	2357	395975	207403	188572	109.99
寿县	193437	192851	586	478807	253460	225347	112.48

人口数和性别比(乡村)

单位：户、人

人口数								平均家庭户规模（人/户）
家庭户				集体户				
小计	男	女	性别比（女=100）	小计	男	女	性别比（女=100）	
25071533	**12967192**	**12104341**	**107.13**	**360535**	**241476**	**119059**	**202.82**	**2.59**
1560444	**816851**	**743593**	**109.85**	**100160**	**64409**	**35751**	**180.16**	**2.23**
22114	11438	10676	107.14	794	452	342	132.16	2.88
5176	2677	2499	107.12	224	180	44	409.09	2.25
12232	6540	5692	114.90	2291	2084	207	1006.76	1.99
4882	2640	2242	117.75	1289	913	376	242.82	2.52
296790	155545	141245	110.12	15942	10617	5325	199.38	2.24
274494	146114	128380	113.81	8778	5969	2809	212.50	2.10
299737	156093	143644	108.67	55294	33053	22241	148.61	2.27
406976	213560	193416	110.41	6162	4645	1517	306.20	2.34
59	32	27	118.52	142	86	56	153.57	2.46
7557	3990	3567	111.86	569	303	266	113.91	2.01
3676	1966	1710	114.97	1216	1055	161	655.28	2.08
226751	116256	110495	105.21	7459	5052	2407	209.89	2.14
997622	**522607**	**475015**	**110.02**	**11450**	**7877**	**3573**	**220.46**	**2.38**
19110	9806	9304	105.40	221	136	85	160.00	2.56
135943	70170	65773	106.69	1188	977	211	463.03	2.49
41038	21259	19779	107.48	239	193	46	419.57	2.39
102190	53881	48309	111.53	468	346	122	283.61	2.33
93054	48737	44317	109.97	4850	3003	1847	162.59	2.19
196540	103911	92629	112.18	2051	1471	580	253.62	2.28
3068	1574	1494	105.35	109	61	48	127.08	2.07
8213	4205	4008	104.92	58	53	5	1060.00	2.41
398466	209064	189402	110.38	2266	1637	629	260.25	2.46
1471405	**759840**	**711565**	**106.78**	**9446**	**5918**	**3528**	**167.74**	**2.89**
38417	19779	18638	106.12	121	96	25	384.00	2.76
16353	8624	7729	111.58	243	182	61	298.36	2.88
105257	54473	50784	107.26	1097	514	583	88.16	2.91
96184	49740	46444	107.10	717	413	304	135.86	2.88
586940	303358	283582	106.97	1161	742	419	177.09	2.90
289573	150266	139307	107.87	935	631	304	207.57	2.81
338681	173600	165081	105.16	5172	3340	1832	182.31	2.97
1168407	**610585**	**557822**	**109.46**	**12392**	**10662**	**1730**	**616.30**	**2.58**
44767	23342	21425	108.95	171	154	17	905.88	2.63
29765	15479	14286	108.35	56	43	13	330.77	2.55
47401	24380	23021	105.90	121	103	18	572.22	2.48
5587	2752	2835	97.07	20	16	4	400.00	2.32
175968	92062	83906	109.72	2161	2053	108	1900.93	2.71
389883	202140	187743	107.67	6092	5263	829	634.86	2.69
475036	250430	224606	111.50	3771	3030	741	408.91	2.46

1-1c 续表 1

地区	户数						
				合计			
	合计	家庭户	集体户	合计	男	女	性别比(女=100)
马鞍山市	**237358**	**235319**	**2039**	**611380**	**321398**	**289982**	**110.83**
花山区	3803	3688	115	9252	4759	4493	105.92
雨山区	5221	5181	40	13109	6788	6321	107.39
博望区	25924	25822	102	69771	36810	32961	111.68
当涂县	61303	60633	670	165341	85950	79391	108.26
含山县	59561	59396	165	148679	78988	69691	113.34
和县	81546	80599	947	205228	108103	97125	111.30
淮北市	**252898**	**250358**	**2540**	**706163**	**359038**	**347125**	**103.43**
杜集区	18662	18491	171	51199	25904	25295	102.41
相山区	18291	18177	114	47694	24315	23379	104.00
烈山区	40617	39276	1341	108079	54055	54024	100.06
濉溪县	175328	174414	914	499191	254764	244427	104.23
铜陵市	**192716**	**191246**	**1470**	**443744**	**227316**	**216428**	**105.03**
铜官区	4356	3786	570	11068	5663	5405	104.77
义安区	49907	49722	185	111955	57844	54111	106.90
郊区	39254	39028	226	93612	47685	45927	103.83
枞阳县	99199	98710	489	227109	116124	110985	104.63
安庆市	**725727**	**722000**	**3727**	**1852784**	**963355**	**889429**	**108.31**
迎江区	4978	4946	32	9746	5024	4722	106.40
大观区	13389	13211	178	35960	18735	17225	108.77
宜秀区	10915	10736	179	26675	13689	12986	105.41
怀宁县	101974	101480	494	255563	133115	122448	108.71
太湖县	100533	100055	478	253959	132306	121653	108.76
宿松县	141401	140376	1025	367260	195124	172136	113.35
望江县	112966	112653	313	302054	153459	148595	103.27
岳西县	75272	74915	357	199625	104457	95168	109.76
安徽安庆经济开发区	1523	1500	23	3611	1806	1805	100.06
桐城市	81787	81433	354	195206	99817	95389	104.64
潜山市	80989	80695	294	203125	105823	97302	108.76
黄山市	**228236**	**226285**	**1951**	**554921**	**292898**	**262023**	**111.78**
屯溪区	7687	7609	78	21845	11026	10819	101.91
黄山区	25496	25226	270	60588	32657	27931	116.92
徽州区	13076	13040	36	32869	16876	15993	105.52
歙县	87326	86943	383	201709	106192	95517	111.18
休宁县	47145	46725	420	122702	64138	58564	109.52
黟县	18130	17878	252	44002	23485	20517	114.47
祁门县	29376	28864	512	71206	38524	32682	117.88
滁州市	**585641**	**579265**	**6376**	**1521350**	**799965**	**721385**	**110.89**
琅琊区	4513	4439	74	10613	5718	4895	116.81
南谯区	41192	38963	2229	104044	53220	50824	104.71
来安县	71777	71190	587	177250	92692	84558	109.62
全椒县	62050	61352	698	139456	73030	66426	109.94
定远县	138922	138498	424	367526	194867	172659	112.86
凤阳县	108173	107554	619	316559	168035	148524	113.14
苏滁现代产业园							
滁州经济技术开发区	4153	3264	889	19153	11568	7585	152.51
天长市	67139	66645	494	170695	88679	82016	108.12
明光市	87722	87360	362	216054	112156	103898	107.95

单位：户、人

人口数								平均家庭户规模（人/户）
家庭户				集体户				
小计	男	女	性别比（女=100）	小计	男	女	性别比（女=100）	
600820	**314036**	**286784**	**109.50**	**10560**	**7362**	**3198**	**230.21**	**2.55**
8779	4404	4375	100.66	473	355	118	300.85	2.38
12870	6584	6286	104.74	239	204	35	582.86	2.48
69091	36373	32718	111.17	680	437	243	179.84	2.68
161139	82952	78187	106.09	4202	2998	1204	249.00	2.66
147527	78142	69385	112.62	1152	846	306	276.47	2.48
201414	105581	95833	110.17	3814	2522	1292	195.20	2.50
695547	**353475**	**342072**	**103.33**	**10616**	**5563**	**5053**	**110.09**	**2.78**
50519	25331	25188	100.57	680	573	107	535.51	2.73
47413	24108	23305	103.45	281	207	74	279.73	2.61
101859	51719	50140	103.15	6220	2336	3884	60.14	2.59
495756	252317	243439	103.65	3435	2447	988	247.67	2.84
438163	**223966**	**214197**	**104.56**	**5581**	**3350**	**2231**	**150.16**	**2.29**
9058	4518	4540	99.52	2010	1145	865	132.37	2.39
110962	57178	53784	106.31	993	666	327	203.67	2.23
92722	47160	45562	103.51	890	525	365	143.84	2.38
225421	115110	110311	104.35	1688	1014	674	150.45	2.28
1829829	**946229**	**883600**	**107.09**	**22955**	**17126**	**5829**	**293.81**	**2.53**
9485	4796	4689	102.28	261	228	33	690.91	1.92
34543	17507	17036	102.76	1417	1228	189	649.74	2.61
26140	13304	12836	103.65	535	385	150	256.67	2.43
252590	130938	121652	107.63	2973	2177	796	273.49	2.49
251758	130738	121020	108.03	2201	1568	633	247.71	2.52
359870	189156	170714	110.80	7390	5968	1422	419.69	2.56
300659	152592	148067	103.06	1395	867	528	164.20	2.67
197293	102852	94441	108.91	2332	1605	727	220.77	2.63
3551	1760	1791	98.27	60	46	14	328.57	2.37
192305	97891	94414	103.68	2901	1926	975	197.54	2.36
201635	104695	96940	108.00	1490	1128	362	311.60	2.50
541936	**282117**	**259819**	**108.58**	**12985**	**10781**	**2204**	**489.16**	**2.39**
21516	10764	10752	100.11	329	262	67	391.04	2.83
58413	30765	27648	111.27	2175	1892	283	668.55	2.32
32745	16768	15977	104.95	124	108	16	675.00	2.51
200022	104958	95064	110.41	1687	1234	453	272.41	2.30
120240	62212	58028	107.21	2462	1926	536	359.33	2.57
42340	22086	20254	109.05	1662	1399	263	531.94	2.37
66660	34564	32096	107.69	4546	3960	586	675.77	2.31
1478329	**773066**	**705263**	**109.61**	**43021**	**26899**	**16122**	**166.85**	**2.55**
10063	5265	4798	109.73	550	453	97	467.01	2.27
89918	46193	43725	105.64	14126	7027	7099	98.99	2.31
173536	89672	83864	106.93	3714	3020	694	435.16	2.44
135376	70305	65071	108.04	4080	2725	1355	201.11	2.21
365245	193309	171936	112.43	2281	1558	723	215.49	2.64
313910	166382	147528	112.78	2649	1653	996	165.96	2.92
8526	4460	4066	109.69	10627	7108	3519	201.99	2.61
167868	86664	81204	106.72	2827	2015	812	248.15	2.52
213887	110816	103071	107.51	2167	1340	827	162.03	2.45

1-1c 续表 2

地区	户数			合计			
	合计	家庭户	集体户	合计	男	女	性别比(女=100)
阜阳市	**1680055**	**1677084**	**2971**	**4758282**	**2434151**	**2324131**	**104.73**
颍州区	99897	99551	346	295975	149969	146006	102.71
颍东区	95648	95367	281	284095	146046	138049	105.79
颍泉区	111582	111437	145	301446	152493	148953	102.38
临泉县	391001	390571	430	1153436	584158	569278	102.61
太和县	293279	293122	157	765106	393296	371810	105.78
阜南县	281455	280483	972	837038	429475	407563	105.38
颍上县	258496	258228	268	723597	376119	347478	108.24
阜阳合肥现代产业园区	11213	11034	179	33916	17378	16538	105.08
阜阳经济技术开发区	6908	6858	50	21296	10818	10478	103.24
界首市	130576	130433	143	342377	174399	167978	103.82
宿州市	**1097351**	**1094917**	**2434**	**2994449**	**1534447**	**1460002**	**105.10**
埇桥区	297042	296113	929	826753	427787	398966	107.22
砀山县	152813	152581	232	391599	199512	192087	103.87
萧县	270651	270194	457	679865	345230	334635	103.17
灵璧县	216062	215692	370	620634	318616	302018	105.50
泗县	154423	153980	443	456788	233659	223129	104.72
宿州马鞍山现代产业园区	6360	6357	3	18810	9643	9167	105.19
宿州经济技术开发区							
六安市	**917476**	**910748**	**6728**	**2263353**	**1192763**	**1070590**	**111.41**
金安区	141573	139086	2487	326637	171600	155037	110.68
裕安区	173196	172018	1178	461704	241989	219715	110.14
叶集区	39109	38525	584	110485	58574	51911	112.84
霍邱县	254088	253474	614	610728	321095	289633	110.86
舒城县	159344	158049	1295	377794	198295	179499	110.47
金寨县	112073	111679	394	288150	154717	133433	115.95
霍山县	38093	37917	176	87855	46493	41362	112.41
亳州市	**1085818**	**1082852**	**2966**	**2873352**	**1480061**	**1393291**	**106.23**
谯城区	310792	309799	993	786662	404950	381712	106.09
涡阳县	269024	268368	656	722760	372118	350642	106.12
蒙城县	215302	214725	577	621472	320218	301254	106.30
利辛县	290700	289960	740	742458	382775	359683	106.42
池州市	**226010**	**223447**	**2563**	**541385**	**283331**	**258054**	**109.80**
贵池区	86296	85307	989	197938	103081	94857	108.67
东至县	71355	71039	316	176990	92075	84915	108.43
石台县	19272	19056	216	46600	24710	21890	112.88
青阳县	45093	44107	986	108094	57466	50628	113.51
池州市国家经济技术开发区							
皖江江南新兴产业集中区							
九华山风景区	3994	3938	56	11763	5999	5764	104.08
宣城市	**431208**	**426691**	**4517**	**979579**	**521196**	**458383**	**113.70**
宣州区	139984	138702	1282	313105	163818	149287	109.73
郎溪县	47968	47754	214	114114	60247	53867	111.84
泾县	60239	59596	643	130269	71797	58472	122.79
绩溪县	25983	25827	156	56165	29780	26385	112.87
旌德县	20417	20283	134	47665	26224	21441	122.31
宣城市经济开发区	8510	7436	1074	20125	10842	9283	116.79
宁国市	54186	53563	623	113653	61672	51981	118.64
广德市	73921	73530	391	184483	96816	87667	110.44

单位：户、人

人口数								平均家庭户规模（人/户）
家庭户				集体户				
小计	男	女	性别比（女=100）	小计	男	女	性别比（女=100）	
4739016	**2421626**	**2317390**	**104.50**	**19266**	**12525**	**6741**	**185.80**	**2.83**
293044	147961	145083	101.98	2931	2008	923	217.55	2.94
282461	144813	137648	105.21	1634	1233	401	307.48	2.96
300564	151790	148774	102.03	882	703	179	392.74	2.70
1151159	582677	568482	102.50	2277	1481	796	186.06	2.95
764048	392615	371433	105.70	1058	681	377	180.64	2.61
830454	425665	404789	105.16	6584	3810	2774	137.35	2.96
721825	375014	346811	108.13	1772	1105	667	165.67	2.80
32751	16587	16164	102.62	1165	791	374	211.50	2.97
21145	10719	10426	102.81	151	99	52	190.38	3.08
341565	173785	167780	103.58	812	614	198	310.10	2.62
2979071	**1525655**	**1453416**	**104.97**	**15378**	**8792**	**6586**	**133.50**	**2.72**
818885	423886	394999	107.31	7868	3901	3967	98.34	2.77
390123	198580	191543	103.67	1476	932	544	171.32	2.56
678054	344068	333986	103.02	1811	1162	649	179.04	2.51
618126	316931	301195	105.22	2508	1685	823	204.74	2.87
455089	232559	222530	104.51	1699	1100	599	183.64	2.96
18794	9631	9163	105.11	16	12	4	300.00	2.96
2233404	**1172491**	**1060913**	**110.52**	**29949**	**20272**	**9677**	**209.49**	**2.45**
316581	165385	151196	109.38	10056	6215	3841	161.81	2.28
456058	238392	217666	109.52	5646	3597	2049	175.55	2.65
107940	56959	50981	111.73	2545	1615	930	173.66	2.80
607014	318516	288498	110.40	3714	2579	1135	227.22	2.39
373142	194492	178650	108.87	4652	3803	849	447.94	2.36
285516	152726	132790	115.01	2634	1991	643	309.64	2.56
87153	46021	41132	111.89	702	472	230	205.22	2.30
2852638	**1467043**	**1385595**	**105.88**	**20714**	**13018**	**7696**	**169.15**	**2.63**
778943	400561	378382	105.86	7719	4389	3330	131.80	2.51
717946	368461	349485	105.43	4814	3657	1157	316.08	2.68
618657	318371	300286	106.02	2815	1847	968	190.81	2.88
737092	379650	357442	106.21	5366	3125	2241	139.45	2.54
527662	**272770**	**254892**	**107.01**	**13723**	**10561**	**3162**	**334.00**	**2.36**
193245	99378	93867	105.87	4693	3703	990	374.04	2.27
175144	90751	84393	107.53	1846	1324	522	253.64	2.47
44887	23234	21653	107.30	1713	1476	237	622.78	2.36
102936	53658	49278	108.89	5158	3808	1350	282.07	2.33
11450	5749	5701	100.84	313	250	63	396.83	2.91
957240	**504835**	**452405**	**111.59**	**22339**	**16361**	**5978**	**273.69**	**2.24**
307227	159323	147904	107.72	5878	4495	1383	325.02	2.22
112879	59319	53560	110.75	1235	928	307	302.28	2.36
126551	68747	57804	118.93	3718	3050	668	456.59	2.12
55314	29144	26170	111.36	851	636	215	295.81	2.14
46672	25356	21316	118.95	993	868	125	694.40	2.30
15895	8289	7606	108.98	4230	2553	1677	152.24	2.14
111295	60017	51278	117.04	2358	1655	703	235.42	2.08
181407	94640	86767	109.07	3076	2176	900	241.78	2.47

1－2　各地区分性别、

地　　区	人　口　数			居住本乡、镇、街道，户口在本乡、镇、街道		
	合计	男	女	小计	男	女
安　徽	**61027171**	**31103394**	**29923777**	**42641509**	**21858266**	**20783243**
合肥市	**9369881**	**4821924**	**4547957**	**4251370**	**2170371**	**2080999**
瑶海区	862043	436843	425200	283570	142012	141558
庐阳区	697293	347808	349485	290600	143401	147199
蜀山区	1047150	525830	521320	436182	217721	218461
包河区	1217469	627505	589964	445061	221998	223063
长丰县	783982	407835	376147	395821	205678	190143
肥东县	884792	464542	420250	457841	238755	219086
肥西县	967508	506811	460697	402590	207417	195173
庐江县	888238	457599	430639	702529	366789	335740
合肥高新技术产业开发区	269922	141211	128711	81616	41392	40224
合肥经济技术开发区	557858	291746	266112	171877	87915	83962
合肥新站高新技术产业开发区	466464	247713	218751	124984	62641	62343
巢湖市	727162	366481	360681	458699	234652	224047
芜湖市	**3644420**	**1868742**	**1775678**	**2367934**	**1215801**	**1152133**
镜湖区	478658	234806	243852	260460	128671	131789
弋江区	422620	211923	210697	167892	84322	83570
鸠江区	540487	281690	258797	336814	171066	165748
三山区	162255	86224	76031	98315	50598	47717
芜湖县	344016	178210	165806	221694	115363	106331
繁昌县	243907	125189	118718	177320	91242	86078
南陵县	431148	218791	212357	330742	171722	159020
芜湖经济技术开发区	181034	99369	81665	67013	34116	32897
安徽芜湖长江大桥经济开发区	22298	11400	10898	21095	10763	10332
无为市	817997	421140	396857	686589	357938	328651
蚌埠市	**3296408**	**1669446**	**1626962**	**2380082**	**1221108**	**1158974**
龙子湖区	216875	108696	108179	123219	62799	60420
蚌山区	171045	85261	85784	80483	40175	40308
禹会区	325814	163948	161866	211675	108376	103299
淮上区	283872	145753	138119	195180	100986	94194
怀远县	935335	477802	457533	802653	413962	388691
五河县	523531	266733	256798	429274	221886	207388
固镇县	501449	254135	247314	418169	213987	204182
蚌埠市高新技术开发区	61850	31387	30463	16186	8162	8024
蚌埠市经济开发区	276637	135731	140906	103243	50775	52468
淮南市	**3033528**	**1547407**	**1486121**	**2206124**	**1137250**	**1068874**
大通区	165671	84179	81492	109977	56791	53186
田家庵区	730078	360177	369901	383152	190594	192558
谢家集区	221589	109260	112329	158619	79092	79527
八公山区	118221	57440	60781	78535	38732	39803
潘集区	326077	170367	155710	262983	137726	125257
凤台县	633385	331680	301705	483164	252499	230665
寿县	838507	434304	404203	729694	381816	347878

户口登记状况的人口

单位：人

居住本乡、镇、街道，户口在外乡、镇、街道，离开户口登记地半年以上			居住本乡、镇、街道，户口待定			原住本乡、镇、街道，现在港澳台或国外工作学习		
小计	男	女	小计	男	女	小计	男	女
18099918	**9098260**	**9001658**	**229538**	**114115**	**115423**	**56206**	**32753**	**23453**
5075402	**2628764**	**2446638**	**30894**	**15709**	**15185**	**12215**	**7080**	**5135**
574705	292978	281727	3024	1493	1531	744	360	384
402692	202382	200310	2201	1169	1032	1800	856	944
605042	305086	299956	3694	1955	1739	2232	1068	1164
766539	402483	364056	3535	1864	1671	2334	1160	1174
384389	200224	184165	3527	1776	1751	245	157	88
422458	222819	199639	2534	1284	1250	1959	1684	275
561882	297752	264130	2481	1259	1222	555	383	172
182608	89153	93455	2432	1257	1175	669	400	269
186853	99066	87787	1020	547	473	433	206	227
384031	202761	181270	1647	898	749	303	172	131
339692	184161	155531	1655	831	824	133	80	53
264511	129899	134612	3144	1376	1768	808	554	254
1265568	**647331**	**618237**	**6906**	**3539**	**3367**	**4012**	**2071**	**1941**
216089	105106	110983	892	460	432	1217	569	648
253699	127035	126664	736	409	327	293	157	136
202375	109975	92400	887	459	428	411	190	221
63499	35395	28104	318	159	159	123	72	51
121743	62566	59177	377	181	196	202	100	102
66213	33742	32471	155	81	74	219	124	95
99210	46428	52782	795	423	372	401	218	183
113622	65044	48578	316	164	152	83	45	38
1152	604	548	27	16	11	24	17	7
127966	61436	66530	2403	1187	1216	1039	579	460
901189	**440851**	**460338**	**11912**	**5783**	**6129**	**3225**	**1704**	**1521**
92988	45581	47407	275	156	119	393	160	233
89806	44746	45060	392	168	224	364	172	192
113156	55069	58087	700	351	349	283	152	131
87687	44235	43452	870	446	424	135	86	49
127385	61232	66153	4612	2192	2420	685	416	269
91475	43407	48068	2498	1259	1239	284	181	103
81171	39101	42070	1757	840	917	352	207	145
45339	23057	22282	268	141	127	57	27	30
172182	84423	87759	540	230	310	672	303	369
817401	**404971**	**412430**	**7514**	**3701**	**3813**	**2489**	**1485**	**1004**
55241	27130	28111	335	177	158	118	81	37
344935	168556	176379	1056	530	526	935	497	438
62545	29956	32589	224	115	109	201	97	104
39485	18605	20880	121	60	61	80	43	37
61707	31935	29772	1122	522	600	265	184	81
147248	77645	69603	2617	1307	1310	356	229	127
106240	51144	55096	2039	990	1049	534	354	180

1-2 续表 1

地　　区	人　口　数			居住本乡、镇、街道，户口在本乡、镇、街道		
	合计	男	女	小计	男	女
马鞍山市	**2159930**	**1104810**	**1055120**	**1484948**	**762207**	**722741**
花山区	450983	226021	224962	225183	111599	113584
雨山区	355986	182107	173879	161418	81589	79829
博望区	158483	83428	75055	142027	74817	67210
当涂县	446991	229390	217601	346085	177807	168278
含山县	336588	172460	164128	278795	144743	134052
和县	410899	211404	199495	331440	171652	159788
淮北市	**1970265**	**986388**	**983877**	**1428857**	**719002**	**709855**
杜集区	239692	120618	119074	189539	95350	94189
相山区	548934	269607	279327	278683	136910	141773
烈山区	249237	122221	127016	193492	98001	95491
濉溪县	932402	473942	458460	767143	388741	378402
铜陵市	**1311726**	**655329**	**656397**	**913510**	**461427**	**452083**
铜官区	450949	223183	227766	213813	106270	107543
义安区	227493	115502	111991	168282	86429	81853
郊区	164233	83373	80860	134784	68195	66589
枞阳县	469051	233271	235780	396631	200533	196098
安庆市	**4165284**	**2103208**	**2062076**	**3100869**	**1582455**	**1518414**
迎江区	253694	125374	128320	103093	50832	52261
大观区	214112	106062	108050	137714	68220	69494
宜秀区	196672	98223	98449	92888	46888	46000
怀宁县	496683	252258	244425	395087	201783	193304
太湖县	430465	218868	211597	357655	184063	173592
宿松县	612586	317862	294724	499565	262486	237079
望江县	462367	230468	231899	397068	200259	196809
岳西县	323837	164811	159026	275261	142331	132930
安徽安庆经济开发区	140015	73099	66916	55747	28826	26921
桐城市	593629	293717	299912	432090	215746	216344
潜山市	441224	222466	218758	354701	181021	173680
黄山市	**1330565**	**673019**	**657546**	**900841**	**462767**	**438074**
屯溪区	291188	141195	149993	139255	68442	70813
黄山区	146942	76665	70277	102130	53238	48892
徽州区	96162	48628	47534	57517	29719	27798
歙县	362962	185229	177733	271953	141495	130458
休宁县	211456	107076	104380	160312	82862	77450
黟县	76211	39502	36709	61666	31801	29865
祁门县	145644	74724	70920	108008	55210	52798
滁州市	**3987054**	**2052337**	**1934717**	**2728696**	**1410850**	**1317846**
琅琊区	268430	135114	133316	125637	63134	62503
南谯区	348762	179101	169661	144040	73960	70080
来安县	416048	215051	200997	306665	156899	149766
全椒县	395633	203666	191967	258843	132691	126152
定远县	671361	350057	321304	554422	291218	263204
凤阳县	631934	329820	302114	524374	276467	247907
苏滁现代产业园	23609	14268	9341	6941	3473	3468
滁州经济技术开发区	141870	75205	66665	32007	16233	15774
天长市	603780	305101	298679	408467	208101	200366
明光市	485627	244954	240673	367300	188674	178626

单位：人

居住本乡、镇、街道，户口在外乡、镇、街道，离开户口登记地半年以上			居住本乡、镇、街道，户口待定			原住本乡、镇、街道，现在港澳台或国外工作学习		
小计	男	女	小计	男	女	小计	男	女
667251	**338751**	**328500**	**4317**	**2154**	**2163**	**3414**	**1698**	**1716**
223801	113501	110300	610	308	302	1389	613	776
192913	99717	93196	729	383	346	926	418	508
15930	8343	7587	396	201	195	130	67	63
99666	50941	48725	906	447	459	334	195	139
56486	27024	29462	995	480	515	312	213	99
78455	39225	39230	681	335	346	323	192	131
533337	**263229**	**270108**	**6605**	**3288**	**3317**	**1466**	**869**	**597**
49671	24973	24698	282	158	124	200	137	63
268808	131972	136836	770	390	380	673	335	338
54970	23898	31072	600	214	386	175	108	67
159888	82386	77502	4953	2526	2427	418	289	129
393369	**191285**	**202084**	**2870**	**1502**	**1368**	**1977**	**1115**	**862**
235349	116000	119349	839	457	382	948	456	492
58636	28738	29898	291	158	133	284	177	107
29011	14940	14071	264	138	126	174	100	74
70373	31607	38766	1476	749	727	571	382	189
1046888	**511457**	**535431**	**11844**	**5887**	**5957**	**5683**	**3409**	**2274**
149315	73862	75453	539	311	228	747	369	378
75529	37400	38129	200	99	101	669	343	326
103281	51070	52211	376	202	174	127	63	64
99716	49503	50213	1329	634	695	551	338	213
71059	33921	37138	1370	638	732	381	246	135
108619	53012	55607	3671	1859	1812	731	505	226
63376	29191	34185	1463	738	725	460	280	180
47652	21960	25692	640	336	304	284	184	100
83644	43969	39675	332	161	171	292	143	149
159985	77108	82877	897	418	479	657	445	212
84712	40461	44251	1027	491	536	784	493	291
424920	**207867**	**217053**	**2393**	**1185**	**1208**	**2411**	**1200**	**1211**
150812	72201	78611	594	312	282	527	240	287
44418	23233	21185	168	89	79	226	105	121
38349	18765	19584	136	66	70	160	78	82
88990	42722	46268	869	417	452	1150	595	555
50671	23979	26692	299	148	151	174	87	87
14391	7625	6766	101	49	52	53	27	26
37289	19342	17947	226	104	122	121	68	53
1245684	**635001**	**610683**	**10480**	**5221**	**5259**	**2194**	**1265**	**929**
141909	71555	70354	495	249	246	389	176	213
203631	104592	99039	894	457	437	197	92	105
108648	57786	50862	501	228	273	234	138	96
135825	70469	65356	804	394	410	161	112	49
114082	57396	56686	2552	1266	1286	305	177	128
104715	51915	52800	2668	1323	1345	177	115	62
16644	10782	5862	22	12	10	2	1	1
109499	58789	50710	306	154	152	58	29	29
193850	96185	97665	1061	542	519	402	273	129
116881	55532	61349	1177	596	581	269	152	117

1-2 续表 2

地区	人口数			居住本乡、镇、街道，户口在本乡、镇、街道		
	合计	男	女	小计	男	女
阜阳市	**8200264**	**4157132**	**4043132**	**6797000**	**3466976**	**3330024**
颍州区	828527	409166	419361	525121	263499	261622
颍东区	538187	276342	261845	423807	217430	206377
颍泉区	598004	301828	296176	490179	247546	242633
临泉县	1658442	836107	822335	1445928	732334	713594
太和县	1379982	702513	677469	1202085	616422	585663
阜南县	1183602	600947	582655	1032765	528348	504417
颍上县	1198830	618890	579940	1067875	552482	515393
阜阳合肥现代产业园区	40352	20776	19576	33706	17285	16421
阜阳经济技术开发区	123468	62518	60950	55524	27825	27699
界首市	650870	328045	322825	520010	263805	256205
宿州市	**5324476**	**2695358**	**2629118**	**4373238**	**2232369**	**2140869**
埇桥区	1658682	840849	817833	1244977	638494	606483
砀山县	765564	386016	379548	689274	348419	340855
萧县	1054597	533832	520765	908806	462706	446100
灵璧县	974720	493895	480825	827208	424639	402569
泗县	763310	386288	377022	644116	328566	315550
宿州马鞍山现代产业园区	48012	24501	23511	36914	18742	18172
宿州经济技术开发区	59591	29977	29614	21943	10803	11140
六安市	**4393699**	**2257485**	**2136214**	**3192728**	**1662025**	**1530703**
金安区	829236	417207	412029	448425	230775	217650
裕安区	923301	473002	450299	569788	296747	273041
叶集区	216229	114305	101924	175560	92405	83155
霍邱县	944985	493157	451828	837374	437726	399648
舒城县	697250	353824	343426	553528	284814	268714
金寨县	496501	260861	235640	397500	210804	186696
霍山县	286197	145129	141068	210553	108754	101799
亳州市	**4996844**	**2554536**	**2442308**	**3920051**	**2016213**	**1903838**
谯城区	1537231	781713	755518	1072314	551060	521254
涡阳县	1170719	601112	569607	962207	494306	467901
蒙城县	1101640	563673	537967	889364	457123	432241
利辛县	1187254	608038	579216	996166	513724	482442
池州市	**1342764**	**671596**	**671168**	**948026**	**482736**	**465290**
贵池区	592802	292491	300311	357607	181425	176182
东至县	398414	199627	198787	336936	171263	165673
石台县	80612	41133	39479	64902	33408	31494
青阳县	232974	118240	114734	169312	87035	82277
池州市国家经济技术开发区	13048	6809	6239	4905	2435	2470
皖江江南新兴产业集中区	9424	5292	4132	2890	1418	1472
九华山风景区	15490	8004	7486	11474	5752	5722
宣城市	**2500063**	**1284677**	**1215386**	**1647235**	**854709**	**792526**
宣州区	671209	339081	332128	436817	224683	212134
郎溪县	311513	159119	152394	231563	119587	111976
泾县	275837	143008	132829	202949	107478	95471
绩溪县	138784	70295	68489	97284	50168	47116
旌德县	112368	58022	54346	88064	46394	41670
宣城市经济开发区	106576	56729	49847	34263	17418	16845
宁国市	384644	198606	186038	204601	106525	98076
广德市	499132	259817	239315	351694	182456	169238

单位：人

居住本乡、镇、街道，户口在外乡、镇、街道，离开户口登记地半年以上			居住本乡、镇、街道，户口待定			原住本乡、镇、街道，现在港澳台或国外工作学习		
小计	男	女	小计	男	女	小计	男	女
1349326	**662626**	**686700**	**48968**	**24392**	**24576**	**4970**	**3138**	**1832**
298933	143368	155565	4047	2064	1983	426	235	191
111931	57629	54302	2086	1045	1041	363	238	125
104401	52536	51865	3077	1550	1527	347	196	151
202354	98798	103556	9246	4385	4861	914	590	324
166732	80381	86351	10397	5169	5228	768	541	227
142370	68200	74170	7696	3896	3800	771	503	268
122146	61885	60261	8144	4130	4014	665	393	272
6407	3371	3036	228	113	115	11	7	4
67533	34480	33053	378	194	184	33	19	14
126519	61978	64541	3669	1846	1823	672	416	256
924426	**449167**	**475259**	**23109**	**11167**	**11942**	**3703**	**2655**	**1048**
406156	198603	207553	6506	3090	3416	1043	662	381
72528	35668	36860	3200	1549	1651	562	380	182
141075	68404	72671	3554	1730	1824	1162	992	170
140507	65725	74782	6463	3170	3293	542	361	181
115882	56082	59800	2950	1401	1549	362	239	123
10891	5662	5229	194	86	108	13	11	2
37387	19023	18364	242	141	101	19	10	9
1189585	**589314**	**600271**	**8702**	**4437**	**4265**	**2684**	**1709**	**975**
379320	185655	193665	1060	505	555	431	272	159
351307	174973	176334	1756	995	761	450	287	163
40013	21547	18466	557	287	270	99	66	33
105252	54240	51012	1885	891	994	474	300	174
142105	68139	73966	993	495	498	624	376	248
96572	48700	47872	2022	1069	953	407	288	119
75016	36060	38956	429	195	234	199	120	79
1028752	**514396**	**514356**	**46012**	**22590**	**23422**	**2029**	**1337**	**692**
452264	224182	228082	12159	6136	6023	494	335	159
196182	100699	95483	11895	5828	6067	435	279	156
200842	100943	99899	10901	5263	5638	533	344	189
179464	88572	90892	11057	5363	5694	567	379	188
390981	**186800**	**204181**	**2366**	**1256**	**1110**	**1391**	**804**	**587**
233437	110105	123332	1126	597	529	632	364	268
60328	27735	32593	780	412	368	370	217	153
15471	7590	7881	161	94	67	78	41	37
63124	30902	32222	247	128	119	291	175	116
8105	4353	3752	38	21	17			
6526	3872	2654	8	2	6			
3990	2243	1747	6	2	4	20	7	13
845839	**426450**	**419389**	**4646**	**2304**	**2342**	**2343**	**1214**	**1129**
232560	113478	119082	1160	558	602	672	362	310
78960	39023	39937	756	385	371	234	124	110
72089	35169	36920	446	214	232	353	147	206
41010	19890	21120	278	131	147	212	106	106
23957	11459	12498	197	102	95	150	67	83
72058	39167	32891	221	125	96	34	19	15
179155	91601	87554	491	259	232	397	221	176
146050	76663	69387	1097	530	567	291	168	123

1－2a 各地区分性别、

地 区	人 口 数			居住本乡、镇、街道，户口在本乡、镇、街道		
	合计	男	女	小计	男	女
安 徽	**16329087**	**8142601**	**8186486**	**7150743**	**3564700**	**3586043**
合肥市	**4162834**	**2105541**	**2057293**	**1563885**	**781789**	**782096**
瑶海区	815848	413047	402801	272547	136468	136079
庐阳区	622373	310756	311617	253308	124936	128372
蜀山区	1002167	501408	500759	402196	200244	201952
包河区	1211298	623952	587346	442995	220940	222055
长丰县						
肥东县						
肥西县	60828	32312	28516	6819	3544	3275
庐江县						
合肥高新技术产业开发区						
合肥经济技术开发区						
合肥新站高新技术产业开发区	65109	32904	32205	22148	11143	11005
巢湖市	385211	191162	194049	163872	84514	79358
芜湖市	**1518097**	**766028**	**752069**	**719348**	**358909**	**360439**
镜湖区	458287	224331	233956	242164	119184	122980
弋江区	422620	211923	210697	167892	84322	83570
鸠江区	323521	169636	153885	133757	66714	67043
三山区	101537	55234	46303	56532	28934	27598
芜湖县	8833	4558	4275	7699	4052	3647
繁昌县						
南陵县						
芜湖经济技术开发区	2603	1364	1239	2449	1286	1163
安徽芜湖长江大桥经济开发区						
无为市	200696	98982	101714	108855	54417	54438
蚌埠市	**689398**	**343241**	**346157**	**329451**	**165101**	**164350**
龙子湖区	167704	82502	85202	80725	40039	40686
蚌山区	154449	76455	77994	66392	32664	33728
禹会区	209219	103626	105593	102719	51553	51166
淮上区	158026	80658	77368	79615	40845	38770
怀远县						
五河县						
固镇县						
蚌埠市高新技术开发区						
蚌埠市经济开发区						
淮南市	**1085864**	**532762**	**553102**	**589220**	**291240**	**297980**
大通区	40058	19683	20375	16916	8394	8522
田家庵区	686493	337491	349002	343688	169825	173863
谢家集区	170233	82761	87472	111280	54494	56786
八公山区	112563	54648	57915	74866	36844	38022
潘集区	76517	38179	38338	42470	21683	20787
凤台县						
寿县						

户口登记状况的人口(城市)

单位：人

居住本乡、镇、街道，户口在外乡、镇、街道，离开户口登记地半年以上			居住本乡、镇、街道，户口待定			原住本乡、镇、街道，现在港澳台或国外工作学习		
小计	男	女	小计	男	女	小计	男	女
9113788	**4545344**	**4568444**	**43644**	**22425**	**21219**	**20912**	**10132**	**10780**
2577146	**1312876**	**1264270**	**14679**	**7413**	**7266**	**7124**	**3463**	**3661**
539784	274857	264927	2786	1370	1416	731	352	379
365439	183984	181455	1968	1048	920	1658	788	870
594171	298220	295951	3622	1915	1707	2178	1029	1149
762466	400001	362465	3524	1859	1665	2313	1152	1161
53854	28685	25169	144	80	64	11	3	8
42703	21638	21065	221	104	117	37	19	18
218729	105491	113238	2414	1037	1377	196	120	76
793843	**404622**	**389221**	**2927**	**1549**	**1378**	**1979**	**948**	**1031**
214041	104129	109912	880	457	423	1202	561	641
253699	127035	126664	736	409	327	293	157	136
188954	102505	86449	603	328	275	207	89	118
44786	26189	18597	176	87	89	43	24	19
1127	503	624	2	1	1	5	2	3
144	74	70	2		2	8	4	4
91092	44187	46905	528	267	261	221	111	110
357543	**176969**	**180574**	**1393**	**703**	**690**	**1011**	**468**	**543**
86392	42186	44206	214	126	88	373	151	222
87328	43465	43863	374	161	213	355	165	190
105928	51780	54148	352	176	176	220	117	103
77895	39538	38357	453	240	213	63	35	28
493996	**240161**	**253835**	**1456**	**747**	**709**	**1192**	**614**	**578**
23039	11225	11814	94	60	34	9	4	5
340934	166700	174234	962	485	477	909	481	428
58664	28131	30533	122	63	59	167	73	94
37522	17711	19811	99	54	45	76	39	37
33837	16394	17443	179	85	94	31	17	14

1－2a　续表 1

地　区	人　口　数			居住本乡、镇、街道，户口在本乡、镇、街道		
	合计	男	女	小计	男	女
马鞍山市	**863074**	**437670**	**425404**	**435229**	**218840**	**216389**
花山区	441731	221262	220469	218319	108182	110137
雨山区	342877	175319	167558	150181	75846	74335
博望区	78466	41089	37377	66729	34812	31917
当涂县						
含山县						
和县						
淮北市	**815765**	**401700**	**414065**	**469932**	**232454**	**237478**
杜集区	142543	71467	71076	104663	52445	52218
相山区	501240	245292	255948	238791	116591	122200
烈山区	110167	52314	57853	71334	35696	35638
濉溪县	61815	32627	29188	55144	27722	27422
铜陵市	**568928**	**281812**	**287116**	**268814**	**133885**	**134929**
铜官区	439626	217390	222236	206015	102462	103553
义安区	88147	43388	44759	41613	20839	20774
郊区	41155	21034	20121	21186	10584	10602
枞阳县						
安庆市	**1084509**	**528491**	**556018**	**520768**	**256234**	**264534**
迎江区	243948	120350	123598	94501	46503	47998
大观区	158457	77393	81064	87787	43168	44619
宜秀区	142092	70489	71603	44645	22513	22132
怀宁县						
太湖县						
宿松县						
望江县	98393	46512	51881	54086	26416	27670
岳西县						
安徽安庆经济开发区	463	364	99	43	22	21
桐城市	293473	142109	151364	156484	76569	79915
潜山市	147683	71274	76409	83222	41043	42179
黄山市	**369432**	**179456**	**189976**	**167352**	**82658**	**84694**
屯溪区	249966	120148	129818	115515	56352	59163
黄山区	60266	29719	30547	30680	15498	15182
徽州区	51651	25791	25860	17619	8963	8656
歙县	3424	1727	1697	2090	1099	991
休宁县	4125	2071	2054	1448	746	702
黟县						
祁门县						
滁州市	**879762**	**439476**	**440286**	**364758**	**182658**	**182100**
琅琊区	257817	129396	128421	117499	58900	58599
南谯区	188355	97227	91128	55229	27919	27310
来安县						
全椒县						
定远县						
凤阳县						
苏滁现代产业园						
滁州经济技术开发区						
天长市	241167	119309	121858	91793	46030	45763
明光市	192423	93544	98879	100237	49809	50428

单位：人

居住本乡、镇、街道，户口在外乡、镇、街道，离开户口登记地半年以上			居住本乡、镇、街道，户口待定			原住本乡、镇、街道，现在港澳台或国外工作学习		
小计	男	女	小计	男	女	小计	男	女
423933	**216981**	**206952**	**1546**	**795**	**751**	**2366**	**1054**	**1312**
221419	112164	109255	606	305	301	1387	611	776
191053	98677	92376	726	382	344	917	414	503
11461	6140	5321	214	108	106	62	29	33
343582	**168172**	**175410**	**1400**	**637**	**763**	**851**	**437**	**414**
37663	18897	18766	127	75	52	90	50	40
261172	128057	133115	631	328	303	646	316	330
38450	16510	21940	307	68	239	76	40	36
6297	4708	1589	335	166	169	39	31	8
297978	**146839**	**151139**	**1098**	**586**	**512**	**1038**	**502**	**536**
231844	114025	117819	836	455	381	931	448	483
46273	22418	23855	190	95	95	71	36	35
19861	10396	9465	72	36	36	36	18	18
559514	**270099**	**289415**	**2336**	**1196**	**1140**	**1891**	**962**	**929**
148191	73187	75004	535	309	226	721	351	370
69917	33845	36072	150	74	76	603	306	297
97097	47788	49309	316	174	142	34	14	20
43710	19804	23906	528	255	273	69	37	32
418	340	78				2	2	
136290	65178	71112	450	214	236	249	148	101
63891	29957	33934	357	170	187	213	104	109
200711	**96139**	**104572**	**716**	**371**	**345**	**653**	**288**	**365**
133378	63271	70107	566	298	268	507	227	280
29448	14161	15287	65	32	33	73	28	45
33894	16762	17132	77	36	41	61	30	31
1319	624	695	4	2	2	11	2	9
2672	1321	1351	4	3	1	1	1	
512491	**255563**	**256928**	**1813**	**939**	**874**	**700**	**316**	**384**
139471	70086	69385	467	238	229	380	172	208
132478	68979	63499	549	288	261	99	41	58
148817	72997	75820	455	237	218	102	45	57
91725	43501	48224	342	176	166	119	58	61

1－2a 续表 2

地区	人口数			居住本乡、镇、街道，户口在本乡、镇、街道		
	合计	男	女	小计	男	女
阜阳市	**1068847**	**526928**	**541919**	**513132**	**255523**	**257609**
颍州区	468826	227069	241757	203602	100557	103045
颍东区	178468	90583	87885	85161	43095	42066
颍泉区	214133	107128	107005	125046	62310	62736
临泉县						
太和县						
阜南县						
颍上县						
阜阳合肥现代产业园区						
阜阳经济技术开发区						
界首市	207420	102148	105272	99323	49561	49762
宿州市	**638910**	**315670**	**323240**	**302287**	**149168**	**153119**
埇桥区	633000	312720	320280	297755	146950	150805
砀山县						
萧县	5910	2950	2960	4532	2218	2314
灵璧县						
泗县						
宿州马鞍山现代产业园区						
宿州经济技术开发区						
六安市	**818023**	**408749**	**409274**	**221794**	**112334**	**109460**
金安区	358953	176938	182015	89459	44689	44770
裕安区	375550	187219	188331	74349	37351	36998
叶集区	76774	41138	35636	51887	27170	24717
霍邱县	2546	1302	1244	2425	1250	1175
舒城县	4200	2152	2048	3674	1874	1800
金寨县						
霍山县						
亳州市	**634335**	**316968**	**317367**	**236012**	**119973**	**116039**
谯城区	629287	314609	314678	232261	118083	114178
涡阳县						
蒙城县						
利辛县	5048	2359	2689	3751	1890	1861
池州市	**380458**	**182280**	**198178**	**152531**	**75782**	**76749**
贵池区	357986	170179	187807	144736	71929	72807
东至县						
石台县						
青阳县						
池州市国家经济技术开发区	13048	6809	6239	4905	2435	2470
皖江江南新兴产业集中区	9424	5292	4132	2890	1418	1472
九华山风景区						
宣城市	**750851**	**375829**	**375022**	**296230**	**148152**	**148078**
宣州区	256084	123986	132098	85144	42135	43009
郎溪县						
泾县						
绩溪县						
旌德县						
宣城市经济开发区						
宁国市	245362	123272	122090	83658	41354	42304
广德市	249405	128571	120834	127428	64663	62765

单位：人

居住本乡、镇、街道，户口在外乡、镇、街道，离开户口登记地半年以上			居住本乡、镇、街道，户口待定			原住本乡、镇、街道，现在港澳台或国外工作学习		
小计	男	女	小计	男	女	小计	男	女
551017	**268989**	**282028**	**4127**	**2141**	**1986**	**571**	**275**	**296**
263071	125381	137690	1907	1014	893	246	117	129
92700	47178	45522	529	276	253	78	34	44
88284	44406	43878	710	365	345	93	47	46
106962	52024	54938	981	486	495	154	77	77
334469	**165401**	**169068**	**1697**	**855**	**842**	**457**	**246**	**211**
333102	164672	168430	1690	854	836	453	244	209
1367	729	638	7	1	6	4	2	2
594378	**295371**	**299007**	**1736**	**975**	**761**	**115**	**69**	**46**
268933	131968	136965	515	254	261	46	27	19
300200	149258	150942	960	589	371	41	21	20
24610	13823	10787	255	129	126	22	16	6
117	50	67	4	2	2			
518	272	246	2	1	1	6	5	1
393785	**194625**	**199160**	**4445**	**2325**	**2120**	**93**	**45**	**48**
392528	194177	198351	4408	2306	2102	90	43	47
1257	448	809	37	19	18	3	2	1
226729	**105848**	**120881**	**880**	**478**	**402**	**318**	**172**	**146**
212098	97623	114475	834	455	379	318	172	146
8105	4353	3752	38	21	17			
6526	3872	2654	8	2	6			
452673	**226689**	**225984**	**1395**	**715**	**680**	**553**	**273**	**280**
170269	81512	88757	433	220	213	238	119	119
161113	81613	79500	359	195	164	232	110	122
121291	63564	57727	603	300	303	83	44	39

1－2b 各地区分性别、

地区	人口数			居住本乡、镇、街道，户口在本乡、镇、街道		
	合计	男	女	小计	男	女
安徽	**19266016**	**9752125**	**9513891**	**11603310**	**5884207**	**5719103**
合肥市	**3546443**	**1835123**	**1711320**	**1289089**	**656615**	**632474**
瑶海区	23287	11906	11381	6101	3035	3066
庐阳区	69520	34195	35325	33023	16294	16729
蜀山区	30460	15798	14662	23392	11889	11503
包河区						
长丰县	471250	241673	229577	134758	69137	65621
肥东县	601520	312459	289061	203004	103340	99664
肥西县	551649	285353	266296	151048	76574	74474
庐江县	475100	239394	235706	308164	159283	148881
合肥高新技术产业开发区	269721	141093	128628	81482	41324	40158
合肥经济技术开发区	549732	287453	262279	164787	84189	80598
合肥新站高新技术产业开发区	396463	211788	184675	100979	50543	50436
巢湖市	107741	54011	53730	82351	41007	41344
芜湖市	**1117251**	**572230**	**545021**	**697928**	**355635**	**342293**
镜湖区	1040	533	507	899	464	435
弋江区						
鸠江区	79835	40907	38928	73283	37359	35924
三山区	19441	9538	9903	3551	1763	1788
芜湖县	232525	119425	113100	119330	60872	58458
繁昌县	146003	73449	72554	90178	45558	44620
南陵县	232557	113409	119148	141738	70970	70768
芜湖经济技术开发区	175254	96370	78884	61584	31291	30293
安徽芜湖长江大桥经济开发区	14027	7142	6885	13106	6666	6440
无为市	216569	111457	105112	194259	100692	93567
蚌埠市	**1126159**	**560447**	**565712**	**634749**	**320927**	**313822**
龙子湖区	10633	6319	4314	6894	4356	2538
蚌山区						
禹会区	10241	5335	4906	9361	4863	4498
淮上区	28945	14942	14003	23637	12311	11326
怀远县	347234	173702	173532	234525	118963	115562
五河县	233023	115836	117187	147541	75156	72385
固镇县	157596	77195	80401	93362	46341	47021
蚌埠市高新技术开发区	61850	31387	30463	16186	8162	8024
蚌埠市经济开发区	276637	135731	140906	103243	50775	52468
淮南市	**766865**	**393398**	**373467**	**526603**	**270622**	**255981**
大通区	80675	41000	39675	51677	26550	25127
田家庵区	13764	7164	6600	11699	6169	5530
谢家集区	3834	2016	1818	3337	1770	1567
八公山区	51	24	27	30	15	15
潘集区	71431	38073	33358	57256	29824	27432
凤台县	237410	124277	113133	133663	68660	65003
寿县	359700	180844	178856	268941	137634	131307

户口登记状况的人口(镇)

单位：人

居住本乡、镇、街道，户口在外乡、镇、街道，离开户口登记地半年以上			居住本乡、镇、街道，户口待定			原住本乡、镇、街道，现在港澳台或国外工作学习		
小计	男	女	小计	男	女	小计	男	女
7585048	**3827834**	**3757214**	**65830**	**33118**	**32712**	**11828**	**6966**	**4862**
2242626	**1170593**	**1072033**	**12377**	**6397**	**5980**	**2351**	**1518**	**833**
17028	8790	8238	147	75	72	11	6	5
36134	17717	18417	227	118	109	136	66	70
7007	3873	3134	47	25	22	14	11	3
333804	171166	162638	2642	1336	1306	46	34	12
395773	207467	188306	1976	1004	972	767	648	119
398667	207785	190882	1804	922	882	130	72	58
165350	79261	86089	1275	675	600	311	175	136
186788	99017	87771	1020	547	473	431	205	226
383017	202210	180807	1645	896	749	283	158	125
294011	160490	133521	1387	702	685	86	53	33
25047	12817	12230	207	97	110	136	90	46
416664	**215213**	**201451**	**1937**	**997**	**940**	**722**	**385**	**337**
139	68	71	1		1	1	1	
6344	3449	2895	141	63	78	67	36	31
15780	7717	8063	102	53	49	8	5	3
112843	58384	54459	263	126	137	89	43	46
55626	27783	27843	93	52	41	106	56	50
90333	42172	48161	373	211	162	113	56	57
113291	64878	48413	313	163	150	66	38	28
897	463	434	19	11	8	5	2	3
21411	10299	11112	632	318	314	267	148	119
486719	**237267**	**249452**	**3625**	**1729**	**1896**	**1066**	**524**	**542**
3729	1958	1771	8	4	4	2	1	1
862	461	401	15	9	6	3	2	1
5232	2592	2640	67	34	33	9	5	4
111080	53952	57128	1468	691	777	161	96	65
84550	40201	44349	840	425	415	92	54	38
63745	30623	33122	419	195	224	70	36	34
45339	23057	22282	268	141	127	57	27	30
172182	84423	87759	540	230	310	672	303	369
238038	**121606**	**116432**	**1858**	**945**	**913**	**366**	**225**	**141**
28812	14342	14470	104	53	51	82	55	27
2031	976	1055	28	14	14	6	5	1
494	243	251	2	2		1	1	
21	9	12						
13915	8117	5798	205	94	111	55	38	17
102966	55199	47767	693	374	319	88	44	44
89799	42720	47079	826	408	418	134	82	52

1－2b 续表 1

地　　区	人　口　数			居住本乡、镇、街道，户口在本乡、镇、街道		
	合计	男	女	小计	男	女
马鞍山市	**685476**	**345742**	**339734**	**479576**	**243774**	**235802**
花山区						
雨山区						
博望区	10246	5529	4717	9028	4769	4259
当涂县	281650	143440	138210	194427	99018	95409
含山县	187909	93472	94437	136557	69100	67457
和县	205671	103301	102370	139564	70887	68677
淮北市	**448337**	**225650**	**222687**	**298194**	**149856**	**148338**
杜集区	45950	23247	22703	38311	19265	19046
相山区						
烈山区	30991	15852	15139	25200	13035	12165
濉溪县	371396	186551	184845	234683	117556	117127
铜陵市	**299054**	**146201**	**152853**	**226033**	**113011**	**113022**
铜官区	255	130	125	242	122	120
义安区	27391	14270	13121	22982	11768	11214
郊区	29466	14654	14812	25124	12607	12517
枞阳县	241942	117147	124795	177685	88514	89171
安庆市	**1227991**	**611362**	**616629**	**810428**	**406582**	**403846**
迎江区						
大观区	19695	9934	9761	17853	8888	8965
宜秀区	27905	14045	13860	24394	12220	12174
怀宁县	241120	119143	121977	150384	74890	75494
太湖县	176506	86562	89944	112979	56532	56447
宿松县	245326	122738	122588	150852	76578	74274
望江县	61920	30497	31423	49183	24425	24758
岳西县	124212	60354	63858	85842	42774	43068
安徽安庆经济开发区	135941	70929	65012	52947	27435	25512
桐城市	104950	51791	53159	89718	44414	45304
潜山市	90416	45369	45047	76276	38426	37850
黄山市	**406212**	**200665**	**205547**	**228136**	**114677**	**113459**
屯溪区	19377	10021	9356	4683	2404	2279
黄山区	26088	14289	11799	18095	9297	8798
徽州区	11642	5961	5681	10029	5179	4850
歙县	157829	77310	80519	82031	41302	40729
休宁县	84629	40867	43762	46970	23541	23429
黟县	32209	16017	16192	22607	11220	11387
祁门县	74438	36200	38238	43721	21734	21987
滁州市	**1585942**	**812896**	**773046**	**988444**	**503954**	**484490**
琅琊区						
南谯区	56363	28654	27709	22970	11740	11230
来安县	238798	122359	116439	144593	72659	71934
全椒县	256177	130636	125541	132979	67355	65624
定远县	303835	155190	148645	201956	103615	98341
凤阳县	315375	161785	153590	224734	116332	108402
苏滁现代产业园	23609	14268	9341	6941	3473	3468
滁州经济技术开发区	122717	63637	59080	26088	13236	12852
天长市	191918	97113	94805	158811	80106	78705
明光市	77150	39254	37896	69372	35438	33934

单位：人

居住本乡、镇、街道，户口在外乡、镇、街道，离开户口登记地半年以上			居住本乡、镇、街道，户口待定			原住本乡、镇、街道，现在港澳台或国外工作学习		
小计	男	女	小计	男	女	小计	男	女
204111	**101044**	**103067**	**1282**	**633**	**649**	**507**	**291**	**216**
1189	744	445	19	11	8	10	5	5
86540	44072	42468	490	243	247	193	107	86
50747	24056	26691	456	217	239	149	99	50
65635	32172	33463	317	162	155	155	80	75
148459	**74918**	**73541**	**1473**	**744**	**729**	**211**	**132**	**79**
7548	3923	3625	53	31	22	38	28	10
5714	2780	2934	45	24	21	32	13	19
135197	68215	66982	1375	689	686	141	91	50
71879	**32567**	**39312**	**792**	**404**	**388**	**350**	**219**	**131**
13	8	5						
4344	2455	1889	36	25	11	29	22	7
4274	2016	2258	35	17	18	33	14	19
63248	28088	35160	721	362	359	288	183	105
412120	**201984**	**210136**	**4110**	**2009**	**2101**	**1333**	**787**	**546**
1794	1016	778	23	13	10	25	17	8
3444	1790	1654	25	9	16	42	26	16
89805	43797	46008	712	332	380	219	124	95
62831	29702	33129	579	262	317	117	66	51
92669	45199	47470	1584	817	767	221	144	77
12506	5938	6568	174	96	78	57	38	19
37999	17392	20607	287	148	139	84	40	44
82380	43197	39183	330	159	171	284	138	146
14956	7229	7727	162	64	98	114	84	30
13736	6724	7012	234	109	125	170	110	60
176909	**85427**	**91482**	**686**	**336**	**350**	**481**	**225**	**256**
14684	7612	7072	5	2	3	5	3	2
7916	4952	2964	27	18	9	50	22	28
1574	764	810	19	8	11	20	10	10
75150	35696	39454	381	187	194	267	125	142
37518	17258	20260	87	43	44	54	25	29
9511	4757	4754	70	32	38	21	8	13
30556	14388	16168	97	46	51	64	32	32
593072	**306662**	**286410**	**3903**	**1953**	**1950**	**523**	**327**	**196**
33246	16843	16403	123	58	65	24	13	11
93877	49530	44347	234	114	120	94	56	38
122558	62975	59583	585	272	313	55	34	21
100699	50972	49727	1103	563	540	77	40	37
89506	44861	44645	1049	533	516	86	59	27
16644	10782	5862	22	12	10	2	1	1
96276	50224	46052	296	149	147	57	28	29
32656	16750	15906	348	176	172	103	81	22
7610	3725	3885	143	76	67	25	15	10

1-2b 续表 2

地区	人口数			居住本乡、镇、街道，户口在本乡、镇、街道		
	合计	男	女	小计	男	女
阜阳市	**2373135**	**1196053**	**1177082**	**1702456**	**864552**	**837904**
颍州区	63726	32128	31598	51783	26087	25696
颍东区	75624	39713	35911	68086	35265	32821
颍泉区	82425	42207	40218	76591	39138	37453
临泉县	505006	251949	253057	318680	160828	157852
太和县	614876	309217	305659	457861	233051	224810
阜南县	346564	171472	175092	225031	113552	111479
颍上县	475233	242771	232462	367178	187363	179815
阜阳合肥现代产业园区	6436	3398	3038	5411	2755	2656
阜阳经济技术开发区	102172	51700	50472	39469	19688	19781
界首市	101073	51498	49575	92366	46825	45541
宿州市	**1691117**	**845241**	**845876**	**1190854**	**600490**	**590364**
埇桥区	198929	100342	98587	165722	83972	81750
砀山县	373965	186504	187461	309389	154440	154949
萧县	368822	185652	183170	246178	124685	121493
灵璧县	354086	175279	178807	228099	115905	112194
泗县	306522	152629	153893	200662	101202	99460
宿州马鞍山现代产业园区	29202	14858	14344	18861	9483	9378
宿州经济技术开发区	59591	29977	29614	21943	10803	11140
六安市	**1312323**	**655973**	**656350**	**838420**	**425209**	**413211**
金安区	143646	68669	74977	64482	31865	32617
裕安区	86047	43794	42253	67466	34406	33060
叶集区	28970	14593	14377	21902	11106	10796
霍邱县	331711	170760	160951	246369	126684	119685
舒城县	315256	153377	161879	189406	94161	95245
金寨县	208351	106144	102207	122644	62946	59698
霍山县	198342	98636	99706	126151	64041	62110
亳州市	**1489157**	**757507**	**731650**	**937064**	**478589**	**458475**
谯城区	121282	62154	59128	104670	53689	50981
涡阳县	447959	228994	218965	265404	135643	129761
蒙城县	480168	243455	236713	290741	147848	142893
利辛县	439748	222904	216844	276249	141409	134840
池州市	**420921**	**205985**	**214936**	**292522**	**145484**	**147038**
贵池区	36878	19231	17647	30505	15395	15110
东至县	221424	107552	113872	166137	82497	83640
石台县	34012	16423	17589	21641	10666	10975
青阳县	124880	60774	64106	72660	36181	36479
池州市国家经济技术开发区						
皖江江南新兴产业集中区						
九华山风景区	3727	2005	1722	1579	745	834
宣城市	**769633**	**387652**	**381981**	**462814**	**234230**	**228584**
宣州区	102020	51277	50743	69358	35035	34323
郎溪县	197399	98872	98527	125083	63060	62023
泾县	145568	71211	74357	82754	41486	41268
绩溪县	82619	40515	42104	45014	22625	22389
旌德县	64703	31798	32905	43787	22192	21595
宣城市经济开发区	86451	45887	40564	23314	11743	11571
宁国市	25629	13662	11967	19496	10240	9256
广德市	65244	34430	30814	54008	27849	26159

单位：人

居住本乡、镇、街道，户口在外乡、镇、街道，离开户口登记地半年以上			居住本乡、镇、街道，户口待定			原住本乡、镇、街道，现在港澳台或国外工作学习		
小计	男	女	小计	男	女	小计	男	女
657917	**324990**	**332927**	**11648**	**5821**	**5827**	**1114**	**690**	**424**
11588	5855	5733	327	170	157	28	16	12
7206	4281	2925	281	133	148	51	34	17
5299	2800	2499	497	246	251	38	23	15
184330	90135	94195	1791	863	928	205	123	82
152952	74080	78872	3769	1886	1883	294	200	94
119720	56976	62744	1665	857	808	148	87	61
105484	54095	51389	2348	1183	1165	223	130	93
989	623	366	34	19	15	2	1	1
62350	31833	30517	325	161	164	28	18	10
7999	4312	3687	611	303	308	97	58	39
493532	**241252**	**252280**	**6014**	**3009**	**3005**	**717**	**490**	**227**
32619	16058	16561	512	259	253	76	53	23
62932	31244	31688	1421	677	744	223	143	80
121644	60392	61252	804	424	380	196	151	45
123920	58312	65608	1959	990	969	108	72	36
104807	50906	53901	966	467	499	87	54	33
10223	5317	4906	110	51	59	8	7	1
37387	19023	18364	242	141	101	19	10	9
470561	**229013**	**241548**	**2639**	**1336**	**1303**	**703**	**415**	**288**
78924	36691	42233	209	95	114	31	18	13
18395	9285	9110	155	85	70	31	18	13
6996	3444	3552	59	34	25	13	9	4
84488	43623	40865	734	373	361	120	80	40
125084	58809	66275	462	233	229	304	174	130
84892	42769	42123	726	375	351	89	54	35
71782	34392	37390	294	141	153	115	62	53
540595	**273101**	**267494**	**11110**	**5600**	**5510**	**388**	**217**	**171**
15819	8067	7752	762	376	386	31	22	9
179525	91792	87733	2928	1506	1422	102	53	49
186085	93945	92140	3193	1583	1610	149	79	70
159166	79297	79869	4227	2135	2092	106	63	43
127287	**59915**	**67372**	**688**	**353**	**335**	**424**	**233**	**191**
6287	3785	2502	49	25	24	37	26	11
54646	24726	29920	430	209	221	211	120	91
12259	5693	6566	77	47	30	35	17	18
51959	24456	27503	132	72	60	129	65	64
2136	1255	881				12	5	7
304559	**152282**	**152277**	**1688**	**852**	**836**	**572**	**288**	**284**
32342	16096	16246	255	115	140	65	31	34
71687	35488	36199	507	263	244	122	61	61
62443	29541	32902	264	136	128	107	48	59
37302	17749	19553	188	87	101	115	54	61
20722	9508	11214	131	69	62	63	29	34
62923	34021	28902	192	111	81	22	12	10
6070	3389	2681	35	14	21	28	19	9
11070	6490	4580	116	57	59	50	34	16

1－2c　各地区分性别、

地　区	人　口　数			居住本乡、镇、街道，户口在本乡、镇、街道		
	合计	男	女	小计	男	女
安　徽	**25432068**	**13208668**	**12223400**	**23887456**	**12409359**	**11478097**
合肥市	**1660604**	**881260**	**779344**	**1398396**	**731967**	**666429**
瑶海区	22908	11890	11018	4922	2509	2413
庐阳区	5400	2857	2543	4269	2171	2098
蜀山区	14523	8624	5899	10594	5588	5006
包河区	6171	3553	2618	2066	1058	1008
长丰县	312732	166162	146570	261063	136541	124522
肥东县	283272	152083	131189	254837	135415	119422
肥西县	355031	189146	165885	244723	127299	117424
庐江县	413138	218205	194933	394365	207506	186859
合肥高新技术产业开发区	201	118	83	134	68	66
合肥经济技术开发区	8126	4293	3833	7090	3726	3364
合肥新站高新技术产业开发区	4892	3021	1871	1857	955	902
巢湖市	234210	121308	112902	212476	109131	103345
芜湖市	**1009072**	**530484**	**478588**	**950658**	**501257**	**449401**
镜湖区	19331	9942	9389	17397	9023	8374
弋江区						
鸠江区	137131	71147	65984	129774	66993	62781
三山区	41277	21452	19825	38232	19901	18331
芜湖县	102658	54227	48431	94665	50439	44226
繁昌县	97904	51740	46164	87142	45684	41458
南陵县	198591	105382	93209	189004	100752	88252
芜湖经济技术开发区	3177	1635	1542	2980	1539	1441
安徽芜湖长江大桥经济开发区	8271	4258	4013	7989	4097	3892
无为市	400732	210701	190031	383475	202829	180646
蚌埠市	**1480851**	**765758**	**715093**	**1415882**	**735080**	**680802**
龙子湖区	38538	19875	18663	35600	18404	17196
蚌山区	16596	8806	7790	14091	7511	6580
禹会区	106354	54987	51367	99595	51960	47635
淮上区	96901	50153	46748	91928	47830	44098
怀远县	588101	304100	284001	568128	294999	273129
五河县	290508	150897	139611	281733	146730	135003
固镇县	343853	176940	166913	324807	167646	157161
蚌埠市高新技术开发区						
蚌埠市经济开发区						
淮南市	**1180799**	**621247**	**559552**	**1090301**	**575388**	**514913**
大通区	44938	23496	21442	41384	21847	19537
田家庵区	29821	15522	14299	27765	14600	13165
谢家集区	47522	24483	23039	44002	22828	21174
八公山区	5607	2768	2839	3639	1873	1766
潘集区	178129	94115	84014	163257	86219	77038
凤台县	395975	207403	188572	349501	183839	165662
寿县	478807	253460	225347	460753	244182	216571

户口登记状况的人口(乡村)

单位：人

居住本乡、镇、街道，户口在外乡、镇、街道，离开户口登记地半年以上			居住本乡、镇、街道，户口待定			原住本乡、镇、街道，现在港澳台或国外工作学习		
小计	男	女	小计	男	女	小计	男	女
1401082	**725082**	**676000**	**120064**	**58572**	**61492**	**23466**	**15655**	**7811**
255630	**145295**	**110335**	**3838**	**1899**	**1939**	**2740**	**2099**	**641**
17893	9331	8562	91	48	43	2	2	
1119	681	438	6	3	3	6	2	4
3864	2993	871	25	15	10	40	28	12
4073	2482	1591	11	5	6	21	8	13
50585	29058	21527	885	440	445	199	123	76
26685	15352	11333	558	280	278	1192	1036	156
109361	61282	48079	533	257	276	414	308	106
17258	9892	7366	1157	582	575	358	225	133
65	49	16				2	1	1
1014	551	463	2	2		20	14	6
2978	2033	945	47	25	22	10	8	2
20735	11591	9144	523	242	281	476	344	132
55061	**27496**	**27565**	**2042**	**993**	**1049**	**1311**	**738**	**573**
1909	909	1000	11	3	8	14	7	7
7077	4021	3056	143	68	75	137	65	72
2933	1489	1444	40	19	21	72	43	29
7773	3679	4094	112	54	58	108	55	53
10587	5959	4628	62	29	33	113	68	45
8877	4256	4621	422	212	210	288	162	126
187	92	95	1	1		9	3	6
255	141	114	8	5	3	19	15	4
15463	6950	8513	1243	602	641	551	320	231
56927	**26615**	**30312**	**6894**	**3351**	**3543**	**1148**	**712**	**436**
2867	1437	1430	53	26	27	18	8	10
2478	1281	1197	18	7	11	9	7	2
6366	2828	3538	333	166	167	60	33	27
4560	2105	2455	350	172	178	63	46	17
16305	7280	9025	3144	1501	1643	524	320	204
6925	3206	3719	1658	834	824	192	127	65
17426	8478	8948	1338	645	693	282	171	111
85367	**43204**	**42163**	**4200**	**2009**	**2191**	**931**	**646**	**285**
3390	1563	1827	137	64	73	27	22	5
1970	880	1090	66	31	35	20	11	9
3387	1582	1805	100	50	50	33	23	10
1942	885	1057	22	6	16	4	4	
13955	7424	6531	738	343	395	179	129	50
44282	22446	21836	1924	933	991	268	185	83
16441	8424	8017	1213	582	631	400	272	128

1-2c 续表 1

地 区	人口数			居住本乡、镇、街道，户口在本乡、镇、街道		
	合计	男	女	小计	男	女
马鞍山市	**611380**	**321398**	**289982**	**570143**	**299593**	**270550**
花山区	9252	4759	4493	6864	3417	3447
雨山区	13109	6788	6321	11237	5743	5494
博望区	69771	36810	32961	66270	35236	31034
当涂县	165341	85950	79391	151658	78789	72869
含山县	148679	78988	69691	142238	75643	66595
和县	205228	108103	97125	191876	100765	91111
淮北市	**706163**	**359038**	**347125**	**660731**	**336692**	**324039**
杜集区	51199	25904	25295	46565	23640	22925
相山区	47694	24315	23379	39892	20319	19573
烈山区	108079	54055	54024	96958	49270	47688
濉溪县	499191	254764	244427	477316	243463	233853
铜陵市	**443744**	**227316**	**216428**	**418663**	**214531**	**204132**
铜官区	11068	5663	5405	7556	3686	3870
义安区	111955	57844	54111	103687	53822	49865
郊区	93612	47685	45927	88474	45004	43470
枞阳县	227109	116124	110985	218946	112019	106927
安庆市	**1852784**	**963355**	**889429**	**1769673**	**919639**	**850034**
迎江区	9746	5024	4722	8592	4329	4263
大观区	35960	18735	17225	32074	16164	15910
宜秀区	26675	13689	12986	23849	12155	11694
怀宁县	255563	133115	122448	244703	126893	117810
太湖县	253959	132306	121653	244676	127531	117145
宿松县	367260	195124	172136	348713	185908	162805
望江县	302054	153459	148595	293799	149418	144381
岳西县	199625	104457	95168	189419	99557	89862
安徽安庆经济开发区	3611	1806	1805	2757	1369	1388
桐城市	195206	99817	95389	185888	94763	91125
潜山市	203125	105823	97302	195203	101552	93651
黄山市	**554921**	**292898**	**262023**	**505353**	**265432**	**239921**
屯溪区	21845	11026	10819	19057	9686	9371
黄山区	60588	32657	27931	53355	28443	24912
徽州区	32869	16876	15993	29869	15577	14292
歙县	201709	106192	95517	187832	99094	88738
休宁县	122702	64138	58564	111894	58575	53319
黟县	44002	23485	20517	39059	20581	18478
祁门县	71206	38524	32682	64287	33476	30811
滁州市	**1521350**	**799965**	**721385**	**1375494**	**724238**	**651256**
琅琊区	10613	5718	4895	8138	4234	3904
南谯区	104044	53220	50824	65841	34301	31540
来安县	177250	92692	84558	162072	84240	77832
全椒县	139456	73030	66426	125864	65336	60528
定远县	367526	194867	172659	352466	187603	164863
凤阳县	316559	168035	148524	299640	160135	139505
苏滁现代产业园						
滁州经济技术开发区	19153	11568	7585	5919	2997	2922
天长市	170695	88679	82016	157863	81965	75898
明光市	216054	112156	103898	197691	103427	94264

单位：人

居住本乡、镇、街道，户口在外乡、镇、街道，离开户口登记地半年以上			居住本乡、镇、街道，户口待定			原住本乡、镇、街道，现在港澳台或国外工作学习		
小计	男	女	小计	男	女	小计	男	女
39207	**20726**	**18481**	**1489**	**726**	**763**	**541**	**353**	**188**
2382	1337	1045	4	3	1	2	2	
1860	1040	820	3	1	2	9	4	5
3280	1459	1821	163	82	81	58	33	25
13126	6869	6257	416	204	212	141	88	53
5739	2968	2771	539	263	276	163	114	49
12820	7053	5767	364	173	191	168	112	56
41296	**20139**	**21157**	**3732**	**1907**	**1825**	**404**	**300**	**104**
4460	2153	2307	102	52	50	72	59	13
7636	3915	3721	139	62	77	27	19	8
10806	4608	6198	248	122	126	67	55	12
18394	9463	8931	3243	1671	1572	238	167	71
23512	**11879**	**11633**	**980**	**512**	**468**	**589**	**394**	**195**
3492	1967	1525	3	2	1	17	8	9
8019	3865	4154	65	38	27	184	119	65
4876	2528	2348	157	85	72	105	68	37
7125	3519	3606	755	387	368	283	199	84
75254	**39374**	**35880**	**5398**	**2682**	**2716**	**2459**	**1660**	**799**
1124	675	449	4	2	2	26	18	8
3818	2539	1279	27	12	15	41	20	21
2740	1492	1248	35	19	16	51	23	28
9911	5706	4205	617	302	315	332	214	118
8228	4219	4009	791	376	415	264	180	84
15950	7813	8137	2087	1042	1045	510	361	149
7160	3449	3711	761	387	374	334	205	129
9653	4568	5085	353	188	165	200	144	56
846	432	414	2	2		6	3	3
8739	4701	4038	285	140	145	294	213	81
7085	3780	3305	436	212	224	401	279	122
47300	**26301**	**20999**	**991**	**478**	**513**	**1277**	**687**	**590**
2750	1318	1432	23	12	11	15	10	5
7054	4120	2934	76	39	37	103	55	48
2881	1239	1642	40	22	18	79	38	41
12521	6402	6119	484	228	256	872	468	404
10481	5400	5081	208	102	106	119	61	58
4880	2868	2012	31	17	14	32	19	13
6733	4954	1779	129	58	71	57	36	21
140121	**72776**	**67345**	**4764**	**2329**	**2435**	**971**	**622**	**349**
2438	1469	969	28	11	17	9	4	5
37907	18770	19137	222	111	111	74	38	36
14771	8256	6515	267	114	153	140	82	58
13267	7494	5773	219	122	97	106	78	28
13383	6424	6959	1449	703	746	228	137	91
15209	7054	8155	1619	790	829	91	56	35
13223	8565	4658	10	5	5	1	1	
12377	6438	5939	258	129	129	197	147	50
17546	8306	9240	692	344	348	125	79	46

1－2c　续表 2

地　　区	人　口　数			居住本乡、镇、街道，户口在本乡、镇、街道		
	合计	男	女	小计	男	女
阜阳市	**4758282**	**2434151**	**2324131**	**4581412**	**2346901**	**2234511**
颍州区	295975	149969	146006	269736	136855	132881
颍东区	284095	146046	138049	270560	139070	131490
颍泉区	301446	152493	148953	288542	146098	142444
临泉县	1153436	584158	569278	1127248	571506	555742
太和县	765106	393296	371810	744224	383371	360853
阜南县	837038	429475	407563	807734	414796	392938
颍上县	723597	376119	347478	700697	365119	335578
阜阳合肥现代产业园区	33916	17378	16538	28295	14530	13765
阜阳经济技术开发区	21296	10818	10478	16055	8137	7918
界首市	342377	174399	167978	328321	167419	160902
宿州市	**2994449**	**1534447**	**1460002**	**2880097**	**1482711**	**1397386**
埇桥区	826753	427787	398966	781500	407572	373928
砀山县	391599	199512	192087	379885	193979	185906
萧县	679865	345230	334635	658096	335803	322293
灵璧县	620634	318616	302018	599109	308734	290375
泗县	456788	233659	223129	443454	227364	216090
宿州马鞍山现代产业园区	18810	9643	9167	18053	9259	8794
宿州经济技术开发区						
六安市	**2263353**	**1192763**	**1070590**	**2132514**	**1124482**	**1008032**
金安区	326637	171600	155037	294484	154221	140263
裕安区	461704	241989	219715	427973	224990	202983
叶集区	110485	58574	51911	101771	54129	47642
霍邱县	610728	321095	289633	588580	309792	278788
舒城县	377794	198295	179499	360448	188779	171669
金寨县	288150	154717	133433	274856	147858	126998
霍山县	87855	46493	41362	84402	44713	39689
亳州市	**2873352**	**1480061**	**1393291**	**2746975**	**1417651**	**1329324**
谯城区	786662	404950	381712	735383	379288	356095
涡阳县	722760	372118	350642	696803	358663	338140
蒙城县	621472	320218	301254	598623	309275	289348
利辛县	742458	382775	359683	716166	370425	345741
池州市	**541385**	**283331**	**258054**	**502973**	**261470**	**241503**
贵池区	197938	103081	94857	182366	94101	88265
东至县	176990	92075	84915	170799	88766	82033
石台县	46600	24710	21890	43261	22742	20519
青阳县	108094	57466	50628	96652	50854	45798
池州市国家经济技术开发区						
皖江江南新兴产业集中区						
九华山风景区	11763	5999	5764	9895	5007	4888
宣城市	**979579**	**521196**	**458383**	**888191**	**472327**	**415864**
宣州区	313105	163818	149287	282315	147513	134802
郎溪县	114114	60247	53867	106480	56527	49953
泾县	130269	71797	58472	120195	65992	54203
绩溪县	56165	29780	26385	52270	27543	24727
旌德县	47665	26224	21441	44277	24202	20075
宣城市经济开发区	20125	10842	9283	10949	5675	5274
宁国市	113653	61672	51981	101447	54931	46516
广德市	184483	96816	87667	170258	89944	80314

单位：人

居住本乡、镇、街道，户口在外乡、镇、街道，离开户口登记地半年以上			居住本乡、镇、街道，户口待定			原住本乡、镇、街道，现在港澳台或国外工作学习		
小计	男	女	小计	男	女	小计	男	女
140392	**68647**	**71745**	**33193**	**16430**	**16763**	**3285**	**2173**	**1112**
24274	12132	12142	1813	880	933	152	102	50
12025	6170	5855	1276	636	640	234	170	64
10818	5330	5488	1870	939	931	216	126	90
18024	8663	9361	7455	3522	3933	709	467	242
13780	6301	7479	6628	3283	3345	474	341	133
22650	11224	11426	6031	3039	2992	623	416	207
16662	7790	8872	5796	2947	2849	442	263	179
5418	2748	2670	194	94	100	9	6	3
5183	2647	2536	53	33	20	5	1	4
11558	5642	5916	2077	1057	1020	421	281	140
96425	**42514**	**53911**	**15398**	**7303**	**8095**	**2529**	**1919**	**610**
40435	17873	22562	4304	1977	2327	514	365	149
9596	4424	5172	1779	872	907	339	237	102
18064	7283	10781	2743	1305	1438	962	839	123
16587	7413	9174	4504	2180	2324	434	289	145
11075	5176	5899	1984	934	1050	275	185	90
668	345	323	84	35	49	5	4	1
124646	**64930**	**59716**	**4327**	**2126**	**2201**	**1866**	**1225**	**641**
31463	16996	14467	336	156	180	354	227	127
32712	16430	16282	641	321	320	378	248	130
8407	4280	4127	243	124	119	64	41	23
20647	10567	10080	1147	516	631	354	220	134
16503	9058	7445	529	261	268	314	197	117
11680	5931	5749	1296	694	602	318	234	84
3234	1668	1566	135	54	81	84	58	26
94372	**46670**	**47702**	**30457**	**14665**	**15792**	**1548**	**1075**	**473**
43917	21938	21979	6989	3454	3535	373	270	103
16657	8907	7750	8967	4322	4645	333	226	107
14757	6998	7759	7708	3680	4028	384	265	119
19041	8827	10214	6793	3209	3584	458	314	144
36965	**21037**	**15928**	**798**	**425**	**373**	**649**	**399**	**250**
15052	8697	6355	243	117	126	277	166	111
5682	3009	2673	350	203	147	159	97	62
3212	1897	1315	84	47	37	43	24	19
11165	6446	4719	115	56	59	162	110	52
1854	988	866	6	2	4	8	2	6
88607	**47479**	**41128**	**1563**	**737**	**826**	**1218**	**653**	**565**
29949	15870	14079	472	223	249	369	212	157
7273	3535	3738	249	122	127	112	63	49
9646	5628	4018	182	78	104	246	99	147
3708	2141	1567	90	44	46	97	52	45
3235	1951	1284	66	33	33	87	38	49
9135	5146	3989	29	14	15	12	7	5
11972	6599	5373	97	50	47	137	92	45
13689	6609	7080	378	173	205	158	90	68

1-3 各地区分性别的户口登记地在外乡镇街道的人口状况

单位：人

地区	户口登记地					
	合计			本县(市、区)		
	合计	男	女	小计	男	女
安徽	**18099918**	**9098260**	**9001658**	**8752125**	**4232237**	**4519888**
合肥市	**5075402**	**2628764**	**2446638**	**1409713**	**704345**	**705368**
瑶海区	574705	292978	281727	100590	50250	50340
庐阳区	402692	202382	200310	76336	37501	38835
蜀山区	605042	305086	299956	107327	52688	54639
包河区	766539	402483	364056	134082	66406	67676
长丰县	384389	200224	184165	157075	81787	75288
肥东县	422458	222819	199639	266745	137302	129443
肥西县	561882	297752	264130	201926	103001	98925
庐江县	182608	89153	93455	144955	68082	76873
合肥高新技术产业开发区	186853	99066	87787	10120	5093	5027
合肥经济技术开发区	384031	202761	181270	19558	9718	9840
合肥新站高新技术产业开发区	339692	184161	155531	26338	13650	12688
巢湖市	264511	129899	134612	164661	78867	85794
芜湖市	**1265568**	**647331**	**618237**	**478648**	**231496**	**247152**
镜湖区	216089	105106	110983	89522	43411	46111
弋江区	253699	127035	126664	56003	27923	28080
鸠江区	202375	109975	92400	36482	17948	18534
三山区	63499	35395	28104	18889	9512	9377
芜湖县	121743	62566	59177	60238	29369	30869
繁昌县	66213	33742	32471	40219	19568	20651
南陵县	99210	46428	52782	73115	33916	39199
芜湖经济技术开发区	113622	65044	48578	7872	4061	3811
安徽芜湖长江大桥经济开发区	1152	604	548	113	50	63
无为市	127966	61436	66530	96195	45738	50457
蚌埠市	**901189**	**440851**	**460338**	**370967**	**177022**	**193945**
龙子湖区	92988	45581	47407	26054	12443	13611
蚌山区	89806	44746	45060	20084	9769	10315
禹会区	113156	55069	58087	42278	20370	21908
淮上区	87687	44235	43452	22408	10927	11481
怀远县	127385	61232	66153	99957	47590	52367
五河县	91475	43407	48068	75057	35294	39763
固镇县	81171	39101	42070	59598	28281	31317
蚌埠市高新技术开发区	45339	23057	22282	4098	2066	2032
蚌埠市经济开发区	172182	84423	87759	21433	10282	11151
淮南市	**817401**	**404971**	**412430**	**398994**	**190668**	**208326**
大通区	55241	27130	28111	14697	6850	7847
田家庵区	344935	168556	176379	123797	59004	64793
谢家集区	62545	29956	32589	33194	15882	17312
八公山区	39485	18605	20880	21597	10433	11164
潘集区	61707	31935	29772	34755	16771	17984
凤台县	147248	77645	69603	97044	47358	49686
寿县	106240	51144	55096	73910	34370	39540

1-3 续表 1　　单位：人

地　区	户口登记地					
	合　计			本县(市、区)		
	合计	男	女	小计	男	女
马鞍山市	**667251**	**338751**	**328500**	**263167**	**126574**	**136593**
花山区	223801	113501	110300	83141	40986	42155
雨山区	192913	99717	93196	43332	21121	22211
博望区	15930	8343	7587	3911	1853	2058
当涂县	99666	50941	48725	50652	24207	26445
含山县	56486	27024	29462	38577	17829	20748
和县	78455	39225	39230	43554	20578	22976
淮北市	**533337**	**263229**	**270108**	**224900**	**109633**	**115267**
杜集区	49671	24973	24698	14101	6582	7519
相山区	268808	131972	136836	97450	46924	50526
烈山区	54970	23898	31072	11640	5750	5890
濉溪县	159888	82386	77502	101709	50377	51332
铜陵市	**393369**	**191285**	**202084**	**184019**	**86297**	**97722**
铜官区	235349	116000	119349	90286	43822	46464
义安区	58636	28738	29898	34337	16466	17871
郊区	29011	14940	14071	8055	3860	4195
枞阳县	70373	31607	38766	51341	22149	29192
安庆市	**1046888**	**511457**	**535431**	**612908**	**289103**	**323805**
迎江区	149315	73862	75453	55293	27065	28228
大观区	75529	37400	38129	25298	12031	13267
宜秀区	103281	51070	52211	22633	11191	11442
怀宁县	99716	49503	50213	71842	33736	38106
太湖县	71059	33921	37138	57752	26914	30838
宿松县	108619	53012	55607	90341	43296	47045
望江县	63376	29191	34185	49752	22262	27490
岳西县	47652	21960	25692	39166	17885	21281
安徽安庆经济开发区	83644	43969	39675	7532	3756	3776
桐城市	159985	77108	82877	124823	59023	65800
潜山市	84712	40461	44251	68476	31944	36532
黄山市	**424920**	**207867**	**217053**	**225817**	**105175**	**120642**
屯溪区	150812	72201	78611	48036	22753	25283
黄山区	44418	23233	21185	26115	12307	13808
徽州区	38349	18765	19584	17652	8603	9049
歙县	88990	42722	46268	65548	30900	34648
休宁县	50671	23979	26692	34954	15705	19249
黟县	14391	7625	6766	7868	3644	4224
祁门县	37289	19342	17947	25644	11263	14381
滁州市	**1245684**	**635001**	**610683**	**680092**	**332564**	**347528**
琅琊区	141909	71555	70354	49412	24075	25337
南谯区	203631	104592	99039	59245	29459	29786
来安县	108648	57786	50862	60618	29754	30864
全椒县	135825	70469	65356	103007	52416	50591
定远县	114082	57396	56686	92155	45961	46194
凤阳县	104715	51915	52800	70700	33905	36795
苏滁现代产业园	16644	10782	5862	34	22	12
滁州经济技术开发区	109499	58789	50710	2673	1425	1248
天长市	193850	96185	97665	151805	73306	78499
明光市	116881	55532	61349	90443	42241	48202

1-3 续表 2

单位：人

地区	户口登记地					
	合计			本县(市、区)		
	合计	男	女	小计	男	女
阜阳市	**1349326**	**662626**	**686700**	**868871**	**416523**	**452348**
颍州区	298933	143368	155565	129628	62299	67329
颍东区	111931	57629	54302	55784	27598	28186
颍泉区	104401	52536	51865	47320	22963	24357
临泉县	202354	98798	103556	169650	81408	88242
太和县	166732	80381	86351	133411	63967	69444
阜南县	142370	68200	74170	115902	54207	61695
颍上县	122146	61885	60261	87089	41611	45478
阜阳合肥现代产业园区	6407	3371	3036	1847	865	982
阜阳经济技术开发区	67533	34480	33053	29348	14424	14924
界首市	126519	61978	64541	98892	47181	51711
宿州市	**924426**	**449167**	**475259**	**653614**	**312260**	**341354**
埇桥区	406156	198603	207553	273046	131309	141737
砀山县	72528	35668	36860	53848	26421	27427
萧县	141075	68404	72671	109156	52514	56642
灵璧县	140507	65725	74782	115870	53730	62140
泗县	115882	56082	59800	95265	45189	50076
宿州马鞍山现代产业园区	10891	5662	5229	3006	1420	1586
宿州经济技术开发区	37387	19023	18364	3423	1677	1746
六安市	**1189585**	**589314**	**600271**	**704262**	**340158**	**364104**
金安区	379320	185655	193665	185008	89244	95764
裕安区	351307	174973	176334	187189	92833	94356
叶集区	40013	21547	18466	18177	9210	8967
霍邱县	105252	54240	51012	76437	37581	38856
舒城县	142105	68139	73966	107614	49291	58323
金寨县	96572	48700	47872	71574	35078	36496
霍山县	75016	36060	38956	58263	26921	31342
亳州市	**1028752**	**514396**	**514356**	**841044**	**415638**	**425406**
谯城区	452264	224182	228082	351363	172956	178407
涡阳县	196182	100699	95483	165641	83102	82539
蒙城县	200842	100943	99899	169270	83735	85535
利辛县	179464	88572	90892	154770	75845	78925
池州市	**390981**	**186800**	**204181**	**259087**	**118027**	**141060**
贵池区	233437	110105	123332	150700	69196	81504
东至县	60328	27735	32593	46244	20127	26117
石台县	15471	7590	7881	9845	4259	5586
青阳县	63124	30902	32222	43999	20150	23849
池州市国家经济技术开发区	8105	4353	3752	4278	2142	2136
皖江江南新兴产业集中区	6526	3872	2654	1852	1033	819
九华山风景区	3990	2243	1747	2169	1120	1049
宣城市	**845839**	**426450**	**419389**	**576022**	**276754**	**299268**
宣州区	232560	113478	119082	173818	83153	90665
郎溪县	78960	39023	39937	50224	23304	26920
泾县	72089	35169	36920	53184	24559	28625
绩溪县	41010	19890	21120	31781	14867	16914
旌德县	23957	11459	12498	16744	7347	9397
宣城市经济开发区	72058	39167	32891	29869	15111	14758
宁国市	179155	91601	87554	131550	65218	66332
广德市	146050	76663	69387	88852	43195	45657

1-3　续表 3　　　　单位：人

地　区	户口登记地					
	本省其他县(市、区)			省　外		
	小计	男	女	小计	男	女
安　徽	**7797284**	**3993526**	**3803758**	**1550509**	**872497**	**678012**
合肥市	**3216012**	**1660129**	**1555883**	**449677**	**264290**	**185387**
瑶海区	416750	210969	205781	57365	31759	25606
庐阳区	294968	146915	148053	31388	17966	13422
蜀山区	437823	217859	219964	59892	34539	25353
包河区	550684	286010	264674	81773	50067	31706
长丰县	198183	102410	95773	29131	16027	13104
肥东县	127389	68810	58579	28324	16707	11617
肥西县	317630	168513	149117	42326	26238	16088
庐江县	26526	14616	11910	11127	6455	4672
合肥高新技术产业开发区	157962	82320	75642	18771	11653	7118
合肥经济技术开发区	317977	165475	152502	46496	27568	18928
合肥新站高新技术产业开发区	285996	153580	132416	27358	16931	10427
巢湖市	84124	42652	41472	15726	8380	7346
芜湖市	**628351**	**324491**	**303860**	**158569**	**91344**	**67225**
镜湖区	104782	50000	54782	21785	11695	10090
弋江区	173733	86306	87427	23963	12806	11157
鸠江区	135280	73736	61544	30613	18291	12322
三山区	31317	17503	13814	13293	8380	4913
芜湖县	41451	21727	19724	20054	11470	8584
繁昌县	19696	10238	9458	6298	3936	2362
南陵县	18710	9072	9638	7385	3440	3945
芜湖经济技术开发区	78951	43473	35478	26799	17510	9289
安徽芜湖长江大桥经济开发区	667	330	337	372	224	148
无为市	23764	12106	11658	8007	3592	4415
蚌埠市	**467572**	**232397**	**235175**	**62650**	**31432**	**31218**
龙子湖区	60710	29658	31052	6224	3480	2744
蚌山区	61473	30286	31187	8249	4691	3558
禹会区	64064	30951	33113	6814	3748	3066
淮上区	58682	29791	28891	6597	3517	3080
怀远县	20165	10366	9799	7263	3276	3987
五河县	10494	5229	5265	5924	2884	3040
固镇县	16721	8587	8134	4852	2233	2619
蚌埠市高新技术开发区	39114	19826	19288	2127	1165	962
蚌埠市经济开发区	136149	67703	68446	14600	6438	8162
淮南市	**369533**	**189018**	**180515**	**48874**	**25285**	**23589**
大通区	35606	17602	18004	4938	2678	2260
田家庵区	201016	99019	101997	20122	10533	9589
谢家集区	26295	12483	13812	3056	1591	1465
八公山区	15704	7102	8602	2184	1070	1114
潘集区	22602	12799	9803	4350	2365	1985
凤台县	42811	26606	16205	7393	3681	3712
寿县	25499	13407	12092	6831	3367	3464

1-3 续表 4

单位：人

地　区	户口登记地					
	本省其他县(市、区)			省　外		
	小计	男	女	小计	男	女
马鞍山市	**318730**	**163936**	**154794**	**85354**	**48241**	**37113**
花山区	117587	59815	57772	23073	12700	10373
雨山区	128192	66070	62122	21389	12526	8863
博望区	6016	3373	2643	6003	3117	2886
当涂县	33867	17938	15929	15147	8796	6351
含山县	12852	6455	6397	5057	2740	2317
和县	20216	10285	9931	14685	8362	6323
淮北市	**266252**	**131953**	**134299**	**42185**	**21643**	**20542**
杜集区	29551	14935	14616	6019	3456	2563
相山区	154865	76539	78326	16493	8509	7984
烈山区	35065	14782	20283	8265	3366	4899
濉溪县	46771	25697	21074	11408	6312	5096
铜陵市	**186719**	**92777**	**93942**	**22631**	**12211**	**10420**
铜官区	132616	65436	67180	12447	6742	5705
义安区	20292	10104	10188	4007	2168	1839
郊区	18699	9769	8930	2257	1311	946
枞阳县	15112	7468	7644	3920	1990	1930
安庆市	**362815**	**182550**	**180265**	**71165**	**39804**	**31361**
迎江区	86668	42781	43887	7354	4016	3338
大观区	44184	21603	22581	6047	3766	2281
宜秀区	71852	35008	36844	8796	4871	3925
怀宁县	19912	10925	8987	7962	4842	3120
太湖县	8481	4501	3980	4826	2506	2320
宿松县	10150	5472	4678	8128	4244	3884
望江县	8768	4487	4281	4856	2442	2414
岳西县	5575	2808	2767	2911	1267	1644
安徽安庆经济开发区	70239	36607	33632	5873	3606	2267
桐城市	25737	12609	13128	9425	5476	3949
潜山市	11249	5749	5500	4987	2768	2219
黄山市	**150872**	**73893**	**76979**	**48231**	**28799**	**19432**
屯溪区	88218	41862	46356	14558	7586	6972
黄山区	10858	6051	4807	7445	4875	2570
徽州区	17594	8517	9077	3103	1645	1458
歙县	15113	7408	7705	8329	4414	3915
休宁县	10940	5444	5496	4777	2830	1947
黟县	3594	1938	1656	2929	2043	886
祁门县	4555	2673	1882	7090	5406	1684
滁州市	**420379**	**219192**	**201187**	**145213**	**83245**	**61968**
琅琊区	79437	39828	39609	13060	7652	5408
南谯区	123297	62564	60733	21089	12569	8520
来安县	21044	12234	8810	26986	15798	11188
全椒县	22137	12003	10134	10681	6050	4631
定远县	16205	8629	7576	5722	2806	2916
凤阳县	26152	13923	12229	7863	4087	3776
苏滁现代产业园	9574	5748	3826	7036	5012	2024
滁州经济技术开发区	84275	44019	40256	22551	13345	9206
天长市	19554	10711	8843	22491	12168	10323
明光市	18704	9533	9171	7734	3758	3976

1-3 续表 5

单位：人

地区	户口登记地					
	本省其他县(市、区)			省外		
	小计	男	女	小计	男	女
阜阳市	**397099**	**202499**	**194600**	**83356**	**43604**	**39752**
颍州区	154069	72892	81177	15236	8177	7059
颍东区	47884	24937	22947	8263	5094	3169
颍泉区	49605	25394	24211	7476	4179	3297
临泉县	20613	11496	9117	12091	5894	6197
太和县	24372	12312	12060	8949	4102	4847
阜南县	18057	9759	8298	8411	4234	4177
颍上县	26984	16197	10787	8073	4077	3996
阜阳合肥现代产业园区	3786	2081	1705	774	425	349
阜阳经济技术开发区	35259	18394	16865	2926	1662	1264
界首市	16470	9037	7433	11157	5760	5397
宿州市	**198740**	**101873**	**96867**	**72072**	**35034**	**37038**
埇桥区	106959	54034	52925	26151	13260	12891
砀山县	8557	4605	3952	10123	4642	5481
萧县	18628	9834	8794	13291	6056	7235
灵璧县	14878	7571	7307	9759	4424	5335
泗县	11887	6634	5253	8730	4259	4471
宿州马鞍山现代产业园区	6623	3447	3176	1262	795	467
宿州经济技术开发区	31208	15748	15460	2756	1598	1158
六安市	**421611**	**214228**	**207383**	**63712**	**34928**	**28784**
金安区	180048	88857	91191	14264	7554	6710
裕安区	153991	77274	76717	10127	4866	5261
叶集区	16308	9261	7047	5528	3076	2452
霍邱县	18383	10020	8363	10432	6639	3793
舒城县	22963	12468	10495	11528	6380	5148
金寨县	16316	8944	7372	8682	4678	4004
霍山县	13602	7404	6198	3151	1735	1416
亳州市	**133810**	**70196**	**63614**	**53898**	**28562**	**25336**
谯城区	71038	35049	35989	29863	16177	13686
涡阳县	22315	13093	9222	8226	4504	3722
蒙城县	23614	13059	10555	7958	4149	3809
利辛县	16843	8995	7848	7851	3732	4119
池州市	**99225**	**49382**	**49843**	**32669**	**19391**	**13278**
贵池区	67286	31628	35658	15451	9281	6170
东至县	9229	5063	4166	4855	2545	2310
石台县	3678	2061	1617	1948	1270	678
青阳县	12731	7022	5709	6394	3730	2664
池州市国家经济技术开发区	3069	1689	1380	758	522	236
皖江江南新兴产业集中区	1938	1128	810	2736	1711	1025
九华山风景区	1294	791	503	527	332	195
宣城市	**159564**	**85012**	**74552**	**110253**	**64684**	**45569**
宣州区	38820	19460	19360	19922	10865	9057
郎溪县	13174	6867	6307	15562	8852	6710
泾县	11149	5997	5152	7756	4613	3143
绩溪县	5684	3009	2675	3545	2014	1531
旌德县	4588	2531	2057	2625	1581	1044
宣城市经济开发区	31798	17092	14706	10391	6964	3427
宁国市	31244	16875	14369	16361	9508	6853
广德市	23107	13181	9926	34091	20287	13804

1－3a 各地区分性别的户口登记地在外乡镇街道的人口状况(城市)

单位：人

地区	户口登记地					
	合计			本县(市、区)		
	合计	男	女	小计	男	女
安　徽	**9113788**	**4545344**	**4568444**	**3865139**	**1874523**	**1990616**
合肥市	**2577146**	**1312876**	**1264270**	**566935**	**278121**	**288814**
瑶海区	539784	274857	264927	95523	47686	47837
庐阳区	365439	183984	181455	69219	33988	35231
蜀山区	594171	298220	295951	104755	51398	53357
包河区	762466	400001	362465	133864	66291	67573
长丰县						
肥东县						
肥西县	53854	28685	25169	8961	4651	4310
庐江县						
合肥高新技术产业开发区						
合肥经济技术开发区						
合肥新站高新技术产业开发区	42703	21638	21065	5487	2770	2717
巢湖市	218729	105491	113238	149126	71337	77789
芜湖市	**793843**	**404622**	**389221**	**272747**	**133378**	**139369**
镜湖区	214041	104129	109912	89234	43273	45961
弋江区	253699	127035	126664	56003	27923	28080
鸠江区	188954	102505	86449	33739	16665	17074
三山区	44786	26189	18597	16194	8217	7977
芜湖县	1127	503	624	122	60	62
繁昌县						
南陵县						
芜湖经济技术开发区	144	74	70	3	1	2
安徽芜湖长江大桥经济开发区						
无为市	91092	44187	46905	77452	37239	40213
蚌埠市	**357543**	**176969**	**180574**	**104447**	**50732**	**53715**
龙子湖区	86392	42186	44206	23873	11420	12453
蚌山区	87328	43465	43863	19562	9524	10038
禹会区	105928	51780	54148	40606	19744	20862
淮上区	77895	39538	38357	20406	10044	10362
怀远县						
五河县						
固镇县						
蚌埠市高新技术开发区						
蚌埠市经济开发区						
淮南市	**493996**	**240161**	**253835**	**206842**	**99137**	**107705**
大通区	23039	11225	11814	6651	3265	3386
田家庵区	340934	166700	174234	122665	58492	64173
谢家集区	58664	28131	30533	31953	15320	16633
八公山区	37522	17711	19811	20244	9810	10434
潘集区	33837	16394	17443	25329	12250	13079
凤台县						
寿县						

1-3a　续表 1

单位：人

地　区	户口登记地					
	合　计			本县(市、区)		
	合计	男	女	小计	男	女
马鞍山市	**423933**	**216981**	**206952**	**128428**	**63035**	**65393**
花山区	221419	112164	109255	82417	40601	41816
雨山区	191053	98677	92376	42866	20885	21981
博望区	11461	6140	5321	3145	1549	1596
当涂县						
含山县						
和县						
淮北市	**343582**	**168172**	**175410**	**118123**	**57462**	**60661**
杜集区	37663	18897	18766	12100	5701	6399
相山区	261172	128057	133115	94909	45744	49165
烈山区	38450	16510	21940	9290	4714	4576
濉溪县	6297	4708	1589	1824	1303	521
铜陵市	**297978**	**146839**	**151139**	**124928**	**60554**	**64374**
铜官区	231844	114025	117819	89499	43366	46133
义安区	46273	22418	23855	30506	14745	15761
郊区	19861	10396	9465	4923	2443	2480
枞阳县						
安庆市	**559514**	**270099**	**289415**	**305859**	**144694**	**161165**
迎江区	148191	73187	75004	55197	27014	28183
大观区	69917	33845	36072	24418	11572	12846
宜秀区	97097	47788	49309	21209	10537	10672
怀宁县						
太湖县						
宿松县						
望江县	43710	19804	23906	38738	17331	21407
岳西县						
安徽安庆经济开发区	418	340	78	8	5	3
桐城市	136290	65178	71112	111168	52768	58400
潜山市	63891	29957	33934	55121	25467	29654
黄山市	**200711**	**96139**	**104572**	**86037**	**40934**	**45103**
屯溪区	133378	63271	70107	46589	22079	24510
黄山区	29448	14161	15287	21797	10176	11621
徽州区	33894	16762	17132	16221	7983	8238
歙县	1319	624	695	611	293	318
休宁县	2672	1321	1351	819	403	416
黟县						
祁门县						
滁州市	**512491**	**255563**	**256928**	**293679**	**141342**	**152337**
琅琊区	139471	70086	69385	49068	23903	25165
南谯区	132478	68979	63499	39445	19545	19900
来安县						
全椒县						
定远县						
凤阳县						
苏滁现代产业园						
滁州经济技术开发区						
天长市	148817	72997	75820	129933	62599	67334
明光市	91725	43501	48224	75233	35295	39938

1－3a 续表 2

单位：人

地　　区	户口登记地					
	合　　计			本县(市、区)		
	合计	男	女	小计	男	女
阜阳市	**551017**	**268989**	**282028**	**296383**	**143358**	**153025**
颍州区	263071	125381	137690	113567	54802	58765
颍东区	92700	47178	45522	49280	24604	24676
颍泉区	88284	44406	43878	42367	20619	21748
临泉县						
太和县						
阜南县						
颍上县						
阜阳合肥现代产业园区						
阜阳经济技术开发区						
界首市	106962	52024	54938	91169	43333	47836
宿州市	**334469**	**165401**	**169068**	**240608**	**117005**	**123603**
埇桥区	333102	164672	168430	240111	116773	123338
砀山县						
萧县	1367	729	638	497	232	265
灵璧县						
泗县						
宿州马鞍山现代产业园区						
宿州经济技术开发区						
六安市	**594378**	**295371**	**299007**	**306705**	**151362**	**155343**
金安区	268933	131968	136965	132739	64707	68032
裕安区	300200	149258	150942	162708	80850	81858
叶集区	24610	13823	10787	11065	5716	5349
霍邱县	117	50	67	53	23	30
舒城县	518	272	246	140	66	74
金寨县						
霍山县						
亳州市	**393785**	**194625**	**199160**	**317229**	**156264**	**160965**
谯城区	392528	194177	198351	316327	155974	160353
涡阳县						
蒙城县						
利辛县	1257	448	809	902	290	612
池州市	**226729**	**105848**	**120881**	**148988**	**68229**	**80759**
贵池区	212098	97623	114475	142858	65054	77804
东至县						
石台县						
青阳县						
池州市国家经济技术开发区	8105	4353	3752	4278	2142	2136
皖江江南新兴产业集中区	6526	3872	2654	1852	1033	819
九华山风景区						
宣城市	**452673**	**226689**	**225984**	**347201**	**168916**	**178285**
宣州区	170269	81512	88757	138885	66130	72755
郎溪县						
泾县						
绩溪县						
旌德县						
宣城市经济开发区						
宁国市	161113	81613	79500	125120	62088	63032
广德市	121291	63564	57727	83196	40698	42498

1-3a 续表 3

单位：人

地区	户口登记地					
	本省其他县(市、区)			省外		
	小计	男	女	小计	男	女
安徽	**4555390**	**2281272**	**2274118**	**693259**	**389549**	**303710**
合肥市	**1770665**	**896338**	**874327**	**239546**	**138417**	**101129**
瑶海区	389841	197051	192790	54420	30120	24300
庐阳区	267890	133792	134098	28330	16204	12126
蜀山区	431661	214018	217643	57755	32804	24951
包河区	547386	284050	263336	81216	49660	31556
长丰县						
肥东县						
肥西县	39991	20973	19018	4902	3061	1841
庐江县						
合肥高新技术产业开发区						
合肥经济技术开发区						
合肥新站高新技术产业开发区	34101	17202	16899	3115	1666	1449
巢湖市	59795	29252	30543	9808	4902	4906
芜湖市	**435355**	**222770**	**212585**	**85741**	**48474**	**37267**
镜湖区	103498	49406	54092	21309	11450	9859
弋江区	173733	86306	87427	23963	12806	11157
鸠江区	128325	70038	58287	26890	15802	11088
三山区	18436	11206	7230	10156	6766	3390
芜湖县	781	330	451	224	113	111
繁昌县						
南陵县						
芜湖经济技术开发区	115	60	55	26	13	13
安徽芜湖长江大桥经济开发区						
无为市	10467	5424	5043	3173	1524	1649
蚌埠市	**229116**	**113041**	**116075**	**23980**	**13196**	**10784**
龙子湖区	57032	27768	29264	5487	2998	2489
蚌山区	60035	29583	30452	7731	4358	3373
禹会区	59704	29012	30692	5618	3024	2594
淮上区	52345	26678	25667	5144	2816	2328
怀远县						
五河县						
固镇县						
蚌埠市高新技术开发区						
蚌埠市经济开发区						
淮南市	**260253**	**127067**	**133186**	**26901**	**13957**	**12944**
大通区	15098	7317	7781	1290	643	647
田家庵区	198403	97784	100619	19866	10424	9442
谢家集区	24051	11392	12659	2660	1419	1241
八公山区	15223	6898	8325	2055	1003	1052
潘集区	7478	3676	3802	1030	468	562
凤台县						
寿县						

1-3a 续表 4

单位：人

地　区	户口登记地					
	本省其他县(市、区)			省　外		
	小计	男	女	小计	男	女
马鞍山市	**247878**	**127139**	**120739**	**47627**	**26807**	**20820**
花山区	116478	59207	57271	22524	12356	10168
雨山区	127120	65485	61635	21067	12307	8760
博望区	4280	2447	1833	4036	2144	1892
当涂县						
含山县						
和县						
淮北市	**200918**	**98392**	**102526**	**24541**	**12318**	**12223**
杜集区	22027	11134	10893	3536	2062	1474
相山区	150944	74517	76427	15319	7796	7523
烈山区	24491	10044	14447	4669	1752	2917
濉溪县	3456	2697	759	1017	708	309
铜陵市	**157682**	**77962**	**79720**	**15368**	**8323**	**7045**
铜官区	130073	64036	66037	12272	6623	5649
义安区	14012	6819	7193	1755	854	901
郊区	13597	7107	6490	1341	846	495
枞阳县						
安庆市	**222603**	**108117**	**114486**	**31052**	**17288**	**13764**
迎江区	85846	42288	43558	7148	3885	3263
大观区	40458	19268	21190	5041	3005	2036
宜秀区	67951	32871	35080	7937	4380	3557
怀宁县						
太湖县						
宿松县						
望江县	3280	1691	1589	1692	782	910
岳西县						
安徽安庆经济开发区	303	252	51	107	83	24
桐城市	18402	8494	9908	6720	3916	2804
潜山市	6363	3253	3110	2407	1237	1170
黄山市	**96356**	**45574**	**50782**	**18318**	**9631**	**8687**
屯溪区	73877	34454	39423	12912	6738	6174
黄山区	4939	2552	2387	2712	1433	1279
徽州区	15165	7419	7746	2508	1360	1148
歙县	638	293	345	70	38	32
休宁县	1737	856	881	116	62	54
黟县						
祁门县						
滁州市	**180369**	**92488**	**87881**	**38443**	**21733**	**16710**
琅琊区	78075	39021	39054	12328	7162	5166
南谯区	81864	42795	39069	11169	6639	4530
来安县						
全椒县						
定远县						
凤阳县						
苏滁现代产业园						
滁州经济技术开发区						
天长市	8601	4717	3884	10283	5681	4602
明光市	11829	5955	5874	4663	2251	2412

1-3a 续表 5 单位：人

地 区	户口登记地					
	本省其他县(市、区)			省 外		
	小计	男	女	小计	男	女
阜阳市	**226188**	**109687**	**116501**	**28446**	**15944**	**12502**
颍州区	137820	64282	73538	11684	6297	5387
颍东区	38627	19531	19096	4793	3043	1750
颍泉区	40791	20777	20014	5126	3010	2116
临泉县						
太和县						
阜南县						
颍上县						
阜阳合肥现代产业园区						
阜阳经济技术开发区						
界首市	8950	5097	3853	6843	3594	3249
宿州市	**77733**	**39626**	**38107**	**16128**	**8770**	**7358**
埇桥区	77087	39278	37809	15904	8621	7283
砀山县						
萧县	646	348	298	224	149	75
灵璧县						
泗县						
宿州马鞍山现代产业园区						
宿州经济技术开发区						
六安市	**269250**	**134398**	**134852**	**18423**	**9611**	**8812**
金安区	127986	62967	65019	8208	4294	3914
裕安区	130989	65233	65756	6503	3175	3328
叶集区	9888	5988	3900	3657	2119	1538
霍邱县	38	19	19	26	8	18
舒城县	349	191	158	29	15	14
金寨县						
霍山县						
亳州市	**53891**	**25773**	**28118**	**22665**	**12588**	**10077**
谯城区	53811	25746	28065	22390	12457	9933
涡阳县						
蒙城县						
利辛县	80	27	53	275	131	144
池州市	**63377**	**29246**	**34131**	**14364**	**8373**	**5991**
贵池区	58370	26429	31941	10870	6140	4730
东至县						
石台县						
青阳县						
池州市国家经济技术开发区	3069	1689	1380	758	522	236
皖江江南新兴产业集中区	1938	1128	810	2736	1711	1025
九华山风景区						
宣城市	**63756**	**33654**	**30102**	**41716**	**24119**	**17597**
宣州区	22848	10959	11889	8536	4423	4113
郎溪县						
泾县						
绩溪县						
旌德县						
宣城市经济开发区						
宁国市	25274	13542	11732	10719	5983	4736
广德市	15634	9153	6481	22461	13713	8748

1-3b 各地区分性别的户口登记地在外乡镇街道的人口状况(镇)

单位：人

地区	户口登记地					
	合计			本县(市、区)		
	合计	男	女	小计	男	女
安徽	**7585048**	**3827834**	**3757214**	**4428064**	**2139430**	**2288634**
合肥市	**2242626**	**1170593**	**1072033**	**779647**	**393006**	**386641**
瑶海区	17028	8790	8238	3836	1959	1877
庐阳区	36134	17717	18417	6988	3458	3530
蜀山区	7007	3873	3134	2248	1100	1148
包河区						
长丰县	333804	171166	162638	144710	75212	69498
肥东县	395773	207467	188306	258871	132845	126026
肥西县	398667	207785	190882	164876	83691	81185
庐江县	165350	79261	86089	139207	65159	74048
合肥高新技术产业开发区	186788	99017	87771	10120	5093	5027
合肥经济技术开发区	383017	202210	180807	19526	9700	9826
合肥新站高新技术产业开发区	294011	160490	133521	20777	10835	9942
巢湖市	25047	12817	12230	8488	3954	4534
芜湖市	**416664**	**215213**	**201451**	**191546**	**91767**	**99779**
镜湖区	139	68	71	42	20	22
弋江区						
鸠江区	6344	3449	2895	1853	889	964
三山区	15780	7717	8063	2392	1179	1213
芜湖县	112843	58384	54459	58878	28809	30069
繁昌县	55626	27783	27843	37474	18231	19243
南陵县	90333	42172	48161	70816	32799	38017
芜湖经济技术开发区	113291	64878	48413	7862	4059	3803
安徽芜湖长江大桥经济开发区	897	463	434	112	50	62
无为市	21411	10299	11112	12117	5731	6386
蚌埠市	**486719**	**237267**	**249452**	**249837**	**118990**	**130847**
龙子湖区	3729	1958	1771	1592	793	799
蚌山区						
禹会区	862	461	401	203	83	120
淮上区	5232	2592	2640	1406	669	737
怀远县	111080	53952	57128	95007	45505	49502
五河县	84550	40201	44349	73021	34385	38636
固镇县	63745	30623	33122	53077	25207	27870
蚌埠市高新技术开发区	45339	23057	22282	4098	2066	2032
蚌埠市经济开发区	172182	84423	87759	21433	10282	11151
淮南市	**238038**	**121606**	**116432**	**153256**	**73298**	**79958**
大通区	28812	14342	14470	7413	3364	4049
田家庵区	2031	976	1055	750	367	383
谢家集区	494	243	251	202	89	113
八公山区	21	9	12	7	2	5
潘集区	13915	8117	5798	4563	2326	2237
凤台县	102966	55199	47767	70938	34976	35962
寿县	89799	42720	47079	69383	32174	37209

1-3b　续表 1　　　　单位：人

地　区	户口登记地					
	合　计			本县(市、区)		
	合计	男	女	小计	男	女
马鞍山市	**204111**	**101044**	**103067**	**124807**	**58806**	**66001**
花山区						
雨山区						
博望区	1189	744	445	236	107	129
当涂县	86540	44072	42468	46617	22384	24233
含山县	50747	24056	26691	37346	17232	20114
和县	65635	32172	33463	40608	19083	21525
淮北市	**148459**	**74918**	**73541**	**98070**	**48118**	**49952**
杜集区	7548	3923	3625	975	443	532
相山区						
烈山区	5714	2780	2934	1238	569	669
濉溪县	135197	68215	66982	95857	47106	48751
铜陵市	**71879**	**32567**	**39312**	**52207**	**22535**	**29672**
铜官区	13	8	5			
义安区	4344	2455	1889	1363	647	716
郊区	4274	2016	2258	1636	713	923
枞阳县	63248	28088	35160	49208	21175	28033
安庆市	**412120**	**201984**	**210136**	**277312**	**129931**	**147381**
迎江区						
大观区	1794	1016	778	351	187	164
宜秀区	3444	1790	1654	961	444	517
怀宁县	89805	43797	46008	69303	32365	36938
太湖县	62831	29702	33129	54275	25196	29079
宿松县	92669	45199	47470	81816	39336	42480
望江县	12506	5938	6568	8358	3596	4762
岳西县	37999	17392	20607	33977	15434	18543
安徽安庆经济开发区	82380	43197	39183	7416	3697	3719
桐城市	14956	7229	7727	10413	4670	5743
潜山市	13736	6724	7012	10442	5006	5436
黄山市	**176909**	**85427**	**91482**	**122914**	**56369**	**66545**
屯溪区	14684	7612	7072	852	418	434
黄山区	7916	4952	2964	2599	1378	1221
徽州区	1574	764	810	602	275	327
歙县	75150	35696	39454	58418	27397	31021
休宁县	37518	17258	20260	30063	13478	16585
黟县	9511	4757	4754	6263	2955	3308
祁门县	30556	14388	16168	24117	10468	13649
滁州市	**593072**	**306662**	**286410**	**338801**	**168340**	**170461**
琅琊区						
南谯区	33246	16843	16403	10957	5411	5546
来安县	93877	49530	44347	55733	27324	28409
全椒县	122558	62975	59583	98335	50041	48294
定远县	100699	50972	49727	86392	43218	43174
凤阳县	89506	44861	44645	63014	30402	32612
苏滁现代产业园	16644	10782	5862	34	22	12
滁州经济技术开发区	96276	50224	46052	2184	1099	1085
天长市	32656	16750	15906	17641	8675	8966
明光市	7610	3725	3885	4511	2148	2363

1－3b 续表 2

单位：人

地区	户口登记地					
	合计			本县(市、区)		
	合计	男	女	小计	男	女
阜阳市	**657917**	**324990**	**332927**	**526465**	**252308**	**274157**
颍州区	11588	5855	5733	6685	3246	3439
颍东区	7206	4281	2925	2578	1248	1330
颍泉区	5299	2800	2499	2787	1467	1320
临泉县	184330	90135	94195	163067	78373	84694
太和县	152952	74080	78872	130355	62781	67574
阜南县	119720	56976	62744	107313	50109	57204
颍上县	105484	54095	51389	82130	39485	42645
阜阳合肥现代产业园区	989	623	366	255	142	113
阜阳经济技术开发区	62350	31833	30517	27293	13406	13887
界首市	7999	4312	3687	4002	2051	1951
宿州市	**493532**	**241252**	**252280**	**376169**	**179763**	**196406**
埇桥区	32619	16058	16561	14108	6651	7457
砀山县	62932	31244	31688	50794	24972	25822
萧县	121644	60392	61252	102540	49957	52583
灵璧县	123920	58312	65608	110413	51444	58969
泗县	104807	50906	53901	92103	43743	48360
宿州马鞍山现代产业园区	10223	5317	4906	2788	1319	1469
宿州经济技术开发区	37387	19023	18364	3423	1677	1746
六安市	**470561**	**229013**	**241548**	**356355**	**168599**	**187756**
金安区	78924	36691	42233	43701	20215	23486
裕安区	18395	9285	9110	12552	6287	6265
叶集区	6996	3444	3552	3877	1903	1974
霍邱县	84488	43623	40865	68178	33570	34608
舒城县	125084	58809	66275	102615	46775	55840
金寨县	84892	42769	42123	68297	33471	34826
霍山县	71782	34392	37390	57135	26378	30757
亳州市	**540595**	**273101**	**267494**	**481018**	**239403**	**241615**
谯城区	15819	8067	7752	10866	5383	5483
涡阳县	179525	91792	87733	160663	80889	79774
蒙城县	186085	93945	92140	164576	81702	82874
利辛县	159166	79297	79869	144913	71429	73484
池州市	**127287**	**59915**	**67372**	**97227**	**43219**	**54008**
贵池区	6287	3785	2502	2844	1564	1280
东至县	54646	24726	29920	44115	19000	25115
石台县	12259	5693	6566	8930	3808	5122
青阳县	51959	24456	27503	40132	18184	21948
池州市国家经济技术开发区						
皖江江南新兴产业集中区						
九华山风景区	2136	1255	881	1206	663	543
宣城市	**304559**	**152282**	**152277**	**202433**	**94978**	**107455**
宣州区	32342	16096	16246	23888	11684	12204
郎溪县	71687	35488	36199	48316	22438	25878
泾县	62443	29541	32902	50921	23464	27457
绩溪县	37302	17749	19553	30443	14074	16369
旌德县	20722	9508	11214	15750	6855	8895
宣城市经济开发区	62923	34021	28902	28776	14354	14422
宁国市	6070	3389	2681	2131	1036	1095
广德市	11070	6490	4580	2208	1073	1135

1-3b 续表 3

单位：人

地区	户口登记地					
	本省其他县(市、区)			省外		
	小计	男	女	小计	男	女
安徽	**2566552**	**1350049**	**1216503**	**590432**	**338355**	**252077**
合肥市	**1290559**	**676506**	**614053**	**172420**	**101081**	**71339**
瑶海区	11751	6021	5730	1441	810	631
庐阳区	26321	12686	13635	2825	1573	1252
蜀山区	3786	2075	1711	973	698	275
包河区						
长丰县	168251	85075	83176	20843	10879	9964
肥东县	113377	60922	52455	23525	13700	9825
肥西县	210175	110370	99805	23616	13724	9892
庐江县	18474	9842	8632	7669	4260	3409
合肥高新技术产业开发区	157906	82278	75628	18762	11646	7116
合肥经济技术开发区	317083	165000	152083	46408	27510	18898
合肥新站高新技术产业开发区	249573	134853	114720	23661	14802	8859
巢湖市	13862	7384	6478	2697	1479	1218
芜湖市	**165119**	**87365**	**77754**	**59999**	**36081**	**23918**
镜湖区	81	40	41	16	8	8
弋江区						
鸠江区	3036	1595	1441	1455	965	490
三山区	11177	5449	5728	2211	1089	1122
芜湖县	36886	19572	17314	17079	10003	7076
繁昌县	13649	6860	6789	4503	2692	1811
南陵县	14126	6770	7356	5391	2603	2788
芜湖经济技术开发区	78692	43335	35357	26737	17484	9253
安徽芜湖长江大桥经济开发区	495	238	257	290	175	115
无为市	6977	3506	3471	2317	1062	1255
蚌埠市	**208112**	**104388**	**103724**	**28770**	**13889**	**14881**
龙子湖区	1847	967	880	290	198	92
蚌山区						
禹会区	517	281	236	142	97	45
淮上区	3242	1604	1638	584	319	265
怀远县	11911	6281	5630	4162	2166	1996
五河县	7377	3719	3658	4152	2097	2055
固镇县	7955	4007	3948	2713	1409	1304
蚌埠市高新技术开发区	39114	19826	19288	2127	1165	962
蚌埠市经济开发区	136149	67703	68446	14600	6438	8162
淮南市	**71770**	**41140**	**30630**	**13012**	**7168**	**5844**
大通区	18729	9462	9267	2670	1516	1154
田家庵区	1183	562	621	98	47	51
谢家集区	232	117	115	60	37	23
八公山区	11	5	6	3	2	1
潘集区	7501	4519	2982	1851	1272	579
凤台县	28250	18225	10025	3778	1998	1780
寿县	15864	8250	7614	4552	2296	2256

1—3b 续表 4

单位：人

地区	户口登记地					
	本省其他县(市、区)			省外		
	小计	男	女	小计	男	女
马鞍山市	**53767**	**27654**	**26113**	**25537**	**14584**	**10953**
花山区						
雨山区						
博望区	406	251	155	547	386	161
当涂县	29139	15465	13674	10784	6223	4561
含山县	9709	4787	4922	3692	2037	1655
和县	14513	7151	7362	10514	5938	4576
淮北市	**41362**	**21623**	**19739**	**9027**	**5177**	**3850**
杜集区	4991	2539	2452	1582	941	641
相山区						
烈山区	4016	1961	2055	460	250	210
濉溪县	32355	17123	15232	6985	3986	2999
铜陵市	**15572**	**7728**	**7844**	**4100**	**2304**	**1796**
铜官区	10	6	4	3	2	1
义安区	1959	1107	852	1022	701	321
郊区	2367	1168	1199	271	135	136
枞阳县	11236	5447	5789	2804	1466	1338
安庆市	**109635**	**57705**	**51930**	**25173**	**14348**	**10825**
迎江区						
大观区	1228	705	523	215	124	91
宜秀区	2103	1135	968	380	211	169
怀宁县	15033	8169	6864	5469	3263	2206
太湖县	5728	3027	2701	2828	1479	1349
宿松县	5825	3167	2658	5028	2696	2332
望江县	2427	1289	1138	1721	1053	668
岳西县	2631	1336	1295	1391	622	769
安徽安庆经济开发区	69248	36011	33237	5716	3489	2227
桐城市	3171	1750	1421	1372	809	563
潜山市	2241	1116	1125	1053	602	451
黄山市	**37717**	**19498**	**18219**	**16278**	**9560**	**6718**
屯溪区	12557	6574	5983	1275	620	655
黄山区	3208	1967	1241	2109	1607	502
徽州区	716	345	371	256	144	112
歙县	10705	5113	5592	6027	3186	2841
休宁县	5132	2570	2562	2323	1210	1113
黟县	2163	1133	1030	1085	669	416
祁门县	3236	1796	1440	3203	2124	1079
滁州市	**177548**	**94194**	**83354**	**76723**	**44128**	**32595**
琅琊区						
南谯区	17067	8578	8489	5222	2854	2368
来安县	16104	9204	6900	22040	13002	9038
全椒县	15555	8167	7388	8668	4767	3901
定远县	10544	5812	4732	3763	1942	1821
凤阳县	20702	11228	9474	5790	3231	2559
苏滁现代产业园	9574	5748	3826	7036	5012	2024
滁州经济技术开发区	79118	40727	38391	14974	8398	6576
天长市	6932	3748	3184	8083	4327	3756
明光市	1952	982	970	1147	595	552

1-3b　续表 5

单位：人

地　区	户口登记地					
	本省其他县(市、区)			省　外		
	小计	男	女	小计	男	女
阜阳市	**100672**	**56075**	**44597**	**30780**	**16607**	**14173**
颍州区	4054	2143	1911	849	466	383
颍东区	3708	2494	1214	920	539	381
颍泉区	1943	1044	899	569	289	280
临泉县	12608	7178	5430	8655	4584	4071
太和县	16751	8410	8341	5846	2889	2957
阜南县	8190	4545	3645	4217	2322	1895
颍上县	18282	11785	6497	5072	2825	2247
阜阳合肥现代产业园区	562	380	182	172	101	71
阜阳经济技术开发区	32417	16907	15510	2640	1520	1120
界首市	2157	1189	968	1840	1072	768
宿州市	**84166**	**43868**	**40298**	**33197**	**17621**	**15576**
埇桥区	14421	7210	7211	4090	2197	1893
砀山县	5378	2937	2441	6760	3335	3425
萧县	11087	6112	4975	8017	4323	3694
灵璧县	8610	4424	4186	4897	2444	2453
泗县	7171	4171	3000	5533	2992	2541
宿州马鞍山现代产业园区	6291	3266	3025	1144	732	412
宿州经济技术开发区	31208	15748	15460	2756	1598	1158
六安市	**85989**	**43880**	**42109**	**28217**	**16534**	**11683**
金安区	32481	15033	17448	2742	1443	1299
裕安区	4948	2598	2350	895	400	495
叶集区	2740	1349	1391	379	192	187
霍邱县	8853	4902	3951	7457	5151	2306
舒城县	14258	7480	6778	8211	4554	3657
金寨县	10703	5979	4724	5892	3319	2573
霍山县	12006	6539	5467	2641	1475	1166
亳州市	**43593**	**24836**	**18757**	**15984**	**8862**	**7122**
谯城区	3091	1712	1379	1862	972	890
涡阳县	13888	8061	5827	4974	2842	2132
蒙城县	16481	9392	7089	5028	2851	2177
利辛县	10133	5671	4462	4120	2197	1923
池州市	**20372**	**11263**	**9109**	**9688**	**5433**	**4255**
贵池区	2197	1371	826	1246	850	396
东至县	6936	3811	3125	3595	1915	1680
石台县	2403	1303	1100	926	582	344
青阳县	8217	4372	3845	3610	1900	1710
池州市国家经济技术开发区						
皖江江南新兴产业集中区						
九华山风景区	619	406	213	311	186	125
宣城市	**60599**	**32326**	**28273**	**41527**	**24978**	**16549**
宣州区	5504	2832	2672	2950	1580	1370
郎溪县	10564	5547	5017	12807	7503	5304
泾县	7336	3802	3534	4186	2275	1911
绩溪县	4255	2247	2008	2604	1428	1176
旌德县	3311	1714	1597	1661	939	722
宣城市经济开发区	25014	13544	11470	9133	6123	3010
宁国市	1647	921	726	2292	1432	860
广德市	2968	1719	1249	5894	3698	2196

1－3c　各地区分性别的户口登记地在外乡镇街道的人口状况(乡村)

单位：人

地　　区	户口登记地					
	合　　计			本县(市、区)		
	合计	男	女	小计	男	女
安　徽	**1401082**	**725082**	**676000**	**458922**	**218284**	**240638**
合肥市	**255630**	**145295**	**110335**	**63131**	**33218**	**29913**
瑶海区	17893	9331	8562	1231	605	626
庐阳区	1119	681	438	129	55	74
蜀山区	3864	2993	871	324	190	134
包河区	4073	2482	1591	218	115	103
长丰县	50585	29058	21527	12365	6575	5790
肥东县	26685	15352	11333	7874	4457	3417
肥西县	109361	61282	48079	28089	14659	13430
庐江县	17258	9892	7366	5748	2923	2825
合肥高新技术产业开发区	65	49	16			
合肥经济技术开发区	1014	551	463	32	18	14
合肥新站高新技术产业开发区	2978	2033	945	74	45	29
巢湖市	20735	11591	9144	7047	3576	3471
芜湖市	**55061**	**27496**	**27565**	**14355**	**6351**	**8004**
镜湖区	1909	909	1000	246	118	128
弋江区						
鸠江区	7077	4021	3056	890	394	496
三山区	2933	1489	1444	303	116	187
芜湖县	7773	3679	4094	1238	500	738
繁昌县	10587	5959	4628	2745	1337	1408
南陵县	8877	4256	4621	2299	1117	1182
芜湖经济技术开发区	187	92	95	7	1	6
安徽芜湖长江大桥经济开发区	255	141	114	1		1
无为市	15463	6950	8513	6626	2768	3858
蚌埠市	**56927**	**26615**	**30312**	**16683**	**7300**	**9383**
龙子湖区	2867	1437	1430	589	230	359
蚌山区	2478	1281	1197	522	245	277
禹会区	6366	2828	3538	1469	543	926
淮上区	4560	2105	2455	596	214	382
怀远县	16305	7280	9025	4950	2085	2865
五河县	6925	3206	3719	2036	909	1127
固镇县	17426	8478	8948	6521	3074	3447
蚌埠市高新技术开发区						
蚌埠市经济开发区						
淮南市	**85367**	**43204**	**42163**	**38896**	**18233**	**20663**
大通区	3390	1563	1827	633	221	412
田家庵区	1970	880	1090	382	145	237
谢家集区	3387	1582	1805	1039	473	566
八公山区	1942	885	1057	1346	621	725
潘集区	13955	7424	6531	4863	2195	2668
凤台县	44282	22446	21836	26106	12382	13724
寿县	16441	8424	8017	4527	2196	2331

1-3c 续表 1 单位：人

地区	户口登记地					
	合计			本县(市、区)		
	合计	男	女	小计	男	女
马鞍山市	**39207**	**20726**	**18481**	**9932**	**4733**	**5199**
花山区	2382	1337	1045	724	385	339
雨山区	1860	1040	820	466	236	230
博望区	3280	1459	1821	530	197	333
当涂县	13126	6869	6257	4035	1823	2212
含山县	5739	2968	2771	1231	597	634
和县	12820	7053	5767	2946	1495	1451
淮北市	**41296**	**20139**	**21157**	**8707**	**4053**	**4654**
杜集区	4460	2153	2307	1026	438	588
相山区	7636	3915	3721	2541	1180	1361
烈山区	10806	4608	6198	1112	467	645
濉溪县	18394	9463	8931	4028	1968	2060
铜陵市	**23512**	**11879**	**11633**	**6884**	**3208**	**3676**
铜官区	3492	1967	1525	787	456	331
义安区	8019	3865	4154	2468	1074	1394
郊区	4876	2528	2348	1496	704	792
枞阳县	7125	3519	3606	2133	974	1159
安庆市	**75254**	**39374**	**35880**	**29737**	**14478**	**15259**
迎江区	1124	675	449	96	51	45
大观区	3818	2539	1279	529	272	257
宜秀区	2740	1492	1248	463	210	253
怀宁县	9911	5706	4205	2539	1371	1168
太湖县	8228	4219	4009	3477	1718	1759
宿松县	15950	7813	8137	8525	3960	4565
望江县	7160	3449	3711	2656	1335	1321
岳西县	9653	4568	5085	5189	2451	2738
安徽安庆经济开发区	846	432	414	108	54	54
桐城市	8739	4701	4038	3242	1585	1657
潜山市	7085	3780	3305	2913	1471	1442
黄山市	**47300**	**26301**	**20999**	**16866**	**7872**	**8994**
屯溪区	2750	1318	1432	595	256	339
黄山区	7054	4120	2934	1719	753	966
徽州区	2881	1239	1642	829	345	484
歙县	12521	6402	6119	6519	3210	3309
休宁县	10481	5400	5081	4072	1824	2248
黟县	4880	2868	2012	1605	689	916
祁门县	6733	4954	1779	1527	795	732
滁州市	**140121**	**72776**	**67345**	**47612**	**22882**	**24730**
琅琊区	2438	1469	969	344	172	172
南谯区	37907	18770	19137	8843	4503	4340
来安县	14771	8256	6515	4885	2430	2455
全椒县	13267	7494	5773	4672	2375	2297
定远县	13383	6424	6959	5763	2743	3020
凤阳县	15209	7054	8155	7686	3503	4183
苏滁现代产业园						
滁州经济技术开发区	13223	8565	4658	489	326	163
天长市	12377	6438	5939	4231	2032	2199
明光市	17546	8306	9240	10699	4798	5901

1-3c 续表 2

单位：人

地区	户口登记地					
	合计			本县(市、区)		
	合计	男	女	小计	男	女
阜阳市	**140392**	**68647**	**71745**	**46023**	**20857**	**25166**
颍州区	24274	12132	12142	9376	4251	5125
颍东区	12025	6170	5855	3926	1746	2180
颍泉区	10818	5330	5488	2166	877	1289
临泉县	18024	8663	9361	6583	3035	3548
太和县	13780	6301	7479	3056	1186	1870
阜南县	22650	11224	11426	8589	4098	4491
颍上县	16662	7790	8872	4959	2126	2833
阜阳合肥现代产业园区	5418	2748	2670	1592	723	869
阜阳经济技术开发区	5183	2647	2536	2055	1018	1037
界首市	11558	5642	5916	3721	1797	1924
宿州市	**96425**	**42514**	**53911**	**36837**	**15492**	**21345**
埇桥区	40435	17873	22562	18827	7885	10942
砀山县	9596	4424	5172	3054	1449	1605
萧县	18064	7283	10781	6119	2325	3794
灵璧县	16587	7413	9174	5457	2286	3171
泗县	11075	5176	5899	3162	1446	1716
宿州马鞍山现代产业园区	668	345	323	218	101	117
宿州经济技术开发区						
六安市	**124646**	**64930**	**59716**	**41202**	**20197**	**21005**
金安区	31463	16996	14467	8568	4322	4246
裕安区	32712	16430	16282	11929	5696	6233
叶集区	8407	4280	4127	3235	1591	1644
霍邱县	20647	10567	10080	8206	3988	4218
舒城县	16503	9058	7445	4859	2450	2409
金寨县	11680	5931	5749	3277	1607	1670
霍山县	3234	1668	1566	1128	543	585
亳州市	**94372**	**46670**	**47702**	**42797**	**19971**	**22826**
谯城区	43917	21938	21979	24170	11599	12571
涡阳县	16657	8907	7750	4978	2213	2765
蒙城县	14757	6998	7759	4694	2033	2661
利辛县	19041	8827	10214	8955	4126	4829
池州市	**36965**	**21037**	**15928**	**12872**	**6579**	**6293**
贵池区	15052	8697	6355	4998	2578	2420
东至县	5682	3009	2673	2129	1127	1002
石台县	3212	1897	1315	915	451	464
青阳县	11165	6446	4719	3867	1966	1901
池州市国家经济技术开发区						
皖江江南新兴产业集中区						
九华山风景区	1854	988	866	963	457	506
宣城市	**88607**	**47479**	**41128**	**26388**	**12860**	**13528**
宣州区	29949	15870	14079	11045	5339	5706
郎溪县	7273	3535	3738	1908	866	1042
泾县	9646	5628	4018	2263	1095	1168
绩溪县	3708	2141	1567	1338	793	545
旌德县	3235	1951	1284	994	492	502
宣城市经济开发区	9135	5146	3989	1093	757	336
宁国市	11972	6599	5373	4299	2094	2205
广德市	13689	6609	7080	3448	1424	2024

1-3c　续表 3　　　单位：人

地　区	户口登记地					
	本省其他县(市、区)			省　外		
	小计	男	女	小计	男	女
安　徽	**675342**	**362205**	**313137**	**266818**	**144593**	**122225**
合肥市	**154788**	**87285**	**67503**	**37711**	**24792**	**12919**
瑶海区	15158	7897	7261	1504	829	675
庐阳区	757	437	320	233	189	44
蜀山区	2376	1766	610	1164	1037	127
包河区	3298	1960	1338	557	407	150
长丰县	29932	17335	12597	8288	5148	3140
肥东县	14012	7888	6124	4799	3007	1792
肥西县	67464	37170	30294	13808	9453	4355
庐江县	8052	4774	3278	3458	2195	1263
合肥高新技术产业开发区	56	42	14	9	7	2
合肥经济技术开发区	894	475	419	88	58	30
合肥新站高新技术产业开发区	2322	1525	797	582	463	119
巢湖市	10467	6016	4451	3221	1999	1222
芜湖市	**27877**	**14356**	**13521**	**12829**	**6789**	**6040**
镜湖区	1203	554	649	460	237	223
弋江区						
鸠江区	3919	2103	1816	2268	1524	744
三山区	1704	848	856	926	525	401
芜湖县	3784	1825	1959	2751	1354	1397
繁昌县	6047	3378	2669	1795	1244	551
南陵县	4584	2302	2282	1994	837	1157
芜湖经济技术开发区	144	78	66	36	13	23
安徽芜湖长江大桥经济开发区	172	92	80	82	49	33
无为市	6320	3176	3144	2517	1006	1511
蚌埠市	**30344**	**14968**	**15376**	**9900**	**4347**	**5553**
龙子湖区	1831	923	908	447	284	163
蚌山区	1438	703	735	518	333	185
禹会区	3843	1658	2185	1054	627	427
淮上区	3095	1509	1586	869	382	487
怀远县	8254	4085	4169	3101	1110	1991
五河县	3117	1510	1607	1772	787	985
固镇县	8766	4580	4186	2139	824	1315
蚌埠市高新技术开发区						
蚌埠市经济开发区						
淮南市	**37510**	**20811**	**16699**	**8961**	**4160**	**4801**
大通区	1779	823	956	978	519	459
田家庵区	1430	673	757	158	62	96
谢家集区	2012	974	1038	336	135	201
八公山区	470	199	271	126	65	61
潘集区	7623	4604	3019	1469	625	844
凤台县	14561	8381	6180	3615	1683	1932
寿县	9635	5157	4478	2279	1071	1208

1-3c 续表 4 单位：人

地区	户口登记地					
	本省其他县(市、区)			省外		
	小计	男	女	小计	男	女
马鞍山市	**17085**	**9143**	**7942**	**12190**	**6850**	**5340**
花山区	1109	608	501	549	344	205
雨山区	1072	585	487	322	219	103
博望区	1330	675	655	1420	587	833
当涂县	4728	2473	2255	4363	2573	1790
含山县	3143	1668	1475	1365	703	662
和县	5703	3134	2569	4171	2424	1747
淮北市	**23972**	**11938**	**12034**	**8617**	**4148**	**4469**
杜集区	2533	1262	1271	901	453	448
相山区	3921	2022	1899	1174	713	461
烈山区	6558	2777	3781	3136	1364	1772
濉溪县	10960	5877	5083	3406	1618	1788
铜陵市	**13465**	**7087**	**6378**	**3163**	**1584**	**1579**
铜官区	2533	1394	1139	172	117	55
义安区	4321	2178	2143	1230	613	617
郊区	2735	1494	1241	645	330	315
枞阳县	3876	2021	1855	1116	524	592
安庆市	**30577**	**16728**	**13849**	**14940**	**8168**	**6772**
迎江区	822	493	329	206	131	75
大观区	2498	1630	868	791	637	154
宜秀区	1798	1002	796	479	280	199
怀宁县	4879	2756	2123	2493	1579	914
太湖县	2753	1474	1279	1998	1027	971
宿松县	4325	2305	2020	3100	1548	1552
望江县	3061	1507	1554	1443	607	836
岳西县	2944	1472	1472	1520	645	875
安徽安庆经济开发区	688	344	344	50	34	16
桐城市	4164	2365	1799	1333	751	582
潜山市	2645	1380	1265	1527	929	598
黄山市	**16799**	**8821**	**7978**	**13635**	**9608**	**4027**
屯溪区	1784	834	950	371	228	143
黄山区	2711	1532	1179	2624	1835	789
徽州区	1713	753	960	339	141	198
歙县	3770	2002	1768	2232	1190	1042
休宁县	4071	2018	2053	2338	1558	780
黟县	1431	805	626	1844	1374	470
祁门县	1319	877	442	3887	3282	605
滁州市	**62462**	**32510**	**29952**	**30047**	**17384**	**12663**
琅琊区	1362	807	555	732	490	242
南谯区	24366	11191	13175	4698	3076	1622
来安县	4940	3030	1910	4946	2796	2150
全椒县	6582	3836	2746	2013	1283	730
定远县	5661	2817	2844	1959	864	1095
凤阳县	5450	2695	2755	2073	856	1217
苏滁现代产业园						
滁州经济技术开发区	5157	3292	1865	7577	4947	2630
天长市	4021	2246	1775	4125	2160	1965
明光市	4923	2596	2327	1924	912	1012

1-3c　续表 5　　单位：人

地　区	户口登记地					
	本省其他县(市、区)			省　外		
	小计	男	女	小计	男	女
阜阳市	**70239**	**36737**	**33502**	**24130**	**11053**	**13077**
颍州区	12195	6467	5728	2703	1414	1289
颍东区	5549	2912	2637	2550	1512	1038
颍泉区	6871	3573	3298	1781	880	901
临泉县	8005	4318	3687	3436	1310	2126
太和县	7621	3902	3719	3103	1213	1890
阜南县	9867	5214	4653	4194	1912	2282
颍上县	8702	4412	4290	3001	1252	1749
阜阳合肥现代产业园区	3224	1701	1523	602	324	278
阜阳经济技术开发区	2842	1487	1355	286	142	144
界首市	5363	2751	2612	2474	1094	1380
宿州市	**36841**	**18379**	**18462**	**22747**	**8643**	**14104**
埇桥区	15451	7546	7905	6157	2442	3715
砀山县	3179	1668	1511	3363	1307	2056
萧县	6895	3374	3521	5050	1584	3466
灵璧县	6268	3147	3121	4862	1980	2882
泗县	4716	2463	2253	3197	1267	1930
宿州马鞍山现代产业园区	332	181	151	118	63	55
宿州经济技术开发区						
六安市	**66372**	**35950**	**30422**	**17072**	**8783**	**8289**
金安区	19581	10857	8724	3314	1817	1497
裕安区	18054	9443	8611	2729	1291	1438
叶集区	3680	1924	1756	1492	765	727
霍邱县	9492	5099	4393	2949	1480	1469
舒城县	8356	4797	3559	3288	1811	1477
金寨县	5613	2965	2648	2790	1359	1431
霍山县	1596	865	731	510	260	250
亳州市	**36326**	**19587**	**16739**	**15249**	**7112**	**8137**
谯城区	14136	7591	6545	5611	2748	2863
涡阳县	8427	5032	3395	3252	1662	1590
蒙城县	7133	3667	3466	2930	1298	1632
利辛县	6630	3297	3333	3456	1404	2052
池州市	**15476**	**8873**	**6603**	**8617**	**5585**	**3032**
贵池区	6719	3828	2891	3335	2291	1044
东至县	2293	1252	1041	1260	630	630
石台县	1275	758	517	1022	688	334
青阳县	4514	2650	1864	2784	1830	954
池州市国家经济技术开发区						
皖江江南新兴产业集中区						
九华山风景区	675	385	290	216	146	70
宣城市	**35209**	**19032**	**16177**	**27010**	**15587**	**11423**
宣州区	10468	5669	4799	8436	4862	3574
郎溪县	2610	1320	1290	2755	1349	1406
泾县	3813	2195	1618	3570	2338	1232
绩溪县	1429	762	667	941	586	355
旌德县	1277	817	460	964	642	322
宣城市经济开发区	6784	3548	3236	1258	841	417
宁国市	4323	2412	1911	3350	2093	1257
广德市	4505	2309	2196	5736	2876	2860

1-4 各地区分性别、民族的人口

单位：人

地区	合计			汉族		
	合计	男	女	小计	男	女
安徽	**61027171**	**31103394**	**29923777**	**60594623**	**30895103**	**29699520**
合肥市	**9369881**	**4821924**	**4547957**	**9300616**	**4787304**	**4513312**
瑶海区	862043	436843	425200	855060	433461	421599
庐阳区	697293	347808	349485	691738	345175	346563
蜀山区	1047150	525830	521320	1033855	519072	514783
包河区	1217469	627505	589964	1207789	622552	585237
长丰县	783982	407835	376147	780415	406200	374215
肥东县	884792	464542	420250	877997	460962	417035
肥西县	967508	506811	460697	961295	503632	457663
庐江县	888238	457599	430639	886078	456706	429372
合肥高新技术产业开发区	269922	141211	128711	266228	139256	126972
合肥经济技术开发区	557858	291746	266112	552006	288792	263214
合肥新站高新技术产业开发区	466464	247713	218751	463203	246002	217201
巢湖市	727162	366481	360681	724952	365494	359458
芜湖市	**3644420**	**1868742**	**1775678**	**3624582**	**1860217**	**1764365**
镜湖区	478658	234806	243852	474753	232947	241806
弋江区	422620	211923	210697	420073	210761	209312
鸠江区	540487	281690	258797	537677	280392	257285
三山区	162255	86224	76031	161031	85683	75348
芜湖县	344016	178210	165806	341374	177199	164175
繁昌县	243907	125189	118718	242690	124674	118016
南陵县	431148	218791	212357	429570	218392	211178
芜湖经济技术开发区	181034	99369	81665	179007	98227	80780
安徽芜湖长江大桥经济开发区	22298	11400	10898	22138	11349	10789
无为市	817997	421140	396857	816269	420593	395676
蚌埠市	**3296408**	**1669446**	**1626962**	**3264497**	**1653796**	**1610701**
龙子湖区	216875	108696	108179	211096	105783	105313
蚌山区	171045	85261	85784	166926	83208	83718
禹会区	325814	163948	161866	322664	162429	160235
淮上区	283872	145753	138119	281579	144641	136938
怀远县	935335	477802	457533	933795	477140	456655
五河县	523531	266733	256798	516021	262778	253243
固镇县	501449	254135	247314	499623	253317	246306
蚌埠市高新技术开发区	61850	31387	30463	61023	30988	30035
蚌埠市经济开发区	276637	135731	140906	271770	133512	138258
淮南市	**3033528**	**1547407**	**1486121**	**2980568**	**1520797**	**1459771**
大通区	165671	84179	81492	164907	83834	81073
田家庵区	730078	360177	369901	723253	357006	366247
谢家集区	221589	109260	112329	215438	106138	109300
八公山区	118221	57440	60781	115311	56023	59288
潘集区	326077	170367	155710	320284	167370	152914
凤台县	633385	331680	301705	624695	327152	297543
寿县	838507	434304	404203	816680	423274	393406

1-4　续表 1

单位：人

地　区	合　计			汉　族		
	合计	男	女	小计	男	女
马鞍山市	**2159930**	**1104810**	**1055120**	**2144115**	**1097386**	**1046729**
花山区	450983	226021	224962	447238	224125	223113
雨山区	355986	182107	173879	352939	180503	172436
博望区	158483	83428	75055	157842	83185	74657
当涂县	446991	229390	217601	443690	228090	215600
含山县	336588	172460	164128	335720	172135	163585
和县	410899	211404	199495	406686	209348	197338
淮北市	**1970265**	**986388**	**983877**	**1964917**	**984305**	**980612**
杜集区	239692	120618	119074	239079	120335	118744
相山区	548934	269607	279327	547339	268881	278458
烈山区	249237	122221	127016	247233	121578	125655
濉溪县	932402	473942	458460	931266	473511	457755
铜陵市	**1311726**	**655329**	**656397**	**1307565**	**653629**	**653936**
铜官区	450949	223183	227766	448797	222185	226612
义安区	227493	115502	111991	226704	115213	111491
郊区	164233	83373	80860	163804	83173	80631
枞阳县	469051	233271	235780	468260	233058	235202
安庆市	**4165284**	**2103208**	**2062076**	**4147622**	**2095214**	**2052408**
迎江区	253694	125374	128320	250290	123703	126587
大观区	214112	106062	108050	209407	103713	105694
宜秀区	196672	98223	98449	195523	97736	97787
怀宁县	496683	252258	244425	495512	251756	243756
太湖县	430465	218868	211597	429673	218612	211061
宿松县	612586	317862	294724	611493	317369	294124
望江县	462367	230468	231899	460732	229736	230996
岳西县	323837	164811	159026	323155	164601	158554
安徽安庆经济开发区	140015	73099	66916	138902	72504	66398
桐城市	593629	293717	299912	592438	293302	299136
潜山市	441224	222466	218758	440497	222182	218315
黄山市	**1330565**	**673019**	**657546**	**1324659**	**670377**	**654282**
屯溪区	291188	141195	149993	289802	140578	149224
黄山区	146942	76665	70277	145888	76100	69788
徽州区	96162	48628	47534	95804	48517	47287
歙县	362962	185229	177733	361757	184869	176888
休宁县	211456	107076	104380	210658	106728	103930
黟县	76211	39502	36709	75885	39367	36518
祁门县	145644	74724	70920	144865	74218	70647
滁州市	**3987054**	**2052337**	**1934717**	**3949058**	**2033058**	**1916000**
琅琊区	268430	135114	133316	266191	133949	132242
南谯区	348762	179101	169661	344961	177142	167819
来安县	416048	215051	200997	414133	214171	199962
全椒县	395633	203666	191967	391647	201613	190034
定远县	671361	350057	321304	658075	343173	314902
凤阳县	631934	329820	302114	627456	327555	299901
苏滁现代产业园	23609	14268	9341	22950	13781	9169
滁州经济技术开发区	141870	75205	66665	139846	74053	65793
天长市	603780	305101	298679	600847	303938	296909
明光市	485627	244954	240673	482952	243683	239269

1-4 续表 2

单位：人

地区	合计			汉族		
	合计	男	女	小计	男	女
阜阳市	**8200264**	**4157132**	**4043132**	**8131828**	**4123007**	**4008821**
颍州区	828527	409166	419361	818296	404083	414213
颍东区	538187	276342	261845	532213	273328	258885
颍泉区	598004	301828	296176	594413	299985	294428
临泉县	1658442	836107	822335	1653601	833862	819739
太和县	1379982	702513	677469	1368689	696998	671691
阜南县	1183602	600947	582655	1176586	597493	579093
颍上县	1198830	618890	579940	1179698	609098	570600
阜阳合肥现代产业园区	40352	20776	19576	40255	20727	19528
阜阳经济技术开发区	123468	62518	60950	121468	61497	59971
界首市	650870	328045	322825	646609	325936	320673
宿州市	**5324476**	**2695358**	**2629118**	**5309617**	**2688821**	**2620796**
埇桥区	1658682	840849	817833	1655606	839658	815948
砀山县	765564	386016	379548	757118	381745	375373
萧县	1054597	533832	520765	1053739	533606	520133
灵璧县	974720	493895	480825	973617	493577	480040
泗县	763310	386288	377022	762259	385894	376365
宿州马鞍山现代产业园区	48012	24501	23511	47887	24453	23434
宿州经济技术开发区	59591	29977	29614	59391	29888	29503
六安市	**4393699**	**2257485**	**2136214**	**4377775**	**2250145**	**2127630**
金安区	829236	417207	412029	826562	415995	410567
裕安区	923301	473002	450299	921119	472058	449061
叶集区	216229	114305	101924	212282	112273	100009
霍邱县	944985	493157	451828	941635	491572	450063
舒城县	697250	353824	343426	695388	353015	342373
金寨县	496501	260861	235640	495180	260321	234859
霍山县	286197	145129	141068	285609	144911	140698
亳州市	**4996844**	**2554536**	**2442308**	**4946363**	**2529871**	**2416492**
谯城区	1537231	781713	755518	1497111	761779	735332
涡阳县	1170719	601112	569607	1163725	597723	566002
蒙城县	1101640	563673	537967	1100513	563254	537259
利辛县	1187254	608038	579216	1185014	607115	577899
池州市	**1342764**	**671596**	**671168**	**1337228**	**669232**	**667996**
贵池区	592802	292491	300311	590942	291751	299191
东至县	398414	199627	198787	396428	198697	197731
石台县	80612	41133	39479	80227	40986	39241
青阳县	232974	118240	114734	231955	117849	114106
池州市国家经济技术开发区	13048	6809	6239	12984	6772	6212
皖江江南新兴产业集中区	9424	5292	4132	9228	5182	4046
九华山风景区	15490	8004	7486	15464	7995	7469
宣城市	**2500063**	**1284677**	**1215386**	**2483613**	**1277944**	**1205669**
宣州区	671209	339081	332128	667486	337798	329688
郎溪县	311513	159119	152394	309402	158415	150987
泾县	275837	143008	132829	274749	142580	132169
绩溪县	138784	70295	68489	138428	70170	68258
旌德县	112368	58022	54346	112051	57913	54138
宣城市经济开发区	106576	56729	49847	105488	56138	49350
宁国市	384644	198606	186038	381587	197115	184472
广德市	499132	259817	239315	494422	257815	236607

1-4　续表 3　　　　　　　　　　　　　　　　　　　　　　单位：人

地　区	蒙古族			回　族			藏　族		
	小计	男	女	小计	男	女	小计	男	女
安　徽	**5809**	**2911**	**2898**	**297740**	**152843**	**144897**	**3694**	**1391**	**2303**
合肥市	**2067**	**1101**	**966**	**36532**	**18695**	**17837**	**913**	**370**	**543**
瑶海区	122	68	54	3484	1768	1716	85	39	46
庐阳区	159	79	80	3388	1622	1766	15	7	8
蜀山区	393	193	200	8524	4353	4171	258	113	145
包河区	453	237	216	5153	2557	2596	121	71	50
长丰县	97	55	42	1187	614	573	116	47	69
肥东县	98	39	59	3773	2068	1705	46	7	39
肥西县	170	111	59	3491	1835	1656	20	6	14
庐江县	51	24	27	431	263	168	38	15	23
合肥高新技术产业开发区	92	49	43	2580	1336	1244	14	7	7
合肥经济技术开发区	292	165	127	2453	1237	1216	63	24	39
合肥新站高新技术产业开发区	91	53	38	1438	720	718	129	30	99
巢湖市	49	28	21	630	322	308	8	4	4
芜湖市	**656**	**344**	**312**	**6224**	**3179**	**3045**	**229**	**108**	**121**
镜湖区	97	55	42	2426	1234	1192	74	28	46
弋江区	88	40	48	1192	593	599	19	5	14
鸠江区	125	75	50	814	419	395	24	13	11
三山区	38	23	15	158	81	77	3	1	2
芜湖县	39	23	16	251	129	122	60	40	20
繁昌县	45	25	20	364	186	178	5	2	3
南陵县	26	10	16	134	71	63	12	4	8
芜湖经济技术开发区	140	76	64	378	194	184	18	14	4
安徽芜湖长江大桥经济开发区	1		1	33	13	20			
无为市	57	17	40	474	259	215	14	1	13
蚌埠市	**392**	**188**	**204**	**27239**	**13886**	**13353**	**75**	**23**	**52**
龙子湖区	29	16	13	5417	2746	2671	5	4	1
蚌山区	37	19	18	3678	1846	1832	5	2	3
禹会区	31	15	16	2697	1323	1374	10	1	9
淮上区	29	16	13	1878	960	918	6	1	5
怀远县	33	16	17	811	458	353	11	2	9
五河县	94	54	40	6870	3732	3138	1		1
固镇县	9		9	1318	676	642			
蚌埠市高新技术开发区	6	3	3	676	314	362	7	2	5
蚌埠市经济开发区	124	49	75	3894	1831	2063	30	11	19
淮南市	**236**	**115**	**121**	**48560**	**24949**	**23611**	**77**	**25**	**52**
大通区	16	7	9	451	226	225	4	1	3
田家庵区	134	66	68	5065	2425	2640	34	11	23
谢家集区	12	9	3	5888	3002	2886	3		3
八公山区	8	4	4	2773	1362	1411	7	1	6
潘集区	17	9	8	5379	2864	2515	8	5	3
凤台县	27	12	15	8014	4325	3689	5		5
寿县	22	8	14	20990	10745	10245	16	7	9

1－4 续表 4 单位：人

地　　区	蒙古族			回　族			藏　族		
	小计	男	女	小计	男	女	小计	男	女
马鞍山市	**363**	**183**	**180**	**7014**	**3712**	**3302**	**59**	**30**	**29**
花山区	92	43	49	2259	1155	1104	11	6	5
雨山区	159	86	73	1461	745	716	6	2	4
博望区	16	9	7	114	55	59	1		1
当涂县	48	26	22	376	196	180	28	13	15
含山县	17	7	10	143	76	67	8	4	4
和县	31	12	19	2661	1485	1176	5	5	
淮北市	**162**	**73**	**89**	**1836**	**857**	**979**	**1009**	**304**	**705**
杜集区	5	3	2	336	160	176	29	12	17
相山区	71	35	36	889	411	478	57	24	33
烈山区	43	15	28	360	155	205	907	261	646
濉溪县	43	20	23	251	131	120	16	7	9
铜陵市	**101**	**43**	**58**	**1373**	**694**	**679**	**193**	**76**	**117**
铜官区	70	33	37	925	459	466	179	70	109
义安区	14	4	10	203	109	94	3		3
郊区	10	3	7	126	72	54	9	6	3
枞阳县	7	3	4	119	54	65	2		2
安庆市	**277**	**119**	**158**	**9991**	**5056**	**4935**	**85**	**39**	**46**
迎江区	34	15	19	2837	1435	1402	2	1	1
大观区	43	17	26	4127	2101	2026	4	4	
宜秀区	23	10	13	436	196	240	7	2	5
怀宁县	42	11	31	207	94	113	15	5	10
太湖县	10	5	5	131	64	67	4	2	2
宿松县	19	11	8	234	132	102	11	4	7
望江县	16	4	12	945	485	460	5	1	4
岳西县	11	3	8	79	33	46	7	3	4
安徽安庆经济开发区	14	10	4	644	337	307	7	5	2
桐城市	39	22	17	259	126	133	15	5	10
潜山市	26	11	15	92	53	39	8	7	1
黄山市	**130**	**62**	**68**	**770**	**396**	**374**	**64**	**42**	**22**
屯溪区	47	22	25	401	214	187	15	7	8
黄山区	28	18	10	110	58	52	4	3	1
徽州区	3		3	44	20	24	3	1	2
歙县	7	4	3	73	37	36	11	5	6
休宁县	21	7	14	61	28	33	8	5	3
黟县	7	3	4	28	11	17	3	2	1
祁门县	17	8	9	53	28	25	20	19	1
滁州市	**311**	**172**	**139**	**27207**	**14521**	**12686**	**144**	**68**	**76**
琅琊区	33	23	10	1442	743	699	13	9	4
南谯区	57	25	32	2425	1261	1164	10	4	6
来安县	28	18	10	484	267	217	16	8	8
全椒县	25	15	10	2984	1562	1422	17	11	6
定远县	15	6	9	12342	6573	5769	10	1	9
凤阳县	26	10	16	3774	2045	1729	21	4	17
苏滁现代产业园	23	20	3	134	78	56	10	7	3
滁州经济技术开发区	47	31	16	878	479	399	33	20	13
天长市	42	17	25	855	493	362	10	4	6
明光市	15	7	8	1889	1020	869	4		4

1-4 续表 5

单位：人

地区	蒙古族			回族			藏族		
	小计	男	女	小计	男	女	小计	男	女
阜阳市	**243**	**93**	**150**	**61840**	**31757**	**30083**	**119**	**37**	**82**
颍州区	66	27	39	9046	4540	4506	10	4	6
颍东区	17	5	12	5262	2699	2563	8	3	5
颍泉区	19	9	10	3194	1703	1491	5	2	3
临泉县	24	7	17	3998	2031	1967	9	2	7
太和县	37	15	22	10340	5237	5103	29	8	21
阜南县	17	8	9	6326	3235	3091	16	7	9
颍上县	26	6	20	18096	9440	8656	15	5	10
阜阳合肥现代产业园区	6	4	2	44	23	21	1		1
阜阳经济技术开发区	15	8	7	1856	955	901	3		3
界首市	16	4	12	3678	1894	1784	23	6	17
宿州市	**207**	**87**	**120**	**9852**	**5034**	**4818**	**98**	**29**	**69**
埇桥区	89	42	47	1183	577	606	68	23	45
砀山县	34	12	22	7926	4116	3810	13	1	12
萧县	25	6	19	142	68	74	4		4
灵璧县	38	17	21	159	70	89	5		5
泗县	12	8	4	347	160	187	5	4	1
宿州马鞍山现代产业园区	1		1	35	13	22			
宿州经济技术开发区	8	2	6	60	30	30	3	1	2
六安市	**208**	**110**	**98**	**9675**	**5025**	**4650**	**53**	**15**	**38**
金安区	59	36	23	1447	732	715	18	5	13
裕安区	27	11	16	1314	657	657	10	3	7
叶集区	17	8	9	3503	1837	1666	4	2	2
霍邱县	51	30	21	2388	1269	1119	8	3	5
舒城县	35	18	17	434	237	197	8	1	7
金寨县	12	3	9	353	177	176	5	1	4
霍山县	7	4	3	236	116	120			
亳州市	**162**	**88**	**74**	**46092**	**23266**	**22826**	**76**	**29**	**47**
谯城区	70	36	34	38361	19262	19099	43	17	26
涡阳县	33	22	11	6161	3147	3014	12	7	5
蒙城县	33	18	15	376	201	175	2	1	1
利辛县	26	12	14	1194	656	538	19	4	15
池州市	**98**	**37**	**61**	**2018**	**1036**	**982**	**31**	**14**	**17**
贵池区	60	22	38	506	241	265	18	8	10
东至县	15	6	9	1340	701	639	5	1	4
石台县	4	2	2	23	13	10	6	4	2
青阳县	11	3	8	129	68	61	2	1	1
池州市国家经济技术开发区	3	2	1	10	8	2			
皖江江南新兴产业集中区				9	5	4			
九华山风景区	5	2	3	1		1			
宣城市	**196**	**96**	**100**	**1517**	**780**	**737**	**469**	**182**	**287**
宣州区	42	16	26	554	286	268	333	116	217
郎溪县	21	8	13	121	63	58	14	6	8
泾县	12	6	6	159	79	80	10	7	3
绩溪县	7	4	3	51	27	24	2		2
旌德县	3	3		32	8	24			
宣城市经济开发区	41	27	14	160	86	74	8	3	5
宁国市	17	8	9	238	119	119	16	6	10
广德市	53	24	29	202	112	90	86	44	42

1-4 续表 6

单位：人

地区	维吾尔族			苗族			彝族		
	小计	男	女	小计	男	女	小计	男	女
安徽	**4026**	**1986**	**2040**	**24975**	**9609**	**15366**	**15844**	**6357**	**9487**
合肥市	**1899**	**1029**	**870**	**4303**	**2039**	**2264**	**3244**	**1440**	**1804**
瑶海区	130	74	56	456	200	256	363	148	215
庐阳区	80	44	36	245	115	130	215	92	123
蜀山区	199	122	77	560	319	241	315	123	192
包河区	177	101	76	453	240	213	330	168	162
长丰县	109	94	15	352	141	211	318	100	218
肥东县	66	29	37	424	220	204	298	114	184
肥西县	45	28	17	507	247	260	395	210	185
庐江县	13	9	4	428	115	313	272	98	174
合肥高新技术产业开发区	44	18	26	143	93	50	69	36	33
合肥经济技术开发区	651	328	323	267	135	132	220	100	120
合肥新站高新技术产业开发区	259	123	136	177	100	77	243	166	77
巢湖市	126	59	67	291	114	177	206	85	121
芜湖市	**461**	**261**	**200**	**3134**	**1127**	**2007**	**1793**	**681**	**1112**
镜湖区	58	37	21	239	105	134	145	50	95
弋江区	195	86	109	240	93	147	122	47	75
鸠江区	70	47	23	341	153	188	248	91	157
三山区	16	10	6	254	85	169	290	144	146
芜湖县	29	17	12	766	249	517	333	110	223
繁昌县	12	9	3	230	89	141	95	36	59
南陵县	14	10	4	366	64	302	132	27	105
芜湖经济技术开发区	52	36	16	414	223	191	222	125	97
安徽芜湖长江大桥经济开发区	5	4	1	36	8	28	11	4	7
无为市	10	5	5	248	58	190	195	47	148
蚌埠市	**94**	**29**	**65**	**679**	**265**	**414**	**466**	**159**	**307**
龙子湖区	5	2	3	43	22	21	32	13	19
蚌山区	8	4	4	57	32	25	31	14	17
禹会区	7	4	3	72	39	33	35	11	24
淮上区	10	2	8	68	17	51	71	31	40
怀远县	8	5	3	155	49	106	71	16	55
五河县	1		1	105	33	72	84	19	65
固镇县	5		5	80	20	60	95	36	59
蚌埠市高新技术开发区				17	13	4	7	3	4
蚌埠市经济开发区	50	12	38	82	40	42	40	16	24
淮南市	**226**	**83**	**143**	**604**	**220**	**384**	**410**	**125**	**285**
大通区	14	7	7	48	19	29	36	15	21
田家庵区	185	61	124	181	97	84	75	32	43
谢家集区	8	6	2	35	14	21	16	5	11
八公山区	1		1	24	6	18	13	7	6
潘集区	3	2	1	69	14	55	55	15	40
凤台县	3	2	1	97	18	79	80	22	58
寿县	12	5	7	150	52	98	135	29	106

1-4 续表 7 单位：人

地区	维吾尔族			苗族			彝族		
	小计	男	女	小计	男	女	小计	男	女
马鞍山市	**373**	**177**	**196**	**2243**	**907**	**1336**	**970**	**423**	**547**
花山区	63	35	28	260	129	131	89	44	45
雨山区	48	20	28	199	121	78	148	78	70
博望区	6	4	2	147	50	97	82	37	45
当涂县	231	103	128	1019	403	616	324	147	177
含山县	10	5	5	152	42	110	86	34	52
和县	15	10	5	466	162	304	241	83	158
淮北市	**356**	**123**	**233**	**422**	**212**	**210**	**238**	**82**	**156**
杜集区	7	3	4	38	20	18	36	18	18
相山区	57	16	41	72	40	32	40	14	26
烈山区	280	98	182	105	39	66	37	10	27
濉溪县	12	6	6	207	113	94	125	40	85
铜陵市	**28**	**10**	**18**	**511**	**181**	**330**	**311**	**108**	**203**
铜官区	23	7	16	177	82	95	89	32	57
义安区				119	31	88	83	22	61
郊区				61	25	36	33	15	18
枞阳县	5	3	2	154	43	111	106	39	67
安庆市	**150**	**56**	**94**	**1494**	**607**	**887**	**955**	**375**	**580**
迎江区	14	7	7	69	26	43	69	24	45
大观区	24	11	13	93	50	43	56	25	31
宜秀区	43		43	100	52	48	68	39	29
怀宁县	6	5	1	185	88	97	162	61	101
太湖县	16	9	7	138	36	102	69	27	42
宿松县	5	1	4	207	94	113	84	41	43
望江县	10	8	2	135	50	85	108	29	79
岳西县				127	30	97	75	28	47
安徽安庆经济开发区	8	4	4	102	59	43	47	27	20
桐城市	19	9	10	197	55	142	126	50	76
潜山市	5	2	3	141	67	74	91	24	67
黄山市	**28**	**14**	**14**	**1117**	**385**	**732**	**532**	**270**	**262**
屯溪区	9	6	3	136	46	90	44	18	26
黄山区	5	2	3	227	84	143	99	56	43
徽州区	5	3	2	52	10	42	32	9	23
歙县	1		1	328	68	260	110	45	65
休宁县	8	3	5	151	52	99	107	53	54
黟县				64	26	38	31	22	9
祁门县				159	99	60	109	67	42
滁州市	**53**	**25**	**28**	**2018**	**812**	**1206**	**1486**	**672**	**814**
琅琊区	8	5	3	124	62	62	68	40	28
南谯区	5	4	1	236	130	106	171	90	81
来安县	15	6	9	294	109	185	260	101	159
全椒县	9	4	5	147	67	80	113	43	70
定远县				185	67	118	122	46	76
凤阳县	2		2	102	29	73	104	36	68
苏滁现代产业园				70	53	17	144	119	25
滁州经济技术开发区	5	2	3	136	73	63	149	91	58
天长市	8	4	4	528	162	366	234	79	155
明光市	1		1	196	60	136	121	27	94

1-4 续表 8

单位：人

地 区	维吾尔族			苗 族			彝 族		
	小计	男	女	小计	男	女	小计	男	女
阜阳市	**56**	**20**	**36**	**1064**	**350**	**714**	**634**	**224**	**410**
颍州区	7	2	5	191	90	101	72	28	44
颍东区	7	3	4	104	39	65	51	27	24
颍泉区	5	2	3	54	12	42	55	16	39
临泉县	7	1	6	163	33	130	71	18	53
太和县	8	4	4	133	28	105	98	25	73
阜南县	5	3	2	139	45	94	64	25	39
颍上县	4		4	173	60	113	173	65	108
阜阳合肥现代产业园区				6	3	3	4	1	3
阜阳经济技术开发区	4	2	2	25	9	16	6	4	2
界首市	9	3	6	76	31	45	40	15	25
宿州市	**33**	**12**	**21**	**824**	**247**	**577**	**786**	**215**	**571**
埇桥区	14	5	9	275	84	191	309	97	212
砀山县	3	2	1	93	28	65	43	8	35
萧县	3	1	2	104	17	87	129	37	92
灵璧县	5	1	4	167	48	119	158	35	123
泗县	8	3	5	145	51	94	114	24	90
宿州马鞍山现代产业园区				19	6	13	17	7	10
宿州经济技术开发区				21	13	8	16	7	9
六安市	**98**	**49**	**49**	**1239**	**451**	**788**	**896**	**361**	**535**
金安区	38	17	21	249	97	152	138	56	82
裕安区	37	20	17	182	66	116	80	13	67
叶集区	3	2	1	86	41	45	18	4	14
霍邱县	5	2	3	229	61	168	82	26	56
舒城县	2	1	1	242	99	143	342	166	176
金寨县	5	3	2	165	62	103	210	88	122
霍山县	8	4	4	86	25	61	26	8	18
亳州市	**77**	**40**	**37**	**619**	**159**	**460**	**591**	**174**	**417**
谯城区	40	21	19	225	69	156	118	36	82
涡阳县	15	8	7	104	24	80	128	34	94
蒙城县	14	9	5	141	41	100	64	8	56
利辛县	8	2	6	149	25	124	281	96	185
池州市	**19**	**10**	**9**	**691**	**240**	**451**	**452**	**212**	**240**
贵池区	10	6	4	224	86	138	163	74	89
东至县	2		2	135	50	85	85	35	50
石台县	3	2	1	92	17	75	29	19	10
青阳县				189	63	126	104	40	64
池州市国家经济技术开发区	4	2	2	12	7	5	6	3	3
皖江江南新兴产业集中区				33	13	20	65	41	24
九华山风景区				6	4	2			
宣城市	**75**	**48**	**27**	**4013**	**1407**	**2606**	**2080**	**836**	**1244**
宣州区	39	22	17	1040	274	766	338	110	228
郎溪县	7	5	2	567	150	417	405	115	290
泾县	5	5		189	56	133	132	65	67
绩溪县	5	3	2	62	30	32	20	6	14
旌德县	1	1		76	25	51	29	11	18
宣城市经济开发区				267	118	149	80	39	41
宁国市	8	3	5	487	209	278	327	164	163
广德市	10	9	1	1325	545	780	749	326	423

1-4 续表 9

单位：人

地区	壮族			布依族			朝鲜族		
	小计	男	女	小计	男	女	小计	男	女
安　徽	**12337**	**4140**	**8197**	**8052**	**2740**	**5312**	**1840**	**922**	**918**
合肥市	**2747**	**1111**	**1636**	**1438**	**662**	**776**	**732**	**359**	**373**
瑶海区	330	120	210	190	85	105	86	38	48
庐阳区	173	71	102	94	40	54	69	34	35
蜀山区	406	184	222	192	87	105	151	66	85
包河区	371	171	200	148	77	71	112	46	66
长丰县	242	89	153	135	54	81	29	19	10
肥东县	179	55	124	96	47	49	11	3	8
肥西县	264	122	142	140	60	80	17	8	9
庐江县	202	70	132	127	46	81	8	3	5
合肥高新技术产业开发区	89	46	43	75	47	28	12	7	5
合肥经济技术开发区	272	114	158	106	47	59	68	32	36
合肥新站高新技术产业开发区	79	30	49	91	52	39	145	92	53
巢湖市	140	39	101	44	20	24	24	11	13
芜湖市	**1648**	**475**	**1173**	**831**	**222**	**609**	**118**	**64**	**54**
镜湖区	172	56	116	54	19	35	35	18	17
弋江区	120	46	74	50	18	32	22	8	14
鸠江区	263	76	187	68	25	43	16	12	4
三山区	128	40	88	57	13	44	7	4	3
芜湖县	343	82	261	142	40	102	7	4	3
繁昌县	118	22	96	53	11	42	2	1	1
南陵县	204	49	155	290	39	251	9	4	5
芜湖经济技术开发区	147	80	67	66	43	23	10	7	3
安徽芜湖长江大桥经济开发区	28	4	24	4	2	2			
无为市	125	20	105	47	12	35	10	6	4
蚌埠市	**451**	**137**	**314**	**296**	**115**	**181**	**80**	**37**	**43**
龙子湖区	37	13	24	17	8	9	3	2	1
蚌山区	45	22	23	22	12	10	7	1	6
禹会区	39	11	28	25	17	8	18	9	9
淮上区	31	6	25	23	7	16	7	5	2
怀远县	87	18	69	80	24	56	1		1
五河县	55	9	46	33	13	20	15	5	10
固镇县	41	15	26	48	12	36	3	1	2
蚌埠市高新技术开发区	15	10	5	10	6	4	2	2	
蚌埠市经济开发区	101	33	68	38	16	22	24	12	12
淮南市	**417**	**125**	**292**	**258**	**78**	**180**	**68**	**37**	**31**
大通区	37	9	28	22	7	15	9	7	2
田家庵区	170	51	119	85	31	54	25	13	12
谢家集区	18	6	12	12	1	11	1	1	
八公山区	14	6	8	9	4	5	4	1	3
潘集区	35	8	27	24	7	17	5	1	4
凤台县	66	15	51	47	8	39	17	9	8
寿县	77	30	47	59	20	39	7	5	2

1-4 续表 10

单位：人

地　区	壮　族			布依族			朝鲜族		
	小计	男	女	小计	男	女	小计	男	女
马鞍山市	**767**	**310**	**457**	**302**	**120**	**182**	**63**	**32**	**31**
花山区	212	112	100	39	17	22	15	7	8
雨山区	112	58	54	43	18	25	31	15	16
博望区	42	13	29	31	10	21	5	4	1
当涂县	120	48	72	74	22	52	6	2	4
含山县	85	14	71	63	22	41	2		2
和县	196	65	131	52	31	21	4	4	
淮北市	**205**	**57**	**148**	**109**	**23**	**86**	**27**	**12**	**15**
杜集区	20	3	17	11		11			
相山区	63	22	41	23	9	14	19	10	9
烈山区	51	16	35	25	7	18	3		3
濉溪县	71	16	55	50	7	43	5	2	3
铜陵市	**382**	**98**	**284**	**113**	**24**	**89**	**28**	**13**	**15**
铜官区	134	51	83	35	10	25	18	10	8
义安区	71	23	48	33	5	28	1	1	
郊区	25	8	17	7	1	6	1	1	
枞阳县	152	16	136	38	8	30	8	1	7
安庆市	**839**	**248**	**591**	**509**	**169**	**340**	**56**	**29**	**27**
迎江区	66	23	43	27	13	14	18	11	7
大观区	65	18	47	32	14	18	11	6	5
宜秀区	84	25	59	49	20	29	2		2
怀宁县	72	16	56	77	31	46	1	1	
太湖县	84	20	64	53	13	40			
宿松县	98	33	65	59	22	37	1	1	
望江县	94	31	63	39	11	28	5		5
岳西县	58	17	41	34	8	26	2	1	1
安徽安庆经济开发区	49	22	27	29	14	15	5	3	2
桐城市	114	30	84	52	10	42	5	2	3
潜山市	55	13	42	58	13	45	6	4	2
黄山市	**462**	**160**	**302**	**385**	**118**	**267**	**223**	**113**	**110**
屯溪区	101	28	73	56	14	42	196	101	95
黄山区	58	20	38	43	17	26	12	5	7
徽州区	45	14	31	35	7	28	6	3	3
歙县	107	19	88	80	16	64	4	2	2
休宁县	42	10	32	65	13	52	2	1	1
黟县	40	12	28	43	14	29	1		1
祁门县	69	57	12	63	37	26	2	1	1
滁州市	**893**	**375**	**518**	**797**	**284**	**513**	**135**	**75**	**60**
琅琊区	70	28	42	49	21	28	7	6	1
南谯区	148	69	79	82	35	47	23	17	6
来安县	79	28	51	117	39	78	6	2	4
全椒县	111	48	63	42	24	18	22	9	13
定远县	111	29	82	74	20	54	2		2
凤阳县	72	20	52	54	14	40	9	6	3
苏滁现代产业园	20	14	6	6	6		15	11	4
滁州经济技术开发区	127	81	46	94	56	38	21	9	12
天长市	78	27	51	222	54	168	18	8	10
明光市	77	31	46	57	15	42	12	7	5

1-4　续表 11　　单位：人

地　区	壮　族			布依族			朝鲜族		
	小计	男	女	小计	男	女	小计	男	女
阜阳市	**620**	**171**	**449**	**430**	**119**	**311**	**78**	**38**	**40**
颍州区	107	39	68	75	24	51	27	18	9
颍东区	71	28	43	56	19	37	8	5	3
颍泉区	52	11	41	14	6	8	5	1	4
临泉县	75	17	58	44	4	40	2		2
太和县	91	21	70	61	17	44	13	6	7
阜南县	88	18	70	56	15	41	7	5	2
颍上县	66	18	48	65	12	53	14	2	12
阜阳合肥现代产业园区	4	1	3	4	2	2	1	1	
阜阳经济技术开发区	8	5	3	11	5	6			
界首市	58	13	45	44	15	29	1		1
宿州市	**345**	**79**	**266**	**347**	**84**	**263**	**49**	**22**	**27**
埇桥区	122	36	86	95	25	70	21	7	14
砀山县	54	13	41	26	5	21	8	6	2
萧县	53	5	48	79	18	61	6	2	4
灵璧县	57	9	48	53	11	42	8	3	5
泗县	40	12	28	80	21	59	1	1	
宿州马鞍山现代产业园区	7	2	5	4		4	4	2	2
宿州经济技术开发区	12	2	10	10	4	6	1	1	
六安市	**607**	**196**	**411**	**394**	**133**	**261**	**39**	**18**	**21**
金安区	85	34	51	77	35	42	14	7	7
裕安区	77	25	52	61	17	44	10	5	5
叶集区	30	10	20	12	3	9	2	1	1
霍邱县	88	28	60	55	22	33	2	1	1
舒城县	194	67	127	89	24	65	6	2	4
金寨县	96	29	67	78	23	55	4	2	2
霍山县	37	3	34	22	9	13	1		1
亳州市	**274**	**58**	**216**	**282**	**82**	**200**	**42**	**26**	**16**
谯城区	126	41	85	99	28	71	23	17	6
涡阳县	61	7	54	66	29	37	10	5	5
蒙城县	43	9	34	55	12	43	5	3	2
利辛县	44	1	43	62	13	49	4	1	3
池州市	**347**	**118**	**229**	**315**	**96**	**219**	**29**	**15**	**14**
贵池区	140	39	101	119	30	89	14	7	7
东至县	72	21	51	45	16	29	8	5	3
石台县	46	27	19	11	4	7			
青阳县	74	24	50	106	30	76	7	3	4
池州市国家经济技术开发区	2		2	8	6	2			
皖江江南新兴产业集中区	12	6	6	25	10	15			
九华山风景区	1	1		1		1			
宣城市	**1333**	**422**	**911**	**1246**	**411**	**835**	**73**	**32**	**41**
宣州区	317	67	250	255	54	201	13	6	7
郎溪县	293	73	220	172	73	99	12	5	7
泾县	109	24	85	87	22	65	6	3	3
绩溪县	23	4	19	12	4	8	5	2	3
旌德县	41	14	27	26	11	15	1	1	
宣城市经济开发区	142	78	64	48	22	26	4	1	3
宁国市	196	81	115	132	63	69	19	9	10
广德市	212	81	131	514	162	352	13	5	8

1-4 续表 12 单位：人

地区	满族			侗族			瑶族		
	小计	男	女	小计	男	女	小计	男	女
安徽	**12067**	**6235**	**5832**	**6119**	**2352**	**3767**	**2390**	**854**	**1536**
合肥市	**5304**	**2920**	**2384**	**1078**	**546**	**532**	**531**	**232**	**299**
瑶海区	613	323	290	107	55	52	59	19	40
庐阳区	414	201	213	82	39	43	34	15	19
蜀山区	937	502	435	141	72	69	81	43	38
包河区	863	473	390	158	90	68	95	46	49
长丰县	135	69	66	108	53	55	37	13	24
肥东县	1088	656	432	81	40	41	25	9	16
肥西县	204	105	99	102	52	50	51	21	30
庐江县	77	38	39	60	22	38	30	13	17
合肥高新技术产业开发区	187	97	90	40	16	24	24	12	12
合肥经济技术开发区	479	280	199	102	51	51	65	28	37
合肥新站高新技术产业开发区	181	109	72	41	28	13	17	8	9
巢湖市	126	67	59	56	28	28	13	5	8
芜湖市	**972**	**462**	**510**	**605**	**230**	**375**	**274**	**77**	**197**
镜湖区	192	85	107	58	21	37	30	6	24
弋江区	156	65	91	37	15	22	28	12	16
鸠江区	183	96	87	65	33	32	56	18	38
三山区	49	30	19	19	6	13	18	4	14
芜湖县	56	34	22	104	49	55	24	6	18
繁昌县	47	23	24	30	7	23	17	3	14
南陵县	39	13	26	44	8	36	41	8	33
芜湖经济技术开发区	157	89	68	107	69	38	33	18	15
安徽芜湖长江大桥经济开发区	1	1		1		1			
无为市	92	26	66	140	22	118	27	2	25
蚌埠市	**518**	**241**	**277**	**183**	**75**	**108**	**83**	**27**	**56**
龙子湖区	60	31	29	10	5	5	12	6	6
蚌山区	62	28	34	14	7	7	7	4	3
禹会区	51	17	34	22	12	10	9	3	6
淮上区	46	23	23	32	12	20	3	1	2
怀远县	41	16	25	26	7	19	19	3	16
五河县	16	11	5	42	18	24	5		5
固镇县	12	5	7	13	3	10	8	2	6
蚌埠市高新技术开发区	34	17	17	1	1		4	4	
蚌埠市经济开发区	196	93	103	23	10	13	16	4	12
淮南市	**532**	**267**	**265**	**162**	**62**	**100**	**64**	**15**	**49**
大通区	18	7	11	18	4	14	4	3	1
田家庵区	349	179	170	50	23	27	15	3	12
谢家集区	28	15	13	4	3	1	4		4
八公山区	9	3	6	3		3	1		1
潘集区	35	18	17	13	5	8	9	2	7
凤台县	62	31	31	21	6	15	16	4	12
寿县	31	14	17	53	21	32	15	3	12

1-4　续表 13

单位：人

地　区	满　族			侗　族			瑶　族		
	小计	男	女	小计	男	女	小计	男	女
马鞍山市	**672**	**357**	**315**	**784**	**193**	**591**	**175**	**59**	**116**
花山区	246	132	114	94	32	62	16	3	13
雨山区	264	151	113	70	29	41	32	15	17
博望区	11	3	8	66	19	47	13	2	11
当涂县	53	28	25	477	74	403	87	29	58
含山县	36	12	24	29	14	15	5	2	3
和县	62	31	31	48	25	23	22	8	14
淮北市	**205**	**92**	**113**	**83**	**26**	**57**	**59**	**26**	**33**
杜集区	15	7	8	18	6	12	2	1	1
相山区	114	58	56	16	10	6	12	6	6
烈山区	45	12	33	20	2	18	16	5	11
濉溪县	31	15	16	29	8	21	29	14	15
铜陵市	**245**	**126**	**119**	**113**	**40**	**73**	**44**	**12**	**32**
铜官区	185	99	86	46	26	20	6	3	3
义安区	22	9	13	31	6	25	11	3	8
郊区	26	13	13	21	6	15	5	3	2
枞阳县	12	5	7	15	2	13	22	3	19
安庆市	**523**	**241**	**282**	**413**	**153**	**260**	**182**	**78**	**104**
迎江区	79	38	41	21	11	10	5	1	4
大观区	98	43	55	21	8	13	21	5	16
宜秀区	53	26	27	42	21	21	18	6	12
怀宁县	46	21	25	55	33	22	37	22	15
太湖县	26	12	14	51	11	40	15	6	9
宿松县	21	13	8	64	24	40	23	13	10
望江县	29	14	15	20	3	17	12	5	7
岳西县	19	9	10	81	19	62	12	5	7
安徽安庆经济开发区	44	19	25	17	7	10	6	2	4
桐城市	79	36	43	19	4	15	15	4	11
潜山市	29	10	19	22	12	10	18	9	9
黄山市	**247**	**157**	**90**	**264**	**122**	**142**	**101**	**36**	**65**
屯溪区	97	49	48	54	23	31	30	12	18
黄山区	69	47	22	72	45	27	25	14	11
徽州区	8	8		13	5	8	4	1	3
歙县	24	16	8	47	16	31	18	2	16
休宁县	30	21	9	40	17	23	14	6	8
黟县	2	2		16	5	11	6	1	5
祁门县	17	14	3	22	11	11	4		4
滁州市	**691**	**364**	**327**	**825**	**291**	**534**	**192**	**75**	**117**
琅琊区	85	46	39	49	30	19	10	4	6
南谯区	140	78	62	45	19	26	27	10	17
来安县	50	25	25	74	38	36	24	10	14
全椒县	141	87	54	43	21	22	36	15	21
定远县	50	19	31	75	31	44	9	2	7
凤阳县	33	13	20	20	6	14	22	5	17
苏滁现代产业园	18	14	4	7	2	5	5	4	1
滁州经济技术开发区	60	35	25	48	31	17	21	15	6
天长市	78	33	45	436	104	332	15	4	11
明光市	36	14	22	28	9	19	23	6	17

1−4 续表 14

单位：人

地　区	满　族			侗　族			瑶　族		
	小计	男	女	小计	男	女	小计	男	女
阜阳市	**483**	**231**	**252**	**273**	**94**	**179**	**122**	**38**	**84**
颍州区	144	71	73	51	21	30	21	11	10
颍东区	62	30	32	42	25	17	7	4	3
颍泉区	56	30	26	12	4	8	8	3	5
临泉县	30	15	15	28	9	19	18	4	14
太和县	69	23	46	31	8	23	28	7	21
阜南县	27	15	12	26	5	21	18	2	16
颍上县	42	20	22	47	9	38	11	6	5
阜阳合肥现代产业园区	4	1	3	3	2	1	1		1
阜阳经济技术开发区	12	7	5	6	3	3			
界首市	37	19	18	27	8	19	10	1	9
宿州市	**364**	**152**	**212**	**155**	**52**	**103**	**51**	**10**	**41**
埇桥区	158	65	93	45	17	28	24	7	17
砀山县	53	25	28	18	7	11	2		2
萧县	40	11	29	26	5	21	9	3	6
灵璧县	49	22	27	30	8	22	8		8
泗县	30	16	14	29	13	16	7		7
宿州马鞍山现代产业园区	9	3	6	2	1	1	1		1
宿州经济技术开发区	25	10	15	5	1	4			
六安市	**314**	**134**	**180**	**327**	**103**	**224**	**107**	**40**	**67**
金安区	93	34	59	62	27	35	14	4	10
裕安区	59	21	38	38	13	25	11	5	6
叶集区	4	1	3	7	2	5	7	1	6
霍邱县	41	20	21	92	19	73	26	16	10
舒城县	40	16	24	50	15	35	22	5	17
金寨县	45	28	17	62	24	38	17	4	13
霍山县	32	14	18	16	3	13	10	5	5
亳州市	**499**	**214**	**285**	**114**	**34**	**80**	**70**	**14**	**56**
谯城区	398	172	226	34	13	21	28	8	20
涡阳县	37	11	26	22	6	16	17	4	13
蒙城县	19	11	8	23	6	17	13	2	11
利辛县	45	20	25	35	9	26	12		12
池州市	**170**	**89**	**81**	**190**	**68**	**122**	**84**	**33**	**51**
贵池区	85	36	49	71	25	46	38	17	21
东至县	35	24	11	49	20	29	10	3	7
石台县	1	1		26	9	17	4		4
青阳县	44	26	18	32	8	24	30	12	18
池州市国家经济技术开发区				7	3	4	2	1	1
皖江江南新兴产业集中区	1	1		5	3	2			
九华山风景区	4	1	3						
宣城市	**328**	**188**	**140**	**550**	**263**	**287**	**251**	**82**	**169**
宣州区	63	35	28	136	43	93	75	23	52
郎溪县	33	20	13	43	24	19	54	10	44
泾县	28	16	12	48	20	28	31	15	16
绩溪县	8	3	5	10	3	7	7	3	4
旌德县	10	3	7	10	4	6	8	1	7
宣城市经济开发区	60	44	16	55	40	15	19	8	11
宁国市	61	30	31	116	60	56	17	6	11
广德市	65	37	28	132	69	63	40	16	24

1-4　续表 15　　单位：人

地　区	白　族			土家族			哈尼族		
	小计	男	女	小计	男	女	小计	男	女
安　徽	**2156**	**834**	**1322**	**14981**	**7139**	**7842**	**2233**	**632**	**1601**
合肥市	**499**	**226**	**273**	**3566**	**1824**	**1742**	**399**	**150**	**249**
瑶海区	55	24	31	346	174	172	42	14	28
庐阳区	27	11	16	293	143	150	24	3	21
蜀山区	73	39	34	574	291	283	37	15	22
包河区	59	31	28	590	324	266	31	9	22
长丰县	40	11	29	299	136	163	42	14	28
肥东县	34	14	20	184	104	80	59	31	28
肥西县	63	24	39	307	149	158	36	15	21
庐江县	33	14	19	157	75	82	36	16	20
合肥高新技术产业开发区	25	17	8	122	74	48	7	3	4
合肥经济技术开发区	59	30	29	368	184	184	17	12	5
合肥新站高新技术产业开发区	11	2	9	147	74	73	17	9	8
巢湖市	20	9	11	179	96	83	51	9	42
芜湖市	**127**	**56**	**71**	**1179**	**560**	**619**	**188**	**74**	**114**
镜湖区	5	1	4	151	75	76	10	5	5
弋江区	16	8	8	127	63	64	14	6	8
鸠江区	21	9	12	207	97	110	21	6	15
三山区	12	8	4	80	46	34	7	4	3
芜湖县	23	6	17	219	111	108	38	18	20
繁昌县	10	3	7	98	57	41	16	3	13
南陵县	4		4	88	28	60	16	4	12
芜湖经济技术开发区	25	18	7	119	60	59	22	16	6
安徽芜湖长江大桥经济开发区	1		1	13	3	10	4	1	3
无为市	10	3	7	77	20	57	40	11	29
蚌埠市	**86**	**27**	**59**	**574**	**232**	**342**	**97**	**14**	**83**
龙子湖区	7	2	5	50	22	28	5	2	3
蚌山区	6	1	5	78	37	41	7	1	6
禹会区	4	1	3	78	40	38	1		1
淮上区	5	1	4	38	14	24	5	2	3
怀远县	15	8	7	77	19	58	14	2	12
五河县	16	4	12	68	21	47	9		9
固镇县	8	3	5	47	14	33	48	4	44
蚌埠市高新技术开发区	2		2	26	14	12	2	1	1
蚌埠市经济开发区	23	7	16	112	51	61	6	2	4
淮南市	**76**	**30**	**46**	**496**	**198**	**298**	**76**	**18**	**58**
大通区	8	2	6	21	10	11	6		6
田家庵区	14	9	5	182	75	107	9	3	6
谢家集区	2		2	59	33	26	2		2
八公山区	5	4	1	11	6	5	12	5	7
潘集区	7	1	6	54	16	38	13	3	10
凤台县	20	6	14	65	20	45	9	2	7
寿县	20	8	12	104	38	66	25	5	20

1-4 续表 16

单位：人

地　区	白　族			土家族			哈尼族		
	小计	男	女	小计	男	女	小计	男	女
马鞍山市	**112**	**44**	**68**	**659**	**339**	**320**	**231**	**63**	**168**
花山区	18	7	11	134	65	69	13	4	9
雨山区	21	12	9	188	109	79	13	5	8
博望区	12	7	5	39	12	27	16	5	11
当涂县	27	9	18	133	67	66	30	15	15
含山县	19	5	14	92	51	41	16	5	11
和县	15	4	11	73	35	38	143	29	114
淮北市	**58**	**18**	**40**	**217**	**83**	**134**	**48**	**5**	**43**
杜集区	2	1	1	33	23	10	7	3	4
相山区	10	3	7	74	36	38	9	1	8
烈山区	10	3	7	38	5	33	4		4
濉溪县	36	11	25	72	19	53	28	1	27
铜陵市	**35**	**13**	**22**	**325**	**146**	**179**	**66**	**13**	**53**
铜官区	9	5	4	95	45	50	20	4	16
义安区	6	3	3	102	51	51	23	2	21
郊区	3	1	2	56	26	30	12	5	7
枞阳县	17	4	13	72	24	48	11	2	9
安庆市	**124**	**43**	**81**	**1112**	**452**	**660**	**83**	**22**	**61**
迎江区	6	4	2	78	31	47	5	1	4
大观区	12	4	8	63	28	35	3	1	2
宜秀区	9	3	6	89	33	56	6	2	4
怀宁县	18	3	15	128	72	56	24	9	15
太湖县	8	2	6	120	36	84	7	1	6
宿松县	14	6	8	153	60	93	4		4
望江县	8	5	3	131	57	74	6	2	4
岳西县	13	3	10	107	37	70	7	1	6
安徽安庆经济开发区	4	4		74	45	29	2		2
桐城市	25	6	19	86	27	59	12	1	11
潜山市	7	3	4	83	26	57	7	4	3
黄山市	**73**	**30**	**43**	**782**	**514**	**268**	**108**	**25**	**83**
屯溪区	17	6	11	80	36	44	13	3	10
黄山区	8	5	3	201	143	58	16	8	8
徽州区	2		2	23	9	14	13	2	11
歙县	16	3	13	148	85	63	35	5	30
休宁县	7	1	6	148	107	41	20	3	17
黟县	5	2	3	41	23	18	7	1	6
祁门县	18	13	5	141	111	30	4	3	1
滁州市	**286**	**103**	**183**	**1491**	**754**	**737**	**226**	**110**	**116**
琅琊区	21	6	15	141	72	69	10	6	4
南谯区	22	5	17	228	126	102	6		6
来安县	75	20	55	183	113	70	21	11	10
全椒县	11	5	6	152	78	74	18	8	10
定远县	22	7	15	125	40	85	33	6	27
凤阳县	18	11	7	87	31	56	24	4	20
苏滁现代产业园	27	21	6	43	24	19	58	51	7
滁州经济技术开发区	30	12	18	256	142	114	24	15	9
天长市	35	8	27	188	95	93	26	8	18
明光市	25	8	17	88	33	55	6	1	5

1-4　续表 17　　　　单位：人

地　区	白　族			土家族			哈尼族		
	小计	男	女	小计	男	女	小计	男	女
阜阳市	**166**	**61**	**105**	**851**	**362**	**489**	**106**	**29**	**77**
颍州区	28	10	18	148	76	72	6	2	4
颍东区	12	5	7	130	61	69	14	9	5
颍泉区	10	3	7	34	17	17	2		2
临泉县	27	10	17	100	45	55	36	4	32
太和县	22	5	17	111	40	71	8		8
阜南县	13	7	6	75	28	47	3		3
颍上县	37	15	22	122	34	88	15	2	13
阜阳合肥现代产业园区	1		1	11	7	4			
阜阳经济技术开发区	2		2	20	11	9	5	2	3
界首市	14	6	8	100	43	57	17	10	7
宿州市	**158**	**37**	**121**	**553**	**207**	**346**	**169**	**15**	**154**
埇桥区	55	15	40	217	83	134	88	6	82
砀山县	7	2	5	65	19	46	10		10
萧县	25	8	17	62	20	42	17	3	14
灵璧县	46	6	40	101	31	70	37	5	32
泗县	17	5	12	75	34	41	13	1	12
宿州马鞍山现代产业园区	2	1	1	16	9	7	1		1
宿州经济技术开发区	6		6	17	11	6	3		3
六安市	**107**	**45**	**62**	**892**	**373**	**519**	**111**	**25**	**86**
金安区	25	12	13	172	70	102	12		12
裕安区	10	3	7	102	39	63	17	2	15
叶集区	5	2	3	201	100	101	4	1	3
霍邱县	18	6	12	119	48	71	20	1	19
舒城县	27	13	14	137	59	78	43	18	25
金寨县	20	8	12	121	45	76	10	3	7
霍山县	2	1	1	40	12	28	5		5
亳州市	**72**	**26**	**46**	**440**	**179**	**261**	**81**	**18**	**63**
谯城区	23	9	14	187	81	106	11	1	10
涡阳县	12	5	7	90	36	54	10	2	8
蒙城县	17	7	10	77	34	43	35	11	24
利辛县	20	5	15	86	28	58	25	4	21
池州市	**49**	**16**	**33**	**583**	**254**	**329**	**32**	**4**	**28**
贵池区	16	3	13	223	99	124	14	2	12
东至县	8	1	7	100	32	68	3		3
石台县	6	3	3	68	33	35	2		2
青阳县	16	7	9	155	67	88	13	2	11
池州市国家经济技术开发区	1		1	8	4	4			
皖江江南新兴产业集中区	2	2		27	19	8			
九华山风景区				2		2			
宣城市	**128**	**59**	**69**	**1261**	**662**	**599**	**212**	**47**	**165**
宣州区	22	10	12	201	103	98	13	4	9
郎溪县	17	7	10	136	70	66	25	5	20
泾县	13	9	4	134	57	77	23	4	19
绩溪县	2		2	37	14	23	62	4	58
旌德县	1	1		21	5	16	7		7
宣城市经济开发区	27	19	8	91	61	30	3	2	1
宁国市	12	3	9	190	93	97	45	15	30
广德市	34	10	24	451	259	192	34	13	21

1－4 续表 18　　　　单位：人

地区	哈萨克族			傣族			黎族		
	小计	男	女	小计	男	女	小计	男	女
安徽	**288**	**134**	**154**	**1432**	**389**	**1043**	**1636**	**577**	**1059**
合肥市	**180**	**115**	**65**	**341**	**103**	**238**	**336**	**147**	**189**
瑶海区	7	4	3	35	10	25	47	15	32
庐阳区				23	5	18	20	10	10
蜀山区	29	18	11	19	5	14	35	17	18
包河区	54	35	19	31	5	26	33	21	12
长丰县	18	16	2	27	7	20	27	13	14
肥东县				38	8	30	29	8	21
肥西县	1	1		64	27	37	45	18	27
庐江县	2	2		25	11	14	17	8	9
合肥高新技术产业开发区				3	2	1	17	8	9
合肥经济技术开发区	43	17	26	24	11	13	39	16	23
合肥新站高新技术产业开发区	23	21	2	13	4	9	10	5	5
巢湖市	3	1	2	39	8	31	17	8	9
芜湖市	**11**	**2**	**9**	**184**	**59**	**125**	**154**	**49**	**105**
镜湖区	1		1	18	4	14	35	10	25
弋江区	7	2	5	10	5	5	13	3	10
鸠江区	1		1	46	17	29	17	5	12
三山区				4	1	3	7	3	4
芜湖县				17	3	14	22	7	15
繁昌县				7	1	6	8	2	6
南陵县				15	2	13	27	8	19
芜湖经济技术开发区	2		2	21	14	7	12	8	4
安徽芜湖长江大桥经济开发区				5	2	3			
无为市				41	10	31	13	3	10
蚌埠市	**5**	**2**	**3**	**47**	**9**	**38**	**83**	**25**	**58**
龙子湖区	1		1	3	1	2	5	3	2
蚌山区				2	1	1	8	2	6
禹会区				4		4	11	4	7
淮上区				2		2	2		2
怀远县				9	1	8	12	3	9
五河县				10	1	9	9	4	5
固镇县	2	1	1	8	3	5	16	5	11
蚌埠市高新技术开发区				2		2	1		1
蚌埠市经济开发区	2	1	1	7	2	5	19	4	15
淮南市	**29**	**3**	**26**	**53**	**11**	**42**	**96**	**36**	**60**
大通区	1		1				9	1	8
田家庵区	27	3	24	12	1	11	37	14	23
谢家集区				6		6	3		3
八公山区	1		1	4	2	2	3	2	1
潘集区				6		6	13	7	6
凤台县				14	1	13	20	9	11
寿县				11	7	4	11	3	8

1-4 续表 19

单位：人

地区	哈萨克族			傣族			黎族		
	小计	男	女	小计	男	女	小计	男	女
马鞍山市	**6**		**6**	**102**	**26**	**76**	**58**	**19**	**39**
花山区	1		1	13	7	6	25	11	14
雨山区	5		5	11	4	7	13	4	9
博望区				9	2	7	1		1
当涂县				18	5	13	4		4
含山县				32	4	28	3	1	2
和县				19	4	15	12	3	9
淮北市	**22**	**5**	**17**	**28**	**6**	**22**	**35**	**16**	**19**
杜集区	1	1		9	3	6	11	3	8
相山区	10	1	9	5	1	4	12	8	4
烈山区	11	3	8	2		2	5	2	3
濉溪县				12	2	10	7	3	4
铜陵市	**2**		**2**	**30**	**11**	**19**	**27**	**6**	**21**
铜官区	1		1	16	6	10	13	4	9
义安区				6	2	4	7		7
郊区				4	3	1	2	2	
枞阳县	1		1	4		4	5		5
安庆市	**21**	**1**	**20**	**65**	**13**	**52**	**125**	**32**	**93**
迎江区	1		1	3		3	11	2	9
大观区				1		1	10	4	6
宜秀区	19		19	1	1		17	6	11
怀宁县				12	4	8	6		6
太湖县				4		4	7	2	5
宿松县	1	1		5		5	26	6	20
望江县				8	2	6	9	4	5
岳西县				4	1	3	4		4
安徽安庆经济开发区				3	2	1	13	2	11
桐城市				21	2	19	15	5	10
潜山市				3	1	2	7	1	6
黄山市	**1**	**1**		**27**	**15**	**12**	**41**	**14**	**27**
屯溪区	1	1		2	1	1	18	5	13
黄山区				1	1		8	3	5
徽州区							1	1	
歙县				20	10	10	8	4	4
休宁县				1	1		3	1	2
黟县				2	1	1	3		3
祁门县				1	1				
滁州市	**4**	**1**	**3**	**106**	**48**	**58**	**132**	**47**	**85**
琅琊区	1		1	2	1	1	2	2	
南谯区				8	2	6	18	2	16
来安县				5	2	3	24	9	15
全椒县				32	14	18	6	1	5
定远县	1	1		5	2	3	29	14	15
凤阳县				14	4	10	14	2	12
苏滁现代产业园				15	11	4	11	10	1
滁州经济技术开发区				9	6	3	7	1	6
天长市	2		2	9	3	6	9	3	6
明光市				7	3	4	12	3	9

1－4 续表 20 单位：人

地 区	哈萨克族			傣 族			黎 族		
	小计	男	女	小计	男	女	小计	男	女
阜阳市	**2**		**2**	**106**	**23**	**83**	**112**	**45**	**67**
颍州区				6	2	4	24	10	14
颍东区				5	2	3	6	3	3
颍泉区				6	1	5	3	1	2
临泉县	1		1	37	2	35	6	2	4
太和县	1		1	26	15	11	21	8	13
阜南县				9		9	8	2	6
颍上县				8		8	39	17	22
阜阳合肥现代产业园区									
阜阳经济技术开发区				1		1	5	2	3
界首市				8	1	7			
宿州市	**3**	**2**	**1**	**66**	**9**	**57**	**50**	**11**	**39**
埇桥区	1	1		19	2	17	11	4	7
砀山县	1		1	8	4	4	5	1	4
萧县				13	3	10	12	3	9
灵璧县	1	1		11		11	7		7
泗县				12		12	11		11
宿州马鞍山现代产业园区				1		1			
宿州经济技术开发区				2		2	4	3	1
六安市	**1**	**1**		**96**	**12**	**84**	**110**	**39**	**71**
金安区				36	4	32	22	6	16
裕安区	1	1		18		18	16	6	10
叶集区							9	3	6
霍邱县				6		6	11	3	8
舒城县				18	6	12	26	9	17
金寨县				8	1	7	17	7	10
霍山县				10	1	9	9	5	4
亳州市	**1**	**1**		**58**	**5**	**53**	**88**	**32**	**56**
谯城区				13	1	12	39	12	27
涡阳县				10		10	11	2	9
蒙城县	1	1		18	3	15	19	8	11
利辛县				17	1	16	19	10	9
池州市				**24**	**4**	**20**	**38**	**6**	**32**
贵池区				9	2	7	22	2	20
东至县				6	1	5	7	1	6
石台县				1		1	4	1	3
青阳县				8	1	7	4	1	3
池州市国家经济技术开发区									
皖江江南新兴产业集中区							1	1	
九华山风景区									
宣城市				**99**	**35**	**64**	**151**	**53**	**98**
宣州区				12	1	11	30	16	14
郎溪县				20	4	16	30	14	16
泾县				13	5	8	12	2	10
绩溪县				4	2	2	5	3	2
旌德县				2	2		5		5
宣城市经济开发区				11	4	7	8	3	5
宁国市				21	10	11	20	7	13
广德市				16	7	9	41	8	33

1-4　续表 21　　　　单位：人

地　区	傈僳族			佤　族			畲　族		
	小计	男	女	小计	男	女	小计	男	女
安　徽	**1242**	**366**	**876**	**1332**	**517**	**815**	**2141**	**1122**	**1019**
合肥市	**230**	**94**	**136**	**270**	**140**	**130**	**333**	**170**	**163**
瑶海区	31	9	22	15	8	7	69	36	33
庐阳区	7	3	4	11	4	7	32	15	17
蜀山区	14	7	7	10	3	7	41	21	20
包河区	21	10	11	23	13	10	44	21	23
长丰县	39	17	22	15	4	11	17	6	11
肥东县	20	5	15	63	44	19	26	14	12
肥西县	40	17	23	19	8	11	26	13	13
庐江县	15	5	10	48	16	32	8	5	3
合肥高新技术产业开发区	6	3	3	9	6	3	8	5	3
合肥经济技术开发区	7	2	5	18	9	9	35	22	13
合肥新站高新技术产业开发区	14	10	4	4	2	2	12	7	5
巢湖市	16	6	10	35	23	12	15	5	10
芜湖市	**100**	**50**	**50**	**153**	**85**	**68**	**103**	**57**	**46**
镜湖区	5	2	3	3	2	1	29	16	13
弋江区	3	1	2	3	2	1	12	7	5
鸠江区	16	5	11	69	40	29	22	9	13
三山区	4	2	2	21	13	8	2	1	1
芜湖县	10	3	7	22	11	11	10	4	6
繁昌县	5	1	4	19	14	5	3	2	1
南陵县	28	24	4	4		4	9	6	3
芜湖经济技术开发区	11	8	3	7	2	5	13	10	3
安徽芜湖长江大桥经济开发区	3		3	1	1		2	2	
无为市	15	4	11	4		4	1		1
蚌埠市	**21**	**8**	**13**	**34**	**13**	**21**	**52**	**26**	**26**
龙子湖区				4	4		10	6	4
蚌山区	2	1	1	1		1	6	5	1
禹会区	2	1	1	1	1		4	2	2
淮上区	3	1	2	3	3		3	2	1
怀远县	4	2	2	8	2	6	5	1	4
五河县	7	3	4	11	1	10	4	2	2
固镇县	2		2	6	2	4	2		2
蚌埠市高新技术开发区							6	4	2
蚌埠市经济开发区	1		1				12	4	8
淮南市	**33**	**6**	**27**	**24**	**6**	**18**	**64**	**33**	**31**
大通区	8	3	5	4	2	2	3	2	1
田家庵区	4	1	3	2	1	1	16	5	11
谢家集区	1		1	2	2		24	14	10
八公山区				2	1	1	1	1	
潘集区	5		5				6	4	2
凤台县	4		4	10		10	1		1
寿县	11	2	9	4		4	13	7	6

1-4 续表 22 单位：人

地区	傈僳族			佤族			畲族		
	小计	男	女	小计	男	女	小计	男	女
马鞍山市	**74**	**21**	**53**	**158**	**93**	**65**	**57**	**26**	**31**
花山区	4	1	3	46	35	11	10	7	3
雨山区	14	9	5	54	27	27	20	11	9
博望区	8	1	7	5	5				
当涂县	13	1	12	21	8	13	16	7	9
含山县	17	8	9	7	2	5	1		1
和县	18	1	17	25	16	9	10	1	9
淮北市	**16**	**1**	**15**	**30**	**2**	**28**	**19**	**10**	**9**
杜集区				3	2	1	3	3	
相山区	2		2	2		2	4	1	3
烈山区	2		2	4		4	7	3	4
濉溪县	12	1	11	21		21	5	3	2
铜陵市	**17**	**3**	**14**	**7**	**1**	**6**	**22**	**11**	**11**
铜官区	8	3	5	5	1	4	12	7	5
义安区	4		4				6	3	3
郊区	4		4				2	1	1
枞阳县	1		1	2		2	2		2
安庆市	**36**	**7**	**29**	**98**	**28**	**70**	**68**	**37**	**31**
迎江区	2		2	6	4	2	5	3	2
大观区	1		1	1		1	4	2	2
宜秀区	8	3	5	13	5	8	3	1	2
怀宁县	3		3	12	3	9	9	3	6
太湖县	3	1	2	3		3	8	3	5
宿松县	7	3	4	1	1		14	12	2
望江县	2		2	7	2	5	7	2	5
岳西县	4		4	1		1	8	7	1
安徽安庆经济开发区				4	4		3		3
桐城市	2		2	41	8	33	2	1	1
潜山市	4		4	9	1	8	5	3	2
黄山市	**144**	**21**	**123**	**22**	**9**	**13**	**61**	**25**	**36**
屯溪区	18	5	13	1		1	16	8	8
黄山区	8	4	4	9	5	4	4	1	3
徽州区	15		15				4	2	2
歙县	67	4	63	6	2	4	17	6	11
休宁县	7	1	6	3	1	2	11	4	7
黟县	7	2	5	2	1	1	1		1
祁门县	22	5	17	1		1	8	4	4
滁州市	**82**	**30**	**52**	**121**	**62**	**59**	**85**	**48**	**37**
琅琊区	1		1	16	11	5	5	4	1
南谯区	8	1	7	25	21	4	3		3
来安县	20	3	17	16	7	9	22	16	6
全椒县				9	4	5	14	7	7
定远县	10	5	5	7		7	6	2	4
凤阳县	6	1	5	12		12	11	7	4
苏滁现代产业园	7	7		17	10	7			
滁州经济技术开发区	12	9	3	10	8	2			
天长市	7	3	4	4		4	16	7	9
明光市	11	1	10	5	1	4	8	5	3

1-4　续表 23　　　　单位：人

地区	傈僳族			佤族			畲族		
	小计	男	女	小计	男	女	小计	男	女
阜阳市	**81**	**21**	**60**	**132**	**30**	**102**	**45**	**17**	**28**
颍州区	8	4	4	9	4	5	14	4	10
颍东区	25	4	21	9	5	4	3	1	2
颍泉区	4		4	10	3	7	3	2	1
临泉县	5	1	4	29		29	5	2	3
太和县	12	1	11	8	2	6	4	1	3
阜南县	7	2	5	10		10	8	4	4
颍上县	12	5	7	10	2	8	5	2	3
阜阳合肥现代产业园区									
阜阳经济技术开发区	2		2	1		1			
界首市	6	4	2	46	14	32	3	1	2
宿州市	**52**	**10**	**42**	**57**	**12**	**45**	**30**	**12**	**18**
埇桥区	22	3	19	17	4	13	6	3	3
砀山县	5	1	4	6	1	5	5	1	4
萧县	3	1	2	8		8			
灵璧县	21	5	16	8	1	7	12	6	6
泗县	1		1	18	6	12	7	2	5
宿州马鞍山现代产业园区									
宿州经济技术开发区									
六安市	**89**	**27**	**62**	**45**	**15**	**30**	**35**	**17**	**18**
金安区	10	3	7	3		3	7	2	5
裕安区	27	4	23	15	11	4	9	4	5
叶集区	4	1	3	6	2	4	4	4	
霍邱县	8	2	6	1		1	7	4	3
舒城县	25	11	14	5		5	3	2	1
金寨县	12	6	6	13	2	11	3	1	2
霍山县	3		3	2		2	2		2
亳州市	**76**	**13**	**63**	**110**	**7**	**103**	**39**	**18**	**21**
谯城区	21	6	15	15	2	13	15	8	7
涡阳县	23		23	44	3	41	9	4	5
蒙城县	12	2	10	27	1	26	5	3	2
利辛县	20	5	15	24	1	23	10	3	7
池州市	**91**	**15**	**76**	**20**	**3**	**17**	**41**	**22**	**19**
贵池区	33	6	27	2		2	15	8	7
东至县	4	1	3	9	3	6	5	2	3
石台县	39	6	33	3		3	4	3	1
青阳县	7		7	5		5	17	9	8
池州市国家经济技术开发区	1	1							
皖江江南新兴产业集中区	2	1	1	1		1			
九华山风景区	5		5						
宣城市	**100**	**39**	**61**	**51**	**11**	**40**	**1087**	**593**	**494**
宣州区	23	2	21	16		16	12	6	6
郎溪县	16	6	10	7	2	5	9	4	5
泾县	4	1	3	10	3	7	11	4	7
绩溪县	9	3	6				5	2	3
旌德县	1		1	2	1	1	8	5	3
宣城市经济开发区	2	2		1		1	14	10	4
宁国市	8	1	7	5	2	3	993	546	447
广德市	37	24	13	10	3	7	35	16	19

1-4 续表 24 单位：人

地区	高山族			拉祜族			水族		
	小计	男	女	小计	男	女	小计	男	女
安徽	**66**	**29**	**37**	**1213**	**348**	**865**	**1327**	**451**	**876**
合肥市	**20**	**12**	**8**	**169**	**56**	**113**	**152**	**68**	**84**
瑶海区				27	6	21	16	8	8
庐阳区				12	8	4	6	3	3
蜀山区	5	3	2	12	7	5	21	9	12
包河区				16	10	6	13	5	8
长丰县				19	5	14	18	6	12
肥东县				14	4	10	11	5	6
肥西县	2	1	1	23	6	17	23	9	14
庐江县				13	2	11	8	1	7
合肥高新技术产业开发区	2	2		6	1	5	8	5	3
合肥经济技术开发区	5	2	3	12	3	9	13	7	6
合肥新站高新技术产业开发区	2	1	1	4		4	14	9	5
巢湖市	4	3	1	11	4	7	1	1	
芜湖市	**9**	**4**	**5**	**87**	**44**	**43**	**77**	**25**	**52**
镜湖区	3	2	1	3	1	2	4	1	3
弋江区	3	1	2	10	7	3	2	1	1
鸠江区				12	5	7	11	4	7
三山区				18	11	7	1		1
芜湖县				17	7	10	18	6	12
繁昌县				3	3		4	3	1
南陵县				6	1	5	16	1	15
芜湖经济技术开发区	1		1	5	3	2	7	7	
安徽芜湖长江大桥经济开发区				5	3	2			
无为市	2	1	1	8	3	5	14	2	12
蚌埠市	**1**		**1**	**60**	**10**	**50**	**21**	**5**	**16**
龙子湖区				2		2	1	1	
蚌山区				7	1	6			
禹会区				1		1	2		2
淮上区				6		6	4	2	2
怀远县				13	1	12	4	1	3
五河县				11	1	10	5	1	4
固镇县				20	7	13	4		4
蚌埠市高新技术开发区									
蚌埠市经济开发区	1		1				1		1
淮南市				**36**	**10**	**26**	**21**	**8**	**13**
大通区				7	4	3	1		1
田家庵区				2		2	11	6	5
谢家集区				5	2	3			
八公山区							2		2
潘集区				2		2	1		1
凤台县				12	3	9	4	2	2
寿县				8	1	7	2		2

1-4　续表 25　　　　单位：人

地　区	高山族			拉祜族			水　族		
	小计	男	女	小计	男	女	小计	男	女
马鞍山市	**1**	**1**		**142**	**78**	**64**	**135**	**77**	**58**
花山区				17	16	1	6	1	5
雨山区	1	1		24	14	10	15	8	7
博望区							3	1	2
当涂县				28	16	12	106	66	40
含山县				21	8	13	3		3
和县				52	24	28	2	1	1
淮北市	**1**		**1**	**42**	**1**	**41**	**15**	**11**	**4**
杜集区				3	1	2	3	3	
相山区	1		1	1		1	5	5	
烈山区				5		5	2	1	1
濉溪县				33		33	5	2	3
铜陵市	**6**	**3**	**3**	**15**	**2**	**13**	**15**	**4**	**11**
铜官区	1		1	5	1	4	3	2	1
义安区	1	1		7	1	6	2		2
郊区	2	2		2		2	4	2	2
枞阳县	2		2	1		1	6		6
安庆市	**3**	**1**	**2**	**58**	**22**	**36**	**44**	**15**	**29**
迎江区	2	1	1	3	2	1	1		1
大观区				3	2	1	2	1	1
宜秀区				11	9	2	1	1	
怀宁县				10	1	9	5	1	4
太湖县				4		4	5		5
宿松县	1		1	4	1	3	6	3	3
望江县				3		3	2		2
岳西县				2		2	5	1	4
安徽安庆经济开发区				7	6	1	1		1
桐城市				5		5	4		4
潜山市				6	1	5	12	8	4
黄山市	**4**	**2**	**2**	**49**	**7**	**42**	**103**	**32**	**71**
屯溪区				4		4	8	4	4
黄山区				9	2	7	8	5	3
徽州区				12	1	11	25	6	19
歙县	1		1	14	1	13	26	2	24
休宁县				8	3	5	11	3	8
黟县				2		2	5	1	4
祁门县	3	2	1				20	11	9
滁州市	**1**		**1**	**62**	**25**	**37**	**77**	**23**	**54**
琅琊区							2		2
南谯区				9	5	4	9	2	7
来安县				6	1	5	13	3	10
全椒县							4	1	3
定远县				15	2	13	7	3	4
凤阳县	1		1	9	1	8	5	1	4
苏滁现代产业园				5	5		3	2	1
滁州经济技术开发区				7	7		3	1	2
天长市				2	1	1	24	10	14
明光市				9	3	6	7		7

1-4 续表 26

单位：人

地　区	高山族			拉祜族			水　族		
	小计	男	女	小计	男	女	小计	男	女
阜阳市				**119**	**19**	**100**	**48**	**18**	**30**
颍州区				2		2	9	4	5
颍东区				12	8	4	9	6	3
颍泉区				3		3	4	1	3
临泉县				27	1	26	2	2	
太和县				47	6	41	6		6
阜南县				10	2	8	2		2
颍上县				11	2	9	13	4	9
阜阳合肥现代产业园区				1		1			
阜阳经济技术开发区				1		1	3	1	2
界首市				5		5			
宿州市				**133**	**31**	**102**	**56**	**19**	**37**
埇桥区				34	2	32	7	2	5
砀山县				5		5	18	7	11
萧县				42	1	41	4	1	3
灵璧县				9	1	8	21	8	13
泗县				42	27	15	5	1	4
宿州马鞍山现代产业园区				1		1	1		1
宿州经济技术开发区									
六安市	**3**		**3**	**72**	**21**	**51**	**61**	**12**	**49**
金安区				14	2	12	6	3	3
裕安区				3		3	15	5	10
叶集区				2	1	1	3	1	2
霍邱县				11	5	6	22	2	20
舒城县				13	4	9	11	1	10
金寨县				17	6	11	3		3
霍山县	3		3	12	3	9	1		1
亳州市	**1**		**1**	**109**	**4**	**105**	**30**	**2**	**28**
谯城区				4		4	13	2	11
涡阳县				33	1	32	2		2
蒙城县	1		1	33	2	31	10		10
利辛县				39	1	38	5		5
池州市	**2**		**2**	**19**	**1**	**18**	**29**	**8**	**21**
贵池区				5		5	15	3	12
东至县				11		11	2		2
石台县				1		1	2		2
青阳县	2		2	2	1	1	10	5	5
池州市国家经济技术开发区									
皖江江南新兴产业集中区									
九华山风景区									
宣城市	**14**	**6**	**8**	**41**	**17**	**24**	**443**	**124**	**319**
宣州区	6	1	5	15	8	7	46	25	21
郎溪县				10	2	8	23	7	16
泾县	2	2		7	3	4	3	1	2
绩溪县							15	7	8
旌德县							8	1	7
宣城市经济开发区							10	6	4
宁国市				3	1	2	45	23	22
广德市	6	3	3	6	3	3	293	54	239

1-4 续表 27

单位：人

地 区	东乡族			纳西族			景颇族		
	小计	男	女	小计	男	女	小计	男	女
安 徽	**1559**	**845**	**714**	**122**	**36**	**86**	**377**	**91**	**286**
合肥市	**457**	**271**	**186**	**39**	**15**	**24**	**102**	**23**	**79**
瑶海区	97	54	43	4	1	3	6	1	5
庐阳区	39	23	16				3	3	
蜀山区	68	45	23	5	3	2	4	2	2
包河区	73	42	31	9	5	4	6	3	3
长丰县	16	10	6	1		1	11	2	9
肥东县	28	14	14				23	8	15
肥西县	44	28	16	9	2	7	6		6
庐江县	6	5	1				11	1	10
合肥高新技术产业开发区	36	23	13	6	3	3	1		1
合肥经济技术开发区	24	14	10	4	1	3	1		1
合肥新站高新技术产业开发区	17	9	8	1		1	2	1	1
巢湖市	9	4	5				28	2	26
芜湖市	**36**	**15**	**21**	**22**	**5**	**17**	**25**	**6**	**19**
镜湖区	2	1	1	5	2	3	1		1
弋江区	6	3	3	5	1	4	2		2
鸠江区	15	7	8	2		2	3	2	1
三山区	1		1	1		1			
芜湖县	6	2	4	1	1		2	1	1
繁昌县	2	1	1	1		1			
南陵县							2		2
芜湖经济技术开发区	2		2	3	1	2	4	3	1
安徽芜湖长江大桥经济开发区									
无为市	2	1	1	4		4	11		11
蚌埠市	**58**	**28**	**30**	**5**	**1**	**4**	**17**	**4**	**13**
龙子湖区	5	2	3						
蚌山区	2	1	1				2		2
禹会区	4	2	2				4	1	3
淮上区	1	1		1	1		1	1	
怀远县	3	1	2	1		1	1		1
五河县	17	8	9				2	1	1
固镇县	4	2	2	2		2	7	1	6
蚌埠市高新技术开发区	3	1	2						
蚌埠市经济开发区	19	10	9	1		1			
淮南市	**69**	**36**	**33**	**2**	**1**	**1**	**8**	**2**	**6**
大通区	5	2	3				1		1
田家庵区	11	5	6	2	1	1	3		3
谢家集区									
八公山区									
潘集区	13	8	5				2	1	1
凤台县	37	20	17				1	1	
寿县	3	1	2				1		1

1-4　续表 28　　单位：人

地　区	东乡族			纳西族			景颇族		
	小计	男	女	小计	男	女	小计	男	女
马鞍山市	**52**	**30**	**22**	**9**	**2**	**7**	**17**	**5**	**12**
花山区	11	7	4	3		3			
雨山区	29	18	11				3	2	1
博望区	1		1	1		1	2	1	1
当涂县	7	2	5	3	1	2	10	2	8
含山县							2		2
和县	4	3	1	2	1	1			
淮北市	**5**	**1**	**4**	**2**		**2**	**4**	**1**	**3**
杜集区				1		1	2	1	1
相山区									
烈山区	4	1	3	1		1			
濉溪县	1		1				2		2
铜陵市	**27**	**17**	**10**	**4**	**1**	**3**	**4**	**1**	**3**
铜官区	22	14	8	3	1	2			
义安区	5	3	2	1		1	4	1	3
郊区									
枞阳县									
安庆市	**3**		**3**	**7**	**3**	**4**	**15**	**1**	**14**
迎江区	1		1	2	1	1			
大观区									
宜秀区	2		2	1	1				
怀宁县				4	1	3	1		1
太湖县									
宿松县							4		4
望江县							4	1	3
岳西县							1		1
安徽安庆经济开发区							1		1
桐城市							3		3
潜山市							1		1
黄山市	**5**	**3**	**2**	**4**	**3**	**1**	**13**	**10**	**3**
屯溪区	1		1	1	1				
黄山区							5	4	1
徽州区	3	3							
歙县							1		1
休宁县	1		1						
黟县				2	1	1			
祁门县				1	1		7	6	1
滁州市	**42**	**26**	**16**	**9**	**2**	**7**	**21**	**6**	**15**
琅琊区	11	5	6				2		2
南谯区				1		1	7	2	5
来安县	6	4	2	5	1	4	1	1	
全椒县	9	7	2						
定远县							1		1
凤阳县	6	4	2				3	1	2
苏滁现代产业园				2	1	1	1	1	
滁州经济技术开发区							1		1
天长市	1	1					1		1
明光市	9	5	4	1		1	4	1	3

1-4 续表 29

单位：人

地区	东乡族			纳西族			景颇族		
	小计	男	女	小计	男	女	小计	男	女
阜阳市	**325**	**187**	**138**	**2**		**2**	**39**	**14**	**25**
颍州区	86	51	35				7	6	1
颍东区	14	8	6				3	2	1
颍泉区	13	9	4	1		1	3	2	1
临泉县	44	24	20				3		3
太和县	47	27	20				3		3
阜南县	20	9	11	1		1	20	4	16
颍上县	72	41	31						
阜阳合肥现代产业园区	4	3	1						
阜阳经济技术开发区	7	5	2						
界首市	18	10	8						
宿州市	**175**	**83**	**92**	**5**		**5**	**8**	**1**	**7**
埇桥区	101	49	52	1		1	3	1	2
砀山县	8	5	3				3		3
萧县	11	3	8						
灵璧县	47	21	26	4		4	2		2
泗县	2	1	1						
宿州马鞍山现代产业园区	2	2							
宿州经济技术开发区	4	2	2						
六安市	**42**	**26**	**16**	**7**	**2**	**5**	**58**	**11**	**47**
金安区	6	3	3				3		3
裕安区	5	3	2	1	1		17	2	15
叶集区				1		1	3		3
霍邱县	8	4	4	1		1	16	3	13
舒城县	23	16	7	2	1	1	1		1
金寨县				1		1	13	5	8
霍山县				1		1	5	1	4
亳州市	**229**	**108**	**121**	**2**		**2**	**19**	**1**	**18**
谯城区	119	59	60				6		6
涡阳县	42	20	22	1		1	3	1	2
蒙城县	41	21	20	1		1	2		2
利辛县	27	8	19				8		8
池州市	**4**		**4**				**7**		**7**
贵池区	1		1						
东至县							1		1
石台县									
青阳县	3		3				6		6
池州市国家经济技术开发区									
皖江江南新兴产业集中区									
九华山风景区									
宣城市	**30**	**14**	**16**	**3**	**1**	**2**	**20**	**5**	**15**
宣州区	11	7	4				1		1
郎溪县	6	1	5	1		1	3		3
泾县							1		1
绩溪县									
旌德县							2		2
宣城市经济开发区	2	1	1						
宁国市	2		2	2	1	1	1		1
广德市	9	5	4				12	5	7

1-4 续表 30　　　　单位：人

地　区	柯尔克孜族			土　族			达斡尔族		
	小计	男	女	小计	男	女	小计	男	女
安　徽	**52**	**28**	**24**	**327**	**137**	**190**	**145**	**69**	**76**
合肥市	**18**	**10**	**8**	**97**	**51**	**46**	**58**	**26**	**32**
瑶海区	1	1		10	5	5	3	2	1
庐阳区	1		1	6	4	2	3	1	2
蜀山区	1		1	10	4	6	4	2	2
包河区	1		1	24	14	10	17	6	11
长丰县	1	1		1		1	3	1	2
肥东县				13	5	8	5	2	3
肥西县				5	2	3	1	1	
庐江县				2	1	1			
合肥高新技术产业开发区				3	3		3	1	2
合肥经济技术开发区	4	2	2	12	7	5	12	4	8
合肥新站高新技术产业开发区	9	6	3	3	1	2	6	5	1
巢湖市				8	5	3	1	1	
芜湖市	**8**	**6**	**2**	**29**	**12**	**17**	**17**	**8**	**9**
镜湖区									
弋江区	6	4	2	1		1	4	2	2
鸠江区				7	3	4	6	2	4
三山区				2	1	1			
芜湖县	1	1		9	5	4			
繁昌县							1	1	
南陵县				7	1	6	5	3	2
芜湖经济技术开发区	1	1					1		1
安徽芜湖长江大桥经济开发区									
无为市				3	2	1			
蚌埠市	**2**		**2**	**13**	**3**	**10**	**6**	**1**	**5**
龙子湖区				1		1			
蚌山区				1	1				
禹会区									
淮上区				1		1			
怀远县				3	1	2			
五河县									
固镇县				1	1		4	1	3
蚌埠市高新技术开发区									
蚌埠市经济开发区	2		2	6		6	2		2
淮南市	**10**	**7**	**3**	**12**	**5**	**7**	**9**	**8**	**1**
大通区									
田家庵区	9	6	3	8	3	5	1	1	
谢家集区	1	1					2	2	
八公山区									
潘集区									
凤台县				1		1	5	4	1
寿县				3	2	1	1	1	

1-4　续表 31　　　　单位：人

地　区	柯尔克孜族			土　族			达斡尔族		
	小计	男	女	小计	男	女	小计	男	女
马鞍山市	**2**		**2**	**18**	**5**	**13**	**7**	**1**	**6**
花山区				2	1	1	2		2
雨山区	2		2				1		1
博望区				1	1				
当涂县				7	1	6	1		1
含山县							3	1	2
和县				8	2	6			
淮北市	**7**	**4**	**3**	**6**	**4**	**2**	**3**	**1**	**2**
杜集区				2		2			
相山区	2	2		2	2		2	1	1
烈山区	5	2	3	2	2				
濉溪县							1		1
铜陵市				**9**	**5**	**4**			
铜官区				4	3	1			
义安区									
郊区				1		1			
枞阳县				4	2	2			
安庆市	**2**		**2**	**11**	**4**	**7**	**1**	**1**	
迎江区				2	2				
大观区				1		1			
宜秀区	2		2	1	1				
怀宁县									
太湖县									
宿松县									
望江县				2		2			
岳西县									
安徽安庆经济开发区				3		3			
桐城市							1	1	
潜山市				2	1	1			
黄山市				**15**	**7**	**8**			
屯溪区				5	2	3			
黄山区				3	1	2			
徽州区				1	1				
歙县				1		1			
休宁县				1		1			
黟县				1		1			
祁门县				3	3				
滁州市	**1**		**1**	**29**	**16**	**13**	**7**	**5**	**2**
琅琊区				1	1				
南谯区				7	5	2	1	1	
来安县				2	1	1	1		1
全椒县				4	3	1			
定远县									
凤阳县				7	3	4			
苏滁现代产业园				1	1		1	1	
滁州经济技术开发区	1		1	3	1	2	1	1	
天长市				1		1	2	1	1
明光市				3	1	2	1	1	

1－4 续表 32　　单位：人

地　区	柯尔克孜族			土　族			达斡尔族		
	小计	男	女	小计	男	女	小计	男	女
阜阳市	**2**	**1**	**1**	**14**	**4**	**10**	**10**	**6**	**4**
颍州区	1	1					8	5	3
颍东区				1		1			
颍泉区				2	1	1			
临泉县				2		2	1	1	
太和县				3	2	1			
阜南县							1		1
颍上县	1		1	3	1	2			
阜阳合肥现代产业园区									
阜阳经济技术开发区				2		2			
界首市				1		1			
宿州市				**11**	**4**	**7**	**9**	**3**	**6**
埇桥区				3	2	1	9	3	6
砀山县				1		1			
萧县				3		3			
灵璧县				1		1			
泗县				2	1	1			
宿州马鞍山现代产业园区									
宿州经济技术开发区				1	1				
六安市				**19**	**5**	**14**	**1**		**1**
金安区				4		4			
裕安区				1		1	1		1
叶集区				1	1				
霍邱县				2		2			
舒城县				6	2	4			
金寨县				5	2	3			
霍山县									
亳州市				**13**	**2**	**11**	**9**	**4**	**5**
谯城区				5		5	4	1	3
涡阳县				3		3	2	1	1
蒙城县									
利辛县				5	2	3	3	2	1
池州市				**16**	**3**	**13**	**3**	**2**	**1**
贵池区				5		5	2	1	1
东至县				1		1			
石台县				2		2			
青阳县				7	2	5			
池州市国家经济技术开发区									
皖江江南新兴产业集中区				1	1				
九华山风景区							1	1	
宣城市				**15**	**7**	**8**	**5**	**3**	**2**
宣州区				1	1		3	1	2
郎溪县				4	1	3			
泾县									
绩溪县				1		1			
旌德县				1		1			
宣城市经济开发区				2	1	1			
宁国市				4	2	2			
广德市				2	2		2	2	

1-4　续表 33

单位：人

地　区	仫佬族			羌　族			布朗族		
	小计	男	女	小计	男	女	小计	男	女
安　徽	**379**	**134**	**245**	**329**	**153**	**176**	**179**	**56**	**123**
合肥市	**84**	**34**	**50**	**104**	**56**	**48**	**20**	**14**	**6**
瑶海区	6	1	5	9	5	4	4	4	
庐阳区	2	1	1	6	2	4	1	1	
蜀山区	13	4	9	21	12	9	1		1
包河区	10	6	4	18	9	9	7	6	1
长丰县	7	1	6	10	7	3	1		1
肥东县	3	1	2	6	2	4	2	1	1
肥西县	7	2	5	5	2	3	1	1	
庐江县	3	1	2	3	3		2	1	1
合肥高新技术产业开发区	9	4	5	10	8	2			
合肥经济技术开发区	9	5	4	10	4	6			
合肥新站高新技术产业开发区	12	7	5	5	2	3	1		1
巢湖市	3	1	2	1		1			
芜湖市	**26**	**9**	**17**	**41**	**29**	**12**	**10**	**4**	**6**
镜湖区	3	2	1	4	3	1			
弋江区	3		3	3	1	2	1	1	
鸠江区	2	2		2		2	2	1	1
三山区	3		3	2	2				
芜湖县	3		3	23	19	4	2	1	1
繁昌县	1		1						
南陵县	4		4	6	4	2	1		1
芜湖经济技术开发区	4	4					2		2
安徽芜湖长江大桥经济开发区							2	1	1
无为市	3	1	2	1		1			
蚌埠市	**7**	**2**	**5**	**34**	**11**	**23**	**15**	**1**	**14**
龙子湖区				5	1	4	1		1
蚌山区	2		2	2	1	1			
禹会区	1		1	5	2	3			
淮上区				5		5			
怀远县				3	1	2	8	1	7
五河县	2	2					4		4
固镇县	1		1	6	4	2	1		1
蚌埠市高新技术开发区				2	1	1	1		1
蚌埠市经济开发区	1		1	6	1	5			
淮南市	**14**	**3**	**11**	**13**	**4**	**9**	**12**	**3**	**9**
大通区	4	3	1	2	1	1	1		1
田家庵区	5		5	2	1	1			
谢家集区	2		2				1	1	
八公山区									
潘集区				3		3			
凤台县	2		2	6	2	4			
寿县	1		1				10	2	8

1-4 续表 34

单位：人

地区	仫佬族			羌族			布朗族		
	小计	男	女	小计	男	女	小计	男	女
马鞍山市	**23**	**8**	**15**	**9**	**4**	**5**	**4**		**4**
花山区	9	3	6	2	1	1	2		2
雨山区	5	2	3	2	1	1			
博望区	2		2	1		1	2		2
当涂县	3	1	2	2	2				
含山县	3	1	2						
和县	1	1		2		2			
淮北市	**4**	**1**	**3**	**6**	**2**	**4**	**2**		**2**
杜集区				1		1			
相山区	2	1	1	4	2	2			
烈山区	2		2						
濉溪县				1		1	2		2
铜陵市	**12**	**3**	**9**	**1**	**1**		**3**	**1**	**2**
铜官区	5	2	3						
义安区	2		2				1		1
郊区				1	1				
枞阳县	5	1	4				2	1	1
安庆市	**49**	**22**	**27**	**11**	**4**	**7**	**31**	**9**	**22**
迎江区	6	1	5	2		2	1		1
大观区				1		1			
宜秀区	7	1	6	1	1				
怀宁县	1		1				9		9
太湖县	3	1	2				3		3
宿松县	5	2	3						
望江县	13	11	2	1		1	3		3
岳西县	6	2	4	2	1	1			
安徽安庆经济开发区							7	7	
桐城市	6	3	3	2	1	1	8	2	6
潜山市	2	1	1	2	1	1			
黄山市	**13**	**3**	**10**	**7**	**2**	**5**	**2**		**2**
屯溪区	3	1	2						
黄山区	1	1		2	1	1			
徽州区	1		1						
歙县	3		3	1		1	1		1
休宁县	2		2	4	1	3	1		1
黟县	1	1							
祁门县	2		2						
滁州市	**24**	**9**	**15**	**13**	**10**	**3**	**17**	**7**	**10**
琅琊区	2		2						
南谯区	11	4	7	1	1				
来安县	1		1	1		1	4	3	1
全椒县	1		1	3	3		1	1	
定远县	2	2		1		1	1		1
凤阳县	1		1	1	1		3	1	2
苏滁现代产业园	1		1						
滁州经济技术开发区	2	1	1	4	3	1	1	1	
天长市	3	2	1	2	2				
明光市							7	1	6

1-4　续表 35　　单位：人

地　区	仫佬族			羌　族			布朗族		
	小计	男	女	小计	男	女	小计	男	女
阜阳市	**21**	**7**	**14**	**19**	**5**	**14**	**16**	**6**	**10**
颍州区	4	2	2	4	2	2			
颍东区	2		2	1	1		3	2	1
颍泉区				2		2	1		1
临泉县	2	1	1	2		2	4	1	3
太和县	2		2	5	1	4	2		2
阜南县	4	1	3	2		2	3	3	
颍上县	2	1	1	2	1	1	2		2
阜阳合肥现代产业园区									
阜阳经济技术开发区									
界首市	5	2	3	1		1	1		1
宿州市	**9**	**2**	**7**	**17**	**4**	**13**	**8**		**8**
埇桥区	2	1	1	3	2	1	3		3
砀山县	1		1	7	2	5	1		1
萧县	3	1	2	2		2	2		2
灵璧县	1		1	3		3	1		1
泗县	2		2	2		2	1		1
宿州马鞍山现代产业园区									
宿州经济技术开发区									
六安市	**18**	**6**	**12**	**19**	**5**	**14**	**11**	**4**	**7**
金安区	7	3	4	5		5	3	1	2
裕安区	4	1	3	4	2	2			
叶集区				1		1	1	1	
霍邱县	3		3	3	1	2	1		1
舒城县	2	1	1	4		4	2	1	1
金寨县	2	1	1	2	2		4	1	3
霍山县									
亳州市	**10**	**3**	**7**	**14**	**4**	**10**	**11**	**1**	**10**
谯城区	2		2	5	2	3	1		1
涡阳县	5	3	2	6	2	4	2	1	1
蒙城县	1		1				2		2
利辛县	2		2	3		3	6		6
池州市	**17**	**9**	**8**	**4**	**2**	**2**	**7**	**3**	**4**
贵池区	4	2	2				5	3	2
东至县	8	4	4				1		1
石台县									
青阳县	5	3	2	4	2	2	1		1
池州市国家经济技术开发区									
皖江江南新兴产业集中区									
九华山风景区									
宣城市	**48**	**13**	**35**	**17**	**10**	**7**	**10**	**3**	**7**
宣州区	15	4	11	5	2	3	6	1	5
郎溪县	1	1		3	3				
泾县	5	1	4						
绩溪县									
旌德县							2	1	1
宣城市经济开发区	10	4	6	3	2	1			
宁国市	3	1	2	5	2	3	1		1
广德市	14	2	12	1	1		1	1	

1－4 续表 36 单位：人

地　区	撒拉族			毛南族			仡佬族		
	小计	男	女	小计	男	女	小计	男	女
安　徽	**231**	**124**	**107**	**153**	**68**	**85**	**1355**	**684**	**671**
合肥市	**103**	**55**	**48**	**31**	**17**	**14**	**308**	**176**	**132**
瑶海区	7	4	3	8	4	4	30	14	16
庐阳区	17	8	9	2		2	20	13	7
蜀山区	18	8	10	6	4	2	44	24	20
包河区	23	12	11	2	2		40	27	13
长丰县	2	1	1	5		5	30	12	18
肥东县				1	1		18	9	9
肥西县	1		1	2	2		41	30	11
庐江县	1	1		1		1	10	6	4
合肥高新技术产业开发区							27	13	14
合肥经济技术开发区	17	12	5	4	4		24	14	10
合肥新站高新技术产业开发区	17	9	8				11	7	4
巢湖市							13	7	6
芜湖市	**13**	**9**	**4**	**25**	**10**	**15**	**100**	**47**	**53**
镜湖区	4	3	1	3		3	21	11	10
弋江区				1	1		14	7	7
鸠江区	1		1	5	2	3	13	6	7
三山区				1		1	6	1	5
芜湖县	4	3	1	7	5	2	15	7	8
繁昌县				2	1	1	8	1	7
南陵县	2	2		2		2	9	5	4
芜湖经济技术开发区				3	1	2	9	6	3
安徽芜湖长江大桥经济开发区									
无为市	2	1	1	1		1	5	3	2
蚌埠市	**8**	**4**	**4**	**1**		**1**	**52**	**24**	**28**
龙子湖区							6		6
蚌山区	4	2	2				7	4	3
禹会区	1	1		1		1	5	2	3
淮上区							4		4
怀远县							8	4	4
五河县							9	8	1
固镇县									
蚌埠市高新技术开发区							3	3	
蚌埠市经济开发区	3	1	2				10	3	7
淮南市	**9**	**5**	**4**	**3**	**2**	**1**	**103**	**48**	**55**
大通区							3	2	1
田家庵区	5	2	3	1		1	71	33	38
谢家集区				1	1		3		3
八公山区							1	1	
潘集区	4	3	1				4	1	3
凤台县							4	1	3
寿县				1	1		17	10	7

1-4　续表 37　　　　单位：人

地　区	撒拉族			毛南族			仡佬族		
	小计	男	女	小计	男	女	小计	男	女
马鞍山市	**5**	**3**	**2**	**9**	**5**	**4**	**37**	**25**	**12**
花山区	1		1				10	6	4
雨山区	1	1		1	1		13	10	3
博望区							2	2	
当涂县				3	1	2	1	1	
含山县							5	4	1
和县	3	2	1	5	3	2	6	2	4
淮北市	**1**		**1**				**24**	**13**	**11**
杜集区							2	2	
相山区							9	6	3
烈山区	1		1				4	1	3
濉溪县							9	4	5
铜陵市				**10**	**2**	**8**	**31**	**13**	**18**
铜官区				1		1	18	9	9
义安区				1	1		6	3	3
郊区				4	1	3	4	1	3
枞阳县				4		4	3		3
安庆市	**10**	**3**	**7**	**13**	**6**	**7**	**74**	**43**	**31**
迎江区				3	1	2	11	7	4
大观区	4	2	2				1	1	
宜秀区				6	3	3	5	2	3
怀宁县							11	10	1
太湖县							8	1	7
宿松县				1		1	8	4	4
望江县				2	1	1	3	1	2
岳西县							2		2
安徽安庆经济开发区				1	1		9	8	1
桐城市							6	3	3
潜山市	6	1	5				10	6	4
黄山市				**6**		**6**	**40**	**23**	**17**
屯溪区				1		1	2		2
黄山区							10	8	2
徽州区							2	1	1
歙县				2		2	6	2	4
休宁县				2		2	6	4	2
黟县							5	4	1
祁门县				1		1	9	4	5
滁州市	**26**	**15**	**11**	**15**	**9**	**6**	**174**	**101**	**73**
琅琊区							50	34	16
南谯区	13	7	6	2	1	1	25	14	11
来安县	11	6	5	1	1		17	12	5
全椒县				1		1	13	8	5
定远县				2	1	1	14	4	10
凤阳县							5	2	3
苏滁现代产业园	1	1					5	5	
滁州经济技术开发区	1	1		3	3		20	10	10
天长市				6	3	3	22	9	13
明光市							3	3	

1−4 续表 38　　　　单位：人

地区	撒拉族			毛南族			仡佬族		
	小计	男	女	小计	男	女	小计	男	女
阜阳市	**8**	**5**	**3**	**9**	**3**	**6**	**88**	**37**	**51**
颍州区	3	2	1	1	1		28	12	16
颍东区				1		1	15	6	9
颍泉区							3	1	2
临泉县	1		1	1		1	4	1	3
太和县	1	1		1		1	6	2	4
阜南县							10	3	7
颍上县	3	2	1	3	1	2	15	6	9
阜阳合肥现代产业园区									
阜阳经济技术开发区							2	1	1
界首市				2	1	1	5	5	
宿州市	**14**	**9**	**5**	**5**	**1**	**4**	**62**	**19**	**43**
埇桥区	4	1	3	1	1		28	10	18
砀山县							11	4	7
萧县	6	4	2	1		1	3		3
灵璧县	4	4		2		2	12	2	10
泗县				1		1	5	1	4
宿州马鞍山现代产业园区							1	1	
宿州经济技术开发区							2	1	1
六安市				**5**	**2**	**3**	**74**	**29**	**45**
金安区				3	2	1	23	10	13
裕安区							4	1	3
叶集区									
霍邱县							11	4	7
舒城县				1		1	20	10	10
金寨县				1		1	7	1	6
霍山县							9	3	6
亳州市	**23**	**8**	**15**	**4**		**4**	**41**	**20**	**21**
谯城区	19	7	12	1		1	18	10	8
涡阳县							3	1	2
蒙城县				3		3	10	2	8
利辛县	4	1	3				10	7	3
池州市	**1**	**1**		**2**		**2**	**41**	**16**	**25**
贵池区				1		1	16	7	9
东至县							8	2	6
石台县							6	3	3
青阳县				1		1	11	4	7
池州市国家经济技术开发区									
皖江江南新兴产业集中区	1	1							
九华山风景区									
宣城市	**10**	**7**	**3**	**15**	**11**	**4**	**106**	**50**	**56**
宣州区	9	7	2	2		2	19	11	8
郎溪县				6	6		15	6	9
泾县							3	1	2
绩溪县							3	1	2
旌德县							2	1	1
宣城市经济开发区	1		1				7	3	4
宁国市				1		1	28	13	15
广德市				6	5	1	29	14	15

1-4　续表 39

单位：人

地　区	锡伯族			阿昌族			普米族		
	小计	男	女	小计	男	女	小计	男	女
安　徽	**228**	**112**	**116**	**112**	**44**	**68**	**38**	**24**	**14**
合肥市	**119**	**60**	**59**	**36**	**12**	**24**	**7**	**4**	**3**
瑶海区	9	4	5						
庐阳区	8	5	3	3	1	2			
蜀山区	25	12	13	1		1	4	3	1
包河区	45	24	21	5	4	1			
长丰县				4		4			
肥东县	2	1	1				1	1	
肥西县	1		1	2	1	1	1		1
庐江县	1		1	4		4	1		1
合肥高新技术产业开发区	11	7	4	2	1	1			
合肥经济技术开发区	14	6	8						
合肥新站高新技术产业开发区				1	1				
巢湖市	3	1	2	14	4	10			
芜湖市	**17**	**11**	**6**	**9**	**5**	**4**			
镜湖区	2	1	1						
弋江区	3	2	1	1	1				
鸠江区	6	6		2	2				
三山区	1	1							
芜湖县									
繁昌县	1	1							
南陵县									
芜湖经济技术开发区	1		1						
安徽芜湖长江大桥经济开发区									
无为市	3		3	6	2	4			
蚌埠市	**8**	**2**	**6**	**4**		**4**			
龙子湖区	1	1		2		2			
蚌山区	3		3						
禹会区									
淮上区									
怀远县				2		2			
五河县									
固镇县									
蚌埠市高新技术开发区									
蚌埠市经济开发区	4	1	3						
淮南市	**19**	**8**	**11**	**4**	**1**	**3**			
大通区	1	1							
田家庵区	11	4	7	2		2			
谢家集区	3	1	2	1		1			
八公山区									
潘集区	1		1	1	1				
凤台县	1	1							
寿县	2	1	1						

1-4 续表 40

单位：人

地区	锡伯族			阿昌族			普米族		
	小计	男	女	小计	男	女	小计	男	女
马鞍山市	**20**	**12**	**8**	**4**	**1**	**3**			
花山区	5	3	2	3	1	2			
雨山区	12	8	4						
博望区				1		1			
当涂县	3	1	2						
含山县									
和县									
淮北市	**5**	**2**	**3**						
杜集区	3	2	1						
相山区	1		1						
烈山区	1		1						
濉溪县									
铜陵市	**3**		**3**	**5**	**2**	**3**			
铜官区	3		3						
义安区				5	2	3			
郊区									
枞阳县									
安庆市	**6**	**3**	**3**	**1**		**1**	**8**	**6**	**2**
迎江区	1	1							
大观区	1	1							
宜秀区									
怀宁县	1		1						
太湖县	1		1				4	2	2
宿松县				1		1	4	4	
望江县									
岳西县									
安徽安庆经济开发区									
桐城市									
潜山市	2	1	1						
黄山市	**4**	**2**	**2**						
屯溪区	3	2	1						
黄山区	1		1						
徽州区									
歙县									
休宁县									
黟县									
祁门县									
滁州市	**3**	**1**	**2**	**11**	**6**	**5**	**13**	**7**	**6**
琅琊区									
南谯区	1	1		3	3				
来安县	1		1	4	2	2	1		1
全椒县							1		1
定远县							1		1
凤阳县							4	1	3
苏滁现代产业园							3	3	
滁州经济技术开发区				2	1	1	3	3	
天长市	1		1	2		2			
明光市									

1-4 续表 41

单位：人

地 区	锡伯族			阿昌族			普米族		
	小计	男	女	小计	男	女	小计	男	女
阜阳市	**4**	**1**	**3**	**6**	**1**	**5**	**1**	**1**	
颍州区									
颍东区	2		2						
颍泉区	1	1							
临泉县				3		3			
太和县	1		1						
阜南县				1		1			
颍上县							1	1	
阜阳合肥现代产业园区				1		1			
阜阳经济技术开发区				1	1				
界首市									
宿州市	**9**	**5**	**4**	**2**		**2**	**1**		**1**
埇桥区	6	3	3						
砀山县									
萧县									
灵璧县	2	2							
泗县	1		1	2		2	1		1
宿州马鞍山现代产业园区									
宿州经济技术开发区									
六安市	**2**	**1**	**1**	**6**	**3**	**3**	**2**	**2**	
金安区				5	3	2			
裕安区	1	1							
叶集区									
霍邱县	1		1	1		1	2	2	
舒城县									
金寨县									
霍山县									
亳州市	**4**	**2**	**2**	**5**	**1**	**4**	**6**	**4**	**2**
谯城区	2	1	1				5	4	1
涡阳县				3		3	1		1
蒙城县	2	1	1	1	1				
利辛县				1		1			
池州市	**3**	**2**	**1**	**5**	**4**	**1**			
贵池区	3	2	1	1	1				
东至县									
石台县									
青阳县				1		1			
池州市国家经济技术开发区									
皖江江南新兴产业集中区				3	3				
九华山风景区									
宣城市	**2**		**2**	**14**	**8**	**6**			
宣州区	1		1	3	2	1			
郎溪县				1	1				
泾县				1		1			
绩溪县									
旌德县									
宣城市经济开发区	1		1	3	1	2			
宁国市				1		1			
广德市				5	4	1			

1－4 续表 42

单位：人

地区	塔吉克族			怒族			乌孜别克族		
	小计	男	女	小计	男	女	小计	男	女
安徽	**6**	**1**	**5**	**48**	**11**	**37**	**3**	**2**	**1**
合肥市	**2**	**1**	**1**	**8**	**3**	**5**	**1**	**1**	
瑶海区									
庐阳区				1		1			
蜀山区									
包河区	1		1	3	2	1			
长丰县				1		1			
肥东县				1		1			
肥西县									
庐江县									
合肥高新技术产业开发区									
合肥经济技术开发区	1	1		1	1				
合肥新站高新技术产业开发区									
巢湖市				1		1	1	1	
芜湖市									
镜湖区									
弋江区									
鸠江区									
三山区									
芜湖县									
繁昌县									
南陵县									
芜湖经济技术开发区									
安徽芜湖长江大桥经济开发区									
无为市									
蚌埠市									
龙子湖区									
蚌山区									
禹会区									
淮上区									
怀远县									
五河县									
固镇县									
蚌埠市高新技术开发区									
蚌埠市经济开发区									
淮南市				**3**	**1**	**2**			
大通区									
田家庵区									
谢家集区				1	1				
八公山区									
潘集区									
凤台县				2		2			
寿县									

1-4　续表 43　　　　　　　　　　　　　　　　　　　　单位：人

地　区	塔吉克族			怒　族			乌孜别克族		
	小计	男	女	小计	男	女	小计	男	女
马鞍山市	**2**		**2**	**1**		**1**			
花山区									
雨山区									
博望区									
当涂县	2		2	1		1			
含山县									
和县									
淮北市									
杜集区									
相山区									
烈山区									
濉溪县									
铜陵市				**2**	**1**	**1**			
铜官区									
义安区				2	1	1			
郊区									
枞阳县									
安庆市	**2**		**2**	**1**		**1**	**2**	**1**	**1**
迎江区							2	1	1
大观区									
宜秀区									
怀宁县	2		2						
太湖县									
宿松县									
望江县									
岳西县									
安徽安庆经济开发区									
桐城市				1		1			
潜山市									
黄山市				**6**		**6**			
屯溪区									
黄山区				1		1			
徽州区									
歙县				4		4			
休宁县				1		1			
黟县									
祁门县									
滁州市				**3**	**1**	**2**			
琅琊区									
南谯区				1	1				
来安县									
全椒县									
定远县				1		1			
凤阳县									
苏滁现代产业园									
滁州经济技术开发区				1		1			
天长市									
明光市									

1-4 续表 44

单位：人

地区	塔吉克族			怒族			乌孜别克族		
	小计	男	女	小计	男	女	小计	男	女
阜阳市				**7**	**1**	**6**			
颍州区									
颍东区									
颍泉区									
临泉县									
太和县				4		4			
阜南县				1		1			
颍上县				2	1	1			
阜阳合肥现代产业园区									
阜阳经济技术开发区									
界首市									
宿州市				**1**		**1**			
埇桥区									
砀山县									
萧县									
灵璧县									
泗县				1		1			
宿州马鞍山现代产业园区									
宿州经济技术开发区									
六安市				**2**	**2**				
金安区				1	1				
裕安区									
叶集区									
霍邱县									
舒城县									
金寨县				1	1				
霍山县									
亳州市									
谯城区									
涡阳县									
蒙城县									
利辛县									
池州市									
贵池区									
东至县									
石台县									
青阳县									
池州市国家经济技术开发区									
皖江江南新兴产业集中区									
九华山风景区									
宣城市				**14**	**2**	**12**			
宣州区				2		2			
郎溪县									
泾县				1		1			
绩溪县									
旌德县									
宣城市经济开发区				1	1				
宁国市				1		1			
广德市				9	1	8			

1-4　续表 45　　　　单位：人

地　区	俄罗斯族			鄂温克族			德 昂 族		
	小计	男	女	小计	男	女	小计	男	女
安　徽	**44**	**23**	**21**	**25**	**6**	**19**	**65**	**17**	**48**
合肥市	**19**	**9**	**10**	**8**	**1**	**7**	**20**	**11**	**9**
瑶海区							1	1	
庐阳区				3		3			
蜀山区	7	2	5				1		1
包河区	3	2	1				1		1
长丰县	1	1					9	6	3
肥东县							4	2	2
肥西县	3	2	1				1	1	
庐江县							1	1	
合肥高新技术产业开发区									
合肥经济技术开发区	5	2	3	4	1	3	1		1
合肥新站高新技术产业开发区									
巢湖市				1		1	1		1
芜湖市	**7**	**6**	**1**	**1**		**1**	**10**	**2**	**8**
镜湖区									
弋江区	2	2							
鸠江区							9	2	7
三山区	4	3	1						
芜湖县									
繁昌县	1	1							
南陵县				1		1			
芜湖经济技术开发区							1		1
安徽芜湖长江大桥经济开发区									
无为市									
蚌埠市	**2**		**2**						
龙子湖区									
蚌山区									
禹会区									
淮上区	1		1						
怀远县									
五河县									
固镇县									
蚌埠市高新技术开发区									
蚌埠市经济开发区	1		1						
淮南市	**3**	**3**		**3**	**2**	**1**	**2**		**2**
大通区									
田家庵区	1	1							
谢家集区				1	1		1		1
八公山区									
潘集区									
凤台县	2	2					1		1
寿县				2	1	1			

1-4 续表 46　　　　单位：人

地　区	俄罗斯族			鄂温克族			德 昂 族		
	小计	男	女	小计	男	女	小计	男	女
马鞍山市	**1**		**1**	**3**	**1**	**2**	**5**	**1**	**4**
花山区									
雨山区	1		1	3	1	2			
博望区									
当涂县							2	1	1
含山县							3		3
和县									
淮北市	**1**	**1**					**1**		**1**
杜集区									
相山区	1	1					1		1
烈山区									
濉溪县									
铜陵市	**1**		**1**	**1**		**1**			
铜官区	1		1	1		1			
义安区									
郊区									
枞阳县									
安庆市				**2**		**2**	**6**	**1**	**5**
迎江区									
大观区									
宜秀区									
怀宁县									
太湖县				2		2			
宿松县									
望江县									
岳西县									
安徽安庆经济开发区							1	1	
桐城市							4		4
潜山市							1		1
黄山市	**1**		**1**	**1**	**1**				
屯溪区									
黄山区									
徽州区									
歙县	1		1	1	1				
休宁县									
黟县									
祁门县									
滁州市	**3**	**1**	**2**	**1**		**1**			
琅琊区									
南谯区	2	1	1	1		1			
来安县									
全椒县									
定远县									
凤阳县									
苏滁现代产业园									
滁州经济技术开发区									
天长市	1		1						
明光市									

1-4　续表 47　　　　单位：人

地　　区	俄罗斯族			鄂温克族			德 昂 族		
	小计	男	女	小计	男	女	小计	男	女
阜阳市	**2**	**1**	**1**	**1**		**1**	**7**	**2**	**5**
颍州区	1	1							
颍东区									
颍泉区									
临泉县									
太和县	1		1				1		1
阜南县									
颍上县							2	1	1
阜阳合肥现代产业园区									
阜阳经济技术开发区									
界首市				1		1	4	1	3
宿州市	**3**	**1**	**2**				**8**		**8**
埇桥区	2	1	1						
砀山县	1		1						
萧县							7		7
灵璧县									
泗县							1		1
宿州马鞍山现代产业园区									
宿州经济技术开发区									
六安市				**1**	**1**				
金安区									
裕安区									
叶集区									
霍邱县				1	1				
舒城县									
金寨县									
霍山县									
亳州市							**3**		**3**
谯城区							2		2
涡阳县									
蒙城县							1		1
利辛县									
池州市									
贵池区									
东至县									
石台县									
青阳县									
池州市国家经济技术开发区									
皖江江南新兴产业集中区									
九华山风景区									
宣城市	**1**	**1**		**3**		**3**	**3**		**3**
宣州区							1		1
郎溪县				2		2			
泾县	1	1							
绩溪县									
旌德县									
宣城市经济开发区									
宁国市									
广德市				1		1	2		2

1-4 续表 48 单位：人

地区	保安族			裕固族			京族		
	小计	男	女	小计	男	女	小计	男	女
安徽	**57**	**35**	**22**	**9**	**7**	**2**	**26**	**2**	**24**
合肥市	**17**	**13**	**4**	**7**	**6**	**1**	**2**	**1**	**1**
瑶海区	7	4	3	3	3				
庐阳区							1		1
蜀山区	7	6	1						
包河区									
长丰县	1	1							
肥东县									
肥西县	2	2		3	2	1	1	1	
庐江县									
合肥高新技术产业开发区									
合肥经济技术开发区				1	1				
合肥新站高新技术产业开发区									
巢湖市									
芜湖市							**2**		**2**
镜湖区									
弋江区									
鸠江区									
三山区									
芜湖县									
繁昌县									
南陵县									
芜湖经济技术开发区									
安徽芜湖长江大桥经济开发区									
无为市							2		2
蚌埠市							**1**		**1**
龙子湖区									
蚌山区									
禹会区							1		1
淮上区									
怀远县									
五河县									
固镇县									
蚌埠市高新技术开发区									
蚌埠市经济开发区									
淮南市	**1**		**1**				**1**		**1**
大通区									
田家庵区	1		1				1		1
谢家集区									
八公山区									
潘集区									
凤台县									
寿县									

1-4 续表 49 单位：人

地 区	保安族			裕固族			京 族		
	小计	男	女	小计	男	女	小计	男	女
马鞍山市	**3**	**1**	**2**				**1**		**1**
花山区	3	1	2						
雨山区									
博望区									
当涂县							1		1
含山县									
和县									
淮北市									
杜集区									
相山区									
烈山区									
濉溪县									
铜陵市	**9**	**4**	**5**						
铜官区	9	4	5						
义安区									
郊区									
枞阳县									
安庆市							**3**		**3**
迎江区									
大观区									
宜秀区									
怀宁县									
太湖县									
宿松县									
望江县							1		1
岳西县							2		2
安徽安庆经济开发区									
桐城市									
潜山市									
黄山市	**2**	**1**	**1**	**1**	**1**		**1**		**1**
屯溪区									
黄山区									
徽州区									
歙县	2	1	1						
休宁县				1	1		1		1
黟县									
祁门县									
滁州市	**7**	**5**	**2**				**1**		**1**
琅琊区									
南谯区									
来安县									
全椒县							1		1
定远县									
凤阳县									
苏滁现代产业园									
滁州经济技术开发区	1	1							
天长市									
明光市	6	4	2						

1－4 续表 50

单位：人

地 区	保安族			裕固族			京 族		
	小计	男	女	小计	男	女	小计	男	女
阜阳市	**4**	**2**	**2**				**3**	**1**	**2**
颍州区	3	2	1				1	1	
颍东区									
颍泉区	1		1						
临泉县							1		1
太和县									
阜南县							1		1
颍上县									
阜阳合肥现代产业园区									
阜阳经济技术开发区									
界首市									
宿州市	**3**	**2**	**1**				**1**		**1**
埇桥区	3	2	1				1		1
砀山县									
萧县									
灵璧县									
泗县									
宿州马鞍山现代产业园区									
宿州经济技术开发区									
六安市	**2**	**2**					**2**		**2**
金安区									
裕安区									
叶集区									
霍邱县									
舒城县	2	2					2		2
金寨县									
霍山县									
亳州市	**5**	**2**	**3**	**1**		**1**	**2**		**2**
谯城区	4	2	2				1		1
涡阳县				1		1			
蒙城县	1		1				1		1
利辛县									
池州市							**6**		**6**
贵池区							3		3
东至县							2		2
石台县							1		1
青阳县									
池州市国家经济技术开发区									
皖江江南新兴产业集中区									
九华山风景区									
宣城市	**4**	**3**	**1**						
宣州区	4	3	1						
郎溪县									
泾县									
绩溪县									
旌德县									
宣城市经济开发区									
宁国市									
广德市									

1-4 续表 51

单位：人

地 区	塔塔尔族			独 龙 族			鄂伦春族		
	小计	男	女	小计	男	女	小计	男	女
安 徽	**6**	**3**	**3**	**29**	**5**	**24**	**17**	**6**	**11**
合肥市				**15**	**4**	**11**	**8**	**4**	**4**
瑶海区							4	1	3
庐阳区							1	1	
蜀山区							1		1
包河区							1	1	
长丰县				1		1			
肥东县				3		3			
肥西县				2	1	1			
庐江县									
合肥高新技术产业开发区							1	1	
合肥经济技术开发区				1	1				
合肥新站高新技术产业开发区									
巢湖市				8	2	6			
芜湖市	**3**	**2**	**1**						
镜湖区									
弋江区									
鸠江区									
三山区									
芜湖县									
繁昌县									
南陵县									
芜湖经济技术开发区									
安徽芜湖长江大桥经济开发区									
无为市	3	2	1						
蚌埠市									
龙子湖区									
蚌山区									
禹会区									
淮上区									
怀远县									
五河县									
固镇县									
蚌埠市高新技术开发区									
蚌埠市经济开发区									
淮南市	**1**		**1**	**3**	**1**	**2**	**1**		**1**
大通区									
田家庵区									
谢家集区									
八公山区									
潘集区									
凤台县				2		2	1		1
寿县	1		1	1	1				

1－4 续表 52

单位：人

地 区	塔塔尔族			独 龙 族			鄂伦春族		
	小计	男	女	小计	男	女	小计	男	女
马鞍山市				**1**		**1**			
花山区									
雨山区									
博望区									
当涂县									
含山县									
和县				1		1			
淮北市							**1**		**1**
杜集区									
相山区									
烈山区									
濉溪县							1		1
铜陵市									
铜官区									
义安区									
郊区									
枞阳县									
安庆市									
迎江区									
大观区									
宜秀区									
怀宁县									
太湖县									
宿松县									
望江县									
岳西县									
安徽安庆经济开发区									
桐城市									
潜山市									
黄山市				**1**		**1**			
屯溪区									
黄山区									
徽州区									
歙县									
休宁县				1		1			
黟县									
祁门县									
滁州市	**1**	**1**		**1**		**1**			
琅琊区									
南谯区									
来安县	1	1		1		1			
全椒县									
定远县									
凤阳县									
苏滁现代产业园									
滁州经济技术开发区									
天长市									
明光市									

1-4 续表 53

单位：人

地区	塔塔尔族			独龙族			鄂伦春族		
	小计	男	女	小计	男	女	小计	男	女
阜阳市				**1**		**1**	**1**		**1**
颍州区									
颍东区									
颍泉区									
临泉县									
太和县							1		1
阜南县									
颍上县									
阜阳合肥现代产业园区									
阜阳经济技术开发区				1		1			
界首市									
宿州市							**5**	**2**	**3**
埇桥区							5	2	3
砀山县									
萧县									
灵璧县									
泗县									
宿州马鞍山现代产业园区									
宿州经济技术开发区									
六安市	**1**		**1**	**4**		**4**			
金安区				1		1			
裕安区									
叶集区									
霍邱县	1		1						
舒城县				3		3			
金寨县									
霍山县									
亳州市				**3**		**3**			
谯城区									
涡阳县				2		2			
蒙城县				1		1			
利辛县									
池州市									
贵池区									
东至县									
石台县									
青阳县									
池州市国家经济技术开发区									
皖江江南新兴产业集中区									
九华山风景区									
宣城市							**1**		**1**
宣州区									
郎溪县									
泾县									
绩溪县									
旌德县									
宣城市经济开发区									
宁国市							1		1
广德市									

1-4 续表 54

单位：人

地区	赫哲族			门巴族			珞巴族		
	小计	男	女	小计	男	女	小计	男	女
安 徽	**9**	**5**	**4**	**7**	**1**	**6**	**5**	**2**	**3**
合肥市	**1**		**1**	**1**		**1**	**1**	**1**	
瑶海区									
庐阳区									
蜀山区									
包河区									
长丰县									
肥东县									
肥西县									
庐江县									
合肥高新技术产业开发区									
合肥经济技术开发区									
合肥新站高新技术产业开发区	1		1	1		1	1	1	
巢湖市									
芜湖市	**3**	**1**	**2**						
镜湖区									
弋江区	1		1						
鸠江区									
三山区	1		1						
芜湖县	1	1							
繁昌县									
南陵县									
芜湖经济技术开发区									
安徽芜湖长江大桥经济开发区									
无为市									
蚌埠市							**1**		**1**
龙子湖区									
蚌山区									
禹会区									
淮上区									
怀远县									
五河县									
固镇县									
蚌埠市高新技术开发区									
蚌埠市经济开发区							1		1
淮南市									
大通区									
田家庵区									
谢家集区									
八公山区									
潘集区									
凤台县									
寿县									

1-4　续表 55　　　　单位：人

地　区	赫 哲 族			门 巴 族			珞 巴 族		
	小计	男	女	小计	男	女	小计	男	女
马鞍山市									
花山区									
雨山区									
博望区									
当涂县									
含山县									
和县									
淮北市				**3**		**3**			
杜集区				2		2			
相山区									
烈山区				1		1			
濉溪县									
铜陵市									
铜官区									
义安区									
郊区									
枞阳县									
安庆市									
迎江区									
大观区									
宜秀区									
怀宁县									
太湖县									
宿松县									
望江县									
岳西县									
安徽安庆经济开发区									
桐城市									
潜山市									
黄山市									
屯溪区									
黄山区									
徽州区									
歙县									
休宁县									
黟县									
祁门县									
滁州市									
琅琊区									
南谯区									
来安县									
全椒县									
定远县									
凤阳县									
苏滁现代产业园									
滁州经济技术开发区									
天长市									
明光市									

1-4 续表 56

单位：人

地 区	赫哲族			门巴族			珞巴族		
	小计	男	女	小计	男	女	小计	男	女
阜阳市	**4**	**4**							
颍州区									
颍东区									
颍泉区									
临泉县	3	3							
太和县									
阜南县	1	1							
颍上县									
阜阳合肥现代产业园区									
阜阳经济技术开发区									
界首市									
宿州市									
埇桥区									
砀山县									
萧县									
灵璧县									
泗县									
宿州马鞍山现代产业园区									
宿州经济技术开发区									
六安市	**1**		**1**						
金安区									
裕安区									
叶集区									
霍邱县	1		1						
舒城县									
金寨县									
霍山县									
亳州市				**1**		**1**	**2**	**1**	**1**
谯城区									
涡阳县				1		1	1	1	
蒙城县									
利辛县							1		1
池州市				**1**	**1**				
贵池区				1	1				
东至县									
石台县									
青阳县									
池州市国家经济技术开发区									
皖江江南新兴产业集中区									
九华山风景区									
宣城市				**1**		**1**	**1**		**1**
宣州区				1		1	1		1
郎溪县									
泾县									
绩溪县									
旌德县									
宣城市经济开发区									
宁国市									
广德市									

1-4　续表 57

单位：人

地　区	基诺族			未定族称人口			入　籍		
	小计	男	女	小计	男	女	小计	男	女
安　徽	**13**	**6**	**7**	**1498**	**640**	**858**	**155**	**36**	**119**
合肥市	**3**	**1**	**2**	**268**	**124**	**144**	**18**	**7**	**11**
瑶海区				58	27	31	1	1	
庐阳区				15	6	9			
蜀山区				26	14	12	1	1	
包河区	2		2	38	25	13	2	2	
长丰县				34	8	26	2	1	1
肥东县				22	9	13			
肥西县	1	1		15	4	11	4	1	3
庐江县				12	2	10	3		3
合肥高新技术产业开发区				3	1	2			
合肥经济技术开发区				25	18	7			
合肥新站高新技术产业开发区				11	7	4			
巢湖市				9	3	6	5	1	4
芜湖市	**2**	**2**		**93**	**35**	**58**	**22**	**6**	**16**
镜湖区				10	1	9	3	2	1
弋江区	2	2		2	1	1	1		1
鸠江区				18	8	10	1		1
三山区				7	3	4	2		2
芜湖县				18	6	12			
繁昌县				6	5	1	3	1	2
南陵县				13	3	10	2		2
芜湖经济技术开发区				7	6	1			
安徽芜湖长江大桥经济开发区				2	1	1	2	1	1
无为市				10	1	9	8	2	6
蚌埠市				**37**	**15**	**22**	**3**	**1**	**2**
龙子湖区									
蚌山区				6	4	2			
禹会区				4		4			
淮上区				4	3	1			
怀远县				6		6	1		1
五河县				5	4	1			
固镇县				4		4	1		1
蚌埠市高新技术开发区									
蚌埠市经济开发区				8	4	4	1	1	
淮南市	**2**		**2**	**31**	**9**	**22**	**4**	**1**	**3**
大通区				2		2			
田家庵区				7	4	3			
谢家集区				1	1				
八公山区				1		1	1	1	
潘集区				5	2	3	1		1
凤台县	2		2	7	2	5	2		2
寿县				8		8			

1-4 续表 58

单位：人

地　　区	基诺族			未定族称人口			入　　籍		
	小计	男	女	小计	男	女	小计	男	女
马鞍山市	**1**		**1**	**59**	**30**	**29**	**2**		**2**
花山区				9	4	5			
雨山区				22	18	4			
博望区				1		1			
当涂县	1		1	13	2	11	2		2
含山县				5	3	2			
和县				9	3	6			
淮北市				**28**	**6**	**22**	**3**	**2**	**1**
杜集区				8	2	6			
相山区				3		3			
烈山区				1		1			
濉溪县				16	4	12	3	2	1
铜陵市				**26**	**11**	**15**	**4**		**4**
铜官区				10	5	5			
义安区				7	2	5			
郊区				4	2	2			
枞阳县				5	2	3	4		4
安庆市				**85**	**44**	**41**	**8**		**8**
迎江区				9	4	5			
大观区				2	1	1			
宜秀区				22	17	5			
怀宁县				9	7	2	1		1
太湖县				5	2	3			
宿松县				8	1	7			
望江县				4	3	1	1		1
岳西县				7	1	6	2		2
安徽安庆经济开发区				8	6	2			
桐城市				8	2	6			
潜山市				3		3	4		4
黄山市				**38**	**16**	**22**	**8**		**8**
屯溪区				6	2	4			
黄山区				7	4	3			
徽州区				5	4	1	1		1
歙县				10	4	6	4		4
休宁县				6	1	5	3		3
黟县				1		1			
祁门县				3	1	2			
滁州市				**141**	**64**	**77**	**8**	**2**	**6**
琅琊区				12	5	7	2	1	1
南谯区				20	12	8			
来安县				25	12	13			
全椒县				16	7	9			
定远县				5	1	4	3		3
凤阳县				8	2	6			
苏滁现代产业园				6	5	1			
滁州经济技术开发区				3	2	1			
天长市				42	17	25	3	1	2
明光市				4	1	3			

1-4 续表 59

单位：人

地区	基诺族			未定族称人口			入籍		
	小计	男	女	小计	男	女	小计	男	女
阜阳市	**2**	**1**	**1**	**92**	**35**	**57**	**18**	**3**	**15**
颍州区				11	5	6	2	1	1
颍东区				12	4	8			
颍泉区				5	2	3	1		1
临泉县	2	1	1	17	3	14	7		7
太和县				9	5	4	2		2
阜南县				14	4	10	3	1	2
颍上县				19	9	10	1	1	
阜阳合肥现代产业园区				1	1				
阜阳经济技术开发区				1		1			
界首市				3	2	1	2		2
宿州市				**55**	**9**	**46**	**10**	**4**	**6**
埇桥区				19	2	17	2	1	1
砀山县				5	1	4			
萧县				10	3	7	4	2	2
灵璧县				11		11	2	1	1
泗县				9	2	7	2		2
宿州马鞍山现代产业园区				1	1				
宿州经济技术开发区									
六安市	**2**	**2**		**59**	**12**	**47**	**7**	**3**	**4**
金安区				9	2	7	3	1	2
裕安区	1	1		4	1	3			
叶集区				9	3	6			
霍邱县				8	2	6			
舒城县	1	1		20	1	19	1		1
金寨县				6	2	4	3	2	1
霍山县				3	1	2			
亳州市	**1**		**1**	**43**	**10**	**33**	**27**	**5**	**22**
谯城区	1		1	14	4	10	5	2	3
涡阳县				1	1		7	1	6
蒙城县				12	1	11	5		5
利辛县				16	4	12	10	2	8
池州市				**42**	**19**	**23**	**5**	**1**	**4**
贵池区				16	7	9			
东至县				5	1	4	4		4
石台县				1		1			
青阳县				12	8	4	1	1	
池州市国家经济技术开发区									
皖江江南新兴产业集中区				8	3	5			
九华山风景区									
宣城市				**401**	**201**	**200**	**8**	**1**	**7**
宣州区				34	15	19	3	1	2
郎溪县				34	12	22			
泾县				28	16	12			
绩溪县				1		1			
旌德县				17	10	7	1		1
宣城市经济开发区				7	5	2			
宁国市				29	13	16	2		2
广德市				251	130	121	2		2

1-4a 各地区分性别、民族的人口(城市)

单位：人

地区	合计			汉族		
	合计	男	女	小计	男	女
安 徽	**16329087**	**8142601**	**8186486**	**16168099**	**8063757**	**8104342**
合肥市	**4162834**	**2105541**	**2057293**	**4127835**	**2088148**	**2039687**
瑶海区	815848	413047	402801	809263	409857	399406
庐阳区	622373	310756	311617	617592	308488	309104
蜀山区	1002167	501408	500759	990126	495376	494750
包河区	1211298	623952	587346	1201697	619055	582642
长丰县						
肥东县						
肥西县	60828	32312	28516	60440	32099	28341
庐江县						
合肥高新技术产业开发区						
合肥经济技术开发区						
合肥新站高新技术产业开发区	65109	32904	32205	64702	32720	31982
巢湖市	385211	191162	194049	384015	190553	193462
芜湖市	**1518097**	**766028**	**752069**	**1508123**	**761227**	**746896**
镜湖区	458287	224331	233956	454494	222496	231998
弋江区	422620	211923	210697	420073	210761	209312
鸠江区	323521	169636	153885	321478	168599	152879
三山区	101537	55234	46303	100677	54797	45880
芜湖县	8833	4558	4275	8784	4541	4243
繁昌县						
南陵县						
芜湖经济技术开发区	2603	1364	1239	2588	1363	1225
安徽芜湖长江大桥经济开发区						
无为市	200696	98982	101714	200029	98670	101359
蚌埠市	**689398**	**343241**	**346157**	**675995**	**336600**	**339395**
龙子湖区	167704	82502	85202	162069	79681	82388
蚌山区	154449	76455	77994	150382	74418	75964
禹会区	209219	103626	105593	206247	102181	104066
淮上区	158026	80658	77368	157297	80320	76977
怀远县						
五河县						
固镇县						
蚌埠市高新技术开发区						
蚌埠市经济开发区						
淮南市	**1085864**	**532762**	**553102**	**1071700**	**526003**	**545697**
大通区	40058	19683	20375	39788	19567	20221
田家庵区	686493	337491	349002	679739	334338	345401
谢家集区	170233	82761	87472	166199	80761	85438
八公山区	112563	54648	57915	111023	53921	57102
潘集区	76517	38179	38338	74951	37416	37535
凤台县						
寿县						

1-4a　续表 1　　　　单位：人

地　区	合　计			汉　族		
	合计	男	女	小计	男	女
马鞍山市	**863074**	**437670**	**425404**	**856179**	**434131**	**422048**
花山区	441731	221262	220469	438101	219424	218677
雨山区	342877	175319	167558	339900	173742	166158
博望区	78466	41089	37377	78178	40965	37213
当涂县						
含山县						
和县						
淮北市	**815765**	**401700**	**414065**	**812759**	**400356**	**412403**
杜集区	142543	71467	71076	142112	71254	70858
相山区	501240	245292	255948	499708	244590	255118
烈山区	110167	52314	57853	109324	52014	57310
濉溪县	61815	32627	29188	61615	32498	29117
铜陵市	**568928**	**281812**	**287116**	**566283**	**280580**	**285703**
铜官区	439626	217390	222236	437492	216397	221095
义安区	88147	43388	44759	87816	43246	44570
郊区	41155	21034	20121	40975	20937	20038
枞阳县						
安庆市	**1084509**	**528491**	**556018**	**1075902**	**524442**	**551460**
迎江区	243948	120350	123598	240587	118693	121894
大观区	158457	77393	81064	155469	75929	79540
宜秀区	142092	70489	71603	141123	70080	71043
怀宁县						
太湖县						
宿松县						
望江县	98393	46512	51881	98134	46417	51717
岳西县						
安徽安庆经济开发区	463	364	99	449	356	93
桐城市	293473	142109	151364	292766	141825	150941
潜山市	147683	71274	76409	147374	71142	76232
黄山市	**369432**	**179456**	**189976**	**367700**	**178704**	**188996**
屯溪区	249966	120148	129818	248746	119598	129148
黄山区	60266	29719	30547	59977	29595	30382
徽州区	51651	25791	25860	51447	25721	25726
歙县	3424	1727	1697	3416	1723	1693
休宁县	4125	2071	2054	4114	2067	2047
黟县						
祁门县						
滁州市	**879762**	**439476**	**440286**	**873325**	**436228**	**437097**
琅琊区	257817	129396	128421	255695	128305	127390
南谯区	188355	97227	91128	186195	96101	90094
来安县						
全椒县						
定远县						
凤阳县						
苏滁现代产业园						
滁州经济技术开发区						
天长市	241167	119309	121858	240365	118932	121433
明光市	192423	93544	98879	191070	92890	98180

1－4a 续表 2

单位：人

地区	合计			汉族		
	合计	男	女	小计	男	女
阜阳市	**1068847**	**526928**	**541919**	**1051549**	**518173**	**533376**
颍州区	468826	227069	241757	459839	222563	237276
颍东区	178468	90583	87885	176417	89586	86831
颍泉区	214133	107128	107005	211328	105642	105686
临泉县						
太和县						
阜南县						
颍上县						
阜阳合肥现代产业园区						
阜阳经济技术开发区						
界首市	207420	102148	105272	203965	100382	103583
宿州市	**638910**	**315670**	**323240**	**637240**	**314899**	**322341**
埇桥区	633000	312720	320280	631336	311949	319387
砀山县						
萧县	5910	2950	2960	5904	2950	2954
灵璧县						
泗县						
宿州马鞍山现代产业园区						
宿州经济技术开发区						
六安市	**818023**	**408749**	**409274**	**813325**	**406500**	**406825**
金安区	358953	176938	182015	357318	176174	181144
裕安区	375550	187219	188331	374242	186621	187621
叶集区	76774	41138	35636	75033	40255	34778
霍邱县	2546	1302	1244	2545	1301	1244
舒城县	4200	2152	2048	4187	2149	2038
金寨县						
霍山县						
亳州市	**634335**	**316968**	**317367**	**605102**	**302446**	**302656**
谯城区	629287	314609	314678	600232	300168	300064
涡阳县						
蒙城县						
利辛县	5048	2359	2689	4870	2278	2592
池州市	**380458**	**182280**	**198178**	**379025**	**181649**	**197376**
贵池区	357986	170179	187807	356813	169695	187118
东至县						
石台县						
青阳县						
池州市国家经济技术开发区	13048	6809	6239	12984	6772	6212
皖江江南新兴产业集中区	9424	5292	4132	9228	5182	4046
九华山风景区						
宣城市	**750851**	**375829**	**375022**	**746057**	**373671**	**372386**
宣州区	256084	123986	132098	254890	123521	131369
郎溪县						
泾县						
绩溪县						
旌德县						
宣城市经济开发区						
宁国市	245362	123272	122090	243988	122661	121327
广德市	249405	128571	120834	247179	127489	119690

1−4a　续表 3　　　　　　　　　　　　　　　　　　　　　　　　单位：人

地　区	蒙古族			回　族			藏　族		
	小计	男	女	小计	男	女	小计	男	女
安　徽	**2892**	**1457**	**1435**	**114887**	**57526**	**57361**	**1524**	**649**	**875**
合肥市	**1159**	**594**	**565**	**19702**	**9848**	**9854**	**476**	**232**	**244**
瑶海区	114	63	51	3327	1691	1636	79	38	41
庐阳区	143	71	72	2883	1388	1495	12	5	7
蜀山区	387	188	199	7525	3799	3726	252	111	141
包河区	452	236	216	5143	2550	2593	121	71	50
长丰县									
肥东县									
肥西县	20	13	7	168	82	86	6	3	3
庐江县									
合肥高新技术产业开发区									
合肥经济技术开发区									
合肥新站高新技术产业开发区	8	3	5	261	127	134	1		1
巢湖市	35	20	15	395	211	184	5	4	1
芜湖市	**332**	**181**	**151**	**4793**	**2459**	**2334**	**118**	**46**	**72**
镜湖区	97	55	42	2419	1230	1189	74	28	46
弋江区	88	40	48	1192	593	599	19	5	14
鸠江区	93	60	33	716	376	340	16	11	5
三山区	30	20	10	92	49	43	3	1	2
芜湖县				4	2	2			
繁昌县									
南陵县									
芜湖经济技术开发区				1		1			
安徽芜湖长江大桥经济开发区									
无为市	24	6	18	369	209	160	6	1	5
蚌埠市	**118**	**62**	**56**	**12115**	**6051**	**6064**	**17**	**7**	**10**
龙子湖区	26	14	12	5344	2695	2649	4	3	1
蚌山区	37	19	18	3664	1841	1823	5	2	3
禹会区	27	14	13	2609	1279	1330	7	1	6
淮上区	28	15	13	498	236	262	1	1	
怀远县									
五河县									
固镇县									
蚌埠市高新技术开发区									
蚌埠市经济开发区									
淮南市	**164**	**82**	**82**	**11930**	**5800**	**6130**	**46**	**13**	**33**
大通区	6	2	4	198	89	109	4	1	3
田家庵区	134	66	68	5045	2419	2626	34	11	23
谢家集区	12	9	3	3812	1892	1920	1		1
八公山区	6	4	2	1415	673	742	7	1	6
潘集区	6	1	5	1460	727	733			
凤台县									
寿县									

1−4a 续表 4 单位：人

地区	蒙古族			回族			藏族		
	小计	男	女	小计	男	女	小计	男	女
马鞍山市	**256**	**132**	**124**	**3796**	**1939**	**1857**	**17**	**8**	**9**
花山区	90	43	47	2247	1149	1098	10	6	4
雨山区	159	86	73	1460	745	715	6	2	4
博望区	7	3	4	89	45	44	1		1
当涂县									
含山县									
和县									
淮北市	**110**	**50**	**60**	**1449**	**666**	**783**	**94**	**38**	**56**
杜集区	4	3	1	260	128	132	22	9	13
相山区	70	34	36	869	404	465	53	22	31
烈山区	31	9	22	299	123	176	16	7	9
濉溪县	5	4	1	21	11	10	3		3
铜陵市	**88**	**39**	**49**	**1119**	**565**	**554**	**185**	**75**	**110**
铜官区	70	33	37	921	457	464	179	70	109
义安区	11	3	8	161	88	73			
郊区	7	3	4	37	20	17	6	5	1
枞阳县									
安庆市	**135**	**58**	**77**	**6114**	**3066**	**3048**	**27**	**14**	**13**
迎江区	34	15	19	2828	1433	1395	2	1	1
大观区	37	14	23	2552	1281	1271	3	3	
宜秀区	21	8	13	402	182	220	7	2	5
怀宁县									
太湖县									
宿松县									
望江县	3		3	82	42	40			
岳西县									
安徽安庆经济开发区	1	1		9	5	4			
桐城市	21	13	8	192	89	103	10	4	6
潜山市	18	7	11	49	34	15	5	4	1
黄山市	**60**	**29**	**31**	**452**	**246**	**206**	**18**	**10**	**8**
屯溪区	42	20	22	337	188	149	15	7	8
黄山区	14	8	6	76	40	36	2	2	
徽州区	3		3	31	14	17			
歙县				5	3	2			
休宁县	1	1		3	1	2	1	1	
黟县									
祁门县									
滁州市	**96**	**52**	**44**	**4149**	**2157**	**1992**	**21**	**11**	**10**
琅琊区	33	23	10	1429	735	694	12	8	4
南谯区	39	16	23	1402	727	675	5	1	4
来安县									
全椒县									
定远县									
凤阳县									
苏滁现代产业园									
滁州经济技术开发区									
天长市	16	9	7	312	178	134	4	2	2
明光市	8	4	4	1006	517	489			

1-4a　续表 5　　　　单位：人

地　　区	蒙古族			回　　族			藏　　族		
	小计	男	女	小计	男	女	小计	男	女
阜阳市	**78**	**30**	**48**	**15821**	**8044**	**7777**	**16**	**7**	**9**
颍州区	55	22	33	8235	4140	4095	6	3	3
颍东区	9	2	7	1731	848	883	3	1	2
颍泉区	11	4	7	2654	1408	1246	4	2	2
临泉县									
太和县									
阜南县									
颍上县									
阜阳合肥现代产业园区									
阜阳经济技术开发区									
界首市	3	2	1	3201	1648	1553	3	1	2
宿州市	**56**	**31**	**25**	**893**	**440**	**453**	**23**	**12**	**11**
埇桥区	55	31	24	891	440	451	23	12	11
砀山县									
萧县	1		1	2		2			
灵璧县									
泗县									
宿州马鞍山现代产业园区									
宿州经济技术开发区									
六安市	**71**	**39**	**32**	**3535**	**1786**	**1749**	**14**	**3**	**11**
金安区	41	24	17	1025	512	513	11	2	9
裕安区	20	8	12	896	441	455	2	1	1
叶集区	9	6	3	1614	833	781	1		1
霍邱县	1	1							
舒城县									
金寨县									
霍山县									
亳州市	**45**	**24**	**21**	**28017**	**13966**	**14051**	**35**	**15**	**20**
谯城区	45	24	21	28016	13966	14050	34	15	19
涡阳县									
蒙城县									
利辛县				1		1	1		1
池州市	**54**	**20**	**34**	**461**	**223**	**238**	**9**	**3**	**6**
贵池区	51	18	33	442	210	232	9	3	6
东至县									
石台县									
青阳县									
池州市国家经济技术开发区	3	2	1	10	8	2			
皖江江南新兴产业集中区				9	5	4			
九华山风景区									
宣城市	**70**	**34**	**36**	**541**	**270**	**271**	**408**	**155**	**253**
宣州区	19	7	12	206	102	104	318	112	206
郎溪县									
泾县									
绩溪县									
旌德县									
宣城市经济开发区									
宁国市	14	8	6	191	86	105	11	4	7
广德市	37	19	18	144	82	62	79	39	40

1-4a 续表 6　　单位：人

地区	维吾尔族			苗族			彝族		
	小计	男	女	小计	男	女	小计	男	女
安徽	**1992**	**943**	**1049**	**6826**	**3125**	**3701**	**4590**	**1994**	**2596**
合肥市	**690**	**392**	**298**	**1723**	**830**	**893**	**1271**	**560**	**711**
瑶海区	125	72	53	416	177	239	348	142	206
庐阳区	75	41	34	225	106	119	200	86	114
蜀山区	197	121	76	467	239	228	282	102	180
包河区	177	101	76	438	228	210	324	166	158
长丰县									
肥东县									
肥西县	6	4	2	33	17	16	51	36	15
庐江县									
合肥高新技术产业开发区									
合肥经济技术开发区									
合肥新站高新技术产业开发区	8	3	5	22	6	16	9	1	8
巢湖市	102	50	52	122	57	65	57	27	30
芜湖市	**302**	**150**	**152**	**937**	**413**	**524**	**677**	**303**	**374**
镜湖区	58	37	21	201	95	106	118	44	74
弋江区	195	86	109	240	93	147	122	47	75
鸠江区	29	16	13	208	113	95	153	71	82
三山区	15	9	6	193	77	116	235	125	110
芜湖县				26	11	15	7	3	4
繁昌县									
南陵县									
芜湖经济技术开发区				6	1	5	1		1
安徽芜湖长江大桥经济开发区									
无为市	5	2	3	63	23	40	41	13	28
蚌埠市	**24**	**11**	**13**	**181**	**90**	**91**	**88**	**38**	**50**
龙子湖区	4	2	2	26	11	15	27	11	16
蚌山区	8	4	4	56	32	24	25	13	12
禹会区	7	4	3	59	36	23	23	8	15
淮上区	5	1	4	40	11	29	13	6	7
怀远县									
五河县									
固镇县									
蚌埠市高新技术开发区									
蚌埠市经济开发区									
淮南市	**195**	**68**	**127**	**257**	**124**	**133**	**111**	**48**	**63**
大通区	1		1	14	5	9	8	2	6
田家庵区	184	61	123	175	96	79	66	30	36
谢家集区	8	6	2	32	14	18	11	4	7
八公山区	1		1	21	6	15	13	7	6
潘集区	1	1		15	3	12	13	5	8
凤台县									
寿县									

1-4a 续表 7

单位：人

地区	维吾尔族			苗族			彝族		
	小计	男	女	小计	男	女	小计	男	女
马鞍山市	**110**	**55**	**55**	**451**	**242**	**209**	**247**	**124**	**123**
花山区	57	32	25	226	109	117	86	44	42
雨山区	48	20	28	184	116	68	142	76	66
博望区	5	3	2	41	17	24	19	4	15
当涂县									
含山县									
和县									
淮北市	**336**	**112**	**224**	**228**	**144**	**84**	**93**	**36**	**57**
杜集区	4	1	3	24	13	11	21	11	10
相山区	57	16	41	68	37	31	35	13	22
烈山区	275	95	180	45	15	30	18	3	15
濉溪县				91	79	12	19	9	10
铜陵市	**23**	**7**	**16**	**234**	**112**	**122**	**131**	**44**	**87**
铜官区	23	7	16	174	81	93	89	32	57
义安区				26	12	14	33	8	25
郊区				34	19	15	9	4	5
枞阳县									
安庆市	**101**	**28**	**73**	**387**	**170**	**217**	**347**	**132**	**215**
迎江区	14	7	7	64	24	40	61	22	39
大观区	20	8	12	60	31	29	39	15	24
宜秀区	43		43	82	42	40	54	31	23
怀宁县									
太湖县									
宿松县									
望江县	5	4	1	28	11	17	58	13	45
岳西县									
安徽安庆经济开发区				2	1	1			
桐城市	16	7	9	104	34	70	79	38	41
潜山市	3	2	1	47	27	20	56	13	43
黄山市	**18**	**11**	**7**	**195**	**57**	**138**	**77**	**25**	**52**
屯溪区	9	6	3	120	39	81	33	14	19
黄山区	4	2	2	43	10	33	25	7	18
徽州区	5	3	2	28	7	21	19	4	15
歙县				2	1	1			
休宁县				2		2			
黟县									
祁门县									
滁州市	**16**	**11**	**5**	**445**	**201**	**244**	**261**	**114**	**147**
琅琊区	8	5	3	98	46	52	63	35	28
南谯区	2	2		153	89	64	84	47	37
来安县									
全椒县									
定远县									
凤阳县									
苏滁现代产业园									
滁州经济技术开发区									
天长市	6	4	2	97	31	66	67	16	51
明光市				97	35	62	47	16	31

1-4a 续表 8　　　　单位：人

地区	维吾尔族			苗族			彝族		
	小计	男	女	小计	男	女	小计	男	女
阜阳市	**15**	**6**	**9**	**216**	**102**	**114**	**86**	**37**	**49**
颍州区	6	2	4	109	51	58	42	19	23
颍东区	3	1	2	50	21	29	9	1	8
颍泉区	2	1	1	17	8	9	18	9	9
临泉县									
太和县									
阜南县									
颍上县									
阜阳合肥现代产业园区									
阜阳经济技术开发区									
界首市	4	2	2	40	22	18	17	8	9
宿州市	**4**	**3**	**1**	**101**	**40**	**61**	**77**	**31**	**46**
埇桥区	4	3	1	101	40	61	77	31	46
砀山县									
萧县									
灵璧县									
泗县									
宿州马鞍山现代产业园区									
宿州经济技术开发区									
六安市	**59**	**29**	**30**	**232**	**90**	**142**	**138**	**49**	**89**
金安区	26	12	14	110	44	66	95	44	51
裕安区	32	17	15	75	25	50	36	3	33
叶集区	1		1	39	18	21	5	2	3
霍邱县									
舒城县				8	3	5	2		2
金寨县									
霍山县									
亳州市	**33**	**19**	**14**	**111**	**51**	**60**	**239**	**105**	**134**
谯城区	33	19	14	110	50	60	65	26	39
涡阳县									
蒙城县									
利辛县				1	1		174	79	95
池州市	**14**	**8**	**6**	**160**	**65**	**95**	**134**	**68**	**66**
贵池区	10	6	4	115	45	70	63	24	39
东至县									
石台县									
青阳县									
池州市国家经济技术开发区	4	2	2	12	7	5	6	3	3
皖江江南新兴产业集中区				33	13	20	65	41	24
九华山风景区									
宣城市	**52**	**33**	**19**	**968**	**394**	**574**	**613**	**280**	**333**
宣州区	35	21	14	212	72	140	59	17	42
郎溪县									
泾县									
绩溪县									
旌德县									
宣城市经济开发区									
宁国市	7	3	4	244	91	153	195	95	100
广德市	10	9	1	512	231	281	359	168	191

1-4a 续表 9

单位：人

地区	壮族			布依族			朝鲜族		
	小计	男	女	小计	男	女	小计	男	女
安徽	**4119**	**1620**	**2499**	**2049**	**815**	**1234**	**1039**	**519**	**520**
合肥市	**1326**	**562**	**764**	**609**	**277**	**332**	**432**	**197**	**235**
瑶海区	300	107	193	169	74	95	79	34	45
庐阳区	152	62	90	83	33	50	54	30	24
蜀山区	394	181	213	184	82	102	147	65	82
包河区	371	171	200	139	71	68	112	46	66
长丰县									
肥东县									
肥西县	14	9	5	4	2	2	2	1	1
庐江县									
合肥高新技术产业开发区									
合肥经济技术开发区									
合肥新站高新技术产业开发区	8	3	5	6	3	3	18	10	8
巢湖市	87	29	58	24	12	12	20	11	9
芜湖市	**536**	**200**	**336**	**171**	**61**	**110**	**72**	**38**	**34**
镜湖区	150	54	96	53	19	34	35	18	17
弋江区	120	46	74	50	18	32	22	8	14
鸠江区	147	56	91	33	14	19	13	10	3
三山区	79	34	45	23	7	16			
芜湖县	9	1	8						
繁昌县									
南陵县									
芜湖经济技术开发区				5		5			
安徽芜湖长江大桥经济开发区									
无为市	31	9	22	7	3	4	2	2	
蚌埠市	**123**	**47**	**76**	**70**	**37**	**33**	**31**	**16**	**15**
龙子湖区	30	10	20	16	7	9	1	1	
蚌山区	42	21	21	21	11	10	7	1	6
禹会区	35	10	25	20	14	6	16	9	7
淮上区	16	6	10	13	5	8	7	5	2
怀远县									
五河县									
固镇县									
蚌埠市高新技术开发区									
蚌埠市经济开发区									
淮南市	**203**	**65**	**138**	**106**	**40**	**66**	**33**	**17**	**16**
大通区	5	1	4	2	2		2	2	
田家庵区	163	49	114	83	31	52	25	13	12
谢家集区	15	5	10	8	1	7	1	1	
八公山区	13	6	7	7	4	3	4	1	3
潘集区	7	4	3	6	2	4	1		1
凤台县									
寿县									

1-4a 续表 10

单位：人

地区	壮族			布依族			朝鲜族		
	小计	男	女	小计	男	女	小计	男	女
马鞍山市	**313**	**166**	**147**	**88**	**38**	**50**	**50**	**25**	**25**
花山区	186	100	86	32	14	18	15	7	8
雨山区	107	57	50	43	18	25	31	15	16
博望区	20	9	11	13	6	7	4	3	1
当涂县									
含山县									
和县									
淮北市	**108**	**37**	**71**	**38**	**12**	**26**	**18**	**10**	**8**
杜集区	12	3	9	4		4			
相山区	61	21	40	21	8	13	18	10	8
烈山区	30	10	20	9	4	5			
濉溪县	5	3	2	4		4			
铜陵市	**160**	**59**	**101**	**37**	**9**	**28**	**17**	**10**	**7**
铜官区	133	51	82	33	9	24	17	10	7
义安区	16	2	14	2		2			
郊区	11	6	5	2		2			
枞阳县									
安庆市	**279**	**96**	**183**	**142**	**54**	**88**	**38**	**20**	**18**
迎江区	63	23	40	24	12	12	18	11	7
大观区	52	18	34	22	8	14	9	4	5
宜秀区	57	18	39	44	18	26	1		1
怀宁县									
太湖县									
宿松县									
望江县	15	3	12	3		3			
岳西县									
安徽安庆经济开发区	2	1	1						
桐城市	72	27	45	28	6	22	5	2	3
潜山市	18	6	12	21	10	11	5	3	2
黄山市	**143**	**44**	**99**	**79**	**20**	**59**	**197**	**100**	**97**
屯溪区	84	23	61	48	12	36	194	100	94
黄山区	24	10	14	12	4	8	2		2
徽州区	34	11	23	19	4	15			
歙县									
休宁县	1		1				1		1
黟县									
祁门县									
滁州市	**194**	**80**	**114**	**129**	**49**	**80**	**37**	**27**	**10**
琅琊区	69	27	42	44	18	26	7	6	1
南谯区	78	35	43	41	17	24	17	13	4
来安县									
全椒县									
定远县									
凤阳县									
苏滁现代产业园									
滁州经济技术开发区									
天长市	21	7	14	23	6	17	7	4	3
明光市	26	11	15	21	8	13	6	4	2

1-4a　续表 11　　　　单位：人

地　区	壮　族			布依族			朝鲜族		
	小计	男	女	小计	男	女	小计	男	女
阜阳市	**130**	**41**	**89**	**60**	**27**	**33**	**24**	**16**	**8**
颍州区	58	22	36	29	13	16	18	13	5
颍东区	31	9	22	14	7	7	4	2	2
颍泉区	21	5	16	3	3		2	1	1
临泉县									
太和县									
阜南县									
颍上县									
阜阳合肥现代产业园区									
阜阳经济技术开发区									
界首市	20	5	15	14	4	10			
宿州市	**67**	**26**	**41**	**29**	**10**	**19**	**20**	**7**	**13**
埇桥区	67	26	41	27	10	17	20	7	13
砀山县									
萧县				2		2			
灵璧县									
泗县									
宿州马鞍山现代产业园区									
宿州经济技术开发区									
六安市	**86**	**31**	**55**	**63**	**24**	**39**	**13**	**8**	**5**
金安区	40	17	23	36	15	21	6	5	1
裕安区	34	11	23	24	8	16	7	3	4
叶集区	12	3	9	3	1	2			
霍邱县									
舒城县									
金寨县									
霍山县									
亳州市	**84**	**32**	**52**	**38**	**13**	**25**	**19**	**13**	**6**
谯城区	84	32	52	38	13	25	19	13	6
涡阳县									
蒙城县									
利辛县									
池州市	**97**	**34**	**63**	**93**	**34**	**59**	**11**	**6**	**5**
贵池区	83	28	55	60	18	42	11	6	5
东至县									
石台县									
青阳县									
池州市国家经济技术开发区	2		2	8	6	2			
皖江江南新兴产业集中区	12	6	6	25	10	15			
九华山风景区									
宣城市	**270**	**100**	**170**	**297**	**110**	**187**	**27**	**9**	**18**
宣州区	61	18	43	44	8	36	8	4	4
郎溪县									
泾县									
绩溪县									
旌德县									
宣城市经济开发区									
宁国市	86	29	57	62	30	32	10	3	7
广德市	123	53	70	191	72	119	9	2	7

1－4a 续表 12

单位：人

地区	满族			侗族			瑶族		
	小计	男	女	小计	男	女	小计	男	女
安徽	**6432**	**3293**	**3139**	**1749**	**836**	**913**	**811**	**322**	**489**
合肥市	**2835**	**1507**	**1328**	**497**	**265**	**232**	**273**	**126**	**147**
瑶海区	575	306	269	101	53	48	56	18	38
庐阳区	337	159	178	68	30	38	30	13	17
蜀山区	925	494	431	137	71	66	80	43	37
包河区	863	473	390	158	90	68	95	46	49
长丰县									
肥东县									
肥西县	17	12	5	4	2	2	7	3	4
庐江县									
合肥高新技术产业开发区									
合肥经济技术开发区									
合肥新站高新技术产业开发区	22	11	11	4	3	1			
巢湖市	96	52	44	25	16	9	5	3	2
芜湖市	**570**	**267**	**303**	**177**	**73**	**104**	**118**	**35**	**83**
镜湖区	189	85	104	57	21	36	29	6	23
弋江区	156	65	91	37	15	22	28	12	16
鸠江区	168	89	79	44	25	19	46	15	31
三山区	31	20	11	14	6	8	9	2	7
芜湖县				1		1	1		1
繁昌县									
南陵县									
芜湖经济技术开发区				2		2			
安徽芜湖长江大桥经济开发区									
无为市	26	8	18	22	6	16	5		5
蚌埠市	**204**	**94**	**110**	**58**	**29**	**29**	**26**	**10**	**16**
龙子湖区	55	29	26	9	4	5	9	3	6
蚌山区	61	28	33	14	7	7	7	4	3
禹会区	47	16	31	15	8	7	7	2	5
淮上区	41	21	20	20	10	10	3	1	2
怀远县									
五河县									
固镇县									
蚌埠市高新技术开发区									
蚌埠市经济开发区									
淮南市	**405**	**204**	**201**	**60**	**26**	**34**	**17**	**3**	**14**
大通区	5	2	3	6	1	5			
田家庵区	348	178	170	45	21	24	12	3	9
谢家集区	25	13	12	4	3	1	4		4
八公山区	7	3	4	3		3			
潘集区	20	8	12	2	1	1	1		1
凤台县									
寿县									

1-4a 续表 13

单位：人

地区	满族			侗族			瑶族		
	小计	男	女	小计	男	女	小计	男	女
马鞍山市	**517**	**286**	**231**	**168**	**69**	**99**	**50**	**17**	**33**
花山区	246	132	114	84	29	55	16	3	13
雨山区	264	151	113	59	29	30	29	13	16
博望区	7	3	4	25	11	14	5	1	4
当涂县									
含山县									
和县									
淮北市	**152**	**75**	**77**	**44**	**17**	**27**	**41**	**24**	**17**
杜集区	8	5	3	13	5	8	2	1	1
相山区	110	55	55	15	10	5	12	6	6
烈山区	29	11	18	14	2	12	9	5	4
濉溪县	5	4	1	2		2	18	12	6
铜陵市	**215**	**115**	**100**	**62**	**31**	**31**	**15**	**7**	**8**
铜官区	182	99	83	45	26	19	6	3	3
义安区	12	4	8	12	3	9	4	1	3
郊区	21	12	9	5	2	3	5	3	2
枞阳县									
安庆市	**290**	**132**	**158**	**80**	**37**	**43**	**42**	**12**	**30**
迎江区	72	35	37	21	11	10	5	1	4
大观区	88	39	49	9	3	6	14	4	10
宜秀区	48	22	26	35	19	16	10	4	6
怀宁县									
太湖县									
宿松县									
望江县	6	2	4	3	1	2	1		1
岳西县									
安徽安庆经济开发区									
桐城市	63	30	33	7	1	6	10	3	7
潜山市	13	4	9	5	2	3	2		2
黄山市	**106**	**55**	**51**	**67**	**30**	**37**	**28**	**13**	**15**
屯溪区	86	41	45	48	20	28	24	11	13
黄山区	15	9	6	13	8	5	2	2	
徽州区	5	5		6	2	4	2		2
歙县									
休宁县									
黟县									
祁门县									
滁州市	**247**	**131**	**116**	**153**	**74**	**79**	**50**	**15**	**35**
琅琊区	82	45	37	43	28	15	9	3	6
南谯区	95	53	42	20	6	14	19	6	13
来安县									
全椒县									
定远县									
凤阳县									
苏滁现代产业园									
滁州经济技术开发区									
天长市	41	23	18	81	35	46	4	1	3
明光市	29	10	19	9	5	4	18	5	13

1-4a 续表 14 单位：人

地 区	满族			侗族			瑶族		
	小计	男	女	小计	男	女	小计	男	女
阜阳市	**233**	**121**	**112**	**76**	**35**	**41**	**22**	**10**	**12**
颍州区	127	65	62	34	14	20	10	5	5
颍东区	46	21	25	23	16	7	4	2	2
颍泉区	36	21	15	2	1	1	3	2	1
临泉县									
太和县									
阜南县									
颍上县									
阜阳合肥现代产业园区									
阜阳经济技术开发区									
界首市	24	14	10	17	4	13	5	1	4
宿州市	**131**	**56**	**75**	**19**	**7**	**12**	**13**	**5**	**8**
埇桥区	131	56	75	18	7	11	13	5	8
砀山县									
萧县				1		1			
灵璧县									
泗县									
宿州马鞍山现代产业园区									
宿州经济技术开发区									
六安市	**105**	**38**	**67**	**51**	**23**	**28**	**17**	**9**	**8**
金安区	61	20	41	28	15	13	6	4	2
裕安区	41	17	24	20	7	13	7	5	2
叶集区	3	1	2	3	1	2	2		2
霍邱县									
舒城县							2		2
金寨县									
霍山县									
亳州市	**230**	**111**	**119**	**19**	**8**	**11**	**18**	**5**	**13**
谯城区	230	111	119	19	8	11	18	5	13
涡阳县									
蒙城县									
利辛县									
池州市	**67**	**29**	**38**	**48**	**20**	**28**	**23**	**9**	**14**
贵池区	66	28	38	36	14	22	21	8	13
东至县									
石台县									
青阳县									
池州市国家经济技术开发区				7	3	4	2	1	1
皖江江南新兴产业集中区	1	1		5	3	2			
九华山风景区									
宣城市	**125**	**72**	**53**	**170**	**92**	**78**	**58**	**22**	**36**
宣州区	36	22	14	30	12	18	14	5	9
郎溪县									
泾县									
绩溪县									
旌德县									
宣城市经济开发区									
宁国市	47	25	22	49	26	23	14	5	9
广德市	42	25	17	91	54	37	30	12	18

1-4a　续表 15　　　　单位：人

地　区	白　族			土家族			哈尼族		
	小计	男	女	小计	男	女	小计	男	女
安　徽	**604**	**266**	**338**	**5305**	**2635**	**2670**	**457**	**150**	**307**
合肥市	**225**	**106**	**119**	**1821**	**929**	**892**	**138**	**41**	**97**
瑶海区	50	21	29	331	167	164	40	14	26
庐阳区	25	9	16	255	125	130	23	3	20
蜀山区	71	37	34	539	269	270	26	10	16
包河区	59	31	28	559	299	260	30	9	21
长丰县									
肥东县									
肥西县	5	2	3	21	11	10	4	3	1
庐江县									
合肥高新技术产业开发区									
合肥经济技术开发区									
合肥新站高新技术产业开发区	3		3	27	11	16	3		3
巢湖市	12	6	6	89	47	42	12	2	10
芜湖市	**54**	**27**	**27**	**509**	**257**	**252**	**41**	**21**	**20**
镜湖区	5	1	4	144	73	71	8	5	3
弋江区	16	8	8	127	63	64	14	6	8
鸠江区	18	8	10	163	75	88	9	5	4
三山区	11	8	3	56	39	17	6	4	2
芜湖县									
繁昌县									
南陵县									
芜湖经济技术开发区									
安徽芜湖长江大桥经济开发区									
无为市	4	2	2	19	7	12	4	1	3
蚌埠市	**19**	**5**	**14**	**186**	**88**	**98**	**11**	**4**	**7**
龙子湖区	7	2	5	31	9	22	5	2	3
蚌山区	6	1	5	65	34	31	4	1	3
禹会区	3	1	2	64	34	30	1		1
淮上区	3	1	2	26	11	15	1	1	
怀远县									
五河县									
固镇县									
蚌埠市高新技术开发区									
蚌埠市经济开发区									
淮南市	**25**	**14**	**11**	**245**	**112**	**133**	**25**	**8**	**17**
大通区				4	3	1	1		1
田家庵区	14	9	5	175	73	102	7	2	5
谢家集区	2		2	48	29	19	2		2
八公山区	5	4	1	11	6	5	12	5	7
潘集区	4	1	3	7	1	6	3	1	2
凤台县									
寿县									

1-4a 续表 16　　单位：人

地　区	白族			土家族			哈尼族		
	小计	男	女	小计	男	女	小计	男	女
马鞍山市	**40**	**22**	**18**	**329**	**168**	**161**	**27**	**8**	**19**
花山区	18	7	11	134	65	69	12	3	9
雨山区	18	12	6	167	93	74	13	5	8
博望区	4	3	1	28	10	18	2		2
当涂县									
含山县									
和县									
淮北市	**19**	**6**	**13**	**126**	**57**	**69**	**14**	**1**	**13**
杜集区	2	1	1	25	18	7			
相山区	7	3	4	67	34	33	9	1	8
烈山区	7	2	5	21	1	20	1		1
濉溪县	3		3	13	4	9	4		4
铜陵市	**12**	**7**	**5**	**138**	**67**	**71**	**31**	**8**	**23**
铜官区	9	5	4	95	45	50	19	4	15
义安区	2	2		19	9	10	5		5
郊区	1		1	24	13	11	7	4	3
枞阳县									
安庆市	**44**	**18**	**26**	**312**	**113**	**199**	**17**	**5**	**12**
迎江区	6	4	2	78	31	47	2		2
大观区	9	4	5	41	18	23	3	1	2
宜秀区	8	2	6	75	28	47	3	1	2
怀宁县									
太湖县									
宿松县									
望江县	3	1	2	36	15	21			
岳西县									
安徽安庆经济开发区									
桐城市	14	5	9	46	11	35	6		6
潜山市	4	2	2	36	10	26	3	3	
黄山市	**20**	**7**	**13**	**116**	**53**	**63**	**23**	**4**	**19**
屯溪区	17	6	11	70	31	39	12	3	9
黄山区	2	1	1	28	12	16	4		4
徽州区	1		1	16	9	7	7	1	6
歙县									
休宁县				2	1	1			
黟县									
祁门县									
滁州市	**42**	**11**	**31**	**349**	**185**	**164**	**31**	**14**	**17**
琅琊区	18	3	15	131	65	66	10	6	4
南谯区	9	2	7	123	73	50	2		2
来安县									
全椒县									
定远县									
凤阳县									
苏滁现代产业园									
滁州经济技术开发区									
天长市	9	3	6	56	31	25	16	7	9
明光市	6	3	3	39	16	23	3	1	2

1－4a　续表 17　　　　单位：人

地　区	白　族			土家族			哈尼族		
	小计	男	女	小计	男	女	小计	男	女
阜阳市	**15**	**7**	**8**	**236**	**130**	**106**	**26**	**18**	**8**
颍州区	8	3	5	108	63	45	2		2
颍东区	3	2	1	63	32	31	10	8	2
颍泉区	3	2	1	11	9	2			
临泉县									
太和县									
阜南县									
颍上县									
阜阳合肥现代产业园区									
阜阳经济技术开发区									
界首市	1		1	54	26	28	14	10	4
宿州市	**11**	**2**	**9**	**98**	**45**	**53**	**10**	**1**	**9**
埇桥区	11	2	9	98	45	53	10	1	9
砀山县									
萧县									
灵璧县									
泗县									
宿州马鞍山现代产业园区									
宿州经济技术开发区									
六安市	**20**	**10**	**10**	**130**	**55**	**75**	**12**		**12**
金安区	13	6	7	53	20	33	7		7
裕安区	3	2	1	53	25	28	4		4
叶集区	4	2	2	24	10	14	1		1
霍邱县									
舒城县									
金寨县									
霍山县									
亳州市	**14**	**8**	**6**	**114**	**58**	**56**	**6**		**6**
谯城区	14	8	6	114	58	56	6		6
涡阳县									
蒙城县									
利辛县									
池州市	**11**	**3**	**8**	**155**	**74**	**81**	**4**	**1**	**3**
贵池区	8	1	7	120	51	69	4	1	3
东至县									
石台县									
青阳县									
池州市国家经济技术开发区	1		1	8	4	4			
皖江江南新兴产业集中区	2	2		27	19	8			
九华山风景区									
宣城市	**33**	**13**	**20**	**441**	**244**	**197**	**41**	**16**	**25**
宣州区	7	3	4	59	23	36			
郎溪县									
泾县									
绩溪县									
旌德县									
宣城市经济开发区									
宁国市	8	2	6	102	45	57	21	8	13
广德市	18	8	10	280	176	104	20	8	12

1-4a 续表 18 单位：人

地 区	哈萨克族			傣 族			黎 族		
	小计	男	女	小计	男	女	小计	男	女
安 徽	**180**	**68**	**112**	**359**	**115**	**244**	**538**	**203**	**335**
合肥市	**91**	**57**	**34**	**116**	**30**	**86**	**135**	**62**	**73**
瑶海区	7	4	3	32	9	23	43	13	30
庐阳区				18	5	13	20	10	10
蜀山区	28	17	11	18	5	13	29	13	16
包河区	54	35	19	31	5	26	33	21	12
长丰县									
肥东县									
肥西县				1	1		2		2
庐江县									
合肥高新技术产业开发区									
合肥经济技术开发区									
合肥新站高新技术产业开发区									
巢湖市	2	1	1	16	5	11	8	5	3
芜湖市	**9**	**2**	**7**	**66**	**29**	**37**	**64**	**19**	**45**
镜湖区	1		1	18	4	14	35	10	25
弋江区	7	2	5	10	5	5	13	3	10
鸠江区	1		1	24	11	13	12	4	8
三山区				4	1	3	2	1	1
芜湖县									
繁昌县									
南陵县									
芜湖经济技术开发区									
安徽芜湖长江大桥经济开发区									
无为市				10	8	2	2	1	1
蚌埠市	**1**		**1**	**6**	**1**	**5**	**22**	**9**	**13**
龙子湖区	1		1	2		2	4	3	1
蚌山区				2	1	1	8	2	6
禹会区				2		2	9	4	5
淮上区							1		1
怀远县									
五河县									
固镇县									
蚌埠市高新技术开发区									
蚌埠市经济开发区									
淮南市	**28**	**3**	**25**	**19**	**3**	**16**	**47**	**18**	**29**
大通区							1		1
田家庵区	27	3	24	9	1	8	37	14	23
谢家集区				5		5	3		3
八公山区	1		1	4	2	2	3	2	1
潘集区				1		1	3	2	1
凤台县									
寿县									

1-4a　续表 19　　　　单位：人

地　区	哈萨克族			傣　族			黎　族		
	小计	男	女	小计	男	女	小计	男	女
马鞍山市	**6**		**6**	**27**	**11**	**16**	**38**	**15**	**23**
花山区	1		1	13	7	6	25	11	14
雨山区	5		5	11	4	7	13	4	9
博望区				3		3			
当涂县									
含山县									
和县									
淮北市	**22**	**5**	**17**	**4**		**4**	**21**	**11**	**10**
杜集区	1	1		2		2	7	3	4
相山区	10	1	9	2		2	11	7	4
烈山区	11	3	8				3	1	2
濉溪县									
铜陵市	**1**		**1**	**21**	**9**	**12**	**16**	**4**	**12**
铜官区	1		1	16	6	10	13	4	9
义安区				3	2	1	3		3
郊区				2	1	1			
枞阳县									
安庆市	**20**		**20**	**13**	**2**	**11**	**46**	**13**	**33**
迎江区	1		1	3		3	10	2	8
大观区				1		1	9	4	5
宜秀区	19		19	1	1		12	2	10
怀宁县									
太湖县									
宿松县									
望江县				3	1	2	2		2
岳西县									
安徽安庆经济开发区									
桐城市				4		4	8	4	4
潜山市				1		1	5	1	4
黄山市	**1**	**1**		**3**	**2**	**1**	**26**	**9**	**17**
屯溪区	1	1		2	1	1	18	5	13
黄山区				1	1		7	3	4
徽州区							1	1	
歙县									
休宁县									
黟县									
祁门县									
滁州市	**1**		**1**	**14**	**5**	**9**	**19**	**8**	**11**
琅琊区	1		1	2	1	1	1	1	
南谯区				3		3	8	2	6
来安县									
全椒县									
定远县									
凤阳县									
苏滁现代产业园									
滁州经济技术开发区									
天长市				5	2	3	3	2	1
明光市				4	2	2	7	3	4

1-4a 续表 20　　　　单位：人

地　区	哈萨克族			傣　族			黎　族		
	小计	男	女	小计	男	女	小计	男	女
阜阳市				**9**	**3**	**6**	**20**	**7**	**13**
颍州区				5	1	4	18	7	11
颍东区				1	1				
颍泉区							2		2
临泉县									
太和县									
阜南县									
颍上县									
阜阳合肥现代产业园区									
阜阳经济技术开发区									
界首市				3	1	2			
宿州市				**3**	**2**	**1**	**6**	**3**	**3**
埇桥区				3	2	1	6	3	3
砀山县									
萧县									
灵璧县									
泗县									
宿州马鞍山现代产业园区									
宿州经济技术开发区									
六安市				**17**	**2**	**15**	**20**	**6**	**14**
金安区				11	2	9	13	4	9
裕安区				6		6	3	1	2
叶集区							4	1	3
霍邱县									
舒城县									
金寨县									
霍山县									
亳州市				**8**	**1**	**7**	**17**	**6**	**11**
谯城区				8	1	7	17	6	11
涡阳县									
蒙城县									
利辛县									
池州市				**6**	**1**	**5**	**10**	**2**	**8**
贵池区				6	1	5	9	1	8
东至县									
石台县									
青阳县									
池州市国家经济技术开发区									
皖江江南新兴产业集中区							1	1	
九华山风景区									
宣城市				**27**	**14**	**13**	**31**	**11**	**20**
宣州区				1		1	9	4	5
郎溪县									
泾县									
绩溪县									
旌德县									
宣城市经济开发区									
宁国市				12	7	5	10	4	6
广德市				14	7	7	12	3	9

1-4a　续表 21　　　　单位：人

地　区	傈僳族			佤族			畲族		
	小计	男	女	小计	男	女	小计	男	女
安　徽	**251**	**100**	**151**	**391**	**228**	**163**	**727**	**382**	**345**
合肥市	**81**	**36**	**45**	**82**	**46**	**36**	**187**	**92**	**95**
瑶海区	30	9	21	15	8	7	64	32	32
庐阳区	7	3	4	10	3	7	30	15	15
蜀山区	14	7	7	10	3	7	40	21	19
包河区	21	10	11	19	10	9	44	21	23
长丰县									
肥东县									
肥西县	1	1		1		1	2		2
庐江县									
合肥高新技术产业开发区									
合肥经济技术开发区									
合肥新站高新技术产业开发区	1	1							
巢湖市	7	5	2	27	22	5	7	3	4
芜湖市	**16**	**7**	**9**	**78**	**46**	**32**	**60**	**31**	**29**
镜湖区	5	2	3	3	2	1	28	16	12
弋江区	3	1	2	3	2	1	12	7	5
鸠江区	4	2	2	52	30	22	20	8	12
三山区	3	2	1	18	12	6			
芜湖县									
繁昌县									
南陵县									
芜湖经济技术开发区									
安徽芜湖长江大桥经济开发区									
无为市	1		1	2		2			
蚌埠市	**3**	**2**	**1**	**8**	**7**	**1**	**15**	**11**	**4**
龙子湖区				4	4		7	6	1
蚌山区	2	1	1	1		1	4	3	1
禹会区				1	1		4	2	2
淮上区	1	1		2	2				
怀远县									
五河县									
固镇县									
蚌埠市高新技术开发区									
蚌埠市经济开发区									
淮南市	**9**	**2**	**7**	**5**	**4**	**1**	**37**	**18**	**19**
大通区	4	1	3						
田家庵区	3	1	2	1	1		16	5	11
谢家集区	1		1	2	2		21	13	8
八公山区				2	1	1			
潘集区	1		1						
凤台县									
寿县									

1-4a 续表 22 单位：人

地区	傈僳族			佤族			畲族		
	小计	男	女	小计	男	女	小计	男	女
马鞍山市	**21**	**11**	**10**	**94**	**56**	**38**	**30**	**18**	**12**
花山区	4	1	3	40	29	11	10	7	3
雨山区	14	9	5	54	27	27	20	11	9
博望区	3	1	2						
当涂县									
含山县									
和县									
淮北市	**3**		**3**	**8**	**2**	**6**	**8**	**6**	**2**
杜集区				2	2		3	3	
相山区	2		2	2		2			
烈山区				2		2	5	3	2
濉溪县	1		1	2		2			
铜陵市	**9**	**3**	**6**	**4**	**1**	**3**	**12**	**7**	**5**
铜官区	8	3	5	4	1	3	12	7	5
义安区	1		1						
郊区									
枞阳县									
安庆市	**5**		**5**	**23**	**12**	**11**	**17**	**7**	**10**
迎江区	2		2	5	4	1	5	3	2
大观区	1		1	1		1	3	1	2
宜秀区	1		1	5	3	2	3	1	2
怀宁县									
太湖县									
宿松县									
望江县				1		1	4	1	3
岳西县									
安徽安庆经济开发区									
桐城市	1		1	10	5	5	2	1	1
潜山市				1		1			
黄山市	**21**	**4**	**17**	**2**	**1**	**1**	**18**	**9**	**9**
屯溪区	13	4	9	1		1	16	8	8
黄山区	1		1	1	1		2	1	1
徽州区	6		6						
歙县	1		1						
休宁县									
黟县									
祁门县									
滁州市	**11**	**2**	**9**	**31**	**20**	**11**	**12**	**9**	**3**
琅琊区	1		1	16	11	5	5	4	1
南谯区	3		3	12	9	3			
来安县									
全椒县									
定远县									
凤阳县									
苏滁现代产业园									
滁州经济技术开发区									
天长市	3	1	2	2		2	1	1	
明光市	4	1	3	1		1	6	4	2

1-4a 续表 23 单位：人

地区	傈僳族			佤族			畲族		
	小计	男	女	小计	男	女	小计	男	女
阜阳市	**13**	**7**	**6**	**24**	**16**	**8**	**15**	**7**	**8**
颍州区	3	2	1	5	4	1	7	3	4
颍东区	5	3	2	1	1		2	1	1
颍泉区	1		1	1	1		3	2	1
临泉县									
太和县									
阜南县									
颍上县									
阜阳合肥现代产业园区									
阜阳经济技术开发区									
界首市	4	2	2	17	10	7	3	1	2
宿州市	**3**	**1**	**2**	**3**	**1**	**2**	**6**	**3**	**3**
埇桥区	3	1	2	3	1	2	6	3	3
砀山县									
萧县									
灵璧县									
泗县									
宿州马鞍山现代产业园区									
宿州经济技术开发区									
六安市	**11**	**3**	**8**	**13**	**11**	**2**	**11**	**6**	**5**
金安区	3		3	1		1	5	2	3
裕安区	8	3	5	11	10	1	5	3	2
叶集区				1	1		1	1	
霍邱县									
舒城县									
金寨县									
霍山县									
亳州市	**8**	**2**	**6**	**7**	**2**	**5**	**13**	**8**	**5**
谯城区	8	2	6	7	2	5	13	8	5
涡阳县									
蒙城县									
利辛县									
池州市	**13**	**3**	**10**	**3**		**3**	**9**	**6**	**3**
贵池区	10	1	9	2		2	9	6	3
东至县									
石台县									
青阳县									
池州市国家经济技术开发区	1	1							
皖江江南新兴产业集中区	2	1	1	1		1			
九华山风景区									
宣城市	**24**	**17**	**7**	**6**	**3**	**3**	**277**	**144**	**133**
宣州区	5	1	4				10	5	5
郎溪县									
泾县									
绩溪县									
旌德县									
宣城市经济开发区									
宁国市	3	1	2	3	1	2	245	127	118
广德市	16	15	1	3	2	1	22	12	10

1—4a 续表 24　　　　单位：人

地　区	高山族			拉祜族			水　族		
	小计	男	女	小计	男	女	小计	男	女
安　徽	**33**	**17**	**16**	**236**	**118**	**118**	**285**	**107**	**178**
合肥市	**9**	**6**	**3**	**67**	**30**	**37**	**53**	**25**	**28**
瑶海区				26	6	20	14	7	7
庐阳区				12	8	4	5	2	3
蜀山区	5	3	2	7	3	4	21	9	12
包河区				16	10	6	11	5	6
长丰县									
肥东县									
肥西县									
庐江县									
合肥高新技术产业开发区									
合肥经济技术开发区									
合肥新站高新技术产业开发区							1	1	
巢湖市	4	3	1	6	3	3	1	1	
芜湖市	**8**	**4**	**4**	**39**	**24**	**15**	**12**	**4**	**8**
镜湖区	3	2	1	2	1	1	4	1	3
弋江区	3	1	2	10	7	3	2	1	1
鸠江区				9	4	5	4	2	2
三山区				17	11	6	1		1
芜湖县									
繁昌县									
南陵县									
芜湖经济技术开发区									
安徽芜湖长江大桥经济开发区									
无为市	2	1	1	1	1		1		1
蚌埠市				**9**	**1**	**8**	**4**	**2**	**2**
龙子湖区				2		2	1	1	
蚌山区				6	1	5			
禹会区				1		1	2		2
淮上区							1	1	
怀远县									
五河县									
固镇县									
蚌埠市高新技术开发区									
蚌埠市经济开发区									
淮南市				**9**	**3**	**6**	**14**	**6**	**8**
大通区				2	1	1	1		1
田家庵区				2		2	10	6	4
谢家集区				4	2	2			
八公山区							2		2
潘集区				1		1	1		1
凤台县									
寿县									

1−4a　续表 25　　　　单位：人

地　　区	高山族			拉祜族			水　族		
	小计	男	女	小计	男	女	小计	男	女
马鞍山市	**1**	**1**		**38**	**29**	**9**	**18**	**8**	**10**
花山区				16	15	1	5		5
雨山区	1	1		22	14	8	12	7	5
博望区							1	1	
当涂县									
含山县									
和县									
淮北市				**5**	**1**	**4**	**6**	**6**	
杜集区				1	1				
相山区				1		1	5	5	
烈山区				2		2			
濉溪县				1		1	1	1	
铜陵市	**4**	**3**	**1**	**6**	**1**	**5**	**8**	**4**	**4**
铜官区	1		1	5	1	4	3	2	1
义安区	1	1		1		1	1		1
郊区	2	2					4	2	2
枞阳县									
安庆市	**2**	**1**	**1**	**14**	**10**	**4**	**7**	**2**	**5**
迎江区	2	1	1	2	1	1	1		1
大观区				3	2	1	2	1	1
宜秀区				7	6	1			
怀宁县									
太湖县									
宿松县									
望江县									
岳西县									
安徽安庆经济开发区									
桐城市							2		2
潜山市				2	1	1	2	1	1
黄山市				**13**	**2**	**11**	**20**	**9**	**11**
屯溪区				4		4	8	4	4
黄山区				2	1	1	1		1
徽州区				7	1	6	11	5	6
歙县									
休宁县									
黟县									
祁门县									
滁州市				**10**	**5**	**5**	**5**		**5**
琅琊区							2		2
南谯区				7	4	3			
来安县									
全椒县									
定远县									
凤阳县									
苏滁现代产业园									
滁州经济技术开发区									
天长市							2		2
明光市				3	1	2	1		1

1-4a 续表 26

单位：人

地区	高山族			拉祜族			水族		
	小计	男	女	小计	男	女	小计	男	女
阜阳市				**11**	**7**	**4**	**10**	**5**	**5**
颍州区				1		1	2		2
颍东区				9	7	2	6	4	2
颍泉区							2	1	1
临泉县									
太和县									
阜南县									
颍上县									
阜阳合肥现代产业园区									
阜阳经济技术开发区									
界首市				1		1			
宿州市				**1**	**1**		**2**	**1**	**1**
埇桥区				1	1		2	1	1
砀山县									
萧县									
灵璧县									
泗县									
宿州马鞍山现代产业园区									
宿州经济技术开发区									
六安市				**3**		**3**	**8**	**3**	**5**
金安区				2		2	1		1
裕安区							5	2	3
叶集区							2	1	1
霍邱县									
舒城县				1		1			
金寨县									
霍山县									
亳州市				**1**		**1**	**5**	**1**	**4**
谯城区				1		1	5	1	4
涡阳县									
蒙城县									
利辛县									
池州市				**2**		**2**	**4**		**4**
贵池区				2		2	4		4
东至县									
石台县									
青阳县									
池州市国家经济技术开发区									
皖江江南新兴产业集中区									
九华山风景区									
宣城市	**9**	**2**	**7**	**8**	**4**	**4**	**109**	**31**	**78**
宣州区	6	1	5	5	3	2	4	2	2
郎溪县									
泾县									
绩溪县									
旌德县									
宣城市经济开发区									
宁国市				1		1	11	3	8
广德市	3	1	2	2	1	1	94	26	68

1-4a　续表 27　　　　单位：人

地　区	东乡族			纳西族			景颇族		
	小计	男	女	小计	男	女	小计	男	女
安　徽	**649**	**361**	**288**	**51**	**18**	**33**	**74**	**24**	**50**
合肥市	**268**	**159**	**109**	**22**	**10**	**12**	**23**	**8**	**15**
瑶海区	80	45	35	4	1	3	6	1	5
庐阳区	37	22	15				2	2	
蜀山区	64	42	22	5	3	2	4	2	2
包河区	73	42	31	9	5	4	6	3	3
长丰县									
肥东县									
肥西县	11	6	5	3	1	2			
庐江县									
合肥高新技术产业开发区									
合肥经济技术开发区									
合肥新站高新技术产业开发区	1		1	1		1			
巢湖市	2	2					5		5
芜湖市	**21**	**10**	**11**	**12**	**3**	**9**	**5**	**1**	**4**
镜湖区	2	1	1	5	2	3	1		1
弋江区	6	3	3	5	1	4	2		2
鸠江区	12	6	6	2		2	1	1	
三山区	1		1						
芜湖县									
繁昌县									
南陵县									
芜湖经济技术开发区									
安徽芜湖长江大桥经济开发区									
无为市							1		1
蚌埠市	**8**	**4**	**4**				**5**	**1**	**4**
龙子湖区	5	2	3						
蚌山区	2	1	1				2		2
禹会区							2		2
淮上区	1	1					1	1	
怀远县									
五河县									
固镇县									
蚌埠市高新技术开发区									
蚌埠市经济开发区									
淮南市	**19**	**9**	**10**	**2**	**1**	**1**	**4**		**4**
大通区	2	1	1				1		1
田家庵区	11	5	6	2	1	1	3		3
谢家集区									
八公山区									
潘集区	6	3	3						
凤台县									
寿县									

1-4a 续表 28

单位：人

地区	东乡族			纳西族			景颇族		
	小计	男	女	小计	男	女	小计	男	女
马鞍山市	**39**	**23**	**16**	**3**		**3**	**5**	**3**	**2**
花山区	9	5	4	3		3			
雨山区	29	18	11				3	2	1
博望区	1		1				2	1	1
当涂县									
含山县									
和县									
淮北市	**3**	**1**	**2**	**2**		**2**			
杜集区				1		1			
相山区									
烈山区	3	1	2	1		1			
濉溪县									
铜陵市	**27**	**17**	**10**	**3**	**1**	**2**	**2**	**1**	**1**
铜官区	22	14	8	3	1	2			
义安区	5	3	2				2	1	1
郊区									
枞阳县									
安庆市	**3**		**3**	**3**	**2**	**1**	**3**		**3**
迎江区	1		1	2	1	1			
大观区									
宜秀区	2		2	1	1				
怀宁县									
太湖县									
宿松县									
望江县							1		1
岳西县									
安徽安庆经济开发区									
桐城市							1		1
潜山市							1		1
黄山市	**1**		**1**	**1**	**1**		**3**	**2**	**1**
屯溪区	1		1	1	1				
黄山区							3	2	1
徽州区									
歙县									
休宁县									
黟县									
祁门县									
滁州市	**12**	**8**	**4**	**1**		**1**	**5**		**5**
琅琊区	9	5	4				2		2
南谯区							1		1
来安县									
全椒县									
定远县									
凤阳县									
苏滁现代产业园									
滁州经济技术开发区									
天长市	1	1					1		1
明光市	2	2		1		1	1		1

1-4a 续表 29

单位：人

地区	东乡族			纳西族			景颇族		
	小计	男	女	小计	男	女	小计	男	女
阜阳市	**66**	**37**	**29**				**3**	**2**	**1**
颍州区	56	31	25				1	1	
颍东区	3	1	2						
颍泉区	5	4	1				2	1	1
临泉县									
太和县									
阜南县									
颍上县									
阜阳合肥现代产业园区									
阜阳经济技术开发区									
界首市	2	1	1						
宿州市	**58**	**30**	**28**				**1**	**1**	
埇桥区	58	30	28				1	1	
砀山县									
萧县									
灵璧县									
泗县									
宿州马鞍山现代产业园区									
宿州经济技术开发区									
六安市	**7**	**4**	**3**	**1**		**1**	**7**	**1**	**6**
金安区	6	3	3						
裕安区	1	1					4	1	3
叶集区				1		1	3		3
霍邱县									
舒城县									
金寨县									
霍山县									
亳州市	**106**	**53**	**53**						
谯城区	106	53	53						
涡阳县									
蒙城县									
利辛县									
池州市	**1**		**1**						
贵池区	1		1						
东至县									
石台县									
青阳县									
池州市国家经济技术开发区									
皖江江南新兴产业集中区									
九华山风景区									
宣城市	**10**	**6**	**4**	**1**		**1**	**8**	**4**	**4**
宣州区	5	3	2						
郎溪县									
泾县									
绩溪县									
旌德县									
宣城市经济开发区									
宁国市				1		1			
广德市	5	3	2				8	4	4

1-4a 续表 30 单位：人

地区	柯尔克孜族			土族			达斡尔族		
	小计	男	女	小计	男	女	小计	男	女
安徽	**32**	**17**	**15**	**119**	**63**	**56**	**72**	**33**	**39**
合肥市	**4**	**1**	**3**	**53**	**30**	**23**	**28**	**12**	**16**
瑶海区	1	1		10	5	5	3	2	1
庐阳区	1		1	3	2	1	3	1	2
蜀山区	1		1	10	4	6	4	2	2
包河区	1		1	24	14	10	17	6	11
长丰县									
肥东县									
肥西县				1	1				
庐江县									
合肥高新技术产业开发区									
合肥经济技术开发区									
合肥新站高新技术产业开发区									
巢湖市				5	4	1	1	1	
芜湖市	**6**	**4**	**2**	**12**	**6**	**6**	**9**	**4**	**5**
镜湖区									
弋江区	6	4	2	1		1	4	2	2
鸠江区				7	3	4	5	2	3
三山区				1	1				
芜湖县									
繁昌县									
南陵县									
芜湖经济技术开发区									
安徽芜湖长江大桥经济开发区									
无为市				3	2	1			
蚌埠市				**2**	**1**	**1**			
龙子湖区				1		1			
蚌山区				1	1				
禹会区									
淮上区									
怀远县									
五河县									
固镇县									
蚌埠市高新技术开发区									
蚌埠市经济开发区									
淮南市	**10**	**7**	**3**	**8**	**3**	**5**	**3**	**3**	
大通区									
田家庵区	9	6	3	8	3	5	1	1	
谢家集区	1	1					2	2	
八公山区									
潘集区									
凤台县									
寿县									

1-4a 续表 31 单位：人

地 区	柯尔克孜族			土 族			达斡尔族		
	小计	男	女	小计	男	女	小计	男	女
马鞍山市	**2**		**2**	**3**	**2**	**1**	**3**		**3**
花山区				2	1	1	2		2
雨山区	2		2				1		1
博望区				1	1				
当涂县									
含山县									
和县									
淮北市	**7**	**4**	**3**	**5**	**4**	**1**	**2**	**1**	**1**
杜集区				1		1			
相山区	2	2		2	2		2	1	1
烈山区	5	2	3	2	2				
濉溪县									
铜陵市				**4**	**3**	**1**			
铜官区				4	3	1			
义安区									
郊区									
枞阳县									
安庆市	**2**		**2**	**3**	**2**	**1**	**1**	**1**	
迎江区				2	2				
大观区				1		1			
宜秀区	2		2						
怀宁县									
太湖县									
宿松县									
望江县									
岳西县									
安徽安庆经济开发区									
桐城市							1	1	
潜山市									
黄山市				**8**	**3**	**5**			
屯溪区				5	2	3			
黄山区				2		2			
徽州区				1	1				
歙县									
休宁县									
黟县									
祁门县									
滁州市				**7**	**6**	**1**	**1**	**1**	
琅琊区				1	1				
南谯区				6	5	1	1	1	
来安县									
全椒县									
定远县									
凤阳县									
苏滁现代产业园									
滁州经济技术开发区									
天长市									
明光市									

1-4a 续表 32 单位：人

地　区	柯尔克孜族			土　族			达斡尔族		
	小计	男	女	小计	男	女	小计	男	女
阜阳市	**1**	**1**		**1**		**1**	**8**	**5**	**3**
颍州区	1	1					8	5	3
颍东区									
颍泉区									
临泉县									
太和县									
阜南县									
颍上县									
阜阳合肥现代产业园区									
阜阳经济技术开发区									
界首市				1		1			
宿州市				**2**	**1**	**1**	**9**	**3**	**6**
埇桥区				2	1	1	9	3	6
砀山县									
萧县									
灵璧县									
泗县									
宿州马鞍山现代产业园区									
宿州经济技术开发区									
六安市				**4**		**4**	**1**		**1**
金安区				4		4			
裕安区							1		1
叶集区									
霍邱县									
舒城县									
金寨县									
霍山县									
亳州市				**3**		**3**	**2**	**1**	**1**
谯城区				3		3	1		1
涡阳县									
蒙城县									
利辛县							1	1	
池州市				**2**	**1**	**1**	**2**	**1**	**1**
贵池区				1		1	2	1	1
东至县									
石台县									
青阳县									
池州市国家经济技术开发区									
皖江江南新兴产业集中区				1	1				
九华山风景区									
宣城市				**2**	**1**	**1**	**3**	**1**	**2**
宣州区							3	1	2
郎溪县									
泾县									
绩溪县									
旌德县									
宣城市经济开发区									
宁国市				1		1			
广德市				1	1				

1-4a 续表 33

单位：人

地区	仫佬族			羌族			布朗族		
	小计	男	女	小计	男	女	小计	男	女
安徽	**118**	**40**	**78**	**111**	**52**	**59**	**26**	**15**	**11**
合肥市	**32**	**12**	**20**	**53**	**27**	**26**	**13**	**11**	**2**
瑶海区	5	1	4	8	4	4	4	4	
庐阳区	2	1	1	5	2	3	1	1	
蜀山区	13	4	9	19	11	8	1		1
包河区	10	6	4	18	9	9	7	6	1
长丰县									
肥东县									
肥西县									
庐江县									
合肥高新技术产业开发区									
合肥经济技术开发区									
合肥新站高新技术产业开发区	1		1	2	1	1			
巢湖市	1		1	1		1			
芜湖市	**9**	**4**	**5**	**9**	**6**	**3**	**1**	**1**	
镜湖区	3	2	1	4	3	1			
弋江区	3		3	3	1	2	1	1	
鸠江区	2	2							
三山区	1		1	2	2				
芜湖县									
繁昌县									
南陵县									
芜湖经济技术开发区									
安徽芜湖长江大桥经济开发区									
无为市									
蚌埠市	**1**		**1**	**13**	**4**	**9**			
龙子湖区				5	1	4			
蚌山区				2	1	1			
禹会区	1		1	5	2	3			
淮上区				1		1			
怀远县									
五河县									
固镇县									
蚌埠市高新技术开发区									
蚌埠市经济开发区									
淮南市	**7**	**1**	**6**	**5**	**2**	**3**			
大通区	1	1		1	1				
田家庵区	5		5	2	1	1			
谢家集区	1		1						
八公山区									
潘集区				2		2			
凤台县									
寿县									

1－4a　续表 34　　　　单位：人

地　区	仫佬族			羌　族			布朗族		
	小计	男	女	小计	男	女	小计	男	女
马鞍山市	**14**	**5**	**9**	**5**	**2**	**3**	**3**		**3**
花山区	7	3	4	2	1	1	2		2
雨山区	5	2	3	2	1	1			
博望区	2		2	1		1	1		1
当涂县									
含山县									
和县									
淮北市	**2**	**1**	**1**	**5**	**2**	**3**			
杜集区				1		1			
相山区	2	1	1	4	2	2			
烈山区									
濉溪县									
铜陵市	**7**	**2**	**5**	**1**	**1**				
铜官区	5	2	3						
义安区	2		2						
郊区				1	1				
枞阳县									
安庆市	**10**	**3**	**7**	**5**	**1**	**4**	**2**		**2**
迎江区	6	1	5	2		2	1		1
大观区				1		1			
宜秀区	2	1	1	1	1				
怀宁县									
太湖县									
宿松县									
望江县							1		1
岳西县									
安徽安庆经济开发区									
桐城市	2	1	1						
潜山市				1		1			
黄山市	**3**	**1**	**2**	**1**		**1**			
屯溪区	3	1	2						
黄山区				1		1			
徽州区									
歙县									
休宁县									
黟县									
祁门县									
滁州市	**3**	**1**	**2**	**2**	**2**				
琅琊区	2		2						
南谯区	1	1							
来安县									
全椒县									
定远县									
凤阳县									
苏滁现代产业园									
滁州经济技术开发区									
天长市				2	2				
明光市									

1-4a　续表 35　　　　单位：人

地　区	仫佬族			羌　族			布朗族		
	小计	男	女	小计	男	女	小计	男	女
阜阳市	**9**	**2**	**7**	**1**	**1**		**2**	**1**	**1**
颍州区	3	1	2						
颍东区	2		2	1	1		2	1	1
颍泉区									
临泉县									
太和县									
阜南县									
颍上县									
阜阳合肥现代产业园区									
阜阳经济技术开发区									
界首市	4	1	3						
宿州市				**1**	**1**				
埇桥区				1	1				
砀山县									
萧县									
灵璧县									
泗县									
宿州马鞍山现代产业园区									
宿州经济技术开发区									
六安市	**7**	**3**	**4**	**5**	**1**	**4**	**1**		**1**
金安区	5	2	3	1		1	1		1
裕安区	2	1	1	3	1	2			
叶集区				1		1			
霍邱县									
舒城县									
金寨县									
霍山县									
亳州市				**3**	**1**	**2**			
谯城区				3	1	2			
涡阳县									
蒙城县									
利辛县									
池州市	**1**		**1**				**2**	**1**	**1**
贵池区	1		1				2	1	1
东至县									
石台县									
青阳县									
池州市国家经济技术开发区									
皖江江南新兴产业集中区									
九华山风景区									
宣城市	**13**	**5**	**8**	**2**	**1**	**1**	**2**	**1**	**1**
宣州区	8	3	5	2	1	1			
郎溪县									
泾县									
绩溪县									
旌德县									
宣城市经济开发区									
宁国市	2	1	1				1		1
广德市	3	1	2				1	1	

1-4a 续表 36

单位：人

地　　区	撒拉族			毛南族			仡佬族		
	小计	男	女	小计	男	女	小计	男	女
安　徽	**130**	**64**	**66**	**56**	**29**	**27**	**498**	**258**	**240**
合肥市	**64**	**32**	**32**	**17**	**10**	**7**	**139**	**81**	**58**
瑶海区	7	4	3	8	4	4	29	14	15
庐阳区	17	8	9	2		2	19	13	6
蜀山区	17	8	9	5	4	1	41	22	19
包河区	23	12	11	2	2		40	27	13
长丰县									
肥东县									
肥西县							2	1	1
庐江县									
合肥高新技术产业开发区									
合肥经济技术开发区									
合肥新站高新技术产业开发区									
巢湖市							8	4	4
芜湖市	**6**	**4**	**2**	**8**	**3**	**5**	**49**	**25**	**24**
镜湖区	4	3	1	3		3	20	11	9
弋江区				1	1		14	7	7
鸠江区				3	2	1	9	4	5
三山区							3	1	2
芜湖县									
繁昌县									
南陵县									
芜湖经济技术开发区									
安徽芜湖长江大桥经济开发区									
无为市	2	1	1	1		1	3	2	1
蚌埠市	**4**	**2**	**2**				**14**	**3**	**11**
龙子湖区							6		6
蚌山区	4	2	2				4	3	1
禹会区							1		1
淮上区							3		3
怀远县									
五河县									
固镇县									
蚌埠市高新技术开发区									
蚌埠市经济开发区									
淮南市	**8**	**4**	**4**	**1**		**1**	**78**	**36**	**42**
大通区							1	1	
田家庵区	5	2	3	1		1	71	33	38
谢家集区							3		3
八公山区							1	1	
潘集区	3	2	1				2	1	1
凤台县									
寿县									

1-4a　续表 37　　　　单位：人

地　区	撒拉族			毛南族			仡佬族		
	小计	男	女	小计	男	女	小计	男	女
马鞍山市	**2**	**1**	**1**	**1**	**1**		**25**	**18**	**7**
花山区	1		1				10	6	4
雨山区	1	1		1	1		13	10	3
博望区							2	2	
当涂县									
含山县									
和县									
淮北市	**1**		**1**				**12**	**8**	**4**
杜集区							1	1	
相山区							9	6	3
烈山区	1		1				2	1	1
濉溪县									
铜陵市				**3**		**3**	**18**	**9**	**9**
铜官区				1		1	18	9	9
义安区									
郊区				2		2			
枞阳县									
安庆市	**10**	**3**	**7**	**10**	**5**	**5**	**19**	**10**	**9**
迎江区				3	1	2	10	6	4
大观区	4	2	2				1	1	
宜秀区				6	3	3	5	2	3
怀宁县									
太湖县									
宿松县									
望江县				1	1		1		1
岳西县									
安徽安庆经济开发区									
桐城市							1	1	
潜山市	6	1	5				1		1
黄山市							**2**		**2**
屯溪区							2		2
黄山区									
徽州区									
歙县									
休宁县									
黟县									
祁门县									
滁州市	**7**	**4**	**3**	**2**	**2**		**32**	**19**	**13**
琅琊区							18	12	6
南谯区	7	4	3				10	5	5
来安县									
全椒县									
定远县									
凤阳县									
苏滁现代产业园									
滁州经济技术开发区									
天长市				2	2		3	1	2
明光市							1	1	

1−4a 续表 38 单位：人

地　区	撒拉族			毛南族			仡佬族		
	小计	男	女	小计	男	女	小计	男	女
阜阳市	**3**	**2**	**1**	**1**		**1**	**27**	**13**	**14**
颍州区	3	2	1				15	6	9
颍东区				1		1	9	4	5
颍泉区									
临泉县									
太和县									
阜南县									
颍上县									
阜阳合肥现代产业园区									
阜阳经济技术开发区									
界首市							3	3	
宿州市	**1**		**1**	**1**	**1**		**10**	**2**	**8**
埇桥区	1		1	1	1		10	2	8
砀山县									
萧县									
灵璧县									
泗县									
宿州马鞍山现代产业园区									
宿州经济技术开发区									
六安市				**3**	**2**	**1**	**16**	**6**	**10**
金安区				3	2	1	15	6	9
裕安区							1		1
叶集区									
霍邱县									
舒城县									
金寨县									
霍山县									
亳州市	**16**	**6**	**10**				**8**	**5**	**3**
谯城区	16	6	10				8	5	3
涡阳县									
蒙城县									
利辛县									
池州市	**1**	**1**		**1**		**1**	**8**	**4**	**4**
贵池区				1		1	8	4	4
东至县									
石台县									
青阳县									
池州市国家经济技术开发区									
皖江江南新兴产业集中区	1	1							
九华山风景区									
宣城市	**7**	**5**	**2**	**8**	**5**	**3**	**41**	**19**	**22**
宣州区	7	5	2	2		2	6	3	3
郎溪县									
泾县									
绩溪县									
旌德县									
宣城市经济开发区									
宁国市							14	4	10
广德市				6	5	1	21	12	9

1-4a　续表 39　　　　　单位：人

地　区	锡伯族			阿昌族			普米族		
	小计	男	女	小计	男	女	小计	男	女
安　徽	**159**	**80**	**79**	**39**	**22**	**17**	**7**	**5**	**2**
合肥市	**85**	**43**	**42**	**8**	**5**	**3**	**4**	**3**	**1**
瑶海区	9	4	5						
庐阳区	4	2	2	2	1	1			
蜀山区	25	12	13	1		1	4	3	1
包河区	45	24	21	5	4	1			
长丰县									
肥东县									
肥西县									
庐江县									
合肥高新技术产业开发区									
合肥经济技术开发区									
合肥新站高新技术产业开发区									
巢湖市	2	1	1						
芜湖市	**11**	**8**	**3**	**5**	**3**	**2**			
镜湖区	2	1	1						
弋江区	3	2	1	1	1				
鸠江区	5	5		1	1				
三山区									
芜湖县									
繁昌县									
南陵县									
芜湖经济技术开发区									
安徽芜湖长江大桥经济开发区									
无为市	1		1	3	1	2			
蚌埠市	**4**	**1**	**3**	**2**		**2**			
龙子湖区	1	1		2		2			
蚌山区	3		3						
禹会区									
淮上区									
怀远县									
五河县									
固镇县									
蚌埠市高新技术开发区									
蚌埠市经济开发区									
淮南市	**14**	**5**	**9**	**3**		**3**			
大通区									
田家庵区	11	4	7	2		2			
谢家集区	3	1	2	1		1			
八公山区									
潘集区									
凤台县									
寿县									

1-4a 续表 40

单位：人

地区	锡伯族			阿昌族			普米族		
	小计	男	女	小计	男	女	小计	男	女
马鞍山市	**17**	**11**	**6**	**3**	**1**	**2**			
花山区	5	3	2	3	1	2			
雨山区	12	8	4						
博望区									
当涂县									
含山县									
和县									
淮北市	**5**	**2**	**3**						
杜集区	3	2	1						
相山区	1		1						
烈山区	1		1						
濉溪县									
铜陵市	**3**		**3**	**5**	**2**	**3**			
铜官区	3		3						
义安区				5	2	3			
郊区									
枞阳县									
安庆市	**4**	**3**	**1**						
迎江区	1	1							
大观区	1	1							
宜秀区									
怀宁县									
太湖县									
宿松县									
望江县									
岳西县									
安徽安庆经济开发区									
桐城市									
潜山市	2	1	1						
黄山市									
屯溪区									
黄山区									
徽州区									
歙县									
休宁县									
黟县									
祁门县									
滁州市	**1**		**1**						
琅琊区									
南谯区									
来安县									
全椒县									
定远县									
凤阳县									
苏滁现代产业园									
滁州经济技术开发区									
天长市	1		1						
明光市									

1-4a　续表 41　　　　单位：人

地　区	锡伯族			阿昌族			普米族		
	小计	男	女	小计	男	女	小计	男	女
阜阳市	**2**		**2**						
颍州区									
颍东区	2		2						
颍泉区									
临泉县									
太和县									
阜南县									
颍上县									
阜阳合肥现代产业园区									
阜阳经济技术开发区									
界首市									
宿州市	**6**	**3**	**3**						
埇桥区	6	3	3						
砀山县									
萧县									
灵璧县									
泗县									
宿州马鞍山现代产业园区									
宿州经济技术开发区									
六安市	**1**	**1**		**1**	**1**				
金安区				1	1				
裕安区	1	1							
叶集区									
霍邱县									
舒城县									
金寨县									
霍山县									
亳州市	**2**	**1**	**1**				**3**	**2**	**1**
谯城区	2	1	1				3	2	1
涡阳县									
蒙城县									
利辛县									
池州市	**3**	**2**	**1**	**4**	**4**				
贵池区	3	2	1	1	1				
东至县									
石台县									
青阳县									
池州市国家经济技术开发区									
皖江江南新兴产业集中区				3	3				
九华山风景区									
宣城市	**1**		**1**	**8**	**6**	**2**			
宣州区	1		1	2	2				
郎溪县									
泾县									
绩溪县									
旌德县									
宣城市经济开发区									
宁国市				1		1			
广德市				5	4	1			

1－4a 续表 42

单位：人

地区	塔吉克族			怒族			乌孜别克族		
	小计	男	女	小计	男	女	小计	男	女
安徽	**1**		**1**	**7**	**4**	**3**	**2**	**1**	**1**
合肥市	**1**		**1**	**3**	**2**	**1**			
瑶海区									
庐阳区									
蜀山区									
包河区	1		1	3	2	1			
长丰县									
肥东县									
肥西县									
庐江县									
合肥高新技术产业开发区									
合肥经济技术开发区									
合肥新站高新技术产业开发区									
巢湖市									
芜湖市									
镜湖区									
弋江区									
鸠江区									
三山区									
芜湖县									
繁昌县									
南陵县									
芜湖经济技术开发区									
安徽芜湖长江大桥经济开发区									
无为市									
蚌埠市									
龙子湖区									
蚌山区									
禹会区									
淮上区									
怀远县									
五河县									
固镇县									
蚌埠市高新技术开发区									
蚌埠市经济开发区									
淮南市				**1**	**1**				
大通区									
田家庵区									
谢家集区				1	1				
八公山区									
潘集区									
凤台县									
寿县									

1-4a　续表 43　　　　单位：人

地　区	塔吉克族			怒　族			乌孜别克族		
	小计	男	女	小计	男	女	小计	男	女
马鞍山市									
花山区									
雨山区									
博望区									
当涂县									
含山县									
和县									
淮北市									
杜集区									
相山区									
烈山区									
濉溪县									
铜陵市									
铜官区									
义安区									
郊区									
枞阳县									
安庆市				**1**		**1**	**2**	**1**	**1**
迎江区							2	1	1
大观区									
宜秀区									
怀宁县									
太湖县									
宿松县									
望江县									
岳西县									
安徽安庆经济开发区									
桐城市				1		1			
潜山市									
黄山市									
屯溪区									
黄山区									
徽州区									
歙县									
休宁县									
黟县									
祁门县									
滁州市									
琅琊区									
南谯区									
来安县									
全椒县									
定远县									
凤阳县									
苏滁现代产业园									
滁州经济技术开发区									
天长市									
明光市									

1-4a 续表 44　　单位：人

地区	塔吉克族			怒族			乌孜别克族		
	小计	男	女	小计	男	女	小计	男	女
阜阳市									
颍州区									
颍东区									
颍泉区									
临泉县									
太和县									
阜南县									
颍上县									
阜阳合肥现代产业园区									
阜阳经济技术开发区									
界首市									
宿州市									
埇桥区									
砀山县									
萧县									
灵璧县									
泗县									
宿州马鞍山现代产业园区									
宿州经济技术开发区									
六安市				**1**	**1**				
金安区				1	1				
裕安区									
叶集区									
霍邱县									
舒城县									
金寨县									
霍山县									
亳州市									
谯城区									
涡阳县									
蒙城县									
利辛县									
池州市									
贵池区									
东至县									
石台县									
青阳县									
池州市国家经济技术开发区									
皖江江南新兴产业集中区									
九华山风景区									
宣城市				**1**		**1**			
宣州区									
郎溪县									
泾县									
绩溪县									
旌德县									
宣城市经济开发区									
宁国市				1		1			
广德市									

1-4a　续表 45　　　　单位：人

地　区	俄罗斯族			鄂温克族			德 昂 族		
	小计	男	女	小计	男	女	小计	男	女
安　徽	**26**	**14**	**12**	**6**	**1**	**5**	**7**	**1**	**6**
合肥市	**10**	**4**	**6**	**1**		**1**	**3**	**1**	**2**
瑶海区							1	1	
庐阳区				1		1			
蜀山区	7	2	5				1		1
包河区	3	2	1				1		1
长丰县									
肥东县									
肥西县									
庐江县									
合肥高新技术产业开发区									
合肥经济技术开发区									
合肥新站高新技术产业开发区									
巢湖市									
芜湖市	**6**	**5**	**1**				**1**		**1**
镜湖区									
弋江区	2	2							
鸠江区							1		1
三山区	4	3	1						
芜湖县									
繁昌县									
南陵县									
芜湖经济技术开发区									
安徽芜湖长江大桥经济开发区									
无为市									
蚌埠市	**1**		**1**						
龙子湖区									
蚌山区									
禹会区									
淮上区	1		1						
怀远县									
五河县									
固镇县									
蚌埠市高新技术开发区									
蚌埠市经济开发区									
淮南市	**1**	**1**							
大通区									
田家庵区	1	1							
谢家集区									
八公山区									
潘集区									
凤台县									
寿县									

1-4a 续表 46

单位：人

地 区	俄罗斯族			鄂温克族			德 昂 族		
	小计	男	女	小计	男	女	小计	男	女
马鞍山市	**1**		**1**	**3**	**1**	**2**			
花山区									
雨山区	1		1	3	1	2			
博望区									
当涂县									
含山县									
和县									
淮北市	**1**	**1**					**1**		**1**
杜集区									
相山区	1	1					1		1
烈山区									
濉溪县									
铜陵市	**1**		**1**	**1**		**1**			
铜官区	1		1	1		1			
义安区									
郊区									
枞阳县									
安庆市									
迎江区									
大观区									
宜秀区									
怀宁县									
太湖县									
宿松县									
望江县									
岳西县									
安徽安庆经济开发区									
桐城市									
潜山市									
黄山市									
屯溪区									
黄山区									
徽州区									
歙县									
休宁县									
黟县									
祁门县									
滁州市	**2**	**1**	**1**	**1**		**1**			
琅琊区									
南谯区	2	1	1	1		1			
来安县									
全椒县									
定远县									
凤阳县									
苏滁现代产业园									
滁州经济技术开发区									
天长市									
明光市									

1-4a　续表 47　　　　单位：人

地　　区	俄罗斯族			鄂温克族			德 昂 族		
	小计	男	女	小计	男	女	小计	男	女
阜阳市	**1**	**1**							
颍州区	1	1							
颍东区									
颍泉区									
临泉县									
太和县									
阜南县									
颍上县									
阜阳合肥现代产业园区									
阜阳经济技术开发区									
界首市									
宿州市	**2**	**1**	**1**						
埇桥区	2	1	1						
砀山县									
萧县									
灵璧县									
泗县									
宿州马鞍山现代产业园区									
宿州经济技术开发区									
六安市									
金安区									
裕安区									
叶集区									
霍邱县									
舒城县									
金寨县									
霍山县									
亳州市							**1**		**1**
谯城区							1		1
涡阳县									
蒙城县									
利辛县									
池州市									
贵池区									
东至县									
石台县									
青阳县									
池州市国家经济技术开发区									
皖江江南新兴产业集中区									
九华山风景区									
宣城市							**1**		**1**
宣州区									
郎溪县									
泾县									
绩溪县									
旌德县									
宣城市经济开发区									
宁国市									
广德市							1		1

1-4a 续表 48 单位：人

地 区	保安族			裕固族			京 族		
	小计	男	女	小计	男	女	小计	男	女
安 徽	**39**	**23**	**16**	**3**	**3**		**6**	**1**	**5**
合肥市	**13**	**9**	**4**	**3**	**3**		**1**		**1**
瑶海区	7	4	3	3	3				
庐阳区							1		1
蜀山区	6	5	1						
包河区									
长丰县									
肥东县									
肥西县									
庐江县									
合肥高新技术产业开发区									
合肥经济技术开发区									
合肥新站高新技术产业开发区									
巢湖市									
芜湖市									
镜湖区									
弋江区									
鸠江区									
三山区									
芜湖县									
繁昌县									
南陵县									
芜湖经济技术开发区									
安徽芜湖长江大桥经济开发区									
无为市									
蚌埠市							**1**		**1**
龙子湖区									
蚌山区									
禹会区							1		1
淮上区									
怀远县									
五河县									
固镇县									
蚌埠市高新技术开发区									
蚌埠市经济开发区									
淮南市	**1**		**1**				**1**		**1**
大通区									
田家庵区	1		1				1		1
谢家集区									
八公山区									
潘集区									
凤台县									
寿县									

1-4a 续表 49

单位：人

地 区	保安族			裕固族			京 族		
	小计	男	女	小计	男	女	小计	男	女
马鞍山市	**2**	**1**	**1**						
花山区	2	1	1						
雨山区									
博望区									
当涂县									
含山县									
和县									
淮北市									
杜集区									
相山区									
烈山区									
濉溪县									
铜陵市	**9**	**4**	**5**						
铜官区	9	4	5						
义安区									
郊区									
枞阳县									
安庆市									
迎江区									
大观区									
宜秀区									
怀宁县									
太湖县									
宿松县									
望江县									
岳西县									
安徽安庆经济开发区									
桐城市									
潜山市									
黄山市									
屯溪区									
黄山区									
徽州区									
歙县									
休宁县									
黟县									
祁门县									
滁州市	**6**	**4**	**2**						
琅琊区									
南谯区									
来安县									
全椒县									
定远县									
凤阳县									
苏滁现代产业园									
滁州经济技术开发区									
天长市									
明光市	6	4	2						

1-4a 续表 50 单位：人

地 区	保安族			裕固族			京 族		
	小计	男	女	小计	男	女	小计	男	女
阜阳市	**4**	**2**	**2**				**1**	**1**	
颍州区	3	2	1				1	1	
颍东区									
颍泉区	1		1						
临泉县									
太和县									
阜南县									
颍上县									
阜阳合肥现代产业园区									
阜阳经济技术开发区									
界首市									
宿州市									
埇桥区									
砀山县									
萧县									
灵璧县									
泗县									
宿州马鞍山现代产业园区									
宿州经济技术开发区									
六安市									
金安区									
裕安区									
叶集区									
霍邱县									
舒城县									
金寨县									
霍山县									
亳州市									
谯城区									
涡阳县									
蒙城县									
利辛县									
池州市							**2**		**2**
贵池区							2		2
东至县									
石台县									
青阳县									
池州市国家经济技术开发区									
皖江江南新兴产业集中区									
九华山风景区									
宣城市	**4**	**3**	**1**						
宣州区	4	3	1						
郎溪县									
泾县									
绩溪县									
旌德县									
宣城市经济开发区									
宁国市									
广德市									

1−4a　续表 51　　　　单位：人

地　区	塔塔尔族			独龙族			鄂伦春族		
	小计	男	女	小计	男	女	小计	男	女
安　徽	**3**	**2**	**1**	**3**		**3**	**8**	**3**	**5**
合肥市				**3**		**3**	**7**	**3**	**4**
瑶海区							4	1	3
庐阳区							1	1	
蜀山区							1		1
包河区							1	1	
长丰县									
肥东县									
肥西县									
庐江县									
合肥高新技术产业开发区									
合肥经济技术开发区									
合肥新站高新技术产业开发区									
巢湖市				3		3			
芜湖市	**3**	**2**	**1**						
镜湖区									
弋江区									
鸠江区									
三山区									
芜湖县									
繁昌县									
南陵县									
芜湖经济技术开发区									
安徽芜湖长江大桥经济开发区									
无为市	3	2	1						
蚌埠市									
龙子湖区									
蚌山区									
禹会区									
淮上区									
怀远县									
五河县									
固镇县									
蚌埠市高新技术开发区									
蚌埠市经济开发区									
淮南市									
大通区									
田家庵区									
谢家集区									
八公山区									
潘集区									
凤台县									
寿县									

1-4a 续表 52

单位：人

地　区	塔塔尔族			独 龙 族			鄂伦春族		
	小计	男	女	小计	男	女	小计	男	女
马鞍山市									
花山区									
雨山区									
博望区									
当涂县									
含山县									
和县									
淮北市									
杜集区									
相山区									
烈山区									
濉溪县									
铜陵市									
铜官区									
义安区									
郊区									
枞阳县									
安庆市									
迎江区									
大观区									
宜秀区									
怀宁县									
太湖县									
宿松县									
望江县									
岳西县									
安徽安庆经济开发区									
桐城市									
潜山市									
黄山市									
屯溪区									
黄山区									
徽州区									
歙县									
休宁县									
黟县									
祁门县									
滁州市									
琅琊区									
南谯区									
来安县									
全椒县									
定远县									
凤阳县									
苏滁现代产业园									
滁州经济技术开发区									
天长市									
明光市									

1-4a 续表 53　　　　单位：人

地区	塔塔尔族			独龙族			鄂伦春族		
	小计	男	女	小计	男	女	小计	男	女
阜阳市									
颍州区									
颍东区									
颍泉区									
临泉县									
太和县									
阜南县									
颍上县									
阜阳合肥现代产业园区									
阜阳经济技术开发区									
界首市									
宿州市									
埇桥区									
砀山县									
萧县									
灵璧县									
泗县									
宿州马鞍山现代产业园区									
宿州经济技术开发区									
六安市									
金安区									
裕安区									
叶集区									
霍邱县									
舒城县									
金寨县									
霍山县									
亳州市									
谯城区									
涡阳县									
蒙城县									
利辛县									
池州市									
贵池区									
东至县									
石台县									
青阳县									
池州市国家经济技术开发区									
皖江江南新兴产业集中区									
九华山风景区									
宣城市							**1**		**1**
宣州区									
郎溪县									
泾县									
绩溪县									
旌德县									
宣城市经济开发区									
宁国市							1		1
广德市									

1－4a　续表 54　　　　单位：人

地　区	赫哲族			门巴族			珞巴族		
	小计	男	女	小计	男	女	小计	男	女
安　徽	**1**		**1**	**3**	**1**	**2**	**1**		**1**
合肥市									
瑶海区									
庐阳区									
蜀山区									
包河区									
长丰县									
肥东县									
肥西县									
庐江县									
合肥高新技术产业开发区									
合肥经济技术开发区									
合肥新站高新技术产业开发区									
巢湖市									
芜湖市	**1**		**1**						
镜湖区									
弋江区	1		1						
鸠江区									
三山区									
芜湖县									
繁昌县									
南陵县									
芜湖经济技术开发区									
安徽芜湖长江大桥经济开发区									
无为市									
蚌埠市									
龙子湖区									
蚌山区									
禹会区									
淮上区									
怀远县									
五河县									
固镇县									
蚌埠市高新技术开发区									
蚌埠市经济开发区									
淮南市									
大通区									
田家庵区									
谢家集区									
八公山区									
潘集区									
凤台县									
寿县									

1-4a 续表 55 单位：人

地区	赫哲族			门巴族			珞巴族		
	小计	男	女	小计	男	女	小计	男	女
马鞍山市									
花山区									
雨山区									
博望区									
当涂县									
含山县									
和县									
淮北市				**1**		**1**			
杜集区				1		1			
相山区									
烈山区									
濉溪县									
铜陵市									
铜官区									
义安区									
郊区									
枞阳县									
安庆市									
迎江区									
大观区									
宜秀区									
怀宁县									
太湖县									
宿松县									
望江县									
岳西县									
安徽安庆经济开发区									
桐城市									
潜山市									
黄山市									
屯溪区									
黄山区									
徽州区									
歙县									
休宁县									
黟县									
祁门县									
滁州市									
琅琊区									
南谯区									
来安县									
全椒县									
定远县									
凤阳县									
苏滁现代产业园									
滁州经济技术开发区									
天长市									
明光市									

1－4a 续表 56

单位：人

地区	赫哲族			门巴族			珞巴族		
	小计	男	女	小计	男	女	小计	男	女
阜阳市									
颍州区									
颍东区									
颍泉区									
临泉县									
太和县									
阜南县									
颍上县									
阜阳合肥现代产业园区									
阜阳经济技术开发区									
界首市									
宿州市									
埇桥区									
砀山县									
萧县									
灵璧县									
泗县									
宿州马鞍山现代产业园区									
宿州经济技术开发区									
六安市									
金安区									
裕安区									
叶集区									
霍邱县									
舒城县									
金寨县									
霍山县									
亳州市									
谯城区									
涡阳县									
蒙城县									
利辛县									
池州市				**1**	**1**				
贵池区				1	1				
东至县									
石台县									
青阳县									
池州市国家经济技术开发区									
皖江江南新兴产业集中区									
九华山风景区									
宣城市				**1**		**1**	**1**		**1**
宣州区				1		1	1		1
郎溪县									
泾县									
绩溪县									
旌德县									
宣城市经济开发区									
宁国市									
广德市									

1-4a 续表 57

单位：人

地区	基诺族			未定族称人口			入籍		
	小计	男	女	小计	男	女	小计	男	女
安徽	**4**	**2**	**2**	**427**	**204**	**223**	**24**	**15**	**9**
合肥市	**2**		**2**	**135**	**72**	**63**	**6**	**5**	**1**
瑶海区				54	25	29	1	1	
庐阳区				13	5	8			
蜀山区				26	14	12	1	1	
包河区	2		2	38	25	13	2	2	
长丰县									
肥东县									
肥西县				2	2				
庐江县									
合肥高新技术产业开发区									
合肥经济技术开发区									
合肥新站高新技术产业开发区									
巢湖市				2	1	1	2	1	1
芜湖市	**2**	**2**		**32**	**10**	**22**	**7**	**3**	**4**
镜湖区				10	1	9	3	2	1
弋江区	2	2		2	1	1	1		1
鸠江区				12	6	6	1		1
三山区				6	2	4			
芜湖县				1		1			
繁昌县									
南陵县									
芜湖经济技术开发区									
安徽芜湖长江大桥经济开发区									
无为市				1		1	2	1	1
蚌埠市				**9**	**3**	**6**			
龙子湖区									
蚌山区				4	2	2			
禹会区				3		3			
淮上区				2	1	1			
怀远县									
五河县									
固镇县									
蚌埠市高新技术开发区									
蚌埠市经济开发区									
淮南市				**7**	**4**	**3**	**1**	**1**	
大通区									
田家庵区				5	3	2			
谢家集区				1	1				
八公山区				1		1	1	1	
潘集区									
凤台县									
寿县									

1-4a 续表 58 单位：人

地区	基诺族			未定族称人口			入籍		
	小计	男	女	小计	男	女	小计	男	女
马鞍山市				**32**	**22**	**10**			
花山区				9	4	5			
雨山区				22	18	4			
博望区				1		1			
当涂县									
含山县									
和县									
淮北市				**10**	**2**	**8**	**2**	**2**	
杜集区				6	2	4			
相山区				3		3			
烈山区				1		1			
濉溪县							2	2	
铜陵市				**13**	**5**	**8**			
铜官区				9	4	5			
义安区				4	1	3			
郊区									
枞阳县									
安庆市				**25**	**16**	**9**	**2**		**2**
迎江区				8	3	5			
大观区				2	1	1			
宜秀区				12	11	1			
怀宁县									
太湖县									
宿松县									
望江县				1		1	1		1
岳西县									
安徽安庆经济开发区									
桐城市				1	1				
潜山市				1		1	1		1
黄山市				**10**	**4**	**6**			
屯溪区				6	2	4			
黄山区				2		2			
徽州区				2	2				
歙县									
休宁县									
黟县									
祁门县									
滁州市				**30**	**18**	**12**	**2**	**1**	**1**
琅琊区				5	2	3	1	1	
南谯区				9	7	2			
来安县									
全椒县									
定远县									
凤阳县									
苏滁现代产业园									
滁州经济技术开发区									
天长市				15	8	7	1		1
明光市				1	1				

1-4a 续表 59

单位：人

地 区	基诺族			未定族称人口			入 籍		
	小计	男	女	小计	男	女	小计	男	女
阜阳市				**12**	**4**	**8**			
颍州区				7	3	4			
颍东区				4		4			
颍泉区				1	1				
临泉县									
太和县									
阜南县									
颍上县									
阜阳合肥现代产业园区									
阜阳经济技术开发区									
界首市									
宿州市				**3**		**3**			
埇桥区				3		3			
砀山县									
萧县									
灵璧县									
泗县									
宿州马鞍山现代产业园区									
宿州经济技术开发区									
六安市				**14**	**4**	**10**			
金安区				4	1	3			
裕安区				3	1	2			
叶集区				7	2	5			
霍邱县									
舒城县									
金寨县									
霍山县									
亳州市				**6**	**3**	**3**	**2**	**2**	
谯城区				6	3	3	2	2	
涡阳县									
蒙城县									
利辛县									
池州市				**17**	**7**	**10**			
贵池区				9	4	5			
东至县									
石台县									
青阳县									
池州市国家经济技术开发区									
皖江江南新兴产业集中区				8	3	5			
九华山风景区									
宣城市				**72**	**30**	**42**	**2**	**1**	**1**
宣州区				3	1	2	1	1	
郎溪县									
泾县									
绩溪县									
旌德县									
宣城市经济开发区									
宁国市				6	3	3			
广德市				63	26	37	1		1

1-4b　各地区分性别、民族的人口(镇)

单位：人

地　　区	合　　计			汉　　族		
	合计	男	女	小计	男	女
安　徽	**19266016**	**9752125**	**9513891**	**19114422**	**9677151**	**9437271**
合肥市	**3546443**	**1835123**	**1711320**	**3520931**	**1822272**	**1698659**
瑶海区	23287	11906	11381	23132	11835	11297
庐阳区	69520	34195	35325	68767	33842	34925
蜀山区	30460	15798	14662	29825	15463	14362
包河区						
长丰县	471250	241673	229577	468700	240489	228211
肥东县	601520	312459	289061	597418	310344	287074
肥西县	551649	285353	266296	548456	283770	264686
庐江县	475100	239394	235706	473723	238754	234969
合肥高新技术产业开发区	269721	141093	128628	266027	139138	126889
合肥经济技术开发区	549732	287453	262279	543927	284512	259415
合肥新站高新技术产业开发区	396463	211788	184675	393660	210299	183361
巢湖市	107741	54011	53730	107296	53826	53470
芜湖市	**1117251**	**572230**	**545021**	**1111085**	**569415**	**541670**
镜湖区	1040	533	507	1036	532	504
弋江区						
鸠江区	79835	40907	38928	79571	40810	38761
三山区	19441	9538	9903	19321	9494	9827
芜湖县	232525	119425	113100	230733	118621	112112
繁昌县	146003	73449	72554	145186	73070	72116
南陵县	232557	113409	119148	231833	113168	118665
芜湖经济技术开发区	175254	96370	78884	173258	95233	78025
安徽芜湖长江大桥经济开发区	14027	7142	6885	13938	7112	6826
无为市	216569	111457	105112	216209	111375	104834
蚌埠市	**1126159**	**560447**	**565712**	**1116074**	**555538**	**560536**
龙子湖区	10633	6319	4314	10537	6244	4293
蚌山区						
禹会区	10241	5335	4906	10216	5320	4896
淮上区	28945	14942	14003	28848	14894	13954
怀远县	347234	173702	173532	346773	173502	173271
五河县	233023	115836	117187	229712	114073	115639
固镇县	157596	77195	80401	157195	77005	80190
蚌埠市高新技术开发区	61850	31387	30463	61023	30988	30035
蚌埠市经济开发区	276637	135731	140906	271770	133512	138258
淮南市	**766865**	**393398**	**373467**	**751513**	**385661**	**365852**
大通区	80675	41000	39675	80300	40823	39477
田家庵区	13764	7164	6600	13749	7161	6588
谢家集区	3834	2016	1818	3829	2013	1816
八公山区	51	24	27	51	24	27
潘集区	71431	38073	33358	71225	37967	33258
凤台县	237410	124277	113133	235510	123290	112220
寿县	359700	180844	178856	346849	174383	172466

1-4b　续表 1　　单位：人

地　　区	合　　计			汉　　族		
	合计	男	女	小计	男	女
马鞍山市	**685476**	**345742**	**339734**	**679889**	**343009**	**336880**
花山区						
雨山区						
博望区	10246	5529	4717	10120	5446	4674
当涂县	281650	143440	138210	279484	142464	137020
含山县	187909	93472	94437	187373	93240	94133
和县	205671	103301	102370	202912	101859	101053
淮北市	**448337**	**225650**	**222687**	**447710**	**225377**	**222333**
杜集区	45950	23247	22703	45826	23196	22630
相山区						
烈山区	30991	15852	15139	30911	15808	15103
濉溪县	371396	186551	184845	370973	186373	184600
铜陵市	**299054**	**146201**	**152853**	**298313**	**145926**	**152387**
铜官区	255	130	125	254	130	124
义安区	27391	14270	13121	27233	14187	13046
郊区	29466	14654	14812	29367	14602	14765
枞阳县	241942	117147	124795	241459	117007	124452
安庆市	**1227991**	**611362**	**616629**	**1223042**	**609061**	**613981**
迎江区						
大观区	19695	9934	9761	19256	9723	9533
宜秀区	27905	14045	13860	27817	14010	13807
怀宁县	241120	119143	121977	240372	118797	121575
太湖县	176506	86562	89944	176095	86421	89674
宿松县	245326	122738	122588	244777	122490	122287
望江县	61920	30497	31423	60938	29983	30955
岳西县	124212	60354	63858	123942	60264	63678
安徽安庆经济开发区	135941	70929	65012	134855	70347	64508
桐城市	104950	51791	53159	104716	51715	53001
潜山市	90416	45369	45047	90274	45311	44963
黄山市	**406212**	**200665**	**205547**	**404562**	**199951**	**204611**
屯溪区	19377	10021	9356	19274	9975	9299
黄山区	26088	14289	11799	25861	14139	11722
徽州区	11642	5961	5681	11606	5949	5657
歙县	157829	77310	80519	157264	77124	80140
休宁县	84629	40867	43762	84304	40733	43571
黟县	32209	16017	16192	32079	15965	16114
祁门县	74438	36200	38238	74174	36066	38108
滁州市	**1585942**	**812896**	**773046**	**1569178**	**804328**	**764850**
琅琊区						
南谯区	56363	28654	27709	55721	28333	27388
来安县	238798	122359	116439	237660	121811	115849
全椒县	256177	130636	125541	253930	129514	124416
定远县	303835	155190	148645	297800	152110	145690
凤阳县	315375	161785	153590	311951	159997	151954
苏滁现代产业园	23609	14268	9341	22950	13781	9169
滁州经济技术开发区	122717	63637	59080	121323	62866	58457
天长市	191918	97113	94805	190927	96752	94175
明光市	77150	39254	37896	76916	39164	37752

1-4b 续表 2 单位：人

地区	合计			汉族		
	合计	男	女	小计	男	女
阜阳市	**2373135**	**1196053**	**1177082**	**2339933**	**1179230**	**1160703**
颍州区	63726	32128	31598	63490	32025	31465
颍东区	75624	39713	35911	74431	39087	35344
颍泉区	82425	42207	40218	82242	42116	40126
临泉县	505006	251949	253057	501291	250086	251205
太和县	614876	309217	305659	604752	304174	300578
阜南县	346564	171472	175092	341081	168689	172392
颍上县	475233	242771	232462	464644	237289	227355
阜阳合肥现代产业园区	6436	3398	3038	6414	3387	3027
阜阳经济技术开发区	102172	51700	50472	100956	51093	49863
界首市	101073	51498	49575	100632	51284	49348
宿州市	**1691117**	**845241**	**845876**	**1682241**	**840878**	**841363**
埇桥区	198929	100342	98587	198435	100125	98310
砀山县	373965	186504	187461	367358	183124	184234
萧县	368822	185652	183170	368456	185502	182954
灵璧县	354086	175279	178807	353624	175112	178512
泗县	306522	152629	153893	305869	152310	153559
宿州马鞍山现代产业园区	29202	14858	14344	29108	14817	14291
宿州经济技术开发区	59591	29977	29614	59391	29888	29503
六安市	**1312323**	**655973**	**656350**	**1306733**	**653254**	**653479**
金安区	143646	68669	74977	143269	68495	74774
裕安区	86047	43794	42253	85909	43731	42178
叶集区	28970	14593	14377	28194	14190	14004
霍邱县	331711	170760	160951	329740	169728	160012
舒城县	315256	153377	161879	314160	152866	161294
金寨县	208351	106144	102207	207594	105791	101803
霍山县	198342	98636	99706	197867	98453	99414
亳州市	**1489157**	**757507**	**731650**	**1479013**	**752388**	**726625**
谯城区	121282	62154	59128	117032	59937	57095
涡阳县	447959	228994	218965	443333	226690	216643
蒙城县	480168	243455	236713	479509	243136	236373
利辛县	439748	222904	216844	439139	222625	216514
池州市	**420921**	**205985**	**214936**	**419508**	**205421**	**214087**
贵池区	36878	19231	17647	36758	19186	17572
东至县	221424	107552	113872	220769	107273	113496
石台县	34012	16423	17589	33865	16355	17510
青阳县	124880	60774	64106	124395	60605	63790
池州市国家经济技术开发区						
皖江江南新兴产业集中区						
九华山风景区	3727	2005	1722	3721	2002	1719
宣城市	**769633**	**387652**	**381981**	**764697**	**385442**	**379255**
宣州区	102020	51277	50743	101513	51102	50411
郎溪县	197399	98872	98527	195971	98289	97682
泾县	145568	71211	74357	145073	71022	74051
绩溪县	82619	40515	42104	82408	40431	41977
旌德县	64703	31798	32905	64536	31751	32785
宣城市经济开发区	86451	45887	40564	85587	45401	40186
宁国市	25629	13662	11967	25206	13446	11760
广德市	65244	34430	30814	64403	34000	30403

1-4b 续表 3

单位：人

地　区	蒙古族			回　族			藏　族		
	小计	男	女	小计	男	女	小计	男	女
安　徽	**2033**	**1044**	**989**	**105522**	**54424**	**51098**	**820**	**339**	**481**
合肥市	**773**	**425**	**348**	**12455**	**6385**	**6070**	**376**	**124**	**252**
瑶海区	3	2	1	60	28	32			
庐阳区	16	8	8	498	231	267	3	2	1
蜀山区	1	1		523	287	236	5	1	4
包河区									
长丰县	75	41	34	957	478	479	105	41	64
肥东县	69	25	44	1921	998	923	28	4	24
肥西县	96	61	35	1803	912	891	9	3	6
庐江县	41	20	21	350	222	128	22	12	10
合肥高新技术产业开发区	92	49	43	2580	1336	1244	14	7	7
合肥经济技术开发区	290	164	126	2434	1232	1202	63	24	39
合肥新站高新技术产业开发区	81	49	32	1171	588	583	126	30	96
巢湖市	9	5	4	158	73	85	1		1
芜湖市	**254**	**132**	**122**	**1145**	**586**	**559**	**89**	**55**	**34**
镜湖区									
弋江区									
鸠江区	9	5	4	51	23	28	5	1	4
三山区	6	3	3	47	18	29			
芜湖县	29	17	12	195	105	90	57	38	19
繁昌县	38	22	16	318	166	152	2	1	1
南陵县	14	3	11	101	61	40	5	1	4
芜湖经济技术开发区	140	76	64	377	194	183	18	14	4
安徽芜湖长江大桥经济开发区	1		1	17	5	12			
无为市	17	6	11	39	14	25	2		2
蚌埠市	**202**	**85**	**117**	**8056**	**4056**	**4000**	**45**	**14**	**31**
龙子湖区	2	2		50	38	12	1	1	
蚌山区									
禹会区	1	1		12	7	5			
淮上区				31	20	11	3		3
怀远县	21	10	11	170	92	78	4		4
五河县	43	20	23	2950	1614	1336			
固镇县	5		5	273	140	133			
蚌埠市高新技术开发区	6	3	3	676	314	362	7	2	5
蚌埠市经济开发区	124	49	75	3894	1831	2063	30	11	19
淮南市	**41**	**16**	**25**	**14427**	**7395**	**7032**	**6**	**3**	**3**
大通区	7	4	3	222	122	100			
田家庵区				6	2	4			
谢家集区				3	2	1			
八公山区									
潘集区	6	4	2	123	71	52			
凤台县	9	1	8	1646	894	752			
寿县	19	7	12	12427	6304	6123	6	3	3

1－4b 续表 4

单位：人

地区	蒙古族			回族			藏族		
	小计	男	女	小计	男	女	小计	男	女
马鞍山市	**71**	**36**	**35**	**2490**	**1354**	**1136**	**19**	**12**	**7**
花山区									
雨山区									
博望区	4	3	1	4	1	3			
当涂县	41	22	19	335	173	162	10	6	4
含山县	13	5	8	126	66	60	6	3	3
和县	13	6	7	2025	1114	911	3	3	
淮北市	**26**	**13**	**13**	**251**	**132**	**119**	**19**	**10**	**9**
杜集区	1		1	61	27	34	5	2	3
相山区									
烈山区	3	2	1	45	27	18	4	2	2
濉溪县	22	11	11	145	78	67	10	6	4
铜陵市	**7**	**3**	**4**	**152**	**79**	**73**	**2**		**2**
铜官区									
义安区	1		1	3	2	1	1		1
郊区				61	36	25			
枞阳县	6	3	3	88	41	47	1		1
安庆市	**73**	**35**	**38**	**2381**	**1219**	**1162**	**30**	**12**	**18**
迎江区									
大观区				377	193	184			
宜秀区	2	2		22	9	13			
怀宁县	25	9	16	178	83	95	5	2	3
太湖县	5	3	2	107	51	56	3	1	2
宿松县	9	3	6	150	80	70	8	2	6
望江县	1	1		800	419	381	3		3
岳西县	3		3	52	20	32			
安徽安庆经济开发区	13	9	4	630	330	300	7	5	2
桐城市	9	4	5	39	21	18	2		2
潜山市	6	4	2	26	13	13	2	2	
黄山市	**39**	**19**	**20**	**222**	**96**	**126**	**11**	**6**	**5**
屯溪区	5	2	3	60	23	37			
黄山区	10	7	3	15	7	8			
徽州区				7	3	4	2	1	1
歙县	4	2	2	36	17	19	3	1	2
休宁县	12	5	7	40	18	22	2	1	1
黟县				22	8	14	2	1	1
祁门县	8	3	5	42	20	22	2	2	
滁州市	**150**	**86**	**64**	**12141**	**6410**	**5731**	**91**	**49**	**42**
琅琊区									
南谯区	8	3	5	437	234	203	3	1	2
来安县	23	16	7	284	146	138	12	7	5
全椒县	22	12	10	1481	749	732	15	10	5
定远县	8	2	6	5650	2949	2701	4	1	3
凤阳县	15	7	8	3040	1642	1398	13	3	10
苏滁现代产业园	23	20	3	134	78	56	10	7	3
滁州经济技术开发区	40	25	15	824	451	373	31	18	13
天长市	10	1	9	193	107	86	2	2	
明光市	1		1	98	54	44	1		1

1-4b　续表 5　　　　单位：人

地　区	蒙古族			回　族			藏　族		
	小计	男	女	小计	男	女	小计	男	女
阜阳市	**78**	**32**	**46**	**31363**	**16094**	**15269**	**32**	**9**	**23**
颍州区	4	2	2	141	63	78			
颍东区				1100	572	528	1	1	
颍泉区	2	1	1	137	74	63			
临泉县	13	5	8	3426	1753	1673	2	1	1
太和县	22	10	12	9686	4891	4795	6	1	5
阜南县	7	3	4	5258	2692	2566	2	1	1
颍上县	15	3	12	10145	5306	4839	13	5	8
阜阳合肥现代产业园区				9	5	4			
阜阳经济技术开发区	14	8	6	1095	548	547	3		3
界首市	1		1	366	190	176	5		5
宿州市	**79**	**29**	**50**	**7014**	**3619**	**3395**	**40**	**15**	**25**
埇桥区	16	6	10	157	74	83	26	10	16
砀山县	26	10	16	6292	3264	3028	4		4
萧县	9	1	8	91	51	40	1		1
灵璧县	15	7	8	97	45	52	1		1
泗县	5	3	2	289	144	145	5	4	1
宿州马鞍山现代产业园区				28	11	17			
宿州经济技术开发区	8	2	6	60	30	30	3	1	2
六安市	**83**	**45**	**38**	**3408**	**1807**	**1601**	**14**	**6**	**8**
金安区	9	6	3	191	101	90	3	2	1
裕安区	2	1	1	77	45	32	2	2	
叶集区	3	1	2	731	385	346			
霍邱县	32	20	12	1610	858	752	4	1	3
舒城县	24	13	11	305	169	136	4		4
金寨县	6		6	275	146	129	1	1	
霍山县	7	4	3	219	103	116			
亳州市	**53**	**29**	**24**	**9077**	**4712**	**4365**	**11**	**6**	**5**
谯城区	4	2	2	4137	2173	1964	1		1
涡阳县	17	11	6	4282	2173	2109	6	4	2
蒙城县	18	9	9	306	168	138	1	1	
利辛县	14	7	7	352	198	154	3	1	2
池州市	**21**	**11**	**10**	**399**	**198**	**201**	**8**	**3**	**5**
贵池区	3	3		6	1	5	2	1	1
东至县	6	3	3	281	138	143	4	1	3
石台县	3	2	1	17	10	7	1	1	
青阳县	6	2	4	94	49	45	1		1
池州市国家经济技术开发区									
皖江江南新兴产业集中区									
九华山风景区	3	1	2	1		1			
宣城市	**83**	**48**	**35**	**541**	**282**	**259**	**27**	**15**	**12**
宣州区	10	5	5	85	45	40	2	1	1
郎溪县	15	7	8	107	57	50	8	5	3
泾县	7	4	3	115	56	59	6	3	3
绩溪县	4	3	1	33	16	17			
旌德县	1	1		20	6	14			
宣城市经济开发区	39	26	13	137	77	60	7	3	4
宁国市				21	13	8			
广德市	7	2	5	23	12	11	4	3	1

1-4b 续表 6 单位：人

地区	维吾尔族			苗族			彝族		
	小计	男	女	小计	男	女	小计	男	女
安徽	**1810**	**941**	**869**	**8622**	**3727**	**4895**	**5578**	**2436**	**3142**
合肥市	**1166**	**621**	**545**	**1692**	**834**	**858**	**1270**	**588**	**682**
瑶海区	3	1	2	14	11	3	7	2	5
庐阳区	4	3	1	19	8	11	12	4	8
蜀山区				26	14	12	19	10	9
包河区									
长丰县	99	91	8	235	103	132	157	54	103
肥东县	52	27	25	305	158	147	177	69	108
肥西县	33	21	12	250	119	131	156	73	83
庐江县	10	6	4	216	76	140	177	58	119
合肥高新技术产业开发区	44	18	26	143	93	50	69	36	33
合肥经济技术开发区	651	328	323	265	135	130	215	99	116
合肥新站高新技术产业开发区	251	120	131	147	86	61	229	160	69
巢湖市	19	6	13	72	31	41	52	23	29
芜湖市	**123**	**83**	**40**	**1312**	**554**	**758**	**637**	**264**	**373**
镜湖区							3	1	2
弋江区									
鸠江区	18	12	6	59	23	36	22	2	20
三山区				7	1	6	8	4	4
芜湖县	25	14	11	500	195	305	211	85	126
繁昌县	11	8	3	138	68	70	55	16	39
南陵县	13	9	4	130	28	102	65	19	46
芜湖经济技术开发区	50	36	14	404	222	182	220	125	95
安徽芜湖长江大桥经济开发区	4	3	1	17	3	14	9	4	5
无为市	2	1	1	57	14	43	44	8	36
蚌埠市	**62**	**16**	**46**	**270**	**130**	**140**	**174**	**75**	**99**
龙子湖区				15	11	4	1	1	
蚌山区									
禹会区							2	1	1
淮上区	3	1	2	10	2	8	38	21	17
怀远县	6	3	3	66	30	36	14	3	11
五河县	1		1	68	27	41	44	17	27
固镇县	2		2	12	7	5	28	13	15
蚌埠市高新技术开发区				17	13	4	7	3	4
蚌埠市经济开发区	50	12	38	82	40	42	40	16	24
淮南市	**15**	**9**	**6**	**145**	**56**	**89**	**123**	**35**	**88**
大通区	9	5	4	19	9	10	18	8	10
田家庵区									
谢家集区									
八公山区									
潘集区				14	5	9	6	2	4
凤台县	2	2		38	11	27	30	11	19
寿县	4	2	2	74	31	43	69	14	55

1-4b 续表 7

单位：人

地 区	维吾尔族			苗 族			彝 族		
	小计	男	女	小计	男	女	小计	男	女
马鞍山市	**244**	**114**	**130**	**892**	**426**	**466**	**398**	**199**	**199**
花山区									
雨山区									
博望区	1	1		45	30	15	38	28	10
当涂县	226	102	124	630	310	320	172	89	83
含山县	8	5	3	73	25	48	51	25	26
和县	9	6	3	144	61	83	137	57	80
淮北市	**10**	**5**	**5**	**83**	**34**	**49**	**45**	**21**	**24**
杜集区				10	5	5	12	6	6
相山区									
烈山区	3	1	2	14	8	6	1		1
濉溪县	7	4	3	59	21	38	32	15	17
铜陵市	**5**	**3**	**2**	**99**	**30**	**69**	**100**	**42**	**58**
铜官区									
义安区				23	10	13	18	9	9
郊区				6	3	3	7	3	4
枞阳县	5	3	2	70	17	53	75	30	45
安庆市	**34**	**19**	**15**	**543**	**254**	**289**	**340**	**129**	**211**
迎江区									
大观区	2	2		16	7	9	5	2	3
宜秀区				7	3	4	5	2	3
怀宁县	3	3		110	55	55	117	43	74
太湖县	13	7	6	50	13	37	29	6	23
宿松县	4	1	3	101	52	49	52	20	32
望江县	1	1		53	23	30	8	4	4
岳西县				38	10	28	47	16	31
安徽安庆经济开发区	8	4	4	100	58	42	46	26	20
桐城市	2	1	1	42	16	26	19	6	13
潜山市	1		1	26	17	9	12	4	8
黄山市	**7**	**3**	**4**	**280**	**98**	**182**	**140**	**60**	**80**
屯溪区				5	2	3	3	2	1
黄山区				29	12	17	15	12	3
徽州区				4		4	3	2	1
歙县				141	41	100	40	13	27
休宁县	7	3	4	53	23	30	33	14	19
黟县				19	5	14	11	6	5
祁门县				29	15	14	35	11	24
滁州市	**32**	**13**	**19**	**780**	**318**	**462**	**646**	**334**	**312**
琅琊区									
南谯区	1	1		19	10	9	29	14	15
来安县	15	6	9	141	52	89	132	53	79
全椒县	9	4	5	104	46	58	88	29	59
定远县				44	13	31	37	14	23
凤阳县	1		1	50	19	31	50	24	26
苏滁现代产业园				70	53	17	144	119	25
滁州经济技术开发区	4	2	2	68	32	36	73	48	25
天长市	1		1	257	86	171	76	29	47
明光市	1		1	27	7	20	17	4	13

1-4b 续表 8 单位：人

地　　区	维吾尔族			苗　　族			彝　　族		
	小计	男	女	小计	男	女	小计	男	女
阜阳市	**19**	**8**	**11**	**279**	**97**	**182**	**184**	**72**	**112**
颍州区				8	5	3	4	2	2
颍东区	1		1	17	8	9	4	4	
颍泉区				9	1	8	8	1	7
临泉县	2	1	1	50	12	38	20	9	11
太和县	6	2	4	48	10	38	52	13	39
阜南县	4	3	1	41	19	22	23	13	10
颍上县	1		1	71	30	41	60	22	38
阜阳合肥现代产业园区				3	1	2			
阜阳经济技术开发区	4	2	2	23	9	14	5	4	1
界首市	1		1	9	2	7	8	4	4
宿州市	**18**	**6**	**12**	**332**	**137**	**195**	**270**	**108**	**162**
埇桥区	4	2	2	50	24	26	62	32	30
砀山县	1		1	72	28	44	22	3	19
萧县	3	1	2	42	7	35	47	23	24
灵璧县	3		3	51	19	32	57	19	38
泗县	7	3	4	80	40	40	56	19	37
宿州马鞍山现代产业园区				16	6	10	10	5	5
宿州经济技术开发区				21	13	8	16	7	9
六安市	**23**	**10**	**13**	**363**	**155**	**208**	**409**	**183**	**226**
金安区	8	4	4	47	18	29	10	1	9
裕安区	3	1	2	7	4	3	6	1	5
叶集区				6	3	3	6	1	5
霍邱县	3	2	1	64	27	37	42	19	23
舒城县	1		1	99	46	53	200	94	106
金寨县	3	1	2	81	34	47	132	64	68
霍山县	5	2	3	59	23	36	13	3	10
亳州市	**32**	**18**	**14**	**152**	**51**	**101**	**85**	**19**	**66**
谯城区	1	1		11	1	10	2		2
涡阳县	14	8	6	47	14	33	32	4	28
蒙城县	10	7	3	60	29	31	18	3	15
利辛县	7	2	5	34	7	27	33	12	21
池州市	**4**	**1**	**3**	**169**	**55**	**114**	**124**	**52**	**72**
贵池区				23	6	17	23	13	10
东至县	2		2	69	26	43	45	17	28
石台县	2	1	1	15	1	14	12	11	1
青阳县				62	22	40	44	11	33
池州市国家经济技术开发区									
皖江江南新兴产业集中区									
九华山风景区									
宣城市	**16**	**12**	**4**	**1231**	**498**	**733**	**633**	**255**	**378**
宣州区	1		1	169	52	117	46	16	30
郎溪县	7	5	2	327	111	216	276	98	178
泾县	5	5		76	21	55	37	11	26
绩溪县	2	1	1	39	19	20	13	5	8
旌德县	1	1		33	6	27	16	4	12
宣城市经济开发区				191	81	110	66	34	32
宁国市				84	43	41	43	22	21
广德市				312	165	147	136	65	71

1-4b 续表 9

单位：人

地　　区	壮　　族			布 依 族			朝 鲜 族		
	小计	男	女	小计	男	女	小计	男	女
安　徽	**4316**	**1509**	**2807**	**2681**	**1049**	**1632**	**582**	**304**	**278**
合肥市	**1089**	**433**	**656**	**549**	**259**	**290**	**275**	**148**	**127**
瑶海区	19	7	12	6	2	4	5	3	2
庐阳区	20	9	11	10	6	4	15	4	11
蜀山区	7	2	5	2		2	2		2
包河区									
长丰县	170	62	108	88	37	51	25	15	10
肥东县	143	48	95	71	35	36	7	2	5
肥西县	158	69	89	51	18	33	11	4	7
庐江县	121	46	75	59	20	39	6	2	4
合肥高新技术产业开发区	89	46	43	75	47	28	12	7	5
合肥经济技术开发区	272	114	158	105	47	58	68	32	36
合肥新站高新技术产业开发区	70	27	43	80	46	34	123	79	44
巢湖市	20	3	17	2	1	1	1		1
芜湖市	**574**	**198**	**376**	**293**	**93**	**200**	**31**	**18**	**13**
镜湖区	1		1						
弋江区									
鸠江区	37	7	30	10	3	7			
三山区	5	1	4	2		2	4	2	2
芜湖县	191	64	127	90	24	66	7	4	3
繁昌县	59	14	45	17	1	16	2	1	1
南陵县	88	27	61	91	16	75	5	2	3
芜湖经济技术开发区	146	79	67	59	42	17	10	7	3
安徽芜湖长江大桥经济开发区	11	3	8	1	1				
无为市	36	3	33	23	6	17	3	2	1
蚌埠市	**205**	**74**	**131**	**99**	**43**	**56**	**45**	**21**	**24**
龙子湖区	4	3	1	1	1		1	1	
蚌山区									
禹会区	1		1						
淮上区	2		2						
怀远县	33	11	22	22	8	14	1		1
五河县	28	6	22	22	10	12	15	5	10
固镇县	21	11	10	6	2	4	2	1	1
蚌埠市高新技术开发区	15	10	5	10	6	4	2	2	
蚌埠市经济开发区	101	33	68	38	16	22	24	12	12
淮南市	**83**	**23**	**60**	**62**	**17**	**45**	**23**	**13**	**10**
大通区	22	4	18	11	3	8	6	4	2
田家庵区				1		1			
谢家集区									
八公山区									
潘集区	6		6	5		5			
凤台县	21	3	18	21	4	17	12	6	6
寿县	34	16	18	24	10	14	5	3	2

1－4b 续表 10　　单位：人

地区	壮族			布依族			朝鲜族		
	小计	男	女	小计	男	女	小计	男	女
马鞍山市	**223**	**87**	**136**	**121**	**57**	**64**	**5**	**3**	**2**
花山区									
雨山区									
博望区	6	4	2	2	2				
当涂县	80	34	46	37	14	23	3	1	2
含山县	32	6	26	50	20	30			
和县	105	43	62	32	21	11	2	2	
淮北市	**30**	**5**	**25**	**26**	**5**	**21**	**1**		**1**
杜集区	7		7	5		5			
相山区									
烈山区				1		1			
濉溪县	23	5	18	20	5	15	1		1
铜陵市	**109**	**21**	**88**	**25**	**5**	**20**	**6**	**2**	**4**
铜官区									
义安区	11	9	2	14	4	10			
郊区	2		2				1	1	
枞阳县	96	12	84	11	1	10	5	1	4
安庆市	**286**	**83**	**203**	**174**	**63**	**111**	**9**	**6**	**3**
迎江区									
大观区	11		11	1		1	1	1	
宜秀区	13	2	11	1		1			
怀宁县	38	9	29	49	25	24	1	1	
太湖县	53	16	37	21	4	17			
宿松县	42	16	26	34	14	20			
望江县	20	8	12	9	2	7	1		1
岳西县	32	8	24	9	1	8	1	1	
安徽安庆经济开发区	45	21	24	28	14	14	5	3	2
桐城市	22	2	20	7	2	5			
潜山市	10	1	9	15	1	14			
黄山市	**128**	**38**	**90**	**114**	**32**	**82**	**10**	**7**	**3**
屯溪区	5	1	4	2	1	1	2	1	1
黄山区	5	1	4	12	4	8			
徽州区	1		1	3		3	3	2	1
歙县	49	12	37	42	10	32	3	2	1
休宁县	27	8	19	26	5	21	1	1	
黟县	23	7	16	9	3	6			
祁门县	18	9	9	20	9	11	1	1	
滁州市	**347**	**140**	**207**	**360**	**146**	**214**	**71**	**36**	**35**
琅琊区									
南谯区	22	10	12	7	1	6	4	2	2
来安县	46	19	27	67	26	41	3	1	2
全椒县	86	38	48	27	18	9	17	8	9
定远县	36	6	30	39	14	25			
凤阳县	42	13	29	29	8	21	8	5	3
苏滁现代产业园	20	14	6	6	6		15	11	4
滁州经济技术开发区	51	24	27	90	54	36	15	6	9
天长市	29	11	18	78	17	61	5	1	4
明光市	15	5	10	17	2	15	4	2	2

1-4b　续表 11　　　　单位：人

地区	壮族			布依族			朝鲜族		
	小计	男	女	小计	男	女	小计	男	女
阜阳市	**162**	**50**	**112**	**108**	**31**	**77**	**24**	**10**	**14**
颍州区	7	3	4	11	3	8	1		1
颍东区	10	5	5	6	2	4	2	2	
颍泉区	4	1	3	1	1				
临泉县	23	5	18	15	2	13			
太和县	44	14	30	28	6	22	9	5	4
阜南县	27	5	22	17	7	10	3	1	2
颍上县	25	8	17	15	2	13	9	2	7
阜阳合肥现代产业园区									
阜阳经济技术开发区	8	5	3	8	5	3			
界首市	14	4	10	7	3	4			
宿州市	**120**	**36**	**84**	**125**	**32**	**93**	**22**	**12**	**10**
埇桥区	13	4	9	19	4	15			
砀山县	25	9	16	19	4	15	7	6	1
萧县	13	2	11	32	11	21	3		3
灵璧县	29	7	22	17	3	14	7	3	4
泗县	24	11	13	26	6	20			
宿州马鞍山现代产业园区	4	1	3	2		2	4	2	2
宿州经济技术开发区	12	2	10	10	4	6	1	1	
六安市	**282**	**98**	**184**	**125**	**52**	**73**	**10**	**5**	**5**
金安区	15	7	8	8	5	3	2		2
裕安区	7	2	5	5	2	3			
叶集区	4	2	2				2	1	1
霍邱县	35	13	22	19	10	9			
舒城县	148	56	92	51	17	34	2	2	
金寨县	44	16	28	25	9	16	4	2	2
霍山县	29	2	27	17	9	8			
亳州市	**57**	**10**	**47**	**76**	**33**	**43**	**10**	**5**	**5**
谯城区	3	2	1	5		5	1	1	
涡阳县	19	2	17	26	18	8	6	3	3
蒙城县	23	6	17	28	10	18	1		1
利辛县	12		12	17	5	12	2	1	1
池州市	**124**	**46**	**78**	**69**	**22**	**47**	**13**	**6**	**7**
贵池区	10	2	8	6	2	4	1		1
东至县	41	15	26	24	10	14	5	3	2
石台县	25	15	10						
青阳县	47	13	34	39	10	29	7	3	4
池州市国家经济技术开发区									
皖江江南新兴产业集中区									
九华山风景区	1	1							
宣城市	**497**	**167**	**330**	**355**	**159**	**196**	**27**	**12**	**15**
宣州区	50	6	44	38	7	31	2	1	1
郎溪县	190	60	130	120	62	58	10	4	6
泾县	53	8	45	28	6	22	3	1	2
绩溪县	17	3	14	6	3	3	4	1	3
旌德县	20	5	15	17	8	9	1	1	
宣城市经济开发区	112	61	51	32	17	15	4	1	3
宁国市	30	13	17	18	8	10	3	3	
广德市	25	11	14	96	48	48			

1-4b 续表 12 单位：人

地区	满族			侗族			瑶族		
	小计	男	女	小计	男	女	小计	男	女
安徽	**4074**	**2184**	**1890**	**2159**	**892**	**1267**	**805**	**288**	**517**
合肥市	**2044**	**1146**	**898**	**422**	**205**	**217**	**200**	**86**	**114**
瑶海区	21	8	13	1		1	1		1
庐阳区	76	41	35	14	9	5	4	2	2
蜀山区	10	6	4	4	1	3			
包河区									
长丰县	102	48	54	62	25	37	23	8	15
肥东县	809	477	332	71	35	36	18	8	10
肥西县	142	66	76	49	26	23	33	12	21
庐江县	53	26	27	36	15	21	18	8	10
合肥高新技术产业开发区	187	97	90	40	16	24	24	12	12
合肥经济技术开发区	478	279	199	102	51	51	65	28	37
合肥新站高新技术产业开发区	150	90	60	37	25	12	12	7	5
巢湖市	16	8	8	6	2	4	2	1	1
芜湖市	**309**	**164**	**145**	**256**	**126**	**130**	**97**	**31**	**66**
镜湖区									
弋江区									
鸠江区	3	2	1	4	3	1	6	3	3
三山区	15	7	8	2		2	4	2	2
芜湖县	41	26	15	72	41	31	18	4	14
繁昌县	38	19	19	22	5	17	11		11
南陵县	28	11	17	23	5	18	21	3	18
芜湖经济技术开发区	157	89	68	104	69	35	33	18	15
安徽芜湖长江大桥经济开发区	1	1		1		1			
无为市	26	9	17	28	3	25	4	1	3
蚌埠市	**281**	**137**	**144**	**69**	**30**	**39**	**38**	**15**	**23**
龙子湖区	2	2					3	3	
蚌山区									
禹会区									
淮上区	1	1		3	1	2			
怀远县	27	11	16	8	3	5	9	3	6
五河县	15	10	5	27	12	15	2		2
固镇县	6	3	3	7	3	4	4	1	3
蚌埠市高新技术开发区	34	17	17	1	1		4	4	
蚌埠市经济开发区	196	93	103	23	10	13	16	4	12
淮南市	**67**	**33**	**34**	**51**	**16**	**35**	**25**	**10**	**15**
大通区	9	3	6	7		7	4	3	1
田家庵区				2		2	2		2
谢家集区									
八公山区									
潘集区	5	3	2	4	2	2	4	2	2
凤台县	40	20	20	7	3	4	6	3	3
寿县	13	7	6	31	11	20	9	2	7

1-4b 续表 13

单位：人

地区	满族			侗族			瑶族		
	小计	男	女	小计	男	女	小计	男	女
马鞍山市	**106**	**49**	**57**	**284**	**71**	**213**	**65**	**25**	**40**
花山区									
雨山区									
博望区				5	4	1			
当涂县	47	24	23	234	42	192	49	17	32
含山县	21	6	15	20	9	11	5	2	3
和县	38	19	19	25	16	9	11	6	5
淮北市	**18**	**6**	**12**	**17**	**8**	**9**	**2**		**2**
杜集区	2	1	1	2	1	1			
相山区									
烈山区	1	1							
濉溪县	15	4	11	15	7	8	2		2
铜陵市	**17**	**9**	**8**	**13**	**2**	**11**	**9**	**1**	**8**
铜官区									
义安区	5	4	1	2	1	1	1		1
郊区	3	1	2	1		1			
枞阳县	9	4	5	10	1	9	8	1	7
安庆市	**140**	**68**	**72**	**148**	**63**	**85**	**54**	**22**	**32**
迎江区									
大观区	2	1	1	7	1	6	5	1	4
宜秀区	4	4		2	1	1	2		2
怀宁县	33	15	18	42	25	17	16	4	12
太湖县	12	5	7	21	3	18	6	3	3
宿松县	9	7	2	25	11	14	7	3	4
望江县	13	9	4	6	2	4	4	4	
岳西县	11	3	8	13	6	7	5	3	2
安徽安庆经济开发区	43	18	25	17	7	10	4	2	2
桐城市	6	3	3	9	3	6	4	1	3
潜山市	7	3	4	6	4	2	1	1	
黄山市	**61**	**40**	**21**	**85**	**35**	**50**	**23**	**6**	**17**
屯溪区	10	8	2	4	2	2			
黄山区	21	16	5	13	7	6	4	2	2
徽州区	2	2		1		1	2	1	1
歙县	12	6	6	30	13	17	7	1	6
休宁县	9	3	6	22	6	16	3	1	2
黟县	1	1		1	1		4	1	3
祁门县	6	4	2	14	6	8	3		3
滁州市	**316**	**165**	**151**	**310**	**115**	**195**	**91**	**37**	**54**
琅琊区									
南谯区	19	9	10	8	3	5			
来安县	45	21	24	46	24	22	21	9	12
全椒县	102	58	44	38	18	20	30	13	17
定远县	31	11	20	41	22	19	3	1	2
凤阳县	22	10	12	10	3	7	12	3	9
苏滁现代产业园	18	14	4	7	2	5	5	4	1
滁州经济技术开发区	54	30	24	10	7	3	9	4	5
天长市	20	8	12	147	35	112	10	3	7
明光市	5	4	1	3	1	2	1		1

1－4b 续表 14 单位：人

地 区	满 族			侗 族			瑶 族		
	小计	男	女	小计	男	女	小计	男	女
阜阳市	**115**	**51**	**64**	**85**	**28**	**57**	**34**	**12**	**22**
颍州区	8	3	5	5		5			
颍东区	2	1	1	5	5		1	1	
颍泉区	1	1					2	1	1
临泉县	13	9	4	16	5	11	7	2	5
太和县	47	17	30	14	5	9	9	3	6
阜南县	9	3	6	13	3	10	6	1	5
颍上县	24	11	13	24	6	18	7	4	3
阜阳合肥现代产业园区							1		1
阜阳经济技术开发区	10	6	4	5	3	2			
界首市	1		1	3	1	2	1		1
宿州市	**165**	**77**	**88**	**67**	**31**	**36**	**12**	**4**	**8**
埇桥区	13	5	8	10	5	5	2	1	1
砀山县	41	19	22	9	5	4	1		1
萧县	23	11	12	12	4	8	3	3	
灵璧县	32	16	16	8	3	5	2		2
泗县	24	14	10	21	12	9	4		4
宿州马鞍山现代产业园区	7	2	5	2	1	1			
宿州经济技术开发区	25	10	15	5	1	4			
六安市	**113**	**54**	**59**	**98**	**39**	**59**	**42**	**9**	**33**
金安区	8	2	6	9	3	6	3		3
裕安区	9	1	8	1		1	1		1
叶集区							2		2
霍邱县	25	14	11	15	8	7	3	2	1
舒城县	21	11	10	21	8	13	17	3	14
金寨县	18	12	6	39	17	22	9	1	8
霍山县	32	14	18	13	3	10	7	3	4
亳州市	**114**	**56**	**58**	**26**	**7**	**19**	**20**	**3**	**17**
谯城区	59	28	31	1	1		1	1	
涡阳县	25	9	16	6	2	4	9	2	7
蒙城县	8	8		9	3	6	4		4
利辛县	22	11	11	10	1	9	6		6
池州市	**75**	**45**	**30**	**72**	**23**	**49**	**22**	**5**	**17**
贵池区	6	1	5	9	5	4	2	1	1
东至县	32	21	11	32	10	22	6	1	5
石台县	1	1		13	4	9			
青阳县	36	22	14	18	4	14	14	3	11
池州市国家经济技术开发区									
皖江江南新兴产业集中区									
九华山风景区									
宣城市	**133**	**84**	**49**	**156**	**93**	**63**	**71**	**22**	**49**
宣州区	5	2	3	10	3	7	9	2	7
郎溪县	28	18	10	27	19	8	31	7	24
泾县	19	11	8	18	7	11	7	2	5
绩溪县	5	3	2	4	2	2	3	2	1
旌德县	10	3	7	4	1	3	5	1	4
宣城市经济开发区	56	41	15	47	37	10	12	5	7
宁国市	5	1	4	36	19	17			
广德市	5	5		10	5	5	4	3	1

1-4b 续表 15

单位：人

地区	白族			土家族			哈尼族		
	小计	男	女	小计	男	女	小计	男	女
安徽	**768**	**326**	**442**	**5127**	**2559**	**2568**	**797**	**302**	**495**
合肥市	**194**	**89**	**105**	**1294**	**665**	**629**	**173**	**76**	**97**
瑶海区	2	1	1				1		1
庐阳区	2	2		34	15	19	1		1
蜀山区				15	6	9	6		6
包河区									
长丰县	24	5	19	202	90	112	15	1	14
肥东县	26	10	16	144	85	59	44	27	17
肥西县	25	11	14	164	82	82	25	9	16
庐江县	20	9	11	102	52	50	25	13	12
合肥高新技术产业开发区	25	17	8	122	74	48	7	3	4
合肥经济技术开发区	59	30	29	361	183	178	17	12	5
合肥新站高新技术产业开发区	8	2	6	118	61	57	14	9	5
巢湖市	3	2	1	32	17	15	18	2	16
芜湖市	**54**	**24**	**30**	**439**	**213**	**226**	**91**	**38**	**53**
镜湖区									
弋江区									
鸠江区	2	1	1	9	4	5	8	1	7
三山区				12	5	7			
芜湖县	19	4	15	167	89	78	34	17	17
繁昌县	4	1	3	50	30	20	13	2	11
南陵县	2		2	46	17	29	3		3
芜湖经济技术开发区	25	18	7	116	59	57	22	16	6
安徽芜湖长江大桥经济开发区				9	2	7	4	1	3
无为市	2		2	30	7	23	7	1	6
蚌埠市	**38**	**14**	**24**	**236**	**102**	**134**	**22**	**7**	**15**
龙子湖区				15	11	4			
蚌山区									
禹会区				3	3				
淮上区				2		2			
怀远县	7	5	2	31	8	23	5	2	3
五河县	5	1	4	41	14	27	1		1
固镇县	1	1		6	1	5	8	2	6
蚌埠市高新技术开发区	2		2	26	14	12	2	1	1
蚌埠市经济开发区	23	7	16	112	51	61	6	2	4
淮南市	**17**	**6**	**11**	**111**	**45**	**66**	**12**		**12**
大通区	6		6	8	2	6	3		3
田家庵区				2		2			
谢家集区									
八公山区									
潘集区				15	9	6	1		1
凤台县	2	1	1	23	11	12	1		1
寿县	9	5	4	63	23	40	7		7

1－4b 续表 16

单位：人

地区	白族			土家族			哈尼族		
	小计	男	女	小计	男	女	小计	男	女
马鞍山市	**37**	**12**	**25**	**202**	**108**	**94**	**95**	**28**	**67**
花山区									
雨山区									
博望区	5	2	3	4	1	3	8	4	4
当涂县	12	6	6	100	48	52	17	8	9
含山县	9	1	8	58	38	20	10	3	7
和县	11	3	8	40	21	19	60	13	47
淮北市	**15**	**9**	**6**	**25**	**10**	**15**	**9**	**2**	**7**
杜集区				3	2	1	2	1	1
相山区									
烈山区	1	1		4	2	2	2		2
濉溪县	14	8	6	18	6	12	5	1	4
铜陵市	**15**	**3**	**12**	**120**	**62**	**58**	**13**	**3**	**10**
铜官区							1		1
义安区	4	1	3	65	39	26	3	1	2
郊区				7	4	3	1		1
枞阳县	11	2	9	48	19	29	8	2	6
安庆市	**34**	**14**	**20**	**393**	**187**	**206**	**25**	**10**	**15**
迎江区									
大观区	2		2	10	3	7			
宜秀区				7	2	5	3	1	2
怀宁县	3	1	2	70	48	22	12	6	6
太湖县	3	1	2	60	20	40	3	1	2
宿松县	10	5	5	71	24	47	1		1
望江县				30	16	14	2	2	
岳西县	7	2	5	35	12	23	1		1
安徽安庆经济开发区	4	4		74	45	29	2		2
桐城市	5	1	4	17	9	8	1		1
潜山市				19	8	11			
黄山市	**23**	**10**	**13**	**282**	**188**	**94**	**28**	**6**	**22**
屯溪区				4	3	1	1		1
黄山区	3	3		85	71	14	2	2	
徽州区	1		1	1		1	1		1
歙县	9	2	7	73	34	39	17	4	13
休宁县	3		3	50	33	17	6		6
黟县	2	1	1	21	12	9			
祁门县	5	4	1	48	35	13	1		1
滁州市	**132**	**53**	**79**	**559**	**294**	**265**	**126**	**78**	**48**
琅琊区									
南谯区	6		6	33	16	17	3		3
来安县	35	12	23	131	83	48	14	8	6
全椒县	9	3	6	110	61	49	8	4	4
定远县	9	2	7	66	26	40	14	3	11
凤阳县	8	4	4	43	20	23	10	3	7
苏滁现代产业园	27	21	6	43	24	19	58	51	7
滁州经济技术开发区	15	7	8	48	28	20	13	8	5
天长市	17	3	14	71	32	39	6	1	5
明光市	6	1	5	14	4	10			

1-4b 续表 17

单位：人

地区	白族			土家族			哈尼族		
	小计	男	女	小计	男	女	小计	男	女
阜阳市	**42**	**18**	**24**	**241**	**110**	**131**	**21**	**1**	**20**
颍州区	3	3		14	4	10	1		1
颍东区	1		1	20	12	8			
颍泉区	1		1	8	4	4			
临泉县	9	5	4	48	26	22	9	1	8
太和县	5		5	48	21	27	4		4
阜南县	6	3	3	23	9	14	1		1
颍上县	15	7	8	56	23	33	5		5
阜阳合肥现代产业园区				3	1	2			
阜阳经济技术开发区	2		2	15	8	7	1		1
界首市				6	2	4			
宿州市	**44**	**15**	**29**	**233**	**110**	**123**	**34**	**5**	**29**
埇桥区	9	8	1	43	18	25	10	1	9
砀山县	2	1	1	35	14	21	3		3
萧县	6	2	4	34	17	17	5	1	4
灵璧县	16	1	15	43	14	29	11	3	8
泗县	3	2	1	47	28	19	2		2
宿州马鞍山现代产业园区	2	1	1	14	8	6			
宿州经济技术开发区	6		6	17	11	6	3		3
六安市	**43**	**23**	**20**	**261**	**118**	**143**	**47**	**17**	**30**
金安区	2	1	1	29	13	16	2		2
裕安区	2		2	3	1	2			
叶集区				9	4	5			
霍邱县	9	5	4	58	32	26	7	1	6
舒城县	17	10	7	63	31	32	31	15	16
金寨县	11	6	5	70	30	40	4	1	3
霍山县	2	1	1	29	7	22	3		3
亳州市	**18**	**6**	**12**	**131**	**69**	**62**	**20**	**11**	**9**
谯城区	1		1	9	2	7			
涡阳县	4	1	3	44	24	20	4	1	3
蒙城县	7	2	5	53	32	21	13	9	4
利辛县	6	3	3	25	11	14	3	1	2
池州市	**17**	**7**	**10**	**177**	**58**	**119**	**6**		**6**
贵池区				16	5	11	1		1
东至县	1		1	66	23	43	1		1
石台县	4	3	1	35	14	21	1		1
青阳县	12	4	8	60	16	44	3		3
池州市国家经济技术开发区									
皖江江南新兴产业集中区									
九华山风景区									
宣城市	**45**	**23**	**22**	**423**	**220**	**203**	**75**	**20**	**55**
宣州区	6	4	2	37	13	24	1		1
郎溪县	13	4	9	107	61	46	19	4	15
泾县	4	3	1	67	28	39	13	4	9
绩溪县	1		1	24	6	18	19	4	15
旌德县				12	3	9	2		2
宣城市经济开发区	15	11	4	73	53	20	3	2	1
宁国市	1		1	34	19	15	10	3	7
广德市	5	1	4	69	37	32	8	3	5

1－4b 续表 18 单位：人

地区	哈萨克族			傣族			黎族		
	小计	男	女	小计	男	女	小计	男	女
安徽	**95**	**58**	**37**	**469**	**164**	**305**	**564**	**224**	**340**
合肥市	**87**	**56**	**31**	**116**	**35**	**81**	**149**	**65**	**84**
瑶海区				3	1	2			
庐阳区				5		5			
蜀山区	1	1		1		1	4	2	2
包河区									
长丰县	16	14	2	17	3	14	19	10	9
肥东县				23	4	19	19	5	14
肥西县	1	1		13	3	10	28	12	16
庐江县	2	2		14	7	7	9	5	4
合肥高新技术产业开发区				3	2	1	17	8	9
合肥经济技术开发区	43	17	26	24	11	13	38	16	22
合肥新站高新技术产业开发区	23	21	2	13	4	9	10	5	5
巢湖市	1		1				5	2	3
芜湖市	**2**		**2**	**46**	**20**	**26**	**42**	**18**	**24**
镜湖区									
弋江区									
鸠江区				4	2	2	1		1
三山区							2	1	1
芜湖县				8	2	6	12	7	5
繁昌县				1		1	2	1	1
南陵县				3	1	2	9	1	8
芜湖经济技术开发区	2		2	21	14	7	10	7	3
安徽芜湖长江大桥经济开发区				2	1	1			
无为市				7		7	6	1	5
蚌埠市	**2**	**1**	**1**	**16**	**3**	**13**	**35**	**11**	**24**
龙子湖区				1	1				
蚌山区									
禹会区									
淮上区									
怀远县				3		3	7	2	5
五河县				2		2	5	4	1
固镇县				1		1	3	1	2
蚌埠市高新技术开发区				2		2	1		1
蚌埠市经济开发区	2	1	1	7	2	5	19	4	15
淮南市				**8**	**4**	**4**	**18**	**7**	**11**
大通区							4	1	3
田家庵区									
谢家集区									
八公山区									
潘集区				1		1	1	1	
凤台县				2		2	6	3	3
寿县				5	4	1	7	2	5

1-4b　续表 19　　　　单位：人

地　区	哈萨克族			傣　族			黎　族		
	小计	男	女	小计	男	女	小计	男	女
马鞍山市				**28**	**8**	**20**	**13**	**3**	**10**
花山区									
雨山区									
博望区				2	2				
当涂县				8	3	5	4		4
含山县				13		13	2		2
和县				5	3	2	7	3	4
淮北市				**9**	**3**	**6**	**4**		**4**
杜集区				6	3	3	1		1
相山区									
烈山区									
濉溪县				3		3	3		3
铜陵市	**1**		**1**	**3**		**3**	**4**	**2**	**2**
铜官区									
义安区									
郊区							2	2	
枞阳县	1		1	3		3	2		2
安庆市	**1**	**1**		**25**	**5**	**20**	**38**	**11**	**27**
迎江区									
大观区									
宜秀区							1	1	
怀宁县				6	2	4	1		1
太湖县				3		3	4	1	3
宿松县	1	1		1		1	6	3	3
望江县				1		1	6	4	2
岳西县				3		3			
安徽安庆经济开发区				3	2	1	13	2	11
桐城市				7	1	6	6		6
潜山市				1		1	1		1
黄山市				**19**	**11**	**8**	**12**	**5**	**7**
屯溪区									
黄山区							1		1
徽州区									
歙县				15	8	7	8	4	4
休宁县				1	1		1	1	
黟县				2	1	1	2		2
祁门县				1	1				
滁州市	**1**		**1**	**71**	**36**	**35**	**67**	**26**	**41**
琅琊区									
南谯区				4	2	2	3		3
来安县				1	1		17	9	8
全椒县				28	13	15	4	1	3
定远县				4	2	2	15	4	11
凤阳县				10	3	7	4	1	3
苏滁现代产业园				15	11	4	11	10	1
滁州经济技术开发区				3	2	1	6	1	5
天长市	1		1	4	1	3	3		3
明光市				2	1	1	4		4

1-4b 续表 20 单位：人

地区	哈萨克族			傣族			黎族		
	小计	男	女	小计	男	女	小计	男	女
阜阳市				**30**	**15**	**15**	**38**	**16**	**22**
颍州区							3	1	2
颍东区				1		1	2	1	1
颍泉区							1	1	
临泉县				8	1	7	2		2
太和县				16	14	2	6	2	4
阜南县				1		1	4	1	3
颍上县				3		3	16	8	8
阜阳合肥现代产业园区									
阜阳经济技术开发区				1		1	4	2	2
界首市									
宿州市	**1**		**1**	**16**	**3**	**13**	**16**	**7**	**9**
埇桥区				1		1	1	1	
砀山县	1		1	3	1	2	4	1	3
萧县				5	2	3	3	2	1
灵璧县									
泗县				4		4	4		4
宿州马鞍山现代产业园区				1		1			
宿州经济技术开发区				2		2	4	3	1
六安市				**31**	**5**	**26**	**43**	**19**	**24**
金安区				7		7	4	1	3
裕安区				1		1	2		2
叶集区							4	2	2
霍邱县							4	3	1
舒城县				13	4	9	12	5	7
金寨县							11	5	6
霍山县				10	1	9	6	3	3
亳州市				**10**	**1**	**9**	**20**	**8**	**12**
谯城区							3	1	2
涡阳县				3		3	5	2	3
蒙城县				5	1	4	6	2	4
利辛县				2		2	6	3	3
池州市				**3**		**3**	**11**	**3**	**8**
贵池区							3	1	2
东至县				2		2	3	1	2
石台县							2	1	1
青阳县				1		1	3		3
池州市国家经济技术开发区									
皖江江南新兴产业集中区									
九华山风景区									
宣城市				**38**	**15**	**23**	**54**	**23**	**31**
宣州区				4		4	5	4	1
郎溪县				13	3	10	22	11	11
泾县				6	5	1	4	1	3
绩溪县				4	2	2	5	3	2
旌德县							4		4
宣城市经济开发区				7	3	4	8	3	5
宁国市				4	2	2	4	1	3
广德市							2		2

1-4b 续表 21

单位：人

地区	傈僳族			佤族			畲族		
	小计	男	女	小计	男	女	小计	男	女
安徽	**396**	**146**	**250**	**438**	**175**	**263**	**548**	**276**	**272**
合肥市	**79**	**36**	**43**	**122**	**67**	**55**	**107**	**59**	**48**
瑶海区	1		1						
庐阳区				1	1		2		2
蜀山区							1		1
包河区									
长丰县	19	7	12	7	2	5	13	5	8
肥东县	14	4	10	44	34	10	15	9	6
肥西县	13	8	5	6		6	12	6	6
庐江县	5	3	2	37	14	23	6	4	2
合肥高新技术产业开发区	6	3	3	9	6	3	8	5	3
合肥经济技术开发区	6	2	4	12	7	5	35	22	13
合肥新站高新技术产业开发区	13	9	4	4	2	2	12	7	5
巢湖市	2		2	2	1	1	3	1	2
芜湖市	**60**	**38**	**22**	**51**	**28**	**23**	**36**	**21**	**15**
镜湖区									
弋江区									
鸠江区	2		2	5	3	2	2	1	1
三山区							1		1
芜湖县	8	3	5	17	9	8	9	4	5
繁昌县	1		1	19	14	5	3	2	1
南陵县	25	23	2	3		3	6	3	3
芜湖经济技术开发区	11	8	3	7	2	5	13	10	3
安徽芜湖长江大桥经济开发区	3		3				1	1	
无为市	10	4	6				1		1
蚌埠市	**8**	**3**	**5**	**5**		**5**	**25**	**12**	**13**
龙子湖区									
蚌山区									
禹会区									
淮上区	1		1				1	1	
怀远县	3	2	1	2		2	2	1	1
五河县	2	1	1	3		3	4	2	2
固镇县	1		1						
蚌埠市高新技术开发区							6	4	2
蚌埠市经济开发区	1		1				12	4	8
淮南市	**12**	**3**	**9**	**10**	**1**	**9**	**15**	**8**	**7**
大通区	4	2	2	3	1	2			
田家庵区									
谢家集区							2	1	1
八公山区									
潘集区	1		1				2	1	1
凤台县				6		6	1		1
寿县	7	1	6	1		1	10	6	4

1-4b 续表 22 单位：人

地区	傈僳族			佤族			畲族		
	小计	男	女	小计	男	女	小计	男	女
马鞍山市	**29**	**6**	**23**	**43**	**25**	**18**	**22**	**8**	**14**
花山区									
雨山区									
博望区				1	1				
当涂县	11	1	10	18	8	10	13	7	6
含山县	11	5	6	2		2	1		1
和县	7		7	22	16	6	8	1	7
淮北市	**4**		**4**	**5**		**5**	**4**	**2**	**2**
杜集区									
相山区									
烈山区	1		1						
濉溪县	3		3	5		5	4	2	2
铜陵市	**3**		**3**	**2**		**2**	**4**	**1**	**3**
铜官区									
义安区							1		1
郊区	3		3				2	1	1
枞阳县				2		2	1		1
安庆市	**11**	**3**	**8**	**36**	**10**	**26**	**27**	**11**	**16**
迎江区									
大观区									
宜秀区	7	3	4	1	1				
怀宁县	1		1	5	1	4	7	2	5
太湖县				1		1	5	1	4
宿松县	1		1				3	1	2
望江县	1		1	2	2		3	1	2
岳西县	1		1				6	6	
安徽安庆经济开发区				3	3		3		3
桐城市				21	3	18			
潜山市				3		3			
黄山市	**42**	**7**	**35**	**6**	**1**	**5**	**30**	**13**	**17**
屯溪区									
黄山区				1		1			
徽州区	2		2						
歙县	26	3	23	2		2	15	6	9
休宁县	2	1	1	3	1	2	7	3	4
黟县	2	1	1				1		1
祁门县	10	2	8				7	4	3
滁州市	**35**	**16**	**19**	**59**	**28**	**31**	**59**	**35**	**24**
琅琊区									
南谯区	2		2	5	5		3		3
来安县	10	3	7	12	5	7	19	15	4
全椒县				4	2	2	14	7	7
定远县	2	1	1	2		2	4	2	2
凤阳县	4	1	3	9		9	8	6	2
苏滁现代产业园	7	7		17	10	7			
滁州经济技术开发区	3	2	1	7	5	2			
天长市	4	2	2	1		1	11	5	6
明光市	3		3	2	1	1			

1-4b　续表 23　　　　　　　　　　　　　　　　　　　　　　　　　　　　单位：人

地　区	傈僳族			佤　族			畲　族		
	小计	男	女	小计	男	女	小计	男	女
阜阳市	**18**	**5**	**13**	**22**	**2**	**20**	**15**	**4**	**11**
颍州区	1		1	1		1	6	1	5
颍东区	4	1	3						
颍泉区				2		2			
临泉县	1	1		6		6			
太和县	3	1	2	1	1		1		1
阜南县	2		2	2		2	4	2	2
颍上县	4	1	3	3		3	4	1	3
阜阳合肥现代产业园区									
阜阳经济技术开发区	2		2	1		1			
界首市	1	1		6	1	5			
宿州市	**12**	**3**	**9**	**17**	**4**	**13**	**21**	**9**	**12**
埇桥区	3	1	2	2		2			
砀山县	2	1	1	3		3	4	1	3
萧县	1	1		3		3			
灵璧县	6		6	3		3	10	6	4
泗县				6	4	2	7	2	5
宿州马鞍山现代产业园区									
宿州经济技术开发区									
六安市	**27**	**11**	**16**	**16**	**2**	**14**	**11**	**6**	**5**
金安区	1		1						
裕安区	1		1				2		2
叶集区				5	1	4	2	2	
霍邱县	3	1	2				3	2	1
舒城县	13	7	6	3		3	2	2	
金寨县	7	3	4	6	1	5	1		1
霍山县	2		2	2		2	1		1
亳州市	**19**	**4**	**15**	**19**		**19**	**13**	**6**	**7**
谯城区									
涡阳县	3		3	9		9	8	3	5
蒙城县	10	2	8	8		8	4	3	1
利辛县	6	2	4	2		2	1		1
池州市	**12**	**2**	**10**	**9**	**2**	**7**	**15**	**5**	**10**
贵池区	2		2						
东至县	2		2	5	2	3	4	2	2
石台县	7	2	5	1		1	2	1	1
青阳县	1		1	3		3	9	2	7
池州市国家经济技术开发区									
皖江江南新兴产业集中区									
九华山风景区									
宣城市	**25**	**9**	**16**	**16**	**5**	**11**	**144**	**76**	**68**
宣州区	5	1	4	1		1			
郎溪县	9	4	5	6	1	5	5	3	2
泾县	2		2	4	2	2	7	2	5
绩溪县	7	2	5				3	1	2
旌德县				2	1	1	5	3	2
宣城市经济开发区	1	1		1		1	14	10	4
宁国市							108	57	51
广德市	1	1		2	1	1	2		2

1-4b 续表 24 单位：人

地 区	高山族			拉祜族			水 族		
	小计	男	女	小计	男	女	小计	男	女
安 徽	**24**	**9**	**15**	**362**	**147**	**215**	**371**	**164**	**207**
合肥市	**11**	**6**	**5**	**58**	**17**	**41**	**68**	**31**	**37**
瑶海区									
庐阳区									
蜀山区				2	1	1			
包河区									
长丰县				12	4	8	11	4	7
肥东县				6	3	3	9	5	4
肥西县	2	1	1	7	2	5	13	3	10
庐江县				8	2	6	3	1	2
合肥高新技术产业开发区	2	2		6	1	5	8	5	3
合肥经济技术开发区	5	2	3	12	3	9	11	5	6
合肥新站高新技术产业开发区	2	1	1	4		4	13	8	5
巢湖市				1	1				
芜湖市	**1**		**1**	**29**	**16**	**13**	**28**	**15**	**13**
镜湖区									
弋江区									
鸠江区									
三山区									
芜湖县				13	7	6	5	3	2
繁昌县				2	2		3	3	
南陵县				4	1	3	9	1	8
芜湖经济技术开发区	1		1	5	3	2	7	7	
安徽芜湖长江大桥经济开发区				4	3	1			
无为市				1		1	4	1	3
蚌埠市	**1**		**1**	**13**	**3**	**10**	**6**	**2**	**4**
龙子湖区									
蚌山区									
禹会区									
淮上区							1		1
怀远县				4	1	3	2	1	1
五河县				5	1	4	2	1	1
固镇县				4	1	3			
蚌埠市高新技术开发区									
蚌埠市经济开发区	1		1				1		1
淮南市				**8**	**3**	**5**	**3**	**1**	**2**
大通区				3	2	1			
田家庵区									
谢家集区									
八公山区									
潘集区				1		1			
凤台县				2	1	1	1	1	
寿县				2		2	2		2

1−4b　续表 25　　　　单位：人

地　区	高山族			拉祜族			水　族		
	小计	男	女	小计	男	女	小计	男	女
马鞍山市				**67**	**39**	**28**	**63**	**41**	**22**
花山区									
雨山区									
博望区							1		1
当涂县				23	14	9	60	40	20
含山县				15	8	7	1		1
和县				29	17	12	1	1	
淮北市				**6**		**6**	**3**	**2**	**1**
杜集区							1	1	
相山区									
烈山区									
濉溪县				6		6	2	1	1
铜陵市				**2**		**2**	**4**		**4**
铜官区									
义安区				1		1			
郊区									
枞阳县				1		1	4		4
安庆市	**1**		**1**	**18**	**8**	**10**	**13**	**2**	**11**
迎江区									
大观区									
宜秀区				3	2	1			
怀宁县				5		5	4	1	3
太湖县							2		2
宿松县	1		1				3	1	2
望江县							1		1
岳西县									
安徽安庆经济开发区				7	6	1	1		1
桐城市				1		1			
潜山市				2		2	2		2
黄山市	**3**	**2**	**1**	**10**	**1**	**9**	**14**	**4**	**10**
屯溪区									
黄山区				3		3			
徽州区							2		2
歙县				3		3	5		5
休宁县				4	1	3	3	2	1
黟县							1	1	
祁门县	3	2	1				3	1	2
滁州市	**1**		**1**	**24**	**10**	**14**	**39**	**17**	**22**
琅琊区									
南谯区							2	1	1
来安县				4	1	3	3	2	1
全椒县							4	1	3
定远县				6	2	4	2	1	1
凤阳县	1		1	5		5	2		2
苏滁现代产业园				5	5		3	2	1
滁州经济技术开发区				1	1		1	1	
天长市							19	9	10
明光市				3	1	2	3		3

1－4b 续表 26

单位：人

地 区	高山族			拉祜族			水 族		
	小计	男	女	小计	男	女	小计	男	女
阜阳市				**22**	**6**	**16**	**7**	**3**	**4**
颍州区									
颍东区							1	1	
颍泉区									
临泉县				1	1				
太和县				13	2	11	1		1
阜南县				4	1	3			
颍上县				3	2	1	2	1	1
阜阳合肥现代产业园区				1		1			
阜阳经济技术开发区							3	1	2
界首市									
宿州市				**46**	**27**	**19**	**8**	**3**	**5**
埇桥区				5	1	4			
砀山县				2		2	3	2	1
萧县				8	1	7	1		1
灵璧县				4	1	3	2		2
泗县				27	24	3	2	1	1
宿州马鞍山现代产业园区									
宿州经济技术开发区									
六安市	**3**		**3**	**20**	**9**	**11**	**14**	**3**	**11**
金安区				5	1	4	3	2	1
裕安区									
叶集区				1	1				
霍邱县				5	3	2	3	1	2
舒城县				6	3	3	7		7
金寨县				1	1				
霍山县	3		3	2		2	1		1
亳州市				**22**	**2**	**20**	**7**		**7**
谯城区									
涡阳县				7		7	1		1
蒙城县				11	2	9	4		4
利辛县				4		4	2		2
池州市	**2**		**2**	**4**		**4**	**6**	**3**	**3**
贵池区				1		1	3	2	1
东至县				3		3			
石台县							1		1
青阳县	2		2				2	1	1
池州市国家经济技术开发区									
皖江江南新兴产业集中区									
九华山风景区									
宣城市	**1**	**1**		**13**	**6**	**7**	**88**	**37**	**51**
宣州区							11	8	3
郎溪县				7	2	5	17	7	10
泾县	1	1		2	1	1	1		1
绩溪县							15	7	8
旌德县							8	1	7
宣城市经济开发区							7	5	2
宁国市				2	1	1	3	2	1
广德市				2	2		26	7	19

1-4b　续表 27　　　　　　　　　　　　　　　　　　　　单位：人

地　区	东乡族			纳西族			景颇族		
	小计	男	女	小计	男	女	小计	男	女
安　徽	**659**	**358**	**301**	**39**	**14**	**25**	**96**	**32**	**64**
合肥市	**157**	**98**	**59**	**15**	**5**	**10**	**32**	**8**	**24**
瑶海区	4	3	1						
庐阳区	2	1	1				1	1	
蜀山区	4	3	1						
包河区									
长丰县	12	7	5	1		1	5	1	4
肥东县	19	11	8				10	5	5
肥西县	31	21	10	4	1	3	3		3
庐江县	6	5	1				7		7
合肥高新技术产业开发区	36	23	13	6	3	3	1		1
合肥经济技术开发区	24	14	10	4	1	3	1		1
合肥新站高新技术产业开发区	16	9	7				2	1	1
巢湖市	3	1	2				2		2
芜湖市	**7**	**1**	**6**	**6**	**2**	**4**	**10**	**5**	**5**
镜湖区									
弋江区									
鸠江区							2	1	1
三山区									
芜湖县	5	1	4	1	1		2	1	1
繁昌县									
南陵县							2		2
芜湖经济技术开发区	2		2	3	1	2	4	3	1
安徽芜湖长江大桥经济开发区									
无为市				2		2			
蚌埠市	**46**	**23**	**23**	**3**	**1**	**2**	**4**	**2**	**2**
龙子湖区									
蚌山区									
禹会区	4	2	2				2	1	1
淮上区				1	1				
怀远县	3	1	2						
五河县	13	7	6				2	1	1
固镇县	4	2	2	1		1			
蚌埠市高新技术开发区	3	1	2						
蚌埠市经济开发区	19	10	9	1		1			
淮南市	**21**	**10**	**11**				**1**	**1**	
大通区									
田家庵区									
谢家集区									
八公山区									
潘集区	5	3	2						
凤台县	14	7	7				1	1	
寿县	2		2						

1−4b 续表 28 单位：人

地 区	东乡族			纳西族			景颇族		
	小计	男	女	小计	男	女	小计	男	女
马鞍山市	**11**	**5**	**6**	**3**		**3**	**1**		**1**
花山区									
雨山区									
博望区									
当涂县	7	2	5	2		2	1		1
含山县									
和县	4	3	1	1		1			
淮北市							**2**	**1**	**1**
杜集区							2	1	1
相山区									
烈山区									
濉溪县									
铜陵市									
铜官区									
义安区									
郊区									
枞阳县									
安庆市				**1**		**1**	**4**	**1**	**3**
迎江区									
大观区									
宜秀区									
怀宁县				1		1			
太湖县									
宿松县									
望江县							1	1	
岳西县									
安徽安庆经济开发区							1		1
桐城市							2		2
潜山市									
黄山市	**1**	**1**		**3**	**2**	**1**	**3**	**1**	**2**
屯溪区									
黄山区									
徽州区	1	1							
歙县							1		1
休宁县									
黟县				2	1	1			
祁门县				1	1		2	1	1
滁州市	**27**	**18**	**9**	**4**	**2**	**2**	**11**	**5**	**6**
琅琊区									
南谯区							6	2	4
来安县	5	4	1	2	1	1	1	1	
全椒县	9	7	2						
定远县									
凤阳县	6	4	2				3	1	2
苏滁现代产业园				2	1	1	1	1	
滁州经济技术开发区									
天长市									
明光市	7	3	4						

1-4b　续表 29　　　　单位：人

地　区	东乡族			纳西族			景颇族		
	小计	男	女	小计	男	女	小计	男	女
阜阳市	**168**	**102**	**66**				**10**	**7**	**3**
颍州区	7	5	2				5	5	
颍东区	10	7	3						
颍泉区	6	4	2						
临泉县	38	22	16						
太和县	37	22	15				1		1
阜南县	8	6	2				4	2	2
颍上县	40	22	18						
阜阳合肥现代产业园区	4	3	1						
阜阳经济技术开发区	7	5	2						
界首市	11	6	5						
宿州市	**84**	**39**	**45**				**2**		**2**
埇桥区	33	13	20						
砀山县	8	5	3				2		2
萧县	7	2	5						
灵璧县	30	15	15						
泗县									
宿州马鞍山现代产业园区	2	2							
宿州经济技术开发区	4	2	2						
六安市	**22**	**12**	**10**	**2**	**1**	**1**	**8**	**1**	**7**
金安区									
裕安区	4	2	2				2		2
叶集区									
霍邱县	8	4	4				2		2
舒城县	10	6	4	1	1		1		1
金寨县									
霍山县				1		1	3	1	2
亳州市	**99**	**44**	**55**	**1**		**1**	**2**		**2**
谯城区	5	1	4						
涡阳县	37	18	19						
蒙城县	36	18	18	1		1	1		1
利辛县	21	7	14				1		1
池州市	**3**		**3**				**2**		**2**
贵池区									
东至县									
石台县									
青阳县	3		3				2		2
池州市国家经济技术开发区									
皖江江南新兴产业集中区									
九华山风景区									
宣城市	**13**	**5**	**8**	**1**	**1**		**4**		**4**
宣州区	1	1					1		1
郎溪县	6	1	5						
泾县									
绩溪县									
旌德县									
宣城市经济开发区	2	1	1						
宁国市	1		1	1	1				
广德市	3	2	1				3		3

1-4b 续表 30

单位：人

地 区	柯尔克孜族			土 族			达斡尔族		
	小计	男	女	小计	男	女	小计	男	女
安 徽	**19**	**11**	**8**	**116**	**44**	**72**	**56**	**27**	**29**
合肥市	**14**	**9**	**5**	**36**	**18**	**18**	**29**	**14**	**15**
瑶海区									
庐阳区				3	2	1			
蜀山区									
包河区									
长丰县	1	1					3	1	2
肥东县				10	3	7	4	2	2
肥西县				3	1	2	1	1	
庐江县				2	1	1			
合肥高新技术产业开发区				3	3		3	1	2
合肥经济技术开发区	4	2	2	12	7	5	12	4	8
合肥新站高新技术产业开发区	9	6	3	3	1	2	6	5	1
巢湖市									
芜湖市	**2**	**2**		**12**	**5**	**7**	**5**	**2**	**3**
镜湖区									
弋江区									
鸠江区									
三山区									
芜湖县	1	1		7	4	3			
繁昌县									
南陵县				5	1	4	4	2	2
芜湖经济技术开发区	1	1					1		1
安徽芜湖长江大桥经济开发区									
无为市									
蚌埠市	**2**		**2**	**8**	**1**	**7**	**6**	**1**	**5**
龙子湖区									
蚌山区									
禹会区									
淮上区									
怀远县				2	1	1			
五河县									
固镇县							4	1	3
蚌埠市高新技术开发区									
蚌埠市经济开发区	2		2	6		6	2		2
淮南市							**3**	**3**	
大通区									
田家庵区									
谢家集区									
八公山区									
潘集区									
凤台县							2	2	
寿县							1	1	

1-4b 续表 31　　单位：人

地　区	柯尔克孜族			土　族			达斡尔族		
	小计	男	女	小计	男	女	小计	男	女
马鞍山市				**11**	**1**	**10**	**4**	**1**	**3**
花山区									
雨山区									
博望区									
当涂县				7	1	6	1		1
含山县							3	1	2
和县				4		4			
淮北市				**1**		**1**	**1**		**1**
杜集区				1		1			
相山区									
烈山区									
濉溪县							1		1
铜陵市				**2**		**2**			
铜官区									
义安区									
郊区									
枞阳县				2		2			
安庆市				**3**		**3**			
迎江区									
大观区									
宜秀区									
怀宁县									
太湖县									
宿松县									
望江县									
岳西县									
安徽安庆经济开发区				3		3			
桐城市									
潜山市									
黄山市				**2**	**1**	**1**			
屯溪区									
黄山区				1	1				
徽州区									
歙县									
休宁县									
黟县				1		1			
祁门县									
滁州市	**1**		**1**	**17**	**9**	**8**	**3**	**2**	**1**
琅琊区									
南谯区									
来安县				2	1	1	1		1
全椒县				4	3	1			
定远县									
凤阳县				7	3	4			
苏滁现代产业园				1	1		1	1	
滁州经济技术开发区	1		1	3	1	2	1	1	
天长市									
明光市									

1-4b 续表 32

单位：人

地　　区	柯尔克孜族			土　族			达斡尔族		
	小计	男	女	小计	男	女	小计	男	女
阜阳市				**4**	**1**	**3**			
颍州区									
颍东区									
颍泉区									
临泉县									
太和县									
阜南县									
颍上县				2	1	1			
阜阳合肥现代产业园区									
阜阳经济技术开发区				2		2			
界首市									
宿州市				**4**	**2**	**2**			
埇桥区				1	1				
砀山县				1		1			
萧县				1		1			
灵璧县									
泗县									
宿州马鞍山现代产业园区									
宿州经济技术开发区				1	1				
六安市				**3**	**2**	**1**			
金安区									
裕安区									
叶集区									
霍邱县				1		1			
舒城县				2	2				
金寨县									
霍山县									
亳州市				**2**		**2**	**2**	**1**	**1**
谯城区									
涡阳县				1		1			
蒙城县									
利辛县				1		1	2	1	1
池州市				**3**	**1**	**2**	**1**	**1**	
贵池区									
东至县									
石台县									
青阳县				3	1	2			
池州市国家经济技术开发区									
皖江江南新兴产业集中区									
九华山风景区							1	1	
宣城市				**8**	**3**	**5**	**2**	**2**	
宣州区									
郎溪县				4	1	3			
泾县									
绩溪县									
旌德县				1		1			
宣城市经济开发区				2	1	1			
宁国市									
广德市				1	1		2	2	

1-4b 续表 33　　单位：人

地　区	仫佬族			羌　族			布朗族		
	小计	男	女	小计	男	女	小计	男	女
安　徽	**121**	**56**	**65**	**129**	**70**	**59**	**58**	**23**	**35**
合肥市	**38**	**20**	**18**	**39**	**22**	**17**	**7**	**3**	**4**
瑶海区				1	1				
庐阳区				1		1			
蜀山区				1		1			
包河区									
长丰县	2	1	1	6	5	1	1		1
肥东县	2	1	1	3		3	2	1	1
肥西县	1	1		1		1	1	1	
庐江县	3	1	2	3	3		2	1	1
合肥高新技术产业开发区	9	4	5	10	8	2			
合肥经济技术开发区	9	5	4	10	4	6			
合肥新站高新技术产业开发区	11	7	4	3	1	2	1		1
巢湖市	1		1						
芜湖市	**10**	**4**	**6**	**27**	**20**	**7**	**4**	**1**	**3**
镜湖区									
弋江区									
鸠江区									
三山区	1		1						
芜湖县	2		2	23	19	4	1	1	
繁昌县									
南陵县	3		3	3	1	2	1		1
芜湖经济技术开发区	4	4					2		2
安徽芜湖长江大桥经济开发区									
无为市				1		1			
蚌埠市	**1**		**1**	**10**	**3**	**7**	**6**		**6**
龙子湖区									
蚌山区									
禹会区									
淮上区									
怀远县				2	1	1	4		4
五河县									
固镇县							1		1
蚌埠市高新技术开发区				2	1	1	1		1
蚌埠市经济开发区	1		1	6	1	5			
淮南市	**3**	**2**	**1**	**4**	**1**	**3**	**5**	**1**	**4**
大通区	3	2	1	1		1	1		1
田家庵区									
谢家集区									
八公山区									
潘集区									
凤台县				3	1	2			
寿县							4	1	3

1－4b 续表 34　　单位：人

地　区	仫佬族			羌　族			布朗族		
	小计	男	女	小计	男	女	小计	男	女
马鞍山市	**1**	**1**							
花山区									
雨山区									
博望区									
当涂县									
含山县									
和县	1	1							
淮北市									
杜集区									
相山区									
烈山区									
濉溪县									
铜陵市	**4**	**1**	**3**				**2**	**1**	**1**
铜官区									
义安区									
郊区									
枞阳县	4	1	3				2	1	1
安庆市	**21**	**13**	**8**	**2**	**1**	**1**	**11**	**7**	**4**
迎江区									
大观区									
宜秀区	3		3						
怀宁县	1		1				3		3
太湖县									
宿松县	1		1						
望江县	12	11	1						
岳西县	1		1	2	1	1			
安徽安庆经济开发区							7	7	
桐城市	3	2	1				1		1
潜山市									
黄山市	**2**		**2**	**2**	**1**	**1**			
屯溪区									
黄山区				1	1				
徽州区									
歙县	2		2	1		1			
休宁县									
黟县									
祁门县									
滁州市	**7**	**2**	**5**	**7**	**5**	**2**	**4**	**2**	**2**
琅琊区									
南谯区									
来安县	1		1	1		1	2	1	1
全椒县	1		1	3	3				
定远县				1		1			
凤阳县	1		1	1	1		1		1
苏滁现代产业园	1		1						
滁州经济技术开发区				1	1		1	1	
天长市	3	2	1						
明光市									

1-4b 续表 35

单位：人

地区	仫佬族			羌族			布朗族		
	小计	男	女	小计	男	女	小计	男	女
阜阳市	**2**	**1**	**1**	**7**	**2**	**5**	**5**	**4**	**1**
颍州区									
颍东区									
颍泉区									
临泉县	1	1		1		1	2	1	1
太和县	1		1	5	1	4			
阜南县							3	3	
颍上县				1	1				
阜阳合肥现代产业园区									
阜阳经济技术开发区									
界首市									
宿州市	**2**	**1**	**1**	**10**	**2**	**8**	**1**		**1**
埇桥区	1	1							
砀山县	1		1	6	2	4	1		1
萧县									
灵璧县				3		3			
泗县				1		1			
宿州马鞍山现代产业园区									
宿州经济技术开发区									
六安市	**4**	**1**	**3**	**3**	**2**	**1**	**5**	**2**	**3**
金安区	1	1							
裕安区				1	1				
叶集区									
霍邱县	2		2	2	1	1			
舒城县	1		1				1	1	
金寨县							4	1	3
霍山县									
亳州市	**3**	**1**	**2**	**2**	**1**	**1**	**5**	**1**	**4**
谯城区									
涡阳县	2	1	1	2	1	1	2	1	1
蒙城县							1		1
利辛县	1		1				2		2
池州市	**7**	**4**	**3**	**4**	**2**	**2**	**1**		**1**
贵池区									
东至县	6	3	3				1		1
石台县									
青阳县	1	1		4	2	2			
池州市国家经济技术开发区									
皖江江南新兴产业集中区									
九华山风景区									
宣城市	**16**	**5**	**11**	**12**	**8**	**4**	**2**	**1**	**1**
宣州区	2		2	1	1				
郎溪县				3	3				
泾县	1		1						
绩溪县									
旌德县							2	1	1
宣城市经济开发区	10	4	6	3	2	1			
宁国市	1		1	5	2	3			
广德市	2	1	1						

1－4b 续表 36

单位：人

地区	撒拉族			毛南族			仡佬族		
	小计	男	女	小计	男	女	小计	男	女
安徽	**84**	**53**	**31**	**60**	**27**	**33**	**440**	**230**	**210**
合肥市	**36**	**23**	**13**	**12**	**7**	**5**	**134**	**77**	**57**
瑶海区									
庐阳区									
蜀山区							1		1
包河区									
长丰县	1	1		4		4	26	10	16
肥东县				1	1		13	7	6
肥西县				2	2		27	23	4
庐江县	1	1		1		1	4	3	1
合肥高新技术产业开发区							27	13	14
合肥经济技术开发区	17	12	5	4	4		24	14	10
合肥新站高新技术产业开发区	17	9	8				10	6	4
巢湖市							2	1	1
芜湖市	**6**	**5**	**1**	**11**	**3**	**8**	**28**	**13**	**15**
镜湖区									
弋江区									
鸠江区				2		2	1		1
三山区				1		1	2		2
芜湖县	4	3	1	2	2		10	6	4
繁昌县				1		1	3		3
南陵县	2	2		2		2	3	1	2
芜湖经济技术开发区				3	1	2	9	6	3
安徽芜湖长江大桥经济开发区									
无为市									
蚌埠市	**3**	**1**	**2**				**22**	**13**	**9**
龙子湖区									
蚌山区									
禹会区									
淮上区									
怀远县							2	1	1
五河县							7	6	1
固镇县									
蚌埠市高新技术开发区							3	3	
蚌埠市经济开发区	3	1	2				10	3	7
淮南市				**1**	**1**		**11**	**5**	**6**
大通区							2	1	1
田家庵区									
谢家集区									
八公山区									
潘集区							2		2
凤台县							1		1
寿县				1	1		6	4	2

1-4b 续表 37

单位：人

地　　区	撒拉族			毛南族			仡佬族		
	小计	男	女	小计	男	女	小计	男	女
马鞍山市	**3**	**2**	**1**	**5**	**2**	**3**	**9**	**5**	**4**
花山区									
雨山区									
博望区									
当涂县				2	1	1			
含山县							5	4	1
和县	3	2	1	3	1	2	4	1	3
淮北市							**3**	**2**	**1**
杜集区							1	1	
相山区									
烈山区									
濉溪县							2	1	1
铜陵市				**6**	**2**	**4**	**4**	**1**	**3**
铜官区									
义安区				1	1		1	1	
郊区				2	1	1	1		1
枞阳县				3		3	2		2
安庆市				**2**	**1**	**1**	**22**	**18**	**4**
迎江区									
大观区									
宜秀区									
怀宁县							8	8	
太湖县							2	1	1
宿松县				1		1	1		1
望江县							1	1	
岳西县									
安徽安庆经济开发区				1	1		9	8	1
桐城市									
潜山市							1		1
黄山市				**3**		**3**	**20**	**12**	**8**
屯溪区									
黄山区							5	4	1
徽州区									
歙县				2		2	4	1	3
休宁县				1		1	4	2	2
黟县							3	2	1
祁门县							4	3	1
滁州市	**19**	**11**	**8**	**7**	**4**	**3**	**55**	**25**	**30**
琅琊区									
南谯区	6	3	3				4	1	3
来安县	11	6	5	1	1		4	2	2
全椒县				1		1	12	7	5
定远县							10	3	7
凤阳县							4	2	2
苏滁现代产业园	1	1					5	5	
滁州经济技术开发区	1	1		3	3		11	4	7
天长市				2		2	5	1	4
明光市									

1-4b 续表 38

单位：人

地区	撒拉族			毛南族			仡佬族		
	小计	男	女	小计	男	女	小计	男	女
阜阳市	**3**	**2**	**1**	**4**	**1**	**3**	**20**	**11**	**9**
颍州区							5	3	2
颍东区									
颍泉区									
临泉县				1		1			
太和县				1		1	1		1
阜南县							6	2	4
颍上县	3	2	1	2	1	1	7	5	2
阜阳合肥现代产业园区									
阜阳经济技术开发区							1	1	
界首市									
宿州市	**9**	**8**	**1**	**1**		**1**	**26**	**8**	**18**
埇桥区							8	3	5
砀山县							6	3	3
萧县	5	4	1	1		1	2		2
灵璧县	4	4					6		6
泗县							1		1
宿州马鞍山现代产业园区							1	1	
宿州经济技术开发区							2	1	1
六安市							**24**	**10**	**14**
金安区							4	2	2
裕安区									
叶集区									
霍邱县							5	1	4
舒城县							6	3	3
金寨县							3	1	2
霍山县							6	3	3
亳州市	**4**	**1**	**3**	**1**		**1**	**13**	**8**	**5**
谯城区							2	1	1
涡阳县							3	1	2
蒙城县				1		1	3	1	2
利辛县	4	1	3				5	5	
池州市				**1**		**1**	**17**	**6**	**11**
贵池区							3	2	1
东至县							7	2	5
石台县							3	1	2
青阳县				1		1	4	1	3
池州市国家经济技术开发区									
皖江江南新兴产业集中区									
九华山风景区									
宣城市	**1**		**1**	**6**	**6**		**32**	**16**	**16**
宣州区							1	1	
郎溪县				6	6		13	6	7
泾县							1	1	
绩溪县							2	1	1
旌德县							1		1
宣城市经济开发区	1		1				7	3	4
宁国市							4	3	1
广德市							3	1	2

1-4b 续表 39

单位：人

地区	锡伯族			阿昌族			普米族		
	小计	男	女	小计	男	女	小计	男	女
安 徽	**57**	**26**	**31**	**25**	**11**	**14**	**19**	**13**	**6**
合肥市	**32**	**17**	**15**	**10**	**3**	**7**	**2**	**1**	**1**
瑶海区									
庐阳区	4	3	1	1		1			
蜀山区									
包河区									
长丰县				2		2			
肥东县	1	1					1	1	
肥西县				1	1				
庐江县	1		1				1		1
合肥高新技术产业开发区	11	7	4	2	1	1			
合肥经济技术开发区	14	6	8						
合肥新站高新技术产业开发区				1	1				
巢湖市	1		1	3		3			
芜湖市	**4**	**1**	**3**	**2**	**1**	**1**			
镜湖区									
弋江区									
鸠江区									
三山区									
芜湖县									
繁昌县	1	1							
南陵县									
芜湖经济技术开发区	1		1						
安徽芜湖长江大桥经济开发区									
无为市	2		2	2	1	1			
蚌埠市	**4**	**1**	**3**						
龙子湖区									
蚌山区									
禹会区									
淮上区									
怀远县									
五河县									
固镇县									
蚌埠市高新技术开发区									
蚌埠市经济开发区	4	1	3						
淮南市	**5**	**3**	**2**	**1**	**1**				
大通区	1	1							
田家庵区									
谢家集区									
八公山区									
潘集区	1		1	1	1				
凤台县	1	1							
寿县	2	1	1						

1-4b 续表 40

单位：人

地区	锡伯族			阿昌族			普米族		
	小计	男	女	小计	男	女	小计	男	女
马鞍山市	**2**		**2**						
花山区									
雨山区									
博望区									
当涂县	2		2						
含山县									
和县									
淮北市									
杜集区									
相山区									
烈山区									
濉溪县									
铜陵市									
铜官区									
义安区									
郊区									
枞阳县									
安庆市				**1**		**1**	**8**	**6**	**2**
迎江区									
大观区									
宜秀区									
怀宁县									
太湖县							4	2	2
宿松县				1		1	4	4	
望江县									
岳西县									
安徽安庆经济开发区									
桐城市									
潜山市									
黄山市	**3**	**1**	**2**						
屯溪区	2	1	1						
黄山区	1		1						
徽州区									
歙县									
休宁县									
黟县									
祁门县									
滁州市	**1**	**1**		**5**	**2**	**3**	**5**	**3**	**2**
琅琊区									
南谯区	1	1							
来安县				4	2	2	1		1
全椒县							1		1
定远县									
凤阳县									
苏滁现代产业园							3	3	
滁州经济技术开发区				1		1			
天长市									
明光市									

1-4b 续表 41

单位：人

地区	锡伯族			阿昌族			普米族		
	小计	男	女	小计	男	女	小计	男	女
阜阳市	**1**		**1**				**1**	**1**	
颍州区									
颍东区									
颍泉区									
临泉县									
太和县	1		1						
阜南县									
颍上县							1	1	
阜阳合肥现代产业园区									
阜阳经济技术开发区									
界首市									
宿州市	**2**	**1**	**1**				**1**		**1**
埇桥区									
砀山县									
萧县									
灵璧县	1	1							
泗县	1		1				1		1
宿州马鞍山现代产业园区									
宿州经济技术开发区									
六安市	**1**		**1**	**2**	**2**		**2**	**2**	
金安区				2	2				
裕安区									
叶集区									
霍邱县	1		1				2	2	
舒城县									
金寨县									
霍山县									
亳州市	**1**	**1**		**2**	**1**	**1**			
谯城区									
涡阳县				1		1			
蒙城县	1	1		1	1				
利辛县									
池州市									
贵池区									
东至县									
石台县									
青阳县									
池州市国家经济技术开发区									
皖江江南新兴产业集中区									
九华山风景区									
宣城市	**1**		**1**	**2**	**1**	**1**			
宣州区				1		1			
郎溪县				1	1				
泾县									
绩溪县									
旌德县									
宣城市经济开发区	1		1						
宁国市									
广德市									

1-4b 续表 42

单位：人

地区	塔吉克族			怒族			乌孜别克族		
	小计	男	女	小计	男	女	小计	男	女
安徽	**4**	**1**	**3**	**12**	**3**	**9**	**1**	**1**	
合肥市	**1**	**1**		**3**	**1**	**2**	**1**	**1**	
瑶海区									
庐阳区				1		1			
蜀山区									
包河区									
长丰县				1		1			
肥东县									
肥西县									
庐江县									
合肥高新技术产业开发区									
合肥经济技术开发区	1	1		1	1				
合肥新站高新技术产业开发区									
巢湖市							1	1	
芜湖市									
镜湖区									
弋江区									
鸠江区									
三山区									
芜湖县									
繁昌县									
南陵县									
芜湖经济技术开发区									
安徽芜湖长江大桥经济开发区									
无为市									
蚌埠市									
龙子湖区									
蚌山区									
禹会区									
淮上区									
怀远县									
五河县									
固镇县									
蚌埠市高新技术开发区									
蚌埠市经济开发区									
淮南市				**1**		**1**			
大通区									
田家庵区									
谢家集区									
八公山区									
潘集区									
凤台县				1		1			
寿县									

1-4b 续表 43

单位：人

地　区	塔吉克族			怒　族			乌孜别克族		
	小计	男	女	小计	男	女	小计	男	女
马鞍山市	**2**		**2**						
花山区									
雨山区									
博望区									
当涂县	2		2						
含山县									
和县									
淮北市									
杜集区									
相山区									
烈山区									
濉溪县									
铜陵市				**2**	**1**	**1**			
铜官区									
义安区				2	1	1			
郊区									
枞阳县									
安庆市	**1**		**1**						
迎江区									
大观区									
宜秀区									
怀宁县	1		1						
太湖县									
宿松县									
望江县									
岳西县									
安徽安庆经济开发区									
桐城市									
潜山市									
黄山市				**2**		**2**			
屯溪区									
黄山区									
徽州区									
歙县				2		2			
休宁县									
黟县									
祁门县									
滁州市				**1**		**1**			
琅琊区									
南谯区									
来安县									
全椒县									
定远县									
凤阳县									
苏滁现代产业园									
滁州经济技术开发区				1		1			
天长市									
明光市									

1-4b 续表 44　　单位：人

地　　区	塔吉克族			怒　　族			乌孜别克族		
	小计	男	女	小计	男	女	小计	男	女
阜阳市				**2**		**2**			
颍州区									
颍东区									
颍泉区									
临泉县									
太和县				2		2			
阜南县									
颍上县									
阜阳合肥现代产业园区									
阜阳经济技术开发区									
界首市									
宿州市									
埇桥区									
砀山县									
萧县									
灵璧县									
泗县									
宿州马鞍山现代产业园区									
宿州经济技术开发区									
六安市									
金安区									
裕安区									
叶集区									
霍邱县									
舒城县									
金寨县									
霍山县									
亳州市									
谯城区									
涡阳县									
蒙城县									
利辛县									
池州市									
贵池区									
东至县									
石台县									
青阳县									
池州市国家经济技术开发区									
皖江江南新兴产业集中区									
九华山风景区									
宣城市				**1**	**1**				
宣州区									
郎溪县									
泾县									
绩溪县									
旌德县									
宣城市经济开发区				1	1				
宁国市									
广德市									

1-4b　续表 45　　单位：人

地　区	俄罗斯族			鄂温克族			德昂族		
	小计	男	女	小计	男	女	小计	男	女
安　徽	**13**	**6**	**7**	**15**	**3**	**12**	**28**	**9**	**19**
合肥市	**9**	**5**	**4**	**6**	**1**	**5**	**12**	**6**	**6**
瑶海区									
庐阳区				2		2			
蜀山区									
包河区									
长丰县	1	1					6	3	3
肥东县							4	2	2
肥西县	3	2	1						
庐江县							1	1	
合肥高新技术产业开发区									
合肥经济技术开发区	5	2	3	4	1	3	1		1
合肥新站高新技术产业开发区									
巢湖市									
芜湖市				**1**		**1**	**3**		**3**
镜湖区									
弋江区									
鸠江区							2		2
三山区									
芜湖县									
繁昌县									
南陵县				1		1			
芜湖经济技术开发区							1		1
安徽芜湖长江大桥经济开发区									
无为市									
蚌埠市	**1**		**1**						
龙子湖区									
蚌山区									
禹会区									
淮上区									
怀远县									
五河县									
固镇县									
蚌埠市高新技术开发区									
蚌埠市经济开发区	1		1						
淮南市				**2**	**1**	**1**			
大通区									
田家庵区									
谢家集区									
八公山区									
潘集区									
凤台县									
寿县				2	1	1			

1-4b 续表 46　　单位：人

地 区	俄罗斯族			鄂温克族			德 昂 族		
	小计	男	女	小计	男	女	小计	男	女
马鞍山市							**2**	**1**	**1**
花山区									
雨山区									
博望区									
当涂县							1	1	
含山县							1		1
和县									
淮北市									
杜集区									
相山区									
烈山区									
濉溪县									
铜陵市									
铜官区									
义安区									
郊区									
枞阳县									
安庆市				**2**		**2**	**6**	**1**	**5**
迎江区									
大观区									
宜秀区									
怀宁县									
太湖县				2		2			
宿松县									
望江县									
岳西县									
安徽安庆经济开发区							1	1	
桐城市							4		4
潜山市							1		1
黄山市	**1**		**1**	**1**	**1**				
屯溪区									
黄山区									
徽州区									
歙县	1		1	1	1				
休宁县									
黟县									
祁门县									
滁州市									
琅琊区									
南谯区									
来安县									
全椒县									
定远县									
凤阳县									
苏滁现代产业园									
滁州经济技术开发区									
天长市									
明光市									

1-4b　续表 47　　　　单位：人

地　区	俄罗斯族			鄂温克族			德 昂 族		
	小计	男	女	小计	男	女	小计	男	女
阜阳市	**1**		**1**				**2**	**1**	**1**
颍州区									
颍东区									
颍泉区									
临泉县									
太和县	1		1						
阜南县									
颍上县							2	1	1
阜阳合肥现代产业园区									
阜阳经济技术开发区									
界首市									
宿州市							**2**		**2**
埇桥区									
砀山县									
萧县							1		1
灵璧县									
泗县							1		1
宿州马鞍山现代产业园区									
宿州经济技术开发区									
六安市									
金安区									
裕安区									
叶集区									
霍邱县									
舒城县									
金寨县									
霍山县									
亳州市									
谯城区									
涡阳县									
蒙城县									
利辛县									
池州市									
贵池区									
东至县									
石台县									
青阳县									
池州市国家经济技术开发区									
皖江江南新兴产业集中区									
九华山风景区									
宣城市	**1**	**1**		**3**		**3**	**1**		**1**
宣州区									
郎溪县				2		2			
泾县	1	1							
绩溪县									
旌德县									
宣城市经济开发区									
宁国市									
广德市				1		1	1		1

1－4b 续表 48

单位：人

地 区	保安族			裕固族			京 族		
	小计	男	女	小计	男	女	小计	男	女
安 徽	**12**	**8**	**4**	**5**	**4**	**1**	**6**		**6**
合肥市	**3**	**3**		**4**	**3**	**1**			
瑶海区									
庐阳区									
蜀山区									
包河区									
长丰县	1	1							
肥东县									
肥西县	2	2		3	2	1			
庐江县									
合肥高新技术产业开发区									
合肥经济技术开发区				1	1				
合肥新站高新技术产业开发区									
巢湖市									
芜湖市									
镜湖区									
弋江区									
鸠江区									
三山区									
芜湖县									
繁昌县									
南陵县									
芜湖经济技术开发区									
安徽芜湖长江大桥经济开发区									
无为市									
蚌埠市									
龙子湖区									
蚌山区									
禹会区									
淮上区									
怀远县									
五河县									
固镇县									
蚌埠市高新技术开发区									
蚌埠市经济开发区									
淮南市									
大通区									
田家庵区									
谢家集区									
八公山区									
潘集区									
凤台县									
寿县									

1-4b　续表 49　　　　　　　　　　　　　　　　　　　　　　　　单位：人

地　区	保安族			裕固族			京　族		
	小计	男	女	小计	男	女	小计	男	女
马鞍山市							**1**		**1**
花山区									
雨山区									
博望区									
当涂县							1		1
含山县									
和县									
淮北市									
杜集区									
相山区									
烈山区									
濉溪县									
铜陵市									
铜官区									
义安区									
郊区									
枞阳县									
安庆市									
迎江区									
大观区									
宜秀区									
怀宁县									
太湖县									
宿松县									
望江县									
岳西县									
安徽安庆经济开发区									
桐城市									
潜山市									
黄山市	**2**	**1**	**1**	**1**	**1**				
屯溪区									
黄山区									
徽州区									
歙县	2	1	1						
休宁县				1	1				
黟县									
祁门县									
滁州市	**1**	**1**					**1**		**1**
琅琊区									
南谯区									
来安县									
全椒县							1		1
定远县									
凤阳县									
苏滁现代产业园									
滁州经济技术开发区	1	1							
天长市									
明光市									

1-4b 续表 50

单位：人

地区	保安族			裕固族			京族		
	小计	男	女	小计	男	女	小计	男	女
阜阳市							**1**		**1**
颍州区									
颍东区									
颍泉区									
临泉县							1		1
太和县									
阜南县									
颍上县									
阜阳合肥现代产业园区									
阜阳经济技术开发区									
界首市									
宿州市							**1**		**1**
埇桥区							1		1
砀山县									
萧县									
灵璧县									
泗县									
宿州马鞍山现代产业园区									
宿州经济技术开发区									
六安市	**1**	**1**							
金安区									
裕安区									
叶集区									
霍邱县									
舒城县	1	1							
金寨县									
霍山县									
亳州市	**5**	**2**	**3**						
谯城区	4	2	2						
涡阳县									
蒙城县	1		1						
利辛县									
池州市							**2**		**2**
贵池区									
东至县							1		1
石台县							1		1
青阳县									
池州市国家经济技术开发区									
皖江江南新兴产业集中区									
九华山风景区									
宣城市									
宣州区									
郎溪县									
泾县									
绩溪县									
旌德县									
宣城市经济开发区									
宁国市									
广德市									

1-4b　续表 51　　　　单位：人

地　区	塔塔尔族			独龙族			鄂伦春族		
	小计	男	女	小计	男	女	小计	男	女
安　徽	**3**	**1**	**2**	**14**	**5**	**9**	**3**	**1**	**2**
合肥市				**9**	**4**	**5**	**1**	**1**	
瑶海区									
庐阳区									
蜀山区									
包河区									
长丰县									
肥东县				3		3			
肥西县				1	1				
庐江县									
合肥高新技术产业开发区							1	1	
合肥经济技术开发区				1	1				
合肥新站高新技术产业开发区									
巢湖市				4	2	2			
芜湖市									
镜湖区									
弋江区									
鸠江区									
三山区									
芜湖县									
繁昌县									
南陵县									
芜湖经济技术开发区									
安徽芜湖长江大桥经济开发区									
无为市									
蚌埠市									
龙子湖区									
蚌山区									
禹会区									
淮上区									
怀远县									
五河县									
固镇县									
蚌埠市高新技术开发区									
蚌埠市经济开发区									
淮南市	**1**		**1**	**1**	**1**				
大通区									
田家庵区									
谢家集区									
八公山区									
潘集区									
凤台县									
寿县	1		1	1	1				

1－4b　续表 52　　　　　　　　　　　　　　　　　　　　　　　　　　单位：人

地　区	塔塔尔族			独 龙 族			鄂伦春族		
	小计	男	女	小计	男	女	小计	男	女
马鞍山市									
花山区									
雨山区									
博望区									
当涂县									
含山县									
和县									
淮北市							**1**		**1**
杜集区									
相山区									
烈山区									
濉溪县							1		1
铜陵市									
铜官区									
义安区									
郊区									
枞阳县									
安庆市									
迎江区									
大观区									
宜秀区									
怀宁县									
太湖县									
宿松县									
望江县									
岳西县									
安徽安庆经济开发区									
桐城市									
潜山市									
黄山市				**1**		**1**			
屯溪区									
黄山区									
徽州区									
歙县									
休宁县				1		1			
黟县									
祁门县									
滁州市	**1**	**1**		**1**		**1**			
琅琊区									
南谯区									
来安县	1	1		1		1			
全椒县									
定远县									
凤阳县									
苏滁现代产业园									
滁州经济技术开发区									
天长市									
明光市									

1-4b　续表 53　　　　单位：人

地　区	塔塔尔族			独 龙 族			鄂伦春族		
	小计	男	女	小计	男	女	小计	男	女
阜阳市				**1**		**1**	**1**		**1**
颍州区									
颍东区									
颍泉区									
临泉县									
太和县							1		1
阜南县									
颍上县									
阜阳合肥现代产业园区									
阜阳经济技术开发区				1		1			
界首市									
宿州市									
埇桥区									
砀山县									
萧县									
灵璧县									
泗县									
宿州马鞍山现代产业园区									
宿州经济技术开发区									
六安市	**1**		**1**	**1**		**1**			
金安区				1		1			
裕安区									
叶集区									
霍邱县	1		1						
舒城县									
金寨县									
霍山县									
亳州市									
谯城区									
涡阳县									
蒙城县									
利辛县									
池州市									
贵池区									
东至县									
石台县									
青阳县									
池州市国家经济技术开发区									
皖江江南新兴产业集中区									
九华山风景区									
宣城市									
宣州区									
郎溪县									
泾县									
绩溪县									
旌德县									
宣城市经济开发区									
宁国市									
广德市									

1-4b 续表 54

单位：人

地 区	赫哲族			门巴族			珞巴族		
	小计	男	女	小计	男	女	小计	男	女
安 徽	**3**	**1**	**2**	**2**		**2**	**2**	**1**	**1**
合肥市	**1**		**1**	**1**		**1**	**1**	**1**	
瑶海区									
庐阳区									
蜀山区									
包河区									
长丰县									
肥东县									
肥西县									
庐江县									
合肥高新技术产业开发区									
合肥经济技术开发区									
合肥新站高新技术产业开发区	1		1	1		1	1	1	
巢湖市									
芜湖市	**1**		**1**						
镜湖区									
弋江区									
鸠江区									
三山区	1		1						
芜湖县									
繁昌县									
南陵县									
芜湖经济技术开发区									
安徽芜湖长江大桥经济开发区									
无为市									
蚌埠市							**1**		**1**
龙子湖区									
蚌山区									
禹会区									
淮上区									
怀远县									
五河县									
固镇县									
蚌埠市高新技术开发区									
蚌埠市经济开发区							1		1
淮南市									
大通区									
田家庵区									
谢家集区									
八公山区									
潘集区									
凤台县									
寿县									

1-4b　续表 55　　　　单位：人

地　　区	赫 哲 族			门 巴 族			珞 巴 族		
	小计	男	女	小计	男	女	小计	男	女
马鞍山市									
花山区									
雨山区									
博望区									
当涂县									
含山县									
和县									
淮北市				**1**		**1**			
杜集区				1		1			
相山区									
烈山区									
濉溪县									
铜陵市									
铜官区									
义安区									
郊区									
枞阳县									
安庆市									
迎江区									
大观区									
宜秀区									
怀宁县									
太湖县									
宿松县									
望江县									
岳西县									
安徽安庆经济开发区									
桐城市									
潜山市									
黄山市									
屯溪区									
黄山区									
徽州区									
歙县									
休宁县									
黟县									
祁门县									
滁州市									
琅琊区									
南谯区									
来安县									
全椒县									
定远县									
凤阳县									
苏滁现代产业园									
滁州经济技术开发区									
天长市									
明光市									

1－4b 续表 56

单位：人

地区	赫哲族			门巴族			珞巴族		
	小计	男	女	小计	男	女	小计	男	女
阜阳市	**1**	**1**							
颍州区									
颍东区									
颍泉区									
临泉县									
太和县									
阜南县	1	1							
颍上县									
阜阳合肥现代产业园区									
阜阳经济技术开发区									
界首市									
宿州市									
埇桥区									
砀山县									
萧县									
灵璧县									
泗县									
宿州马鞍山现代产业园区									
宿州经济技术开发区									
六安市									
金安区									
裕安区									
叶集区									
霍邱县									
舒城县									
金寨县									
霍山县									
亳州市									
谯城区									
涡阳县									
蒙城县									
利辛县									
池州市									
贵池区									
东至县									
石台县									
青阳县									
池州市国家经济技术开发区									
皖江江南新兴产业集中区									
九华山风景区									
宣城市									
宣州区									
郎溪县									
泾县									
绩溪县									
旌德县									
宣城市经济开发区									
宁国市									
广德市									

1-4b 续表 57

单位：人

地区	基诺族			未定族称人口			入籍		
	小计	男	女	小计	男	女	小计	男	女
安徽	**3**	**2**	**1**	**499**	**238**	**261**	**30**	**8**	**22**
合肥市	**1**	**1**		**94**	**41**	**53**	**3**	**1**	**2**
瑶海区				3	1	2			
庐阳区				2	1	1			
蜀山区									
包河区									
长丰县				23	4	19	1		1
肥东县				14	8	6			
肥西县	1	1		6		6	2	1	1
庐江县				5	1	4			
合肥高新技术产业开发区				3	1	2			
合肥经济技术开发区				25	18	7			
合肥新站高新技术产业开发区				10	6	4			
巢湖市				3	1	2			
芜湖市				**23**	**13**	**10**	**5**	**2**	**3**
镜湖区									
弋江区									
鸠江区									
三山区									
芜湖县				6	3	3			
繁昌县				1	1		2	1	1
南陵县				4	2	2			
芜湖经济技术开发区				7	6	1			
安徽芜湖长江大桥经济开发区				2	1	1	2	1	1
无为市				3		3	1		1
蚌埠市				**14**	**8**	**6**	**1**	**1**	
龙子湖区									
蚌山区									
禹会区									
淮上区									
怀远县				1		1			
五河县				4	4				
固镇县				1		1			
蚌埠市高新技术开发区									
蚌埠市经济开发区				8	4	4	1	1	
淮南市				**10**	**3**	**7**			
大通区				2		2			
田家庵区				2	1	1			
谢家集区									
八公山区									
潘集区				2	2				
凤台县				1		1			
寿县				3		3			

1-4b 续表 58

单位：人

地区	基诺族			未定族称人口			入籍		
	小计	男	女	小计	男	女	小计	男	女
马鞍山市	**1**		**1**	**13**	**4**	**9**	**1**		**1**
花山区									
雨山区									
博望区									
当涂县	1		1	8	2	6	1		1
含山县									
和县				5	2	3			
淮北市				**6**	**3**	**3**			
杜集区				1		1			
相山区									
烈山区									
濉溪县				5	3	2			
铜陵市				**3**	**1**	**2**	**3**		**3**
铜官区									
义安区				1		1			
郊区									
枞阳县				2	1	1	3		3
安庆市				**31**	**18**	**13**			
迎江区									
大观区									
宜秀区				5	2	3			
怀宁县				3	3				
太湖县				2	2				
宿松县				2		2			
望江县				3	3				
岳西县				3	1	2			
安徽安庆经济开发区				8	6	2			
桐城市				5	1	4			
潜山市									
黄山市				**11**	**4**	**7**	**3**		**3**
屯溪区									
黄山区									
徽州区									
歙县				7	4	3	2		2
休宁县				2		2	1		1
黟县				1		1			
祁门县				1		1			
滁州市				**75**	**33**	**42**	**3**		**3**
琅琊区									
南谯区				7	2	5			
来安县				19	9	10			
全椒县				15	7	8			
定远县				4	1	3	3		3
凤阳县				5	2	3			
苏滁现代产业园				6	5	1			
滁州经济技术开发区				3	2	1			
天长市				16	5	11			
明光市									

1-4b 续表 59

单位：人

地区	基诺族			未定族称人口			入籍		
	小计	男	女	小计	男	女	小计	男	女
阜阳市				**28**	**15**	**13**	**1**		**1**
颍州区				1		1			
颍东区				5	3	2			
颍泉区				1	1				
临泉县									
太和县				4	2	2			
阜南县				3	2	1	1		1
颍上县				11	6	5			
阜阳合肥现代产业园区				1	1				
阜阳经济技术开发区				1		1			
界首市				1		1			
宿州市				**17**	**8**	**9**	**2**	**2**	
埇桥区				4	2	2			
砀山县				1	1				
萧县				2	2		2	2	
灵璧县				4		4			
泗县				5	2	3			
宿州马鞍山现代产业园区				1	1				
宿州经济技术开发区									
六安市	**1**	**1**		**23**	**5**	**18**	**1**	**1**	
金安区				2	1	1	1	1	
裕安区									
叶集区				1		1			
霍邱县				3	2	1			
舒城县	1	1		12		12			
金寨县				2	1	1			
霍山县				3	1	2			
亳州市				**7**	**1**	**6**	**3**	**1**	**2**
谯城区									
涡阳县							1	1	
蒙城县				4	1	3	2		2
利辛县				3		3			
池州市				**8**	**3**	**5**	**2**		**2**
贵池区									
东至县				4	1	3	2		2
石台县				1		1			
青阳县				3	2	1			
池州市国家经济技术开发区									
皖江江南新兴产业集中区									
九华山风景区									
宣城市				**136**	**78**	**58**	**2**		**2**
宣州区				3	2	1			
郎溪县				29	12	17			
泾县				7	5	2			
绩溪县				1		1			
旌德县				1	1		1		1
宣城市经济开发区				5	3	2			
宁国市				4	3	1	1		1
广德市				86	52	34			

1-4c 各地区分性别、民族的人口(乡村)

单位：人

地区	合计			汉族		
	合计	男	女	小计	男	女
安　徽	**25432068**	**13208668**	**12223400**	**25312102**	**13154195**	**12157907**
合肥市	**1660604**	**881260**	**779344**	**1651850**	**876884**	**774966**
瑶海区	22908	11890	11018	22665	11769	10896
庐阳区	5400	2857	2543	5379	2845	2534
蜀山区	14523	8624	5899	13904	8233	5671
包河区	6171	3553	2618	6092	3497	2595
长丰县	312732	166162	146570	311715	165711	146004
肥东县	283272	152083	131189	280579	150618	129961
肥西县	355031	189146	165885	352399	187763	164636
庐江县	413138	218205	194933	412355	217952	194403
合肥高新技术产业开发区	201	118	83	201	118	83
合肥经济技术开发区	8126	4293	3833	8079	4280	3799
合肥新站高新技术产业开发区	4892	3021	1871	4841	2983	1858
巢湖市	234210	121308	112902	233641	121115	112526
芜湖市	**1009072**	**530484**	**478588**	**1005374**	**529575**	**475799**
镜湖区	19331	9942	9389	19223	9919	9304
弋江区						
鸠江区	137131	71147	65984	136628	70983	65645
三山区	41277	21452	19825	41033	21392	19641
芜湖县	102658	54227	48431	101857	54037	47820
繁昌县	97904	51740	46164	97504	51604	45900
南陵县	198591	105382	93209	197737	105224	92513
芜湖经济技术开发区	3177	1635	1542	3161	1631	1530
安徽芜湖长江大桥经济开发区	8271	4258	4013	8200	4237	3963
无为市	400732	210701	190031	400031	210548	189483
蚌埠市	**1480851**	**765758**	**715093**	**1472428**	**761658**	**710770**
龙子湖区	38538	19875	18663	38490	19858	18632
蚌山区	16596	8806	7790	16544	8790	7754
禹会区	106354	54987	51367	106201	54928	51273
淮上区	96901	50153	46748	95434	49427	46007
怀远县	588101	304100	284001	587022	303638	283384
五河县	290508	150897	139611	286309	148705	137604
固镇县	343853	176940	166913	342428	176312	166116
蚌埠市高新技术开发区						
蚌埠市经济开发区						
淮南市	**1180799**	**621247**	**559552**	**1157355**	**609133**	**548222**
大通区	44938	23496	21442	44819	23444	21375
田家庵区	29821	15522	14299	29765	15507	14258
谢家集区	47522	24483	23039	45410	23364	22046
八公山区	5607	2768	2839	4237	2078	2159
潘集区	178129	94115	84014	174108	91987	82121
凤台县	395975	207403	188572	389185	203862	185323
寿县	478807	253460	225347	469831	248891	220940

1-4c 续表 1

单位：人

地区	合计			汉族		
	合计	男	女	小计	男	女
马鞍山市	**611380**	**321398**	**289982**	**608047**	**320246**	**287801**
花山区	9252	4759	4493	9137	4701	4436
雨山区	13109	6788	6321	13039	6761	6278
博望区	69771	36810	32961	69544	36774	32770
当涂县	165341	85950	79391	164206	85626	78580
含山县	148679	78988	69691	148347	78895	69452
和县	205228	108103	97125	203774	107489	96285
淮北市	**706163**	**359038**	**347125**	**704448**	**358572**	**345876**
杜集区	51199	25904	25295	51141	25885	25256
相山区	47694	24315	23379	47631	24291	23340
烈山区	108079	54055	54024	106998	53756	53242
濉溪县	499191	254764	244427	498678	254640	244038
铜陵市	**443744**	**227316**	**216428**	**442969**	**227123**	**215846**
铜官区	11068	5663	5405	11051	5658	5393
义安区	111955	57844	54111	111655	57780	53875
郊区	93612	47685	45927	93462	47634	45828
枞阳县	227109	116124	110985	226801	116051	110750
安庆市	**1852784**	**963355**	**889429**	**1848678**	**961711**	**886967**
迎江区	9746	5024	4722	9703	5010	4693
大观区	35960	18735	17225	34682	18061	16621
宜秀区	26675	13689	12986	26583	13646	12937
怀宁县	255563	133115	122448	255140	132959	122181
太湖县	253959	132306	121653	253578	132191	121387
宿松县	367260	195124	172136	366716	194879	171837
望江县	302054	153459	148595	301660	153336	148324
岳西县	199625	104457	95168	199213	104337	94876
安徽安庆经济开发区	3611	1806	1805	3598	1801	1797
桐城市	195206	99817	95389	194956	99762	95194
潜山市	203125	105823	97302	202849	105729	97120
黄山市	**554921**	**292898**	**262023**	**552397**	**291722**	**260675**
屯溪区	21845	11026	10819	21782	11005	10777
黄山区	60588	32657	27931	60050	32366	27684
徽州区	32869	16876	15993	32751	16847	15904
歙县	201709	106192	95517	201077	106022	95055
休宁县	122702	64138	58564	122240	63928	58312
黟县	44002	23485	20517	43806	23402	20404
祁门县	71206	38524	32682	70691	38152	32539
滁州市	**1521350**	**799965**	**721385**	**1506555**	**792502**	**714053**
琅琊区	10613	5718	4895	10496	5644	4852
南谯区	104044	53220	50824	103045	52708	50337
来安县	177250	92692	84558	176473	92360	84113
全椒县	139456	73030	66426	137717	72099	65618
定远县	367526	194867	172659	360275	191063	169212
凤阳县	316559	168035	148524	315505	167558	147947
苏滁现代产业园						
滁州经济技术开发区	19153	11568	7585	18523	11187	7336
天长市	170695	88679	82016	169555	88254	81301
明光市	216054	112156	103898	214966	111629	103337

1-4c 续表 2

单位：人

地　区	合　计			汉　族		
	合计	男	女	小计	男	女
阜阳市	**4758282**	**2434151**	**2324131**	**4740346**	**2425604**	**2314742**
颍州区	295975	149969	146006	294967	149495	145472
颍东区	284095	146046	138049	281365	144655	136710
颍泉区	301446	152493	148953	300843	152227	148616
临泉县	1153436	584158	569278	1152310	583776	568534
太和县	765106	393296	371810	763937	392824	371113
阜南县	837038	429475	407563	835505	428804	406701
颍上县	723597	376119	347478	715054	371809	343245
阜阳合肥现代产业园区	33916	17378	16538	33841	17340	16501
阜阳经济技术开发区	21296	10818	10478	20512	10404	10108
界首市	342377	174399	167978	342012	174270	167742
宿州市	**2994449**	**1534447**	**1460002**	**2990136**	**1533044**	**1457092**
埇桥区	826753	427787	398966	825835	427584	398251
砀山县	391599	199512	192087	389760	198621	191139
萧县	679865	345230	334635	679379	345154	334225
灵璧县	620634	318616	302018	619993	318465	301528
泗县	456788	233659	223129	456390	233584	222806
宿州马鞍山现代产业园区	18810	9643	9167	18779	9636	9143
宿州经济技术开发区						
六安市	**2263353**	**1192763**	**1070590**	**2257717**	**1190391**	**1067326**
金安区	326637	171600	155037	325975	171326	154649
裕安区	461704	241989	219715	460968	241706	219262
叶集区	110485	58574	51911	109055	57828	51227
霍邱县	610728	321095	289633	609350	320543	288807
舒城县	377794	198295	179499	377041	198000	179041
金寨县	288150	154717	133433	287586	154530	133056
霍山县	87855	46493	41362	87742	46458	41284
亳州市	**2873352**	**1480061**	**1393291**	**2862248**	**1475037**	**1387211**
谯城区	786662	404950	381712	779847	401674	378173
涡阳县	722760	372118	350642	720392	371033	349359
蒙城县	621472	320218	301254	621004	320118	300886
利辛县	742458	382775	359683	741005	382212	358793
池州市	**541385**	**283331**	**258054**	**538695**	**282162**	**256533**
贵池区	197938	103081	94857	197371	102870	94501
东至县	176990	92075	84915	175659	91424	84235
石台县	46600	24710	21890	46362	24631	21731
青阳县	108094	57466	50628	107560	57244	50316
池州市国家经济技术开发区						
皖江江南新兴产业集中区						
九华山风景区	11763	5999	5764	11743	5993	5750
宣城市	**979579**	**521196**	**458383**	**972859**	**518831**	**454028**
宣州区	313105	163818	149287	311083	163175	147908
郎溪县	114114	60247	53867	113431	60126	53305
泾县	130269	71797	58472	129676	71558	58118
绩溪县	56165	29780	26385	56020	29739	26281
旌德县	47665	26224	21441	47515	26162	21353
宣城市经济开发区	20125	10842	9283	19901	10737	9164
宁国市	113653	61672	51981	112393	61008	51385
广德市	184483	96816	87667	182840	96326	86514

1-4c 续表 3 单位：人

地 区	蒙古族			回 族			藏 族		
	小计	男	女	小计	男	女	小计	男	女
安 徽	**884**	**410**	**474**	**77331**	**40893**	**36438**	**1350**	**403**	**947**
合肥市	**135**	**82**	**53**	**4375**	**2462**	**1913**	**61**	**14**	**47**
瑶海区	5	3	2	97	49	48	6	1	5
庐阳区				7	3	4			
蜀山区	5	4	1	476	267	209	1	1	
包河区	1	1		10	7	3			
长丰县	22	14	8	230	136	94	11	6	5
肥东县	29	14	15	1852	1070	782	18	3	15
肥西县	54	37	17	1520	841	679	5		5
庐江县	10	4	6	81	41	40	16	3	13
合肥高新技术产业开发区									
合肥经济技术开发区	2	1	1	19	5	14			
合肥新站高新技术产业开发区	2	1	1	6	5	1	2		2
巢湖市	5	3	2	77	38	39	2		2
芜湖市	**70**	**31**	**39**	**286**	**134**	**152**	**22**	**7**	**15**
镜湖区				7	4	3			
弋江区									
鸠江区	23	10	13	47	20	27	3	1	2
三山区	2		2	19	14	5			
芜湖县	10	6	4	52	22	30	3	2	1
繁昌县	7	3	4	46	20	26	3	1	2
南陵县	12	7	5	33	10	23	7	3	4
芜湖经济技术开发区									
安徽芜湖长江大桥经济开发区				16	8	8			
无为市	16	5	11	66	36	30	6		6
蚌埠市	**72**	**41**	**31**	**7068**	**3779**	**3289**	**13**	**2**	**11**
龙子湖区	1		1	23	13	10			
蚌山区				14	5	9			
禹会区	3		3	76	37	39	3		3
淮上区	1	1		1349	704	645	2		2
怀远县	12	6	6	641	366	275	7	2	5
五河县	51	34	17	3920	2118	1802	1		1
固镇县	4		4	1045	536	509			
蚌埠市高新技术开发区									
蚌埠市经济开发区									
淮南市	**31**	**17**	**14**	**22203**	**11754**	**10449**	**25**	**9**	**16**
大通区	3	1	2	31	15	16			
田家庵区				14	4	10			
谢家集区				2073	1108	965	2		2
八公山区	2		2	1358	689	669			
潘集区	5	4	1	3796	2066	1730	8	5	3
凤台县	18	11	7	6368	3431	2937	5		5
寿县	3	1	2	8563	4441	4122	10	4	6

1-4c　续表 4　　　　单位：人

地　区	蒙古族			回　族			藏　族		
	小计	男	女	小计	男	女	小计	男	女
马鞍山市	**36**	**15**	**21**	**728**	**419**	**309**	**23**	**10**	**13**
花山区	2		2	12	6	6	1		1
雨山区				1		1			
博望区	5	3	2	21	9	12			
当涂县	7	4	3	41	23	18	18	7	11
含山县	4	2	2	17	10	7	2	1	1
和县	18	6	12	636	371	265	2	2	
淮北市	**26**	**10**	**16**	**136**	**59**	**77**	**896**	**256**	**640**
杜集区				15	5	10	2	1	1
相山区	1	1		20	7	13	4	2	2
烈山区	9	4	5	16	5	11	887	252	635
濉溪县	16	5	11	85	42	43	3	1	2
铜陵市	**6**	**1**	**5**	**102**	**50**	**52**	**6**	**1**	**5**
铜官区				4	2	2			
义安区	2	1	1	39	19	20	2		2
郊区	3		3	28	16	12	3	1	2
枞阳县	1		1	31	13	18	1		1
安庆市	**69**	**26**	**43**	**1496**	**771**	**725**	**28**	**13**	**15**
迎江区				9	2	7			
大观区	6	3	3	1198	627	571	1	1	
宜秀区				12	5	7			
怀宁县	17	2	15	29	11	18	10	3	7
太湖县	5	2	3	24	13	11	1	1	
宿松县	10	8	2	84	52	32	3	2	1
望江县	12	3	9	63	24	39	2	1	1
岳西县	8	3	5	27	13	14	7	3	4
安徽安庆经济开发区				5	2	3			
桐城市	9	5	4	28	16	12	3	1	2
潜山市	2		2	17	6	11	1	1	
黄山市	**31**	**14**	**17**	**96**	**54**	**42**	**35**	**26**	**9**
屯溪区				4	3	1			
黄山区	4	3	1	19	11	8	2	1	1
徽州区				6	3	3	1		1
歙县	3	2	1	32	17	15	8	4	4
休宁县	8	1	7	18	9	9	5	3	2
黟县	7	3	4	6	3	3	1	1	
祁门县	9	5	4	11	8	3	18	17	1
滁州市	**65**	**34**	**31**	**10917**	**5954**	**4963**	**32**	**8**	**24**
琅琊区				13	8	5	1	1	
南谯区	10	6	4	586	300	286	2	2	
来安县	5	2	3	200	121	79	4	1	3
全椒县	3	3		1503	813	690	2	1	1
定远县	7	4	3	6692	3624	3068	6		6
凤阳县	11	3	8	734	403	331	8	1	7
苏滁现代产业园									
滁州经济技术开发区	7	6	1	54	28	26	2	2	
天长市	16	7	9	350	208	142	4		4
明光市	6	3	3	785	449	336	3		3

1-4c　续表 5　　　　　　　　　　　　　　　　　　　　　　　　　　单位：人

地　区	蒙古族			回　族			藏　族		
	小计	男	女	小计	男	女	小计	男	女
阜阳市	**87**	**31**	**56**	**14656**	**7619**	**7037**	**71**	**21**	**50**
颍州区	7	3	4	670	337	333	4	1	3
颍东区	8	3	5	2431	1279	1152	4	1	3
颍泉区	6	4	2	403	221	182	1		1
临泉县	11	2	9	572	278	294	7	1	6
太和县	15	5	10	654	346	308	23	7	16
阜南县	10	5	5	1068	543	525	14	6	8
颍上县	11	3	8	7951	4134	3817	2		2
阜阳合肥现代产业园区	6	4	2	35	18	17	1		1
阜阳经济技术开发区	1		1	761	407	354			
界首市	12	2	10	111	56	55	15	5	10
宿州市	**72**	**27**	**45**	**1945**	**975**	**970**	**35**	**2**	**33**
埇桥区	18	5	13	135	63	72	19	1	18
砀山县	8	2	6	1634	852	782	9	1	8
萧县	15	5	10	49	17	32	3		3
灵璧县	23	10	13	62	25	37	4		4
泗县	7	5	2	58	16	42			
宿州马鞍山现代产业园区	1		1	7	2	5			
宿州经济技术开发区									
六安市	**54**	**26**	**28**	**2732**	**1432**	**1300**	**25**	**6**	**19**
金安区	9	6	3	231	119	112	4	1	3
裕安区	5	2	3	341	171	170	6		6
叶集区	5	1	4	1158	619	539	3	2	1
霍邱县	18	9	9	778	411	367	4	2	2
舒城县	11	5	6	129	68	61	4	1	3
金寨县	6	3	3	78	31	47	4		4
霍山县				17	13	4			
亳州市	**64**	**35**	**29**	**8998**	**4588**	**4410**	**30**	**8**	**22**
谯城区	21	10	11	6208	3123	3085	8	2	6
涡阳县	16	11	5	1879	974	905	6	3	3
蒙城县	15	9	6	70	33	37	1		1
利辛县	12	5	7	841	458	383	15	3	12
池州市	**23**	**6**	**17**	**1158**	**615**	**543**	**14**	**8**	**6**
贵池区	6	1	5	58	30	28	7	4	3
东至县	9	3	6	1059	563	496	1		1
石台县	1		1	6	3	3	5	3	2
青阳县	5	1	4	35	19	16	1	1	
池州市国家经济技术开发区									
皖江江南新兴产业集中区									
九华山风景区	2	1	1						
宣城市	**43**	**14**	**29**	**435**	**228**	**207**	**34**	**12**	**22**
宣州区	13	4	9	263	139	124	13	3	10
郎溪县	6	1	5	14	6	8	6	1	5
泾县	5	2	3	44	23	21	4	4	
绩溪县	3	1	2	18	11	7	2		2
旌德县	2	2		12	2	10			
宣城市经济开发区	2	1	1	23	9	14	1		1
宁国市	3		3	26	20	6	5	2	3
广德市	9	3	6	35	18	17	3	2	1

1-4c 续表 6

单位：人

地 区	维吾尔族			苗 族			彝 族		
	小计	男	女	小计	男	女	小计	男	女
安 徽	**224**	**102**	**122**	**9527**	**2757**	**6770**	**5676**	**1927**	**3749**
合肥市	**43**	**16**	**27**	**888**	**375**	**513**	**703**	**292**	**411**
瑶海区	2	1	1	26	12	14	8	4	4
庐阳区	1		1	1	1		3	2	1
蜀山区	2	1	1	67	66	1	14	11	3
包河区				15	12	3	6	2	4
长丰县	10	3	7	117	38	79	161	46	115
肥东县	14	2	12	119	62	57	121	45	76
肥西县	6	3	3	224	111	113	188	101	87
庐江县	3	3		212	39	173	95	40	55
合肥高新技术产业开发区									
合肥经济技术开发区				2		2	5	1	4
合肥新站高新技术产业开发区				8	8		5	5	
巢湖市	5	3	2	97	26	71	97	35	62
芜湖市	**36**	**28**	**8**	**885**	**160**	**725**	**479**	**114**	**365**
镜湖区				38	10	28	24	5	19
弋江区									
鸠江区	23	19	4	74	17	57	73	18	55
三山区	1	1		54	7	47	47	15	32
芜湖县	4	3	1	240	43	197	115	22	93
繁昌县	1	1		92	21	71	40	20	20
南陵县	1	1		236	36	200	67	8	59
芜湖经济技术开发区	2		2	4		4	1		1
安徽芜湖长江大桥经济开发区	1	1		19	5	14	2		2
无为市	3	2	1	128	21	107	110	26	84
蚌埠市	**8**	**2**	**6**	**228**	**45**	**183**	**204**	**46**	**158**
龙子湖区	1		1	2		2	4	1	3
蚌山区				1		1	6	1	5
禹会区				13	3	10	10	2	8
淮上区	2		2	18	4	14	20	4	16
怀远县	2	2		89	19	70	57	13	44
五河县				37	6	31	40	2	38
固镇县	3		3	68	13	55	67	23	44
蚌埠市高新技术开发区									
蚌埠市经济开发区									
淮南市	**16**	**6**	**10**	**202**	**40**	**162**	**176**	**42**	**134**
大通区	4	2	2	15	5	10	10	5	5
田家庵区	1		1	6	1	5	9	2	7
谢家集区				3		3	5	1	4
八公山区				3		3			
潘集区	2	1	1	40	6	34	36	8	28
凤台县	1		1	59	7	52	50	11	39
寿县	8	3	5	76	21	55	66	15	51

1-4c　续表 7　　　　单位：人

地　区	维吾尔族			苗　族			彝　族		
	小计	男	女	小计	男	女	小计	男	女
马鞍山市	**19**	**8**	**11**	**900**	**239**	**661**	**325**	**100**	**225**
花山区	6	3	3	34	20	14	3		3
雨山区				15	5	10	6	2	4
博望区				61	3	58	25	5	20
当涂县	5	1	4	389	93	296	152	58	94
含山县	2		2	79	17	62	35	9	26
和县	6	4	2	322	101	221	104	26	78
淮北市	**10**	**6**	**4**	**111**	**34**	**77**	**100**	**25**	**75**
杜集区	3	2	1	4	2	2	3	1	2
相山区				4	3	1	5	1	4
烈山区	2	2		46	16	30	18	7	11
濉溪县	5	2	3	57	13	44	74	16	58
铜陵市				**178**	**39**	**139**	**80**	**22**	**58**
铜官区				3	1	2			
义安区				70	9	61	32	5	27
郊区				21	3	18	17	8	9
枞阳县				84	26	58	31	9	22
安庆市	**15**	**9**	**6**	**564**	**183**	**381**	**268**	**114**	**154**
迎江区				5	2	3	8	2	6
大观区	2	1	1	17	12	5	12	8	4
宜秀区				11	7	4	9	6	3
怀宁县	3	2	1	75	33	42	45	18	27
太湖县	3	2	1	88	23	65	40	21	19
宿松县	1		1	106	42	64	32	21	11
望江县	4	3	1	54	16	38	42	12	30
岳西县				89	20	69	28	12	16
安徽安庆经济开发区							1	1	
桐城市	1	1		51	5	46	28	6	22
潜山市	1		1	68	23	45	23	7	16
黄山市	**3**		**3**	**642**	**230**	**412**	**315**	**185**	**130**
屯溪区				11	5	6	8	2	6
黄山区	1		1	155	62	93	59	37	22
徽州区				20	3	17	10	3	7
歙县	1		1	185	26	159	70	32	38
休宁县	1		1	96	29	67	74	39	35
黟县				45	21	24	20	16	4
祁门县				130	84	46	74	56	18
滁州市	**5**	**1**	**4**	**793**	**293**	**500**	**579**	**224**	**355**
琅琊区				26	16	10	5	5	
南谯区	2	1	1	64	31	33	58	29	29
来安县				153	57	96	128	48	80
全椒县				43	21	22	25	14	11
定远县				141	54	87	85	32	53
凤阳县	1		1	52	10	42	54	12	42
苏滁现代产业园									
滁州经济技术开发区	1		1	68	41	27	76	43	33
天长市	1		1	174	45	129	91	34	57
明光市				72	18	54	57	7	50

1−4c 续表 8 单位：人

地 区	维吾尔族			苗 族			彝 族		
	小计	男	女	小计	男	女	小计	男	女
阜阳市	**22**	**6**	**16**	**569**	**151**	**418**	**364**	**115**	**249**
颍州区	1		1	74	34	40	26	7	19
颍东区	3	2	1	37	10	27	38	22	16
颍泉区	3	1	2	28	3	25	29	6	23
临泉县	5		5	113	21	92	51	9	42
太和县	2	2		85	18	67	46	12	34
阜南县	1		1	98	26	72	41	12	29
颍上县	3		3	102	30	72	113	43	70
阜阳合肥现代产业园区				3	2	1	4	1	3
阜阳经济技术开发区				2		2	1		1
界首市	4	1	3	27	7	20	15	3	12
宿州市	**11**	**3**	**8**	**391**	**70**	**321**	**439**	**76**	**363**
埇桥区	6		6	124	20	104	170	34	136
砀山县	2	2		21		21	21	5	16
萧县				62	10	52	82	14	68
灵璧县	2	1	1	116	29	87	101	16	85
泗县	1		1	65	11	54	58	5	53
宿州马鞍山现代产业园区				3		3	7	2	5
宿州经济技术开发区									
六安市	**16**	**10**	**6**	**644**	**206**	**438**	**349**	**129**	**220**
金安区	4	1	3	92	35	57	33	11	22
裕安区	2	2		100	37	63	38	9	29
叶集区	2	2		41	20	21	7	1	6
霍邱县	2		2	165	34	131	40	7	33
舒城县	1	1		135	50	85	140	72	68
金寨县	2	2		84	28	56	78	24	54
霍山县	3	2	1	27	2	25	13	5	8
亳州市	**12**	**3**	**9**	**356**	**57**	**299**	**267**	**50**	**217**
谯城区	6	1	5	104	18	86	51	10	41
涡阳县	1		1	57	10	47	96	30	66
蒙城县	4	2	2	81	12	69	46	5	41
利辛县	1		1	114	17	97	74	5	69
池州市	**1**	**1**		**362**	**120**	**242**	**194**	**92**	**102**
贵池区				86	35	51	77	37	40
东至县				66	24	42	40	18	22
石台县	1	1		77	16	61	17	8	9
青阳县				127	41	86	60	29	31
池州市国家经济技术开发区									
皖江江南新兴产业集中区									
九华山风景区				6	4	2			
宣城市	**7**	**3**	**4**	**1814**	**515**	**1299**	**834**	**301**	**533**
宣州区	3	1	2	659	150	509	233	77	156
郎溪县				240	39	201	129	17	112
泾县				113	35	78	95	54	41
绩溪县	3	2	1	23	11	12	7	1	6
旌德县				43	19	24	13	7	6
宣城市经济开发区				76	37	39	14	5	9
宁国市	1		1	159	75	84	89	47	42
广德市				501	149	352	254	93	161

1-4c　续表 9　　单位：人

地　区	壮　族			布依族			朝鲜族		
	小计	男	女	小计	男	女	小计	男	女
安　徽	**3902**	**1011**	**2891**	**3322**	**876**	**2446**	**219**	**99**	**120**
合肥市	**332**	**116**	**216**	**280**	**126**	**154**	**25**	**14**	**11**
瑶海区	11	6	5	15	9	6	2	1	1
庐阳区	1		1	1	1				
蜀山区	5	1	4	6	5	1	2	1	1
包河区				9	6	3			
长丰县	72	27	45	47	17	30	4	4	
肥东县	36	7	29	25	12	13	4	1	3
肥西县	92	44	48	85	40	45	4	3	1
庐江县	81	24	57	68	26	42	2	1	1
合肥高新技术产业开发区									
合肥经济技术开发区				1		1			
合肥新站高新技术产业开发区	1		1	5	3	2	4	3	1
巢湖市	33	7	26	18	7	11	3		3
芜湖市	**538**	**77**	**461**	**367**	**68**	**299**	**15**	**8**	**7**
镜湖区	21	2	19	1		1			
弋江区									
鸠江区	79	13	66	25	8	17	3	2	1
三山区	44	5	39	32	6	26	3	2	1
芜湖县	143	17	126	52	16	36			
繁昌县	59	8	51	36	10	26			
南陵县	116	22	94	199	23	176	4	2	2
芜湖经济技术开发区	1	1		2	1	1			
安徽芜湖长江大桥经济开发区	17	1	16	3	1	2			
无为市	58	8	50	17	3	14	5	2	3
蚌埠市	**123**	**16**	**107**	**127**	**35**	**92**	**4**		**4**
龙子湖区	3		3				1		1
蚌山区	3	1	2	1	1				
禹会区	3	1	2	5	3	2	2		2
淮上区	13		13	10	2	8			
怀远县	54	7	47	58	16	42			
五河县	27	3	24	11	3	8			
固镇县	20	4	16	42	10	32	1		1
蚌埠市高新技术开发区									
蚌埠市经济开发区									
淮南市	**131**	**37**	**94**	**90**	**21**	**69**	**12**	**7**	**5**
大通区	10	4	6	9	2	7	1	1	
田家庵区	7	2	5	1		1			
谢家集区	3	1	2	4		4			
八公山区	1		1	2		2			
潘集区	22	4	18	13	5	8	4	1	3
凤台县	45	12	33	26	4	22	5	3	2
寿县	43	14	29	35	10	25	2	2	

1−4c 续表 10 单位：人

地区	壮族			布依族			朝鲜族		
	小计	男	女	小计	男	女	小计	男	女
马鞍山市	**231**	**57**	**174**	**93**	**25**	**68**	**8**	**4**	**4**
花山区	26	12	14	7	3	4			
雨山区	5	1	4						
博望区	16		16	16	2	14	1	1	
当涂县	40	14	26	37	8	29	3	1	2
含山县	53	8	45	13	2	11	2		2
和县	91	22	69	20	10	10	2	2	
淮北市	**67**	**15**	**52**	**45**	**6**	**39**	**8**	**2**	**6**
杜集区	1		1	2		2			
相山区	2	1	1	2	1	1	1		1
烈山区	21	6	15	15	3	12	3		3
濉溪县	43	8	35	26	2	24	4	2	2
铜陵市	**113**	**18**	**95**	**51**	**10**	**41**	**5**	**1**	**4**
铜官区	1		1	2	1	1	1		1
义安区	44	12	32	17	1	16	1	1	
郊区	12	2	10	5	1	4			
枞阳县	56	4	52	27	7	20	3		3
安庆市	**274**	**69**	**205**	**193**	**52**	**141**	**9**	**3**	**6**
迎江区	3		3	3	1	2			
大观区	2		2	9	6	3	1	1	
宜秀区	14	5	9	4	2	2	1		1
怀宁县	34	7	27	28	6	22			
太湖县	31	4	27	32	9	23			
宿松县	56	17	39	25	8	17	1	1	
望江县	59	20	39	27	9	18	4		4
岳西县	26	9	17	25	7	18	1		1
安徽安庆经济开发区	2		2	1		1			
桐城市	20	1	19	17	2	15			
潜山市	27	6	21	22	2	20	1	1	
黄山市	**191**	**78**	**113**	**192**	**66**	**126**	**16**	**6**	**10**
屯溪区	12	4	8	6	1	5			
黄山区	29	9	20	19	9	10	10	5	5
徽州区	10	3	7	13	3	10	3	1	2
歙县	58	7	51	38	6	32	1		1
休宁县	14	2	12	39	8	31			
黟县	17	5	12	34	11	23	1		1
祁门县	51	48	3	43	28	15	1		1
滁州市	**352**	**155**	**197**	**308**	**89**	**219**	**27**	**12**	**15**
琅琊区	1	1		5	3	2			
南谯区	48	24	24	34	17	17	2	2	
来安县	33	9	24	50	13	37	3	1	2
全椒县	25	10	15	15	6	9	5	1	4
定远县	75	23	52	35	6	29	2		2
凤阳县	30	7	23	25	6	19	1	1	
苏滁现代产业园									
滁州经济技术开发区	76	57	19	4	2	2	6	3	3
天长市	28	9	19	121	31	90	6	3	3
明光市	36	15	21	19	5	14	2	1	1

1-4c　续表 11　　　　单位：人

地　区	壮族			布依族			朝鲜族		
	小计	男	女	小计	男	女	小计	男	女
阜阳市	**328**	**80**	**248**	**262**	**61**	**201**	**30**	**12**	**18**
颍州区	42	14	28	35	8	27	8	5	3
颍东区	30	14	16	36	10	26	2	1	1
颍泉区	27	5	22	10	2	8	3		3
临泉县	52	12	40	29	2	27	2		2
太和县	47	7	40	33	11	22	4	1	3
阜南县	61	13	48	39	8	31	4	4	
颍上县	41	10	31	50	10	40	5		5
阜阳合肥现代产业园区	4	1	3	4	2	2	1	1	
阜阳经济技术开发区				3		3			
界首市	24	4	20	23	8	15	1		1
宿州市	**158**	**17**	**141**	**193**	**42**	**151**	**7**	**3**	**4**
埇桥区	42	6	36	49	11	38	1		1
砀山县	29	4	25	7	1	6	1		1
萧县	40	3	37	45	7	38	3	2	1
灵璧县	28	2	26	36	8	28	1		1
泗县	16	1	15	54	15	39	1	1	
宿州马鞍山现代产业园区	3	1	2	2		2			
宿州经济技术开发区									
六安市	**239**	**67**	**172**	**206**	**57**	**149**	**16**	**5**	**11**
金安区	30	10	20	33	15	18	6	2	4
裕安区	36	12	24	32	7	25	3	2	1
叶集区	14	5	9	9	2	7			
霍邱县	53	15	38	36	12	24	2	1	1
舒城县	46	11	35	38	7	31	4		4
金寨县	52	13	39	53	14	39			
霍山县	8	1	7	5		5	1		1
亳州市	**133**	**16**	**117**	**168**	**36**	**132**	**13**	**8**	**5**
谯城区	39	7	32	56	15	41	3	3	
涡阳县	42	5	37	40	11	29	4	2	2
蒙城县	20	3	17	27	2	25	4	3	1
利辛县	32	1	31	45	8	37	2		2
池州市	**126**	**38**	**88**	**153**	**40**	**113**	**5**	**3**	**2**
贵池区	47	9	38	53	10	43	2	1	1
东至县	31	6	25	21	6	15	3	2	1
石台县	21	12	9	11	4	7			
青阳县	27	11	16	67	20	47			
池州市国家经济技术开发区									
皖江江南新兴产业集中区									
九华山风景区				1		1			
宣城市	**566**	**155**	**411**	**594**	**142**	**452**	**19**	**11**	**8**
宣州区	206	43	163	173	39	134	3	1	2
郎溪县	103	13	90	52	11	41	2	1	1
泾县	56	16	40	59	16	43	3	2	1
绩溪县	6	1	5	6	1	5	1	1	
旌德县	21	9	12	9	3	6			
宣城市经济开发区	30	17	13	16	5	11			
宁国市	80	39	41	52	25	27	6	3	3
广德市	64	17	47	227	42	185	4	3	1

1－4c 续表 12

单位：人

地区	满族			侗族			瑶族		
	小计	男	女	小计	男	女	小计	男	女
安徽	**1561**	**758**	**803**	**2211**	**624**	**1587**	**774**	**244**	**530**
合肥市	**425**	**267**	**158**	**159**	**76**	**83**	**58**	**20**	**38**
瑶海区	17	9	8	5	2	3	2	1	1
庐阳区	1	1							
蜀山区	2	2					1		1
包河区									
长丰县	33	21	12	46	28	18	14	5	9
肥东县	279	179	100	10	5	5	7	1	6
肥西县	45	27	18	49	24	25	11	6	5
庐江县	24	12	12	24	7	17	12	5	7
合肥高新技术产业开发区									
合肥经济技术开发区	1	1							
合肥新站高新技术产业开发区	9	8	1				5	1	4
巢湖市	14	7	7	25	10	15	6	1	5
芜湖市	**93**	**31**	**62**	**172**	**31**	**141**	**59**	**11**	**48**
镜湖区	3		3	1		1	1		1
弋江区									
鸠江区	12	5	7	17	5	12	4		4
三山区	3	3		3		3	5		5
芜湖县	15	8	7	31	8	23	5	2	3
繁昌县	9	4	5	8	2	6	6	3	3
南陵县	11	2	9	21	3	18	20	5	15
芜湖经济技术开发区				1		1			
安徽芜湖长江大桥经济开发区									
无为市	40	9	31	90	13	77	18	1	17
蚌埠市	**33**	**10**	**23**	**56**	**16**	**40**	**19**	**2**	**17**
龙子湖区	3		3	1	1				
蚌山区	1		1						
禹会区	4	1	3	7	4	3	2	1	1
淮上区	4	1	3	9	1	8			
怀远县	14	5	9	18	4	14	10		10
五河县	1	1		15	6	9	3		3
固镇县	6	2	4	6		6	4	1	3
蚌埠市高新技术开发区									
蚌埠市经济开发区									
淮南市	**60**	**30**	**30**	**51**	**20**	**31**	**22**	**2**	**20**
大通区	4	2	2	5	3	2			
田家庵区	1	1		3	2	1	1		1
谢家集区	3	2	1						
八公山区	2		2				1		1
潘集区	10	7	3	7	2	5	4		4
凤台县	22	11	11	14	3	11	10	1	9
寿县	18	7	11	22	10	12	6	1	5

1-4c　续表 13　　　　　单位：人

地　区	满族			侗族			瑶族		
	小计	男	女	小计	男	女	小计	男	女
马鞍山市	**49**	**22**	**27**	**332**	**53**	**279**	**60**	**17**	**43**
花山区				10	3	7			
雨山区				11		11	3	2	1
博望区	4		4	36	4	32	8	1	7
当涂县	6	4	2	243	32	211	38	12	26
含山县	15	6	9	9	5	4			
和县	24	12	12	23	9	14	11	2	9
淮北市	**35**	**11**	**24**	**22**	**1**	**21**	**16**	**2**	**14**
杜集区	5	1	4	3		3			
相山区	4	3	1	1		1			
烈山区	15		15	6		6	7		7
濉溪县	11	7	4	12	1	11	9	2	7
铜陵市	**13**	**2**	**11**	**38**	**7**	**31**	**20**	**4**	**16**
铜官区	3		3	1		1			
义安区	5	1	4	17	2	15	6	2	4
郊区	2		2	15	4	11			
枞阳县	3	1	2	5	1	4	14	2	12
安庆市	**93**	**41**	**52**	**185**	**53**	**132**	**86**	**44**	**42**
迎江区	7	3	4						
大观区	8	3	5	5	4	1	2		2
宜秀区	1		1	5	1	4	6	2	4
怀宁县	13	6	7	13	8	5	21	18	3
太湖县	14	7	7	30	8	22	9	3	6
宿松县	12	6	6	39	13	26	16	10	6
望江县	10	3	7	11		11	7	1	6
岳西县	8	6	2	68	13	55	7	2	5
安徽安庆经济开发区	1	1					2		2
桐城市	10	3	7	3		3	1		1
潜山市	9	3	6	11	6	5	15	8	7
黄山市	**80**	**62**	**18**	**112**	**57**	**55**	**50**	**17**	**33**
屯溪区	1		1	2	1	1	6	1	5
黄山区	33	22	11	46	30	16	19	10	9
徽州区	1	1		6	3	3			
歙县	12	10	2	17	3	14	11	1	10
休宁县	21	18	3	18	11	7	11	5	6
黟县	1	1		15	4	11	2		2
祁门县	11	10	1	8	5	3	1		1
滁州市	**128**	**68**	**60**	**362**	**102**	**260**	**51**	**23**	**28**
琅琊区	3	1	2	6	2	4	1	1	
南谯区	26	16	10	17	10	7	8	4	4
来安县	5	4	1	28	14	14	3	1	2
全椒县	39	29	10	5	3	2	6	2	4
定远县	19	8	11	34	9	25	6	1	5
凤阳县	11	3	8	10	3	7	10	2	8
苏滁现代产业园									
滁州经济技术开发区	6	5	1	38	24	14	12	11	1
天长市	17	2	15	208	34	174	1		1
明光市	2		2	16	3	13	4	1	3

1－4c 续表 14

单位：人

地区	满族			侗族			瑶族		
	小计	男	女	小计	男	女	小计	男	女
阜阳市	**135**	**59**	**76**	**112**	**31**	**81**	**66**	**16**	**50**
颍州区	9	3	6	12	7	5	11	6	5
颍东区	14	8	6	14	4	10	2	1	1
颍泉区	19	8	11	10	3	7	3		3
临泉县	17	6	11	12	4	8	11	2	9
太和县	22	6	16	17	3	14	19	4	15
阜南县	18	12	6	13	2	11	12	1	11
颍上县	18	9	9	23	3	20	4	2	2
阜阳合肥现代产业园区	4	1	3	3	2	1			
阜阳经济技术开发区	2	1	1	1		1			
界首市	12	5	7	7	3	4	4		4
宿州市	**68**	**19**	**49**	**69**	**14**	**55**	**26**	**1**	**25**
埇桥区	14	4	10	17	5	12	9	1	8
砀山县	12	6	6	9	2	7	1		1
萧县	17		17	13	1	12	6		6
灵璧县	17	6	11	22	5	17	6		6
泗县	6	2	4	8	1	7	3		3
宿州马鞍山现代产业园区	2	1	1				1		1
宿州经济技术开发区									
六安市	**96**	**42**	**54**	**178**	**41**	**137**	**48**	**22**	**26**
金安区	24	12	12	25	9	16	5		5
裕安区	9	3	6	17	6	11	3		3
叶集区	1		1	4	1	3	3	1	2
霍邱县	16	6	10	77	11	66	23	14	9
舒城县	19	5	14	29	7	22	3	2	1
金寨县	27	16	11	23	7	16	8	3	5
霍山县				3		3	3	2	1
亳州市	**155**	**47**	**108**	**69**	**19**	**50**	**32**	**6**	**26**
谯城区	109	33	76	14	4	10	9	2	7
涡阳县	12	2	10	16	4	12	8	2	6
蒙城县	11	3	8	14	3	11	9	2	7
利辛县	23	9	14	25	8	17	6		6
池州市	**28**	**15**	**13**	**70**	**25**	**45**	**39**	**19**	**20**
贵池区	13	7	6	26	6	20	15	8	7
东至县	3	3		17	10	7	4	2	2
石台县				13	5	8	4		4
青阳县	8	4	4	14	4	10	16	9	7
池州市国家经济技术开发区									
皖江江南新兴产业集中区									
九华山风景区	4	1	3						
宣城市	**70**	**32**	**38**	**224**	**78**	**146**	**122**	**38**	**84**
宣州区	22	11	11	96	28	68	52	16	36
郎溪县	5	2	3	16	5	11	23	3	20
泾县	9	5	4	30	13	17	24	13	11
绩溪县	3		3	6	1	5	4	1	3
旌德县				6	3	3	3		3
宣城市经济开发区	4	3	1	8	3	5	7	3	4
宁国市	9	4	5	31	15	16	3	1	2
广德市	18	7	11	31	10	21	6	1	5

1-4c　续表 15　　　　单位：人

地　区	白　族			土家族			哈尼族		
	小计	男	女	小计	男	女	小计	男	女
安　徽	**784**	**242**	**542**	**4549**	**1945**	**2604**	**979**	**180**	**799**
合肥市	**80**	**31**	**49**	**451**	**230**	**221**	**88**	**33**	**55**
瑶海区	3	2	1	15	7	8	1		1
庐阳区				4	3	1			
蜀山区	2	2		20	16	4	5	5	
包河区				31	25	6	1		1
长丰县	16	6	10	97	46	51	27	13	14
肥东县	8	4	4	40	19	21	15	4	11
肥西县	33	11	22	122	56	66	7	3	4
庐江县	13	5	8	55	23	32	11	3	8
合肥高新技术产业开发区									
合肥经济技术开发区				7	1	6			
合肥新站高新技术产业开发区				2	2				
巢湖市	5	1	4	58	32	26	21	5	16
芜湖市	**19**	**5**	**14**	**231**	**90**	**141**	**56**	**15**	**41**
镜湖区				7	2	5	2		2
弋江区									
鸠江区	1		1	35	18	17	4		4
三山区	1		1	12	2	10	1		1
芜湖县	4	2	2	52	22	30	4	1	3
繁昌县	6	2	4	48	27	21	3	1	2
南陵县	2		2	42	11	31	13	4	9
芜湖经济技术开发区				3	1	2			
安徽芜湖长江大桥经济开发区	1		1	4	1	3			
无为市	4	1	3	28	6	22	29	9	20
蚌埠市	**29**	**8**	**21**	**152**	**42**	**110**	**64**	**3**	**61**
龙子湖区				4	2	2			
蚌山区				13	3	10	3		3
禹会区	1		1	11	3	8			
淮上区	2		2	10	3	7	4	1	3
怀远县	8	3	5	46	11	35	9		9
五河县	11	3	8	27	7	20	8		8
固镇县	7	2	5	41	13	28	40	2	38
蚌埠市高新技术开发区									
蚌埠市经济开发区									
淮南市	**34**	**10**	**24**	**140**	**41**	**99**	**39**	**10**	**29**
大通区	2	2		9	5	4	2		2
田家庵区				5	2	3	2	1	1
谢家集区				11	4	7			
八公山区									
潘集区	3		3	32	6	26	9	2	7
凤台县	18	5	13	42	9	33	8	2	6
寿县	11	3	8	41	15	26	18	5	13

1-4c 续表 16

单位：人

地区	白族			土家族			哈尼族		
	小计	男	女	小计	男	女	小计	男	女
马鞍山市	**35**	**10**	**25**	**128**	**63**	**65**	**109**	**27**	**82**
花山区							1	1	
雨山区	3		3	21	16	5			
博望区	3	2	1	7	1	6	6	1	5
当涂县	15	3	12	33	19	14	13	7	6
含山县	10	4	6	34	13	21	6	2	4
和县	4	1	3	33	14	19	83	16	67
淮北市	**24**	**3**	**21**	**66**	**16**	**50**	**25**	**2**	**23**
杜集区				5	3	2	5	2	3
相山区	3		3	7	2	5			
烈山区	2		2	13	2	11	1		1
濉溪县	19	3	16	41	9	32	19		19
铜陵市	**8**	**3**	**5**	**67**	**17**	**50**	**22**	**2**	**20**
铜官区									
义安区				18	3	15	15	1	14
郊区	2	1	1	25	9	16	4	1	3
枞阳县	6	2	4	24	5	19	3		3
安庆市	**46**	**11**	**35**	**407**	**152**	**255**	**41**	**7**	**34**
迎江区							3	1	2
大观区	1		1	12	7	5			
宜秀区	1	1		7	3	4			
怀宁县	15	2	13	58	24	34	12	3	9
太湖县	5	1	4	60	16	44	4		4
宿松县	4	1	3	82	36	46	3		3
望江县	5	4	1	65	26	39	4		4
岳西县	6	1	5	72	25	47	6	1	5
安徽安庆经济开发区									
桐城市	6		6	23	7	16	5	1	4
潜山市	3	1	2	28	8	20	4	1	3
黄山市	**30**	**13**	**17**	**384**	**273**	**111**	**57**	**15**	**42**
屯溪区				6	2	4			
黄山区	3	1	2	88	60	28	10	6	4
徽州区				6		6	5	1	4
歙县	7	1	6	75	51	24	18	1	17
休宁县	4	1	3	96	73	23	14	3	11
黟县	3	1	2	20	11	9	7	1	6
祁门县	13	9	4	93	76	17	3	3	
滁州市	**112**	**39**	**73**	**583**	**275**	**308**	**69**	**18**	**51**
琅琊区	3	3		10	7	3			
南谯区	7	3	4	72	37	35	1		1
来安县	40	8	32	52	30	22	7	3	4
全椒县	2	2		42	17	25	10	4	6
定远县	13	5	8	59	14	45	19	3	16
凤阳县	10	7	3	44	11	33	14	1	13
苏滁现代产业园									
滁州经济技术开发区	15	5	10	208	114	94	11	7	4
天长市	9	2	7	61	32	29	4		4
明光市	13	4	9	35	13	22	3		3

1-4c　续表 17　　　　　　　　　　　　　　　　　　　　　　　　单位：人

地　　区	白　族			土家族			哈尼族		
	小计	男	女	小计	男	女	小计	男	女
阜阳市	**109**	**36**	**73**	**374**	**122**	**252**	**59**	**10**	**49**
颍州区	17	4	13	26	9	17	3	2	1
颍东区	8	3	5	47	17	30	4	1	3
颍泉区	6	1	5	15	4	11	2		2
临泉县	18	5	13	52	19	33	27	3	24
太和县	17	5	12	63	19	44	4		4
阜南县	7	4	3	52	19	33	2		2
颍上县	22	8	14	66	11	55	10	2	8
阜阳合肥现代产业园区	1		1	8	6	2			
阜阳经济技术开发区				5	3	2	4	2	2
界首市	13	6	7	40	15	25	3		3
宿州市	**103**	**20**	**83**	**222**	**52**	**170**	**125**	**9**	**116**
埇桥区	35	5	30	76	20	56	68	4	64
砀山县	5	1	4	30	5	25	7		7
萧县	19	6	13	28	3	25	12	2	10
灵璧县	30	5	25	58	17	41	26	2	24
泗县	14	3	11	28	6	22	11	1	10
宿州马鞍山现代产业园区				2	1	1	1		1
宿州经济技术开发区									
六安市	**44**	**12**	**32**	**501**	**200**	**301**	**52**	**8**	**44**
金安区	10	5	5	90	37	53	3		3
裕安区	5	1	4	46	13	33	13	2	11
叶集区	1		1	168	86	82	3	1	2
霍邱县	9	1	8	61	16	45	13		13
舒城县	10	3	7	74	28	46	12	3	9
金寨县	9	2	7	51	15	36	6	2	4
霍山县				11	5	6	2		2
亳州市	**40**	**12**	**28**	**195**	**52**	**143**	**55**	**7**	**48**
谯城区	8	1	7	64	21	43	5	1	4
涡阳县	8	4	4	46	12	34	6	1	5
蒙城县	10	5	5	24	2	22	22	2	20
利辛县	14	2	12	61	17	44	22	3	19
池州市	**21**	**6**	**15**	**251**	**122**	**129**	**22**	**3**	**19**
贵池区	8	2	6	87	43	44	9	1	8
东至县	7	1	6	34	9	25	2		2
石台县	2		2	33	19	14	1		1
青阳县	4	3	1	95	51	44	10	2	8
池州市国家经济技术开发区									
皖江江南新兴产业集中区									
九华山风景区				2		2			
宣城市	**50**	**23**	**27**	**397**	**198**	**199**	**96**	**11**	**85**
宣州区	9	3	6	105	67	38	12	4	8
郎溪县	4	3	1	29	9	20	6	1	5
泾县	9	6	3	67	29	38	10		10
绩溪县	1		1	13	8	5	43		43
旌德县	1	1		9	2	7	5		5
宣城市经济开发区	12	8	4	18	8	10			
宁国市	3	1	2	54	29	25	14	4	10
广德市	11	1	10	102	46	56	6	2	4

1-4c 续表 18

单位：人

地　区	哈萨克族			傣　族			黎　族		
	小计	男	女	小计	男	女	小计	男	女
安　徽	**13**	**8**	**5**	**604**	**110**	**494**	**534**	**150**	**384**
合肥市	**2**	**2**		**109**	**38**	**71**	**52**	**20**	**32**
瑶海区							4	2	2
庐阳区									
蜀山区							2	2	
包河区									
长丰县	2	2		10	4	6	8	3	5
肥东县				15	4	11	10	3	7
肥西县				50	23	27	15	6	9
庐江县				11	4	7	8	3	5
合肥高新技术产业开发区									
合肥经济技术开发区							1		1
合肥新站高新技术产业开发区									
巢湖市				23	3	20	4	1	3
芜湖市				**72**	**10**	**62**	**48**	**12**	**36**
镜湖区									
弋江区									
鸠江区				18	4	14	4	1	3
三山区							3	1	2
芜湖县				9	1	8	10		10
繁昌县				6	1	5	6	1	5
南陵县				12	1	11	18	7	11
芜湖经济技术开发区							2	1	1
安徽芜湖长江大桥经济开发区				3	1	2			
无为市				24	2	22	5	1	4
蚌埠市	**2**	**1**	**1**	**25**	**5**	**20**	**26**	**5**	**21**
龙子湖区							1		1
蚌山区									
禹会区				2		2	2		2
淮上区				2		2	1		1
怀远县				6	1	5	5	1	4
五河县				8	1	7	4		4
固镇县	2	1	1	7	3	4	13	4	9
蚌埠市高新技术开发区									
蚌埠市经济开发区									
淮南市	**1**		**1**	**26**	**4**	**22**	**31**	**11**	**20**
大通区	1		1				4		4
田家庵区				3		3			
谢家集区				1		1			
八公山区									
潘集区				4		4	9	4	5
凤台县				12	1	11	14	6	8
寿县				6	3	3	4	1	3

1-4c　续表 19　　　　单位：人

地　区	哈萨克族			傣　族			黎　族		
	小计	男	女	小计	男	女	小计	男	女
马鞍山市				**47**	**7**	**40**	**7**	**1**	**6**
花山区									
雨山区									
博望区				4		4	1		1
当涂县				10	2	8			
含山县				19	4	15	1	1	
和县				14	1	13	5		5
淮北市				**15**	**3**	**12**	**10**	**5**	**5**
杜集区				1		1	3		3
相山区				3	1	2	1	1	
烈山区				2		2	2	1	1
濉溪县				9	2	7	4	3	1
铜陵市				**6**	**2**	**4**	**7**		**7**
铜官区									
义安区				3		3	4		4
郊区				2	2				
枞阳县				1		1	3		3
安庆市				**27**	**6**	**21**	**41**	**8**	**33**
迎江区							1		1
大观区							1		1
宜秀区							4	3	1
怀宁县				6	2	4	5		5
太湖县				1		1	3	1	2
宿松县				4		4	20	3	17
望江县				4	1	3	1		1
岳西县				1	1		4		4
安徽安庆经济开发区									
桐城市				10	1	9	1	1	
潜山市				1	1		1		1
黄山市				**5**	**2**	**3**	**3**		**3**
屯溪区									
黄山区									
徽州区									
歙县				5	2	3			
休宁县							2		2
黟县							1		1
祁门县									
滁州市	**2**	**1**	**1**	**21**	**7**	**14**	**46**	**13**	**33**
琅琊区							1	1	
南谯区				1		1	7		7
来安县				4	1	3	7		7
全椒县				4	1	3	2		2
定远县	1	1		1		1	14	10	4
凤阳县				4	1	3	10	1	9
苏滁现代产业园									
滁州经济技术开发区				6	4	2	1		1
天长市	1		1				3	1	2
明光市				1		1	1		1

1－4c　续表 20　　　　单位：人

地　区	哈萨克族			傣　族			黎　族		
	小计	男	女	小计	男	女	小计	男	女
阜阳市	**2**		**2**	**67**	**5**	**62**	**54**	**22**	**32**
颍州区				1	1		3	2	1
颍东区				3	1	2	4	2	2
颍泉区				6	1	5			
临泉县	1		1	29	1	28	4	2	2
太和县	1		1	10	1	9	15	6	9
阜南县				8		8	4	1	3
颍上县				5		5	23	9	14
阜阳合肥现代产业园区									
阜阳经济技术开发区							1		1
界首市				5		5			
宿州市	**2**	**2**		**47**	**4**	**43**	**28**	**1**	**27**
埇桥区	1	1		15		15	4		4
砀山县				5	3	2	1		1
萧县				8	1	7	9	1	8
灵璧县	1	1		11		11	7		7
泗县				8		8	7		7
宿州马鞍山现代产业园区									
宿州经济技术开发区									
六安市	**1**	**1**		**48**	**5**	**43**	**47**	**14**	**33**
金安区				18	2	16	5	1	4
裕安区	1	1		11		11	11	5	6
叶集区							1		1
霍邱县				6		6	7		7
舒城县				5	2	3	14	4	10
金寨县				8	1	7	6	2	4
霍山县							3	2	1
亳州市	**1**	**1**		**40**	**3**	**37**	**51**	**18**	**33**
谯城区				5		5	19	5	14
涡阳县				7		7	6		6
蒙城县	1	1		13	2	11	13	6	7
利辛县				15	1	14	13	7	6
池州市				**15**	**3**	**12**	**17**	**1**	**16**
贵池区				3	1	2	10		10
东至县				4	1	3	4		4
石台县				1		1	2		2
青阳县				7	1	6	1	1	
池州市国家经济技术开发区									
皖江江南新兴产业集中区									
九华山风景区									
宣城市				**34**	**6**	**28**	**66**	**19**	**47**
宣州区				7	1	6	16	8	8
郎溪县				7	1	6	8	3	5
泾县				7		7	8	1	7
绩溪县									
旌德县				2	2		1		1
宣城市经济开发区				4	1	3			
宁国市				5	1	4	6	2	4
广德市				2		2	27	5	22

1-4c　续表 21　　单位：人

地　区	傈僳族			佤　族			畲　族		
	小计	男	女	小计	男	女	小计	男	女
安　徽	**595**	**120**	**475**	**503**	**114**	**389**	**866**	**464**	**402**
合肥市	**70**	**22**	**48**	**66**	**27**	**39**	**39**	**19**	**20**
瑶海区							5	4	1
庐阳区									
蜀山区									
包河区				4	3	1			
长丰县	20	10	10	8	2	6	4	1	3
肥东县	6	1	5	19	10	9	11	5	6
肥西县	26	8	18	12	8	4	12	7	5
庐江县	10	2	8	11	2	9	2	1	1
合肥高新技术产业开发区									
合肥经济技术开发区	1		1	6	2	4			
合肥新站高新技术产业开发区									
巢湖市	7	1	6	6		6	5	1	4
芜湖市	**24**	**5**	**19**	**24**	**11**	**13**	**7**	**5**	**2**
镜湖区							1		1
弋江区									
鸠江区	10	3	7	12	7	5			
三山区	1		1	3	1	2	1	1	
芜湖县	2		2	5	2	3	1		1
繁昌县	4	1	3						
南陵县	3	1	2	1		1	3	3	
芜湖经济技术开发区									
安徽芜湖长江大桥经济开发区				1	1		1	1	
无为市	4		4	2		2			
蚌埠市	**10**	**3**	**7**	**21**	**6**	**15**	**12**	**3**	**9**
龙子湖区							3		3
蚌山区							2	2	
禹会区	2	1	1						
淮上区	1		1	1	1		2	1	1
怀远县	1		1	6	2	4	3		3
五河县	5	2	3	8	1	7			
固镇县	1		1	6	2	4	2		2
蚌埠市高新技术开发区									
蚌埠市经济开发区									
淮南市	**12**	**1**	**11**	**9**	**1**	**8**	**12**	**7**	**5**
大通区				1	1		3	2	1
田家庵区	1		1	1		1			
谢家集区							1		1
八公山区							1	1	
潘集区	3		3				4	3	1
凤台县	4		4	4		4			
寿县	4	1	3	3		3	3	1	2

1－4c　续表 22　　　　单位：人

地　区	傈僳族			佤　族			畲　族		
	小计	男	女	小计	男	女	小计	男	女
马鞍山市	**24**	**4**	**20**	**21**	**12**	**9**	**5**		**5**
花山区				6	6				
雨山区									
博望区	5		5	4	4				
当涂县	2		2	3		3	3		3
含山县	6	3	3	5	2	3			
和县	11	1	10	3		3	2		2
淮北市	**9**	**1**	**8**	**17**		**17**	**7**	**2**	**5**
杜集区				1		1			
相山区							4	1	3
烈山区	1		1	2		2	2		2
濉溪县	8	1	7	14		14	1	1	
铜陵市	**5**		**5**	**1**		**1**	**6**	**3**	**3**
铜官区				1		1			
义安区	3		3				5	3	2
郊区	1		1						
枞阳县	1		1				1		1
安庆市	**20**	**4**	**16**	**39**	**6**	**33**	**24**	**19**	**5**
迎江区				1		1			
大观区							1	1	
宜秀区				7	1	6			
怀宁县	2		2	7	2	5	2	1	1
太湖县	3	1	2	2		2	3	2	1
宿松县	6	3	3	1	1		11	11	
望江县	1		1	4		4			
岳西县	3		3	1		1	2	1	1
安徽安庆经济开发区				1	1				
桐城市	1		1	10		10			
潜山市	4		4	5	1	4	5	3	2
黄山市	**81**	**10**	**71**	**14**	**7**	**7**	**13**	**3**	**10**
屯溪区	5	1	4						
黄山区	7	4	3	7	4	3	2		2
徽州区	7		7				4	2	2
歙县	40	1	39	4	2	2	2		2
休宁县	5		5				4	1	3
黟县	5	1	4	2	1	1			
祁门县	12	3	9	1		1	1		1
滁州市	**36**	**12**	**24**	**31**	**14**	**17**	**14**	**4**	**10**
琅琊区									
南谯区	3	1	2	8	7	1			
来安县	10		10	4	2	2	3	1	2
全椒县				5	2	3			
定远县	8	4	4	5		5	2		2
凤阳县	2		2	3		3	3	1	2
苏滁现代产业园									
滁州经济技术开发区	9	7	2	3	3				
天长市				1		1	4	1	3
明光市	4		4	2		2	2	1	1

1-4c　续表 23　　　　单位：人

地　区	傈僳族			佤　族			畲　族		
	小计	男	女	小计	男	女	小计	男	女
阜阳市	**50**	**9**	**41**	**86**	**12**	**74**	**15**	**6**	**9**
颍州区	4	2	2	3		3	1		1
颍东区	16		16	8	4	4	1		1
颍泉区	3		3	7	2	5			
临泉县	4		4	23		23	5	2	3
太和县	9		9	7	1	6	3	1	2
阜南县	5	2	3	8		8	4	2	2
颍上县	8	4	4	7	2	5	1	1	
阜阳合肥现代产业园区									
阜阳经济技术开发区									
界首市	1	1		23	3	20			
宿州市	**37**	**6**	**31**	**37**	**7**	**30**	**3**		**3**
埇桥区	16	1	15	12	3	9			
砀山县	3		3	3	1	2	1		1
萧县	2		2	5		5			
灵璧县	15	5	10	5	1	4	2		2
泗县	1		1	12	2	10			
宿州马鞍山现代产业园区									
宿州经济技术开发区									
六安市	**51**	**13**	**38**	**16**	**2**	**14**	**13**	**5**	**8**
金安区	6	3	3	2		2	2		2
裕安区	18	1	17	4	1	3	2	1	1
叶集区	4	1	3				1	1	
霍邱县	5	1	4	1		1	4	2	2
舒城县	12	4	8	2		2	1		1
金寨县	5	3	2	7	1	6	2	1	1
霍山县	1		1				1		1
亳州市	**49**	**7**	**42**	**84**	**5**	**79**	**13**	**4**	**9**
谯城区	13	4	9	8		8	2		2
涡阳县	20		20	35	3	32	1	1	
蒙城县	2		2	19	1	18	1		1
利辛县	14	3	11	22	1	21	9	3	6
池州市	**66**	**10**	**56**	**8**	**1**	**7**	**17**	**11**	**6**
贵池区	21	5	16				6	2	4
东至县	2	1	1	4	1	3	1		1
石台县	32	4	28	2		2	2	2	
青阳县	6		6	2		2	8	7	1
池州市国家经济技术开发区									
皖江江南新兴产业集中区									
九华山风景区	5		5						
宣城市	**51**	**13**	**38**	**29**	**3**	**26**	**666**	**373**	**293**
宣州区	13		13	15		15	2	1	1
郎溪县	7	2	5	1	1		4	1	3
泾县	2	1	1	6	1	5	4	2	2
绩溪县	2	1	1				2	1	1
旌德县	1		1				3	2	1
宣城市经济开发区	1	1							
宁国市	5		5	2	1	1	640	362	278
广德市	20	8	12	5		5	11	4	7

1－4c 续表 24

单位：人

地　区	高山族			拉祜族			水　族		
	小计	男	女	小计	男	女	小计	男	女
安　徽	**9**	**3**	**6**	**615**	**83**	**532**	**671**	**180**	**491**
合肥市				**44**	**9**	**35**	**31**	**12**	**19**
瑶海区				1		1	2	1	1
庐阳区							1	1	
蜀山区				3	3				
包河区							2		2
长丰县				7	1	6	7	2	5
肥东县				8	1	7	2		2
肥西县				16	4	12	10	6	4
庐江县				5		5	5		5
合肥高新技术产业开发区									
合肥经济技术开发区							2	2	
合肥新站高新技术产业开发区									
巢湖市				4		4			
芜湖市				**19**	**4**	**15**	**37**	**6**	**31**
镜湖区				1		1			
弋江区									
鸠江区				3	1	2	7	2	5
三山区				1		1			
芜湖县				4		4	13	3	10
繁昌县				1	1		1		1
南陵县				2		2	7		7
芜湖经济技术开发区									
安徽芜湖长江大桥经济开发区				1		1			
无为市				6	2	4	9	1	8
蚌埠市				**38**	**6**	**32**	**11**	**1**	**10**
龙子湖区									
蚌山区				1		1			
禹会区									
淮上区				6		6	2	1	1
怀远县				9		9	2		2
五河县				6		6	3		3
固镇县				16	6	10	4		4
蚌埠市高新技术开发区									
蚌埠市经济开发区									
淮南市				**19**	**4**	**15**	**4**	**1**	**3**
大通区				2	1	1			
田家庵区							1		1
谢家集区				1		1			
八公山区									
潘集区									
凤台县				10	2	8	3	1	2
寿县				6	1	5			

1-4c 续表 25

单位：人

地 区	高山族			拉祜族			水 族		
	小计	男	女	小计	男	女	小计	男	女
马鞍山市				**37**	**10**	**27**	**54**	**28**	**26**
花山区				1	1		1	1	
雨山区				2		2	3	1	2
博望区							1		1
当涂县				5	2	3	46	26	20
含山县				6		6	2		2
和县				23	7	16	1		1
淮北市	**1**		**1**	**31**		**31**	**6**	**3**	**3**
杜集区				2		2	2	2	
相山区	1		1						
烈山区				3		3	2	1	1
濉溪县				26		26	2		2
铜陵市	**2**		**2**	**7**	**1**	**6**	**3**		**3**
铜官区									
义安区				5	1	4	1		1
郊区				2		2			
枞阳县	2		2				2		2
安庆市				**26**	**4**	**22**	**24**	**11**	**13**
迎江区				1	1				
大观区									
宜秀区				1	1		1	1	
怀宁县				5	1	4	1		1
太湖县				4		4	3		3
宿松县				4	1	3	3	2	1
望江县				3		3	1		1
岳西县				2		2	5	1	4
安徽安庆经济开发区									
桐城市				4		4	2		2
潜山市				2		2	8	7	1
黄山市	**1**		**1**	**26**	**4**	**22**	**69**	**19**	**50**
屯溪区									
黄山区				4	1	3	7	5	2
徽州区				5		5	12	1	11
歙县	1		1	11	1	10	21	2	19
休宁县				4	2	2	8	1	7
黟县				2		2	4		4
祁门县							17	10	7
滁州市				**28**	**10**	**18**	**33**	**6**	**27**
琅琊区									
南谯区				2	1	1	7	1	6
来安县				2		2	10	1	9
全椒县									
定远县				9		9	5	2	3
凤阳县				4	1	3	3	1	2
苏滁现代产业园									
滁州经济技术开发区				6	6		2		2
天长市				2	1	1	3	1	2
明光市				3	1	2	3		3

1-4c 续表 26

单位：人

地 区	高山族			拉祜族			水族		
	小计	男	女	小计	男	女	小计	男	女
阜阳市				**86**	**6**	**80**	**31**	**10**	**21**
颍州区				1		1	7	4	3
颍东区				3	1	2	2	1	1
颍泉区				3		3	2		2
临泉县				26		26	2	2	
太和县				34	4	30	5		5
阜南县				6	1	5	2		2
颍上县				8		8	11	3	8
阜阳合肥现代产业园区									
阜阳经济技术开发区				1		1			
界首市				4		4			
宿州市				**86**	**3**	**83**	**46**	**15**	**31**
埇桥区				28		28	5	1	4
砀山县				3		3	15	5	10
萧县				34		34	3	1	2
灵璧县				5		5	19	8	11
泗县				15	3	12	3		3
宿州马鞍山现代产业园区				1		1	1		1
宿州经济技术开发区									
六安市				**49**	**12**	**37**	**39**	**6**	**33**
金安区				7	1	6	2	1	1
裕安区				3		3	10	3	7
叶集区				1		1	1		1
霍邱县				6	2	4	19	1	18
舒城县				6	1	5	4	1	3
金寨县				16	5	11	3		3
霍山县				10	3	7			
亳州市	**1**		**1**	**86**	**2**	**84**	**18**	**1**	**17**
谯城区				3		3	8	1	7
涡阳县				26	1	25	1		1
蒙城县	1		1	22		22	6		6
利辛县				35	1	34	3		3
池州市				**13**	**1**	**12**	**19**	**5**	**14**
贵池区				2		2	8	1	7
东至县				8		8	2		2
石台县				1		1	1		1
青阳县				2	1	1	8	4	4
池州市国家经济技术开发区									
皖江江南新兴产业集中区									
九华山风景区									
宣城市	**4**	**3**	**1**	**20**	**7**	**13**	**246**	**56**	**190**
宣州区				10	5	5	31	15	16
郎溪县				3		3	6		6
泾县	1	1		5	2	3	2	1	1
绩溪县									
旌德县									
宣城市经济开发区							3	1	2
宁国市							31	18	13
广德市	3	2	1	2		2	173	21	152

1-4c 续表 27

单位：人

地 区	东乡族			纳西族			景颇族		
	小计	男	女	小计	男	女	小计	男	女
安 徽	**251**	**126**	**125**	**32**	**4**	**28**	**207**	**35**	**172**
合肥市	**32**	**14**	**18**	**2**		**2**	**47**	**7**	**40**
瑶海区	13	6	7						
庐阳区									
蜀山区									
包河区									
长丰县	4	3	1				6	1	5
肥东县	9	3	6				13	3	10
肥西县	2	1	1	2		2	3		3
庐江县							4	1	3
合肥高新技术产业开发区									
合肥经济技术开发区									
合肥新站高新技术产业开发区									
巢湖市	4	1	3				21	2	19
芜湖市	**8**	**4**	**4**	**4**		**4**	**10**		**10**
镜湖区									
弋江区									
鸠江区	3	1	2						
三山区				1		1			
芜湖县	1	1							
繁昌县	2	1	1	1		1			
南陵县									
芜湖经济技术开发区									
安徽芜湖长江大桥经济开发区									
无为市	2	1	1	2		2	10		10
蚌埠市	**4**	**1**	**3**	**2**		**2**	**8**	**1**	**7**
龙子湖区									
蚌山区									
禹会区									
淮上区									
怀远县				1		1	1		1
五河县	4	1	3						
固镇县				1		1	7	1	6
蚌埠市高新技术开发区									
蚌埠市经济开发区									
淮南市	**29**	**17**	**12**				**3**	**1**	**2**
大通区	3	1	2						
田家庵区									
谢家集区									
八公山区									
潘集区	2	2					2	1	1
凤台县	23	13	10						
寿县	1	1					1		1

1－4c 续表 28

单位：人

地区	东乡族			纳西族			景颇族		
	小计	男	女	小计	男	女	小计	男	女
马鞍山市	**2**	**2**		**3**	**2**	**1**	**11**	**2**	**9**
花山区	2	2							
雨山区									
博望区				1		1			
当涂县				1	1		9	2	7
含山县							2		2
和县				1	1				
淮北市	**2**		**2**				**2**		**2**
杜集区									
相山区									
烈山区	1		1						
濉溪县	1		1				2		2
铜陵市				**1**		**1**	**2**		**2**
铜官区									
义安区				1		1	2		2
郊区									
枞阳县									
安庆市				**3**	**1**	**2**	**8**		**8**
迎江区									
大观区									
宜秀区									
怀宁县				3	1	2	1		1
太湖县									
宿松县							4		4
望江县							2		2
岳西县							1		1
安徽安庆经济开发区									
桐城市									
潜山市									
黄山市	**3**	**2**	**1**				**7**	**7**	
屯溪区									
黄山区							2	2	
徽州区	2	2							
歙县									
休宁县	1		1						
黟县									
祁门县							5	5	
滁州市	**3**		**3**	**4**		**4**	**5**	**1**	**4**
琅琊区	2		2						
南谯区				1		1			
来安县	1		1	3		3			
全椒县									
定远县							1		1
凤阳县									
苏滁现代产业园									
滁州经济技术开发区							1		1
天长市									
明光市							3	1	2

1-4c　续表 29　　　　单位：人

地　区	东乡族			纳西族			景颇族		
	小计	男	女	小计	男	女	小计	男	女
阜阳市	**91**	**48**	**43**	**2**		**2**	**26**	**5**	**21**
颍州区	23	15	8				1		1
颍东区	1		1				3	2	1
颍泉区	2	1	1	1		1	1	1	
临泉县	6	2	4				3		3
太和县	10	5	5				2		2
阜南县	12	3	9	1		1	16	2	14
颍上县	32	19	13						
阜阳合肥现代产业园区									
阜阳经济技术开发区									
界首市	5	3	2						
宿州市	**33**	**14**	**19**	**5**		**5**	**5**		**5**
埇桥区	10	6	4	1		1	2		2
砀山县							1		1
萧县	4	1	3						
灵璧县	17	6	11	4		4	2		2
泗县	2	1	1						
宿州马鞍山现代产业园区									
宿州经济技术开发区									
六安市	**13**	**10**	**3**	**4**	**1**	**3**	**43**	**9**	**34**
金安区							3		3
裕安区				1	1		11	1	10
叶集区									
霍邱县				1		1	14	3	11
舒城县	13	10	3	1		1			
金寨县				1		1	13	5	8
霍山县							2		2
亳州市	**24**	**11**	**13**	**1**		**1**	**17**	**1**	**16**
谯城区	8	5	3				6		6
涡阳县	5	2	3	1		1	3	1	2
蒙城县	5	3	2				1		1
利辛县	6	1	5				7		7
池州市							**5**		**5**
贵池区									
东至县							1		1
石台县									
青阳县							4		4
池州市国家经济技术开发区									
皖江江南新兴产业集中区									
九华山风景区									
宣城市	**7**	**3**	**4**	**1**		**1**	**8**	**1**	**7**
宣州区	5	3	2						
郎溪县				1		1	3		3
泾县							1		1
绩溪县									
旌德县							2		2
宣城市经济开发区									
宁国市	1		1				1		1
广德市	1		1				1	1	

1-4c 续表 30 单位：人

地 区	柯尔克孜族			土 族			达斡尔族		
	小计	男	女	小计	男	女	小计	男	女
安 徽	**1**		**1**	**92**	**30**	**62**	**17**	**9**	**8**
合肥市				**8**	**3**	**5**	**1**		**1**
瑶海区									
庐阳区									
蜀山区									
包河区									
长丰县				1		1			
肥东县				3	2	1	1		1
肥西县				1		1			
庐江县									
合肥高新技术产业开发区									
合肥经济技术开发区									
合肥新站高新技术产业开发区									
巢湖市				3	1	2			
芜湖市				**5**	**1**	**4**	**3**	**2**	**1**
镜湖区									
弋江区									
鸠江区							1		1
三山区				1		1			
芜湖县				2	1	1			
繁昌县							1	1	
南陵县				2		2	1	1	
芜湖经济技术开发区									
安徽芜湖长江大桥经济开发区									
无为市									
蚌埠市				**3**	**1**	**2**			
龙子湖区									
蚌山区									
禹会区									
淮上区				1		1			
怀远县				1		1			
五河县									
固镇县				1	1				
蚌埠市高新技术开发区									
蚌埠市经济开发区									
淮南市				**4**	**2**	**2**	**3**	**2**	**1**
大通区									
田家庵区									
谢家集区									
八公山区									
潘集区									
凤台县				1		1	3	2	1
寿县				3	2	1			

1-4c 续表 31

单位：人

地 区	柯尔克孜族			土 族			达斡尔族		
	小计	男	女	小计	男	女	小计	男	女
马鞍山市				**4**	**2**	**2**			
花山区									
雨山区									
博望区									
当涂县									
含山县									
和县				4	2	2			
淮北市									
杜集区									
相山区									
烈山区									
濉溪县									
铜陵市				**3**	**2**	**1**			
铜官区									
义安区									
郊区				1		1			
枞阳县				2	2				
安庆市				**5**	**2**	**3**			
迎江区									
大观区									
宜秀区				1	1				
怀宁县									
太湖县									
宿松县									
望江县				2		2			
岳西县									
安徽安庆经济开发区									
桐城市									
潜山市				2	1	1			
黄山市				**5**	**3**	**2**			
屯溪区									
黄山区									
徽州区									
歙县				1		1			
休宁县				1		1			
黟县									
祁门县				3	3				
滁州市				**5**	**1**	**4**	**3**	**2**	**1**
琅琊区									
南谯区				1		1			
来安县									
全椒县									
定远县									
凤阳县									
苏滁现代产业园									
滁州经济技术开发区									
天长市				1		1	2	1	1
明光市				3	1	2	1	1	

1-4c 续表 32

单位：人

地　　区	柯尔克孜族			土　　族			达斡尔族		
	小计	男	女	小计	男	女	小计	男	女
阜阳市	**1**		**1**	**9**	**3**	**6**	**2**	**1**	**1**
颍州区									
颍东区				1		1			
颍泉区				2	1	1			
临泉县				2		2	1	1	
太和县				3	2	1			
阜南县							1		1
颍上县	1		1	1		1			
阜阳合肥现代产业园区									
阜阳经济技术开发区									
界首市									
宿州市				**5**	**1**	**4**			
埇桥区									
砀山县									
萧县				2		2			
灵璧县				1		1			
泗县				2	1	1			
宿州马鞍山现代产业园区									
宿州经济技术开发区									
六安市				**12**	**3**	**9**			
金安区									
裕安区				1		1			
叶集区				1	1				
霍邱县				1		1			
舒城县				4		4			
金寨县				5	2	3			
霍山县									
亳州市				**8**	**2**	**6**	**5**	**2**	**3**
谯城区				2		2	3	1	2
涡阳县				2		2	2	1	1
蒙城县									
利辛县				4	2	2			
池州市				**11**	**1**	**10**			
贵池区				4		4			
东至县				1		1			
石台县				2		2			
青阳县				4	1	3			
池州市国家经济技术开发区									
皖江江南新兴产业集中区									
九华山风景区									
宣城市				**5**	**3**	**2**			
宣州区				1	1				
郎溪县									
泾县									
绩溪县				1		1			
旌德县									
宣城市经济开发区									
宁国市				3	2	1			
广德市									

1-4c　续表 33　　　　单位：人

地　　区	仫佬族			羌　族			布朗族		
	小计	男	女	小计	男	女	小计	男	女
安　徽	**140**	**38**	**102**	**89**	**31**	**58**	**95**	**18**	**77**
合肥市	**14**	**2**	**12**	**12**	**7**	**5**			
瑶海区	1		1						
庐阳区									
蜀山区				1	1				
包河区									
长丰县	5		5	4	2	2			
肥东县	1		1	3	2	1			
肥西县	6	1	5	4	2	2			
庐江县									
合肥高新技术产业开发区									
合肥经济技术开发区									
合肥新站高新技术产业开发区									
巢湖市	1	1							
芜湖市	**7**	**1**	**6**	**5**	**3**	**2**	**5**	**2**	**3**
镜湖区									
弋江区									
鸠江区				2		2	2	1	1
三山区	1		1						
芜湖县	1		1				1		1
繁昌县	1		1						
南陵县	1		1	3	3				
芜湖经济技术开发区									
安徽芜湖长江大桥经济开发区							2	1	1
无为市	3	1	2						
蚌埠市	**5**	**2**	**3**	**11**	**4**	**7**	**9**	**1**	**8**
龙子湖区							1		1
蚌山区	2		2						
禹会区									
淮上区				4		4			
怀远县				1		1	4	1	3
五河县	2	2					4		4
固镇县	1		1	6	4	2			
蚌埠市高新技术开发区									
蚌埠市经济开发区									
淮南市	**4**		**4**	**4**	**1**	**3**	**7**	**2**	**5**
大通区									
田家庵区									
谢家集区	1		1				1	1	
八公山区									
潘集区				1		1			
凤台县	2		2	3	1	2			
寿县	1		1				6	1	5

1-4c 续表 34

单位：人

地 区	仫佬族			羌族			布朗族		
	小计	男	女	小计	男	女	小计	男	女
马鞍山市	**8**	**2**	**6**	**4**	**2**	**2**	**1**		**1**
花山区	2		2						
雨山区									
博望区							1		1
当涂县	3	1	2	2	2				
含山县	3	1	2						
和县				2		2			
淮北市	**2**		**2**	**1**		**1**	**2**		**2**
杜集区									
相山区									
烈山区	2		2						
濉溪县				1		1	2		2
铜陵市	**1**		**1**				**1**		**1**
铜官区									
义安区							1		1
郊区									
枞阳县	1		1						
安庆市	**18**	**6**	**12**	**4**	**2**	**2**	**18**	**2**	**16**
迎江区									
大观区									
宜秀区	2		2						
怀宁县							6		6
太湖县	3	1	2				3		3
宿松县	4	2	2						
望江县	1		1	1		1	2		2
岳西县	5	2	3						
安徽安庆经济开发区									
桐城市	1		1	2	1	1	7	2	5
潜山市	2	1	1	1	1				
黄山市	**8**	**2**	**6**	**4**	**1**	**3**	**2**		**2**
屯溪区									
黄山区	1	1							
徽州区	1		1						
歙县	1		1				1		1
休宁县	2		2	4	1	3	1		1
黟县	1	1							
祁门县	2		2						
滁州市	**14**	**6**	**8**	**4**	**3**	**1**	**13**	**5**	**8**
琅琊区									
南谯区	10	3	7	1	1				
来安县							2	2	
全椒县							1	1	
定远县	2	2					1		1
凤阳县							2	1	1
苏滁现代产业园									
滁州经济技术开发区	2	1	1	3	2	1			
天长市									
明光市							7	1	6

1-4c 续表 35　　　　单位：人

地区	仫佬族			羌族			布朗族		
	小计	男	女	小计	男	女	小计	男	女
阜阳市	**10**	**4**	**6**	**11**	**2**	**9**	**9**	**1**	**8**
颍州区	1	1		4	2	2			
颍东区							1	1	
颍泉区				2		2	1		1
临泉县	1		1	1		1	2		2
太和县	1		1				2		2
阜南县	4	1	3	2		2			
颍上县	2	1	1	1		1	2		2
阜阳合肥现代产业园区									
阜阳经济技术开发区									
界首市	1	1		1		1	1		1
宿州市	**7**	**1**	**6**	**6**	**1**	**5**	**7**		**7**
埇桥区	1		1	2	1	1	3		3
砀山县				1		1			
萧县	3	1	2	2		2	2		2
灵璧县	1		1				1		1
泗县	2		2	1		1	1		1
宿州马鞍山现代产业园区									
宿州经济技术开发区									
六安市	**7**	**2**	**5**	**11**	**2**	**9**	**5**	**2**	**3**
金安区	1		1	4		4	2	1	1
裕安区	2		2						
叶集区							1	1	
霍邱县	1		1	1		1	1		1
舒城县	1	1		4		4	1		1
金寨县	2	1	1	2	2				
霍山县									
亳州市	**7**	**2**	**5**	**9**	**2**	**7**	**6**		**6**
谯城区	2		2	2	1	1	1		1
涡阳县	3	2	1	4	1	3			
蒙城县	1		1				1		1
利辛县	1		1	3		3	4		4
池州市	**9**	**5**	**4**				**4**	**2**	**2**
贵池区	3	2	1				3	2	1
东至县	2	1	1						
石台县									
青阳县	4	2	2				1		1
池州市国家经济技术开发区									
皖江江南新兴产业集中区									
九华山风景区									
宣城市	**19**	**3**	**16**	**3**	**1**	**2**	**6**	**1**	**5**
宣州区	5	1	4	2		2	6	1	5
郎溪县	1	1							
泾县	4	1	3						
绩溪县									
旌德县									
宣城市经济开发区									
宁国市									
广德市	9		9	1	1				

1-4c 续表 36 单位：人

地　区	撒拉族			毛南族			仡佬族		
	小计	男	女	小计	男	女	小计	男	女
安　徽	**17**	**7**	**10**	**37**	**12**	**25**	**417**	**196**	**221**
合肥市	**3**		**3**	**2**		**2**	**35**	**18**	**17**
瑶海区							1		1
庐阳区							1		1
蜀山区	1		1	1		1	2	2	
包河区									
长丰县	1		1	1		1	4	2	2
肥东县							5	2	3
肥西县	1		1				12	6	6
庐江县							6	3	3
合肥高新技术产业开发区									
合肥经济技术开发区									
合肥新站高新技术产业开发区							1	1	
巢湖市							3	2	1
芜湖市	**1**		**1**	**6**	**4**	**2**	**23**	**9**	**14**
镜湖区							1		1
弋江区									
鸠江区	1		1				3	2	1
三山区							1		1
芜湖县				5	3	2	5	1	4
繁昌县				1	1		5	1	4
南陵县							6	4	2
芜湖经济技术开发区									
安徽芜湖长江大桥经济开发区									
无为市							2	1	1
蚌埠市	**1**	**1**		**1**		**1**	**16**	**8**	**8**
龙子湖区									
蚌山区							3	1	2
禹会区	1	1		1		1	4	2	2
淮上区							1		1
怀远县							6	3	3
五河县							2	2	
固镇县									
蚌埠市高新技术开发区									
蚌埠市经济开发区									
淮南市	**1**	**1**		**1**	**1**		**14**	**7**	**7**
大通区									
田家庵区									
谢家集区				1	1				
八公山区									
潘集区	1	1							
凤台县							3	1	2
寿县							11	6	5

1-4c 续表 37　　　　单位：人

地区	撒拉族			毛南族			仡佬族		
	小计	男	女	小计	男	女	小计	男	女
马鞍山市				**3**	**2**	**1**	**3**	**2**	**1**
花山区									
雨山区									
博望区									
当涂县				1		1	1	1	
含山县									
和县				2	2		2	1	1
淮北市							**9**	**3**	**6**
杜集区									
相山区									
烈山区							2		2
濉溪县							7	3	4
铜陵市				**1**		**1**	**9**	**3**	**6**
铜官区									
义安区							5	2	3
郊区							3	1	2
枞阳县				1		1	1		1
安庆市				**1**		**1**	**33**	**15**	**18**
迎江区							1	1	
大观区									
宜秀区									
怀宁县							3	2	1
太湖县							6		6
宿松县							7	4	3
望江县				1		1	1		1
岳西县							2		2
安徽安庆经济开发区									
桐城市							5	2	3
潜山市							8	6	2
黄山市				**3**		**3**	**18**	**11**	**7**
屯溪区				1		1			
黄山区							5	4	1
徽州区							2	1	1
歙县							2	1	1
休宁县				1		1	2	2	
黟县							2	2	
祁门县				1		1	5	1	4
滁州市				**6**	**3**	**3**	**87**	**57**	**30**
琅琊区							32	22	10
南谯区				2	1	1	11	8	3
来安县							13	10	3
全椒县							1	1	
定远县				2	1	1	4	1	3
凤阳县							1		1
苏滁现代产业园									
滁州经济技术开发区							9	6	3
天长市				2	1	1	14	7	7
明光市							2	2	

1-4c 续表 38 单位：人

地区	撒拉族			毛南族			仡佬族		
	小计	男	女	小计	男	女	小计	男	女
阜阳市	**2**	**1**	**1**	**4**	**2**	**2**	**41**	**13**	**28**
颍州区				1	1		8	3	5
颍东区							6	2	4
颍泉区							3	1	2
临泉县	1		1				4	1	3
太和县	1	1					5	2	3
阜南县							4	1	3
颍上县				1		1	8	1	7
阜阳合肥现代产业园区									
阜阳经济技术开发区							1		1
界首市				2	1	1	2	2	
宿州市	**4**	**1**	**3**	**3**		**3**	**26**	**9**	**17**
埇桥区	3	1	2				10	5	5
砀山县							5	1	4
萧县	1		1				1		1
灵璧县				2		2	6	2	4
泗县				1		1	4	1	3
宿州马鞍山现代产业园区									
宿州经济技术开发区									
六安市				**2**		**2**	**34**	**13**	**21**
金安区							4	2	2
裕安区							3	1	2
叶集区									
霍邱县							6	3	3
舒城县				1		1	14	7	7
金寨县				1		1	4		4
霍山县							3		3
亳州市	**3**	**1**	**2**	**3**		**3**	**20**	**7**	**13**
谯城区	3	1	2	1		1	8	4	4
涡阳县									
蒙城县				2		2	7	1	6
利辛县							5	2	3
池州市							**16**	**6**	**10**
贵池区							5	1	4
东至县							1		1
石台县							3	2	1
青阳县							7	3	4
池州市国家经济技术开发区									
皖江江南新兴产业集中区									
九华山风景区									
宣城市	**2**	**2**		**1**		**1**	**33**	**15**	**18**
宣州区	2	2					12	7	5
郎溪县							2		2
泾县							2		2
绩溪县							1		1
旌德县							1	1	
宣城市经济开发区									
宁国市				1		1	10	6	4
广德市							5	1	4

1-4c　续表 39　　　　单位：人

地　　区	锡伯族			阿昌族			普米族		
	小计	男	女	小计	男	女	小计	男	女
安　徽	**12**	**6**	**6**	**48**	**11**	**37**	**12**	**6**	**6**
合肥市	**2**		**2**	**18**	**4**	**14**	**1**		**1**
瑶海区									
庐阳区									
蜀山区									
包河区									
长丰县				2		2			
肥东县	1		1						
肥西县	1		1	1		1	1		1
庐江县				4		4			
合肥高新技术产业开发区									
合肥经济技术开发区									
合肥新站高新技术产业开发区									
巢湖市				11	4	7			
芜湖市	**2**	**2**		**2**	**1**	**1**			
镜湖区									
弋江区									
鸠江区	1	1		1	1				
三山区	1	1							
芜湖县									
繁昌县									
南陵县									
芜湖经济技术开发区									
安徽芜湖长江大桥经济开发区									
无为市				1		1			
蚌埠市				**2**		**2**			
龙子湖区									
蚌山区									
禹会区									
淮上区									
怀远县				2		2			
五河县									
固镇县									
蚌埠市高新技术开发区									
蚌埠市经济开发区									
淮南市									
大通区									
田家庵区									
谢家集区									
八公山区									
潘集区									
凤台县									
寿县									

1-4c 续表 40　　　　单位：人

地区	锡伯族			阿昌族			普米族		
	小计	男	女	小计	男	女	小计	男	女
马鞍山市	**1**	**1**		**1**		**1**			
花山区									
雨山区									
博望区				1		1			
当涂县	1	1							
含山县									
和县									
淮北市									
杜集区									
相山区									
烈山区									
濉溪县									
铜陵市									
铜官区									
义安区									
郊区									
枞阳县									
安庆市	**2**		**2**						
迎江区									
大观区									
宜秀区									
怀宁县	1		1						
太湖县	1		1						
宿松县									
望江县									
岳西县									
安徽安庆经济开发区									
桐城市									
潜山市									
黄山市	**1**	**1**							
屯溪区	1	1							
黄山区									
徽州区									
歙县									
休宁县									
黟县									
祁门县									
滁州市	**1**		**1**	**6**	**4**	**2**	**8**	**4**	**4**
琅琊区									
南谯区				3	3				
来安县	1		1						
全椒县									
定远县							1		1
凤阳县							4	1	3
苏滁现代产业园									
滁州经济技术开发区				1	1		3	3	
天长市				2		2			
明光市									

1-4c　续表 41　　单位：人

地　　区	锡伯族			阿昌族			普米族		
	小计	男	女	小计	男	女	小计	男	女
阜阳市	**1**	**1**		**6**	**1**	**5**			
颍州区									
颍东区									
颍泉区	1	1							
临泉县				3		3			
太和县									
阜南县				1		1			
颍上县									
阜阳合肥现代产业园区				1		1			
阜阳经济技术开发区				1	1				
界首市									
宿州市	**1**	**1**		**2**		**2**			
埇桥区									
砀山县									
萧县									
灵璧县	1	1							
泗县				2		2			
宿州马鞍山现代产业园区									
宿州经济技术开发区									
六安市				**3**		**3**			
金安区				2		2			
裕安区									
叶集区									
霍邱县				1		1			
舒城县									
金寨县									
霍山县									
亳州市	**1**		**1**	**3**		**3**	**3**	**2**	**1**
谯城区							2	2	
涡阳县				2		2	1		1
蒙城县	1		1						
利辛县				1		1			
池州市				**1**		**1**			
贵池区									
东至县									
石台县									
青阳县				1		1			
池州市国家经济技术开发区									
皖江江南新兴产业集中区									
九华山风景区									
宣城市				**4**	**1**	**3**			
宣州区									
郎溪县									
泾县				1		1			
绩溪县									
旌德县									
宣城市经济开发区				3	1	2			
宁国市									
广德市									

1-4c 续表 42

单位：人

地区	塔吉克族			怒族			乌孜别克族		
	小计	男	女	小计	男	女	小计	男	女
安徽	**1**		**1**	**29**	**4**	**25**			
合肥市				**2**		**2**			
瑶海区									
庐阳区									
蜀山区									
包河区									
长丰县									
肥东县				1		1			
肥西县									
庐江县									
合肥高新技术产业开发区									
合肥经济技术开发区									
合肥新站高新技术产业开发区									
巢湖市				1		1			
芜湖市									
镜湖区									
弋江区									
鸠江区									
三山区									
芜湖县									
繁昌县									
南陵县									
芜湖经济技术开发区									
安徽芜湖长江大桥经济开发区									
无为市									
蚌埠市									
龙子湖区									
蚌山区									
禹会区									
淮上区									
怀远县									
五河县									
固镇县									
蚌埠市高新技术开发区									
蚌埠市经济开发区									
淮南市				**1**		**1**			
大通区									
田家庵区									
谢家集区									
八公山区									
潘集区									
凤台县				1		1			
寿县									

1-4c 续表 43

单位：人

地 区	塔吉克族			怒 族			乌孜别克族		
	小计	男	女	小计	男	女	小计	男	女
马鞍山市				**1**		**1**			
花山区									
雨山区									
博望区									
当涂县				1		1			
含山县									
和县									
淮北市									
杜集区									
相山区									
烈山区									
濉溪县									
铜陵市									
铜官区									
义安区									
郊区									
枞阳县									
安庆市	**1**		**1**						
迎江区									
大观区									
宜秀区									
怀宁县	1		1						
太湖县									
宿松县									
望江县									
岳西县									
安徽安庆经济开发区									
桐城市									
潜山市									
黄山市				**4**		**4**			
屯溪区									
黄山区				1		1			
徽州区									
歙县				2		2			
休宁县				1		1			
黟县									
祁门县									
滁州市				**2**	**1**	**1**			
琅琊区									
南谯区				1	1				
来安县									
全椒县									
定远县				1		1			
凤阳县									
苏滁现代产业园									
滁州经济技术开发区									
天长市									
明光市									

1−4c 续表 44

单位：人

地　区	塔吉克族			怒　族			乌孜别克族		
	小计	男	女	小计	男	女	小计	男	女
阜阳市				**5**	**1**	**4**			
颍州区									
颍东区									
颍泉区									
临泉县									
太和县				2		2			
阜南县				1		1			
颍上县				2	1	1			
阜阳合肥现代产业园区									
阜阳经济技术开发区									
界首市									
宿州市				**1**		**1**			
埇桥区									
砀山县									
萧县									
灵璧县									
泗县				1		1			
宿州马鞍山现代产业园区									
宿州经济技术开发区									
六安市				**1**	**1**				
金安区									
裕安区									
叶集区									
霍邱县									
舒城县									
金寨县				1	1				
霍山县									
亳州市									
谯城区									
涡阳县									
蒙城县									
利辛县									
池州市									
贵池区									
东至县									
石台县									
青阳县									
池州市国家经济技术开发区									
皖江江南新兴产业集中区									
九华山风景区									
宣城市				**12**	**1**	**11**			
宣州区				2		2			
郎溪县									
泾县				1		1			
绩溪县									
旌德县									
宣城市经济开发区									
宁国市									
广德市				9	1	8			

1-4c　续表 45　　　　单位：人

地　区	俄罗斯族			鄂温克族			德 昂 族		
	小计	男	女	小计	男	女	小计	男	女
安　徽	**5**	**3**	**2**	**4**	**2**	**2**	**30**	**7**	**23**
合肥市				**1**		**1**	**5**	**4**	**1**
瑶海区									
庐阳区									
蜀山区									
包河区									
长丰县							3	3	
肥东县									
肥西县							1	1	
庐江县									
合肥高新技术产业开发区									
合肥经济技术开发区									
合肥新站高新技术产业开发区									
巢湖市				1		1	1		1
芜湖市	**1**	**1**					**6**	**2**	**4**
镜湖区									
弋江区									
鸠江区							6	2	4
三山区									
芜湖县									
繁昌县	1	1							
南陵县									
芜湖经济技术开发区									
安徽芜湖长江大桥经济开发区									
无为市									
蚌埠市									
龙子湖区									
蚌山区									
禹会区									
淮上区									
怀远县									
五河县									
固镇县									
蚌埠市高新技术开发区									
蚌埠市经济开发区									
淮南市	**2**	**2**		**1**	**1**		**2**		**2**
大通区									
田家庵区									
谢家集区				1	1		1		1
八公山区									
潘集区									
凤台县	2	2					1		1
寿县									

1－4c 续表 46 单位：人

地区	俄罗斯族			鄂温克族			德昂族		
	小计	男	女	小计	男	女	小计	男	女
马鞍山市							**3**		**3**
花山区									
雨山区									
博望区									
当涂县							1		1
含山县							2		2
和县									
淮北市									
杜集区									
相山区									
烈山区									
濉溪县									
铜陵市									
铜官区									
义安区									
郊区									
枞阳县									
安庆市									
迎江区									
大观区									
宜秀区									
怀宁县									
太湖县									
宿松县									
望江县									
岳西县									
安徽安庆经济开发区									
桐城市									
潜山市									
黄山市									
屯溪区									
黄山区									
徽州区									
歙县									
休宁县									
黟县									
祁门县									
滁州市	**1**		**1**						
琅琊区									
南谯区									
来安县									
全椒县									
定远县									
凤阳县									
苏滁现代产业园									
滁州经济技术开发区									
天长市	1		1						
明光市									

1-4c 续表 47 单位：人

地 区	俄罗斯族			鄂温克族			德昂族		
	小计	男	女	小计	男	女	小计	男	女
阜阳市				**1**		**1**	**5**	**1**	**4**
颍州区									
颍东区									
颍泉区									
临泉县									
太和县							1		1
阜南县									
颍上县									
阜阳合肥现代产业园区									
阜阳经济技术开发区									
界首市				1		1	4	1	3
宿州市	**1**		**1**				**6**		**6**
埇桥区									
砀山县	1		1						
萧县							6		6
灵璧县									
泗县									
宿州马鞍山现代产业园区									
宿州经济技术开发区									
六安市				**1**	**1**				
金安区									
裕安区									
叶集区									
霍邱县				1	1				
舒城县									
金寨县									
霍山县									
亳州市							**2**		**2**
谯城区							1		1
涡阳县									
蒙城县							1		1
利辛县									
池州市									
贵池区									
东至县									
石台县									
青阳县									
池州市国家经济技术开发区									
皖江江南新兴产业集中区									
九华山风景区									
宣城市							**1**		**1**
宣州区							1		1
郎溪县									
泾县									
绩溪县									
旌德县									
宣城市经济开发区									
宁国市									
广德市									

1-4c 续表 48

单位：人

地区	保安族			裕固族			京族		
	小计	男	女	小计	男	女	小计	男	女
安徽	**6**	**4**	**2**	**1**		**1**	**14**	**1**	**13**
合肥市	**1**	**1**					**1**	**1**	
瑶海区									
庐阳区									
蜀山区	1	1							
包河区									
长丰县									
肥东县									
肥西县							1	1	
庐江县									
合肥高新技术产业开发区									
合肥经济技术开发区									
合肥新站高新技术产业开发区									
巢湖市									
芜湖市							**2**		**2**
镜湖区									
弋江区									
鸠江区									
三山区									
芜湖县									
繁昌县									
南陵县									
芜湖经济技术开发区									
安徽芜湖长江大桥经济开发区									
无为市							2		2
蚌埠市									
龙子湖区									
蚌山区									
禹会区									
淮上区									
怀远县									
五河县									
固镇县									
蚌埠市高新技术开发区									
蚌埠市经济开发区									
淮南市									
大通区									
田家庵区									
谢家集区									
八公山区									
潘集区									
凤台县									
寿县									

1−4c　续表 49　　单位：人

地　　区	保安族			裕固族			京　族		
	小计	男	女	小计	男	女	小计	男	女
马鞍山市	**1**		**1**						
花山区	1		1						
雨山区									
博望区									
当涂县									
含山县									
和县									
淮北市									
杜集区									
相山区									
烈山区									
濉溪县									
铜陵市									
铜官区									
义安区									
郊区									
枞阳县									
安庆市							**3**		**3**
迎江区									
大观区									
宜秀区									
怀宁县									
太湖县									
宿松县									
望江县							1		1
岳西县							2		2
安徽安庆经济开发区									
桐城市									
潜山市									
黄山市							**1**		**1**
屯溪区									
黄山区									
徽州区									
歙县									
休宁县							1		1
黟县									
祁门县									
滁州市									
琅琊区									
南谯区									
来安县									
全椒县									
定远县									
凤阳县									
苏滁现代产业园									
滁州经济技术开发区									
天长市									
明光市									

1−4c 续表 50

单位：人

地区	保安族			裕固族			京族		
	小计	男	女	小计	男	女	小计	男	女
阜阳市							**1**		**1**
颍州区									
颍东区									
颍泉区									
临泉县									
太和县									
阜南县							1		1
颍上县									
阜阳合肥现代产业园区									
阜阳经济技术开发区									
界首市									
宿州市	**3**	**2**	**1**						
埇桥区	3	2	1						
砀山县									
萧县									
灵璧县									
泗县									
宿州马鞍山现代产业园区									
宿州经济技术开发区									
六安市	**1**	**1**					**2**		**2**
金安区									
裕安区									
叶集区									
霍邱县									
舒城县	1	1					2		2
金寨县									
霍山县									
亳州市				**1**		**1**	**2**		**2**
谯城区							1		1
涡阳县				1		1			
蒙城县							1		1
利辛县									
池州市							**2**		**2**
贵池区							1		1
东至县							1		1
石台县									
青阳县									
池州市国家经济技术开发区									
皖江江南新兴产业集中区									
九华山风景区									
宣城市									
宣州区									
郎溪县									
泾县									
绩溪县									
旌德县									
宣城市经济开发区									
宁国市									
广德市									

1-4c 续表 51

单位：人

地区	塔塔尔族			独龙族			鄂伦春族		
	小计	男	女	小计	男	女	小计	男	女
安　徽				**12**		**12**	**6**	**2**	**4**
合肥市				**3**		**3**			
瑶海区									
庐阳区									
蜀山区									
包河区									
长丰县				1		1			
肥东县									
肥西县				1		1			
庐江县									
合肥高新技术产业开发区									
合肥经济技术开发区									
合肥新站高新技术产业开发区									
巢湖市				1		1			
芜湖市									
镜湖区									
弋江区									
鸠江区									
三山区									
芜湖县									
繁昌县									
南陵县									
芜湖经济技术开发区									
安徽芜湖长江大桥经济开发区									
无为市									
蚌埠市									
龙子湖区									
蚌山区									
禹会区									
淮上区									
怀远县									
五河县									
固镇县									
蚌埠市高新技术开发区									
蚌埠市经济开发区									
淮南市				**2**		**2**	**1**		**1**
大通区									
田家庵区									
谢家集区									
八公山区									
潘集区									
凤台县				2		2	1		1
寿县									

1-4c 续表 52　　单位：人

地区	塔塔尔族			独龙族			鄂伦春族		
	小计	男	女	小计	男	女	小计	男	女
马鞍山市				**1**		**1**			
花山区									
雨山区									
博望区									
当涂县									
含山县									
和县				1		1			
淮北市									
杜集区									
相山区									
烈山区									
濉溪县									
铜陵市									
铜官区									
义安区									
郊区									
枞阳县									
安庆市									
迎江区									
大观区									
宜秀区									
怀宁县									
太湖县									
宿松县									
望江县									
岳西县									
安徽安庆经济开发区									
桐城市									
潜山市									
黄山市									
屯溪区									
黄山区									
徽州区									
歙县									
休宁县									
黟县									
祁门县									
滁州市									
琅琊区									
南谯区									
来安县									
全椒县									
定远县									
凤阳县									
苏滁现代产业园									
滁州经济技术开发区									
天长市									
明光市									

1-4c　续表 53　　　　单位：人

地　区	塔塔尔族			独 龙 族			鄂伦春族		
	小计	男	女	小计	男	女	小计	男	女
阜阳市									
颍州区									
颍东区									
颍泉区									
临泉县									
太和县									
阜南县									
颍上县									
阜阳合肥现代产业园区									
阜阳经济技术开发区									
界首市									
宿州市							**5**	**2**	**3**
埇桥区							5	2	3
砀山县									
萧县									
灵璧县									
泗县									
宿州马鞍山现代产业园区									
宿州经济技术开发区									
六安市				**3**		**3**			
金安区									
裕安区									
叶集区									
霍邱县									
舒城县				3		3			
金寨县									
霍山县									
亳州市				**3**		**3**			
谯城区									
涡阳县				2		2			
蒙城县				1		1			
利辛县									
池州市									
贵池区									
东至县									
石台县									
青阳县									
池州市国家经济技术开发区									
皖江江南新兴产业集中区									
九华山风景区									
宣城市									
宣州区									
郎溪县									
泾县									
绩溪县									
旌德县									
宣城市经济开发区									
宁国市									
广德市									

1－4c　续表 54　　　　单位：人

地　区	赫哲族			门巴族			珞巴族		
	小计	男	女	小计	男	女	小计	男	女
安　徽	**5**	**4**	**1**	**2**		**2**	**2**	**1**	**1**
合肥市									
瑶海区									
庐阳区									
蜀山区									
包河区									
长丰县									
肥东县									
肥西县									
庐江县									
合肥高新技术产业开发区									
合肥经济技术开发区									
合肥新站高新技术产业开发区									
巢湖市									
芜湖市	**1**	**1**							
镜湖区									
弋江区									
鸠江区									
三山区									
芜湖县	1	1							
繁昌县									
南陵县									
芜湖经济技术开发区									
安徽芜湖长江大桥经济开发区									
无为市									
蚌埠市									
龙子湖区									
蚌山区									
禹会区									
淮上区									
怀远县									
五河县									
固镇县									
蚌埠市高新技术开发区									
蚌埠市经济开发区									
淮南市									
大通区									
田家庵区									
谢家集区									
八公山区									
潘集区									
凤台县									
寿县									

1-4c 续表 55 单位：人

地区	赫哲族			门巴族			珞巴族		
	小计	男	女	小计	男	女	小计	男	女
马鞍山市									
花山区									
雨山区									
博望区									
当涂县									
含山县									
和县									
淮北市				**1**		**1**			
杜集区									
相山区									
烈山区				1		1			
濉溪县									
铜陵市									
铜官区									
义安区									
郊区									
枞阳县									
安庆市									
迎江区									
大观区									
宜秀区									
怀宁县									
太湖县									
宿松县									
望江县									
岳西县									
安徽安庆经济开发区									
桐城市									
潜山市									
黄山市									
屯溪区									
黄山区									
徽州区									
歙县									
休宁县									
黟县									
祁门县									
滁州市									
琅琊区									
南谯区									
来安县									
全椒县									
定远县									
凤阳县									
苏滁现代产业园									
滁州经济技术开发区									
天长市									
明光市									

1-4c 续表 56

单位：人

地区	赫哲族			门巴族			珞巴族		
	小计	男	女	小计	男	女	小计	男	女
阜阳市	**3**	**3**							
颍州区									
颍东区									
颍泉区									
临泉县	3	3							
太和县									
阜南县									
颍上县									
阜阳合肥现代产业园区									
阜阳经济技术开发区									
界首市									
宿州市									
埇桥区									
砀山县									
萧县									
灵璧县									
泗县									
宿州马鞍山现代产业园区									
宿州经济技术开发区									
六安市	**1**		**1**						
金安区									
裕安区									
叶集区									
霍邱县	1		1						
舒城县									
金寨县									
霍山县									
亳州市				**1**		**1**	**2**	**1**	**1**
谯城区									
涡阳县				1		1	1	1	
蒙城县									
利辛县							1		1
池州市									
贵池区									
东至县									
石台县									
青阳县									
池州市国家经济技术开发区									
皖江江南新兴产业集中区									
九华山风景区									
宣城市									
宣州区									
郎溪县									
泾县									
绩溪县									
旌德县									
宣城市经济开发区									
宁国市									
广德市									

1-4c　续表 57　　　　单位：人

地　区	基诺族			未定族称人口			入　籍		
	小计	男	女	小计	男	女	小计	男	女
安　徽	**6**	**2**	**4**	**572**	**198**	**374**	**101**	**13**	**88**
合肥市				**39**	**11**	**28**	**9**	**1**	**8**
瑶海区				1	1				
庐阳区									
蜀山区									
包河区									
长丰县				11	4	7	1	1	
肥东县				8	1	7			
肥西县				7	2	5	2		2
庐江县				7	1	6	3		3
合肥高新技术产业开发区									
合肥经济技术开发区									
合肥新站高新技术产业开发区				1	1				
巢湖市				4	1	3	3		3
芜湖市				**38**	**12**	**26**	**10**	**1**	**9**
镜湖区									
弋江区									
鸠江区				6	2	4			
三山区				1	1		2		2
芜湖县				11	3	8			
繁昌县				5	4	1	1		1
南陵县				9	1	8	2		2
芜湖经济技术开发区									
安徽芜湖长江大桥经济开发区									
无为市				6	1	5	5	1	4
蚌埠市				**14**	**4**	**10**	**2**		**2**
龙子湖区									
蚌山区				2	2				
禹会区				1		1			
淮上区				2	2				
怀远县				5		5	1		1
五河县				1		1			
固镇县				3		3	1		1
蚌埠市高新技术开发区									
蚌埠市经济开发区									
淮南市	**2**		**2**	**14**	**2**	**12**	**3**		**3**
大通区									
田家庵区									
谢家集区									
八公山区									
潘集区				3		3	1		1
凤台县	2		2	6	2	4	2		2
寿县				5		5			

1-4c 续表 58 单位：人

地区	基诺族			未定族称人口			入籍		
	小计	男	女	小计	男	女	小计	男	女
马鞍山市				**14**	**4**	**10**	**1**		**1**
花山区									
雨山区									
博望区									
当涂县				5		5	1		1
含山县				5	3	2			
和县				4	1	3			
淮北市				**12**	**1**	**11**	**1**		**1**
杜集区				1		1			
相山区									
烈山区									
濉溪县				11	1	10	1		1
铜陵市				**10**	**5**	**5**	**1**		**1**
铜官区				1	1				
义安区				2	1	1			
郊区				4	2	2			
枞阳县				3	1	2	1		1
安庆市				**29**	**10**	**19**	**6**		**6**
迎江区				1	1				
大观区									
宜秀区				5	4	1			
怀宁县				6	4	2	1		1
太湖县				3		3			
宿松县				6	1	5			
望江县									
岳西县				4		4	2		2
安徽安庆经济开发区									
桐城市				2		2			
潜山市				2		2	3		3
黄山市				**17**	**8**	**9**	**5**		**5**
屯溪区									
黄山区				5	4	1			
徽州区				3	2	1	1		1
歙县				3		3	2		2
休宁县				4	1	3	2		2
黟县									
祁门县				2	1	1			
滁州市				**36**	**13**	**23**	**3**	**1**	**2**
琅琊区				7	3	4	1		1
南谯区				4	3	1			
来安县				6	3	3			
全椒县				1		1			
定远县				1		1			
凤阳县				3		3			
苏滁现代产业园									
滁州经济技术开发区									
天长市				11	4	7	2	1	1
明光市				3		3			

1-4c　续表 59　　　　单位：人

地　　区	基诺族			未定族称人口			入　　籍		
	小计	男	女	小计	男	女	小计	男	女
阜阳市	**2**	**1**	**1**	**52**	**16**	**36**	**17**	**3**	**14**
颍州区				3	2	1	2	1	1
颍东区				3	1	2			
颍泉区				3		3	1		1
临泉县	2	1	1	17	3	14	7		7
太和县				5	3	2	2		2
阜南县				11	2	9	2	1	1
颍上县				8	3	5	1	1	
阜阳合肥现代产业园区									
阜阳经济技术开发区									
界首市				2	2		2		2
宿州市				**35**	**1**	**34**	**8**	**2**	**6**
埇桥区				12		12	2	1	1
砀山县				4		4			
萧县				8	1	7	2		2
灵璧县				7		7	2	1	1
泗县				4		4	2		2
宿州马鞍山现代产业园区									
宿州经济技术开发区									
六安市	**1**	**1**		**22**	**3**	**19**	**6**	**2**	**4**
金安区				3		3	2		2
裕安区	1	1		1		1			
叶集区				1	1				
霍邱县				5		5			
舒城县				8	1	7	1		1
金寨县				4	1	3	3	2	1
霍山县									
亳州市	**1**		**1**	**30**	**6**	**24**	**22**	**2**	**20**
谯城区	1		1	8	1	7	3		3
涡阳县				1	1		6		6
蒙城县				8		8	3		3
利辛县				13	4	9	10	2	8
池州市				**17**	**9**	**8**	**3**	**1**	**2**
贵池区				7	3	4			
东至县				1		1	2		2
石台县									
青阳县				9	6	3	1	1	
池州市国家经济技术开发区									
皖江江南新兴产业集中区									
九华山风景区									
宣城市				**193**	**93**	**100**	**4**		**4**
宣州区				28	12	16	2		2
郎溪县				5		5			
泾县				21	11	10			
绩溪县									
旌德县				16	9	7			
宣城市经济开发区				2	2				
宁国市				19	7	12	1		1
广德市				102	52	50	1		1

1-5 各地区分年龄、性别的人口

单位：人

地　　区	合　　计			0岁		
	合计	男	女	小计	男	女
安　徽	**61027171**	**31103394**	**29923777**	**574882**	**305006**	**269876**
合肥市	**9369881**	**4821924**	**4547957**	**95493**	**51006**	**44487**
瑶海区	862043	436843	425200	8072	4236	3836
庐阳区	697293	347808	349485	7466	4027	3439
蜀山区	1047150	525830	521320	10356	5541	4815
包河区	1217469	627505	589964	12970	6835	6135
长丰县	783982	407835	376147	9871	5362	4509
肥东县	884792	464542	420250	8091	4297	3794
肥西县	967508	506811	460697	10778	5713	5065
庐江县	888238	457599	430639	7848	4320	3528
合肥高新技术产业开发区	269922	141211	128711	3543	1917	1626
合肥经济技术开发区	557858	291746	266112	6085	3212	2873
合肥新站高新技术产业开发区	466464	247713	218751	4772	2488	2284
巢湖市	727162	366481	360681	5641	3058	2583
芜湖市	**3644420**	**1868742**	**1775678**	**29566**	**15623**	**13943**
镜湖区	478658	234806	243852	3237	1644	1593
弋江区	422620	211923	210697	2980	1564	1416
鸠江区	540487	281690	258797	5117	2700	2417
三山区	162255	86224	76031	1605	851	754
芜湖县	344016	178210	165806	2707	1425	1282
繁昌县	243907	125189	118718	1703	901	802
南陵县	431148	218791	212357	3343	1808	1535
芜湖经济技术开发区	181034	99369	81665	1750	937	813
安徽芜湖长江大桥经济开发区	22298	11400	10898	215	110	105
无为市	817997	421140	396857	6909	3683	3226
蚌埠市	**3296408**	**1669446**	**1626962**	**30920**	**16337**	**14583**
龙子湖区	216875	108696	108179	1488	778	710
蚌山区	171045	85261	85784	1208	628	580
禹会区	325814	163948	161866	2489	1340	1149
淮上区	283872	145753	138119	2908	1546	1362
怀远县	935335	477802	457533	9034	4736	4298
五河县	523531	266733	256798	5956	3196	2760
固镇县	501449	254135	247314	5093	2708	2385
蚌埠市高新技术开发区	61850	31387	30463	474	248	226
蚌埠市经济开发区	276637	135731	140906	2270	1157	1113
淮南市	**3033528**	**1547407**	**1486121**	**24673**	**13058**	**11615**
大通区	165671	84179	81492	1322	692	630
田家庵区	730078	360177	369901	5368	2836	2532
谢家集区	221589	109260	112329	1353	709	644
八公山区	118221	57440	60781	649	332	317
潘集区	326077	170367	155710	3538	1852	1686
凤台县	633385	331680	301705	5862	3112	2750
寿县	838507	434304	404203	6581	3525	3056

1-5 续表 1

单位：人

地 区	合计			0岁		
	合计	男	女	小计	男	女
马鞍山市	**2159930**	**1104810**	**1055120**	**17294**	**9168**	**8126**
花山区	450983	226021	224962	2928	1542	1386
雨山区	355986	182107	173879	2290	1224	1066
博望区	158483	83428	75055	1625	848	777
当涂县	446991	229390	217601	3795	1994	1801
含山县	336588	172460	164128	3243	1758	1485
和县	410899	211404	199495	3413	1802	1611
淮北市	**1970265**	**986388**	**983877**	**18878**	**10079**	**8799**
杜集区	239692	120618	119074	1887	975	912
相山区	548934	269607	279327	4559	2387	2172
烈山区	249237	122221	127016	2014	1093	921
濉溪县	932402	473942	458460	10418	5624	4794
铜陵市	**1311726**	**655329**	**656397**	**9491**	**5071**	**4420**
铜官区	450949	223183	227766	3015	1602	1413
义安区	227493	115502	111991	1569	844	725
郊区	164233	83373	80860	1280	640	640
枞阳县	469051	233271	235780	3627	1985	1642
安庆市	**4165284**	**2103208**	**2062076**	**37400**	**19899**	**17501**
迎江区	253694	125374	128320	2025	1099	926
大观区	214112	106062	108050	1291	667	624
宜秀区	196672	98223	98449	1829	932	897
怀宁县	496683	252258	244425	4491	2345	2146
太湖县	430465	218868	211597	4402	2328	2074
宿松县	612586	317862	294724	5435	3044	2391
望江县	462367	230468	231899	4889	2654	2235
岳西县	323837	164811	159026	3033	1604	1429
安徽安庆经济开发区	140015	73099	66916	1050	537	513
桐城市	593629	293717	299912	4969	2586	2383
潜山市	441224	222466	218758	3986	2103	1883
黄山市	**1330565**	**673019**	**657546**	**11393**	**5895**	**5498**
屯溪区	291188	141195	149993	2513	1305	1208
黄山区	146942	76665	70277	1155	570	585
徽州区	96162	48628	47534	936	506	430
歙县	362962	185229	177733	3103	1594	1509
休宁县	211456	107076	104380	1869	988	881
黟县	76211	39502	36709	581	281	300
祁门县	145644	74724	70920	1236	651	585
滁州市	**3987054**	**2052337**	**1934717**	**36661**	**19571**	**17090**
琅琊区	268430	135114	133316	2093	1117	976
南谯区	348762	179101	169661	3460	1828	1632
来安县	416048	215051	200997	3448	1823	1625
全椒县	395633	203666	191967	3255	1713	1542
定远县	671361	350057	321304	6884	3777	3107
凤阳县	631934	329820	302114	6647	3608	3039
苏滁现代产业园	23609	14268	9341	171	90	81
滁州经济技术开发区	141870	75205	66665	1239	667	572
天长市	603780	305101	298679	5246	2736	2510
明光市	485627	244954	240673	4218	2212	2006

1-5 续表 2

单位：人

地区	合计			0岁		
	合计	男	女	小计	男	女
阜阳市	**8200264**	**4157132**	**4043132**	**87311**	**46196**	**41115**
颍州区	828527	409166	419361	8433	4510	3923
颍东区	538187	276342	261845	5416	2865	2551
颍泉区	598004	301828	296176	5563	2943	2620
临泉县	1658442	836107	822335	18126	9452	8674
太和县	1379982	702513	677469	14438	7690	6748
阜南县	1183602	600947	582655	13856	7382	6474
颍上县	1198830	618890	579940	12778	6827	5951
阜阳合肥现代产业园区	40352	20776	19576	503	263	240
阜阳经济技术开发区	123468	62518	60950	1056	565	491
界首市	650870	328045	322825	7142	3699	3443
宿州市	**5324476**	**2695358**	**2629118**	**56296**	**29699**	**26597**
埇桥区	1658682	840849	817833	16784	8743	8041
砀山县	765564	386016	379548	8630	4602	4028
萧县	1054597	533832	520765	11202	5910	5292
灵璧县	974720	493895	480825	10674	5758	4916
泗县	763310	386288	377022	7879	4086	3793
宿州马鞍山现代产业园区	48012	24501	23511	509	275	234
宿州经济技术开发区	59591	29977	29614	618	325	293
六安市	**4393699**	**2257485**	**2136214**	**37385**	**20151**	**17234**
金安区	829236	417207	412029	7352	3864	3488
裕安区	923301	473002	450299	8552	4647	3905
叶集区	216229	114305	101924	1913	1067	846
霍邱县	944985	493157	451828	6747	3716	3031
舒城县	697250	353824	343426	5841	3110	2731
金寨县	496501	260861	235640	4705	2569	2136
霍山县	286197	145129	141068	2275	1178	1097
亳州市	**4996844**	**2554536**	**2442308**	**52363**	**27825**	**24538**
谯城区	1537231	781713	755518	16156	8601	7555
涡阳县	1170719	601112	569607	11799	6214	5585
蒙城县	1101640	563673	537967	12924	6862	6062
利辛县	1187254	608038	579216	11484	6148	5336
池州市	**1342764**	**671596**	**671168**	**10674**	**5529**	**5145**
贵池区	592802	292491	300311	4956	2565	2391
东至县	398414	199627	198787	3017	1554	1463
石台县	80612	41133	39479	654	364	290
青阳县	232974	118240	114734	1755	892	863
池州市国家经济技术开发区	13048	6809	6239	119	67	52
皖江江南新兴产业集中区	9424	5292	4132	48	20	28
九华山风景区	15490	8004	7486	125	67	58
宣城市	**2500063**	**1284677**	**1215386**	**19084**	**9899**	**9185**
宣州区	671209	339081	332128	5018	2645	2373
郎溪县	311513	159119	152394	2499	1334	1165
泾县	275837	143008	132829	1940	1003	937
绩溪县	138784	70295	68489	971	510	461
旌德县	112368	58022	54346	918	444	474
宣城市经济开发区	106576	56729	49847	912	465	447
宁国市	384644	198606	186038	2846	1452	1394
广德市	499132	259817	239315	3980	2046	1934

1-5　续表 3　　单位：人

地　区	1-4岁			5-9岁			10-14岁		
	小计	男	女	小计	男	女	小计	男	女
安　徽	**3049332**	**1615120**	**1434212**	**4154829**	**2246453**	**1908376**	**3963639**	**2161728**	**1801911**
合肥市	**495507**	**263417**	**232090**	**515749**	**280163**	**235586**	**441175**	**241737**	**199438**
瑶海区	46409	24853	21556	52364	28774	23590	44816	24565	20251
庐阳区	42280	22329	19951	45640	24842	20798	34321	18853	15468
蜀山区	56959	30172	26787	58350	31315	27035	42184	22776	19408
包河区	70422	37234	33188	70946	38449	32497	54805	30207	24598
长丰县	46391	24649	21742	46677	25376	21301	42880	23484	19396
肥东县	39056	20725	18331	42450	23541	18909	47161	26366	20795
肥西县	52023	27967	24056	47971	26114	21857	39801	21609	18192
庐江县	39799	21386	18413	50707	27692	23015	54595	30014	24581
合肥高新技术产业开发区	17389	9167	8222	13073	6884	6189	7635	4127	3508
合肥经济技术开发区	32857	17475	15382	30948	16527	14421	19933	10695	9238
合肥新站高新技术产业开发区	24471	12925	11546	23305	12490	10815	17427	9582	7845
巢湖市	27451	14535	12916	33318	18159	15159	35617	19459	16158
芜湖市	**152760**	**80697**	**72063**	**182192**	**98148**	**84044**	**165242**	**89704**	**75538**
镜湖区	18226	9472	8754	21926	11757	10169	19123	10247	8876
弋江区	17027	8970	8057	19636	10432	9204	14473	7790	6683
鸠江区	26505	14068	12437	29337	16042	13295	23275	12824	10451
三山区	8152	4237	3915	8650	4563	4087	6672	3591	3081
芜湖县	13556	7131	6425	15719	8271	7448	15095	7807	7288
繁昌县	8859	4576	4283	10815	5692	5123	9943	5147	4796
南陵县	16340	8614	7726	20915	11064	9851	22537	11951	10586
芜湖经济技术开发区	9633	5024	4609	10529	5679	4850	6004	3163	2841
安徽芜湖长江大桥经济开发区	1048	515	533	1212	626	586	1072	565	507
无为市	33414	18090	15324	43453	24022	19431	47048	26619	20429
蚌埠市	**178066**	**94457**	**83609**	**276790**	**148915**	**127875**	**246306**	**132271**	**114035**
龙子湖区	8506	4480	4026	12330	6727	5603	11668	6189	5479
蚌山区	7983	4231	3752	10921	5914	5007	9426	5080	4346
禹会区	14041	7406	6635	20951	11400	9551	20143	10675	9468
淮上区	16123	8642	7481	24624	13367	11257	18275	9946	8329
怀远县	51640	27418	24222	89739	47609	42130	90514	48166	42348
五河县	32003	16943	15060	44361	24122	20239	39711	21758	17953
固镇县	30526	16209	14317	51858	27938	23920	39996	21609	18387
蚌埠市高新技术开发区	3694	1960	1734	5326	2912	2414	4208	2238	1970
蚌埠市经济开发区	13550	7168	6382	16680	8926	7754	12365	6610	5755
淮南市	**143983**	**76783**	**67200**	**211678**	**117597**	**94081**	**216599**	**120168**	**96431**
大通区	7895	4143	3752	10337	5599	4738	9425	4941	4484
田家庵区	32422	17121	15301	44904	23994	20910	38996	20769	18227
谢家集区	7730	4014	3716	10824	5707	5117	11058	5874	5184
八公山区	3611	1915	1696	4859	2565	2294	5378	2767	2611
潘集区	20381	10868	9513	25500	14338	11162	22409	12439	9970
凤台县	33402	17959	15443	59547	33537	26010	57237	32160	25077
寿县	38542	20763	17779	55707	31857	23850	72096	41218	30878

1-5 续表 4

单位：人

地区	1-4岁			5-9岁			10-14岁		
	小计	男	女	小计	男	女	小计	男	女
马鞍山市	**88796**	**46971**	**41825**	**104773**	**56961**	**47812**	**99136**	**54759**	**44377**
花山区	16601	8614	7987	20792	11075	9717	20235	10815	9420
雨山区	12038	6234	5804	13245	6935	6310	11165	5985	5180
博望区	7709	4167	3542	8257	4554	3703	8804	4957	3847
当涂县	19606	10299	9307	21850	11525	10325	17704	9244	8460
含山县	15608	8367	7241	19396	10968	8428	19403	11270	8133
和县	17234	9290	7944	21233	11904	9329	21825	12488	9337
淮北市	**109115**	**57564**	**51551**	**148688**	**80211**	**68477**	**126566**	**69848**	**56718**
杜集区	10573	5611	4962	14545	7938	6607	14389	7815	6574
相山区	28040	14682	13358	38029	20653	17376	33016	17979	15037
烈山区	11642	6187	5455	15545	8299	7246	13206	7192	6014
濉溪县	58860	31084	27776	80569	43321	37248	65955	36862	29093
铜陵市	**52344**	**27289**	**25055**	**60806**	**32075**	**28731**	**65791**	**34925**	**30866**
铜官区	17393	8983	8410	20333	10758	9575	20105	10652	9453
义安区	8624	4443	4181	9360	4767	4593	9785	4994	4791
郊区	7023	3718	3305	7741	4187	3554	8831	4728	4103
枞阳县	19304	10145	9159	23372	12363	11009	27070	14551	12519
安庆市	**194521**	**102014**	**92507**	**233200**	**124482**	**108718**	**229840**	**124572**	**105268**
迎江区	11174	5779	5395	12058	6414	5644	10208	5460	4748
大观区	6945	3593	3352	9310	4941	4369	9792	5245	4547
宜秀区	8839	4561	4278	8557	4507	4050	7476	3939	3537
怀宁县	23625	12638	10987	27294	14745	12549	27783	15277	12506
太湖县	22420	11564	10856	26042	13924	12118	24021	13064	10957
宿松县	29084	15732	13352	46454	25337	21117	50006	28498	21508
望江县	25927	13508	12419	28010	14878	13132	26616	14248	12368
岳西县	16072	8351	7721	19799	10537	9262	18326	9591	8735
安徽安庆经济开发区	5643	2955	2688	6354	3378	2976	5450	2912	2538
桐城市	25467	13236	12231	27654	14392	13262	27312	14219	13093
潜山市	19325	10097	9228	21668	11429	10239	22850	12119	10731
黄山市	**56327**	**29037**	**27290**	**63120**	**32528**	**30592**	**59748**	**30625**	**29123**
屯溪区	13108	6796	6312	14975	7806	7169	12142	6183	5959
黄山区	5715	2951	2764	6290	3161	3129	5944	3053	2891
徽州区	4585	2288	2297	4803	2461	2342	4220	2189	2031
歙县	15063	7782	7281	16618	8601	8017	17195	8817	8378
休宁县	8888	4589	4299	10278	5200	5078	9916	5163	4753
黟县	2708	1430	1278	2844	1456	1388	2939	1482	1457
祁门县	6260	3201	3059	7312	3843	3469	7392	3738	3654
滁州市	**186779**	**98594**	**88185**	**217551**	**117240**	**100311**	**207188**	**111988**	**95200**
琅琊区	11267	5921	5346	14199	7587	6612	13640	7316	6324
南谯区	17301	8955	8346	18660	9996	8664	14400	7676	6724
来安县	16724	8656	8068	20223	10594	9629	19070	9889	9181
全椒县	16422	8735	7687	17294	9279	8015	15607	8499	7108
定远县	34698	18664	16034	40044	22118	17926	41561	23361	18200
凤阳县	35440	19082	16358	42903	23786	19117	42139	23305	18834
苏滁现代产业园	873	449	424	953	486	467	697	367	330
滁州经济技术开发区	6339	3335	3004	6603	3527	3076	4825	2607	2218
天长市	26048	13506	12542	29158	15157	14001	24606	12862	11744
明光市	21667	11291	10376	27514	14710	12804	30643	16106	14537

1-5 续表 5

单位：人

地区	1-4岁			5-9岁			10-14岁		
	小计	男	女	小计	男	女	小计	男	女
阜阳市	**460837**	**242859**	**217978**	**738638**	**397203**	**341435**	**717124**	**391374**	**325750**
颍州区	49684	26042	23642	70644	37952	32692	58121	31432	26689
颍东区	30924	16313	14611	47831	25866	21965	43120	23879	19241
颍泉区	34179	17909	16270	54075	28967	25108	48723	26568	22155
临泉县	93769	48779	44990	148436	78262	70174	144119	77758	66361
太和县	71479	38254	33225	120636	66264	54372	125484	69328	56156
阜南县	70343	37129	33214	112073	59570	52503	112500	60272	52228
颍上县	63080	34004	29076	113017	61573	51444	121484	66839	54645
阜阳合肥现代产业园区	2779	1488	1291	4359	2287	2072	3373	1815	1558
阜阳经济技术开发区	7669	4016	3653	11230	6022	5208	9097	4981	4116
界首市	36931	18925	18006	56337	30440	25897	51103	28502	22601
宿州市	**307008**	**162183**	**144825**	**471915**	**255564**	**216351**	**417735**	**227470**	**190265**
埇桥区	93498	49376	44122	143316	77621	65695	119764	65399	54365
砀山县	47549	25054	22495	61688	33819	27869	53960	30416	23544
萧县	59053	30868	28185	86067	46155	39912	80729	43589	37140
灵璧县	58435	31286	27149	99693	54019	45674	91812	49481	42331
泗县	42133	22298	19835	71059	38388	32671	63460	34248	29212
宿州马鞍山现代产业园区	3010	1600	1410	4770	2562	2208	3752	1950	1802
宿州经济技术开发区	3330	1701	1629	5322	3000	2322	4258	2387	1871
六安市	**200066**	**109017**	**91049**	**276322**	**155612**	**120710**	**300317**	**170757**	**129560**
金安区	40365	21584	18781	48426	26836	21590	50286	27934	22352
裕安区	47732	26368	21364	59048	33567	25481	59879	34142	25737
叶集区	10628	5943	4685	16709	9904	6805	16777	10028	6749
霍邱县	39956	21983	17973	75072	42661	32411	91360	52629	38731
舒城县	28924	15362	13562	34704	18472	16232	34771	18467	16304
金寨县	21858	12256	9602	28893	16981	11912	34453	20766	13687
霍山县	10603	5521	5082	13470	7191	6279	12791	6791	6000
亳州市	**272457**	**146006**	**126451**	**470392**	**254988**	**215404**	**484277**	**265237**	**219040**
谯城区	84900	45344	39556	132559	73174	59385	117140	65704	51436
涡阳县	59232	31827	27405	112518	60984	51534	123498	67918	55580
蒙城县	64934	34976	29958	109196	58823	50373	115893	63316	52577
利辛县	63391	33859	29532	116119	62007	54112	127746	68299	59447
池州市	**56528**	**29398**	**27130**	**69401**	**36029**	**33372**	**72539**	**37562**	**34977**
贵池区	25539	13293	12246	30579	15883	14696	31038	16096	14942
东至县	17334	9032	8302	22392	11618	10774	23206	12107	11099
石台县	2979	1538	1441	3392	1751	1641	3782	1889	1893
青阳县	9056	4719	4337	11253	5803	5450	12787	6578	6209
池州市国家经济技术开发区	703	358	345	746	407	339	696	367	329
皖江江南新兴产业集中区	274	145	129	311	174	137	309	154	155
九华山风景区	643	313	330	728	393	335	721	371	350
宣城市	**94238**	**48834**	**45404**	**113614**	**58737**	**54877**	**114056**	**58731**	**55325**
宣州区	25665	13442	12223	31221	16132	15089	32259	16701	15558
郎溪县	12174	6320	5854	15011	7848	7163	16062	8284	7778
泾县	9674	5001	4673	12140	6251	5889	12219	6180	6039
绩溪县	5203	2669	2534	5936	3067	2869	5891	3023	2868
旌德县	4308	2219	2089	5172	2704	2468	5125	2623	2502
宣城市经济开发区	4586	2335	2251	4963	2566	2397	4050	2129	1921
宁国市	13892	7160	6732	17411	8900	8511	15930	8064	7866
广德市	18736	9688	9048	21760	11269	10491	22520	11727	10793

1-5 续表 6 单位：人

地 区	15-19岁			20-24岁			25-29岁		
	小计	男	女	小计	男	女	小计	男	女
安 徽	**3243833**	**1777277**	**1466556**	**2978515**	**1583913**	**1394602**	**4095570**	**2108084**	**1987486**
合肥市	**558708**	**309298**	**249410**	**697212**	**372733**	**324479**	**834374**	**436105**	**398269**
瑶海区	27820	15202	12618	50615	26126	24489	84838	43144	41694
庐阳区	27950	15141	12809	38875	19702	19173	60635	29719	30916
蜀山区	52078	29548	22530	107171	54297	52874	110569	54816	55753
包河区	55906	32530	23376	96394	53676	42718	127987	65580	62407
长丰县	43393	24094	19299	43897	23622	20275	67246	35103	32143
肥东县	59828	34308	25520	42318	24522	17796	64542	35269	29273
肥西县	69866	36620	33246	79236	42191	37045	86949	47252	39697
庐江县	38340	21236	17104	30876	16636	14240	44416	23595	20821
合肥高新技术产业开发区	18613	10279	8334	32889	17616	15273	36853	20464	16389
合肥经济技术开发区	56870	32042	24828	79366	43277	36089	58394	31402	26992
合肥新站高新技术产业开发区	68028	38076	29952	57267	31326	25941	49649	27683	21966
巢湖市	40016	20222	19794	38308	19742	18566	42296	22078	20218
芜湖市	**192691**	**105302**	**87389**	**208926**	**113681**	**95245**	**263507**	**139943**	**123564**
镜湖区	14783	7474	7309	25298	11282	14016	34269	17184	17085
弋江区	41103	19462	21641	55828	27913	27915	32625	16713	15912
鸠江区	27823	16966	10857	35442	21288	14154	44124	23234	20890
三山区	9784	5933	3851	7298	4433	2865	15042	8129	6913
芜湖县	22700	11720	10980	17488	10184	7304	23485	12825	10660
繁昌县	11725	6344	5381	7390	3796	3594	15650	8357	7293
南陵县	19768	10634	9134	13486	7043	6443	23288	12020	11268
芜湖经济技术开发区	7146	4767	2379	15793	10386	5407	21725	12783	8942
安徽芜湖长江大桥经济开发区	403	233	170	723	386	337	1740	920	820
无为市	37456	21769	15687	30180	16970	13210	51559	27778	23781
蚌埠市	**167830**	**90873**	**76957**	**156691**	**81151**	**75540**	**216739**	**108497**	**108242**
龙子湖区	7371	3806	3565	8900	4460	4440	13849	6904	6945
蚌山区	7134	3779	3355	7110	3646	3464	11897	5864	6033
禹会区	15847	8113	7734	17164	8473	8691	22218	11196	11022
淮上区	20104	11097	9007	11710	6109	5601	21979	10991	10988
怀远县	46814	25699	21115	37569	20081	17488	58924	30065	28859
五河县	23129	13246	9883	18798	10120	8678	36982	18652	18330
固镇县	19902	10946	8956	16284	8337	7947	29739	14752	14987
蚌埠市高新技术开发区	4729	2962	1767	2490	1274	1216	4224	2049	2175
蚌埠市经济开发区	22800	11225	11575	36666	18651	18015	16927	8024	8903
淮南市	**149563**	**81604**	**67959**	**128111**	**68266**	**59845**	**165652**	**84705**	**80947**
大通区	5765	3219	2546	6864	3682	3182	11100	5684	5416
田家庵区	50240	25486	24754	50495	26385	24110	43268	21140	22128
谢家集区	8190	4380	3810	7726	4001	3725	11715	6002	5713
八公山区	4036	2193	1843	3988	2140	1848	5296	2704	2592
潘集区	9271	5200	4071	11600	6417	5183	22731	11601	11130
凤台县	26373	15653	10720	21336	11787	9549	37007	19238	17769
寿县	45688	25473	20215	26102	13854	12248	34535	18336	16199

1-5　续表 7

单位：人

地　　区	15—19岁			20—24岁			25—29岁		
	小计	男	女	小计	男	女	小计	男	女
马鞍山市	**100808**	**55311**	**45497**	**107970**	**59968**	**48002**	**148570**	**79655**	**68915**
花山区	16824	9627	7197	17525	9292	8233	29383	15265	14118
雨山区	29402	15993	13409	33971	18999	14972	24171	12866	11305
博望区	5284	3042	2242	6399	3646	2753	11987	6783	5204
当涂县	17276	9521	7755	20580	11508	9072	34722	18752	15970
含山县	12348	6973	5375	12493	7087	5406	22391	11905	10486
和县	19674	10155	9519	17002	9436	7566	25916	14084	11832
淮北市	**100720**	**53143**	**47577**	**101024**	**50910**	**50114**	**136117**	**68234**	**67883**
杜集区	9548	5317	4231	9280	4930	4350	16215	8492	7723
相山区	31209	16767	14442	30176	14522	15654	36178	17269	18909
烈山区	20858	8568	12290	18992	8440	10552	15098	7819	7279
濉溪县	39105	22491	16614	42576	23018	19558	68626	34654	33972
铜陵市	**65512**	**34889**	**30623**	**59581**	**31018**	**28563**	**71661**	**37301**	**34360**
铜官区	28447	14426	14021	30331	15410	14921	27472	13802	13670
义安区	7600	4062	3538	7564	3892	3672	12670	6530	6140
郊区	4934	2733	2201	5928	3239	2689	8358	4414	3944
枞阳县	24531	13668	10863	15758	8477	7281	23161	12555	10606
安庆市	**191798**	**103491**	**88307**	**154243**	**80780**	**73463**	**232358**	**121514**	**110844**
迎江区	7803	4162	3641	8841	4347	4494	16452	8046	8406
大观区	9652	5032	4620	8427	4057	4370	10489	5398	5091
宜秀区	18081	8074	10007	18861	8778	10083	14000	7242	6758
怀宁县	19315	11019	8296	17536	9745	7791	27575	14821	12754
太湖县	17093	9260	7833	12802	6947	5855	23283	12109	11174
宿松县	33086	20216	12870	20936	12227	8709	34621	19212	15409
望江县	20492	10987	9505	13928	7259	6669	25374	13036	12338
岳西县	11732	6274	5458	10161	5320	4841	15416	7788	7628
安徽安庆经济开发区	8176	4587	3589	8072	4548	3524	9733	5262	4471
桐城市	27285	13479	13806	21534	10696	10838	32590	16721	15869
潜山市	19083	10401	8682	13145	6856	6289	22825	11879	10946
黄山市	**50998**	**25731**	**25267**	**49553**	**24798**	**24755**	**77082**	**38562**	**38520**
屯溪区	17263	8380	8883	20144	9595	10549	19215	8915	10300
黄山区	3833	1989	1844	4078	2172	1906	8644	4455	4189
徽州区	3167	1603	1564	2716	1349	1367	6101	3066	3035
歙县	14200	7172	7028	10069	5154	4915	20067	10313	9754
休宁县	6342	3313	3029	6076	3117	2959	11287	5661	5626
黟县	1788	941	847	2089	1100	989	4176	2199	1977
祁门县	4405	2333	2072	4381	2311	2070	7592	3953	3639
滁州市	**191516**	**106909**	**84607**	**194873**	**105673**	**89200**	**284719**	**150142**	**134577**
琅琊区	10518	5535	4983	13578	6694	6884	19195	9750	9445
南谯区	21000	10468	10532	18549	9379	9170	28647	14836	13811
来安县	14991	7987	7004	16788	9147	7641	29904	15968	13936
全椒县	13587	7882	5705	17107	9501	7606	30128	16371	13757
定远县	35504	21323	14181	29072	16560	12512	50296	26939	23357
凤阳县	33806	19163	14643	35068	19445	15623	44224	23279	20945
苏滁现代产业园	1505	1106	399	2235	1559	676	3043	1860	1183
滁州经济技术开发区	14868	9145	5723	18322	10468	7854	14247	8007	6240
天长市	23137	12465	10672	25195	13123	12072	37535	19288	18247
明光市	22600	11835	10765	18959	9797	9162	27500	13844	13656

1-5 续表 8

单位：人

地区	15-19岁			20-24岁			25-29岁		
	小计	男	女	小计	男	女	小计	男	女
阜阳市	**521080**	**282823**	**238257**	**373093**	**197596**	**175497**	**540395**	**273471**	**266924**
颍州区	69182	32927	36255	47737	22149	25588	57907	28134	29773
颍东区	31900	17773	14127	21545	11421	10124	36893	18967	17926
颍泉区	34559	18865	15694	24392	12789	11603	39630	20081	19549
临泉县	113272	61237	52035	89432	47373	42059	106352	53428	52924
太和县	86771	49294	37477	57035	32062	24973	86996	44709	42287
阜南县	76633	41862	34771	56019	29829	26190	81356	41178	40178
颍上县	67601	37917	29684	47007	25758	21249	74253	37969	36284
阜阳合肥现代产业园区	1731	963	768	1552	834	718	3431	1658	1773
阜阳经济技术开发区	7820	4224	3596	5438	2818	2620	10563	5230	5333
界首市	31611	17761	13850	22936	12563	10373	43014	22117	20897
宿州市	**240784**	**134202**	**106582**	**220263**	**116755**	**103508**	**371608**	**186712**	**184896**
埇桥区	74297	39904	34393	78099	40928	37171	117784	59236	58548
砀山县	29618	17488	12130	30291	16920	13371	55635	27642	27993
萧县	47971	27637	20334	44287	23958	20329	76480	39227	37253
灵璧县	44633	24833	19800	35167	18510	16657	62469	31059	31410
泗县	34189	18692	15497	28048	14173	13875	50372	25343	25029
宿州马鞍山现代产业园区	4096	2383	1713	1913	1015	898	3940	1837	2103
宿州经济技术开发区	5980	3265	2715	2458	1251	1207	4928	2368	2560
六安市	**241894**	**138296**	**103598**	**169989**	**91068**	**78921**	**239503**	**123108**	**116395**
金安区	61118	33880	27238	35848	19285	16563	48834	24488	24346
裕安区	51808	29503	22305	48093	25832	22261	56440	28637	27803
叶集区	13118	8601	4517	7366	3953	3413	12272	6270	6002
霍邱县	48789	28033	20756	28432	14840	13592	43013	22240	20773
舒城县	29310	15902	13408	22293	11801	10492	39234	20705	18529
金寨县	25124	15380	9744	18480	10311	8169	24537	12909	11628
霍山县	12627	6997	5630	9477	5046	4431	15173	7859	7314
亳州市	**312195**	**174510**	**137685**	**215696**	**117182**	**98514**	**309690**	**157580**	**152110**
谯城区	90304	48956	41348	79770	41842	37928	104163	52414	51749
涡阳县	72571	41423	31148	44708	24924	19784	68037	34692	33345
蒙城县	67017	38605	28412	43015	23513	19502	67227	33867	33360
利辛县	82303	45526	36777	48203	26903	21300	70263	36607	33656
池州市	**65710**	**32528**	**33182**	**52631**	**26141**	**26490**	**68258**	**34335**	**33923**
贵池区	33648	15538	18110	29753	14296	15457	33451	16624	16827
东至县	17455	9275	8180	12273	6419	5854	17840	9140	8700
石台县	2616	1359	1257	2311	1172	1139	3799	1907	1892
青阳县	10225	5369	4856	6801	3418	3383	10416	5149	5267
池州市国家经济技术开发区	392	220	172	582	347	235	1108	617	491
皖江江南新兴产业集中区	1105	632	473	369	221	148	717	433	284
九华山风景区	269	135	134	542	268	274	927	465	462
宣城市	**92026**	**48367**	**43659**	**88659**	**46193**	**42466**	**135337**	**68220**	**67117**
宣州区	24660	12117	12543	25436	12415	13021	37242	18626	18616
郎溪县	12169	6346	5823	11761	5979	5782	17744	9019	8725
泾县	8371	4352	4019	6567	3478	3089	12119	5931	6188
绩溪县	3529	1892	1637	3441	1746	1695	6086	3037	3049
旌德县	2999	1579	1420	2484	1273	1211	4983	2471	2512
宣城市经济开发区	10386	6255	4131	8664	5426	3238	8243	4285	3958
宁国市	11201	5916	5285	11866	6161	5705	20094	10034	10060
广德市	18711	9910	8801	18440	9715	8725	28826	14817	14009

1-5 续表 9

单位：人

地 区	30-34岁			35-39岁			40-44岁		
	小计	男	女	小计	男	女	小计	男	女
安 徽	**4874396**	**2413901**	**2460495**	**3551994**	**1772207**	**1779787**	**3789431**	**1913653**	**1875778**
合肥市	**961880**	**482364**	**479516**	**667498**	**342718**	**324780**	**580896**	**300136**	**280760**
瑶海区	93756	45816	47940	70767	35073	35694	64992	33402	31590
庐阳区	83038	39429	43609	62285	30899	31386	49940	25223	24717
蜀山区	119289	57654	61635	88190	44054	44136	65349	33247	32102
包河区	144613	72110	72503	101625	51354	50271	83099	42995	40104
长丰县	80397	40489	39908	51230	27441	23789	46772	25316	21456
肥东县	61412	31238	30174	49378	25918	23460	57061	30162	26899
肥西县	103586	54659	48927	63923	34721	29202	51211	27305	23906
庐江县	65405	33040	32365	48224	23937	24287	53417	25910	27507
合肥高新技术产业开发区	40703	21444	19259	18830	10407	8423	12013	6367	5646
合肥经济技术开发区	71268	36646	34622	42713	23017	19696	27080	14566	12514
合肥新站高新技术产业开发区	50998	26621	24377	29926	15974	13952	22836	12264	10572
巢湖市	47415	23218	24197	40407	19923	20484	47126	23379	23747
芜湖市	**293725**	**148177**	**145548**	**209220**	**104022**	**105198**	**230676**	**116166**	**114510**
镜湖区	40851	19631	21220	34005	16299	17706	32407	15980	16427
弋江区	37985	18711	19274	27130	13519	13611	25135	13116	12019
鸠江区	50129	25447	24682	30705	15913	14792	31495	16061	15434
三山区	15936	8545	7391	8828	4686	4142	9816	5294	4522
芜湖县	26031	13264	12767	18800	9299	9501	24605	12525	12080
繁昌县	18363	9504	8859	11209	5526	5683	17196	8777	8419
南陵县	28512	13766	14746	24631	11335	13296	30039	14452	15587
芜湖经济技术开发区	25091	13749	11342	14611	8333	6278	9814	5508	4306
安徽芜湖长江大桥经济开发区	1614	809	805	888	451	437	1295	623	672
无为市	49213	24751	24462	38413	18661	19752	48874	23830	25044
蚌埠市	**265207**	**128641**	**136566**	**188294**	**93999**	**94295**	**194001**	**98898**	**95103**
龙子湖区	18194	8965	9229	14048	7183	6865	13708	7033	6675
蚌山区	16270	7894	8376	12326	5976	6350	11794	5773	6021
禹会区	27095	13332	13763	20056	10209	9847	21076	10605	10471
淮上区	26911	13286	13625	17608	9041	8567	16114	8529	7585
怀远县	69091	33800	35291	47957	24116	23841	52738	27803	24935
五河县	34644	16851	17793	25424	12534	12890	28296	14344	13952
固镇县	41657	20028	21629	25903	13113	12790	28657	14346	14311
蚌埠市高新技术开发区	7061	3246	3815	5571	2720	2851	4754	2361	2393
蚌埠市经济开发区	24284	11239	13045	19401	9107	10294	16864	8104	8760
淮南市	**231463**	**112032**	**119431**	**181534**	**90385**	**91149**	**183399**	**93020**	**90379**
大通区	13858	6851	7007	9971	5279	4692	9813	5140	4673
田家庵区	63834	29559	34275	51418	24543	26875	50402	24391	26011
谢家集区	14925	7271	7654	10630	5213	5417	12357	6032	6325
八公山区	8096	3919	4177	6042	2898	3144	6869	3181	3688
潘集区	28752	14530	14222	20595	10875	9720	19696	10762	8934
凤台县	53213	26569	26644	38631	19800	18831	38520	20934	17586
寿县	48785	23333	25452	44247	21777	22470	45742	22580	23162

1－5 续表 10　　单位：人

地　区	30－34岁			35－39岁			40－44岁		
	小计	男	女	小计	男	女	小计	男	女
马鞍山市	**160261**	**80430**	**79831**	**118761**	**59047**	**59714**	**137482**	**69165**	**68317**
花山区	37936	18395	19541	30574	14542	16032	34308	16649	17659
雨山区	28377	14479	13898	19412	9675	9737	20765	10313	10452
博望区	12164	6259	5905	9117	4749	4368	10572	5616	4956
当涂县	36071	18455	17616	23517	11907	11610	27702	14314	13388
含山县	21338	10425	10913	17765	8804	8961	19986	9973	10013
和县	24375	12417	11958	18376	9370	9006	24149	12300	11849
淮北市	**159091**	**77423**	**81668**	**114385**	**57422**	**56963**	**133828**	**67318**	**66510**
杜集区	19825	10106	9719	13940	7066	6874	15881	7843	8038
相山区	49764	23425	26339	38405	18244	20161	46185	21935	24250
烈山区	17292	8917	8375	11504	5895	5609	14345	7401	6944
濉溪县	72210	34975	37235	50536	26217	24319	57417	30139	27278
铜陵市	**86300**	**42463**	**43837**	**68478**	**32401**	**36077**	**86713**	**41556**	**45157**
铜官区	35458	17000	18458	28263	13123	15140	34670	16684	17986
义安区	15127	7597	7530	11545	5907	5638	13552	6906	6646
郊区	9728	4874	4854	7584	3727	3857	9511	4902	4609
枞阳县	25987	12992	12995	21086	9644	11442	28980	13064	15916
安庆市	**286213**	**141843**	**144370**	**222937**	**105760**	**117177**	**267331**	**128237**	**139094**
迎江区	22984	11099	11885	16084	7595	8489	18212	8760	9452
大观区	13203	6468	6735	11976	5587	6389	16118	7742	8376
宜秀区	16027	8185	7842	9488	4894	4594	11317	5772	5545
怀宁县	31631	15997	15634	24970	11993	12977	29827	14353	15474
太湖县	28062	13718	14344	23034	10648	12386	26082	12528	13554
宿松县	36730	18738	17992	29812	14373	15439	34315	16284	18031
望江县	28560	14126	14434	23874	11242	12632	30100	14345	15755
岳西县	25071	12015	13056	19537	9341	10196	21688	10602	11086
安徽安庆经济开发区	11885	6104	5781	8958	4604	4354	10619	5459	5160
桐城市	44518	21875	22643	32530	15242	17288	40317	18795	21522
潜山市	27542	13518	14024	22674	10241	12433	28736	13597	15139
黄山市	**98598**	**49101**	**49497**	**74088**	**37126**	**36962**	**84377**	**43025**	**41352**
屯溪区	27324	12602	14722	20603	9695	10908	20777	9980	10797
黄山区	10922	5620	5302	8147	4180	3967	9237	4873	4364
徽州区	8269	4046	4223	5774	2941	2833	6302	3268	3034
歙县	23663	12349	11314	17023	8610	8413	21057	10936	10121
休宁县	14742	7350	7392	10931	5584	5347	12295	6413	5882
黟县	4844	2527	2317	4063	2183	1880	4910	2535	2375
祁门县	8834	4607	4227	7547	3933	3614	9799	5020	4779
滁州市	**310519**	**158697**	**151822**	**201633**	**103449**	**98184**	**246183**	**126477**	**119706**
琅琊区	23865	11890	11975	18604	9097	9507	19793	10030	9763
南谯区	34132	17574	16558	20280	10715	9565	20517	10726	9791
来安县	32966	17438	15528	20358	10873	9485	24527	12580	11947
全椒县	30040	15825	14215	18925	9843	9082	22195	11364	10831
定远县	44850	22380	22470	29796	15417	14379	38487	20347	18140
凤阳县	47045	23759	23286	33048	17240	15808	37508	19925	17583
苏滁现代产业园	3097	1884	1213	1818	1153	665	1389	831	558
滁州经济技术开发区	15957	8350	7607	9180	4756	4424	8642	4137	4505
天长市	46804	23937	22867	25911	12919	12992	40680	20178	20502
明光市	31763	15660	16103	23713	11436	12277	32445	16359	16086

1-5　续表 11　　单位：人

地　区	30-34岁			35-39岁			40-44岁		
	小计	男	女	小计	男	女	小计	男	女
阜阳市	**619652**	**304809**	**314843**	**478144**	**238453**	**239691**	**508419**	**258022**	**250397**
颍州区	71494	34070	37424	54655	26903	27752	53209	26342	26867
颍东区	41264	20408	20856	32636	16585	16051	34059	17597	16462
颍泉区	47626	23250	24376	36836	18282	18554	35573	17771	17802
临泉县	115146	57917	57229	90450	45107	45343	107214	53641	53573
太和县	102277	49975	52302	78141	38056	40085	92054	46505	45549
阜南县	86875	43390	43485	61509	31461	30048	65157	33256	31901
颍上县	82880	40755	42125	69017	34884	34133	66776	35319	31457
阜阳合肥现代产业园区	4118	2036	2082	2650	1404	1246	2150	1182	968
阜阳经济技术开发区	13372	6496	6876	10305	5093	5212	9571	4792	4779
界首市	54600	26512	28088	41945	20678	21267	42656	21617	21039
宿州市	**413169**	**203755**	**209414**	**288368**	**144007**	**144361**	**315086**	**158223**	**156863**
埇桥区	142876	71058	71818	95192	48121	47071	103436	52209	51227
砀山县	57241	28159	29082	40692	19677	21015	46162	22460	23702
萧县	75425	37754	37671	56959	28664	28295	61560	31274	30286
灵璧县	75648	36502	39146	51383	25821	25562	49842	24915	24927
泗县	51959	25540	26419	37674	18538	19136	47692	24149	23543
宿州马鞍山现代产业园区	4098	1974	2124	2248	1121	1127	2289	1226	1063
宿州经济技术开发区	5922	2768	3154	4220	2065	2155	4105	1990	2115
六安市	**316758**	**154549**	**162209**	**243284**	**118390**	**124894**	**247715**	**120024**	**127691**
金安区	67650	32302	35348	51176	24300	26876	50185	23250	26935
裕安区	76712	36640	40072	56221	26738	29483	52681	25542	27139
叶集区	17204	8378	8826	12122	6145	5977	10649	5288	5361
霍邱县	60622	29807	30815	52787	26831	25956	48964	24674	24290
舒城县	44368	22257	22111	33924	16447	17477	39747	18837	20910
金寨县	30326	15204	15122	23741	11549	12192	28910	14364	14546
霍山县	19876	9961	9915	13313	6380	6933	16579	8069	8510
亳州市	**393434**	**192428**	**201006**	**280066**	**140889**	**139177**	**309927**	**160088**	**149839**
谯城区	137861	67140	70721	87258	44211	43047	95645	48646	46999
涡阳县	90439	44548	45891	69189	34811	34378	75851	39510	36341
蒙城县	80631	39174	41457	58350	29215	29135	66137	34607	31530
利辛县	84503	41566	42937	65269	32652	32617	72294	37325	34969
池州市	**92414**	**44499**	**47915**	**72962**	**34075**	**38887**	**90254**	**44212**	**46042**
贵池区	44196	21051	23145	32921	15182	17739	40116	19482	20634
东至县	25069	12279	12790	20011	9335	10676	26854	13174	13680
石台县	4492	2235	2257	3520	1654	1866	4842	2390	2452
青阳县	14758	6901	7857	13844	6506	7338	15759	7776	7983
池州市国家经济技术开发区	1526	774	752	938	475	463	945	498	447
皖江江南新兴产业集中区	1121	626	495	743	405	338	755	411	344
九华山风景区	1252	633	619	985	518	467	983	481	502
宣城市	**185712**	**92690**	**93022**	**142342**	**70064**	**72278**	**173144**	**89086**	**84058**
宣州区	47037	23132	23905	34799	16741	18058	44176	22145	22031
郎溪县	23223	11503	11720	16830	8053	8777	23955	12196	11759
泾县	17491	8548	8943	15331	7458	7873	17647	9166	8481
绩溪县	8468	4133	4335	8094	3979	4115	8102	4103	3999
旌德县	7231	3583	3648	6252	3151	3101	6673	3438	3235
宣城市经济开发区	10252	5256	4996	6468	3214	3254	7034	3559	3475
宁国市	32827	16475	16352	24988	12631	12357	27680	14447	13233
广德市	39183	20060	19123	29580	14837	14743	37877	20032	17845

1-5 续表 12

单位：人

地区	45-49岁			50-54岁			55-59岁		
	小计	男	女	小计	男	女	小计	男	女
安徽	**4913582**	**2476430**	**2437152**	**5783366**	**2842607**	**2940759**	**4584566**	**2265681**	**2318885**
合肥市	**690901**	**353659**	**337242**	**779550**	**383795**	**395755**	**621078**	**301382**	**319696**
瑶海区	72581	36735	35846	75638	37076	38562	58556	28894	29662
庐阳区	49470	25295	24175	51985	24991	26994	43580	20257	23323
蜀山区	66355	33788	32567	70514	33856	36658	62136	28522	33614
包河区	85259	44907	40352	89881	44490	45391	74543	35489	39054
长丰县	60291	30609	29682	68574	33604	34970	49499	24564	24935
肥东县	76938	39762	37176	86576	44420	42156	63784	32373	31411
肥西县	69568	36245	33323	83006	41559	41447	64626	31991	32635
庐江县	80116	40208	39908	99278	49520	49758	79757	40340	39417
合肥高新技术产业开发区	13714	7119	6595	16926	7745	9181	15026	6603	8423
合肥经济技术开发区	28002	14232	13770	32015	14603	17412	26827	11631	15196
合肥新站高新技术产业开发区	26945	13951	12994	29958	14536	15422	22430	10751	11679
巢湖市	61662	30808	30854	75199	37395	37804	60314	29967	30347
芜湖市	**306232**	**154841**	**151391**	**370107**	**186940**	**183167**	**299924**	**148822**	**151102**
镜湖区	35438	17464	17974	45647	22160	23487	44503	21492	23011
弋江区	28291	14368	13923	33027	16517	16510	28165	13621	14544
鸠江区	40760	20887	19873	53631	26764	26867	43646	21148	22498
三山区	13787	7266	6521	16447	8381	8066	11898	5881	6017
芜湖县	33962	17576	16386	37978	19682	18296	26723	13743	12980
繁昌县	24740	12664	12076	29677	15543	14134	22787	11414	11373
南陵县	42263	21099	21164	47493	24433	23060	35864	18384	17480
芜湖经济技术开发区	11132	5803	5329	14366	7003	7363	12027	5617	6410
安徽芜湖长江大桥经济开发区	2158	1049	1109	2705	1372	1333	1847	952	895
无为市	73701	36665	37036	89136	45085	44051	72464	36570	35894
蚌埠市	**252432**	**128084**	**124348**	**294268**	**139643**	**154625**	**234673**	**114426**	**120247**
龙子湖区	18021	8970	9051	21595	10587	11008	18703	9273	9430
蚌山区	13629	6825	6804	15134	7357	7777	13638	6615	7023
禹会区	26369	13481	12888	29544	14370	15174	25126	12370	12756
淮上区	21529	11201	10328	24353	11587	12766	18040	8731	9309
怀远县	67711	35100	32611	81578	38098	43480	63067	30583	32484
五河县	42056	20651	21405	50544	23990	26554	40407	20041	20366
固镇县	40241	20517	19724	47736	22302	25434	34521	16540	17981
蚌埠市高新技术开发区	4414	2242	2172	4093	1978	2115	3242	1555	1687
蚌埠市经济开发区	18462	9097	9365	19691	9374	10317	17929	8718	9211
淮南市	**239473**	**120288**	**119185**	**288413**	**139146**	**149267**	**232515**	**114464**	**118051**
大通区	12825	6416	6409	16356	7814	8542	13699	6710	6989
田家庵区	55992	27186	28806	62583	29543	33040	53885	26321	27564
谢家集区	18658	8882	9776	26895	12670	14225	22848	11422	11426
八公山区	10582	4857	5725	15599	7251	8348	13584	6860	6724
潘集区	26514	13829	12685	30502	15407	15095	23353	11635	11718
凤台县	48140	25601	22539	58375	28348	30027	41748	19951	21797
寿县	66762	33517	33245	78103	38113	39990	63398	31565	31833

1-5 续表 13

单位：人

地区	45-49岁			50-54岁			55-59岁		
	小计	男	女	小计	男	女	小计	男	女
马鞍山市	**185892**	**93641**	**92251**	**233430**	**118098**	**115332**	**187384**	**94374**	**93010**
花山区	41980	21100	20880	49219	24806	24413	41033	20724	20309
雨山区	28202	14041	14161	37218	18692	18526	30709	15566	15143
博望区	13907	7134	6773	16158	8335	7823	12455	6318	6137
当涂县	39501	19970	19531	49825	25003	24822	39372	19725	19647
含山县	29036	14443	14593	35238	17519	17719	27994	13981	14013
和县	33266	16953	16313	45772	23743	22029	35821	18060	17761
淮北市	**172260**	**83722**	**88538**	**189801**	**90642**	**99159**	**135398**	**66487**	**68911**
杜集区	19463	9392	10071	23800	11313	12487	17750	8774	8976
相山区	51566	24431	27135	49076	23019	26057	35863	17724	18139
烈山区	20126	9798	10328	23899	11538	12361	18333	9160	9173
濉溪县	81105	40101	41004	93026	44772	48254	63452	30829	32623
铜陵市	**125050**	**61167**	**63883**	**141279**	**69485**	**71794**	**121028**	**60424**	**60604**
铜官区	42862	21569	21293	46877	23332	23545	38588	19245	19343
义安区	22085	11289	10796	28074	14260	13814	23107	11672	11435
郊区	16021	7938	8083	18739	9230	9509	16127	8230	7897
枞阳县	44082	20371	23711	47589	22663	24926	43206	21277	21929
安庆市	**405639**	**199894**	**205745**	**446138**	**221516**	**224622**	**368042**	**183099**	**184943**
迎江区	24557	12334	12223	27166	13262	13904	24254	11783	12471
大观区	21341	10694	10647	22926	11512	11414	19729	9760	9969
宜秀区	17503	8938	8565	19469	9774	9695	14661	7494	7167
怀宁县	47420	23417	24003	53426	26491	26935	44523	21473	23050
太湖县	41207	20293	20914	45698	22807	22891	39483	19794	19689
宿松县	58380	28413	29967	60452	29999	30453	47906	23517	24389
望江县	46054	21957	24097	45815	22145	23670	38609	18922	19687
岳西县	31903	16096	15807	35800	18289	17511	31126	16106	15020
安徽安庆经济开发区	14978	7676	7302	15671	8131	7540	11522	5990	5532
桐城市	58636	28534	30102	68329	33723	34606	53522	26725	26797
潜山市	43660	21542	22118	51386	25383	26003	42707	21535	21172
黄山市	**115958**	**59780**	**56178**	**144647**	**74225**	**70422**	**124065**	**64210**	**59855**
屯溪区	23257	11528	11729	25458	12540	12918	22770	11090	11680
黄山区	13830	7240	6590	18909	9995	8914	15124	8094	7030
徽州区	8519	4358	4161	10547	5489	5058	8709	4474	4235
歙县	30988	16146	14842	39515	20478	19037	34391	18278	16113
休宁县	17124	8840	8284	23851	12203	11648	20880	10626	10254
黟县	7257	3832	3425	9289	4778	4511	7860	4183	3677
祁门县	14983	7836	7147	17078	8742	8336	14331	7465	6866
滁州市	**361909**	**182646**	**179263**	**429113**	**213189**	**215924**	**326829**	**165594**	**161235**
琅琊区	25092	12790	12302	27505	13709	13796	21343	10629	10714
南谯区	30211	15715	14496	36725	18709	18016	28579	14680	13899
来安县	37644	19017	18627	49397	25603	23794	39005	20640	18365
全椒县	36126	18043	18083	48325	24114	24211	38242	19436	18806
定远县	61017	30849	30168	69147	33648	35499	49404	24629	24775
凤阳县	51422	26191	25231	58885	28469	30416	45538	22477	23061
苏滁现代产业园	1832	1073	759	2180	1305	875	1412	850	562
滁州经济技术开发区	10933	5241	5692	11420	5533	5887	7846	3825	4021
天长市	62635	30999	31636	74667	37269	37398	55874	28535	27339
明光市	44997	22728	22269	50862	24830	26032	39586	19893	19693

1-5 续表 14 单位：人

地 区	45-49岁			50-54岁			55-59岁		
	小计	男	女	小计	男	女	小计	男	女
阜阳市	**539855**	**273445**	**266410**	**673812**	**325320**	**348492**	**558044**	**269321**	**288723**
颍州区	57278	28857	28421	65770	31968	33802	52504	25620	26884
颍东区	37570	19395	18175	46891	23175	23716	34913	17147	17766
颍泉区	40316	20468	19848	51326	24801	26525	42208	20293	21915
临泉县	104716	52820	51896	135232	66619	68613	114971	56173	58798
太和县	90992	45638	45354	115816	55181	60635	94418	44912	49506
阜南县	77227	39530	37697	99448	48132	51316	85754	41531	44223
颍上县	76463	38742	37721	91359	43284	48075	78502	37086	41416
阜阳合肥现代产业园区	2380	1275	1105	3078	1544	1534	2534	1241	1293
阜阳经济技术开发区	9496	4777	4719	9213	4455	4758	6729	3343	3386
界首市	43417	21943	21474	55679	26161	29518	45511	21975	23536
宿州市	**434208**	**213924**	**220284**	**484193**	**232406**	**251787**	**337279**	**165516**	**171763**
埇桥区	140604	70194	70410	153260	73335	79925	113084	55465	57619
砀山县	59910	29841	30069	69232	33800	35432	41160	20266	20894
萧县	81307	39510	41797	90585	43730	46855	62154	30190	31964
灵璧县	75632	36694	38938	88776	41695	47081	63932	30982	32950
泗县	68454	33661	34793	73608	35734	37874	51200	25791	25409
宿州马鞍山现代产业园区	3445	1719	1726	4163	1947	2216	2717	1354	1363
宿州经济技术开发区	4856	2305	2551	4569	2165	2404	3032	1468	1564
六安市	**372942**	**186297**	**186645**	**443865**	**217259**	**226606**	**369622**	**183636**	**185986**
金安区	69708	33588	36120	77042	36419	40623	62724	30721	32003
裕安区	76938	38149	38789	87266	42077	45189	71540	35144	36396
叶集区	18275	9282	8993	22414	10963	11451	17527	8489	9038
霍邱县	74504	38624	35880	87947	43112	44835	73982	36525	37457
舒城县	63662	31321	32341	79349	39766	39583	67193	34093	33100
金寨县	41569	20934	20635	54203	27080	27123	46567	23586	22981
霍山县	28286	14399	13887	35644	17842	17802	30089	15078	15011
亳州市	**335032**	**171282**	**163750**	**420781**	**201854**	**218927**	**315636**	**150960**	**164676**
谯城区	109185	55665	53520	145685	71790	73895	101715	49232	52483
涡阳县	77940	40172	37768	91111	43624	47487	71333	33854	37479
蒙城县	74990	37818	37172	94531	44201	50330	68575	32746	35829
利辛县	72917	37627	35290	89454	42239	47215	74013	35128	38885
池州市	**129073**	**64642**	**64431**	**143385**	**72092**	**71293**	**123154**	**62699**	**60455**
贵池区	56515	28359	28156	60647	30184	30463	51311	25643	25668
东至县	39047	19260	19787	41772	20741	21031	36698	18531	18167
石台县	8100	4055	4045	10104	5091	5013	8748	4690	4058
青阳县	21409	10921	10488	26459	13773	12686	23029	11988	11041
池州市国家经济技术开发区	1318	662	656	1390	707	683	1043	542	501
皖江江南新兴产业集中区	1104	596	508	959	548	411	639	396	243
九华山风景区	1580	789	791	2054	1048	1006	1686	909	777
宣城市	**246726**	**129118**	**117608**	**300584**	**156997**	**143587**	**229895**	**120267**	**109628**
宣州区	68462	35052	33410	81756	41950	39806	62316	32213	30103
郎溪县	33977	17592	16385	36492	19109	17383	25658	13439	12219
泾县	24634	13035	11599	35384	18905	16479	28083	14799	13284
绩溪县	11742	5949	5793	15782	8060	7722	13841	7263	6578
旌德县	9362	4990	4372	12402	6579	5823	12153	6323	5830
宣城市经济开发区	9960	5249	4711	10724	5434	5290	7578	3936	3642
宁国市	35258	18734	16524	48859	25563	23296	37301	19625	17676
广德市	53331	28517	24814	59185	31397	27788	42965	22669	20296

1-5 续表 15

单位：人

地区	60-64岁			65-69岁			70-74岁		
	小计	男	女	小计	男	女	小计	男	女
安 徽	**2309825**	**1187345**	**1122480**	**3269243**	**1625526**	**1643717**	**2407317**	**1203061**	**1204256**
合肥市	**306646**	**156637**	**150009**	**410916**	**202511**	**208405**	**289490**	**146016**	**143474**
瑶海区	28755	14757	13998	29834	14199	15635	20168	9504	10664
庐阳区	26477	12947	13530	28098	13257	14841	16769	8006	8763
蜀山区	37512	18149	19363	39941	19057	20884	23803	11782	12021
包河区	39972	19502	20470	44186	21087	23099	26216	12894	13322
长丰县	22497	11489	11008	35909	18115	17794	26855	14151	12704
肥东县	30058	15747	14311	50918	25177	25741	40228	20555	19673
肥西县	26593	14108	12485	44728	22214	22514	32603	16685	15918
庐江县	37346	20336	17010	55991	29072	26919	45491	23386	22105
合肥高新技术产业开发区	6895	3470	3425	6876	3340	3536	3768	1867	1901
合肥经济技术开发区	12855	6220	6635	14813	7250	7563	8157	4273	3884
合肥新站高新技术产业开发区	9840	5170	4670	11365	5643	5722	6576	3379	3197
巢湖市	27846	14742	13104	48257	24100	24157	38856	19534	19322
芜湖市	**152447**	**78851**	**73596**	**203564**	**103128**	**100436**	**157990**	**80001**	**77989**
镜湖区	28520	14549	13971	28363	13949	14414	18751	9148	9603
弋江区	15829	7896	7933	17345	8664	8681	10644	5444	5200
鸠江区	20532	10523	10009	25121	12717	12404	21703	10833	10870
三山区	5757	3107	2650	8102	4167	3935	5942	3057	2885
芜湖县	11449	6120	5329	18745	9702	9043	14663	7584	7079
繁昌县	11565	6102	5463	15764	8119	7645	11181	5745	5436
南陵县	20861	11205	9656	31907	16368	15539	22084	11390	10694
芜湖经济技术开发区	5831	2880	2951	6179	3208	2971	3957	2081	1876
安徽芜湖长江大桥经济开发区	1070	590	480	1476	806	670	1242	659	583
无为市	31033	15879	15154	50562	25428	25134	47823	24060	23763
蚌埠市	**119564**	**59997**	**59567**	**167805**	**81853**	**85952**	**113249**	**57928**	**55321**
龙子湖区	12216	6342	5874	13195	6390	6805	8145	3992	4153
蚌山区	8870	4492	4378	9123	4424	4699	5344	2594	2750
禹会区	14573	7402	7171	18247	8623	9624	11780	5867	5913
淮上区	8709	4543	4166	13251	6409	6842	8384	4257	4127
怀远县	29522	14221	15301	47046	22923	24123	35225	18742	16483
五河县	18270	9506	8764	28498	14450	14048	17704	9088	8616
固镇县	14486	7227	7259	25145	12443	12702	18695	9600	9095
蚌埠市高新技术开发区	2060	978	1082	2191	987	1204	1373	699	674
蚌埠市经济开发区	10858	5286	5572	11109	5204	5905	6599	3089	3510
淮南市	**139954**	**70511**	**69443**	**175203**	**84642**	**90561**	**126244**	**65419**	**60825**
大通区	9076	4629	4447	10491	4966	5525	6558	3406	3152
田家庵区	35936	17739	18197	34771	16514	18257	21370	10754	10616
谢家集区	14170	7297	6873	14119	6944	7175	9995	4953	5042
八公山区	7575	3905	3670	7646	3730	3916	5150	2437	2713
潘集区	13557	6630	6927	17221	8199	9022	12046	6446	5600
凤台县	23424	11848	11576	32064	14895	17169	22945	12002	10943
寿县	36216	18463	17753	58891	29394	29497	48180	25421	22759

1-5 续表 16 单位：人

地区	60-64岁			65-69岁			70-74岁		
	小计	男	女	小计	男	女	小计	男	女
马鞍山市	**90734**	**46563**	**44171**	**132513**	**65073**	**67440**	**100278**	**49616**	**50662**
花山区	21725	11097	10628	24484	11649	12835	17788	8349	9439
雨山区	16014	8335	7679	16805	8271	8534	11615	5469	6146
博望区	6458	3259	3199	10337	5271	5066	7401	3843	3558
当涂县	20376	10350	10026	27265	13572	13693	18449	9632	8817
含山县	12552	6563	5989	24045	11905	12140	19239	9554	9685
和县	13609	6959	6650	29577	14405	15172	25786	12769	13017
淮北市	**59505**	**30394**	**29111**	**86500**	**41853**	**44647**	**66480**	**31251**	**35229**
杜集区	10335	5436	4899	14777	7212	7565	10513	4941	5572
相山区	18344	9345	8999	21301	10175	11126	14035	6579	7456
烈山区	7958	4138	3820	12290	6036	6254	9701	4529	5172
濉溪县	22868	11475	11393	38132	18430	19702	32231	15202	17029
铜陵市	**68665**	**35653**	**33012**	**81374**	**40458**	**40916**	**59336**	**29080**	**30256**
铜官区	19502	9945	9557	20170	9547	10623	14374	6623	7751
义安区	13781	7319	6462	15999	8163	7836	11198	5551	5647
郊区	9098	4830	4268	11466	5679	5787	8560	4204	4356
枞阳县	26284	13559	12725	33739	17069	16670	25204	12702	12502
安庆市	**185018**	**96599**	**88419**	**257410**	**131017**	**126393**	**192219**	**96900**	**95319**
迎江区	13725	7027	6698	13346	6596	6750	9360	4528	4832
大观区	11963	6178	5785	13619	6650	6969	10386	4906	5480
宜秀区	6802	3526	3276	8598	4380	4218	6466	3180	3286
怀宁县	21166	10657	10509	33441	16871	16570	26766	13724	13042
太湖县	18800	9998	8802	30022	15625	14397	20534	10812	9722
宿松县	23843	12495	11348	34612	17686	16926	28933	14392	14541
望江县	18124	9416	8708	29987	15210	14777	24657	12227	12430
岳西县	18371	9828	8543	20558	10680	9878	9896	5153	4743
安徽安庆经济开发区	5732	2994	2738	6492	3275	3217	4098	2037	2061
桐城市	23480	12265	11215	36426	18354	18072	30730	15360	15370
潜山市	23012	12215	10797	30309	15690	14619	20393	10581	9812
黄山市	**79692**	**41516**	**38176**	**98678**	**49921**	**48757**	**63138**	**31644**	**31494**
屯溪区	13566	6767	6799	15285	7221	8064	9624	4693	4931
黄山区	8585	4647	3938	10786	5751	5035	6479	3465	3014
徽州区	5747	2986	2761	6784	3483	3301	4109	2017	2092
歙县	25547	13447	12100	30353	15402	14951	19931	9917	10014
休宁县	12703	6518	6185	18318	9293	9025	11901	5907	5994
黟县	5313	2846	2467	6573	3392	3181	3962	2043	1919
祁门县	8231	4305	3926	10579	5379	5200	7132	3602	3530
滁州市	**154714**	**81545**	**73169**	**240160**	**121376**	**118784**	**153922**	**77827**	**76095**
琅琊区	11156	5610	5546	14359	7064	7295	8547	4222	4325
南谯区	12778	6769	6009	17546	8901	8645	10680	5298	5382
来安县	20262	10827	9435	28557	14736	13821	17311	8470	8841
全椒县	15511	8440	7071	26816	13389	13427	18166	8939	9227
定远县	20551	10643	9908	39584	19780	19804	29381	15058	14323
凤阳县	20851	10978	9873	34713	17450	17263	24140	12904	11236
苏滁现代产业园	562	323	239	837	459	378	462	234	228
滁州经济技术开发区	3170	1678	1492	3586	1734	1852	1932	948	984
天长市	26619	14070	12549	40557	20724	19833	24525	12249	12276
明光市	23254	12207	11047	33605	17139	16466	18778	9505	9273

1-5　续表 17　　　　单位：人

地区	60-64岁			65-69岁			70-74岁		
	小计	男	女	小计	男	女	小计	男	女
阜阳市	**253006**	**127200**	**125806**	**380110**	**184678**	**195432**	**316492**	**152525**	**163967**
颍州区	23141	11691	11450	30457	14562	15895	24238	11314	12924
颍东区	16853	8455	8398	25656	12255	13401	21141	10411	10730
颍泉区	20177	10197	9980	28979	14062	14917	22294	10733	11561
临泉县	48729	24555	24174	70334	35046	35288	67691	31576	36115
太和县	41384	21111	20273	68887	33694	35193	56944	26867	30077
阜南县	30655	15505	15150	49141	23634	25507	42419	20172	22247
颍上县	45062	21930	23132	67728	32282	35446	50168	26685	23483
阜阳合肥现代产业园区	1110	581	529	1593	819	774	1281	622	659
阜阳经济技术开发区	2895	1473	1422	3427	1687	1740	2381	1141	1240
界首市	23000	11702	11298	33908	16637	17271	27935	13004	14931
宿州市	**177163**	**90245**	**86918**	**271009**	**133856**	**137153**	**197666**	**97072**	**100594**
埇桥区	50445	25973	24472	73057	36023	37034	53494	26241	27253
砀山县	32372	16114	16258	46939	22844	24095	35799	16849	18950
萧县	39935	20082	19853	59847	29535	30312	47187	23304	23883
灵璧县	27741	14239	13502	48525	24352	24173	33125	16871	16254
泗县	23872	12349	11523	39110	19279	19831	25645	12576	13069
宿州马鞍山现代产业园区	1397	752	645	1913	1017	896	1248	645	603
宿州经济技术开发区	1401	736	665	1618	806	812	1168	586	582
六安市	**193136**	**100879**	**92257**	**274998**	**139816**	**135182**	**198762**	**102203**	**96559**
金安区	31700	16429	15271	47895	23658	24237	34334	17407	16927
裕安区	36309	19264	17045	50630	25869	24761	36197	18780	17417
叶集区	7396	3997	3399	11338	5748	5590	8871	4656	4215
霍邱县	41097	20653	20444	60138	30355	29783	45594	23996	21598
舒城县	33224	17597	15627	52422	27218	25204	37880	19246	18634
金寨县	27428	14560	12868	32752	16957	15795	23304	11746	11558
霍山县	15982	8379	7603	19823	10011	9812	12582	6372	6210
亳州市	**145036**	**72695**	**72341**	**230201**	**111703**	**118498**	**188722**	**92554**	**96168**
谯城区	39762	20529	19233	67837	32824	35013	55175	25555	29620
涡阳县	37227	18393	18834	53984	26424	27560	46767	23437	23330
蒙城县	31325	15475	15850	52426	25208	27218	39318	19697	19621
利辛县	36722	18298	18424	55954	27247	28707	47462	23865	23597
池州市	**71004**	**37095**	**33909**	**87936**	**45515**	**42421**	**60524**	**30446**	**30078**
贵池区	26586	13612	12974	35375	17987	17388	24602	12304	12298
东至县	24329	12585	11744	27043	13870	13173	19819	9831	9988
石台县	4848	2658	2190	6240	3421	2819	4231	2235	1996
青阳县	13638	7316	6322	17622	9327	8295	10910	5578	5332
池州市国家经济技术开发区	480	252	228	457	229	228	267	141	126
皖江江南新兴产业集中区	314	193	121	276	148	128	162	88	74
九华山风景区	809	479	330	923	533	390	533	269	264
宣城市	**113541**	**60965**	**52576**	**170866**	**88126**	**82740**	**122805**	**62579**	**60226**
宣州区	24106	12901	11205	44678	22625	22053	35196	17675	17521
郎溪县	11287	6034	5253	19481	9760	9721	14681	7341	7340
泾县	16064	8698	7366	23243	12403	10840	15101	8038	7063
绩溪县	10834	5675	5159	12332	6301	6031	8113	4088	4025
旌德县	7601	3939	3662	9593	5037	4556	6428	3339	3089
宣城市经济开发区	2573	1449	1124	3886	2048	1838	2619	1375	1244
宁国市	18367	10039	8328	26219	13866	12353	17925	9106	8819
广德市	22709	12230	10479	31434	16086	15348	22742	11617	11125

1－5 续表 18

单位：人

地区	75－79岁			80－84岁			85－89岁		
	小计	男	女	小计	男	女	小计	男	女
安 徽	**1680903**	**824152**	**856751**	**1019412**	**473816**	**545596**	**551713**	**227850**	**323863**
合肥市	**200235**	**99060**	**101175**	**123644**	**58607**	**65037**	**69182**	**29563**	**39619**
瑶海区	14265	6709	7556	9965	4481	5484	5522	2354	3168
庐阳区	12116	5663	6453	8660	3897	4763	5394	2370	3024
蜀山区	16311	7821	8490	11315	5456	5859	6032	2789	3243
包河区	17284	8414	8870	11737	5500	6237	6713	2997	3716
长丰县	20207	10503	9704	11236	5757	5479	6808	2931	3877
肥东县	30194	15082	15112	19321	9150	10171	10673	4377	6296
肥西县	20928	10816	10112	11383	5501	5882	6127	2663	3464
庐江县	28476	14404	14072	16897	8030	8867	8482	3543	4939
合肥高新技术产业开发区	2481	1202	1279	1481	705	776	837	355	482
合肥经济技术开发区	4654	2420	2234	2639	1274	1365	1593	688	905
合肥新站高新技术产业开发区	4682	2275	2407	3085	1424	1661	1940	811	1129
巢湖市	28637	13751	14886	15925	7432	8493	9061	3685	5376
芜湖市	**114587**	**56287**	**58300**	**66839**	**30837**	**36002**	**32935**	**13596**	**19339**
镜湖区	14606	6752	7854	10771	4830	5941	5751	2539	3212
弋江区	7795	3807	3988	4533	2084	2449	2261	1005	1256
鸠江区	15714	7739	7975	9410	4272	5138	4505	1809	2696
三山区	4805	2356	2449	2302	1167	1135	1064	446	618
芜湖县	10701	5326	5375	5924	2656	3268	2739	1075	1664
繁昌县	8070	3833	4237	4490	2026	2464	2139	878	1261
南陵县	14037	7103	6934	8548	4038	4510	4014	1662	2352
芜湖经济技术开发区	2744	1346	1398	1557	716	841	857	300	557
安徽芜湖长江大桥经济开发区	933	472	461	384	167	217	215	82	133
无为市	35182	17553	17629	18920	8881	10039	9390	3800	5590
蚌埠市	**93495**	**47412**	**46083**	**54837**	**26858**	**27979**	**31429**	**13990**	**17439**
龙子湖区	6812	3156	3656	4494	1957	2537	2514	1044	1470
蚌山区	4172	2042	2130	2702	1195	1507	1640	649	991
禹会区	9177	4600	4577	5647	2716	2931	2999	1264	1735
淮上区	6879	3434	3445	3430	1773	1657	2039	946	1093
怀远县	28229	14874	13355	15851	8041	7810	9195	4317	4878
五河县	17689	8650	9039	10458	5008	5450	5905	2598	3307
固镇县	14674	7810	6864	8663	4450	4213	5293	2370	2923
蚌埠市高新技术开发区	995	481	514	614	326	288	232	117	115
蚌埠市经济开发区	4868	2365	2503	2978	1392	1586	1612	685	927
淮南市	**95147**	**48036**	**47111**	**54920**	**27374**	**27546**	**30748**	**14315**	**16433**
大通区	4790	2506	2284	2884	1401	1483	1760	753	1007
田家庵区	15572	7471	8101	10507	4821	5686	5637	2534	3103
谢家集区	8215	3486	4729	5842	2507	3335	3057	1387	1670
八公山区	4266	1698	2568	2898	1208	1690	1550	664	886
潘集区	8978	4693	4285	5203	2745	2458	2911	1435	1476
凤台县	17316	9299	8017	9792	5191	4601	5854	2783	3071
寿县	36010	18883	17127	17794	9501	8293	9979	4759	5220

1－5　续表 19　　单位：人

地　　区	75－79岁			80－84岁			85－89岁		
	小计	男	女	小计	男	女	小计	男	女
马鞍山市	**69975**	**33623**	**36352**	**45098**	**20530**	**24568**	**22870**	**9168**	**13702**
花山区	12808	5945	6863	9012	4091	4921	4256	1832	2424
雨山区	9181	4051	5130	6982	3082	3900	3292	1414	1878
博望区	5106	2582	2524	2819	1359	1460	1408	550	858
当涂县	14790	7326	7464	8871	4156	4715	4310	1701	2609
含山县	11862	5741	6121	7171	3220	3951	3962	1542	2420
和县	16228	7978	8250	10243	4622	5621	5642	2129	3513
淮北市	**49865**	**23411**	**26454**	**34106**	**15610**	**18496**	**18946**	**7744**	**11202**
杜集区	7719	3379	4340	5218	2422	2796	2892	1221	1671
相山区	10739	4875	5864	7176	3342	3834	3632	1575	2057
烈山区	7445	3378	4067	4977	2279	2698	2753	1118	1635
濉溪县	23962	11779	12183	16735	7567	9168	9669	3830	5839
铜陵市	**44314**	**20859**	**23455**	**27050**	**12248**	**14802**	**13025**	**5534**	**7491**
铜官区	11014	5189	5825	7280	3194	4086	3613	1595	2018
义安区	8338	4024	4314	4561	2085	2476	2308	973	1335
郊区	6678	3171	3507	4041	1887	2154	1984	833	1151
枞阳县	18284	8475	9809	11168	5082	6086	5120	2133	2987
安庆市	**133139**	**65308**	**67831**	**78664**	**36597**	**42067**	**36819**	**15284**	**21535**
迎江区	7704	3578	4126	4605	2110	2495	2259	1021	1238
大观区	8100	3733	4367	5242	2358	2884	2577	1123	1454
宜秀区	4501	2214	2287	2561	1177	1384	1246	515	731
怀宁县	18169	9037	9132	10518	4870	5648	5468	2221	3247
太湖县	13707	7067	6640	8663	4281	4382	3811	1639	2172
宿松县	19634	9632	10002	11386	5340	6046	5161	2105	3056
望江县	16693	8085	8608	9151	4141	5010	3941	1554	2387
岳西县	7669	3794	3875	4931	2258	2673	2151	939	1212
安徽安庆经济开发区	2932	1470	1462	1609	751	858	780	338	442
桐城市	19295	9331	9964	11701	5383	6318	5660	2238	3422
潜山市	14735	7367	7368	8297	3928	4369	3765	1591	2174
黄山市	**33513**	**16267**	**17246**	**26784**	**11952**	**14832**	**14043**	**5436**	**8607**
屯溪区	5626	2678	2948	4408	2122	2286	2225	935	1290
黄山区	4020	2075	1945	3195	1506	1689	1556	671	885
徽州区	2107	1018	1089	1649	728	921	831	284	547
歙县	10554	4927	5627	7872	3335	4537	4398	1564	2834
休宁县	5608	2774	2834	4918	2197	2721	2685	1051	1634
黟县	2095	1089	1006	1697	743	954	860	335	525
祁门县	3503	1706	1797	3045	1321	1724	1488	596	892
滁州市	**116545**	**57034**	**59511**	**68056**	**31517**	**36539**	**40839**	**16814**	**24025**
琅琊区	6122	2820	3302	3899	1738	2161	2551	1114	1437
南谯区	7383	3456	3927	4265	1972	2293	2562	1064	1498
来安县	12178	5587	6591	6803	3032	3771	4151	1614	2537
全椒县	12640	5974	6666	8448	3797	4651	4799	1885	2914
定远县	24559	12655	11904	14533	7031	7502	8327	3626	4701
凤阳县	19292	9963	9329	10217	5058	5159	6135	2652	3483
苏滁现代产业园	258	116	142	142	66	76	103	46	57
滁州经济技术开发区	1287	605	682	770	358	412	474	197	277
天长市	16125	7708	8417	9768	4260	5508	6304	2350	3954
明光市	16701	8150	8551	9211	4205	5006	5433	2266	3167

1-5 续表 20

单位：人

地　　区	75-79岁			80-84岁			85-89岁		
	小计	男	女	小计	男	女	小计	男	女
阜阳市	**209043**	**99786**	**109257**	**122488**	**54661**	**67827**	**69425**	**26888**	**42537**
颍州区	15724	7287	8437	9895	4301	5594	5725	2152	3573
颍东区	14582	7288	7294	7811	3687	4124	4767	2062	2705
颍泉区	14644	6982	7662	8715	3788	4927	5495	2193	3302
临泉县	43693	19245	24448	26578	10728	15850	13714	4624	9090
太和县	35772	16806	18966	21360	9437	11923	12830	4856	7974
阜南县	30549	14417	16132	18652	8081	10571	9609	3479	6130
颍上县	35511	19236	16275	19009	10159	8850	11301	5431	5870
阜阳合肥现代产业园区	829	399	430	493	226	267	287	104	183
阜阳经济技术开发区	1528	697	831	872	402	470	529	205	324
界首市	16211	7429	8782	9103	3852	5251	5168	1782	3386
宿州市	**148821**	**72434**	**76387**	**89270**	**40930**	**48340**	**55710**	**22022**	**33688**
埇桥区	41953	20440	21513	25013	11772	13241	15463	6318	9145
砀山县	21454	10063	11391	13539	5606	7933	9055	3228	5827
萧县	33661	16334	17327	20321	9084	11237	12994	4991	8003
灵璧县	27280	13716	13564	15775	7622	8153	9763	4078	5685
泗县	22538	10962	11576	13457	6290	7167	7603	3083	4520
宿州马鞍山现代产业园区	1153	555	598	659	322	337	475	189	286
宿州经济技术开发区	782	364	418	506	234	272	357	135	222
六安市	**136776**	**68481**	**68295**	**78387**	**36816**	**41571**	**37836**	**15996**	**21840**
金安区	22525	11328	11197	12740	6072	6668	6867	2898	3969
裕安区	23790	11894	11896	14104	6525	7579	6867	2798	4069
叶集区	6239	3168	3071	3184	1530	1654	1596	678	918
霍邱县	33248	17348	15900	18832	9202	9630	9633	4306	5327
舒城县	24878	12243	12635	15413	7103	8310	7628	3119	4509
金寨县	17212	8254	8958	8620	3849	4771	2731	1164	1567
霍山县	8884	4246	4638	5494	2535	2959	2514	1033	1481
亳州市	**121757**	**59085**	**62672**	**76097**	**34703**	**41394**	**42665**	**16709**	**25956**
谯城区	35295	16117	19178	20510	8591	11919	11165	3951	7214
涡阳县	29130	14029	15101	19131	8524	10607	10741	4144	6597
蒙城县	25617	12817	12800	16132	7661	8471	9366	3849	5517
利辛县	31715	16122	15593	20324	9927	10397	11393	4765	6628
池州市	**37682**	**18222**	**19460**	**23549**	**10738**	**12811**	**11489**	**4644**	**6845**
贵池区	16137	7773	8364	9354	4285	5069	4641	1847	2794
东至县	11873	5707	6166	7519	3395	4124	3672	1429	2243
石台县	2733	1345	1388	2108	955	1153	896	356	540
青阳县	6324	3094	3230	4165	1930	2235	2074	924	1150
池州市国家经济技术开发区	167	79	88	104	42	62	54	22	32
皖江江南新兴产业集中区	113	58	55	68	29	39	30	15	15
九华山风景区	335	166	169	231	102	129	122	51	71
宣城市	**76009**	**38847**	**37162**	**49623**	**23838**	**25785**	**23752**	**10147**	**13605**
宣州区	23440	11922	11518	14549	6891	7658	6832	2917	3915
郎溪县	9261	4749	4512	5627	2722	2905	2641	1141	1500
泾县	9125	4728	4397	6697	3330	3367	3082	1349	1733
绩溪县	4479	2254	2225	3528	1624	1904	1769	689	1080
旌德县	4058	2130	1928	2891	1462	1429	1303	560	743
宣城市经济开发区	1675	859	816	1208	561	647	573	246	327
宁国市	10352	5221	5131	7134	3393	3741	3440	1428	2012
广德市	13619	6984	6635	7989	3855	4134	4112	1817	2295

1-5　续表 21　　　　单位：人

地　区	90-94岁			95-99岁			100岁及以上		
	小计	男	女	小计	男	女	小计	男	女
安　徽	**184226**	**65897**	**118329**	**41071**	**12428**	**28643**	**5526**	**1259**	**4267**
合肥市	**23812**	**9141**	**14671**	**5245**	**1694**	**3551**	**690**	**182**	**508**
瑶海区	1860	778	1082	396	150	246	54	15	39
庐阳区	1860	802	1058	402	140	262	52	19	33
蜀山区	2189	998	1191	464	171	293	83	21	62
包河区	2362	1051	1311	481	187	294	68	17	51
长丰县	2662	976	1686	602	176	426	88	24	64
肥东县	3763	1268	2495	918	258	660	124	27	97
肥西县	2081	740	1341	465	125	340	56	13	43
庐江县	2288	824	1464	452	153	299	37	17	20
合肥高新技术产业开发区	303	105	198	69	26	43	5	2	3
合肥经济技术开发区	606	233	373	164	56	108	19	7	12
合肥新站高新技术产业开发区	732	264	468	207	76	131	25	4	21
巢湖市	3106	1102	2004	625	176	449	79	16	63
芜湖市	**9332**	**3390**	**5942**	**1803**	**534**	**1269**	**155**	**52**	**103**
镜湖区	1817	812	1005	339	128	211	27	13	14
弋江区	664	266	398	131	58	73	13	3	10
鸠江区	1244	387	857	249	61	188	20	7	13
三山区	296	114	182	65	17	48	7	3	4
芜湖县	795	252	543	141	41	100	10	2	8
繁昌县	544	215	329	94	30	64	3		3
南陵县	1033	368	665	170	48	122	15	6	9
芜湖经济技术开发区	236	75	161	48	11	37	4		4
安徽芜湖长江大桥经济开发区	50	11	39	8	2	6			
无为市	2653	890	1763	558	138	420	56	18	38
蚌埠市	**10888**	**4291**	**6597**	**2610**	**850**	**1760**	**314**	**75**	**239**
龙子湖区	902	383	519	205	70	135	11	7	4
蚌山区	579	230	349	139	50	89	6	3	3
禹会区	1018	411	607	227	84	143	27	11	16
淮上区	694	248	446	188	63	125	20	7	13
怀远县	3033	1177	1856	738	208	530	120	25	95
五河县	2087	794	1293	553	181	372	56	10	46
固镇县	1888	739	1149	436	142	294	56	9	47
蚌埠市高新技术开发区	86	43	43	18	11	7	1		1
蚌埠市经济开发区	601	266	335	106	41	65	17	3	14
淮南市	**11381**	**4622**	**6759**	**2560**	**881**	**1679**	**315**	**91**	**224**
大通区	696	288	408	166	54	112	20	6	14
田家庵区	2033	894	1139	408	169	239	37	7	30
谢家集区	1058	433	625	194	67	127	30	9	21
八公山区	434	181	253	108	33	75	5	2	3
潘集区	998	374	624	285	82	203	36	10	26
凤台县	2067	828	1239	468	162	306	64	23	41
寿县	4095	1624	2471	931	314	617	123	34	89

1-5 续表 22 单位：人

地区	90-94岁			95-99岁			100岁及以上		
	小计	男	女	小计	男	女	小计	男	女
马鞍山市	**6616**	**2315**	**4301**	**1186**	**350**	**836**	**103**	**24**	**79**
花山区	1329	517	812	218	84	134	25	11	14
雨山区	966	424	542	149	52	97	17	7	10
博望区	434	133	301	80	23	57	2		2
当涂县	1173	377	796	221	58	163	15	1	14
含山县	1235	397	838	258	62	196	25	3	22
和县	1479	467	1012	260	71	189	19	2	17
淮北市	**6883**	**2525**	**4358**	**1795**	**530**	**1265**	**314**	**67**	**247**
杜集区	892	360	532	216	67	149	34	8	26
相山区	1282	545	737	305	125	180	54	9	45
烈山区	958	349	609	253	79	174	48	8	40
濉溪县	3751	1271	2480	1021	259	762	178	42	136
铜陵市	**3280**	**1234**	**2046**	**596**	**188**	**408**	**52**	**11**	**41**
铜官区	995	432	563	173	70	103	14	2	12
义安区	539	203	336	100	18	82	7	3	4
郊区	496	172	324	101	36	65	4	1	3
枞阳县	1250	427	823	222	64	158	27	5	22
安庆市	**10460**	**3833**	**6627**	**1721**	**521**	**1200**	**174**	**48**	**126**
迎江区	743	323	420	115	46	69	19	5	14
大观区	864	357	507	149	58	91	13	3	10
宜秀区	335	123	212	53	16	37	2	2	
怀宁县	1478	496	982	237	64	173	24	4	20
太湖县	1109	420	689	178	39	139	12	3	9
宿松县	1548	545	1003	227	71	156	25	6	19
望江县	1264	428	836	266	84	182	36	16	20
岳西县	515	217	298	76	25	51	6	3	3
安徽安庆经济开发区	223	79	144	36	12	24	2		2
桐城市	1430	496	934	226	65	161	18	2	16
潜山市	951	349	602	158	41	117	17	4	13
黄山市	**4117**	**1442**	**2675**	**590**	**185**	**405**	**56**	**13**	**43**
屯溪区	756	306	450	134	54	80	15	4	11
黄山区	423	174	249	66	21	45	4	2	2
徽州区	246	64	182	37	10	27	4		4
歙县	1191	369	822	151	37	114	13	1	12
休宁县	739	260	479	94	26	68	11	3	8
黟县	310	109	201	47	17	30	6	1	5
祁门县	452	160	292	61	20	41	3	2	1
滁州市	**14010**	**5022**	**8988**	**3008**	**962**	**2046**	**327**	**71**	**256**
琅琊区	893	403	490	185	72	113	26	6	20
南谯区	865	305	560	191	71	120	31	8	23
来安县	1416	485	931	303	80	223	22	5	17
全椒县	1620	518	1102	341	109	232	39	10	29
定远县	2948	1052	1896	636	191	445	82	9	73
凤阳县	2289	892	1397	569	178	391	55	16	39
苏滁现代产业园	29	9	20	10	2	8	1		1
滁州经济技术开发区	178	71	107	45	14	31	7	2	5
天长市	2018	648	1370	340	109	231	28	9	19
明光市	1754	639	1115	388	136	252	36	6	30

1-5　续表 23　　　　单位：人

地区	90-94岁			95-99岁			100岁及以上		
	小计	男	女	小计	男	女	小计	男	女
阜阳市	**26064**	**8506**	**17558**	**6181**	**1776**	**4405**	**1051**	**220**	**831**
颍州区	2132	750	1382	523	184	339	74	19	55
颍东区	1874	651	1223	477	129	348	64	13	51
颍泉区	2101	698	1403	515	173	342	78	15	63
临泉县	4984	1412	3572	1250	321	929	234	34	200
太和县	4920	1534	3386	1131	297	834	217	43	174
阜南县	3105	957	2148	623	164	459	99	16	83
颍上县	4521	1770	2751	1123	381	742	190	59	131
阜阳合肥现代产业园区	97	30	67	23	5	18	1		1
阜阳经济技术开发区	209	76	133	55	22	33	13	3	10
界首市	2121	628	1493	461	100	361	81	18	63
宿州市	**20423**	**6704**	**13719**	**5520**	**1503**	**4017**	**982**	**176**	**806**
埇桥区	5680	2011	3669	1351	423	928	232	59	173
砀山县	3445	943	2502	972	196	776	221	29	192
萧县	5039	1601	3438	1540	392	1148	294	43	251
灵璧县	3423	1177	2246	871	263	608	121	22	99
泗县	2546	882	1664	708	205	503	104	21	83
宿州马鞍山现代产业园区	166	47	119	47	10	37	4	1	3
宿州经济技术开发区	124	43	81	31	14	17	6	1	5
六安市	**11040**	**4126**	**6914**	**2807**	**923**	**1884**	**295**	**81**	**214**
金安区	1935	773	1162	480	175	305	46	16	30
裕安区	1896	686	1210	526	179	347	72	21	51
叶集区	501	178	323	125	37	88	5	2	3
霍邱县	3243	1288	1955	928	308	620	97	26	71
舒城县	2054	650	1404	397	102	295	34	6	28
金寨县	842	348	494	217	87	130	29	7	22
霍山县	569	203	366	134	35	99	12	3	9
亳州市	**16003**	**5145**	**10858**	**3853**	**1008**	**2845**	**564**	**105**	**459**
谯城区	4073	1181	2892	937	219	718	136	27	109
涡阳县	4299	1370	2929	1032	260	772	182	30	152
蒙城县	3205	1047	2158	731	178	553	100	18	82
利辛县	4426	1547	2879	1153	351	802	146	30	116
池州市	**3093**	**1054**	**2039**	**463**	**129**	**334**	**41**	**12**	**29**
贵池区	1234	428	806	191	54	137	12	5	7
东至县	1018	306	712	153	36	117	20	3	17
石台县	192	62	130	23	5	18	2	1	1
青阳县	599	247	352	85	29	56	6	2	4
池州市国家经济技术开发区	11	1	10	1	1		1	1	
皖江江南新兴产业集中区	6		6	1		1			
九华山风景区	33	10	23	9	4	5			
宣城市	**6824**	**2547**	**4277**	**1133**	**394**	**739**	**93**	**31**	**62**
宣州区	2000	721	1279	332	109	223	29	9	20
郎溪县	842	305	537	122	39	83	16	6	10
泾县	779	307	472	136	45	91	10	3	7
绩溪县	543	197	346	92	32	60	8	4	4
旌德县	368	151	217	61	26	35	3	1	2
宣城市经济开发区	177	68	109	42	14	28	3		3
宁国市	911	337	574	132	50	82	11	4	7
广德市	1204	461	743	216	79	137	13	4	9

1-5a 各地区分年龄、性别的人口(城市)

单位：人

地区	合计			0岁		
	合计	男	女	小计	男	女
安徽	**16329087**	**8142601**	**8186486**	**141065**	**74314**	**66751**
合肥市	**4162834**	**2105541**	**2057293**	**40747**	**21621**	**19126**
瑶海区	815848	413047	402801	7398	3875	3523
庐阳区	622373	310756	311617	6333	3434	2899
蜀山区	1002167	501408	500759	9906	5290	4616
包河区	1211298	623952	587346	12940	6819	6121
长丰县						
肥东县						
肥西县	60828	32312	28516	540	284	256
庐江县						
合肥高新技术产业开发区						
合肥经济技术开发区						
合肥新站高新技术产业开发区	65109	32904	32205	777	388	389
巢湖市	385211	191162	194049	2853	1531	1322
芜湖市	**1518097**	**766028**	**752069**	**11816**	**6158**	**5658**
镜湖区	458287	224331	233956	3070	1552	1518
弋江区	422620	211923	210697	2980	1564	1416
鸠江区	323521	169636	153885	3164	1662	1502
三山区	101537	55234	46303	902	479	423
芜湖县	8833	4558	4275	68	35	33
繁昌县						
南陵县						
芜湖经济技术开发区	2603	1364	1239	16	11	5
安徽芜湖长江大桥经济开发区						
无为市	200696	98982	101714	1616	855	761
蚌埠市	**689398**	**343241**	**346157**	**5192**	**2787**	**2405**
龙子湖区	167704	82502	85202	1066	565	501
蚌山区	154449	76455	77994	1091	568	523
禹会区	209219	103626	105593	1374	738	636
淮上区	158026	80658	77368	1661	916	745
怀远县						
五河县						
固镇县						
蚌埠市高新技术开发区						
蚌埠市经济开发区						
淮南市	**1085864**	**532762**	**553102**	**7426**	**3900**	**3526**
大通区	40058	19683	20375	315	175	140
田家庵区	686493	337491	349002	4915	2594	2321
谢家集区	170233	82761	87472	867	437	430
八公山区	112563	54648	57915	608	315	293
潘集区	76517	38179	38338	721	379	342
凤台县						
寿县						

1-5a　续表 1　　　　单位：人

地　区	合　计			0岁		
	合计	男	女	小计	男	女
马鞍山市	**863074**	**437670**	**425404**	**5933**	**3136**	**2797**
花山区	441731	221262	220469	2879	1518	1361
雨山区	342877	175319	167558	2193	1170	1023
博望区	78466	41089	37377	861	448	413
当涂县						
含山县						
和县						
淮北市	**815765**	**401700**	**414065**	**6567**	**3491**	**3076**
杜集区	142543	71467	71076	1081	564	517
相山区	501240	245292	255948	4128	2174	1954
烈山区	110167	52314	57853	693	386	307
濉溪县	61815	32627	29188	665	367	298
铜陵市	**568928**	**281812**	**287116**	**3900**	**2051**	**1849**
铜官区	439626	217390	222236	2911	1556	1355
义安区	88147	43388	44759	739	389	350
郊区	41155	21034	20121	250	106	144
枞阳县						
安庆市	**1084509**	**528491**	**556018**	**9115**	**4763**	**4352**
迎江区	243948	120350	123598	1958	1053	905
大观区	158457	77393	81064	783	406	377
宜秀区	142092	70489	71603	1367	707	660
怀宁县						
太湖县						
宿松县						
望江县	98393	46512	51881	900	479	421
岳西县						
安徽安庆经济开发区	463	364	99	1		1
桐城市	293473	142109	151364	2658	1360	1298
潜山市	147683	71274	76409	1448	758	690
黄山市	**369432**	**179456**	**189976**	**3382**	**1770**	**1612**
屯溪区	249966	120148	129818	2259	1189	1070
黄山区	60266	29719	30547	546	276	270
徽州区	51651	25791	25860	515	274	241
歙县	3424	1727	1697	20	9	11
休宁县	4125	2071	2054	42	22	20
黟县						
祁门县						
滁州市	**879762**	**439476**	**440286**	**8088**	**4294**	**3794**
琅琊区	257817	129396	128421	2015	1078	937
南谯区	188355	97227	91128	2131	1135	996
来安县						
全椒县						
定远县						
凤阳县						
苏滁现代产业园						
滁州经济技术开发区						
天长市	241167	119309	121858	2314	1229	1085
明光市	192423	93544	98879	1628	852	776

1－5a 续表 2 单位：人

地区	合计			0岁		
	合计	男	女	小计	男	女
阜阳市	**1068847**	**526928**	**541919**	**9291**	**4814**	**4477**
颍州区	468826	227069	241757	3926	2073	1853
颍东区	178468	90583	87885	1604	856	748
颍泉区	214133	107128	107005	1865	956	909
临泉县						
太和县						
阜南县						
颍上县						
阜阳合肥现代产业园区						
阜阳经济技术开发区						
界首市	207420	102148	105272	1896	929	967
宿州市	**638910**	**315670**	**323240**	**5965**	**3078**	**2887**
埇桥区	633000	312720	320280	5924	3062	2862
砀山县						
萧县	5910	2950	2960	41	16	25
灵璧县						
泗县						
宿州马鞍山现代产业园区						
宿州经济技术开发区						
六安市	**818023**	**408749**	**409274**	**7425**	**3952**	**3473**
金安区	358953	176938	182015	3250	1724	1526
裕安区	375550	187219	188331	3461	1823	1638
叶集区	76774	41138	35636	664	373	291
霍邱县	2546	1302	1244	15	9	6
舒城县	4200	2152	2048	35	23	12
金寨县						
霍山县						
亳州市	**634335**	**316968**	**317367**	**6331**	**3378**	**2953**
谯城区	629287	314609	314678	6275	3348	2927
涡阳县						
蒙城县						
利辛县	5048	2359	2689	56	30	26
池州市	**380458**	**182280**	**198178**	**3399**	**1775**	**1624**
贵池区	357986	170179	187807	3232	1688	1544
东至县						
石台县						
青阳县						
池州市国家经济技术开发区	13048	6809	6239	119	67	52
皖江江南新兴产业集中区	9424	5292	4132	48	20	28
九华山风景区						
宣城市	**750851**	**375829**	**375022**	**6488**	**3346**	**3142**
宣州区	256084	123986	132098	2213	1156	1057
郎溪县						
泾县						
绩溪县						
旌德县						
宣城市经济开发区						
宁国市	245362	123272	122090	2153	1100	1053
广德市	249405	128571	120834	2122	1090	1032

1-5a　续表 3　　　　单位：人

地　区	1-4岁			5-9岁			10-14岁		
	小计	男	女	小计	男	女	小计	男	女
安　徽	**802052**	**422319**	**379733**	**972383**	**526172**	**446211**	**842803**	**457762**	**385041**
合肥市	**225749**	**119793**	**105956**	**239868**	**130300**	**109568**	**191894**	**105326**	**86568**
瑶海区	42932	22985	19947	49242	27057	22185	42577	23286	19291
庐阳区	35467	18682	16785	38286	20855	17431	30604	16840	13764
蜀山区	54795	29049	25746	56125	30122	26003	40337	21862	18475
包河区	70190	37115	33075	70676	38282	32394	54482	30019	24463
长丰县									
肥东县									
肥西县	2640	1438	1202	2389	1300	1089	1436	757	679
庐江县									
合肥高新技术产业开发区									
合肥经济技术开发区									
合肥新站高新技术产业开发区	3810	2042	1768	3969	2100	1869	2797	1554	1243
巢湖市	15915	8482	7433	19181	10584	8597	19661	11008	8653
芜湖市	**65190**	**34224**	**30966**	**75137**	**40380**	**34757**	**61308**	**33384**	**27924**
镜湖区	17383	9052	8331	20991	11266	9725	18226	9811	8415
弋江区	17027	8970	8057	19636	10432	9204	14473	7790	6683
鸠江区	16685	8732	7953	17221	9280	7941	11407	6118	5289
三山区	4744	2458	2286	5272	2748	2524	3946	2142	1804
芜湖县	347	164	183	341	178	163	281	138	143
繁昌县									
南陵县									
芜湖经济技术开发区	75	35	40	87	43	44	79	45	34
安徽芜湖长江大桥经济开发区									
无为市	8929	4813	4116	11589	6433	5156	12896	7340	5556
蚌埠市	**30542**	**16133**	**14409**	**42714**	**23231**	**19483**	**36357**	**19416**	**16941**
龙子湖区	6232	3278	2954	8996	4917	4079	8449	4459	3990
蚌山区	7175	3794	3381	9700	5228	4472	8384	4512	3872
禹会区	8114	4262	3852	11144	6119	5025	10214	5382	4832
淮上区	9021	4799	4222	12874	6967	5907	9310	5063	4247
怀远县									
五河县									
固镇县									
蚌埠市高新技术开发区									
蚌埠市经济开发区									
淮南市	**45412**	**23903**	**21509**	**61458**	**32997**	**28461**	**55015**	**29219**	**25796**
大通区	2161	1106	1055	2153	1178	975	1643	851	792
田家庵区	30064	15875	14189	41293	22039	19254	35474	18872	16602
谢家集区	5193	2676	2517	7157	3765	3392	7458	3890	3568
八公山区	3402	1808	1594	4558	2405	2153	5074	2599	2475
潘集区	4592	2438	2154	6297	3610	2687	5366	3007	2359
凤台县									
寿县									

1-5a 续表 4

单位：人

地区	1-4岁			5-9岁			10-14岁		
	小计	男	女	小计	男	女	小计	男	女
马鞍山市	**32402**	**16919**	**15483**	**37986**	**20223**	**17763**	**35414**	**19208**	**16206**
花山区	16384	8504	7880	20522	10952	9570	19993	10695	9298
雨山区	11642	6016	5626	12803	6693	6110	10764	5784	4980
博望区	4376	2399	1977	4661	2578	2083	4657	2729	1928
当涂县									
含山县									
和县									
淮北市	**39817**	**20946**	**18871**	**52996**	**28743**	**24253**	**46937**	**25525**	**21412**
杜集区	6315	3345	2970	8274	4520	3754	8130	4441	3689
相山区	25647	13423	12224	34347	18662	15685	29513	16003	13510
烈山区	4105	2219	1886	5204	2758	2446	5083	2742	2341
濉溪县	3750	1959	1791	5171	2803	2368	4211	2339	1872
铜陵市	**22639**	**11709**	**10930**	**25671**	**13552**	**12119**	**25464**	**13482**	**11982**
铜官区	16969	8768	8201	19834	10481	9353	19674	10439	9235
义安区	4160	2170	1990	4237	2211	2026	4133	2176	1957
郊区	1510	771	739	1600	860	740	1657	867	790
枞阳县									
安庆市	**49609**	**25612**	**23997**	**54858**	**29000**	**25858**	**52254**	**27796**	**24458**
迎江区	10905	5647	5258	11892	6326	5566	10047	5379	4668
大观区	4537	2340	2197	6401	3414	2987	6962	3712	3250
宜秀区	6713	3455	3258	6201	3229	2972	5111	2739	2372
怀宁县									
太湖县									
宿松县									
望江县	5312	2684	2628	5873	3180	2693	6401	3541	2860
岳西县									
安徽安庆经济开发区	8	5	3	9	7	2	1	1	
桐城市	14880	7699	7181	16180	8442	7738	15022	7756	7266
潜山市	7254	3782	3472	8302	4402	3900	8710	4668	4042
黄山市	**17957**	**9316**	**8641**	**20154**	**10475**	**9679**	**16795**	**8624**	**8171**
屯溪区	11805	6143	5662	13425	7024	6401	10920	5561	5359
黄山区	2954	1568	1386	3399	1734	1665	2993	1539	1454
徽州区	2785	1405	1380	2948	1512	1436	2562	1348	1214
歙县	162	71	91	169	95	74	128	69	59
休宁县	251	129	122	213	110	103	192	107	85
黟县									
祁门县									
滁州市	**45151**	**23566**	**21585**	**53097**	**28442**	**24655**	**46983**	**25104**	**21879**
琅琊区	10941	5759	5182	13824	7389	6435	13312	7151	6161
南谯区	10917	5677	5240	11804	6386	5418	9104	4901	4203
来安县									
全椒县									
定远县									
凤阳县									
苏滁现代产业园									
滁州经济技术开发区									
天长市	13220	6829	6391	14873	7854	7019	11103	5878	5225
明光市	10073	5301	4772	12596	6813	5783	13464	7174	6290

1-5a 续表 5

单位：人

地区	1-4岁			5-9岁			10-14岁		
	小计	男	女	小计	男	女	小计	男	女
阜阳市	**59403**	**31105**	**28298**	**85081**	**46531**	**38550**	**73905**	**40399**	**33506**
颍州区	25681	13498	12183	34965	19074	15891	28952	15586	13366
颍东区	10101	5275	4826	14135	7747	6388	11850	6545	5305
颍泉区	12404	6469	5935	18219	9871	8348	14855	8052	6803
临泉县									
太和县									
阜南县									
颍上县									
阜阳合肥现代产业园区									
阜阳经济技术开发区									
界首市	11217	5863	5354	17762	9839	7923	18248	10216	8032
宿州市	**35136**	**18448**	**16688**	**49685**	**27270**	**22415**	**41701**	**23223**	**18478**
埇桥区	34831	18289	16542	49239	27029	22210	41290	23010	18280
砀山县									
萧县	305	159	146	446	241	205	411	213	198
灵璧县									
泗县									
宿州马鞍山现代产业园区									
宿州经济技术开发区									
六安市	**44228**	**23975**	**20253**	**55974**	**31811**	**24163**	**54907**	**31366**	**23541**
金安区	19024	10174	8850	23162	13011	10151	22599	12662	9937
裕安区	21045	11493	9552	26543	15058	11485	26190	15040	11150
叶集区	3872	2154	1718	5847	3495	2352	5687	3418	2269
霍邱县	103	52	51	209	130	79	216	127	89
舒城县	184	102	82	213	117	96	215	119	96
金寨县									
霍山县									
亳州市	**36509**	**19555**	**16954**	**54062**	**30132**	**23930**	**45371**	**25283**	**20088**
谯城区	36281	19426	16855	53602	29907	23695	44983	25064	19919
涡阳县									
蒙城县									
利辛县	228	129	99	460	225	235	388	219	169
池州市	**18632**	**9669**	**8963**	**22678**	**11883**	**10795**	**21670**	**11262**	**10408**
贵池区	17655	9166	8489	21621	11302	10319	20665	10741	9924
东至县									
石台县									
青阳县									
池州市国家经济技术开发区	703	358	345	746	407	339	696	367	329
皖江江南新兴产业集中区	274	145	129	311	174	137	309	154	155
九华山风景区									
宣城市	**33676**	**17446**	**16230**	**40964**	**21202**	**19762**	**36828**	**19145**	**17683**
宣州区	12259	6377	5882	14456	7497	6959	12702	6731	5971
郎溪县									
泾县									
绩溪县									
旌德县									
宣城市经济开发区									
宁国市	10938	5637	5301	14160	7277	6883	12677	6442	6235
广德市	10479	5432	5047	12348	6428	5920	11449	5972	5477

1-5a 续表 6

单位：人

地区	15-19岁			20-24岁			25-29岁		
	小计	男	女	小计	男	女	小计	男	女
安 徽	**991760**	**518798**	**472962**	**1022028**	**516592**	**505436**	**1252610**	**622462**	**630148**
合肥市	**194173**	**107577**	**86596**	**327994**	**170413**	**157581**	**410189**	**207160**	**203029**
瑶海区	26724	14566	12158	47757	24690	23067	78946	40129	38817
庐阳区	26347	14298	12049	36766	18637	18129	55176	27160	28016
蜀山区	50752	28538	22214	105097	52857	52240	108133	53480	54653
包河区	55776	32460	23316	96125	53509	42616	127657	65376	62281
长丰县									
肥东县									
肥西县	6113	3028	3085	12976	6526	6450	7297	4337	2960
庐江县									
合肥高新技术产业开发区									
合肥经济技术开发区									
合肥新站高新技术产业开发区	1654	891	763	4107	2065	2042	7563	3808	3755
巢湖市	26807	13796	13011	25166	12129	13037	25417	12870	12547
芜湖市	**100811**	**54028**	**46783**	**120512**	**62627**	**57885**	**118879**	**60909**	**57970**
镜湖区	14424	7281	7143	24669	10933	13736	32875	16435	16440
弋江区	41103	19462	21641	55828	27913	27915	32625	16713	15912
鸠江区	21869	13477	8392	26936	16365	10571	29679	15534	14145
三山区	8189	5048	3141	5520	3492	2028	9611	5319	4292
芜湖县	114	63	51	240	131	109	531	287	244
繁昌县									
南陵县									
芜湖经济技术开发区	44	23	21	90	46	44	148	77	71
安徽芜湖长江大桥经济开发区									
无为市	15068	8674	6394	7229	3747	3482	13410	6544	6866
蚌埠市	**38933**	**20592**	**18341**	**32293**	**15777**	**16516**	**48551**	**23712**	**24839**
龙子湖区	6000	3072	2928	6815	3307	3508	10679	5200	5479
蚌山区	6575	3459	3116	6467	3286	3181	10779	5275	5504
禹会区	10478	5339	5139	12140	5729	6411	13892	6758	7134
淮上区	15880	8722	7158	6871	3455	3416	13201	6479	6722
怀远县									
五河县									
固镇县									
蚌埠市高新技术开发区									
蚌埠市经济开发区									
淮南市	**63083**	**32270**	**30813**	**62225**	**32301**	**29924**	**61948**	**30176**	**31772**
大通区	927	510	417	1306	639	667	2932	1366	1566
田家庵区	48884	24681	24203	48800	25425	23375	40212	19546	20666
谢家集区	6621	3508	3113	5668	2848	2820	8586	4346	4240
八公山区	3865	2081	1784	3760	2015	1745	4992	2529	2463
潘集区	2786	1490	1296	2691	1374	1317	5226	2389	2837
凤台县									
寿县									

1-5a　续表 7　　　　单位：人

地　区	15-19岁			20-24岁			25-29岁		
	小计	男	女	小计	男	女	小计	男	女
马鞍山市	**48387**	**26881**	**21506**	**53823**	**29577**	**24246**	**58712**	**30932**	**27780**
花山区	16648	9530	7118	17186	9107	8079	28884	14980	13904
雨山区	29105	15822	13283	33494	18730	14764	23336	12405	10931
博望区	2634	1529	1105	3143	1740	1403	6492	3547	2945
当涂县									
含山县									
和县									
淮北市	**52067**	**26338**	**25729**	**47799**	**22479**	**25320**	**52720**	**25718**	**27002**
杜集区	7301	4047	3254	5489	2906	2583	9539	4873	4666
相山区	29808	15977	13831	27846	13249	14597	32743	15512	17231
烈山区	13221	5263	7958	11749	4800	6949	6008	3025	2983
濉溪县	1737	1051	686	2715	1524	1191	4430	2308	2122
铜陵市	**31358**	**15891**	**15467**	**34739**	**17585**	**17154**	**35867**	**17975**	**17892**
铜官区	26335	13251	13084	29907	15194	14713	26828	13477	13351
义安区	3887	2020	1867	3246	1534	1712	6435	3114	3321
郊区	1136	620	516	1586	857	729	2604	1384	1220
枞阳县									
安庆市	**67427**	**32948**	**34479**	**50229**	**23319**	**26910**	**64996**	**31570**	**33426**
迎江区	7646	4079	3567	8491	4163	4328	16042	7790	8252
大观区	7895	4042	3853	6393	2948	3445	7574	3831	3743
宜秀区	16230	6985	9245	16989	7751	9238	11078	5600	5478
怀宁县									
太湖县									
宿松县									
望江县	8884	4727	4157	2619	1219	1400	5208	2333	2875
岳西县									
安徽安庆经济开发区	8	7	1	82	70	12	80	69	11
桐城市	17883	8369	9514	11566	5163	6403	17000	8133	8867
潜山市	8881	4739	4142	4089	2005	2084	8014	3814	4200
黄山市	**17748**	**8594**	**9154**	**14711**	**6665**	**8046**	**25578**	**11926**	**13652**
屯溪区	12631	5988	6643	11101	4914	6187	17317	7956	9361
黄山区	2689	1374	1315	1684	817	867	3972	1900	2072
徽州区	2296	1155	1141	1686	814	872	3763	1829	1934
歙县	48	33	15	109	52	57	209	98	111
休宁县	84	44	40	131	68	63	317	143	174
黟县									
祁门县									
滁州市	**45840**	**24780**	**21060**	**41625**	**20983**	**20642**	**66760**	**33082**	**33678**
琅琊区	10264	5397	4867	13196	6478	6718	18656	9439	9217
南谯区	11772	6922	4850	10748	5795	4953	17868	9064	8804
来安县									
全椒县									
定远县									
凤阳县									
苏滁现代产业园									
滁州经济技术开发区									
天长市	13225	7017	6208	10481	5241	5240	17804	8704	9100
明光市	10579	5444	5135	7200	3469	3731	12432	5875	6557

1-5a 续表 8 单位：人

地区	15-19岁			20-24岁			25-29岁		
	小计	男	女	小计	男	女	小计	男	女
阜阳市	**103166**	**51105**	**52061**	**57162**	**26933**	**30229**	**76637**	**37190**	**39447**
颍州区	54197	24457	29740	33631	14792	18839	33005	15644	17361
颍东区	17518	9650	7868	7249	3764	3485	13283	6627	6656
颍泉区	16859	8880	7979	9379	4775	4604	15743	7762	7981
临泉县									
太和县									
阜南县									
颍上县									
阜阳合肥现代产业园区									
阜阳经济技术开发区									
界首市	14592	8118	6474	6903	3602	3301	14606	7157	7449
宿州市	**37733**	**19942**	**17791**	**35982**	**18069**	**17913**	**48019**	**22814**	**25205**
埇桥区	37629	19884	17745	35791	17972	17819	47588	22570	25018
砀山县									
萧县	104	58	46	191	97	94	431	244	187
灵璧县									
泗县									
宿州马鞍山现代产业园区									
宿州经济技术开发区									
六安市	**68908**	**38255**	**30653**	**47954**	**24499**	**23455**	**55296**	**26763**	**28533**
金安区	28749	15287	13462	17940	9023	8917	24520	11890	12630
裕安区	32203	17634	14569	27016	13940	13076	25360	12116	13244
叶集区	7777	5243	2534	2809	1450	1359	5069	2572	2497
霍邱县	96	50	46	73	37	36	102	49	53
舒城县	83	41	42	116	49	67	245	136	109
金寨县									
霍山县									
亳州市	**53922**	**26983**	**26939**	**39825**	**19106**	**20719**	**52208**	**25544**	**26664**
谯城区	53697	26857	26840	39609	18987	20622	51807	25362	26445
涡阳县									
蒙城县									
利辛县	225	126	99	216	119	97	401	182	219
池州市	**29621**	**13325**	**16296**	**23981**	**11163**	**12818**	**24172**	**11425**	**12747**
贵池区	28124	12473	15651	23030	10595	12435	22347	10375	11972
东至县									
石台县									
青阳县									
池州市国家经济技术开发区	392	220	172	582	347	235	1108	617	491
皖江江南新兴产业集中区	1105	632	473	369	221	148	717	433	284
九华山风景区									
宣城市	**38583**	**19289**	**19294**	**31174**	**15096**	**16078**	**52078**	**25566**	**26512**
宣州区	14909	6853	8056	11940	5219	6721	18313	8692	9621
郎溪县									
泾县									
绩溪县									
旌德县									
宣城市经济开发区									
宁国市	9660	5094	4566	8698	4416	4282	15697	7710	7987
广德市	14014	7342	6672	10536	5461	5075	18068	9164	8904

1-5a 续表 9

单位：人

地 区	30-34岁			35-39岁			40-44岁		
	小计	男	女	小计	男	女	小计	男	女
安 徽	**1584807**	**762732**	**822075**	**1174668**	**568803**	**605865**	**1177192**	**577557**	**599635**
合肥市	**464451**	**227135**	**237316**	**342051**	**170340**	**171711**	**290883**	**147748**	**143135**
瑶海区	87544	42655	44889	67019	33104	33915	61922	31742	30180
庐阳区	71299	34081	37218	53096	26240	26856	45133	22635	22498
蜀山区	115727	55822	59905	85379	42485	42894	63078	31997	31081
包河区	144148	71838	72310	101274	51147	50127	82634	42722	39912
长丰县									
肥东县									
肥西县	8086	4569	3517	4238	2403	1835	2737	1523	1214
庐江县									
合肥高新技术产业开发区									
合肥经济技术开发区									
合肥新站高新技术产业开发区	8124	3970	4154	5307	2744	2563	4415	2301	2114
巢湖市	29523	14200	15323	25738	12217	13521	30964	14828	16136
芜湖市	**140076**	**69386**	**70690**	**100301**	**49367**	**50934**	**100067**	**49882**	**50185**
镜湖区	39517	18954	20563	32967	15772	17195	31156	15332	15824
弋江区	37985	18711	19274	27130	13519	13611	25135	13116	12019
鸠江区	37331	19148	18183	21199	11184	10015	19719	10083	9636
三山区	9949	5524	4425	5557	3035	2522	6276	3425	2851
芜湖县	611	328	283	382	188	194	492	293	199
繁昌县									
南陵县									
芜湖经济技术开发区	140	72	68	92	48	44	141	72	69
安徽芜湖长江大桥经济开发区									
无为市	14543	6649	7894	12974	5621	7353	17148	7561	9587
蚌埠市	**63223**	**30699**	**32524**	**47355**	**23432**	**23923**	**45264**	**22478**	**22786**
龙子湖区	13751	6598	7153	10962	5363	5599	10866	5343	5523
蚌山区	14771	7095	7676	11456	5510	5946	10878	5281	5597
禹会区	17983	8790	9193	14081	7026	7055	14172	6920	7252
淮上区	16718	8216	8502	10856	5533	5323	9348	4934	4414
怀远县									
五河县									
固镇县									
蚌埠市高新技术开发区									
蚌埠市经济开发区									
淮南市	**91929**	**42868**	**49061**	**71855**	**34375**	**37480**	**71704**	**34589**	**37115**
大通区	4147	2016	2131	2753	1388	1365	2442	1266	1176
田家庵区	60521	27899	32622	49235	23408	25827	47951	23061	24890
谢家集区	11716	5674	6042	8207	3988	4219	9681	4641	5040
八公山区	7693	3738	3955	5732	2737	2995	6562	3041	3521
潘集区	7852	3541	4311	5928	2854	3074	5068	2580	2488
凤台县									
寿县									

1－5a 续表 10

单位：人

地区	30－34岁			35－39岁			40－44岁		
	小计	男	女	小计	男	女	小计	男	女
马鞍山市	**71970**	**35599**	**36371**	**54259**	**26346**	**27913**	**59794**	**29476**	**30318**
花山区	37348	18059	19289	30200	14340	15860	33874	16410	17464
雨山区	27563	14040	13523	18901	9401	9500	20140	9986	10154
博望区	7059	3500	3559	5158	2605	2553	5780	3080	2700
当涂县									
含山县									
和县									
淮北市	**70605**	**34159**	**36446**	**52898**	**25836**	**27062**	**63184**	**30743**	**32441**
杜集区	12055	6124	5931	8433	4250	4183	9870	4868	5002
相山区	46367	21785	24582	36053	17087	18966	43024	20309	22715
烈山区	7363	3782	3581	4960	2482	2478	6379	3233	3146
濉溪县	4820	2468	2352	3452	2017	1435	3911	2333	1578
铜陵市	**45475**	**21925**	**23550**	**35633**	**16744**	**18889**	**43153**	**20756**	**22397**
铜官区	34688	16623	18065	27685	12839	14846	34080	16384	17696
义安区	7697	3710	3987	5656	2763	2893	6406	3010	3396
郊区	3090	1592	1498	2292	1142	1150	2667	1362	1305
枞阳县									
安庆市	**90416**	**42443**	**47973**	**69309**	**31053**	**38256**	**83114**	**38044**	**45070**
迎江区	22533	10826	11707	15805	7432	8373	17869	8565	9304
大观区	9728	4621	5107	9617	4330	5287	13290	6247	7043
宜秀区	13018	6629	6389	7423	3835	3588	8502	4349	4153
怀宁县									
太湖县									
宿松县									
望江县	7241	3040	4201	7010	2682	4328	9144	3738	5406
岳西县									
安徽安庆经济开发区	65	49	16	40	34	6	40	33	7
桐城市	26247	12135	14112	19555	8770	10785	22593	10102	12491
潜山市	11584	5143	6441	9859	3970	5889	11676	5010	6666
黄山市	**36497**	**16822**	**19675**	**27457**	**12933**	**14524**	**27939**	**13493**	**14446**
屯溪区	24817	11322	13495	18891	8813	10078	18822	8961	9861
黄山区	5562	2579	2983	4286	1974	2312	4535	2213	2322
徽州区	5379	2540	2839	3819	1903	1916	4058	2051	2007
歙县	291	151	140	175	91	84	209	110	99
休宁县	448	230	218	286	152	134	315	158	157
黟县									
祁门县									
滁州市	**84578**	**41440**	**43138**	**57173**	**27688**	**29485**	**67397**	**33113**	**34284**
琅琊区	23135	11465	11670	18163	8849	9314	19313	9746	9567
南谯区	21246	10663	10583	13327	6854	6473	12722	6520	6202
来安县									
全椒县									
定远县									
凤阳县									
苏滁现代产业园									
滁州经济技术开发区									
天长市	24475	12094	12381	13586	6499	7087	20149	9674	10475
明光市	15722	7218	8504	12097	5486	6611	15213	7173	8040

1-5a 续表 11　　单位：人

地区	30-34岁			35-39岁			40-44岁		
	小计	男	女	小计	男	女	小计	男	女
阜阳市	**99765**	**46950**	**52815**	**80666**	**38864**	**41802**	**80636**	**38538**	**42098**
颍州区	42900	20154	22746	35309	17084	18225	34148	16444	17704
颍东区	16645	8038	8607	12607	6273	6334	13845	6762	7083
颍泉区	20745	9849	10896	16619	8103	8516	15681	7559	8122
临泉县									
太和县									
阜南县									
颍上县									
阜阳合肥现代产业园区									
阜阳经济技术开发区									
界首市	19475	8909	10566	16131	7404	8727	16962	7773	9189
宿州市	**64313**	**30130**	**34183**	**47001**	**22688**	**24313**	**49555**	**23861**	**25694**
埇桥区	63808	29879	33929	46619	22490	24129	49179	23675	25504
砀山县									
萧县	505	251	254	382	198	184	376	186	190
灵璧县									
泗县									
宿州马鞍山现代产业园区									
宿州经济技术开发区									
六安市	**82050**	**37813**	**44237**	**62332**	**28800**	**33532**	**56044**	**26501**	**29543**
金安区	36050	16688	19362	27419	12584	14835	25949	12172	13777
裕安区	38412	17461	20951	29521	13469	16052	25310	11929	13381
叶集区	7162	3461	3701	5037	2556	2481	4464	2236	2228
霍邱县	136	68	68	125	62	63	125	61	64
舒城县	290	135	155	230	129	101	196	103	93
金寨县									
霍山县									
亳州市	**69834**	**33105**	**36729**	**43696**	**21655**	**22041**	**43367**	**21749**	**21618**
谯城区	69344	32883	36461	43305	21493	21812	42940	21567	21373
涡阳县									
蒙城县									
利辛县	490	222	268	391	162	229	427	182	245
池州市	**34473**	**15634**	**18839**	**26374**	**11621**	**14753**	**30545**	**14219**	**16326**
贵池区	31826	14234	17592	24693	10741	13952	28845	13310	15535
东至县									
石台县									
青阳县									
池州市国家经济技术开发区	1526	774	752	938	475	463	945	498	447
皖江江南新兴产业集中区	1121	626	495	743	405	338	755	411	344
九华山风景区									
宣城市	**75152**	**36624**	**38528**	**56308**	**27061**	**29247**	**64546**	**32367**	**32179**
宣州区	23470	11048	12422	17410	7926	9484	21366	10196	11170
郎溪县									
泾县									
绩溪县									
旌德县									
宣城市经济开发区									
宁国市	26665	12919	13746	20473	9984	10489	21833	11110	10723
广德市	25017	12657	12360	18425	9151	9274	21347	11061	10286

1-5a 续表 12

单位：人

地 区	45-49岁			50-54岁			55-59岁		
	小计	男	女	小计	男	女	小计	男	女
安 徽	**1345770**	**670021**	**675749**	**1454975**	**708994**	**745981**	**1169495**	**568860**	**600635**
合肥市	**306053**	**156290**	**149763**	**320640**	**156283**	**164357**	**263374**	**125319**	**138055**
瑶海区	69079	34969	34110	71637	35184	36453	55846	27580	28266
庐阳区	45722	23349	22373	47780	23090	24690	39346	18558	20788
蜀山区	62672	31812	30860	65745	31323	34422	58375	26542	31833
包河区	84569	44514	40055	89021	43990	45031	73926	35136	38790
长丰县									
肥东县									
肥西县	3303	1690	1613	3623	1773	1850	2563	1226	1337
庐江县									
合肥高新技术产业开发区									
合肥经济技术开发区									
合肥新站高新技术产业开发区	5161	2597	2564	5682	2759	2923	4366	2009	2357
巢湖市	35547	17359	18188	37152	18164	18988	28952	14268	14684
芜湖市	**113552**	**56816**	**56736**	**135228**	**66691**	**68537**	**118117**	**56790**	**61327**
镜湖区	33247	16326	16921	43148	20880	22268	42576	20481	22095
弋江区	28291	14368	13923	33027	16517	16510	28165	13621	14544
鸠江区	22639	11664	10975	28267	13851	14416	24074	11307	12767
三山区	8808	4728	4080	9989	5242	4747	7072	3555	3517
芜湖县	716	388	328	1204	618	586	940	486	454
繁昌县									
南陵县									
芜湖经济技术开发区	215	108	107	321	175	146	294	157	137
安徽芜湖长江大桥经济开发区									
无为市	19636	9234	10402	19272	9408	9864	14996	7183	7813
蚌埠市	**54076**	**26948**	**27128**	**61343**	**29550**	**31793**	**53670**	**26169**	**27501**
龙子湖区	13933	6725	7208	16504	7957	8547	15000	7345	7655
蚌山区	12272	6079	6193	13495	6550	6945	12360	6001	6359
禹会区	16889	8445	8444	18971	9200	9771	17198	8473	8725
淮上区	10982	5699	5283	12373	5843	6530	9112	4350	4762
怀远县									
五河县									
固镇县									
蚌埠市高新技术开发区									
蚌埠市经济开发区									
淮南市	**86025**	**41207**	**44818**	**106092**	**49796**	**56296**	**92769**	**45747**	**47022**
大通区	2822	1366	1456	3994	1838	2156	3888	1866	2022
田家庵区	52575	25499	27076	58747	27681	31066	51248	25038	26210
谢家集区	14437	6727	7710	21755	10195	11560	19109	9576	9533
八公山区	10035	4602	5433	14886	6920	7966	13078	6613	6465
潘集区	6156	3013	3143	6710	3162	3548	5446	2654	2792
凤台县									
寿县									

1-5a　续表 13　　　　单位：人

地　区	45-49岁			50-54岁			55-59岁		
	小计	男	女	小计	男	女	小计	男	女
马鞍山市	**75100**	**37647**	**37453**	**90744**	**45689**	**45055**	**74948**	**37819**	**37129**
花山区	41244	20736	20508	47836	24092	23744	39883	20101	19782
雨山区	27073	13434	13639	35317	17713	17604	29270	14814	14456
博望区	6783	3477	3306	7591	3884	3707	5795	2904	2891
当涂县									
含山县									
和县									
淮北市	**73308**	**35178**	**38130**	**74418**	**35167**	**39251**	**55944**	**27557**	**28387**
杜集区	11993	5698	6295	13877	6525	7352	10569	5247	5322
相山区	47161	22261	24900	44044	20535	23509	33098	16314	16784
烈山区	8422	4049	4373	9903	4711	5192	7891	3902	3989
濉溪县	5732	3170	2562	6594	3396	3198	4386	2094	2292
铜陵市	**55528**	**27892**	**27636**	**61806**	**30727**	**31079**	**50108**	**25058**	**25050**
铜官区	41995	21122	20873	45748	22768	22980	37659	18788	18871
义安区	9145	4540	4605	10631	5213	5418	8079	3935	4144
郊区	4388	2230	2158	5427	2746	2681	4370	2335	2035
枞阳县									
安庆市	**107854**	**52803**	**55051**	**111806**	**55137**	**56669**	**91203**	**45255**	**45948**
迎江区	23816	11937	11879	26152	12749	13403	23134	11220	11914
大观区	16124	8007	8117	16421	8174	8247	14208	6907	7301
宜秀区	12397	6402	5995	13124	6693	6431	9442	4895	4547
怀宁县									
太湖县									
宿松县									
望江县	10607	4853	5754	8924	4269	4655	7147	3565	3582
岳西县									
安徽安庆经济开发区	34	25	9	32	23	9	23	18	5
桐城市	29426	14284	15142	31313	15538	15775	24146	12160	11986
潜山市	15450	7295	8155	15840	7691	8149	13103	6490	6613
黄山市	**32484**	**16038**	**16446**	**35475**	**17448**	**18027**	**30177**	**14793**	**15384**
屯溪区	20873	10274	10599	22366	10915	11451	20084	9684	10400
黄山区	5900	2913	2987	6733	3316	3417	5361	2680	2681
徽州区	5028	2509	2519	5504	2790	2714	4051	2089	1962
歙县	303	154	149	409	200	209	335	172	163
休宁县	380	188	192	463	227	236	346	168	178
黟县									
祁门县									
滁州市	**83171**	**41400**	**41771**	**88500**	**43210**	**45290**	**66244**	**32190**	**34054**
琅琊区	24099	12265	11834	25977	12901	13076	20166	9962	10204
南谯区	16268	8444	7824	17749	8887	8862	13108	6454	6654
来安县									
全椒县									
定远县									
凤阳县									
苏滁现代产业园									
滁州经济技术开发区									
天长市	25019	12163	12856	26072	12627	13445	18665	8986	9679
明光市	17785	8528	9257	18702	8795	9907	14305	6788	7517

1－5a 续表 14 单位：人

地区	45－49岁			50－54岁			55－59岁		
	小计	男	女	小计	男	女	小计	男	女
阜阳市	**78706**	**39082**	**39624**	**80656**	**39089**	**41567**	**60596**	**29348**	**31248**
颍州区	33431	16630	16801	32812	15916	16896	25379	12259	13120
颍东区	14177	7151	7026	14722	7305	7417	9895	4853	5042
颍泉区	15718	7940	7778	17220	8509	8711	13155	6448	6707
临泉县									
太和县									
阜南县									
颍上县									
阜阳合肥现代产业园区									
阜阳经济技术开发区									
界首市	15380	7361	8019	15902	7359	8543	12167	5788	6379
宿州市	**54599**	**26256**	**28343**	**52606**	**24882**	**27724**	**39012**	**18815**	**20197**
埇桥区	54149	26043	28106	52040	24601	27439	38596	18612	19984
砀山县									
萧县	450	213	237	566	281	285	416	203	213
灵璧县									
泗县									
宿州马鞍山现代产业园区									
宿州经济技术开发区									
六安市	**68482**	**33397**	**35085**	**67630**	**31848**	**35782**	**51686**	**24248**	**27438**
金安区	30316	14611	15705	30600	14332	16268	22442	10492	11950
裕安区	30984	15076	15908	29298	13623	15675	23334	10943	12391
叶集区	6573	3394	3179	6998	3534	3464	5228	2478	2750
霍邱县	230	120	110	267	120	147	281	140	141
舒城县	379	196	183	467	239	228	401	195	206
金寨县									
霍山县									
亳州市	**43116**	**21470**	**21646**	**50943**	**24602**	**26341**	**35557**	**16967**	**18590**
谯城区	42682	21303	21379	50480	24432	26048	35298	16852	18446
涡阳县									
蒙城县									
利辛县	434	167	267	463	170	293	259	115	144
池州市	**37105**	**18124**	**18981**	**34328**	**16711**	**17617**	**27404**	**13361**	**14043**
贵池区	34683	16866	17817	31979	15456	16523	25722	12423	13299
东至县									
石台县									
青阳县									
池州市国家经济技术开发区	1318	662	656	1390	707	683	1043	542	501
皖江江南新兴产业集中区	1104	596	508	959	548	411	639	396	243
九华山风景区									
宣城市	**76611**	**39473**	**37138**	**82760**	**42164**	**40596**	**58686**	**29424**	**29262**
宣州区	25998	12881	13117	26145	12875	13270	20557	9946	10611
郎溪县									
泾县									
绩溪县									
旌德县									
宣城市经济开发区									
宁国市	24515	12803	11712	29723	15072	14651	19508	9777	9731
广德市	26098	13789	12309	26892	14217	12675	18621	9701	8920

1-5a 续表 15

单位：人

地 区	60-64岁			65-69岁			70-74岁		
	小计	男	女	小计	男	女	小计	男	女
安 徽	**614557**	**309688**	**304869**	**674590**	**324538**	**350052**	**436467**	**210370**	**226097**
合肥市	**142650**	**70522**	**72128**	**155886**	**73977**	**81909**	**96963**	**46854**	**50109**
瑶海区	27682	14222	13460	28738	13649	15089	19528	9195	10333
庐阳区	23722	11675	12047	25268	11901	13367	15373	7315	8058
蜀山区	35533	17101	18432	36482	17229	19253	21338	10485	10853
包河区	39747	19362	20385	43810	20885	22925	25979	12757	13222
长丰县									
肥东县									
肥西县	1000	526	474	987	492	495	447	236	211
庐江县									
合肥高新技术产业开发区									
合肥经济技术开发区									
合肥新站高新技术产业开发区	2108	1107	1001	2218	1094	1124	1197	583	614
巢湖市	12858	6529	6329	18383	8727	9656	13101	6283	6818
芜湖市	**65978**	**33611**	**32367**	**70261**	**34832**	**35429**	**46787**	**23190**	**23597**
镜湖区	27725	14097	13628	27050	13286	13764	17580	8529	9051
弋江区	15829	7896	7933	17345	8664	8681	10644	5444	5200
鸠江区	11789	6089	5700	11807	5963	5844	7952	3941	4011
三山区	3270	1814	1456	4474	2299	2175	3263	1679	1584
芜湖县	465	265	200	648	361	287	528	261	267
繁昌县									
南陵县									
芜湖经济技术开发区	150	67	83	210	122	88	198	113	85
安徽芜湖长江大桥经济开发区									
无为市	6750	3383	3367	8727	4137	4590	6622	3223	3399
蚌埠市	**34254**	**17480**	**16774**	**36329**	**17460**	**18869**	**21772**	**10566**	**11206**
龙子湖区	10070	5162	4908	10152	4953	5199	6253	3034	3219
蚌山区	8311	4177	4134	7940	3840	4100	4681	2215	2466
禹会区	11043	5630	5413	12026	5727	6299	7301	3555	3746
淮上区	4830	2511	2319	6211	2940	3271	3537	1762	1775
怀远县									
五河县									
固镇县									
蚌埠市高新技术开发区									
蚌埠市经济开发区									
淮南市	**58936**	**29506**	**29430**	**55634**	**26651**	**28983**	**34659**	**17054**	**17605**
大通区	2715	1378	1337	2314	1130	1184	1183	608	575
田家庵区	34125	16814	17311	32116	15235	16881	19291	9585	9706
谢家集区	11742	6057	5685	10594	5213	5381	7169	3445	3724
八公山区	7300	3763	3537	7289	3558	3731	4887	2325	2562
潘集区	3054	1494	1560	3321	1515	1806	2129	1091	1038
凤台县									
寿县									

1－5a 续表 16 单位：人

地区	60－64岁			65－69岁			70－74岁		
	小计	男	女	小计	男	女	小计	男	女
马鞍山市	**39212**	**20121**	**19091**	**43533**	**21079**	**22454**	**30846**	**14613**	**16233**
花山区	21070	10739	10331	23686	11236	12450	17245	8099	9146
雨山区	15306	7965	7341	15717	7728	7989	10848	5098	5750
博望区	2836	1417	1419	4130	2115	2015	2753	1416	1337
当涂县									
含山县									
和县									
淮北市	**27871**	**14352**	**13519**	**34931**	**16832**	**18099**	**24275**	**11297**	**12978**
杜集区	5903	3109	2794	8378	4087	4291	6003	2837	3166
相山区	16735	8512	8223	18756	8948	9808	12124	5618	6506
烈山区	3742	1963	1779	5247	2566	2681	3797	1725	2072
濉溪县	1491	768	723	2550	1231	1319	2351	1117	1234
铜陵市	**25028**	**12807**	**12221**	**25577**	**12227**	**13350**	**18108**	**8399**	**9709**
铜官区	19007	9669	9338	19620	9283	10337	14052	6450	7602
义安区	3985	2073	1912	3663	1790	1873	2405	1132	1273
郊区	2036	1065	971	2294	1154	1140	1651	817	834
枞阳县									
安庆市	**45000**	**23129**	**21871**	**49912**	**24653**	**25259**	**35189**	**17127**	**18062**
迎江区	13038	6639	6399	12221	6062	6159	8443	4072	4371
大观区	9101	4610	4491	9952	4785	5167	7197	3412	3785
宜秀区	3912	2078	1834	4175	2156	2019	2753	1321	1432
怀宁县									
太湖县									
宿松县									
望江县	3018	1522	1496	3827	1796	2031	2535	1221	1314
岳西县									
安徽安庆经济开发区	19	11	8	10	8	2	3	1	2
桐城市	9685	5093	4592	12783	6362	6421	10040	5000	5040
潜山市	6227	3176	3051	6944	3484	3460	4218	2100	2118
黄山市	**17411**	**8799**	**8612**	**18511**	**8821**	**9690**	**11472**	**5639**	**5833**
屯溪区	11960	5939	6021	13054	6143	6911	8215	4001	4214
黄山区	2768	1428	1340	2888	1424	1464	1663	863	800
徽州区	2272	1212	1060	2092	1017	1075	1282	620	662
歙县	232	123	109	260	131	129	185	90	95
休宁县	179	97	82	217	106	111	127	65	62
黟县									
祁门县									
滁州市	**31723**	**16000**	**15723**	**39170**	**19065**	**20105**	**21171**	**10326**	**10845**
琅琊区	10556	5278	5278	13460	6592	6868	7972	3920	4052
南谯区	5544	2867	2677	6481	3163	3318	3238	1577	1661
来安县									
全椒县									
定远县									
凤阳县									
苏滁现代产业园									
滁州经济技术开发区									
天长市	8045	4074	3971	9577	4655	4922	5095	2443	2652
明光市	7578	3781	3797	9652	4655	4997	4866	2386	2480

1-5a 续表 17 单位：人

地区	60-64岁			65-69岁			70-74岁		
	小计	男	女	小计	男	女	小计	男	女
阜阳市	**30393**	**15043**	**15350**	**34501**	**15996**	**18505**	**24613**	**11277**	**13336**
颍州区	12755	6329	6426	14145	6611	7534	9780	4492	5288
颍东区	4670	2319	2351	5848	2641	3207	4567	2086	2481
颍泉区	6275	3160	3115	7045	3328	3717	4923	2259	2664
临泉县									
太和县									
阜南县									
颍上县									
阜阳合肥现代产业园区									
阜阳经济技术开发区									
界首市	6693	3235	3458	7463	3416	4047	5343	2440	2903
宿州市	**19823**	**9852**	**9971**	**21586**	**10134**	**11452**	**13740**	**6403**	**7337**
埇桥区	19543	9713	9830	21216	9962	11254	13493	6292	7201
砀山县									
萧县	280	139	141	370	172	198	247	111	136
灵璧县									
泗县									
宿州马鞍山现代产业园区									
宿州经济技术开发区									
六安市	**24916**	**12392**	**12524**	**28024**	**13267**	**14757**	**18064**	**8831**	**9233**
金安区	11695	5738	5957	13712	6392	7320	9114	4363	4751
裕安区	10664	5312	5352	11111	5286	5825	6523	3174	3349
叶集区	2261	1198	1063	2699	1343	1356	2016	1070	946
霍邱县	96	47	49	174	87	87	111	63	48
舒城县	200	97	103	328	159	169	300	161	139
金寨县									
霍山县									
亳州市	**14591**	**7360**	**7231**	**17458**	**8394**	**9064**	**11499**	**5309**	**6190**
谯城区	14450	7290	7160	17274	8304	8970	11380	5242	6138
涡阳县									
蒙城县									
利辛县	141	70	71	184	90	94	119	67	52
池州市	**12789**	**6268**	**6521**	**13977**	**6778**	**7199**	**8469**	**4191**	**4278**
贵池区	11995	5823	6172	13244	6401	6843	8040	3962	4078
东至县									
石台县									
青阳县									
池州市国家经济技术开发区	480	252	228	457	229	228	267	141	126
皖江江南新兴产业集中区	314	193	121	276	148	128	162	88	74
九华山风景区									
宣城市	**23982**	**12446**	**11536**	**29300**	**14372**	**14928**	**18840**	**9294**	**9546**
宣州区	8031	4105	3926	10422	4980	5442	6842	3364	3478
郎溪县									
泾县									
绩溪县									
旌德县									
宣城市经济开发区									
宁国市	7469	3854	3615	8938	4395	4543	5245	2535	2710
广德市	8482	4487	3995	9940	4997	4943	6753	3395	3358

1-5a 续表 18

单位：人

地区	75-79岁			80-84岁			85-89岁		
	小计	男	女	小计	男	女	小计	男	女
安徽	**310433**	**144026**	**166407**	**205806**	**92727**	**113079**	**110820**	**47597**	**63223**
合肥市	**66654**	**31616**	**35038**	**45629**	**21115**	**24514**	**25886**	**11479**	**14407**
瑶海区	13879	6540	7339	9744	4382	5362	5402	2314	3088
庐阳区	11215	5204	6011	8150	3651	4499	5112	2243	2869
蜀山区	14487	6836	7651	10357	4982	5375	5466	2534	2932
包河区	17134	8332	8802	11667	5465	6202	6676	2983	3693
长丰县									
肥东县									
肥西县	230	115	115	116	52	64	75	31	44
庐江县									
合肥高新技术产业开发区									
合肥经济技术开发区									
合肥新站高新技术产业开发区	834	414	420	548	265	283	315	148	167
巢湖市	8875	4175	4700	5047	2318	2729	2840	1226	1614
芜湖市	**35063**	**16631**	**18432**	**22740**	**10255**	**12485**	**11851**	**5070**	**6781**
镜湖区	13703	6328	7375	10309	4627	5682	5552	2456	3096
弋江区	7795	3807	3988	4533	2084	2449	2261	1005	1256
鸠江区	5653	2713	2940	3646	1584	2062	1831	714	1117
三山区	2672	1314	1358	1233	610	623	593	249	344
芜湖县	416	190	226	280	111	169	170	55	115
繁昌县									
南陵县									
芜湖经济技术开发区	150	84	66	93	43	50	46	21	25
安徽芜湖长江大桥经济开发区									
无为市	4674	2195	2479	2646	1196	1450	1398	570	828
蚌埠市	**17203**	**8097**	**9106**	**11302**	**5037**	**6265**	**6308**	**2585**	**3723**
龙子湖区	5217	2370	2847	3738	1607	2131	2093	856	1237
蚌山区	3642	1755	1887	2403	1026	1377	1432	551	881
禹会区	5564	2670	2894	3811	1704	2107	2019	824	1195
淮上区	2780	1302	1478	1350	700	650	764	354	410
怀远县									
五河县									
固镇县									
蚌埠市高新技术开发区									
蚌埠市经济开发区									
淮南市	**26692**	**11757**	**14935**	**18978**	**8275**	**10703**	**9979**	**4432**	**5547**
大通区	875	384	491	776	325	451	482	198	284
田家庵区	14069	6643	7426	9696	4361	5335	5096	2253	2843
谢家集区	6136	2363	3773	4773	1925	2848	2448	1104	1344
八公山区	4037	1591	2446	2788	1160	1628	1497	641	856
潘集区	1575	776	799	945	504	441	456	236	220
凤台县									
寿县									

1-5a　续表 19　　　　单位：人

地　区	75-79岁			80-84岁			85-89岁		
	小计	男	女	小计	男	女	小计	男	女
马鞍山市	**22954**	**10492**	**12462**	**16492**	**7456**	**9036**	**7783**	**3350**	**4433**
花山区	12438	5785	6653	8764	3998	4766	4125	1791	2334
雨山区	8606	3775	4831	6649	2936	3713	3092	1351	1741
博望区	1910	932	978	1079	522	557	566	208	358
当涂县									
含山县									
和县									
淮北市	**18226**	**8006**	**10220**	**12209**	**5602**	**6607**	**6379**	**2712**	**3667**
杜集区	4348	1846	2502	2871	1321	1550	1537	636	901
相山区	9297	4149	5148	6203	2898	3305	3055	1328	1727
烈山区	2907	1213	1694	1996	878	1118	1079	460	619
濉溪县	1674	798	876	1139	505	634	708	288	420
铜陵市	**13806**	**6461**	**7345**	**9047**	**3955**	**5092**	**4582**	**2017**	**2565**
铜官区	10807	5109	5698	7150	3138	4012	3535	1568	1967
义安区	1768	806	962	1098	456	642	604	275	329
郊区	1231	546	685	799	361	438	443	174	269
枞阳县									
安庆市	**25648**	**12089**	**13559**	**15864**	**7167**	**8697**	**7757**	**3364**	**4393**
迎江区	6913	3218	3695	4188	1907	2281	2055	939	1116
大观区	5686	2639	3047	3849	1746	2103	1955	887	1068
宜秀区	1965	941	1024	1069	488	581	467	182	285
怀宁县									
太湖县									
宿松县									
望江县	1810	811	999	1096	480	616	540	228	312
岳西县									
安徽安庆经济开发区	1		1	3	1	2	2	1	1
桐城市	6165	3002	3163	3842	1759	2083	1854	750	1104
潜山市	3108	1478	1630	1817	786	1031	884	377	507
黄山市	**6753**	**3233**	**3520**	**5194**	**2518**	**2676**	**2691**	**1124**	**1567**
屯溪区	4899	2327	2572	3800	1850	1950	1926	815	1111
黄山区	990	491	499	780	381	399	417	180	237
徽州区	734	352	382	505	243	262	290	104	186
歙县	80	43	37	57	20	37	31	14	17
休宁县	50	20	30	52	24	28	27	11	16
黟县									
祁门县									
滁州市	**15098**	**6969**	**8129**	**9519**	**4256**	**5263**	**6002**	**2535**	**3467**
琅琊区	5683	2599	3084	3675	1631	2044	2385	1041	1344
南谯区	2067	931	1136	1230	577	653	728	298	430
来安县									
全椒县									
定远县									
凤阳县									
苏滁现代产业园									
滁州经济技术开发区									
天长市	3325	1574	1751	2136	958	1178	1432	577	855
明光市	4023	1865	2158	2478	1090	1388	1457	619	838

1－5a 续表 20

单位：人

地区	75－79岁			80－84岁			85－89岁		
	小计	男	女	小计	男	女	小计	男	女
阜阳市	**15825**	**7251**	**8574**	**9554**	**4138**	**5416**	**5632**	**2274**	**3358**
颍州区	6289	2831	3458	4025	1758	2267	2353	958	1395
颍东区	2987	1461	1526	1531	719	812	855	376	479
颍泉区	3381	1535	1846	2112	891	1221	1317	559	758
临泉县									
太和县									
阜南县									
颍上县									
阜阳合肥现代产业园区									
阜阳经济技术开发区									
界首市	3168	1424	1744	1886	770	1116	1107	381	726
宿州市	**10010**	**4512**	**5498**	**6751**	**2981**	**3770**	**3947**	**1643**	**2304**
埇桥区	9835	4421	5414	6635	2936	3699	3873	1618	2255
砀山县									
萧县	175	91	84	116	45	71	74	25	49
灵璧县									
泗县									
宿州马鞍山现代产业园区									
宿州经济技术开发区									
六安市	**11776**	**5499**	**6277**	**6983**	**3203**	**3780**	**3753**	**1649**	**2104**
金安区	6066	2865	3201	3561	1668	1893	1991	892	1099
裕安区	4072	1860	2212	2606	1167	1439	1310	576	734
叶集区	1384	649	735	666	301	365	375	149	226
霍邱县	98	41	57	50	21	29	28	14	14
舒城县	156	84	72	100	46	54	49	18	31
金寨县									
霍山县									
亳州市	**7622**	**3257**	**4365**	**4570**	**1799**	**2771**	**2654**	**943**	**1711**
谯城区	7543	3216	4327	4532	1782	2750	2622	927	1695
涡阳县									
蒙城县									
利辛县	79	41	38	38	17	21	32	16	16
池州市	**5431**	**2539**	**2892**	**3237**	**1419**	**1818**	**1659**	**709**	**950**
贵池区	5151	2402	2749	3065	1348	1717	1575	672	903
东至县									
石台县									
青阳县									
池州市国家经济技术开发区	167	79	88	104	42	62	54	22	32
皖江江南新兴产业集中区	113	58	55	68	29	39	30	15	15
九华山风景区									
宣城市	**11672**	**5617**	**6055**	**7737**	**3551**	**4186**	**3957**	**1711**	**2246**
宣州区	4346	2051	2295	2765	1224	1541	1376	622	754
郎溪县									
泾县									
绩溪县									
旌德县									
宣城市经济开发区									
宁国市	3093	1451	1642	2299	1042	1257	1202	493	709
广德市	4233	2115	2118	2673	1285	1388	1379	596	783

1-5a 续表 21

单位：人

地 区	90-94岁			95-99岁			100岁及以上		
	小计	男	女	小计	男	女	小计	男	女
安 徽	**36461**	**15220**	**21241**	**7423**	**2762**	**4661**	**922**	**287**	**635**
合肥市	**9005**	**3914**	**5091**	**1827**	**681**	**1146**	**268**	**78**	**190**
瑶海区	1818	764	1054	382	145	237	52	14	38
庐阳区	1748	753	995	379	136	243	51	19	32
蜀山区	1931	896	1035	380	148	232	72	18	54
包河区	2336	1043	1293	466	181	285	65	17	48
长丰县									
肥东县									
肥西县	27	5	22	4		4	1	1	
庐江县									
合肥高新技术产业开发区									
合肥经济技术开发区									
合肥新站高新技术产业开发区	125	51	74	30	14	16	2		2
巢湖市	1020	402	618	186	57	129	25	9	16
芜湖市	**3646**	**1509**	**2137**	**717**	**265**	**452**	**60**	**23**	**37**
镜湖区	1764	795	969	329	125	204	26	13	13
弋江区	664	266	398	131	58	73	13	3	10
鸠江区	541	192	349	106	34	72	6	1	5
三山区	164	63	101	31	9	22	2	2	
芜湖县	47	13	34	10	5	5	2		2
繁昌县									
南陵县									
芜湖经济技术开发区	11	2	9	3		3			
安徽芜湖长江大桥经济开发区									
无为市	455	178	277	107	34	73	11	4	7
蚌埠市	**2179**	**894**	**1285**	**497**	**179**	**318**	**41**	**19**	**22**
龙子湖区	747	324	423	172	62	110	9	5	4
蚌山区	509	205	304	123	46	77	5	2	3
禹会区	649	273	376	136	52	84	20	10	10
淮上区	274	92	182	66	19	47	7	2	5
怀远县									
五河县									
固镇县									
蚌埠市高新技术开发区									
蚌埠市经济开发区									
淮南市	**3324**	**1466**	**1858**	**664**	**260**	**404**	**57**	**13**	**44**
大通区	178	75	103	45	18	27	7	2	5
田家庵区	1799	826	973	351	150	201	31	6	25
谢家集区	776	329	447	127	51	76	13	3	10
八公山区	413	174	239	103	31	72	4	2	2
潘集区	158	62	96	38	10	28	2		2
凤台县									
寿县									

1－5a 续表 22

单位：人

地区	90－94岁			95－99岁			100岁及以上		
	小计	男	女	小计	男	女	小计	男	女
马鞍山市	**2351**	**951**	**1400**	**390**	**139**	**251**	**41**	**17**	**24**
花山区	1287	498	789	211	81	130	24	11	13
雨山区	901	402	499	141	50	91	16	6	10
博望区	163	51	112	38	8	30	1		1
当涂县									
含山县									
和县									
淮北市	**2043**	**831**	**1212**	**487**	**169**	**318**	**84**	**19**	**65**
杜集区	452	189	263	112	31	81	13	3	10
相山区	1023	442	581	227	98	129	41	8	33
烈山区	329	129	200	69	23	46	20	5	15
濉溪县	239	71	168	79	17	62	10	3	7
铜陵市	**1219**	**518**	**701**	**205**	**79**	**126**	**15**	**2**	**13**
铜官区	966	416	550	162	65	97	14	2	12
义安区	149	63	86	24	8	16			
郊区	104	39	65	19	6	13	1		1
枞阳县									
安庆市	**2466**	**1040**	**1426**	**427**	**160**	**267**	**56**	**19**	**37**
迎江区	680	300	380	104	43	61	16	4	12
大观区	665	292	373	110	40	70	9	3	6
宜秀区	135	47	88	21	7	14			
怀宁县									
太湖县									
宿松县									
望江县	210	101	109	68	32	36	19	11	8
岳西县									
安徽安庆经济开发区	2	1	1						
桐城市	541	205	336	87	27	60	7		7
潜山市	233	94	139	37	11	26	5	1	4
黄山市	**884**	**363**	**521**	**148**	**57**	**91**	**14**	**5**	**9**
屯溪区	676	276	400	113	49	64	12	4	8
黄山区	121	62	59	23	6	17	2	1	1
徽州区	70	22	48	12	2	10			
歙县	12	1	11						
休宁县	5	2	3						
黟县									
祁门县									
滁州市	**1996**	**844**	**1152**	**427**	**176**	**251**	**49**	**13**	**36**
琅琊区	831	381	450	170	69	101	24	6	18
南谯区	237	87	150	56	22	34	10	3	7
来安县									
全椒县									
定远县									
凤阳县									
苏滁现代产业园									
滁州经济技术开发区									
天长市	459	182	277	105	48	57	7	3	4
明光市	469	194	275	96	37	59	8	1	7

1-5a　续表 23　　　　单位：人

地　区	90-94岁			95-99岁			100岁及以上		
	小计	男	女	小计	男	女	小计	男	女
阜阳市	**2101**	**800**	**1301**	**474**	**175**	**299**	**84**	**26**	**58**
颍州区	887	370	517	226	98	128	30	11	19
颍东区	300	113	187	67	20	47	12	2	10
颍泉区	502	184	318	95	34	61	21	5	16
临泉县									
太和县									
阜南县									
颍上县									
阜阳合肥现代产业园区									
阜阳经济技术开发区									
界首市	412	133	279	86	23	63	21	8	13
宿州市	**1357**	**540**	**817**	**332**	**113**	**219**	**57**	**16**	**41**
埇桥区	1341	534	807	324	112	212	57	16	41
砀山县									
萧县	16	6	10	8	1	7			
灵璧县									
泗县									
宿州马鞍山现代产业园区									
宿州经济技术开发区									
六安市	**1205**	**523**	**682**	**337**	**139**	**198**	**49**	**18**	**31**
金安区	627	300	327	155	65	90	12	5	7
裕安区	415	166	249	136	61	75	36	12	24
叶集区	143	50	93	42	13	29	1	1	
霍邱县	8	4	4	3		3			
舒城县	12	3	9	1		1			
金寨县									
霍山县									
亳州市	**980**	**316**	**664**	**192**	**51**	**141**	**28**	**10**	**18**
谯城区	968	309	659	189	50	139	26	8	18
涡阳县									
蒙城县									
利辛县	12	7	5	3	1	2	2	2	
池州市	**444**	**177**	**267**	**66**	**25**	**41**	**4**	**2**	**2**
贵池区	427	176	251	64	24	40	3	1	2
东至县									
石台县									
青阳县									
池州市国家经济技术开发区	11	1	10	1	1		1	1	
皖江江南新兴产业集中区	6		6	1		1			
九华山风景区									
宣城市	**1261**	**534**	**727**	**233**	**94**	**139**	**15**	**7**	**8**
宣州区	484	212	272	78	30	48	2	1	1
郎溪县									
泾县									
绩溪县									
旌德县									
宣城市经济开发区									
宁国市	360	136	224	49	22	27	7	3	4
广德市	417	186	231	106	42	64	6	3	3

1-5b 各地区分年龄、性别的人口(镇)

单位：人

地区	合计			0岁		
	合计	男	女	小计	男	女
安徽	**19266016**	**9752125**	**9513891**	**180685**	**95787**	**84898**
合肥市	**3546443**	**1835123**	**1711320**	**40052**	**21491**	**18561**
瑶海区	23287	11906	11381	309	155	154
庐阳区	69520	34195	35325	1070	564	506
蜀山区	30460	15798	14662	347	200	147
包河区						
长丰县	471250	241673	229577	6647	3601	3046
肥东县	601520	312459	289061	5987	3206	2781
肥西县	551649	285353	266296	7251	3868	3383
庐江县	475100	239394	235706	4061	2261	1800
合肥高新技术产业开发区	269721	141093	128628	3541	1916	1625
合肥经济技术开发区	549732	287453	262279	6020	3172	2848
合肥新站高新技术产业开发区	396463	211788	184675	3937	2067	1870
巢湖市	107741	54011	53730	882	481	401
芜湖市	**1117251**	**572230**	**545021**	**9600**	**5084**	**4516**
镜湖区	1040	533	507	7	2	5
弋江区						
鸠江区	79835	40907	38928	712	362	350
三山区	19441	9538	9903	365	191	174
芜湖县	232525	119425	113100	1848	963	885
繁昌县	146003	73449	72554	1143	612	531
南陵县	232557	113409	119148	1805	968	837
芜湖经济技术开发区	175254	96370	78884	1709	910	799
安徽芜湖长江大桥经济开发区	14027	7142	6885	132	69	63
无为市	216569	111457	105112	1879	1007	872
蚌埠市	**1126159**	**560447**	**565712**	**10171**	**5317**	**4854**
龙子湖区	10633	6319	4314	80	40	40
蚌山区						
禹会区	10241	5335	4906	94	52	42
淮上区	28945	14942	14003	260	136	124
怀远县	347234	173702	173532	3109	1608	1501
五河县	233023	115836	117187	2376	1284	1092
固镇县	157596	77195	80401	1508	792	716
蚌埠市高新技术开发区	61850	31387	30463	474	248	226
蚌埠市经济开发区	276637	135731	140906	2270	1157	1113
淮南市	**766865**	**393398**	**373467**	**6126**	**3236**	**2890**
大通区	80675	41000	39675	554	273	281
田家庵区	13764	7164	6600	160	85	75
谢家集区	3834	2016	1818	39	20	19
八公山区	51	24	27			
潘集区	71431	38073	33358	685	348	337
凤台县	237410	124277	113133	1901	1026	875
寿县	359700	180844	178856	2787	1484	1303

1-5b 续表 1 单位：人

地 区	合 计			0岁		
	合计	男	女	小计	男	女
马鞍山市	**685476**	**345742**	**339734**	**5779**	**3073**	**2706**
花山区						
雨山区						
博望区	10246	5529	4717	121	70	51
当涂县	281650	143440	138210	2274	1208	1066
含山县	187909	93472	94437	1729	947	782
和县	205671	103301	102370	1655	848	807
淮北市	**448337**	**225650**	**222687**	**4243**	**2271**	**1972**
杜集区	45950	23247	22703	329	171	158
相山区						
烈山区	30991	15852	15139	235	125	110
濉溪县	371396	186551	184845	3679	1975	1704
铜陵市	**299054**	**146201**	**152853**	**2231**	**1179**	**1052**
铜官区	255	130	125	6	1	5
义安区	27391	14270	13121	173	91	82
郊区	29466	14654	14812	212	102	110
枞阳县	241942	117147	124795	1840	985	855
安庆市	**1227991**	**611362**	**616629**	**11242**	**6000**	**5242**
迎江区						
大观区	19695	9934	9761	186	100	86
宜秀区	27905	14045	13860	253	120	133
怀宁县	241120	119143	121977	2155	1133	1022
太湖县	176506	86562	89944	1831	977	854
宿松县	245326	122738	122588	2330	1330	1000
望江县	61920	30497	31423	608	332	276
岳西县	124212	60354	63858	1201	627	574
安徽安庆经济开发区	135941	70929	65012	1017	526	491
桐城市	104950	51791	53159	834	426	408
潜山市	90416	45369	45047	827	429	398
黄山市	**406212**	**200665**	**205547**	**3418**	**1809**	**1609**
屯溪区	19377	10021	9356	50	21	29
黄山区	26088	14289	11799	171	91	80
徽州区	11642	5961	5681	120	68	52
歙县	157829	77310	80519	1422	759	663
休宁县	84629	40867	43762	753	399	354
黟县	32209	16017	16192	261	115	146
祁门县	74438	36200	38238	641	356	285
滁州市	**1585942**	**812896**	**773046**	**14200**	**7561**	**6639**
琅琊区						
南谯区	56363	28654	27709	547	278	269
来安县	238798	122359	116439	1987	1068	919
全椒县	256177	130636	125541	2119	1116	1003
定远县	303835	155190	148645	2986	1639	1347
凤阳县	315375	161785	153590	2969	1574	1395
苏滁现代产业园	23609	14268	9341	171	90	81
滁州经济技术开发区	122717	63637	59080	1163	629	534
天长市	191918	97113	94805	1615	826	789
明光市	77150	39254	37896	643	341	302

1-5b 续表 2

单位：人

地区	合计			0岁		
	合计	男	女	小计	男	女
阜阳市	**2373135**	**1196053**	**1177082**	**23341**	**12308**	**11033**
颍州区	63726	32128	31598	750	417	333
颍东区	75624	39713	35911	771	401	370
颍泉区	82425	42207	40218	798	424	374
临泉县	505006	251949	253057	4858	2509	2349
太和县	614876	309217	305659	6060	3200	2860
阜南县	346564	171472	175092	3470	1833	1637
颍上县	475233	242771	232462	4502	2384	2118
阜阳合肥现代产业园区	6436	3398	3038	86	50	36
阜阳经济技术开发区	102172	51700	50472	834	446	388
界首市	101073	51498	49575	1212	644	568
宿州市	**1691117**	**845241**	**845876**	**16311**	**8552**	**7759**
埇桥区	198929	100342	98587	1707	887	820
砀山县	373965	186504	187461	4101	2122	1979
萧县	368822	185652	183170	3381	1816	1565
灵璧县	354086	175279	178807	3327	1752	1575
泗县	306522	152629	153893	2901	1497	1404
宿州马鞍山现代产业园区	29202	14858	14344	276	153	123
宿州经济技术开发区	59591	29977	29614	618	325	293
六安市	**1312323**	**655973**	**656350**	**11048**	**5927**	**5121**
金安区	143646	68669	74977	1335	687	648
裕安区	86047	43794	42253	827	471	356
叶集区	28970	14593	14377	248	146	102
霍邱县	331711	170760	160951	2405	1310	1095
舒城县	315256	153377	161879	2717	1433	1284
金寨县	208351	106144	102207	1841	998	843
霍山县	198342	98636	99706	1675	882	793
亳州市	**1489157**	**757507**	**731650**	**13487**	**7112**	**6375**
谯城区	121282	62154	59128	1288	692	596
涡阳县	447959	228994	218965	3459	1784	1675
蒙城县	480168	243455	236713	4721	2506	2215
利辛县	439748	222904	216844	4019	2130	1889
池州市	**420921**	**205985**	**214936**	**3218**	**1656**	**1562**
贵池区	36878	19231	17647	287	149	138
东至县	221424	107552	113872	1585	811	774
石台县	34012	16423	17589	279	141	138
青阳县	124880	60774	64106	1044	542	502
池州市国家经济技术开发区						
皖江江南新兴产业集中区						
九华山风景区	3727	2005	1722	23	13	10
宣城市	**769633**	**387652**	**381981**	**6218**	**3211**	**3007**
宣州区	102020	51277	50743	794	421	373
郎溪县	197399	98872	98527	1702	901	801
泾县	145568	71211	74357	1067	563	504
绩溪县	82619	40515	42104	646	331	315
旌德县	64703	31798	32905	551	256	295
宣城市经济开发区	86451	45887	40564	816	413	403
宁国市	25629	13662	11967	142	72	70
广德市	65244	34430	30814	500	254	246

1-5b 续表 3 单位：人

地区	1-4岁			5-9岁			10-14岁		
	小计	男	女	小计	男	女	小计	男	女
安徽	**1017902**	**540177**	**477725**	**1362232**	**740752**	**621480**	**1303285**	**711928**	**591357**
合肥市	**209736**	**111630**	**98106**	**208402**	**113405**	**94997**	**174319**	**95428**	**78891**
瑶海区	1695	914	781	1348	753	595	1089	604	485
庐阳区	6568	3527	3041	7127	3862	3265	3522	1905	1617
蜀山区	1804	931	873	1814	966	848	1512	749	763
包河区									
长丰县	33319	17674	15645	32954	17927	15027	27984	15319	12665
肥东县	31460	16739	14721	34159	19003	15156	35683	19939	15744
肥西县	35708	19172	16536	31277	17196	14081	24524	13465	11059
庐江县	24229	13006	11223	31361	17209	14152	32524	17881	14643
合肥高新技术产业开发区	17380	9163	8217	13068	6881	6187	7632	4126	3506
合肥经济技术开发区	32621	17337	15284	30663	16373	14290	19641	10537	9104
合肥新站高新技术产业开发区	20493	10802	9691	19135	10278	8857	14489	7949	6540
巢湖市	4459	2365	2094	5496	2957	2539	5719	2954	2765
芜湖市	**51358**	**27120**	**24238**	**62242**	**33649**	**28593**	**56282**	**30156**	**26126**
镜湖区	49	26	23	66	39	27	57	30	27
弋江区									
鸠江区	3661	2007	1654	4729	2653	2076	4255	2356	1899
三山区	1824	965	859	1559	848	711	988	531	457
芜湖县	9848	5202	4646	11629	6148	5481	11147	5831	5316
繁昌县	6328	3264	3064	7744	4161	3583	6875	3598	3277
南陵县	10163	5337	4826	13252	7073	6179	14096	7526	6570
芜湖经济技术开发区	9455	4933	4522	10333	5569	4764	5832	3070	2762
安徽芜湖长江大桥经济开发区	683	331	352	788	404	384	662	357	305
无为市	9347	5055	4292	12142	6754	5388	12370	6857	5513
蚌埠市	**63350**	**33660**	**29690**	**93724**	**50819**	**42905**	**83604**	**45261**	**38343**
龙子湖区	390	195	195	577	327	250	660	335	325
蚌山区									
禹会区	500	276	224	815	434	381	762	400	362
淮上区	1662	930	732	2681	1438	1243	1916	1099	817
怀远县	19155	10140	9015	30889	16567	14322	31455	16875	14580
五河县	14499	7736	6763	20189	11136	9053	18816	10454	8362
固镇县	9900	5255	4645	16567	9079	7488	13422	7250	6172
蚌埠市高新技术开发区	3694	1960	1734	5326	2912	2414	4208	2238	1970
蚌埠市经济开发区	13550	7168	6382	16680	8926	7754	12365	6610	5755
淮南市	**38123**	**20456**	**17667**	**55608**	**31355**	**24253**	**59902**	**33610**	**26292**
大通区	3518	1876	1642	4729	2543	2186	4498	2377	2121
田家庵区	865	473	392	1186	639	547	1125	622	503
谢家集区	175	91	84	296	167	129	269	157	112
八公山区	1	1		2	2		1		1
潘集区	4212	2242	1970	5183	2823	2360	4674	2492	2182
凤台县	12123	6534	5589	20330	11632	8698	19935	11299	8636
寿县	17229	9239	7990	23882	13549	10333	29400	16663	12737

1-5b 续表 4

单位：人

地区	1-4岁			5-9岁			10-14岁		
	小计	男	女	小计	男	女	小计	男	女
马鞍山市	**31577**	**16746**	**14831**	**37921**	**20880**	**17041**	**34452**	**19321**	**15131**
花山区									
雨山区									
博望区	446	238	208	481	260	221	554	307	247
当涂县	12512	6553	5959	13960	7377	6583	10743	5650	5093
含山县	9583	5120	4463	12191	6906	5285	11902	6881	5021
和县	9036	4835	4201	11289	6337	4952	11253	6483	4770
淮北市	**25951**	**13692**	**12259**	**35737**	**19560**	**16177**	**30512**	**17050**	**13462**
杜集区	1720	922	798	2639	1445	1194	2712	1451	1261
相山区									
烈山区	1371	737	634	1808	981	827	1719	920	799
濉溪县	22860	12033	10827	31290	17134	14156	26081	14679	11402
铜陵市	**13112**	**6826**	**6286**	**15871**	**8377**	**7494**	**17910**	**9421**	**8489**
铜官区	29	17	12	17	6	11	12	6	6
义安区	1007	494	513	1191	607	584	1245	607	638
郊区	1268	661	607	1417	789	628	1614	826	788
枞阳县	10808	5654	5154	13246	6975	6271	15039	7982	7057
安庆市	**61600**	**32522**	**29078**	**78937**	**42608**	**36329**	**78410**	**42974**	**35436**
迎江区									
大观区	925	487	438	1020	568	452	970	500	470
宜秀区	1179	595	584	1352	753	599	1361	678	683
怀宁县	12426	6660	5766	15670	8459	7211	16410	9060	7350
太湖县	10311	5290	5021	12004	6498	5506	10894	5995	4899
宿松县	12694	6924	5770	20751	11385	9366	21600	12513	9087
望江县	3150	1629	1521	3367	1821	1546	3578	1907	1671
岳西县	7079	3681	3398	9086	4838	4248	8337	4341	3996
安徽安庆经济开发区	5499	2886	2613	6222	3314	2908	5333	2858	2475
桐城市	4260	2209	2051	4701	2466	2235	4799	2444	2355
潜山市	4077	2161	1916	4764	2506	2258	5128	2678	2450
黄山市	**18270**	**9383**	**8887**	**21955**	**11273**	**10682**	**21312**	**10791**	**10521**
屯溪区	320	154	166	355	194	161	298	165	133
黄山区	874	437	437	948	453	495	903	473	430
徽州区	557	269	288	594	316	278	509	260	249
歙县	7502	3843	3659	8827	4543	4284	8506	4327	4179
休宁县	3983	2083	1900	5181	2618	2563	5014	2551	2463
黟县	1362	711	651	1433	740	693	1465	720	745
祁门县	3672	1886	1786	4617	2409	2208	4617	2295	2322
滁州市	**79623**	**42181**	**37442**	**91574**	**49511**	**42063**	**85186**	**45837**	**39349**
琅琊区									
南谯区	3001	1563	1438	3234	1766	1468	2548	1325	1223
来安县	10931	5684	5247	13375	6989	6386	11934	6169	5765
全椒县	12272	6551	5721	13027	7044	5983	11610	6292	5318
定远县	17338	9314	8024	20031	11094	8937	19672	11002	8670
凤阳县	17940	9652	8288	21028	11740	9288	20470	11252	9218
苏滁现代产业园	873	449	424	953	486	467	697	367	330
滁州经济技术开发区	5883	3087	2796	6109	3270	2839	4495	2432	2063
天长市	8005	4121	3884	9363	4734	4629	8843	4507	4336
明光市	3380	1760	1620	4454	2388	2066	4917	2491	2426

1-5b　续表 5　　单位：人

地　区	1-4岁			5-9岁			10-14岁		
	小计	男	女	小计	男	女	小计	男	女
阜阳市	**133339**	**70475**	**62864**	**213408**	**115762**	**97646**	**211814**	**116068**	**95746**
颍州区	4438	2314	2124	6545	3400	3145	4908	2621	2287
颍东区	4280	2329	1951	6728	3588	3140	6211	3427	2784
颍泉区	4613	2476	2137	7541	4012	3529	6837	3707	3130
临泉县	27776	14361	13415	42357	22609	19748	42629	23201	19428
太和县	33049	17521	15528	52981	29416	23565	55217	30668	24549
阜南县	21002	11138	9864	34515	18524	15991	35076	18862	16214
颍上县	25776	13919	11857	44513	24440	20073	45403	24981	20422
阜阳合肥现代产业园区	408	221	187	635	319	316	508	267	241
阜阳经济技术开发区	6176	3260	2916	9001	4850	4151	7593	4146	3447
界首市	5821	2936	2885	8592	4604	3988	7432	4188	3244
宿州市	**96987**	**51338**	**45649**	**153380**	**83752**	**69628**	**138627**	**75820**	**62807**
埇桥区	10515	5585	4930	17054	9143	7911	14594	7886	6708
砀山县	23796	12491	11305	31302	17245	14057	26955	15124	11831
萧县	20003	10504	9499	30756	16727	14029	29045	15751	13294
灵璧县	20493	11031	9462	36655	20229	16426	35820	19563	16257
泗县	17110	9094	8016	29334	15829	13505	25587	13883	11704
宿州马鞍山现代产业园区	1740	932	808	2957	1579	1378	2368	1226	1142
宿州经济技术开发区	3330	1701	1629	5322	3000	2322	4258	2387	1871
六安市	**62720**	**34097**	**28623**	**88504**	**49446**	**39058**	**90896**	**50994**	**39902**
金安区	7807	4121	3686	9812	5389	4423	10251	5628	4623
裕安区	4904	2779	2125	6213	3583	2630	5979	3358	2621
叶集区	1600	899	701	2705	1523	1182	2474	1471	1003
霍邱县	15121	8381	6740	26110	14786	11324	29457	16730	12727
舒城县	14418	7654	6764	18288	9741	8547	17121	9074	8047
金寨县	10774	6094	4680	14561	8666	5895	15829	9527	6302
霍山县	8096	4169	3927	10815	5758	5057	9785	5206	4579
亳州市	**80423**	**43295**	**37128**	**139299**	**76274**	**63025**	**153282**	**84756**	**68526**
谯城区	7100	3738	3362	10937	6072	4865	9430	5367	4063
涡阳县	21730	11757	9973	40261	22119	18142	47253	26526	20727
蒙城县	27877	15024	12853	44417	24311	20106	48451	26977	21474
利辛县	23716	12776	10940	43684	23772	19912	48148	25886	22262
池州市	**18858**	**9735**	**9123**	**24696**	**12813**	**11883**	**26488**	**13754**	**12734**
贵池区	1435	743	692	1748	865	883	1859	947	912
东至县	10156	5262	4894	13788	7203	6585	14743	7737	7006
石台县	1402	705	697	1725	880	845	1905	950	955
青阳县	5774	2977	2797	7378	3833	3545	7916	4086	3830
池州市国家经济技术开发区									
皖江江南新兴产业集中区									
九华山风景区	91	48	43	57	32	25	65	34	31
宣城市	**32875**	**17021**	**15854**	**40974**	**21268**	**19706**	**40289**	**20687**	**19602**
宣州区	4481	2355	2126	5513	2873	2640	5787	2947	2840
郎溪县	8517	4416	4101	10763	5616	5147	10972	5700	5272
泾县	6176	3179	2997	8472	4374	4098	8202	4143	4059
绩溪县	3651	1890	1761	4573	2388	2185	4414	2250	2164
旌德县	2882	1487	1395	3766	1969	1797	3481	1747	1734
宣城市经济开发区	4158	2121	2037	4372	2256	2116	3446	1852	1594
宁国市	676	353	323	869	429	440	1037	496	541
广德市	2334	1220	1114	2646	1363	1283	2950	1552	1398

1-5b 续表 6

单位：人

地区	15-19岁			20-24岁			25-29岁		
	小计	男	女	小计	男	女	小计	男	女
安 徽	**1259212**	**693472**	**565740**	**948822**	**507608**	**441214**	**1365636**	**691440**	**674196**
合肥市	**298924**	**163428**	**135496**	**289874**	**157760**	**132114**	**336716**	**179591**	**157125**
瑶海区	524	292	232	1387	654	733	3029	1520	1509
庐阳区	1515	797	718	1964	981	983	5189	2406	2783
蜀山区	519	302	217	1080	600	480	1716	873	843
包河区									
长丰县	29718	15775	13943	30362	15734	14628	48936	25100	23836
肥东县	48212	26928	21284	29609	16814	12795	49429	26410	23019
肥西县	43988	22839	21149	38505	21192	17313	60712	32104	28608
庐江县	24762	13494	11268	15644	8114	7530	25529	13098	12431
合肥高新技术产业开发区	18609	10275	8334	32875	17607	15268	36832	20449	16383
合肥经济技术开发区	56715	31951	24764	79106	43121	35985	58092	31238	26854
合肥新站高新技术产业开发区	66284	37137	29147	52933	29113	23820	41546	23532	18014
巢湖市	8078	3638	4440	6409	3830	2579	5706	2861	2845
芜湖市	**60703**	**33496**	**27207**	**52000**	**30287**	**21713**	**85293**	**45496**	**39797**
镜湖区	15	10	5	18	12	6	58	25	33
弋江区									
鸠江区	2284	1311	973	2904	1673	1231	5526	2850	2676
三山区	729	383	346	532	254	278	2600	1239	1361
芜湖县	20674	10623	10051	13663	8015	5648	17052	9141	7911
繁昌县	7476	4055	3421	4427	2171	2256	10335	5229	5106
南陵县	14402	7673	6729	7164	3542	3622	13818	6687	7131
芜湖经济技术开发区	7056	4718	2338	15583	10276	5307	21367	12598	8769
安徽芜湖长江大桥经济开发区	236	138	98	440	237	203	1115	575	540
无为市	7831	4585	3246	7269	4107	3162	13422	7152	6270
蚌埠市	**72040**	**38534**	**33506**	**68179**	**34834**	**33345**	**74964**	**35930**	**39034**
龙子湖区	217	108	109	414	244	170	718	433	285
蚌山区									
禹会区	373	212	161	436	254	182	781	394	387
淮上区	1365	768	597	1142	596	546	2134	1098	1036
怀远县	22476	12171	10305	14168	7317	6851	23840	11542	12298
五河县	12967	7319	5648	7982	4179	3803	16666	7915	8751
固镇县	7113	3769	3344	4881	2319	2562	9674	4475	5199
蚌埠市高新技术开发区	4729	2962	1767	2490	1274	1216	4224	2049	2175
蚌埠市经济开发区	22800	11225	11575	36666	18651	18015	16927	8024	8903
淮南市	**42477**	**23687**	**18790**	**25747**	**13633**	**12114**	**41344**	**20945**	**20399**
大通区	3367	1910	1457	3528	1924	1604	5260	2765	2495
田家庵区	376	238	138	545	317	228	1033	523	510
谢家集区	127	71	56	150	84	66	242	123	119
八公山区				2	1	1	1	1	
潘集区	1574	892	682	2606	1539	1067	4754	2550	2204
凤台县	11773	6846	4927	7577	3980	3597	14254	7088	7166
寿县	25260	13730	11530	11339	5788	5551	15800	7895	7905

1-5b　续表 7　　　　单位：人

地　区	15-19岁			20-24岁			25-29岁		
	小计	男	女	小计	男	女	小计	男	女
马鞍山市	**34501**	**18074**	**16427**	**30298**	**16280**	**14018**	**49692**	**25812**	**23880**
花山区									
雨山区									
博望区	389	217	172	480	295	185	851	516	335
当涂县	12969	7053	5916	14831	8216	6615	22301	11752	10549
含山县	7945	4506	3439	6640	3522	3118	12925	6455	6470
和县	13198	6298	6900	8347	4247	4100	13615	7089	6526
淮北市	**23722**	**13251**	**10471**	**19446**	**10403**	**9043**	**31562**	**15594**	**15968**
杜集区	1083	621	462	1791	970	821	2840	1544	1296
相山区									
烈山区	712	409	303	1247	714	533	1694	907	787
濉溪县	21927	12221	9706	16408	8719	7689	27028	13143	13885
铜陵市	**19727**	**10887**	**8840**	**9107**	**4809**	**4298**	**13843**	**7134**	**6709**
铜官区	7	4	3	10	5	5	12	4	8
义安区	1479	825	654	914	517	397	1373	756	617
郊区	982	513	469	803	423	380	1201	599	602
枞阳县	17259	9545	7714	7380	3864	3516	11257	5775	5482
安庆市	**69201**	**39103**	**30098**	**39980**	**21305**	**18675**	**66862**	**33489**	**33373**
迎江区									
大观区	970	553	417	647	334	313	1060	521	539
宜秀区	1360	813	547	904	482	422	1493	794	699
怀宁县	12367	6944	5423	7427	3868	3559	12847	6470	6377
太湖县	10353	5567	4786	4704	2374	2330	9234	4330	4904
宿松县	18083	11060	7023	6887	3790	3097	12771	6369	6402
望江县	2643	1327	1316	1958	1027	931	3885	1922	1963
岳西县	6682	3586	3096	3625	1769	1856	5899	2705	3194
安徽安庆经济开发区	8118	4552	3566	7858	4412	3446	9435	5073	4362
桐城市	3648	1969	1679	3438	1907	1531	5916	3120	2796
潜山市	4977	2732	2245	2532	1342	1190	4322	2185	2137
黄山市	**22479**	**11357**	**11122**	**19742**	**10014**	**9728**	**23573**	**11227**	**12346**
屯溪区	4241	2165	2076	8385	4346	4039	517	294	223
黄山区	332	188	144	847	459	388	1708	934	774
徽州区	240	127	113	310	172	138	663	340	323
歙县	9718	4809	4909	4638	2300	2338	9863	4654	5209
休宁县	3911	1983	1928	2351	1134	1217	4855	2223	2632
黟县	1104	565	539	966	483	483	1926	918	1008
祁门县	2933	1520	1413	2245	1120	1125	4041	1864	2177
滁州市	**84874**	**48786**	**36088**	**84630**	**45940**	**38690**	**120702**	**62350**	**58352**
琅琊区									
南谯区	1311	744	567	2384	1272	1112	4637	2340	2297
来安县	10875	5705	5170	10325	5527	4798	19211	9891	9320
全椒县	10402	5970	4432	11317	6086	5231	21579	11399	10180
定远县	19777	11864	7913	13220	7209	6011	23936	12066	11870
凤阳县	20545	11525	9020	18788	10150	8638	22012	11065	10947
苏滁现代产业园	1505	1106	399	2235	1559	676	3043	1860	1183
滁州经济技术开发区	12381	7462	4919	15761	8624	7137	11292	6030	5262
天长市	5899	3211	2688	7880	4090	3790	11170	5777	5393
明光市	2179	1199	980	2720	1423	1297	3822	1922	1900

1—5b 续表 8 单位：人

地区	15—19岁			20—24岁			25—29岁		
	小计	男	女	小计	男	女	小计	男	女
阜阳市	**165823**	**90422**	**75401**	**101922**	**53437**	**48485**	**163965**	**80246**	**83719**
颍州区	2898	1657	1241	2476	1281	1195	4955	2398	2557
颍东区	2843	1613	1230	2990	1572	1418	5195	2726	2469
颍泉区	4629	2614	2015	3269	1706	1563	5411	2765	2646
临泉县	47639	25096	22543	25847	13119	12728	34899	16725	18174
太和县	44290	24695	19595	26355	14281	12074	42512	20990	21522
阜南县	23789	12824	10965	14519	7505	7014	24298	11517	12781
颍上县	28701	15872	12829	17797	9330	8467	30656	15024	15632
阜阳合肥现代产业园区	240	133	107	267	158	109	494	251	243
阜阳经济技术开发区	7054	3796	3258	4597	2380	2217	8678	4276	4402
界首市	3740	2122	1618	3805	2105	1700	6867	3574	3293
宿州市	**112773**	**62286**	**50487**	**64587**	**33387**	**31200**	**120078**	**57531**	**62547**
埇桥区	8198	4155	4043	8797	4462	4335	13382	6550	6832
砀山县	19562	11287	8275	14029	7706	6323	27639	13193	14446
萧县	27929	15770	12159	15041	7854	7187	28379	13881	14498
灵璧县	27481	14896	12585	11993	6041	5952	22409	10492	11917
泗县	20045	10851	9194	11130	5487	5643	20993	9996	10997
宿州马鞍山现代产业园区	3578	2062	1516	1139	586	553	2348	1051	1297
宿州经济技术开发区	5980	3265	2715	2458	1251	1207	4928	2368	2560
六安市	**85895**	**48440**	**37455**	**42582**	**22013**	**20569**	**75018**	**36754**	**38264**
金安区	19026	10721	8305	4568	2414	2154	7649	3581	4068
裕安区	3711	2275	1436	3345	1792	1553	5283	2560	2723
叶集区	960	607	353	860	472	388	1485	686	799
霍邱县	19883	11263	8620	10435	5306	5129	17583	8870	8713
舒城县	18228	9668	8560	9263	4687	4576	18956	9183	9773
金寨县	13135	7884	5251	7898	4099	3799	12857	6321	6536
霍山县	10952	6022	4930	6213	3243	2970	11205	5553	5652
亳州市	**111329**	**62332**	**48997**	**59537**	**31885**	**27652**	**96939**	**47532**	**49407**
谯城区	4366	2649	1717	5572	3180	2392	8092	4062	4030
涡阳县	33293	18516	14777	16648	8900	7748	28013	13619	14394
蒙城县	34960	20056	14904	19159	10083	9076	32066	15469	16597
利辛县	38710	21111	17599	18158	9722	8436	28768	14382	14386
池州市	**22284**	**11593**	**10691**	**12161**	**6059**	**6102**	**20156**	**9744**	**10412**
贵池区	1492	836	656	1036	603	433	1960	1065	895
东至县	12085	6308	5777	6302	3169	3133	9836	4780	5056
石台县	1884	962	922	1043	490	553	1851	865	986
青阳县	6765	3461	3304	3623	1710	1913	6263	2903	3360
池州市国家经济技术开发区									
皖江江南新兴产业集中区									
九华山风景区	58	26	32	157	87	70	246	131	115
宣城市	**32460**	**17796**	**14664**	**29030**	**15562**	**13468**	**44929**	**22065**	**22864**
宣州区	3104	1660	1444	3256	1627	1629	5961	2979	2982
郎溪县	8728	4543	4185	7568	3711	3857	12484	6160	6324
泾县	6490	3372	3118	3672	1827	1845	7535	3483	4052
绩溪县	2827	1506	1321	2271	1125	1146	4213	1955	2258
旌德县	2215	1131	1084	1544	732	812	3254	1539	1715
宣城市经济开发区	7666	4788	2878	7839	4955	2884	7186	3687	3499
宁国市	301	159	142	648	360	288	973	504	469
广德市	1129	637	492	2232	1225	1007	3323	1758	1565

1-5b　续表 9　　单位：人

地　区	30-34岁			35-39岁			40-44岁		
	小计	男	女	小计	男	女	小计	男	女
安　徽	**1685851**	**816979**	**868872**	**1234238**	**601626**	**632612**	**1293747**	**634637**	**659110**
合肥市	**398668**	**202076**	**196592**	**251210**	**130995**	**120215**	**208790**	**107691**	**101099**
瑶海区	3071	1583	1488	1755	916	839	1591	866	725
庐阳区	11337	5134	6203	8864	4478	4386	4559	2440	2119
蜀山区	2779	1348	1431	2212	1181	1031	1685	916	769
包河区									
长丰县	60374	29949	30425	36560	19259	17301	30039	16057	13982
肥东县	49718	24689	25029	39158	19864	19294	43391	22180	21211
肥西县	71096	36867	34229	41365	22018	19347	30816	16036	14780
庐江县	39564	19112	20452	30320	14333	15987	33858	15717	18141
合肥高新技术产业开发区	40687	21434	19253	18818	10399	8419	12001	6360	5641
合肥经济技术开发区	70875	36441	34434	42374	22831	19543	26760	14395	12365
合肥新站高新技术产业开发区	42435	22390	20045	24327	13038	11289	18102	9758	8344
巢湖市	6732	3129	3603	5457	2678	2779	5988	2966	3022
芜湖市	**99263**	**49844**	**49419**	**69873**	**34330**	**35543**	**78167**	**38553**	**39614**
镜湖区	72	36	36	71	32	39	70	38	32
弋江区									
鸠江区	5304	2549	2755	3793	1852	1941	4707	2349	2358
三山区	3450	1719	1731	1691	886	805	937	500	437
芜湖县	19677	9858	9819	14526	7047	7479	18330	9019	9311
繁昌县	12866	6369	6497	8170	3866	4304	12260	6064	6196
南陵县	18095	8245	9850	16242	6922	9320	19581	8812	10769
芜湖经济技术开发区	24756	13581	11175	14391	8217	6174	9522	5375	4147
安徽芜湖长江大桥经济开发区	1082	551	531	575	286	289	802	391	411
无为市	13961	6936	7025	10414	5222	5192	11958	6005	5953
蚌埠市	**98208**	**45055**	**53153**	**74124**	**35183**	**38941**	**74906**	**36544**	**38362**
龙子湖区	1052	650	402	837	567	270	792	575	217
蚌山区									
禹会区	865	438	427	597	316	281	749	387	362
淮上区	2853	1392	1461	1855	949	906	1801	929	872
怀远县	29617	13612	16005	21615	10332	11283	23241	11564	11677
五河县	17301	7832	9469	13719	6256	7463	15283	7257	8026
固镇县	15175	6646	8529	10529	4936	5593	11422	5367	6055
蚌埠市高新技术开发区	7061	3246	3815	5571	2720	2851	4754	2361	2393
蚌埠市经济开发区	24284	11239	13045	19401	9107	10294	16864	8104	8760
淮南市	**60070**	**28895**	**31175**	**49957**	**24792**	**25165**	**51218**	**25951**	**25267**
大通区	6414	3144	3270	4807	2574	2233	4956	2569	2387
田家庵区	1091	558	533	723	355	368	854	476	378
谢家集区	253	130	123	190	94	96	255	132	123
八公山区	2	1	1				1		1
潘集区	6012	3136	2876	4584	2525	2059	4634	2578	2056
凤台县	22889	11355	11534	18143	9374	8769	17772	9663	8109
寿县	23409	10571	12838	21510	9870	11640	22746	10533	12213

1-5b 续表 10 单位：人

地 区	30-34岁			35-39岁			40-44岁		
	小计	男	女	小计	男	女	小计	男	女
马鞍山市	**52341**	**25652**	**26689**	**38973**	**18834**	**20139**	**46221**	**22649**	**23572**
花山区									
雨山区									
博望区	714	396	318	531	283	248	671	362	309
当涂县	24157	12188	11969	15971	7885	8086	18622	9372	9250
含山县	13277	6071	7206	11476	5271	6205	12809	6024	6785
和县	14193	6997	7196	10995	5395	5600	14119	6891	7228
淮北市	**38504**	**18421**	**20083**	**28482**	**14225**	**14257**	**32116**	**16180**	**15936**
杜集区	3629	1856	1773	2601	1309	1292	2970	1455	1515
相山区									
烈山区	2241	1132	1109	1863	953	910	2566	1353	1213
濉溪县	32634	15433	17201	24018	11963	12055	26580	13372	13208
铜陵市	**17927**	**8480**	**9447**	**15529**	**6732**	**8797**	**21371**	**9217**	**12154**
铜官区	22	10	12	21	14	7	13	5	8
义安区	1624	832	792	1347	702	645	1629	892	737
郊区	1546	738	808	1387	626	761	1865	977	888
枞阳县	14735	6900	7835	12774	5390	7384	17864	7343	10521
安庆市	**89168**	**41501**	**47667**	**74328**	**32908**	**41420**	**87304**	**39641**	**47663**
迎江区									
大观区	1220	619	601	853	423	430	948	489	459
宜秀区	1614	795	819	1184	588	596	1502	746	756
怀宁县	16801	7833	8968	14762	6378	8384	17467	7805	9662
太湖县	13134	5851	7283	11476	4762	6714	13244	5831	7413
宿松县	15975	7054	8921	14085	5939	8146	16676	7083	9593
望江县	4639	2266	2373	3743	1730	2013	4250	1936	2314
岳西县	11228	4757	6471	9400	4006	5394	9944	4529	5415
安徽安庆经济开发区	11571	5932	5639	8791	4499	4292	10382	5318	5064
桐城市	7447	3736	3711	5264	2448	2816	6961	3116	3845
潜山市	5539	2658	2881	4770	2135	2635	5930	2788	3142
黄山市	**30929**	**14429**	**16500**	**24565**	**11468**	**13097**	**28974**	**13860**	**15114**
屯溪区	646	344	302	547	281	266	607	324	283
黄山区	1956	1138	818	1409	791	618	1659	943	716
徽州区	855	428	427	651	332	319	659	363	296
歙县	12803	5940	6863	9604	4391	5213	11548	5421	6127
休宁县	6985	3068	3917	5638	2588	3050	6075	2894	3181
黟县	2453	1188	1265	2149	1056	1093	2555	1234	1321
祁门县	5231	2323	2908	4567	2029	2538	5871	2681	3190
滁州市	**134141**	**67151**	**66990**	**87895**	**44692**	**43203**	**103459**	**52249**	**51210**
琅琊区									
南谯区	5841	2971	2870	3186	1684	1502	3248	1633	1615
来安县	22584	11660	10924	14291	7462	6829	16269	8238	8031
全椒县	22840	11679	11161	14711	7426	7285	16991	8535	8456
定远县	23424	10929	12495	16428	8014	8414	20688	10318	10370
凤阳县	24838	11977	12861	18321	9195	9126	20131	10362	9769
苏滁现代产业园	3097	1884	1213	1818	1153	665	1389	831	558
滁州经济技术开发区	13238	6705	6533	7847	3996	3851	7573	3629	3944
天长市	13775	7085	6690	8067	4163	3904	12623	6344	6279
明光市	4504	2261	2243	3226	1599	1627	4547	2359	2188

1-5b 续表 11

单位：人

地 区	30-34岁			35-39岁			40-44岁		
	小计	男	女	小计	男	女	小计	男	女
阜阳市	**195704**	**93684**	**102020**	**158144**	**76858**	**81286**	**165103**	**81308**	**83795**
颍州区	5639	2697	2942	4101	2040	2061	3795	1910	1885
颍东区	5643	2988	2655	4913	2641	2272	4817	2711	2106
颍泉区	6330	3189	3141	4772	2426	2346	4675	2381	2294
临泉县	40777	19768	21009	34597	16713	17884	37768	17969	19799
太和县	50045	23552	26493	39608	18694	20914	46559	22494	24065
阜南县	29066	13299	15767	22157	10530	11627	22294	10457	11837
颍上县	37799	18157	19642	32274	15889	16385	30151	15622	14529
阜阳合肥现代产业园区	650	330	320	476	276	200	402	223	179
阜阳经济技术开发区	11195	5441	5754	8819	4337	4482	8248	4127	4121
界首市	8560	4263	4297	6427	3312	3115	6394	3414	2980
宿州市	**141984**	**66482**	**75502**	**105727**	**50283**	**55444**	**113314**	**54576**	**58738**
埇桥区	16485	8086	8399	11329	5690	5639	13072	6665	6407
砀山县	31233	14692	16541	22645	10518	12127	25054	11800	13254
萧县	31497	15090	16407	24290	11862	12428	24733	12112	12621
灵璧县	30420	13617	16803	23322	10778	12544	22630	10492	12138
泗县	23812	11004	12808	18486	8665	9821	22321	10782	11539
宿州马鞍山现代产业园区	2615	1225	1390	1435	705	730	1399	735	664
宿州经济技术开发区	5922	2768	3154	4220	2065	2155	4105	1990	2115
六安市	**103492**	**48631**	**54861**	**80822**	**37442**	**43380**	**85601**	**38926**	**46675**
金安区	11827	5370	6457	9357	4074	5283	9896	3734	6162
裕安区	7579	3596	3983	5191	2461	2730	4687	2185	2502
叶集区	2288	1012	1276	1676	775	901	1510	679	831
霍邱县	25410	12196	13214	21994	10925	11069	19961	9847	10114
舒城县	24240	11290	12950	19721	8834	10887	22705	9936	12769
金寨县	16462	7682	8780	12227	5468	6759	14107	6522	7585
霍山县	15686	7485	8201	10656	4905	5751	12735	6023	6712
亳州市	**133150**	**63126**	**70024**	**100114**	**48973**	**51141**	**107079**	**53884**	**53195**
谯城区	10470	5077	5393	7022	3603	3419	8059	4084	3975
涡阳县	43930	21262	22668	32047	15821	16226	33561	17034	16527
蒙城县	41269	19301	21968	31258	15138	16120	34360	17307	17053
利辛县	37481	17486	19995	29787	14411	15376	31099	15459	15640
池州市	**29573**	**13596**	**15977**	**25837**	**11183**	**14654**	**31977**	**14545**	**17432**
贵池区	2323	1234	1089	1689	883	806	2132	1138	994
东至县	14795	6807	7988	12707	5308	7399	16785	7432	9353
石台县	2359	1045	1314	1887	785	1102	2617	1163	1454
青阳县	9836	4359	5477	9343	4079	5264	10178	4677	5501
池州市国家经济技术开发区									
皖江江南新兴产业集中区									
九华山风景区	260	151	109	211	128	83	265	135	130
宣城市	**62729**	**29956**	**32773**	**48658**	**22728**	**25930**	**58147**	**28863**	**29284**
宣州区	8135	3911	4224	5632	2698	2934	6902	3482	3420
郎溪县	17158	8247	8911	12373	5742	6631	16921	8379	8542
泾县	11581	5167	6414	10253	4530	5723	11362	5483	5879
绩溪县	6075	2693	3382	5939	2621	3318	5974	2827	3147
旌德县	4826	2187	2639	4217	1921	2296	4565	2192	2373
宣城市经济开发区	8972	4556	4416	5522	2697	2825	5990	3002	2988
宁国市	1371	747	624	1164	623	541	1483	810	673
广德市	4611	2448	2163	3558	1896	1662	4950	2688	2262

1－5b 续表 12

单位：人

地区	45－49岁			50－54岁			55－59岁		
	小计	男	女	小计	男	女	小计	男	女
安 徽	**1590400**	**786737**	**803663**	**1757287**	**857457**	**899830**	**1345236**	**656795**	**688441**
合肥市	**254032**	**127840**	**126192**	**282914**	**136402**	**146512**	**211109**	**100384**	**110725**
瑶海区	1862	935	927	2153	1026	1127	1464	729	735
庐阳区	3419	1755	1664	3645	1608	2037	3757	1464	2293
蜀山区	2668	1433	1235	3297	1708	1589	2449	1237	1212
包河区									
长丰县	35065	17584	17481	36293	17153	19140	23930	11388	12542
肥东县	55548	27934	27614	59949	30178	29771	39984	20037	19947
肥西县	39747	20225	19522	44825	21474	23351	33031	15368	17663
庐江县	45189	21859	23330	50010	24597	25413	38459	19288	19171
合肥高新技术产业开发区	13692	7109	6583	16902	7732	9170	15012	6593	8419
合肥经济技术开发区	27293	13852	13441	31119	14133	16986	26086	11259	14827
合肥新站高新技术产业开发区	21325	11062	10263	23662	11374	12288	17623	8449	9174
巢湖市	8224	4092	4132	11059	5419	5640	9314	4572	4742
芜湖市	**100677**	**50244**	**50433**	**113885**	**57021**	**56864**	**87551**	**42866**	**44685**
镜湖区	136	65	71	121	66	55	86	43	43
弋江区									
鸠江区	6895	3524	3371	9367	4743	4624	7351	3642	3709
三山区	836	394	442	1136	406	730	1200	452	748
芜湖县	23067	11745	11322	23351	11879	11472	16397	8220	8177
繁昌县	15151	7683	7468	16364	8423	7941	12387	5985	6402
南陵县	23486	11209	12277	23473	11459	12014	17187	8419	8768
芜湖经济技术开发区	10655	5566	5089	13665	6639	7026	11348	5248	6100
安徽芜湖长江大桥经济开发区	1348	642	706	1711	855	856	1177	612	565
无为市	19103	9416	9687	24697	12551	12146	20418	10245	10173
蚌埠市	**87486**	**43240**	**44246**	**92908**	**44077**	**48831**	**72899**	**35242**	**37657**
龙子湖区	1090	705	385	1191	723	468	814	489	325
蚌山区									
禹会区	882	483	399	940	462	478	734	374	360
淮上区	2127	1127	1000	2550	1220	1330	1835	895	940
怀远县	27043	13569	13474	29015	13748	15267	21816	10534	11282
五河县	19900	9427	10473	21057	9894	11163	16644	7991	8653
固镇县	13568	6590	6978	14371	6678	7693	9885	4686	5199
蚌埠市高新技术开发区	4414	2242	2172	4093	1978	2115	3242	1555	1687
蚌埠市经济开发区	18462	9097	9365	19691	9374	10317	17929	8718	9211
淮南市	**66930**	**34325**	**32605**	**72629**	**36093**	**36536**	**54180**	**26575**	**27605**
大通区	6610	3358	3252	8215	3975	4240	6503	3175	3328
田家庵区	1240	603	637	1268	602	666	785	397	388
谢家集区	371	189	182	418	216	202	255	123	132
八公山区	7	4	3	5	3	2	10	5	5
潘集区	6369	3476	2893	7258	3885	3373	5254	2687	2567
凤台县	21210	11428	9782	21815	11161	10654	14816	7144	7672
寿县	31123	15267	15856	33650	16251	17399	26557	13044	13513

1-5b 续表 13

单位：人

地区	45-49岁			50-54岁			55-59岁		
	小计	男	女	小计	男	女	小计	男	女
马鞍山市	**59814**	**29704**	**30110**	**72910**	**36286**	**36624**	**57765**	**28556**	**29209**
花山区									
雨山区									
博望区	889	473	416	1032	548	484	816	413	403
当涂县	24939	12580	12359	30653	15259	15394	24292	12111	12181
含山县	16912	8107	8805	19223	9247	9976	15013	7310	7703
和县	17074	8544	8530	22002	11232	10770	17644	8722	8922
淮北市	**39791**	**19162**	**20629**	**41958**	**20271**	**21687**	**29174**	**14203**	**14971**
杜集区	3787	1844	1943	4773	2288	2485	3581	1845	1736
相山区									
烈山区	3185	1507	1678	3272	1646	1626	2309	1195	1114
濉溪县	32819	15811	17008	33913	16337	17576	23284	11163	12121
铜陵市	**30233**	**13604**	**16629**	**30294**	**14432**	**15862**	**26412**	**13030**	**13382**
铜官区	19	12	7	18	10	8	18	7	11
义安区	2681	1426	1255	3349	1738	1611	2748	1420	1328
郊区	2905	1393	1512	3229	1583	1646	2942	1482	1460
枞阳县	24628	10773	13855	23698	11101	12597	20704	10121	10583
安庆市	**124051**	**59266**	**64785**	**127662**	**62558**	**65104**	**102823**	**50593**	**52230**
迎江区									
大观区	1803	866	937	2272	1120	1152	1937	976	961
宜秀区	2482	1208	1274	3076	1471	1605	2545	1207	1338
怀宁县	23751	11379	12372	24442	11999	12443	20844	9849	10995
太湖县	18049	8548	9501	17673	8593	9080	14744	7302	7442
宿松县	24872	11380	13492	23189	11156	12033	17877	8644	9233
望江县	6484	2964	3520	6267	3016	3251	5394	2644	2750
岳西县	12039	5793	6246	12172	6005	6167	10056	5064	4992
安徽安庆经济开发区	14614	7486	7128	15232	7898	7334	11142	5798	5344
桐城市	11248	5358	5890	13032	6285	6747	9659	4808	4851
潜山市	8709	4284	4425	10307	5015	5292	8625	4301	4324
黄山市	**36917**	**18520**	**18397**	**42405**	**21341**	**21064**	**34559**	**17662**	**16897**
屯溪区	585	325	260	634	338	296	614	324	290
黄山区	2599	1466	1133	3674	2094	1580	2863	1612	1251
徽州区	946	488	458	1272	689	583	1136	565	571
歙县	14650	7240	7410	16219	8080	8139	12982	6728	6254
休宁县	7116	3457	3659	8684	4250	4434	7351	3561	3790
黟县	3285	1663	1622	3711	1858	1853	2862	1488	1374
祁门县	7736	3881	3855	8211	4032	4179	6751	3384	3367
滁州市	**147657**	**73566**	**74091**	**169409**	**83608**	**85801**	**125756**	**63291**	**62465**
琅琊区									
南谯区	4884	2448	2436	6232	3054	3178	4969	2488	2481
来安县	22182	11145	11037	26439	13513	12926	20098	10529	9569
全椒县	25062	12302	12760	31040	15254	15786	22923	11485	11438
定远县	29417	14610	14807	29834	14421	15413	20756	10208	10548
凤阳县	25907	12960	12947	28910	13929	14981	22520	11008	11512
苏滁现代产业园	1832	1073	759	2180	1305	875	1412	850	562
滁州经济技术开发区	9902	4740	5162	10255	4903	5352	7053	3372	3681
天长市	21202	10471	10731	25934	12994	12940	19087	9848	9239
明光市	7269	3817	3452	8585	4235	4350	6938	3503	3435

1－5b 续表 14

单位：人

地区	45－49岁			50－54岁			55－59岁		
	小计	男	女	小计	男	女	小计	男	女
阜阳市	**164893**	**82189**	**82704**	**187535**	**90943**	**96592**	**150201**	**72237**	**77964**
颍州区	4588	2338	2250	5462	2725	2737	4150	2053	2097
颍东区	5374	2913	2461	6779	3499	3280	5254	2598	2656
颍泉区	5440	2792	2648	7131	3493	3638	5856	2819	3037
临泉县	33239	16374	16865	37801	18691	19110	30312	14845	15467
太和县	43306	21142	22164	49063	23251	25812	38287	18227	20060
阜南县	24480	12011	12469	27375	13212	14163	22844	10791	12053
颍上县	33149	16803	16346	36875	17874	19001	30427	14462	15965
阜阳合肥现代产业园区	460	259	201	491	254	237	375	197	178
阜阳经济技术开发区	7950	3980	3970	7544	3644	3900	5409	2672	2737
界首市	6907	3577	3330	9014	4300	4714	7287	3573	3714
宿州市	**136576**	**66157**	**70419**	**141695**	**68082**	**73613**	**95660**	**46722**	**48938**
埇桥区	17147	8565	8582	18759	9236	9523	13926	6922	7004
砀山县	29048	14308	14740	31682	15403	16279	18875	9303	9572
萧县	28559	13929	14630	29740	14465	15275	20076	9778	10298
灵璧县	27510	12835	14675	27831	12831	15000	19576	9260	10316
泗县	27565	13281	14284	26853	12904	13949	18672	9246	9426
宿州马鞍山现代产业园区	1891	934	957	2261	1078	1183	1503	745	758
宿州经济技术开发区	4856	2305	2551	4569	2165	2404	3032	1468	1564
六安市	**119168**	**57143**	**62025**	**134306**	**64808**	**69498**	**107648**	**52374**	**55274**
金安区	12257	4977	7280	11985	5226	6759	8892	4095	4797
裕安区	7583	3642	3941	8825	4212	4613	7031	3454	3577
叶集区	2403	1157	1246	2949	1388	1561	2339	1090	1249
霍邱县	28398	14550	13848	31153	15432	15721	24557	12051	12506
舒城县	30665	14258	16407	33396	16174	17222	27982	13656	14326
金寨县	18479	8831	9648	22416	10775	11641	17177	8418	8759
霍山县	19383	9728	9655	23582	11601	11981	19670	9610	10060
亳州市	**102586**	**51920**	**50666**	**113751**	**54672**	**59079**	**85893**	**40712**	**45181**
谯城区	9276	4706	4570	12167	6093	6074	8394	4040	4354
涡阳县	30941	15832	15109	33094	16081	17013	25842	12370	13472
蒙城县	34517	17254	17263	38153	18131	20022	27764	13043	14721
利辛县	27852	14128	13724	30337	14367	15970	23893	11259	12634
池州市	**41913**	**20210**	**21703**	**44377**	**21980**	**22397**	**37183**	**18648**	**18535**
贵池区	3736	1940	1796	4482	2342	2140	3678	1920	1758
东至县	22342	10555	11787	22149	10836	11313	18964	9424	9540
石台县	3603	1708	1895	3946	1893	2053	3277	1706	1571
青阳县	11707	5737	5970	13119	6568	6551	10756	5327	5429
池州市国家经济技术开发区									
皖江江南新兴产业集中区									
九华山风景区	525	270	255	681	341	340	508	271	237
宣城市	**77676**	**39647**	**38029**	**88649**	**44883**	**43766**	**66423**	**33700**	**32723**
宣州区	10583	5406	5177	12440	6226	6214	9443	4713	4730
郎溪县	21318	10773	10545	21871	11207	10664	15275	7796	7479
泾县	13789	6902	6887	17410	8622	8788	13133	6416	6717
绩溪县	8167	3958	4209	9554	4797	4757	7239	3741	3498
旌德县	5730	2879	2851	6863	3429	3434	6456	3192	3264
宣城市经济开发区	8078	4217	3861	8407	4181	4226	5757	2912	2845
宁国市	2368	1312	1056	3615	1931	1684	3006	1687	1319
广德市	7643	4200	3443	8489	4490	3999	6114	3243	2871

1-5b 续表 15 单位：人

地区	60-64岁			65-69岁			70-74岁		
	小计	男	女	小计	男	女	小计	男	女
安 徽	**639961**	**324967**	**314994**	**847722**	**414007**	**433715**	**589142**	**291463**	**297679**
合肥市	**89561**	**45976**	**43585**	**113966**	**55778**	**58188**	**75137**	**37498**	**37639**
瑶海区	572	292	280	623	313	310	358	170	188
庐阳区	2458	1118	1340	2268	1068	1200	984	462	522
蜀山区	1186	625	561	1930	1006	924	1381	707	674
包河区									
长丰县	9443	4756	4687	12057	5876	6181	7258	3591	3667
肥东县	16143	8424	7719	22593	10937	11656	16505	8215	8290
肥西县	12353	6397	5956	15242	7303	7939	9249	4488	4761
庐江县	16662	8853	7809	22947	11382	11565	17691	8761	8930
合肥高新技术产业开发区	6886	3466	3420	6865	3334	3531	3761	1863	1898
合肥经济技术开发区	12432	5993	6439	13818	6748	7070	7346	3842	3504
合肥新站高新技术产业开发区	7545	3944	3601	8870	4385	4485	5196	2673	2523
巢湖市	3881	2108	1773	6753	3426	3327	5408	2726	2682
芜湖市	**40409**	**20940**	**19469**	**53423**	**26884**	**26539**	**40497**	**20508**	**19989**
镜湖区	37	21	16	62	34	28	44	25	19
弋江区									
鸠江区	3209	1658	1551	4482	2234	2248	4421	2185	2236
三山区	595	280	315	506	238	268	226	126	100
芜湖县	6529	3499	3030	9301	4740	4561	6599	3469	3130
繁昌县	6031	3131	2900	6982	3485	3497	4609	2313	2296
南陵县	9168	4707	4461	12461	6095	6366	8026	4056	3970
芜湖经济技术开发区	5513	2716	2797	5735	2958	2777	3522	1841	1681
安徽芜湖长江大桥经济开发区	685	382	303	886	482	404	747	387	360
无为市	8642	4546	4096	13008	6618	6390	12303	6106	6197
蚌埠市	**36593**	**18052**	**18541**	**45986**	**21638**	**24348**	**28932**	**14307**	**14625**
龙子湖区	446	257	189	502	251	251	339	167	172
蚌山区									
禹会区	307	169	138	482	215	267	354	179	175
淮上区	970	525	445	1422	687	735	881	452	429
怀远县	10363	5040	5323	14195	6574	7621	9666	4931	4735
五河县	7511	3777	3734	10442	5068	5374	5970	2967	3003
固镇县	4078	2020	2058	5643	2652	2991	3750	1823	1927
蚌埠市高新技术开发区	2060	978	1082	2191	987	1204	1373	699	674
蚌埠市经济开发区	10858	5286	5572	11109	5204	5905	6599	3089	3510
淮南市	**30909**	**15488**	**15421**	**40005**	**18818**	**21187**	**28736**	**14583**	**14153**
大通区	4416	2262	2154	5270	2399	2871	3215	1590	1625
田家庵区	482	234	248	732	350	382	520	298	222
谢家集区	183	92	91	200	104	96	188	104	84
八公山区	4		4	2		2	4	2	2
潘集区	3172	1582	1590	3862	1843	2019	2692	1445	1247
凤台县	7966	3934	4032	9184	4192	4992	6204	3063	3141
寿县	14686	7384	7302	20755	9930	10825	15913	8081	7832

1-5b 续表 16

单位：人

地区	60-64岁			65-69岁			70-74岁		
	小计	男	女	小计	男	女	小计	男	女
马鞍山市	**25689**	**12990**	**12699**	**39269**	**18924**	**20345**	**28383**	**14050**	**14333**
花山区									
雨山区									
博望区	438	226	212	712	380	332	488	251	237
当涂县	12226	6208	6018	15036	7416	7620	10128	5256	4872
含山县	6523	3288	3235	11318	5392	5926	8169	3933	4236
和县	6502	3268	3234	12203	5736	6467	9598	4610	4988
淮北市	**12403**	**6192**	**6211**	**18478**	**8872**	**9606**	**13465**	**6202**	**7263**
杜集区	2105	1097	1008	3238	1610	1628	2274	1058	1216
相山区									
烈山区	1198	623	575	1968	971	997	1478	694	784
濉溪县	9100	4472	4628	13272	6291	6981	9713	4450	5263
铜陵市	**15387**	**7935**	**7452**	**18136**	**9008**	**9128**	**13142**	**6598**	**6544**
铜官区	17	12	5	25	13	12	3	2	1
义安区	1644	850	794	1942	1043	899	1268	653	615
郊区	1729	943	786	2053	944	1109	1666	800	866
枞阳县	11997	6130	5867	14116	7008	7108	10205	5143	5062
安庆市	**48280**	**24863**	**23417**	**63008**	**31420**	**31588**	**44528**	**22433**	**22095**
迎江区									
大观区	1021	565	456	1232	657	575	1012	467	545
宜秀区	1392	695	697	1951	1006	945	1812	933	879
怀宁县	9325	4590	4735	13000	6311	6689	9270	4749	4521
太湖县	6210	3308	2902	8823	4474	4349	5781	2994	2787
宿松县	8335	4221	4114	10483	5114	5369	8016	3867	4149
望江县	2384	1278	1106	3312	1693	1619	2639	1290	1349
岳西县	5260	2687	2573	5314	2593	2721	2601	1375	1226
安徽安庆经济开发区	5495	2872	2623	6168	3119	3049	3866	1923	1943
桐城市	4231	2189	2042	6754	3390	3364	5599	2790	2809
潜山市	4627	2458	2169	5971	3063	2908	3932	2045	1887
黄山市	**20129**	**10267**	**9862**	**23332**	**11579**	**11753**	**14666**	**7170**	**7496**
屯溪区	356	167	189	546	257	289	307	154	153
黄山区	1477	803	674	1920	1056	864	1145	616	529
徽州区	796	393	403	1029	535	494	619	313	306
歙县	8378	4250	4128	8659	4289	4370	5538	2655	2883
休宁县	4054	2044	2010	5239	2520	2719	3295	1593	1702
黟县	1736	899	837	2041	1011	1030	1230	584	646
祁门县	3332	1711	1621	3898	1911	1987	2532	1255	1277
滁州市	**55730**	**29327**	**26403**	**78819**	**39387**	**39432**	**48387**	**24065**	**24322**
琅琊区									
南谯区	2456	1271	1185	3114	1581	1533	1922	946	976
来安县	9611	5056	4555	12016	6122	5894	6853	3347	3506
全椒县	8670	4683	3987	12608	6182	6426	7702	3681	4021
定远县	8331	4293	4038	13431	6518	6913	9329	4581	4748
凤阳县	10493	5445	5048	15149	7500	7649	9655	5028	4627
苏滁现代产业园	562	323	239	837	459	378	462	234	228
滁州经济技术开发区	2822	1483	1339	3018	1452	1566	1652	806	846
天长市	8563	4567	3996	12574	6460	6114	7294	3663	3631
明光市	4222	2206	2016	6072	3113	2959	3518	1779	1739

1-5b　续表 17　　　　单位：人

地　区	60-64岁			65-69岁			70-74岁		
	小计	男	女	小计	男	女	小计	男	女
阜阳市	**68895**	**34378**	**34517**	**94421**	**45257**	**49164**	**73165**	**35310**	**37855**
颍州区	1734	882	852	2410	1177	1233	2084	965	1119
颍东区	2602	1309	1293	3868	1845	2023	2908	1475	1433
颍泉区	2791	1409	1382	4233	2087	2146	3358	1668	1690
临泉县	13542	6865	6677	16949	8312	8637	14449	6733	7716
太和县	16921	8561	8360	24833	12067	12766	19565	9225	10340
阜南县	8540	4138	4402	11400	5227	6173	8715	4051	4664
颍上县	16765	8178	8587	22154	10308	11846	15500	8095	7405
阜阳合肥现代产业园区	182	99	83	274	136	138	213	108	105
阜阳经济技术开发区	2331	1170	1161	2664	1297	1367	1749	840	909
界首市	3487	1767	1720	5636	2801	2835	4624	2150	2474
宿州市	**51365**	**25498**	**25867**	**72507**	**34965**	**37542**	**49781**	**24223**	**25558**
埇桥区	6234	3185	3049	9233	4563	4670	7016	3454	3562
砀山县	14427	7021	7406	19723	9464	10259	14224	6683	7541
萧县	11489	5687	5802	14898	7194	7704	10995	5350	5645
灵璧县	8588	4161	4427	13641	6474	7167	8366	4166	4200
泗县	8421	4284	4137	12375	5924	6451	7419	3670	3749
宿州马鞍山现代产业园区	805	424	381	1019	540	479	593	314	279
宿州经济技术开发区	1401	736	665	1618	806	812	1168	586	582
六安市	**51215**	**25857**	**25358**	**65523**	**32101**	**33422**	**44838**	**22377**	**22461**
金安区	4128	1972	2156	6074	2630	3444	3928	1839	2089
裕安区	3286	1731	1555	4309	2217	2092	2994	1538	1456
叶集区	1000	526	474	1618	788	830	1217	615	602
霍邱县	12763	6311	6452	16462	8124	8338	12057	6164	5893
舒城县	12273	6204	6069	17465	8618	8847	11797	5841	5956
金寨县	8228	4216	4012	8353	4159	4194	5790	2832	2958
霍山县	9537	4897	4640	11242	5565	5677	7055	3548	3507
亳州市	**40440**	**19687**	**20753**	**54547**	**25918**	**28629**	**40408**	**19709**	**20699**
谯城区	3152	1615	1537	5635	2672	2963	4517	2074	2443
涡阳县	13337	6440	6897	15722	7470	8252	11880	5948	5932
蒙城县	12781	6198	6583	18322	8667	9655	12552	6056	6496
利辛县	11170	5434	5736	14868	7109	7759	11459	5631	5828
池州市	**21448**	**10987**	**10461**	**24191**	**12297**	**11894**	**16269**	**8054**	**8215**
贵池区	1832	998	834	2689	1388	1301	1953	989	964
东至县	12013	6018	5995	12926	6478	6448	9096	4465	4631
石台县	1583	845	738	1792	938	854	1149	578	571
青阳县	5822	2993	2829	6600	3374	3226	3994	1986	2008
池州市国家经济技术开发区									
皖江江南新兴产业集中区									
九华山风景区	198	133	65	184	119	65	77	36	41
宣城市	**31508**	**16530**	**14978**	**42111**	**21161**	**20950**	**28808**	**14376**	**14432**
宣州区	3399	1848	1551	5954	2990	2964	4542	2245	2297
郎溪县	6126	3240	2886	9501	4645	4856	6856	3368	3488
泾县	6586	3327	3259	8165	4073	4092	5050	2587	2463
绩溪县	4817	2497	2320	4864	2404	2460	3138	1535	1603
旌德县	3757	1868	1889	4186	2135	2051	2620	1298	1322
宣城市经济开发区	1840	1038	802	2446	1262	1184	1648	862	786
宁国市	1744	971	773	2422	1294	1128	1682	879	803
广德市	3239	1741	1498	4573	2358	2215	3272	1602	1670

1-5b 续表 18

单位：人

地 区	75-79岁			80-84岁			85-89岁		
	小计	男	女	小计	男	女	小计	男	女
安 徽	**406283**	**196650**	**209633**	**245612**	**112990**	**132622**	**135152**	**55995**	**79157**
合肥市	**49749**	**24392**	**25357**	**29357**	**13689**	**15668**	**16698**	**6972**	**9726**
瑶海区	236	99	137	131	56	75	60	21	39
庐阳区	632	325	307	372	176	196	184	88	96
蜀山区	1039	544	495	562	266	296	316	145	171
包河区									
长丰县	4956	2428	2528	2787	1394	1393	1747	770	977
肥东县	11329	5601	5728	6998	3194	3804	3914	1553	2361
肥西县	5869	2744	3125	3346	1494	1852	1929	800	1129
庐江县	11058	5418	5640	6605	3069	3536	3440	1441	1999
合肥高新技术产业开发区	2473	1198	1275	1478	703	775	833	353	480
合肥经济技术开发区	4244	2185	2059	2385	1159	1226	1435	622	813
合肥新站高新技术产业开发区	3735	1804	1931	2472	1127	1345	1589	644	945
巢湖市	4178	2046	2132	2221	1051	1170	1251	535	716
芜湖市	**28975**	**14237**	**14738**	**16263**	**7388**	**8875**	**8083**	**3233**	**4850**
镜湖区	26	10	16	28	14	14	13	4	9
弋江区									
鸠江区	3220	1640	1580	1849	862	987	862	364	498
三山区	124	56	68	81	43	38	42	19	23
芜湖县	4611	2260	2351	2606	1146	1460	1231	484	747
繁昌县	3551	1647	1904	2074	895	1179	937	379	558
南陵县	5076	2466	2610	3044	1424	1620	1539	624	915
芜湖经济技术开发区	2424	1187	1237	1368	628	740	767	263	504
安徽芜湖长江大桥经济开发区	568	281	287	232	103	129	119	49	70
无为市	9375	4690	4685	4981	2273	2708	2573	1047	1526
蚌埠市	**23498**	**11448**	**12050**	**13833**	**6609**	**7224**	**7519**	**3381**	**4138**
龙子湖区	270	135	135	132	66	66	80	40	40
蚌山区									
禹会区	271	133	138	177	93	84	89	49	40
淮上区	748	368	380	388	190	198	255	102	153
怀远县	7707	3877	3830	4437	2161	2276	2458	1139	1319
五河县	5672	2655	3017	3366	1567	1799	1821	813	1008
固镇县	2967	1434	1533	1741	814	927	972	436	536
蚌埠市高新技术开发区	995	481	514	614	326	288	232	117	115
蚌埠市经济开发区	4868	2365	2503	2978	1392	1586	1612	685	927
淮南市	**21370**	**10731**	**10639**	**11627**	**5838**	**5789**	**6659**	**3108**	**3551**
大通区	2334	1188	1146	1293	613	680	777	320	457
田家庵区	371	209	162	209	109	100	122	59	63
谢家集区	114	64	50	57	30	27	31	14	17
八公山区	7	4	3	1		1			
潘集区	1940	1026	914	1080	586	494	599	307	292
凤台县	4612	2256	2356	2661	1322	1339	1587	729	858
寿县	11992	5984	6008	6326	3178	3148	3543	1679	1864

1-5b 续表 19

单位：人

地区	75-79岁			80-84岁			85-89岁		
	小计	男	女	小计	男	女	小计	男	女
马鞍山市	**19316**	**9289**	**10027**	**11857**	**5373**	**6484**	**6443**	**2484**	**3959**
花山区									
雨山区									
博望区	330	167	163	186	81	105	84	33	51
当涂县	7976	3861	4115	4903	2299	2604	2385	934	1451
含山县	4858	2308	2550	2979	1299	1680	1731	651	1080
和县	6152	2953	3199	3789	1694	2095	2243	866	1377
淮北市	**10005**	**4687**	**5318**	**6946**	**3151**	**3795**	**3933**	**1607**	**2326**
杜集区	1705	745	960	1284	618	666	666	303	363
相山区									
烈山区	1018	472	546	655	325	330	329	140	189
濉溪县	7282	3470	3812	5007	2208	2799	2938	1164	1774
铜陵市	**9285**	**4328**	**4957**	**5874**	**2713**	**3161**	**2828**	**1178**	**1650**
铜官区	1		1	1		1	2	1	1
义安区	959	461	498	483	239	244	272	96	176
郊区	1247	619	628	847	382	465	410	187	223
枞阳县	7078	3248	3830	4543	2092	2451	2144	894	1250
安庆市	**30686**	**15061**	**15625**	**18096**	**8330**	**9766**	**8767**	**3628**	**5139**
迎江区									
大观区	843	366	477	465	207	258	220	84	136
宜秀区	1223	605	618	723	341	382	381	163	218
怀宁县	6067	3026	3041	3513	1599	1914	1938	812	1126
太湖县	3881	1978	1903	2501	1197	1304	1156	487	669
宿松县	5409	2597	2812	3278	1479	1799	1485	632	853
望江县	1929	969	960	1044	489	555	456	183	273
岳西县	2060	1002	1058	1406	632	774	617	260	357
安徽安庆经济开发区	2741	1380	1361	1490	688	802	718	307	411
桐城市	3700	1709	1991	2086	933	1153	1076	390	686
潜山市	2833	1429	1404	1590	765	825	720	310	410
黄山市	**7946**	**3824**	**4122**	**6373**	**2827**	**3546**	**3472**	**1426**	**2046**
屯溪区	134	66	68	149	70	79	54	22	32
黄山区	690	356	334	564	246	318	258	98	160
徽州区	282	146	136	239	108	131	112	33	79
歙县	3101	1466	1635	2169	949	1220	1308	527	781
休宁县	1695	804	891	1421	660	761	774	339	435
黟县	667	350	317	581	264	317	300	126	174
祁门县	1377	636	741	1250	530	720	666	281	385
滁州市	**35540**	**16972**	**18568**	**20812**	**9538**	**11274**	**12286**	**5025**	**7261**
琅琊区									
南谯区	1418	673	745	813	382	431	434	175	259
来安县	4754	2121	2633	2704	1217	1487	1645	664	981
全椒县	5089	2369	2720	3408	1511	1897	1981	773	1208
定远县	7319	3556	3763	4377	2087	2290	2456	1076	1380
凤阳县	7697	3843	3854	4234	2039	2195	2551	1073	1478
苏滁现代产业园	258	116	142	142	66	76	103	46	57
滁州经济技术开发区	1077	502	575	644	297	347	372	148	224
天长市	4776	2242	2534	2795	1173	1622	1787	650	1137
明光市	3152	1550	1602	1695	766	929	957	420	537

1-5b 续表 20 单位：人

地区	75-79岁			80-84岁			85-89岁		
	小计	男	女	小计	男	女	小计	男	女
阜阳市	**48305**	**22830**	**25475**	**28630**	**12898**	**15732**	**16334**	**6590**	**9744**
颍州区	1283	610	673	787	352	435	465	192	273
颍东区	2129	1075	1054	1148	534	614	738	319	419
颍泉区	2217	1120	1097	1260	578	682	786	343	443
临泉县	9009	3973	5036	5760	2386	3374	3160	1128	2032
太和县	12342	5637	6705	7475	3276	4199	4308	1674	2634
阜南县	6241	2860	3381	3907	1618	2289	2041	780	1261
颍上县	11230	5792	5438	6177	3230	2947	3595	1717	1878
阜阳合肥现代产业园区	144	70	74	66	24	42	41	16	25
阜阳经济技术开发区	1088	515	573	667	306	361	381	142	239
界首市	2622	1178	1444	1383	594	789	819	279	540
宿州市	**36638**	**17572**	**19066**	**22377**	**10127**	**12250**	**13972**	**5635**	**8337**
埇桥区	5335	2567	2768	3223	1547	1676	1947	829	1118
砀山县	8767	4109	4658	5477	2236	3241	3610	1315	2295
萧县	8044	3795	4249	5103	2259	2844	3223	1289	1934
灵璧县	6649	3305	3344	3824	1851	1973	2412	1061	1351
泗县	6471	3149	3322	3897	1833	2064	2186	915	1271
宿州马鞍山现代产业园区	590	283	307	347	167	180	237	91	146
宿州经济技术开发区	782	364	418	506	234	272	357	135	222
六安市	**31420**	**14983**	**16437**	**18522**	**8288**	**10234**	**9425**	**4001**	**5424**
金安区	2505	1172	1333	1397	647	750	705	297	408
裕安区	2126	1025	1101	1239	546	693	664	263	401
叶集区	840	414	426	463	212	251	240	102	138
霍邱县	8812	4365	4447	5063	2405	2658	2782	1238	1544
舒城县	7879	3743	4136	4787	2087	2700	2476	1015	1461
金寨县	4296	1953	2343	2460	1041	1419	1021	455	566
霍山县	4962	2311	2651	3113	1350	1763	1537	631	906
亳州市	**25734**	**12511**	**13223**	**16736**	**7663**	**9073**	**9625**	**3895**	**5730**
谯城区	2841	1315	1526	1603	666	937	927	326	601
涡阳县	7349	3500	3849	5110	2269	2841	2953	1204	1749
蒙城县	8097	3946	4151	5145	2346	2799	2937	1187	1750
利辛县	7447	3750	3697	4878	2382	2496	2808	1178	1630
池州市	**9738**	**4635**	**5103**	**6292**	**2819**	**3473**	**3215**	**1315**	**1900**
贵池区	1274	648	626	758	347	411	402	164	238
东至县	5448	2561	2887	3415	1528	1887	1729	679	1050
石台县	743	355	388	597	264	333	293	124	169
青阳县	2218	1047	1171	1489	667	822	767	337	430
池州市国家经济技术开发区									
皖江江南新兴产业集中区									
九华山风景区	55	24	31	33	13	20	24	11	13
宣城市	**18078**	**9150**	**8928**	**12017**	**5739**	**6278**	**5893**	**2517**	**3376**
宣州区	3017	1533	1484	1823	871	952	924	387	537
郎溪县	4582	2280	2302	2791	1345	1446	1365	615	750
泾县	2972	1488	1484	2228	1073	1155	1029	445	584
绩溪县	1850	929	921	1438	696	742	701	278	423
旌德县	1732	885	847	1272	608	664	582	251	331
宣城市经济开发区	1038	536	502	746	344	402	378	157	221
宁国市	987	515	472	672	327	345	378	160	218
广德市	1900	984	916	1047	475	572	536	224	312

1-5b 续表 21

单位：人

地 区	90-94岁			95-99岁			100岁及以上		
	小计	男	女	小计	男	女	小计	男	女
安 徽	**45906**	**16975**	**28931**	**10441**	**3376**	**7065**	**1264**	**307**	**957**
合肥市	**5681**	**2171**	**3510**	**1406**	**482**	**924**	**142**	**44**	**98**
瑶海区	20	5	15	8	2	6	2	1	1
庐阳区	73	35	38	12	2	10	1		1
蜀山区	127	55	72	31	6	25	6		6
包河区									
长丰县	626	266	360	171	63	108	24	9	15
肥东县	1377	495	882	348	109	239	26	10	16
肥西县	676	263	413	124	38	86	16	2	14
庐江县	949	394	555	224	98	126	14	9	5
合肥高新技术产业开发区	303	105	198	68	25	43	5	2	3
合肥经济技术开发区	544	208	336	147	50	97	16	6	10
合肥新站高新技术产业开发区	582	204	378	165	55	110	18	3	15
巢湖市	404	141	263	108	34	74	14	2	12
芜湖市	**2219**	**760**	**1459**	**445**	**121**	**324**	**43**	**13**	**30**
镜湖区	4	1	3						
弋江区									
鸠江区	246	81	165	54	10	44	4	2	2
三山区	16	6	10	4	2	2			
芜湖县	363	117	246	71	18	53	5	1	4
繁昌县	244	103	141	47	16	31	2		2
南陵县	401	140	261	70	21	49	8	4	4
芜湖经济技术开发区	209	67	142	40	10	30	4		4
安徽芜湖长江大桥经济开发区	35	8	27	4	2	2			
无为市	701	237	464	155	42	113	20	6	14
蚌埠市	**2556**	**1073**	**1483**	**607**	**227**	**380**	**72**	**16**	**56**
龙子湖区	25	10	15	6	1	5	1	1	
蚌山区									
禹会区	28	13	15	4	2	2	1		1
淮上区	81	31	50	19	10	9			
怀远县	746	333	413	201	65	136	22	3	19
五河县	658	239	419	164	63	101	20	7	13
固镇县	331	138	193	89	34	55	10	2	8
蚌埠市高新技术开发区	86	43	43	18	11	7	1		1
蚌埠市经济开发区	601	266	335	106	41	65	17	3	14
淮南市	**2604**	**1067**	**1537**	**572**	**196**	**376**	**72**	**16**	**56**
大通区	328	143	185	74	20	54	9	2	7
田家庵区	65	16	49	11	1	10	1		1
谢家集区	15	8	7	4	2	2	2	1	1
八公山区							1		1
潘集区	208	84	124	71	24	47	8	3	5
凤台县	527	209	318	120	41	79	11	1	10
寿县	1461	607	854	292	108	184	40	9	31

1-5b 续表 22

单位：人

地 区	90-94岁			95-99岁			100岁及以上		
	小计	男	女	小计	男	女	小计	男	女
马鞍山市	**1885**	**664**	**1221**	**359**	**100**	**259**	**31**	**1**	**30**
花山区									
雨山区									
博望区	29	11	18	4	2	2			
当涂县	627	225	402	136	37	99	9		9
含山县	585	209	376	109	24	85	12	1	11
和县	644	219	425	110	37	73	10		10
淮北市	**1480**	**541**	**939**	**374**	**101**	**273**	**55**	**14**	**41**
杜集区	182	81	101	33	12	21	8	2	6
相山区									
烈山区	100	42	58	19	5	14	4	1	3
濉溪县	1198	418	780	322	84	238	43	11	32
铜陵市	**684**	**262**	**422**	**140**	**48**	**92**	**11**	**3**	**8**
铜官区				2	1	1			
义安区	52	20	32	11	1	10			
郊区	114	52	62	28	14	14	1	1	
枞阳县	518	190	328	99	32	67	10	2	8
安庆市	**2623**	**1022**	**1601**	**393**	**124**	**269**	**42**	**13**	**29**
迎江区									
大观区	73	23	50	15	9	6	3		3
宜秀区	100	45	55	16	5	11	2	2	
怀宁县	558	201	357	69	16	53	11	2	9
太湖县	426	182	244	71	22	49	6	2	4
宿松县	459	174	285	61	24	37	10	3	7
望江县	155	63	92	32	10	22	3	1	2
岳西县	176	91	85	29	12	17	1	1	
安徽安庆经济开发区	214	77	137	33	11	22	2		2
桐城市	258	87	171	37	10	27	2	1	1
潜山市	204	79	125	30	5	25	2	1	1
黄山市	**1030**	**380**	**650**	**155**	**53**	**102**	**11**	**5**	**6**
屯溪区	23	8	15	9	2	7			
黄山区	79	29	50	11	5	6	1	1	
徽州区	45	13	32	7	3	4	1		1
歙县	344	125	219	47	13	34	3	1	2
休宁县	223	89	134	29	8	21	2	1	1
黟县	96	31	65	23	12	11	3	1	2
祁门县	220	85	135	29	10	19	1	1	
滁州市	**4209**	**1524**	**2685**	**951**	**309**	**642**	**102**	**26**	**76**
琅琊区									
南谯区	145	48	97	34	11	23	5	1	4
来安县	571	202	369	137	48	89	6	2	4
全椒县	651	233	418	155	58	97	20	7	13
定远县	878	320	558	187	67	120	20	4	16
凤阳县	945	387	558	244	73	171	28	8	20
苏滁现代产业园	29	9	20	10	2	8	1		1
滁州经济技术开发区	138	56	82	38	13	25	4	1	3
天长市	572	169	403	85	17	68	9	1	8
明光市	280	100	180	61	20	41	9	2	7

1-5b　续表 23　　　　单位：人

地　区	90-94岁			95-99岁			100岁及以上		
	小计	男	女	小计	男	女	小计	男	女
阜阳市	**6354**	**2268**	**4086**	**1591**	**526**	**1065**	**248**	**59**	**189**
颍州区	193	75	118	58	24	34	7		7
颍东区	331	115	216	94	31	63	8	4	4
颍泉区	362	144	218	107	51	56	9	3	6
临泉县	1239	451	788	352	115	237	47	6	41
太和县	1656	521	1135	365	107	258	79	18	61
阜南县	687	251	436	132	42	90	16	2	14
颍上县	1382	554	828	351	120	231	56	20	36
阜阳合肥现代产业园区	20	6	14	4	1	3			
阜阳经济技术开发区	143	56	87	42	17	25	9	2	7
界首市	341	95	246	86	18	68	17	4	13
宿州市	**5208**	**1788**	**3420**	**1352**	**424**	**928**	**218**	**41**	**177**
埇桥区	778	298	480	170	59	111	28	8	20
砀山县	1375	393	982	375	82	293	66	9	57
萧县	1233	426	807	346	105	241	62	8	54
灵璧县	891	342	549	216	92	124	32	10	22
泗县	730	265	465	192	65	127	22	5	17
宿州马鞍山现代产业园区	77	21	56	22	7	15	2		2
宿州经济技术开发区	124	43	81	31	14	17	6	1	5
六安市	**2865**	**1096**	**1769**	**759**	**258**	**501**	**56**	**17**	**39**
金安区	189	71	118	54	23	31	4	1	3
裕安区	197	79	118	72	27	45	2		2
叶集区	73	28	45	22	3	19			
霍邱县	1002	401	601	285	98	187	18	7	11
舒城县	718	235	483	146	43	103	15	3	12
金寨县	333	156	177	100	44	56	7	3	4
霍山县	353	126	227	80	20	60	10	3	7
亳州市	**3806**	**1368**	**2438**	**875**	**260**	**615**	**117**	**23**	**94**
谯城区	365	102	263	63	21	42	6		6
涡阳县	1200	445	755	291	88	203	45	9	36
蒙城县	1096	384	712	240	65	175	26	6	20
利辛县	1145	437	708	281	86	195	40	8	32
池州市	**896**	**317**	**579**	**136**	**41**	**95**	**15**	**4**	**11**
贵池区	95	27	68	17	4	13	1	1	
东至县	481	170	311	69	19	50	10	2	8
石台县	66	23	43	11	3	8			
青阳县	247	96	151	37	14	23	4	1	3
池州市国家经济技术开发区									
皖江江南新兴产业集中区									
九华山风景区	7	1	6	2	1	1			
宣城市	**1806**	**674**	**1132**	**326**	**106**	**220**	**29**	**12**	**17**
宣州区	283	90	193	45	15	30	2		2
郎溪县	448	158	290	68	24	44	12	6	6
泾县	326	136	190	64	19	45	6	2	4
绩溪县	220	77	143	45	15	30	3	2	1
旌德县	171	79	92	31	12	19	2	1	1
宣城市经济开发区	112	42	70	33	9	24	1		1
宁国市	76	29	47	13	3	10	2	1	1
广德市	170	63	107	27	9	18	1		1

1-5c 各地区分年龄、性别的人口(乡村)

单位：人

地区	合计			0岁		
	合计	男	女	小计	男	女
安徽	**25432068**	**13208668**	**12223400**	**253132**	**134905**	**118227**
合肥市	**1660604**	**881260**	**779344**	**14694**	**7894**	**6800**
瑶海区	22908	11890	11018	365	206	159
庐阳区	5400	2857	2543	63	29	34
蜀山区	14523	8624	5899	103	51	52
包河区	6171	3553	2618	30	16	14
长丰县	312732	166162	146570	3224	1761	1463
肥东县	283272	152083	131189	2104	1091	1013
肥西县	355031	189146	165885	2987	1561	1426
庐江县	413138	218205	194933	3787	2059	1728
合肥高新技术产业开发区	201	118	83	2	1	1
合肥经济技术开发区	8126	4293	3833	65	40	25
合肥新站高新技术产业开发区	4892	3021	1871	58	33	25
巢湖市	234210	121308	112902	1906	1046	860
芜湖市	**1009072**	**530484**	**478588**	**8150**	**4381**	**3769**
镜湖区	19331	9942	9389	160	90	70
弋江区						
鸠江区	137131	71147	65984	1241	676	565
三山区	41277	21452	19825	338	181	157
芜湖县	102658	54227	48431	791	427	364
繁昌县	97904	51740	46164	560	289	271
南陵县	198591	105382	93209	1538	840	698
芜湖经济技术开发区	3177	1635	1542	25	16	9
安徽芜湖长江大桥经济开发区	8271	4258	4013	83	41	42
无为市	400732	210701	190031	3414	1821	1593
蚌埠市	**1480851**	**765758**	**715093**	**15557**	**8233**	**7324**
龙子湖区	38538	19875	18663	342	173	169
蚌山区	16596	8806	7790	117	60	57
禹会区	106354	54987	51367	1021	550	471
淮上区	96901	50153	46748	987	494	493
怀远县	588101	304100	284001	5925	3128	2797
五河县	290508	150897	139611	3580	1912	1668
固镇县	343853	176940	166913	3585	1916	1669
蚌埠市高新技术开发区						
蚌埠市经济开发区						
淮南市	**1180799**	**621247**	**559552**	**11121**	**5922**	**5199**
大通区	44938	23496	21442	453	244	209
田家庵区	29821	15522	14299	293	157	136
谢家集区	47522	24483	23039	447	252	195
八公山区	5607	2768	2839	41	17	24
潘集区	178129	94115	84014	2132	1125	1007
凤台县	395975	207403	188572	3961	2086	1875
寿县	478807	253460	225347	3794	2041	1753

1-5c　续表 1　　单位：人

地　区	合　计			0岁		
	合计	男	女	小计	男	女
马鞍山市	**611380**	**321398**	**289982**	**5582**	**2959**	**2623**
花山区	9252	4759	4493	49	24	25
雨山区	13109	6788	6321	97	54	43
博望区	69771	36810	32961	643	330	313
当涂县	165341	85950	79391	1521	786	735
含山县	148679	78988	69691	1514	811	703
和县	205228	108103	97125	1758	954	804
淮北市	**706163**	**359038**	**347125**	**8068**	**4317**	**3751**
杜集区	51199	25904	25295	477	240	237
相山区	47694	24315	23379	431	213	218
烈山区	108079	54055	54024	1086	582	504
濉溪县	499191	254764	244427	6074	3282	2792
铜陵市	**443744**	**227316**	**216428**	**3360**	**1841**	**1519**
铜官区	11068	5663	5405	98	45	53
义安区	111955	57844	54111	657	364	293
郊区	93612	47685	45927	818	432	386
枞阳县	227109	116124	110985	1787	1000	787
安庆市	**1852784**	**963355**	**889429**	**17043**	**9136**	**7907**
迎江区	9746	5024	4722	67	46	21
大观区	35960	18735	17225	322	161	161
宜秀区	26675	13689	12986	209	105	104
怀宁县	255563	133115	122448	2336	1212	1124
太湖县	253959	132306	121653	2571	1351	1220
宿松县	367260	195124	172136	3105	1714	1391
望江县	302054	153459	148595	3381	1843	1538
岳西县	199625	104457	95168	1832	977	855
安徽安庆经济开发区	3611	1806	1805	32	11	21
桐城市	195206	99817	95389	1477	800	677
潜山市	203125	105823	97302	1711	916	795
黄山市	**554921**	**292898**	**262023**	**4593**	**2316**	**2277**
屯溪区	21845	11026	10819	204	95	109
黄山区	60588	32657	27931	438	203	235
徽州区	32869	16876	15993	301	164	137
歙县	201709	106192	95517	1661	826	835
休宁县	122702	64138	58564	1074	567	507
黟县	44002	23485	20517	320	166	154
祁门县	71206	38524	32682	595	295	300
滁州市	**1521350**	**799965**	**721385**	**14373**	**7716**	**6657**
琅琊区	10613	5718	4895	78	39	39
南谯区	104044	53220	50824	782	415	367
来安县	177250	92692	84558	1461	755	706
全椒县	139456	73030	66426	1136	597	539
定远县	367526	194867	172659	3898	2138	1760
凤阳县	316559	168035	148524	3678	2034	1644
苏滁现代产业园						
滁州经济技术开发区	19153	11568	7585	76	38	38
天长市	170695	88679	82016	1317	681	636
明光市	216054	112156	103898	1947	1019	928

1-5c 续表 2 单位：人

地 区	合 计			0岁		
	合计	男	女	小计	男	女
阜阳市	**4758282**	**2434151**	**2324131**	**54679**	**29074**	**25605**
颍州区	295975	149969	146006	3757	2020	1737
颍东区	284095	146046	138049	3041	1608	1433
颍泉区	301446	152493	148953	2900	1563	1337
临泉县	1153436	584158	569278	13268	6943	6325
太和县	765106	393296	371810	8378	4490	3888
阜南县	837038	429475	407563	10386	5549	4837
颍上县	723597	376119	347478	8276	4443	3833
阜阳合肥现代产业园区	33916	17378	16538	417	213	204
阜阳经济技术开发区	21296	10818	10478	222	119	103
界首市	342377	174399	167978	4034	2126	1908
宿州市	**2994449**	**1534447**	**1460002**	**34020**	**18069**	**15951**
埇桥区	826753	427787	398966	9153	4794	4359
砀山县	391599	199512	192087	4529	2480	2049
萧县	679865	345230	334635	7780	4078	3702
灵璧县	620634	318616	302018	7347	4006	3341
泗县	456788	233659	223129	4978	2589	2389
宿州马鞍山现代产业园区	18810	9643	9167	233	122	111
宿州经济技术开发区						
六安市	**2263353**	**1192763**	**1070590**	**18912**	**10272**	**8640**
金安区	326637	171600	155037	2767	1453	1314
裕安区	461704	241989	219715	4264	2353	1911
叶集区	110485	58574	51911	1001	548	453
霍邱县	610728	321095	289633	4327	2397	1930
舒城县	377794	198295	179499	3089	1654	1435
金寨县	288150	154717	133433	2864	1571	1293
霍山县	87855	46493	41362	600	296	304
亳州市	**2873352**	**1480061**	**1393291**	**32545**	**17335**	**15210**
谯城区	786662	404950	381712	8593	4561	4032
涡阳县	722760	372118	350642	8340	4430	3910
蒙城县	621472	320218	301254	8203	4356	3847
利辛县	742458	382775	359683	7409	3988	3421
池州市	**541385**	**283331**	**258054**	**4057**	**2098**	**1959**
贵池区	197938	103081	94857	1437	728	709
东至县	176990	92075	84915	1432	743	689
石台县	46600	24710	21890	375	223	152
青阳县	108094	57466	50628	711	350	361
池州市国家经济技术开发区						
皖江江南新兴产业集中区						
九华山风景区	11763	5999	5764	102	54	48
宣城市	**979579**	**521196**	**458383**	**6378**	**3342**	**3036**
宣州区	313105	163818	149287	2011	1068	943
郎溪县	114114	60247	53867	797	433	364
泾县	130269	71797	58472	873	440	433
绩溪县	56165	29780	26385	325	179	146
旌德县	47665	26224	21441	367	188	179
宣城市经济开发区	20125	10842	9283	96	52	44
宁国市	113653	61672	51981	551	280	271
广德市	184483	96816	87667	1358	702	656

1-5c　续表 3　　　　单位：人

地　区	1-4岁			5-9岁			10-14岁		
	小计	男	女	小计	男	女	小计	男	女
安　徽	**1229378**	**652624**	**576754**	**1820214**	**979529**	**840685**	**1817551**	**992038**	**825513**
合肥市	**60022**	**31994**	**28028**	**67479**	**36458**	**31021**	**74962**	**40983**	**33979**
瑶海区	1782	954	828	1774	964	810	1150	675	475
庐阳区	245	120	125	227	125	102	195	108	87
蜀山区	360	192	168	411	227	184	335	165	170
包河区	232	119	113	270	167	103	323	188	135
长丰县	13072	6975	6097	13723	7449	6274	14896	8165	6731
肥东县	7596	3986	3610	8291	4538	3753	11478	6427	5051
肥西县	13675	7357	6318	14305	7618	6687	13841	7387	6454
庐江县	15570	8380	7190	19346	10483	8863	22071	12133	9938
合肥高新技术产业开发区	9	4	5	5	3	2	3	1	2
合肥经济技术开发区	236	138	98	285	154	131	292	158	134
合肥新站高新技术产业开发区	168	81	87	201	112	89	141	79	62
巢湖市	7077	3688	3389	8641	4618	4023	10237	5497	4740
芜湖市	**36212**	**19353**	**16859**	**44813**	**24119**	**20694**	**47652**	**26164**	**21488**
镜湖区	794	394	400	869	452	417	840	406	434
弋江区									
鸠江区	6159	3329	2830	7387	4109	3278	7613	4350	3263
三山区	1584	814	770	1819	967	852	1738	918	820
芜湖县	3361	1765	1596	3749	1945	1804	3667	1838	1829
繁昌县	2531	1312	1219	3071	1531	1540	3068	1549	1519
南陵县	6177	3277	2900	7663	3991	3672	8441	4425	4016
芜湖经济技术开发区	103	56	47	109	67	42	93	48	45
安徽芜湖长江大桥经济开发区	365	184	181	424	222	202	410	208	202
无为市	15138	8222	6916	19722	10835	8887	21782	12422	9360
蚌埠市	**84174**	**44664**	**39510**	**140352**	**74865**	**65487**	**126345**	**67594**	**58751**
龙子湖区	1884	1007	877	2757	1483	1274	2559	1395	1164
蚌山区	808	437	371	1221	686	535	1042	568	474
禹会区	5427	2868	2559	8992	4847	4145	9167	4893	4274
淮上区	5440	2913	2527	9069	4962	4107	7049	3784	3265
怀远县	32485	17278	15207	58850	31042	27808	59059	31291	27768
五河县	17504	9207	8297	24172	12986	11186	20895	11304	9591
固镇县	20626	10954	9672	35291	18859	16432	26574	14359	12215
蚌埠市高新技术开发区									
蚌埠市经济开发区									
淮南市	**60448**	**32424**	**28024**	**94612**	**53245**	**41367**	**101682**	**57339**	**44343**
大通区	2216	1161	1055	3455	1878	1577	3284	1713	1571
田家庵区	1493	773	720	2425	1316	1109	2397	1275	1122
谢家集区	2362	1247	1115	3371	1775	1596	3331	1827	1504
八公山区	208	106	102	299	158	141	303	168	135
潘集区	11577	6188	5389	14020	7905	6115	12369	6940	5429
凤台县	21279	11425	9854	39217	21905	17312	37302	20861	16441
寿县	21313	11524	9789	31825	18308	13517	42696	24555	18141

1-5c 续表 4

单位：人

地　区	1-4岁			5-9岁			10-14岁		
	小计	男	女	小计	男	女	小计	男	女
马鞍山市	**24817**	**13306**	**11511**	**28866**	**15858**	**13008**	**29270**	**16230**	**13040**
花山区	217	110	107	270	123	147	242	120	122
雨山区	396	218	178	442	242	200	401	201	200
博望区	2887	1530	1357	3115	1716	1399	3593	1921	1672
当涂县	7094	3746	3348	7890	4148	3742	6961	3594	3367
含山县	6025	3247	2778	7205	4062	3143	7501	4389	3112
和县	8198	4455	3743	9944	5567	4377	10572	6005	4567
淮北市	**43347**	**22926**	**20421**	**59955**	**31908**	**28047**	**49117**	**27273**	**21844**
杜集区	2538	1344	1194	3632	1973	1659	3547	1923	1624
相山区	2393	1259	1134	3682	1991	1691	3503	1976	1527
烈山区	6166	3231	2935	8533	4560	3973	6404	3530	2874
濉溪县	32250	17092	15158	44108	23384	20724	35663	19844	15819
铜陵市	**16593**	**8754**	**7839**	**19264**	**10146**	**9118**	**22417**	**12022**	**10395**
铜官区	395	198	197	482	271	211	419	207	212
义安区	3457	1779	1678	3932	1949	1983	4407	2211	2196
郊区	4245	2286	1959	4724	2538	2186	5560	3035	2525
枞阳县	8496	4491	4005	10126	5388	4738	12031	6569	5462
安庆市	**83312**	**43880**	**39432**	**99405**	**52874**	**46531**	**99176**	**53802**	**45374**
迎江区	269	132	137	166	88	78	161	81	80
大观区	1483	766	717	1889	959	930	1860	1033	827
宜秀区	947	511	436	1004	525	479	1004	522	482
怀宁县	11199	5978	5221	11624	6286	5338	11373	6217	5156
太湖县	12109	6274	5835	14038	7426	6612	13127	7069	6058
宿松县	16390	8808	7582	25703	13952	11751	28406	15985	12421
望江县	17465	9195	8270	18770	9877	8893	16637	8800	7837
岳西县	8993	4670	4323	10713	5699	5014	9989	5250	4739
安徽安庆经济开发区	136	64	72	123	57	66	116	53	63
桐城市	6327	3328	2999	6773	3484	3289	7491	4019	3472
潜山市	7994	4154	3840	8602	4521	4081	9012	4773	4239
黄山市	**20100**	**10338**	**9762**	**21011**	**10780**	**10231**	**21641**	**11210**	**10431**
屯溪区	983	499	484	1195	588	607	924	457	467
黄山区	1887	946	941	1943	974	969	2048	1041	1007
徽州区	1243	614	629	1261	633	628	1149	581	568
歙县	7399	3868	3531	7622	3963	3659	8561	4421	4140
休宁县	4654	2377	2277	4884	2472	2412	4710	2505	2205
黟县	1346	719	627	1411	716	695	1474	762	712
祁门县	2588	1315	1273	2695	1434	1261	2775	1443	1332
滁州市	**62005**	**32847**	**29158**	**72880**	**39287**	**33593**	**75019**	**41047**	**33972**
琅琊区	326	162	164	375	198	177	328	165	163
南谯区	3383	1715	1668	3622	1844	1778	2748	1450	1298
来安县	5793	2972	2821	6848	3605	3243	7136	3720	3416
全椒县	4150	2184	1966	4267	2235	2032	3997	2207	1790
定远县	17360	9350	8010	20013	11024	8989	21889	12359	9530
凤阳县	17500	9430	8070	21875	12046	9829	21669	12053	9616
苏滁现代产业园									
滁州经济技术开发区	456	248	208	494	257	237	330	175	155
天长市	4823	2556	2267	4922	2569	2353	4660	2477	2183
明光市	8214	4230	3984	10464	5509	4955	12262	6441	5821

1-5c　续表 5　　　　单位：人

地　区	1-4岁			5-9岁			10-14岁		
	小计	男	女	小计	男	女	小计	男	女
阜阳市	**268095**	**141279**	**126816**	**440149**	**234910**	**205239**	**431405**	**234907**	**196498**
颍州区	19565	10230	9335	29134	15478	13656	24261	13225	11036
颍东区	16543	8709	7834	26968	14531	12437	25059	13907	11152
颍泉区	17162	8964	8198	28315	15084	13231	27031	14809	12222
临泉县	65993	34418	31575	106079	55653	50426	101490	54557	46933
太和县	38430	20733	17697	67655	36848	30807	70267	38660	31607
阜南县	49341	25991	23350	77558	41046	36512	77424	41410	36014
颍上县	37304	20085	17219	68504	37133	31371	76081	41858	34223
阜阳合肥现代产业园区	2371	1267	1104	3724	1968	1756	2865	1548	1317
阜阳经济技术开发区	1493	756	737	2229	1172	1057	1504	835	669
界首市	19893	10126	9767	29983	15997	13986	25423	14098	11325
宿州市	**174885**	**92397**	**82488**	**268850**	**144542**	**124308**	**237407**	**128427**	**108980**
埇桥区	48152	25502	22650	77023	41449	35574	63880	34503	29377
砀山县	23753	12563	11190	30386	16574	13812	27005	15292	11713
萧县	38745	20205	18540	54865	29187	25678	51273	27625	23648
灵璧县	37942	20255	17687	63038	33790	29248	55992	29918	26074
泗县	25023	13204	11819	41725	22559	19166	37873	20365	17508
宿州马鞍山现代产业园区	1270	668	602	1813	983	830	1384	724	660
宿州经济技术开发区									
六安市	**93118**	**50945**	**42173**	**131844**	**74355**	**57489**	**154514**	**88397**	**66117**
金安区	13534	7289	6245	15452	8436	7016	17436	9644	7792
裕安区	21783	12096	9687	26292	14926	11366	27710	15744	11966
叶集区	5156	2890	2266	8157	4886	3271	8616	5139	3477
霍邱县	24732	13550	11182	48753	27745	21008	61687	35772	25915
舒城县	14322	7606	6716	16203	8614	7589	17435	9274	8161
金寨县	11084	6162	4922	14332	8315	6017	18624	11239	7385
霍山县	2507	1352	1155	2655	1433	1222	3006	1585	1421
亳州市	**155525**	**83156**	**72369**	**277031**	**148582**	**128449**	**285624**	**155198**	**130426**
谯城区	41519	22180	19339	68020	37195	30825	62727	35273	27454
涡阳县	37502	20070	17432	72257	38865	33392	76245	41392	34853
蒙城县	37057	19952	17105	64779	34512	30267	67442	36339	31103
利辛县	39447	20954	18493	71975	38010	33965	79210	42194	37016
池州市	**19038**	**9994**	**9044**	**22027**	**11333**	**10694**	**24381**	**12546**	**11835**
贵池区	6449	3384	3065	7210	3716	3494	8514	4408	4106
东至县	7178	3770	3408	8604	4415	4189	8463	4370	4093
石台县	1577	833	744	1667	871	796	1877	939	938
青阳县	3282	1742	1540	3875	1970	1905	4871	2492	2379
池州市国家经济技术开发区									
皖江江南新兴产业集中区									
九华山风景区	552	265	287	671	361	310	656	337	319
宣城市	**27687**	**14367**	**13320**	**31676**	**16267**	**15409**	**36939**	**18899**	**18040**
宣州区	8925	4710	4215	11252	5762	5490	13770	7023	6747
郎溪县	3657	1904	1753	4248	2232	2016	5090	2584	2506
泾县	3498	1822	1676	3668	1877	1791	4017	2037	1980
绩溪县	1552	779	773	1363	679	684	1477	773	704
旌德县	1426	732	694	1406	735	671	1644	876	768
宣城市经济开发区	428	214	214	591	310	281	604	277	327
宁国市	2278	1170	1108	2382	1194	1188	2216	1126	1090
广德市	5923	3036	2887	6766	3478	3288	8121	4203	3918

1—5c 续表 6

单位：人

地　区	15—19岁			20—24岁			25—29岁		
	小计	男	女	小计	男	女	小计	男	女
安　徽	**992861**	**565007**	**427854**	**1007665**	**559713**	**447952**	**1477324**	**794182**	**683142**
合肥市	**65611**	**38293**	**27318**	**79344**	**44560**	**34784**	**87469**	**49354**	**38115**
瑶海区	572	344	228	1471	782	689	2863	1495	1368
庐阳区	88	46	42	145	84	61	270	153	117
蜀山区	807	708	99	994	840	154	720	463	257
包河区	130	70	60	269	167	102	330	204	126
长丰县	13675	8319	5356	13535	7888	5647	18310	10003	8307
肥东县	11616	7380	4236	12709	7708	5001	15113	8859	6254
肥西县	19765	10753	9012	27755	14473	13282	18940	10811	8129
庐江县	13578	7742	5836	15232	8522	6710	18887	10497	8390
合肥高新技术产业开发区	4	4		14	9	5	21	15	6
合肥经济技术开发区	155	91	64	260	156	104	302	164	138
合肥新站高新技术产业开发区	90	48	42	227	148	79	540	343	197
巢湖市	5131	2788	2343	6733	3783	2950	11173	6347	4826
芜湖市	**31177**	**17778**	**13399**	**36414**	**20767**	**15647**	**59335**	**33538**	**25797**
镜湖区	344	183	161	611	337	274	1336	724	612
弋江区									
鸠江区	3670	2178	1492	5602	3250	2352	8919	4850	4069
三山区	866	502	364	1246	687	559	2831	1571	1260
芜湖县	1912	1034	878	3585	2038	1547	5902	3397	2505
繁昌县	4249	2289	1960	2963	1625	1338	5315	3128	2187
南陵县	5366	2961	2405	6322	3501	2821	9470	5333	4137
芜湖经济技术开发区	46	26	20	120	64	56	210	108	102
安徽芜湖长江大桥经济开发区	167	95	72	283	149	134	625	345	280
无为市	14557	8510	6047	15682	9116	6566	24727	14082	10645
蚌埠市	**56857**	**31747**	**25110**	**56219**	**30540**	**25679**	**93224**	**48855**	**44369**
龙子湖区	1154	626	528	1671	909	762	2452	1271	1181
蚌山区	559	320	239	643	360	283	1118	589	529
禹会区	4996	2562	2434	4588	2490	2098	7545	4044	3501
淮上区	2859	1607	1252	3697	2058	1639	6644	3414	3230
怀远县	24338	13528	10810	23401	12764	10637	35084	18523	16561
五河县	10162	5927	4235	10816	5941	4875	20316	10737	9579
固镇县	12789	7177	5612	11403	6018	5385	20065	10277	9788
蚌埠市高新技术开发区									
蚌埠市经济开发区									
淮南市	**44003**	**25647**	**18356**	**40139**	**22332**	**17807**	**62360**	**33584**	**28776**
大通区	1471	799	672	2030	1119	911	2908	1553	1355
田家庵区	980	567	413	1150	643	507	2023	1071	952
谢家集区	1442	801	641	1908	1069	839	2887	1533	1354
八公山区	171	112	59	226	124	102	303	174	129
潘集区	4911	2818	2093	6303	3504	2799	12751	6662	6089
凤台县	14600	8807	5793	13759	7807	5952	22753	12150	10603
寿县	20428	11743	8685	14763	8066	6697	18735	10441	8294

1-5c　续表 7　　　　　　　　　　　　　　　　　　　　　　　　　　　　　　　单位：人

地　　区	15-19岁			20-24岁			25-29岁		
	小计	男	女	小计	男	女	小计	男	女
马鞍山市	**17920**	**10356**	**7564**	**23849**	**14111**	**9738**	**40166**	**22911**	**17255**
花山区	176	97	79	339	185	154	499	285	214
雨山区	297	171	126	477	269	208	835	461	374
博望区	2261	1296	965	2776	1611	1165	4644	2720	1924
当涂县	4307	2468	1839	5749	3292	2457	12421	7000	5421
含山县	4403	2467	1936	5853	3565	2288	9466	5450	4016
和县	6476	3857	2619	8655	5189	3466	12301	6995	5306
淮北市	**24931**	**13554**	**11377**	**33779**	**18028**	**15751**	**51835**	**26922**	**24913**
杜集区	1164	649	515	2000	1054	946	3836	2075	1761
相山区	1401	790	611	2330	1273	1057	3435	1757	1678
烈山区	6925	2896	4029	5996	2926	3070	7396	3887	3509
濉溪县	15441	9219	6222	23453	12775	10678	37168	19203	17965
铜陵市	**14427**	**8111**	**6316**	**15735**	**8624**	**7111**	**21951**	**12192**	**9759**
铜官区	2105	1171	934	414	211	203	632	321	311
义安区	2234	1217	1017	3404	1841	1563	4862	2660	2202
郊区	2816	1600	1216	3539	1959	1580	4553	2431	2122
枞阳县	7272	4123	3149	8378	4613	3765	11904	6780	5124
安庆市	**55170**	**31440**	**23730**	**64034**	**36156**	**27878**	**100500**	**56455**	**44045**
迎江区	157	83	74	350	184	166	410	256	154
大观区	787	437	350	1387	775	612	1855	1046	809
宜秀区	491	276	215	968	545	423	1429	848	581
怀宁县	6948	4075	2873	10109	5877	4232	14728	8351	6377
太湖县	6740	3693	3047	8098	4573	3525	14049	7779	6270
宿松县	15003	9156	5847	14049	8437	5612	21850	12843	9007
望江县	8965	4933	4032	9351	5013	4338	16281	8781	7500
岳西县	5050	2688	2362	6536	3551	2985	9517	5083	4434
安徽安庆经济开发区	50	28	22	132	66	66	218	120	98
桐城市	5754	3141	2613	6530	3626	2904	9674	5468	4206
潜山市	5225	2930	2295	6524	3509	3015	10489	5880	4609
黄山市	**10771**	**5780**	**4991**	**15100**	**8119**	**6981**	**27931**	**15409**	**12522**
屯溪区	391	227	164	658	335	323	1381	665	716
黄山区	812	427	385	1547	896	651	2964	1621	1343
徽州区	631	321	310	720	363	357	1675	897	778
歙县	4434	2330	2104	5322	2802	2520	9995	5561	4434
休宁县	2347	1286	1061	3594	1915	1679	6115	3295	2820
黟县	684	376	308	1123	617	506	2250	1281	969
祁门县	1472	813	659	2136	1191	945	3551	2089	1462
滁州市	**60802**	**33343**	**27459**	**68618**	**38750**	**29868**	**97257**	**54710**	**42547**
琅琊区	254	138	116	382	216	166	539	311	228
南谯区	7917	2802	5115	5417	2312	3105	6142	3432	2710
来安县	4116	2282	1834	6463	3620	2843	10693	6077	4616
全椒县	3185	1912	1273	5790	3415	2375	8549	4972	3577
定远县	15727	9459	6268	15852	9351	6501	26360	14873	11487
凤阳县	13261	7638	5623	16280	9295	6985	22212	12214	9998
苏滁现代产业园									
滁州经济技术开发区	2487	1683	804	2561	1844	717	2955	1977	978
天长市	4013	2237	1776	6834	3792	3042	8561	4807	3754
明光市	9842	5192	4650	9039	4905	4134	11246	6047	5199

1-5c 续表 8 单位：人

地区	15-19岁			20-24岁			25-29岁		
	小计	男	女	小计	男	女	小计	男	女
阜阳市	**252091**	**141296**	**110795**	**214009**	**117226**	**96783**	**299793**	**156035**	**143758**
颍州区	12087	6813	5274	11630	6076	5554	19947	10092	9855
颍东区	11539	6510	5029	11306	6085	5221	18415	9614	8801
颍泉区	13071	7371	5700	11744	6308	5436	18476	9554	8922
临泉县	65633	36141	29492	63585	34254	29331	71453	36703	34750
太和县	42481	24599	17882	30680	17781	12899	44484	23719	20765
阜南县	52844	29038	23806	41500	22324	19176	57058	29661	27397
颍上县	38900	22045	16855	29210	16428	12782	43597	22945	20652
阜阳合肥现代产业园区	1491	830	661	1285	676	609	2937	1407	1530
阜阳经济技术开发区	766	428	338	841	438	403	1885	954	931
界首市	13279	7521	5758	12228	6856	5372	21541	11386	10155
宿州市	**90278**	**51974**	**38304**	**119694**	**65299**	**54395**	**203511**	**106367**	**97144**
埇桥区	28470	15865	12605	33511	18494	15017	56814	30116	26698
砀山县	10056	6201	3855	16262	9214	7048	27996	14449	13547
萧县	19938	11809	8129	29055	16007	13048	47670	25102	22568
灵璧县	17152	9937	7215	23174	12469	10705	40060	20567	19493
泗县	14144	7841	6303	16918	8686	8232	29379	15347	14032
宿州马鞍山现代产业园区	518	321	197	774	429	345	1592	786	806
宿州经济技术开发区									
六安市	**87091**	**51601**	**35490**	**79453**	**44556**	**34897**	**109189**	**59591**	**49598**
金安区	13343	7872	5471	13340	7848	5492	16665	9017	7648
裕安区	15894	9594	6300	17732	10100	7632	25797	13961	11836
叶集区	4381	2751	1630	3697	2031	1666	5718	3012	2706
霍邱县	28810	16720	12090	17924	9497	8427	25328	13321	12007
舒城县	10999	6193	4806	12914	7065	5849	20033	11386	8647
金寨县	11989	7496	4493	10582	6212	4370	11680	6588	5092
霍山县	1675	975	700	3264	1803	1461	3968	2306	1662
亳州市	**146944**	**85195**	**61749**	**116334**	**66191**	**50143**	**160543**	**84504**	**76039**
谯城区	32241	19450	12791	34589	19675	14914	44264	22990	21274
涡阳县	39278	22907	16371	28060	16024	12036	40024	21073	18951
蒙城县	32057	18549	13508	23856	13430	10426	35161	18398	16763
利辛县	43368	24289	19079	29829	17062	12767	41094	22043	19051
池州市	**13805**	**7610**	**6195**	**16489**	**8919**	**7570**	**23930**	**13166**	**10764**
贵池区	4032	2229	1803	5687	3098	2589	9144	5184	3960
东至县	5370	2967	2403	5971	3250	2721	8004	4360	3644
石台县	732	397	335	1268	682	586	1948	1042	906
青阳县	3460	1908	1552	3178	1708	1470	4153	2246	1907
池州市国家经济技术开发区									
皖江江南新兴产业集中区									
九华山风景区	211	109	102	385	181	204	681	334	347
宣城市	**20983**	**11282**	**9701**	**28455**	**15535**	**12920**	**38330**	**20589**	**17741**
宣州区	6647	3604	3043	10240	5569	4671	12968	6955	6013
郎溪县	3441	1803	1638	4193	2268	1925	5260	2859	2401
泾县	1881	980	901	2895	1651	1244	4584	2448	2136
绩溪县	702	386	316	1170	621	549	1873	1082	791
旌德县	784	448	336	940	541	399	1729	932	797
宣城市经济开发区	2720	1467	1253	825	471	354	1057	598	459
宁国市	1240	663	577	2520	1385	1135	3424	1820	1604
广德市	3568	1931	1637	5672	3029	2643	7435	3895	3540

1-5c　续表 9　　　　单位：人

地　区	30-34岁			35-39岁			40-44岁		
	小计	男	女	小计	男	女	小计	男	女
安　徽	**1603738**	**834190**	**769548**	**1143088**	**601778**	**541310**	**1318492**	**701459**	**617033**
合肥市	**98761**	**53153**	**45608**	**74237**	**41383**	**32854**	**81223**	**44697**	**36526**
瑶海区	3141	1578	1563	1993	1053	940	1479	794	685
庐阳区	402	214	188	325	181	144	248	148	100
蜀山区	783	484	299	599	388	211	586	334	252
包河区	465	272	193	351	207	144	465	273	192
长丰县	20023	10540	9483	14670	8182	6488	16733	9259	7474
肥东县	11694	6549	5145	10220	6054	4166	13670	7982	5688
肥西县	24404	13223	11181	18320	10300	8020	17658	9746	7912
庐江县	25841	13928	11913	17904	9604	8300	19559	10193	9366
合肥高新技术产业开发区	16	10	6	12	8	4	12	7	5
合肥经济技术开发区	393	205	188	339	186	153	320	171	149
合肥新站高新技术产业开发区	439	261	178	292	192	100	319	205	114
巢湖市	11160	5889	5271	9212	5028	4184	10174	5585	4589
芜湖市	**54386**	**28947**	**25439**	**39046**	**20325**	**18721**	**52442**	**27731**	**24711**
镜湖区	1262	641	621	967	495	472	1181	610	571
弋江区									
鸠江区	7494	3750	3744	5713	2877	2836	7069	3629	3440
三山区	2537	1302	1235	1580	765	815	2603	1369	1234
芜湖县	5743	3078	2665	3892	2064	1828	5783	3213	2570
繁昌县	5497	3135	2362	3039	1660	1379	4936	2713	2223
南陵县	10417	5521	4896	8389	4413	3976	10458	5640	4818
芜湖经济技术开发区	195	96	99	128	68	60	151	61	90
安徽芜湖长江大桥经济开发区	532	258	274	313	165	148	493	232	261
无为市	20709	11166	9543	15025	7818	7207	19768	10264	9504
蚌埠市	**103776**	**52887**	**50889**	**66815**	**35384**	**31431**	**73831**	**39876**	**33955**
龙子湖区	3391	1717	1674	2249	1253	996	2050	1115	935
蚌山区	1499	799	700	870	466	404	916	492	424
禹会区	8247	4104	4143	5378	2867	2511	6155	3298	2857
淮上区	7340	3678	3662	4897	2559	2338	4965	2666	2299
怀远县	39474	20188	19286	26342	13784	12558	29497	16239	13258
五河县	17343	9019	8324	11705	6278	5427	13013	7087	5926
固镇县	26482	13382	13100	15374	8177	7197	17235	8979	8256
蚌埠市高新技术开发区									
蚌埠市经济开发区									
淮南市	**79464**	**40269**	**39195**	**59722**	**31218**	**28504**	**60477**	**32480**	**27997**
大通区	3297	1691	1606	2411	1317	1094	2415	1305	1110
田家庵区	2222	1102	1120	1460	780	680	1597	854	743
谢家集区	2956	1467	1489	2233	1131	1102	2421	1259	1162
八公山区	401	180	221	310	161	149	306	140	166
潘集区	14888	7853	7035	10083	5496	4587	9994	5604	4390
凤台县	30324	15214	15110	20488	10426	10062	20748	11271	9477
寿县	25376	12762	12614	22737	11907	10830	22996	12047	10949

1－5c 续表 10 单位：人

地区	30－34岁			35－39岁			40－44岁		
	小计	男	女	小计	男	女	小计	男	女
马鞍山市	**35950**	**19179**	**16771**	**25529**	**13867**	**11662**	**31467**	**17040**	**14427**
花山区	588	336	252	374	202	172	434	239	195
雨山区	814	439	375	511	274	237	625	327	298
博望区	4391	2363	2028	3428	1861	1567	4121	2174	1947
当涂县	11914	6267	5647	7546	4022	3524	9080	4942	4138
含山县	8061	4354	3707	6289	3533	2756	7177	3949	3228
和县	10182	5420	4762	7381	3975	3406	10030	5409	4621
淮北市	**49982**	**24843**	**25139**	**33005**	**17361**	**15644**	**38528**	**20395**	**18133**
杜集区	4141	2126	2015	2906	1507	1399	3041	1520	1521
相山区	3397	1640	1757	2352	1157	1195	3161	1626	1535
烈山区	7688	4003	3685	4681	2460	2221	5400	2815	2585
濉溪县	34756	17074	17682	23066	12237	10829	26926	14434	12492
铜陵市	**22898**	**12058**	**10840**	**17316**	**8925**	**8391**	**22189**	**11583**	**10606**
铜官区	748	367	381	557	270	287	577	295	282
义安区	5806	3055	2751	4542	2442	2100	5517	3004	2513
郊区	5092	2544	2548	3905	1959	1946	4979	2563	2416
枞阳县	11252	6092	5160	8312	4254	4058	11116	5721	5395
安庆市	**106629**	**57899**	**48730**	**79300**	**41799**	**37501**	**96913**	**50552**	**46361**
迎江区	451	273	178	279	163	116	343	195	148
大观区	2255	1228	1027	1506	834	672	1880	1006	874
宜秀区	1395	761	634	881	471	410	1313	677	636
怀宁县	14830	8164	6666	10208	5615	4593	12360	6548	5812
太湖县	14928	7867	7061	11558	5886	5672	12838	6697	6141
宿松县	20755	11684	9071	15727	8434	7293	17639	9201	8438
望江县	16680	8820	7860	13121	6830	6291	16706	8671	8035
岳西县	13843	7258	6585	10137	5335	4802	11744	6073	5671
安徽安庆经济开发区	249	123	126	127	71	56	197	108	89
桐城市	10824	6004	4820	7711	4024	3687	10763	5577	5186
潜山市	10419	5717	4702	8045	4136	3909	11130	5799	5331
黄山市	**31172**	**17850**	**13322**	**22066**	**12725**	**9341**	**27464**	**15672**	**11792**
屯溪区	1861	936	925	1165	601	564	1348	695	653
黄山区	3404	1903	1501	2452	1415	1037	3043	1717	1326
徽州区	2035	1078	957	1304	706	598	1585	854	731
歙县	10569	6258	4311	7244	4128	3116	9300	5405	3895
休宁县	7309	4052	3257	5007	2844	2163	5905	3361	2544
黟县	2391	1339	1052	1914	1127	787	2355	1301	1054
祁门县	3603	2284	1319	2980	1904	1076	3928	2339	1589
滁州市	**91800**	**50106**	**41694**	**56565**	**31069**	**25496**	**75327**	**41115**	**34212**
琅琊区	730	425	305	441	248	193	480	284	196
南谯区	7045	3940	3105	3767	2177	1590	4547	2573	1974
来安县	10382	5778	4604	6067	3411	2656	8258	4342	3916
全椒县	7200	4146	3054	4214	2417	1797	5204	2829	2375
定远县	21426	11451	9975	13368	7403	5965	17799	10029	7770
凤阳县	22207	11782	10425	14727	8045	6682	17377	9563	7814
苏滁现代产业园									
滁州经济技术开发区	2719	1645	1074	1333	760	573	1069	508	561
天长市	8554	4758	3796	4258	2257	2001	7908	4160	3748
明光市	11537	6181	5356	8390	4351	4039	12685	6827	5858

1-5c　续表 11　　单位：人

地　　区	30-34岁			35-39岁			40-44岁		
	小计	男	女	小计	男	女	小计	男	女
阜阳市	**324183**	**164175**	**160008**	**239334**	**122731**	**116603**	**262680**	**138176**	**124504**
颍州区	22955	11219	11736	15245	7779	7466	15266	7988	7278
颍东区	18976	9382	9594	15116	7671	7445	15397	8124	7273
颍泉区	20551	10212	10339	15445	7753	7692	15217	7831	7386
临泉县	74369	38149	36220	55853	28394	27459	69446	35672	33774
太和县	52232	26423	25809	38533	19362	19171	45495	24011	21484
阜南县	57809	30091	27718	39352	20931	18421	42863	22799	20064
颍上县	45081	22598	22483	36743	18995	17748	36625	19697	16928
阜阳合肥现代产业园区	3468	1706	1762	2174	1128	1046	1748	959	789
阜阳经济技术开发区	2177	1055	1122	1486	756	730	1323	665	658
界首市	26565	13340	13225	19387	9962	9425	19300	10430	8870
宿州市	**206872**	**107143**	**99729**	**135640**	**71036**	**64604**	**152217**	**79786**	**72431**
埇桥区	62583	33093	29490	37244	19941	17303	41185	21869	19316
砀山县	26008	13467	12541	18047	9159	8888	21108	10660	10448
萧县	43423	22413	21010	32287	16604	15683	36451	18976	17475
灵璧县	45228	22885	22343	28061	15043	13018	27212	14423	12789
泗县	28147	14536	13611	19188	9873	9315	25371	13367	12004
宿州马鞍山现代产业园区	1483	749	734	813	416	397	890	491	399
宿州经济技术开发区									
六安市	**131216**	**68105**	**63111**	**100130**	**52148**	**47982**	**106070**	**54597**	**51473**
金安区	19773	10244	9529	14400	7642	6758	14340	7344	6996
裕安区	30721	15583	15138	21509	10808	10701	22684	11428	11256
叶集区	7754	3905	3849	5409	2814	2595	4675	2373	2302
霍邱县	35076	17543	17533	30668	15844	14824	28878	14766	14112
舒城县	19838	10832	9006	13973	7484	6489	16846	8798	8048
金寨县	13864	7522	6342	11514	6081	5433	14803	7842	6961
霍山县	4190	2476	1714	2657	1475	1182	3844	2046	1798
亳州市	**190450**	**96197**	**94253**	**136256**	**70261**	**65995**	**159481**	**84455**	**75026**
谯城区	58047	29180	28867	36931	19115	17816	44646	22995	21651
涡阳县	46509	23286	23223	37142	18990	18152	42290	22476	19814
蒙城县	39362	19873	19489	27092	14077	13015	31777	17300	14477
利辛县	46532	23858	22674	35091	18079	17012	40768	21684	19084
池州市	**28368**	**15269**	**13099**	**20751**	**11271**	**9480**	**27732**	**15448**	**12284**
贵池区	10047	5583	4464	6539	3558	2981	9139	5034	4105
东至县	10274	5472	4802	7304	4027	3277	10069	5742	4327
石台县	2133	1190	943	1633	869	764	2225	1227	998
青阳县	4922	2542	2380	4501	2427	2074	5581	3099	2482
池州市国家经济技术开发区									
皖江江南新兴产业集中区									
九华山风景区	992	482	510	774	390	384	718	346	372
宣城市	**47831**	**26110**	**21721**	**37376**	**20275**	**17101**	**50451**	**27856**	**22595**
宣州区	15432	8173	7259	11757	6117	5640	15908	8467	7441
郎溪县	6065	3256	2809	4457	2311	2146	7034	3817	3217
泾县	5910	3381	2529	5078	2928	2150	6285	3683	2602
绩溪县	2393	1440	953	2155	1358	797	2128	1276	852
旌德县	2405	1396	1009	2035	1230	805	2108	1246	862
宣城市经济开发区	1280	700	580	946	517	429	1044	557	487
宁国市	4791	2809	1982	3351	2024	1327	4364	2527	1837
广德市	9555	4955	4600	7597	3790	3807	11580	6283	5297

1-5c 续表 12　　单位：人

地区	45-49岁			50-54岁			55-59岁		
	小计	男	女	小计	男	女	小计	男	女
安　徽	**1977412**	**1019672**	**957740**	**2571104**	**1276156**	**1294948**	**2069835**	**1040026**	**1029809**
合肥市	**130816**	**69529**	**61287**	**175996**	**91110**	**84886**	**146595**	**75679**	**70916**
瑶海区	1640	831	809	1848	866	982	1246	585	661
庐阳区	329	191	138	560	293	267	477	235	242
蜀山区	1015	543	472	1472	825	647	1312	743	569
包河区	690	393	297	860	500	360	617	353	264
长丰县	25226	13025	12201	32281	16451	15830	25569	13176	12393
肥东县	21390	11828	9562	26627	14242	12385	23800	12336	11464
肥西县	26518	14330	12188	34558	18312	16246	29032	15397	13635
庐江县	34927	18349	16578	49268	24923	24345	41298	21052	20246
合肥高新技术产业开发区	22	10	12	24	13	11	14	10	4
合肥经济技术开发区	709	380	329	896	470	426	741	372	369
合肥新站高新技术产业开发区	459	292	167	614	403	211	441	293	148
巢湖市	17891	9357	8534	26988	13812	13176	22048	11127	10921
芜湖市	**92003**	**47781**	**44222**	**120994**	**63228**	**57766**	**94256**	**49166**	**45090**
镜湖区	2055	1073	982	2378	1214	1164	1841	968	873
弋江区									
鸠江区	11226	5699	5527	15997	8170	7827	12221	6199	6022
三山区	4143	2144	1999	5322	2733	2589	3626	1874	1752
芜湖县	10179	5443	4736	13423	7185	6238	9386	5037	4349
繁昌县	9589	4981	4608	13313	7120	6193	10400	5429	4971
南陵县	18777	9890	8887	24020	12974	11046	18677	9965	8712
芜湖经济技术开发区	262	129	133	380	189	191	385	212	173
安徽芜湖长江大桥经济开发区	810	407	403	994	517	477	670	340	330
无为市	34962	18015	16947	45167	23126	22041	37050	19142	17908
蚌埠市	**110870**	**57896**	**52974**	**140017**	**66016**	**74001**	**108104**	**53015**	**55089**
龙子湖区	2998	1540	1458	3900	1907	1993	2889	1439	1450
蚌山区	1357	746	611	1639	807	832	1278	614	664
禹会区	8598	4553	4045	9633	4708	4925	7194	3523	3671
淮上区	8420	4375	4045	9430	4524	4906	7093	3486	3607
怀远县	40668	21531	19137	52563	24350	28213	41251	20049	21202
五河县	22156	11224	10932	29487	14096	15391	23763	12050	11713
固镇县	26673	13927	12746	33365	15624	17741	24636	11854	12782
蚌埠市高新技术开发区									
蚌埠市经济开发区									
淮南市	**86518**	**44756**	**41762**	**109692**	**53257**	**56435**	**85566**	**42142**	**43424**
大通区	3393	1692	1701	4147	2001	2146	3308	1669	1639
田家庵区	2177	1084	1093	2568	1260	1308	1852	886	966
谢家集区	3850	1966	1884	4722	2259	2463	3484	1723	1761
八公山区	540	251	289	708	328	380	496	242	254
潘集区	13989	7340	6649	16534	8360	8174	12653	6294	6359
凤台县	26930	14173	12757	36560	17187	19373	26932	12807	14125
寿县	35639	18250	17389	44453	21862	22591	36841	18521	18320

1-5c 续表 13 单位：人

地区	45-49岁			50-54岁			55-59岁		
	小计	男	女	小计	男	女	小计	男	女
马鞍山市	**50978**	**26290**	**24688**	**69776**	**36123**	**33653**	**54671**	**27999**	**26672**
花山区	736	364	372	1383	714	669	1150	623	527
雨山区	1129	607	522	1901	979	922	1439	752	687
博望区	6235	3184	3051	7535	3903	3632	5844	3001	2843
当涂县	14562	7390	7172	19172	9744	9428	15080	7614	7466
含山县	12124	6336	5788	16015	8272	7743	12981	6671	6310
和县	16192	8409	7783	23770	12511	11259	18177	9338	8839
淮北市	**59161**	**29382**	**29779**	**73425**	**35204**	**38221**	**50280**	**24727**	**25553**
杜集区	3683	1850	1833	5150	2500	2650	3600	1682	1918
相山区	4405	2170	2235	5032	2484	2548	2765	1410	1355
烈山区	8519	4242	4277	10724	5181	5543	8133	4063	4070
濉溪县	42554	21120	21434	52519	25039	27480	35782	17572	18210
铜陵市	**39289**	**19671**	**19618**	**49179**	**24326**	**24853**	**44508**	**22336**	**22172**
铜官区	848	435	413	1111	554	557	911	450	461
义安区	10259	5323	4936	14094	7309	6785	12280	6317	5963
郊区	8728	4315	4413	10083	4901	5182	8815	4413	4402
枞阳县	19454	9598	9856	23891	11562	12329	22502	11156	11346
安庆市	**173734**	**87825**	**85909**	**206670**	**103821**	**102849**	**174016**	**87251**	**86765**
迎江区	741	397	344	1014	513	501	1120	563	557
大观区	3414	1821	1593	4233	2218	2015	3584	1877	1707
宜秀区	2624	1328	1296	3269	1610	1659	2674	1392	1282
怀宁县	23669	12038	11631	28984	14492	14492	23679	11624	12055
太湖县	23158	11745	11413	28025	14214	13811	24739	12492	12247
宿松县	33508	17033	16475	37263	18843	18420	30029	14873	15156
望江县	28963	14140	14823	30624	14860	15764	26068	12713	13355
岳西县	19864	10303	9561	23628	12284	11344	21070	11042	10028
安徽安庆经济开发区	330	165	165	407	210	197	357	174	183
桐城市	17962	8892	9070	23984	11900	12084	19717	9757	9960
潜山市	19501	9963	9538	25239	12677	12562	20979	10744	10235
黄山市	**46557**	**25222**	**21335**	**66767**	**35436**	**31331**	**59329**	**31755**	**27574**
屯溪区	1799	929	870	2458	1287	1171	2072	1082	990
黄山区	5331	2861	2470	8502	4585	3917	6900	3802	3098
徽州区	2545	1361	1184	3771	2010	1761	3522	1820	1702
歙县	16035	8752	7283	22887	12198	10689	21074	11378	9696
休宁县	9628	5195	4433	14704	7726	6978	13183	6897	6286
黟县	3972	2169	1803	5578	2920	2658	4998	2695	2303
祁门县	7247	3955	3292	8867	4710	4157	7580	4081	3499
滁州市	**131081**	**67680**	**63401**	**171204**	**86371**	**84833**	**134829**	**70113**	**64716**
琅琊区	993	525	468	1528	808	720	1177	667	510
南谯区	9059	4823	4236	12744	6768	5976	10502	5738	4764
来安县	15462	7872	7590	22958	12090	10868	18907	10111	8796
全椒县	11064	5741	5323	17285	8860	8425	15319	7951	7368
定远县	31600	16239	15361	39313	19227	20086	28648	14421	14227
凤阳县	25515	13231	12284	29975	14540	15435	23018	11469	11549
苏滁现代产业园									
滁州经济技术开发区	1031	501	530	1165	630	535	793	453	340
天长市	16414	8365	8049	22661	11648	11013	18122	9701	8421
明光市	19943	10383	9560	23575	11800	11775	18343	9602	8741

1-5c 续表 14 单位：人

地　区	45-49岁			50-54岁			55-59岁		
	小计	男	女	小计	男	女	小计	男	女
阜阳市	**296256**	**152174**	**144082**	**405621**	**195288**	**210333**	**347247**	**167736**	**179511**
颍州区	19259	9889	9370	27496	13327	14169	22975	11308	11667
颍东区	18019	9331	8688	25390	12371	13019	19764	9696	10068
颍泉区	19158	9736	9422	26975	12799	14176	23197	11026	12171
临泉县	71477	36446	35031	97431	47928	49503	84659	41328	43331
太和县	47686	24496	23190	66753	31930	34823	56131	26685	29446
阜南县	52747	27519	25228	72073	34920	37153	62910	30740	32170
颍上县	43314	21939	21375	54484	25410	29074	48075	22624	25451
阜阳合肥现代产业园区	1920	1016	904	2587	1290	1297	2159	1044	1115
阜阳经济技术开发区	1546	797	749	1669	811	858	1320	671	649
界首市	21130	11005	10125	30763	14502	16261	26057	12614	13443
宿州市	**243033**	**121511**	**121522**	**289892**	**139442**	**150450**	**202607**	**99979**	**102628**
埇桥区	69308	35586	33722	82461	39498	42963	60562	29931	30631
砀山县	30862	15533	15329	37550	18397	19153	22285	10963	11322
萧县	52298	25368	26930	60279	28984	31295	41662	20209	21453
灵璧县	48122	23859	24263	60945	28864	32081	44356	21722	22634
泗县	40889	20380	20509	46755	22830	23925	32528	16545	15983
宿州马鞍山现代产业园区	1554	785	769	1902	869	1033	1214	609	605
宿州经济技术开发区									
六安市	**185292**	**95757**	**89535**	**241929**	**120603**	**121326**	**210288**	**107014**	**103274**
金安区	27135	14000	13135	34457	16861	17596	31390	16134	15256
裕安区	38371	19431	18940	49143	24242	24901	41175	20747	20428
叶集区	9299	4731	4568	12467	6041	6426	9960	4921	5039
霍邱县	45876	23954	21922	56527	27560	28967	49144	24334	24810
舒城县	32618	16867	15751	45486	23353	22133	38810	20242	18568
金寨县	23090	12103	10987	31787	16305	15482	29390	15168	14222
霍山县	8903	4671	4232	12062	6241	5821	10419	5468	4951
亳州市	**189330**	**97892**	**91438**	**256087**	**122580**	**133507**	**194186**	**93281**	**100905**
谯城区	57227	29656	27571	83038	41265	41773	58023	28340	29683
涡阳县	46999	24340	22659	58017	27543	30474	45491	21484	24007
蒙城县	40473	20564	19909	56378	26070	30308	40811	19703	21108
利辛县	44631	23332	21299	58654	27702	30952	49861	23754	26107
池州市	**50055**	**26308**	**23747**	**64680**	**33401**	**31279**	**58567**	**30690**	**27877**
贵池区	18096	9553	8543	24186	12386	11800	21911	11300	10611
东至县	16705	8705	8000	19623	9905	9718	17734	9107	8627
石台县	4497	2347	2150	6158	3198	2960	5471	2984	2487
青阳县	9702	5184	4518	13340	7205	6135	12273	6661	5612
池州市国家经济技术开发区									
皖江江南新兴产业集中区									
九华山风景区	1055	519	536	1373	707	666	1178	638	540
宣城市	**92439**	**49998**	**42441**	**129175**	**69950**	**59225**	**104786**	**57143**	**47643**
宣州区	31881	16765	15116	43171	22849	20322	32316	17554	14762
郎溪县	12659	6819	5840	14621	7902	6719	10383	5643	4740
泾县	10845	6133	4712	17974	10283	7691	14950	8383	6567
绩溪县	3575	1991	1584	6228	3263	2965	6602	3522	3080
旌德县	3632	2111	1521	5539	3150	2389	5697	3131	2566
宣城市经济开发区	1882	1032	850	2317	1253	1064	1821	1024	797
宁国市	8375	4619	3756	15521	8560	6961	14787	8161	6626
广德市	19590	10528	9062	23804	12690	11114	18230	9725	8505

1-5c 续表 15

单位：人

地 区	60-64岁			65-69岁			70-74岁		
	小计	男	女	小计	男	女	小计	男	女
安 徽	**1055307**	**552690**	**502617**	**1746931**	**886981**	**859950**	**1381708**	**701228**	**680480**
合肥市	**74435**	**40139**	**34296**	**141064**	**72756**	**68308**	**117390**	**61664**	**55726**
瑶海区	501	243	258	473	237	236	282	139	143
庐阳区	297	154	143	562	288	274	412	229	183
蜀山区	793	423	370	1529	822	707	1084	590	494
包河区	225	140	85	376	202	174	237	137	100
长丰县	13054	6733	6321	23852	12239	11613	19597	10560	9037
肥东县	13915	7323	6592	28325	14240	14085	23723	12340	11383
肥西县	13240	7185	6055	28499	14419	14080	22907	11961	10946
庐江县	20684	11483	9201	33044	17690	15354	27800	14625	13175
合肥高新技术产业开发区	9	4	5	11	6	5	7	4	3
合肥经济技术开发区	423	227	196	995	502	493	811	431	380
合肥新站高新技术产业开发区	187	119	68	277	164	113	183	123	60
巢湖市	11107	6105	5002	23121	11947	11174	20347	10525	9822
芜湖市	**46060**	**24300**	**21760**	**79880**	**41412**	**38468**	**70706**	**36303**	**34403**
镜湖区	758	431	327	1251	629	622	1127	594	533
弋江区									
鸠江区	5534	2776	2758	8832	4520	4312	9330	4707	4623
三山区	1892	1013	879	3122	1630	1492	2453	1252	1201
芜湖县	4455	2356	2099	8796	4601	4195	7536	3854	3682
繁昌县	5534	2971	2563	8782	4634	4148	6572	3432	3140
南陵县	11693	6498	5195	19446	10273	9173	14058	7334	6724
芜湖经济技术开发区	168	97	71	234	128	106	237	127	110
安徽芜湖长江大桥经济开发区	385	208	177	590	324	266	495	272	223
无为市	15641	7950	7691	28827	14673	14154	28898	14731	14167
蚌埠市	**48717**	**24465**	**24252**	**85490**	**42755**	**42735**	**62545**	**33055**	**29490**
龙子湖区	1700	923	777	2541	1186	1355	1553	791	762
蚌山区	559	315	244	1183	584	599	663	379	284
禹会区	3223	1603	1620	5739	2681	3058	4125	2133	1992
淮上区	2909	1507	1402	5618	2782	2836	3966	2043	1923
怀远县	19159	9181	9978	32851	16349	16502	25559	13811	11748
五河县	10759	5729	5030	18056	9382	8674	11734	6121	5613
固镇县	10408	5207	5201	19502	9791	9711	14945	7777	7168
蚌埠市高新技术开发区									
蚌埠市经济开发区									
淮南市	**50109**	**25517**	**24592**	**79564**	**39173**	**40391**	**62849**	**33782**	**29067**
大通区	1945	989	956	2907	1437	1470	2160	1208	952
田家庵区	1329	691	638	1923	929	994	1559	871	688
谢家集区	2245	1148	1097	3325	1627	1698	2638	1404	1234
八公山区	271	142	129	355	172	183	259	110	149
潘集区	7331	3554	3777	10038	4841	5197	7225	3910	3315
凤台县	15458	7914	7544	22880	10703	12177	16741	8939	7802
寿县	21530	11079	10451	38136	19464	18672	32267	17340	14927

1-5c 续表 16 单位：人

地区	60-64岁			65-69岁			70-74岁		
	小计	男	女	小计	男	女	小计	男	女
马鞍山市	**25833**	**13452**	**12381**	**49711**	**25070**	**24641**	**41049**	**20953**	**20096**
花山区	655	358	297	798	413	385	543	250	293
雨山区	708	370	338	1088	543	545	767	371	396
博望区	3184	1616	1568	5495	2776	2719	4160	2176	1984
当涂县	8150	4142	4008	12229	6156	6073	8321	4376	3945
含山县	6029	3275	2754	12727	6513	6214	11070	5621	5449
和县	7107	3691	3416	17374	8669	8705	16188	8159	8029
淮北市	**19231**	**9850**	**9381**	**33091**	**16149**	**16942**	**28740**	**13752**	**14988**
杜集区	2327	1230	1097	3161	1515	1646	2236	1046	1190
相山区	1609	833	776	2545	1227	1318	1911	961	950
烈山区	3018	1552	1466	5075	2499	2576	4426	2110	2316
濉溪县	12277	6235	6042	22310	10908	11402	20167	9635	10532
铜陵市	**28250**	**14911**	**13339**	**37661**	**19223**	**18438**	**28086**	**14083**	**14003**
铜官区	478	264	214	525	251	274	319	171	148
义安区	8152	4396	3756	10394	5330	5064	7525	3766	3759
郊区	5333	2822	2511	7119	3581	3538	5243	2587	2656
枞阳县	14287	7429	6858	19623	10061	9562	14999	7559	7440
安庆市	**91738**	**48607**	**43131**	**144490**	**74944**	**69546**	**112502**	**57340**	**55162**
迎江区	687	388	299	1125	534	591	917	456	461
大观区	1841	1003	838	2435	1208	1227	2177	1027	1150
宜秀区	1498	753	745	2472	1218	1254	1901	926	975
怀宁县	11841	6067	5774	20441	10560	9881	17496	8975	8521
太湖县	12590	6690	5900	21199	11151	10048	14753	7818	6935
宿松县	15508	8274	7234	24129	12572	11557	20917	10525	10392
望江县	12722	6616	6106	22848	11721	11127	19483	9716	9767
岳西县	13111	7141	5970	15244	8087	7157	7295	3778	3517
安徽安庆经济开发区	218	111	107	314	148	166	229	113	116
桐城市	9564	4983	4581	16889	8602	8287	15091	7570	7521
潜山市	12158	6581	5577	17394	9143	8251	12243	6436	5807
黄山市	**42152**	**22450**	**19702**	**56835**	**29521**	**27314**	**37000**	**18835**	**18165**
屯溪区	1250	661	589	1685	821	864	1102	538	564
黄山区	4340	2416	1924	5978	3271	2707	3671	1986	1685
徽州区	2679	1381	1298	3663	1931	1732	2208	1084	1124
歙县	16937	9074	7863	21434	10982	10452	14208	7172	7036
休宁县	8470	4377	4093	12862	6667	6195	8479	4249	4230
黟县	3577	1947	1630	4532	2381	2151	2732	1459	1273
祁门县	4899	2594	2305	6681	3468	3213	4600	2347	2253
滁州市	**67261**	**36218**	**31043**	**122171**	**62924**	**59247**	**84364**	**43436**	**40928**
琅琊区	600	332	268	899	472	427	575	302	273
南谯区	4778	2631	2147	7951	4157	3794	5520	2775	2745
来安县	10651	5771	4880	16541	8614	7927	10458	5123	5335
全椒县	6841	3757	3084	14208	7207	7001	10464	5258	5206
定远县	12220	6350	5870	26153	13262	12891	20052	10477	9575
凤阳县	10358	5533	4825	19564	9950	9614	14485	7876	6609
苏滁现代产业园									
滁州经济技术开发区	348	195	153	568	282	286	280	142	138
天长市	10011	5429	4582	18406	9609	8797	12136	6143	5993
明光市	11454	6220	5234	17881	9371	8510	10394	5340	5054

1-5c 续表 17

单位：人

地区	60-64岁			65-69岁			70-74岁		
	小计	男	女	小计	男	女	小计	男	女
阜阳市	**153718**	**77779**	**75939**	**251188**	**123425**	**127763**	**218714**	**105938**	**112776**
颍州区	8652	4480	4172	13902	6774	7128	12374	5857	6517
颍东区	9581	4827	4754	15940	7769	8171	13666	6850	6816
颍泉区	11111	5628	5483	17701	8647	9054	14013	6806	7207
临泉县	35187	17690	17497	53385	26734	26651	53242	24843	28399
太和县	24463	12550	11913	44054	21627	22427	37379	17642	19737
阜南县	22115	11367	10748	37741	18407	19334	33704	16121	17583
颍上县	28297	13752	14545	45574	21974	23600	34668	18590	16078
阜阳合肥现代产业园区	928	482	446	1319	683	636	1068	514	554
阜阳经济技术开发区	564	303	261	763	390	373	632	301	331
界首市	12820	6700	6120	20809	10420	10389	17968	8414	9554
宿州市	**105975**	**54895**	**51080**	**176916**	**88757**	**88159**	**134145**	**66446**	**67699**
埇桥区	24668	13075	11593	42608	21498	21110	32985	16495	16490
砀山县	17945	9093	8852	27216	13380	13836	21575	10166	11409
萧县	28166	14256	13910	44579	22169	22410	35945	17843	18102
灵璧县	19153	10078	9075	34884	17878	17006	24759	12705	12054
泗县	15451	8065	7386	26735	13355	13380	18226	8906	9320
宿州马鞍山现代产业园区	592	328	264	894	477	417	655	331	324
宿州经济技术开发区									
六安市	**117005**	**62630**	**54375**	**181451**	**94448**	**87003**	**135860**	**70995**	**64865**
金安区	15877	8719	7158	28109	14636	13473	21292	11205	10087
裕安区	22359	12221	10138	35210	18366	16844	26680	14068	12612
叶集区	4135	2273	1862	7021	3617	3404	5638	2971	2667
霍邱县	28238	14295	13943	43502	22144	21358	33426	17769	15657
舒城县	20751	11296	9455	34629	18441	16188	25783	13244	12539
金寨县	19200	10344	8856	24399	12798	11601	17514	8914	8600
霍山县	6445	3482	2963	8581	4446	4135	5527	2824	2703
亳州市	**90005**	**45648**	**44357**	**158196**	**77391**	**80805**	**136815**	**67536**	**69279**
谯城区	22160	11624	10536	44928	21848	23080	39278	18239	21039
涡阳县	23890	11953	11937	38262	18954	19308	34887	17489	17398
蒙城县	18544	9277	9267	34104	16541	17563	26766	13641	13125
利辛县	25411	12794	12617	40902	20048	20854	35884	18167	17717
池州市	**36767**	**19840**	**16927**	**49768**	**26440**	**23328**	**35786**	**18201**	**17585**
贵池区	12759	6791	5968	19442	10198	9244	14609	7353	7256
东至县	12316	6567	5749	14117	7392	6725	10723	5366	5357
石台县	3265	1813	1452	4448	2483	1965	3082	1657	1425
青阳县	7816	4323	3493	11022	5953	5069	6916	3592	3324
池州市国家经济技术开发区									
皖江江南新兴产业集中区									
九华山风景区	611	346	265	739	414	325	456	233	223
宣城市	**58051**	**31989**	**26062**	**99455**	**52593**	**46862**	**75157**	**38909**	**36248**
宣州区	12676	6948	5728	28302	14655	13647	23812	12066	11746
郎溪县	5161	2794	2367	9980	5115	4865	7825	3973	3852
泾县	9478	5371	4107	15078	8330	6748	10051	5451	4600
绩溪县	6017	3178	2839	7468	3897	3571	4975	2553	2422
旌德县	3844	2071	1773	5407	2902	2505	3808	2041	1767
宣城市经济开发区	733	411	322	1440	786	654	971	513	458
宁国市	9154	5214	3940	14859	8177	6682	10998	5692	5306
广德市	10988	6002	4986	16921	8731	8190	12717	6620	6097

1-5c 续表 18

单位：人

地区	75-79岁			80-84岁			85-89岁		
	小计	男	女	小计	男	女	小计	男	女
安徽	**964187**	**483476**	**480711**	**567994**	**268099**	**299895**	**305741**	**124258**	**181483**
合肥市	**83832**	**43052**	**40780**	**48658**	**23803**	**24855**	**26598**	**11112**	**15486**
瑶海区	150	70	80	90	43	47	60	19	41
庐阳区	269	134	135	138	70	68	98	39	59
蜀山区	785	441	344	396	208	188	250	110	140
包河区	150	82	68	70	35	35	37	14	23
长丰县	15251	8075	7176	8449	4363	4086	5061	2161	2900
肥东县	18865	9481	9384	12323	5956	6367	6759	2824	3935
肥西县	14829	7957	6872	7921	3955	3966	4123	1832	2291
庐江县	17418	8986	8432	10292	4961	5331	5042	2102	2940
合肥高新技术产业开发区	8	4	4	3	2	1	4	2	2
合肥经济技术开发区	410	235	175	254	115	139	158	66	92
合肥新站高新技术产业开发区	113	57	56	65	32	33	36	19	17
巢湖市	15584	7530	8054	8657	4063	4594	4970	1924	3046
芜湖市	**50549**	**25419**	**25130**	**27836**	**13194**	**14642**	**13001**	**5293**	**7708**
镜湖区	877	414	463	434	189	245	186	79	107
弋江区									
鸠江区	6841	3386	3455	3915	1826	2089	1812	731	1081
三山区	2009	986	1023	988	514	474	429	178	251
芜湖县	5674	2876	2798	3038	1399	1639	1338	536	802
繁昌县	4519	2186	2333	2416	1131	1285	1202	499	703
南陵县	8961	4637	4324	5504	2614	2890	2475	1038	1437
芜湖经济技术开发区	170	75	95	96	45	51	44	16	28
安徽芜湖长江大桥经济开发区	365	191	174	152	64	88	96	33	63
无为市	21133	10668	10465	11293	5412	5881	5419	2183	3236
蚌埠市	**52794**	**27867**	**24927**	**29702**	**15212**	**14490**	**17602**	**8024**	**9578**
龙子湖区	1325	651	674	624	284	340	341	148	193
蚌山区	530	287	243	299	169	130	208	98	110
禹会区	3342	1797	1545	1659	919	740	891	391	500
淮上区	3351	1764	1587	1692	883	809	1020	490	530
怀远县	20522	10997	9525	11414	5880	5534	6737	3178	3559
五河县	12017	5995	6022	7092	3441	3651	4084	1785	2299
固镇县	11707	6376	5331	6922	3636	3286	4321	1934	2387
蚌埠市高新技术开发区									
蚌埠市经济开发区									
淮南市	**47085**	**25548**	**21537**	**24315**	**13261**	**11054**	**14110**	**6775**	**7335**
大通区	1581	934	647	815	463	352	501	235	266
田家庵区	1132	619	513	602	351	251	419	222	197
谢家集区	1965	1059	906	1012	552	460	578	269	309
八公山区	222	103	119	109	48	61	53	23	30
潘集区	5463	2891	2572	3178	1655	1523	1856	892	964
凤台县	12704	7043	5661	7131	3869	3262	4267	2054	2213
寿县	24018	12899	11119	11468	6323	5145	6436	3080	3356

1-5c　续表 19　　　　　　　　　　　　　　　　　　　　　　　单位：人

地　区	75-79岁			80-84岁			85-89岁		
	小计	男	女	小计	男	女	小计	男	女
马鞍山市	**27705**	**13842**	**13863**	**16749**	**7701**	**9048**	**8644**	**3334**	**5310**
花山区	370	160	210	248	93	155	131	41	90
雨山区	575	276	299	333	146	187	200	63	137
博望区	2866	1483	1383	1554	756	798	758	309	449
当涂县	6814	3465	3349	3968	1857	2111	1925	767	1158
含山县	7004	3433	3571	4192	1921	2271	2231	891	1340
和县	10076	5025	5051	6454	2928	3526	3399	1263	2136
淮北市	**21634**	**10718**	**10916**	**14951**	**6857**	**8094**	**8634**	**3425**	**5209**
杜集区	1666	788	878	1063	483	580	689	282	407
相山区	1442	726	716	973	444	529	577	247	330
烈山区	3520	1693	1827	2326	1076	1250	1345	518	827
濉溪县	15006	7511	7495	10589	4854	5735	6023	2378	3645
铜陵市	**21223**	**10070**	**11153**	**12129**	**5580**	**6549**	**5615**	**2339**	**3276**
铜官区	206	80	126	129	56	73	76	26	50
义安区	5611	2757	2854	2980	1390	1590	1432	602	830
郊区	4200	2006	2194	2395	1144	1251	1131	472	659
枞阳县	11206	5227	5979	6625	2990	3635	2976	1239	1737
安庆市	**76805**	**38158**	**38647**	**44704**	**21100**	**23604**	**20295**	**8292**	**12003**
迎江区	791	360	431	417	203	214	204	82	122
大观区	1571	728	843	928	405	523	402	152	250
宜秀区	1313	668	645	769	348	421	398	170	228
怀宁县	12102	6011	6091	7005	3271	3734	3530	1409	2121
太湖县	9826	5089	4737	6162	3084	3078	2655	1152	1503
宿松县	14225	7035	7190	8108	3861	4247	3676	1473	2203
望江县	12954	6305	6649	7011	3172	3839	2945	1143	1802
岳西县	5609	2792	2817	3525	1626	1899	1534	679	855
安徽安庆经济开发区	190	90	100	116	62	54	60	30	30
桐城市	9430	4620	4810	5773	2691	3082	2730	1098	1632
潜山市	8794	4460	4334	4890	2377	2513	2161	904	1257
黄山市	**18814**	**9210**	**9604**	**15217**	**6607**	**8610**	**7880**	**2886**	**4994**
屯溪区	593	285	308	459	202	257	245	98	147
黄山区	2340	1228	1112	1851	879	972	881	393	488
徽州区	1091	520	571	905	377	528	429	147	282
歙县	7373	3418	3955	5646	2366	3280	3059	1023	2036
休宁县	3863	1950	1913	3445	1513	1932	1884	701	1183
黟县	1428	739	689	1116	479	637	560	209	351
祁门县	2126	1070	1056	1795	791	1004	822	315	507
滁州市	**65907**	**33093**	**32814**	**37725**	**17723**	**20002**	**22551**	**9254**	**13297**
琅琊区	439	221	218	224	107	117	166	73	93
南谯区	3898	1852	2046	2222	1013	1209	1400	591	809
来安县	7424	3466	3958	4099	1815	2284	2506	950	1556
全椒县	7551	3605	3946	5040	2286	2754	2818	1112	1706
定远县	17240	9099	8141	10156	4944	5212	5871	2550	3321
凤阳县	11595	6120	5475	5983	3019	2964	3584	1579	2005
苏滁现代产业园									
滁州经济技术开发区	210	103	107	126	61	65	102	49	53
天长市	8024	3892	4132	4837	2129	2708	3085	1123	1962
明光市	9526	4735	4791	5038	2349	2689	3019	1227	1792

1-5c 续表 20 单位：人

地区	75-79岁			80-84岁			85-89岁		
	小计	男	女	小计	男	女	小计	男	女
阜阳市	**144913**	**69705**	**75208**	**84304**	**37625**	**46679**	**47459**	**18024**	**29435**
颍州区	8152	3846	4306	5083	2191	2892	2907	1002	1905
颍东区	9466	4752	4714	5132	2434	2698	3174	1367	1807
颍泉区	9046	4327	4719	5343	2319	3024	3392	1291	2101
临泉县	34684	15272	19412	20818	8342	12476	10554	3496	7058
太和县	23430	11169	12261	13885	6161	7724	8522	3182	5340
阜南县	24308	11557	12751	14745	6463	8282	7568	2699	4869
颍上县	24281	13444	10837	12832	6929	5903	7706	3714	3992
阜阳合肥现代产业园区	685	329	356	427	202	225	246	88	158
阜阳经济技术开发区	440	182	258	205	96	109	148	63	85
界首市	10421	4827	5594	5834	2488	3346	3242	1122	2120
宿州市	**102173**	**50350**	**51823**	**60142**	**27822**	**32320**	**37791**	**14744**	**23047**
埇桥区	26783	13452	13331	15155	7289	7866	9643	3871	5772
砀山县	12687	5954	6733	8062	3370	4692	5445	1913	3532
萧县	25442	12448	12994	15102	6780	8322	9697	3677	6020
灵璧县	20631	10411	10220	11951	5771	6180	7351	3017	4334
泗县	16067	7813	8254	9560	4457	5103	5417	2168	3249
宿州马鞍山现代产业园区	563	272	291	312	155	157	238	98	140
宿州经济技术开发区									
六安市	**93580**	**47999**	**45581**	**52882**	**25325**	**27557**	**24658**	**10346**	**14312**
金安区	13954	7291	6663	7782	3757	4025	4171	1709	2462
裕安区	17592	9009	8583	10259	4812	5447	4893	1959	2934
叶集区	4015	2105	1910	2055	1017	1038	981	427	554
霍邱县	24338	12942	11396	13719	6776	6943	6823	3054	3769
舒城县	16843	8416	8427	10526	4970	5556	5103	2086	3017
金寨县	12916	6301	6615	6160	2808	3352	1710	709	1001
霍山县	3922	1935	1987	2381	1185	1196	977	402	575
亳州市	**88401**	**43317**	**45084**	**54791**	**25241**	**29550**	**30386**	**11871**	**18515**
谯城区	24911	11586	13325	14375	6143	8232	7616	2698	4918
涡阳县	21781	10529	11252	14021	6255	7766	7788	2940	4848
蒙城县	17520	8871	8649	10987	5315	5672	6429	2662	3767
利辛县	24189	12331	11858	15408	7528	7880	8553	3571	4982
池州市	**22513**	**11048**	**11465**	**14020**	**6500**	**7520**	**6615**	**2620**	**3995**
贵池区	9712	4723	4989	5531	2590	2941	2664	1011	1653
东至县	6425	3146	3279	4104	1867	2237	1943	750	1193
石台县	1990	990	1000	1511	691	820	603	232	371
青阳县	4106	2047	2059	2676	1263	1413	1307	587	720
池州市国家经济技术开发区									
皖江江南新兴产业集中区									
九华山风景区	280	142	138	198	89	109	98	40	58
宣城市	**46259**	**24080**	**22179**	**29869**	**14548**	**15321**	**13902**	**5919**	**7983**
宣州区	16077	8338	7739	9961	4796	5165	4532	1908	2624
郎溪县	4679	2469	2210	2836	1377	1459	1276	526	750
泾县	6153	3240	2913	4469	2257	2212	2053	904	1149
绩溪县	2629	1325	1304	2090	928	1162	1068	411	657
旌德县	2326	1245	1081	1619	854	765	721	309	412
宣城市经济开发区	637	323	314	462	217	245	195	89	106
宁国市	6272	3255	3017	4163	2024	2139	1860	775	1085
广德市	7486	3885	3601	4269	2095	2174	2197	997	1200

1-5c 续表 21 单位：人

地 区	90-94岁			95-99岁			100岁及以上		
	小计	男	女	小计	男	女	小计	男	女
安 徽	**101859**	**33702**	**68157**	**23207**	**6290**	**16917**	**3340**	**665**	**2675**
合肥市	**9126**	**3056**	**6070**	**2012**	**531**	**1481**	**280**	**60**	**220**
瑶海区	22	9	13	6	3	3			
庐阳区	39	14	25	11	2	9			
蜀山区	131	47	84	53	17	36	5	3	2
包河区	26	8	18	15	6	9	3		3
长丰县	2036	710	1326	431	113	318	64	15	49
肥东县	2386	773	1613	570	149	421	98	17	81
肥西县	1378	472	906	337	87	250	39	10	29
庐江县	1339	430	909	228	55	173	23	8	15
合肥高新技术产业开发区				1	1				
合肥经济技术开发区	62	25	37	17	6	11	3	1	2
合肥新站高新技术产业开发区	25	9	16	12	7	5	5	1	4
巢湖市	1682	559	1123	331	85	246	40	5	35
芜湖市	**3467**	**1121**	**2346**	**641**	**148**	**493**	**52**	**16**	**36**
镜湖区	49	16	33	10	3	7	1		1
弋江区									
鸠江区	457	114	343	89	17	72	10	4	6
三山区	116	45	71	30	6	24	5	1	4
芜湖县	385	122	263	60	18	42	3	1	2
繁昌县	300	112	188	47	14	33	1		1
南陵县	632	228	404	100	27	73	7	2	5
芜湖经济技术开发区	16	6	10	5	1	4			
安徽芜湖长江大桥经济开发区	15	3	12	4		4			
无为市	1497	475	1022	296	62	234	25	8	17
蚌埠市	**6153**	**2324**	**3829**	**1506**	**444**	**1062**	**201**	**40**	**161**
龙子湖区	130	49	81	27	7	20	1	1	
蚌山区	70	25	45	16	4	12	1	1	
禹会区	341	125	216	87	30	57	6	1	5
淮上区	339	125	214	103	34	69	13	5	8
怀远县	2287	844	1443	537	143	394	98	22	76
五河县	1429	555	874	389	118	271	36	3	33
固镇县	1557	601	956	347	108	239	46	7	39
蚌埠市高新技术开发区									
蚌埠市经济开发区									
淮南市	**5453**	**2089**	**3364**	**1324**	**425**	**899**	**186**	**62**	**124**
大通区	190	70	120	47	16	31	4	2	2
田家庵区	169	52	117	46	18	28	5	1	4
谢家集区	267	96	171	63	14	49	15	5	10
八公山区	21	7	14	5	2	3			
潘集区	632	228	404	176	48	128	26	7	19
凤台县	1540	619	921	348	121	227	53	22	31
寿县	2634	1017	1617	639	206	433	83	25	58

1-5c 续表 22

单位：人

地区	90-94岁			95-99岁			100岁及以上		
	小计	男	女	小计	男	女	小计	男	女
马鞍山市	**2380**	**700**	**1680**	**437**	**111**	**326**	**31**	**6**	**25**
花山区	42	19	23	7	3	4	1		1
雨山区	65	22	43	8	2	6	1	1	
博望区	242	71	171	38	13	25	1		1
当涂县	546	152	394	85	21	64	6	1	5
含山县	650	188	462	149	38	111	13	2	11
和县	835	248	587	150	34	116	9	2	7
淮北市	**3360**	**1153**	**2207**	**934**	**260**	**674**	**175**	**34**	**141**
杜集区	258	90	168	71	24	47	13	3	10
相山区	259	103	156	78	27	51	13	1	12
烈山区	529	178	351	165	51	114	24	2	22
濉溪县	2314	782	1532	620	158	462	125	28	97
铜陵市	**1377**	**454**	**923**	**251**	**61**	**190**	**26**	**6**	**20**
铜官区	29	16	13	9	4	5			
义安区	338	120	218	65	9	56	7	3	4
郊区	278	81	197	54	16	38	2		2
枞阳县	732	237	495	123	32	91	17	3	14
安庆市	**5371**	**1771**	**3600**	**901**	**237**	**664**	**76**	**16**	**60**
迎江区	63	23	40	11	3	8	3	1	2
大观区	126	42	84	24	9	15	1		1
宜秀区	100	31	69	16	4	12			
怀宁县	920	295	625	168	48	120	13	2	11
太湖县	683	238	445	107	17	90	6	1	5
宿松县	1089	371	718	166	47	119	15	3	12
望江县	899	264	635	166	42	124	14	4	10
岳西县	339	126	213	47	13	34	5	2	3
安徽安庆经济开发区	7	1	6	3	1	2			
桐城市	631	204	427	102	28	74	9	1	8
潜山市	514	176	338	91	25	66	10	2	8
黄山市	**2203**	**699**	**1504**	**287**	**75**	**212**	**31**	**3**	**28**
屯溪区	57	22	35	12	3	9	3		3
黄山区	223	83	140	32	10	22	1		1
徽州区	131	29	102	18	5	13	3		3
歙县	835	243	592	104	24	80	10		10
休宁县	511	169	342	65	18	47	9	2	7
黟县	214	78	136	24	5	19	3		3
祁门县	232	75	157	32	10	22	2	1	1
滁州市	**7805**	**2654**	**5151**	**1630**	**477**	**1153**	**176**	**32**	**144**
琅琊区	62	22	40	15	3	12	2		2
南谯区	483	170	313	101	38	63	16	4	12
来安县	845	283	562	166	32	134	16	3	13
全椒县	969	285	684	186	51	135	19	3	16
定远县	2070	732	1338	449	124	325	62	5	57
凤阳县	1344	505	839	325	105	220	27	8	19
苏滁现代产业园									
滁州经济技术开发区	40	15	25	7	1	6	3	1	2
天长市	987	297	690	150	44	106	12	5	7
明光市	1005	345	660	231	79	152	19	3	16

1-5c 续表 23 单位：人

地区	90-94岁			95-99岁			100岁及以上		
	小计	男	女	小计	男	女	小计	男	女
阜阳市	**17609**	**5438**	**12171**	**4116**	**1075**	**3041**	**719**	**135**	**584**
颍州区	1052	305	747	239	62	177	37	8	29
颍东区	1243	423	820	316	78	238	44	7	37
颍泉区	1237	370	867	313	88	225	48	7	41
临泉县	3745	961	2784	898	206	692	187	28	159
太和县	3264	1013	2251	766	190	576	138	25	113
阜南县	2418	706	1712	491	122	369	83	14	69
颍上县	3139	1216	1923	772	261	511	134	39	95
阜阳合肥现代产业园区	77	24	53	19	4	15	1		1
阜阳经济技术开发区	66	20	46	13	5	8	4	1	3
界首市	1368	400	968	289	59	230	43	6	37
宿州市	**13858**	**4376**	**9482**	**3836**	**966**	**2870**	**707**	**119**	**588**
埇桥区	3561	1179	2382	857	252	605	147	35	112
砀山县	2070	550	1520	597	114	483	155	20	135
萧县	3790	1169	2621	1186	286	900	232	35	197
灵璧县	2532	835	1697	655	171	484	89	12	77
泗县	1816	617	1199	516	140	376	82	16	66
宿州马鞍山现代产业园区	89	26	63	25	3	22	2	1	1
宿州经济技术开发区									
六安市	**6970**	**2507**	**4463**	**1711**	**526**	**1185**	**190**	**46**	**144**
金安区	1119	402	717	271	87	184	30	10	20
裕安区	1284	441	843	318	91	227	34	9	25
叶集区	285	100	185	61	21	40	4	1	3
霍邱县	2233	883	1350	640	210	430	79	19	60
舒城县	1324	412	912	250	59	191	19	3	16
金寨县	509	192	317	117	43	74	22	4	18
霍山县	216	77	139	54	15	39	2		2
亳州市	**11217**	**3461**	**7756**	**2786**	**697**	**2089**	**419**	**72**	**347**
谯城区	2740	770	1970	685	148	537	104	19	85
涡阳县	3099	925	2174	741	172	569	137	21	116
蒙城县	2109	663	1446	491	113	378	74	12	62
利辛县	3269	1103	2166	869	264	605	104	20	84
池州市	**1753**	**560**	**1193**	**261**	**63**	**198**	**22**	**6**	**16**
贵池区	712	225	487	110	26	84	8	3	5
东至县	537	136	401	84	17	67	10	1	9
石台县	126	39	87	12	2	10	2	1	1
青阳县	352	151	201	48	15	33	2	1	1
池州市国家经济技术开发区									
皖江江南新兴产业集中区									
九华山风景区	26	9	17	7	3	4			
宣城市	**3757**	**1339**	**2418**	**574**	**194**	**380**	**49**	**12**	**37**
宣州区	1233	419	814	209	64	145	25	8	17
郎溪县	394	147	247	54	15	39	4		4
泾县	453	171	282	72	26	46	4	1	3
绩溪县	323	120	203	47	17	30	5	2	3
旌德县	197	72	125	30	14	16	1		1
宣城市经济开发区	65	26	39	9	5	4	2		2
宁国市	475	172	303	70	25	45	2		2
广德市	617	212	405	83	28	55	6	1	5

1-6 各地区分性别、受教育程度的3岁及以上人口

单位：人

地区	3岁及以上人口			未上过学		
	合计	男	女	小计	男	女
安徽	**59069275**	**30067357**	**29001918**	**3428334**	**922536**	**2505798**
合肥市	**9040475**	**4646642**	**4393833**	**426316**	**112527**	**313789**
瑶海区	832470	421144	411326	25216	6261	18955
庐阳区	670572	333629	336943	18203	4758	13445
蜀山区	1010770	506529	504241	24742	6806	17936
包河区	1171969	603407	568562	34647	9039	25608
长丰县	751141	390307	360834	66309	20387	45922
肥东县	857637	450112	407525	63272	13293	49979
肥西县	930941	487257	443684	55838	16301	39537
庐江县	862248	443523	418725	52665	15028	37637
合肥高新技术产业开发区	257997	134830	123167	7156	1773	5383
合肥经济技术开发区	536306	280270	256036	15576	3940	11636
合肥新站高新技术产业开发区	449824	238966	210858	14520	4032	10488
巢湖市	708600	356668	351932	48172	10909	37263
芜湖市	**3543324**	**1815454**	**1727870**	**227225**	**62703**	**164522**
镜湖区	467081	228810	238271	15866	4023	11843
弋江区	411687	206192	205495	15930	4702	11228
鸠江区	523008	272460	250548	42612	10853	31759
三山区	156768	83387	73381	14041	4128	9913
芜湖县	334660	173322	161338	16294	4432	11862
繁昌县	237967	122081	115886	10421	2720	7701
南陵县	420164	212984	207180	21240	5976	15264
芜湖经济技术开发区	174696	96003	78693	9615	2441	7174
安徽芜湖长江大桥经济开发区	21592	11055	10537	3080	896	2184
无为市	795701	409160	386541	78126	22532	55594
蚌埠市	**3188241**	**1612034**	**1576207**	**206909**	**63986**	**142923**
龙子湖区	211605	105966	105639	7084	2149	4935
蚌山区	166285	82761	83524	4295	1244	3051
禹会区	317040	159297	157743	16036	5336	10700
淮上区	273753	140316	133437	18654	5448	13206
怀远县	904264	461276	442988	73726	23541	50185
五河县	503862	256217	247645	49422	15102	34320
固镇县	483343	244486	238857	31881	9444	22437
蚌埠市高新技术开发区	59771	30303	29468	1085	331	754
蚌埠市经济开发区	268318	131412	136906	4726	1391	3335
淮南市	**2945628**	**1500838**	**1444790**	**151554**	**50724**	**100830**
大通区	160801	81601	79200	11668	3909	7759
田家庵区	710150	349700	360450	15215	4957	10258
谢家集区	216706	106695	110011	14874	4263	10611
八公山区	115956	56223	59733	4251	1175	3076
潘集区	313699	163831	149868	22697	7787	14910
凤台县	613364	321118	292246	41588	14128	27460
寿县	814952	421670	393282	41261	14505	26756

1-6 续表 1

单位：人

地区	3岁及以上人口			未上过学		
	合计	男	女	小计	男	女
马鞍山市	**2100645**	**1073645**	**1027000**	**144348**	**36043**	**108305**
花山区	440406	220544	219862	16330	3841	12489
雨山区	348008	177919	170089	14367	3521	10846
博望区	153184	80593	72591	12069	3422	8647
当涂县	433693	222431	211262	35342	9553	25789
含山县	326047	166891	159156	25689	6222	19467
和县	399307	205267	194040	40551	9484	31067
淮北市	**1902959**	**950832**	**952127**	**123498**	**34238**	**89260**
杜集区	232913	117028	115885	19498	5635	13863
相山区	532046	260760	271286	18325	5080	13245
烈山区	242054	118390	123664	16141	4646	11495
濉溪县	895946	454654	441292	69534	18877	50657
铜陵市	**1278196**	**637716**	**640480**	**129253**	**31930**	**97323**
铜官区	440006	217487	222519	18445	4437	14008
义安区	221808	112516	109292	17447	4427	13020
郊区	159695	81014	78681	23870	6326	17544
枞阳县	456687	226699	229988	69491	16740	52751
安庆市	**4037131**	**2035724**	**2001407**	**196482**	**45330**	**151152**
迎江区	246477	121557	124920	6466	1437	5029
大观区	209749	103823	105926	6906	1371	5535
宜秀区	190489	95052	95437	9849	2342	7507
怀宁县	480972	243907	237065	13839	2977	10862
太湖县	415596	211163	204433	20893	5282	15611
宿松县	594428	307903	286525	20076	4365	15711
望江县	445254	221425	223829	39190	8617	30573
岳西县	313425	159353	154072	18332	4450	13882
安徽安庆经济开发区	136360	71216	65144	3929	1002	2927
桐城市	576561	284885	291676	31834	8188	23646
潜山市	427820	215440	212380	25168	5299	19869
黄山市	**1291871**	**652986**	**638885**	**70990**	**14926**	**56064**
屯溪区	282498	136670	145828	7304	1729	5575
黄山区	142978	74639	68339	9683	2898	6785
徽州区	93038	47051	45987	4682	905	3777
歙县	352404	179712	172692	19934	3216	16718
休宁县	205230	103842	101388	13610	2838	10772
黟县	74297	38518	35779	4963	1165	3798
祁门县	141426	72554	68872	10814	2175	8639
滁州市	**3862523**	**1986435**	**1876088**	**140878**	**35596**	**105282**
琅琊区	261110	131246	129864	6392	1610	4782
南谯区	336946	172937	164009	19975	4763	15212
来安县	404445	208957	195488	15780	3539	12241
全椒县	384379	197678	186701	9933	2213	7720
定远县	648165	337578	310587	28065	7218	20847
凤阳县	609476	317705	291771	20466	6698	13768
苏滁现代产业园	23014	13958	9056	665	161	504
滁州经济技术开发区	137545	72902	64643	2241	533	1708
天长市	586256	296023	290233	17586	3477	14109
明光市	471187	237451	233736	19775	5384	14391

1－6　续表 2　　　　单位：人

地　　区	3岁及以上人口			未上过学		
	合计	男	女	小计	男	女
阜阳市	**7911283**	**4004848**	**3906435**	**570239**	**146347**	**423892**
颍州区	798059	392974	405085	46180	11563	34617
颍东区	519329	266365	252964	42354	11107	31247
颍泉区	577805	291263	286542	35837	8718	27119
临泉县	1599024	805216	793808	119464	28561	90903
太和县	1334301	678196	656105	75031	15781	59250
阜南县	1139102	577450	561652	117539	31019	86520
颍上县	1158700	597385	561315	83489	28346	55143
阜阳合肥现代产业园区	38543	19819	18724	2812	774	2038
阜阳经济技术开发区	119023	60175	58848	3750	1063	2687
界首市	627397	316005	311392	43783	9415	34368
宿州市	**5133793**	**2594712**	**2539081**	**171465**	**47952**	**123513**
埇桥区	1600993	810453	790540	54566	15206	39360
砀山县	735788	370347	365441	12643	3621	9022
萧县	1017286	514260	503026	45338	12391	32947
灵璧县	939103	474826	464277	37002	10489	26513
泗县	737001	372445	364556	17029	4886	12143
宿州马鞍山现代产业园区	46203	23520	22683	2907	799	2108
宿州经济技术开发区	57419	28861	28558	1980	560	1420
六安市	**4263805**	**2187334**	**2076471**	**183879**	**54892**	**128987**
金安区	802808	403169	399639	30182	8810	21372
裕安区	892852	456369	436483	46381	13316	33065
叶集区	209718	110750	98968	8352	2669	5683
霍邱县	921063	480052	441011	52698	17560	35138
舒城县	677298	343227	334071	28002	7604	20398
金寨县	481522	252605	228917	9458	2701	6757
霍山县	278544	141162	137382	8806	2232	6574
亳州市	**4828467**	**2464791**	**2363676**	**402677**	**109325**	**293352**
谯城区	1484633	753648	730985	109200	27828	81372
涡阳县	1133778	581583	552195	98507	27161	71346
蒙城县	1061102	542000	519102	84866	23790	61076
利辛县	1148954	587560	561394	110104	30546	79558
池州市	**1305612**	**652329**	**653283**	**120006**	**29699**	**90307**
贵池区	575652	283605	292047	58082	13692	44390
东至县	387469	193912	193557	31013	7164	23849
石台县	78532	40015	38517	9506	2582	6924
青阳县	227046	115237	111809	18683	5499	13184
池州市国家经济技术开发区	12587	6566	6021	956	227	729
皖江江南新兴产业集中区	9254	5203	4051	736	210	526
九华山风景区	15072	7791	7281	1030	325	705
宣城市	**2435322**	**1251037**	**1184285**	**162615**	**46318**	**116297**
宣州区	653980	329996	323984	58581	16296	42285
郎溪县	303053	154706	148347	22397	6455	15942
泾县	269235	139595	129640	13733	4165	9568
绩溪县	135312	68494	66818	5319	1156	4163
旌德县	109404	56504	52900	5578	1714	3864
宣城市经济开发区	103386	55089	48297	4611	1376	3235
宁国市	375061	193651	181410	24930	7065	17865
广德市	485891	253002	232889	27466	8091	19375

1-6　续表 3　　单位：人

地　区	学前教育			小　学		
	小计	男	女	小计	男	女
安　徽	**2440991**	**1278903**	**1162088**	**16401020**	**7651045**	**8749975**
合肥市	**364396**	**192027**	**172369**	**1854373**	**855095**	**999278**
瑶海区	33978	18334	15644	144865	64470	80395
庐阳区	31846	16919	14927	105794	48398	57396
蜀山区	42983	22745	20238	133911	60880	73031
包河区	50522	26714	23808	177327	82804	94523
长丰县	31803	16939	14864	189248	92349	96899
肥东县	30362	15377	14985	232095	105456	126639
肥西县	36065	19328	16737	202533	96306	106227
庐江县	31895	16499	15396	296378	136003	160375
合肥高新技术产业开发区	11985	6231	5754	32420	14151	18269
合肥经济技术开发区	23883	12587	11296	74693	33488	41205
合肥新站高新技术产业开发区	17225	9144	8081	64149	29232	34917
巢湖市	21849	11210	10639	200960	91558	109402
芜湖市	**119868**	**62357**	**57511**	**988353**	**463138**	**525215**
镜湖区	14099	7276	6823	76075	33126	42949
弋江区	13033	6835	6198	71472	32918	38554
鸠江区	20205	10757	9448	138415	65853	72562
三山区	6382	3335	3047	42676	20327	22349
芜湖县	11124	5556	5568	106613	47865	58748
繁昌县	7679	3791	3888	75664	33925	41739
南陵县	13426	6899	6527	151584	72174	79410
芜湖经济技术开发区	7331	3829	3502	34409	15991	18418
安徽芜湖长江大桥经济开发区	937	451	486	7055	3519	3536
无为市	25652	13628	12024	284390	137440	146950
蚌埠市	**148037**	**78035**	**70002**	**895474**	**428720**	**466754**
龙子湖区	6986	3693	3293	45482	21025	24457
蚌山区	6341	3355	2986	33154	15059	18095
禹会区	11168	5949	5219	76408	36623	39785
淮上区	13329	7090	6239	78385	38220	40165
怀远县	43400	22827	20573	301595	146367	155228
五河县	27306	14214	13092	160344	76534	83810
固镇县	26110	13744	12366	154665	73872	80793
蚌埠市高新技术开发区	2952	1610	1342	10872	5138	5734
蚌埠市经济开发区	10445	5553	4892	34569	15882	18687
淮南市	**121504**	**64900**	**56604**	**835445**	**401343**	**434102**
大通区	6320	3290	3030	40085	19256	20829
田家庵区	26182	13837	12345	130522	60457	70065
谢家集区	6370	3227	3143	52342	24452	27890
八公山区	3257	1604	1653	24826	10831	13995
潘集区	16422	8875	7547	91371	44525	46846
凤台县	29714	16239	13475	181336	89066	92270
寿县	33239	17828	15411	314963	152756	162207

1-6 续表 4

单位：人

地　区	学前教育			小　学		
	小计	男	女	小计	男	女
马鞍山市	**71637**	**36864**	**34773**	**572027**	**263569**	**308458**
花山区	12543	6525	6018	82013	36438	45575
雨山区	9122	4592	4530	59233	26659	32574
博望区	6256	3216	3040	53810	25806	28004
当涂县	15720	8018	7702	127400	57339	70061
含山县	13823	7044	6779	116106	53710	62396
和县	14173	7469	6704	133465	63617	69848
淮北市	**85444**	**44842**	**40602**	**444162**	**213055**	**231107**
杜集区	8008	4179	3829	52730	25590	27140
相山区	22033	11609	10424	84392	40939	43453
烈山区	9507	4991	4516	61012	28924	32088
濉溪县	45896	24063	21833	246028	117602	128426
铜陵市	**40510**	**20448**	**20062**	**340567**	**156113**	**184454**
铜官区	12347	6327	6020	74319	32095	42224
义安区	7725	3703	4022	69512	31303	38209
郊区	5381	2740	2641	50374	24321	26053
枞阳县	15057	7678	7379	146362	68394	77968
安庆市	**143672**	**73065**	**70607**	**1302220**	**561614**	**740606**
迎江区	8292	4239	4053	45798	19081	26717
大观区	5691	2852	2839	45043	18645	26398
宜秀区	5854	2994	2860	50542	22896	27646
怀宁县	17055	8728	8327	156269	64745	91524
太湖县	17924	8687	9237	166808	72300	94508
宿松县	22676	11998	10678	188001	77462	110539
望江县	18706	9476	9230	176301	77981	98320
岳西县	11998	6163	5835	114327	51288	63039
安徽安庆经济开发区	4314	2245	2069	27761	12259	15502
桐城市	17215	8733	8482	174096	76440	97656
潜山市	13947	6950	6997	157274	68517	88757
黄山市	**42244**	**20863**	**21381**	**370829**	**171281**	**199548**
屯溪区	9709	4993	4716	51243	22649	28594
黄山区	4276	2105	2171	43478	21912	21566
徽州区	3452	1722	1730	25059	11514	13545
歙县	11659	5483	6176	109105	49080	60025
休宁县	6724	3298	3426	74893	34755	40138
黟县	2095	1054	1041	21726	10353	11373
祁门县	4329	2208	2121	45325	21018	24307
滁州市	**144968**	**74821**	**70147**	**960242**	**421468**	**538774**
琅琊区	9050	4632	4418	53973	23784	30189
南谯区	13126	6770	6356	76019	34959	41060
来安县	12922	6494	6428	99204	42373	56831
全椒县	14081	6865	7216	111460	46191	65269
定远县	26234	13945	12289	167833	75262	92571
凤阳县	27005	14486	12519	148583	70209	78374
苏滁现代产业园	649	322	327	4195	2110	2085
滁州经济技术开发区	4750	2466	2284	20721	8793	11928
天长市	21070	10499	10571	155671	64911	90760
明光市	16081	8342	7739	122583	52876	69707

1-6　续表 5　　单位：人

地　　区	学前教育			小　　学		
	小计	男	女	小计	男	女
阜阳市	**390558**	**204934**	**185624**	**2400862**	**1138259**	**1262603**
颍州区	40163	20948	19215	184316	88485	95831
颍东区	26476	14026	12450	141141	68255	72886
颍泉区	29029	15201	13828	170380	79328	91052
临泉县	80677	41464	39213	546782	258252	288530
太和县	60319	32010	28309	413573	186282	227291
阜南县	58530	30763	27767	353840	172909	180931
颍上县	56485	30379	26106	375513	185264	190249
阜阳合肥现代产业园区	2307	1199	1108	10672	5256	5416
阜阳经济技术开发区	6314	3298	3016	27270	13032	14238
界首市	30258	15646	14612	177375	81196	96179
宿州市	**255221**	**134280**	**120941**	**1368278**	**627510**	**740768**
埇桥区	78474	41367	37107	404690	188929	215761
砀山县	37049	19560	17489	167601	75010	92591
萧县	48283	25131	23152	252522	118488	134034
灵璧县	49743	26571	23172	285988	131065	154923
泗县	36499	18942	17557	231542	101427	130115
宿州马鞍山现代产业园区	2495	1296	1199	13339	6470	6869
宿州经济技术开发区	2678	1413	1265	12596	6121	6475
六安市	**158862**	**85631**	**73231**	**1414394**	**665189**	**749205**
金安区	30437	16154	14283	238019	108589	129430
裕安区	37706	20632	17074	276667	131363	145304
叶集区	8938	5069	3869	69509	34283	35226
霍邱县	35247	19152	16095	360805	177500	183305
舒城县	21325	11007	10318	217801	98381	119420
金寨县	16560	9373	7187	157803	73657	84146
霍山县	8649	4244	4405	93790	41416	52374
亳州市	**234359**	**125650**	**108709**	**1498706**	**731514**	**767192**
谯城区	72255	38842	33413	412464	202924	209540
涡阳县	51054	27603	23451	379204	186519	192685
蒙城县	54189	29022	25167	344444	164313	180131
利辛县	56861	30183	26678	362594	177758	184836
池州市	**42374**	**21372**	**21002**	**401452**	**187056**	**214396**
贵池区	18793	9547	9246	151460	69625	81835
东至县	13136	6515	6621	140937	63760	77177
石台县	2112	1081	1031	25584	12486	13098
青阳县	7071	3595	3476	74059	36635	37424
池州市国家经济技术开发区	535	264	271	2754	1246	1508
皖江江南新兴产业集中区	194	98	96	2105	1049	1056
九华山风景区	533	272	261	4553	2255	2298
宣城市	**77337**	**38814**	**38523**	**753636**	**366121**	**387515**
宣州区	21634	10883	10751	204696	98868	105828
郎溪县	10066	5135	4931	98590	47334	51256
泾县	7796	3892	3904	96476	48289	48187
绩溪县	4150	2055	2095	40937	18412	22525
旌德县	4240	2008	2232	39180	19532	19648
宣城市经济开发区	3439	1782	1657	22521	10614	11907
宁国市	11519	5688	5831	103820	51498	52322
广德市	14493	7371	7122	147416	71574	75842

1-6 续表 6

单位：人

地 区	初中			高中			大学专科		
	小计	男	女	小计	男	女	小计	男	女
安 徽	**20581055**	**11211154**	**9369901**	**8113247**	**4622745**	**3490502**	**4411306**	**2353427**	**2057879**
合肥市	**2523379**	**1374981**	**1148398**	**1399288**	**785670**	**613618**	**1244497**	**652535**	**591962**
瑶海区	262258	135279	126979	160852	87666	73186	124990	65377	59613
庐阳区	163695	82153	81542	122998	63526	59472	121439	60688	60751
蜀山区	189755	95656	94099	151277	77908	73369	193384	96165	97219
包河区	270350	142533	127817	186860	99442	87418	211013	107569	103444
长丰县	258387	145384	113003	102582	59791	42791	73494	38521	34973
肥东县	297968	177301	120667	130253	78941	51312	63863	36704	27159
肥西县	280542	155645	124897	138342	81034	57308	125188	69133	56055
庐江县	305295	171694	133601	100534	60416	40118	42849	24513	18336
合肥高新技术产业开发区	47548	25330	22218	36375	20710	15665	49543	26211	23332
合肥经济技术开发区	109622	58014	51608	79893	46764	33129	91065	46592	44473
合肥新站高新技术产业开发区	111402	61442	49960	89813	51512	38301	94649	52338	42311
巢湖市	226557	124550	102007	99509	57960	41549	53020	28724	24296
芜湖市	**1081293**	**599301**	**481992**	**494781**	**284228**	**210553**	**322841**	**176817**	**146024**
镜湖区	125234	62477	62757	98901	51751	47150	64432	33582	30850
弋江区	90395	48019	42376	65001	35615	29386	81545	41627	39918
鸠江区	151447	85880	65567	65451	38668	26783	47620	27026	20594
三山区	50551	29429	21122	18715	11415	7300	16491	10147	6344
芜湖县	116493	66802	49691	43837	25125	18712	18314	10491	7823
繁昌县	85592	47571	38021	32900	19637	13263	14917	8504	6413
南陵县	149461	81076	68385	48588	27515	21073	20380	11155	9225
芜湖经济技术开发区	47567	26913	20654	29320	18985	10335	25372	15098	10274
安徽芜湖长江大桥经济开发区	7486	4367	3119	1677	1072	605	906	500	406
无为市	257067	146767	110300	90391	54445	35946	32864	18687	14177
蚌埠市	**1154691**	**619201**	**535490**	**401022**	**219990**	**181032**	**195785**	**104401**	**91384**
龙子湖区	77588	39743	37845	41785	22021	19764	19160	10236	8924
蚌山区	55252	27910	27342	36140	18946	17194	18321	9493	8828
禹会区	115384	59695	55689	54191	29116	25075	24430	13130	11300
淮上区	105553	57821	47732	38808	21758	17050	12661	6580	6081
怀远县	356562	195884	160678	77249	44280	32969	32272	17407	14865
五河县	184198	102809	81389	47847	28341	19506	22471	12423	10048
固镇县	192060	103213	88847	50007	28527	21480	19219	10422	8797
蚌埠市高新技术开发区	16789	7993	8796	11930	6296	5634	9561	5334	4227
蚌埠市经济开发区	51305	24133	27172	43065	20705	22360	37690	19376	18314
淮南市	**1110757**	**583906**	**526851**	**377788**	**210486**	**167302**	**193780**	**103263**	**90517**
大通区	63605	33763	29842	22258	12199	10059	11206	6057	5149
田家庵区	212153	103430	108723	132797	66508	66289	92489	45845	46644
谢家集区	89601	45793	43808	34831	18934	15897	12896	6918	5978
八公山区	51980	25225	26755	20499	11319	9180	7762	4259	3503
潘集区	141494	76632	64862	25766	16324	9442	10821	6556	4265
凤台县	252892	135692	117200	62608	38910	23698	28432	16904	11528
寿县	299032	163371	135661	79029	46292	32737	30174	16724	13450

1-6 续表 7 单位：人

地 区	初 中			高 中			大学专科		
	小计	男	女	小计	男	女	小计	男	女
马鞍山市	**699544**	**391800**	**307744**	**285704**	**163984**	**121720**	**162022**	**86414**	**75608**
花山区	135747	68958	66789	87545	46815	40730	54467	29012	25455
雨山区	95310	49747	45563	63420	35381	28039	47126	23250	23876
博望区	58409	34675	23734	14017	8764	5253	5132	2745	2387
当涂县	159633	91146	68487	48513	29340	19173	23577	13413	10164
含山县	113918	65642	48276	32370	20012	12358	13100	7649	5451
和县	136527	81632	54895	39839	23672	16167	18620	10345	8275
淮北市	**753016**	**392310**	**360706**	**248658**	**138196**	**110462**	**133811**	**69438**	**64373**
杜集区	97214	50031	47183	35660	20583	15077	12977	7127	5850
相山区	168085	80117	87968	103231	53122	50109	67844	34666	33178
烈山区	95687	50695	44992	25222	14438	10784	16801	7474	9327
濉溪县	392030	211467	180563	84545	50053	34492	36189	20171	16018
铜陵市	**377170**	**208157**	**169013**	**188337**	**108727**	**79610**	**102460**	**56866**	**45594**
铜官区	120547	59450	61097	90709	48431	42278	57929	31288	26641
义安区	78880	45125	33755	26952	16120	10832	12339	6965	5374
郊区	48583	28415	20168	17598	11168	6430	8359	4841	3518
枞阳县	129160	75167	53993	53078	33008	20070	23833	13772	10061
安庆市	**1305935**	**721232**	**584703**	**559019**	**336655**	**222364**	**299693**	**166404**	**133289**
迎江区	69911	34765	35146	52224	27773	24451	34336	17925	16411
大观区	64430	33156	31274	44141	24113	20028	23783	13131	10652
宜秀区	53765	30568	23197	25108	15019	10089	18710	8771	9939
怀宁县	163273	87800	75473	80985	50405	30580	28995	16948	12047
太湖县	118942	70030	48912	43653	26945	16708	28712	16689	12023
宿松县	213960	117557	96403	85464	56447	29017	36468	22348	14120
望江县	128806	76266	52540	42477	26077	16400	22735	13159	9576
岳西县	101778	58001	43777	36681	22148	14533	17519	9965	7554
安徽安庆经济开发区	40915	21929	18986	27245	15334	11911	21615	12231	9384
桐城市	208396	109992	98404	77667	45463	32204	41621	20981	20640
潜山市	141759	81168	60591	43374	26931	16443	25199	14256	10943
黄山市	**472917**	**261466**	**211451**	**163357**	**93261**	**70096**	**91527**	**48276**	**43251**
屯溪区	84965	41485	43480	49743	25619	24124	35116	17227	17889
黄山区	50256	27957	22299	18584	10501	8083	10365	5654	4711
徽州区	38801	20884	17917	11360	6732	4628	5940	3222	2718
歙县	142997	82279	60718	40091	23766	16325	16865	9249	7616
休宁县	71776	40989	30787	21549	12927	8622	10381	5587	4794
黟县	28982	16248	12734	8446	5194	3252	5051	2821	2230
祁门县	55140	31624	23516	13584	8522	5062	7809	4516	3293
滁州市	**1337914**	**726261**	**611653**	**762624**	**439265**	**323359**	**312756**	**174666**	**138090**
琅琊区	87580	45263	42317	50466	27473	22993	28930	15629	13301
南谯区	109877	62319	47558	50420	28594	21826	43313	22188	21125
来安县	142022	78139	63883	89997	52679	37318	28654	16493	12161
全椒县	134481	74332	60149	63350	38416	24934	33204	19166	14038
定远县	234103	128210	105893	126126	74420	51706	42368	24490	17878
凤阳县	216030	114523	101507	132334	74753	57581	39569	22518	17051
苏滁现代产业园	8992	5462	3530	5089	3595	1494	2351	1580	771
滁州经济技术开发区	41370	21716	19654	27905	16878	11027	16231	9162	7069
天长市	188704	102626	86078	124033	70240	53793	48680	27083	21597
明光市	174755	93671	81084	92904	52217	40687	29456	16357	13099

1-6 续表 8 单位：人

地区	初中			高中			大学专科		
	小计	男	女	小计	男	女	小计	男	女
阜阳市	**3197476**	**1766195**	**1431281**	**790167**	**451426**	**338741**	**339270**	**178270**	**161000**
颍州区	273968	145102	128866	109794	58448	51346	75040	34808	40232
颍东区	210015	116286	93729	60045	34933	25112	24115	13330	10785
颍泉区	230907	126083	104824	67896	38036	29860	26778	14328	12450
临泉县	618839	346343	272496	151287	86414	64873	51582	27622	23960
太和县	588920	331711	257209	122313	71589	50724	47396	25875	21521
阜南县	452349	253826	198523	99602	57451	42151	36144	19624	16520
颍上县	487888	264401	223487	95217	55818	39399	38086	20776	17310
阜阳合肥现代产业园区	18070	9972	8098	2607	1522	1085	1214	641	573
阜阳经济技术开发区	44994	23074	21920	20185	10758	9427	10253	5491	4762
界首市	271526	149397	122129	61221	36457	24764	28662	15775	12887
宿州市	**1960667**	**1032564**	**928103**	**888649**	**493696**	**394953**	**309844**	**161983**	**147861**
埇桥区	667521	353791	313730	206451	114374	92077	107412	53268	54144
砀山县	238425	121408	117017	210582	113119	97463	49022	26476	22546
萧县	452328	235808	216520	141723	80609	61114	50388	27168	23220
灵璧县	309370	164585	144785	175245	98497	76748	55808	29599	26209
泗县	251198	135436	115762	137231	77303	59928	41793	22668	19125
宿州马鞍山现代产业园区	19574	10454	9120	5973	3469	2504	1293	693	600
宿州经济技术开发区	22251	11082	11169	11444	6325	5119	4128	2111	2017
六安市	**1482036**	**794559**	**687477**	**599191**	**347839**	**251352**	**234749**	**129326**	**105423**
金安区	264944	136084	128860	128642	72527	56115	63887	34081	29806
裕安区	289286	154965	134321	129047	73201	55846	51635	28019	23616
叶集区	86779	46820	39959	24510	15267	9243	6530	3635	2895
霍邱县	339104	188348	150756	81651	48439	33212	30141	16598	13543
舒城县	235012	124133	110879	112957	66231	46726	37358	21089	16269
金寨县	181996	98491	83505	72919	43351	29568	26045	15100	10945
霍山县	84915	45718	39197	49465	28823	20642	19153	10804	8349
亳州市	**1866094**	**1040412**	**825682**	**491344**	**279630**	**211714**	**206173**	**108212**	**97961**
谯城区	593950	327682	266268	158763	87522	71241	80831	39540	41291
涡阳县	428627	240966	187661	110648	63105	47543	42755	23189	19566
蒙城县	399716	223103	176613	107397	63088	44309	43737	23880	19857
利辛县	443801	248661	195140	114536	65915	48621	38850	21603	17247
池州市	**402683**	**224730**	**177953**	**159801**	**94363**	**65438**	**98817**	**51606**	**47211**
贵池区	167010	92808	74202	75507	44295	31212	54316	26969	27347
东至县	122253	69577	52676	41741	25304	16437	23671	13224	10447
石台县	23737	13653	10084	8483	5119	3364	5385	2996	2389
青阳县	76903	41520	35383	28422	16204	12218	12245	6544	5701
池州市国家经济技术开发区	4127	2308	1819	1834	1095	739	1502	887	615
皖江江南新兴产业集中区	3386	2029	1357	2080	1320	760	503	336	167
九华山风景区	5267	2835	2432	1734	1026	708	1195	650	545
宣城市	**855483**	**474079**	**381404**	**303517**	**175329**	**128188**	**163281**	**84950**	**78331**
宣州区	213577	119513	94064	75951	43332	32619	46629	23267	23362
郎溪县	112697	62575	50122	31826	18605	13221	15772	8251	7521
泾县	90282	49816	40466	34240	19276	14964	16391	8678	7713
绩溪县	54783	29526	25257	15273	9130	6143	8752	4841	3911
旌德县	37675	20811	16864	12103	6798	5305	6664	3536	3128
宣城市经济开发区	29369	15741	13628	17954	10247	7707	10132	5422	4710
宁国市	131028	71993	59035	54044	31314	22730	30410	15969	14441
广德市	186072	104104	81968	62126	36627	25499	28531	14986	13545

1-6　续表 9　　单位：人

地　区	大学本科			硕士研究生			博士研究生		
	小计	男	女	小计	男	女	小计	男	女
安　徽	**3351127**	**1834059**	**1517068**	**305815**	**168767**	**137048**	**36380**	**24721**	**11659**
合肥市	**1061172**	**578412**	**482760**	**146645**	**81404**	**65241**	**20409**	**13991**	**6418**
瑶海区	73693	40053	33640	6104	3370	2734	514	334	180
庐阳区	93342	49839	43503	12011	6533	5478	1244	815	429
蜀山区	223353	117786	105567	43686	23401	20285	7679	5182	2497
包河区	196556	108737	87819	37665	21607	16058	7029	4962	2067
长丰县	27554	15911	11643	1640	943	697	124	82	42
肥东县	37186	21436	15750	2424	1460	964	214	144	70
肥西县	85733	45601	40132	6143	3503	2640	557	406	151
庐江县	30258	17970	12288	2183	1268	915	191	132	59
合肥高新技术产业开发区	63231	34473	28758	8943	5362	3581	796	589	207
合肥经济技术开发区	121463	68030	53433	18629	9906	8723	1482	949	533
合肥新站高新技术产业开发区	53245	28477	24768	4510	2577	1933	311	212	99
巢湖市	55558	30099	25459	2707	1474	1233	268	184	84
芜湖市	**280006**	**151746**	**128260**	**26585**	**13534**	**13051**	**2372**	**1630**	**742**
镜湖区	64236	32302	31934	7509	3795	3714	729	478	251
弋江区	65098	32228	32870	8471	3746	4725	742	502	240
鸠江区	51982	30456	21526	4849	2655	2194	427	312	115
三山区	7137	4152	2985	702	399	303	73	55	18
芜湖县	21047	12511	8536	885	503	382	53	37	16
繁昌县	10053	5519	4534	685	375	310	56	39	17
南陵县	14611	7720	6891	796	421	375	78	48	30
芜湖经济技术开发区	20026	12073	7953	1015	642	373	41	31	10
安徽芜湖长江大桥经济开发区	413	231	182	35	17	18	3	2	1
无为市	25403	14554	10849	1638	981	657	170	126	44
蚌埠市	**171282**	**89639**	**81643**	**13677**	**7145**	**6532**	**1364**	**917**	**447**
龙子湖区	11988	6273	5715	1389	734	655	143	92	51
蚌山区	11510	6050	5460	1147	621	526	125	83	42
禹会区	18443	8910	9533	901	487	414	79	51	28
淮上区	5874	3117	2757	467	268	199	22	14	8
怀远县	18319	10306	8013	1028	579	449	113	85	28
五河县	11564	6366	5198	618	373	245	92	55	37
固镇县	8887	4960	3927	471	275	196	43	29	14
蚌埠市高新技术开发区	6084	3290	2794	469	289	180	29	22	7
蚌埠市经济开发区	78613	40367	38246	7187	3519	3668	718	486	232
淮南市	**143331**	**79233**	**64098**	**10214**	**6094**	**4120**	**1255**	**889**	**366**
大通区	5266	2904	2362	360	201	159	33	22	11
田家庵区	92550	49649	42901	7321	4354	2967	921	663	258
谢家集区	5435	2917	2518	314	164	150	43	27	16
八公山区	3182	1714	1468	176	84	92	23	12	11
潘集区	4807	2923	1884	290	186	104	31	23	8
凤台县	15878	9597	6281	814	514	300	102	68	34
寿县	16213	9529	6684	939	591	348	102	74	28

1−6 续表 10 单位：人

地区	大学本科			硕士研究生			博士研究生		
	小计	男	女	小计	男	女	小计	男	女
马鞍山市	**151964**	**86994**	**64970**	**12301**	**7189**	**5112**	**1098**	**788**	**310**
花山区	46483	25870	20613	4780	2724	2056	498	361	137
雨山区	53857	31400	22457	5191	3094	2097	382	275	107
博望区	3289	1844	1445	181	106	75	21	15	6
当涂县	22589	13074	9515	841	491	350	78	57	21
含山县	10443	6249	4194	547	328	219	51	35	16
和县	15303	8557	6746	761	446	315	68	45	23
淮北市	**106576**	**54700**	**51876**	**7001**	**3530**	**3471**	**793**	**523**	**270**
杜集区	6329	3604	2725	423	235	188	74	44	30
相山区	63285	32584	30701	4329	2291	2038	522	352	170
烈山区	16640	6892	9748	994	300	694	50	30	20
濉溪县	20322	11620	8702	1255	704	551	147	97	50
铜陵市	**92715**	**51408**	**41307**	**6649**	**3696**	**2953**	**535**	**371**	**164**
铜官区	61353	33007	28346	4059	2246	1813	298	206	92
义安区	8273	4503	3770	628	334	294	52	36	16
郊区	5069	2942	2127	425	238	187	36	23	13
枞阳县	18020	10956	7064	1537	878	659	149	106	43
安庆市	**212731**	**121703**	**91028**	**15579**	**8528**	**7051**	**1800**	**1193**	**607**
迎江区	26866	14936	11930	2360	1248	1112	224	153	71
大观区	17747	9481	8266	1762	912	850	246	162	84
宜秀区	25273	11778	13495	1274	606	668	114	78	36
怀宁县	18942	11323	7619	1440	871	569	174	110	64
太湖县	17364	10496	6868	1158	640	518	142	94	48
宿松县	25854	16514	9340	1707	1047	660	222	165	57
望江县	15878	9217	6661	1043	561	482	118	71	47
岳西县	11984	6875	5109	721	407	314	85	56	29
安徽安庆经济开发区	9654	5697	3957	824	449	375	103	70	33
桐城市	23785	14005	9780	1743	949	794	204	134	70
潜山市	19384	11381	8003	1547	838	709	168	100	68
黄山市	**75084**	**40295**	**34789**	**4444**	**2319**	**2125**	**479**	**299**	**180**
屯溪区	41617	21504	20113	2517	1286	1231	284	178	106
黄山区	5952	3419	2533	353	173	180	31	20	11
徽州区	3516	1948	1568	209	114	95	19	10	9
歙县	11014	6216	4798	663	369	294	76	54	22
休宁县	5923	3237	2686	350	196	154	24	15	9
黟县	2870	1593	1277	144	82	62	20	8	12
祁门县	4192	2378	1814	208	99	109	25	14	11
滁州市	**191068**	**107367**	**83701**	**10998**	**6268**	**4730**	**1075**	**723**	**352**
琅琊区	22965	11888	11077	1589	862	727	165	105	60
南谯区	22133	12153	9980	1947	1090	857	136	101	35
来安县	14907	8675	6232	884	518	366	75	47	28
全椒县	16932	9949	6983	872	505	367	66	41	25
定远县	22175	13254	8921	1151	709	442	110	70	40
凤阳县	24171	13721	10450	1123	660	463	195	137	58
苏滁现代产业园	1004	681	323	68	46	22	1	1	
滁州经济技术开发区	23065	12661	10404	1125	604	521	137	89	48
天长市	28832	16207	12625	1545	878	667	135	102	33
明光市	14884	8178	6706	694	396	298	55	30	25

1-6　续表 11　　　　单位：人

地　　区	大学本科			硕士研究生			博士研究生		
	小计	男	女	小计	男	女	小计	男	女
阜阳市	**208217**	**111076**	**97141**	**13070**	**7418**	**5652**	**1424**	**923**	**501**
颍州区	63948	31101	32847	4146	2179	1967	504	340	164
颍东区	14353	7943	6410	755	430	325	75	55	20
颍泉区	15803	8864	6939	1065	639	426	110	66	44
临泉县	28455	15443	13012	1770	1016	754	168	101	67
太和县	25074	13997	11077	1500	846	654	175	105	70
阜南县	19794	11041	8753	1180	734	446	124	83	41
颍上县	20746	11614	9132	1151	710	441	125	77	48
阜阳合肥现代产业园区	773	414	359	84	39	45	4	2	2
阜阳经济技术开发区	5844	3207	2637	374	228	146	39	24	15
界首市	13427	7452	5975	1045	597	448	100	70	30
宿州市	**168669**	**90699**	**77970**	**9927**	**5350**	**4577**	**1073**	**678**	**395**
埇桥区	76807	40849	35958	4609	2402	2207	463	267	196
砀山县	19128	10408	8720	1190	646	544	148	99	49
萧县	24753	13546	11207	1755	983	772	196	136	60
灵璧县	24501	13185	11316	1291	728	563	155	107	48
泗县	20683	11210	9473	928	510	418	98	63	35
宿州马鞍山现代产业园区	571	313	258	50	26	24	1		1
宿州经济技术开发区	2226	1188	1038	104	55	49	12	6	6
六安市	**179145**	**103009**	**76136**	**10488**	**6166**	**4322**	**1061**	**723**	**338**
金安区	43096	24805	18291	3317	1931	1386	284	188	96
裕安区	59151	33106	26045	2680	1568	1112	299	199	100
叶集区	4778	2791	1987	290	193	97	32	23	9
霍邱县	20152	11684	8468	1133	681	452	132	90	42
舒城县	23157	13762	9395	1492	887	605	194	133	61
金寨县	15759	9350	6409	914	534	380	68	48	20
霍山县	13052	7511	5541	662	372	290	52	42	10
亳州市	**121808**	**65752**	**56056**	**6629**	**3840**	**2789**	**677**	**456**	**221**
谯城区	53789	27397	26392	3161	1762	1399	220	151	69
涡阳县	21716	12295	9421	1102	639	463	165	106	59
蒙城县	25348	13974	11374	1252	731	521	153	99	54
利辛县	20955	12086	8869	1114	708	406	139	100	39
池州市	**75399**	**40662**	**34737**	**4691**	**2592**	**2099**	**389**	**249**	**140**
贵池区	47245	24815	22430	3012	1698	1314	227	156	71
东至县	13812	7870	5942	815	439	376	91	59	32
石台县	3486	1973	1513	220	114	106	19	11	8
青阳县	9083	4949	4134	535	271	264	45	20	25
池州市国家经济技术开发区	819	501	318	56	36	20	4	2	2
皖江江南新兴产业集中区	240	154	86	10	7	3			
九华山风景区	714	400	314	43	27	16	3	1	2
宣城市	**111960**	**61364**	**50596**	**6917**	**3694**	**3223**	**576**	**368**	**208**
宣州区	30447	16482	13965	2304	1250	1054	161	105	56
郎溪县	11037	5978	5059	621	342	279	47	31	16
泾县	9657	5152	4505	594	291	303	66	36	30
绩溪县	5732	3181	2551	350	182	168	16	11	5
旌德县	3749	1997	1752	193	96	97	22	12	10
宣城市经济开发区	14673	9511	5162	606	338	268	81	58	23
宁国市	18030	9446	8584	1184	623	561	96	55	41
广德市	18635	9617	9018	1065	572	493	87	60	27

1-6a 各地区分性别、受教育程度的3岁及以上人口(城市)

单位：人

地 区	3岁及以上人口			未上过学		
	合计	男	女	小计	男	女
安 徽	**15821764**	**7875512**	**7946252**	**491682**	**128112**	**363570**
合肥市	**4018325**	**2028875**	**1989450**	**110601**	**28670**	**81931**
瑶海区	788700	398666	390034	23503	5890	17613
庐阳区	599876	298800	301076	16101	4185	11916
蜀山区	967302	482889	484413	20704	5580	15124
包河区	1165949	599937	566012	34106	8904	25202
长丰县						
肥东县						
肥西县	59034	31355	27679	1001	274	727
庐江县						
合肥高新技术产业开发区						
合肥经济技术开发区						
合肥新站高新技术产业开发区	62499	31515	30984	1870	527	1343
巢湖市	374965	185713	189252	13316	3310	10006
芜湖市	**1476188**	**744125**	**732063**	**64525**	**17308**	**47217**
镜湖区	447263	218619	228644	12323	2991	9332
弋江区	411687	206192	205495	15930	4702	11228
鸠江区	312643	163931	148712	15850	3855	11995
三山区	98443	53645	44798	7568	2182	5386
芜湖县	8597	4447	4150	530	145	385
繁昌县						
南陵县						
芜湖经济技术开发区	2554	1335	1219	368	85	283
安徽芜湖长江大桥经济开发区						
无为市	195001	95956	99045	11956	3348	8608
蚌埠市	**670452**	**333192**	**337260**	**19840**	**5482**	**14358**
龙子湖区	163842	80498	83344	4627	1266	3361
蚌山区	150167	74202	75965	3275	877	2398
禹会区	204145	100917	103228	5227	1524	3703
淮上区	152298	77575	74723	6711	1815	4896
怀远县						
五河县						
固镇县						
蚌埠市高新技术开发区						
蚌埠市经济开发区						
淮南市	**1058063**	**518110**	**539953**	**29588**	**8630**	**20958**
大通区	38793	19003	19790	1387	369	1018
田家庵区	668074	327808	340266	11945	3815	8130
谢家集区	166937	81038	85899	8885	2237	6648
八公山区	110440	53501	56939	3814	1047	2767
潘集区	73819	36760	37059	3557	1162	2395
凤台县						
寿县						

1-6a　续表 1

单位：人

地　　区	3岁及以上人口			未上过学		
	合计	男	女	小计	男	女
马鞍山市	**842049**	**426670**	**415379**	**33039**	**8056**	**24983**
花山区	431316	215871	215445	14969	3492	11477
雨山区	335193	171298	163895	12584	3081	9503
博望区	75540	39501	36039	5486	1483	4003
当涂县						
含山县						
和县						
淮北市	**791434**	**388901**	**402533**	**33303**	**9205**	**24098**
杜集区	138537	69347	69190	9304	2625	6679
相山区	485836	237228	248608	12861	3484	9377
烈山区	107584	50929	56655	5701	1591	4110
濉溪县	59477	31397	28080	5437	1505	3932
铜陵市	**554636**	**274384**	**280252**	**24272**	**5812**	**18460**
铜官区	428984	211847	217137	17359	4136	13223
义安区	85452	41970	43482	3366	770	2596
郊区	40200	20567	19633	3547	906	2641
枞阳县						
安庆市	**1052509**	**511908**	**540601**	**31166**	**7185**	**23981**
迎江区	236956	116658	120298	5366	1176	4190
大观区	155745	76016	79729	2791	559	2232
宜秀区	137408	68074	69334	5342	1299	4043
怀宁县						
太湖县						
宿松县						
望江县	95153	44850	50303	2580	544	2036
岳西县						
安徽安庆经济开发区	461	363	98	20	8	12
桐城市	283927	137205	146722	9377	2615	6762
潜山市	142859	68742	74117	5690	984	4706
黄山市	**357675**	**173325**	**184350**	**9247**	**2321**	**6926**
屯溪区	242190	116060	126130	5648	1347	4301
黄山区	58332	28705	29627	2258	666	1592
徽州区	49863	24897	24966	1098	253	845
歙县	3323	1675	1648	164	38	126
休宁县	3967	1988	1979	79	17	62
黟县						
祁门县						
滁州市	**850713**	**424251**	**426462**	**20064**	**4825**	**15239**
琅琊区	250731	125645	125086	5648	1400	4248
南谯区	181022	93359	87663	6327	1401	4926
来安县						
全椒县						
定远县						
凤阳县						
苏滁现代产业园						
滁州经济技术开发区						
天长市	232843	114984	117859	4563	1015	3548
明光市	186117	90263	95854	3526	1009	2517

1-6a 续表 2

单位：人

地区	3岁及以上人口			未上过学		
	合计	男	女	小计	男	女
阜阳市	**1033390**	**508338**	**525052**	**32672**	**8549**	**24123**
颍州区	453574	218971	234603	12828	3615	9213
颍东区	172444	87404	85040	7227	2013	5214
颍泉区	206852	103341	103511	5740	1561	4179
临泉县						
太和县						
阜南县						
颍上县						
阜阳合肥现代产业园区						
阜阳经济技术开发区						
界首市	200520	98622	101898	6877	1360	5517
宿州市	**617198**	**304348**	**312850**	**11642**	**3313**	**8329**
埇桥区	611446	301472	309974	11263	3225	8038
砀山县						
萧县	5752	2876	2876	379	88	291
灵璧县						
泗县						
宿州马鞍山现代产业园区						
宿州经济技术开发区						
六安市	**790390**	**393883**	**396507**	**14089**	**4141**	**9948**
金安区	346882	170511	176371	5865	1765	4100
裕安区	362488	180153	182335	6819	1901	4918
叶集区	74442	39862	34580	1117	378	739
霍邱县	2497	1275	1222	41	14	27
舒城县	4081	2082	1999	247	83	164
金寨县						
霍山县						
亳州市	**612102**	**305107**	**306995**	**17854**	**4837**	**13017**
谯城区	607206	302829	304377	17467	4733	12734
涡阳县						
蒙城县						
利辛县	4896	2278	2618	387	104	283
池州市	**368331**	**175974**	**192357**	**17916**	**3749**	**14167**
贵池区	346490	164205	182285	16224	3312	12912
东至县						
石台县						
青阳县						
池州市国家经济技术开发区	12587	6566	6021	956	227	729
皖江江南新兴产业集中区	9254	5203	4051	736	210	526
九华山风景区						
宣城市	**728309**	**364121**	**364188**	**21864**	**6029**	**15835**
宣州区	248167	119829	128338	6607	1679	4928
郎溪县						
泾县						
绩溪县						
旌德县						
宣城市经济开发区						
宁国市	237997	119475	118522	6791	1840	4951
广德市	242145	124817	117328	8466	2510	5956

1-6a　续表 3　　　　单位：人

地　区	学前教育			小　学		
	小计	男	女	小计	男	女
安　徽	**614692**	**323208**	**291484**	**2921905**	**1317519**	**1604386**
合肥市	**166618**	**88522**	**78096**	**619908**	**279659**	**340249**
瑶海区	31679	17075	14604	136599	60800	75799
庐阳区	26632	14088	12544	93469	42552	50917
蜀山区	41447	21921	19526	120114	53988	66126
包河区	50357	26626	23731	175522	81831	93691
长丰县						
肥东县						
肥西县	1941	1053	888	6919	3067	3852
庐江县						
合肥高新技术产业开发区						
合肥经济技术开发区						
合肥新站高新技术产业开发区	2749	1462	1287	9988	4395	5593
巢湖市	11813	6297	5516	77297	33026	44271
芜湖市	**49813**	**26128**	**23685**	**277619**	**125014**	**152605**
镜湖区	13458	6968	6490	69624	29935	39689
弋江区	13033	6835	6198	71472	32918	38554
鸠江区	12760	6717	6043	60829	27445	33384
三山区	3742	1963	1779	25294	11971	13323
芜湖县	277	135	142	3627	1663	1964
繁昌县						
南陵县						
芜湖经济技术开发区	72	32	40	842	460	382
安徽芜湖长江大桥经济开发区						
无为市	6471	3478	2993	45931	20622	25309
蚌埠市	**24086**	**12812**	**11274**	**132975**	**60997**	**71978**
龙子湖区	4859	2594	2265	29859	13405	16454
蚌山区	5692	3009	2683	27461	12318	15143
禹会区	6193	3279	2914	40039	18310	21729
淮上区	7342	3930	3412	35616	16964	18652
怀远县						
五河县						
固镇县						
蚌埠市高新技术开发区						
蚌埠市经济开发区						
淮南市	**37175**	**19381**	**17794**	**197318**	**90263**	**107055**
大通区	1692	850	842	6660	3054	3606
田家庵区	24216	12791	11425	114526	52567	61959
谢家集区	4269	2142	2127	34669	15617	19052
八公山区	3089	1517	1572	23073	10009	13064
潘集区	3909	2081	1828	18390	9016	9374
凤台县						
寿县						

1-6a 续表 4 单位：人

地区	学前教育			小学		
	小计	男	女	小计	男	女
马鞍山市	**24466**	**12629**	**11837**	**157813**	**71236**	**86577**
花山区	12393	6461	5932	79229	35036	44193
雨山区	8766	4421	4345	55144	24689	30455
博望区	3307	1747	1560	23440	11511	11929
当涂县						
含山县						
和县						
淮北市	**30749**	**16194**	**14555**	**137632**	**66391**	**71241**
杜集区	4711	2459	2252	28606	13904	14702
相山区	19882	10485	9397	71450	34577	36873
烈山区	3285	1759	1526	21202	10087	11115
濉溪县	2871	1491	1380	16374	7823	8551
铜陵市	**16225**	**8307**	**7918**	**100412**	**43139**	**57273**
铜官区	12037	6175	5862	71654	30803	40851
义安区	3099	1591	1508	19209	7975	11234
郊区	1089	541	548	9549	4361	5188
枞阳县						
安庆市	**35672**	**18157**	**17515**	**228987**	**94624**	**134363**
迎江区	8127	4172	3955	41366	16989	24377
大观区	3703	1908	1795	25790	10043	15747
宜秀区	4347	2215	2132	28346	12791	15555
怀宁县						
太湖县						
宿松县						
望江县	3980	1976	2004	26360	9786	16574
岳西县						
安徽安庆经济开发区	5	2	3	47	29	18
桐城市	10126	5162	4964	68452	29465	38987
潜山市	5384	2722	2662	38626	15521	23105
黄山市	**13302**	**6812**	**6490**	**65769**	**28868**	**36901**
屯溪区	8682	4479	4203	42389	18415	23974
黄山区	2230	1121	1109	11809	5472	6337
徽州区	2097	1081	1016	9483	4037	5446
歙县	118	48	70	885	408	477
休宁县	175	83	92	1203	536	667
黟县						
祁门县						
滁州市	**34984**	**18157**	**16827**	**175799**	**73924**	**101875**
琅琊区	8728	4494	4234	50027	21853	28174
南谯区	8052	4178	3874	33772	15188	18584
来安县						
全椒县						
定远县						
凤阳县						
苏滁现代产业园						
滁州经济技术开发区						
天长市	10584	5450	5134	52142	20396	31746
明光市	7620	4035	3585	39858	16487	23371

1-6a 续表 5

单位：人

地　区	学前教育			小　学		
	小计	男	女	小计	男	女
阜阳市	**48141**	**25442**	**22699**	**196034**	**93408**	**102626**
颍州区	20422	10778	9644	76426	36816	39610
颍东区	8334	4426	3908	34321	16733	17588
颍泉区	10336	5423	4913	42930	20362	22568
临泉县						
太和县						
阜南县						
颍上县						
阜阳合肥现代产业园区						
阜阳经济技术开发区						
界首市	9049	4815	4234	42357	19497	22860
宿州市	**28311**	**14912**	**13399**	**104380**	**50178**	**54202**
埇桥区	28072	14782	13290	102860	49456	53404
砀山县						
萧县	239	130	109	1520	722	798
灵璧县						
泗县						
宿州马鞍山现代产业园区						
宿州经济技术开发区						
六安市	**34521**	**18775**	**15746**	**165002**	**74636**	**90366**
金安区	14685	7899	6786	71536	31152	40384
裕安区	16307	8871	7436	71953	32832	39121
叶集区	3280	1873	1407	19131	9536	9595
霍邱县	108	56	52	910	423	487
舒城县	141	76	65	1472	693	779
金寨县						
霍山县						
亳州市	**30820**	**16760**	**14060**	**130530**	**63233**	**67297**
谯城区	30606	16645	13961	128987	62650	66337
涡阳县						
蒙城县						
利辛县	214	115	99	1543	583	960
池州市	**13476**	**6891**	**6585**	**75325**	**31179**	**44146**
贵池区	12747	6529	6218	70466	28884	41582
东至县						
石台县						
青阳县						
池州市国家经济技术开发区	535	264	271	2754	1246	1508
皖江江南新兴产业集中区	194	98	96	2105	1049	1056
九华山风景区						
宣城市	**26333**	**13329**	**13004**	**156402**	**70770**	**85632**
宣州区	9676	4875	4801	50914	22035	28879
郎溪县						
泾县						
绩溪县						
旌德县						
宣城市经济开发区						
宁国市	8747	4419	4328	48556	21840	26716
广德市	7910	4035	3875	56932	26895	30037

1-6a 续表 6 单位：人

地区	初中			高中			大学专科		
	小计	男	女	小计	男	女	小计	男	女
安徽	**4761119**	**2393502**	**2367617**	**2931797**	**1567897**	**1363900**	**2078602**	**1064438**	**1014164**
合肥市	**987553**	**505547**	**482006**	**691740**	**367552**	**324188**	**691650**	**352027**	**339623**
瑶海区	248469	127775	120694	154360	83897	70463	118201	61880	56321
庐阳区	150692	75829	74863	113103	58637	54466	109035	54751	54284
蜀山区	174191	86691	87500	146480	74626	71854	191010	94589	96421
包河区	267843	140922	126921	186312	99062	87250	210754	107400	103354
长丰县									
肥东县									
肥西县	11469	6450	5019	9336	5578	3758	9830	5575	4255
庐江县									
合肥高新技术产业开发区									
合肥经济技术开发区									
合肥新站高新技术产业开发区	17182	8808	8374	11624	6208	5416	11656	6044	5612
巢湖市	117707	59072	58635	70525	39544	30981	41164	21788	19376
芜湖市	**391893**	**204062**	**187831**	**263339**	**144666**	**118673**	**212671**	**113772**	**98899**
镜湖区	118615	58411	60204	97626	50903	46723	63613	33114	30499
弋江区	90395	48019	42376	65001	35615	29386	81545	41627	39918
鸠江区	81069	44111	36958	48659	28065	20594	41065	23275	17790
三山区	32836	19202	13634	13303	8328	4975	11626	7561	4065
芜湖县	3164	1897	1267	656	422	234	210	110	100
繁昌县									
南陵县									
芜湖经济技术开发区	829	495	334	263	163	100	120	68	52
安徽芜湖长江大桥经济开发区									
无为市	64985	31927	33058	37831	21170	16661	14492	8017	6475
蚌埠市	**230109**	**115939**	**114170**	**147204**	**77691**	**69513**	**67315**	**35415**	**31900**
龙子湖区	57078	28175	28903	36771	18939	17832	17678	9368	8310
蚌山区	48740	24175	24565	34518	17923	16595	17877	9241	8636
禹会区	68023	33747	34276	44653	23600	21053	21858	11727	10131
淮上区	56268	29842	26426	31262	17229	14033	9902	5079	4823
怀远县									
五河县									
固镇县									
蚌埠市高新技术开发区									
蚌埠市经济开发区									
淮南市	**362221**	**175963**	**186258**	**198978**	**102237**	**96741**	**119457**	**60293**	**59164**
大通区	13969	6882	7087	8007	4139	3868	4448	2301	2147
田家庵区	195243	93990	101253	130199	64894	65305	91574	45317	46257
谢家集区	70900	35286	35614	31275	16758	14517	11730	6234	5496
八公山区	49736	24069	25667	19929	10994	8935	7555	4133	3422
潘集区	32373	15736	16637	9568	5452	4116	4150	2308	1842
凤台县									
寿县									

1−6a 续表 7

单位：人

地区	初中			高中			大学专科		
	小计	男	女	小计	男	女	小计	男	女
马鞍山市	**252901**	**130820**	**122081**	**157251**	**85927**	**71324**	**103713**	**53343**	**50370**
花山区	132610	67112	65498	86553	46162	40391	54040	28768	25272
雨山区	90599	46832	43767	62374	34700	27674	46530	22930	23600
博望区	29692	16876	12816	8324	5065	3259	3143	1645	1498
当涂县									
含山县									
和县									
淮北市	**272188**	**133348**	**138840**	**144075**	**76149**	**67926**	**84531**	**43325**	**41206**
杜集区	57179	28680	28499	25162	14219	10943	8768	4745	4023
相山区	148497	69210	79287	99482	50833	48649	66367	33882	32485
烈山区	39367	20013	19354	14939	7994	6945	7412	3461	3951
濉溪县	27145	15445	11700	4492	3103	1389	1984	1237	747
铜陵市	**161230**	**80405**	**80825**	**111306**	**60341**	**50965**	**67621**	**36638**	**30983**
铜官区	117412	57675	59737	89042	47582	41460	56084	30176	25908
义安区	30029	15205	14824	15261	8481	6780	8166	4510	3656
郊区	13789	7525	6264	7003	4278	2725	3371	1952	1419
枞阳县									
安庆市	**329873**	**164151**	**165722**	**198748**	**108771**	**89977**	**120771**	**61556**	**59215**
迎江区	67540	33220	34320	51510	27282	24228	33906	17673	16233
大观区	44845	21332	23513	38864	20671	18193	21305	11740	9565
宜秀区	37746	20951	16795	19994	11676	8318	16464	7524	8940
怀宁县									
太湖县									
宿松县									
望江县	29178	14242	14936	18037	9894	8143	7887	4345	3542
岳西县									
安徽安庆经济开发区	102	74	28	60	49	11	136	121	15
桐城市	102467	50375	52092	48988	26981	22007	28031	13082	14949
潜山市	47995	23957	24038	21295	12218	9077	13042	7071	5971
黄山市	**117408**	**56922**	**60486**	**67273**	**34858**	**32415**	**45574**	**22873**	**22701**
屯溪区	72981	34878	38103	47008	23865	23143	33865	16586	17279
黄山区	20163	9859	10304	11082	5724	5358	6637	3537	3100
徽州区	21236	10563	10673	8373	4792	3581	4586	2502	2084
歙县	1609	847	762	325	224	101	151	68	83
休宁县	1419	775	644	485	253	232	335	180	155
黟县									
祁门县									
滁州市	**276823**	**141005**	**135818**	**173746**	**94088**	**79658**	**98271**	**53827**	**44444**
琅琊区	83555	42779	40776	49624	26931	22693	28593	15430	13163
南谯区	56285	30079	26206	30012	16665	13347	28585	15932	12653
来安县									
全椒县									
定远县									
凤阳县									
苏滁现代产业园									
滁州经济技术开发区									
天长市	73247	37373	35874	48293	26566	21727	25134	13680	11454
明光市	63736	30774	32962	45817	23926	21891	15959	8785	7174

1－6a 续表 8

单位：人

地 区	初中			高中			大学专科		
	小计	男	女	小计	男	女	小计	男	女
阜阳市	**343171**	**169485**	**173686**	**199238**	**105514**	**93724**	**118089**	**57627**	**60462**
颍州区	126261	61792	64469	86668	44465	42203	67056	30500	36556
颍东区	61109	30763	30346	36651	20163	16488	14996	8144	6852
颍泉区	76302	38281	38021	41069	21586	19483	18147	9416	8731
临泉县									
太和县									
阜南县									
颍上县									
阜阳合肥现代产业园区									
阜阳经济技术开发区									
界首市	79499	38649	40850	34850	19300	15550	17890	9567	8323
宿州市	**202959**	**97438**	**105521**	**124917**	**64380**	**60537**	**75942**	**37872**	**38070**
埇桥区	200281	96022	104259	124297	64040	60257	75725	37742	37983
砀山县									
萧县	2678	1416	1262	620	340	280	217	130	87
灵璧县									
泗县									
宿州马鞍山现代产业园区									
宿州经济技术开发区									
六安市	**251152**	**121530**	**129622**	**157837**	**85151**	**72686**	**82492**	**42685**	**39807**
金安区	110639	52473	58166	69134	37108	32026	42917	22113	20804
裕安区	106495	51268	55227	74515	39233	35282	35944	18653	17291
叶集区	31532	16476	15056	13368	8314	5054	3403	1786	1617
霍邱县	1138	599	539	210	129	81	58	35	23
舒城县	1348	714	634	610	367	243	170	98	72
金寨县									
霍山县									
亳州市	**218448**	**111996**	**106452**	**104493**	**54962**	**49531**	**62232**	**29413**	**32819**
谯城区	215924	110656	105268	104346	54869	49477	62174	29385	32789
涡阳县									
蒙城县									
利辛县	2524	1340	1184	147	93	54	58	28	30
池州市	**106791**	**53083**	**53708**	**60458**	**33524**	**26934**	**47741**	**23143**	**24598**
贵池区	99278	48746	50532	56544	31109	25435	45736	21920	23816
东至县									
石台县									
青阳县									
池州市国家经济技术开发区	4127	2308	1819	1834	1095	739	1502	887	615
皖江江南新兴产业集中区	3386	2029	1357	2080	1320	760	503	336	167
九华山风景区									
宣城市	**256399**	**131808**	**124591**	**131194**	**72086**	**59108**	**80532**	**40629**	**39903**
宣州区	79696	39031	40665	44575	23487	21088	32838	15810	17028
郎溪县									
泾县									
绩溪县									
旌德县									
宣城市经济开发区									
宁国市	86653	44315	42338	44208	24616	19592	26376	13707	12669
广德市	90050	48462	41588	42411	23983	18428	21318	11112	10206

1-6a 续表 9 单位：人

地区	大学本科			硕士研究生			博士研究生		
	小计	男	女	小计	男	女	小计	男	女
安 徽	**1808386**	**961379**	**847007**	**188784**	**102544**	**86240**	**24797**	**16913**	**7884**
合肥市	**633689**	**340302**	**293387**	**99991**	**55223**	**44768**	**16575**	**11373**	**5202**
瑶海区	69630	37837	31793	5761	3187	2574	498	325	173
庐阳区	80177	42840	37337	9654	5256	4398	1013	662	351
蜀山区	222096	116975	105121	43597	23351	20246	7663	5168	2495
包河区	196383	108632	87751	37645	21599	16046	7027	4961	2066
长丰县									
肥东县									
肥西县	17786	8925	8861	659	364	295	93	69	24
庐江县									
合肥高新技术产业开发区									
合肥经济技术开发区									
合肥新站高新技术产业开发区	6711	3662	3049	641	359	282	78	50	28
巢湖市	40906	21431	19475	2034	1107	927	203	138	65
芜湖市	**192971**	**101317**	**91654**	**21405**	**10527**	**10878**	**1952**	**1331**	**621**
镜湖区	63813	32055	31758	7465	3767	3698	726	475	251
弋江区	65098	32228	32870	8471	3746	4725	742	502	240
鸠江区	47494	27706	19788	4519	2465	2054	398	292	106
三山区	3758	2251	1507	290	165	125	26	22	4
芜湖县	122	67	55	9	6	3	2	2	
繁昌县									
南陵县									
芜湖经济技术开发区	53	27	26	7	5	2			
安徽芜湖长江大桥经济开发区									
无为市	12633	6983	5650	644	373	271	58	38	20
蚌埠市	**44939**	**22684**	**22255**	**3634**	**1946**	**1688**	**350**	**226**	**124**
龙子湖区	11486	5955	5531	1344	707	637	140	89	51
蚌山区	11344	5962	5382	1136	615	521	124	82	42
禹会区	17266	8251	9015	814	433	381	72	46	26
淮上区	4843	2516	2327	340	191	149	14	9	5
怀远县									
五河县									
固镇县									
蚌埠市高新技术开发区									
蚌埠市经济开发区									
淮南市	**104348**	**55949**	**48399**	**7978**	**4683**	**3295**	**1000**	**711**	**289**
大通区	2452	1311	1141	166	87	79	12	10	2
田家庵区	92162	49441	42721	7292	4333	2959	917	660	257
谢家集区	4890	2595	2295	276	142	134	43	27	16
八公山区	3049	1639	1410	172	81	91	23	12	11
潘集区	1795	963	832	72	40	32	5	2	3
凤台县									
寿县									

1-6a 续表 10 单位：人

地区	大学本科			硕士研究生			博士研究生		
	小计	男	女	小计	男	女	小计	男	女
马鞍山市	**101956**	**58170**	**43786**	**10024**	**5851**	**4173**	**886**	**638**	**248**
花山区	46265	25767	20498	4762	2715	2047	495	358	137
雨山区	53645	31286	22359	5173	3087	2086	378	272	106
博望区	2046	1117	929	89	49	40	13	8	5
当涂县									
含山县									
和县									
淮北市	**82891**	**41207**	**41684**	**5473**	**2686**	**2787**	**592**	**396**	**196**
杜集区	4490	2534	1956	273	154	119	44	27	17
相山区	62531	32160	30371	4257	2254	2003	509	343	166
烈山区	14790	5779	9011	862	229	633	26	16	10
濉溪县	1080	734	346	81	49	32	13	10	3
铜陵市	**68662**	**37005**	**31657**	**4584**	**2517**	**2067**	**324**	**220**	**104**
铜官区	61073	32867	28206	4035	2232	1803	288	201	87
义安区	5878	3204	2674	417	218	199	27	16	11
郊区	1711	934	777	132	67	65	9	3	6
枞阳县									
安庆市	**99599**	**53417**	**46182**	**6959**	**3562**	**3397**	**734**	**485**	**249**
迎江区	26593	14767	11826	2332	1232	1100	216	147	69
大观区	16587	8768	7819	1631	841	790	229	154	75
宜秀区	23962	11035	12927	1113	518	595	94	65	29
怀宁县									
太湖县									
宿松县									
望江县	6801	3894	2907	301	154	147	29	15	14
岳西县									
安徽安庆经济开发区	87	77	10	4	3	1			
桐城市	15459	8987	6472	927	474	453	100	64	36
潜山市	10110	5889	4221	651	340	311	66	40	26
黄山市	**36164**	**19148**	**17016**	**2710**	**1395**	**1315**	**228**	**128**	**100**
屯溪区	29095	15177	13918	2322	1201	1121	200	112	88
黄山区	3945	2234	1711	195	84	111	13	8	5
徽州区	2810	1572	1238	166	90	76	14	7	7
歙县	68	39	29	3	3				
休宁县	246	126	120	24	17	7	1	1	
黟县									
祁门县									
滁州市	**66520**	**35890**	**30630**	**4171**	**2312**	**1859**	**335**	**223**	**112**
琅琊区	22820	11802	11018	1573	852	721	163	104	59
南谯区	16472	9042	7430	1425	808	617	92	66	26
来安县									
全椒县									
定远县									
凤阳县									
苏滁现代产业园									
滁州经济技术开发区									
天长市	18005	10014	7991	818	447	371	57	43	14
明光市	9223	5032	4191	355	205	150	23	10	13

1-6a　续表 11　　　　单位：人

地　区	大学本科			硕士研究生			博士研究生		
	小计	男	女	小计	男	女	小计	男	女
阜阳市	**89929**	**44985**	**44944**	**5520**	**2934**	**2586**	**596**	**394**	**202**
颍州区	59638	28700	30938	3826	2003	1823	449	302	147
颍东区	9369	4930	4439	402	209	193	35	23	12
颍泉区	11605	6299	5306	657	378	279	66	35	31
临泉县									
太和县									
阜南县									
颍上县									
阜阳合肥现代产业园区									
阜阳经济技术开发区									
界首市	9317	5056	4261	635	344	291	46	34	12
宿州市	**64959**	**34145**	**30814**	**3754**	**1922**	**1832**	**334**	**188**	**146**
埇桥区	64875	34099	30776	3741	1919	1822	332	187	145
砀山县									
萧县	84	46	38	13	3	10	2	1	1
灵璧县									
泗县									
宿州马鞍山现代产业园区									
宿州经济技术开发区									
六安市	**80691**	**44308**	**36383**	**4238**	**2406**	**1832**	**368**	**251**	**117**
金安区	29589	16551	13038	2331	1329	1002	186	121	65
裕安区	48514	26277	22237	1770	996	774	171	122	49
叶集区	2472	1415	1057	129	77	52	10	7	3
霍邱县	30	18	12	2	1	1			
舒城县	86	47	39	6	3	3	1	1	
金寨县									
霍山县									
亳州市	**45123**	**22473**	**22650**	**2463**	**1338**	**1125**	**139**	**95**	**44**
谯城区	45103	22461	22642	2461	1336	1125	138	94	44
涡阳县									
蒙城县									
利辛县	20	12	8	2	2		1	1	
池州市	**43851**	**22845**	**21006**	**2593**	**1442**	**1151**	**180**	**118**	**62**
贵池区	42792	22190	20602	2527	1399	1128	176	116	60
东至县									
石台县									
青阳县									
池州市国家经济技术开发区	819	501	318	56	36	20	4	2	2
皖江江南新兴产业集中区	240	154	86	10	7	3			
九华山风景区									
宣城市	**52094**	**27534**	**24560**	**3287**	**1800**	**1487**	**204**	**136**	**68**
宣州区	22195	11973	10222	1576	878	698	90	61	29
郎溪县									
泾县									
绩溪县									
旌德县									
宣城市经济开发区									
宁国市	15614	8171	7443	988	529	459	64	38	26
广德市	14285	7390	6895	723	393	330	50	37	13

1-6b 各地区分性别、受教育程度的3岁及以上人口(镇)

单位：人

地区	3岁及以上人口			未上过学		
	合计	男	女	小计	男	女
安徽	**18624592**	**9412529**	**9212063**	**789525**	**209397**	**580128**
合肥市	**3405972**	**1760269**	**1645703**	**131318**	**32643**	**98675**
瑶海区	22096	11275	10821	777	187	590
庐阳区	65489	32068	33421	1237	314	923
蜀山区	29231	15160	14071	2054	580	1474
包河区						
长丰县	448287	229469	218818	17965	5033	12932
肥东县	580363	301178	279185	26559	4883	21676
肥西县	526724	271986	254738	19048	4883	14165
庐江县	460236	231347	228889	23159	6443	16716
合肥高新技术产业开发区	257803	134715	123088	7139	1766	5373
合肥经济技术开发区	528370	276093	252277	14702	3674	11028
合肥新站高新技术产业开发区	382580	204512	178068	12147	3322	8825
巢湖市	104793	52466	52327	6531	1558	4973
芜湖市	**1083534**	**554449**	**529085**	**55907**	**15268**	**40639**
镜湖区	1016	521	495	161	47	114
弋江区						
鸠江区	77397	39599	37798	6747	1660	5087
三山区	18163	8868	9295	368	84	284
芜湖县	225911	115973	109938	7448	2036	5412
繁昌县	141880	71298	70582	3903	1047	2856
南陵县	226076	109995	116081	6573	1753	4820
芜湖经济技术开发区	169044	93081	75963	8803	2256	6547
安徽芜湖长江大桥经济开发区	13579	6925	6654	2144	648	1496
无为市	210468	108189	102279	19760	5737	14023
蚌埠市	**1088611**	**540585**	**548026**	**42007**	**12785**	**29222**
龙子湖区	10389	6199	4190	423	205	218
蚌山区						
禹会区	9930	5170	4760	623	229	394
淮上区	27928	14374	13554	1718	538	1180
怀远县	335862	167723	168139	17177	5474	11703
五河县	224546	111247	113299	12008	3351	8657
固镇县	151867	74157	77710	4247	1266	2981
蚌埠市高新技术开发区	59771	30303	29468	1085	331	754
蚌埠市经济开发区	268318	131412	136906	4726	1391	3335
淮南市	**744065**	**381330**	**362735**	**33199**	**11312**	**21887**
大通区	78505	39870	38635	4287	1365	2922
田家庵区	13236	6879	6357	719	245	474
谢家集区	3718	1954	1764	243	99	144
八公山区	51	24	27	2		2
潘集区	68957	36818	32139	4248	1486	2762
凤台县	230338	120529	109809	9086	3083	6003
寿县	349260	175256	174004	14614	5034	9580

1-6b　续表 1　　　　单位：人

地　区	3岁及以上人口			未上过学		
	合计	男	女	小计	男	女
马鞍山市	**664833**	**334935**	**329898**	**44164**	**10842**	**33322**
花山区						
雨山区						
博望区	9914	5350	4564	823	242	581
当涂县	273373	139126	134247	19378	5146	14232
含山县	181748	90216	91532	11413	2610	8803
和县	199798	100243	99555	12550	2844	9706
淮北市	**432719**	**217407**	**215312**	**24093**	**6836**	**17257**
杜集区	44855	22661	22194	4398	1309	3089
相山区						
烈山区	30185	15415	14770	1560	454	1106
濉溪县	357679	179331	178348	18135	5073	13062
铜陵市	**290969**	**141995**	**148974**	**33600**	**8044**	**25556**
铜官区	237	122	115	11	5	6
义安区	26732	13940	12792	2188	537	1651
郊区	28670	14258	14412	3901	985	2916
枞阳县	235330	113675	121655	27500	6517	20983
安庆市	**1188846**	**590647**	**598199**	**44481**	**10322**	**34159**
迎江区						
大观区	19071	9607	9464	1345	247	1098
宜秀区	27070	13638	13432	2239	570	1669
怀宁县	233209	114913	118296	6416	1366	5050
太湖县	169965	83164	86801	6329	1475	4854
宿松县	237671	118475	119196	5979	1231	4748
望江县	59845	29396	30449	3693	902	2791
岳西县	119918	58124	61794	4137	976	3161
安徽安庆经济开发区	132387	69092	63295	3716	943	2773
桐城市	102091	50334	51757	6385	1615	4770
潜山市	87619	43904	43715	4242	997	3245
黄山市	**394210**	**194352**	**199858**	**15113**	**3242**	**11871**
屯溪区	19174	9926	9248	462	116	346
黄山区	25483	13978	11505	1362	379	983
徽州区	11253	5758	5495	645	144	501
歙县	152853	74665	78188	4885	969	3916
休宁县	82026	39492	42534	3333	701	2632
黟县	31319	15568	15751	973	228	745
祁门县	72102	34965	37137	3453	705	2748
滁州市	**1534724**	**785760**	**748964**	**41671**	**10298**	**31373**
琅琊区						
南谯区	54371	27632	26739	3276	729	2547
来安县	231578	118551	113027	5680	1360	4320
全椒县	248188	126373	121815	4258	1030	3228
定远县	292930	149346	143584	8257	2047	6210
凤阳县	304541	155977	148564	7892	2501	5391
苏滁现代产业园	23014	13958	9056	665	161	504
滁州经济技术开发区	118698	61506	57192	2051	466	1585
天长市	186465	94334	92131	6108	1122	4986
明光市	74939	38083	36856	3484	882	2602

1－6b 续表 2

单位：人

地　　区	3岁及以上人口			未上过学		
	合计	男	女	小计	男	女
阜阳市	**2291855**	**1153270**	**1138585**	**116934**	**30452**	**86482**
颍州区	61005	30653	30352	4014	997	3017
颍东区	73017	38327	34690	6078	1627	4451
颍泉区	79698	40754	38944	5600	1420	4180
临泉县	487973	243174	244799	21016	5197	15819
太和县	594283	298406	295877	22950	5036	17914
阜南县	334107	164890	169217	23222	5781	17441
颍上县	459719	234454	225265	24623	8005	16618
阜阳合肥现代产业园区	6145	3232	2913	457	114	343
阜阳经济技术开发区	98603	49798	48805	2702	804	1898
界首市	97305	49582	47723	6272	1471	4801
宿州市	**1632804**	**814461**	**818343**	**36802**	**10383**	**26419**
埇桥区	192773	97049	95724	4635	1253	3382
砀山县	359311	178867	180444	5264	1544	3720
萧县	356748	179273	177475	9630	2742	6888
灵璧县	342143	168910	173233	9077	2485	6592
泗县	296229	147213	149016	4808	1439	3369
宿州马鞍山现代产业园区	28181	14288	13893	1408	360	1048
宿州经济技术开发区	57419	28861	28558	1980	560	1420
六安市	**1272572**	**634556**	**638016**	**36916**	**10777**	**26139**
金安区	138721	66075	72646	4208	1140	3068
裕安区	83040	42097	40943	3802	1120	2682
叶集区	28066	14092	13974	1399	405	994
霍邱县	322828	165900	156928	12234	3996	8238
舒城县	305662	148270	157392	9206	2422	6784
金寨县	201618	102433	99185	1741	624	1117
霍山县	192637	95689	96948	4326	1070	3256
亳州市	**1441677**	**732161**	**709516**	**72121**	**19962**	**52159**
谯城区	116976	59849	57127	9128	2261	6867
涡阳县	435365	222349	213016	19103	5447	13656
蒙城县	463673	234576	229097	21009	6003	15006
利辛县	425663	215387	210276	22881	6251	16630
池州市	**409249**	**199980**	**209269**	**27236**	**6638**	**20598**
贵池区	35901	18740	17161	4947	1189	3758
东至县	215352	104396	110956	14193	3138	11055
石台县	33100	15954	17146	2030	521	1509
青阳县	121235	58924	62311	5879	1736	4143
池州市国家经济技术开发区						
皖江江南新兴产业集中区						
九华山风景区	3661	1966	1695	187	54	133
宣城市	**747952**	**376372**	**371580**	**33963**	**9593**	**24370**
宣州区	99143	49766	49377	7161	2018	5143
郎溪县	191618	95866	95752	10213	2844	7369
泾县	141706	69199	72507	4087	1127	2960
绩溪县	80280	39294	40986	1877	422	1455
旌德县	62859	30857	32002	1896	535	1361
宣城市经济开发区	83580	44403	39177	2653	753	1900
宁国市	25164	13400	11764	2378	739	1639
广德市	63602	33587	30015	3698	1155	2543

1-6b 续表 3 单位：人

地 区	学前教育			小 学		
	小计	男	女	小计	男	女
安 徽	**804328**	**424625**	**379703**	**4682030**	**2130645**	**2551385**
合肥市	**149310**	**79344**	**69966**	**668646**	**298735**	**369911**
瑶海区	1035	572	463	4005	1791	2214
庐阳区	5052	2745	2307	10894	5113	5781
蜀山区	1255	672	583	9092	4371	4721
包河区						
长丰县	22766	12153	10613	95199	43495	51704
肥东县	22761	12033	10728	136599	59556	77043
肥西县	24127	13047	11080	90874	40500	50374
庐江县	18781	9925	8856	132619	59252	73367
合肥高新技术产业开发区	11982	6231	5751	32356	14118	18238
合肥经济技术开发区	23745	12505	11240	71544	31946	39598
合肥新站高新技术产业开发区	14322	7605	6717	52911	24063	28848
巢湖市	3484	1856	1628	32553	14530	18023
芜湖市	**40084**	**20961**	**19123**	**311929**	**141261**	**170668**
镜湖区	42	21	21	291	134	157
弋江区						
鸠江区	2802	1524	1278	28171	13476	14695
三山区	1258	673	585	3312	1351	1961
芜湖县	7582	3888	3694	60513	26146	34367
繁昌县	5114	2604	2510	36699	15673	21026
南陵县	8083	4227	3856	66523	29344	37179
芜湖经济技术开发区	7173	3750	3423	32515	14976	17539
安徽芜湖长江大桥经济开发区	634	303	331	4074	2055	2019
无为市	7396	3971	3425	79831	38106	41725
蚌埠市	**51966**	**27592**	**24374**	**250913**	**118324**	**132589**
龙子湖区	319	163	156	3011	1710	1301
蚌山区						
禹会区	434	233	201	2970	1455	1515
淮上区	1390	729	661	8572	4164	4408
怀远县	15796	8335	7461	90532	43341	47191
五河县	12327	6542	5785	62840	28909	33931
固镇县	8303	4427	3876	37547	17725	19822
蚌埠市高新技术开发区	2952	1610	1342	10872	5138	5734
蚌埠市经济开发区	10445	5553	4892	34569	15882	18687
淮南市	**31832**	**17278**	**14554**	**209103**	**99331**	**109772**
大通区	2799	1488	1311	19069	9003	10066
田家庵区	712	395	317	4421	2169	2252
谢家集区	135	67	68	1228	626	602
八公山区	1	1		20	7	13
潘集区	3440	1856	1584	19055	9083	9972
凤台县	10553	5809	4744	53910	26255	27655
寿县	14192	7662	6530	111400	52188	59212

1-6b 续表 4

单位：人

地　区	学前教育			小　学		
	小计	男	女	小计	男	女
马鞍山市	**25693**	**13414**	**12279**	**186960**	**83439**	**103521**
花山区						
雨山区						
博望区	312	166	146	3558	1656	1902
当涂县	9918	5112	4806	70347	31438	38909
含山县	8185	4242	3943	55783	24645	31138
和县	7278	3894	3384	57272	25700	31572
淮北市	**20459**	**10834**	**9625**	**100226**	**48066**	**52160**
杜集区	1371	716	655	10272	5071	5201
相山区						
烈山区	1185	618	567	7478	3509	3969
濉溪县	17903	9500	8403	82476	39486	42990
铜陵市	**10003**	**5137**	**4866**	**84866**	**37314**	**47552**
铜官区	18	10	8	85	38	47
义安区	960	444	516	8717	3952	4765
郊区	884	461	423	8852	4095	4757
枞阳县	8141	4222	3919	67212	29229	37983
安庆市	**46581**	**24113**	**22468**	**352358**	**146156**	**206202**
迎江区						
大观区	687	366	321	6279	2751	3528
宜秀区	815	414	401	10969	5068	5901
怀宁县	9153	4710	4443	65873	26937	38936
太湖县	8040	4011	4029	54454	22125	32329
宿松县	10098	5410	4688	68731	27082	41649
望江县	2300	1167	1133	20564	8547	12017
岳西县	5550	2903	2647	33604	14191	19413
安徽安庆经济开发区	4207	2203	2004	26233	11613	14620
桐城市	2777	1441	1336	32564	13909	18655
潜山市	2954	1488	1466	33087	13933	19154
黄山市	**13414**	**6667**	**6747**	**96046**	**41451**	**54595**
屯溪区	243	124	119	1718	877	841
黄山区	649	317	332	8225	4130	4095
徽州区	391	190	201	3631	1674	1957
歙县	5411	2664	2747	35033	14658	20375
休宁县	3053	1523	1530	23294	9844	13450
黟县	1026	517	509	6220	2644	3576
祁门县	2641	1332	1309	17925	7624	10301
滁州市	**61149**	**31986**	**29163**	**336350**	**145175**	**191175**
琅琊区						
南谯区	2346	1236	1110	13515	6064	7451
来安县	8291	4264	4027	47768	20207	27561
全椒县	9624	4968	4656	55992	22438	33554
定远县	13227	7131	6096	62166	27242	34924
凤阳县	13665	7372	6293	64576	29939	34637
苏滁现代产业园	649	322	327	4195	2110	2085
滁州经济技术开发区	4403	2299	2104	18273	7627	10646
天长市	6451	3125	3326	48184	20264	27920
明光市	2493	1269	1224	21681	9284	12397

1-6b　续表 5　　单位：人

地　区	学前教育			小　学		
	小计	男	女	小计	男	女
阜阳市	**112600**	**59491**	**53109**	**625154**	**295462**	**329692**
颍州区	3686	1889	1797	17217	8158	9059
颍东区	3755	2041	1714	20302	9983	10319
颍泉区	3946	2064	1882	25437	12108	13329
临泉县	23377	12029	11348	138225	64972	73253
太和县	26925	14386	12539	154253	69658	84595
阜南县	17854	9467	8387	90024	43487	46537
颍上县	22908	12377	10531	128963	63489	65474
阜阳合肥现代产业园区	325	166	159	1619	828	791
阜阳经济技术开发区	5138	2681	2457	21395	10200	11195
界首市	4686	2391	2295	27719	12579	15140
宿州市	**81504**	**43140**	**38364**	**385024**	**177398**	**207626**
埇桥区	9573	5030	4543	50758	23686	27072
砀山县	18468	9757	8711	72334	33470	38864
萧县	16549	8696	7853	71718	34291	37427
灵璧县	17792	9646	8146	86702	40021	46681
泗县	14976	7830	7146	83517	36228	47289
宿州马鞍山现代产业园区	1468	768	700	7399	3581	3818
宿州经济技术开发区	2678	1413	1265	12596	6121	6475
六安市	**49544**	**26608**	**22936**	**362061**	**163403**	**198658**
金安区	5826	3011	2815	38111	15947	22164
裕安区	3841	2129	1712	27544	12768	14776
叶集区	1380	770	610	9607	4602	5005
霍邱县	12974	7102	5872	101493	48805	52688
舒城县	10574	5522	5052	78857	33897	44960
金寨县	8279	4754	3525	50456	23124	27332
霍山县	6670	3320	3350	55993	24260	31733
亳州市	**69427**	**37413**	**32014**	**385143**	**186068**	**199075**
谯城区	6112	3220	2892	33792	16570	17222
涡阳县	18849	10325	8524	114837	55999	58838
蒙城县	23125	12360	10765	125250	59152	66098
利辛县	21341	11508	9833	111264	54347	56917
池州市	**14517**	**7305**	**7212**	**120590**	**53712**	**66878**
贵池区	1116	567	549	11434	5507	5927
东至县	7828	3895	3933	68580	29747	38833
石台县	1016	522	494	7988	3425	4563
青阳县	4491	2287	2204	31806	14660	17146
池州市国家经济技术开发区						
皖江江南新兴产业集中区						
九华山风景区	66	34	32	782	373	409
宣城市	**26245**	**13342**	**12903**	**206661**	**95350**	**111311**
宣州区	3577	1849	1728	32696	15291	17405
郎溪县	6917	3543	3374	53242	24395	28847
泾县	4917	2474	2443	37364	17009	20355
绩溪县	2855	1452	1403	18370	7920	10450
旌德县	2489	1247	1242	18479	8538	9941
宣城市经济开发区	3046	1562	1484	16372	7442	8930
宁国市	626	280	346	9077	4575	4502
广德市	1818	935	883	21061	10180	10881

1－6b 续表 6

单位：人

地区	初中			高中			大学专科		
	小计	男	女	小计	男	女	小计	男	女
安徽	**6525120**	**3403906**	**3121214**	**3031853**	**1708311**	**1323542**	**1559366**	**847600**	**711766**
合肥市	**998544**	**537373**	**461171**	**554929**	**318023**	**236906**	**480901**	**258375**	**222526**
瑶海区	7146	3826	3320	3512	2013	1499	3210	1628	1582
庐阳区	11339	5295	6044	9303	4520	4783	12063	5750	6313
蜀山区	11563	6392	5171	2926	1791	1135	1345	739	606
包河区									
长丰县	154227	82538	71689	72483	41012	31471	63273	32578	30695
肥东县	206175	115965	90210	102820	60172	42648	53651	30583	23068
肥西县	158140	83109	75031	92839	51879	40960	90929	49454	41475
庐江县	167334	87745	79589	65947	37878	28069	29191	16512	12679
合肥高新技术产业开发区	47497	25300	22197	36353	20697	15656	49523	26193	23330
合肥经济技术开发区	106859	56363	50496	79293	46379	32914	90858	46482	44376
合肥新站高新技术产业开发区	92667	51542	41125	77679	44966	32713	82603	46064	36539
巢湖市	35597	19298	16299	11774	6716	5058	4255	2392	1863
芜湖市	**364777**	**197074**	**167703**	**157769**	**92020**	**65749**	**81711**	**46616**	**35095**
镜湖区	351	198	153	79	56	23	59	45	14
弋江区									
鸠江区	26858	15226	11632	7715	4693	3022	2882	1650	1232
三山区	4032	1911	2121	2950	1513	1437	3373	1735	1638
芜湖县	78746	43122	35624	37269	20761	16508	14970	8554	6416
繁昌县	52367	27204	25163	23457	13499	9958	11781	6665	5116
南陵县	83457	41642	41815	35128	19038	16090	14947	8059	6888
芜湖经济技术开发区	45709	25814	19895	28831	18686	10145	25092	14948	10144
安徽芜湖长江大桥经济开发区	4717	2713	2004	1126	719	407	603	336	267
无为市	68540	39244	29296	21214	13055	8159	8004	4624	3380
蚌埠市	**363421**	**181725**	**181696**	**163708**	**86437**	**77271**	**94564**	**49969**	**44595**
龙子湖区	4850	2937	1913	1141	758	383	420	261	159
蚌山区									
禹会区	4202	2241	1961	1254	753	501	287	167	120
淮上区	11887	6426	5461	2979	1761	1218	1030	554	476
怀远县	132472	67530	64942	46427	25195	21232	19874	10488	9386
五河县	82819	42188	40631	31318	17632	13686	14375	7812	6563
固镇县	59097	28277	30820	25594	13337	12257	11327	5977	5350
蚌埠市高新技术开发区	16789	7993	8796	11930	6296	5634	9561	5334	4227
蚌埠市经济开发区	51305	24133	27172	43065	20705	22360	37690	19376	18314
淮南市	**289575**	**149592**	**139983**	**104765**	**60376**	**44389**	**47977**	**27188**	**20789**
大通区	32099	16729	15370	11905	6639	5266	5751	3194	2557
田家庵区	6266	3406	2860	734	450	284	240	136	104
谢家集区	1514	814	700	404	240	164	127	71	56
八公山区	10	5	5	14	8	6	4	3	1
潘集区	31758	17387	14371	5992	3980	2012	2979	2009	970
凤台县	87577	44592	42985	37784	22365	15419	19370	11294	8076
寿县	130351	66659	63692	47932	26694	21238	19506	10481	9025

1-6b 续表 7

单位：人

地区	初中			高中			大学专科		
	小计	男	女	小计	男	女	小计	男	女
马鞍山市	**235220**	**128557**	**106663**	**87966**	**51027**	**36939**	**43151**	**23986**	**19165**
花山区									
雨山区									
博望区	3940	2492	1448	761	497	264	314	176	138
当涂县	96953	53312	43641	36961	21610	15351	19241	10743	8498
含山县	65540	34718	30822	22803	13588	9215	9841	5629	4212
和县	68787	38035	30752	27441	15332	12109	13755	7438	6317
淮北市	**184920**	**94127**	**90793**	**61660**	**34724**	**26936**	**25763**	**14150**	**11613**
杜集区	19412	10111	9301	5869	3446	2423	2384	1338	1046
相山区									
烈山区	13673	7084	6589	3828	2284	1544	1604	964	640
濉溪县	151835	76932	74903	51963	28994	22969	21775	11848	9927
铜陵市	**86915**	**46658**	**40257**	**43052**	**25638**	**17414**	**17814**	**10370**	**7444**
铜官区	78	46	32	23	15	8	12	4	8
义安区	9472	5617	3855	3572	2282	1290	1132	714	418
郊区	9013	5030	3983	3458	2129	1329	1500	901	599
枞阳县	68352	35965	32387	35999	21212	14787	15170	8751	6419
安庆市	**395364**	**205473**	**189891**	**189461**	**111967**	**77494**	**94903**	**53588**	**41315**
迎江区									
大观区	6965	3927	3038	2349	1489	860	940	516	424
宜秀区	8100	4646	3454	3036	1904	1132	1098	573	525
怀宁县	81604	41011	40593	41831	24639	17192	16277	9105	7172
太湖县	49045	25711	23334	25379	14542	10837	15599	8648	6951
宿松县	79567	40252	39315	41556	25586	15970	17613	10204	7409
望江县	21381	11649	9732	6616	4046	2570	3106	1818	1288
岳西县	38796	18998	19798	20171	11181	8990	9802	5373	4429
安徽安庆经济开发区	39686	21163	18523	26841	15063	11778	21316	12025	9291
桐城市	40048	21041	19007	12024	7431	4593	5009	2925	2084
潜山市	30172	17075	13097	9658	6086	3572	4143	2401	1742
黄山市	**149632**	**76567**	**73065**	**58108**	**32802**	**25306**	**29807**	**16360**	**13447**
屯溪区	2828	1579	1249	989	686	303	469	247	222
黄山区	9934	5908	4026	2752	1720	1032	1562	907	655
徽州区	4962	2789	2173	912	592	320	450	235	215
歙县	61558	31243	30315	26244	14365	11879	11287	6070	5217
休宁县	28547	14257	14290	12852	7200	5652	6747	3643	3104
黟县	12113	5970	6143	5190	2974	2216	3482	1941	1541
祁门县	29690	14821	14869	9169	5265	3904	5810	3317	2493
滁州市	**532154**	**278323**	**253831**	**327605**	**186923**	**140682**	**136496**	**76723**	**59773**
琅琊区									
南谯区	19127	10575	8552	7390	4309	3081	5145	2789	2356
来安县	82407	43255	39152	55059	31022	24037	20227	11430	8797
全椒县	87688	45279	42409	49193	28931	20262	26569	15104	11465
定远县	104373	53072	51301	64025	36525	27500	25483	14332	11151
凤阳县	103188	52578	50610	68778	37523	31255	25464	14179	11285
苏滁现代产业园	8992	5462	3530	5089	3595	1494	2351	1580	771
滁州经济技术开发区	34481	17690	16791	22163	13167	8996	13974	7602	6372
天长市	62516	34357	28159	43415	24323	19092	13529	7566	5963
明光市	29382	16055	13327	12493	7528	4965	3754	2141	1613

1-6b 续表 8　　单位：人

地区	初中			高中			大学专科		
	小计	男	女	小计	男	女	小计	男	女
阜阳市	**931494**	**489398**	**442096**	**305944**	**170758**	**135186**	**124354**	**66687**	**57667**
颍州区	27984	15029	12955	5288	3091	2197	1730	916	814
颍东区	32172	17938	14234	6734	4330	2404	2552	1526	1026
颍泉区	32917	18054	14863	8246	4990	3256	2443	1438	1005
临泉县	178575	92907	85668	80043	43225	36818	28621	15170	13451
太和县	257630	136676	120954	79846	44592	35254	33141	17534	15607
阜南县	128077	65765	62312	44060	23846	20214	19159	10219	8940
颍上县	187973	97104	90869	55594	31902	23692	24323	13145	11178
阜阳合肥现代产业园区	3108	1740	1368	330	212	118	179	98	81
阜阳经济技术开发区	35778	18121	17657	18398	9767	8631	9406	5034	4372
界首市	47280	26064	21216	7405	4803	2602	2800	1607	1193
宿州市	**577837**	**290779**	**287058**	**359086**	**192562**	**166524**	**125294**	**64416**	**60878**
埇桥区	88453	45700	42753	23155	13194	9961	11570	5620	5950
砀山县	104721	52241	52480	114337	58892	55445	30634	15791	14843
萧县	142855	71554	71301	73213	39528	33685	27338	14196	13142
灵璧县	107112	52562	54550	75501	40676	34825	29106	14676	14430
泗县	100659	51514	49145	56618	31174	25444	21679	11587	10092
宿州马鞍山现代产业园区	11786	6126	5660	4818	2773	2045	839	435	404
宿州经济技术开发区	22251	11082	11169	11444	6325	5119	4128	2111	2017
六安市	**453811**	**225660**	**228151**	**231558**	**129747**	**101811**	**81206**	**45077**	**36129**
金安区	47302	21832	25470	32083	17950	14133	6349	3392	2957
裕安区	30907	16000	14907	11401	6822	4579	3253	1896	1357
叶集区	11224	5599	5625	2846	1752	1094	933	556	377
霍邱县	121443	63596	57847	43059	24726	18333	18116	9919	8197
舒城县	109716	52469	57247	60989	33381	27608	21779	12092	9687
金寨县	74891	36845	38046	40520	22442	18078	15183	8499	6684
霍山县	58328	29319	29009	40660	22674	17986	15593	8723	6870
亳州市	**550020**	**288807**	**261213**	**223899**	**123652**	**100247**	**89475**	**47882**	**41593**
谯城区	54913	30313	24600	8400	4855	3545	3105	1769	1336
涡阳县	164136	86570	77566	72396	39354	33042	30071	15892	14179
蒙城县	169073	88022	81051	73085	41185	31900	32247	17154	15093
利辛县	161898	83902	77996	70018	38258	31760	24052	13067	10985
池州市	**136665**	**70572**	**66093**	**58101**	**32863**	**25238**	**30104**	**16574**	**13530**
贵池区	11774	7162	4612	4060	2718	1342	1654	1036	618
东至县	70342	36853	33489	28419	16256	12163	15259	8440	6819
石台县	10329	4995	5334	5508	3011	2497	3420	1893	1527
青阳县	42792	20785	22007	19482	10484	8998	9393	4978	4415
池州市国家经济技术开发区									
皖江江南新兴产业集中区									
九华山风景区	1428	777	651	632	394	238	378	227	151
宣城市	**274771**	**143221**	**131550**	**104242**	**58792**	**45450**	**55846**	**29639**	**26207**
宣州区	36011	19445	16566	11469	6808	4661	5158	2721	2437
郎溪县	73807	38917	34890	25061	14258	10803	12973	6824	6149
泾县	49584	24456	25128	24640	13038	11602	12742	6650	6092
绩溪县	33029	16103	16926	11687	6622	5065	7170	3909	3261
旌德县	22040	11034	11006	9147	4843	4304	5418	2854	2564
宣城市经济开发区	23856	12414	11442	13748	7786	5962	9207	4900	4307
宁国市	9522	5591	3931	2188	1455	733	812	473	339
广德市	26922	15261	11661	6302	3982	2320	2366	1308	1058

1-6b 续表 9

单位：人

地 区	大学本科			硕士研究生			博士研究生		
	小计	男	女	小计	男	女	小计	男	女
安 徽	**1141328**	**636972**	**504356**	**83434**	**46059**	**37375**	**7608**	**5014**	**2594**
合肥市	**375729**	**209373**	**166356**	**43113**	**24037**	**19076**	**3482**	**2366**	**1116**
瑶海区	2187	1143	1044	213	109	104	11	6	5
庐阳区	13022	6905	6117	2348	1273	1075	231	153	78
蜀山区	940	583	357	46	23	23	10	9	1
包河区									
长丰县	21170	11968	9202	1127	640	487	77	52	25
肥东县	29917	16873	13044	1748	1024	724	133	89	44
肥西县	45664	26170	19494	4719	2669	2050	384	275	109
庐江县	21715	12727	8988	1377	790	587	113	75	38
合肥高新技术产业开发区	63214	34459	28755	8943	5362	3581	796	589	207
合肥经济技术开发区	121288	67911	53377	18602	9886	8716	1479	947	532
合肥新站高新技术产业开发区	46221	24615	21606	3802	2177	1625	228	158	70
巢湖市	10391	6019	4372	188	84	104	20	13	7
芜湖市	**67600**	**39074**	**28526**	**3497**	**1995**	**1502**	**260**	**180**	**80**
镜湖区	31	18	13	2	2				
弋江区									
鸠江区	2076	1286	790	133	74	59	13	10	3
三山区	2537	1419	1118	302	162	140	31	20	11
芜湖县	18674	11070	7604	671	369	302	38	27	11
繁昌县	7979	4285	3694	538	290	248	42	31	11
南陵县	10800	5649	5151	510	254	256	55	29	26
芜湖经济技术开发区	19884	11989	7895	997	632	365	40	30	10
安徽芜湖长江大桥经济开发区	265	142	123	15	8	7	1	1	
无为市	5354	3216	2138	329	204	125	40	32	8
蚌埠市	**112332**	**58721**	**53611**	**8830**	**4451**	**4379**	**870**	**581**	**289**
龙子湖区	210	155	55	14	9	5	1	1	
蚌山区									
禹会区	147	82	65	13	10	3			
淮上区	316	180	136	34	22	12	2		2
怀远县	12931	7000	5931	606	332	274	47	28	19
五河县	8494	4615	3879	314	167	147	51	31	20
固镇县	5537	3032	2505	193	103	90	22	13	9
蚌埠市高新技术开发区	6084	3290	2794	469	289	180	29	22	7
蚌埠市经济开发区	78613	40367	38246	7187	3519	3668	718	486	232
淮南市	**26257**	**15417**	**10840**	**1249**	**772**	**477**	**108**	**64**	**44**
大通区	2420	1356	1064	158	87	71	17	9	8
田家庵区	130	67	63	10	8	2	4	3	1
谢家集区	65	35	30	2	2				
八公山区									
潘集区	1389	952	437	88	58	30	8	7	1
凤台县	11530	6807	4723	489	304	185	39	20	19
寿县	10723	6200	4523	502	313	189	40	25	15

1－6b 续表 10 单位：人

地区	大学本科			硕士研究生			博士研究生		
	小计	男	女	小计	男	女	小计	男	女
马鞍山市	**40102**	**22760**	**17342**	**1450**	**823**	**627**	**127**	**87**	**40**
花山区									
雨山区									
博望区	193	115	78	12	6	6	1		1
当涂县	19895	11375	8520	626	353	273	54	37	17
含山县	7807	4569	3238	345	192	153	31	23	8
和县	12207	6701	5506	467	272	195	41	27	14
淮北市	**14829**	**8265**	**6564**	**678**	**352**	**326**	**91**	**53**	**38**
杜集区	1050	612	438	79	45	34	20	13	7
相山区									
烈山区	803	478	325	45	20	25	9	4	5
濉溪县	12976	7175	5801	554	287	267	62	36	26
铜陵市	**13722**	**8256**	**5466**	**916**	**519**	**397**	**81**	**59**	**22**
铜官区	9	4	5	1		1			
义安区	641	368	273	44	22	22	6	4	2
郊区	999	623	376	59	32	27	4	2	2
枞阳县	12073	7261	4812	812	465	347	71	53	18
安庆市	**61430**	**36637**	**24793**	**3812**	**2098**	**1714**	**456**	**293**	**163**
迎江区									
大观区	449	276	173	54	34	20	3	1	2
宜秀区	733	421	312	71	36	35	9	6	3
怀宁县	11252	6678	4574	712	410	302	91	57	34
太湖县	10542	6343	4199	506	266	240	71	43	28
宿松县	13383	8273	5110	674	385	289	70	52	18
望江县	2030	1176	854	143	84	59	12	7	5
岳西县	7486	4306	3180	335	173	162	37	23	14
安徽安庆经济开发区	9472	5569	3903	814	444	370	102	69	33
桐城市	2994	1809	1185	262	146	116	28	17	11
潜山市	3089	1786	1303	241	120	121	33	18	15
黄山市	**30845**	**16605**	**14240**	**1090**	**552**	**538**	**155**	**106**	**49**
屯溪区	12215	6162	6053	171	72	99	79	63	16
黄山区	913	564	349	81	50	31	5	3	2
徽州区	248	124	124	14	10	4			
歙县	8012	4467	3545	388	205	183	35	24	11
休宁县	3991	2221	1770	201	100	101	8	3	5
黟县	2215	1240	975	89	50	39	11	4	7
祁门县	3251	1827	1424	146	65	81	17	9	8
滁州市	**94121**	**53357**	**40764**	**4638**	**2618**	**2020**	**540**	**357**	**183**
琅琊区									
南谯区	3232	1732	1500	314	177	137	26	21	5
来安县	11507	6638	4869	590	344	246	49	31	18
全椒县	14176	8243	5933	638	351	287	50	29	21
定远县	14679	8589	6090	649	364	285	71	44	27
凤阳县	19927	11253	8674	892	520	372	159	112	47
苏滁现代产业园	1004	681	323	68	46	22	1	1	
滁州经济技术开发区	22154	12002	10152	1064	566	498	135	87	48
天长市	5917	3365	2552	309	187	122	36	25	11
明光市	1525	854	671	114	63	51	13	7	6

1-6b　续表 11　　　　单位：人

地　区	大学本科			硕士研究生			博士研究生		
	小计	男	女	小计	男	女	小计	男	女
阜阳市	**71473**	**38814**	**32659**	**3582**	**2016**	**1566**	**320**	**192**	**128**
颍州区	1028	547	481	50	19	31	8	7	1
颍东区	1337	823	514	82	55	27	5	4	1
颍泉区	1015	618	397	87	58	29	7	4	3
临泉县	17261	9213	8048	798	426	372	57	35	22
太和县	18461	9951	8510	980	519	461	97	54	43
阜南县	11221	6042	5179	448	261	187	42	22	20
颍上县	14581	7984	6597	694	409	285	60	39	21
阜阳合肥现代产业园区	118	72	46	8	1	7	1	1	
阜阳经济技术开发区	5397	2951	2446	354	219	135	35	21	14
界首市	1054	613	441	81	49	32	8	5	3
宿州市	**64206**	**34123**	**30083**	**2751**	**1484**	**1267**	**300**	**176**	**124**
埇桥区	4402	2445	1957	199	108	91	28	13	15
砀山县	12898	6814	6084	582	317	265	73	41	32
萧县	14629	7820	6809	736	399	337	80	47	33
灵璧县	16180	8471	7709	602	326	276	71	47	24
泗县	13440	7157	6283	497	262	235	35	22	13
宿州马鞍山现代产业园区	431	228	203	31	17	14	1		1
宿州经济技术开发区	2226	1188	1038	104	55	49	12	6	6
六安市	**54512**	**31570**	**22942**	**2674**	**1536**	**1138**	**290**	**178**	**112**
金安区	4610	2674	1936	212	117	95	20	12	8
裕安区	2099	1263	836	151	88	63	42	11	31
叶集区	642	386	256	29	19	10	6	3	3
霍邱县	12862	7370	5492	579	343	236	68	43	25
舒城县	13663	7973	5690	780	444	336	98	70	28
金寨县	10042	5853	4189	476	274	202	30	18	12
霍山县	10594	6051	4543	447	251	196	26	21	5
亳州市	**49553**	**27197**	**22356**	**1820**	**1047**	**773**	**219**	**133**	**86**
谯城区	1437	809	628	80	48	32	9	4	5
涡阳县	15298	8390	6908	592	324	268	83	48	35
蒙城县	19096	10263	8833	705	390	315	83	47	36
利辛县	13722	7735	5987	443	285	158	44	34	10
池州市	**20812**	**11671**	**9141**	**1117**	**589**	**528**	**107**	**56**	**51**
贵池区	854	524	330	56	32	24	6	5	1
东至县	10132	5746	4386	545	290	255	54	31	23
石台县	2663	1510	1153	137	72	65	9	5	4
青阳县	6991	3792	3199	365	187	178	36	15	21
池州市国家经济技术开发区									
皖江江南新兴产业集中区									
九华山风景区	172	99	73	14	8	6	2		2
宣城市	**43805**	**25132**	**18673**	**2217**	**1170**	**1047**	**202**	**133**	**69**
宣州区	2858	1529	1329	199	94	105	14	11	3
郎溪县	8926	4812	4114	449	254	195	30	19	11
泾县	7909	4212	3697	422	210	212	41	23	18
绩溪县	4993	2715	2278	283	140	143	16	11	5
旌德县	3225	1722	1503	152	77	75	13	7	6
宣城市经济开发区	14053	9171	4882	569	321	248	76	54	22
宁国市	517	269	248	40	17	23	4	1	3
广德市	1324	702	622	103	57	46	8	7	1

1-6c 各地区分性别、受教育程度的3岁及以上人口(乡村)

单位：人

地区	3岁及以上人口			未上过学		
	合计	男	女	小计	男	女
安徽	**24622919**	**12779316**	**11843603**	**2147127**	**585027**	**1562100**
合肥市	**1616178**	**857498**	**758680**	**184397**	**51214**	**133183**
瑶海区	21674	11203	10471	936	184	752
庐阳区	5207	2761	2446	865	259	606
蜀山区	14237	8480	5757	1984	646	1338
包河区	6020	3470	2550	541	135	406
长丰县	302854	160838	142016	48344	15354	32990
肥东县	277274	148934	128340	36713	8410	28303
肥西县	345183	183916	161267	35789	11144	24645
庐江县	402012	212176	189836	29506	8585	20921
合肥高新技术产业开发区	194	115	79	17	7	10
合肥经济技术开发区	7936	4177	3759	874	266	608
合肥新站高新技术产业开发区	4745	2939	1806	503	183	320
巢湖市	228842	118489	110353	28325	6041	22284
芜湖市	**983602**	**516880**	**466722**	**106793**	**30127**	**76666**
镜湖区	18802	9670	9132	3382	985	2397
弋江区						
鸠江区	132968	68930	64038	20015	5338	14677
三山区	40162	20874	19288	6105	1862	4243
芜湖县	100152	52902	47250	8316	2251	6065
繁昌县	96087	50783	45304	6518	1673	4845
南陵县	194088	102989	91099	14667	4223	10444
芜湖经济技术开发区	3098	1587	1511	444	100	344
安徽芜湖长江大桥经济开发区	8013	4130	3883	936	248	688
无为市	390232	205015	185217	46410	13447	32963
蚌埠市	**1429178**	**738257**	**690921**	**145062**	**45719**	**99343**
龙子湖区	37374	19269	18105	2034	678	1356
蚌山区	16118	8559	7559	1020	367	653
禹会区	102965	53210	49755	10186	3583	6603
淮上区	93527	48367	45160	10225	3095	7130
怀远县	568402	293553	274849	56549	18067	38482
五河县	279316	144970	134346	37414	11751	25663
固镇县	331476	170329	161147	27634	8178	19456
蚌埠市高新技术开发区						
蚌埠市经济开发区						
淮南市	**1143500**	**601398**	**542102**	**88767**	**30782**	**57985**
大通区	43503	22728	20775	5994	2175	3819
田家庵区	28840	15013	13827	2551	897	1654
谢家集区	46051	23703	22348	5746	1927	3819
八公山区	5465	2698	2767	435	128	307
潘集区	170923	90253	80670	14892	5139	9753
凤台县	383026	200589	182437	32502	11045	21457
寿县	465692	246414	219278	26647	9471	17176

1-6c 续表 1

单位：人

地　　区	3岁及以上人口			未上过学		
	合计	男	女	小计	男	女
马鞍山市	**593763**	**312040**	**281723**	**67145**	**17145**	**50000**
花山区	9090	4673	4417	1361	349	1012
雨山区	12815	6621	6194	1783	440	1343
博望区	67730	35742	31988	5760	1697	4063
当涂县	160320	83305	77015	15964	4407	11557
含山县	144299	76675	67624	14276	3612	10664
和县	199509	105024	94485	28001	6640	21361
淮北市	**678806**	**344524**	**334282**	**66102**	**18197**	**47905**
杜集区	49521	25020	24501	5796	1701	4095
相山区	46210	23532	22678	5464	1596	3868
烈山区	104285	52046	52239	8880	2601	6279
濉溪县	478790	243926	234864	45962	12299	33663
铜陵市	**432591**	**221337**	**211254**	**71381**	**18074**	**53307**
铜官区	10785	5518	5267	1075	296	779
义安区	109624	56606	53018	11893	3120	8773
郊区	90825	46189	44636	16422	4435	11987
枞阳县	221357	113024	108333	41991	10223	31768
安庆市	**1795776**	**933169**	**862607**	**120835**	**27823**	**93012**
迎江区	9521	4899	4622	1100	261	839
大观区	34933	18200	16733	2770	565	2205
宜秀区	26011	13340	12671	2268	473	1795
怀宁县	247763	128994	118769	7423	1611	5812
太湖县	245631	127999	117632	14564	3807	10757
宿松县	356757	189428	167329	14097	3134	10963
望江县	290256	147179	143077	32917	7171	25746
岳西县	193507	101229	92278	14195	3474	10721
安徽安庆经济开发区	3512	1761	1751	193	51	142
桐城市	190543	97346	93197	16072	3958	12114
潜山市	197342	102794	94548	15236	3318	11918
黄山市	**539986**	**285309**	**254677**	**46630**	**9363**	**37267**
屯溪区	21134	10684	10450	1194	266	928
黄山区	59163	31956	27207	6063	1853	4210
徽州区	31922	16396	15526	2939	508	2431
歙县	196228	103372	92856	14885	2209	12676
休宁县	119237	62362	56875	10198	2120	8078
黟县	42978	22950	20028	3990	937	3053
祁门县	69324	37589	31735	7361	1470	5891
滁州市	**1477086**	**776424**	**700662**	**79143**	**20473**	**58670**
琅琊区	10379	5601	4778	744	210	534
南谯区	101553	51946	49607	10372	2633	7739
来安县	172867	90406	82461	10100	2179	7921
全椒县	136191	71305	64886	5675	1183	4492
定远县	355235	188232	167003	19808	5171	14637
凤阳县	304935	161728	143207	12574	4197	8377
苏滁现代产业园						
滁州经济技术开发区	18847	11396	7451	190	67	123
天长市	166948	86705	80243	6915	1340	5575
明光市	210131	109105	101026	12765	3493	9272

1-6c 续表 2

单位：人

地　区	3岁及以上人口			未上过学		
	合计	男	女	小计	男	女
阜阳市	**4586038**	**2343240**	**2242798**	**420633**	**107346**	**313287**
颍州区	283480	143350	140130	29338	6951	22387
颍东区	273868	140634	133234	29049	7467	21582
颍泉区	291255	147168	144087	24497	5737	18760
临泉县	1111051	562042	549009	98448	23364	75084
太和县	740018	379790	360228	52081	10745	41336
阜南县	804995	412560	392435	94317	25238	69079
颍上县	698981	362931	336050	58866	20341	38525
阜阳合肥现代产业园区	32398	16587	15811	2355	660	1695
阜阳经济技术开发区	20420	10377	10043	1048	259	789
界首市	329572	167801	161771	30634	6584	24050
宿州市	**2883791**	**1475903**	**1407888**	**123021**	**34256**	**88765**
埇桥区	796774	411932	384842	38668	10728	27940
砀山县	376477	191480	184997	7379	2077	5302
萧县	654786	332111	322675	35329	9561	25768
灵璧县	596960	305916	291044	27925	8004	19921
泗县	440772	225232	215540	12221	3447	8774
宿州马鞍山现代产业园区	18022	9232	8790	1499	439	1060
宿州经济技术开发区						
六安市	**2200843**	**1158895**	**1041948**	**132874**	**39974**	**92900**
金安区	317205	166583	150622	20109	5905	14204
裕安区	447324	234119	213205	35760	10295	25465
叶集区	107210	56796	50414	5836	1886	3950
霍邱县	595738	312877	282861	40423	13550	26873
舒城县	367555	192875	174680	18549	5099	13450
金寨县	279904	150172	129732	7717	2077	5640
霍山县	85907	45473	40434	4480	1162	3318
亳州市	**2774688**	**1427523**	**1347165**	**312702**	**84526**	**228176**
谯城区	760451	390970	369481	82605	20834	61771
涡阳县	698413	359234	339179	79404	21714	57690
蒙城县	597429	307424	290005	63857	17787	46070
利辛县	718395	369895	348500	86836	24191	62645
池州市	**528032**	**276375**	**251657**	**74854**	**19312**	**55542**
贵池区	193261	100660	92601	36911	9191	27720
东至县	172117	89516	82601	16820	4026	12794
石台县	45432	24061	21371	7476	2061	5415
青阳县	105811	56313	49498	12804	3763	9041
池州市国家经济技术开发区						
皖江江南新兴产业集中区						
九华山风景区	11411	5825	5586	843	271	572
宣城市	**959061**	**510544**	**448517**	**106788**	**30696**	**76092**
宣州区	306670	160401	146269	44813	12599	32214
郎溪县	111435	58840	52595	12184	3611	8573
泾县	127529	70396	57133	9646	3038	6608
绩溪县	55032	29200	25832	3442	734	2708
旌德县	46545	25647	20898	3682	1179	2503
宣城市经济开发区	19806	10686	9120	1958	623	1335
宁国市	111900	60776	51124	15761	4486	11275
广德市	180144	94598	85546	15302	4426	10876

1-6c　续表 3　　　　单位：人

地　区	学前教育			小　学		
	小计	男	女	小计	男	女
安　徽	**1021971**	**531070**	**490901**	**8797085**	**4202881**	**4594204**
合肥市	**48468**	**24161**	**24307**	**565819**	**276701**	**289118**
瑶海区	1264	687	577	4261	1879	2382
庐阳区	162	86	76	1431	733	698
蜀山区	281	152	129	4705	2521	2184
包河区	165	88	77	1805	973	832
长丰县	9037	4786	4251	94049	48854	45195
肥东县	7601	3344	4257	95496	45900	49596
肥西县	9997	5228	4769	104740	52739	52001
庐江县	13114	6574	6540	163759	76751	87008
合肥高新技术产业开发区	3		3	64	33	31
合肥经济技术开发区	138	82	56	3149	1542	1607
合肥新站高新技术产业开发区	154	77	77	1250	774	476
巢湖市	6552	3057	3495	91110	44002	47108
芜湖市	**29971**	**15268**	**14703**	**398805**	**196863**	**201942**
镜湖区	599	287	312	6160	3057	3103
弋江区						
鸠江区	4643	2516	2127	49415	24932	24483
三山区	1382	699	683	14070	7005	7065
芜湖县	3265	1533	1732	42473	20056	22417
繁昌县	2565	1187	1378	38965	18252	20713
南陵县	5343	2672	2671	85061	42830	42231
芜湖经济技术开发区	86	47	39	1052	555	497
安徽芜湖长江大桥经济开发区	303	148	155	2981	1464	1517
无为市	11785	6179	5606	158628	78712	79916
蚌埠市	**71985**	**37631**	**34354**	**511586**	**249399**	**262187**
龙子湖区	1808	936	872	12612	5910	6702
蚌山区	649	346	303	5693	2741	2952
禹会区	4541	2437	2104	33399	16858	16541
淮上区	4597	2431	2166	34197	17092	17105
怀远县	27604	14492	13112	211063	103026	108037
五河县	14979	7672	7307	97504	47625	49879
固镇县	17807	9317	8490	117118	56147	60971
蚌埠市高新技术开发区						
蚌埠市经济开发区						
淮南市	**52497**	**28241**	**24256**	**429024**	**211749**	**217275**
大通区	1829	952	877	14356	7199	7157
田家庵区	1254	651	603	11575	5721	5854
谢家集区	1966	1018	948	16445	8209	8236
八公山区	167	86	81	1733	815	918
潘集区	9073	4938	4135	53926	26426	27500
凤台县	19161	10430	8731	127426	62811	64615
寿县	19047	10166	8881	203563	100568	102995

1-6c 续表 4

单位：人

地　区	学前教育			小　学		
	小计	男	女	小计	男	女
马鞍山市	**21478**	**10821**	**10657**	**227254**	**108894**	**118360**
花山区	150	64	86	2784	1402	1382
雨山区	356	171	185	4089	1970	2119
博望区	2637	1303	1334	26812	12639	14173
当涂县	5802	2906	2896	57053	25901	31152
含山县	5638	2802	2836	60323	29065	31258
和县	6895	3575	3320	76193	37917	38276
淮北市	**34236**	**17814**	**16422**	**206304**	**98598**	**107706**
杜集区	1926	1004	922	13852	6615	7237
相山区	2151	1124	1027	12942	6362	6580
烈山区	5037	2614	2423	32332	15328	17004
濉溪县	25122	13072	12050	147178	70293	76885
铜陵市	**14282**	**7004**	**7278**	**155289**	**75660**	**79629**
铜官区	292	142	150	2580	1254	1326
义安区	3666	1668	1998	41586	19376	22210
郊区	3408	1738	1670	31973	15865	16108
枞阳县	6916	3456	3460	79150	39165	39985
安庆市	**61419**	**30795**	**30624**	**720875**	**320834**	**400041**
迎江区	165	67	98	4432	2092	2340
大观区	1301	578	723	12974	5851	7123
宜秀区	692	365	327	11227	5037	6190
怀宁县	7902	4018	3884	90396	37808	52588
太湖县	9884	4676	5208	112354	50175	62179
宿松县	12578	6588	5990	119270	50380	68890
望江县	12426	6333	6093	129377	59648	69729
岳西县	6448	3260	3188	80723	37097	43626
安徽安庆经济开发区	102	40	62	1481	617	864
桐城市	4312	2130	2182	73080	33066	40014
潜山市	5609	2740	2869	85561	39063	46498
黄山市	**15528**	**7384**	**8144**	**209014**	**100962**	**108052**
屯溪区	784	390	394	7136	3357	3779
黄山区	1397	667	730	23444	12310	11134
徽州区	964	451	513	11945	5803	6142
歙县	6130	2771	3359	73187	34014	39173
休宁县	3496	1692	1804	50396	24375	26021
黟县	1069	537	532	15506	7709	7797
祁门县	1688	876	812	27400	13394	14006
滁州市	**48835**	**24678**	**24157**	**448093**	**202369**	**245724**
琅琊区	322	138	184	3946	1931	2015
南谯区	2728	1356	1372	28732	13707	15025
来安县	4631	2230	2401	51436	22166	29270
全椒县	4457	1897	2560	55468	23753	31715
定远县	13007	6814	6193	105667	48020	57647
凤阳县	13340	7114	6226	84007	40270	43737
苏滁现代产业园						
滁州经济技术开发区	347	167	180	2448	1166	1282
天长市	4035	1924	2111	55345	24251	31094
明光市	5968	3038	2930	61044	27105	33939

1-6c　续表 5　　单位：人

地　　区	学前教育			小　　学		
	小计	男	女	小计	男	女
阜阳市	**229817**	**120001**	**109816**	**1579674**	**749389**	**830285**
颍州区	16055	8281	7774	90673	43511	47162
颍东区	14387	7559	6828	86518	41539	44979
颍泉区	14747	7714	7033	102013	46858	55155
临泉县	57300	29435	27865	408557	193280	215277
太和县	33394	17624	15770	259320	116624	142696
阜南县	40676	21296	19380	263816	129422	134394
颍上县	33577	18002	15575	246550	121775	124775
阜阳合肥现代产业园区	1982	1033	949	9053	4428	4625
阜阳经济技术开发区	1176	617	559	5875	2832	3043
界首市	16523	8440	8083	107299	49120	58179
宿州市	**145406**	**76228**	**69178**	**878874**	**399934**	**478940**
埇桥区	40829	21555	19274	251072	115787	135285
砀山县	18581	9803	8778	95267	41540	53727
萧县	31495	16305	15190	179284	83475	95809
灵璧县	31951	16925	15026	199286	91044	108242
泗县	21523	11112	10411	148025	65199	82826
宿州马鞍山现代产业园区	1027	528	499	5940	2889	3051
宿州经济技术开发区						
六安市	**74797**	**40248**	**34549**	**887331**	**427150**	**460181**
金安区	9926	5244	4682	128372	61490	66882
裕安区	17558	9632	7926	177170	85763	91407
叶集区	4278	2426	1852	40771	20145	20626
霍邱县	22165	11994	10171	258402	128272	130130
舒城县	10610	5409	5201	137472	63791	73681
金寨县	8281	4619	3662	107347	50533	56814
霍山县	1979	924	1055	37797	17156	20641
亳州市	**134112**	**71477**	**62635**	**983033**	**482213**	**500820**
谯城区	35537	18977	16560	249685	123704	125981
涡阳县	32205	17278	14927	264367	130520	133847
蒙城县	31064	16662	14402	219194	105161	114033
利辛县	35306	18560	16746	249787	122828	126959
池州市	**14381**	**7176**	**7205**	**205537**	**102165**	**103372**
贵池区	4930	2451	2479	69560	35234	34326
东至县	5308	2620	2688	72357	34013	38344
石台县	1096	559	537	17596	9061	8535
青阳县	2580	1308	1272	42253	21975	20278
池州市国家经济技术开发区						
皖江江南新兴产业集中区						
九华山风景区	467	238	229	3771	1882	1889
宣城市	**24759**	**12143**	**12616**	**390573**	**200001**	**190572**
宣州区	8381	4159	4222	121086	61542	59544
郎溪县	3149	1592	1557	45348	22939	22409
泾县	2879	1418	1461	59112	31280	27832
绩溪县	1295	603	692	22567	10492	12075
旌德县	1751	761	990	20701	10994	9707
宣城市经济开发区	393	220	173	6149	3172	2977
宁国市	2146	989	1157	46187	25083	21104
广德市	4765	2401	2364	69423	34499	34924

1-6c 续表 6

单位：人

地区	初中			高中			大学专科		
	小计	男	女	小计	男	女	小计	男	女
安徽	**9294816**	**5413746**	**3881070**	**2149597**	**1346537**	**803060**	**773338**	**441389**	**331949**
合肥市	**537282**	**332061**	**205221**	**152619**	**100095**	**52524**	**71946**	**42133**	**29813**
瑶海区	6643	3678	2965	2980	1756	1224	3579	1869	1710
庐阳区	1664	1029	635	592	369	223	341	187	154
蜀山区	4001	2573	1428	1871	1491	380	1029	837	192
包河区	2507	1611	896	548	380	168	259	169	90
长丰县	104160	62846	41314	30099	18779	11320	10221	5943	4278
肥东县	91793	61336	30457	27433	18769	8664	10212	6121	4091
肥西县	110933	66086	44847	36167	23577	12590	24429	14104	10325
庐江县	137961	83949	54012	34587	22538	12049	13658	8001	5657
合肥高新技术产业开发区	51	30	21	22	13	9	20	18	2
合肥经济技术开发区	2763	1651	1112	600	385	215	207	110	97
合肥新站高新技术产业开发区	1553	1092	461	510	338	172	390	230	160
巢湖市	73253	46180	27073	17210	11700	5510	7601	4544	3057
芜湖市	**324623**	**198165**	**126458**	**73673**	**47542**	**26131**	**28459**	**16429**	**12030**
镜湖区	6268	3868	2400	1196	792	404	760	423	337
弋江区									
鸠江区	43520	26543	16977	9077	5910	3167	3673	2101	1572
三山区	13683	8316	5367	2462	1574	888	1492	851	641
芜湖县	34583	21783	12800	5912	3942	1970	3134	1827	1307
繁昌县	33225	20367	12858	9443	6138	3305	3136	1839	1297
南陵县	66004	39434	26570	13460	8477	4983	5433	3096	2337
芜湖经济技术开发区	1029	604	425	226	136	90	160	82	78
安徽芜湖长江大桥经济开发区	2769	1654	1115	551	353	198	303	164	139
无为市	123542	75596	47946	31346	20220	11126	10368	6046	4322
蚌埠市	**561161**	**321537**	**239624**	**90110**	**55862**	**34248**	**33906**	**19017**	**14889**
龙子湖区	15660	8631	7029	3873	2324	1549	1062	607	455
蚌山区	6512	3735	2777	1622	1023	599	444	252	192
禹会区	43159	23707	19452	8284	4763	3521	2285	1236	1049
淮上区	37398	21553	15845	4567	2768	1799	1729	947	782
怀远县	224090	128354	95736	30822	19085	11737	12398	6919	5479
五河县	101379	60621	40758	16529	10709	5820	8096	4611	3485
固镇县	132963	74936	58027	24413	15190	9223	7892	4445	3447
蚌埠市高新技术开发区									
蚌埠市经济开发区									
淮南市	**458961**	**258351**	**200610**	**74045**	**47873**	**26172**	**26346**	**15782**	**10564**
大通区	17537	10152	7385	2346	1421	925	1007	562	445
田家庵区	10644	6034	4610	1864	1164	700	675	392	283
谢家集区	17187	9693	7494	3152	1936	1216	1039	613	426
八公山区	2234	1151	1083	556	317	239	203	123	80
潘集区	77363	43509	33854	10206	6892	3314	3692	2239	1453
凤台县	165315	91100	74215	24824	16545	8279	9062	5610	3452
寿县	168681	96712	71969	31097	19598	11499	10668	6243	4425

1-6c 续表 7

单位：人

地区	初中			高中			大学专科		
	小计	男	女	小计	男	女	小计	男	女
马鞍山市	**211423**	**132423**	**79000**	**40487**	**27030**	**13457**	**15158**	**9085**	**6073**
花山区	3137	1846	1291	992	653	339	427	244	183
雨山区	4711	2915	1796	1046	681	365	596	320	276
博望区	24777	15307	9470	4932	3202	1730	1675	924	751
当涂县	62680	37834	24846	11552	7730	3822	4336	2670	1666
含山县	48378	30924	17454	9567	6424	3143	3259	2020	1239
和县	67740	43597	24143	12398	8340	4058	4865	2907	1958
淮北市	**295908**	**164835**	**131073**	**42923**	**27323**	**15600**	**23517**	**11963**	**11554**
杜集区	20623	11240	9383	4629	2918	1711	1825	1044	781
相山区	19588	10907	8681	3749	2289	1460	1477	784	693
烈山区	42647	23598	19049	6455	4160	2295	7785	3049	4736
濉溪县	213050	119090	93960	28090	17956	10134	12430	7086	5344
铜陵市	**129025**	**81094**	**47931**	**33979**	**22748**	**11231**	**17025**	**9858**	**7167**
铜官区	3057	1729	1328	1644	834	810	1833	1108	725
义安区	39379	24303	15076	8119	5357	2762	3041	1741	1300
郊区	25781	15860	9921	7137	4761	2376	3488	1988	1500
枞阳县	60808	39202	21606	17079	11796	5283	8663	5021	3642
安庆市	**580698**	**351608**	**229090**	**170810**	**115917**	**54893**	**84019**	**51260**	**32759**
迎江区	2371	1545	826	714	491	223	430	252	178
大观区	12620	7897	4723	2928	1953	975	1538	875	663
宜秀区	7919	4971	2948	2078	1439	639	1148	674	474
怀宁县	81669	46789	34880	39154	25766	13388	12718	7843	4875
太湖县	69897	44319	25578	18274	12403	5871	13113	8041	5072
宿松县	134393	77305	57088	43908	30861	13047	18855	12144	6711
望江县	78247	50375	27872	17824	12137	5687	11742	6996	4746
岳西县	62982	39003	23979	16510	10967	5543	7717	4592	3125
安徽安庆经济开发区	1127	692	435	344	222	122	163	85	78
桐城市	65881	38576	27305	16655	11051	5604	8581	4974	3607
潜山市	63592	40136	23456	12421	8627	3794	8014	4784	3230
黄山市	**205877**	**127977**	**77900**	**37976**	**25601**	**12375**	**16146**	**9043**	**7103**
屯溪区	9156	5028	4128	1746	1068	678	782	394	388
黄山区	20159	12190	7969	4750	3057	1693	2166	1210	956
徽州区	12603	7532	5071	2075	1348	727	904	485	419
歙县	79830	50189	29641	13522	9177	4345	5427	3111	2316
休宁县	41810	25957	15853	8212	5474	2738	3299	1764	1535
黟县	16869	10278	6591	3256	2220	1036	1569	880	689
祁门县	25450	16803	8647	4415	3257	1158	1999	1199	800
滁州市	**528937**	**306933**	**222004**	**261273**	**158254**	**103019**	**77989**	**44116**	**33873**
琅琊区	4025	2484	1541	842	542	300	337	199	138
南谯区	34465	21665	12800	13018	7620	5398	9583	3467	6116
来安县	59615	34884	24731	34938	21657	13281	8427	5063	3364
全椒县	46793	29053	17740	14157	9485	4672	6635	4062	2573
定远县	129730	75138	54592	62101	37895	24206	16885	10158	6727
凤阳县	112842	61945	50897	63556	37230	26326	14105	8339	5766
苏滁现代产业园									
滁州经济技术开发区	6889	4026	2863	5742	3711	2031	2257	1560	697
天长市	52941	30896	22045	32325	19351	12974	10017	5837	4180
明光市	81637	46842	34795	34594	20763	13831	9743	5431	4312

1-6c 续表 8

单位：人

地　区	初中			高中			大学专科		
	小计	男	女	小计	男	女	小计	男	女
阜阳市	**1922811**	**1107312**	**815499**	**284985**	**175154**	**109831**	**96827**	**53956**	**42871**
颍州区	119723	68281	51442	17838	10892	6946	6254	3392	2862
颍东区	116734	67585	49149	16660	10440	6220	6567	3660	2907
颍泉区	121688	69748	51940	18581	11460	7121	6188	3474	2714
临泉县	440264	253436	186828	71244	43189	28055	22961	12452	10509
太和县	331290	195035	136255	42467	26997	15470	14255	8341	5914
阜南县	324272	188061	136211	55542	33605	21937	16985	9405	7580
颍上县	299915	167297	132618	39623	23916	15707	13763	7631	6132
阜阳合肥现代产业园区	14962	8232	6730	2277	1310	967	1035	543	492
阜阳经济技术开发区	9216	4953	4263	1787	991	796	847	457	390
界首市	144747	84684	60063	18966	12354	6612	7972	4601	3371
宿州市	**1179871**	**644347**	**535524**	**404646**	**236754**	**167892**	**108608**	**59695**	**48913**
埇桥区	378787	212069	166718	58999	37140	21859	20117	9906	10211
砀山县	133704	69167	64537	96245	54227	42018	18388	10685	7703
萧县	306795	162838	143957	67890	40741	27149	22833	12842	9991
灵璧县	202258	112023	90235	99744	57821	41923	26702	14923	11779
泗县	150539	83922	66617	80613	46129	34484	20114	11081	9033
宿州马鞍山现代产业园区	7788	4328	3460	1155	696	459	454	258	196
宿州经济技术开发区									
六安市	**777073**	**447369**	**329704**	**209796**	**132941**	**76855**	**71051**	**41564**	**29487**
金安区	107003	61779	45224	27425	17469	9956	14621	8576	6045
裕安区	151884	87697	64187	43131	27146	15985	12438	7470	4968
叶集区	44023	24745	19278	8296	5201	3095	2194	1293	901
霍邱县	216523	124153	92370	38382	23584	14798	11967	6644	5323
舒城县	123948	70950	52998	51358	32483	18875	15409	8899	6510
金寨县	107105	61646	45459	32399	20909	11490	10862	6601	4261
霍山县	26587	16399	10188	8805	6149	2656	3560	2081	1479
亳州市	**1097626**	**639609**	**458017**	**162952**	**101016**	**61936**	**54466**	**30917**	**23549**
谯城区	323113	186713	136400	46017	27798	18219	15552	8386	7166
涡阳县	264491	154396	110095	38252	23751	14501	12684	7297	5387
蒙城县	230643	135081	95562	34312	21903	12409	11490	6726	4764
利辛县	279379	163419	115960	44371	27564	16807	14740	8508	6232
池州市	**159227**	**101075**	**58152**	**41242**	**27976**	**13266**	**20972**	**11889**	**9083**
贵池区	55958	36900	19058	14903	10468	4435	6926	4013	2913
东至县	51911	32724	19187	13322	9048	4274	8412	4784	3628
石台县	13408	8658	4750	2975	2108	867	1965	1103	862
青阳县	34111	20735	13376	8940	5720	3220	2852	1566	1286
池州市国家经济技术开发区									
皖江江南新兴产业集中区									
九华山风景区	3839	2058	1781	1102	632	470	817	423	394
宣城市	**324313**	**199050**	**125263**	**68081**	**44451**	**23630**	**26903**	**14682**	**12221**
宣州区	97870	61037	36833	19907	13037	6870	8633	4736	3897
郎溪县	38890	23658	15232	6765	4347	2418	2799	1427	1372
泾县	40698	25360	15338	9600	6238	3362	3649	2028	1621
绩溪县	21754	13423	8331	3586	2508	1078	1582	932	650
旌德县	15635	9777	5858	2956	1955	1001	1246	682	564
宣城市经济开发区	5513	3327	2186	4206	2461	1745	925	522	403
宁国市	34853	22087	12766	7648	5243	2405	3222	1789	1433
广德市	69100	40381	28719	13413	8662	4751	4847	2566	2281

1-6c　续表 9　　　　单位：人

地　区	大学本科			硕士研究生			博士研究生		
	小计	男	女	小计	男	女	小计	男	女
安　徽	**401413**	**235708**	**165705**	**33597**	**20164**	**13433**	**3975**	**2794**	**1181**
合肥市	**51754**	**28737**	**23017**	**3541**	**2144**	**1397**	**352**	**252**	**100**
瑶海区	1876	1073	803	130	74	56	5	3	2
庐阳区	143	94	49	9	4	5			
蜀山区	317	228	89	43	27	16	6	5	1
包河区	173	105	68	20	8	12	2	1	1
长丰县	6384	3943	2441	513	303	210	47	30	17
肥东县	7269	4563	2706	676	436	240	81	55	26
肥西县	22283	10506	11777	765	470	295	80	62	18
庐江县	8543	5243	3300	806	478	328	78	57	21
合肥高新技术产业开发区	17	14	3						
合肥经济技术开发区	175	119	56	27	20	7	3	2	1
合肥新站高新技术产业开发区	313	200	113	67	41	26	5	4	1
巢湖市	4261	2649	1612	485	283	202	45	33	12
芜湖市	**19435**	**11355**	**8080**	**1683**	**1012**	**671**	**160**	**119**	**41**
镜湖区	392	229	163	42	26	16	3	3	
弋江区									
鸠江区	2412	1464	948	197	116	81	16	10	6
三山区	842	482	360	110	72	38	16	13	3
芜湖县	2251	1374	877	205	128	77	13	8	5
繁昌县	2074	1234	840	147	85	62	14	8	6
南陵县	3811	2071	1740	286	167	119	23	19	4
芜湖经济技术开发区	89	57	32	11	5	6	1	1	
安徽芜湖长江大桥经济开发区	148	89	59	20	9	11	2	1	1
无为市	7416	4355	3061	665	404	261	72	56	16
蚌埠市	**14011**	**8234**	**5777**	**1213**	**748**	**465**	**144**	**110**	**34**
龙子湖区	292	163	129	31	18	13	2	2	
蚌山区	166	88	78	11	6	5	1	1	
禹会区	1030	577	453	74	44	30	7	5	2
淮上区	715	421	294	93	55	38	6	5	1
怀远县	5388	3306	2082	422	247	175	66	57	9
五河县	3070	1751	1319	304	206	98	41	24	17
固镇县	3350	1928	1422	278	172	106	21	16	5
蚌埠市高新技术开发区									
蚌埠市经济开发区									
淮南市	**12726**	**7867**	**4859**	**987**	**639**	**348**	**147**	**114**	**33**
大通区	394	237	157	36	27	9	4	3	1
田家庵区	258	141	117	19	13	6			
谢家集区	480	287	193	36	20	16			
八公山区	133	75	58	4	3	1			
潘集区	1623	1008	615	130	88	42	18	14	4
凤台县	4348	2790	1558	325	210	115	63	48	15
寿县	5490	3329	2161	437	278	159	62	49	13

1-6c 续表 10

单位：人

地区	大学本科			硕士研究生			博士研究生		
	小计	男	女	小计	男	女	小计	男	女
马鞍山市	**9906**	**6064**	**3842**	**827**	**515**	**312**	**85**	**63**	**22**
花山区	218	103	115	18	9	9	3	3	
雨山区	212	114	98	18	7	11	4	3	1
博望区	1050	612	438	80	51	29	7	7	
当涂县	2694	1699	995	215	138	77	24	20	4
含山县	2636	1680	956	202	136	66	20	12	8
和县	3096	1856	1240	294	174	120	27	18	9
淮北市	**8856**	**5228**	**3628**	**850**	**492**	**358**	**110**	**74**	**36**
杜集区	789	458	331	71	36	35	10	4	6
相山区	754	424	330	72	37	35	13	9	4
烈山区	1047	635	412	87	51	36	15	10	5
濉溪县	6266	3711	2555	620	368	252	72	51	21
铜陵市	**10331**	**6147**	**4184**	**1149**	**660**	**489**	**130**	**92**	**38**
铜官区	271	136	135	23	14	9	10	5	5
义安区	1754	931	823	167	94	73	19	16	3
郊区	2359	1385	974	234	139	95	23	18	5
枞阳县	5947	3695	2252	725	413	312	78	53	25
安庆市	**51702**	**31649**	**20053**	**4808**	**2868**	**1940**	**610**	**415**	**195**
迎江区	273	169	104	28	16	12	8	6	2
大观区	711	437	274	77	37	40	14	7	7
宜秀区	578	322	256	90	52	38	11	7	4
怀宁县	7690	4645	3045	728	461	267	83	53	30
太湖县	6822	4153	2669	652	374	278	71	51	20
宿松县	12471	8241	4230	1033	662	371	152	113	39
望江县	7047	4147	2900	599	323	276	77	49	28
岳西县	4498	2569	1929	386	234	152	48	33	15
安徽安庆经济开发区	95	51	44	6	2	4	1	1	
桐城市	5332	3209	2123	554	329	225	76	53	23
潜山市	6185	3706	2479	655	378	277	69	42	27
黄山市	**8075**	**4542**	**3533**	**644**	**372**	**272**	**96**	**65**	**31**
屯溪区	307	165	142	24	13	11	5	3	2
黄山区	1094	621	473	77	39	38	13	9	4
徽州区	458	252	206	29	14	15	5	3	2
歙县	2934	1710	1224	272	161	111	41	30	11
休宁县	1686	890	796	125	79	46	15	11	4
黟县	655	353	302	55	32	23	9	4	5
祁门县	941	551	390	62	34	28	8	5	3
滁州市	**30427**	**18120**	**12307**	**2189**	**1338**	**851**	**200**	**143**	**57**
琅琊区	145	86	59	16	10	6	2	1	1
南谯区	2429	1379	1050	208	105	103	18	14	4
来安县	3400	2037	1363	294	174	120	26	16	10
全椒县	2756	1706	1050	234	154	80	16	12	4
定远县	7496	4665	2831	502	345	157	39	26	13
凤阳县	4244	2468	1776	231	140	91	36	25	11
苏滁现代产业园									
滁州经济技术开发区	911	659	252	61	38	23	2	2	
天长市	4910	2828	2082	418	244	174	42	34	8
明光市	4136	2292	1844	225	128	97	19	13	6

1-6c 续表 11 单位：人

地区	大学本科			硕士研究生			博士研究生		
	小计	男	女	小计	男	女	小计	男	女
阜阳市	**46815**	**27277**	**19538**	**3968**	**2468**	**1500**	**508**	**337**	**171**
颍州区	3282	1854	1428	270	157	113	47	31	16
颍东区	3647	2190	1457	271	166	105	35	28	7
颍泉区	3183	1947	1236	321	203	118	37	27	10
临泉县	11194	6230	4964	972	590	382	111	66	45
太和县	6613	4046	2567	520	327	193	78	51	27
阜南县	8573	4999	3574	732	473	259	82	61	21
颍上县	6165	3630	2535	457	301	156	65	38	27
阜阳合肥现代产业园区	655	342	313	76	38	38	3	1	2
阜阳经济技术开发区	447	256	191	20	9	11	4	3	1
界首市	3056	1783	1273	329	204	125	46	31	15
宿州市	**39504**	**22431**	**17073**	**3422**	**1944**	**1478**	**439**	**314**	**125**
埇桥区	7530	4305	3225	669	375	294	103	67	36
砀山县	6230	3594	2636	608	329	279	75	58	17
萧县	10040	5680	4360	1006	581	425	114	88	26
灵璧县	8321	4714	3607	689	402	287	84	60	24
泗县	7243	4053	3190	431	248	183	63	41	22
宿州马鞍山现代产业园区	140	85	55	19	9	10			
宿州经济技术开发区									
六安市	**43942**	**27131**	**16811**	**3576**	**2224**	**1352**	**403**	**294**	**109**
金安区	8897	5580	3317	774	485	289	78	55	23
裕安区	8538	5566	2972	759	484	275	86	66	20
叶集区	1664	990	674	132	97	35	16	13	3
霍邱县	7260	4296	2964	552	337	215	64	47	17
舒城县	9408	5742	3666	706	440	266	95	62	33
金寨县	5717	3497	2220	438	260	178	38	30	8
霍山县	2458	1460	998	215	121	94	26	21	5
亳州市	**27132**	**16082**	**11050**	**2346**	**1455**	**891**	**319**	**228**	**91**
谯城区	7249	4127	3122	620	378	242	73	53	20
涡阳县	6418	3905	2513	510	315	195	82	58	24
蒙城县	6252	3711	2541	547	341	206	70	52	18
利辛县	7213	4339	2874	669	421	248	94	65	29
池州市	**10736**	**6146**	**4590**	**981**	**561**	**420**	**102**	**75**	**27**
贵池区	3599	2101	1498	429	267	162	45	35	10
东至县	3680	2124	1556	270	149	121	37	28	9
石台县	823	463	360	83	42	41	10	6	4
青阳县	2092	1157	935	170	84	86	9	5	4
池州市国家经济技术开发区									
皖江江南新兴产业集中区									
九华山风景区	542	301	241	29	19	10	1	1	
宣城市	**16061**	**8698**	**7363**	**1413**	**724**	**689**	**170**	**99**	**71**
宣州区	5394	2980	2414	529	278	251	57	33	24
郎溪县	2111	1166	945	172	88	84	17	12	5
泾县	1748	940	808	172	81	91	25	13	12
绩溪县	739	466	273	67	42	25			
旌德县	524	275	249	41	19	22	9	5	4
宣城市经济开发区	620	340	280	37	17	20	5	4	1
宁国市	1899	1006	893	156	77	79	28	16	12
广德市	3026	1525	1501	239	122	117	29	16	13

1－7 各地区分性别的15岁及以上文盲人口

单位：人、%

地区	15岁及以上人口			文盲人口			文盲人口占15岁及以上人口比重		
	合计	男	女	合计	男	女	合计	男	女
安 徽	**49284489**	**24775087**	**24509402**	**2731931**	**665356**	**2066575**	**5.54**	**2.69**	**8.43**
合肥市	**7821957**	**3985601**	**3836356**	**347551**	**80478**	**267073**	**4.44**	**2.02**	**6.96**
瑶海区	710382	354415	355967	18589	3190	15399	2.62	0.90	4.33
庐阳区	567586	277757	289829	13573	2675	10898	2.39	0.96	3.76
蜀山区	879301	436026	443275	18231	3859	14372	2.07	0.89	3.24
包河区	1008326	514780	493546	26424	5446	20978	2.62	1.06	4.25
长丰县	638163	328964	309199	57682	16789	40893	9.04	5.10	13.23
肥东县	748034	389613	358421	54594	10450	44144	7.30	2.68	12.32
肥西县	816935	425408	391527	48324	13024	35300	5.92	3.06	9.02
庐江县	735289	374187	361102	41001	10632	30369	5.58	2.84	8.41
合肥高新技术产业开发区	228282	119116	109166	5509	1044	4465	2.41	0.88	4.09
合肥经济技术开发区	468035	243837	224198	12638	2632	10006	2.70	1.08	4.46
合肥新站高新技术产业开发区	396489	210228	186261	11659	2672	8987	2.94	1.27	4.82
巢湖市	625135	311270	313865	39327	8065	31262	6.29	2.59	9.96
芜湖市	**3114660**	**1584570**	**1530090**	**178865**	**44774**	**134091**	**5.74**	**2.83**	**8.76**
镜湖区	416146	201686	214460	13822	3132	10690	3.32	1.55	4.98
弋江区	368504	183167	185337	13368	3569	9799	3.63	1.95	5.29
鸠江区	456253	236056	220197	35950	8305	27645	7.88	3.52	12.55
三山区	137176	72982	64194	11680	3217	8463	8.51	4.41	13.18
芜湖县	296939	153576	143363	9729	2299	7430	3.28	1.50	5.18
繁昌县	212587	108873	103714	7413	1667	5746	3.49	1.53	5.54
南陵县	368013	185354	182659	14896	3709	11187	4.05	2.00	6.12
芜湖经济技术开发区	153118	84566	68552	8238	1893	6345	5.38	2.24	9.26
安徽芜湖长江大桥经济开发区	18751	9584	9167	2479	645	1834	13.22	6.73	20.01
无为市	687173	348726	338447	61290	16338	44952	8.92	4.69	13.28
蚌埠市	**2564326**	**1277466**	**1286860**	**174384**	**49658**	**124726**	**6.80**	**3.89**	**9.69**
龙子湖区	182883	90522	92361	5729	1547	4182	3.13	1.71	4.53
蚌山区	141507	69408	72099	3303	824	2479	2.33	1.19	3.44
禹会区	268190	133127	135063	12746	3871	8875	4.75	2.91	6.57
淮上区	221942	112252	109690	15689	4179	11510	7.07	3.72	10.49
怀远县	694408	349873	344535	63750	18946	44804	9.18	5.42	13.00
五河县	401500	200714	200786	42116	12092	30024	10.49	6.02	14.95
固镇县	373976	185671	188305	26976	7256	19720	7.21	3.91	10.47
蚌埠市高新技术开发区	48148	24029	24119	810	214	596	1.68	0.89	2.47
蚌埠市经济开发区	231772	111870	119902	3265	729	2536	1.41	0.65	2.12
淮南市	**2436595**	**1219801**	**1216794**	**114857**	**35430**	**79427**	**4.71**	**2.90**	**6.53**
大通区	136692	68804	67888	9354	2935	6419	6.84	4.27	9.46
田家庵区	608388	295457	312931	9356	2608	6748	1.54	0.88	2.16
谢家集区	190624	92956	97668	12606	3460	9146	6.61	3.72	9.36
八公山区	103724	49861	53863	3410	860	2550	3.29	1.72	4.73
潘集区	254249	130870	123379	18674	5997	12677	7.34	4.58	10.27
凤台县	477337	244912	232425	34932	11192	23740	7.32	4.57	10.21
寿县	665581	336941	328640	26525	8378	18147	3.99	2.49	5.52

1-7　续表 1　　单位：人、%

地　区	15岁及以上人口			文盲人口			文盲人口占15岁及以上人口比重		
	合计	男	女	合计	男	女	合计	男	女
马鞍山市	**1849931**	**936951**	**912980**	**117108**	**26398**	**90710**	**6.33**	**2.82**	**9.94**
花山区	390427	193975	196452	12963	2655	10308	3.32	1.37	5.25
雨山区	317248	161729	155519	11997	2696	9301	3.78	1.67	5.98
博望区	132088	68902	63186	9360	2354	7006	7.09	3.42	11.09
当涂县	384036	196328	187708	30101	7476	22625	7.84	3.81	12.05
含山县	278938	140097	138841	19799	4222	15577	7.10	3.01	11.22
和县	347194	175920	171274	32888	6995	25893	9.47	3.98	15.12
淮北市	**1567018**	**768686**	**798332**	**109229**	**27910**	**81319**	**6.97**	**3.63**	**10.19**
杜集区	198298	98279	100019	17727	4862	12865	8.94	4.95	12.86
相山区	445290	213906	231384	15418	3775	11643	3.46	1.76	5.03
烈山区	206830	99450	107380	14531	3995	10536	7.03	4.02	9.81
濉溪县	716600	357051	359549	61553	15278	46275	8.59	4.28	12.87
铜陵市	**1123294**	**555969**	**567325**	**107624**	**24695**	**82929**	**9.58**	**4.44**	**14.62**
铜官区	390103	191188	198915	14978	3080	11898	3.84	1.61	5.98
义安区	198155	100454	97701	12792	3037	9755	6.46	3.02	9.98
郊区	139358	70100	69258	20182	5006	15176	14.48	7.14	21.91
枞阳县	395678	194227	201451	59672	13572	46100	15.08	6.99	22.88
安庆市	**3470323**	**1732241**	**1738082**	**112607**	**21379**	**91228**	**3.24**	**1.23**	**5.25**
迎江区	218229	106622	111607	4245	778	3467	1.95	0.73	3.11
大观区	186774	91616	95158	4773	783	3990	2.56	0.85	4.19
宜秀区	169971	84284	85687	6581	1306	5275	3.87	1.55	6.16
怀宁县	413490	207253	206237	9169	1317	7852	2.22	0.64	3.81
太湖县	353580	177988	175592	13419	2757	10662	3.80	1.55	6.07
宿松县	481607	245251	236356	14221	2341	11880	2.95	0.95	5.03
望江县	376925	185180	191745	5694	838	4856	1.51	0.45	2.53
岳西县	266607	134728	131879	14346	3170	11176	5.38	2.35	8.47
安徽安庆经济开发区	121518	63317	58201	2946	612	2334	2.42	0.97	4.01
桐城市	508227	249284	258943	22482	4908	17574	4.42	1.97	6.79
潜山市	373395	186718	186677	14731	2569	12162	3.95	1.38	6.51
黄山市	**1139977**	**574934**	**565043**	**58794**	**10610**	**48184**	**5.16**	**1.85**	**8.53**
屯溪区	248450	119105	129345	5952	1123	4829	2.40	0.94	3.73
黄山区	127838	66930	60908	7609	2071	5538	5.95	3.09	9.09
徽州区	81618	41184	40434	4339	724	3615	5.32	1.76	8.94
歙县	310983	158435	152548	15715	2004	13711	5.05	1.26	8.99
休宁县	180505	91136	89369	10414	1872	8542	5.77	2.05	9.56
黟县	67139	34853	32286	4571	997	3574	6.81	2.86	11.07
祁门县	123444	63291	60153	10194	1819	8375	8.26	2.87	13.92
滁州市	**3338875**	**1704944**	**1633931**	**105612**	**23202**	**82410**	**3.16**	**1.36**	**5.04**
琅琊区	227231	113173	114058	3198	686	2512	1.41	0.61	2.20
南谯区	294941	150646	144295	16609	3664	12945	5.63	2.43	8.97
来安县	356583	184089	172494	12902	2560	10342	3.62	1.39	6.00
全椒县	343055	175440	167615	4458	789	3669	1.30	0.45	2.19
定远县	548174	282137	266037	19915	4503	15412	3.63	1.60	5.79
凤阳县	504805	260039	244766	15206	4307	10899	3.01	1.66	4.45
苏滁现代产业园	20915	12876	8039	459	92	367	2.19	0.71	4.57
滁州经济技术开发区	122864	65069	57795	1443	246	1197	1.17	0.38	2.07
天长市	518722	260840	257882	14598	2298	12300	2.81	0.88	4.77
明光市	401585	200635	200950	16824	4057	12767	4.19	2.02	6.35

1-7 续表 2

单位：人、%

地区	15岁及以上人口			文盲人口			文盲人口占15岁及以上人口比重		
	合计	男	女	合计	男	女	合计	男	女
阜阳市	**6196354**	**3079500**	**3116854**	**467247**	**109417**	**357830**	**7.54**	**3.55**	**11.48**
颍州区	641645	309230	332415	39137	8953	30184	6.10	2.90	9.08
颍东区	410896	207419	203477	34884	8447	26437	8.49	4.07	12.99
颍泉区	455464	225441	230023	29497	6442	23055	6.48	2.86	10.02
临泉县	1253992	621856	632136	94383	20116	74267	7.53	3.23	11.75
太和县	1047945	520977	526968	58531	10193	48338	5.59	1.96	9.17
阜南县	874830	436594	438236	101428	25080	76348	11.59	5.74	17.42
颍上县	888471	449647	438824	67618	21863	45755	7.61	4.86	10.43
阜阳合肥现代产业园区	29338	14923	14415	2396	609	1787	8.17	4.08	12.40
阜阳经济技术开发区	94416	46934	47482	2800	654	2146	2.97	1.39	4.52
界首市	499357	246479	252878	36573	7060	29513	7.32	2.86	11.67
宿州市	**4071522**	**2020442**	**2051080**	**138908**	**33746**	**105162**	**3.41**	**1.67**	**5.13**
埇桥区	1285320	639710	645610	44586	10951	33635	3.47	1.71	5.21
砀山县	593737	292125	301612	8589	1697	6892	1.45	0.58	2.29
萧县	817546	407310	410236	38642	9501	29141	4.73	2.33	7.10
灵璧县	714106	353351	360755	31231	7626	23605	4.37	2.16	6.54
泗县	578779	287268	291511	11758	2926	8832	2.03	1.02	3.03
宿州马鞍山现代产业园区	35971	18114	17857	2460	623	1837	6.84	3.44	10.29
宿州经济技术开发区	46063	22564	23499	1642	422	1220	3.56	1.87	5.19
六安市	**3579609**	**1801948**	**1777661**	**124264**	**32742**	**91522**	**3.47**	**1.82**	**5.15**
金安区	682807	336989	345818	17178	4224	12954	2.52	1.25	3.75
裕安区	748090	374278	373812	30940	7802	23138	4.14	2.08	6.19
叶集区	170202	87363	82839	5123	1388	3735	3.01	1.59	4.51
霍邱县	731850	372168	359682	34935	10647	24288	4.77	2.86	6.75
舒城县	593010	298413	294597	22761	5583	17178	3.84	1.87	5.83
金寨县	406592	208289	198303	7166	1746	5420	1.76	0.84	2.73
霍山县	247058	124448	122610	6161	1352	4809	2.49	1.09	3.92
亳州市	**3717355**	**1860480**	**1856875**	**345483**	**87742**	**257741**	**9.29**	**4.72**	**13.88**
谯城区	1186476	588890	597586	95188	22738	72450	8.02	3.86	12.12
涡阳县	863672	434169	429503	84904	22100	62804	9.83	5.09	14.62
蒙城县	798693	399696	398997	70584	18120	52464	8.84	4.53	13.15
利辛县	868514	437725	430789	94807	24784	70023	10.92	5.66	16.25
池州市	**1133622**	**563078**	**570544**	**99593**	**22758**	**76835**	**8.79**	**4.04**	**13.47**
贵池区	500690	244654	256036	48876	10632	38244	9.76	4.35	14.94
东至县	332465	165316	167149	24217	4911	19306	7.28	2.97	11.55
石台县	69805	35591	34214	8066	2095	5971	11.56	5.89	17.45
青阳县	198123	100248	97875	15979	4457	11522	8.07	4.45	11.77
池州市国家经济技术开发区	10784	5610	5174	866	190	676	8.03	3.39	13.07
皖江江南新兴产业集中区	8482	4799	3683	728	202	526	8.58	4.21	14.28
九华山风景区	13273	6860	6413	861	271	590	6.49	3.95	9.20
宣城市	**2159071**	**1108476**	**1050595**	**129805**	**34417**	**95388**	**6.01**	**3.10**	**9.08**
宣州区	577046	290161	286885	47057	12152	34905	8.15	4.19	12.17
郎溪县	265767	135333	130434	18033	4880	13153	6.79	3.61	10.08
泾县	239864	124573	115291	9440	2683	6757	3.94	2.15	5.86
绩溪县	120783	61026	59757	4153	731	3422	3.44	1.20	5.73
旌德县	96845	50032	46813	4331	1221	3110	4.47	2.44	6.64
宣城市经济开发区	92065	49234	42831	3781	1091	2690	4.11	2.22	6.28
宁国市	334565	173030	161535	19759	5280	14479	5.91	3.05	8.96
广德市	432136	225087	207049	23251	6379	16872	5.38	2.83	8.15

1－7a 各地区分性别的15岁及以上文盲人口(城市)

单位：人、%

地 区	15岁及以上人口			文盲人口			文盲人口占15岁及以上人口比重		
	合计	男	女	合计	男	女	合计	男	女
安 徽	**13570784**	**6662034**	**6908750**	**373923**	**81262**	**292661**	**2.76**	**1.22**	**4.24**
合肥市	**3464576**	**1728501**	**1736075**	**82342**	**16218**	**66124**	**2.38**	**0.94**	**3.81**
瑶海区	673699	335844	337855	17265	2986	14279	2.56	0.89	4.23
庐阳区	511683	250945	260738	11929	2318	9611	2.33	0.92	3.69
蜀山区	841004	415085	425919	14583	2793	11790	1.73	0.67	2.77
包河区	1003010	511717	491293	25914	5326	20588	2.58	1.04	4.19
长丰县									
肥东县									
肥西县	53823	28533	25290	764	159	605	1.42	0.56	2.39
庐江县									
合肥高新技术产业开发区									
合肥经济技术开发区									
合肥新站高新技术产业开发区	53756	26820	26936	1391	322	1069	2.59	1.20	3.97
巢湖市	327601	159557	168044	10496	2314	8182	3.20	1.45	4.87
芜湖市	**1304646**	**651882**	**652764**	**53647**	**12838**	**40809**	**4.11**	**1.97**	**6.25**
镜湖区	398617	192650	205967	10305	2123	8182	2.59	1.10	3.97
弋江区	368504	183167	185337	13368	3569	9799	3.63	1.95	5.29
鸠江区	275044	143844	131200	13132	2809	10323	4.77	1.95	7.87
三山区	86673	47407	39266	6109	1627	4482	7.05	3.43	11.41
芜湖县	7796	4043	3753	106	20	86	1.36	0.49	2.29
繁昌县									
南陵县									
芜湖经济技术开发区	2346	1230	1116	331	69	262	14.11	5.61	23.48
安徽芜湖长江大桥经济开发区									
无为市	165666	79541	86125	10296	2621	7675	6.21	3.30	8.91
蚌埠市	**574593**	**281674**	**292919**	**15957**	**3756**	**12201**	**2.78**	**1.33**	**4.17**
龙子湖区	142961	69283	73678	3656	824	2832	2.56	1.19	3.84
蚌山区	128099	62353	65746	2461	540	1921	1.92	0.87	2.92
禹会区	178373	87125	91248	3772	902	2870	2.11	1.04	3.15
淮上区	125160	62913	62247	6068	1490	4578	4.85	2.37	7.35
怀远县									
五河县									
固镇县									
蚌埠市高新技术开发区									
蚌埠市经济开发区									
淮南市	**916553**	**442743**	**473810**	**20659**	**5135**	**15524**	**2.25**	**1.16**	**3.28**
大通区	33786	16373	17413	1034	233	801	3.06	1.42	4.60
田家庵区	574747	278111	296636	6638	1687	4951	1.15	0.61	1.67
谢家集区	149558	71993	77565	7201	1651	5550	4.81	2.29	7.16
八公山区	98921	47521	51400	3024	747	2277	3.06	1.57	4.43
潘集区	59541	28745	30796	2762	817	1945	4.64	2.84	6.32
凤台县									
寿县									

1-7a 续表 1

单位：人、%

地区	15岁及以上人口			文盲人口			文盲人口占15岁及以上人口比重		
	合计	男	女	合计	男	女	合计	男	女
马鞍山市	**751339**	**378184**	**373155**	**26322**	**5586**	**20736**	**3.50**	**1.48**	**5.56**
花山区	381953	189593	192360	11579	2292	9287	3.03	1.21	4.83
雨山区	305475	155656	149819	10463	2333	8130	3.43	1.50	5.43
博望区	63911	32935	30976	4280	961	3319	6.70	2.92	10.71
当涂县									
含山县									
和县									
淮北市	**669448**	**322995**	**346453**	**28011**	**6906**	**21105**	**4.18**	**2.14**	**6.09**
杜集区	118743	58597	60146	8321	2174	6147	7.01	3.71	10.22
相山区	407605	195030	212575	9932	2219	7713	2.44	1.14	3.63
烈山区	95082	44209	50873	5080	1358	3722	5.34	3.07	7.32
濉溪县	48018	25159	22859	4678	1155	3523	9.74	4.59	15.41
铜陵市	**491254**	**241018**	**250236**	**18834**	**3923**	**14911**	**3.83**	**1.63**	**5.96**
铜官区	380238	186146	194092	13965	2805	11160	3.67	1.51	5.75
义安区	74878	36442	38436	1851	399	1452	2.47	1.09	3.78
郊区	36138	18430	17708	3018	719	2299	8.35	3.90	12.98
枞阳县									
安庆市	**918673**	**441320**	**477353**	**20953**	**3679**	**17274**	**2.28**	**0.83**	**3.62**
迎江区	209146	101945	107201	3699	651	3048	1.77	0.64	2.84
大观区	139774	67521	72253	2067	315	1752	1.48	0.47	2.42
宜秀区	122700	60359	62341	3943	771	3172	3.21	1.28	5.09
怀宁县									
太湖县									
宿松县									
望江县	79907	36628	43279	1073	107	966	1.34	0.29	2.23
岳西县									
安徽安庆经济开发区	444	351	93	15	4	11	3.38	1.14	11.83
桐城市	244733	116852	127881	6183	1325	4858	2.53	1.13	3.80
潜山市	121969	57664	64305	3973	506	3467	3.26	0.88	5.39
黄山市	**311144**	**149271**	**161873**	**7371**	**1487**	**5884**	**2.37**	**1.00**	**3.63**
屯溪区	211557	100231	111326	4437	821	3616	2.10	0.82	3.25
黄山区	50374	24602	25772	1832	465	1367	3.64	1.89	5.30
徽州区	42841	21252	21589	889	155	734	2.08	0.73	3.40
歙县	2945	1483	1462	154	35	119	5.23	2.36	8.14
休宁县	3427	1703	1724	59	11	48	1.72	0.65	2.78
黟县									
祁门县									
滁州市	**726443**	**358070**	**368373**	**13560**	**2551**	**11009**	**1.87**	**0.71**	**2.99**
琅琊区	217725	108019	109706	2670	538	2132	1.23	0.50	1.94
南谯区	154399	79128	75271	4951	937	4014	3.21	1.18	5.33
来安县									
全椒县									
定远县									
凤阳县									
苏滁现代产业园									
滁州经济技术开发区									
天长市	199657	97519	102138	3287	490	2797	1.65	0.50	2.74
明光市	154662	73404	81258	2652	586	2066	1.71	0.80	2.54

1-7a 续表 2　　单位：人、%

地区	15岁及以上人口			文盲人口			文盲人口占15岁及以上人口比重		
	合计	男	女	合计	男	女	合计	男	女
阜阳市	**841167**	**404079**	**437088**	**24977**	**5624**	**19353**	**2.97**	**1.39**	**4.43**
颍州区	375302	176838	198464	9901	2427	7474	2.64	1.37	3.77
颍东区	140778	70160	70618	5206	1226	3980	3.70	1.75	5.64
颍泉区	166790	81780	85010	4346	1018	3328	2.61	1.24	3.91
临泉县									
太和县									
阜南县									
颍上县									
阜阳合肥现代产业园区									
阜阳经济技术开发区									
界首市	158297	75301	82996	5524	953	4571	3.49	1.27	5.51
宿州市	**506423**	**243651**	**262772**	**8500**	**1873**	**6627**	**1.68**	**0.77**	**2.52**
埇桥区	501716	241330	260386	8153	1796	6357	1.63	0.74	2.44
砀山县									
萧县	4707	2321	2386	347	77	270	7.37	3.32	11.32
灵璧县									
泗县									
宿州马鞍山现代产业园区									
宿州经济技术开发区									
六安市	**655489**	**317645**	**337844**	**7613**	**1613**	**6000**	**1.16**	**0.51**	**1.78**
金安区	290918	139367	151551	2844	611	2233	0.98	0.44	1.47
裕安区	298311	143805	154506	3866	763	3103	1.30	0.53	2.01
叶集区	60704	31698	29006	652	158	494	1.07	0.50	1.70
霍邱县	2003	984	1019	31	9	22	1.55	0.91	2.16
舒城县	3553	1791	1762	220	72	148	6.19	4.02	8.40
金寨县									
霍山县									
亳州市	**492062**	**238620**	**253442**	**14348**	**3462**	**10886**	**2.92**	**1.45**	**4.30**
谯城区	488146	236864	251282	14009	3373	10636	2.87	1.42	4.23
涡阳县									
蒙城县									
利辛县	3916	1756	2160	339	89	250	8.66	5.07	11.57
池州市	**314079**	**147691**	**166388**	**14360**	**2573**	**11787**	**4.57**	**1.74**	**7.08**
贵池区	294813	137282	157531	12766	2181	10585	4.33	1.59	6.72
东至县									
石台县									
青阳县									
池州市国家经济技术开发区	10784	5610	5174	866	190	676	8.03	3.39	13.07
皖江江南新兴产业集中区	8482	4799	3683	728	202	526	8.58	4.21	14.28
九华山风景区									
宣城市	**632895**	**314690**	**318205**	**16469**	**4038**	**12431**	**2.60**	**1.28**	**3.91**
宣州区	214454	102225	112229	4188	822	3366	1.95	0.80	3.00
郎溪县									
泾县									
绩溪县									
旌德县									
宣城市经济开发区									
宁国市	205434	102816	102618	4829	1138	3691	2.35	1.11	3.60
广德市	213007	109649	103358	7452	2078	5374	3.50	1.90	5.20

1-7b 各地区分性别的15岁及以上文盲人口(镇)

单位：人、%

地 区	15岁及以上人口			文盲人口			文盲人口占15岁及以上人口比重		
	合计	男	女	合计	男	女	合计	男	女
安 徽	**15401912**	**7663481**	**7738431**	**612707**	**141681**	**471026**	**3.98**	**1.85**	**6.09**
合肥市	**2913934**	**1493169**	**1420765**	**105082**	**21744**	**83338**	**3.61**	**1.46**	**5.87**
瑶海区	18846	9480	9366	592	104	488	3.14	1.10	5.21
庐阳区	51233	24337	26896	827	123	704	1.61	0.51	2.62
蜀山区	24983	12952	12031	1889	516	1373	7.56	3.98	11.41
包河区									
长丰县	370346	187152	183194	14223	3336	10887	3.84	1.78	5.94
肥东县	494231	253572	240659	21730	3308	18422	4.40	1.30	7.65
肥西县	452889	231652	221237	15419	3246	12173	3.40	1.40	5.50
庐江县	382925	189037	193888	17989	4387	13602	4.70	2.32	7.02
合肥高新技术产业开发区	228100	119007	109093	5495	1039	4456	2.41	0.87	4.08
合肥经济技术开发区	460787	240034	220753	11825	2381	9444	2.57	0.99	4.28
合肥新站高新技术产业开发区	338409	180692	157717	9840	2194	7646	2.91	1.21	4.85
巢湖市	91185	45254	45931	5253	1110	4143	5.76	2.45	9.02
芜湖市	**937769**	**476221**	**461548**	**42159**	**10291**	**31868**	**4.50**	**2.16**	**6.90**
镜湖区	861	436	425	155	44	111	18.00	10.09	26.12
弋江区									
鸠江区	66478	33529	32949	5569	1246	4323	8.38	3.72	13.12
三山区	14705	7003	7702	264	35	229	1.80	0.50	2.97
芜湖县	198053	101281	96772	4671	1075	3596	2.36	1.06	3.72
繁昌县	123913	61814	62099	2608	563	2045	2.10	0.91	3.29
南陵县	193241	92505	100736	4396	1010	3386	2.27	1.09	3.36
芜湖经济技术开发区	147925	81888	66037	7564	1752	5812	5.11	2.14	8.80
安徽芜湖长江大桥经济开发区	11762	5981	5781	1760	472	1288	14.96	7.89	22.28
无为市	180831	91784	89047	15172	4094	11078	8.39	4.46	12.44
蚌埠市	**875310**	**425390**	**449920**	**33694**	**9039**	**24655**	**3.85**	**2.12**	**5.48**
龙子湖区	8926	5422	3504	371	194	177	4.16	3.58	5.05
蚌山区									
禹会区	8070	4173	3897	500	170	330	6.20	4.07	8.47
淮上区	22426	11339	11087	1350	372	978	6.02	3.28	8.82
怀远县	262626	128512	134114	14499	4219	10280	5.52	3.28	7.67
五河县	177143	85226	91917	9653	2370	7283	5.45	2.78	7.92
固镇县	116199	54819	61380	3246	771	2475	2.79	1.41	4.03
蚌埠市高新技术开发区	48148	24029	24119	810	214	596	1.68	0.89	2.47
蚌埠市经济开发区	231772	111870	119902	3265	729	2536	1.41	0.65	2.12
淮南市	**607106**	**304741**	**302365**	**24629**	**7646**	**16983**	**4.06**	**2.51**	**5.62**
大通区	67376	33931	33445	3439	1017	2422	5.10	3.00	7.24
田家庵区	10428	5345	5083	582	180	402	5.58	3.37	7.91
谢家集区	3055	1581	1474	158	67	91	5.17	4.24	6.17
八公山区	47	21	26	2		2	4.26		7.69
潘集区	56677	30168	26509	3498	1147	2351	6.17	3.80	8.87
凤台县	183121	93786	89335	7024	2166	4858	3.84	2.31	5.44
寿县	286402	139909	146493	9926	3069	6857	3.47	2.19	4.68

1-7b　续表 1　　　　单位：人、%

地　区	15岁及以上人口			文盲人口			文盲人口占15岁及以上人口比重		
	合计	男	女	合计	男	女	合计	男	女
马鞍山市	**575747**	**285722**	**290025**	**36159**	**7941**	**28218**	**6.28**	**2.78**	**9.73**
花山区									
雨山区									
博望区	8644	4654	3990	607	173	434	7.02	3.72	10.88
当涂县	242161	122652	119509	16873	4143	12730	6.97	3.38	10.65
含山县	152504	73618	78886	8861	1702	7159	5.81	2.31	9.08
和县	172438	84798	87640	9818	1923	7895	5.69	2.27	9.01
淮北市	**351894**	**173077**	**178817**	**20711**	**5320**	**15391**	**5.89**	**3.07**	**8.61**
杜集区	38550	19258	19292	4040	1151	2889	10.48	5.98	14.98
相山区									
烈山区	25858	13089	12769	1400	397	1003	5.41	3.03	7.85
濉溪县	287486	140730	146756	15271	3772	11499	5.31	2.68	7.84
铜陵市	**249930**	**120398**	**129532**	**28625**	**6378**	**22247**	**11.45**	**5.30**	**17.17**
铜官区	191	100	91	10	5	5	5.24	5.00	5.49
义安区	23775	12471	11304	1699	375	1324	7.15	3.01	11.71
郊区	24955	12276	12679	3366	801	2565	13.49	6.52	20.23
枞阳县	201009	95551	105458	23550	5197	18353	11.72	5.44	17.40
安庆市	**997802**	**487258**	**510544**	**27484**	**4886**	**22598**	**2.75**	**1.00**	**4.43**
迎江区									
大观区	16594	8279	8315	806	116	690	4.86	1.40	8.30
宜秀区	23760	11899	11861	970	221	749	4.08	1.86	6.31
怀宁县	194459	93831	100628	4241	578	3663	2.18	0.62	3.64
太湖县	141466	67802	73664	3952	691	3261	2.79	1.02	4.43
宿松县	187951	90586	97365	3966	513	3453	2.11	0.57	3.55
望江县	51217	24808	26409	689	103	586	1.35	0.42	2.22
岳西县	98509	46867	51642	3185	660	2525	3.23	1.41	4.89
安徽安庆经济开发区	117870	61345	56525	2775	571	2204	2.35	0.93	3.90
桐城市	90356	44246	46110	4737	1029	3708	5.24	2.33	8.04
潜山市	75620	37595	38025	2163	404	1759	2.86	1.07	4.63
黄山市	**341257**	**167409**	**173848**	**11837**	**2071**	**9766**	**3.47**	**1.24**	**5.62**
屯溪区	18354	9487	8867	427	100	327	2.33	1.05	3.69
黄山区	23192	12835	10357	1097	273	824	4.73	2.13	7.96
徽州区	9862	5048	4814	590	118	472	5.98	2.34	9.80
歙县	131572	63838	67734	3576	489	3087	2.72	0.77	4.56
休宁县	69698	33216	36482	2391	445	1946	3.43	1.34	5.33
黟县	27688	13731	13957	798	163	635	2.88	1.19	4.55
祁门县	60891	29254	31637	2958	483	2475	4.86	1.65	7.82
滁州市	**1315359**	**667806**	**647553**	**30288**	**6148**	**24140**	**2.30**	**0.92**	**3.73**
琅琊区									
南谯区	47033	23722	23311	2800	574	2226	5.95	2.42	9.55
来安县	200571	102449	98122	4543	893	3650	2.27	0.87	3.72
全椒县	217149	109633	107516	1672	306	1366	0.77	0.28	1.27
定远县	243808	122141	121667	5525	1145	4380	2.27	0.94	3.60
凤阳县	252968	127567	125401	5586	1455	4131	2.21	1.14	3.29
苏滁现代产业园	20915	12876	8039	459	92	367	2.19	0.71	4.57
滁州经济技术开发区	105067	54219	50848	1332	222	1110	1.27	0.41	2.18
天长市	164092	82925	81167	5368	816	4552	3.27	0.98	5.61
明光市	63756	32274	31482	3003	645	2358	4.71	2.00	7.49

1－7b 续表 2　　单位：人、%

地　区	15岁及以上人口			文盲人口			文盲人口占15岁及以上人口比重		
	合计	男	女	合计	男	女	合计	男	女
阜阳市	**1791233**	**881440**	**909793**	**92680**	**21474**	**71206**	**5.17**	**2.44**	**7.83**
颍州区	47085	23376	23709	3324	766	2558	7.06	3.28	10.79
颍东区	57634	29968	27666	5169	1320	3849	8.97	4.40	13.91
颍泉区	62636	31588	31048	4583	1027	3556	7.32	3.25	11.45
临泉县	387386	189269	198117	15331	3209	12122	3.96	1.70	6.12
太和县	467569	228412	239157	17272	2987	14285	3.69	1.31	5.97
阜南县	252501	121115	131386	19615	4471	15144	7.77	3.69	11.53
颍上县	355039	177047	177992	19874	6031	13843	5.60	3.41	7.78
阜阳合肥现代产业园区	4799	2541	2258	417	111	306	8.69	4.37	13.55
阜阳经济技术开发区	78568	38998	39570	1962	488	1474	2.50	1.25	3.73
界首市	78016	39126	38890	5133	1064	4069	6.58	2.72	10.46
宿州市	**1285812**	**625779**	**660033**	**28433**	**6580**	**21853**	**2.21**	**1.05**	**3.31**
埇桥区	155059	76841	78218	3774	912	2862	2.43	1.19	3.66
砀山县	287811	139522	148289	3417	664	2753	1.19	0.48	1.86
萧县	285637	140854	144783	7786	1872	5914	2.73	1.33	4.08
灵璧县	257791	122704	135087	7193	1561	5632	2.79	1.27	4.17
泗县	231590	112326	119264	3419	854	2565	1.48	0.76	2.15
宿州马鞍山现代产业园区	21861	10968	10893	1202	295	907	5.50	2.69	8.33
宿州经济技术开发区	46063	22564	23499	1642	422	1220	3.56	1.87	5.19
六安市	**1059155**	**515509**	**543646**	**24493**	**6047**	**18446**	**2.31**	**1.17**	**3.39**
金安区	114441	52844	61597	2275	495	1780	1.99	0.94	2.89
裕安区	68124	33603	34521	2348	589	1759	3.45	1.75	5.10
叶集区	21943	10554	11389	898	217	681	4.09	2.06	5.98
霍邱县	258618	129553	129065	8037	2306	5731	3.11	1.78	4.44
舒城县	262712	125475	137237	7038	1593	5445	2.68	1.27	3.97
金寨县	165346	80859	84487	980	266	714	0.59	0.33	0.85
霍山县	167971	82621	85350	2917	581	2336	1.74	0.70	2.74
亳州市	**1102666**	**546070**	**556596**	**58568**	**14592**	**43976**	**5.31**	**2.67**	**7.90**
谯城区	92527	46285	46242	7866	1809	6057	8.50	3.91	13.10
涡阳县	335256	166808	168448	15667	4071	11596	4.67	2.44	6.88
蒙城县	354702	174637	180065	16305	4095	12210	4.60	2.34	6.78
利辛县	320181	158340	161841	18730	4617	14113	5.85	2.92	8.72
池州市	**347661**	**168027**	**179634**	**22084**	**4933**	**17151**	**6.35**	**2.94**	**9.55**
贵池区	31549	16527	15022	4404	996	3408	13.96	6.03	22.69
东至县	181152	86539	94613	11059	2152	8907	6.10	2.49	9.41
石台县	28701	13747	14954	1572	373	1199	5.48	2.71	8.02
青阳县	102768	49336	53432	4922	1381	3541	4.79	2.80	6.63
池州市国家经济技术开发区									
皖江江南新兴产业集中区									
九华山风景区	3491	1878	1613	127	31	96	3.64	1.65	5.95
宣城市	**649277**	**325465**	**323812**	**25781**	**6591**	**19190**	**3.97**	**2.03**	**5.93**
宣州区	85445	42681	42764	5585	1455	4130	6.54	3.41	9.66
郎溪县	165445	82239	83206	7811	1977	5834	4.72	2.40	7.01
泾县	121651	58952	62699	3001	758	2243	2.47	1.29	3.58
绩溪县	69335	33656	35679	1334	211	1123	1.92	0.63	3.15
旌德县	54023	26339	27684	1309	310	999	2.42	1.18	3.61
宣城市经济开发区	73659	39245	34414	2053	541	1512	2.79	1.38	4.39
宁国市	22905	12312	10593	1801	507	1294	7.86	4.12	12.22
广德市	56814	30041	26773	2887	832	2055	5.08	2.77	7.68

1-7c 各地区分性别的15岁及以上文盲人口(乡村)

单位：人、%

地 区	15岁及以上人口			文盲人口			文盲人口占15岁及以上人口比重		
	合计	男	女	合计	男	女	合计	男	女
安 徽	**20311793**	**10449572**	**9862221**	**1745301**	**442413**	**1302888**	**8.59**	**4.23**	**13.21**
合肥市	**1443447**	**763931**	**679516**	**160127**	**42516**	**117611**	**11.09**	**5.57**	**17.31**
瑶海区	17837	9091	8746	732	100	632	4.10	1.10	7.23
庐阳区	4670	2475	2195	817	234	583	17.49	9.45	26.56
蜀山区	13314	7989	5325	1759	550	1209	13.21	6.88	22.70
包河区	5316	3063	2253	510	120	390	9.59	3.92	17.31
长丰县	267817	141812	126005	43459	13453	30006	16.23	9.49	23.81
肥东县	253803	136041	117762	32864	7142	25722	12.95	5.25	21.84
肥西县	310223	165223	145000	32141	9619	22522	10.36	5.82	15.53
庐江县	352364	185150	167214	23012	6245	16767	6.53	3.37	10.03
合肥高新技术产业开发区	182	109	73	14	5	9	7.69	4.59	12.33
合肥经济技术开发区	7248	3803	3445	813	251	562	11.22	6.60	16.31
合肥新站高新技术产业开发区	4324	2716	1608	428	156	272	9.90	5.74	16.92
巢湖市	206349	106459	99890	23578	4641	18937	11.43	4.36	18.96
芜湖市	**872245**	**456467**	**415778**	**83059**	**21645**	**61414**	**9.52**	**4.74**	**14.77**
镜湖区	16668	8600	8068	3362	965	2397	20.17	11.22	29.71
弋江区									
鸠江区	114731	58683	56048	17249	4250	12999	15.03	7.24	23.19
三山区	35798	18572	17226	5307	1555	3752	14.82	8.37	21.78
芜湖县	91090	48252	42838	4952	1204	3748	5.44	2.50	8.75
繁昌县	88674	47059	41615	4805	1104	3701	5.42	2.35	8.89
南陵县	174772	92849	81923	10500	2699	7801	6.01	2.91	9.52
芜湖经济技术开发区	2847	1448	1399	343	72	271	12.05	4.97	19.37
安徽芜湖长江大桥经济开发区	6989	3603	3386	719	173	546	10.29	4.80	16.13
无为市	340676	177401	163275	35822	9623	26199	10.51	5.42	16.05
蚌埠市	**1114423**	**570402**	**544021**	**124733**	**36863**	**87870**	**11.19**	**6.46**	**16.15**
龙子湖区	30996	15817	15179	1702	529	1173	5.49	3.34	7.73
蚌山区	13408	7055	6353	842	284	558	6.28	4.03	8.78
禹会区	81747	41829	39918	8474	2799	5675	10.37	6.69	14.22
淮上区	74356	38000	36356	8271	2317	5954	11.12	6.10	16.38
怀远县	431782	221361	210421	49251	14727	34524	11.41	6.65	16.41
五河县	224357	115488	108869	32463	9722	22741	14.47	8.42	20.89
固镇县	257777	130852	126925	23730	6485	17245	9.21	4.96	13.59
蚌埠市高新技术开发区									
蚌埠市经济开发区									
淮南市	**912936**	**472317**	**440619**	**69569**	**22649**	**46920**	**7.62**	**4.80**	**10.65**
大通区	35530	18500	17030	4881	1685	3196	13.74	9.11	18.77
田家庵区	23213	12001	11212	2136	741	1395	9.20	6.17	12.44
谢家集区	38011	19382	18629	5247	1742	3505	13.80	8.99	18.81
八公山区	4756	2319	2437	384	113	271	8.07	4.87	11.12
潘集区	138031	71957	66074	12414	4033	8381	8.99	5.60	12.68
凤台县	294216	151126	143090	27908	9026	18882	9.49	5.97	13.20
寿县	379179	197032	182147	16599	5309	11290	4.38	2.69	6.20

1-7c 续表 1

单位：人、%

地区	15岁及以上人口			文盲人口			文盲人口占15岁及以上人口比重		
	合计	男	女	合计	男	女	合计	男	女
马鞍山市	**522845**	**273045**	**249800**	**54627**	**12871**	**41756**	**10.45**	**4.71**	**16.72**
花山区	8474	4382	4092	1384	363	1021	16.33	8.28	24.95
雨山区	11773	6073	5700	1534	363	1171	13.03	5.98	20.54
博望区	59533	31313	28220	4473	1220	3253	7.51	3.90	11.53
当涂县	141875	73676	68199	13228	3333	9895	9.32	4.52	14.51
含山县	126434	66479	59955	10938	2520	8418	8.65	3.79	14.04
和县	174756	91122	83634	23070	5072	17998	13.20	5.57	21.52
淮北市	**545676**	**272614**	**273062**	**60507**	**15684**	**44823**	**11.09**	**5.75**	**16.41**
杜集区	41005	20424	20581	5366	1537	3829	13.09	7.53	18.60
相山区	37685	18876	18809	5486	1556	3930	14.56	8.24	20.89
烈山区	85890	42152	43738	8051	2240	5811	9.37	5.31	13.29
濉溪县	381096	191162	189934	41604	10351	31253	10.92	5.41	16.45
铜陵市	**382110**	**194553**	**187557**	**60165**	**14394**	**45771**	**15.75**	**7.40**	**24.40**
铜官区	9674	4942	4732	1003	270	733	10.37	5.46	15.49
义安区	99502	51541	47961	9242	2263	6979	9.29	4.39	14.55
郊区	78265	39394	38871	13798	3486	10312	17.63	8.85	26.53
枞阳县	194669	98676	95993	36122	8375	27747	18.56	8.49	28.91
安庆市	**1553848**	**803663**	**750185**	**64170**	**12814**	**51356**	**4.13**	**1.59**	**6.85**
迎江区	9083	4677	4406	546	127	419	6.01	2.72	9.51
大观区	30406	15816	14590	1900	352	1548	6.25	2.23	10.61
宜秀区	23511	12026	11485	1668	314	1354	7.09	2.61	11.79
怀宁县	219031	113422	105609	4928	739	4189	2.25	0.65	3.97
太湖县	212114	110186	101928	9467	2066	7401	4.46	1.88	7.26
宿松县	293656	154665	138991	10255	1828	8427	3.49	1.18	6.06
望江县	245801	123744	122057	3932	628	3304	1.60	0.51	2.71
岳西县	168098	87861	80237	11161	2510	8651	6.64	2.86	10.78
安徽安庆经济开发区	3204	1621	1583	156	37	119	4.87	2.28	7.52
桐城市	173138	88186	84952	11562	2554	9008	6.68	2.90	10.60
潜山市	175806	91459	84347	8595	1659	6936	4.89	1.81	8.22
黄山市	**487576**	**258254**	**229322**	**39586**	**7052**	**32534**	**8.12**	**2.73**	**14.19**
屯溪区	18539	9387	9152	1088	202	886	5.87	2.15	9.68
黄山区	54272	29493	24779	4680	1333	3347	8.62	4.52	13.51
徽州区	28915	14884	14031	2860	451	2409	9.89	3.03	17.17
歙县	176466	93114	83352	11985	1480	10505	6.79	1.59	12.60
休宁县	107380	56217	51163	7964	1416	6548	7.42	2.52	12.80
黟县	39451	21122	18329	3773	834	2939	9.56	3.95	16.03
祁门县	62553	34037	28516	7236	1336	5900	11.57	3.93	20.69
滁州市	**1297073**	**679068**	**618005**	**61764**	**14503**	**47261**	**4.76**	**2.14**	**7.65**
琅琊区	9506	5154	4352	528	148	380	5.55	2.87	8.73
南谯区	93509	47796	45713	8858	2153	6705	9.47	4.50	14.67
来安县	156012	81640	74372	8359	1667	6692	5.36	2.04	9.00
全椒县	125906	65807	60099	2786	483	2303	2.21	0.73	3.83
定远县	304366	159996	144370	14390	3358	11032	4.73	2.10	7.64
凤阳县	251837	132472	119365	9620	2852	6768	3.82	2.15	5.67
苏滁现代产业园									
滁州经济技术开发区	17797	10850	6947	111	24	87	0.62	0.22	1.25
天长市	154973	80396	74577	5943	992	4951	3.83	1.23	6.64
明光市	183167	94957	88210	11169	2826	8343	6.10	2.98	9.46

1-7c　续表 2

单位：人、%

地　　区	15岁及以上人口			文盲人口			文盲人口占15岁及以上人口比重		
	合计	男	女	合计	男	女	合计	男	女
阜阳市	**3563954**	**1793981**	**1769973**	**349590**	**82319**	**267271**	**9.81**	**4.59**	**15.10**
颍州区	219258	109016	110242	25912	5760	20152	11.82	5.28	18.28
颍东区	212484	107291	105193	24509	5901	18608	11.53	5.50	17.69
颍泉区	226038	112073	113965	20568	4397	16171	9.10	3.92	14.19
临泉县	866606	432587	434019	79052	16907	62145	9.12	3.91	14.32
太和县	580376	292565	287811	41259	7206	34053	7.11	2.46	11.83
阜南县	622329	315479	306850	81813	20609	61204	13.15	6.53	19.95
颍上县	533432	272600	260832	47744	15832	31912	8.95	5.81	12.23
阜阳合肥现代产业园区	24539	12382	12157	1979	498	1481	8.06	4.02	12.18
阜阳经济技术开发区	15848	7936	7912	838	166	672	5.29	2.09	8.49
界首市	263044	132052	130992	25916	5043	20873	9.85	3.82	15.93
宿州市	**2279287**	**1151012**	**1128275**	**101975**	**25293**	**76682**	**4.47**	**2.20**	**6.80**
埇桥区	628545	321539	307006	32659	8243	24416	5.20	2.56	7.95
砀山县	305926	152603	153323	5172	1033	4139	1.69	0.68	2.70
萧县	527202	264135	263067	30509	7552	22957	5.79	2.86	8.73
灵璧县	456315	230647	225668	24038	6065	17973	5.27	2.63	7.96
泗县	347189	174942	172247	8339	2072	6267	2.40	1.18	3.64
宿州马鞍山现代产业园区	14110	7146	6964	1258	328	930	8.92	4.59	13.35
宿州经济技术开发区									
六安市	**1864965**	**968794**	**896171**	**92158**	**25082**	**67076**	**4.94**	**2.59**	**7.48**
金安区	277448	144778	132670	12059	3118	8941	4.35	2.15	6.74
裕安区	381655	196870	184785	24726	6450	18276	6.48	3.28	9.89
叶集区	87555	45111	42444	3573	1013	2560	4.08	2.25	6.03
霍邱县	471229	241631	229598	26867	8332	18535	5.70	3.45	8.07
舒城县	326745	171147	155598	15503	3918	11585	4.74	2.29	7.45
金寨县	241246	127430	113816	6186	1480	4706	2.56	1.16	4.13
霍山县	79087	41827	37260	3244	771	2473	4.10	1.84	6.64
亳州市	**2122627**	**1075790**	**1046837**	**272567**	**69688**	**202879**	**12.84**	**6.48**	**19.38**
谯城区	605803	305741	300062	73313	17556	55757	12.10	5.74	18.58
涡阳县	528416	267361	261055	69237	18029	51208	13.10	6.74	19.62
蒙城县	443991	225059	218932	54279	14025	40254	12.23	6.23	18.39
利辛县	544417	277629	266788	75738	20078	55660	13.91	7.23	20.86
池州市	**471882**	**247360**	**224522**	**63149**	**15252**	**47897**	**13.38**	**6.17**	**21.33**
贵池区	174328	90845	83483	31706	7455	24251	18.19	8.21	29.05
东至县	151313	78777	72536	13158	2759	10399	8.70	3.50	14.34
石台县	41104	21844	19260	6494	1722	4772	15.80	7.88	24.78
青阳县	95355	50912	44443	11057	3076	7981	11.60	6.04	17.96
池州市国家经济技术开发区									
皖江江南新兴产业集中区									
九华山风景区	9782	4982	4800	734	240	494	7.50	4.82	10.29
宣城市	**876899**	**468321**	**408578**	**87555**	**23788**	**63767**	**9.98**	**5.08**	**15.61**
宣州区	277147	145255	131892	37284	9875	27409	13.45	6.80	20.78
郎溪县	100322	53094	47228	10222	2903	7319	10.19	5.47	15.50
泾县	118213	65621	52592	6439	1925	4514	5.45	2.93	8.58
绩溪县	51448	27370	24078	2819	520	2299	5.48	1.90	9.55
旌德县	42822	23693	19129	3022	911	2111	7.06	3.85	11.04
宣城市经济开发区	18406	9989	8417	1728	550	1178	9.39	5.51	14.00
宁国市	106226	57902	48324	13129	3635	9494	12.36	6.28	19.65
广德市	162315	85397	76918	12912	3469	9443	7.95	4.06	12.28

1-8 各地区家庭户规模

单位：户、%

地区	家庭户户数	一人户		二人户		三人户	
		户数	比重	户数	比重	户数	比重
安徽	**21910377**	**5183087**	**23.66**	**6790657**	**30.99**	**4768002**	**21.76**
合肥市	**3216982**	**815528**	**25.35**	**963524**	**29.95**	**749937**	**23.31**
瑶海区	312574	76103	24.35	88414	28.29	79973	25.59
庐阳区	244436	53305	21.81	69421	28.40	65898	26.96
蜀山区	338194	84817	25.08	98257	29.05	84586	25.01
包河区	407703	97255	23.85	115336	28.29	101575	24.91
长丰县	286823	76806	26.78	84963	29.62	62667	21.85
肥东县	329719	89064	27.01	106602	32.33	70534	21.39
肥西县	328584	90445	27.53	98297	29.92	69948	21.29
庐江县	343693	91234	26.55	112555	32.75	69821	20.31
合肥高新技术产业开发区	75772	18657	24.62	20031	26.44	18319	24.18
合肥经济技术开发区	146931	33078	22.51	37587	25.58	36921	25.13
合肥新站高新技术产业开发区	127214	32715	25.72	34334	26.99	29940	23.54
巢湖市	275339	72049	26.17	97727	35.49	59755	21.70
芜湖市	**1360209**	**341765**	**25.13**	**447429**	**32.89**	**318324**	**23.40**
镜湖区	188874	46494	24.62	65668	34.77	48825	25.85
弋江区	128858	27479	21.33	40354	31.32	36125	28.03
鸠江区	195130	47238	24.21	62177	31.86	46353	23.75
三山区	59794	15700	26.26	19434	32.50	13020	21.77
芜湖县	123180	28838	23.41	40830	33.15	29800	24.19
繁昌县	99231	25922	26.12	35477	35.75	22380	22.55
南陵县	177645	47537	26.76	61908	34.85	38667	21.77
芜湖经济技术开发区	63544	18978	29.87	18465	29.06	14618	23.00
安徽芜湖长江大桥经济开发区	9191	2546	27.70	3152	34.29	1846	20.08
无为市	314762	81033	25.74	99964	31.76	66690	21.19
蚌埠市	**1141146**	**252397**	**22.12**	**331061**	**29.01**	**250592**	**21.96**
龙子湖区	84579	22112	26.14	27795	32.86	19071	22.55
蚌山区	64012	14819	23.15	21098	32.96	15955	24.93
禹会区	119915	28327	23.62	37967	31.66	27703	23.10
淮上区	94266	19124	20.29	26798	28.43	20990	22.27
怀远县	320025	70580	22.05	86599	27.06	64490	20.15
五河县	184926	42228	22.84	52056	28.15	37177	20.10
固镇县	169446	37026	21.85	44865	26.48	34875	20.58
蚌埠市高新技术开发区	19485	2933	15.05	5428	27.86	6150	31.56
蚌埠市经济开发区	84492	15248	18.05	28455	33.68	24181	28.62
淮南市	**1137336**	**285333**	**25.09**	**365214**	**32.11**	**246132**	**21.64**
大通区	61734	13882	22.49	20476	33.17	14151	22.92
田家庵区	264458	64123	24.25	86667	32.77	66882	25.29
谢家集区	89952	23023	25.59	32479	36.11	20176	22.43
八公山区	48301	11656	24.13	18308	37.90	11148	23.08
潘集区	119288	29794	24.98	34170	28.64	24404	20.46
凤台县	227637	55301	24.29	66205	29.08	46069	20.24
寿县	325966	87554	26.86	106909	32.80	63302	19.42

1-8 续表 1

单位：户、%

地区	家庭户户数	一人户户数	一人户比重	二人户户数	二人户比重	三人户户数	三人户比重
马鞍山市	**799767**	**179218**	**22.41**	**272212**	**34.04**	**191878**	**23.99**
花山区	175246	35605	20.32	62878	35.88	50034	28.55
雨山区	123905	27804	22.44	45957	37.09	32594	26.31
博望区	55259	11311	20.47	16216	29.35	12569	22.75
当涂县	160263	33117	20.66	53907	33.64	37468	23.38
含山县	129721	32601	25.13	41409	31.92	27786	21.42
和县	155373	38780	24.96	51845	33.37	31427	20.23
淮北市	**692071**	**146723**	**21.20**	**212479**	**30.70**	**161233**	**23.30**
杜集区	88991	21147	23.76	29117	32.72	19441	21.85
相山区	195436	38399	19.65	62374	31.92	53264	27.25
烈山区	88198	22760	25.81	29089	32.98	18732	21.24
濉溪县	319446	64417	20.17	91899	28.77	69796	21.85
铜陵市	**519512**	**129053**	**24.84**	**186252**	**35.85**	**120921**	**23.28**
铜官区	164108	32608	19.87	57832	35.24	48068	29.29
义安区	93639	22366	23.89	35405	37.81	21706	23.18
郊区	67910	18628	27.43	24240	35.69	14219	20.94
枞阳县	193855	55451	28.60	68775	35.48	36928	19.05
安庆市	**1547076**	**366882**	**23.71**	**500171**	**32.33**	**343454**	**22.20**
迎江区	99018	20922	21.13	35956	36.31	26382	26.64
大观区	84395	20472	24.26	29888	35.41	20968	24.85
宜秀区	61749	13697	22.18	19394	31.41	15083	24.43
怀宁县	187079	45021	24.07	62182	33.24	39389	21.05
太湖县	163736	42585	26.01	49766	30.39	33861	20.68
宿松县	226580	56382	24.88	69930	30.86	45416	20.04
望江县	164733	35622	21.62	50914	30.91	36505	22.16
岳西县	117882	25660	21.77	35769	30.34	27058	22.95
安徽安庆经济开发区	50248	10889	21.67	17805	35.43	13296	26.46
桐城市	223866	56022	25.02	72905	32.57	49120	21.94
潜山市	167790	39610	23.61	55662	33.17	36376	21.68
黄山市	**503976**	**123448**	**24.49**	**168810**	**33.50**	**113713**	**22.56**
屯溪区	101206	21761	21.50	32994	32.60	25650	25.34
黄山区	57373	14987	26.12	20315	35.41	12601	21.96
徽州区	35045	7365	21.02	11290	32.22	8377	23.90
歙县	143674	39468	27.47	46743	32.53	29976	20.86
休宁县	78974	17684	22.39	26084	33.03	17437	22.08
黟县	30432	7527	24.73	11068	36.37	6879	22.60
祁门县	57272	14656	25.59	20316	35.47	12793	22.34
滁州市	**1410309**	**308727**	**21.89**	**444879**	**31.54**	**312663**	**22.17**
琅琊区	95441	17800	18.65	30754	32.22	26349	27.61
南谯区	119504	24442	20.45	38860	32.52	30303	25.36
来安县	154023	35592	23.11	53573	34.78	32259	20.94
全椒县	153412	39371	25.66	50945	33.21	34347	22.39
定远县	241056	55873	23.18	71895	29.83	49106	20.37
凤阳县	208485	43981	21.10	56900	27.29	42188	20.24
苏滁现代产业园	6027	1597	26.50	1999	33.17	1271	21.09
滁州经济技术开发区	35083	5922	16.88	10082	28.74	10137	28.89
天长市	213098	40671	19.09	70076	32.88	47666	22.37
明光市	184180	43478	23.61	59795	32.47	39037	21.20

1-8 续表 2

单位：户、%

地区	家庭户	一人户		二人户		三人户	
	户数	户数	比重	户数	比重	户数	比重
阜阳市	**2778700**	**597310**	**21.50**	**772799**	**27.81**	**550576**	**19.81**
颍州区	257936	51071	19.80	69571	26.97	55653	21.58
颍东区	174977	34395	19.66	47817	27.33	36684	20.97
颍泉区	207695	45810	22.06	58714	28.27	42575	20.50
临泉县	537954	108566	20.18	141038	26.22	105598	19.63
太和县	513678	121529	23.66	156117	30.39	98647	19.20
阜南县	388590	80224	20.64	101199	26.04	75888	19.53
颍上县	409168	92819	22.68	113561	27.75	75269	18.40
阜阳合肥现代产业园区	12815	2552	19.91	3248	25.35	2345	18.30
阜阳经济技术开发区	39271	8182	20.83	9720	24.75	8427	21.46
界首市	236616	52162	22.05	71814	30.35	49490	20.92
宿州市	**1878015**	**413373**	**22.01**	**550178**	**29.30**	**394655**	**21.01**
埇桥区	588264	134436	22.85	167417	28.46	128840	21.90
砀山县	286684	64168	22.38	94417	32.93	59133	20.63
萧县	394324	95689	24.27	125502	31.83	79111	20.06
灵璧县	325599	66317	20.37	87570	26.90	66339	20.37
泗县	250586	46385	18.51	66766	26.64	53961	21.53
宿州马鞍山现代产业园区	15096	3308	21.91	3909	25.89	2970	19.67
宿州经济技术开发区	17462	3070	17.58	4597	26.33	4301	24.63
六安市	**1655641**	**423884**	**25.60**	**535112**	**32.32**	**336021**	**20.30**
金安区	310884	78832	25.36	104813	33.71	66050	21.25
裕安区	319267	71208	22.30	93038	29.14	70758	22.16
叶集区	72240	16233	22.47	20518	28.40	14294	19.79
霍邱县	377982	109672	29.02	123033	32.55	66199	17.51
舒城县	279711	75507	26.99	97762	34.95	55393	19.80
金寨县	185098	45961	24.83	56779	30.68	39010	21.08
霍山县	110459	26471	23.96	39169	35.46	24317	22.01
亳州市	**1762660**	**424076**	**24.06**	**509760**	**28.92**	**335159**	**19.01**
谯城区	560361	139903	24.97	164457	29.35	112620	20.10
涡阳县	402914	95294	23.65	116657	28.95	76159	18.90
蒙城县	365795	76512	20.92	99039	27.08	69655	19.04
利辛县	433590	112367	25.92	129607	29.89	76725	17.70
池州市	**512929**	**123089**	**24.00**	**175631**	**34.24**	**117921**	**22.99**
贵池区	221115	50863	23.00	75260	34.04	53958	24.40
东至县	156418	38387	24.54	53332	34.10	33959	21.71
石台县	32088	8045	25.07	11726	36.54	6998	21.81
青阳县	90315	22009	24.37	31395	34.76	20426	22.62
池州市国家经济技术开发区	4679	1265	27.04	1370	29.28	1095	23.40
皖江江南新兴产业集中区	3330	1402	42.10	1167	35.05	407	12.22
九华山风景区	4984	1118	22.43	1381	27.71	1078	21.63
宣城市	**994048**	**252281**	**25.38**	**355146**	**35.73**	**224823**	**22.62**
宣州区	274391	69843	25.45	101363	36.94	61414	22.38
郎溪县	121148	27850	22.99	43105	35.58	27907	23.04
泾县	119036	35915	30.17	43243	36.33	23945	20.12
绩溪县	58802	16263	27.66	21506	36.57	12621	21.46
旌德县	45092	11848	26.28	15591	34.58	9674	21.45
宣城市经济开发区	35837	8629	24.08	11797	32.92	9306	25.97
宁国市	156720	41049	26.19	54135	34.54	37148	23.70
广德市	183022	40884	22.34	64406	35.19	42808	23.39

1-8 续表 3

单位：户、%

地　区	四人户		五人户		六人户	
	户数	比重	户数	比重	户数	比重
安　徽	**2972819**	**13.57**	**1290366**	**5.89**	**643354**	**2.94**
合肥市	**435290**	**13.53**	**167480**	**5.21**	**69256**	**2.15**
瑶海区	44936	14.38	15789	5.05	6164	1.97
庐阳区	36796	15.05	13267	5.43	4903	2.01
蜀山区	45103	13.34	17690	5.23	6763	2.00
包河区	59870	14.68	23013	5.64	9075	2.23
长丰县	40628	14.16	13770	4.80	6001	2.09
肥东县	39587	12.01	14993	4.55	6743	2.05
肥西县	43381	13.20	17286	5.26	7388	2.25
庐江县	41312	12.02	17668	5.14	8683	2.53
合肥高新技术产业开发区	11761	15.52	5013	6.62	1711	2.26
合肥经济技术开发区	24477	16.66	10252	6.98	4024	2.74
合肥新站高新技术产业开发区	19583	15.39	7081	5.57	2999	2.36
巢湖市	27856	10.12	11658	4.23	4802	1.74
芜湖市	**151560**	**11.14**	**67129**	**4.94**	**27036**	**1.99**
镜湖区	18106	9.59	7280	3.85	2195	1.16
弋江区	15636	12.13	6809	5.28	2128	1.65
鸠江区	22988	11.78	10737	5.50	4471	2.29
三山区	7034	11.76	3033	5.07	1325	2.22
芜湖县	14324	11.63	6160	5.00	2645	2.15
繁昌县	9544	9.62	4140	4.17	1505	1.52
南陵县	17979	10.12	7702	4.34	3109	1.75
芜湖经济技术开发区	7127	11.22	3159	4.97	1058	1.66
安徽芜湖长江大桥经济开发区	882	9.60	494	5.37	234	2.55
无为市	37940	12.05	17615	5.60	8366	2.66
蚌埠市	**170122**	**14.91**	**75848**	**6.65**	**40493**	**3.55**
龙子湖区	9833	11.63	3678	4.35	1553	1.84
蚌山区	8280	12.94	2601	4.06	970	1.52
禹会区	16098	13.42	5997	5.00	2684	2.24
淮上区	15998	16.97	6271	6.65	3637	3.86
怀远县	50074	15.65	25705	8.03	14066	4.40
五河县	28702	15.52	13482	7.29	7708	4.17
固镇县	26180	15.45	13331	7.87	8316	4.91
蚌埠市高新技术开发区	3457	17.74	1100	5.65	355	1.82
蚌埠市经济开发区	11500	13.61	3683	4.36	1204	1.42
淮南市	**145098**	**12.76**	**56679**	**4.98**	**26599**	**2.34**
大通区	8046	13.03	3082	4.99	1473	2.39
田家庵区	31531	11.92	10399	3.93	3569	1.35
谢家集区	8999	10.00	3619	4.02	1197	1.33
八公山区	4479	9.27	1832	3.79	665	1.38
潘集区	17978	15.07	7058	5.92	3736	3.13
凤台县	34991	15.37	14125	6.21	7238	3.18
寿县	39074	11.99	16564	5.08	8721	2.68

1-8 续表 4

单位：户、%

地区	四人户		五人户		六人户	
	户数	比重	户数	比重	户数	比重
马鞍山市	**88076**	**11.01**	**42847**	**5.36**	**19791**	**2.47**
花山区	17488	9.98	6639	3.79	2000	1.14
雨山区	11084	8.95	4588	3.70	1534	1.24
博望区	8065	14.59	3973	7.19	2351	4.25
当涂县	18814	11.74	10576	6.60	5139	3.21
含山县	15115	11.65	7612	5.87	3908	3.01
和县	17510	11.27	9459	6.09	4859	3.13
淮北市	**102639**	**14.83**	**39297**	**5.68**	**20431**	**2.95**
杜集区	11806	13.27	4343	4.88	2091	2.35
相山区	28512	14.59	8717	4.46	3228	1.65
烈山区	11050	12.53	3998	4.53	1824	2.07
濉溪县	51271	16.05	22239	6.96	13288	4.16
铜陵市	**52238**	**10.06**	**20441**	**3.93**	**8425**	**1.62**
铜官区	17750	10.82	5779	3.52	1821	1.11
义安区	9007	9.62	3502	3.74	1397	1.49
郊区	6529	9.61	2676	3.94	1248	1.84
枞阳县	18952	9.78	8484	4.38	3959	2.04
安庆市	**189928**	**12.28**	**90835**	**5.87**	**42229**	**2.73**
迎江区	10380	10.48	3996	4.04	1223	1.24
大观区	8345	9.89	3191	3.78	1204	1.43
宜秀区	7739	12.53	3631	5.88	1728	2.80
怀宁县	22576	12.07	10919	5.84	5229	2.80
太湖县	21045	12.85	10193	6.23	4921	3.01
宿松县	29679	13.10	14252	6.29	7424	3.28
望江县	22824	13.86	11768	7.14	5494	3.34
岳西县	16203	13.75	7991	6.78	3955	3.36
安徽安庆经济开发区	5434	10.81	1981	3.94	722	1.44
桐城市	25617	11.44	12642	5.65	5728	2.56
潜山市	20086	11.97	10271	6.12	4601	2.74
黄山市	**55199**	**10.95**	**27531**	**5.46**	**11860**	**2.35**
屯溪区	11644	11.51	6097	6.02	2433	2.40
黄山区	5601	9.76	2565	4.47	1025	1.79
徽州区	4282	12.22	2347	6.70	1070	3.05
歙县	15604	10.86	7542	5.25	3293	2.29
休宁县	9303	11.78	5255	6.65	2475	3.13
黟县	2897	9.52	1349	4.43	573	1.88
祁门县	5868	10.25	2376	4.15	991	1.73
滁州市	**185150**	**13.13**	**91203**	**6.47**	**48429**	**3.43**
琅琊区	12789	13.40	5253	5.50	1985	2.08
南谯区	15505	12.97	6840	5.72	2952	2.47
来安县	17661	11.47	8938	5.80	4476	2.91
全椒县	16971	11.06	7785	5.07	3166	2.06
定远县	33881	14.06	16000	6.64	8781	3.64
凤阳县	32041	15.37	16793	8.05	10473	5.02
苏滁现代产业园	753	12.49	267	4.43	112	1.86
滁州经济技术开发区	5419	15.45	2373	6.76	956	2.72
天长市	26794	12.57	16042	7.53	9860	4.63
明光市	23336	12.67	10912	5.92	5668	3.08

1-8 续表 5

单位：户、%

地区	四人户		五人户		六人户	
	户数	比重	户数	比重	户数	比重
阜阳市	**459986**	**16.55**	**209374**	**7.53**	**122255**	**4.40**
颍州区	46720	18.11	18560	7.20	10796	4.19
颍东区	29013	16.58	13761	7.86	8889	5.08
颍泉区	34319	16.52	14460	6.96	8155	3.93
临泉县	91059	16.93	46940	8.73	27697	5.15
太和县	83862	16.33	31025	6.04	16225	3.16
阜南县	63745	16.40	33699	8.67	20212	5.20
颍上县	63022	15.40	32653	7.98	19987	4.88
阜阳合肥现代产业园区	2568	20.04	1076	8.40	645	5.03
阜阳经济技术开发区	7846	19.98	2738	6.97	1499	3.82
界首市	37832	15.99	14462	6.11	8150	3.44
宿州市	**295319**	**15.73**	**124492**	**6.63**	**68338**	**3.64**
埇桥区	90857	15.44	37912	6.44	19897	3.38
砀山县	42476	14.82	14912	5.20	8129	2.84
萧县	57588	14.60	21645	5.49	10119	2.57
灵璧县	54957	16.88	26588	8.17	15815	4.86
泗县	43539	17.37	21025	8.39	13015	5.19
宿州马鞍山现代产业园区	2624	17.38	1173	7.77	663	4.39
宿州经济技术开发区	3278	18.77	1237	7.08	700	4.01
六安市	**207104**	**12.51**	**90224**	**5.45**	**48535**	**2.93**
金安区	38180	12.28	14481	4.66	7067	2.27
裕安区	47818	14.98	20771	6.51	11988	3.75
叶集区	10817	14.97	5078	7.03	3809	5.27
霍邱县	46531	12.31	18176	4.81	10125	2.68
舒城县	29113	10.41	14166	5.06	6312	2.26
金寨县	23260	12.57	11422	6.17	6760	3.65
霍山县	11385	10.31	6130	5.55	2474	2.24
亳州市	**279024**	**15.83**	**118333**	**6.71**	**62463**	**3.54**
谯城区	90422	16.14	30968	5.53	15958	2.85
涡阳县	62401	15.49	27856	6.91	15174	3.77
蒙城县	61627	16.85	30488	8.33	17807	4.87
利辛县	64574	14.89	29021	6.69	13524	3.12
池州市	**58938**	**11.49**	**24382**	**4.75**	**10504**	**2.05**
贵池区	26261	11.88	9996	4.52	3977	1.80
东至县	18064	11.55	7875	5.03	3802	2.43
石台县	3210	10.00	1410	4.39	567	1.77
青阳县	9897	10.96	4346	4.81	1813	2.01
池州市国家经济技术开发区	617	13.19	233	4.98	79	1.69
皖江江南新兴产业集中区	241	7.24	80	2.40	28	0.84
九华山风景区	648	13.00	442	8.87	238	4.78
宣城市	**97148**	**9.77**	**44271**	**4.45**	**16710**	**1.68**
宣州区	26195	9.55	10702	3.90	4043	1.47
郎溪县	13530	11.17	5662	4.67	2581	2.13
泾县	10021	8.42	4212	3.54	1364	1.15
绩溪县	5102	8.68	2255	3.83	846	1.44
旌德县	4512	10.01	2290	5.08	910	2.02
宣城市经济开发区	4002	11.17	1524	4.25	477	1.33
宁国市	14303	9.13	7251	4.63	2352	1.50
广德市	19483	10.65	10375	5.67	4137	2.26

1-8 续表 6

单位：户、%

地区	七人户		八人户		九人户		十人及以上户	
	户数	比重	户数	比重	户数	比重	户数	比重
安徽	**172899**	**0.79**	**52268**	**0.24**	**20103**	**0.09**	**16822**	**0.08**
合肥市	**10945**	**0.34**	**2814**	**0.09**	**1169**	**0.04**	**1039**	**0.03**
瑶海区	865	0.28	171	0.05	72	0.02	87	0.03
庐阳区	614	0.25	139	0.06	48	0.02	45	0.02
蜀山区	685	0.20	170	0.05	63	0.02	60	0.02
包河区	1103	0.27	273	0.07	117	0.03	86	0.02
长丰县	1319	0.46	386	0.13	163	0.06	120	0.04
肥东县	1415	0.43	428	0.13	188	0.06	165	0.05
肥西县	1253	0.38	326	0.10	144	0.04	116	0.04
庐江县	1731	0.50	391	0.11	157	0.05	141	0.04
合肥高新技术产业开发区	204	0.27	47	0.06	14	0.02	15	0.02
合肥经济技术开发区	430	0.29	112	0.08	29	0.02	21	0.01
合肥新站高新技术产业开发区	404	0.32	93	0.07	39	0.03	26	0.02
巢湖市	922	0.33	278	0.10	135	0.05	157	0.06
芜湖市	**4900**	**0.36**	**1291**	**0.09**	**447**	**0.03**	**328**	**0.02**
镜湖区	235	0.12	49	0.03	8		14	0.01
弋江区	236	0.18	66	0.05	16	0.01	9	0.01
鸠江区	854	0.44	182	0.09	82	0.04	48	0.02
三山区	185	0.31	40	0.07	16	0.03	7	0.01
芜湖县	426	0.35	107	0.09	35	0.03	15	0.01
繁昌县	187	0.19	31	0.03	16	0.02	29	0.03
南陵县	527	0.30	150	0.08	39	0.02	27	0.02
芜湖经济技术开发区	106	0.17	21	0.03	8	0.01	4	0.01
安徽芜湖长江大桥经济开发区	30	0.33	5	0.05	2	0.02		
无为市	2114	0.67	640	0.20	225	0.07	175	0.06
蚌埠市	**13506**	**1.18**	**4244**	**0.37**	**1654**	**0.14**	**1229**	**0.11**
龙子湖区	365	0.43	99	0.12	35	0.04	38	0.04
蚌山区	197	0.31	51	0.08	25	0.04	16	0.02
禹会区	784	0.65	211	0.18	77	0.06	67	0.06
淮上区	1023	1.09	285	0.30	86	0.09	54	0.06
怀远县	5373	1.68	1873	0.59	733	0.23	532	0.17
五河县	2485	1.34	668	0.36	254	0.14	166	0.09
固镇县	3053	1.80	1017	0.60	434	0.26	349	0.21
蚌埠市高新技术开发区	52	0.27	7	0.04	2	0.01	1	0.01
蚌埠市经济开发区	174	0.21	33	0.04	8	0.01	6	0.01
淮南市	**7968**	**0.70**	**2543**	**0.22**	**1045**	**0.09**	**725**	**0.06**
大通区	401	0.65	126	0.20	56	0.09	41	0.07
田家庵区	828	0.31	255	0.10	129	0.05	75	0.03
谢家集区	325	0.36	89	0.10	25	0.03	20	0.02
八公山区	140	0.29	47	0.10	14	0.03	12	0.02
潘集区	1304	1.09	473	0.40	222	0.19	149	0.12
凤台县	2482	1.09	756	0.33	283	0.12	187	0.08
寿县	2488	0.76	797	0.24	316	0.10	241	0.07

1-8　续表 7　　　　单位：户、%

地　区	七人户		八人户		九人户		十人及以上户	
	户数	比重	户数	比重	户数	比重	户数	比重
马鞍山市	**3811**	**0.48**	**1080**	**0.14**	**453**	**0.06**	**401**	**0.05**
花山区	335	0.19	109	0.06	55	0.03	103	0.06
雨山区	236	0.19	69	0.06	24	0.02	15	0.01
博望区	522	0.94	148	0.27	60	0.11	44	0.08
当涂县	876	0.55	218	0.14	97	0.06	51	0.03
含山县	837	0.65	261	0.20	96	0.07	96	0.07
和县	1005	0.65	275	0.18	121	0.08	92	0.06
淮北市	**6168**	**0.89**	**1862**	**0.27**	**712**	**0.10**	**527**	**0.08**
杜集区	660	0.74	220	0.25	95	0.11	71	0.08
相山区	647	0.33	182	0.09	66	0.03	47	0.02
烈山区	537	0.61	140	0.16	41	0.05	27	0.03
濉溪县	4324	1.35	1320	0.41	510	0.16	382	0.12
铜陵市	**1500**	**0.29**	**392**	**0.08**	**163**	**0.03**	**127**	**0.02**
铜官区	203	0.12	29	0.02	10	0.01	8	
义安区	203	0.22	34	0.04	10	0.01	9	0.01
郊区	244	0.36	76	0.11	31	0.05	19	0.03
枞阳县	850	0.44	253	0.13	112	0.06	91	0.05
安庆市	**9199**	**0.59**	**2671**	**0.17**	**950**	**0.06**	**757**	**0.05**
迎江区	115	0.12	28	0.03	6	0.01	10	0.01
大观区	222	0.26	72	0.09	15	0.02	18	0.02
宜秀区	302	0.49	108	0.17	43	0.07	24	0.04
怀宁县	1123	0.60	354	0.19	165	0.09	121	0.06
太湖县	997	0.61	260	0.16	72	0.04	36	0.02
宿松县	2368	1.05	706	0.31	238	0.11	185	0.08
望江县	1154	0.70	307	0.19	74	0.04	71	0.04
岳西县	845	0.72	236	0.20	92	0.08	73	0.06
安徽安庆经济开发区	94	0.19	20	0.04	6	0.01	1	
桐城市	1109	0.50	391	0.17	167	0.07	165	0.07
潜山市	870	0.52	189	0.11	72	0.04	53	0.03
黄山市	**2294**	**0.46**	**710**	**0.14**	**241**	**0.05**	**170**	**0.03**
屯溪区	428	0.42	135	0.13	45	0.04	19	0.02
黄山区	186	0.32	49	0.09	24	0.04	20	0.03
徽州区	199	0.57	79	0.23	24	0.07	12	0.03
歙县	688	0.48	219	0.15	78	0.05	63	0.04
休宁县	502	0.64	166	0.21	44	0.06	24	0.03
黟县	102	0.34	19	0.06	8	0.03	10	0.03
祁门县	189	0.33	43	0.08	18	0.03	22	0.04
滁州市	**12358**	**0.88**	**4006**	**0.28**	**1535**	**0.11**	**1359**	**0.10**
琅琊区	315	0.33	119	0.12	27	0.03	50	0.05
南谯区	437	0.37	104	0.09	33	0.03	28	0.02
来安县	1057	0.69	284	0.18	94	0.06	89	0.06
全椒县	574	0.37	140	0.09	42	0.03	71	0.05
定远县	3168	1.31	1283	0.53	545	0.23	524	0.22
凤阳县	3747	1.80	1321	0.63	583	0.28	458	0.22
苏滁现代产业园	22	0.37	5	0.08			1	0.02
滁州经济技术开发区	140	0.40	31	0.09	14	0.04	9	0.03
天长市	1543	0.72	341	0.16	63	0.03	42	0.02
明光市	1355	0.74	378	0.21	134	0.07	87	0.05

1-8 续表 8

单位：户、%

地区	七人户		八人户		九人户		十人及以上户	
	户数	比重	户数	比重	户数	比重	户数	比重
阜阳市	**41781**	**1.50**	**13923**	**0.50**	**5637**	**0.20**	**5059**	**0.18**
颍州区	3407	1.32	1114	0.43	494	0.19	550	0.21
颍东区	2856	1.63	922	0.53	354	0.20	286	0.16
颍泉区	2424	1.17	738	0.36	288	0.14	212	0.10
临泉县	10339	1.92	3780	0.70	1518	0.28	1419	0.26
太和县	4437	0.86	1129	0.22	406	0.08	301	0.06
阜南县	8182	2.11	3053	0.79	1222	0.31	1166	0.30
颍上县	7470	1.83	2475	0.60	1037	0.25	875	0.21
阜阳合肥现代产业园区	233	1.82	77	0.60	35	0.27	36	0.28
阜阳经济技术开发区	489	1.25	180	0.46	104	0.26	86	0.22
界首市	1944	0.82	455	0.19	179	0.08	128	0.05
宿州市	**21736**	**1.16**	**6232**	**0.33**	**2172**	**0.12**	**1520**	**0.08**
埇桥区	5893	1.00	1796	0.31	713	0.12	503	0.09
砀山县	2374	0.83	679	0.24	240	0.08	156	0.05
萧县	3264	0.83	897	0.23	293	0.07	216	0.05
灵璧县	5545	1.70	1623	0.50	482	0.15	363	0.11
泗县	4214	1.68	1091	0.44	369	0.15	221	0.09
宿州马鞍山现代产业园区	275	1.82	93	0.62	46	0.30	35	0.23
宿州经济技术开发区	171	0.98	53	0.30	29	0.17	26	0.15
六安市	**10302**	**0.62**	**2615**	**0.16**	**1035**	**0.06**	**809**	**0.05**
金安区	1061	0.34	216	0.07	85	0.03	99	0.03
裕安区	2506	0.78	646	0.20	304	0.10	230	0.07
叶集区	964	1.33	298	0.41	128	0.18	101	0.14
霍邱县	2907	0.77	801	0.21	297	0.08	241	0.06
舒城县	1112	0.40	237	0.08	76	0.03	33	0.01
金寨县	1354	0.73	336	0.18	127	0.07	89	0.05
霍山县	398	0.36	81	0.07	18	0.02	16	0.01
亳州市	**22091**	**1.25**	**6769**	**0.38**	**2545**	**0.14**	**2440**	**0.14**
谯城区	4228	0.75	1107	0.20	371	0.07	327	0.06
涡阳县	5650	1.40	1820	0.45	848	0.21	1055	0.26
蒙城县	7028	1.92	2270	0.62	789	0.22	580	0.16
利辛县	5185	1.20	1572	0.36	537	0.12	478	0.11
池州市	**1786**	**0.35**	**440**	**0.09**	**129**	**0.03**	**109**	**0.02**
贵池区	600	0.27	125	0.06	41	0.02	34	0.02
东至县	703	0.45	194	0.12	55	0.04	47	0.03
石台县	96	0.30	22	0.07	8	0.02	6	0.02
青阳县	309	0.34	85	0.09	22	0.02	13	0.01
池州市国家经济技术开发区	16	0.34	1	0.02			3	0.06
皖江江南新兴产业集中区	4	0.12					1	0.03
九华山风景区	58	1.16	13	0.26	3	0.06	5	0.10
宣城市	**2554**	**0.26**	**676**	**0.07**	**216**	**0.02**	**223**	**0.02**
宣州区	583	0.21	162	0.06	39	0.01	47	0.02
郎溪县	355	0.29	103	0.09	29	0.02	26	0.02
泾县	247	0.21	54	0.05	19	0.02	16	0.01
绩溪县	147	0.25	42	0.07	12	0.02	8	0.01
旌德县	192	0.43	46	0.10	12	0.03	17	0.04
宣城市经济开发区	58	0.16	20	0.06	5	0.01	19	0.05
宁国市	334	0.21	84	0.05	40	0.03	24	0.02
广德市	638	0.35	165	0.09	60	0.03	66	0.04

1-8a　各地区家庭户规模(城市)

单位：户、%

地　区	家庭户户数	一人户		二人户		三人户	
		户数	比重	户数	比重	户数	比重
安　徽	**5663611**	**1229333**	**21.71**	**1758586**	**31.05**	**1459465**	**25.77**
合肥市	**1414209**	**335716**	**23.74**	**409969**	**28.99**	**360680**	**25.50**
瑶海区	296359	72533	24.47	84416	28.48	75677	25.54
庐阳区	220033	49598	22.54	63558	28.89	58626	26.64
蜀山区	321172	80090	24.94	91941	28.63	81541	25.39
包河区	405767	96768	23.85	114636	28.25	101227	24.95
长丰县							
肥东县							
肥西县	16443	6286	38.23	3828	23.28	3016	18.34
庐江县							
合肥高新技术产业开发区							
合肥经济技术开发区							
合肥新站高新技术产业开发区	23776	5433	22.85	6924	29.12	6045	25.42
巢湖市	130659	25008	19.14	44666	34.19	34548	26.44
芜湖市	**530778**	**121135**	**22.82**	**173630**	**32.71**	**139330**	**26.25**
镜湖区	181014	44756	24.73	62984	34.80	46979	25.95
弋江区	128858	27479	21.33	40354	31.32	36125	28.03
鸠江区	110236	24818	22.51	34363	31.17	29052	26.35
三山区	35900	9724	27.09	11600	32.31	7919	22.06
芜湖县	3284	757	23.05	1174	35.75	696	21.19
繁昌县							
南陵县							
芜湖经济技术开发区	1118	362	32.38	393	35.15	188	16.82
安徽芜湖长江大桥经济开发区							
无为市	70368	13239	18.81	22762	32.35	18371	26.11
蚌埠市	**256235**	**62113**	**24.24**	**83222**	**32.48**	**62027**	**24.21**
龙子湖区	67207	17767	26.44	22863	34.02	15699	23.36
蚌山区	58329	13700	23.49	19468	33.38	14804	25.38
禹会区	79988	20086	25.11	26983	33.73	19693	24.62
淮上区	50711	10560	20.82	13908	27.43	11831	23.33
怀远县							
五河县							
固镇县							
蚌埠市高新技术开发区							
蚌埠市经济开发区							
淮南市	**406299**	**96986**	**23.87**	**138960**	**34.20**	**101200**	**24.91**
大通区	15292	2970	19.42	5486	35.87	4139	27.07
田家庵区	248169	59868	24.12	82002	33.04	63712	25.67
谢家集区	69279	17436	25.17	25842	37.30	15949	23.02
八公山区	45869	10813	23.57	17565	38.29	10743	23.42
潘集区	27690	5899	21.30	8065	29.13	6657	24.04
凤台县							
寿县							

1-8a 续表 1

单位：户、%

地区	家庭户	一人户		二人户		三人户	
	户数	户数	比重	户数	比重	户数	比重
马鞍山市	**316180**	**65961**	**20.86**	**112562**	**35.60**	**87163**	**27.57**
花山区	171558	34628	20.18	61477	35.83	49312	28.74
雨山区	118724	26541	22.36	44032	37.09	31585	26.60
博望区	25898	4792	18.50	7053	27.23	6266	24.19
当涂县							
含山县							
和县							
淮北市	**285186**	**59143**	**20.74**	**92366**	**32.39**	**73097**	**25.63**
杜集区	51994	11712	22.53	17184	33.05	11904	22.89
相山区	177259	34146	19.26	56789	32.04	49454	27.90
烈山区	35854	9349	26.08	12373	34.51	7643	21.32
濉溪县	20079	3936	19.60	6020	29.98	4096	20.40
铜陵市	**210524**	**41420**	**19.67**	**74648**	**35.46**	**61100**	**29.02**
铜官区	160179	31570	19.71	56484	35.26	47151	29.44
义安区	33824	5838	17.26	12052	35.63	9842	29.10
郊区	16521	4012	24.28	6112	37.00	4107	24.86
枞阳县							
安庆市	**387135**	**80341**	**20.75**	**131724**	**34.03**	**99184**	**25.62**
迎江区	94072	18927	20.12	34088	36.24	25654	27.27
大观区	64230	15705	24.45	23600	36.74	16763	26.10
宜秀区	40748	8116	19.92	12379	30.38	10762	26.41
怀宁县							
太湖县							
宿松县							
望江县	32648	5786	17.72	10792	33.06	8195	25.10
岳西县							
安徽安庆经济开发区	235	202	85.96	26	11.06	4	1.70
桐城市	101283	21077	20.81	31889	31.49	24966	24.65
潜山市	53919	10528	19.53	18950	35.15	12840	23.81
黄山市	**135182**	**29218**	**21.61**	**44099**	**32.62**	**35017**	**25.90**
屯溪区	91576	20083	21.93	30023	32.78	23558	25.73
黄山区	22973	5209	22.67	7931	34.52	5862	25.52
徽州区	18078	3515	19.44	5409	29.92	4949	27.38
歙县	1182	212	17.94	345	29.19	282	23.86
休宁县	1373	199	14.49	391	28.48	366	26.66
黟县							
祁门县							
滁州市	**299069**	**51222**	**17.13**	**89420**	**29.90**	**81184**	**27.15**
琅琊区	91002	16539	18.17	29005	31.87	25557	28.08
南谯区	59185	9207	15.56	16121	27.24	17604	29.74
来安县							
全椒县							
定远县							
凤阳县							
苏滁现代产业园							
滁州经济技术开发区							
天长市	81663	13213	16.18	24348	29.82	21378	26.18
明光市	67219	12263	18.24	19946	29.67	16645	24.76

1-8a　续表 2

单位：户、%

地　　区	家庭户户　数	一人户		二人户		三人户	
		户数	比重	户数	比重	户数	比重
阜阳市	**332077**	**63868**	**19.23**	**89123**	**26.84**	**78242**	**23.56**
颍州区	138159	27356	19.80	36833	26.66	32455	23.49
颍东区	56329	10481	18.61	15888	28.21	13448	23.87
颍泉区	68906	13740	19.94	17764	25.78	15417	22.37
临泉县							
太和县							
阜南县							
颍上县							
阜阳合肥现代产业园区							
阜阳经济技术开发区							
界首市	68683	12291	17.90	18638	27.14	16922	24.64
宿州市	**219912**	**45173**	**20.54**	**62158**	**28.26**	**56159**	**25.54**
埇桥区	217854	44786	20.56	61508	28.23	55701	25.57
砀山县							
萧县	2058	387	18.80	650	31.58	458	22.25
灵璧县							
泗县							
宿州马鞍山现代产业园区							
宿州经济技术开发区							
六安市	**261304**	**47184**	**18.06**	**75707**	**28.97**	**68732**	**26.30**
金安区	117870	21943	18.62	36121	30.64	30724	26.07
裕安区	117162	19361	16.52	32786	27.98	32625	27.85
叶集区	23614	5180	21.94	5901	24.99	4896	20.73
霍邱县	975	254	26.05	317	32.51	182	18.67
舒城县	1683	446	26.50	582	34.58	305	18.12
金寨县							
霍山县							
亳州市	**206600**	**47588**	**23.03**	**51182**	**24.77**	**45939**	**22.24**
谯城区	205220	47325	23.06	50748	24.73	45696	22.27
涡阳县							
蒙城县							
利辛县	1380	263	19.06	434	31.45	243	17.61
池州市	**130298**	**24687**	**18.95**	**42028**	**32.26**	**35919**	**27.57**
贵池区	122289	22020	18.01	39491	32.29	34417	28.14
东至县							
石台县							
青阳县							
池州市国家经济技术开发区	4679	1265	27.04	1370	29.28	1095	23.40
皖江江南新兴产业集中区	3330	1402	42.10	1167	35.05	407	12.22
九华山风景区							
宣城市	**272623**	**57578**	**21.12**	**87788**	**32.20**	**74492**	**27.32**
宣州区	94662	18207	19.23	32439	34.27	26368	27.85
郎溪县							
泾县							
绩溪县							
旌德县							
宣城市经济开发区							
宁国市	91797	20129	21.93	27134	29.56	26396	28.75
广德市	86164	19242	22.33	28215	32.75	21728	25.22

1-8a 续表 3

单位：户、%

地 区	四人户		五人户		六人户	
	户数	比重	户数	比重	户数	比重
安 徽	**771368**	**13.62**	**293924**	**5.19**	**120134**	**2.12**
合肥市	**198804**	**14.06**	**75057**	**5.31**	**28799**	**2.04**
瑶海区	42118	14.21	14743	4.97	5755	1.94
庐阳区	31858	14.48	11406	5.18	4209	1.91
蜀山区	43292	13.48	17037	5.30	6394	1.99
包河区	59650	14.70	22930	5.65	9013	2.22
长丰县						
肥东县						
肥西县	1958	11.91	921	5.60	364	2.21
庐江县						
合肥高新技术产业开发区						
合肥经济技术开发区						
合肥新站高新技术产业开发区	3536	14.87	1263	5.31	495	2.08
巢湖市	16392	12.55	6757	5.17	2569	1.97
芜湖市	**60768**	**11.45**	**25618**	**4.83**	**8700**	**1.64**
镜湖区	17263	9.54	6814	3.76	1968	1.09
弋江区	15636	12.13	6809	5.28	2128	1.65
鸠江区	13515	12.26	6160	5.59	2000	1.81
三山区	4022	11.20	1718	4.79	792	2.21
芜湖县	318	9.68	213	6.49	93	2.83
繁昌县						
南陵县						
芜湖经济技术开发区	95	8.50	51	4.56	21	1.88
安徽芜湖长江大桥经济开发区						
无为市	9919	14.10	3853	5.48	1698	2.41
蚌埠市	**32745**	**12.78**	**10748**	**4.19**	**4117**	**1.61**
龙子湖区	7310	10.88	2473	3.68	853	1.27
蚌山区	7277	12.48	2205	3.78	719	1.23
禹会区	9222	11.53	2893	3.62	848	1.06
淮上区	8936	17.62	3177	6.26	1697	3.35
怀远县						
五河县						
固镇县						
蚌埠市高新技术开发区						
蚌埠市经济开发区						
淮南市	**46456**	**11.43**	**15707**	**3.87**	**5225**	**1.29**
大通区	1836	12.01	630	4.12	205	1.34
田家庵区	29180	11.76	9406	3.79	3040	1.22
谢家集区	6495	9.38	2522	3.64	774	1.12
八公山区	4237	9.24	1723	3.76	596	1.30
潘集区	4708	17.00	1426	5.15	610	2.20
凤台县						
寿县						

1-8a 续表 4

单位：户、%

地 区	四人户		五人户		六人户	
	户数	比重	户数	比重	户数	比重
马鞍山市	**31964**	**10.11**	**12699**	**4.02**	**4535**	**1.43**
花山区	17190	10.02	6462	3.77	1922	1.12
雨山区	10624	8.95	4261	3.59	1384	1.17
博望区	4150	16.02	1976	7.63	1229	4.75
当涂县						
含山县						
和县						
淮北市	**39888**	**13.99**	**13127**	**4.60**	**5582**	**1.96**
杜集区	6898	13.27	2527	4.86	1217	2.34
相山区	25532	14.40	7774	4.39	2812	1.59
烈山区	4266	11.90	1369	3.82	633	1.77
濉溪县	3192	15.90	1457	7.26	920	4.58
铜陵市	**22913**	**10.88**	**7625**	**3.62**	**2470**	**1.17**
铜官区	17339	10.82	5641	3.52	1760	1.10
义安区	4042	11.95	1478	4.37	497	1.47
郊区	1532	9.27	506	3.06	213	1.29
枞阳县						
安庆市	**45919**	**11.86**	**19715**	**5.09**	**8179**	**2.11**
迎江区	10124	10.76	3936	4.18	1191	1.27
大观区	5613	8.74	1899	2.96	567	0.88
宜秀区	5615	13.78	2468	6.06	1146	2.81
怀宁县						
太湖县						
宿松县						
望江县	4633	14.19	2002	6.13	952	2.92
岳西县						
安徽安庆经济开发区	2	0.85	1	0.43		
桐城市	13245	13.08	6256	6.18	2922	2.88
潜山市	6687	12.40	3153	5.85	1401	2.60
黄山市	**15423**	**11.41**	**7785**	**5.76**	**2965**	**2.19**
屯溪区	10260	11.20	5217	5.70	1994	2.18
黄山区	2428	10.57	1091	4.75	372	1.62
徽州区	2387	13.20	1222	6.76	477	2.64
歙县	160	13.54	112	9.48	57	4.82
休宁县	188	13.69	143	10.42	65	4.73
黟县						
祁门县						
滁州市	**44945**	**15.03**	**20638**	**6.90**	**9637**	**3.22**
琅琊区	12398	13.62	5093	5.60	1929	2.12
南谯区	9711	16.41	4359	7.37	1850	3.13
来安县						
全椒县						
定远县						
凤阳县						
苏滁现代产业园						
滁州经济技术开发区						
天长市	12361	15.14	6432	7.88	3453	4.23
明光市	10475	15.58	4754	7.07	2405	3.58

1-8a 续表 5

单位：户、%

地 区	四人户		五人户		六人户	
	户数	比重	户数	比重	户数	比重
阜阳市	**61654**	**18.57**	**22015**	**6.63**	**12102**	**3.64**
颍州区	25450	18.42	9145	6.62	4729	3.42
颍东区	10168	18.05	3566	6.33	2078	3.69
颍泉区	13139	19.07	4765	6.92	2754	4.00
临泉县						
太和县						
阜南县						
颍上县						
阜阳合肥现代产业园区						
阜阳经济技术开发区						
界首市	12897	18.78	4539	6.61	2541	3.70
宿州市	**35800**	**16.28**	**12836**	**5.84**	**5792**	**2.63**
埇桥区	35453	16.27	12719	5.84	5727	2.63
砀山县						
萧县	347	16.86	117	5.69	65	3.16
灵璧县						
泗县						
宿州马鞍山现代产业园区						
宿州经济技术开发区						
六安市	**44730**	**17.12**	**15640**	**5.99**	**7782**	**2.98**
金安区	19051	16.16	6624	5.62	2944	2.50
裕安区	21109	18.02	7268	6.20	3477	2.97
叶集区	4265	18.06	1595	6.75	1277	5.41
霍邱县	116	11.90	51	5.23	36	3.69
舒城县	189	11.23	102	6.06	48	2.85
金寨县						
霍山县						
亳州市	**39570**	**19.15**	**13131**	**6.36**	**6614**	**3.20**
谯城区	39303	19.15	13019	6.34	6577	3.20
涡阳县						
蒙城县						
利辛县	267	19.35	112	8.12	37	2.68
池州市	**18339**	**14.07**	**6497**	**4.99**	**2426**	**1.86**
贵池区	17481	14.29	6184	5.06	2319	1.90
东至县						
石台县						
青阳县						
池州市国家经济技术开发区	617	13.19	233	4.98	79	1.69
皖江江南新兴产业集中区	241	7.24	80	2.40	28	0.84
九华山风景区						
宣城市	**31450**	**11.54**	**15086**	**5.53**	**5209**	**1.91**
宣州区	11267	11.90	4554	4.81	1560	1.65
郎溪县						
泾县						
绩溪县						
旌德县						
宣城市经济开发区						
宁国市	10532	11.47	5498	5.99	1765	1.92
广德市	9651	11.20	5034	5.84	1884	2.19

1-8a　续表 6　　　　单位：户、%

地　区	七人户		八人户		九人户		十人及以上户	
	户数	比重	户数	比重	户数	比重	户数	比重
安　徽	**20558**	**0.36**	**5685**	**0.10**	**2306**	**0.04**	**2252**	**0.04**
合肥市	**3630**	**0.26**	**857**	**0.06**	**353**	**0.02**	**344**	**0.02**
瑶海区	803	0.27	162	0.05	67	0.02	85	0.03
庐阳区	559	0.25	127	0.06	48	0.02	44	0.02
蜀山区	623	0.19	152	0.05	55	0.02	47	0.01
包河区	1085	0.27	263	0.06	112	0.03	83	0.02
长丰县								
肥东县								
肥西县	54	0.33	9	0.05	5	0.03	2	0.01
庐江县								
合肥高新技术产业开发区								
合肥经济技术开发区								
合肥新站高新技术产业开发区	61	0.26	13	0.05	5	0.02	1	
巢湖市	445	0.34	131	0.10	61	0.05	82	0.06
芜湖市	**1134**	**0.21**	**268**	**0.05**	**83**	**0.02**	**112**	**0.02**
镜湖区	191	0.11	39	0.02	6		14	0.01
弋江区	236	0.18	66	0.05	16	0.01	9	0.01
鸠江区	256	0.23	35	0.03	17	0.02	20	0.02
三山区	92	0.26	23	0.06	6	0.02	4	0.01
芜湖县	24	0.73	4	0.12	4	0.12	1	0.03
繁昌县								
南陵县								
芜湖经济技术开发区	5	0.45	3	0.27				
安徽芜湖长江大桥经济开发区								
无为市	330	0.47	98	0.14	34	0.05	64	0.09
蚌埠市	**868**	**0.34**	**233**	**0.09**	**88**	**0.03**	**74**	**0.03**
龙子湖区	152	0.23	44	0.07	21	0.03	25	0.04
蚌山区	118	0.20	21	0.04	10	0.02	7	0.01
禹会区	174	0.22	44	0.06	19	0.02	26	0.03
淮上区	424	0.84	124	0.24	38	0.07	16	0.03
怀远县								
五河县								
固镇县								
蚌埠市高新技术开发区								
蚌埠市经济开发区								
淮南市	**1168**	**0.29**	**345**	**0.08**	**150**	**0.04**	**102**	**0.03**
大通区	16	0.10	7	0.05	1	0.01	2	0.01
田家庵区	632	0.25	178	0.07	91	0.04	60	0.02
谢家集区	194	0.28	46	0.07	13	0.02	8	0.01
八公山区	128	0.28	41	0.09	13	0.03	10	0.02
潘集区	198	0.72	73	0.26	32	0.12	22	0.08
凤台县								
寿县								

1－8a 续表 7

单位：户、%

地　区	七人户		八人户		九人户		十人及以上户	
	户数	比重	户数	比重	户数	比重	户数	比重
马鞍山市	**798**	**0.25**	**243**	**0.08**	**112**	**0.04**	**143**	**0.05**
花山区	322	0.19	98	0.06	50	0.03	97	0.06
雨山区	208	0.18	55	0.05	21	0.02	13	0.01
博望区	268	1.03	90	0.35	41	0.16	33	0.13
当涂县								
含山县								
和县								
淮北市	**1316**	**0.46**	**407**	**0.14**	**152**	**0.05**	**108**	**0.04**
杜集区	360	0.69	111	0.21	47	0.09	34	0.07
相山区	517	0.29	144	0.08	51	0.03	40	0.02
烈山区	157	0.44	42	0.12	11	0.03	11	0.03
濉溪县	282	1.40	110	0.55	43	0.21	23	0.11
铜陵市	**273**	**0.13**	**45**	**0.02**	**17**	**0.01**	**13**	**0.01**
铜官区	189	0.12	28	0.02	10	0.01	7	
义安区	62	0.18	9	0.03	1		3	0.01
郊区	22	0.13	8	0.05	6	0.04	3	0.02
枞阳县								
安庆市	**1259**	**0.33**	**428**	**0.11**	**175**	**0.05**	**211**	**0.05**
迎江区	112	0.12	25	0.03	5	0.01	10	0.01
大观区	58	0.09	15	0.02	6	0.01	4	0.01
宜秀区	170	0.42	58	0.14	21	0.05	13	0.03
怀宁县								
太湖县								
宿松县								
望江县	167	0.51	57	0.17	22	0.07	42	0.13
岳西县								
安徽安庆经济开发区								
桐城市	511	0.50	207	0.20	95	0.09	115	0.11
潜山市	241	0.45	66	0.12	26	0.05	27	0.05
黄山市	**461**	**0.34**	**135**	**0.10**	**51**	**0.04**	**28**	**0.02**
屯溪区	309	0.34	88	0.10	31	0.03	13	0.01
黄山区	50	0.22	14	0.06	7	0.03	9	0.04
徽州区	79	0.44	25	0.14	10	0.06	5	0.03
歙县	8	0.68	5	0.42	1	0.08		
休宁县	15	1.09	3	0.22	2	0.15	1	0.07
黟县								
祁门县								
滁州市	**1415**	**0.47**	**381**	**0.13**	**124**	**0.04**	**103**	**0.03**
琅琊区	295	0.32	113	0.12	26	0.03	47	0.05
南谯区	240	0.41	61	0.10	19	0.03	13	0.02
来安县								
全椒县								
定远县								
凤阳县								
苏滁现代产业园								
滁州经济技术开发区								
天长市	392	0.48	63	0.08	15	0.02	8	0.01
明光市	488	0.73	144	0.21	64	0.10	35	0.05

1-8a 续表 8

单位：户、%

地　　区	七人户		八人户		九人户		十人及以上户	
	户数	比重	户数	比重	户数	比重	户数	比重
阜阳市	**3121**	**0.94**	**947**	**0.29**	**474**	**0.14**	**531**	**0.16**
颍州区	1255	0.91	407	0.29	209	0.15	320	0.23
颍东区	486	0.86	111	0.20	56	0.10	47	0.08
颍泉区	799	1.16	270	0.39	149	0.22	109	0.16
临泉县								
太和县								
阜南县								
颍上县								
阜阳合肥现代产业园区								
阜阳经济技术开发区								
界首市	581	0.85	159	0.23	60	0.09	55	0.08
宿州市	**1305**	**0.59**	**367**	**0.17**	**172**	**0.08**	**150**	**0.07**
埇桥区	1288	0.59	354	0.16	171	0.08	147	0.07
砀山县								
萧县	17	0.83	13	0.63	1	0.05	3	0.15
灵璧县								
泗县								
宿州马鞍山现代产业园区								
宿州经济技术开发区								
六安市	**1094**	**0.42**	**239**	**0.09**	**82**	**0.03**	**114**	**0.04**
金安区	346	0.29	61	0.05	23	0.02	33	0.03
裕安区	414	0.35	79	0.07	17	0.01	26	0.02
叶集区	310	1.31	95	0.40	41	0.17	54	0.23
霍邱县	14	1.44	4	0.41			1	0.10
舒城县	10	0.59			1	0.06		
金寨县								
霍山县								
亳州市	**1715**	**0.83**	**531**	**0.26**	**182**	**0.09**	**148**	**0.07**
谯城区	1698	0.83	529	0.26	177	0.09	148	0.07
涡阳县								
蒙城县								
利辛县	17	1.23	2	0.14	5	0.36		
池州市	**306**	**0.23**	**59**	**0.05**	**21**	**0.02**	**16**	**0.01**
贵池区	286	0.23	58	0.05	21	0.02	12	0.01
东至县								
石台县								
青阳县								
池州市国家经济技术开发区	16	0.34	1	0.02			3	0.06
皖江江南新兴产业集中区	4	0.12					1	0.03
九华山风景区								
宣城市	**695**	**0.25**	**200**	**0.07**	**70**	**0.03**	**55**	**0.02**
宣州区	186	0.20	60	0.06	12	0.01	9	0.01
郎溪县								
泾县								
绩溪县								
旌德县								
宣城市经济开发区								
宁国市	231	0.25	66	0.07	32	0.03	14	0.02
广德市	278	0.32	74	0.09	26	0.03	32	0.04

1-8b 各地区家庭户规模(镇)

单位：户、%

地 区	家庭户户 数	一人户		二人户		三人户	
		户数	比重	户数	比重	户数	比重
安 徽	**6548174**	**1464791**	**22.37**	**1947458**	**29.74**	**1468906**	**22.43**
合肥市	**1104352**	**253613**	**22.96**	**305534**	**27.67**	**267029**	**24.18**
瑶海区	8545	2139	25.03	2319	27.14	2169	25.38
庐阳区	22104	3011	13.62	5001	22.62	6895	31.19
蜀山区	10867	2421	22.28	3868	35.59	2188	20.13
包河区							
长丰县	154358	34184	22.15	38121	24.70	39442	25.55
肥东县	199191	42624	21.40	59136	29.69	48380	24.29
肥西县	179847	43076	23.95	46541	25.88	43866	24.39
庐江县	170082	38230	22.48	54172	31.85	38158	22.44
合肥高新技术产业开发区	75748	18653	24.63	20018	26.43	18316	24.18
合肥经济技术开发区	143180	31802	22.21	35948	25.11	36412	25.43
合肥新站高新技术产业开发区	101671	26563	26.13	26846	26.40	23648	23.26
巢湖市	38759	10910	28.15	13564	35.00	7555	19.49
芜湖市	**411032**	**100129**	**24.36**	**131083**	**31.89**	**98972**	**24.08**
镜湖区	403	80	19.85	167	41.44	90	22.33
弋江区							
鸠江区	30358	7520	24.77	10306	33.95	6449	21.24
三山区	6713	1225	18.25	1757	26.17	1849	27.54
芜湖县	76103	15508	20.38	24232	31.84	20309	26.69
繁昌县	56802	13079	23.03	18577	32.70	14874	26.19
南陵县	91418	21352	23.36	30976	33.88	22745	24.88
芜湖经济技术开发区	60942	18143	29.77	17458	28.65	14162	23.24
安徽芜湖长江大桥经济开发区	5777	1417	24.53	2126	36.80	1279	22.14
无为市	82516	21805	26.43	25484	30.88	17215	20.86
蚌埠市	**376472**	**81674**	**21.69**	**107345**	**28.51**	**88674**	**23.55**
龙子湖区	3455	1028	29.75	1072	31.03	631	18.26
蚌山区							
禹会区	3730	1137	30.48	936	25.09	732	19.62
淮上区	10176	2570	25.26	2782	27.34	2051	20.16
怀远县	117829	26964	22.88	31344	26.60	24865	21.10
五河县	82015	18783	22.90	22729	27.71	17795	21.70
固镇县	55290	13011	23.53	14599	26.40	12269	22.19
蚌埠市高新技术开发区	19485	2933	15.05	5428	27.86	6150	31.56
蚌埠市经济开发区	84492	15248	18.05	28455	33.68	24181	28.62
淮南市	**277916**	**68427**	**24.62**	**87603**	**31.52**	**58545**	**21.07**
大通区	29398	6657	22.64	9882	33.61	6590	22.42
田家庵区	4608	988	21.44	1206	26.17	908	19.70
谢家集区	1532	446	29.11	495	32.31	280	18.28
八公山区	24	10	41.67	8	33.33	4	16.67
潘集区	26731	7955	29.76	7824	29.27	4893	18.30
凤台县	82508	19504	23.64	23975	29.06	18235	22.10
寿县	133115	32867	24.69	44213	33.21	27635	20.76

1-8b　续表 1　　　　单位：户、%

地　区	家庭户	一人户		二人户		三人户	
	户　数	户数	比重	户数	比重	户数	比重
马鞍山市	**248268**	**53497**	**21.55**	**81996**	**33.03**	**58623**	**23.61**
花山区							
雨山区							
博望区	3539	782	22.10	1074	30.35	760	21.47
当涂县	99630	20175	20.25	33537	33.66	24559	24.65
含山县	70325	15871	22.57	22445	31.92	16270	23.14
和县	74774	16669	22.29	24940	33.35	17034	22.78
淮北市	**156527**	**34884**	**22.29**	**45290**	**28.93**	**35472**	**22.66**
杜集区	18506	5631	30.43	6217	33.59	3542	19.14
相山区							
烈山区	13068	4132	31.62	4329	33.13	2655	20.32
濉溪县	124953	25121	20.10	34744	27.81	29275	23.43
铜陵市	**117742**	**29798**	**25.31**	**43919**	**37.30**	**23556**	**20.01**
铜官区	143	72	50.35	49	34.27	13	9.09
义安区	10093	2387	23.65	3761	37.26	2158	21.38
郊区	12361	3683	29.80	4630	37.46	2237	18.10
枞阳县	95145	23656	24.86	35479	37.29	19148	20.13
安庆市	**437941**	**95293**	**21.76**	**143141**	**32.68**	**99064**	**22.62**
迎江区							
大观区	6954	1557	22.39	2222	31.95	1475	21.21
宜秀区	10265	2731	26.60	3281	31.96	2088	20.34
怀宁县	85599	17697	20.67	29121	34.02	19518	22.80
太湖县	63681	14385	22.59	20152	31.65	14119	22.17
宿松县	86204	18439	21.39	27216	31.57	18197	21.11
望江县	19432	3874	19.94	6309	32.47	4287	22.06
岳西县	42967	8034	18.70	12782	29.75	10925	25.43
安徽安庆经济开发区	48513	10328	21.29	17193	35.44	12974	26.74
桐城市	41150	10640	25.86	13943	33.88	8385	20.38
潜山市	33176	7608	22.93	10922	32.92	7096	21.39
黄山市	**142509**	**30577**	**21.46**	**47261**	**33.16**	**34296**	**24.07**
屯溪区	2021	296	14.65	535	26.47	446	22.07
黄山区	9174	2544	27.73	3202	34.90	1880	20.49
徽州区	3927	711	18.11	1197	30.48	850	21.65
歙县	55549	11834	21.30	17471	31.45	13333	24.00
休宁县	30876	6162	19.96	10150	32.87	7625	24.70
黟县	12554	2811	22.39	4533	36.11	3148	25.08
祁门县	28408	6219	21.89	10173	35.81	7014	24.69
滁州市	**531975**	**108743**	**20.44**	**160689**	**30.21**	**122555**	**23.04**
琅琊区							
南谯区	21356	4675	21.89	7615	35.66	5089	23.83
来安县	82833	17784	21.47	26457	31.94	18971	22.90
全椒县	92060	19960	21.68	28155	30.58	23337	25.35
定远县	102558	20448	19.94	28716	28.00	23102	22.53
凤阳县	100931	20500	20.31	27553	27.30	21561	21.36
苏滁现代产业园	6027	1597	26.50	1999	33.17	1271	21.09
滁州经济技术开发区	31819	5160	16.22	9026	28.37	9438	29.66
天长市	64790	11224	17.32	21314	32.90	13828	21.34
明光市	29601	7395	24.98	9854	33.29	5958	20.13

1-8b 续表 2

单位：户、%

地区	家庭户	一人户		二人户		三人户	
	户数	户数	比重	户数	比重	户数	比重
阜阳市	**769539**	**162862**	**21.16**	**199686**	**25.95**	**155220**	**20.17**
颍州区	20226	4131	20.42	5431	26.85	3625	17.92
颍东区	23281	4640	19.93	6131	26.33	4389	18.85
颍泉区	27352	6081	22.23	7562	27.65	5161	18.87
临泉县	147383	27729	18.81	35639	24.18	30621	20.78
太和县	220556	51701	23.44	60416	27.39	44603	20.22
阜南县	108107	20959	19.39	25755	23.82	22844	21.13
颍上县	150940	31327	20.75	38756	25.68	29504	19.55
阜阳合肥现代产业园区	1781	317	17.80	439	24.65	288	16.17
阜阳经济技术开发区	32413	6670	20.58	8214	25.34	7269	22.43
界首市	37500	9307	24.82	11343	30.25	6916	18.44
宿州市	**563186**	**121721**	**21.61**	**154055**	**27.35**	**122118**	**21.68**
埇桥区	74297	24127	32.47	19274	25.94	13274	17.87
砀山县	134103	29071	21.68	41436	30.90	29005	21.63
萧县	122072	26474	21.69	34852	28.55	26675	21.85
灵璧县	109907	19637	17.87	27195	24.74	25257	22.98
泗县	96606	17246	17.85	24549	25.41	21963	22.73
宿州马鞍山现代产业园区	8739	2096	23.98	2152	24.63	1643	18.80
宿州经济技术开发区	17462	3070	17.58	4597	26.33	4301	24.63
六安市	**483589**	**117266**	**24.25**	**160017**	**33.09**	**100599**	**20.80**
金安区	53928	12969	24.05	20240	37.53	10442	19.36
裕安区	30087	7334	24.38	8810	29.28	6185	20.56
叶集区	10101	2427	24.03	3099	30.68	2008	19.88
霍邱县	123533	33863	27.41	37085	30.02	23330	18.89
舒城县	119979	28250	23.55	43631	36.37	25640	21.37
金寨县	73419	16879	22.99	21864	29.78	16085	21.91
霍山县	72542	15544	21.43	25288	34.86	16909	23.31
亳州市	**473208**	**100858**	**21.31**	**121249**	**25.62**	**96688**	**20.43**
谯城区	45342	11819	26.07	12993	28.66	8540	18.83
涡阳县	134546	27068	20.12	35075	26.07	28905	21.48
蒙城县	151070	30190	19.98	36873	24.41	31189	20.65
利辛县	142250	31781	22.34	36308	25.52	28054	19.72
池州市	**159184**	**35165**	**22.09**	**55779**	**35.04**	**37603**	**23.62**
贵池区	13519	3367	24.91	4821	35.66	2873	21.25
东至县	85379	19315	22.62	30005	35.14	19578	22.93
石台县	13032	2796	21.45	4918	37.74	3173	24.35
青阳县	46208	9381	20.30	15660	33.89	11797	25.53
池州市国家经济技术开发区							
皖江江南新兴产业集中区							
九华山风景区	1046	306	29.25	375	35.85	182	17.40
宣城市	**294734**	**70284**	**23.85**	**102811**	**34.88**	**69892**	**23.71**
宣州区	41027	10525	25.65	14923	36.37	9087	22.15
郎溪县	73394	15509	21.13	25092	34.19	18106	24.67
泾县	59440	15707	26.42	20764	34.93	13957	23.48
绩溪县	32975	8172	24.78	11335	34.37	7783	23.60
旌德县	24809	5811	23.42	8348	33.65	5837	23.53
宣城市经济开发区	28401	6199	21.83	9003	31.70	7962	28.03
宁国市	11360	3543	31.19	4643	40.87	1936	17.04
广德市	23328	4818	20.65	8703	37.31	5224	22.39

1-8b　续表 3　　　　单位：户、%

地　区	四人户		五人户		六人户	
	户数	比重	户数	比重	户数	比重
安　徽	**970896**	**14.83**	**407901**	**6.23**	**205176**	**3.13**
合肥市	**174628**	**15.81**	**68115**	**6.17**	**29085**	**2.63**
瑶海区	1260	14.75	456	5.34	166	1.94
庐阳区	4689	21.21	1787	8.08	663	3.00
蜀山区	1433	13.19	547	5.03	336	3.09
包河区						
长丰县	27748	17.98	9784	6.34	4156	2.69
肥东县	30688	15.41	11532	5.79	5276	2.65
肥西县	29123	16.19	11668	6.49	4679	2.60
庐江县	23812	14.00	9656	5.68	4839	2.85
合肥高新技术产业开发区	11759	15.52	5012	6.62	1711	2.26
合肥经济技术开发区	24252	16.94	10185	7.11	4003	2.80
合肥新站高新技术产业开发区	15896	15.63	5766	5.67	2481	2.44
巢湖市	3968	10.24	1722	4.44	775	2.00
芜湖市	**49136**	**11.95**	**20788**	**5.06**	**8716**	**2.12**
镜湖区	28	6.95	25	6.20	9	2.23
弋江区						
鸠江区	3490	11.50	1526	5.03	799	2.63
三山区	1248	18.59	470	7.00	144	2.15
芜湖县	9987	13.12	4027	5.29	1723	2.26
繁昌县	6545	11.52	2687	4.73	904	1.59
南陵县	10357	11.33	3996	4.37	1641	1.80
芜湖经济技术开发区	6938	11.38	3082	5.06	1031	1.69
安徽芜湖长江大桥经济开发区	575	9.95	258	4.47	107	1.85
无为市	9968	12.08	4717	5.72	2358	2.86
蚌埠市	**59658**	**15.85**	**23053**	**6.12**	**11170**	**2.97**
龙子湖区	451	13.05	159	4.60	73	2.11
蚌山区						
禹会区	530	14.21	201	5.39	135	3.62
淮上区	1628	16.00	615	6.04	360	3.54
怀远县	19502	16.55	8552	7.26	4283	3.63
五河县	13442	16.39	5228	6.37	2870	3.50
固镇县	9148	16.55	3515	6.36	1890	3.42
蚌埠市高新技术开发区	3457	17.74	1100	5.65	355	1.82
蚌埠市经济开发区	11500	13.61	3683	4.36	1204	1.42
淮南市	**37877**	**13.63**	**14367**	**5.17**	**7713**	**2.78**
大通区	3706	12.61	1475	5.02	778	2.65
田家庵区	801	17.38	371	8.05	224	4.86
谢家集区	203	13.25	73	4.77	28	1.83
八公山区	2	8.33				
潘集区	3359	12.57	1407	5.26	813	3.04
凤台县	13024	15.79	4516	5.47	2251	2.73
寿县	16782	12.61	6525	4.90	3619	2.72

1-8b 续表 4

单位：户、%

地　　区	四人户		五人户		六人户	
	户数	比重	户数	比重	户数	比重
马鞍山市	**29996**	**12.08**	**15225**	**6.13**	**7006**	**2.82**
花山区						
雨山区						
博望区	503	14.21	244	6.89	136	3.84
当涂县	11587	11.63	6373	6.40	2777	2.79
含山县	8934	12.70	4138	5.88	2045	2.91
和县	8972	12.00	4470	5.98	2048	2.74
淮北市	**24505**	**15.66**	**9099**	**5.81**	**4995**	**3.19**
杜集区	1986	10.73	638	3.45	307	1.66
相山区						
烈山区	1299	9.94	415	3.18	169	1.29
濉溪县	21220	16.98	8046	6.44	4519	3.62
铜陵市	**12047**	**10.23**	**5210**	**4.42**	**2419**	**2.05**
铜官区	8	5.59			1	0.70
义安区	1053	10.43	473	4.69	219	2.17
郊区	1093	8.84	448	3.62	192	1.55
枞阳县	9893	10.40	4289	4.51	2007	2.11
安庆市	**56889**	**12.99**	**26025**	**5.94**	**13047**	**2.98**
迎江区						
大观区	926	13.32	471	6.77	207	2.98
宜秀区	1104	10.75	648	6.31	299	2.91
怀宁县	10970	12.82	4926	5.75	2516	2.94
太湖县	8774	13.78	3764	5.91	1920	3.02
宿松县	12363	14.34	5504	6.38	3100	3.60
望江县	2585	13.30	1425	7.33	721	3.71
岳西县	6378	14.84	2839	6.61	1493	3.47
安徽安庆经济开发区	5278	10.88	1924	3.97	702	1.45
桐城市	4422	10.75	2310	5.61	1089	2.65
潜山市	4089	12.33	2214	6.67	1000	3.01
黄山市	**17009**	**11.94**	**8445**	**5.93**	**3750**	**2.63**
屯溪区	335	16.58	239	11.83	114	5.64
黄山区	838	9.13	446	4.86	202	2.20
徽州区	524	13.34	364	9.27	200	5.09
歙县	7114	12.81	3629	6.53	1625	2.93
休宁县	3797	12.30	2044	6.62	875	2.83
黟县	1247	9.93	524	4.17	227	1.81
祁门县	3154	11.10	1199	4.22	507	1.78
滁州市	**75646**	**14.22**	**36706**	**6.90**	**19787**	**3.72**
琅琊区						
南谯区	2548	11.93	935	4.38	419	1.96
来安县	10873	13.13	5230	6.31	2649	3.20
全椒县	12057	13.10	5691	6.18	2310	2.51
定远县	16682	16.27	7263	7.08	3871	3.77
凤阳县	16098	15.95	7952	7.88	4719	4.68
苏滁现代产业园	753	12.49	267	4.43	112	1.86
滁州经济技术开发区	5023	15.79	2155	6.77	869	2.73
天长市	8115	12.53	5532	8.54	3934	6.07
明光市	3497	11.81	1681	5.68	904	3.05

1-8b　续表 5　　　单位：户、%

地　　区	四人户		五人户		六人户	
	户数	比重	户数	比重	户数	比重
阜阳市	**137507**	**17.87**	**59297**	**7.71**	**34826**	**4.53**
颍州区	3774	18.66	1607	7.95	1028	5.08
颍东区	3850	16.54	2042	8.77	1385	5.95
颍泉区	4494	16.43	2118	7.74	1248	4.56
临泉县	27741	18.82	12916	8.76	7453	5.06
太和县	39662	17.98	13930	6.32	7293	3.31
阜南县	19757	18.28	9436	8.73	5671	5.25
颍上县	25676	17.01	12609	8.35	8173	5.41
阜阳合肥现代产业园区	359	20.16	154	8.65	120	6.74
阜阳经济技术开发区	6370	19.65	2185	6.74	1141	3.52
界首市	5824	15.53	2300	6.13	1314	3.50
宿州市	**96174**	**17.08**	**37693**	**6.69**	**20879**	**3.71**
埇桥区	9710	13.07	4306	5.80	2168	2.92
砀山县	21355	15.92	7288	5.43	4101	3.06
萧县	20706	16.96	7896	6.47	3500	2.87
灵璧县	21023	19.13	8883	8.08	5221	4.75
泗县	18526	19.18	7420	7.68	4829	5.00
宿州马鞍山现代产业园区	1576	18.03	663	7.59	360	4.12
宿州经济技术开发区	3278	18.77	1237	7.08	700	4.01
六安市	**60939**	**12.60**	**26746**	**5.53**	**14120**	**2.92**
金安区	6374	11.82	2394	4.44	1218	2.26
裕安区	4290	14.26	1905	6.33	1199	3.99
叶集区	1388	13.74	640	6.34	392	3.88
霍邱县	17345	14.04	6572	5.32	3888	3.15
舒城县	13038	10.87	6147	5.12	2673	2.23
金寨县	10429	14.20	4542	6.19	2917	3.97
霍山县	8075	11.13	4546	6.27	1833	2.53
亳州市	**88479**	**18.70**	**35943**	**7.60**	**18951**	**4.00**
谯城区	7590	16.74	2543	5.61	1360	3.00
涡阳县	24904	18.51	9783	7.27	5337	3.97
蒙城县	28743	19.03	12513	8.28	7287	4.82
利辛县	27242	19.15	11104	7.81	4967	3.49
池州市	**18680**	**11.73**	**7645**	**4.80**	**3441**	**2.16**
贵池区	1398	10.34	643	4.76	320	2.37
东至县	9992	11.70	4043	4.74	1938	2.27
石台县	1332	10.22	550	4.22	216	1.66
青阳县	5865	12.69	2357	5.10	943	2.04
池州市国家经济技术开发区						
皖江江南新兴产业集中区						
九华山风景区	93	8.89	52	4.97	24	2.29
宣城市	**31726**	**10.76**	**13544**	**4.60**	**5271**	**1.79**
宣州区	4107	10.01	1593	3.88	638	1.56
郎溪县	9098	12.40	3662	4.99	1654	2.25
泾县	5769	9.71	2335	3.93	735	1.24
绩溪县	3409	10.34	1552	4.71	584	1.77
旌德县	2702	10.89	1398	5.64	554	2.23
宣城市经济开发区	3403	11.98	1331	4.69	421	1.48
宁国市	736	6.48	337	2.97	130	1.14
广德市	2502	10.73	1336	5.73	555	2.38

1-8b 续表 6

单位：户、%

地　区	七人户		八人户		九人户		十人及以上户	
	户数	比重	户数	比重	户数	比重	户数	比重
安　徽	**53146**	**0.81**	**16619**	**0.25**	**6788**	**0.10**	**6493**	**0.10**
合肥市	**4521**	**0.41**	**1064**	**0.10**	**400**	**0.04**	**363**	**0.03**
瑶海区	27	0.32	5	0.06	2	0.02	2	0.02
庐阳区	46	0.21	12	0.05				
蜀山区	47	0.43	13	0.12	6	0.06	8	0.07
包河区								
长丰县	713	0.46	135	0.09	45	0.03	30	0.02
肥东县	1011	0.51	291	0.15	133	0.07	120	0.06
肥西县	656	0.36	145	0.08	48	0.03	45	0.03
庐江县	881	0.52	179	0.11	74	0.04	81	0.05
合肥高新技术产业开发区	203	0.27	47	0.06	14	0.02	15	0.02
合肥经济技术开发区	424	0.30	107	0.07	27	0.02	20	0.01
合肥新站高新技术产业开发区	336	0.33	79	0.08	33	0.03	23	0.02
巢湖市	177	0.46	51	0.13	18	0.05	19	0.05
芜湖市	**1559**	**0.38**	**394**	**0.10**	**157**	**0.04**	**98**	**0.02**
镜湖区	3	0.74	1	0.25				
弋江区								
鸠江区	182	0.60	49	0.16	29	0.10	8	0.03
三山区	16	0.24	3	0.04			1	0.01
芜湖县	241	0.32	52	0.07	16	0.02	8	0.01
繁昌县	99	0.17	16	0.03	10	0.02	11	0.02
南陵县	251	0.27	64	0.07	17	0.02	19	0.02
芜湖经济技术开发区	98	0.16	18	0.03	8	0.01	4	0.01
安徽芜湖长江大桥经济开发区	14	0.24			1	0.02		
无为市	655	0.79	191	0.23	76	0.09	47	0.06
蚌埠市	**3207**	**0.85**	**981**	**0.26**	**401**	**0.11**	**309**	**0.08**
龙子湖区	23	0.67	13	0.38	1	0.03	4	0.12
蚌山区								
禹会区	36	0.97	12	0.32	8	0.21	3	0.08
淮上区	110	1.08	40	0.39	12	0.12	8	0.08
怀远县	1443	1.22	515	0.44	209	0.18	152	0.13
五河县	812	0.99	204	0.25	94	0.11	58	0.07
固镇县	557	1.01	157	0.28	67	0.12	77	0.14
蚌埠市高新技术开发区	52	0.27	7	0.04	2	0.01	1	0.01
蚌埠市经济开发区	174	0.21	33	0.04	8	0.01	6	0.01
淮南市	**2097**	**0.75**	**713**	**0.26**	**320**	**0.12**	**254**	**0.09**
大通区	197	0.67	63	0.21	30	0.10	20	0.07
田家庵区	64	1.39	32	0.69	11	0.24	3	0.07
谢家集区	3	0.20	3	0.20	1	0.07		
八公山区								
潘集区	274	1.03	107	0.40	57	0.21	42	0.16
凤台县	640	0.78	199	0.24	96	0.12	68	0.08
寿县	919	0.69	309	0.23	125	0.09	121	0.09

1-8b 续表 7

单位：户、%

地 区	七人户		八人户		九人户		十人及以上户	
	户数	比重	户数	比重	户数	比重	户数	比重
马鞍山市	**1263**	**0.51**	**353**	**0.14**	**157**	**0.06**	**152**	**0.06**
花山区								
雨山区								
博望区	23	0.65	8	0.23	4	0.11	5	0.14
当涂县	439	0.44	113	0.11	42	0.04	28	0.03
含山县	395	0.56	121	0.17	53	0.08	53	0.08
和县	406	0.54	111	0.15	58	0.08	66	0.09
淮北市	**1479**	**0.94**	**436**	**0.28**	**210**	**0.13**	**157**	**0.10**
杜集区	100	0.54	32	0.17	26	0.14	27	0.15
相山区								
烈山区	44	0.34	14	0.11	6	0.05	5	0.04
濉溪县	1335	1.07	390	0.31	178	0.14	125	0.10
铜陵市	**501**	**0.43**	**159**	**0.14**	**67**	**0.06**	**66**	**0.06**
铜官区								
义安区	33	0.33	6	0.06	3	0.03		
郊区	45	0.36	18	0.15	7	0.06	8	0.06
枞阳县	423	0.44	135	0.14	57	0.06	58	0.06
安庆市	**2952**	**0.67**	**867**	**0.20**	**360**	**0.08**	**303**	**0.07**
迎江区								
大观区	59	0.85	25	0.36	4	0.06	8	0.12
宜秀区	69	0.67	28	0.27	12	0.12	5	0.05
怀宁县	508	0.59	177	0.21	81	0.09	85	0.10
太湖县	393	0.62	108	0.17	46	0.07	20	0.03
宿松县	943	1.09	256	0.30	98	0.11	88	0.10
望江县	159	0.82	41	0.21	19	0.10	12	0.06
岳西县	321	0.75	102	0.24	49	0.11	44	0.10
安徽安庆经济开发区	88	0.18	19	0.04	6	0.01	1	
桐城市	224	0.54	73	0.18	31	0.08	33	0.08
潜山市	188	0.57	38	0.11	14	0.04	7	0.02
黄山市	**742**	**0.52**	**249**	**0.17**	**87**	**0.06**	**93**	**0.07**
屯溪区	36	1.78	13	0.64	4	0.20	3	0.15
黄山区	38	0.41	15	0.16	7	0.08	2	0.02
徽州区	47	1.20	28	0.71	2	0.05	4	0.10
歙县	339	0.61	108	0.19	48	0.09	48	0.09
休宁县	145	0.47	58	0.19	10	0.03	10	0.03
黟县	46	0.37	8	0.06	3	0.02	7	0.06
祁门县	91	0.32	19	0.07	13	0.05	19	0.07
滁州市	**4973**	**0.93**	**1626**	**0.31**	**611**	**0.11**	**639**	**0.12**
琅琊区								
南谯区	59	0.28	9	0.04	3	0.01	4	0.02
来安县	598	0.72	163	0.20	57	0.07	51	0.06
全椒县	378	0.41	91	0.10	27	0.03	54	0.06
定远县	1370	1.34	587	0.57	223	0.22	296	0.29
凤阳县	1567	1.55	535	0.53	255	0.25	191	0.19
苏滁现代产业园	22	0.37	5	0.08			1	0.02
滁州经济技术开发区	113	0.36	21	0.07	7	0.02	7	0.02
天长市	655	1.01	148	0.23	22	0.03	18	0.03
明光市	211	0.71	67	0.23	17	0.06	17	0.06

1-8b 续表 8 单位：户、%

地　区	七人户		八人户		九人户		十人及以上户	
	户数	比重	户数	比重	户数	比重	户数	比重
阜阳市	**12122**	**1.58**	**4278**	**0.56**	**1844**	**0.24**	**1897**	**0.25**
颍州区	370	1.83	152	0.75	61	0.30	47	0.23
颍东区	494	2.12	176	0.76	84	0.36	90	0.39
颍泉区	448	1.64	156	0.57	42	0.15	42	0.15
临泉县	2869	1.95	1202	0.82	556	0.38	657	0.45
太和县	2040	0.92	544	0.25	205	0.09	162	0.07
阜南县	2198	2.03	808	0.75	328	0.30	351	0.32
颍上县	2969	1.97	1005	0.67	458	0.30	463	0.31
阜阳合肥现代产业园区	60	3.37	21	1.18	8	0.45	15	0.84
阜阳经济技术开发区	327	1.01	123	0.38	61	0.19	53	0.16
界首市	347	0.93	91	0.24	41	0.11	17	0.05
宿州市	**6745**	**1.20**	**2243**	**0.40**	**846**	**0.15**	**712**	**0.13**
埇桥区	731	0.98	424	0.57	166	0.22	117	0.16
砀山县	1225	0.91	362	0.27	153	0.11	107	0.08
萧县	1254	1.03	423	0.35	147	0.12	145	0.12
灵璧县	1766	1.61	546	0.50	193	0.18	186	0.17
泗县	1453	1.50	380	0.39	130	0.13	110	0.11
宿州马鞍山现代产业园区	145	1.66	55	0.63	28	0.32	21	0.24
宿州经济技术开发区	171	0.98	53	0.30	29	0.17	26	0.15
六安市	**2757**	**0.57**	**684**	**0.14**	**261**	**0.05**	**200**	**0.04**
金安区	193	0.36	48	0.09	21	0.04	29	0.05
裕安区	249	0.83	60	0.20	30	0.10	25	0.08
叶集区	103	1.02	26	0.26	11	0.11	7	0.07
霍邱县	956	0.77	296	0.24	107	0.09	91	0.07
舒城县	452	0.38	94	0.08	42	0.04	12	0.01
金寨县	527	0.72	109	0.15	38	0.05	29	0.04
霍山县	277	0.38	51	0.07	12	0.02	7	0.01
亳州市	**6815**	**1.44**	**2169**	**0.46**	**943**	**0.20**	**1113**	**0.24**
谯城区	350	0.77	90	0.20	29	0.06	28	0.06
涡阳县	1916	1.42	636	0.47	356	0.26	566	0.42
蒙城县	2765	1.83	852	0.56	350	0.23	308	0.20
利辛县	1784	1.25	591	0.42	208	0.15	211	0.15
池州市	**606**	**0.38**	**172**	**0.11**	**53**	**0.03**	**40**	**0.03**
贵池区	79	0.58	11	0.08	4	0.03	3	0.02
东至县	343	0.40	106	0.12	33	0.04	26	0.03
石台县	34	0.26	8	0.06	1	0.01	4	0.03
青阳县	143	0.31	42	0.09	15	0.03	5	0.01
池州市国家经济技术开发区								
皖江江南新兴产业集中区								
九华山风景区	7	0.67	5	0.48			2	0.19
宣城市	**807**	**0.27**	**231**	**0.08**	**71**	**0.02**	**97**	**0.03**
宣州区	99	0.24	31	0.08	9	0.02	15	0.04
郎溪县	182	0.25	62	0.08	16	0.02	13	0.02
泾县	130	0.22	29	0.05	8	0.01	6	0.01
绩溪县	97	0.29	27	0.08	9	0.03	7	0.02
旌德县	108	0.44	29	0.12	9	0.04	13	0.05
宣城市经济开发区	45	0.16	14	0.05	4	0.01	19	0.07
宁国市	23	0.20	7	0.06	1	0.01	4	0.04
广德市	123	0.53	32	0.14	15	0.06	20	0.09

1-8c 各地区家庭户规模(乡村)

单位：户、%

地区	家庭户户数	一人户		二人户		三人户	
		户数	比重	户数	比重	户数	比重
安 徽	**9698592**	**2488963**	**25.66**	**3084613**	**31.80**	**1839631**	**18.97**
合肥市	**698421**	**226199**	**32.39**	**248021**	**35.51**	**122228**	**17.50**
瑶海区	7670	1431	18.66	1679	21.89	2127	27.73
庐阳区	2299	696	30.27	862	37.49	377	16.40
蜀山区	6155	2306	37.47	2448	39.77	857	13.92
包河区	1936	487	25.15	700	36.16	348	17.98
长丰县	132465	42622	32.18	46842	35.36	23225	17.53
肥东县	130528	46440	35.58	47466	36.36	22154	16.97
肥西县	132294	41083	31.05	47928	36.23	23066	17.44
庐江县	173611	53004	30.53	58383	33.63	31663	18.24
合肥高新技术产业开发区	24	4	16.67	13	54.17	3	12.50
合肥经济技术开发区	3751	1276	34.02	1639	43.70	509	13.57
合肥新站高新技术产业开发区	1767	719	40.69	564	31.92	247	13.98
巢湖市	105921	36131	34.11	39497	37.29	17652	16.67
芜湖市	**418399**	**120501**	**28.80**	**142716**	**34.11**	**80022**	**19.13**
镜湖区	7457	1658	22.23	2517	33.75	1756	23.55
弋江区							
鸠江区	54536	14900	27.32	17508	32.10	10852	19.90
三山区	17181	4751	27.65	6077	35.37	3252	18.93
芜湖县	43793	12573	28.71	15424	35.22	8795	20.08
繁昌县	42429	12843	30.27	16900	39.83	7506	17.69
南陵县	86227	26185	30.37	30932	35.87	15922	18.47
芜湖经济技术开发区	1484	473	31.87	614	41.37	268	18.06
安徽芜湖长江大桥经济开发区	3414	1129	33.07	1026	30.05	567	16.61
无为市	161878	45989	28.41	51718	31.95	31104	19.21
蚌埠市	**508439**	**108610**	**21.36**	**140494**	**27.63**	**99891**	**19.65**
龙子湖区	13917	3317	23.83	3860	27.74	2741	19.70
蚌山区	5683	1119	19.69	1630	28.68	1151	20.25
禹会区	36197	7104	19.63	10048	27.76	7278	20.11
淮上区	33379	5994	17.96	10108	30.28	7108	21.29
怀远县	202196	43616	21.57	55255	27.33	39625	19.60
五河县	102911	23445	22.78	29327	28.50	19382	18.83
固镇县	114156	24015	21.04	30266	26.51	22606	19.80
蚌埠市高新技术开发区							
蚌埠市经济开发区							
淮南市	**453121**	**119920**	**26.47**	**138651**	**30.60**	**86387**	**19.06**
大通区	17044	4255	24.96	5108	29.97	3422	20.08
田家庵区	11681	3267	27.97	3459	29.61	2262	19.36
谢家集区	19141	5141	26.86	6142	32.09	3947	20.62
八公山区	2408	833	34.59	735	30.52	401	16.65
潘集区	64867	15940	24.57	18281	28.18	12854	19.82
凤台县	145129	35797	24.67	42230	29.10	27834	19.18
寿县	192851	54687	28.36	62696	32.51	35667	18.49

1－8c 续表 1

单位：户、%

地 区	家庭户	一人户		二人户		三人户	
	户 数	户数	比重	户数	比重	户数	比重
马鞍山市	**235319**	**59760**	**25.40**	**77654**	**33.00**	**46092**	**19.59**
花山区	3688	977	26.49	1401	37.99	722	19.58
雨山区	5181	1263	24.38	1925	37.15	1009	19.48
博望区	25822	5737	22.22	8089	31.33	5543	21.47
当涂县	60633	12942	21.34	20370	33.60	12909	21.29
含山县	59396	16730	28.17	18964	31.93	11516	19.39
和县	80599	22111	27.43	26905	33.38	14393	17.86
淮北市	**250358**	**52696**	**21.05**	**74823**	**29.89**	**52664**	**21.04**
杜集区	18491	3804	20.57	5716	30.91	3995	21.61
相山区	18177	4253	23.40	5585	30.73	3810	20.96
烈山区	39276	9279	23.63	12387	31.54	8434	21.47
濉溪县	174414	35360	20.27	51135	29.32	36425	20.88
铜陵市	**191246**	**57835**	**30.24**	**67685**	**35.39**	**36265**	**18.96**
铜官区	3786	966	25.52	1299	34.31	904	23.88
义安区	49722	14141	28.44	19592	39.40	9706	19.52
郊区	39028	10933	28.01	13498	34.59	7875	20.18
枞阳县	98710	31795	32.21	33296	33.73	17780	18.01
安庆市	**722000**	**191248**	**26.49**	**225306**	**31.21**	**145206**	**20.11**
迎江区	4946	1995	40.34	1868	37.77	728	14.72
大观区	13211	3210	24.30	4066	30.78	2730	20.66
宜秀区	10736	2850	26.55	3734	34.78	2233	20.80
怀宁县	101480	27324	26.93	33061	32.58	19871	19.58
太湖县	100055	28200	28.18	29614	29.60	19742	19.73
宿松县	140376	37943	27.03	42714	30.43	27219	19.39
望江县	112653	25962	23.05	33813	30.02	24023	21.32
岳西县	74915	17626	23.53	22987	30.68	16133	21.54
安徽安庆经济开发区	1500	359	23.93	586	39.07	318	21.20
桐城市	81433	24305	29.85	27073	33.25	15769	19.36
潜山市	80695	21474	26.61	25790	31.96	16440	20.37
黄山市	**226285**	**63653**	**28.13**	**77450**	**34.23**	**44400**	**19.62**
屯溪区	7609	1382	18.16	2436	32.01	1646	21.63
黄山区	25226	7234	28.68	9182	36.40	4859	19.26
徽州区	13040	3139	24.07	4684	35.92	2578	19.77
歙县	86943	27422	31.54	28927	33.27	16361	18.82
休宁县	46725	11323	24.23	15543	33.26	9446	20.22
黟县	17878	4716	26.38	6535	36.55	3731	20.87
祁门县	28864	8437	29.23	10143	35.14	5779	20.02
滁州市	**579265**	**148762**	**25.68**	**194770**	**33.62**	**108924**	**18.80**
琅琊区	4439	1261	28.41	1749	39.40	792	17.84
南谯区	38963	10560	27.10	15124	38.82	7610	19.53
来安县	71190	17808	25.01	27116	38.09	13288	18.67
全椒县	61352	19411	31.64	22790	37.15	11010	17.95
定远县	138498	35425	25.58	43179	31.18	26004	18.78
凤阳县	107554	23481	21.83	29347	27.29	20627	19.18
苏滁现代产业园							
滁州经济技术开发区	3264	762	23.35	1056	32.35	699	21.42
天长市	66645	16234	24.36	24414	36.63	12460	18.70
明光市	87360	23820	27.27	29995	34.33	16434	18.81

1－8c　续表 2　　　　单位：户、%

地　区	家庭户 户　数	一人户 户数	一人户 比重	二人户 户数	二人户 比重	三人户 户数	三人户 比重
阜阳市	**1677084**	**370580**	**22.10**	**483990**	**28.86**	**317114**	**18.91**
颍州区	99551	19584	19.67	27307	27.43	19573	19.66
颍东区	95367	19274	20.21	25798	27.05	18847	19.76
颍泉区	111437	25989	23.32	33388	29.96	21997	19.74
临泉县	390571	80837	20.70	105399	26.99	74977	19.20
太和县	293122	69828	23.82	95701	32.65	54044	18.44
阜南县	280483	59265	21.13	75444	26.90	53044	18.91
颍上县	258228	61492	23.81	74805	28.97	45765	17.72
阜阳合肥现代产业园区	11034	2235	20.26	2809	25.46	2057	18.64
阜阳经济技术开发区	6858	1512	22.05	1506	21.96	1158	16.89
界首市	130433	30564	23.43	41833	32.07	25652	19.67
宿州市	**1094917**	**246479**	**22.51**	**333965**	**30.50**	**216378**	**19.76**
埇桥区	296113	65523	22.13	86635	29.26	59865	20.22
砀山县	152581	35097	23.00	52981	34.72	30128	19.75
萧县	270194	68828	25.47	90000	33.31	51978	19.24
灵璧县	215692	46680	21.64	60375	27.99	41082	19.05
泗县	153980	29139	18.92	42217	27.42	31998	20.78
宿州马鞍山现代产业园区	6357	1212	19.07	1757	27.64	1327	20.87
宿州经济技术开发区							
六安市	**910748**	**259434**	**28.49**	**299388**	**32.87**	**166690**	**18.30**
金安区	139086	43920	31.58	48452	34.84	24884	17.89
裕安区	172018	44513	25.88	51442	29.91	31948	18.57
叶集区	38525	8626	22.39	11518	29.90	7390	19.18
霍邱县	253474	75555	29.81	85631	33.78	42687	16.84
舒城县	158049	46811	29.62	53549	33.88	29448	18.63
金寨县	111679	29082	26.04	34915	31.26	22925	20.53
霍山县	37917	10927	28.82	13881	36.61	7408	19.54
亳州市	**1082852**	**275630**	**25.45**	**337329**	**31.15**	**192532**	**17.78**
谯城区	309799	80759	26.07	100716	32.51	58384	18.85
涡阳县	268368	68226	25.42	81582	30.40	47254	17.61
蒙城县	214725	46322	21.57	62166	28.95	38466	17.91
利辛县	289960	80323	27.70	92865	32.03	48428	16.70
池州市	**223447**	**63237**	**28.30**	**77824**	**34.83**	**44399**	**19.87**
贵池区	85307	25476	29.86	30948	36.28	16668	19.54
东至县	71039	19072	26.85	23327	32.84	14381	20.24
石台县	19056	5249	27.55	6808	35.73	3825	20.07
青阳县	44107	12628	28.63	15735	35.67	8629	19.56
池州市国家经济技术开发区							
皖江江南新兴产业集中区							
九华山风景区	3938	812	20.62	1006	25.55	896	22.75
宣城市	**426691**	**124419**	**29.16**	**164547**	**38.56**	**80439**	**18.85**
宣州区	138702	41111	29.64	54001	38.93	25959	18.72
郎溪县	47754	12341	25.84	18013	37.72	9801	20.52
泾县	59596	20208	33.91	22479	37.72	9988	16.76
绩溪县	25827	8091	31.33	10171	39.38	4838	18.73
旌德县	20283	6037	29.76	7243	35.71	3837	18.92
宣城市经济开发区	7436	2430	32.68	2794	37.57	1344	18.07
宁国市	53563	17377	32.44	22358	41.74	8816	16.46
广德市	73530	16824	22.88	27488	37.38	15856	21.56

1－8c 续表 3

单位：户、%

地　　区	四人户		五人户		六人户	
	户数	比重	户数	比重	户数	比重
安　徽	**1230555**	**12.69**	**588541**	**6.07**	**318044**	**3.28**
合肥市	**61858**	**8.86**	**24308**	**3.48**	**11372**	**1.63**
瑶海区	1558	20.31	590	7.69	243	3.17
庐阳区	249	10.83	74	3.22	31	1.35
蜀山区	378	6.14	106	1.72	33	0.54
包河区	220	11.36	83	4.29	62	3.20
长丰县	12880	9.72	3986	3.01	1845	1.39
肥东县	8899	6.82	3461	2.65	1467	1.12
肥西县	12300	9.30	4697	3.55	2345	1.77
庐江县	17500	10.08	8012	4.61	3844	2.21
合肥高新技术产业开发区	2	8.33	1	4.17		
合肥经济技术开发区	225	6.00	67	1.79	21	0.56
合肥新站高新技术产业开发区	151	8.55	52	2.94	23	1.30
巢湖市	7496	7.08	3179	3.00	1458	1.38
芜湖市	**41656**	**9.96**	**20723**	**4.95**	**9620**	**2.30**
镜湖区	815	10.93	441	5.91	218	2.92
弋江区						
鸠江区	5983	10.97	3051	5.59	1672	3.07
三山区	1764	10.27	845	4.92	389	2.26
芜湖县	4019	9.18	1920	4.38	829	1.89
繁昌县	2999	7.07	1453	3.42	601	1.42
南陵县	7622	8.84	3706	4.30	1468	1.70
芜湖经济技术开发区	94	6.33	26	1.75	6	0.40
安徽芜湖长江大桥经济开发区	307	8.99	236	6.91	127	3.72
无为市	18053	11.15	9045	5.59	4310	2.66
蚌埠市	**77719**	**15.29**	**42047**	**8.27**	**25206**	**4.96**
龙子湖区	2072	14.89	1046	7.52	627	4.51
蚌山区	1003	17.65	396	6.97	251	4.42
禹会区	6346	17.53	2903	8.02	1701	4.70
淮上区	5434	16.28	2479	7.43	1580	4.73
怀远县	30572	15.12	17153	8.48	9783	4.84
五河县	15260	14.83	8254	8.02	4838	4.70
固镇县	17032	14.92	9816	8.60	6426	5.63
蚌埠市高新技术开发区						
蚌埠市经济开发区						
淮南市	**60765**	**13.41**	**26605**	**5.87**	**13661**	**3.01**
大通区	2504	14.69	977	5.73	490	2.87
田家庵区	1550	13.27	622	5.32	305	2.61
谢家集区	2301	12.02	1024	5.35	395	2.06
八公山区	240	9.97	109	4.53	69	2.87
潘集区	9911	15.28	4225	6.51	2313	3.57
凤台县	21967	15.14	9609	6.62	4987	3.44
寿县	22292	11.56	10039	5.21	5102	2.65

1-8c　续表 4　　　　单位：户、%

地　区	四人户		五人户		六人户	
	户数	比重	户数	比重	户数	比重
马鞍山市	**26116**	**11.10**	**14923**	**6.34**	**8250**	**3.51**
花山区	298	8.08	177	4.80	78	2.11
雨山区	460	8.88	327	6.31	150	2.90
博望区	3412	13.21	1753	6.79	986	3.82
当涂县	7227	11.92	4203	6.93	2362	3.90
含山县	6181	10.41	3474	5.85	1863	3.14
和县	8538	10.59	4989	6.19	2811	3.49
淮北市	**38246**	**15.28**	**17071**	**6.82**	**9854**	**3.94**
杜集区	2922	15.80	1178	6.37	567	3.07
相山区	2980	16.39	943	5.19	416	2.29
烈山区	5485	13.97	2214	5.64	1022	2.60
濉溪县	26859	15.40	12736	7.30	7849	4.50
铜陵市	**17278**	**9.03**	**7606**	**3.98**	**3536**	**1.85**
铜官区	403	10.64	138	3.65	60	1.58
义安区	3912	7.87	1551	3.12	681	1.37
郊区	3904	10.00	1722	4.41	843	2.16
枞阳县	9059	9.18	4195	4.25	1952	1.98
安庆市	**87120**	**12.07**	**45095**	**6.25**	**21003**	**2.91**
迎江区	256	5.18	60	1.21	32	0.65
大观区	1806	13.67	821	6.21	430	3.25
宜秀区	1020	9.50	515	4.80	283	2.64
怀宁县	11606	11.44	5993	5.91	2713	2.67
太湖县	12271	12.26	6429	6.43	3001	3.00
宿松县	17316	12.34	8748	6.23	4324	3.08
望江县	15606	13.85	8341	7.40	3821	3.39
岳西县	9825	13.11	5152	6.88	2462	3.29
安徽安庆经济开发区	154	10.27	56	3.73	20	1.33
桐城市	7950	9.76	4076	5.01	1717	2.11
潜山市	9310	11.54	4904	6.08	2200	2.73
黄山市	**22767**	**10.06**	**11301**	**4.99**	**5145**	**2.27**
屯溪区	1049	13.79	641	8.42	325	4.27
黄山区	2335	9.26	1028	4.08	451	1.79
徽州区	1371	10.51	761	5.84	393	3.01
歙县	8330	9.58	3801	4.37	1611	1.85
休宁县	5318	11.38	3068	6.57	1535	3.29
黟县	1650	9.23	825	4.61	346	1.94
祁门县	2714	9.40	1177	4.08	484	1.68
滁州市	**64559**	**11.14**	**33859**	**5.85**	**19005**	**3.28**
琅琊区	391	8.81	160	3.60	56	1.26
南谯区	3246	8.33	1546	3.97	683	1.75
来安县	6788	9.54	3708	5.21	1827	2.57
全椒县	4914	8.01	2094	3.41	856	1.40
定远县	17199	12.42	8737	6.31	4910	3.55
凤阳县	15943	14.82	8841	8.22	5754	5.35
苏滁现代产业园						
滁州经济技术开发区	396	12.13	218	6.68	87	2.67
天长市	6318	9.48	4078	6.12	2473	3.71
明光市	9364	10.72	4477	5.12	2359	2.70

1－8c 续表 5

单位：户、%

地　区	四人户		五人户		六人户	
	户数	比重	户数	比重	户数	比重
阜阳市	**260825**	**15.55**	**128062**	**7.64**	**75327**	**4.49**
颍州区	17496	17.57	7808	7.84	5039	5.06
颍东区	14995	15.72	8153	8.55	5426	5.69
颍泉区	16686	14.97	7577	6.80	4153	3.73
临泉县	63318	16.21	34024	8.71	20244	5.18
太和县	44200	15.08	17095	5.83	8932	3.05
阜南县	43988	15.68	24263	8.65	14541	5.18
颍上县	37346	14.46	20044	7.76	11814	4.58
阜阳合肥现代产业园区	2209	20.02	922	8.36	525	4.76
阜阳经济技术开发区	1476	21.52	553	8.06	358	5.22
界首市	19111	14.65	7623	5.84	4295	3.29
宿州市	**163345**	**14.92**	**73963**	**6.76**	**41667**	**3.81**
埇桥区	45694	15.43	20887	7.05	12002	4.05
砀山县	21121	13.84	7624	5.00	4028	2.64
萧县	36535	13.52	13632	5.05	6554	2.43
灵璧县	33934	15.73	17705	8.21	10594	4.91
泗县	25013	16.24	13605	8.84	8186	5.32
宿州马鞍山现代产业园区	1048	16.49	510	8.02	303	4.77
宿州经济技术开发区						
六安市	**101435**	**11.14**	**47838**	**5.25**	**26633**	**2.92**
金安区	12755	9.17	5463	3.93	2905	2.09
裕安区	22419	13.03	11598	6.74	7312	4.25
叶集区	5164	13.40	2843	7.38	2140	5.55
霍邱县	29070	11.47	11553	4.56	6201	2.45
舒城县	15886	10.05	7917	5.01	3591	2.27
金寨县	12831	11.49	6880	6.16	3843	3.44
霍山县	3310	8.73	1584	4.18	641	1.69
亳州市	**150975**	**13.94**	**69259**	**6.40**	**36898**	**3.41**
谯城区	43529	14.05	15406	4.97	8021	2.59
涡阳县	37497	13.97	18073	6.73	9837	3.67
蒙城县	32884	15.31	17975	8.37	10520	4.90
利辛县	37065	12.78	17805	6.14	8520	2.94
池州市	**21919**	**9.81**	**10240**	**4.58**	**4637**	**2.08**
贵池区	7382	8.65	3169	3.71	1338	1.57
东至县	8072	11.36	3832	5.39	1864	2.62
石台县	1878	9.86	860	4.51	351	1.84
青阳县	4032	9.14	1989	4.51	870	1.97
池州市国家经济技术开发区						
皖江江南新兴产业集中区						
九华山风景区	555	14.09	390	9.90	214	5.43
宣城市	**33972**	**7.96**	**15641**	**3.67**	**6230**	**1.46**
宣州区	10821	7.80	4555	3.28	1845	1.33
郎溪县	4432	9.28	2000	4.19	927	1.94
泾县	4252	7.13	1877	3.15	629	1.06
绩溪县	1693	6.56	703	2.72	262	1.01
旌德县	1810	8.92	892	4.40	356	1.76
宣城市经济开发区	599	8.06	193	2.60	56	0.75
宁国市	3035	5.67	1416	2.64	457	0.85
广德市	7330	9.97	4005	5.45	1698	2.31

1-8c 续表 6

单位：户、%

地区	七人户		八人户		九人户		十人及以上户	
	户数	比重	户数	比重	户数	比重	户数	比重
安 徽	**99195**	**1.02**	**29964**	**0.31**	**11009**	**0.11**	**8077**	**0.08**
合肥市	**2794**	**0.40**	**893**	**0.13**	**416**	**0.06**	**332**	**0.05**
瑶海区	35	0.46	4	0.05	3	0.04		
庐阳区	9	0.39					1	0.04
蜀山区	15	0.24	5	0.08	2	0.03	5	0.08
包河区	18	0.93	10	0.52	5	0.26	3	0.15
长丰县	606	0.46	251	0.19	118	0.09	90	0.07
肥东县	404	0.31	137	0.10	55	0.04	45	0.03
肥西县	543	0.41	172	0.13	91	0.07	69	0.05
庐江县	850	0.49	212	0.12	83	0.05	60	0.03
合肥高新技术产业开发区	1	4.17						
合肥经济技术开发区	6	0.16	5	0.13	2	0.05	1	0.03
合肥新站高新技术产业开发区	7	0.40	1	0.06	1	0.06	2	0.11
巢湖市	300	0.28	96	0.09	56	0.05	56	0.05
芜湖市	**2207**	**0.53**	**629**	**0.15**	**207**	**0.05**	**118**	**0.03**
镜湖区	41	0.55	9	0.12	2	0.03		
弋江区								
鸠江区	416	0.76	98	0.18	36	0.07	20	0.04
三山区	77	0.45	14	0.08	10	0.06	2	0.01
芜湖县	161	0.37	51	0.12	15	0.03	6	0.01
繁昌县	88	0.21	15	0.04	6	0.01	18	0.04
南陵县	276	0.32	86	0.10	22	0.03	8	0.01
芜湖经济技术开发区	3	0.20						
安徽芜湖长江大桥经济开发区	16	0.47	5	0.15	1	0.03		
无为市	1129	0.70	351	0.22	115	0.07	64	0.04
蚌埠市	**9431**	**1.85**	**3030**	**0.60**	**1165**	**0.23**	**846**	**0.17**
龙子湖区	190	1.37	42	0.30	13	0.09	9	0.06
蚌山区	79	1.39	30	0.53	15	0.26	9	0.16
禹会区	574	1.59	155	0.43	50	0.14	38	0.10
淮上区	489	1.46	121	0.36	36	0.11	30	0.09
怀远县	3930	1.94	1358	0.67	524	0.26	380	0.19
五河县	1673	1.63	464	0.45	160	0.16	108	0.10
固镇县	2496	2.19	860	0.75	367	0.32	272	0.24
蚌埠市高新技术开发区								
蚌埠市经济开发区								
淮南市	**4703**	**1.04**	**1485**	**0.33**	**575**	**0.13**	**369**	**0.08**
大通区	188	1.10	56	0.33	25	0.15	19	0.11
田家庵区	132	1.13	45	0.39	27	0.23	12	0.10
谢家集区	128	0.67	40	0.21	11	0.06	12	0.06
八公山区	12	0.50	6	0.25	1	0.04	2	0.08
潘集区	832	1.28	293	0.45	133	0.21	85	0.13
凤台县	1842	1.27	557	0.38	187	0.13	119	0.08
寿县	1569	0.81	488	0.25	191	0.10	120	0.06

1-8c 续表 7　　单位：户、%

地　区	七人户		八人户		九人户		十人及以上户	
	户数	比重	户数	比重	户数	比重	户数	比重
马鞍山市	**1750**	**0.74**	**484**	**0.21**	**184**	**0.08**	**106**	**0.05**
花山区	13	0.35	11	0.30	5	0.14	6	0.16
雨山区	28	0.54	14	0.27	3	0.06	2	0.04
博望区	231	0.89	50	0.19	15	0.06	6	0.02
当涂县	437	0.72	105	0.17	55	0.09	23	0.04
含山县	442	0.74	140	0.24	43	0.07	43	0.07
和县	599	0.74	164	0.20	63	0.08	26	0.03
淮北市	**3373**	**1.35**	**1019**	**0.41**	**350**	**0.14**	**262**	**0.10**
杜集区	200	1.08	77	0.42	22	0.12	10	0.05
相山区	130	0.72	38	0.21	15	0.08	7	0.04
烈山区	336	0.86	84	0.21	24	0.06	11	0.03
濉溪县	2707	1.55	820	0.47	289	0.17	234	0.13
铜陵市	**726**	**0.38**	**188**	**0.10**	**79**	**0.04**	**48**	**0.03**
铜官区	14	0.37	1	0.03			1	0.03
义安区	108	0.22	19	0.04	6	0.01	6	0.01
郊区	177	0.45	50	0.13	18	0.05	8	0.02
枞阳县	427	0.43	118	0.12	55	0.06	33	0.03
安庆市	**4988**	**0.69**	**1376**	**0.19**	**415**	**0.06**	**243**	**0.03**
迎江区	3	0.06	3	0.06	1	0.02		
大观区	105	0.79	32	0.24	5	0.04	6	0.05
宜秀区	63	0.59	22	0.20	10	0.09	6	0.06
怀宁县	615	0.61	177	0.17	84	0.08	36	0.04
太湖县	604	0.60	152	0.15	26	0.03	16	0.02
宿松县	1425	1.02	450	0.32	140	0.10	97	0.07
望江县	828	0.74	209	0.19	33	0.03	17	0.02
岳西县	524	0.70	134	0.18	43	0.06	29	0.04
安徽安庆经济开发区	6	0.40	1	0.07				
桐城市	374	0.46	111	0.14	41	0.05	17	0.02
潜山市	441	0.55	85	0.11	32	0.04	19	0.02
黄山市	**1091**	**0.48**	**326**	**0.14**	**103**	**0.05**	**49**	**0.02**
屯溪区	83	1.09	34	0.45	10	0.13	3	0.04
黄山区	98	0.39	20	0.08	10	0.04	9	0.04
徽州区	73	0.56	26	0.20	12	0.09	3	0.02
歙县	341	0.39	106	0.12	29	0.03	15	0.02
休宁县	342	0.73	105	0.22	32	0.07	13	0.03
黟县	56	0.31	11	0.06	5	0.03	3	0.02
祁门县	98	0.34	24	0.08	5	0.02	3	0.01
滁州市	**5970**	**1.03**	**1999**	**0.35**	**800**	**0.14**	**617**	**0.11**
琅琊区	20	0.45	6	0.14	1	0.02	3	0.07
南谯区	138	0.35	34	0.09	11	0.03	11	0.03
来安县	459	0.64	121	0.17	37	0.05	38	0.05
全椒县	196	0.32	49	0.08	15	0.02	17	0.03
定远县	1798	1.30	696	0.50	322	0.23	228	0.16
凤阳县	2180	2.03	786	0.73	328	0.30	267	0.25
苏滁现代产业园								
滁州经济技术开发区	27	0.83	10	0.31	7	0.21	2	0.06
天长市	496	0.74	130	0.20	26	0.04	16	0.02
明光市	656	0.75	167	0.19	53	0.06	35	0.04

1−8c　续表 8　　　　单位：户、%

地　　区	七人户		八人户		九人户		十人及以上户	
	户数	比重	户数	比重	户数	比重	户数	比重
阜阳市	**26538**	**1.58**	**8698**	**0.52**	**3319**	**0.20**	**2631**	**0.16**
颍州区	1782	1.79	555	0.56	224	0.23	183	0.18
颍东区	1876	1.97	635	0.67	214	0.22	149	0.16
颍泉区	1177	1.06	312	0.28	97	0.09	61	0.05
临泉县	7470	1.91	2578	0.66	962	0.25	762	0.20
太和县	2397	0.82	585	0.20	201	0.07	139	0.05
阜南县	5984	2.13	2245	0.80	894	0.32	815	0.29
颍上县	4501	1.74	1470	0.57	579	0.22	412	0.16
阜阳合肥现代产业园区	173	1.57	56	0.51	27	0.24	21	0.19
阜阳经济技术开发区	162	2.36	57	0.83	43	0.63	33	0.48
界首市	1016	0.78	205	0.16	78	0.06	56	0.04
宿州市	**13686**	**1.25**	**3622**	**0.33**	**1154**	**0.11**	**658**	**0.06**
埇桥区	3874	1.31	1018	0.34	376	0.13	239	0.08
砀山县	1149	0.75	317	0.21	87	0.06	49	0.03
萧县	1993	0.74	461	0.17	145	0.05	68	0.03
灵璧县	3779	1.75	1077	0.50	289	0.13	177	0.08
泗县	2761	1.79	711	0.46	239	0.16	111	0.07
宿州马鞍山现代产业园区	130	2.04	38	0.60	18	0.28	14	0.22
宿州经济技术开发区								
六安市	**6451**	**0.71**	**1692**	**0.19**	**692**	**0.08**	**495**	**0.05**
金安区	522	0.38	107	0.08	41	0.03	37	0.03
裕安区	1843	1.07	507	0.29	257	0.15	179	0.10
叶集区	551	1.43	177	0.46	76	0.20	40	0.10
霍邱县	1937	0.76	501	0.20	190	0.07	149	0.06
舒城县	650	0.41	143	0.09	33	0.02	21	0.01
金寨县	827	0.74	227	0.20	89	0.08	60	0.05
霍山县	121	0.32	30	0.08	6	0.02	9	0.02
亳州市	**13561**	**1.25**	**4069**	**0.38**	**1420**	**0.13**	**1179**	**0.11**
谯城区	2180	0.70	488	0.16	165	0.05	151	0.05
涡阳县	3734	1.39	1184	0.44	492	0.18	489	0.18
蒙城县	4263	1.99	1418	0.66	439	0.20	272	0.13
利辛县	3384	1.17	979	0.34	324	0.11	267	0.09
池州市	**874**	**0.39**	**209**	**0.09**	**55**	**0.02**	**53**	**0.02**
贵池区	235	0.28	56	0.07	16	0.02	19	0.02
东至县	360	0.51	88	0.12	22	0.03	21	0.03
石台县	62	0.33	14	0.07	7	0.04	2	0.01
青阳县	166	0.38	43	0.10	7	0.02	8	0.02
池州市国家经济技术开发区								
皖江江南新兴产业集中区								
九华山风景区	51	1.30	8	0.20	3	0.08	3	0.08
宣城市	**1052**	**0.25**	**245**	**0.06**	**75**	**0.02**	**71**	**0.02**
宣州区	298	0.21	71	0.05	18	0.01	23	0.02
郎溪县	173	0.36	41	0.09	13	0.03	13	0.03
泾县	117	0.20	25	0.04	11	0.02	10	0.02
绩溪县	50	0.19	15	0.06	3	0.01	1	
旌德县	84	0.41	17	0.08	3	0.01	4	0.02
宣城市经济开发区	13	0.17	6	0.08	1	0.01		
宁国市	80	0.15	11	0.02	7	0.01	6	0.01
广德市	237	0.32	59	0.08	19	0.03	14	0.02

1-9 各地区家庭户类别

单位：户、%

地 区	家庭户户 数	一代户户数	一代户比重	二代户户数	二代户比重
安 徽	**21910377**	**10485076**	**47.85**	**8415966**	**38.41**
合肥市	**3216982**	**1604246**	**49.87**	**1218819**	**37.89**
瑶海区	312574	148579	47.53	130022	41.60
庐阳区	244436	109342	44.73	104459	42.73
蜀山区	338194	166526	49.24	129712	38.35
包河区	407703	194985	47.83	160754	39.43
长丰县	286823	148191	51.67	108596	37.86
肥东县	329719	174764	53.00	119135	36.13
肥西县	328584	176074	53.59	111588	33.96
庐江县	343693	171546	49.91	125485	36.51
合肥高新技术产业开发区	75772	36249	47.84	27312	36.04
合肥经济技术开发区	146931	65501	44.58	57568	39.18
合肥新站高新技术产业开发区	127214	62323	48.99	49216	38.69
巢湖市	275339	150166	54.54	94972	34.49
芜湖市	**1360209**	**690562**	**50.77**	**496944**	**36.53**
镜湖区	188874	99469	52.66	69362	36.72
弋江区	128858	61096	47.41	52673	40.88
鸠江区	195130	98153	50.30	70437	36.10
三山区	59794	32323	54.06	20142	33.69
芜湖县	123180	61654	50.05	45831	37.21
繁昌县	99231	54785	55.21	34027	34.29
南陵县	177645	90971	51.21	64863	36.51
芜湖经济技术开发区	63544	35013	55.10	20983	33.02
安徽芜湖长江大桥经济开发区	9191	5049	54.93	2968	32.29
无为市	314762	152049	48.31	115658	36.74
蚌埠市	**1141146**	**511958**	**44.86**	**460259**	**40.33**
龙子湖区	84579	44377	52.47	31833	37.64
蚌山区	64012	31668	49.47	26671	41.67
禹会区	119915	59081	49.27	48052	40.07
淮上区	94266	41516	44.04	39545	41.95
怀远县	320025	138833	43.38	127226	39.76
五河县	184926	79919	43.22	72619	39.27
固镇县	169446	71495	42.19	66078	39.00
蚌埠市高新技术开发区	19485	6998	35.91	10304	52.88
蚌埠市经济开发区	84492	38071	45.06	37931	44.89
淮南市	**1137336**	**562934**	**49.50**	**438041**	**38.51**
大通区	61734	30385	49.22	24147	39.11
田家庵区	264458	127750	48.31	112368	42.49
谢家集区	89952	48448	53.86	32294	35.90
八公山区	48301	25631	53.07	17436	36.10
潘集区	119288	55703	46.70	46633	39.09
凤台县	227637	106161	46.64	90266	39.65
寿县	325966	168856	51.80	114897	35.25

1-9 续表 1

单位：户、%

地 区	家庭户	一代户		二代户	
	户 数	户数	比重	户数	比重
马鞍山市	**799767**	**402061**	**50.27**	**291970**	**36.51**
花山区	175246	89819	51.25	70285	40.11
雨山区	123905	67353	54.36	45661	36.85
博望区	55259	24140	43.69	20886	37.80
当涂县	160263	78271	48.84	56031	34.96
含山县	129721	62689	48.33	46775	36.06
和县	155373	79789	51.35	52332	33.68
淮北市	**692071**	**314328**	**45.42**	**290751**	**42.01**
杜集区	88991	44430	49.93	34632	38.92
相山区	195436	86562	44.29	90382	46.25
烈山区	88198	45679	51.79	33443	37.92
濉溪县	319446	137657	43.09	132294	41.41
铜陵市	**519512**	**271002**	**52.16**	**193284**	**37.20**
铜官区	164108	80266	48.91	69248	42.20
义安区	93639	51754	55.27	32716	34.94
郊区	67910	37723	55.55	22777	33.54
枞阳县	193855	101259	52.23	68543	35.36
安庆市	**1547076**	**718696**	**46.46**	**579327**	**37.45**
迎江区	99018	50972	51.48	38079	38.46
大观区	84395	43924	52.05	31567	37.40
宜秀区	61749	29875	48.38	22980	37.22
怀宁县	187079	86749	46.37	69422	37.11
太湖县	163736	74882	45.73	59827	36.54
宿松县	226580	101220	44.67	89888	39.67
望江县	164733	70387	42.73	61433	37.29
岳西县	117882	49011	41.58	45955	38.98
安徽安庆经济开发区	50248	25926	51.60	19645	39.10
桐城市	223866	107612	48.07	80336	35.89
潜山市	167790	78138	46.57	60195	35.88
黄山市	**503976**	**249365**	**49.48**	**177025**	**35.13**
屯溪区	101206	48016	47.44	37678	37.23
黄山区	57373	30998	54.03	19187	33.44
徽州区	35045	16462	46.97	12427	35.46
歙县	143674	71963	50.09	49279	34.30
休宁县	78974	36383	46.07	27609	34.96
黟县	30432	16661	54.75	9865	32.42
祁门县	57272	28882	50.43	20980	36.63
滁州市	**1410309**	**665679**	**47.20**	**524097**	**37.16**
琅琊区	95441	43497	45.57	40245	42.17
南谯区	119504	57488	48.11	46167	38.63
来安县	154023	79783	51.80	51800	33.63
全椒县	153412	80997	52.80	53530	34.89
定远县	241056	110824	45.97	91068	37.78
凤阳县	208485	88008	42.21	80700	38.71
苏滁现代产业园	6027	3439	57.06	2027	33.63
滁州经济技术开发区	35083	14598	41.61	15541	44.30
天长市	213098	98944	46.43	74280	34.86
明光市	184180	88101	47.83	68739	37.32

1-9 续表 2

单位：户、%

地区	家庭户	一代户		二代户	
	户数	户数	比重	户数	比重
阜阳市	**2778700**	**1201176**	**43.23**	**1144001**	**41.17**
颍州区	257936	109218	42.34	110699	42.92
颍东区	174977	72313	41.33	70821	40.47
颍泉区	207695	93074	44.81	84859	40.86
临泉县	537954	215845	40.12	225338	41.89
太和县	513678	242919	47.29	214145	41.69
阜南县	388590	157946	40.65	160307	41.25
颍上县	409168	179730	43.93	156692	38.30
阜阳合肥现代产业园区	12815	5274	41.15	5523	43.10
阜阳经济技术开发区	39271	16209	41.27	17936	45.67
界首市	236616	108648	45.92	97681	41.28
宿州市	**1878015**	**839911**	**44.72**	**768198**	**40.90**
埇桥区	588264	265318	45.10	241642	41.08
砀山县	286684	139714	48.73	115199	40.18
萧县	394324	197346	50.05	156775	39.76
灵璧县	325599	128575	39.49	136785	42.01
泗县	250586	96201	38.39	103157	41.17
宿州马鞍山现代产业园区	15096	6370	42.20	6221	41.21
宿州经济技术开发区	17462	6387	36.58	8419	48.21
六安市	**1655641**	**826370**	**49.91**	**595199**	**35.95**
金安区	310884	156221	50.25	118777	38.21
裕安区	319267	141396	44.29	124157	38.89
叶集区	72240	33105	45.83	25714	35.60
霍邱县	377982	209729	55.49	126769	33.54
舒城县	279711	143755	51.39	95115	34.00
金寨县	185098	86463	46.71	67176	36.29
霍山县	110459	55701	50.43	37491	33.94
亳州市	**1762660**	**841167**	**47.72**	**702539**	**39.86**
谯城区	560361	279872	49.94	223213	39.83
涡阳县	402914	188504	46.79	159680	39.63
蒙城县	365795	154938	42.36	149180	40.78
利辛县	433590	217853	50.24	170466	39.32
池州市	**512929**	**247766**	**48.30**	**195303**	**38.08**
贵池区	221115	106443	48.14	86607	39.17
东至县	156418	72376	46.27	60764	38.85
石台县	32088	16603	51.74	11325	35.29
青阳县	90315	45312	50.17	32541	36.03
池州市国家经济技术开发区	4679	2305	49.26	1765	37.72
皖江江南新兴产业集中区	3330	2472	74.23	672	20.18
九华山风景区	4984	2255	45.24	1629	32.68
宣城市	**994048**	**537855**	**54.11**	**340209**	**34.22**
宣州区	274391	152451	55.56	93529	34.09
郎溪县	121148	62469	51.56	43838	36.19
泾县	119036	67333	56.57	39132	32.87
绩溪县	58802	32930	56.00	19123	32.52
旌德县	45092	22787	50.53	15646	34.70
宣城市经济开发区	35837	18918	52.79	13552	37.82
宁国市	156720	86228	55.02	52659	33.60
广德市	183022	94739	51.76	62730	34.27

1-9　续表 3　　　　单位：户、%

地　区	三代户		四代户		五代及以上户	
	户数	比重	户数	比重	户数	比重
安　徽	**2905658**	**13.26**	**103600**	**0.47**	**77**	
合肥市	**387043**	**12.03**	**6872**	**0.21**	**2**	
瑶海区	33528	10.73	445	0.14		
庐阳区	30285	12.39	350	0.14		
蜀山区	41501	12.27	455	0.13		
包河区	51357	12.60	607	0.15		
长丰县	29388	10.25	648	0.23		
肥东县	35042	10.63	778	0.24		
肥西县	40199	12.23	723	0.22		
庐江县	45186	13.15	1475	0.43	1	
合肥高新技术产业开发区	12101	15.97	110	0.15		
合肥经济技术开发区	23664	16.11	198	0.13		
合肥新站高新技术产业开发区	15474	12.16	201	0.16		
巢湖市	29318	10.65	882	0.32	1	
芜湖市	**167798**	**12.34**	**4902**	**0.36**	**3**	
镜湖区	19722	10.44	320	0.17	1	
弋江区	14913	11.57	176	0.14		
鸠江区	25722	13.18	817	0.42	1	
三山区	7163	11.98	166	0.28		
芜湖县	15206	12.34	489	0.40		
繁昌县	10188	10.27	231	0.23		
南陵县	21133	11.90	678	0.38		
芜湖经济技术开发区	7446	11.72	102	0.16		
安徽芜湖长江大桥经济开发区	1123	12.22	51	0.55		
无为市	45182	14.35	1872	0.59	1	
蚌埠市	**162440**	**14.23**	**6483**	**0.57**	**6**	
龙子湖区	8226	9.73	143	0.17		
蚌山区	5582	8.72	91	0.14		
禹会区	12484	10.41	298	0.25		
淮上区	12747	13.52	458	0.49		
怀远县	51756	16.17	2207	0.69	3	
五河县	30845	16.68	1541	0.83	2	
固镇县	30227	17.84	1645	0.97	1	
蚌埠市高新技术开发区	2173	11.15	10	0.05		
蚌埠市经济开发区	8400	9.94	90	0.11		
淮南市	**132269**	**11.63**	**4089**	**0.36**	**3**	
大通区	7032	11.39	170	0.28		
田家庵区	23996	9.07	344	0.13		
谢家集区	9028	10.04	182	0.20		
八公山区	5132	10.63	102	0.21		
潘集区	16352	13.71	600	0.50		
凤台县	29964	13.16	1244	0.55	2	
寿县	40765	12.51	1447	0.44	1	

1-9 续表 4

单位：户、%

地　区	三代户		四代户		五代及以上户	
	户数	比重	户数	比重	户数	比重
马鞍山市	**101503**	**12.69**	**4231**	**0.53**	**2**	
花山区	14880	8.49	262	0.15		
雨山区	10667	8.61	224	0.18		
博望区	9759	17.66	474	0.86		
当涂县	24823	15.49	1137	0.71	1	
含山县	19425	14.97	832	0.64		
和县	21949	14.13	1302	0.84	1	
淮北市	**83810**	**12.11**	**3176**	**0.46**	**6**	
杜集区	9589	10.78	340	0.38		
相山区	18185	9.30	307	0.16		
烈山区	8804	9.98	272	0.31		
濉溪县	47232	14.79	2257	0.71	6	
铜陵市	**54098**	**10.41**	**1128**	**0.22**		
铜官区	14444	8.80	150	0.09		
义安区	8972	9.58	197	0.21		
郊区	7195	10.59	215	0.32		
枞阳县	23487	12.12	566	0.29		
安庆市	**238211**	**15.40**	**10835**	**0.70**	**7**	
迎江区	9839	9.94	128	0.13		
大观区	8655	10.26	249	0.30		
宜秀区	8577	13.89	317	0.51		
怀宁县	29282	15.65	1625	0.87	1	
太湖县	27612	16.86	1415	0.86		
宿松县	34177	15.08	1295	0.57		
望江县	31075	18.86	1835	1.11	3	
岳西县	21969	18.64	947	0.80		
安徽安庆经济开发区	4619	9.19	58	0.12		
桐城市	34423	15.38	1492	0.67	3	
潜山市	27983	16.68	1474	0.88		
黄山市	**74415**	**14.77**	**3166**	**0.63**	**5**	
屯溪区	14983	14.80	528	0.52	1	
黄山区	6926	12.07	262	0.46		
徽州区	5907	16.86	249	0.71		
歙县	21594	15.03	836	0.58	2	
休宁县	14068	17.81	912	1.15	2	
黟县	3786	12.44	120	0.39		
祁门县	7151	12.49	259	0.45		
滁州市	**210843**	**14.95**	**9687**	**0.69**	**3**	
琅琊区	11463	12.01	236	0.25		
南谯区	15455	12.93	394	0.33		
来安县	21195	13.76	1245	0.81		
全椒县	18227	11.88	657	0.43	1	
定远县	37360	15.50	1803	0.75	1	
凤阳县	37965	18.21	1811	0.87	1	
苏滁现代产业园	550	9.13	11	0.18		
滁州经济技术开发区	4840	13.80	104	0.30		
天长市	37571	17.63	2303	1.08		
明光市	26217	14.23	1123	0.61		

1-9 续表 5

单位：户、%

地　区	三代户		四代户		五代及以上户	
	户数	比重	户数	比重	户数	比重
阜阳市	**418004**	**15.04**	**15507**	**0.56**	**12**	
颍州区	36825	14.28	1193	0.46	1	
颍东区	30533	17.45	1309	0.75	1	
颍泉区	28901	13.92	861	0.41		
临泉县	93120	17.31	3647	0.68	4	
太和县	55242	10.75	1370	0.27	2	
阜南县	67581	17.39	2756	0.71		
颍上县	69420	16.97	3322	0.81	4	
阜阳合肥现代产业园区	1944	15.17	74	0.58		
阜阳经济技术开发区	5002	12.74	124	0.32		
界首市	29436	12.44	851	0.36		
宿州市	**258894**	**13.79**	**11000**	**0.59**	**12**	
埇桥区	78798	13.40	2504	0.43	2	
砀山县	30352	10.59	1417	0.49	2	
萧县	38971	9.88	1231	0.31	1	
灵璧县	57105	17.54	3130	0.96	4	
泗县	48716	19.44	2509	1.00	3	
宿州马鞍山现代产业园区	2386	15.81	119	0.79		
宿州经济技术开发区	2566	14.69	90	0.52		
六安市	**225293**	**13.61**	**8775**	**0.53**	**4**	
金安区	34925	11.23	960	0.31	1	
裕安区	51565	16.15	2149	0.67		
叶集区	12711	17.60	710	0.98		
霍邱县	39918	10.56	1564	0.41	2	
舒城县	39342	14.07	1499	0.54		
金寨县	30355	16.40	1103	0.60	1	
霍山县	16477	14.92	790	0.72		
亳州市	**211072**	**11.97**	**7873**	**0.45**	**9**	
谯城区	55640	9.93	1635	0.29	1	
涡阳县	52813	13.11	1915	0.48	2	
蒙城县	58915	16.11	2756	0.75	6	
利辛县	43704	10.08	1567	0.36		
池州市	**67579**	**13.18**	**2281**	**0.44**		
贵池区	27363	12.38	702	0.32		
东至县	22376	14.31	902	0.58		
石台县	3997	12.46	163	0.51		
青阳县	12043	13.33	419	0.46		
池州市国家经济技术开发区	598	12.78	11	0.24		
皖江江南新兴产业集中区	181	5.44	5	0.15		
九华山风景区	1021	20.49	79	1.59		
宣城市	**112386**	**11.31**	**3595**	**0.36**	**3**	
宣州区	27636	10.07	774	0.28	1	
郎溪县	14427	11.91	414	0.34		
泾县	12173	10.23	398	0.33		
绩溪县	6546	11.13	203	0.35		
旌德县	6409	14.21	250	0.55		
宣城市经济开发区	3321	9.27	45	0.13	1	
宁国市	17266	11.02	567	0.36		
广德市	24608	13.45	944	0.52	1	

1-9a 各地区家庭户类别(城市)

单位：户、%

地区	家庭户	一代户		二代户	
	户数	户数	比重	户数	比重
安徽	**5663611**	**2630308**	**46.44**	**2362102**	**41.71**
合肥市	**1414209**	**674536**	**47.70**	**568773**	**40.22**
瑶海区	296359	141457	47.73	123057	41.52
庐阳区	220033	101080	45.94	92699	42.13
蜀山区	321172	156101	48.60	124758	38.84
包河区	405767	193796	47.76	160203	39.48
长丰县					
肥东县					
肥西县	16443	10087	61.35	4412	26.83
庐江县					
合肥高新技术产业开发区					
合肥经济技术开发区					
合肥新站高新技术产业开发区	23776	11527	48.48	9508	39.99
巢湖市	130659	60488	46.29	54136	41.43
芜湖市	**530778**	**261227**	**49.22**	**207835**	**39.16**
镜湖区	181014	95327	52.66	66822	36.92
弋江区	128858	61096	47.41	52673	40.88
鸠江区	110236	53450	48.49	42459	38.52
三山区	35900	19791	55.13	12235	34.08
芜湖县	3284	1737	52.89	1015	30.91
繁昌县					
南陵县					
芜湖经济技术开发区	1118	700	62.61	271	24.24
安徽芜湖长江大桥经济开发区					
无为市	70368	29126	41.39	32360	45.99
蚌埠市	**256235**	**128503**	**50.15**	**104454**	**40.76**
龙子湖区	67207	36000	53.57	25536	38.00
蚌山区	58329	28972	49.67	24580	42.14
禹会区	79988	41789	52.24	31813	39.77
淮上区	50711	21742	42.87	22525	44.42
怀远县					
五河县					
固镇县					
蚌埠市高新技术开发区					
蚌埠市经济开发区					
淮南市	**406299**	**200237**	**49.28**	**167470**	**41.22**
大通区	15292	7311	47.81	6392	41.80
田家庵区	248169	119622	48.20	106486	42.91
谢家集区	69279	37240	53.75	25114	36.25
八公山区	45869	24260	52.89	16654	36.31
潘集区	27690	11804	42.63	12824	46.31
凤台县					
寿县					

1-9a　续表 1　　　单位：户、%

地　　区	家庭户	一代户		二代户	
	户　数	户数	比重	户数	比重
马鞍山市	**316180**	**162269**	**51.32**	**124182**	**39.28**
花山区	171558	87475	50.99	69369	40.43
雨山区	118724	64346	54.20	44232	37.26
博望区	25898	10448	40.34	10581	40.86
当涂县					
含山县					
和县					
淮北市	**285186**	**130510**	**45.76**	**125378**	**43.96**
杜集区	51994	25399	48.85	20775	39.96
相山区	177259	77449	43.69	82979	46.81
烈山区	35854	19067	53.18	13471	37.57
濉溪县	20079	8595	42.81	8153	40.60
铜陵市	**210524**	**102816**	**48.84**	**88715**	**42.14**
铜官区	160179	78026	48.71	67876	42.38
义安区	33824	15562	46.01	14840	43.87
郊区	16521	9228	55.86	5999	36.31
枞阳县					
安庆市	**387135**	**181739**	**46.94**	**154948**	**40.02**
迎江区	94072	47167	50.14	37164	39.51
大观区	64230	34265	53.35	24600	38.30
宜秀区	40748	18654	45.78	16461	40.40
怀宁县					
太湖县					
宿松县					
望江县	32648	13665	41.86	14099	43.18
岳西县					
安徽安庆经济开发区	235	227	96.60	7	2.98
桐城市	101283	43822	43.27	40941	40.42
潜山市	53919	23939	44.40	21676	40.20
黄山市	**135182**	**64004**	**47.35**	**51451**	**38.06**
屯溪区	91576	43853	47.89	34459	37.63
黄山区	22973	11342	49.37	8782	38.23
徽州区	18078	7812	43.21	7265	40.19
歙县	1182	488	41.29	408	34.52
休宁县	1373	509	37.07	537	39.11
黟县					
祁门县					
滁州市	**299069**	**122261**	**40.88**	**130726**	**43.71**
琅琊区	91002	40542	44.55	39135	43.00
南谯区	59185	22030	37.22	27439	46.36
来安县					
全椒县					
定远县					
凤阳县					
苏滁现代产业园					
滁州经济技术开发区					
天长市	81663	32700	40.04	34763	42.57
明光市	67219	26989	40.15	29389	43.72

1-9a 续表 2

单位：户、%

地　区	家庭户	一代户		二代户	
	户　数	户数	比重	户数	比重
阜阳市	**332077**	**133907**	**40.32**	**154060**	**46.39**
颍州区	138159	56922	41.20	63479	45.95
颍东区	56329	23281	41.33	25619	45.48
颍泉区	68906	28091	40.77	31217	45.30
临泉县					
太和县					
阜南县					
颍上县					
阜阳合肥现代产业园区					
阜阳经济技术开发区					
界首市	68683	25613	37.29	33745	49.13
宿州市	**219912**	**91434**	**41.58**	**100699**	**45.79**
埇桥区	217854	90499	41.54	99821	45.82
砀山县					
萧县	2058	935	45.43	878	42.66
灵璧县					
泗县					
宿州马鞍山现代产业园区					
宿州经济技术开发区					
六安市	**261304**	**103386**	**39.57**	**122726**	**46.97**
金安区	117870	49080	41.64	53864	45.70
裕安区	117162	42929	36.64	58382	49.83
叶集区	23614	9929	42.05	9663	40.92
霍邱县	975	514	52.72	319	32.72
舒城县	1683	934	55.50	498	29.59
金寨县					
霍山县					
亳州市	**206600**	**90048**	**43.59**	**92705**	**44.87**
谯城区	205220	89391	43.56	92084	44.87
涡阳县					
蒙城县					
利辛县	1380	657	47.61	621	45.00
池州市	**130298**	**54630**	**41.93**	**58896**	**45.20**
贵池区	122289	49853	40.77	56459	46.17
东至县					
石台县					
青阳县					
池州市国家经济技术开发区	4679	2305	49.26	1765	37.72
皖江江南新兴产业集中区	3330	2472	74.23	672	20.18
九华山风景区					
宣城市	**272623**	**128801**	**47.25**	**109084**	**40.01**
宣州区	94662	44005	46.49	39961	42.21
郎溪县					
泾县					
绩溪县					
旌德县					
宣城市经济开发区					
宁国市	91797	41972	45.72	37006	40.31
广德市	86164	42824	49.70	32117	37.27

1-9a　续表 3　　单位：户、%

地　区	三代户		四代户		五代及以上户	
	户数	比重	户数	比重	户数	比重
安　徽	**658742**	**11.63**	**12452**	**0.22**	**7**	
合肥市	**168781**	**11.93**	**2119**	**0.15**		
瑶海区	31425	10.60	420	0.14		
庐阳区	25933	11.79	321	0.15		
蜀山区	39915	12.43	398	0.12		
包河区	51177	12.61	591	0.15		
长丰县						
肥东县						
肥西县	1921	11.68	23	0.14		
庐江县						
合肥高新技术产业开发区						
合肥经济技术开发区						
合肥新站高新技术产业开发区	2703	11.37	38	0.16		
巢湖市	15707	12.02	328	0.25		
芜湖市	**60711**	**11.44**	**1003**	**0.19**	**2**	
镜湖区	18577	10.26	287	0.16	1	
弋江区	14913	11.57	176	0.14		
鸠江区	14128	12.82	199	0.18		
三山区	3802	10.59	72	0.20		
芜湖县	505	15.38	27	0.82		
繁昌县						
南陵县						
芜湖经济技术开发区	142	12.70	5	0.45		
安徽芜湖长江大桥经济开发区						
无为市	8644	12.28	237	0.34	1	
蚌埠市	**22901**	**8.94**	**377**	**0.15**		
龙子湖区	5600	8.33	71	0.11		
蚌山区	4713	8.08	64	0.11		
禹会区	6313	7.89	73	0.09		
淮上区	6275	12.37	169	0.33		
怀远县						
五河县						
固镇县						
蚌埠市高新技术开发区						
蚌埠市经济开发区						
淮南市	**38060**	**9.37**	**532**	**0.13**		
大通区	1563	10.22	26	0.17		
田家庵区	21807	8.79	254	0.10		
谢家集区	6820	9.84	105	0.15		
八公山区	4868	10.61	87	0.19		
潘集区	3002	10.84	60	0.22		
凤台县						
寿县						

1-9a 续表 4

单位：户、%

地 区	三代户		四代户		五代及以上户	
	户数	比重	户数	比重	户数	比重
马鞍山市	**29078**	**9.20**	**651**	**0.21**		
花山区	14473	8.44	241	0.14		
雨山区	9958	8.39	188	0.16		
博望区	4647	17.94	222	0.86		
当涂县						
含山县						
和县						
淮北市	**28579**	**10.02**	**718**	**0.25**	**1**	
杜集区	5634	10.84	186	0.36		
相山区	16578	9.35	253	0.14		
烈山区	3234	9.02	82	0.23		
濉溪县	3133	15.60	197	0.98	1	
铜陵市	**18774**	**8.92**	**219**	**0.10**		
铜官区	14131	8.82	146	0.09		
义安区	3375	9.98	47	0.14		
郊区	1268	7.68	26	0.16		
枞阳县						
安庆市	**49153**	**12.70**	**1293**	**0.33**	**2**	
迎江区	9621	10.23	120	0.13		
大观区	5292	8.24	73	0.11		
宜秀区	5477	13.44	156	0.38		
怀宁县						
太湖县						
宿松县						
望江县	4773	14.62	111	0.34		
岳西县						
安徽安庆经济开发区	1	0.43				
桐城市	15964	15.76	554	0.55	2	
潜山市	8025	14.88	279	0.52		
黄山市	**19164**	**14.18**	**563**	**0.42**		
屯溪区	12873	14.06	391	0.43		
黄山区	2786	12.13	63	0.27		
徽州区	2917	16.14	84	0.46		
歙县	273	23.10	13	1.10		
休宁县	315	22.94	12	0.87		
黟县						
祁门县						
滁州市	**44956**	**15.03**	**1126**	**0.38**		
琅琊区	11101	12.20	224	0.25		
南谯区	9526	16.10	190	0.32		
来安县						
全椒县						
定远县						
凤阳县						
苏滁现代产业园						
滁州经济技术开发区						
天长市	13821	16.92	379	0.46		
明光市	10508	15.63	333	0.50		

1-9a 续表 5 单位：户、%

地区	三代户		四代户		五代及以上户	
	户数	比重	户数	比重	户数	比重
阜阳市	**43128**	**12.99**	**981**	**0.30**	**1**	
颍州区	17421	12.61	337	0.24		
颍东区	7258	12.89	170	0.30	1	
颍泉区	9366	13.59	232	0.34		
临泉县						
太和县						
阜南县						
颍上县						
阜阳合肥现代产业园区						
阜阳经济技术开发区						
界首市	9083	13.22	242	0.35		
宿州市	**27233**	**12.38**	**546**	**0.25**		
埇桥区	26996	12.39	538	0.25		
砀山县						
萧县	237	11.52	8	0.39		
灵璧县						
泗县						
宿州马鞍山现代产业园区						
宿州经济技术开发区						
六安市	**34522**	**13.21**	**670**	**0.26**		
金安区	14713	12.48	213	0.18		
裕安区	15558	13.28	293	0.25		
叶集区	3875	16.41	147	0.62		
霍邱县	135	13.85	7	0.72		
舒城县	241	14.32	10	0.59		
金寨县						
霍山县						
亳州市	**23221**	**11.24**	**626**	**0.30**		
谯城区	23121	11.27	624	0.30		
涡阳县						
蒙城县						
利辛县	100	7.25	2	0.14		
池州市	**16528**	**12.68**	**244**	**0.19**		
贵池区	15749	12.88	228	0.19		
东至县						
石台县						
青阳县						
池州市国家经济技术开发区	598	12.78	11	0.24		
皖江江南新兴产业集中区	181	5.44	5	0.15		
九华山风景区						
宣城市	**33953**	**12.45**	**784**	**0.29**	**1**	
宣州区	10551	11.15	145	0.15		
郎溪县						
泾县						
绩溪县						
旌德县						
宣城市经济开发区						
宁国市	12500	13.62	319	0.35		
广德市	10902	12.65	320	0.37	1	

1-9b 各地区家庭户类别(镇)

单位：户、%

地 区	家庭户 户 数	一代户 户数	一代户 比重	二代户 户数	二代户 比重
安 徽	**6548174**	**2934535**	**44.81**	**2695144**	**41.16**
合肥市	**1104352**	**497847**	**45.08**	**450807**	**40.82**
瑶海区	8545	4086	47.82	3523	41.23
庐阳区	22104	6711	30.36	11169	50.53
蜀山区	10867	5819	53.55	3721	34.24
包河区					
长丰县	154358	64294	41.65	69856	45.26
肥东县	199191	88896	44.63	84827	42.59
肥西县	179847	82490	45.87	70923	39.44
庐江县	170082	75723	44.52	70505	41.45
合肥高新技术产业开发区	75748	36229	47.83	27310	36.05
合肥经济技术开发区	143180	62820	43.87	56700	39.60
合肥新站高新技术产业开发区	101671	49522	48.71	39320	38.67
巢湖市	38759	21257	54.84	12953	33.42
芜湖市	**411032**	**199875**	**48.63**	**158559**	**38.58**
镜湖区	403	224	55.58	132	32.75
弋江区					
鸠江区	30358	15674	51.63	10694	35.23
三山区	6713	2523	37.58	2893	43.10
芜湖县	76103	34451	45.27	32077	42.15
繁昌县	56802	28058	49.40	22408	39.45
南陵县	91418	42201	46.16	38658	42.29
芜湖经济技术开发区	60942	33314	54.67	20296	33.30
安徽芜湖长江大桥经济开发区	5777	3156	54.63	2026	35.07
无为市	82516	40274	48.81	29375	35.60
蚌埠市	**376472**	**162338**	**43.12**	**165183**	**43.88**
龙子湖区	3455	1872	54.18	1239	35.86
蚌山区					
禹会区	3730	1826	48.95	1449	38.85
淮上区	10176	4825	47.42	4013	39.44
怀远县	117829	50615	42.96	50659	42.99
五河县	82015	34563	42.14	35388	43.15
固镇县	55290	23568	42.63	24200	43.77
蚌埠市高新技术开发区	19485	6998	35.91	10304	52.88
蚌埠市经济开发区	84492	38071	45.06	37931	44.89
淮南市	**277916**	**133249**	**47.95**	**110398**	**39.72**
大通区	29398	14411	49.02	11462	38.99
田家庵区	4608	1899	41.21	1857	40.30
谢家集区	1532	836	54.57	555	36.23
八公山区	24	17	70.83	7	29.17
潘集区	26731	13887	51.95	9287	34.74
凤台县	82508	36985	44.83	35747	43.33
寿县	133115	65214	48.99	51483	38.68

1-9b 续表 1

单位：户、%

地 区	家庭户 户 数	一代户 户数	一代户 比重	二代户 户数	二代户 比重
马鞍山市	**248268**	**117752**	**47.43**	**94185**	**37.94**
花山区					
雨山区					
博望区	3539	1622	45.83	1304	36.85
当涂县	99630	48045	48.22	36589	36.72
含山县	70325	31831	45.26	28003	39.82
和县	74774	36254	48.48	28289	37.83
淮北市	**156527**	**69769**	**44.57**	**66998**	**42.80**
杜集区	18506	10541	56.96	6438	34.79
相山区					
烈山区	13068	7464	57.12	4582	35.06
濉溪县	124953	51764	41.43	55978	44.80
铜陵市	**117742**	**58767**	**49.91**	**45207**	**38.39**
铜官区	143	103	72.03	36	25.17
义安区	10093	5436	53.86	3402	33.71
郊区	12361	7356	59.51	3851	31.15
枞阳县	95145	45872	48.21	37918	39.85
安庆市	**437941**	**191998**	**43.84**	**178510**	**40.76**
迎江区					
大观区	6954	3275	47.10	2442	35.12
宜秀区	10265	5146	50.13	3386	32.99
怀宁县	85599	36518	42.66	36176	42.26
太湖县	63681	27724	43.54	25882	40.64
宿松县	86204	35022	40.63	38386	44.53
望江县	19432	8338	42.91	7204	37.07
岳西县	42967	16129	37.54	19302	44.92
安徽安庆经济开发区	48513	24801	51.12	19187	39.55
桐城市	41150	20068	48.77	14511	35.26
潜山市	33176	14977	45.14	12034	36.27
黄山市	**142509**	**64621**	**45.35**	**54971**	**38.57**
屯溪区	2021	741	36.67	680	33.65
黄山区	9174	5170	56.35	2770	30.19
徽州区	3927	1663	42.35	1281	32.62
歙县	55549	24159	43.49	21659	38.99
休宁县	30876	13156	42.61	12292	39.81
黟县	12554	6534	52.05	4584	36.51
祁门县	28408	13198	46.46	11705	41.20
滁州市	**531975**	**236964**	**44.54**	**210118**	**39.50**
琅琊区					
南谯区	21356	11007	51.54	7954	37.24
来安县	82833	39280	47.42	31245	37.72
全椒县	92060	42186	45.82	37176	40.38
定远县	102558	42443	41.38	44018	42.92
凤阳县	100931	42131	41.74	41075	40.70
苏滁现代产业园	6027	3439	57.06	2027	33.63
滁州经济技术开发区	31819	12700	39.91	14562	45.77
天长市	64790	28911	44.62	21773	33.61
明光市	29601	14867	50.22	10288	34.76

1－9b 续表 2

单位：户、%

地　区	家庭户	一代户		二代户	
	户　数	户数	比重	户数	比重
阜阳市	**769539**	**314354**	**40.85**	**337016**	**43.79**
颍州区	20226	8553	42.29	8524	42.14
颍东区	23281	9361	40.21	9121	39.18
颍泉区	27352	11907	43.53	10913	39.90
临泉县	147383	55312	37.53	67426	45.75
太和县	220556	96913	43.94	98685	44.74
阜南县	108107	39890	36.90	49809	46.07
颍上县	150940	60261	39.92	62207	41.21
阜阳合肥现代产业园区	1781	671	37.68	716	40.20
阜阳经济技术开发区	32413	13172	40.64	15261	47.08
界首市	37500	18314	48.84	14354	38.28
宿州市	**563186**	**240507**	**42.70**	**245311**	**43.56**
埇桥区	74297	40628	54.68	25567	34.41
砀山县	134103	61270	45.69	57145	42.61
萧县	122072	56486	46.27	52545	43.04
灵璧县	109907	37067	33.73	53853	49.00
泗县	96606	34905	36.13	44130	45.68
宿州马鞍山现代产业园区	8739	3764	43.07	3652	41.79
宿州经济技术开发区	17462	6387	36.58	8419	48.21
六安市	**483589**	**228611**	**47.27**	**188152**	**38.91**
金安区	53928	22666	42.03	25416	47.13
裕安区	30087	13652	45.38	11450	38.06
叶集区	10101	4728	46.81	3723	36.86
霍邱县	123533	62623	50.69	46103	37.32
舒城县	119979	58235	48.54	45735	38.12
金寨县	73419	32007	43.59	30030	40.90
霍山县	72542	34700	47.83	25695	35.42
亳州市	**473208**	**196366**	**41.50**	**213582**	**45.13**
谯城区	45342	22519	49.66	17950	39.59
涡阳县	134546	54840	40.76	61246	45.52
蒙城县	151070	58594	38.79	67903	44.95
利辛县	142250	60413	42.47	66483	46.74
池州市	**159184**	**72021**	**45.24**	**65966**	**41.44**
贵池区	13519	6996	51.75	4591	33.96
东至县	85379	37521	43.95	36433	42.67
石台县	13032	6338	48.63	5280	40.52
青阳县	46208	20491	44.35	19392	41.97
池州市国家经济技术开发区					
皖江江南新兴产业集中区					
九华山风景区	1046	675	64.53	270	25.81
宣城市	**294734**	**149496**	**50.72**	**110181**	**37.38**
宣州区	41027	22203	54.12	14614	35.62
郎溪县	73394	35454	48.31	28993	39.50
泾县	59440	30361	51.08	22428	37.73
绩溪县	32975	16547	50.18	12136	36.80
旌德县	24809	11523	46.45	9486	38.24
宣城市经济开发区	28401	13858	48.79	11688	41.15
宁国市	11360	7438	65.48	3017	26.56
广德市	23328	12112	51.92	7819	33.52

1-9b　续表 3　　　　单位：户、%

地　区	三代户		四代户		五代及以上户	
	户数	比重	户数	比重	户数	比重
安　徽	**889592**	**13.59**	**28883**	**0.44**	**20**	
合肥市	**153182**	**13.87**	**2516**	**0.23**		
瑶海区	919	10.75	17	0.20		
庐阳区	4199	19.00	25	0.11		
蜀山区	1281	11.79	46	0.42		
包河区						
长丰县	19903	12.89	305	0.20		
肥东县	24969	12.54	499	0.25		
肥西县	26085	14.50	349	0.19		
庐江县	23207	13.64	647	0.38		
合肥高新技术产业开发区	12099	15.97	110	0.15		
合肥经济技术开发区	23468	16.39	192	0.13		
合肥新站高新技术产业开发区	12671	12.46	158	0.16		
巢湖市	4381	11.30	168	0.43		
芜湖市	**51196**	**12.46**	**1401**	**0.34**	**1**	
镜湖区	43	10.67	4	0.99		
弋江区						
鸠江区	3810	12.55	179	0.59	1	
三山区	1287	19.17	10	0.15		
芜湖县	9360	12.30	215	0.28		
繁昌县	6242	10.99	94	0.17		
南陵县	10318	11.29	241	0.26		
芜湖经济技术开发区	7237	11.88	95	0.16		
安徽芜湖长江大桥经济开发区	578	10.01	17	0.29		
无为市	12321	14.93	546	0.66		
蚌埠市	**47570**	**12.64**	**1380**	**0.37**	**1**	
龙子湖区	333	9.64	11	0.32		
蚌山区						
禹会区	443	11.88	12	0.32		
淮上区	1295	12.73	43	0.42		
怀远县	16009	13.59	546	0.46		
五河县	11622	14.17	441	0.54	1	
固镇县	7295	13.19	227	0.41		
蚌埠市高新技术开发区	2173	11.15	10	0.05		
蚌埠市经济开发区	8400	9.94	90	0.11		
淮南市	**33196**	**11.94**	**1072**	**0.39**	**1**	
大通区	3449	11.73	76	0.26		
田家庵区	810	17.58	42	0.91		
谢家集区	134	8.75	7	0.46		
八公山区						
潘集区	3430	12.83	127	0.48		
凤台县	9488	11.50	288	0.35		
寿县	15885	11.93	532	0.40	1	

1－9b 续表 4

单位：户、%

地 区	三代户		四代户		五代及以上户	
	户数	比重	户数	比重	户数	比重
马鞍山市	**34989**	**14.09**	**1341**	**0.54**	**1**	
花山区						
雨山区						
博望区	581	16.42	32	0.90		
当涂县	14451	14.50	544	0.55	1	
含山县	10157	14.44	334	0.47		
和县	9800	13.11	431	0.58		
淮北市	**19029**	**12.16**	**730**	**0.47**	**1**	
杜集区	1481	8.00	46	0.25		
相山区						
烈山区	997	7.63	25	0.19		
濉溪县	16551	13.25	659	0.53	1	
铜陵市	**13467**	**11.44**	**301**	**0.26**		
铜官区	4	2.80				
义安区	1224	12.13	31	0.31		
郊区	1126	9.11	28	0.23		
枞阳县	11113	11.68	242	0.25		
安庆市	**64716**	**14.78**	**2716**	**0.62**	**1**	
迎江区						
大观区	1165	16.75	72	1.04		
宜秀区	1648	16.05	85	0.83		
怀宁县	12397	14.48	508	0.59		
太湖县	9629	15.12	446	0.70		
宿松县	12372	14.35	424	0.49		
望江县	3688	18.98	202	1.04		
岳西县	7275	16.93	261	0.61		
安徽安庆经济开发区	4471	9.22	54	0.11		
桐城市	6244	15.17	326	0.79	1	
潜山市	5827	17.56	338	1.02		
黄山市	**22055**	**15.48**	**862**	**0.60**		
屯溪区	563	27.86	37	1.83		
黄山区	1185	12.92	49	0.53		
徽州区	924	23.53	59	1.50		
歙县	9423	16.96	308	0.55		
休宁县	5162	16.72	266	0.86		
黟县	1393	11.10	43	0.34		
祁门县	3405	11.99	100	0.35		
滁州市	**81323**	**15.29**	**3568**	**0.67**	**2**	
琅琊区						
南谯区	2342	10.97	53	0.25		
来安县	11751	14.19	557	0.67		
全椒县	12334	13.40	364	0.40		
定远县	15476	15.09	620	0.60	1	
凤阳县	17005	16.85	719	0.71	1	
苏滁现代产业园	550	9.13	11	0.18		
滁州经济技术开发区	4477	14.07	80	0.25		
天长市	13131	20.27	975	1.50		
明光市	4257	14.38	189	0.64		

1-9b 续表 5

单位：户、%

地 区	三代户		四代户		五代及以上户	
	户数	比重	户数	比重	户数	比重
阜阳市	**114183**	**14.84**	**3983**	**0.52**	**3**	
颍州区	3018	14.92	130	0.64	1	
颍东区	4586	19.70	213	0.91		
颍泉区	4383	16.02	149	0.54		
临泉县	23828	16.17	816	0.55	1	
太和县	24348	11.04	609	0.28	1	
阜南县	17767	16.43	641	0.59		
颍上县	27301	18.09	1171	0.78		
阜阳合肥现代产业园区	378	21.22	16	0.90		
阜阳经济技术开发区	3895	12.02	85	0.26		
界首市	4679	12.48	153	0.41		
宿州市	**74391**	**13.21**	**2972**	**0.53**	**5**	
埇桥区	7816	10.52	286	0.38		
砀山县	15029	11.21	659	0.49		
萧县	12637	10.35	404	0.33		
灵璧县	18160	16.52	824	0.75	3	
泗县	16912	17.51	657	0.68	2	
宿州马鞍山现代产业园区	1271	14.54	52	0.60		
宿州经济技术开发区	2566	14.69	90	0.52		
六安市	**64596**	**13.36**	**2229**	**0.46**	**1**	
金安区	5693	10.56	153	0.28		
裕安区	4801	15.96	184	0.61		
叶集区	1569	15.53	81	0.80		
霍邱县	14291	11.57	515	0.42	1	
舒城县	15555	12.96	454	0.38		
金寨县	11047	15.05	335	0.46		
霍山县	11640	16.05	507	0.70		
亳州市	**61072**	**12.91**	**2186**	**0.46**	**2**	
谯城区	4702	10.37	171	0.38		
涡阳县	17883	13.29	576	0.43	1	
蒙城县	23613	15.63	959	0.63	1	
利辛县	14874	10.46	480	0.34		
池州市	**20521**	**12.89**	**676**	**0.42**		
贵池区	1845	13.65	87	0.64		
东至县	11027	12.92	398	0.47		
石台县	1382	10.60	32	0.25		
青阳县	6172	13.36	153	0.33		
池州市国家经济技术开发区						
皖江江南新兴产业集中区						
九华山风景区	95	9.08	6	0.57		
宣城市	**34106**	**11.57**	**950**	**0.32**	**1**	
宣州区	4087	9.96	123	0.30		
郎溪县	8734	11.90	213	0.29		
泾县	6496	10.93	155	0.26		
绩溪县	4176	12.66	116	0.35		
旌德县	3675	14.81	125	0.50		
宣城市经济开发区	2828	9.96	26	0.09	1	
宁国市	854	7.52	51	0.45		
广德市	3256	13.96	141	0.60		

1-9c 各地区家庭户类别(乡村)

单位：户、%

地 区	家庭户 户数	一代户 户数	一代户 比重	二代户 户数	二代户 比重
安 徽	**9698592**	**4920233**	**50.73**	**3358720**	**34.63**
合肥市	**698421**	**431863**	**61.83**	**199239**	**28.53**
瑶海区	7670	3036	39.58	3442	44.88
庐阳区	2299	1551	67.46	591	25.71
蜀山区	6155	4606	74.83	1233	20.03
包河区	1936	1189	61.42	551	28.46
长丰县	132465	83897	63.34	38740	29.25
肥东县	130528	85868	65.79	34308	26.28
肥西县	132294	83497	63.11	36253	27.40
庐江县	173611	95823	55.19	54980	31.67
合肥高新技术产业开发区	24	20	83.33	2	8.33
合肥经济技术开发区	3751	2681	71.47	868	23.14
合肥新站高新技术产业开发区	1767	1274	72.10	388	21.96
巢湖市	105921	68421	64.60	27883	26.32
芜湖市	**418399**	**229460**	**54.84**	**130550**	**31.20**
镜湖区	7457	3918	52.54	2408	32.29
弋江区					
鸠江区	54536	29029	53.23	17284	31.69
三山区	17181	10009	58.26	5014	29.18
芜湖县	43793	25466	58.15	12739	29.09
繁昌县	42429	26727	62.99	11619	27.38
南陵县	86227	48770	56.56	26205	30.39
芜湖经济技术开发区	1484	999	67.32	416	28.03
安徽芜湖长江大桥经济开发区	3414	1893	55.45	942	27.59
无为市	161878	82649	51.06	53923	33.31
蚌埠市	**508439**	**221117**	**43.49**	**190622**	**37.49**
龙子湖区	13917	6505	46.74	5058	36.34
蚌山区	5683	2696	47.44	2091	36.79
禹会区	36197	15466	42.73	14790	40.86
淮上区	33379	14949	44.79	13007	38.97
怀远县	202196	88218	43.63	76567	37.87
五河县	102911	45356	44.07	37231	36.18
固镇县	114156	47927	41.98	41878	36.68
蚌埠市高新技术开发区					
蚌埠市经济开发区					
淮南市	**453121**	**229448**	**50.64**	**160173**	**35.35**
大通区	17044	8663	50.83	6293	36.92
田家庵区	11681	6229	53.33	4025	34.46
谢家集区	19141	10372	54.19	6625	34.61
八公山区	2408	1354	56.23	775	32.18
潘集区	64867	30012	46.27	24522	37.80
凤台县	145129	69176	47.67	54519	37.57
寿县	192851	103642	53.74	63414	32.88

1-9c 续表 1

单位：户、%

地 区	家庭户 户 数	一代户 户数	一代户 比重	二代户 户数	二代户 比重
马鞍山市	**235319**	**122040**	**51.86**	**73603**	**31.28**
花山区	3688	2344	63.56	916	24.84
雨山区	5181	3007	58.04	1429	27.58
博望区	25822	12070	46.74	9001	34.86
当涂县	60633	30226	49.85	19442	32.07
含山县	59396	30858	51.95	18772	31.60
和县	80599	43535	54.01	24043	29.83
淮北市	**250358**	**114049**	**45.55**	**98375**	**39.29**
杜集区	18491	8490	45.91	7419	40.12
相山区	18177	9113	50.13	7403	40.73
烈山区	39276	19148	48.75	15390	39.18
濉溪县	174414	77298	44.32	68163	39.08
铜陵市	**191246**	**109419**	**57.21**	**59362**	**31.04**
铜官区	3786	2137	56.44	1336	35.29
义安区	49722	30756	61.86	14474	29.11
郊区	39028	21139	54.16	12927	33.12
枞阳县	98710	55387	56.11	30625	31.03
安庆市	**722000**	**344959**	**47.78**	**245869**	**34.05**
迎江区	4946	3805	76.93	915	18.50
大观区	13211	6384	48.32	4525	34.25
宜秀区	10736	6075	56.59	3133	29.18
怀宁县	101480	50231	49.50	33246	32.76
太湖县	100055	47158	47.13	33945	33.93
宿松县	140376	66198	47.16	51502	36.69
望江县	112653	48384	42.95	40130	35.62
岳西县	74915	32882	43.89	26653	35.58
安徽安庆经济开发区	1500	898	59.87	451	30.07
桐城市	81433	43722	53.69	24884	30.56
潜山市	80695	39222	48.61	26485	32.82
黄山市	**226285**	**120740**	**53.36**	**70603**	**31.20**
屯溪区	7609	3422	44.97	2539	33.37
黄山区	25226	14486	57.42	7635	30.27
徽州区	13040	6987	53.58	3881	29.76
歙县	86943	47316	54.42	27212	31.30
休宁县	46725	22718	48.62	14780	31.63
黟县	17878	10127	56.65	5281	29.54
祁门县	28864	15684	54.34	9275	32.13
滁州市	**579265**	**306454**	**52.90**	**183253**	**31.64**
琅琊区	4439	2955	66.57	1110	25.01
南谯区	38963	24451	62.75	10774	27.65
来安县	71190	40503	56.89	20555	28.87
全椒县	61352	38811	63.26	16354	26.66
定远县	138498	68381	49.37	47050	33.97
凤阳县	107554	45877	42.65	39625	36.84
苏滁现代产业园					
滁州经济技术开发区	3264	1898	58.15	979	29.99
天长市	66645	37333	56.02	17744	26.62
明光市	87360	46245	52.94	29062	33.27

1-9c 续表 2

单位：户、%

地　　区	家庭户	一代户		二代户	
	户　数	户数	比重	户数	比重
阜阳市	**1677084**	**752915**	**44.89**	**652925**	**38.93**
颍州区	99551	43743	43.94	38696	38.87
颍东区	95367	39671	41.60	36081	37.83
颍泉区	111437	53076	47.63	42729	38.34
临泉县	390571	160533	41.10	157912	40.43
太和县	293122	146006	49.81	115460	39.39
阜南县	280483	118056	42.09	110498	39.40
颍上县	258228	119469	46.26	94485	36.59
阜阳合肥现代产业园区	11034	4603	41.72	4807	43.57
阜阳经济技术开发区	6858	3037	44.28	2675	39.01
界首市	130433	64721	49.62	49582	38.01
宿州市	**1094917**	**507970**	**46.39**	**422188**	**38.56**
埇桥区	296113	134191	45.32	116254	39.26
砀山县	152581	78444	51.41	58054	38.05
萧县	270194	139925	51.79	103352	38.25
灵璧县	215692	91508	42.43	82932	38.45
泗县	153980	61296	39.81	59027	38.33
宿州马鞍山现代产业园区	6357	2606	40.99	2569	40.41
宿州经济技术开发区					
六安市	**910748**	**494373**	**54.28**	**284321**	**31.22**
金安区	139086	84475	60.74	39497	28.40
裕安区	172018	84815	49.31	54325	31.58
叶集区	38525	18448	47.89	12328	32.00
霍邱县	253474	146592	57.83	80347	31.70
舒城县	158049	84586	53.52	48882	30.93
金寨县	111679	54456	48.76	37146	33.26
霍山县	37917	21001	55.39	11796	31.11
亳州市	**1082852**	**554753**	**51.23**	**396252**	**36.59**
谯城区	309799	167962	54.22	113179	36.53
涡阳县	268368	133664	49.81	98434	36.68
蒙城县	214725	96344	44.87	81277	37.85
利辛县	289960	156783	54.07	103362	35.65
池州市	**223447**	**121115**	**54.20**	**70441**	**31.52**
贵池区	85307	49594	58.14	25557	29.96
东至县	71039	34855	49.06	24331	34.25
石台县	19056	10265	53.87	6045	31.72
青阳县	44107	24821	56.27	13149	29.81
池州市国家经济技术开发区					
皖江江南新兴产业集中区					
九华山风景区	3938	1580	40.12	1359	34.51
宣城市	**426691**	**259558**	**60.83**	**120944**	**28.34**
宣州区	138702	86243	62.18	38954	28.08
郎溪县	47754	27015	56.57	14845	31.09
泾县	59596	36972	62.04	16704	28.03
绩溪县	25827	16383	63.43	6987	27.05
旌德县	20283	11264	55.53	6160	30.37
宣城市经济开发区	7436	5060	68.05	1864	25.07
宁国市	53563	36818	68.74	12636	23.59
广德市	73530	39803	54.13	22794	31.00

1-9c　续表 3

单位：户、%

地　区	三代户		四代户		五代及以上户	
	户数	比重	户数	比重	户数	比重
安　徽	**1357324**	**14.00**	**62265**	**0.64**	**50**	
合肥市	**65080**	**9.32**	**2237**	**0.32**	**2**	
瑶海区	1184	15.44	8	0.10		
庐阳区	153	6.66	4	0.17		
蜀山区	305	4.96	11	0.18		
包河区	180	9.30	16	0.83		
长丰县	9485	7.16	343	0.26		
肥东县	10073	7.72	279	0.21		
肥西县	12193	9.22	351	0.27		
庐江县	21979	12.66	828	0.48	1	
合肥高新技术产业开发区	2	8.33				
合肥经济技术开发区	196	5.23	6	0.16		
合肥新站高新技术产业开发区	100	5.66	5	0.28		
巢湖市	9230	8.71	386	0.36	1	
芜湖市	**55891**	**13.36**	**2498**	**0.60**		
镜湖区	1102	14.78	29	0.39		
弋江区						
鸠江区	7784	14.27	439	0.80		
三山区	2074	12.07	84	0.49		
芜湖县	5341	12.20	247	0.56		
繁昌县	3946	9.30	137	0.32		
南陵县	10815	12.54	437	0.51		
芜湖经济技术开发区	67	4.51	2	0.13		
安徽芜湖长江大桥经济开发区	545	15.96	34	1.00		
无为市	24217	14.96	1089	0.67		
蚌埠市	**91969**	**18.09**	**4726**	**0.93**	**5**	
龙子湖区	2293	16.48	61	0.44		
蚌山区	869	15.29	27	0.48		
禹会区	5728	15.82	213	0.59		
淮上区	5177	15.51	246	0.74		
怀远县	35747	17.68	1661	0.82	3	
五河县	19223	18.68	1100	1.07	1	
固镇县	22932	20.09	1418	1.24	1	
蚌埠市高新技术开发区						
蚌埠市经济开发区						
淮南市	**61013**	**13.47**	**2485**	**0.55**	**2**	
大通区	2020	11.85	68	0.40		
田家庵区	1379	11.81	48	0.41		
谢家集区	2074	10.84	70	0.37		
八公山区	264	10.96	15	0.62		
潘集区	9920	15.29	413	0.64		
凤台县	20476	14.11	956	0.66	2	
寿县	24880	12.90	915	0.47		

1-9c 续表 4 单位：户、%

地　区	三代户		四代户		五代及以上户	
	户数	比重	户数	比重	户数	比重
马鞍山市	**37436**	**15.91**	**2239**	**0.95**	**1**	
花山区	407	11.04	21	0.57		
雨山区	709	13.68	36	0.69		
博望区	4531	17.55	220	0.85		
当涂县	10372	17.11	593	0.98		
含山县	9268	15.60	498	0.84		
和县	12149	15.07	871	1.08	1	
淮北市	**36202**	**14.46**	**1728**	**0.69**	**4**	
杜集区	2474	13.38	108	0.58		
相山区	1607	8.84	54	0.30		
烈山区	4573	11.64	165	0.42		
濉溪县	27548	15.79	1401	0.80	4	
铜陵市	**21857**	**11.43**	**608**	**0.32**		
铜官区	309	8.16	4	0.11		
义安区	4373	8.79	119	0.24		
郊区	4801	12.30	161	0.41		
枞阳县	12374	12.54	324	0.33		
安庆市	**124342**	**17.22**	**6826**	**0.95**	**4**	
迎江区	218	4.41	8	0.16		
大观区	2198	16.64	104	0.79		
宜秀区	1452	13.52	76	0.71		
怀宁县	16885	16.64	1117	1.10	1	
太湖县	17983	17.97	969	0.97		
宿松县	21805	15.53	871	0.62		
望江县	22614	20.07	1522	1.35	3	
岳西县	14694	19.61	686	0.92		
安徽安庆经济开发区	147	9.80	4	0.27		
桐城市	12215	15.00	612	0.75		
潜山市	14131	17.51	857	1.06		
黄山市	**33196**	**14.67**	**1741**	**0.77**	**5**	
屯溪区	1547	20.33	100	1.31	1	0.01
黄山区	2955	11.71	150	0.59		
徽州区	2066	15.84	106	0.81		
歙县	11898	13.68	515	0.59	2	
休宁县	8591	18.39	634	1.36	2	
黟县	2393	13.39	77	0.43		
祁门县	3746	12.98	159	0.55		
滁州市	**84564**	**14.60**	**4993**	**0.86**	**1**	
琅琊区	362	8.15	12	0.27		
南谯区	3587	9.21	151	0.39		
来安县	9444	13.27	688	0.97		
全椒县	5893	9.61	293	0.48	1	
定远县	21884	15.80	1183	0.85		
凤阳县	20960	19.49	1092	1.02		
苏滁现代产业园						
滁州经济技术开发区	363	11.12	24	0.74		
天长市	10619	15.93	949	1.42		
明光市	11452	13.11	601	0.69		

1–9c　续表 5　　　　　　　　　　　　　　　　　　　　　　　　　　单位：户、%

地　区	三代户		四代户		五代及以上户	
	户数	比重	户数	比重	户数	比重
阜阳市	**260693**	**15.54**	**10543**	**0.63**	**8**	
颍州区	16386	16.46	726	0.73		
颍东区	18689	19.60	926	0.97		
颍泉区	15152	13.60	480	0.43		
临泉县	69292	17.74	2831	0.72	3	
太和县	30894	10.54	761	0.26	1	
阜南县	49814	17.76	2115	0.75		
颍上县	42119	16.31	2151	0.83	4	
阜阳合肥现代产业园区	1566	14.19	58	0.53		
阜阳经济技术开发区	1107	16.14	39	0.57		
界首市	15674	12.02	456	0.35		
宿州市	**157270**	**14.36**	**7482**	**0.68**	**7**	
埇桥区	43986	14.85	1680	0.57	2	
砀山县	15323	10.04	758	0.50	2	
萧县	26097	9.66	819	0.30	1	
灵璧县	38945	18.06	2306	1.07	1	
泗县	31804	20.65	1852	1.20	1	
宿州马鞍山现代产业园区	1115	17.54	67	1.05		
宿州经济技术开发区						
六安市	**126175**	**13.85**	**5876**	**0.65**	**3**	
金安区	14519	10.44	594	0.43	1	
裕安区	31206	18.14	1672	0.97		
叶集区	7267	18.86	482	1.25		
霍邱县	25492	10.06	1042	0.41	1	
舒城县	23546	14.90	1035	0.65		
金寨县	19308	17.29	768	0.69	1	
霍山县	4837	12.76	283	0.75		
亳州市	**126779**	**11.71**	**5061**	**0.47**	**7**	
谯城区	27817	8.98	840	0.27	1	
涡阳县	34930	13.02	1339	0.50	1	
蒙城县	35302	16.44	1797	0.84	5	
利辛县	28730	9.91	1085	0.37		
池州市	**30530**	**13.66**	**1361**	**0.61**		
贵池区	9769	11.45	387	0.45		
东至县	11349	15.98	504	0.71		
石台县	2615	13.72	131	0.69		
青阳县	5871	13.31	266	0.60		
池州市国家经济技术开发区						
皖江江南新兴产业集中区						
九华山风景区	926	23.51	73	1.85		
宣城市	**44327**	**10.39**	**1861**	**0.44**	**1**	
宣州区	12998	9.37	506	0.36	1	
郎溪县	5693	11.92	201	0.42		
泾县	5677	9.53	243	0.41		
绩溪县	2370	9.18	87	0.34		
旌德县	2734	13.48	125	0.62		
宣城市经济开发区	493	6.63	19	0.26		
宁国市	3912	7.30	197	0.37		
广德市	10450	14.21	483	0.66		

1－10 各地区分性别、月份的出生人口
(2019.11.1－2020.10.31)

单位：人

地区	出生人口			2019年11月		
	合计	男	女	小计	男	女
安徽	**575917**	**305604**	**270313**	**61827**	**32708**	**29119**
合肥市	**95577**	**51053**	**44524**	**10212**	**5455**	**4757**
瑶海区	8076	4236	3840	937	498	439
庐阳区	7468	4028	3440	836	440	396
蜀山区	10364	5545	4819	1058	585	473
包河区	12976	6838	6138	1402	740	662
长丰县	9882	5370	4512	996	523	473
肥东县	8104	4309	3795	828	441	387
肥西县	10784	5717	5067	1148	586	562
庐江县	7867	4330	3537	888	506	382
合肥高新技术产业开发区	3544	1917	1627	373	202	171
合肥经济技术开发区	6087	3212	2875	673	340	333
合肥新站高新技术产业开发区	4772	2488	2284	472	259	213
巢湖市	5653	3063	2590	601	335	266
芜湖市	**29652**	**15671**	**13981**	**3059**	**1575**	**1484**
镜湖区	3247	1650	1597	327	150	177
弋江区	2984	1565	1419	288	152	136
鸠江区	5130	2705	2425	556	281	275
三山区	1610	854	756	172	91	81
芜湖县	2720	1431	1289	245	136	109
繁昌县	1710	907	803	169	81	88
南陵县	3355	1818	1537	309	157	152
芜湖经济技术开发区	1756	939	817	185	106	79
安徽芜湖长江大桥经济开发区	217	111	106	24	12	12
无为市	6923	3691	3232	784	409	375
蚌埠市	**30984**	**16378**	**14606**	**3306**	**1709**	**1597**
龙子湖区	1489	779	710	146	74	72
蚌山区	1210	629	581	138	65	73
禹会区	2492	1341	1151	278	152	126
淮上区	2912	1548	1364	292	142	150
怀远县	9058	4751	4307	959	478	481
五河县	5964	3202	2762	648	369	279
固镇县	5106	2718	2388	563	288	275
蚌埠市高新技术开发区	475	248	227	53	24	29
蚌埠市经济开发区	2278	1162	1116	229	117	112
淮南市	**24719**	**13082**	**11637**	**2503**	**1298**	**1205**
大通区	1323	692	631	138	68	70
田家庵区	5380	2839	2541	537	291	246
谢家集区	1353	709	644	144	72	72
八公山区	651	334	317	62	31	31
潘集区	3549	1862	1687	346	180	166
凤台县	5868	3116	2752	590	306	284
寿县	6595	3530	3065	686	350	336

1-10　续表 1　　单位：人

地　　区	出生人口			2019年11月		
	合计	男	女	小计	男	女
马鞍山市	**17330**	**9194**	**8136**	**1849**	**992**	**857**
花山区	2929	1543	1386	306	173	133
雨山区	2294	1227	1067	213	112	101
博望区	1631	850	781	168	84	84
当涂县	3804	2000	1804	392	215	177
含山县	3251	1765	1486	374	200	174
和县	3421	1809	1612	396	208	188
淮北市	**18907**	**10097**	**8810**	**2018**	**1057**	**961**
杜集区	1889	977	912	181	96	85
相山区	4564	2391	2173	477	236	241
烈山区	2017	1094	923	209	107	102
濉溪县	10437	5635	4802	1151	618	533
铜陵市	**9512**	**5082**	**4430**	**1014**	**530**	**484**
铜官区	3021	1604	1417	335	158	177
义安区	1573	847	726	135	74	61
郊区	1284	642	642	139	70	69
枞阳县	3634	1989	1645	405	228	177
安庆市	**37457**	**19930**	**17527**	**4026**	**2173**	**1853**
迎江区	2027	1100	927	227	126	101
大观区	1293	668	625	125	67	58
宜秀区	1830	932	898	188	96	92
怀宁县	4493	2346	2147	473	262	211
太湖县	4411	2331	2080	456	245	211
宿松县	5442	3049	2393	627	353	274
望江县	4894	2657	2237	525	282	243
岳西县	3040	1607	1433	326	175	151
安徽安庆经济开发区	1050	537	513	114	62	52
桐城市	4979	2592	2387	541	276	265
潜山市	3998	2111	1887	424	229	195
黄山市	**11407**	**5905**	**5502**	**1189**	**632**	**557**
屯溪区	2514	1306	1208	277	137	140
黄山区	1160	574	586	123	61	62
徽州区	937	506	431	100	62	38
歙县	3106	1595	1511	330	193	137
休宁县	1870	989	881	162	82	80
黟县	581	281	300	66	23	43
祁门县	1239	654	585	131	74	57
滁州市	**36724**	**19605**	**17119**	**3787**	**2038**	**1749**
琅琊区	2096	1120	976	203	109	94
南谯区	3462	1829	1633	352	177	175
来安县	3457	1826	1631	364	203	161
全椒县	3267	1720	1547	359	199	160
定远县	6894	3781	3113	731	401	330
凤阳县	6659	3616	3043	688	367	321
苏滁现代产业园	171	90	81	17	7	10
滁州经济技术开发区	1239	667	572	136	67	69
天长市	5258	2741	2517	528	291	237
明光市	4221	2215	2006	409	217	192

1−10 续表 2 单位：人

地区	出生人口			2019年11月		
	合计	男	女	小计	男	女
阜阳市	**87509**	**46307**	**41202**	**9968**	**5229**	**4739**
颍州区	8449	4517	3932	851	432	419
颍东区	5426	2871	2555	585	296	289
颍泉区	5576	2953	2623	622	330	292
临泉县	18174	9478	8696	2221	1152	1069
太和县	14468	7705	6763	1677	905	772
阜南县	13885	7400	6485	1640	878	762
颍上县	12805	6839	5966	1365	713	652
阜阳合肥现代产业园区	504	264	240	61	29	32
阜阳经济技术开发区	1057	565	492	147	81	66
界首市	7165	3715	3450	799	413	386
宿州市	**56427**	**29772**	**26655**	**6085**	**3204**	**2881**
埇桥区	16808	8755	8053	1796	940	856
砀山县	8652	4615	4037	946	490	456
萧县	11238	5926	5312	1212	646	566
灵璧县	10708	5781	4927	1195	641	554
泗县	7894	4095	3799	833	439	394
宿州马鞍山现代产业园区	509	275	234	43	21	22
宿州经济技术开发区	618	325	293	60	27	33
六安市	**37463**	**20203**	**17260**	**4044**	**2157**	**1887**
金安区	7366	3875	3491	776	409	367
裕安区	8567	4656	3911	936	510	426
叶集区	1914	1067	847	195	105	90
霍邱县	6762	3728	3034	755	412	343
舒城县	5856	3119	2737	648	348	300
金寨县	4716	2576	2140	493	241	252
霍山县	2282	1182	1100	241	132	109
亳州市	**52425**	**27859**	**24566**	**5805**	**3071**	**2734**
谯城区	16166	8607	7559	1693	845	848
涡阳县	11809	6220	5589	1341	725	616
蒙城县	12946	6872	6074	1485	770	715
利辛县	11504	6160	5344	1286	731	555
池州市	**10704**	**5547**	**5157**	**1085**	**595**	**490**
贵池区	4975	2575	2400	511	277	234
东至县	3025	1561	1464	300	162	138
石台县	655	364	291	66	41	25
青阳县	1757	893	864	177	102	75
池州市国家经济技术开发区	119	67	52	9	6	3
皖江江南新兴产业集中区	48	20	28	10	4	6
九华山风景区	125	67	58	12	3	9
宣城市	**19120**	**9919**	**9201**	**1877**	**993**	**884**
宣州区	5027	2649	2378	498	260	238
郎溪县	2500	1334	1166	247	141	106
泾县	1947	1006	941	207	109	98
绩溪县	976	512	464	89	52	37
旌德县	919	444	475	88	41	47
宣城市经济开发区	914	467	447	80	44	36
宁国市	2850	1455	1395	281	142	139
广德市	3987	2052	1935	387	204	183

1-10 续表 3 单位：人

地区	2019年12月			2020年1月		
	小计	男	女	小计	男	女
安 徽	**54975**	**29100**	**25875**	**53320**	**28221**	**25099**
合肥市	**9427**	**5006**	**4421**	**8711**	**4685**	**4026**
瑶海区	822	429	393	765	399	366
庐阳区	760	412	348	642	369	273
蜀山区	1080	565	515	932	493	439
包河区	1267	686	581	1164	619	545
长丰县	905	466	439	927	503	424
肥东县	787	420	367	737	392	345
肥西县	1082	569	513	1022	545	477
庐江县	774	421	353	687	361	326
合肥高新技术产业开发区	338	184	154	309	185	124
合肥经济技术开发区	619	343	276	555	292	263
合肥新站高新技术产业开发区	463	234	229	459	257	202
巢湖市	530	277	253	512	270	242
芜湖市	**2890**	**1510**	**1380**	**2878**	**1514**	**1364**
镜湖区	323	168	155	350	186	164
弋江区	295	163	132	269	127	142
鸠江区	494	261	233	512	268	244
三山区	155	75	80	143	71	72
芜湖县	260	138	122	272	145	127
繁昌县	173	82	91	172	104	68
南陵县	290	157	133	331	179	152
芜湖经济技术开发区	178	97	81	172	91	81
安徽芜湖长江大桥经济开发区	17	8	9	17	7	10
无为市	705	361	344	640	336	304
蚌埠市	**2859**	**1549**	**1310**	**2866**	**1527**	**1339**
龙子湖区	125	62	63	155	90	65
蚌山区	112	68	44	107	57	50
禹会区	259	124	135	248	131	117
淮上区	258	135	123	283	146	137
怀远县	842	434	408	809	414	395
五河县	542	320	222	522	297	225
固镇县	467	262	205	469	256	213
蚌埠市高新技术开发区	43	23	20	43	22	21
蚌埠市经济开发区	211	121	90	230	114	116
淮南市	**2376**	**1263**	**1113**	**2249**	**1180**	**1069**
大通区	123	63	60	130	65	65
田家庵区	555	306	249	472	243	229
谢家集区	125	63	62	110	51	59
八公山区	58	24	34	64	36	28
潘集区	299	143	156	313	173	140
凤台县	563	292	271	539	277	262
寿县	653	372	281	621	335	286

1－10 续表 4

单位：人

地区	2019年12月			2020年1月		
	小计	男	女	小计	男	女
马鞍山市	**1654**	**894**	**760**	**1625**	**862**	**763**
花山区	285	159	126	264	135	129
雨山区	205	103	102	218	103	115
博望区	159	74	85	148	88	60
当涂县	370	192	178	368	187	181
含山县	283	160	123	302	173	129
和县	352	206	146	325	176	149
淮北市	**1730**	**909**	**821**	**1689**	**886**	**803**
杜集区	163	93	70	173	85	88
相山区	431	227	204	404	206	198
烈山区	162	83	79	188	101	87
濉溪县	974	506	468	924	494	430
铜陵市	**919**	**505**	**414**	**886**	**455**	**431**
铜官区	316	172	144	288	151	137
义安区	122	77	45	151	80	71
郊区	115	56	59	119	63	56
枞阳县	366	200	166	328	161	167
安庆市	**3595**	**1942**	**1653**	**3561**	**1884**	**1677**
迎江区	204	113	91	189	102	87
大观区	132	73	59	131	73	58
宜秀区	172	84	88	167	82	85
怀宁县	457	269	188	439	220	219
太湖县	415	210	205	405	204	201
宿松县	532	296	236	515	269	246
望江县	479	254	225	459	255	204
岳西县	296	165	131	291	160	131
安徽安庆经济开发区	94	49	45	90	45	45
桐城市	452	241	211	471	246	225
潜山市	362	188	174	404	228	176
黄山市	**1029**	**507**	**522**	**1078**	**569**	**509**
屯溪区	227	115	112	233	116	117
黄山区	106	51	55	124	65	59
徽州区	81	35	46	87	45	42
歙县	289	133	156	309	155	154
休宁县	166	91	75	154	96	58
黟县	51	29	22	42	21	21
祁门县	109	53	56	129	71	58
滁州市	**3496**	**1848**	**1648**	**3443**	**1827**	**1616**
琅琊区	201	101	100	182	100	82
南谯区	328	177	151	331	177	154
来安县	351	193	158	367	193	174
全椒县	293	142	151	303	177	126
定远县	623	334	289	638	339	299
凤阳县	637	345	292	628	342	286
苏滁现代产业园	20	9	11	15	9	6
滁州经济技术开发区	112	58	54	120	61	59
天长市	519	279	240	444	222	222
明光市	412	210	202	415	207	208

1-10　续表 5　　单位：人

地　区	2019年12月			2020年1月		
	小计	男	女	小计	男	女
阜阳市	**8359**	**4429**	**3930**	**8131**	**4265**	**3866**
颍州区	823	426	397	802	440	362
颍东区	505	258	247	503	275	228
颍泉区	541	281	260	528	298	230
临泉县	1704	892	812	1701	904	797
太和县	1386	759	627	1309	674	635
阜南县	1356	729	627	1269	634	635
颍上县	1237	649	588	1234	640	594
阜阳合肥现代产业园区	45	26	19	54	21	33
阜阳经济技术开发区	108	59	49	88	39	49
界首市	654	350	304	643	340	303
宿州市	**5169**	**2688**	**2481**	**5240**	**2766**	**2474**
埇桥区	1571	819	752	1545	800	745
砀山县	831	427	404	825	446	379
萧县	1017	519	498	1046	541	505
灵璧县	948	497	451	1007	558	449
泗县	685	366	319	720	363	357
宿州马鞍山现代产业园区	56	24	32	40	21	19
宿州经济技术开发区	61	36	25	57	37	20
六安市	**3663**	**1967**	**1696**	**3466**	**1843**	**1623**
金安区	698	382	316	725	365	360
裕安区	848	445	403	781	411	370
叶集区	206	119	87	182	99	83
霍邱县	674	366	308	624	353	271
舒城县	593	313	280	523	278	245
金寨县	439	238	201	430	230	200
霍山县	205	104	101	201	107	94
亳州市	**4986**	**2631**	**2355**	**4780**	**2505**	**2275**
谯城区	1514	816	698	1531	812	719
涡阳县	1118	595	523	1058	546	512
蒙城县	1242	645	597	1184	612	572
利辛县	1112	575	537	1007	535	472
池州市	**994**	**506**	**488**	**966**	**512**	**454**
贵池区	446	225	221	421	220	201
东至县	284	142	142	301	155	146
石台县	71	43	28	54	31	23
青阳县	161	81	80	161	91	70
池州市国家经济技术开发区	10	3	7	11	6	5
皖江江南新兴产业集中区	6	3	3	5	1	4
九华山风景区	16	9	7	13	8	5
宣城市	**1829**	**946**	**883**	**1751**	**941**	**810**
宣州区	509	267	242	461	253	208
郎溪县	227	114	113	244	129	115
泾县	189	92	97	160	98	62
绩溪县	87	47	40	85	43	42
旌德县	81	40	41	88	43	45
宣城市经济开发区	93	49	44	86	47	39
宁国市	285	144	141	268	144	124
广德市	358	193	165	359	184	175

1-10 续表 6

单位：人

地区	2020年2月			2020年3月			2020年4月		
	小计	男	女	小计	男	女	小计	男	女
安徽	**48089**	**25565**	**22524**	**49736**	**26410**	**23326**	**45527**	**24235**	**21292**
合肥市	**7878**	**4220**	**3658**	**8135**	**4350**	**3785**	**7296**	**3908**	**3388**
瑶海区	713	378	335	659	345	314	598	317	281
庐阳区	590	318	272	611	324	287	596	327	269
蜀山区	853	477	376	904	478	426	821	442	379
包河区	1076	553	523	1083	576	507	1012	533	479
长丰县	818	442	376	892	487	405	733	436	297
肥东县	712	353	359	697	378	319	655	334	321
肥西县	918	494	424	919	499	420	769	405	364
庐江县	623	342	281	683	372	311	545	303	242
合肥高新技术产业开发区	285	157	128	310	158	152	280	137	143
合肥经济技术开发区	481	264	217	519	266	253	456	234	222
合肥新站高新技术产业开发区	369	204	165	413	215	198	388	190	198
巢湖市	440	238	202	445	252	193	443	250	193
芜湖市	**2499**	**1343**	**1156**	**2546**	**1345**	**1201**	**2340**	**1264**	**1076**
镜湖区	261	128	133	278	145	133	254	145	109
弋江区	258	135	123	253	127	126	252	130	122
鸠江区	447	233	214	434	243	191	389	201	188
三山区	125	73	52	145	78	67	125	67	58
芜湖县	243	138	105	221	113	108	225	110	115
繁昌县	135	68	67	163	83	80	139	82	57
南陵县	296	165	131	292	158	134	270	150	120
芜湖经济技术开发区	143	75	68	153	78	75	131	64	67
安徽芜湖长江大桥经济开发区	17	10	7	15	5	10	21	13	8
无为市	574	318	256	592	315	277	534	302	232
蚌埠市	**2654**	**1369**	**1285**	**2712**	**1394**	**1318**	**2423**	**1274**	**1149**
龙子湖区	126	59	67	131	75	56	132	67	65
蚌山区	105	50	55	130	62	68	105	46	59
禹会区	212	122	90	213	109	104	201	96	105
淮上区	264	123	141	239	135	104	228	110	118
怀远县	790	420	370	815	425	390	663	363	300
五河县	518	263	255	498	244	254	454	237	217
固镇县	392	203	189	467	239	228	420	233	187
蚌埠市高新技术开发区	47	23	24	45	20	25	43	26	17
蚌埠市经济开发区	200	106	94	174	85	89	177	96	81
淮南市	**2095**	**1139**	**956**	**2207**	**1160**	**1047**	**2030**	**1075**	**955**
大通区	89	45	44	114	51	63	99	52	47
田家庵区	472	247	225	483	265	218	445	223	222
谢家集区	128	73	55	113	55	58	105	51	54
八公山区	56	27	29	51	29	22	59	27	32
潘集区	292	160	132	313	161	152	307	167	140
凤台县	464	260	204	519	269	250	464	252	212
寿县	594	327	267	614	330	284	551	303	248

1-10　续表 7　　　　单位：人

地　　区	2020年2月			2020年3月			2020年4月		
	小计	男	女	小计	男	女	小计	男	女
马鞍山市	**1385**	**720**	**665**	**1515**	**803**	**712**	**1339**	**729**	**610**
花山区	237	116	121	255	137	118	220	123	97
雨山区	195	103	92	205	116	89	170	93	77
博望区	118	61	57	141	70	71	140	74	66
当涂县	302	159	143	319	160	159	306	185	121
含山县	248	135	113	288	160	128	232	118	114
和县	285	146	139	307	160	147	271	136	135
淮北市	**1593**	**850**	**743**	**1664**	**887**	**777**	**1524**	**804**	**720**
杜集区	169	89	80	166	85	81	147	71	76
相山区	390	209	181	392	198	194	362	204	158
烈山区	167	88	79	202	103	99	176	95	81
濉溪县	867	464	403	904	501	403	839	434	405
铜陵市	**813**	**441**	**372**	**853**	**455**	**398**	**792**	**426**	**366**
铜官区	254	152	102	261	142	119	250	134	116
义安区	137	76	61	150	84	66	124	68	56
郊区	123	55	68	120	50	70	113	58	55
枞阳县	299	158	141	322	179	143	305	166	139
安庆市	**3130**	**1673**	**1457**	**3092**	**1634**	**1458**	**3086**	**1648**	**1438**
迎江区	163	92	71	174	86	88	146	85	61
大观区	123	63	60	111	56	55	118	66	52
宜秀区	143	72	71	137	66	71	156	84	72
怀宁县	422	221	201	365	185	180	384	189	195
太湖县	363	206	157	347	188	159	351	196	155
宿松县	391	213	178	447	252	195	436	244	192
望江县	427	229	198	426	219	207	402	237	165
岳西县	247	117	130	233	135	98	234	123	111
安徽安庆经济开发区	93	56	37	93	48	45	82	30	52
桐城市	424	206	218	427	225	202	434	233	201
潜山市	334	198	136	332	174	158	343	161	182
黄山市	**944**	**516**	**428**	**965**	**513**	**452**	**873**	**456**	**417**
屯溪区	205	108	97	209	114	95	193	104	89
黄山区	87	46	41	93	47	46	79	32	47
徽州区	66	39	27	69	44	25	84	47	37
歙县	277	158	119	257	135	122	243	118	125
休宁县	154	78	76	171	85	86	139	81	58
黟县	48	26	22	45	20	25	50	32	18
祁门县	107	61	46	121	68	53	85	42	43
滁州市	**3175**	**1697**	**1478**	**3149**	**1652**	**1497**	**2946**	**1626**	**1320**
琅琊区	188	99	89	194	107	87	206	109	97
南谯区	286	146	140	306	158	148	276	147	129
来安县	301	155	146	282	144	138	288	164	124
全椒县	294	154	140	301	160	141	245	116	129
定远县	627	345	282	596	344	252	549	310	239
凤阳县	578	322	256	558	271	287	536	313	223
苏滁现代产业园	19	12	7	10	5	5	14	9	5
滁州经济技术开发区	94	49	45	113	62	51	97	55	42
天长市	417	212	205	414	214	200	402	222	180
明光市	371	203	168	375	187	188	333	181	152

1-10 续表 8 单位：人

地区	2020年2月			2020年3月			2020年4月		
	小计	男	女	小计	男	女	小计	男	女
阜阳市	**7259**	**3797**	**3462**	**7521**	**3973**	**3548**	**6975**	**3635**	**3340**
颍州区	706	400	306	703	376	327	683	340	343
颍东区	466	272	194	465	242	223	399	210	189
颍泉区	478	243	235	494	268	226	485	254	231
临泉县	1471	764	707	1579	823	756	1472	743	729
太和县	1130	584	546	1175	628	547	1168	619	549
阜南县	1138	567	571	1236	644	592	1117	591	526
颍上县	1112	590	522	1078	591	487	984	517	467
阜阳合肥现代产业园区	47	28	19	46	24	22	40	24	16
阜阳经济技术开发区	98	56	42	118	64	54	69	40	29
界首市	613	293	320	627	313	314	558	297	261
宿州市	**4669**	**2455**	**2214**	**4770**	**2582**	**2188**	**4438**	**2358**	**2080**
埇桥区	1392	724	668	1411	747	664	1256	679	577
砀山县	722	374	348	739	409	330	728	423	305
萧县	917	487	430	926	510	416	923	467	456
灵璧县	846	459	387	917	497	420	806	421	385
泗县	707	365	342	677	359	318	630	317	313
宿州马鞍山现代产业园区	38	24	14	52	33	19	36	20	16
宿州经济技术开发区	47	22	25	48	27	21	59	31	28
六安市	**3116**	**1708**	**1408**	**3236**	**1755**	**1481**	**2935**	**1586**	**1349**
金安区	610	315	295	648	349	299	555	296	259
裕安区	721	388	333	743	394	349	686	384	302
叶集区	168	88	80	166	88	78	137	67	70
霍邱县	592	339	253	602	347	255	552	296	256
舒城县	487	265	222	508	271	237	458	239	219
金寨县	341	193	148	379	213	166	372	215	157
霍山县	197	120	77	190	93	97	175	89	86
亳州市	**4432**	**2340**	**2092**	**4837**	**2614**	**2223**	**4176**	**2203**	**1973**
谯城区	1336	708	628	1512	829	683	1328	711	617
涡阳县	1018	541	477	1061	545	516	930	477	453
蒙城县	1092	584	508	1134	621	513	986	524	462
利辛县	986	507	479	1130	619	511	932	491	441
池州市	**825**	**424**	**401**	**897**	**460**	**437**	**851**	**457**	**394**
贵池区	395	213	182	425	213	212	368	201	167
东至县	220	115	105	249	134	115	254	137	117
石台县	48	23	25	55	33	22	56	32	24
青阳县	140	61	79	138	63	75	155	73	82
池州市国家经济技术开发区	11	6	5	12	6	6	8	6	2
皖江江南新兴产业集中区	3	1	2	6	3	3	1	1	
九华山风景区	8	5	3	12	8	4	9	7	2
宣城市	**1622**	**873**	**749**	**1637**	**833**	**804**	**1503**	**786**	**717**
宣州区	429	232	197	396	203	193	394	221	173
郎溪县	223	119	104	240	120	120	180	104	76
泾县	148	76	72	188	98	90	149	72	77
绩溪县	92	49	43	98	53	45	97	55	42
旌德县	80	54	26	70	38	32	65	29	36
宣城市经济开发区	75	36	39	74	36	38	81	41	40
宁国市	236	128	108	234	109	125	218	115	103
广德市	339	179	160	337	176	161	319	149	170

1-10 续表 9

单位：人

地区	2020年5月			2020年6月			2020年7月		
	小计	男	女	小计	男	女	小计	男	女
安 徽	**42283**	**22443**	**19840**	**44247**	**23719**	**20528**	**44681**	**23720**	**20961**
合肥市	**7170**	**3836**	**3334**	**7523**	**4044**	**3479**	**7696**	**4123**	**3573**
瑶海区	630	326	304	596	321	275	672	344	328
庐阳区	579	319	260	590	311	279	604	315	289
蜀山区	792	411	381	782	432	350	821	422	399
包河区	988	504	484	1062	547	515	1074	563	511
长丰县	702	389	313	748	419	329	796	435	361
肥东县	583	336	247	659	352	307	629	333	296
肥西县	785	417	368	878	467	411	851	476	375
庐江县	612	335	277	554	311	243	586	330	256
合肥高新技术产业开发区	276	144	132	279	161	118	274	146	128
合肥经济技术开发区	423	232	191	515	270	245	525	285	240
合肥新站高新技术产业开发区	366	172	194	423	224	199	391	215	176
巢湖市	434	251	183	437	229	208	473	259	214
芜湖市	**2169**	**1147**	**1022**	**2259**	**1210**	**1049**	**2311**	**1219**	**1092**
镜湖区	231	117	114	248	136	112	267	126	141
弋江区	235	144	91	247	131	116	227	113	114
鸠江区	363	177	186	389	196	193	375	197	178
三山区	106	53	53	119	72	47	137	74	63
芜湖县	230	129	101	192	101	91	233	126	107
繁昌县	121	68	53	135	71	64	125	74	51
南陵县	251	135	116	263	154	109	278	156	122
芜湖经济技术开发区	132	66	66	143	84	59	130	65	65
安徽芜湖长江大桥经济开发区	12	8	4	13	7	6	23	14	9
无为市	488	250	238	510	258	252	516	274	242
蚌埠市	**2171**	**1123**	**1048**	**2389**	**1302**	**1087**	**2440**	**1356**	**1084**
龙子湖区	95	50	45	123	69	54	112	61	51
蚌山区	102	63	39	92	52	40	101	52	49
禹会区	185	102	83	183	98	85	185	109	76
淮上区	212	122	90	246	137	109	231	141	90
怀远县	640	331	309	726	407	319	691	375	316
五河县	415	201	214	434	239	195	493	276	217
固镇县	327	164	163	382	196	186	416	227	189
蚌埠市高新技术开发区	33	18	15	37	19	18	27	18	9
蚌埠市经济开发区	162	72	90	166	85	81	184	97	87
淮南市	**1793**	**882**	**911**	**1914**	**1030**	**884**	**1985**	**1073**	**912**
大通区	99	49	50	105	49	56	117	68	49
田家庵区	389	199	190	413	230	183	434	217	217
谢家集区	105	53	52	101	51	50	118	72	46
八公山区	32	14	18	58	32	26	55	37	18
潘集区	248	121	127	288	154	134	286	142	144
凤台县	425	217	208	456	236	220	489	279	210
寿县	495	229	266	493	278	215	486	258	228

1-10 续表 10

单位：人

地区	2020年5月			2020年6月			2020年7月		
	小计	男	女	小计	男	女	小计	男	女
马鞍山市	**1235**	**682**	**553**	**1335**	**679**	**656**	**1356**	**710**	**646**
花山区	200	111	89	225	107	118	244	123	121
雨山区	157	90	67	176	95	81	190	107	83
博望区	122	71	51	122	64	58	139	82	57
当涂县	281	143	138	306	156	150	299	157	142
含山县	240	139	101	244	127	117	230	121	109
和县	235	128	107	262	130	132	254	120	134
淮北市	**1460**	**796**	**664**	**1478**	**807**	**671**	**1532**	**823**	**709**
杜集区	148	82	66	142	70	72	171	83	88
相山区	371	192	179	396	202	194	403	215	188
烈山区	139	85	54	153	87	66	170	94	76
濉溪县	802	437	365	787	448	339	788	431	357
铜陵市	**659**	**339**	**320**	**704**	**379**	**325**	**714**	**384**	**330**
铜官区	207	105	102	229	114	115	228	120	108
义安区	110	48	62	122	68	54	145	75	70
郊区	94	49	45	85	52	33	102	43	59
枞阳县	248	137	111	268	145	123	239	146	93
安庆市	**2632**	**1405**	**1227**	**2790**	**1494**	**1296**	**2725**	**1438**	**1287**
迎江区	153	81	72	148	84	64	155	93	62
大观区	86	48	38	96	52	44	110	49	61
宜秀区	158	89	69	135	81	54	148	67	81
怀宁县	292	149	143	325	170	155	322	175	147
太湖县	328	176	152	367	191	176	326	165	161
宿松县	386	205	181	380	206	174	405	242	163
望江县	341	190	151	349	189	160	315	170	145
岳西县	213	109	104	212	106	106	218	107	111
安徽安庆经济开发区	70	36	34	92	47	45	80	31	49
桐城市	336	177	159	393	205	188	345	186	159
潜山市	269	145	124	293	163	130	301	153	148
黄山市	**789**	**403**	**386**	**894**	**454**	**440**	**893**	**452**	**441**
屯溪区	166	88	78	209	102	107	218	120	98
黄山区	86	40	46	92	42	50	93	51	42
徽州区	63	33	30	78	36	42	72	35	37
歙县	208	111	97	225	122	103	235	115	120
休宁县	124	61	63	161	81	80	158	76	82
黟县	52	26	26	51	25	26	40	18	22
祁门县	90	44	46	78	46	32	77	37	40
滁州市	**2659**	**1416**	**1243**	**2819**	**1529**	**1290**	**2958**	**1571**	**1387**
琅琊区	156	79	77	157	98	59	164	78	86
南谯区	228	111	117	290	155	135	257	145	112
来安县	242	127	115	279	146	133	261	142	119
全椒县	258	140	118	263	137	126	267	138	129
定远县	490	262	228	514	293	221	569	303	266
凤阳县	462	265	197	541	290	251	545	291	254
苏滁现代产业园	19	6	13	10	5	5	13	7	6
滁州经济技术开发区	84	51	33	85	49	36	118	60	58
天长市	418	215	203	391	199	192	422	218	204
明光市	302	160	142	289	157	132	342	189	153

1-10 续表 11

单位：人

地区	2020年5月			2020年6月			2020年7月		
	小计	男	女	小计	男	女	小计	男	女
阜阳市	**6355**	**3352**	**3003**	**6732**	**3639**	**3093**	**6705**	**3531**	**3174**
颍州区	613	329	284	639	360	279	639	347	292
颍东区	399	210	189	420	232	188	447	216	231
颍泉区	417	222	195	395	216	179	441	224	217
临泉县	1341	687	654	1408	745	663	1343	685	658
太和县	1054	560	494	1082	574	508	1138	593	545
阜南县	975	493	482	1107	624	483	1077	581	496
颍上县	920	508	412	1027	564	463	969	521	448
阜阳合肥现代产业园区	21	11	10	44	26	18	47	19	28
阜阳经济技术开发区	76	44	32	74	39	35	74	41	33
界首市	539	288	251	536	259	277	530	304	226
宿州市	**4224**	**2246**	**1978**	**4356**	**2337**	**2019**	**4148**	**2174**	**1974**
埇桥区	1288	657	631	1307	707	600	1305	661	644
砀山县	634	339	295	638	361	277	630	338	292
萧县	826	463	363	884	463	421	807	450	357
灵璧县	797	441	356	865	459	406	759	401	358
泗县	601	307	294	584	305	279	574	283	291
宿州马鞍山现代产业园区	35	19	16	35	22	13	33	20	13
宿州经济技术开发区	43	20	23	43	20	23	40	21	19
六安市	**2640**	**1426**	**1214**	**2861**	**1595**	**1266**	**2833**	**1553**	**1280**
金安区	528	285	243	552	319	233	583	303	280
裕安区	625	353	272	655	353	302	644	342	302
叶集区	134	81	53	162	96	66	149	86	63
霍邱县	464	245	219	527	291	236	499	285	214
舒城县	409	207	202	434	236	198	409	232	177
金寨县	309	166	143	362	204	158	360	206	154
霍山县	171	89	82	169	96	73	189	99	90
亳州市	**4068**	**2196**	**1872**	**3887**	**2067**	**1820**	**4026**	**2149**	**1877**
谯城区	1313	711	602	1222	645	577	1262	669	593
涡阳县	868	480	388	834	451	383	845	431	414
蒙城县	991	530	461	988	518	470	1047	556	491
利辛县	896	475	421	843	453	390	872	493	379
池州市	**844**	**443**	**401**	**824**	**429**	**395**	**822**	**412**	**410**
贵池区	399	211	188	396	215	181	379	181	198
东至县	237	118	119	227	117	110	217	109	108
石台县	45	26	19	43	17	26	56	30	26
青阳县	143	76	67	146	74	72	141	75	66
池州市国家经济技术开发区	7	4	3	5	3	2	10	9	1
皖江江南新兴产业集中区	4	3	1	1		1	5		5
九华山风景区	9	5	4	6	3	3	14	8	6
宣城市	**1415**	**751**	**664**	**1482**	**724**	**758**	**1537**	**752**	**785**
宣州区	368	218	150	375	186	189	411	216	195
郎溪县	171	90	81	191	97	94	200	94	106
泾县	147	79	68	146	67	79	136	61	75
绩溪县	76	37	39	59	23	36	78	43	35
旌德县	76	35	41	64	23	41	89	39	50
宣城市经济开发区	57	29	28	75	37	38	75	36	39
宁国市	229	113	116	243	121	122	209	102	107
广德市	291	150	141	329	170	159	339	161	178

1-10 续表 12　　单位：人

地　区	2020年8月			2020年9月			2020年10月		
	小计	男	女	小计	男	女	小计	男	女
安　徽	**45068**	**23759**	**21309**	**39841**	**21129**	**18712**	**46323**	**24595**	**21728**
合肥市	**7919**	**4189**	**3730**	**6962**	**3708**	**3254**	**6648**	**3529**	**3119**
瑶海区	652	348	304	565	292	273	467	239	228
庐阳区	635	343	292	515	282	233	510	268	242
蜀山区	914	491	423	772	413	359	635	336	299
包河区	1050	548	502	950	527	423	848	442	406
长丰县	811	430	381	765	414	351	789	426	363
肥东县	636	344	292	640	339	301	541	287	254
肥西县	941	488	453	759	388	371	712	383	329
庐江县	667	355	312	566	311	255	682	383	299
合肥高新技术产业开发区	300	165	135	270	150	120	250	128	122
合肥经济技术开发区	503	263	240	427	216	211	391	207	184
合肥新站高新技术产业开发区	369	188	181	334	168	166	325	162	163
巢湖市	441	226	215	399	208	191	498	268	230
芜湖市	**2370**	**1245**	**1125**	**2033**	**1085**	**948**	**2298**	**1214**	**1084**
镜湖区	274	140	134	243	122	121	191	87	104
弋江区	264	132	132	202	103	99	194	108	86
鸠江区	428	225	203	335	186	149	408	237	171
三山区	120	52	68	136	73	63	127	75	52
芜湖县	218	112	106	182	90	92	199	93	106
繁昌县	132	72	60	111	54	57	135	68	67
南陵县	251	137	114	214	116	98	310	154	156
芜湖经济技术开发区	139	71	68	113	66	47	137	76	61
安徽芜湖长江大桥经济开发区	19	9	10	15	6	9	24	12	12
无为市	525	295	230	482	269	213	573	304	269
蚌埠市	**2397**	**1264**	**1133**	**2110**	**1093**	**1017**	**2657**	**1418**	**1239**
龙子湖区	131	71	60	108	54	54	105	47	58
蚌山区	93	49	44	64	32	32	61	33	28
禹会区	179	99	80	173	93	80	176	106	70
淮上区	216	113	103	218	118	100	225	126	99
怀远县	671	356	315	631	328	303	821	420	401
五河县	462	233	229	409	206	203	569	317	252
固镇县	410	229	181	310	165	145	483	256	227
蚌埠市高新技术开发区	33	16	17	33	18	15	38	21	17
蚌埠市经济开发区	202	98	104	164	79	85	179	92	87
淮南市	**1960**	**1033**	**927**	**1717**	**931**	**786**	**1890**	**1018**	**872**
大通区	118	62	56	85	47	38	106	73	33
田家庵区	479	238	241	391	215	176	310	165	145
谢家集区	109	61	48	91	44	47	104	63	41
八公山区	61	29	32	53	27	26	42	21	21
潘集区	269	160	109	241	119	122	347	182	165
凤台县	442	222	220	409	241	168	508	265	243
寿县	482	261	221	447	238	209	473	249	224

1-10　续表 13　　单位：人

地　区	2020年8月			2020年9月			2020年10月		
	小计	男	女	小计	男	女	小计	男	女
马鞍山市	**1458**	**783**	**675**	**1248**	**677**	**571**	**1331**	**663**	**668**
花山区	302	157	145	190	98	92	201	104	97
雨山区	226	112	114	176	108	68	163	85	78
博望区	119	63	56	125	59	66	130	60	70
当涂县	287	157	130	294	150	144	280	139	141
含山县	248	143	105	245	139	106	317	150	167
和县	276	151	125	218	123	95	240	125	115
淮北市	**1406**	**747**	**659**	**1260**	**668**	**592**	**1553**	**863**	**690**
杜集区	163	77	86	123	68	55	143	78	65
相山区	359	195	164	303	157	146	276	150	126
烈山区	145	83	62	154	79	75	152	89	63
濉溪县	739	392	347	680	364	316	982	546	436
铜陵市	**705**	**380**	**325**	**653**	**346**	**307**	**800**	**442**	**358**
铜官区	222	112	110	225	131	94	206	113	93
义安区	119	63	56	124	61	63	134	73	61
郊区	93	53	40	87	44	43	94	49	45
枞阳县	271	152	119	217	110	107	366	207	159
安庆市	**2799**	**1456**	**1343**	**2685**	**1422**	**1263**	**3336**	**1761**	**1575**
迎江区	150	77	73	157	82	75	161	79	82
大观区	90	44	46	78	35	43	93	42	51
宜秀区	154	78	76	140	70	70	132	63	69
怀宁县	331	167	164	312	162	150	371	177	194
太湖县	310	169	141	309	159	150	434	222	212
宿松县	406	223	183	390	225	165	527	321	206
望江县	370	196	174	352	181	171	449	255	194
岳西县	240	118	122	233	131	102	297	161	136
安徽安庆经济开发区	94	52	42	77	47	30	71	34	37
桐城市	375	184	191	359	178	181	422	235	187
潜山市	279	148	131	278	152	126	379	172	207
黄山市	**935**	**498**	**437**	**848**	**428**	**420**	**970**	**477**	**493**
屯溪区	233	121	112	166	92	74	178	89	89
黄山区	102	47	55	77	39	38	98	53	45
徽州区	80	46	34	80	39	41	77	45	32
歙县	230	114	116	244	120	124	259	121	138
休宁县	148	92	56	135	69	66	198	97	101
黟县	46	24	22	42	15	27	48	22	26
祁门县	96	54	42	104	54	50	112	50	62
滁州市	**3035**	**1595**	**1440**	**2523**	**1342**	**1181**	**2734**	**1464**	**1270**
琅琊区	183	90	93	139	78	61	123	72	51
南谯区	294	164	130	253	132	121	261	140	121
来安县	280	140	140	194	89	105	248	130	118
全椒县	270	132	138	234	135	99	180	90	90
定远县	549	298	251	491	251	240	517	301	216
凤阳县	555	294	261	441	257	184	490	259	231
苏滁现代产业园	18	11	7	8	5	3	8	5	3
滁州经济技术开发区	96	52	44	87	50	37	97	53	44
天长市	440	231	209	395	198	197	468	240	228
明光市	350	183	167	281	147	134	342	174	168

1-10 续表 14

单位：人

地区	2020年8月			2020年9月			2020年10月		
	小计	男	女	小计	男	女	小计	男	女
阜阳市	**6755**	**3567**	**3188**	**5817**	**3149**	**2668**	**6932**	**3741**	**3191**
颍州区	739	380	359	614	345	269	637	342	295
颍东区	417	236	181	362	194	168	458	230	228
颍泉区	422	221	201	340	187	153	413	209	204
临泉县	1265	652	613	1202	642	560	1467	789	678
太和县	1148	619	529	1001	541	460	1200	649	551
阜南县	1061	594	467	905	486	419	1004	579	425
颍上县	1036	536	500	797	431	366	1046	579	467
阜阳合肥现代产业园区	35	15	20	31	20	11	33	21	12
阜阳经济技术开发区	87	44	43	69	30	39	49	28	21
界首市	545	270	275	496	273	223	625	315	310
宿州市	**4321**	**2263**	**2058**	**3906**	**2014**	**1892**	**5101**	**2685**	**2416**
埇桥区	1330	693	637	1201	605	596	1406	723	683
砀山县	648	345	303	591	282	309	720	381	339
萧县	871	443	428	773	399	374	1036	538	498
灵璧县	772	414	358	698	388	310	1098	605	493
泗县	599	317	282	558	289	269	726	385	341
宿州马鞍山现代产业园区	58	30	28	40	23	17	43	18	25
宿州经济技术开发区	43	21	22	45	28	17	72	35	37
六安市	**2886**	**1516**	**1370**	**2654**	**1450**	**1204**	**3129**	**1647**	**1482**
金安区	564	289	275	537	277	260	590	286	304
裕安区	659	354	305	621	344	277	648	378	270
叶集区	146	86	60	113	68	45	156	84	72
霍邱县	530	280	250	432	239	193	511	275	236
舒城县	427	225	202	403	230	173	557	275	282
金寨县	383	195	188	384	214	170	464	261	203
霍山县	177	87	90	164	78	86	203	88	115
亳州市	**3766**	**2013**	**1753**	**3298**	**1739**	**1559**	**4364**	**2331**	**2033**
谯城区	1212	663	549	1029	541	488	1214	657	557
涡阳县	917	462	455	771	416	355	1048	551	497
蒙城县	904	491	413	763	404	359	1130	617	513
利辛县	733	397	336	735	378	357	972	506	466
池州市	**851**	**430**	**421**	**778**	**403**	**375**	**967**	**476**	**491**
贵池区	392	205	187	380	198	182	463	216	247
东至县	260	128	132	210	105	105	266	139	127
石台县	42	28	14	45	25	20	74	35	39
青阳县	132	60	72	124	67	57	139	70	69
池州市国家经济技术开发区	11	3	8	9	4	5	16	11	5
皖江江南新兴产业集中区	3	1	2	3	2	1	1	1	
九华山风景区	11	5	6	7	2	5	8	4	4
宣城市	**1505**	**780**	**725**	**1349**	**674**	**675**	**1613**	**866**	**747**
宣州区	402	215	187	356	161	195	428	217	211
郎溪县	177	82	95	187	106	81	213	138	75
泾县	153	81	72	136	75	61	188	98	90
绩溪县	79	39	40	72	38	34	64	33	31
旌德县	63	30	33	58	20	38	97	52	45
宣城市经济开发区	74	33	41	75	43	32	69	36	33
宁国市	230	124	106	193	93	100	224	120	104
广德市	327	176	151	272	138	134	330	172	158

1-10a　各地区分性别、月份的出生人口 (2019.11.1-2020.10.31)(城市)

单位：人

地　区	出生人口			2019年11月		
	合计	男	女	小计	男	女
安　徽	**141202**	**74388**	**66814**	**15035**	**7863**	**7172**
合肥市	**40766**	**21629**	**19137**	**4432**	**2384**	**2048**
瑶海区	7402	3875	3527	861	461	400
庐阳区	6334	3434	2900	700	370	330
蜀山区	9911	5293	4618	1017	560	457
包河区	12946	6822	6124	1401	740	661
长丰县	1	1				
肥东县						
肥西县	540	284	256	56	27	29
庐江县						
合肥高新技术产业开发区						
合肥经济技术开发区						
合肥新站高新技术产业开发区	777	388	389	78	49	29
巢湖市	2855	1532	1323	319	177	142
芜湖市	**11838**	**6168**	**5670**	**1249**	**624**	**625**
镜湖区	3079	1557	1522	317	144	173
弋江区	2984	1565	1419	288	152	136
鸠江区	3169	1664	1505	332	169	163
三山区	904	480	424	99	53	46
芜湖县	68	35	33	5	5	
繁昌县						
南陵县						
芜湖经济技术开发区	16	11	5			
安徽芜湖长江大桥经济开发区						
无为市	1618	856	762	208	101	107
蚌埠市	**5195**	**2788**	**2407**	**552**	**273**	**279**
龙子湖区	1066	565	501	99	49	50
蚌山区	1091	568	523	128	62	66
禹会区	1375	738	637	154	77	77
淮上区	1663	917	746	171	85	86
怀远县						
五河县						
固镇县						
蚌埠市高新技术开发区						
蚌埠市经济开发区						
淮南市	**7440**	**3905**	**3535**	**773**	**404**	**369**
大通区	315	175	140	40	18	22
田家庵区	4927	2597	2330	500	273	227
谢家集区	867	437	430	99	46	53
八公山区	609	316	293	56	27	29
潘集区	722	380	342	78	40	38
凤台县						
寿县						

1－10a 续表 1

单位：人

地区	出生人口			2019年11月		
	合计	男	女	小计	男	女
马鞍山市	**5940**	**3140**	**2800**	**603**	**323**	**280**
花山区	2880	1519	1361	304	173	131
雨山区	2197	1173	1024	207	108	99
博望区	863	448	415	92	42	50
当涂县						
含山县						
和县						
淮北市	**6575**	**3496**	**3079**	**655**	**329**	**326**
杜集区	1082	565	517	97	47	50
相山区	4133	2178	1955	425	208	217
烈山区	693	386	307	62	35	27
濉溪县	667	367	300	71	39	32
铜陵市	**3905**	**2053**	**1852**	**414**	**199**	**215**
铜官区	2916	1558	1358	326	155	171
义安区	739	389	350	66	33	33
郊区	250	106	144	22	11	11
枞阳县						
安庆市	**9125**	**4768**	**4357**	**987**	**523**	**464**
迎江区	1960	1054	906	218	117	101
大观区	785	407	378	76	42	34
宜秀区	1368	707	661	143	73	70
怀宁县						
太湖县						
宿松县						
望江县	900	479	421	95	49	46
岳西县						
安徽安庆经济开发区	1		1			
桐城市	2662	1362	1300	299	153	146
潜山市	1449	759	690	156	89	67
黄山市	**3384**	**1771**	**1613**	**369**	**203**	**166**
屯溪区	2260	1190	1070	247	128	119
黄山区	546	276	270	60	34	26
徽州区	516	274	242	62	41	21
歙县	20	9	11			
休宁县	42	22	20			
黟县						
祁门县						
滁州市	**8096**	**4301**	**3795**	**810**	**432**	**378**
琅琊区	2018	1081	937	199	108	91
南谯区	2132	1135	997	211	108	103
来安县						
全椒县						
定远县						
凤阳县						
苏滁现代产业园						
滁州经济技术开发区						
天长市	2316	1231	1085	241	132	109
明光市	1630	854	776	159	84	75

1-10a　续表 2　　　　单位：人

地　区	出生人口			2019年11月		
	合计	男	女	小计	男	女
阜阳市	**9304**	**4824**	**4480**	**1053**	**512**	**541**
颍州区	3931	2076	1855	429	221	208
颍东区	1605	856	749	187	79	108
颍泉区	1868	959	909	216	101	115
临泉县						
太和县						
阜南县						
颍上县						
阜阳合肥现代产业园区						
阜阳经济技术开发区						
界首市	1900	933	967	221	111	110
宿州市	**5966**	**3078**	**2888**	**634**	**329**	**305**
埇桥区	5925	3062	2863	630	327	303
砀山县						
萧县	41	16	25	4	2	2
灵璧县						
泗县						
宿州马鞍山现代产业园区						
宿州经济技术开发区						
六安市	**7428**	**3954**	**3474**	**803**	**435**	**368**
金安区	3251	1724	1527	335	180	155
裕安区	3462	1824	1638	400	214	186
叶集区	664	373	291	59	34	25
霍邱县	16	10	6	2	1	1
舒城县	35	23	12	7	6	1
金寨县						
霍山县						
亳州市	**6335**	**3381**	**2954**	**693**	**351**	**342**
谯城区	6279	3351	2928	688	347	341
涡阳县						
蒙城县						
利辛县	56	30	26	5	4	1
池州市	**3407**	**1779**	**1628**	**355**	**205**	**150**
贵池区	3240	1692	1548	336	195	141
东至县						
石台县						
青阳县						
池州市国家经济技术开发区	119	67	52	9	6	3
皖江江南新兴产业集中区	48	20	28	10	4	6
九华山风景区						
宣城市	**6498**	**3353**	**3145**	**653**	**337**	**316**
宣州区	2217	1158	1059	231	116	115
郎溪县						
泾县						
绩溪县						
旌德县						
宣城市经济开发区						
宁国市	2156	1103	1053	218	112	106
广德市	2125	1092	1033	204	109	95

1－10a　续表 3　　单位：人

地　区	2019年12月			2020年1月		
	小计	男	女	小计	男	女
安　徽	**14040**	**7397**	**6643**	**13209**	**6956**	**6253**
合肥市	**4099**	**2167**	**1932**	**3706**	**1989**	**1717**
瑶海区	760	396	364	708	369	339
庐阳区	650	354	296	548	319	229
蜀山区	1046	548	498	881	463	418
包河区	1265	686	579	1163	619	544
长丰县						
肥东县						
肥西县	47	25	22	58	33	25
庐江县						
合肥高新技术产业开发区						
合肥经济技术开发区						
合肥新站高新技术产业开发区	67	25	42	83	46	37
巢湖市	264	133	131	265	140	125
芜湖市	**1222**	**633**	**589**	**1113**	**567**	**546**
镜湖区	308	160	148	329	175	154
弋江区	295	163	132	269	127	142
鸠江区	333	171	162	299	158	141
三山区	90	41	49	76	37	39
芜湖县	15	4	11	6	2	4
繁昌县						
南陵县						
芜湖经济技术开发区	4	4		2	1	1
安徽芜湖长江大桥经济开发区						
无为市	177	90	87	132	67	65
蚌埠市	**484**	**272**	**212**	**523**	**288**	**235**
龙子湖区	90	46	44	120	70	50
蚌山区	101	60	41	98	53	45
禹会区	140	75	65	142	75	67
淮上区	153	91	62	163	90	73
怀远县						
五河县						
固镇县						
蚌埠市高新技术开发区						
蚌埠市经济开发区						
淮南市	**759**	**406**	**353**	**666**	**342**	**324**
大通区	30	16	14	27	16	11
田家庵区	518	288	230	442	229	213
谢家集区	79	37	42	72	29	43
八公山区	55	24	31	60	34	26
潘集区	77	41	36	65	34	31
凤台县						
寿县						

1-10a　续表 4　　　　单位：人

地　区	2019年12月			2020年1月		
	小计	男	女	小计	男	女
马鞍山市	**576**	**305**	**271**	**548**	**280**	**268**
花山区	283	158	125	259	133	126
雨山区	198	99	99	209	100	109
博望区	95	48	47	80	47	33
当涂县						
含山县						
和县						
淮北市	**614**	**334**	**280**	**617**	**310**	**307**
杜集区	96	56	40	115	56	59
相山区	392	210	182	370	188	182
烈山区	63	39	24	72	37	35
濉溪县	63	29	34	60	29	31
铜陵市	**398**	**215**	**183**	**366**	**192**	**174**
铜官区	306	166	140	271	146	125
义安区	67	39	28	72	36	36
郊区	25	10	15	23	10	13
枞阳县						
安庆市	**883**	**457**	**426**	**858**	**452**	**406**
迎江区	199	111	88	181	96	85
大观区	81	44	37	80	37	43
宜秀区	138	67	71	119	67	52
怀宁县						
太湖县						
宿松县						
望江县	101	54	47	80	43	37
岳西县						
安徽安庆经济开发区						
桐城市	233	117	116	270	138	132
潜山市	131	64	67	128	71	57
黄山市	**323**	**160**	**163**	**320**	**160**	**160**
屯溪区	205	102	103	209	105	104
黄山区	60	32	28	55	26	29
徽州区	53	24	29	46	24	22
歙县				5	1	4
休宁县	5	2	3	5	4	1
黟县						
祁门县						
滁州市	**819**	**442**	**377**	**773**	**423**	**350**
琅琊区	194	97	97	180	98	82
南谯区	209	119	90	207	120	87
来安县						
全椒县						
定远县						
凤阳县						
苏滁现代产业园						
滁州经济技术开发区						
天长市	239	123	116	215	115	100
明光市	177	103	74	171	90	81

1－10a 续表 5

单位：人

地区	2019年12月			2020年1月		
	小计	男	女	小计	男	女
阜阳市	**917**	**469**	**448**	**930**	**506**	**424**
颍州区	380	194	186	384	200	184
颍东区	163	87	76	161	95	66
颍泉区	190	98	92	203	113	90
临泉县						
太和县						
阜南县						
颍上县						
阜阳合肥现代产业园区						
阜阳经济技术开发区						
界首市	184	90	94	182	98	84
宿州市	**604**	**313**	**291**	**576**	**293**	**283**
埇桥区	601	312	289	569	290	279
砀山县						
萧县	3	1	2	7	3	4
灵璧县						
泗县						
宿州马鞍山现代产业园区						
宿州经济技术开发区						
六安市	**792**	**401**	**391**	**718**	**369**	**349**
金安区	351	182	169	342	188	154
裕安区	374	182	192	314	149	165
叶集区	64	35	29	57	28	29
霍邱县	1	1		3	2	1
舒城县	2	1	1	2	2	
金寨县						
霍山县						
亳州市	**636**	**347**	**289**	**607**	**325**	**282**
谯城区	625	342	283	602	322	280
涡阳县						
蒙城县						
利辛县	11	5	6	5	3	2
池州市	**294**	**154**	**140**	**288**	**146**	**142**
贵池区	278	148	130	272	139	133
东至县						
石台县						
青阳县						
池州市国家经济技术开发区	10	3	7	11	6	5
皖江江南新兴产业集中区	6	3	3	5	1	4
九华山风景区						
宣城市	**620**	**322**	**298**	**600**	**314**	**286**
宣州区	215	112	103	204	104	100
郎溪县						
泾县						
绩溪县						
旌德县						
宣城市经济开发区						
宁国市	200	105	95	200	107	93
广德市	205	105	100	196	103	93

1-10a　续表 6　　　　单位：人

地　区	2020年2月			2020年3月			2020年4月		
	小计	男	女	小计	男	女	小计	男	女
安　徽	**11825**	**6305**	**5520**	**11962**	**6320**	**5642**	**11028**	**5782**	**5246**
合肥市	**3404**	**1832**	**1572**	**3417**	**1820**	**1597**	**3122**	**1653**	**1469**
瑶海区	650	348	302	595	314	281	552	287	265
庐阳区	513	274	239	516	273	243	483	266	217
蜀山区	817	455	362	870	458	412	791	425	366
包河区	1074	551	523	1079	573	506	1008	531	477
长丰县							1	1	
肥东县									
肥西县	57	35	22	46	29	17	33	16	17
庐江县									
合肥高新技术产业开发区									
合肥经济技术开发区									
合肥新站高新技术产业开发区	64	38	26	73	37	36	57	22	35
巢湖市	229	131	98	238	136	102	197	105	92
芜湖市	**1004**	**534**	**470**	**972**	**503**	**469**	**915**	**488**	**427**
镜湖区	246	119	127	263	137	126	240	138	102
弋江区	258	135	123	253	127	126	252	130	122
鸠江区	262	143	119	260	140	120	244	117	127
三山区	76	47	29	78	41	37	67	35	32
芜湖县	8	4	4	5	3	2	1	1	
繁昌县									
南陵县									
芜湖经济技术开发区	2	2					1		1
安徽芜湖长江大桥经济开发区									
无为市	152	84	68	113	55	58	110	67	43
蚌埠市	**435**	**227**	**208**	**460**	**244**	**216**	**413**	**197**	**216**
龙子湖区	78	37	41	94	53	41	92	48	44
蚌山区	96	46	50	114	53	61	90	40	50
禹会区	113	69	44	118	63	55	115	55	60
淮上区	148	75	73	134	75	59	116	54	62
怀远县									
五河县									
固镇县									
蚌埠市高新技术开发区									
蚌埠市经济开发区									
淮南市	**635**	**333**	**302**	**654**	**350**	**304**	**601**	**300**	**301**
大通区	22	8	14	25	16	9	20	10	10
田家庵区	432	230	202	429	232	197	399	199	200
谢家集区	80	43	37	71	35	36	68	32	36
八公山区	50	26	24	50	28	22	57	26	31
潘集区	51	26	25	79	39	40	57	33	24
凤台县									
寿县									

1-10a 续表 7 单位：人

地区	2020年2月			2020年3月			2020年4月		
	小计	男	女	小计	男	女	小计	男	女
马鞍山市	**487**	**247**	**240**	**524**	**290**	**234**	**442**	**247**	**195**
花山区	234	115	119	252	137	115	215	120	95
雨山区	189	100	89	195	109	86	159	90	69
博望区	64	32	32	77	44	33	68	37	31
当涂县									
含山县									
和县									
淮北市	**548**	**291**	**257**	**579**	**308**	**271**	**518**	**276**	**242**
杜集区	93	48	45	95	55	40	81	39	42
相山区	365	194	171	348	174	174	332	187	145
烈山区	48	28	20	70	38	32	58	28	30
濉溪县	42	21	21	66	41	25	47	22	25
铜陵市	**325**	**185**	**140**	**343**	**191**	**152**	**323**	**175**	**148**
铜官区	246	149	97	248	136	112	240	130	110
义安区	55	29	26	79	49	30	64	35	29
郊区	24	7	17	16	6	10	19	10	9
枞阳县									
安庆市	**736**	**389**	**347**	**723**	**378**	**345**	**752**	**405**	**347**
迎江区	155	86	69	165	83	82	140	80	60
大观区	68	34	34	66	32	34	74	45	29
宜秀区	102	47	55	96	51	45	110	58	52
怀宁县									
太湖县									
宿松县									
望江县	67	41	26	68	37	31	70	38	32
岳西县									
安徽安庆经济开发区									
桐城市	233	117	116	219	118	101	218	117	101
潜山市	111	64	47	109	57	52	140	67	73
黄山市	**274**	**146**	**128**	**270**	**145**	**125**	**272**	**141**	**131**
屯溪区	195	104	91	186	101	85	176	95	81
黄山区	43	22	21	40	15	25	39	15	24
徽州区	28	17	11	38	25	13	52	28	24
歙县	1	1		2	2		3	2	1
休宁县	7	2	5	4	2	2	2	1	1
黟县									
祁门县									
滁州市	**684**	**355**	**329**	**702**	**361**	**341**	**673**	**360**	**313**
琅琊区	181	97	84	189	105	84	196	103	93
南谯区	166	84	82	189	96	93	171	86	85
来安县									
全椒县									
定远县									
凤阳县									
苏滁现代产业园									
滁州经济技术开发区									
天长市	195	101	94	183	93	90	176	101	75
明光市	142	73	69	141	67	74	130	70	60

1-10a　续表 8　　　　单位：人

地　区	2020年2月			2020年3月			2020年4月		
	小计	男	女	小计	男	女	小计	男	女
阜阳市	**821**	**437**	**384**	**812**	**425**	**387**	**753**	**375**	**378**
颍州区	325	182	143	327	178	149	337	156	181
颍东区	152	88	64	136	78	58	113	62	51
颍泉区	176	91	85	169	86	83	154	84	70
临泉县									
太和县									
阜南县									
颍上县									
阜阳合肥现代产业园区									
阜阳经济技术开发区									
界首市	168	76	92	180	83	97	149	73	76
宿州市	**512**	**248**	**264**	**484**	**255**	**229**	**443**	**236**	**207**
埇桥区	510	248	262	480	253	227	439	234	205
砀山县									
萧县	2		2	4	2	2	4	2	2
灵璧县									
泗县									
宿州马鞍山现代产业园区									
宿州经济技术开发区									
六安市	**605**	**328**	**277**	**592**	**312**	**280**	**514**	**253**	**261**
金安区	249	132	117	257	136	121	215	109	106
裕安区	283	154	129	281	146	135	247	122	125
叶集区	69	38	31	49	27	22	51	21	30
霍邱县	2	2		2	1	1			
舒城县	2	2		3	2	1	1	1	
金寨县									
霍山县									
亳州市	**527**	**292**	**235**	**570**	**307**	**263**	**535**	**277**	**258**
谯城区	521	289	232	567	306	261	531	275	256
涡阳县									
蒙城县									
利辛县	6	3	3	3	1	2	4	2	2
池州市	**249**	**132**	**117**	**305**	**148**	**157**	**245**	**138**	**107**
贵池区	235	125	110	287	139	148	236	131	105
东至县									
石台县									
青阳县									
池州市国家经济技术开发区	11	6	5	12	6	6	8	6	2
皖江江南新兴产业集中区	3	1	2	6	3	3	1	1	
九华山风景区									
宣城市	**579**	**329**	**250**	**555**	**283**	**272**	**507**	**261**	**246**
宣州区	216	128	88	191	107	84	163	91	72
郎溪县									
泾县									
绩溪县									
旌德县									
宣城市经济开发区									
宁国市	182	104	78	188	86	102	166	87	79
广德市	181	97	84	176	90	86	178	83	95

1-10a 续表 9

单位：人

地 区	2020年5月			2020年6月			2020年7月		
	小计	男	女	小计	男	女	小计	男	女
安 徽	**10639**	**5602**	**5037**	**11102**	**5894**	**5208**	**11319**	**5910**	**5409**
合肥市	**3149**	**1643**	**1506**	**3168**	**1677**	**1491**	**3290**	**1695**	**1595**
瑶海区	584	304	280	534	283	251	599	304	295
庐阳区	486	265	221	499	274	225	504	260	244
蜀山区	766	396	370	745	411	334	778	400	378
包河区	985	502	483	1060	547	513	1071	562	509
长丰县									
肥东县									
肥西县	38	21	17	43	21	22	46	21	25
庐江县									
合肥高新技术产业开发区									
合肥经济技术开发区									
合肥新站高新技术产业开发区	58	23	35	71	34	37	62	29	33
巢湖市	232	132	100	216	107	109	230	119	111
芜湖市	**875**	**470**	**405**	**928**	**495**	**433**	**894**	**445**	**449**
镜湖区	222	112	110	238	129	109	251	119	132
弋江区	235	144	91	247	131	116	227	113	114
鸠江区	232	115	117	240	120	120	225	113	112
三山区	58	31	27	68	44	24	77	37	40
芜湖县	3	2	1	6	4	2	2	1	1
繁昌县									
南陵县									
芜湖经济技术开发区	3	1	2	1	1				
安徽芜湖长江大桥经济开发区									
无为市	122	65	57	128	66	62	112	62	50
蚌埠市	**372**	**206**	**166**	**409**	**232**	**177**	**406**	**232**	**174**
龙子湖区	67	34	33	83	47	36	83	46	37
蚌山区	90	55	35	87	49	38	93	49	44
禹会区	105	54	51	104	52	52	93	51	42
淮上区	110	63	47	135	84	51	137	86	51
怀远县									
五河县									
固镇县									
蚌埠市高新技术开发区									
蚌埠市经济开发区									
淮南市	**524**	**262**	**262**	**577**	**317**	**260**	**613**	**330**	**283**
大通区	21	13	8	24	11	13	28	18	10
田家庵区	362	180	182	377	208	169	394	196	198
谢家集区	65	31	34	68	34	34	85	54	31
八公山区	28	13	15	55	31	24	51	34	17
潘集区	48	25	23	53	33	20	55	28	27
凤台县									
寿县									

1-10a　续表 10　　单位：人

地　　区	2020年5月			2020年6月			2020年7月		
	小计	男	女	小计	男	女	小计	男	女
马鞍山市	**408**	**224**	**184**	**457**	**235**	**222**	**484**	**263**	**221**
花山区	195	108	87	224	106	118	239	122	117
雨山区	145	82	63	170	91	79	180	103	77
博望区	68	34	34	63	38	25	65	38	27
当涂县									
含山县									
和县									
淮北市	**514**	**276**	**238**	**544**	**287**	**257**	**558**	**305**	**253**
杜集区	81	43	38	85	45	40	94	45	49
相山区	332	173	159	361	187	174	358	195	163
烈山区	41	23	18	50	28	22	58	36	22
濉溪县	60	37	23	48	27	21	48	29	19
铜陵市	**283**	**137**	**146**	**294**	**154**	**140**	**318**	**161**	**157**
铜官区	201	105	96	219	109	110	223	118	105
义安区	59	23	36	56	33	23	68	34	34
郊区	23	9	14	19	12	7	27	9	18
枞阳县									
安庆市	**681**	**365**	**316**	**740**	**403**	**337**	**716**	**380**	**336**
迎江区	152	80	72	143	82	61	154	93	61
大观区	51	26	25	67	37	30	65	33	32
宜秀区	119	74	45	107	65	42	113	51	62
怀宁县									
太湖县									
宿松县									
望江县	71	35	36	78	43	35	63	33	30
岳西县									
安徽安庆经济开发区							1		1
桐城市	182	92	90	227	120	107	185	103	82
潜山市	106	58	48	118	56	62	135	67	68
黄山市	**232**	**121**	**111**	**289**	**130**	**159**	**277**	**152**	**125**
屯溪区	149	83	66	190	92	98	193	105	88
黄山区	44	22	22	46	21	25	47	27	20
徽州区	36	16	20	46	16	30	33	18	15
歙县				4	1	3	1		1
休宁县	3		3	3		3	3	2	1
黟县									
祁门县									
滁州市	**596**	**301**	**295**	**641**	**356**	**285**	**651**	**347**	**304**
琅琊区	145	73	72	156	97	59	159	76	83
南谯区	142	70	72	187	98	89	158	91	67
来安县									
全椒县									
定远县									
凤阳县									
苏滁现代产业园									
滁州经济技术开发区									
天长市	174	92	82	172	95	77	207	108	99
明光市	135	66	69	126	66	60	127	72	55

1-10a　续表 11　　　　单位：人

地　区	2020年5月			2020年6月			2020年7月		
	小计	男	女	小计	男	女	小计	男	女
阜阳市	**683**	**345**	**338**	**702**	**366**	**336**	**750**	**394**	**356**
颍州区	295	156	139	304	171	133	321	177	144
颍东区	119	62	57	134	72	62	125	66	59
颍泉区	128	61	67	134	65	69	159	71	88
临泉县									
太和县									
阜南县									
颍上县									
阜阳合肥现代产业园区									
阜阳经济技术开发区									
界首市	141	66	75	130	58	72	145	80	65
宿州市	**476**	**249**	**227**	**481**	**259**	**222**	**468**	**222**	**246**
埇桥区	472	247	225	478	257	221	466	221	245
砀山县									
萧县	4	2	2	3	2	1	2	1	1
灵璧县									
泗县									
宿州马鞍山现代产业园区									
宿州经济技术开发区									
六安市	**586**	**324**	**262**	**605**	**336**	**269**	**600**	**320**	**280**
金安区	261	133	128	241	140	101	290	148	142
裕安区	272	160	112	299	157	142	259	144	115
叶集区	52	30	22	63	38	25	49	28	21
霍邱县				2	1	1			
舒城县	1	1					2		2
金寨县									
霍山县									
亳州市	**498**	**272**	**226**	**473**	**242**	**231**	**501**	**274**	**227**
谯城区	496	272	224	467	239	228	493	268	225
涡阳县									
蒙城县									
利辛县	2		2	6	3	3	8	6	2
池州市	**268**	**146**	**122**	**262**	**141**	**121**	**278**	**133**	**145**
贵池区	257	139	118	256	138	118	263	124	139
东至县									
石台县									
青阳县									
池州市国家经济技术开发区	7	4	3	5	3	2	10	9	1
皖江江南新兴产业集中区	4	3	1	1		1	5		5
九华山风景区									
宣城市	**494**	**261**	**233**	**532**	**264**	**268**	**515**	**257**	**258**
宣州区	157	92	65	161	80	81	182	89	93
郎溪县									
泾县									
绩溪县									
旌德县									
宣城市经济开发区									
宁国市	175	84	91	185	87	98	150	82	68
广德市	162	85	77	186	97	89	183	86	97

1-10a　续表 12　　　　单位：人

地　区	2020年8月			2020年9月			2020年10月		
	小计	男	女	小计	男	女	小计	男	女
安　徽	**11700**	**6126**	**5574**	**9974**	**5314**	**4660**	**9369**	**4919**	**4450**
合肥市	**3417**	**1813**	**1604**	**2956**	**1592**	**1364**	**2606**	**1364**	**1242**
瑶海区	603	325	278	527	268	259	429	216	213
庐阳区	553	299	254	441	246	195	441	234	207
蜀山区	870	465	405	732	393	339	598	319	279
包河区	1047	546	501	948	525	423	845	440	405
长丰县									
肥东县									
肥西县	49	28	21	47	21	26	20	7	13
庐江县									
合肥高新技术产业开发区									
合肥经济技术开发区									
合肥新站高新技术产业开发区	71	39	32	44	21	23	49	25	24
巢湖市	224	111	113	217	118	99	224	123	101
芜湖市	**998**	**511**	**487**	**855**	**450**	**405**	**813**	**448**	**365**
镜湖区	257	128	129	228	115	113	180	81	99
弋江区	264	132	132	202	103	99	194	108	86
鸠江区	277	153	124	211	117	94	254	148	106
三山区	60	19	41	89	53	36	66	42	24
芜湖县	6	4	2	9	4	5	2	1	1
繁昌县									
南陵县									
芜湖经济技术开发区	1	1		1		1	1	1	
安徽芜湖长江大桥经济开发区									
无为市	133	74	59	115	58	57	116	67	49
蚌埠市	**427**	**231**	**196**	**371**	**200**	**171**	**343**	**186**	**157**
龙子湖区	103	57	46	77	43	34	80	35	45
蚌山区	83	44	39	58	28	30	53	29	24
禹会区	102	58	44	106	58	48	83	51	32
淮上区	139	72	67	130	71	59	127	71	56
怀远县									
五河县									
固镇县									
蚌埠市高新技术开发区									
蚌埠市经济开发区									
淮南市	**655**	**326**	**329**	**544**	**298**	**246**	**439**	**237**	**202**
大通区	30	17	13	29	19	10	19	13	6
田家庵区	446	218	228	359	202	157	269	142	127
谢家集区	67	35	32	55	26	29	58	35	23
八公山区	60	28	32	50	26	24	37	19	18
潘集区	52	28	24	51	25	26	56	28	28
凤台县									
寿县									

1－10a 续表 13

单位：人

地　区	2020年8月			2020年9月			2020年10月		
	小计	男	女	小计	男	女	小计	男	女
马鞍山市	**575**	**294**	**281**	**417**	**226**	**191**	**419**	**206**	**213**
花山区	291	151	140	187	96	91	197	100	97
雨山区	219	109	110	169	102	67	157	80	77
博望区	65	34	31	61	28	33	65	26	39
当涂县									
含山县									
和县									
淮北市	**534**	**291**	**243**	**462**	**241**	**221**	**432**	**248**	**184**
杜集区	100	48	52	71	39	32	74	44	30
相山区	329	181	148	279	148	131	242	133	109
烈山区	62	37	25	61	27	34	48	30	18
濉溪县	43	25	18	51	27	24	68	41	27
铜陵市	**276**	**141**	**135**	**291**	**158**	**133**	**274**	**145**	**129**
铜官区	217	109	108	221	127	94	198	108	90
义安区	48	26	22	50	21	29	55	31	24
郊区	11	6	5	20	10	10	21	6	15
枞阳县									
安庆市	**698**	**344**	**354**	**642**	**323**	**319**	**709**	**349**	**360**
迎江区	149	76	73	149	75	74	155	75	80
大观区	57	32	25	52	23	29	48	22	26
宜秀区	112	50	62	108	57	51	101	47	54
怀宁县									
太湖县									
宿松县									
望江县	70	37	33	69	33	36	68	36	32
岳西县									
安徽安庆经济开发区									
桐城市	199	95	104	183	89	94	214	103	111
潜山市	111	54	57	81	46	35	123	66	57
黄山市	**301**	**164**	**137**	**219**	**120**	**99**	**238**	**129**	**109**
屯溪区	208	111	97	146	85	61	156	79	77
黄山区	45	22	23	33	17	16	34	23	11
徽州区	44	27	17	37	16	21	41	22	19
歙县				2	1	1	2	1	1
休宁县	4	4		1	1		5	4	1
黟县									
祁门县									
滁州市	**678**	**362**	**316**	**539**	**295**	**244**	**530**	**267**	**263**
琅琊区	172	85	87	129	74	55	118	68	50
南谯区	182	103	79	156	87	69	154	73	81
来安县									
全椒县									
定远县									
凤阳县									
苏滁现代产业园									
滁州经济技术开发区									
天长市	203	117	86	160	82	78	151	72	79
明光市	121	57	64	94	52	42	107	54	53

1-10a 续表 14

单位：人

地区	2020年8月			2020年9月			2020年10月		
	小计	男	女	小计	男	女	小计	男	女
阜阳市	**760**	**375**	**385**	**608**	**343**	**265**	**515**	**277**	**238**
颍州区	335	160	175	268	153	115	226	128	98
颍东区	130	69	61	106	57	49	79	41	38
颍泉区	156	80	76	104	59	45	79	50	29
临泉县									
太和县									
阜南县									
颍上县									
阜阳合肥现代产业园区									
阜阳经济技术开发区									
界首市	139	66	73	130	74	56	131	58	73
宿州市	**500**	**267**	**233**	**420**	**213**	**207**	**368**	**194**	**174**
埇桥区	499	267	232	418	213	205	363	193	170
砀山县									
萧县	1		1	2		2	5	1	4
灵璧县									
泗县									
宿州马鞍山现代产业园区									
宿州经济技术开发区									
六安市	**591**	**317**	**274**	**534**	**293**	**241**	**488**	**266**	**222**
金安区	253	134	119	249	138	111	208	104	104
裕安区	268	143	125	248	133	115	217	120	97
叶集区	61	36	25	34	21	13	56	37	19
霍邱县	3	1	2				1	1	
舒城县	6	3	3	3	1	2	6	4	2
金寨县									
霍山县									
亳州市	**493**	**274**	**219**	**400**	**215**	**185**	**402**	**205**	**197**
谯城区	488	271	217	400	215	185	401	205	196
涡阳县									
蒙城县									
利辛县	5	3	2				1		1
池州市	**294**	**153**	**141**	**270**	**142**	**128**	**299**	**141**	**158**
贵池区	280	149	131	258	136	122	282	129	153
东至县									
石台县									
青阳县									
池州市国家经济技术开发区	11	3	8	9	4	5	16	11	5
皖江江南新兴产业集中区	3	1	2	3	2	1	1	1	
九华山风景区									
宣城市	**503**	**263**	**240**	**446**	**205**	**241**	**494**	**257**	**237**
宣州区	170	83	87	156	69	87	171	87	84
郎溪县									
泾县									
绩溪县									
旌德县									
宣城市经济开发区									
宁国市	166	87	79	156	75	81	170	87	83
广德市	167	93	74	134	61	73	153	83	70

1－10b 各地区分性别、月份的出生人口
(2019.11.1－2020.10.31)(镇)

单位：人

地区	出生人口			2019年11月		
	合计	男	女	小计	男	女
安徽	**180935**	**95924**	**85011**	**19781**	**10481**	**9300**
合肥市	**40081**	**21506**	**18575**	**4402**	**2329**	**2073**
瑶海区	309	155	154	36	16	20
庐阳区	1071	565	506	131	67	64
蜀山区	350	201	149	33	19	14
包河区						
长丰县	6652	3605	3047	724	380	344
肥东县	5989	3208	2781	652	346	306
肥西县	7254	3871	3383	797	403	394
庐江县	4068	2265	1803	495	292	203
合肥高新技术产业开发区	3542	1916	1626	373	202	171
合肥经济技术开发区	6022	3172	2850	669	337	332
合肥新站高新技术产业开发区	3937	2067	1870	386	207	179
巢湖市	887	481	406	106	60	46
芜湖市	**9618**	**5093**	**4525**	**996**	**502**	**494**
镜湖区	7	2	5			
弋江区						
鸠江区	714	363	351	83	37	46
三山区	365	191	174	43	18	25
芜湖县	1854	966	888	175	92	83
繁昌县	1146	614	532	117	57	60
南陵县	1805	968	837	169	80	89
芜湖经济技术开发区	1715	912	803	184	105	79
安徽芜湖长江大桥经济开发区	132	69	63	16	8	8
无为市	1880	1008	872	209	105	104
蚌埠市	**10191**	**5328**	**4863**	**1138**	**582**	**556**
龙子湖区	80	40	40	9	6	3
蚌山区						
禹会区	94	52	42	7	5	2
淮上区	260	136	124	24	7	17
怀远县	3118	1612	1506	349	169	180
五河县	2378	1286	1092	285	164	121
固镇县	1508	792	716	182	90	92
蚌埠市高新技术开发区	475	248	227	53	24	29
蚌埠市经济开发区	2278	1162	1116	229	117	112
淮南市	**6136**	**3242**	**2894**	**628**	**320**	**308**
大通区	555	273	282	56	23	33
田家庵区	160	85	75	16	4	12
谢家集区	39	20	19	6	5	1
八公山区						
潘集区	688	351	337	62	27	35
凤台县	1903	1028	875	186	106	80
寿县	2791	1485	1306	302	155	147

1-10b 续表 1

单位：人

地　区	出生人口			2019年11月		
	合计	男	女	小计	男	女
马鞍山市	**5788**	**3081**	**2707**	**661**	**370**	**291**
花山区						
雨山区						
博望区	122	71	51	13	7	6
当涂县	2277	1210	1067	235	134	101
含山县	1731	949	782	210	118	92
和县	1658	851	807	203	111	92
淮北市	**4246**	**2273**	**1973**	**475**	**247**	**228**
杜集区	329	171	158	33	20	13
相山区						
烈山区	235	125	110	29	12	17
濉溪县	3682	1977	1705	413	215	198
铜陵市	**2236**	**1181**	**1055**	**247**	**134**	**113**
铜官区	6	1	5	1		1
义安区	173	91	82	16	12	4
郊区	213	102	111	24	13	11
枞阳县	1844	987	857	206	109	97
安庆市	**11252**	**6004**	**5248**	**1156**	**630**	**526**
迎江区						
大观区	186	100	86	19	11	8
宜秀区	253	120	133	22	12	10
怀宁县	2155	1133	1022	222	123	99
太湖县	1832	977	855	186	102	84
宿松县	2331	1331	1000	245	136	109
望江县	609	333	276	61	38	23
岳西县	1202	627	575	122	63	59
安徽安庆经济开发区	1017	526	491	112	60	52
桐城市	837	428	409	92	47	45
潜山市	830	429	401	75	38	37
黄山市	**3423**	**1812**	**1611**	**359**	**193**	**166**
屯溪区	50	21	29	8	1	7
黄山区	174	93	81	17	9	8
徽州区	120	68	52	15	10	5
歙县	1423	759	664	152	88	64
休宁县	754	400	354	65	31	34
黟县	261	115	146	30	9	21
祁门县	641	356	285	72	45	27
滁州市	**14222**	**7569**	**6653**	**1550**	**859**	**691**
琅琊区						
南谯区	547	278	269	58	28	30
来安县	1988	1069	919	224	137	87
全椒县	2124	1119	1005	242	141	101
定远县	2991	1639	1352	319	172	147
凤阳县	2975	1577	1398	327	169	158
苏滁现代产业园	171	90	81	17	7	10
滁州经济技术开发区	1163	629	534	129	64	65
天长市	1620	827	793	167	96	71
明光市	643	341	302	67	45	22

1-10b 续表 2

单位：人

地 区	出生人口			2019年11月		
	合计	男	女	小计	男	女
阜阳市	**23378**	**12326**	**11052**	**2687**	**1398**	**1289**
颍州区	751	417	334	67	29	38
颍东区	774	403	371	78	40	38
颍泉区	799	425	374	82	46	36
临泉县	4866	2512	2354	601	306	295
太和县	6068	3205	2863	701	368	333
阜南县	3472	1834	1638	404	210	194
颍上县	4510	2388	2122	476	246	230
阜阳合肥现代产业园区	86	50	36	12	5	7
阜阳经济技术开发区	835	446	389	113	61	52
界首市	1217	646	571	153	87	66
宿州市	**16343**	**8571**	**7772**	**1755**	**933**	**822**
埇桥区	1712	891	821	176	83	93
砀山县	4109	2127	1982	444	229	215
萧县	3389	1820	1569	370	217	153
灵璧县	3332	1755	1577	375	195	180
泗县	2907	1500	1407	308	170	138
宿州马鞍山现代产业园区	276	153	123	22	12	10
宿州经济技术开发区	618	325	293	60	27	33
六安市	**11069**	**5941**	**5128**	**1206**	**651**	**555**
金安区	1339	691	648	155	83	72
裕安区	828	471	357	79	49	30
叶集区	248	146	102	24	11	13
霍邱县	2411	1315	1096	281	156	125
舒城县	2720	1434	1286	299	162	137
金寨县	1845	1001	844	185	87	98
霍山县	1678	883	795	183	103	80
亳州市	**13499**	**7119**	**6380**	**1565**	**821**	**744**
谯城区	1288	692	596	131	58	73
涡阳县	3461	1785	1676	409	208	201
蒙城县	4728	2510	2218	562	297	265
利辛县	4022	2132	1890	463	258	205
池州市	**3225**	**1661**	**1564**	**322**	**181**	**141**
贵池区	290	150	140	25	11	14
东至县	1589	815	774	157	91	66
石台县	279	141	138	30	16	14
青阳县	1044	542	502	110	63	47
池州市国家经济技术开发区						
皖江江南新兴产业集中区						
九华山风景区	23	13	10			
宣城市	**6228**	**3217**	**3011**	**634**	**331**	**303**
宣州区	797	422	375	85	45	40
郎溪县	1702	901	801	178	93	85
泾县	1067	563	504	120	59	61
绩溪县	648	332	316	56	32	24
旌德县	552	256	296	60	27	33
宣城市经济开发区	818	415	403	67	36	31
宁国市	142	72	70	16	6	10
广德市	502	256	246	52	33	19

1-10b　续表 3　　　　单位：人

地　　区	2019年12月			2020年1月		
	小计	男	女	小计	男	女
安　徽	**17678**	**9317**	**8361**	**16851**	**8950**	**7901**
合肥市	**4013**	**2140**	**1873**	**3681**	**1994**	**1687**
瑶海区	31	17	14	26	14	12
庐阳区	103	54	49	90	49	41
蜀山区	27	14	13	44	26	18
包河区						
长丰县	620	318	302	624	333	291
肥东县	606	323	283	547	292	255
肥西县	750	396	354	678	373	305
庐江县	449	248	201	368	194	174
合肥高新技术产业开发区	338	184	154	309	185	124
合肥经济技术开发区	613	340	273	548	288	260
合肥新站高新技术产业开发区	391	205	186	368	205	163
巢湖市	85	41	44	79	35	44
芜湖市	**921**	**477**	**444**	**953**	**507**	**446**
镜湖区	1		1	1		1
弋江区						
鸠江区	61	34	27	74	34	40
三山区	31	16	15	40	20	20
芜湖县	171	92	79	192	102	90
繁昌县	125	57	68	117	73	44
南陵县	169	89	80	178	94	84
芜湖经济技术开发区	173	93	80	167	87	80
安徽芜湖长江大桥经济开发区	15	7	8	9	4	5
无为市	175	89	86	175	93	82
蚌埠市	**943**	**498**	**445**	**948**	**502**	**446**
龙子湖区	6	3	3	8	2	6
蚌山区						
禹会区	7	3	4	10	6	4
淮上区	16	6	10	23	8	15
怀远县	287	133	154	271	143	128
五河县	231	127	104	225	132	93
固镇县	142	82	60	138	75	63
蚌埠市高新技术开发区	43	23	20	43	22	21
蚌埠市经济开发区	211	121	90	230	114	116
淮南市	**632**	**332**	**300**	**562**	**299**	**263**
大通区	45	23	22	59	25	34
田家庵区	12	7	5	14	8	6
谢家集区	2		2	3	1	2
八公山区						
潘集区	55	27	28	48	23	25
凤台县	210	106	104	182	100	82
寿县	308	169	139	256	142	114

1-10b 续表 4

单位：人

地 区	2019年12月			2020年1月		
	小计	男	女	小计	男	女
马鞍山市	**577**	**307**	**270**	**526**	**277**	**249**
花山区						
雨山区						
博望区	8	3	5	14	11	3
当涂县	237	121	116	208	107	101
含山县	155	89	66	153	82	71
和县	177	94	83	151	77	74
淮北市	**409**	**206**	**203**	**389**	**210**	**179**
杜集区	30	15	15	24	12	12
相山区						
烈山区	13	8	5	27	14	13
濉溪县	366	183	183	338	184	154
铜陵市	**226**	**125**	**101**	**204**	**97**	**107**
铜官区				2		2
义安区	14	9	5	17	8	9
郊区	18	9	9	17	9	8
枞阳县	194	107	87	168	80	88
安庆市	**1066**	**596**	**470**	**1047**	**562**	**485**
迎江区						
大观区	19	10	9	17	11	6
宜秀区	16	9	7	20	10	10
怀宁县	223	129	94	198	106	92
太湖县	177	91	86	178	88	90
宿松县	206	127	79	222	117	105
望江县	62	30	32	49	31	18
岳西县	120	68	52	109	60	49
安徽安庆经济开发区	89	48	41	86	44	42
桐城市	76	44	32	73	38	35
潜山市	78	40	38	95	57	38
黄山市	**327**	**151**	**176**	**328**	**184**	**144**
屯溪区	3	2	1	6	2	4
黄山区	12	7	5	20	12	8
徽州区	9	3	6	18	12	6
歙县	143	66	77	143	81	62
休宁县	71	31	40	60	33	27
黟县	29	15	14	22	10	12
祁门县	60	27	33	59	34	25
滁州市	**1365**	**715**	**650**	**1381**	**719**	**662**
琅琊区						
南谯区	63	30	33	58	29	29
来安县	202	113	89	224	109	115
全椒县	207	98	109	216	127	89
定远县	254	141	113	287	148	139
凤阳县	288	152	136	277	151	126
苏滁现代产业园	20	9	11	15	9	6
滁州经济技术开发区	102	54	48	116	59	57
天长市	161	89	72	128	60	68
明光市	68	29	39	60	27	33

1-10b　续表 5　　　　单位：人

地　区	2019年12月			2020年1月		
	小计	男	女	小计	男	女
阜阳市	**2338**	**1262**	**1076**	**2166**	**1130**	**1036**
颍州区	92	51	41	67	37	30
颍东区	73	33	40	75	36	39
颍泉区	73	43	30	63	34	29
临泉县	480	233	247	461	250	211
太和县	617	345	272	552	289	263
阜南县	335	181	154	320	161	159
颍上县	467	255	212	453	233	220
阜阳合肥现代产业园区	6	2	4	10	4	6
阜阳经济技术开发区	85	51	34	71	32	39
界首市	110	68	42	94	54	40
宿州市	**1517**	**746**	**771**	**1552**	**830**	**722**
埇桥区	154	71	83	159	82	77
砀山县	410	199	211	392	207	185
萧县	330	165	165	325	180	145
灵璧县	277	131	146	331	190	141
泗县	252	125	127	263	122	141
宿州马鞍山现代产业园区	33	19	14	25	12	13
宿州经济技术开发区	61	36	25	57	37	20
六安市	**1107**	**598**	**509**	**1012**	**547**	**465**
金安区	114	64	50	118	61	57
裕安区	81	47	34	71	43	28
叶集区	29	18	11	26	15	11
霍邱县	237	131	106	230	131	99
舒城县	296	156	140	240	127	113
金寨县	194	103	91	172	90	82
霍山县	156	79	77	155	80	75
亳州市	**1339**	**694**	**645**	**1220**	**620**	**600**
谯城区	119	60	59	124	65	59
涡阳县	353	185	168	310	155	155
蒙城县	458	239	219	424	214	210
利辛县	409	210	199	362	186	176
池州市	**301**	**161**	**140**	**292**	**149**	**143**
贵池区	28	19	9	25	10	15
东至县	145	75	70	149	73	76
石台县	28	14	14	20	12	8
青阳县	98	51	47	97	54	43
池州市国家经济技术开发区						
皖江江南新兴产业集中区						
九华山风景区	2	2		1		1
宣城市	**597**	**309**	**288**	**590**	**323**	**267**
宣州区	83	48	35	84	46	38
郎溪县	154	78	76	175	93	82
泾县	105	50	55	92	60	32
绩溪县	56	30	26	55	29	26
旌德县	57	24	33	46	22	24
宣城市经济开发区	79	42	37	84	46	38
宁国市	20	10	10	13	8	5
广德市	43	27	16	41	19	22

1-10b 续表 6 单位：人

地区	2020年2月			2020年3月			2020年4月		
	小计	男	女	小计	男	女	小计	男	女
安徽	**15187**	**8004**	**7183**	**15489**	**8166**	**7323**	**13925**	**7482**	**6443**
合肥市	**3262**	**1732**	**1530**	**3451**	**1848**	**1603**	**2932**	**1582**	**1350**
瑶海区	30	13	17	35	12	23	22	13	9
庐阳区	73	42	31	90	48	42	106	58	48
蜀山区	25	15	10	25	15	10	17	11	6
包河区									
长丰县	546	294	252	592	331	261	468	278	190
肥东县	519	257	262	492	271	221	439	221	218
肥西县	605	320	285	626	333	293	480	258	222
庐江县	329	170	159	362	199	163	277	166	111
合肥高新技术产业开发区	284	157	127	310	158	152	280	137	143
合肥经济技术开发区	476	260	216	509	260	249	451	233	218
合肥新站高新技术产业开发区	304	165	139	337	177	160	326	166	160
巢湖市	71	39	32	73	44	29	66	41	25
芜湖市	**765**	**413**	**352**	**837**	**432**	**405**	**738**	**398**	**340**
镜湖区				2		2			
弋江区									
鸠江区	53	25	28	63	34	29	53	30	23
三山区	27	12	15	34	19	15	35	21	14
芜湖县	160	92	68	159	78	81	150	69	81
繁昌县	87	47	40	100	52	48	93	51	42
南陵县	133	76	57	158	83	75	141	84	57
芜湖经济技术开发区	140	72	68	153	78	75	127	63	64
安徽芜湖长江大桥经济开发区	9	5	4	10	2	8	12	7	5
无为市	156	84	72	158	86	72	127	73	54
蚌埠市	**887**	**470**	**417**	**870**	**435**	**435**	**782**	**446**	**336**
龙子湖区	7	3	4	5	4	1	9	6	3
蚌山区									
禹会区	10	4	6	10	5	5	7	3	4
淮上区	26	10	16	20	9	11	26	16	10
怀远县	276	157	119	282	139	143	234	130	104
五河县	188	99	89	199	103	96	176	104	72
固镇县	133	68	65	135	70	65	110	65	45
蚌埠市高新技术开发区	47	23	24	45	20	25	43	26	17
蚌埠市经济开发区	200	106	94	174	85	89	177	96	81
淮南市	**524**	**289**	**235**	**528**	**261**	**267**	**483**	**253**	**230**
大通区	38	24	14	47	18	29	38	20	18
田家庵区	16	4	12	20	10	10	15	10	5
谢家集区	3	2	1	5	1	4	6	4	2
八公山区									
潘集区	63	34	29	60	31	29	60	29	31
凤台县	155	83	72	164	83	81	143	77	66
寿县	249	142	107	232	118	114	221	113	108

1-10b　续表 7　　单位：人

地　　区	2020年2月			2020年3月			2020年4月		
	小计	男	女	小计	男	女	小计	男	女
马鞍山市	**451**	**235**	**216**	**502**	**267**	**235**	**433**	**242**	**191**
花山区									
雨山区									
博望区	13	6	7	11	3	8	14	10	4
当涂县	170	95	75	197	98	99	176	112	64
含山县	123	65	58	146	91	55	117	60	57
和县	145	69	76	148	75	73	126	60	66
淮北市	**379**	**200**	**179**	**365**	**202**	**163**	**341**	**172**	**169**
杜集区	26	14	12	34	16	18	25	11	14
相山区									
烈山区	18	8	10	26	11	15	17	11	6
濉溪县	335	178	157	305	175	130	299	150	149
铜陵市	**195**	**99**	**96**	**200**	**102**	**98**	**174**	**89**	**85**
铜官区	2	1	1				1		1
义安区	13	8	5	15	4	11	12	6	6
郊区	17	8	9	24	9	15	16	7	9
枞阳县	163	82	81	161	89	72	145	76	69
安庆市	**973**	**510**	**463**	**890**	**460**	**430**	**888**	**475**	**413**
迎江区									
大观区	21	12	9	19	9	10	14	8	6
宜秀区	20	10	10	24	8	16	28	15	13
怀宁县	192	100	92	170	82	88	183	89	94
太湖县	135	71	64	121	66	55	132	78	54
宿松县	163	94	69	184	101	83	183	101	82
望江县	77	32	45	49	26	23	43	36	7
岳西县	109	48	61	88	53	35	91	51	40
安徽安庆经济开发区	91	54	37	92	48	44	78	29	49
桐城市	81	39	42	68	29	39	73	39	34
潜山市	84	50	34	75	38	37	63	29	34
黄山市	**289**	**176**	**113**	**297**	**165**	**132**	**225**	**117**	**108**
屯溪区	1		1	8	3	5	2	1	1
黄山区	13	7	6	19	12	7	9	6	3
徽州区	8	5	3	13	7	6	5	2	3
歙县	133	78	55	101	58	43	99	47	52
休宁县	57	36	21	65	33	32	47	26	21
黟县	23	15	8	21	11	10	19	12	7
祁门县	54	35	19	70	41	29	44	23	21
滁州市	**1260**	**677**	**583**	**1182**	**609**	**573**	**1141**	**637**	**504**
琅琊区									
南谯区	49	29	20	47	19	28	40	23	17
来安县	185	96	89	163	81	82	161	93	68
全椒县	192	100	92	205	109	96	166	78	88
定远县	266	143	123	237	141	96	248	149	99
凤阳县	268	148	120	237	106	131	240	136	104
苏滁现代产业园	19	12	7	10	5	5	14	9	5
滁州经济技术开发区	88	47	41	104	57	47	91	52	39
天长市	134	67	67	134	69	65	134	71	63
明光市	59	35	24	45	22	23	47	26	21

1-10b 续表 8

单位：人

地　　区	2020年2月			2020年3月			2020年4月		
	小计	男	女	小计	男	女	小计	男	女
阜阳市	**1970**	**1008**	**962**	**1962**	**1022**	**940**	**1786**	**953**	**833**
颍州区	62	43	19	69	40	29	55	34	21
颍东区	60	40	20	55	31	24	49	25	24
颍泉区	68	30	38	68	41	27	74	37	37
临泉县	410	200	210	412	204	208	384	198	186
太和县	482	246	236	464	238	226	489	268	221
阜南县	299	141	158	312	167	145	261	145	116
颍上县	405	213	192	367	197	170	332	167	165
阜阳合肥现代产业园区	8	5	3	10	4	6	6	6	
阜阳经济技术开发区	82	46	36	90	47	43	55	33	22
界首市	94	44	50	115	53	62	81	40	41
宿州市	**1383**	**686**	**697**	**1420**	**783**	**637**	**1323**	**690**	**633**
埇桥区	136	75	61	142	74	68	135	74	61
砀山县	346	163	183	363	199	164	340	197	143
萧县	299	154	145	270	158	112	282	136	146
灵璧县	272	140	132	292	154	138	242	117	125
泗县	266	121	145	276	155	121	243	122	121
宿州马鞍山现代产业园区	17	11	6	29	16	13	22	13	9
宿州经济技术开发区	47	22	25	48	27	21	59	31	28
六安市	**885**	**479**	**406**	**910**	**486**	**424**	**840**	**457**	**383**
金安区	114	51	63	114	59	55	103	59	44
裕安区	55	25	30	60	36	24	72	51	21
叶集区	22	12	10	20	8	12	17	11	6
霍邱县	217	118	99	217	126	91	172	83	89
舒城县	200	111	89	214	105	109	223	113	110
金寨县	147	82	65	144	81	63	137	75	62
霍山县	130	80	50	141	71	70	116	65	51
亳州市	**1174**	**618**	**556**	**1270**	**690**	**580**	**1084**	**580**	**504**
谯城区	124	62	62	122	70	52	100	51	49
涡阳县	307	160	147	337	174	163	269	134	135
蒙城县	411	223	188	424	234	190	390	208	182
利辛县	332	173	159	387	212	175	325	187	138
池州市	**266**	**142**	**124**	**260**	**136**	**124**	**268**	**126**	**142**
贵池区	37	23	14	14	7	7	24	11	13
东至县	125	68	57	136	75	61	132	66	66
石台县	21	10	11	22	13	9	22	10	12
青阳县	80	39	41	85	39	46	86	36	50
池州市国家经济技术开发区									
皖江江南新兴产业集中区									
九华山风景区	3	2	1	3	2	1	4	3	1
宣城市	**524**	**270**	**254**	**545**	**268**	**277**	**487**	**265**	**222**
宣州区	56	26	30	56	22	34	60	34	26
郎溪县	154	81	73	164	81	83	115	74	41
泾县	77	38	39	101	57	44	93	44	49
绩溪县	64	37	27	67	33	34	62	34	28
旌德县	43	24	19	45	22	23	33	18	15
宣城市经济开发区	69	34	35	59	29	30	74	37	37
宁国市	10	4	6	13	6	7	7	6	1
广德市	51	26	25	40	18	22	43	18	25

1-10b 续表 9 单位：人

地 区	2020年5月			2020年6月			2020年7月		
	小计	男	女	小计	男	女	小计	男	女
安 徽	**13570**	**7261**	**6309**	**14157**	**7531**	**6626**	**14208**	**7616**	**6592**
合肥市	**2974**	**1630**	**1344**	**3247**	**1751**	**1496**	**3217**	**1782**	**1435**
瑶海区	20	11	9	30	16	14	42	24	18
庐阳区	85	49	36	87	36	51	95	54	41
蜀山区	21	14	7	32	19	13	31	18	13
包河区									
长丰县	488	278	210	514	281	233	519	283	236
肥东县	423	244	179	507	282	225	465	250	215
肥西县	526	281	245	610	325	285	578	335	243
庐江县	337	186	151	259	135	124	286	165	121
合肥高新技术产业开发区	276	144	132	278	160	118	274	146	128
合肥经济技术开发区	418	228	190	509	266	243	519	280	239
合肥新站高新技术产业开发区	305	147	158	347	188	159	324	183	141
巢湖市	75	48	27	74	43	31	84	44	40
芜湖市	**711**	**386**	**325**	**758**	**403**	**355**	**771**	**427**	**344**
镜湖区							2	1	1
弋江区									
鸠江区	46	26	20	69	31	38	56	25	31
三山区	24	11	13	28	16	12	22	16	6
芜湖县	155	87	68	128	65	63	159	90	69
繁昌县	82	50	32	97	47	50	79	51	28
南陵县	150	82	68	150	87	63	147	78	69
芜湖经济技术开发区	125	63	62	139	81	58	126	63	63
安徽芜湖长江大桥经济开发区	6	6		5	4	1	18	10	8
无为市	123	61	62	142	72	70	162	93	69
蚌埠市	**745**	**371**	**374**	**760**	**408**	**352**	**821**	**442**	**379**
龙子湖区	9	6	3	6	4	2	4	1	3
蚌山区									
禹会区	8	4	4	9	6	3	6	4	2
淮上区	26	17	9	26	15	11	23	13	10
怀远县	229	112	117	243	136	107	265	141	124
五河县	175	92	83	162	81	81	183	105	78
固镇县	103	50	53	111	62	49	129	63	66
蚌埠市高新技术开发区	33	18	15	37	19	18	27	18	9
蚌埠市经济开发区	162	72	90	166	85	81	184	97	87
淮南市	**434**	**205**	**229**	**490**	**260**	**230**	**479**	**278**	**201**
大通区	44	21	23	45	21	24	45	27	18
田家庵区	11	8	3	15	12	3	12	7	5
谢家集区	2		2	4	1	3	2	2	
八公山区									
潘集区	44	25	19	62	25	37	54	27	27
凤台县	110	59	51	158	82	76	143	93	50
寿县	223	92	131	206	119	87	223	122	101

1-10b 续表 10

单位：人

地区	2020年5月			2020年6月			2020年7月		
	小计	男	女	小计	男	女	小计	男	女
马鞍山市	**423**	**218**	**205**	**461**	**227**	**234**	**475**	**245**	**230**
花山区									
雨山区									
博望区	8	7	1	10	5	5	13	7	6
当涂县	163	79	84	198	95	103	189	103	86
含山县	133	78	55	133	68	65	136	74	62
和县	119	54	65	120	59	61	137	61	76
淮北市	**349**	**194**	**155**	**323**	**193**	**130**	**339**	**169**	**170**
杜集区	29	19	10	21	10	11	34	17	17
相山区									
烈山区	18	10	8	21	14	7	21	12	9
濉溪县	302	165	137	281	169	112	284	140	144
铜陵市	**146**	**77**	**69**	**160**	**84**	**76**	**150**	**86**	**64**
铜官区									
义安区	8	3	5	16	8	8	11	4	7
郊区	14	6	8	18	11	7	20	10	10
枞阳县	124	68	56	126	65	61	119	72	47
安庆市	**845**	**448**	**397**	**853**	**460**	**393**	**839**	**437**	**402**
迎江区									
大观区	11	7	4	11	5	6	11	5	6
宜秀区	22	9	13	18	9	9	20	7	13
怀宁县	164	84	80	170	86	84	166	97	69
太湖县	139	72	67	162	92	70	149	68	81
宿松县	199	108	91	169	101	68	167	100	67
望江县	57	36	21	36	20	16	39	22	17
岳西县	86	43	43	75	36	39	89	43	46
安徽安庆经济开发区	67	36	31	89	44	45	78	31	47
桐城市	50	27	23	64	31	33	64	34	30
潜山市	50	26	24	59	36	23	56	30	26
黄山市	**244**	**128**	**116**	**280**	**162**	**118**	**251**	**130**	**121**
屯溪区	3		3	5	4	1	7	5	2
黄山区	8	2	6	13	4	9	13	9	4
徽州区	6	4	2	13	10	3	7	3	4
歙县	94	54	40	115	66	49	107	54	53
休宁县	58	30	28	75	44	31	61	35	26
黟县	25	10	15	16	6	10	16	3	13
祁门县	50	28	22	43	28	15	40	21	19
滁州市	**1042**	**573**	**469**	**1110**	**595**	**515**	**1146**	**597**	**549**
琅琊区									
南谯区	35	15	20	31	17	14	37	21	16
来安县	141	81	60	158	89	69	160	87	73
全椒县	154	84	70	167	93	74	159	76	83
定远县	214	112	102	240	129	111	245	133	112
凤阳县	220	132	88	246	132	114	250	129	121
苏滁现代产业园	19	6	13	10	5	5	13	7	6
滁州经济技术开发区	79	48	31	77	44	33	111	56	55
天长市	134	71	63	127	56	71	122	59	63
明光市	46	24	22	54	30	24	49	29	20

1-10b 续表 11 单位：人

地区	2020年5月			2020年6月			2020年7月		
	小计	男	女	小计	男	女	小计	男	女
阜阳市	**1787**	**952**	**835**	**1893**	**1004**	**889**	**1828**	**970**	**858**
颍州区	48	30	18	51	27	24	59	26	33
颍东区	59	34	25	55	28	27	68	28	40
颍泉区	68	38	30	71	37	34	59	34	25
临泉县	395	211	184	409	223	186	376	201	175
太和县	471	239	232	480	244	236	504	251	253
阜南县	265	122	143	303	178	125	255	145	110
颍上县	328	185	143	361	190	171	348	188	160
阜阳合肥现代产业园区	5	3	2	7	6	1	3	2	1
阜阳经济技术开发区	63	35	28	60	30	30	60	34	26
界首市	85	55	30	96	41	55	96	61	35
宿州市	**1308**	**723**	**585**	**1256**	**659**	**597**	**1170**	**618**	**552**
埇桥区	144	80	64	131	75	56	130	66	64
砀山县	320	169	151	284	149	135	310	162	148
萧县	284	163	121	278	137	141	247	139	108
灵璧县	260	154	106	281	140	141	222	113	109
泗县	239	125	114	220	125	95	203	108	95
宿州马鞍山现代产业园区	18	12	6	19	13	6	18	9	9
宿州经济技术开发区	43	20	23	43	20	23	40	21	19
六安市	**829**	**449**	**380**	**876**	**458**	**418**	**900**	**490**	**410**
金安区	93	51	42	115	68	47	91	45	46
裕安区	68	37	31	56	27	29	84	40	44
叶集区	19	13	6	16	7	9	20	17	3
霍邱县	177	96	81	181	93	88	201	117	84
舒城县	206	103	103	214	106	108	214	116	98
金寨县	138	78	60	161	86	75	139	71	68
霍山县	128	71	57	133	71	62	151	84	67
亳州市	**1025**	**547**	**478**	**976**	**516**	**460**	**1069**	**574**	**495**
谯城区	93	50	43	104	60	44	110	62	48
涡阳县	226	129	97	226	102	124	253	133	120
蒙城县	372	191	181	357	196	161	399	211	188
利辛县	334	177	157	289	158	131	307	168	139
池州市	**264**	**137**	**127**	**249**	**129**	**120**	**253**	**118**	**135**
贵池区	28	12	16	24	9	15	18	6	12
东至县	129	65	64	119	70	49	119	52	67
石台县	24	14	10	20	7	13	24	10	14
青阳县	82	46	36	85	43	42	89	49	40
池州市国家经济技术开发区									
皖江江南新兴产业集中区									
九华山风景区	1		1	1		1	3	1	2
宣城市	**444**	**223**	**221**	**465**	**222**	**243**	**500**	**253**	**247**
宣州区	55	34	21	60	34	26	68	40	28
郎溪县	114	58	56	130	66	64	133	65	68
泾县	89	50	39	79	34	45	67	35	32
绩溪县	51	22	29	42	16	26	52	30	22
旌德县	47	19	28	38	12	26	56	24	32
宣城市经济开发区	50	24	26	67	32	35	66	31	35
宁国市	8	3	5	11	8	3	10	3	7
广德市	30	13	17	38	20	18	48	25	23

1-10b 续表 12

单位：人

地区	2020年8月			2020年9月			2020年10月		
	小计	男	女	小计	男	女	小计	男	女
安徽	**14136**	**7426**	**6710**	**12529**	**6616**	**5913**	**13424**	**7074**	**6350**
合肥市	**3263**	**1754**	**1509**	**2925**	**1537**	**1388**	**2714**	**1427**	**1287**
瑶海区	15	6	9	13	10	3	9	3	6
庐阳区	78	43	35	67	34	33	66	31	35
蜀山区	39	24	15	31	17	14	25	9	16
包河区									
长丰县	525	280	245	528	283	245	504	266	238
肥东县	484	268	216	477	252	225	378	202	176
肥西县	640	342	298	516	263	253	448	242	206
庐江县	325	183	142	271	154	117	310	173	137
合肥高新技术产业开发区	300	165	135	270	150	120	250	128	122
合肥经济技术开发区	502	263	239	424	214	210	384	203	181
合肥新站高新技术产业开发区	293	146	147	285	144	141	271	134	137
巢湖市	62	34	28	43	16	27	69	36	33
芜湖市	**779**	**421**	**358**	**622**	**323**	**299**	**767**	**404**	**363**
镜湖区				1	1				
弋江区									
鸠江区	54	32	22	46	20	26	56	35	21
三山区	26	14	12	22	8	14	33	20	13
芜湖县	146	73	73	120	58	62	139	68	71
繁昌县	99	52	47	65	31	34	85	46	39
南陵县	143	80	63	119	61	58	148	74	74
芜湖经济技术开发区	138	70	68	111	65	46	132	72	60
安徽芜湖长江大桥经济开发区	13	6	7	9	4	5	10	6	4
无为市	160	94	66	129	75	54	164	83	81
蚌埠市	**790**	**395**	**395**	**711**	**368**	**343**	**796**	**411**	**385**
龙子湖区	2		2	8	2	6	7	3	4
蚌山区									
禹会区	8	5	3	5	4	1	7	3	4
淮上区	18	13	5	17	11	6	15	11	4
怀远县	233	123	110	221	118	103	228	111	117
五河县	180	82	98	165	82	83	209	115	94
固镇县	114	58	56	98	54	44	113	55	58
蚌埠市高新技术开发区	33	16	17	33	18	15	38	21	17
蚌埠市经济开发区	202	98	104	164	79	85	179	92	87
淮南市	**495**	**262**	**233**	**435**	**246**	**189**	**446**	**237**	**209**
大通区	60	28	32	36	18	18	42	25	17
田家庵区	12	7	5	7	1	6	10	7	3
谢家集区	1	1		3	2	1	2	1	1
八公山区									
潘集区	54	34	20	44	24	20	82	45	37
凤台县	158	80	78	158	94	64	136	65	71
寿县	210	112	98	187	107	80	174	94	80

1–10b 续表 13 单位：人

地区	2020年8月			2020年9月			2020年10月		
	小计	男	女	小计	男	女	小计	男	女
马鞍山市	**448**	**253**	**195**	**418**	**237**	**181**	**413**	**203**	**210**
花山区									
雨山区									
博望区	5	3	2	5	3	2	8	6	2
当涂县	168	94	74	179	96	83	157	76	81
含山县	152	86	66	126	74	52	147	64	83
和县	123	70	53	108	64	44	101	57	44
淮北市	**304**	**164**	**140**	**264**	**150**	**114**	**309**	**166**	**143**
杜集区	31	15	16	18	11	7	24	11	13
相山区									
烈山区	20	10	10	10	7	3	15	8	7
濉溪县	253	139	114	236	132	104	270	147	123
铜陵市	**178**	**100**	**78**	**151**	**70**	**81**	**205**	**118**	**87**
铜官区									
义安区	17	6	11	18	11	7	16	12	4
郊区	13	8	5	17	5	12	15	7	8
枞阳县	148	86	62	116	54	62	174	99	75
安庆市	**892**	**464**	**428**	**811**	**439**	**372**	**992**	**523**	**469**
迎江区									
大观区	15	7	8	13	7	6	16	8	8
宜秀区	23	13	10	20	8	12	20	10	10
怀宁县	177	94	83	143	71	72	147	72	75
太湖县	140	72	68	121	67	54	192	110	82
宿松县	183	100	83	177	107	70	233	139	94
望江县	44	23	21	45	18	27	47	21	26
岳西县	113	53	60	84	51	33	116	58	58
安徽安庆经济开发区	90	52	38	76	46	30	69	34	35
桐城市	62	27	35	67	34	33	67	39	28
潜山市	45	23	22	65	30	35	85	32	53
黄山市	**263**	**144**	**119**	**288**	**146**	**142**	**272**	**116**	**156**
屯溪区	2		2	2	2		3	1	2
黄山区	16	7	9	19	11	8	15	7	8
徽州区	9	4	5	7	3	4	10	5	5
歙县	102	57	45	128	67	61	106	43	63
休宁县	64	40	24	63	32	31	68	29	39
黟县	22	10	12	19	5	14	19	9	10
祁门县	48	26	22	50	26	24	51	22	29
滁州市	**1159**	**595**	**564**	**979**	**508**	**471**	**907**	**485**	**422**
琅琊区									
南谯区	47	22	25	44	19	25	38	26	12
来安县	153	75	78	109	48	61	108	60	48
全椒县	167	84	83	161	89	72	88	40	48
定远县	263	146	117	220	107	113	198	118	80
凤阳县	242	118	124	188	110	78	192	94	98
苏滁现代产业园	18	11	7	8	5	3	8	5	3
滁州经济技术开发区	88	48	40	83	48	35	95	52	43
天长市	130	61	69	114	61	53	135	67	68
明光市	51	30	21	52	21	31	45	23	22

1-10b 续表 14

单位：人

地　　区	2020年8月			2020年9月			2020年10月		
	小计	男	女	小计	男	女	小计	男	女
阜阳市	**1827**	**946**	**881**	**1495**	**782**	**713**	**1639**	**899**	**740**
颍州区	69	32	37	50	32	18	62	36	26
颍东区	75	47	28	51	23	28	76	38	38
颍泉区	66	32	34	43	23	20	64	30	34
临泉县	325	173	152	300	144	156	313	169	144
太和县	477	256	221	433	238	195	398	223	175
阜南县	287	145	142	206	103	103	225	136	89
颍上县	376	189	187	266	144	122	331	181	150
阜阳合肥现代产业园区	5	4	1	7	6	1	7	3	4
阜阳经济技术开发区	61	31	30	58	24	34	37	22	15
界首市	86	37	49	81	45	36	126	61	65
宿州市	**1236**	**647**	**589**	**1128**	**586**	**542**	**1295**	**670**	**625**
埇桥区	124	58	66	128	73	55	153	80	73
砀山县	317	168	149	294	134	160	289	151	138
萧县	255	139	116	215	118	97	234	114	120
灵璧县	253	134	119	225	125	100	302	162	140
泗县	213	108	105	203	100	103	221	119	102
宿州马鞍山现代产业园区	31	19	12	18	8	10	24	9	15
宿州经济技术开发区	43	21	22	45	28	17	72	35	37
六安市	**849**	**447**	**402**	**788**	**435**	**353**	**867**	**444**	**423**
金安区	110	61	49	97	40	57	115	49	66
裕安区	59	33	26	71	41	30	72	42	30
叶集区	18	9	9	18	14	4	19	11	8
霍邱县	183	93	90	158	95	63	157	76	81
舒城县	191	107	84	194	110	84	229	118	111
金寨县	157	83	74	128	76	52	143	89	54
霍山县	131	61	70	122	59	63	132	59	73
亳州市	**913**	**469**	**444**	**842**	**443**	**399**	**1022**	**547**	**475**
谯城区	89	54	35	80	40	40	92	60	32
涡阳县	265	134	131	248	130	118	258	141	117
蒙城县	316	168	148	251	130	121	364	199	165
利辛县	243	113	130	263	143	120	308	147	161
池州市	**242**	**120**	**122**	**230**	**118**	**112**	**278**	**144**	**134**
贵池区	18	11	7	16	11	5	33	20	13
东至县	131	59	72	111	51	60	136	70	66
石台县	17	10	7	23	13	10	28	12	16
青阳县	72	38	34	80	43	37	80	41	39
池州市国家经济技术开发区									
皖江江南新兴产业集中区									
九华山风景区	4	2	2				1	1	
宣城市	**498**	**245**	**253**	**442**	**228**	**214**	**502**	**280**	**222**
宣州区	64	34	30	61	23	38	65	36	29
郎溪县	121	56	65	124	68	56	140	88	52
泾县	83	45	38	75	42	33	86	49	37
绩溪县	55	28	27	46	22	24	42	19	23
旌德县	35	16	19	33	15	18	59	33	26
宣城市经济开发区	67	30	37	71	41	30	65	33	32
宁国市	14	7	7	9	5	4	11	6	5
广德市	59	29	30	23	12	11	34	16	18

1-10c　各地区分性别、月份的出生人口
(2019.11.1-2020.10.31)(乡村)

单位：人

地　区	出生人口			2019年11月		
	合计	男	女	小计	男	女
安　徽	**253780**	**135292**	**118488**	**27011**	**14364**	**12647**
合肥市	**14730**	**7918**	**6812**	**1378**	**742**	**636**
瑶海区	365	206	159	40	21	19
庐阳区	63	29	34	5	3	2
蜀山区	103	51	52	8	6	2
包河区	30	16	14	1		1
长丰县	3229	1764	1465	272	143	129
肥东县	2115	1101	1014	176	95	81
肥西县	2990	1562	1428	295	156	139
庐江县	3799	2065	1734	393	214	179
合肥高新技术产业开发区	2	1	1			
合肥经济技术开发区	65	40	25	4	3	1
合肥新站高新技术产业开发区	58	33	25	8	3	5
巢湖市	1911	1050	861	176	98	78
芜湖市	**8196**	**4410**	**3786**	**814**	**449**	**365**
镜湖区	161	91	70	10	6	4
弋江区						
鸠江区	1247	678	569	141	75	66
三山区	341	183	158	30	20	10
芜湖县	798	430	368	65	39	26
繁昌县	564	293	271	52	24	28
南陵县	1550	850	700	140	77	63
芜湖经济技术开发区	25	16	9	1	1	
安徽芜湖长江大桥经济开发区	85	42	43	8	4	4
无为市	3425	1827	1598	367	203	164
蚌埠市	**15598**	**8262**	**7336**	**1616**	**854**	**762**
龙子湖区	343	174	169	38	19	19
蚌山区	119	61	58	10	3	7
禹会区	1023	551	472	117	70	47
淮上区	989	495	494	97	50	47
怀远县	5940	3139	2801	610	309	301
五河县	3586	1916	1670	363	205	158
固镇县	3598	1926	1672	381	198	183
蚌埠市高新技术开发区						
蚌埠市经济开发区						
淮南市	**11143**	**5935**	**5208**	**1102**	**574**	**528**
大通区	453	244	209	42	27	15
田家庵区	293	157	136	21	14	7
谢家集区	447	252	195	39	21	18
八公山区	42	18	24	6	4	2
潘集区	2139	1131	1008	206	113	93
凤台县	3965	2088	1877	404	200	204
寿县	3804	2045	1759	384	195	189

1-10c 续表 1

单位：人

地　区	出生人口			2019年11月		
	合计	男	女	小计	男	女
马鞍山市	**5602**	**2973**	**2629**	**585**	**299**	**286**
花山区	49	24	25	2		2
雨山区	97	54	43	6	4	2
博望区	646	331	315	63	35	28
当涂县	1527	790	737	157	81	76
含山县	1520	816	704	164	82	82
和县	1763	958	805	193	97	96
淮北市	**8086**	**4328**	**3758**	**888**	**481**	**407**
杜集区	478	241	237	51	29	22
相山区	431	213	218	52	28	24
烈山区	1089	583	506	118	60	58
濉溪县	6088	3291	2797	667	364	303
铜陵市	**3371**	**1848**	**1523**	**353**	**197**	**156**
铜官区	99	45	54	8	3	5
义安区	661	367	294	53	29	24
郊区	821	434	387	93	46	47
枞阳县	1790	1002	788	199	119	80
安庆市	**17080**	**9158**	**7922**	**1883**	**1020**	**863**
迎江区	67	46	21	9	9	
大观区	322	161	161	30	14	16
宜秀区	209	105	104	23	11	12
怀宁县	2338	1213	1125	251	139	112
太湖县	2579	1354	1225	270	143	127
宿松县	3111	1718	1393	382	217	165
望江县	3385	1845	1540	369	195	174
岳西县	1838	980	858	204	112	92
安徽安庆经济开发区	32	11	21	2	2	
桐城市	1480	802	678	150	76	74
潜山市	1719	923	796	193	102	91
黄山市	**4600**	**2322**	**2278**	**461**	**236**	**225**
屯溪区	204	95	109	22	8	14
黄山区	440	205	235	46	18	28
徽州区	301	164	137	23	11	12
歙县	1663	827	836	178	105	73
休宁县	1074	567	507	97	51	46
黟县	320	166	154	36	14	22
祁门县	598	298	300	59	29	30
滁州市	**14406**	**7735**	**6671**	**1427**	**747**	**680**
琅琊区	78	39	39	4	1	3
南谯区	783	416	367	83	41	42
来安县	1469	757	712	140	66	74
全椒县	1143	601	542	117	58	59
定远县	3903	2142	1761	412	229	183
凤阳县	3684	2039	1645	361	198	163
苏滁现代产业园						
滁州经济技术开发区	76	38	38	7	3	4
天长市	1322	683	639	120	63	57
明光市	1948	1020	928	183	88	95

1-10c　续表 2　　单位：人

地　区	出生人口			2019年11月		
	合计	男	女	小计	男	女
阜阳市	**54827**	**29157**	**25670**	**6228**	**3319**	**2909**
颍州区	3767	2024	1743	355	182	173
颍东区	3047	1612	1435	320	177	143
颍泉区	2909	1569	1340	324	183	141
临泉县	13308	6966	6342	1620	846	774
太和县	8400	4500	3900	976	537	439
阜南县	10413	5566	4847	1236	668	568
颍上县	8295	4451	3844	889	467	422
阜阳合肥现代产业园区	418	214	204	49	24	25
阜阳经济技术开发区	222	119	103	34	20	14
界首市	4048	2136	1912	425	215	210
宿州市	**34118**	**18123**	**15995**	**3696**	**1942**	**1754**
埇桥区	9171	4802	4369	990	530	460
砀山县	4543	2488	2055	502	261	241
萧县	7808	4090	3718	838	427	411
灵璧县	7376	4026	3350	820	446	374
泗县	4987	2595	2392	525	269	256
宿州马鞍山现代产业园区	233	122	111	21	9	12
宿州经济技术开发区						
六安市	**18966**	**10308**	**8658**	**2035**	**1071**	**964**
金安区	2776	1460	1316	286	146	140
裕安区	4277	2361	1916	457	247	210
叶集区	1002	548	454	112	60	52
霍邱县	4335	2403	1932	472	255	217
舒城县	3101	1662	1439	342	180	162
金寨县	2871	1575	1296	308	154	154
霍山县	604	299	305	58	29	29
亳州市	**32591**	**17359**	**15232**	**3547**	**1899**	**1648**
谯城区	8599	4564	4035	874	440	434
涡阳县	8348	4435	3913	932	517	415
蒙城县	8218	4362	3856	923	473	450
利辛县	7426	3998	3428	818	469	349
池州市	**4072**	**2107**	**1965**	**408**	**209**	**199**
贵池区	1445	733	712	150	71	79
东至县	1436	746	690	143	71	72
石台县	376	223	153	36	25	11
青阳县	713	351	362	67	39	28
池州市国家经济技术开发区						
皖江江南新兴产业集中区						
九华山风景区	102	54	48	12	3	9
宣城市	**6394**	**3349**	**3045**	**590**	**325**	**265**
宣州区	2013	1069	944	182	99	83
郎溪县	798	433	365	69	48	21
泾县	880	443	437	87	50	37
绩溪县	328	180	148	33	20	13
旌德县	367	188	179	28	14	14
宣城市经济开发区	96	52	44	13	8	5
宁国市	552	280	272	47	24	23
广德市	1360	704	656	131	62	69

1-10c 续表 3

单位：人

地　区	2019年12月			2020年1月		
	小计	男	女	小计	男	女
安　徽	**23257**	**12386**	**10871**	**23260**	**12315**	**10945**
合肥市	**1315**	**699**	**616**	**1324**	**702**	**622**
瑶海区	31	16	15	31	16	15
庐阳区	7	4	3	4	1	3
蜀山区	7	3	4	7	4	3
包河区	2		2	1		1
长丰县	285	148	137	303	170	133
肥东县	181	97	84	190	100	90
肥西县	285	148	137	286	139	147
庐江县	325	173	152	319	167	152
合肥高新技术产业开发区						
合肥经济技术开发区	6	3	3	7	4	3
合肥新站高新技术产业开发区	5	4	1	8	6	2
巢湖市	181	103	78	168	95	73
芜湖市	**747**	**400**	**347**	**812**	**440**	**372**
镜湖区	14	8	6	20	11	9
弋江区						
鸠江区	100	56	44	139	76	63
三山区	34	18	16	27	14	13
芜湖县	74	42	32	74	41	33
繁昌县	48	25	23	55	31	24
南陵县	121	68	53	153	85	68
芜湖经济技术开发区	1		1	3	3	
安徽芜湖长江大桥经济开发区	2	1	1	8	3	5
无为市	353	182	171	333	176	157
蚌埠市	**1432**	**779**	**653**	**1395**	**737**	**658**
龙子湖区	29	13	16	27	18	9
蚌山区	11	8	3	9	4	5
禹会区	112	46	66	96	50	46
淮上区	89	38	51	97	48	49
怀远县	555	301	254	538	271	267
五河县	311	193	118	297	165	132
固镇县	325	180	145	331	181	150
蚌埠市高新技术开发区						
蚌埠市经济开发区						
淮南市	**985**	**525**	**460**	**1021**	**539**	**482**
大通区	48	24	24	44	24	20
田家庵区	25	11	14	16	6	10
谢家集区	44	26	18	35	21	14
八公山区	3		3	4	2	2
潘集区	167	75	92	200	116	84
凤台县	353	186	167	357	177	180
寿县	345	203	142	365	193	172

1-10c　续表 4

单位：人

地　区	2019年12月			2020年1月		
	小计	男	女	小计	男	女
马鞍山市	**501**	**282**	**219**	**551**	**305**	**246**
花山区	2	1	1	5	2	3
雨山区	7	4	3	9	3	6
博望区	56	23	33	54	30	24
当涂县	133	71	62	160	80	80
含山县	128	71	57	149	91	58
和县	175	112	63	174	99	75
淮北市	**707**	**369**	**338**	**683**	**366**	**317**
杜集区	37	22	15	34	17	17
相山区	39	17	22	34	18	16
烈山区	86	36	50	89	50	39
濉溪县	545	294	251	526	281	245
铜陵市	**295**	**165**	**130**	**316**	**166**	**150**
铜官区	10	6	4	15	5	10
义安区	41	29	12	62	36	26
郊区	72	37	35	79	44	35
枞阳县	172	93	79	160	81	79
安庆市	**1646**	**889**	**757**	**1656**	**870**	**786**
迎江区	5	2	3	8	6	2
大观区	32	19	13	34	25	9
宜秀区	18	8	10	28	5	23
怀宁县	234	140	94	241	114	127
太湖县	238	119	119	227	116	111
宿松县	326	169	157	293	152	141
望江县	316	170	146	330	181	149
岳西县	176	97	79	182	100	82
安徽安庆经济开发区	5	1	4	4	1	3
桐城市	143	80	63	128	70	58
潜山市	153	84	69	181	100	81
黄山市	**379**	**196**	**183**	**430**	**225**	**205**
屯溪区	19	11	8	18	9	9
黄山区	34	12	22	49	27	22
徽州区	19	8	11	23	9	14
歙县	146	67	79	161	73	88
休宁县	90	58	32	89	59	30
黟县	22	14	8	20	11	9
祁门县	49	26	23	70	37	33
滁州市	**1312**	**691**	**621**	**1289**	**685**	**604**
琅琊区	7	4	3	2	2	
南谯区	56	28	28	66	28	38
来安县	149	80	69	143	84	59
全椒县	86	44	42	87	50	37
定远县	369	193	176	351	191	160
凤阳县	349	193	156	351	191	160
苏滁现代产业园						
滁州经济技术开发区	10	4	6	4	2	2
天长市	119	67	52	101	47	54
明光市	167	78	89	184	90	94

1-10c 续表 5 单位：人

地区	2019年12月			2020年1月		
	小计	男	女	小计	男	女
阜阳市	**5104**	**2698**	**2406**	**5035**	**2629**	**2406**
颍州区	351	181	170	351	203	148
颍东区	269	138	131	267	144	123
颍泉区	278	140	138	262	151	111
临泉县	1224	659	565	1240	654	586
太和县	769	414	355	757	385	372
阜南县	1021	548	473	949	473	476
颍上县	770	394	376	781	407	374
阜阳合肥现代产业园区	39	24	15	44	17	27
阜阳经济技术开发区	23	8	15	17	7	10
界首市	360	192	168	367	188	179
宿州市	**3048**	**1629**	**1419**	**3112**	**1643**	**1469**
埇桥区	816	436	380	817	428	389
砀山县	421	228	193	433	239	194
萧县	684	353	331	714	358	356
灵璧县	671	366	305	676	368	308
泗县	433	241	192	457	241	216
宿州马鞍山现代产业园区	23	5	18	15	9	6
宿州经济技术开发区						
六安市	**1764**	**968**	**796**	**1736**	**927**	**809**
金安区	233	136	97	265	116	149
裕安区	393	216	177	396	219	177
叶集区	113	66	47	99	56	43
霍邱县	436	234	202	391	220	171
舒城县	295	156	139	281	149	132
金寨县	245	135	110	258	140	118
霍山县	49	25	24	46	27	19
亳州市	**3011**	**1590**	**1421**	**2953**	**1560**	**1393**
谯城区	770	414	356	805	425	380
涡阳县	765	410	355	748	391	357
蒙城县	784	406	378	760	398	362
利辛县	692	360	332	640	346	294
池州市	**399**	**191**	**208**	**386**	**217**	**169**
贵池区	140	58	82	124	71	53
东至县	139	67	72	152	82	70
石台县	43	29	14	34	19	15
青阳县	63	30	33	64	37	27
池州市国家经济技术开发区						
皖江江南新兴产业集中区						
九华山风景区	14	7	7	12	8	4
宣城市	**612**	**315**	**297**	**561**	**304**	**257**
宣州区	211	107	104	173	103	70
郎溪县	73	36	37	69	36	33
泾县	84	42	42	68	38	30
绩溪县	31	17	14	30	14	16
旌德县	24	16	8	42	21	21
宣城市经济开发区	14	7	7	2	1	1
宁国市	65	29	36	55	29	26
广德市	110	61	49	122	62	60

1-10c 续表 6

单位：人

地 区	2020年2月			2020年3月			2020年4月		
	小计	男	女	小计	男	女	小计	男	女
安 徽	**21077**	**11256**	**9821**	**22285**	**11924**	**10361**	**20574**	**10971**	**9603**
合肥市	**1212**	**656**	**556**	**1267**	**682**	**585**	**1242**	**673**	**569**
瑶海区	33	17	16	29	19	10	24	17	7
庐阳区	4	2	2	5	3	2	7	3	4
蜀山区	11	7	4	9	5	4	13	6	7
包河区	2	2		4	3	1	4	2	2
长丰县	272	148	124	300	156	144	264	157	107
肥东县	193	96	97	205	107	98	216	113	103
肥西县	256	139	117	247	137	110	256	131	125
庐江县	294	172	122	321	173	148	268	137	131
合肥高新技术产业开发区	1		1						
合肥经济技术开发区	5	4	1	10	6	4	5	1	4
合肥新站高新技术产业开发区	1	1		3	1	2	5	2	3
巢湖市	140	68	72	134	72	62	180	104	76
芜湖市	**730**	**396**	**334**	**737**	**410**	**327**	**687**	**378**	**309**
镜湖区	15	9	6	13	8	5	14	7	7
弋江区									
鸠江区	132	65	67	111	69	42	92	54	38
三山区	22	14	8	33	18	15	23	11	12
芜湖县	75	42	33	57	32	25	74	40	34
繁昌县	48	21	27	63	31	32	46	31	15
南陵县	163	89	74	134	75	59	129	66	63
芜湖经济技术开发区	1	1					3	1	2
安徽芜湖长江大桥经济开发区	8	5	3	5	3	2	9	6	3
无为市	266	150	116	321	174	147	297	162	135
蚌埠市	**1332**	**672**	**660**	**1382**	**715**	**667**	**1228**	**631**	**597**
龙子湖区	41	19	22	32	18	14	31	13	18
蚌山区	9	4	5	16	9	7	15	6	9
禹会区	89	49	40	85	41	44	79	38	41
淮上区	90	38	52	85	51	34	86	40	46
怀远县	514	263	251	533	286	247	429	233	196
五河县	330	164	166	299	141	158	278	133	145
固镇县	259	135	124	332	169	163	310	168	142
蚌埠市高新技术开发区									
蚌埠市经济开发区									
淮南市	**936**	**517**	**419**	**1025**	**549**	**476**	**946**	**522**	**424**
大通区	29	13	16	42	17	25	41	22	19
田家庵区	24	13	11	34	23	11	31	14	17
谢家集区	45	28	17	37	19	18	31	15	16
八公山区	6	1	5	1	1		2	1	1
潘集区	178	100	78	174	91	83	190	105	85
凤台县	309	177	132	355	186	169	321	175	146
寿县	345	185	160	382	212	170	330	190	140

1－10c 续表 7

单位：人

地区	2020年2月			2020年3月			2020年4月		
	小计	男	女	小计	男	女	小计	男	女
马鞍山市	**447**	**238**	**209**	**489**	**246**	**243**	**464**	**240**	**224**
花山区	3	1	2	3		3	5	3	2
雨山区	6	3	3	10	7	3	11	3	8
博望区	41	23	18	53	23	30	58	27	31
当涂县	132	64	68	122	62	60	130	73	57
含山县	125	70	55	142	69	73	115	58	57
和县	140	77	63	159	85	74	145	76	69
淮北市	**666**	**359**	**307**	**720**	**377**	**343**	**665**	**356**	**309**
杜集区	50	27	23	37	14	23	41	21	20
相山区	25	15	10	44	24	20	30	17	13
烈山区	101	52	49	106	54	52	101	56	45
濉溪县	490	265	225	533	285	248	493	262	231
铜陵市	**293**	**157**	**136**	**310**	**162**	**148**	**295**	**162**	**133**
铜官区	6	2	4	13	6	7	9	4	5
义安区	69	39	30	56	31	25	48	27	21
郊区	82	40	42	80	35	45	78	41	37
枞阳县	136	76	60	161	90	71	160	90	70
安庆市	**1421**	**774**	**647**	**1479**	**796**	**683**	**1446**	**768**	**678**
迎江区	8	6	2	9	3	6	6	5	1
大观区	34	17	17	26	15	11	30	13	17
宜秀区	21	15	6	17	7	10	18	11	7
怀宁县	230	121	109	195	103	92	201	100	101
太湖县	228	135	93	226	122	104	219	118	101
宿松县	228	119	109	263	151	112	253	143	110
望江县	283	156	127	309	156	153	289	163	126
岳西县	138	69	69	145	82	63	143	72	71
安徽安庆经济开发区	2	2		1		1	4	1	3
桐城市	110	50	60	140	78	62	143	77	66
潜山市	139	84	55	148	79	69	140	65	75
黄山市	**381**	**194**	**187**	**398**	**203**	**195**	**376**	**198**	**178**
屯溪区	9	4	5	15	10	5	15	8	7
黄山区	31	17	14	34	20	14	31	11	20
徽州区	30	17	13	18	12	6	27	17	10
歙县	143	79	64	154	75	79	141	69	72
休宁县	90	40	50	102	50	52	90	54	36
黟县	25	11	14	24	9	15	31	20	11
祁门县	53	26	27	51	27	24	41	19	22
滁州市	**1231**	**665**	**566**	**1265**	**682**	**583**	**1132**	**629**	**503**
琅琊区	7	2	5	5	2	3	10	6	4
南谯区	71	33	38	70	43	27	65	38	27
来安县	116	59	57	119	63	56	127	71	56
全椒县	102	54	48	96	51	45	79	38	41
定远县	361	202	159	359	203	156	301	161	140
凤阳县	310	174	136	321	165	156	296	177	119
苏滁现代产业园									
滁州经济技术开发区	6	2	4	9	5	4	6	3	3
天长市	88	44	44	97	52	45	92	50	42
明光市	170	95	75	189	98	91	156	85	71

1-10c　续表 8　　　　单位：人

地　　区	2020年2月			2020年3月			2020年4月		
	小计	男	女	小计	男	女	小计	男	女
阜阳市	**4468**	**2352**	**2116**	**4747**	**2526**	**2221**	**4436**	**2307**	**2129**
颍州区	319	175	144	307	158	149	291	150	141
颍东区	254	144	110	274	133	141	237	123	114
颍泉区	234	122	112	257	141	116	257	133	124
临泉县	1061	564	497	1167	619	548	1088	545	543
太和县	648	338	310	711	390	321	679	351	328
阜南县	839	426	413	924	477	447	856	446	410
颍上县	707	377	330	711	394	317	652	350	302
阜阳合肥现代产业园区	39	23	16	36	20	16	34	18	16
阜阳经济技术开发区	16	10	6	28	17	11	14	7	7
界首市	351	173	178	332	177	155	328	184	144
宿州市	**2774**	**1521**	**1253**	**2866**	**1544**	**1322**	**2672**	**1432**	**1240**
埇桥区	746	401	345	789	420	369	682	371	311
砀山县	376	211	165	376	210	166	388	226	162
萧县	616	333	283	652	350	302	637	329	308
灵璧县	574	319	255	625	343	282	564	304	260
泗县	441	244	197	401	204	197	387	195	192
宿州马鞍山现代产业园区	21	13	8	23	17	6	14	7	7
宿州经济技术开发区									
六安市	**1626**	**901**	**725**	**1734**	**957**	**777**	**1581**	**876**	**705**
金安区	247	132	115	277	154	123	237	128	109
裕安区	383	209	174	402	212	190	367	211	156
叶集区	77	38	39	97	53	44	69	35	34
霍邱县	373	219	154	383	220	163	380	213	167
舒城县	285	152	133	291	164	127	234	125	109
金寨县	194	111	83	235	132	103	235	140	95
霍山县	67	40	27	49	22	27	59	24	35
亳州市	**2731**	**1430**	**1301**	**2997**	**1617**	**1380**	**2557**	**1346**	**1211**
谯城区	691	357	334	823	453	370	697	385	312
涡阳县	711	381	330	724	371	353	661	343	318
蒙城县	681	361	320	710	387	323	596	316	280
利辛县	648	331	317	740	406	334	603	302	301
池州市	**310**	**150**	**160**	**332**	**176**	**156**	**338**	**193**	**145**
贵池区	123	65	58	124	67	57	108	59	49
东至县	95	47	48	113	59	54	122	71	51
石台县	27	13	14	33	20	13	34	22	12
青阳县	60	22	38	53	24	29	69	37	32
池州市国家经济技术开发区									
皖江江南新兴产业集中区									
九华山风景区	5	3	2	9	6	3	5	4	1
宣城市	**519**	**274**	**245**	**537**	**282**	**255**	**509**	**260**	**249**
宣州区	157	78	79	149	74	75	171	96	75
郎溪县	69	38	31	76	39	37	65	30	35
泾县	71	38	33	87	41	46	56	28	28
绩溪县	28	12	16	31	20	11	35	21	14
旌德县	37	30	7	25	16	9	32	11	21
宣城市经济开发区	6	2	4	15	7	8	7	4	3
宁国市	44	20	24	33	17	16	45	22	23
广德市	107	56	51	121	68	53	98	48	50

1-10c 续表 9 单位：人

地 区	2020年5月			2020年6月			2020年7月		
	小计	男	女	小计	男	女	小计	男	女
安 徽	**18074**	**9580**	**8494**	**18988**	**10294**	**8694**	**19154**	**10194**	**8960**
合肥市	**1047**	**563**	**484**	**1108**	**616**	**492**	**1189**	**646**	**543**
瑶海区	26	11	15	32	22	10	31	16	15
庐阳区	8	5	3	4	1	3	5	1	4
蜀山区	5	1	4	5	2	3	12	4	8
包河区	3	2	1	2		2	3	1	2
长丰县	214	111	103	234	138	96	277	152	125
肥东县	160	92	68	152	70	82	164	83	81
肥西县	221	115	106	225	121	104	227	120	107
庐江县	275	149	126	295	176	119	300	165	135
合肥高新技术产业开发区				1	1				
合肥经济技术开发区	5	4	1	6	4	2	6	5	1
合肥新站高新技术产业开发区	3	2	1	5	2	3	5	3	2
巢湖市	127	71	56	147	79	68	159	96	63
芜湖市	**583**	**291**	**292**	**573**	**312**	**261**	**646**	**347**	**299**
镜湖区	9	5	4	10	7	3	14	6	8
弋江区									
鸠江区	85	36	49	80	45	35	94	59	35
三山区	24	11	13	23	12	11	38	21	17
芜湖县	72	40	32	58	32	26	72	35	37
繁昌县	39	18	21	38	24	14	46	23	23
南陵县	101	53	48	113	67	46	131	78	53
芜湖经济技术开发区	4	2	2	3	2	1	4	2	2
安徽芜湖长江大桥经济开发区	6	2	4	8	3	5	5	4	1
无为市	243	124	119	240	120	120	242	119	123
蚌埠市	**1054**	**546**	**508**	**1220**	**662**	**558**	**1213**	**682**	**531**
龙子湖区	19	10	9	34	18	16	25	14	11
蚌山区	12	8	4	5	3	2	8	3	5
禹会区	72	44	28	70	40	30	86	54	32
淮上区	76	42	34	85	38	47	71	42	29
怀远县	411	219	192	483	271	212	426	234	192
五河县	240	109	131	272	158	114	310	171	139
固镇县	224	114	110	271	134	137	287	164	123
蚌埠市高新技术开发区									
蚌埠市经济开发区									
淮南市	**835**	**415**	**420**	**847**	**453**	**394**	**893**	**465**	**428**
大通区	34	15	19	36	17	19	44	23	21
田家庵区	16	11	5	21	10	11	28	14	14
谢家集区	38	22	16	29	16	13	31	16	15
八公山区	4	1	3	3	1	2	4	3	1
潘集区	156	71	85	173	96	77	177	87	90
凤台县	315	158	157	298	154	144	346	186	160
寿县	272	137	135	287	159	128	263	136	127

1-10c 续表 10　　　　单位：人

地　区	2020年5月			2020年6月			2020年7月		
	小计	男	女	小计	男	女	小计	男	女
马鞍山市	**404**	**240**	**164**	**417**	**217**	**200**	**397**	**202**	**195**
花山区	5	3	2	1	1		5	1	4
雨山区	12	8	4	6	4	2	10	4	6
博望区	46	30	16	49	21	28	61	37	24
当涂县	118	64	54	108	61	47	110	54	56
含山县	107	61	46	111	59	52	94	47	47
和县	116	74	42	142	71	71	117	59	58
淮北市	**597**	**326**	**271**	**611**	**327**	**284**	**635**	**349**	**286**
杜集区	38	20	18	36	15	21	43	21	22
相山区	39	19	20	35	15	20	45	20	25
烈山区	80	52	28	82	45	37	91	46	45
濉溪县	440	235	205	458	252	206	456	262	194
铜陵市	**230**	**125**	**105**	**250**	**141**	**109**	**246**	**137**	**109**
铜官区	6		6	10	5	5	5	2	3
义安区	43	22	21	50	27	23	66	37	29
郊区	57	34	23	48	29	19	55	24	31
枞阳县	124	69	55	142	80	62	120	74	46
安庆市	**1106**	**592**	**514**	**1197**	**631**	**566**	**1170**	**621**	**549**
迎江区	1	1		5	2	3	1		1
大观区	24	15	9	18	10	8	34	11	23
宜秀区	17	6	11	10	7	3	15	9	6
怀宁县	128	65	63	155	84	71	156	78	78
太湖县	189	104	85	205	99	106	177	97	80
宿松县	187	97	90	211	105	106	238	142	96
望江县	213	119	94	235	126	109	213	115	98
岳西县	127	66	61	137	70	67	129	64	65
安徽安庆经济开发区	3		3	3	3		1		1
桐城市	104	58	46	102	54	48	96	49	47
潜山市	113	61	52	116	71	45	110	56	54
黄山市	**313**	**154**	**159**	**325**	**162**	**163**	**365**	**170**	**195**
屯溪区	14	5	9	14	6	8	18	10	8
黄山区	34	16	18	33	17	16	33	15	18
徽州区	21	13	8	19	10	9	32	14	18
歙县	114	57	57	106	55	51	127	61	66
休宁县	63	31	32	83	37	46	94	39	55
黟县	27	16	11	35	19	16	24	15	9
祁门县	40	16	24	35	18	17	37	16	21
滁州市	**1021**	**542**	**479**	**1068**	**578**	**490**	**1161**	**627**	**534**
琅琊区	11	6	5	1	1		5	2	3
南谯区	51	26	25	72	40	32	62	33	29
来安县	101	46	55	121	57	64	101	55	46
全椒县	104	56	48	96	44	52	108	62	46
定远县	276	150	126	274	164	110	324	170	154
凤阳县	242	133	109	295	158	137	295	162	133
苏滁现代产业园									
滁州经济技术开发区	5	3	2	8	5	3	7	4	3
天长市	110	52	58	92	48	44	93	51	42
明光市	121	70	51	109	61	48	166	88	78

1-10c 续表 11

单位：人

地区	2020年5月			2020年6月			2020年7月		
	小计	男	女	小计	男	女	小计	男	女
阜阳市	**3885**	**2055**	**1830**	**4137**	**2269**	**1868**	**4127**	**2167**	**1960**
颍州区	270	143	127	284	162	122	259	144	115
颍东区	221	114	107	231	132	99	254	122	132
颍泉区	221	123	98	190	114	76	223	119	104
临泉县	946	476	470	999	522	477	967	484	483
太和县	583	321	262	602	330	272	634	342	292
阜南县	710	371	339	804	446	358	822	436	386
颍上县	592	323	269	666	374	292	621	333	288
阜阳合肥现代产业园区	16	8	8	37	20	17	44	17	27
阜阳经济技术开发区	13	9	4	14	9	5	14	7	7
界首市	313	167	146	310	160	150	289	163	126
宿州市	**2440**	**1274**	**1166**	**2619**	**1419**	**1200**	**2510**	**1334**	**1176**
埇桥区	672	330	342	698	375	323	709	374	335
砀山县	314	170	144	354	212	142	320	176	144
萧县	538	298	240	603	324	279	558	310	248
灵璧县	537	287	250	584	319	265	537	288	249
泗县	362	182	180	364	180	184	371	175	196
宿州马鞍山现代产业园区	17	7	10	16	9	7	15	11	4
宿州经济技术开发区									
六安市	**1225**	**653**	**572**	**1380**	**801**	**579**	**1333**	**743**	**590**
金安区	174	101	73	196	111	85	202	110	92
裕安区	285	156	129	300	169	131	301	158	143
叶集区	63	38	25	83	51	32	80	41	39
霍邱县	287	149	138	344	197	147	298	168	130
舒城县	202	103	99	220	130	90	193	116	77
金寨县	171	88	83	201	118	83	221	135	86
霍山县	43	18	25	36	25	11	38	15	23
亳州市	**2545**	**1377**	**1168**	**2438**	**1309**	**1129**	**2456**	**1301**	**1155**
谯城区	724	389	335	651	346	305	659	339	320
涡阳县	642	351	291	608	349	259	592	298	294
蒙城县	619	339	280	631	322	309	648	345	303
利辛县	560	298	262	548	292	256	557	319	238
池州市	**312**	**160**	**152**	**313**	**159**	**154**	**291**	**161**	**130**
贵池区	114	60	54	116	68	48	98	51	47
东至县	108	53	55	108	47	61	98	57	41
石台县	21	12	9	23	10	13	32	20	12
青阳县	61	30	31	61	31	30	52	26	26
池州市国家经济技术开发区									
皖江江南新兴产业集中区									
九华山风景区	8	5	3	5	3	2	11	7	4
宣城市	**477**	**267**	**210**	**485**	**238**	**247**	**522**	**242**	**280**
宣州区	156	92	64	154	72	82	161	87	74
郎溪县	57	32	25	61	31	30	67	29	38
泾县	58	29	29	67	33	34	69	26	43
绩溪县	25	15	10	17	7	10	26	13	13
旌德县	29	16	13	26	11	15	33	15	18
宣城市经济开发区	7	5	2	8	5	3	9	5	4
宁国市	46	26	20	47	26	21	49	17	32
广德市	99	52	47	105	53	52	108	50	58

1-10c　续表 12　　　　单位：人

地　区	2020年8月			2020年9月			2020年10月		
	小计	男	女	小计	男	女	小计	男	女
安　徽	**19232**	**10207**	**9025**	**17338**	**9199**	**8139**	**23530**	**12602**	**10928**
合肥市	**1239**	**622**	**617**	**1081**	**579**	**502**	**1328**	**738**	**590**
瑶海区	34	17	17	25	14	11	29	20	9
庐阳区	4	1	3	7	2	5	3	3	
蜀山区	5	2	3	9	3	6	12	8	4
包河区	3	2	1	2	2		3	2	1
长丰县	286	150	136	237	131	106	285	160	125
肥东县	152	76	76	163	87	76	163	85	78
肥西县	252	118	134	196	104	92	244	134	110
庐江县	342	172	170	295	157	138	372	210	162
合肥高新技术产业开发区									
合肥经济技术开发区	1		1	3	2	1	7	4	3
合肥新站高新技术产业开发区	5	3	2	5	3	2	5	3	2
巢湖市	155	81	74	139	74	65	205	109	96
芜湖市	**593**	**313**	**280**	**556**	**312**	**244**	**718**	**362**	**356**
镜湖区	17	12	5	14	6	8	11	6	5
弋江区									
鸠江区	97	40	57	78	49	29	98	54	44
三山区	34	19	15	25	12	13	28	13	15
芜湖县	66	35	31	53	28	25	58	24	34
繁昌县	33	20	13	46	23	23	50	22	28
南陵县	108	57	51	95	55	40	162	80	82
芜湖经济技术开发区				1	1		4	3	1
安徽芜湖长江大桥经济开发区	6	3	3	6	2	4	14	6	8
无为市	232	127	105	238	136	102	293	154	139
蚌埠市	**1180**	**638**	**542**	**1028**	**525**	**503**	**1518**	**821**	**697**
龙子湖区	26	14	12	23	9	14	18	9	9
蚌山区	10	5	5	6	4	2	8	4	4
禹会区	69	36	33	62	31	31	86	52	34
淮上区	59	28	31	71	36	35	83	44	39
怀远县	438	233	205	410	210	200	593	309	284
五河县	282	151	131	244	124	120	360	202	158
固镇县	296	171	125	212	111	101	370	201	169
蚌埠市高新技术开发区									
蚌埠市经济开发区									
淮南市	**810**	**445**	**365**	**738**	**387**	**351**	**1005**	**544**	**461**
大通区	28	17	11	20	10	10	45	35	10
田家庵区	21	13	8	25	12	13	31	16	15
谢家集区	41	25	16	33	16	17	44	27	17
八公山区	1	1		3	1	2	5	2	3
潘集区	163	98	65	146	70	76	209	109	100
凤台县	284	142	142	251	147	104	372	200	172
寿县	272	149	123	260	131	129	299	155	144

1－10c　续表 13　　　　单位：人

地　　区	2020年8月			2020年9月			2020年10月		
	小计	男	女	小计	男	女	小计	男	女
马鞍山市	**435**	**236**	**199**	**413**	**214**	**199**	**499**	**254**	**245**
花山区	11	6	5	3	2	1	4	4	
雨山区	7	3	4	7	6	1	6	5	1
博望区	49	26	23	59	28	31	57	28	29
当涂县	119	63	56	115	54	61	123	63	60
含山县	96	57	39	119	65	54	170	86	84
和县	153	81	72	110	59	51	139	68	71
淮北市	**568**	**292**	**276**	**534**	**277**	**257**	**812**	**449**	**363**
杜集区	32	14	18	34	18	16	45	23	22
相山区	30	14	16	24	9	15	34	17	17
烈山区	63	36	27	83	45	38	89	51	38
濉溪县	443	228	215	393	205	188	644	358	286
铜陵市	**251**	**139**	**112**	**211**	**118**	**93**	**321**	**179**	**142**
铜官区	5	3	2	4	4		8	5	3
义安区	54	31	23	56	29	27	63	30	33
郊区	69	39	30	50	29	21	58	36	22
枞阳县	123	66	57	101	56	45	192	108	84
安庆市	**1209**	**648**	**561**	**1232**	**660**	**572**	**1635**	**889**	**746**
迎江区	1	1		8	7	1	6	4	2
大观区	18	5	13	13	5	8	29	12	17
宜秀区	19	15	4	12	5	7	11	6	5
怀宁县	154	73	81	169	91	78	224	105	119
太湖县	170	97	73	188	92	96	242	112	130
宿松县	223	123	100	213	118	95	294	182	112
望江县	256	136	120	238	130	108	334	198	136
岳西县	127	65	62	149	80	69	181	103	78
安徽安庆经济开发区	4		4	1	1		2		2
桐城市	114	62	52	109	55	54	141	93	48
潜山市	123	71	52	132	76	56	171	74	97
黄山市	**371**	**190**	**181**	**341**	**162**	**179**	**460**	**232**	**228**
屯溪区	23	10	13	18	5	13	19	9	10
黄山区	41	18	23	25	11	14	49	23	26
徽州区	27	15	12	36	20	16	26	18	8
歙县	128	57	71	114	52	62	151	77	74
休宁县	80	48	32	71	36	35	125	64	61
黟县	24	14	10	23	10	13	29	13	16
祁门县	48	28	20	54	28	26	61	28	33
滁州市	**1198**	**638**	**560**	**1005**	**539**	**466**	**1297**	**712**	**585**
琅琊区	11	5	6	10	4	6	5	4	1
南谯区	65	39	26	53	26	27	69	41	28
来安县	127	65	62	85	41	44	140	70	70
全椒县	103	48	55	73	46	27	92	50	42
定远县	286	152	134	271	144	127	319	183	136
凤阳县	313	176	137	253	147	106	298	165	133
苏滁现代产业园									
滁州经济技术开发区	8	4	4	4	2	2	2	1	1
天长市	107	53	54	121	55	66	182	101	81
明光市	178	96	82	135	74	61	190	97	93

1-10c　续表 14　　　　单位：人

地　区	2020年8月			2020年9月			2020年10月		
	小计	男	女	小计	男	女	小计	男	女
阜阳市	**4168**	**2246**	**1922**	**3714**	**2024**	**1690**	**4778**	**2565**	**2213**
颍州区	335	188	147	296	160	136	349	178	171
颍东区	212	120	92	205	114	91	303	151	152
颍泉区	200	109	91	193	105	88	270	129	141
临泉县	940	479	461	902	498	404	1154	620	534
太和县	671	363	308	568	303	265	802	426	376
阜南县	774	449	325	699	383	316	779	443	336
颍上县	660	347	313	531	287	244	715	398	317
阜阳合肥现代产业园区	30	11	19	24	14	10	26	18	8
阜阳经济技术开发区	26	13	13	11	6	5	12	6	6
界首市	320	167	153	285	154	131	368	196	172
宿州市	**2585**	**1349**	**1236**	**2358**	**1215**	**1143**	**3438**	**1821**	**1617**
埇桥区	707	368	339	655	319	336	890	450	440
砀山县	331	177	154	297	148	149	431	230	201
萧县	615	304	311	556	281	275	797	423	374
灵璧县	519	280	239	473	263	210	796	443	353
泗县	386	209	177	355	189	166	505	266	239
宿州马鞍山现代产业园区	27	11	16	22	15	7	19	9	10
宿州经济技术开发区									
六安市	**1446**	**752**	**694**	**1332**	**722**	**610**	**1774**	**937**	**837**
金安区	201	94	107	191	99	92	267	133	134
裕安区	332	178	154	302	170	132	359	216	143
叶集区	67	41	26	61	33	28	81	36	45
霍邱县	344	186	158	274	144	130	353	198	155
舒城县	230	115	115	206	119	87	322	153	169
金寨县	226	112	114	256	138	118	321	172	149
霍山县	46	26	20	42	19	23	71	29	42
亳州市	**2360**	**1270**	**1090**	**2056**	**1081**	**975**	**2940**	**1579**	**1361**
谯城区	635	338	297	549	286	263	721	392	329
涡阳县	652	328	324	523	286	237	790	410	380
蒙城县	588	323	265	512	274	238	766	418	348
利辛县	485	281	204	472	235	237	663	359	304
池州市	**315**	**157**	**158**	**278**	**143**	**135**	**390**	**191**	**199**
贵池区	94	45	49	106	51	55	148	67	81
东至县	129	69	60	99	54	45	130	69	61
石台县	25	18	7	22	12	10	46	23	23
青阳县	60	22	38	44	24	20	59	29	30
池州市国家经济技术开发区									
皖江江南新兴产业集中区									
九华山风景区	7	3	4	7	2	5	7	3	4
宣城市	**504**	**272**	**232**	**461**	**241**	**220**	**617**	**329**	**288**
宣州区	168	98	70	139	69	70	192	94	98
郎溪县	56	26	30	63	38	25	73	50	23
泾县	70	36	34	61	33	28	102	49	53
绩溪县	24	11	13	26	16	10	22	14	8
旌德县	28	14	14	25	5	20	38	19	19
宣城市经济开发区	7	3	4	4	2	2	4	3	1
宁国市	50	30	20	28	13	15	43	27	16
广德市	101	54	47	115	65	50	143	73	70

1-11　各地区分性别、月份的死亡人口
(2019.11.1-2020.10.31)

单位：人

地　区	死亡人口			2019年11月		
	合计	男	女	小计	男	女
安　徽	**362289**	**207987**	**154302**	**28134**	**16374**	**11760**
合肥市	**36284**	**21234**	**15050**	**2666**	**1566**	**1100**
瑶海区	1624	993	631	115	68	47
庐阳区	1976	1153	823	170	96	74
蜀山区	2113	1279	834	160	102	58
包河区	3090	1852	1238	228	134	94
长丰县	3455	2017	1438	234	148	86
肥东县	4918	2808	2110	307	185	122
肥西县	4203	2494	1709	317	176	141
庐江县	7772	4545	3227	637	378	259
合肥高新技术产业开发区	394	234	160	30	19	11
合肥经济技术开发区	694	425	269	46	26	20
合肥新站高新技术产业开发区	745	425	320	47	25	22
巢湖市	5300	3009	2291	375	209	166
芜湖市	**24824**	**14133**	**10691**	**1871**	**1055**	**816**
镜湖区	3448	2031	1417	279	168	111
弋江区	1237	718	519	86	51	35
鸠江区	3289	1838	1451	275	130	145
三山区	937	537	400	89	51	38
芜湖县	2089	1203	886	153	90	63
繁昌县	1897	1122	775	163	90	73
南陵县	3827	2207	1620	337	204	133
芜湖经济技术开发区	539	292	247	35	18	17
安徽芜湖长江大桥经济开发区	225	137	88	10	5	5
无为市	7336	4048	3288	444	248	196
蚌埠市	**19219**	**11242**	**7977**	**1422**	**862**	**560**
龙子湖区	1403	834	569	103	69	34
蚌山区	800	466	334	45	30	15
禹会区	1522	893	629	90	46	44
淮上区	1279	749	530	83	53	30
怀远县	6010	3555	2455	461	277	184
五河县	3972	2264	1708	320	190	130
固镇县	3429	2005	1424	263	157	106
蚌埠市高新技术开发区	121	67	54	4	2	2
蚌埠市经济开发区	683	409	274	53	38	15
淮南市	**18827**	**11193**	**7634**	**1351**	**830**	**521**
大通区	925	514	411	53	33	20
田家庵区	2976	1826	1150	199	126	73
谢家集区	1896	1106	790	171	116	55
八公山区	914	508	406	69	38	31
潘集区	1956	1190	766	149	82	67
凤台县	3590	2127	1463	236	146	90
寿县	6570	3922	2648	474	289	185

1-11　续表 1　　　　单位：人

地　区	死亡人口			2019年11月		
	合计	男	女	小计	男	女
马鞍山市	**13971**	**7907**	**6064**	**1096**	**614**	**482**
花山区	2133	1221	912	156	90	66
雨山区	1787	1030	757	145	74	71
博望区	1088	617	471	80	47	33
当涂县	2704	1563	1141	193	122	71
含山县	2616	1486	1130	212	117	95
和县	3643	1990	1653	310	164	146
淮北市	**9947**	**5746**	**4201**	**771**	**463**	**308**
杜集区	1612	980	632	113	73	40
相山区	1654	957	697	125	75	50
烈山区	1393	816	577	100	65	35
濉溪县	5288	2993	2295	433	250	183
铜陵市	**10092**	**5871**	**4221**	**857**	**501**	**356**
铜官区	2234	1335	899	216	133	83
义安区	2018	1181	837	148	91	57
郊区	1620	918	702	137	68	69
枞阳县	4220	2437	1783	356	209	147
安庆市	**30427**	**17214**	**13213**	**2198**	**1250**	**948**
迎江区	1158	665	493	52	28	24
大观区	1475	821	654	83	52	31
宜秀区	992	560	432	81	50	31
怀宁县	4154	2341	1813	310	181	129
太湖县	3433	1979	1454	247	146	101
宿松县	4385	2510	1875	317	173	144
望江县	3551	1975	1576	287	157	130
岳西县	2295	1280	1015	141	73	68
安徽安庆经济开发区	371	218	153	20	13	7
桐城市	4871	2748	2123	354	208	146
潜山市	3742	2117	1625	306	169	137
黄山市	**9258**	**5245**	**4013**	**713**	**428**	**285**
屯溪区	992	594	398	82	45	37
黄山区	1153	671	482	75	47	28
徽州区	687	409	278	53	37	16
歙县	3179	1757	1422	253	147	106
休宁县	1591	890	701	127	85	42
黟县	576	323	253	48	28	20
祁门县	1080	601	479	75	39	36
滁州市	**24866**	**13998**	**10868**	**1910**	**1110**	**800**
琅琊区	1465	822	643	116	72	44
南谯区	1597	913	684	116	74	42
来安县	3038	1681	1357	213	107	106
全椒县	2569	1389	1180	219	120	99
定远县	4704	2737	1967	352	213	139
凤阳县	3633	2097	1536	281	175	106
苏滁现代产业园	81	49	32	9	7	2
滁州经济技术开发区	171	111	60	5	2	3
天长市	4268	2291	1977	356	195	161
明光市	3340	1908	1432	243	145	98

1-11 续表 2

单位：人

地　　区	死亡人口			2019年11月		
	合计	男	女	小计	男	女
阜阳市	**47078**	**26657**	**20421**	**4086**	**2367**	**1719**
颍州区	3101	1767	1334	234	133	101
颍东区	3120	1803	1317	285	174	111
颍泉区	3305	1904	1401	241	152	89
临泉县	10184	5506	4678	945	510	435
太和县	8056	4554	3502	692	405	287
阜南县	7345	4112	3233	694	390	304
颍上县	7702	4625	3077	667	409	258
阜阳合肥现代产业园区	193	108	85	13	9	4
阜阳经济技术开发区	196	120	76	15	10	5
界首市	3876	2158	1718	300	175	125
宿州市	**33067**	**18666**	**14401**	**2663**	**1538**	**1125**
埇桥区	8644	4976	3668	670	391	279
砀山县	4935	2683	2252	383	208	175
萧县	7683	4299	3384	610	355	255
灵璧县	6273	3594	2679	510	306	204
泗县	5198	2910	2288	460	261	199
宿州马鞍山现代产业园区	197	124	73	18	9	9
宿州经济技术开发区	137	80	57	12	8	4
六安市	**29597**	**17248**	**12349**	**2200**	**1275**	**925**
金安区	4589	2694	1895	367	230	137
裕安区	4688	2761	1927	336	199	137
叶集区	1210	728	482	79	49	30
霍邱县	6419	3843	2576	441	255	186
舒城县	6234	3561	2673	456	251	205
金寨县	4024	2313	1711	336	197	139
霍山县	2433	1348	1085	185	94	91
亳州市	**27206**	**15619**	**11587**	**2254**	**1280**	**974**
谯城区	6665	3718	2947	573	320	253
涡阳县	7255	4192	3063	634	363	271
蒙城县	6392	3684	2708	506	283	223
利辛县	6894	4025	2869	541	314	227
池州市	**9207**	**5203**	**4004**	**663**	**391**	**272**
贵池区	3754	2103	1651	269	157	112
东至县	2782	1544	1238	202	116	86
石台县	718	437	281	56	38	18
青阳县	1811	1032	779	126	71	55
池州市国家经济技术开发区	36	21	15	2	2	
皖江江南新兴产业集中区	17	11	6			
九华山风景区	89	55	34	8	7	1
宣城市	**18419**	**10811**	**7608**	**1413**	**844**	**569**
宣州区	5328	3087	2241	427	245	182
郎溪县	1996	1207	789	136	92	44
泾县	2601	1527	1074	187	101	86
绩溪县	1036	607	429	81	52	29
旌德县	1027	589	438	85	47	38
宣城市经济开发区	299	182	117	17	8	9
宁国市	2798	1630	1168	223	140	83
广德市	3334	1982	1352	257	159	98

1-11　续表 3

单位：人

地　区	2019年12月			2020年1月		
	小计	男	女	小计	男	女
安　徽	**28976**	**16682**	**12294**	**30763**	**17553**	**13210**
合肥市	**2830**	**1667**	**1163**	**3042**	**1784**	**1258**
瑶海区	113	72	41	125	78	47
庐阳区	153	97	56	140	84	56
蜀山区	165	103	62	179	118	61
包河区	232	159	73	260	162	98
长丰县	244	136	108	266	150	116
肥东县	341	185	156	386	206	180
肥西县	295	173	122	354	205	149
庐江县	678	410	268	707	403	304
合肥高新技术产业开发区	27	12	15	34	17	17
合肥经济技术开发区	62	38	24	51	35	16
合肥新站高新技术产业开发区	64	33	31	68	40	28
巢湖市	456	249	207	472	286	186
芜湖市	**2048**	**1157**	**891**	**2204**	**1254**	**950**
镜湖区	269	161	108	304	174	130
弋江区	93	55	38	110	63	47
鸠江区	277	153	124	276	169	107
三山区	67	31	36	83	42	41
芜湖县	153	87	66	182	89	93
繁昌县	160	91	69	153	96	57
南陵县	353	202	151	380	226	154
芜湖经济技术开发区	47	25	22	49	24	25
安徽芜湖长江大桥经济开发区	20	14	6	18	11	7
无为市	609	338	271	649	360	289
蚌埠市	**1565**	**946**	**619**	**1697**	**997**	**700**
龙子湖区	121	72	49	117	57	60
蚌山区	40	19	21	78	51	27
禹会区	93	56	37	133	93	40
淮上区	99	53	46	98	52	46
怀远县	526	332	194	553	333	220
五河县	358	212	146	358	200	158
固镇县	275	163	112	292	164	128
蚌埠市高新技术开发区	8	6	2	10	6	4
蚌埠市经济开发区	45	33	12	58	41	17
淮南市	**1528**	**903**	**625**	**1491**	**910**	**581**
大通区	77	47	30	66	32	34
田家庵区	371	235	136	223	149	74
谢家集区	150	93	57	150	99	51
八公山区	68	42	26	75	36	39
潘集区	138	78	60	147	101	46
凤台县	216	120	96	230	142	88
寿县	508	288	220	600	351	249

1-11 续表 4

单位：人

地区	2019年12月			2020年1月		
	小计	男	女	小计	男	女
马鞍山市	**1148**	**651**	**497**	**1219**	**662**	**557**
花山区	168	100	68	172	88	84
雨山区	146	90	56	161	87	74
博望区	93	55	38	93	53	40
当涂县	220	114	106	237	128	109
含山县	210	128	82	232	129	103
和县	311	164	147	324	177	147
淮北市	**789**	**456**	**333**	**783**	**460**	**323**
杜集区	126	76	50	157	95	62
相山区	124	71	53	124	72	52
烈山区	113	66	47	108	68	40
濉溪县	426	243	183	394	225	169
铜陵市	**837**	**495**	**342**	**921**	**522**	**399**
铜官区	166	101	65	224	119	105
义安区	193	106	87	209	124	85
郊区	151	98	53	137	78	59
枞阳县	327	190	137	351	201	150
安庆市	**2486**	**1397**	**1089**	**2880**	**1597**	**1283**
迎江区	80	55	25	101	58	43
大观区	109	63	46	130	69	61
宜秀区	81	36	45	107	63	44
怀宁县	359	204	155	382	201	181
太湖县	262	144	118	317	170	147
宿松县	365	201	164	455	261	194
望江县	294	156	138	312	171	141
岳西县	206	121	85	195	108	87
安徽安庆经济开发区	22	11	11	35	19	16
桐城市	380	220	160	479	263	216
潜山市	328	186	142	367	214	153
黄山市	**771**	**449**	**322**	**731**	**401**	**330**
屯溪区	76	44	32	73	39	34
黄山区	84	51	33	98	58	40
徽州区	74	49	25	61	30	31
歙县	274	155	119	239	137	102
休宁县	128	65	63	139	77	62
黟县	51	29	22	49	23	26
祁门县	84	56	28	72	37	35
滁州市	**2039**	**1117**	**922**	**2006**	**1153**	**853**
琅琊区	142	72	70	101	58	43
南谯区	122	72	50	137	83	54
来安县	236	136	100	263	153	110
全椒县	188	90	98	232	123	109
定远县	417	236	181	394	238	156
凤阳县	299	159	140	228	142	86
苏滁现代产业园	6		6	7	4	3
滁州经济技术开发区	7	6	1	6	5	1
天长市	347	191	156	390	198	192
明光市	275	155	120	248	149	99

1-11　续表 5　　　　单位：人

地　　区	2019年12月			2020年1月		
	小计	男	女	小计	男	女
阜阳市	**3809**	**2151**	**1658**	**3684**	**2080**	**1604**
颍州区	220	120	100	259	143	116
颍东区	197	112	85	223	124	99
颍泉区	247	158	89	287	154	133
临泉县	975	529	446	728	384	344
太和县	625	360	265	706	405	301
阜南县	677	369	308	570	311	259
颍上县	556	334	222	529	345	184
阜阳合肥现代产业园区	11	8	3	18	12	6
阜阳经济技术开发区	13	11	2	16	9	7
界首市	288	150	138	348	193	155
宿州市	**2614**	**1498**	**1116**	**2872**	**1607**	**1265**
埇桥区	688	409	279	739	441	298
砀山县	378	207	171	393	210	183
萧县	619	342	277	732	389	343
灵璧县	490	281	209	544	314	230
泗县	414	245	169	436	238	198
宿州马鞍山现代产业园区	13	8	5	15	7	8
宿州经济技术开发区	12	6	6	13	8	5
六安市	**2284**	**1317**	**967**	**2509**	**1447**	**1062**
金安区	342	193	149	400	224	176
裕安区	354	216	138	436	236	200
叶集区	80	44	36	100	68	32
霍邱县	437	254	183	450	278	172
舒城县	505	280	225	541	303	238
金寨县	362	209	153	363	215	148
霍山县	204	121	83	219	123	96
亳州市	**1904**	**1156**	**748**	**2137**	**1209**	**928**
谯城区	477	284	193	495	279	216
涡阳县	499	305	194	602	331	271
蒙城县	457	298	159	527	293	234
利辛县	471	269	202	513	306	207
池州市	**740**	**408**	**332**	**757**	**409**	**348**
贵池区	307	166	141	306	170	136
东至县	198	107	91	209	106	103
石台县	69	40	29	61	31	30
青阳县	150	86	64	172	97	75
池州市国家经济技术开发区	2	2		4	2	2
皖江江南新兴产业集中区	3	1	2	1		1
九华山风景区	11	6	5	4	3	1
宣城市	**1584**	**914**	**670**	**1830**	**1061**	**769**
宣州区	435	253	182	555	315	240
郎溪县	168	93	75	186	105	81
泾县	243	151	92	265	152	113
绩溪县	87	42	45	85	54	31
旌德县	94	61	33	105	60	45
宣城市经济开发区	34	22	12	33	18	15
宁国市	243	134	109	274	164	110
广德市	280	158	122	327	193	134

1-11 续表 6 单位：人

地 区	2020年2月			2020年3月			2020年4月		
	小计	男	女	小计	男	女	小计	男	女
安 徽	**32462**	**18162**	**14300**	**31329**	**17638**	**13691**	**28547**	**16329**	**12218**
合肥市	**2969**	**1702**	**1267**	**2984**	**1742**	**1242**	**2973**	**1723**	**1250**
瑶海区	121	76	45	146	99	47	137	74	63
庐阳区	141	77	64	171	98	73	167	103	64
蜀山区	164	95	69	204	113	91	177	103	74
包河区	289	165	124	251	156	95	255	157	98
长丰县	307	170	137	271	167	104	287	159	128
肥东县	377	216	161	393	227	166	408	226	182
肥西县	391	232	159	331	195	136	333	207	126
庐江县	628	357	271	633	347	286	673	380	293
合肥高新技术产业开发区	26	17	9	25	16	9	28	20	8
合肥经济技术开发区	58	35	23	49	30	19	52	27	25
合肥新站高新技术产业开发区	56	31	25	47	33	14	63	38	25
巢湖市	411	231	180	463	261	202	393	229	164
芜湖市	**2282**	**1280**	**1002**	**2137**	**1178**	**959**	**2033**	**1192**	**841**
镜湖区	318	176	142	298	166	132	316	193	123
弋江区	97	61	36	99	58	41	98	57	41
鸠江区	299	176	123	288	155	133	278	170	108
三山区	95	57	38	69	42	27	71	37	34
芜湖县	178	85	93	190	117	73	163	103	60
繁昌县	176	108	68	160	84	76	134	85	49
南陵县	347	195	152	338	187	151	311	191	120
芜湖经济技术开发区	49	30	19	46	21	25	33	17	16
安徽芜湖长江大桥经济开发区	19	11	8	19	13	6	18	9	9
无为市	704	381	323	630	335	295	611	330	281
蚌埠市	**1779**	**1003**	**776**	**1706**	**983**	**723**	**1530**	**871**	**659**
龙子湖区	115	67	48	146	90	56	104	60	44
蚌山区	80	54	26	54	27	27	62	33	29
禹会区	146	93	53	142	80	62	114	66	48
淮上区	109	67	42	135	81	54	99	52	47
怀远县	559	316	243	499	290	209	468	252	216
五河县	364	197	167	346	192	154	337	200	137
固镇县	341	175	166	301	180	121	286	174	112
蚌埠市高新技术开发区	11	4	7	15	8	7	9	4	5
蚌埠市经济开发区	54	30	24	68	35	33	51	30	21
淮南市	**1597**	**903**	**694**	**1637**	**968**	**669**	**1518**	**894**	**624**
大通区	63	29	34	87	47	40	71	38	33
田家庵区	241	132	109	228	135	93	230	133	97
谢家集区	165	86	79	171	94	77	165	98	67
八公山区	71	38	33	78	47	31	76	39	37
潘集区	183	116	67	196	126	70	150	89	61
凤台县	306	190	116	325	187	138	295	168	127
寿县	568	312	256	552	332	220	531	329	202

1-11 续表 7

单位：人

地 区	2020年2月			2020年3月			2020年4月		
	小计	男	女	小计	男	女	小计	男	女
马鞍山市	**1289**	**721**	**568**	**1135**	**645**	**490**	**1116**	**671**	**445**
花山区	210	134	76	182	102	80	167	104	63
雨山区	169	90	79	134	78	56	130	85	45
博望区	104	58	46	87	57	30	89	46	43
当涂县	245	145	100	197	112	85	227	142	85
含山县	218	116	102	221	124	97	203	119	84
和县	343	178	165	314	172	142	300	175	125
淮北市	**873**	**500**	**373**	**859**	**499**	**360**	**754**	**406**	**348**
杜集区	134	80	54	147	90	57	137	77	60
相山区	130	82	48	134	80	54	115	64	51
烈山区	133	73	60	107	62	45	93	51	42
濉溪县	476	265	211	471	267	204	409	214	195
铜陵市	**866**	**505**	**361**	**816**	**468**	**348**	**791**	**455**	**336**
铜官区	185	116	69	161	101	60	167	97	70
义安区	171	98	73	175	100	75	161	93	68
郊区	141	75	66	151	88	63	120	60	60
枞阳县	369	216	153	329	179	150	343	205	138
安庆市	**2885**	**1582**	**1303**	**2613**	**1485**	**1128**	**2392**	**1391**	**1001**
迎江区	99	60	39	132	67	65	90	52	38
大观区	154	87	67	136	68	68	127	75	52
宜秀区	109	64	45	80	49	31	84	51	33
怀宁县	409	211	198	342	213	129	314	184	130
太湖县	338	200	138	281	175	106	300	180	120
宿松县	379	207	172	398	215	183	336	197	139
望江县	330	190	140	279	161	118	272	144	128
岳西县	241	123	118	206	119	87	186	108	78
安徽安庆经济开发区	23	15	8	37	21	16	40	27	13
桐城市	443	233	210	418	227	191	367	213	154
潜山市	360	192	168	304	170	134	276	160	116
黄山市	**788**	**445**	**343**	**724**	**414**	**310**	**740**	**417**	**323**
屯溪区	87	58	29	74	41	33	92	57	35
黄山区	102	64	38	97	52	45	86	52	34
徽州区	58	35	23	50	30	20	58	34	24
歙县	260	145	115	244	136	108	242	132	110
休宁县	136	66	70	133	73	60	125	69	56
黟县	48	26	22	34	17	17	52	26	26
祁门县	97	51	46	92	65	27	85	47	38
滁州市	**2060**	**1152**	**908**	**2125**	**1139**	**986**	**1984**	**1079**	**905**
琅琊区	120	65	55	111	61	50	116	59	57
南谯区	126	74	52	131	67	64	121	71	50
来安县	266	145	121	273	148	125	240	132	108
全椒县	207	119	88	207	107	100	189	101	88
定远县	417	243	174	397	212	185	383	228	155
凤阳县	288	154	134	337	185	152	287	155	132
苏滁现代产业园	6	3	3	4	2	2	5	3	2
滁州经济技术开发区	7	4	3	11	7	4	22	17	5
天长市	345	189	156	353	187	166	334	164	170
明光市	278	156	122	301	163	138	287	149	138

1-11 续表 8　　单位：人

地区	2020年2月			2020年3月			2020年4月		
	小计	男	女	小计	男	女	小计	男	女
阜阳市	**4312**	**2386**	**1926**	**4379**	**2383**	**1996**	**3531**	**1976**	**1555**
颍州区	299	178	121	281	144	137	246	129	117
颍东区	295	167	128	268	148	120	254	136	118
颍泉区	317	179	138	283	169	114	222	131	91
临泉县	901	470	431	1073	549	524	740	419	321
太和县	736	397	339	722	408	314	625	342	283
阜南县	698	366	332	653	349	304	526	296	230
颍上县	660	411	249	693	404	289	598	338	260
阜阳合肥现代产业园区	21	13	8	18	6	12	23	14	9
阜阳经济技术开发区	23	11	12	27	20	7	17	7	10
界首市	362	194	168	361	186	175	280	164	116
宿州市	**3303**	**1772**	**1531**	**2818**	**1520**	**1298**	**2570**	**1487**	**1083**
埇桥区	846	448	398	719	399	320	708	414	294
砀山县	554	275	279	456	252	204	389	218	171
萧县	783	430	353	658	325	333	575	336	239
灵璧县	577	325	252	506	286	220	475	271	204
泗县	513	274	239	452	240	212	408	240	168
宿州马鞍山现代产业园区	17	12	5	15	12	3	8	5	3
宿州经济技术开发区	13	8	5	12	6	6	7	3	4
六安市	**2654**	**1486**	**1168**	**2533**	**1441**	**1092**	**2406**	**1351**	**1055**
金安区	422	246	176	370	230	140	397	219	178
裕安区	398	226	172	368	215	153	379	201	178
叶集区	101	57	44	105	54	51	98	58	40
霍邱县	613	354	259	610	342	268	579	359	220
舒城县	540	278	262	522	298	224	461	244	217
金寨县	346	205	141	330	183	147	305	172	133
霍山县	234	120	114	228	119	109	187	98	89
亳州市	**2474**	**1383**	**1091**	**2519**	**1414**	**1105**	**2092**	**1175**	**917**
谯城区	604	312	292	613	344	269	504	268	236
涡阳县	642	356	286	698	381	317	593	342	251
蒙城县	607	355	252	548	311	237	458	250	208
利辛县	621	360	261	660	378	282	537	315	222
池州市	**767**	**425**	**342**	**769**	**444**	**325**	**752**	**429**	**323**
贵池区	320	172	148	337	204	133	298	172	126
东至县	220	119	101	226	121	105	239	132	107
石台县	69	42	27	56	37	19	45	28	17
青阳县	147	83	64	141	75	66	157	89	68
池州市国家经济技术开发区	2	1	1	3	3		3	2	1
皖江江南新兴产业集中区	2	2					2		2
九华山风景区	7	6	1	6	4	2	8	6	2
宣城市	**1564**	**917**	**647**	**1575**	**915**	**660**	**1365**	**812**	**553**
宣州区	459	279	180	444	261	183	376	225	151
郎溪县	183	113	70	192	107	85	162	99	63
泾县	230	140	90	219	133	86	178	104	74
绩溪县	79	40	39	91	53	38	79	52	27
旌德县	80	44	36	86	46	40	71	47	24
宣城市经济开发区	21	10	11	17	12	5	20	11	9
宁国市	226	137	89	222	118	104	240	141	99
广德市	286	154	132	304	185	119	239	133	106

1-11 续表 9　　单位：人

地 区	2020年5月			2020年6月			2020年7月		
	小计	男	女	小计	男	女	小计	男	女
安 徽	**29949**	**17228**	**12721**	**28102**	**16174**	**11928**	**28175**	**16431**	**11744**
合肥市	**2993**	**1758**	**1235**	**2656**	**1617**	**1039**	**2920**	**1702**	**1218**
瑶海区	141	90	51	107	70	37	146	79	67
庐阳区	186	107	79	154	89	65	150	88	62
蜀山区	154	96	58	143	87	56	167	112	55
包河区	266	155	111	210	132	78	233	135	98
长丰县	289	163	126	257	149	108	281	159	122
肥东县	412	241	171	367	219	148	409	233	176
肥西县	360	228	132	288	174	114	346	209	137
庐江县	614	363	251	567	370	197	634	365	269
合肥高新技术产业开发区	33	15	18	33	15	18	39	24	15
合肥经济技术开发区	56	37	19	59	39	20	47	30	17
合肥新站高新技术产业开发区	50	25	25	57	32	25	60	32	28
巢湖市	432	238	194	414	241	173	408	236	172
芜湖市	**1893**	**1064**	**829**	**1853**	**1041**	**812**	**1879**	**1082**	**797**
镜湖区	241	140	101	248	137	111	243	155	88
弋江区	100	42	58	98	62	36	88	58	30
鸠江区	235	146	89	251	137	114	249	126	123
三山区	68	43	25	74	41	33	61	38	23
芜湖县	156	86	70	175	108	67	156	90	66
繁昌县	144	80	64	130	67	63	146	86	60
南陵县	275	158	117	263	143	120	277	153	124
芜湖经济技术开发区	47	21	26	43	30	13	51	30	21
安徽芜湖长江大桥经济开发区	22	15	7	17	8	9	15	10	5
无为市	605	333	272	554	308	246	593	336	257
蚌埠市	**1545**	**911**	**634**	**1479**	**849**	**630**	**1434**	**847**	**587**
龙子湖区	89	60	29	103	69	34	118	72	46
蚌山区	65	38	27	59	34	25	74	38	36
禹会区	111	63	48	151	86	65	108	59	49
淮上区	98	61	37	103	60	43	99	58	41
怀远县	480	277	203	450	271	179	409	240	169
五河县	341	200	141	291	147	144	302	174	128
固镇县	293	176	117	263	149	114	254	166	88
蚌埠市高新技术开发区	9	7	2	7	4	3	18	9	9
蚌埠市经济开发区	59	29	30	52	29	23	52	31	21
淮南市	**1610**	**914**	**696**	**1430**	**863**	**567**	**1525**	**915**	**610**
大通区	93	49	44	77	43	34	74	42	32
田家庵区	253	161	92	237	144	93	240	157	83
谢家集区	154	86	68	127	68	59	159	87	72
八公山区	80	39	41	73	40	33	80	44	36
潘集区	144	83	61	151	93	58	152	94	58
凤台县	334	183	151	289	171	118	291	166	125
寿县	552	313	239	476	304	172	529	325	204

1-11 续表 10

单位：人

地区	2020年5月			2020年6月			2020年7月		
	小计	男	女	小计	男	女	小计	男	女
马鞍山市	**1009**	**565**	**444**	**1072**	**613**	**459**	**1162**	**670**	**492**
花山区	150	88	62	187	108	79	199	110	89
雨山区	137	83	54	130	68	62	151	88	63
博望区	80	42	38	74	43	31	82	41	41
当涂县	176	98	78	218	129	89	219	128	91
含山县	200	117	83	207	116	91	224	127	97
和县	266	137	129	256	149	107	287	176	111
淮北市	**855**	**489**	**366**	**826**	**473**	**353**	**807**	**481**	**326**
杜集区	128	80	48	128	78	50	136	79	57
相山区	146	82	64	120	68	52	161	94	67
烈山区	124	70	54	128	67	61	106	62	44
濉溪县	457	257	200	450	260	190	404	246	158
铜陵市	**829**	**481**	**348**	**744**	**464**	**280**	**785**	**457**	**328**
铜官区	181	105	76	154	101	53	164	107	57
义安区	171	108	63	159	97	62	138	84	54
郊区	122	68	54	119	75	44	124	74	50
枞阳县	355	200	155	312	191	121	359	192	167
安庆市	**2392**	**1338**	**1054**	**2377**	**1344**	**1033**	**2235**	**1278**	**957**
迎江区	94	58	36	90	46	44	82	41	41
大观区	127	68	59	141	82	59	115	63	52
宜秀区	76	45	31	59	27	32	82	41	41
怀宁县	319	176	143	323	171	152	304	181	123
太湖县	256	138	118	286	164	122	247	144	103
宿松县	358	218	140	342	207	135	303	173	130
望江县	279	162	117	257	139	118	286	162	124
岳西县	178	90	88	172	105	67	131	73	58
安徽安庆经济开发区	36	16	20	33	23	10	28	18	10
桐城市	411	222	189	402	223	179	389	227	162
潜山市	258	145	113	272	157	115	268	155	113
黄山市	**730**	**403**	**327**	**725**	**408**	**317**	**776**	**441**	**335**
屯溪区	81	45	36	83	52	31	89	58	31
黄山区	80	42	38	97	46	51	96	65	31
徽州区	60	34	26	48	31	17	56	34	22
歙县	261	156	105	253	140	113	266	133	133
休宁县	118	62	56	112	67	45	126	67	59
黟县	40	21	19	35	22	13	48	31	17
祁门县	90	43	47	97	50	47	95	53	42
滁州市	**2087**	**1166**	**921**	**1898**	**1082**	**816**	**1974**	**1154**	**820**
琅琊区	128	69	59	111	66	45	118	71	47
南谯区	131	82	49	130	67	63	104	62	42
来安县	237	130	107	227	134	93	245	150	95
全椒县	213	111	102	196	110	86	189	93	96
定远县	400	230	170	345	201	144	373	224	149
凤阳县	312	173	139	279	166	113	305	186	119
苏滁现代产业园	11	7	4	4	3	1	7	7	
滁州经济技术开发区	18	14	4	18	10	8	24	14	10
天长市	353	201	152	339	163	176	341	199	142
明光市	284	149	135	249	162	87	268	148	120

1-11 续表 11 单位：人

地区	2020年5月			2020年6月			2020年7月		
	小计	男	女	小计	男	女	小计	男	女
阜阳市	**4100**	**2367**	**1733**	**3771**	**2127**	**1644**	**3591**	**2074**	**1517**
颍州区	258	148	110	257	146	111	264	152	112
颍东区	278	173	105	234	146	88	239	125	114
颍泉区	297	165	132	240	128	112	262	152	110
临泉县	855	497	358	860	440	420	705	402	303
太和县	727	407	320	669	393	276	649	376	273
阜南县	639	352	287	547	324	223	559	326	233
颍上县	682	413	269	620	370	250	612	364	248
阜阳合肥现代产业园区	21	11	10	14	5	9	14	6	8
阜阳经济技术开发区	16	8	8	14	7	7	13	11	2
界首市	327	193	134	316	168	148	274	160	114
宿州市	**2802**	**1599**	**1203**	**2646**	**1424**	**1222**	**2565**	**1487**	**1078**
埇桥区	744	425	319	666	348	318	665	413	252
砀山县	425	232	193	392	189	203	407	222	185
萧县	696	419	277	611	324	287	549	299	250
灵璧县	514	292	222	504	294	210	508	293	215
泗县	396	216	180	450	255	195	409	246	163
宿州马鞍山现代产业园区	16	9	7	15	10	5	15	8	7
宿州经济技术开发区	11	6	5	8	4	4	12	6	6
六安市	**2492**	**1500**	**992**	**2270**	**1371**	**899**	**2304**	**1355**	**949**
金安区	415	258	157	339	200	139	356	213	143
裕安区	399	255	144	381	234	147	374	231	143
叶集区	106	66	40	97	73	24	110	56	54
霍邱县	549	307	242	535	318	217	493	315	178
舒城县	504	313	191	494	297	197	491	275	216
金寨县	328	187	141	267	160	107	295	156	139
霍山县	191	114	77	157	89	68	185	109	76
亳州市	**2410**	**1376**	**1034**	**2289**	**1266**	**1023**	**2095**	**1227**	**868**
谯城区	599	334	265	591	326	265	448	257	191
涡阳县	632	358	274	599	349	250	567	341	226
蒙城县	538	311	227	530	283	247	534	306	228
利辛县	641	373	268	569	308	261	546	323	223
池州市	**737**	**413**	**324**	**665**	**397**	**268**	**707**	**426**	**281**
贵池区	333	180	153	272	160	112	272	159	113
东至县	180	99	81	201	122	79	218	132	86
石台县	56	36	20	53	35	18	49	30	19
青阳县	156	89	67	126	73	53	160	101	59
池州市国家经济技术开发区	3	3		4	1	3	4	2	2
皖江江南新兴产业集中区	2	2		3	2	1	1	1	
九华山风景区	7	4	3	6	4	2	3	1	2
宣城市	**1465**	**884**	**581**	**1401**	**835**	**566**	**1416**	**835**	**581**
宣州区	438	245	193	426	252	174	407	244	163
郎溪县	162	106	56	141	91	50	172	101	71
泾县	215	131	84	198	114	84	201	111	90
绩溪县	64	30	34	74	44	30	90	56	34
旌德县	75	44	31	86	44	42	89	51	38
宣城市经济开发区	24	15	9	26	17	9	23	14	9
宁国市	206	141	65	213	114	99	196	120	76
广德市	281	172	109	237	159	78	238	138	100

1-11 续表 12

单位：人

地区	2020年8月			2020年9月			2020年10月		
	小计	男	女	小计	男	女	小计	男	女
安徽	**30273**	**17561**	**12712**	**29626**	**17219**	**12407**	**35953**	**20636**	**15317**
合肥市	**3210**	**1830**	**1380**	**3261**	**1881**	**1380**	**3780**	**2262**	**1518**
瑶海区	131	74	57	163	101	62	179	112	67
庐阳区	175	100	75	166	89	77	203	125	78
蜀山区	170	92	78	213	129	84	217	129	88
包河区	305	162	143	261	152	109	300	183	117
长丰县	315	194	121	330	192	138	374	230	144
肥东县	470	257	213	486	267	219	562	346	216
肥西县	363	222	141	380	215	165	445	258	187
庐江县	652	382	270	625	354	271	724	436	288
合肥高新技术产业开发区	35	21	14	41	31	10	43	27	16
合肥经济技术开发区	58	35	23	68	41	27	88	52	36
合肥新站高新技术产业开发区	59	39	20	73	49	24	101	48	53
巢湖市	477	252	225	455	261	194	544	316	228
芜湖市	**2120**	**1236**	**884**	**2068**	**1182**	**886**	**2436**	**1412**	**1024**
镜湖区	284	173	111	298	165	133	350	223	127
弋江区	126	74	52	102	50	52	140	87	53
鸠江区	262	144	118	263	151	112	336	181	155
三山区	76	48	28	82	55	27	102	52	50
芜湖县	195	117	78	167	104	63	221	127	94
繁昌县	177	105	72	162	98	64	192	132	60
南陵县	326	199	127	283	164	119	337	185	152
芜湖经济技术开发区	42	27	15	48	26	22	49	23	26
安徽芜湖长江大桥经济开发区	15	8	7	23	13	10	29	20	9
无为市	617	341	276	640	356	284	680	382	298
蚌埠市	**1571**	**920**	**651**	**1573**	**918**	**655**	**1918**	**1135**	**783**
龙子湖区	105	60	45	137	76	61	145	82	63
蚌山区	78	47	31	86	50	36	79	45	34
禹会区	129	74	55	124	71	53	181	106	75
淮上区	114	65	49	123	78	45	119	69	50
怀远县	530	326	204	469	274	195	606	367	239
五河县	281	154	127	292	168	124	382	230	152
固镇县	265	149	116	274	160	114	322	192	130
蚌埠市高新技术开发区	7	4	3	15	11	4	8	2	6
蚌埠市经济开发区	62	41	21	53	30	23	76	42	34
淮南市	**1631**	**998**	**633**	**1653**	**941**	**712**	**1856**	**1154**	**702**
大通区	77	57	20	87	45	42	100	52	48
田家庵区	281	164	117	256	150	106	217	140	77
谢家集区	153	91	62	156	89	67	175	99	76
八公山区	80	45	35	85	49	36	79	51	28
潘集区	153	97	56	176	98	78	217	133	84
凤台县	331	217	114	332	191	141	405	246	159
寿县	556	327	229	561	319	242	663	433	230

1-11　续表 13　　　　单位：人

地　区	2020年8月			2020年9月			2020年10月		
	小计	男	女	小计	男	女	小计	男	女
马鞍山市	**1220**	**675**	**545**	**1150**	**650**	**500**	**1355**	**770**	**585**
花山区	151	77	74	189	113	76	202	107	95
雨山区	146	88	58	154	90	64	184	109	75
博望区	116	69	47	92	49	43	98	57	41
当涂县	248	146	102	231	128	103	293	171	122
含山县	242	132	110	200	118	82	247	143	104
和县	317	163	154	284	152	132	331	183	148
淮北市	**839**	**486**	**353**	**806**	**481**	**325**	**985**	**552**	**433**
杜集区	133	89	44	121	82	39	152	81	71
相山区	147	85	62	150	86	64	178	98	80
烈山区	117	77	40	121	67	54	143	88	55
濉溪县	442	235	207	414	246	168	512	285	227
铜陵市	**767**	**438**	**329**	**843**	**488**	**355**	**1036**	**597**	**439**
铜官区	161	83	78	200	122	78	255	150	105
义安区	150	85	65	156	85	71	187	110	77
郊区	121	72	49	146	82	64	151	80	71
枞阳县	335	198	137	341	199	142	443	257	186
安庆市	**2481**	**1383**	**1098**	**2459**	**1451**	**1008**	**3029**	**1718**	**1311**
迎江区	114	69	45	105	62	43	119	69	50
大观区	119	68	51	114	62	52	120	64	56
宜秀区	72	40	32	71	45	26	90	49	41
怀宁县	324	174	150	342	211	131	426	234	192
太湖县	276	151	125	275	167	108	348	200	148
宿松县	364	207	157	325	191	134	443	260	183
望江县	301	164	137	315	182	133	339	187	152
岳西县	174	95	79	207	120	87	258	145	113
安徽安庆经济开发区	28	15	13	29	13	16	40	27	13
桐城市	394	225	169	366	216	150	468	271	197
潜山市	315	175	140	310	182	128	378	212	166
黄山市	**829**	**489**	**340**	**773**	**425**	**348**	**958**	**525**	**433**
屯溪区	70	48	22	99	56	43	86	51	35
黄山区	97	61	36	105	55	50	136	78	58
徽州区	56	31	25	51	30	21	62	34	28
歙县	306	174	132	254	142	112	327	160	167
休宁县	143	80	63	118	69	49	186	110	76
黟县	47	30	17	66	35	31	58	35	23
祁门县	110	65	45	80	38	42	103	57	46
滁州市	**2252**	**1290**	**962**	**2017**	**1159**	**858**	**2514**	**1397**	**1117**
琅琊区	105	60	45	134	77	57	163	92	71
南谯区	151	81	70	149	79	70	179	101	78
来安县	285	164	121	266	136	130	287	146	141
全椒县	272	152	120	222	136	86	235	127	108
定远县	415	243	172	340	199	141	471	270	201
凤阳县	343	209	134	290	179	111	384	214	170
苏滁现代产业园	8	6	2	2	1	1	12	6	6
滁州经济技术开发区	17	8	9	18	15	3	18	9	9
天长市	379	203	176	325	187	138	406	214	192
明光市	277	164	113	271	150	121	359	218	141

1-11 续表 14

单位：人

地　区	2020年8月			2020年9月			2020年10月		
	小计	男	女	小计	男	女	小计	男	女
阜阳市	**3783**	**2225**	**1558**	**3622**	**2047**	**1575**	**4410**	**2474**	**1936**
颍州区	264	164	100	225	138	87	294	172	122
颍东区	244	150	94	253	147	106	350	201	149
颍泉区	256	153	103	268	155	113	385	208	177
临泉县	807	448	359	702	358	344	893	500	393
太和县	593	346	247	607	330	277	705	385	320
阜南县	618	356	262	555	328	227	609	345	264
颍上县	665	411	254	663	386	277	757	440	317
阜阳合肥现代产业园区	16	9	7	13	9	4	11	6	5
阜阳经济技术开发区	15	10	5	9	6	3	18	10	8
界首市	305	178	127	327	190	137	388	207	181
宿州市	**2585**	**1481**	**1104**	**2506**	**1502**	**1004**	**3123**	**1751**	**1372**
埇桥区	685	402	283	661	405	256	853	481	372
砀山县	354	194	160	364	216	148	440	260	180
萧县	630	375	255	551	329	222	669	376	293
灵璧县	479	258	221	513	311	202	653	363	290
泗县	407	232	175	381	214	167	472	249	223
宿州马鞍山现代产业园区	20	14	6	23	16	7	22	14	8
宿州经济技术开发区	10	6	4	13	11	2	14	8	6
六安市	**2451**	**1457**	**994**	**2462**	**1493**	**969**	**3032**	**1755**	**1277**
金安区	377	228	149	387	229	158	417	224	193
裕安区	421	233	188	375	244	131	467	271	196
叶集区	96	58	38	103	58	45	135	87	48
霍邱县	533	327	206	540	334	206	639	400	239
舒城县	492	311	181	528	308	220	700	403	297
金寨县	328	191	137	348	205	143	416	233	183
霍山县	204	109	95	181	115	66	258	137	121
亳州市	**2219**	**1305**	**914**	**2107**	**1264**	**843**	**2706**	**1564**	**1142**
谯城区	567	315	252	484	282	202	710	397	313
涡阳县	570	341	229	542	324	218	677	401	276
蒙城县	522	305	217	543	331	212	622	358	264
利辛县	560	344	216	538	327	211	697	408	289
池州市	**765**	**432**	**333**	**837**	**466**	**371**	**1048**	**563**	**485**
贵池区	302	171	131	325	167	158	413	225	188
东至县	263	145	118	279	164	115	347	181	166
石台县	51	35	16	64	38	26	89	47	42
青阳县	138	75	63	158	92	66	180	101	79
池州市国家经济技术开发区	2	1	1	1		1	6	2	4
皖江江南新兴产业集中区				1	1		2	2	
九华山风景区	9	5	4	9	4	5	11	5	6
宣城市	**1550**	**916**	**634**	**1489**	**871**	**618**	**1767**	**1007**	**760**
宣州区	453	257	196	407	232	175	501	279	222
郎溪县	146	96	50	166	94	72	182	110	72
泾县	232	131	101	212	137	75	221	122	99
绩溪县	104	57	47	84	53	31	118	74	44
旌德县	78	51	27	85	49	36	93	45	48
宣城市经济开发区	28	20	8	19	9	10	37	26	11
宁国市	206	110	96	246	139	107	303	172	131
广德市	303	194	109	270	158	112	312	179	133

1-11a　各地区分性别、月份的死亡人口
(2019.11.1-2020.10.31)(城市)

单位：人

地　区	死亡人口			2019年11月		
	合计	男	女	小计	男	女
安　徽	**55076**	**32329**	**22747**	**4180**	**2484**	**1696**
合肥市	**9507**	**5709**	**3798**	**740**	**437**	**303**
瑶海区	1592	974	618	115	68	47
庐阳区	1854	1078	776	163	94	69
蜀山区	1733	1057	676	136	88	48
包河区	3002	1804	1198	223	131	92
长丰县	10	7	3			
肥东县						
肥西县	97	61	36	4	3	1
庐江县						
合肥高新技术产业开发区						
合肥经济技术开发区						
合肥新站高新技术产业开发区	97	62	35	5	2	3
巢湖市	1122	666	456	94	51	43
芜湖市	**7129**	**4129**	**3000**	**522**	**300**	**222**
镜湖区	3262	1919	1343	264	157	107
弋江区	1237	718	519	86	51	35
鸠江区	1147	664	483	83	39	44
三山区	434	246	188	33	19	14
芜湖县	72	39	33	4	2	2
繁昌县						
南陵县						
芜湖经济技术开发区	73	33	40	6	2	4
安徽芜湖长江大桥经济开发区						
无为市	904	510	394	46	30	16
蚌埠市	**3259**	**1954**	**1305**	**202**	**130**	**72**
龙子湖区	1126	678	448	82	56	26
蚌山区	694	409	285	41	28	13
禹会区	940	564	376	56	29	27
淮上区	499	303	196	23	17	6
怀远县						
五河县						
固镇县						
蚌埠市高新技术开发区						
蚌埠市经济开发区						
淮南市	**5378**	**3189**	**2189**	**419**	**263**	**156**
大通区	168	85	83	13	10	3
田家庵区	2687	1641	1046	189	119	70
谢家集区	1440	842	598	136	89	47
八公山区	856	478	378	65	36	29
潘集区	227	143	84	16	9	7
凤台县						
寿县						

1-11a 续表 1

单位：人

地　　区	死亡人口			2019年11月		
	合计	男	女	小计	男	女
马鞍山市	**4095**	**2363**	**1732**	**314**	**172**	**142**
花山区	2059	1186	873	149	88	61
雨山区	1641	946	695	135	68	67
博望区	395	231	164	30	16	14
当涂县						
含山县						
和县						
淮北市	**3433**	**2022**	**1411**	**272**	**166**	**106**
杜集区	834	503	331	60	36	24
相山区	1398	812	586	114	68	46
烈山区	596	350	246	39	27	12
濉溪县	605	357	248	59	35	24
铜陵市	**2836**	**1683**	**1153**	**254**	**156**	**98**
铜官区	2083	1243	840	207	128	79
义安区	439	257	182	29	19	10
郊区	314	183	131	18	9	9
枞阳县						
安庆市	**4573**	**2576**	**1997**	**309**	**169**	**140**
迎江区	957	548	409	39	20	19
大观区	962	527	435	48	26	22
宜秀区	375	213	162	28	17	11
怀宁县						
太湖县						
宿松县						
望江县	323	178	145	29	14	15
岳西县						
安徽安庆经济开发区						
桐城市	1346	762	584	101	60	41
潜山市	610	348	262	64	32	32
黄山市	**1171**	**717**	**454**	**83**	**46**	**37**
屯溪区	783	475	308	65	36	29
黄山区	190	122	68	9	6	3
徽州区	168	108	60	9	4	5
歙县	11	5	6			
休宁县	19	7	12			
黟县						
祁门县						
滁州市	**3117**	**1768**	**1349**	**239**	**153**	**86**
琅琊区	1312	733	579	103	63	40
南谯区	431	245	186	27	22	5
来安县						
全椒县						
定远县						
凤阳县						
苏滁现代产业园						
滁州经济技术开发区						
天长市	695	392	303	50	33	17
明光市	679	398	281	59	35	24

1-11a 续表 2　　　　单位：人

地 区	死亡人口			2019年11月		
	合计	男	女	小计	男	女
阜阳市	**2770**	**1653**	**1117**	**209**	**130**	**79**
颍州区	818	495	323	51	35	16
颍东区	585	343	242	51	35	16
颍泉区	649	390	259	62	35	27
临泉县						
太和县						
阜南县						
颍上县						
阜阳合肥现代产业园区						
阜阳经济技术开发区						
界首市	718	425	293	45	25	20
宿州市	**1863**	**1098**	**765**	**162**	**98**	**64**
埇桥区	1817	1077	740	160	97	63
砀山县						
萧县	46	21	25	2	1	1
灵璧县						
泗县						
宿州马鞍山现代产业园区						
宿州经济技术开发区						
六安市	**1345**	**848**	**497**	**93**	**57**	**36**
金安区	667	428	239	45	29	16
裕安区	396	250	146	31	16	15
叶集区	240	141	99	14	9	5
霍邱县	15	10	5	2	2	
舒城县	27	19	8	1	1	
金寨县						
霍山县						
亳州市	**1153**	**627**	**526**	**108**	**66**	**42**
谯城区	1133	613	520	107	65	42
涡阳县						
蒙城县						
利辛县	20	14	6	1	1	
池州市	**1172**	**656**	**516**	**81**	**41**	**40**
贵池区	1119	624	495	79	39	40
东至县						
石台县						
青阳县						
池州市国家经济技术开发区	36	21	15	2	2	
皖江江南新兴产业集中区	17	11	6			
九华山风景区						
宣城市	**2275**	**1337**	**938**	**173**	**100**	**73**
宣州区	796	449	347	71	37	34
郎溪县						
泾县						
绩溪县						
旌德县						
宣城市经济开发区						
宁国市	626	382	244	41	23	18
广德市	853	506	347	61	40	21

1-11a 续表 3

单位：人

地区	2019年12月			2020年1月		
	小计	男	女	小计	男	女
安 徽	**4311**	**2578**	**1733**	**4614**	**2697**	**1917**
合肥市	**705**	**447**	**258**	**755**	**475**	**280**
瑶海区	109	69	40	125	78	47
庐阳区	144	89	55	133	79	54
蜀山区	133	79	54	154	105	49
包河区	227	157	70	250	155	95
长丰县						
肥东县						
肥西县	3	3		9	6	3
庐江县						
合肥高新技术产业开发区						
合肥经济技术开发区						
合肥新站高新技术产业开发区	6	3	3	3	2	1
巢湖市	83	47	36	81	50	31
芜湖市	**571**	**324**	**247**	**616**	**353**	**263**
镜湖区	258	153	105	288	166	122
弋江区	93	55	38	110	63	47
鸠江区	101	57	44	94	64	30
三山区	30	13	17	33	15	18
芜湖县	7	2	5	11	6	5
繁昌县						
南陵县						
芜湖经济技术开发区	7	3	4	7	3	4
安徽芜湖长江大桥经济开发区						
无为市	75	41	34	73	36	37
蚌埠市	**206**	**122**	**84**	**292**	**175**	**117**
龙子湖区	83	52	31	90	42	48
蚌山区	32	15	17	71	46	25
禹会区	60	39	21	89	64	25
淮上区	31	16	15	42	23	19
怀远县						
五河县						
固镇县						
蚌埠市高新技术开发区						
蚌埠市经济开发区						
淮南市	**566**	**355**	**211**	**436**	**275**	**161**
大通区	7	4	3	15	6	9
田家庵区	349	223	126	201	132	69
谢家集区	124	74	50	126	85	41
八公山区	66	40	26	70	34	36
潘集区	20	14	6	24	18	6
凤台县						
寿县						

1-11a　续表 4

单位：人

地　　区	2019年12月			2020年1月		
	小计	男	女	小计	男	女
马鞍山市	**326**	**199**	**127**	**342**	**181**	**161**
花山区	158	94	64	166	85	81
雨山区	134	83	51	143	76	67
博望区	34	22	12	33	20	13
当涂县						
含山县						
和县						
淮北市	**267**	**158**	**109**	**263**	**163**	**100**
杜集区	58	41	17	69	44	25
相山区	113	67	46	107	65	42
烈山区	51	28	23	46	28	18
濉溪县	45	22	23	41	26	15
铜陵市	**210**	**123**	**87**	**279**	**149**	**130**
铜官区	147	87	60	203	107	96
义安区	35	18	17	50	28	22
郊区	28	18	10	26	14	12
枞阳县						
安庆市	**341**	**200**	**141**	**410**	**221**	**189**
迎江区	58	38	20	84	47	37
大观区	69	39	30	85	43	42
宜秀区	27	12	15	42	21	21
怀宁县						
太湖县						
宿松县						
望江县	22	14	8	26	17	9
岳西县						
安徽安庆经济开发区						
桐城市	116	72	44	127	63	64
潜山市	49	25	24	46	30	16
黄山市	**81**	**54**	**27**	**79**	**43**	**36**
屯溪区	59	38	21	54	29	25
黄山区	5	4	1	12	8	4
徽州区	15	12	3	10	4	6
歙县				1		1
休宁县	2		2	2	2	
黟县						
祁门县						
滁州市	**277**	**157**	**120**	**235**	**135**	**100**
琅琊区	127	66	61	84	49	35
南谯区	34	22	12	35	19	16
来安县						
全椒县						
定远县						
凤阳县						
苏滁现代产业园						
滁州经济技术开发区						
天长市	61	35	26	59	31	28
明光市	55	34	21	57	36	21

1－11a 续表 5

单位：人

地　区	2019年12月			2020年1月		
	小计	男	女	小计	男	女
阜阳市	**188**	**107**	**81**	**245**	**132**	**113**
颍州区	49	26	23	73	38	35
颍东区	36	19	17	48	26	22
颍泉区	56	34	22	56	30	26
临泉县						
太和县						
阜南县						
颍上县						
阜阳合肥现代产业园区						
阜阳经济技术开发区						
界首市	47	28	19	68	38	30
宿州市	**147**	**83**	**64**	**158**	**100**	**58**
埇桥区	145	83	62	155	98	57
砀山县						
萧县	2		2	3	2	1
灵璧县						
泗县						
宿州马鞍山现代产业园区						
宿州经济技术开发区						
六安市	**90**	**64**	**26**	**102**	**64**	**38**
金安区	40	26	14	56	33	23
裕安区	32	26	6	33	20	13
叶集区	14	8	6	10	8	2
霍邱县	1	1				
舒城县	3	3		3	3	
金寨县						
霍山县						
亳州市	**86**	**50**	**36**	**91**	**52**	**39**
谯城区	86	50	36	89	50	39
涡阳县						
蒙城县						
利辛县				2	2	
池州市	**81**	**40**	**41**	**91**	**42**	**49**
贵池区	76	37	39	86	40	46
东至县						
石台县						
青阳县						
池州市国家经济技术开发区	2	2		4	2	2
皖江江南新兴产业集中区	3	1	2	1		1
九华山风景区						
宣城市	**169**	**95**	**74**	**220**	**137**	**83**
宣州区	58	33	25	86	52	34
郎溪县						
泾县						
绩溪县						
旌德县						
宣城市经济开发区						
宁国市	51	30	21	47	32	15
广德市	60	32	28	87	53	34

1-11a　续表 6　　　　单位：人

地　区	2020年2月			2020年3月			2020年4月		
	小计	男	女	小计	男	女	小计	男	女
安　徽	**4815**	**2776**	**2039**	**4616**	**2697**	**1919**	**4490**	**2648**	**1842**
合肥市	**772**	**440**	**332**	**802**	**498**	**304**	**803**	**487**	**316**
瑶海区	118	75	43	146	99	47	130	70	60
庐阳区	134	71	63	156	91	65	160	97	63
蜀山区	131	76	55	154	90	64	146	85	61
包河区	283	160	123	244	153	91	251	154	97
长丰县				1		1	1	1	
肥东县									
肥西县	7	6	1	2	1	1	10	8	2
庐江县									
合肥高新技术产业开发区									
合肥经济技术开发区									
合肥新站高新技术产业开发区	10	4	6	6	3	3	10	9	1
巢湖市	89	48	41	93	61	32	95	63	32
芜湖市	**624**	**362**	**262**	**616**	**351**	**265**	**613**	**368**	**245**
镜湖区	301	162	139	290	162	128	302	185	117
弋江区	97	61	36	99	58	41	98	57	41
鸠江区	101	65	36	97	62	35	91	57	34
三山区	40	22	18	31	21	10	31	16	15
芜湖县	1	1		5	3	2	8	5	3
繁昌县									
南陵县									
芜湖经济技术开发区	7	3	4	9	2	7	4	2	2
安徽芜湖长江大桥经济开发区									
无为市	77	48	29	85	43	42	79	46	33
蚌埠市	**302**	**190**	**112**	**307**	**182**	**125**	**257**	**148**	**109**
龙子湖区	92	52	40	119	75	44	83	50	33
蚌山区	73	48	25	43	21	22	51	29	22
禹会区	101	66	35	90	55	35	75	42	33
淮上区	36	24	12	55	31	24	48	27	21
怀远县									
五河县									
固镇县									
蚌埠市高新技术开发区									
蚌埠市经济开发区									
淮南市	**449**	**239**	**210**	**436**	**254**	**182**	**439**	**255**	**184**
大通区	10	1	9	17	6	11	15	11	4
田家庵区	219	116	103	198	116	82	210	122	88
谢家集区	124	67	57	130	73	57	121	72	49
八公山区	70	37	33	73	45	28	75	39	36
潘集区	26	18	8	18	14	4	18	11	7
凤台县									
寿县									

1—11a 续表 7

单位：人

地区	2020年2月			2020年3月			2020年4月		
	小计	男	女	小计	男	女	小计	男	女
马鞍山市	**396**	**236**	**160**	**328**	**190**	**138**	**301**	**189**	**112**
花山区	199	126	73	179	102	77	160	101	59
雨山区	155	83	72	125	74	51	120	78	42
博望区	42	27	15	24	14	10	21	10	11
当涂县									
含山县									
和县									
淮北市	**300**	**188**	**112**	**299**	**179**	**120**	**252**	**144**	**108**
杜集区	70	43	27	76	51	25	76	41	35
相山区	108	67	41	112	63	49	95	53	42
烈山区	68	42	26	47	27	20	33	19	14
濉溪县	54	36	18	64	38	26	48	31	17
铜陵市	**243**	**144**	**99**	**219**	**143**	**76**	**220**	**129**	**91**
铜官区	175	108	67	152	95	57	160	94	66
义安区	38	20	18	40	28	12	38	25	13
郊区	30	16	14	27	20	7	22	10	12
枞阳县									
安庆市	**442**	**241**	**201**	**390**	**203**	**187**	**405**	**238**	**167**
迎江区	85	55	30	105	52	53	82	50	32
大观区	101	55	46	81	39	42	93	55	38
宜秀区	46	32	14	29	18	11	38	22	16
怀宁县									
太湖县									
宿松县									
望江县	29	14	15	20	12	8	42	21	21
岳西县									
安徽安庆经济开发区									
桐城市	123	58	65	109	58	51	100	58	42
潜山市	58	27	31	46	24	22	50	32	18
黄山市	**102**	**69**	**33**	**89**	**53**	**36**	**94**	**54**	**40**
屯溪区	68	47	21	56	31	25	73	43	30
黄山区	18	12	6	20	13	7	10	8	2
徽州区	12	9	3	12	8	4	9	3	6
歙县	1		1				1		1
休宁县	3	1	2	1	1		1		1
黟县									
祁门县									
滁州市	**248**	**138**	**110**	**270**	**147**	**123**	**249**	**135**	**114**
琅琊区	112	60	52	99	54	45	103	52	51
南谯区	30	17	13	45	22	23	39	21	18
来安县									
全椒县									
定远县									
凤阳县									
苏滁现代产业园									
滁州经济技术开发区									
天长市	56	33	23	62	28	34	53	32	21
明光市	50	28	22	64	43	21	54	30	24

1-11a　续表 8　　　　单位：人

地　区	2020年2月			2020年3月			2020年4月		
	小计	男	女	小计	男	女	小计	男	女
阜阳市	**259**	**157**	**102**	**218**	**128**	**90**	**221**	**141**	**80**
颍州区	70	49	21	68	39	29	67	39	28
颍东区	63	42	21	40	21	19	54	32	22
颍泉区	59	32	27	43	29	14	46	30	16
临泉县									
太和县									
阜南县									
颍上县									
阜阳合肥现代产业园区									
阜阳经济技术开发区									
界首市	67	34	33	67	39	28	54	40	14
宿州市	**151**	**84**	**67**	**166**	**89**	**77**	**164**	**91**	**73**
埇桥区	148	83	65	163	88	75	158	89	69
砀山县									
萧县	3	1	2	3	1	2	6	2	4
灵璧县									
泗县									
宿州马鞍山现代产业园区									
宿州经济技术开发区									
六安市	**127**	**71**	**56**	**97**	**73**	**24**	**123**	**65**	**58**
金安区	64	37	27	42	37	5	56	34	22
裕安区	34	20	14	32	23	9	37	16	21
叶集区	26	13	13	19	10	9	30	15	15
霍邱县	1		1	1	1				
舒城县	2	1	1	3	2	1			
金寨县									
霍山县									
亳州市	**106**	**58**	**48**	**102**	**40**	**62**	**90**	**50**	**40**
谯城区	103	56	47	98	38	60	89	49	40
涡阳县									
蒙城县									
利辛县	3	2	1	4	2	2	1	1	
池州市	**94**	**53**	**41**	**102**	**64**	**38**	**95**	**54**	**41**
贵池区	90	50	40	99	61	38	90	52	38
东至县									
石台县									
青阳县									
池州市国家经济技术开发区	2	1	1	3	3		3	2	1
皖江江南新兴产业集中区	2	2					2		2
九华山风景区									
宣城市	**200**	**106**	**94**	**175**	**103**	**72**	**164**	**100**	**64**
宣州区	74	40	34	65	39	26	59	37	22
郎溪县									
泾县									
绩溪县									
旌德县									
宣城市经济开发区									
宁国市	55	32	23	42	25	17	54	37	17
广德市	71	34	37	68	39	29	51	26	25

1－11a 续表 9

单位：人

地 区	2020年5月			2020年6月			2020年7月		
	小计	男	女	小计	男	女	小计	男	女
安 徽	**4447**	**2612**	**1835**	**4199**	**2494**	**1705**	**4330**	**2605**	**1725**
合肥市	**805**	**490**	**315**	**663**	**402**	**261**	**737**	**436**	**301**
瑶海区	139	89	50	105	68	37	140	74	66
庐阳区	170	96	74	146	82	64	143	85	58
蜀山区	132	83	49	112	65	47	143	100	43
包河区	257	151	106	203	127	76	225	130	95
长丰县	2	1	1	1	1				
肥东县									
肥西县	10	6	4	4	3	1	8	5	3
庐江县									
合肥高新技术产业开发区									
合肥经济技术开发区									
合肥新站高新技术产业开发区	10	9	1	10	6	4	8	4	4
巢湖市	85	55	30	82	50	32	70	38	32
芜湖市	**519**	**289**	**230**	**530**	**318**	**212**	**529**	**318**	**211**
镜湖区	224	131	93	231	131	100	229	146	83
弋江区	100	42	58	98	62	36	88	58	30
鸠江区	69	45	24	92	55	37	81	39	42
三山区	40	24	16	28	17	11	32	20	12
芜湖县	8	4	4	7	6	1	5	1	4
繁昌县									
南陵县									
芜湖经济技术开发区	7	5	2	5	5		6	3	3
安徽芜湖长江大桥经济开发区									
无为市	71	38	33	69	42	27	88	51	37
蚌埠市	**244**	**151**	**93**	**268**	**175**	**93**	**262**	**151**	**111**
龙子湖区	76	52	24	84	61	23	95	61	34
蚌山区	56	32	24	49	29	20	66	35	31
禹会区	72	41	31	92	58	34	66	33	33
淮上区	40	26	14	43	27	16	35	22	13
怀远县									
五河县									
固镇县									
蚌埠市高新技术开发区									
蚌埠市经济开发区									
淮南市	**434**	**258**	**176**	**397**	**230**	**167**	**434**	**262**	**172**
大通区	14	6	8	16	10	6	13	9	4
田家庵区	228	148	80	208	130	78	214	143	71
谢家集区	108	62	46	92	48	44	112	59	53
八公山区	73	37	36	69	38	31	75	40	35
潘集区	11	5	6	12	4	8	20	11	9
凤台县									
寿县									

1-11a 续表 10 单位：人

地 区	2020年5月			2020年6月			2020年7月		
	小计	男	女	小计	男	女	小计	男	女
马鞍山市	**310**	**179**	**131**	**327**	**181**	**146**	**370**	**210**	**160**
花山区	147	87	60	181	106	75	193	107	86
雨山区	127	76	51	116	60	56	142	84	58
博望区	36	16	20	30	15	15	35	19	16
当涂县									
含山县									
和县									
淮北市	**303**	**179**	**124**	**283**	**160**	**123**	**293**	**183**	**110**
杜集区	70	43	27	74	41	33	75	46	29
相山区	123	69	54	103	55	48	134	81	53
烈山区	54	33	21	56	32	24	35	22	13
濉溪县	56	34	22	50	32	18	49	34	15
铜陵市	**226**	**127**	**99**	**195**	**132**	**63**	**217**	**139**	**78**
铜官区	169	96	73	142	95	47	150	97	53
义安区	37	21	16	29	22	7	35	19	16
郊区	20	10	10	24	15	9	32	23	9
枞阳县									
安庆市	**372**	**213**	**159**	**360**	**203**	**157**	**360**	**216**	**144**
迎江区	75	49	26	75	39	36	67	34	33
大观区	81	47	34	97	52	45	70	43	27
宜秀区	32	15	17	18	10	8	31	19	12
怀宁县									
太湖县									
宿松县									
望江县	31	17	14	22	11	11	33	19	14
岳西县									
安徽安庆经济开发区									
桐城市	109	59	50	110	64	46	119	77	42
潜山市	44	26	18	38	27	11	40	24	16
黄山市	**104**	**57**	**47**	**101**	**66**	**35**	**117**	**81**	**36**
屯溪区	71	39	32	64	42	22	68	45	23
黄山区	14	5	9	19	11	8	22	18	4
徽州区	17	12	5	15	11	4	22	15	7
歙县							3	3	
休宁县	2	1	1	3	2	1	2		2
黟县									
祁门县									
滁州市	**251**	**143**	**108**	**228**	**128**	**100**	**250**	**142**	**108**
琅琊区	117	64	53	98	55	43	103	63	40
南谯区	26	14	12	35	19	16	30	18	12
来安县									
全椒县									
定远县									
凤阳县									
苏滁现代产业园									
滁州经济技术开发区									
天长市	58	39	19	50	21	29	61	36	25
明光市	50	26	24	45	33	12	56	25	31

1-11a 续表 11 单位：人

地 区	2020年5月			2020年6月			2020年7月		
	小计	男	女	小计	男	女	小计	男	女
阜阳市	**235**	**139**	**96**	**228**	**132**	**96**	**219**	**137**	**82**
颍州区	73	42	31	66	38	28	72	48	24
颍东区	47	26	21	49	32	17	46	21	25
颍泉区	64	38	26	55	32	23	46	31	15
临泉县									
太和县									
阜南县									
颍上县									
阜阳合肥现代产业园区									
阜阳经济技术开发区									
界首市	51	33	18	58	30	28	55	37	18
宿州市	**138**	**80**	**58**	**143**	**79**	**64**	**136**	**83**	**53**
埇桥区	133	77	56	141	78	63	133	82	51
砀山县									
萧县	5	3	2	2	1	1	3	1	2
灵璧县									
泗县									
宿州马鞍山现代产业园区									
宿州经济技术开发区									
六安市	**125**	**76**	**49**	**107**	**75**	**32**	**104**	**61**	**43**
金安区	55	31	24	45	30	15	56	36	20
裕安区	39	26	13	37	29	8	25	14	11
叶集区	25	15	10	20	13	7	22	11	11
霍邱县	2	1	1	2	2		1		1
舒城县	4	3	1	3	1	2			
金寨县									
霍山县									
亳州市	**105**	**61**	**44**	**111**	**57**	**54**	**64**	**38**	**26**
谯城区	101	58	43	110	57	53	64	38	26
涡阳县									
蒙城县									
利辛县	4	3	1	1		1			
池州市	**93**	**49**	**44**	**87**	**49**	**38**	**83**	**53**	**30**
贵池区	88	44	44	80	46	34	78	50	28
东至县									
石台县									
青阳县									
池州市国家经济技术开发区	3	3		4	1	3	4	2	2
皖江江南新兴产业集中区	2	2		3	2	1	1	1	
九华山风景区									
宣城市	**183**	**121**	**62**	**171**	**107**	**64**	**155**	**95**	**60**
宣州区	57	32	25	57	35	22	65	35	30
郎溪县									
泾县									
绩溪县									
旌德县									
宣城市经济开发区									
宁国市	56	43	13	48	28	20	33	20	13
广德市	70	46	24	66	44	22	57	40	17

1-11a 续表 12

单位：人

地 区	2020年8月			2020年9月			2020年10月		
	小计	男	女	小计	男	女	小计	男	女
安 徽	**4667**	**2686**	**1981**	**4833**	**2808**	**2025**	**5574**	**3244**	**2330**
合肥市	**849**	**468**	**381**	**885**	**519**	**366**	**991**	**610**	**381**
瑶海区	131	74	57	158	98	60	176	112	64
庐阳区	160	91	69	157	84	73	188	119	69
蜀山区	142	74	68	174	106	68	176	106	70
包河区	298	160	138	250	147	103	291	179	112
长丰县	2	1	1	1	1		2	2	
肥东县									
肥西县	11	9	2	12	4	8	17	7	10
庐江县									
合肥高新技术产业开发区									
合肥经济技术开发区									
合肥新站高新技术产业开发区	5	4	1	11	9	2	13	7	6
巢湖市	100	55	45	122	70	52	128	78	50
芜湖市	**621**	**366**	**255**	**631**	**345**	**286**	**737**	**435**	**302**
镜湖区	270	162	108	278	156	122	327	208	119
弋江区	126	74	52	102	50	52	140	87	53
鸠江区	98	55	43	117	60	57	123	66	57
三山区	39	27	12	42	28	14	55	24	31
芜湖县	4	2	2	6	4	2	6	3	3
繁昌县									
南陵县									
芜湖经济技术开发区	5	3	2	3	2	1	7		7
安徽芜湖长江大桥经济开发区									
无为市	79	43	36	83	45	38	79	47	32
蚌埠市	**265**	**148**	**117**	**309**	**184**	**125**	**345**	**198**	**147**
龙子湖区	84	46	38	119	66	53	119	65	54
蚌山区	69	42	27	75	47	28	68	37	31
禹会区	71	40	31	68	39	29	100	58	42
淮上区	41	20	21	47	32	15	58	38	20
怀远县									
五河县									
固镇县									
蚌埠市高新技术开发区									
蚌埠市经济开发区									
淮南市	**474**	**278**	**196**	**454**	**260**	**194**	**440**	**260**	**180**
大通区	13	10	3	16	5	11	19	7	12
田家庵区	248	139	109	228	130	98	195	123	72
谢家集区	125	75	50	105	62	43	137	76	61
八公山区	72	41	31	81	49	32	67	42	25
潘集区	16	13	3	24	14	10	22	12	10
凤台县									
寿县									

1-11a 续表 13

单位：人

地　区	2020年8月			2020年9月			2020年10月		
	小计	男	女	小计	男	女	小计	男	女
马鞍山市	**321**	**181**	**140**	**361**	**220**	**141**	**399**	**225**	**174**
花山区	145	75	70	184	111	73	198	104	94
雨山区	133	80	53	144	88	56	167	96	71
博望区	43	26	17	33	21	12	34	25	9
当涂县									
含山县									
和县									
淮北市	**291**	**165**	**126**	**294**	**171**	**123**	**316**	**166**	**150**
杜集区	72	44	28	60	40	20	74	33	41
相山区	128	76	52	126	72	54	135	76	59
烈山区	49	27	22	56	30	26	62	35	27
濉溪县	42	18	24	52	29	23	45	22	23
铜陵市	**208**	**115**	**93**	**245**	**149**	**96**	**320**	**177**	**143**
铜官区	153	81	72	186	115	71	239	140	99
义安区	28	17	11	30	19	11	50	21	29
郊区	27	17	10	29	15	14	31	16	15
枞阳县									
安庆市	**384**	**215**	**169**	**366**	**212**	**154**	**434**	**245**	**189**
迎江区	97	55	42	90	50	40	100	59	41
大观区	90	51	39	71	35	36	76	42	34
宜秀区	21	9	12	25	17	8	38	21	17
怀宁县									
太湖县									
宿松县									
望江县	18	14	4	26	17	9	25	8	17
岳西县									
安徽安庆经济开发区									
桐城市	112	61	51	94	55	39	126	77	49
潜山市	46	25	21	60	38	22	69	38	31
黄山市	**87**	**55**	**32**	**116**	**71**	**45**	**118**	**68**	**50**
屯溪区	55	36	19	82	51	31	68	38	30
黄山区	13	10	3	18	9	9	30	18	12
徽州区	15	8	7	15	10	5	17	12	5
歙县	2	1	1	1	1		2		2
休宁县	2		2				1		1
黟县									
祁门县									
滁州市	**255**	**146**	**109**	**278**	**151**	**127**	**337**	**193**	**144**
琅琊区	97	55	42	120	67	53	149	85	64
南谯区	41	25	16	35	19	16	54	27	27
来安县									
全椒县									
定远县									
凤阳县									
苏滁现代产业园									
滁州经济技术开发区									
天长市	64	36	28	60	34	26	61	34	27
明光市	53	30	23	63	31	32	73	47	26

1-11a 续表 14 单位：人

地区	2020年8月			2020年9月			2020年10月		
	小计	男	女	小计	男	女	小计	男	女
阜阳市	**229**	**144**	**85**	**220**	**132**	**88**	**299**	**174**	**125**
颍州区	74	52	22	66	36	30	89	53	36
颍东区	49	25	24	39	24	15	63	40	23
颍泉区	47	30	17	45	31	14	70	38	32
临泉县									
太和县									
阜南县									
颍上县									
阜阳合肥现代产业园区									
阜阳经济技术开发区									
界首市	59	37	22	70	41	29	77	43	34
宿州市	**158**	**93**	**65**	**162**	**105**	**57**	**178**	**113**	**65**
埇桥区	151	88	63	159	104	55	171	110	61
砀山县									
萧县	7	5	2	3	1	2	7	3	4
灵璧县									
泗县									
宿州马鞍山现代产业园区									
宿州经济技术开发区									
六安市	**104**	**69**	**35**	**133**	**86**	**47**	**140**	**87**	**53**
金安区	53	36	17	79	50	29	76	49	27
裕安区	38	23	15	26	18	8	32	19	13
叶集区	11	9	2	23	14	9	26	16	10
霍邱县	2	1	1	1	1		2	1	1
舒城县				4	3	1	4	2	2
金寨县									
霍山县									
亳州市	**93**	**52**	**41**	**78**	**42**	**36**	**119**	**61**	**58**
谯城区	91	51	40	77	41	36	118	60	58
涡阳县									
蒙城县									
利辛县	2	1	1	1	1		1	1	
池州市	**103**	**62**	**41**	**108**	**58**	**50**	**154**	**91**	**63**
贵池区	101	61	40	106	57	49	146	87	59
东至县									
石台县									
青阳县									
池州市国家经济技术开发区	2	1	1	1		1	6	2	4
皖江江南新兴产业集中区				1	1		2	2	
九华山风景区									
宣城市	**225**	**129**	**96**	**193**	**103**	**90**	**247**	**141**	**106**
宣州区	68	37	31	65	34	31	71	38	33
郎溪县									
泾县									
绩溪县									
旌德县									
宣城市经济开发区									
宁国市	63	33	30	49	23	26	87	56	31
广德市	94	59	35	79	46	33	89	47	42

1-11b 各地区分性别、月份的死亡人口 (2019.11.1-2020.10.31)(镇)

单位：人

地 区	死亡人口			2019年11月		
	合计	男	女	小计	男	女
安 徽	**86244**	**49969**	**36275**	**6593**	**3907**	**2686**
合肥市	**9750**	**5724**	**4026**	**690**	**399**	**291**
瑶海区	9	4	5			
庐阳区	61	41	20	2		2
蜀山区	167	101	66	12	8	4
包河区						
长丰县	1161	675	486	75	45	30
肥东县	1646	945	701	102	61	41
肥西县	1448	854	594	108	61	47
庐江县	2741	1633	1108	217	127	90
合肥高新技术产业开发区	389	230	159	30	19	11
合肥经济技术开发区	694	425	269	46	26	20
合肥新站高新技术产业开发区	518	296	222	34	19	15
巢湖市	916	520	396	64	33	31
芜湖市	**6334**	**3620**	**2714**	**493**	**282**	**211**
镜湖区	4	4				
弋江区						
鸠江区	645	340	305	62	24	38
三山区	11	8	3	1	1	
芜湖县	763	447	316	49	31	18
繁昌县	745	442	303	72	44	28
南陵县	1635	978	657	156	99	57
芜湖经济技术开发区	466	259	207	29	16	13
安徽芜湖长江大桥经济开发区	57	36	21	2	1	1
无为市	2008	1106	902	122	66	56
蚌埠市	**4363**	**2583**	**1780**	**317**	**197**	**120**
龙子湖区	34	18	16	2		2
蚌山区						
禹会区	42	18	24	2	1	1
淮上区	108	56	52	9	4	5
怀远县	1661	1012	649	120	74	46
五河县	1253	726	527	95	58	37
固镇县	461	277	184	32	20	12
蚌埠市高新技术开发区	121	67	54	4	2	2
蚌埠市经济开发区	683	409	274	53	38	15
淮南市	**3979**	**2362**	**1617**	**288**	**167**	**121**
大通区	457	251	206	21	11	10
田家庵区	74	46	28	5	3	2
谢家集区	33	23	10	6	4	2
八公山区	1	1				
潘集区	447	250	197	35	18	17
凤台县	915	557	358	67	44	23
寿县	2052	1234	818	154	87	67

1-11b 续表 1

单位：人

地 区	死亡人口			2019年11月		
	合计	男	女	小计	男	女
马鞍山市	**3687**	**2148**	**1539**	**303**	**186**	**117**
花山区						
雨山区						
博望区	89	54	35	8	7	1
当涂县	1511	898	613	116	78	38
含山县	994	582	412	82	50	32
和县	1093	614	479	97	51	46
淮北市	**2325**	**1393**	**932**	**155**	**98**	**57**
杜集区	385	250	135	24	14	10
相山区						
烈山区	179	120	59	13	8	5
濉溪县	1761	1023	738	118	76	42
铜陵市	**2777**	**1574**	**1203**	**248**	**132**	**116**
铜官区	12	9	3	2		2
义安区	224	130	94	21	14	7
郊区	489	281	208	46	21	25
枞阳县	2052	1154	898	179	97	82
安庆市	**6755**	**3826**	**2929**	**469**	**286**	**183**
迎江区						
大观区	136	81	55	9	7	2
宜秀区	283	159	124	22	14	8
怀宁县	1412	785	627	110	75	35
太湖县	1030	580	450	65	37	28
宿松县	1034	584	450	73	42	31
望江县	415	251	164	34	22	12
岳西县	429	243	186	21	12	9
安徽安庆经济开发区	343	203	140	17	11	6
桐城市	941	525	416	66	34	32
潜山市	732	415	317	52	32	20
黄山市	**2072**	**1177**	**895**	**141**	**91**	**50**
屯溪区	47	30	17	5	3	2
黄山区	232	145	87	11	7	4
徽州区	107	62	45	11	9	2
歙县	782	438	344	51	32	19
休宁县	383	215	168	30	18	12
黟县	162	98	64	14	10	4
祁门县	359	189	170	19	12	7
滁州市	**7533**	**4293**	**3240**	**575**	**344**	**231**
琅琊区						
南谯区	254	146	108	17	10	7
来安县	1017	569	448	63	34	29
全椒县	946	524	422	78	42	36
定远县	1481	888	593	103	67	36
凤阳县	1449	860	589	120	86	34
苏滁现代产业园	81	49	32	9	7	2
滁州经济技术开发区	115	73	42	3	1	2
天长市	1532	814	718	134	69	65
明光市	658	370	288	48	28	20

1-11b 续表 2

单位：人

地　　区	死亡人口			2019年11月		
	合计	男	女	小计	男	女
阜阳市	**9833**	**5712**	**4121**	**828**	**484**	**344**
颍州区	288	189	99	20	15	5
颍东区	468	288	180	47	31	16
颍泉区	495	293	202	28	18	10
临泉县	1942	1068	874	157	71	86
太和县	2574	1471	1103	241	146	95
阜南县	1235	690	545	105	59	46
颍上县	2053	1276	777	166	103	63
阜阳合肥现代产业园区	40	24	16	3	2	1
阜阳经济技术开发区	115	71	44	9	6	3
界首市	623	342	281	52	33	19
宿州市	**8110**	**4676**	**3434**	**663**	**394**	**269**
埇桥区	945	566	379	82	53	29
砀山县	2126	1183	943	183	102	81
萧县	1701	983	718	127	75	52
灵璧县	1330	788	542	92	60	32
泗县	1780	1019	761	157	92	65
宿州马鞍山现代产业园区	91	57	34	10	4	6
宿州经济技术开发区	137	80	57	12	8	4
六安市	**6649**	**3832**	**2817**	**508**	**289**	**219**
金安区	620	374	246	45	29	16
裕安区	491	291	200	27	14	13
叶集区	101	59	42	4	3	1
霍邱县	1576	946	630	126	78	48
舒城县	1782	1008	774	141	79	62
金寨县	826	467	359	65	35	30
霍山县	1253	687	566	100	51	49
亳州市	**5497**	**3195**	**2302**	**416**	**244**	**172**
谯城区	536	325	211	40	28	12
涡阳县	1535	884	651	130	70	60
蒙城县	2075	1201	874	158	93	65
利辛县	1351	785	566	88	53	35
池州市	**2495**	**1418**	**1077**	**174**	**105**	**69**
贵池区	493	289	204	33	22	11
东至县	1163	638	525	82	45	37
石台县	163	108	55	11	9	2
青阳县	662	375	287	47	28	19
池州市国家经济技术开发区						
皖江江南新兴产业集中区						
九华山风景区	14	8	6	1	1	
宣城市	**4085**	**2436**	**1649**	**325**	**209**	**116**
宣州区	722	432	290	62	40	22
郎溪县	852	507	345	69	52	17
泾县	795	473	322	55	30	25
绩溪县	421	267	154	34	24	10
旌德县	375	220	155	34	22	12
宣城市经济开发区	156	90	66	10	4	6
宁国市	259	143	116	19	12	7
广德市	505	304	201	42	25	17

1-11b 续表 3

单位：人

地 区	2019年12月			2020年1月		
	小计	男	女	小计	男	女
安 徽	**6969**	**4037**	**2932**	**7436**	**4278**	**3158**
合肥市	**770**	**446**	**324**	**818**	**469**	**349**
瑶海区						
庐阳区	7	6	1	3	2	1
蜀山区	12	9	3	5	2	3
包河区						
长丰县	77	38	39	91	51	40
肥东县	115	68	47	149	74	75
肥西县	111	76	35	104	58	46
庐江县	225	130	95	244	146	98
合肥高新技术产业开发区	27	12	15	34	17	17
合肥经济技术开发区	62	38	24	51	35	16
合肥新站高新技术产业开发区	46	22	24	50	31	19
巢湖市	88	47	41	87	53	34
芜湖市	**523**	**289**	**234**	**561**	**311**	**250**
镜湖区	1	1				
弋江区						
鸠江区	53	29	24	68	36	32
三山区	2	1	1	2	2	
芜湖县	42	22	20	73	40	33
繁昌县	57	31	26	69	39	30
南陵县	150	88	62	142	83	59
芜湖经济技术开发区	40	22	18	42	21	21
安徽芜湖长江大桥经济开发区	7	5	2	6	3	3
无为市	171	90	81	159	87	72
蚌埠市	**354**	**220**	**134**	**385**	**244**	**141**
龙子湖区	5	2	3	4	2	2
蚌山区						
禹会区	3	3		4	2	2
淮上区	8	2	6	7	5	2
怀远县	138	93	45	156	103	53
五河县	105	57	48	116	69	47
固镇县	42	24	18	30	16	14
蚌埠市高新技术开发区	8	6	2	10	6	4
蚌埠市经济开发区	45	33	12	58	41	17
淮南市	**301**	**167**	**134**	**343**	**203**	**140**
大通区	33	20	13	35	15	20
田家庵区	11	7	4	6	6	
谢家集区	1	1		1		1
八公山区						
潘集区	33	13	20	31	19	12
凤台县	60	29	31	73	49	24
寿县	163	97	66	197	114	83

1－11b 续表 4

单位：人

地 区	2019年12月			2020年1月		
	小计	男	女	小计	男	女
马鞍山市	**293**	**168**	**125**	**326**	**176**	**150**
花山区						
雨山区						
博望区	10	6	4	7	4	3
当涂县	111	54	57	139	78	61
含山县	79	53	26	81	46	35
和县	93	55	38	99	48	51
淮北市	**216**	**123**	**93**	**198**	**118**	**80**
杜集区	33	16	17	46	29	17
相山区						
烈山区	18	15	3	16	12	4
濉溪县	165	92	73	136	77	59
铜陵市	**235**	**149**	**86**	**226**	**120**	**106**
铜官区	3	2	1			
义安区	22	14	8	20	9	11
郊区	52	36	16	41	21	20
枞阳县	158	97	61	165	90	75
安庆市	**529**	**283**	**246**	**626**	**351**	**275**
迎江区						
大观区	10	7	3	11	6	5
宜秀区	29	13	16	22	12	10
怀宁县	108	56	52	118	68	50
太湖县	76	41	35	85	47	38
宿松县	86	42	44	113	63	50
望江县	38	24	14	38	23	15
岳西县	34	23	11	35	19	16
安徽安庆经济开发区	22	11	11	34	19	15
桐城市	60	31	29	92	54	38
潜山市	66	35	31	78	40	38
黄山市	**179**	**108**	**71**	**194**	**105**	**89**
屯溪区	4	2	2	3	2	1
黄山区	16	12	4	25	15	10
徽州区	12	7	5	12	6	6
歙县	76	45	31	73	41	32
休宁县	32	17	15	36	19	17
黟县	13	7	6	18	9	9
祁门县	26	18	8	27	13	14
滁州市	**600**	**329**	**271**	**612**	**350**	**262**
琅琊区						
南谯区	16	8	8	20	13	7
来安县	81	54	27	101	61	40
全椒县	73	38	35	81	42	39
定远县	134	79	55	119	73	46
凤阳县	112	55	57	93	58	35
苏滁现代产业园	6		6	7	4	3
滁州经济技术开发区	6	5	1	3	2	1
天长市	118	62	56	142	70	72
明光市	54	28	26	46	27	19

1-11b 续表 5

单位：人

地 区	2019年12月			2020年1月		
	小计	男	女	小计	男	女
阜阳市	**818**	**496**	**322**	**803**	**497**	**306**
颍州区	17	15	2	30	22	8
颍东区	21	15	6	40	24	16
颍泉区	34	27	7	47	24	23
临泉县	201	116	85	140	82	58
太和县	221	126	95	229	135	94
阜南县	117	65	52	96	57	39
颍上县	142	93	49	146	108	38
阜阳合肥现代产业园区	4	3	1	6	5	1
阜阳经济技术开发区	9	7	2	4	2	2
界首市	52	29	23	65	38	27
宿州市	**673**	**390**	**283**	**691**	**407**	**284**
埇桥区	80	51	29	73	49	24
砀山县	173	97	76	158	86	72
萧县	152	84	68	185	112	73
灵璧县	105	64	41	117	70	47
泗县	145	84	61	139	79	60
宿州马鞍山现代产业园区	6	4	2	6	3	3
宿州经济技术开发区	12	6	6	13	8	5
六安市	**518**	**301**	**217**	**558**	**301**	**257**
金安区	46	22	24	62	36	26
裕安区	32	21	11	48	23	25
叶集区	11	4	7	9	6	3
霍邱县	109	68	41	121	71	50
舒城县	150	80	70	138	66	72
金寨县	67	40	27	65	37	28
霍山县	103	66	37	115	62	53
亳州市	**401**	**243**	**158**	**483**	**283**	**200**
谯城区	48	30	18	45	27	18
涡阳县	100	61	39	142	79	63
蒙城县	153	94	59	178	98	80
利辛县	100	58	42	118	79	39
池州市	**190**	**108**	**82**	**206**	**114**	**92**
贵池区	37	21	16	40	26	14
东至县	83	45	38	96	49	47
石台县	16	10	6	14	7	7
青阳县	54	32	22	56	32	24
池州市国家经济技术开发区						
皖江江南新兴产业集中区						
九华山风景区						
宣城市	**369**	**217**	**152**	**406**	**229**	**177**
宣州区	60	32	28	76	48	28
郎溪县	79	43	36	80	38	42
泾县	84	50	34	72	40	32
绩溪县	28	14	14	41	30	11
旌德县	34	25	9	41	23	18
宣城市经济开发区	16	9	7	17	7	10
宁国市	26	17	9	27	15	12
广德市	42	27	15	52	28	24

1－11b 续表 6

单位：人

地区	2020年2月			2020年3月			2020年4月		
	小计	男	女	小计	男	女	小计	男	女
安 徽	**7468**	**4210**	**3258**	**7377**	**4164**	**3213**	**6937**	**3988**	**2949**
合肥市	**787**	**469**	**318**	**807**	**455**	**352**	**819**	**480**	**339**
瑶海区	2		2				3	1	2
庐阳区	5	4	1	6	3	3	3	3	
蜀山区	12	6	6	21	9	12	19	12	7
包河区									
长丰县	105	60	45	86	54	32	106	59	47
肥东县	122	74	48	150	86	64	134	76	58
肥西县	129	77	52	115	65	50	125	79	46
庐江县	226	137	89	244	129	115	241	139	102
合肥高新技术产业开发区	26	17	9	24	15	9	28	20	8
合肥经济技术开发区	58	35	23	49	30	19	52	27	25
合肥新站高新技术产业开发区	39	25	14	32	23	9	43	26	17
巢湖市	63	34	29	80	41	39	65	38	27
芜湖市	**562**	**330**	**232**	**526**	**286**	**240**	**525**	**295**	**230**
镜湖区							1	1	
弋江区									
鸠江区	54	32	22	46	25	21	56	28	28
三山区	2	2							
芜湖县	51	26	25	59	38	21	69	41	28
繁昌县	56	41	15	64	29	35	53	33	20
南陵县	163	93	70	144	81	63	135	80	55
芜湖经济技术开发区	42	27	15	37	19	18	29	15	14
安徽芜湖长江大桥经济开发区	4	4		3	2	1	4	2	2
无为市	190	105	85	173	92	81	178	95	83
蚌埠市	**371**	**196**	**175**	**366**	**210**	**156**	**352**	**212**	**140**
龙子湖区	4	1	3	1	1		1	1	
蚌山区									
禹会区	1		1	1		1	8	5	3
淮上区	10	6	4	13	7	6	3	1	2
怀远县	141	81	60	123	74	49	131	71	60
五河县	105	53	52	105	64	41	112	72	40
固镇县	45	21	24	40	21	19	37	28	9
蚌埠市高新技术开发区	11	4	7	15	8	7	9	4	5
蚌埠市经济开发区	54	30	24	68	35	33	51	30	21
淮南市	**325**	**189**	**136**	**350**	**197**	**153**	**317**	**194**	**123**
大通区	36	21	15	39	22	17	33	17	16
田家庵区	4	2	2	3	2	1	6	2	4
谢家集区	2	1	1	7	5	2	3	2	1
八公山区				1	1				
潘集区	44	26	18	49	26	23	40	21	19
凤台县	68	46	22	91	51	40	64	32	32
寿县	171	93	78	160	90	70	171	120	51

1-11b 续表 7

单位：人

地 区	2020年2月			2020年3月			2020年4月		
	小计	男	女	小计	男	女	小计	男	女
马鞍山市	**313**	**173**	**140**	**287**	**179**	**108**	**285**	**178**	**107**
花山区									
雨山区									
博望区	7	3	4	12	7	5	8	5	3
当涂县	131	79	52	105	68	37	124	77	47
含山县	86	46	40	81	48	33	69	38	31
和县	89	45	44	89	56	33	84	58	26
淮北市	**207**	**114**	**93**	**214**	**140**	**74**	**185**	**99**	**86**
杜集区	32	20	12	33	20	13	31	21	10
相山区									
烈山区	11	6	5	16	12	4	13	8	5
濉溪县	164	88	76	165	108	57	141	70	71
铜陵市	**233**	**140**	**93**	**220**	**113**	**107**	**224**	**119**	**105**
铜官区									
义安区	17	10	7	24	9	15	20	9	11
郊区	33	16	17	51	25	26	39	17	22
枞阳县	183	114	69	145	79	66	165	93	72
安庆市	**616**	**352**	**264**	**578**	**334**	**244**	**564**	**333**	**231**
迎江区									
大观区	12	8	4	13	6	7	13	10	3
宜秀区	25	18	7	20	11	9	22	12	10
怀宁县	144	73	71	112	69	43	118	72	46
太湖县	101	58	43	99	59	40	101	59	42
宿松县	93	58	35	85	49	36	76	45	31
望江县	34	21	13	26	14	12	32	21	11
岳西县	43	22	21	40	22	18	32	16	16
安徽安庆经济开发区	22	15	7	36	21	15	37	26	11
桐城市	89	54	35	81	47	34	74	42	32
潜山市	53	25	28	66	36	30	59	30	29
黄山市	**172**	**100**	**72**	**152**	**89**	**63**	**169**	**86**	**83**
屯溪区	1	1		8	4	4	5	5	
黄山区	22	15	7	24	14	10	18	8	10
徽州区	10	5	5	7	6	1	9	5	4
歙县	57	36	21	43	22	21	68	36	32
休宁县	33	17	16	35	17	18	30	14	16
黟县	15	9	6	7	5	2	12	6	6
祁门县	34	17	17	28	21	7	27	12	15
滁州市	**605**	**343**	**262**	**666**	**365**	**301**	**605**	**331**	**274**
琅琊区									
南谯区	20	13	7	20	10	10	17	9	8
来安县	86	40	46	99	60	39	82	43	39
全椒县	71	46	25	84	39	45	76	42	34
定远县	123	74	49	127	72	55	125	79	46
凤阳县	111	62	49	130	71	59	112	67	45
苏滁现代产业园	6	3	3	4	2	2	5	3	2
滁州经济技术开发区	6	4	2	8	5	3	15	11	4
天长市	117	69	48	128	70	58	115	49	66
明光市	65	32	33	66	36	30	58	28	30

1－11b 续表 8 单位：人

地区	2020年2月			2020年3月			2020年4月		
	小计	男	女	小计	男	女	小计	男	女
阜阳市	**857**	**477**	**380**	**869**	**484**	**385**	**763**	**440**	**323**
颍州区	26	16	10	20	10	10	24	15	9
颍东区	37	21	16	43	24	19	36	22	14
颍泉区	46	30	16	45	21	24	41	25	16
临泉县	184	98	86	193	106	87	173	101	72
太和县	215	112	103	203	118	85	201	112	89
阜南县	104	51	53	111	57	54	84	47	37
颍上县	172	111	61	180	109	71	148	87	61
阜阳合肥现代产业园区	4	2	2	1	1		4		4
阜阳经济技术开发区	13	7	6	18	12	6	7	4	3
界首市	56	29	27	55	26	29	45	27	18
宿州市	**830**	**441**	**389**	**704**	**390**	**314**	**618**	**356**	**262**
埇桥区	94	48	46	91	53	38	85	53	32
砀山县	239	117	122	196	110	86	172	96	76
萧县	165	81	84	131	70	61	125	65	60
灵璧县	148	85	63	110	58	52	95	61	34
泗县	164	98	66	158	88	70	131	76	55
宿州马鞍山现代产业园区	7	4	3	6	5	1	3	2	1
宿州经济技术开发区	13	8	5	12	6	6	7	3	4
六安市	**584**	**328**	**256**	**592**	**330**	**262**	**565**	**310**	**255**
金安区	61	38	23	54	37	17	50	25	25
裕安区	43	25	18	52	31	21	48	29	19
叶集区	6	5	1	5	2	3	8	5	3
霍邱县	140	77	63	142	86	56	138	83	55
舒城县	154	87	67	138	75	63	149	79	70
金寨县	57	37	20	81	37	44	69	40	29
霍山县	123	59	64	120	62	58	103	49	54
亳州市	**480**	**257**	**223**	**501**	**290**	**211**	**444**	**254**	**190**
谯城区	44	20	24	56	38	18	42	24	18
涡阳县	133	72	61	142	75	67	148	80	68
蒙城县	190	110	80	170	99	71	163	98	65
利辛县	113	55	58	133	78	55	91	52	39
池州市	**193**	**103**	**90**	**198**	**107**	**91**	**211**	**121**	**90**
贵池区	36	18	18	47	29	18	40	28	12
东至县	83	40	43	90	51	39	100	57	43
石台县	23	16	7	10	6	4	8	5	3
青阳县	49	27	22	49	20	29	62	31	31
池州市国家经济技术开发区									
皖江江南新兴产业集中区									
九华山风景区	2	2		2	1	1	1		1
宣城市	**333**	**198**	**135**	**347**	**195**	**152**	**291**	**180**	**111**
宣州区	52	36	16	58	27	31	47	29	18
郎溪县	75	42	33	84	39	45	64	41	23
泾县	70	42	28	64	42	22	49	30	19
绩溪县	31	17	14	37	26	11	37	24	13
旌德县	32	17	15	25	12	13	24	16	8
宣城市经济开发区	13	6	7	8	5	3	9	6	3
宁国市	14	6	8	23	15	8	26	13	13
广德市	46	32	14	48	29	19	35	21	14

1-11b 续表 9 单位：人

地区	2020年5月			2020年6月			2020年7月		
	小计	男	女	小计	男	女	小计	男	女
安徽	**7042**	**4042**	**3000**	**6570**	**3801**	**2769**	**6783**	**3966**	**2817**
合肥市	**774**	**447**	**327**	**710**	**439**	**271**	**763**	**452**	**311**
瑶海区				1	1		1	1	
庐阳区	9	7	2	5	4	1	3	2	1
蜀山区	10	8	2	19	14	5	13	6	7
包河区									
长丰县	89	53	36	81	48	33	94	54	40
肥东县	131	73	58	110	64	46	128	74	54
肥西县	128	75	53	107	71	36	94	54	40
庐江县	213	129	84	179	114	65	219	133	86
合肥高新技术产业开发区	33	15	18	32	15	17	37	22	15
合肥经济技术开发区	56	37	19	59	39	20	47	30	17
合肥新站高新技术产业开发区	31	13	18	37	23	14	42	23	19
巢湖市	74	37	37	80	46	34	85	53	32
芜湖市	**484**	**277**	**207**	**457**	**260**	**197**	**476**	**276**	**200**
镜湖区	2	2							
弋江区									
鸠江区	51	32	19	50	24	26	41	22	19
三山区				2	1	1			
芜湖县	53	22	31	72	45	27	60	40	20
繁昌县	55	31	24	45	21	24	61	36	25
南陵县	114	71	43	108	59	49	115	66	49
芜湖经济技术开发区	40	16	24	38	25	13	45	27	18
安徽芜湖长江大桥经济开发区	4	3	1	4	2	2	4	3	1
无为市	165	100	65	138	83	55	150	82	68
蚌埠市	**353**	**207**	**146**	**326**	**181**	**145**	**336**	**199**	**137**
龙子湖区	2	1	1	2	1	1	4	1	3
蚌山区									
禹会区	4	1	3	2		2	5	3	2
淮上区	6	3	3	9	3	6	12	8	4
怀远县	134	81	53	129	77	52	115	68	47
五河县	103	63	40	90	43	47	96	54	42
固镇县	36	22	14	35	24	11	34	25	9
蚌埠市高新技术开发区	9	7	2	7	4	3	18	9	9
蚌埠市经济开发区	59	29	30	52	29	23	52	31	21
淮南市	**369**	**210**	**159**	**286**	**181**	**105**	**314**	**182**	**132**
大通区	51	29	22	36	19	17	35	14	21
田家庵区	9	5	4	6	2	4	7	4	3
谢家集区	3	2	1	3	3		3	2	1
八公山区									
潘集区	31	20	11	40	22	18	34	21	13
凤台县	78	42	36	72	49	23	76	39	37
寿县	197	112	85	129	86	43	159	102	57

1-11b 续表 10

单位：人

地区	2020年5月			2020年6月			2020年7月		
	小计	男	女	小计	男	女	小计	男	女
马鞍山市	**262**	**148**	**114**	**290**	**164**	**126**	**299**	**189**	**110**
花山区									
雨山区									
博望区	6	3	3	4	1	3	4	3	1
当涂县	91	53	38	129	79	50	123	73	50
含山县	82	44	38	87	46	41	87	60	27
和县	83	48	35	70	38	32	85	53	32
淮北市	**180**	**98**	**82**	**194**	**122**	**72**	**174**	**102**	**72**
杜集区	26	18	8	26	16	10	34	20	14
相山区									
烈山区	16	7	9	16	11	5	13	7	6
濉溪县	138	73	65	152	95	57	127	75	52
铜陵市	**236**	**133**	**103**	**181**	**104**	**77**	**245**	**137**	**108**
铜官区	1	1					1	1	
义安区	18	12	6	13	9	4	13	10	3
郊区	33	21	12	26	19	7	39	23	16
枞阳县	184	99	85	142	76	66	192	103	89
安庆市	**503**	**275**	**228**	**565**	**314**	**251**	**501**	**269**	**232**
迎江区									
大观区	14	6	8	16	10	6	13	8	5
宜秀区	20	14	6	22	8	14	25	11	14
怀宁县	101	49	52	117	60	57	103	54	49
太湖县	67	34	33	99	56	43	74	41	33
宿松县	88	52	36	82	44	38	69	39	30
望江县	31	17	14	27	17	10	39	25	14
岳西县	33	19	14	34	22	12	20	11	9
安徽安庆经济开发区	33	14	19	31	21	10	25	15	10
桐城市	73	42	31	71	35	36	83	36	47
潜山市	43	28	15	66	41	25	50	29	21
黄山市	**157**	**85**	**72**	**179**	**94**	**85**	**145**	**84**	**61**
屯溪区	5	3	2	5	3	2	2	1	1
黄山区	18	11	7	19	10	9	16	14	2
徽州区	7	5	2	3	1	2	9	4	5
歙县	66	39	27	73	41	32	53	28	25
休宁县	23	14	9	31	17	14	26	14	12
黟县	12	6	6	11	6	5	12	10	2
祁门县	26	7	19	37	16	21	27	13	14
滁州市	**651**	**368**	**283**	**570**	**325**	**245**	**620**	**362**	**258**
琅琊区									
南谯区	27	20	7	21	12	9	17	9	8
来安县	83	38	45	64	37	27	100	59	41
全椒县	83	43	40	66	37	29	61	31	30
定远县	145	91	54	113	64	49	117	68	49
凤阳县	117	67	50	110	68	42	136	82	54
苏滁现代产业园	11	7	4	4	3	1	7	7	
滁州经济技术开发区	9	7	2	14	8	6	17	11	6
天长市	125	67	58	123	64	59	123	71	52
明光市	51	28	23	55	32	23	42	24	18

1-11b 续表 11

单位：人

地 区	2020年5月			2020年6月			2020年7月		
	小计	男	女	小计	男	女	小计	男	女
阜阳市	**857**	**500**	**357**	**766**	**433**	**333**	**779**	**461**	**318**
颍州区	31	22	9	23	12	11	14	7	7
颍东区	47	33	14	28	17	11	41	25	16
颍泉区	49	27	22	33	16	17	36	24	12
临泉县	156	88	68	155	81	74	143	84	59
太和县	216	119	97	227	141	86	215	127	88
阜南县	104	57	47	87	42	45	106	63	43
颍上县	192	120	72	152	92	60	172	101	71
阜阳合肥现代产业园区	6	4	2	1	1		4	1	3
阜阳经济技术开发区	13	6	7	11	5	6	6	6	
界首市	43	24	19	49	26	23	42	23	19
宿州市	**686**	**399**	**287**	**666**	**363**	**303**	**634**	**369**	**265**
埇桥区	79	43	36	78	41	37	66	40	26
砀山县	173	95	78	173	92	81	169	93	76
萧县	183	115	68	121	64	57	125	66	59
灵璧县	101	60	41	120	72	48	106	69	37
泗县	131	74	57	162	88	74	149	91	58
宿州马鞍山现代产业园区	8	6	2	4	2	2	7	4	3
宿州经济技术开发区	11	6	5	8	4	4	12	6	6
六安市	**555**	**343**	**212**	**486**	**299**	**187**	**512**	**291**	**221**
金安区	56	40	16	37	25	12	43	23	20
裕安区	38	28	10	35	20	15	40	25	15
叶集区	5	5		12	11	1	10	5	5
霍邱县	142	81	61	131	79	52	107	64	43
舒城县	148	98	50	137	82	55	147	84	63
金寨县	70	31	39	62	41	21	77	40	37
霍山县	96	60	36	72	41	31	88	50	38
亳州市	**466**	**255**	**211**	**419**	**241**	**178**	**438**	**265**	**173**
谯城区	44	27	17	42	24	18	35	24	11
涡阳县	127	73	54	115	69	46	130	80	50
蒙城县	172	92	80	165	87	78	170	104	66
利辛县	123	63	60	97	61	36	103	57	46
池州市	**201**	**106**	**95**	**193**	**121**	**72**	**225**	**139**	**86**
贵池区	57	33	24	39	22	17	56	38	18
东至县	77	37	40	98	60	38	93	55	38
石台县	8	4	4	12	11	1	15	8	7
青阳县	58	32	26	43	28	15	61	38	23
池州市国家经济技术开发区									
皖江江南新兴产业集中区									
九华山风景区	1		1	1		1			
宣城市	**308**	**191**	**117**	**282**	**160**	**122**	**322**	**189**	**133**
宣州区	55	32	23	47	24	23	65	43	22
郎溪县	69	47	22	52	36	16	64	35	29
泾县	65	40	25	56	32	24	70	41	29
绩溪县	22	11	11	33	18	15	32	20	12
旌德县	23	14	9	33	14	19	35	22	13
宣城市经济开发区	11	9	2	11	8	3	12	6	6
宁国市	18	13	5	18	3	15	10	8	2
广德市	45	25	20	32	25	7	34	14	20

1-11b 续表 12

单位：人

地 区	2020年8月			2020年9月			2020年10月		
	小计	男	女	小计	男	女	小计	男	女
安 徽	**7269**	**4311**	**2958**	**7075**	**4229**	**2846**	**8725**	**5036**	**3689**
合肥市	**843**	**509**	**334**	**869**	**525**	**344**	**1100**	**634**	**466**
瑶海区				1	1		1		1
庐阳区	5	3	2	5	3	2	8	4	4
蜀山区	11	5	6	15	12	3	18	10	8
包河区									
长丰县	96	57	39	119	66	53	142	90	52
肥东县	150	87	63	161	96	65	194	112	82
肥西县	129	83	46	142	73	69	156	82	74
庐江县	243	153	90	201	127	74	289	169	120
合肥高新技术产业开发区	35	21	14	41	31	10	42	26	16
合肥经济技术开发区	58	35	23	68	41	27	88	52	36
合肥新站高新技术产业开发区	41	24	17	49	32	17	74	35	39
巢湖市	75	41	34	67	43	24	88	54	34
芜湖市	**553**	**321**	**232**	**532**	**317**	**215**	**642**	**376**	**266**
镜湖区									
弋江区									
鸠江区	54	27	27	43	29	14	67	32	35
三山区	1	1		1		1			
芜湖县	71	43	28	55	35	20	109	64	45
繁昌县	69	40	29	63	39	24	81	58	23
南陵县	137	89	48	135	85	50	136	84	52
芜湖经济技术开发区	37	24	13	45	24	21	42	23	19
安徽芜湖长江大桥经济开发区	1	1		8	3	5	10	7	3
无为市	183	96	87	182	102	80	197	108	89
蚌埠市	**354**	**214**	**140**	**394**	**232**	**162**	**455**	**271**	**184**
龙子湖区	3	3		1	1		5	4	1
蚌山区									
禹会区	1	1		5	1	4	6	1	5
淮上区	9	4	5	12	6	6	10	7	3
怀远县	157	99	58	141	85	56	176	106	70
五河县	82	43	39	119	70	49	125	80	45
固镇县	33	19	14	48	28	20	49	29	20
蚌埠市高新技术开发区	7	4	3	15	11	4	8	2	6
蚌埠市经济开发区	62	41	21	53	30	23	76	42	34
淮南市	**361**	**227**	**134**	**326**	**184**	**142**	**399**	**261**	**138**
大通区	45	32	13	42	24	18	51	27	24
田家庵区	7	6	1	8	5	3	2	2	
谢家集区	1	1					3	2	1
八公山区									
潘集区	33	16	17	32	16	16	45	32	13
凤台县	86	59	27	73	45	28	107	72	35
寿县	189	113	76	171	94	77	191	126	65

1-11b　续表 13　　单位：人

地　区	2020年8月			2020年9月			2020年10月		
	小计	男	女	小计	男	女	小计	男	女
马鞍山市	**346**	**197**	**149**	**312**	**184**	**128**	**371**	**206**	**165**
花山区									
雨山区									
博望区	9	8	1	6	4	2	8	3	5
当涂县	134	78	56	142	80	62	166	101	65
含山县	97	55	42	79	54	25	84	42	42
和县	106	56	50	85	46	39	113	60	53
淮北市	**190**	**124**	**66**	**182**	**123**	**59**	**230**	**132**	**98**
杜集区	33	30	3	28	22	6	39	24	15
相山区									
烈山区	17	16	1	19	12	7	11	6	5
濉溪县	140	78	62	135	89	46	180	102	78
铜陵市	**207**	**116**	**91**	**228**	**134**	**94**	**294**	**177**	**117**
铜官区				1	1		4	4	
义安区	16	8	8	15	11	4	25	15	10
郊区	37	24	13	48	33	15	44	25	19
枞阳县	154	84	70	164	89	75	221	133	88
安庆市	**541**	**297**	**244**	**567**	**332**	**235**	**696**	**400**	**296**
迎江区									
大观区	7	5	2	7	3	4	11	5	6
宜秀区	30	19	11	26	15	11	20	12	8
怀宁县	106	53	53	116	64	52	159	92	67
太湖县	84	38	46	86	54	32	93	56	37
宿松县	78	43	35	78	47	31	113	60	53
望江县	35	20	15	34	25	9	47	22	25
岳西县	41	20	21	43	29	14	53	28	25
安徽安庆经济开发区	25	15	10	25	11	14	36	24	12
桐城市	73	49	24	88	44	44	91	57	34
潜山市	62	35	27	64	40	24	73	44	29
黄山市	**214**	**129**	**85**	**148**	**82**	**66**	**222**	**124**	**98**
屯溪区	2	1	1	2	1	1	5	4	1
黄山区	28	19	9	16	8	8	19	12	7
徽州区	8	4	4	7	6	1	12	4	8
歙县	78	47	31	59	29	30	85	42	43
休宁县	39	23	16	19	14	5	49	31	18
黟县	15	9	6	16	8	8	17	13	4
祁门县	44	26	18	29	16	13	35	18	17
滁州市	**687**	**402**	**285**	**574**	**343**	**231**	**768**	**431**	**337**
琅琊区									
南谯区	23	10	13	23	13	10	33	19	14
来安县	76	47	29	82	44	38	100	52	48
全椒县	104	59	45	80	49	31	89	56	33
定远县	141	84	57	97	58	39	137	79	58
凤阳县	140	85	55	116	75	41	152	84	68
苏滁现代产业园	8	6	2	2	1	1	12	6	6
滁州经济技术开发区	11	4	7	10	8	2	13	7	6
天长市	130	71	59	113	66	47	164	86	78
明光市	54	36	18	51	29	22	68	42	26

1－11b 续表 14

单位：人

地　　区	2020年8月			2020年9月			2020年10月		
	小计	男	女	小计	男	女	小计	男	女
阜阳市	**807**	**482**	**325**	**780**	**457**	**323**	**906**	**501**	**405**
颍州区	26	20	6	25	17	8	32	18	14
颍东区	36	22	14	36	24	12	56	30	26
颍泉区	29	21	8	46	31	15	61	29	32
临泉县	155	86	69	129	64	65	156	91	65
太和县	184	103	81	199	113	86	223	119	104
阜南县	119	76	43	98	56	42	104	60	44
颍上县	196	122	74	179	111	68	208	119	89
阜阳合肥现代产业园区	5	3	2	1	1		1	1	
阜阳经济技术开发区	7	4	3	5	4	1	13	8	5
界首市	50	25	25	62	36	26	52	26	26
宿州市	**596**	**342**	**254**	**622**	**392**	**230**	**727**	**433**	**294**
埇桥区	62	36	26	62	41	21	93	58	35
砀山县	152	82	70	163	107	56	175	106	69
萧县	126	78	48	117	76	41	144	97	47
灵璧县	90	43	47	110	70	40	136	76	60
泗县	145	90	55	145	80	65	154	79	75
宿州马鞍山现代产业园区	11	7	4	12	7	5	11	9	2
宿州经济技术开发区	10	6	4	13	11	2	14	8	6
六安市	**567**	**348**	**219**	**532**	**312**	**220**	**672**	**380**	**292**
金安区	56	35	21	44	29	15	66	35	31
裕安区	47	25	22	34	21	13	47	29	18
叶集区	8	4	4	9	3	6	14	6	8
霍邱县	146	95	51	139	79	60	135	85	50
舒城县	130	86	44	152	81	71	198	111	87
金寨县	65	43	22	68	44	24	80	42	38
霍山县	115	60	55	86	55	31	132	72	60
亳州市	**457**	**263**	**194**	**434**	**274**	**160**	**558**	**326**	**232**
谯城区	53	32	21	33	17	16	54	34	20
涡阳县	128	75	53	111	73	38	129	77	52
蒙城县	166	91	75	172	106	66	218	129	89
利辛县	110	65	45	118	78	40	157	86	71
池州市	**187**	**115**	**72**	**234**	**131**	**103**	**283**	**148**	**135**
贵池区	30	18	12	34	14	20	44	20	24
东至县	89	52	37	127	75	52	145	72	73
石台县	11	11		12	7	5	23	14	9
青阳县	55	33	22	59	34	25	69	40	29
池州市国家经济技术开发区									
皖江江南新兴产业集中区									
九华山风景区	2	1	1	2	1	1	2	2	
宣城市	**359**	**225**	**134**	**341**	**207**	**134**	**402**	**236**	**166**
宣州区	65	41	24	44	29	15	91	51	40
郎溪县	71	47	24	77	39	38	68	48	20
泾县	79	46	33	59	41	18	72	39	33
绩溪县	40	28	12	35	23	12	51	32	19
旌德县	26	18	8	36	21	15	32	16	16
宣城市经济开发区	16	11	5	10	5	5	23	14	9
宁国市	16	7	9	28	16	12	34	18	16
广德市	46	27	19	52	33	19	31	18	13

1-11c 各地区分性别、月份的死亡人口 (2019.11.1-2020.10.31)(乡村)

单位：人

地区	死亡人口			2019年11月		
	合计	男	女	小计	男	女
安 徽	**220969**	**125689**	**95280**	**17361**	**9983**	**7378**
合肥市	**17027**	**9801**	**7226**	**1236**	**730**	**506**
瑶海区	23	15	8			
庐阳区	61	34	27	5	2	3
蜀山区	213	121	92	12	6	6
包河区	88	48	40	5	3	2
长丰县	2284	1335	949	159	103	56
肥东县	3272	1863	1409	205	124	81
肥西县	2658	1579	1079	205	112	93
庐江县	5031	2912	2119	420	251	169
合肥高新技术产业开发区	5	4	1			
合肥经济技术开发区						
合肥新站高新技术产业开发区	130	67	63	8	4	4
巢湖市	3262	1823	1439	217	125	92
芜湖市	**11361**	**6384**	**4977**	**856**	**473**	**383**
镜湖区	182	108	74	15	11	4
弋江区						
鸠江区	1497	834	663	130	67	63
三山区	492	283	209	55	31	24
芜湖县	1254	717	537	100	57	43
繁昌县	1152	680	472	91	46	45
南陵县	2192	1229	963	181	105	76
芜湖经济技术开发区						
安徽芜湖长江大桥经济开发区	168	101	67	8	4	4
无为市	4424	2432	1992	276	152	124
蚌埠市	**11597**	**6705**	**4892**	**903**	**535**	**368**
龙子湖区	243	138	105	19	13	6
蚌山区	106	57	49	4	2	2
禹会区	540	311	229	32	16	16
淮上区	672	390	282	51	32	19
怀远县	4349	2543	1806	341	203	138
五河县	2719	1538	1181	225	132	93
固镇县	2968	1728	1240	231	137	94
蚌埠市高新技术开发区						
蚌埠市经济开发区						
淮南市	**9470**	**5642**	**3828**	**644**	**400**	**244**
大通区	300	178	122	19	12	7
田家庵区	215	139	76	5	4	1
谢家集区	423	241	182	29	23	6
八公山区	57	29	28	4	2	2
潘集区	1282	797	485	98	55	43
凤台县	2675	1570	1105	169	102	67
寿县	4518	2688	1830	320	202	118

1-11c 续表 1

单位：人

地区	死亡人口			2019年11月		
	合计	男	女	小计	男	女
马鞍山市	**6189**	**3396**	**2793**	**479**	**256**	**223**
花山区	74	35	39	7	2	5
雨山区	146	84	62	10	6	4
博望区	604	332	272	42	24	18
当涂县	1193	665	528	77	44	33
含山县	1622	904	718	130	67	63
和县	2550	1376	1174	213	113	100
淮北市	**4189**	**2331**	**1858**	**344**	**199**	**145**
杜集区	393	227	166	29	23	6
相山区	256	145	111	11	7	4
烈山区	618	346	272	48	30	18
濉溪县	2922	1613	1309	256	139	117
铜陵市	**4479**	**2614**	**1865**	**355**	**213**	**142**
铜官区	139	83	56	7	5	2
义安区	1355	794	561	98	58	40
郊区	817	454	363	73	38	35
枞阳县	2168	1283	885	177	112	65
安庆市	**19099**	**10812**	**8287**	**1420**	**795**	**625**
迎江区	201	117	84	13	8	5
大观区	377	213	164	26	19	7
宜秀区	334	188	146	31	19	12
怀宁县	2742	1556	1186	200	106	94
太湖县	2403	1399	1004	182	109	73
宿松县	3351	1926	1425	244	131	113
望江县	2813	1546	1267	224	121	103
岳西县	1866	1037	829	120	61	59
安徽安庆经济开发区	28	15	13	3	2	1
桐城市	2584	1461	1123	187	114	73
潜山市	2400	1354	1046	190	105	85
黄山市	**6015**	**3351**	**2664**	**489**	**291**	**198**
屯溪区	162	89	73	12	6	6
黄山区	731	404	327	55	34	21
徽州区	412	239	173	33	24	9
歙县	2386	1314	1072	202	115	87
休宁县	1189	668	521	97	67	30
黟县	414	225	189	34	18	16
祁门县	721	412	309	56	27	29
滁州市	**14216**	**7937**	**6279**	**1096**	**613**	**483**
琅琊区	153	89	64	13	9	4
南谯区	912	522	390	72	42	30
来安县	2021	1112	909	150	73	77
全椒县	1623	865	758	141	78	63
定远县	3223	1849	1374	249	146	103
凤阳县	2184	1237	947	161	89	72
苏滁现代产业园						
滁州经济技术开发区	56	38	18	2	1	1
天长市	2041	1085	956	172	93	79
明光市	2003	1140	863	136	82	54

1-11c 续表 2

单位：人

地 区	死亡人口			2019年11月		
	合计	男	女	小计	男	女
阜阳市	**34475**	**19292**	**15183**	**3049**	**1753**	**1296**
颍州区	1995	1083	912	163	83	80
颍东区	2067	1172	895	187	108	79
颍泉区	2161	1221	940	151	99	52
临泉县	8242	4438	3804	788	439	349
太和县	5482	3083	2399	451	259	192
阜南县	6110	3422	2688	589	331	258
颍上县	5649	3349	2300	501	306	195
阜阳合肥现代产业园区	153	84	69	10	7	3
阜阳经济技术开发区	81	49	32	6	4	2
界首市	2535	1391	1144	203	117	86
宿州市	**23094**	**12892**	**10202**	**1838**	**1046**	**792**
埇桥区	5882	3333	2549	428	241	187
砀山县	2809	1500	1309	200	106	94
萧县	5936	3295	2641	481	279	202
灵璧县	4943	2806	2137	418	246	172
泗县	3418	1891	1527	303	169	134
宿州马鞍山现代产业园区	106	67	39	8	5	3
宿州经济技术开发区						
六安市	**21603**	**12568**	**9035**	**1599**	**929**	**670**
金安区	3302	1892	1410	277	172	105
裕安区	3801	2220	1581	278	169	109
叶集区	869	528	341	61	37	24
霍邱县	4828	2887	1941	313	175	138
舒城县	4425	2534	1891	314	171	143
金寨县	3198	1846	1352	271	162	109
霍山县	1180	661	519	85	43	42
亳州市	**20556**	**11797**	**8759**	**1730**	**970**	**760**
谯城区	4996	2780	2216	426	227	199
涡阳县	5720	3308	2412	504	293	211
蒙城县	4317	2483	1834	348	190	158
利辛县	5523	3226	2297	452	260	192
池州市	**5540**	**3129**	**2411**	**408**	**245**	**163**
贵池区	2142	1190	952	157	96	61
东至县	1619	906	713	120	71	49
石台县	555	329	226	45	29	16
青阳县	1149	657	492	79	43	36
池州市国家经济技术开发区						
皖江江南新兴产业集中区						
九华山风景区	75	47	28	7	6	1
宣城市	**12059**	**7038**	**5021**	**915**	**535**	**380**
宣州区	3810	2206	1604	294	168	126
郎溪县	1144	700	444	67	40	27
泾县	1806	1054	752	132	71	61
绩溪县	615	340	275	47	28	19
旌德县	652	369	283	51	25	26
宣城市经济开发区	143	92	51	7	4	3
宁国市	1913	1105	808	163	105	58
广德市	1976	1172	804	154	94	60

1-11c 续表 3

单位：人

地区	2019年12月			2020年1月		
	小计	男	女	小计	男	女
安徽	**17696**	**10067**	**7629**	**18713**	**10578**	**8135**
合肥市	**1355**	**774**	**581**	**1469**	**840**	**629**
瑶海区	4	3	1			
庐阳区	2	2		4	3	1
蜀山区	20	15	5	20	11	9
包河区	5	2	3	10	7	3
长丰县	167	98	69	175	99	76
肥东县	226	117	109	237	132	105
肥西县	181	94	87	241	141	100
庐江县	453	280	173	463	257	206
合肥高新技术产业开发区						
合肥经济技术开发区						
合肥新站高新技术产业开发区	12	8	4	15	7	8
巢湖市	285	155	130	304	183	121
芜湖市	**954**	**544**	**410**	**1027**	**590**	**437**
镜湖区	10	7	3	16	8	8
弋江区						
鸠江区	123	67	56	114	69	45
三山区	35	17	18	48	25	23
芜湖县	104	63	41	98	43	55
繁昌县	103	60	43	84	57	27
南陵县	203	114	89	238	143	95
芜湖经济技术开发区						
安徽芜湖长江大桥经济开发区	13	9	4	12	8	4
无为市	363	207	156	417	237	180
蚌埠市	**1005**	**604**	**401**	**1020**	**578**	**442**
龙子湖区	33	18	15	23	13	10
蚌山区	8	4	4	7	5	2
禹会区	30	14	16	40	27	13
淮上区	60	35	25	49	24	25
怀远县	388	239	149	397	230	167
五河县	253	155	98	242	131	111
固镇县	233	139	94	262	148	114
蚌埠市高新技术开发区						
蚌埠市经济开发区						
淮南市	**661**	**381**	**280**	**712**	**432**	**280**
大通区	37	23	14	16	11	5
田家庵区	11	5	6	16	11	5
谢家集区	25	18	7	23	14	9
八公山区	2	2		5	2	3
潘集区	85	51	34	92	64	28
凤台县	156	91	65	157	93	64
寿县	345	191	154	403	237	166

1-11c　续表 4　　　　单位：人

地　区	2019年12月			2020年1月		
	小计	男	女	小计	男	女
马鞍山市	**529**	**284**	**245**	**551**	**305**	**246**
花山区	10	6	4	6	3	3
雨山区	12	7	5	18	11	7
博望区	49	27	22	53	29	24
当涂县	109	60	49	98	50	48
含山县	131	75	56	151	83	68
和县	218	109	109	225	129	96
淮北市	**306**	**175**	**131**	**322**	**179**	**143**
杜集区	35	19	16	42	22	20
相山区	11	4	7	17	7	10
烈山区	44	23	21	46	28	18
濉溪县	216	129	87	217	122	95
铜陵市	**392**	**223**	**169**	**416**	**253**	**163**
铜官区	16	12	4	21	12	9
义安区	136	74	62	139	87	52
郊区	71	44	27	70	43	27
枞阳县	169	93	76	186	111	75
安庆市	**1616**	**914**	**702**	**1844**	**1025**	**819**
迎江区	22	17	5	17	11	6
大观区	30	17	13	34	20	14
宜秀区	25	11	14	43	30	13
怀宁县	251	148	103	264	133	131
太湖县	186	103	83	232	123	109
宿松县	279	159	120	342	198	144
望江县	234	118	116	248	131	117
岳西县	172	98	74	160	89	71
安徽安庆经济开发区				1		1
桐城市	204	117	87	260	146	114
潜山市	213	126	87	243	144	99
黄山市	**511**	**287**	**224**	**458**	**253**	**205**
屯溪区	13	4	9	16	8	8
黄山区	63	35	28	61	35	26
徽州区	47	30	17	39	20	19
歙县	198	110	88	165	96	69
休宁县	94	48	46	101	56	45
黟县	38	22	16	31	14	17
祁门县	58	38	20	45	24	21
滁州市	**1162**	**631**	**531**	**1159**	**668**	**491**
琅琊区	15	6	9	17	9	8
南谯区	72	42	30	82	51	31
来安县	155	82	73	162	92	70
全椒县	115	52	63	151	81	70
定远县	283	157	126	275	165	110
凤阳县	187	104	83	135	84	51
苏滁现代产业园						
滁州经济技术开发区	1	1		3	3	
天长市	168	94	74	189	97	92
明光市	166	93	73	145	86	59

1-11c 续表 5 单位：人

地区	2019年12月			2020年1月		
	小计	男	女	小计	男	女
阜阳市	**2803**	**1548**	**1255**	**2636**	**1451**	**1185**
颍州区	154	79	75	156	83	73
颍东区	140	78	62	135	74	61
颍泉区	157	97	60	184	100	84
临泉县	774	413	361	588	302	286
太和县	404	234	170	477	270	207
阜南县	560	304	256	474	254	220
颍上县	414	241	173	383	237	146
阜阳合肥现代产业园区	7	5	2	12	7	5
阜阳经济技术开发区	4	4		12	7	5
界首市	189	93	96	215	117	98
宿州市	**1794**	**1025**	**769**	**2023**	**1100**	**923**
埇桥区	463	275	188	511	294	217
砀山县	205	110	95	235	124	111
萧县	465	258	207	544	275	269
灵璧县	385	217	168	427	244	183
泗县	269	161	108	297	159	138
宿州马鞍山现代产业园区	7	4	3	9	4	5
宿州经济技术开发区						
六安市	**1676**	**952**	**724**	**1849**	**1082**	**767**
金安区	256	145	111	282	155	127
裕安区	290	169	121	355	193	162
叶集区	55	32	23	81	54	27
霍邱县	327	185	142	329	207	122
舒城县	352	197	155	400	234	166
金寨县	295	169	126	298	178	120
霍山县	101	55	46	104	61	43
亳州市	**1417**	**863**	**554**	**1563**	**874**	**689**
谯城区	343	204	139	361	202	159
涡阳县	399	244	155	460	252	208
蒙城县	304	204	100	349	195	154
利辛县	371	211	160	393	225	168
池州市	**469**	**260**	**209**	**460**	**253**	**207**
贵池区	194	108	86	180	104	76
东至县	115	62	53	113	57	56
石台县	53	30	23	47	24	23
青阳县	96	54	42	116	65	51
池州市国家经济技术开发区						
皖江江南新兴产业集中区						
九华山风景区	11	6	5	4	3	1
宣城市	**1046**	**602**	**444**	**1204**	**695**	**509**
宣州区	317	188	129	393	215	178
郎溪县	89	50	39	106	67	39
泾县	159	101	58	193	112	81
绩溪县	59	28	31	44	24	20
旌德县	60	36	24	64	37	27
宣城市经济开发区	18	13	5	16	11	5
宁国市	166	87	79	200	117	83
广德市	178	99	79	188	112	76

1-11c　续表 6

单位：人

地区	2020年2月			2020年3月			2020年4月		
	小计	男	女	小计	男	女	小计	男	女
安　徽	**20179**	**11176**	**9003**	**19336**	**10777**	**8559**	**17120**	**9693**	**7427**
合肥市	**1410**	**793**	**617**	**1375**	**789**	**586**	**1351**	**756**	**595**
瑶海区	1	1					4	3	1
庐阳区	2	2		9	4	5	4	3	1
蜀山区	21	13	8	29	14	15	12	6	6
包河区	6	5	1	7	3	4	4	3	1
长丰县	202	110	92	184	113	71	180	99	81
肥东县	255	142	113	243	141	102	274	150	124
肥西县	255	149	106	214	129	85	198	120	78
庐江县	402	220	182	389	218	171	432	241	191
合肥高新技术产业开发区				1	1				
合肥经济技术开发区									
合肥新站高新技术产业开发区	7	2	5	9	7	2	10	3	7
巢湖市	259	149	110	290	159	131	233	128	105
芜湖市	**1096**	**588**	**508**	**995**	**541**	**454**	**895**	**529**	**366**
镜湖区	17	14	3	8	4	4	13	7	6
弋江区									
鸠江区	144	79	65	145	68	77	131	85	46
三山区	53	33	20	38	21	17	40	21	19
芜湖县	126	58	68	126	76	50	86	57	29
繁昌县	120	67	53	96	55	41	81	52	29
南陵县	184	102	82	194	106	88	176	111	65
芜湖经济技术开发区									
安徽芜湖长江大桥经济开发区	15	7	8	16	11	5	14	7	7
无为市	437	228	209	372	200	172	354	189	165
蚌埠市	**1106**	**617**	**489**	**1033**	**591**	**442**	**921**	**511**	**410**
龙子湖区	19	14	5	26	14	12	20	9	11
蚌山区	7	6	1	11	6	5	11	4	7
禹会区	44	27	17	51	25	26	31	19	12
淮上区	63	37	26	67	43	24	48	24	24
怀远县	418	235	183	376	216	160	337	181	156
五河县	259	144	115	241	128	113	225	128	97
固镇县	296	154	142	261	159	102	249	146	103
蚌埠市高新技术开发区									
蚌埠市经济开发区									
淮南市	**823**	**475**	**348**	**851**	**517**	**334**	**762**	**445**	**317**
大通区	17	7	10	31	19	12	23	10	13
田家庵区	18	14	4	27	17	10	14	9	5
谢家集区	39	18	21	34	16	18	41	24	17
八公山区	1	1		4	1	3	1		1
潘集区	113	72	41	129	86	43	92	57	35
凤台县	238	144	94	234	136	98	231	136	95
寿县	397	219	178	392	242	150	360	209	151

1-11c 续表 7 单位：人

地区	2020年2月			2020年3月			2020年4月		
	小计	男	女	小计	男	女	小计	男	女
马鞍山市	**580**	**312**	**268**	**520**	**276**	**244**	**530**	**304**	**226**
花山区	11	8	3	3		3	7	3	4
雨山区	14	7	7	9	4	5	10	7	3
博望区	55	28	27	51	36	15	60	31	29
当涂县	114	66	48	92	44	48	103	65	38
含山县	132	70	62	140	76	64	134	81	53
和县	254	133	121	225	116	109	216	117	99
淮北市	**366**	**198**	**168**	**346**	**180**	**166**	**317**	**163**	**154**
杜集区	32	17	15	38	19	19	30	15	15
相山区	22	15	7	22	17	5	20	11	9
烈山区	54	25	29	44	23	21	47	24	23
濉溪县	258	141	117	242	121	121	220	113	107
铜陵市	**390**	**221**	**169**	**377**	**212**	**165**	**347**	**207**	**140**
铜官区	10	8	2	9	6	3	7	3	4
义安区	116	68	48	111	63	48	103	59	44
郊区	78	43	35	73	43	30	59	33	26
枞阳县	186	102	84	184	100	84	178	112	66
安庆市	**1827**	**989**	**838**	**1645**	**948**	**697**	**1423**	**820**	**603**
迎江区	14	5	9	27	15	12	8	2	6
大观区	41	24	17	42	23	19	21	10	11
宜秀区	38	14	24	31	20	11	24	17	7
怀宁县	265	138	127	230	144	86	196	112	84
太湖县	237	142	95	182	116	66	199	121	78
宿松县	286	149	137	313	166	147	260	152	108
望江县	267	155	112	233	135	98	198	102	96
岳西县	198	101	97	166	97	69	154	92	62
安徽安庆经济开发区	1		1	1		1	3	1	2
桐城市	231	121	110	228	122	106	193	113	80
潜山市	249	140	109	192	110	82	167	98	69
黄山市	**514**	**276**	**238**	**483**	**272**	**211**	**477**	**277**	**200**
屯溪区	18	10	8	10	6	4	14	9	5
黄山区	62	37	25	53	25	28	58	36	22
徽州区	36	21	15	31	16	15	40	26	14
歙县	202	109	93	201	114	87	173	96	77
休宁县	100	48	52	97	55	42	94	55	39
黟县	33	17	16	27	12	15	40	20	20
祁门县	63	34	29	64	44	20	58	35	23
滁州市	**1207**	**671**	**536**	**1189**	**627**	**562**	**1130**	**613**	**517**
琅琊区	8	5	3	12	7	5	13	7	6
南谯区	76	44	32	66	35	31	65	41	24
来安县	180	105	75	174	88	86	158	89	69
全椒县	136	73	63	123	68	55	113	59	54
定远县	294	169	125	270	140	130	258	149	109
凤阳县	177	92	85	207	114	93	175	88	87
苏滁现代产业园									
滁州经济技术开发区	1		1	3	2	1	7	6	1
天长市	172	87	85	163	89	74	166	83	83
明光市	163	96	67	171	84	87	175	91	84

1-11c 续表 8

单位：人

地区	2020年2月			2020年3月			2020年4月		
	小计	男	女	小计	男	女	小计	男	女
阜阳市	**3196**	**1752**	**1444**	**3292**	**1771**	**1521**	**2547**	**1395**	**1152**
颍州区	203	113	90	193	95	98	155	75	80
颍东区	195	104	91	185	103	82	164	82	82
颍泉区	212	117	95	195	119	76	135	76	59
临泉县	717	372	345	880	443	437	567	318	249
太和县	521	285	236	519	290	229	424	230	194
阜南县	594	315	279	542	292	250	442	249	193
颍上县	488	300	188	513	295	218	450	251	199
阜阳合肥现代产业园区	17	11	6	17	5	12	19	14	5
阜阳经济技术开发区	10	4	6	9	8	1	10	3	7
界首市	239	131	108	239	121	118	181	97	84
宿州市	**2322**	**1247**	**1075**	**1948**	**1041**	**907**	**1788**	**1040**	**748**
埇桥区	604	317	287	465	258	207	465	272	193
砀山县	315	158	157	260	142	118	217	122	95
萧县	615	348	267	524	254	270	444	269	175
灵璧县	429	240	189	396	228	168	380	210	170
泗县	349	176	173	294	152	142	277	164	113
宿州马鞍山现代产业园区	10	8	2	9	7	2	5	3	2
宿州经济技术开发区									
六安市	**1943**	**1087**	**856**	**1844**	**1038**	**806**	**1718**	**976**	**742**
金安区	297	171	126	274	156	118	291	160	131
裕安区	321	181	140	284	161	123	294	156	138
叶集区	69	39	30	81	42	39	60	38	22
霍邱县	472	277	195	467	255	212	441	276	165
舒城县	384	190	194	381	221	160	312	165	147
金寨县	289	168	121	249	146	103	236	132	104
霍山县	111	61	50	108	57	51	84	49	35
亳州市	**1888**	**1068**	**820**	**1916**	**1084**	**832**	**1558**	**871**	**687**
谯城区	457	236	221	459	268	191	373	195	178
涡阳县	509	284	225	556	306	250	445	262	183
蒙城县	417	245	172	378	212	166	295	152	143
利辛县	505	303	202	523	298	225	445	262	183
池州市	**480**	**269**	**211**	**469**	**273**	**196**	**446**	**254**	**192**
贵池区	194	104	90	191	114	77	168	92	76
东至县	137	79	58	136	70	66	139	75	64
石台县	46	26	20	46	31	15	37	23	14
青阳县	98	56	42	92	55	37	95	58	37
池州市国家经济技术开发区									
皖江江南新兴产业集中区									
九华山风景区	5	4	1	4	3	1	7	6	1
宣城市	**1031**	**613**	**418**	**1053**	**617**	**436**	**910**	**532**	**378**
宣州区	333	203	130	321	195	126	270	159	111
郎溪县	108	71	37	108	68	40	98	58	40
泾县	160	98	62	155	91	64	129	74	55
绩溪县	48	23	25	54	27	27	42	28	14
旌德县	48	27	21	61	34	27	47	31	16
宣城市经济开发区	8	4	4	9	7	2	11	5	6
宁国市	157	99	58	157	78	79	160	91	69
广德市	169	88	81	188	117	71	153	86	67

1-11c 续表 9

单位：人

地区	2020年5月			2020年6月			2020年7月		
	小计	男	女	小计	男	女	小计	男	女
安徽	**18460**	**10574**	**7886**	**17333**	**9879**	**7454**	**17062**	**9860**	**7202**
合肥市	**1414**	**821**	**593**	**1283**	**776**	**507**	**1420**	**814**	**606**
瑶海区	2	1	1	1	1		5	4	1
庐阳区	7	4	3	3	3		4	1	3
蜀山区	12	5	7	12	8	4	11	6	5
包河区	9	4	5	7	5	2	8	5	3
长丰县	198	109	89	175	100	75	187	105	82
肥东县	281	168	113	257	155	102	281	159	122
肥西县	222	147	75	177	100	77	244	150	94
庐江县	401	234	167	388	256	132	415	232	183
合肥高新技术产业开发区				1		1	2	2	
合肥经济技术开发区									
合肥新站高新技术产业开发区	9	3	6	10	3	7	10	5	5
巢湖市	273	146	127	252	145	107	253	145	108
芜湖市	**890**	**498**	**392**	**866**	**463**	**403**	**874**	**488**	**386**
镜湖区	15	7	8	17	6	11	14	9	5
弋江区									
鸠江区	115	69	46	109	58	51	127	65	62
三山区	28	19	9	44	23	21	29	18	11
芜湖县	95	60	35	96	57	39	91	49	42
繁昌县	89	49	40	85	46	39	85	50	35
南陵县	161	87	74	155	84	71	162	87	75
芜湖经济技术开发区									
安徽芜湖长江大桥经济开发区	18	12	6	13	6	7	11	7	4
无为市	369	195	174	347	183	164	355	203	152
蚌埠市	**948**	**553**	**395**	**885**	**493**	**392**	**836**	**497**	**339**
龙子湖区	11	7	4	17	7	10	19	10	9
蚌山区	9	6	3	10	5	5	8	3	5
禹会区	35	21	14	57	28	29	37	23	14
淮上区	52	32	20	51	30	21	52	28	24
怀远县	346	196	150	321	194	127	294	172	122
五河县	238	137	101	201	104	97	206	120	86
固镇县	257	154	103	228	125	103	220	141	79
蚌埠市高新技术开发区									
蚌埠市经济开发区									
淮南市	**807**	**446**	**361**	**747**	**452**	**295**	**777**	**471**	**306**
大通区	28	14	14	25	14	11	26	19	7
田家庵区	16	8	8	23	12	11	19	10	9
谢家集区	43	22	21	32	17	15	44	26	18
八公山区	7	2	5	4	2	2	5	4	1
潘集区	102	58	44	99	67	32	98	62	36
凤台县	256	141	115	217	122	95	215	127	88
寿县	355	201	154	347	218	129	370	223	147

1-11c 续表 10

单位：人

地区	2020年5月			2020年6月			2020年7月		
	小计	男	女	小计	男	女	小计	男	女
马鞍山市	**437**	**238**	**199**	**455**	**268**	**187**	**493**	**271**	**222**
花山区	3	1	2	6	2	4	6	3	3
雨山区	10	7	3	14	8	6	9	4	5
博望区	38	23	15	40	27	13	43	19	24
当涂县	85	45	40	89	50	39	96	55	41
含山县	118	73	45	120	70	50	137	67	70
和县	183	89	94	186	111	75	202	123	79
淮北市	**372**	**212**	**160**	**349**	**191**	**158**	**340**	**196**	**144**
杜集区	32	19	13	28	21	7	27	13	14
相山区	23	13	10	17	13	4	27	13	14
烈山区	54	30	24	56	24	32	58	33	25
濉溪县	263	150	113	248	133	115	228	137	91
铜陵市	**367**	**221**	**146**	**368**	**228**	**140**	**323**	**181**	**142**
铜官区	11	8	3	12	6	6	13	9	4
义安区	116	75	41	117	66	51	90	55	35
郊区	69	37	32	69	41	28	53	28	25
枞阳县	171	101	70	170	115	55	167	89	78
安庆市	**1517**	**850**	**667**	**1452**	**827**	**625**	**1374**	**793**	**581**
迎江区	19	9	10	15	7	8	15	7	8
大观区	32	15	17	28	20	8	32	12	20
宜秀区	24	16	8	19	9	10	26	11	15
怀宁县	218	127	91	206	111	95	201	127	74
太湖县	189	104	85	187	108	79	173	103	70
宿松县	270	166	104	260	163	97	234	134	100
望江县	217	128	89	208	111	97	214	118	96
岳西县	145	71	74	138	83	55	111	62	49
安徽安庆经济开发区	3	2	1	2	2		3	3	
桐城市	229	121	108	221	124	97	187	114	73
潜山市	171	91	80	168	89	79	178	102	76
黄山市	**469**	**261**	**208**	**445**	**248**	**197**	**514**	**276**	**238**
屯溪区	5	3	2	14	7	7	19	12	7
黄山区	48	26	22	59	25	34	58	33	25
徽州区	36	17	19	30	19	11	25	15	10
歙县	195	117	78	180	99	81	210	102	108
休宁县	93	47	46	78	48	30	98	53	45
黟县	28	15	13	24	16	8	36	21	15
祁门县	64	36	28	60	34	26	68	40	28
滁州市	**1185**	**655**	**530**	**1100**	**629**	**471**	**1104**	**650**	**454**
琅琊区	11	5	6	13	11	2	15	8	7
南谯区	78	48	30	74	36	38	57	35	22
来安县	154	92	62	163	97	66	145	91	54
全椒县	130	68	62	130	73	57	128	62	66
定远县	255	139	116	232	137	95	256	156	100
凤阳县	195	106	89	169	98	71	169	104	65
苏滁现代产业园									
滁州经济技术开发区	9	7	2	4	2	2	7	3	4
天长市	170	95	75	166	78	88	157	92	65
明光市	183	95	88	149	97	52	170	99	71

1-11c 续表 11

单位：人

地　区	2020年5月			2020年6月			2020年7月		
	小计	男	女	小计	男	女	小计	男	女
阜阳市	**3008**	**1728**	**1280**	**2777**	**1562**	**1215**	**2593**	**1476**	**1117**
颍州区	154	84	70	168	96	72	178	97	81
颍东区	184	114	70	157	97	60	152	79	73
颍泉区	184	100	84	152	80	72	180	97	83
临泉县	699	409	290	705	359	346	562	318	244
太和县	511	288	223	442	252	190	434	249	185
阜南县	535	295	240	460	282	178	453	263	190
颍上县	490	293	197	468	278	190	440	263	177
阜阳合肥现代产业园区	15	7	8	13	4	9	10	5	5
阜阳经济技术开发区	3	2	1	3	2	1	7	5	2
界首市	233	136	97	209	112	97	177	100	77
宿州市	**1978**	**1120**	**858**	**1837**	**982**	**855**	**1795**	**1035**	**760**
埇桥区	532	305	227	447	229	218	466	291	175
砀山县	252	137	115	219	97	122	238	129	109
萧县	508	301	207	488	259	229	421	232	189
灵璧县	413	232	181	384	222	162	402	224	178
泗县	265	142	123	288	167	121	260	155	105
宿州马鞍山现代产业园区	8	3	5	11	8	3	8	4	4
宿州经济技术开发区									
六安市	**1812**	**1081**	**731**	**1677**	**997**	**680**	**1688**	**1003**	**685**
金安区	304	187	117	257	145	112	257	154	103
裕安区	322	201	121	309	185	124	309	192	117
叶集区	76	46	30	65	49	16	78	40	38
霍邱县	405	225	180	402	237	165	385	251	134
舒城县	352	212	140	354	214	140	344	191	153
金寨县	258	156	102	205	119	86	218	116	102
霍山县	95	54	41	85	48	37	97	59	38
亳州市	**1839**	**1060**	**779**	**1759**	**968**	**791**	**1593**	**924**	**669**
谯城区	454	249	205	439	245	194	349	195	154
涡阳县	505	285	220	484	280	204	437	261	176
蒙城县	366	219	147	365	196	169	364	202	162
利辛县	514	307	207	471	247	224	443	266	177
池州市	**443**	**258**	**185**	**385**	**227**	**158**	**399**	**234**	**165**
贵池区	188	103	85	153	92	61	138	71	67
东至县	103	62	41	103	62	41	125	77	48
石台县	48	32	16	41	24	17	34	22	12
青阳县	98	57	41	83	45	38	99	63	36
池州市国家经济技术开发区									
皖江江南新兴产业集中区									
九华山风景区	6	4	2	5	4	1	3	1	2
宣城市	**974**	**572**	**402**	**948**	**568**	**380**	**939**	**551**	**388**
宣州区	326	181	145	322	193	129	277	166	111
郎溪县	93	59	34	89	55	34	108	66	42
泾县	150	91	59	142	82	60	131	70	61
绩溪县	42	19	23	41	26	15	58	36	22
旌德县	52	30	22	53	30	23	54	29	25
宣城市经济开发区	13	6	7	15	9	6	11	8	3
宁国市	132	85	47	147	83	64	153	92	61
广德市	166	101	65	139	90	49	147	84	63

1-11c 续表 12 单位：人

地 区	2020年8月			2020年9月			2020年10月		
	小计	男	女	小计	男	女	小计	男	女
安 徽	**18337**	**10564**	**7773**	**17718**	**10182**	**7536**	**21654**	**12356**	**9298**
合肥市	**1518**	**853**	**665**	**1507**	**837**	**670**	**1689**	**1018**	**671**
瑶海区				4	2	2	2		2
庐阳区	10	6	4	4	2	2	7	2	5
蜀山区	17	13	4	24	11	13	23	13	10
包河区	7	2	5	11	5	6	9	4	5
长丰县	217	136	81	210	125	85	230	138	92
肥东县	320	170	150	325	171	154	368	234	134
肥西县	223	130	93	226	138	88	272	169	103
庐江县	409	229	180	424	227	197	435	267	168
合肥高新技术产业开发区							1	1	
合肥经济技术开发区									
合肥新站高新技术产业开发区	13	11	2	13	8	5	14	6	8
巢湖市	302	156	146	266	148	118	328	184	144
芜湖市	**946**	**549**	**397**	**905**	**520**	**385**	**1057**	**601**	**456**
镜湖区	14	11	3	20	9	11	23	15	8
弋江区									
鸠江区	110	62	48	103	62	41	146	83	63
三山区	36	20	16	39	27	12	47	28	19
芜湖县	120	72	48	106	65	41	106	60	46
繁昌县	108	65	43	99	59	40	111	74	37
南陵县	189	110	79	148	79	69	201	101	100
芜湖经济技术开发区									
安徽芜湖长江大桥经济开发区	14	7	7	15	10	5	19	13	6
无为市	355	202	153	375	209	166	404	227	177
蚌埠市	**952**	**558**	**394**	**870**	**502**	**368**	**1118**	**666**	**452**
龙子湖区	18	11	7	17	9	8	21	13	8
蚌山区	9	5	4	11	3	8	11	8	3
禹会区	57	33	24	51	31	20	75	47	28
淮上区	64	41	23	64	40	24	51	24	27
怀远县	373	227	146	328	189	139	430	261	169
五河县	199	111	88	173	98	75	257	150	107
固镇县	232	130	102	226	132	94	273	163	110
蚌埠市高新技术开发区									
蚌埠市经济开发区									
淮南市	**796**	**493**	**303**	**873**	**497**	**376**	**1017**	**633**	**384**
大通区	19	15	4	29	16	13	30	18	12
田家庵区	26	19	7	20	15	5	20	15	5
谢家集区	27	15	12	51	27	24	35	21	14
八公山区	8	4	4	4		4	12	9	3
潘集区	104	68	36	120	68	52	150	89	61
凤台县	245	158	87	259	146	113	298	174	124
寿县	367	214	153	390	225	165	472	307	165

1-11c 续表 13 单位：人

地区	2020年8月			2020年9月			2020年10月		
	小计	男	女	小计	男	女	小计	男	女
马鞍山市	**553**	**297**	**256**	**477**	**246**	**231**	**585**	**339**	**246**
花山区	6	2	4	5	2	3	4	3	1
雨山区	13	8	5	10	2	8	17	13	4
博望区	64	35	29	53	24	29	56	29	27
当涂县	114	68	46	89	48	41	127	70	57
含山县	145	77	68	121	64	57	163	101	62
和县	211	107	104	199	106	93	218	123	95
淮北市	**358**	**197**	**161**	**330**	**187**	**143**	**439**	**254**	**185**
杜集区	28	15	13	33	20	13	39	24	15
相山区	19	9	10	24	14	10	43	22	21
烈山区	51	34	17	46	25	21	70	47	23
濉溪县	260	139	121	227	128	99	287	161	126
铜陵市	**352**	**207**	**145**	**370**	**205**	**165**	**422**	**243**	**179**
铜官区	8	2	6	13	6	7	12	6	6
义安区	106	60	46	111	55	56	112	74	38
郊区	57	31	26	69	34	35	76	39	37
枞阳县	181	114	67	177	110	67	222	124	98
安庆市	**1556**	**871**	**685**	**1526**	**907**	**619**	**1899**	**1073**	**826**
迎江区	17	14	3	15	12	3	19	10	9
大观区	22	12	10	36	24	12	33	17	16
宜秀区	21	12	9	20	13	7	32	16	16
怀宁县	218	121	97	226	147	79	267	142	125
太湖县	192	113	79	189	113	76	255	144	111
宿松县	286	164	122	247	144	103	330	200	130
望江县	248	130	118	255	140	115	267	157	110
岳西县	133	75	58	164	91	73	205	117	88
安徽安庆经济开发区	3		3	4	2	2	4	3	1
桐城市	209	115	94	184	117	67	251	137	114
潜山市	207	115	92	186	104	82	236	130	106
黄山市	**528**	**305**	**223**	**509**	**272**	**237**	**618**	**333**	**285**
屯溪区	13	11	2	15	4	11	13	9	4
黄山区	56	32	24	71	38	33	87	48	39
徽州区	33	19	14	29	14	15	33	18	15
歙县	226	126	100	194	112	82	240	118	122
休宁县	102	57	45	99	55	44	136	79	57
黟县	32	21	11	50	27	23	41	22	19
祁门县	66	39	27	51	22	29	68	39	29
滁州市	**1310**	**742**	**568**	**1165**	**665**	**500**	**1409**	**773**	**636**
琅琊区	8	5	3	14	10	4	14	7	7
南谯区	87	46	41	91	47	44	92	55	37
来安县	209	117	92	184	92	92	187	94	93
全椒县	168	93	75	142	87	55	146	71	75
定远县	274	159	115	243	141	102	334	191	143
凤阳县	203	124	79	174	104	70	232	130	102
苏滁现代产业园									
滁州经济技术开发区	6	4	2	8	7	1	5	2	3
天长市	185	96	89	152	87	65	181	94	87
明光市	170	98	72	157	90	67	218	129	89

1-11c　续表 14　　　　单位：人

地　区	2020年8月			2020年9月			2020年10月		
	小计	男	女	小计	男	女	小计	男	女
阜阳市	**2747**	**1599**	**1148**	**2622**	**1458**	**1164**	**3205**	**1799**	**1406**
颍州区	164	92	72	134	85	49	173	101	72
颍东区	159	103	56	178	99	79	231	131	100
颍泉区	180	102	78	177	93	84	254	141	113
临泉县	652	362	290	573	294	279	737	409	328
太和县	409	243	166	408	217	191	482	266	216
阜南县	499	280	219	457	272	185	505	285	220
颍上县	469	289	180	484	275	209	549	321	228
阜阳合肥现代产业园区	11	6	5	12	8	4	10	5	5
阜阳经济技术开发区	8	6	2	4	2	2	5	2	3
界首市	196	116	80	195	113	82	259	138	121
宿州市	**1831**	**1046**	**785**	**1722**	**1005**	**717**	**2218**	**1205**	**1013**
埇桥区	472	278	194	440	260	180	589	313	276
砀山县	202	112	90	201	109	92	265	154	111
萧县	497	292	205	431	252	179	518	276	242
灵璧县	389	215	174	403	241	162	517	287	230
泗县	262	142	120	236	134	102	318	170	148
宿州马鞍山现代产业园区	9	7	2	11	9	2	11	5	6
宿州经济技术开发区									
六安市	**1780**	**1040**	**740**	**1797**	**1095**	**702**	**2220**	**1288**	**932**
金安区	268	157	111	264	150	114	275	140	135
裕安区	336	185	151	315	205	110	388	223	165
叶集区	77	45	32	71	41	30	95	65	30
霍邱县	385	231	154	400	254	146	502	314	188
舒城县	362	225	137	372	224	148	498	290	208
金寨县	263	148	115	280	161	119	336	191	145
霍山县	89	49	40	95	60	35	126	65	61
亳州市	**1669**	**990**	**679**	**1595**	**948**	**647**	**2029**	**1177**	**852**
谯城区	423	232	191	374	224	150	538	303	235
涡阳县	442	266	176	431	251	180	548	324	224
蒙城县	356	214	142	371	225	146	404	229	175
利辛县	448	278	170	419	248	171	539	321	218
池州市	**475**	**255**	**220**	**495**	**277**	**218**	**611**	**324**	**287**
贵池区	171	92	79	185	96	89	223	118	105
东至县	174	93	81	152	89	63	202	109	93
石台县	40	24	16	52	31	21	66	33	33
青阳县	83	42	41	99	58	41	111	61	50
池州市国家经济技术开发区									
皖江江南新兴产业集中区									
九华山风景区	7	4	3	7	3	4	9	3	6
宣城市	**966**	**562**	**404**	**955**	**561**	**394**	**1118**	**630**	**488**
宣州区	320	179	141	298	169	129	339	190	149
郎溪县	75	49	26	89	55	34	114	62	52
泾县	153	85	68	153	96	57	149	83	66
绩溪县	64	29	35	49	30	19	67	42	25
旌德县	52	33	19	49	28	21	61	29	32
宣城市经济开发区	12	9	3	9	4	5	14	12	2
宁国市	127	70	57	169	100	69	182	98	84
广德市	163	108	55	139	79	60	192	114	78

1-12 各地区家庭户的住房间数和面积

地　区	家庭户户　数（户）	家庭户人　数（人）	平均每户住房建筑面积（平方米/户）	平均每户住房间数（间/户）	人均住房建筑面积（平方米/人）	人　均住房间数（间/人）
安　徽	**20750408**	**55125661**	**122.42**	**3.25**	**46.08**	**1.22**
合肥市	**3017637**	**7753517**	**94.84**	**2.70**	**36.91**	**1.05**
瑶海区	297996	770100	84.32	2.40	32.63	0.93
庐阳区	234050	620824	86.96	2.44	32.78	0.92
蜀山区	326580	831913	93.99	2.52	36.90	0.99
包河区	390322	1022823	90.51	2.50	34.54	0.95
长丰县	261545	669229	92.78	2.94	36.26	1.15
肥东县	308769	763805	98.81	2.86	39.94	1.16
肥西县	295614	758538	94.23	2.75	36.72	1.07
庐江县	322160	810854	108.74	3.14	43.20	1.25
合肥高新技术产业开发区	69742	189135	94.54	2.57	34.86	0.95
合肥经济技术开发区	135844	378634	96.21	2.62	34.52	0.94
合肥新站高新技术产业开发区	112990	304794	90.08	2.56	33.39	0.95
巢湖市	262025	632868	103.76	2.94	42.96	1.22
芜湖市	**1284151**	**3222861**	**101.53**	**2.77**	**40.46**	**1.10**
镜湖区	182230	437795	90.97	2.39	37.87	1.00
弋江区	124302	321090	97.13	2.56	37.60	0.99
鸠江区	182535	470162	104.11	2.86	40.42	1.11
三山区	54360	137875	102.44	2.79	40.39	1.10
芜湖县	114915	292884	101.71	2.80	39.91	1.10
繁昌县	92376	223577	107.31	2.77	44.34	1.14
南陵县	166270	403611	107.66	2.87	44.35	1.18
芜湖经济技术开发区	57326	142912	90.82	2.38	36.43	0.96
安徽芜湖长江大桥经济开发区	8120	20455	112.71	2.87	44.74	1.14
无为市	301717	772500	104.52	3.03	40.82	1.19
蚌埠市	**1083601**	**3013821**	**123.26**	**3.16**	**44.32**	**1.14**
龙子湖区	80143	196962	93.36	2.69	37.99	1.09
蚌山区	60524	151383	89.55	2.27	35.80	0.91
禹会区	114575	295884	106.57	2.92	41.27	1.13
淮上区	88206	251200	117.50	2.70	41.26	0.95
怀远县	304556	884468	140.71	3.57	48.45	1.23
五河县	173839	493260	141.92	3.54	50.02	1.25
固镇县	159207	470984	126.62	3.36	42.80	1.14
蚌埠市高新技术开发区	19268	53804	97.34	2.50	34.86	0.89
蚌埠市经济开发区	83283	215876	102.39	2.54	39.50	0.98
淮南市	**1070540**	**2751578**	**104.15**	**3.11**	**40.52**	**1.21**
大通区	58593	152332	117.75	3.36	45.29	1.29
田家庵区	258511	636392	96.78	2.69	39.31	1.09
谢家集区	86028	206634	89.48	2.68	37.25	1.12
八公山区	46991	112382	86.27	2.64	36.07	1.10
潘集区	111690	304060	119.00	3.44	43.71	1.27
凤台县	213889	583851	126.64	3.64	46.40	1.33
寿县	294838	755927	93.11	3.13	36.31	1.22

注：本表数据为居住在普通住宅的家庭户。

1-12 续表 1

地 区	家庭户户数(户)	家庭户人数(人)	平均每户住房建筑面积(平方米/户)	平均每户住房间数(间/户)	人均住房建筑面积(平方米/人)	人均住房间数(间/人)
马鞍山市	**759814**	**1955808**	**102.81**	**2.79**	**39.94**	**1.08**
花山区	170453	421694	89.59	2.49	36.21	1.01
雨山区	117896	286270	91.66	2.52	37.75	1.04
博望区	52353	148331	123.26	3.17	43.50	1.12
当涂县	152463	407228	108.36	2.85	40.57	1.07
含山县	121555	315960	105.18	3.12	40.47	1.20
和县	145094	376325	112.21	2.85	43.26	1.10
淮北市	**665071**	**1806445**	**126.29**	**3.51**	**46.49**	**1.29**
杜集区	85361	220811	114.89	3.28	44.42	1.27
相山区	190912	499109	97.91	2.68	37.45	1.02
烈山区	83158	209334	118.52	3.70	47.08	1.47
濉溪县	305640	877191	149.30	4.04	52.02	1.41
铜陵市	**498985**	**1204754**	**104.89**	**3.11**	**43.44**	**1.29**
铜官区	158507	395460	87.21	2.56	34.95	1.02
义安区	90150	215611	108.98	2.93	45.57	1.22
郊区	65015	153979	112.37	3.20	47.45	1.35
枞阳县	185313	439704	115.39	3.65	48.63	1.54
安庆市	**1466326**	**3812501**	**127.78**	**3.36**	**49.14**	**1.29**
迎江区	96017	236734	98.17	2.62	39.82	1.06
大观区	81706	197660	98.71	2.67	40.81	1.10
宜秀区	47153	126374	152.91	3.46	57.05	1.29
怀宁县	180493	464737	135.05	3.41	52.45	1.32
太湖县	154486	402596	124.95	3.46	47.95	1.33
宿松县	215715	573755	146.68	3.55	55.15	1.34
望江县	157628	428957	139.26	3.29	51.17	1.21
岳西县	111653	304530	128.28	4.13	47.03	1.52
安徽安庆经济开发区	47534	118550	102.11	2.70	40.94	1.08
桐城市	214581	544782	116.43	3.34	45.86	1.32
潜山市	159360	413826	133.23	3.46	51.30	1.33
黄山市	**483041**	**1220886**	**136.80**	**3.49**	**54.13**	**1.38**
屯溪区	97350	254461	121.16	2.98	46.35	1.14
黄山区	53777	130344	131.70	3.29	54.34	1.36
徽州区	33464	89581	144.30	3.55	53.91	1.33
歙县	138272	341352	139.85	3.79	56.65	1.54
休宁县	75625	200147	158.04	3.69	59.72	1.39
黟县	29480	71296	124.16	3.45	51.34	1.43
祁门县	55073	133705	134.86	3.57	55.55	1.47
滁州市	**1321764**	**3610361**	**106.42**	**3.12**	**38.96**	**1.14**
琅琊区	90806	243026	96.83	2.72	36.18	1.01
南谯区	114592	302095	102.06	2.86	38.72	1.09
来安县	142711	373743	113.09	3.00	43.18	1.15
全椒县	139812	352986	97.37	3.04	38.57	1.21
定远县	226819	631634	96.11	3.22	34.51	1.16
凤阳县	196719	584183	114.80	3.47	38.66	1.17
苏滁现代产业园	4839	12686	95.93	2.48	36.59	0.95
滁州经济技术开发区	33672	94251	102.49	2.64	36.62	0.94
天长市	204422	568329	126.96	3.09	45.67	1.11
明光市	167372	447428	96.61	3.28	36.14	1.23

1-12 续表 2

地 区	家庭户户 数(户)	家庭户人 数(人)	平均每户住房建筑面积(平方米/户)	平均每户住房间数(间/户)	人均住房建筑面积(平方米/人)	人 均住房间数(间/人)
阜阳市	**2648769**	**7654157**	**155.46**	**3.81**	**53.80**	**1.32**
颍州区	243387	709161	153.48	3.64	52.67	1.25
颍东区	166510	494271	169.89	4.04	57.23	1.36
颍泉区	196441	553483	152.67	3.74	54.18	1.33
临泉县	518802	1565430	170.00	4.10	56.34	1.36
太和县	500128	1336959	134.89	3.85	50.46	1.44
阜南县	367364	1116368	156.91	3.61	51.63	1.19
颍上县	382067	1119610	163.82	3.87	55.90	1.32
阜阳合肥现代产业园区	11398	35398	163.73	4.07	52.72	1.31
阜阳经济技术开发区	36075	105778	133.59	2.98	45.56	1.02
界首市	226597	617699	148.12	3.52	54.34	1.29
宿州市	**1803565**	**5013321**	**137.09**	**3.64**	**49.32**	**1.31**
埇桥区	563872	1549923	129.23	3.57	47.01	1.30
砀山县	275931	731227	136.36	4.05	51.46	1.53
萧县	383584	1000908	131.30	3.55	50.32	1.36
灵璧县	311830	924437	151.98	3.66	51.27	1.24
泗县	238913	719344	145.35	3.42	48.28	1.14
宿州马鞍山现代产业园区	12983	38765	153.28	4.02	51.34	1.35
宿州经济技术开发区	16452	48717	138.53	3.32	46.78	1.12
六安市	**1545283**	**3979239**	**118.73**	**3.23**	**46.11**	**1.25**
金安区	292716	730498	111.52	2.93	44.69	1.18
裕安区	298430	823849	124.85	3.33	45.23	1.21
叶集区	64263	187389	136.73	3.50	46.89	1.20
霍邱县	344091	862957	107.90	3.12	43.02	1.24
舒城县	266473	650187	113.95	3.33	46.70	1.36
金寨县	175088	462425	139.77	3.48	52.92	1.32
霍山县	104222	261934	123.04	3.30	48.96	1.31
亳州市	**1678530**	**4628433**	**152.64**	**3.61**	**55.36**	**1.31**
谯城区	520895	1390255	147.62	3.32	55.31	1.24
涡阳县	389028	1080516	152.81	3.82	55.02	1.38
蒙城县	352210	1042402	170.34	3.85	57.55	1.30
利辛县	416397	1115260	143.81	3.57	53.69	1.33
池州市	**490490**	**1227436**	**129.76**	**3.38**	**51.85**	**1.35**
贵池区	212327	531635	124.33	3.25	49.66	1.30
东至县	150037	378369	134.10	3.62	53.17	1.44
石台县	30893	74836	126.87	3.48	52.37	1.44
青阳县	86407	214046	134.69	3.23	54.37	1.30
池州市国家经济技术开发区	3846	10382	125.08	2.96	46.34	1.10
皖江江南新兴产业集中区	2569	5450	80.65	2.17	38.02	1.02
九华山风景区	4411	12718	200.05	5.05	69.38	1.75
宣城市	**932841**	**2270543**	**115.42**	**2.96**	**47.42**	**1.22**
宣州区	260203	620816	105.68	2.84	44.30	1.19
郎溪县	113143	285825	106.05	2.82	41.98	1.12
泾县	111962	255058	109.78	2.90	48.19	1.27
绩溪县	55403	129591	129.91	3.48	55.54	1.49
旌德县	43133	105682	126.15	3.38	51.49	1.38
宣城市经济开发区	32629	81892	106.00	2.88	42.23	1.15
宁国市	146311	354302	123.86	2.99	51.15	1.24
广德市	170057	437377	127.35	3.01	49.52	1.17

1-12a　各地区家庭户的住房间数和面积(城市)

地　区	家庭户户　数(户)	家庭户人　数(人)	平均每户住房建筑面积(平方米/户)	平均每户住房间数(间/户)	人均住房建筑面积(平方米/人)	人　均住房间数(间/人)
安　徽	**5395240**	**14149211**	**98.88**	**2.64**	**37.70**	**1.01**
合肥市	**1359581**	**3524263**	**90.18**	**2.48**	**34.79**	**0.96**
瑶海区	282914	728895	83.91	2.39	32.57	0.93
庐阳区	210489	551553	84.49	2.38	32.24	0.91
蜀山区	311922	796168	93.71	2.49	36.71	0.98
包河区	389337	1020298	90.51	2.50	34.54	0.95
长丰县						
肥东县						
肥西县	14925	35759	87.90	2.59	36.69	1.08
庐江县						
合肥高新技术产业开发区						
合肥经济技术开发区						
合肥新站高新技术产业开发区	23149	60293	95.77	2.52	36.77	0.97
巢湖市	126845	331297	103.15	2.77	39.49	1.06
芜湖市	**506625**	**1282671**	**95.73**	**2.55**	**37.81**	**1.01**
镜湖区	174878	418774	89.72	2.37	37.47	0.99
弋江区	124302	321090	97.13	2.56	37.60	0.99
鸠江区	103770	269808	97.22	2.61	37.39	1.00
三山区	31864	80790	91.51	2.52	36.09	0.99
芜湖县	3223	8220	101.17	3.00	39.67	1.18
繁昌县						
南陵县						
芜湖经济技术开发区	993	2326	122.07	3.15	52.11	1.34
安徽芜湖长江大桥经济开发区						
无为市	67595	181663	107.77	2.87	40.10	1.07
蚌埠市	**243873**	**609785**	**88.00**	**2.33**	**35.19**	**0.93**
龙子湖区	64520	154089	80.66	2.31	33.77	0.97
蚌山区	55236	136137	83.10	2.18	33.72	0.88
禹会区	77249	186980	87.40	2.37	36.11	0.98
淮上区	46868	132579	104.89	2.47	37.08	0.87
怀远县						
五河县						
固镇县						
蚌埠市高新技术开发区						
蚌埠市经济开发区						
淮南市	**395618**	**969861**	**93.08**	**2.63**	**37.97**	**1.07**
大通区	14701	37267	94.26	2.56	37.18	1.01
田家庵区	242947	595036	95.37	2.65	38.94	1.08
谢家集区	66646	158248	85.24	2.49	35.90	1.05
八公山区	44632	106918	85.63	2.59	35.74	1.08
潘集区	26692	72392	103.63	2.86	38.21	1.05
凤台县						
寿县						

注：本表数据为居住在普通住宅的家庭户。

1-12a 续表 1

地　区	家庭户户　数(户)	家庭户人　数(人)	平均每户住房建筑面积(平方米/户)	平均每户住房间数(间/户)	人均住房建筑面积(平方米/人)	人　均住房间数(间/人)
马鞍山市	**304396**	**759265**	**91.69**	**2.52**	**36.76**	**1.01**
花山区	167129	413631	88.51	2.46	35.76	1.00
雨山区	113326	274475	89.14	2.45	36.80	1.01
博望区	23941	71159	126.00	3.17	42.39	1.07
当涂县						
含山县						
和县						
淮北市	**276834**	**723166**	**99.86**	**2.74**	**38.23**	**1.05**
杜集区	49952	130072	99.21	2.89	38.10	1.11
相山区	173831	454166	93.93	2.52	35.95	0.96
烈山区	33450	82503	90.28	2.58	36.61	1.05
濉溪县	19601	56425	170.37	4.65	59.18	1.62
铜陵市	**204030**	**510110**	**87.77**	**2.55**	**35.11**	**1.02**
铜官区	155667	388228	86.47	2.53	34.67	1.02
义安区	32742	84595	92.86	2.65	35.94	1.02
郊区	15621	37287	90.05	2.56	37.72	1.07
枞阳县						
安庆市	**358931**	**930800**	**106.75**	**2.78**	**41.16**	**1.07**
迎江区	91370	228045	93.69	2.53	37.54	1.01
大观区	62382	146409	77.46	2.25	33.01	0.96
宜秀区	27189	76344	133.85	3.07	47.67	1.09
怀宁县						
太湖县						
宿松县						
望江县	30149	84309	127.79	3.00	45.70	1.07
岳西县						
安徽安庆经济开发区						
桐城市	97248	261036	113.41	3.05	42.25	1.14
潜山市	50593	134657	126.54	3.12	47.54	1.17
黄山市	**129142**	**335567**	**117.33**	**2.91**	**45.15**	**1.12**
屯溪区	88116	227394	115.17	2.86	44.63	1.11
黄山区	21514	54210	115.05	2.88	45.66	1.14
徽州区	16968	46500	119.08	3.04	43.45	1.11
歙县	1178	3378	187.41	3.92	65.35	1.37
休宁县	1366	4085	210.06	4.03	70.24	1.35
黟县						
祁门县						
滁州市	**285404**	**804997**	**102.55**	**2.81**	**36.36**	**1.00**
琅琊区	87044	234378	95.86	2.65	35.60	0.98
南谯区	58047	166280	103.03	2.65	35.97	0.93
来安县						
全椒县						
定远县						
凤阳县						
苏滁现代产业园						
滁州经济技术开发区						
天长市	78624	226420	115.09	2.90	39.97	1.01
明光市	61689	177919	95.55	3.06	33.13	1.06

1-12a 续表 2

地 区	家庭户户数(户)	家庭户人数(人)	平均每户住房建筑面积(平方米/户)	平均每户住房间数(间/户)	人均住房建筑面积(平方米/人)	人均住房间数(间/人)
阜阳市	**309121**	**897434**	**110.74**	**2.90**	**38.14**	**1.00**
颍州区	129993	373189	105.09	2.91	36.61	1.01
颍东区	52679	151865	103.01	2.70	35.73	0.94
颍泉区	62473	185075	121.34	3.07	40.96	1.03
临泉县						
太和县						
阜南县						
颍上县						
阜阳合肥现代产业园区						
阜阳经济技术开发区						
界首市	63976	187305	118.22	2.88	40.38	0.98
宿州市	**211310**	**580264**	**108.21**	**2.78**	**39.41**	**1.01**
埇桥区	209300	574672	107.43	2.78	39.13	1.01
砀山县						
萧县	2010	5592	190.18	2.73	68.36	0.98
灵璧县						
泗县						
宿州马鞍山现代产业园区						
宿州经济技术开发区						
六安市	**248803**	**697487**	**105.04**	**2.71**	**37.47**	**0.97**
金安区	113258	308618	101.20	2.63	37.14	0.96
裕安区	113177	321122	103.33	2.69	36.42	0.95
叶集区	19848	61299	137.18	3.17	44.42	1.03
霍邱县	925	2429	130.46	4.95	49.68	1.88
舒城县	1595	4019	85.01	3.37	33.74	1.34
金寨县						
霍山县						
亳州市	**184810**	**529301**	**128.48**	**3.01**	**44.86**	**1.05**
谯城区	183461	525492	128.47	3.00	44.85	1.05
涡阳县						
蒙城县						
利辛县	1349	3809	129.47	3.44	45.85	1.22
池州市	**123727**	**328528**	**109.22**	**2.83**	**41.13**	**1.07**
贵池区	117312	312696	109.33	2.84	41.01	1.06
东至县						
石台县						
青阳县						
池州市国家经济技术开发区	3846	10382	125.08	2.96	46.34	1.10
皖江江南新兴产业集中区	2569	5450	80.65	2.17	38.02	1.02
九华山风景区						
宣城市	**253035**	**665712**	**108.34**	**2.74**	**41.18**	**1.04**
宣州区	90223	234252	97.19	2.65	37.43	1.02
郎溪县						
泾县						
绩溪县						
旌德县						
宣城市经济开发区						
宁国市	85313	225965	109.25	2.75	41.25	1.04
广德市	77499	205495	120.31	2.83	45.37	1.07

1－12b 各地区家庭户的住房间数和面积(镇)

地　　区	家庭户户　数(户)	家庭户人　数(人)	平均每户住房建筑面积(平方米/户)	平均每户住房间数(间/户)	人均住房建筑面积(平方米/人)	人　　均住房间数(间/人)
安　徽	**6101712**	**16767368**	**116.15**	**3.05**	**42.27**	**1.11**
合肥市	**1022804**	**2790815**	**95.97**	**2.68**	**35.17**	**0.98**
瑶海区	8166	21092	94.49	2.63	36.58	1.02
庐阳区	21602	64784	108.01	2.95	36.01	0.98
蜀山区	10041	26343	98.80	2.79	37.66	1.06
包河区						
长丰县	144335	403272	91.95	2.72	32.91	0.97
肥东县	187358	508172	98.56	2.69	36.34	0.99
肥西县	165426	454493	87.94	2.52	32.01	0.92
庐江县	158592	422271	105.72	2.90	39.71	1.09
合肥高新技术产业开发区	69721	189086	94.52	2.57	34.85	0.95
合肥经济技术开发区	132457	371699	96.16	2.61	34.27	0.93
合肥新站高新技术产业开发区	88817	242168	88.19	2.57	32.34	0.94
巢湖市	36289	87435	106.16	2.88	44.06	1.19
芜湖市	**380960**	**981469**	**102.21**	**2.75**	**39.67**	**1.07**
镜湖区	350	887	112.99	2.61	44.59	1.03
弋江区						
鸠江区	27872	71585	110.26	2.99	42.93	1.16
三山区	6570	18408	120.86	2.96	43.14	1.06
芜湖县	70698	188547	99.64	2.73	37.36	1.02
繁昌县	52564	134861	101.84	2.69	39.70	1.05
南陵县	83885	213162	105.79	2.72	41.63	1.07
芜湖经济技术开发区	54948	137663	90.12	2.37	35.97	0.95
安徽芜湖长江大桥经济开发区	5547	13492	98.98	2.49	40.69	1.02
无为市	78526	202864	105.19	3.02	40.72	1.17
蚌埠市	**350321**	**975163**	**115.15**	**2.87**	**41.37**	**1.03**
龙子湖区	3108	7772	114.81	3.03	45.91	1.21
蚌山区						
禹会区	2883	8165	123.37	3.34	43.56	1.18
淮上区	9334	25874	111.13	2.64	40.09	0.95
怀远县	109141	312675	125.28	3.09	43.73	1.08
五河县	74434	210220	122.64	3.00	43.42	1.06
固镇县	48870	140777	110.18	2.88	38.25	1.00
蚌埠市高新技术开发区	19268	53804	97.34	2.50	34.86	0.89
蚌埠市经济开发区	83283	215876	102.39	2.54	39.50	0.98
淮南市	**255911**	**677946**	**103.67**	**3.04**	**39.13**	**1.15**
大通区	28008	72993	120.11	3.32	46.09	1.27
田家庵区	4564	13281	123.49	3.59	42.44	1.23
谢家集区	1456	3564	103.13	2.73	42.13	1.12
八公山区	23	45	101.74	3.04	52.00	1.56
潘集区	24424	63684	112.29	3.19	43.06	1.22
凤台县	76429	208972	109.57	2.96	40.08	1.08
寿县	121007	315407	93.65	2.97	35.93	1.14

注：本表数据为居住在普通住宅的家庭户。

1-12b 续表 1

地 区	家庭户户数(户)	家庭户人数(人)	平均每户住房建筑面积(平方米/户)	平均每户住房间数(间/户)	人均住房建筑面积(平方米/人)	人均住房间数(间/人)
马鞍山市	**231576**	**617011**	**108.74**	**2.84**	**40.81**	**1.07**
花山区						
雨山区						
博望区	3372	9294	144.99	2.96	52.60	1.07
当涂县	94435	251173	106.30	2.79	39.97	1.05
含山县	64495	173138	108.64	3.03	40.47	1.13
和县	69274	183406	110.39	2.73	41.69	1.03
淮北市	**147267**	**407452**	**120.97**	**3.29**	**43.72**	**1.19**
杜集区	17611	41713	109.40	3.19	46.19	1.35
相山区						
烈山区	12360	28564	92.19	3.15	39.89	1.37
濉溪县	117296	337175	125.74	3.32	43.74	1.15
铜陵市	**111408**	**271474**	**115.27**	**3.46**	**47.30**	**1.42**
铜官区	12	19	45.75	2.42	28.89	1.53
义安区	9654	23786	125.96	3.09	51.12	1.25
郊区	11758	26959	99.73	2.89	43.50	1.26
枞阳县	89984	220710	116.16	3.57	47.36	1.46
安庆市	**409779**	**1094844**	**127.78**	**3.27**	**47.82**	**1.22**
迎江区						
大观区	6782	18143	192.17	4.67	71.83	1.74
宜秀区	9831	25206	157.37	3.69	61.38	1.44
怀宁县	81743	217178	126.75	3.19	47.71	1.20
太湖县	57311	154846	120.22	3.15	44.49	1.16
宿松县	81061	224242	144.06	3.28	52.07	1.19
望江县	17367	48114	143.02	3.25	51.62	1.17
岳西县	39500	112146	118.64	3.66	41.79	1.29
安徽安庆经济开发区	46140	115255	100.07	2.67	40.06	1.07
桐城市	38875	97278	119.34	3.33	47.69	1.33
潜山市	31169	82436	133.29	3.53	50.40	1.33
黄山市	**134362**	**355052**	**133.10**	**3.36**	**50.37**	**1.27**
屯溪区	1891	6133	195.15	4.98	60.17	1.53
黄山区	8175	20005	152.50	3.66	62.32	1.50
徽州区	3796	11139	198.68	4.55	67.71	1.55
歙县	52508	141444	132.81	3.42	49.30	1.27
休宁县	28870	78123	134.79	3.16	49.81	1.17
黟县	12127	30070	118.65	3.15	47.85	1.27
祁门县	26995	68138	118.90	3.18	47.11	1.26
滁州市	**498526**	**1404111**	**109.67**	**3.01**	**38.94**	**1.07**
琅琊区						
南谯区	20638	51872	96.82	2.80	38.52	1.11
来安县	75623	207554	113.24	2.99	41.26	1.09
全椒县	84834	229333	100.48	2.75	37.17	1.02
定远县	96596	281739	103.11	3.11	35.35	1.07
凤阳县	94596	280439	108.67	3.12	36.65	1.05
苏滁现代产业园	4839	12686	95.93	2.48	36.59	0.95
滁州经济技术开发区	30894	86842	102.76	2.64	36.56	0.94
天长市	62883	181753	140.28	3.18	48.54	1.10
明光市	27623	71893	104.51	3.42	40.16	1.31

1-12b 续表 2

地　　区	家庭户户　数（户）	家庭户人　数（人）	平均每户住房建筑面积（平方米/户）	平均每户住房间数（间/户）	人均住房建筑面积（平方米/人）	人　　均住房间数（间/人）
阜阳市	**724940**	**2150528**	**140.27**	**3.46**	**47.29**	**1.17**
颍州区	19140	57583	207.45	4.17	68.96	1.39
颍东区	21996	67922	184.30	4.34	59.68	1.41
颍泉区	26536	76358	146.52	4.01	50.92	1.39
临泉县	137401	431337	141.02	3.44	44.92	1.10
太和县	212795	584698	126.69	3.46	46.11	1.26
阜南县	99588	313289	127.21	3.00	40.44	0.96
颍上县	140508	430343	153.60	3.56	50.15	1.16
阜阳合肥现代产业园区	1591	5378	147.93	4.00	43.76	1.18
阜阳经济技术开发区	30198	87896	119.94	2.85	41.21	0.98
界首市	35187	95724	151.55	3.48	55.71	1.28
宿州市	**525775**	**1507972**	**126.58**	**3.30**	**44.13**	**1.15**
埇桥区	68749	178097	113.19	3.18	43.69	1.23
砀山县	126140	346054	133.87	3.80	48.80	1.39
萧县	115537	322551	121.70	3.14	43.59	1.12
灵璧县	102472	317260	126.55	3.11	40.88	1.01
泗县	88965	273237	130.41	3.13	42.46	1.02
宿州马鞍山现代产业园区	7460	22056	130.53	3.08	44.15	1.04
宿州经济技术开发区	16452	48717	138.53	3.32	46.78	1.12
六安市	**439233**	**1153913**	**109.38**	**2.86**	**41.63**	**1.09**
金安区	50329	125467	91.81	2.40	36.83	0.96
裕安区	27146	75303	118.16	2.93	42.60	1.06
叶集区	8809	24447	128.14	3.17	46.17	1.14
霍邱县	105057	282636	115.66	2.99	42.99	1.11
舒城县	112507	283071	101.01	2.82	40.14	1.12
金寨县	67400	185313	111.07	2.77	40.40	1.01
霍山县	67985	177676	118.90	3.05	45.49	1.17
亳州市	**444124**	**1307385**	**131.74**	**3.23**	**44.75**	**1.10**
谯城区	42256	113444	152.61	3.13	56.84	1.17
涡阳县	126837	374013	123.11	3.18	41.75	1.08
蒙城县	142601	433356	137.18	3.34	45.14	1.10
利辛县	132430	386572	127.50	3.20	43.68	1.10
池州市	**151125**	**385717**	**121.12**	**3.21**	**47.46**	**1.26**
贵池区	12743	31633	137.64	3.58	55.44	1.44
东至县	81196	206759	118.75	3.25	46.63	1.28
石台县	12459	30920	112.73	3.07	45.42	1.24
青阳县	43968	114490	122.51	3.02	47.05	1.16
池州市国家经济技术开发区						
皖江江南新兴产业集中区						
九华山风景区	759	1915	155.30	4.81	61.55	1.91
宣城市	**273601**	**686516**	**112.82**	**2.88**	**44.96**	**1.15**
宣州区	38899	93193	100.14	2.74	41.80	1.14
郎溪县	67995	177792	108.46	2.74	41.48	1.05
泾县	54260	131772	106.42	2.73	43.82	1.12
绩溪县	30279	75855	127.46	3.25	50.88	1.30
旌德县	23505	60193	121.03	3.18	47.26	1.24
宣城市经济开发区	26199	67831	106.05	2.83	40.96	1.09
宁国市	10152	22395	136.96	3.16	62.09	1.43
广德市	22312	57485	132.18	3.03	51.31	1.17

1-12c 各地区家庭户的住房间数和面积(乡村)

地 区	家庭户户数(户)	家庭户人数(人)	平均每户住房建筑面积(平方米/户)	平均每户住房间数(间/户)	人均住房建筑面积(平方米/人)	人均住房间数(间/人)
安 徽	**9253456**	**24209082**	**140.28**	**3.73**	**53.62**	**1.42**
合肥市	**635252**	**1438439**	**103.00**	**3.21**	**45.49**	**1.42**
瑶海区	6916	20113	89.19	2.50	30.67	0.86
庐阳区	1959	4487	120.60	3.20	52.65	1.40
蜀山区	4617	9402	102.78	3.44	50.47	1.69
包河区	985	2525	88.54	3.51	34.54	1.37
长丰县	117210	265957	93.81	3.21	41.34	1.41
肥东县	121411	255633	99.19	3.14	47.11	1.49
肥西县	115263	268286	104.08	3.11	44.71	1.34
庐江县	163568	388583	111.66	3.37	47.00	1.42
合肥高新技术产业开发区	21	49	147.14	4.10	63.06	1.76
合肥经济技术开发区	3387	6935	98.18	3.06	47.95	1.50
合肥新站高新技术产业开发区	1024	2333	125.24	3.18	54.97	1.40
巢湖市	98891	214136	103.66	3.18	47.87	1.47
芜湖市	**396566**	**958721**	**108.29**	**3.08**	**44.79**	**1.27**
镜湖区	7002	18134	121.13	2.95	46.77	1.14
弋江区						
鸠江区	50893	128769	114.80	3.31	45.37	1.31
三山区	15926	38677	116.72	3.26	48.06	1.34
芜湖县	40994	96117	105.31	2.91	44.92	1.24
繁昌县	39812	88716	114.54	2.87	51.40	1.29
南陵县	82385	190449	109.57	3.03	47.40	1.31
芜湖经济技术开发区	1385	2923	96.14	2.38	45.55	1.13
安徽芜湖长江大桥经济开发区	2573	6963	142.30	3.68	52.58	1.36
无为市	155596	387973	102.78	3.12	41.22	1.25
蚌埠市	**489407**	**1428873**	**146.63**	**3.78**	**50.22**	**1.30**
龙子湖区	12515	35101	153.53	4.54	54.74	1.62
蚌山区	5288	15246	156.98	3.22	54.45	1.12
禹会区	34443	100739	148.15	4.13	50.65	1.41
淮上区	32004	92747	137.82	3.05	47.56	1.05
怀远县	195415	571793	149.33	3.84	51.03	1.31
五河县	99405	283040	156.36	3.94	54.91	1.38
固镇县	110337	330207	133.91	3.58	44.74	1.19
蚌埠市高新技术开发区						
蚌埠市经济开发区						
淮南市	**419011**	**1103771**	**114.90**	**3.62**	**43.62**	**1.37**
大通区	15884	42072	135.34	4.18	51.10	1.58
田家庵区	11000	28075	116.75	3.36	45.74	1.32
谢家集区	17926	44822	104.15	3.37	41.65	1.35
八公山区	2336	5419	98.48	3.41	42.45	1.47
潘集区	60574	167984	128.47	3.81	46.33	1.37
凤台县	137460	374879	136.14	4.02	49.92	1.47
寿县	173831	440520	92.73	3.24	36.59	1.28

注：本表数据为居住在普通住宅的家庭户。

1－12c 续表 1

地　　区	家庭户户　数（户）	家庭户人　数（人）	平均每户住房建筑面积（平方米/户）	平均每户住房间数（间/户）	人均住房建筑面积（平方米/人）	人　　均住房间数（间/人）
马鞍山市	**223842**	**579532**	**111.80**	**3.09**	**43.18**	**1.19**
花山区	3324	8063	143.92	3.87	59.33	1.60
雨山区	4570	11795	154.30	4.26	59.78	1.65
博望区	25040	67878	117.71	3.21	43.42	1.18
当涂县	58028	156055	111.70	2.95	41.54	1.10
含山县	57060	142822	101.28	3.22	40.46	1.29
和县	75820	192919	113.88	2.97	44.76	1.17
淮北市	**240970**	**675827**	**159.90**	**4.52**	**57.01**	**1.61**
杜集区	17798	49026	164.33	4.46	59.66	1.62
相山区	17081	44943	138.41	4.30	52.61	1.63
烈山区	37348	98267	152.53	4.89	57.97	1.86
濉溪县	168743	483591	163.23	4.46	56.96	1.56
铜陵市	**183547**	**423170**	**117.61**	**3.53**	**51.01**	**1.53**
铜官区	2828	7213	127.90	3.86	50.15	1.51
义安区	47754	107230	116.61	3.09	51.93	1.38
郊区	37636	89733	125.58	3.56	52.67	1.49
枞阳县	95329	218994	114.66	3.73	49.91	1.62
安庆市	**697616**	**1786857**	**138.60**	**3.71**	**54.11**	**1.45**
迎江区	4647	8689	186.29	4.50	99.63	2.41
大观区	12542	33108	153.88	3.70	58.29	1.40
宜秀区	10133	24824	199.71	4.30	81.52	1.76
怀宁县	98750	247559	141.91	3.59	56.61	1.43
太湖县	97175	247750	127.74	3.64	50.10	1.43
宿松县	134654	349513	148.26	3.72	57.12	1.43
望江县	110112	296534	141.80	3.38	52.66	1.26
岳西县	72153	192384	133.55	4.39	50.09	1.65
安徽安庆经济开发区	1394	3295	169.65	3.60	71.77	1.52
桐城市	78458	186468	118.74	3.71	49.96	1.56
潜山市	77598	196733	137.57	3.66	54.26	1.45
黄山市	**219537**	**530267**	**150.53**	**3.92**	**62.32**	**1.62**
屯溪区	7343	20934	173.87	3.89	60.99	1.36
黄山区	24088	56129	139.51	3.53	59.87	1.52
徽州区	12700	31942	161.74	3.93	64.31	1.56
歙县	84586	196530	143.55	4.02	61.79	1.73
休宁县	45389	117939	171.27	4.01	65.91	1.54
黟县	17353	41226	128.01	3.66	53.88	1.54
祁门县	28078	65567	150.21	3.94	64.32	1.69
滁州市	**537834**	**1401253**	**105.46**	**3.39**	**40.48**	**1.30**
琅琊区	3762	8648	119.28	4.22	51.89	1.83
南谯区	35907	83943	103.52	3.23	44.28	1.38
来安县	67088	166189	112.91	3.01	45.58	1.21
全椒县	54978	123653	92.57	3.50	41.16	1.55
定远县	130223	349895	90.92	3.30	33.84	1.23
凤阳县	102123	303744	120.47	3.80	40.50	1.28
苏滁现代产业园						
滁州经济技术开发区	2778	7409	99.54	2.69	37.32	1.01
天长市	62915	160156	128.47	3.25	50.47	1.28
明光市	78060	197616	94.65	3.40	37.39	1.34

1-12c 续表 2

地 区	家庭户户 数(户)	家庭户人 数(人)	平均每户住房建筑面积(平方米/户)	平均每户住房间数(间/户)	人均住房建筑面积(平方米/人)	人 均住房间数(间/人)
阜阳市	**1614708**	**4606195**	**170.84**	**4.15**	**59.89**	**1.45**
颍州区	94254	278389	209.25	4.53	70.85	1.53
颍东区	91835	274484	204.81	4.74	68.52	1.58
颍泉区	107432	292050	172.40	4.07	63.42	1.50
临泉县	381401	1134093	180.45	4.33	60.68	1.46
太和县	287333	752261	140.97	4.14	53.84	1.58
阜南县	267776	803079	167.95	3.84	56.00	1.28
颍上县	241559	689267	169.77	4.05	59.50	1.42
阜阳合肥现代产业园区	9807	30020	166.30	4.09	54.33	1.33
阜阳经济技术开发区	5877	17882	203.74	3.64	66.96	1.20
界首市	127434	334670	162.18	3.85	61.75	1.46
宿州市	**1066480**	**2925085**	**147.99**	**3.97**	**53.96**	**1.45**
埇桥区	285823	797154	149.05	4.24	53.44	1.52
砀山县	149791	385173	138.45	4.25	53.84	1.65
萧县	266037	672765	135.02	3.74	53.39	1.48
灵璧县	209358	607177	164.42	3.93	56.69	1.36
泗县	149948	446107	154.22	3.60	51.84	1.21
宿州马鞍山现代产业园区	5523	16709	184.01	5.29	60.82	1.75
宿州经济技术开发区						
六安市	**857247**	**2127839**	**127.50**	**3.57**	**51.37**	**1.44**
金安区	129129	296413	128.25	3.41	55.87	1.49
裕安区	158107	427424	141.41	3.86	52.31	1.43
叶集区	35606	101643	138.61	3.77	48.56	1.32
霍邱县	238109	577892	104.39	3.17	43.01	1.30
舒城县	152371	363097	123.80	3.70	51.95	1.55
金寨县	107688	277112	157.73	3.92	61.30	1.52
霍山县	36237	84258	130.82	3.78	56.26	1.62
亳州市	**1049596**	**2791747**	**165.74**	**3.87**	**62.31**	**1.46**
谯城区	295178	751319	158.80	3.54	62.39	1.39
涡阳县	262191	706503	167.17	4.13	62.04	1.53
蒙城县	209609	609046	192.90	4.19	66.39	1.44
利辛县	282618	724879	151.53	3.74	59.08	1.46
池州市	**215638**	**513191**	**147.60**	**3.83**	**62.02**	**1.61**
贵池区	82272	187306	143.67	3.79	63.11	1.67
东至县	68841	171610	152.19	4.06	61.05	1.63
石台县	18434	43916	136.42	3.75	57.26	1.57
青阳县	42439	99556	147.31	3.44	62.79	1.47
池州市国家经济技术开发区						
皖江江南新兴产业集中区						
九华山风景区	3652	10803	209.35	5.10	70.77	1.72
宣城市	**406205**	**918315**	**121.58**	**3.16**	**53.78**	**1.40**
宣州区	131081	293371	113.17	3.00	50.57	1.34
郎溪县	45148	108033	102.42	2.95	42.80	1.23
泾县	57702	123286	112.95	3.05	52.86	1.43
绩溪县	25124	53736	132.86	3.75	62.12	1.75
旌德县	19628	45489	132.29	3.61	57.08	1.56
宣城市经济开发区	6430	14061	105.81	3.07	48.39	1.40
宁国市	50846	105942	145.75	3.36	69.95	1.61
广德市	70246	174397	133.59	3.19	53.81	1.28

第一部分　全部数据资料

第二卷　民族

2-1 全省各民族人口及比重

单位：人、%

民 族	人口数	男	女	各民族人口占总人口的比重
总 计	**61027171**	**31103394**	**29923777**	**100.00**
汉 族	60594623	30895103	29699520	99.29
蒙古族	5809	2911	2898	0.01
回 族	297740	152843	144897	0.49
藏 族	3694	1391	2303	0.01
维吾尔族	4026	1986	2040	0.01
苗 族	24975	9609	15366	0.04
彝 族	15844	6357	9487	0.03
壮 族	12337	4140	8197	0.02
布依族	8052	2740	5312	0.01
朝鲜族	1840	922	918	
满 族	12067	6235	5832	0.02
侗 族	6119	2352	3767	0.01
瑶 族	2390	854	1536	
白 族	2156	834	1322	
土家族	14981	7139	7842	0.02
哈尼族	2233	632	1601	
哈萨克族	288	134	154	
傣 族	1432	389	1043	
黎 族	1636	577	1059	
傈僳族	1242	366	876	
佤 族	1332	517	815	
畲 族	2141	1122	1019	
高山族	66	29	37	
拉祜族	1213	348	865	
水 族	1327	451	876	
东乡族	1559	845	714	
纳西族	122	36	86	
景颇族	377	91	286	
柯尔克孜族	52	28	24	
土 族	327	137	190	
达斡尔族	145	69	76	
仫佬族	379	134	245	
羌 族	329	153	176	
布朗族	179	56	123	
撒拉族	231	124	107	
毛南族	153	68	85	
仡佬族	1355	684	671	
锡伯族	228	112	116	
阿昌族	112	44	68	
普米族	38	24	14	
塔吉克族	6	1	5	
怒 族	48	11	37	
乌孜别克族	3	2	1	
俄罗斯族	44	23	21	
鄂温克族	25	6	19	
德昂族	65	17	48	
保安族	57	35	22	
裕固族	9	7	2	
京 族	26	2	24	
塔塔尔族	6	3	3	
独龙族	29	5	24	
鄂伦春族	17	6	11	
赫哲族	9	5	4	
门巴族	7	1	6	
珞巴族	5	2	3	
基诺族	13	6	7	
未定族称人口	1498	640	858	
入 籍	155	36	119	

2-1a 全省各民族人口及比重(城市)

单位：人、%

民族	人口数	男	女	各民族人口占总人口的比重
总计	**16329087**	**8142601**	**8186486**	**100.00**
汉族	16168099	8063757	8104342	99.01
蒙古族	2892	1457	1435	0.02
回族	114887	57526	57361	0.70
藏族	1524	649	875	0.01
维吾尔族	1992	943	1049	0.01
苗族	6826	3125	3701	0.04
彝族	4590	1994	2596	0.03
壮族	4119	1620	2499	0.03
布依族	2049	815	1234	0.01
朝鲜族	1039	519	520	0.01
满族	6432	3293	3139	0.04
侗族	1749	836	913	0.01
瑶族	811	322	489	
白族	604	266	338	
土家族	5305	2635	2670	0.03
哈尼族	457	150	307	
哈萨克族	180	68	112	
傣族	359	115	244	
黎族	538	203	335	
傈僳族	251	100	151	
佤族	391	228	163	
畲族	727	382	345	
高山族	33	17	16	
拉祜族	236	118	118	
水族	285	107	178	
东乡族	649	361	288	
纳西族	51	18	33	
景颇族	74	24	50	
柯尔克孜族	32	17	15	
土族	119	63	56	
达斡尔族	72	33	39	
仫佬族	118	40	78	
羌族	111	52	59	
布朗族	26	15	11	
撒拉族	130	64	66	
毛南族	56	29	27	
仡佬族	498	258	240	
锡伯族	159	80	79	
阿昌族	39	22	17	
普米族	7	5	2	
塔吉克族	1		1	
怒族	7	4	3	
乌孜别克族	2	1	1	
俄罗斯族	26	14	12	
鄂温克族	6	1	5	
德昂族	7	1	6	
保安族	39	23	16	
裕固族	3	3		
京族	6	1	5	
塔塔尔族	3	2	1	
独龙族	3		3	
鄂伦春族	8	3	5	
赫哲族	1		1	
门巴族	3	1	2	
珞巴族	1		1	
基诺族	4	2	2	
未定族称人口	427	204	223	
入籍	24	15	9	

2-1b 全省各民族人口及比重(镇)

单位：人、%

民 族	人口数	男	女	各民族人口占总人口的比重
总 计	**19266016**	**9752125**	**9513891**	**100.00**
汉 族	19114422	9677151	9437271	99.21
蒙古族	2033	1044	989	0.01
回 族	105522	54424	51098	0.55
藏 族	820	339	481	
维吾尔族	1810	941	869	0.01
苗 族	8622	3727	4895	0.04
彝 族	5578	2436	3142	0.03
壮 族	4316	1509	2807	0.02
布依族	2681	1049	1632	0.01
朝鲜族	582	304	278	
满 族	4074	2184	1890	0.02
侗 族	2159	892	1267	0.01
瑶 族	805	288	517	
白 族	768	326	442	
土家族	5127	2559	2568	0.03
哈尼族	797	302	495	
哈萨克族	95	58	37	
傣 族	469	164	305	
黎 族	564	224	340	
傈僳族	396	146	250	
佤 族	438	175	263	
畲 族	548	276	272	
高山族	24	9	15	
拉祜族	362	147	215	
水 族	371	164	207	
东乡族	659	358	301	
纳西族	39	14	25	
景颇族	96	32	64	
柯尔克孜族	19	11	8	
土 族	116	44	72	
达斡尔族	56	27	29	
仫佬族	121	56	65	
羌 族	129	70	59	
布朗族	58	23	35	
撒拉族	84	53	31	
毛南族	60	27	33	
仡佬族	440	230	210	
锡伯族	57	26	31	
阿昌族	25	11	14	
普米族	19	13	6	
塔吉克族	4	1	3	
怒 族	12	3	9	
乌孜别克族	1	1		
俄罗斯族	13	6	7	
鄂温克族	15	3	12	
德昂族	28	9	19	
保安族	12	8	4	
裕固族	5	4	1	
京 族	6		6	
塔塔尔族	3	1	2	
独龙族	14	5	9	
鄂伦春族	3	1	2	
赫哲族	3	1	2	
门巴族	2		2	
珞巴族	2	1	1	
基诺族	3	2	1	
未定族称人口	499	238	261	
入 籍	30	8	22	

2-1c 全省各民族人口及比重(乡村)

单位：人、%

民族	人口数	男	女	各民族人口占总人口的比重
总计	**25432068**	**13208668**	**12223400**	**100.00**
汉族	25312102	13154195	12157907	99.53
蒙古族	884	410	474	
回族	77331	40893	36438	0.30
藏族	1350	403	947	0.01
维吾尔族	224	102	122	
苗族	9527	2757	6770	0.04
彝族	5676	1927	3749	0.02
壮族	3902	1011	2891	0.02
布依族	3322	876	2446	0.01
朝鲜族	219	99	120	
满族	1561	758	803	0.01
侗族	2211	624	1587	0.01
瑶族	774	244	530	
白族	784	242	542	
土家族	4549	1945	2604	0.02
哈尼族	979	180	799	
哈萨克族	13	8	5	
傣族	604	110	494	
黎族	534	150	384	
傈僳族	595	120	475	
佤族	503	114	389	
畲族	866	464	402	
高山族	9	3	6	
拉祜族	615	83	532	
水族	671	180	491	
东乡族	251	126	125	
纳西族	32	4	28	
景颇族	207	35	172	
柯尔克孜族	1		1	
土族	92	30	62	
达斡尔族	17	9	8	
仫佬族	140	38	102	
羌族	89	31	58	
布朗族	95	18	77	
撒拉族	17	7	10	
毛南族	37	12	25	
仡佬族	417	196	221	
锡伯族	12	6	6	
阿昌族	48	11	37	
普米族	12	6	6	
塔吉克族	1		1	
怒族	29	4	25	
乌孜别克族				
俄罗斯族	5	3	2	
鄂温克族	4	2	2	
德昂族	30	7	23	
保安族	6	4	2	
裕固族	1		1	
京族	14	1	13	
塔塔尔族				
独龙族	12		12	
鄂伦春族	6	2	4	
赫哲族	5	4	1	
门巴族	2		2	
珞巴族	2	1	1	
基诺族	6	2	4	
未定族称人口	572	198	374	
入籍	101	13	88	

2-2 全省各民族分年龄、性别的人口

单位：人

年龄组	合计			汉族		
	合计	男	女	小计	男	女
总　计	**61027171**	**31103394**	**29923777**	**60594623**	**30895103**	**29699520**
0-4岁	3624214	1920126	1704088	3591345	1903008	1688337
5-9岁	4154829	2246453	1908376	4119934	2227816	1892118
10-14岁	3963639	2161728	1801911	3935438	2146698	1788740
15-19岁	3243833	1777277	1466556	3217709	1763497	1454212
20-24岁	2978515	1583913	1394602	2945976	1567704	1378272
25-29岁	4095570	2108084	1987486	4061817	2091796	1970021
30-34岁	4874396	2413901	2460495	4831558	2394924	2436634
35-39岁	3551994	1772207	1779787	3517152	1757750	1759402
40-44岁	3789431	1913653	1875778	3760607	1901204	1859403
45-49岁	4913582	2476430	2437152	4883635	2462409	2421226
50-54岁	5783366	2842607	2940759	5752714	2827813	2924901
55-59岁	4584566	2265681	2318885	4561204	2254537	2306667
60-64岁	2309825	1187345	1122480	2296759	1180914	1115845
65-69岁	3269243	1625526	1643717	3254197	1618324	1635873
70-74岁	2407317	1203061	1204256	2396795	1197898	1198897
75-79岁	1680903	824152	856751	1673454	820615	852839
80-84岁	1019412	473816	545596	1015245	472038	543207
85-89岁	551713	227850	323863	549348	226927	322421
90-94岁	184226	65897	118329	183336	65606	117730
95-99岁	41071	12428	28643	40902	12375	28527
100岁及以上	5526	1259	4267	5498	1250	4248

2-2 续表 1

单位：人

年龄组	蒙古族			回族			藏族		
	小计	男	女	小计	男	女	小计	男	女
总　计	**5809**	**2911**	**2898**	**297740**	**152843**	**144897**	**3694**	**1391**	**2303**
0-4岁	477	239	238	23817	12506	11311	75	36	39
5-9岁	468	243	225	26371	14371	12000	76	35	41
10-14岁	315	156	159	21792	11824	9968	121	45	76
15-19岁	313	181	132	15588	8557	7031	1286	480	806
20-24岁	702	382	320	15986	8466	7520	1188	430	758
25-29岁	606	318	288	20102	10649	9453	228	112	116
30-34岁	800	431	369	24493	12747	11746	194	65	129
35-39岁	671	268	403	18251	9607	8644	142	45	97
40-44岁	392	170	222	16650	8510	8140	116	44	72
45-49岁	338	163	175	20611	10399	10212	96	42	54
50-54岁	215	108	107	24589	12137	12452	69	29	40
55-59岁	185	90	95	19961	9563	10398	46	12	34
60-64岁	134	68	66	11536	5764	5772	19	6	13
65-69岁	95	46	49	13971	6717	7254	14	4	10
70-74岁	33	14	19	9817	4823	4994	11	5	6
75-79岁	23	6	17	7063	3354	3709	4	1	3
80-84岁	24	13	11	3885	1660	2225	1		1
85-89岁	12	10	2	2222	858	1364	3		3
90-94岁	5	4	1	847	274	573	4		4
95-99岁	1	1		162	50	112	1		1
100岁及以上				26	7	19			

2-2 续表 2 单位：人

年龄组	维吾尔族			苗 族			彝 族		
	小计	男	女	小计	男	女	小计	男	女
总 计	**4026**	**1986**	**2040**	**24975**	**9609**	**15366**	**15844**	**6357**	**9487**
0-4岁	92	53	39	1491	730	761	803	427	376
5-9岁	168	87	81	1377	699	678	725	377	348
10-14岁	87	45	42	1016	518	498	613	295	318
15-19岁	858	381	477	1486	804	682	1550	789	761
20-24岁	1554	725	829	2694	1290	1404	2428	1128	1300
25-29岁	453	258	195	2672	1008	1664	2015	854	1161
30-34岁	323	175	148	3893	1151	2742	2205	770	1435
35-39岁	181	103	78	3426	883	2543	1874	551	1323
40-44岁	89	50	39	2730	817	1913	1503	443	1060
45-49岁	85	37	48	2071	776	1295	1044	363	681
50-54岁	61	32	29	1208	519	689	599	200	399
55-59岁	28	17	11	560	269	291	271	98	173
60-64岁	9	5	4	146	54	92	87	27	60
65-69岁	12	7	5	105	49	56	54	16	38
70-74岁	8	2	6	58	20	38	42	11	31
75-79岁	8	4	4	24	12	12	15	6	9
80-84岁	4	3	1	9	5	4	11	1	10
85-89岁	6	2	4	8	4	4	3	1	2
90-94岁				1	1		1		1
95-99岁							1		1
100岁及以上									

2-2 续表 3 单位：人

年龄组	壮 族			布依族			朝鲜族		
	小计	男	女	小计	男	女	小计	男	女
总 计	**12337**	**4140**	**8197**	**8052**	**2740**	**5312**	**1840**	**922**	**918**
0-4岁	893	456	437	475	238	237	172	84	88
5-9岁	848	403	445	492	250	242	174	88	86
10-14岁	673	346	327	420	211	209	114	56	58
15-19岁	783	364	419	471	252	219	84	43	41
20-24岁	1181	523	658	769	329	440	101	57	44
25-29岁	1032	316	716	736	257	479	126	65	61
30-34岁	1853	398	1455	1035	250	785	237	137	100
35-39岁	2086	413	1673	1206	253	953	226	126	100
40-44岁	1337	308	1029	1006	252	754	159	90	69
45-49岁	721	224	497	706	203	503	97	55	42
50-54岁	395	165	230	401	119	282	81	25	56
55-59岁	218	91	127	150	42	108	63	25	38
60-64岁	135	52	83	66	21	45	73	25	48
65-69岁	91	35	56	34	12	22	56	20	36
70-74岁	46	24	22	52	31	21	28	14	14
75-79岁	19	5	14	20	14	6	19	7	12
80-84岁	15	12	3	8	5	3	17	1	16
85-89岁	10	5	5	3	1	2	13	4	9
90-94岁	1		1	2		2			
95-99岁									
100岁及以上									

2-2 续表 4

单位：人

年龄组	满族			侗族			瑶族		
	小计	男	女	小计	男	女	小计	男	女
总 计	**12067**	**6235**	**5832**	**6119**	**2352**	**3767**	**2390**	**854**	**1536**
0–4岁	1183	592	591	410	236	174	210	98	112
5–9岁	1061	556	505	404	193	211	170	87	83
10–14岁	647	346	301	319	151	168	158	75	83
15–19岁	717	359	358	339	172	167	135	66	69
20–24岁	1071	594	477	485	249	236	236	96	140
25–29岁	985	566	419	511	220	291	224	65	159
30–34岁	1450	765	685	826	247	579	391	92	299
35–39岁	1179	547	632	845	203	642	412	108	304
40–44岁	797	395	402	710	194	516	205	67	138
45–49岁	640	316	324	623	219	404	120	38	82
50–54岁	648	330	318	359	131	228	59	29	30
55–59岁	571	312	259	167	76	91	37	19	18
60–64岁	416	213	203	48	19	29	21	10	11
65–69岁	276	145	131	37	19	18	4	2	2
70–74岁	158	83	75	14	10	4	4	2	2
75–79岁	97	44	53	10	6	4	3		3
80–84岁	104	39	65	7	3	4	1		1
85–89岁	46	22	24	5	4	1			
90–94岁	19	9	10						
95–99岁	2	2							
100岁及以上									

2-2 续表 5

单位：人

年龄组	白族			土家族			哈尼族		
	小计	男	女	小计	男	女	小计	男	女
总 计	**2156**	**834**	**1322**	**14981**	**7139**	**7842**	**2233**	**632**	**1601**
0–4岁	147	74	73	1205	622	583	115	60	55
5–9岁	112	53	59	1095	545	550	120	54	66
10–14岁	86	45	41	835	411	424	119	46	73
15–19岁	159	74	85	974	525	449	177	112	65
20–24岁	240	122	118	1449	742	707	224	91	133
25–29岁	193	79	114	1539	662	877	234	73	161
30–34岁	290	98	192	1938	780	1158	327	63	264
35–39岁	211	51	160	1673	646	1027	354	45	309
40–44岁	202	44	158	1232	550	682	253	43	210
45–49岁	164	55	109	1274	653	621	144	24	120
50–54岁	129	42	87	943	571	372	81	12	69
55–59岁	101	42	59	482	272	210	47	4	43
60–64岁	39	14	25	132	66	66	17	2	15
65–69岁	28	10	18	86	39	47	12	1	11
70–74岁	25	15	10	61	25	36	6	2	4
75–79岁	15	9	6	36	16	20	1		1
80–84岁	9	5	4	16	8	8	1		1
85–89岁	6	2	4	9	5	4			
90–94岁							1		1
95–99岁				1		1			
100岁及以上				1	1				

2-2 续表 6 单位：人

年龄组	哈萨克族			傣 族			黎 族		
	小计	男	女	小计	男	女	小计	男	女
总 计	**288**	**134**	**154**	**1432**	**389**	**1043**	**1636**	**577**	**1059**
0-4岁	2		2	71	38	33	122	66	56
5-9岁	5	2	3	79	32	47	124	47	77
10-14岁	6	4	2	71	34	37	80	46	34
15-19岁	83	49	34	90	44	46	72	33	39
20-24岁	157	66	91	160	50	110	194	74	120
25-29岁	14	4	10	162	36	126	203	77	126
30-34岁	4	1	3	232	36	196	184	43	141
35-39岁	6	3	3	217	43	174	175	36	139
40-44岁	3	1	2	122	26	96	143	28	115
45-49岁	4	2	2	100	22	78	108	35	73
50-54岁	1	1		73	21	52	59	21	38
55-59岁	2	1	1	33	7	26	52	20	32
60-64岁	1		1	9		9	31	12	19
65-69岁				7		7	23	11	12
70-74岁				4		4	28	15	13
75-79岁				2		2	14	4	10
80-84岁							15	6	9
85-89岁							5	2	3
90-94岁							3	1	2
95-99岁							1		1
100岁及以上									

2-2 续表 7 单位：人

年龄组	傈 僳 族			佤 族			畲 族		
	小计	男	女	小计	男	女	小计	男	女
总 计	**1242**	**366**	**876**	**1332**	**517**	**815**	**2141**	**1122**	**1019**
0-4岁	86	40	46	41	22	19	174	91	83
5-9岁	77	40	37	46	17	29	171	83	88
10-14岁	79	37	42	26	11	15	120	61	59
15-19岁	104	56	48	80	45	35	101	53	48
20-24岁	134	52	82	202	95	107	145	84	61
25-29岁	156	46	110	174	80	94	140	65	75
30-34岁	233	45	188	280	91	189	246	115	131
35-39岁	158	18	140	239	71	168	171	75	96
40-44岁	95	12	83	105	42	63	140	67	73
45-49岁	61	9	52	59	21	38	161	86	75
50-54岁	31	6	25	38	10	28	148	88	60
55-59岁	15	4	11	20	6	14	134	84	50
60-64岁	5		5	11	3	8	62	41	21
65-69岁	5	1	4	7		7	78	52	26
70-74岁	1		1	2	2		71	37	34
75-79岁							39	23	16
80-84岁	2		2	1		1	26	12	14
85-89岁				1	1		9	2	7
90-94岁							4	2	2
95-99岁									
100岁及以上							1	1	

2-2　续表 8　　　　单位：人

年龄组	高山族			拉祜族			水族		
	小计	男	女	小计	男	女	小计	男	女
总　计	**66**	**29**	**37**	**1213**	**348**	**865**	**1327**	**451**	**876**
0–4岁	8	3	5	37	19	18	67	39	28
5–9岁	7	3	4	45	24	21	73	40	33
10–14岁	2	1	1	36	13	23	40	17	23
15–19岁	6	2	4	133	50	83	48	29	19
20–24岁	6	4	2	164	57	107	112	50	62
25–29岁	2		2	169	59	110	145	56	89
30–34岁	6	2	4	219	46	173	189	49	140
35–39岁	2	1	1	165	34	131	244	61	183
40–44岁	4	1	3	105	24	81	158	41	117
45–49岁	8	5	3	63	12	51	132	37	95
50–54岁	6	4	2	38	7	31	80	22	58
55–59岁	3	1	2	24	1	23	26	5	21
60–64岁	2	1	1	9	2	7	5	2	3
65–69岁				3		3	2	1	1
70–74岁	1		1	1		1	3		3
75–79岁	2	1	1	1		1	2	2	
80–84岁				1		1			
85–89岁							1		1
90–94岁	1		1						
95–99岁									
100岁及以上									

2-2　续表 9　　　　单位：人

年龄组	东乡族			纳西族			景颇族		
	小计	男	女	小计	男	女	小计	男	女
总　计	**1559**	**845**	**714**	**122**	**36**	**86**	**377**	**91**	**286**
0–4岁	179	84	95	13	5	8	24	10	14
5–9岁	198	109	89	9	4	5	26	11	15
10–14岁	118	69	49	8	3	5	24	12	12
15–19岁	103	67	36	4	1	3	20	8	12
20–24岁	171	92	79	20	10	10	32	12	20
25–29岁	219	112	107	15	4	11	48	8	40
30–34岁	230	130	100	13	1	12	60	5	55
35–39岁	116	66	50	9	3	6	51	6	45
40–44岁	58	33	25	7	1	6	48	13	35
45–49岁	66	35	31	13	2	11	28	3	25
50–54岁	49	25	24	3		3	11	2	9
55–59岁	27	16	11	5	1	4	3	1	2
60–64岁	4	2	2	1	1		1		1
65–69岁	7	2	5	2		2			
70–74岁	8	2	6				1		1
75–79岁	4	1	3						
80–84岁									
85–89岁	2		2						
90–94岁									
95–99岁									
100岁及以上									

2-2 续表 10

单位：人

年龄组	柯尔克孜族			土　族			达斡尔族		
	小计	男	女	小计	男	女	小计	男	女
总　计	**52**	**28**	**24**	**327**	**137**	**190**	**145**	**69**	**76**
0-4岁	1	1		17	7	10	17	10	7
5-9岁				26	12	14	19	11	8
10-14岁				22	15	7	5	3	2
15-19岁	10	5	5	23	14	9	7	3	4
20-24岁	32	17	15	49	30	19	18	6	12
25-29岁	7	4	3	44	21	23	12	1	11
30-34岁	2	1	1	32	8	24	24	11	13
35-39岁				32	7	25	14	8	6
40-44岁				27	7	20	6	2	4
45-49岁				21	6	15	6	5	1
50-54岁				16	6	10	3	1	2
55-59岁				7	2	5	3	3	
60-64岁				4	1	3	5	2	3
65-69岁				3		3	3	1	2
70-74岁							1	1	
75-79岁				3	1	2	1	1	
80-84岁				1		1			
85-89岁							1		1
90-94岁									
95-99岁									
100岁及以上									

2-2 续表 11

单位：人

年龄组	仫 佬 族			羌　族			布 朗 族		
	小计	男	女	小计	男	女	小计	男	女
总　计	**379**	**134**	**245**	**329**	**153**	**176**	**179**	**56**	**123**
0-4岁	32	17	15	31	17	14	11	5	6
5-9岁	31	9	22	23	12	11	10	6	4
10-14岁	17	9	8	17	8	9	14	7	7
15-19岁	24	8	16	31	25	6	15	7	8
20-24岁	29	11	18	33	14	19	15	3	12
25-29岁	45	16	29	33	15	18	23	4	19
30-34岁	55	13	42	43	15	28	33	4	29
35-39岁	60	16	44	31	12	19	23	6	17
40-44岁	24	7	17	20	10	10	15	5	10
45-49岁	22	11	11	30	10	20	12	5	7
50-54岁	18	8	10	13	5	8	4	2	2
55-59岁	9	4	5	13	5	8	3	2	1
60-64岁	6	3	3	2	1	1			
65-69岁	4	1	3	1	1				
70-74岁	2	1	1	6	1	5	1		1
75-79岁	1		1	2	2				
80-84岁									
85-89岁									
90-94岁									
95-99岁									
100岁及以上									

2-2 续表 12

单位：人

年龄组	撒拉族			毛南族			仡佬族		
	小计	男	女	小计	男	女	小计	男	女
总 计	**231**	**124**	**107**	**153**	**68**	**85**	**1355**	**684**	**671**
0-4岁	15	8	7	9	6	3	99	52	47
5-9岁	24	8	16	8	4	4	75	41	34
10-14岁	25	16	9	6	2	4	60	30	30
15-19岁	21	10	11	6	4	2	71	34	37
20-24岁	21	16	5	22	11	11	169	88	81
25-29岁	26	11	15	22	8	14	157	77	80
30-34岁	26	15	11	21	7	14	140	56	84
35-39岁	22	10	12	14	4	10	117	40	77
40-44岁	25	12	13	9	4	5	139	65	74
45-49岁	11	9	2	12	7	5	136	70	66
50-54岁	11	6	5	12	5	7	97	58	39
55-59岁	1	1		9	5	4	41	32	9
60-64岁	2	1	1	2	1	1	5	2	3
65-69岁	1	1					8	2	6
70-74岁							23	20	3
75-79岁							14	13	1
80-84岁				1		1	4	4	
85-89岁									
90-94岁									
95-99岁									
100岁及以上									

2-2 续表 13

单位：人

年龄组	锡伯族			阿昌族			普米族		
	小计	男	女	小计	男	女	小计	男	女
总 计	**228**	**112**	**116**	**112**	**44**	**68**	**38**	**24**	**14**
0-4岁	10	5	5	10	5	5	3	2	1
5-9岁	18	8	10	9	5	4	4	3	1
10-14岁	10	5	5	4	1	3	4	2	2
15-19岁	18	9	9	5	2	3	5	3	2
20-24岁	38	20	18	4	3	1	2	2	
25-29岁	25	14	11	16	2	14	3	1	2
30-34岁	24	12	12	17	7	10	4	3	1
35-39岁	19	9	10	22	7	15	4	4	
40-44岁	16	8	8	12	4	8	5	3	2
45-49岁	11	6	5	2		2	1		1
50-54岁	15	8	7	5	5		2	1	1
55-59岁	7	1	6	3	1	2	1		1
60-64岁	7	2	5	1		1			
65-69岁	6	3	3						
70-74岁									
75-79岁	1	1		2	2				
80-84岁	2	1	1						
85-89岁									
90-94岁	1		1						
95-99岁									
100岁及以上									

2-2 续表 14

单位：人

年龄组	塔吉克族			怒　族			乌孜别克族		
	小计	男	女	小计	男	女	小计	男	女
总　计	**6**	**1**	**5**	**48**	**11**	**37**	**3**	**2**	**1**
0-4岁	1		1	3	1	2			
5-9岁				2	2				
10-14岁				2		2			
15-19岁	2		2	5	2	3			
20-24岁	2	1	1	1		1	2	1	1
25-29岁				4	2	2	1	1	
30-34岁				8		8			
35-39岁	1		1	12	1	11			
40-44岁				1	1				
45-49岁				6	1	5			
50-54岁				2		2			
55-59岁				1		1			
60-64岁									
65-69岁									
70-74岁									
75-79岁				1	1				
80-84岁									
85-89岁									
90-94岁									
95-99岁									
100岁及以上									

2-2 续表 15

单位：人

年龄组	俄罗斯族			鄂温克族			德 昂 族		
	小计	男	女	小计	男	女	小计	男	女
总　计	**44**	**23**	**21**	**25**	**6**	**19**	**65**	**17**	**48**
0-4岁	5	3	2	2		2	3	2	1
5-9岁	1		1	4		4	5	1	4
10-14岁	1	1							
15-19岁	3	1	2	3	1	2	5	1	4
20-24岁	9	8	1				12	2	10
25-29岁	2	2		3	1	2	8		8
30-34岁	8	3	5	2		2	9	1	8
35-39岁	3	1	2	3	1	2	10	3	7
40-44岁				2	2		4	1	3
45-49岁	4	2	2	5	1	4	3	1	2
50-54岁	3	1	2				2	2	
55-59岁	3	1	2	1		1			
60-64岁									
65-69岁							1		1
70-74岁	1		1				2	2	
75-79岁	1		1				1	1	
80-84岁									
85-89岁									
90-94岁									
95-99岁									
100岁及以上									

2-2 续表 16 单位：人

年龄组	保安族			裕固族			京族		
	小计	男	女	小计	男	女	小计	男	女
总 计	**57**	**35**	**22**	**9**	**7**	**2**	**26**	**2**	**24**
0–4岁	3	1	2				4		4
5–9岁	5	4	1				4	2	2
10–14岁	8	5	3	1	1		1		1
15–19岁	6	5	1	1	1				
20–24岁	2	2		2	2		1		1
25–29岁	8	6	2	1	1		9		9
30–34岁	10	7	3				2		2
35–39岁	6	3	3				3		3
40–44岁	5	1	4	2	1	1	1		1
45–49岁	2		2	1		1			
50–54岁									
55–59岁	1		1				1		1
60–64岁	1	1							
65–69岁				1	1				
70–74岁									
75–79岁									
80–84岁									
85–89岁									
90–94岁									
95–99岁									
100岁及以上									

2-2 续表 17 单位：人

年龄组	塔塔尔族			独龙族			鄂伦春族		
	小计	男	女	小计	男	女	小计	男	女
总 计	**6**	**3**	**3**	**29**	**5**	**24**	**17**	**6**	**11**
0–4岁	1	1					1		1
5–9岁				3	2	1	3		3
10–14岁	1	1		2		2	1		1
15–19岁				1	1		1	1	
20–24岁				1		1			
25–29岁	1		1	6		6	2	1	1
30–34岁	1		1	5		5	2	2	
35–39岁				4		4			
40–44岁				1		1	2	1	1
45–49岁	2	1	1	1		1	1	1	
50–54岁				1		1			
55–59岁				2	1	1	2		2
60–64岁				1		1			
65–69岁				1	1		1		1
70–74岁									
75–79岁									
80–84岁							1		1
85–89岁									
90–94岁									
95–99岁									
100岁及以上									

2-2 续表 18

单位：人

年龄组	赫哲族			门巴族			珞巴族		
	小计	男	女	小计	男	女	小计	男	女
总 计	**9**	**5**	**4**	**7**	**1**	**6**	**5**	**2**	**3**
0-4岁				1		1			
5-9岁	2	2							
10-14岁									
15-19岁				2		2	1	1	
20-24岁				4	1	3	3		3
25-29岁									
30-34岁	2		2						
35-39岁	3	1	2						
40-44岁									
45-49岁									
50-54岁							1	1	
55-59岁									
60-64岁									
65-69岁	2	2							
70-74岁									
75-79岁									
80-84岁									
85-89岁									
90-94岁									
95-99岁									
100岁及以上									

2-2 续表 19

单位：人

年龄组	基诺族			未定族称人口			入 籍		
	小计	男	女	小计	男	女	小计	男	女
总 计	**13**	**6**	**7**	**1498**	**640**	**858**	**155**	**36**	**119**
0-4岁	2	2		183	94	89	16	11	5
5-9岁	1		1	93	50	43	4	2	2
10-14岁				70	42	28	5	4	1
15-19岁	1	1		87	44	43	6	1	5
20-24岁	2	1	1	217	94	123	44	6	38
25-29岁				167	49	118	25	2	23
30-34岁	1		1	194	77	117	22	2	20
35-39岁				137	57	80	12	1	11
40-44岁	2		2	127	48	79	10	1	9
45-49岁	2	1	1	116	46	70	3	2	1
50-54岁				71	28	43	2	1	1
55-59岁	1		1	20	6	14	2	1	1
60-64岁	1	1		8	5	3	2	1	1
65-69岁				5		5			
70-74岁				2		2	1	1	
75-79岁				1		1			
80-84岁							1		1
85-89岁									
90-94岁									
95-99岁									
100岁及以上									

2-2a 全省各民族分年龄、性别的人口(城市)

单位：人

年龄组	合计			汉族		
	合计	男	女	小计	男	女
总 计	**16329087**	**8142601**	**8186486**	**16168099**	**8063757**	**8104342**
0-4岁	943117	496633	446484	930495	490103	440392
5-9岁	972383	526172	446211	959246	519260	439986
10-14岁	842803	457762	385041	832888	452491	380397
15-19岁	991760	518798	472962	981727	513632	468095
20-24岁	1022028	516592	505436	1008342	509830	498512
25-29岁	1252610	622462	630148	1239893	616135	623758
30-34岁	1584807	762732	822075	1568291	754949	813342
35-39岁	1174668	568803	605865	1161757	562868	598889
40-44岁	1177192	577557	599635	1166715	572599	594116
45-49岁	1345770	670021	675749	1335458	664984	670474
50-54岁	1454975	708994	745981	1444175	703762	740413
55-59岁	1169495	568860	600635	1160805	564733	596072
60-64岁	614557	309688	304869	609218	307102	302116
65-69岁	674590	324538	350052	669201	321988	347213
70-74岁	436467	210370	226097	432947	208718	224229
75-79岁	310433	144026	166407	308078	142986	165092
80-84岁	205806	92727	113079	204380	92180	112200
85-89岁	110820	47597	63223	110008	47282	62726
90-94岁	36461	15220	21241	36190	15131	21059
95-99岁	7423	2762	4661	7371	2740	4631
100岁及以上	922	287	635	914	284	630

2-2a 续表 1

单位：人

年龄组	蒙古族			回族			藏族		
	小计	男	女	小计	男	女	小计	男	女
总 计	**2892**	**1457**	**1435**	**114887**	**57526**	**57361**	**1524**	**649**	**875**
0-4岁	251	126	125	9489	4909	4580	25	11	14
5-9岁	259	132	127	10126	5425	4701	27	11	16
10-14岁	151	78	73	7790	4171	3619	70	26	44
15-19岁	144	84	60	6392	3375	3017	539	233	306
20-24岁	369	189	180	6627	3362	3265	548	221	327
25-29岁	284	150	134	7985	4106	3879	113	60	53
30-34岁	380	224	156	10508	5247	5261	49	20	29
35-39岁	334	142	192	7811	3985	3826	46	18	28
40-44岁	184	78	106	6916	3452	3464	31	16	15
45-49岁	145	65	80	7555	3741	3814	23	14	9
50-54岁	99	48	51	8872	4273	4599	19	8	11
55-59岁	98	42	56	7539	3552	3987	13	4	9
60-64岁	83	40	43	4623	2260	2363	5	2	3
65-69岁	56	29	27	4919	2328	2591	8	3	5
70-74岁	13	6	7	3239	1516	1723	3	1	2
75-79岁	16	4	12	2184	960	1224	2	1	1
80-84岁	13	9	4	1275	485	790	1		1
85-89岁	7	6	1	735	280	455	1		1
90-94岁	5	4	1	248	78	170			
95-99岁	1	1		47	19	28	1		1
100岁及以上				7	2	5			

2-2a 续表 2 单位：人

年龄组	维吾尔族			苗 族			彝 族		
	小计	男	女	小计	男	女	小计	男	女
总 计	**1992**	**943**	**1049**	**6826**	**3125**	**3701**	**4590**	**1994**	**2596**
0-4岁	61	35	26	417	225	192	214	117	97
5-9岁	93	41	52	375	175	200	176	94	82
10-14岁	57	33	24	251	126	125	136	75	61
15-19岁	204	79	125	454	237	217	494	239	255
20-24岁	873	362	511	932	478	454	870	382	488
25-29岁	250	138	112	708	336	372	678	273	405
30-34岁	186	101	85	1010	374	636	656	273	383
35-39岁	104	62	42	832	316	516	471	167	304
40-44岁	49	26	23	682	287	395	354	131	223
45-49岁	49	26	23	549	254	295	263	118	145
50-54岁	30	19	11	331	172	159	160	66	94
55-59岁	13	8	5	155	92	63	69	33	36
60-64岁	4	2	2	45	16	29	23	12	11
65-69岁	8	5	3	40	16	24	9	5	4
70-74岁	3	1	2	27	11	16	8	6	2
75-79岁	3	3		7	4	3	4	2	2
80-84岁	2	1	1	5	3	2	3	1	2
85-89岁	3	1	2	5	2	3	1		1
90-94岁				1	1		1		1
95-99岁									
100岁及以上									

2-2a 续表 3 单位：人

年龄组	壮 族			布依族			朝鲜族		
	小计	男	女	小计	男	女	小计	男	女
总 计	**4119**	**1620**	**2499**	**2049**	**815**	**1234**	**1039**	**519**	**520**
0-4岁	284	149	135	101	49	52	83	35	48
5-9岁	302	141	161	100	51	49	101	58	43
10-14岁	226	126	100	86	46	40	63	30	33
15-19岁	259	111	148	153	85	68	45	21	24
20-24岁	544	246	298	296	135	161	55	32	23
25-29岁	353	130	223	192	80	112	66	32	34
30-34岁	619	179	440	245	76	169	129	76	53
35-39岁	611	163	448	275	73	202	126	64	62
40-44岁	358	120	238	215	74	141	97	56	41
45-49岁	216	93	123	173	64	109	60	39	21
50-54岁	134	61	73	110	40	70	45	13	32
55-59岁	74	33	41	36	12	24	31	12	19
60-64岁	57	24	33	13	3	10	51	21	30
65-69岁	32	15	17	16	7	9	32	12	20
70-74岁	21	12	9	28	15	13	17	9	8
75-79岁	10	2	8	6	4	2	15	6	9
80-84岁	11	10	1	2	1	1	13	1	12
85-89岁	8	5	3	1		1	10	2	8
90-94岁				1		1			
95-99岁									
100岁及以上									

2-2a　续表 4

单位：人

年龄组	满族			侗族			瑶族		
	小计	男	女	小计	男	女	小计	男	女
总　计	**6432**	**3293**	**3139**	**1749**	**836**	**913**	**811**	**322**	**489**
0–4岁	629	316	313	112	60	52	82	46	36
5–9岁	578	292	286	106	54	52	74	43	31
10–14岁	335	185	150	100	51	49	45	19	26
15–19岁	330	158	172	123	58	65	53	31	22
20–24岁	566	315	251	204	107	97	89	36	53
25–29岁	511	286	225	145	77	68	72	18	54
30–34岁	772	417	355	241	99	142	125	31	94
35–39岁	668	315	353	225	86	139	133	41	92
40–44岁	419	223	196	162	69	93	65	22	43
45–49岁	308	147	161	152	81	71	27	13	14
50–54岁	320	158	162	89	49	40	21	10	11
55–59岁	300	153	147	40	20	20	8	5	3
60–64岁	273	136	137	20	6	14	11	5	6
65–69岁	167	88	79	11	8	3	2	1	1
70–74岁	86	40	46	7	5	2	1	1	
75–79岁	57	23	34	5	2	3	2		2
80–84岁	70	22	48	3	1	2	1		1
85–89岁	29	12	17	4	3	1			
90–94岁	12	5	7						
95–99岁	2	2							
100岁及以上									

2-2a　续表 5

单位：人

年龄组	白族			土家族			哈尼族		
	小计	男	女	小计	男	女	小计	男	女
总　计	**604**	**266**	**338**	**5305**	**2635**	**2670**	**457**	**150**	**307**
0–4岁	36	16	20	421	217	204	22	11	11
5–9岁	27	7	20	390	188	202	23	12	11
10–14岁	19	10	9	282	142	140	23	6	17
15–19岁	35	14	21	332	180	152	36	19	17
20–24岁	94	53	41	651	351	300	53	23	30
25–29岁	70	34	36	575	284	291	59	23	36
30–34岁	80	32	48	677	305	372	68	18	50
35–39岁	61	19	42	556	237	319	69	12	57
40–44岁	58	18	40	412	191	221	54	13	41
45–49岁	35	17	18	390	207	183	30	7	23
50–54岁	26	11	15	297	177	120	9	5	4
55–59岁	29	20	9	153	79	74	3		3
60–64岁	16	5	11	64	31	33	4	1	3
65–69岁	7	3	4	42	18	24	1		1
70–74岁	4	3	1	30	9	21	1		1
75–79岁	1	1		17	8	9			
80–84岁	4	3	1	9	6	3	1		1
85–89岁	2		2	6	4	2			
90–94岁							1		1
95–99岁									
100岁及以上				1	1				

2-2a 续表 6

单位：人

年龄组	哈萨克族			傣族			黎族		
	小计	男	女	小计	男	女	小计	男	女
总 计	**180**	**68**	**112**	**359**	**115**	**244**	**538**	**203**	**335**
0-4岁	2		2	19	12	7	43	24	19
5-9岁	1		1	16	4	12	49	18	31
10-14岁	3	2	1	14	6	8	36	20	16
15-19岁	33	7	26	28	15	13	31	18	13
20-24岁	118	50	68	56	23	33	81	34	47
25-29岁	10	3	7	37	9	28	71	22	49
30-34岁	2	1	1	50	12	38	56	17	39
35-39岁	2	2		60	14	46	46	12	34
40-44岁	3	1	2	29	5	24	40	9	31
45-49岁	3	1	2	19	5	14	33	11	22
50-54岁				21	7	14	13	4	9
55-59岁	2	1	1	7	3	4	20	8	12
60-64岁	1		1	1		1	5	3	2
65-69岁				2		2	2		2
70-74岁							3	2	1
75-79岁							3	1	2
80-84岁							5		5
85-89岁									
90-94岁									
95-99岁							1		1
100岁及以上									

2-2a 续表 7

单位：人

年龄组	傈僳族			佤族			畲族		
	小计	男	女	小计	男	女	小计	男	女
总 计	**251**	**100**	**151**	**391**	**228**	**163**	**727**	**382**	**345**
0-4岁	11	6	5	6	4	2	71	41	30
5-9岁	14	9	5	7	5	2	66	29	37
10-14岁	17	9	8	1		1	46	24	22
15-19岁	20	13	7	39	25	14	51	25	26
20-24岁	33	15	18	81	52	29	66	40	26
25-29岁	41	20	21	41	29	12	64	29	35
30-34岁	52	10	42	82	43	39	100	50	50
35-39岁	28	6	22	60	31	29	75	29	46
40-44岁	20	5	15	33	22	11	51	26	25
45-49岁	9	4	5	18	9	9	47	30	17
50-54岁	6	3	3	16	6	10	38	23	15
55-59岁				4	2	2	18	12	6
60-64岁				2		2	8	6	2
65-69岁				1		1	11	6	5
70-74岁							4	3	1
75-79岁							7	6	1
80-84岁							3	2	1
85-89岁									
90-94岁							1	1	
95-99岁									
100岁及以上									

2–2a　续表 8　　　　单位：人

年龄组	高山族			拉祜族			水　族		
	小计	男	女	小计	男	女	小计	男	女
总　计	**33**	**17**	**16**	**236**	**118**	**118**	**285**	**107**	**178**
0–4岁	2	1	1	2	1	1	13	5	8
5–9岁	5	3	2	8	8		7	5	2
10–14岁	2	1	1	5	1	4	11	5	6
15–19岁	4	2	2	28	21	7	21	12	9
20–24岁	2	2		24	11	13	39	18	21
25–29岁	1		1	43	24	19	29	10	19
30–34岁	3	1	2	42	13	29	38	11	27
35–39岁	1		1	37	17	20	44	14	30
40–44岁	2	1	1	30	15	15	26	8	18
45–49岁	3	2	1	8	5	3	34	10	24
50–54岁	4	3	1	4	1	3	17	7	10
55–59岁	2	1	1	2		2	5	1	4
60–64岁	1		1	3	1	2			
65–69岁									
70–74岁	1		1						
75–79岁							1	1	
80–84岁									
85–89岁									
90–94岁									
95–99岁									
100岁及以上									

2–2a　续表 9　　　　单位：人

年龄组	东乡族			纳西族			景颇族		
	小计	男	女	小计	男	女	小计	男	女
总　计	**649**	**361**	**288**	**51**	**18**	**33**	**74**	**24**	**50**
0–4岁	67	37	30	7	3	4	1	1	
5–9岁	74	44	30	4	3	1	1		1
10–14岁	50	28	22	2	1	1	2	1	1
15–19岁	48	29	19	4	1	3	7	4	3
20–24岁	76	46	30	9	6	3	14	6	8
25–29岁	98	53	45	4	1	3	12	4	8
30–34岁	101	54	47	8		8	13	2	11
35–39岁	43	22	21	3	1	2	8		8
40–44岁	21	12	9	1		1	9	4	5
45–49岁	34	17	17	3		3	4	1	3
50–54岁	19	9	10	1		1			
55–59岁	9	7	2	3	1	2	2	1	1
60–64岁	1	1		1	1				
65–69岁	3	1	2	1		1			
70–74岁	3		3				1		1
75–79岁	2	1	1						
80–84岁									
85–89岁									
90–94岁									
95–99岁									
100岁及以上									

2－2a　续表 10　　单位：人

年龄组	柯尔克孜族			土　族			达斡尔族		
	小计	男	女	小计	男	女	小计	男	女
总　计	**32**	**17**	**15**	**119**	**63**	**56**	**72**	**33**	**39**
0－4岁	1	1		3	1	2	7	3	4
5－9岁				11	6	5	8	5	3
10－14岁				7	3	4	4	3	1
15－19岁	2		2	7	7		3	1	2
20－24岁	22	11	11	26	18	8	9	3	6
25－29岁	6	4	2	14	8	6	7		7
30－34岁	1	1		12	6	6	12	5	7
35－39岁				12	3	9	8	4	4
40－44岁				12	7	5	2	2	
45－49岁				3	1	2	4	3	1
50－54岁				4	2	2	2		2
55－59岁				2		2	2	2	
60－64岁				3	1	2	1		1
65－69岁				2		2	2	1	1
70－74岁									
75－79岁				1		1	1	1	
80－84岁									
85－89岁									
90－94岁									
95－99岁									
100岁及以上									

2－2a　续表 11　　单位：人

年龄组	仫佬族			羌　族			布朗族		
	小计	男	女	小计	男	女	小计	男	女
总　计	**118**	**40**	**78**	**111**	**52**	**59**	**26**	**15**	**11**
0－4岁	12	5	7	13	8	5	2	2	
5－9岁	11	4	7	8	6	2			
10－14岁	4	3	1	4	2	2	3		3
15－19岁	4	2	2	8	5	3	2	2	
20－24岁	15	4	11	15	7	8	3	1	2
25－29岁	14	5	9	14	6	8	4	2	2
30－34岁	15	5	10	16	6	10	4	1	3
35－39岁	20	5	15	10	4	6			
40－44岁	7	1	6	2		2	3	2	1
45－49岁	3	2	1	10	4	6	3	3	
50－54岁				5	3	2			
55－59岁	4	1	3	3		3	2	2	
60－64岁	4	2	2						
65－69岁	4	1	3						
70－74岁	1		1	3	1	2			
75－79岁									
80－84岁									
85－89岁									
90－94岁									
95－99岁									
100岁及以上									

2−2a　续表 12　　　　单位：人

年龄组	撒 拉 族			毛 南 族			仡 佬 族		
	小计	男	女	小计	男	女	小计	男	女
总　计	**130**	**64**	**66**	**56**	**29**	**27**	**498**	**258**	**240**
0−4岁	14	7	7	2	2		33	12	21
5−9岁	13	5	8	2		2	24	12	12
10−14岁	12	5	7	2	1	1	20	9	11
15−19岁	9	4	5	2	1	1	29	15	14
20−24岁	9	6	3	11	5	6	77	39	38
25−29岁	17	7	10	7	4	3	51	29	22
30−34岁	14	8	6	9	4	5	39	16	23
35−39岁	13	6	7	2	1	1	40	25	15
40−44岁	13	6	7	2	2		60	28	32
45−49岁	5	4	1	1	1		50	18	32
50−54岁	10	5	5	8	4	4	30	23	7
55−59岁				7	4	3	18	13	5
60−64岁				1		1	2	1	1
65−69岁	1	1					4		4
70−74岁							13	10	3
75−79岁							6	6	
80−84岁							2	2	
85−89岁									
90−94岁									
95−99岁									
100岁及以上									

2−2a　续表 13　　　　单位：人

年龄组	锡 伯 族			阿 昌 族			普 米 族		
	小计	男	女	小计	男	女	小计	男	女
总　计	**159**	**80**	**79**	**39**	**22**	**17**	**7**	**5**	**2**
0−4岁	4	1	3	4	2	2	1	1	
5−9岁	14	6	8	3	1	2	1		1
10−14岁	8	5	3	1		1	1	1	
15−19岁	11	6	5	2	2		1		1
20−24岁	29	18	11	3	3				
25−29岁	12	9	3	4	1	3	1	1	
30−34岁	15	7	8	5	2	3			
35−39岁	14	6	8	6	3	3	1	1	
40−44岁	12	7	5	5	3	2	1	1	
45−49岁	9	5	4						
50−54岁	13	6	7	3	3				
55−59岁	4		4	1		1			
60−64岁	7	2	5						
65−69岁	4	1	3						
70−74岁									
75−79岁	1	1		2	2				
80−84岁	1		1						
85−89岁									
90−94岁	1		1						
95−99岁									
100岁及以上									

2-2a 续表 14 单位：人

年龄组	塔吉克族			怒族			乌孜别克族		
	小计	男	女	小计	男	女	小计	男	女
总计	**1**		**1**	**7**	**4**	**3**	**2**	**1**	**1**
0-4岁									
5-9岁									
10-14岁									
15-19岁				1	1				
20-24岁							1		1
25-29岁				1		1	1	1	
30-34岁									
35-39岁	1		1	2	1	1			
40-44岁				1	1				
45-49岁									
50-54岁									
55-59岁				1		1			
60-64岁									
65-69岁									
70-74岁									
75-79岁				1	1				
80-84岁									
85-89岁									
90-94岁									
95-99岁									
100岁及以上									

2-2a 续表 15 单位：人

年龄组	俄罗斯族			鄂温克族			德昂族		
	小计	男	女	小计	男	女	小计	男	女
总计	**26**	**14**	**12**	**6**	**1**	**5**	**7**	**1**	**6**
0-4岁	3	2	1						
5-9岁				1		1			
10-14岁	1	1							
15-19岁	2	1	1	1		1	1		1
20-24岁	5	4	1						
25-29岁				1		1	1		1
30-34岁	5	2	3	1		1	2		2
35-39岁	2	1	1	1	1		1		1
40-44岁									
45-49岁	1	1					1		1
50-54岁	2	1	1						
55-59岁	3	1	2	1		1			
60-64岁									
65-69岁									
70-74岁	1		1				1	1	
75-79岁	1		1						
80-84岁									
85-89岁									
90-94岁									
95-99岁									
100岁及以上									

2-2a　续表 16　　　　单位：人

年龄组	保安族			裕固族			京　族		
	小计	男	女	小计	男	女	小计	男	女
总　计	**39**	**23**	**16**	**3**	**3**		**6**	**1**	**5**
0–4岁	2	1	1				1		1
5–9岁	3	3					3	1	2
10–14岁	8	5	3	1	1		1		1
15–19岁	6	5	1						
20–24岁	1	1					1		1
25–29岁	3	2	1						
30–34岁	6	3	3						
35–39岁	5	2	3						
40–44岁	2		2	1	1				
45–49岁	1		1						
50–54岁									
55–59岁	1		1						
60–64岁	1	1							
65–69岁				1	1				
70–74岁									
75–79岁									
80–84岁									
85–89岁									
90–94岁									
95–99岁									
100岁及以上									

2-2a　续表 17　　　　单位：人

年龄组	塔塔尔族			独龙族			鄂伦春族		
	小计	男	女	小计	男	女	小计	男	女
总　计	**3**	**2**	**1**	**3**		**3**	**8**	**3**	**5**
0–4岁	1	1							
5–9岁							1		1
10–14岁	1	1					1		1
15–19岁							1	1	
20–24岁									
25–29岁				1		1			
30–34岁	1		1	1		1	1	1	
35–39岁									
40–44岁							2	1	1
45–49岁									
50–54岁				1		1			
55–59岁							1		1
60–64岁									
65–69岁									
70–74岁									
75–79岁									
80–84岁							1		1
85–89岁									
90–94岁									
95–99岁									
100岁及以上									

2-2a 续表 18　　单位：人

年龄组	赫哲族			门巴族			珞巴族		
	小计	男	女	小计	男	女	小计	男	女
总　计	**1**		**1**	**3**	**1**	**2**	**1**		**1**
0-4岁									
5-9岁									
10-14岁									
15-19岁				1		1			
20-24岁				2	1	1	1		1
25-29岁									
30-34岁									
35-39岁	1		1						
40-44岁									
45-49岁									
50-54岁									
55-59岁									
60-64岁									
65-69岁									
70-74岁									
75-79岁									
80-84岁									
85-89岁									
90-94岁									
95-99岁									
100岁及以上									

2-2a 续表 19　　单位：人

年龄组	基诺族			未定族称人口			入籍		
	小计	男	女	小计	男	女	小计	男	女
总　计	**4**	**2**	**2**	**427**	**204**	**223**	**24**	**15**	**9**
0-4岁	2	2		43	19	24	3	3	
5-9岁	1		1	23	10	13	1	1	
10-14岁				12	8	4	1	1	
15-19岁				32	17	15	1		1
20-24岁				78	42	36	8	4	4
25-29岁				43	15	28	3	2	1
30-34岁	1		1	63	30	33	1		1
35-39岁				41	23	18	2	1	1
40-44岁				31	12	19			
45-49岁				29	12	17	2	2	
50-54岁				21	12	9			
55-59岁				5	2	3			
60-64岁				4	2	2	1	1	
65-69岁				1		1			
70-74岁				1		1			
75-79岁									
80-84岁							1		1
85-89岁									
90-94岁									
95-99岁									
100岁及以上									

2-2b 全省各民族分年龄、性别的人口(镇)

单位：人

年龄组	合计			汉族		
	合计	男	女	小计	男	女
总 计	**19266016**	**9752125**	**9513891**	**19114422**	**9677151**	**9437271**
0-4岁	1198587	635964	562623	1186818	629795	557023
5-9岁	1362232	740752	621480	1349742	734024	615718
10-14岁	1303285	711928	591357	1293123	706507	586616
15-19岁	1259212	693472	565740	1249034	687997	561037
20-24岁	948822	507608	441214	937033	501464	435569
25-29岁	1365636	691440	674196	1353363	685328	668035
30-34岁	1685851	816979	868872	1670617	809809	860808
35-39岁	1234238	601626	632612	1221897	596164	625733
40-44岁	1293747	634637	659110	1283836	630178	653658
45-49岁	1590400	786737	803663	1579984	781710	798274
50-54岁	1757287	857457	899830	1746918	852281	894637
55-59岁	1345236	656795	688441	1337220	652965	684255
60-64岁	639961	324967	314994	635632	322811	312821
65-69岁	847722	414007	433715	842992	411770	431222
70-74岁	589142	291463	297679	585990	289952	296038
75-79岁	406283	196650	209633	404051	195605	208446
80-84岁	245612	112990	132622	244389	112493	131896
85-89岁	135152	55995	79157	134486	55740	78746
90-94岁	45906	16975	28931	45651	16891	28760
95-99岁	10441	3376	7065	10389	3363	7026
100岁及以上	1264	307	957	1257	304	953

2-2b 续表 1

单位：人

年龄组	蒙古族			回族			藏族		
	小计	男	女	小计	男	女	小计	男	女
总 计	**2033**	**1044**	**989**	**105522**	**54424**	**51098**	**820**	**339**	**481**
0-4岁	146	68	78	8804	4680	4124	21	10	11
5-9岁	133	71	62	9645	5256	4389	25	13	12
10-14岁	101	45	56	8036	4326	3710	27	13	14
15-19岁	142	80	62	5814	3191	2623	201	75	126
20-24岁	268	151	117	5822	3072	2750	219	86	133
25-29岁	214	121	93	7323	3876	3447	65	37	28
30-34岁	309	165	144	8937	4786	4151	79	31	48
35-39岁	237	102	135	6712	3590	3122	48	19	29
40-44岁	141	69	72	5959	3036	2923	44	19	25
45-49岁	120	61	59	7366	3726	3640	39	16	23
50-54岁	77	41	36	8504	4255	4249	26	11	15
55-59岁	63	31	32	6943	3303	3640	12	4	8
60-64岁	35	20	15	3927	1978	1949	8	3	5
65-69岁	23	10	13	4456	2102	2354			
70-74岁	8	3	5	3008	1431	1577	4	2	2
75-79岁	5	1	4	2154	1006	1148			
80-84岁	8	3	5	1169	474	695			
85-89岁	3	2	1	638	239	399			
90-94岁				248	82	166	2		2
95-99岁				51	13	38			
100岁及以上				6	2	4			

2-2b　续表 2　　单位：人

年龄组	维吾尔族			苗　族			彝　族		
	小计	男	女	小计	男	女	小计	男	女
总　计	**1810**	**941**	**869**	**8622**	**3727**	**4895**	**5578**	**2436**	**3142**
0-4岁	24	14	10	472	215	257	245	128	117
5-9岁	67	42	25	430	230	200	222	109	113
10-14岁	26	11	15	327	181	146	222	103	119
15-19岁	634	296	338	632	350	282	698	358	340
20-24岁	606	320	286	1034	549	485	957	480	477
25-29岁	170	106	64	989	419	570	790	378	412
30-34岁	113	63	50	1322	483	839	748	280	468
35-39岁	65	36	29	1177	367	810	619	208	411
40-44岁	36	21	15	880	302	578	491	158	333
45-49岁	27	10	17	688	304	384	298	115	183
50-54岁	17	7	10	386	184	202	160	64	96
55-59岁	9	6	3	180	89	91	78	36	42
60-64岁	3	3		51	25	26	25	9	16
65-69岁	2	1	1	31	20	11	14	7	7
70-74岁	4	1	3	14	5	9	7	1	6
75-79岁	2	1	1	7	2	5	2	1	1
80-84岁	2	2							
85-89岁	3	1	2	2	2		1	1	
90-94岁									
95-99岁							1		1
100岁及以上									

2-2b　续表 3　　单位：人

年龄组	壮　族			布依族			朝鲜族		
	小计	男	女	小计	男	女	小计	男	女
总　计	**4316**	**1509**	**2807**	**2681**	**1049**	**1632**	**582**	**304**	**278**
0-4岁	291	154	137	149	73	76	62	31	31
5-9岁	294	146	148	167	89	78	59	23	36
10-14岁	221	112	109	150	75	75	35	15	20
15-19岁	355	153	202	216	124	92	31	17	14
20-24岁	444	214	230	251	118	133	41	23	18
25-29岁	366	122	244	271	97	174	46	25	21
30-34岁	622	135	487	352	110	242	87	52	35
35-39岁	728	165	563	406	121	285	82	52	30
40-44岁	477	128	349	305	96	209	38	24	14
45-49岁	235	67	168	227	68	159	20	11	9
50-54岁	121	56	65	97	40	57	20	11	9
55-59岁	66	23	43	44	17	27	18	7	11
60-64岁	38	10	28	19	8	11	16	2	14
65-69岁	35	14	21	8	1	7	14	5	9
70-74岁	13	7	6	9	6	3	8	5	3
75-79岁	6	1	5	5	3	2	2	1	1
80-84岁	2	2		4	2	2	3		3
85-89岁	2		2	1	1				
90-94岁									
95-99岁									
100岁及以上									

2-2b 续表 4　　单位：人

年龄组	满族			侗族			瑶族		
	小计	男	女	小计	男	女	小计	男	女
总　计	**4074**	**2184**	**1890**	**2159**	**892**	**1267**	**805**	**288**	**517**
0–4岁	423	217	206	142	76	66	64	21	43
5–9岁	372	210	162	157	81	76	55	28	27
10–14岁	224	119	105	118	57	61	53	27	26
15–19岁	311	166	145	138	83	55	50	22	28
20–24岁	414	236	178	168	100	68	90	40	50
25–29岁	351	210	141	194	80	114	74	29	45
30–34岁	496	267	229	308	105	203	133	34	99
35–39岁	380	179	201	282	71	211	147	39	108
40–44岁	245	122	123	239	72	167	67	23	44
45–49岁	221	117	104	205	78	127	35	10	25
50–54岁	202	112	90	124	49	75	12	5	7
55–59岁	184	99	85	59	28	31	16	7	9
60–64岁	96	47	49	9	5	4	6	2	4
65–69岁	68	32	36	12	5	7	1		1
70–74岁	32	21	11	1	1		2	1	1
75–79岁	23	15	8	1	1				
80–84岁	18	8	10	2		2			
85–89岁	11	6	5						
90–94岁	3	1	2						
95–99岁									
100岁及以上									

2-2b 续表 5　　单位：人

年龄组	白族			土家族			哈尼族		
	小计	男	女	小计	男	女	小计	男	女
总　计	**768**	**326**	**442**	**5127**	**2559**	**2568**	**797**	**302**	**495**
0–4岁	53	30	23	413	217	196	37	23	14
5–9岁	39	20	19	363	185	178	42	19	23
10–14岁	37	21	16	290	154	136	30	10	20
15–19岁	84	42	42	304	179	125	97	71	26
20–24岁	97	54	43	500	274	226	97	53	44
25–29岁	64	25	39	535	232	303	84	34	50
30–34岁	108	40	68	685	282	403	125	36	89
35–39岁	73	18	55	573	237	336	129	23	106
40–44岁	59	15	44	406	193	213	71	15	56
45–49岁	57	19	38	463	251	212	39	8	31
50–54岁	38	16	22	330	206	124	25	6	19
55–59岁	30	10	20	179	103	76	14	2	12
60–64岁	9	6	3	41	18	23	4		4
65–69岁	8	5	3	25	16	9	1		1
70–74岁	4	2	2	8	7	1	2	2	
75–79岁	4	1	3	5	2	3			
80–84岁	3	2	1	5	2	3			
85–89岁	1		1	2	1	1			
90–94岁									
95–99岁									
100岁及以上									

2-2b 续表 6

单位：人

年龄组	哈萨克族			傣族			黎族		
	小计	男	女	小计	男	女	小计	男	女
总计	**95**	**58**	**37**	**469**	**164**	**305**	**564**	**224**	**340**
0-4岁				17	5	12	39	21	18
5-9岁	2		2	26	10	16	43	19	24
10-14岁	1	1		17	9	8	21	13	8
15-19岁	48	40	8	40	18	22	27	12	15
20-24岁	35	15	20	52	21	31	73	29	44
25-29岁	3	1	2	65	22	43	72	35	37
30-34岁	2		2	71	17	54	67	20	47
35-39岁	3		3	67	20	47	69	16	53
40-44岁				41	12	29	51	11	40
45-49岁				34	14	20	32	12	20
50-54岁	1	1		26	12	14	25	12	13
55-59岁				10	4	6	11	5	6
60-64岁				2		2	12	6	6
65-69岁				1		1	8	5	3
70-74岁							8	4	4
75-79岁							3	1	2
80-84岁							1	1	
85-89岁							1	1	
90-94岁							1	1	
95-99岁									
100岁及以上									

2-2b 续表 7

单位：人

年龄组	傈僳族			佤族			畲族		
	小计	男	女	小计	男	女	小计	男	女
总计	**396**	**146**	**250**	**438**	**175**	**263**	**548**	**276**	**272**
0-4岁	18	7	11	13	6	7	53	25	28
5-9岁	18	11	7	12	3	9	53	26	27
10-14岁	21	9	12	11	4	7	36	21	15
15-19岁	47	28	19	22	10	12	33	22	11
20-24岁	57	26	31	61	23	38	48	26	22
25-29岁	48	18	30	66	34	32	37	18	19
30-34岁	72	25	47	98	33	65	69	24	45
35-39岁	51	9	42	81	30	51	52	22	30
40-44岁	26	5	21	39	16	23	39	17	22
45-49岁	18	2	16	18	9	9	42	20	22
50-54岁	10	2	8	6	2	4	30	16	14
55-59岁	5	3	2	8	4	4	20	15	5
60-64岁	2		2	2	1	1	10	6	4
65-69岁	1	1		1		1	11	8	3
70-74岁							7	5	2
75-79岁							4	3	1
80-84岁	2		2				2		2
85-89岁							1	1	
90-94岁									
95-99岁									
100岁及以上							1	1	

2-2b　续表 8　　　　单位：人

年龄组	高山族			拉祜族			水　族		
	小计	男	女	小计	男	女	小计	男	女
总　计	**24**	**9**	**15**	**362**	**147**	**215**	**371**	**164**	**207**
0–4岁	6	2	4	6	2	4	16	10	6
5–9岁	1		1	13	6	7	26	13	13
10–14岁				8	3	5	12	4	8
15–19岁	2		2	45	22	23	14	8	6
20–24岁	3	2	1	66	36	30	32	21	11
25–29岁	1		1	59	25	34	54	26	28
30–34岁	1		1	62	23	39	46	18	28
35–39岁	1	1		35	13	22	76	24	52
40–44岁	1		1	26	5	21	38	14	24
45–49岁	5	3	2	23	6	17	31	15	16
50–54岁				11	6	5	20	9	11
55–59岁				8		8	4	1	3
60–64岁							1	1	
65–69岁									
70–74岁							1		1
75–79岁	2	1	1						
80–84岁									
85–89岁									
90–94岁	1		1						
95–99岁									
100岁及以上									

2-2b　续表 9　　　　单位：人

年龄组	东乡族			纳西族			景颇族		
	小计	男	女	小计	男	女	小计	男	女
总　计	**659**	**358**	**301**	**39**	**14**	**25**	**96**	**32**	**64**
0–4岁	82	40	42	5	2	3	4	3	1
5–9岁	92	52	40	3	1	2	6	3	3
10–14岁	46	29	17	1		1	5	5	
15–19岁	44	30	14				8	4	4
20–24岁	70	31	39	9	4	5	6	3	3
25–29岁	89	44	45	5	3	2	17	4	13
30–34岁	90	53	37	4	1	3	15	2	13
35–39岁	53	32	21	4	2	2	13	3	10
40–44岁	28	16	12	1		1	14	4	10
45–49岁	20	11	9	4	1	3	7	1	6
50–54岁	18	10	8	2		2	1		1
55–59岁	15	7	8	1		1			
60–64岁	2	1	1						
65–69岁	4	1	3						
70–74岁	4	1	3						
75–79岁	2		2						
80–84岁									
85–89岁									
90–94岁									
95–99岁									
100岁及以上									

2-2b 续表 10

单位：人

年龄组	柯尔克孜族			土 族			达斡尔族		
	小计	男	女	小计	男	女	小计	男	女
总 计	**19**	**11**	**8**	**116**	**44**	**72**	**56**	**27**	**29**
0-4岁				8	4	4	9	6	3
5-9岁				11	4	7	4	3	1
10-14岁				6	5	1			
15-19岁	8	5	3	10	4	6	4	2	2
20-24岁	10	6	4	17	9	8	8	2	6
25-29岁	1		1	15	8	7	4	1	3
30-34岁				11	2	9	10	4	6
35-39岁				12	3	9	5	3	2
40-44岁				10		10	3		3
45-49岁				6	1	5	2	2	
50-54岁				7	2	5	1	1	
55-59岁				3	2	1	1	1	
60-64岁							3	1	2
65-69岁							1		1
70-74岁							1	1	
75-79岁									
80-84岁									
85-89岁									
90-94岁									
95-99岁									
100岁及以上									

2-2b 续表 11

单位：人

年龄组	仫 佬 族			羌 族			布 朗 族		
	小计	男	女	小计	男	女	小计	男	女
总 计	**121**	**56**	**65**	**129**	**70**	**59**	**58**	**23**	**35**
0-4岁	6	3	3	10	5	5	1		1
5-9岁	8	2	6	9	4	5	5	4	1
10-14岁	5	2	3	7	3	4	6	4	2
15-19岁	7	3	4	19	17	2	4	2	2
20-24岁	11	6	5	11	7	4	6	2	4
25-29岁	13	5	8	11	5	6	7	2	5
30-34岁	17	8	9	15	6	9	10	2	8
35-39岁	20	7	13	14	7	7	11	4	7
40-44岁	9	4	5	8	6	2	4	2	2
45-49岁	11	6	5	12	4	8	3		3
50-54岁	8	6	2	3	1	2	1	1	
55-59岁	4	3	1	7	3	4			
60-64岁	1		1	1	1				
65-69岁									
70-74岁	1	1		1		1			
75-79岁				1	1				
80-84岁									
85-89岁									
90-94岁									
95-99岁									
100岁及以上									

2-2b 续表 12

单位：人

年龄组	撒拉族			毛南族			仡佬族		
	小计	男	女	小计	男	女	小计	男	女
总　计	**84**	**53**	**31**	**60**	**27**	**33**	**440**	**230**	**210**
0–4岁	1	1		4	3	1	28	16	12
5–9岁	10	3	7	3	2	1	20	11	9
10–14岁	12	10	2	2	1	1	15	9	6
15–19岁	9	4	5	4	3	1	22	7	15
20–24岁	12	10	2	8	4	4	69	38	31
25–29岁	6	3	3	10	3	7	57	29	28
30–34岁	10	6	4	10	2	8	50	20	30
35–39岁	6	4	2	8	2	6	34	5	29
40–44岁	10	6	4	2	1	1	46	26	20
45–49岁	4	3	1	6	4	2	46	31	15
50–54岁	1	1		1	1		32	18	14
55–59岁	1	1		1	1		10	10	
60–64岁	2	1	1				2	1	1
65–69岁							1	1	
70–74岁							3	3	
75–79岁							4	4	
80–84岁				1		1	1	1	
85–89岁									
90–94岁									
95–99岁									
100岁及以上									

2-2b 续表 13

单位：人

年龄组	锡伯族			阿昌族			普米族		
	小计	男	女	小计	男	女	小计	男	女
总　计	**57**	**26**	**31**	**25**	**11**	**14**	**19**	**13**	**6**
0–4岁	6	4	2	3	2	1	1		1
5–9岁	4	2	2	2	2		1	1	
10–14岁	2		2	2		2	2	1	1
15–19岁	7	3	4	2		2	1		1
20–24岁	7	2	5				2	2	
25–29岁	9	3	6	2		2	2		2
30–34岁	8	4	4	3	2	1	3	3	
35–39岁	5	3	2	4	1	3	3	3	
40–44岁	3	1	2	1	1		3	2	1
45–49岁	1	1		2		2			
50–54岁	1	1		2	2		1	1	
55–59岁	3	1	2	2	1	1			
60–64岁									
65–69岁	1	1							
70–74岁									
75–79岁									
80–84岁									
85–89岁									
90–94岁									
95–99岁									
100岁及以上									

2-2b 续表 14 单位：人

年龄组	塔吉克族			怒族			乌孜别克族		
	小计	男	女	小计	男	女	小计	男	女
总 计	**4**	**1**	**3**	**12**	**3**	**9**	**1**	**1**	
0-4岁									
5-9岁									
10-14岁									
15-19岁	2		2	2	1	1			
20-24岁	2	1	1				1	1	
25-29岁				1	1				
30-34岁				4		4			
35-39岁				2		2			
40-44岁									
45-49岁				2	1	1			
50-54岁				1		1			
55-59岁									
60-64岁									
65-69岁									
70-74岁									
75-79岁									
80-84岁									
85-89岁									
90-94岁									
95-99岁									
100岁及以上									

2-2b 续表 15 单位：人

年龄组	俄罗斯族			鄂温克族			德昂族		
	小计	男	女	小计	男	女	小计	男	女
总 计	**13**	**6**	**7**	**15**	**3**	**12**	**28**	**9**	**19**
0-4岁	2	1	1	2		2	1	1	
5-9岁	1		1	3		3	3	1	2
10-14岁									
15-19岁	1		1	2	1	1	2	1	1
20-24岁	4	4					6	1	5
25-29岁				2	1	1	6		6
30-34岁	2	1	1	1		1	1		1
35-39岁	1		1	1		1	3	2	1
40-44岁				1	1		3	1	2
45-49岁	1		1	3		3	2	1	1
50-54岁	1		1				1	1	
55-59岁									
60-64岁									
65-69岁									
70-74岁									
75-79岁									
80-84岁									
85-89岁									
90-94岁									
95-99岁									
100岁及以上									

2-2b　续表 16　　　　单位：人

年龄组	保安族			裕固族			京族		
	小计	男	女	小计	男	女	小计	男	女
总　计	**12**	**8**	**4**	**5**	**4**	**1**	**6**		**6**
0–4岁	1		1				1		1
5–9岁	2	1	1						
10–14岁									
15–19岁				1	1				
20–24岁				2	2				
25–29岁	4	3	1	1	1		2		2
30–34岁	4	4							
35–39岁							1		1
40–44岁	1		1				1		1
45–49岁				1		1			
50–54岁									
55–59岁							1		1
60–64岁									
65–69岁									
70–74岁									
75–79岁									
80–84岁									
85–89岁									
90–94岁									
95–99岁									
100岁及以上									

2-2b　续表 17　　　　单位：人

年龄组	塔塔尔族			独龙族			鄂伦春族		
	小计	男	女	小计	男	女	小计	男	女
总　计	**3**	**1**	**2**	**14**	**5**	**9**	**3**	**1**	**2**
0–4岁									
5–9岁				3	2	1	1		1
10–14岁				1		1			
15–19岁				1	1				
20–24岁				1		1			
25–29岁	1		1	1		1	1		1
30–34岁				2		2			
35–39岁				1		1			
40–44岁									
45–49岁	2	1	1				1	1	
50–54岁									
55–59岁				2	1	1			
60–64岁				1		1			
65–69岁				1	1				
70–74岁									
75–79岁									
80–84岁									
85–89岁									
90–94岁									
95–99岁									
100岁及以上									

2-2b 续表 18 单位：人

年龄组	赫哲族			门巴族			珞巴族		
	小计	男	女	小计	男	女	小计	男	女
总　计	**3**	**1**	**2**	**2**		**2**	**2**	**1**	**1**
0-4岁									
5-9岁									
10-14岁									
15-19岁									
20-24岁				2		2	1		1
25-29岁									
30-34岁	2		2						
35-39岁									
40-44岁									
45-49岁									
50-54岁							1	1	
55-59岁									
60-64岁									
65-69岁	1	1							
70-74岁									
75-79岁									
80-84岁									
85-89岁									
90-94岁									
95-99岁									
100岁及以上									

2-2b 续表 19 单位：人

年龄组	基诺族			未定族称人口			入籍		
	小计	男	女	小计	男	女	小计	男	女
总　计	**3**	**2**	**1**	**499**	**238**	**261**	**30**	**8**	**22**
0-4岁				75	41	34	5	2	3
5-9岁				35	20	15			
10-14岁				25	18	7	1	1	
15-19岁	1	1		31	17	14	1	1	
20-24岁	1	1		78	38	40	10	1	9
25-29岁				63	26	37	2		2
30-34岁				46	20	26	4	1	3
35-39岁				44	19	25	3		3
40-44岁	1		1	41	15	26	2		2
45-49岁				37	16	21			
50-54岁				17	5	12	1	1	
55-59岁				4	2	2			
60-64岁				1	1				
65-69岁				1		1			
70-74岁				1		1	1	1	
75-79岁									
80-84岁									
85-89岁									
90-94岁									
95-99岁									
100岁及以上									

2-2c　全省各民族分年龄、性别的人口(乡村)

单位：人

年龄组	合　计			汉　族		
	合计	男	女	小计	男	女
总　计	**25432068**	**13208668**	**12223400**	**25312102**	**13154195**	**12157907**
0–4岁	1482510	787529	694981	1474032	783110	690922
5–9岁	1820214	979529	840685	1810946	974532	836414
10–14岁	1817551	992038	825513	1809427	987700	821727
15–19岁	992861	565007	427854	986948	561868	425080
20–24岁	1007665	559713	447952	1000601	556410	444191
25–29岁	1477324	794182	683142	1468561	790333	678228
30–34岁	1603738	834190	769548	1592650	830166	762484
35–39岁	1143088	601778	541310	1133498	598718	534780
40–44岁	1318492	701459	617033	1310056	698427	611629
45–49岁	1977412	1019672	957740	1968193	1015715	952478
50–54岁	2571104	1276156	1294948	2561621	1271770	1289851
55–59岁	2069835	1040026	1029809	2063179	1036839	1026340
60–64岁	1055307	552690	502617	1051909	551001	500908
65–69岁	1746931	886981	859950	1742004	884566	857438
70–74岁	1381708	701228	680480	1377858	699228	678630
75–79岁	964187	483476	480711	961325	482024	479301
80–84岁	567994	268099	299895	566476	267365	299111
85–89岁	305741	124258	181483	304854	123905	180949
90–94岁	101859	33702	68157	101495	33584	67911
95–99岁	23207	6290	16917	23142	6272	16870
100岁及以上	3340	665	2675	3327	662	2665

2-2c　续表 1

单位：人

年龄组	蒙古族			回　族			藏　族		
	小计	男	女	小计	男	女	小计	男	女
总　计	**884**	**410**	**474**	**77331**	**40893**	**36438**	**1350**	**403**	**947**
0–4岁	80	45	35	5524	2917	2607	29	15	14
5–9岁	76	40	36	6600	3690	2910	24	11	13
10–14岁	63	33	30	5966	3327	2639	24	6	18
15–19岁	27	17	10	3382	1991	1391	546	172	374
20–24岁	65	42	23	3537	2032	1505	421	123	298
25–29岁	108	47	61	4794	2667	2127	50	15	35
30–34岁	111	42	69	5048	2714	2334	66	14	52
35–39岁	100	24	76	3728	2032	1696	48	8	40
40–44岁	67	23	44	3775	2022	1753	41	9	32
45–49岁	73	37	36	5690	2932	2758	34	12	22
50–54岁	39	19	20	7213	3609	3604	24	10	14
55–59岁	24	17	7	5479	2708	2771	21	4	17
60–64岁	16	8	8	2986	1526	1460	6	1	5
65–69岁	16	7	9	4596	2287	2309	6	1	5
70–74岁	12	5	7	3570	1876	1694	4	2	2
75–79岁	2	1	1	2725	1388	1337	2		2
80–84岁	3	1	2	1441	701	740			
85–89岁	2	2		849	339	510	2		2
90–94岁				351	114	237	2		2
95–99岁				64	18	46			
100岁及以上				13	3	10			

2-2c 续表 2

单位：人

年龄组	维吾尔族			苗族			彝族		
	小计	男	女	小计	男	女	小计	男	女
总 计	**224**	**102**	**122**	**9527**	**2757**	**6770**	**5676**	**1927**	**3749**
0-4岁	7	4	3	602	290	312	344	182	162
5-9岁	8	4	4	572	294	278	327	174	153
10-14岁	4	1	3	438	211	227	255	117	138
15-19岁	20	6	14	400	217	183	358	192	166
20-24岁	75	43	32	728	263	465	601	266	335
25-29岁	33	14	19	975	253	722	547	203	344
30-34岁	24	11	13	1561	294	1267	801	217	584
35-39岁	12	5	7	1417	200	1217	784	176	608
40-44岁	4	3	1	1168	228	940	658	154	504
45-49岁	9	1	8	834	218	616	483	130	353
50-54岁	14	6	8	491	163	328	279	70	209
55-59岁	6	3	3	225	88	137	124	29	95
60-64岁	2		2	50	13	37	39	6	33
65-69岁	2	1	1	34	13	21	31	4	27
70-74岁	1		1	17	4	13	27	4	23
75-79岁	3		3	10	6	4	9	3	6
80-84岁				4	2	2	8		8
85-89岁				1		1	1		1
90-94岁									
95-99岁									
100岁及以上									

2-2c 续表 3

单位：人

年龄组	壮族			布依族			朝鲜族		
	小计	男	女	小计	男	女	小计	男	女
总 计	**3902**	**1011**	**2891**	**3322**	**876**	**2446**	**219**	**99**	**120**
0-4岁	318	153	165	225	116	109	27	18	9
5-9岁	252	116	136	225	110	115	14	7	7
10-14岁	226	108	118	184	90	94	16	11	5
15-19岁	169	100	69	102	43	59	8	5	3
20-24岁	193	63	130	222	76	146	5	2	3
25-29岁	313	64	249	273	80	193	14	8	6
30-34岁	612	84	528	438	64	374	21	9	12
35-39岁	747	85	662	525	59	466	18	10	8
40-44岁	502	60	442	486	82	404	24	10	14
45-49岁	270	64	206	306	71	235	17	5	12
50-54岁	140	48	92	194	39	155	16	1	15
55-59岁	78	35	43	70	13	57	14	6	8
60-64岁	40	18	22	34	10	24	6	2	4
65-69岁	24	6	18	10	4	6	10	3	7
70-74岁	12	5	7	15	10	5	3		3
75-79岁	3	2	1	9	7	2	2		2
80-84岁	2		2	2	2		1		1
85-89岁				1		1	3	2	1
90-94岁	1		1	1		1			
95-99岁									
100岁及以上									

2-2c　续表 4　　　　单位：人

年龄组	满族			侗族			瑶族		
	小计	男	女	小计	男	女	小计	男	女
总　计	**1561**	**758**	**803**	**2211**	**624**	**1587**	**774**	**244**	**530**
0–4岁	131	59	72	156	100	56	64	31	33
5–9岁	111	54	57	141	58	83	41	16	25
10–14岁	88	42	46	101	43	58	60	29	31
15–19岁	76	35	41	78	31	47	32	13	19
20–24岁	91	43	48	113	42	71	57	20	37
25–29岁	123	70	53	172	63	109	78	18	60
30–34岁	182	81	101	277	43	234	133	27	106
35–39岁	131	53	78	338	46	292	132	28	104
40–44岁	133	50	83	309	53	256	73	22	51
45–49岁	111	52	59	266	60	206	58	15	43
50–54岁	126	60	66	146	33	113	26	14	12
55–59岁	87	60	27	68	28	40	13	7	6
60–64岁	47	30	17	19	8	11	4	3	1
65–69岁	41	25	16	14	6	8	1	1	
70–74岁	40	22	18	6	4	2	1		1
75–79岁	17	6	11	4	3	1	1		1
80–84岁	16	9	7	2	2				
85–89岁	6	4	2	1	1				
90–94岁	4	3	1						
95–99岁									
100岁及以上									

2-2c　续表 5　　　　单位：人

年龄组	白族			土家族			哈尼族		
	小计	男	女	小计	男	女	小计	男	女
总　计	**784**	**242**	**542**	**4549**	**1945**	**2604**	**979**	**180**	**799**
0–4岁	58	28	30	371	188	183	56	26	30
5–9岁	46	26	20	342	172	170	55	23	32
10–14岁	30	14	16	263	115	148	66	30	36
15–19岁	40	18	22	338	166	172	44	22	22
20–24岁	49	15	34	298	117	181	74	15	59
25–29岁	59	20	39	429	146	283	91	16	75
30–34岁	102	26	76	576	193	383	134	9	125
35–39岁	77	14	63	544	172	372	156	10	146
40–44岁	85	11	74	414	166	248	128	15	113
45–49岁	72	19	53	421	195	226	75	9	66
50–54岁	65	15	50	316	188	128	47	1	46
55–59岁	42	12	30	150	90	60	30	2	28
60–64岁	14	3	11	27	17	10	9	1	8
65–69岁	13	2	11	19	5	14	10	1	9
70–74岁	17	10	7	23	9	14	3		3
75–79岁	10	7	3	14	6	8	1		1
80–84岁	2		2	2		2			
85–89岁	3	2	1	1		1			
90–94岁									
95–99岁				1		1			
100岁及以上									

2-2c 续表 6

单位：人

年龄组	哈萨克族			傣族			黎族		
	小计	男	女	小计	男	女	小计	男	女
总　计	**13**	**8**	**5**	**604**	**110**	**494**	**534**	**150**	**384**
0-4岁				35	21	14	40	21	19
5-9岁	2	2		37	18	19	32	10	22
10-14岁	2	1	1	40	19	21	23	13	10
15-19岁	2	2		22	11	11	14	3	11
20-24岁	4	1	3	52	6	46	40	11	29
25-29岁	1		1	60	5	55	60	20	40
30-34岁				111	7	104	61	6	55
35-39岁	1	1		90	9	81	60	8	52
40-44岁				52	9	43	52	8	44
45-49岁	1	1		47	3	44	43	12	31
50-54岁				26	2	24	21	5	16
55-59岁				16		16	21	7	14
60-64岁				6		6	14	3	11
65-69岁				4		4	13	6	7
70-74岁				4		4	17	9	8
75-79岁				2		2	8	2	6
80-84岁							9	5	4
85-89岁							4	1	3
90-94岁							2		2
95-99岁									
100岁及以上									

2-2c 续表 7

单位：人

年龄组	傈僳族			佤族			畲族		
	小计	男	女	小计	男	女	小计	男	女
总　计	**595**	**120**	**475**	**503**	**114**	**389**	**866**	**464**	**402**
0-4岁	57	27	30	22	12	10	50	25	25
5-9岁	45	20	25	27	9	18	52	28	24
10-14岁	41	19	22	14	7	7	38	16	22
15-19岁	37	15	22	19	10	9	17	6	11
20-24岁	44	11	33	60	20	40	31	18	13
25-29岁	67	8	59	67	17	50	39	18	21
30-34岁	109	10	99	100	15	85	77	41	36
35-39岁	79	3	76	98	10	88	44	24	20
40-44岁	49	2	47	33	4	29	50	24	26
45-49岁	34	3	31	23	3	20	72	36	36
50-54岁	15	1	14	16	2	14	80	49	31
55-59岁	10	1	9	8		8	96	57	39
60-64岁	3		3	7	2	5	44	29	15
65-69岁	4		4	5		5	56	38	18
70-74岁	1		1	2	2		60	29	31
75-79岁							28	14	14
80-84岁				1		1	21	10	11
85-89岁				1	1		8	1	7
90-94岁							3	1	2
95-99岁									
100岁及以上									

2-2c 续表 8

单位：人

年龄组	高山族			拉祜族			水 族		
	小计	男	女	小计	男	女	小计	男	女
总 计	**9**	**3**	**6**	**615**	**83**	**532**	**671**	**180**	**491**
0-4岁				29	16	13	38	24	14
5-9岁	1		1	24	10	14	40	22	18
10-14岁				23	9	14	17	8	9
15-19岁				60	7	53	13	9	4
20-24岁	1		1	74	10	64	41	11	30
25-29岁				67	10	57	62	20	42
30-34岁	2	1	1	115	10	105	105	20	85
35-39岁				93	4	89	124	23	101
40-44岁	1		1	49	4	45	94	19	75
45-49岁				32	1	31	67	12	55
50-54岁	2	1	1	23		23	43	6	37
55-59岁	1		1	14	1	13	17	3	14
60-64岁	1	1		6	1	5	4	1	3
65-69岁				3		3	2	1	1
70-74岁				1		1	2		2
75-79岁				1		1	1	1	
80-84岁				1		1			
85-89岁							1		1
90-94岁									
95-99岁									
100岁及以上									

2-2c 续表 9

单位：人

年龄组	东乡族			纳西族			景颇族		
	小计	男	女	小计	男	女	小计	男	女
总 计	**251**	**126**	**125**	**32**	**4**	**28**	**207**	**35**	**172**
0-4岁	30	7	23	1		1	19	6	13
5-9岁	32	13	19	2		2	19	8	11
10-14岁	22	12	10	5	2	3	17	6	11
15-19岁	11	8	3				5		5
20-24岁	25	15	10	2		2	12	3	9
25-29岁	32	15	17	6		6	19		19
30-34岁	39	23	16	1		1	32	1	31
35-39岁	20	12	8	2		2	30	3	27
40-44岁	9	5	4	5	1	4	25	5	20
45-49岁	12	7	5	6	1	5	17	1	16
50-54岁	12	6	6				10	2	8
55-59岁	3	2	1	1		1	1		1
60-64岁	1		1				1		1
65-69岁				1		1			
70-74岁	1	1							
75-79岁									
80-84岁									
85-89岁	2		2						
90-94岁									
95-99岁									
100岁及以上									

2-2c 续表 10

单位：人

年龄组	柯尔克孜族			土 族			达斡尔族		
	小计	男	女	小计	男	女	小计	男	女
总 计	**1**		**1**	**92**	**30**	**62**	**17**	**9**	**8**
0-4岁				6	2	4	1	1	
5-9岁				4	2	2	7	3	4
10-14岁				9	7	2	1		1
15-19岁				6	3	3			
20-24岁				6	3	3	1	1	
25-29岁				15	5	10	1		1
30-34岁	1		1	9		9	2	2	
35-39岁				8	1	7	1	1	
40-44岁				5		5	1		1
45-49岁				12	4	8			
50-54岁				5	2	3			
55-59岁				2		2			
60-64岁				1		1	1	1	
65-69岁				1		1			
70-74岁									
75-79岁				2	1	1			
80-84岁				1		1			
85-89岁							1		1
90-94岁									
95-99岁									
100岁及以上									

2-2c 续表 11

单位：人

年龄组	仫佬族			羌 族			布朗族		
	小计	男	女	小计	男	女	小计	男	女
总 计	**140**	**38**	**102**	**89**	**31**	**58**	**95**	**18**	**77**
0-4岁	14	9	5	8	4	4	8	3	5
5-9岁	12	3	9	6	2	4	5	2	3
10-14岁	8	4	4	6	3	3	5	3	2
15-19岁	13	3	10	4	3	1	9	3	6
20-24岁	3	1	2	7		7	6		6
25-29岁	18	6	12	8	4	4	12		12
30-34岁	23		23	12	3	9	19	1	18
35-39岁	20	4	16	7	1	6	12	2	10
40-44岁	8	2	6	10	4	6	8	1	7
45-49岁	8	3	5	8	2	6	6	2	4
50-54岁	10	2	8	5	1	4	3	1	2
55-59岁	1		1	3	2	1	1		1
60-64岁	1	1		1		1			
65-69岁				1	1				
70-74岁				2		2	1		1
75-79岁	1		1	1	1				
80-84岁									
85-89岁									
90-94岁									
95-99岁									
100岁及以上									

2–2c　续表 12　　　　单位：人

年龄组	撒拉族			毛南族			仡佬族		
	小计	男	女	小计	男	女	小计	男	女
总　计	**17**	**7**	**10**	**37**	**12**	**25**	**417**	**196**	**221**
0–4岁				3	1	2	38	24	14
5–9岁	1		1	3	2	1	31	18	13
10–14岁	1	1		2		2	25	12	13
15–19岁	3	2	1				20	12	8
20–24岁				3	2	1	23	11	12
25–29岁	3	1	2	5	1	4	49	19	30
30–34岁	2	1	1	2	1	1	51	20	31
35–39岁	3		3	4	1	3	43	10	33
40–44岁	2		2	5	1	4	33	11	22
45–49岁	2	2		5	2	3	40	21	19
50–54岁				3		3	35	17	18
55–59岁				1		1	13	9	4
60–64岁				1	1		1		1
65–69岁							3	1	2
70–74岁							7	7	
75–79岁							4	3	1
80–84岁							1	1	
85–89岁									
90–94岁									
95–99岁									
100岁及以上									

2–2c　续表 13　　　　单位：人

年龄组	锡伯族			阿昌族			普米族		
	小计	男	女	小计	男	女	小计	男	女
总　计	**12**	**6**	**6**	**48**	**11**	**37**	**12**	**6**	**6**
0–4岁				3	1	2	1	1	
5–9岁				4	2	2	2	2	
10–14岁				1	1		1		1
15–19岁				1		1	3	3	
20–24岁	2		2	1		1			
25–29岁	4	2	2	10	1	9			
30–34岁	1	1		9	3	6	1		1
35–39岁				12	3	9			
40–44岁	1		1	6		6	1		1
45–49岁	1		1				1		1
50–54岁	1	1					1		1
55–59岁							1		1
60–64岁				1		1			
65–69岁	1	1							
70–74岁									
75–79岁									
80–84岁	1	1							
85–89岁									
90–94岁									
95–99岁									
100岁及以上									

2-2c 续表 14 单位：人

年龄组	塔吉克族			怒 族			乌孜别克族		
	小计	男	女	小计	男	女	小计	男	女
总 计	**1**		**1**	**29**	**4**	**25**			
0-4岁	1		1	3	1	2			
5-9岁				2	2				
10-14岁				2		2			
15-19岁				2		2			
20-24岁				1		1			
25-29岁				2	1	1			
30-34岁				4		4			
35-39岁				8		8			
40-44岁									
45-49岁				4		4			
50-54岁				1		1			
55-59岁									
60-64岁									
65-69岁									
70-74岁									
75-79岁									
80-84岁									
85-89岁									
90-94岁									
95-99岁									
100岁及以上									

2-2c 续表 15 单位：人

年龄组	俄罗斯族			鄂温克族			德 昂 族		
	小计	男	女	小计	男	女	小计	男	女
总 计	**5**	**3**	**2**	**4**	**2**	**2**	**30**	**7**	**23**
0-4岁							2	1	1
5-9岁							2		2
10-14岁									
15-19岁							2		2
20-24岁							6	1	5
25-29岁	2	2					1		1
30-34岁	1		1				6	1	5
35-39岁				1		1	6	1	5
40-44岁				1	1		1		1
45-49岁	2	1	1	2	1	1			
50-54岁							1	1	
55-59岁									
60-64岁									
65-69岁							1		1
70-74岁							1	1	
75-79岁							1	1	
80-84岁									
85-89岁									
90-94岁									
95-99岁									
100岁及以上									

2-2c　续表 16　　　　单位：人

年龄组	保安族			裕固族			京　族		
	小计	男	女	小计	男	女	小计	男	女
总　计	**6**	**4**	**2**	**1**		**1**	**14**	**1**	**13**
0-4岁							2		2
5-9岁							1	1	
10-14岁									
15-19岁									
20-24岁	1	1							
25-29岁	1	1					7		7
30-34岁							2		2
35-39岁	1	1					2		2
40-44岁	2	1	1	1		1			
45-49岁	1		1						
50-54岁									
55-59岁									
60-64岁									
65-69岁									
70-74岁									
75-79岁									
80-84岁									
85-89岁									
90-94岁									
95-99岁									
100岁及以上									

2-2c　续表 17　　　　单位：人

年龄组	塔塔尔族			独龙族			鄂伦春族		
	小计	男	女	小计	男	女	小计	男	女
总　计				**12**		**12**	**6**	**2**	**4**
0-4岁							1		1
5-9岁							1		1
10-14岁				1		1			
15-19岁									
20-24岁									
25-29岁				4		4	1	1	
30-34岁				2		2	1	1	
35-39岁				3		3			
40-44岁				1		1			
45-49岁				1		1			
50-54岁									
55-59岁							1		1
60-64岁									
65-69岁							1		1
70-74岁									
75-79岁									
80-84岁									
85-89岁									
90-94岁									
95-99岁									
100岁及以上									

2－2c 续表 18

单位：人

年龄组	赫哲族			门巴族			珞巴族		
	小计	男	女	小计	男	女	小计	男	女
总 计	**5**	**4**	**1**	**2**		**2**	**2**	**1**	**1**
0－4岁				1		1			
5－9岁	2	2							
10－14岁									
15－19岁				1		1	1	1	
20－24岁							1		1
25－29岁									
30－34岁									
35－39岁	2	1	1						
40－44岁									
45－49岁									
50－54岁									
55－59岁									
60－64岁									
65－69岁	1	1							
70－74岁									
75－79岁									
80－84岁									
85－89岁									
90－94岁									
95－99岁									
100岁及以上									

2－2c 续表 19

单位：人

年龄组	基诺族			未定族称人口			入籍		
	小计	男	女	小计	男	女	小计	男	女
总 计	**6**	**2**	**4**	**572**	**198**	**374**	**101**	**13**	**88**
0－4岁				65	34	31	8	6	2
5－9岁				35	20	15	3	1	2
10－14岁				33	16	17	3	2	1
15－19岁				24	10	14	4		4
20－24岁	1		1	61	14	47	26	1	25
25－29岁				61	8	53	20		20
30－34岁				85	27	58	17	1	16
35－39岁				52	15	37	7		7
40－44岁	1		1	55	21	34	8	1	7
45－49岁	2	1	1	50	18	32	1		1
50－54岁				33	11	22	1		1
55－59岁	1		1	11	2	9	2	1	1
60－64岁	1	1		3	2	1	1		1
65－69岁				3		3			
70－74岁									
75－79岁				1		1			
80－84岁									
85－89岁									
90－94岁									
95－99岁									
100岁及以上									

2–3　全省各民族分性别、受教育程度的3岁及以上人口

单位：人

民　族	3岁及以上人口			未上过学		
	合计	男	女	小计	男	女
总　计	**59069275**	**30067357**	**29001918**	**3428334**	**922536**	**2505798**
汉　族	58654654	29868451	28786203	3412468	918121	2494347
蒙古族	5524	2770	2754	69	29	40
回　族	284871	146071	138800	11819	3512	8307
藏　族	3651	1371	2280	77	20	57
维吾尔族	3988	1968	2020	47	24	23
苗　族	24157	9201	14956	1123	190	933
彝　族	15406	6117	9289	617	167	450
壮　族	11867	3897	7970	225	58	167
布依族	7790	2601	5189	291	41	250
朝鲜族	1745	876	869	22	7	15
满　族	11403	5890	5513	140	54	86
侗　族	5891	2216	3675	97	26	71
瑶　族	2266	802	1464	70	11	59
白　族	2073	789	1284	71	16	55
土家族	14322	6798	7524	240	72	168
哈尼族	2169	598	1571	109	13	96
哈萨克族	288	134	154			
傣　族	1393	371	1022	47	3	44
黎　族	1558	534	1024	73	19	54
傈僳族	1187	336	851	63	7	56
佤　族	1312	506	806	66	8	58
畲　族	2050	1076	974	115	31	84
高山族	61	27	34	2		2
拉祜族	1190	337	853	62	6	56
水　族	1291	430	861	62	6	56
东乡族	1463	801	662	109	41	68
纳西族	115	33	82	1		1
景颇族	363	83	280	11	1	10
柯尔克孜族	51	27	24			
土　族	316	131	185	9	4	5
达斡尔族	137	64	73	3	2	1
仫佬族	360	123	237	16	5	11
羌　族	309	142	167	3	2	1
布朗族	171	53	118	5	2	3
撒拉族	224	121	103	12	3	9
毛南族	149	66	83	1		1
仡佬族	1304	657	647	28	12	16
锡伯族	222	110	112	2	1	1
阿昌族	106	42	64	3		3
普米族	37	24	13	1		1
塔吉克族	6	1	5			
怒　族	45	10	35	8		8
乌孜别克族	3	2	1			
俄罗斯族	41	20	21	1	1	
鄂温克族	23	6	17			
德昂族	63	15	48	6	3	3
保安族	55	35	20	1	1	
裕固族	9	7	2			
京　族	23	2	21	3		3
塔塔尔族	6	3	3			
独龙族	29	5	24			
鄂伦春族	16	6	10	1		1
赫哲族	9	5	4			
门巴族	6	1	5			
珞巴族	5	2	3	1	1	
基诺族	13	6	7			
未定族称人口	1346	560	786	109	15	94
入　籍	143	27	116	25	1	24

2-3 续表 1

单位：人

民族	学前教育			小学		
	小计	男	女	小计	男	女
总计	**2440991**	**1278903**	**1162088**	**16401020**	**7651045**	**8749975**
汉族	2419746	1267879	1151867	16297042	7604758	8692284
蒙古族	288	151	137	850	420	430
回族	15825	8354	7471	70436	34054	36382
藏族	35	17	18	383	170	213
维吾尔族	105	61	44	415	230	185
苗族	879	414	465	7840	2609	5231
彝族	455	228	227	4910	1724	3186
壮族	557	269	288	2717	852	1865
布依族	288	145	143	2349	681	1668
朝鲜族	113	56	57	257	111	146
满族	716	344	372	1887	944	943
侗族	245	128	117	1518	522	996
瑶族	119	66	53	603	213	390
白族	87	36	51	479	157	322
土家族	732	369	363	3075	1408	1667
哈尼族	66	31	35	785	157	628
哈萨克族	5	2	3	7	3	4
傣族	44	23	21	409	101	308
黎族	66	30	36	361	121	240
傈僳族	43	16	27	466	105	361
佤族	31	16	15	463	142	321
畲族	115	61	54	554	301	253
高山族	4	2	2	11	4	7
拉祜族	17	8	9	466	122	344
水族	49	25	24	439	121	318
东乡族	128	65	63	676	364	312
纳西族	7	2	5	27	8	19
景颇族	13	4	9	144	32	112
柯尔克孜族						
土族	12	4	8	71	29	42
达斡尔族	12	4	8	21	14	7
仫佬族	18	6	12	82	33	49
羌族	16	7	9	80	32	48
布朗族	6	4	2	63	18	45
撒拉族	9	2	7	100	52	48
毛南族	7	5	2	44	22	22
仡佬族	53	26	27	346	167	179
锡伯族	3	2	1	32	15	17
阿昌族	5	3	2	38	14	24
普米族	2	2		9	5	4
塔吉克族	1		1	1		1
怒族				16	5	11
乌孜别克族						
俄罗斯族	2		2	2		2
鄂温克族	2		2	2		2
德昂族	3	1	2	20	6	14
保安族	1	1		24	11	13
裕固族				2	1	1
京族	1		1	5	2	3
塔塔尔族	1	1		1	1	
独龙族	3	2	1	7	1	6
鄂伦春族	2		2	2		2
赫哲族	1	1		2	2	
门巴族						
珞巴族						
基诺族	3	2	1	2	1	1
未定族称人口	43	24	19	440	178	262
入籍	7	4	3	39	2	37

2-3　续表 2　　　　单位：人

民　族	初　中			高　中			大学专科		
	小计	男	女	小计	男	女	小计	男	女
总　计	**20581055**	**11211154**	**9369901**	**8113247**	**4622745**	**3490502**	**4411306**	**2353427**	**2057879**
汉　族	20436174	11140170	9296004	8053129	4590894	3462235	4377102	2336558	2040544
蒙古族	1415	693	722	781	368	413	663	335	328
回　族	97097	51766	45331	43330	24316	19014	24514	12914	11600
藏　族	542	204	338	580	254	326	1694	544	1150
维吾尔族	973	588	385	980	508	472	620	241	379
苗　族	9892	3902	5990	2524	1175	1349	892	381	511
彝　族	6715	2770	3945	1740	819	921	568	223	345
壮　族	4665	1307	3358	1697	598	1099	799	274	525
布依族	3388	1141	2247	794	326	468	305	109	196
朝鲜族	321	149	172	314	161	153	220	121	99
满　族	2776	1435	1341	1641	841	800	1474	738	736
侗　族	2489	905	1584	856	322	534	292	116	176
瑶　族	769	259	510	298	85	213	175	51	124
白　族	827	304	523	284	118	166	128	48	80
土家族	5672	2697	2975	2202	1050	1152	926	401	525
哈尼族	851	259	592	246	105	141	75	20	55
哈萨克族	16	7	9	57	28	29	38	27	11
傣　族	621	159	462	175	56	119	57	14	43
黎　族	578	182	396	197	61	136	118	40	78
傈僳族	452	141	311	101	41	60	41	19	22
佤　族	617	276	341	95	51	44	22	8	14
畲　族	612	330	282	312	178	134	149	76	73
高山族	19	11	8	5	4	1	9	4	5
拉祜族	519	153	366	100	43	57	20	4	16
水　族	560	191	369	107	44	63	27	16	11
东乡族	440	266	174	82	51	31	9	4	5
纳西族	28	3	25	17	6	11	10	4	6
景颇族	161	37	124	27	6	21	6	2	4
柯尔克孜族	2	1	1	7	3	4	16	10	6
土　族	87	32	55	45	17	28	33	11	22
达斡尔族	27	12	15	17	12	5	23	9	14
仫佬族	131	40	91	55	19	36	25	7	18
羌　族	91	38	53	57	34	23	25	8	17
布朗族	71	23	48	17	3	14	6	2	4
撒拉族	69	44	25	15	9	6	9	4	5
毛南族	62	28	34	12	2	10	10	3	7
仡佬族	545	294	251	144	69	75	86	31	55
锡伯族	31	14	17	32	16	16	32	16	16
阿昌族	43	18	25	10	4	6	2	1	1
普米族	18	13	5	2		2	4	3	1
塔吉克族				3		3			
怒　族	18	4	14	2		2			
乌孜别克族							2	1	1
俄罗斯族	7	3	4	5	1	4	5	3	2
鄂温克族	8	2	6	3	1	2	3		3
德昂族	29	5	24	4		4	1		1
保安族	26	20	6	1	1		2	1	1
裕固族	3	2	1	1	1				
京　族	6		6	4		4	3		3
塔塔尔族	4	1	3						
独龙族	15	2	13	3		3			
鄂伦春族	3	1	2	1	1		4	2	2
赫哲族	2	1	1	2	1	1	1		1
门巴族							5		5
珞巴族	2	1	1				1		1
基诺族	3	1	2	2	1	1	2	1	1
未定族称人口	517	245	272	120	36	84	47	17	30
入　籍	46	4	42	12	5	7	6	5	1

2－3 续表 3　　单位：人

民 族	大学本科			硕士研究生			博士研究生		
	小计	男	女	小计	男	女	小计	男	女
总 计	**3351127**	**1834059**	**1517068**	**305815**	**168767**	**137048**	**36380**	**24721**	**11659**
汉 族	3320264	1818350	1501914	302790	167293	135497	35939	24428	11511
蒙古族	1237	672	565	185	79	106	36	23	13
回 族	19692	10039	9653	1944	978	966	214	138	76
藏 族	331	159	172	7	2	5	2	1	1
维吾尔族	827	307	520	20	8	12	1	1	
苗 族	923	490	433	70	31	39	14	9	5
彝 族	372	174	198	22	8	14	7	4	3
壮 族	1096	481	615	80	35	45	31	23	8
布依族	347	149	198	24	5	19	4	4	
朝鲜族	427	234	193	59	28	31	12	9	3
满 族	2383	1343	1040	320	151	169	66	40	26
侗 族	352	173	179	33	17	16	9	7	2
瑶 族	205	100	105	21	11	10	6	6	
白 族	181	100	81	11	5	6	5	5	
土家族	1310	713	597	144	74	70	21	14	7
哈尼族	33	12	21	3		3	1	1	
哈萨克族	161	66	95	4	1	3			
傣 族	36	13	23	2	1	1	2	1	1
黎 族	153	72	81	9	6	3	3	3	
傈僳族	20	6	14	1	1				
佤 族	17	4	13	1	1				
畲 族	176	90	86	14	8	6	3	1	2
高山族	9	1	8	2	1	1			
拉祜族	6	1	5						
水 族	44	25	19	3	2	1			
东乡族	18	9	9	1	1				
纳西族	22	8	14	3	2	1			
景颇族	1	1							
柯尔克孜族	26	13	13						
土 族	50	29	21	9	5	4			
达斡尔族	29	10	19	5	1	4			
仫佬族	31	13	18	2		2			
羌 族	35	20	15	2	1	1			
布朗族	3	1	2						
撒拉族	10	7	3						
毛南族	10	4	6	2	1	1	1	1	
仡佬族	100	57	43	2	1	1			
锡伯族	79	43	36	9	2	7	2	1	1
阿昌族	5	2	3						
普米族				1	1				
塔吉克族	1	1							
怒 族	1	1							
乌孜别克族	1	1							
俄罗斯族	17	11	6	2	1	1			
鄂温克族	3	2	1	2	1	1			
德昂族									
保安族									
裕固族	3	3							
京 族	1		1						
塔塔尔族									
独龙族	1		1						
鄂伦春族	3	2	1						
赫哲族	1		1						
门巴族	1	1							
珞巴族	1		1						
基诺族	1		1						
未定族称人口	63	40	23	6	4	2	1	1	
入 籍	8	6	2						

2-3a　全省各民族分性别、受教育程度的3岁及以上人口(城市)

单位：人

民　族	3岁及以上人口			未上过学		
	合计	男	女	小计	男	女
总　计	**15821764**	**7875512**	**7946252**	**491682**	**128112**	**363570**
汉　族	15667524	7800186	7867338	487628	126897	360731
蒙古族	2748	1379	1369	32	14	18
回　族	109835	54887	54948	3106	928	2178
藏　族	1507	642	865	12	6	6
维吾尔族	1967	931	1036	20	10	10
苗　族	6592	2998	3594	218	49	169
彝　族	4477	1931	2546	158	54	104
壮　族	3984	1551	2433	53	22	31
布依族	1987	785	1202	57	11	46
朝鲜族	986	498	488	9	3	6
满　族	6095	3120	2975	60	26	34
侗　族	1689	802	887	17	6	11
瑶　族	762	296	466	19	5	14
白　族	582	256	326	7	1	6
土家族	5098	2525	2573	77	21	56
哈尼族	444	144	300	13	2	11
哈萨克族	180	68	112			
傣　族	352	112	240	10	2	8
黎　族	511	186	325	13	2	11
傈僳族	242	94	148	13	1	12
佤　族	387	225	162	17	5	12
畲　族	691	363	328	9	3	6
高山族	32	16	16			
拉祜族	235	117	118	11	2	9
水　族	278	106	172	14	3	11
东乡族	617	344	273	45	21	24
纳西族	46	16	30	1		1
景颇族	73	23	50			
柯尔克孜族	31	16	15			
土　族	117	62	55	6	4	2
达斡尔族	68	32	36	1	1	
仫佬族	112	37	75	2		2
羌　族	102	46	56	2	1	1
布朗族	26	15	11			
撒拉族	124	62	62	9	3	6
毛南族	55	28	27			
仡佬族	480	252	228	8	3	5
锡伯族	156	80	76	2	1	1
阿昌族	37	22	15			
普米族	7	5	2			
塔吉克族	1		1			
怒　族	7	4	3	1		1
乌孜别克族	2	1	1			
俄罗斯族	24	12	12	1	1	
鄂温克族	6	1	5			
德昂族	7	1	6			
保安族	38	23	15	1	1	
裕固族	3	3				
京　族	6	1	5	1		1
塔塔尔族	3	2	1			
独龙族	3		3			
鄂伦春族	8	3	5			
赫哲族	1		1			
门巴族	3	1	2			
珞巴族	1		1			
基诺族	4	2	2			
未定族称人口	389	187	202	28	3	25
入　籍	22	13	9	1		1

2-3a 续表 1 单位：人

民 族	学前教育			小 学		
	小计	男	女	小计	男	女
总 计	**614692**	**323208**	**291484**	**2921905**	**1317519**	**1604386**
汉 族	606485	318948	287537	2890928	1303056	1587872
蒙古族	157	75	82	406	201	205
回 族	6264	3285	2979	21577	10335	11242
藏 族	10	3	7	139	74	65
维吾尔族	62	34	28	248	140	108
苗 族	245	122	123	1839	755	1084
彝 族	108	55	53	1253	493	760
壮 族	185	94	91	727	306	421
布依族	59	32	27	524	190	334
朝鲜族	53	27	26	134	66	68
满 族	395	193	202	876	429	447
侗 族	72	36	36	374	180	194
瑶 族	52	35	17	150	61	89
白 族	23	8	15	104	34	70
土家族	276	134	142	1002	490	512
哈尼族	13	6	7	148	43	105
哈萨克族	3		3	1	1	
傣 族	13	8	5	86	22	64
黎 族	24	9	15	97	34	63
傈僳族	5	3	2	84	31	53
佤 族	5	2	3	117	58	59
畲 族	46	27	19	123	61	62
高山族	2	1	1	4	1	3
拉祜族	2	1	1	101	52	49
水 族	8	5	3	77	22	55
东乡族	56	31	25	305	163	142
纳西族	1	1		7	3	4
景颇族	1		1	30	10	20
柯尔克孜族						
土 族	3	2	1	22	10	12
达斡尔族	4	1	3	9	7	2
仫佬族	6	2	4	22	9	13
羌 族	5	2	3	19	10	9
布朗族	2	2		9	6	3
撒拉族	7	2	5	54	27	27
毛南族	3	1	2	15	8	7
仡佬族	15	6	9	134	60	74
锡伯族				21	9	12
阿昌族	2	2		10	6	4
普米族	1	1		2	1	1
塔吉克族				1		1
怒 族				4	2	2
乌孜别克族						
俄罗斯族	1		1	1		1
鄂温克族				1		1
德昂族				2	1	1
保安族	1	1		15	6	9
裕固族				1	1	
京 族	1		1	2	1	1
塔塔尔族	1	1		1	1	
独龙族						
鄂伦春族	1		1	1		1
赫哲族						
门巴族						
珞巴族						
基诺族	3	2	1			
未定族称人口	8	5	3	96	43	53
入 籍	3	3		2		2

2-3a　续表 2　　　　单位：人

民　族	初　中			高　中			大学专科		
	小计	男	女	小计	男	女	小计	男	女
总　计	**4761119**	**2393502**	**2367617**	**2931797**	**1567897**	**1363900**	**2078602**	**1064438**	**1014164**
汉　族	4714949	2370798	2344151	2905293	1554163	1351130	2060978	1055843	1005135
蒙古族	530	277	253	370	171	199	358	169	189
回　族	32286	16160	16126	20202	10903	9299	13220	6737	6483
藏　族	191	76	115	452	189	263	490	187	303
维吾尔族	445	274	171	414	169	245	174	78	96
苗　族	2526	1204	1322	779	390	389	398	172	226
彝　族	1968	905	1063	541	245	296	221	80	141
壮　族	1329	468	861	618	225	393	405	144	261
布依族	812	327	485	198	84	114	133	48	85
朝鲜族	159	75	84	194	103	91	146	74	72
满　族	1197	617	580	911	446	465	892	440	452
侗　族	656	320	336	220	94	126	133	59	74
瑶　族	233	79	154	96	22	74	78	16	62
白　族	213	101	112	76	34	42	57	21	36
土家族	1681	876	805	728	339	389	459	194	265
哈尼族	175	54	121	55	26	29	24	6	18
哈萨克族	11	4	7	29	6	23	15	6	9
傣　族	136	46	90	60	20	40	30	9	21
黎　族	165	54	111	70	20	50	52	13	39
傈僳族	90	37	53	23	12	11	16	5	11
佤　族	199	128	71	33	23	10	8	4	4
畲　族	171	92	79	136	74	62	95	49	46
高山族	13	8	5	2	2		5	2	3
拉祜族	95	50	45	20	10	10	5	1	4
水　族	111	42	69	28	13	15	15	8	7
东乡族	171	105	66	28	18	10	4	1	3
纳西族	8	1	7	8	2	6	5	2	3
景颇族	36	11	25	4	1	3	1		1
柯尔克孜族	1	1		4	1	3	5	3	2
土　族	21	12	9	14	8	6	21	7	14
达斡尔族	12	5	7	10	7	3	11	3	8
仫佬族	30	12	18	23	7	16	12	2	10
羌　族	28	9	19	14	6	8	9	4	5
布朗族	11	6	5	3	1	2	1		1
撒拉族	40	25	15	5	2	3	7	2	5
毛南族	21	14	7	6	2	4	4	1	3
仡佬族	166	106	60	55	27	28	39	15	24
锡伯族	18	10	8	24	10	14	27	13	14
阿昌族	15	8	7	5	3	2	2	1	1
普米族							3	2	1
塔吉克族									
怒　族	2	2							
乌孜别克族							2	1	1
俄罗斯族	4	2	2	5	1	4	3	2	1
鄂温克族	1		1				2		2
德昂族	3		3	1		1	1		1
保安族	19	14	5	1	1		1		1
裕固族	1	1							
京　族	1		1						
塔塔尔族	1		1						
独龙族	2		2						
鄂伦春族	1		1				3	1	2
赫哲族							1		1
门巴族							2		2
珞巴族							1		1
基诺族	1		1						
未定族称人口	163	86	77	36	16	20	23	9	14
入　籍	1		1	3	1	2	5	4	1

2-3a 续表 3　　　　单位：人

民　族	大学本科			硕士研究生			博士研究生		
	小计	男	女	小计	男	女	小计	男	女
总　计	**1808386**	**961379**	**847007**	**188784**	**102544**	**86240**	**24797**	**16913**	**7884**
汉　族	1790115	952257	837858	186678	101524	85154	24470	16700	7770
蒙古族	744	400	344	121	53	68	30	19	11
回　族	11691	5795	5896	1332	647	685	157	97	60
藏　族	205	104	101	6	2	4	2	1	1
维吾尔族	589	217	372	14	8	6	1	1	
苗　族	525	277	248	51	22	29	11	7	4
彝　族	205	89	116	16	6	10	7	4	3
壮　族	588	247	341	54	27	27	25	18	7
布依族	185	87	98	17	4	13	2	2	
朝鲜族	239	122	117	46	23	23	6	5	1
满　族	1482	824	658	230	113	117	52	32	20
侗　族	184	88	96	26	12	14	7	7	
瑶　族	114	64	50	16	10	6	4	4	
白　族	89	50	39	11	5	6	2	2	
土家族	751	406	345	111	57	54	13	8	5
哈尼族	13	6	7	2		2	1	1	
哈萨克族	119	51	68	2		2			
傣　族	15	4	11	2	1	1			
黎　族	80	46	34	7	5	2	3	3	
傈僳族	10	4	6	1	1				
佤　族	7	4	3	1	1				
畲　族	100	51	49	10	6	4	1		1
高山族	4	1	3	2	1	1			
拉祜族	1	1							
水　族	23	12	11	2	1	1			
东乡族	7	4	3	1	1				
纳西族	15	6	9	1	1				
景颇族	1	1							
柯尔克孜族	21	11	10						
土　族	23	15	8	7	4	3			
达斡尔族	18	7	11	3	1	2			
仫佬族	16	5	11	1		1			
羌　族	23	13	10	2	1	1			
布朗族									
撒拉族	2	1	1						
毛南族	5	1	4				1	1	
仡佬族	61	34	27	2	1	1			
锡伯族	59	36	23	3		3	2	1	1
阿昌族	3	2	1						
普米族				1	1				
塔吉克族									
怒　族									
乌孜别克族									
俄罗斯族	8	5	3	1	1				
鄂温克族	1		1	1	1				
德昂族									
保安族									
裕固族	1	1							
京　族	1		1						
塔塔尔族									
独龙族	1		1						
鄂伦春族	2	2							
赫哲族									
门巴族	1	1							
珞巴族									
基诺族									
未定族称人口	32	22	10	3	3				
入　籍	7	5	2						

2-3b 全省各民族分性别、受教育程度的3岁及以上人口(镇)

单位：人

民族	3岁及以上人口			未上过学		
	合计	男	女	小计	男	女
总 计	**18624592**	**9412529**	**9212063**	**789525**	**209397**	**580128**
汉 族	18479396	9340913	9138483	785309	208168	577141
蒙古族	1945	1008	937	20	8	12
回 族	100796	51929	48867	3101	919	2182
藏 族	809	333	476	33	12	21
维吾尔族	1798	936	862	18	11	7
苗 族	8367	3606	4761	314	68	246
彝 族	5450	2365	3085	184	61	123
壮 族	4165	1425	2740	70	22	48
布依族	2606	1010	1596	61	13	48
朝鲜族	555	289	266	4	1	3
满 族	3822	2051	1771	46	19	27
侗 族	2082	848	1234	25	8	17
瑶 族	766	279	487	17	2	15
白 族	735	306	429	13	6	7
土家族	4891	2431	2460	75	23	52
哈尼族	774	288	486	29	7	22
哈萨克族	95	58	37			
傣 族	460	161	299	12	1	11
黎 族	538	209	329	18	3	15
傈僳族	385	141	244	17	4	13
佤 族	431	172	259	11		11
畲 族	520	263	257	15	5	10
高山族	20	8	12			
拉祜族	358	147	211	13	1	12
水 族	362	157	205	4		4
东乡族	610	333	277	45	14	31
纳西族	37	13	24			
景颇族	95	31	64	3		3
柯尔克孜族	19	11	8			
土 族	110	40	70			
达斡尔族	53	24	29	1	1	
仫佬族	116	53	63	10	4	6
羌 族	124	67	57	1	1	
布朗族	57	23	34	1		1
撒拉族	83	52	31	3		3
毛南族	58	26	32			
仡佬族	426	222	204	9	5	4
锡伯族	54	24	30			
阿昌族	22	9	13			
普米族	18	13	5			
塔吉克族	4	1	3			
怒 族	12	3	9	1		1
乌孜别克族	1	1				
俄罗斯族	12	5	7			
鄂温克族	13	3	10			
德昂族	27	8	19	5	2	3
保安族	11	8	3			
裕固族	5	4	1			
京 族	5		5	1		1
塔塔尔族	3	1	2			
独龙族	14	5	9			
鄂伦春族	3	1	2			
赫哲族	3	1	2			
门巴族	2		2			
珞巴族	2	1	1	1	1	
基诺族	3	2	1			
未定族称人口	438	205	233	31	7	24
入 籍	26	6	20	4		4

2-3b 续表 1

单位：人

民族	学前教育			小学		
	小计	男	女	小计	男	女
总计	**804328**	**424625**	**379703**	**4682030**	**2130645**	**2551385**
汉族	796664	420591	376073	4647231	2114741	2532490
蒙古族	91	52	39	267	129	138
回族	5854	3133	2721	24127	11557	12570
藏族	11	6	5	122	66	56
维吾尔族	37	26	11	135	80	55
苗族	295	136	159	2523	992	1531
彝族	162	78	84	1569	609	960
壮族	190	92	98	896	292	604
布依族	94	49	45	697	240	457
朝鲜族	46	19	27	72	30	42
满族	236	119	117	654	341	313
侗族	89	43	46	491	180	311
瑶族	36	17	19	188	65	123
白族	27	13	14	162	58	104
土家族	243	124	119	1003	493	510
哈尼族	18	11	7	261	68	193
哈萨克族	1	1		3	1	2
傣族	10	2	8	123	34	89
黎族	22	13	9	115	50	65
傈僳族	8	2	6	136	40	96
佤族	8	4	4	148	56	92
畲族	35	16	19	113	63	50
高山族	2	1	1	3	2	1
拉祜族	5	2	3	122	37	85
水族	14	8	6	121	45	76
东乡族	49	26	23	272	156	116
纳西族	5	1	4	6	1	5
景颇族	4	3	1	36	10	26
柯尔克孜族						
土族	4		4	25	8	17
达斡尔族	7	3	4	6	4	2
仫佬族	3		3	27	18	9
羌族	6	2	4	30	13	17
布朗族	2	2		17	5	12
撒拉族	2		2	37	24	13
毛南族	3	3		16	10	6
仡佬族	15	10	5	99	54	45
锡伯族	3	2	1	8	4	4
阿昌族				7	3	4
普米族				3	2	1
塔吉克族						
怒族				2	1	1
乌孜别克族						
俄罗斯族	1		1	1		1
鄂温克族	2		2	1		1
德昂族	1	1		10	3	7
保安族				6	4	2
裕固族						
京族				1		1
塔塔尔族						
独龙族	3	2	1	3	1	2
鄂伦春族	1		1			
赫哲族						
门巴族						
珞巴族						
基诺族						
未定族称人口	18	12	6	128	54	74
入籍	1		1	7	1	6

2-3b　续表 2　　　　单位：人

民　族	初　　中			高　　中			大学专科		
	小计	男	女	小计	男	女	小计	男	女
总　计	**6525120**	**3403906**	**3121214**	**3031853**	**1708311**	**1323542**	**1559366**	**847600**	**711766**
汉　族	6473325	3378104	3095221	3008931	1695890	1313041	1547267	841422	705845
蒙古族	541	272	269	292	145	147	231	130	101
回　族	35039	18433	16606	16475	9282	7193	8865	4766	4099
藏　族	161	64	97	93	52	41	276	86	190
维吾尔族	437	268	169	507	308	199	432	159	273
苗　族	3574	1593	1981	983	478	505	323	145	178
彝　族	2384	1053	1331	766	380	386	242	111	131
壮　族	1601	464	1137	659	243	416	264	91	173
布依族	1162	446	716	343	166	177	111	44	67
朝鲜族	101	49	52	89	45	44	60	39	21
满　族	986	537	449	547	300	247	444	233	211
侗　族	870	342	528	348	151	197	108	42	66
瑶　族	253	96	157	122	41	81	65	23	42
白　族	283	107	176	125	60	65	41	13	28
土家族	1979	980	999	749	365	384	315	157	158
哈尼族	298	128	170	118	58	60	34	11	23
哈萨克族	1	1		25	20	5	22	20	2
傣　族	211	80	131	67	30	37	19	5	14
黎　族	206	77	129	71	28	43	47	18	29
傈僳族	152	63	89	47	21	26	15	9	6
佤　族	214	98	116	32	13	19	9	1	8
畲　族	169	81	88	93	51	42	26	11	15
高山族	3	1	2	3	2	1	4	2	2
拉祜族	160	77	83	47	28	19	7	2	5
水　族	151	62	89	46	24	22	8	5	3
东乡族	189	105	84	41	24	17	4	3	1
纳西族	10	2	8	5	4	1	3	2	1
景颇族	35	11	24	14	5	9	3	2	1
柯尔克孜族				3	2	1	11	7	4
土　族	28	9	19	19	8	11	8	2	6
达斡尔族	12	6	6	4	3	1	10	4	6
仫佬族	38	13	25	17	7	10	7	4	3
羌　族	34	19	15	33	25	8	12	3	9
布朗族	28	14	14	5	1	4	2	1	1
撒拉族	24	15	9	8	6	2	2	2	
毛南族	24	8	16	5		5	6	2	4
仡佬族	190	103	87	42	19	23	37	11	26
锡伯族	11	4	7	6	4	2	3	2	1
阿昌族	11	6	5	3		3			
普米族	12	10	2	2		2	1	1	
塔吉克族				3		3			
怒　族	6	1	5	2		2			
乌孜别克族									
俄罗斯族	1		1				1		1
鄂温克族	4	1	3	3	1	2	1		1
德昂族	10	2	8	1		1			
保安族	4	3	1				1	1	
裕固族	2	1	1	1	1				
京　族	2		2				1		1
塔塔尔族	3	1	2						
独龙族	7	2	5	1		1			
鄂伦春族							1	1	
赫哲族				2	1	1			
门巴族							2		2
珞巴族									
基诺族				1	1		1	1	
未定族称人口	165	92	73	50	16	34	14	6	8
入　籍	9	2	7	4	2	2			

2-3b 续表 3

单位：人

民族	大学本科			硕士研究生			博士研究生		
	小计	男	女	小计	男	女	小计	男	女
总　计	**1141328**	**636972**	**504356**	**83434**	**46059**	**37375**	**7608**	**5014**	**2594**
汉　族	1130522	631379	499143	82630	45667	36963	7517	4951	2566
蒙古族	435	243	192	62	25	37	6	4	2
回　族	6775	3530	3245	518	279	239	42	30	12
藏　族	112	47	65	1		1			
维吾尔族	227	84	143	5		5			
苗　族	334	184	150	18	8	10	3	2	1
彝　族	138	72	66	5	1	4			
壮　族	457	210	247	23	7	16	5	4	1
布依族	130	49	81	6	1	5	2	2	
朝鲜族	165	98	67	13	5	8	5	3	2
满　族	814	461	353	81	33	48	14	8	6
侗　族	143	77	66	7	5	2	1		1
瑶　族	78	32	46	5	1	4	2	2	
白　族	82	47	35				2	2	
土家族	489	268	221	33	17	16	5	4	1
哈尼族	16	5	11						
哈萨克族	42	15	27	1		1			
傣　族	16	8	8				2	1	1
黎　族	57	19	38	2	1	1			
傈僳族	10	2	8						
佤　族	9		9						
畲　族	64	33	31	3	2	1	2	1	1
高山族	5		5						
拉祜族	4		4						
水　族	17	12	5	1	1				
东乡族	10	5	5						
纳西族	6	2	4	2	1	1			
景颇族									
柯尔克孜族	5	2	3						
土　族	24	12	12	2	1	1			
达斡尔族	11	3	8	2		2			
仫佬族	13	7	6	1		1			
羌　族	8	4	4						
布朗族	2		2						
撒拉族	7	5	2						
毛南族	2	2		2	1	1			
仡佬族	34	20	14						
锡伯族	17	6	11	6	2	4			
阿昌族	1		1						
普米族									
塔吉克族	1	1							
怒　族	1	1							
乌孜别克族	1	1							
俄罗斯族	7	5	2	1		1			
鄂温克族	1	1		1		1			
德昂族									
保安族									
裕固族	2	2							
京　族									
塔塔尔族									
独龙族									
鄂伦春族	1		1						
赫哲族	1		1						
门巴族									
珞巴族	1		1						
基诺族	1		1						
未定族称人口	29	17	12	3	1	2			
入　籍	1	1							

2-3c　全省各民族分性别、受教育程度的3岁及以上人口(乡村)

单位：人

民　族	3岁及以上人口			未上过学		
	合计	男	女	小计	男	女
总　计	**24622919**	**12779316**	**11843603**	**2147127**	**585027**	**1562100**
汉　族	24507734	12727352	11780382	2139531	583056	1556475
蒙古族	831	383	448	17	7	10
回　族	74240	39255	34985	5612	1665	3947
藏　族	1335	396	939	32	2	30
维吾尔族	223	101	122	9	3	6
苗　族	9198	2597	6601	591	73	518
彝　族	5479	1821	3658	275	52	223
壮　族	3718	921	2797	102	14	88
布依族	3197	806	2391	173	17	156
朝鲜族	204	89	115	9	3	6
满　族	1486	719	767	34	9	25
侗　族	2120	566	1554	55	12	43
瑶　族	738	227	511	34	4	30
白　族	756	227	529	51	9	42
土家族	4333	1842	2491	88	28	60
哈尼族	951	166	785	67	4	63
哈萨克族	13	8	5			
傣　族	581	98	483	25		25
黎　族	509	139	370	42	14	28
傈僳族	560	101	459	33	2	31
佤　族	494	109	385	38	3	35
畲　族	839	450	389	91	23	68
高山族	9	3	6	2		2
拉祜族	597	73	524	38	3	35
水　族	651	167	484	44	3	41
东乡族	236	124	112	19	6	13
纳西族	32	4	28			
景颇族	195	29	166	8	1	7
柯尔克孜族	1		1			
土　族	89	29	60	3		3
达斡尔族	16	8	8	1		1
仫佬族	132	33	99	4	1	3
羌　族	83	29	54			
布朗族	88	15	73	4	2	2
撒拉族	17	7	10			
毛南族	36	12	24	1		1
仡佬族	398	183	215	11	4	7
锡伯族	12	6	6			
阿昌族	47	11	36	3		3
普米族	12	6	6	1		1
塔吉克族	1		1			
怒　族	26	3	23	6		6
乌孜别克族						
俄罗斯族	5	3	2			
鄂温克族	4	2	2			
德昂族	29	6	23	1	1	
保安族	6	4	2			
裕固族	1		1			
京　族	12	1	11	1		1
塔塔尔族						
独龙族	12		12			
鄂伦春族	5	2	3	1		1
赫哲族	5	4	1			
门巴族	1		1			
珞巴族	2	1	1			
基诺族	6	2	4			
未定族称人口	519	168	351	50	5	45
入　籍	95	8	87	20	1	19

2－3c　续表 1　　　　单位：人

民　族	学前教育			小　学		
	小计	男	女	小计	男	女
总　计	**1021971**	**531070**	**490901**	**8797085**	**4202881**	**4594204**
汉　族	1016597	528340	488257	8758883	4186961	4571922
蒙古族	40	24	16	177	90	87
回　族	3707	1936	1771	24732	12162	12570
藏　族	14	8	6	122	30	92
维吾尔族	6	1	5	32	10	22
苗　族	339	156	183	3478	862	2616
彝　族	185	95	90	2088	622	1466
壮　族	182	83	99	1094	254	840
布依族	135	64	71	1128	251	877
朝鲜族	14	10	4	51	15	36
满　族	85	32	53	357	174	183
侗　族	84	49	35	653	162	491
瑶　族	31	14	17	265	87	178
白　族	37	15	22	213	65	148
土家族	213	111	102	1070	425	645
哈尼族	35	14	21	376	46	330
哈萨克族	1	1		3	1	2
傣　族	21	13	8	200	45	155
黎　族	20	8	12	149	37	112
傈僳族	30	11	19	246	34	212
佤　族	18	10	8	198	28	170
畲　族	34	18	16	318	177	141
高山族				4	1	3
拉祜族	10	5	5	243	33	210
水　族	27	12	15	241	54	187
东乡族	23	8	15	99	45	54
纳西族	1		1	14	4	10
景颇族	8	1	7	78	12	66
柯尔克孜族						
土　族	5	2	3	24	11	13
达斡尔族	1		1	6	3	3
仫佬族	9	4	5	33	6	27
羌　族	5	3	2	31	9	22
布朗族	2		2	37	7	30
撒拉族				9	1	8
毛南族	1	1		13	4	9
仡佬族	23	10	13	113	53	60
锡伯族				3	2	1
阿昌族	3	1	2	21	5	16
普米族	1	1		4	2	2
塔吉克族	1		1			
怒　族				10	2	8
乌孜别克族						
俄罗斯族						
鄂温克族						
德昂族	2		2	8	2	6
保安族				3	1	2
裕固族				1		1
京　族				2	1	1
塔塔尔族						
独龙族				4		4
鄂伦春族				1		1
赫哲族	1	1		2	2	
门巴族						
珞巴族						
基诺族				2	1	1
未定族称人口	17	7	10	216	81	135
入　籍	3	1	2	30	1	29

2-3c 续表 2　　　　单位：人

民族	初中			高中			大学专科		
	小计	男	女	小计	男	女	小计	男	女
总　计	**9294816**	**5413746**	**3881070**	**2149597**	**1346537**	**803060**	**773338**	**441389**	**331949**
汉　族	9247900	5391268	3856632	2138905	1340841	798064	768857	439293	329564
蒙古族	344	144	200	119	52	67	74	36	38
回　族	29772	17173	12599	6653	4131	2522	2429	1411	1018
藏　族	190	64	126	35	13	22	928	271	657
维吾尔族	91	46	45	59	31	28	14	4	10
苗　族	3792	1105	2687	762	307	455	171	64	107
彝　族	2363	812	1551	433	194	239	105	32	73
壮　族	1735	375	1360	420	130	290	130	39	91
布依族	1414	368	1046	253	76	177	61	17	44
朝鲜族	61	25	36	31	13	18	14	8	6
满　族	593	281	312	183	95	88	138	65	73
侗　族	963	243	720	288	77	211	51	15	36
瑶　族	283	84	199	80	22	58	32	12	20
白　族	331	96	235	83	24	59	30	14	16
土家族	2012	841	1171	725	346	379	152	50	102
哈尼族	378	77	301	73	21	52	17	3	14
哈萨克族	4	2	2	3	2	1	1	1	
傣　族	274	33	241	48	6	42	8		8
黎　族	207	51	156	56	13	43	19	9	10
傈僳族	210	41	169	31	8	23	10	5	5
佤　族	204	50	154	30	15	15	5	3	2
畲　族	272	157	115	83	53	30	28	16	12
高山族	3	2	1						
拉祜族	264	26	238	33	5	28	8	1	7
水　族	298	87	211	33	7	26	4	3	1
东乡族	80	56	24	13	9	4	1		1
纳西族	10		10	4		4	2		2
景颇族	90	15	75	9		9	2		2
柯尔克孜族	1		1						
土　族	38	11	27	12	1	11	4	2	2
达斡尔族	3	1	2	3	2	1	2	2	
仫佬族	63	15	48	15	5	10	6	1	5
羌　族	29	10	19	10	3	7	4	1	3
布朗族	32	3	29	9	1	8	3	1	2
撒拉族	5	4	1	2	1	1			
毛南族	17	6	11	1		1			
仡佬族	189	85	104	47	23	24	10	5	5
锡伯族	2		2	2	2		2	1	1
阿昌族	17	4	13	2	1	1			
普米族	6	3	3						
塔吉克族									
怒　族	10	1	9						
乌孜别克族									
俄罗斯族	2	1	1				1	1	
鄂温克族	3	1	2						
德昂族	16	3	13	2		2			
保安族	3	3							
裕固族									
京　族	3		3	4		4	2		2
塔塔尔族									
独龙族	6		6	2		2			
鄂伦春族	2	1	1	1	1				
赫哲族	2	1	1						
门巴族							1		1
珞巴族	2	1	1						
基诺族	2	1	1	1		1	1		1
未定族称人口	189	67	122	34	4	30	10	2	8
入　籍	36	2	34	5	2	3	1	1	

2−3c 续表 3

单位：人

民 族	大学本科			硕士研究生			博士研究生		
	小计	男	女	小计	男	女	小计	男	女
总 计	**401413**	**235708**	**165705**	**33597**	**20164**	**13433**	**3975**	**2794**	**1181**
汉 族	399627	234714	164913	33482	20102	13380	3952	2777	1175
蒙古族	58	29	29	2	1	1			
回 族	1226	714	512	94	52	42	15	11	4
藏 族	14	8	6						
维吾尔族	11	6	5	1		1			
苗 族	64	29	35	1	1				
彝 族	29	13	16	1	1				
壮 族	51	24	27	3	1	2	1	1	
布依族	32	13	19	1		1			
朝鲜族	23	14	9				1	1	
满 族	87	58	29	9	5	4			
侗 族	25	8	17				1		1
瑶 族	13	4	9						
白 族	10	3	7				1	1	
土家族	70	39	31				3	2	1
哈尼族	4	1	3	1		1			
哈萨克族				1	1				
傣 族	5	1	4						
黎 族	16	7	9						
傈僳族									
佤 族	1		1						
畲 族	12	6	6	1		1			
高山族									
拉祜族	1		1						
水 族	4	1	3						
东乡族	1		1						
纳西族	1		1						
景颇族									
柯尔克孜族									
土 族	3	2	1						
达斡尔族									
仫佬族	2	1	1						
羌 族	4	3	1						
布朗族	1	1							
撒拉族	1	1							
毛南族	3	1	2						
仡佬族	5	3	2						
锡伯族	3	1	2						
阿昌族	1		1						
普米族									
塔吉克族									
怒 族									
乌孜别克族									
俄罗斯族	2	1	1						
鄂温克族	1	1							
德昂族									
保安族									
裕固族									
京 族									
塔塔尔族									
独龙族									
鄂伦春族									
赫哲族									
门巴族									
珞巴族									
基诺族									
未定族称人口	2	1	1				1	1	
入 籍									

2-4　全省各民族按户口登记地、性别分的户口登记地在外乡镇街道的人口

单位：人

民族	户口登记地					
	合计			省内		
	合计	男	女	小计	男	女
总　计	**18099918**	**9098260**	**9001658**	**16549409**	**8225763**	**8323646**
汉　族	17922722	9012687	8910035	16462456	8184857	8277599
蒙古族	4122	2199	1923	748	327	421
回　族	84616	42103	42513	73637	36166	37471
藏　族	3236	1241	1995	138	47	91
维吾尔族	3750	1849	1901	166	87	79
苗　族	17234	8051	9183	1857	496	1361
彝　族	11877	5546	6331	843	230	613
壮　族	7735	3024	4711	1574	458	1116
布依族	5140	2170	2970	807	225	582
朝鲜族	1193	639	554	316	147	169
满　族	7219	3850	3369	2440	1181	1259
侗　族	3788	1866	1922	593	170	423
瑶　族	1553	633	920	298	91	207
白　族	1306	556	750	279	104	175
土家族	10766	5774	4992	1483	534	949
哈尼族	1331	472	859	199	38	161
哈萨克族	248	115	133	36	25	11
傣　族	925	314	611	102	20	82
黎　族	980	345	635	249	89	160
傈僳族	748	262	486	114	34	80
佤　族	928	467	461	57	7	50
畲　族	1056	557	499	360	176	184
高山族	25	12	13	21	9	12
拉祜族	823	284	539	48	13	35
水　族	849	388	461	77	13	64
东乡族	1509	818	691	18	9	9
纳西族	81	27	54	18	4	14
景颇族	207	64	143	21	5	16
柯尔克孜族	47	24	23	1		1
土　族	211	108	103	36	10	26
达斡尔族	82	34	48	14	6	8
仫佬族	251	98	153	49	13	36
羌　族	257	123	134	47	17	30
布朗族	102	42	60	8	4	4
撒拉族	224	122	102	2	1	1
毛南族	113	57	56	18	4	14
仡佬族	1047	578	469	142	77	65
锡伯族	135	68	67	50	26	24
阿昌族	74	34	40	18	6	12
普米族	21	15	6	5	2	3
塔吉克族	5	1	4	1		1
怒　族	27	6	21	2		2
乌孜别克族	3	2	1			
俄罗斯族	25	17	8	17	14	3
鄂温克族	18	5	13	3	1	2
德昂族	38	11	27	1	1	
保安族	53	33	20			
裕固族	6	6		2	2	
京　族	4		4	3		3
塔塔尔族	6	3	3	5	3	2
独龙族	10	1	9	2		2
鄂伦春族	4	2	2	1	1	
赫哲族	2	1	1	1		1
门巴族	6	1	5			
珞巴族	2	1	1	1	1	
基诺族	7	2	5			
未定族称人口	1155	543	612	23	10	13
入　籍	16	9	7	2	2	

2−4 续表 单位：人

民 族	户口登记地					
	省 内			省 外		
	其中市辖区内人户分离					
	小计	男	女	小计	男	女
总 计	**4227612**	**2051466**	**2176146**	**1550509**	**872497**	**678012**
汉 族	4192759	2035061	2157698	1460266	827830	632436
蒙古族	300	146	154	3374	1872	1502
回 族	30973	14848	16125	10979	5937	5042
藏 族	39	16	23	3098	1194	1904
维吾尔族	60	36	24	3584	1762	1822
苗 族	394	120	274	15377	7555	7822
彝 族	192	69	123	11034	5316	5718
壮 族	409	142	267	6161	2566	3595
布依族	193	51	142	4333	1945	2388
朝鲜族	120	63	57	877	492	385
满 族	1002	474	528	4779	2669	2110
侗 族	143	51	92	3195	1696	1499
瑶 族	86	33	53	1255	542	713
白 族	61	23	38	1027	452	575
土家族	447	173	274	9283	5240	4043
哈尼族	35	5	30	1132	434	698
哈萨克族	24	17	7	212	90	122
傣 族	25	5	20	823	294	529
黎 族	64	29	35	731	256	475
傈僳族	28	6	22	634	228	406
佤 族	8	2	6	871	460	411
畲 族	46	19	27	696	381	315
高山族	8	6	2	4	3	1
拉祜族	9	4	5	775	271	504
水 族	17	2	15	772	375	397
东乡族	5	1	4	1491	809	682
纳西族	11	2	9	63	23	40
景颇族	8	1	7	186	59	127
柯尔克孜族				46	24	22
土 族	10	2	8	175	98	77
达斡尔族	4		4	68	28	40
仫佬族	19	3	16	202	85	117
羌 族	18	7	11	210	106	104
布朗族	1	1		94	38	56
撒拉族				222	121	101
毛南族	2	1	1	95	53	42
仡佬族	33	15	18	905	501	404
锡伯族	35	18	17	85	42	43
阿昌族	6	3	3	56	28	28
普米族	3	2	1	16	13	3
塔吉克族				4	1	3
怒 族				25	6	19
乌孜别克族				3	2	1
俄罗斯族	5	4	1	8	3	5
鄂温克族	3	1	2	15	4	11
德昂族				37	10	27
保安族				53	33	20
裕固族	2	2		4	4	
京 族	2		2	1		1
塔塔尔族				1		1
独龙族				8	1	7
鄂伦春族				3	1	2
赫哲族				1	1	
门巴族				6	1	5
珞巴族				1		1
基诺族				7	2	5
未定族称人口	2	1	1	1132	533	599
入 籍	1	1		14	7	7

2-4a　全省各民族按户口登记地、性别分的户口登记地在外乡镇街道的人口(城市)

单位：人

民　族	户口登记地					
	合　计			省　内		
	合计	男	女	小计	男	女
总　计	**9113788**	**4545344**	**4568444**	**8420529**	**4155795**	**4264734**
汉　族	9028390	4504030	4524360	8369356	4131713	4237643
蒙古族	2047	1069	978	439	206	233
回　族	49094	24108	24986	44189	21442	22747
藏　族	1442	609	833	72	25	47
维吾尔族	1881	889	992	93	53	40
苗　族	5743	2733	3010	867	245	622
彝　族	4119	1834	2285	414	125	289
壮　族	3096	1231	1865	804	248	556
布依族	1675	698	977	355	98	257
朝鲜族	684	361	323	187	87	100
满　族	3893	2047	1846	1459	707	752
侗　族	1356	696	660	297	90	207
瑶　族	614	241	373	155	53	102
白　族	476	212	264	130	46	84
土家族	4172	2165	2007	786	290	496
哈尼族	397	130	267	97	20	77
哈萨克族	157	59	98	27	19	8
傣　族	303	106	197	44	11	33
黎　族	401	154	247	121	50	71
傈僳族	204	86	118	45	16	29
佤　族	366	221	145	28	5	23
畲　族	543	286	257	252	125	127
高山族	18	11	7	14	8	6
拉祜族	213	108	105	13	5	8
水　族	225	91	134	37	5	32
东乡族	635	356	279	8	2	6
纳西族	36	12	24	16	3	13
景颇族	67	24	43	7	1	6
柯尔克孜族	28	14	14			
土　族	91	53	38	17	4	13
达斡尔族	37	14	23	6	2	4
仫佬族	91	29	62	25	5	20
羌　族	96	45	51	21	9	12
布朗族	23	14	9	2	2	
撒拉族	125	63	62	1		1
毛南族	50	26	24	3	1	2
仡佬族	409	219	190	61	30	31
锡伯族	84	46	38	34	18	16
阿昌族	31	17	14	9	3	6
普米族	4	3	1	3	2	1
塔吉克族	1		1			
怒　族	6	3	3	1		1
乌孜别克族	2	1	1			
俄罗斯族	16	11	5	10	9	1
鄂温克族	6	1	5	3	1	2
德昂族	7	1	6	1	1	
保安族	39	23	16			
裕固族	3	3		2	2	
京　族	3		3	3		3
塔塔尔族	3	2	1	3	2	1
独龙族	1		1	1		1
鄂伦春族	1	1				
赫哲族						
门巴族	3	1	2			
珞巴族	1		1			
基诺族	2		2			
未定族称人口	371	182	189	10	5	5
入　籍	7	5	2	1	1	

2-4a 续表 单位：人

民族	户口登记地					
	省内			省外		
	其中市辖区内人户分离					
	小计	男	女	小计	男	女
总计	**3850526**	**1870236**	**1980290**	**693259**	**389549**	**303710**
汉族	3817839	1854774	1963065	659034	372317	286717
蒙古族	284	138	146	1608	863	745
回族	29123	14006	15117	4905	2666	2239
藏族	36	14	22	1370	584	786
维吾尔族	56	35	21	1788	836	952
苗族	347	109	238	4876	2488	2388
彝族	171	65	106	3705	1709	1996
壮族	385	133	252	2292	983	1309
布依族	158	40	118	1320	600	720
朝鲜族	114	58	56	497	274	223
满族	961	457	504	2434	1340	1094
侗族	133	48	85	1059	606	453
瑶族	79	32	47	459	188	271
白族	49	20	29	346	166	180
土家族	401	158	243	3386	1875	1511
哈尼族	25	4	21	300	110	190
哈萨克族	24	17	7	130	40	90
傣族	19	4	15	259	95	164
黎族	60	28	32	280	104	176
傈僳族	21	5	16	159	70	89
佤族	7	2	5	338	216	122
畲族	43	19	24	291	161	130
高山族	8	6	2	4	3	1
拉祜族	7	3	4	200	103	97
水族	15	1	14	188	86	102
东乡族	5	1	4	627	354	273
纳西族	11	2	9	20	9	11
景颇族	7	1	6	60	23	37
柯尔克孜族				28	14	14
土族	10	2	8	74	49	25
达斡尔族	4		4	31	12	19
仫佬族	19	3	16	66	24	42
羌族	18	7	11	75	36	39
布朗族	1	1		21	12	9
撒拉族				124	63	61
毛南族	2	1	1	47	25	22
仡佬族	29	13	16	348	189	159
锡伯族	32	16	16	50	28	22
阿昌族	5	2	3	22	14	8
普米族	3	2	1	1	1	
塔吉克族				1		1
怒族				5	3	2
乌孜别克族				2	1	1
俄罗斯族	5	4	1	6	2	4
鄂温克族	3	1	2	3		3
德昂族				6		6
保安族				39	23	16
裕固族	2	2		1	1	
京族	2		2			
塔塔尔族						
独龙族						
鄂伦春族				1	1	
赫哲族						
门巴族				3	1	2
珞巴族				1		1
基诺族				2		2
未定族称人口	2	1	1	361	177	184
入籍	1	1		6	4	2

2-4b　全省各民族按户口登记地、性别分的户口登记地在外乡镇街道的人口(镇)

单位：人

民　族	户口登记地					
	合　计			省　内		
	合计	男	女	小计	男	女
总　计	**7585048**	**3827834**	**3757214**	**6994616**	**3489479**	**3505137**
汉　族	7520739	3795963	3724776	6964746	3475426	3489320
蒙古族	1598	864	734	275	109	166
回　族	29067	14789	14278	24431	12273	12158
藏　族	671	280	391	56	20	36
维吾尔族	1695	870	825	57	27	30
苗　族	6837	3326	3511	852	220	632
彝　族	4616	2195	2421	371	94	277
壮　族	3044	1179	1865	699	183	516
布依族	2037	911	1126	358	89	269
朝鲜族	408	225	183	108	48	60
满　族	2579	1391	1188	875	415	460
侗　族	1502	747	755	254	69	185
瑶　族	571	224	347	122	32	90
白　族	543	244	299	131	53	78
土家族	3953	2149	1804	596	210	386
哈尼族	581	253	328	85	15	70
哈萨克族	83	50	33	6	3	3
傣　族	369	149	220	48	9	39
黎　族	385	146	239	108	36	72
傈僳族	299	123	176	58	17	41
佤　族	334	162	172	24	2	22
畲　族	364	194	170	84	36	48
高山族	7	1	6	7	1	6
拉祜族	292	131	161	30	8	22
水　族	304	150	154	28	3	25
东乡族	636	344	292	10	7	3
纳西族	32	13	19	2	1	1
景颇族	64	22	42	12	3	9
柯尔克孜族	18	10	8	1		1
土　族	82	35	47	18	6	12
达斡尔族	41	17	24	6	3	3
仫佬族	97	50	47	17	5	12
羌　族	107	60	47	21	7	14
布朗族	45	19	26	6	2	4
撒拉族	83	52	31			
毛南族	45	23	22	13	2	11
仡佬族	369	206	163	54	24	30
锡伯族	42	18	24	13	7	6
阿昌族	22	10	12	9	3	6
普米族	13	9	4	2		2
塔吉克族	4	1	3	1		1
怒　族	11	3	8	1		1
乌孜别克族	1	1				
俄罗斯族	5	3	2	3	2	1
鄂温克族	9	2	7			
德昂族	15	5	10			
保安族	8	6	2			
裕固族	3	3				
京　族	1		1			
塔塔尔族	3	1	2	2	1	1
独龙族	5	1	4			
鄂伦春族	3	1	2	1	1	
赫哲族	2	1	1	1		1
门巴族	2		2			
珞巴族	1	1		1	1	
基诺族	2	2				
未定族称人口	395	197	198	12	5	7
入　籍	4	2	2	1	1	

2－4b 续表

单位：人

民族	户口登记地					
	省内			省外		
	其中市辖区内人户分离					
	小计	男	女	小计	男	女
总　计	**217221**	**106127**	**111094**	**590432**	**338355**	**252077**
汉　族	216049	105574	110475	555993	320537	235456
蒙古族	14	8	6	1323	755	568
回　族	977	487	490	4636	2516	2120
藏　族	3	2	1	615	260	355
维吾尔族	4	1	3	1638	843	795
苗　族	26	8	18	5985	3106	2879
彝　族	12	2	10	4245	2101	2144
壮　族	14	5	9	2345	996	1349
布依族	15	3	12	1679	822	857
朝鲜族	5	4	1	300	177	123
满　族	27	13	14	1704	976	728
侗　族	6	1	5	1248	678	570
瑶　族	3		3	449	192	257
白　族	12	3	9	412	191	221
土家族	31	10	21	3357	1939	1418
哈尼族	3		3	496	238	258
哈萨克族				77	47	30
傣　族	6	1	5	321	140	181
黎　族	4	1	3	277	110	167
傈僳族	1	1		241	106	135
佤　族				310	160	150
畲　族	3		3	280	158	122
高山族						
拉祜族	2	1	1	262	123	139
水　族				276	147	129
东乡族				626	337	289
纳西族				30	12	18
景颇族	1		1	52	19	33
柯尔克孜族				17	10	7
土　族				64	29	35
达斡尔族				35	14	21
仫佬族				80	45	35
羌　族				86	53	33
布朗族				39	17	22
撒拉族				83	52	31
毛南族				32	21	11
仡佬族				315	182	133
锡伯族	2	1	1	29	11	18
阿昌族	1	1		13	7	6
普米族				11	9	2
塔吉克族				3	1	2
怒　族				10	3	7
乌孜别克族				1	1	
俄罗斯族				2	1	1
鄂温克族				9	2	7
德昂族				15	5	10
保安族				8	6	2
裕固族				3	3	
京　族				1		1
塔塔尔族				1		1
独龙族				5	1	4
鄂伦春族				2		2
赫哲族				1	1	
门巴族				2		2
珞巴族						
基诺族				2	2	
未定族称人口				383	192	191
入　籍				3	1	2

2-4c 全省各民族按户口登记地、性别分的户口登记地在外乡镇街道的人口(乡村)

单位：人

民 族	户口登记地					
	合 计			省 内		
	合计	男	女	小计	男	女
总 计	**1401082**	**725082**	**676000**	**1134264**	**580489**	**553775**
汉 族	1373593	712694	660899	1128354	577718	550636
蒙古族	477	266	211	34	12	22
回 族	6455	3206	3249	5017	2451	2566
藏 族	1123	352	771	10	2	8
维吾尔族	174	90	84	16	7	9
苗 族	4654	1992	2662	138	31	107
彝 族	3142	1517	1625	58	11	47
壮 族	1595	614	981	71	27	44
布依族	1428	561	867	94	38	56
朝鲜族	101	53	48	21	12	9
满 族	747	412	335	106	59	47
侗 族	930	423	507	42	11	31
瑶 族	368	168	200	21	6	15
白 族	287	100	187	18	5	13
土家族	2641	1460	1181	101	34	67
哈尼族	353	89	264	17	3	14
哈萨克族	8	6	2	3	3	
傣 族	253	59	194	10		10
黎 族	194	45	149	20	3	17
傈僳族	245	53	192	11	1	10
佤 族	228	84	144	5		5
畲 族	149	77	72	24	15	9
高山族						
拉祜族	318	45	273	5		5
水 族	320	147	173	12	5	7
东乡族	238	118	120			
纳西族	13	2	11			
景颇族	76	18	58	2	1	1
柯尔克孜族	1		1			
土 族	38	20	18	1		1
达斡尔族	4	3	1	2	1	1
仫佬族	63	19	44	7	3	4
羌 族	54	18	36	5	1	4
布朗族	34	9	25			
撒拉族	16	7	9	1	1	
毛南族	18	8	10	2	1	1
仡佬族	269	153	116	27	23	4
锡伯族	9	4	5	3	1	2
阿昌族	21	7	14			
普米族	4	3	1			
塔吉克族						
怒 族	10		10			
乌孜别克族						
俄罗斯族	4	3	1	4	3	1
鄂温克族	3	2	1			
德昂族	16	5	11			
保安族	6	4	2			
裕固族						
京 族						
塔塔尔族						
独龙族	4		4	1		1
鄂伦春族						
赫哲族						
门巴族	1		1			
珞巴族						
基诺族	3		3			
未定族称人口	389	164	225	1		1
入 籍	5	2	3			

2-4c 续表 单位：人

民族	户口登记地					
	省内			省外		
	其中市辖区内人户分离					
	小计	男	女	小计	男	女
总计	**159865**	**75103**	**84762**	**266818**	**144593**	**122225**
汉族	158871	74713	84158	245239	134976	110263
蒙古族	2		2	443	254	189
回族	873	355	518	1438	755	683
藏族				1113	350	763
维吾尔族				158	83	75
苗族	21	3	18	4516	1961	2555
彝族	9	2	7	3084	1506	1578
壮族	10	4	6	1524	587	937
布依族	20	8	12	1334	523	811
朝鲜族	1	1		80	41	39
满族	14	4	10	641	353	288
侗族	4	2	2	888	412	476
瑶族	4	1	3	347	162	185
白族				269	95	174
土家族	15	5	10	2540	1426	1114
哈尼族	7	1	6	336	86	250
哈萨克族				5	3	2
傣族				243	59	184
黎族				174	42	132
傈僳族	6		6	234	52	182
佤族	1		1	223	84	139
畲族				125	62	63
高山族						
拉祜族				313	45	268
水族	2	1	1	308	142	166
东乡族				238	118	120
纳西族				13	2	11
景颇族				74	17	57
柯尔克孜族				1		1
土族				37	20	17
达斡尔族				2	2	
仫佬族				56	16	40
羌族				49	17	32
布朗族				34	9	25
撒拉族				15	6	9
毛南族				16	7	9
仡佬族	4	2	2	242	130	112
锡伯族	1	1		6	3	3
阿昌族				21	7	14
普米族				4	3	1
塔吉克族						
怒族				10		10
乌孜别克族						
俄罗斯族						
鄂温克族				3	2	1
德昂族				16	5	11
保安族				6	4	2
裕固族						
京族						
塔塔尔族						
独龙族				3		3
鄂伦春族						
赫哲族						
门巴族				1		1
珞巴族						
基诺族				3		3
未定族称人口				388	164	224
入籍				5	2	3

第一部分　全部数据资料

第三卷　年龄

3-1　全省分年龄、性别的人口

单位：人、%

年　龄	人　口　数			占总人口比重			性别比
	合计	男	女	合计	男	女	(女=100)
总　计	**61027171**	**31103394**	**29923777**	**100.00**	**50.97**	**49.03**	**103.94**
0-4岁	**3624214**	**1920126**	**1704088**	**5.94**	**3.15**	**2.79**	**112.68**
0	574882	305006	269876	0.94	0.50	0.44	113.02
1	663226	350527	312699	1.09	0.57	0.51	112.10
2	719788	380504	339284	1.18	0.62	0.56	112.15
3	846279	446952	399327	1.39	0.73	0.65	111.93
4	820039	437137	382902	1.34	0.72	0.63	114.16
5-9岁	**4154829**	**2246453**	**1908376**	**6.81**	**3.68**	**3.13**	**117.72**
5	784153	419891	364262	1.28	0.69	0.60	115.27
6	838089	452745	385344	1.37	0.74	0.63	117.49
7	830649	449567	381082	1.36	0.74	0.62	117.97
8	884800	479840	404960	1.45	0.79	0.66	118.49
9	817138	444410	372728	1.34	0.73	0.61	119.23
10-14岁	**3963639**	**2161728**	**1801911**	**6.49**	**3.54**	**2.95**	**119.97**
10	788510	429187	359323	1.29	0.70	0.59	119.44
11	813650	443065	370585	1.33	0.73	0.61	119.56
12	801734	436544	365190	1.31	0.72	0.60	119.54
13	776167	423299	352868	1.27	0.69	0.58	119.96
14	783578	429633	353945	1.28	0.70	0.58	121.38
15-19岁	**3243833**	**1777277**	**1466556**	**5.32**	**2.91**	**2.40**	**121.19**
15	728694	402542	326152	1.19	0.66	0.53	123.42
16	727238	402371	324867	1.19	0.66	0.53	123.86
17	655296	360556	294740	1.07	0.59	0.48	122.33
18	575024	312917	262107	0.94	0.51	0.43	119.39
19	557581	298891	258690	0.91	0.49	0.42	115.54
20-24岁	**2978515**	**1583913**	**1394602**	**4.88**	**2.60**	**2.29**	**113.57**
20	564528	301788	262740	0.93	0.49	0.43	114.86
21	537734	287216	250518	0.88	0.47	0.41	114.65
22	597836	318256	279580	0.98	0.52	0.46	113.83
23	617729	327868	289861	1.01	0.54	0.47	113.11
24	660688	348785	311903	1.08	0.57	0.51	111.82
25-29岁	**4095570**	**2108084**	**1987486**	**6.71**	**3.45**	**3.26**	**106.07**
25	753064	396140	356924	1.23	0.65	0.58	110.99
26	738708	385252	353456	1.21	0.63	0.58	109.00
27	805677	414822	390855	1.32	0.68	0.64	106.13
28	861955	439196	422759	1.41	0.72	0.69	103.89
29	936166	472674	463492	1.53	0.77	0.76	101.98

3-1 续表 1

单位：人、%

年 龄	人口数 合计	人口数 男	人口数 女	占总人口比重 合计	占总人口比重 男	占总人口比重 女	性别比(女=100)
30–34岁	**4874396**	**2413901**	**2460495**	**7.99**	**3.96**	**4.03**	**98.11**
30	1129884	564671	565213	1.85	0.93	0.93	99.90
31	1051252	520777	530475	1.72	0.85	0.87	98.17
32	951307	469775	481532	1.56	0.77	0.79	97.56
33	938209	462370	475839	1.54	0.76	0.78	97.17
34	803744	396308	407436	1.32	0.65	0.67	97.27
35–39岁	**3551994**	**1772207**	**1779787**	**5.82**	**2.90**	**2.92**	**99.57**
35	717473	357842	359631	1.18	0.59	0.59	99.50
36	715991	358371	357620	1.17	0.59	0.59	100.21
37	687701	344046	343655	1.13	0.56	0.56	100.11
38	740012	368753	371259	1.21	0.60	0.61	99.32
39	690817	343195	347622	1.13	0.56	0.57	98.73
40–44岁	**3789431**	**1913653**	**1875778**	**6.21**	**3.14**	**3.07**	**102.02**
40	719929	359316	360613	1.18	0.59	0.59	99.64
41	775466	389458	386008	1.27	0.64	0.63	100.89
42	775405	390493	384912	1.27	0.64	0.63	101.45
43	720151	366078	354073	1.18	0.60	0.58	103.39
44	798480	408308	390172	1.31	0.67	0.64	104.65
45–49岁	**4913582**	**2476430**	**2437152**	**8.05**	**4.06**	**3.99**	**101.61**
45	806628	410434	396194	1.32	0.67	0.65	103.59
46	887757	449263	438494	1.45	0.74	0.72	102.46
47	977412	492821	484591	1.60	0.81	0.79	101.70
48	1111342	559877	551465	1.82	0.92	0.90	101.53
49	1130443	564035	566408	1.85	0.92	0.93	99.58
50–54岁	**5783366**	**2842607**	**2940759**	**9.48**	**4.66**	**4.82**	**96.66**
50	1213595	594579	619016	1.99	0.97	1.01	96.05
51	1169366	573512	595854	1.92	0.94	0.98	96.25
52	1250032	614171	635861	2.05	1.01	1.04	96.59
53	1020525	498962	521563	1.67	0.82	0.85	95.67
54	1129848	561383	568465	1.85	0.92	0.93	98.75
55–59岁	**4584566**	**2265681**	**2318885**	**7.51**	**3.71**	**3.80**	**97.71**
55	1080890	532668	548222	1.77	0.87	0.90	97.16
56	1009818	497236	512582	1.65	0.81	0.84	97.01
57	1161566	580734	580832	1.90	0.95	0.95	99.98
58	956858	475537	481321	1.57	0.78	0.79	98.80
59	375434	179506	195928	0.62	0.29	0.32	91.62
60–64岁	**2309825**	**1187345**	**1122480**	**3.78**	**1.95**	**1.84**	**105.78**
60	300124	148907	151217	0.49	0.24	0.25	98.47
61	294456	152255	142201	0.48	0.25	0.23	107.07
62	477690	252144	225546	0.78	0.41	0.37	111.79
63	622160	322644	299516	1.02	0.53	0.49	107.72
64	615395	311395	304000	1.01	0.51	0.50	102.43

3-1　续表 2　　　　单位：人、%

年　龄	人　口　数			占总人口比重			性别比
	合计	男	女	合计	男	女	(女=100)
65-69岁	**3269243**	**1625526**	**1643717**	**5.36**	**2.66**	**2.69**	**98.89**
65	643142	324244	318898	1.05	0.53	0.52	101.68
66	708734	355353	353381	1.16	0.58	0.58	100.56
67	659345	325882	333463	1.08	0.53	0.55	97.73
68	692891	341993	350898	1.14	0.56	0.57	97.46
69	565131	278054	287077	0.93	0.46	0.47	96.86
70-74岁	**2407317**	**1203061**	**1204256**	**3.94**	**1.97**	**1.97**	**99.90**
70	526856	263991	262865	0.86	0.43	0.43	100.43
71	534605	269995	264610	0.88	0.44	0.43	102.04
72	506918	252947	253971	0.83	0.41	0.42	99.60
73	439933	218271	221662	0.72	0.36	0.36	98.47
74	399005	197857	201148	0.65	0.32	0.33	98.36
75-79岁	**1680903**	**824152**	**856751**	**2.75**	**1.35**	**1.40**	**96.20**
75	367999	182409	185590	0.60	0.30	0.30	98.29
76	362988	180872	182116	0.59	0.30	0.30	99.32
77	326062	159833	166229	0.53	0.26	0.27	96.15
78	308462	149756	158706	0.51	0.25	0.26	94.36
79	315392	151282	164110	0.52	0.25	0.27	92.18
80-84岁	**1019412**	**473816**	**545596**	**1.67**	**0.78**	**0.89**	**86.84**
80	271692	129746	141946	0.45	0.21	0.23	91.41
81	196038	91036	105002	0.32	0.15	0.17	86.70
82	209328	99114	110214	0.34	0.16	0.18	89.93
83	180464	82101	98363	0.30	0.13	0.16	83.47
84	161890	71819	90071	0.27	0.12	0.15	79.74
85-89岁	**551713**	**227850**	**323863**	**0.90**	**0.37**	**0.53**	**70.35**
85	144470	61858	82612	0.24	0.10	0.14	74.88
86	139550	58513	81037	0.23	0.10	0.13	72.21
87	119373	49028	70345	0.20	0.08	0.12	69.70
88	83075	32848	50227	0.14	0.05	0.08	65.40
89	65245	25603	39642	0.11	0.04	0.06	64.59
90-94岁	**184226**	**65897**	**118329**	**0.30**	**0.11**	**0.19**	**55.69**
90	59681	22687	36994	0.10	0.04	0.06	61.33
91	42565	15165	27400	0.07	0.02	0.04	55.35
92	37325	12891	24434	0.06	0.02	0.04	52.76
93	25615	8724	16891	0.04	0.01	0.03	51.65
94	19040	6430	12610	0.03	0.01	0.02	50.99
95-99岁	**41071**	**12428**	**28643**	**0.07**	**0.02**	**0.05**	**43.39**
95	15068	4760	10308	0.02	0.01	0.02	46.18
96	10374	3082	7292	0.02	0.01	0.01	42.27
97	7193	2052	5141	0.01		0.01	39.91
98	4697	1389	3308	0.01		0.01	41.99
99	3739	1145	2594	0.01			44.14
100岁及以上	**5526**	**1259**	**4267**	**0.01**		**0.01**	**29.51**

3-1a 全省分年龄、性别的人口(城市)

单位：人、%

年龄	人口数			占总人口比重			性别比
	合计	男	女	合计	男	女	(女=100)
总 计	**16329087**	**8142601**	**8186486**	**100.00**	**49.87**	**50.13**	**99.46**
0-4岁	**943117**	**496633**	**446484**	**5.78**	**3.04**	**2.73**	**111.23**
0	141065	74314	66751	0.86	0.46	0.41	111.33
1	176901	93038	83863	1.08	0.57	0.51	110.94
2	189357	99737	89620	1.16	0.61	0.55	111.29
3	224332	117582	106750	1.37	0.72	0.65	110.15
4	211462	111962	99500	1.30	0.69	0.61	112.52
5-9岁	**972383**	**526172**	**446211**	**5.95**	**3.22**	**2.73**	**117.92**
5	189653	101296	88357	1.16	0.62	0.54	114.64
6	202873	109704	93169	1.24	0.67	0.57	117.75
7	195564	105838	89726	1.20	0.65	0.55	117.96
8	205126	111368	93758	1.26	0.68	0.57	118.78
9	179167	97966	81201	1.10	0.60	0.50	120.65
10-14岁	**842803**	**457762**	**385041**	**5.16**	**2.80**	**2.36**	**118.89**
10	168982	92216	76766	1.03	0.56	0.47	120.13
11	169128	92220	76908	1.04	0.56	0.47	119.91
12	170423	92461	77962	1.04	0.57	0.48	118.60
13	168593	91219	77374	1.03	0.56	0.47	117.89
14	165677	89646	76031	1.01	0.55	0.47	117.91
15-19岁	**991760**	**518798**	**472962**	**6.07**	**3.18**	**2.90**	**109.69**
15	187846	101287	86559	1.15	0.62	0.53	117.01
16	217514	116458	101056	1.33	0.71	0.62	115.24
17	201075	106117	94958	1.23	0.65	0.58	111.75
18	182899	93577	89322	1.12	0.57	0.55	104.76
19	202426	101359	101067	1.24	0.62	0.62	100.29
20-24岁	**1022028**	**516592**	**505436**	**6.26**	**3.16**	**3.10**	**102.21**
20	216210	108877	107333	1.32	0.67	0.66	101.44
21	197485	99877	97608	1.21	0.61	0.60	102.32
22	203074	102614	100460	1.24	0.63	0.62	102.14
23	199365	101065	98300	1.22	0.62	0.60	102.81
24	205894	104159	101735	1.26	0.64	0.62	102.38
25-29岁	**1252610**	**622462**	**630148**	**7.67**	**3.81**	**3.86**	**98.78**
25	228273	115177	113096	1.40	0.71	0.69	101.84
26	224382	112486	111896	1.37	0.69	0.69	100.53
27	244444	121548	122896	1.50	0.74	0.75	98.90
28	263139	129919	133220	1.61	0.80	0.82	97.52
29	292372	143332	149040	1.79	0.88	0.91	96.17

3-1a　续表 1　　　　单位：人、%

年　龄	人　口　数			占总人口比重			性别比
	合计	男	女	合计	男	女	(女=100)
30-34岁	**1584807**	**762732**	**822075**	**9.71**	**4.67**	**5.03**	**92.78**
30	356857	172966	183891	2.19	1.06	1.13	94.06
31	341491	164357	177134	2.09	1.01	1.08	92.79
32	311967	149848	162119	1.91	0.92	0.99	92.43
33	309393	148380	161013	1.89	0.91	0.99	92.15
34	265099	127181	137918	1.62	0.78	0.84	92.21
35-39岁	**1174668**	**568803**	**605865**	**7.19**	**3.48**	**3.71**	**93.88**
35	235141	113679	121462	1.44	0.70	0.74	93.59
36	236261	114652	121609	1.45	0.70	0.74	94.28
37	229512	111587	117925	1.41	0.68	0.72	94.63
38	249979	121036	128943	1.53	0.74	0.79	93.87
39	223775	107849	115926	1.37	0.66	0.71	93.03
40-44岁	**1177192**	**577557**	**599635**	**7.21**	**3.54**	**3.67**	**96.32**
40	226656	109461	117195	1.39	0.67	0.72	93.40
41	249339	121837	127502	1.53	0.75	0.78	95.56
42	240647	117759	122888	1.47	0.72	0.75	95.83
43	222078	109747	112331	1.36	0.67	0.69	97.70
44	238472	118753	119719	1.46	0.73	0.73	99.19
45-49岁	**1345770**	**670021**	**675749**	**8.24**	**4.10**	**4.14**	**99.15**
45	236323	117573	118750	1.45	0.72	0.73	99.01
46	249318	124179	125139	1.53	0.76	0.77	99.23
47	268198	133879	134319	1.64	0.82	0.82	99.67
48	293242	146240	147002	1.80	0.90	0.90	99.48
49	298689	148150	150539	1.83	0.91	0.92	98.41
50-54岁	**1454975**	**708994**	**745981**	**8.91**	**4.34**	**4.57**	**95.04**
50	312743	153041	159702	1.92	0.94	0.98	95.83
51	301816	146825	154991	1.85	0.90	0.95	94.73
52	315874	153967	161907	1.93	0.94	0.99	95.10
53	245364	118956	126408	1.50	0.73	0.77	94.10
54	279178	136205	142973	1.71	0.83	0.88	95.27
55-59岁	**1169495**	**568860**	**600635**	**7.16**	**3.48**	**3.68**	**94.71**
55	274604	134027	140577	1.68	0.82	0.86	95.34
56	266610	130245	136365	1.63	0.80	0.84	95.51
57	317449	155542	161907	1.94	0.95	0.99	96.07
58	226044	109190	116854	1.38	0.67	0.72	93.44
59	84788	39856	44932	0.52	0.24	0.28	88.70
60-64岁	**614557**	**309688**	**304869**	**3.76**	**1.90**	**1.87**	**101.58**
60	89454	44253	45201	0.55	0.27	0.28	97.90
61	89691	45856	43835	0.55	0.28	0.27	104.61
62	130856	67446	63410	0.80	0.41	0.39	106.36
63	157442	79483	77959	0.96	0.49	0.48	101.95
64	147114	72650	74464	0.90	0.44	0.46	97.56

3-1a 续表 2

单位：人、%

年 龄	人 口 数			占总人口比重			性别比
	合计	男	女	合计	男	女	(女=100)
65-69岁	**674590**	**324538**	**350052**	**4.13**	**1.99**	**2.14**	**92.71**
65	145408	71004	74404	0.89	0.43	0.46	95.43
66	153191	74714	78477	0.94	0.46	0.48	95.20
67	131717	62841	68876	0.81	0.38	0.42	91.24
68	135873	64437	71436	0.83	0.39	0.44	90.20
69	108401	51542	56859	0.66	0.32	0.35	90.65
70-74岁	**436467**	**210370**	**226097**	**2.67**	**1.29**	**1.38**	**93.04**
70	98933	48153	50780	0.61	0.29	0.31	94.83
71	98955	48004	50951	0.61	0.29	0.31	94.22
72	88413	42220	46193	0.54	0.26	0.28	91.40
73	78997	37929	41068	0.48	0.23	0.25	92.36
74	71169	34064	37105	0.44	0.21	0.23	91.80
75-79岁	**310433**	**144026**	**166407**	**1.90**	**0.88**	**1.02**	**86.55**
75	64689	30811	33878	0.40	0.19	0.21	90.95
76	64838	30568	34270	0.40	0.19	0.21	89.20
77	59008	26995	32013	0.36	0.17	0.20	84.33
78	59690	27303	32387	0.37	0.17	0.20	84.30
79	62208	28349	33859	0.38	0.17	0.21	83.73
80-84岁	**205806**	**92727**	**113079**	**1.26**	**0.57**	**0.69**	**82.00**
80	52714	23928	28786	0.32	0.15	0.18	83.12
81	39753	17750	22003	0.24	0.11	0.13	80.67
82	42146	19496	22650	0.26	0.12	0.14	86.08
83	37284	16764	20520	0.23	0.10	0.13	81.70
84	33909	14789	19120	0.21	0.09	0.12	77.35
85-89岁	**110820**	**47597**	**63223**	**0.68**	**0.29**	**0.39**	**75.28**
85	29667	12652	17015	0.18	0.08	0.10	74.36
86	27428	11747	15681	0.17	0.07	0.10	74.91
87	23835	10146	13689	0.15	0.06	0.08	74.12
88	16387	7074	9313	0.10	0.04	0.06	75.96
89	13503	5978	7525	0.08	0.04	0.05	79.44
90-94岁	**36461**	**15220**	**21241**	**0.22**	**0.09**	**0.13**	**71.65**
90	12044	5283	6761	0.07	0.03	0.04	78.14
91	8503	3607	4896	0.05	0.02	0.03	73.67
92	7202	2836	4366	0.04	0.02	0.03	64.96
93	4980	2025	2955	0.03	0.01	0.02	68.53
94	3732	1469	2263	0.02	0.01	0.01	64.91
95-99岁	**7423**	**2762**	**4661**	**0.05**	**0.02**	**0.03**	**59.26**
95	2873	1133	1740	0.02	0.01	0.01	65.11
96	1925	710	1215	0.01		0.01	58.44
97	1191	403	788	0.01			51.14
98	812	297	515				57.67
99	622	219	403				54.34
100岁及以上	**922**	**287**	**635**	**0.01**			**45.20**

3-1b 全省分年龄、性别的人口(镇)

单位：人、%

年 龄	人口数			占总人口比重			性别比
	合计	男	女	合计	男	女	(女=100)
总 计	**19266016**	**9752125**	**9513891**	**100.00**	**50.62**	**49.38**	**102.50**
0-4岁	**1198587**	**635964**	**562623**	**6.22**	**3.30**	**2.92**	**113.04**
0	180685	95787	84898	0.94	0.50	0.44	112.83
1	220824	116789	104035	1.15	0.61	0.54	112.26
2	239915	127020	112895	1.25	0.66	0.59	112.51
3	285829	151219	134610	1.48	0.78	0.70	112.34
4	271334	145149	126185	1.41	0.75	0.65	115.03
5-9岁	**1362232**	**740752**	**621480**	**7.07**	**3.84**	**3.23**	**119.19**
5	255033	137436	117597	1.32	0.71	0.61	116.87
6	275211	148909	126302	1.43	0.77	0.66	117.90
7	274434	149535	124899	1.42	0.78	0.65	119.72
8	290105	158495	131610	1.51	0.82	0.68	120.43
9	267449	146377	121072	1.39	0.76	0.63	120.90
10-14岁	**1303285**	**711928**	**591357**	**6.76**	**3.70**	**3.07**	**120.39**
10	258202	141335	116867	1.34	0.73	0.61	120.94
11	264961	144844	120117	1.38	0.75	0.62	120.59
12	262016	142592	119424	1.36	0.74	0.62	119.40
13	255113	139139	115974	1.32	0.72	0.60	119.97
14	262993	144018	118975	1.37	0.75	0.62	121.05
15-19岁	**1259212**	**693472**	**565740**	**6.54**	**3.60**	**2.94**	**122.58**
15	281397	154983	126414	1.46	0.80	0.66	122.60
16	309661	170825	138836	1.61	0.89	0.72	123.04
17	272459	149997	122462	1.41	0.78	0.64	122.48
18	208374	114954	93420	1.08	0.60	0.48	123.05
19	187321	102713	84608	0.97	0.53	0.44	121.40
20-24岁	**948822**	**507608**	**441214**	**4.92**	**2.63**	**2.29**	**115.05**
20	184853	100741	84112	0.96	0.52	0.44	119.77
21	173027	93623	79404	0.90	0.49	0.41	117.91
22	187501	100922	86579	0.97	0.52	0.45	116.57
23	193896	102767	91129	1.01	0.53	0.47	112.77
24	209545	109555	99990	1.09	0.57	0.52	109.57
25-29岁	**1365636**	**691440**	**674196**	**7.09**	**3.59**	**3.50**	**102.56**
25	243637	126380	117257	1.26	0.66	0.61	107.78
26	243297	125003	118294	1.26	0.65	0.61	105.67
27	269994	137116	132878	1.40	0.71	0.69	103.19
28	289943	145133	144810	1.50	0.75	0.75	100.22
29	318765	157808	160957	1.65	0.82	0.84	98.04

3−1b 续表 1 单位：人、%

年 龄	人 口 数			占总人口比重			性别比
	合计	男	女	合计	男	女	(女=100)
30−34岁	**1685851**	**816979**	**868872**	**8.75**	**4.24**	**4.51**	**94.03**
30	388156	189603	198553	2.01	0.98	1.03	95.49
31	363562	176267	187295	1.89	0.91	0.97	94.11
32	329379	159323	170056	1.71	0.83	0.88	93.69
33	326498	157363	169135	1.69	0.82	0.88	93.04
34	278256	134423	143833	1.44	0.70	0.75	93.46
35−39岁	**1234238**	**601626**	**632612**	**6.41**	**3.12**	**3.28**	**95.10**
35	248805	121770	127035	1.29	0.63	0.66	95.86
36	248664	121845	126819	1.29	0.63	0.66	96.08
37	238877	116770	122107	1.24	0.61	0.63	95.63
38	257531	124948	132583	1.34	0.65	0.69	94.24
39	240361	116293	124068	1.25	0.60	0.64	93.73
40−44岁	**1293747**	**634637**	**659110**	**6.72**	**3.29**	**3.42**	**96.29**
40	248639	120622	128017	1.29	0.63	0.66	94.22
41	267589	129990	137599	1.39	0.67	0.71	94.47
42	264442	129195	135247	1.37	0.67	0.70	95.53
43	243217	120171	123046	1.26	0.62	0.64	97.66
44	269860	134659	135201	1.40	0.70	0.70	99.60
45−49岁	**1590400**	**786737**	**803663**	**8.25**	**4.08**	**4.17**	**97.89**
45	269185	134173	135012	1.40	0.70	0.70	99.38
46	292509	145241	147268	1.52	0.75	0.76	98.62
47	317852	157077	160775	1.65	0.82	0.83	97.70
48	354921	175438	179483	1.84	0.91	0.93	97.75
49	355933	174808	181125	1.85	0.91	0.94	96.51
50−54岁	**1757287**	**857457**	**899830**	**9.12**	**4.45**	**4.67**	**95.29**
50	374351	181964	192387	1.94	0.94	1.00	94.58
51	358358	174889	183469	1.86	0.91	0.95	95.32
52	378971	185106	193865	1.97	0.96	1.01	95.48
53	306686	148907	157779	1.59	0.77	0.82	94.38
54	338921	166591	172330	1.76	0.86	0.89	96.67
55−59岁	**1345236**	**656795**	**688441**	**6.98**	**3.41**	**3.57**	**95.40**
55	321879	157290	164589	1.67	0.82	0.85	95.57
56	300459	146513	153946	1.56	0.76	0.80	95.17
57	342413	169151	173262	1.78	0.88	0.90	97.63
58	276927	135295	141632	1.44	0.70	0.74	95.53
59	103558	48546	55012	0.54	0.25	0.29	88.25
60−64岁	**639961**	**324967**	**314994**	**3.32**	**1.69**	**1.63**	**103.17**
60	82311	40432	41879	0.43	0.21	0.22	96.54
61	81947	42001	39946	0.43	0.22	0.21	105.14
62	133705	70038	63667	0.69	0.36	0.33	110.01
63	173194	88678	84516	0.90	0.46	0.44	104.92
64	168804	83818	84986	0.88	0.44	0.44	98.63

3-1b 续表 2

单位：人、%

年 龄	人口数			占总人口比重			性别比
	合计	男	女	合计	男	女	(女=100)
65-69岁	**847722**	**414007**	**433715**	**4.40**	**2.15**	**2.25**	**95.46**
65	174130	86233	87897	0.90	0.45	0.46	98.11
66	186952	91861	95091	0.97	0.48	0.49	96.60
67	169880	82263	87617	0.88	0.43	0.45	93.89
68	175309	85084	90225	0.91	0.44	0.47	94.30
69	141451	68566	72885	0.73	0.36	0.38	94.07
70-74岁	**589142**	**291463**	**297679**	**3.06**	**1.51**	**1.55**	**97.91**
70	130840	64951	65889	0.68	0.34	0.34	98.58
71	131799	65869	65930	0.68	0.34	0.34	99.91
72	123305	60704	62601	0.64	0.32	0.32	96.97
73	106722	52367	54355	0.55	0.27	0.28	96.34
74	96476	47572	48904	0.50	0.25	0.25	97.28
75-79岁	**406283**	**196650**	**209633**	**2.11**	**1.02**	**1.09**	**93.81**
75	89048	43700	45348	0.46	0.23	0.24	96.37
76	87725	42934	44791	0.46	0.22	0.23	95.85
77	78562	38133	40429	0.41	0.20	0.21	94.32
78	74772	35857	38915	0.39	0.19	0.20	92.14
79	76176	36026	40150	0.40	0.19	0.21	89.73
80-84岁	**245612**	**112990**	**132622**	**1.27**	**0.59**	**0.69**	**85.20**
80	65020	30785	34235	0.34	0.16	0.18	89.92
81	46756	21368	25388	0.24	0.11	0.13	84.17
82	50794	23853	26941	0.26	0.12	0.14	88.54
83	43839	19677	24162	0.23	0.10	0.13	81.44
84	39203	17307	21896	0.20	0.09	0.11	79.04
85-89岁	**135152**	**55995**	**79157**	**0.70**	**0.29**	**0.41**	**70.74**
85	34793	14844	19949	0.18	0.08	0.10	74.41
86	34351	14384	19967	0.18	0.07	0.10	72.04
87	29437	12151	17286	0.15	0.06	0.09	70.29
88	20541	8152	12389	0.11	0.04	0.06	65.80
89	16030	6464	9566	0.08	0.03	0.05	67.57
90-94岁	**45906**	**16975**	**28931**	**0.24**	**0.09**	**0.15**	**58.67**
90	14847	5754	9093	0.08	0.03	0.05	63.28
91	10469	3857	6612	0.05	0.02	0.03	58.33
92	9194	3266	5928	0.05	0.02	0.03	55.09
93	6527	2317	4210	0.03	0.01	0.02	55.04
94	4869	1781	3088	0.03	0.01	0.02	57.67
95-99岁	**10441**	**3376**	**7065**	**0.05**	**0.02**	**0.04**	**47.78**
95	3863	1265	2598	0.02	0.01	0.01	48.69
96	2656	852	1804	0.01		0.01	47.23
97	1820	565	1255	0.01		0.01	45.02
98	1171	366	805	0.01			45.47
99	931	328	603				54.39
100岁及以上	**1264**	**307**	**957**	**0.01**			**32.08**

3－1c 全省分年龄、性别的人口(乡村)

单位：人、%

年 龄	人 口 数			占总人口比重			性别比
	合计	男	女	合计	男	女	(女=100)
总 计	**25432068**	**13208668**	**12223400**	**100.00**	**51.94**	**48.06**	**108.06**
0－4岁	**1482510**	**787529**	**694981**	**5.83**	**3.10**	**2.73**	**113.32**
0	253132	134905	118227	1.00	0.53	0.46	114.11
1	265501	140700	124801	1.04	0.55	0.49	112.74
2	290516	153747	136769	1.14	0.60	0.54	112.41
3	336118	178151	157967	1.32	0.70	0.62	112.78
4	337243	180026	157217	1.33	0.71	0.62	114.51
5－9岁	**1820214**	**979529**	**840685**	**7.16**	**3.85**	**3.31**	**116.52**
5	339467	181159	158308	1.33	0.71	0.62	114.43
6	360005	194132	165873	1.42	0.76	0.65	117.04
7	360651	194194	166457	1.42	0.76	0.65	116.66
8	389569	209977	179592	1.53	0.83	0.71	116.92
9	370522	200067	170455	1.46	0.79	0.67	117.37
10－14岁	**1817551**	**992038**	**825513**	**7.15**	**3.90**	**3.25**	**120.17**
10	361326	195636	165690	1.42	0.77	0.65	118.07
11	379561	206001	173560	1.49	0.81	0.68	118.69
12	369295	201491	167804	1.45	0.79	0.66	120.08
13	352461	192941	159520	1.39	0.76	0.63	120.95
14	354908	195969	158939	1.40	0.77	0.62	123.30
15－19岁	**992861**	**565007**	**427854**	**3.90**	**2.22**	**1.68**	**132.06**
15	259451	146272	113179	1.02	0.58	0.45	129.24
16	200063	115088	84975	0.79	0.45	0.33	135.44
17	181762	104442	77320	0.71	0.41	0.30	135.08
18	183751	104386	79365	0.72	0.41	0.31	131.53
19	167834	94819	73015	0.66	0.37	0.29	129.86
20－24岁	**1007665**	**559713**	**447952**	**3.96**	**2.20**	**1.76**	**124.95**
20	163465	92170	71295	0.64	0.36	0.28	129.28
21	167222	93716	73506	0.66	0.37	0.29	127.49
22	207261	114720	92541	0.81	0.45	0.36	123.97
23	224468	124036	100432	0.88	0.49	0.39	123.50
24	245249	135071	110178	0.96	0.53	0.43	122.59
25－29岁	**1477324**	**794182**	**683142**	**5.81**	**3.12**	**2.69**	**116.25**
25	281154	154583	126571	1.11	0.61	0.50	122.13
26	271029	147763	123266	1.07	0.58	0.48	119.87
27	291239	156158	135081	1.15	0.61	0.53	115.60
28	308873	164144	144729	1.21	0.65	0.57	113.41
29	325029	171534	153495	1.28	0.67	0.60	111.75

3-1c　续表 1　　　　单位：人、%

年　龄	人　口　数			占总人口比重			性别比
	合计	男	女	合计	男	女	(女=100)
30-34岁	**1603738**	**834190**	**769548**	**6.31**	**3.28**	**3.03**	**108.40**
30	384871	202102	182769	1.51	0.79	0.72	110.58
31	346199	180153	166046	1.36	0.71	0.65	108.50
32	309961	160604	149357	1.22	0.63	0.59	107.53
33	302318	156627	145691	1.19	0.62	0.57	107.51
34	260389	134704	125685	1.02	0.53	0.49	107.18
35-39岁	**1143088**	**601778**	**541310**	**4.49**	**2.37**	**2.13**	**111.17**
35	233527	122393	111134	0.92	0.48	0.44	110.13
36	231066	121874	109192	0.91	0.48	0.43	111.61
37	219312	115689	103623	0.86	0.45	0.41	111.64
38	232502	122769	109733	0.91	0.48	0.43	111.88
39	226681	119053	107628	0.89	0.47	0.42	110.62
40-44岁	**1318492**	**701459**	**617033**	**5.18**	**2.76**	**2.43**	**113.68**
40	244634	129233	115401	0.96	0.51	0.45	111.99
41	258538	137631	120907	1.02	0.54	0.48	113.83
42	270316	143539	126777	1.06	0.56	0.50	113.22
43	254856	136160	118696	1.00	0.54	0.47	114.71
44	290148	154896	135252	1.14	0.61	0.53	114.52
45-49岁	**1977412**	**1019672**	**957740**	**7.78**	**4.01**	**3.77**	**106.47**
45	301120	158688	142432	1.18	0.62	0.56	111.41
46	345930	179843	166087	1.36	0.71	0.65	108.28
47	391362	201865	189497	1.54	0.79	0.75	106.53
48	463179	238199	224980	1.82	0.94	0.88	105.88
49	475821	241077	234744	1.87	0.95	0.92	102.70
50-54岁	**2571104**	**1276156**	**1294948**	**10.11**	**5.02**	**5.09**	**98.55**
50	526501	259574	266927	2.07	1.02	1.05	97.25
51	509192	251798	257394	2.00	0.99	1.01	97.83
52	555187	275098	280089	2.18	1.08	1.10	98.22
53	468475	231099	237376	1.84	0.91	0.93	97.36
54	511749	258587	253162	2.01	1.02	1.00	102.14
55-59岁	**2069835**	**1040026**	**1029809**	**8.14**	**4.09**	**4.05**	**100.99**
55	484407	241351	243056	1.90	0.95	0.96	99.30
56	442749	220478	222271	1.74	0.87	0.87	99.19
57	501704	256041	245663	1.97	1.01	0.97	104.22
58	453887	231052	222835	1.78	0.91	0.88	103.69
59	187088	91104	95984	0.74	0.36	0.38	94.92
60-64岁	**1055307**	**552690**	**502617**	**4.15**	**2.17**	**1.98**	**109.96**
60	128359	64222	64137	0.50	0.25	0.25	100.13
61	122818	64398	58420	0.48	0.25	0.23	110.23
62	213129	114660	98469	0.84	0.45	0.39	116.44
63	291524	154483	137041	1.15	0.61	0.54	112.73
64	299477	154927	144550	1.18	0.61	0.57	107.18

3－1c 续表 2 单位：人、%

年 龄	人 口 数			占总人口比重			性别比
	合计	男	女	合计	男	女	(女=100)
65－69岁	**1746931**	**886981**	**859950**	**6.87**	**3.49**	**3.38**	**103.14**
65	323604	167007	156597	1.27	0.66	0.62	106.65
66	368591	188778	179813	1.45	0.74	0.71	104.99
67	357748	180778	176970	1.41	0.71	0.70	102.15
68	381709	192472	189237	1.50	0.76	0.74	101.71
69	315279	157946	157333	1.24	0.62	0.62	100.39
70－74岁	**1381708**	**701228**	**680480**	**5.43**	**2.76**	**2.68**	**103.05**
70	297083	150887	146196	1.17	0.59	0.57	103.21
71	303851	156122	147729	1.19	0.61	0.58	105.68
72	295200	150023	145177	1.16	0.59	0.57	103.34
73	254214	127975	126239	1.00	0.50	0.50	101.38
74	231360	116221	115139	0.91	0.46	0.45	100.94
75－79岁	**964187**	**483476**	**480711**	**3.79**	**1.90**	**1.89**	**100.58**
75	214262	107898	106364	0.84	0.42	0.42	101.44
76	210425	107370	103055	0.83	0.42	0.41	104.19
77	188492	94705	93787	0.74	0.37	0.37	100.98
78	174000	86596	87404	0.68	0.34	0.34	99.08
79	177008	86907	90101	0.70	0.34	0.35	96.46
80－84岁	**567994**	**268099**	**299895**	**2.23**	**1.05**	**1.18**	**89.40**
80	153958	75033	78925	0.61	0.30	0.31	95.07
81	109529	51918	57611	0.43	0.20	0.23	90.12
82	116388	55765	60623	0.46	0.22	0.24	91.99
83	99341	45660	53681	0.39	0.18	0.21	85.06
84	88778	39723	49055	0.35	0.16	0.19	80.98
85－89岁	**305741**	**124258**	**181483**	**1.20**	**0.49**	**0.71**	**68.47**
85	80010	34362	45648	0.31	0.14	0.18	75.28
86	77771	32382	45389	0.31	0.13	0.18	71.34
87	66101	26731	39370	0.26	0.11	0.15	67.90
88	46147	17622	28525	0.18	0.07	0.11	61.78
89	35712	13161	22551	0.14	0.05	0.09	58.36
90－94岁	**101859**	**33702**	**68157**	**0.40**	**0.13**	**0.27**	**49.45**
90	32790	11650	21140	0.13	0.05	0.08	55.11
91	23593	7701	15892	0.09	0.03	0.06	48.46
92	20929	6789	14140	0.08	0.03	0.06	48.01
93	14108	4382	9726	0.06	0.02	0.04	45.05
94	10439	3180	7259	0.04	0.01	0.03	43.81
95－99岁	**23207**	**6290**	**16917**	**0.09**	**0.02**	**0.07**	**37.18**
95	8332	2362	5970	0.03	0.01	0.02	39.56
96	5793	1520	4273	0.02	0.01	0.02	35.57
97	4182	1084	3098	0.02		0.01	34.99
98	2714	726	1988	0.01		0.01	36.52
99	2186	598	1588	0.01		0.01	37.66
100岁及以上	**3340**	**665**	**2675**	**0.01**		**0.01**	**24.86**

3-2 各地区人口年龄构成(一)

单位：人、%

地区	人口数				比重			
	合计	0-14岁	15-64岁	65岁及以上	合计	0-14岁	15-64岁	65岁及以上
安徽	**61027171**	**11742682**	**40125078**	**9159411**	**100.00**	**19.24**	**65.75**	**15.01**
合肥市	**9369881**	**1547924**	**6698743**	**1123214**	**100.00**	**16.52**	**71.49**	**11.99**
瑶海区	862043	151661	628318	82064	100.00	17.59	72.89	9.52
庐阳区	697293	129707	494235	73351	100.00	18.60	70.88	10.52
蜀山区	1047150	167849	779163	100138	100.00	16.03	74.41	9.56
包河区	1217469	209143	899279	109047	100.00	17.18	73.86	8.96
长丰县	783982	145819	533796	104367	100.00	18.60	68.09	13.31
肥东县	884792	136758	591895	156139	100.00	15.46	66.90	17.65
肥西县	967508	150573	698564	118371	100.00	15.56	72.20	12.23
庐江县	888238	152949	577175	158114	100.00	17.22	64.98	17.80
合肥高新技术产业开发区	269922	41640	212462	15820	100.00	15.43	78.71	5.86
合肥经济技术开发区	557858	89823	435390	32645	100.00	16.10	78.05	5.85
合肥新站高新技术产业开发区	466464	69975	367877	28612	100.00	15.00	78.87	6.13
巢湖市	727162	102027	480589	144546	100.00	14.03	66.09	19.88
芜湖市	**3644420**	**529760**	**2527455**	**587205**	**100.00**	**14.54**	**69.35**	**16.11**
镜湖区	478658	62512	335721	80425	100.00	13.06	70.14	16.80
弋江区	422620	54116	325118	43386	100.00	12.80	76.93	10.27
鸠江区	540487	84234	378287	77966	100.00	15.58	69.99	14.43
三山区	162255	25079	114593	22583	100.00	15.46	70.63	13.92
芜湖县	344016	47077	243221	53718	100.00	13.68	70.70	15.61
繁昌县	243907	31320	170302	42285	100.00	12.84	69.82	17.34
南陵县	431148	63135	286205	81808	100.00	14.64	66.38	18.97
芜湖经济技术开发区	181034	27916	137536	15582	100.00	15.42	75.97	8.61
安徽芜湖长江大桥经济开发区	22298	3547	14443	4308	100.00	15.91	64.77	19.32
无为市	817997	130824	522029	165144	100.00	15.99	63.82	20.19
蚌埠市	**3296408**	**732082**	**2089699**	**474627**	**100.00**	**22.21**	**63.39**	**14.40**
龙子湖区	216875	33992	146605	36278	100.00	15.67	67.60	16.73
蚌山区	171045	29538	117802	23705	100.00	17.27	68.87	13.86
禹会区	325814	57624	219068	49122	100.00	17.69	67.24	15.08
淮上区	283872	61930	187057	34885	100.00	21.82	65.89	12.29
怀远县	935335	240927	554971	139437	100.00	25.76	59.33	14.91
五河县	523531	122031	318550	82950	100.00	23.31	60.85	15.84
固镇县	501449	127473	299126	74850	100.00	25.42	59.65	14.93
蚌埠市高新技术开发区	61850	13702	42638	5510	100.00	22.15	68.94	8.91
蚌埠市经济开发区	276637	44865	203882	27890	100.00	16.22	73.70	10.08
淮南市	**3033528**	**596933**	**1940077**	**496518**	**100.00**	**19.68**	**63.95**	**16.37**
大通区	165671	28979	109327	27365	100.00	17.49	65.99	16.52
田家庵区	730078	121690	518053	90335	100.00	16.67	70.96	12.37
谢家集区	221589	30965	148114	42510	100.00	13.97	66.84	19.18
八公山区	118221	14497	81667	22057	100.00	12.26	69.08	18.66
潘集区	326077	71828	206571	47678	100.00	22.03	63.35	14.62
凤台县	633385	156048	386767	90570	100.00	24.64	61.06	14.30
寿县	838507	172926	489578	176003	100.00	20.62	58.39	20.99

3-2 续表 1 单位：人、%

地区	人口数				比重			
	合计	0-14岁	15-64岁	65岁及以上	合计	0-14岁	15-64岁	65岁及以上
马鞍山市	**2159930**	**309999**	**1471292**	**378639**	**100.00**	**14.35**	**68.12**	**17.53**
花山区	450983	60556	320507	69920	100.00	13.43	71.07	15.50
雨山区	355986	38738	268241	49007	100.00	10.88	75.35	13.77
博望区	158483	26395	104501	27587	100.00	16.65	65.94	17.41
当涂县	446991	62955	308942	75094	100.00	14.08	69.12	16.80
含山县	336588	57650	211141	67797	100.00	17.13	62.73	20.14
和县	410899	63705	257960	89234	100.00	15.50	62.78	21.72
淮北市	**1970265**	**403247**	**1302129**	**264889**	**100.00**	**20.47**	**66.09**	**13.44**
杜集区	239692	41394	156037	42261	100.00	17.27	65.10	17.63
相山区	548934	103644	386766	58524	100.00	18.88	70.46	10.66
烈山区	249237	42407	168405	38425	100.00	17.01	67.57	15.42
濉溪县	932402	215802	590921	125679	100.00	23.14	63.38	13.48
铜陵市	**1311726**	**188432**	**894267**	**229027**	**100.00**	**14.37**	**68.17**	**17.46**
铜官区	450949	60846	332470	57633	100.00	13.49	73.73	12.78
义安区	227493	29338	155105	43050	100.00	12.90	68.18	18.92
郊区	164233	24875	106028	33330	100.00	15.15	64.56	20.29
枞阳县	469051	73373	300664	95014	100.00	15.64	64.10	20.26
安庆市	**4165284**	**694961**	**2759717**	**710606**	**100.00**	**16.68**	**66.26**	**17.06**
迎江区	253694	35465	180078	38151	100.00	13.98	70.98	15.04
大观区	214112	27338	145824	40950	100.00	12.77	68.11	19.13
宜秀区	196672	26701	146209	23762	100.00	13.58	74.34	12.08
怀宁县	496683	83193	317389	96101	100.00	16.75	63.90	19.35
太湖县	430465	76885	275544	78036	100.00	17.86	64.01	18.13
宿松县	612586	130979	380081	101526	100.00	21.38	62.05	16.57
望江县	462367	85442	290930	85995	100.00	18.48	62.92	18.60
岳西县	323837	57230	220805	45802	100.00	17.67	68.18	14.14
安徽安庆经济开发区	140015	18497	105346	16172	100.00	13.21	75.24	11.55
桐城市	593629	85402	402741	105486	100.00	14.39	67.84	17.77
潜山市	441224	67829	294770	78625	100.00	15.37	66.81	17.82
黄山市	**1330565**	**190588**	**899058**	**240919**	**100.00**	**14.32**	**67.57**	**18.11**
屯溪区	291188	42738	210377	38073	100.00	14.68	72.25	13.08
黄山区	146942	19104	101309	26529	100.00	13.00	68.94	18.05
徽州区	96162	14544	65851	15767	100.00	15.12	68.48	16.40
歙县	362962	51979	236520	74463	100.00	14.32	65.16	20.52
休宁县	211456	30951	136231	44274	100.00	14.64	64.43	20.94
黟县	76211	9072	51589	15550	100.00	11.90	67.69	20.40
祁门县	145644	22200	97181	26263	100.00	15.24	66.73	18.03
滁州市	**3987054**	**648179**	**2702008**	**636867**	**100.00**	**16.26**	**67.77**	**15.97**
琅琊区	268430	41199	190649	36582	100.00	15.35	71.02	13.63
南谯区	348762	53821	251418	43523	100.00	15.43	72.09	12.48
来安县	416048	59465	285842	70741	100.00	14.29	68.70	17.00
全椒县	395633	52578	270186	72869	100.00	13.29	68.29	18.42
定远县	671361	123187	428124	120050	100.00	18.35	63.77	17.88
凤阳县	631934	127129	407395	97410	100.00	20.12	64.47	15.41
苏滁现代产业园	23609	2694	19073	1842	100.00	11.41	80.79	7.80
滁州经济技术开发区	141870	19006	114585	8279	100.00	13.40	80.77	5.84
天长市	603780	85058	419057	99665	100.00	14.09	69.41	16.51
明光市	485627	84042	315679	85906	100.00	17.31	65.00	17.69

3-2 续表 2

单位：人、%

地 区	人口数				比重			
	合计	0-14岁	15-64岁	65岁及以上	合计	0-14岁	15-64岁	65岁及以上
阜阳市	**8200264**	**2003910**	**5065500**	**1130854**	**100.00**	**24.44**	**61.77**	**13.79**
颍州区	828527	186882	552877	88768	100.00	22.56	66.73	10.71
颍东区	538187	127291	334524	76372	100.00	23.65	62.16	14.19
颍泉区	598004	142540	372643	82821	100.00	23.84	62.31	13.85
临泉县	1658442	404450	1025514	228478	100.00	24.39	61.84	13.78
太和县	1379982	332037	845884	202061	100.00	24.06	61.30	14.64
阜南县	1183602	308772	720633	154197	100.00	26.09	60.88	13.03
颍上县	1198830	310359	698920	189551	100.00	25.89	58.30	15.81
阜阳合肥现代产业园区	40352	11014	24734	4604	100.00	27.29	61.30	11.41
阜阳经济技术开发区	123468	29052	85402	9014	100.00	23.53	69.17	7.30
界首市	650870	151513	404369	94988	100.00	23.28	62.13	14.59
宿州市	**5324476**	**1252954**	**3282121**	**789401**	**100.00**	**23.53**	**61.64**	**14.83**
埇桥区	1658682	373362	1069077	216243	100.00	22.51	64.45	13.04
砀山县	765564	171827	462313	131424	100.00	22.44	60.39	17.17
萧县	1054597	237051	636663	180883	100.00	22.48	60.37	17.15
灵璧县	974720	260614	575223	138883	100.00	26.74	59.01	14.25
泗县	763310	184531	467068	111711	100.00	24.18	61.19	14.64
宿州马鞍山现代产业园区	48012	12041	30306	5665	100.00	25.08	63.12	11.80
宿州经济技术开发区	59591	13528	41471	4592	100.00	22.70	69.59	7.71
六安市	**4393699**	**814090**	**2838708**	**740901**	**100.00**	**18.53**	**64.61**	**16.86**
金安区	829236	146429	555985	126822	100.00	17.66	67.05	15.29
裕安区	923301	175211	614008	134082	100.00	18.98	66.50	14.52
叶集区	216229	46027	138343	31859	100.00	21.29	63.98	14.73
霍邱县	944985	213135	560137	171713	100.00	22.55	59.27	18.17
舒城县	697250	104240	452304	140706	100.00	14.95	64.87	20.18
金寨县	496501	89909	320885	85707	100.00	18.11	64.63	17.26
霍山县	286197	39139	197046	50012	100.00	13.68	68.85	17.47
亳州市	**4996844**	**1279489**	**3037493**	**679862**	**100.00**	**25.61**	**60.79**	**13.61**
谯城区	1537231	350755	991348	195128	100.00	22.82	64.49	12.69
涡阳县	1170719	307047	698406	165266	100.00	26.23	59.66	14.12
蒙城县	1101640	302947	651798	146895	100.00	27.50	59.17	13.33
利辛县	1187254	318740	695941	172573	100.00	26.85	58.62	14.54
池州市	**1342764**	**209142**	**908845**	**224777**	**100.00**	**15.58**	**67.68**	**16.74**
贵池区	592802	92112	409144	91546	100.00	15.54	69.02	15.44
东至县	398414	65949	261348	71117	100.00	16.55	65.60	17.85
石台县	80612	10807	53380	16425	100.00	13.41	66.22	20.38
青阳县	232974	34851	156338	41785	100.00	14.96	67.11	17.94
池州市国家经济技术开发区	13048	2264	9722	1062	100.00	17.35	74.51	8.14
皖江江南新兴产业集中区	9424	942	7826	656	100.00	10.00	83.04	6.96
九华山风景区	15490	2217	11087	2186	100.00	14.31	71.58	14.11
宣城市	**2500063**	**340992**	**1707966**	**451105**	**100.00**	**13.64**	**68.32**	**18.04**
宣州区	671209	94163	449990	127056	100.00	14.03	67.04	18.93
郎溪县	311513	45746	213096	52671	100.00	14.69	68.41	16.91
泾县	275837	35973	181691	58173	100.00	13.04	65.87	21.09
绩溪县	138784	18001	89919	30864	100.00	12.97	64.79	22.24
旌德县	112368	15523	72140	24705	100.00	13.81	64.20	21.99
宣城市经济开发区	106576	14511	81882	10183	100.00	13.62	76.83	9.55
宁国市	384644	50079	268441	66124	100.00	13.02	69.79	17.19
广德市	499132	66996	350807	81329	100.00	13.42	70.28	16.29

3-2a 各地区人口年龄构成(一)(城市)

单位：人、%

地　区	人口数				比重			
	合计	0-14岁	15-64岁	65岁及以上	合计	0-14岁	15-64岁	65岁及以上
安　徽	**16329087**	**2758303**	**11787862**	**1782922**	**100.00**	**16.89**	**72.19**	**10.92**
合肥市	**4162834**	**698258**	**3062458**	**402118**	**100.00**	**16.77**	**73.57**	**9.66**
瑶海区	815848	142149	594156	79543	100.00	17.42	72.83	9.75
庐阳区	622373	110690	444387	67296	100.00	17.79	71.40	10.81
蜀山区	1002167	161163	750491	90513	100.00	16.08	74.89	9.03
包河区	1211298	208288	894877	108133	100.00	17.20	73.88	8.93
长丰县								
肥东县								
肥西县	60828	7005	51936	1887	100.00	11.52	85.38	3.10
庐江县								
合肥高新技术产业开发区								
合肥经济技术开发区								
合肥新站高新技术产业开发区	65109	11353	48487	5269	100.00	17.44	74.47	8.09
巢湖市	385211	57610	278124	49477	100.00	14.96	72.20	12.84
芜湖市	**1518097**	**213451**	**1113521**	**191125**	**100.00**	**14.06**	**73.35**	**12.59**
镜湖区	458287	59670	322304	76313	100.00	13.02	70.33	16.65
弋江区	422620	54116	325118	43386	100.00	12.80	76.93	10.27
鸠江区	323521	48477	243502	31542	100.00	14.98	75.27	9.75
三山区	101537	14864	74241	12432	100.00	14.64	73.12	12.24
芜湖县	8833	1037	5695	2101	100.00	11.74	64.47	23.79
繁昌县								
南陵县								
芜湖经济技术开发区	2603	257	1635	711	100.00	9.87	62.81	27.31
安徽芜湖长江大桥经济开发区								
无为市	200696	35030	141026	24640	100.00	17.45	70.27	12.28
蚌埠市	**689398**	**114805**	**478962**	**95631**	**100.00**	**16.65**	**69.48**	**13.87**
龙子湖区	167704	24743	114580	28381	100.00	14.75	68.32	16.92
蚌山区	154449	26350	107364	20735	100.00	17.06	69.51	13.43
禹会区	209219	30846	146847	31526	100.00	14.74	70.19	15.07
淮上区	158026	32866	110171	14989	100.00	20.80	69.72	9.49
怀远县								
五河县								
固镇县								
蚌埠市高新技术开发区								
蚌埠市经济开发区								
淮南市	**1085864**	**169311**	**766566**	**149987**	**100.00**	**15.59**	**70.60**	**13.81**
大通区	40058	6272	27926	5860	100.00	15.66	69.71	14.63
田家庵区	686493	111746	492298	82449	100.00	16.28	71.71	12.01
谢家集区	170233	20675	117522	32036	100.00	12.15	69.04	18.82
八公山区	112563	13642	77903	21018	100.00	12.12	69.21	18.67
潘集区	76517	16976	50917	8624	100.00	22.19	66.54	11.27
凤台县								
寿县								

3-2a　续表 1　　　　单位：人、%

地　区	人口数				比重			
	合计	0-14岁	15-64岁	65岁及以上	合计	0-14岁	15-64岁	65岁及以上
马鞍山市	**863074**	**111735**	**626949**	**124390**	**100.00**	**12.95**	**72.64**	**14.41**
花山区	441731	59778	314173	67780	100.00	13.53	71.12	15.34
雨山区	342877	37402	259505	45970	100.00	10.91	75.68	13.41
博望区	78466	14555	53271	10640	100.00	18.55	67.89	13.56
当涂县								
含山县								
和县								
淮北市	**815765**	**146317**	**570814**	**98634**	**100.00**	**17.94**	**69.97**	**12.09**
杜集区	142543	23800	95029	23714	100.00	16.70	66.67	16.64
相山区	501240	93635	356879	50726	100.00	18.68	71.20	10.12
烈山区	110167	15085	79638	15444	100.00	13.69	72.29	14.02
濉溪县	61815	13797	39268	8750	100.00	22.32	63.53	14.16
铜陵市	**568928**	**77674**	**418695**	**72559**	**100.00**	**13.65**	**73.59**	**12.75**
铜官区	439626	59388	323932	56306	100.00	13.51	73.68	12.81
义安区	88147	13269	65167	9711	100.00	15.05	73.93	11.02
郊区	41155	5017	29596	6542	100.00	12.19	71.91	15.90
枞阳县								
安庆市	**1084509**	**165836**	**781354**	**137319**	**100.00**	**15.29**	**72.05**	**12.66**
迎江区	243948	34802	174526	34620	100.00	14.27	71.54	14.19
大观区	158457	18683	110351	29423	100.00	11.79	69.64	18.57
宜秀区	142092	19392	112115	10585	100.00	13.65	78.90	7.45
怀宁县								
太湖县								
宿松县								
望江县	98393	18486	69802	10105	100.00	18.79	70.94	10.27
岳西县								
安徽安庆经济开发区	463	19	423	21	100.00	4.10	91.36	4.54
桐城市	293473	48740	209414	35319	100.00	16.61	71.36	12.03
潜山市	147683	25714	104723	17246	100.00	17.41	70.91	11.68
黄山市	**369432**	**58288**	**265477**	**45667**	**100.00**	**15.78**	**71.86**	**12.36**
屯溪区	249966	38409	178862	32695	100.00	15.37	71.55	13.08
黄山区	60266	9892	43490	6884	100.00	16.41	72.16	11.42
徽州区	51651	8810	37856	4985	100.00	17.06	73.29	9.65
歙县	3424	479	2320	625	100.00	13.99	67.76	18.25
休宁县	4125	698	2949	478	100.00	16.92	71.49	11.59
黟县								
祁门县								
滁州市	**879762**	**153319**	**633011**	**93432**	**100.00**	**17.43**	**71.95**	**10.62**
琅琊区	257817	40092	183525	34200	100.00	15.55	71.18	13.27
南谯区	188355	33956	140352	14047	100.00	18.03	74.51	7.46
来安县								
全椒县								
定远县								
凤阳县								
苏滁现代产业园								
滁州经济技术开发区								
天长市	241167	41510	177521	22136	100.00	17.21	73.61	9.18
明光市	192423	37761	131613	23049	100.00	19.62	68.40	11.98

3-2a 续表 2

单位：人、%

地区	人口数				比重			
	合计	0-14岁	15-64岁	65岁及以上	合计	0-14岁	15-64岁	65岁及以上
阜阳市	**1068847**	**227680**	**748383**	**92784**	**100.00**	**21.30**	**70.02**	**8.68**
颍州区	468826	93524	337567	37735	100.00	19.95	72.00	8.05
颍东区	178468	37690	124611	16167	100.00	21.12	69.82	9.06
颍泉区	214133	47343	147394	19396	100.00	22.11	68.83	9.06
临泉县								
太和县								
阜南县								
颍上县								
阜阳合肥现代产业园区								
阜阳经济技术开发区								
界首市	207420	49123	138811	19486	100.00	23.68	66.92	9.39
宿州市	**638910**	**132487**	**448643**	**57780**	**100.00**	**20.74**	**70.22**	**9.04**
埇桥区	633000	131284	444942	56774	100.00	20.74	70.29	8.97
砀山县								
萧县	5910	1203	3701	1006	100.00	20.36	62.62	17.02
灵璧县								
泗县								
宿州马鞍山现代产业园区								
宿州经济技术开发区								
六安市	**818023**	**162534**	**585298**	**70191**	**100.00**	**19.87**	**71.55**	**8.58**
金安区	358953	68035	255680	35238	100.00	18.95	71.23	9.82
裕安区	375550	77239	272102	26209	100.00	20.57	72.45	6.98
叶集区	76774	16070	53378	7326	100.00	20.93	69.53	9.54
霍邱县	2546	543	1531	472	100.00	21.33	60.13	18.54
舒城县	4200	647	2607	946	100.00	15.40	62.07	22.52
金寨县								
霍山县								
亳州市	**634335**	**142273**	**447059**	**45003**	**100.00**	**22.43**	**70.48**	**7.09**
谯城区	629287	141141	443612	44534	100.00	22.43	70.49	7.08
涡阳县								
蒙城县								
利辛县	5048	1132	3447	469	100.00	22.42	68.28	9.29
池州市	**380458**	**66379**	**280792**	**33287**	**100.00**	**17.45**	**73.80**	**8.75**
贵池区	357986	63173	263244	31569	100.00	17.65	73.53	8.82
东至县								
石台县								
青阳县								
池州市国家经济技术开发区	13048	2264	9722	1062	100.00	17.35	74.51	8.14
皖江江南新兴产业集中区	9424	942	7826	656	100.00	10.00	83.04	6.96
九华山风景区								
宣城市	**750851**	**117956**	**559880**	**73015**	**100.00**	**15.71**	**74.57**	**9.72**
宣州区	256084	41630	188139	26315	100.00	16.26	73.47	10.28
郎溪县								
泾县								
绩溪县								
旌德县								
宣城市经济开发区								
宁国市	245362	39928	184241	21193	100.00	16.27	75.09	8.64
广德市	249405	36398	187500	25507	100.00	14.59	75.18	10.23

3-2b　各地区人口年龄构成(一)(镇)

单位：人、%

地　区	人　口　数				比　重			
	合计	0-14岁	15-64岁	65岁及以上	合计	0-14岁	15-64岁	65岁及以上
安　徽	**19266016**	**3864104**	**13120390**	**2281522**	**100.00**	**20.06**	**68.10**	**11.84**
合肥市	**3546443**	**632509**	**2621798**	**292136**	**100.00**	**17.84**	**73.93**	**8.24**
瑶海区	23287	4441	17408	1438	100.00	19.07	74.75	6.18
庐阳区	69520	18287	46707	4526	100.00	26.30	67.18	6.51
蜀山区	30460	5477	19591	5392	100.00	17.98	64.32	17.70
包河区								
长丰县	471250	100904	340720	29626	100.00	21.41	72.30	6.29
肥东县	601520	107289	431141	63090	100.00	17.84	71.68	10.49
肥西县	551649	98760	416438	36451	100.00	17.90	75.49	6.61
庐江县	475100	92175	319997	62928	100.00	19.40	67.35	13.25
合肥高新技术产业开发区	269721	41621	212314	15786	100.00	15.43	78.72	5.85
合肥经济技术开发区	549732	88945	430852	29935	100.00	16.18	78.37	5.45
合肥新站高新技术产业开发区	396463	58054	315782	22627	100.00	14.64	79.65	5.71
巢湖市	107741	16556	70848	20337	100.00	15.37	65.76	18.88
芜湖市	**1117251**	**179482**	**787821**	**149948**	**100.00**	**16.06**	**70.51**	**13.42**
镜湖区	1040	179	684	177	100.00	17.21	65.77	17.02
弋江区								
鸠江区	79835	13357	51340	15138	100.00	16.73	64.31	18.96
三山区	19441	4736	13706	999	100.00	24.36	70.50	5.14
芜湖县	232525	34472	173266	24787	100.00	14.83	74.51	10.66
繁昌县	146003	22090	105467	18446	100.00	15.13	72.24	12.63
南陵县	232557	39316	162616	30625	100.00	16.91	69.93	13.17
芜湖经济技术开发区	175254	27329	133856	14069	100.00	15.59	76.38	8.03
安徽芜湖长江大桥经济开发区	14027	2265	9171	2591	100.00	16.15	65.38	18.47
无为市	216569	35738	137715	43116	100.00	16.50	63.59	19.91
蚌埠市	**1126159**	**250849**	**752307**	**123003**	**100.00**	**22.27**	**66.80**	**10.92**
龙子湖区	10633	1707	7571	1355	100.00	16.05	71.20	12.74
蚌山区								
禹会区	10241	2171	6664	1406	100.00	21.20	65.07	13.73
淮上区	28945	6519	18632	3794	100.00	22.52	64.37	13.11
怀远县	347234	84608	223194	39432	100.00	24.37	64.28	11.36
五河县	233023	55880	149030	28113	100.00	23.98	63.96	12.06
固镇县	157596	41397	100696	15503	100.00	26.27	63.90	9.84
蚌埠市高新技术开发区	61850	13702	42638	5510	100.00	22.15	68.94	8.91
蚌埠市经济开发区	276637	44865	203882	27890	100.00	16.22	73.70	10.08
淮南市	**766865**	**159759**	**495461**	**111645**	**100.00**	**20.83**	**64.61**	**14.56**
大通区	80675	13299	54076	13300	100.00	16.48	67.03	16.49
田家庵区	13764	3336	8397	2031	100.00	24.24	61.01	14.76
谢家集区	3834	779	2444	611	100.00	20.32	63.75	15.94
八公山区	51	4	32	15	100.00	7.84	62.75	29.41
潘集区	71431	14754	46217	10460	100.00	20.65	64.70	14.64
凤台县	237410	54289	158215	24906	100.00	22.87	66.64	10.49
寿县	359700	73298	226080	60322	100.00	20.38	62.85	16.77

3-2b 续表 1 单位：人、%

地区	人口数				比重			
	合计	0-14岁	15-64岁	65岁及以上	合计	0-14岁	15-64岁	65岁及以上
马鞍山市	**685476**	**109729**	**468204**	**107543**	**100.00**	**16.01**	**68.30**	**15.69**
花山区								
雨山区								
博望区	10246	1602	6811	1833	100.00	15.64	66.47	17.89
当涂县	281650	39489	200961	41200	100.00	14.02	71.35	14.63
含山县	187909	35405	122743	29761	100.00	18.84	65.32	15.84
和县	205671	33233	137689	34749	100.00	16.16	66.95	16.90
淮北市	**448337**	**96443**	**297158**	**54736**	**100.00**	**21.51**	**66.28**	**12.21**
杜集区	45950	7400	29160	9390	100.00	16.10	63.46	20.44
相山区								
烈山区	30991	5133	20287	5571	100.00	16.56	65.46	17.98
濉溪县	371396	83910	247711	39775	100.00	22.59	66.70	10.71
铜陵市	**299054**	**49124**	**199830**	**50100**	**100.00**	**16.43**	**66.82**	**16.75**
铜官区	255	64	157	34	100.00	25.10	61.57	13.33
义安区	27391	3616	18788	4987	100.00	13.20	68.59	18.21
郊区	29466	4511	18589	6366	100.00	15.31	63.09	21.60
枞阳县	241942	40933	162296	38713	100.00	16.92	67.08	16.00
安庆市	**1227991**	**230189**	**829659**	**168143**	**100.00**	**18.75**	**67.56**	**13.69**
迎江区								
大观区	19695	3101	12731	3863	100.00	15.75	64.64	19.61
宜秀区	27905	4145	17552	6208	100.00	14.85	62.90	22.25
怀宁县	241120	46661	160033	34426	100.00	19.35	66.37	14.28
太湖县	176506	35040	118821	22645	100.00	19.85	67.32	12.83
宿松县	245326	57375	158750	29201	100.00	23.39	64.71	11.90
望江县	61920	10703	41647	9570	100.00	17.29	67.26	15.46
岳西县	124212	25703	86305	12204	100.00	20.69	69.48	9.83
安徽安庆经济开发区	135941	18071	102638	15232	100.00	13.29	75.50	11.20
桐城市	104950	14594	70844	19512	100.00	13.91	67.50	18.59
潜山市	90416	14796	60338	15282	100.00	16.36	66.73	16.90
黄山市	**406212**	**64955**	**284272**	**56985**	**100.00**	**15.99**	**69.98**	**14.03**
屯溪区	19377	1023	17132	1222	100.00	5.28	88.41	6.31
黄山区	26088	2896	18524	4668	100.00	11.10	71.01	17.89
徽州区	11642	1780	7528	2334	100.00	15.29	64.66	20.05
歙县	157829	26257	110403	21169	100.00	16.64	69.95	13.41
休宁县	84629	14931	57020	12678	100.00	17.64	67.38	14.98
黟县	32209	4521	22747	4941	100.00	14.04	70.62	15.34
祁门县	74438	13547	50918	9973	100.00	18.20	68.40	13.40
滁州市	**1585942**	**270583**	**1114253**	**201106**	**100.00**	**17.06**	**70.26**	**12.68**
琅琊区								
南谯区	56363	9330	39148	7885	100.00	16.55	69.46	13.99
来安县	238798	38227	171885	28686	100.00	16.01	71.98	12.01
全椒县	256177	39028	185535	31614	100.00	15.23	72.42	12.34
定远县	303835	60027	205811	37997	100.00	19.76	67.74	12.51
凤阳县	315375	62407	212465	40503	100.00	19.79	67.37	12.84
苏滁现代产业园	23609	2694	19073	1842	100.00	11.41	80.79	7.80
滁州经济技术开发区	122717	17650	98124	6943	100.00	14.38	79.96	5.66
天长市	191918	27826	134200	29892	100.00	14.50	69.93	15.58
明光市	77150	13394	48012	15744	100.00	17.36	62.23	20.41

3-2b 续表 2

单位：人、%

地 区	人 口 数				比 重			
	合计	0-14岁	15-64岁	65岁及以上	合计	0-14岁	15-64岁	65岁及以上
阜阳市	**2373135**	**581902**	**1522185**	**269048**	**100.00**	**24.52**	**64.14**	**11.34**
颍州区	63726	16641	39798	7287	100.00	26.11	62.45	11.43
颍东区	75624	17990	46410	11224	100.00	23.79	61.37	14.84
颍泉区	82425	19789	50304	12332	100.00	24.01	61.03	14.96
临泉县	505006	117620	336421	50965	100.00	23.29	66.62	10.09
太和县	614876	147307	396946	70623	100.00	23.96	64.56	11.49
阜南县	346564	94063	219362	33139	100.00	27.14	63.30	9.56
颍上县	475233	120194	294594	60445	100.00	25.29	61.99	12.72
阜阳合肥现代产业园区	6436	1637	4037	762	100.00	25.44	62.73	11.84
阜阳经济技术开发区	102172	23604	71825	6743	100.00	23.10	70.30	6.60
界首市	101073	23057	62488	15528	100.00	22.81	61.82	15.36
宿州市	**1691117**	**405305**	**1083759**	**202053**	**100.00**	**23.97**	**64.09**	**11.95**
埇桥区	198929	43870	127329	27730	100.00	22.05	64.01	13.94
砀山县	373965	86154	234194	53617	100.00	23.04	62.62	14.34
萧县	368822	83185	241733	43904	100.00	22.55	65.54	11.90
灵璧县	354086	96295	221760	36031	100.00	27.20	62.63	10.18
泗县	306522	74932	198298	33292	100.00	24.45	64.69	10.86
宿州马鞍山现代产业园区	29202	7341	18974	2887	100.00	25.14	64.98	9.89
宿州经济技术开发区	59591	13528	41471	4592	100.00	22.70	69.59	7.71
六安市	**1312323**	**253168**	**885747**	**173408**	**100.00**	**19.29**	**67.49**	**13.21**
金安区	143646	29205	99585	14856	100.00	20.33	69.33	10.34
裕安区	86047	17923	56521	11603	100.00	20.83	65.69	13.48
叶集区	28970	7027	17470	4473	100.00	24.26	60.30	15.44
霍邱县	331711	73093	212137	46481	100.00	22.04	63.95	14.01
舒城县	315256	52544	217429	45283	100.00	16.67	68.97	14.36
金寨县	208351	43005	142986	22360	100.00	20.64	68.63	10.73
霍山县	198342	30371	139619	28352	100.00	15.31	70.39	14.29
亳州市	**1489157**	**386491**	**950818**	**151848**	**100.00**	**25.95**	**63.85**	**10.20**
谯城区	121282	28755	76570	15957	100.00	23.71	63.13	13.16
涡阳县	447959	112703	290706	44550	100.00	25.16	64.90	9.95
蒙城县	480168	125466	306287	48415	100.00	26.13	63.79	10.08
利辛县	439748	119567	277255	42926	100.00	27.19	63.05	9.76
池州市	**420921**	**73260**	**286909**	**60752**	**100.00**	**17.40**	**68.16**	**14.43**
贵池区	36878	5329	24360	7189	100.00	14.45	66.06	19.49
东至县	221424	40272	147978	33174	100.00	18.19	66.83	14.98
石台县	34012	5311	24050	4651	100.00	15.62	70.71	13.67
青阳县	124880	22112	87412	15356	100.00	17.71	70.00	12.30
池州市国家经济技术开发区								
皖江江南新兴产业集中区								
九华山风景区	3727	236	3109	382	100.00	6.33	83.42	10.25
宣城市	**769633**	**120356**	**540209**	**109068**	**100.00**	**15.64**	**70.19**	**14.17**
宣州区	102020	16575	68855	16590	100.00	16.25	67.49	16.26
郎溪县	197399	31954	139822	25623	100.00	16.19	70.83	12.98
泾县	145568	23917	101811	19840	100.00	16.43	69.94	13.63
绩溪县	82619	13284	57076	12259	100.00	16.08	69.08	14.84
旌德县	64703	10680	43427	10596	100.00	16.51	67.12	16.38
宣城市经济开发区	86451	12792	67257	6402	100.00	14.80	77.80	7.41
宁国市	25629	2724	16673	6232	100.00	10.63	65.06	24.32
广德市	65244	8430	45288	11526	100.00	12.92	69.41	17.67

3－2c 各地区人口年龄构成(一)(乡村)

单位：人、%

地 区	人口数				比重			
	合计	0－14岁	15－64岁	65岁及以上	合计	0－14岁	15－64岁	65岁及以上
安 徽	**25432068**	**5120275**	**15216826**	**5094967**	**100.00**	**20.13**	**59.83**	**20.03**
合肥市	**1660604**	**217157**	**1014487**	**428960**	**100.00**	**13.08**	**61.09**	**25.83**
瑶海区	22908	5071	16754	1083	100.00	22.14	73.14	4.73
庐阳区	5400	730	3141	1529	100.00	13.52	58.17	28.31
蜀山区	14523	1209	9081	4233	100.00	8.32	62.53	29.15
包河区	6171	855	4402	914	100.00	13.86	71.33	14.81
长丰县	312732	44915	193076	74741	100.00	14.36	61.74	23.90
肥东县	283272	29469	160754	93049	100.00	10.40	56.75	32.85
肥西县	355031	44808	230190	80033	100.00	12.62	64.84	22.54
庐江县	413138	60774	257178	95186	100.00	14.71	62.25	23.04
合肥高新技术产业开发区	201	19	148	34	100.00	9.45	73.63	16.92
合肥经济技术开发区	8126	878	4538	2710	100.00	10.80	55.85	33.35
合肥新站高新技术产业开发区	4892	568	3608	716	100.00	11.61	73.75	14.64
巢湖市	234210	27861	131617	74732	100.00	11.90	56.20	31.91
芜湖市	**1009072**	**136827**	**626113**	**246132**	**100.00**	**13.56**	**62.05**	**24.39**
镜湖区	19331	2663	12733	3935	100.00	13.78	65.87	20.36
弋江区								
鸠江区	137131	22400	83445	31286	100.00	16.33	60.85	22.81
三山区	41277	5479	26646	9152	100.00	13.27	64.55	22.17
芜湖县	102658	11568	64260	26830	100.00	11.27	62.60	26.14
繁昌县	97904	9230	64835	23839	100.00	9.43	66.22	24.35
南陵县	198591	23819	123589	51183	100.00	11.99	62.23	25.77
芜湖经济技术开发区	3177	330	2045	802	100.00	10.39	64.37	25.24
安徽芜湖长江大桥经济开发区	8271	1282	5272	1717	100.00	15.50	63.74	20.76
无为市	400732	60056	243288	97388	100.00	14.99	60.71	24.30
蚌埠市	**1480851**	**366428**	**858430**	**255993**	**100.00**	**24.74**	**57.97**	**17.29**
龙子湖区	38538	7542	24454	6542	100.00	19.57	63.45	16.98
蚌山区	16596	3188	10438	2970	100.00	19.21	62.89	17.90
禹会区	106354	24607	65557	16190	100.00	23.14	61.64	15.22
淮上区	96901	22545	58254	16102	100.00	23.27	60.12	16.62
怀远县	588101	156319	331777	100005	100.00	26.58	56.41	17.00
五河县	290508	66151	169520	54837	100.00	22.77	58.35	18.88
固镇县	343853	86076	198430	59347	100.00	25.03	57.71	17.26
蚌埠市高新技术开发区								
蚌埠市经济开发区								
淮南市	**1180799**	**267863**	**678050**	**234886**	**100.00**	**22.68**	**57.42**	**19.89**
大通区	44938	9408	27325	8205	100.00	20.94	60.81	18.26
田家庵区	29821	6608	17358	5855	100.00	22.16	58.21	19.63
谢家集区	47522	9511	28148	9863	100.00	20.01	59.23	20.75
八公山区	5607	851	3732	1024	100.00	15.18	66.56	18.26
潘集区	178129	40098	109437	28594	100.00	22.51	61.44	16.05
凤台县	395975	101759	228552	65664	100.00	25.70	57.72	16.58
寿县	478807	99628	263498	115681	100.00	20.81	55.03	24.16

3-2c 续表 1

单位：人、%

地区	人口数				比重			
	合计	0-14岁	15-64岁	65岁及以上	合计	0-14岁	15-64岁	65岁及以上
马鞍山市	**611380**	**88535**	**376139**	**146706**	**100.00**	**14.48**	**61.52**	**24.00**
花山区	9252	778	6334	2140	100.00	8.41	68.46	23.13
雨山区	13109	1336	8736	3037	100.00	10.19	66.64	23.17
博望区	69771	10238	44419	15114	100.00	14.67	63.66	21.66
当涂县	165341	23466	107981	33894	100.00	14.19	65.31	20.50
含山县	148679	22245	88398	38036	100.00	14.96	59.46	25.58
和县	205228	30472	120271	54485	100.00	14.85	58.60	26.55
淮北市	**706163**	**160487**	**434157**	**111519**	**100.00**	**22.73**	**61.48**	**15.79**
杜集区	51199	10194	31848	9157	100.00	19.91	62.20	17.89
相山区	47694	10009	29887	7798	100.00	20.99	62.66	16.35
烈山区	108079	22189	68480	17410	100.00	20.53	63.36	16.11
濉溪县	499191	118095	303942	77154	100.00	23.66	60.89	15.46
铜陵市	**443744**	**61634**	**275742**	**106368**	**100.00**	**13.89**	**62.14**	**23.97**
铜官区	11068	1394	8381	1293	100.00	12.59	75.72	11.68
义安区	111955	12453	71150	28352	100.00	11.12	63.55	25.32
郊区	93612	15347	57843	20422	100.00	16.39	61.79	21.82
枞阳县	227109	32440	138368	56301	100.00	14.28	60.93	24.79
安庆市	**1852784**	**298936**	**1148704**	**405144**	**100.00**	**16.13**	**62.00**	**21.87**
迎江区	9746	663	5552	3531	100.00	6.80	56.97	36.23
大观区	35960	5554	22742	7664	100.00	15.44	63.24	21.31
宜秀区	26675	3164	16542	6969	100.00	11.86	62.01	26.13
怀宁县	255563	36532	157356	61675	100.00	14.29	61.57	24.13
太湖县	253959	41845	156723	55391	100.00	16.48	61.71	21.81
宿松县	367260	73604	221331	72325	100.00	20.04	60.27	19.69
望江县	302054	56253	179481	66320	100.00	18.62	59.42	21.96
岳西县	199625	31527	134500	33598	100.00	15.79	67.38	16.83
安徽安庆经济开发区	3611	407	2285	919	100.00	11.27	63.28	25.45
桐城市	195206	22068	122483	50655	100.00	11.30	62.75	25.95
潜山市	203125	27319	129709	46097	100.00	13.45	63.86	22.69
黄山市	**554921**	**67345**	**349309**	**138267**	**100.00**	**12.14**	**62.95**	**24.92**
屯溪区	21845	3306	14383	4156	100.00	15.13	65.84	19.02
黄山区	60588	6316	39295	14977	100.00	10.42	64.86	24.72
徽州区	32869	3954	20467	8448	100.00	12.03	62.27	25.70
歙县	201709	25243	123797	52669	100.00	12.51	61.37	26.11
休宁县	122702	15322	76262	31118	100.00	12.49	62.15	25.36
黟县	44002	4551	28842	10609	100.00	10.34	65.55	24.11
祁门县	71206	8653	46263	16290	100.00	12.15	64.97	22.88
滁州市	**1521350**	**224277**	**954744**	**342329**	**100.00**	**14.74**	**62.76**	**22.50**
琅琊区	10613	1107	7124	2382	100.00	10.43	67.13	22.44
南谯区	104044	10535	71918	21591	100.00	10.13	69.12	20.75
来安县	177250	21238	113957	42055	100.00	11.98	64.29	23.73
全椒县	139456	13550	84651	41255	100.00	9.72	60.70	29.58
定远县	367526	63160	222313	82053	100.00	17.19	60.49	22.33
凤阳县	316559	64722	194930	56907	100.00	20.45	61.58	17.98
苏滁现代产业园								
滁州经济技术开发区	19153	1356	16461	1336	100.00	7.08	85.94	6.98
天长市	170695	15722	107336	47637	100.00	9.21	62.88	27.91
明光市	216054	32887	136054	47113	100.00	15.22	62.97	21.81

3－2c 续表 2

单位：人、%

地区	人口数				比重			
	合计	0－14岁	15－64岁	65岁及以上	合计	0－14岁	15－64岁	65岁及以上
阜阳市	**4758282**	**1194328**	**2794932**	**769022**	**100.00**	**25.10**	**58.74**	**16.16**
颍州区	295975	76717	175512	43746	100.00	25.92	59.30	14.78
颍东区	284095	71611	163503	48981	100.00	25.21	57.55	17.24
颍泉区	301446	75408	174945	51093	100.00	25.02	58.04	16.95
临泉县	1153436	286830	689093	177513	100.00	24.87	59.74	15.39
太和县	765106	184730	448938	131438	100.00	24.14	58.68	17.18
阜南县	837038	214709	501271	121058	100.00	25.65	59.89	14.46
颍上县	723597	190165	404326	129106	100.00	26.28	55.88	17.84
阜阳合肥现代产业园区	33916	9377	20697	3842	100.00	27.65	61.02	11.33
阜阳经济技术开发区	21296	5448	13577	2271	100.00	25.58	63.75	10.66
界首市	342377	79333	203070	59974	100.00	23.17	59.31	17.52
宿州市	**2994449**	**715162**	**1749719**	**529568**	**100.00**	**23.88**	**58.43**	**17.68**
埇桥区	826753	198208	496806	131739	100.00	23.97	60.09	15.93
砀山县	391599	85673	228119	77807	100.00	21.88	58.25	19.87
萧县	679865	152663	391229	135973	100.00	22.45	57.55	20.00
灵璧县	620634	164319	353463	102852	100.00	26.48	56.95	16.57
泗县	456788	109599	268770	78419	100.00	23.99	58.84	17.17
宿州马鞍山现代产业园区	18810	4700	11332	2778	100.00	24.99	60.24	14.77
宿州经济技术开发区								
六安市	**2263353**	**398388**	**1367663**	**497302**	**100.00**	**17.60**	**60.43**	**21.97**
金安区	326637	49189	200720	76728	100.00	15.06	61.45	23.49
裕安区	461704	80049	285385	96270	100.00	17.34	61.81	20.85
叶集区	110485	22930	67495	20060	100.00	20.75	61.09	18.16
霍邱县	610728	139499	346469	124760	100.00	22.84	56.73	20.43
舒城县	377794	51049	232268	94477	100.00	13.51	61.48	25.01
金寨县	288150	46904	177899	63347	100.00	16.28	61.74	21.98
霍山县	87855	8768	57427	21660	100.00	9.98	65.37	24.65
亳州市	**2873352**	**750725**	**1639616**	**483011**	**100.00**	**26.13**	**57.06**	**16.81**
谯城区	786662	180859	471166	134637	100.00	22.99	59.89	17.11
涡阳县	722760	194344	407700	120716	100.00	26.89	56.41	16.70
蒙城县	621472	177481	345511	98480	100.00	28.56	55.60	15.85
利辛县	742458	198041	415239	129178	100.00	26.67	55.93	17.40
池州市	**541385**	**69503**	**341144**	**130738**	**100.00**	**12.84**	**63.01**	**24.15**
贵池区	197938	23610	121540	52788	100.00	11.93	61.40	26.67
东至县	176990	25677	113370	37943	100.00	14.51	64.05	21.44
石台县	46600	5496	29330	11774	100.00	11.79	62.94	25.27
青阳县	108094	12739	68926	26429	100.00	11.79	63.76	24.45
池州市国家经济技术开发区								
皖江江南新兴产业集中区								
九华山风景区	11763	1981	7978	1804	100.00	16.84	67.82	15.34
宣城市	**979579**	**102680**	**607877**	**269022**	**100.00**	**10.48**	**62.05**	**27.46**
宣州区	313105	35958	192996	84151	100.00	11.48	61.64	26.88
郎溪县	114114	13792	73274	27048	100.00	12.09	64.21	23.70
泾县	130269	12056	79880	38333	100.00	9.25	61.32	29.43
绩溪县	56165	4717	32843	18605	100.00	8.40	58.48	33.13
旌德县	47665	4843	28713	14109	100.00	10.16	60.24	29.60
宣城市经济开发区	20125	1719	14625	3781	100.00	8.54	72.67	18.79
宁国市	113653	7427	67527	38699	100.00	6.53	59.42	34.05
广德市	184483	22168	118019	44296	100.00	12.02	63.97	24.01

3-3 各地区人口年龄构成(二)

单位：人、%

地区	人口数				比重			
	合计	0-15岁	16-59岁	60岁及以上	合计	0-15岁	16-59岁	60岁及以上
安徽	**61027171**	**12471376**	**37086559**	**11469236**	**100.00**	**20.44**	**60.77**	**18.79**
合肥市	**9369881**	**1642771**	**6297250**	**1429860**	**100.00**	**17.53**	**67.21**	**15.26**
瑶海区	862043	158163	593061	110819	100.00	18.35	68.80	12.86
庐阳区	697293	135132	462333	99828	100.00	19.38	66.30	14.32
蜀山区	1047150	174643	734857	137650	100.00	16.68	70.18	13.15
包河区	1217469	218874	849576	149019	100.00	17.98	69.78	12.24
长丰县	783982	155292	501826	126864	100.00	19.81	64.01	16.18
肥东县	884792	150710	547885	186197	100.00	17.03	61.92	21.04
肥西县	967508	158908	663636	144964	100.00	16.42	68.59	14.98
庐江县	888238	163077	529701	195460	100.00	18.36	59.64	22.01
合肥高新技术产业开发区	269922	43653	203554	22715	100.00	16.17	75.41	8.42
合肥经济技术开发区	557858	95872	416486	45500	100.00	17.19	74.66	8.16
合肥新站高新技术产业开发区	466464	79223	348789	38452	100.00	16.98	74.77	8.24
巢湖市	727162	109224	445546	172392	100.00	15.02	61.27	23.71
芜湖市	**3644420**	**564675**	**2340093**	**739652**	**100.00**	**15.49**	**64.21**	**20.30**
镜湖区	478658	65646	304067	108945	100.00	13.71	63.52	22.76
弋江区	422620	56856	306549	59215	100.00	13.45	72.54	14.01
鸠江区	540487	88435	353554	98498	100.00	16.36	65.41	18.22
三山区	162255	26684	107231	28340	100.00	16.45	66.09	17.47
芜湖县	344016	52372	226477	65167	100.00	15.22	65.83	18.94
繁昌县	243907	34467	155590	53850	100.00	14.13	63.79	22.08
南陵县	431148	67917	260562	102669	100.00	15.75	60.43	23.81
芜湖经济技术开发区	181034	28446	131175	21413	100.00	15.71	72.46	11.83
安徽芜湖长江大桥经济开发区	22298	3667	13253	5378	100.00	16.45	59.44	24.12
无为市	817997	140185	481635	196177	100.00	17.14	58.88	23.98
蚌埠市	**3296408**	**771720**	**1930497**	**594191**	**100.00**	**23.41**	**58.56**	**18.03**
龙子湖区	216875	35783	132598	48494	100.00	16.50	61.14	22.36
蚌山区	171045	31302	107168	32575	100.00	18.30	62.65	19.04
禹会区	325814	61298	200821	63695	100.00	18.81	61.64	19.55
淮上区	283872	66446	173832	43594	100.00	23.41	61.24	15.36
怀远县	935335	254976	511400	168959	100.00	27.26	54.68	18.06
五河县	523531	128148	294163	101220	100.00	24.48	56.19	19.33
固镇县	501449	132697	279416	89336	100.00	26.46	55.72	17.82
蚌埠市高新技术开发区	61850	14575	39705	7570	100.00	23.57	64.20	12.24
蚌埠市经济开发区	276637	46495	191394	38748	100.00	16.81	69.19	14.01
淮南市	**3033528**	**633685**	**1763371**	**636472**	**100.00**	**20.89**	**58.13**	**20.98**
大通区	165671	30451	98779	36441	100.00	18.38	59.62	22.00
田家庵区	730078	130022	473785	126271	100.00	17.81	64.90	17.30
谢家集区	221589	33000	131909	56680	100.00	14.89	59.53	25.58
八公山区	118221	15509	73080	29632	100.00	13.12	61.82	25.06
潘集区	326077	74437	190405	61235	100.00	22.83	58.39	18.78
凤台县	633385	164130	355261	113994	100.00	25.91	56.09	18.00
寿县	838507	186136	440152	212219	100.00	22.20	52.49	25.31

3-3 续表 1

单位：人、%

地 区	人口数				比重			
	合计	0-15岁	16-59岁	60岁及以上	合计	0-15岁	16-59岁	60岁及以上
马鞍山市	**2159930**	**329621**	**1360936**	**469373**	**100.00**	**15.26**	**63.01**	**21.73**
花山区	450983	64264	295074	91645	100.00	14.25	65.43	20.32
雨山区	355986	42288	248677	65021	100.00	11.88	69.86	18.27
博望区	158483	27790	96648	34045	100.00	17.54	60.98	21.48
当涂县	446991	66358	285163	95470	100.00	14.85	63.80	21.36
含山县	336588	60931	195308	80349	100.00	18.10	58.03	23.87
和县	410899	67990	240066	102843	100.00	16.55	58.42	25.03
淮北市	**1970265**	**426067**	**1219804**	**324394**	**100.00**	**21.62**	**61.91**	**16.46**
杜集区	239692	43711	143385	52596	100.00	18.24	59.82	21.94
相山区	548934	110854	361212	76868	100.00	20.19	65.80	14.00
烈山区	249237	45267	157587	46383	100.00	18.16	63.23	18.61
濉溪县	932402	226235	557620	148547	100.00	24.26	59.80	15.93
铜陵市	**1311726**	**202962**	**811072**	**297692**	**100.00**	**15.47**	**61.83**	**22.69**
铜官区	450949	65782	308032	77135	100.00	14.59	68.31	17.11
义安区	227493	31335	139327	56831	100.00	13.77	61.24	24.98
郊区	164233	26140	95665	42428	100.00	15.92	58.25	25.83
枞阳县	469051	79705	268048	121298	100.00	16.99	57.15	25.86
安庆市	**4165284**	**739797**	**2529863**	**895624**	**100.00**	**17.76**	**60.74**	**21.50**
迎江区	253694	37420	164398	51876	100.00	14.75	64.80	20.45
大观区	214112	29449	131750	52913	100.00	13.75	61.53	24.71
宜秀区	196672	28873	137235	30564	100.00	14.68	69.78	15.54
怀宁县	496683	87906	291510	117267	100.00	17.70	58.69	23.61
太湖县	430465	81588	252041	96836	100.00	18.95	58.55	22.50
宿松县	612586	139779	347438	125369	100.00	22.82	56.72	20.47
望江县	462367	90658	267590	104119	100.00	19.61	57.87	22.52
岳西县	323837	60437	199227	64173	100.00	18.66	61.52	19.82
安徽安庆经济开发区	140015	19685	98426	21904	100.00	14.06	70.30	15.64
桐城市	593629	91400	373263	128966	100.00	15.40	62.88	21.73
潜山市	441224	72602	266985	101637	100.00	16.45	60.51	23.04
黄山市	**1330565**	**202319**	**807635**	**320611**	**100.00**	**15.21**	**60.70**	**24.10**
屯溪区	291188	45654	193895	51639	100.00	15.68	66.59	17.73
黄山区	146942	20234	91594	35114	100.00	13.77	62.33	23.90
徽州区	96162	15237	59411	21514	100.00	15.85	61.78	22.37
歙县	362962	55546	207406	100010	100.00	15.30	57.14	27.55
休宁县	211456	32758	121721	56977	100.00	15.49	57.56	26.95
黟县	76211	9517	45831	20863	100.00	12.49	60.14	27.38
祁门县	145644	23373	87777	34494	100.00	16.05	60.27	23.68
滁州市	**3987054**	**689113**	**2506360**	**791581**	**100.00**	**17.28**	**62.86**	**19.85**
琅琊区	268430	43653	177039	47738	100.00	16.26	65.95	17.78
南谯区	348762	56834	235627	56301	100.00	16.30	67.56	16.14
来安县	416048	63143	261902	91003	100.00	15.18	62.95	21.87
全椒县	395633	55676	251577	88380	100.00	14.07	63.59	22.34
定远县	671361	132067	398693	140601	100.00	19.67	59.39	20.94
凤阳县	631934	134966	378707	118261	100.00	21.36	59.93	18.71
苏滁现代产业园	23609	2801	18404	2404	100.00	11.86	77.95	10.18
滁州经济技术开发区	141870	20061	110360	11449	100.00	14.14	77.79	8.07
天长市	603780	90299	387197	126284	100.00	14.96	64.13	20.92
明光市	485627	89613	286854	109160	100.00	18.45	59.07	22.48

3-3　续表 2

单位：人、%

地　区	人口数				比重			
	合计	0-15岁	16-59岁	60岁及以上	合计	0-15岁	16-59岁	60岁及以上
阜阳市	**8200264**	**2131306**	**4685098**	**1383860**	**100.00**	**25.99**	**57.13**	**16.88**
颍州区	828527	199412	517206	111909	100.00	24.07	62.42	13.51
颍东区	538187	134990	309972	93225	100.00	25.08	57.60	17.32
颍泉区	598004	151959	343047	102998	100.00	25.41	57.37	17.22
临泉县	1658442	431215	950020	277207	100.00	26.00	57.28	16.71
太和县	1379982	354276	782261	243445	100.00	25.67	56.69	17.64
阜南县	1183602	328139	670611	184852	100.00	27.72	56.66	15.62
颍上县	1198830	329429	634788	234613	100.00	27.48	52.95	19.57
阜阳合肥现代产业园区	40352	11513	23125	5714	100.00	28.53	57.31	14.16
阜阳经济技术开发区	123468	31091	80468	11909	100.00	25.18	65.17	9.65
界首市	650870	159282	373600	117988	100.00	24.47	57.40	18.13
宿州市	**5324476**	**1316401**	**3041511**	**966564**	**100.00**	**24.72**	**57.12**	**18.15**
埇桥区	1658682	390521	1001473	266688	100.00	23.54	60.38	16.08
砀山县	765564	180352	421416	163796	100.00	23.56	55.05	21.40
萧县	1054597	249501	584278	220818	100.00	23.66	55.40	20.94
灵璧县	974720	273629	534467	166624	100.00	28.07	54.83	17.09
泗县	763310	193838	433889	135583	100.00	25.39	56.84	17.76
宿州马鞍山现代产业园区	48012	13427	27523	7062	100.00	27.97	57.33	14.71
宿州经济技术开发区	59591	15133	38465	5993	100.00	25.39	64.55	10.06
六安市	**4393699**	**873310**	**2586352**	**934037**	**100.00**	**19.88**	**58.87**	**21.26**
金安区	829236	158280	512434	158522	100.00	19.09	61.80	19.12
裕安区	923301	187645	565265	170391	100.00	20.32	61.22	18.45
叶集区	216229	49819	127155	39255	100.00	23.04	58.81	18.15
霍邱县	944985	227661	504514	212810	100.00	24.09	53.39	22.52
舒城县	697250	111461	411859	173930	100.00	15.99	59.07	24.95
金寨县	496501	96226	287140	113135	100.00	19.38	57.83	22.79
霍山县	286197	42218	177985	65994	100.00	14.75	62.19	23.06
亳州市	**4996844**	**1360372**	**2811574**	**824898**	**100.00**	**27.22**	**56.27**	**16.51**
谯城区	1537231	370678	931663	234890	100.00	24.11	60.61	15.28
涡阳县	1170719	326429	641797	202493	100.00	27.88	54.82	17.30
蒙城县	1101640	322460	600960	178220	100.00	29.27	54.55	16.18
利辛县	1187254	340805	637154	209295	100.00	28.71	53.67	17.63
池州市	**1342764**	**223858**	**823125**	**295781**	**100.00**	**16.67**	**61.30**	**22.03**
贵池区	592802	98414	376256	118132	100.00	16.60	63.47	19.93
东至县	398414	70374	232594	95446	100.00	17.66	58.38	23.96
石台县	80612	11546	47793	21273	100.00	14.32	59.29	26.39
青阳县	232974	37590	139961	55423	100.00	16.13	60.08	23.79
池州市国家经济技术开发区	13048	2342	9164	1542	100.00	17.95	70.23	11.82
皖江江南新兴产业集中区	9424	1310	7144	970	100.00	13.90	75.81	10.29
九华山风景区	15490	2282	10213	2995	100.00	14.73	65.93	19.34
宣城市	**2500063**	**363399**	**1572018**	**564646**	**100.00**	**14.54**	**62.88**	**22.59**
宣州区	671209	100052	419995	151162	100.00	14.91	62.57	22.52
郎溪县	311513	48846	198709	63958	100.00	15.68	63.79	20.53
泾县	275837	38224	163376	74237	100.00	13.86	59.23	26.91
绩溪县	138784	18974	78112	41698	100.00	13.67	56.28	30.05
旌德县	112368	16383	63679	32306	100.00	14.58	56.67	28.75
宣城市经济开发区	106576	16293	77527	12756	100.00	15.29	72.74	11.97
宁国市	384644	52954	247199	84491	100.00	13.77	64.27	21.97
广德市	499132	71673	323421	104038	100.00	14.36	64.80	20.84

3－3a　各地区人口年龄构成(二)(城市)

单位：人、%

地　区	人口数				比重			
	合计	0－15岁	16－59岁	60岁及以上	合计	0－15岁	16－59岁	60岁及以上
安　徽	**16329087**	**2946149**	**10985459**	**2397479**	**100.00**	**18.04**	**67.28**	**14.68**
合肥市	**4162834**	**731398**	**2886668**	**544768**	**100.00**	**17.57**	**69.34**	**13.09**
瑶海区	815848	148437	560186	107225	100.00	18.19	68.66	13.14
庐阳区	622373	115743	415612	91018	100.00	18.60	66.78	14.62
蜀山区	1002167	167762	708359	126046	100.00	16.74	70.68	12.58
包河区	1211298	217992	845426	147880	100.00	18.00	69.80	12.21
长丰县								
肥东县								
肥西县	60828	7344	50597	2887	100.00	12.07	83.18	4.75
庐江县								
合肥高新技术产业开发区								
合肥经济技术开发区								
合肥新站高新技术产业开发区	65109	11693	46039	7377	100.00	17.96	70.71	11.33
巢湖市	385211	62427	260449	62335	100.00	16.21	67.61	16.18
芜湖市	**1518097**	**226943**	**1034051**	**257103**	**100.00**	**14.95**	**68.11**	**16.94**
镜湖区	458287	62703	291546	104038	100.00	13.68	63.62	22.70
弋江区	422620	56856	306549	59215	100.00	13.45	72.54	14.01
鸠江区	323521	51011	229179	43331	100.00	15.77	70.84	13.39
三山区	101537	16030	69805	15702	100.00	15.79	68.75	15.46
芜湖县	8833	1064	5203	2566	100.00	12.05	58.90	29.05
繁昌县								
南陵县								
芜湖经济技术开发区	2603	269	1473	861	100.00	10.33	56.59	33.08
安徽芜湖长江大桥经济开发区								
无为市	200696	39010	130296	31390	100.00	19.44	64.92	15.64
蚌埠市	**689398**	**123313**	**436200**	**129885**	**100.00**	**17.89**	**63.27**	**18.84**
龙子湖区	167704	26170	103083	38451	100.00	15.60	61.47	22.93
蚌山区	154449	28000	97403	29046	100.00	18.13	63.06	18.81
禹会区	209219	32930	133720	42569	100.00	15.74	63.91	20.35
淮上区	158026	36213	101994	19819	100.00	22.92	64.54	12.54
怀远县								
五河县								
固镇县								
蚌埠市高新技术开发区								
蚌埠市经济开发区								
淮南市	**1085864**	**180683**	**696258**	**208923**	**100.00**	**16.64**	**64.12**	**19.24**
大通区	40058	6469	25014	8575	100.00	16.15	62.44	21.41
田家庵区	686493	119674	450245	116574	100.00	17.43	65.59	16.98
谢家集区	170233	22251	104204	43778	100.00	13.07	61.21	25.72
八公山区	112563	14619	69626	28318	100.00	12.99	61.86	25.16
潘集区	76517	17670	47169	11678	100.00	23.09	61.65	15.26
凤台县								
寿县								

3-3a 续表 1

单位：人、%

地区	人口数				比重			
	合计	0-15岁	16-59岁	60岁及以上	合计	0-15岁	16-59岁	60岁及以上
马鞍山市	**863074**	**119626**	**579846**	**163602**	**100.00**	**13.86**	**67.18**	**18.96**
花山区	441731	63451	289430	88850	100.00	14.36	65.52	20.11
雨山区	342877	40885	240716	61276	100.00	11.92	70.20	17.87
博望区	78466	15290	49700	13476	100.00	19.49	63.34	17.17
当涂县								
含山县								
和县								
淮北市	**815765**	**157483**	**531777**	**126505**	**100.00**	**19.30**	**65.19**	**15.51**
杜集区	142543	25576	87350	29617	100.00	17.94	61.28	20.78
相山区	501240	100478	333301	67461	100.00	20.05	66.50	13.46
烈山区	110167	17188	73793	19186	100.00	15.60	66.98	17.42
濉溪县	61815	14241	37333	10241	100.00	23.04	60.39	16.57
铜陵市	**568928**	**83280**	**388061**	**97587**	**100.00**	**14.64**	**68.21**	**17.15**
铜官区	439626	63799	300514	75313	100.00	14.51	68.36	17.13
义安区	88147	14190	60261	13696	100.00	16.10	68.36	15.54
郊区	41155	5291	27286	8578	100.00	12.86	66.30	20.84
枞阳县								
安庆市	**1084509**	**179267**	**722923**	**182319**	**100.00**	**16.53**	**66.66**	**16.81**
迎江区	243948	36733	159557	47658	100.00	15.06	65.41	19.54
大观区	158457	20342	99591	38524	100.00	12.84	62.85	24.31
宜秀区	142092	21111	106484	14497	100.00	14.86	74.94	10.20
怀宁县								
太湖县								
宿松县								
望江县	98393	20695	64575	13123	100.00	21.03	65.63	13.34
岳西县								
安徽安庆经济开发区	463	19	404	40	100.00	4.10	87.26	8.64
桐城市	293473	52639	195830	45004	100.00	17.94	66.73	15.33
潜山市	147683	27728	96482	23473	100.00	18.78	65.33	15.89
黄山市	**369432**	**62318**	**244036**	**63078**	**100.00**	**16.87**	**66.06**	**17.07**
屯溪区	249966	41077	164234	44655	100.00	16.43	65.70	17.86
黄山区	60266	10754	39860	9652	100.00	17.84	66.14	16.02
徽州区	51651	9268	35126	7257	100.00	17.94	68.01	14.05
歙县	3424	494	2073	857	100.00	14.43	60.54	25.03
休宁县	4125	725	2743	657	100.00	17.58	66.50	15.93
黟县								
祁门县								
滁州市	**879762**	**162841**	**591766**	**125155**	**100.00**	**18.51**	**67.26**	**14.23**
琅琊区	257817	42497	170564	44756	100.00	16.48	66.16	17.36
南谯区	188355	35737	133027	19591	100.00	18.97	70.63	10.40
来安县								
全椒县								
定远县								
凤阳县								
苏滁现代产业园								
滁州经济技术开发区								
天长市	241167	44380	166606	30181	100.00	18.40	69.08	12.51
明光市	192423	40227	121569	30627	100.00	20.91	63.18	15.92

3-3a 续表 2 单位：人、%

地 区	人口数				比重			
	合计	0-15岁	16-59岁	60岁及以上	合计	0-15岁	16-59岁	60岁及以上
阜阳市	**1068847**	**247738**	**697932**	**123177**	**100.00**	**23.18**	**65.30**	**11.52**
颍州区	468826	102107	316229	50490	100.00	21.78	67.45	10.77
颍东区	178468	41166	116465	20837	100.00	23.07	65.26	11.68
颍泉区	214133	51865	136597	25671	100.00	24.22	63.79	11.99
临泉县								
太和县								
阜南县								
颍上县								
阜阳合肥现代产业园区								
阜阳经济技术开发区								
界首市	207420	52600	128641	26179	100.00	25.36	62.02	12.62
宿州市	**638910**	**140701**	**420606**	**77603**	**100.00**	**22.02**	**65.83**	**12.15**
埇桥区	633000	139471	417212	76317	100.00	22.03	65.91	12.06
砀山县								
萧县	5910	1230	3394	1286	100.00	20.81	57.43	21.76
灵璧县								
泗县								
宿州马鞍山现代产业园区								
宿州经济技术开发区								
六安市	**818023**	**178115**	**544801**	**95107**	**100.00**	**21.77**	**66.60**	**11.63**
金安区	358953	74077	237943	46933	100.00	20.64	66.29	13.07
裕安区	375550	84507	254170	36873	100.00	22.50	67.68	9.82
叶集区	76774	18280	48907	9587	100.00	23.81	63.70	12.49
霍邱县	2546	580	1398	568	100.00	22.78	54.91	22.31
舒城县	4200	671	2383	1146	100.00	15.98	56.74	27.29
金寨县								
霍山县								
亳州市	**634335**	**154051**	**420690**	**59594**	**100.00**	**24.29**	**66.32**	**9.39**
谯城区	629287	152867	417436	58984	100.00	24.29	66.33	9.37
涡阳县								
蒙城县								
利辛县	5048	1184	3254	610	100.00	23.45	64.46	12.08
池州市	**380458**	**71481**	**262901**	**46076**	**100.00**	**18.79**	**69.10**	**12.11**
贵池区	357986	67829	246593	43564	100.00	18.95	68.88	12.17
东至县								
石台县								
青阳县								
池州市国家经济技术开发区	13048	2342	9164	1542	100.00	17.95	70.23	11.82
皖江江南新兴产业集中区	9424	1310	7144	970	100.00	13.90	75.81	10.29
九华山风景区								
宣城市	**750851**	**126911**	**526943**	**96997**	**100.00**	**16.90**	**70.18**	**12.92**
宣州区	256084	44907	176831	34346	100.00	17.54	69.05	13.41
郎溪县								
泾县								
绩溪县								
旌德县								
宣城市经济开发区								
宁国市	245362	42385	174315	28662	100.00	17.27	71.04	11.68
广德市	249405	39619	175797	33989	100.00	15.89	70.49	13.63

3-3b 各地区人口年龄构成(二)(镇)

单位：人、%

地 区	人口数				比重			
	合计	0-15岁	16-59岁	60岁及以上	合计	0-15岁	16-59岁	60岁及以上
安 徽	**19266016**	**4145501**	**12199032**	**2921483**	**100.00**	**21.52**	**63.32**	**15.16**
合肥市	**3546443**	**679846**	**2484900**	**381697**	**100.00**	**19.17**	**70.07**	**10.76**
瑶海区	23287	4557	16720	2010	100.00	19.57	71.80	8.63
庐阳区	69520	18635	43901	6984	100.00	26.81	63.15	10.05
蜀山区	30460	5621	18261	6578	100.00	18.45	59.95	21.60
包河区								
长丰县	471250	106271	325910	39069	100.00	22.55	69.16	8.29
肥东县	601520	118504	403783	79233	100.00	19.70	67.13	13.17
肥西县	551649	104333	398512	48804	100.00	18.91	72.24	8.85
庐江县	475100	98888	296622	79590	100.00	20.81	62.43	16.75
合肥高新技术产业开发区	269721	43633	203416	22672	100.00	16.18	75.42	8.41
合肥经济技术开发区	549732	94951	412414	42367	100.00	17.27	75.02	7.71
合肥新站高新技术产业开发区	396463	66943	299348	30172	100.00	16.89	75.50	7.61
巢湖市	107741	17510	66013	24218	100.00	16.25	61.27	22.48
芜湖市	**1117251**	**192967**	**733927**	**190357**	**100.00**	**17.27**	**65.69**	**17.04**
镜湖区	1040	185	641	214	100.00	17.79	61.63	20.58
弋江区								
鸠江区	79835	14054	47434	18347	100.00	17.60	59.42	22.98
三山区	19441	4939	12908	1594	100.00	25.41	66.40	8.20
芜湖县	232525	39329	161880	31316	100.00	16.91	69.62	13.47
繁昌县	146003	24053	97473	24477	100.00	16.47	66.76	16.76
南陵县	232557	42702	150062	39793	100.00	18.36	64.53	17.11
芜湖经济技术开发区	175254	27838	127834	19582	100.00	15.88	72.94	11.17
安徽芜湖长江大桥经济开发区	14027	2339	8412	3276	100.00	16.67	59.97	23.35
无为市	216569	37528	127283	51758	100.00	17.33	58.77	23.90
蚌埠市	**1126159**	**265195**	**701368**	**159596**	**100.00**	**23.55**	**62.28**	**14.17**
龙子湖区	10633	1758	7074	1801	100.00	16.53	66.53	16.94
蚌山区								
禹会区	10241	2273	6255	1713	100.00	22.20	61.08	16.73
淮上区	28945	6845	17336	4764	100.00	23.65	59.89	16.46
怀远县	347234	90811	206628	49795	100.00	26.15	59.51	14.34
五河县	233023	59101	138298	35624	100.00	25.36	59.35	15.29
固镇县	157596	43337	94678	19581	100.00	27.50	60.08	12.42
蚌埠市高新技术开发区	61850	14575	39705	7570	100.00	23.57	64.20	12.24
蚌埠市经济开发区	276637	46495	191394	38748	100.00	16.81	69.19	14.01
淮南市	**766865**	**171593**	**452718**	**142554**	**100.00**	**22.38**	**59.03**	**18.59**
大通区	80675	14206	48753	17716	100.00	17.61	60.43	21.96
田家庵区	13764	3463	7788	2513	100.00	25.16	56.58	18.26
谢家集区	3834	810	2230	794	100.00	21.13	58.16	20.71
八公山区	51	4	28	19	100.00	7.84	54.90	37.25
潘集区	71431	15229	42570	13632	100.00	21.32	59.60	19.08
凤台县	237410	57809	146729	32872	100.00	24.35	61.80	13.85
寿县	359700	80072	204620	75008	100.00	22.26	56.89	20.85

3-3b 续表 1

单位：人、%

地区	人口数				比重			
	合计	0-15岁	16-59岁	60岁及以上	合计	0-15岁	16-59岁	60岁及以上
马鞍山市	**685476**	**117110**	**435134**	**133232**	**100.00**	**17.08**	**63.48**	**19.44**
花山区								
雨山区								
博望区	10246	1697	6278	2271	100.00	16.56	61.27	22.16
当涂县	281650	41939	186285	53426	100.00	14.89	66.14	18.97
含山县	187909	37557	114068	36284	100.00	19.99	60.70	19.31
和县	205671	35917	128503	41251	100.00	17.46	62.48	20.06
淮北市	**448337**	**102797**	**278401**	**67139**	**100.00**	**22.93**	**62.10**	**14.98**
杜集区	45950	7643	26812	11495	100.00	16.63	58.35	25.02
相山区								
烈山区	30991	5295	18927	6769	100.00	17.09	61.07	21.84
濉溪县	371396	89859	232662	48875	100.00	24.19	62.65	13.16
铜陵市	**299054**	**54153**	**179414**	**65487**	**100.00**	**18.11**	**59.99**	**21.90**
铜官区	255	66	138	51	100.00	25.88	54.12	20.00
义安区	27391	4042	16718	6631	100.00	14.76	61.03	24.21
郊区	29466	4778	16593	8095	100.00	16.22	56.31	27.47
枞阳县	241942	45267	145965	50710	100.00	18.71	60.33	20.96
安庆市	**1227991**	**247167**	**764401**	**216423**	**100.00**	**20.13**	**62.25**	**17.62**
迎江区								
大观区	19695	3366	11445	4884	100.00	17.09	58.11	24.80
宜秀区	27905	4469	15836	7600	100.00	16.02	56.75	27.24
怀宁县	241120	49832	147537	43751	100.00	20.67	61.19	18.14
太湖县	176506	37719	109932	28855	100.00	21.37	62.28	16.35
宿松县	245326	61991	145799	37536	100.00	25.27	59.43	15.30
望江县	61920	11398	38568	11954	100.00	18.41	62.29	19.31
岳西县	124212	27674	79074	17464	100.00	22.28	63.66	14.06
安徽安庆经济开发区	135941	19245	95969	20727	100.00	14.16	70.60	15.25
桐城市	104950	15461	65746	23743	100.00	14.73	62.65	22.62
潜山市	90416	16012	54495	19909	100.00	17.71	60.27	22.02
黄山市	**406212**	**69666**	**259432**	**77114**	**100.00**	**17.15**	**63.87**	**18.98**
屯溪区	19377	1168	16631	1578	100.00	6.03	85.83	8.14
黄山区	26088	2973	16970	6145	100.00	11.40	65.05	23.55
徽州区	11642	1846	6666	3130	100.00	15.86	57.26	26.89
歙县	157829	28520	99762	29547	100.00	18.07	63.21	18.72
休宁县	84629	16081	51816	16732	100.00	19.00	61.23	19.77
黟县	32209	4793	20739	6677	100.00	14.88	64.39	20.73
祁门县	74438	14285	46848	13305	100.00	19.19	62.94	17.87
滁州市	**1585942**	**288752**	**1040354**	**256836**	**100.00**	**18.21**	**65.60**	**16.19**
琅琊区								
南谯区	56363	9686	36336	10341	100.00	17.19	64.47	18.35
来安县	238798	40893	159608	38297	100.00	17.12	66.84	16.04
全椒县	256177	41461	174432	40284	100.00	16.18	68.09	15.73
定远县	303835	65083	192424	46328	100.00	21.42	63.33	15.25
凤阳县	315375	66858	197521	50996	100.00	21.20	62.63	16.17
苏滁现代产业园	23609	2801	18404	2404	100.00	11.86	77.95	10.18
滁州经济技术开发区	122717	18665	94287	9765	100.00	15.21	76.83	7.96
天长市	191918	29257	124206	38455	100.00	15.24	64.72	20.04
明光市	77150	14048	43136	19966	100.00	18.21	55.91	25.88

3-3b 续表 2

单位：人、%

地区	人口数				比重			
	合计	0-15岁	16-59岁	60岁及以上	合计	0-15岁	16-59岁	60岁及以上
阜阳市	**2373135**	**623878**	**1411314**	**337943**	**100.00**	**26.29**	**59.47**	**14.24**
颍州区	63726	17423	37282	9021	100.00	27.34	58.50	14.16
颍东区	75624	18808	42990	13826	100.00	24.87	56.85	18.28
颍泉区	82425	21024	46278	15123	100.00	25.51	56.15	18.35
临泉县	505006	128820	311679	64507	100.00	25.51	61.72	12.77
太和县	614876	158485	368847	87544	100.00	25.78	59.99	14.24
阜南县	346564	100158	204727	41679	100.00	28.90	59.07	12.03
颍上县	475233	128015	270008	77210	100.00	26.94	56.82	16.25
阜阳合肥现代产业园区	6436	1696	3796	944	100.00	26.35	58.98	14.67
阜阳经济技术开发区	102172	25456	67642	9074	100.00	24.91	66.20	8.88
界首市	101073	23993	58065	19015	100.00	23.74	57.45	18.81
宿州市	**1691117**	**435245**	**1002454**	**253418**	**100.00**	**25.74**	**59.28**	**14.99**
埇桥区	198929	45556	119409	33964	100.00	22.90	60.03	17.07
砀山县	373965	91576	214345	68044	100.00	24.49	57.32	18.20
萧县	368822	90177	223252	55393	100.00	24.45	60.53	15.02
灵璧县	354086	103953	205514	44619	100.00	29.36	58.04	12.60
泗县	306522	80252	184557	41713	100.00	26.18	60.21	13.61
宿州马鞍山现代产业园区	29202	8598	16912	3692	100.00	29.44	57.91	12.64
宿州经济技术开发区	59591	15133	38465	5993	100.00	25.39	64.55	10.06
六安市	**1312323**	**273612**	**814088**	**224623**	**100.00**	**20.85**	**62.03**	**17.12**
金安区	143646	32402	92260	18984	100.00	22.56	64.23	13.22
裕安区	86047	18895	52263	14889	100.00	21.96	60.74	17.30
叶集区	28970	7334	16163	5473	100.00	25.32	55.79	18.89
霍邱县	331711	78904	193563	59244	100.00	23.79	58.35	17.86
舒城县	315256	56677	201023	57556	100.00	17.98	63.77	18.26
金寨县	208351	46304	131459	30588	100.00	22.22	63.09	14.68
霍山县	198342	33096	127357	37889	100.00	16.69	64.21	19.10
亳州市	**1489157**	**416088**	**880781**	**192288**	**100.00**	**27.94**	**59.15**	**12.91**
谯城区	121282	29705	72468	19109	100.00	24.49	59.75	15.76
涡阳县	447959	121353	268719	57887	100.00	27.09	59.99	12.92
蒙城县	480168	135090	283882	61196	100.00	28.13	59.12	12.74
利辛县	439748	129940	255712	54096	100.00	29.55	58.15	12.30
池州市	**420921**	**79204**	**259517**	**82200**	**100.00**	**18.82**	**61.65**	**19.53**
贵池区	36878	5799	22058	9021	100.00	15.72	59.81	24.46
东至县	221424	43456	132781	45187	100.00	19.63	59.97	20.41
石台县	34012	5781	21997	6234	100.00	17.00	64.67	18.33
青阳县	124880	23923	79779	21178	100.00	19.16	63.88	16.96
池州市国家经济技术开发区								
皖江江南新兴产业集中区								
九华山风景区	3727	245	2902	580	100.00	6.57	77.86	15.56
宣城市	**769633**	**128228**	**500829**	**140576**	**100.00**	**16.66**	**65.07**	**18.27**
宣州区	102020	17422	64609	19989	100.00	17.08	63.33	19.59
郎溪县	197399	34148	131502	31749	100.00	17.30	66.62	16.08
泾县	145568	25651	93491	26426	100.00	17.62	64.22	18.15
绩溪县	82619	14052	51491	17076	100.00	17.01	62.32	20.67
旌德县	64703	11318	39032	14353	100.00	17.49	60.32	22.18
宣城市经济开发区	86451	14044	64165	8242	100.00	16.25	74.22	9.53
宁国市	25629	2821	14832	7976	100.00	11.01	57.87	31.12
广德市	65244	8772	41707	14765	100.00	13.44	63.92	22.63

3-3c 各地区人口年龄构成(二)(乡村)

单位：人、%

地　区	人口数				比重			
	合计	0-15岁	16-59岁	60岁及以上	合计	0-15岁	16-59岁	60岁及以上
安　徽	**25432068**	**5379726**	**13902068**	**6150274**	**100.00**	**21.15**	**54.66**	**24.18**
合肥市	**1660604**	**231527**	**925682**	**503395**	**100.00**	**13.94**	**55.74**	**30.31**
瑶海区	22908	5169	16155	1584	100.00	22.56	70.52	6.91
庐阳区	5400	754	2820	1826	100.00	13.96	52.22	33.81
蜀山区	14523	1260	8237	5026	100.00	8.68	56.72	34.61
包河区	6171	882	4150	1139	100.00	14.29	67.25	18.46
长丰县	312732	49021	175916	87795	100.00	15.68	56.25	28.07
肥东县	283272	32206	144102	106964	100.00	11.37	50.87	37.76
肥西县	355031	47231	214527	93273	100.00	13.30	60.42	26.27
庐江县	413138	64189	233079	115870	100.00	15.54	56.42	28.05
合肥高新技术产业开发区	201	20	138	43	100.00	9.95	68.66	21.39
合肥经济技术开发区	8126	921	4072	3133	100.00	11.33	50.11	38.56
合肥新站高新技术产业开发区	4892	587	3402	903	100.00	12.00	69.54	18.46
巢湖市	234210	29287	119084	85839	100.00	12.50	50.84	36.65
芜湖市	**1009072**	**144765**	**572115**	**292192**	**100.00**	**14.35**	**56.70**	**28.96**
镜湖区	19331	2758	11880	4693	100.00	14.27	61.46	24.28
弋江区								
鸠江区	137131	23370	76941	36820	100.00	17.04	56.11	26.85
三山区	41277	5715	24518	11044	100.00	13.85	59.40	26.76
芜湖县	102658	11979	59394	31285	100.00	11.67	57.86	30.47
繁昌县	97904	10414	58117	29373	100.00	10.64	59.36	30.00
南陵县	198591	25215	110500	62876	100.00	12.70	55.64	31.66
芜湖经济技术开发区	3177	339	1868	970	100.00	10.67	58.80	30.53
安徽芜湖长江大桥经济开发区	8271	1328	4841	2102	100.00	16.06	58.53	25.41
无为市	400732	63647	224056	113029	100.00	15.88	55.91	28.21
蚌埠市	**1480851**	**383212**	**792929**	**304710**	**100.00**	**25.88**	**53.55**	**20.58**
龙子湖区	38538	7855	22441	8242	100.00	20.38	58.23	21.39
蚌山区	16596	3302	9765	3529	100.00	19.90	58.84	21.26
禹会区	106354	26095	60846	19413	100.00	24.54	57.21	18.25
淮上区	96901	23388	54502	19011	100.00	24.14	56.25	19.62
怀远县	588101	164165	304772	119164	100.00	27.91	51.82	20.26
五河县	290508	69047	155865	65596	100.00	23.77	53.65	22.58
固镇县	343853	89360	184738	69755	100.00	25.99	53.73	20.29
蚌埠市高新技术开发区								
蚌埠市经济开发区								
淮南市	**1180799**	**281409**	**614395**	**284995**	**100.00**	**23.83**	**52.03**	**24.14**
大通区	44938	9776	25012	10150	100.00	21.75	55.66	22.59
田家庵区	29821	6885	15752	7184	100.00	23.09	52.82	24.09
谢家集区	47522	9939	25475	12108	100.00	20.91	53.61	25.48
八公山区	5607	886	3426	1295	100.00	15.80	61.10	23.10
潘集区	178129	41538	100666	35925	100.00	23.32	56.51	20.17
凤台县	395975	106321	208532	81122	100.00	26.85	52.66	20.49
寿县	478807	106064	235532	137211	100.00	22.15	49.19	28.66

3-3c 续表 1

单位：人、%

地 区	人口数				比重			
	合计	0-15岁	16-59岁	60岁及以上	合计	0-15岁	16-59岁	60岁及以上
马鞍山市	**611380**	**92885**	**345956**	**172539**	**100.00**	**15.19**	**56.59**	**28.22**
花山区	9252	813	5644	2795	100.00	8.79	61.00	30.21
雨山区	13109	1403	7961	3745	100.00	10.70	60.73	28.57
博望区	69771	10803	40670	18298	100.00	15.48	58.29	26.23
当涂县	165341	24419	98878	42044	100.00	14.77	59.80	25.43
含山县	148679	23374	81240	44065	100.00	15.72	54.64	29.64
和县	205228	32073	111563	61592	100.00	15.63	54.36	30.01
淮北市	**706163**	**165787**	**409626**	**130750**	**100.00**	**23.48**	**58.01**	**18.52**
杜集区	51199	10492	29223	11484	100.00	20.49	57.08	22.43
相山区	47694	10376	27911	9407	100.00	21.76	58.52	19.72
烈山区	108079	22784	64867	20428	100.00	21.08	60.02	18.90
濉溪县	499191	122135	287625	89431	100.00	24.47	57.62	17.92
铜陵市	**443744**	**65529**	**243597**	**134618**	**100.00**	**14.77**	**54.90**	**30.34**
铜官区	11068	1917	7380	1771	100.00	17.32	66.68	16.00
义安区	111955	13103	62348	36504	100.00	11.70	55.69	32.61
郊区	93612	16071	51786	25755	100.00	17.17	55.32	27.51
枞阳县	227109	34438	122083	70588	100.00	15.16	53.76	31.08
安庆市	**1852784**	**313363**	**1042539**	**496882**	**100.00**	**16.91**	**56.27**	**26.82**
迎江区	9746	687	4841	4218	100.00	7.05	49.67	43.28
大观区	35960	5741	20714	9505	100.00	15.96	57.60	26.43
宜秀区	26675	3293	14915	8467	100.00	12.34	55.91	31.74
怀宁县	255563	38074	143973	73516	100.00	14.90	56.34	28.77
太湖县	253959	43869	142109	67981	100.00	17.27	55.96	26.77
宿松县	367260	77788	201639	87833	100.00	21.18	54.90	23.92
望江县	302054	58565	164447	79042	100.00	19.39	54.44	26.17
岳西县	199625	32763	120153	46709	100.00	16.41	60.19	23.40
安徽安庆经济开发区	3611	421	2053	1137	100.00	11.66	56.85	31.49
桐城市	195206	23300	111687	60219	100.00	11.94	57.21	30.85
潜山市	203125	28862	116008	58255	100.00	14.21	57.11	28.68
黄山市	**554921**	**70335**	**304167**	**180419**	**100.00**	**12.67**	**54.81**	**32.51**
屯溪区	21845	3409	13030	5406	100.00	15.61	59.65	24.75
黄山区	60588	6507	34764	19317	100.00	10.74	57.38	31.88
徽州区	32869	4123	17619	11127	100.00	12.54	53.60	33.85
歙县	201709	26532	105571	69606	100.00	13.15	52.34	34.51
休宁县	122702	15952	67162	39588	100.00	13.00	54.74	32.26
黟县	44002	4724	25092	14186	100.00	10.74	57.02	32.24
祁门县	71206	9088	40929	21189	100.00	12.76	57.48	29.76
滁州市	**1521350**	**237520**	**874240**	**409590**	**100.00**	**15.61**	**57.46**	**26.92**
琅琊区	10613	1156	6475	2982	100.00	10.89	61.01	28.10
南谯区	104044	11411	66264	26369	100.00	10.97	63.69	25.34
来安县	177250	22250	102294	52706	100.00	12.55	57.71	29.74
全椒县	139456	14215	77145	48096	100.00	10.19	55.32	34.49
定远县	367526	66984	206269	94273	100.00	18.23	56.12	25.65
凤阳县	316559	68108	181186	67265	100.00	21.52	57.24	21.25
苏滁现代产业园								
滁州经济技术开发区	19153	1396	16073	1684	100.00	7.29	83.92	8.79
天长市	170695	16662	96385	57648	100.00	9.76	56.47	33.77
明光市	216054	35338	122149	58567	100.00	16.36	56.54	27.11

3-3c 续表 2

单位：人、%

地区	人口数				比重			
	合计	0-15岁	16-59岁	60岁及以上	合计	0-15岁	16-59岁	60岁及以上
阜阳市	**4758282**	**1259690**	**2575852**	**922740**	**100.00**	**26.47**	**54.13**	**19.39**
颍州区	295975	79882	163695	52398	100.00	26.99	55.31	17.70
颍东区	284095	75016	150517	58562	100.00	26.41	52.98	20.61
颍泉区	301446	79070	160172	62204	100.00	26.23	53.13	20.64
临泉县	1153436	302395	638341	212700	100.00	26.22	55.34	18.44
太和县	765106	195791	413414	155901	100.00	25.59	54.03	20.38
阜南县	837038	227981	465884	143173	100.00	27.24	55.66	17.10
颍上县	723597	201414	364780	157403	100.00	27.84	50.41	21.75
阜阳合肥现代产业园区	33916	9817	19329	4770	100.00	28.95	56.99	14.06
阜阳经济技术开发区	21296	5635	12826	2835	100.00	26.46	60.23	13.31
界首市	342377	82689	186894	72794	100.00	24.15	54.59	21.26
宿州市	**2994449**	**740455**	**1618451**	**635543**	**100.00**	**24.73**	**54.05**	**21.22**
埇桥区	826753	205494	464852	156407	100.00	24.86	56.23	18.92
砀山县	391599	88776	207071	95752	100.00	22.67	52.88	24.45
萧县	679865	158094	357632	164139	100.00	23.25	52.60	24.14
灵璧县	620634	169676	328953	122005	100.00	27.34	53.00	19.66
泗县	456788	113586	249332	93870	100.00	24.87	54.58	20.55
宿州马鞍山现代产业园区	18810	4829	10611	3370	100.00	25.67	56.41	17.92
宿州经济技术开发区								
六安市	**2263353**	**421583**	**1227463**	**614307**	**100.00**	**18.63**	**54.23**	**27.14**
金安区	326637	51801	182231	92605	100.00	15.86	55.79	28.35
裕安区	461704	84243	258832	118629	100.00	18.25	56.06	25.69
叶集区	110485	24205	62085	24195	100.00	21.91	56.19	21.90
霍邱县	610728	148177	309553	152998	100.00	24.26	50.69	25.05
舒城县	377794	54113	208453	115228	100.00	14.32	55.18	30.50
金寨县	288150	49922	155681	82547	100.00	17.33	54.03	28.65
霍山县	87855	9122	50628	28105	100.00	10.38	57.63	31.99
亳州市	**2873352**	**790233**	**1510103**	**573016**	**100.00**	**27.50**	**52.56**	**19.94**
谯城区	786662	188106	441759	156797	100.00	23.91	56.16	19.93
涡阳县	722760	205076	373078	144606	100.00	28.37	51.62	20.01
蒙城县	621472	187370	317078	117024	100.00	30.15	51.02	18.83
利辛县	742458	209681	378188	154589	100.00	28.24	50.94	20.82
池州市	**541385**	**73173**	**300707**	**167505**	**100.00**	**13.52**	**55.54**	**30.94**
贵池区	197938	24786	107605	65547	100.00	12.52	54.36	33.11
东至县	176990	26918	99813	50259	100.00	15.21	56.39	28.40
石台县	46600	5765	25796	15039	100.00	12.37	55.36	32.27
青阳县	108094	13667	60182	34245	100.00	12.64	55.68	31.68
池州市国家经济技术开发区								
皖江江南新兴产业集中区								
九华山风景区	11763	2037	7311	2415	100.00	17.32	62.15	20.53
宣城市	**979579**	**108260**	**544246**	**327073**	**100.00**	**11.05**	**55.56**	**33.39**
宣州区	313105	37723	178555	96827	100.00	12.05	57.03	30.92
郎溪县	114114	14698	67207	32209	100.00	12.88	58.89	28.23
泾县	130269	12573	69885	47811	100.00	9.65	53.65	36.70
绩溪县	56165	4922	26621	24622	100.00	8.76	47.40	43.84
旌德县	47665	5065	24647	17953	100.00	10.63	51.71	37.66
宣城市经济开发区	20125	2249	13362	4514	100.00	11.18	66.40	22.43
宁国市	113653	7748	58052	47853	100.00	6.82	51.08	42.10
广德市	184483	23282	105917	55284	100.00	12.62	57.41	29.97

第一部分　全部数据资料

第四卷　教育

4-1 全省分年龄、性别、受教育程度的3岁及以上人口

单位：人

年 龄	3岁及以上人口			未上过学		
	合计	男	女	小计	男	女
总 计	**59069275**	**30067357**	**29001918**	**3428334**	**922536**	**2505798**
3	846279	446952	399327	172334	92097	80237
4	820039	437137	382902	43743	23316	20427
5-9岁	**4154829**	**2246453**	**1908376**	**29979**	**16143**	**13836**
5	784153	419891	364262	17423	9410	8013
6	838089	452745	385344	5929	3164	2765
7	830649	449567	381082	2504	1328	1176
8	884800	479840	404960	2284	1220	1064
9	817138	444410	372728	1839	1021	818
10-14岁	**3963639**	**2161728**	**1801911**	**9950**	**5498**	**4452**
10	788510	429187	359323	1911	1068	843
11	813650	443065	370585	2280	1188	1092
12	801734	436544	365190	2367	1312	1055
13	776167	423299	352868	1853	1044	809
14	783578	429633	353945	1539	886	653
15-19岁	**3243833**	**1777277**	**1466556**	**5278**	**3143**	**2135**
15	728694	402542	326152	1152	688	464
16	727238	402371	324867	1034	601	433
17	655296	360556	294740	911	550	361
18	575024	312917	262107	1037	633	404
19	557581	298891	258690	1144	671	473
20-24岁	**2978515**	**1583913**	**1394602**	**6506**	**3692**	**2814**
20	564528	301788	262740	1294	759	535
21	537734	287216	250518	1207	703	504
22	597836	318256	279580	1271	697	574
23	617729	327868	289861	1277	700	577
24	660688	348785	311903	1457	833	624
25-29岁	**4095570**	**2108084**	**1987486**	**10034**	**5245**	**4789**
25	753064	396140	356924	1671	931	740
26	738708	385252	353456	1761	936	825
27	805677	414822	390855	2024	1087	937
28	861955	439196	422759	2131	1074	1057
29	936166	472674	463492	2447	1217	1230
30-34岁	**4874396**	**2413901**	**2460495**	**15835**	**7264**	**8571**
30	1129884	564671	565213	3126	1489	1637
31	1051252	520777	530475	3103	1498	1605
32	951307	469775	481532	3138	1478	1660
33	938209	462370	475839	3351	1469	1882
34	803744	396308	407436	3117	1330	1787
35-39岁	**3551994**	**1772207**	**1779787**	**18447**	**7174**	**11273**
35	717473	357842	359631	3048	1280	1768
36	715991	358371	357620	3350	1370	1980
37	687701	344046	343655	3399	1333	2066
38	740012	368753	371259	4115	1588	2527
39	690817	343195	347622	4535	1603	2932
40-44岁	**3789431**	**1913653**	**1875778**	**38347**	**11799**	**26548**
40	719929	359316	360613	5729	1886	3843
41	775466	389458	386008	6729	2201	4528
42	775405	390493	384912	7745	2396	5349
43	720151	366078	354073	8064	2448	5616
44	798480	408308	390172	10080	2868	7212

4-1 续表 1 单位：人

年 龄	3岁及以上人口			未上过学		
	合计	男	女	小计	男	女
45-49岁	**4913582**	**2476430**	**2437152**	**100541**	**23613**	**76928**
45	806628	410434	396194	11845	3261	8584
46	887757	449263	438494	14890	3820	11070
47	977412	492821	484591	19323	4597	14726
48	1111342	559877	551465	25490	5760	19730
49	1130443	564035	566408	28993	6175	22818
50-54岁	**5783366**	**2842607**	**2940759**	**204197**	**39238**	**164959**
50	1213595	594579	619016	35104	7230	27874
51	1169366	573512	595854	37866	7555	30311
52	1250032	614171	635861	43738	8567	35171
53	1020525	498962	521563	40524	7331	33193
54	1129848	561383	568465	46965	8555	38410
55-59岁	**4584566**	**2265681**	**2318885**	**244524**	**39135**	**205389**
55	1080890	532668	548222	47530	8028	39502
56	1009818	497236	512582	48523	8037	40486
57	1161566	580734	580832	59098	9472	49626
58	956858	475537	481321	59979	9095	50884
59	375434	179506	195928	29394	4503	24891
60-64岁	**2309825**	**1187345**	**1122480**	**259409**	**59647**	**199762**
60	300124	148907	151217	24461	4763	19698
61	294456	152255	142201	27415	6391	21024
62	477690	252144	225546	51319	12620	38699
63	622160	322644	299516	74800	17548	57252
64	615395	311395	304000	81414	18325	63089
65-69岁	**3269243**	**1625526**	**1643717**	**554957**	**133365**	**421592**
65	643142	324244	318898	89755	20595	69160
66	708734	355353	353381	109934	25426	84508
67	659345	325882	333463	113752	27051	86701
68	692891	341993	350898	129136	31887	97249
69	565131	278054	287077	112380	28406	83974
70-74岁	**2407317**	**1203061**	**1204256**	**540613**	**143865**	**396748**
70	526856	263991	262865	108616	28991	79625
71	534605	269995	264610	116801	31578	85223
72	506918	252947	253971	116773	31258	85515
73	439933	218271	221662	102563	26721	75842
74	399005	197857	201148	95860	25317	70543
75-79岁	**1680903**	**824152**	**856751**	**456880**	**123956**	**332924**
75	367999	182409	185590	91720	24441	67279
76	362988	180872	182116	95187	26061	69126
77	326062	159833	166229	88921	24182	64739
78	308462	149756	158706	86972	23657	63315
79	315392	151282	164110	94080	25615	68465
80-84岁	**1019412**	**473816**	**545596**	**360073**	**100575**	**259498**
80	271692	129746	141946	87131	24549	62582
81	196038	91036	105002	68336	19105	49231
82	209328	99114	110214	74992	21655	53337
83	180464	82101	98363	67436	18615	48821
84	161890	71819	90071	62178	16651	45527
85岁及以上	**782536**	**307434**	**475102**	**356687**	**83771**	**272916**

4-1　续表 2　　单位：人

年　龄	学前教育			小　学		
	小计	男	女	小计	男	女
总　计	**2440991**	**1278903**	**1162088**	**16401020**	**7651045**	**8749975**
3	673945	354855	319090			
4	776296	413821	362475			
5–9岁	**857482**	**461588**	**395894**	**3213359**	**1738090**	**1475269**
5	635404	340698	294706	131326	69783	61543
6	182090	100056	82034	640114	343874	296240
7	22771	12019	10752	794045	429792	364253
8	10651	5377	5274	856764	464603	392161
9	6566	3438	3128	791110	430038	361072
10–14岁	**23551**	**12114**	**11437**	**1875897**	**1025213**	**850684**
10	4867	2503	2364	752048	409074	342974
11	4003	2070	1933	702816	384074	318742
12	3944	2039	1905	290638	161460	129178
13	4934	2486	2448	92747	50453	42294
14	5803	3016	2787	37648	20152	17496
15–19岁	**6413**	**3433**	**2980**	**53380**	**28700**	**24680**
15	3284	1747	1537	14533	7673	6860
16	1553	859	694	10733	5733	5000
17	730	385	345	10073	5479	4594
18	481	247	234	9150	4951	4199
19	365	195	170	8891	4864	4027
20–24岁	**1272**	**627**	**645**	**41719**	**22277**	**19442**
20	366	193	173	7579	4143	3436
21	222	103	119	6757	3729	3028
22	204	111	93	7879	4222	3657
23	228	99	129	8834	4669	4165
24	252	121	131	10670	5514	5156
25–29岁	**1113**	**482**	**631**	**90466**	**43941**	**46525**
25	283	137	146	13102	6760	6342
26	218	92	126	14433	7360	7073
27	216	82	134	17734	8684	9050
28	181	78	103	20566	9650	10916
29	215	93	122	24631	11487	13144
30–34岁	**1004**	**402**	**602**	**178523**	**74158**	**104365**
30	246	98	148	32458	14719	17739
31	230	93	137	34366	14784	19582
32	190	72	118	34902	14712	20190
33	194	80	114	38967	15448	23519
34	144	59	85	37830	14495	23335
35–39岁	**819**	**311**	**508**	**224789**	**80119**	**144670**
35	166	63	103	36978	13888	23090
36	166	68	98	39884	14552	25332
37	142	60	82	42147	15072	27075
38	181	71	110	50009	17399	32610
39	164	49	115	55771	19208	36563
40–44岁	**1311**	**437**	**874**	**500688**	**180785**	**319903**
40	189	64	125	69573	24421	45152
41	227	87	140	90148	32164	57984
42	249	85	164	102439	37099	65340
43	310	101	209	107264	38888	68376
44	336	100	236	131264	48213	83051

4-1 续表 3 单位：人

年 龄	学前教育			小 学		
	小计	男	女	小计	男	女
45-49岁	**3290**	**909**	**2381**	**1116911**	**402482**	**714429**
45	397	123	274	147785	53869	93916
46	479	140	339	179967	65028	114939
47	621	169	452	217747	77875	139872
48	809	225	584	270583	97968	172615
49	984	252	732	300829	107742	193087
50-54岁	**7010**	**1708**	**5302**	**1910486**	**702214**	**1208272**
50	1147	296	851	347903	123515	224388
51	1269	297	972	379116	139469	239647
52	1481	378	1103	421472	155264	266208
53	1368	325	1043	361583	133419	228164
54	1745	412	1333	400412	150547	249865
55-59岁	**8605**	**1947**	**6658**	**1586872**	**578778**	**1008094**
55	1763	423	1340	377374	138272	239102
56	1723	404	1319	342791	124390	218401
57	2187	467	1720	385198	140850	244348
58	2086	473	1613	341493	124537	216956
59	846	180	666	140016	50729	89287
60-64岁	**9014**	**2701**	**6313**	**990954**	**446936**	**544018**
60	761	221	540	106527	42071	64456
61	942	287	655	112245	48913	63332
62	1810	578	1232	200183	92513	107670
63	2786	819	1967	282708	131106	151602
64	2715	796	1919	289291	132333	156958
65-69岁	**19177**	**5966**	**13211**	**1698216**	**821608**	**876608**
65	3247	931	2316	317285	148589	168696
66	3862	1209	2653	362354	173572	188782
67	3849	1224	2625	345229	166760	178469
68	4417	1418	2999	370599	182282	188317
69	3802	1184	2618	302749	150405	152344
70-74岁	**18252**	**6314**	**11938**	**1299559**	**676093**	**623466**
70	3560	1196	2364	281077	143248	137829
71	4063	1429	2634	290210	152157	138053
72	3763	1357	2406	276784	144789	131995
73	3509	1215	2294	239513	125201	114312
74	3357	1117	2240	211975	110698	101277
75-79岁	**14100**	**5013**	**9087**	**835789**	**436731**	**399058**
75	2953	1011	1942	191202	100117	91085
76	2957	1104	1853	183559	96902	86657
77	2741	980	1761	160785	84034	76751
78	2643	922	1721	148514	77073	71441
79	2806	996	1810	151729	78605	73124
80-84岁	**10289**	**3771**	**6518**	**466425**	**242539**	**223886**
80	2570	948	1622	127621	66542	61079
81	1949	723	1226	89699	46427	43272
82	2188	805	1383	95577	50953	44624
83	1863	669	1194	81231	41763	39468
84	1719	626	1093	72297	36854	35443
85岁及以上	**8048**	**2504**	**5544**	**316987**	**150381**	**166606**

4-1 续表 4

单位：人

年 龄	初 中			高 中			大学专科		
	小计	男	女	小计	男	女	小计	男	女
总 计	**20581055**	**11211154**	**9369901**	**8113247**	**4622745**	**3490502**	**4411306**	**2353427**	**2057879**
3									
4									
5–9岁	**53947**	**30596**	**23351**	**62**	**36**	**26**			
5									
6	9956	5651	4305						
7	11329	6428	4901						
8	15074	8625	6449	27	15	12			
9	17588	9892	7696	35	21	14			
10–14岁	**1959800**	**1069808**	**889992**	**93789**	**48905**	**44884**	**577**	**156**	**421**
10	29627	16505	13122	43	33	10	5	1	4
11	104470	55690	48780	69	40	29	6	1	5
12	504569	271633	232936	174	84	90	24	11	13
13	662281	361496	300785	14303	7803	6500	39	12	27
14	658853	364484	294369	79200	40945	38255	503	131	372
15–19岁	**686613**	**398845**	**287768**	**1785453**	**989267**	**796186**	**385681**	**188347**	**197334**
15	286777	163658	123119	408709	222266	186443	13232	5967	7265
16	135049	78309	56740	551831	303865	247966	24126	11438	12688
17	94877	56200	38677	469703	259290	210413	49151	23772	25379
18	83174	49356	33818	234082	132905	101177	127925	62712	65213
19	86736	51322	35414	121128	70941	50187	171247	84458	86789
20–24岁	**710263**	**394288**	**315975**	**554242**	**325818**	**228424**	**790014**	**395011**	**395003**
20	100325	58726	41599	95596	57062	38534	171200	85218	85982
21	112045	63884	48161	92055	54752	37303	143499	72633	70866
22	140558	78298	62260	110616	65342	45274	152683	76330	76353
23	162440	88990	73450	120665	70525	50140	158386	78832	79554
24	194895	104390	90505	135310	78137	57173	164246	81998	82248
25–29岁	**1482797**	**747129**	**735668**	**895626**	**494588**	**401038**	**860923**	**431662**	**429261**
25	242159	127817	114342	158823	90793	68030	177529	89069	88460
26	255667	132341	123326	157919	88737	69182	161814	81592	80222
27	291968	147103	144865	175624	96837	78787	169322	84967	84355
28	326584	161358	165226	191470	104303	87167	172095	86312	85783
29	366419	178510	187909	211790	113918	97872	180163	89722	90441
30–34岁	**2170997**	**1025667**	**1145330**	**1045875**	**556345**	**489530**	**806911**	**406438**	**400473**
30	462676	222142	240534	256298	136446	119852	207479	103185	104294
31	449541	213110	236431	234622	124731	109891	183335	91132	92203
32	425770	199961	225809	204477	108521	95956	156568	78846	77722
33	440166	206176	233990	193873	103280	90593	144335	73600	70735
34	392844	184278	208566	156605	83367	73238	115194	59675	55519
35–39岁	**1873607**	**907556**	**966051**	**646008**	**347627**	**298381**	**414802**	**219763**	**195039**
35	366273	174838	191435	133562	72046	61516	94401	49832	44569
36	372226	179462	192764	130859	70626	60233	88666	47100	41566
37	362170	175726	186444	124088	66984	57104	80762	42903	37859
38	394079	191619	202460	134074	71954	62120	82248	43528	38720
39	378859	185911	192948	123425	66017	57408	68725	36400	32325
40–44岁	**2112754**	**1084199**	**1028555**	**611121**	**337548**	**273573**	**302569**	**166409**	**136160**
40	399669	198956	200713	125248	67816	57432	66186	35539	30647
41	431826	218723	213103	129868	70990	58878	66095	35800	30295
42	433716	221815	211901	125783	69264	56519	61215	33522	27693
43	403331	210663	192668	110993	61801	49192	53432	29748	23684
44	444212	234042	210170	119229	67677	51552	55641	31800	23841

4-1 续表 5 单位：人

年龄	初中			高中			大学专科		
	小计	男	女	小计	男	女	小计	男	女
45-49岁	**2643107**	**1425105**	**1218002**	**629776**	**363509**	**266267**	**257174**	**152611**	**104563**
45	445584	235772	209812	115583	65625	49958	51506	29890	21616
46	487596	258962	228634	120415	69029	51386	51011	30100	20911
47	529190	284532	244658	125959	73083	52876	51770	30641	21129
48	592242	322775	269467	136249	79045	57204	53212	32014	21198
49	588495	323064	265431	131570	76727	54843	49675	29966	19709
50-54岁	**2764171**	**1548641**	**1215530**	**559789**	**331236**	**228553**	**206455**	**127498**	**78957**
50	612897	333587	279310	135269	78582	56687	50789	30624	20165
51	562795	311674	251121	117219	69093	48126	43648	26503	17145
52	592097	332506	259591	119128	70808	48320	43871	27050	16821
53	475386	269794	205592	88754	52868	35886	31995	20140	11855
54	520996	301080	219916	99419	59885	39534	36152	23181	12971
55-59岁	**1987802**	**1160597**	**827205**	**500107**	**306292**	**193815**	**161769**	**106759**	**55010**
55	491670	282397	209273	101374	61424	39950	37279	24103	13176
56	448920	257510	191410	105441	63748	41693	38327	24877	13450
57	507763	296883	210880	136344	83258	53086	44982	29917	15065
58	398032	239677	158355	110161	69542	40619	29730	20331	9399
59	141417	84130	57287	46787	28320	18467	11451	7531	3920
60-64岁	**620887**	**398559**	**222328**	**322915**	**203810**	**119105**	**75314**	**52242**	**23072**
60	99217	59405	39812	51365	30415	20950	11966	7790	4176
61	85524	53339	32185	51562	31493	20069	11722	8020	3702
62	128759	83931	44828	72650	46125	26525	16387	11407	4980
63	156804	103369	53435	79324	51248	28076	18467	13055	5412
64	150583	98515	52068	68014	44529	23485	16772	11970	4802
65-69岁	**687118**	**453583**	**233535**	**223144**	**149858**	**73286**	**62065**	**43623**	**18442**
65	147438	96736	50702	63058	41424	21634	15810	11198	4612
66	154261	101922	52339	57083	38122	18961	15237	10760	4477
67	138531	91253	47278	41764	28325	13439	11732	8144	3588
68	138159	91433	46726	35572	24431	11141	10833	7620	3213
69	108729	72239	36490	25667	17556	8111	8453	5901	2552
70-74岁	**395810**	**269857**	**125953**	**102784**	**70087**	**32697**	**36456**	**26412**	**10044**
70	98076	65716	32360	23819	16385	7434	8577	6125	2452
71	88791	60537	28254	23338	15900	7438	8381	6073	2308
72	78289	53698	24591	21250	14396	6854	7472	5457	2015
73	67732	46538	21194	18030	12251	5779	6352	4635	1717
74	62922	43368	19554	16347	11155	5192	5674	4122	1552
75-79岁	**256127**	**176428**	**79699**	**77575**	**52672**	**24903**	**25657**	**18260**	**7397**
75	58451	40310	18141	15362	10446	4916	5230	3759	1471
76	57125	39933	17192	15945	10928	5017	5122	3633	1489
77	50327	34539	15788	15555	10463	5092	5025	3585	1440
78	46535	31679	14856	15739	10636	5103	5243	3702	1541
79	43689	29967	13722	14974	10199	4775	5037	3581	1456
80-84岁	**112166**	**76751**	**35415**	**41578**	**28602**	**12976**	**16649**	**12132**	**4517**
80	35028	24050	10978	12152	8392	3760	4385	3153	1232
81	21844	14815	7029	8406	5679	2727	3324	2396	928
82	22039	15210	6829	8331	5766	2565	3499	2571	928
83	17850	12303	5547	6871	4749	2122	2901	2187	714
84	15405	10373	5032	5818	4016	1802	2540	1825	715
85岁及以上	**63089**	**43545**	**19544**	**23403**	**16545**	**6858**	**8290**	**6104**	**2186**

4-1 续表 6

单位：人

年龄	大学本科			硕士研究生			博士研究生		
	小计	男	女	小计	男	女	小计	男	女
总计	**3351127**	**1834059**	**1517068**	**305815**	**168767**	**137048**	**36380**	**24721**	**11659**
3									
4									
5–9岁									
5									
6									
7									
8									
9									
10–14岁	**62**	**30**	**32**	**13**	**4**	**9**			
10	9	3	6						
11	6	2	4						
12	12	4	8	6	1	5			
13	8	4	4	2	1	1			
14	27	17	10	5	2	3			
15–19岁	**320709**	**165354**	**155355**	**287**	**173**	**114**	**19**	**15**	**4**
15	1006	543	463	1		1			
16	2910	1564	1346	1	1		1	1	
17	29811	14861	14950	37	16	21	3	3	
18	119087	62061	57026	88	52	36			
19	167895	86325	81570	160	104	56	15	11	4
20–24岁	**805370**	**406605**	**398765**	**66131**	**33771**	**32360**	**2998**	**1824**	**1174**
20	187557	95367	92190	559	287	272	52	33	19
21	177415	89163	88252	4383	2159	2224	151	90	61
22	168228	84862	83366	15948	8134	7814	449	260	189
23	142396	71915	70481	22692	11641	11051	811	497	314
24	129774	65298	64476	22549	11550	10999	1535	944	591
25–29岁	**656561**	**333843**	**322718**	**86818**	**43960**	**42858**	**11232**	**7234**	**3998**
25	135214	67827	67387	21967	11331	10636	2316	1475	841
26	126561	63710	62851	17957	8992	8965	2378	1492	886
27	129955	66321	63634	16480	8228	8252	2354	1513	841
28	131401	67238	64163	15400	7782	7618	2127	1401	726
29	133430	68747	64683	15014	7627	7387	2057	1353	704
30–34岁	**582467**	**304936**	**277531**	**64723**	**33360**	**31363**	**8061**	**5331**	**2730**
30	149200	76905	72295	16305	8287	8018	2096	1400	696
31	129578	66719	62859	14717	7545	7172	1760	1165	595
32	112071	58704	53367	12653	6466	6187	1538	1015	523
33	104457	55485	48972	11421	5903	5518	1445	929	516
34	87161	47123	40038	9627	5159	4468	1222	822	400
35–39岁	**331012**	**184811**	**146201**	**37166**	**21208**	**15958**	**5344**	**3638**	**1706**
35	74071	40835	33236	7900	4340	3560	1074	720	354
36	71792	40027	31765	7934	4423	3511	1114	743	371
37	66309	36877	29432	7648	4359	3289	1036	732	304
38	66504	37359	29145	7672	4477	3195	1130	758	372
39	52336	29713	22623	6012	3609	2403	990	685	305
40–44岁	**199557**	**117467**	**82090**	**19400**	**12389**	**7011**	**3684**	**2620**	**1064**
40	47259	26840	20419	5148	3136	2012	928	658	270
41	45018	25965	19053	4680	2914	1766	875	614	261
42	39811	23446	16365	3716	2370	1346	731	496	235
43	33172	20008	13164	2996	1988	1008	589	433	156
44	34297	21208	13089	2860	1981	879	561	419	142

4-1 续表 7 单位：人

年龄	大学本科			硕士研究生			博士研究生		
	小计	男	女	小计	男	女	小计	男	女
45-49岁	**147924**	**97366**	**50558**	**12653**	**9132**	**3521**	**2206**	**1703**	**503**
45	30905	19723	11182	2589	1833	756	434	338	96
46	30385	19992	10393	2533	1826	707	481	366	115
47	29731	19679	10052	2621	1896	725	450	349	101
48	29675	19848	9827	2623	1892	731	459	350	109
49	27228	18124	9104	2287	1685	602	382	300	82
50-54岁	**120884**	**84112**	**36772**	**9066**	**6920**	**2146**	**1308**	**1040**	**268**
50	27899	18819	9080	2268	1673	595	319	253	66
51	25305	17265	8040	1873	1447	426	275	209	66
52	26023	17921	8102	1942	1461	481	280	216	64
53	19335	13874	5461	1395	1059	336	185	152	33
54	22322	16233	6089	1588	1280	308	249	210	39
55-59岁	**87165**	**65720**	**21445**	**6644**	**5512**	**1132**	**1078**	**941**	**137**
55	21937	16410	5527	1682	1368	314	281	243	38
56	22004	16521	5483	1804	1496	308	285	253	32
57	23850	18091	5759	1855	1547	308	289	249	40
58	14228	10897	3331	977	833	144	172	152	20
59	5146	3801	1345	326	268	58	51	44	7
60-64岁	**29551**	**22001**	**7550**	**1552**	**1250**	**302**	**229**	**199**	**30**
60	5487	3967	1520	295	234	61	45	41	4
61	4728	3543	1185	283	238	45	35	31	4
62	6210	4675	1535	328	257	71	44	38	6
63	6873	5171	1702	339	274	65	59	54	5
64	6253	4645	1608	307	247	60	46	35	11
65-69岁	**23696**	**16830**	**6866**	**769**	**616**	**153**	**101**	**77**	**24**
65	6249	4525	1724	260	212	48	40	34	6
66	5784	4174	1610	195	151	44	24	17	7
67	4353	3016	1337	115	95	20	20	14	6
68	4043	2821	1222	118	91	27	14	10	4
69	3267	2294	973	81	67	14	3	2	1
70-74岁	**13546**	**10186**	**3360**	**246**	**205**	**41**	**51**	**42**	**9**
70	3052	2261	791	72	62	10	7	7	
71	2960	2268	692	55	48	7	6	5	1
72	2534	1951	583	42	33	9	11	8	3
73	2188	1673	515	34	27	7	12	10	2
74	2812	2033	779	43	35	8	15	12	3
75-79岁	**14589**	**10942**	**3647**	**154**	**122**	**32**	**32**	**28**	**4**
75	3032	2286	746	41	32	9	8	7	1
76	3050	2277	773	40	31	9	3	3	
77	2677	2023	654	23	21	2	8	6	2
78	2781	2064	717	30	19	11	5	4	1
79	3049	2292	757	20	19	1	8	8	
80-84岁	**12114**	**9354**	**2760**	**100**	**77**	**23**	**18**	**15**	**3**
80	2787	2100	687	15	10	5	3	2	1
81	2451	1866	585	24	20	4	5	5	
82	2686	2142	544	14	10	4	2	2	
83	2282	1787	495	26	25	1	4	3	1
84	1908	1459	449	21	12	9	4	3	1
85岁及以上	**5920**	**4502**	**1418**	**93**	**68**	**25**	**19**	**14**	**5**

4-1a　全省分年龄、性别、受教育程度的3岁及以上人口(城市)

单位：人

年　龄	3岁及以上人口			未上过学		
	合计	男	女	小计	男	女
总　计	**15821764**	**7875512**	**7946252**	**491682**	**128112**	**363570**
3	224332	117582	106750	39527	21085	18442
4	211462	111962	99500	11031	5841	5190
5-9岁	**972383**	**526172**	**446211**	**7862**	**4284**	**3578**
5	189653	101296	88357	4823	2629	2194
6	202873	109704	93169	1496	825	671
7	195564	105838	89726	564	314	250
8	205126	111368	93758	546	282	264
9	179167	97966	81201	433	234	199
10-14岁	**842803**	**457762**	**385041**	**2249**	**1187**	**1062**
10	168982	92216	76766	465	249	216
11	169128	92220	76908	542	274	268
12	170423	92461	77962	560	292	268
13	168593	91219	77374	397	209	188
14	165677	89646	76031	285	163	122
15-19岁	**991760**	**518798**	**472962**	**1151**	**682**	**469**
15	187846	101287	86559	231	130	101
16	217514	116458	101056	227	140	87
17	201075	106117	94958	191	123	68
18	182899	93577	89322	242	155	87
19	202426	101359	101067	260	134	126
20-24岁	**1022028**	**516592**	**505436**	**1269**	**697**	**572**
20	216210	108877	107333	298	165	133
21	197485	99877	97608	245	133	112
22	203074	102614	100460	237	128	109
23	199365	101065	98300	228	128	100
24	205894	104159	101735	261	143	118
25-29岁	**1252610**	**622462**	**630148**	**1668**	**919**	**749**
25	228273	115177	113096	288	167	121
26	224382	112486	111896	310	170	140
27	244444	121548	122896	330	175	155
28	263139	129919	133220	357	188	169
29	292372	143332	149040	383	219	164
30-34岁	**1584807**	**762732**	**822075**	**2366**	**1124**	**1242**
30	356857	172966	183891	492	232	260
31	341491	164357	177134	516	265	251
32	311967	149848	162119	445	214	231
33	309393	148380	161013	471	221	250
34	265099	127181	137918	442	192	250
35-39岁	**1174668**	**568803**	**605865**	**2586**	**1031**	**1555**
35	235141	113679	121462	396	179	217
36	236261	114652	121609	470	184	286
37	229512	111587	117925	473	187	286
38	249979	121036	128943	592	237	355
39	223775	107849	115926	655	244	411
40-44岁	**1177192**	**577557**	**599635**	**5454**	**1673**	**3781**
40	226656	109461	117195	747	228	519
41	249339	121837	127502	967	355	612
42	240647	117759	122888	1036	326	710
43	222078	109747	112331	1221	357	864
44	238472	118753	119719	1483	407	1076

4-1a 续表 1 单位：人

年 龄	3岁及以上人口			未上过学		
	合计	男	女	小计	男	女
45-49岁	**1345770**	**670021**	**675749**	**16561**	**3784**	**12777**
45	236323	117573	118750	1895	529	1366
46	249318	124179	125139	2531	653	1878
47	268198	133879	134319	3241	720	2521
48	293242	146240	147002	4127	882	3245
49	298689	148150	150539	4767	1000	3767
50-54岁	**1454975**	**708994**	**745981**	**31928**	**6279**	**25649**
50	312743	153041	159702	5414	1128	4286
51	301816	146825	154991	6051	1214	4837
52	315874	153967	161907	6786	1370	5416
53	245364	118956	126408	6192	1157	5035
54	279178	136205	142973	7485	1410	6075
55-59岁	**1169495**	**568860**	**600635**	**37914**	**5559**	**32355**
55	274604	134027	140577	7648	1261	6387
56	266610	130245	136365	7754	1253	6501
57	317449	155542	161907	9617	1352	8265
58	226044	109190	116854	9075	1168	7907
59	84788	39856	44932	3820	525	3295
60-64岁	**614557**	**309688**	**304869**	**42019**	**9078**	**32941**
60	89454	44253	45201	3741	714	3027
61	89691	45856	43835	4498	1013	3485
62	130856	67446	63410	8442	1900	6542
63	157442	79483	77959	12468	2772	9696
64	147114	72650	74464	12870	2679	10191
65-69岁	**674590**	**324538**	**350052**	**75764**	**17214**	**58550**
65	145408	71004	74404	13446	2909	10537
66	153191	74714	78477	15805	3522	12283
67	131717	62841	68876	14971	3366	11605
68	135873	64437	71436	17275	3968	13307
69	108401	51542	56859	14267	3449	10818
70-74岁	**436467**	**210370**	**226097**	**62035**	**15155**	**46880**
70	98933	48153	50780	12815	3243	9572
71	98955	48004	50951	13718	3470	10248
72	88413	42220	46193	13039	3159	9880
73	78997	37929	41068	11835	2781	9054
74	71169	34064	37105	10628	2502	8126
75-79岁	**310433**	**144026**	**166407**	**52701**	**11683**	**41018**
75	64689	30811	33878	9935	2251	7684
76	64838	30568	34270	10746	2509	8237
77	59008	26995	32013	9984	2236	7748
78	59690	27303	32387	10245	2176	8069
79	62208	28349	33859	11791	2511	9280
80-84岁	**205806**	**92727**	**113079**	**47144**	**10541**	**36603**
80	52714	23928	28786	10656	2319	8337
81	39753	17750	22003	8917	2039	6878
82	42146	19496	22650	9747	2266	7481
83	37284	16764	20520	9214	2061	7153
84	33909	14789	19120	8610	1856	6754
85岁及以上	**155626**	**65866**	**89760**	**50453**	**10296**	**40157**

4-1a　续表 2

单位：人

年龄	学前教育			小学		
	小计	男	女	小计	男	女
总　计	**614692**	**323208**	**291484**	**2921905**	**1317519**	**1604386**
3	184805	96497	88308			
4	200431	106121	94310			
5–9岁	**208862**	**112567**	**96295**	**742973**	**402142**	**340831**
5	161368	86291	75077	23462	12376	11086
6	39673	22188	17485	159395	85426	73969
7	4178	2212	1966	188124	101790	86334
8	2193	1131	1062	198693	107779	90914
9	1450	745	705	173299	94771	78528
10–14岁	**5511**	**2883**	**2628**	**369051**	**201869**	**167182**
10	1122	577	545	161291	87923	73368
11	928	487	441	146414	80298	66116
12	937	486	451	44616	24857	19759
13	1198	623	575	11875	6256	5619
14	1326	710	616	4855	2535	2320
15–19岁	**1973**	**1093**	**880**	**9996**	**5378**	**4618**
15	892	501	391	2117	1125	992
16	546	308	238	2071	1090	981
17	247	135	112	2116	1155	961
18	167	84	83	1940	1046	894
19	121	65	56	1752	962	790
20–24岁	**425**	**202**	**223**	**7641**	**4343**	**3298**
20	125	67	58	1491	844	647
21	77	30	47	1191	663	528
22	74	38	36	1427	810	617
23	67	32	35	1608	938	670
24	82	35	47	1924	1088	836
25–29岁	**275**	**115**	**160**	**16905**	**9105**	**7800**
25	63	31	32	2405	1318	1087
26	48	19	29	2587	1457	1130
27	53	16	37	3208	1769	1439
28	55	26	29	3955	2094	1861
29	56	23	33	4750	2467	2283
30–34岁	**276**	**107**	**169**	**35247**	**15714**	**19533**
30	78	32	46	6374	3082	3292
31	65	23	42	6929	3266	3663
32	52	19	33	6853	3127	3726
33	45	16	29	7762	3255	4507
34	36	17	19	7329	2984	4345
35–39岁	**205**	**79**	**126**	**40837**	**14843**	**25994**
35	53	22	31	6932	2649	4283
36	39	15	24	7301	2744	4557
37	41	16	25	7489	2723	4766
38	36	17	19	9046	3279	5767
39	36	9	27	10069	3448	6621
40–44岁	**236**	**84**	**152**	**91045**	**31930**	**59115**
40	35	13	22	12406	4207	8199
41	44	17	27	16664	5744	10920
42	46	12	34	18441	6534	11907
43	54	18	36	19782	6909	12873
44	57	24	33	23752	8536	15216

4-1a 续表 3

单位：人

年龄	学前教育			小学		
	小计	男	女	小计	男	女
45-49岁	**474**	**115**	**359**	**193797**	**68223**	**125574**
45	62	14	48	26665	9485	17180
46	72	16	56	31987	11288	20699
47	98	25	73	37797	13240	24557
48	100	29	71	45491	15989	29502
49	142	31	111	51857	18221	33636
50-54岁	**958**	**285**	**673**	**321155**	**115508**	**205647**
50	161	48	113	58249	20380	37869
51	180	57	123	65846	23919	41927
52	200	52	148	71521	25756	45765
53	160	54	106	59231	21627	37604
54	257	74	183	66308	23826	42482
55-59岁	**1138**	**290**	**848**	**245484**	**84588**	**160896**
55	247	69	178	60655	21400	39255
56	259	73	186	54727	18969	35758
57	298	67	231	62092	21271	40821
58	233	63	170	49635	16786	32849
59	101	18	83	18375	6162	12213
60-64岁	**1124**	**315**	**809**	**159861**	**65655**	**94206**
60	95	28	67	17442	6487	10955
61	140	35	105	19709	7945	11764
62	243	72	171	32771	13821	18950
63	345	93	252	45008	18917	26091
64	301	87	214	44931	18485	26446
65-69岁	**2038**	**623**	**1415**	**243010**	**103359**	**139651**
65	377	110	267	47749	19909	27840
66	422	133	289	53475	22766	30709
67	395	112	283	48262	20471	27791
68	468	145	323	51575	22121	29454
69	376	123	253	41949	18092	23857
70-74岁	**1901**	**600**	**1301**	**183098**	**82402**	**100696**
70	353	109	244	38738	17222	21516
71	443	145	298	41383	18702	22681
72	391	133	258	38222	17168	21054
73	368	122	246	34473	15643	18830
74	346	91	255	30282	13667	16615
75-79岁	**1515**	**455**	**1060**	**122212**	**52692**	**69520**
75	313	90	223	26605	11943	14662
76	291	95	196	26097	11577	14520
77	283	77	206	22911	9651	13260
78	301	86	215	22674	9505	13169
79	327	107	220	23925	10016	13909
80-84岁	**1377**	**435**	**942**	**80255**	**34004**	**46251**
80	337	107	230	20545	8694	11851
81	253	86	167	15398	6450	8948
82	286	96	190	16367	7169	9198
83	277	82	195	14576	6159	8417
84	224	64	160	13369	5532	7837
85岁及以上	**1168**	**342**	**826**	**59338**	**25764**	**33574**

4-1a　续表 4　　　　单位：人

年　龄	初　中			高　中			大学专科		
	小计	男	女	小计	男	女	小计	男	女
总　计	**4761119**	**2393502**	**2367617**	**2931797**	**1567897**	**1363900**	**2078602**	**1064438**	**1014164**
3									
4									
5-9岁	**12671**	**7172**	**5499**	**15**	**7**	**8**			
5									
6	2309	1265	1044						
7	2698	1522	1176						
8	3688	2173	1515	6	3	3			
9	3976	2212	1764	9	4	5			
10-14岁	**437612**	**237620**	**199992**	**28035**	**14113**	**13922**	**322**	**82**	**240**
10	6088	3456	2632	14	11	3	1		1
11	21213	11145	10068	27	16	11	3		3
12	124238	66791	57447	56	29	27	11	4	7
13	150924	81866	69058	4179	2257	1922	15	6	9
14	135149	74362	60787	23759	11800	11959	292	72	220
15-19岁	**92349**	**53393**	**38956**	**567906**	**308318**	**259588**	**161841**	**73282**	**88559**
15	42393	24183	18210	136224	72880	63344	5582	2254	3328
16	16294	9149	7145	186751	101012	85739	10457	4184	6273
17	11847	7087	4760	154500	83556	70944	19785	8437	11348
18	10491	6280	4211	62566	34823	27743	52170	23856	28314
19	11324	6694	4630	27865	16047	11818	73847	34551	39296
20-24岁	**104823**	**57528**	**47295**	**139423**	**79699**	**59724**	**326351**	**159126**	**167225**
20	13641	7969	5672	22245	12866	9379	75158	36189	38969
21	15851	8930	6921	22501	13026	9475	59604	29632	29972
22	20560	11313	9247	27628	15823	11805	61076	29958	31118
23	24539	13301	11238	31103	17708	13395	64010	31031	32979
24	30232	16015	14217	35946	20276	15670	66503	32316	34187
25-29岁	**248398**	**121947**	**126451**	**258147**	**137760**	**120387**	**362737**	**175300**	**187437**
25	38411	20046	18365	42419	23459	18960	72066	35200	36866
26	41060	20745	20315	44145	24152	19993	67038	32685	34353
27	48327	23621	24706	50216	26738	23478	71005	34429	36576
28	55253	26618	28635	56064	29477	26587	73628	35443	38185
29	65347	30917	34430	65303	33934	31369	79000	37543	41457
30-34岁	**434366**	**194441**	**239925**	**354232**	**179097**	**175135**	**385136**	**184161**	**200975**
30	86055	39739	46316	81424	41421	40003	92973	44258	48715
31	87835	39677	48158	78464	39993	38471	85975	40665	45310
32	84712	37662	47050	70466	35514	34952	75925	36170	39755
33	92242	40742	51500	68169	34252	33917	71541	34456	37085
34	83522	36621	46901	55709	27917	27792	58722	28612	30110
35-39岁	**425999**	**190841**	**235158**	**247625**	**122991**	**124634**	**222040**	**110981**	**111059**
35	79212	35060	44152	48210	24202	24008	49093	24253	24840
36	82721	36880	45841	48356	24060	24296	46860	23388	23472
37	82304	37061	45243	47653	23702	23951	43814	22030	21784
38	93176	41818	51358	53727	26650	27077	45189	22640	22549
39	88586	40022	48564	49679	24377	25302	37084	18670	18414
40-44岁	**516352**	**243490**	**272862**	**260906**	**133748**	**127158**	**164357**	**86166**	**78191**
40	93358	42664	50694	50705	25250	25455	35717	18211	17506
41	107322	50389	56933	56027	28382	27645	36347	18694	17653
42	106311	49781	56530	53921	27599	26322	33309	17497	15812
43	100179	48015	52164	48836	25331	23505	29292	15634	13658
44	109182	52641	56541	51417	27186	24231	29692	16130	13562

4-1a 续表 5 单位：人

年 龄	初 中			高 中			大学专科		
	小计	男	女	小计	男	女	小计	男	女
45-49岁	**638325**	**315153**	**323172**	**261381**	**141399**	**119982**	**136379**	**77307**	**59072**
45	110427	53387	57040	49280	26001	23279	27539	15279	12260
46	118553	57779	60774	49667	26580	23087	26766	15112	11654
47	127528	62870	64658	52195	28555	23640	27365	15485	11880
48	139689	69747	69942	55407	30169	25238	28256	16166	12090
49	142128	71370	70758	54832	30094	24738	26453	15265	11188
50-54岁	**680567**	**342161**	**338406**	**233535**	**128502**	**105033**	**107957**	**62593**	**45364**
50	147085	72867	74218	55974	30710	25264	27227	15538	11689
51	140316	70115	70201	49601	27238	22363	23306	13314	9992
52	147400	74378	73022	49941	27624	22317	22964	13250	9714
53	115109	58079	57030	36343	20001	16342	16118	9491	6627
54	130657	66722	63935	41676	22929	18747	18342	11000	7342
55-59岁	**517003**	**261905**	**255098**	**222123**	**119693**	**102430**	**85638**	**52440**	**33198**
55	128055	64525	63530	44096	24365	19731	19260	11653	7607
56	120722	60828	59894	47695	25816	21879	20306	12212	8094
57	140972	71494	69478	63053	33726	29327	24635	15192	9443
58	95684	49212	46472	46150	24860	21290	15296	9622	5674
59	31570	15846	15724	21129	10926	10203	6141	3761	2380
60-64岁	**191473**	**106129**	**85344**	**155896**	**85110**	**70786**	**42457**	**27574**	**14883**
60	30030	15658	14372	27186	14216	12970	6945	4296	2649
61	28009	15288	12721	26996	14587	12409	6816	4386	2430
62	40092	22685	17407	35596	19658	15938	9163	5959	3204
63	47801	27116	20685	36485	20113	16372	10265	6755	3510
64	45541	25382	20159	29633	16536	13097	9268	6178	3090
65-69岁	**209557**	**116574**	**92983**	**91446**	**51507**	**39939**	**35227**	**23093**	**12134**
65	43003	23790	19213	27372	15236	12136	8868	5830	3038
66	46431	26073	20358	24163	13542	10621	8606	5650	2956
67	41928	23187	18741	16227	9190	7037	6704	4320	2384
68	43632	24225	19407	13743	7844	5899	6193	4104	2089
69	34563	19299	15264	9941	5695	4246	4856	3189	1667
70-74岁	**115735**	**66001**	**49734**	**43952**	**25605**	**18347**	**20023**	**13517**	**6506**
70	30480	17143	13337	9498	5582	3916	4845	3256	1589
71	26529	15091	11438	10047	5811	4236	4714	3201	1513
72	21553	12269	9284	9323	5363	3960	4121	2806	1315
73	19280	11187	8093	8083	4762	3321	3401	2278	1123
74	17893	10311	7582	7001	4087	2914	2942	1976	966
75-79岁	**75480**	**42798**	**32682**	**34319**	**19831**	**14488**	**13636**	**8917**	**4719**
75	16361	9311	7050	6507	3758	2749	2762	1847	915
76	16033	9186	6847	6761	3857	2904	2723	1764	959
77	14578	8101	6477	6734	3835	2899	2612	1702	910
78	14462	8136	6326	7180	4160	3020	2785	1787	998
79	14046	8064	5982	7137	4221	2916	2754	1817	937
80-84岁	**37671**	**21823**	**15848**	**20611**	**12558**	**8053**	**9526**	**6443**	**3083**
80	11075	6337	4738	5652	3383	2269	2361	1566	795
81	7275	4099	3176	4161	2460	1701	1887	1241	646
82	7510	4394	3116	4173	2589	1584	2049	1413	636
83	6220	3721	2499	3552	2199	1353	1683	1189	494
84	5591	3272	2319	3073	1927	1146	1546	1034	512
85岁及以上	**22738**	**14526**	**8212**	**12245**	**7959**	**4286**	**4975**	**3456**	**1519**

4-1a 续表 6

单位：人

年龄	大学本科			硕士研究生			博士研究生		
	小计	男	女	小计	男	女	小计	男	女
总 计	**1808386**	**961379**	**847007**	**188784**	**102544**	**86240**	**24797**	**16913**	**7884**
3									
4									
5-9岁									
5									
6									
7									
8									
9									
10-14岁	**22**	**7**	**15**	**1**	**1**				
10	1		1						
11	1		1						
12	4	1	3	1	1				
13	5	2	3						
14	11	4	7						
15-19岁	**156423**	**76575**	**79848**	**112**	**70**	**42**	**9**	**7**	**2**
15	406	214	192	1		1			
16	1167	574	593	1	1				
17	12377	5619	6758	11	4	7	1	1	
18	55287	27311	27976	36	22	14			
19	87186	42857	44329	63	43	20	8	6	2
20-24岁	**406016**	**197134**	**208882**	**34297**	**16790**	**17507**	**1783**	**1073**	**710**
20	102992	50643	52349	244	125	119	16	9	7
21	95952	46511	49441	2003	918	1085	61	34	27
22	83960	40589	43371	7912	3837	4075	200	118	82
23	65287	31691	33596	12043	5949	6094	480	287	193
24	57825	27700	30125	12095	5961	6134	1026	625	401
25-29岁	**311442**	**150850**	**160592**	**46165**	**22070**	**24095**	**6873**	**4396**	**2477**
25	59679	28242	31437	11412	5719	5693	1530	995	535
26	58518	28020	30498	9201	4313	4888	1475	925	550
27	61303	29889	31414	8580	4013	4567	1422	898	524
28	64189	31324	32865	8371	3924	4447	1267	825	442
29	67753	33375	34378	8601	4101	4500	1179	753	426
30-34岁	**326392**	**164051**	**162341**	**41673**	**20703**	**20970**	**5119**	**3334**	**1785**
30	78616	38770	39846	9603	4612	4991	1242	820	422
31	71325	35183	36142	9305	4602	4703	1077	683	394
32	64151	32322	31829	8366	4176	4190	997	644	353
33	60498	30974	29524	7697	3844	3853	968	620	348
34	51802	26802	25000	6702	3469	3233	835	567	268
35-39岁	**203730**	**109975**	**93755**	**27629**	**15332**	**12297**	**4017**	**2730**	**1287**
35	44835	23839	20996	5633	2964	2669	777	511	266
36	43866	23655	20211	5828	3173	2655	820	553	267
37	41224	22123	19101	5738	3197	2541	776	548	228
38	41484	22495	18989	5853	3318	2535	876	582	294
39	32321	17863	14458	4577	2680	1897	768	536	232
40-44岁	**120868**	**68903**	**51965**	**14983**	**9429**	**5554**	**2991**	**2134**	**857**
40	29004	15979	13025	3940	2376	1564	744	533	211
41	27624	15558	12066	3628	2197	1431	716	501	215
42	24096	13784	10312	2890	1817	1073	597	409	188
43	19925	11604	8321	2311	1524	787	478	355	123
44	20219	11978	8241	2214	1515	699	456	336	120

4－1a 续表 7 单位：人

年 龄	大学本科			硕士研究生			博士研究生		
	小计	男	女	小计	男	女	小计	男	女
45－49岁	**87452**	**55818**	**31634**	**9669**	**6892**	**2777**	**1732**	**1330**	**402**
45	18134	11238	6896	1965	1365	600	356	275	81
46	17450	11117	6333	1928	1360	568	364	274	90
47	17626	11288	6338	2006	1432	574	342	264	78
48	17774	11518	6256	2027	1458	569	371	282	89
49	16468	10657	5811	1743	1277	466	299	235	64
50－54岁	**70945**	**47622**	**23323**	**6883**	**5203**	**1680**	**1047**	**841**	**206**
50	16650	10903	5747	1739	1270	469	244	197	47
51	14845	9694	5151	1446	1099	347	225	175	50
52	15393	10285	5108	1449	1083	366	220	169	51
53	11006	7633	3373	1052	790	262	153	124	29
54	13051	9107	3944	1197	961	236	205	176	29
55－59岁	**54190**	**39385**	**14805**	**5120**	**4221**	**899**	**885**	**779**	**106**
55	13113	9505	3608	1298	1046	252	232	203	29
56	13528	9745	3783	1385	1139	246	234	210	24
57	15112	11049	4063	1438	1190	248	232	201	31
58	9078	6706	2372	752	648	104	141	125	16
59	3359	2380	979	247	198	49	46	40	6
60－64岁	**20348**	**14695**	**5653**	**1193**	**970**	**223**	**186**	**162**	**24**
60	3757	2642	1115	220	178	42	38	34	4
61	3272	2388	884	223	189	34	28	25	3
62	4263	3124	1139	254	199	55	32	28	4
63	4749	3450	1299	271	220	51	50	47	3
64	4307	3091	1216	225	184	41	38	28	10
65－69岁	**16856**	**11613**	**5243**	**618**	**498**	**120**	**74**	**57**	**17**
65	4350	3020	1330	207	170	37	36	30	6
66	4118	2899	1219	154	118	36	17	11	6
67	3129	2112	1017	91	75	16	10	8	2
68	2879	1944	935	99	79	20	9	7	2
69	2380	1638	742	67	56	11	2	1	1
70－74岁	**9502**	**6900**	**2602**	**184**	**159**	**25**	**37**	**31**	**6**
70	2150	1548	602	48	44	4	6	6	
71	2069	1539	530	48	42	6	4	3	1
72	1727	1294	433	30	23	7	7	5	2
73	1522	1127	395	25	21	4	10	8	2
74	2034	1392	642	33	29	4	10	9	1
75－79岁	**10440**	**7540**	**2900**	**110**	**91**	**19**	**20**	**19**	**1**
75	2169	1581	588	33	26	7	4	4	
76	2159	1558	601	27	21	6	1	1	
77	1884	1371	513	16	16		6	6	
78	2021	1437	584	19	14	5	3	2	1
79	2207	1593	614	15	14	1	6	6	
80－84岁	**9134**	**6852**	**2282**	**75**	**59**	**16**	**13**	**12**	**1**
80	2079	1516	563	8	5	3	1	1	
81	1841	1356	485	17	15	2	4	4	
82	2001	1559	442	11	8	3	2	2	
83	1737	1329	408	22	21	1	3	3	
84	1476	1092	384	17	10	7	3	2	1
85岁及以上	**4626**	**3459**	**1167**	**72**	**56**	**16**	**11**	**8**	**3**

4-1b 全省分年龄、性别、受教育程度的3岁及以上人口(镇)

单位：人

年龄	3岁及以上人口			未上过学		
	合计	男	女	小计	男	女
总 计	**18624592.00**	**9412529.00**	**9212063.00**	**789525.00**	**209397.00**	**580128.00**
3	285829.00	151219.00	134610.00	52389.00	28064.00	24325.00
4	271334.00	145149.00	126185.00	12529.00	6673.00	5856.00
5-9岁	**1362232.00**	**740752.00**	**621480.00**	**8730.00**	**4731.00**	**3999.00**
5	255033.00	137436.00	117597.00	5200.00	2805.00	2395.00
6	275211.00	148909.00	126302.00	1658.00	886.00	772.00
7	274434.00	149535.00	124899.00	714.00	386.00	328.00
8	290105.00	158495.00	131610.00	642.00	360.00	282.00
9	267449.00	146377.00	121072.00	516.00	294.00	222.00
10-14岁	**1303285.00**	**711928.00**	**591357.00**	**2981.00**	**1634.00**	**1347.00**
10	258202.00	141335.00	116867.00	578.00	299.00	279.00
11	264961.00	144844.00	120117.00	668.00	355.00	313.00
12	262016.00	142592.00	119424.00	704.00	398.00	306.00
13	255113.00	139139.00	115974.00	560.00	318.00	242.00
14	262993.00	144018.00	118975.00	471.00	264.00	207.00
15-19岁	**1259212.00**	**693472.00**	**565740.00**	**1436.00**	**829.00**	**607.00**
15	281397.00	154983.00	126414.00	301.00	179.00	122.00
16	309661.00	170825.00	138836.00	306.00	161.00	145.00
17	272459.00	149997.00	122462.00	274.00	165.00	109.00
18	208374.00	114954.00	93420.00	276.00	159.00	117.00
19	187321.00	102713.00	84608.00	279.00	165.00	114.00
20-24岁	**948822.00**	**507608.00**	**441214.00**	**1629.00**	**916.00**	**713.00**
20	184853.00	100741.00	84112.00	333.00	195.00	138.00
21	173027.00	93623.00	79404.00	311.00	171.00	140.00
22	187501.00	100922.00	86579.00	300.00	158.00	142.00
23	193896.00	102767.00	91129.00	320.00	178.00	142.00
24	209545.00	109555.00	99990.00	365.00	214.00	151.00
25-29岁	**1365636.00**	**691440.00**	**674196.00**	**2403.00**	**1282.00**	**1121.00**
25	243637.00	126380.00	117257.00	391.00	222.00	169.00
26	243297.00	125003.00	118294.00	418.00	229.00	189.00
27	269994.00	137116.00	132878.00	487.00	273.00	214.00
28	289943.00	145133.00	144810.00	500.00	254.00	246.00
29	318765.00	157808.00	160957.00	607.00	304.00	303.00
30-34岁	**1685851.00**	**816979.00**	**868872.00**	**3633.00**	**1710.00**	**1923.00**
30	388156.00	189603.00	198553.00	724.00	351.00	373.00
31	363562.00	176267.00	187295.00	686.00	346.00	340.00
32	329379.00	159323.00	170056.00	745.00	341.00	404.00
33	326498.00	157363.00	169135.00	799.00	364.00	435.00
34	278256.00	134423.00	143833.00	679.00	308.00	371.00
35-39岁	**1234238.00**	**601626.00**	**632612.00**	**4357.00**	**1712.00**	**2645.00**
35	248805.00	121770.00	127035.00	717.00	293.00	424.00
36	248664.00	121845.00	126819.00	753.00	332.00	421.00
37	238877.00	116770.00	122107.00	815.00	331.00	484.00
38	257531.00	124948.00	132583.00	962.00	360.00	602.00
39	240361.00	116293.00	124068.00	1110.00	396.00	714.00
40-44岁	**1293747.00**	**634637.00**	**659110.00**	**9676.00**	**2753.00**	**6923.00**
40	248639.00	120622.00	128017.00	1329.00	431.00	898.00
41	267589.00	129990.00	137599.00	1705.00	510.00	1195.00
42	264442.00	129195.00	135247.00	1961.00	543.00	1418.00
43	243217.00	120171.00	123046.00	2034.00	572.00	1462.00
44	269860.00	134659.00	135201.00	2647.00	697.00	1950.00

4-1b 续表 1

单位：人

年 龄	3岁及以上人口			未上过学		
	合计	男	女	小计	男	女
45-49岁	**1590400.00**	**786737.00**	**803663.00**	**26339.00**	**5588.00**	**20751.00**
45	269185.00	134173.00	135012.00	3122.00	762.00	2360.00
46	292509.00	145241.00	147268.00	3943.00	874.00	3069.00
47	317852.00	157077.00	160775.00	5237.00	1145.00	4092.00
48	354921.00	175438.00	179483.00	6628.00	1363.00	5265.00
49	355933.00	174808.00	181125.00	7409.00	1444.00	5965.00
50-54岁	**1757287.00**	**857457.00**	**899830.00**	**50388.00**	**9413.00**	**40975.00**
50	374351.00	181964.00	192387.00	8661.00	1709.00	6952.00
51	358358.00	174889.00	183469.00	9429.00	1860.00	7569.00
52	378971.00	185106.00	193865.00	10768.00	2078.00	8690.00
53	306686.00	148907.00	157779.00	9812.00	1720.00	8092.00
54	338921.00	166591.00	172330.00	11718.00	2046.00	9672.00
55-59岁	**1345236.00**	**656795.00**	**688441.00**	**60471.00**	**9015.00**	**51456.00**
55	321879.00	157290.00	164589.00	11726.00	1837.00	9889.00
56	300459.00	146513.00	153946.00	11988.00	1854.00	10134.00
57	342413.00	169151.00	173262.00	14943.00	2228.00	12715.00
58	276927.00	135295.00	141632.00	15017.00	2126.00	12891.00
59	103558.00	48546.00	55012.00	6797.00	970.00	5827.00
60-64岁	**639961.00**	**324967.00**	**314994.00**	**63901.00**	**13930.00**	**49971.00**
60	82311.00	40432.00	41879.00	5879.00	1072.00	4807.00
61	81947.00	42001.00	39946.00	6723.00	1493.00	5230.00
62	133705.00	70038.00	63667.00	12843.00	3024.00	9819.00
63	173194.00	88678.00	84516.00	18663.00	4208.00	14455.00
64	168804.00	83818.00	84986.00	19793.00	4133.00	15660.00
65-69岁	**847722.00**	**414007.00**	**433715.00**	**126092.00**	**29061.00**	**97031.00**
65	174130.00	86233.00	87897.00	21567.00	4725.00	16842.00
66	186952.00	91861.00	95091.00	25784.00	5704.00	20080.00
67	169880.00	82263.00	87617.00	26001.00	5879.00	20122.00
68	175309.00	85084.00	90225.00	28528.00	6873.00	21655.00
69	141451.00	68566.00	72885.00	24212.00	5880.00	18332.00
70-74岁	**589142.00**	**291463.00**	**297679.00**	**112756.00**	**28951.00**	**83805.00**
70	130840.00	64951.00	65889.00	22814.00	5880.00	16934.00
71	131799.00	65869.00	65930.00	24636.00	6381.00	18255.00
72	123305.00	60704.00	62601.00	24239.00	6201.00	18038.00
73	106722.00	52367.00	54355.00	21318.00	5367.00	15951.00
74	96476.00	47572.00	48904.00	19749.00	5122.00	14627.00
75-79岁	**406283.00**	**196650.00**	**209633.00**	**95276.00**	**24739.00**	**70537.00**
75	89048.00	43700.00	45348.00	18791.00	4812.00	13979.00
76	87725.00	42934.00	44791.00	19927.00	5186.00	14741.00
77	78562.00	38133.00	40429.00	18388.00	4760.00	13628.00
78	74772.00	35857.00	38915.00	18309.00	4737.00	13572.00
79	76176.00	36026.00	40150.00	19861.00	5244.00	14617.00
80-84岁	**245612.00**	**112990.00**	**132622.00**	**76679.00**	**20558.00**	**56121.00**
80	65020.00	30785.00	34235.00	18201.00	4985.00	13216.00
81	46756.00	21368.00	25388.00	14434.00	3825.00	10609.00
82	50794.00	23853.00	26941.00	16057.00	4548.00	11509.00
83	43839.00	19677.00	24162.00	14539.00	3724.00	10815.00
84	39203.00	17307.00	21896.00	13448.00	3476.00	9972.00
85岁及以上	**192763.00**	**76653.00**	**116110.00**	**77860.00**	**17838.00**	**60022.00**

4-1b 续表 2

单位：人

年 龄	学前教育			小 学		
	小计	男	女	小计	男	女
总 计	**804328.00**	**424625.00**	**379703.00**	**4682030.00**	**2130645.00**	**2551385.00**
3	233440.00	123155.00	110285.00			
4	258805.00	138476.00	120329.00			
5-9岁	**278116.00**	**150613.00**	**127503.00**	**1056852.00**	**574830.00**	**482022.00**
5	210871.00	113807.00	97064.00	38962.00	20824.00	18138.00
6	55714.00	30716.00	24998.00	214406.00	115319.00	99087.00
7	6501.00	3503.00	2998.00	263290.00	143421.00	119869.00
8	3034.00	1566.00	1468.00	281165.00	153577.00	127588.00
9	1996.00	1021.00	975.00	259029.00	141689.00	117340.00
10-14岁	**7778.00**	**3926.00**	**3852.00**	**592991.00**	**325432.00**	**267559.00**
10	1581.00	803.00	778.00	246194.00	134764.00	111430.00
11	1304.00	655.00	649.00	228178.00	125212.00	102966.00
12	1275.00	660.00	615.00	83795.00	46622.00	37173.00
13	1661.00	803.00	858.00	24705.00	13446.00	11259.00
14	1957.00	1005.00	952.00	10119.00	5388.00	4731.00
15-19岁	**2206.00**	**1160.00**	**1046.00**	**15327.00**	**8255.00**	**7072.00**
15	1128.00	588.00	540.00	3868.00	2009.00	1859.00
16	508.00	275.00	233.00	3151.00	1664.00	1487.00
17	271.00	137.00	134.00	3050.00	1657.00	1393.00
18	178.00	94.00	84.00	2697.00	1506.00	1191.00
19	121.00	66.00	55.00	2561.00	1419.00	1142.00
20-24岁	**428.00**	**211.00**	**217.00**	**11328.00**	**6220.00**	**5108.00**
20	137.00	70.00	67.00	2076.00	1162.00	914.00
21	69.00	30.00	39.00	1799.00	1025.00	774.00
22	63.00	35.00	28.00	2070.00	1167.00	903.00
23	80.00	36.00	44.00	2429.00	1331.00	1098.00
24	79.00	40.00	39.00	2954.00	1535.00	1419.00
25-29岁	**378.00**	**156.00**	**222.00**	**26774.00**	**13132.00**	**13642.00**
25	113.00	48.00	65.00	3688.00	1950.00	1738.00
26	78.00	33.00	45.00	4134.00	2174.00	1960.00
27	75.00	29.00	46.00	5323.00	2691.00	2632.00
28	53.00	21.00	32.00	6159.00	2854.00	3305.00
29	59.00	25.00	34.00	7470.00	3463.00	4007.00
30-34岁	**307.00**	**106.00**	**201.00**	**55112.00**	**22549.00**	**32563.00**
30	75.00	21.00	54.00	9916.00	4546.00	5370.00
31	63.00	17.00	46.00	10406.00	4428.00	5978.00
32	68.00	25.00	43.00	10913.00	4561.00	6352.00
33	61.00	29.00	32.00	12187.00	4680.00	7507.00
34	40.00	14.00	26.00	11690.00	4334.00	7356.00
35-39岁	**237.00**	**81.00**	**156.00**	**70527.00**	**23842.00**	**46685.00**
35	49.00	19.00	30.00	11600.00	4159.00	7441.00
36	46.00	16.00	30.00	12574.00	4348.00	8226.00
37	34.00	13.00	21.00	13278.00	4529.00	8749.00
38	58.00	21.00	37.00	15637.00	5087.00	10550.00
39	50.00	12.00	38.00	17438.00	5719.00	11719.00
40-44岁	**373.00**	**132.00**	**241.00**	**154803.00**	**51888.00**	**102915.00**
40	52.00	21.00	31.00	21752.00	7111.00	14641.00
41	63.00	27.00	36.00	28592.00	9452.00	19140.00
42	78.00	25.00	53.00	31494.00	10508.00	20986.00
43	93.00	34.00	59.00	32821.00	11044.00	21777.00
44	87.00	25.00	62.00	40144.00	13773.00	26371.00

4－1b 续表 3

单位：人

年 龄	学前教育			小 学		
	小计	男	女	小计	男	女
45－49岁	**907.00**	**240.00**	**667.00**	**322108.00**	**109904.00**	**212204.00**
45	127.00	38.00	89.00	44504.00	15395.00	29109.00
46	124.00	39.00	85.00	52985.00	18034.00	34951.00
47	169.00	46.00	123.00	63055.00	21321.00	41734.00
48	240.00	63.00	177.00	76991.00	26368.00	50623.00
49	247.00	54.00	193.00	84573.00	28786.00	55787.00
50－54岁	**1830.00**	**420.00**	**1410.00**	**530689.00**	**188233.00**	**342456.00**
50	329.00	84.00	245.00	96038.00	32976.00	63062.00
51	326.00	67.00	259.00	106750.00	37993.00	68757.00
52	368.00	103.00	265.00	117471.00	41894.00	75577.00
53	343.00	69.00	274.00	99960.00	35497.00	64463.00
54	464.00	97.00	367.00	110470.00	39873.00	70597.00
55－59岁	**2158.00**	**470.00**	**1688.00**	**432672.00**	**149169.00**	**283503.00**
55	452.00	109.00	343.00	103999.00	36331.00	67668.00
56	431.00	111.00	320.00	94591.00	32652.00	61939.00
57	561.00	111.00	450.00	106289.00	36689.00	69600.00
58	507.00	96.00	411.00	91836.00	31356.00	60480.00
59	207.00	43.00	164.00	35957.00	12141.00	23816.00
60－64岁	**2103.00**	**605.00**	**1498.00**	**264689.00**	**113024.00**	**151665.00**
60	163.00	45.00	118.00	27704.00	10356.00	17348.00
61	216.00	65.00	151.00	29836.00	12279.00	17557.00
62	412.00	125.00	287.00	53671.00	23625.00	30046.00
63	667.00	194.00	473.00	76293.00	33534.00	42759.00
64	645.00	176.00	469.00	77185.00	33230.00	43955.00
65－69岁	**4262.00**	**1255.00**	**3007.00**	**432603.00**	**197245.00**	**235358.00**
65	749.00	202.00	547.00	83642.00	36841.00	46801.00
66	829.00	258.00	571.00	93745.00	42314.00	51431.00
67	906.00	271.00	635.00	87315.00	39875.00	47440.00
68	944.00	276.00	668.00	92554.00	42833.00	49721.00
69	834.00	248.00	586.00	75347.00	35382.00	39965.00
70－74岁	**3863.00**	**1311.00**	**2552.00**	**316288.00**	**155700.00**	**160588.00**
70	800.00	273.00	527.00	69184.00	33438.00	35746.00
71	884.00	302.00	582.00	71115.00	35468.00	35647.00
72	809.00	291.00	518.00	67194.00	33122.00	34072.00
73	681.00	224.00	457.00	57884.00	28583.00	29301.00
74	689.00	221.00	468.00	50911.00	25089.00	25822.00
75－79岁	**3000.00**	**1001.00**	**1999.00**	**201097.00**	**98199.00**	**102898.00**
75	588.00	171.00	417.00	45987.00	22589.00	23398.00
76	639.00	231.00	408.00	44024.00	21627.00	22397.00
77	617.00	210.00	407.00	38383.00	18814.00	19569.00
78	560.00	193.00	367.00	35686.00	17295.00	18391.00
79	596.00	196.00	400.00	37017.00	17874.00	19143.00
80－84岁	**2231.00**	**753.00**	**1478.00**	**114879.00**	**55801.00**	**59078.00**
80	550.00	182.00	368.00	30884.00	15074.00	15810.00
81	404.00	145.00	259.00	21737.00	10446.00	11291.00
82	514.00	160.00	354.00	23827.00	11835.00	11992.00
83	396.00	138.00	258.00	20312.00	9770.00	10542.00
84	367.00	128.00	239.00	18119.00	8676.00	9443.00
85岁及以上	**1906.00**	**554.00**	**1352.00**	**83291.00**	**37222.00**	**46069.00**

4-1b　续表 4　　　　单位：人

年　龄	初　中			高　中			大学专科		
	小计	男	女	小计	男	女	小计	男	女
总　计	**6525120.00**	**3403906.00**	**3121214.00**	**3031853.00**	**1708311.00**	**1323542.00**	**1559366.00**	**847600.00**	**711766.00**
3									
4									
5–9岁	**18511.00**	**10565.00**	**7946.00**	**23.00**	**13.00**	**10.00**			
5									
6	3433.00	1988.00	1445.00						
7	3929.00	2225.00	1704.00						
8	5253.00	2987.00	2266.00	11.00	5.00	6.00			
9	5896.00	3365.00	2531.00	12.00	8.00	4.00			
10–14岁	**658727.00**	**359937.00**	**298790.00**	**40646.00**	**20930.00**	**19716.00**	**135.00**	**55.00**	**80.00**
10	9823.00	5452.00	4371.00	18.00	14.00	4.00	1.00		1.00
11	34782.00	18607.00	16175.00	24.00	15.00	9.00	2.00		2.00
12	176150.00	94865.00	81285.00	82.00	40.00	42.00	6.00	6.00	
13	222787.00	121652.00	101135.00	5385.00	2915.00	2470.00	13.00	4.00	9.00
14	215185.00	119361.00	95824.00	35137.00	17946.00	17191.00	113.00	45.00	68.00
15–19岁	**188081.00**	**110241.00**	**77840.00**	**815575.00**	**448847.00**	**366728.00**	**127295.00**	**66299.00**	**60996.00**
15	84693.00	48772.00	35921.00	187440.00	101432.00	86008.00	3652.00	1835.00	1817.00
16	35973.00	21198.00	14775.00	261412.00	143074.00	118338.00	7369.00	3935.00	3434.00
17	24805.00	14850.00	9955.00	218155.00	119746.00	98409.00	15914.00	8391.00	7523.00
18	21011.00	12557.00	8454.00	103235.00	58154.00	45081.00	41795.00	21633.00	20162.00
19	21599.00	12864.00	8735.00	45333.00	26441.00	18892.00	58565.00	30505.00	28060.00
20–24岁	**193415.00**	**105183.00**	**88232.00**	**184894.00**	**108822.00**	**76072.00**	**264806.00**	**134970.00**	**129836.00**
20	25699.00	15036.00	10663.00	31762.00	19182.00	12580.00	58569.00	30184.00	28385.00
21	29454.00	16567.00	12887.00	30205.00	18011.00	12194.00	48179.00	24992.00	23187.00
22	37989.00	20740.00	17249.00	36511.00	21762.00	14749.00	50390.00	25581.00	24809.00
23	45174.00	24156.00	21018.00	40467.00	23559.00	16908.00	52216.00	26353.00	25863.00
24	55099.00	28684.00	26415.00	45949.00	26308.00	19641.00	55452.00	27860.00	27592.00
25–29岁	**447006.00**	**215636.00**	**231370.00**	**325680.00**	**176917.00**	**148763.00**	**308397.00**	**154671.00**	**153726.00**
25	70565.00	35807.00	34758.00	55494.00	31503.00	23991.00	60921.00	30548.00	30373.00
26	75713.00	37620.00	38093.00	56690.00	31356.00	25334.00	57257.00	28940.00	28317.00
27	88169.00	42840.00	45329.00	64273.00	34971.00	29302.00	61115.00	30613.00	30502.00
28	99108.00	46798.00	52310.00	70580.00	37734.00	32846.00	62486.00	31376.00	31110.00
29	113451.00	52571.00	60880.00	78643.00	41353.00	37290.00	66618.00	33194.00	33424.00
30–34岁	**709348.00**	**316229.00**	**393119.00**	**395176.00**	**206526.00**	**188650.00**	**298879.00**	**151121.00**	**147758.00**
30	145806.00	66150.00	79656.00	96144.00	50131.00	46013.00	77592.00	38305.00	39287.00
31	145018.00	64897.00	80121.00	89067.00	46338.00	42729.00	68266.00	34092.00	34174.00
32	139809.00	62006.00	77803.00	77120.00	40305.00	36815.00	57885.00	29351.00	28534.00
33	146679.00	64761.00	81918.00	73577.00	38640.00	34937.00	53266.00	27334.00	25932.00
34	132036.00	58415.00	73621.00	59268.00	31112.00	28156.00	41870.00	22039.00	19831.00
35–39岁	**649983.00**	**297525.00**	**352458.00**	**242557.00**	**130075.00**	**112482.00**	**146557.00**	**79320.00**	**67237.00**
35	124634.00	56295.00	68339.00	50651.00	27184.00	23467.00	33932.00	18360.00	15572.00
36	128015.00	58362.00	69653.00	49590.00	26646.00	22944.00	31538.00	17205.00	14333.00
37	126450.00	57961.00	68489.00	46367.00	24996.00	21371.00	28106.00	15209.00	12897.00
38	138285.00	63410.00	74875.00	50071.00	26725.00	23346.00	28734.00	15486.00	13248.00
39	132599.00	61497.00	71102.00	45878.00	24524.00	21354.00	24247.00	13060.00	11187.00
40–44岁	**725820.00**	**352562.00**	**373258.00**	**220780.00**	**122009.00**	**98771.00**	**108348.00**	**60372.00**	**47976.00**
40	138477.00	65172.00	73305.00	46281.00	25022.00	21259.00	23473.00	12787.00	10686.00
41	150649.00	71855.00	78794.00	46943.00	25716.00	21227.00	23257.00	12774.00	10483.00
42	148811.00	72197.00	76614.00	45542.00	25019.00	20523.00	21840.00	11995.00	9845.00
43	137466.00	68006.00	69460.00	39288.00	22005.00	17283.00	19086.00	10746.00	8340.00
44	150417.00	75332.00	75085.00	42726.00	24247.00	18479.00	20692.00	12070.00	8622.00

4-1b 续表 5

单位：人

年龄	初中			高中			大学专科		
	小计	男	女	小计	男	女	小计	男	女
45-49岁	**865409.00**	**445978.00**	**419431.00**	**223568.00**	**128772.00**	**94796.00**	**95810.00**	**57761.00**	**38049.00**
45	149577.00	75611.00	73966.00	40932.00	23293.00	17639.00	19036.00	11214.00	7822.00
46	160936.00	81773.00	79163.00	43277.00	24815.00	18462.00	19190.00	11483.00	7707.00
47	173973.00	89297.00	84676.00	44720.00	25811.00	18909.00	19413.00	11662.00	7751.00
48	191941.00	99847.00	92094.00	48447.00	28060.00	20387.00	19655.00	12071.00	7584.00
49	188982.00	99450.00	89532.00	46192.00	26793.00	19399.00	18516.00	11331.00	7185.00
50-54岁	**859518.00**	**463407.00**	**396111.00**	**190838.00**	**112820.00**	**78018.00**	**77748.00**	**49434.00**	**28314.00**
50	193262.00	101080.00	92182.00	46957.00	27232.00	19725.00	18683.00	11562.00	7121.00
51	175853.00	94133.00	81720.00	40096.00	23686.00	16410.00	16261.00	10189.00	6072.00
52	183703.00	99552.00	84151.00	40335.00	23931.00	16404.00	16431.00	10443.00	5988.00
53	146512.00	80018.00	66494.00	29950.00	17810.00	12140.00	12399.00	8033.00	4366.00
54	160188.00	88624.00	71564.00	33500.00	20161.00	13339.00	13974.00	9207.00	4767.00
55-59岁	**601197.00**	**334844.00**	**266353.00**	**158697.00**	**98088.00**	**60609.00**	**59179.00**	**40637.00**	**18542.00**
55	150120.00	82932.00	67188.00	33231.00	20247.00	12984.00	14096.00	9390.00	4706.00
56	137211.00	75143.00	62068.00	34089.00	20812.00	13277.00	14144.00	9565.00	4579.00
57	153775.00	85906.00	67869.00	42644.00	26466.00	16178.00	15993.00	11146.00	4847.00
58	119218.00	68070.00	51148.00	34699.00	22000.00	12699.00	10897.00	7804.00	3093.00
59	40873.00	22793.00	18080.00	14034.00	8563.00	5471.00	4049.00	2732.00	1317.00
60-64岁	**180802.00**	**112556.00**	**68246.00**	**94931.00**	**60115.00**	**34816.00**	**25104.00**	**18091.00**	**7013.00**
60	28212.00	16195.00	12017.00	14673.00	8798.00	5875.00	4049.00	2720.00	1329.00
61	25000.00	15088.00	9912.00	14910.00	9211.00	5699.00	3884.00	2768.00	1116.00
62	37953.00	24090.00	13863.00	21462.00	13723.00	7739.00	5583.00	4046.00	1537.00
63	45980.00	29483.00	16497.00	23565.00	15231.00	8334.00	6139.00	4519.00	1620.00
64	43657.00	27700.00	15957.00	20321.00	13152.00	7169.00	5449.00	4038.00	1411.00
65-69岁	**194201.00**	**124465.00**	**69736.00**	**65411.00**	**43538.00**	**21873.00**	**19216.00**	**14002.00**	**5214.00**
65	42925.00	27295.00	15630.00	18464.00	12069.00	6395.00	5108.00	3792.00	1316.00
66	43862.00	28047.00	15815.00	16583.00	10999.00	5584.00	4689.00	3439.00	1250.00
67	38711.00	24636.00	14075.00	12336.00	8280.00	4056.00	3554.00	2563.00	991.00
68	38462.00	24844.00	13618.00	10530.00	7149.00	3381.00	3304.00	2385.00	919.00
69	30241.00	19643.00	10598.00	7498.00	5041.00	2457.00	2561.00	1823.00	738.00
70-74岁	**110922.00**	**73259.00**	**37663.00**	**30223.00**	**20761.00**	**9462.00**	**11709.00**	**8762.00**	**2947.00**
70	27524.00	17991.00	9533.00	7081.00	4826.00	2255.00	2677.00	1952.00	725.00
71	24931.00	16443.00	8488.00	6849.00	4685.00	2164.00	2645.00	1988.00	657.00
72	21846.00	14491.00	7355.00	6145.00	4248.00	1897.00	2396.00	1808.00	588.00
73	18931.00	12527.00	6404.00	5276.00	3630.00	1646.00	2085.00	1591.00	494.00
74	17690.00	11807.00	5883.00	4872.00	3372.00	1500.00	1906.00	1423.00	483.00
75-79岁	**71576.00**	**47532.00**	**24044.00**	**23324.00**	**16096.00**	**7228.00**	**8436.00**	**6180.00**	**2256.00**
75	16620.00	11087.00	5533.00	4626.00	3201.00	1425.00	1689.00	1232.00	457.00
76	15962.00	10745.00	5217.00	4715.00	3287.00	1428.00	1664.00	1227.00	437.00
77	14050.00	9334.00	4716.00	4756.00	3226.00	1530.00	1694.00	1240.00	454.00
78	12981.00	8461.00	4520.00	4830.00	3347.00	1483.00	1760.00	1297.00	463.00
79	11963.00	7905.00	4058.00	4397.00	3035.00	1362.00	1629.00	1184.00	445.00
80-84岁	**31532.00**	**20965.00**	**10567.00**	**12398.00**	**8703.00**	**3695.00**	**5308.00**	**4038.00**	**1270.00**
80	9725.00	6456.00	3269.00	3606.00	2524.00	1082.00	1452.00	1072.00	380.00
81	6072.00	3947.00	2125.00	2491.00	1719.00	772.00	1080.00	835.00	245.00
82	6192.00	4197.00	1995.00	2521.00	1778.00	743.00	1090.00	826.00	264.00
83	5157.00	3471.00	1686.00	2046.00	1454.00	592.00	906.00	713.00	193.00
84	4386.00	2894.00	1492.00	1734.00	1228.00	506.00	780.00	592.00	188.00
85岁及以上	**19072.00**	**13022.00**	**6050.00**	**7132.00**	**5279.00**	**1853.00**	**2439.00**	**1887.00**	**552.00**

4-1b 续表 6

单位：人

年 龄	大学本科			硕士研究生			博士研究生		
	小计	男	女	小计	男	女	小计	男	女
总 计	**1141328.00**	**636972.00**	**504356.00**	**83434.00**	**46059.00**	**37375.00**	**7608.00**	**5014.00**	**2594.00**
3									
4									
5–9岁									
5									
6									
7									
8									
9									
10–14岁	**22.00**	**12.00**	**10.00**	**5.00**	**2.00**	**3.00**			
10	7.00	3.00	4.00						
11	3.00		3.00						
12	3.00	1.00	2.00	1.00		1.00			
13	2.00	1.00	1.00						
14	7.00	7.00		4.00	2.00	2.00			
15–19岁	**109198.00**	**57785.00**	**51413.00**	**88.00**	**51.00**	**37.00**	**6.00**	**5.00**	**1.00**
15	315.00	168.00	147.00						
16	941.00	517.00	424.00				1.00	1.00	
17	9975.00	5043.00	4932.00	13.00	6.00	7.00	2.00	2.00	
18	39149.00	20832.00	18317.00	33.00	19.00	14.00			
19	58818.00	31225.00	27593.00	42.00	26.00	16.00	3.00	2.00	1.00
20–24岁	**272995.00**	**141666.00**	**131329.00**	**18705.00**	**9246.00**	**9459.00**	**622.00**	**374.00**	**248.00**
20	66087.00	34817.00	31270.00	171.00	82.00	89.00	19.00	13.00	6.00
21	61582.00	32143.00	29439.00	1387.00	661.00	726.00	41.00	23.00	18.00
22	55578.00	29161.00	26417.00	4478.00	2243.00	2235.00	122.00	75.00	47.00
23	46740.00	23966.00	22774.00	6298.00	3085.00	3213.00	172.00	103.00	69.00
24	43008.00	21579.00	21429.00	6371.00	3175.00	3196.00	268.00	160.00	108.00
25–29岁	**226713.00**	**114942.00**	**111771.00**	**26013.00**	**13323.00**	**12690.00**	**2272.00**	**1381.00**	**891.00**
25	45769.00	22993.00	22776.00	6287.00	3088.00	3199.00	409.00	221.00	188.00
26	43265.00	21685.00	21580.00	5304.00	2713.00	2591.00	438.00	253.00	185.00
27	45123.00	22869.00	22254.00	4968.00	2540.00	2428.00	461.00	290.00	171.00
28	45824.00	23320.00	22504.00	4797.00	2502.00	2295.00	436.00	274.00	162.00
29	46732.00	24075.00	22657.00	4657.00	2480.00	2177.00	528.00	343.00	185.00
30–34岁	**202177.00**	**107207.00**	**94970.00**	**19197.00**	**10214.00**	**8983.00**	**2022.00**	**1317.00**	**705.00**
30	52254.00	27072.00	25182.00	5153.00	2709.00	2444.00	492.00	318.00	174.00
31	45165.00	23524.00	21641.00	4442.00	2324.00	2118.00	449.00	301.00	148.00
32	38754.00	20551.00	18203.00	3694.00	1923.00	1771.00	391.00	260.00	131.00
33	36291.00	19556.00	16735.00	3274.00	1771.00	1503.00	364.00	228.00	136.00
34	29713.00	16504.00	13209.00	2634.00	1487.00	1147.00	326.00	210.00	116.00
35–39岁	**110171.00**	**63001.00**	**47170.00**	**8685.00**	**5278.00**	**3407.00**	**1164.00**	**792.00**	**372.00**
35	24936.00	14071.00	10865.00	2035.00	1215.00	820.00	251.00	174.00	77.00
36	23969.00	13643.00	10326.00	1929.00	1133.00	796.00	250.00	160.00	90.00
37	21859.00	12524.00	9335.00	1744.00	1049.00	695.00	224.00	158.00	66.00
38	21893.00	12659.00	9234.00	1655.00	1037.00	618.00	236.00	163.00	73.00
39	17514.00	10104.00	7410.00	1322.00	844.00	478.00	203.00	137.00	66.00
40–44岁	**69276.00**	**41799.00**	**27477.00**	**4058.00**	**2696.00**	**1362.00**	**613.00**	**426.00**	**187.00**
40	16006.00	9281.00	6725.00	1103.00	687.00	416.00	166.00	110.00	56.00
41	15271.00	8905.00	6366.00	961.00	648.00	313.00	148.00	103.00	45.00
42	13833.00	8323.00	5510.00	763.00	507.00	256.00	120.00	78.00	42.00
43	11708.00	7279.00	4429.00	632.00	423.00	209.00	89.00	62.00	27.00
44	12458.00	8011.00	4447.00	599.00	431.00	168.00	90.00	73.00	17.00

4-1b 续表 7 单位：人

年龄	大学本科			硕士研究生			博士研究生		
	小计	男	女	小计	男	女	小计	男	女
45-49岁	**53107.00**	**36126.00**	**16981.00**	**2725.00**	**2037.00**	**688.00**	**427.00**	**331.00**	**96.00**
45	11249.00	7383.00	3866.00	565.00	419.00	146.00	73.00	58.00	15.00
46	11405.00	7725.00	3680.00	547.00	420.00	127.00	102.00	78.00	24.00
47	10623.00	7294.00	3329.00	563.00	423.00	140.00	99.00	78.00	21.00
48	10389.00	7205.00	3184.00	552.00	401.00	151.00	78.00	60.00	18.00
49	9441.00	6519.00	2922.00	498.00	374.00	124.00	75.00	57.00	18.00
50-54岁	**44032.00**	**31959.00**	**12073.00**	**2013.00**	**1594.00**	**419.00**	**231.00**	**177.00**	**54.00**
50	9869.00	6901.00	2968.00	487.00	371.00	116.00	65.00	49.00	16.00
51	9209.00	6612.00	2597.00	388.00	317.00	71.00	46.00	32.00	14.00
52	9382.00	6707.00	2675.00	459.00	356.00	103.00	54.00	42.00	12.00
53	7364.00	5483.00	1881.00	318.00	253.00	65.00	28.00	24.00	4.00
54	8208.00	6256.00	1952.00	361.00	297.00	64.00	38.00	30.00	8.00
55-59岁	**29302.00**	**23237.00**	**6065.00**	**1393.00**	**1192.00**	**201.00**	**167.00**	**143.00**	**24.00**
55	7860.00	6112.00	1748.00	351.00	295.00	56.00	44.00	37.00	7.00
56	7571.00	6000.00	1571.00	390.00	337.00	53.00	44.00	39.00	5.00
57	7776.00	6233.00	1543.00	381.00	329.00	52.00	51.00	43.00	8.00
58	4531.00	3657.00	874.00	198.00	166.00	32.00	24.00	20.00	4.00
59	1564.00	1235.00	329.00	73.00	65.00	8.00	4.00	4.00	
60-64岁	**8061.00**	**6356.00**	**1705.00**	**330.00**	**256.00**	**74.00**	**40.00**	**34.00**	**6.00**
60	1553.00	1187.00	366.00	71.00	52.00	19.00	7.00	7.00	
61	1317.00	1047.00	270.00	54.00	44.00	10.00	7.00	6.00	1.00
62	1701.00	1343.00	358.00	69.00	53.00	16.00	11.00	9.00	2.00
63	1819.00	1455.00	364.00	60.00	48.00	12.00	8.00	6.00	2.00
64	1671.00	1324.00	347.00	76.00	59.00	17.00	7.00	6.00	1.00
65-69岁	**5793.00**	**4329.00**	**1464.00**	**124.00**	**97.00**	**27.00**	**20.00**	**15.00**	**5.00**
65	1624.00	1267.00	357.00	47.00	38.00	9.00	4.00	4.00	
66	1422.00	1069.00	353.00	33.00	27.00	6.00	5.00	4.00	1.00
67	1032.00	740.00	292.00	17.00	14.00	3.00	8.00	5.00	3.00
68	967.00	712.00	255.00	18.00	11.00	7.00	2.00	1.00	1.00
69	748.00	541.00	207.00	9.00	7.00	2.00	1.00	1.00	
70-74岁	**3328.00**	**2678.00**	**650.00**	**41.00**	**31.00**	**10.00**	**12.00**	**10.00**	**2.00**
70	746.00	580.00	166.00	13.00	10.00	3.00	1.00	1.00	
71	731.00	595.00	136.00	6.00	5.00	1.00	2.00	2.00	
72	665.00	533.00	132.00	8.00	7.00	1.00	3.00	3.00	
73	537.00	438.00	99.00	8.00	5.00	3.00	2.00	2.00	
74	649.00	532.00	117.00	6.00	4.00	2.00	4.00	2.00	2.00
75-79岁	**3539.00**	**2877.00**	**662.00**	**30.00**	**22.00**	**8.00**	**5.00**	**4.00**	**1.00**
75	741.00	603.00	138.00	5.00	4.00	1.00	1.00	1.00	
76	781.00	621.00	160.00	12.00	9.00	3.00	1.00	1.00	
77	670.00	546.00	124.00	3.00	3.00		1.00		1.00
78	638.00	523.00	115.00	7.00	3.00	4.00	1.00	1.00	
79	709.00	584.00	125.00	3.00	3.00		1.00	1.00	
80-84岁	**2570.00**	**2158.00**	**412.00**	**12.00**	**11.00**	**1.00**	**3.00**	**3.00**	
80	598.00	488.00	110.00	3.00	3.00		1.00	1.00	
81	535.00	448.00	87.00	2.00	2.00		1.00	1.00	
82	592.00	508.00	84.00	1.00	1.00				
83	479.00	403.00	76.00	4.00	4.00				
84	366.00	311.00	55.00	2.00	1.00	1.00	1.00	1.00	
85岁及以上	**1044.00**	**840.00**	**204.00**	**15.00**	**9.00**	**6.00**	**4.00**	**2.00**	**2.00**

4-1c　全省分年龄、性别、受教育程度的3岁及以上人口(乡村)

单位：人

年　龄	3岁及以上人口			未上过学		
	合计	男	女	小计	男	女
总　计	**24622919.00**	**12779316.00**	**11843603.00**	**2147127.00**	**585027.00**	**1562100.00**
3	336118.00	178151.00	157967.00	80418.00	42948.00	37470.00
4	337243.00	180026.00	157217.00	20183.00	10802.00	9381.00
5-9岁	**1820214.00**	**979529.00**	**840685.00**	**13387.00**	**7128.00**	**6259.00**
5	339467.00	181159.00	158308.00	7400.00	3976.00	3424.00
6	360005.00	194132.00	165873.00	2775.00	1453.00	1322.00
7	360651.00	194194.00	166457.00	1226.00	628.00	598.00
8	389569.00	209977.00	179592.00	1096.00	578.00	518.00
9	370522.00	200067.00	170455.00	890.00	493.00	397.00
10-14岁	**1817551.00**	**992038.00**	**825513.00**	**4720.00**	**2677.00**	**2043.00**
10	361326.00	195636.00	165690.00	868.00	520.00	348.00
11	379561.00	206001.00	173560.00	1070.00	559.00	511.00
12	369295.00	201491.00	167804.00	1103.00	622.00	481.00
13	352461.00	192941.00	159520.00	896.00	517.00	379.00
14	354908.00	195969.00	158939.00	783.00	459.00	324.00
15-19岁	**992861.00**	**565007.00**	**427854.00**	**2691.00**	**1632.00**	**1059.00**
15	259451.00	146272.00	113179.00	620.00	379.00	241.00
16	200063.00	115088.00	84975.00	501.00	300.00	201.00
17	181762.00	104442.00	77320.00	446.00	262.00	184.00
18	183751.00	104386.00	79365.00	519.00	319.00	200.00
19	167834.00	94819.00	73015.00	605.00	372.00	233.00
20-24岁	**1007665.00**	**559713.00**	**447952.00**	**3608.00**	**2079.00**	**1529.00**
20	163465.00	92170.00	71295.00	663.00	399.00	264.00
21	167222.00	93716.00	73506.00	651.00	399.00	252.00
22	207261.00	114720.00	92541.00	734.00	411.00	323.00
23	224468.00	124036.00	100432.00	729.00	394.00	335.00
24	245249.00	135071.00	110178.00	831.00	476.00	355.00
25-29岁	**1477324.00**	**794182.00**	**683142.00**	**5963.00**	**3044.00**	**2919.00**
25	281154.00	154583.00	126571.00	992.00	542.00	450.00
26	271029.00	147763.00	123266.00	1033.00	537.00	496.00
27	291239.00	156158.00	135081.00	1207.00	639.00	568.00
28	308873.00	164144.00	144729.00	1274.00	632.00	642.00
29	325029.00	171534.00	153495.00	1457.00	694.00	763.00
30-34岁	**1603738.00**	**834190.00**	**769548.00**	**9836.00**	**4430.00**	**5406.00**
30	384871.00	202102.00	182769.00	1910.00	906.00	1004.00
31	346199.00	180153.00	166046.00	1901.00	887.00	1014.00
32	309961.00	160604.00	149357.00	1948.00	923.00	1025.00
33	302318.00	156627.00	145691.00	2081.00	884.00	1197.00
34	260389.00	134704.00	125685.00	1996.00	830.00	1166.00
35-39岁	**1143088.00**	**601778.00**	**541310.00**	**11504.00**	**4431.00**	**7073.00**
35	233527.00	122393.00	111134.00	1935.00	808.00	1127.00
36	231066.00	121874.00	109192.00	2127.00	854.00	1273.00
37	219312.00	115689.00	103623.00	2111.00	815.00	1296.00
38	232502.00	122769.00	109733.00	2561.00	991.00	1570.00
39	226681.00	119053.00	107628.00	2770.00	963.00	1807.00
40-44岁	**1318492.00**	**701459.00**	**617033.00**	**23217.00**	**7373.00**	**15844.00**
40	244634.00	129233.00	115401.00	3653.00	1227.00	2426.00
41	258538.00	137631.00	120907.00	4057.00	1336.00	2721.00
42	270316.00	143539.00	126777.00	4748.00	1527.00	3221.00
43	254856.00	136160.00	118696.00	4809.00	1519.00	3290.00
44	290148.00	154896.00	135252.00	5950.00	1764.00	4186.00

4-1c 续表 1

单位：人

年 龄	3岁及以上人口			未上过学		
	合计	男	女	小计	男	女
45-49岁	**1977412.00**	**1019672.00**	**957740.00**	**57641.00**	**14241.00**	**43400.00**
45	301120.00	158688.00	142432.00	6828.00	1970.00	4858.00
46	345930.00	179843.00	166087.00	8416.00	2293.00	6123.00
47	391362.00	201865.00	189497.00	10845.00	2732.00	8113.00
48	463179.00	238199.00	224980.00	14735.00	3515.00	11220.00
49	475821.00	241077.00	234744.00	16817.00	3731.00	13086.00
50-54岁	**2571104.00**	**1276156.00**	**1294948.00**	**121881.00**	**23546.00**	**98335.00**
50	526501.00	259574.00	266927.00	21029.00	4393.00	16636.00
51	509192.00	251798.00	257394.00	22386.00	4481.00	17905.00
52	555187.00	275098.00	280089.00	26184.00	5119.00	21065.00
53	468475.00	231099.00	237376.00	24520.00	4454.00	20066.00
54	511749.00	258587.00	253162.00	27762.00	5099.00	22663.00
55-59岁	**2069835.00**	**1040026.00**	**1029809.00**	**146139.00**	**24561.00**	**121578.00**
55	484407.00	241351.00	243056.00	28156.00	4930.00	23226.00
56	442749.00	220478.00	222271.00	28781.00	4930.00	23851.00
57	501704.00	256041.00	245663.00	34538.00	5892.00	28646.00
58	453887.00	231052.00	222835.00	35887.00	5801.00	30086.00
59	187088.00	91104.00	95984.00	18777.00	3008.00	15769.00
60-64岁	**1055307.00**	**552690.00**	**502617.00**	**153489.00**	**36639.00**	**116850.00**
60	128359.00	64222.00	64137.00	14841.00	2977.00	11864.00
61	122818.00	64398.00	58420.00	16194.00	3885.00	12309.00
62	213129.00	114660.00	98469.00	30034.00	7696.00	22338.00
63	291524.00	154483.00	137041.00	43669.00	10568.00	33101.00
64	299477.00	154927.00	144550.00	48751.00	11513.00	37238.00
65-69岁	**1746931.00**	**886981.00**	**859950.00**	**353101.00**	**87090.00**	**266011.00**
65	323604.00	167007.00	156597.00	54742.00	12961.00	41781.00
66	368591.00	188778.00	179813.00	68345.00	16200.00	52145.00
67	357748.00	180778.00	176970.00	72780.00	17806.00	54974.00
68	381709.00	192472.00	189237.00	83333.00	21046.00	62287.00
69	315279.00	157946.00	157333.00	73901.00	19077.00	54824.00
70-74岁	**1381708.00**	**701228.00**	**680480.00**	**365822.00**	**99759.00**	**266063.00**
70	297083.00	150887.00	146196.00	72987.00	19868.00	53119.00
71	303851.00	156122.00	147729.00	78447.00	21727.00	56720.00
72	295200.00	150023.00	145177.00	79495.00	21898.00	57597.00
73	254214.00	127975.00	126239.00	69410.00	18573.00	50837.00
74	231360.00	116221.00	115139.00	65483.00	17693.00	47790.00
75-79岁	**964187.00**	**483476.00**	**480711.00**	**308903.00**	**87534.00**	**221369.00**
75	214262.00	107898.00	106364.00	62994.00	17378.00	45616.00
76	210425.00	107370.00	103055.00	64514.00	18366.00	46148.00
77	188492.00	94705.00	93787.00	60549.00	17186.00	43363.00
78	174000.00	86596.00	87404.00	58418.00	16744.00	41674.00
79	177008.00	86907.00	90101.00	62428.00	17860.00	44568.00
80-84岁	**567994.00**	**268099.00**	**299895.00**	**236250.00**	**69476.00**	**166774.00**
80	153958.00	75033.00	78925.00	58274.00	17245.00	41029.00
81	109529.00	51918.00	57611.00	44985.00	13241.00	31744.00
82	116388.00	55765.00	60623.00	49188.00	14841.00	34347.00
83	99341.00	45660.00	53681.00	43683.00	12830.00	30853.00
84	88778.00	39723.00	49055.00	40120.00	11319.00	28801.00
85岁及以上	**434147.00**	**164915.00**	**269232.00**	**228374.00**	**55637.00**	**172737.00**

4-1c 续表 2 单位：人

年 龄	学前教育			小 学		
	小计	男	女	小计	男	女
总 计	**1021971.00**	**531070.00**	**490901.00**	**8797085.00**	**4202881.00**	**4594204.00**
3	255700.00	135203.00	120497.00			
4	317060.00	169224.00	147836.00			
5–9岁	**370504.00**	**198408.00**	**172096.00**	**1413534.00**	**761118.00**	**652416.00**
5	263165.00	140600.00	122565.00	68902.00	36583.00	32319.00
6	86703.00	47152.00	39551.00	266313.00	143129.00	123184.00
7	12092.00	6304.00	5788.00	342631.00	184581.00	158050.00
8	5424.00	2680.00	2744.00	376906.00	203247.00	173659.00
9	3120.00	1672.00	1448.00	358782.00	193578.00	165204.00
10–14岁	**10262.00**	**5305.00**	**4957.00**	**913855.00**	**497912.00**	**415943.00**
10	2164.00	1123.00	1041.00	344563.00	186387.00	158176.00
11	1771.00	928.00	843.00	328224.00	178564.00	149660.00
12	1732.00	893.00	839.00	162227.00	89981.00	72246.00
13	2075.00	1060.00	1015.00	56167.00	30751.00	25416.00
14	2520.00	1301.00	1219.00	22674.00	12229.00	10445.00
15–19岁	**2234.00**	**1180.00**	**1054.00**	**28057.00**	**15067.00**	**12990.00**
15	1264.00	658.00	606.00	8548.00	4539.00	4009.00
16	499.00	276.00	223.00	5511.00	2979.00	2532.00
17	212.00	113.00	99.00	4907.00	2667.00	2240.00
18	136.00	69.00	67.00	4513.00	2399.00	2114.00
19	123.00	64.00	59.00	4578.00	2483.00	2095.00
20–24岁	**419.00**	**214.00**	**205.00**	**22750.00**	**11714.00**	**11036.00**
20	104.00	56.00	48.00	4012.00	2137.00	1875.00
21	76.00	43.00	33.00	3767.00	2041.00	1726.00
22	67.00	38.00	29.00	4382.00	2245.00	2137.00
23	81.00	31.00	50.00	4797.00	2400.00	2397.00
24	91.00	46.00	45.00	5792.00	2891.00	2901.00
25–29岁	**460.00**	**211.00**	**249.00**	**46787.00**	**21704.00**	**25083.00**
25	107.00	58.00	49.00	7009.00	3492.00	3517.00
26	92.00	40.00	52.00	7712.00	3729.00	3983.00
27	88.00	37.00	51.00	9203.00	4224.00	4979.00
28	73.00	31.00	42.00	10452.00	4702.00	5750.00
29	100.00	45.00	55.00	12411.00	5557.00	6854.00
30–34岁	**421.00**	**189.00**	**232.00**	**88164.00**	**35895.00**	**52269.00**
30	93.00	45.00	48.00	16168.00	7091.00	9077.00
31	102.00	53.00	49.00	17031.00	7090.00	9941.00
32	70.00	28.00	42.00	17136.00	7024.00	10112.00
33	88.00	35.00	53.00	19018.00	7513.00	11505.00
34	68.00	28.00	40.00	18811.00	7177.00	11634.00
35–39岁	**377.00**	**151.00**	**226.00**	**113425.00**	**41434.00**	**71991.00**
35	64.00	22.00	42.00	18446.00	7080.00	11366.00
36	81.00	37.00	44.00	20009.00	7460.00	12549.00
37	67.00	31.00	36.00	21380.00	7820.00	13560.00
38	87.00	33.00	54.00	25326.00	9033.00	16293.00
39	78.00	28.00	50.00	28264.00	10041.00	18223.00
40–44岁	**702.00**	**221.00**	**481.00**	**254840.00**	**96967.00**	**157873.00**
40	102.00	30.00	72.00	35415.00	13103.00	22312.00
41	120.00	43.00	77.00	44892.00	16968.00	27924.00
42	125.00	48.00	77.00	52504.00	20057.00	32447.00
43	163.00	49.00	114.00	54661.00	20935.00	33726.00
44	192.00	51.00	141.00	67368.00	25904.00	41464.00

4-1c 续表 3

单位：人

年龄	学前教育			小学		
	小计	男	女	小计	男	女
45-49岁	**1909.00**	**554.00**	**1355.00**	**601006.00**	**224355.00**	**376651.00**
45	208.00	71.00	137.00	76616.00	28989.00	47627.00
46	283.00	85.00	198.00	94995.00	35706.00	59289.00
47	354.00	98.00	256.00	116895.00	43314.00	73581.00
48	469.00	133.00	336.00	148101.00	55611.00	92490.00
49	595.00	167.00	428.00	164399.00	60735.00	103664.00
50-54岁	**4222.00**	**1003.00**	**3219.00**	**1058642.00**	**398473.00**	**660169.00**
50	657.00	164.00	493.00	193616.00	70159.00	123457.00
51	763.00	173.00	590.00	206520.00	77557.00	128963.00
52	913.00	223.00	690.00	232480.00	87614.00	144866.00
53	865.00	202.00	663.00	202392.00	76295.00	126097.00
54	1024.00	241.00	783.00	223634.00	86848.00	136786.00
55-59岁	**5309.00**	**1187.00**	**4122.00**	**908716.00**	**345021.00**	**563695.00**
55	1064.00	245.00	819.00	212720.00	80541.00	132179.00
56	1033.00	220.00	813.00	193473.00	72769.00	120704.00
57	1328.00	289.00	1039.00	216817.00	82890.00	133927.00
58	1346.00	314.00	1032.00	200022.00	76395.00	123627.00
59	538.00	119.00	419.00	85684.00	32426.00	53258.00
60-64岁	**5787.00**	**1781.00**	**4006.00**	**566404.00**	**268257.00**	**298147.00**
60	503.00	148.00	355.00	61381.00	25228.00	36153.00
61	586.00	187.00	399.00	62700.00	28689.00	34011.00
62	1155.00	381.00	774.00	113741.00	55067.00	58674.00
63	1774.00	532.00	1242.00	161407.00	78655.00	82752.00
64	1769.00	533.00	1236.00	167175.00	80618.00	86557.00
65-69岁	**12877.00**	**4088.00**	**8789.00**	**1022603.00**	**521004.00**	**501599.00**
65	2121.00	619.00	1502.00	185894.00	91839.00	94055.00
66	2611.00	818.00	1793.00	215134.00	108492.00	106642.00
67	2548.00	841.00	1707.00	209652.00	106414.00	103238.00
68	3005.00	997.00	2008.00	226470.00	117328.00	109142.00
69	2592.00	813.00	1779.00	185453.00	96931.00	88522.00
70-74岁	**12488.00**	**4403.00**	**8085.00**	**800173.00**	**437991.00**	**362182.00**
70	2407.00	814.00	1593.00	173155.00	92588.00	80567.00
71	2736.00	982.00	1754.00	177712.00	97987.00	79725.00
72	2563.00	933.00	1630.00	171368.00	94499.00	76869.00
73	2460.00	869.00	1591.00	147156.00	80975.00	66181.00
74	2322.00	805.00	1517.00	130782.00	71942.00	58840.00
75-79岁	**9585.00**	**3557.00**	**6028.00**	**512480.00**	**285840.00**	**226640.00**
75	2052.00	750.00	1302.00	118610.00	65585.00	53025.00
76	2027.00	778.00	1249.00	113438.00	63698.00	49740.00
77	1841.00	693.00	1148.00	99491.00	55569.00	43922.00
78	1782.00	643.00	1139.00	90154.00	50273.00	39881.00
79	1883.00	693.00	1190.00	90787.00	50715.00	40072.00
80-84岁	**6681.00**	**2583.00**	**4098.00**	**271291.00**	**152734.00**	**118557.00**
80	1683.00	659.00	1024.00	76192.00	42774.00	33418.00
81	1292.00	492.00	800.00	52564.00	29531.00	23033.00
82	1388.00	549.00	839.00	55383.00	31949.00	23434.00
83	1190.00	449.00	741.00	46343.00	25834.00	20509.00
84	1128.00	434.00	694.00	40809.00	22646.00	18163.00
85岁及以上	**4974.00**	**1608.00**	**3366.00**	**174358.00**	**87395.00**	**86963.00**

4-1c 续表 4

单位：人

年 龄	初 中			高 中			大学专科		
	小计	男	女	小计	男	女	小计	男	女
总 计	**9294816.00**	**5413746.00**	**3881070.00**	**2149597.00**	**1346537.00**	**803060.00**	**773338.00**	**441389.00**	**331949.00**
3									
4									
5-9岁	**22765.00**	**12859.00**	**9906.00**	**24.00**	**16.00**	**8.00**			
5									
6	4214.00	2398.00	1816.00						
7	4702.00	2681.00	2021.00						
8	6133.00	3465.00	2668.00	10.00	7.00	3.00			
9	7716.00	4315.00	3401.00	14.00	9.00	5.00			
10-14岁	**863461.00**	**472251.00**	**391210.00**	**25108.00**	**13862.00**	**11246.00**	**120.00**	**19.00**	**101.00**
10	13716.00	7597.00	6119.00	11.00	8.00	3.00	3.00	1.00	2.00
11	48475.00	25938.00	22537.00	18.00	9.00	9.00	1.00	1.00	
12	204181.00	109977.00	94204.00	36.00	15.00	21.00	7.00	1.00	6.00
13	288570.00	157978.00	130592.00	4739.00	2631.00	2108.00	11.00	2.00	9.00
14	308519.00	170761.00	137758.00	20304.00	11199.00	9105.00	98.00	14.00	84.00
15-19岁	**406183.00**	**235211.00**	**170972.00**	**401972.00**	**232102.00**	**169870.00**	**96545.00**	**48766.00**	**47779.00**
15	159691.00	90703.00	68988.00	85045.00	47954.00	37091.00	3998.00	1878.00	2120.00
16	82782.00	47962.00	34820.00	103668.00	59779.00	43889.00	6300.00	3319.00	2981.00
17	58225.00	34263.00	23962.00	97048.00	55988.00	41060.00	13452.00	6944.00	6508.00
18	51672.00	30519.00	21153.00	68281.00	39928.00	28353.00	33960.00	17223.00	16737.00
19	53813.00	31764.00	22049.00	47930.00	28453.00	19477.00	38835.00	19402.00	19433.00
20-24岁	**412025.00**	**231577.00**	**180448.00**	**229925.00**	**137297.00**	**92628.00**	**198857.00**	**100915.00**	**97942.00**
20	60985.00	35721.00	25264.00	41589.00	25014.00	16575.00	37473.00	18845.00	18628.00
21	66740.00	38387.00	28353.00	39349.00	23715.00	15634.00	35716.00	18009.00	17707.00
22	82009.00	46245.00	35764.00	46477.00	27757.00	18720.00	41217.00	20791.00	20426.00
23	92727.00	51533.00	41194.00	49095.00	29258.00	19837.00	42160.00	21448.00	20712.00
24	109564.00	59691.00	49873.00	53415.00	31553.00	21862.00	42291.00	21822.00	20469.00
25-29岁	**787393.00**	**409546.00**	**377847.00**	**311799.00**	**179911.00**	**131888.00**	**189789.00**	**101691.00**	**88098.00**
25	133183.00	71964.00	61219.00	60910.00	35831.00	25079.00	44542.00	23321.00	21221.00
26	138894.00	73976.00	64918.00	57084.00	33229.00	23855.00	37519.00	19967.00	17552.00
27	155472.00	80642.00	74830.00	61135.00	35128.00	26007.00	37202.00	19925.00	17277.00
28	172223.00	87942.00	84281.00	64826.00	37092.00	27734.00	35981.00	19493.00	16488.00
29	187621.00	95022.00	92599.00	67844.00	38631.00	29213.00	34545.00	18985.00	15560.00
30-34岁	**1027283.00**	**514997.00**	**512286.00**	**296467.00**	**170722.00**	**125745.00**	**122896.00**	**71156.00**	**51740.00**
30	230815.00	116253.00	114562.00	78730.00	44894.00	33836.00	36914.00	20622.00	16292.00
31	216688.00	108536.00	108152.00	67091.00	38400.00	28691.00	29094.00	16375.00	12719.00
32	201249.00	100293.00	100956.00	56891.00	32702.00	24189.00	22758.00	13325.00	9433.00
33	201245.00	100673.00	100572.00	52127.00	30388.00	21739.00	19528.00	11810.00	7718.00
34	177286.00	89242.00	88044.00	41628.00	24338.00	17290.00	14602.00	9024.00	5578.00
35-39岁	**797625.00**	**419190.00**	**378435.00**	**155826.00**	**94561.00**	**61265.00**	**46205.00**	**29462.00**	**16743.00**
35	162427.00	83483.00	78944.00	34701.00	20660.00	14041.00	11376.00	7219.00	4157.00
36	161490.00	84220.00	77270.00	32913.00	19920.00	12993.00	10268.00	6507.00	3761.00
37	153416.00	80704.00	72712.00	30068.00	18286.00	11782.00	8842.00	5664.00	3178.00
38	162618.00	86391.00	76227.00	30276.00	18579.00	11697.00	8325.00	5402.00	2923.00
39	157674.00	84392.00	73282.00	27868.00	17116.00	10752.00	7394.00	4670.00	2724.00
40-44岁	**870582.00**	**488147.00**	**382435.00**	**129435.00**	**81791.00**	**47644.00**	**29864.00**	**19871.00**	**9993.00**
40	167834.00	91120.00	76714.00	28262.00	17544.00	10718.00	6996.00	4541.00	2455.00
41	173855.00	96479.00	77376.00	26898.00	16892.00	10006.00	6491.00	4332.00	2159.00
42	178594.00	99837.00	78757.00	26320.00	16646.00	9674.00	6066.00	4030.00	2036.00
43	165686.00	94642.00	71044.00	22869.00	14465.00	8404.00	5054.00	3368.00	1686.00
44	184613.00	106069.00	78544.00	25086.00	16244.00	8842.00	5257.00	3600.00	1657.00

4-1c 续表 5　　　　单位：人

年龄	初中			高中			大学专科		
	小计	男	女	小计	男	女	小计	男	女
45-49岁	**1139373.00**	**663974.00**	**475399.00**	**144827.00**	**93338.00**	**51489.00**	**24985.00**	**17543.00**	**7442.00**
45	185580.00	106774.00	78806.00	25371.00	16331.00	9040.00	4931.00	3397.00	1534.00
46	208107.00	119410.00	88697.00	27471.00	17634.00	9837.00	5055.00	3505.00	1550.00
47	227689.00	132365.00	95324.00	29044.00	18717.00	10327.00	4992.00	3494.00	1498.00
48	260612.00	153181.00	107431.00	32395.00	20816.00	11579.00	5301.00	3777.00	1524.00
49	257385.00	152244.00	105141.00	30546.00	19840.00	10706.00	4706.00	3370.00	1336.00
50-54岁	**1224086.00**	**743073.00**	**481013.00**	**135416.00**	**89914.00**	**45502.00**	**20750.00**	**15471.00**	**5279.00**
50	272550.00	159640.00	112910.00	32338.00	20640.00	11698.00	4879.00	3524.00	1355.00
51	246626.00	147426.00	99200.00	27522.00	18169.00	9353.00	4081.00	3000.00	1081.00
52	260994.00	158576.00	102418.00	28852.00	19253.00	9599.00	4476.00	3357.00	1119.00
53	213765.00	131697.00	82068.00	22461.00	15057.00	7404.00	3478.00	2616.00	862.00
54	230151.00	145734.00	84417.00	24243.00	16795.00	7448.00	3836.00	2974.00	862.00
55-59岁	**869602.00**	**563848.00**	**305754.00**	**119287.00**	**88511.00**	**30776.00**	**16952.00**	**13682.00**	**3270.00**
55	213495.00	134940.00	78555.00	24047.00	16812.00	7235.00	3923.00	3060.00	863.00
56	190987.00	121539.00	69448.00	23657.00	17120.00	6537.00	3877.00	3100.00	777.00
57	213016.00	139483.00	73533.00	30647.00	23066.00	7581.00	4354.00	3579.00	775.00
58	183130.00	122395.00	60735.00	29312.00	22682.00	6630.00	3537.00	2905.00	632.00
59	68974.00	45491.00	23483.00	11624.00	8831.00	2793.00	1261.00	1038.00	223.00
60-64岁	**248612.00**	**179874.00**	**68738.00**	**72088.00**	**58585.00**	**13503.00**	**7753.00**	**6577.00**	**1176.00**
60	40975.00	27552.00	13423.00	9506.00	7401.00	2105.00	972.00	774.00	198.00
61	32515.00	22963.00	9552.00	9656.00	7695.00	1961.00	1022.00	866.00	156.00
62	50714.00	37156.00	13558.00	15592.00	12744.00	2848.00	1641.00	1402.00	239.00
63	63023.00	46770.00	16253.00	19274.00	15904.00	3370.00	2063.00	1781.00	282.00
64	61385.00	45433.00	15952.00	18060.00	14841.00	3219.00	2055.00	1754.00	301.00
65-69岁	**283360.00**	**212544.00**	**70816.00**	**66287.00**	**54813.00**	**11474.00**	**7622.00**	**6528.00**	**1094.00**
65	61510.00	45651.00	15859.00	17222.00	14119.00	3103.00	1834.00	1576.00	258.00
66	63968.00	47802.00	16166.00	16337.00	13581.00	2756.00	1942.00	1671.00	271.00
67	57892.00	43430.00	14462.00	13201.00	10855.00	2346.00	1474.00	1261.00	213.00
68	56065.00	42364.00	13701.00	11299.00	9438.00	1861.00	1336.00	1131.00	205.00
69	43925.00	33297.00	10628.00	8228.00	6820.00	1408.00	1036.00	889.00	147.00
70-74岁	**169153.00**	**130597.00**	**38556.00**	**28609.00**	**23721.00**	**4888.00**	**4724.00**	**4133.00**	**591.00**
70	40072.00	30582.00	9490.00	7240.00	5977.00	1263.00	1055.00	917.00	138.00
71	37331.00	29003.00	8328.00	6442.00	5404.00	1038.00	1022.00	884.00	138.00
72	34890.00	26938.00	7952.00	5782.00	4785.00	997.00	955.00	843.00	112.00
73	29521.00	22824.00	6697.00	4671.00	3859.00	812.00	866.00	766.00	100.00
74	27339.00	21250.00	6089.00	4474.00	3696.00	778.00	826.00	723.00	103.00
75-79岁	**109071.00**	**86098.00**	**22973.00**	**19932.00**	**16745.00**	**3187.00**	**3585.00**	**3163.00**	**422.00**
75	25470.00	19912.00	5558.00	4229.00	3487.00	742.00	779.00	680.00	99.00
76	25130.00	20002.00	5128.00	4469.00	3784.00	685.00	735.00	642.00	93.00
77	21699.00	17104.00	4595.00	4065.00	3402.00	663.00	719.00	643.00	76.00
78	19092.00	15082.00	4010.00	3729.00	3129.00	600.00	698.00	618.00	80.00
79	17680.00	13998.00	3682.00	3440.00	2943.00	497.00	654.00	580.00	74.00
80-84岁	**42963.00**	**33963.00**	**9000.00**	**8569.00**	**7341.00**	**1228.00**	**1815.00**	**1651.00**	**164.00**
80	14228.00	11257.00	2971.00	2894.00	2485.00	409.00	572.00	515.00	57.00
81	8497.00	6769.00	1728.00	1754.00	1500.00	254.00	357.00	320.00	37.00
82	8337.00	6619.00	1718.00	1637.00	1399.00	238.00	360.00	332.00	28.00
83	6473.00	5111.00	1362.00	1273.00	1096.00	177.00	312.00	285.00	27.00
84	5428.00	4207.00	1221.00	1011.00	861.00	150.00	214.00	199.00	15.00
85岁及以上	**21279.00**	**15997.00**	**5282.00**	**4026.00**	**3307.00**	**719.00**	**876.00**	**761.00**	**115.00**

4-1c 续表 6

单位：人

年龄	大学本科			硕士研究生			博士研究生		
	小计	男	女	小计	男	女	小计	男	女
总 计	**401413.00**	**235708.00**	**165705.00**	**33597.00**	**20164.00**	**13433.00**	**3975.00**	**2794.00**	**1181.00**
3									
4									
5–9岁									
5									
6									
7									
8									
9									
10–14岁	**18.00**	**11.00**	**7.00**	**7.00**	**1.00**	**6.00**			
10	1.00		1.00						
11	2.00	2.00							
12	5.00	2.00	3.00	4.00		4.00			
13	1.00	1.00		2.00	1.00	1.00			
14	9.00	6.00	3.00	1.00		1.00			
15–19岁	**55088.00**	**30994.00**	**24094.00**	**87.00**	**52.00**	**35.00**	**4.00**	**3.00**	**1.00**
15	285.00	161.00	124.00						
16	802.00	473.00	329.00						
17	7459.00	4199.00	3260.00	13.00	6.00	7.00			
18	24651.00	13918.00	10733.00	19.00	11.00	8.00			
19	21891.00	12243.00	9648.00	55.00	35.00	20.00	4.00	3.00	1.00
20–24岁	**126359.00**	**67805.00**	**58554.00**	**13129.00**	**7735.00**	**5394.00**	**593.00**	**377.00**	**216.00**
20	18478.00	9907.00	8571.00	144.00	80.00	64.00	17.00	11.00	6.00
21	19881.00	10509.00	9372.00	993.00	580.00	413.00	49.00	33.00	16.00
22	28690.00	15112.00	13578.00	3558.00	2054.00	1504.00	127.00	67.00	60.00
23	30369.00	16258.00	14111.00	4351.00	2607.00	1744.00	159.00	107.00	52.00
24	28941.00	16019.00	12922.00	4083.00	2414.00	1669.00	241.00	159.00	82.00
25–29岁	**118406.00**	**68051.00**	**50355.00**	**14640.00**	**8567.00**	**6073.00**	**2087.00**	**1457.00**	**630.00**
25	29766.00	16592.00	13174.00	4268.00	2524.00	1744.00	377.00	259.00	118.00
26	24778.00	14005.00	10773.00	3452.00	1966.00	1486.00	465.00	314.00	151.00
27	23529.00	13563.00	9966.00	2932.00	1675.00	1257.00	471.00	325.00	146.00
28	21388.00	12594.00	8794.00	2232.00	1356.00	876.00	424.00	302.00	122.00
29	18945.00	11297.00	7648.00	1756.00	1046.00	710.00	350.00	257.00	93.00
30–34岁	**53898.00**	**33678.00**	**20220.00**	**3853.00**	**2443.00**	**1410.00**	**920.00**	**680.00**	**240.00**
30	18330.00	11063.00	7267.00	1549.00	966.00	583.00	362.00	262.00	100.00
31	13088.00	8012.00	5076.00	970.00	619.00	351.00	234.00	181.00	53.00
32	9166.00	5831.00	3335.00	593.00	367.00	226.00	150.00	111.00	39.00
33	7668.00	4955.00	2713.00	450.00	288.00	162.00	113.00	81.00	32.00
34	5646.00	3817.00	1829.00	291.00	203.00	88.00	61.00	45.00	16.00
35–39岁	**17111.00**	**11835.00**	**5276.00**	**852.00**	**598.00**	**254.00**	**163.00**	**116.00**	**47.00**
35	4300.00	2925.00	1375.00	232.00	161.00	71.00	46.00	35.00	11.00
36	3957.00	2729.00	1228.00	177.00	117.00	60.00	44.00	30.00	14.00
37	3226.00	2230.00	996.00	166.00	113.00	53.00	36.00	26.00	10.00
38	3127.00	2205.00	922.00	164.00	122.00	42.00	18.00	13.00	5.00
39	2501.00	1746.00	755.00	113.00	85.00	28.00	19.00	12.00	7.00
40–44岁	**9413.00**	**6765.00**	**2648.00**	**359.00**	**264.00**	**95.00**	**80.00**	**60.00**	**20.00**
40	2249.00	1580.00	669.00	105.00	73.00	32.00	18.00	15.00	3.00
41	2123.00	1502.00	621.00	91.00	69.00	22.00	11.00	10.00	1.00
42	1882.00	1339.00	543.00	63.00	46.00	17.00	14.00	9.00	5.00
43	1539.00	1125.00	414.00	53.00	41.00	12.00	22.00	16.00	6.00
44	1620.00	1219.00	401.00	47.00	35.00	12.00	15.00	10.00	5.00

4－1c 续表 7　　单位：人

年 龄	大学本科			硕士研究生			博士研究生		
	小计	男	女	小计	男	女	小计	男	女
45－49岁	**7365.00**	**5422.00**	**1943.00**	**259.00**	**203.00**	**56.00**	**47.00**	**42.00**	**5.00**
45	1522.00	1102.00	420.00	59.00	49.00	10.00	5.00	5.00	
46	1530.00	1150.00	380.00	58.00	46.00	12.00	15.00	14.00	1.00
47	1482.00	1097.00	385.00	52.00	41.00	11.00	9.00	7.00	2.00
48	1512.00	1125.00	387.00	44.00	33.00	11.00	10.00	8.00	2.00
49	1319.00	948.00	371.00	46.00	34.00	12.00	8.00	8.00	
50－54岁	**5907.00**	**4531.00**	**1376.00**	**170.00**	**123.00**	**47.00**	**30.00**	**22.00**	**8.00**
50	1380.00	1015.00	365.00	42.00	32.00	10.00	10.00	7.00	3.00
51	1251.00	959.00	292.00	39.00	31.00	8.00	4.00	2.00	2.00
52	1248.00	929.00	319.00	34.00	22.00	12.00	6.00	5.00	1.00
53	965.00	758.00	207.00	25.00	16.00	9.00	4.00	4.00	
54	1063.00	870.00	193.00	30.00	22.00	8.00	6.00	4.00	2.00
55－59岁	**3673.00**	**3098.00**	**575.00**	**131.00**	**99.00**	**32.00**	**26.00**	**19.00**	**7.00**
55	964.00	793.00	171.00	33.00	27.00	6.00	5.00	3.00	2.00
56	905.00	776.00	129.00	29.00	20.00	9.00	7.00	4.00	3.00
57	962.00	809.00	153.00	36.00	28.00	8.00	6.00	5.00	1.00
58	619.00	534.00	85.00	27.00	19.00	8.00	7.00	7.00	
59	223.00	186.00	37.00	6.00	5.00	1.00	1.00		1.00
60－64岁	**1142.00**	**950.00**	**192.00**	**29.00**	**24.00**	**5.00**	**3.00**	**3.00**	
60	177.00	138.00	39.00	4.00	4.00				
61	139.00	108.00	31.00	6.00	5.00	1.00			
62	246.00	208.00	38.00	5.00	5.00		1.00	1.00	
63	305.00	266.00	39.00	8.00	6.00	2.00	1.00	1.00	
64	275.00	230.00	45.00	6.00	4.00	2.00	1.00	1.00	
65－69岁	**1047.00**	**888.00**	**159.00**	**27.00**	**21.00**	**6.00**	**7.00**	**5.00**	**2.00**
65	275.00	238.00	37.00	6.00	4.00	2.00			
66	244.00	206.00	38.00	8.00	6.00	2.00	2.00	2.00	
67	192.00	164.00	28.00	7.00	6.00	1.00	2.00	1.00	1.00
68	197.00	165.00	32.00	1.00	1.00		3.00	2.00	1.00
69	139.00	115.00	24.00	5.00	4.00	1.00			
70－74岁	**716.00**	**608.00**	**108.00**	**21.00**	**15.00**	**6.00**	**2.00**	**1.00**	**1.00**
70	156.00	133.00	23.00	11.00	8.00	3.00			
71	160.00	134.00	26.00	1.00	1.00				
72	142.00	124.00	18.00	4.00	3.00	1.00	1.00		1.00
73	129.00	108.00	21.00	1.00	1.00				
74	129.00	109.00	20.00	4.00	2.00	2.00	1.00	1.00	
75－79岁	**610.00**	**525.00**	**85.00**	**14.00**	**9.00**	**5.00**	**7.00**	**5.00**	**2.00**
75	122.00	102.00	20.00	3.00	2.00	1.00	3.00	2.00	1.00
76	110.00	98.00	12.00	1.00	1.00		1.00	1.00	
77	123.00	106.00	17.00	4.00	2.00	2.00	1.00		1.00
78	122.00	104.00	18.00	4.00	2.00	2.00	1.00	1.00	
79	133.00	115.00	18.00	2.00	2.00		1.00	1.00	
80－84岁	**410.00**	**344.00**	**66.00**	**13.00**	**7.00**	**6.00**	**2.00**		**2.00**
80	110.00	96.00	14.00	4.00	2.00	2.00	1.00		1.00
81	75.00	62.00	13.00	5.00	3.00	2.00			
82	93.00	75.00	18.00	2.00	1.00	1.00			
83	66.00	55.00	11.00				1.00		1.00
84	66.00	56.00	10.00	2.00	1.00	1.00			
85岁及以上	**250.00**	**203.00**	**47.00**	**6.00**	**3.00**	**3.00**	**4.00**	**4.00**	

4-2　各地区分性别、受教育程度的15岁及以上人口

单位：人

地　区	15岁及以上人口			未上过学		
	合计	男	女	小计	男	女
安　徽	**49284489**	**24775087**	**24509402**	**3172328**	**785482**	**2386846**
合肥市	**7821957**	**3985601**	**3836356**	**387543**	**91441**	**296102**
瑶海区	710382	354415	355967	20255	3598	16657
庐阳区	567586	277757	289829	15152	3074	12078
蜀山区	879301	436026	443275	20735	4623	16112
包河区	1008326	514780	493546	29448	6194	23254
长丰县	638163	328964	309199	62471	18300	44171
肥东县	748034	389613	358421	60783	11908	48875
肥西县	816935	425408	391527	51880	14157	37723
庐江县	735289	374187	361102	48982	12993	35989
合肥高新技术产业开发区	228282	119116	109166	6141	1237	4904
合肥经济技术开发区	468035	243837	224198	13519	2840	10679
合肥新站高新技术产业开发区	396489	210228	186261	12282	2831	9451
巢湖市	625135	311270	313865	45895	9686	36209
芜湖市	**3114660**	**1584570**	**1530090**	**214816**	**56064**	**158752**
镜湖区	416146	201686	214460	14435	3262	11173
弋江区	368504	183167	185337	14592	4004	10588
鸠江区	456253	236056	220197	40120	9520	30600
三山区	137176	72982	64194	13479	3835	9644
芜湖县	296939	153576	143363	15433	3974	11459
繁昌县	212587	108873	103714	9904	2453	7451
南陵县	368013	185354	182659	20032	5331	14701
芜湖经济技术开发区	153118	84566	68552	9029	2141	6888
安徽芜湖长江大桥经济开发区	18751	9584	9167	3002	859	2143
无为市	687173	348726	338447	74790	20685	54105
蚌埠市	**2564326**	**1277466**	**1286860**	**188030**	**53972**	**134058**
龙子湖区	182883	90522	92361	6164	1669	4495
蚌山区	141507	69408	72099	3715	924	2791
禹会区	268190	133127	135063	14240	4403	9837
淮上区	221942	112252	109690	17091	4599	12492
怀远县	694408	349873	344535	67268	20130	47138
五河县	401500	200714	200786	45953	13255	32698
固镇县	373976	185671	188305	29109	7948	21161
蚌埠市高新技术开发区	48148	24029	24119	808	202	606
蚌埠市经济开发区	231772	111870	119902	3682	842	2840
淮南市	**2436595**	**1219801**	**1216794**	**137490**	**43105**	**94385**
大通区	136692	68804	67888	10846	3475	7371
田家庵区	608388	295457	312931	12263	3387	8876
谢家集区	190624	92956	97668	13992	3791	10201
八公山区	103724	49861	53863	3934	1014	2920
潘集区	254249	130870	123379	20647	6661	13986
凤台县	477337	244912	232425	38360	12358	26002
寿县	665581	336941	328640	37448	12419	25029

4-2 续表 1

单位：人

地区	15岁及以上人口			未上过学		
	合计	男	女	小计	男	女
马鞍山市	**1849931**	**936951**	**912980**	**136699**	**31929**	**104770**
花山区	390427	193975	196452	14770	3003	11767
雨山区	317248	161729	155519	13392	3008	10384
博望区	132088	68902	63186	11379	3040	8339
当涂县	384036	196328	187708	33740	8709	25031
含山县	278938	140097	138841	24129	5375	18754
和县	347194	175920	171274	39289	8794	30495
淮北市	**1567018**	**768686**	**798332**	**113102**	**28696**	**84406**
杜集区	198298	98279	100019	18521	5072	13449
相山区	445290	213906	231384	15905	3822	12083
烈山区	206830	99450	107380	15042	4073	10969
濉溪县	716600	357051	359549	63634	15729	47905
铜陵市	**1123294**	**555969**	**567325**	**123516**	**28965**	**94551**
铜官区	390103	191188	198915	16773	3566	13207
义安区	198155	100454	97701	16702	4060	12642
郊区	139358	70100	69258	23085	5920	17165
枞阳县	395678	194227	201451	66956	15419	51537
安庆市	**3470323**	**1732241**	**1738082**	**178144**	**35587**	**142557**
迎江区	218229	106622	111607	5722	1068	4654
大观区	186774	91616	95158	6354	1095	5259
宜秀区	169971	84284	85687	9035	1911	7124
怀宁县	413490	207253	206237	11684	1813	9871
太湖县	353580	177988	175592	18414	3948	14466
宿松县	481607	245251	236356	17514	2994	14520
望江县	376925	185180	191745	36664	7285	29379
岳西县	266607	134728	131879	17125	3800	13325
安徽安庆经济开发区	121518	63317	58201	3458	764	2694
桐城市	508227	249284	258943	28622	6484	22138
潜山市	373395	186718	186677	23552	4425	19127
黄山市	**1139977**	**574934**	**565043**	**65530**	**12115**	**53415**
屯溪区	248450	119105	129345	6286	1195	5091
黄山区	127838	66930	60908	9146	2608	6538
徽州区	81618	41184	40434	4330	725	3605
歙县	310983	158435	152548	18260	2364	15896
休宁县	180505	91136	89369	12811	2428	10383
黟县	67139	34853	32286	4709	1040	3669
祁门县	123444	63291	60153	9988	1755	8233
滁州市	**3338875**	**1704944**	**1633931**	**128361**	**28899**	**99462**
琅琊区	227231	113173	114058	5756	1272	4484
南谯区	294941	150646	144295	19028	4265	14763
来安县	356583	184089	172494	14633	2970	11663
全椒县	343055	175440	167615	8969	1698	7271
定远县	548174	282137	266037	26079	6129	19950
凤阳县	504805	260039	244766	17788	5191	12597
苏滁现代产业园	20915	12876	8039	634	145	489
滁州经济技术开发区	122864	65069	57795	1882	340	1542
天长市	518722	260840	257882	15827	2559	13268
明光市	401585	200635	200950	17765	4330	13435

4-2　续表 2

单位：人

地　　区	15岁及以上人口			未上过学		
	合计	男	女	小计	男	女
阜阳市	**6196354**	**3079500**	**3116854**	**532782**	**126576**	**406206**
颍州区	641645	309230	332415	42838	9797	33041
颍东区	410896	207419	203477	40298	9993	30305
颍泉区	455464	225441	230023	33282	7344	25938
临泉县	1253992	621856	632136	111184	24309	86875
太和县	1047945	520977	526968	68799	12387	56412
阜南县	874830	436594	438236	111283	27740	83543
颍上县	888471	449647	438824	78419	25657	52762
阜阳合肥现代产业园区	29338	14923	14415	2530	629	1901
阜阳经济技术开发区	94416	46934	47482	3244	794	2450
界首市	499357	246479	252878	40905	7926	32979
宿州市	**4071522**	**2020442**	**2051080**	**149772**	**36374**	**113398**
埇桥区	1285320	639710	645610	48079	11748	36331
砀山县	593737	292125	301612	9384	1889	7495
萧县	817546	407310	410236	40998	10112	30886
灵璧县	714106	353351	360755	32228	7873	24355
泗县	578779	287268	291511	14668	3638	11030
宿州马鞍山现代产业园区	35971	18114	17857	2643	660	1983
宿州经济技术开发区	46063	22564	23499	1772	454	1318
六安市	**3579609**	**1801948**	**1777661**	**169001**	**46628**	**122373**
金安区	682807	336989	345818	27386	7314	20072
裕安区	748090	374278	373812	43046	11433	31613
叶集区	170202	87363	82839	7428	2139	5289
霍邱县	731850	372168	359682	48899	15407	33492
舒城县	593010	298413	294597	25746	6358	19388
金寨县	406592	208289	198303	8292	2060	6232
霍山县	247058	124448	122610	8204	1917	6287
亳州市	**3717355**	**1860480**	**1856875**	**376404**	**95180**	**281224**
谯城区	1186476	588890	597586	102899	24431	78468
涡阳县	863672	434169	429503	91755	23447	68308
蒙城县	798693	399696	398997	77899	20101	57798
利辛县	868514	437725	430789	103851	27201	76650
池州市	**1133622**	**563078**	**570544**	**115082**	**27045**	**88037**
贵池区	500690	244654	256036	56007	12579	43428
东至县	332465	165316	167149	29227	6199	23028
石台县	69805	35591	34214	9279	2471	6808
青阳县	198123	100248	97875	17958	5096	12862
池州市国家经济技术开发区	10784	5610	5174	904	195	709
皖江江南新兴产业集中区	8482	4799	3683	710	196	514
九华山风景区	13273	6860	6413	997	309	688
宣城市	**2159071**	**1108476**	**1050595**	**156056**	**42906**	**113150**
宣州区	577046	290161	286885	56874	15411	41463
郎溪县	265767	135333	130434	21568	6020	15548
泾县	239864	124573	115291	13079	3826	9253
绩溪县	120783	61026	59757	4795	887	3908
旌德县	96845	50032	46813	5253	1539	3714
宣城市经济开发区	92065	49234	42831	4351	1252	3099
宁国市	334565	173030	161535	24125	6641	17484
广德市	432136	225087	207049	26011	7330	18681

4-2 续表 3

单位：人

地　区	学前教育			小　学		
	小计	男	女	小计	男	女
安　徽	**109717**	**36525**	**73192**	**11311764**	**4887742**	**6424022**
合肥市	**13565**	**4412**	**9153**	**1272369**	**537739**	**734630**
瑶海区	463	191	272	85883	31976	53907
庐阳区	460	157	303	56545	21483	35062
蜀山区	654	249	405	72450	27812	44638
包河区	558	207	351	100202	40714	59488
长丰县	754	315	439	134031	62157	71874
肥东县	3501	971	2530	179907	76527	103380
肥西县	1348	497	851	149454	67524	81930
庐江县	2879	945	1934	231682	100529	131153
合肥高新技术产业开发区	118	48	70	19623	7328	12295
合肥经济技术开发区	263	80	183	42844	16389	26455
合肥新站高新技术产业开发区	326	156	170	39849	16152	23697
巢湖市	2241	596	1645	159899	69148	90751
芜湖市	**7584**	**2665**	**4919**	**774512**	**347586**	**426926**
镜湖区	320	101	219	51106	19676	31430
弋江区	325	129	196	49489	21152	28337
鸠江区	677	276	401	105469	47769	57700
三山区	318	125	193	33228	15310	17918
芜湖县	1783	591	1192	88053	38156	49897
繁昌县	838	275	563	63277	27418	35859
南陵县	1352	487	865	125659	58445	67214
芜湖经济技术开发区	130	45	85	23431	10127	13304
安徽芜湖长江大桥经济开发区	133	37	96	5654	2783	2871
无为市	1708	599	1109	229146	106750	122396
蚌埠市	**4907**	**1832**	**3075**	**550625**	**243421**	**307204**
龙子湖区	448	166	282	30309	12788	17521
蚌山区	95	27	68	20093	8009	12084
禹会区	348	146	202	50548	22706	27842
淮上区	280	82	198	49702	22639	27063
怀远县	1252	500	752	182928	83592	99336
五河县	1654	607	1047	105299	46434	58865
固镇县	688	257	431	91437	39771	51666
蚌埠市高新技术开发区	27	13	14	4509	1693	2816
蚌埠市经济开发区	115	34	81	15800	5789	10011
淮南市	**6846**	**2645**	**4201**	**568378**	**252754**	**315624**
大通区	191	64	127	28003	12778	15225
田家庵区	883	322	561	78054	32496	45558
谢家集区	432	174	258	39222	17493	21729
八公山区	499	149	350	18733	7603	11130
潘集区	580	220	360	60703	27369	33334
凤台县	843	332	511	105171	46149	59022
寿县	3418	1384	2034	238492	108866	129626

4-2　续表 4

单位：人

地　　区	学前教育			小　　学		
	小计	男	女	小计	男	女
马鞍山市	**7748**	**2511**	**5237**	**444972**	**194155**	**250817**
花山区	404	129	275	56838	22979	33859
雨山区	487	152	335	43971	18574	25397
博望区	923	294	629	43262	19987	23275
当涂县	1846	697	1149	102107	44065	58042
含山县	2603	801	1802	92091	40043	52048
和县	1485	438	1047	106703	48507	58196
淮北市	**1972**	**731**	**1241**	**270911**	**118607**	**152304**
杜集区	223	83	140	34593	15713	18880
相山区	291	116	175	40069	16663	23406
烈山区	495	176	319	42907	19184	23723
濉溪县	963	356	607	153342	67047	86295
铜陵市	**4735**	**1634**	**3101**	**267087**	**117292**	**149795**
铜官区	463	141	322	50320	19416	30904
义安区	1807	627	1180	58144	25495	32649
郊区	696	248	448	40769	19063	21706
枞阳县	1769	618	1151	117854	53318	64536
安庆市	**9797**	**2584**	**7213**	**1021418**	**410754**	**610664**
迎江区	267	61	206	32495	11964	20531
大观区	503	136	367	33951	12710	21241
宜秀区	207	66	141	40805	17722	23083
怀宁县	1098	231	867	123165	46680	76485
太湖县	2888	815	2073	135787	55652	80135
宿松县	692	146	546	127904	44228	83676
望江县	1016	239	777	143481	60482	82999
岳西县	520	140	380	90754	38859	51895
安徽安庆经济开发区	205	54	151	20590	8443	12147
桐城市	1044	328	716	141799	59506	82293
潜山市	1357	368	989	130687	54508	76179
黄山市	**3622**	**1022**	**2600**	**294926**	**132003**	**162923**
屯溪区	232	76	156	34171	13798	20373
黄山区	375	154	221	36005	18077	17928
徽州区	234	77	157	19356	8565	10791
歙县	1639	386	1253	88621	38454	50167
休宁县	712	204	508	62268	28268	34000
黟县	237	74	163	18214	8541	9673
祁门县	193	51	142	36291	16300	19991
滁州市	**8185**	**2318**	**5867**	**697800**	**279705**	**418095**
琅琊区	613	167	446	37109	14734	22375
南谯区	676	238	438	55134	23815	31319
来安县	712	185	527	74733	29517	45216
全椒县	2198	545	1653	91325	35373	55952
定远县	1016	294	722	118288	47802	70486
凤阳县	454	181	273	95953	40942	55011
苏滁现代产业园	39	8	31	3111	1547	1564
滁州经济技术开发区	216	89	127	13388	4855	8533
天长市	1757	466	1291	122601	47677	74924
明光市	504	145	359	86158	33443	52715

4-2 续表 5

单位：人

地 区	学前教育			小 学		
	小计	男	女	小计	男	女
阜阳市	**9169**	**3159**	**6010**	**1467865**	**633249**	**834616**
颍州区	589	196	393	101546	43907	57639
颍东区	515	269	246	82714	36340	46374
颍泉区	485	146	339	103480	43226	60254
临泉县	2433	807	1626	359135	158201	200934
太和县	2004	537	1467	257512	100380	157132
阜南县	1033	382	651	210017	96142	113875
颍上县	1454	636	818	225017	102984	122033
阜阳合肥现代产业园区	17	4	13	5779	2629	3150
阜阳经济技术开发区	161	51	110	14265	6020	8245
界首市	478	131	347	108400	43420	64980
宿州市	**6343**	**1939**	**4404**	**792292**	**314206**	**478086**
埇桥区	1712	546	1166	234487	96441	138046
砀山县	647	177	470	93575	33969	59606
萧县	1446	455	991	147488	61894	85594
灵璧县	920	277	643	160190	62871	97319
泗县	1552	453	1099	142424	52935	89489
宿州马鞍山现代产业园区	50	23	27	7753	3469	4284
宿州经济技术开发区	16	8	8	6375	2627	3748
六安市	**9022**	**3079**	**5943**	**1066149**	**467891**	**598258**
金安区	1643	553	1090	179380	76052	103328
裕安区	2056	719	1337	205450	90846	114604
叶集区	310	118	192	48690	21842	26848
霍邱县	2186	791	1395	257808	118535	139273
舒城县	1313	442	871	176080	76036	100044
金寨县	528	189	339	120956	51822	69134
霍山县	986	267	719	77785	32758	45027
亳州市	**4202**	**1561**	**2641**	**889821**	**400507**	**489314**
谯城区	1130	395	735	252436	114053	138383
涡阳县	962	407	555	227967	104377	123590
蒙城县	751	245	506	199811	86044	113767
利辛县	1359	514	845	209607	96033	113574
池州市	**3421**	**1159**	**2262**	**316933**	**143130**	**173803**
贵池区	1590	559	1031	115093	50718	64375
东至县	1061	322	739	113183	49322	63861
石台县	128	41	87	21307	10325	10982
青阳县	561	203	358	60013	29331	30682
池州市国家经济技术开发区	25	8	17	1910	786	1124
皖江江南新兴产业集中区	7	4	3	1744	848	896
九华山风景区	49	22	27	3683	1800	1883
宣城市	**8599**	**3274**	**5325**	**615706**	**294743**	**320963**
宣州区	2570	979	1591	166369	79048	87321
郎溪县	1371	576	795	79629	37487	42142
泾县	772	280	492	81699	40660	41039
绩溪县	461	131	330	33809	14773	19036
旌德县	1100	402	698	32847	16217	16630
宣城市经济开发区	195	102	93	16991	7758	9233
宁国市	907	323	584	83725	41178	42547
广德市	1223	481	742	120637	57622	63015

4-2 续表 6

单位：人

地区	初中			高中			大学专科		
	小计	男	女	小计	男	女	小计	男	女
安徽	**18567308**	**10110750**	**8456558**	**8019396**	**4573804**	**3445592**	**4410729**	**2353271**	**2057458**
合肥市	**2288803**	**1246384**	**1042419**	**1387025**	**779320**	**607705**	**1244441**	**652504**	**591937**
瑶海区	238559	122373	116186	159927	87147	72780	124985	65374	59611
庐阳区	145168	72008	73160	122226	63161	59065	121438	60687	60751
蜀山区	167100	83430	83670	150263	77380	72883	193382	96163	97219
包河区	240318	125997	114321	185545	98794	86751	211009	107569	103440
长丰县	236657	133570	103087	101461	59179	42282	73473	38508	34965
肥东县	271525	162363	109162	128631	78100	50531	63863	36704	27159
肥西县	259447	144145	115302	137187	80443	56744	125186	69132	56054
庐江县	276678	155932	120746	99590	59907	39683	42848	24512	18336
合肥高新技术产业开发区	43740	23279	20461	36153	20592	15561	49540	26208	23332
合肥经济技术开发区	99832	52752	47080	78947	46303	32644	91057	46589	44468
合肥新站高新技术产业开发区	102739	56614	46125	88587	50875	37712	94640	52334	42306
巢湖市	207040	113921	93119	98508	57439	41069	53020	28724	24296
芜湖市	**995156**	**552370**	**442786**	**490813**	**282163**	**208650**	**322823**	**176815**	**146008**
镜湖区	114888	56958	57930	98492	51532	46960	64432	33582	30850
弋江区	83561	44328	39233	64698	35453	29245	81529	41625	39904
鸠江区	140097	79619	60478	65015	38425	26590	47620	27026	20594
三山区	47129	27588	19541	18620	11371	7249	16491	10147	6344
芜湖县	108203	62512	45691	43168	24801	18367	18314	10491	7823
繁昌县	80202	44759	35443	32656	19531	13125	14916	8504	6412
南陵县	136916	74443	62473	48190	27304	20886	20379	11155	9224
芜湖经济技术开发区	44806	25450	19356	29268	18959	10309	25372	15098	10274
安徽芜湖长江大桥经济开发区	6933	4086	2847	1672	1069	603	906	500	406
无为市	232421	132627	99794	89034	53718	35316	32864	18687	14177
蚌埠市	**1040967**	**557936**	**483031**	**397697**	**218208**	**179489**	**195782**	**104400**	**91382**
龙子湖区	71674	36640	35034	41609	21924	19685	19159	10236	8923
蚌山区	50507	25331	25176	35994	18870	17124	18321	9493	8828
禹会区	105366	54370	50996	53835	28924	24911	24430	13130	11300
淮上区	97375	53384	43991	38470	21569	16901	12661	6580	6081
怀远县	315118	173578	141540	76113	43697	32416	32271	17407	14864
五河县	166403	93081	73322	47446	28120	19326	22471	12423	10048
固镇县	174671	93785	80886	49453	28226	21227	19219	10422	8797
蚌埠市高新技术开发区	14817	6943	7874	11844	6243	5601	9561	5334	4227
蚌埠市经济开发区	45036	20824	24212	42933	20635	22298	37689	19375	18314
淮南市	**1002136**	**523751**	**478385**	**373205**	**208074**	**165131**	**193742**	**103257**	**90485**
大通区	58724	31199	27525	22063	12104	9959	11206	6057	5149
田家庵区	192208	92765	99443	131735	65982	65753	92454	45840	46614
谢家集区	83732	42679	41053	34558	18793	15765	12896	6918	5978
八公山区	49090	23783	25307	20325	11243	9082	7762	4259	3503
潘集区	130840	70749	60091	25531	16184	9347	10820	6555	4265
凤台县	226059	120581	105478	61681	38409	23272	28430	16904	11526
寿县	261483	141995	119488	77312	45359	31953	30174	16724	13450

4-2 续表 7

单位：人

地区	初中			高中			大学专科		
	小计	男	女	小计	男	女	小计	男	女
马鞍山市	**649510**	**364130**	**285380**	**283636**	**162849**	**120787**	**162007**	**86408**	**75599**
花山区	125003	63278	61725	87184	46619	40565	54467	29012	25455
雨山区	89746	46769	42977	63110	35212	27898	47113	23245	23868
博望区	53939	32136	21803	13962	8735	5227	5132	2745	2387
当涂县	151053	86654	64399	48207	29170	19037	23576	13412	10164
含山县	104158	59921	44237	31817	19697	12120	13100	7649	5451
和县	125611	75372	50239	39356	23416	15940	18619	10345	8274
淮北市	**688066**	**356252**	**331814**	**244818**	**136220**	**108598**	**133785**	**69429**	**64356**
杜集区	89880	46015	43865	35278	20386	14892	12977	7127	5850
相山区	151044	70902	80142	102016	52512	49504	67830	34665	33165
烈山区	89227	47163	42064	24690	14167	10523	16789	7466	9323
濉溪县	357915	192172	165743	82834	49155	33679	36189	20171	16018
铜陵市	**340450**	**188635**	**151815**	**185161**	**107103**	**78058**	**102447**	**56865**	**45582**
铜官区	108991	53287	55704	89929	48032	41897	57917	31287	26630
义安区	73466	42417	31049	26744	16017	10727	12339	6965	5374
郊区	43631	25808	17823	17288	11017	6271	8359	4841	3518
枞阳县	114362	67123	47239	51200	32037	19163	23832	13772	10060
安庆市	**1179538**	**652490**	**527048**	**551636**	**333001**	**218635**	**299685**	**166402**	**133283**
迎江区	64095	31682	32413	51865	27585	24280	34336	17925	16411
大观区	58625	30050	28575	43803	23939	19864	23783	13131	10652
宜秀区	49768	28468	21300	24786	14885	9901	18709	8770	9939
怀宁县	147895	79345	68550	80097	49932	30165	28995	16948	12047
太湖县	106094	62998	43096	43023	26657	16366	28710	16688	12022
宿松县	187107	102083	85024	84141	55726	28415	36466	22348	14118
望江县	113796	68245	45551	42194	25921	16273	22735	13159	9576
岳西县	91805	52751	39054	36095	21875	14220	17519	9965	7554
安徽安庆经济开发区	38032	20367	17665	27037	15242	11795	21615	12231	9384
桐城市	193285	102145	91140	76128	44752	31376	41619	20981	20638
潜山市	129036	74356	54680	42467	26487	15980	25198	14256	10942
黄山市	**441797**	**245736**	**196061**	**162568**	**92869**	**69699**	**91527**	**48276**	**43251**
屯溪区	78669	38315	40354	49558	25526	24032	35116	17227	17889
黄山区	47094	26351	20743	18517	10474	8043	10365	5654	4711
徽州区	36698	19808	16890	11316	6715	4601	5940	3222	2718
歙县	133930	77669	56261	39915	23674	16241	16865	9249	7616
休宁县	66616	38339	28277	21420	12862	8558	10381	5587	4794
黟县	27482	15523	11959	8412	5171	3241	5051	2821	2230
祁门县	51308	29731	21577	13430	8447	4983	7809	4516	3293
滁州市	**1230882**	**668356**	**562526**	**757766**	**436644**	**321122**	**312743**	**174665**	**138078**
琅琊区	79927	41189	38738	50177	27327	22850	28930	15629	13301
南谯区	102421	58341	44080	50161	28455	21706	43305	22188	21117
来安县	132401	73211	59190	89584	52473	37111	28654	16493	12161
全椒县	126478	69933	56545	63011	38230	24781	33204	19166	14038
定远县	212296	115800	96496	124694	73589	51105	42365	24490	17875
凤阳县	194270	102515	91755	131284	74175	57109	39569	22518	17051
苏滁现代产业园	8627	5276	3351	5080	3592	1488	2351	1580	771
滁州经济技术开发区	38983	20419	18564	27837	16850	10987	16231	9162	7069
天长市	175848	95887	79961	123498	69981	53517	48679	27083	21596
明光市	159631	85785	73846	92440	51972	40468	29455	16356	13099

4-2 续表 8

单位：人

地区	初中			高中			大学专科		
	小计	男	女	小计	男	女	小计	男	女
阜阳市	**2849735**	**1575306**	**1274429**	**774962**	**443551**	**331411**	**339139**	**178247**	**160892**
颍州区	245259	129443	115816	107888	57476	50412	74929	34792	40137
颍东区	188994	104626	84368	59079	34433	24646	24113	13330	10783
颍泉区	207829	113465	94364	66633	37364	29269	26778	14328	12450
临泉县	550997	309523	241474	148276	84839	63437	51577	27619	23958
太和县	525684	296574	229110	119807	70279	49528	47391	25873	21518
阜南县	397835	224488	173347	97424	56361	41063	36142	19623	16519
颍上县	430104	232327	197777	93373	54867	38506	38082	20775	17307
阜阳合肥现代产业园区	16376	9061	7315	2561	1504	1057	1214	641	573
阜阳经济技术开发区	40408	20543	19865	19828	10576	9252	10253	5491	4762
界首市	246249	135256	110993	60093	35852	24241	28660	15775	12885
宿州市	**1754562**	**920470**	**834092**	**879189**	**488778**	**390411**	**309703**	**161953**	**147750**
埇桥区	607486	320892	286594	204390	113318	91072	107288	53247	54041
砀山县	211543	106143	105400	209106	112323	96783	49018	26473	22545
萧县	411143	213615	197528	139387	79407	59980	50381	27163	23218
灵璧县	265772	141270	124502	173245	97442	75803	55805	29599	26206
泗县	220691	119158	101533	135948	76635	59313	41790	22667	19123
宿州马鞍山现代产业园区	17779	9523	8256	5831	3407	2424	1293	693	600
宿州经济技术开发区	20148	9869	10279	11282	6246	5036	4128	2111	2017
六安市	**1320927**	**702749**	**618178**	**589085**	**342381**	**246704**	**234735**	**129323**	**105412**
金安区	237557	120835	116722	126261	71231	55030	63883	34080	29803
裕安区	257341	136523	120818	126435	71866	54569	51634	28018	23616
叶集区	78228	41695	36533	23917	14927	8990	6529	3635	2894
霍邱县	291921	161120	130801	79484	47263	32221	30136	16598	13538
舒城县	215719	113965	101754	111951	65741	46210	37358	21089	16269
金寨县	162184	86497	75687	71848	42690	29158	26044	15099	10945
霍山县	77977	42114	35863	49189	28663	20526	19151	10804	8347
亳州市	**1629235**	**910144**	**719091**	**482499**	**274867**	**207632**	**206085**	**108176**	**97909**
谯城区	536428	295283	241145	155664	85910	69754	80750	39508	41242
涡阳县	368149	207441	160708	109105	62272	46833	42753	23187	19566
蒙城县	343719	192328	151391	106024	62294	43730	43737	23880	19857
利辛县	380939	215092	165847	111706	64391	47315	38845	21601	17244
池州市	**361296**	**203325**	**157971**	**157607**	**93315**	**64292**	**98804**	**51601**	**47203**
贵池区	148636	83317	65319	74575	43847	30728	54305	26965	27340
东至县	109592	62940	46652	41015	24942	16073	23669	13223	10446
石台县	21608	12596	9012	8373	5064	3309	5385	2996	2389
青阳县	69628	37787	31841	28055	16047	12008	12245	6544	5701
池州市国家经济技术开发区	3736	2102	1634	1828	1093	735	1502	887	615
皖江江南新兴产业集中区	3234	1957	1277	2034	1297	737	503	336	167
九华山风景区	4862	2626	2236	1727	1025	702	1195	650	545
宣城市	**794248**	**442716**	**351532**	**301729**	**174461**	**127268**	**163281**	**84950**	**78331**
宣州区	196285	110550	85735	75407	43069	32338	46629	23267	23362
郎溪县	104063	58126	45937	31659	18522	13137	15772	8251	7521
泾县	83634	46499	37135	33972	19151	14821	16391	8678	7713
绩溪县	51654	27918	23736	15214	9102	6112	8752	4841	3911
旌德县	35027	19490	15537	11990	6743	5247	6664	3536	3128
宣城市经济开发区	27226	14626	12600	17811	10167	7644	10132	5422	4710
宁国市	122343	67607	54736	53745	31188	22557	30410	15969	14441
广德市	174016	97900	76116	61931	36519	25412	28531	14986	13545

4-2 续表 9

单位：人

地区	大学本科			硕士研究生			博士研究生		
	小计	男	女	小计	男	女	小计	男	女
安徽	**3351065**	**1834029**	**1517036**	**305802**	**168763**	**137039**	**36380**	**24721**	**11659**
合肥市	**1061157**	**578406**	**482751**	**146645**	**81404**	**65241**	**20409**	**13991**	**6418**
瑶海区	73692	40052	33640	6104	3370	2734	514	334	180
庐阳区	93342	49839	43503	12011	6533	5478	1244	815	429
蜀山区	223352	117786	105566	43686	23401	20285	7679	5182	2497
包河区	196552	108736	87816	37665	21607	16058	7029	4962	2067
长丰县	27552	15910	11642	1640	943	697	124	82	42
肥东县	37186	21436	15750	2424	1460	964	214	144	70
肥西县	85733	45601	40132	6143	3503	2640	557	406	151
庐江县	30256	17969	12287	2183	1268	915	191	132	59
合肥高新技术产业开发区	63228	34473	28755	8943	5362	3581	796	589	207
合肥经济技术开发区	121462	68029	53433	18629	9906	8723	1482	949	533
合肥新站高新技术产业开发区	53245	28477	24768	4510	2577	1933	311	212	99
巢湖市	55557	30098	25459	2707	1474	1233	268	184	84
芜湖市	**279999**	**151743**	**128256**	**26585**	**13534**	**13051**	**2372**	**1630**	**742**
镜湖区	64235	32302	31933	7509	3795	3714	729	478	251
弋江区	65097	32228	32869	8471	3746	4725	742	502	240
鸠江区	51979	30454	21525	4849	2655	2194	427	312	115
三山区	7136	4152	2984	702	399	303	73	55	18
芜湖县	21047	12511	8536	885	503	382	53	37	16
繁昌县	10053	5519	4534	685	375	310	56	39	17
南陵县	14611	7720	6891	796	421	375	78	48	30
芜湖经济技术开发区	20026	12073	7953	1015	642	373	41	31	10
安徽芜湖长江大桥经济开发区	413	231	182	35	17	18	3	2	1
无为市	25402	14553	10849	1638	981	657	170	126	44
蚌埠市	**171279**	**89636**	**81643**	**13675**	**7144**	**6531**	**1364**	**917**	**447**
龙子湖区	11988	6273	5715	1389	734	655	143	92	51
蚌山区	11510	6050	5460	1147	621	526	125	83	42
禹会区	18443	8910	9533	901	487	414	79	51	28
淮上区	5874	3117	2757	467	268	199	22	14	8
怀远县	18318	10305	8013	1027	579	448	113	85	28
五河县	11564	6366	5198	618	373	245	92	55	37
固镇县	8886	4959	3927	470	274	196	43	29	14
蚌埠市高新技术开发区	6084	3290	2794	469	289	180	29	22	7
蚌埠市经济开发区	78612	40366	38246	7187	3519	3668	718	486	232
淮南市	**143331**	**79233**	**64098**	**10212**	**6093**	**4119**	**1255**	**889**	**366**
大通区	5266	2904	2362	360	201	159	33	22	11
田家庵区	92550	49649	42901	7320	4353	2967	921	663	258
谢家集区	5435	2917	2518	314	164	150	43	27	16
八公山区	3182	1714	1468	176	84	92	23	12	11
潘集区	4807	2923	1884	290	186	104	31	23	8
凤台县	15878	9597	6281	813	514	299	102	68	34
寿县	16213	9529	6684	939	591	348	102	74	28

4-2 续表 10

单位：人

地区	大学本科			硕士研究生			博士研究生		
	小计	男	女	小计	男	女	小计	男	女
马鞍山市	**151960**	**86992**	**64968**	**12301**	**7189**	**5112**	**1098**	**788**	**310**
花山区	46483	25870	20613	4780	2724	2056	498	361	137
雨山区	53856	31400	22456	5191	3094	2097	382	275	107
博望区	3289	1844	1445	181	106	75	21	15	6
当涂县	22588	13073	9515	841	491	350	78	57	21
含山县	10442	6248	4194	547	328	219	51	35	16
和县	15302	8557	6745	761	446	315	68	45	23
淮北市	**106570**	**54698**	**51872**	**7001**	**3530**	**3471**	**793**	**523**	**270**
杜集区	6329	3604	2725	423	235	188	74	44	30
相山区	63284	32583	30701	4329	2291	2038	522	352	170
烈山区	16636	6891	9745	994	300	694	50	30	20
濉溪县	20321	11620	8701	1255	704	551	147	97	50
铜陵市	**92714**	**51408**	**41306**	**6649**	**3696**	**2953**	**535**	**371**	**164**
铜官区	61353	33007	28346	4059	2246	1813	298	206	92
义安区	8273	4503	3770	628	334	294	52	36	16
郊区	5069	2942	2127	425	238	187	36	23	13
枞阳县	18019	10956	7063	1537	878	659	149	106	43
安庆市	**212727**	**121702**	**91025**	**15578**	**8528**	**7050**	**1800**	**1193**	**607**
迎江区	26865	14936	11929	2360	1248	1112	224	153	71
大观区	17747	9481	8266	1762	912	850	246	162	84
宜秀区	25273	11778	13495	1274	606	668	114	78	36
怀宁县	18942	11323	7619	1440	871	569	174	110	64
太湖县	17364	10496	6868	1158	640	518	142	94	48
宿松县	25854	16514	9340	1707	1047	660	222	165	57
望江县	15878	9217	6661	1043	561	482	118	71	47
岳西县	11983	6875	5108	721	407	314	85	56	29
安徽安庆经济开发区	9654	5697	3957	824	449	375	103	70	33
桐城市	23784	14005	9779	1742	949	793	204	134	70
潜山市	19383	11380	8003	1547	838	709	168	100	68
黄山市	**75084**	**40295**	**34789**	**4444**	**2319**	**2125**	**479**	**299**	**180**
屯溪区	41617	21504	20113	2517	1286	1231	284	178	106
黄山区	5952	3419	2533	353	173	180	31	20	11
徽州区	3516	1948	1568	209	114	95	19	10	9
歙县	11014	6216	4798	663	369	294	76	54	22
休宁县	5923	3237	2686	350	196	154	24	15	9
黟县	2870	1593	1277	144	82	62	20	8	12
祁门县	4192	2378	1814	208	99	109	25	14	11
滁州市	**191065**	**107366**	**83699**	**10998**	**6268**	**4730**	**1075**	**723**	**352**
琅琊区	22965	11888	11077	1589	862	727	165	105	60
南谯区	22133	12153	9980	1947	1090	857	136	101	35
来安县	14907	8675	6232	884	518	366	75	47	28
全椒县	16932	9949	6983	872	505	367	66	41	25
定远县	22175	13254	8921	1151	709	442	110	70	40
凤阳县	24169	13720	10449	1123	660	463	195	137	58
苏滁现代产业园	1004	681	323	68	46	22	1	1	
滁州经济技术开发区	23065	12661	10404	1125	604	521	137	89	48
天长市	28832	16207	12625	1545	878	667	135	102	33
明光市	14883	8178	6705	694	396	298	55	30	25

4−2 续表 11 单位：人

地 区	大学本科			硕士研究生			博士研究生		
	小计	男	女	小计	男	女	小计	男	女
阜阳市	**208212**	**111072**	**97140**	**13066**	**7417**	**5649**	**1424**	**923**	**501**
颍州区	63946	31100	32846	4146	2179	1967	504	340	164
颍东区	14353	7943	6410	755	430	325	75	55	20
颍泉区	15803	8864	6939	1064	638	426	110	66	44
临泉县	28453	15441	13012	1769	1016	753	168	101	67
太和县	25073	13996	11077	1500	846	654	175	105	70
阜南县	19794	11041	8753	1178	734	444	124	83	41
颍上县	20746	11614	9132	1151	710	441	125	77	48
阜阳合肥现代产业园区	773	414	359	84	39	45	4	2	2
阜阳经济技术开发区	5844	3207	2637	374	228	146	39	24	15
界首市	13427	7452	5975	1045	597	448	100	70	30
宿州市	**168662**	**90694**	**77968**	**9926**	**5350**	**4576**	**1073**	**678**	**395**
埇桥区	76806	40849	35957	4609	2402	2207	463	267	196
砀山县	19126	10406	8720	1190	646	544	148	99	49
萧县	24752	13545	11207	1755	983	772	196	136	60
灵璧县	24500	13184	11316	1291	728	563	155	107	48
泗县	20681	11209	9472	927	510	417	98	63	35
宿州马鞍山现代产业园区	571	313	258	50	26	24	1		1
宿州经济技术开发区	2226	1188	1038	104	55	49	12	6	6
六安市	**179142**	**103008**	**76134**	**10487**	**6166**	**4321**	**1061**	**723**	**338**
金安区	43096	24805	18291	3317	1931	1386	284	188	96
裕安区	59150	33106	26044	2679	1568	1111	299	199	100
叶集区	4778	2791	1987	290	193	97	32	23	9
霍邱县	20151	11683	8468	1133	681	452	132	90	42
舒城县	23157	13762	9395	1492	887	605	194	133	61
金寨县	15758	9350	6408	914	534	380	68	48	20
霍山县	13052	7511	5541	662	372	290	52	42	10
亳州市	**121804**	**65750**	**56054**	**6628**	**3839**	**2789**	**677**	**456**	**221**
谯城区	53788	27397	26391	3161	1762	1399	220	151	69
涡阳县	21714	12293	9421	1102	639	463	165	106	59
蒙城县	25347	13974	11373	1252	731	521	153	99	54
利辛县	20955	12086	8869	1113	707	406	139	100	39
池州市	**75399**	**40662**	**34737**	**4691**	**2592**	**2099**	**389**	**249**	**140**
贵池区	47245	24815	22430	3012	1698	1314	227	156	71
东至县	13812	7870	5942	815	439	376	91	59	32
石台县	3486	1973	1513	220	114	106	19	11	8
青阳县	9083	4949	4134	535	271	264	45	20	25
池州市国家经济技术开发区	819	501	318	56	36	20	4	2	2
皖江江南新兴产业集中区	240	154	86	10	7	3			
九华山风景区	714	400	314	43	27	16	3	1	2
宣城市	**111960**	**61364**	**50596**	**6916**	**3694**	**3222**	**576**	**368**	**208**
宣州区	30447	16482	13965	2304	1250	1054	161	105	56
郎溪县	11037	5978	5059	621	342	279	47	31	16
泾县	9657	5152	4505	594	291	303	66	36	30
绩溪县	5732	3181	2551	350	182	168	16	11	5
旌德县	3749	1997	1752	193	96	97	22	12	10
宣城市经济开发区	14673	9511	5162	605	338	267	81	58	23
宁国市	18030	9446	8584	1184	623	561	96	55	41
广德市	18635	9617	9018	1065	572	493	87	60	27

4-2a 各地区分性别、受教育程度的15岁及以上人口(城市)

单位：人

地区	15岁及以上人口			未上过学		
	合计	男	女	小计	男	女
安徽	**13570784**	**6662034**	**6908750**	**431013**	**95715**	**335298**
合肥市	**3464576**	**1728501**	**1736075**	**92561**	**18850**	**73711**
瑶海区	673699	335844	337855	18814	3357	15457
庐阳区	511683	250945	260738	13342	2665	10677
蜀山区	841004	415085	425919	16876	3490	13386
包河区	1003010	511717	491293	28929	6071	22858
长丰县						
肥东县						
肥西县	53823	28533	25290	855	189	666
庐江县						
合肥高新技术产业开发区						
合肥经济技术开发区						
合肥新站高新技术产业开发区	53756	26820	26936	1520	346	1174
巢湖市	327601	159557	168044	12225	2732	9493
芜湖市	**1304646**	**651882**	**652764**	**59198**	**14507**	**44691**
镜湖区	398617	192650	205967	10943	2259	8684
弋江区	368504	183167	185337	14592	4004	10588
鸠江区	275044	143844	131200	14521	3170	11351
三山区	86673	47407	39266	7226	2005	5221
芜湖县	7796	4043	3753	511	135	376
繁昌县						
南陵县						
芜湖经济技术开发区	2346	1230	1116	363	83	280
安徽芜湖长江大桥经济开发区						
无为市	165666	79541	86125	11042	2851	8191
蚌埠市	**574593**	**281674**	**292919**	**17096**	**4058**	**13038**
龙子湖区	142961	69283	73678	3925	901	3024
蚌山区	128099	62353	65746	2775	607	2168
禹会区	178373	87125	91248	4382	1096	3286
淮上区	125160	62913	62247	6014	1454	4560
怀远县						
五河县						
固镇县						
蚌埠市高新技术开发区						
蚌埠市经济开发区						
淮南市	**916553**	**442743**	**473810**	**25523**	**6457**	**19066**
大通区	33786	16373	17413	1237	293	944
田家庵区	574747	278111	296636	9231	2371	6860
谢家集区	149558	71993	77565	8329	1935	6394
八公山区	98921	47521	51400	3513	891	2622
潘集区	59541	28745	30796	3213	967	2246
凤台县						
寿县						

4-2a 续表 1　　单位：人

地　区	15岁及以上人口			未上过学		
	合计	男	女	小计	男	女
马鞍山市	**751339**	**378184**	**373155**	**30217**	**6543**	**23674**
花山区	381953	189593	192360	13457	2678	10779
雨山区	305475	155656	149819	11645	2588	9057
博望区	63911	32935	30976	5115	1277	3838
当涂县						
含山县						
和县						
淮北市	**669448**	**322995**	**346453**	**29694**	**7295**	**22399**
杜集区	118743	58597	60146	8699	2278	6421
相山区	407605	195030	212575	10639	2337	8302
烈山区	95082	44209	50873	5327	1407	3920
濉溪县	48018	25159	22859	5029	1273	3756
铜陵市	**491254**	**241018**	**250236**	**22151**	**4726**	**17425**
铜官区	380238	186146	194092	15705	3274	12431
义安区	74878	36442	38436	3080	632	2448
郊区	36138	18430	17708	3366	820	2546
枞阳县						
安庆市	**918673**	**441320**	**477353**	**26886**	**4955**	**21931**
迎江区	209146	101945	107201	4639	816	3823
大观区	139774	67521	72253	2445	390	2055
宜秀区	122700	60359	62341	4720	973	3747
怀宁县						
太湖县						
宿松县						
望江县	79907	36628	43279	2186	333	1853
岳西县						
安徽安庆经济开发区	444	351	93	17	5	12
桐城市	244733	116852	127881	7624	1695	5929
潜山市	121969	57664	64305	5255	743	4512
黄山市	**311144**	**149271**	**161873**	**7881**	**1594**	**6287**
屯溪区	211557	100231	111326	4761	880	3881
黄山区	50374	24602	25772	2001	522	1479
徽州区	42841	21252	21589	911	153	758
歙县	2945	1483	1462	136	26	110
休宁县	3427	1703	1724	72	13	59
黟县						
祁门县						
滁州市	**726443**	**358070**	**368373**	**17445**	**3423**	**14022**
琅琊区	217725	108019	109706	5030	1071	3959
南谯区	154399	79128	75271	5778	1111	4667
来安县						
全椒县						
定远县						
凤阳县						
苏滁现代产业园						
滁州经济技术开发区						
天长市	199657	97519	102138	3763	592	3171
明光市	154662	73404	81258	2874	649	2225

4-2a　续表 2

单位：人

地　　区	15岁及以上人口			未上过学		
	合计	男	女	小计	男	女
阜阳市	**841167**	**404079**	**437088**	**29110**	**6697**	**22413**
颍州区	375302	176838	198464	11185	2770	8415
颍东区	140778	70160	70618	6597	1672	4925
颍泉区	166790	81780	85010	5023	1173	3850
临泉县						
太和县						
阜南县						
颍上县						
阜阳合肥现代产业园区						
阜阳经济技术开发区						
界首市	158297	75301	82996	6305	1082	5223
宿州市	**506423**	**243651**	**262772**	**9538**	**2169**	**7369**
埇桥区	501716	241330	260386	9176	2086	7090
砀山县						
萧县	4707	2321	2386	362	83	279
灵璧县						
泗县						
宿州马鞍山现代产业园区						
宿州经济技术开发区						
六安市	**655489**	**317645**	**337844**	**11078**	**2511**	**8567**
金安区	290918	139367	151551	4555	1058	3497
裕安区	298311	143805	154506	5408	1136	4272
叶集区	60704	31698	29006	854	232	622
霍邱县	2003	984	1019	35	12	23
舒城县	3553	1791	1762	226	73	153
金寨县						
霍山县						
亳州市	**492062**	**238620**	**253442**	**16023**	**3846**	**12177**
谯城区	488146	236864	251282	15668	3756	11912
涡阳县						
蒙城县						
利辛县	3916	1756	2160	355	90	265
池州市	**314079**	**147691**	**166388**	**16559**	**3015**	**13544**
贵池区	294813	137282	157531	14945	2624	12321
东至县						
石台县						
青阳县						
池州市国家经济技术开发区	10784	5610	5174	904	195	709
皖江江南新兴产业集中区	8482	4799	3683	710	196	514
九华山风景区						
宣城市	**632895**	**314690**	**318205**	**20053**	**5069**	**14984**
宣州区	214454	102225	112229	5948	1333	4615
郎溪县						
泾县						
绩溪县						
旌德县						
宣城市经济开发区						
宁国市	205434	102816	102618	6262	1559	4703
广德市	213007	109649	103358	7843	2177	5666

4-2a 续表 3

单位：人

地　区	学前教育			小　学		
	小计	男	女	小计	男	女
安　徽	**15083**	**5140**	**9943**	**1809881**	**713508**	**1096373**
合肥市	**2380**	**834**	**1546**	**357414**	**136368**	**221046**
瑶海区	439	182	257	80908	30101	50807
庐阳区	430	149	281	51628	19683	31945
蜀山区	509	185	324	61297	22300	38997
包河区	547	199	348	98738	39949	58789
长丰县						
肥东县						
肥西县	14	2	12	4496	1767	2729
庐江县						
合肥高新技术产业开发区						
合肥经济技术开发区						
合肥新站高新技术产业开发区	38	20	18	5840	2187	3653
巢湖市	403	97	306	54507	20381	34126
芜湖市	**1222**	**459**	**763**	**193417**	**79466**	**113951**
镜湖区	314	99	215	45826	17081	28745
弋江区	325	129	196	49489	21152	28337
鸠江区	268	105	163	42895	17778	25117
三山区	82	33	49	19612	8967	10645
芜湖县	44	16	28	3221	1461	1760
繁昌县						
南陵县						
芜湖经济技术开发区	12	7	5	739	405	334
安徽芜湖长江大桥经济开发区						
无为市	177	70	107	31635	12622	19013
蚌埠市	**445**	**145**	**300**	**82654**	**33786**	**48868**
龙子湖区	157	55	102	18923	7473	11450
蚌山区	75	22	53	15922	6118	9804
禹会区	152	52	100	26672	11084	15588
淮上区	61	16	45	21137	9111	12026
怀远县						
五河县						
固镇县						
蚌埠市高新技术开发区						
蚌埠市经济开发区						
淮南市	**1886**	**667**	**1219**	**125323**	**51722**	**73601**
大通区	38	12	26	4386	1826	2560
田家庵区	835	309	526	66542	27010	39532
谢家集区	326	138	188	26048	11098	14950
八公山区	494	147	347	17347	6988	10359
潘集区	193	61	132	11000	4800	6200
凤台县						
寿县						

4-2a 续表 4

单位：人

地 区	学前教育			小 学		
	小计	男	女	小计	男	女
马鞍山市	**1079**	**341**	**738**	**112376**	**46838**	**65538**
花山区	394	123	271	54357	21725	32632
雨山区	407	126	281	40423	16889	23534
博望区	278	92	186	17596	8224	9372
当涂县						
含山县						
和县						
淮北市	**644**	**248**	**396**	**75406**	**32380**	**43026**
杜集区	117	39	78	18457	8347	10110
相山区	234	92	142	31467	12680	18787
烈山区	238	96	142	15067	6791	8276
濉溪县	55	21	34	10415	4562	5853
铜陵市	**768**	**240**	**528**	**70100**	**27110**	**42990**
铜官区	446	134	312	48227	18428	29799
义安区	222	76	146	14216	5347	8869
郊区	100	30	70	7657	3335	4322
枞阳县						
安庆市	**1110**	**311**	**799**	**166450**	**61182**	**105268**
迎江区	232	56	176	28265	9977	18288
大观区	156	46	110	18308	6035	12273
宜秀区	92	27	65	21521	9162	12359
怀宁县						
太湖县						
宿松县						
望江县	138	31	107	19443	5976	13467
岳西县						
安徽安庆经济开发区				38	22	16
桐城市	250	82	168	50195	19816	30379
潜山市	242	69	173	28680	10194	18486
黄山市	**250**	**88**	**162**	**42696**	**16844**	**25852**
屯溪区	110	35	75	27125	10477	16648
黄山区	75	30	45	7896	3428	4468
徽州区	42	15	27	6026	2241	3785
歙县	17	6	11	704	302	402
休宁县	6	2	4	945	396	549
黟县						
祁门县						
滁州市	**1091**	**322**	**769**	**114281**	**40945**	**73336**
琅琊区	528	145	383	33604	13038	20566
南谯区	154	51	103	20484	8004	12480
来安县						
全椒县						
定远县						
凤阳县						
苏滁现代产业园						
滁州经济技术开发区						
天长市	313	98	215	36256	11998	24258
明光市	96	28	68	23937	7905	16032

4－2a 续表 5

单位：人

地 区	学前教育			小 学		
	小计	男	女	小计	男	女
阜阳市	**614**	**291**	**323**	**97143**	**39285**	**57858**
颍州区	233	90	143	36620	15136	21484
颍东区	219	160	59	18039	7776	10263
颍泉区	105	29	76	22056	9052	13004
临泉县						
太和县						
阜南县						
颍上县						
阜阳合肥现代产业园区						
阜阳经济技术开发区						
界首市	57	12	45	20428	7321	13107
宿州市	**619**	**191**	**428**	**47308**	**18595**	**28713**
埇桥区	619	191	428	46385	18196	28189
砀山县						
萧县				923	399	524
灵璧县						
泗县						
宿州马鞍山现代产业园区						
宿州经济技术开发区						
六安市	**1026**	**346**	**680**	**99594**	**37265**	**62329**
金安区	538	186	352	44586	16015	28571
裕安区	449	145	304	41116	15215	25901
叶集区	22	9	13	12076	5262	6814
霍邱县	14	4	10	607	236	371
舒城县	3	2	1	1209	537	672
金寨县						
霍山县						
亳州市	**442**	**164**	**278**	**67557**	**28107**	**39450**
谯城区	439	163	276	66560	27806	38754
涡阳县						
蒙城县						
利辛县	3	1	2	997	301	696
池州市	**567**	**169**	**398**	**48981**	**17434**	**31547**
贵池区	535	157	378	45327	15800	29527
东至县						
石台县						
青阳县						
池州市国家经济技术开发区	25	8	17	1910	786	1124
皖江江南新兴产业集中区	7	4	3	1744	848	896
九华山风景区						
宣城市	**940**	**324**	**616**	**109181**	**46181**	**63000**
宣州区	416	123	293	34474	13433	21041
郎溪县						
泾县						
绩溪县						
旌德县						
宣城市经济开发区						
宁国市	191	68	123	32399	13515	18884
广德市	333	133	200	42308	19233	23075

4-2a　续表 6　　　　单位：人

地　区	初　中			高　中			大学专科		
	小计	男	女	小计	男	女	小计	男	女
安　徽	**4310836**	**2148710**	**2162126**	**2903747**	**1553777**	**1349970**	**2078280**	**1064356**	**1013924**
合肥市	**883344**	**448432**	**434912**	**686990**	**365100**	**321890**	**691638**	**352021**	**339617**
瑶海区	225990	115587	110403	153464	83392	70072	118196	61877	56319
庐阳区	134024	66643	67381	112381	58297	54084	109034	54750	54284
蜀山区	152471	74922	77549	145488	74107	71381	191008	94587	96421
包河区	237994	124491	113503	185001	98416	86585	210750	107400	103350
长丰县									
肥东县									
肥西县	10784	6083	4701	9306	5559	3747	9830	5575	4255
庐江县									
合肥高新技术产业开发区									
合肥经济技术开发区									
合肥新站高新技术产业开发区	15698	7974	7724	11574	6178	5396	11656	6044	5612
巢湖市	106383	52732	53651	69776	39151	30625	41164	21788	19376
芜湖市	**360235**	**186753**	**173482**	**261596**	**143754**	**117842**	**212655**	**113770**	**98885**
镜湖区	108685	53109	55576	97233	50691	46542	63613	33114	30499
弋江区	83561	44328	39233	64698	35453	29245	81529	41625	39904
鸠江区	75461	41109	34352	48426	27946	20480	41065	23275	17790
三山区	30821	18109	12712	13232	8294	4938	11626	7561	4065
芜湖县	3022	1825	1197	655	421	234	210	110	100
繁昌县									
南陵县									
芜湖经济技术开发区	789	472	317	263	163	100	120	68	52
安徽芜湖长江大桥经济开发区									
无为市	57896	27801	30095	37089	20786	16303	14492	8017	6475
蚌埠市	**211741**	**106145**	**105596**	**146420**	**77269**	**69151**	**67314**	**35415**	**31899**
龙子湖区	52669	25863	26806	36640	18872	17768	17677	9368	8309
蚌山区	44468	21857	22611	34378	17849	16529	17877	9241	8636
禹会区	62742	30962	31780	44415	23474	20941	21858	11727	10131
淮上区	51862	27463	24399	30987	17074	13913	9902	5079	4823
怀远县									
五河县									
固镇县									
蚌埠市高新技术开发区									
蚌埠市经济开发区									
淮南市	**333659**	**160794**	**172865**	**197415**	**101473**	**95942**	**119422**	**60288**	**59134**
大通区	13072	6409	6663	7975	4124	3851	4448	2301	2147
田家庵区	177067	84291	92776	129163	64385	64778	91539	45312	46227
谢家集区	66865	33176	33689	31051	16648	14403	11730	6234	5496
八公山区	47010	22710	24300	19758	10920	8838	7555	4133	3422
潘集区	29645	14208	15437	9468	5396	4072	4150	2308	1842
凤台县									
寿县									

4－2a　续表 7　　　　单位：人

地　区	初　中			高　中			大学专科		
	小计	男	女	小计	男	女	小计	男	女
马鞍山市	**234543**	**120914**	**113629**	**156559**	**85551**	**71008**	**103700**	**53338**	**50362**
花山区	121987	61490	60497	86196	45969	40227	54040	28768	25272
雨山区	85219	43947	41272	62069	34536	27533	46517	22925	23592
博望区	27337	15477	11860	8294	5046	3248	3143	1645	1498
当涂县									
含山县									
和县									
淮北市	**248106**	**120289**	**127817**	**142142**	**75180**	**66962**	**84505**	**43316**	**41189**
杜集区	53025	26406	26619	24870	14067	10803	8768	4745	4023
相山区	133307	61035	72272	98309	50249	48060	66353	33881	32472
烈山区	36850	18642	18208	14526	7797	6729	7400	3453	3947
濉溪县	24924	14206	10718	4437	3067	1370	1984	1237	747
铜陵市	**146641**	**72683**	**73958**	**110403**	**59879**	**50524**	**67621**	**36638**	**30983**
铜官区	106071	51623	54448	88309	47211	41098	56084	30176	25908
义安区	27733	14023	13710	15139	8416	6723	8166	4510	3656
郊区	12837	7037	5800	6955	4252	2703	3371	1952	1419
枞阳县									
安庆市	**300005**	**148299**	**151706**	**196162**	**107553**	**88609**	**120769**	**61556**	**59213**
迎江区	61811	30182	31629	51153	27095	24058	33906	17673	16233
大观区	40514	19005	21509	38599	20542	18057	21305	11740	9565
宜秀区	35023	19499	15524	19711	11556	8155	16464	7524	8940
怀宁县									
太湖县									
宿松县									
望江县	25218	12061	13157	17904	9819	8085	7887	4345	3542
岳西县									
安徽安庆经济开发区	102	74	28	60	49	11	136	121	15
桐城市	94248	46162	48086	47901	26490	21411	28029	13082	14947
潜山市	43089	21316	21773	20834	12002	8832	13042	7071	5971
黄山市	**108622**	**52460**	**56162**	**67019**	**34741**	**32278**	**45574**	**22873**	**22701**
屯溪区	67249	31987	35262	46830	23776	23054	33865	16586	17279
黄山区	18576	9053	9523	11036	5706	5330	6637	3537	3100
徽州区	19943	9890	10053	8343	4782	3561	4586	2502	2084
歙县	1541	815	726	325	224	101	151	68	83
休宁县	1313	715	598	485	253	232	335	180	155
黟县									
祁门县									
滁州市	**251600**	**127542**	**124058**	**172730**	**93586**	**79144**	**98270**	**53827**	**44443**
琅琊区	76074	38788	37286	49340	26789	22551	28593	15430	13163
南谯区	51572	27539	24033	29837	16575	13262	28585	15932	12653
来安县									
全椒县									
定远县									
凤阳县									
苏滁现代产业园									
滁州经济技术开发区									
天长市	67348	34228	33120	47964	26419	21545	25133	13680	11453
明光市	56606	26987	29619	45589	23803	21786	15959	8785	7174

4-2a　续表 8　　　　单位：人

地　　区	初　　中			高　　中			大学专科		
	小计	男	女	小计	男	女	小计	男	女
阜阳市	**304676**	**148234**	**156442**	**195606**	**103649**	**91957**	**117975**	**57611**	**60364**
颍州区	111234	53639	57595	85174	43715	41459	66945	30484	36461
颍东区	55036	27373	27663	36086	19873	16213	14995	8144	6851
颍泉区	68907	34243	34664	40224	21155	19069	18147	9416	8731
临泉县									
太和县									
阜南县									
颍上县									
阜阳合肥现代产业园区									
阜阳经济技术开发区									
界首市	69499	32979	36520	34122	18906	15216	17888	9567	8321
宿州市	**180272**	**84756**	**95516**	**123705**	**63815**	**59890**	**75935**	**37870**	**38065**
埇桥区	177785	83437	94348	123086	63475	59611	75718	37740	37978
砀山县									
萧县	2487	1319	1168	619	340	279	217	130	87
灵璧县									
泗县									
宿州马鞍山现代产业园区									
宿州经济技术开发区									
六安市	**221336**	**104356**	**116980**	**154672**	**83519**	**71153**	**82487**	**42683**	**39804**
金安区	98332	45577	52755	67887	36418	31469	42914	22112	20802
裕安区	92042	42803	49239	72899	38459	34440	35943	18652	17291
叶集区	28672	14763	13909	13067	8147	4920	3402	1786	1616
霍邱县	1048	550	498	209	128	81	58	35	23
舒城县	1242	663	579	610	367	243	170	98	72
金寨县									
霍山县									
亳州市	**195897**	**99362**	**96535**	**102265**	**53853**	**48412**	**62153**	**29382**	**32771**
谯城区	193561	98131	95430	102121	53763	48358	62095	29354	32741
涡阳县									
蒙城县									
利辛县	2336	1231	1105	144	90	54	58	28	30
池州市	**93974**	**46401**	**47573**	**59644**	**33128**	**26516**	**47730**	**23139**	**24591**
贵池区	87004	42342	44662	55782	30738	25044	45725	21916	23809
东至县									
石台县									
青阳县									
池州市国家经济技术开发区	3736	2102	1634	1828	1093	735	1502	887	615
皖江江南新兴产业集中区	3234	1957	1277	2034	1297	737	503	336	167
九华山风景区									
宣城市	**236185**	**121290**	**114895**	**130419**	**71727**	**58692**	**80532**	**40629**	**39903**
宣州区	72712	35301	37411	44205	23313	20892	32838	15810	17028
郎溪县									
泾县									
绩溪县									
旌德县									
宣城市经济开发区									
宁国市	79601	40725	38876	43939	24504	19435	26376	13707	12669
广德市	83872	45264	38608	42275	23910	18365	21318	11112	10206

4－2a 续表 9 单位：人

地区	大学本科			硕士研究生			博士研究生		
	小计	男	女	小计	男	女	小计	男	女
安徽	**1808364**	**961372**	**846992**	**188783**	**102543**	**86240**	**24797**	**16913**	**7884**
合肥市	**633683**	**340300**	**293383**	**99991**	**55223**	**44768**	**16575**	**11373**	**5202**
瑶海区	69629	37836	31793	5761	3187	2574	498	325	173
庐阳区	80177	42840	37337	9654	5256	4398	1013	662	351
蜀山区	222095	116975	105120	43597	23351	20246	7663	5168	2495
包河区	196379	108631	87748	37645	21599	16046	7027	4961	2066
长丰县									
肥东县									
肥西县	17786	8925	8861	659	364	295	93	69	24
庐江县									
合肥高新技术产业开发区									
合肥经济技术开发区									
合肥新站高新技术产业开发区	6711	3662	3049	641	359	282	78	50	28
巢湖市	40906	21431	19475	2034	1107	927	203	138	65
芜湖市	**192966**	**101315**	**91651**	**21405**	**10527**	**10878**	**1952**	**1331**	**621**
镜湖区	63812	32055	31757	7465	3767	3698	726	475	251
弋江区	65097	32228	32869	8471	3746	4725	742	502	240
鸠江区	47491	27704	19787	4519	2465	2054	398	292	106
三山区	3758	2251	1507	290	165	125	26	22	4
芜湖县	122	67	55	9	6	3	2	2	
繁昌县									
南陵县									
芜湖经济技术开发区	53	27	26	7	5	2			
安徽芜湖长江大桥经济开发区									
无为市	12633	6983	5650	644	373	271	58	38	20
蚌埠市	**44939**	**22684**	**22255**	**3634**	**1946**	**1688**	**350**	**226**	**124**
龙子湖区	11486	5955	5531	1344	707	637	140	89	51
蚌山区	11344	5962	5382	1136	615	521	124	82	42
禹会区	17266	8251	9015	814	433	381	72	46	26
淮上区	4843	2516	2327	340	191	149	14	9	5
怀远县									
五河县									
固镇县									
蚌埠市高新技术开发区									
蚌埠市经济开发区									
淮南市	**104348**	**55949**	**48399**	**7977**	**4682**	**3295**	**1000**	**711**	**289**
大通区	2452	1311	1141	166	87	79	12	10	2
田家庵区	92162	49441	42721	7291	4332	2959	917	660	257
谢家集区	4890	2595	2295	276	142	134	43	27	16
八公山区	3049	1639	1410	172	81	91	23	12	11
潘集区	1795	963	832	72	40	32	5	2	3
凤台县									
寿县									

4-2a　续表 10　　　　单位：人

地　区	大学本科			硕士研究生			博士研究生		
	小计	男	女	小计	男	女	小计	男	女
马鞍山市	**101955**	**58170**	**43785**	**10024**	**5851**	**4173**	**886**	**638**	**248**
花山区	46265	25767	20498	4762	2715	2047	495	358	137
雨山区	53644	31286	22358	5173	3087	2086	378	272	106
博望区	2046	1117	929	89	49	40	13	8	5
当涂县									
含山县									
和县									
淮北市	**82886**	**41205**	**41681**	**5473**	**2686**	**2787**	**592**	**396**	**196**
杜集区	4490	2534	1956	273	154	119	44	27	17
相山区	62530	32159	30371	4257	2254	2003	509	343	166
烈山区	14786	5778	9008	862	229	633	26	16	10
濉溪县	1080	734	346	81	49	32	13	10	3
铜陵市	**68662**	**37005**	**31657**	**4584**	**2517**	**2067**	**324**	**220**	**104**
铜官区	61073	32867	28206	4035	2232	1803	288	201	87
义安区	5878	3204	2674	417	218	199	27	16	11
郊区	1711	934	777	132	67	65	9	3	6
枞阳县									
安庆市	**99598**	**53417**	**46181**	**6959**	**3562**	**3397**	**734**	**485**	**249**
迎江区	26592	14767	11825	2332	1232	1100	216	147	69
大观区	16587	8768	7819	1631	841	790	229	154	75
宜秀区	23962	11035	12927	1113	518	595	94	65	29
怀宁县									
太湖县									
宿松县									
望江县	6801	3894	2907	301	154	147	29	15	14
岳西县									
安徽安庆经济开发区	87	77	10	4	3	1			
桐城市	15459	8987	6472	927	474	453	100	64	36
潜山市	10110	5889	4221	651	340	311	66	40	26
黄山市	**36164**	**19148**	**17016**	**2710**	**1395**	**1315**	**228**	**128**	**100**
屯溪区	29095	15177	13918	2322	1201	1121	200	112	88
黄山区	3945	2234	1711	195	84	111	13	8	5
徽州区	2810	1572	1238	166	90	76	14	7	7
歙县	68	39	29	3	3				
休宁县	246	126	120	24	17	7	1	1	
黟县									
祁门县									
滁州市	**66520**	**35890**	**30630**	**4171**	**2312**	**1859**	**335**	**223**	**112**
琅琊区	22820	11802	11018	1573	852	721	163	104	59
南谯区	16472	9042	7430	1425	808	617	92	66	26
来安县									
全椒县									
定远县									
凤阳县									
苏滁现代产业园									
滁州经济技术开发区									
天长市	18005	10014	7991	818	447	371	57	43	14
明光市	9223	5032	4191	355	205	150	23	10	13

4-2a 续表 11

单位：人

地区	大学本科			硕士研究生			博士研究生		
	小计	男	女	小计	男	女	小计	男	女
阜阳市	**89927**	**44984**	**44943**	**5520**	**2934**	**2586**	**596**	**394**	**202**
颍州区	59636	28699	30937	3826	2003	1823	449	302	147
颍东区	9369	4930	4439	402	209	193	35	23	12
颍泉区	11605	6299	5306	657	378	279	66	35	31
临泉县									
太和县									
阜南县									
颍上县									
阜阳合肥现代产业园区									
阜阳经济技术开发区									
界首市	9317	5056	4261	635	344	291	46	34	12
宿州市	**64958**	**34145**	**30813**	**3754**	**1922**	**1832**	**334**	**188**	**146**
埇桥区	64874	34099	30775	3741	1919	1822	332	187	145
砀山县									
萧县	84	46	38	13	3	10	2	1	1
灵璧县									
泗县									
宿州马鞍山现代产业园区									
宿州经济技术开发区									
六安市	**80690**	**44308**	**36382**	**4238**	**2406**	**1832**	**368**	**251**	**117**
金安区	29589	16551	13038	2331	1329	1002	186	121	65
裕安区	48513	26277	22236	1770	996	774	171	122	49
叶集区	2472	1415	1057	129	77	52	10	7	3
霍邱县	30	18	12	2	1	1			
舒城县	86	47	39	6	3	3	1	1	
金寨县									
霍山县									
亳州市	**45123**	**22473**	**22650**	**2463**	**1338**	**1125**	**139**	**95**	**44**
谯城区	45103	22461	22642	2461	1336	1125	138	94	44
涡阳县									
蒙城县									
利辛县	20	12	8	2	2		1	1	
池州市	**43851**	**22845**	**21006**	**2593**	**1442**	**1151**	**180**	**118**	**62**
贵池区	42792	22190	20602	2527	1399	1128	176	116	60
东至县									
石台县									
青阳县									
池州市国家经济技术开发区	819	501	318	56	36	20	4	2	2
皖江江南新兴产业集中区	240	154	86	10	7	3			
九华山风景区									
宣城市	**52094**	**27534**	**24560**	**3287**	**1800**	**1487**	**204**	**136**	**68**
宣州区	22195	11973	10222	1576	878	698	90	61	29
郎溪县									
泾县									
绩溪县									
旌德县									
宣城市经济开发区									
宁国市	15614	8171	7443	988	529	459	64	38	26
广德市	14285	7390	6895	723	393	330	50	37	13

4-2b　各地区分性别、受教育程度的15岁及以上人口(镇)

单位：人

地　区	15岁及以上人口			未上过学		
	合计	男	女	小计	男	女
安　徽	**15401912**	**7663481**	**7738431**	**712896**	**168295**	**544601**
合肥市	**2913934**	**1493169**	**1420765**	**116381**	**24554**	**91827**
瑶海区	18846	9480	9366	640	124	516
庐阳区	51233	24337	26896	958	156	802
蜀山区	24983	12952	12031	1921	509	1412
包河区						
长丰县	370346	187152	183194	15450	3660	11790
肥东县	494231	253572	240659	24818	3921	20897
肥西县	452889	231652	221237	16441	3494	12947
庐江县	382925	189037	193888	21003	5237	15766
合肥高新技术产业开发区	228100	119007	109093	6126	1232	4894
合肥经济技术开发区	460787	240034	220753	12676	2585	10091
合肥新站高新技术产业开发区	338409	180692	157717	10282	2313	7969
巢湖市	91185	45254	45931	6066	1323	4743
芜湖市	**937769**	**476221**	**461548**	**52522**	**13464**	**39058**
镜湖区	861	436	425	157	45	112
弋江区						
鸠江区	66478	33529	32949	6354	1446	4908
三山区	14705	7003	7702	296	46	250
芜湖县	198053	101281	96772	6926	1752	5174
繁昌县	123913	61814	62099	3573	867	2706
南陵县	193241	92505	100736	5907	1427	4480
芜湖经济技术开发区	147925	81888	66037	8222	1958	6264
安徽芜湖长江大桥经济开发区	11762	5981	5781	2101	626	1475
无为市	180831	91784	89047	18986	5297	13689
蚌埠市	**875310**	**425390**	**449920**	**36492**	**9848**	**26644**
龙子湖区	8926	5422	3504	379	179	200
蚌山区						
禹会区	8070	4173	3897	559	193	366
淮上区	22426	11339	11087	1565	441	1124
怀远县	262626	128512	134114	15226	4431	10795
五河县	177143	85226	91917	10809	2717	8092
固镇县	116199	54819	61380	3464	843	2621
蚌埠市高新技术开发区	48148	24029	24119	808	202	606
蚌埠市经济开发区	231772	111870	119902	3682	842	2840
淮南市	**607106**	**304741**	**302365**	**29762**	**9412**	**20350**
大通区	67376	33931	33445	3895	1156	2739
田家庵区	10428	5345	5083	640	200	440
谢家集区	3055	1581	1474	221	87	134
八公山区	47	21	26	2		2
潘集区	56677	30168	26509	3858	1263	2595
凤台县	183121	93786	89335	8110	2544	5566
寿县	286402	139909	146493	13036	4162	8874

4－2b 续表 1

单位：人

地　　区	15岁及以上人口			未上过学		
	合计	男	女	小计	男	女
马鞍山市	**575747**	**285722**	**290025**	**41686**	**9516**	**32170**
花山区						
雨山区						
博望区	8644	4654	3990	782	219	563
当涂县	242161	122652	119509	18467	4669	13798
含山县	152504	73618	78886	10421	2071	8350
和县	172438	84798	87640	12016	2557	9459
淮北市	**351894**	**173077**	**178817**	**21682**	**5542**	**16140**
杜集区	38550	19258	19292	4200	1191	3009
相山区						
烈山区	25858	13089	12769	1454	399	1055
濉溪县	287486	140730	146756	16028	3952	12076
铜陵市	**249930**	**120398**	**129532**	**32052**	**7263**	**24789**
铜官区	191	100	91	11	5	6
义安区	23775	12471	11304	2091	492	1599
郊区	24955	12276	12679	3756	902	2854
枞阳县	201009	95551	105458	26194	5864	20330
安庆市	**997802**	**487258**	**510544**	**39037**	**7410**	**31627**
迎江区						
大观区	16594	8279	8315	1286	217	1069
宜秀区	23760	11899	11861	2134	519	1615
怀宁县	194459	93831	100628	5324	762	4562
太湖县	141466	67802	73664	5352	966	4386
宿松县	187951	90586	97365	4936	664	4272
望江县	51217	24808	26409	3346	731	2615
岳西县	98509	46867	51642	3705	730	2975
安徽安庆经济开发区	117870	61345	56525	3251	710	2541
桐城市	90356	44246	46110	5748	1279	4469
潜山市	75620	37595	38025	3955	832	3123
黄山市	**341257**	**167409**	**173848**	**13370**	**2378**	**10992**
屯溪区	18354	9487	8867	424	99	325
黄山区	23192	12835	10357	1281	340	941
徽州区	9862	5048	4814	593	121	472
歙县	131572	63838	67734	4155	602	3553
休宁县	69698	33216	36482	3023	554	2469
黟县	27688	13731	13957	851	168	683
祁门县	60891	29254	31637	3043	494	2549
滁州市	**1315359**	**667806**	**647553**	**36682**	**7620**	**29062**
琅琊区						
南谯区	47033	23722	23311	3110	641	2469
来安县	200571	102449	98122	4947	988	3959
全椒县	217149	109633	107516	3564	662	2902
定远县	243808	122141	121667	7459	1597	5862
凤阳县	252968	127567	125401	6584	1766	4818
苏滁现代产业园	20915	12876	8039	634	145	489
滁州经济技术开发区	105067	54219	50848	1722	291	1431
天长市	164092	82925	81167	5551	836	4715
明光市	63756	32274	31482	3111	694	2417

4-2b　续表 2　　　　单位：人

地　　区	15岁及以上人口			未上过学		
	合计	男	女	小计	男	女
阜阳市	**1791233**	**881440**	**909793**	**107187**	**25242**	**81945**
颍州区	47085	23376	23709	3722	848	2874
颍东区	57634	29968	27666	5795	1484	4311
颍泉区	62636	31588	31048	5162	1183	3979
临泉县	387386	189269	198117	18936	4089	14847
太和县	467569	228412	239157	20528	3720	16808
阜南县	252501	121115	131386	21735	5007	16728
颍上县	355039	177047	177992	22773	6993	15780
阜阳合肥现代产业园区	4799	2541	2258	433	111	322
阜阳经济技术开发区	78568	38998	39570	2334	607	1727
界首市	78016	39126	38890	5769	1200	4569
宿州市	**1285812**	**625779**	**660033**	**30857**	**7176**	**23681**
埇桥区	155059	76841	78218	4101	990	3111
砀山县	287811	139522	148289	3734	742	2992
萧县	285637	140854	144783	8294	2007	6287
灵璧县	257791	122704	135087	7631	1672	5959
泗县	231590	112326	119264	4038	1009	3029
宿州马鞍山现代产业园区	21861	10968	10893	1287	302	985
宿州经济技术开发区	46063	22564	23499	1772	454	1318
六安市	**1059155**	**515509**	**543646**	**32574**	**8359**	**24215**
金安区	114441	52844	61597	3711	876	2835
裕安区	68124	33603	34521	3503	944	2559
叶集区	21943	10554	11389	1245	313	932
霍邱县	258618	129553	129065	10878	3202	7676
舒城县	262712	125475	137237	8126	1849	6277
金寨县	165346	80859	84487	1205	321	884
霍山县	167971	82621	85350	3906	854	3052
亳州市	**1102666**	**546070**	**556596**	**65222**	**16276**	**48946**
谯城区	92527	46285	46242	8572	1975	6597
涡阳县	335256	166808	168448	17207	4428	12779
蒙城县	354702	174637	180065	18449	4644	13805
利辛县	320181	158340	161841	20994	5229	15765
池州市	**347661**	**168027**	**179634**	**25696**	**5816**	**19880**
贵池区	31549	16527	15022	4815	1116	3699
东至县	181152	86539	94613	13272	2646	10626
石台县	28701	13747	14954	1931	478	1453
青阳县	102768	49336	53432	5494	1523	3971
池州市国家经济技术开发区						
皖江江南新兴产业集中区						
九华山风景区	3491	1878	1613	184	53	131
宣城市	**649277**	**325465**	**323812**	**31694**	**8419**	**23275**
宣州区	85445	42681	42764	6858	1865	4993
郎溪县	165445	82239	83206	9704	2578	7126
泾县	121651	58952	62699	3687	916	2771
绩溪县	69335	33656	35679	1555	251	1304
旌德县	54023	26339	27684	1703	436	1267
宣城市经济开发区	73659	39245	34414	2413	637	1776
宁国市	22905	12312	10593	2324	711	1613
广德市	56814	30041	26773	3450	1025	2425

4-2b 续表 3

单位：人

地　区	学前教育			小　学		
	小计	男	女	小计	男	女
安　徽	**26189**	**8455**	**17734**	**3032187**	**1230383**	**1801804**
合肥市	**3255**	**1067**	**2188**	**435063**	**171324**	**263739**
瑶海区	17	5	12	2523	969	1554
庐阳区	27	7	20	3756	1215	2541
蜀山区	76	28	48	6940	3252	3688
包河区						
长丰县	267	107	160	57029	22657	34372
肥东县	805	217	588	95823	36895	58928
肥西县	439	153	286	57251	22079	35172
庐江县	815	274	541	93393	37708	55685
合肥高新技术产业开发区	118	48	70	19564	7298	12266
合肥经济技术开发区	261	79	182	40045	15032	25013
合肥新站高新技术产业开发区	241	112	129	32965	13303	19662
巢湖市	189	37	152	25774	10916	14858
芜湖市	**2090**	**655**	**1435**	**239033**	**102026**	**137007**
镜湖区				212	90	122
弋江区						
鸠江区	112	38	74	22419	10251	12168
三山区	12	4	8	1657	457	1200
芜湖县	684	212	472	46922	18983	27939
繁昌县	185	59	126	27973	11008	16965
南陵县	387	108	279	50418	20756	29662
芜湖经济技术开发区	115	36	79	21764	9241	12523
安徽芜湖长江大桥经济开发区	103	30	73	3175	1594	1581
无为市	492	168	324	64493	29646	34847
蚌埠市	**941**	**322**	**619**	**136864**	**56383**	**80481**
龙子湖区	5	3	2	2253	1285	968
蚌山区						
禹会区	8	2	6	1977	922	1055
淮上区	45	12	33	5492	2468	3024
怀远县	239	78	161	50755	22056	28699
五河县	387	139	248	38314	15277	23037
固镇县	115	41	74	17764	6893	10871
蚌埠市高新技术开发区	27	13	14	4509	1693	2816
蚌埠市经济开发区	115	34	81	15800	5789	10011
淮南市	**1182**	**469**	**713**	**138543**	**59381**	**79162**
大通区	109	35	74	13474	5989	7485
田家庵区	4	1	3	3016	1405	1611
谢家集区				867	410	457
八公山区				17	5	12
潘集区	93	36	57	12832	5715	7117
凤台县	213	79	134	28425	11632	16793
寿县	763	318	445	79912	34225	45687

4-2b 续表 4

单位：人

地　区	学前教育			小　学		
	小计	男	女	小计	男	女
马鞍山市	**2601**	**821**	**1780**	**141879**	**58536**	**83343**
花山区						
雨山区						
博望区	14	2	12	2949	1317	1632
当涂县	931	360	571	54527	23109	31418
含山县	1211	345	866	41003	16291	24712
和县	445	114	331	43400	17819	25581
淮北市	**346**	**123**	**223**	**59032**	**25358**	**33674**
杜集区	60	22	38	6898	3234	3664
相山区						
烈山区	47	8	39	5333	2353	2980
濉溪县	239	93	146	46801	19771	27030
铜陵市	**852**	**287**	**565**	**65810**	**27258**	**38552**
铜官区				65	31	34
义安区	296	108	188	7220	3182	4038
郊区	64	26	38	7060	3108	3952
枞阳县	492	153	339	51465	20937	30528
安庆市	**2333**	**574**	**1759**	**257679**	**94802**	**162877**
迎江区						
大观区	38	12	26	5046	2078	2968
宜秀区	45	14	31	9275	4149	5126
怀宁县	434	94	340	47087	16653	30434
太湖县	683	192	491	40631	14567	26064
宿松县	225	39	186	42699	12621	30078
望江县	121	23	98	16690	6453	10237
岳西县	121	34	87	23045	8637	14408
安徽安庆经济开发区	195	52	143	19217	7870	11347
桐城市	224	70	154	26896	10969	15927
潜山市	247	44	203	27093	10805	16288
黄山市	**502**	**134**	**368**	**69413**	**27718**	**41695**
屯溪区	8		8	1301	647	654
黄山区	54	26	28	7079	3560	3519
徽州区	6	1	5	2940	1303	1637
歙县	169	46	123	24493	9235	15258
休宁县	157	38	119	16864	6535	10329
黟县	50	8	42	4493	1769	2724
祁门县	58	15	43	12243	4669	7574
滁州市	**2262**	**626**	**1636**	**227469**	**86261**	**141208**
琅琊区						
南谯区	175	57	118	9884	4133	5751
来安县	185	56	129	31987	11903	20084
全椒县	577	130	447	41050	14366	26684
定远县	237	72	165	38242	13967	24275
凤阳县	180	70	110	39215	15798	23417
苏滁现代产业园	39	8	31	3111	1547	1564
滁州经济技术开发区	172	77	95	11488	3976	7512
天长市	635	135	500	36791	14477	22314
明光市	62	21	41	15701	6094	9607

4-2b 续表 5

单位：人

地区	学前教育			小学		
	小计	男	女	小计	男	女
阜阳市	**2089**	**724**	**1365**	**357352**	**149400**	**207952**
颍州区	38	9	29	9684	4242	5442
颍东区	49	15	34	11993	5512	6481
颍泉区	123	47	76	15913	6945	8968
临泉县	459	162	297	85605	36471	49134
太和县	576	162	414	87235	32485	54750
阜南县	170	75	95	46344	19954	26390
颍上县	418	177	241	71618	32011	39607
阜阳合肥现代产业园区	1		1	892	450	442
阜阳经济技术开发区	147	46	101	10907	4527	6380
界首市	108	31	77	17161	6803	10358
宿州市	**1620**	**498**	**1122**	**199022**	**75419**	**123603**
埇桥区	258	83	175	30484	12734	17750
砀山县	262	74	188	34897	12697	22200
萧县	286	87	199	34780	14158	20622
灵璧县	232	67	165	40768	14698	26070
泗县	540	166	374	47839	16804	31035
宿州马鞍山现代产业园区	26	13	13	3879	1701	2178
宿州经济技术开发区	16	8	8	6375	2627	3748
六安市	**2304**	**760**	**1544**	**253199**	**102115**	**151084**
金安区	268	81	187	26157	9327	16830
裕安区	174	48	126	19997	8421	11576
叶集区	49	17	32	6321	2707	3614
霍邱县	713	276	437	67531	29475	38056
舒城县	415	148	267	57361	22374	34987
金寨县	120	33	87	32470	12347	20123
霍山县	565	157	408	43362	17464	25898
亳州市	**1078**	**405**	**673**	**204460**	**86770**	**117690**
谯城区	119	37	82	20686	9290	11396
涡阳县	279	121	158	61945	26847	35098
蒙城县	273	78	195	66952	26937	40015
利辛县	407	169	238	54877	23696	31181
池州市	**813**	**249**	**564**	**90364**	**37964**	**52400**
贵池区	166	81	85	9288	4414	4874
东至县	442	104	338	51658	20867	30791
石台县	25	5	20	5861	2367	3494
青阳县	177	57	120	22839	9975	12864
池州市国家经济技术开发区						
皖江江南新兴产业集中区						
九华山风景区	3	2	1	718	341	377
宣城市	**1921**	**741**	**1180**	**157005**	**69668**	**87337**
宣州区	242	104	138	25691	11674	14017
郎溪县	697	288	409	39987	17502	22485
泾县	211	69	142	27156	11717	15439
绩溪县	106	27	79	12965	5142	7823
旌德县	247	93	154	14051	6231	7820
宣城市经济开发区	115	56	59	11549	4947	6602
宁国市	87	23	64	7966	4039	3927
广德市	216	81	135	17640	8416	9224

4-2b　续表 6　　　　单位：人

地　区	初　中			高　中			大学专科		
	小计	男	女	小计	男	女	小计	男	女
安　徽	**5847882**	**3033404**	**2814478**	**2991184**	**1687368**	**1303816**	**1559231**	**847545**	**711686**
合肥市	**907030**	**487064**	**419966**	**549032**	**315037**	**233995**	**480857**	**258350**	**222507**
瑶海区	6555	3492	3063	3490	2004	1486	3210	1628	1582
庐阳区	9571	4382	5189	9257	4496	4761	12063	5750	6313
蜀山区	10793	6023	4770	2912	1786	1126	1345	739	606
包河区									
长丰县	140126	74815	65311	71850	40689	31161	63252	32565	30687
肥东县	185840	104468	81372	101496	59502	41994	53651	30583	23068
肥西县	145019	75872	69147	92045	51487	40558	90927	49453	41474
庐江县	149987	78166	71821	65334	37550	27784	29190	16511	12679
合肥高新技术产业开发区	43691	23250	20441	36131	20579	15552	49520	26190	23330
合肥经济技术开发区	97232	51192	46040	78355	45924	32431	90850	46479	44371
合肥新站高新技术产业开发区	85573	47595	37978	76503	44359	32144	82594	46060	36534
巢湖市	32643	17809	14834	11659	6661	4998	4255	2392	1863
芜湖市	**334757**	**180928**	**153829**	**156303**	**91284**	**65019**	**81709**	**46616**	**35093**
镜湖区	321	180	141	79	56	23	59	45	14
弋江区									
鸠江区	24864	14134	10730	7625	4640	2985	2882	1650	1232
三山区	3553	1648	1905	2945	1512	1433	3373	1735	1638
芜湖县	72526	39856	32670	36642	20458	16184	14970	8554	6416
繁昌县	48546	25177	23369	23297	13432	9865	11780	6665	5115
南陵县	75381	37338	38043	34837	18885	15952	14946	8059	6887
芜湖经济技术开发区	43032	24394	18638	28779	18660	10119	25092	14948	10144
安徽芜湖长江大桥经济开发区	4376	2527	1849	1123	717	406	603	336	267
无为市	62158	35674	26484	20976	12924	8052	8004	4624	3380
蚌埠市	**322159**	**159434**	**162725**	**162264**	**85685**	**76579**	**94562**	**49968**	**44594**
龙子湖区	4509	2776	1733	1135	753	382	420	261	159
蚌山区									
禹会区	3832	2046	1786	1247	751	496	287	167	120
淮上区	10980	5909	5071	2962	1753	1209	1030	554	476
怀远县	117178	59233	57945	45772	24866	20906	19873	10488	9385
五河县	73329	36968	36361	31070	17500	13570	14375	7812	6563
固镇县	52478	24735	27743	25301	13184	12117	11327	5977	5350
蚌埠市高新技术开发区	14817	6943	7874	11844	6243	5601	9561	5334	4227
蚌埠市经济开发区	45036	20824	24212	42933	20635	22298	37689	19375	18314
淮南市	**259010**	**132571**	**126439**	**103019**	**59468**	**43551**	**47976**	**27187**	**20789**
大通区	29759	15523	14236	11793	6582	5211	5751	3194	2557
田家庵区	5654	3078	2576	730	447	283	240	136	104
谢家集区	1371	738	633	402	238	164	127	71	56
八公山区	10	5	5	14	8	6	4	3	1
潘集区	29485	16176	13309	5946	3953	1993	2978	2008	970
凤台县	77757	39050	38707	37188	22056	15132	19370	11294	8076
寿县	114974	58001	56973	46946	26184	20762	19506	10481	9025

4-2b 续表 7

单位：人

地区	初中			高中			大学专科		
	小计	男	女	小计	男	女	小计	男	女
马鞍山市	**217787**	**118710**	**99077**	**86967**	**50485**	**36482**	**43150**	**23985**	**19165**
花山区									
雨山区									
博望区	3621	2323	1298	758	496	262	314	176	138
当涂县	91690	50525	41165	36732	21483	15249	19240	10742	8498
含山县	59453	31140	28313	22392	13358	9034	9841	5629	4212
和县	63023	34722	28301	27085	15148	11937	13755	7438	6317
淮北市	**169100**	**85140**	**83960**	**60373**	**34094**	**26279**	**25763**	**14150**	**11613**
杜集区	18032	9377	8655	5827	3426	2401	2384	1338	1046
相山区									
烈山区	12760	6594	6166	3803	2269	1534	1604	964	640
濉溪县	138308	69169	69139	50743	28399	22344	21775	11848	9927
铜陵市	**77181**	**41530**	**35651**	**41504**	**24856**	**16648**	**17813**	**10370**	**7443**
铜官区	70	41	29	23	15	8	12	4	8
义安区	8816	5318	3498	3529	2263	1266	1132	714	418
郊区	8148	4597	3551	3365	2085	1280	1500	901	599
枞阳县	60147	31574	28573	34587	20493	14094	15169	8751	6418
安庆市	**351775**	**181447**	**170328**	**186383**	**110411**	**75972**	**94899**	**53586**	**41313**
迎江区									
大观区	6459	3673	2786	2319	1472	847	940	516	424
宜秀区	7394	4291	3103	3002	1891	1111	1097	572	525
怀宁县	72104	35792	36312	41178	24280	16898	16277	9105	7172
太湖县	43121	22429	20692	24963	14349	10614	15597	8647	6950
宿松县	67649	33225	34424	40702	25123	15579	17613	10204	7409
望江县	19196	10496	8700	6573	4020	2553	3106	1818	1288
岳西县	34205	16595	17610	19773	10996	8777	9802	5373	4429
安徽安庆经济开发区	36870	19635	17235	26633	14971	11662	21316	12025	9291
桐城市	37402	19700	17702	11795	7331	4464	5009	2925	2084
潜山市	27375	15611	11764	9445	5978	3467	4142	2401	1741
黄山市	**138328**	**70938**	**67390**	**57747**	**32618**	**25129**	**29807**	**16360**	**13447**
屯溪区	2703	1514	1189	984	683	301	469	247	222
黄山区	9473	5668	3805	2744	1717	1027	1562	907	655
徽州区	4707	2667	2040	904	587	317	450	235	215
歙县	56896	28870	28026	26137	14319	11818	11287	6070	5217
休宁县	25936	12969	12967	12771	7153	5618	6747	3643	3104
黟县	11330	5594	5736	5167	2957	2210	3482	1941	1541
祁门县	27283	13656	13627	9040	5202	3838	5810	3317	2493
滁州市	**487997**	**254634**	**233363**	**325156**	**185611**	**139545**	**136495**	**76723**	**59772**
琅琊区									
南谯区	17789	9881	7908	7358	4291	3067	5145	2789	2356
来安县	76339	40197	36142	54740	30862	23878	20227	11430	8797
全椒县	81587	41950	39637	48938	28798	20140	26569	15104	11465
定远县	93899	47177	46722	63090	35999	27091	25482	14332	11150
凤阳县	92408	46687	45721	68140	37183	30957	25464	14179	11285
苏滁现代产业园	8627	5276	3351	5080	3592	1488	2351	1580	771
滁州经济技术开发区	32261	16478	15783	22097	13140	8957	13974	7602	6372
天长市	58037	32081	25956	43287	24253	19034	13529	7566	5963
明光市	27050	14907	12143	12426	7493	4933	3754	2141	1613

4-2b 续表 8

单位：人

地区	初中			高中			大学专科		
	小计	男	女	小计	男	女	小计	男	女
阜阳市	**825211**	**430808**	**394403**	**299675**	**167562**	**132113**	**124346**	**66684**	**57662**
颍州区	25644	13747	11897	5181	3041	2140	1730	916	814
颍东区	29183	16268	12915	6638	4281	2357	2552	1526	1026
颍泉区	29762	16379	13383	8125	4917	3208	2443	1438	1005
临泉县	157447	81406	76041	78204	42299	35905	28620	15169	13451
太和县	228418	120282	108136	78138	43707	34431	33136	17532	15604
阜南县	110266	56155	54111	43116	23380	19736	19159	10219	8940
颍上县	166012	84921	81091	54562	31368	23194	24321	13145	11176
阜阳合肥现代产业园区	2838	1596	1242	329	212	117	179	98	81
阜阳经济技术开发区	31918	15991	15927	18070	9602	8468	9406	5034	4372
界首市	43723	24063	19660	7312	4755	2557	2800	1607	1193
宿州市	**507742**	**252486**	**255256**	**354087**	**190024**	**164063**	**125230**	**64396**	**60834**
埇桥区	81076	41766	39310	22997	13098	9899	11514	5604	5910
砀山县	91409	44685	46724	113325	58364	54961	30633	15790	14843
萧县	127826	63375	64451	71672	38768	32904	27335	14194	13141
灵璧县	88968	42708	46260	74235	40039	34196	29104	14676	14428
泗县	87639	44528	43111	55885	30792	25093	21677	11586	10091
宿州马鞍山现代产业园区	10676	5555	5121	4691	2717	1974	839	435	404
宿州经济技术开发区	20148	9869	10279	11282	6246	5036	4128	2111	2017
六安市	**404490**	**198142**	**206348**	**227912**	**127772**	**100140**	**81201**	**45077**	**36124**
金安区	41731	18779	22952	31384	17586	13798	6348	3392	2956
裕安区	27707	14227	13480	11198	6705	4493	3253	1896	1357
叶集区	9923	4835	5088	2795	1718	1077	933	556	377
霍邱县	105987	54832	51155	41886	24093	17793	18114	9919	8195
舒城县	100146	47439	52707	60344	33086	27258	21779	12092	9687
金寨县	65948	31472	34476	39873	22042	17831	15183	8499	6684
霍山县	53048	26558	26490	40432	22542	17890	15591	8723	6868
亳州市	**470759**	**244763**	**225996**	**220082**	**121599**	**98483**	**89473**	**47880**	**41593**
谯城区	50217	27561	22656	8302	4792	3510	3105	1769	1336
涡阳县	138348	71905	66443	71435	38855	32580	30069	15890	14179
蒙城县	144719	74451	70268	72178	40673	31505	32247	17154	15093
利辛县	137475	70846	66629	68167	37279	30888	24052	13067	10985
池州市	**121536**	**62712**	**58824**	**57112**	**32396**	**24716**	**30104**	**16574**	**13530**
贵池区	10692	6625	4067	4018	2694	1324	1654	1036	618
东至县	61958	32442	29516	27832	15973	11859	15259	8440	6819
石台县	9237	4449	4788	5418	2968	2450	3420	1893	1527
青阳县	38260	18442	19818	19213	10367	8846	9393	4978	4415
池州市国家经济技术开发区									
皖江江南新兴产业集中区									
九华山风景区	1389	754	635	631	394	237	378	227	151
宣城市	**253020**	**132097**	**120923**	**103568**	**58466**	**45102**	**55846**	**29639**	**26207**
宣州区	33015	17901	15114	11410	6782	4628	5158	2721	2437
郎溪县	67742	35765	31977	24937	14197	10740	12973	6824	6149
泾县	45058	22212	22846	24425	12943	11482	12742	6650	6092
绩溪县	30604	14859	15745	11643	6602	5041	7170	3909	3261
旌德县	20163	10123	10040	9051	4796	4255	5418	2854	2564
宣城市经济开发区	22046	11441	10605	13632	7718	5914	9207	4900	4307
宁国市	8974	5326	3648	2181	1453	728	812	473	339
广德市	25418	14470	10948	6289	3975	2314	2366	1308	1058

4-2b 续表 9 单位：人

地区	大学本科			硕士研究生			博士研究生		
	小计	男	女	小计	男	女	小计	男	女
安徽	**1141306**	**636960**	**504346**	**83429**	**46057**	**37372**	**7608**	**5014**	**2594**
合肥市	**375721**	**209370**	**166351**	**43113**	**24037**	**19076**	**3482**	**2366**	**1116**
瑶海区	2187	1143	1044	213	109	104	11	6	5
庐阳区	13022	6905	6117	2348	1273	1075	231	153	78
蜀山区	940	583	357	46	23	23	10	9	1
包河区									
长丰县	21168	11967	9201	1127	640	487	77	52	25
肥东县	29917	16873	13044	1748	1024	724	133	89	44
肥西县	45664	26170	19494	4719	2669	2050	384	275	109
庐江县	21713	12726	8987	1377	790	587	113	75	38
合肥高新技术产业开发区	63211	34459	28752	8943	5362	3581	796	589	207
合肥经济技术开发区	121287	67910	53377	18602	9886	8716	1479	947	532
合肥新站高新技术产业开发区	46221	24615	21606	3802	2177	1625	228	158	70
巢湖市	10391	6019	4372	188	84	104	20	13	7
芜湖市	**67598**	**39073**	**28525**	**3497**	**1995**	**1502**	**260**	**180**	**80**
镜湖区	31	18	13	2	2				
弋江区									
鸠江区	2076	1286	790	133	74	59	13	10	3
三山区	2536	1419	1117	302	162	140	31	20	11
芜湖县	18674	11070	7604	671	369	302	38	27	11
繁昌县	7979	4285	3694	538	290	248	42	31	11
南陵县	10800	5649	5151	510	254	256	55	29	26
芜湖经济技术开发区	19884	11989	7895	997	632	365	40	30	10
安徽芜湖长江大桥经济开发区	265	142	123	15	8	7	1	1	
无为市	5353	3215	2138	329	204	125	40	32	8
蚌埠市	**112330**	**58719**	**53611**	**8828**	**4450**	**4378**	**870**	**581**	**289**
龙子湖区	210	155	55	14	9	5	1	1	
蚌山区									
禹会区	147	82	65	13	10	3			
淮上区	316	180	136	34	22	12	2		2
怀远县	12931	7000	5931	605	332	273	47	28	19
五河县	8494	4615	3879	314	167	147	51	31	20
固镇县	5536	3031	2505	192	102	90	22	13	9
蚌埠市高新技术开发区	6084	3290	2794	469	289	180	29	22	7
蚌埠市经济开发区	78612	40366	38246	7187	3519	3668	718	486	232
淮南市	**26257**	**15417**	**10840**	**1249**	**772**	**477**	**108**	**64**	**44**
大通区	2420	1356	1064	158	87	71	17	9	8
田家庵区	130	67	63	10	8	2	4	3	1
谢家集区	65	35	30	2	2				
八公山区									
潘集区	1389	952	437	88	58	30	8	7	1
凤台县	11530	6807	4723	489	304	185	39	20	19
寿县	10723	6200	4523	502	313	189	40	25	15

4-2b 续表 10

单位：人

地 区	大学本科			硕士研究生			博士研究生		
	小计	男	女	小计	男	女	小计	男	女
马鞍山市	**40100**	**22759**	**17341**	**1450**	**823**	**627**	**127**	**87**	**40**
花山区									
雨山区									
博望区	193	115	78	12	6	6	1		1
当涂县	19894	11374	8520	626	353	273	54	37	17
含山县	7807	4569	3238	345	192	153	31	23	8
和县	12206	6701	5505	467	272	195	41	27	14
淮北市	**14829**	**8265**	**6564**	**678**	**352**	**326**	**91**	**53**	**38**
杜集区	1050	612	438	79	45	34	20	13	7
相山区									
烈山区	803	478	325	45	20	25	9	4	5
濉溪县	12976	7175	5801	554	287	267	62	36	26
铜陵市	**13721**	**8256**	**5465**	**916**	**519**	**397**	**81**	**59**	**22**
铜官区	9	4	5	1		1			
义安区	641	368	273	44	22	22	6	4	2
郊区	999	623	376	59	32	27	4	2	2
枞阳县	12072	7261	4811	812	465	347	71	53	18
安庆市	**61429**	**36637**	**24792**	**3811**	**2098**	**1713**	**456**	**293**	**163**
迎江区									
大观区	449	276	173	54	34	20	3	1	2
宜秀区	733	421	312	71	36	35	9	6	3
怀宁县	11252	6678	4574	712	410	302	91	57	34
太湖县	10542	6343	4199	506	266	240	71	43	28
宿松县	13383	8273	5110	674	385	289	70	52	18
望江县	2030	1176	854	143	84	59	12	7	5
岳西县	7486	4306	3180	335	173	162	37	23	14
安徽安庆经济开发区	9472	5569	3903	814	444	370	102	69	33
桐城市	2993	1809	1184	261	146	115	28	17	11
潜山市	3089	1786	1303	241	120	121	33	18	15
黄山市	**30845**	**16605**	**14240**	**1090**	**552**	**538**	**155**	**106**	**49**
屯溪区	12215	6162	6053	171	72	99	79	63	16
黄山区	913	564	349	81	50	31	5	3	2
徽州区	248	124	124	14	10	4			
歙县	8012	4467	3545	388	205	183	35	24	11
休宁县	3991	2221	1770	201	100	101	8	3	5
黟县	2215	1240	975	89	50	39	11	4	7
祁门县	3251	1827	1424	146	65	81	17	9	8
滁州市	**94120**	**53356**	**40764**	**4638**	**2618**	**2020**	**540**	**357**	**183**
琅琊区									
南谯区	3232	1732	1500	314	177	137	26	21	5
来安县	11507	6638	4869	590	344	246	49	31	18
全椒县	14176	8243	5933	638	351	287	50	29	21
定远县	14679	8589	6090	649	364	285	71	44	27
凤阳县	19926	11252	8674	892	520	372	159	112	47
苏滁现代产业园	1004	681	323	68	46	22	1	1	
滁州经济技术开发区	22154	12002	10152	1064	566	498	135	87	48
天长市	5917	3365	2552	309	187	122	36	25	11
明光市	1525	854	671	114	63	51	13	7	6

4-2b 续表 11

单位：人

地区	大学本科			硕士研究生			博士研究生		
	小计	男	女	小计	男	女	小计	男	女
阜阳市	**71472**	**38813**	**32659**	**3581**	**2015**	**1566**	**320**	**192**	**128**
颍州区	1028	547	481	50	19	31	8	7	1
颍东区	1337	823	514	82	55	27	5	4	1
颍泉区	1015	618	397	86	57	29	7	4	3
临泉县	17260	9212	8048	798	426	372	57	35	22
太和县	18461	9951	8510	980	519	461	97	54	43
阜南县	11221	6042	5179	448	261	187	42	22	20
颍上县	14581	7984	6597	694	409	285	60	39	21
阜阳合肥现代产业园区	118	72	46	8	1	7	1	1	
阜阳经济技术开发区	5397	2951	2446	354	219	135	35	21	14
界首市	1054	613	441	81	49	32	8	5	3
宿州市	**64203**	**34120**	**30083**	**2751**	**1484**	**1267**	**300**	**176**	**124**
埇桥区	4402	2445	1957	199	108	91	28	13	15
砀山县	12896	6812	6084	582	317	265	73	41	32
萧县	14628	7819	6809	736	399	337	80	47	33
灵璧县	16180	8471	7709	602	326	276	71	47	24
泗县	13440	7157	6283	497	262	235	35	22	13
宿州马鞍山现代产业园区	431	228	203	31	17	14	1		1
宿州经济技术开发区	2226	1188	1038	104	55	49	12	6	6
六安市	**54511**	**31570**	**22941**	**2674**	**1536**	**1138**	**290**	**178**	**112**
金安区	4610	2674	1936	212	117	95	20	12	8
裕安区	2099	1263	836	151	88	63	42	11	31
叶集区	642	386	256	29	19	10	6	3	3
霍邱县	12862	7370	5492	579	343	236	68	43	25
舒城县	13663	7973	5690	780	444	336	98	70	28
金寨县	10041	5853	4188	476	274	202	30	18	12
霍山县	10594	6051	4543	447	251	196	26	21	5
亳州市	**49553**	**27197**	**22356**	**1820**	**1047**	**773**	**219**	**133**	**86**
谯城区	1437	809	628	80	48	32	9	4	5
涡阳县	15298	8390	6908	592	324	268	83	48	35
蒙城县	19096	10263	8833	705	390	315	83	47	36
利辛县	13722	7735	5987	443	285	158	44	34	10
池州市	**20812**	**11671**	**9141**	**1117**	**589**	**528**	**107**	**56**	**51**
贵池区	854	524	330	56	32	24	6	5	1
东至县	10132	5746	4386	545	290	255	54	31	23
石台县	2663	1510	1153	137	72	65	9	5	4
青阳县	6991	3792	3199	365	187	178	36	15	21
池州市国家经济技术开发区									
皖江江南新兴产业集中区									
九华山风景区	172	99	73	14	8	6	2		2
宣城市	**43805**	**25132**	**18673**	**2216**	**1170**	**1046**	**202**	**133**	**69**
宣州区	2858	1529	1329	199	94	105	14	11	3
郎溪县	8926	4812	4114	449	254	195	30	19	11
泾县	7909	4212	3697	422	210	212	41	23	18
绩溪县	4993	2715	2278	283	140	143	16	11	5
旌德县	3225	1722	1503	152	77	75	13	7	6
宣城市经济开发区	14053	9171	4882	568	321	247	76	54	22
宁国市	517	269	248	40	17	23	4	1	3
广德市	1324	702	622	103	57	46	8	7	1

4-2c　各地区分性别、受教育程度的15岁及以上人口(乡村)

单位：人

地　　区	15岁及以上人口			未上过学		
	合计	男	女	小计	男	女
安　徽	**20311793**	**10449572**	**9862221**	**2028419**	**521472**	**1506947**
合肥市	**1443447**	**763931**	**679516**	**178601**	**48037**	**130564**
瑶海区	17837	9091	8746	801	117	684
庐阳区	4670	2475	2195	852	253	599
蜀山区	13314	7989	5325	1938	624	1314
包河区	5316	3063	2253	519	123	396
长丰县	267817	141812	126005	47021	14640	32381
肥东县	253803	136041	117762	35965	7987	27978
肥西县	310223	165223	145000	34584	10474	24110
庐江县	352364	185150	167214	27979	7756	20223
合肥高新技术产业开发区	182	109	73	15	5	10
合肥经济技术开发区	7248	3803	3445	843	255	588
合肥新站高新技术产业开发区	4324	2716	1608	480	172	308
巢湖市	206349	106459	99890	27604	5631	21973
芜湖市	**872245**	**456467**	**415778**	**103096**	**28093**	**75003**
镜湖区	16668	8600	8068	3335	958	2377
弋江区						
鸠江区	114731	58683	56048	19245	4904	14341
三山区	35798	18572	17226	5957	1784	4173
芜湖县	91090	48252	42838	7996	2087	5909
繁昌县	88674	47059	41615	6331	1586	4745
南陵县	174772	92849	81923	14125	3904	10221
芜湖经济技术开发区	2847	1448	1399	444	100	344
安徽芜湖长江大桥经济开发区	6989	3603	3386	901	233	668
无为市	340676	177401	163275	44762	12537	32225
蚌埠市	**1114423**	**570402**	**544021**	**134442**	**40066**	**94376**
龙子湖区	30996	15817	15179	1860	589	1271
蚌山区	13408	7055	6353	940	317	623
禹会区	81747	41829	39918	9299	3114	6185
淮上区	74356	38000	36356	9512	2704	6808
怀远县	431782	221361	210421	52042	15699	36343
五河县	224357	115488	108869	35144	10538	24606
固镇县	257777	130852	126925	25645	7105	18540
蚌埠市高新技术开发区						
蚌埠市经济开发区						
淮南市	**912936**	**472317**	**440619**	**82205**	**27236**	**54969**
大通区	35530	18500	17030	5714	2026	3688
田家庵区	23213	12001	11212	2392	816	1576
谢家集区	38011	19382	18629	5442	1769	3673
八公山区	4756	2319	2437	419	123	296
潘集区	138031	71957	66074	13576	4431	9145
凤台县	294216	151126	143090	30250	9814	20436
寿县	379179	197032	182147	24412	8257	16155

4-2c 续表 1

单位：人

地　　区	15岁及以上人口			未上过学		
	合计	男	女	小计	男	女
马鞍山市	**522845**	**273045**	**249800**	**64796**	**15870**	**48926**
花山区	8474	4382	4092	1313	325	988
雨山区	11773	6073	5700	1747	420	1327
博望区	59533	31313	28220	5482	1544	3938
当涂县	141875	73676	68199	15273	4040	11233
含山县	126434	66479	59955	13708	3304	10404
和县	174756	91122	83634	27273	6237	21036
淮北市	**545676**	**272614**	**273062**	**61726**	**15859**	**45867**
杜集区	41005	20424	20581	5622	1603	4019
相山区	37685	18876	18809	5266	1485	3781
烈山区	85890	42152	43738	8261	2267	5994
濉溪县	381096	191162	189934	42577	10504	32073
铜陵市	**382110**	**194553**	**187557**	**69313**	**16976**	**52337**
铜官区	9674	4942	4732	1057	287	770
义安区	99502	51541	47961	11531	2936	8595
郊区	78265	39394	38871	15963	4198	11765
枞阳县	194669	98676	95993	40762	9555	31207
安庆市	**1553848**	**803663**	**750185**	**112221**	**23222**	**88999**
迎江区	9083	4677	4406	1083	252	831
大观区	30406	15816	14590	2623	488	2135
宜秀区	23511	12026	11485	2181	419	1762
怀宁县	219031	113422	105609	6360	1051	5309
太湖县	212114	110186	101928	13062	2982	10080
宿松县	293656	154665	138991	12578	2330	10248
望江县	245801	123744	122057	31132	6221	24911
岳西县	168098	87861	80237	13420	3070	10350
安徽安庆经济开发区	3204	1621	1583	190	49	141
桐城市	173138	88186	84952	15250	3510	11740
潜山市	175806	91459	84347	14342	2850	11492
黄山市	**487576**	**258254**	**229322**	**44279**	**8143**	**36136**
屯溪区	18539	9387	9152	1101	216	885
黄山区	54272	29493	24779	5864	1746	4118
徽州区	28915	14884	14031	2826	451	2375
歙县	176466	93114	83352	13969	1736	12233
休宁县	107380	56217	51163	9716	1861	7855
黟县	39451	21122	18329	3858	872	2986
祁门县	62553	34037	28516	6945	1261	5684
滁州市	**1297073**	**679068**	**618005**	**74234**	**17856**	**56378**
琅琊区	9506	5154	4352	726	201	525
南谯区	93509	47796	45713	10140	2513	7627
来安县	156012	81640	74372	9686	1982	7704
全椒县	125906	65807	60099	5405	1036	4369
定远县	304366	159996	144370	18620	4532	14088
凤阳县	251837	132472	119365	11204	3425	7779
苏滁现代产业园						
滁州经济技术开发区	17797	10850	6947	160	49	111
天长市	154973	80396	74577	6513	1131	5382
明光市	183167	94957	88210	11780	2987	8793

4-2c　续表 2　　　　单位：人

地　区	15岁及以上人口			未上过学		
	合计	男	女	小计	男	女
阜阳市	**3563954**	**1793981**	**1769973**	**396485**	**94637**	**301848**
颍州区	219258	109016	110242	27931	6179	21752
颍东区	212484	107291	105193	27906	6837	21069
颍泉区	226038	112073	113965	23097	4988	18109
临泉县	866606	432587	434019	92248	20220	72028
太和县	580376	292565	287811	48271	8667	39604
阜南县	622329	315479	306850	89548	22733	66815
颍上县	533432	272600	260832	55646	18664	36982
阜阳合肥现代产业园区	24539	12382	12157	2097	518	1579
阜阳经济技术开发区	15848	7936	7912	910	187	723
界首市	263044	132052	130992	28831	5644	23187
宿州市	**2279287**	**1151012**	**1128275**	**109377**	**27029**	**82348**
埇桥区	628545	321539	307006	34802	8672	26130
砀山县	305926	152603	153323	5650	1147	4503
萧县	527202	264135	263067	32342	8022	24320
灵璧县	456315	230647	225668	24597	6201	18396
泗县	347189	174942	172247	10630	2629	8001
宿州马鞍山现代产业园区	14110	7146	6964	1356	358	998
宿州经济技术开发区						
六安市	**1864965**	**968794**	**896171**	**125349**	**35758**	**89591**
金安区	277448	144778	132670	19120	5380	13740
裕安区	381655	196870	184785	34135	9353	24782
叶集区	87555	45111	42444	5329	1594	3735
霍邱县	471229	241631	229598	37986	12193	25793
舒城县	326745	171147	155598	17394	4436	12958
金寨县	241246	127430	113816	7087	1739	5348
霍山县	79087	41827	37260	4298	1063	3235
亳州市	**2122627**	**1075790**	**1046837**	**295159**	**75058**	**220101**
谯城区	605803	305741	300062	78659	18700	59959
涡阳县	528416	267361	261055	74548	19019	55529
蒙城县	443991	225059	218932	59450	15457	43993
利辛县	544417	277629	266788	82502	21882	60620
池州市	**471882**	**247360**	**224522**	**72827**	**18214**	**54613**
贵池区	174328	90845	83483	36247	8839	27408
东至县	151313	78777	72536	15955	3553	12402
石台县	41104	21844	19260	7348	1993	5355
青阳县	95355	50912	44443	12464	3573	8891
池州市国家经济技术开发区						
皖江江南新兴产业集中区						
九华山风景区	9782	4982	4800	813	256	557
宣城市	**876899**	**468321**	**408578**	**104309**	**29418**	**74891**
宣州区	277147	145255	131892	44068	12213	31855
郎溪县	100322	53094	47228	11864	3442	8422
泾县	118213	65621	52592	9392	2910	6482
绩溪县	51448	27370	24078	3240	636	2604
旌德县	42822	23693	19129	3550	1103	2447
宣城市经济开发区	18406	9989	8417	1938	615	1323
宁国市	106226	57902	48324	15539	4371	11168
广德市	162315	85397	76918	14718	4128	10590

4-2c 续表 3 单位：人

地 区	学前教育			小 学		
	小计	男	女	小计	男	女
安 徽	**68445**	**22930**	**45515**	**6469696**	**2943851**	**3525845**
合肥市	**7930**	**2511**	**5419**	**479892**	**230047**	**249845**
瑶海区	7	4	3	2452	906	1546
庐阳区	3	1	2	1161	585	576
蜀山区	69	36	33	4213	2260	1953
包河区	11	8	3	1464	765	699
长丰县	487	208	279	77002	39500	37502
肥东县	2696	754	1942	84084	39632	44452
肥西县	895	342	553	87707	43678	44029
庐江县	2064	671	1393	138289	62821	75468
合肥高新技术产业开发区				59	30	29
合肥经济技术开发区	2	1	1	2799	1357	1442
合肥新站高新技术产业开发区	47	24	23	1044	662	382
巢湖市	1649	462	1187	79618	37851	41767
芜湖市	**4272**	**1551**	**2721**	**342062**	**166094**	**175968**
镜湖区	6	2	4	5068	2505	2563
弋江区						
鸠江区	297	133	164	40155	19740	20415
三山区	224	88	136	11959	5886	6073
芜湖县	1055	363	692	37910	17712	20198
繁昌县	653	216	437	35304	16410	18894
南陵县	965	379	586	75241	37689	37552
芜湖经济技术开发区	3	2	1	928	481	447
安徽芜湖长江大桥经济开发区	30	7	23	2479	1189	1290
无为市	1039	361	678	133018	64482	68536
蚌埠市	**3521**	**1365**	**2156**	**331107**	**153252**	**177855**
龙子湖区	286	108	178	9133	4030	5103
蚌山区	20	5	15	4171	1891	2280
禹会区	188	92	96	21899	10700	11199
淮上区	174	54	120	23073	11060	12013
怀远县	1013	422	591	132173	61536	70637
五河县	1267	468	799	66985	31157	35828
固镇县	573	216	357	73673	32878	40795
蚌埠市高新技术开发区						
蚌埠市经济开发区						
淮南市	**3778**	**1509**	**2269**	**304512**	**141651**	**162861**
大通区	44	17	27	10143	4963	5180
田家庵区	44	12	32	8496	4081	4415
谢家集区	106	36	70	12307	5985	6322
八公山区	5	2	3	1369	610	759
潘集区	294	123	171	36871	16854	20017
凤台县	630	253	377	76746	34517	42229
寿县	2655	1066	1589	158580	74641	83939

4-2c 续表 4

单位：人

地 区	学前教育			小 学		
	小计	男	女	小计	男	女
马鞍山市	**4068**	**1349**	**2719**	**190717**	**88781**	**101936**
花山区	10	6	4	2481	1254	1227
雨山区	80	26	54	3548	1685	1863
博望区	631	200	431	22717	10446	12271
当涂县	915	337	578	47580	20956	26624
含山县	1392	456	936	51088	23752	27336
和县	1040	324	716	63303	30688	32615
淮北市	**982**	**360**	**622**	**136473**	**60869**	**75604**
杜集区	46	22	24	9238	4132	5106
相山区	57	24	33	8602	3983	4619
烈山区	210	72	138	22507	10040	12467
濉溪县	669	242	427	96126	42714	53412
铜陵市	**3115**	**1107**	**2008**	**131177**	**62924**	**68253**
铜官区	17	7	10	2028	957	1071
义安区	1289	443	846	36708	16966	19742
郊区	532	192	340	26052	12620	13432
枞阳县	1277	465	812	66389	32381	34008
安庆市	**6354**	**1699**	**4655**	**597289**	**254770**	**342519**
迎江区	35	5	30	4230	1987	2243
大观区	309	78	231	10597	4597	6000
宜秀区	70	25	45	10009	4411	5598
怀宁县	664	137	527	76078	30027	46051
太湖县	2205	623	1582	95156	41085	54071
宿松县	467	107	360	85205	31607	53598
望江县	757	185	572	107348	48053	59295
岳西县	399	106	293	67709	30222	37487
安徽安庆经济开发区	10	2	8	1335	551	784
桐城市	570	176	394	64708	28721	35987
潜山市	868	255	613	74914	33509	41405
黄山市	**2870**	**800**	**2070**	**182817**	**87441**	**95376**
屯溪区	114	41	73	5745	2674	3071
黄山区	246	98	148	21030	11089	9941
徽州区	186	61	125	10390	5021	5369
歙县	1453	334	1119	63424	28917	34507
休宁县	549	164	385	44459	21337	23122
黟县	187	66	121	13721	6772	6949
祁门县	135	36	99	24048	11631	12417
滁州市	**4832**	**1370**	**3462**	**356050**	**152499**	**203551**
琅琊区	85	22	63	3505	1696	1809
南谯区	347	130	217	24766	11678	13088
来安县	527	129	398	42746	17614	25132
全椒县	1621	415	1206	50275	21007	29268
定远县	779	222	557	80046	33835	46211
凤阳县	274	111	163	56738	25144	31594
苏滁现代产业园						
滁州经济技术开发区	44	12	32	1900	879	1021
天长市	809	233	576	49554	21202	28352
明光市	346	96	250	46520	19444	27076

4－2c 续表 5

单位：人

地 区	学前教育			小 学		
	小计	男	女	小计	男	女
阜阳市	**6466**	**2144**	**4322**	**1013370**	**444564**	**568806**
颍州区	318	97	221	55242	24529	30713
颍东区	247	94	153	52682	23052	29630
颍泉区	257	70	187	65511	27229	38282
临泉县	1974	645	1329	273530	121730	151800
太和县	1428	375	1053	170277	67895	102382
阜南县	863	307	556	163673	76188	87485
颍上县	1036	459	577	153399	70973	82426
阜阳合肥现代产业园区	16	4	12	4887	2179	2708
阜阳经济技术开发区	14	5	9	3358	1493	1865
界首市	313	88	225	70811	29296	41515
宿州市	**4104**	**1250**	**2854**	**545962**	**220192**	**325770**
埇桥区	835	272	563	157618	65511	92107
砀山县	385	103	282	58678	21272	37406
萧县	1160	368	792	111785	47337	64448
灵璧县	688	210	478	119422	48173	71249
泗县	1012	287	725	94585	36131	58454
宿州马鞍山现代产业园区	24	10	14	3874	1768	2106
宿州经济技术开发区						
六安市	**5692**	**1973**	**3719**	**713356**	**328511**	**384845**
金安区	837	286	551	108637	50710	57927
裕安区	1433	526	907	144337	67210	77127
叶集区	239	92	147	30293	13873	16420
霍邱县	1459	511	948	189670	88824	100846
舒城县	895	292	603	117510	53125	64385
金寨县	408	156	252	88486	39475	49011
霍山县	421	110	311	34423	15294	19129
亳州市	**2682**	**992**	**1690**	**617804**	**285630**	**332174**
谯城区	572	195	377	165190	76957	88233
涡阳县	683	286	397	166022	77530	88492
蒙城县	478	167	311	132859	59107	73752
利辛县	949	344	605	153733	72036	81697
池州市	**2041**	**741**	**1300**	**177588**	**87732**	**89856**
贵池区	889	321	568	60478	30504	29974
东至县	619	218	401	61525	28455	33070
石台县	103	36	67	15446	7958	7488
青阳县	384	146	238	37174	19356	17818
池州市国家经济技术开发区						
皖江江南新兴产业集中区						
九华山风景区	46	20	26	2965	1459	1506
宣城市	**5738**	**2209**	**3529**	**349520**	**178894**	**170626**
宣州区	1912	752	1160	106204	53941	52263
郎溪县	674	288	386	39642	19985	19657
泾县	561	211	350	54543	28943	25600
绩溪县	355	104	251	20844	9631	11213
旌德县	853	309	544	18796	9986	8810
宣城市经济开发区	80	46	34	5442	2811	2631
宁国市	629	232	397	43360	23624	19736
广德市	674	267	407	60689	29973	30716

4-2c　续表 6　　单位：人

地　区	初　中			高　中			大学专科		
	小计	男	女	小计	男	女	小计	男	女
安　徽	**8408590**	**4928636**	**3479954**	**2124465**	**1332659**	**791806**	**773218**	**441370**	**331848**
合肥市	**498429**	**310888**	**187541**	**151003**	**99183**	**51820**	**71946**	**42133**	**29813**
瑶海区	6014	3294	2720	2973	1751	1222	3579	1869	1710
庐阳区	1573	983	590	588	368	220	341	187	154
蜀山区	3836	2485	1351	1863	1487	376	1029	837	192
包河区	2324	1506	818	544	378	166	259	169	90
长丰县	96531	58755	37776	29611	18490	11121	10221	5943	4278
肥东县	85685	57895	27790	27135	18598	8537	10212	6121	4091
肥西县	103644	62190	41454	35836	23397	12439	24429	14104	10325
庐江县	126691	77766	48925	34256	22357	11899	13658	8001	5657
合肥高新技术产业开发区	49	29	20	22	13	9	20	18	2
合肥经济技术开发区	2600	1560	1040	592	379	213	207	110	97
合肥新站高新技术产业开发区	1468	1045	423	510	338	172	390	230	160
巢湖市	68014	43380	24634	17073	11627	5446	7601	4544	3057
芜湖市	**300164**	**184689**	**115475**	**72914**	**47125**	**25789**	**28459**	**16429**	**12030**
镜湖区	5882	3669	2213	1180	785	395	760	423	337
弋江区									
鸠江区	39772	24376	15396	8964	5839	3125	3673	2101	1572
三山区	12755	7831	4924	2443	1565	878	1492	851	641
芜湖县	32655	20831	11824	5871	3922	1949	3134	1827	1307
繁昌县	31656	19582	12074	9359	6099	3260	3136	1839	1297
南陵县	61535	37105	24430	13353	8419	4934	5433	3096	2337
芜湖经济技术开发区	985	584	401	226	136	90	160	82	78
安徽芜湖长江大桥经济开发区	2557	1559	998	549	352	197	303	164	139
无为市	112367	69152	43215	30969	20008	10961	10368	6046	4322
蚌埠市	**507067**	**292357**	**214710**	**89013**	**55254**	**33759**	**33906**	**19017**	**14889**
龙子湖区	14496	8001	6495	3834	2299	1535	1062	607	455
蚌山区	6039	3474	2565	1616	1021	595	444	252	192
禹会区	38792	21362	17430	8173	4699	3474	2285	1236	1049
淮上区	34533	20012	14521	4521	2742	1779	1729	947	782
怀远县	197940	114345	83595	30341	18831	11510	12398	6919	5479
五河县	93074	56113	36961	16376	10620	5756	8096	4611	3485
固镇县	122193	69050	53143	24152	15042	9110	7892	4445	3447
蚌埠市高新技术开发区									
蚌埠市经济开发区									
淮南市	**409467**	**230386**	**179081**	**72771**	**47133**	**25638**	**26344**	**15782**	**10562**
大通区	15893	9267	6626	2295	1398	897	1007	562	445
田家庵区	9487	5396	4091	1842	1150	692	675	392	283
谢家集区	15496	8765	6731	3105	1907	1198	1039	613	426
八公山区	2070	1068	1002	553	315	238	203	123	80
潘集区	71710	40365	31345	10117	6835	3282	3692	2239	1453
凤台县	148302	81531	66771	24493	16353	8140	9060	5610	3450
寿县	146509	83994	62515	30366	19175	11191	10668	6243	4425

4-2c 续表 7

单位：人

地区	初中			高中			大学专科		
	小计	男	女	小计	男	女	小计	男	女
马鞍山市	**197180**	**124506**	**72674**	**40110**	**26813**	**13297**	**15157**	**9085**	**6072**
花山区	3016	1788	1228	988	650	338	427	244	183
雨山区	4527	2822	1705	1041	676	365	596	320	276
博望区	22981	14336	8645	4910	3193	1717	1675	924	751
当涂县	59363	36129	23234	11475	7687	3788	4336	2670	1666
含山县	44705	28781	15924	9425	6339	3086	3259	2020	1239
和县	62588	40650	21938	12271	8268	4003	4864	2907	1957
淮北市	**270860**	**150823**	**120037**	**42303**	**26946**	**15357**	**23517**	**11963**	**11554**
杜集区	18823	10232	8591	4581	2893	1688	1825	1044	781
相山区	17737	9867	7870	3707	2263	1444	1477	784	693
烈山区	39617	21927	17690	6361	4101	2260	7785	3049	4736
濉溪县	194683	108797	85886	27654	17689	9965	12430	7086	5344
铜陵市	**116628**	**74422**	**42206**	**33254**	**22368**	**10886**	**17013**	**9857**	**7156**
铜官区	2850	1623	1227	1597	806	791	1821	1107	714
义安区	36917	23076	13841	8076	5338	2738	3041	1741	1300
郊区	22646	14174	8472	6968	4680	2288	3488	1988	1500
枞阳县	54215	35549	18666	16613	11544	5069	8663	5021	3642
安庆市	**527758**	**322744**	**205014**	**169091**	**115037**	**54054**	**84017**	**51260**	**32757**
迎江区	2284	1500	784	712	490	222	430	252	178
大观区	11652	7372	4280	2885	1925	960	1538	875	663
宜秀区	7351	4678	2673	2073	1438	635	1148	674	474
怀宁县	75791	43553	32238	38919	25652	13267	12718	7843	4875
太湖县	62973	40569	22404	18060	12308	5752	13113	8041	5072
宿松县	119458	68858	50600	43439	30603	12836	18853	12144	6709
望江县	69382	45688	23694	17717	12082	5635	11742	6996	4746
岳西县	57600	36156	21444	16322	10879	5443	7717	4592	3125
安徽安庆经济开发区	1060	658	402	344	222	122	163	85	78
桐城市	61635	36283	25352	16432	10931	5501	8581	4974	3607
潜山市	58572	37429	21143	12188	8507	3681	8014	4784	3230
黄山市	**194847**	**122338**	**72509**	**37802**	**25510**	**12292**	**16146**	**9043**	**7103**
屯溪区	8717	4814	3903	1744	1067	677	782	394	388
黄山区	19045	11630	7415	4737	3051	1686	2166	1210	956
徽州区	12048	7251	4797	2069	1346	723	904	485	419
歙县	75493	47984	27509	13453	9131	4322	5427	3111	2316
休宁县	39367	24655	14712	8164	5456	2708	3299	1764	1535
黟县	16152	9929	6223	3245	2214	1031	1569	880	689
祁门县	24025	16075	7950	4390	3245	1145	1999	1199	800
滁州市	**491285**	**286180**	**205105**	**259880**	**157447**	**102433**	**77978**	**44115**	**33863**
琅琊区	3853	2401	1452	837	538	299	337	199	138
南谯区	33060	20921	12139	12966	7589	5377	9575	3467	6108
来安县	56062	33014	23048	34844	21611	13233	8427	5063	3364
全椒县	44891	27983	16908	14073	9432	4641	6635	4062	2573
定远县	118397	68623	49774	61604	37590	24014	16883	10158	6725
凤阳县	101862	55828	46034	63144	36992	26152	14105	8339	5766
苏滁现代产业园									
滁州经济技术开发区	6722	3941	2781	5740	3710	2030	2257	1560	697
天长市	50463	29578	20885	32247	19309	12938	10017	5837	4180
明光市	75975	43891	32084	34425	20676	13749	9742	5430	4312

4-2c 续表 8

单位：人

地区	初中			高中			大学专科		
	小计	男	女	小计	男	女	小计	男	女
阜阳市	**1719848**	**996264**	**723584**	**279681**	**172340**	**107341**	**96818**	**53952**	**42866**
颍州区	108381	62057	46324	17533	10720	6813	6254	3392	2862
颍东区	104775	60985	43790	16355	10279	6076	6566	3660	2906
颍泉区	109160	62843	46317	18284	11292	6992	6188	3474	2714
临泉县	393550	228117	165433	70072	42540	27532	22957	12450	10507
太和县	297266	176292	120974	41669	26572	15097	14255	8341	5914
阜南县	287569	168333	119236	54308	32981	21327	16983	9404	7579
颍上县	264092	147406	116686	38811	23499	15312	13761	7630	6131
阜阳合肥现代产业园区	13538	7465	6073	2232	1292	940	1035	543	492
阜阳经济技术开发区	8490	4552	3938	1758	974	784	847	457	390
界首市	133027	78214	54813	18659	12191	6468	7972	4601	3371
宿州市	**1066548**	**583228**	**483320**	**401397**	**234939**	**166458**	**108538**	**59687**	**48851**
埇桥区	348625	195689	152936	58307	36745	21562	20056	9903	10153
砀山县	120134	61458	58676	95781	53959	41822	18385	10683	7702
萧县	280830	148921	131909	67096	40299	26797	22829	12839	9990
灵璧县	176804	98562	78242	99010	57403	41607	26701	14923	11778
泗县	133052	74630	58422	80063	45843	34220	20113	11081	9032
宿州马鞍山现代产业园区	7103	3968	3135	1140	690	450	454	258	196
宿州经济技术开发区									
六安市	**695101**	**400251**	**294850**	**206501**	**131090**	**75411**	**71047**	**41563**	**29484**
金安区	97494	56479	41015	26990	17227	9763	14621	8576	6045
裕安区	137592	79493	58099	42338	26702	15636	12438	7470	4968
叶集区	39633	22097	17536	8055	5062	2993	2194	1293	901
霍邱县	184886	105738	79148	37389	23042	14347	11964	6644	5320
舒城县	114331	65863	48468	50997	32288	18709	15409	8899	6510
金寨县	96236	55025	41211	31975	20648	11327	10861	6600	4261
霍山县	24929	15556	9373	8757	6121	2636	3560	2081	1479
亳州市	**962579**	**566019**	**396560**	**160152**	**99415**	**60737**	**54459**	**30914**	**23545**
谯城区	292650	169591	123059	45241	27355	17886	15550	8385	7165
涡阳县	229801	135536	94265	37670	23417	14253	12684	7297	5387
蒙城县	199000	117877	81123	33846	21621	12225	11490	6726	4764
利辛县	241128	143015	98113	43395	27022	16373	14735	8506	6229
池州市	**145786**	**94212**	**51574**	**40851**	**27791**	**13060**	**20970**	**11888**	**9082**
贵池区	50940	34350	16590	14775	10415	4360	6926	4013	2913
东至县	47634	30498	17136	13183	8969	4214	8410	4783	3627
石台县	12371	8147	4224	2955	2096	859	1965	1103	862
青阳县	31368	19345	12023	8842	5680	3162	2852	1566	1286
池州市国家经济技术开发区									
皖江江南新兴产业集中区									
九华山风景区	3473	1872	1601	1096	631	465	817	423	394
宣城市	**305043**	**189329**	**115714**	**67742**	**44268**	**23474**	**26903**	**14682**	**12221**
宣州区	90558	57348	33210	19792	12974	6818	8633	4736	3897
郎溪县	36321	22361	13960	6722	4325	2397	2799	1427	1372
泾县	38576	24287	14289	9547	6208	3339	3649	2028	1621
绩溪县	21050	13059	7991	3571	2500	1071	1582	932	650
旌德县	14864	9367	5497	2939	1947	992	1246	682	564
宣城市经济开发区	5180	3185	1995	4179	2449	1730	925	522	403
宁国市	33768	21556	12212	7625	5231	2394	3222	1789	1433
广德市	64726	38166	26560	13367	8634	4733	4847	2566	2281

4-2c 续表 9

单位：人

地　区	大学本科			硕士研究生			博士研究生		
	小计	男	女	小计	男	女	小计	男	女
安　徽	**401395**	**235697**	**165698**	**33590**	**20163**	**13427**	**3975**	**2794**	**1181**
合肥市	**51753**	**28736**	**23017**	**3541**	**2144**	**1397**	**352**	**252**	**100**
瑶海区	1876	1073	803	130	74	56	5	3	2
庐阳区	143	94	49	9	4	5			
蜀山区	317	228	89	43	27	16	6	5	1
包河区	173	105	68	20	8	12	2	1	1
长丰县	6384	3943	2441	513	303	210	47	30	17
肥东县	7269	4563	2706	676	436	240	81	55	26
肥西县	22283	10506	11777	765	470	295	80	62	18
庐江县	8543	5243	3300	806	478	328	78	57	21
合肥高新技术产业开发区	17	14	3						
合肥经济技术开发区	175	119	56	27	20	7	3	2	1
合肥新站高新技术产业开发区	313	200	113	67	41	26	5	4	1
巢湖市	4260	2648	1612	485	283	202	45	33	12
芜湖市	**19435**	**11355**	**8080**	**1683**	**1012**	**671**	**160**	**119**	**41**
镜湖区	392	229	163	42	26	16	3	3	
弋江区									
鸠江区	2412	1464	948	197	116	81	16	10	6
三山区	842	482	360	110	72	38	16	13	3
芜湖县	2251	1374	877	205	128	77	13	8	5
繁昌县	2074	1234	840	147	85	62	14	8	6
南陵县	3811	2071	1740	286	167	119	23	19	4
芜湖经济技术开发区	89	57	32	11	5	6	1	1	
安徽芜湖长江大桥经济开发区	148	89	59	20	9	11	2	1	1
无为市	7416	4355	3061	665	404	261	72	56	16
蚌埠市	**14010**	**8233**	**5777**	**1213**	**748**	**465**	**144**	**110**	**34**
龙子湖区	292	163	129	31	18	13	2	2	
蚌山区	166	88	78	11	6	5	1	1	
禹会区	1030	577	453	74	44	30	7	5	2
淮上区	715	421	294	93	55	38	6	5	1
怀远县	5387	3305	2082	422	247	175	66	57	9
五河县	3070	1751	1319	304	206	98	41	24	17
固镇县	3350	1928	1422	278	172	106	21	16	5
蚌埠市高新技术开发区									
蚌埠市经济开发区									
淮南市	**12726**	**7867**	**4859**	**986**	**639**	**347**	**147**	**114**	**33**
大通区	394	237	157	36	27	9	4	3	1
田家庵区	258	141	117	19	13	6			
谢家集区	480	287	193	36	20	16			
八公山区	133	75	58	4	3	1			
潘集区	1623	1008	615	130	88	42	18	14	4
凤台县	4348	2790	1558	324	210	114	63	48	15
寿县	5490	3329	2161	437	278	159	62	49	13

4-2c　续表 10

单位：人

地　区	大学本科			硕士研究生			博士研究生		
	小计	男	女	小计	男	女	小计	男	女
马鞍山市	**9905**	**6063**	**3842**	**827**	**515**	**312**	**85**	**63**	**22**
花山区	218	103	115	18	9	9	3	3	
雨山区	212	114	98	18	7	11	4	3	1
博望区	1050	612	438	80	51	29	7	7	
当涂县	2694	1699	995	215	138	77	24	20	4
含山县	2635	1679	956	202	136	66	20	12	8
和县	3096	1856	1240	294	174	120	27	18	9
淮北市	**8855**	**5228**	**3627**	**850**	**492**	**358**	**110**	**74**	**36**
杜集区	789	458	331	71	36	35	10	4	6
相山区	754	424	330	72	37	35	13	9	4
烈山区	1047	635	412	87	51	36	15	10	5
濉溪县	6265	3711	2554	620	368	252	72	51	21
铜陵市	**10331**	**6147**	**4184**	**1149**	**660**	**489**	**130**	**92**	**38**
铜官区	271	136	135	23	14	9	10	5	5
义安区	1754	931	823	167	94	73	19	16	3
郊区	2359	1385	974	234	139	95	23	18	5
枞阳县	5947	3695	2252	725	413	312	78	53	25
安庆市	**51700**	**31648**	**20052**	**4808**	**2868**	**1940**	**610**	**415**	**195**
迎江区	273	169	104	28	16	12	8	6	2
大观区	711	437	274	77	37	40	14	7	7
宜秀区	578	322	256	90	52	38	11	7	4
怀宁县	7690	4645	3045	728	461	267	83	53	30
太湖县	6822	4153	2669	652	374	278	71	51	20
宿松县	12471	8241	4230	1033	662	371	152	113	39
望江县	7047	4147	2900	599	323	276	77	49	28
岳西县	4497	2569	1928	386	234	152	48	33	15
安徽安庆经济开发区	95	51	44	6	2	4	1	1	
桐城市	5332	3209	2123	554	329	225	76	53	23
潜山市	6184	3705	2479	655	378	277	69	42	27
黄山市	**8075**	**4542**	**3533**	**644**	**372**	**272**	**96**	**65**	**31**
屯溪区	307	165	142	24	13	11	5	3	2
黄山区	1094	621	473	77	39	38	13	9	4
徽州区	458	252	206	29	14	15	5	3	2
歙县	2934	1710	1224	272	161	111	41	30	11
休宁县	1686	890	796	125	79	46	15	11	4
黟县	655	353	302	55	32	23	9	4	5
祁门县	941	551	390	62	34	28	8	5	3
滁州市	**30425**	**18120**	**12305**	**2189**	**1338**	**851**	**200**	**143**	**57**
琅琊区	145	86	59	16	10	6	2	1	1
南谯区	2429	1379	1050	208	105	103	18	14	4
来安县	3400	2037	1363	294	174	120	26	16	10
全椒县	2756	1706	1050	234	154	80	16	12	4
定远县	7496	4665	2831	502	345	157	39	26	13
凤阳县	4243	2468	1775	231	140	91	36	25	11
苏滁现代产业园									
滁州经济技术开发区	911	659	252	61	38	23	2	2	
天长市	4910	2828	2082	418	244	174	42	34	8
明光市	4135	2292	1843	225	128	97	19	13	6

4-2c 续表 11 单位：人

地 区	大学本科			硕士研究生			博士研究生		
	小计	男	女	小计	男	女	小计	男	女
阜阳市	**46813**	**27275**	**19538**	**3965**	**2468**	**1497**	**508**	**337**	**171**
颍州区	3282	1854	1428	270	157	113	47	31	16
颍东区	3647	2190	1457	271	166	105	35	28	7
颍泉区	3183	1947	1236	321	203	118	37	27	10
临泉县	11193	6229	4964	971	590	381	111	66	45
太和县	6612	4045	2567	520	327	193	78	51	27
阜南县	8573	4999	3574	730	473	257	82	61	21
颍上县	6165	3630	2535	457	301	156	65	38	27
阜阳合肥现代产业园区	655	342	313	76	38	38	3	1	2
阜阳经济技术开发区	447	256	191	20	9	11	4	3	1
界首市	3056	1783	1273	329	204	125	46	31	15
宿州市	**39501**	**22429**	**17072**	**3421**	**1944**	**1477**	**439**	**314**	**125**
埇桥区	7530	4305	3225	669	375	294	103	67	36
砀山县	6230	3594	2636	608	329	279	75	58	17
萧县	10040	5680	4360	1006	581	425	114	88	26
灵璧县	8320	4713	3607	689	402	287	84	60	24
泗县	7241	4052	3189	430	248	182	63	41	22
宿州马鞍山现代产业园区	140	85	55	19	9	10			
宿州经济技术开发区									
六安市	**43941**	**27130**	**16811**	**3575**	**2224**	**1351**	**403**	**294**	**109**
金安区	8897	5580	3317	774	485	289	78	55	23
裕安区	8538	5566	2972	758	484	274	86	66	20
叶集区	1664	990	674	132	97	35	16	13	3
霍邱县	7259	4295	2964	552	337	215	64	47	17
舒城县	9408	5742	3666	706	440	266	95	62	33
金寨县	5717	3497	2220	438	260	178	38	30	8
霍山县	2458	1460	998	215	121	94	26	21	5
亳州市	**27128**	**16080**	**11048**	**2345**	**1454**	**891**	**319**	**228**	**91**
谯城区	7248	4127	3121	620	378	242	73	53	20
涡阳县	6416	3903	2513	510	315	195	82	58	24
蒙城县	6251	3711	2540	547	341	206	70	52	18
利辛县	7213	4339	2874	668	420	248	94	65	29
池州市	**10736**	**6146**	**4590**	**981**	**561**	**420**	**102**	**75**	**27**
贵池区	3599	2101	1498	429	267	162	45	35	10
东至县	3680	2124	1556	270	149	121	37	28	9
石台县	823	463	360	83	42	41	10	6	4
青阳县	2092	1157	935	170	84	86	9	5	4
池州市国家经济技术开发区									
皖江江南新兴产业集中区									
九华山风景区	542	301	241	29	19	10	1	1	
宣城市	**16061**	**8698**	**7363**	**1413**	**724**	**689**	**170**	**99**	**71**
宣州区	5394	2980	2414	529	278	251	57	33	24
郎溪县	2111	1166	945	172	88	84	17	12	5
泾县	1748	940	808	172	81	91	25	13	12
绩溪县	739	466	273	67	42	25			
旌德县	524	275	249	41	19	22	9	5	4
宣城市经济开发区	620	340	280	37	17	20	5	4	1
宁国市	1899	1006	893	156	77	79	28	16	12
广德市	3026	1525	1501	239	122	117	29	16	13

4-3　各地区分性别、受教育程度的16-59岁人口

单位：人

地　区	16-59岁人口			未上过学		
	合计	男	女	小计	男	女
安　徽	**37086559**	**18751211**	**18335348**	**642557**	**139615**	**502942**
合肥市	**6297250**	**3229331**	**3067919**	**93161**	**18923**	**74238**
瑶海区	593061	298009	295052	6721	1160	5561
庐阳区	462333	227778	234555	4183	831	3352
蜀山区	734857	366101	368756	5396	1135	4261
包河区	849576	437631	411945	8268	1644	6624
长丰县	501826	259315	242511	15073	3420	11653
肥东县	547885	290131	257754	14249	2399	11850
肥西县	663636	347987	315649	10989	2324	8665
庐江县	529701	268852	260849	10447	2491	7956
合肥高新技术产业开发区	203554	106804	96750	1964	293	1671
合肥经济技术开发区	416486	217967	198519	4180	639	3541
合肥新站高新技术产业开发区	348789	185902	162887	3806	802	3004
巢湖市	445546	222854	222692	7885	1785	6100
芜湖市	**2340093**	**1199009**	**1141084**	**45065**	**9164**	**35901**
镜湖区	304067	147247	156820	3485	697	2788
弋江区	306549	152456	154093	3821	785	3036
鸠江区	353554	185370	168184	9537	1692	7845
三山区	107231	57706	49525	3136	552	2584
芜湖县	226477	118364	108113	2792	600	2192
繁昌县	155590	80255	75335	1454	318	1136
南陵县	260562	130652	129910	3245	843	2402
芜湖经济技术开发区	131175	73661	57514	2278	406	1872
安徽芜湖长江大桥经济开发区	13253	6727	6526	758	143	615
无为市	481635	246571	235064	14559	3128	11431
蚌埠市	**1930497**	**962470**	**968027**	**43822**	**10736**	**33086**
龙子湖区	132598	66235	66363	1460	501	959
蚌山区	107168	52792	54376	852	224	628
禹会区	200821	100219	100602	3113	893	2220
淮上区	173832	88037	85795	4137	957	3180
怀远县	511400	257690	253710	15865	3974	11891
五河县	294163	146876	147287	11646	2580	9066
固镇县	279416	138095	141321	5709	1368	4341
蚌埠市高新技术开发区	39705	19857	19848	193	42	151
蚌埠市经济开发区	191394	92669	98725	847	197	650
淮南市	**1763371**	**883479**	**879892**	**25464**	**7615**	**17849**
大通区	98779	49970	48809	2345	706	1639
田家庵区	473785	230231	243554	2415	726	1689
谢家集区	131909	64776	67133	2345	702	1643
八公山区	73080	35460	37620	511	172	339
潘集区	190405	98793	91612	4045	1222	2823
凤台县	355261	183214	172047	7367	2045	5322
寿县	440152	221035	219117	6436	2042	4394

4-3 续表 1

单位：人

地 区	16-59岁人口			未上过学		
	合计	男	女	小计	男	女
马鞍山市	**1360936**	**698792**	**662144**	**25423**	**5054**	**20369**
花山区	295074	148408	146666	2520	593	1927
雨山区	248677	128502	120175	2524	613	1911
博望区	96648	51106	45542	2371	482	1889
当涂县	285163	147375	137788	6174	1152	5022
含山县	195308	99260	96048	5052	968	4084
和县	240066	124141	115925	6782	1246	5536
淮北市	**1219804**	**602456**	**617348**	**21279**	**5165**	**16114**
杜集区	143385	71977	71408	2574	715	1859
相山区	361212	173239	187973	2521	683	1838
烈山区	157587	76080	81507	2454	694	1760
濉溪县	557620	281160	276460	13730	3073	10657
铜陵市	**811072**	**402875**	**408197**	**29484**	**5022**	**24462**
铜官区	308032	151991	156041	4038	796	3242
义安区	139327	71091	68236	3101	580	2521
郊区	95665	48584	47081	5720	1044	4676
枞阳县	268048	131209	136839	16625	2602	14023
安庆市	**2529863**	**1261421**	**1268442**	**30974**	**5391**	**25583**
迎江区	164398	80375	84023	1216	233	983
大观区	131750	65102	66648	955	214	741
宜秀区	137235	68019	69216	1818	367	1451
怀宁县	291510	146604	144906	1729	275	1454
太湖县	252041	125562	126479	3055	517	2538
宿松县	347438	177641	169797	2075	428	1647
望江县	267590	131268	136322	9287	993	8294
岳西县	199227	100149	99078	3273	650	2623
安徽安庆经济开发区	98426	51712	46714	690	212	478
桐城市	373263	182641	190622	3664	898	2766
潜山市	266985	132348	134637	3212	604	2608
黄山市	**807635**	**410655**	**396980**	**9711**	**2575**	**7136**
屯溪区	193895	92876	101019	893	209	684
黄山区	91594	48048	43546	1433	467	966
徽州区	59411	30266	29145	612	172	440
歙县	207406	107659	99747	2417	639	1778
休宁县	121721	62147	59574	2001	446	1555
黟县	45831	24056	21775	782	236	546
祁门县	87777	45603	42174	1573	406	1167
滁州市	**2506360**	**1290147**	**1216213**	**18232**	**4211**	**14021**
琅琊区	177039	88801	88238	1309	301	1008
南谯区	235627	121200	114427	4071	809	3262
来安县	261902	137344	124558	1379	344	1035
全椒县	251577	130645	120932	1032	235	797
定远县	398693	206876	191817	3412	790	2622
凤阳县	378707	195553	183154	2827	853	1974
苏滁现代产业园	18404	11559	6845	147	31	116
滁州经济技术开发区	110360	58853	51507	533	77	456
天长市	387197	195905	191292	1843	379	1464
明光市	286854	143411	143443	1679	392	1287

4-3 续表 2

单位：人

地 区	16-59岁人口			未上过学		
	合计	男	女	小计	男	女
阜阳市	**4685098**	**2352774**	**2332324**	**123775**	**26427**	**97348**
颍州区	517206	250440	266766	11142	2346	8796
颍东区	309972	158087	151885	8107	1765	6342
颍泉区	343047	171404	171643	6898	1428	5470
临泉县	950020	479523	470497	26291	5142	21149
太和县	782261	393763	388498	13538	2560	10978
阜南县	670611	339680	330931	33658	6881	26777
颍上县	634788	320949	313839	14851	4278	10573
阜阳合肥现代产业园区	23125	11872	11253	683	172	511
阜阳经济技术开发区	80468	40163	40305	983	264	719
界首市	373600	186893	186707	7624	1591	6033
宿州市	**3041511**	**1520265**	**1521246**	**9615**	**2764**	**6851**
埇桥区	1001473	500899	500574	3469	1092	2377
砀山县	421416	211373	210043	616	263	353
萧县	584278	294874	289404	1430	427	1003
灵璧县	534467	263878	270589	1530	328	1202
泗县	433889	216553	217336	1541	397	1144
宿州马鞍山现代产业园区	27523	13814	13709	554	122	432
宿州经济技术开发区	38465	18874	19591	475	135	340
六安市	**2586352**	**1298750**	**1287602**	**28723**	**7531**	**21192**
金安区	512434	251556	260878	5003	1220	3783
裕安区	565265	281256	284009	8881	2028	6853
叶集区	127155	64932	62223	1271	333	938
霍邱县	504514	256283	248231	9580	2734	6846
舒城县	411859	207256	204603	2144	608	1536
金寨县	287140	147492	139648	841	299	542
霍山县	177985	89975	88010	1003	309	694
亳州市	**2811574**	**1421607**	**1389967**	**90277**	**18584**	**71693**
谯城区	931663	468902	462761	25380	5163	20217
涡阳县	641797	326537	315260	23096	5169	17927
蒙城县	600960	302617	298343	16659	3207	13452
利辛县	637154	323551	313603	25142	5045	20097
池州市	**823125**	**407630**	**415495**	**22560**	**3980**	**18580**
贵池区	376256	183128	193128	12525	1788	10737
东至县	232594	115848	116746	5155	919	4236
石台县	47793	24167	23626	1451	393	1058
青阳县	139961	70419	69542	2737	740	1997
池州市国家经济技术开发区	9164	4804	4360	272	40	232
皖江江南新兴产业集中区	7144	4044	3100	253	45	208
九华山风景区	10213	5220	4993	167	55	112
宣城市	**1572018**	**809550**	**762468**	**24992**	**6473**	**18519**
宣州区	419995	211448	208547	9952	2051	7901
郎溪县	198709	101675	97034	3888	888	3000
泾县	163376	84557	78819	1687	557	1130
绩溪县	78112	39635	38477	700	295	405
旌德县	63679	32945	30734	732	276	456
宣城市经济开发区	77527	41638	35889	1003	329	674
宁国市	247199	128095	119104	3125	1036	2089
广德市	323421	169557	153864	3905	1041	2864

4-3 续表 3

单位：人

地区	学前教育			小学		
	小计	男	女	小计	男	女
安徽	**27553**	**8509**	**19044**	**5689301**	**2105781**	**3583520**
合肥市	**4040**	**1261**	**2779**	**666391**	**239168**	**427223**
瑶海区	235	105	130	47814	16581	31233
庐阳区	171	64	107	29705	10645	19060
蜀山区	261	100	161	36156	12466	23690
包河区	281	111	170	57284	21981	35303
长丰县	286	125	161	80407	31733	48674
肥东县	886	204	682	89964	31579	58385
肥西县	398	130	268	79137	30183	48954
庐江县	732	189	543	111692	38664	73028
合肥高新技术产业开发区	71	23	48	12103	3891	8212
合肥经济技术开发区	153	40	113	25524	8046	17478
合肥新站高新技术产业开发区	161	70	91	24951	9089	15862
巢湖市	405	100	305	71654	24310	47344
芜湖市	**1942**	**584**	**1358**	**398219**	**149410**	**248809**
镜湖区	112	37	75	22622	8082	14540
弋江区	151	54	97	28316	11022	17294
鸠江区	239	98	141	58843	21888	36955
三山区	97	24	73	19598	7403	12195
芜湖县	460	113	347	46608	16566	30042
繁昌县	159	54	105	28740	10087	18653
南陵县	267	82	185	57027	22439	34588
芜湖经济技术开发区	46	8	38	14788	5231	9557
安徽芜湖长江大桥经济开发区	29	3	26	3102	1164	1938
无为市	382	111	271	118575	45528	73047
蚌埠市	**1683**	**553**	**1130**	**297614**	**117628**	**179986**
龙子湖区	119	39	80	13607	5792	7815
蚌山区	34	10	24	9511	3634	5877
禹会区	121	51	70	24888	10744	14144
淮上区	100	24	76	29842	12227	17615
怀远县	447	168	279	102613	41801	60812
五河县	568	169	399	59779	22555	37224
固镇县	246	75	171	47833	17475	30358
蚌埠市高新技术开发区	12	7	5	2290	828	1462
蚌埠市经济开发区	36	10	26	7251	2572	4679
淮南市	**1647**	**597**	**1050**	**253925**	**101533**	**152392**
大通区	50	16	34	13694	5857	7837
田家庵区	302	127	175	35457	14676	20781
谢家集区	97	34	63	17261	7116	10145
八公山区	57	19	38	6337	2492	3845
潘集区	168	56	112	31361	12819	18542
凤台县	181	73	108	51587	19692	31895
寿县	792	272	520	98228	38881	59347

4-3　续表 4　　　　单位：人

地　区	学前教育			小　学		
	小计	男	女	小计	男	女
马鞍山市	**1767**	**414**	**1353**	**214783**	**76013**	**138770**
花山区	81	30	51	23009	8605	14404
雨山区	113	37	76	19807	7683	12124
博望区	201	39	162	22346	8511	13835
当涂县	474	126	348	51742	17070	34672
含山县	585	112	473	44854	15354	29500
和县	313	70	243	53025	18790	34235
淮北市	**603**	**244**	**359**	**151809**	**60474**	**91335**
杜集区	45	19	26	15373	6210	9163
相山区	100	44	56	20280	8117	12163
烈山区	130	55	75	22737	9550	13187
濉溪县	328	126	202	93419	36597	56822
铜陵市	**1265**	**317**	**948**	**141261**	**48796**	**92465**
铜官区	133	30	103	23542	7986	15556
义安区	383	100	283	27167	9246	17921
郊区	175	45	130	22914	8588	14326
枞阳县	574	142	432	67638	22976	44662
安庆市	**2134**	**397**	**1737**	**492067**	**151006**	**341061**
迎江区	67	17	50	13983	4595	9388
大观区	84	20	64	13363	4209	9154
宜秀区	53	17	36	23169	8491	14678
怀宁县	198	42	156	45052	11820	33232
太湖县	684	103	581	71133	22126	49007
宿松县	68	17	51	52323	10945	41378
望江县	296	37	259	79415	25643	53772
岳西县	133	30	103	51815	18040	33775
安徽安庆经济开发区	51	18	33	10876	4102	6774
桐城市	207	50	157	64384	20800	43584
潜山市	293	46	247	66554	20235	46319
黄山市	**696**	**204**	**492**	**125968**	**48246**	**77722**
屯溪区	55	23	32	14292	5322	8970
黄山区	87	33	54	16541	7316	9225
徽州区	52	18	34	7778	2935	4843
歙县	253	62	191	33821	12232	21589
休宁县	122	36	86	27940	10768	17172
黟县	75	20	55	7601	3154	4447
祁门县	52	12	40	17995	6519	11476
滁州市	**1437**	**397**	**1040**	**286963**	**92071**	**194892**
琅琊区	162	40	122	17818	6751	11067
南谯区	168	53	115	31037	11552	19485
来安县	72	22	50	29536	9470	20066
全椒县	256	63	193	35170	10387	24783
定远县	248	68	180	44826	12983	31843
凤阳县	141	60	81	36808	13389	23419
苏滁现代产业园	14	2	12	1989	990	999
滁州经济技术开发区	60	25	35	8575	2910	5665
天长市	236	44	192	48633	13855	34778
明光市	80	20	60	32571	9784	22787

4-3 续表 5

单位：人

地区	学前教育			小学		
	小计	男	女	小计	男	女
阜阳市	**3317**	**1192**	**2125**	**847523**	**330049**	**517474**
颍州区	263	93	170	64290	26011	38279
颍东区	252	154	98	48263	18666	29597
颍泉区	158	49	109	56576	20779	35797
临泉县	893	307	586	223493	91856	131637
太和县	572	151	421	132750	43540	89210
阜南县	483	168	315	139234	57980	81254
颍上县	483	205	278	112174	46355	65819
阜阳合肥现代产业园区	10	2	8	3536	1480	2056
阜阳经济技术开发区	57	21	36	9613	3973	5640
界首市	146	42	104	57594	19409	38185
宿州市	**1125**	**368**	**757**	**322908**	**110014**	**212894**
埇桥区	471	158	313	114736	42261	72475
砀山县	70	32	38	23648	8752	14896
萧县	144	50	94	38239	13064	25175
灵璧县	40	8	32	74982	23094	51888
泗县	381	108	273	62785	19564	43221
宿州马鞍山现代产业园区	15	9	6	4528	1745	2783
宿州经济技术开发区	4	3	1	3990	1534	2456
六安市	**2093**	**719**	**1374**	**484196**	**181723**	**302473**
金安区	450	170	280	83985	29753	54232
裕安区	515	156	359	107274	39809	67465
叶集区	74	27	47	24637	9773	14864
霍邱县	593	218	375	126199	52587	73612
舒城县	215	70	145	65881	22509	43372
金寨县	94	33	61	42365	15440	26925
霍山县	152	45	107	33855	11852	22003
亳州市	**1366**	**513**	**853**	**531016**	**212602**	**318414**
谯城区	406	157	249	151404	62082	89322
涡阳县	400	164	236	135141	55430	79711
蒙城县	119	33	86	122461	46228	76233
利辛县	441	159	282	122010	48862	73148
池州市	**881**	**221**	**660**	**171922**	**61613**	**110309**
贵池区	462	116	346	66386	22296	44090
东至县	252	59	193	58401	20251	38150
石台县	36	5	31	11727	4328	7399
青阳县	105	31	74	30508	12771	17737
池州市国家经济技术开发区	10	2	8	1423	492	931
皖江江南新兴产业集中区	4	2	2	1384	605	779
九华山风景区	12	6	6	2093	870	1223
宣城市	**1557**	**528**	**1029**	**302736**	**125435**	**177301**
宣州区	499	144	355	90317	35463	54854
郎溪县	310	101	209	45229	18495	26734
泾县	146	59	87	35206	16060	19146
绩溪县	64	26	38	10265	4107	6158
旌德县	151	63	88	12264	5487	6777
宣城市经济开发区	65	38	27	10399	4005	6394
宁国市	107	30	77	39105	16408	22697
广德市	215	67	148	59951	25410	34541

4-3 续表 6

单位：人

地区	初中			高中			大学专科		
	小计	男	女	小计	男	女	小计	男	女
安徽	**16145334**	**8528369**	**7616965**	**6819288**	**3829964**	**2989324**	**4173066**	**2188531**	**1984535**
合肥市	**1977419**	**1048544**	**928875**	**1176543**	**656928**	**519615**	**1188480**	**616555**	**571925**
瑶海区	201248	101091	100157	138385	74680	63705	120384	62155	58229
庐阳区	115876	56657	59219	99033	51021	48012	112839	55508	57331
蜀山区	130570	64042	66528	118703	61202	57501	180140	88300	91840
包河区	202370	104476	97894	152468	81333	71135	198371	100009	98362
长丰县	215319	118589	96730	89944	51534	38410	71865	37289	34576
肥东县	233826	134163	99663	107886	64179	43707	61905	35132	26773
肥西县	234848	126945	107903	123775	72052	51723	122760	67386	55374
庐江县	247801	134568	113233	86491	51446	35045	40585	22700	17885
合肥高新技术产业开发区	38125	19853	18272	31281	17721	13560	48164	25379	22785
合肥经济技术开发区	89302	46067	43235	68556	40228	28328	88855	45230	43625
合肥新站高新技术产业开发区	92021	49592	42429	77055	44048	33007	93126	51332	41794
巢湖市	176113	92501	83612	82966	47484	35482	49486	26135	23351
芜湖市	**872540**	**475430**	**397110**	**413133**	**236689**	**176444**	**307842**	**166403**	**141439**
镜湖区	79774	38497	41277	72302	37327	34975	57684	29168	28516
弋江区	67607	35288	32319	54144	29415	24729	79359	40249	39110
鸠江区	125700	69770	55930	56565	33105	23460	46114	25914	20200
三山区	44047	25333	18714	16360	9950	6410	16183	9910	6273
芜湖县	100297	56857	43440	36759	21282	15477	17755	10039	7716
繁昌县	72768	39596	33172	27637	16464	11173	14235	7965	6270
南陵县	123099	65158	57941	42202	23681	18521	19485	10463	9022
芜湖经济技术开发区	41109	23037	18072	27168	17618	9550	24880	14755	10125
安徽芜湖长江大桥经济开发区	6504	3730	2774	1524	954	570	887	485	402
无为市	211635	118164	93471	78472	46893	31579	31260	17455	13805
蚌埠市	**898820**	**469478**	**429342**	**327711**	**176918**	**150793**	**181208**	**94393**	**86815**
龙子湖区	55887	28035	27852	32095	16755	15340	17029	8804	8225
蚌山区	39454	19432	20022	28480	14794	13686	16781	8491	8290
禹会区	87002	44075	42927	44419	23700	20719	22693	11927	10766
淮上区	87888	46875	41013	33291	18313	14978	12302	6309	5993
怀远县	279498	149665	129833	63254	35255	27999	30686	16195	14491
五河县	147972	80055	67917	41083	23584	17499	21179	11424	9755
固镇县	155377	80585	74792	42876	23830	19046	18162	9650	8512
蚌埠市高新技术开发区	11966	5477	6489	9935	5212	4723	9003	4905	4098
蚌埠市经济开发区	33776	15279	18497	32278	15475	16803	33373	16688	16685
淮南市	**851774**	**431811**	**419963**	**302076**	**166303**	**135773**	**179007**	**93473**	**85534**
大通区	49458	25555	23903	17577	9538	8039	10244	5373	4871
田家庵区	150502	70551	79951	103972	51567	52405	84007	40630	43377
谢家集区	67265	32814	34451	27438	14952	12486	11983	6272	5711
八公山区	39156	18037	21119	16527	9143	7384	7212	3873	3339
潘集区	117894	62096	55798	21533	13331	8202	10370	6209	4161
凤台县	202049	104857	97192	50957	31062	19895	26855	15741	11114
寿县	225450	117901	107549	64072	36710	27362	28336	15375	12961

4-3 续表 7 单位：人

地区	初中			高中			大学专科		
	小计	男	女	小计	男	女	小计	男	女
马鞍山市	**564507**	**309018**	**255489**	**241715**	**137410**	**104305**	**153037**	**80070**	**72967**
花山区	96487	46979	49508	73062	38578	34484	50965	26703	24262
雨山区	72719	36870	35849	51783	28630	23153	44380	21393	22987
博望区	50461	29524	20937	12788	7958	4830	5012	2646	2366
当涂县	137781	77069	60712	43011	25806	17205	22732	12746	9986
含山县	93974	52464	41510	27609	16839	10770	12378	7070	5308
和县	113085	66112	46973	33462	19599	13863	17570	9512	8058
淮北市	**603573**	**303655**	**299918**	**205776**	**112651**	**93125**	**126063**	**64288**	**61775**
杜集区	76290	37426	38864	30160	17244	12916	12325	6649	5676
相山区	124997	56682	68315	85061	43063	41998	63029	31601	31428
烈山区	77950	39913	38037	20703	11703	9000	16051	7038	9013
濉溪县	324336	169634	154702	69852	40641	29211	34658	19000	15658
铜陵市	**293700**	**156860**	**136840**	**152705**	**86813**	**65892**	**95587**	**51800**	**43787**
铜官区	88927	41975	46952	73939	38904	35035	53796	28396	25400
义安区	65734	36740	28994	22785	13491	9294	11477	6276	5201
郊区	38647	21988	16659	14823	9283	5540	7962	4522	3440
枞阳县	100392	56157	44235	41158	25135	16023	22352	12606	9746
安庆市	**1028727**	**545603**	**483124**	**471122**	**280744**	**190378**	**281233**	**152142**	**129091**
迎江区	48199	22759	25440	42057	21999	20058	31054	15679	15375
大观区	43836	21568	22268	34180	18441	15739	21034	11197	9837
宜秀区	45665	25359	20306	21721	12985	8736	18293	8458	9835
怀宁县	124920	62615	62305	71998	44239	27759	27433	15633	11800
太湖县	95223	54282	40941	36359	22127	14232	27273	15479	11794
宿松县	158979	81218	77761	72191	47067	25124	34491	20666	13825
望江县	104448	60988	43460	35703	21739	13964	21661	12252	9409
岳西县	84167	46915	37252	30909	18349	12560	16376	9031	7345
安徽安庆经济开发区	32713	16989	15724	23613	13210	10403	20493	11424	9069
桐城市	173589	88210	85379	66747	38675	28072	39548	19451	20097
潜山市	116988	64700	52288	35644	21913	13731	23577	12872	10705
黄山市	**378848**	**202965**	**175883**	**131264**	**73229**	**58035**	**84239**	**43003**	**41236**
屯溪区	64705	30518	34187	39518	20137	19381	31904	15139	16765
黄山区	42355	23120	19235	15423	8570	6853	9673	5136	4537
徽州区	32325	16748	15577	9434	5479	3955	5572	2943	2629
歙县	112197	62091	50106	31953	18266	13687	15465	8121	7344
休宁县	58580	32474	26106	17323	10112	7211	9681	5053	4628
黟县	23063	12525	10538	6686	3964	2722	4668	2540	2128
祁门县	45623	25489	20134	10927	6701	4226	7276	4071	3205
滁州市	**1027952**	**535971**	**491981**	**675053**	**382675**	**292378**	**298266**	**164083**	**134183**
琅琊区	66117	33293	32824	41746	22513	19233	26388	13922	12466
南谯区	91265	50411	40854	43730	24389	19341	41701	21088	20613
来安县	108954	57700	51254	79237	45469	33768	27234	15415	11819
全椒县	108960	57639	51321	56840	33978	22862	31876	18188	13688
定远县	176230	92305	83925	110751	64165	46586	40267	22898	17369
凤阳县	157648	79955	77693	118194	65744	52450	38036	21383	16653
苏滁现代产业园	8008	4840	3168	4862	3422	1440	2317	1551	766
滁州经济技术开发区	35897	18433	17464	25660	15518	10142	15604	8752	6852
天长市	147452	76562	70890	112317	62714	49603	46751	25586	21165
明光市	127421	64833	62588	81716	44763	36953	28092	15300	12792

4-3 续表 8 单位：人

地 区	初中			高中			大学专科		
	小计	男	女	小计	男	女	小计	男	女
阜阳市	**2531518**	**1359291**	**1172227**	**642045**	**355705**	**286340**	**319820**	**164956**	**154864**
颍州区	216656	111829	104827	89056	46427	42629	69453	31746	37707
颍东区	166731	89321	77410	48602	27455	21147	23080	12501	10579
颍泉区	183061	97063	85998	54934	29898	25036	25093	13113	11980
临泉县	494213	270431	223782	126016	69791	56225	49207	25816	23391
太和县	465857	253699	212158	98460	55344	43116	44916	23990	20926
阜南县	359720	198586	161134	82407	46172	36235	34361	18305	16056
颍上县	374970	196176	178794	75041	42721	32320	35738	19183	16555
阜阳合肥现代产业园区	14757	7960	6797	2118	1203	915	1167	605	562
阜阳经济技术开发区	36915	18398	18517	17073	9046	8027	9773	5151	4622
界首市	218638	115828	102810	48338	27648	20690	27032	14546	12486
宿州市	**1476498**	**748443**	**728055**	**763968**	**415525**	**348443**	**292608**	**150096**	**142512**
埇桥区	529729	272458	257271	173275	94268	79007	100371	48938	51433
砀山县	148694	71267	77427	181942	95768	86174	46564	24601	21963
萧县	351022	175620	175402	119869	66471	53398	47562	25094	22468
灵璧县	225767	114910	110857	153583	84284	69299	53181	27681	25500
泗县	186949	97118	89831	121335	66859	54476	39696	21114	18582
宿州马鞍山现代产业园区	16136	8355	7781	4431	2595	1836	1247	658	589
宿州经济技术开发区	18201	8715	9486	9533	5280	4253	3987	2010	1977
六安市	**1151794**	**588717**	**563077**	**511169**	**293266**	**217903**	**221619**	**119918**	**101701**
金安区	208459	102019	106440	108801	60813	47988	60465	31721	28744
裕安区	228462	117112	111350	110117	61894	48223	48875	26094	22781
叶集区	70012	36154	33858	19947	12308	7639	6189	3393	2796
霍邱县	252622	134403	118219	66461	39012	27449	28051	15195	12856
舒城县	184327	92491	91836	99595	57654	41941	35321	19529	15792
金寨县	139718	71175	68543	63074	36874	26200	24634	14002	10632
霍山县	68194	35363	32831	43174	24711	18463	18084	9984	8100
亳州市	**1452764**	**790266**	**662498**	**412909**	**229811**	**183098**	**196402**	**101510**	**94892**
谯城区	485427	261744	223683	135325	73670	61655	77432	37430	40002
涡阳县	325992	178923	147069	93999	52446	41553	40664	21720	18944
蒙城县	303640	164736	138904	90099	51550	38549	41704	22424	19280
利辛县	337705	184863	152842	93486	52145	41341	36602	19936	16666
池州市	**323596**	**175663**	**147933**	**132395**	**76892**	**55503**	**93046**	**47242**	**45804**
贵池区	133156	72092	61064	62914	36216	26698	51376	24826	26550
东至县	97690	53916	43774	34322	20432	13890	22375	12179	10196
石台县	19158	10756	8402	6767	3973	2794	5022	2698	2324
青阳县	62526	32799	29727	23495	13304	10191	11184	5753	5431
池州市国家经济技术开发区	3500	1924	1576	1657	981	676	1445	844	601
皖江江南新兴产业集中区	3114	1853	1261	1652	1057	595	493	326	167
九华山风景区	4452	2323	2129	1588	929	659	1151	616	535
宣城市	**711304**	**386654**	**324650**	**259704**	**148405**	**111299**	**154609**	**78599**	**76010**
宣州区	177025	97722	79303	65465	37006	28459	44435	21728	22707
郎溪县	95665	52510	43155	27248	15904	11344	14877	7605	7272
泾县	72639	39007	33632	28610	15930	12680	15130	7768	7362
绩溪县	41708	21217	20491	11775	6784	4991	7806	4098	3708
旌德县	30530	16448	14082	10035	5501	4534	6130	3173	2957
宣城市经济开发区	25169	13348	11821	15712	8832	6880	9909	5255	4654
宁国市	110181	59128	51053	46776	26803	19973	28980	14889	14091
广德市	158387	87274	71113	54083	31645	22438	27342	14083	13259

4-3 续表 9

单位：人

地区	大学本科			硕士研究生			博士研究生		
	小计	男	女	小计	男	女	小计	男	女
安徽	**3250643**	**1759671**	**1490972**	**302887**	**166425**	**136462**	**35930**	**24346**	**11584**
合肥市	**1026090**	**554121**	**471969**	**144995**	**80083**	**64912**	**20131**	**13748**	**6383**
瑶海区	71717	38581	33136	6050	3329	2721	507	327	180
庐阳区	87487	45863	41624	11811	6386	5425	1228	803	425
蜀山区	212843	110751	102092	43196	22994	20202	7592	5111	2481
包河区	186614	102141	84473	37015	21086	15929	6905	4850	2055
长丰县	27179	15609	11570	1630	935	695	123	81	42
肥东县	36538	20877	15661	2419	1456	963	212	142	70
肥西县	85053	45076	39977	6123	3488	2635	553	403	150
庐江县	29585	17399	12186	2177	1263	914	191	132	59
合肥高新技术产业开发区	62201	33773	28428	8862	5295	3567	783	576	207
合肥经济技术开发区	119918	66950	52968	18536	9836	8700	1462	931	531
合肥新站高新技术产业开发区	52862	28191	24671	4497	2567	1930	310	211	99
巢湖市	54093	28910	25183	2679	1448	1231	265	181	84
芜湖市	**272604**	**146336**	**126268**	**26412**	**13393**	**13019**	**2336**	**1600**	**736**
镜湖区	59958	29257	30701	7415	3717	3698	715	465	250
弋江区	63979	31429	32550	8440	3720	4720	732	494	238
鸠江区	51308	29957	21351	4827	2640	2187	421	306	115
三山区	7037	4081	2956	702	399	303	71	54	17
芜湖县	20877	12375	8502	878	496	382	51	36	15
繁昌县	9858	5359	4499	683	373	310	56	39	17
南陵县	14369	7521	6848	792	418	374	76	47	29
芜湖经济技术开发区	19856	11939	7917	1009	636	373	41	31	10
安徽芜湖长江大桥经济开发区	411	229	182	35	17	18	3	2	1
无为市	24951	14189	10762	1631	977	654	170	126	44
蚌埠市	**164752**	**84827**	**79925**	**13530**	**7025**	**6505**	**1357**	**912**	**445**
龙子湖区	10892	5502	5390	1366	715	651	143	92	51
蚌山区	10794	5510	5284	1138	615	523	124	82	42
禹会区	17614	8299	9315	892	479	413	79	51	28
淮上区	5784	3051	2733	466	267	199	22	14	8
怀远县	17903	9972	7931	1021	575	446	113	85	28
五河县	11235	6088	5147	610	367	243	91	54	37
固镇县	8701	4810	3891	469	273	196	43	29	14
蚌埠市高新技术开发区	5811	3077	2734	466	287	179	29	22	7
蚌埠市经济开发区	76018	38518	37500	7102	3447	3655	713	483	230
淮南市	**138126**	**75259**	**62867**	**10123**	**6017**	**4106**	**1229**	**871**	**358**
大通区	5026	2709	2317	353	194	159	32	22	10
田家庵区	88984	47014	41970	7245	4291	2954	901	649	252
谢家集区	5165	2697	2468	312	162	150	43	27	16
八公山区	3081	1628	1453	176	84	92	23	12	11
潘集区	4715	2853	1862	289	185	104	30	22	8
凤台县	15353	9165	6188	811	512	299	101	67	34
寿县	15802	9193	6609	937	589	348	99	72	27

4-3　续表 10

单位：人

地　区	大学本科			硕士研究生			博士研究生		
	小计	男	女	小计	男	女	小计	男	女
马鞍山市	**146480**	**82993**	**63487**	**12138**	**7042**	**5096**	**1086**	**778**	**308**
花山区	43768	23922	19846	4690	2642	2048	492	356	136
雨山区	51845	29967	21878	5128	3038	2090	378	271	107
博望区	3267	1825	1442	181	106	75	21	15	6
当涂县	22333	12861	9472	838	488	350	78	57	21
含山县	10261	6093	4168	545	326	219	50	34	16
和县	15006	8325	6681	756	442	314	67	45	22
淮北市	**102963**	**51970**	**50993**	**6950**	**3490**	**3460**	**788**	**519**	**269**
杜集区	6124	3438	2686	420	232	188	74	44	30
相山区	60422	30444	29978	4285	2257	2028	517	348	169
烈山区	16519	6798	9721	993	299	694	50	30	20
濉溪县	19898	11290	8608	1252	702	550	147	97	50
铜陵市	**89933**	**49242**	**40691**	**6606**	**3658**	**2948**	**531**	**367**	**164**
铜官区	59338	31486	27852	4024	2215	1809	295	203	92
义安区	8004	4291	3713	624	331	293	52	36	16
郊区	4966	2856	2110	422	235	187	36	23	13
枞阳县	17625	10609	7016	1536	877	659	148	105	43
安庆市	**206316**	**116497**	**89819**	**15500**	**8456**	**7044**	**1790**	**1185**	**605**
迎江区	25262	13714	11548	2339	1229	1110	221	150	71
大观区	16314	8398	7916	1739	893	846	245	162	83
宜秀区	25131	11661	13470	1272	604	668	113	77	36
怀宁县	18569	11002	7567	1438	869	569	173	109	64
太湖县	17014	10194	6820	1158	640	518	142	94	48
宿松县	25386	16092	9294	1704	1044	660	221	164	57
望江县	15622	8987	6635	1040	558	482	118	71	47
岳西县	11749	6672	5077	720	406	314	85	56	29
安徽安庆经济开发区	9074	5248	3826	815	440	375	101	69	32
桐城市	23191	13487	9704	1730	937	793	203	133	70
潜山市	19004	11042	7962	1545	836	709	168	100	68
黄山市	**72038**	**37855**	**34183**	**4395**	**2281**	**2114**	**476**	**297**	**179**
屯溪区	39764	20094	19670	2481	1256	1225	283	178	105
黄山区	5702	3215	2487	349	171	178	31	20	11
徽州区	3412	1849	1563	208	113	95	18	9	9
歙县	10568	5829	4739	657	366	291	75	53	22
休宁县	5701	3048	2653	349	195	154	24	15	9
黟县	2793	1528	1265	143	81	62	20	8	12
祁门县	4098	2292	1806	208	99	109	25	14	11
滁州市	**186491**	**103834**	**82657**	**10904**	**6195**	**4709**	**1062**	**710**	**352**
琅琊区	21772	11036	10736	1566	844	722	161	101	60
南谯区	21599	11727	9872	1925	1075	850	131	96	35
来安县	14542	8368	6174	873	509	364	75	47	28
全椒县	16513	9616	6897	864	498	366	66	41	25
定远县	21701	12891	8810	1148	706	442	110	70	40
凤阳县	23742	13379	10363	1119	656	463	192	134	58
苏滁现代产业园	999	677	322	67	45	22	1	1	
滁州经济技术开发区	22783	12454	10329	1111	595	516	137	89	48
天长市	28292	15791	12501	1539	873	666	134	101	33
明光市	14548	7895	6653	692	394	298	55	30	25

4-3 续表 11　　　　单位：人

地　区	大学本科			硕士研究生			博士研究生		
	小计	男	女	小计	男	女	小计	男	女
阜阳市	**202712**	**106892**	**95820**	**12977**	**7348**	**5629**	**1411**	**914**	**497**
颍州区	61742	29506	32236	4104	2146	1958	500	336	164
颍东区	14111	7744	6367	751	426	325	75	55	20
颍泉区	15165	8379	6786	1054	631	423	108	64	44
临泉县	27973	15066	12907	1766	1013	753	168	101	67
太和县	24499	13531	10968	1494	843	651	175	105	70
阜南县	19451	10775	8676	1173	730	443	124	83	41
颍上县	20263	11248	9015	1148	708	440	120	75	45
阜阳合肥现代产业园区	766	409	357	84	39	45	4	2	2
阜阳经济技术开发区	5651	3066	2585	366	221	145	37	23	14
界首市	13091	7168	5923	1037	591	446	100	70	30
宿州市	**163927**	**87110**	**76817**	**9803**	**5276**	**4527**	**1059**	**669**	**390**
埇桥区	74390	39087	35303	4571	2371	2200	461	266	195
砀山县	18556	9956	8600	1179	636	543	147	98	49
萧县	24125	13053	11072	1698	963	735	189	132	57
灵璧县	23949	12747	11202	1282	721	561	153	105	48
泗县	20185	10825	9360	921	506	415	96	62	34
宿州马鞍山现代产业园区	562	305	257	49	25	24	1		1
宿州经济技术开发区	2160	1137	1023	103	54	49	12	6	6
六安市	**175300**	**100050**	**75250**	**10412**	**6110**	**4302**	**1046**	**716**	**330**
金安区	41704	23765	17939	3289	1910	1379	278	185	93
裕安区	58184	32411	25773	2662	1555	1107	295	197	98
叶集区	4706	2731	1975	287	190	97	32	23	9
霍邱县	19749	11368	8381	1128	677	451	131	89	42
舒城县	22706	13381	9325	1480	882	598	190	132	58
金寨县	15437	9092	6345	909	529	380	68	48	20
霍山县	12814	7302	5512	657	367	290	52	42	10
亳州市	**119563**	**64047**	**55516**	**6603**	**3821**	**2782**	**674**	**453**	**221**
谯城区	52923	26754	26169	3147	1752	1395	219	150	69
涡阳县	21241	11943	9298	1099	636	463	165	106	59
蒙城县	24877	13610	11267	1248	730	518	153	99	54
利辛县	20522	11740	8782	1109	703	406	137	98	39
池州市	**73679**	**39206**	**34473**	**4660**	**2567**	**2093**	**386**	**246**	**140**
贵池区	46223	23961	22262	2988	1678	1310	226	155	71
东至县	13498	7598	5900	811	436	375	90	58	32
石台县	3393	1889	1504	220	114	106	19	11	8
青阳县	8830	4733	4097	532	269	263	44	19	25
池州市国家经济技术开发区	797	483	314	56	36	20	4	2	2
皖江江南新兴产业集中区	234	149	85	10	7	3			
九华山风景区	704	393	311	43	27	16	3	1	2
宣城市	**109669**	**59432**	**50237**	**6879**	**3663**	**3216**	**568**	**361**	**207**
宣州区	29851	15992	13859	2290	1237	1053	161	105	56
郎溪县	10825	5799	5026	621	342	279	46	31	15
泾县	9302	4852	4450	590	288	302	66	36	30
绩溪县	5433	2918	2515	345	179	166	16	11	5
旌德县	3623	1890	1733	192	95	97	22	12	10
宣城市经济开发区	14587	9438	5149	603	336	267	80	57	23
宁国市	17656	9133	8523	1176	616	560	93	52	41
广德市	18392	9410	8982	1062	570	492	84	57	27

4-3a　各地区分性别、受教育程度的16-59岁人口(城市)

单位：人

地　　区	16-59岁人口			未上过学		
	合计	男	女	小计	男	女
安　徽	**10985459**	**5413532**	**5571927**	**100666**	**21618**	**79048**
合肥市	**2886668**	**1450083**	**1436585**	**26694**	**5392**	**21302**
瑶海区	560186	281295	278891	6059	1071	4988
庐阳区	415612	205369	210243	3766	773	2993
蜀山区	708359	351285	357074	4849	959	3890
包河区	845426	435208	410218	8114	1611	6503
长丰县						
肥东县						
肥西县	50597	26863	23734	336	65	271
庐江县						
合肥高新技术产业开发区						
合肥经济技术开发区						
合肥新站高新技术产业开发区	46039	22953	23086	379	77	302
巢湖市	260449	127110	133339	3191	836	2355
芜湖市	**1034051**	**519052**	**514999**	**15210**	**2925**	**12285**
镜湖区	291546	140732	150814	2576	523	2053
弋江区	306549	152456	154093	3821	785	3036
鸠江区	229179	121234	107945	4039	696	3343
三山区	69805	38764	31041	1698	311	1387
芜湖县	5203	2767	2436	47	12	35
繁昌县						
南陵县						
芜湖经济技术开发区	1473	771	702	36	11	25
安徽芜湖长江大桥经济开发区						
无为市	130296	62328	67968	2993	587	2406
蚌埠市	**436200**	**214676**	**221524**	**4202**	**1123**	**3079**
龙子湖区	103083	50147	52936	1023	306	717
蚌山区	97403	47656	49747	677	174	503
禹会区	133720	65547	68173	1064	284	780
淮上区	101994	51326	50668	1438	359	1079
怀远县						
五河县						
固镇县						
蚌埠市高新技术开发区						
蚌埠市经济开发区						
淮南市	**696258**	**337386**	**358872**	**4296**	**1310**	**2986**
大通区	25014	12143	12871	227	65	162
田家庵区	450245	218146	232099	1792	534	1258
谢家集区	104204	50655	53549	1141	368	773
八公山区	69626	33757	35869	466	160	306
潘集区	47169	22685	24484	670	183	487
凤台县						
寿县						

4-3a 续表 1 单位：人

地区	16-59岁人口			未上过学		
	合计	男	女	小计	男	女
马鞍山市	**579846**	**295494**	**284352**	**5617**	**1284**	**4333**
花山区	289430	145380	144050	2321	538	1783
雨山区	240716	124257	116459	2215	557	1658
博望区	49700	25857	23843	1081	189	892
当涂县						
含山县						
和县						
淮北市	**531777**	**257041**	**274736**	**4367**	**1225**	**3142**
杜集区	87350	43595	43755	1021	326	695
相山区	333301	159135	174166	1562	428	1134
烈山区	73793	34234	39559	693	223	470
濉溪县	37333	20077	17256	1091	248	843
铜陵市	**388061**	**191627**	**196434**	**5255**	**1047**	**4208**
铜官区	300514	148144	152370	3797	747	3050
义安区	60261	29365	30896	735	121	614
郊区	27286	14118	13168	723	179	544
枞阳县						
安庆市	**722923**	**345491**	**377432**	**5170**	**950**	**4220**
迎江区	159557	77757	81800	1068	195	873
大观区	99591	48205	51386	419	108	311
宜秀区	106484	52253	54231	1181	231	950
怀宁县						
太湖县						
宿松县						
望江县	64575	29232	35343	709	77	632
岳西县						
安徽安庆经济开发区	404	328	76	4	2	2
桐城市	195830	92667	103163	1128	257	871
潜山市	96482	45049	51433	661	80	581
黄山市	**244036**	**116797**	**127239**	**1349**	**332**	**1017**
屯溪区	164234	77567	86667	750	168	582
黄山区	39860	19332	20528	369	103	266
徽州区	35126	17480	17646	187	52	135
歙县	2073	1050	1023	18	5	13
休宁县	2743	1368	1375	25	4	21
黟县						
祁门县						
滁州市	**591766**	**292815**	**298951**	**3986**	**703**	**3283**
琅琊区	170564	85198	85366	1181	263	918
南谯区	133027	68645	64382	1708	260	1448
来安县						
全椒县						
定远县						
凤阳县						
苏滁现代产业园						
滁州经济技术开发区						
天长市	166606	81496	85110	708	105	603
明光市	121569	57476	64093	389	75	314

4–3a　续表 2　　　　单位：人

地　区	16–59岁人口			未上过学		
	合计	男	女	小计	男	女
阜阳市	**697932**	**336249**	**361683**	**7036**	**1828**	**5208**
颍州区	316229	149042	167187	2974	805	2169
颍东区	116465	58403	58062	1487	385	1102
颍泉区	136597	67350	69247	1204	311	893
临泉县						
太和县						
阜南县						
颍上县						
阜阳合肥现代产业园区						
阜阳经济技术开发区						
界首市	128641	61454	67187	1371	327	1044
宿州市	**420606**	**202871**	**217735**	**1264**	**422**	**842**
埇桥区	417212	201153	216059	1259	420	839
砀山县						
萧县	3394	1718	1676	5	2	3
灵璧县						
泗县						
宿州马鞍山现代产业园区						
宿州经济技术开发区						
六安市	**544801**	**263372**	**281429**	**3301**	**675**	**2626**
金安区	237943	113748	124195	1091	229	862
裕安区	254170	122270	131900	1983	365	1618
叶集区	48907	25455	23452	191	67	124
霍邱县	1398	688	710	5	3	2
舒城县	2383	1211	1172	31	11	20
金寨县						
霍山县						
亳州市	**420690**	**205065**	**215625**	**4452**	**1029**	**3423**
谯城区	417436	203650	213786	4378	1011	3367
涡阳县						
蒙城县						
利辛县	3254	1415	1839	74	18	56
池州市	**262901**	**122967**	**139934**	**4728**	**534**	**4194**
贵池区	246593	114119	132474	4203	449	3754
东至县						
石台县						
青阳县						
池州市国家经济技术开发区	9164	4804	4360	272	40	232
皖江江南新兴产业集中区	7144	4044	3100	253	45	208
九华山风景区						
宣城市	**526943**	**262546**	**264397**	**3739**	**839**	**2900**
宣州区	176831	84033	92798	1333	239	1094
郎溪县						
泾县						
绩溪县						
旌德县						
宣城市经济开发区						
宁国市	174315	87611	86704	1037	276	761
广德市	175797	90902	84895	1369	324	1045

4-3a 续表 3

单位：人

地区	学前教育			小学		
	小计	男	女	小计	男	女
安 徽	**5068**	**1869**	**3199**	**959990**	**348507**	**611483**
合肥市	**1021**	**398**	**623**	**194215**	**69084**	**125131**
瑶海区	224	99	125	44227	15351	28876
庐阳区	159	61	98	27268	9930	17338
蜀山区	239	92	147	31133	10350	20783
包河区	276	108	168	56370	21568	34802
长丰县						
肥东县						
肥西县	12	2	10	3415	1276	2139
庐江县						
合肥高新技术产业开发区						
合肥经济技术开发区						
合肥新站高新技术产业开发区	8	1	7	3337	1098	2239
巢湖市	103	35	68	28465	9511	18954
芜湖市	**483**	**183**	**300**	**104818**	**38206**	**66612**
镜湖区	109	36	73	19207	6734	12473
弋江区	151	54	97	28316	11022	17294
鸠江区	108	44	64	25296	8944	16352
三山区	28	12	16	11805	4495	7310
芜湖县	9	2	7	1409	545	864
繁昌县						
南陵县						
芜湖经济技术开发区	4	1	3	295	104	191
安徽芜湖长江大桥经济开发区						
无为市	74	34	40	18490	6362	12128
蚌埠市	**137**	**41**	**96**	**39435**	**15890**	**23545**
龙子湖区	39	10	29	8199	3323	4876
蚌山区	27	9	18	7426	2842	4584
禹会区	45	19	26	11292	4757	6535
淮上区	26	3	23	12518	4968	7550
怀远县						
五河县						
固镇县						
蚌埠市高新技术开发区						
蚌埠市经济开发区						
淮南市	**496**	**195**	**301**	**53537**	**21849**	**31688**
大通区	13	5	8	1945	798	1147
田家庵区	291	124	167	29703	12263	17440
谢家集区	71	31	40	10440	4246	6194
八公山区	56	19	37	5592	2185	3407
潘集区	65	16	49	5857	2357	3500
凤台县						
寿县						

4-3a 续表 4

单位：人

地区	学前教育			小学		
	小计	男	女	小计	男	女
马鞍山市	**226**	**80**	**146**	**49743**	**19005**	**30738**
花山区	78	29	49	21710	8030	13680
雨山区	92	34	58	18081	7053	11028
博望区	56	17	39	9952	3922	6030
当涂县						
含山县						
和县						
淮北市	**168**	**80**	**88**	**36115**	**14720**	**21395**
杜集区	19	11	8	7617	3190	4427
相山区	86	40	46	14796	5913	8883
烈山区	47	22	25	7388	3212	4176
濉溪县	16	7	9	6314	2405	3909
铜陵市	**215**	**52**	**163**	**34419**	**11581**	**22838**
铜官区	125	29	96	22221	7471	14750
义安区	60	17	43	8096	2639	5457
郊区	30	6	24	4102	1471	2631
枞阳县						
安庆市	**323**	**80**	**243**	**86381**	**26551**	**59830**
迎江区	61	17	44	12540	4053	8487
大观区	37	14	23	6019	1788	4231
宜秀区	37	12	25	14060	5263	8797
怀宁县						
太湖县						
宿松县						
望江县	73	10	63	11878	2865	9013
岳西县						
安徽安庆经济开发区				28	14	14
桐城市	56	18	38	25512	8402	17110
潜山市	59	9	50	16344	4166	12178
黄山市	**78**	**29**	**49**	**19069**	**6972**	**12097**
屯溪区	42	17	25	11403	4111	7292
黄山区	17	4	13	4043	1578	2465
徽州区	11	5	6	2816	968	1848
歙县	6	2	4	251	96	155
休宁县	2	1	1	556	219	337
黟县						
祁门县						
滁州市	**305**	**80**	**225**	**61681**	**19554**	**42127**
琅琊区	148	38	110	16076	5974	10102
南谯区	67	23	44	13250	4760	8490
来安县						
全椒县						
定远县						
凤阳县						
苏滁现代产业园						
滁州经济技术开发区						
天长市	66	15	51	21346	5739	15607
明光市	24	4	20	11009	3081	7928

4-3a 续表 5 单位：人

地区	学前教育			小学		
	小计	男	女	小计	男	女
阜阳市	**346**	**204**	**142**	**59187**	**23823**	**35364**
颍州区	121	54	67	23191	9718	13473
颍东区	146	124	22	11272	4784	6488
颍泉区	49	20	29	12919	5282	7637
临泉县						
太和县						
阜南县						
颍上县						
阜阳合肥现代产业园区						
阜阳经济技术开发区						
界首市	30	6	24	11805	4039	7766
宿州市	**135**	**50**	**85**	**24858**	**9864**	**14994**
埇桥区	135	50	85	24432	9699	14733
砀山县						
萧县				426	165	261
灵璧县						
泗县						
宿州马鞍山现代产业园区						
宿州经济技术开发区						
六安市	**459**	**164**	**295**	**57155**	**19663**	**37492**
金安区	252	101	151	24295	7902	16393
裕安区	197	60	137	25652	8778	16874
叶集区	10	3	7	6560	2754	3806
霍邱县				223	75	148
舒城县				425	154	271
金寨县						
霍山县						
亳州市	**211**	**90**	**121**	**43473**	**17600**	**25873**
谯城区	210	89	121	42670	17419	25251
涡阳县						
蒙城县						
利辛县	1	1		803	181	622
池州市	**214**	**62**	**152**	**31669**	**9250**	**22419**
贵池区	200	58	142	28862	8153	20709
东至县						
石台县						
青阳县						
池州市国家经济技术开发区	10	2	8	1423	492	931
皖江江南新兴产业集中区	4	2	2	1384	605	779
九华山风景区						
宣城市	**251**	**81**	**170**	**64235**	**24895**	**39340**
宣州区	106	29	77	19837	6958	12879
郎溪县						
泾县						
绩溪县						
旌德县						
宣城市经济开发区						
宁国市	42	15	27	19413	7469	11944
广德市	103	37	66	24985	10468	14517

4-3a　续表 6

单位：人

地　区	初中			高中			大学专科		
	小计	男	女	小计	男	女	小计	男	女
安　徽	**3615789**	**1756676**	**1859113**	**2409054**	**1278327**	**1130727**	**1946854**	**979102**	**967752**
合肥市	**728335**	**362805**	**365530**	**567255**	**300610**	**266645**	**649948**	**326255**	**323693**
瑶海区	189682	94958	94724	132430	71249	61181	113678	58714	54964
庐阳区	106963	52509	54454	91087	47184	43903	101156	49992	51164
蜀山区	117658	56856	60802	114358	58250	56108	177843	86788	91055
包河区	200225	103113	97112	151979	80996	70983	198121	99847	98274
长丰县									
肥东县									
肥西县	10048	5608	4440	8688	5172	3516	9663	5459	4204
庐江县									
合肥高新技术产业开发区									
合肥经济技术开发区									
合肥新站高新技术产业开发区	13567	6675	6892	10205	5355	4850	11264	5784	5480
巢湖市	90192	43086	47106	58508	32404	26104	38223	19671	18552
芜湖市	**291310**	**147849**	**143461**	**211147**	**115270**	**95877**	**201326**	**106186**	**95140**
镜湖区	73943	34941	39002	71205	36620	34585	56885	28715	28170
弋江区	67607	35288	32319	54144	29415	24729	79359	40249	39110
鸠江区	66361	35273	31088	41839	23950	17889	39783	22343	17440
三山区	28969	16707	12262	11791	7396	4395	11474	7430	4044
芜湖县	2807	1654	1153	598	378	220	201	102	99
繁昌县									
南陵县									
芜湖经济技术开发区	718	413	305	240	142	98	120	68	52
安徽芜湖长江大桥经济开发区									
无为市	50905	23573	27332	31330	17369	13961	13504	7279	6225
蚌埠市	**167065**	**81804**	**85261**	**117352**	**61227**	**56125**	**61793**	**31701**	**30092**
龙子湖区	38803	18553	20250	27550	13992	13558	15594	7979	7615
蚌山区	34007	16381	17626	27036	13890	13146	16348	8245	8103
禹会区	47808	22962	24846	35948	18797	17151	20226	10598	9628
淮上区	46447	23908	22539	26818	14548	12270	9625	4879	4746
怀远县									
五河县									
固镇县									
蚌埠市高新技术开发区									
蚌埠市经济开发区									
淮南市	**262985**	**121892**	**141093**	**156681**	**80130**	**76551**	**109113**	**53790**	**55323**
大通区	10042	4700	5342	6175	3187	2988	4106	2076	2030
田家庵区	136827	63103	73724	101777	50257	51520	83142	40139	43003
谢家集区	52349	24695	27654	24379	13129	11250	10873	5633	5240
八公山区	37289	17101	20188	16062	8886	7176	7012	3754	3258
潘集区	26478	12293	14185	8288	4671	3617	3980	2188	1792
凤台县									
寿县									

4-3a 续表 7

单位：人

地区	初中			高中			大学专科		
	小计	男	女	小计	男	女	小计	男	女
马鞍山市	**188186**	**94188**	**93998**	**130671**	**70660**	**60011**	**97432**	**49149**	**48283**
花山区	93851	45484	48367	72197	38014	34183	50558	26476	24082
雨山区	68561	34346	34215	50850	28029	22821	43796	21083	22713
博望区	25774	14358	11416	7624	4617	3007	3078	1590	1488
当涂县									
含山县									
和县									
淮北市	**207644**	**97290**	**110354**	**118950**	**62149**	**56801**	**78727**	**39652**	**39075**
杜集区	44525	21153	23372	21197	11907	9290	8326	4421	3905
相山区	108929	48080	60849	81902	41213	40689	61623	30868	30755
烈山区	31279	15284	15995	11950	6369	5581	6844	3165	3679
濉溪县	22911	12773	10138	3901	2660	1241	1934	1198	736
铜陵市	**122262**	**58572**	**63690**	**91626**	**49066**	**42560**	**63037**	**33336**	**29701**
铜官区	86175	40444	45731	72596	38246	34350	52256	27461	24795
义安区	24796	12159	12637	12922	7129	5793	7555	4037	3518
郊区	11291	5969	5322	6108	3691	2417	3226	1838	1388
枞阳县									
安庆市	**253782**	**120770**	**133012**	**162617**	**87973**	**74644**	**111519**	**54994**	**56525**
迎江区	46299	21569	24730	41435	21578	19857	30641	15443	15198
大观区	27812	12225	15587	29634	15494	14140	18662	9899	8763
宜秀区	32613	17744	14869	17371	10171	7200	16172	7313	8859
怀宁县									
太湖县									
宿松县									
望江县	22736	10421	12315	14868	8023	6845	7346	3923	3423
岳西县									
安徽安庆经济开发区	94	68	26	54	45	9	134	120	14
桐城市	84935	40132	44803	41672	22720	18952	26540	12051	14489
潜山市	39293	18611	20682	17583	9942	7641	12024	6245	5779
黄山市	**91071**	**42550**	**48521**	**53983**	**27725**	**26258**	**41551**	**20188**	**21363**
屯溪区	54353	24939	29414	37216	18718	18498	30702	14531	16171
黄山区	16445	7778	8667	8929	4551	4378	6116	3160	2956
徽州区	17769	8529	9240	7157	4062	3095	4285	2279	2006
歙县	1336	681	655	264	175	89	133	54	79
休宁县	1168	623	545	417	219	198	315	164	151
黟县									
祁门县									
滁州市	**215021**	**106099**	**108922**	**149526**	**79956**	**69570**	**92543**	**49752**	**42791**
琅琊区	62725	31238	31487	41036	22071	18965	26059	13727	12332
南谯区	46671	24378	22293	26121	14389	11732	27615	15233	12382
来安县									
全椒县									
定远县									
凤阳县									
苏滁现代产业园									
滁州经济技术开发区									
天长市	59813	29598	30215	42407	23163	19244	23822	12706	11116
明光市	45812	20885	24927	39962	20333	19629	15047	8086	6961

4-3a　续表 8

单位：人

地　区	初　中			高　中			大学专科		
	小计	男	女	小计	男	女	小计	男	女
阜阳市	**266447**	**126974**	**139473**	**161975**	**84542**	**77433**	**110053**	**52898**	**57155**
颍州区	95636	45390	50246	70671	35853	34818	61874	27770	34104
颍东区	49016	23817	25199	30505	16574	13931	14402	7690	6712
颍泉区	60517	29605	30912	33073	17126	15947	17056	8701	8355
临泉县									
太和县									
阜南县									
颍上县									
阜阳合肥现代产业园区									
阜阳经济技术开发区									
界首市	61278	28162	33116	27726	14989	12737	16721	8737	7984
宿州市	**152382**	**70052**	**82330**	**104277**	**53217**	**51060**	**70846**	**34612**	**36234**
埇桥区	150261	68956	81305	103728	52925	50803	70645	34496	36149
砀山县									
萧县	2121	1096	1025	549	292	257	201	116	85
灵璧县									
泗县									
宿州马鞍山现代产业园区									
宿州经济技术开发区									
六安市	**192303**	**88088**	**104215**	**130975**	**70016**	**60959**	**77506**	**39410**	**38096**
金安区	84096	37755	46341	57225	30413	26812	40167	20305	19862
裕安区	80472	36374	44098	62389	32605	29784	33880	17303	16577
叶集区	25722	12934	12788	10623	6564	4059	3236	1673	1563
霍邱县	912	457	455	169	100	69	58	35	23
舒城县	1101	568	533	569	334	235	165	94	71
金寨县									
霍山县									
亳州市	**178129**	**89023**	**89106**	**87802**	**46012**	**41790**	**59642**	**27950**	**31692**
谯城区	175950	87918	88032	87685	45944	41741	59585	27923	31662
涡阳县									
蒙城县									
利辛县	2179	1105	1074	117	68	49	57	27	30
池州市	**84890**	**40580**	**44310**	**50669**	**27688**	**22981**	**45114**	**21283**	**23831**
贵池区	78276	36803	41473	47360	25650	21710	43176	20113	23063
东至县									
石台县									
青阳县									
池州市国家经济技术开发区	3500	1924	1576	1657	981	676	1445	844	601
皖江江南新兴产业集中区	3114	1853	1261	1652	1057	595	493	326	167
九华山风景区									
宣城市	**213977**	**108140**	**105837**	**113548**	**62086**	**51462**	**76704**	**37946**	**38758**
宣州区	63522	30146	33376	37686	19596	18090	31027	14599	16428
郎溪县									
泾县									
绩溪县									
旌德县									
宣城市经济开发区									
宁国市	73446	36981	36465	38833	21557	17276	25221	12861	12360
广德市	77009	41013	35996	37029	20933	16096	20456	10486	9970

4－3a 续表 9

单位：人

地 区	大学本科			硕士研究生			博士研究生		
	小计	男	女	小计	男	女	小计	男	女
安 徽	**1737052**	**910099**	**826953**	**186530**	**100710**	**85820**	**24456**	**16624**	**7832**
合肥市	**604281**	**320281**	**284000**	**98580**	**54089**	**44491**	**16339**	**11169**	**5170**
瑶海区	67688	36389	31299	5707	3146	2561	491	318	173
庐阳区	74742	39146	35596	9474	5124	4350	997	650	347
蜀山区	211596	109949	101647	43107	22944	20163	7576	5097	2479
包河区	186443	102038	84405	36995	21078	15917	6903	4849	2054
长丰县									
肥东县									
肥西县	17692	8855	8837	651	358	293	92	68	24
庐江县									
合肥高新技术产业开发区									
合肥经济技术开发区									
合肥新站高新技术产业开发区	6562	3556	3006	639	357	282	78	50	28
巢湖市	39558	20348	19210	2007	1082	925	202	137	65
芜湖市	**186581**	**96722**	**89859**	**21254**	**10406**	**10848**	**1922**	**1305**	**617**
镜湖区	59538	29012	30526	7371	3689	3682	712	462	250
弋江区	63979	31429	32550	8440	3720	4720	732	494	238
鸠江区	46861	27245	19616	4498	2451	2047	394	288	106
三山区	3726	2227	1499	290	165	125	24	21	3
芜湖县	121	66	55	9	6	3	2	2	
繁昌县									
南陵县									
芜湖经济技术开发区	53	27	26	7	5	2			
安徽芜湖长江大桥经济开发区									
无为市	12303	6716	5587	639	370	269	58	38	20
蚌埠市	**42271**	**20749**	**21522**	**3596**	**1916**	**1680**	**349**	**225**	**124**
龙子湖区	10410	5203	5207	1325	692	633	140	89	51
蚌山区	10632	5425	5207	1127	609	518	123	81	42
禹会区	16460	7659	8801	805	425	380	72	46	26
淮上区	4769	2462	2307	339	190	149	14	9	5
怀远县									
五河县									
固镇县									
蚌埠市高新技术开发区									
蚌埠市经济开发区									
淮南市	**100275**	**52909**	**47366**	**7896**	**4614**	**3282**	**979**	**697**	**282**
大通区	2332	1218	1114	163	84	79	11	10	1
田家庵区	88600	46810	41790	7216	4270	2946	897	646	251
谢家集区	4634	2386	2248	274	140	134	43	27	16
八公山区	2954	1559	1395	172	81	91	23	12	11
潘集区	1755	936	819	71	39	32	5	2	3
凤台县									
寿县									

4-3a 续表 10

单位：人

地区	大学本科			硕士研究生			博士研究生		
	小计	男	女	小计	男	女	小计	男	女
马鞍山市	**97224**	**54786**	**42438**	**9871**	**5713**	**4158**	**876**	**629**	**247**
花山区	43554	23823	19731	4672	2633	2039	489	353	136
雨山区	51637	29856	21781	5110	3031	2079	374	268	106
博望区	2033	1107	926	89	49	40	13	8	5
当涂县									
含山县									
和县									
淮北市	**79791**	**38882**	**40909**	**5428**	**2651**	**2777**	**587**	**392**	**195**
杜集区	4329	2407	1922	272	153	119	44	27	17
相山区	59685	30033	29652	4214	2221	1993	504	339	165
烈山区	14705	5715	8990	861	228	633	26	16	10
濉溪县	1072	727	345	81	49	32	13	10	3
铜陵市	**66384**	**35276**	**31108**	**4542**	**2480**	**2062**	**321**	**217**	**104**
铜官区	59059	31347	27712	4000	2201	1799	285	198	87
义安区	5657	3032	2625	413	215	198	27	16	11
郊区	1668	897	771	129	64	65	9	3	6
枞阳县									
安庆市	**95503**	**50184**	**45319**	**6899**	**3508**	**3391**	**729**	**481**	**248**
迎江区	24989	13545	11444	2311	1213	1098	213	144	69
大观区	15172	7701	7471	1608	822	786	228	154	74
宜秀区	23846	10939	12907	1111	516	595	93	64	29
怀宁县									
太湖县									
宿松县									
望江县	6638	3747	2891	298	151	147	29	15	14
岳西县									
安徽安庆经济开发区	86	76	10	4	3	1			
桐城市	14969	8558	6411	918	465	453	100	64	36
潜山市	9803	5618	4185	649	338	311	66	40	26
黄山市	**34040**	**17512**	**16528**	**2668**	**1361**	**1307**	**227**	**128**	**99**
屯溪区	27283	13800	13483	2286	1171	1115	199	112	87
黄山区	3737	2068	1669	191	82	109	13	8	5
徽州区	2722	1489	1233	165	89	76	14	7	7
歙县	62	34	28	3	3				
休宁县	236	121	115	23	16	7	1	1	
黟县									
祁门县									
滁州市	**64246**	**34173**	**30073**	**4130**	**2282**	**1848**	**328**	**216**	**112**
琅琊区	21630	10953	10677	1550	834	716	159	100	59
南谯区	16091	8736	7355	1414	802	612	90	64	26
来安县									
全椒县									
定远县									
凤阳县									
苏滁现代产业园									
滁州经济技术开发区									
天长市	17575	9685	7890	813	443	370	56	42	14
明光市	8950	4799	4151	353	203	150	23	10	13

4-3a 续表 11 单位：人

地　区	大学本科			硕士研究生			博士研究生		
	小计	男	女	小计	男	女	小计	男	女
阜阳市	**86836**	**42703**	**44133**	**5460**	**2887**	**2573**	**592**	**390**	**202**
颍州区	57533	27184	30349	3784	1970	1814	445	298	147
颍东区	9203	4800	4403	399	206	193	35	23	12
颍泉区	11065	5898	5167	648	372	276	66	35	31
临泉县									
太和县									
阜南县									
颍上县									
阜阳合肥现代产业园区									
阜阳经济技术开发区									
界首市	9035	4821	4214	629	339	290	46	34	12
宿州市	**62793**	**32573**	**30220**	**3719**	**1894**	**1825**	**332**	**187**	**145**
埇桥区	62713	32530	30183	3709	1891	1818	330	186	144
砀山县									
萧县	80	43	37	10	3	7	2	1	1
灵璧县									
泗县									
宿州马鞍山现代产业园区									
宿州经济技术开发区									
六安市	**78546**	**42737**	**35809**	**4197**	**2373**	**1824**	**359**	**246**	**113**
金安区	28334	15617	12717	2303	1308	995	180	118	62
裕安区	47671	25680	21991	1758	985	773	168	120	48
叶集区	2427	1377	1050	128	76	52	10	7	3
霍邱县	29	17	12	2	1	1			
舒城县	85	46	39	6	3	3	1	1	
金寨县									
霍山县									
亳州市	**44393**	**21938**	**22455**	**2450**	**1329**	**1121**	**138**	**94**	**44**
谯城区	44373	21926	22447	2448	1327	1121	137	93	44
涡阳县									
蒙城县									
利辛县	20	12	8	2	2		1	1	
池州市	**42868**	**22030**	**20838**	**2570**	**1423**	**1147**	**179**	**117**	**62**
贵池区	41837	21398	20439	2504	1380	1124	175	115	60
东至县									
石台县									
青阳县									
池州市国家经济技术开发区	797	483	314	56	36	20	4	2	2
皖江江南新兴产业集中区	234	149	85	10	7	3			
九华山风景区									
宣城市	**51020**	**26644**	**24376**	**3270**	**1784**	**1486**	**199**	**131**	**68**
宣州区	21662	11535	10127	1568	870	698	90	61	29
郎溪县									
泾县									
绩溪县									
旌德县									
宣城市经济开发区									
宁国市	15282	7895	7387	980	522	458	61	35	26
广德市	14076	7214	6862	722	392	330	48	35	13

4-3b 各地区分性别、受教育程度的16-59岁人口(镇)

单位：人

地区	16-59岁人口			未上过学		
	合计	男	女	小计	男	女
安徽	**12199032**	**6091768**	**6107264**	**160031**	**33039**	**126992**
合肥市	**2484900**	**1279944**	**1204956**	**36777**	**6360**	**30417**
瑶海区	16720	8449	8271	255	46	209
庐阳区	43901	20877	23024	312	35	277
蜀山区	18261	9517	8744	265	68	197
包河区						
长丰县	325910	164963	160947	5938	1078	4860
肥东县	403783	208925	194858	8883	1147	7736
肥西县	398512	205174	193338	5310	864	4446
庐江县	296622	145959	150663	5518	1392	4126
合肥高新技术产业开发区	203416	106719	96697	1963	292	1671
合肥经济技术开发区	412414	215798	196616	4073	589	3484
合肥新站高新技术产业开发区	299348	160774	138574	3293	673	2620
巢湖市	66013	32789	33224	967	176	791
芜湖市	**733927**	**375238**	**358689**	**11438**	**2265**	**9173**
镜湖区	641	324	317	43	9	34
弋江区						
鸠江区	47434	24111	23323	1301	232	1069
三山区	12908	6125	6783	147	11	136
芜湖县	161880	83328	78552	1563	302	1261
繁昌县	97473	48798	48675	704	152	552
南陵县	150062	71201	78861	1229	261	968
芜湖经济技术开发区	127834	71941	55893	2157	381	1776
安徽芜湖长江大桥经济开发区	8412	4241	4171	570	113	457
无为市	127283	65169	62114	3724	804	2920
蚌埠市	**701368**	**340693**	**360675**	**8976**	**2152**	**6824**
龙子湖区	7074	4469	2605	135	96	39
蚌山区						
禹会区	6255	3261	2994	84	27	57
淮上区	17336	8792	8544	290	74	216
怀远县	206628	100966	105662	3840	986	2854
五河县	138298	66219	72079	2839	545	2294
固镇县	94678	44460	50218	748	185	563
蚌埠市高新技术开发区	39705	19857	19848	193	42	151
蚌埠市经济开发区	191394	92669	98725	847	197	650
淮南市	**452718**	**228233**	**224485**	**6043**	**1914**	**4129**
大通区	48753	24878	23875	689	229	460
田家庵区	7788	3990	3798	111	40	71
谢家集区	2230	1143	1087	21	9	12
八公山区	28	15	13			
潘集区	42570	22995	19575	736	232	504
凤台县	146729	76048	70681	1899	650	1249
寿县	204620	99164	105456	2587	754	1833

4－3b 续表 1

单位：人

地 区	16－59岁人口			未上过学		
	合计	男	女	小计	男	女
马鞍山市	**435134**	**217884**	**217250**	**8288**	**1470**	**6818**
花山区						
雨山区						
博望区	6278	3448	2830	208	43	165
当涂县	186285	95147	91138	3390	621	2769
含山县	114068	55287	58781	2513	430	2083
和县	128503	64002	64501	2177	376	1801
淮北市	**278401**	**138208**	**140193**	**3996**	**1002**	**2994**
杜集区	26812	13591	13221	487	130	357
相山区						
烈山区	18927	9718	9209	189	59	130
濉溪县	232662	114899	117763	3320	813	2507
铜陵市	**179414**	**85591**	**93823**	**8640**	**1319**	**7321**
铜官区	138	70	68	1		1
义安区	16718	8890	7828	399	65	334
郊区	16593	8192	8401	895	136	759
枞阳县	145965	68439	77526	7345	1118	6227
安庆市	**764401**	**370759**	**393642**	**7025**	**1209**	**5816**
迎江区						
大观区	11445	5760	5685	142	19	123
宜秀区	15836	7930	7906	305	62	243
怀宁县	147537	70712	76825	957	113	844
太湖县	109932	51696	58236	1028	141	887
宿松县	145799	69639	76160	1005	128	877
望江县	38568	18488	20080	807	120	687
岳西县	79074	37156	41918	748	131	617
安徽安庆经济开发区	95969	50327	45642	662	204	458
桐城市	65746	32275	33471	775	176	599
潜山市	54495	26776	27719	596	115	481
黄山市	**259432**	**127416**	**132016**	**2064**	**512**	**1552**
屯溪区	16631	8618	8013	24	8	16
黄山区	16970	9580	7390	184	50	134
徽州区	6666	3466	3200	75	25	50
歙县	99762	48432	51330	671	173	498
休宁县	51816	24547	27269	535	100	435
黟县	20739	10327	10412	133	45	88
祁门县	46848	22446	24402	442	111	331
滁州市	**1040354**	**531479**	**508875**	**5909**	**1163**	**4746**
琅琊区						
南谯区	36336	18439	17897	672	105	567
来安县	159608	82306	77302	428	103	325
全椒县	174432	88777	85655	578	98	480
定远县	192424	96622	95802	1497	292	1205
凤阳县	197521	99738	97783	1156	302	854
苏滁现代产业园	18404	11559	6845	147	31	116
滁州经济技术开发区	94287	48877	45410	495	58	437
天长市	124206	63201	61005	615	112	503
明光市	43136	21960	21176	321	62	259

4-3b 续表 2

单位：人

地　　区	16-59岁人口			未上过学		
	合计	男	女	小计	男	女
阜阳市	**1411314**	**697962**	**713352**	**25369**	**5692**	**19677**
颍州区	37282	18634	18648	986	224	762
颍东区	42990	22811	20179	1215	334	881
颍泉区	46278	23498	22780	1117	244	873
临泉县	311679	153115	158564	4521	1010	3511
太和县	368847	181025	187822	3853	763	3090
阜南县	204727	98791	105936	7127	1340	5787
颍上县	270008	134657	135351	4816	1334	3482
阜阳合肥现代产业园区	3796	2051	1745	101	32	69
阜阳经济技术开发区	67642	33676	33966	731	203	528
界首市	58065	29704	28361	902	208	694
宿州市	**1002454**	**489217**	**513237**	**3152**	**851**	**2301**
埇桥区	119409	59454	59955	373	127	246
砀山县	214345	105192	109153	280	110	170
萧县	223252	110809	112443	462	143	319
灵璧县	205514	97151	108363	534	106	428
泗县	184557	89296	95261	743	175	568
宿州马鞍山现代产业园区	16912	8441	8471	285	55	230
宿州经济技术开发区	38465	18874	19591	475	135	340
六安市	**814088**	**395066**	**419022**	**5989**	**1482**	**4507**
金安区	92260	42365	49895	950	173	777
裕安区	52263	25616	26647	835	186	649
叶集区	16163	7681	8482	218	51	167
霍邱县	193563	97130	96433	2426	645	1781
舒城县	201023	95515	105508	915	215	700
金寨县	131459	64039	67420	177	69	108
霍山县	127357	62720	64637	468	143	325
亳州市	**880781**	**438425**	**442356**	**15706**	**3386**	**12320**
谯城区	72468	36907	35561	2037	407	1630
涡阳县	268719	134599	134120	4641	1109	3532
蒙城县	283882	140288	143594	3901	870	3031
利辛县	255712	126631	129081	5127	1000	4127
池州市	**259517**	**124521**	**134996**	**4983**	**911**	**4072**
贵池区	22058	11707	10351	1084	169	915
东至县	132781	62989	69792	2571	380	2191
石台县	21997	10375	11622	335	94	241
青阳县	79779	37912	41867	953	257	696
池州市国家经济技术开发区						
皖江江南新兴产业集中区						
九华山风景区	2902	1538	1364	40	11	29
宣城市	**500829**	**251132**	**249697**	**5676**	**1351**	**4325**
宣州区	64609	32265	32344	1341	288	1053
郎溪县	131502	65435	66067	1953	387	1566
泾县	93491	44934	48557	596	144	452
绩溪县	51491	24812	26679	226	76	150
旌德县	39032	18894	20138	242	76	166
宣城市经济开发区	64165	34296	29869	549	122	427
宁国市	14832	8080	6752	256	90	166
广德市	41707	22416	19291	513	168	345

4-3b 续表 3

单位：人

地区	学前教育			小学		
	小计	男	女	小计	男	女
安徽	**7696**	**2388**	**5308**	**1615472**	**571183**	**1044289**
合肥市	**1415**	**449**	**966**	**265198**	**91028**	**174170**
瑶海区	9	4	5	1706	600	1106
庐阳区	12	3	9	2028	561	1467
蜀山区	9	3	6	3458	1418	2040
包河区						
长丰县	147	64	83	40621	14850	25771
肥东县	375	85	290	59725	20484	39241
肥西县	236	88	148	37986	13202	24784
庐江县	224	63	161	50329	16956	33373
合肥高新技术产业开发区	71	23	48	12068	3875	8193
合肥经济技术开发区	153	40	113	24643	7710	16933
合肥新站高新技术产业开发区	141	67	74	20934	7592	13342
巢湖市	38	9	29	11700	3780	7920
芜湖市	**627**	**173**	**454**	**130416**	**46563**	**83853**
镜湖区				143	45	98
弋江区						
鸠江区	40	16	24	11827	4448	7379
三山区	5	2	3	1092	229	863
芜湖县	256	63	193	27943	9539	18404
繁昌县	51	26	25	13748	4613	9135
南陵县	105	28	77	25833	9042	16791
芜湖经济技术开发区	41	6	35	14058	4957	9101
安徽芜湖长江大桥经济开发区	22	2	20	1845	729	1116
无为市	107	30	77	33927	12961	20966
蚌埠市	**366**	**120**	**246**	**75178**	**28913**	**46265**
龙子湖区	2		2	1301	868	433
蚌山区						
禹会区	5	2	3	1100	496	604
淮上区	13	5	8	3247	1322	1925
怀远县	92	29	63	28924	11783	17141
五河县	150	51	99	21406	7540	13866
固镇县	56	16	40	9659	3504	6155
蚌埠市高新技术开发区	12	7	5	2290	828	1462
蚌埠市经济开发区	36	10	26	7251	2572	4679
淮南市	**358**	**146**	**212**	**64714**	**25354**	**39360**
大通区	28	9	19	5891	2585	3306
田家庵区	2		2	1487	611	876
谢家集区				419	176	243
八公山区				2	1	1
潘集区	31	11	20	6254	2560	3694
凤台县	63	27	36	14409	5502	8907
寿县	234	99	135	36252	13919	22333

4-3b 续表 4

单位：人

地区	学前教育			小学		
	小计	男	女	小计	男	女
马鞍山市	**671**	**155**	**516**	**73589**	**24285**	**49304**
花山区						
雨山区						
博望区	4		4	1508	540	968
当涂县	278	87	191	28486	9414	19072
含山县	297	42	255	21491	6810	14681
和县	92	26	66	22104	7521	14583
淮北市	**137**	**53**	**84**	**33483**	**13458**	**20025**
杜集区	13	2	11	2898	1186	1712
相山区						
烈山区	10	2	8	2275	966	1309
濉溪县	114	49	65	28310	11306	17004
铜陵市	**252**	**67**	**185**	**38309**	**11984**	**26325**
铜官区				28	11	17
义安区	69	20	49	3473	1137	2336
郊区	13	7	6	3584	1231	2353
枞阳县	170	40	130	31224	9605	21619
安庆市	**567**	**119**	**448**	**132605**	**37039**	**95566**
迎江区						
大观区	4	1	3	2374	755	1619
宜秀区	7	2	5	4588	1661	2927
怀宁县	88	21	67	20501	5142	15359
太湖县	215	50	165	23686	6347	17339
宿松县	30	4	26	21869	4395	17474
望江县	38	2	36	9396	2761	6635
岳西县	35	9	26	13604	4179	9425
安徽安庆经济开发区	51	18	33	10295	3903	6392
桐城市	29	1	28	12635	3928	8707
潜山市	70	11	59	13657	3968	9689
黄山市	**119**	**28**	**91**	**31587**	**10891**	**20696**
屯溪区	2		2	427	187	240
黄山区	10	4	6	3178	1502	1676
徽州区	2	1	1	1113	436	677
歙县	39	8	31	10757	3578	7179
休宁县	32	8	24	8363	2740	5623
黟县	15	3	12	1672	610	1062
祁门县	19	4	15	6077	1838	4239
滁州市	**519**	**148**	**371**	**102219**	**32138**	**70081**
琅琊区						
南谯区	35	10	25	5453	1929	3524
来安县	38	15	23	14760	4803	9957
全椒县	96	28	68	19056	5516	13540
定远县	103	31	72	17149	5001	12148
凤阳县	69	28	41	16149	5734	10415
苏滁现代产业园	14	2	12	1989	990	999
滁州经济技术开发区	50	22	28	7609	2412	5197
天长市	107	11	96	14453	4077	10376
明光市	7	1	6	5601	1676	3925

4-3b 续表 5

单位：人

地　区	学前教育			小　学		
	小计	男	女	小计	男	女
阜阳市	**783**	**282**	**501**	**207655**	**80661**	**126994**
颍州区	24	5	19	6113	2519	3594
颍东区	27	6	21	6826	2871	3955
颍泉区	46	14	32	8455	3227	5228
临泉县	175	69	106	54724	22454	32270
太和县	168	49	119	45392	14731	30661
阜南县	93	40	53	32039	12952	19087
颍上县	169	75	94	37886	15765	22121
阜阳合肥现代产业园区	1		1	543	267	276
阜阳经济技术开发区	51	18	33	7583	3122	4461
界首市	29	6	23	8094	2753	5341
宿州市	**350**	**117**	**233**	**84589**	**28631**	**55958**
埇桥区	55	15	40	13494	5323	8171
砀山县	38	18	20	8638	3268	5370
萧县	48	17	31	10559	3860	6699
灵璧县	12	5	7	20876	6080	14796
泗县	183	53	130	24792	7715	17077
宿州马鞍山现代产业园区	10	6	4	2240	851	1389
宿州经济技术开发区	4	3	1	3990	1534	2456
六安市	**544**	**187**	**357**	**123543**	**43828**	**79715**
金安区	69	15	54	14923	4642	10281
裕安区	34	11	23	11403	4263	7140
叶集区	7	2	5	3188	1176	2012
霍邱县	210	80	130	34863	14171	20692
舒城县	118	45	73	25282	8008	17274
金寨县	34	11	23	14437	4959	9478
霍山县	72	23	49	19447	6609	12838
亳州市	**381**	**158**	**223**	**120661**	**46902**	**73759**
谯城区	36	12	24	12507	5084	7423
涡阳县	125	59	66	36397	14964	21433
蒙城县	58	18	40	39392	14332	25060
利辛县	162	69	93	32365	12522	19843
池州市	**203**	**36**	**167**	**49170**	**16834**	**32336**
贵池区	43	8	35	5433	1986	3447
东至县	104	17	87	27497	8815	18682
石台县	10	1	9	3257	1043	2214
青阳县	45	10	35	12523	4812	7711
池州市国家经济技术开发区						
皖江江南新兴产业集中区						
九华山风景区	1		1	460	178	282
宣城市	**404**	**150**	**254**	**82556**	**32674**	**49882**
宣州区	43	19	24	14706	5749	8957
郎溪县	185	60	125	24523	9476	15047
泾县	41	17	24	13535	5365	8170
绩溪县	27	11	16	4694	1765	2929
旌德县	48	18	30	5496	2189	3307
宣城市经济开发区	32	16	16	7424	2721	4703
宁国市	4	1	3	3524	1580	1944
广德市	24	8	16	8654	3829	4825

4-3b 续表 6 单位：人

地区	初中			高中			大学专科		
	小计	男	女	小计	男	女	小计	男	女
安徽	**5155084**	**2592833**	**2562251**	**2570325**	**1431444**	**1138881**	**1483367**	**792750**	**690617**
合肥市	**817047**	**427718**	**389329**	**479012**	**272817**	**206195**	**468675**	**249946**	**218729**
瑶海区	5972	3118	2854	3218	1837	1381	3162	1595	1567
庐阳区	7616	3392	4224	7420	3515	3905	11346	5333	6013
蜀山区	9646	5166	4480	2604	1561	1043	1291	693	598
包河区									
长丰县	129870	68311	61559	65207	36553	28654	62068	31700	30368
肥东县	165641	90605	75036	85861	49769	36092	52068	29344	22724
肥西县	132657	67955	64702	82930	46120	36810	89134	48217	40917
庐江县	134828	67712	67116	55816	31720	24096	27328	15051	12277
合肥高新技术产业开发区	38078	19826	18252	31262	17711	13551	48145	25362	22783
合肥经济技术开发区	87123	44839	42284	68055	39918	28137	88655	45125	43530
合肥新站高新技术产业开发区	77106	41975	35131	66393	38386	28007	81474	45318	36156
巢湖市	28510	14819	13691	10246	5727	4519	4004	2208	1796
芜湖市	**305418**	**161536**	**143882**	**136864**	**79875**	**56989**	**78725**	**44321**	**34404**
镜湖区	301	165	136	66	44	22	55	41	14
弋江区									
鸠江区	22631	12518	10113	6684	4002	2682	2759	1552	1207
三山区	3144	1433	1711	2457	1233	1224	3258	1660	1598
芜湖县	67500	36450	31050	30893	17461	13432	14507	8181	6326
繁昌县	43638	22037	21601	19789	11339	8450	11171	6182	4989
南陵县	67416	32463	34953	30179	16208	13971	14161	7452	6709
芜湖经济技术开发区	39498	22115	17383	26733	17365	9368	24602	14606	9996
安徽芜湖长江大桥经济开发区	4081	2285	1796	1027	639	388	588	324	264
无为市	57209	32070	25139	19036	11584	7452	7624	4323	3301
蚌埠市	**277571**	**133780**	**143791**	**134276**	**70089**	**64187**	**86761**	**44704**	**42057**
龙子湖区	4001	2436	1565	1020	671	349	406	248	158
蚌山区									
禹会区	3487	1803	1684	1155	692	463	269	153	116
淮上区	9873	5176	4697	2573	1496	1077	995	523	472
怀远县	103728	51153	52575	38032	20252	17780	18785	9693	9092
五河县	64927	31569	33358	27038	14883	12155	13379	7070	6309
固镇县	45813	20887	24926	22245	11408	10837	10551	5424	5127
蚌埠市高新技术开发区	11966	5477	6489	9935	5212	4723	9003	4905	4098
蚌埠市经济开发区	33776	15279	18497	32278	15475	16803	33373	16688	16685
淮南市	**224769**	**111740**	**113029**	**85413**	**48727**	**36686**	**44772**	**24891**	**19881**
大通区	25004	12697	12307	9492	5238	4254	5170	2766	2404
田家庵区	5201	2772	2429	616	364	252	227	125	102
谢家集区	1236	643	593	371	217	154	119	64	55
八公山区	10	5	5	13	7	6	3	2	1
潘集区	26206	13990	12216	5021	3293	1728	2869	1919	950
凤台县	69225	34076	35149	31344	18566	12778	18191	10471	7720
寿县	97887	47557	50330	38556	21042	17514	18193	9544	8649

4-3b 续表 7

单位：人

地区	初中			高中			大学专科		
	小计	男	女	小计	男	女	小计	男	女
马鞍山市	**195206**	**103277**	**91929**	**75413**	**43304**	**32109**	**40968**	**22281**	**18687**
花山区									
雨山区									
博望区	3356	2123	1233	693	454	239	303	167	136
当涂县	82846	44463	38383	32463	18837	13626	18492	10163	8329
含山县	53133	26816	26317	19369	11386	7983	9250	5162	4088
和县	55871	29875	25996	22888	12627	10261	12923	6789	6134
淮北市	**150060**	**73482**	**76578**	**51032**	**28636**	**22396**	**24492**	**13218**	**11274**
杜集区	14981	7443	7538	5044	2926	2118	2271	1260	1011
相山区									
烈山区	10744	5324	5420	3340	1974	1366	1530	906	624
濉溪县	124335	60715	63620	42648	23736	18912	20691	11052	9639
铜陵市	**68005**	**34789**	**33216**	**33473**	**19668**	**13805**	**16420**	**9283**	**7137**
铜官区	67	38	29	20	13	7	12	4	8
义安区	8048	4718	3330	2992	1918	1074	1053	644	409
郊区	6962	3726	3236	2748	1671	1077	1370	798	572
枞阳县	52928	26307	26621	27713	16066	11647	13985	7837	6148
安庆市	**311563**	**152910**	**158653**	**159955**	**93263**	**66692**	**88869**	**48772**	**40097**
迎江区									
大观区	5603	2988	2615	1957	1242	715	866	450	416
宜秀区	6562	3649	2913	2545	1584	961	1031	521	510
怀宁县	62799	29259	33540	36207	21027	15180	15230	8259	6971
太湖县	38670	19171	19499	20941	11782	9159	14567	7808	6759
宿松县	58674	26941	31733	34170	20666	13504	16293	9127	7166
望江县	17607	9276	8331	5634	3423	2211	2942	1675	1267
岳西县	31313	14665	16648	16700	9083	7617	9015	4758	4257
安徽安庆经济开发区	31702	16373	15329	23258	12979	10279	20201	11224	8977
桐城市	33694	17004	16690	10573	6481	4092	4798	2747	2051
潜山市	24939	13584	11355	7970	4996	2974	3926	2203	1723
黄山市	**119825**	**58856**	**60969**	**46987**	**25918**	**21069**	**27506**	**14588**	**12918**
屯溪区	2494	1377	1117	794	532	262	449	236	213
黄山区	8660	5069	3591	2453	1494	959	1503	861	642
徽州区	4068	2203	1865	720	452	268	430	219	211
歙县	48448	23453	24995	21444	11502	9942	10341	5337	5004
休宁县	22566	10778	11788	10080	5505	4575	6222	3249	2973
黟县	9334	4397	4937	4145	2303	1842	3184	1724	1460
祁门县	24255	11579	12676	7351	4130	3221	5377	2962	2415
滁州市	**413762**	**207702**	**206060**	**290433**	**163494**	**126939**	**130192**	**72078**	**58114**
琅琊区									
南谯区	15652	8405	7247	6224	3569	2655	4837	2574	2263
来安县	65164	33196	31968	48243	26808	21435	19170	10653	8517
全椒县	70765	34952	35813	44080	25623	18457	25381	14249	11132
定远县	79211	38216	40995	55360	31120	24240	24070	13259	10811
凤阳县	75156	36517	38639	60121	32281	27840	24269	13299	10970
苏滁现代产业园	8008	4840	3168	4862	3422	1440	2317	1551	766
滁州经济技术开发区	29643	14809	14834	20076	11935	8141	13355	7200	6155
天长市	49217	25919	23298	40454	22301	18153	13178	7264	5914
明光市	20946	10848	10098	11013	6435	4578	3615	2029	1586

4-3b 续表 8

单位：人

地　区	初　中			高　中			大学专科		
	小计	男	女	小计	男	女	小计	男	女
阜阳市	**737147**	**373770**	**363377**	**249858**	**136595**	**113263**	**116995**	**61407**	**55588**
颍州区	23294	12139	11155	4199	2380	1819	1607	817	790
颍东区	25586	13811	11775	5510	3502	2008	2425	1427	998
颍泉区	26668	14222	12446	6784	3959	2825	2151	1197	954
临泉县	141856	71484	70372	65663	34731	30932	27010	13993	13017
太和县	203968	103805	100163	65137	35374	29763	31298	16184	15114
阜南县	99361	49487	49874	36587	19398	17189	18066	9454	8612
颍上县	145534	72292	73242	44034	25038	18996	22632	12026	10606
阜阳合肥现代产业园区	2586	1418	1168	272	174	98	169	89	80
阜阳经济技术开发区	29184	14338	14846	15542	8229	7313	8962	4718	4244
界首市	39110	20774	18336	6130	3810	2320	2675	1502	1173
宿州市	**426749**	**205301**	**221448**	**304214**	**160575**	**143639**	**118102**	**59472**	**58630**
埇桥区	69905	35007	34898	20314	11362	8952	10794	5171	5623
砀山县	65449	30820	34629	97745	49466	48279	29075	14672	14403
萧县	109964	52982	56982	61537	32823	28714	25719	13082	12637
灵璧县	76919	35322	41597	63331	33577	29754	27419	13546	13873
泗县	76650	37603	39047	48308	26044	22264	20294	10575	9719
宿州马鞍山现代产业园区	9661	4852	4809	3446	2023	1423	814	416	398
宿州经济技术开发区	18201	8715	9486	9533	5280	4253	3987	2010	1977
六安市	**354475**	**166913**	**187562**	**197604**	**109341**	**88263**	**75811**	**41143**	**34668**
金安区	37819	16255	21564	27647	15366	12281	6079	3166	2913
裕安区	24852	12309	12543	9867	5825	4042	3027	1698	1329
叶集区	8769	4073	4696	2443	1468	975	868	508	360
霍邱县	91566	45911	45655	34629	19821	14808	16686	9001	7685
舒城县	87300	39462	47838	52946	28618	24328	20311	11007	9304
金寨县	57730	26539	31191	34641	18814	15827	14180	7734	6446
霍山县	46439	22364	24075	35431	19429	16002	14660	8029	6631
亳州市	**418724**	**212355**	**206369**	**189888**	**103332**	**86556**	**84995**	**44799**	**40196**
谯城区	46041	24790	21251	7460	4187	3273	2919	1613	1306
涡阳县	121286	61701	59585	62111	33402	28709	28574	14885	13689
蒙城县	128043	63945	64098	62263	34590	27673	30753	16150	14603
利辛县	123354	61919	61435	58054	31153	26901	22749	12151	10598
池州市	**108514**	**53747**	**54767**	**47400**	**26391**	**21009**	**27819**	**14810**	**13009**
贵池区	9684	5813	3871	3327	2208	1119	1582	973	609
东至县	55016	27505	27511	22953	12860	10093	14197	7594	6603
石台县	8103	3696	4407	4418	2350	2068	3145	1676	1469
青阳县	34469	16083	18386	16097	8599	7498	8525	4347	4178
池州市国家经济技术开发区									
皖江江南新兴产业集中区									
九华山风景区	1242	650	592	605	374	231	370	220	150
宣城市	**226249**	**114957**	**111292**	**88503**	**49419**	**39084**	**52265**	**27037**	**25228**
宣州区	30229	15979	14250	10225	6016	4209	5014	2598	2416
郎溪县	62100	32174	29926	21379	12174	9205	12157	6245	5912
泾县	39187	18649	20538	20417	10706	9711	11676	5890	5786
绩溪县	25888	11912	13976	9230	5092	4138	6409	3329	3080
旌德县	17427	8414	9013	7585	3935	3650	4957	2552	2405
宣城市经济开发区	20365	10444	9921	12176	6765	5411	9006	4753	4253
宁国市	7884	4490	3394	1840	1200	640	771	439	332
广德市	23169	12895	10274	5651	3531	2120	2275	1231	1044

4-3b 续表 9

单位：人

地区	大学本科			硕士研究生			博士研究生		
	小计	男	女	小计	男	女	小计	男	女
安徽	**1116656**	**617554**	**499102**	**82877**	**45631**	**37246**	**7524**	**4946**	**2578**
合肥市	**370455**	**205442**	**165013**	**42877**	**23853**	**19024**	**3444**	**2331**	**1113**
瑶海区	2174	1134	1040	213	109	104	11	6	5
庐阳区	12608	6627	5981	2328	1258	1070	231	153	78
蜀山区	932	576	356	46	23	23	10	9	1
包河区									
长丰县	20866	11724	9142	1117	632	485	76	51	25
肥东县	29353	16381	12972	1744	1021	723	133	89	44
肥西县	45169	25793	19376	4709	2662	2047	381	273	108
庐江县	21095	12205	8890	1371	785	586	113	75	38
合肥高新技术产业开发区	62184	33759	28425	8862	5295	3567	783	576	207
合肥经济技术开发区	119744	66832	52912	18509	9816	8693	1459	929	530
合肥新站高新技术产业开发区	45989	24437	21552	3791	2169	1622	227	157	70
巢湖市	10341	5974	4367	187	83	104	20	13	7
芜湖市	**66707**	**38351**	**28356**	**3477**	**1977**	**1500**	**255**	**177**	**78**
镜湖区	31	18	13	2	2				
弋江区									
鸠江区	2049	1262	787	132	73	59	11	8	3
三山区	2472	1375	1097	302	162	140	31	20	11
芜湖县	18518	10944	7574	664	362	302	36	26	10
繁昌县	7794	4130	3664	536	288	248	42	31	11
南陵县	10578	5466	5112	507	252	255	54	29	25
芜湖经济技术开发区	19714	11855	7859	991	626	365	40	30	10
安徽芜湖长江大桥经济开发区	263	140	123	15	8	7	1	1	
无为市	5288	3161	2127	328	204	124	40	32	8
蚌埠市	**108653**	**55995**	**52658**	**8723**	**4363**	**4360**	**864**	**577**	**287**
龙子湖区	197	143	54	11	6	5	1	1	
蚌山区									
禹会区	142	78	64	13	10	3			
淮上区	309	174	135	34	22	12	2		2
怀远县	12581	6714	5867	599	328	271	47	28	19
五河县	8202	4369	3833	307	162	145	50	30	20
固镇县	5393	2922	2471	191	101	90	22	13	9
蚌埠市高新技术开发区	5811	3077	2734	466	287	179	29	22	7
蚌埠市经济开发区	76018	38518	37500	7102	3447	3655	713	483	230
淮南市	**25301**	**14633**	**10668**	**1243**	**766**	**477**	**105**	**62**	**43**
大通区	2307	1261	1046	155	84	71	17	9	8
田家庵区	130	67	63	10	8	2	4	3	1
谢家集区	62	32	30	2	2				
八公山区									
潘集区	1358	926	432	88	58	30	7	6	1
凤台县	11072	6434	4638	488	303	185	38	19	19
寿县	10372	5913	4459	500	311	189	39	25	14

4-3b　续表 10　　　　单位：人

地　区	大学本科			硕士研究生			博士研究生		
	小计	男	女	小计	男	女	小计	男	女
马鞍山市	**39431**	**22210**	**17221**	**1442**	**816**	**626**	**126**	**86**	**40**
花山区									
雨山区									
博望区	193	115	78	12	6	6	1		1
当涂县	19652	11174	8478	624	351	273	54	37	17
含山县	7641	4428	3213	344	191	153	30	22	8
和县	11945	6493	5452	462	268	194	41	27	14
淮北市	**14433**	**7955**	**6478**	**677**	**351**	**326**	**91**	**53**	**38**
杜集区	1020	587	433	78	44	34	20	13	7
相山区									
烈山区	785	463	322	45	20	25	9	4	5
濉溪县	12628	6905	5723	554	287	267	62	36	26
铜陵市	**13320**	**7905**	**5415**	**915**	**518**	**397**	**80**	**58**	**22**
铜官区	9	4	5	1		1			
义安区	634	362	272	44	22	22	6	4	2
郊区	958	589	369	59	32	27	4	2	2
枞阳县	11719	6950	4769	811	464	347	70	52	18
安庆市	**59566**	**35071**	**24495**	**3798**	**2085**	**1713**	**453**	**291**	**162**
迎江区									
大观区	442	270	172	54	34	20	3	1	2
宜秀区	718	409	309	71	36	35	9	6	3
怀宁县	10954	6426	4528	711	409	302	90	56	34
太湖县	10248	6088	4160	506	266	240	71	43	28
宿松县	13016	7943	5073	672	383	289	70	52	18
望江县	1989	1140	849	143	84	59	12	7	5
岳西县	7288	4136	3152	334	172	162	37	23	14
安徽安庆经济开发区	8894	5122	3772	806	436	370	100	68	32
桐城市	2954	1776	1178	260	145	115	28	17	11
潜山市	3063	1761	1302	241	120	121	33	18	15
黄山市	**30106**	**15969**	**14137**	**1084**	**549**	**535**	**154**	**105**	**49**
屯溪区	12191	6143	6048	171	72	99	79	63	16
黄山区	896	547	349	81	50	31	5	3	2
徽州区	244	120	124	14	10	4			
歙县	7645	4155	3490	383	203	180	34	23	11
休宁县	3809	2064	1745	201	100	101	8	3	5
黟县	2157	1192	965	88	49	39	11	4	7
祁门县	3164	1748	1416	146	65	81	17	9	8
滁州市	**92186**	**51816**	**40370**	**4597**	**2586**	**2011**	**537**	**354**	**183**
琅琊区									
南谯区	3132	1657	1475	307	171	136	24	19	5
来安县	11174	6359	4815	582	338	244	49	31	18
全椒县	13792	7934	5858	634	348	286	50	29	21
定远县	14316	8297	6019	647	362	285	71	44	27
凤阳县	19555	10950	8605	888	516	372	158	111	47
苏滁现代产业园	999	677	322	67	45	22	1	1	
滁州经济技术开发区	21874	11797	10077	1050	557	493	135	87	48
天长市	5838	3306	2532	308	186	122	36	25	11
明光市	1506	839	667	114	63	51	13	7	6

4-3b 续表 11

单位：人

地区	大学本科			硕士研究生			博士研究生		
	小计	男	女	小计	男	女	小计	男	女
阜阳市	**69629**	**37366**	**32263**	**3562**	**2000**	**1562**	**316**	**189**	**127**
颍州区	1001	524	477	50	19	31	8	7	1
颍东区	1314	801	513	82	55	27	5	4	1
颍泉区	964	574	390	86	57	29	7	4	3
临泉县	16877	8915	7962	796	424	372	57	35	22
太和县	17959	9548	8411	975	517	458	97	54	43
阜南县	10966	5839	5127	446	259	187	42	22	20
颍上县	14186	7682	6504	693	408	285	58	37	21
阜阳合肥现代产业园区	115	69	46	8	1	7	1	1	
阜阳经济技术开发区	5210	2816	2394	346	212	134	33	20	13
界首市	1037	598	439	80	48	32	8	5	3
宿州市	**62307**	**32645**	**29662**	**2701**	**1456**	**1245**	**290**	**169**	**121**
埇桥区	4250	2330	1920	196	106	90	28	13	15
砀山县	12474	6488	5986	574	310	264	72	40	32
萧县	14185	7471	6714	705	388	317	73	43	30
灵璧县	15756	8148	7608	598	322	276	69	45	24
泗县	13058	6850	6208	494	259	235	35	22	13
宿州马鞍山现代产业园区	424	221	203	31	17	14	1		1
宿州经济技术开发区	2160	1137	1023	103	54	49	12	6	6
六安市	**53185**	**30476**	**22709**	**2651**	**1520**	**1131**	**286**	**176**	**110**
金安区	4541	2619	1922	212	117	95	20	12	8
裕安区	2056	1226	830	148	87	61	41	11	30
叶集区	635	381	254	29	19	10	6	3	3
霍邱县	12541	7119	5422	575	340	235	67	42	25
舒城县	13283	7651	5632	772	440	332	96	69	27
金寨县	9758	5625	4133	472	270	202	30	18	12
霍山县	10371	5855	4516	443	247	196	26	21	5
亳州市	**48396**	**26319**	**22077**	**1812**	**1042**	**770**	**218**	**132**	**86**
谯城区	1379	762	617	80	48	32	9	4	5
涡阳县	14913	8110	6803	589	321	268	83	48	35
蒙城县	18687	9946	8741	702	390	312	83	47	36
利辛县	13417	7501	5916	441	283	158	43	33	10
池州市	**20209**	**11150**	**9059**	**1114**	**588**	**526**	**105**	**54**	**51**
贵池区	843	513	330	56	32	24	6	5	1
东至县	9847	5499	4348	543	289	254	53	30	23
石台县	2583	1438	1145	137	72	65	9	5	4
青阳县	6768	3603	3165	364	187	177	35	14	21
池州市国家经济技术开发区									
皖江江南新兴产业集中区									
九华山风景区	168	97	71	14	8	6	2		2
宣城市	**42772**	**24251**	**18521**	**2204**	**1161**	**1043**	**200**	**132**	**68**
宣州区	2839	1512	1327	198	93	105	14	11	3
郎溪县	8727	4646	4081	449	254	195	29	19	10
泾县	7580	3933	3647	418	207	211	41	23	18
绩溪县	4722	2478	2244	279	138	141	16	11	5
旌德县	3113	1627	1486	151	76	75	13	7	6
宣城市经济开发区	13971	9102	4869	567	320	247	75	53	22
宁国市	509	262	247	40	17	23	4	1	3
广德市	1311	691	620	102	56	46	8	7	1

4-3c　各地区分性别、受教育程度的16-59岁人口(乡村)

单位：人

地　区	16-59岁人口			未上过学		
	合计	男	女	小计	男	女
安　徽	**13902068**	**7245911**	**6656157**	**381860**	**84958**	**296902**
合肥市	**925682**	**499304**	**426378**	**29690**	**7171**	**22519**
瑶海区	16155	8265	7890	407	43	364
庐阳区	2820	1532	1288	105	23	82
蜀山区	8237	5299	2938	282	108	174
包河区	4150	2423	1727	154	33	121
长丰县	175916	94352	81564	9135	2342	6793
肥东县	144102	81206	62896	5366	1252	4114
肥西县	214527	115950	98577	5343	1395	3948
庐江县	233079	122893	110186	4929	1099	3830
合肥高新技术产业开发区	138	85	53	1	1	
合肥经济技术开发区	4072	2169	1903	107	50	57
合肥新站高新技术产业开发区	3402	2175	1227	134	52	82
巢湖市	119084	62955	56129	3727	773	2954
芜湖市	**572115**	**304719**	**267396**	**18417**	**3974**	**14443**
镜湖区	11880	6191	5689	866	165	701
弋江区						
鸠江区	76941	40025	36916	4197	764	3433
三山区	24518	12817	11701	1291	230	1061
芜湖县	59394	32269	27125	1182	286	896
繁昌县	58117	31457	26660	750	166	584
南陵县	110500	59451	51049	2016	582	1434
芜湖经济技术开发区	1868	949	919	85	14	71
安徽芜湖长江大桥经济开发区	4841	2486	2355	188	30	158
无为市	224056	119074	104982	7842	1737	6105
蚌埠市	**792929**	**407101**	**385828**	**30644**	**7461**	**23183**
龙子湖区	22441	11619	10822	302	99	203
蚌山区	9765	5136	4629	175	50	125
禹会区	60846	31411	29435	1965	582	1383
淮上区	54502	27919	26583	2409	524	1885
怀远县	304772	156724	148048	12025	2988	9037
五河县	155865	80657	75208	8807	2035	6772
固镇县	184738	93635	91103	4961	1183	3778
蚌埠市高新技术开发区						
蚌埠市经济开发区						
淮南市	**614395**	**317860**	**296535**	**15125**	**4391**	**10734**
大通区	25012	12949	12063	1429	412	1017
田家庵区	15752	8095	7657	512	152	360
谢家集区	25475	12978	12497	1183	325	858
八公山区	3426	1688	1738	45	12	33
潘集区	100666	53113	47553	2639	807	1832
凤台县	208532	107166	101366	5468	1395	4073
寿县	235532	121871	113661	3849	1288	2561

4-3c 续表 1

单位：人

地　　区	16-59岁人口			未上过学		
	合计	男	女	小计	男	女
马鞍山市	**345956**	**185414**	**160542**	**11518**	**2300**	**9218**
花山区	5644	3028	2616	199	55	144
雨山区	7961	4245	3716	309	56	253
博望区	40670	21801	18869	1082	250	832
当涂县	98878	52228	46650	2784	531	2253
含山县	81240	43973	37267	2539	538	2001
和县	111563	60139	51424	4605	870	3735
淮北市	**409626**	**207207**	**202419**	**12916**	**2938**	**9978**
杜集区	29223	14791	14432	1066	259	807
相山区	27911	14104	13807	959	255	704
烈山区	64867	32128	32739	1572	412	1160
濉溪县	287625	146184	141441	9319	2012	7307
铜陵市	**243597**	**125657**	**117940**	**15589**	**2656**	**12933**
铜官区	7380	3777	3603	240	49	191
义安区	62348	32836	29512	1967	394	1573
郊区	51786	26274	25512	4102	729	3373
枞阳县	122083	62770	59313	9280	1484	7796
安庆市	**1042539**	**545171**	**497368**	**18779**	**3232**	**15547**
迎江区	4841	2618	2223	148	38	110
大观区	20714	11137	9577	394	87	307
宜秀区	14915	7836	7079	332	74	258
怀宁县	143973	75892	68081	772	162	610
太湖县	142109	73866	68243	2027	376	1651
宿松县	201639	108002	93637	1070	300	770
望江县	164447	83548	80899	7771	796	6975
岳西县	120153	62993	57160	2525	519	2006
安徽安庆经济开发区	2053	1057	996	24	6	18
桐城市	111687	57699	53988	1761	465	1296
潜山市	116008	60523	55485	1955	409	1546
黄山市	**304167**	**166442**	**137725**	**6298**	**1731**	**4567**
屯溪区	13030	6691	6339	119	33	86
黄山区	34764	19136	15628	880	314	566
徽州区	17619	9320	8299	350	95	255
歙县	105571	58177	47394	1728	461	1267
休宁县	67162	36232	30930	1441	342	1099
黟县	25092	13729	11363	649	191	458
祁门县	40929	23157	17772	1131	295	836
滁州市	**874240**	**465853**	**408387**	**8337**	**2345**	**5992**
琅琊区	6475	3603	2872	128	38	90
南谯区	66264	34116	32148	1691	444	1247
来安县	102294	55038	47256	951	241	710
全椒县	77145	41868	35277	454	137	317
定远县	206269	110254	96015	1915	498	1417
凤阳县	181186	95815	85371	1671	551	1120
苏滁现代产业园						
滁州经济技术开发区	16073	9976	6097	38	19	19
天长市	96385	51208	45177	520	162	358
明光市	122149	63975	58174	969	255	714

4-3c 续表 2

单位：人

地 区	16-59岁人口			未上过学		
	合计	男	女	小计	男	女
阜阳市	**2575852**	**1318563**	**1257289**	**91370**	**18907**	**72463**
颍州区	163695	82764	80931	7182	1317	5865
颍东区	150517	76873	73644	5405	1046	4359
颍泉区	160172	80556	79616	4577	873	3704
临泉县	638341	326408	311933	21770	4132	17638
太和县	413414	212738	200676	9685	1797	7888
阜南县	465884	240889	224995	26531	5541	20990
颍上县	364780	186292	178488	10035	2944	7091
阜阳合肥现代产业园区	19329	9821	9508	582	140	442
阜阳经济技术开发区	12826	6487	6339	252	61	191
界首市	186894	95735	91159	5351	1056	4295
宿州市	**1618451**	**828177**	**790274**	**5199**	**1491**	**3708**
埇桥区	464852	240292	224560	1837	545	1292
砀山县	207071	106181	100890	336	153	183
萧县	357632	182347	175285	963	282	681
灵璧县	328953	166727	162226	996	222	774
泗县	249332	127257	122075	798	222	576
宿州马鞍山现代产业园区	10611	5373	5238	269	67	202
宿州经济技术开发区						
六安市	**1227463**	**640312**	**587151**	**19433**	**5374**	**14059**
金安区	182231	95443	86788	2962	818	2144
裕安区	258832	133370	125462	6063	1477	4586
叶集区	62085	31796	30289	862	215	647
霍邱县	309553	158465	151088	7149	2086	5063
舒城县	208453	110530	97923	1198	382	816
金寨县	155681	83453	72228	664	230	434
霍山县	50628	27255	23373	535	166	369
亳州市	**1510103**	**778117**	**731986**	**70119**	**14169**	**55950**
谯城区	441759	228345	213414	18965	3745	15220
涡阳县	373078	191938	181140	18455	4060	14395
蒙城县	317078	162329	154749	12758	2337	10421
利辛县	378188	195505	182683	19941	4027	15914
池州市	**300707**	**160142**	**140565**	**12849**	**2535**	**10314**
贵池区	107605	57302	50303	7238	1170	6068
东至县	99813	52859	46954	2584	539	2045
石台县	25796	13792	12004	1116	299	817
青阳县	60182	32507	27675	1784	483	1301
池州市国家经济技术开发区						
皖江江南新兴产业集中区						
九华山风景区	7311	3682	3629	127	44	83
宣城市	**544246**	**295872**	**248374**	**15577**	**4283**	**11294**
宣州区	178555	95150	83405	7278	1524	5754
郎溪县	67207	36240	30967	1935	501	1434
泾县	69885	39623	30262	1091	413	678
绩溪县	26621	14823	11798	474	219	255
旌德县	24647	14051	10596	490	200	290
宣城市经济开发区	13362	7342	6020	454	207	247
宁国市	58052	32404	25648	1832	670	1162
广德市	105917	56239	49678	2023	549	1474

4-3c 续表 3

单位：人

地区	学前教育			小学		
	小计	男	女	小计	男	女
安徽	**14789**	**4252**	**10537**	**3113839**	**1186091**	**1927748**
合肥市	**1604**	**414**	**1190**	**206978**	**79056**	**127922**
瑶海区	2	2		1881	630	1251
庐阳区				409	154	255
蜀山区	13	5	8	1565	698	867
包河区	5	3	2	914	413	501
长丰县	139	61	78	39786	16883	22903
肥东县	511	119	392	30239	11095	19144
肥西县	150	40	110	37736	15705	22031
庐江县	508	126	382	61363	21708	39655
合肥高新技术产业开发区				35	16	19
合肥经济技术开发区				881	336	545
合肥新站高新技术产业开发区	12	2	10	680	399	281
巢湖市	264	56	208	31489	11019	20470
芜湖市	**832**	**228**	**604**	**162985**	**64641**	**98344**
镜湖区	3	1	2	3272	1303	1969
弋江区						
鸠江区	91	38	53	21720	8496	13224
三山区	64	10	54	6701	2679	4022
芜湖县	195	48	147	17256	6482	10774
繁昌县	108	28	80	14992	5474	9518
南陵县	162	54	108	31194	13397	17797
芜湖经济技术开发区	1	1		435	170	265
安徽芜湖长江大桥经济开发区	7	1	6	1257	435	822
无为市	201	47	154	66158	26205	39953
蚌埠市	**1180**	**392**	**788**	**183001**	**72825**	**110176**
龙子湖区	78	29	49	4107	1601	2506
蚌山区	7	1	6	2085	792	1293
禹会区	71	30	41	12496	5491	7005
淮上区	61	16	45	14077	5937	8140
怀远县	355	139	216	73689	30018	43671
五河县	418	118	300	38373	15015	23358
固镇县	190	59	131	38174	13971	24203
蚌埠市高新技术开发区						
蚌埠市经济开发区						
淮南市	**793**	**256**	**537**	**135674**	**54330**	**81344**
大通区	9	2	7	5858	2474	3384
田家庵区	9	3	6	4267	1802	2465
谢家集区	26	3	23	6402	2694	3708
八公山区	1		1	743	306	437
潘集区	72	29	43	19250	7902	11348
凤台县	118	46	72	37178	14190	22988
寿县	558	173	385	61976	24962	37014

4-3c　续表 4　　　　单位：人

地　区	学前教育			小　学		
	小计	男	女	小计	男	女
马鞍山市	**870**	**179**	**691**	**91451**	**32723**	**58728**
花山区	3	1	2	1299	575	724
雨山区	21	3	18	1726	630	1096
博望区	141	22	119	10886	4049	6837
当涂县	196	39	157	23256	7656	15600
含山县	288	70	218	23363	8544	14819
和县	221	44	177	30921	11269	19652
淮北市	**298**	**111**	**187**	**82211**	**32296**	**49915**
杜集区	13	6	7	4858	1834	3024
相山区	14	4	10	5484	2204	3280
烈山区	73	31	42	13074	5372	7702
濉溪县	198	70	128	58795	22886	35909
铜陵市	**798**	**198**	**600**	**68533**	**25231**	**43302**
铜官区	8	1	7	1293	504	789
义安区	254	63	191	15598	5470	10128
郊区	132	32	100	15228	5886	9342
枞阳县	404	102	302	36414	13371	23043
安庆市	**1244**	**198**	**1046**	**273081**	**87416**	**185665**
迎江区	6		6	1443	542	901
大观区	43	5	38	4970	1666	3304
宜秀区	9	3	6	4521	1567	2954
怀宁县	110	21	89	24551	6678	17873
太湖县	469	53	416	47447	15779	31668
宿松县	38	13	25	30454	6550	23904
望江县	185	25	160	58141	20017	38124
岳西县	98	21	77	38211	13861	24350
安徽安庆经济开发区				553	185	368
桐城市	122	31	91	26237	8470	17767
潜山市	164	26	138	36553	12101	24452
黄山市	**499**	**147**	**352**	**75312**	**30383**	**44929**
屯溪区	11	6	5	2462	1024	1438
黄山区	60	25	35	9320	4236	5084
徽州区	39	12	27	3849	1531	2318
歙县	208	52	156	22813	8558	14255
休宁县	88	27	61	19021	7809	11212
黟县	60	17	43	5929	2544	3385
祁门县	33	8	25	11918	4681	7237
滁州市	**613**	**169**	**444**	**123063**	**40379**	**82684**
琅琊区	14	2	12	1742	777	965
南谯区	66	20	46	12334	4863	7471
来安县	34	7	27	14776	4667	10109
全椒县	160	35	125	16114	4871	11243
定远县	145	37	108	27677	7982	19695
凤阳县	72	32	40	20659	7655	13004
苏滁现代产业园						
滁州经济技术开发区	10	3	7	966	498	468
天长市	63	18	45	12834	4039	8795
明光市	49	15	34	15961	5027	10934

4-3c 续表 5

单位：人

地 区	学前教育			小 学		
	小计	男	女	小计	男	女
阜阳市	**2188**	**706**	**1482**	**580681**	**225565**	**355116**
颍州区	118	34	84	34986	13774	21212
颍东区	79	24	55	30165	11011	19154
颍泉区	63	15	48	35202	12270	22932
临泉县	718	238	480	168769	69402	99367
太和县	404	102	302	87358	28809	58549
阜南县	390	128	262	107195	45028	62167
颍上县	314	130	184	74288	30590	43698
阜阳合肥现代产业园区	9	2	7	2993	1213	1780
阜阳经济技术开发区	6	3	3	2030	851	1179
界首市	87	30	57	37695	12617	25078
宿州市	**640**	**201**	**439**	**213461**	**71519**	**141942**
埇桥区	281	93	188	76810	27239	49571
砀山县	32	14	18	15010	5484	9526
萧县	96	33	63	27254	9039	18215
灵璧县	28	3	25	54106	17014	37092
泗县	198	55	143	37993	11849	26144
宿州马鞍山现代产业园区	5	3	2	2288	894	1394
宿州经济技术开发区						
六安市	**1090**	**368**	**722**	**303498**	**118232**	**185266**
金安区	129	54	75	44767	17209	27558
裕安区	284	85	199	70219	26768	43451
叶集区	57	22	35	14889	5843	9046
霍邱县	383	138	245	91113	38341	52772
舒城县	97	25	72	40174	14347	25827
金寨县	60	22	38	27928	10481	17447
霍山县	80	22	58	14408	5243	9165
亳州市	**774**	**265**	**509**	**366882**	**148100**	**218782**
谯城区	160	56	104	96227	39579	56648
涡阳县	275	105	170	98744	40466	58278
蒙城县	61	15	46	83069	31896	51173
利辛县	278	89	189	88842	36159	52683
池州市	**464**	**123**	**341**	**91083**	**35529**	**55554**
贵池区	219	50	169	32091	12157	19934
东至县	148	42	106	30904	11436	19468
石台县	26	4	22	8470	3285	5185
青阳县	60	21	39	17985	7959	10026
池州市国家经济技术开发区						
皖江江南新兴产业集中区						
九华山风景区	11	6	5	1633	692	941
宣城市	**902**	**297**	**605**	**155945**	**67866**	**88079**
宣州区	350	96	254	55774	22756	33018
郎溪县	125	41	84	20706	9019	11687
泾县	105	42	63	21671	10695	10976
绩溪县	37	15	22	5571	2342	3229
旌德县	103	45	58	6768	3298	3470
宣城市经济开发区	33	22	11	2975	1284	1691
宁国市	61	14	47	16168	7359	8809
广德市	88	22	66	26312	11113	15199

4-3c 续表 6 单位：人

地　区	初中			高中			大学专科		
	小计	男	女	小计	男	女	小计	男	女
安　徽	**7374461**	**4178860**	**3195601**	**1839909**	**1120193**	**719716**	**742845**	**416679**	**326166**
合肥市	**432037**	**258021**	**174016**	**130276**	**83501**	**46775**	**69857**	**40354**	**29503**
瑶海区	5594	3015	2579	2737	1594	1143	3544	1846	1698
庐阳区	1297	756	541	526	322	204	337	183	154
蜀山区	3266	2020	1246	1741	1391	350	1006	819	187
包河区	2145	1363	782	489	337	152	250	162	88
长丰县	85449	50278	35171	24737	14981	9756	9797	5589	4208
肥东县	68185	43558	24627	22025	14410	7615	9837	5788	4049
肥西县	92143	53382	38761	32157	20760	11397	23963	13710	10253
庐江县	112973	66856	46117	30675	19726	10949	13257	7649	5608
合肥高新技术产业开发区	47	27	20	19	10	9	19	17	2
合肥经济技术开发区	2179	1228	951	501	310	191	200	105	95
合肥新站高新技术产业开发区	1348	942	406	457	307	150	388	230	158
巢湖市	57411	34596	22815	14212	9353	4859	7259	4256	3003
芜湖市	**275812**	**166045**	**109767**	**65122**	**41544**	**23578**	**27791**	**15896**	**11895**
镜湖区	5530	3391	2139	1031	663	368	744	412	332
弋江区									
鸠江区	36708	21979	14729	8042	5153	2889	3572	2019	1553
三山区	11934	7193	4741	2112	1321	791	1451	820	631
芜湖县	29990	18753	11237	5268	3443	1825	3047	1756	1291
繁昌县	29130	17559	11571	7848	5125	2723	3064	1783	1281
南陵县	55683	32695	22988	12023	7473	4550	5324	3011	2313
芜湖经济技术开发区	893	509	384	195	111	84	158	81	77
安徽芜湖长江大桥经济开发区	2423	1445	978	497	315	182	299	161	138
无为市	103521	62521	41000	28106	17940	10166	10132	5853	4279
蚌埠市	**454184**	**253894**	**200290**	**76083**	**45602**	**30481**	**32654**	**17988**	**14666**
龙子湖区	13083	7046	6037	3525	2092	1433	1029	577	452
蚌山区	5447	3051	2396	1444	904	540	433	246	187
禹会区	35707	19310	16397	7316	4211	3105	2198	1176	1022
淮上区	31568	17791	13777	3900	2269	1631	1682	907	775
怀远县	175770	98512	77258	25222	15003	10219	11901	6502	5399
五河县	83045	48486	34559	14045	8701	5344	7800	4354	3446
固镇县	109564	59698	49866	20631	12422	8209	7611	4226	3385
蚌埠市高新技术开发区									
蚌埠市经济开发区									
淮南市	**364020**	**198179**	**165841**	**59982**	**37446**	**22536**	**25122**	**14792**	**10330**
大通区	14412	8158	6254	1910	1113	797	968	531	437
田家庵区	8474	4676	3798	1579	946	633	638	366	272
谢家集区	13680	7476	6204	2688	1606	1082	991	575	416
八公山区	1857	931	926	452	250	202	197	117	80
潘集区	65210	35813	29397	8224	5367	2857	3521	2102	1419
凤台县	132824	70781	62043	19613	12496	7117	8664	5270	3394
寿县	127563	70344	57219	25516	15668	9848	10143	5831	4312

4－3c 续表 7 单位：人

地　　区	初　　中			高　　中			大学专科		
	小计	男	女	小计	男	女	小计	男	女
马鞍山市	**181115**	**111553**	**69562**	**35631**	**23446**	**12185**	**14637**	**8640**	**5997**
花山区	2636	1495	1141	865	564	301	407	227	180
雨山区	4158	2524	1634	933	601	332	584	310	274
博望区	21331	13043	8288	4471	2887	1584	1631	889	742
当涂县	54935	32606	22329	10548	6969	3579	4240	2583	1657
含山县	40841	25648	15193	8240	5453	2787	3128	1908	1220
和县	57214	36237	20977	10574	6972	3602	4647	2723	1924
淮北市	**245869**	**132883**	**112986**	**35794**	**21866**	**13928**	**22844**	**11418**	**11426**
杜集区	16784	8830	7954	3919	2411	1508	1728	968	760
相山区	16068	8602	7466	3159	1850	1309	1406	733	673
烈山区	35927	19305	16622	5413	3360	2053	7677	2967	4710
濉溪县	177090	96146	80944	23303	14245	9058	12033	6750	5283
铜陵市	**103433**	**63499**	**39934**	**27606**	**18079**	**9527**	**16130**	**9181**	**6949**
铜官区	2685	1493	1192	1323	645	678	1528	931	597
义安区	32890	19863	13027	6871	4444	2427	2869	1595	1274
郊区	20394	12293	8101	5967	3921	2046	3366	1886	1480
枞阳县	47464	29850	17614	13445	9069	4376	8367	4769	3598
安庆市	**463382**	**271923**	**191459**	**148550**	**99508**	**49042**	**80845**	**48376**	**32469**
迎江区	1900	1190	710	622	421	201	413	236	177
大观区	10421	6355	4066	2589	1705	884	1506	848	658
宜秀区	6490	3966	2524	1805	1230	575	1090	624	466
怀宁县	62121	33356	28765	35791	23212	12579	12203	7374	4829
太湖县	56553	35111	21442	15418	10345	5073	12706	7671	5035
宿松县	100305	54277	46028	38021	26401	11620	18198	11539	6659
望江县	64105	41291	22814	15201	10293	4908	11373	6654	4719
岳西县	52854	32250	20604	14209	9266	4943	7361	4273	3088
安徽安庆经济开发区	917	548	369	301	186	115	158	80	78
桐城市	54960	31074	23886	14502	9474	5028	8210	4653	3557
潜山市	52756	32505	20251	10091	6975	3116	7627	4424	3203
黄山市	**167952**	**101559**	**66393**	**30294**	**19586**	**10708**	**15182**	**8227**	**6955**
屯溪区	7858	4202	3656	1508	887	621	753	372	381
黄山区	17250	10273	6977	4041	2525	1516	2054	1115	939
徽州区	10488	6016	4472	1557	965	592	857	445	412
歙县	62413	37957	24456	10245	6589	3656	4991	2730	2261
休宁县	34846	21073	13773	6826	4388	2438	3144	1640	1504
黟县	13729	8128	5601	2541	1661	880	1484	816	668
祁门县	21368	13910	7458	3576	2571	1005	1899	1109	790
滁州市	**399169**	**222170**	**176999**	**235094**	**139225**	**95869**	**75531**	**42253**	**33278**
琅琊区	3392	2055	1337	710	442	268	329	195	134
南谯区	28942	17628	11314	11385	6431	4954	9249	3281	5968
来安县	43790	24504	19286	30994	18661	12333	8064	4762	3302
全椒县	38195	22687	15508	12760	8355	4405	6495	3939	2556
定远县	97019	54089	42930	55391	33045	22346	16197	9639	6558
凤阳县	82492	43438	39054	58073	33463	24610	13767	8084	5683
苏滁现代产业园									
滁州经济技术开发区	6254	3624	2630	5584	3583	2001	2249	1552	697
天长市	38422	21045	17377	29456	17250	12206	9751	5616	4135
明光市	60663	33100	27563	30741	17995	12746	9430	5185	4245

4-3c　续表 8　　单位：人

地　区	初　中			高　中			大学专科		
	小计	男	女	小计	男	女	小计	男	女
阜阳市	**1527924**	**858547**	**669377**	**230212**	**134568**	**95644**	**92772**	**50651**	**42121**
颍州区	97726	54300	43426	14186	8194	5992	5972	3159	2813
颍东区	92129	51693	40436	12587	7379	5208	6253	3384	2869
颍泉区	95876	53236	42640	15077	8813	6264	5886	3215	2671
临泉县	352357	198947	153410	60353	35060	25293	22197	11823	10374
太和县	261889	149894	111995	33323	19970	13353	13618	7806	5812
阜南县	260359	149099	111260	45820	26774	19046	16295	8851	7444
颍上县	229436	123884	105552	31007	17683	13324	13106	7157	5949
阜阳合肥现代产业园区	12171	6542	5629	1846	1029	817	998	516	482
阜阳经济技术开发区	7731	4060	3671	1531	817	714	811	433	378
界首市	118250	66892	51358	14482	8849	5633	7636	4307	3329
宿州市	**897367**	**473090**	**424277**	**355477**	**201733**	**153744**	**103660**	**56012**	**47648**
埇桥区	309563	168495	141068	49233	29981	19252	18932	9271	9661
砀山县	83245	40447	42798	84197	46302	37895	17489	9929	7560
萧县	238937	121542	117395	57783	33356	24427	21642	11896	9746
灵璧县	148848	79588	69260	90252	50707	39545	25762	14135	11627
泗县	110299	59515	50784	73027	40815	32212	19402	10539	8863
宿州马鞍山现代产业园区	6475	3503	2972	985	572	413	433	242	191
宿州经济技术开发区									
六安市	**605016**	**333716**	**271300**	**182590**	**113909**	**68681**	**68302**	**39365**	**28937**
金安区	86544	48009	38535	23929	15034	8895	14219	8250	5969
裕安区	123138	68429	54709	37861	23464	14397	11968	7093	4875
叶集区	35521	19147	16374	6881	4276	2605	2085	1212	873
霍邱县	160144	88035	72109	31663	19091	12572	11307	6159	5148
舒城县	95926	52461	43465	46080	28702	17378	14845	8428	6417
金寨县	81988	44636	37352	28433	18060	10373	10454	6268	4186
霍山县	21755	12999	8756	7743	5282	2461	3424	1955	1469
亳州市	**855911**	**488888**	**367023**	**135219**	**80467**	**54752**	**51765**	**28761**	**23004**
谯城区	263436	149036	114400	40180	23539	16641	14928	7894	7034
涡阳县	204706	117222	87484	31888	19044	12844	12090	6835	5255
蒙城县	175597	100791	74806	27836	16960	10876	10951	6274	4677
利辛县	212172	121839	90333	35315	20924	14391	13796	7758	6038
池州市	**130192**	**81336**	**48856**	**34326**	**22813**	**11513**	**20113**	**11149**	**8964**
贵池区	45196	29476	15720	12227	8358	3869	6618	3740	2878
东至县	42674	26411	16263	11369	7572	3797	8178	4585	3593
石台县	11055	7060	3995	2349	1623	726	1877	1022	855
青阳县	28057	16716	11341	7398	4705	2693	2659	1406	1253
池州市国家经济技术开发区									
皖江江南新兴产业集中区									
九华山风景区	3210	1673	1537	983	555	428	781	396	385
宣城市	**271078**	**163557**	**107521**	**57653**	**36900**	**20753**	**25640**	**13616**	**12024**
宣州区	83274	51597	31677	17554	11394	6160	8394	4531	3863
郎溪县	33565	20336	13229	5869	3730	2139	2720	1360	1360
泾县	33452	20358	13094	8193	5224	2969	3454	1878	1576
绩溪县	15820	9305	6515	2545	1692	853	1397	769	628
旌德县	13103	8034	5069	2450	1566	884	1173	621	552
宣城市经济开发区	4804	2904	1900	3536	2067	1469	903	502	401
宁国市	28851	17657	11194	6103	4046	2057	2988	1589	1399
广德市	58209	33366	24843	11403	7181	4222	4611	2366	2245

4-3c 续表 9 单位：人

地　区	大学本科			硕士研究生			博士研究生		
	小计	男	女	小计	男	女	小计	男	女
安　徽	**396935**	**232018**	**164917**	**33480**	**20084**	**13396**	**3950**	**2776**	**1174**
合肥市	**51354**	**28398**	**22956**	**3538**	**2141**	**1397**	**348**	**248**	**100**
瑶海区	1855	1058	797	130	74	56	5	3	2
庐阳区	137	90	47	9	4	5			
蜀山区	315	226	89	43	27	16	6	5	1
包河区	171	103	68	20	8	12	2	1	1
长丰县	6313	3885	2428	513	303	210	47	30	17
肥东县	7185	4496	2689	675	435	240	79	53	26
肥西县	22192	10428	11764	763	468	295	80	62	18
庐江县	8490	5194	3296	806	478	328	78	57	21
合肥高新技术产业开发区	17	14	3						
合肥经济技术开发区	174	118	56	27	20	7	3	2	1
合肥新站高新技术产业开发区	311	198	113	67	41	26	5	4	1
巢湖市	4194	2588	1606	485	283	202	43	31	12
芜湖市	**19316**	**11263**	**8053**	**1681**	**1010**	**671**	**159**	**118**	**41**
镜湖区	389	227	162	42	26	16	3	3	
弋江区									
鸠江区	2398	1450	948	197	116	81	16	10	6
三山区	839	479	360	110	72	38	16	13	3
芜湖县	2238	1365	873	205	128	77	13	8	5
繁昌县	2064	1229	835	147	85	62	14	8	6
南陵县	3791	2055	1736	285	166	119	22	18	4
芜湖经济技术开发区	89	57	32	11	5	6	1	1	
安徽芜湖长江大桥经济开发区	148	89	59	20	9	11	2	1	1
无为市	7360	4312	3048	664	403	261	72	56	16
蚌埠市	**13828**	**8083**	**5745**	**1211**	**746**	**465**	**144**	**110**	**34**
龙子湖区	285	156	129	30	17	13	2	2	
蚌山区	162	85	77	11	6	5	1	1	
禹会区	1012	562	450	74	44	30	7	5	2
淮上区	706	415	291	93	55	38	6	5	1
怀远县	5322	3258	2064	422	247	175	66	57	9
五河县	3033	1719	1314	303	205	98	41	24	17
固镇县	3308	1888	1420	278	172	106	21	16	5
蚌埠市高新技术开发区									
蚌埠市经济开发区									
淮南市	**12550**	**7717**	**4833**	**984**	**637**	**347**	**145**	**112**	**33**
大通区	387	230	157	35	26	9	4	3	1
田家庵区	254	137	117	19	13	6			
谢家集区	469	279	190	36	20	16			
八公山区	127	69	58	4	3	1			
潘集区	1602	991	611	130	88	42	18	14	4
凤台县	4281	2731	1550	323	209	114	63	48	15
寿县	5430	3280	2150	437	278	159	60	47	13

4-3c 续表 10

单位：人

地 区	大学本科			硕士研究生			博士研究生		
	小计	男	女	小计	男	女	小计	男	女
马鞍山市	**9825**	**5997**	**3828**	**825**	**513**	**312**	**84**	**63**	**21**
花山区	214	99	115	18	9	9	3	3	
雨山区	208	111	97	18	7	11	4	3	1
博望区	1041	603	438	80	51	29	7	7	
当涂县	2681	1687	994	214	137	77	24	20	4
含山县	2620	1665	955	201	135	66	20	12	8
和县	3061	1832	1229	294	174	120	26	18	8
淮北市	**8739**	**5133**	**3606**	**845**	**488**	**357**	**110**	**74**	**36**
杜集区	775	444	331	70	35	35	10	4	6
相山区	737	411	326	71	36	35	13	9	4
烈山区	1029	620	409	87	51	36	15	10	5
濉溪县	6198	3658	2540	617	366	251	72	51	21
铜陵市	**10229**	**6061**	**4168**	**1149**	**660**	**489**	**130**	**92**	**38**
铜官区	270	135	135	23	14	9	10	5	5
义安区	1713	897	816	167	94	73	19	16	3
郊区	2340	1370	970	234	139	95	23	18	5
枞阳县	5906	3659	2247	725	413	312	78	53	25
安庆市	**51247**	**31242**	**20005**	**4803**	**2863**	**1940**	**608**	**413**	**195**
迎江区	273	169	104	28	16	12	8	6	2
大观区	700	427	273	77	37	40	14	7	7
宜秀区	567	313	254	90	52	38	11	7	4
怀宁县	7615	4576	3039	727	460	267	83	53	30
太湖县	6766	4106	2660	652	374	278	71	51	20
宿松县	12370	8149	4221	1032	661	371	151	112	39
望江县	6995	4100	2895	599	323	276	77	49	28
岳西县	4461	2536	1925	386	234	152	48	33	15
安徽安庆经济开发区	94	50	44	5	1	4	1	1	
桐城市	5268	3153	2115	552	327	225	75	52	23
潜山市	6138	3663	2475	655	378	277	69	42	27
黄山市	**7892**	**4374**	**3518**	**643**	**371**	**272**	**95**	**64**	**31**
屯溪区	290	151	139	24	13	11	5	3	2
黄山区	1069	600	469	77	39	38	13	9	4
徽州区	446	240	206	29	14	15	4	2	2
歙县	2861	1640	1221	271	160	111	41	30	11
休宁县	1656	863	793	125	79	46	15	11	4
黟县	636	336	300	55	32	23	9	4	5
祁门县	934	544	390	62	34	28	8	5	3
滁州市	**30059**	**17845**	**12214**	**2177**	**1327**	**850**	**197**	**140**	**57**
琅琊区	142	83	59	16	10	6	2	1	1
南谯区	2376	1334	1042	204	102	102	17	13	4
来安县	3368	2009	1359	291	171	120	26	16	10
全椒县	2721	1682	1039	230	150	80	16	12	4
定远县	7385	4594	2791	501	344	157	39	26	13
凤阳县	4187	2429	1758	231	140	91	34	23	11
苏滁现代产业园									
滁州经济技术开发区	909	657	252	61	38	23	2	2	
天长市	4879	2800	2079	418	244	174	42	34	8
明光市	4092	2257	1835	225	128	97	19	13	6

4－3c 续表 11

单位：人

地　　区	大学本科			硕士研究生			博士研究生		
	小计	男	女	小计	男	女	小计	男	女
阜阳市	**46247**	**26823**	**19424**	**3955**	**2461**	**1494**	**503**	**335**	**168**
颍州区	3208	1798	1410	270	157	113	47	31	16
颍东区	3594	2143	1451	270	165	105	35	28	7
颍泉区	3136	1907	1229	320	202	118	35	25	10
临泉县	11096	6151	4945	970	589	381	111	66	45
太和县	6540	3983	2557	519	326	193	78	51	27
阜南县	8485	4936	3549	727	471	256	82	61	21
颍上县	6077	3566	2511	455	300	155	62	38	24
阜阳合肥现代产业园区	651	340	311	76	38	38	3	1	2
阜阳经济技术开发区	441	250	191	20	9	11	4	3	1
界首市	3019	1749	1270	328	204	124	46	31	15
宿州市	**38827**	**21892**	**16935**	**3383**	**1926**	**1457**	**437**	**313**	**124**
埇桥区	7427	4227	3200	666	374	292	103	67	36
砀山县	6082	3468	2614	605	326	279	75	58	17
萧县	9860	5539	4321	983	572	411	114	88	26
灵璧县	8193	4599	3594	684	399	285	84	60	24
泗县	7127	3975	3152	427	247	180	61	40	21
宿州马鞍山现代产业园区	138	84	54	18	8	10			
宿州经济技术开发区									
六安市	**43569**	**26837**	**16732**	**3564**	**2217**	**1347**	**401**	**294**	**107**
金安区	8829	5529	3300	774	485	289	78	55	23
裕安区	8457	5505	2952	756	483	273	86	66	20
叶集区	1644	973	671	130	95	35	16	13	3
霍邱县	7179	4232	2947	551	336	215	64	47	17
舒城县	9338	5684	3654	702	439	263	93	62	31
金寨县	5679	3467	2212	437	259	178	38	30	8
霍山县	2443	1447	996	214	120	94	26	21	5
亳州市	**26774**	**15790**	**10984**	**2341**	**1450**	**891**	**318**	**227**	**91**
谯城区	7171	4066	3105	619	377	242	73	53	20
涡阳县	6328	3833	2495	510	315	195	82	58	24
蒙城县	6190	3664	2526	546	340	206	70	52	18
利辛县	7085	4227	2858	666	418	248	93	64	29
池州市	**10602**	**6026**	**4576**	**976**	**556**	**420**	**102**	**75**	**27**
贵池区	3543	2050	1493	428	266	162	45	35	10
东至县	3651	2099	1552	268	147	121	37	28	9
石台县	810	451	359	83	42	41	10	6	4
青阳县	2062	1130	932	168	82	86	9	5	4
池州市国家经济技术开发区									
皖江江南新兴产业集中区									
九华山风景区	536	296	240	29	19	10	1	1	
宣城市	**15877**	**8537**	**7340**	**1405**	**718**	**687**	**169**	**98**	**71**
宣州区	5350	2945	2405	524	274	250	57	33	24
郎溪县	2098	1153	945	172	88	84	17	12	5
泾县	1722	919	803	172	81	91	25	13	12
绩溪县	711	440	271	66	41	25			
旌德县	510	263	247	41	19	22	9	5	4
宣城市经济开发区	616	336	280	36	16	20	5	4	1
宁国市	1865	976	889	156	77	79	28	16	12
广德市	3005	1505	1500	238	122	116	28	15	13

4-4　各地区分性别、受教育程度的25岁及以上人口

单位：人

地　区	25岁及以上人口			未上过学		
	合计	男	女	小计	男	女
安　徽	**43062141**	**21413897**	**21648244**	**3160544**	**778647**	**2381897**
合肥市	**6566037**	**3303570**	**3262467**	**385882**	**90482**	**295400**
瑶海区	631947	313087	318860	20122	3515	16607
庐阳区	500761	242914	257847	15079	3034	12045
蜀山区	720052	352181	367871	20589	4531	16058
包河区	856026	428574	427452	29297	6109	23188
长丰县	550873	281248	269625	62295	18193	44102
肥东县	645888	330783	315105	60581	11783	48798
肥西县	667833	346597	321236	51695	14062	37633
庐江县	666073	336315	329758	48853	12914	35939
合肥高新技术产业开发区	176780	91221	85559	6108	1221	4887
合肥经济技术开发区	331799	168518	163281	13455	2803	10652
合肥新站高新技术产业开发区	271194	140826	130368	12136	2737	9399
巢湖市	546811	271306	275505	45672	9580	36092
芜湖市	**2713043**	**1365587**	**1347456**	**214258**	**55761**	**158497**
镜湖区	376065	182930	193135	14380	3231	11149
弋江区	271573	135792	135781	14547	3984	10563
鸠江区	392988	197802	195186	40018	9461	30557
三山区	120094	62616	57478	13456	3824	9632
芜湖县	256751	131672	125079	15389	3957	11432
繁昌县	193472	98733	94739	9873	2436	7437
南陵县	334759	167677	167082	19970	5293	14677
芜湖经济技术开发区	130179	69413	60766	9004	2130	6874
安徽芜湖长江大桥经济开发区	17625	8965	8660	2998	857	2141
无为市	619537	309987	309550	74623	20588	54035
蚌埠市	**2239805**	**1105442**	**1134363**	**187300**	**53549**	**133751**
龙子湖区	166612	82256	84356	6142	1656	4486
蚌山区	127263	61983	65280	3693	910	2783
禹会区	235179	116541	118638	14183	4366	9817
淮上区	190128	95046	95082	17034	4567	12467
怀远县	610025	304093	305932	67018	19983	47035
五河县	359573	177348	182225	45805	13164	32641
固镇县	337790	166388	171402	29007	7896	21111
蚌埠市高新技术开发区	40929	19793	21136	803	200	603
蚌埠市经济开发区	172306	81994	90312	3615	807	2808
淮南市	**2158921**	**1069931**	**1088990**	**136839**	**42721**	**94118**
大通区	124063	61903	62160	10790	3439	7351
田家庵区	507653	243586	264067	12168	3329	8839
谢家集区	174708	84575	90133	13932	3755	10177
八公山区	95700	45528	50172	3919	1005	2914
潘集区	233378	119253	114125	20552	6609	13943
凤台县	429628	217472	212156	38198	12259	25939
寿县	593791	297614	296177	37280	12325	24955

4-4 续表 1

单位：人

地区	25岁及以上人口			未上过学		
	合计	男	女	小计	男	女
马鞍山市	**1641153**	**821672**	**819481**	**136347**	**31710**	**104637**
花山区	356078	175056	181022	14693	2957	11736
雨山区	253875	126737	127138	13352	2984	10368
博望区	120405	62214	58191	11359	3025	8334
当涂县	346180	175299	170881	33673	8668	25005
含山县	254097	126037	128060	24049	5323	18726
和县	310518	156329	154189	39221	8753	30468
淮北市	**1365274**	**664633**	**700641**	**112527**	**28343**	**84184**
杜集区	179470	88032	91438	18446	5022	13424
相山区	383905	182617	201288	15768	3734	12034
烈山区	166980	82442	84538	14985	4042	10943
濉溪县	634919	311542	323377	63328	15545	47783
铜陵市	**998201**	**490062**	**508139**	**123174**	**28768**	**94406**
铜官区	331325	161352	169973	16717	3539	13178
义安区	182991	92500	90491	16654	4032	12622
郊区	128496	64128	64368	23024	5884	17140
枞阳县	355389	172082	183307	66779	15313	51466
安庆市	**3124282**	**1547970**	**1576312**	**177538**	**35219**	**142319**
迎江区	201585	98113	103472	5689	1046	4643
大观区	168695	82527	86168	6311	1066	5245
宜秀区	133029	67432	65597	8984	1879	7105
怀宁县	376639	186489	190150	11637	1786	9851
太湖县	323685	161781	161904	18353	3910	14443
宿松县	427585	212808	214777	17445	2951	14494
望江县	342505	166934	175571	36590	7242	29348
岳西县	244714	123134	121580	17069	3766	13303
安徽安庆经济开发区	105270	54182	51088	3433	749	2684
桐城市	459408	225109	234299	28534	6433	22101
潜山市	341167	169461	171706	23493	4391	19102
黄山市	**1039426**	**524405**	**515021**	**65310**	**11989**	**53321**
屯溪区	211043	101130	109913	6262	1178	5084
黄山区	119927	62769	57158	9124	2594	6530
徽州区	75735	38232	37503	4315	715	3600
歙县	286714	146109	140605	18188	2332	15856
休宁县	168087	84706	83381	12783	2411	10372
黟县	63262	32812	30450	4685	1024	3661
祁门县	114658	58647	56011	9953	1735	8218
滁州市	**2952486**	**1492362**	**1460124**	**127884**	**28600**	**99284**
琅琊区	203135	100944	102191	5720	1256	4464
南谯区	255392	130799	124593	18974	4230	14744
来安县	324804	166955	157849	14584	2945	11639
全椒县	312361	158057	154304	8945	1684	7261
定远县	483598	244254	239344	25997	6073	19924
凤阳县	435931	221431	214500	17697	5129	12568
苏滁现代产业园	17175	10211	6964	633	145	488
滁州经济技术开发区	89674	45456	44218	1856	326	1530
天长市	470390	235252	235138	15771	2525	13246
明光市	360026	179003	181023	17707	4287	13420

4-4　续表 2　　　　单位：人

地　区	25岁及以上人口			未上过学		
	合计	男	女	小计	男	女
阜阳市	**5302181**	**2599081**	**2703100**	**530414**	**125226**	**405188**
颍州区	524726	254154	270572	42635	9682	32953
颍东区	357451	178225	179226	40072	9862	30210
颍泉区	396513	193787	202726	33153	7260	25893
临泉县	1051288	513246	538042	110678	24033	86645
太和县	904139	439621	464518	68435	12183	56252
阜南县	742178	364903	377275	110904	27533	83371
颍上县	773863	385972	387891	78037	25425	52612
阜阳合肥现代产业园区	26055	13126	12929	2524	625	1899
阜阳经济技术开发区	81158	39892	41266	3216	782	2434
界首市	444810	216155	228655	40760	7841	32919
宿州市	**3610475**	**1769485**	**1840990**	**149306**	**36104**	**113202**
埇桥区	1132924	558878	574046	47903	11642	36261
砀山县	533828	257717	276111	9342	1861	7481
萧县	725288	355715	369573	40907	10070	30837
灵璧县	634306	310008	324298	32162	7836	24326
泗县	516542	254403	262139	14610	3609	11001
宿州马鞍山现代产业园区	29962	14716	15246	2631	650	1981
宿州经济技术开发区	37625	18048	19577	1751	436	1315
六安市	**3167726**	**1572584**	**1595142**	**168345**	**46226**	**122119**
金安区	585841	283824	302017	27259	7232	20027
裕安区	648189	318943	329246	42870	11331	31539
叶集区	149718	74809	74909	7399	2122	5277
霍邱县	654629	329295	325334	48720	15300	33420
舒城县	541407	270710	270697	25686	6317	19369
金寨县	362988	182598	180390	8244	2034	6210
霍山县	224954	112405	112549	8167	1890	6277
亳州市	**3189464**	**1568788**	**1620676**	**375022**	**94375**	**280647**
谯城区	1016402	498092	518310	102514	24206	78308
涡阳县	746393	367822	378571	91400	23244	68156
蒙城县	688661	337578	351083	77627	19941	57686
利辛县	738008	365296	372712	103481	26984	76497
池州市	**1015281**	**504409**	**510872**	**114804**	**26907**	**87897**
贵池区	437289	214820	222469	55882	12520	43362
东至县	302737	149622	153115	29147	6165	22982
石台县	64878	33060	31818	9268	2466	6802
青阳县	181097	91461	89636	17905	5061	12844
池州市国家经济技术开发区	9810	5043	4767	903	195	708
皖江江南新兴产业集中区	7008	3946	3062	707	194	513
九华山风景区	12462	6457	6005	992	306	686
宣城市	**1978386**	**1013916**	**964470**	**155594**	**42667**	**112927**
宣州区	526950	265629	261321	56740	15338	41402
郎溪县	241837	123008	118829	21507	5987	15520
泾县	224926	116743	108183	13042	3806	9236
绩溪县	113813	57388	56425	4773	879	3894
旌德县	91362	47180	44182	5235	1527	3708
宣城市经济开发区	73015	37553	35462	4325	1235	3090
宁国市	311498	160953	150545	24064	6616	17448
广德市	394985	205462	189523	25908	7279	18629

4-4 续表 3

单位：人

地　区	学前教育			小　学		
	小计	男	女	小计	男	女
安　徽	**102032**	**32465**	**69567**	**11216665**	**4836765**	**6379900**
合肥市	**12419**	**3809**	**8610**	**1262763**	**532342**	**730421**
瑶海区	285	94	191	84808	31396	53412
庐阳区	363	112	251	55849	21117	34732
蜀山区	538	183	355	71681	27377	44304
包河区	451	150	301	99274	40177	59097
长丰县	654	258	396	132946	61568	71378
肥东县	3424	938	2486	178775	75888	102887
肥西县	1212	427	785	148451	66946	81505
庐江县	2791	898	1893	230459	99820	130639
合肥高新技术产业开发区	88	36	52	19464	7238	12226
合肥经济技术开发区	204	55	149	42449	16156	26293
合肥新站高新技术产业开发区	225	91	134	39424	15892	23532
巢湖市	2184	567	1617	159183	68767	90416
芜湖市	**7156**	**2423**	**4733**	**770818**	**345531**	**425287**
镜湖区	272	78	194	50765	19474	31291
弋江区	245	84	161	48934	20830	28104
鸠江区	617	239	378	104887	47451	57436
三山区	309	121	188	33089	15241	17848
芜湖县	1682	540	1142	87690	37963	49727
繁昌县	799	248	551	63107	27325	35782
南陵县	1319	469	850	125277	58228	67049
芜湖经济技术开发区	118	38	80	23273	10037	13236
安徽芜湖长江大桥经济开发区	133	37	96	5643	2778	2865
无为市	1662	569	1093	228153	106204	121949
蚌埠市	**4443**	**1598**	**2845**	**543702**	**239761**	**303941**
龙子湖区	422	158	264	29891	12564	17327
蚌山区	81	22	59	19826	7865	11961
禹会区	303	119	184	49882	22348	27534
淮上区	245	66	179	49192	22359	26833
怀远县	1097	416	681	180415	82291	98124
五河县	1558	554	1004	103965	45712	58253
固镇县	617	224	393	90509	39303	51206
蚌埠市高新技术开发区	24	11	13	4423	1641	2782
蚌埠市经济开发区	96	28	68	15599	5678	9921
淮南市	**6383**	**2413**	**3970**	**563485**	**250099**	**313386**
大通区	172	58	114	27679	12607	15072
田家庵区	760	268	492	77066	31938	45128
谢家集区	417	165	252	38927	17345	21582
八公山区	494	147	347	18641	7552	11089
潘集区	537	199	338	60008	26993	33015
凤台县	762	285	477	104079	45542	58537
寿县	3241	1291	1950	237085	108122	128963

4-4 续表 4

单位：人

地　区	学前教育			小　学		
	小计	男	女	小计	男	女
马鞍山市	**7491**	**2374**	**5117**	**442292**	**192641**	**249651**
花山区	359	102	257	56397	22717	33680
雨山区	444	131	313	43653	18390	25263
博望区	897	279	618	43099	19897	23202
当涂县	1768	655	1113	101423	43693	57730
含山县	2570	786	1784	91659	39787	51872
和县	1453	421	1032	106061	48157	57904
淮北市	**1668**	**567**	**1101**	**267106**	**116579**	**150527**
杜集区	208	73	135	34307	15559	18748
相山区	207	78	129	39413	16334	23079
烈山区	442	141	301	42432	18925	23507
濉溪县	811	275	536	150954	65761	85193
铜陵市	**4615**	**1575**	**3040**	**265783**	**116633**	**149150**
铜官区	418	119	299	49963	19236	30727
义安区	1787	617	1170	57979	25408	32571
郊区	685	245	440	40594	18965	21629
枞阳县	1725	594	1131	117247	53024	64223
安庆市	**9406**	**2377**	**7029**	**1017838**	**408884**	**608954**
迎江区	249	51	198	32274	11827	20447
大观区	471	118	353	33795	12643	21152
宜秀区	190	58	132	40555	17574	22981
怀宁县	1057	207	850	122824	46498	76326
太湖县	2799	770	2029	135365	55438	79927
宿松县	661	127	534	127396	43925	83471
望江县	992	228	764	143073	60303	82770
岳西县	470	114	356	90503	38758	51745
安徽安庆经济开发区	188	41	147	20456	8363	12093
桐城市	993	306	687	141227	59197	82030
潜山市	1336	357	979	130370	54358	76012
黄山市	**3538**	**978**	**2560**	**293896**	**131477**	**162419**
屯溪区	215	68	147	34024	13718	20306
黄山区	368	152	216	35906	18022	17884
徽州区	229	73	156	19291	8535	10756
歙县	1609	366	1243	88306	38305	50001
休宁县	698	197	501	62085	28178	33907
黟县	234	73	161	18156	8509	9647
祁门县	185	49	136	36128	16210	19918
滁州市	**7779**	**2104**	**5675**	**694087**	**277686**	**416401**
琅琊区	590	156	434	36744	14526	22218
南谯区	629	209	420	54850	23653	31197
来安县	685	169	516	74446	29368	45078
全椒县	2148	522	1626	91021	35212	55809
定远县	947	252	695	117533	47383	70150
凤阳县	369	138	231	95154	40487	54667
苏滁现代产业园	38	8	30	3087	1534	1553
滁州经济技术开发区	180	68	112	13236	4771	8465
天长市	1727	451	1276	122269	47508	74761
明光市	466	131	335	85747	33244	52503

4-4 续表 5

单位：人

地区	学前教育			小学		
	小计	男	女	小计	男	女
阜阳市	**7776**	**2406**	**5370**	**1442641**	**620056**	**822585**
颍州区	499	142	357	100093	43105	56988
颍东区	343	114	229	81598	35736	45862
颍泉区	418	115	303	102218	42556	59662
临泉县	2107	652	1455	351113	154162	196951
太和县	1816	444	1372	253548	98287	155261
阜南县	833	293	540	205994	94055	111939
颍上县	1198	498	700	221326	100979	120347
阜阳合肥现代产业园区	13	2	11	5702	2598	3104
阜阳经济技术开发区	143	45	98	14018	5884	8134
界首市	406	101	305	107031	42694	64337
宿州市	**5905**	**1709**	**4196**	**785176**	**310454**	**474722**
埇桥区	1527	446	1081	231819	95029	136790
砀山县	593	148	445	92726	33513	59213
萧县	1366	416	950	146234	61229	85005
灵璧县	883	261	622	159245	62371	96874
泗县	1478	409	1069	141163	52293	88870
宿州马鞍山现代产业园区	43	21	22	7677	3426	4251
宿州经济技术开发区	15	8	7	6312	2593	3719
六安市	**8290**	**2693**	**5597**	**1060541**	**464842**	**595699**
金安区	1370	410	960	178397	75502	102895
裕安区	1930	657	1273	203987	90054	113933
叶集区	288	107	181	48407	21672	26735
霍邱县	2032	706	1326	255864	117510	138354
舒城县	1220	389	831	175720	75851	99869
金寨县	485	169	316	120564	51599	68965
霍山县	965	255	710	77602	32654	44948
亳州市	**3528**	**1197**	**2331**	**877152**	**393558**	**483594**
谯城区	985	317	668	249290	112224	137066
涡阳县	702	262	440	224332	102417	121915
蒙城县	655	192	463	197102	84563	112539
利辛县	1186	426	760	206428	94354	112074
池州市	**3263**	**1085**	**2178**	**315862**	**142615**	**173247**
贵池区	1484	510	974	114644	50510	64134
东至县	1038	309	729	112831	49151	63680
石台县	122	38	84	21222	10284	10938
青阳县	549	197	352	59854	29248	30606
池州市国家经济技术开发区	15	6	9	1901	782	1119
皖江江南新兴产业集中区	7	4	3	1733	843	890
九华山风景区	48	21	27	3677	1797	1880
宣城市	**8372**	**3157**	**5215**	**613523**	**293607**	**319916**
宣州区	2498	946	1552	165801	78767	87034
郎溪县	1349	564	785	79258	37284	41974
泾县	753	270	483	81520	40559	40961
绩溪县	452	126	326	33729	14728	19001
旌德县	1095	399	696	32769	16182	16587
宣城市经济开发区	164	83	81	16889	7700	9189
宁国市	879	308	571	83461	41049	42412
广德市	1182	461	721	120096	57338	62758

4-4　续表 6　　　　单位：人

地　区	初　中			高　中			大学专科		
	小计	男	女	小计	男	女	小计	男	女
安　徽	**17170432**	**9317617**	**7852815**	**5679701**	**3258719**	**2420982**	**3235034**	**1769913**	**1465121**
合肥市	**2167755**	**1173708**	**994047**	**1003047**	**559721**	**443326**	**871476**	**457516**	**413960**
瑶海区	227331	115877	111454	134050	72842	61208	100929	53486	47443
庐阳区	138368	68039	70329	99908	50702	49206	98275	49190	49085
蜀山区	158656	78256	80400	120372	60307	60065	144039	70240	73799
包河区	228420	118636	109784	144825	75252	69573	159280	80162	79118
长丰县	220182	124190	95992	69595	40559	29036	42789	23487	19302
肥东县	257832	154097	103735	75869	48133	27736	42049	23800	18249
肥西县	246582	136140	110442	94041	56740	37301	71786	40216	31570
庐江县	262898	148200	114698	66220	41238	24982	31929	19037	12892
合肥高新技术产业开发区	41064	21542	19522	25727	14165	11562	34141	17683	16458
合肥经济技术开发区	93186	48554	44632	50294	28427	21867	60504	31705	28799
合肥新站高新技术产业开发区	93669	50408	43261	48645	27581	21064	45902	25724	20178
巢湖市	199567	109769	89798	73501	43775	29726	39853	22786	17067
芜湖市	**943928**	**522477**	**421451**	**359604**	**206627**	**152977**	**227661**	**125835**	**101826**
镜湖区	111357	54958	56399	86804	45000	41804	56869	29973	26896
弋江区	80153	42386	37767	54068	29141	24927	38705	20461	18244
鸠江区	131905	74755	57150	48996	28962	20034	34789	18959	15830
三山区	44883	26340	18543	12353	7746	4607	9622	5564	4058
芜湖县	102638	59287	43351	24620	15315	9305	14436	8481	5955
繁昌县	77817	43456	34361	21684	13478	8206	12230	7235	4995
南陵县	130977	71155	59822	30939	17887	13052	15805	8851	6954
芜湖经济技术开发区	40411	22452	17959	22936	14073	8863	20717	12020	8697
安徽芜湖长江大桥经济开发区	6598	3898	2700	1307	853	454	654	373	281
无为市	217189	123790	93399	55897	34172	21725	23834	13918	9916
蚌埠市	**949153**	**507060**	**442093**	**285480**	**156566**	**128914**	**154411**	**83343**	**71068**
龙子湖区	68015	34623	33392	35387	18670	16717	15680	8606	7074
蚌山区	47579	23760	23819	29649	15431	14218	15380	8041	7339
禹会区	97171	49828	47343	42503	22853	19650	19513	10614	8899
淮上区	88662	48531	40131	20345	11582	8763	9551	5137	4414
怀远县	277851	152850	125001	45507	27002	18505	23430	13121	10309
五河县	150711	84099	66612	31004	18726	12278	17039	9700	7339
固镇县	162338	87168	75170	33666	19527	14139	14626	8193	6433
蚌埠市高新技术开发区	13865	6434	7431	9384	4738	4646	6794	3579	3215
蚌埠市经济开发区	42961	19767	23194	38035	18037	19998	32398	16352	16046
淮南市	**931971**	**484560**	**447411**	**274708**	**153030**	**121678**	**146628**	**80273**	**66355**
大通区	54676	28955	25721	17716	9691	8025	8452	4551	3901
田家庵区	182751	87551	95200	104997	51884	53113	71743	36358	35385
谢家集区	80222	40738	39484	27328	14827	12501	9592	5337	4255
八公山区	47788	23057	24731	16664	9197	7467	5791	3219	2572
潘集区	121084	65343	55741	19399	12684	6715	8032	5048	2984
凤台县	205287	108796	96491	44452	28090	16362	23134	14019	9115
寿县	240163	130120	110043	44152	26657	17495	19884	11741	8143

4-4 续表 7 单位：人

地区	初中			高中			大学专科		
	小计	男	女	小计	男	女	小计	男	女
马鞍山市	**612957**	**343106**	**269851**	**210249**	**121386**	**88863**	**126676**	**70191**	**56485**
花山区	121052	60990	60062	73649	39215	34434	47938	25528	22410
雨山区	86681	44969	41712	46280	25130	21150	32417	17544	14873
博望区	49817	29696	20121	9381	6021	3360	3573	1993	1580
当涂县	142924	82235	60689	34598	21522	13076	19180	11091	8089
含山县	97038	55992	41046	21242	13518	7724	9998	6015	3983
和县	115445	69224	46221	25099	15980	9119	13570	8020	5550
淮北市	**635518**	**327525**	**307993**	**173456**	**96229**	**77227**	**101810**	**54596**	**47214**
杜集区	85827	43831	41996	26069	15178	10891	9703	5489	4214
相山区	143578	66845	76733	77500	38923	38577	58575	30044	28531
烈山区	82417	43518	38899	16681	10037	6644	6636	3802	2834
濉溪县	323696	173331	150365	53206	32091	21115	26896	15261	11635
铜陵市	**327362**	**181406**	**145956**	**136169**	**80027**	**56142**	**76831**	**43923**	**32908**
铜官区	106001	51618	54383	74052	39581	34471	43387	23895	19492
义安区	71049	41090	29959	19227	11889	7338	9800	5736	4064
郊区	41684	24705	16979	13077	8566	4511	5891	3578	2313
枞阳县	108628	63993	44635	29813	19991	9822	17753	10714	7039
安庆市	**1138107**	**629669**	**508438**	**395564**	**244905**	**150659**	**227995**	**131796**	**96199**
迎江区	62562	30850	31712	44995	23872	21123	30607	16173	14434
大观区	57103	29190	27913	36188	19917	16271	19905	11022	8883
宜秀区	47637	27266	20371	16515	10214	6301	11273	6061	5212
怀宁县	143121	76724	66397	61780	39332	22448	22320	13413	8907
太湖县	102519	61090	41429	28317	18535	9782	22811	13610	9201
宿松县	179725	97821	81904	55728	38282	17446	27411	17172	10239
望江县	107735	65063	42672	25409	16753	8656	16871	10197	6674
岳西县	88655	51071	37584	25154	15810	9344	13572	8022	5550
安徽安庆经济开发区	36877	19662	17215	21644	12165	9479	13984	7903	6081
桐城市	187489	98943	88546	53733	32603	21130	28999	16364	12635
潜山市	124684	71989	52695	26101	17422	8679	20242	11859	8383
黄山市	**424568**	**236059**	**188509**	**122551**	**71818**	**50733**	**75788**	**41621**	**34167**
屯溪区	75728	36677	39051	38852	19884	18968	29576	15107	14469
黄山区	45632	25457	20175	14893	8548	6345	8928	4973	3955
徽州区	35385	19100	16285	8561	5292	3269	4984	2792	2192
歙县	128704	74810	53894	27546	17327	10219	13462	7789	5673
休宁县	63623	36648	26975	15823	9845	5978	8321	4697	3624
黟县	26743	15086	11657	6881	4339	2542	4199	2416	1783
祁门县	48753	28281	20472	9995	6583	3412	6318	3847	2471
滁州市	**1161766**	**628884**	**532882**	**589248**	**340460**	**248788**	**235477**	**134869**	**100608**
琅琊区	76222	39066	37156	41457	22448	19009	24189	13230	10959
南谯区	97705	55563	42142	36878	21483	15395	25999	14195	11804
来安县	126483	69851	56632	74601	44273	30328	22352	13269	9083
全椒县	121475	67137	54338	50276	30744	19532	25945	15217	10728
定远县	197156	107016	90140	93456	54748	38708	32562	19120	13442
凤阳县	179232	94035	85197	100364	56816	43548	29697	17085	12612
苏滁现代产业园	7649	4601	3048	3240	2188	1052	1646	1107	539
滁州经济技术开发区	34835	17680	17155	17872	10287	7585	11993	6640	5353
天长市	169995	92803	77192	99067	56431	42636	39221	22334	16887
明光市	151014	81132	69882	72037	41042	30995	21873	12672	9201

4-4 续表 8

单位：人

地区	初中			高中			大学专科		
	小计	男	女	小计	男	女	小计	男	女
阜阳市	**2474483**	**1364535**	**1109948**	**450226**	**265967**	**184259**	**241502**	**133591**	**107911**
颍州区	220829	115940	104889	68511	36544	31967	50055	25785	24270
颍东区	170592	94284	76308	35245	21261	13984	18184	10476	7708
颍泉区	185573	101322	84251	41552	23732	17820	20485	11279	9206
临泉县	458810	258784	200026	73180	44379	28801	34422	19439	14983
太和县	457715	256571	201144	68892	41857	27035	34220	19173	15047
阜南县	332348	188553	143795	52835	32013	20822	24766	14098	10668
颍上县	372539	199335	173204	57244	34948	22296	27238	15413	11825
阜阳合肥现代产业园区	14510	8016	6494	1719	1029	690	886	478	408
阜阳经济技术开发区	37270	18852	18418	12871	6819	6052	8440	4586	3854
界首市	224297	122878	101419	38177	23385	14792	22806	12864	9942
宿州市	**1632894**	**851571**	**781323**	**673697**	**372231**	**301466**	**233335**	**126105**	**107230**
埇桥区	561851	294778	267073	152795	84010	68785	80311	42139	38172
砀山县	200100	99464	100636	177390	93687	83703	38372	20731	17641
萧县	382072	196869	185203	97789	55912	41877	37256	20445	16811
灵璧县	248579	131703	116876	131549	73920	57629	42122	23028	19094
泗县	205859	111255	94604	106037	60155	45882	31046	17494	13552
宿州马鞍山现代产业园区	16054	8540	7514	2232	1331	901	880	507	373
宿州经济技术开发区	18379	8962	9417	5905	3216	2689	3348	1761	1587
六安市	**1247407**	**661869**	**585538**	**391233**	**227850**	**163383**	**168455**	**95626**	**72829**
金安区	226480	114855	111625	77466	43563	33903	39668	21603	18065
裕安区	242497	128558	113939	84382	47622	36760	40417	22097	18320
叶集区	72922	38669	34253	12359	7370	4989	4771	2714	2057
霍邱县	265122	146085	119037	46278	27937	18341	21508	12643	8865
舒城县	208749	110088	98661	85511	51294	34217	27874	16427	11447
金寨县	155362	82425	72937	48383	28359	20024	18721	11138	7583
霍山县	76275	41189	35086	36854	21705	15149	15496	9004	6492
亳州市	**1409473**	**783134**	**626339**	**286030**	**165092**	**120938**	**144725**	**79312**	**65413**
谯城区	475826	259740	216086	95796	53115	42681	51941	27121	24820
涡阳县	314061	175758	138303	66096	38099	27997	32521	18093	14428
蒙城县	297410	166029	131381	62443	37133	25310	33057	18291	14766
利辛县	322176	181607	140569	61695	36745	24950	27206	15807	11399
池州市	**348262**	**196088**	**152174**	**108325**	**66748**	**41577**	**72174**	**40596**	**31578**
贵池区	143830	80649	63181	53270	32438	20832	37765	20837	16928
东至县	105275	60640	44635	26762	17103	9659	17308	10091	7217
石台县	20974	12201	8773	6031	3812	2219	4345	2539	1806
青阳县	66907	36275	30632	18332	10910	7422	10145	5565	4580
池州市国家经济技术开发区	3557	1977	1580	1462	887	575	1236	736	500
皖江江南新兴产业集中区	2997	1796	1201	969	690	279	401	280	121
九华山风景区	4722	2550	2172	1499	908	591	974	548	426
宣城市	**764828**	**425966**	**338862**	**220114**	**130062**	**90052**	**130090**	**70720**	**59370**
宣州区	188321	106109	82212	54253	31772	22481	33835	18400	15435
郎溪县	97694	54619	43075	21455	13043	8412	12332	6808	5524
泾县	81858	45493	36365	25907	14791	11116	13853	7441	6412
绩溪县	50439	27193	23246	12140	7433	4707	7351	4193	3158
旌德县	34055	18927	15128	9513	5410	4103	5616	3053	2563
宣城市经济开发区	26091	14075	12016	10613	6122	4491	8424	4588	3836
宁国市	119646	66021	53625	42490	24941	17549	25859	13810	12049
广德市	166724	93529	73195	43743	26550	17193	22820	12427	10393

4-4 续表 9

单位：人

地 区	大学本科			硕士研究生			博士研究生		
	小计	男	女	小计	男	女	小计	男	女
安 徽	**2224986**	**1262070**	**962916**	**239384**	**134819**	**104565**	**33363**	**22882**	**10481**
合肥市	**724270**	**406023**	**318247**	**119482**	**66918**	**52564**	**18943**	**13051**	**5892**
瑶海区	58458	32503	25955	5474	3054	2420	490	320	170
庐阳区	80593	43785	36808	11127	6149	4978	1199	786	413
蜀山区	161890	87297	74593	35173	19160	16013	7114	4830	2284
包河区	157074	86097	70977	30974	17429	13545	6431	4562	1869
长丰县	20943	12143	8800	1364	782	582	105	68	37
肥东县	25375	14931	10444	1800	1087	713	183	126	57
肥西县	48086	28570	19516	5454	3112	2342	526	384	142
庐江县	21301	13205	8096	1460	888	572	162	115	47
合肥高新技术产业开发区	41216	23894	17322	8193	4865	3328	779	577	202
合肥经济技术开发区	57924	33055	24869	12364	6854	5510	1419	909	510
合肥新站高新技术产业开发区	26868	15813	11055	4034	2379	1655	291	201	90
巢湖市	24542	14730	9812	2065	1159	906	244	173	71
芜湖市	**167653**	**94575**	**73078**	**19693**	**10787**	**8906**	**2272**	**1571**	**701**
镜湖区	48775	26383	22392	6136	3365	2771	707	468	239
弋江区	28833	15723	13110	5358	2688	2670	730	495	235
鸠江区	27507	15531	11976	3852	2137	1715	417	307	110
三山区	5710	3385	2325	605	345	260	67	50	17
芜湖县	9569	5686	3883	677	409	268	50	34	16
繁昌县	7402	4230	3172	508	289	219	52	36	16
南陵县	9889	5475	4414	520	280	240	63	39	24
芜湖经济技术开发区	12721	8014	4707	962	620	342	37	29	8
安徽芜湖长江大桥经济开发区	264	154	110	25	13	12	3	2	1
无为市	16983	9994	6989	1050	641	409	146	111	35
蚌埠市	**103296**	**56826**	**46470**	**10724**	**5865**	**4859**	**1296**	**874**	**422**
龙子湖区	9712	5227	4485	1224	662	562	139	90	49
蚌山区	9912	5317	4595	1025	557	468	118	80	38
禹会区	10774	5934	4840	780	433	347	70	46	24
淮上区	4684	2570	2114	393	220	173	22	14	8
怀远县	13897	7955	5942	715	406	309	95	69	26
五河县	8991	5083	3908	424	262	162	76	48	28
固镇县	6660	3850	2810	330	201	129	37	26	11
蚌埠市高新技术开发区	5180	2900	2280	429	270	159	27	20	7
蚌埠市经济开发区	33486	17990	15496	5404	2854	2550	712	481	231
淮南市	**89957**	**51386**	**38571**	**7784**	**4611**	**3173**	**1166**	**838**	**328**
大通区	4248	2412	1836	299	168	131	31	22	9
田家庵区	51597	28276	23321	5695	3347	2348	876	635	241
谢家集区	4009	2247	1762	241	135	106	40	26	14
八公山区	2252	1277	975	133	63	70	18	11	7
潘集区	3535	2220	1315	203	135	68	28	22	6
凤台县	13016	8028	4988	612	393	219	88	60	28
寿县	11300	6926	4374	601	370	231	85	62	23

4-4 续表 10　　单位：人

地区	大学本科			硕士研究生			博士研究生		
	小计	男	女	小计	男	女	小计	男	女
马鞍山市	**94668**	**53922**	**40746**	**9432**	**5589**	**3843**	**1041**	**753**	**288**
花山区	37479	20834	16645	4032	2362	1670	479	351	128
雨山区	26855	15021	11834	3826	2303	1523	367	265	102
博望区	2138	1222	916	122	68	54	19	13	6
当涂县	11933	7023	4910	610	359	251	71	53	18
含山县	7151	4377	2774	344	207	137	46	32	14
和县	9112	5445	3667	498	290	208	59	39	20
淮北市	**67308**	**37539**	**29769**	**5173**	**2784**	**2389**	**708**	**471**	**237**
杜集区	4518	2660	1858	327	180	147	65	40	25
相山区	44803	24367	20436	3575	1963	1612	486	329	157
烈山区	2939	1790	1149	408	165	243	40	22	18
濉溪县	15048	8722	6326	863	476	387	117	80	37
铜陵市	**58674**	**34423**	**24251**	**5117**	**2970**	**2147**	**476**	**337**	**139**
铜官区	37022	21148	15874	3490	2022	1468	275	194	81
义安区	6001	3441	2560	447	254	193	47	33	14
郊区	3255	2023	1232	258	145	113	28	17	11
枞阳县	12396	7811	4585	922	549	373	126	93	33
安庆市	**145187**	**87836**	**57351**	**11076**	**6220**	**4856**	**1571**	**1064**	**507**
迎江区	22937	13028	9909	2065	1123	942	207	143	64
大观区	13332	7678	5654	1368	744	624	222	149	73
宜秀区	6895	3861	3034	873	444	429	107	75	32
怀宁县	12880	7916	4964	881	524	357	139	89	50
太湖县	12652	7928	4724	740	414	326	129	86	43
宿松县	17953	11693	6260	1082	698	384	184	139	45
望江县	11076	6707	4369	661	379	282	98	62	36
岳西县	8732	5266	3466	490	282	208	69	45	24
安徽安庆经济开发区	7922	4849	3073	673	384	289	93	66	27
桐城市	17052	10478	6574	1203	663	540	178	122	56
潜山市	13756	8432	5324	1040	565	475	145	88	57
黄山市	**49726**	**28246**	**21480**	**3614**	**1940**	**1674**	**435**	**277**	**158**
屯溪区	23849	13139	10710	2271	1189	1082	266	170	96
黄山区	4796	2867	1929	252	138	114	28	18	10
徽州区	2798	1623	1175	158	94	64	14	8	6
歙县	8382	4878	3504	450	252	198	67	50	17
休宁县	4482	2576	1906	250	141	109	22	13	9
黟县	2243	1299	944	106	61	45	15	5	10
祁门县	3176	1864	1312	127	65	62	23	13	10
滁州市	**126808**	**74173**	**52635**	**8468**	**4917**	**3551**	**969**	**669**	**300**
琅琊区	16754	9422	7332	1307	738	569	152	102	50
南谯区	18515	10395	8120	1719	976	743	123	95	28
来安县	10973	6669	4304	618	371	247	62	40	22
全椒县	11928	7170	4758	567	335	232	56	36	20
定远县	15080	9120	5960	785	490	295	82	52	30
凤阳县	12442	7139	5303	794	473	321	182	129	53
苏滁现代产业园	816	581	235	65	46	19	1	1	
滁州经济技术开发区	8517	5026	3491	1050	570	480	135	88	47
天长市	21132	12466	8666	1084	638	446	124	96	28
明光市	10651	6185	4466	479	280	199	52	30	22

4-4 续表 11 单位：人

地 区	大学本科			硕士研究生			博士研究生		
	小计	男	女	小计	男	女	小计	男	女
阜阳市	**143984**	**80743**	**63241**	**9922**	**5733**	**4189**	**1233**	**824**	**409**
颍州区	38169	20740	17429	3460	1890	1570	475	326	149
颍东区	10797	6129	4668	557	315	242	63	48	15
颍泉区	12228	6972	5256	796	494	302	90	57	33
临泉县	19661	11025	8636	1183	692	491	134	80	54
太和县	18285	10391	7894	1085	625	460	143	90	53
阜南县	13633	7816	5817	764	473	291	101	69	32
颍上县	15340	8784	6556	836	523	313	105	67	38
阜阳合肥现代产业园区	619	339	280	78	37	41	4	2	2
阜阳经济技术开发区	4841	2695	2146	329	208	121	30	21	9
界首市	10411	5852	4559	834	476	358	88	64	24
宿州市	**121675**	**66571**	**55104**	**7550**	**4141**	**3409**	**937**	**599**	**338**
埇桥区	52404	28512	23892	3891	2068	1823	423	254	169
砀山县	14435	7820	6615	748	410	338	122	83	39
萧县	18302	9993	8309	1196	668	528	166	113	53
灵璧县	18696	10256	8440	938	541	397	132	92	40
泗县	15619	8751	6868	648	385	263	82	52	30
宿州马鞍山现代产业园区	403	219	184	41	22	19	1		1
宿州经济技术开发区	1816	1020	796	88	47	41	11	5	6
六安市	**114993**	**68354**	**46639**	**7559**	**4506**	**3053**	**903**	**618**	**285**
金安区	32296	18923	13373	2657	1574	1083	248	162	86
裕安区	29800	17250	12550	2045	1193	852	261	181	80
叶集区	3349	2005	1344	197	131	66	26	19	7
霍邱县	14246	8585	5661	749	454	295	110	75	35
舒城县	15567	9665	5902	918	570	348	162	109	53
金寨县	10591	6492	4099	583	343	240	55	39	16
霍山县	9144	5434	3710	410	241	169	41	33	8
亳州市	**87938**	**48816**	**39122**	**5030**	**2921**	**2109**	**566**	**383**	**183**
谯城区	37244	19778	17466	2624	1466	1158	182	125	57
涡阳县	16346	9393	6953	799	467	332	136	89	47
蒙城县	19362	10834	8528	873	509	364	132	86	46
利辛县	14986	8811	6175	734	479	255	116	83	33
池州市	**48708**	**28110**	**20598**	**3544**	**2038**	**1506**	**339**	**222**	**117**
贵池区	27746	15777	11969	2468	1440	1028	200	139	61
东至县	9814	5845	3969	486	267	219	76	51	25
石台县	2755	1625	1130	145	85	60	16	10	6
青阳县	7005	3998	3007	359	188	171	41	19	22
池州市国家经济技术开发区	684	425	259	49	33	16	3	2	1
皖江江南新兴产业集中区	184	132	52	10	7	3			
九华山风景区	520	308	212	27	18	9	3	1	2
宣城市	**80141**	**44527**	**35614**	**5216**	**2879**	**2337**	**508**	**331**	**177**
宣州区	23563	13205	10358	1793	998	795	146	94	52
郎溪县	7774	4429	3345	431	249	182	37	25	12
泾县	7526	4142	3384	408	206	202	59	35	24
绩溪县	4663	2693	1970	253	134	119	13	9	4
旌德县	2929	1606	1323	130	65	65	20	11	9
宣城市经济开发区	5889	3384	2505	543	312	231	77	54	23
宁国市	14116	7675	6441	902	483	419	81	50	31
广德市	13681	7393	6288	756	432	324	75	53	22

4-4a 各地区分性别、受教育程度的25岁及以上人口(城市)

单位：人

地 区	25岁及以上人口			未上过学		
	合计	男	女	小计	男	女
安 徽	**11556996**	**5626644**	**5930352**	**428593**	**94336**	**334257**
合肥市	**2942409**	**1450511**	**1491898**	**91899**	**18479**	**73420**
瑶海区	599218	296588	302630	18690	3278	15412
庐阳区	448570	218010	230560	13272	2627	10645
蜀山区	685155	333690	351465	16738	3403	13335
包河区	851109	425748	425361	28778	5986	22792
长丰县						
肥东县						
肥西县	34734	18979	15755	849	185	664
庐江县						
合肥高新技术产业开发区						
合肥经济技术开发区						
合肥新站高新技术产业开发区	47995	23864	24131	1512	342	1170
巢湖市	275628	133632	141996	12060	2658	9402
芜湖市	**1083323**	**535227**	**548096**	**59024**	**14419**	**44605**
镜湖区	359524	174436	185088	10892	2231	8661
弋江区	271573	135792	135781	14547	3984	10563
鸠江区	226239	114002	112237	14481	3147	11334
三山区	72964	38867	34097	7216	2002	5214
芜湖县	7442	3849	3593	509	134	375
繁昌县						
南陵县						
芜湖经济技术开发区	2212	1161	1051	362	83	279
安徽芜湖长江大桥经济开发区						
无为市	143369	67120	76249	11017	2838	8179
蚌埠市	**503367**	**245305**	**258062**	**17020**	**4014**	**13006**
龙子湖区	130146	62904	67242	3912	894	3018
蚌山区	115057	55608	59449	2758	596	2162
禹会区	155755	76057	79698	4358	1080	3278
淮上区	102409	50736	51673	5992	1444	4548
怀远县						
五河县						
固镇县						
蚌埠市高新技术开发区						
蚌埠市经济开发区						
淮南市	**791245**	**378172**	**413073**	**25353**	**6360**	**18993**
大通区	31553	15224	16329	1226	285	941
田家庵区	477063	228005	249058	9148	2323	6825
谢家集区	137269	65637	71632	8283	1908	6375
八公山区	91296	43425	47871	3498	882	2616
潘集区	54064	25881	28183	3198	962	2236
凤台县						
寿县						

4－4a　续表 1　　　　单位：人

地　　区	25岁及以上人口			未上过学		
	合计	男	女	小计	男	女
马鞍山市	**649129**	**321726**	**327403**	**30100**	**6473**	**23627**
花山区	348119	170956	177163	13382	2632	10750
雨山区	242876	121104	121772	11608	2567	9041
博望区	58134	29666	28468	5110	1274	3836
当涂县						
含山县						
和县						
淮北市	**569582**	**274178**	**295404**	**29496**	**7170**	**22326**
杜集区	105953	51644	54309	8660	2248	6412
相山区	349951	165804	184147	10530	2270	8260
烈山区	70112	34146	35966	5307	1395	3912
濉溪县	43566	22584	20982	4999	1257	3742
铜陵市	**425157**	**207542**	**217615**	**22065**	**4680**	**17385**
铜官区	323996	157701	166295	15653	3249	12404
义安区	67745	32888	34857	3069	626	2443
郊区	33416	16953	16463	3343	805	2538
枞阳县						
安庆市	**801017**	**385053**	**415964**	**26742**	**4873**	**21869**
迎江区	193009	93703	99306	4607	795	3812
大观区	125486	60531	64955	2414	371	2043
宜秀区	89481	45623	43858	4691	959	3732
怀宁县						
太湖县						
宿松县						
望江县	68404	30682	37722	2178	327	1851
岳西县						
安徽安庆经济开发区	354	274	80	17	5	12
桐城市	215284	103320	111964	7588	1675	5913
潜山市	108999	50920	58079	5247	741	4506
黄山市	**278685**	**134012**	**144673**	**7851**	**1572**	**6279**
屯溪区	187825	89329	98496	4742	867	3875
黄山区	46001	22411	23590	1992	515	1477
徽州区	38859	19283	19576	910	152	758
歙县	2788	1398	1390	135	25	110
休宁县	3212	1591	1621	72	13	59
黟县						
祁门县						
滁州市	**638978**	**312307**	**326671**	**17363**	**3380**	**13983**
琅琊区	194265	96144	98121	4999	1058	3941
南谯区	131879	66411	65468	5758	1098	4660
来安县						
全椒县						
定远县						
凤阳县						
苏滁现代产业园						
滁州经济技术开发区						
天长市	175951	85261	90690	3743	581	3162
明光市	136883	64491	72392	2863	643	2220

4-4a　续表 2　　　　单位：人

地　区	25岁及以上人口			未上过学		
	合计	男	女	小计	男	女
阜阳市	**680839**	**326041**	**354798**	**28818**	**6519**	**22299**
颍州区	287474	137589	149885	11091	2721	8370
颍东区	116011	56746	59265	6481	1601	4880
颍泉区	140552	68125	72427	4986	1144	3842
临泉县						
太和县						
阜南县						
颍上县						
阜阳合肥现代产业园区						
阜阳经济技术开发区						
界首市	136802	63581	73221	6260	1053	5207
宿州市	**432708**	**205640**	**227068**	**9476**	**2132**	**7344**
埇桥区	428296	203474	224822	9115	2050	7065
砀山县						
萧县	4412	2166	2246	361	82	279
灵璧县						
泗县						
宿州马鞍山现代产业园区						
宿州经济技术开发区						
六安市	**538627**	**254891**	**283736**	**10981**	**2450**	**8531**
金安区	244229	115057	129172	4515	1031	3484
裕安区	239092	112231	126861	5360	1106	4254
叶集区	50118	25005	25113	848	230	618
霍邱县	1834	897	937	33	11	22
舒城县	3354	1701	1653	225	72	153
金寨县						
霍山县						
亳州市	**398315**	**192531**	**205784**	**15942**	**3798**	**12144**
谯城区	394840	191020	203820	15588	3709	11879
涡阳县						
蒙城县						
利辛县	3475	1511	1964	354	89	265
池州市	**260477**	**123203**	**137274**	**16516**	**2992**	**13524**
贵池区	243659	114214	129445	14906	2603	12303
东至县						
石台县						
青阳县						
池州市国家经济技术开发区	9810	5043	4767	903	195	708
皖江江南新兴产业集中区	7008	3946	3062	707	194	513
九华山风景区						
宣城市	**563138**	**280305**	**282833**	**19947**	**5025**	**14922**
宣州区	187605	90153	97452	5916	1318	4598
郎溪县						
泾县						
绩溪县						
旌德县						
宣城市经济开发区						
宁国市	187076	93306	93770	6242	1550	4692
广德市	188457	96846	91611	7789	2157	5632

4-4a 续表 3

单位：人

地　区	学前教育			小　学		
	小计	男	女	小计	男	女
安　徽	**12685**	**3845**	**8840**	**1792244**	**703787**	**1088457**
合肥市	**1844**	**551**	**1293**	**353550**	**134237**	**219313**
瑶海区	270	89	181	79883	29551	50332
庐阳区	337	106	231	50968	19337	31631
蜀山区	395	120	275	60586	21899	38687
包河区	440	142	298	97815	39416	58399
长丰县						
肥东县						
肥西县	8	2	6	4451	1748	2703
庐江县						
合肥高新技术产业开发区						
合肥经济技术开发区						
合肥新站高新技术产业开发区	28	16	12	5774	2145	3629
巢湖市	366	76	290	54073	20141	33932
芜湖市	**1033**	**352**	**681**	**191830**	**78552**	**113278**
镜湖区	266	76	190	45495	16882	28613
弋江区	245	84	161	48934	20830	28104
鸠江区	234	82	152	42594	17601	24993
三山区	75	29	46	19507	8912	10595
芜湖县	44	16	28	3215	1456	1759
繁昌县						
南陵县						
芜湖经济技术开发区	12	7	5	736	402	334
安徽芜湖长江大桥经济开发区						
无为市	157	58	99	31349	12469	18880
蚌埠市	**370**	**113**	**257**	**81450**	**33132**	**48318**
龙子湖区	137	48	89	18619	7313	11306
蚌山区	61	17	44	15683	5993	9690
禹会区	127	37	90	26277	10862	15415
淮上区	45	11	34	20871	8964	11907
怀远县						
五河县						
固镇县						
蚌埠市高新技术开发区						
蚌埠市经济开发区						
淮南市	**1723**	**589**	**1134**	**123973**	**50969**	**73004**
大通区	34	9	25	4336	1793	2543
田家庵区	714	257	457	65664	26518	39146
谢家集区	314	129	185	25862	11001	14861
八公山区	489	145	344	17259	6939	10320
潘集区	172	49	123	10852	4718	6134
凤台县						
寿县						

4-4a 续表 4

单位：人

地区	学前教育			小学		
	小计	男	女	小计	男	女
马鞍山市	**982**	**287**	**695**	**111565**	**46362**	**65203**
花山区	349	96	253	53941	21479	32462
雨山区	364	105	259	40113	16707	23406
博望区	269	86	183	17511	8176	9335
当涂县						
含山县						
和县						
淮北市	**520**	**183**	**337**	**74394**	**31836**	**42558**
杜集区	104	31	73	18296	8250	10046
相山区	154	57	97	30914	12395	18519
烈山区	211	76	135	14892	6694	8198
濉溪县	51	19	32	10292	4497	5795
铜陵市	**706**	**209**	**497**	**69647**	**26879**	**42768**
铜官区	403	112	291	47876	18249	29627
义安区	210	69	141	14144	5308	8836
郊区	93	28	65	7627	3322	4305
枞阳县						
安庆市	**1002**	**254**	**748**	**165425**	**60625**	**104800**
迎江区	214	46	168	28055	9845	18210
大观区	129	30	99	18204	5993	12211
宜秀区	75	19	56	21327	9048	12279
怀宁县						
太湖县						
宿松县						
望江县	129	27	102	19341	5930	13411
岳西县						
安徽安庆经济开发区				38	22	16
桐城市	222	69	153	49886	19645	30241
潜山市	233	63	170	28574	10142	18432
黄山市	**226**	**76**	**150**	**42479**	**16736**	**25743**
屯溪区	95	28	67	26994	10407	16587
黄山区	70	28	42	7857	3411	4446
徽州区	38	12	26	5987	2223	3764
歙县	17	6	11	700	300	400
休宁县	6	2	4	941	395	546
黟县						
祁门县						
滁州市	**1002**	**272**	**730**	**113537**	**40541**	**72996**
琅琊区	506	135	371	33261	12845	20416
南谯区	122	29	93	20352	7928	12424
来安县						
全椒县						
定远县						
凤阳县						
苏滁现代产业园						
滁州经济技术开发区						
天长市	294	87	207	36096	11921	24175
明光市	80	21	59	23828	7847	15981

4-4a 续表 5 单位：人

地区	学前教育			小学		
	小计	男	女	小计	男	女
阜阳市	**364**	**93**	**271**	**95678**	**38452**	**57226**
颍州区	170	49	121	35955	14755	21200
颍东区	75	22	53	17802	7636	10166
颍泉区	78	16	62	21738	8875	12863
临泉县						
太和县						
阜南县						
颍上县						
阜阳合肥现代产业园区						
阜阳经济技术开发区						
界首市	41	6	35	20183	7186	12997
宿州市	**550**	**154**	**396**	**46548**	**18181**	**28367**
埇桥区	550	154	396	45636	17788	27848
砀山县						
萧县				912	393	519
灵璧县						
泗县						
宿州马鞍山现代产业园区						
宿州经济技术开发区						
六安市	**696**	**187**	**509**	**98513**	**36679**	**61834**
金安区	301	66	235	44148	15771	28377
裕安区	364	110	254	40584	14938	25646
叶集区	14	5	9	11974	5199	6775
霍邱县	14	4	10	601	235	366
舒城县	3	2	1	1206	536	670
金寨县						
霍山县						
亳州市	**354**	**121**	**233**	**66433**	**27453**	**38980**
谯城区	354	121	233	65446	27156	38290
涡阳县						
蒙城县						
利辛县				987	297	690
池州市	**460**	**121**	**339**	**48703**	**17305**	**31398**
贵池区	438	111	327	45069	15680	29389
东至县						
石台县						
青阳县						
池州市国家经济技术开发区	15	6	9	1901	782	1119
皖江江南新兴产业集中区	7	4	3	1733	843	890
九华山风景区						
宣城市	**853**	**283**	**570**	**108519**	**45848**	**62671**
宣州区	373	104	269	34276	13336	20940
郎溪县						
泾县						
绩溪县						
旌德县						
宣城市经济开发区						
宁国市	173	59	114	32233	13441	18792
广德市	307	120	187	42010	19071	22939

4-4a 续表 6　　　　单位：人

地区	初中			高中			大学专科		
	小计	男	女	小计	男	女	小计	男	女
安徽	**4113664**	**2037789**	**2075875**	**2196418**	**1165760**	**1030658**	**1590088**	**831948**	**758140**
合肥市	**841282**	**423322**	**417960**	**550366**	**287790**	**262576**	**532259**	**270491**	**261768**
瑶海区	215347	109436	105911	128584	69688	58896	95564	50675	44889
庐阳区	127647	62924	64723	91458	46578	44880	86784	43689	43095
蜀山区	144569	70076	74493	116929	58085	58844	142577	69353	73224
包河区	226192	117191	109001	144397	74940	69457	159108	80049	79059
长丰县									
肥东县									
肥西县	9885	5496	4389	6829	4077	2752	7109	4043	3066
庐江县									
合肥高新技术产业开发区									
合肥经济技术开发区									
合肥新站高新技术产业开发区	14974	7548	7426	10092	5357	4735	9467	5020	4447
巢湖市	102668	50651	52017	52077	29065	23012	31650	17662	13988
芜湖市	**346089**	**178604**	**167485**	**209337**	**113518**	**95819**	**143197**	**76683**	**66514**
镜湖区	105434	51256	54178	85823	44317	41506	56295	29636	26659
弋江区	80153	42386	37767	54068	29141	24927	38705	20461	18244
鸠江区	72291	39221	33070	37419	21479	15940	30338	16298	14040
三山区	29315	17258	12057	8346	5456	2890	5435	3312	2123
芜湖县	2914	1755	1159	539	360	179	150	87	63
繁昌县									
南陵县									
芜湖经济技术开发区	755	454	301	221	140	81	86	52	34
安徽芜湖长江大桥经济开发区									
无为市	55227	26274	28953	22921	12625	10296	12188	6837	5351
蚌埠市	**200328**	**99865**	**100463**	**112318**	**58815**	**53503**	**55205**	**29518**	**25687**
龙子湖区	50507	24660	25847	31607	16277	15330	14680	7983	6697
蚌山区	42069	20588	21481	28446	14655	13791	15102	7870	7232
禹会区	59677	29253	30424	36779	19296	17483	17784	9624	8160
淮上区	48075	25364	22711	15486	8587	6899	7639	4041	3598
怀远县									
五河县									
固镇县									
蚌埠市高新技术开发区									
蚌埠市经济开发区									
淮南市	**320853**	**153830**	**167023**	**158823**	**80950**	**77873**	**92678**	**47839**	**44839**
大通区	12667	6204	6463	7180	3680	3500	3834	2007	1827
田家庵区	169254	80017	89237	103248	50791	52457	71138	35994	35144
谢家集区	65006	32169	32837	25014	13372	11642	8872	4879	3993
八公山区	45824	22058	23766	16244	8959	7285	5665	3140	2525
潘集区	28102	13382	14720	7137	4148	2989	3169	1819	1350
凤台县									
寿县									

4-4a 续表 7 单位：人

地区	初中			高中			大学专科		
	小计	男	女	小计	男	女	小计	男	女
马鞍山市	**225938**	**115908**	**110030**	**124167**	**66875**	**57292**	**82063**	**43982**	**38081**
花山区	118139	59269	58870	72834	38671	34163	47620	25341	22279
雨山区	82325	42254	40071	45509	24612	20897	32046	17343	14703
博望区	25474	14385	11089	5824	3592	2232	2397	1298	1099
当涂县									
含山县									
和县									
淮北市	**235966**	**113733**	**122233**	**104872**	**54865**	**50007**	**69579**	**36252**	**33327**
杜集区	50956	25275	25681	17672	10044	7628	6696	3720	2976
相山区	127681	58017	69664	74793	37235	37558	57559	29484	28075
烈山区	34690	17530	17160	9090	5200	3890	3875	2112	1763
濉溪县	22639	12911	9728	3317	2386	931	1449	936	513
铜陵市	**142737**	**70499**	**72238**	**90457**	**49196**	**41261**	**52550**	**29167**	**23383**
铜官区	103179	50014	53165	73253	39130	34123	43043	23691	19352
义安区	27000	13617	13383	11353	6453	4900	6949	3953	2996
郊区	12558	6868	5690	5851	3613	2238	2558	1523	1035
枞阳县									
安庆市	**291366**	**143647**	**147719**	**146468**	**81014**	**65454**	**96241**	**52012**	**44229**
迎江区	60366	29393	30973	44415	23466	20949	30328	15990	14338
大观区	39712	18567	21145	32641	17464	15177	18251	10050	8201
宜秀区	33592	18691	14901	13150	7922	5228	9684	5127	4557
怀宁县									
太湖县									
宿松县									
望江县	24279	11589	12690	9632	5416	4216	6902	3885	3017
岳西县									
安徽安庆经济开发区	96	70	26	51	40	11	78	70	8
桐城市	91420	44643	46777	33956	19107	14849	19371	10462	8909
潜山市	41901	20694	21207	12623	7599	5024	11627	6428	5199
黄山市	**104884**	**50413**	**54471**	**52208**	**27164**	**25044**	**39074**	**20313**	**18761**
屯溪区	64825	30672	34153	36885	18679	18206	28676	14619	14057
黄山区	18038	8737	9301	8442	4396	4046	6014	3251	2763
徽州区	19271	9538	9733	6211	3692	2519	3963	2214	1749
歙县	1489	782	707	273	193	80	122	61	61
休宁县	1261	684	577	397	204	193	299	168	131
黟县									
祁门县									
滁州市	**240380**	**121459**	**118921**	**133872**	**72539**	**61333**	**76498**	**42092**	**34406**
琅琊区	72624	36810	35814	40808	22015	18793	23958	13088	10870
南谯区	49165	26162	23003	22740	12669	10071	18304	9838	8466
来安县									
全椒县									
定远县									
凤阳县									
苏滁现代产业园									
滁州经济技术开发区									
天长市	64706	32857	31849	34603	19162	15441	21244	11809	9435
明光市	53885	25630	28255	35721	18693	17028	12992	7357	5635

4-4a 续表 8 单位：人

地区	初中			高中			大学专科		
	小计	男	女	小计	男	女	小计	男	女
阜阳市	**284132**	**137025**	**147107**	**119606**	**62893**	**56713**	**86769**	**45383**	**41386**
颍州区	102673	48902	53771	54005	27414	26591	44598	22623	21975
颍东区	52002	25643	26359	19569	10818	8751	12093	6685	5408
颍泉区	63819	31581	32238	25052	13126	11926	14769	7782	6987
临泉县									
太和县									
阜南县									
颍上县									
阜阳合肥现代产业园区									
阜阳经济技术开发区									
界首市	65638	30899	34739	20980	11535	9445	15309	8293	7016
宿州市	**171104**	**79668**	**91436**	**93947**	**47592**	**46355**	**62754**	**31975**	**30779**
埇桥区	168740	78415	90325	93410	47291	46119	62590	31878	30712
砀山县									
萧县	2364	1253	1111	537	301	236	164	97	67
灵璧县									
泗县									
宿州马鞍山现代产业园区									
宿州经济技术开发区									
六安市	**210552**	**98732**	**111820**	**101821**	**53319**	**48502**	**61875**	**32688**	**29187**
金安区	93745	43314	50431	46625	24572	22053	28549	15189	13360
裕安区	87781	40552	47229	48704	25061	23643	30556	15980	14576
叶集区	26830	13695	13135	5820	3275	2545	2609	1414	1195
霍邱县	993	526	467	139	85	54	39	26	13
舒城县	1203	645	558	533	326	207	122	79	43
金寨县									
霍山县									
亳州市	**179049**	**89820**	**89229**	**61935**	**32724**	**29211**	**40305**	**20598**	**19707**
谯城区	177054	88778	88276	61838	32662	29176	40273	20582	19691
涡阳县									
蒙城县									
利辛县	1995	1042	953	97	62	35	32	16	16
池州市	**90969**	**44713**	**46256**	**41731**	**23757**	**17974**	**33684**	**18224**	**15460**
贵池区	84415	40940	43475	39300	22180	17120	32047	17208	14839
东至县									
石台县									
青阳县									
池州市国家经济技术开发区	3557	1977	1580	1462	887	575	1236	736	500
皖江江南新兴产业集中区	2997	1796	1201	969	690	279	401	280	121
九华山风景区									
宣城市	**228035**	**116551**	**111484**	**94490**	**52749**	**41741**	**65357**	**34731**	**30626**
宣州区	70396	34076	36320	31965	17069	14896	24390	12975	11415
郎溪县									
泾县									
绩溪县									
旌德县									
宣城市经济开发区									
宁国市	77751	39643	38108	34131	19157	14974	23001	12121	10880
广德市	79888	42832	37056	28394	16523	11871	17966	9635	8331

4-4a 续表 9 单位：人

地区	大学本科			硕士研究生			博士研究生		
	小计	男	女	小计	男	女	小计	男	女
安徽	**1245925**	**687663**	**558262**	**154374**	**85683**	**68691**	**23005**	**15833**	**7172**
合肥市	**472894**	**259096**	**213798**	**82988**	**45974**	**37014**	**15327**	**10571**	**4756**
瑶海区	55244	30673	24571	5162	2887	2275	474	311	163
庐阳区	68291	37212	31079	8840	4902	3938	973	635	338
蜀山区	161151	86813	74338	35111	19124	15987	7099	4817	2282
包河区	156986	86040	70946	30964	17423	13541	6429	4561	1868
长丰县									
肥东县									
肥西县	4872	3004	1868	638	355	283	93	69	24
庐江县									
合肥高新技术产业开发区									
合肥经济技术开发区									
合肥新站高新技术产业开发区	5499	3060	2439	577	330	247	72	46	26
巢湖市	20851	12294	8557	1696	953	743	187	132	55
芜湖市	**115109**	**63320**	**51789**	**15811**	**8478**	**7333**	**1893**	**1301**	**592**
镜湖区	48510	26225	22285	6105	3348	2757	704	465	239
弋江区	28833	15723	13110	5358	2688	2670	730	495	235
鸠江区	24853	13877	10976	3639	2008	1631	390	289	101
三山区	2806	1737	1069	242	142	100	22	19	3
芜湖县	63	35	28	6	4	2	2	2	
繁昌县									
南陵县									
芜湖经济技术开发区	36	20	16	4	3	1			
安徽芜湖长江大桥经济开发区									
无为市	10008	5703	4305	457	285	172	45	31	14
蚌埠市	**33121**	**17879**	**15242**	**3224**	**1752**	**1472**	**331**	**217**	**114**
龙子湖区	9362	5001	4361	1186	641	545	136	87	49
蚌山区	9804	5259	4545	1017	551	466	117	79	38
禹会区	9972	5469	4503	717	394	323	64	42	22
淮上区	3983	2150	1833	304	166	138	14	9	5
怀远县									
五河县									
固镇县									
蚌埠市高新技术开发区									
蚌埠市经济开发区									
淮南市	**60678**	**33335**	**27343**	**6216**	**3618**	**2598**	**948**	**682**	**266**
大通区	2119	1160	959	145	76	69	12	10	2
田家庵区	51349	28140	23209	5675	3332	2343	873	633	240
谢家集区	3658	2032	1626	220	121	99	40	26	14
八公山区	2169	1230	939	130	61	69	18	11	7
潘集区	1383	773	610	46	28	18	5	2	3
凤台县									
寿县									

4-4a 续表 10 单位：人

地区	大学本科			硕士研究生			博士研究生		
	小计	男	女	小计	男	女	小计	男	女
马鞍山市	**65561**	**36531**	**29030**	**7902**	**4691**	**3211**	**851**	**617**	**234**
花山区	37359	20764	16595	4019	2356	1663	476	348	128
雨山区	26732	14955	11777	3816	2299	1517	363	262	101
博望区	1470	812	658	67	36	31	12	7	5
当涂县									
含山县									
和县									
淮北市	**50095**	**27564**	**22531**	**4115**	**2209**	**1906**	**545**	**366**	**179**
杜集区	3312	1928	1384	218	123	95	39	25	14
相山区	44316	24086	20230	3530	1939	1591	474	321	153
烈山区	1716	1013	703	312	116	196	19	10	9
濉溪县	751	537	214	55	31	24	13	10	3
铜陵市	**42783**	**24457**	**18326**	**3918**	**2252**	**1666**	**294**	**203**	**91**
铜官区	36848	21053	15795	3476	2014	1462	265	189	76
义安区	4664	2664	2000	333	184	149	23	14	9
郊区	1271	740	531	109	54	55	6		6
枞阳县									
安庆市	**67602**	**39231**	**28371**	**5512**	**2950**	**2562**	**659**	**447**	**212**
迎江区	22779	12921	9858	2045	1110	935	200	137	63
大观区	12632	7211	5421	1296	703	593	207	142	65
宜秀区	6085	3395	2690	787	398	389	90	64	26
怀宁县									
太湖县									
宿松县									
望江县	5699	3375	2324	220	119	101	24	14	10
岳西县									
安徽安庆经济开发区	71	64	7	3	3				
桐城市	12066	7292	4774	690	370	320	85	57	28
潜山市	8270	4973	3297	471	247	224	53	33	20
黄山市	**29375**	**16344**	**13031**	**2381**	**1274**	**1107**	**207**	**120**	**87**
屯溪区	23339	12841	10498	2086	1111	975	183	105	78
黄山区	3431	1995	1436	144	70	74	13	8	5
徽州区	2342	1371	971	127	75	52	10	6	4
歙县	50	29	21	2	2				
休宁县	213	108	105	22	16	6	1	1	
黟县									
祁门县									
滁州市	**52536**	**29816**	**22720**	**3485**	**1996**	**1489**	**305**	**212**	**93**
琅琊区	16661	9359	7302	1297	733	564	151	101	50
南谯区	14071	7887	6184	1283	737	546	84	63	21
来安县									
全椒县									
定远县									
凤阳县									
苏滁现代产业园									
滁州经济技术开发区									
天长市	14569	8438	6131	647	368	279	49	38	11
明光市	7235	4132	3103	258	158	100	21	10	11

4-4a 续表 11 单位：人

地区	大学本科			硕士研究生			博士研究生		
	小计	男	女	小计	男	女	小计	男	女
阜阳市	**60309**	**32754**	**27555**	**4616**	**2551**	**2065**	**547**	**371**	**176**
颍州区	35319	19069	16250	3239	1767	1472	424	289	135
颍东区	7646	4148	3498	314	172	142	29	21	8
颍泉区	9531	5252	4279	526	320	206	53	29	24
临泉县									
太和县									
阜南县									
颍上县									
阜阳合肥现代产业园区									
阜阳经济技术开发区									
界首市	7813	4285	3528	537	292	245	41	32	9
宿州市	**44665**	**23998**	**20667**	**3357**	**1759**	**1598**	**307**	**181**	**126**
埇桥区	44602	23961	20641	3347	1757	1590	306	180	126
砀山县									
萧县	63	37	26	10	2	8	1	1	
灵璧县									
泗县									
宿州马鞍山现代产业园区									
宿州经济技术开发区									
六安市	**50157**	**28455**	**21702**	**3698**	**2146**	**1552**	**334**	**235**	**99**
金安区	24094	13781	10313	2080	1220	860	172	113	59
裕安区	24070	13502	10568	1517	865	652	156	117	39
叶集区	1922	1125	797	96	58	38	5	4	1
霍邱县	14	9	5	1	1				
舒城县	57	38	19	4	2	2	1	1	
金寨县									
霍山县									
亳州市	**31996**	**16733**	**15263**	**2182**	**1202**	**980**	**119**	**82**	**37**
谯城区	31986	16728	15258	2182	1202	980	119	82	37
涡阳县									
蒙城县									
利辛县	10	5	5						
池州市	**26010**	**14690**	**11320**	**2243**	**1293**	**950**	**161**	**108**	**53**
贵池区	25142	14133	11009	2184	1253	931	158	106	52
东至县									
石台县									
青阳县									
池州市国家经济技术开发区	684	425	259	49	33	16	3	2	1
皖江江南新兴产业集中区	184	132	52	10	7	3			
九华山风景区									
宣城市	**43034**	**23460**	**19574**	**2726**	**1538**	**1188**	**177**	**120**	**57**
宣州区	18828	10436	8392	1380	784	596	81	55	26
郎溪县									
泾县									
绩溪县									
旌德县									
宣城市经济开发区									
宁国市	12722	6882	5840	770	420	350	53	33	20
广德市	11484	6142	5342	576	334	242	43	32	11

4-4b 各地区分性别、受教育程度的25岁及以上人口(镇)

单位：人

地区	25岁及以上人口			未上过学		
	合计	男	女	小计	男	女
安徽	**13193878**	**6462401**	**6731477**	**709831**	**166550**	**543281**
合肥市	**2325136**	**1171981**	**1153155**	**115836**	**24231**	**91605**
瑶海区	16935	8534	8401	634	122	512
庐阳区	47754	22559	25195	956	155	801
蜀山区	23384	12050	11334	1916	506	1410
包河区						
长丰县	310266	155643	154623	15387	3620	11767
肥东县	416410	209830	206580	24729	3866	20863
肥西县	370396	187621	182775	16365	3455	12910
庐江县	342519	167429	175090	20952	5206	15746
合肥高新技术产业开发区	176616	91125	85491	6093	1216	4877
合肥经济技术开发区	324966	164962	160004	12616	2552	10064
合肥新站高新技术产业开发区	219192	114442	104750	10144	2223	7921
巢湖市	76698	37786	38912	6044	1310	4734
芜湖市	**825066**	**412438**	**412628**	**52383**	**13389**	**38994**
镜湖区	828	414	414	157	45	112
弋江区						
鸠江区	61290	30545	30745	6337	1437	4900
三山区	13444	6366	7078	296	46	250
芜湖县	163716	82643	81073	6903	1742	5161
繁昌县	112010	55588	56422	3564	861	2703
南陵县	171675	81290	90385	5889	1416	4473
芜湖经济技术开发区	125286	66894	58392	8199	1947	6252
安徽芜湖长江大桥经济开发区	11086	5606	5480	2099	625	1474
无为市	165731	83092	82639	18939	5270	13669
蚌埠市	**735091**	**352022**	**383069**	**36270**	**9727**	**26543**
龙子湖区	8295	5070	3225	378	179	199
蚌山区						
禹会区	7261	3707	3554	558	192	366
淮上区	19919	9975	9944	1556	434	1122
怀远县	225982	109024	116958	15162	4391	10771
五河县	156194	73728	82466	10760	2691	8069
固镇县	104205	48731	55474	3438	833	2605
蚌埠市高新技术开发区	40929	19793	21136	803	200	603
蚌埠市经济开发区	172306	81994	90312	3615	807	2808
淮南市	**538882**	**267421**	**271461**	**29600**	**9315**	**20285**
大通区	60481	30097	30384	3877	1142	2735
田家庵区	9507	4790	4717	637	198	439
谢家集区	2778	1426	1352	221	87	134
八公山区	45	20	25	2		2
潘集区	52497	27737	24760	3832	1251	2581
凤台县	163771	82960	80811	8072	2516	5556
寿县	249803	120391	129412	12959	4121	8838

4-4b 续表 1

单位：人

地 区	25岁及以上人口			未上过学		
	合计	男	女	小计	男	女
马鞍山市	**510948**	**251368**	**259580**	**41589**	**9462**	**32127**
花山区						
雨山区						
博望区	7775	4142	3633	780	217	563
当涂县	214361	107383	106978	18438	4656	13782
含山县	137919	65590	72329	10384	2047	8337
和县	150893	74253	76640	11987	2542	9445
淮北市	**308726**	**149423**	**159303**	**21590**	**5486**	**16104**
杜集区	35676	17667	18009	4187	1184	3003
相山区						
烈山区	23899	11966	11933	1448	396	1052
濉溪县	249151	119790	129361	15955	3906	12049
铜陵市	**221096**	**104702**	**116394**	**31951**	**7199**	**24752**
铜官区	174	91	83	11	5	6
义安区	21382	11129	10253	2085	487	1598
郊区	23170	11340	11830	3753	901	2852
枞阳县	176370	82142	94228	26102	5806	20296
安庆市	**888621**	**426850**	**461771**	**38873**	**7309**	**31564**
迎江区						
大观区	14977	7392	7585	1281	214	1067
宜秀区	21496	10604	10892	2126	514	1612
怀宁县	174665	83019	91646	5299	746	4553
太湖县	126409	59861	66548	5329	951	4378
宿松县	162981	75736	87245	4907	646	4261
望江县	46616	22454	24162	3339	728	2611
岳西县	88202	41512	46690	3684	717	2967
安徽安庆经济开发区	101894	52381	49513	3228	696	2532
桐城市	83270	40370	42900	5731	1269	4462
潜山市	68111	33521	34590	3949	828	3121
黄山市	**299036**	**146038**	**152998**	**13313**	**2346**	**10967**
屯溪区	5728	2976	2752	423	98	325
黄山区	22013	12188	9825	1279	339	940
徽州区	9312	4749	4563	592	121	471
歙县	117216	56729	60487	4128	590	3538
休宁县	63436	30099	33337	3016	549	2467
黟县	25618	12683	12935	847	164	683
祁门县	55713	26614	29099	3028	485	2543
滁州市	**1145855**	**573080**	**572775**	**36533**	**7538**	**28995**
琅琊区						
南谯区	43338	21706	21632	3101	636	2465
来安县	179371	91217	88154	4919	977	3942
全椒县	195430	97577	97853	3552	655	2897
定远县	210811	103068	107743	7434	1579	5855
凤阳县	213635	105892	107743	6545	1744	4801
苏滁现代产业园	17175	10211	6964	633	145	488
滁州经济技术开发区	76925	38133	38792	1705	285	1420
天长市	150313	75624	74689	5536	826	4710
明光市	58857	29652	29205	3108	691	2417

4-4b 续表 2

单位：人

地区	25岁及以上人口			未上过学		
	合计	男	女	小计	男	女
阜阳市	**1523488**	**737581**	**785907**	**106648**	**24932**	**81716**
颍州区	41711	20438	21273	3708	839	2869
颍东区	51801	26783	25018	5782	1475	4307
颍泉区	54738	27268	27470	5145	1170	3975
临泉县	313900	151054	162846	18836	4029	14807
太和县	396924	189436	207488	20407	3649	16758
阜南县	214193	100786	113407	21663	4974	16689
颍上县	308541	151845	156696	22616	6900	15716
阜阳合肥现代产业园区	4292	2250	2042	432	110	322
阜阳经济技术开发区	66917	32822	34095	2309	596	1713
界首市	70471	34899	35572	5750	1190	4560
宿州市	**1108452**	**530106**	**578346**	**30701**	**7080**	**23621**
埇桥区	138064	68224	69840	4085	979	3106
砀山县	254220	120529	133691	3720	734	2986
萧县	242667	117230	125437	8252	1988	6264
灵璧县	218317	101767	116550	7597	1652	5945
泗县	200415	95988	104427	4015	995	3020
宿州马鞍山现代产业园区	17144	8320	8824	1281	296	985
宿州经济技术开发区	37625	18048	19577	1751	436	1315
六安市	**930678**	**445056**	**485622**	**32426**	**8275**	**24151**
金安区	90847	39709	51138	3690	867	2823
裕安区	61068	29536	31532	3489	936	2553
叶集区	20123	9475	10648	1240	311	929
霍邱县	228300	112984	115316	10821	3168	7653
舒城县	235221	111120	124101	8105	1837	6268
金寨县	144313	68876	75437	1194	315	879
霍山县	150806	73356	77450	3887	841	3046
亳州市	**931800**	**451853**	**479947**	**64916**	**16110**	**48806**
谯城区	82589	40456	42133	8530	1952	6578
涡阳县	285315	139392	145923	17121	4384	12737
蒙城县	300583	144498	156085	18363	4593	13770
利辛县	263313	127507	135806	20902	5181	15721
池州市	**313216**	**150375**	**162841**	**25614**	**5782**	**19832**
贵池区	29021	15088	13933	4798	1109	3689
东至县	162765	77062	85703	13225	2629	10596
石台县	25774	12295	13479	1928	478	1450
青阳县	92380	44165	48215	5480	1514	3966
池州市国家经济技术开发区						
皖江江南新兴产业集中区						
九华山风景区	3276	1765	1511	183	52	131
宣城市	**587787**	**292107**	**295680**	**31588**	**8369**	**23219**
宣州区	79085	39394	39691	6843	1857	4986
郎溪县	149149	73985	75164	9671	2560	7111
泾县	111489	53753	57736	3675	910	2765
绩溪县	64237	31025	33212	1546	250	1296
旌德县	50264	24476	25788	1695	433	1262
宣城市经济开发区	58154	29502	28652	2398	628	1770
宁国市	21956	11793	10163	2316	708	1608
广德市	53453	28179	25274	3444	1023	2421

4-4b 续表 3

单位：人

地　区	学前教育			小　学		
	小计	男	女	小计	男	女
安　徽	**23555**	**7084**	**16471**	**3005532**	**1215908**	**1789624**
合肥市	**2799**	**829**	**1970**	**431363**	**169194**	**262169**
瑶海区	12	2	10	2500	957	1543
庐阳区	23	5	18	3724	1198	2526
蜀山区	74	27	47	6893	3228	3665
包河区						
长丰县	204	69	135	56425	22331	34094
肥东县	755	198	557	95096	36486	58610
肥西县	339	100	239	56695	21749	34946
庐江县	772	253	519	92670	37278	55392
合肥高新技术产业开发区	88	36	52	19405	7208	12197
合肥经济技术开发区	202	54	148	39658	14802	24856
合肥新站高新技术产业开发区	150	51	99	32612	13089	19523
巢湖市	180	34	146	25685	10868	14817
芜湖市	**1904**	**551**	**1353**	**237940**	**101436**	**136504**
镜湖区				212	90	122
弋江区						
鸠江区	99	32	67	22315	10200	12115
三山区	11	4	7	1648	453	1195
芜湖县	593	167	426	46662	18844	27818
繁昌县	151	35	116	27862	10952	16910
南陵县	365	96	269	50202	20640	29562
芜湖经济技术开发区	103	29	74	21610	9154	12456
安徽芜湖长江大桥经济开发区	103	30	73	3166	1590	1576
无为市	479	158	321	64263	29513	34750
蚌埠市	**788**	**253**	**535**	**134942**	**55323**	**79619**
龙子湖区	4	2	2	2227	1267	960
蚌山区						
禹会区	5	1	4	1944	908	1036
淮上区	36	6	30	5420	2428	2992
怀远县	194	58	136	49984	21635	28349
五河县	347	120	227	37875	15034	22841
固镇县	82	27	55	17470	6732	10738
蚌埠市高新技术开发区	24	11	13	4423	1641	2782
蚌埠市经济开发区	96	28	68	15599	5678	9921
淮南市	**1032**	**394**	**638**	**137277**	**58711**	**78566**
大通区	103	34	69	13333	5911	7422
田家庵区	4	1	3	2992	1386	1606
谢家集区				856	407	449
八公山区				17	5	12
潘集区	82	32	50	12693	5638	7055
凤台县	185	66	119	28092	11464	16628
寿县	658	261	397	79294	33900	45394

4-4b 续表 4

单位：人

地区	学前教育			小学		
	小计	男	女	小计	男	女
马鞍山市	**2496**	**763**	**1733**	**140918**	**57995**	**82923**
花山区						
雨山区						
博望区	14	2	12	2939	1308	1631
当涂县	869	325	544	54087	22872	31215
含山县	1188	334	854	40779	16158	24621
和县	425	102	323	43113	17657	25456
淮北市	**258**	**79**	**179**	**58082**	**24834**	**33248**
杜集区	59	21	38	6848	3210	3638
相山区						
烈山区	40	6	34	5288	2330	2958
濉溪县	159	52	107	45946	19294	26652
铜陵市	**829**	**269**	**560**	**65509**	**27107**	**38402**
铜官区				65	31	34
义安区	296	108	188	7199	3172	4027
郊区	63	26	37	7038	3097	3941
枞阳县	470	135	335	51207	20807	30400
安庆市	**2133**	**466**	**1667**	**256571**	**94213**	**162358**
迎江区						
大观区	35	11	24	5028	2073	2955
宜秀区	45	14	31	9243	4132	5111
怀宁县	406	78	328	46905	16555	30350
太湖县	608	154	454	40435	14467	25968
宿松县	206	27	179	42483	12486	29997
望江县	112	19	93	16633	6428	10205
岳西县	90	16	74	22947	8597	14350
安徽安庆经济开发区	178	39	139	19087	7793	11294
桐城市	214	67	147	26780	10906	15874
潜山市	239	41	198	27030	10776	16254
黄山市	**475**	**124**	**351**	**69112**	**27565**	**41547**
屯溪区	7		7	1296	643	653
黄山区	53	26	27	7062	3551	3511
徽州区	6	1	5	2932	1298	1634
歙县	160	41	119	24384	9186	15198
休宁县	149	35	114	16790	6496	10294
黟县	47	7	40	4477	1762	2715
祁门县	53	14	39	12171	4629	7542
滁州市	**2075**	**532**	**1543**	**226005**	**85482**	**140523**
琅琊区						
南谯区	171	57	114	9843	4112	5731
来安县	163	45	118	31826	11826	20000
全椒县	535	112	423	40852	14265	26587
定远县	199	48	151	37890	13768	24122
凤阳县	143	51	92	38846	15589	23257
苏滁现代产业园	38	8	30	3087	1534	1553
滁州经济技术开发区	139	58	81	11361	3913	7448
天长市	628	132	496	36696	14429	22267
明光市	59	21	38	15604	6046	9558

4-4b 续表 5

单位：人

地 区	学前教育			小 学		
	小计	男	女	小计	男	女
阜阳市	**1699**	**539**	**1160**	**351442**	**146248**	**205194**
颍州区	32	8	24	9546	4174	5372
颍东区	41	11	30	11839	5428	6411
颍泉区	105	37	68	15714	6835	8879
临泉县	370	117	253	84005	35660	48345
太和县	482	116	366	85772	31707	54065
阜南县	124	54	70	45553	19517	26036
颍上县	313	127	186	70474	31366	39108
阜阳合肥现代产业园区	1		1	880	446	434
阜阳经济技术开发区	132	40	92	10705	4417	6288
界首市	99	29	70	16954	6698	10256
宿州市	**1473**	**424**	**1049**	**196847**	**74224**	**122623**
埇桥区	230	69	161	30101	12520	17581
砀山县	235	61	174	34497	12475	22022
萧县	255	71	184	34340	13916	20424
灵璧县	219	60	159	40418	14501	25917
泗县	497	144	353	47352	16546	30806
宿州马鞍山现代产业园区	22	11	11	3827	1673	2154
宿州经济技术开发区	15	8	7	6312	2593	3719
六安市	**2107**	**646**	**1461**	**251824**	**101380**	**150444**
金安区	252	73	179	25981	9225	16756
裕安区	165	42	123	19811	8314	11497
叶集区	46	15	31	6281	2686	3595
霍邱县	654	237	417	66993	29196	37797
舒城县	349	111	238	57207	22300	34907
金寨县	91	20	71	32306	12258	20048
霍山县	550	148	402	43245	17401	25844
亳州市	**859**	**285**	**574**	**201371**	**85103**	**116268**
谯城区	112	32	80	20444	9132	11312
涡阳县	189	71	118	60910	26309	34601
蒙城县	243	61	182	66133	26475	39658
利辛县	315	121	194	53884	23187	30697
池州市	**781**	**230**	**551**	**90023**	**37798**	**52225**
贵池区	164	79	85	9257	4403	4854
东至县	426	95	331	51485	20786	30699
石台县	20	2	18	5807	2338	3469
青阳县	168	52	116	22757	9931	12826
池州市国家经济技术开发区						
皖江江南新兴产业集中区						
九华山风景区	3	2	1	717	340	377
宣城市	**1847**	**700**	**1147**	**156306**	**69295**	**87011**
宣州区	225	95	130	25595	11627	13968
郎溪县	692	285	407	39765	17375	22390
泾县	193	60	133	27064	11666	15398
绩溪县	100	25	75	12920	5116	7804
旌德县	244	91	153	14003	6214	7789
宣城市经济开发区	93	41	52	11466	4897	6569
宁国市	85	23	62	7939	4031	3908
广德市	215	80	135	17554	8369	9185

4-4b　续表 6　　单位：人

地　区	初　中			高　中			大学专科		
	小计	男	女	小计	男	女	小计	男	女
安　徽	**5466386**	**2817980**	**2648406**	**1990715**	**1129699**	**861016**	**1167130**	**646276**	**520854**
合肥市	**856626**	**456425**	**400201**	**351959**	**203768**	**148191**	**299154**	**162407**	**136747**
瑶海区	6277	3332	2945	2977	1701	1276	2583	1352	1231
庐阳区	9198	4160	5038	7940	3802	4138	11215	5348	5867
蜀山区	10428	5812	4616	2452	1532	920	1025	574	451
包河区									
长丰县	131552	70032	61520	52074	29423	22651	36237	19601	16636
肥东县	177054	99250	77804	59315	36337	22978	36203	20139	16064
肥西县	138379	71857	66522	61972	35940	26032	54301	29763	24538
庐江县	143142	74290	68852	43104	25400	17704	23836	13947	9889
合肥高新技术产业开发区	41019	21517	19502	25711	14155	11556	34125	17668	16457
合肥经济技术开发区	90686	47053	43633	49841	28127	21714	60369	31628	28741
合肥新站高新技术产业开发区	77277	41854	35423	38136	21939	16197	36144	20529	15615
巢湖市	31614	17268	14346	8437	5412	3025	3116	1858	1258
芜湖市	**316906**	**170273**	**146633**	**102979**	**61196**	**41783**	**67080**	**38506**	**28574**
镜湖区	314	176	138	72	52	20	50	38	12
弋江区									
鸠江区	23394	13273	10121	5490	3390	2100	2141	1261	880
三山区	3413	1576	1837	2202	1117	1085	3136	1629	1507
芜湖县	68618	37586	31032	19767	11966	7801	12311	7159	5152
繁昌县	47176	24430	22746	16360	9648	6712	10187	5924	4263
南陵县	72521	35798	36723	21631	11811	9820	12533	6881	5652
芜湖经济技术开发区	38695	21427	17268	22538	13825	8713	20523	11907	8616
安徽芜湖长江大桥经济开发区	4170	2410	1760	886	576	310	455	255	200
无为市	58605	33597	25008	14033	8811	5222	5744	3452	2292
蚌埠市	**298800**	**146660**	**152140**	**117387**	**61256**	**56131**	**77747**	**40961**	**36786**
龙子湖区	4262	2640	1622	947	648	299	292	193	99
蚌山区									
禹会区	3503	1856	1647	915	547	368	216	132	84
淮上区	10044	5405	4639	1860	1131	729	742	414	328
怀远县	106667	53406	53261	27007	14825	12182	15775	8542	7233
五河县	67630	33754	33876	20260	11440	8820	11909	6575	5334
固镇县	49868	23398	26470	18979	9890	9089	9621	5174	4447
蚌埠市高新技术开发区	13865	6434	7431	9384	4738	4646	6794	3579	3215
蚌埠市经济开发区	42961	19767	23194	38035	18037	19998	32398	16352	16046
淮南市	**242449**	**123498**	**118951**	**68633**	**40132**	**28501**	**37262**	**21728**	**15534**
大通区	28024	14547	13477	9109	5090	4019	3996	2186	1810
田家庵区	5106	2744	2362	516	316	200	161	92	69
谢家集区	1280	680	600	295	178	117	84	51	33
八公山区	9	4	5	14	8	6	3	3	
潘集区	27642	15150	12492	4900	3345	1555	2256	1560	696
凤台县	72882	36391	36491	27337	16332	11005	16752	9881	6871
寿县	107506	53982	53524	26462	14863	11599	14010	7955	6055

4－4b 续表 7

单位：人

地区	初中			高中			大学专科		
	小计	男	女	小计	男	女	小计	男	女
马鞍山市	**205803**	**112152**	**93651**	**59788**	**35973**	**23815**	**35284**	**20298**	**14986**
花山区									
雨山区									
博望区	3276	2122	1154	455	308	147	197	112	85
当涂县	87260	48109	39151	26541	15900	10641	16289	9248	7041
含山县	55933	29307	26626	15328	9267	6061	8115	4765	3350
和县	59334	32614	26720	17464	10498	6966	10683	6173	4510
淮北市	**157208**	**78616**	**78592**	**39106**	**22256**	**16850**	**20238**	**11241**	**8997**
杜集区	17231	8931	8300	4835	2846	1989	1732	996	736
相山区									
烈山区	12126	6231	5895	3183	1894	1289	1212	744	468
濉溪县	127851	63454	64397	31088	17516	13572	17294	9501	7793
铜陵市	**74105**	**39875**	**34230**	**23291**	**14707**	**8584**	**14462**	**8706**	**5756**
铜官区	68	40	28	13	9	4	11	4	7
义安区	8515	5144	3371	2029	1401	628	842	562	280
郊区	7865	4449	3416	2528	1631	897	1178	745	433
枞阳县	57657	30242	27415	18721	11666	7055	12431	7395	5036
安庆市	**340142**	**175074**	**165068**	**124245**	**75054**	**49191**	**75558**	**43463**	**32095**
迎江区									
大观区	6239	3553	2686	1392	940	452	682	393	289
宜秀区	7030	4086	2944	1765	1153	612	787	428	359
怀宁县	69834	34574	35260	29286	17581	11705	13689	7858	5831
太湖县	41870	21792	20078	15435	9181	6254	13729	7750	5979
宿松县	65300	31883	33417	24068	14973	9095	14903	8760	6143
望江县	18177	9960	8217	4336	2882	1454	2448	1492	956
岳西县	33159	16051	17108	13409	7527	5882	8499	4767	3732
安徽安庆经济开发区	35747	18947	16800	21310	11938	9372	13795	7773	6022
桐城市	36296	19093	17203	8334	5434	2900	3781	2280	1501
潜山市	26490	15135	11355	4910	3445	1465	3245	1962	1283
黄山市	**133382**	**68252**	**65130**	**40768**	**23786**	**16982**	**25517**	**14489**	**11028**
屯溪区	2553	1409	1144	571	335	236	337	187	150
黄山区	9199	5488	3711	2425	1523	902	1251	761	490
徽州区	4519	2565	1954	725	477	248	354	193	161
歙县	54874	27800	27074	17092	9786	7306	9693	5407	4286
休宁县	24970	12469	12501	9189	5291	3898	5847	3263	2584
黟县	11081	5457	5624	4238	2481	1757	3048	1729	1319
祁门县	26186	13064	13122	6528	3893	2635	4987	2949	2038
滁州市	**462932**	**240496**	**222436**	**249122**	**141567**	**107555**	**108799**	**61957**	**46842**
琅琊区									
南谯区	16985	9412	7573	6068	3541	2527	4107	2261	1846
来安县	73235	38499	34736	43543	24825	18718	16302	9410	6892
全椒县	78666	40356	38310	39446	23293	16153	21571	12454	9117
定远县	88500	44116	44384	44603	24980	19623	20824	11840	8984
凤阳县	86462	43419	43043	50681	27578	23103	20160	11346	8814
苏滁现代产业园	7649	4601	3048	3240	2188	1052	1646	1107	539
滁州经济技术开发区	29474	14757	14717	14401	8161	6240	10838	5798	5040
天长市	56249	31157	25092	36554	20557	15997	10635	6100	4535
明光市	25712	14179	11533	10586	6444	4142	2716	1641	1075

4-4b 续表 8

单位：人

地区	初中			高中			大学专科		
	小计	男	女	小计	男	女	小计	男	女
阜阳市	**734803**	**380360**	**354443**	**171768**	**98481**	**73287**	**97314**	**53679**	**43635**
颍州区	23134	12340	10794	3198	1914	1284	1305	721	584
颍东区	26244	14654	11590	4974	3344	1630	1922	1229	693
颍泉区	26439	14568	11871	4777	3038	1739	1768	1105	663
临泉县	137671	70710	66961	36711	20626	16085	21978	12053	9925
太和县	203331	105730	97601	45573	25772	19801	25937	13979	11958
阜南县	97046	48931	48115	25353	13851	11502	15073	8276	6797
颍上县	149036	75437	73599	34329	20256	14073	19378	10786	8592
阜阳合肥现代产业园区	2514	1411	1103	230	150	80	134	73	61
阜阳经济技术开发区	29569	14720	14849	11579	6103	5476	7785	4230	3555
界首市	39819	21859	17960	5044	3427	1617	2034	1227	807
宿州市	**476133**	**234792**	**241341**	**249502**	**131688**	**117814**	**98977**	**52322**	**46655**
埇桥区	75773	38856	36917	18067	10268	7799	6366	3580	2786
砀山县	86496	41796	44700	92928	46670	46258	25463	13054	12409
萧县	119794	58709	61085	44948	23987	20961	22293	11686	10607
灵璧县	84103	39997	44106	48494	25807	22687	23379	12210	11169
泗县	81943	41499	40444	37720	20894	16826	17545	9693	7852
宿州马鞍山现代产业园区	9645	4973	4672	1440	846	594	583	338	245
宿州经济技术开发区	18379	8962	9417	5905	3216	2689	3348	1761	1587
六安市	**386597**	**188413**	**198184**	**147117**	**81787**	**65330**	**66118**	**37920**	**28198**
金安区	40113	17874	22239	12100	6711	5389	5010	2742	2268
裕安区	26154	13428	12726	7580	4466	3114	2380	1449	931
叶集区	9391	4546	4845	1986	1194	792	706	428	278
霍邱县	98783	50893	47890	25919	14799	11120	14351	8294	6057
舒城县	96989	45733	51256	43265	23968	19297	17979	10291	7688
金寨县	63241	29953	33288	26734	14205	12529	12387	7102	5285
霍山县	51926	25986	25940	29533	16444	13089	13305	7614	5691
亳州市	**419313**	**215507**	**203806**	**131787**	**72612**	**59175**	**71580**	**38826**	**32754**
谯城区	44607	24243	20364	5700	3263	2437	2152	1233	919
涡阳县	123833	63470	60363	45227	24512	20715	24788	13285	11503
蒙城县	130017	66242	63775	43679	24392	19287	25915	13861	12054
利辛县	120856	61552	59304	37181	20445	16736	18725	10447	8278
池州市	**117333**	**60468**	**56865**	**37011**	**21747**	**15264**	**24899**	**14151**	**10748**
贵池区	10369	6444	3925	2582	1845	737	1222	800	422
东至县	59697	31258	28439	17478	10437	7041	12154	6980	5174
石台县	9004	4311	4693	3669	2056	1613	2989	1718	1271
青阳县	36903	17715	19188	12698	7041	5657	8228	4463	3765
池州市国家经济技术开发区									
皖江江南新兴产业集中区									
九华山风景区	1360	740	620	584	368	216	306	190	116
宣城市	**243854**	**127119**	**116735**	**76252**	**43689**	**32563**	**47141**	**25622**	**21519**
宣州区	31836	17263	14573	8308	5088	3220	4024	2207	1817
郎溪县	63950	33717	30233	17160	10078	7082	10715	5879	4836
泾县	44189	21744	22445	18168	9642	8526	11285	5946	5339
绩溪县	29914	14459	15455	9097	5228	3869	6252	3472	2780
旌德县	19631	9842	9789	7161	3826	3335	4752	2547	2205
宣城市经济开发区	21096	11011	10085	9237	5209	4028	7774	4206	3568
宁国市	8763	5202	3561	1906	1274	632	602	368	234
广德市	24475	13881	10594	5215	3344	1871	1737	997	740

4-4b 续表 9

单位：人

地　区	大学本科			硕士研究生			博士研究生		
	小计	男	女	小计	男	女	小计	男	女
安　徽	**759113**	**437509**	**321604**	**64636**	**36760**	**27876**	**6980**	**4635**	**2345**
合肥市	**229776**	**133269**	**96507**	**34307**	**19600**	**14707**	**3316**	**2258**	**1058**
瑶海区	1754	966	788	187	96	91	11	6	5
庐阳区	12190	6495	5695	2282	1245	1037	226	151	75
蜀山区	554	344	210	33	19	14	9	8	1
包河区									
长丰县	17328	9956	7372	994	568	426	65	43	22
肥东县	21726	12641	9085	1419	836	583	113	77	36
肥西县	37658	22039	15619	4318	2453	1865	369	265	104
庐江县	16938	10388	6550	1008	604	404	97	63	34
合肥高新技术产业开发区	41203	23883	17320	8193	4865	3328	779	577	202
合肥经济技术开发区	57828	32996	24832	12349	6843	5506	1417	907	510
合肥新站高新技术产业开发区	21115	12592	8523	3400	2014	1386	214	151	63
巢湖市	1482	969	513	124	57	67	16	10	6
芜湖市	**42732**	**25211**	**17521**	**2904**	**1712**	**1192**	**238**	**164**	**74**
镜湖区	23	13	10						
弋江区									
鸠江区	1411	891	520	90	51	39	13	10	3
三山区	2417	1365	1052	291	157	134	30	19	11
芜湖县	8279	4834	3445	548	321	227	35	24	11
繁昌县	6248	3472	2776	422	237	185	40	29	11
南陵县	8117	4433	3684	371	192	179	46	23	23
芜湖经济技术开发区	12630	7962	4668	951	614	337	37	29	8
安徽芜湖长江大桥经济开发区	191	111	80	15	8	7	1	1	
无为市	3416	2130	1286	216	132	84	36	29	7
蚌埠市	**61582**	**33648**	**27934**	**6733**	**3634**	**3099**	**842**	**560**	**282**
龙子湖区	170	131	39	14	9	5	1	1	
蚌山区									
禹会区	112	65	47	8	6	2			
淮上区	232	141	91	27	16	11	2		2
怀远县	10695	5887	4808	460	260	200	38	20	18
五河县	7132	3954	3178	239	134	105	42	26	16
固镇县	4575	2580	1995	152	85	67	20	12	8
蚌埠市高新技术开发区	5180	2900	2280	429	270	159	27	20	7
蚌埠市经济开发区	33486	17990	15496	5404	2854	2550	712	481	231
淮南市	**21588**	**12993**	**8595**	**952**	**595**	**357**	**89**	**55**	**34**
大通区	1893	1103	790	130	75	55	16	9	7
田家庵区	81	46	35	7	5	2	3	2	1
谢家集区	42	23	19						
八公山区									
潘集区	1021	712	309	64	42	22	7	7	
凤台县	10023	6038	3985	395	254	141	33	18	15
寿县	8528	5071	3457	356	219	137	30	19	11

4-4b 续表 10 单位：人

地区	大学本科			硕士研究生			博士研究生		
	小计	男	女	小计	男	女	小计	男	女
马鞍山市	**23911**	**14044**	**9867**	**1045**	**602**	**443**	**114**	**79**	**35**
花山区									
雨山区									
博望区	106	69	37	7	4	3	1		1
当涂县	10365	5978	4387	463	261	202	49	34	15
含山县	5932	3557	2375	231	132	99	29	23	6
和县	7508	4440	3068	344	205	139	35	22	13
淮北市	**11663**	**6603**	**5060**	**509**	**265**	**244**	**72**	**43**	**29**
杜集区	708	435	273	59	33	26	17	11	6
相山区									
烈山区	559	345	214	35	16	19	8	4	4
濉溪县	10396	5823	4573	415	216	199	47	28	19
铜陵市	**10323**	**6454**	**3869**	**555**	**331**	**224**	**71**	**54**	**17**
铜官区	6	2	4						
义安区	388	238	150	22	13	9	6	4	2
郊区	705	469	236	36	20	16	4	2	2
枞阳县	9224	5745	3479	497	298	199	61	48	13
安庆市	**48036**	**29497**	**18539**	**2675**	**1518**	**1157**	**388**	**256**	**132**
迎江区									
大观区	286	187	99	31	20	11	3	1	2
宜秀区	457	256	201	35	15	20	8	6	2
怀宁县	8712	5320	3392	461	261	200	73	46	27
太湖县	8582	5327	3255	356	200	156	65	39	26
宿松县	10597	6639	3958	461	277	184	56	45	11
望江县	1472	884	588	88	55	33	11	6	5
岳西县	6135	3681	2454	250	139	111	29	17	12
安徽安庆经济开发区	7791	4750	3041	666	380	286	92	65	27
桐城市	1948	1216	732	165	90	75	21	15	6
潜山市	2056	1237	819	162	81	81	30	16	14
黄山市	**15483**	**8941**	**6542**	**839**	**434**	**405**	**147**	**101**	**46**
屯溪区	293	171	122	169	70	99	79	63	16
黄山区	677	453	224	63	45	18	4	2	2
徽州区	174	87	87	10	7	3			
歙县	6573	3748	2825	281	149	132	31	22	9
休宁县	3314	1916	1398	153	77	76	8	3	5
黟县	1801	1039	762	70	41	29	9	3	6
祁门县	2651	1527	1124	93	45	48	16	8	8
滁州市	**56288**	**33113**	**23175**	**3612**	**2066**	**1546**	**489**	**329**	**160**
琅琊区									
南谯区	2752	1504	1248	289	165	124	22	18	4
来安县	8905	5349	3556	438	258	180	40	28	12
全椒县	10334	6168	4166	433	250	183	41	24	17
定远县	10849	6440	4409	462	266	196	50	31	19
凤阳县	9992	5673	4319	653	383	270	153	109	44
苏滁现代产业园	816	581	235	65	46	19	1	1	
滁州经济技术开发区	7881	4541	3340	993	534	459	133	86	47
天长市	3786	2279	1507	193	119	74	36	25	11
明光市	973	578	395	86	45	41	13	7	6

4－4b 续表 11

单位：人

地区	大学本科			硕士研究生			博士研究生		
	小计	男	女	小计	男	女	小计	男	女
阜阳市	**56861**	**31613**	**25248**	**2695**	**1565**	**1130**	**258**	**164**	**94**
颍州区	745	422	323	36	13	23	7	7	
颍东区	940	605	335	54	33	21	5	4	1
颍泉区	720	465	255	64	46	18	6	4	2
临泉县	13705	7513	6192	577	318	259	47	28	19
太和县	14599	8022	6577	744	413	331	79	48	31
阜南县	9042	4984	4058	307	182	125	32	17	15
颍上县	11810	6617	5193	537	324	213	48	32	16
阜阳合肥现代产业园区	95	59	36	5		5	1	1	
阜阳经济技术开发区	4500	2498	2002	312	200	112	26	18	8
界首市	705	428	277	59	36	23	7	5	2
宿州市	**52496**	**28281**	**24215**	**2074**	**1148**	**926**	**249**	**147**	**102**
埇桥区	3267	1855	1412	150	86	64	25	11	14
砀山县	10448	5501	4947	380	208	172	53	30	23
萧县	12144	6528	5616	572	304	268	69	41	28
灵璧县	13559	7222	6337	486	277	209	62	41	21
泗县	10942	5985	4957	373	213	160	28	19	9
宿州马鞍山现代产业园区	320	170	150	25	13	12	1		1
宿州经济技术开发区	1816	1020	796	88	47	41	11	5	6
六安市	**42382**	**25389**	**16993**	**1868**	**1106**	**762**	**239**	**140**	**99**
金安区	3538	2129	1409	147	80	67	16	8	8
裕安区	1359	836	523	97	57	40	33	8	25
叶集区	450	281	169	17	11	6	6	3	3
霍邱县	10296	6105	4191	422	253	169	61	39	22
舒城县	10738	6519	4219	510	308	202	79	53	26
金寨县	7956	4788	3168	379	221	158	25	14	11
霍山县	8045	4731	3314	296	176	120	19	15	4
亳州市	**40410**	**22491**	**17919**	**1375**	**806**	**569**	**189**	**113**	**76**
谯城区	993	573	420	44	25	19	7	3	4
涡阳县	12698	7053	5645	478	267	211	71	41	30
蒙城县	15643	8547	7096	518	288	230	72	39	33
利辛县	11076	6318	4758	335	226	109	39	30	9
池州市	**16703**	**9730**	**6973**	**757**	**419**	**338**	**95**	**50**	**45**
贵池区	589	382	207	35	22	13	5	4	1
东至县	7908	4663	3245	346	188	158	46	26	20
石台县	2249	1326	923	100	61	39	8	5	3
青阳县	5845	3292	2553	267	142	125	34	15	19
池州市国家经济技术开发区									
皖江江南新兴产业集中区									
九华山风景区	112	67	45	9	6	3	2		2
宣城市	**28879**	**16232**	**12647**	**1736**	**959**	**777**	**184**	**122**	**62**
宣州区	2092	1170	922	149	77	72	13	10	3
郎溪县	6828	3873	2955	344	203	141	24	15	9
泾县	6558	3597	2961	318	165	153	39	23	16
绩溪县	4180	2356	1824	215	110	105	13	9	4
旌德县	2657	1459	1198	109	57	52	12	7	5
宣城市经济开发区	5504	3162	2342	514	298	216	72	50	22
宁国市	314	174	140	28	12	16	3	1	2
广德市	746	441	305	59	37	22	8	7	1

4-4c　各地区分性别、受教育程度的25岁及以上人口(乡村)

单位：人

地　区	25岁及以上人口			未上过学		
	合计	男	女	小计	男	女
安　徽	**18311267**	**9324852**	**8986415**	**2022120**	**517761**	**1504359**
合肥市	**1298492**	**681078**	**617414**	**178147**	**47772**	**130375**
瑶海区	15794	7965	7829	798	115	683
庐阳区	4437	2345	2092	851	252	599
蜀山区	11513	6441	5072	1935	622	1313
包河区	4917	2826	2091	519	123	396
长丰县	240607	125605	115002	46908	14573	32335
肥东县	229478	120953	108525	35852	7917	27935
肥西县	262703	139997	122706	34481	10422	24059
庐江县	323554	168886	154668	27901	7708	20193
合肥高新技术产业开发区	164	96	68	15	5	10
合肥经济技术开发区	6833	3556	3277	839	251	588
合肥新站高新技术产业开发区	4007	2520	1487	480	172	308
巢湖市	194485	99888	94597	27568	5612	21956
芜湖市	**804654**	**417922**	**386732**	**102851**	**27953**	**74898**
镜湖区	15713	8080	7633	3331	955	2376
弋江区						
鸠江区	105459	53255	52204	19200	4877	14323
三山区	33686	17383	16303	5944	1776	4168
芜湖县	85593	45180	40413	7977	2081	5896
繁昌县	81462	43145	38317	6309	1575	4734
南陵县	163084	86387	76697	14081	3877	10204
芜湖经济技术开发区	2681	1358	1323	443	100	343
安徽芜湖长江大桥经济开发区	6539	3359	3180	899	232	667
无为市	310437	159775	150662	44667	12480	32187
蚌埠市	**1001347**	**508115**	**493232**	**134010**	**39808**	**94202**
龙子湖区	28171	14282	13889	1852	583	1269
蚌山区	12206	6375	5831	935	314	621
禹会区	72163	36777	35386	9267	3094	6173
淮上区	67800	34335	33465	9486	2689	6797
怀远县	384043	195069	188974	51856	15592	36264
五河县	203379	103620	99759	35045	10473	24572
固镇县	233585	117657	115928	25569	7063	18506
蚌埠市高新技术开发区						
蚌埠市经济开发区						
淮南市	**828794**	**424338**	**404456**	**81886**	**27046**	**54840**
大通区	32029	16582	15447	5687	2012	3675
田家庵区	21083	10791	10292	2383	808	1575
谢家集区	34661	17512	17149	5428	1760	3668
八公山区	4359	2083	2276	419	123	296
潘集区	126817	65635	61182	13522	4396	9126
凤台县	265857	134512	131345	30126	9743	20383
寿县	343988	177223	166765	24321	8204	16117

4－4c 续表 1

单位：人

地　区	25岁及以上人口			未上过学		
	合计	男	女	小计	男	女
马鞍山市	**481076**	**248578**	**232498**	**64658**	**15775**	**48883**
花山区	7959	4100	3859	1311	325	986
雨山区	10999	5633	5366	1744	417	1327
博望区	54496	28406	26090	5469	1534	3935
当涂县	131819	67916	63903	15235	4012	11223
含山县	116178	60447	55731	13665	3276	10389
和县	159625	82076	77549	27234	6211	21023
淮北市	**486966**	**241032**	**245934**	**61441**	**15687**	**45754**
杜集区	37841	18721	19120	5599	1590	4009
相山区	33954	16813	17141	5238	1464	3774
烈山区	72969	36330	36639	8230	2251	5979
濉溪县	342202	169168	173034	42374	10382	31992
铜陵市	**351948**	**177818**	**174130**	**69158**	**16889**	**52269**
铜官区	7155	3560	3595	1053	285	768
义安区	93864	48483	45381	11500	2919	8581
郊区	71910	35835	36075	15928	4178	11750
枞阳县	179019	89940	89079	40677	9507	31170
安庆市	**1434644**	**736067**	**698577**	**111923**	**23037**	**88886**
迎江区	8576	4410	4166	1082	251	831
大观区	28232	14604	13628	2616	481	2135
宜秀区	22052	11205	10847	2167	406	1761
怀宁县	201974	103470	98504	6338	1040	5298
太湖县	197276	101920	95356	13024	2959	10065
宿松县	264604	137072	127532	12538	2305	10233
望江县	227485	113798	113687	31073	6187	24886
岳西县	156512	81622	74890	13385	3049	10336
安徽安庆经济开发区	3022	1527	1495	188	48	140
桐城市	160854	81419	79435	15215	3489	11726
潜山市	164057	85020	79037	14297	2822	11475
黄山市	**461705**	**244355**	**217350**	**44146**	**8071**	**36075**
屯溪区	17490	8825	8665	1097	213	884
黄山区	51913	28170	23743	5853	1740	4113
徽州区	27564	14200	13364	2813	442	2371
歙县	166710	87982	78728	13925	1717	12208
休宁县	101439	53016	48423	9695	1849	7846
黟县	37644	20129	17515	3838	860	2978
祁门县	58945	32033	26912	6925	1250	5675
滁州市	**1167653**	**606975**	**560678**	**73988**	**17682**	**56306**
琅琊区	8870	4800	4070	721	198	523
南谯区	80175	42682	37493	10115	2496	7619
来安县	145433	75738	69695	9665	1968	7697
全椒县	116931	60480	56451	5393	1029	4364
定远县	272787	141186	131601	18563	4494	14069
凤阳县	222296	115539	106757	11152	3385	7767
苏滁现代产业园						
滁州经济技术开发区	12749	7323	5426	151	41	110
天长市	144126	74367	69759	6492	1118	5374
明光市	164286	84860	79426	11736	2953	8783

4-4c 续表 2 单位：人

地 区	25岁及以上人口			未上过学		
	合计	男	女	小计	男	女
阜阳市	**3097854**	**1535459**	**1562395**	**394948**	**93775**	**301173**
颍州区	195541	96127	99414	27836	6122	21714
颍东区	189639	94696	94943	27809	6786	21023
颍泉区	201223	98394	102829	23022	4946	18076
临泉县	737388	362192	375196	91842	20004	71838
太和县	507215	250185	257030	48028	8534	39494
阜南县	527985	264117	263868	89241	22559	66682
颍上县	465322	234127	231195	55421	18525	36896
阜阳合肥现代产业园区	21763	10876	10887	2092	515	1577
阜阳经济技术开发区	14241	7070	7171	907	186	721
界首市	237537	117675	119862	28750	5598	23152
宿州市	**2069315**	**1033739**	**1035576**	**109129**	**26892**	**82237**
埇桥区	566564	287180	279384	34703	8613	26090
砀山县	279608	137188	142420	5622	1127	4495
萧县	478209	236319	241890	32294	8000	24294
灵璧县	415989	208241	207748	24565	6184	18381
泗县	316127	158415	157712	10595	2614	7981
宿州马鞍山现代产业园区	12818	6396	6422	1350	354	996
宿州经济技术开发区						
六安市	**1698421**	**872637**	**825784**	**124938**	**35501**	**89437**
金安区	250765	129058	121707	19054	5334	13720
裕安区	348029	177176	170853	34021	9289	24732
叶集区	79477	40329	39148	5311	1581	3730
霍邱县	424495	215414	209081	37866	12121	25745
舒城县	302832	157889	144943	17356	4408	12948
金寨县	218675	113722	104953	7050	1719	5331
霍山县	74148	39049	35099	4280	1049	3231
亳州市	**1859349**	**924404**	**934945**	**294164**	**74467**	**219697**
谯城区	538973	266616	272357	78396	18545	59851
涡阳县	461078	228430	232648	74279	18860	55419
蒙城县	388078	193080	194998	59264	15348	43916
利辛县	471220	236278	234942	82225	21714	60511
池州市	**441588**	**230831**	**210757**	**72674**	**18133**	**54541**
贵池区	164609	85518	79091	36178	8808	27370
东至县	139972	72560	67412	15922	3536	12386
石台县	39104	20765	18339	7340	1988	5352
青阳县	88717	47296	41421	12425	3547	8878
池州市国家经济技术开发区						
皖江江南新兴产业集中区						
九华山风景区	9186	4692	4494	809	254	555
宣城市	**827461**	**441504**	**385957**	**104059**	**29273**	**74786**
宣州区	260260	136082	124178	43981	12163	31818
郎溪县	92688	49023	43665	11836	3427	8409
泾县	113437	62990	50447	9367	2896	6471
绩溪县	49576	26363	23213	3227	629	2598
旌德县	41098	22704	18394	3540	1094	2446
宣城市经济开发区	14861	8051	6810	1927	607	1320
宁国市	102466	55854	46612	15506	4358	11148
广德市	153075	80437	72638	14675	4099	10576

4－4c 续表 3

单位：人

地区	学前教育			小学		
	小计	男	女	小计	男	女
安徽	**65792**	**21536**	**44256**	**6418889**	**2917070**	**3501819**
合肥市	**7776**	**2429**	**5347**	**477850**	**228911**	**248939**
瑶海区	3	3		2425	888	1537
庐阳区	3	1	2	1157	582	575
蜀山区	69	36	33	4202	2250	1952
包河区	11	8	3	1459	761	698
长丰县	450	189	261	76521	39237	37284
肥东县	2669	740	1929	83679	39402	44277
肥西县	865	325	540	87305	43449	43856
庐江县	2019	645	1374	137789	62542	75247
合肥高新技术产业开发区				59	30	29
合肥经济技术开发区	2	1	1	2791	1354	1437
合肥新站高新技术产业开发区	47	24	23	1038	658	380
巢湖市	1638	457	1181	79425	37758	41667
芜湖市	**4219**	**1520**	**2699**	**341048**	**165543**	**175505**
镜湖区	6	2	4	5058	2502	2556
弋江区						
鸠江区	284	125	159	39978	19650	20328
三山区	223	88	135	11934	5876	6058
芜湖县	1045	357	688	37813	17663	20150
繁昌县	648	213	435	35245	16373	18872
南陵县	954	373	581	75075	37588	37487
芜湖经济技术开发区	3	2	1	927	481	446
安徽芜湖长江大桥经济开发区	30	7	23	2477	1188	1289
无为市	1026	353	673	132541	64222	68319
蚌埠市	**3285**	**1232**	**2053**	**327310**	**151306**	**176004**
龙子湖区	281	108	173	9045	3984	5061
蚌山区	20	5	15	4143	1872	2271
禹会区	171	81	90	21661	10578	11083
淮上区	164	49	115	22901	10967	11934
怀远县	903	358	545	130431	60656	69775
五河县	1211	434	777	66090	30678	35412
固镇县	535	197	338	73039	32571	40468
蚌埠市高新技术开发区						
蚌埠市经济开发区						
淮南市	**3628**	**1430**	**2198**	**302235**	**140419**	**161816**
大通区	35	15	20	10010	4903	5107
田家庵区	42	10	32	8410	4034	4376
谢家集区	103	36	67	12209	5937	6272
八公山区	5	2	3	1365	608	757
潘集区	283	118	165	36463	16637	19826
凤台县	577	219	358	75987	34078	41909
寿县	2583	1030	1553	157791	74222	83569

4-4c 续表 4

单位：人

地 区	学前教育			小 学		
	小计	男	女	小计	男	女
马鞍山市	**4013**	**1324**	**2689**	**189809**	**88284**	**101525**
花山区	10	6	4	2456	1238	1218
雨山区	80	26	54	3540	1683	1857
博望区	614	191	423	22649	10413	12236
当涂县	899	330	569	47336	20821	26515
含山县	1382	452	930	50880	23629	27251
和县	1028	319	709	62948	30500	32448
淮北市	**890**	**305**	**585**	**134630**	**59909**	**74721**
杜集区	45	21	24	9163	4099	5064
相山区	53	21	32	8499	3939	4560
烈山区	191	59	132	22252	9901	12351
濉溪县	601	204	397	94716	41970	52746
铜陵市	**3080**	**1097**	**1983**	**130627**	**62647**	**67980**
铜官区	15	7	8	2022	956	1066
义安区	1281	440	841	36636	16928	19708
郊区	529	191	338	25929	12546	13383
枞阳县	1255	459	796	66040	32217	33823
安庆市	**6271**	**1657**	**4614**	**595842**	**254046**	**341796**
迎江区	35	5	30	4219	1982	2237
大观区	307	77	230	10563	4577	5986
宜秀区	70	25	45	9985	4394	5591
怀宁县	651	129	522	75919	29943	45976
太湖县	2191	616	1575	94930	40971	53959
宿松县	455	100	355	84913	31439	53474
望江县	751	182	569	107099	47945	59154
岳西县	380	98	282	67556	30161	37395
安徽安庆经济开发区	10	2	8	1331	548	783
桐城市	557	170	387	64561	28646	35915
潜山市	864	253	611	74766	33440	41326
黄山市	**2837**	**778**	**2059**	**182305**	**87176**	**95129**
屯溪区	113	40	73	5734	2668	3066
黄山区	245	98	147	20987	11060	9927
徽州区	185	60	125	10372	5014	5358
歙县	1432	319	1113	63222	28819	34403
休宁县	543	160	383	44354	21287	23067
黟县	187	66	121	13679	6747	6932
祁门县	132	35	97	23957	11581	12376
滁州市	**4702**	**1300**	**3402**	**354545**	**151663**	**202882**
琅琊区	84	21	63	3483	1681	1802
南谯区	336	123	213	24655	11613	13042
来安县	522	124	398	42620	17542	25078
全椒县	1613	410	1203	50169	20947	29222
定远县	748	204	544	79643	33615	46028
凤阳县	226	87	139	56308	24898	31410
苏滁现代产业园						
滁州经济技术开发区	41	10	31	1875	858	1017
天长市	805	232	573	49477	21158	28319
明光市	327	89	238	46315	19351	26964

4-4c 续表 5

单位：人

地　区	学前教育			小　学		
	小计	男	女	小计	男	女
阜阳市	**5713**	**1774**	**3939**	**995521**	**435356**	**560165**
颍州区	297	85	212	54592	24176	30416
颍东区	227	81	146	51957	22672	29285
颍泉区	235	62	173	64766	26846	37920
临泉县	1737	535	1202	267108	118502	148606
太和县	1334	328	1006	167776	66580	101196
阜南县	709	239	470	160441	74538	85903
颍上县	885	371	514	150852	69613	81239
阜阳合肥现代产业园区	12	2	10	4822	2152	2670
阜阳经济技术开发区	11	5	6	3313	1467	1846
界首市	266	66	200	69894	28810	41084
宿州市	**3882**	**1131**	**2751**	**541781**	**218049**	**323732**
埇桥区	747	223	524	156082	64721	91361
砀山县	358	87	271	58229	21038	37191
萧县	1111	345	766	110982	46920	64062
灵璧县	664	201	463	118827	47870	70957
泗县	981	265	716	93811	35747	58064
宿州马鞍山现代产业园区	21	10	11	3850	1753	2097
宿州经济技术开发区						
六安市	**5487**	**1860**	**3627**	**710204**	**326783**	**383421**
金安区	817	271	546	108268	50506	57762
裕安区	1401	505	896	143592	66802	76790
叶集区	228	87	141	30152	13787	16365
霍邱县	1364	465	899	188270	88079	100191
舒城县	868	276	592	117307	53015	64292
金寨县	394	149	245	88258	39341	48917
霍山县	415	107	308	34357	15253	19104
亳州市	**2315**	**791**	**1524**	**609348**	**281002**	**328346**
谯城区	519	164	355	163400	75936	87464
涡阳县	513	191	322	163422	76108	87314
蒙城县	412	131	281	130969	58088	72881
利辛县	871	305	566	151557	70870	80687
池州市	**2022**	**734**	**1288**	**177136**	**87512**	**89624**
贵池区	882	320	562	60318	30427	29891
东至县	612	214	398	61346	28365	32981
石台县	102	36	66	15415	7946	7469
青阳县	381	145	236	37097	19317	17780
池州市国家经济技术开发区						
皖江江南新兴产业集中区						
九华山风景区	45	19	26	2960	1457	1503
宣城市	**5672**	**2174**	**3498**	**348698**	**178464**	**170234**
宣州区	1900	747	1153	105930	53804	52126
郎溪县	657	279	378	39493	19909	19584
泾县	560	210	350	54456	28893	25563
绩溪县	352	101	251	20809	9612	11197
旌德县	851	308	543	18766	9968	8798
宣城市经济开发区	71	42	29	5423	2803	2620
宁国市	621	226	395	43289	23577	19712
广德市	660	261	399	60532	29898	30634

4-4c　续表 6　　单位：人

地　区	初　中			高　中			大学专科		
	小计	男	女	小计	男	女	小计	男	女
安　徽	**7590382**	**4461848**	**3128534**	**1492568**	**963260**	**529308**	**477816**	**291689**	**186127**
合肥市	**469847**	**293961**	**175886**	**100722**	**68163**	**32559**	**40063**	**24618**	**15445**
瑶海区	5707	3109	2598	2489	1453	1036	2782	1459	1323
庐阳区	1523	955	568	510	322	188	276	153	123
蜀山区	3659	2368	1291	991	690	301	437	313	124
包河区	2228	1445	783	428	312	116	172	113	59
长丰县	88630	54158	34472	17521	11136	6385	6552	3886	2666
肥东县	80778	54847	25931	16554	11796	4758	5846	3661	2185
肥西县	98318	58787	39531	25240	16723	8517	10376	6410	3966
庐江县	119756	73910	45846	23116	15838	7278	8093	5090	3003
合肥高新技术产业开发区	45	25	20	16	10	6	16	15	1
合肥经济技术开发区	2500	1501	999	453	300	153	135	77	58
合肥新站高新技术产业开发区	1418	1006	412	417	285	132	291	175	116
巢湖市	65285	41850	23435	12987	9298	3689	5087	3266	1821
芜湖市	**280933**	**173600**	**107333**	**47288**	**31913**	**15375**	**17384**	**10646**	**6738**
镜湖区	5609	3526	2083	909	631	278	524	299	225
弋江区									
鸠江区	36220	22261	13959	6087	4093	1994	2310	1400	910
三山区	12155	7506	4649	1805	1173	632	1051	623	428
芜湖县	31106	19946	11160	4314	2989	1325	1975	1235	740
繁昌县	30641	19026	11615	5324	3830	1494	2043	1311	732
南陵县	58456	35357	23099	9308	6076	3232	3272	1970	1302
芜湖经济技术开发区	961	571	390	177	108	69	108	61	47
安徽芜湖长江大桥经济开发区	2428	1488	940	421	277	144	199	118	81
无为市	103357	63919	39438	18943	12736	6207	5902	3629	2273
蚌埠市	**450025**	**260535**	**189490**	**55775**	**36495**	**19280**	**21459**	**12864**	**8595**
龙子湖区	13246	7323	5923	2833	1745	1088	708	430	278
蚌山区	5510	3172	2338	1203	776	427	278	171	107
禹会区	33991	18719	15272	4809	3010	1799	1513	858	655
淮上区	30543	17762	12781	2999	1864	1135	1170	682	488
怀远县	171184	99444	71740	18500	12177	6323	7655	4579	3076
五河县	83081	50345	32736	10744	7286	3458	5130	3125	2005
固镇县	112470	63770	48700	14687	9637	5050	5005	3019	1986
蚌埠市高新技术开发区									
蚌埠市经济开发区									
淮南市	**368669**	**207232**	**161437**	**47252**	**31948**	**15304**	**16688**	**10706**	**5982**
大通区	13985	8204	5781	1427	921	506	622	358	264
田家庵区	8391	4790	3601	1233	777	456	444	272	172
谢家集区	13936	7889	6047	2019	1277	742	636	407	229
八公山区	1955	995	960	406	230	176	123	76	47
潘集区	65340	36811	28529	7362	5191	2171	2607	1669	938
凤台县	132405	72405	60000	17115	11758	5357	6382	4138	2244
寿县	132657	76138	56519	17690	11794	5896	5874	3786	2088

4-4c 续表 7

单位：人

地 区	初 中			高 中			大学专科		
	小计	男	女	小计	男	女	小计	男	女
马鞍山市	**181216**	**115046**	**66170**	**26294**	**18538**	**7756**	**9329**	**5911**	**3418**
花山区	2913	1721	1192	815	544	271	318	187	131
雨山区	4356	2715	1641	771	518	253	371	201	170
博望区	21067	13189	7878	3102	2121	981	979	583	396
当涂县	55664	34126	21538	8057	5622	2435	2891	1843	1048
含山县	41105	26685	14420	5914	4251	1663	1883	1250	633
和县	56111	36610	19501	7635	5482	2153	2887	1847	1040
淮北市	**242344**	**135176**	**107168**	**29478**	**19108**	**10370**	**11993**	**7103**	**4890**
杜集区	17640	9625	8015	3562	2288	1274	1275	773	502
相山区	15897	8828	7069	2707	1688	1019	1016	560	456
烈山区	35601	19757	15844	4408	2943	1465	1549	946	603
濉溪县	173206	96966	76240	18801	12189	6612	8153	4824	3329
铜陵市	**110520**	**71032**	**39488**	**22421**	**16124**	**6297**	**9819**	**6050**	**3769**
铜官区	2754	1564	1190	786	442	344	333	200	133
义安区	35534	22329	13205	5845	4035	1810	2009	1221	788
郊区	21261	13388	7873	4698	3322	1376	2155	1310	845
枞阳县	50971	33751	17220	11092	8325	2767	5322	3319	2003
安庆市	**506599**	**310948**	**195651**	**124851**	**88837**	**36014**	**56196**	**36321**	**19875**
迎江区	2196	1457	739	580	406	174	279	183	96
大观区	11152	7070	4082	2155	1513	642	972	579	393
宜秀区	7015	4489	2526	1600	1139	461	802	506	296
怀宁县	73287	42150	31137	32494	21751	10743	8631	5555	3076
太湖县	60649	39298	21351	12882	9354	3528	9082	5860	3222
宿松县	114425	65938	48487	31660	23309	8351	12508	8412	4096
望江县	65279	43514	21765	11441	8455	2986	7521	4820	2701
岳西县	55496	35020	20476	11745	8283	3462	5073	3255	1818
安徽安庆经济开发区	1034	645	389	283	187	96	111	60	51
桐城市	59773	35207	24566	11443	8062	3381	5847	3622	2225
潜山市	56293	36160	20133	8568	6378	2190	5370	3469	1901
黄山市	**186302**	**117394**	**68908**	**29575**	**20868**	**8707**	**11197**	**6819**	**4378**
屯溪区	8350	4596	3754	1396	870	526	563	301	262
黄山区	18395	11232	7163	4026	2629	1397	1663	961	702
徽州区	11595	6997	4598	1625	1123	502	667	385	282
歙县	72341	46228	26113	10181	7348	2833	3647	2321	1326
休宁县	37392	23495	13897	6237	4350	1887	2175	1266	909
黟县	15662	9629	6033	2643	1858	785	1151	687	464
祁门县	22567	15217	7350	3467	2690	777	1331	898	433
滁州市	**458454**	**266929**	**191525**	**206254**	**126354**	**79900**	**50180**	**30820**	**19360**
琅琊区	3598	2256	1342	649	433	216	231	142	89
南谯区	31555	19989	11566	8070	5273	2797	3588	2096	1492
来安县	53248	31352	21896	31058	19448	11610	6050	3859	2191
全椒县	42809	26781	16028	10830	7451	3379	4374	2763	1611
定远县	108656	62900	45756	48853	29768	19085	11738	7280	4458
凤阳县	92770	50616	42154	49683	29238	20445	9537	5739	3798
苏滁现代产业园									
滁州经济技术开发区	5361	2923	2438	3471	2126	1345	1155	842	313
天长市	49040	28789	20251	27910	16712	11198	7342	4425	2917
明光市	71417	41323	30094	25730	15905	9825	6165	3674	2491

4-4c 续表 8

单位：人

地区	初中			高中			大学专科		
	小计	男	女	小计	男	女	小计	男	女
阜阳市	**1455548**	**847150**	**608398**	**158852**	**104593**	**54259**	**57419**	**34529**	**22890**
颍州区	95022	54698	40324	11308	7216	4092	4152	2441	1711
颍东区	92346	53987	38359	10702	7099	3603	4169	2562	1607
颍泉区	95315	55173	40142	11723	7568	4155	3948	2392	1556
临泉县	321139	188074	133065	36469	23753	12716	12444	7386	5058
太和县	254384	150841	103543	23319	16085	7234	8283	5194	3089
阜南县	235302	139622	95680	27482	18162	9320	9693	5822	3871
颍上县	223503	123898	99605	22915	14692	8223	7860	4627	3233
阜阳合肥现代产业园区	11996	6605	5391	1489	879	610	752	405	347
阜阳经济技术开发区	7701	4132	3569	1292	716	576	655	356	299
界首市	118840	70120	48720	12153	8423	3730	5463	3344	2119
宿州市	**985657**	**537111**	**448546**	**330248**	**192951**	**137297**	**71604**	**41808**	**29796**
埇桥区	317338	177507	139831	41318	26451	14867	11355	6681	4674
砀山县	113604	57668	55936	84462	47017	37445	12909	7677	5232
萧县	259914	136907	123007	52304	31624	20680	14799	8662	6137
灵璧县	164476	91706	72770	83055	48113	34942	18743	10818	7925
泗县	123916	69756	54160	68317	39261	29056	13501	7801	5700
宿州马鞍山现代产业园区	6409	3567	2842	792	485	307	297	169	128
宿州经济技术开发区									
六安市	**650258**	**374724**	**275534**	**142295**	**92744**	**49551**	**40462**	**25018**	**15444**
金安区	92622	53667	38955	18741	12280	6461	6109	3672	2437
裕安区	128562	74578	53984	28098	18095	10003	7481	4668	2813
叶集区	36701	20428	16273	4553	2901	1652	1456	872	584
霍邱县	165346	94666	70680	20220	13053	7167	7118	4323	2795
舒城县	110557	63710	46847	41713	27000	14713	9773	6057	3716
金寨县	92121	52472	39649	21649	14154	7495	6334	4036	2298
霍山县	24349	15203	9146	7321	5261	2060	2191	1390	801
亳州市	**811111**	**477807**	**333304**	**92308**	**59756**	**32552**	**32840**	**19888**	**12952**
谯城区	254165	146719	107446	28258	17190	11068	9516	5306	4210
涡阳县	190228	112288	77940	20869	13587	7282	7733	4808	2925
蒙城县	167393	99787	67606	18764	12741	6023	7142	4430	2712
利辛县	199325	119013	80312	24417	16238	8179	8449	5344	3105
池州市	**139960**	**90907**	**49053**	**29583**	**21244**	**8339**	**13591**	**8221**	**5370**
贵池区	49046	33265	15781	11388	8413	2975	4496	2829	1667
东至县	45578	29382	16196	9284	6666	2618	5154	3111	2043
石台县	11970	7890	4080	2362	1756	606	1356	821	535
青阳县	30004	18560	11444	5634	3869	1765	1917	1102	815
池州市国家经济技术开发区									
皖江江南新兴产业集中区									
九华山风景区	3362	1810	1552	915	540	375	668	358	310
宣城市	**292939**	**182296**	**110643**	**49372**	**33624**	**15748**	**17592**	**10367**	**7225**
宣州区	86089	54770	31319	13980	9615	4365	5421	3218	2203
郎溪县	33744	20902	12842	4295	2965	1330	1617	929	688
泾县	37669	23749	13920	7739	5149	2590	2568	1495	1073
绩溪县	20525	12734	7791	3043	2205	838	1099	721	378
旌德县	14424	9085	5339	2352	1584	768	864	506	358
宣城市经济开发区	4995	3064	1931	1376	913	463	650	382	268
宁国市	33132	21176	11956	6453	4510	1943	2256	1321	935
广德市	62361	36816	25545	10134	6683	3451	3117	1795	1322

4−4c 续表 9 单位：人

地区	大学本科			硕士研究生			博士研究生		
	小计	男	女	小计	男	女	小计	男	女
安　徽	**219948**	**136898**	**83050**	**20374**	**12376**	**7998**	**3378**	**2414**	**964**
合肥市	**21600**	**13658**	**7942**	**2187**	**1344**	**843**	**300**	**222**	**78**
瑶海区	1460	864	596	125	71	54	5	3	2
庐阳区	112	78	34	5	2	3			
蜀山区	185	140	45	29	17	12	6	5	1
包河区	88	57	31	10	6	4	2	1	1
长丰县	3615	2187	1428	370	214	156	40	25	15
肥东县	3649	2290	1359	381	251	130	70	49	21
肥西县	5556	3527	2029	498	304	194	64	50	14
庐江县	4363	2817	1546	452	284	168	65	52	13
合肥高新技术产业开发区	13	11	2						
合肥经济技术开发区	96	59	37	15	11	4	2	2	
合肥新站高新技术产业开发区	254	161	93	57	35	22	5	4	1
巢湖市	2209	1467	742	245	149	96	41	31	10
芜湖市	**9812**	**6044**	**3768**	**978**	**597**	**381**	**141**	**106**	**35**
镜湖区	242	145	97	31	17	14	3	3	
弋江区									
鸠江区	1243	763	480	123	78	45	14	8	6
三山区	487	283	204	72	46	26	15	12	3
芜湖县	1227	817	410	123	84	39	13	8	5
繁昌县	1154	758	396	86	52	34	12	7	5
南陵县	1772	1042	730	149	88	61	17	16	1
芜湖经济技术开发区	55	32	23	7	3	4			
安徽芜湖长江大桥经济开发区	73	43	30	10	5	5	2	1	1
无为市	3559	2161	1398	377	224	153	65	51	14
蚌埠市	**8593**	**5299**	**3294**	**767**	**479**	**288**	**123**	**97**	**26**
龙子湖区	180	95	85	24	12	12	2	2	
蚌山区	108	58	50	8	6	2	1	1	
禹会区	690	400	290	55	33	22	6	4	2
淮上区	469	279	190	62	38	24	6	5	1
怀远县	3202	2068	1134	255	146	109	57	49	8
五河县	1859	1129	730	185	128	57	34	22	12
固镇县	2085	1270	815	178	116	62	17	14	3
蚌埠市高新技术开发区									
蚌埠市经济开发区									
淮南市	**7691**	**5058**	**2633**	**616**	**398**	**218**	**129**	**101**	**28**
大通区	236	149	87	24	17	7	3	3	
田家庵区	167	90	77	13	10	3			
谢家集区	309	192	117	21	14	7			
八公山区	83	47	36	3	2	1			
潘集区	1131	735	396	93	65	28	16	13	3
凤台县	2993	1990	1003	217	139	78	55	42	13
寿县	2772	1855	917	245	151	94	55	43	12

4-4c 续表 10

单位：人

地区	大学本科			硕士研究生			博士研究生		
	小计	男	女	小计	男	女	小计	男	女
马鞍山市	**5196**	**3347**	**1849**	**485**	**296**	**189**	**76**	**57**	**19**
花山区	120	70	50	13	6	7	3	3	
雨山区	123	66	57	10	4	6	4	3	1
博望区	562	341	221	48	28	20	6	6	
当涂县	1568	1045	523	147	98	49	22	19	3
含山县	1219	820	399	113	75	38	17	9	8
和县	1604	1005	599	154	85	69	24	17	7
淮北市	**5550**	**3372**	**2178**	**549**	**310**	**239**	**91**	**62**	**29**
杜集区	498	297	201	50	24	26	9	4	5
相山区	487	281	206	45	24	21	12	8	4
烈山区	664	432	232	61	33	28	13	8	5
濉溪县	3901	2362	1539	393	229	164	57	42	15
铜陵市	**5568**	**3512**	**2056**	**644**	**387**	**257**	**111**	**80**	**31**
铜官区	168	93	75	14	8	6	10	5	5
义安区	949	539	410	92	57	35	18	15	3
郊区	1279	814	465	113	71	42	18	15	3
枞阳县	3172	2066	1106	425	251	174	65	45	20
安庆市	**29549**	**19108**	**10441**	**2889**	**1752**	**1137**	**524**	**361**	**163**
迎江区	158	107	51	20	13	7	7	6	1
大观区	414	280	134	41	21	20	12	6	6
宜秀区	353	210	143	51	31	20	9	5	4
怀宁县	4168	2596	1572	420	263	157	66	43	23
太湖县	4070	2601	1469	384	214	170	64	47	17
宿松县	7356	5054	2302	621	421	200	128	94	34
望江县	3905	2448	1457	353	205	148	63	42	21
岳西县	2597	1585	1012	240	143	97	40	28	12
安徽安庆经济开发区	60	35	25	4	1	3	1	1	
桐城市	3038	1970	1068	348	203	145	72	50	22
潜山市	3430	2222	1208	407	237	170	62	39	23
黄山市	**4868**	**2961**	**1907**	**394**	**232**	**162**	**81**	**56**	**25**
屯溪区	217	127	90	16	8	8	4	2	2
黄山区	688	419	269	45	23	22	11	8	3
徽州区	282	165	117	21	12	9	4	2	2
歙县	1759	1101	658	167	101	66	36	28	8
休宁县	955	552	403	75	48	27	13	9	4
黟县	442	260	182	36	20	16	6	2	4
祁门县	525	337	188	34	20	14	7	5	2
滁州市	**17984**	**11244**	**6740**	**1371**	**855**	**516**	**175**	**128**	**47**
琅琊区	93	63	30	10	5	5	1	1	
南谯区	1692	1004	688	147	74	73	17	14	3
来安县	2068	1320	748	180	113	67	22	12	10
全椒县	1594	1002	592	134	85	49	15	12	3
定远县	4231	2680	1551	323	224	99	32	21	11
凤阳县	2450	1466	984	141	90	51	29	20	9
苏滁现代产业园									
滁州经济技术开发区	636	485	151	57	36	21	2	2	
天长市	2777	1749	1028	244	151	93	39	33	6
明光市	2443	1475	968	135	77	58	18	13	5

4-4c 续表 11

单位：人

地区	大学本科			硕士研究生			博士研究生		
	小计	男	女	小计	男	女	小计	男	女
阜阳市	**26814**	**16376**	**10438**	**2611**	**1617**	**994**	**428**	**289**	**139**
颍州区	2105	1249	856	185	110	75	44	30	14
颍东区	2211	1376	835	189	110	79	29	23	6
颍泉区	1977	1255	722	206	128	78	31	24	7
临泉县	5956	3512	2444	606	374	232	87	52	35
太和县	3686	2369	1317	341	212	129	64	42	22
阜南县	4591	2832	1759	457	291	166	69	52	17
颍上县	3530	2167	1363	299	199	100	57	35	22
阜阳合肥现代产业园区	524	280	244	73	37	36	3	1	2
阜阳经济技术开发区	341	197	144	17	8	9	4	3	1
界首市	1893	1139	754	238	148	90	40	27	13
宿州市	**24514**	**14292**	**10222**	**2119**	**1234**	**885**	**381**	**271**	**110**
埇桥区	4535	2696	1839	394	225	169	92	63	29
砀山县	3987	2319	1668	368	202	166	69	53	16
萧县	6095	3428	2667	614	362	252	96	71	25
灵璧县	5137	3034	2103	452	264	188	70	51	19
泗县	4677	2766	1911	275	172	103	54	33	21
宿州马鞍山现代产业园区	83	49	34	16	9	7			
宿州经济技术开发区									
六安市	**22454**	**14510**	**7944**	**1993**	**1254**	**739**	**330**	**243**	**87**
金安区	4664	3013	1651	430	274	156	60	41	19
裕安区	4371	2912	1459	431	271	160	72	56	16
叶集区	977	599	378	84	62	22	15	12	3
霍邱县	3936	2471	1465	326	200	126	49	36	13
舒城县	4772	3108	1664	404	260	144	82	55	27
金寨县	2635	1704	931	204	122	82	30	25	5
霍山县	1099	703	396	114	65	49	22	18	4
亳州市	**15532**	**9592**	**5940**	**1473**	**913**	**560**	**258**	**188**	**70**
谯城区	4265	2477	1788	398	239	159	56	40	16
涡阳县	3648	2340	1308	321	200	121	65	48	17
蒙城县	3719	2287	1432	355	221	134	60	47	13
利辛县	3900	2488	1412	399	253	146	77	53	24
池州市	**5995**	**3690**	**2305**	**544**	**326**	**218**	**83**	**64**	**19**
贵池区	2015	1262	753	249	165	84	37	29	8
东至县	1906	1182	724	140	79	61	30	25	5
石台县	506	299	207	45	24	21	8	5	3
青阳县	1160	706	454	92	46	46	7	4	3
池州市国家经济技术开发区									
皖江江南新兴产业集中区									
九华山风景区	408	241	167	18	12	6	1	1	
宣城市	**8228**	**4835**	**3393**	**754**	**382**	**372**	**147**	**89**	**58**
宣州区	2643	1599	1044	264	137	127	52	29	23
郎溪县	946	556	390	87	46	41	13	10	3
泾县	968	545	423	90	41	49	20	12	8
绩溪县	483	337	146	38	24	14			
旌德县	272	147	125	21	8	13	8	4	4
宣城市经济开发区	385	222	163	29	14	15	5	4	1
宁国市	1080	619	461	104	51	53	25	16	9
广德市	1451	810	641	121	61	60	24	14	10

4-5　全省分年龄、性别的15岁及以上文盲人口

单位：人、%

年龄	15岁及以上人口			文盲人口			文盲人口占15岁及以上人口比重		
	合计	男	女	合计	男	女	合计	男	女
总　计	**49284489**	**24775087**	**24509402**	**2731931**	**665356**	**2066575**	**5.54**	**2.69**	**8.43**
15—19岁	**3243833**	**1777277**	**1466556**	**5020**	**2939**	**2081**	**0.15**	**0.17**	**0.14**
15	728694	402542	326152	1372	769	603	0.19	0.19	0.18
16	727238	402371	324867	1032	598	434	0.14	0.15	0.13
17	655296	360556	294740	812	488	324	0.12	0.14	0.11
18	575024	312917	262107	854	519	335	0.15	0.17	0.13
19	557581	298891	258690	950	565	385	0.17	0.19	0.15
20—24岁	**2978515**	**1583913**	**1394602**	**5490**	**3165**	**2325**	**0.18**	**0.20**	**0.17**
20	564528	301788	262740	1071	651	420	0.19	0.22	0.16
21	537734	287216	250518	1026	596	430	0.19	0.21	0.17
22	597836	318256	279580	1044	589	455	0.17	0.19	0.16
23	617729	327868	289861	1068	588	480	0.17	0.18	0.17
24	660688	348785	311903	1281	741	540	0.19	0.21	0.17
25—29岁	**4095570**	**2108084**	**1987486**	**8444**	**4420**	**4024**	**0.21**	**0.21**	**0.20**
25	753064	396140	356924	1396	778	618	0.19	0.20	0.17
26	738708	385252	353456	1487	801	686	0.20	0.21	0.19
27	805677	414822	390855	1693	899	794	0.21	0.22	0.20
28	861955	439196	422759	1827	933	894	0.21	0.21	0.21
29	936166	472674	463492	2041	1009	1032	0.22	0.21	0.22
30—34岁	**4874396**	**2413901**	**2460495**	**13526**	**6185**	**7341**	**0.28**	**0.26**	**0.30**
30	1129884	564671	565213	2671	1287	1384	0.24	0.23	0.24
31	1051252	520777	530475	2627	1256	1371	0.25	0.24	0.26
32	951307	469775	481532	2661	1274	1387	0.28	0.27	0.29
33	938209	462370	475839	2876	1253	1623	0.31	0.27	0.34
34	803744	396308	407436	2691	1115	1576	0.33	0.28	0.39
35—39岁	**3551994**	**1772207**	**1779787**	**16017**	**6112**	**9905**	**0.45**	**0.34**	**0.56**
35	717473	357842	359631	2625	1081	1544	0.37	0.30	0.43
36	715991	358371	357620	2891	1156	1735	0.40	0.32	0.49
37	687701	344046	343655	2969	1156	1813	0.43	0.34	0.53
38	740012	368753	371259	3558	1335	2223	0.48	0.36	0.60
39	690817	343195	347622	3974	1384	2590	0.58	0.40	0.75
40—44岁	**3789431**	**1913653**	**1875778**	**33945**	**10482**	**23463**	**0.90**	**0.55**	**1.25**
40	719929	359316	360613	4997	1643	3354	0.69	0.46	0.93
41	775466	389458	386008	5938	1942	3996	0.77	0.50	1.04
42	775405	390493	384912	6925	2172	4753	0.89	0.56	1.23
43	720151	366078	354073	7112	2155	4957	0.99	0.59	1.40
44	798480	408308	390172	8973	2570	6403	1.12	0.63	1.64

4-5 续表

单位：人、%

年 龄	15岁及以上人口			文盲人口			文盲人口占15岁及以上人口比重		
	合计	男	女	合计	男	女	合计	男	女
45-49岁	**4913582**	**2476430**	**2437152**	**89139**	**20990**	**68149**	**1.81**	**0.85**	**2.80**
45	806628	410434	396194	10507	2888	7619	1.30	0.70	1.92
46	887757	449263	438494	13136	3398	9738	1.48	0.76	2.22
47	977412	492821	484591	17136	4105	13031	1.75	0.83	2.69
48	1111342	559877	551465	22695	5171	17524	2.04	0.92	3.18
49	1130443	564035	566408	25665	5428	20237	2.27	0.96	3.57
50-54岁	**5783366**	**2842607**	**2940759**	**182926**	**35405**	**147521**	**3.16**	**1.25**	**5.02**
50	1213595	594579	619016	31533	6543	24990	2.60	1.10	4.04
51	1169366	573512	595854	33949	6818	27131	2.90	1.19	4.55
52	1250032	614171	635861	39314	7718	31596	3.15	1.26	4.97
53	1020525	498962	521563	36229	6616	29613	3.55	1.33	5.68
54	1129848	561383	568465	41901	7710	34191	3.71	1.37	6.01
55-59岁	**4584566**	**2265681**	**2318885**	**214574**	**34343**	**180231**	**4.68**	**1.52**	**7.77**
55	1080890	532668	548222	42010	7114	34896	3.89	1.34	6.37
56	1009818	497236	512582	42727	7095	35632	4.23	1.43	6.95
57	1161566	580734	580832	51449	8263	43186	4.43	1.42	7.44
58	956858	475537	481321	52374	7907	44467	5.47	1.66	9.24
59	375434	179506	195928	26014	3964	22050	6.93	2.21	11.25
60-64岁	**2309825**	**1187345**	**1122480**	**223301**	**50611**	**172690**	**9.67**	**4.26**	**15.38**
60	300124	148907	151217	21382	4110	17272	7.12	2.76	11.42
61	294456	152255	142201	23948	5510	18438	8.13	3.62	12.97
62	477690	252144	225546	43991	10677	33314	9.21	4.23	14.77
63	622160	322644	299516	64032	14780	49252	10.29	4.58	16.44
64	615395	311395	304000	69948	15534	54414	11.37	4.99	17.90
65-69岁	**3269243**	**1625526**	**1643717**	**475124**	**112179**	**362945**	**14.53**	**6.90**	**22.08**
65	643142	324244	318898	77118	17420	59698	11.99	5.37	18.72
66	708734	355353	353381	93990	21412	72578	13.26	6.03	20.54
67	659345	325882	333463	97695	22920	74775	14.82	7.03	22.42
68	692891	341993	350898	110176	26640	83536	15.90	7.79	23.81
69	565131	278054	287077	96145	23787	72358	17.01	8.55	25.21
70-74岁	**2407317**	**1203061**	**1204256**	**460626**	**120190**	**340436**	**19.13**	**9.99**	**28.27**
70	526856	263991	262865	93095	24278	68817	17.67	9.20	26.18
71	534605	269995	264610	99432	26282	73150	18.60	9.73	27.64
72	506918	252947	253971	99531	26181	73350	19.63	10.35	28.88
73	439933	218271	221662	87009	22196	64813	19.78	10.17	29.24
74	399005	197857	201148	81559	21253	60306	20.44	10.74	29.98
75-79岁	**1680903**	**824152**	**856751**	**389114**	**103521**	**285593**	**23.15**	**12.56**	**33.33**
75	367999	182409	185590	77940	20387	57553	21.18	11.18	31.01
76	362988	180872	182116	80915	21737	59178	22.29	12.02	32.49
77	326062	159833	166229	75912	20205	55707	23.28	12.64	33.51
78	308462	149756	158706	74226	19839	54387	24.06	13.25	34.27
79	315392	151282	164110	80121	21353	58768	25.40	14.11	35.81
80-84岁	**1019412**	**473816**	**545596**	**307371**	**84250**	**223121**	**30.15**	**17.78**	**40.89**
80	271692	129746	141946	74453	20533	53920	27.40	15.83	37.99
81	196038	91036	105002	58352	16000	42352	29.77	17.58	40.33
82	209328	99114	110214	63881	18119	45762	30.52	18.28	41.52
83	180464	82101	98363	57569	15665	41904	31.90	19.08	42.60
84	161890	71819	90071	53116	13933	39183	32.81	19.40	43.50
85岁及以上	**782536**	**307434**	**475102**	**307314**	**70564**	**236750**	**39.27**	**22.95**	**49.83**

4-5a 全省分年龄、性别的15岁及以上文盲人口(城市)

单位：人、%

年 龄	15岁及以上人口			文盲人口			文盲人口占15岁及以上人口比重		
	合计	男	女	合计	男	女	合计	男	女
总 计	**13570784**	**6662034**	**6908750**	**373923**	**81262**	**292661**	**2.76**	**1.22**	**4.24**
15-19岁	**991760**	**518798**	**472962**	**1019**	**602**	**417**	**0.10**	**0.12**	**0.09**
15	187846	101287	86559	297	161	136	0.16	0.16	0.16
16	217514	116458	101056	214	123	91	0.10	0.11	0.09
17	201075	106117	94958	166	111	55	0.08	0.10	0.06
18	182899	93577	89322	169	107	62	0.09	0.11	0.07
19	202426	101359	101067	173	100	73	0.09	0.10	0.07
20-24岁	**1022028**	**516592**	**505436**	**942**	**535**	**407**	**0.09**	**0.10**	**0.08**
20	216210	108877	107333	208	127	81	0.10	0.12	0.08
21	197485	99877	97608	185	93	92	0.09	0.09	0.09
22	203074	102614	100460	182	105	77	0.09	0.10	0.08
23	199365	101065	98300	166	99	67	0.08	0.10	0.07
24	205894	104159	101735	201	111	90	0.10	0.11	0.09
25-29岁	**1252610**	**622462**	**630148**	**1248**	**685**	**563**	**0.10**	**0.11**	**0.09**
25	228273	115177	113096	218	130	88	0.10	0.11	0.08
26	224382	112486	111896	246	143	103	0.11	0.13	0.09
27	244444	121548	122896	238	123	115	0.10	0.10	0.09
28	263139	129919	133220	264	141	123	0.10	0.11	0.09
29	292372	143332	149040	282	148	134	0.10	0.10	0.09
30-34岁	**1584807**	**762732**	**822075**	**1803**	**871**	**932**	**0.11**	**0.11**	**0.11**
30	356857	172966	183891	374	197	177	0.10	0.11	0.10
31	341491	164357	177134	401	202	199	0.12	0.12	0.11
32	311967	149848	162119	333	165	168	0.11	0.11	0.10
33	309393	148380	161013	351	165	186	0.11	0.11	0.12
34	265099	127181	137918	344	142	202	0.13	0.11	0.15
35-39岁	**1174668**	**568803**	**605865**	**2010**	**785**	**1225**	**0.17**	**0.14**	**0.20**
35	235141	113679	121462	304	138	166	0.13	0.12	0.14
36	236261	114652	121609	348	131	217	0.15	0.11	0.18
37	229512	111587	117925	354	142	212	0.15	0.13	0.18
38	249979	121036	128943	464	180	284	0.19	0.15	0.22
39	223775	107849	115926	540	194	346	0.24	0.18	0.30
40-44岁	**1177192**	**577557**	**599635**	**4567**	**1349**	**3218**	**0.39**	**0.23**	**0.54**
40	226656	109461	117195	597	169	428	0.26	0.15	0.37
41	249339	121837	127502	788	267	521	0.32	0.22	0.41
42	240647	117759	122888	902	293	609	0.37	0.25	0.50
43	222078	109747	112331	1014	280	734	0.46	0.26	0.65
44	238472	118753	119719	1266	340	926	0.53	0.29	0.77

4-5a 续表 单位：人、%

年龄	15岁及以上人口			文盲人口			文盲人口占15岁及以上人口比重		
	合计	男	女	合计	男	女	合计	男	女
45-49岁	**1345770**	**670021**	**675749**	**14128**	**3145**	**10983**	**1.05**	**0.47**	**1.63**
45	236323	117573	118750	1609	435	1174	0.68	0.37	0.99
46	249318	124179	125139	2146	545	1601	0.86	0.44	1.28
47	268198	133879	134319	2730	600	2130	1.02	0.45	1.59
48	293242	146240	147002	3543	737	2806	1.21	0.50	1.91
49	298689	148150	150539	4100	828	3272	1.37	0.56	2.17
50-54岁	**1454975**	**708994**	**745981**	**28361**	**5520**	**22841**	**1.95**	**0.78**	**3.06**
50	312743	153041	159702	4843	1001	3842	1.55	0.65	2.41
51	301816	146825	154991	5385	1092	4293	1.78	0.74	2.77
52	315874	153967	161907	6018	1188	4830	1.91	0.77	2.98
53	245364	118956	126408	5485	1014	4471	2.24	0.85	3.54
54	279178	136205	142973	6630	1225	5405	2.37	0.90	3.78
55-59岁	**1169495**	**568860**	**600635**	**33410**	**4896**	**28514**	**2.86**	**0.86**	**4.75**
55	274604	134027	140577	6783	1127	5656	2.47	0.84	4.02
56	266610	130245	136365	6833	1105	5728	2.56	0.85	4.20
57	317449	155542	161907	8518	1147	7371	2.68	0.74	4.55
58	226044	109190	116854	7891	1036	6855	3.49	0.95	5.87
59	84788	39856	44932	3385	481	2904	3.99	1.21	6.46
60-64岁	**614557**	**309688**	**304869**	**36565**	**7739**	**28826**	**5.95**	**2.50**	**9.46**
60	89454	44253	45201	3238	590	2648	3.62	1.33	5.86
61	89691	45856	43835	3933	864	3069	4.39	1.88	7.00
62	130856	67446	63410	7266	1571	5695	5.55	2.33	8.98
63	157442	79483	77959	10915	2413	8502	6.93	3.04	10.91
64	147114	72650	74464	11213	2301	8912	7.62	3.17	11.97
65-69岁	**674590**	**324538**	**350052**	**65804**	**14657**	**51147**	**9.75**	**4.52**	**14.61**
65	145408	71004	74404	11685	2487	9198	8.04	3.50	12.36
66	153191	74714	78477	13751	2987	10764	8.98	4.00	13.72
67	131717	62841	68876	13003	2900	10103	9.87	4.61	14.67
68	135873	64437	71436	14952	3342	11610	11.00	5.19	16.25
69	108401	51542	56859	12413	2941	9472	11.45	5.71	16.66
70-74岁	**436467**	**210370**	**226097**	**54086**	**12984**	**41102**	**12.39**	**6.17**	**18.18**
70	98933	48153	50780	11173	2766	8407	11.29	5.74	16.56
71	98955	48004	50951	11979	2972	9007	12.11	6.19	17.68
72	88413	42220	46193	11354	2728	8626	12.84	6.46	18.67
73	78997	37929	41068	10264	2363	7901	12.99	6.23	19.24
74	71169	34064	37105	9316	2155	7161	13.09	6.33	19.30
75-79岁	**310433**	**144026**	**166407**	**45912**	**9965**	**35947**	**14.79**	**6.92**	**21.60**
75	64689	30811	33878	8639	1916	6723	13.35	6.22	19.84
76	64838	30568	34270	9334	2113	7221	14.40	6.91	21.07
77	59008	26995	32013	8763	1895	6868	14.85	7.02	21.45
78	59690	27303	32387	8887	1861	7026	14.89	6.82	21.69
79	62208	28349	33859	10289	2180	8109	16.54	7.69	23.95
80-84岁	**205806**	**92727**	**113079**	**40609**	**8931**	**31678**	**19.73**	**9.63**	**28.01**
80	52714	23928	28786	9185	1995	7190	17.42	8.34	24.98
81	39753	17750	22003	7663	1715	5948	19.28	9.66	27.03
82	42146	19496	22650	8368	1890	6478	19.85	9.69	28.60
83	37284	16764	20520	7983	1767	6216	21.41	10.54	30.29
84	33909	14789	19120	7410	1564	5846	21.85	10.58	30.58
85岁及以上	**155626**	**65866**	**89760**	**43459**	**8598**	**34861**	**27.93**	**13.05**	**38.84**

4-5b 全省分年龄、性别的15岁及以上文盲人口(镇)

单位：人、%

年 龄	15岁及以上人口			文盲人口			文盲人口占15岁及以上人口比重		
	合计	男	女	合计	男	女	合计	男	女
总 计	**15401912**	**7663481**	**7738431**	**612707**	**141681**	**471026**	**3.98**	**1.85**	**6.09**
15-19岁	**1259212**	**693472**	**565740**	**1339**	**754**	**585**	**0.11**	**0.11**	**0.10**
15	281397	154983	126414	374	200	174	0.13	0.13	0.14
16	309661	170825	138836	269	141	128	0.09	0.08	0.09
17	272459	149997	122462	228	135	93	0.08	0.09	0.08
18	208374	114954	93420	227	134	93	0.11	0.12	0.10
19	187321	102713	84608	241	144	97	0.13	0.14	0.11
20-24岁	**948822**	**507608**	**441214**	**1348**	**765**	**583**	**0.14**	**0.15**	**0.13**
20	184853	100741	84112	277	165	112	0.15	0.16	0.13
21	173027	93623	79404	249	135	114	0.14	0.14	0.14
22	187501	100922	86579	240	131	109	0.13	0.13	0.13
23	193896	102767	91129	264	145	119	0.14	0.14	0.13
24	209545	109555	99990	318	189	129	0.15	0.17	0.13
25-29岁	**1365636**	**691440**	**674196**	**1960**	**1034**	**926**	**0.14**	**0.15**	**0.14**
25	243637	126380	117257	311	180	131	0.13	0.14	0.11
26	243297	125003	118294	333	180	153	0.14	0.14	0.13
27	269994	137116	132878	417	219	198	0.15	0.16	0.15
28	289943	145133	144810	420	213	207	0.14	0.15	0.14
29	318765	157808	160957	479	242	237	0.15	0.15	0.15
30-34岁	**1685851**	**816979**	**868872**	**2951**	**1352**	**1599**	**0.18**	**0.17**	**0.18**
30	388156	189603	198553	591	288	303	0.15	0.15	0.15
31	363562	176267	187295	543	259	284	0.15	0.15	0.15
32	329379	159323	170056	598	269	329	0.18	0.17	0.19
33	326498	157363	169135	653	291	362	0.20	0.18	0.21
34	278256	134423	143833	566	245	321	0.20	0.18	0.22
35-39岁	**1234238**	**601626**	**632612**	**3658**	**1426**	**2232**	**0.30**	**0.24**	**0.35**
35	248805	121770	127035	588	235	353	0.24	0.19	0.28
36	248664	121845	126819	647	279	368	0.26	0.23	0.29
37	238877	116770	122107	685	275	410	0.29	0.24	0.34
38	257531	124948	132583	820	315	505	0.32	0.25	0.38
39	240361	116293	124068	918	322	596	0.38	0.28	0.48
40-44岁	**1293747**	**634637**	**659110**	**8312**	**2363**	**5949**	**0.64**	**0.37**	**0.90**
40	248639	120622	128017	1118	356	762	0.45	0.30	0.60
41	267589	129990	137599	1445	436	1009	0.54	0.34	0.73
42	264442	129195	135247	1678	476	1202	0.63	0.37	0.89
43	243217	120171	123046	1748	491	1257	0.72	0.41	1.02
44	269860	134659	135201	2323	604	1719	0.86	0.45	1.27

4-5b 续表 单位：人、%

年龄	15岁及以上人口			文盲人口			文盲人口占15岁及以上人口比重		
	合计	男	女	合计	男	女	合计	男	女
45-49岁	**1590400**	**786737**	**803663**	**23105**	**4915**	**18190**	**1.45**	**0.62**	**2.26**
45	269185	134173	135012	2737	657	2080	1.02	0.49	1.54
46	292509	145241	147268	3409	742	2667	1.17	0.51	1.81
47	317852	157077	160775	4603	1015	3588	1.45	0.65	2.23
48	354921	175438	179483	5888	1247	4641	1.66	0.71	2.59
49	355933	174808	181125	6468	1254	5214	1.82	0.72	2.88
50-54岁	**1757287**	**857457**	**899830**	**44779**	**8418**	**36361**	**2.55**	**0.98**	**4.04**
50	374351	181964	192387	7642	1523	6119	2.04	0.84	3.18
51	358358	174889	183469	8343	1655	6688	2.33	0.95	3.65
52	378971	185106	193865	9605	1838	7767	2.53	0.99	4.01
53	306686	148907	157779	8744	1560	7184	2.85	1.05	4.55
54	338921	166591	172330	10445	1842	8603	3.08	1.11	4.99
55-59岁	**1345236**	**656795**	**688441**	**53134**	**7920**	**45214**	**3.95**	**1.21**	**6.57**
55	321879	157290	164589	10364	1636	8728	3.22	1.04	5.30
56	300459	146513	153946	10503	1624	8879	3.50	1.11	5.77
57	342413	169151	173262	13093	1986	11107	3.82	1.17	6.41
58	276927	135295	141632	13227	1852	11375	4.78	1.37	8.03
59	103558	48546	55012	5947	822	5125	5.74	1.69	9.32
60-64岁	**639961**	**324967**	**314994**	**55145**	**11849**	**43296**	**8.62**	**3.65**	**13.75**
60	82311	40432	41879	5138	932	4206	6.24	2.31	10.04
61	81947	42001	39946	5849	1271	4578	7.14	3.03	11.46
62	133705	70038	63667	11067	2583	8484	8.28	3.69	13.33
63	173194	88678	84516	16108	3574	12534	9.30	4.03	14.83
64	168804	83818	84986	16983	3489	13494	10.06	4.16	15.88
65-69岁	**847722**	**414007**	**433715**	**108104**	**24363**	**83741**	**12.75**	**5.88**	**19.31**
65	174130	86233	87897	18587	4001	14586	10.67	4.64	16.59
66	186952	91861	95091	22072	4796	17276	11.81	5.22	18.17
67	169880	82263	87617	22305	4962	17343	13.13	6.03	19.79
68	175309	85084	90225	24355	5694	18661	13.89	6.69	20.68
69	141451	68566	72885	20785	4910	15875	14.69	7.16	21.78
70-74岁	**589142**	**291463**	**297679**	**96049**	**24042**	**72007**	**16.30**	**8.25**	**24.19**
70	130840	64951	65889	19511	4871	14640	14.91	7.50	22.22
71	131799	65869	65930	21001	5287	15714	15.93	8.03	23.83
72	123305	60704	62601	20631	5178	15453	16.73	8.53	24.68
73	106722	52367	54355	18088	4418	13670	16.95	8.44	25.15
74	96476	47572	48904	16818	4288	12530	17.43	9.01	25.62
75-79岁	**406283**	**196650**	**209633**	**80920**	**20541**	**60379**	**19.92**	**10.45**	**28.80**
75	89048	43700	45348	15997	4018	11979	17.96	9.19	26.42
76	87725	42934	44791	16886	4279	12607	19.25	9.97	28.15
77	78562	38133	40429	15630	3989	11641	19.90	10.46	28.79
78	74772	35857	38915	15551	3932	11619	20.80	10.97	29.86
79	76176	36026	40150	16856	4323	12533	22.13	12.00	31.22
80-84岁	**245612**	**112990**	**132622**	**65237**	**17055**	**48182**	**26.56**	**15.09**	**36.33**
80	65020	30785	34235	15492	4075	11417	23.83	13.24	33.35
81	46756	21368	25388	12265	3180	9085	26.23	14.88	35.78
82	50794	23853	26941	13585	3743	9842	26.75	15.69	36.53
83	43839	19677	24162	12463	3148	9315	28.43	16.00	38.55
84	39203	17307	21896	11432	2909	8523	29.16	16.81	38.92
85岁及以上	**192763**	**76653**	**116110**	**66666**	**14884**	**51782**	**34.58**	**19.42**	**44.60**

4-5c 全省分年龄、性别的15岁及以上文盲人口(乡村)

单位：人、%

年 龄	15岁及以上人口			文盲人口			文盲人口占15岁及以上人口比重		
	合计	男	女	合计	男	女	合计	男	女
总 计	**20311793**	**10449572**	**9862221**	**1745301**	**442413**	**1302888**	**8.59**	**4.23**	**13.21**
15-19岁	**992861**	**565007**	**427854**	**2662**	**1583**	**1079**	**0.27**	**0.28**	**0.25**
15	259451	146272	113179	701	408	293	0.27	0.28	0.26
16	200063	115088	84975	549	334	215	0.27	0.29	0.25
17	181762	104442	77320	418	242	176	0.23	0.23	0.23
18	183751	104386	79365	458	278	180	0.25	0.27	0.23
19	167834	94819	73015	536	321	215	0.32	0.34	0.29
20-24岁	**1007665**	**559713**	**447952**	**3200**	**1865**	**1335**	**0.32**	**0.33**	**0.30**
20	163465	92170	71295	586	359	227	0.36	0.39	0.32
21	167222	93716	73506	592	368	224	0.35	0.39	0.30
22	207261	114720	92541	622	353	269	0.30	0.31	0.29
23	224468	124036	100432	638	344	294	0.28	0.28	0.29
24	245249	135071	110178	762	441	321	0.31	0.33	0.29
25-29岁	**1477324**	**794182**	**683142**	**5236**	**2701**	**2535**	**0.35**	**0.34**	**0.37**
25	281154	154583	126571	867	468	399	0.31	0.30	0.32
26	271029	147763	123266	908	478	430	0.34	0.32	0.35
27	291239	156158	135081	1038	557	481	0.36	0.36	0.36
28	308873	164144	144729	1143	579	564	0.37	0.35	0.39
29	325029	171534	153495	1280	619	661	0.39	0.36	0.43
30-34岁	**1603738**	**834190**	**769548**	**8772**	**3962**	**4810**	**0.55**	**0.47**	**0.63**
30	384871	202102	182769	1706	802	904	0.44	0.40	0.49
31	346199	180153	166046	1683	795	888	0.49	0.44	0.53
32	309961	160604	149357	1730	840	890	0.56	0.52	0.60
33	302318	156627	145691	1872	797	1075	0.62	0.51	0.74
34	260389	134704	125685	1781	728	1053	0.68	0.54	0.84
35-39岁	**1143088**	**601778**	**541310**	**10349**	**3901**	**6448**	**0.91**	**0.65**	**1.19**
35	233527	122393	111134	1733	708	1025	0.74	0.58	0.92
36	231066	121874	109192	1896	746	1150	0.82	0.61	1.05
37	219312	115689	103623	1930	739	1191	0.88	0.64	1.15
38	232502	122769	109733	2274	840	1434	0.98	0.68	1.31
39	226681	119053	107628	2516	868	1648	1.11	0.73	1.53
40-44岁	**1318492**	**701459**	**617033**	**21066**	**6770**	**14296**	**1.60**	**0.97**	**2.32**
40	244634	129233	115401	3282	1118	2164	1.34	0.87	1.88
41	258538	137631	120907	3705	1239	2466	1.43	0.90	2.04
42	270316	143539	126777	4345	1403	2942	1.61	0.98	2.32
43	254856	136160	118696	4350	1384	2966	1.71	1.02	2.50
44	290148	154896	135252	5384	1626	3758	1.86	1.05	2.78

4-5c　续表　　　　单位：人、%

年　龄	15岁及以上人口			文盲人口			文盲人口占15岁及以上人口比重		
	合计	男	女	合计	男	女	合计	男	女
45-49岁	**1977412**	**1019672**	**957740**	**51906**	**12930**	**38976**	**2.62**	**1.27**	**4.07**
45	301120	158688	142432	6161	1796	4365	2.05	1.13	3.06
46	345930	179843	166087	7581	2111	5470	2.19	1.17	3.29
47	391362	201865	189497	9803	2490	7313	2.50	1.23	3.86
48	463179	238199	224980	13264	3187	10077	2.86	1.34	4.48
49	475821	241077	234744	15097	3346	11751	3.17	1.39	5.01
50-54岁	**2571104**	**1276156**	**1294948**	**109786**	**21467**	**88319**	**4.27**	**1.68**	**6.82**
50	526501	259574	266927	19048	4019	15029	3.62	1.55	5.63
51	509192	251798	257394	20221	4071	16150	3.97	1.62	6.27
52	555187	275098	280089	23691	4692	18999	4.27	1.71	6.78
53	468475	231099	237376	22000	4042	17958	4.70	1.75	7.57
54	511749	258587	253162	24826	4643	20183	4.85	1.80	7.97
55-59岁	**2069835**	**1040026**	**1029809**	**128030**	**21527**	**106503**	**6.19**	**2.07**	**10.34**
55	484407	241351	243056	24863	4351	20512	5.13	1.80	8.44
56	442749	220478	222271	25391	4366	21025	5.73	1.98	9.46
57	501704	256041	245663	29838	5130	24708	5.95	2.00	10.06
58	453887	231052	222835	31256	5019	26237	6.89	2.17	11.77
59	187088	91104	95984	16682	2661	14021	8.92	2.92	14.61
60-64岁	**1055307**	**552690**	**502617**	**131591**	**31023**	**100568**	**12.47**	**5.61**	**20.01**
60	128359	64222	64137	13006	2588	10418	10.13	4.03	16.24
61	122818	64398	58420	14166	3375	10791	11.53	5.24	18.47
62	213129	114660	98469	25658	6523	19135	12.04	5.69	19.43
63	291524	154483	137041	37009	8793	28216	12.70	5.69	20.59
64	299477	154927	144550	41752	9744	32008	13.94	6.29	22.14
65-69岁	**1746931**	**886981**	**859950**	**301216**	**73159**	**228057**	**17.24**	**8.25**	**26.52**
65	323604	167007	156597	46846	10932	35914	14.48	6.55	22.93
66	368591	188778	179813	58167	13629	44538	15.78	7.22	24.77
67	357748	180778	176970	62387	15058	47329	17.44	8.33	26.74
68	381709	192472	189237	70869	17604	53265	18.57	9.15	28.15
69	315279	157946	157333	62947	15936	47011	19.97	10.09	29.88
70-74岁	**1381708**	**701228**	**680480**	**310491**	**83164**	**227327**	**22.47**	**11.86**	**33.41**
70	297083	150887	146196	62411	16641	45770	21.01	11.03	31.31
71	303851	156122	147729	66452	18023	48429	21.87	11.54	32.78
72	295200	150023	145177	67546	18275	49271	22.88	12.18	33.94
73	254214	127975	126239	58657	15415	43242	23.07	12.05	34.25
74	231360	116221	115139	55425	14810	40615	23.96	12.74	35.27
75-79岁	**964187**	**483476**	**480711**	**262282**	**73015**	**189267**	**27.20**	**15.10**	**39.37**
75	214262	107898	106364	53304	14453	38851	24.88	13.40	36.53
76	210425	107370	103055	54695	15345	39350	25.99	14.29	38.18
77	188492	94705	93787	51519	14321	37198	27.33	15.12	39.66
78	174000	86596	87404	49788	14046	35742	28.61	16.22	40.89
79	177008	86907	90101	52976	14850	38126	29.93	17.09	42.31
80-84岁	**567994**	**268099**	**299895**	**201525**	**58264**	**143261**	**35.48**	**21.73**	**47.77**
80	153958	75033	78925	49776	14463	35313	32.33	19.28	44.74
81	109529	51918	57611	38424	11105	27319	35.08	21.39	47.42
82	116388	55765	60623	41928	12486	29442	36.02	22.39	48.57
83	99341	45660	53681	37123	10750	26373	37.37	23.54	49.13
84	88778	39723	49055	34274	9460	24814	38.61	23.81	50.58
85岁及以上	**434147**	**164915**	**269232**	**197189**	**47082**	**150107**	**45.42**	**28.55**	**55.75**

中国人口普查
CHINA POPULATION CENSUS

2020

安徽省人口普查年鉴

（第2册）

ANHUI POPULATION CENSUS YEARBOOK 2020

(BOOK 2)

安　徽　省　统　计　局
安徽省第七次全国人口普查领导小组办公室　编

Compiled by
Anhui Provincial Bureau of Statistics
Office of the Leading Group of Anhui province for the Seventh National Population Census

中国统计出版社
China Statistics Press

图书在版编目（CIP）数据

安徽省人口普查年鉴. 2020. 第 2 册 / 安徽省统计局, 安徽省第七次全国人口普查领导小组办公室编. -- 北京 : 中国统计出版社, 2022.9
ISBN 978-7-5037-9947-1

Ⅰ. ①安… Ⅱ. ①安… ②安… Ⅲ. ①人口统计－安徽－2020－年鉴 Ⅳ. ①C924.255.4-54

中国版本图书馆 CIP 数据核字(2022)第 157080 号

安徽省人口普查年鉴-2020（第 2 册）
Anhui Population Census Yearbook 2020 (Book 2)

作　　者/安徽省统计局　安徽省第七次全国人口普查领导小组办公室
责任编辑/郭　栋　佘竞雄
执行编辑/张　怡
封面设计/李雪燕
出版发行/中国统计出版社有限公司
通信地址/北京市丰台区西三环南路甲 6 号　邮政编码/100073
发行电话/邮购（010）63376909　书店（010）68783171
网　　址/http://www.zgtjcbs.com/
印　　刷/ 合肥同传印务有限公司
经　　销/新华书店
开　　本/880mm×1230mm　1/16
字　　数/1580 千字
印　　张/65.75
版　　别/2022 年 9 月第 1 版
版　　次/2022 年 9 月第 1 次印刷
定　　价/980.00 元（全四册）

目　录

第2册

第一部分　全部数据资料（续）

第五卷　家庭

第六卷　死亡

第二部分　长表数据资料

第一卷　概要

第二卷　民族

第一部分　全部数据资料

第五卷　家庭

5-1　全省不同规模的家庭户类别

单位：户

家庭户规模	家庭户户数	一代户	二代户	三代户	四代户	五代及以上户
总　计	**21910377**	**10485076**	**8415966**	**2905658**	**103600**	**77**
一人户	5183087	5183087				
二人户	6790657	5031679	1758978			
三人户	4768002	188558	4325721	253723		
四人户	2972819	47256	2002719	917152	5692	
五人户	1290366	16619	272358	976741	24644	4
六人户	643354	6993	42169	559904	34271	17
七人户	172899	3460	9141	134802	25469	27
八人户	52268	2293	2947	37894	9118	16
九人户	20103	1281	995	15163	2654	10
十人及以上户	16822	3850	938	10279	1752	3

5-1a　全省不同规模的家庭户类别(城市)

单位：户

家庭户规模	家庭户户数	一代户	二代户	三代户	四代户	五代及以上户
总　计	**5663611**	**2630308**	**2362102**	**658742**	**12452**	**7**
一人户	1229333	1229333				
二人户	1758586	1337655	420931			
三人户	1459465	40244	1365843	53378		
四人户	771368	12760	523186	234858	564	
五人户	293924	5480	44365	240943	3136	
六人户	120134	2082	5861	107482	4708	1
七人户	20558	867	1282	15473	2932	4
八人户	5685	540	395	3999	750	1
九人户	2306	324	120	1645	216	1
十人及以上户	2252	1023	119	964	146	

5-1b 全省不同规模的家庭户类别(镇)

单位：户

家庭户规模	家庭户户数	一代户	二代户	三代户	四代户	五代及以上户
总 计	**6548174**	**2934535**	**2695144**	**889592**	**28883**	**20**
一人户	1464791	1464791				
二人户	1947458	1401320	546138			
三人户	1468906	39436	1359528	69942		
四人户	970896	13135	684714	271714	1333	
五人户	407901	7152	86679	307799	6270	1
六人户	205176	3171	13028	179207	9765	5
七人户	53146	1770	3065	40769	7536	6
八人户	16619	1227	1146	11574	2669	3
九人户	6788	655	394	4993	742	4
十人及以上户	6493	1878	452	3594	568	1

5-1c 全省不同规模的家庭户类别(乡村)

单位：户

家庭户规模	家庭户户数	一代户	二代户	三代户	四代户	五代及以上户
总 计	**9698592**	**4920233**	**3358720**	**1357324**	**62265**	**50**
一人户	2488963	2488963				
二人户	3084613	2292704	791909			
三人户	1839631	108878	1600350	130403		
四人户	1230555	21361	794819	410580	3795	
五人户	588541	3987	141314	427999	15238	3
六人户	318044	1740	23280	273215	19798	11
七人户	99195	823	4794	78560	15001	17
八人户	29964	526	1406	22321	5699	12
九人户	11009	302	481	8525	1696	5
十人及以上户	8077	949	367	5721	1038	2

5-2 各地区分年龄、性别的一人户

单位：户

地区	合计			14岁及以下		
	合计	男	女	小计	男	女
安徽	**5183087**	**2834389**	**2348698**	**314381**	**184585**	**129796**
合肥市	**815528**	**453645**	**361883**	**27014**	**15111**	**11903**
瑶海区	76103	40648	35455	1614	890	724
庐阳区	53305	27137	26168	1480	771	709
蜀山区	84817	43544	41273	2113	1098	1015
包河区	97255	53000	44255	2162	1197	965
长丰县	76806	44536	32270	4169	2382	1787
肥东县	89064	50242	38822	3625	2071	1554
肥西县	90445	54363	36082	2755	1528	1227
庐江县	91234	52100	39134	4503	2563	1940
合肥高新技术产业开发区	18657	10809	7848	298	147	151
合肥经济技术开发区	33078	19950	13128	864	481	383
合肥新站高新技术产业开发区	32715	19588	13127	829	461	368
巢湖市	72049	37728	34321	2602	1522	1080
芜湖市	**341765**	**192105**	**149660**	**12109**	**6978**	**5131**
镜湖区	46494	23155	23339	953	521	432
弋江区	27479	14702	12777	614	329	285
鸠江区	47238	26965	20273	2257	1351	906
三山区	15700	9566	6134	519	283	236
芜湖县	28838	16128	12710	904	501	403
繁昌县	25922	14690	11232	522	294	228
南陵县	47537	27250	20287	1596	889	707
芜湖经济技术开发区	18978	12371	6607	308	174	134
安徽芜湖长江大桥经济开发区	2546	1459	1087	98	42	56
无为市	81033	45819	35214	4338	2594	1744
蚌埠市	**252397**	**136223**	**116174**	**17447**	**10231**	**7216**
龙子湖区	22112	10586	11526	577	334	243
蚌山区	14819	6941	7878	402	202	200
禹会区	28327	14289	14038	1199	692	507
淮上区	19124	10457	8667	1336	794	542
怀远县	70580	40155	30425	7289	4315	2974
五河县	42228	24424	17804	3151	1847	1304
固镇县	37026	20729	16297	2922	1715	1207
蚌埠市高新技术开发区	2933	1562	1371	96	57	39
蚌埠市经济开发区	15248	7080	8168	475	275	200
淮南市	**285333**	**152798**	**132535**	**21478**	**12849**	**8629**
大通区	13882	7145	6737	602	334	268
田家庵区	64123	30637	33486	2732	1492	1240
谢家集区	23023	10957	12066	945	542	403
八公山区	11656	5154	6502	255	130	125
潘集区	29794	17561	12233	2419	1416	1003
凤台县	55301	31103	24198	5132	3113	2019
寿县	87554	50241	37313	9393	5822	3571

5-2 续表 1

单位：户

地　　区	合　计			14岁及以下		
	合计	男	女	小计	男	女
马鞍山市	**179218**	**95137**	**84081**	**6479**	**3838**	**2641**
花山区	35605	17006	18599	572	328	244
雨山区	27804	14096	13708	354	183	171
博望区	11311	6486	4825	513	321	192
当涂县	33117	17682	15435	987	528	459
含山县	32601	18236	14365	1737	1039	698
和县	38780	21631	17149	2316	1439	877
淮北市	**146723**	**73369**	**73354**	**9107**	**5441**	**3666**
杜集区	21147	10225	10922	749	446	303
相山区	38399	17832	20567	1388	770	618
烈山区	22760	11677	11083	1191	708	483
濉溪县	64417	33635	30782	5779	3517	2262
铜陵市	**129053**	**66839**	**62214**	**5049**	**2820**	**2229**
铜官区	32608	15686	16922	596	309	287
义安区	22366	12043	10323	732	404	328
郊区	18628	10075	8553	1037	606	431
枞阳县	55451	29035	26416	2684	1501	1183
安庆市	**366882**	**200513**	**166369**	**15566**	**8752**	**6814**
迎江区	20922	9918	11004	400	212	188
大观区	20472	9613	10859	582	335	247
宜秀区	13697	7466	6231	414	228	186
怀宁县	45021	24133	20888	2447	1355	1092
太湖县	42585	25056	17529	1715	970	745
宿松县	56382	31962	24420	3564	2089	1475
望江县	35622	19464	16158	2235	1258	977
岳西县	25660	15458	10202	897	502	395
安徽安庆经济开发区	10889	6007	4882	190	107	83
桐城市	56022	28944	27078	1912	1053	859
潜山市	39610	22492	17118	1210	643	567
黄山市	**123448**	**66654**	**56794**	**3715**	**2014**	**1701**
屯溪区	21761	10367	11394	560	309	251
黄山区	14987	8709	6278	313	168	145
徽州区	7365	4060	3305	177	89	88
歙县	39468	21873	17595	1489	821	668
休宁县	17684	9715	7969	519	271	248
黟县	7527	4123	3404	141	79	62
祁门县	14656	7807	6849	516	277	239
滁州市	**308727**	**171488**	**137239**	**14221**	**8063**	**6158**
琅琊区	17800	8869	8931	389	200	189
南谯区	24442	13446	10996	618	324	294
来安县	35592	19635	15957	1137	642	495
全椒县	39371	21139	18232	1613	886	727
定远县	55873	31611	24262	4024	2386	1638
凤阳县	43981	25199	18782	2891	1661	1230
苏滁现代产业园	1597	1103	494	15	7	8
滁州经济技术开发区	5922	3377	2545	132	65	67
天长市	40671	22420	18251	884	461	423
明光市	43478	24689	18789	2518	1431	1087

5-2 续表 2

单位：户

地区	合计			14岁及以下		
	合计	男	女	小计	男	女
阜阳市	**597310**	**322534**	**274776**	**59170**	**35379**	**23791**
颍州区	51071	25405	25666	3931	2321	1610
颍东区	34395	18958	15437	2946	1777	1169
颍泉区	45810	23790	22020	4302	2613	1689
临泉县	108566	60300	48266	11223	6726	4497
太和县	121529	63663	57866	10412	6339	4073
阜南县	80224	44495	35729	9625	5659	3966
颍上县	92819	52657	40162	11850	7008	4842
阜阳合肥现代产业园区	2552	1312	1240	325	168	157
阜阳经济技术开发区	8182	4290	3892	417	225	192
界首市	52162	27664	24498	4139	2543	1596
宿州市	**413373**	**220840**	**192533**	**33929**	**20256**	**13673**
埇桥区	134436	71263	63173	9473	5563	3910
砀山县	64168	32725	31443	6543	4046	2497
萧县	95689	49906	45783	7958	4847	3111
灵璧县	66317	37614	28703	5841	3414	2427
泗县	46385	25830	20555	3757	2181	1576
宿州马鞍山现代产业园区	3308	1827	1481	247	143	104
宿州经济技术开发区	3070	1675	1395	110	62	48
六安市	**423884**	**239869**	**184015**	**28555**	**17060**	**11495**
金安区	78832	44295	34537	4095	2379	1716
裕安区	71208	39672	31536	4218	2435	1783
叶集区	16233	9217	7016	1136	678	458
霍邱县	109672	61776	47896	12970	8032	4938
舒城县	75507	43394	32113	3165	1763	1402
金寨县	45961	26633	19328	2270	1376	894
霍山县	26471	14882	11589	701	397	304
亳州市	**424076**	**227360**	**196716**	**49597**	**29851**	**19746**
谯城区	139903	71937	67966	12366	7574	4792
涡阳县	95294	51491	43803	13242	7997	5245
蒙城县	76512	42221	34291	9877	5854	4023
利辛县	112367	61711	50656	14112	8426	5686
池州市	**123089**	**67878**	**55211**	**3985**	**2153**	**1832**
贵池区	50863	26851	24012	1679	907	772
东至县	38387	21345	17042	1519	817	702
石台县	8045	4549	3496	209	119	90
青阳县	22009	12763	9246	542	291	251
池州市国家经济技术开发区	1265	800	465	11	7	4
皖江江南新兴产业集中区	1402	902	500	2		2
九华山风景区	1118	668	450	23	12	11
宣城市	**252281**	**147137**	**105144**	**6960**	**3789**	**3171**
宣州区	69843	39259	30584	2273	1247	1026
郎溪县	27850	15746	12104	931	500	431
泾县	35915	21751	14164	911	469	442
绩溪县	16263	8841	7422	453	252	201
旌德县	11848	6955	4893	326	168	158
宣城市经济开发区	8629	5231	3398	174	108	66
宁国市	41049	25404	15645	531	285	246
广德市	40884	23950	16934	1361	760	601

5-2 续表 3

单位：户

地　　区	15-19岁			20-24岁		
	小计	男	女	小计	男	女
安　徽	**185515**	**114919**	**70596**	**305238**	**184084**	**121154**
合肥市	**19012**	**11218**	**7794**	**70553**	**39784**	**30769**
瑶海区	1702	899	803	8426	4291	4135
庐阳区	1192	684	508	5238	2703	2535
蜀山区	1537	867	670	9679	4877	4802
包河区	2047	1160	887	10526	5498	5028
长丰县	1821	1094	727	5441	3433	2008
肥东县	2859	1852	1007	5589	3621	1968
肥西县	1948	1186	762	8710	5394	3316
庐江县	2504	1459	1045	4078	2432	1646
合肥高新技术产业开发区	275	160	115	2132	1160	972
合肥经济技术开发区	746	451	295	4141	2449	1692
合肥新站高新技术产业开发区	715	430	285	3668	2228	1440
巢湖市	1666	976	690	2925	1698	1227
芜湖市	**8638**	**5089**	**3549**	**20156**	**12471**	**7685**
镜湖区	904	454	450	3246	1693	1553
弋江区	476	259	217	2508	1481	1027
鸠江区	1085	684	401	3032	2031	1001
三山区	361	209	152	835	591	244
芜湖县	576	307	269	1369	738	631
繁昌县	923	560	363	927	565	362
南陵县	1240	668	572	1991	1169	822
芜湖经济技术开发区	392	273	119	2126	1567	559
安徽芜湖长江大桥经济开发区	44	26	18	95	60	35
无为市	2637	1649	988	4027	2576	1451
蚌埠市	**8858**	**5498**	**3360**	**14204**	**8427**	**5777**
龙子湖区	408	238	170	1077	536	541
蚌山区	372	218	154	921	496	425
禹会区	625	377	248	1296	752	544
淮上区	480	308	172	1148	686	462
怀远县	3674	2330	1344	4264	2569	1695
五河县	1816	1119	697	2337	1472	865
固镇县	1145	708	437	1860	1125	735
蚌埠市高新技术开发区	50	31	19	217	154	63
蚌埠市经济开发区	288	169	119	1084	637	447
淮南市	**10081**	**6335**	**3746**	**12662**	**7699**	**4963**
大通区	315	192	123	508	318	190
田家庵区	1651	893	758	3008	1611	1397
谢家集区	464	279	185	711	420	291
八公山区	224	133	91	304	167	137
潘集区	788	544	244	1407	952	455
凤台县	2165	1458	707	2616	1707	909
寿县	4474	2836	1638	4108	2524	1584

5-2　续表 4

单位：户

地　区	15-19岁			20-24岁		
	小计	男	女	小计	男	女
马鞍山市	**4048**	**2473**	**1575**	**8539**	**5357**	**3182**
花山区	530	298	232	1662	993	669
雨山区	446	249	197	1549	949	600
博望区	370	227	143	486	312	174
当涂县	670	385	285	1151	753	398
含山县	863	523	340	1611	1068	543
和县	1169	791	378	2080	1282	798
淮北市	**3902**	**2571**	**1331**	**7373**	**4653**	**2720**
杜集区	399	268	131	751	469	282
相山区	1028	595	433	2417	1356	1061
烈山区	500	335	165	1083	750	333
濉溪县	1975	1373	602	3122	2078	1044
铜陵市	**4224**	**2420**	**1804**	**6291**	**3664**	**2627**
铜官区	745	390	355	1829	1042	787
义安区	481	267	214	760	454	306
郊区	501	319	182	964	584	380
枞阳县	2497	1444	1053	2738	1584	1154
安庆市	**11414**	**6571**	**4843**	**18153**	**10834**	**7319**
迎江区	376	202	174	1055	572	483
大观区	443	211	232	1235	631	604
宜秀区	309	199	110	1080	618	462
怀宁县	1743	938	805	2453	1502	951
太湖县	1062	622	440	1746	1078	668
宿松县	2825	1755	1070	3095	1906	1189
望江县	1103	674	429	1781	1150	631
岳西县	571	323	248	900	549	351
安徽安庆经济开发区	184	109	75	667	406	261
桐城市	1419	753	666	2387	1377	1010
潜山市	1379	785	594	1754	1045	709
黄山市	**2487**	**1387**	**1100**	**4901**	**2692**	**2209**
屯溪区	513	277	236	1409	686	723
黄山区	196	100	96	512	264	248
徽州区	121	59	62	259	164	95
歙县	922	501	421	1299	743	556
休宁县	344	219	125	624	358	266
黟县	122	68	54	193	121	72
祁门县	269	163	106	605	356	249
滁州市	**9881**	**5855**	**4026**	**17915**	**11005**	**6910**
琅琊区	447	261	186	1082	643	439
南谯区	497	290	207	1440	895	545
来安县	812	462	350	1788	1112	676
全椒县	688	434	254	1959	1214	745
定远县	2552	1621	931	3352	2143	1209
凤阳县	1893	1115	778	2831	1742	1089
苏滁现代产业园	37	19	18	145	108	37
滁州经济技术开发区	128	78	50	587	360	227
天长市	1232	659	573	2077	1202	875
明光市	1595	916	679	2654	1586	1068

5-2 续表 5

单位：户

地　区	15-19岁			20-24岁		
	小计	男	女	小计	男	女
阜阳市	**38111**	**24364**	**13747**	**39218**	**25213**	**14005**
颍州区	2066	1301	765	3479	1999	1480
颍东区	1606	1053	553	2168	1356	812
颍泉区	2141	1398	743	2657	1694	963
临泉县	7518	5026	2492	9079	6025	3054
太和县	10245	6234	4011	6799	4557	2242
阜南县	5811	3732	2079	6249	3923	2326
颍上县	6069	3930	2139	5671	3652	2019
阜阳合肥现代产业园区	128	71	57	156	90	66
阜阳经济技术开发区	270	154	116	542	318	224
界首市	2257	1465	792	2418	1599	819
宿州市	**13584**	**8903**	**4681**	**21788**	**13838**	**7950**
埇桥区	4398	2806	1592	7183	4387	2796
砀山县	1750	1221	529	3345	2294	1051
萧县	3039	2081	958	4880	3270	1610
灵璧县	2696	1708	988	3687	2314	1373
泗县	1522	980	542	2255	1318	937
宿州马鞍山现代产业园区	95	53	42	188	108	80
宿州经济技术开发区	84	54	30	250	147	103
六安市	**18518**	**11693**	**6825**	**21314**	**12878**	**8436**
金安区	5144	3335	1809	4864	3024	1840
裕安区	2456	1490	966	4072	2455	1617
叶集区	417	276	141	828	489	339
霍邱县	5986	3827	2159	4823	2886	1937
舒城县	2246	1328	918	3001	1806	1195
金寨县	1774	1151	623	2529	1514	1015
霍山县	495	286	209	1197	704	493
亳州市	**23899**	**15821**	**8078**	**25098**	**15832**	**9266**
谯城区	5985	3938	2047	8709	5296	3413
涡阳县	6240	4228	2012	5353	3531	1822
蒙城县	4501	3048	1453	4483	2789	1694
利辛县	7173	4607	2566	6553	4216	2337
池州市	**3538**	**1859**	**1679**	**5770**	**3236**	**2534**
贵池区	1452	776	676	2561	1406	1155
东至县	1389	728	661	1908	1102	806
石台县	150	66	84	277	150	127
青阳县	495	259	236	831	473	358
池州市国家经济技术开发区	13	7	6	77	47	30
皖江江南新兴产业集中区	6	5	1	81	43	38
九华山风景区	33	18	15	35	15	20
宣城市	**5320**	**2862**	**2458**	**11303**	**6501**	**4802**
宣州区	1707	924	783	3783	2117	1666
郎溪县	805	444	361	1257	728	529
泾县	545	294	251	1077	636	441
绩溪县	255	135	120	535	305	230
旌德县	191	97	94	335	184	151
宣城市经济开发区	119	67	52	637	382	255
宁国市	580	311	269	1715	1040	675
广德市	1118	590	528	1964	1109	855

5-2 续表 6

单位：户

地区	25-29岁			30-34岁			35-39岁		
	小计	男	女	小计	男	女	小计	男	女
安徽	**417268**	**255386**	**161882**	**350128**	**216743**	**133385**	**223292**	**138464**	**84828**
合肥市	**112362**	**68364**	**43998**	**86678**	**54152**	**32526**	**47158**	**29796**	**17362**
瑶海区	11884	6939	4945	9182	5438	3744	5364	3284	2080
庐阳区	8370	4596	3774	6872	4001	2871	3610	2151	1459
蜀山区	16573	8820	7753	12312	6950	5362	6293	3725	2568
包河区	18269	10272	7997	14094	8420	5674	7009	4359	2650
长丰县	8263	5445	2818	6982	4527	2455	4003	2585	1418
肥东县	7632	5127	2505	4784	3225	1559	3477	2268	1209
肥西县	12205	8505	3700	9878	7002	2876	5239	3552	1687
庐江县	4821	2910	1911	4994	3170	1824	3366	2219	1147
合肥高新技术产业开发区	5368	3401	1967	3525	2276	1249	1362	884	478
合肥经济技术开发区	7365	4785	2580	5435	3667	1768	2412	1613	799
合肥新站高新技术产业开发区	6989	4698	2291	5008	3304	1704	2459	1579	880
巢湖市	4623	2866	1757	3612	2172	1440	2564	1577	987
芜湖市	**31771**	**20563**	**11208**	**23716**	**15454**	**8262**	**14157**	**9124**	**5033**
镜湖区	5166	2988	2178	3765	2156	1609	2206	1276	930
弋江区	3890	2468	1422	2909	1799	1110	1639	995	644
鸠江区	4890	3306	1584	3819	2643	1176	2115	1399	716
三山区	1856	1320	536	1431	1096	335	754	574	180
芜湖县	2101	1284	817	1581	926	655	1024	635	389
繁昌县	1567	1072	495	1450	1024	426	773	558	215
南陵县	2653	1656	997	2368	1457	911	1752	1055	697
芜湖经济技术开发区	3636	2755	881	2642	2028	614	1397	1045	352
安徽芜湖长江大桥经济开发区	179	129	50	138	97	41	56	41	15
无为市	5833	3585	2248	3613	2228	1385	2441	1546	895
蚌埠市	**19780**	**11623**	**8157**	**18169**	**10807**	**7362**	**11327**	**6775**	**4552**
龙子湖区	1619	832	787	1541	849	692	1005	572	433
蚌山区	1431	780	651	1345	742	603	790	407	383
禹会区	1987	1178	809	2091	1222	869	1430	838	592
淮上区	1756	1082	674	1695	1051	644	1035	609	426
怀远县	4894	2899	1995	4152	2566	1586	2696	1672	1024
五河县	3314	1996	1318	2484	1507	977	1717	1098	619
固镇县	2549	1548	1001	2743	1668	1075	1552	967	585
蚌埠市高新技术开发区	388	267	121	392	253	139	232	142	90
蚌埠市经济开发区	1842	1041	801	1726	949	777	870	470	400
淮南市	**17774**	**10418**	**7356**	**18947**	**11222**	**7725**	**13461**	**8255**	**5206**
大通区	824	510	314	907	557	350	634	384	250
田家庵区	5530	3004	2526	6116	3329	2787	3918	2150	1768
谢家集区	1024	605	419	1105	677	428	730	432	298
八公山区	369	216	153	549	331	218	396	230	166
潘集区	2042	1284	758	2140	1452	688	1642	1186	456
凤台县	3618	2200	1418	3810	2364	1446	2785	1767	1018
寿县	4367	2599	1768	4320	2512	1808	3356	2106	1250

5-2 续表 7

单位：户

地 区	25-29岁			30-34岁			35-39岁		
	小计	男	女	小计	男	女	小计	男	女
马鞍山市	**12946**	**8307**	**4639**	**10526**	**6665**	**3861**	**7160**	**4404**	**2756**
花山区	2798	1824	974	2655	1662	993	1768	987	781
雨山区	2581	1676	905	2305	1511	794	1455	897	558
博望区	690	464	226	550	366	184	364	251	113
当涂县	2069	1318	751	1766	1148	618	1139	697	442
含山县	2318	1472	846	1522	943	579	1177	760	417
和县	2490	1553	937	1728	1035	693	1257	812	445
淮北市	**9753**	**6067**	**3686**	**9911**	**6022**	**3889**	**6853**	**4062**	**2791**
杜集区	1166	756	410	1251	803	448	901	551	350
相山区	3581	2054	1527	3576	1966	1610	2307	1198	1109
烈山区	1225	823	402	1391	924	467	1002	643	359
濉溪县	3781	2434	1347	3693	2329	1364	2643	1670	973
铜陵市	**8527**	**5263**	**3264**	**6416**	**4044**	**2372**	**4010**	**2486**	**1524**
铜官区	2912	1775	1137	2545	1564	981	1542	863	679
义安区	1093	688	405	993	663	330	642	419	223
郊区	1074	709	365	711	460	251	470	328	142
枞阳县	3448	2091	1357	2167	1357	810	1356	876	480
安庆市	**25172**	**15594**	**9578**	**19836**	**12396**	**7440**	**13122**	**8184**	**4938**
迎江区	1949	1147	802	1660	1051	609	906	561	345
大观区	1400	776	624	1168	649	519	722	433	289
宜秀区	1381	880	501	1107	738	369	584	386	198
怀宁县	3056	1829	1227	2221	1334	887	1491	932	559
太湖县	2636	1646	990	2055	1304	751	1393	861	532
宿松县	4274	2714	1560	2932	1836	1096	2023	1283	740
望江县	2346	1540	806	1634	1066	568	1243	790	453
岳西县	1190	716	474	1277	783	494	1024	710	314
安徽安庆经济开发区	1126	786	340	1011	657	354	613	418	195
桐城市	3313	2011	1302	3049	1899	1150	1875	1105	770
潜山市	2501	1549	952	1722	1079	643	1248	705	543
黄山市	**7930**	**4658**	**3272**	**7105**	**4323**	**2782**	**4783**	**2774**	**2009**
屯溪区	2559	1358	1201	2251	1180	1071	1415	716	699
黄山区	875	537	338	786	505	281	554	346	208
徽州区	447	294	153	481	312	169	311	187	124
歙县	1984	1207	777	1798	1143	655	1227	741	486
休宁县	919	571	348	847	538	309	541	328	213
黟县	370	216	154	304	204	100	241	144	97
祁门县	776	475	301	638	441	197	494	312	182
滁州市	**24425**	**14937**	**9488**	**19758**	**12017**	**7741**	**11616**	**7132**	**4484**
琅琊区	1656	1032	624	1473	848	625	896	480	416
南谯区	2405	1555	850	2070	1330	740	1105	681	424
来安县	2398	1501	897	2182	1394	788	1340	843	497
全椒县	3138	1993	1145	2547	1594	953	1465	897	568
定远县	4666	2731	1935	3092	1739	1353	1778	1064	714
凤阳县	3227	1908	1319	2712	1618	1094	1809	1162	647
苏滁现代产业园	231	175	56	250	184	66	166	122	44
滁州经济技术开发区	965	646	319	818	544	274	417	272	145
天长市	2602	1564	1038	2202	1295	907	1109	634	475
明光市	3137	1832	1305	2412	1471	941	1531	977	554

5-2　续表 8　　　　　　　　　　　　　　　　　　　　　　　　　　单位：户

地　区	25-29岁			30-34岁			35-39岁		
	小计	男	女	小计	男	女	小计	男	女
阜阳市	**43307**	**26572**	**16735**	**34499**	**21384**	**13115**	**24509**	**15102**	**9407**
颍州区	4770	2707	2063	4046	2257	1789	2801	1474	1327
颍东区	2721	1698	1023	2115	1290	825	1397	890	507
颍泉区	3278	1965	1313	2834	1676	1158	1849	1088	761
临泉县	7816	5105	2711	5560	3669	1891	4325	2793	1532
太和县	7319	4456	2863	5951	3853	2098	4049	2575	1474
阜南县	6194	3804	2390	4619	2879	1740	3038	1916	1122
颍上县	6574	3910	2664	4871	2891	1980	3667	2230	1437
阜阳合肥现代产业园区	266	136	130	217	114	103	120	60	60
阜阳经济技术开发区	1096	662	434	1071	603	468	744	390	354
界首市	3273	2129	1144	3215	2152	1063	2519	1686	833
宿州市	**28477**	**17559**	**10918**	**25982**	**16415**	**9567**	**17733**	**11231**	**6502**
埇桥区	10330	5971	4359	10251	6193	4058	6466	3864	2602
砀山县	4264	2744	1520	3473	2274	1199	2581	1721	860
萧县	6100	4132	1968	5050	3473	1577	3410	2291	1119
灵璧县	4215	2603	1612	4127	2676	1451	3179	2078	1101
泗县	2854	1675	1179	2408	1417	991	1711	1040	671
宿州马鞍山现代产业园区	318	174	144	310	179	131	148	105	43
宿州经济技术开发区	396	260	136	363	203	160	238	132	106
六安市	**25120**	**15138**	**9982**	**21543**	**12850**	**8693**	**15553**	**9402**	**6151**
金安区	5445	3383	2062	4505	2689	1816	3135	1905	1230
裕安区	4789	2836	1953	4280	2416	1864	2962	1620	1342
叶集区	1007	551	456	1006	611	395	699	407	292
霍邱县	5246	3098	2148	5164	3105	2059	4371	2791	1580
舒城县	4160	2604	1556	3169	1952	1217	2084	1315	769
金寨县	2965	1746	1219	2169	1297	872	1505	913	592
霍山县	1508	920	588	1250	780	470	797	451	346
亳州市	**27697**	**16507**	**11190**	**26110**	**15589**	**10521**	**17523**	**10738**	**6785**
谯城区	9755	5483	4272	10553	5961	4592	6293	3625	2668
涡阳县	5940	3645	2295	5040	3089	1951	3859	2387	1472
蒙城县	5186	3143	2043	4553	2788	1765	2924	1821	1103
利辛县	6816	4236	2580	5964	3751	2213	4447	2905	1542
池州市	**7629**	**4593**	**3036**	**6632**	**4130**	**2502**	**4290**	**2683**	**1607**
贵池区	3739	2245	1494	3110	1879	1231	1751	1048	703
东至县	2158	1288	870	1909	1204	705	1354	892	462
石台县	394	235	159	275	189	86	174	99	75
青阳县	980	579	401	914	566	348	733	447	286
池州市国家经济技术开发区	162	117	45	161	126	35	79	54	25
皖江江南新兴产业集中区	148	101	47	224	141	83	150	110	40
九华山风景区	48	28	20	39	25	14	49	33	16
宣城市	**14598**	**9223**	**5375**	**14300**	**9273**	**5027**	**10037**	**6316**	**3721**
宣州区	4196	2655	1541	3590	2314	1276	2407	1497	910
郎溪县	1424	876	548	1427	893	534	1082	695	387
泾县	1582	940	642	1593	1014	579	1230	745	485
绩溪县	803	470	333	781	493	288	617	397	220
旌德县	608	334	274	545	338	207	400	247	153
宣城市经济开发区	1067	733	334	895	612	283	548	347	201
宁国市	2435	1654	781	2994	2074	920	1999	1361	638
广德市	2483	1561	922	2475	1535	940	1754	1027	727

5-2 续表 9

单位：户

地区	40-44岁			45-49岁			50-54岁		
	小计	男	女	小计	男	女	小计	男	女
安徽	**272070**	**159909**	**112161**	**396428**	**224288**	**172140**	**482912**	**274847**	**208065**
合肥市	**45305**	**27094**	**18211**	**58409**	**33494**	**24915**	**66714**	**38601**	**28113**
瑶海区	5239	3038	2201	5914	3347	2567	6134	3457	2677
庐阳区	3079	1751	1328	3405	1844	1561	3729	1983	1746
蜀山区	4851	2660	2191	5355	2776	2579	5357	2790	2567
包河区	5979	3529	2450	6756	3919	2837	7003	4082	2921
长丰县	4175	2599	1576	5475	3256	2219	6241	3769	2472
肥东县	4991	3036	1955	7141	4178	2963	8490	5142	3348
肥西县	4489	2822	1667	6117	3702	2415	7161	4404	2757
庐江县	4401	2851	1550	7510	4587	2923	9908	6046	3862
合肥高新技术产业开发区	907	519	388	921	502	419	894	435	459
合肥经济技术开发区	1723	1068	655	1876	1059	817	1918	1095	823
合肥新站高新技术产业开发区	1953	1195	758	2257	1272	985	2251	1268	983
巢湖市	3518	2026	1492	5682	3052	2630	7628	4130	3498
芜湖市	**17632**	**10834**	**6798**	**26829**	**16227**	**10602**	**33472**	**20835**	**12637**
镜湖区	2313	1313	1000	3055	1615	1440	4205	2238	1967
弋江区	1579	947	632	1858	1062	796	2177	1212	965
鸠江区	2361	1461	900	3318	2049	1269	4273	2628	1645
三山区	859	576	283	1135	777	358	1353	891	462
芜湖县	1589	977	612	2425	1549	876	3010	2009	1001
繁昌县	1310	874	436	2302	1443	859	2986	1946	1040
南陵县	2730	1580	1150	4687	2740	1947	5703	3707	1996
芜湖经济技术开发区	1060	703	357	1131	680	451	1288	794	494
安徽芜湖长江大桥经济开发区	115	70	45	232	127	105	244	160	84
无为市	3716	2333	1383	6686	4185	2501	8233	5250	2983
蚌埠市	**13003**	**7482**	**5521**	**18944**	**10266**	**8678**	**23208**	**12452**	**10756**
龙子湖区	1073	577	496	1750	894	856	2254	1133	1121
蚌山区	828	407	421	1035	483	552	1384	651	733
禹会区	1498	832	666	2172	1118	1054	2807	1465	1342
淮上区	999	564	435	1370	774	596	1525	824	701
怀远县	3437	2100	1337	4704	2738	1966	5768	3266	2502
五河县	2089	1336	753	3314	1939	1375	4073	2356	1717
固镇县	1936	1102	834	3070	1661	1409	3812	2135	1677
蚌埠市高新技术开发区	220	108	112	266	121	145	249	95	154
蚌埠市经济开发区	923	456	467	1263	538	725	1336	527	809
淮南市	**15350**	**8856**	**6494**	**22341**	**12034**	**10307**	**27813**	**14685**	**13128**
大通区	690	406	284	937	497	440	1380	739	641
田家庵区	4195	2136	2059	5678	2587	3091	6648	3005	3643
谢家集区	989	534	455	1873	932	941	2915	1418	1497
八公山区	596	285	311	1152	494	658	1728	767	961
潘集区	1812	1232	580	2655	1690	965	3053	1891	1162
凤台县	3153	1885	1268	4245	2378	1867	5067	2760	2307
寿县	3915	2378	1537	5801	3456	2345	7022	4105	2917

5-2 续表 10

单位：户

地 区	40-44岁			45-49岁			50-54岁		
	小计	男	女	小计	男	女	小计	男	女
马鞍山市	**9169**	**5446**	**3723**	**13634**	**7755**	**5879**	**17497**	**10207**	**7290**
花山区	2084	1095	989	2928	1490	1438	3817	1985	1832
雨山区	1515	848	667	2208	1203	1005	2912	1585	1327
博望区	614	405	209	806	507	299	1019	664	355
当涂县	1630	995	635	2412	1422	990	3085	1872	1213
含山县	1622	1006	616	2619	1512	1107	3164	1885	1279
和县	1704	1097	607	2661	1621	1040	3500	2216	1284
淮北市	**9328**	**5016**	**4312**	**13121**	**6305**	**6816**	**14634**	**7040**	**7594**
杜集区	1299	688	611	1702	776	926	2085	975	1110
相山区	3091	1408	1683	4034	1618	2416	3918	1652	2266
烈山区	1329	774	555	2051	1090	961	2471	1237	1234
濉溪县	3609	2146	1463	5334	2821	2513	6160	3176	2984
铜陵市	**6403**	**3895**	**2508**	**11377**	**6462**	**4915**	**13354**	**7578**	**5776**
铜官区	2013	1111	902	3085	1605	1480	3329	1703	1626
义安区	962	642	320	1764	1146	618	2462	1569	893
郊区	893	605	288	1658	1015	643	2004	1236	768
枞阳县	2535	1537	998	4870	2696	2174	5559	3070	2489
安庆市	**19658**	**11197**	**8461**	**34638**	**19286**	**15352**	**39157**	**22530**	**16627**
迎江区	1188	625	563	1714	842	872	2000	977	1023
大观区	1158	632	526	1756	916	840	2113	1093	1020
宜秀区	738	463	275	1165	693	472	1178	717	461
怀宁县	2115	1280	835	3731	2115	1616	4184	2472	1712
太湖县	2044	1167	877	3945	2199	1746	4864	2957	1907
宿松县	2681	1647	1034	5125	2952	2173	5758	3339	2419
望江县	2020	1154	866	3599	1977	1622	3541	2027	1514
岳西县	1487	905	582	2934	1808	1126	3234	2037	1197
安徽安庆经济开发区	773	454	319	1184	667	517	1184	628	556
桐城市	3262	1726	1536	5562	2932	2630	6470	3546	2924
潜山市	2192	1144	1048	3923	2185	1738	4631	2737	1894
黄山市	**6664**	**3611**	**3053**	**11116**	**6376**	**4740**	**14350**	**8876**	**5474**
屯溪区	1553	737	816	1949	931	1018	1958	1065	893
黄山区	755	434	321	1382	781	601	2011	1276	735
徽州区	487	298	189	663	385	278	802	512	290
歙县	1851	1071	780	3469	2135	1334	4843	3198	1645
休宁县	851	460	391	1448	877	571	1990	1237	753
黟县	341	183	158	633	379	254	872	556	316
祁门县	826	428	398	1572	888	684	1874	1032	842
滁州市	**16016**	**9486**	**6530**	**24866**	**14152**	**10714**	**30534**	**18008**	**12526**
琅琊区	1084	555	529	1528	795	733	1745	908	837
南谯区	1321	769	552	1963	1101	862	2475	1465	1010
来安县	1851	1118	733	2930	1703	1227	3864	2395	1469
全椒县	1860	1029	831	3022	1662	1360	3901	2242	1659
定远县	2628	1588	1040	4379	2516	1863	4791	2779	2012
凤阳县	2259	1397	862	3349	1923	1426	4013	2339	1674
苏滁现代产业园	117	87	30	119	97	22	132	101	31
滁州经济技术开发区	408	213	195	460	242	218	472	259	213
天长市	2000	1135	865	3289	1833	1456	4473	2743	1730
明光市	2488	1595	893	3827	2280	1547	4668	2777	1891

5-2 续表 11

单位：户

地区	40-44岁			45-49岁			50-54岁		
	小计	男	女	小计	男	女	小计	男	女
阜阳市	**30246**	**17851**	**12395**	**36158**	**20408**	**15750**	**46438**	**24610**	**21828**
颍州区	3257	1608	1649	3657	1848	1809	4177	2062	2115
颍东区	1792	1009	783	2233	1250	983	2940	1642	1298
颍泉区	2162	1226	936	2813	1556	1257	3633	1912	1721
临泉县	5981	3638	2343	7089	4140	2949	8734	4833	3901
太和县	5506	3494	2012	6387	3692	2695	9057	4552	4505
阜南县	3594	2172	1422	4842	2796	2046	6088	3329	2759
颍上县	4314	2495	1819	5255	2966	2289	6643	3637	3006
阜阳合肥现代产业园区	119	67	52	126	86	40	145	83	62
阜阳经济技术开发区	747	357	390	669	333	336	599	294	305
界首市	2774	1785	989	3087	1741	1346	4422	2266	2156
宿州市	**21426**	**12530**	**8896**	**31371**	**16886**	**14485**	**35970**	**19233**	**16737**
埇桥区	7891	4436	3455	11138	6075	5063	12315	6660	5655
砀山县	3054	1708	1346	4154	2104	2050	5002	2510	2492
萧县	4240	2466	1774	6439	3232	3207	7709	3797	3912
灵璧县	3475	2190	1285	5374	3093	2281	5890	3282	2608
泗县	2354	1501	853	3729	2105	1624	4511	2676	1835
宿州马鞍山现代产业园区	164	107	57	238	148	90	261	155	106
宿州经济技术开发区	248	122	126	299	129	170	282	153	129
六安市	**19472**	**11217**	**8255**	**33093**	**19138**	**13955**	**41958**	**24196**	**17762**
金安区	3824	2161	1663	5955	3364	2591	7257	4064	3193
裕安区	3585	1944	1641	5920	3234	2686	6966	3889	3077
叶集区	754	461	293	1322	769	553	1692	1003	689
霍邱县	4401	2708	1693	6832	4179	2653	8840	5058	3782
舒城县	3530	2144	1386	6668	4024	2644	8354	5103	3251
金寨县	2073	1230	843	3761	2150	1611	5320	3046	2274
霍山县	1305	569	736	2635	1418	1217	3529	2033	1496
亳州市	**21125**	**12529**	**8596**	**25180**	**14393**	**10787**	**33306**	**17759**	**15547**
谯城区	7165	4085	3080	8704	4878	3826	12268	6642	5626
涡阳县	4705	2766	1939	5681	3251	2430	6973	3570	3403
蒙城县	4075	2464	1611	4628	2648	1980	5920	3160	2760
利辛县	5180	3214	1966	6167	3616	2551	8145	4387	3758
池州市	**7078**	**4247**	**2831**	**12430**	**7177**	**5253**	**13973**	**8379**	**5594**
贵池区	2808	1590	1218	4986	2771	2215	5393	3074	2319
东至县	2433	1600	833	4031	2426	1605	4151	2509	1642
石台县	357	203	154	871	471	400	1050	621	429
青阳县	1151	665	486	2067	1210	857	2901	1860	1041
池州市国家经济技术开发区	107	59	48	152	102	50	144	95	49
皖江江南新兴产业集中区	149	88	61	199	125	74	168	112	56
九华山风景区	73	42	31	124	72	52	166	108	58
宣城市	**14195**	**8618**	**5577**	**22921**	**13929**	**8992**	**30534**	**19858**	**10676**
宣州区	3498	2148	1350	6174	3690	2484	8056	5117	2939
郎溪县	1796	1117	679	2896	1715	1181	3171	2050	1121
泾县	1841	1113	728	3143	1954	1189	4963	3352	1611
绩溪县	829	442	387	1397	773	624	2000	1258	742
旌德县	480	261	219	891	546	345	1432	943	489
宣城市经济开发区	603	374	229	787	485	302	886	561	325
宁国市	2519	1596	923	3553	2259	1294	5224	3518	1706
广德市	2629	1567	1062	4080	2507	1573	4802	3059	1743

5-2　续表 12　　　　单位：户

地　区	55—59岁			60—64岁			65岁及以上		
	小计	男	女	小计	男	女	小计	男	女
安　徽	**415658**	**245782**	**169876**	**242380**	**146695**	**95685**	**1577817**	**688687**	**889130**
合肥市	**56430**	**33737**	**22693**	**31177**	**18726**	**12451**	**194716**	**83568**	**111148**
瑶海区	5194	2932	2262	2839	1625	1214	12611	4508	8103
庐阳区	3396	1774	1622	2290	1221	1069	10644	3658	6986
蜀山区	4943	2488	2455	3014	1528	1486	12790	4965	7825
包河区	5840	3347	2493	3123	1671	1452	14447	5546	8901
长丰县	5058	3257	1801	2782	1672	1110	22396	10517	11879
肥东县	6700	4249	2451	3688	2386	1302	30088	13087	17001
肥西县	5968	3910	2058	2970	1945	1025	23005	10413	12592
庐江县	8956	5717	3239	5077	3340	1737	31116	14806	16310
合肥高新技术产业开发区	732	406	326	428	238	190	1815	681	1134
合肥经济技术开发区	1533	873	660	790	462	328	4275	1947	2328
合肥新站高新技术产业开发区	1639	956	683	803	481	322	4144	1716	2428
巢湖市	6471	3828	2643	3373	2157	1216	27385	11724	15661
芜湖市	**29378**	**18097**	**11281**	**17167**	**10564**	**6603**	**106740**	**45869**	**60871**
镜湖区	4664	2492	2172	3220	1720	1500	12797	4689	8108
弋江区	1981	1026	955	1319	689	630	6529	2435	4094
鸠江区	3625	2246	1379	2001	1225	776	14462	5942	8520
三山区	1021	660	361	642	416	226	4934	2173	2761
芜湖县	2389	1557	832	1334	894	440	10536	4751	5785
繁昌县	2631	1665	966	1523	950	573	9008	3739	5269
南陵县	4465	3010	1455	2848	2030	818	15504	7289	8215
芜湖经济技术开发区	1104	655	449	700	382	318	3194	1315	1879
安徽芜湖长江大桥经济开发区	212	139	73	148	108	40	985	460	525
无为市	7286	4647	2639	3432	2150	1282	28791	13076	15715
蚌埠市	**20583**	**11430**	**9153**	**12120**	**6785**	**5335**	**74754**	**34447**	**40307**
龙子湖区	2301	1187	1114	1605	845	760	6902	2589	4313
蚌山区	1332	637	695	1047	509	538	3932	1409	2523
禹会区	2843	1411	1432	1769	924	845	8610	3480	5130
淮上区	1302	719	583	804	460	344	5674	2586	3088
怀远县	4863	2865	1998	2727	1568	1159	22112	11267	10845
五河县	3407	2190	1217	1801	1199	602	12725	6365	6360
固镇县	2949	1717	1232	1413	855	558	11075	5528	5547
蚌埠市高新技术开发区	210	98	112	111	62	49	502	174	328
蚌埠市经济开发区	1376	606	770	843	363	480	3222	1049	2173
淮南市	**22792**	**12489**	**10303**	**14929**	**8378**	**6551**	**87705**	**39578**	**48127**
大通区	1239	664	575	871	470	401	4975	2074	2901
田家庵区	5829	2870	2959	3981	1960	2021	14837	5600	9237
谢家集区	2462	1290	1172	1648	884	764	8157	2944	5213
八公山区	1439	767	672	832	411	421	3812	1223	2589
潘集区	2109	1218	891	1386	770	616	8341	3926	4415
凤台县	3794	2048	1746	2361	1370	991	16555	8053	8502
寿县	5920	3632	2288	3850	2513	1337	31028	15758	15270

5-2 续表 13

单位：户

地　区	55-59岁			60-64岁			65岁及以上		
	小计	男	女	小计	男	女	小计	男	女
马鞍山市	**16139**	**9592**	**6547**	**8935**	**5267**	**3668**	**64146**	**25826**	**38320**
花山区	3686	1885	1801	2052	997	1055	11053	3462	7591
雨山区	2802	1547	1255	1515	797	718	8162	2651	5511
博望区	914	578	336	584	369	215	4401	2022	2379
当涂县	2894	1800	1094	1881	1135	746	13433	5629	7804
含山县	2733	1727	1006	1516	1050	466	11719	5251	6468
和县	3110	2055	1055	1387	919	468	15378	6811	8567
淮北市	**11034**	**5652**	**5382**	**5922**	**3139**	**2783**	**45785**	**17401**	**28384**
杜集区	1651	803	848	1172	676	496	8021	3014	5007
相山区	3009	1448	1561	1678	846	832	8372	2921	5451
烈山区	1867	1029	838	986	548	438	7664	2816	4848
濉溪县	4507	2372	2135	2086	1069	1017	21728	8650	13078
铜陵市	**12676**	**7428**	**5248**	**7903**	**4626**	**3277**	**42823**	**16153**	**26670**
铜官区	3328	1727	1601	1721	848	873	8963	2749	6214
义安区	2211	1406	805	1635	1011	624	8631	3374	5257
郊区	1751	1081	670	1068	667	401	6497	2465	4032
枞阳县	5386	3214	2172	3479	2100	1379	18732	7565	11167
安庆市	**35757**	**22094**	**13663**	**19956**	**12418**	**7538**	**114453**	**50657**	**63796**
迎江区	1945	964	981	1277	635	642	6452	2130	4322
大观区	1882	999	883	1209	629	580	6804	2309	4495
宜秀区	1066	671	395	644	369	275	4031	1504	2527
怀宁县	4140	2568	1572	2186	1329	857	15254	6479	8775
太湖县	4885	3227	1658	2534	1723	811	13706	7302	6404
宿松县	4793	2965	1828	2578	1654	924	16734	7822	8912
望江县	3113	1922	1191	1548	1003	545	11459	4903	6556
岳西县	3208	2159	1049	2074	1343	731	6864	3623	3241
安徽安庆经济开发区	942	548	394	468	265	203	2547	962	1585
桐城市	5466	3202	2264	2734	1651	1083	18573	7689	10884
潜山市	4317	2869	1448	2704	1817	887	12029	5934	6095
黄山市	**13149**	**8711**	**4438**	**9035**	**5879**	**3156**	**38213**	**15353**	**22860**
屯溪区	1758	908	850	1066	557	509	4770	1643	3127
黄山区	1792	1241	551	1160	833	327	4651	2224	2427
徽州区	767	525	242	546	353	193	2304	882	1422
歙县	4385	3068	1317	3398	2258	1140	12803	4987	7816
休宁县	1998	1334	664	1294	874	420	6309	2648	3661
黟县	839	577	262	632	427	205	2839	1169	1670
祁门县	1610	1058	552	939	577	362	4537	1800	2737
滁州市	**26348**	**16592**	**9756**	**14780**	**9501**	**5279**	**98367**	**44740**	**53627**
琅琊区	1530	828	702	885	445	440	5085	1874	3211
南谯区	2220	1425	795	1214	740	474	7114	2871	4243
来安县	3493	2257	1236	2060	1328	732	11737	4880	6857
全椒县	3530	2193	1337	1816	1209	607	13832	5786	8046
定远县	3815	2405	1410	1911	1245	666	18885	9394	9491
凤阳县	3469	2156	1313	1903	1251	652	13625	6927	6698
苏滁现代产业园	82	57	25	32	22	10	271	124	147
滁州经济技术开发区	409	224	185	168	86	82	958	388	570
天长市	4189	2776	1413	2441	1598	843	14173	6520	7653
明光市	3611	2271	1340	2350	1577	773	12687	5976	6711

5-2　续表 14　　　　单位：户

地　区	55-59岁			60-64岁			65岁及以上		
	小计	男	女	小计	男	女	小计	男	女
阜阳市	**39734**	**20908**	**18826**	**22074**	**12321**	**9753**	**183846**	**78422**	**105424**
颍州区	3524	1763	1761	1853	933	920	13510	5132	8378
颍东区	2316	1312	1004	1291	739	552	10870	4942	5928
颍泉区	3240	1634	1606	1836	991	845	15065	6037	9028
临泉县	7104	3881	3223	3604	2017	1587	30533	12447	18086
太和县	8083	3941	4142	4537	2410	2127	43184	17560	25624
阜南县	5378	2962	2416	2435	1420	1015	22351	9903	12448
颍上县	5642	3088	2554	3853	2272	1581	28410	14578	13832
阜阳合肥现代产业园区	151	84	67	100	55	45	699	298	401
阜阳经济技术开发区	491	286	205	213	133	80	1323	535	788
界首市	3805	1957	1848	2352	1351	1001	17901	6990	10911
宿州市	**27766**	**15460**	**12306**	**17909**	**10294**	**7615**	**137438**	**58235**	**79203**
埇桥区	10028	5529	4499	5441	3125	2316	39522	16654	22868
砀山县	3292	1721	1571	2956	1584	1372	23754	8798	14956
萧县	5852	2976	2876	4586	2475	2111	36426	14866	21560
灵璧县	4642	2788	1854	2598	1643	955	20593	9825	10768
泗县	3524	2181	1343	2077	1308	769	15683	7448	8235
宿州马鞍山现代产业园区	233	139	94	138	91	47	968	425	543
宿州经济技术开发区	195	126	69	113	68	45	492	219	273
六安市	**37380**	**22835**	**14545**	**22758**	**14832**	**7926**	**138620**	**68630**	**69990**
金安区	6341	3821	2520	3783	2448	1335	24484	11722	12762
裕安区	5960	3499	2461	3764	2506	1258	22236	11348	10888
叶集区	1345	787	558	764	517	247	5263	2668	2595
霍邱县	7773	4442	3331	5141	3018	2123	38125	18632	19493
舒城县	7783	4991	2792	4297	2984	1313	27050	13380	13670
金寨县	4981	3185	1796	3091	2072	1019	13523	6953	6570
霍山县	3197	2110	1087	1918	1287	631	7939	3927	4012
亳州市	**27049**	**13949**	**13100**	**15209**	**8450**	**6759**	**132283**	**55942**	**76341**
谯城区	9302	4784	4518	4748	2668	2080	44055	17003	27052
涡阳县	5959	3003	2956	3605	1937	1668	28697	12087	16610
蒙城县	4691	2513	2178	2595	1443	1152	23079	10550	12529
利辛县	7097	3649	3448	4261	2402	1859	36452	16302	20150
池州市	**13047**	**8644**	**4403**	**7878**	**5216**	**2662**	**36839**	**15561**	**21278**
贵池区	4943	3136	1807	2790	1735	1055	15651	6284	9367
东至县	3730	2456	1274	2563	1684	879	11242	4639	6603
石台县	1078	756	322	605	430	175	2605	1210	1395
青阳县	2927	2036	891	1723	1225	498	6745	3152	3593
池州市国家经济技术开发区	111	76	35	55	40	15	193	70	123
皖江江南新兴产业集中区	101	82	19	47	40	7	127	55	72
九华山风景区	157	102	55	95	62	33	276	151	125
宣城市	**26396**	**18164**	**8232**	**14628**	**10299**	**4329**	**81089**	**38305**	**42784**
宣州区	6760	4502	2258	3002	2022	980	24397	11026	13371
郎溪县	2513	1741	772	1206	857	349	9342	4130	5212
泾县	4348	3028	1320	2717	1993	724	11965	6213	5752
绩溪县	1857	1277	580	1317	855	462	5419	2184	3235
旌德县	1551	1085	466	1001	716	285	4088	2036	2052
宣城市经济开发区	788	517	271	299	200	99	1826	845	981
宁国市	4687	3352	1335	2701	1977	724	12111	5977	6134
广德市	3892	2662	1230	2385	1679	706	11941	5894	6047

5-2a 各地区分年龄、性别的一人户(城市)

单位：户

地区	合计			14岁及以下		
	合计	男	女	小计	男	女
安徽	**1229333**	**620792**	**608541**	**33157**	**18286**	**14871**
合肥市	**335716**	**176441**	**159275**	**7465**	**4022**	**3443**
瑶海区	72533	38508	34025	1522	840	682
庐阳区	49598	25106	24492	1257	650	607
蜀山区	80090	40811	39279	1888	979	909
包河区	96768	52688	44080	2142	1184	958
长丰县						
肥东县						
肥西县	6286	4182	2104	28	16	12
庐江县						
合肥高新技术产业开发区						
合肥经济技术开发区						
合肥新站高新技术产业开发区	5433	3108	2325	122	66	56
巢湖市	25008	12038	12970	506	287	219
芜湖市	**121135**	**64776**	**56359**	**2615**	**1429**	**1186**
镜湖区	44756	22161	22595	894	488	406
弋江区	27479	14702	12777	614	329	285
鸠江区	24818	14502	10316	443	250	193
三山区	9724	6130	3594	236	125	111
芜湖县	757	451	306	17	10	7
繁昌县						
南陵县						
芜湖经济技术开发区	362	218	144	16	10	6
安徽芜湖长江大桥经济开发区						
无为市	13239	6612	6627	395	217	178
蚌埠市	**62113**	**29906**	**32207**	**1700**	**942**	**758**
龙子湖区	17767	8291	9476	340	195	145
蚌山区	13700	6301	7399	364	185	179
禹会区	20086	9756	10330	496	293	203
淮上区	10560	5558	5002	500	269	231
怀远县						
五河县						
固镇县						
蚌埠市高新技术开发区						
蚌埠市经济开发区						
淮南市	**96986**	**45018**	**51968**	**3179**	**1717**	**1462**
大通区	2970	1341	1629	46	22	24
田家庵区	59868	28131	31737	2234	1213	1021
谢家集区	17436	7877	9559	382	195	187
八公山区	10813	4759	6054	226	113	113
潘集区	5899	2910	2989	291	174	117
凤台县						
寿县						

5-2a 续表 1

单位：户

地 区	合 计			14岁及以下		
	合计	男	女	小计	男	女
马鞍山市	**65961**	**32662**	**33299**	**1041**	**594**	**447**
花山区	34628	16550	18078	545	312	233
雨山区	26541	13444	13097	311	161	150
博望区	4792	2668	2124	185	121	64
当涂县						
含山县						
和县						
淮北市	**59143**	**27561**	**31582**	**2196**	**1253**	**943**
杜集区	11712	5554	6158	342	202	140
相山区	34146	15498	18648	1175	638	537
烈山区	9349	4465	4884	289	164	125
濉溪县	3936	2044	1892	390	249	141
铜陵市	**41420**	**20162**	**21258**	**669**	**352**	**317**
铜官区	31570	15154	16416	508	258	250
义安区	5838	2836	3002	108	62	46
郊区	4012	2172	1840	53	32	21
枞阳县						
安庆市	**80341**	**38998**	**41343**	**1829**	**1016**	**813**
迎江区	18927	8932	9995	318	162	156
大观区	15705	7162	8543	237	142	95
宜秀区	8116	4618	3498	152	86	66
怀宁县						
太湖县						
宿松县						
望江县	5786	2797	2989	171	92	79
岳西县						
安徽安庆经济开发区	202	171	31	3	2	1
桐城市	21077	10171	10906	669	381	288
潜山市	10528	5147	5381	279	151	128
黄山市	**29218**	**14351**	**14867**	**625**	**332**	**293**
屯溪区	20083	9454	10629	484	267	217
黄山区	5209	2706	2503	83	40	43
徽州区	3515	1961	1554	51	22	29
歙县	212	119	93	3	2	1
休宁县	199	111	88	4	1	3
黟县						
祁门县						
滁州市	**51222**	**26356**	**24866**	**1201**	**651**	**550**
琅琊区	16539	8145	8394	340	176	164
南谯区	9207	5248	3959	196	105	91
来安县						
全椒县						
定远县						
凤阳县						
苏滁现代产业园						
滁州经济技术开发区						
天长市	13213	6741	6472	248	134	114
明光市	12263	6222	6041	417	236	181

5-2a 续表 2 单位：户

地区	合计			14岁及以下		
	合计	男	女	小计	男	女
阜阳市	**63868**	**30483**	**33385**	**2880**	**1585**	**1295**
颍州区	27356	12866	14490	1258	684	574
颍东区	10481	5195	5286	361	216	145
颍泉区	13740	6652	7088	641	338	303
临泉县						
太和县						
阜南县						
颍上县						
阜阳合肥现代产业园区						
阜阳经济技术开发区						
界首市	12291	5770	6521	620	347	273
宿州市	**45173**	**21949**	**23224**	**1708**	**957**	**751**
埇桥区	44786	21784	23002	1702	953	749
砀山县						
萧县	387	165	222	6	4	2
灵璧县						
泗县						
宿州马鞍山现代产业园区						
宿州经济技术开发区						
六安市	**47184**	**23894**	**23290**	**1627**	**943**	**684**
金安区	21943	10998	10945	513	288	225
裕安区	19361	9625	9736	803	473	330
叶集区	5180	2875	2305	264	150	114
霍邱县	254	135	119	20	11	9
舒城县	446	261	185	27	21	6
金寨县						
霍山县						
亳州市	**47588**	**23851**	**23737**	**2767**	**1578**	**1189**
谯城区	47325	23707	23618	2727	1557	1170
涡阳县						
蒙城县						
利辛县	263	144	119	40	21	19
池州市	**24687**	**12310**	**12377**	**515**	**283**	**232**
贵池区	22020	10608	11412	502	276	226
东至县						
石台县						
青阳县						
池州市国家经济技术开发区	1265	800	465	11	7	4
皖江江南新兴产业集中区	1402	902	500	2		2
九华山风景区						
宣城市	**57578**	**32074**	**25504**	**1140**	**632**	**508**
宣州区	18207	9255	8952	380	204	176
郎溪县						
泾县						
绩溪县						
旌德县						
宣城市经济开发区						
宁国市	20129	11977	8152	210	109	101
广德市	19242	10842	8400	550	319	231

5-2a 续表 3

单位：户

地 区	15-19岁			20-24岁		
	小计	男	女	小计	男	女
安 徽	**30930**	**17473**	**13457**	**92315**	**50389**	**41926**
合肥市	**7080**	**3973**	**3107**	**35585**	**18360**	**17225**
瑶海区	1639	862	777	7996	4072	3924
庐阳区	1136	649	487	5015	2571	2444
蜀山区	1447	817	630	9503	4768	4735
包河区	2022	1147	875	10504	5483	5021
长丰县						
肥东县						
肥西县	68	45	23	637	426	211
庐江县						
合肥高新技术产业开发区						
合肥经济技术开发区						
合肥新站高新技术产业开发区	101	53	48	664	356	308
巢湖市	667	400	267	1266	684	582
芜湖市	**2408**	**1335**	**1073**	**9073**	**5412**	**3661**
镜湖区	884	445	439	3192	1657	1535
弋江区	476	259	217	2508	1481	1027
鸠江区	460	265	195	1948	1314	634
三山区	201	123	78	588	427	161
芜湖县	12	6	6	16	10	6
繁昌县						
南陵县						
芜湖经济技术开发区	7	2	5	12	6	6
安徽芜湖长江大桥经济开发区						
无为市	368	235	133	809	517	292
蚌埠市	**1283**	**754**	**529**	**3523**	**1876**	**1647**
龙子湖区	328	188	140	897	421	476
蚌山区	354	205	149	892	473	419
禹会区	345	195	150	935	531	404
淮上区	256	166	90	799	451	348
怀远县						
五河县						
固镇县						
蚌埠市高新技术开发区						
蚌埠市经济开发区						
淮南市	**2238**	**1265**	**973**	**3849**	**2071**	**1778**
大通区	28	18	10	100	67	33
田家庵区	1511	803	708	2780	1456	1324
谢家集区	300	174	126	456	269	187
八公山区	213	126	87	285	157	128
潘集区	186	144	42	228	122	106
凤台县						
寿县						

5－2a 续表 4 单位：户

地 区	15－19岁			20－24岁		
	小计	男	女	小计	男	女
马鞍山市	**1073**	**606**	**467**	**3351**	**2041**	**1310**
花山区	515	290	225	1626	976	650
雨山区	400	223	177	1493	915	578
博望区	158	93	65	232	150	82
当涂县						
含山县						
和县						
淮北市	**1463**	**879**	**584**	**3319**	**1915**	**1404**
杜集区	237	155	82	453	275	178
相山区	927	517	410	2226	1216	1010
烈山区	174	118	56	449	287	162
濉溪县	125	89	36	191	137	54
铜陵市	**952**	**513**	**439**	**2176**	**1258**	**918**
铜官区	699	366	333	1752	993	759
义安区	165	89	76	263	155	108
郊区	88	58	30	161	110	51
枞阳县						
安庆市	**2028**	**1117**	**911**	**4567**	**2490**	**2077**
迎江区	322	174	148	980	532	448
大观区	332	156	176	964	468	496
宜秀区	157	104	53	831	479	352
怀宁县						
太湖县						
宿松县						
望江县	150	95	55	302	167	135
岳西县						
安徽安庆经济开发区	2	1	1	32	27	5
桐城市	439	236	203	925	504	421
潜山市	626	351	275	533	313	220
黄山市	**618**	**330**	**288**	**1824**	**908**	**916**
屯溪区	490	265	225	1354	649	705
黄山区	82	41	41	273	132	141
徽州区	43	21	22	186	117	69
歙县	2	2		2	2	
休宁县	1	1		9	8	1
黟县						
祁门县						
滁州市	**1614**	**897**	**717**	**3594**	**2186**	**1408**
琅琊区	413	238	175	1015	603	412
南谯区	250	144	106	818	521	297
来安县						
全椒县						
定远县						
凤阳县						
苏滁现代产业园						
滁州经济技术开发区						
天长市	492	261	231	986	599	387
明光市	459	254	205	775	463	312

5-2a　续表 5　　　　单位：户

地　区	15-19岁			20-24岁		
	小计	男	女	小计	男	女
阜阳市	**2403**	**1396**	**1007**	**4518**	**2455**	**2063**
颍州区	932	522	410	2151	1107	1044
颍东区	330	208	122	744	419	325
颍泉区	465	260	205	944	538	406
临泉县						
太和县						
阜南县						
颍上县						
阜阳合肥现代产业园区						
阜阳经济技术开发区						
界首市	676	406	270	679	391	288
宿州市	**1613**	**983**	**630**	**3200**	**1815**	**1385**
埇桥区	1608	979	629	3187	1807	1380
砀山县						
萧县	5	4	1	13	8	5
灵璧县						
泗县						
宿州马鞍山现代产业园区						
宿州经济技术开发区						
六安市	**1452**	**831**	**621**	**3647**	**2058**	**1589**
金安区	751	424	327	1693	952	741
裕安区	580	334	246	1623	921	702
叶集区	109	66	43	307	169	138
霍邱县	8	3	5	12	10	2
舒城县	4	4		12	6	6
金寨县						
霍山县						
亳州市	**2048**	**1237**	**811**	**4228**	**2353**	**1875**
谯城区	2036	1230	806	4211	2342	1869
涡阳县						
蒙城县						
利辛县	12	7	5	17	11	6
池州市	**863**	**438**	**425**	**1647**	**838**	**809**
贵池区	844	426	418	1489	748	741
东至县						
石台县						
青阳县						
池州市国家经济技术开发区	13	7	6	77	47	30
皖江江南新兴产业集中区	6	5	1	81	43	38
九华山风景区						
宣城市	**1794**	**919**	**875**	**4214**	**2353**	**1861**
宣州区	730	370	360	1729	908	821
郎溪县						
泾县						
绩溪县						
旌德县						
宣城市经济开发区						
宁国市	382	201	181	1264	768	496
广德市	682	348	334	1221	677	544

5-2a 续表 6 单位：户

地区	25-29岁			30-34岁			35-39岁		
	小计	男	女	小计	男	女	小计	男	女
安　徽	**148071**	**86022**	**62049**	**127323**	**74470**	**52853**	**74971**	**42867**	**32104**
合肥市	**58711**	**33026**	**25685**	**45201**	**26439**	**18762**	**23918**	**14432**	**9486**
瑶海区	11118	6439	4679	8644	5067	3577	5097	3102	1995
庐阳区	7775	4225	3550	6234	3589	2645	3275	1946	1329
蜀山区	16385	8699	7686	12086	6792	5294	6130	3610	2520
包河区	18250	10257	7993	14067	8399	5668	6993	4348	2645
长丰县									
肥东县									
肥西县	1638	1236	402	1400	960	440	642	409	233
庐江县									
合肥高新技术产业开发区									
合肥经济技术开发区									
合肥新站高新技术产业开发区	1139	716	423	804	498	306	435	259	176
巢湖市	2406	1454	952	1966	1134	832	1346	758	588
芜湖市	**15184**	**9621**	**5563**	**11478**	**7300**	**4178**	**6454**	**4005**	**2449**
镜湖区	5097	2945	2152	3706	2117	1589	2171	1255	916
弋江区	3890	2468	1422	2909	1799	1110	1639	995	644
鸠江区	3548	2462	1086	2965	2100	865	1478	994	484
三山区	1237	911	326	1033	815	218	544	436	108
芜湖县	23	15	8	19	13	6	16	13	3
繁昌县									
南陵县									
芜湖经济技术开发区	24	15	9	12	5	7	6	5	1
安徽芜湖长江大桥经济开发区									
无为市	1365	805	560	834	451	383	600	307	293
蚌埠市	**5603**	**3140**	**2463**	**5373**	**3091**	**2282**	**3413**	**1880**	**1533**
龙子湖区	1392	701	691	1244	705	539	810	447	363
蚌山区	1383	743	640	1290	699	591	761	390	371
禹会区	1568	932	636	1629	948	681	1126	634	492
淮上区	1260	764	496	1210	739	471	716	409	307
怀远县									
五河县									
固镇县									
蚌埠市高新技术开发区									
蚌埠市经济开发区									
淮南市	**6864**	**3756**	**3108**	**8009**	**4463**	**3546**	**5244**	**2892**	**2352**
大通区	200	116	84	276	166	110	167	83	84
田家庵区	5226	2812	2414	5882	3187	2695	3770	2040	1730
谢家集区	717	435	282	842	526	316	557	324	233
八公山区	339	192	147	497	306	191	358	212	146
潘集区	382	201	181	512	278	234	392	233	159
凤台县									
寿县									

5-2a 续表 7

单位：户

地区	25-29岁			30-34岁			35-39岁		
	小计	男	女	小计	男	女	小计	男	女
马鞍山市	**5658**	**3694**	**1964**	**5200**	**3325**	**1875**	**3346**	**1962**	**1384**
花山区	2759	1803	956	2619	1639	980	1733	964	769
雨山区	2522	1644	878	2262	1485	777	1413	868	545
博望区	377	247	130	319	201	118	200	130	70
当涂县									
含山县									
和县									
淮北市	**4729**	**2783**	**1946**	**4921**	**2843**	**2078**	**3267**	**1778**	**1489**
杜集区	673	424	249	769	482	287	547	319	228
相山区	3342	1892	1450	3370	1854	1516	2182	1121	1061
烈山区	514	329	185	606	398	208	413	246	167
濉溪县	200	138	62	176	109	67	125	92	33
铜陵市	**3607**	**2267**	**1340**	**3116**	**1960**	**1156**	**1876**	**1077**	**799**
铜官区	2829	1729	1100	2475	1518	957	1481	824	657
义安区	515	340	175	409	272	137	241	147	94
郊区	263	198	65	232	170	62	154	106	48
枞阳县									
安庆市	**6785**	**4006**	**2779**	**6043**	**3666**	**2377**	**3788**	**2152**	**1636**
迎江区	1838	1082	756	1557	984	573	862	530	332
大观区	1124	619	505	938	522	416	595	342	253
宜秀区	1080	696	384	923	629	294	467	316	151
怀宁县									
太湖县									
宿松县									
望江县	471	267	204	388	221	167	277	159	118
岳西县									
安徽安庆经济开发区	50	46	4	33	27	6	20	20	
桐城市	1409	830	579	1537	925	612	1056	560	496
潜山市	813	466	347	667	358	309	511	225	286
黄山市	**3348**	**1865**	**1483**	**2944**	**1609**	**1335**	**1911**	**1000**	**911**
屯溪区	2494	1319	1175	2157	1117	1040	1363	683	680
黄山区	479	293	186	386	237	149	293	163	130
徽州区	345	231	114	367	232	135	236	139	97
歙县	5	4	1	8	6	2	5	3	2
休宁县	25	18	7	26	17	9	14	12	2
黟县									
祁门县									
滁州市	**5715**	**3585**	**2130**	**4739**	**2788**	**1951**	**2680**	**1499**	**1181**
琅琊区	1596	998	598	1399	803	596	849	451	398
南谯区	1412	952	460	1173	775	398	616	386	230
来安县									
全椒县									
定远县									
凤阳县									
苏滁现代产业园									
滁州经济技术开发区									
天长市	1433	918	515	1248	676	572	618	317	301
明光市	1274	717	557	919	534	385	597	345	252

5−2a 续表 8

单位：户

地 区	25−29岁			30−34岁			35−39岁		
	小计	男	女	小计	男	女	小计	男	女
阜阳市	**7114**	**3905**	**3209**	**6568**	**3508**	**3060**	**4461**	**2296**	**2165**
颍州区	3311	1757	1554	2977	1567	1410	2075	1035	1040
颍东区	1163	682	481	1049	587	462	646	391	255
颍泉区	1445	793	652	1389	709	680	971	485	486
临泉县									
太和县									
阜南县									
颍上县									
阜阳合肥现代产业园区									
阜阳经济技术开发区									
界首市	1195	673	522	1153	645	508	769	385	384
宿州市	**5264**	**2916**	**2348**	**4925**	**2703**	**2222**	**2975**	**1551**	**1424**
埇桥区	5241	2899	2342	4906	2690	2216	2958	1543	1415
砀山县									
萧县	23	17	6	19	13	6	17	8	9
灵璧县									
泗县									
宿州马鞍山现代产业园区									
宿州经济技术开发区									
六安市	**5267**	**3109**	**2158**	**4787**	**2683**	**2104**	**3192**	**1650**	**1542**
金安区	2539	1534	1005	2149	1203	946	1407	757	650
裕安区	2241	1310	931	2131	1166	965	1426	683	743
叶集区	458	247	211	482	296	186	337	195	142
霍邱县	6	3	3	6	4	2	7	3	4
舒城县	23	15	8	19	14	5	15	12	3
金寨县									
霍山县									
亳州市	**5691**	**3008**	**2683**	**5868**	**3031**	**2837**	**3270**	**1656**	**1614**
谯城区	5676	3000	2676	5850	3023	2827	3260	1646	1614
涡阳县									
蒙城县									
利辛县	15	8	7	18	8	10	10	10	
池州市	**2754**	**1618**	**1136**	**2439**	**1434**	**1005**	**1371**	**776**	**595**
贵池区	2444	1400	1044	2054	1167	887	1142	612	530
东至县									
石台县									
青阳县									
池州市国家经济技术开发区	162	117	45	161	126	35	79	54	25
皖江江南新兴产业集中区	148	101	47	224	141	83	150	110	40
九华山风景区									
宣城市	**5777**	**3723**	**2054**	**5712**	**3627**	**2085**	**3805**	**2261**	**1544**
宣州区	2093	1274	819	1603	967	636	975	529	446
郎溪县									
泾县									
绩溪县									
旌德县									
宣城市经济开发区									
宁国市	1899	1321	578	2344	1613	731	1569	1028	541
广德市	1785	1128	657	1765	1047	718	1261	704	557

5-2a 续表 9

单位：户

地 区	40-44岁			45-49岁			50-54岁		
	小计	男	女	小计	男	女	小计	男	女
安 徽	**81783**	**42697**	**39086**	**104052**	**52048**	**52004**	**114195**	**58602**	**55593**
合肥市	**20944**	**11841**	**9103**	**23951**	**12992**	**10959**	**24728**	**13457**	**11271**
瑶海区	4960	2868	2092	5628	3170	2458	5877	3307	2570
庐阳区	2877	1648	1229	3198	1740	1458	3488	1865	1623
蜀山区	4661	2544	2117	5052	2588	2464	4934	2509	2425
包河区	5955	3511	2444	6721	3892	2829	6951	4041	2910
长丰县									
肥东县									
肥西县	446	249	197	478	290	188	421	260	161
庐江县									
合肥高新技术产业开发区									
合肥经济技术开发区									
合肥新站高新技术产业开发区	341	212	129	404	228	176	392	221	171
巢湖市	1704	809	895	2470	1084	1386	2665	1254	1411
芜湖市	**6746**	**3914**	**2832**	**8640**	**4808**	**3832**	**10657**	**6035**	**4622**
镜湖区	2240	1264	976	2899	1499	1400	4033	2130	1903
弋江区	1579	947	632	1858	1062	796	2177	1212	965
鸠江区	1481	896	585	1774	1069	705	2128	1303	825
三山区	578	390	188	759	535	224	818	559	259
芜湖县	29	26	3	68	55	13	91	69	22
繁昌县									
南陵县									
芜湖经济技术开发区	12	8	4	13	9	4	33	26	7
安徽芜湖长江大桥经济开发区									
无为市	827	383	444	1269	579	690	1377	736	641
蚌埠市	**3464**	**1792**	**1672**	**4818**	**2357**	**2461**	**6094**	**2991**	**3103**
龙子湖区	882	461	421	1437	714	723	1834	887	947
蚌山区	784	380	404	958	430	528	1279	606	673
禹会区	1123	594	529	1642	796	846	2118	1059	1059
淮上区	675	357	318	781	417	364	863	439	424
怀远县									
五河县									
固镇县									
蚌埠市高新技术开发区									
蚌埠市经济开发区									
淮南市	**5891**	**2947**	**2944**	**8736**	**3928**	**4808**	**11400**	**5137**	**6263**
大通区	153	78	75	219	91	128	310	136	174
田家庵区	4026	2020	2006	5425	2430	2995	6367	2834	3533
谢家集区	783	398	385	1500	688	812	2448	1152	1296
八公山区	539	256	283	1055	448	607	1591	708	883
潘集区	390	195	195	537	271	266	684	307	377
凤台县									
寿县									

5-2a 续表 10　　　　单位：户

地区	40-44岁			45-49岁			50-54岁		
	小计	男	女	小计	男	女	小计	男	女
马鞍山市	**3870**	**2105**	**1765**	**5389**	**2830**	**2559**	**6919**	**3658**	**3261**
花山区	2046	1071	975	2878	1461	1417	3698	1912	1786
雨山区	1478	821	657	2147	1157	990	2803	1507	1296
博望区	346	213	133	364	212	152	418	239	179
当涂县									
含山县									
和县									
淮北市	**4435**	**2123**	**2312**	**5903**	**2499**	**3404**	**6064**	**2613**	**3451**
杜集区	787	412	375	1041	461	580	1200	560	640
相山区	2842	1252	1590	3632	1414	2218	3413	1350	2063
烈山区	618	333	285	911	443	468	1051	498	553
濉溪县	188	126	62	319	181	138	400	205	195
铜陵市	**2539**	**1410**	**1129**	**3922**	**2055**	**1867**	**4403**	**2309**	**2094**
铜官区	1970	1085	885	2997	1552	1445	3248	1660	1588
义安区	343	186	157	559	287	272	636	325	311
郊区	226	139	87	366	216	150	519	324	195
枞阳县									
安庆市	**5638**	**2639**	**2999**	**8303**	**3861**	**4442**	**8475**	**4228**	**4247**
迎江区	1133	588	545	1619	782	837	1862	885	977
大观区	935	480	455	1377	676	701	1658	824	834
宜秀区	546	342	204	787	458	329	719	433	286
怀宁县									
太湖县									
宿松县									
望江县	536	211	325	781	322	459	629	300	329
岳西县									
安徽安庆经济开发区	18	17	1	21	16	5	6	4	2
桐城市	1688	724	964	2489	1115	1374	2444	1223	1221
潜山市	782	277	505	1229	492	737	1157	559	598
黄山市	**2206**	**1083**	**1123**	**2863**	**1350**	**1513**	**2888**	**1524**	**1364**
屯溪区	1455	672	783	1826	854	972	1808	953	855
黄山区	379	190	189	597	280	317	652	336	316
徽州区	338	203	135	397	196	201	380	208	172
歙县	13	5	8	19	7	12	25	20	5
休宁县	21	13	8	24	13	11	23	7	16
黟县									
祁门县									
滁州市	**3553**	**1762**	**1791**	**4710**	**2282**	**2428**	**5309**	**2713**	**2596**
琅琊区	1039	521	518	1439	732	707	1620	817	803
南谯区	654	349	305	796	421	375	845	455	390
来安县									
全椒县									
定远县									
凤阳县									
苏滁现代产业园									
滁州经济技术开发区									
天长市	985	461	524	1237	564	673	1355	699	656
明光市	875	431	444	1238	565	673	1489	742	747

5-2a 续表 11

单位：户

地区	40-44岁			45-49岁			50-54岁		
	小计	男	女	小计	男	女	小计	男	女
阜阳市	**5184**	**2363**	**2821**	**5270**	**2390**	**2880**	**5417**	**2520**	**2897**
颍州区	2305	1021	1284	2295	1035	1260	2213	1011	1202
颍东区	892	426	466	873	398	475	981	481	500
颍泉区	1100	530	570	1094	539	555	1117	574	543
临泉县									
太和县									
阜南县									
颍上县									
阜阳合肥现代产业园区									
阜阳经济技术开发区									
界首市	887	386	501	1008	418	590	1106	454	652
宿州市	**3649**	**1681**	**1968**	**4543**	**1965**	**2578**	**4413**	**2069**	**2344**
埇桥区	3626	1668	1958	4522	1962	2560	4383	2057	2326
砀山县									
萧县	23	13	10	21	3	18	30	12	18
灵璧县									
泗县									
宿州马鞍山现代产业园区									
宿州经济技术开发区									
六安市	**3263**	**1657**	**1606**	**4516**	**2216**	**2300**	**4396**	**2236**	**2160**
金安区	1514	762	752	1987	971	1016	2100	1029	1071
裕安区	1398	675	723	1967	914	1053	1695	838	857
叶集区	327	201	126	504	294	210	522	318	204
霍邱县	15	11	4	26	15	11	24	13	11
舒城县	9	8	1	32	22	10	55	38	17
金寨县									
霍山县									
亳州市	**3542**	**1720**	**1822**	**3560**	**1779**	**1781**	**4183**	**2149**	**2034**
谯城区	3538	1716	1822	3545	1769	1776	4166	2141	2025
涡阳县									
蒙城县									
利辛县	4	4		15	10	5	17	8	9
池州市	**2001**	**967**	**1034**	**2816**	**1342**	**1474**	**2429**	**1217**	**1212**
贵池区	1745	820	925	2465	1115	1350	2117	1010	1107
东至县									
石台县									
青阳县									
池州市国家经济技术开发区	107	59	48	152	102	50	144	95	49
皖江江南新兴产业集中区	149	88	61	199	125	74	168	112	56
九华山风景区									
宣城市	**4858**	**2693**	**2165**	**6112**	**3394**	**2718**	**6420**	**3746**	**2674**
宣州区	1238	626	612	1703	836	867	1764	974	790
郎溪县									
泾县									
绩溪县									
旌德县									
宣城市经济开发区									
宁国市	1903	1112	791	2302	1328	974	2609	1528	1081
广德市	1717	955	762	2107	1230	877	2047	1244	803

5－2a 续表 12 单位：户

地 区	55－59岁			60－64岁			65岁及以上		
	小计	男	女	小计	男	女	小计	男	女
安 徽	**98471**	**52216**	**46255**	**56662**	**29804**	**26858**	**267403**	**95918**	**171485**
合肥市	**21240**	**11492**	**9748**	**12009**	**6429**	**5580**	**54884**	**19978**	**34906**
瑶海区	5004	2819	2185	2759	1582	1177	12289	4380	7909
庐阳区	3168	1670	1498	2173	1158	1015	10002	3395	6607
蜀山区	4540	2220	2320	2738	1345	1393	10726	3940	6786
包河区	5792	3311	2481	3097	1653	1444	14274	5462	8812
长丰县									
肥东县									
肥西县	257	157	100	77	53	24	194	81	113
庐江县									
合肥高新技术产业开发区									
合肥经济技术开发区									
合肥新站高新技术产业开发区	261	134	127	156	92	64	614	273	341
巢湖市	2218	1181	1037	1009	546	463	6785	2447	4338
芜湖市	**10299**	**5686**	**4613**	**6549**	**3619**	**2930**	**31032**	**11612**	**19420**
镜湖区	4504	2376	2128	3111	1647	1464	12025	4338	7687
弋江区	1981	1026	955	1319	689	630	6529	2435	4094
鸠江区	1882	1131	751	1120	663	457	5591	2055	3536
三山区	606	405	201	344	242	102	2780	1162	1618
芜湖县	60	49	11	46	33	13	360	152	208
繁昌县									
南陵县									
芜湖经济技术开发区	31	21	10	27	18	9	169	93	76
安徽芜湖长江大桥经济开发区									
无为市	1235	678	557	582	327	255	3578	1377	2201
蚌埠市	**6132**	**3003**	**3129**	**4147**	**2100**	**2047**	**16563**	**5980**	**10583**
龙子湖区	1935	986	949	1333	698	635	5335	1888	3447
蚌山区	1227	568	659	988	469	519	3420	1153	2267
禹会区	2231	1077	1154	1394	706	688	5479	1991	3488
淮上区	739	372	367	432	227	205	2329	948	1381
怀远县									
五河县									
固镇县									
蚌埠市高新技术开发区									
蚌埠市经济开发区									
淮南市	**9890**	**4944**	**4946**	**6537**	**3233**	**3304**	**25149**	**8665**	**16484**
大通区	339	152	187	242	108	134	890	304	586
田家庵区	5588	2725	2863	3810	1864	1946	13249	4747	8502
谢家集区	2108	1083	1025	1388	727	661	5955	1906	4049
八公山区	1336	711	625	782	381	401	3592	1149	2443
潘集区	519	273	246	315	153	162	1463	559	904
凤台县									
寿县									

5-2a 续表 13 单位：户

地 区	55-59岁			60-64岁			65岁及以上		
	小计	男	女	小计	男	女	小计	男	女
马鞍山市	**6627**	**3503**	**3124**	**3675**	**1854**	**1821**	**19812**	**6490**	**13322**
花山区	3585	1815	1770	1987	961	1026	10637	3346	7291
雨山区	2675	1471	1204	1450	752	698	7587	2440	5147
博望区	367	217	150	238	141	97	1588	704	884
当涂县									
含山县									
和县									
淮北市	**4698**	**2273**	**2425**	**2613**	**1334**	**1279**	**15535**	**5268**	**10267**
杜集区	917	445	472	593	328	265	4153	1491	2662
相山区	2743	1289	1454	1467	709	758	6827	2246	4581
烈山区	778	411	367	424	236	188	3122	1002	2120
濉溪县	260	128	132	129	61	68	1433	529	904
铜陵市	**4227**	**2231**	**1996**	**2214**	**1104**	**1110**	**11719**	**3626**	**8093**
铜官区	3255	1687	1568	1666	818	848	8690	2664	6026
义安区	550	279	271	324	167	157	1725	527	1198
郊区	422	265	157	224	119	105	1304	435	869
枞阳县									
安庆市	**7319**	**3975**	**3344**	**4064**	**2177**	**1887**	**21502**	**7671**	**13831**
迎江区	1771	867	904	1148	559	589	5517	1787	3730
大观区	1462	726	736	959	473	486	5124	1734	3390
宜秀区	616	390	226	301	172	129	1537	513	1024
怀宁县									
太湖县									
宿松县									
望江县	492	304	188	187	115	72	1402	544	858
岳西县									
安徽安庆经济开发区	9	8	1	3	1	2	5	2	3
桐城市	1939	1041	898	889	507	382	5593	2125	3468
潜山市	1030	639	391	577	350	227	2324	966	1358
黄山市	**2514**	**1381**	**1133**	**1479**	**820**	**659**	**5998**	**2149**	**3849**
屯溪区	1587	797	790	957	491	466	4108	1387	2721
黄山区	557	332	225	310	194	116	1118	468	650
徽州区	322	223	99	184	119	65	666	250	416
歙县	32	20	12	22	14	8	76	34	42
休宁县	16	9	7	6	2	4	30	10	20
黟县									
祁门县									
滁州市	**4261**	**2323**	**1938**	**2262**	**1212**	**1050**	**11584**	**4458**	**7126**
琅琊区	1402	741	661	816	397	419	4611	1668	2943
南谯区	666	386	280	337	177	160	1444	577	867
来安县									
全椒县									
定远县									
凤阳县									
苏滁现代产业园									
滁州经济技术开发区									
天长市	1112	621	491	550	309	241	2949	1182	1767
明光市	1081	575	506	559	329	230	2580	1031	1549

5—2a 续表 14

单位：户

地区	55—59岁			60—64岁			65岁及以上		
	小计	男	女	小计	男	女	小计	男	女
阜阳市	**4484**	**2251**	**2233**	**2501**	**1198**	**1303**	**13068**	**4616**	**8452**
颍州区	1846	899	947	1035	463	572	4958	1765	3193
颍东区	733	388	345	382	187	195	2327	812	1515
颍泉区	1003	530	473	528	271	257	3043	1085	1958
临泉县									
太和县									
阜南县									
颍上县									
阜阳合肥现代产业园区									
阜阳经济技术开发区									
界首市	902	434	468	556	277	279	2740	954	1786
宿州市	**3308**	**1624**	**1684**	**1907**	**936**	**971**	**7668**	**2749**	**4919**
埇桥区	3290	1613	1677	1886	924	962	7477	2689	4788
砀山县									
萧县	18	11	7	21	12	9	191	60	131
灵璧县									
泗县									
宿州马鞍山现代产业园区									
宿州经济技术开发区									
六安市	**3478**	**1769**	**1709**	**1886**	**998**	**888**	**9673**	**3744**	**5929**
金安区	1633	834	799	923	480	443	4734	1764	2970
裕安区	1368	669	699	704	351	353	3425	1291	2134
叶集区	402	223	179	226	146	80	1242	570	672
霍邱县	35	18	17	7	3	4	88	41	47
舒城县	40	25	15	26	18	8	184	78	106
金寨县									
霍山县									
亳州市	**3042**	**1603**	**1439**	**1520**	**826**	**694**	**7869**	**2911**	**4958**
谯城区	3033	1599	1434	1506	817	689	7777	2867	4910
涡阳县									
蒙城县									
利辛县	9	4	5	14	9	5	92	44	48
池州市	**1982**	**1142**	**840**	**991**	**538**	**453**	**4879**	**1717**	**3162**
贵池区	1770	984	786	889	458	431	4559	1592	2967
东至县									
石台县									
青阳县									
池州市国家经济技术开发区	111	76	35	55	40	15	193	70	123
皖江江南新兴产业集中区	101	82	19	47	40	7	127	55	72
九华山风景区									
宣城市	**4970**	**3016**	**1954**	**2308**	**1426**	**882**	**10468**	**4284**	**6184**
宣州区	1536	859	677	715	404	311	3741	1304	2437
郎溪县									
泾县									
绩溪县									
旌德县									
宣城市经济开发区									
宁国市	1872	1169	703	801	513	288	2974	1287	1687
广德市	1562	988	574	792	509	283	3753	1693	2060

5-2b　各地区分年龄、性别的一人户(镇)

单位：户

地　区	合　计			14岁及以下		
	合计	男	女	小计	男	女
安　徽	**1464791**	**787318**	**677473**	**70859**	**40546**	**30313**
合肥市	**253613**	**146716**	**106897**	**6878**	**3854**	**3024**
瑶海区	2139	1264	875	41	22	19
庐阳区	3011	1634	1377	192	100	92
蜀山区	2421	1341	1080	82	46	36
包河区						
长丰县	34184	20420	13764	976	533	443
肥东县	42624	23947	18677	1133	630	503
肥西县	43076	26221	16855	735	422	313
庐江县	38230	20234	17996	1500	862	638
合肥高新技术产业开发区	18653	10806	7847	298	147	151
合肥经济技术开发区	31802	19189	12613	773	421	352
合肥新站高新技术产业开发区	26563	16020	10543	653	369	284
巢湖市	10910	5640	5270	495	302	193
芜湖市	**100129**	**56352**	**43777**	**3114**	**1824**	**1290**
镜湖区	80	50	30			
弋江区						
鸠江区	7520	4118	3402	464	281	183
三山区	1225	755	470	41	21	20
芜湖县	15508	8224	7284	462	255	207
繁昌县	13079	7123	5956	169	99	70
南陵县	21352	11118	10234	604	353	251
芜湖经济技术开发区	18143	11897	6246	258	144	114
安徽芜湖长江大桥经济开发区	1417	817	600	18	11	7
无为市	21805	12250	9555	1098	660	438
蚌埠市	**81674**	**42311**	**39363**	**4575**	**2601**	**1974**
龙子湖区	1028	577	451	43	22	21
蚌山区						
禹会区	1137	642	495	75	35	40
淮上区	2570	1431	1139	164	97	67
怀远县	26964	14141	12823	1962	1108	854
五河县	18783	10201	8582	949	553	396
固镇县	13011	6677	6334	811	454	357
蚌埠市高新技术开发区	2933	1562	1371	96	57	39
蚌埠市经济开发区	15248	7080	8168	475	275	200
淮南市	**68427**	**37237**	**31190**	**4228**	**2463**	**1765**
大通区	6657	3352	3305	193	109	84
田家庵区	988	563	425	89	56	33
谢家集区	446	255	191	36	20	16
八公山区	10	3	7			
潘集区	7955	5107	2848	456	245	211
凤台县	19504	10445	9059	956	567	389
寿县	32867	17512	15355	2498	1466	1032

5-2b　续表 1　　　　单位：户

地　　区	合　　计			14岁及以下		
	合计	男	女	小计	男	女
马鞍山市	**53497**	**28314**	**25183**	**1887**	**1096**	**791**
花山区						
雨山区						
博望区	782	472	310	49	28	21
当涂县	20175	10592	9583	448	235	213
含山县	15871	8334	7537	720	427	293
和县	16669	8916	7753	670	406	264
淮北市	**34884**	**17582**	**17302**	**1803**	**1049**	**754**
杜集区	5631	2737	2894	188	111	77
相山区						
烈山区	4132	2239	1893	135	78	57
濉溪县	25121	12606	12515	1480	860	620
铜陵市	**29798**	**15207**	**14591**	**1165**	**651**	**514**
铜官区	72	44	28	16	9	7
义安区	2387	1343	1044	70	39	31
郊区	3683	1929	1754	134	71	63
枞阳县	23656	11891	11765	945	532	413
安庆市	**95293**	**49690**	**45603**	**3665**	**2040**	**1625**
迎江区						
大观区	1557	797	760	102	58	44
宜秀区	2731	1393	1338	131	71	60
怀宁县	17697	8865	8832	789	437	352
太湖县	14385	7544	6841	518	303	215
宿松县	18439	9435	9004	894	528	366
望江县	3874	1994	1880	213	121	92
岳西县	8034	4286	3748	283	143	140
安徽安庆经济开发区	10328	5664	4664	176	98	78
桐城市	10640	5431	5209	350	169	181
潜山市	7608	4281	3327	209	112	97
黄山市	**30577**	**15922**	**14655**	**790**	**433**	**357**
屯溪区	296	187	109	1		1
黄山区	2544	1524	1020	53	38	15
徽州区	711	391	320	22	8	14
歙县	11834	6194	5640	366	194	172
休宁县	6162	3167	2995	137	85	52
黟县	2811	1399	1412	40	17	23
祁门县	6219	3060	3159	171	91	80
滁州市	**108743**	**59378**	**49365**	**3802**	**2120**	**1682**
琅琊区						
南谯区	4675	2427	2248	81	45	36
来安县	17784	9646	8138	457	256	201
全椒县	19960	10665	9295	637	348	289
定远县	20448	10784	9664	1092	647	445
凤阳县	20500	11224	9276	880	481	399
苏滁现代产业园	1597	1103	494	15	7	8
滁州经济技术开发区	5160	2934	2226	96	47	49
天长市	11224	6345	4879	203	100	103
明光市	7395	4250	3145	341	189	152

5-2b　续表 2

单位：户

地　　区	合　计			14岁及以下		
	合计	男	女	小计	男	女
阜阳市	**162862**	**84703**	**78159**	**12458**	**7263**	**5195**
颍州区	4131	2112	2019	311	170	141
颍东区	4640	2512	2128	446	274	172
颍泉区	6081	3228	2853	558	359	199
临泉县	27729	14661	13068	1939	1100	839
太和县	51701	26000	25701	3627	2164	1463
阜南县	20959	10462	10497	1674	905	769
颍上县	31327	16915	14412	2859	1665	1194
阜阳合肥现代产业园区	317	162	155	39	19	20
阜阳经济技术开发区	6670	3476	3194	310	165	145
界首市	9307	5175	4132	695	442	253
宿州市	**121721**	**62408**	**59313**	**8645**	**4910**	**3735**
埇桥区	24127	12650	11477	2166	1177	989
砀山县	29071	14423	14648	2529	1547	982
萧县	26474	13080	13394	1605	898	707
灵璧县	19637	10315	9322	1098	595	503
泗县	17246	9123	8123	1011	556	455
宿州马鞍山现代产业园区	2096	1142	954	126	75	51
宿州经济技术开发区	3070	1675	1395	110	62	48
六安市	**117266**	**62220**	**55046**	**5624**	**3312**	**2312**
金安区	12969	7194	5775	474	277	197
裕安区	7334	3855	3479	379	228	151
叶集区	2427	1295	1132	158	89	69
霍邱县	33863	18290	15573	2851	1709	1142
舒城县	28250	14689	13561	843	462	381
金寨县	16879	8700	8179	559	345	214
霍山县	15544	8197	7347	360	202	158
亳州市	**100858**	**52382**	**48476**	**9335**	**5376**	**3959**
谯城区	11819	6193	5626	938	578	360
涡阳县	27068	13870	13198	2275	1303	972
蒙城县	30190	15733	14457	2777	1555	1222
利辛县	31781	16586	15195	3345	1940	1405
池州市	**35165**	**18395**	**16770**	**1084**	**566**	**518**
贵池区	3367	1848	1519	112	52	60
东至县	19315	10117	9198	715	374	341
石台县	2796	1394	1402	53	28	25
青阳县	9381	4889	4492	196	106	90
池州市国家经济技术开发区						
皖江江南新兴产业集中区						
九华山风景区	306	147	159	8	6	2
宣城市	**70284**	**38501**	**31783**	**1806**	**988**	**818**
宣州区	10525	5837	4688	295	177	118
郎溪县	15509	8259	7250	361	194	167
泾县	15707	8283	7424	428	221	207
绩溪县	8172	4271	3901	242	133	109
旌德县	5811	3102	2709	162	80	82
宣城市经济开发区	6199	3758	2441	123	80	43
宁国市	3543	2237	1306	53	29	24
广德市	4818	2754	2064	142	74	68

5－2b 续表 3

单位：户

地区	15－19岁			20－24岁		
	小计	男	女	小计	男	女
安徽	**56691**	**33835**	**22856**	**87908**	**53047**	**34861**
合肥市	**5784**	**3441**	**2343**	**23824**	**14500**	**9324**
瑶海区	35	25	10	253	108	145
庐阳区	46	27	19	202	120	82
蜀山区	30	19	11	72	40	32
包河区						
长丰县	564	323	241	3316	2105	1211
肥东县	1078	675	403	2760	1832	928
肥西县	964	569	395	5989	3675	2314
庐江县	1146	660	486	1716	996	720
合肥高新技术产业开发区	275	160	115	2132	1160	972
合肥经济技术开发区	715	430	285	4083	2413	1670
合肥新站高新技术产业开发区	579	362	217	2937	1824	1113
巢湖市	352	191	161	364	227	137
芜湖市	**2630**	**1600**	**1030**	**5825**	**3765**	**2060**
镜湖区						
弋江区						
鸠江区	126	90	36	324	204	120
三山区	28	12	16	89	58	31
芜湖县	319	170	149	826	445	381
繁昌县	692	446	246	501	304	197
南陵县	573	307	266	1019	587	432
芜湖经济技术开发区	373	262	111	2094	1551	543
安徽芜湖长江大桥经济开发区	10	6	4	33	24	9
无为市	509	307	202	939	592	347
蚌埠市	**3196**	**1877**	**1319**	**4858**	**2886**	**1972**
龙子湖区	11	6	5	46	33	13
蚌山区						
禹会区	21	12	9	46	36	10
淮上区	49	29	20	94	58	36
怀远县	1457	864	593	1689	958	731
五河县	902	523	379	1057	659	398
固镇县	418	243	175	625	351	274
蚌埠市高新技术开发区	50	31	19	217	154	63
蚌埠市经济开发区	288	169	119	1084	637	447
淮南市	**2448**	**1540**	**908**	**2996**	**1862**	**1134**
大通区	149	91	58	218	131	87
田家庵区	31	22	9	46	32	14
谢家集区	11	8	3	23	14	9
八公山区						
潘集区	141	99	42	468	341	127
凤台县	720	471	249	833	498	335
寿县	1396	849	547	1408	846	562

5-2b　续表 4　　　　单位：户

地　　区	15-19岁			20-24岁		
	小计	男	女	小计	男	女
马鞍山市	**1422**	**843**	**579**	**2587**	**1595**	**992**
花山区						
雨山区						
博望区	42	27	15	40	28	12
当涂县	440	249	191	781	511	270
含山县	436	250	186	803	496	307
和县	504	317	187	963	560	403
淮北市	**880**	**579**	**301**	**1682**	**1071**	**611**
杜集区	107	77	30	166	98	68
相山区						
烈山区	82	47	35	181	128	53
濉溪县	691	455	236	1335	845	490
铜陵市	**1523**	**850**	**673**	**1314**	**731**	**583**
铜官区	6	4	2	3	2	1
义安区	42	22	20	64	38	26
郊区	61	38	23	133	82	51
枞阳县	1414	786	628	1114	609	505
安庆市	**3950**	**2207**	**1743**	**4386**	**2571**	**1815**
迎江区						
大观区	26	14	12	70	41	29
宜秀区	85	53	32	104	53	51
怀宁县	953	491	462	868	505	363
太湖县	450	256	194	587	330	257
宿松县	1201	711	490	894	521	373
望江县	143	82	61	171	106	65
岳西县	255	136	119	320	180	140
安徽安庆经济开发区	177	105	72	624	372	252
桐城市	449	226	223	426	269	157
潜山市	211	133	78	322	194	128
黄山市	**780**	**429**	**351**	**1346**	**780**	**566**
屯溪区	4	2	2	18	11	7
黄山区	29	15	14	60	37	23
徽州区	3		3	13	7	6
歙县	392	199	193	531	312	219
休宁县	158	102	56	315	178	137
黟县	78	43	35	82	49	33
祁门县	116	68	48	327	186	141
滁州市	**3496**	**2041**	**1455**	**6152**	**3816**	**2336**
琅琊区						
南谯区	45	25	20	196	110	86
来安县	399	223	176	1012	663	349
全椒县	328	208	120	1020	638	382
定远县	1033	614	419	1217	747	470
凤阳县	1000	563	437	1323	794	529
苏滁现代产业园	37	19	18	145	108	37
滁州经济技术开发区	112	71	41	529	327	202
天长市	349	195	154	371	218	153
明光市	193	123	70	339	211	128

5－2b 续表 5

单位：户

地区	15－19岁			20－24岁		
	小计	男	女	小计	男	女
阜阳市	**11877**	**6911**	**4966**	**10002**	**6008**	**3994**
颍州区	137	95	42	218	143	75
颍东区	217	137	80	309	190	119
颍泉区	284	183	101	282	173	109
临泉县	1739	1070	669	2091	1222	869
太和县	6094	3299	2795	2995	1820	1175
阜南县	1169	715	454	1440	828	612
颍上县	1679	1075	604	1794	1096	698
阜阳合肥现代产业园区	18	12	6	10	3	7
阜阳经济技术开发区	235	131	104	466	267	199
界首市	305	194	111	397	266	131
宿州市	**4212**	**2632**	**1580**	**6619**	**3964**	**2655**
埇桥区	724	429	295	1084	622	462
砀山县	784	516	268	1550	1016	534
萧县	886	583	303	1439	898	541
灵璧县	1112	658	454	1239	707	532
泗县	566	363	203	915	502	413
宿州马鞍山现代产业园区	56	29	27	142	72	70
宿州经济技术开发区	84	54	30	250	147	103
六安市	**6703**	**4221**	**2482**	**5739**	**3327**	**2412**
金安区	2905	1974	931	700	469	231
裕安区	320	186	134	348	195	153
叶集区	53	32	21	137	88	49
霍邱县	1459	879	580	1549	881	668
舒城县	1095	615	480	1178	696	482
金寨县	591	374	217	1067	551	516
霍山县	280	161	119	760	447	313
亳州市	**5047**	**3228**	**1819**	**5701**	**3416**	**2285**
谯城区	380	251	129	597	379	218
涡阳县	1349	864	485	1400	877	523
蒙城县	1541	1028	513	1779	1016	763
利辛县	1777	1085	692	1925	1144	781
池州市	**1392**	**704**	**688**	**1688**	**927**	**761**
贵池区	76	52	24	118	63	55
东至县	891	442	449	979	552	427
石台县	90	41	49	136	59	77
青阳县	318	161	157	437	245	192
池州市国家经济技术开发区						
皖江江南新兴产业集中区						
九华山风景区	17	8	9	18	8	10
宣城市	**1351**	**732**	**619**	**3189**	**1828**	**1361**
宣州区	144	87	57	458	277	181
郎溪县	406	227	179	727	411	316
泾县	314	164	150	655	351	304
绩溪县	169	83	86	359	205	154
旌德县	119	58	61	218	107	111
宣城市经济开发区	84	51	33	496	309	187
宁国市	28	18	10	98	58	40
广德市	87	44	43	178	110	68

5-2b　续表 6　　单位：户

地　区	25-29岁			30-34岁			35-39岁		
	小计	男	女	小计	男	女	小计	男	女
安　徽	**134721**	**82708**	**52013**	**116257**	**70641**	**45616**	**75750**	**44452**	**31298**
合肥市	**41352**	**27662**	**13690**	**31346**	**21016**	**10330**	**16214**	**10356**	**5858**
瑶海区	429	276	153	295	199	96	154	104	50
庐阳区	563	347	216	611	390	221	310	186	124
蜀山区	87	63	24	111	70	41	80	48	32
包河区									
长丰县	5637	3897	1740	4812	3190	1622	2540	1581	959
肥东县	4812	3450	1362	3122	2175	947	2284	1406	878
肥西县	8344	5821	2523	6306	4543	1763	3018	2037	981
庐江县	2516	1442	1074	2532	1486	1046	1710	1008	702
合肥高新技术产业开发区	5368	3401	1967	3525	2276	1249	1362	884	478
合肥经济技术开发区	7325	4765	2560	5394	3640	1754	2374	1582	792
合肥新站高新技术产业开发区	5709	3874	1835	4138	2763	1375	1998	1300	698
巢湖市	562	326	236	500	284	216	384	220	164
芜湖市	**9869**	**6655**	**3214**	**7836**	**5221**	**2615**	**4751**	**3043**	**1708**
镜湖区	1	1		6	5	1	1		1
弋江区									
鸠江区	442	281	161	323	206	117	246	149	97
三山区	358	259	99	245	184	61	106	70	36
芜湖县	1496	904	592	1132	656	476	727	423	304
繁昌县	961	648	313	895	607	288	494	335	159
南陵县	1584	958	626	1498	858	640	1056	563	493
芜湖经济技术开发区	3589	2728	861	2616	2016	600	1378	1032	346
安徽芜湖长江大桥经济开发区	87	66	21	89	66	23	38	28	10
无为市	1351	810	541	1032	623	409	705	443	262
蚌埠市	**7576**	**4286**	**3290**	**7311**	**4056**	**3255**	**4628**	**2556**	**2072**
龙子湖区	68	48	20	69	39	30	49	37	12
蚌山区									
禹会区	48	23	25	78	46	32	71	41	30
淮上区	180	107	73	230	139	91	158	85	73
怀远县	2254	1220	1034	2200	1221	979	1490	806	684
五河县	1694	967	727	1328	720	608	941	530	411
固镇县	1102	613	489	1288	689	599	817	445	372
蚌埠市高新技术开发区	388	267	121	392	253	139	232	142	90
蚌埠市经济开发区	1842	1041	801	1726	949	777	870	470	400
淮南市	**4120**	**2408**	**1712**	**4694**	**2816**	**1878**	**3830**	**2318**	**1512**
大通区	377	241	136	412	256	156	296	188	108
田家庵区	76	41	35	58	35	23	36	22	14
谢家集区	14	6	8	24	13	11	22	9	13
八公山区									
潘集区	542	351	191	583	420	163	465	353	112
凤台县	1391	792	599	1740	1048	692	1427	854	573
寿县	1720	977	743	1877	1044	833	1584	892	692

5－2b 续表 7

单位：户

地区	25－29岁			30－34岁			35－39岁		
	小计	男	女	小计	男	女	小计	男	女
马鞍山市	**4096**	**2542**	**1554**	**3242**	**1976**	**1266**	**2313**	**1378**	**935**
花山区									
雨山区									
博望区	46	31	15	35	24	11	17	14	3
当涂县	1441	906	535	1285	833	452	848	497	351
含山县	1287	783	504	926	544	382	713	408	305
和县	1322	822	500	996	575	421	735	459	276
淮北市	**2328**	**1462**	**866**	**2482**	**1493**	**989**	**1897**	**1113**	**784**
杜集区	270	168	102	295	190	105	219	141	78
相山区									
烈山区	200	132	68	292	187	105	250	162	88
濉溪县	1858	1162	696	1895	1116	779	1428	810	618
铜陵市	**1664**	**971**	**693**	**1250**	**756**	**494**	**871**	**530**	**341**
铜官区	5	3	2	7	4	3	4	2	2
义安区	74	48	26	76	54	22	57	44	13
郊区	153	92	61	115	77	38	103	73	30
枞阳县	1432	828	604	1052	621	431	707	411	296
安庆市	**6528**	**3849**	**2679**	**5534**	**3200**	**2334**	**3936**	**2132**	**1804**
迎江区									
大观区	90	52	38	64	38	26	40	23	17
宜秀区	152	83	69	93	53	40	59	34	25
怀宁县	1183	675	508	944	519	425	705	354	351
太湖县	896	489	407	839	473	366	639	315	324
宿松县	1347	788	559	1066	589	477	824	394	430
望江县	247	151	96	193	112	81	139	67	72
岳西县	510	262	248	579	302	277	447	263	184
安徽安庆经济开发区	1064	735	329	964	624	340	583	391	192
桐城市	612	358	254	514	304	210	301	174	127
潜山市	427	256	171	278	186	92	199	117	82
黄山市	**2088**	**1215**	**873**	**1881**	**1143**	**738**	**1308**	**736**	**572**
屯溪区	18	13	5	29	26	3	21	14	7
黄山区	144	81	63	152	99	53	87	59	28
徽州区	18	10	8	22	15	7	13	10	3
歙县	839	489	350	758	441	317	522	291	231
休宁县	475	282	193	429	260	169	291	157	134
黟县	212	120	92	166	106	60	125	67	58
祁门县	382	220	162	325	196	129	249	138	111
滁州市	**9263**	**5698**	**3565**	**8077**	**4860**	**3217**	**5148**	**3099**	**2049**
琅琊区									
南谯区	458	274	184	380	230	150	185	106	79
来安县	1495	946	549	1426	884	542	918	545	373
全椒县	1918	1258	660	1689	1055	634	1058	631	427
定远县	1868	1039	829	1394	708	686	868	466	402
凤阳县	1615	943	672	1439	834	605	1051	641	410
苏滁现代产业园	231	175	56	250	184	66	166	122	44
滁州经济技术开发区	886	596	290	726	479	247	377	246	131
天长市	450	263	187	432	292	140	291	188	103
明光市	342	204	138	341	194	147	234	154	80

5-2b 续表 8　　　　　　　　　　　　　　　　　　　　单位：户

地　区	25-29岁			30-34岁			35-39岁		
	小计	男	女	小计	男	女	小计	男	女
阜阳市	**13239**	**7373**	**5866**	**11480**	**6424**	**5056**	**8469**	**4700**	**3769**
颍州区	306	185	121	276	155	121	217	122	95
颍东区	326	201	125	218	132	86	189	105	84
颍泉区	386	227	159	343	213	130	219	130	89
临泉县	2460	1410	1050	2034	1160	874	1547	907	640
太和县	4026	2098	1928	3301	1848	1453	2257	1217	1040
阜南县	1822	991	831	1599	817	782	1161	579	582
颍上县	2440	1345	1095	2141	1146	995	1708	941	767
阜阳合肥现代产业园区	18	10	8	18	5	13	15	8	7
阜阳经济技术开发区	938	557	381	891	501	390	613	321	292
界首市	517	349	168	659	447	212	543	370	173
宿州市	**9655**	**5438**	**4217**	**9300**	**5119**	**4181**	**6359**	**3529**	**2830**
埇桥区	1624	800	824	1869	974	895	1303	708	595
砀山县	2249	1327	922	2022	1148	874	1327	768	559
萧县	2127	1254	873	1927	1120	807	1330	728	602
灵璧县	1635	913	722	1649	909	740	1207	665	542
泗县	1376	753	623	1230	633	597	842	447	395
宿州马鞍山现代产业园区	248	131	117	240	132	108	112	81	31
宿州经济技术开发区	396	260	136	363	203	160	238	132	106
六安市	**8020**	**4558**	**3462**	**7301**	**4181**	**3120**	**5614**	**3102**	**2512**
金安区	746	460	286	657	396	261	521	285	236
裕安区	448	247	201	457	244	213	363	213	150
叶集区	153	86	67	137	76	61	114	62	52
霍邱县	2032	1151	881	2194	1288	906	1944	1142	802
舒城县	1862	1062	800	1662	929	733	1174	623	551
金寨县	1718	937	781	1300	725	575	883	457	426
霍山县	1061	615	446	894	523	371	615	320	295
亳州市	**7883**	**4403**	**3480**	**7932**	**4281**	**3651**	**5672**	**3092**	**2580**
谯城区	644	361	283	808	449	359	588	331	257
涡阳县	2093	1186	907	2250	1221	1029	1716	907	809
蒙城县	2656	1492	1164	2601	1410	1191	1671	884	787
利辛县	2490	1364	1126	2273	1201	1072	1697	970	727
池州市	**2192**	**1214**	**978**	**1993**	**1208**	**785**	**1445**	**825**	**620**
贵池区	150	95	55	135	90	45	101	70	31
东至县	1216	666	550	1074	658	416	753	449	304
石台县	201	107	94	144	90	54	85	37	48
青阳县	612	338	274	629	363	266	489	259	230
池州市国家经济技术开发区									
皖江江南新兴产业集中区									
九华山风景区	13	8	5	11	7	4	17	10	7
宣城市	**4848**	**2974**	**1874**	**4598**	**2891**	**1707**	**3295**	**1943**	**1352**
宣州区	605	413	192	568	364	204	378	226	152
郎溪县	949	573	376	993	601	392	755	448	307
泾县	1044	607	437	1018	591	427	755	395	360
绩溪县	615	345	270	547	341	206	455	273	182
旌德县	409	219	190	358	220	138	247	137	110
宣城市经济开发区	897	620	277	733	501	232	425	268	157
宁国市	138	88	50	147	111	36	119	86	33
广德市	191	109	82	234	162	72	161	110	51

5－2b 续表 9

单位：户

地区	40－44岁			45－49岁			50－54岁		
	小计	男	女	小计	男	女	小计	男	女
安　徽	**92907**	**50090**	**42817**	**127651**	**67047**	**60604**	**142090**	**78035**	**64055**
合肥市	**15499**	**8918**	**6581**	**19581**	**10530**	**9051**	**20971**	**11661**	**9310**
瑶海区	186	116	70	179	116	63	149	91	58
庐阳区	181	87	94	173	84	89	184	86	98
蜀山区	101	55	46	192	118	74	214	141	73
包河区									
长丰县	2433	1421	1012	2834	1588	1246	2724	1592	1132
肥东县	3228	1745	1483	4394	2224	2170	4736	2592	2144
肥西县	2405	1453	952	2814	1609	1205	2942	1687	1255
庐江县	2188	1183	1005	3554	1806	1748	4233	2328	1905
合肥高新技术产业开发区	907	519	388	921	502	419	894	435	459
合肥经济技术开发区	1680	1040	640	1808	1010	798	1798	1013	785
合肥新站高新技术产业开发区	1575	956	619	1806	1012	794	1807	1016	791
巢湖市	615	343	272	906	461	445	1290	680	610
芜湖市	**5898**	**3379**	**2519**	**8467**	**4763**	**3704**	**10063**	**6052**	**4011**
镜湖区	2	2		9	7	2	10	8	2
弋江区									
鸠江区	374	232	142	562	357	205	739	451	288
三山区	48	22	26	60	25	35	76	27	49
芜湖县	1039	564	475	1342	748	594	1592	943	649
繁昌县	804	474	330	1245	688	557	1481	905	576
南陵县	1522	705	817	2304	1114	1190	2461	1400	1061
芜湖经济技术开发区	1028	684	344	1090	654	436	1220	743	477
安徽芜湖长江大桥经济开发区	75	48	27	123	70	53	127	78	49
无为市	1006	648	358	1732	1100	632	2357	1497	860
蚌埠市	**5561**	**2921**	**2640**	**7472**	**3722**	**3750**	**7993**	**4021**	**3972**
龙子湖区	47	29	18	97	53	44	118	69	49
蚌山区									
禹会区	75	48	27	101	59	42	90	50	40
淮上区	136	77	59	190	108	82	223	132	91
怀远县	1865	994	871	2271	1186	1085	2419	1265	1154
五河县	1253	696	557	1896	1004	892	2091	1147	944
固镇县	1042	513	529	1388	653	735	1467	736	731
蚌埠市高新技术开发区	220	108	112	266	121	145	249	95	154
蚌埠市经济开发区	923	456	467	1263	538	725	1336	527	809
淮南市	**4666**	**2696**	**1970**	**6411**	**3560**	**2851**	**6869**	**3999**	**2870**
大通区	354	209	145	485	264	221	755	409	346
田家庵区	46	31	15	77	41	36	66	36	30
谢家集区	30	20	10	46	29	17	49	31	18
八公山区				2	1	1			
潘集区	612	455	157	904	631	273	925	675	250
凤台县	1674	959	715	2149	1136	1013	2106	1194	912
寿县	1950	1022	928	2748	1458	1290	2968	1654	1314

5-2b 续表 10

单位：户

地 区	40-44岁			45-49岁			50-54岁		
	小计	男	女	小计	男	女	小计	男	女
马鞍山市	**3127**	**1744**	**1383**	**4395**	**2409**	**1986**	**5155**	**2989**	**2166**
花山区									
雨山区									
博望区	32	21	11	53	36	17	81	62	19
当涂县	1157	651	506	1594	891	703	1916	1136	780
含山县	977	524	453	1487	756	731	1588	860	728
和县	961	548	413	1261	726	535	1570	931	639
淮北市	**2642**	**1388**	**1254**	**3339**	**1608**	**1731**	**3601**	**1818**	**1783**
杜集区	345	178	167	448	204	244	564	246	318
相山区									
烈山区	351	219	132	407	208	199	465	268	197
濉溪县	1946	991	955	2484	1196	1288	2572	1304	1268
铜陵市	**1688**	**946**	**742**	**2998**	**1534**	**1464**	**3122**	**1688**	**1434**
铜官区	1		1	6	4	2	5	5	
义安区	105	66	39	180	128	52	279	183	96
郊区	231	158	73	361	214	147	395	243	152
枞阳县	1351	722	629	2451	1188	1263	2443	1257	1186
安庆市	**6038**	**2992**	**3046**	**10366**	**5121**	**5245**	**10622**	**5748**	**4874**
迎江区									
大观区	74	50	24	134	78	56	168	90	78
宜秀区	88	51	37	189	105	84	228	141	87
怀宁县	1100	552	548	1809	837	972	1794	969	825
太湖县	982	413	569	1714	770	944	1653	888	765
宿松县	1184	559	625	2052	962	1090	2076	1097	979
望江县	213	112	101	443	217	226	381	202	179
岳西县	589	283	306	955	488	467	938	518	420
安徽安庆经济开发区	747	430	317	1151	646	505	1159	609	550
桐城市	601	317	284	1105	577	528	1262	675	587
潜山市	460	225	235	814	441	373	963	559	404
黄山市	**2076**	**943**	**1133**	**3230**	**1668**	**1562**	**3685**	**2077**	**1608**
屯溪区	24	15	9	23	16	7	32	24	8
黄山区	136	82	54	252	156	96	344	227	117
徽州区	31	21	10	59	44	15	80	53	27
歙县	848	391	457	1292	676	616	1446	828	618
休宁县	416	175	241	591	289	302	642	352	290
黟县	170	80	90	274	135	139	308	178	130
祁门县	451	179	272	739	352	387	833	415	418
滁州市	**6834**	**3858**	**2976**	**10174**	**5481**	**4693**	**11577**	**6569**	**5008**
琅琊区									
南谯区	251	142	109	401	199	202	508	281	227
来安县	1215	694	521	1688	903	785	1959	1124	835
全椒县	1299	673	626	1881	949	932	2253	1212	1041
定远县	1288	693	595	2033	1069	964	1962	1068	894
凤阳县	1267	712	555	1792	944	848	2076	1156	920
苏滁现代产业园	117	87	30	119	97	22	132	101	31
滁州经济技术开发区	367	182	185	414	209	205	416	227	189
天长市	606	389	217	1125	651	474	1433	876	557
明光市	424	286	138	721	460	261	838	524	314

5-2b 续表 11 单位：户

地区	40-44岁			45-49岁			50-54岁		
	小计	男	女	小计	男	女	小计	男	女
阜阳市	**10011**	**5368**	**4643**	**11554**	**6142**	**5412**	**13438**	**7066**	**6372**
颍州区	241	138	103	291	159	132	353	190	163
颍东区	233	137	96	321	189	132	407	216	191
颍泉区	249	153	96	335	217	118	484	289	195
临泉县	1942	1015	927	2093	1121	972	2448	1341	1107
太和县	2837	1532	1305	3153	1638	1515	3963	1964	1999
阜南县	1441	672	769	1786	878	908	1826	938	888
颍上县	1845	993	852	2374	1273	1101	2627	1414	1213
阜阳合肥现代产业园区	13	10	3	13	8	5	17	11	6
阜阳经济技术开发区	630	301	329	577	275	302	499	242	257
界首市	580	417	163	611	384	227	814	461	353
宿州市	**7937**	**3988**	**3949**	**10563**	**5226**	**5337**	**11377**	**5876**	**5501**
埇桥区	1701	932	769	2171	1193	978	2304	1280	1024
砀山县	1661	810	851	2186	1043	1143	2515	1246	1269
萧县	1686	765	921	2204	1007	1197	2453	1172	1281
灵璧县	1300	656	644	1837	890	947	1837	941	896
泗县	1230	631	599	1717	870	847	1814	981	833
宿州马鞍山现代产业园区	111	72	39	149	94	55	172	103	69
宿州经济技术开发区	248	122	126	299	129	170	282	153	129
六安市	**7078**	**3492**	**3586**	**10965**	**5583**	**5382**	**12377**	**6567**	**5810**
金安区	721	332	389	1024	486	538	1049	511	538
裕安区	370	179	191	690	346	344	793	388	405
叶集区	123	60	63	237	115	122	264	156	108
霍邱县	1881	1037	844	2652	1507	1145	3149	1768	1381
舒城县	1914	1002	912	2958	1502	1456	3073	1649	1424
金寨县	1091	522	569	1732	831	901	1975	964	1011
霍山县	978	360	618	1672	796	876	2074	1131	943
亳州市	**6726**	**3582**	**3144**	**7199**	**3896**	**3303**	**8528**	**4481**	**4047**
谯城区	715	441	274	742	436	306	1085	654	431
涡阳县	1863	946	917	2080	1109	971	2425	1196	1229
蒙城县	2153	1130	1023	2313	1227	1086	2491	1294	1197
利辛县	1995	1065	930	2064	1124	940	2527	1337	1190
池州市	**2357**	**1296**	**1061**	**3825**	**1988**	**1837**	**4073**	**2279**	**1794**
贵池区	193	133	60	350	210	140	423	253	170
东至县	1292	744	548	2131	1132	999	2060	1154	906
石台县	157	75	82	346	155	191	360	181	179
青阳县	694	332	362	959	471	488	1175	668	507
池州市国家经济技术开发区									
皖江江南新兴产业集中区									
九华山风景区	21	12	9	39	20	19	55	23	32
宣城市	**4769**	**2579**	**2190**	**7112**	**3816**	**3296**	**8639**	**5144**	**3495**
宣州区	625	340	285	1061	588	473	1299	795	504
郎溪县	1191	656	535	1699	873	826	1788	1069	719
泾县	1076	554	522	1578	809	769	2100	1174	926
绩溪县	632	296	336	907	417	490	1066	610	456
旌德县	314	146	168	508	257	251	696	417	279
宣城市经济开发区	464	274	190	566	352	214	604	364	240
宁国市	188	138	50	286	203	83	483	338	145
广德市	279	175	104	507	317	190	603	377	226

5-2b 续表 12

单位：户

地区	55-59岁			60-64岁			65岁及以上		
	小计	男	女	小计	男	女	小计	男	女
安徽	**116774**	**68491**	**48283**	**63291**	**37551**	**25740**	**379892**	**160875**	**219017**
合肥市	**16161**	**9741**	**6420**	**8061**	**4839**	**3222**	**47942**	**20198**	**27744**
瑶海区	143	86	57	55	29	26	220	92	128
庐阳区	161	65	96	86	40	46	302	102	200
蜀山区	211	134	77	136	78	58	1105	529	576
包河区									
长丰县	1986	1256	730	945	547	398	5417	2387	3030
肥东县	3209	1937	1272	1586	1003	583	10282	4278	6004
肥西县	2301	1402	899	1049	620	429	6209	2383	3826
庐江县	3629	2244	1385	1921	1177	744	11585	5042	6543
合肥高新技术产业开发区	731	405	326	427	237	190	1813	680	1133
合肥经济技术开发区	1412	806	606	717	406	311	3723	1663	2060
合肥新站高新技术产业开发区	1341	795	546	624	375	249	3396	1374	2022
巢湖市	1037	611	426	515	327	188	3890	1668	2222
芜湖市	**8387**	**5056**	**3331**	**4621**	**2823**	**1798**	**28668**	**12171**	**16497**
镜湖区	5	4	1	8	6	2	38	17	21
弋江区									
鸠江区	667	412	255	325	198	127	2928	1257	1671
三山区	69	29	40	31	14	17	74	34	40
芜湖县	1261	736	525	676	425	251	4636	1955	2681
繁昌县	1320	771	549	718	417	301	3799	1429	2370
南陵县	1857	1123	734	1130	734	396	5744	2416	3328
芜湖经济技术开发区	1047	613	434	640	342	298	2810	1128	1682
安徽芜湖长江大桥经济开发区	114	79	35	84	58	26	619	283	336
无为市	2047	1289	758	1009	629	380	8020	3652	4368
蚌埠市	**6698**	**3670**	**3028**	**3498**	**1850**	**1648**	**18308**	**7865**	**10443**
龙子湖区	108	66	42	81	43	38	291	132	159
蚌山区									
禹会区	100	59	41	60	39	21	372	194	178
淮上区	169	105	64	127	78	49	850	416	434
怀远县	1995	1096	899	1058	560	498	6304	2863	3441
五河县	1655	1034	621	749	448	301	4268	1920	2348
固镇县	1085	606	479	469	257	212	2499	1117	1382
蚌埠市高新技术开发区	210	98	112	111	62	49	502	174	328
蚌埠市经济开发区	1376	606	770	843	363	480	3222	1049	2173
淮南市	**5380**	**3050**	**2330**	**3247**	**1877**	**1370**	**19538**	**8648**	**10890**
大通区	642	351	291	450	251	199	2326	852	1474
田家庵区	62	40	22	48	25	23	353	182	171
谢家集区	29	20	9	18	11	7	144	74	70
八公山区	1	1		3		3	4	1	3
潘集区	616	388	228	365	218	147	1878	931	947
凤台县	1460	763	697	762	385	377	4286	1778	2508
寿县	2570	1487	1083	1601	987	614	10547	4830	5717

5−2b 续表 13 单位：户

地区	55−59岁			60−64岁			65岁及以上		
	小计	男	女	小计	男	女	小计	男	女
马鞍山市	**4700**	**2848**	**1852**	**2358**	**1470**	**888**	**18215**	**7424**	**10791**
花山区									
雨山区									
博望区	52	36	16	39	23	16	296	142	154
当涂县	1789	1078	711	1100	648	452	7376	2957	4419
含山县	1358	791	567	678	451	227	4898	2044	2854
和县	1501	943	558	541	348	193	5645	2281	3364
淮北市	**2723**	**1419**	**1304**	**1405**	**726**	**679**	**10102**	**3856**	**6246**
杜集区	463	243	220	339	200	139	2227	881	1346
相山区									
烈山区	326	191	135	208	105	103	1235	514	721
濉溪县	1934	985	949	858	421	437	6640	2461	4179
铜陵市	**2863**	**1712**	**1151**	**1839**	**1120**	**719**	**9501**	**3718**	**5783**
铜官区	3	2	1	5	4	1	11	5	6
义安区	271	169	102	210	131	79	959	421	538
郊区	362	236	126	195	123	72	1440	522	918
枞阳县	2227	1305	922	1429	862	567	7091	2770	4321
安庆市	**9345**	**5694**	**3651**	**4669**	**2889**	**1780**	**26254**	**11247**	**15007**
迎江区									
大观区	141	93	48	100	69	31	548	191	357
宜秀区	211	127	84	158	87	71	1233	535	698
怀宁县	1706	1025	681	779	458	321	5067	2043	3024
太湖县	1533	981	552	720	481	239	3854	1845	2009
宿松县	1653	973	680	772	453	319	4476	1860	2616
望江县	370	218	152	186	129	57	1175	477	698
岳西县	915	584	331	492	295	197	1751	832	919
安徽安庆经济开发区	892	516	376	439	251	188	2352	887	1465
桐城市	1042	618	424	516	313	203	3462	1431	2031
潜山市	882	559	323	507	353	154	2336	1146	1190
黄山市	**3154**	**2063**	**1091**	**1929**	**1222**	**707**	**8310**	**3213**	**5097**
屯溪区	25	16	9	10	5	5	91	45	46
黄山区	296	224	72	176	127	49	815	379	436
徽州区	82	59	23	69	41	28	299	123	176
歙县	1157	778	379	827	521	306	2856	1074	1782
休宁县	622	370	252	353	230	123	1733	687	1046
黟县	292	175	117	185	116	69	879	313	566
祁门县	680	441	239	309	182	127	1637	592	1045
滁州市	**9813**	**5990**	**3823**	**5174**	**3252**	**1922**	**29233**	**12594**	**16639**
琅琊区									
南谯区	511	331	180	284	167	117	1375	517	858
来安县	1710	1042	668	907	567	340	4598	1799	2799
全椒县	1813	1064	749	887	562	325	5177	2067	3110
定远县	1557	917	640	731	442	289	5405	2374	3031
凤阳县	1834	1086	748	950	605	345	5273	2465	2808
苏滁现代产业园	82	57	25	32	22	10	271	124	147
滁州经济技术开发区	349	189	160	143	71	72	745	290	455
天长市	1291	862	429	781	511	270	3892	1800	2092
明光市	666	442	224	459	305	154	2497	1158	1339

5-2b 续表 14　　　　单位：户

地区	55-59岁			60-64岁			65岁及以上		
	小计	男	女	小计	男	女	小计	男	女
阜阳市	**10992**	**5976**	**5016**	**6071**	**3355**	**2716**	**43271**	**18117**	**25154**
颍州区	298	171	127	167	87	80	1316	497	819
颍东区	320	173	147	157	87	70	1497	671	826
颍泉区	451	230	221	253	135	118	2237	919	1318
临泉县	1914	1082	832	1025	582	443	6497	2651	3846
太和县	3211	1651	1560	1810	978	832	14427	5791	8636
阜南县	1539	832	707	719	367	352	4783	1940	2843
颍上县	2134	1198	936	1379	779	600	8347	3990	4357
阜阳合肥现代产业园区	18	11	7	20	12	8	118	53	65
阜阳经济技术开发区	393	228	165	166	102	64	952	386	566
界首市	714	400	314	375	226	149	3097	1219	1878
宿州市	**8219**	**4616**	**3603**	**5107**	**2834**	**2273**	**33728**	**14276**	**19452**
埇桥区	1871	1095	776	925	532	393	6385	2908	3477
砀山县	1575	852	723	1322	676	646	9351	3474	5877
萧县	1749	866	883	1174	598	576	7894	3191	4703
灵璧县	1371	784	587	744	454	290	4608	2143	2465
泗县	1321	811	510	740	449	291	4484	2127	2357
宿州马鞍山现代产业园区	137	82	55	89	57	32	514	214	300
宿州经济技术开发区	195	126	69	113	68	45	492	219	273
六安市	**10451**	**6141**	**4310**	**5482**	**3347**	**2135**	**31912**	**14389**	**17523**
金安区	827	475	352	438	262	176	2907	1267	1640
裕安区	642	383	259	352	227	125	2172	1019	1153
叶集区	215	116	99	90	67	23	746	348	398
霍邱县	2571	1449	1122	1536	846	690	10045	4633	5412
舒城县	2854	1679	1175	1285	822	463	8352	3648	4704
金寨县	1563	899	664	787	470	317	3613	1625	1988
霍山县	1779	1140	639	994	653	341	4077	1849	2228
亳州市	**7003**	**3619**	**3384**	**3899**	**2085**	**1814**	**25933**	**10923**	**15010**
谯城区	894	463	431	442	261	181	3986	1589	2397
涡阳县	2026	1046	980	1194	609	585	6397	2606	3791
蒙城县	1962	1018	944	1053	566	487	7193	3113	4080
利辛县	2121	1092	1029	1210	649	561	8357	3615	4742
池州市	**3676**	**2323**	**1353**	**2053**	**1320**	**733**	**9387**	**3745**	**5642**
贵池区	386	251	135	180	116	64	1143	463	680
东至县	1836	1163	673	1153	741	412	5215	2042	3173
石台县	334	214	120	163	110	53	727	297	430
青阳县	1074	675	399	540	347	193	2258	924	1334
池州市国家经济技术开发区									
皖江江南新兴产业集中区									
九华山风景区	46	20	26	17	6	11	44	19	25
宣城市	**7209**	**4573**	**2636**	**3878**	**2542**	**1336**	**19590**	**8491**	**11099**
宣州区	1094	698	396	498	338	160	3500	1534	1966
郎溪县	1411	921	490	628	431	197	4601	1855	2746
泾县	1738	1022	716	946	586	360	4055	1809	2246
绩溪县	791	490	301	525	324	201	1864	754	1110
旌德县	697	433	264	439	292	147	1644	736	908
宣城市经济开发区	510	322	188	195	129	66	1102	488	614
宁国市	471	357	114	327	231	96	1205	580	625
广德市	497	330	167	320	211	109	1619	735	884

5-2c 各地区分年龄、性别的一人户(乡村)

单位：户

地区	合计			14岁及以下		
	合计	男	女	小计	男	女
安徽	**2488963**	**1426279**	**1062684**	**210365**	**125753**	**84612**
合肥市	**226199**	**130488**	**95711**	**12671**	**7235**	**5436**
瑶海区	1431	876	555	51	28	23
庐阳区	696	397	299	31	21	10
蜀山区	2306	1392	914	143	73	70
包河区	487	312	175	20	13	7
长丰县	42622	24116	18506	3193	1849	1344
肥东县	46440	26295	20145	2492	1441	1051
肥西县	41083	23960	17123	1992	1090	902
庐江县	53004	31866	21138	3003	1701	1302
合肥高新技术产业开发区	4	3	1			
合肥经济技术开发区	1276	761	515	91	60	31
合肥新站高新技术产业开发区	719	460	259	54	26	28
巢湖市	36131	20050	16081	1601	933	668
芜湖市	**120501**	**70977**	**49524**	**6380**	**3725**	**2655**
镜湖区	1658	944	714	59	33	26
弋江区						
鸠江区	14900	8345	6555	1350	820	530
三山区	4751	2681	2070	242	137	105
芜湖县	12573	7453	5120	425	236	189
繁昌县	12843	7567	5276	353	195	158
南陵县	26185	16132	10053	992	536	456
芜湖经济技术开发区	473	256	217	34	20	14
安徽芜湖长江大桥经济开发区	1129	642	487	80	31	49
无为市	45989	26957	19032	2845	1717	1128
蚌埠市	**108610**	**64006**	**44604**	**11172**	**6688**	**4484**
龙子湖区	3317	1718	1599	194	117	77
蚌山区	1119	640	479	38	17	21
禹会区	7104	3891	3213	628	364	264
淮上区	5994	3468	2526	672	428	244
怀远县	43616	26014	17602	5327	3207	2120
五河县	23445	14223	9222	2202	1294	908
固镇县	24015	14052	9963	2111	1261	850
蚌埠市高新技术开发区						
蚌埠市经济开发区						
淮南市	**119920**	**70543**	**49377**	**14071**	**8669**	**5402**
大通区	4255	2452	1803	363	203	160
田家庵区	3267	1943	1324	409	223	186
谢家集区	5141	2825	2316	527	327	200
八公山区	833	392	441	29	17	12
潘集区	15940	9544	6396	1672	997	675
凤台县	35797	20658	15139	4176	2546	1630
寿县	54687	32729	21958	6895	4356	2539

5-2c　续表 1　　　　　　　　　　　　　　　　　　　　　　单位：户

地　区	合　计			14岁及以下		
	合计	男	女	小计	男	女
马鞍山市	**59760**	**34161**	**25599**	**3551**	**2148**	**1403**
花山区	977	456	521	27	16	11
雨山区	1263	652	611	43	22	21
博望区	5737	3346	2391	279	172	107
当涂县	12942	7090	5852	539	293	246
含山县	16730	9902	6828	1017	612	405
和县	22111	12715	9396	1646	1033	613
淮北市	**52696**	**28226**	**24470**	**5108**	**3139**	**1969**
杜集区	3804	1934	1870	219	133	86
相山区	4253	2334	1919	213	132	81
烈山区	9279	4973	4306	767	466	301
濉溪县	35360	18985	16375	3909	2408	1501
铜陵市	**57835**	**31470**	**26365**	**3215**	**1817**	**1398**
铜官区	966	488	478	72	42	30
义安区	14141	7864	6277	554	303	251
郊区	10933	5974	4959	850	503	347
枞阳县	31795	17144	14651	1739	969	770
安庆市	**191248**	**111825**	**79423**	**10072**	**5696**	**4376**
迎江区	1995	986	1009	82	50	32
大观区	3210	1654	1556	243	135	108
宜秀区	2850	1455	1395	131	71	60
怀宁县	27324	15268	12056	1658	918	740
太湖县	28200	17512	10688	1197	667	530
宿松县	37943	22527	15416	2670	1561	1109
望江县	25962	14673	11289	1851	1045	806
岳西县	17626	11172	6454	614	359	255
安徽安庆经济开发区	359	172	187	11	7	4
桐城市	24305	13342	10963	893	503	390
潜山市	21474	13064	8410	722	380	342
黄山市	**63653**	**36381**	**27272**	**2300**	**1249**	**1051**
屯溪区	1382	726	656	75	42	33
黄山区	7234	4479	2755	177	90	87
徽州区	3139	1708	1431	104	59	45
歙县	27422	15560	11862	1120	625	495
休宁县	11323	6437	4886	378	185	193
黟县	4716	2724	1992	101	62	39
祁门县	8437	4747	3690	345	186	159
滁州市	**148762**	**85754**	**63008**	**9218**	**5292**	**3926**
琅琊区	1261	724	537	49	24	25
南谯区	10560	5771	4789	341	174	167
来安县	17808	9989	7819	680	386	294
全椒县	19411	10474	8937	976	538	438
定远县	35425	20827	14598	2932	1739	1193
凤阳县	23481	13975	9506	2011	1180	831
苏滁现代产业园						
滁州经济技术开发区	762	443	319	36	18	18
天长市	16234	9334	6900	433	227	206
明光市	23820	14217	9603	1760	1006	754

5-2c 续表 2 单位：户

地区	合计			14岁及以下		
	合计	男	女	小计	男	女
阜阳市	**370580**	**207348**	**163232**	**43832**	**26531**	**17301**
颍州区	19584	10427	9157	2362	1467	895
颍东区	19274	11251	8023	2139	1287	852
颍泉区	25989	13910	12079	3103	1916	1187
临泉县	80837	45639	35198	9284	5626	3658
太和县	69828	37663	32165	6785	4175	2610
阜南县	59265	34033	25232	7951	4754	3197
颍上县	61492	35742	25750	8991	5343	3648
阜阳合肥现代产业园区	2235	1150	1085	286	149	137
阜阳经济技术开发区	1512	814	698	107	60	47
界首市	30564	16719	13845	2824	1754	1070
宿州市	**246479**	**136483**	**109996**	**23576**	**14389**	**9187**
埇桥区	65523	36829	28694	5605	3433	2172
砀山县	35097	18302	16795	4014	2499	1515
萧县	68828	36661	32167	6347	3945	2402
灵璧县	46680	27299	19381	4743	2819	1924
泗县	29139	16707	12432	2746	1625	1121
宿州马鞍山现代产业园区	1212	685	527	121	68	53
宿州经济技术开发区						
六安市	**259434**	**153755**	**105679**	**21304**	**12805**	**8499**
金安区	43920	26103	17817	3108	1814	1294
裕安区	44513	26192	18321	3036	1734	1302
叶集区	8626	5047	3579	714	439	275
霍邱县	75555	43351	32204	10099	6312	3787
舒城县	46811	28444	18367	2295	1280	1015
金寨县	29082	17933	11149	1711	1031	680
霍山县	10927	6685	4242	341	195	146
亳州市	**275630**	**151127**	**124503**	**37495**	**22897**	**14598**
谯城区	80759	42037	38722	8701	5439	3262
涡阳县	68226	37621	30605	10967	6694	4273
蒙城县	46322	26488	19834	7100	4299	2801
利辛县	80323	44981	35342	10727	6465	4262
池州市	**63237**	**37173**	**26064**	**2386**	**1304**	**1082**
贵池区	25476	14395	11081	1065	579	486
东至县	19072	11228	7844	804	443	361
石台县	5249	3155	2094	156	91	65
青阳县	12628	7874	4754	346	185	161
池州市国家经济技术开发区						
皖江江南新兴产业集中区						
九华山风景区	812	521	291	15	6	9
宣城市	**124419**	**76562**	**47857**	**4014**	**2169**	**1845**
宣州区	41111	24167	16944	1598	866	732
郎溪县	12341	7487	4854	570	306	264
泾县	20208	13468	6740	483	248	235
绩溪县	8091	4570	3521	211	119	92
旌德县	6037	3853	2184	164	88	76
宣城市经济开发区	2430	1473	957	51	28	23
宁国市	17377	11190	6187	268	147	121
广德市	16824	10354	6470	669	367	302

5-2c 续表 3

单位：户

地区	15-19岁			20-24岁		
	小计	男	女	小计	男	女
安 徽	**97894**	**63611**	**34283**	**125015**	**80648**	**44367**
合肥市	**6148**	**3804**	**2344**	**11144**	**6924**	**4220**
瑶海区	28	12	16	177	111	66
庐阳区	10	8	2	21	12	9
蜀山区	60	31	29	104	69	35
包河区	25	13	12	22	15	7
长丰县	1257	771	486	2125	1328	797
肥东县	1781	1177	604	2829	1789	1040
肥西县	916	572	344	2084	1293	791
庐江县	1358	799	559	2362	1436	926
合肥高新技术产业开发区						
合肥经济技术开发区	31	21	10	58	36	22
合肥新站高新技术产业开发区	35	15	20	67	48	19
巢湖市	647	385	262	1295	787	508
芜湖市	**3600**	**2154**	**1446**	**5258**	**3294**	**1964**
镜湖区	20	9	11	54	36	18
弋江区						
鸠江区	499	329	170	760	513	247
三山区	132	74	58	158	106	52
芜湖县	245	131	114	527	283	244
繁昌县	231	114	117	426	261	165
南陵县	667	361	306	972	582	390
芜湖经济技术开发区	12	9	3	20	10	10
安徽芜湖长江大桥经济开发区	34	20	14	62	36	26
无为市	1760	1107	653	2279	1467	812
蚌埠市	**4379**	**2867**	**1512**	**5823**	**3665**	**2158**
龙子湖区	69	44	25	134	82	52
蚌山区	18	13	5	29	23	6
禹会区	259	170	89	315	185	130
淮上区	175	113	62	255	177	78
怀远县	2217	1466	751	2575	1611	964
五河县	914	596	318	1280	813	467
固镇县	727	465	262	1235	774	461
蚌埠市高新技术开发区						
蚌埠市经济开发区						
淮南市	**5395**	**3530**	**1865**	**5817**	**3766**	**2051**
大通区	138	83	55	190	120	70
田家庵区	109	68	41	182	123	59
谢家集区	153	97	56	232	137	95
八公山区	11	7	4	19	10	9
潘集区	461	301	160	711	489	222
凤台县	1445	987	458	1783	1209	574
寿县	3078	1987	1091	2700	1678	1022

5–2c 续表 4　　单位：户

地区	15–19岁			20–24岁		
	小计	男	女	小计	男	女
马鞍山市	**1553**	**1024**	**529**	**2601**	**1721**	**880**
花山区	15	8	7	36	17	19
雨山区	46	26	20	56	34	22
博望区	170	107	63	214	134	80
当涂县	230	136	94	370	242	128
含山县	427	273	154	808	572	236
和县	665	474	191	1117	722	395
淮北市	**1559**	**1113**	**446**	**2372**	**1667**	**705**
杜集区	55	36	19	132	96	36
相山区	101	78	23	191	140	51
烈山区	244	170	74	453	335	118
濉溪县	1159	829	330	1596	1096	500
铜陵市	**1749**	**1057**	**692**	**2801**	**1675**	**1126**
铜官区	40	20	20	74	47	27
义安区	274	156	118	433	261	172
郊区	352	223	129	670	392	278
枞阳县	1083	658	425	1624	975	649
安庆市	**5436**	**3247**	**2189**	**9200**	**5773**	**3427**
迎江区	54	28	26	75	40	35
大观区	85	41	44	201	122	79
宜秀区	67	42	25	145	86	59
怀宁县	790	447	343	1585	997	588
太湖县	612	366	246	1159	748	411
宿松县	1624	1044	580	2201	1385	816
望江县	810	497	313	1308	877	431
岳西县	316	187	129	580	369	211
安徽安庆经济开发区	5	3	2	11	7	4
桐城市	531	291	240	1036	604	432
潜山市	542	301	241	899	538	361
黄山市	**1089**	**628**	**461**	**1731**	**1004**	**727**
屯溪区	19	10	9	37	26	11
黄山区	85	44	41	179	95	84
徽州区	75	38	37	60	40	20
歙县	528	300	228	766	429	337
休宁县	185	116	69	300	172	128
黟县	44	25	19	111	72	39
祁门县	153	95	58	278	170	108
滁州市	**4771**	**2917**	**1854**	**8169**	**5003**	**3166**
琅琊区	34	23	11	67	40	27
南谯区	202	121	81	426	264	162
来安县	413	239	174	776	449	327
全椒县	360	226	134	939	576	363
定远县	1519	1007	512	2135	1396	739
凤阳县	893	552	341	1508	948	560
苏滁现代产业园						
滁州经济技术开发区	16	7	9	58	33	25
天长市	391	203	188	720	385	335
明光市	943	539	404	1540	912	628

5-2c　续表 5　　　　单位：户

地　　区	15–19岁			20–24岁		
	小计	男	女	小计	男	女
阜阳市	**23831**	**16057**	**7774**	**24698**	**16750**	**7948**
颍州区	997	684	313	1110	749	361
颍东区	1059	708	351	1115	747	368
颍泉区	1392	955	437	1431	983	448
临泉县	5779	3956	1823	6988	4803	2185
太和县	4151	2935	1216	3804	2737	1067
阜南县	4642	3017	1625	4809	3095	1714
颍上县	4390	2855	1535	3877	2556	1321
阜阳合肥现代产业园区	110	59	51	146	87	59
阜阳经济技术开发区	35	23	12	76	51	25
界首市	1276	865	411	1342	942	400
宿州市	**7759**	**5288**	**2471**	**11969**	**8059**	**3910**
埇桥区	2066	1398	668	2912	1958	954
砀山县	966	705	261	1795	1278	517
萧县	2148	1494	654	3428	2364	1064
灵璧县	1584	1050	534	2448	1607	841
泗县	956	617	339	1340	816	524
宿州马鞍山现代产业园区	39	24	15	46	36	10
宿州经济技术开发区						
六安市	**10363**	**6641**	**3722**	**11928**	**7493**	**4435**
金安区	1488	937	551	2471	1603	868
裕安区	1556	970	586	2101	1339	762
叶集区	255	178	77	384	232	152
霍邱县	4519	2945	1574	3262	1995	1267
舒城县	1147	709	438	1811	1104	707
金寨县	1183	777	406	1462	963	499
霍山县	215	125	90	437	257	180
亳州市	**16804**	**11356**	**5448**	**15169**	**10063**	**5106**
谯城区	3569	2457	1112	3901	2575	1326
涡阳县	4891	3364	1527	3953	2654	1299
蒙城县	2960	2020	940	2704	1773	931
利辛县	5384	3515	1869	4611	3061	1550
池州市	**1283**	**717**	**566**	**2435**	**1471**	**964**
贵池区	532	298	234	954	595	359
东至县	498	286	212	929	550	379
石台县	60	25	35	141	91	50
青阳县	177	98	79	394	228	166
池州市国家经济技术开发区						
皖江江南新兴产业集中区						
九华山风景区	16	10	6	17	7	10
宣城市	**2175**	**1211**	**964**	**3900**	**2320**	**1580**
宣州区	833	467	366	1596	932	664
郎溪县	399	217	182	530	317	213
泾县	231	130	101	422	285	137
绩溪县	86	52	34	176	100	76
旌德县	72	39	33	117	77	40
宣城市经济开发区	35	16	19	141	73	68
宁国市	170	92	78	353	214	139
广德市	349	198	151	565	322	243

5-2c 续表 6 单位：户

地区	25-29岁			30-34岁			35-39岁		
	小计	男	女	小计	男	女	小计	男	女
安徽	**134476**	**86656**	**47820**	**106548**	**71632**	**34916**	**72571**	**51145**	**21426**
合肥市	**12299**	**7676**	**4623**	**10131**	**6697**	**3434**	**7026**	**5008**	**2018**
瑶海区	337	224	113	243	172	71	113	78	35
庐阳区	32	24	8	27	22	5	25	19	6
蜀山区	101	58	43	115	88	27	83	67	16
包河区	19	15	4	27	21	6	16	11	5
长丰县	2626	1548	1078	2170	1337	833	1463	1004	459
肥东县	2820	1677	1143	1662	1050	612	1193	862	331
肥西县	2223	1448	775	2172	1499	673	1579	1106	473
庐江县	2305	1468	837	2462	1684	778	1656	1211	445
合肥高新技术产业开发区									
合肥经济技术开发区	40	20	20	41	27	14	38	31	7
合肥新站高新技术产业开发区	141	108	33	66	43	23	26	20	6
巢湖市	1655	1086	569	1146	754	392	834	599	235
芜湖市	**6718**	**4287**	**2431**	**4402**	**2933**	**1469**	**2952**	**2076**	**876**
镜湖区	68	42	26	53	34	19	34	21	13
弋江区									
鸠江区	900	563	337	531	337	194	391	256	135
三山区	261	150	111	153	97	56	104	68	36
芜湖县	582	365	217	430	257	173	281	199	82
繁昌县	606	424	182	555	417	138	279	223	56
南陵县	1069	698	371	870	599	271	696	492	204
芜湖经济技术开发区	23	12	11	14	7	7	13	8	5
安徽芜湖长江大桥经济开发区	92	63	29	49	31	18	18	13	5
无为市	3117	1970	1147	1747	1154	593	1136	796	340
蚌埠市	**6601**	**4197**	**2404**	**5485**	**3660**	**1825**	**3286**	**2339**	**947**
龙子湖区	159	83	76	228	105	123	146	88	58
蚌山区	48	37	11	55	43	12	29	17	12
禹会区	371	223	148	384	228	156	233	163	70
淮上区	316	211	105	255	173	82	161	115	46
怀远县	2640	1679	961	1952	1345	607	1206	866	340
五河县	1620	1029	591	1156	787	369	776	568	208
固镇县	1447	935	512	1455	979	476	735	522	213
蚌埠市高新技术开发区									
蚌埠市经济开发区									
淮南市	**6790**	**4254**	**2536**	**6244**	**3943**	**2301**	**4387**	**3045**	**1342**
大通区	247	153	94	219	135	84	171	113	58
田家庵区	228	151	77	176	107	69	112	88	24
谢家集区	293	164	129	239	138	101	151	99	52
八公山区	30	24	6	52	25	27	38	18	20
潘集区	1118	732	386	1045	754	291	785	600	185
凤台县	2227	1408	819	2070	1316	754	1358	913	445
寿县	2647	1622	1025	2443	1468	975	1772	1214	558

5-2c 续表 7 单位：户

地区	25-29岁			30-34岁			35-39岁		
	小计	男	女	小计	男	女	小计	男	女
马鞍山市	**3192**	**2071**	**1121**	**2084**	**1364**	**720**	**1501**	**1064**	**437**
花山区	39	21	18	36	23	13	35	23	12
雨山区	59	32	27	43	26	17	42	29	13
博望区	267	186	81	196	141	55	147	107	40
当涂县	628	412	216	481	315	166	291	200	91
含山县	1031	689	342	596	399	197	464	352	112
和县	1168	731	437	732	460	272	522	353	169
淮北市	**2696**	**1822**	**874**	**2508**	**1686**	**822**	**1689**	**1171**	**518**
杜集区	223	164	59	187	131	56	135	91	44
相山区	239	162	77	206	112	94	125	77	48
烈山区	511	362	149	493	339	154	339	235	104
濉溪县	1723	1134	589	1622	1104	518	1090	768	322
铜陵市	**3256**	**2025**	**1231**	**2050**	**1328**	**722**	**1263**	**879**	**384**
铜官区	78	43	35	63	42	21	57	37	20
义安区	504	300	204	508	337	171	344	228	116
郊区	658	419	239	364	213	151	213	149	64
枞阳县	2016	1263	753	1115	736	379	649	465	184
安庆市	**11859**	**7739**	**4120**	**8259**	**5530**	**2729**	**5398**	**3900**	**1498**
迎江区	111	65	46	103	67	36	44	31	13
大观区	186	105	81	166	89	77	87	68	19
宜秀区	149	101	48	91	56	35	58	36	22
怀宁县	1873	1154	719	1277	815	462	786	578	208
太湖县	1740	1157	583	1216	831	385	754	546	208
宿松县	2927	1926	1001	1866	1247	619	1199	889	310
望江县	1628	1122	506	1053	733	320	827	564	263
岳西县	680	454	226	698	481	217	577	447	130
安徽安庆经济开发区	12	5	7	14	6	8	10	7	3
桐城市	1292	823	469	998	670	328	518	371	147
潜山市	1261	827	434	777	535	242	538	363	175
黄山市	**2494**	**1578**	**916**	**2280**	**1571**	**709**	**1564**	**1038**	**526**
屯溪区	47	26	21	65	37	28	31	19	12
黄山区	252	163	89	248	169	79	174	124	50
徽州区	84	53	31	92	65	27	62	38	24
歙县	1140	714	426	1032	696	336	700	447	253
休宁县	419	271	148	392	261	131	236	159	77
黟县	158	96	62	138	98	40	116	77	39
祁门县	394	255	139	313	245	68	245	174	71
滁州市	**9447**	**5654**	**3793**	**6942**	**4369**	**2573**	**3788**	**2534**	**1254**
琅琊区	60	34	26	74	45	29	47	29	18
南谯区	535	329	206	517	325	192	304	189	115
来安县	903	555	348	756	510	246	422	298	124
全椒县	1220	735	485	858	539	319	407	266	141
定远县	2798	1692	1106	1698	1031	667	910	598	312
凤阳县	1612	965	647	1273	784	489	758	521	237
苏滁现代产业园									
滁州经济技术开发区	79	50	29	92	65	27	40	26	14
天长市	719	383	336	522	327	195	200	129	71
明光市	1521	911	610	1152	743	409	700	478	222

5－2c 续表 8 单位：户

地 区	25－29岁			30－34岁			35－39岁		
	小计	男	女	小计	男	女	小计	男	女
阜阳市	**22954**	**15294**	**7660**	**16451**	**11452**	**4999**	**11579**	**8106**	**3473**
颍州区	1153	765	388	793	535	258	509	317	192
颍东区	1232	815	417	848	571	277	562	394	168
颍泉区	1447	945	502	1102	754	348	659	473	186
临泉县	5356	3695	1661	3526	2509	1017	2778	1886	892
太和县	3293	2358	935	2650	2005	645	1792	1358	434
阜南县	4372	2813	1559	3020	2062	958	1877	1337	540
颍上县	4134	2565	1569	2730	1745	985	1959	1289	670
阜阳合肥现代产业园区	248	126	122	199	109	90	105	52	53
阜阳经济技术开发区	158	105	53	180	102	78	131	69	62
界首市	1561	1107	454	1403	1060	343	1207	931	276
宿州市	**13558**	**9205**	**4353**	**11757**	**8593**	**3164**	**8399**	**6151**	**2248**
埇桥区	3465	2272	1193	3476	2529	947	2205	1613	592
砀山县	2015	1417	598	1451	1126	325	1254	953	301
萧县	3950	2861	1089	3104	2340	764	2063	1555	508
灵璧县	2580	1690	890	2478	1767	711	1972	1413	559
泗县	1478	922	556	1178	784	394	869	593	276
宿州马鞍山现代产业园区	70	43	27	70	47	23	36	24	12
宿州经济技术开发区									
六安市	**11833**	**7471**	**4362**	**9455**	**5986**	**3469**	**6747**	**4650**	**2097**
金安区	2160	1389	771	1699	1090	609	1207	863	344
裕安区	2100	1279	821	1692	1006	686	1173	724	449
叶集区	396	218	178	387	239	148	248	150	98
霍邱县	3208	1944	1264	2964	1813	1151	2420	1646	774
舒城县	2275	1527	748	1488	1009	479	895	680	215
金寨县	1247	809	438	869	572	297	622	456	166
霍山县	447	305	142	356	257	99	182	131	51
亳州市	**14123**	**9096**	**5027**	**12310**	**8277**	**4033**	**8581**	**5990**	**2591**
谯城区	3435	2122	1313	3895	2489	1406	2445	1648	797
涡阳县	3847	2459	1388	2790	1868	922	2143	1480	663
蒙城县	2530	1651	879	1952	1378	574	1253	937	316
利辛县	4311	2864	1447	3673	2542	1131	2740	1925	815
池州市	**2683**	**1761**	**922**	**2200**	**1488**	**712**	**1474**	**1082**	**392**
贵池区	1145	750	395	921	622	299	508	366	142
东至县	942	622	320	835	546	289	601	443	158
石台县	193	128	65	131	99	32	89	62	27
青阳县	368	241	127	285	203	82	244	188	56
池州市国家经济技术开发区									
皖江江南新兴产业集中区									
九华山风景区	35	20	15	28	18	10	32	23	9
宣城市	**3973**	**2526**	**1447**	**3990**	**2755**	**1235**	**2937**	**2112**	**825**
宣州区	1498	968	530	1419	983	436	1054	742	312
郎溪县	475	303	172	434	292	142	327	247	80
泾县	538	333	205	575	423	152	475	350	125
绩溪县	188	125	63	234	152	82	162	124	38
旌德县	199	115	84	187	118	69	153	110	43
宣城市经济开发区	170	113	57	162	111	51	123	79	44
宁国市	398	245	153	503	350	153	311	247	64
广德市	507	324	183	476	326	150	332	213	119

5-2c　续表 9　　　　　　　　　　　　　　　　　　　　　　　　　　单位：户

地　区	40-44岁			45-49岁			50-54岁		
	小计	男	女	小计	男	女	小计	男	女
安　徽	**97380**	**67122**	**30258**	**164725**	**105193**	**59532**	**226627**	**138210**	**88417**
合肥市	**8862**	**6335**	**2527**	**14877**	**9972**	**4905**	**21015**	**13483**	**7532**
瑶海区	93	54	39	107	61	46	108	59	49
庐阳区	21	16	5	34	20	14	57	32	25
蜀山区	89	61	28	111	70	41	209	140	69
包河区	24	18	6	35	27	8	52	41	11
长丰县	1742	1178	564	2641	1668	973	3517	2177	1340
肥东县	1763	1291	472	2747	1954	793	3754	2550	1204
肥西县	1638	1120	518	2825	1803	1022	3798	2457	1341
庐江县	2213	1668	545	3956	2781	1175	5675	3718	1957
合肥高新技术产业开发区									
合肥经济技术开发区	43	28	15	68	49	19	120	82	38
合肥新站高新技术产业开发区	37	27	10	47	32	15	52	31	21
巢湖市	1199	874	325	2306	1507	799	3673	2196	1477
芜湖市	**4988**	**3541**	**1447**	**9722**	**6656**	**3066**	**12752**	**8748**	**4004**
镜湖区	71	47	24	147	109	38	162	100	62
弋江区									
鸠江区	506	333	173	982	623	359	1406	874	532
三山区	233	164	69	316	217	99	459	305	154
芜湖县	521	387	134	1015	746	269	1327	997	330
繁昌县	506	400	106	1057	755	302	1505	1041	464
南陵县	1208	875	333	2383	1626	757	3242	2307	935
芜湖经济技术开发区	20	11	9	28	17	11	35	25	10
安徽芜湖长江大桥经济开发区	40	22	18	109	57	52	117	82	35
无为市	1883	1302	581	3685	2506	1179	4499	3017	1482
蚌埠市	**3978**	**2769**	**1209**	**6654**	**4187**	**2467**	**9121**	**5440**	**3681**
龙子湖区	144	87	57	216	127	89	302	177	125
蚌山区	44	27	17	77	53	24	105	45	60
禹会区	300	190	110	429	263	166	599	356	243
淮上区	188	130	58	399	249	150	439	253	186
怀远县	1572	1106	466	2433	1552	881	3349	2001	1348
五河县	836	640	196	1418	935	483	1982	1209	773
固镇县	894	589	305	1682	1008	674	2345	1399	946
蚌埠市高新技术开发区									
蚌埠市经济开发区									
淮南市	**4793**	**3213**	**1580**	**7194**	**4546**	**2648**	**9544**	**5549**	**3995**
大通区	183	119	64	233	142	91	315	194	121
田家庵区	123	85	38	176	116	60	215	135	80
谢家集区	176	116	60	327	215	112	418	235	183
八公山区	57	29	28	95	45	50	137	59	78
潘集区	810	582	228	1214	788	426	1444	909	535
凤台县	1479	926	553	2096	1242	854	2961	1566	1395
寿县	1965	1356	609	3053	1998	1055	4054	2451	1603

5-2c 续表 10 单位：户

地区	40-44岁			45-49岁			50-54岁		
	小计	男	女	小计	男	女	小计	男	女
马鞍山市	**2172**	**1597**	**575**	**3850**	**2516**	**1334**	**5423**	**3560**	**1863**
花山区	38	24	14	50	29	21	119	73	46
雨山区	37	27	10	61	46	15	109	78	31
博望区	236	171	65	389	259	130	520	363	157
当涂县	473	344	129	818	531	287	1169	736	433
含山县	645	482	163	1132	756	376	1576	1025	551
和县	743	549	194	1400	895	505	1930	1285	645
淮北市	**2251**	**1505**	**746**	**3879**	**2198**	**1681**	**4969**	**2609**	**2360**
杜集区	167	98	69	213	111	102	321	169	152
相山区	249	156	93	402	204	198	505	302	203
烈山区	360	222	138	733	439	294	955	471	484
濉溪县	1475	1029	446	2531	1444	1087	3188	1667	1521
铜陵市	**2176**	**1539**	**637**	**4457**	**2873**	**1584**	**5829**	**3581**	**2248**
铜官区	42	26	16	82	49	33	76	38	38
义安区	514	390	124	1025	731	294	1547	1061	486
郊区	436	308	128	931	585	346	1090	669	421
枞阳县	1184	815	369	2419	1508	911	3116	1813	1303
安庆市	**7982**	**5566**	**2416**	**15969**	**10304**	**5665**	**20060**	**12554**	**7506**
迎江区	55	37	18	95	60	35	138	92	46
大观区	149	102	47	245	162	83	287	179	108
宜秀区	104	70	34	189	130	59	231	143	88
怀宁县	1015	728	287	1922	1278	644	2390	1503	887
太湖县	1062	754	308	2231	1429	802	3211	2069	1142
宿松县	1497	1088	409	3073	1990	1083	3682	2242	1440
望江县	1271	831	440	2375	1438	937	2531	1525	1006
岳西县	898	622	276	1979	1320	659	2296	1519	777
安徽安庆经济开发区	8	7	1	12	5	7	19	15	4
桐城市	973	685	288	1968	1240	728	2764	1648	1116
潜山市	950	642	308	1880	1252	628	2511	1619	892
黄山市	**2382**	**1585**	**797**	**5023**	**3358**	**1665**	**7777**	**5275**	**2502**
屯溪区	74	50	24	100	61	39	118	88	30
黄山区	240	162	78	533	345	188	1015	713	302
徽州区	118	74	44	207	145	62	342	251	91
歙县	990	675	315	2158	1452	706	3372	2350	1022
休宁县	414	272	142	833	575	258	1325	878	447
黟县	171	103	68	359	244	115	564	378	186
祁门县	375	249	126	833	536	297	1041	617	424
滁州市	**5629**	**3866**	**1763**	**9982**	**6389**	**3593**	**13648**	**8726**	**4922**
琅琊区	45	34	11	89	63	26	125	91	34
南谯区	416	278	138	766	481	285	1122	729	393
来安县	636	424	212	1242	800	442	1905	1271	634
全椒县	561	356	205	1141	713	428	1648	1030	618
定远县	1340	895	445	2346	1447	899	2829	1711	1118
凤阳县	992	685	307	1557	979	578	1937	1183	754
苏滁现代产业园									
滁州经济技术开发区	41	31	10	46	33	13	56	32	24
天长市	409	285	124	927	618	309	1685	1168	517
明光市	1189	878	311	1868	1255	613	2341	1511	830

5-2c 续表 11

单位：户

地区	40-44岁			45-49岁			50-54岁		
	小计	男	女	小计	男	女	小计	男	女
阜阳市	**15051**	**10120**	**4931**	**19334**	**11876**	**7458**	**27583**	**15024**	**12559**
颍州区	711	449	262	1071	654	417	1611	861	750
颍东区	667	446	221	1039	663	376	1552	945	607
颍泉区	813	543	270	1384	800	584	2032	1049	983
临泉县	4039	2623	1416	4996	3019	1977	6286	3492	2794
太和县	2669	1962	707	3234	2054	1180	5094	2588	2506
阜南县	2153	1500	653	3056	1918	1138	4262	2391	1871
颍上县	2469	1502	967	2881	1693	1188	4016	2223	1793
阜阳合肥现代产业园区	106	57	49	113	78	35	128	72	56
阜阳经济技术开发区	117	56	61	92	58	34	100	52	48
界首市	1307	982	325	1468	939	529	2502	1351	1151
宿州市	**9840**	**6861**	**2979**	**16265**	**9695**	**6570**	**20180**	**11288**	**8892**
埇桥区	2564	1836	728	4445	2920	1525	5628	3323	2305
砀山县	1393	898	495	1968	1061	907	2487	1264	1223
萧县	2531	1688	843	4214	2222	1992	5226	2613	2613
灵璧县	2175	1534	641	3537	2203	1334	4053	2341	1712
泗县	1124	870	254	2012	1235	777	2697	1695	1002
宿州马鞍山现代产业园区	53	35	18	89	54	35	89	52	37
宿州经济技术开发区									
六安市	**9131**	**6068**	**3063**	**17612**	**11339**	**6273**	**25185**	**15393**	**9792**
金安区	1589	1067	522	2944	1907	1037	4108	2524	1584
裕安区	1817	1090	727	3263	1974	1289	4478	2663	1815
叶集区	304	200	104	581	360	221	906	529	377
霍邱县	2505	1660	845	4154	2657	1497	5667	3277	2390
舒城县	1607	1134	473	3678	2500	1178	5226	3416	1810
金寨县	982	708	274	2029	1319	710	3345	2082	1263
霍山县	327	209	118	963	622	341	1455	902	553
亳州市	**10857**	**7227**	**3630**	**14421**	**8718**	**5703**	**20595**	**11129**	**9466**
谯城区	2912	1928	984	4417	2673	1744	7017	3847	3170
涡阳县	2842	1820	1022	3601	2142	1459	4548	2374	2174
蒙城县	1922	1334	588	2315	1421	894	3429	1866	1563
利辛县	3181	2145	1036	4088	2482	1606	5601	3042	2559
池州市	**2720**	**1984**	**736**	**5789**	**3847**	**1942**	**7471**	**4883**	**2588**
贵池区	870	637	233	2171	1446	725	2853	1811	1042
东至县	1141	856	285	1900	1294	606	2091	1355	736
石台县	200	128	72	525	316	209	690	440	250
青阳县	457	333	124	1108	739	369	1726	1192	534
池州市国家经济技术开发区									
皖江江南新兴产业集中区									
九华山风景区	52	30	22	85	52	33	111	85	26
宣城市	**4568**	**3346**	**1222**	**9697**	**6719**	**2978**	**15475**	**10968**	**4507**
宣州区	1635	1182	453	3410	2266	1144	4993	3348	1645
郎溪县	605	461	144	1197	842	355	1383	981	402
泾县	765	559	206	1565	1145	420	2863	2178	685
绩溪县	197	146	51	490	356	134	934	648	286
旌德县	166	115	51	383	289	94	736	526	210
宣城市经济开发区	139	100	39	221	133	88	282	197	85
宁国市	428	346	82	965	728	237	2132	1652	480
广德市	633	437	196	1466	960	506	2152	1438	714

5-2c 续表 12

单位：户

地区	55-59岁			60-64岁			65岁及以上		
	小计	男	女	小计	男	女	小计	男	女
安 徽	**200413**	**125075**	**75338**	**122427**	**79340**	**43087**	**930522**	**431894**	**498628**
合肥市	**19029**	**12504**	**6525**	**11107**	**7458**	**3649**	**91890**	**43392**	**48498**
瑶海区	47	27	20	25	14	11	102	36	66
庐阳区	67	39	28	31	23	8	340	161	179
蜀山区	192	134	58	140	105	35	959	496	463
包河区	48	36	12	26	18	8	173	84	89
长丰县	3072	2001	1071	1837	1125	712	16979	8130	8849
肥东县	3491	2312	1179	2102	1383	719	19806	8809	10997
肥西县	3410	2351	1059	1844	1272	572	16602	7949	8653
庐江县	5327	3473	1854	3156	2163	993	19531	9764	9767
合肥高新技术产业开发区	1	1		1	1		2	1	1
合肥经济技术开发区	121	67	54	73	56	17	552	284	268
合肥新站高新技术产业开发区	37	27	10	23	14	9	134	69	65
巢湖市	3216	2036	1180	1849	1284	565	16710	7609	9101
芜湖市	**10692**	**7355**	**3337**	**5997**	**4122**	**1875**	**47040**	**22086**	**24954**
镜湖区	155	112	43	101	67	34	734	334	400
弋江区									
鸠江区	1076	703	373	556	364	192	5943	2630	3313
三山区	346	226	120	267	160	107	2080	977	1103
芜湖县	1068	772	296	612	436	176	5540	2644	2896
繁昌县	1311	894	417	805	533	272	5209	2310	2899
南陵县	2608	1887	721	1718	1296	422	9760	4873	4887
芜湖经济技术开发区	26	21	5	33	22	11	215	94	121
安徽芜湖长江大桥经济开发区	98	60	38	64	50	14	366	177	189
无为市	4004	2680	1324	1841	1194	647	17193	8047	9146
蚌埠市	**7753**	**4757**	**2996**	**4475**	**2835**	**1640**	**39883**	**20602**	**19281**
龙子湖区	258	135	123	191	104	87	1276	569	707
蚌山区	105	69	36	59	40	19	512	256	256
禹会区	512	275	237	315	179	136	2759	1295	1464
淮上区	394	242	152	245	155	90	2495	1222	1273
怀远县	2868	1769	1099	1669	1008	661	15808	8404	7404
五河县	1752	1156	596	1052	751	301	8457	4445	4012
固镇县	1864	1111	753	944	598	346	8576	4411	4165
蚌埠市高新技术开发区									
蚌埠市经济开发区									
淮南市	**7522**	**4495**	**3027**	**5145**	**3268**	**1877**	**43018**	**22265**	**20753**
大通区	258	161	97	179	111	68	1759	918	841
田家庵区	179	105	74	123	71	52	1235	671	564
谢家集区	325	187	138	242	146	96	2058	964	1094
八公山区	102	55	47	47	30	17	216	73	143
潘集区	974	557	417	706	399	307	5000	2436	2564
凤台县	2334	1285	1049	1599	985	614	12269	6275	5994
寿县	3350	2145	1205	2249	1526	723	20481	10928	9553

5-2c　续表 13

单位：户

地　区	55—59岁			60—64岁			65岁及以上		
	小计	男	女	小计	男	女	小计	男	女
马鞍山市	**4812**	**3241**	**1571**	**2902**	**1943**	**959**	**26119**	**11912**	**14207**
花山区	101	70	31	65	36	29	416	116	300
雨山区	127	76	51	65	45	20	575	211	364
博望区	495	325	170	307	205	102	2517	1176	1341
当涂县	1105	722	383	781	487	294	6057	2672	3385
含山县	1375	936	439	838	599	239	6821	3207	3614
和县	1609	1112	497	846	571	275	9733	4530	5203
淮北市	**3613**	**1960**	**1653**	**1904**	**1079**	**825**	**20148**	**8277**	**11871**
杜集区	271	115	156	240	148	92	1641	642	999
相山区	266	159	107	211	137	74	1545	675	870
烈山区	763	427	336	354	207	147	3307	1300	2007
濉溪县	2313	1259	1054	1099	587	512	13655	5660	7995
铜陵市	**5586**	**3485**	**2101**	**3850**	**2402**	**1448**	**21603**	**8809**	**12794**
铜官区	70	38	32	50	26	24	262	80	182
义安区	1390	958	432	1101	713	388	5947	2426	3521
郊区	967	580	387	649	425	224	3753	1508	2245
枞阳县	3159	1909	1250	2050	1238	812	11641	4795	6846
安庆市	**19093**	**12425**	**6668**	**11223**	**7352**	**3871**	**66697**	**31739**	**34958**
迎江区	174	97	77	129	76	53	935	343	592
大观区	279	180	99	150	87	63	1132	384	748
宜秀区	239	154	85	185	110	75	1261	456	805
怀宁县	2434	1543	891	1407	871	536	10187	4436	5751
太湖县	3352	2246	1106	1814	1242	572	9852	5457	4395
宿松县	3140	1992	1148	1806	1201	605	12258	5962	6296
望江县	2251	1400	851	1175	759	416	8882	3882	5000
岳西县	2293	1575	718	1582	1048	534	5113	2791	2322
安徽安庆经济开发区	41	24	17	26	13	13	190	73	117
桐城市	2485	1543	942	1329	831	498	9518	4133	5385
潜山市	2405	1671	734	1620	1114	506	7369	3822	3547
黄山市	**7481**	**5267**	**2214**	**5627**	**3837**	**1790**	**23905**	**9991**	**13914**
屯溪区	146	95	51	99	61	38	571	211	360
黄山区	939	685	254	674	512	162	2718	1377	1341
徽州区	363	243	120	293	193	100	1339	509	830
歙县	3196	2270	926	2549	1723	826	9871	3879	5992
休宁县	1360	955	405	935	642	293	4546	1951	2595
黟县	547	402	145	447	311	136	1960	856	1104
祁门县	930	617	313	630	395	235	2900	1208	1692
滁州市	**12274**	**8279**	**3995**	**7344**	**5037**	**2307**	**57550**	**27688**	**29862**
琅琊区	128	87	41	69	48	21	474	206	268
南谯区	1043	708	335	593	396	197	4295	1777	2518
来安县	1783	1215	568	1153	761	392	7139	3081	4058
全椒县	1717	1129	588	929	647	282	8655	3719	4936
定远县	2258	1488	770	1180	803	377	13480	7020	6460
凤阳县	1635	1070	565	953	646	307	8352	4462	3890
苏滁现代产业园									
滁州经济技术开发区	60	35	25	25	15	10	213	98	115
天长市	1786	1293	493	1110	778	332	7332	3538	3794
明光市	1864	1254	610	1332	943	389	7610	3787	3823

5-2c 续表 14　　单位：户

地区	55-59岁			60-64岁			65岁及以上		
	小计	男	女	小计	男	女	小计	男	女
阜阳市	**24258**	**12681**	**11577**	**13502**	**7768**	**5734**	**127507**	**55689**	**71818**
颍州区	1380	693	687	651	383	268	7236	2870	4366
颍东区	1263	751	512	752	465	287	7046	3459	3587
颍泉区	1786	874	912	1055	585	470	9785	4033	5752
临泉县	5190	2799	2391	2579	1435	1144	24036	9796	14240
太和县	4872	2290	2582	2727	1432	1295	28757	11769	16988
阜南县	3839	2130	1709	1716	1053	663	17568	7963	9605
颍上县	3508	1890	1618	2474	1493	981	20063	10588	9475
阜阳合肥现代产业园区	133	73	60	80	43	37	581	245	336
阜阳经济技术开发区	98	58	40	47	31	16	371	149	222
界首市	2189	1123	1066	1421	848	573	12064	4817	7247
宿州市	**16239**	**9220**	**7019**	**10895**	**6524**	**4371**	**96042**	**41210**	**54832**
埇桥区	4867	2821	2046	2630	1669	961	25660	11057	14603
砀山县	1717	869	848	1634	908	726	14403	5324	9079
萧县	4085	2099	1986	3391	1865	1526	28341	11615	16726
灵璧县	3271	2004	1267	1854	1189	665	15985	7682	8303
泗县	2203	1370	833	1337	859	478	11199	5321	5878
宿州马鞍山现代产业园区	96	57	39	49	34	15	454	211	243
宿州经济技术开发区									
六安市	**23451**	**14925**	**8526**	**15390**	**10487**	**4903**	**97035**	**50497**	**46538**
金安区	3881	2512	1369	2422	1706	716	16843	8691	8152
裕安区	3950	2447	1503	2708	1928	780	16639	9038	7601
叶集区	728	448	280	448	304	144	3275	1750	1525
霍邱县	5167	2975	2192	3598	2169	1429	27992	13958	14034
舒城县	4889	3287	1602	2986	2144	842	18514	9654	8860
金寨县	3418	2286	1132	2304	1602	702	9910	5328	4582
霍山县	1418	970	448	924	634	290	3862	2078	1784
亳州市	**17004**	**8727**	**8277**	**9790**	**5539**	**4251**	**98481**	**42108**	**56373**
谯城区	5375	2722	2653	2800	1590	1210	32292	12547	19745
涡阳县	3933	1957	1976	2411	1328	1083	22300	9481	12819
蒙城县	2729	1495	1234	1542	877	665	15886	7437	8449
利辛县	4967	2553	2414	3037	1744	1293	28003	12643	15360
池州市	**7389**	**5179**	**2210**	**4834**	**3358**	**1476**	**22573**	**10099**	**12474**
贵池区	2787	1901	886	1721	1161	560	9949	4229	5720
东至县	1894	1293	601	1410	943	467	6027	2597	3430
石台县	744	542	202	442	320	122	1878	913	965
青阳县	1853	1361	492	1183	878	305	4487	2228	2259
池州市国家经济技术开发区									
皖江江南新兴产业集中区									
九华山风景区	111	82	29	78	56	22	232	132	100
宣城市	**14217**	**10575**	**3642**	**8442**	**6331**	**2111**	**51031**	**25530**	**25501**
宣州区	4130	2945	1185	1789	1280	509	17156	8188	8968
郎溪县	1102	820	282	578	426	152	4741	2275	2466
泾县	2610	2006	604	1771	1407	364	7910	4404	3506
绩溪县	1066	787	279	792	531	261	3555	1430	2125
旌德县	854	652	202	562	424	138	2444	1300	1144
宣城市经济开发区	278	195	83	104	71	33	724	357	367
宁国市	2344	1826	518	1573	1233	340	7932	4110	3822
广德市	1833	1344	489	1273	959	314	6569	3466	3103

5-3　各地区家庭户中民族混合户户数

单位：户、%

地　区	家庭户户　数	单一民族户		二个民族户		三个民族户		四个及以上民族户	
		户数	占家庭户比重	户数	占家庭户比重	户数	占家庭户比重	户数	占家庭户比重
安　徽	**21910377**	**21795592**	**99.48**	**114341**	**0.52**	**419**		**25**	
合肥市	**3216982**	**3196814**	**99.37**	**20063**	**0.62**	**101**		**4**	
瑶海区	312574	310662	99.39	1903	0.61	9			
庐阳区	244436	242596	99.25	1833	0.75	7			
蜀山区	338194	334202	98.82	3982	1.18	9		1	
包河区	407703	404882	99.31	2808	0.69	12		1	
长丰县	286823	285656	99.59	1151	0.40	16	0.01		
肥东县	329719	327548	99.34	2157	0.65	14			
肥西县	328584	326716	99.43	1857	0.57	10		1	
庐江县	343693	342675	99.70	1014	0.30	4			
合肥高新技术产业开发区	75772	74774	98.68	986	1.30	11	0.01	1	
合肥经济技术开发区	146931	145905	99.30	1021	0.69	5			
合肥新站高新技术产业开发区	127214	126578	99.50	635	0.50	1			
巢湖市	275339	274620	99.74	716	0.26	3			
芜湖市	**1360209**	**1352626**	**99.44**	**7548**	**0.55**	**35**			
镜湖区	188874	187346	99.19	1524	0.81	4			
弋江区	128858	128216	99.50	641	0.50	1			
鸠江区	195130	194062	99.45	1061	0.54	7			
三山区	59794	59388	99.32	404	0.68	2			
芜湖县	123180	122160	99.17	1007	0.82	13	0.01		
繁昌县	99231	98728	99.49	502	0.51	1			
南陵县	177645	176701	99.47	939	0.53	5			
芜湖经济技术开发区	63544	63118	99.33	425	0.67	1			
安徽芜湖长江大桥经济开发区	9191	9113	99.15	78	0.85				
无为市	314762	313794	99.69	967	0.31	1			
蚌埠市	**1141146**	**1132509**	**99.24**	**8620**	**0.76**	**17**			
龙子湖区	84579	83088	98.24	1489	1.76	2			
蚌山区	64012	62851	98.19	1158	1.81	3			
禹会区	119915	118780	99.05	1135	0.95				
淮上区	94266	93833	99.54	432	0.46	1			
怀远县	320025	319373	99.80	650	0.20	2			
五河县	184926	183673	99.32	1252	0.68	1			
固镇县	169446	168868	99.66	576	0.34	2			
蚌埠市高新技术开发区	19485	19138	98.22	347	1.78				
蚌埠市经济开发区	84492	82905	98.12	1581	1.87	6	0.01		
淮南市	**1137336**	**1129950**	**99.35**	**7377**	**0.65**	**9**			
大通区	61734	61463	99.56	270	0.44	1			
田家庵区	264458	262503	99.26	1952	0.74	3			
谢家集区	89952	89168	99.13	784	0.87				
八公山区	48301	47979	99.33	321	0.66	1			
潘集区	119288	118690	99.50	597	0.50	1			
凤台县	227637	226767	99.62	868	0.38	2			
寿县	325966	323380	99.21	2585	0.79	1			

5-3 续表 1

单位：户、%

地　　区	家庭户户　数	单一民族户		二个民族户		三个民族户		四个及以上民族户	
		户数	占家庭户比重	户数	占家庭户比重	户数	占家庭户比重	户数	占家庭户比重
马鞍山市	**799767**	**793587**	**99.23**	**6152**	**0.77**	**27**		**1**	
花山区	175246	173858	99.21	1380	0.79	7		1	
雨山区	123905	122956	99.23	945	0.76	4			
博望区	55259	54957	99.45	301	0.54	1			
当涂县	160263	158981	99.20	1271	0.79	11	0.01		
含山县	129721	129303	99.68	416	0.32	2			
和县	155373	153532	98.82	1839	1.18	2			
淮北市	**692071**	**690658**	**99.80**	**1406**	**0.20**	**7**			
杜集区	88991	88801	99.79	189	0.21	1			
相山区	195436	194964	99.76	472	0.24				
烈山区	88198	88010	99.79	187	0.21	1			
濉溪县	319446	318883	99.82	558	0.17	5			
铜陵市	**519512**	**517759**	**99.66**	**1746**	**0.34**	**7**			
铜官区	164108	163407	99.57	697	0.42	4			
义安区	93639	93240	99.57	398	0.43	1			
郊区	67910	67699	99.69	210	0.31	1			
枞阳县	193855	193413	99.77	441	0.23	1			
安庆市	**1547076**	**1540644**	**99.58**	**6408**	**0.41**	**22**		**2**	
迎江区	99018	97719	98.69	1293	1.31	6	0.01		
大观区	84395	83032	98.38	1360	1.61	3			
宜秀区	61749	61470	99.55	275	0.45	4	0.01		
怀宁县	187079	186608	99.75	469	0.25	2			
太湖县	163736	163331	99.75	403	0.25	2			
宿松县	226580	226084	99.78	495	0.22	1			
望江县	164733	164260	99.71	473	0.29				
岳西县	117882	117467	99.65	414	0.35	1			
安徽安庆经济开发区	50248	49896	99.30	351	0.70	1			
桐城市	223866	223326	99.76	540	0.24				
潜山市	167790	167451	99.80	335	0.20	2		2	
黄山市	**503976**	**501582**	**99.52**	**2383**	**0.47**	**10**		**1**	
屯溪区	101206	100722	99.52	484	0.48				
黄山区	57373	57039	99.42	331	0.58	2		1	
徽州区	35045	34842	99.42	203	0.58				
歙县	143674	142990	99.52	682	0.47	2			
休宁县	78974	78619	99.55	352	0.45	3			
黟县	30432	30271	99.47	159	0.52	2	0.01		
祁门县	57272	57099	99.70	172	0.30	1			
滁州市	**1410309**	**1399908**	**99.26**	**10337**	**0.73**	**55**		**9**	
琅琊区	95441	94767	99.29	668	0.70	6	0.01		
南谯区	119504	118346	99.03	1150	0.96	7	0.01	1	
来安县	154023	153317	99.54	692	0.45	8	0.01	6	
全椒县	153412	152240	99.24	1169	0.76	2		1	
定远县	241056	238433	98.91	2611	1.08	12			
凤阳县	208485	206984	99.28	1493	0.72	8			
苏滁现代产业园	6027	5981	99.24	46	0.76				
滁州经济技术开发区	35083	34758	99.07	324	0.92	1			
天长市	213098	211797	99.39	1295	0.61	5		1	
明光市	184180	183285	99.51	889	0.48	6			

5-3 续表 2

单位：户、%

地　　区	家庭户户　数	单一民族户		二个民族户		三个民族户		四个及以上民族户	
		户数	占家庭户比重	户数	占家庭户比重	户数	占家庭户比重	户数	占家庭户比重
阜阳市	**2778700**	**2764456**	**99.49**	**14222**	**0.51**	**20**		**2**	
颍州区	257936	255048	98.88	2885	1.12	3			
颍东区	174977	173750	99.30	1220	0.70	6		1	
颍泉区	207695	206731	99.54	964	0.46				
临泉县	537954	536833	99.79	1120	0.21	1			
太和县	513678	511585	99.59	2092	0.41	1			
阜南县	388590	387193	99.64	1397	0.36				
颍上县	409168	406134	99.26	3028	0.74	6			
阜阳合肥现代产业园区	12815	12776	99.70	39	0.30				
阜阳经济技术开发区	39271	38899	99.05	372	0.95				
界首市	236616	235507	99.53	1105	0.47	3		1	
宿州市	**1878015**	**1873710**	**99.77**	**4284**	**0.23**	**21**			
埇桥区	588264	586851	99.76	1408	0.24	5			
砀山县	286684	285553	99.61	1128	0.39	3			
萧县	394324	393817	99.87	502	0.13	5			
灵璧县	325599	324977	99.81	620	0.19	2			
泗县	250586	250047	99.78	533	0.21	6			
宿州马鞍山现代产业园区	15096	15052	99.71	44	0.29				
宿州经济技术开发区	17462	17413	99.72	49	0.28				
六安市	**1655641**	**1650062**	**99.66**	**5552**	**0.34**	**26**		**1**	
金安区	310884	309954	99.70	925	0.30	5			
裕安区	319267	318497	99.76	767	0.24	3			
叶集区	72240	71296	98.69	941	1.30	3			
霍邱县	377982	376714	99.66	1265	0.33	3			
舒城县	279711	278974	99.74	732	0.26	4		1	
金寨县	185098	184464	99.66	628	0.34	6			
霍山县	110459	110163	99.73	294	0.27	2			
亳州市	**1762660**	**1752766**	**99.44**	**9872**	**0.56**	**20**		**2**	
谯城区	560361	553287	98.74	7060	1.26	14			
涡阳县	402914	401459	99.64	1452	0.36	2		1	
蒙城县	365795	365244	99.85	549	0.15	2			
利辛县	433590	432776	99.81	811	0.19	2		1	
池州市	**512929**	**510938**	**99.61**	**1983**	**0.39**	**8**			
贵池区	221115	220354	99.66	758	0.34	3			
东至县	156418	155882	99.66	532	0.34	4			
石台县	32088	31905	99.43	183	0.57				
青阳县	90315	89866	99.50	448	0.50	1			
池州市国家经济技术开发区	4679	4660	99.59	19	0.41				
皖江江南新兴产业集中区	3330	3301	99.13	29	0.87				
九华山风景区	4984	4970	99.72	14	0.28				
宣城市	**994048**	**987623**	**99.35**	**6388**	**0.64**	**34**		**3**	
宣州区	274391	272760	99.41	1625	0.59	6			
郎溪县	121148	120143	99.17	1001	0.83	4			
泾县	119036	118518	99.56	517	0.43	1			
绩溪县	58802	58618	99.69	183	0.31	1			
旌德县	45092	44945	99.67	147	0.33				
宣城市经济开发区	35837	35611	99.37	225	0.63	1			
宁国市	156720	155606	99.29	1107	0.71	7			
广德市	183022	181422	99.13	1583	0.86	14	0.01	3	

5-3a 各地区家庭户中民族混合户户数(城市)

单位：户、%

地　　区	家庭户户　数	单一民族户		二个民族户		三个民族户		四个及以上民族户	
		户数	占家庭户比重	户数	占家庭户比重	户数	占家庭户比重	户数	占家庭户比重
安　徽	**5663611**	**5619782**	**99.23**	**43687**	**0.77**	**132**		**10**	
合肥市	**1414209**	**1403880**	**99.27**	**10293**	**0.73**	**34**		**2**	
瑶海区	296359	294605	99.41	1749	0.59	5			
庐阳区	220033	218499	99.30	1527	0.69	7			
蜀山区	321172	317521	98.86	3641	1.13	9		1	
包河区	405767	402955	99.31	2799	0.69	12		1	
长丰县									
肥东县									
肥西县	16443	16364	99.52	79	0.48				
庐江县									
合肥高新技术产业开发区									
合肥经济技术开发区									
合肥新站高新技术产业开发区	23776	23625	99.36	151	0.64				
巢湖市	130659	130311	99.73	347	0.27	1			
芜湖市	**530778**	**527561**	**99.39**	**3209**	**0.60**	**8**			
镜湖区	181014	179566	99.20	1445	0.80	3			
弋江区	128858	128216	99.50	641	0.50	1			
鸠江区	110236	109599	99.42	633	0.57	4			
三山区	35900	35705	99.46	195	0.54				
芜湖县	3284	3263	99.36	21	0.64				
繁昌县									
南陵县									
芜湖经济技术开发区	1118	1109	99.19	9	0.81				
安徽芜湖长江大桥经济开发区									
无为市	70368	70103	99.62	265	0.38				
蚌埠市	**256235**	**252411**	**98.51**	**3822**	**1.49**	**2**			
龙子湖区	67207	65764	97.85	1441	2.14	2			
蚌山区	58329	57202	98.07	1127	1.93				
禹会区	79988	78955	98.71	1033	1.29				
淮上区	50711	50490	99.56	221	0.44				
怀远县									
五河县									
固镇县									
蚌埠市高新技术开发区									
蚌埠市经济开发区									
淮南市	**406299**	**403154**	**99.23**	**3141**	**0.77**	**4**			
大通区	15292	15189	99.33	103	0.67				
田家庵区	248169	246258	99.23	1908	0.77	3			
谢家集区	69279	68628	99.06	651	0.94				
八公山区	45869	45588	99.39	280	0.61	1			
潘集区	27690	27491	99.28	199	0.72				
凤台县									
寿县									

5-3a　续表 1　　　　　单位：户、%

地　　区	家庭户户　数	单一民族户		二个民族户		三个民族户		四个及以上民族户	
		户数	占家庭户比重	户数	占家庭户比重	户数	占家庭户比重	户数	占家庭户比重
马鞍山市	**316180**	**313797**	**99.25**	**2370**	**0.75**	**12**		**1**	
花山区	171558	170196	99.21	1354	0.79	7		1	
雨山区	118724	117810	99.23	910	0.77	4			
博望区	25898	25791	99.59	106	0.41	1			
当涂县									
含山县									
和县									
淮北市	**285186**	**284511**	**99.76**	**673**	**0.24**	**2**			
杜集区	51994	51878	99.78	115	0.22	1			
相山区	177259	176824	99.75	435	0.25				
烈山区	35854	35775	99.78	79	0.22				
濉溪县	20079	20034	99.78	44	0.22	1			
铜陵市	**210524**	**209631**	**99.58**	**888**	**0.42**	**5**			
铜官区	160179	159491	99.57	684	0.43	4			
义安区	33824	33682	99.58	142	0.42				
郊区	16521	16458	99.62	62	0.38	1	0.01		
枞阳县									
安庆市	**387135**	**384091**	**99.21**	**3032**	**0.78**	**11**		**1**	
迎江区	94072	92803	98.65	1264	1.34	5	0.01		
大观区	64230	63086	98.22	1141	1.78	3			
宜秀区	40748	40544	99.50	202	0.50	2			
怀宁县									
太湖县									
宿松县									
望江县	32648	32565	99.75	83	0.25				
岳西县									
安徽安庆经济开发区	235	233	99.15	2	0.85				
桐城市	101283	101041	99.76	242	0.24				
潜山市	53919	53819	99.81	98	0.18	1		1	
黄山市	**135182**	**134542**	**99.53**	**639**	**0.47**	**1**			
屯溪区	91576	91142	99.53	434	0.47				
黄山区	22973	22877	99.58	95	0.41	1			
徽州区	18078	17978	99.45	100	0.55				
歙县	1182	1177	99.58	5	0.42				
休宁县	1373	1368	99.64	5	0.36				
黟县									
祁门县									
滁州市	**299069**	**296989**	**99.30**	**2059**	**0.69**	**19**	**0.01**	**2**	
琅琊区	91002	90342	99.27	654	0.72	6	0.01		
南谯区	59185	58529	98.89	649	1.10	6	0.01	1	
来安县									
全椒县									
定远县									
凤阳县									
苏滁现代产业园									
滁州经济技术开发区									
天长市	81663	81383	99.66	277	0.34	2		1	
明光市	67219	66735	99.28	479	0.71	5	0.01		

5-3a 续表 2

单位：户、%

地　区	家庭户户　数	单一民族户		二个民族户		三个民族户		四个及以上民族户	
		户数	占家庭户比重	户数	占家庭户比重	户数	占家庭户比重	户数	占家庭户比重
阜阳市	**332077**	**327538**	**98.63**	**4530**	**1.36**	**7**		**2**	
颍州区	138159	135725	98.24	2432	1.76	2			
颍东区	56329	55733	98.94	592	1.05	3	0.01	1	
颍泉区	68906	68203	98.98	703	1.02				
临泉县									
太和县									
阜南县									
颍上县									
阜阳合肥现代产业园区									
阜阳经济技术开发区									
界首市	68683	67877	98.83	803	1.17	2		1	
宿州市	**219912**	**219333**	**99.74**	**578**	**0.26**	**1**			
埇桥区	217854	217279	99.74	574	0.26	1			
砀山县									
萧县	2058	2054	99.81	4	0.19				
灵璧县									
泗县									
宿州马鞍山现代产业园区									
宿州经济技术开发区									
六安市	**261304**	**259957**	**99.48**	**1338**	**0.51**	**9**			
金安区	117870	117374	99.58	492	0.42	4			
裕安区	117162	116784	99.68	376	0.32	2			
叶集区	23614	23149	98.03	462	1.96	3	0.01		
霍邱县	975	975	100.00						
舒城县	1683	1675	99.52	8	0.48				
金寨县									
霍山县									
亳州市	**206600**	**201206**	**97.39**	**5384**	**2.61**	**10**			
谯城区	205220	199828	97.37	5382	2.62	10			
涡阳县									
蒙城县									
利辛县	1380	1378	99.86	2	0.14				
池州市	**130298**	**129861**	**99.66**	**437**	**0.34**				
贵池区	122289	121900	99.68	389	0.32				
东至县									
石台县									
青阳县									
池州市国家经济技术开发区	4679	4660	99.59	19	0.41				
皖江江南新兴产业集中区	3330	3301	99.13	29	0.87				
九华山风景区									
宣城市	**272623**	**271320**	**99.52**	**1294**	**0.47**	**7**		**2**	
宣州区	94662	94360	99.68	301	0.32	1			
郎溪县									
泾县									
绩溪县									
旌德县									
宣城市经济开发区									
宁国市	91797	91306	99.47	489	0.53	2			
广德市	86164	85654	99.41	504	0.58	4		2	

5-3b 各地区家庭户中民族混合户户数(镇)

单位：户、%

地 区	家庭户户数	单一民族户		二个民族户		三个民族户		四个及以上民族户	
		户数	占家庭户比重	户数	占家庭户比重	户数	占家庭户比重	户数	占家庭户比重
安 徽	**6548174**	**6511870**	**99.45**	**36161**	**0.55**	**137**		**6**	
合肥市	**1104352**	**1097775**	**99.40**	**6537**	**0.59**	**39**		**1**	
瑶海区	8545	8490	99.36	55	0.64				
庐阳区	22104	21812	98.68	292	1.32				
蜀山区	10867	10644	97.95	223	2.05				
包河区									
长丰县	154358	153717	99.58	635	0.41	6			
肥东县	199191	197883	99.34	1302	0.65	6			
肥西县	179847	178854	99.45	988	0.55	5			
庐江县	170082	169583	99.71	496	0.29	3			
合肥高新技术产业开发区	75748	74750	98.68	986	1.30	11	0.01	1	
合肥经济技术开发区	143180	142181	99.30	994	0.69	5			
合肥新站高新技术产业开发区	101671	101196	99.53	474	0.47	1			
巢湖市	38759	38665	99.76	92	0.24	2	0.01		
芜湖市	**411032**	**409168**	**99.55**	**1853**	**0.45**	**11**			
镜湖区	403	402	99.75	1	0.25				
弋江区									
鸠江区	30358	30258	99.67	99	0.33	1			
三山区	6713	6667	99.31	45	0.67	1	0.01		
芜湖县	76103	75659	99.42	442	0.58	2			
繁昌县	56802	56519	99.50	282	0.50	1			
南陵县	91418	91063	99.61	351	0.38	4			
芜湖经济技术开发区	60942	60535	99.33	406	0.67	1			
安徽芜湖长江大桥经济开发区	5777	5740	99.36	37	0.64				
无为市	82516	82325	99.77	190	0.23	1			
蚌埠市	**376472**	**373447**	**99.20**	**3018**	**0.80**	**7**			
龙子湖区	3455	3441	99.59	14	0.41				
蚌山区									
禹会区	3730	3725	99.87	5	0.13				
淮上区	10176	10156	99.80	20	0.20				
怀远县	117829	117670	99.87	159	0.13				
五河县	82015	81243	99.06	771	0.94	1			
固镇县	55290	55169	99.78	121	0.22				
蚌埠市高新技术开发区	19485	19138	98.22	347	1.78				
蚌埠市经济开发区	84492	82905	98.12	1581	1.87	6	0.01		
淮南市	**277916**	**275510**	**99.13**	**2405**	**0.87**	**1**			
大通区	29398	29298	99.66	100	0.34				
田家庵区	4608	4600	99.83	8	0.17				
谢家集区	1532	1531	99.93	1	0.07				
八公山区	24	24	100.00						
潘集区	26731	26676	99.79	55	0.21				
凤台县	82508	82133	99.55	375	0.45				
寿县	133115	131248	98.60	1866	1.40	1			

5–3b　续表 1

单位：户、%

地　　区	家庭户户　数	单一民族户		二个民族户		三个民族户		四个及以上民族户	
		户数	占家庭户比重	户数	占家庭户比重	户数	占家庭户比重	户数	占家庭户比重
马鞍山市	**248268**	**246272**	**99.20**	**1991**	**0.80**	**5**			
花山区									
雨山区									
博望区	3539	3520	99.46	19	0.54				
当涂县	99630	98988	99.36	640	0.64	2			
含山县	70325	70135	99.73	189	0.27	1			
和县	74774	73629	98.47	1143	1.53	2			
淮北市	**156527**	**156332**	**99.88**	**195**	**0.12**				
杜集区	18506	18471	99.81	35	0.19				
相山区									
烈山区	13068	13045	99.82	23	0.18				
濉溪县	124953	124816	99.89	137	0.11				
铜陵市	**117742**	**117431**	**99.74**	**310**	**0.26**	**1**			
铜官区	143	142	99.30	1	0.70				
义安区	10093	10057	99.64	36	0.36				
郊区	12361	12325	99.71	36	0.29				
枞阳县	95145	94907	99.75	237	0.25	1			
安庆市	**437941**	**436425**	**99.65**	**1510**	**0.34**	**6**			
迎江区									
大观区	6954	6869	98.78	85	1.22				
宜秀区	10265	10242	99.78	22	0.21	1	0.01		
怀宁县	85599	85369	99.73	229	0.27	1			
太湖县	63681	63498	99.71	183	0.29				
宿松县	86204	85996	99.76	207	0.24	1			
望江县	19432	19291	99.27	141	0.73				
岳西县	42967	42841	99.71	125	0.29	1			
安徽安庆经济开发区	48513	48169	99.29	343	0.71	1			
桐城市	41150	41045	99.74	105	0.26				
潜山市	33176	33105	99.79	70	0.21	1			
黄山市	**142509**	**141929**	**99.59**	**573**	**0.40**	**7**			
屯溪区	2021	2011	99.51	10	0.49				
黄山区	9174	9144	99.67	30	0.33				
徽州区	3927	3907	99.49	20	0.51				
歙县	55549	55292	99.54	255	0.46	2			
休宁县	30876	30752	99.60	122	0.40	2	0.01		
黟县	12554	12499	99.56	53	0.42	2	0.02		
祁门县	28408	28324	99.70	83	0.29	1			
滁州市	**531975**	**526960**	**99.06**	**4994**	**0.94**	**18**		**3**	
琅琊区									
南谯区	21356	21147	99.02	209	0.98				
来安县	82833	82512	99.61	314	0.38	4		3	
全椒县	92060	91298	99.17	761	0.83	1			
定远县	102558	100808	98.29	1743	1.70	7	0.01		
凤阳县	100931	99816	98.90	1111	1.10	4			
苏滁现代产业园	6027	5981	99.24	46	0.76				
滁州经济技术开发区	31819	31515	99.04	303	0.95	1			
天长市	64790	64377	99.36	412	0.64	1			
明光市	29601	29506	99.68	95	0.32				

5-3b　续表 2　　　　　　　　　　　　　　　　　　　　　　　单位：户、%

地　区	家庭户户　数	单一民族户		二个民族户		三个民族户		四个及以上民族户	
		户数	占家庭户比重	户数	占家庭户比重	户数	占家庭户比重	户数	占家庭户比重
阜阳市	**769539**	**763802**	**99.25**	**5732**	**0.74**	**5**			
颍州区	20226	20155	99.65	71	0.35				
颍东区	23281	23084	99.15	196	0.84	1			
颍泉区	27352	27303	99.82	49	0.18				
临泉县	147383	146792	99.60	590	0.40	1			
太和县	220556	218945	99.27	1610	0.73	1			
阜南县	108107	107276	99.23	831	0.77				
颍上县	150940	148894	98.64	2044	1.35	2			
阜阳合肥现代产业园区	1781	1779	99.89	2	0.11				
阜阳经济技术开发区	32413	32162	99.23	251	0.77				
界首市	37500	37412	99.77	88	0.23				
宿州市	**563186**	**561552**	**99.71**	**1625**	**0.29**	**9**			
埇桥区	74297	74171	99.83	124	0.17	2			
砀山县	134103	133216	99.34	885	0.66	2			
萧县	122072	121919	99.87	149	0.12	4			
灵璧县	109907	109730	99.84	177	0.16				
泗县	96606	96384	99.77	221	0.23	1			
宿州马鞍山现代产业园区	8739	8719	99.77	20	0.23				
宿州经济技术开发区	17462	17413	99.72	49	0.28				
六安市	**483589**	**481887**	**99.65**	**1689**	**0.35**	**12**		**1**	
金安区	53928	53811	99.78	117	0.22				
裕安区	30087	30040	99.84	47	0.16				
叶集区	10101	9934	98.35	167	1.65				
霍邱县	123533	122944	99.52	587	0.48	2			
舒城县	119979	119671	99.74	303	0.25	4		1	
金寨县	73419	73158	99.64	257	0.35	4	0.01		
霍山县	72542	72329	99.71	211	0.29	2			
亳州市	**473208**	**471593**	**99.66**	**1608**	**0.34**	**7**			
谯城区	45342	44902	99.03	439	0.97	1			
涡阳县	134546	133773	99.43	771	0.57	2			
蒙城县	151070	150879	99.87	189	0.13	2			
利辛县	142250	142039	99.85	209	0.15	2			
池州市	**159184**	**158603**	**99.64**	**579**	**0.36**	**2**			
贵池区	13519	13465	99.60	54	0.40				
东至县	85379	85114	99.69	263	0.31	2			
石台县	13032	12979	99.59	53	0.41				
青阳县	46208	46002	99.55	206	0.45				
池州市国家经济技术开发区									
皖江江南新兴产业集中区									
九华山风景区	1046	1043	99.71	3	0.29				
宣城市	**294734**	**293184**	**99.47**	**1542**	**0.52**	**7**		**1**	
宣州区	41027	40809	99.47	217	0.53	1			
郎溪县	73394	72902	99.33	490	0.67	2			
泾县	59440	59218	99.63	221	0.37	1			
绩溪县	32975	32886	99.73	89	0.27				
旌德县	24809	24736	99.71	73	0.29				
宣城市经济开发区	28401	28243	99.44	157	0.55	1			
宁国市	11360	11211	98.69	148	1.30	1	0.01		
广德市	23328	23179	99.36	147	0.63	1		1	

5-3c 各地区家庭户中民族混合户户数(乡村)

单位：户、%

地　区	家庭户户　数	单一民族户		二个民族户		三个民族户		四个及以上民族户	
		户数	占家庭户比重	户数	占家庭户比重	户数	占家庭户比重	户数	占家庭户比重
安　徽	**9698592**	**9663940**	**99.64**	**34493**	**0.36**	**150**		**9**	
合肥市	**698421**	**695159**	**99.53**	**3233**	**0.46**	**28**		**1**	
瑶海区	7670	7567	98.66	99	1.29	4	0.05		
庐阳区	2299	2285	99.39	14	0.61				
蜀山区	6155	6037	98.08	118	1.92				
包河区	1936	1927	99.54	9	0.46				
长丰县	132465	131939	99.60	516	0.39	10	0.01		
肥东县	130528	129665	99.34	855	0.66	8	0.01		
肥西县	132294	131498	99.40	790	0.60	5		1	
庐江县	173611	173092	99.70	518	0.30	1			
合肥高新技术产业开发区	24	24	100.00						
合肥经济技术开发区	3751	3724	99.28	27	0.72				
合肥新站高新技术产业开发区	1767	1757	99.43	10	0.57				
巢湖市	105921	105644	99.74	277	0.26				
芜湖市	**418399**	**415897**	**99.40**	**2486**	**0.59**	**16**			
镜湖区	7457	7378	98.94	78	1.05	1	0.01		
弋江区									
鸠江区	54536	54205	99.39	329	0.60	2			
三山区	17181	17016	99.04	164	0.95	1	0.01		
芜湖县	43793	43238	98.73	544	1.24	11	0.03		
繁昌县	42429	42209	99.48	220	0.52				
南陵县	86227	85638	99.32	588	0.68	1			
芜湖经济技术开发区	1484	1474	99.33	10	0.67				
安徽芜湖长江大桥经济开发区	3414	3373	98.80	41	1.20				
无为市	161878	161366	99.68	512	0.32				
蚌埠市	**508439**	**506651**	**99.65**	**1780**	**0.35**	**8**			
龙子湖区	13917	13883	99.76	34	0.24				
蚌山区	5683	5649	99.40	31	0.55	3	0.05		
禹会区	36197	36100	99.73	97	0.27				
淮上区	33379	33187	99.42	191	0.57	1			
怀远县	202196	201703	99.76	491	0.24	2			
五河县	102911	102430	99.53	481	0.47				
固镇县	114156	113699	99.60	455	0.40	2			
蚌埠市高新技术开发区									
蚌埠市经济开发区									
淮南市	**453121**	**451286**	**99.60**	**1831**	**0.40**	**4**			
大通区	17044	16976	99.60	67	0.39	1	0.01		
田家庵区	11681	11645	99.69	36	0.31				
谢家集区	19141	19009	99.31	132	0.69				
八公山区	2408	2367	98.30	41	1.70				
潘集区	64867	64523	99.47	343	0.53	1			
凤台县	145129	144634	99.66	493	0.34	2			
寿县	192851	192132	99.63	719	0.37				

5-3c　续表 1　　　　单位：户、%

地　区	家庭户户数	单一民族户		二个民族户		三个民族户		四个及以上民族户	
		户数	占家庭户比重	户数	占家庭户比重	户数	占家庭户比重	户数	占家庭户比重
马鞍山市	**235319**	**233518**	**99.23**	**1791**	**0.76**	**10**			
花山区	3688	3662	99.30	26	0.70				
雨山区	5181	5146	99.32	35	0.68				
博望区	25822	25646	99.32	176	0.68				
当涂县	60633	59993	98.94	631	1.04	9	0.01		
含山县	59396	59168	99.62	227	0.38	1			
和县	80599	79903	99.14	696	0.86				
淮北市	**250358**	**249815**	**99.78**	**538**	**0.21**	**5**			
杜集区	18491	18452	99.79	39	0.21				
相山区	18177	18140	99.80	37	0.20				
烈山区	39276	39190	99.78	85	0.22	1			
濉溪县	174414	174033	99.78	377	0.22	4			
铜陵市	**191246**	**190697**	**99.71**	**548**	**0.29**	**1**			
铜官区	3786	3774	99.68	12	0.32				
义安区	49722	49501	99.56	220	0.44	1			
郊区	39028	38916	99.71	112	0.29				
枞阳县	98710	98506	99.79	204	0.21				
安庆市	**722000**	**720128**	**99.74**	**1866**	**0.26**	**5**		**1**	
迎江区	4946	4916	99.39	29	0.59	1	0.02		
大观区	13211	13077	98.99	134	1.01				
宜秀区	10736	10684	99.52	51	0.48	1	0.01		
怀宁县	101480	101239	99.76	240	0.24	1			
太湖县	100055	99833	99.78	220	0.22	2			
宿松县	140376	140088	99.79	288	0.21				
望江县	112653	112404	99.78	249	0.22				
岳西县	74915	74626	99.61	289	0.39				
安徽安庆经济开发区	1500	1494	99.60	6	0.40				
桐城市	81433	81240	99.76	193	0.24				
潜山市	80695	80527	99.79	167	0.21			1	
黄山市	**226285**	**225111**	**99.48**	**1171**	**0.52**	**2**		**1**	
屯溪区	7609	7569	99.47	40	0.53				
黄山区	25226	25018	99.18	206	0.82	1		1	
徽州区	13040	12957	99.36	83	0.64				
歙县	86943	86521	99.51	422	0.49				
休宁县	46725	46499	99.52	225	0.48	1			
黟县	17878	17772	99.41	106	0.59				
祁门县	28864	28775	99.69	89	0.31				
滁州市	**579265**	**575959**	**99.43**	**3284**	**0.57**	**18**		**4**	
琅琊区	4439	4425	99.68	14	0.32				
南谯区	38963	38670	99.25	292	0.75	1			
来安县	71190	70805	99.46	378	0.53	4	0.01	3	
全椒县	61352	60942	99.33	408	0.67	1		1	
定远县	138498	137625	99.37	868	0.63	5			
凤阳县	107554	107168	99.64	382	0.36	4			
苏滁现代产业园									
滁州经济技术开发区	3264	3243	99.36	21	0.64				
天长市	66645	66037	99.09	606	0.91	2			
明光市	87360	87044	99.64	315	0.36	1			

5-3c 续表 2

单位：户、%

地　　区	家庭户户　数	单一民族户		二个民族户		三个民族户		四个及以上民族户	
		户数	占家庭户比重	户数	占家庭户比重	户数	占家庭户比重	户数	占家庭户比重
阜阳市	**1677084**	**1673116**	**99.76**	**3960**	**0.24**	**8**			
颍州区	99551	99168	99.62	382	0.38	1			
颍东区	95367	94933	99.54	432	0.45	2			
颍泉区	111437	111225	99.81	212	0.19				
临泉县	390571	390041	99.86	530	0.14				
太和县	293122	292640	99.84	482	0.16				
阜南县	280483	279917	99.80	566	0.20				
颍上县	258228	257240	99.62	984	0.38	4			
阜阳合肥现代产业园区	11034	10997	99.66	37	0.34				
阜阳经济技术开发区	6858	6737	98.24	121	1.76				
界首市	130433	130218	99.84	214	0.16	1			
宿州市	**1094917**	**1092825**	**99.81**	**2081**	**0.19**	**11**			
埇桥区	296113	295401	99.76	710	0.24	2			
砀山县	152581	152337	99.84	243	0.16	1			
萧县	270194	269844	99.87	349	0.13	1			
灵璧县	215692	215247	99.79	443	0.21	2			
泗县	153980	153663	99.79	312	0.20	5			
宿州马鞍山现代产业园区	6357	6333	99.62	24	0.38				
宿州经济技术开发区									
六安市	**910748**	**908218**	**99.72**	**2525**	**0.28**	**5**			
金安区	139086	138769	99.77	316	0.23	1			
裕安区	172018	171673	99.80	344	0.20	1			
叶集区	38525	38213	99.19	312	0.81				
霍邱县	253474	252795	99.73	678	0.27	1			
舒城县	158049	157628	99.73	421	0.27				
金寨县	111679	111306	99.67	371	0.33	2			
霍山县	37917	37834	99.78	83	0.22				
亳州市	**1082852**	**1079967**	**99.73**	**2880**	**0.27**	**3**		**2**	
谯城区	309799	308557	99.60	1239	0.40	3			
涡阳县	268368	267686	99.75	681	0.25			1	
蒙城县	214725	214365	99.83	360	0.17				
利辛县	289960	289359	99.79	600	0.21			1	
池州市	**223447**	**222474**	**99.56**	**967**	**0.43**	**6**			
贵池区	85307	84989	99.63	315	0.37	3			
东至县	71039	70768	99.62	269	0.38	2			
石台县	19056	18926	99.32	130	0.68				
青阳县	44107	43864	99.45	242	0.55	1			
池州市国家经济技术开发区									
皖江江南新兴产业集中区									
九华山风景区	3938	3927	99.72	11	0.28				
宣城市	**426691**	**423119**	**99.16**	**3552**	**0.83**	**20**			
宣州区	138702	137591	99.20	1107	0.80	4			
郎溪县	47754	47241	98.93	511	1.07	2			
泾县	59596	59300	99.50	296	0.50				
绩溪县	25827	25732	99.63	94	0.36	1			
旌德县	20283	20209	99.64	74	0.36				
宣城市经济开发区	7436	7368	99.09	68	0.91				
宁国市	53563	53089	99.12	470	0.88	4	0.01		
广德市	73530	72589	98.72	932	1.27	9	0.01		

5-4 各地区有60岁及以上人口的家庭户户数

单位：户

地区	合计	有一个60岁及以上人口的户				有二个60岁及以上人口的户				有三个60岁及以上人口的户
		小计	独自居住	只与未成年人口共同居住	其他	小计	只有一对60岁及以上夫妇居住	只有一对60岁及以上夫妇与未成年人口共同居住	其他	
安徽	**7655538**	**4193819**	**1820197**	**107581**	**2266041**	**3388897**	**1994220**	**160448**	**1234229**	**72822**
合肥市	**933715**	**515418**	**225893**	**8350**	**281175**	**409915**	**257089**	**12235**	**140591**	**8382**
瑶海区	70784	39154	15450	365	23339	31084	18962	624	11498	546
庐阳区	63521	33409	12934	360	20115	29450	17652	667	11131	662
蜀山区	84240	42153	15804	425	25924	41248	24615	840	15793	839
包河区	93400	48321	17570	499	30252	44140	26199	949	16992	939
长丰县	85261	48363	25178	742	22443	36143	24901	1067	10175	755
肥东县	123700	67806	33776	1476	32554	54516	35407	2001	17108	1378
肥西县	95595	52990	25975	798	26217	41831	28150	1440	12241	774
庐江县	138145	85761	36193	2089	47479	51584	29976	2206	19402	800
合肥高新技术产业开发区	13789	7474	2243	61	5170	6198	3672	106	2420	117
合肥经济技术开发区	28554	15633	5065	161	10407	12691	7183	291	5217	230
合肥新站高新技术产业开发区	23336	13126	4947	115	8064	10013	6316	196	3501	197
巢湖市	113390	61228	30758	1259	29211	51017	34056	1848	15113	1145
芜湖市	**501357**	**283779**	**123907**	**5072**	**154800**	**213838**	**131091**	**7785**	**74962**	**3740**
镜湖区	71367	37355	16017	267	21071	33230	21442	723	11065	782
弋江区	38174	20010	7848	118	12044	17867	11484	304	6079	297
鸠江区	66225	36817	16463	730	19624	28918	18264	1321	9333	490
三山区	19537	11272	5576	127	5569	8164	5846	184	2134	101
芜湖县	44612	26137	11870	359	13908	18170	11570	499	6101	305
繁昌县	36978	21393	10531	231	10631	15355	10766	347	4242	230
南陵县	71159	41267	18352	973	21942	29441	17468	1274	10699	451
芜湖经济技术开发区	14453	8456	3894	61	4501	5921	4107	122	1692	76
安徽芜湖长江大桥经济开发区	3779	2248	1133	37	1078	1510	1020	53	437	21
无为市	135073	78824	32223	2169	44432	55262	29124	2958	23180	987
蚌埠市	**394489**	**211648**	**86874**	**5715**	**119059**	**178869**	**100251**	**10250**	**68368**	**3972**
龙子湖区	32020	17412	8507	201	8704	14309	9460	328	4521	299
蚌山区	20911	11031	4979	143	5909	9671	6524	257	2890	209
禹会区	42065	22523	10379	288	11856	19179	12681	519	5979	363
淮上区	28740	15134	6478	242	8414	13326	8401	464	4461	280
怀远县	113874	62033	24839	2257	34937	50716	25392	4177	21147	1125
五河县	68049	36840	14526	1332	20982	30452	15155	2275	13022	757
固镇县	60729	33697	12488	1089	20120	26367	12994	1825	11548	665
蚌埠市高新技术开发区	4459	2100	613	36	1451	2337	1372	97	868	22
蚌埠市经济开发区	23642	10878	4065	127	6686	12512	8272	308	3932	252
淮南市	**421252**	**225809**	**102634**	**6777**	**116398**	**191541**	**112704**	**11440**	**67397**	**3902**
大通区	23747	12410	5846	159	6405	11113	7085	365	3663	224
田家庵区	81204	42049	18818	728	22503	38427	24100	1125	13202	728
谢家集区	38053	21227	9805	301	11121	16506	10345	575	5586	320
八公山区	19721	10802	4644	131	6027	8729	5404	284	3041	190
潘集区	41019	22371	9727	591	12053	18283	10396	954	6933	365
凤台县	77145	42582	18916	1657	22009	33830	19544	2433	11853	733
寿县	140363	74368	34878	3210	36280	64653	35830	5704	23119	1342

5-4 续表 1

单位：户

地区	合计	有一个60岁及以上人口的户				有二个60岁及以上人口的户				有三个60岁及以上人口的户
		小计	独自居住	只与未成年人口共同居住	其他	小计	只有一对60岁及以上夫妇居住	只有一对60岁及以上夫妇与未成年人口共同居住	其他	
马鞍山市	**309705**	**164571**	**73081**	**3598**	**87892**	**142106**	**88461**	**5144**	**48501**	**3028**
花山区	58778	29517	13105	234	16178	28639	19968	546	8125	622
雨山区	41575	21017	9677	115	11225	20182	14468	335	5379	376
博望区	23003	12633	4985	204	7444	10138	5638	288	4212	232
当涂县	63589	34494	15314	357	18823	28535	18109	590	9836	560
含山县	54603	30607	13235	1260	16112	23525	12434	1523	9568	471
和县	68157	36303	16765	1428	18110	31087	17844	1862	11381	767
淮北市	**211868**	**110945**	**51707**	**1990**	**57248**	**98459**	**62513**	**3425**	**32521**	**2464**
杜集区	34069	17572	9193	241	8138	16070	10447	414	5209	427
相山区	48599	24341	10050	373	13918	23806	15213	740	7853	452
烈山区	30546	16373	8650	264	7459	13914	9567	449	3898	259
濉溪县	98654	52659	23814	1112	27733	44669	27286	1822	15561	1326
铜陵市	**203773**	**117858**	**50726**	**2679**	**64453**	**84661**	**53030**	**3824**	**27807**	**1254**
铜官区	50128	26730	10684	270	15776	23004	15423	500	7081	394
义安区	38619	21451	10266	275	10910	16933	12013	466	4454	235
郊区	29067	16849	7565	472	8812	12049	7481	682	3886	169
枞阳县	85959	52828	22211	1662	28955	32675	18113	2176	12386	456
安庆市	**624064**	**375481**	**134409**	**11595**	**229477**	**244147**	**122697**	**14193**	**107257**	**4436**
迎江区	34235	18584	7729	214	10641	15380	10402	416	4562	271
大观区	35098	19160	8013	310	10837	15686	9635	681	5370	252
宜秀区	20877	12492	4675	240	7577	8233	4653	384	3196	152
怀宁县	82381	50558	17440	2422	30696	31243	14883	2397	13963	580
太湖县	68938	43052	16240	1107	25705	25438	11962	1500	11976	448
宿松县	87346	51476	19312	2342	29822	35368	16822	3095	15451	502
望江县	71299	40749	13007	1711	26031	29970	13537	2190	14243	580
岳西县	46282	30138	8938	719	20481	15776	6535	708	8533	368
安徽安庆经济开发区	14056	7434	3015	71	4348	6534	4572	150	1812	88
桐城市	91617	57865	21307	995	35563	33120	17081	1125	14914	632
潜山市	71935	43973	14733	1464	27776	27399	12615	1547	13237	563
黄山市	**217996**	**122071**	**47248**	**3246**	**71577**	**93935**	**49147**	**4708**	**40080**	**1990**
屯溪区	33458	16959	5836	177	10946	16135	9153	357	6625	364
黄山区	24177	14229	5811	251	8167	9762	5661	400	3701	186
徽州区	14505	7942	2850	136	4956	6412	3404	233	2775	151
歙县	69213	39812	16201	1394	22217	28826	14067	1817	12942	575
休宁县	38755	21452	7603	683	13166	16899	7953	990	7956	404
黟县	14183	7950	3471	130	4349	6119	3607	238	2274	114
祁门县	23705	13727	5476	475	7776	9782	5302	673	3807	196
滁州市	**520433**	**273171**	**113147**	**5409**	**154615**	**240522**	**138635**	**8789**	**93098**	**6740**
琅琊区	30391	15082	5970	158	8954	14874	9534	326	5014	435
南谯区	35980	18679	8328	193	10158	16940	11815	377	4748	361
来安县	59684	31006	13797	434	16775	27926	17992	741	9193	752
全椒县	58230	31309	15648	526	15135	26288	17283	729	8276	633
定远县	94033	50130	20796	1367	27967	42724	22086	2234	18404	1179
凤阳县	78756	42135	15528	1081	25526	35613	17086	1774	16753	1008
苏滁现代产业园	1345	662	303	6	353	671	500	10	161	12
滁州经济技术开发区	7136	3717	1126	26	2565	3344	2067	75	1202	75
天长市	82617	42869	16614	427	25828	38359	21987	624	15748	1389
明光市	72261	37582	15037	1191	21354	33783	18285	1899	13599	896

5-4　续表 2　　　　单位：户

地　　区	合　　计	有一个60岁及以上人口的户				有二个60岁及以上人口的户				有三个60岁及以上人口的户
		小计	独自居住	只与未成年人口共同居住	其他	小计	只有一对60岁及以上夫妇居住	只有一对60岁及以上夫妇与未成年人口共同居住	其他	
阜阳市	**913057**	**475039**	**205920**	**16525**	**252594**	**428404**	**233840**	**25936**	**168628**	**9614**
颍州区	72053	37720	15363	940	21417	33594	18859	1527	13208	739
颍东区	60958	31009	12161	1026	17822	29253	14845	1956	12452	696
颍泉区	67955	35391	16901	962	17528	31918	19174	1577	11167	646
临泉县	181874	93779	34137	3640	56002	85753	40171	6033	39549	2342
太和县	160982	82382	47721	2029	32632	77164	53633	2863	20668	1436
阜南县	124930	68409	24786	3087	40536	55413	24659	4334	26420	1108
颍上县	155375	80996	32263	3563	45170	72531	34932	5923	31676	1848
阜阳合肥现代产业园区	3840	2064	799	51	1214	1747	978	114	655	29
阜阳经济技术开发区	7399	3987	1536	86	2365	3342	1860	90	1392	70
界首市	77691	39302	20253	1141	17908	37689	24729	1519	11441	700
宿州市	**637023**	**331617**	**155347**	**9489**	**166781**	**296701**	**180080**	**15094**	**101527**	**8705**
埇桥区	179032	97914	44963	2184	50767	79278	48366	3381	27531	1840
砀山县	103090	46528	26710	1006	18812	54446	36848	2284	15314	2116
萧县	143830	72092	41012	1962	29118	69442	47003	2811	19628	2296
灵璧县	112301	62060	23191	2710	36159	48902	25105	3784	20013	1339
泗县	90498	48522	17760	1520	29242	40944	20604	2660	17680	1032
宿州马鞍山现代产业园区	4719	2604	1106	60	1438	2075	1252	117	706	40
宿州经济技术开发区	3553	1897	605	47	1245	1614	902	57	655	42
六安市	**633684**	**359469**	**161378**	**10210**	**187881**	**269310**	**158184**	**13837**	**97289**	**4905**
金安区	105177	59244	28267	1712	29265	45207	30160	1879	13168	726
裕安区	113908	63610	26000	1546	36064	49292	26762	2278	20252	1006
叶集区	26339	14783	6027	316	8440	11347	6351	573	4423	209
霍邱县	143867	78380	43266	2285	32829	64367	43247	3527	17593	1120
舒城县	121037	71658	31347	2124	38187	48531	26761	2619	19151	848
金寨县	77849	45064	16614	1605	26845	32216	15330	2119	14767	569
霍山县	45507	26730	9857	622	16251	18350	9573	842	7935	427
亳州市	**548468**	**293372**	**147492**	**9731**	**136149**	**249669**	**157112**	**13874**	**78683**	**5427**
谯城区	156885	83375	48803	1494	33078	72295	52212	2122	17961	1215
涡阳县	132976	71104	32302	2855	35947	60149	34325	3927	21897	1723
蒙城县	119210	64224	25674	2871	35679	53621	28234	4131	21256	1365
利辛县	139397	74669	40713	2511	31445	63604	42341	3694	17569	1124
池州市	**203021**	**119338**	**44717**	**3471**	**71150**	**82268**	**45574**	**4587**	**32107**	**1415**
贵池区	80997	47198	18441	1070	27687	33297	20107	1676	11514	502
东至县	65921	39011	13805	1611	23595	26403	13114	1716	11573	507
石台县	14661	8959	3210	258	5491	5589	2962	350	2277	113
青阳县	37751	21871	8468	490	12913	15622	8681	798	6143	258
池州市国家经济技术开发区	1057	639	248	23	368	415	273	13	129	3
皖江江南新兴产业集中区	619	346	174	4	168	270	212	11	47	3
九华山风景区	2015	1314	371	15	928	672	225	23	424	29
宣城市	**381633**	**214233**	**95717**	**3724**	**114792**	**164552**	**103812**	**5327**	**55413**	**2848**
宣州区	102484	57060	27399	956	28705	44757	31127	1350	12280	667
郎溪县	42627	22902	10548	298	12056	19440	12976	506	5958	285
泾县	52011	31750	14682	691	16377	19892	11845	794	7253	369
绩溪县	28174	15410	6736	389	8285	12525	7279	601	4645	239
旌德县	22235	12962	5089	414	7459	9053	4310	518	4225	220
宣城市经济开发区	8157	4705	2125	54	2526	3409	2507	69	833	43
宁国市	57428	33244	14812	359	18073	23747	15271	466	8010	437
广德市	68517	36200	14326	563	21311	31729	18497	1023	12209	588

5-4a 各地区有60岁及以上人口的家庭户户数(城市)

单位：户

地区	合计	有一个60岁及以上人口的户				有二个60岁及以上人口的户				有三个60岁及以上人口的户
		小计	独自居住	只与未成年人口共同居住	其他	小计	只有一对60岁及以上夫妇居住	只有一对60岁及以上夫妇与未成年人口共同居住	其他	
安　徽	**1547961**	**821156**	**324065**	**12267**	**484824**	**712391**	**441064**	**19507**	**251820**	**14414**
合肥市	**341549**	**177965**	**66893**	**1940**	**109132**	**160316**	**96410**	**3518**	**60388**	**3268**
瑶海区	68345	37666	15048	349	22269	30154	18463	608	11083	525
庐阳区	57922	30514	12175	329	18010	26800	16270	605	9925	608
蜀山区	76738	38168	13464	374	24330	37813	22005	774	15034	757
包河区	92720	47928	17371	496	30061	43869	26003	944	16922	923
长丰县										
肥东县										
肥西县	1811	1035	271	7	757	763	363	13	387	13
庐江县										
合肥高新技术产业开发区										
合肥经济技术开发区										
合肥新站高新技术产业开发区	4491	2371	770	23	1578	2080	1289	20	771	40
巢湖市	39522	20283	7794	362	12127	18837	12017	554	6266	402
芜湖市	**168406**	**90360**	**37581**	**967**	**51812**	**76531**	**49103**	**1872**	**25556**	**1515**
镜湖区	67971	35374	15136	253	19985	31839	20508	691	10640	758
弋江区	38174	20010	7848	118	12044	17867	11484	304	6079	297
鸠江区	28865	16097	6711	154	9232	12550	8401	307	3842	218
三山区	10656	6026	3124	70	2832	4575	3363	114	1098	55
芜湖县	1606	917	406	8	503	671	395	24	252	18
繁昌县										
南陵县										
芜湖经济技术开发区	596	349	196	1	152	243	148	6	89	4
安徽芜湖长江大桥经济开发区										
无为市	20538	11587	4160	363	7064	8786	4804	426	3556	165
蚌埠市	**84262**	**44615**	**20710**	**554**	**23351**	**38816**	**25950**	**997**	**11869**	**831**
龙子湖区	25233	13618	6668	153	6797	11359	7685	260	3414	256
蚌山区	18541	9731	4408	131	5192	8626	5863	233	2530	184
禹会区	27760	14759	6873	172	7714	12728	8581	306	3841	273
淮上区	12728	6507	2761	98	3648	6103	3821	198	2084	118
怀远县										
五河县										
固镇县										
蚌埠市高新技术开发区										
蚌埠市经济开发区										
淮南市	**135789**	**71825**	**31686**	**1079**	**39060**	**62767**	**39315**	**1913**	**21539**	**1197**
大通区	5520	2886	1132	35	1719	2577	1630	62	885	57
田家庵区	74613	38328	17059	624	20645	35609	22461	1021	12127	676
谢家集区	29229	16286	7343	194	8749	12703	7881	394	4428	240
八公山区	18803	10266	4374	123	5769	8360	5191	270	2899	177
潘集区	7624	4059	1778	103	2178	3518	2152	166	1200	47
凤台县										
寿县										

5-4a 续表 1

单位：户

地区	合计	有一个60岁及以上人口的户				有二个60岁及以上人口的户				有三个60岁及以上人口的户
		小计	独自居住	只与未成年人口共同居住	其他	小计	只有一对60岁及以上夫妇居住	只有一对60岁及以上夫妇与未成年人口共同居住	其他	
马鞍山市	**105012**	**53211**	**23487**	**405**	**29319**	**50742**	**35088**	**958**	**14696**	**1059**
花山区	56955	28567	12624	228	15715	27795	19361	536	7898	593
雨山区	39086	19735	9037	111	10587	18999	13655	321	5023	352
博望区	8971	4909	1826	66	3017	3948	2072	101	1775	114
当涂县										
含山县										
和县										
淮北市	**80511**	**40922**	**18148**	**622**	**22152**	**38806**	**24845**	**1203**	**12758**	**783**
杜集区	18986	9586	4746	130	4710	9190	5895	243	3052	210
相山区	42397	21191	8294	327	12570	20827	13175	648	7004	379
烈山区	12428	6654	3546	90	3018	5676	3936	161	1579	98
濉溪县	6700	3491	1562	75	1854	3113	1839	151	1123	96
铜陵市	**63740**	**34220**	**13933**	**371**	**19916**	**29027**	**19724**	**649**	**8654**	**493**
铜官区	48894	26032	10356	268	15408	22479	15026	497	6956	383
义安区	9283	5128	2049	70	3009	4084	2891	100	1093	71
郊区	5563	3060	1528	33	1499	2464	1807	52	605	39
枞阳县										
安庆市	**122282**	**70091**	**25566**	**1316**	**43209**	**51265**	**30831**	**1765**	**18669**	**926**
迎江区	31296	16838	6665	205	9968	14207	9458	397	4352	251
大观区	25347	13688	6083	135	7470	11485	7671	344	3470	174
宜秀区	9631	5627	1838	70	3719	3930	2345	118	1467	74
怀宁县										
太湖县										
宿松县										
望江县	8770	5124	1589	171	3364	3583	1793	163	1627	63
岳西县										
安徽安庆经济开发区	14	9	8		1	5	5			
桐城市	30958	19200	6482	352	12366	11527	6165	378	4984	231
潜山市	16266	9605	2901	383	6321	6528	3394	365	2769	133
黄山市	**41491**	**21988**	**7477**	**322**	**14189**	**19095**	**10884**	**514**	**7697**	**408**
屯溪区	28901	14667	5065	172	9430	13924	8049	321	5554	310
黄山区	6652	3919	1428	86	2405	2680	1601	111	968	53
徽州区	4939	2894	850	61	1983	2010	1018	71	921	35
歙县	573	301	98	3	200	268	115	9	144	4
休宁县	426	207	36		171	213	101	2	110	6
黟县										
祁门县										
滁州市	**80230**	**40709**	**13846**	**748**	**26115**	**38478**	**22081**	**1161**	**15236**	**1043**
琅琊区	28395	14031	5427	157	8447	13941	8800	316	4825	423
南谯区	12320	6439	1781	85	4573	5761	3244	161	2356	120
来安县										
全椒县										
定远县										
凤阳县										
苏滁现代产业园										
滁州经济技术开发区										
天长市	19450	9991	3499	114	6378	9207	5408	171	3628	252
明光市	20065	10248	3139	392	6717	9569	4629	513	4427	248

5－4a 续表 2　　　　单位：户

地　区	合　计	有一个60岁及以上人口的户				有二个60岁及以上人口的户				有三个60岁及以上人口的户
		小计	独自居住	只与未成年人口共同居住	其他	小计	只有一对60岁及以上夫妇居住	只有一对60岁及以上夫妇与未成年人口共同居住	其他	
阜阳市	**78916**	**40782**	**15569**	**1089**	**24124**	**37305**	**20926**	**1242**	**15137**	**829**
颍州区	31457	16233	5993	336	9904	14876	8109	448	6319	348
颍东区	13469	6830	2709	154	3967	6516	3992	235	2289	123
颍泉区	16845	8884	3571	160	5153	7792	4390	215	3187	169
临泉县										
太和县										
阜南县										
颍上县										
阜阳合肥现代产业园区										
阜阳经济技术开发区										
界首市	17145	8835	3296	439	5100	8121	4435	344	3342	189
宿州市	**50859**	**27154**	**9575**	**560**	**17019**	**23112**	**12799**	**793**	**9520**	**593**
埇桥区	50046	26780	9363	557	16860	22688	12539	779	9370	578
砀山县										
萧县	813	374	212	3	159	424	260	14	150	15
灵璧县										
泗县										
宿州马鞍山现代产业园区										
宿州经济技术开发区										
六安市	**59866**	**32258**	**11559**	**903**	**19796**	**27188**	**16720**	**1087**	**9381**	**420**
金安区	28901	15252	5657	437	9158	13454	8646	508	4300	195
裕安区	23359	12668	4129	413	8126	10514	6252	463	3799	177
叶集区	6460	3733	1468	45	2220	2689	1468	93	1128	38
霍邱县	374	191	95	3	93	178	121	10	47	5
舒城县	772	414	210	5	199	353	233	13	107	5
金寨县										
霍山县										
亳州市	**39556**	**21579**	**9389**	**475**	**11715**	**17568**	**10565**	**640**	**6363**	**409**
谯城区	39164	21391	9283	473	11635	17370	10419	632	6319	403
涡阳县										
蒙城县										
利辛县	392	188	106	2	80	198	146	8	44	6
池州市	**31389**	**18097**	**5870**	**491**	**11736**	**13127**	**8073**	**587**	**4467**	**165**
贵池区	29713	17112	5448	464	11200	12442	7588	563	4291	159
东至县										
石台县										
青阳县										
池州市国家经济技术开发区	1057	639	248	23	368	415	273	13	129	3
皖江江南新兴产业集中区	619	346	174	4	168	270	212	11	47	3
九华山风景区										
宣城市	**64103**	**35380**	**12776**	**425**	**22179**	**28248**	**17750**	**608**	**9890**	**475**
宣州区	22644	12090	4456	179	7455	10390	7135	260	2995	164
郎溪县										
泾县										
绩溪县										
旌德县										
宣城市经济开发区										
宁国市	19420	11603	3775	113	7715	7680	4316	145	3219	137
广德市	22039	11687	4545	133	7009	10178	6299	203	3676	174

5-4b 各地区有60岁及以上人口的家庭户户数(镇)

单位：户

地区	合计	有一个60岁及以上人口的户				有二个60岁及以上人口的户				有三个60岁及以上人口的户
		小计	独自居住	只与未成年人口共同居住	其他	小计	只有一对60岁及以上夫妇居住	只有一对60岁及以上夫妇与未成年人口共同居住	其他	
安　徽	**1932866**	**1077214**	**443183**	**34595**	**599436**	**836984**	**477854**	**41102**	**318028**	**18668**
合肥市	**249765**	**144144**	**56003**	**2875**	**85266**	**103681**	**62099**	**3515**	**38067**	**1940**
瑶海区	1312	789	275	10	504	513	326	7	180	10
庐阳区	4405	2299	388	28	1883	2068	930	49	1089	38
蜀山区	4209	2237	1241	31	965	1931	1411	33	487	41
包河区										
长丰县	26151	15753	6362	288	9103	10230	6221	337	3672	168
肥东县	51543	28415	11868	705	15842	22618	13798	866	7954	510
肥西县	32630	19259	7258	232	11769	13161	8051	396	4714	210
庐江县	55116	34073	13506	1024	19543	20716	11933	968	7815	327
合肥高新技术产业开发区	13776	7469	2240	61	5168	6190	3664	106	2420	117
合肥经济技术开发区	26561	14643	4440	142	10061	11709	6399	272	5038	209
合肥新站高新技术产业开发区	18337	10469	4020	90	6359	7720	4871	174	2675	148
巢湖市	15725	8738	4405	264	4069	6825	4495	307	2023	162
芜湖市	**130149**	**76025**	**33289**	**1699**	**41037**	**53211**	**32691**	**2184**	**18336**	**913**
镜湖区	147	87	46	2	39	59	41	1	17	1
弋江区										
鸠江区	12084	6574	3253	179	3142	5411	3473	277	1661	99
三山区	1083	623	105	22	496	452	222	13	217	8
芜湖县	21156	12389	5312	188	6889	8633	5526	255	2852	134
繁昌县	16878	9843	4517	95	5231	6928	4715	179	2034	107
南陵县	27609	16283	6874	527	8882	11124	6654	552	3918	202
芜湖经济技术开发区	13192	7725	3450	58	4217	5398	3714	114	1570	69
安徽芜湖长江大桥经济开发区	2281	1316	703	18	595	955	729	36	190	10
无为市	35719	21185	9029	610	11546	14251	7617	757	5877	283
蚌埠市	**103358**	**54444**	**21806**	**1761**	**30877**	**47985**	**27387**	**2628**	**17970**	**929**
龙子湖区	1124	648	372	3	273	471	332	9	130	5
蚌山区										
禹会区	1164	709	432	8	269	448	299	8	141	7
淮上区	3213	1825	977	30	818	1366	882	39	445	22
怀远县	32870	17895	7362	641	9892	14695	7773	989	5933	280
五河县	23637	12814	5017	596	7201	10603	5466	833	4304	220
固镇县	13249	7575	2968	320	4287	5553	2991	345	2217	121
蚌埠市高新技术开发区	4459	2100	613	36	1451	2337	1372	97	868	22
蚌埠市经济开发区	23642	10878	4065	127	6686	12512	8272	308	3932	252
淮南市	**93405**	**49931**	**22785**	**2094**	**25052**	**42556**	**24964**	**2764**	**14828**	**918**
大通区	11328	5738	2776	69	2893	5472	3506	175	1791	118
田家庵区	1653	967	401	40	526	671	333	33	305	15
谢家集区	526	290	162	8	120	233	161	13	59	3
八公山区	13	8	7	1		5	2		3	
潘集区	8862	4759	2243	136	2380	4018	2287	210	1521	85
凤台县	21764	11733	5048	541	6144	9822	5879	605	3338	209
寿县	49259	26436	12148	1299	12989	22335	12796	1728	7811	488

5-4b 续表 1

单位：户

地区	合计	有一个60岁及以上人口的户				有二个60岁及以上人口的户				有三个60岁及以上人口的户
		小计	独自居住	只与未成年人口共同居住	其他	小计	只有一对60岁及以上夫妇居住	只有一对60岁及以上夫妇与未成年人口共同居住	其他	
马鞍山市	**88286**	**48396**	**20573**	**1684**	**26139**	**38996**	**23078**	**1806**	**14112**	**894**
花山区										
雨山区										
博望区	1522	829	335	15	479	684	401	26	257	9
当涂县	35173	19172	8476	171	10525	15673	10061	287	5325	328
含山县	24494	13787	5576	758	7453	10486	5534	785	4167	221
和县	27097	14608	6186	740	7682	12153	7082	708	4363	336
淮北市	**43809**	**23557**	**11507**	**504**	**11546**	**19755**	**12285**	**666**	**6804**	**497**
杜集区	7534	4140	2566	55	1519	3314	2327	75	912	80
相山区										
烈山区	4387	2421	1443	38	940	1947	1341	78	528	19
濉溪县	31888	16996	7498	411	9087	14494	8617	513	5364	398
铜陵市	**45499**	**27533**	**11340**	**893**	**15300**	**17709**	**10288**	**1038**	**6383**	**257**
铜官区	36	23	16		7	13	13			
义安区	4467	2516	1169	41	1306	1925	1271	72	582	26
郊区	5460	3138	1635	85	1418	2287	1542	113	632	35
枞阳县	35536	21856	8520	767	12569	13484	7462	853	5169	196
安庆市	**149283**	**90553**	**30923**	**3766**	**55864**	**57726**	**29035**	**3703**	**24988**	**1004**
迎江区										
大观区	3260	1812	648	43	1121	1426	664	101	661	22
宜秀区	5332	3357	1391	101	1865	1942	940	128	874	33
怀宁县	30095	18662	5846	1436	11380	11218	5341	1079	4798	215
太湖县	20063	12415	4574	310	7531	7512	3855	412	3245	136
宿松县	25975	15340	5248	829	9263	10492	5156	925	4411	143
望江县	7814	4466	1361	205	2900	3278	1556	223	1499	70
岳西县	12318	7836	2243	246	5347	4383	1922	167	2294	99
安徽安庆经济开发区	13254	6980	2791	66	4123	6190	4314	141	1735	84
桐城市	17061	10984	3978	205	6801	5965	3020	191	2754	112
潜山市	14111	8701	2843	325	5533	5320	2267	336	2717	90
黄山市	**52183**	**29538**	**10239**	**1207**	**18092**	**22107**	**10912**	**1275**	**9920**	**538**
屯溪区	943	423	101	1	321	494	195	7	292	26
黄山区	4090	2353	991	28	1334	1707	1001	52	654	30
徽州区	2070	1075	368	11	696	966	452	32	482	29
歙县	20186	11601	3683	485	7433	8386	3724	514	4148	199
休宁县	11347	6320	2086	353	3881	4898	2336	327	2235	129
黟县	4438	2424	1064	51	1309	1975	1190	71	714	39
祁门县	9109	5342	1946	278	3118	3681	2014	272	1395	86
滁州市	**167361**	**88630**	**34407**	**2001**	**52222**	**76588**	**42520**	**2958**	**31110**	**2143**
琅琊区										
南谯区	6626	3402	1659	57	1686	3158	2356	88	714	66
来安县	24901	13167	5505	207	7455	11452	7108	271	4073	282
全椒县	26097	14067	6064	269	7734	11775	7057	352	4366	255
定远县	30649	16366	6136	490	9740	13871	6913	790	6168	412
凤阳县	33394	17718	6223	491	11004	15211	7352	724	7135	465
苏滁现代产业园	1345	662	303	6	353	671	500	10	161	12
滁州经济技术开发区	6026	3122	888	25	2209	2841	1728	66	1047	63
天长市	25268	13393	4673	167	8553	11456	6047	205	5204	419
明光市	13055	6733	2956	289	3488	6153	3459	452	2242	169

5-4b 续表 2

单位：户

地区	合计	有一个60岁及以上人口的户				有二个60岁及以上人口的户				有三个60岁及以上人口的户
		小计	独自居住	只与未成年人口共同居住	其他	小计	只有一对60岁及以上夫妇居住	只有一对60岁及以上夫妇与未成年人口共同居住	其他	
阜阳市	**218835**	**115133**	**49342**	**4313**	**61478**	**101289**	**54694**	**5709**	**40886**	**2413**
颍州区	5698	3008	1483	71	1454	2628	1628	106	894	62
颍东区	8690	4408	1654	167	2587	4150	1921	317	1912	132
颍泉区	9529	4908	2490	126	2292	4513	2554	218	1741	108
临泉县	40638	21508	7522	761	13225	18511	8750	1018	8743	619
太和县	57444	29726	16237	884	12605	27197	18207	950	8040	521
阜南县	27958	15660	5502	846	9312	12055	5246	978	5831	243
颍上县	50368	26405	9726	1228	15451	23385	10769	1806	10810	578
阜阳合肥现代产业园区	609	313	138	7	168	292	158	15	119	4
阜阳经济技术开发区	5515	2962	1118	71	1773	2513	1394	69	1050	40
界首市	12386	6235	3472	152	2611	6045	4067	232	1746	106
宿州市	**164076**	**86321**	**38835**	**3018**	**44468**	**75250**	**43718**	**3756**	**27776**	**2505**
埇桥区	22969	13566	7310	387	5869	9070	5543	428	3099	333
砀山县	42832	19831	10673	471	8687	22148	14333	947	6868	853
萧县	35529	18486	9068	479	8939	16416	10254	607	5555	627
灵璧县	29464	16470	5352	1098	10020	12651	5908	959	5784	343
泗县	27315	14732	5224	498	9010	12294	6138	695	5461	289
宿州马鞍山现代产业园区	2414	1339	603	38	698	1057	640	63	354	18
宿州经济技术开发区	3553	1897	605	47	1245	1614	902	57	655	42
六安市	**152385**	**88411**	**37394**	**3108**	**47909**	**62785**	**36576**	**3195**	**23014**	**1189**
金安区	13353	8586	3345	538	4703	4692	2946	291	1455	75
裕安区	9755	5699	2524	157	3018	3957	2196	205	1556	99
叶集区	3517	1942	836	95	1011	1537	885	109	543	38
霍邱县	39945	22128	11581	656	9891	17505	11025	919	5561	312
舒城县	39293	23042	9637	802	12603	15972	9502	745	5725	279
金寨县	20846	12280	4400	469	7411	8418	4458	458	3502	148
霍山县	25676	14734	5071	391	9272	10704	5564	468	4672	238
亳州市	**124337**	**67798**	**29832**	**2783**	**35183**	**55135**	**31067**	**3122**	**20946**	**1404**
谯城区	12750	6972	4428	121	2423	5670	4128	170	1372	108
涡阳县	36084	19523	7591	752	11180	16043	8298	802	6943	518
蒙城县	40359	21976	8246	1045	12685	17911	9043	1201	7667	472
利辛县	35144	19327	9567	865	8895	15511	9598	949	4964	306
池州市	**55577**	**32829**	**11440**	**1462**	**19927**	**22341**	**11899**	**1335**	**9107**	**407**
贵池区	5862	3403	1323	108	1972	2413	1367	115	931	46
东至县	30908	18393	6368	1018	11007	12275	6230	841	5204	240
石台县	4263	2594	890	108	1596	1636	943	110	583	33
青阳县	14267	8251	2798	226	5227	5933	3323	269	2341	83
池州市国家经济技术开发区										
皖江江南新兴产业集中区										
九华山风景区	277	188	61	2	125	84	36		48	5
宣城市	**94558**	**53971**	**23468**	**1427**	**29076**	**39870**	**24641**	**1448**	**13781**	**717**
宣州区	13648	7950	3998	219	3733	5587	3915	183	1489	111
郎溪县	21052	11438	5229	159	6050	9477	6441	260	2776	137
泾县	18630	11424	5001	362	6061	7083	4324	284	2475	123
绩溪县	11535	6478	2389	235	3854	4959	2543	252	2164	98
旌德县	9786	5738	2083	254	3401	3950	1819	223	1908	98
宣城市经济开发区	5123	2999	1297	37	1665	2100	1528	45	527	24
宁国市	5255	3009	1532	82	1395	2201	1469	68	664	45
广德市	9529	4935	1939	79	2917	4513	2602	133	1778	81

5-4c 各地区有60岁及以上人口的家庭户户数(乡村)

单位：户

地区	合计	有一个60岁及以上人口的户				有二个60岁及以上人口的户				有三个60岁及以上人口的户
		小计	独自居住	只与未成年人口共同居住	其他	小计	只有一对60岁及以上夫妇居住	只有一对60岁及以上夫妇与未成年人口共同居住	其他	
安徽	**4174711**	**2295449**	**1052949**	**60719**	**1181781**	**1839522**	**1075302**	**99839**	**664381**	**39740**
合肥市	**342401**	**193309**	**102997**	**3535**	**86777**	**145918**	**98580**	**5202**	**42136**	**3174**
瑶海区	1127	699	127	6	566	417	173	9	235	11
庐阳区	1194	596	371	3	222	582	452	13	117	16
蜀山区	3293	1748	1099	20	629	1504	1199	33	272	41
包河区	680	393	199	3	191	271	196	5	70	16
长丰县	59110	32610	18816	454	13340	25913	18680	730	6503	587
肥东县	72157	39391	21908	771	16712	31898	21609	1135	9154	868
肥西县	61154	32696	18446	559	13691	27907	19736	1031	7140	551
庐江县	83029	51688	22687	1065	27936	30868	18043	1238	11587	473
合肥高新技术产业开发区	13	5	3		2	8	8			
合肥经济技术开发区	1993	990	625	19	346	982	784	19	179	21
合肥新站高新技术产业开发区	508	286	157	2	127	213	156	2	55	9
巢湖市	58143	32207	18559	633	13015	25355	17544	987	6824	581
芜湖市	**202802**	**117394**	**53037**	**2406**	**61951**	**84096**	**49297**	**3729**	**31070**	**1312**
镜湖区	3249	1894	835	12	1047	1332	893	31	408	23
弋江区										
鸠江区	25276	14146	6499	397	7250	10957	6390	737	3830	173
三山区	7798	4623	2347	35	2241	3137	2261	57	819	38
芜湖县	21850	12831	6152	163	6516	8866	5649	220	2997	153
繁昌县	20100	11550	6014	136	5400	8427	6051	168	2208	123
南陵县	43550	24984	11478	446	13060	18317	10814	722	6781	249
芜湖经济技术开发区	665	382	248	2	132	280	245	2	33	3
安徽芜湖长江大桥经济开发区	1498	932	430	19	483	555	291	17	247	11
无为市	78816	46052	19034	1196	25822	32225	16703	1775	13747	539
蚌埠市	**206869**	**112589**	**44358**	**3400**	**64831**	**92068**	**46914**	**6625**	**38529**	**2212**
龙子湖区	5663	3146	1467	45	1634	2479	1443	59	977	38
蚌山区	2370	1300	571	12	717	1045	661	24	360	25
禹会区	13141	7055	3074	108	3873	6003	3801	205	1997	83
淮上区	12799	6802	2740	114	3948	5857	3698	227	1932	140
怀远县	81004	44138	17477	1616	25045	36021	17619	3188	15214	845
五河县	44412	24026	9509	736	13781	19849	9689	1442	8718	537
固镇县	47480	26122	9520	769	15833	20814	10003	1480	9331	544
蚌埠市高新技术开发区										
蚌埠市经济开发区										
淮南市	**192058**	**104053**	**48163**	**3604**	**52286**	**86218**	**48425**	**6763**	**31030**	**1787**
大通区	6899	3786	1938	55	1793	3064	1949	128	987	49
田家庵区	4938	2754	1358	64	1332	2147	1306	71	770	37
谢家集区	8298	4651	2300	99	2252	3570	2303	168	1099	77
八公山区	905	528	263	7	258	364	211	14	139	13
潘集区	24533	13553	5706	352	7495	10747	5957	578	4212	233
凤台县	55381	30849	13868	1116	15865	24008	13665	1828	8515	524
寿县	91104	47932	22730	1911	23291	42318	23034	3976	15308	854

5-4c　续表 1　　单位：户

地　区	合　计	有一个60岁及以上人口的户				有二个60岁及以上人口的户				有三个60岁及以上人口的户
		小计	独自居住	只与未成年人口共同居住	其他	小计	只有一对60岁及以上夫妇居住	只有一对60岁及以上夫妇与未成年人口共同居住	其他	
马鞍山市	**116407**	**62964**	**29021**	**1509**	**32434**	**52368**	**30295**	**2380**	**19693**	**1075**
花山区	1823	950	481	6	463	844	607	10	227	29
雨山区	2489	1282	640	4	638	1183	813	14	356	24
博望区	12510	6895	2824	123	3948	5506	3165	161	2180	109
当涂县	28416	15322	6838	186	8298	12862	8048	303	4511	232
含山县	30109	16820	7659	502	8659	13039	6900	738	5401	250
和县	41060	21695	10579	688	10428	18934	10762	1154	7018	431
淮北市	**87548**	**46466**	**22052**	**864**	**23550**	**39898**	**25383**	**1556**	**12959**	**1184**
杜集区	7549	3846	1881	56	1909	3566	2225	96	1245	137
相山区	6202	3150	1756	46	1348	2979	2038	92	849	73
烈山区	13731	7298	3661	136	3501	6291	4290	210	1791	142
濉溪县	60066	32172	14754	626	16792	27062	16830	1158	9074	832
铜陵市	**94534**	**56105**	**25453**	**1415**	**29237**	**37925**	**23018**	**2137**	**12770**	**504**
铜官区	1198	675	312	2	361	512	384	3	125	11
义安区	24869	13807	7048	164	6595	10924	7851	294	2779	138
郊区	18044	10651	4402	354	5895	7298	4132	517	2649	95
枞阳县	50423	30972	13691	895	16386	19191	10651	1323	7217	260
安庆市	**352499**	**214837**	**77920**	**6513**	**130404**	**135156**	**62831**	**8725**	**63600**	**2506**
迎江区	2939	1746	1064	9	673	1173	944	19	210	20
大观区	6491	3660	1282	132	2246	2775	1300	236	1239	56
宜秀区	5914	3508	1446	69	1993	2361	1368	138	855	45
怀宁县	52286	31896	11594	986	19316	20025	9542	1318	9165	365
太湖县	48875	30637	11666	797	18174	17926	8107	1088	8731	312
宿松县	61371	36136	14064	1513	20559	24876	11666	2170	11040	359
望江县	54715	31159	10057	1335	19767	23109	10188	1804	11117	447
岳西县	33964	22302	6695	473	15134	11393	4613	541	6239	269
安徽安庆经济开发区	788	445	216	5	224	339	253	9	77	4
桐城市	43598	27681	10847	438	16396	15628	7896	556	7176	289
潜山市	41558	25667	8989	756	15922	15551	6954	846	7751	340
黄山市	**124322**	**70545**	**29532**	**1717**	**39296**	**52733**	**27351**	**2919**	**22463**	**1044**
屯溪区	3614	1869	670	4	1195	1717	909	29	779	28
黄山区	13435	7957	3392	137	4428	5375	3059	237	2079	103
徽州区	7496	3973	1632	64	2277	3436	1934	130	1372	87
歙县	48454	27910	12420	906	14584	20172	10228	1294	8650	372
休宁县	26982	14925	5481	330	9114	11788	5516	661	5611	269
黟县	9745	5526	2407	79	3040	4144	2417	167	1560	75
祁门县	14596	8385	3530	197	4658	6101	3288	401	2412	110
滁州市	**272842**	**143832**	**64894**	**2660**	**76278**	**125456**	**74034**	**4670**	**46752**	**3554**
琅琊区	1996	1051	543	1	507	933	734	10	189	12
南谯区	17034	8838	4888	51	3899	8021	6215	128	1678	175
来安县	34783	17839	8292	227	9320	16474	10884	470	5120	470
全椒县	32133	17242	9584	257	7401	14513	10226	377	3910	378
定远县	63384	33764	14660	877	18227	28853	15173	1444	12236	767
凤阳县	45362	24417	9305	590	14522	20402	9734	1050	9618	543
苏滁现代产业园										
滁州经济技术开发区	1110	595	238	1	356	503	339	9	155	12
天长市	37899	19485	8442	146	10897	17696	10532	248	6916	718
明光市	39141	20601	8942	510	11149	18061	10197	934	6930	479

5-4c　续表 2　　　　　　　　　　　　　　　　　　　　单位：户

地　　区	合　　计	有一个60岁及以上人口的户				有二个60岁及以上人口的户				有三个60岁及以上人口的户
		小计	独自居住	只与未成年人口共同居住	其他	小计	只有一对60岁及以上夫妇居住	只有一对60岁及以上夫妇与未成年人口共同居住	其他	
阜阳市	**615306**	**319124**	**141009**	**11123**	**166992**	**289810**	**158220**	**18985**	**112605**	**6372**
颍州区	34898	18479	7887	533	10059	16090	9122	973	5995	329
颍东区	38799	19771	7798	705	11268	18587	8932	1404	8251	441
颍泉区	41581	21599	10840	676	10083	19613	12230	1144	6239	369
临泉县	141236	72271	26615	2879	42777	67242	31421	5015	30806	1723
太和县	103538	52656	31484	1145	20027	49967	35426	1913	12628	915
阜南县	96972	52749	19284	2241	31224	43358	19413	3356	20589	865
颍上县	105007	54591	22537	2335	29719	49146	24163	4117	20866	1270
阜阳合肥现代产业园区	3231	1751	661	44	1046	1455	820	99	536	25
阜阳经济技术开发区	1884	1025	418	15	592	829	466	21	342	30
界首市	48160	24232	13485	550	10197	23523	16227	943	6353	405
宿州市	**422088**	**218142**	**106937**	**5911**	**105294**	**198339**	**123563**	**10545**	**64231**	**5607**
埇桥区	106017	57568	28290	1240	28038	47520	30284	2174	15062	929
砀山县	60258	26697	16037	535	10125	32298	22515	1337	8446	1263
萧县	107488	53232	31732	1480	20020	52602	36489	2190	13923	1654
灵璧县	82837	45590	17839	1612	26139	36251	19197	2825	14229	996
泗县	63183	33790	12536	1022	20232	28650	14466	1965	12219	743
宿州马鞍山现代产业园区	2305	1265	503	22	740	1018	612	54	352	22
宿州经济技术开发区										
六安市	**421433**	**238800**	**112425**	**6199**	**120176**	**179337**	**104888**	**9555**	**64894**	**3296**
金安区	62923	35406	19265	737	15404	27061	18568	1080	7413	456
裕安区	80794	45243	19347	976	24920	34821	18314	1610	14897	730
叶集区	16362	9108	3723	176	5209	7121	3998	371	2752	133
霍邱县	103548	56061	31590	1626	22845	46684	32101	2598	11985	803
舒城县	80972	48202	21500	1317	25385	32206	17026	1861	13319	564
金寨县	57003	32784	12214	1136	19434	23798	10872	1661	11265	421
霍山县	19831	11996	4786	231	6979	7646	4009	374	3263	189
亳州市	**384575**	**203995**	**108271**	**6473**	**89251**	**176966**	**115480**	**10112**	**51374**	**3614**
谯城区	104971	55012	35092	900	19020	49255	37665	1320	10270	704
涡阳县	96892	51581	24711	2103	24767	44106	26027	3125	14954	1205
蒙城县	78851	42248	17428	1826	22994	35710	19191	2930	13589	893
利辛县	103861	55154	31040	1644	22470	47895	32597	2737	12561	812
池州市	**116055**	**68412**	**27407**	**1518**	**39487**	**46800**	**25602**	**2665**	**18533**	**843**
贵池区	45422	26683	11670	498	14515	18442	11152	998	6292	297
东至县	35013	20618	7437	593	12588	14128	6884	875	6369	267
石台县	10398	6365	2320	150	3895	3953	2019	240	1694	80
青阳县	23484	13620	5670	264	7686	9689	5358	529	3802	175
池州市国家经济技术开发区										
皖江江南新兴产业集中区										
九华山风景区	1738	1126	310	13	803	588	189	23	376	24
宣城市	**222972**	**124882**	**59473**	**1872**	**63537**	**96434**	**61421**	**3271**	**31742**	**1656**
宣州区	66192	37020	18945	558	17517	28780	20077	907	7796	392
郎溪县	21575	11464	5319	139	6006	9963	6535	246	3182	148
泾县	33381	20326	9681	329	10316	12809	7521	510	4778	246
绩溪县	16639	8932	4347	154	4431	7566	4736	349	2481	141
旌德县	12449	7224	3006	160	4058	5103	2491	295	2317	122
宣城市经济开发区	3034	1706	828	17	861	1309	979	24	306	19
宁国市	32753	18632	9505	164	8963	13866	9486	253	4127	255
广德市	36949	19578	7842	351	11385	17038	9596	687	6755	333

5-5 各地区有65岁及以上人口的家庭户户数

单位：户

地区	合计	有一个65岁及以上人口的户				有二个65岁及以上人口的户				有三个65岁及以上人口的户
		小计	独自居住	只与未成年人口共同居住	其他	小计	只有一对65岁及以上夫妇居住	只有一对65岁及以上夫妇与未成年人口共同居住	其他	
安徽	**6355102**	**3807395**	**1577817**	**77051**	**2152527**	**2509631**	**1542228**	**93652**	**873751**	**38076**
合肥市	**760625**	**455460**	**194716**	**6001**	**254743**	**300763**	**199533**	**7222**	**94008**	**4402**
瑶海区	54234	32767	12611	231	19925	21246	13825	338	7083	221
庐阳区	48552	28205	10644	227	17334	20088	12899	329	6860	259
蜀山区	63655	35394	12790	268	22336	27894	17913	424	9557	367
包河区	71203	40897	14447	318	26132	29898	19137	481	10280	408
长丰县	72555	44297	22396	557	21344	27777	20090	631	7056	481
肥东县	107276	63269	30088	1160	32021	43153	29075	1325	12753	854
肥西县	80671	47943	23005	618	24320	32262	22882	893	8487	466
庐江县	115535	76552	31116	1485	43951	38591	23123	1299	14169	392
合肥高新技术产业开发区	9921	5859	1815	40	4004	4004	2634	49	1321	58
合肥经济技术开发区	21155	12630	4275	85	8270	8403	5306	178	2919	122
合肥新站高新技术产业开发区	17738	10741	4144	73	6524	6886	4690	98	2098	111
巢湖市	98130	56906	27385	939	28582	40561	27959	1177	11425	663
芜湖市	**413822**	**255390**	**106740**	**3657**	**144993**	**156730**	**99784**	**4383**	**52563**	**1702**
镜湖区	55154	32287	12797	157	19333	22605	15157	350	7098	262
弋江区	29440	17534	6529	67	10938	11796	7952	152	3692	110
鸠江区	54520	33126	14462	556	18108	21167	14021	779	6367	227
三山区	16148	10063	4934	90	5039	6022	4536	84	1402	63
芜湖县	38048	23886	10536	254	13096	14004	9240	274	4490	158
繁昌县	30182	19007	9008	157	9842	11064	8041	167	2856	111
南陵县	58684	36733	15504	631	20598	21722	13355	676	7691	229
芜湖经济技术开发区	10990	7101	3194	34	3873	3867	2902	58	907	22
安徽芜湖长江大桥经济开发区	3146	2032	985	33	1014	1106	783	24	299	8
无为市	117510	73621	28791	1678	43152	43377	23797	1819	17761	512
蚌埠市	**327911**	**193412**	**74754**	**4225**	**114433**	**132389**	**76736**	**6391**	**49262**	**2110**
龙子湖区	25039	15103	6902	120	8081	9822	6684	186	2952	114
蚌山区	15968	9465	3932	94	5439	6415	4472	124	1819	88
禹会区	33789	20037	8610	199	11228	13607	9207	305	4095	145
淮上区	23905	13764	5674	173	7917	9987	6566	269	3152	154
怀远县	97666	58318	22112	1729	34477	38663	20252	2708	15703	685
五河县	57783	33988	12725	978	20285	23373	12263	1409	9701	422
固镇县	52606	31485	11075	816	19594	20723	10676	1185	8862	398
蚌埠市高新技术开发区	3348	1793	502	26	1265	1545	971	46	528	10
蚌埠市经济开发区	17807	9459	3222	90	6147	8254	5645	159	2450	94
淮南市	**342786**	**203971**	**87705**	**4904**	**111362**	**136928**	**83690**	**6677**	**46561**	**1887**
大通区	18733	11123	4975	104	6044	7525	5040	185	2300	85
田家庵区	60764	35594	14837	458	20299	24925	16149	546	8230	245
谢家集区	30033	18863	8157	211	10495	11040	7143	291	3606	130
八公山区	15405	9472	3812	90	5570	5853	3703	152	1998	80
潘集区	33461	20398	8341	427	11630	12874	7750	541	4583	189
凤台县	63900	38831	16555	1167	21109	24682	15077	1354	8251	387
寿县	120490	69690	31028	2447	36215	50029	28828	3608	17593	771

5-5 续表 1 单位：户

地区	合计	有一个65岁及以上人口的户				有二个65岁及以上人口的户				有三个65岁及以上人口的户
		小计	独自居住	只与未成年人口共同居住	其他	小计	只有一对65岁及以上夫妇居住	只有一对65岁及以上夫妇与未成年人口共同居住	其他	
马鞍山市	**259580**	**151293**	**64146**	**2743**	**84404**	**106797**	**68696**	**3088**	**35013**	**1490**
花山区	46625	25964	11053	152	14759	20394	14662	275	5457	267
雨山区	32657	18536	8162	70	10304	13971	10412	164	3395	150
博望区	19529	11890	4401	164	7325	7526	4392	148	2986	113
当涂县	52426	31718	13433	254	18031	20470	13668	286	6516	238
含山县	47339	28235	11719	968	15548	18827	10375	962	7490	277
和县	61004	34950	15378	1135	18437	25609	15187	1253	9169	445
淮北市	**179166**	**102278**	**45785**	**1438**	**55055**	**75454**	**49625**	**2077**	**23752**	**1434**
杜集区	28641	16438	8021	168	8249	11989	8005	230	3754	214
相山区	38419	21422	8372	240	12810	16767	11181	404	5182	230
烈山区	26082	15067	7664	199	7204	10854	7761	275	2818	161
濉溪县	86024	49351	21728	831	26792	35844	22678	1168	11998	829
铜陵市	**163400**	**103602**	**42823**	**1857**	**58922**	**59299**	**38616**	**1979**	**18704**	**499**
铜官区	38991	23092	8963	174	13955	15768	10920	231	4617	131
义安区	30550	18794	8631	177	9986	11653	8610	206	2837	103
郊区	23747	14978	6497	340	8141	8713	5662	368	2683	56
枞阳县	70112	46738	18732	1166	26840	23165	13424	1174	8567	209
安庆市	**515349**	**336109**	**114453**	**7874**	**213782**	**177331**	**92420**	**7694**	**77217**	**1909**
迎江区	26338	15920	6452	117	9351	10319	7384	188	2747	99
大观区	28288	16984	6804	213	9967	11217	7126	393	3698	87
宜秀区	17101	11273	4031	142	7100	5766	3417	197	2152	62
怀宁县	70011	46144	15254	1693	29197	23591	11772	1295	10524	276
太湖县	57724	38855	13706	743	24406	18667	9079	834	8754	202
宿松县	73155	46271	16734	1730	27807	26663	13434	1814	11415	221
望江县	60876	37317	11459	1181	24677	23282	10924	1282	11076	277
岳西县	34951	25388	6864	403	18121	9419	3891	272	5256	144
安徽安庆经济开发区	10888	6469	2547	38	3884	4379	3224	71	1084	40
桐城市	77873	52737	18573	737	33427	24865	13066	633	11166	271
潜山市	58144	38751	12029	877	25845	19163	9103	715	9345	230
黄山市	**172198**	**107524**	**38213**	**2049**	**67262**	**63832**	**35296**	**2215**	**26321**	**842**
屯溪区	25812	14653	4770	100	9783	11006	6563	183	4260	153
黄山区	19237	12566	4651	174	7741	6591	4002	172	2417	80
徽州区	11229	6924	2304	84	4536	4239	2422	106	1711	66
歙县	54100	34509	12803	846	20860	19364	10084	831	8449	227
休宁县	31726	19719	6309	467	12943	11819	5845	479	5495	188
黟县	11147	7039	2839	86	4114	4066	2535	100	1431	42
祁门县	18947	12114	4537	292	7285	6747	3845	344	2558	86
滁州市	**436234**	**252168**	**98367**	**3934**	**149867**	**180399**	**107721**	**5116**	**67562**	**3667**
琅琊区	24450	13696	5085	99	8512	10536	7046	159	3331	218
南谯区	29054	16657	7114	121	9422	12218	8958	183	3077	179
来安县	48653	28179	11737	278	16164	20096	13469	348	6279	378
全椒县	49621	28842	13832	401	14609	20388	13884	429	6075	391
定远县	83012	47912	18885	1073	27954	34355	18403	1486	14466	745
凤阳县	67293	39228	13625	849	24754	27460	13791	1166	12503	605
苏滁现代产业园	1114	623	271	5	347	482	366	5	111	9
滁州经济技术开发区	5361	3084	958	16	2110	2235	1480	33	722	42
天长市	68328	39639	14173	276	25190	28025	16380	289	11356	664
明光市	59348	34308	12687	816	20805	24604	13944	1018	9642	436

5-5 续表 2

单位：户

地区	合计	有一个65岁及以上人口的户				有二个65岁及以上人口的户				有三个65岁及以上人口的户
		小计	独自居住	只与未成年人口共同居住	其他	小计	只有一对65岁及以上夫妇居住	只有一对65岁及以上夫妇与未成年人口共同居住	其他	
阜阳市	**774352**	**442153**	**183846**	**12523**	**245784**	**326738**	**187093**	**16342**	**123303**	**5461**
颍州区	59433	34383	13510	681	20192	24648	14551	915	9182	402
颍东区	51793	28908	10870	783	17255	22487	12001	1284	9202	398
颍泉区	56922	32912	15065	726	17121	23652	14940	946	7766	358
临泉县	154958	86696	30533	2808	53355	66874	32964	3938	29972	1388
太和县	138770	78376	43184	1540	33652	59548	43029	1729	14790	846
阜南县	107482	63345	22351	2428	38566	43519	20265	2878	20376	618
颍上县	130940	75776	28410	2681	44685	54141	27661	3620	22860	1023
阜阳合肥现代产业园区	3183	1828	699	40	1089	1336	787	75	474	19
阜阳经济技术开发区	5843	3502	1323	57	2122	2310	1386	59	865	31
界首市	65028	36427	17901	779	17747	28223	19509	898	7816	378
宿州市	**540434**	**309021**	**137438**	**7040**	**164543**	**226342**	**143833**	**9260**	**73249**	**5071**
埇桥区	150042	88725	39522	1554	47649	60236	38527	2052	19657	1081
砀山县	86875	45126	23754	731	20641	40556	28772	1334	10450	1193
萧县	122735	68279	36426	1522	30331	53106	37355	1708	14043	1350
灵璧县	96654	57536	20593	2023	34920	38303	20728	2461	15114	815
泗县	77428	45400	15683	1144	28573	31439	16745	1620	13074	589
宿州马鞍山现代产业园区	3900	2319	968	39	1312	1554	1021	56	477	27
宿州经济技术开发区	2800	1636	492	27	1117	1148	685	29	434	16
六安市	**523087**	**324456**	**138620**	**6935**	**178901**	**196247**	**120589**	**7527**	**68131**	**2384**
金安区	87039	52872	24484	1124	27264	33786	23586	1016	9184	381
裕安区	93498	57185	22236	1076	33873	35832	20419	1261	14152	481
叶集区	22086	13341	5263	227	7851	8625	5082	351	3192	120
霍邱县	120765	72370	38125	1643	32602	47833	33338	2052	12443	562
舒城县	101629	65159	27050	1435	36674	36037	20848	1412	13777	433
金寨县	61830	39786	13523	1068	25195	21815	10788	1046	9981	229
霍山县	36240	23743	7939	362	15442	12319	6528	389	5402	178
亳州市	**468084**	**272423**	**132283**	**7263**	**132877**	**192404**	**126437**	**8657**	**57310**	**3257**
谯城区	134910	77920	44055	1110	32755	56276	42177	1253	12846	714
涡阳县	112312	65240	28697	2129	34414	45992	27594	2459	15939	1080
蒙城县	102148	60389	23079	2178	35132	40963	22630	2653	15680	796
利辛县	118714	68874	36452	1846	30576	49173	34036	2292	12845	667
池州市	**161548**	**104648**	**36839**	**2088**	**65721**	**56294**	**32867**	**2164**	**21263**	**606**
贵池区	65470	41719	15651	680	25388	23538	14877	835	7826	213
东至县	51572	33856	11242	938	21676	17509	9265	750	7494	207
石台县	11879	8014	2605	141	5268	3816	2089	165	1562	49
青阳县	29832	19140	6745	298	12097	10570	6161	397	4012	122
池州市国家经济技术开发区	783	538	193	19	326	245	176	4	65	
皖江江南新兴产业集中区	443	264	127	1	136	177	144	3	30	2
九华山风景区	1569	1117	276	11	830	439	155	10	274	13
宣城市	**316526**	**193487**	**81089**	**2520**	**109878**	**121684**	**79292**	**2860**	**39532**	**1355**
宣州区	88644	52686	24397	728	27561	35587	25471	807	9309	371
郎溪县	36329	21190	9342	218	11630	14983	10288	311	4384	156
泾县	42460	28201	11965	427	15809	14101	8632	392	5077	158
绩溪县	21868	13391	5419	223	7749	8373	5087	274	3012	104
旌德县	17878	11602	4088	247	7267	6184	3050	253	2881	92
宣城市经济开发区	6672	4114	1826	40	2248	2533	1941	47	545	25
宁国市	46529	29183	12111	232	16840	17155	11235	226	5694	191
广德市	56146	33120	11941	405	20774	22768	13588	550	8630	258

5－5a　各地区有65岁及以上人口的家庭户户数(城市)

单位：户

地　　区	合　　计	有一个65岁及以上人口的户				有二个65岁及以上人口的户				有三个65岁及以上人口的户
		小计	独自居住	只与未成年人口共同居住	其他	小计	只有一对65岁及以上夫妇居住	只有一对65岁及以上夫妇与未成年人口共同居住	其他	
安　徽	**1200675**	**707123**	**267403**	**7736**	**431984**	**487503**	**317012**	**9728**	**160763**	**6049**
合肥市	**261943**	**150771**	**54884**	**1259**	**94628**	**109761**	**70542**	**1836**	**37383**	**1411**
瑶海区	52457	31592	12289	222	19081	20654	13469	331	6854	211
庐阳区	44537	25856	10002	211	15643	18444	11909	304	6231	237
蜀山区	57215	31674	10726	237	20711	25225	15832	386	9007	316
包河区	70620	40525	14274	316	25935	29693	18988	478	10227	402
长丰县										
肥东县										
肥西县	1231	767	194	6	567	459	242	8	209	5
庐江县										
合肥高新技术产业开发区										
合肥经济技术开发区										
合肥新站高新技术产业开发区	3260	1881	614	10	1257	1360	907	7	446	19
巢湖市	32623	18476	6785	257	11434	13926	9195	322	4409	221
芜湖市	**130977**	**78355**	**31032**	**612**	**46711**	**52058**	**35009**	**942**	**16107**	**564**
镜湖区	52239	30499	12025	150	18324	21489	14385	333	6771	251
弋江区	29440	17534	6529	67	10938	11796	7952	152	3692	110
鸠江区	21919	13467	5591	104	7772	8370	5988	144	2238	82
三山区	8763	5359	2780	47	2532	3369	2610	51	708	35
芜湖县	1356	843	360	5	478	505	307	16	182	8
繁昌县										
南陵县										
芜湖经济技术开发区	520	343	169		174	175	105	4	66	2
安徽芜湖长江大桥经济开发区										
无为市	16740	10310	3578	239	6493	6354	3662	242	2450	76
蚌埠市	**64814**	**38271**	**16563**	**332**	**21376**	**26227**	**18076**	**518**	**7633**	**316**
龙子湖区	19462	11698	5335	83	6280	7673	5309	146	2218	91
蚌山区	13908	8242	3420	83	4739	5597	3944	108	1545	69
禹会区	21404	12663	5479	107	7077	8643	5961	163	2519	98
淮上区	10040	5668	2329	59	3280	4314	2862	101	1351	58
怀远县										
五河县										
固镇县										
蚌埠市高新技术开发区										
蚌埠市经济开发区										
淮南市	**102231**	**61276**	**25149**	**665**	**35462**	**40539**	**26140**	**910**	**13489**	**416**
大通区	3990	2451	890	17	1544	1522	1005	20	497	17
田家庵区	55143	32078	13249	377	18452	22843	14848	480	7515	222
谢家集区	22553	14228	5955	126	8147	8242	5250	183	2809	83
八公山区	14649	8992	3592	82	5318	5583	3539	141	1903	74
潘集区	5896	3527	1463	63	2001	2349	1498	86	765	20
凤台县										
寿县										

5-5a 续表 1

单位：户

地区	合计	有一个65岁及以上人口的户				有二个65岁及以上人口的户				有三个65岁及以上人口的户
		小计	独自居住	只与未成年人口共同居住	其他	小计	只有一对65岁及以上夫妇居住	只有一对65岁及以上夫妇与未成年人口共同居住	其他	
马鞍山市	**83148**	**46956**	**19812**	**265**	**26879**	**35752**	**25583**	**476**	**9693**	**440**
花山区	45151	25097	10637	147	14313	19799	14226	271	5302	255
雨山区	30533	17295	7587	67	9641	13099	9786	154	3159	139
博望区	7464	4564	1588	51	2925	2854	1571	51	1232	46
当涂县										
含山县										
和县										
淮北市	**65281**	**36806**	**15535**	**433**	**20838**	**28082**	**18613**	**663**	**8806**	**393**
杜集区	15920	8985	4153	96	4736	6844	4508	130	2206	91
相山区	33085	18433	6827	207	11399	14469	9547	351	4571	183
烈山区	10367	6074	3122	69	2883	4240	3034	85	1121	53
濉溪县	5909	3314	1433	61	1820	2529	1524	97	908	66
铜陵市	**49352**	**29404**	**11719**	**242**	**17443**	**19783**	**13942**	**292**	**5549**	**165**
铜官区	38047	22492	8690	172	13630	15429	10670	230	4529	126
义安区	6888	4234	1725	44	2465	2630	1967	37	626	24
郊区	4417	2678	1304	26	1348	1724	1305	25	394	15
枞阳县										
安庆市	**96294**	**60705**	**21502**	**819**	**38384**	**35220**	**22170**	**834**	**12216**	**369**
迎江区	23821	14355	5517	111	8727	9381	6611	174	2596	85
大观区	20159	12017	5124	88	6805	8084	5567	188	2329	58
宜秀区	7474	4858	1537	37	3284	2582	1646	49	887	34
怀宁县										
太湖县										
宿松县										
望江县	6995	4412	1402	118	2892	2554	1343	82	1129	29
岳西县										
安徽安庆经济开发区	9	7	5		2	2	2			
桐城市	25361	16999	5593	246	11160	8264	4577	198	3489	98
潜山市	12475	8057	2324	219	5514	4353	2424	143	1786	65
黄山市	**31377**	**18428**	**5998**	**182**	**12248**	**12784**	**7722**	**242**	**4820**	**165**
屯溪区	22101	12521	4108	96	8317	9454	5746	167	3541	126
黄山区	4960	3206	1118	52	2036	1732	1095	41	596	22
徽州区	3550	2260	666	31	1563	1276	720	30	526	14
歙县	441	263	76	3	184	178	84	2	92	
休宁县	325	178	30		148	144	77	2	65	3
黟县										
祁门县										
滁州市	**62760**	**35819**	**11584**	**468**	**23767**	**26482**	**15997**	**559**	**9926**	**459**
琅琊区	22799	12750	4611	99	8040	9839	6473	154	3212	210
南谯区	9276	5430	1444	54	3932	3797	2282	78	1437	49
来安县										
全椒县										
定远县										
凤阳县										
苏滁现代产业园										
滁州经济技术开发区										
天长市	14903	8618	2949	67	5602	6182	3854	59	2269	103
明光市	15782	9021	2580	248	6193	6664	3388	268	3008	97

5-5a 续表 2

单位：户

地区	合计	有一个65岁及以上人口的户：小计	有一个65岁及以上人口的户：独自居住	有一个65岁及以上人口的户：只与未成年人口共同居住	有一个65岁及以上人口的户：其他	有二个65岁及以上人口的户：小计	有二个65岁及以上人口的户：只有一对65岁及以上夫妇居住	有二个65岁及以上人口的户：只有一对65岁及以上夫妇与未成年人口共同居住	有二个65岁及以上人口的户：其他	有三个65岁及以上人口的户
阜阳市	**61896**	**35570**	**13068**	**702**	**21800**	**25939**	**15303**	**679**	**9957**	**387**
颍州区	24414	13996	4958	220	8818	10249	5844	225	4180	169
颍东区	10830	6020	2327	104	3589	4743	3050	135	1558	67
颍泉区	13321	7877	3043	114	4720	5371	3165	129	2077	73
临泉县										
太和县										
阜南县										
颍上县										
阜阳合肥现代产业园区										
阜阳经济技术开发区										
界首市	13331	7677	2740	264	4673	5576	3244	190	2142	78
宿州市	**39413**	**23265**	**7668**	**366**	**15231**	**15867**	**9244**	**409**	**6214**	**281**
埇桥区	38718	22867	7477	363	15027	15575	9054	403	6118	276
砀山县										
萧县	695	398	191	3	204	292	190	6	96	5
灵璧县										
泗县										
宿州马鞍山现代产业园区										
宿州经济技术开发区										
六安市	**46184**	**27429**	**9673**	**530**	**17226**	**18556**	**12294**	**508**	**5754**	**199**
金安区	22562	13078	4734	252	8092	9397	6483	246	2668	87
裕安区	17484	10528	3425	247	6856	6879	4437	212	2230	77
叶集区	5146	3234	1242	28	1964	1885	1097	43	745	27
霍邱县	329	195	88	2	105	131	94	2	35	3
舒城县	663	394	184	1	209	264	183	5	76	5
金寨县										
霍山县										
亳州市	**31186**	**18795**	**7869**	**305**	**10621**	**12167**	**7802**	**324**	**4041**	**224**
谯城区	30866	18616	7777	303	10536	12030	7697	319	4014	220
涡阳县										
蒙城县										
利辛县	320	179	92	2	85	137	105	5	27	4
池州市	**23744**	**15071**	**4879**	**277**	**9915**	**8612**	**5687**	**250**	**2675**	**61**
贵池区	22518	14269	4559	257	9453	8190	5367	243	2580	59
东至县										
石台县										
青阳县										
池州市国家经济技术开发区	783	538	193	19	326	245	176	4	65	
皖江江南新兴产业集中区	443	264	127	1	136	177	144	3	30	2
九华山风景区										
宣城市	**50075**	**30202**	**10468**	**279**	**19455**	**19674**	**12888**	**286**	**6500**	**199**
宣州区	17958	10442	3741	122	6579	7441	5330	125	1986	75
郎溪县										
泾县										
绩溪县										
旌德县										
宣城市经济开发区										
宁国市	14745	9452	2974	68	6410	5239	3065	67	2107	54
广德市	17372	10308	3753	89	6466	6994	4493	94	2407	70

5-5b　各地区有65岁及以上人口的家庭户户数(镇)

单位：户

地　区	合　计	有一个65岁及以上人口的户				有二个65岁及以上人口的户				有三个65岁及以上人口的户
		小计	独自居住	只与未成年人口共同居住	其他	小计	只有一对65岁及以上夫妇居住	只有一对65岁及以上夫妇与未成年人口共同居住	其他	
安　徽	**1569967**	**957276**	**379892**	**23121**	**554263**	**602911**	**363081**	**22823**	**217007**	**9780**
合肥市	**198021**	**123306**	**47942**	**1950**	**73414**	**73693**	**47468**	**1986**	**24239**	**1022**
瑶海区	963	613	220	6	387	343	236	3	104	7
庐阳区	2955	1744	302	14	1428	1198	632	19	547	13
蜀山区	3549	2035	1105	18	912	1494	1133	18	343	20
包河区										
长丰县	20493	13222	5417	195	7610	7172	4767	172	2233	99
肥东县	42697	25622	10282	509	14831	16778	10818	537	5423	297
肥西县	25284	16048	6209	158	9681	9139	6099	197	2843	97
庐江县	45151	29876	11585	682	17609	15131	9117	547	5467	144
合肥高新技术产业开发区	9910	5855	1813	40	4002	3997	2627	49	1321	58
合肥经济技术开发区	19389	11681	3723	74	7884	7599	4653	162	2784	109
合肥新站高新技术产业开发区	14054	8612	3396	62	5154	5356	3652	90	1614	86
巢湖市	13576	7998	3890	192	3916	5486	3734	192	1560	92
芜湖市	**106347**	**67210**	**28668**	**1150**	**37392**	**38688**	**24963**	**1146**	**12579**	**449**
镜湖区	124	77	38	1	38	47	34		13	
弋江区										
鸠江区	10324	6092	2928	125	3039	4178	2793	173	1212	54
三山区	710	456	74	17	365	250	137	4	109	4
芜湖县	17387	10952	4636	124	6192	6361	4303	121	1937	74
繁昌县	13240	8404	3799	60	4545	4790	3386	78	1326	46
南陵县	22012	14042	5744	312	7986	7865	4964	265	2636	105
芜湖经济技术开发区	9908	6415	2810	33	3572	3475	2598	54	823	18
安徽芜湖长江大桥经济开发区	1877	1182	619	16	547	690	553	17	120	5
无为市	30765	19590	8020	462	11108	11032	6195	434	4403	143
蚌埠市	**82947**	**48389**	**18308**	**1223**	**28858**	**34102**	**20287**	**1527**	**12288**	**456**
龙子湖区	898	557	291	3	263	339	245	5	89	2
蚌山区										
禹会区	989	646	372	6	268	339	229	7	103	4
淮上区	2660	1639	850	22	767	1009	674	18	317	12
怀远县	27040	16150	6304	448	9398	10734	5942	601	4191	156
五河县	19355	11466	4268	409	6789	7775	4263	496	3016	114
固镇县	10850	6679	2499	219	3961	4107	2318	195	1594	64
蚌埠市高新技术开发区	3348	1793	502	26	1265	1545	971	46	528	10
蚌埠市经济开发区	17807	9459	3222	90	6147	8254	5645	159	2450	94
淮南市	**76224**	**45070**	**19538**	**1389**	**24143**	**30679**	**18869**	**1580**	**10230**	**475**
大通区	8892	5070	2326	44	2700	3777	2523	97	1157	45
田家庵区	1400	892	353	27	512	502	270	23	209	6
谢家集区	432	277	144	7	126	153	117	6	30	2
八公山区	10	6	4	1	1	4	1		3	
潘集区	7132	4316	1878	95	2343	2769	1654	128	987	47
凤台县	17215	10243	4286	318	5639	6874	4381	307	2186	98
寿县	41143	24266	10547	897	12822	16600	9923	1019	5658	277

5－5b 续表 1

单位：户

地 区	合 计	有一个65岁及以上人口的户				有二个65岁及以上人口的户				有三个65岁及以上人口的户
		小计	独自居住	只与未成年人口共同居住	其他	小计	只有一对65岁及以上夫妇居住	只有一对65岁及以上夫妇与未成年人口共同居住	其他	
马鞍山市	**74125**	**44526**	**18215**	**1273**	**25038**	**29140**	**17970**	**1055**	**10115**	**459**
花山区										
雨山区										
博望区	1300	804	296	12	496	492	319	10	163	4
当涂县	28476	17381	7376	116	9889	10958	7395	136	3427	137
含山县	20713	12524	4898	579	7047	8056	4443	478	3135	133
和县	23636	13817	5645	566	7606	9634	5813	431	3390	185
淮北市	**36982**	**21637**	**10102**	**336**	**11199**	**15058**	**9689**	**408**	**4961**	**287**
杜集区	6413	3849	2227	35	1587	2512	1806	44	662	52
相山区										
烈山区	3716	2201	1235	24	942	1505	1074	50	381	10
濉溪县	26853	15587	6640	277	8670	11041	6809	314	3918	225
铜陵市	**36328**	**23949**	**9501**	**594**	**13854**	**12264**	**7442**	**532**	**4290**	**115**
铜官区	23	14	11		3	9	9			
义安区	3550	2243	959	26	1258	1299	888	31	380	8
郊区	4485	2822	1440	61	1321	1648	1170	63	415	15
枞阳县	28270	18870	7091	507	11272	9308	5375	438	3495	92
安庆市	**120635**	**79290**	**26254**	**2463**	**50573**	**40900**	**21700**	**1910**	**17290**	**445**
迎江区										
大观区	2658	1596	548	24	1024	1054	522	57	475	8
宜秀区	4531	3088	1233	59	1796	1433	721	77	635	10
怀宁县	24555	16385	5067	958	10360	8063	4117	550	3396	107
太湖县	16323	10840	3854	194	6792	5421	2945	210	2266	62
宿松县	20933	13295	4476	573	8246	7581	4021	502	3058	57
望江县	6492	3986	1175	143	2668	2472	1239	116	1117	34
岳西县	9036	6374	1751	111	4512	2622	1174	78	1370	40
安徽安庆经济开发区	10223	6067	2352	35	3680	4117	3024	65	1028	39
桐城市	14532	9982	3462	160	6360	4500	2327	103	2070	50
潜山市	11352	7677	2336	206	5135	3637	1610	152	1875	38
黄山市	**40551**	**25534**	**8310**	**717**	**16507**	**14789**	**7885**	**577**	**6327**	**228**
屯溪区	790	426	91	1	334	352	143	5	204	12
黄山区	3321	2166	815	19	1332	1142	722	18	402	13
徽州区	1653	1005	299	7	699	639	333	15	291	9
歙县	15220	9726	2856	276	6594	5410	2592	226	2592	84
休宁县	9002	5545	1733	219	3593	3396	1758	152	1486	61
黟县	3449	2115	879	32	1204	1320	842	30	448	14
祁门县	7116	4551	1637	163	2751	2530	1495	131	904	35
滁州市	**136785**	**80044**	**29233**	**1398**	**49413**	**55575**	**32166**	**1665**	**21744**	**1166**
琅琊区										
南谯区	5255	2968	1375	34	1559	2253	1777	38	438	34
来安县	19615	11559	4598	119	6842	7917	5162	121	2634	139
全椒县	21194	12427	5177	198	7052	8632	5401	193	3038	135
定远县	26078	15203	5405	369	9429	10614	5519	507	4588	261
凤阳县	27681	16230	5273	368	10589	11185	5684	434	5067	266
苏滁现代产业园	1114	623	271	5	347	482	366	5	111	9
滁州经济技术开发区	4435	2550	745	15	1790	1848	1213	29	606	37
天长市	20660	12292	3892	101	8299	8169	4406	89	3674	199
明光市	10753	6192	2497	189	3506	4475	2638	249	1588	86

5-5b 续表 2

单位：户

地区	合计	有一个65岁及以上人口的户				有二个65岁及以上人口的户				有三个65岁及以上人口的户
		小计	独自居住	只与未成年人口共同居住	其他	小计	只有一对65岁及以上夫妇居住	只有一对65岁及以上夫妇与未成年人口共同居住	其他	
阜阳市	**181170**	**105117**	**43271**	**3044**	**58802**	**74709**	**42752**	**3471**	**28486**	**1344**
颍州区	4773	2779	1316	57	1406	1959	1268	63	628	35
颍东区	7365	4182	1497	125	2560	3110	1520	202	1388	73
颍泉区	8091	4660	2237	95	2328	3358	2010	138	1210	73
临泉县	33263	19147	6497	526	12124	13770	6882	635	6253	346
太和县	48235	27698	14427	644	12627	20239	14238	564	5437	298
阜南县	22974	13891	4783	583	8525	8966	4111	618	4237	117
颍上县	41161	24018	8347	863	14808	16820	8341	1046	7433	323
阜阳合肥现代产业园区	505	274	118	3	153	229	131	12	86	2
阜阳经济技术开发区	4273	2566	952	46	1568	1689	1023	46	620	18
界首市	10530	5902	3097	102	2703	4569	3228	147	1194	59
宿州市	**136298**	**79267**	**33728**	**2067**	**43472**	**55570**	**33962**	**2196**	**19412**	**1461**
埇桥区	19376	12272	6385	263	5624	6868	4361	260	2247	236
砀山县	35562	19033	9351	323	9359	16063	10943	531	4589	466
萧县	29349	16888	7894	314	8680	12097	7872	365	3860	364
灵璧县	24619	14898	4608	760	9530	9515	4727	579	4209	206
泗县	22650	13374	4484	352	8538	9116	4867	406	3843	160
宿州马鞍山现代产业园区	1942	1166	514	28	624	763	507	26	230	13
宿州经济技术开发区	2800	1636	492	27	1117	1148	685	29	434	16
六安市	**122485**	**77759**	**31912**	**1927**	**43920**	**44182**	**27186**	**1656**	**15340**	**544**
金安区	10739	7241	2907	333	4001	3456	2298	164	994	42
裕安区	7959	5092	2172	109	2811	2822	1653	125	1044	45
叶集区	2972	1768	746	62	960	1183	726	62	395	21
霍邱县	32652	19916	10045	430	9441	12600	8307	506	3787	136
舒城县	32120	20502	8352	502	11648	11482	7227	389	3866	136
金寨县	15905	10336	3613	277	6446	5511	3126	202	2183	58
霍山县	20138	12904	4077	214	8613	7128	3849	208	3071	106
亳州市	**101937**	**60875**	**25933**	**1909**	**33033**	**40241**	**23930**	**1795**	**14516**	**821**
谯城区	11071	6597	3986	97	2514	4414	3299	97	1018	60
涡阳县	28799	17125	6397	486	10242	11356	6218	455	4683	318
蒙城县	33286	20038	7193	745	12100	12990	6977	706	5307	258
利辛县	28781	17115	8357	581	8177	11481	7436	537	3508	185
池州市	**43017**	**28060**	**9387**	**840**	**17833**	**14778**	**8364**	**589**	**5825**	**179**
贵池区	4865	3072	1143	72	1857	1776	1036	60	680	17
东至县	23785	15663	5215	583	9865	8014	4388	356	3270	108
石台县	3318	2203	727	56	1420	1101	666	47	388	14
青阳县	10844	6974	2258	128	4588	3832	2253	126	1453	38
池州市国家经济技术开发区										
皖江江南新兴产业集中区										
九华山风景区	205	148	44	1	103	55	21		34	2
宣城市	**76115**	**47243**	**19590**	**841**	**26812**	**28543**	**18448**	**730**	**9365**	**329**
宣州区	11671	7241	3500	151	3590	4366	3169	107	1090	64
郎溪县	17562	10306	4601	108	5597	7183	5044	150	1989	73
泾县	14590	9742	4055	192	5495	4802	3055	137	1610	46
绩溪县	8598	5296	1864	120	3312	3260	1759	115	1386	42
旌德县	7576	4941	1644	136	3161	2592	1256	96	1240	43
宣城市经济开发区	4043	2524	1102	26	1396	1507	1154	28	325	12
宁国市	4245	2634	1205	49	1380	1590	1092	28	470	21
广德市	7830	4559	1619	59	2881	3243	1919	69	1255	28

5-5c 各地区有65岁及以上人口的家庭户户数(乡村)

单位：户

地区	合计	有一个65岁及以上人口的户				有二个65岁及以上人口的户				有三个65岁及以上人口的户
		小计	独自居住	只与未成年人口共同居住	其他	小计	只有一对65岁及以上夫妇居住	只有一对65岁及以上夫妇与未成年人口共同居住	其他	
安徽	**3584460**	**2142996**	**930522**	**46194**	**1166280**	**1419217**	**862135**	**61101**	**495981**	**22247**
合肥市	**300661**	**181383**	**91890**	**2792**	**86701**	**117309**	**81523**	**3400**	**32386**	**1969**
瑶海区	814	562	102	3	457	249	120	4	125	3
庐阳区	1060	605	340	2	263	446	358	6	82	9
蜀山区	2891	1685	959	13	713	1175	948	20	207	31
包河区	583	372	173	2	197	205	149	3	53	6
长丰县	52062	31075	16979	362	13734	20605	15323	459	4823	382
肥东县	64579	37647	19806	651	17190	26375	18257	788	7330	557
肥西县	54156	31128	16602	454	14072	22664	16541	688	5435	364
庐江县	70384	46676	19531	803	26342	23460	14006	752	8702	248
合肥高新技术产业开发区	11	4	2		2	7	7			
合肥经济技术开发区	1766	949	552	11	386	804	653	16	135	13
合肥新站高新技术产业开发区	424	248	134	1	113	170	131	1	38	6
巢湖市	51931	30432	16710	490	13232	21149	15030	663	5456	350
芜湖市	**176498**	**109825**	**47040**	**1895**	**60890**	**65984**	**39812**	**2295**	**23877**	**689**
镜湖区	2791	1711	734	6	971	1069	738	17	314	11
弋江区										
鸠江区	22277	13567	5943	327	7297	8619	5240	462	2917	91
三山区	6675	4248	2080	26	2142	2403	1789	29	585	24
芜湖县	19305	12091	5540	125	6426	7138	4630	137	2371	76
繁昌县	16942	10603	5209	97	5297	6274	4655	89	1530	65
南陵县	36672	22691	9760	319	12612	13857	8391	411	5055	124
芜湖经济技术开发区	562	343	215	1	127	217	199		18	2
安徽芜湖长江大桥经济开发区	1269	850	366	17	467	416	230	7	179	3
无为市	70005	43721	17193	977	25551	25991	13940	1143	10908	293
蚌埠市	**180150**	**106752**	**39883**	**2670**	**64199**	**72060**	**38373**	**4346**	**29341**	**1338**
龙子湖区	4679	2848	1276	34	1538	1810	1130	35	645	21
蚌山区	2060	1223	512	11	700	818	528	16	274	19
禹会区	11396	6728	2759	86	3883	4625	3017	135	1473	43
淮上区	11205	6457	2495	92	3870	4664	3030	150	1484	84
怀远县	70626	42168	15808	1281	25079	27929	14310	2107	11512	529
五河县	38428	22522	8457	569	13496	15598	8000	913	6685	308
固镇县	41756	24806	8576	597	15633	16616	8358	990	7268	334
蚌埠市高新技术开发区										
蚌埠市经济开发区										
淮南市	**164331**	**97625**	**43018**	**2850**	**51757**	**65710**	**38681**	**4187**	**22842**	**996**
大通区	5851	3602	1759	43	1800	2226	1512	68	646	23
田家庵区	4221	2624	1235	54	1335	1580	1031	43	506	17
谢家集区	7048	4358	2058	78	2222	2645	1776	102	767	45
八公山区	746	474	216	7	251	266	163	11	92	6
潘集区	20433	12555	5000	269	7286	7756	4598	327	2831	122
凤台县	46685	28588	12269	849	15470	17808	10696	1047	6065	289
寿县	79347	45424	20481	1550	23393	33429	18905	2589	11935	494

5-5c　续表 1　　　　单位：户

地　区	合　计	有一个65岁及以上人口的户				有二个65岁及以上人口的户				有三个65岁及以上人口的户
		小计	独自居住	只与未成年人口共同居住	其他	小计	只有一对65岁及以上夫妇居住	只有一对65岁及以上夫妇与未成年人口共同居住	其他	
马鞍山市	**102307**	**59811**	**26119**	**1205**	**32487**	**41905**	**25143**	**1557**	**15205**	**591**
花山区	1474	867	416	5	446	595	436	4	155	12
雨山区	2124	1241	575	3	663	872	626	10	236	11
博望区	10765	6522	2517	101	3904	4180	2502	87	1591	63
当涂县	23950	14337	6057	138	8142	9512	6273	150	3089	101
含山县	26626	15711	6821	389	8501	10771	5932	484	4355	144
和县	37368	21133	9733	569	10831	15975	9374	822	5779	260
淮北市	**76903**	**43835**	**20148**	**669**	**23018**	**32314**	**21323**	**1006**	**9985**	**754**
杜集区	6308	3604	1641	37	1926	2633	1691	56	886	71
相山区	5334	2989	1545	33	1411	2298	1634	53	611	47
烈山区	11999	6792	3307	106	3379	5109	3653	140	1316	98
濉溪县	53262	30450	13655	493	16302	22274	14345	757	7172	538
铜陵市	**77720**	**50249**	**21603**	**1021**	**27625**	**27252**	**17232**	**1155**	**8865**	**219**
铜官区	921	586	262	2	322	330	241	1	88	5
义安区	20112	12317	5947	107	6263	7724	5755	138	1831	71
郊区	14845	9478	3753	253	5472	5341	3187	280	1874	26
枞阳县	41842	27868	11641	659	15568	13857	8049	736	5072	117
安庆市	**298420**	**196114**	**66697**	**4592**	**124825**	**101211**	**48550**	**4950**	**47711**	**1095**
迎江区	2517	1565	935	6	624	938	773	14	151	14
大观区	5471	3371	1132	101	2138	2079	1037	148	894	21
宜秀区	5096	3327	1261	46	2020	1751	1050	71	630	18
怀宁县	45456	29759	10187	735	18837	15528	7655	745	7128	169
太湖县	41401	28015	9852	549	17614	13246	6134	624	6488	140
宿松县	52222	32976	12258	1157	19561	19082	9413	1312	8357	164
望江县	47389	28919	8882	920	19117	18256	8342	1084	8830	214
岳西县	25915	19014	5113	292	13609	6797	2717	194	3886	104
安徽安庆经济开发区	656	395	190	3	202	260	198	6	56	1
桐城市	37980	25756	9518	331	15907	12101	6162	332	5607	123
潜山市	34317	23017	7369	452	15196	11173	5069	420	5684	127
黄山市	**100270**	**63562**	**23905**	**1150**	**38507**	**36259**	**19689**	**1396**	**15174**	**449**
屯溪区	2921	1706	571	3	1132	1200	674	11	515	15
黄山区	10956	7194	2718	103	4373	3717	2185	113	1419	45
徽州区	6026	3659	1339	46	2274	2324	1369	61	894	43
歙县	38439	24520	9871	567	14082	13776	7408	603	5765	143
休宁县	22399	13996	4546	248	9202	8279	4010	325	3944	124
黟县	7698	4924	1960	54	2910	2746	1693	70	983	28
祁门县	11831	7563	2900	129	4534	4217	2350	213	1654	51
滁州市	**236689**	**136305**	**57550**	**2068**	**76687**	**98342**	**59558**	**2892**	**35892**	**2042**
琅琊区	1651	946	474		472	697	573	5	119	8
南谯区	14523	8259	4295	33	3931	6168	4899	67	1202	96
来安县	29038	16620	7139	159	9322	12179	8307	227	3645	239
全椒县	28427	16415	8655	203	7557	11756	8483	236	3037	256
定远县	56934	32709	13480	704	18525	23741	12884	979	9878	484
凤阳县	39612	22998	8352	481	14165	16275	8107	732	7436	339
苏滁现代产业园										
滁州经济技术开发区	926	534	213	1	320	387	267	4	116	5
天长市	32765	18729	7332	108	11289	13674	8120	141	5413	362
明光市	32813	19095	7610	379	11106	13465	7918	501	5046	253

5-5c 续表 2

单位：户

地区	合计	有一个65岁及以上人口的户				有二个65岁及以上人口的户				有三个65岁及以上人口的户
		小计	独自居住	只与未成年人口共同居住	其他	小计	只有一对65岁及以上夫妇居住	只有一对65岁及以上夫妇与未成年人口共同居住	其他	
阜阳市	**531286**	**301466**	**127507**	**8777**	**165182**	**226090**	**129038**	**12192**	**84860**	**3730**
颍州区	30246	17608	7236	404	9968	12440	7439	627	4374	198
颍东区	33598	18706	7046	554	11106	14634	7431	947	6256	258
颍泉区	35510	20375	9785	517	10073	14923	9765	679	4479	212
临泉县	121695	67549	24036	2282	41231	53104	26082	3303	23719	1042
太和县	90535	50678	28757	896	21025	39309	28791	1165	9353	548
阜南县	84508	49454	17568	1845	30041	34553	16154	2260	16139	501
颍上县	89779	51758	20063	1818	29877	37321	19320	2574	15427	700
阜阳合肥现代产业园区	2678	1554	581	37	936	1107	656	63	388	17
阜阳经济技术开发区	1570	936	371	11	554	621	363	13	245	13
界首市	41167	22848	12064	413	10371	18078	13037	561	4480	241
宿州市	**364723**	**206489**	**96042**	**4607**	**105840**	**154905**	**100627**	**6655**	**47623**	**3329**
埇桥区	91948	53586	25660	928	26998	37793	25112	1389	11292	569
砀山县	51313	26093	14403	408	11282	24493	17829	803	5861	727
萧县	92691	50993	28341	1205	21447	40717	29293	1337	10087	981
灵璧县	72035	42638	15985	1263	25390	28788	16001	1882	10905	609
泗县	54778	32026	11199	792	20035	22323	11878	1214	9231	429
宿州马鞍山现代产业园区	1958	1153	454	11	688	791	514	30	247	14
宿州经济技术开发区										
六安市	**354418**	**219268**	**97035**	**4478**	**117755**	**133509**	**81109**	**5363**	**47037**	**1641**
金安区	53738	32553	16843	539	15171	20933	14805	606	5522	252
裕安区	68055	41565	16639	720	24206	26131	14329	924	10878	359
叶集区	13968	8339	3275	137	4927	5557	3259	246	2052	72
霍邱县	87784	52259	27992	1211	23056	35102	24937	1544	8621	423
舒城县	68846	44263	18514	932	24817	24291	13438	1018	9835	292
金寨县	45925	29450	9910	791	18749	16304	7662	844	7798	171
霍山县	16102	10839	3862	148	6829	5191	2679	181	2331	72
亳州市	**334961**	**192753**	**98481**	**5049**	**89223**	**139996**	**94705**	**6538**	**38753**	**2212**
谯城区	92973	52707	32292	710	19705	39832	31181	837	7814	434
涡阳县	83513	48115	22300	1643	24172	34636	21376	2004	11256	762
蒙城县	68862	40351	15886	1433	23032	27973	15653	1947	10373	538
利辛县	89613	51580	28003	1263	22314	37555	26495	1750	9310	478
池州市	**94787**	**61517**	**22573**	**971**	**37973**	**32904**	**18816**	**1325**	**12763**	**366**
贵池区	38087	24378	9949	351	14078	13572	8474	532	4566	137
东至县	27787	18193	6027	355	11811	9495	4877	394	4224	99
石台县	8561	5811	1878	85	3848	2715	1423	118	1174	35
青阳县	18988	12166	4487	170	7509	6738	3908	271	2559	84
池州市国家经济技术开发区										
皖江江南新兴产业集中区										
九华山风景区	1364	969	232	10	727	384	134	10	240	11
宣城市	**190336**	**116042**	**51031**	**1400**	**63611**	**73467**	**47956**	**1844**	**23667**	**827**
宣州区	59015	35003	17156	455	17392	23780	16972	575	6233	232
郎溪县	18767	10884	4741	110	6033	7800	5244	161	2395	83
泾县	27870	18459	7910	235	10314	9299	5577	255	3467	112
绩溪县	13270	8095	3555	103	4437	5113	3328	159	1626	62
旌德县	10302	6661	2444	111	4106	3592	1794	157	1641	49
宣城市经济开发区	2629	1590	724	14	852	1026	787	19	220	13
宁国市	27539	17097	7932	115	9050	10326	7078	131	3117	116
广德市	30944	18253	6569	257	11427	12531	7176	387	4968	160

5-6 各地区有80岁及以上人口的家庭户户数

单位：户

地区	合计	有一个80岁及以上人口的户				有二个80岁及以上人口的户				有三个80岁及以上人口的户
		小计	独自居住	只与未成年人口共同居住	其他	小计	只有一对80岁及以上夫妇居住	只有一对80岁及以上夫妇与未成年人口共同居住	其他	
安徽	**1529950**	**1327971**	**487517**	**9898**	**830556**	**201077**	**132374**	**1936**	**66767**	**902**
合肥市	**181088**	**155148**	**60287**	**649**	**94212**	**25856**	**18309**	**122**	**7425**	**84**
瑶海区	13730	11615	4383	20	7212	2112	1496	2	614	3
庐阳区	12787	10513	3920	22	6571	2272	1586	9	677	2
蜀山区	14932	12178	4061	23	8094	2747	1935	3	809	7
包河区	16272	13360	4646	15	8699	2905	2042	6	857	7
长丰县	18332	16013	7435	97	8481	2308	1758	13	537	11
肥东县	29103	24603	10094	161	14348	4477	3104	38	1335	23
肥西县	17223	15223	6413	67	8743	1995	1545	7	443	5
庐江县	25034	22735	7798	145	14792	2292	1412	21	859	7
合肥高新技术产业开发区	1903	1609	531		1078	293	202		91	1
合肥经济技术开发区	3684	3165	1224	3	1938	519	385		134	
合肥新站高新技术产业开发区	4039	3446	1376	4	2066	592	437	1	154	1
巢湖市	24049	20688	8406	92	12190	3344	2407	22	915	17
芜湖市	**95545**	**84244**	**30512**	**454**	**53278**	**11270**	**7474**	**88**	**3708**	**31**
镜湖区	15510	12992	4416	18	8558	2515	1742	11	762	3
弋江区	6165	5316	1797	6	3513	849	598	2	249	
鸠江区	13173	11528	4540	73	6915	1639	1166	16	457	6
三山区	3337	3019	1291	6	1722	317	244		73	1
芜湖县	8350	7496	2778	34	4684	849	563	5	281	5
繁昌县	6474	5889	2465	16	3408	584	433	3	148	1
南陵县	12216	11002	3908	46	7048	1212	779	10	423	2
芜湖经济技术开发区	2235	1973	909	1	1063	261	202		59	1
安徽芜湖长江大桥经济开发区	596	540	232	4	304	56	42		14	
无为市	27489	24489	8176	250	16063	2988	1705	41	1242	12
蚌埠市	**84839**	**72740**	**24449**	**600**	**47691**	**12047**	**7475**	**146**	**4426**	**52**
龙子湖区	6829	5842	2323	15	3504	985	699	2	284	2
蚌山区	4148	3571	1333	8	2230	574	416	1	157	3
禹会区	8395	7253	2686	21	4546	1131	808	4	319	11
淮上区	5481	4767	1705	19	3043	707	476	2	229	7
怀远县	25042	21743	7332	262	14149	3286	1937	72	1277	13
五河县	16151	13544	4400	149	8995	2597	1500	33	1064	10
固镇县	14126	12144	3530	121	8493	1979	1094	31	854	3
蚌埠市高新技术开发区	633	529	120	1	408	104	79		25	
蚌埠市经济开发区	4034	3347	1020	4	2323	684	466	1	217	3
淮南市	**84687**	**73946**	**28427**	**626**	**44893**	**10691**	**7114**	**142**	**3435**	**50**
大通区	4610	4041	1658	16	2367	567	411	3	153	2
田家庵区	15181	12938	4993	57	7888	2236	1523	7	706	7
谢家集区	8715	7659	2890	28	4741	1055	677	5	373	1
八公山区	4245	3757	1282	11	2464	488	323	2	163	
潘集区	8100	7116	2665	52	4399	978	640	11	327	6
凤台县	15934	14039	5384	147	8508	1889	1229	40	620	6
寿县	27902	24396	9555	315	14526	3478	2311	74	1093	28

5-6 续表 1　　　　单位：户

地　　区	合　计	有一个80岁及以上人口的户				有二个80岁及以上人口的户				有三个80岁及以上人口的户
		小计	独自居住	只与未成年人口共同居住	其他	小计	只有一对80岁及以上夫妇居住	只有一对80岁及以上夫妇与未成年人口共同居住	其他	
马鞍山市	**63650**	**54978**	**20096**	**284**	**34598**	**8626**	**5847**	**56**	**2723**	**46**
花山区	12062	10174	3667	15	6492	1881	1380	6	495	7
雨山区	9085	7660	2897	8	4755	1422	1046	3	373	3
博望区	4246	3817	1178	9	2630	428	252	2	174	1
当涂县	12489	10972	3954	41	6977	1510	1020	5	485	7
含山县	10903	9554	3541	86	5927	1333	833	16	484	16
和县	14865	12801	4859	125	7817	2052	1316	24	712	12
淮北市	**51123**	**42642**	**17127**	**245**	**25270**	**8449**	**5977**	**63**	**2409**	**32**
杜集区	7652	6390	2748	27	3615	1260	899	4	357	2
相山区	9856	8174	2876	30	5268	1677	1192	9	476	5
烈山区	7421	6216	2814	34	3368	1202	924	4	274	3
濉溪县	26194	21862	8689	154	13019	4310	2962	46	1302	22
铜陵市	**38089**	**34042**	**12310**	**201**	**21531**	**4041**	**2715**	**14**	**1312**	**6**
铜官区	9834	8531	2907	11	5613	1301	932	1	368	2
义安区	6584	5881	2344	18	3519	703	532	2	169	
郊区	5803	5248	1964	36	3248	551	366	5	180	4
枞阳县	15868	14382	5095	136	9151	1486	885	6	595	
安庆市	**112789**	**101856**	**28416**	**666**	**72774**	**10910**	**5882**	**91**	**4937**	**23**
迎江区	6490	5631	2009	7	3615	854	632	3	219	5
大观区	7318	6305	2224	14	4067	1013	686	5	322	
宜秀区	3693	3380	1038	8	2334	312	167	6	139	1
怀宁县	15491	13986	3877	125	9984	1498	765	21	712	7
太湖县	12448	11462	3047	66	8349	986	437	5	544	
宿松县	16234	14503	4418	180	9905	1727	959	22	746	4
望江县	13064	11740	2913	99	8728	1323	644	10	669	1
岳西县	6961	6488	1306	24	5158	470	185	2	283	3
安徽安庆经济开发区	2130	1852	626	1	1225	278	216		62	
桐城市	17064	15673	4462	92	11119	1391	715	8	668	
潜山市	11896	10836	2496	50	8290	1058	476	9	573	2
黄山市	**40340**	**35938**	**11243**	**159**	**24536**	**4390**	**2628**	**21**	**1741**	**12**
屯溪区	6361	5453	1594	4	3855	905	601	1	303	3
黄山区	4670	4206	1284	9	2913	464	288	2	174	
徽州区	2465	2203	658	7	1538	261	152		109	1
歙县	12175	10867	3622	66	7179	1303	761	4	538	5
休宁县	7612	6860	1895	36	4929	751	390	10	351	1
黟县	2554	2267	826	10	1431	286	187	2	97	1
祁门县	4503	4082	1364	27	2691	420	249	2	169	1
滁州市	**107641**	**92686**	**30632**	**639**	**61415**	**14865**	**9025**	**138**	**5702**	**90**
琅琊区	6162	5153	1762	12	3379	979	645	2	332	30
南谯区	6610	5762	2148	9	3605	846	617	3	226	2
来安县	11081	9721	3319	43	6359	1357	889	4	464	3
全椒县	12867	11116	4721	69	6326	1741	1244	8	489	10
定远县	22788	19392	6300	216	12876	3382	1930	57	1395	14
凤阳县	16535	14265	4177	129	9959	2257	1215	25	1017	13
苏滁现代产业园	219	191	79		112	28	21		7	
滁州经济技术开发区	1162	988	275	2	711	174	114	1	59	
天长市	15793	13752	3975	54	9723	2036	1154	7	875	5
明光市	14424	12346	3876	105	8365	2065	1196	31	838	13

5-6 续表 2

单位：户

地　区	合　计	有一个80岁及以上人口的户				有二个80岁及以上人口的户				有三个80岁及以上人口的户
		小计	独自居住	只与未成年人口共同居住	其他	小计	只有一对80岁及以上夫妇居住	只有一对80岁及以上夫妇与未成年人口共同居住	其他	
阜阳市	**190306**	**162427**	**62275**	**1907**	**98245**	**27727**	**17590**	**429**	**9708**	**152**
颍州区	14779	12600	4448	94	8058	2161	1400	26	735	18
颍东区	12541	10606	3507	107	6992	1920	1134	23	763	15
颍泉区	14270	12187	5315	111	6761	2073	1456	20	597	10
临泉县	39157	32910	10375	461	22074	6200	3461	115	2624	47
太和县	34492	29361	15662	192	13507	5104	4009	39	1056	27
阜南县	27609	23920	7482	450	15988	3677	1952	102	1623	12
颍上县	30910	26620	9015	412	17193	4270	2448	92	1730	20
阜阳合肥现代产业园区	787	682	216	8	458	105	68	1	36	
阜阳经济技术开发区	1228	1070	403	2	665	158	105	1	52	
界首市	14533	12471	5852	70	6549	2059	1557	10	492	3
宿州市	**144536**	**121673**	**49359**	**1073**	**71241**	**22741**	**15701**	**206**	**6834**	**122**
埇桥区	40210	34087	14085	217	19785	6089	4233	40	1816	34
砀山县	22602	18473	9049	120	9304	4109	3083	32	994	20
萧县	33550	27774	13621	329	13824	5738	4332	39	1367	38
灵璧县	25570	21965	6865	236	14864	3591	2186	56	1349	14
泗县	20874	17914	5237	167	12510	2947	1683	37	1227	13
宿州马鞍山现代产业园区	1102	928	355	4	569	173	128	2	43	1
宿州经济技术开发区	628	532	147		385	94	56		38	2
六安市	**112318**	**99750**	**36890**	**790**	**62070**	**12517**	**8275**	**127**	**4115**	**51**
金安区	18216	16079	6503	91	9485	2123	1552	16	555	14
裕安区	19955	17575	5682	131	11762	2373	1453	26	894	7
叶集区	4708	4289	1334	24	2931	415	258	6	151	4
霍邱县	28319	24644	11848	270	12526	3656	2692	50	914	19
舒城县	22456	20146	7004	140	13002	2307	1393	21	893	3
金寨县	10995	10003	2778	103	7122	988	552	6	430	4
霍山县	7669	7014	1741	31	5242	655	375	2	278	
亳州市	**118102**	**101422**	**45641**	**1154**	**54627**	**16567**	**11790**	**230**	**4547**	**113**
谯城区	31798	27547	14792	144	12611	4238	3408	26	804	13
涡阳县	29395	25110	10140	401	14569	4226	2770	78	1378	59
蒙城县	25398	21955	7593	320	14042	3423	2112	64	1247	20
利辛县	31511	26810	13116	289	13405	4680	3500	62	1118	21
池州市	**34403**	**31424**	**8921**	**184**	**22319**	**2968**	**1732**	**19**	**1217**	**11**
贵池区	13765	12533	3928	64	8541	1232	784	11	437	
东至县	10961	9982	2690	74	7218	969	525	5	439	10
石台县	2867	2630	629	16	1985	236	126	1	109	1
青阳县	6206	5716	1553	27	4136	490	275	2	213	
池州市国家经济技术开发区	149	132	37	1	94	17	9		8	
皖江江南新兴产业集中区	96	89	39		50	7	7			
九华山风景区	359	342	45	2	295	17	6		11	
宣城市	**70494**	**63055**	**20932**	**267**	**41856**	**7412**	**4840**	**44**	**2528**	**27**
宣州区	20643	18275	6729	80	11466	2360	1657	16	687	8
郎溪县	8020	7156	2552	28	4576	864	641	5	218	
泾县	9524	8725	2883	35	5807	794	494	5	295	5
绩溪县	5119	4494	1601	20	2873	624	379	1	244	1
旌德县	4112	3723	990	26	2707	389	192	5	192	
宣城市经济开发区	1543	1388	567	2	819	155	123	1	31	
宁国市	9782	8787	2661	17	6109	991	628	4	359	4
广德市	11751	10507	2949	59	7499	1235	726	7	502	9

5-6a 各地区有80岁及以上人口的家庭户户数(城市)

单位：户

地区	合计	有一个80岁及以上人口的户				有二个80岁及以上人口的户				有三个80岁及以上人口的户
		小计	独自居住	只与未成年人口共同居住	其他	小计	只有一对80岁及以上夫妇居住	只有一对80岁及以上夫妇与未成年人口共同居住	其他	
安徽	**291379**	**248021**	**86834**	**605**	**160582**	**43173**	**29862**	**128**	**13183**	**185**
合肥市	**63146**	**52307**	**18374**	**91**	**33842**	**10817**	**7600**	**22**	**3195**	**22**
瑶海区	13389	11307	4289	19	6999	2079	1473	1	605	3
庐阳区	12079	9915	3734	22	6159	2162	1496	9	657	2
蜀山区	13414	10869	3475	22	7372	2540	1775	3	762	5
包河区	16150	13247	4607	14	8626	2896	2037	6	853	7
长丰县										
肥东县										
肥西县	190	172	44		128	18	12		6	
庐江县										
合肥高新技术产业开发区										
合肥经济技术开发区										
合肥新站高新技术产业开发区	656	545	153	1	391	111	69		42	
巢湖市	7268	6252	2072	13	4167	1011	738	3	270	5
芜湖市	**32110**	**27436**	**9834**	**43**	**17559**	**4662**	**3286**	**17**	**1359**	**12**
镜湖区	14870	12412	4235	17	8160	2455	1699	11	745	3
弋江区	6165	5316	1797	6	3513	849	598	2	249	
鸠江区	5113	4454	1824	7	2623	655	500		155	4
三山区	1786	1601	750	3	848	184	150		34	1
芜湖县	345	309	100	2	207	35	21	1	13	1
繁昌县										
南陵县										
芜湖经济技术开发区	125	109	44		65	16	9		7	
安徽芜湖长江大桥经济开发区										
无为市	3706	3235	1084	8	2143	468	309	3	156	3
蚌埠市	**16740**	**14219**	**5471**	**30**	**8718**	**2504**	**1789**	**4**	**711**	**17**
龙子湖区	5611	4743	1923	8	2812	866	609	2	255	2
蚌山区	3628	3099	1177	7	1915	526	377	1	148	3
禹会区	5454	4607	1742	10	2855	838	608	1	229	9
淮上区	2047	1770	629	5	1136	274	195		79	3
怀远县										
五河县										
固镇县										
蚌埠市高新技术开发区										
蚌埠市经济开发区										
淮南市	**27166**	**23351**	**8674**	**75**	**14602**	**3806**	**2542**	**11**	**1253**	**9**
大通区	1196	1026	343	1	682	169	118		51	1
田家庵区	13741	11625	4482	46	7097	2109	1435	6	668	7
谢家集区	6880	6002	2193	13	3796	878	545	4	329	
八公山区	4074	3604	1226	11	2367	470	312	1	157	
潘集区	1275	1094	430	4	660	180	132		48	1
凤台县										
寿县										

5-6a 续表 1

单位：户

地区	合计	有一个80岁及以上人口的户				有二个80岁及以上人口的户				有三个80岁及以上人口的户
		小计	独自居住	只与未成年人口共同居住	其他	小计	只有一对80岁及以上夫妇居住	只有一对80岁及以上夫妇与未成年人口共同居住	其他	
马鞍山市	**21869**	**18504**	**6714**	**25**	**11765**	**3354**	**2446**	**8**	**900**	**11**
花山区	11681	9836	3541	14	6281	1838	1349	5	484	7
雨山区	8539	7165	2718	7	4440	1371	1009	3	359	3
博望区	1649	1503	455	4	1044	145	88		57	1
当涂县										
含山县										
和县										
淮北市	**16966**	**14140**	**5443**	**64**	**8633**	**2820**	**2027**	**17**	**776**	**6**
杜集区	4090	3421	1401	10	2010	669	482	2	185	
相山区	8236	6813	2315	22	4476	1418	1000	8	410	5
烈山区	2823	2398	1123	12	1263	424	335		89	1
濉溪县	1817	1508	604	20	884	309	210	7	92	
铜陵市	**12343**	**10737**	**3840**	**15**	**6882**	**1602**	**1178**	**1**	**423**	**4**
铜官区	9614	8327	2844	11	5472	1285	922	1	362	2
义安区	1628	1433	576	2	855	195	158		37	
郊区	1101	977	420	2	555	122	98		24	2
枞阳县										
安庆市	**22463**	**19832**	**6384**	**51**	**13397**	**2626**	**1781**	**9**	**836**	**5**
迎江区	5861	5058	1755	6	3297	798	586	3	209	5
大观区	5364	4569	1749	4	2816	795	570	2	223	
宜秀区	1480	1356	356		1000	124	78		46	
怀宁县										
太湖县										
宿松县										
望江县	1661	1486	506	6	974	175	120	1	54	
岳西县										
安徽安庆经济开发区										
桐城市	5485	5014	1462	29	3523	471	270		201	
潜山市	2612	2349	556	6	1787	263	157	3	103	
黄山市	**7573**	**6547**	**1935**	**5**	**4607**	**1024**	**674**	**1**	**349**	**2**
屯溪区	5475	4675	1384	4	3287	799	531	1	267	1
黄山区	1172	1045	358		687	127	88		39	
徽州区	763	684	166	1	517	78	44		34	1
歙县	88	77	20		57	11	5		6	
休宁县	75	66	7		59	9	6		3	
黟县										
祁门县										
滁州市	**14596**	**12319**	**3822**	**38**	**8459**	**2238**	**1416**	**8**	**814**	**39**
琅琊区	5745	4779	1605	12	3162	936	611	2	323	30
南谯区	1823	1584	414	1	1169	239	158		81	
来安县										
全椒县										
定远县										
凤阳县										
苏滁现代产业园										
滁州经济技术开发区										
天长市	3266	2786	944	7	1835	478	317	1	160	2
明光市	3762	3170	859	18	2293	585	330	5	250	7

5-6a 续表 2 单位：户

地区	合计	有一个80岁及以上人口的户				有二个80岁及以上人口的户				有三个80岁及以上人口的户
		小计	独自居住	只与未成年人口共同居住	其他	小计	只有一对80岁及以上夫妇居住	只有一对80岁及以上夫妇与未成年人口共同居住	其他	
阜阳市	**14264**	**12112**	**4247**	**51**	**7814**	**2134**	**1350**	**10**	**774**	**18**
颍州区	5732	4820	1619	25	3176	900	548	4	348	12
颍东区	2236	1896	670	4	1222	338	240	2	96	2
颍泉区	3357	2867	1037	14	1816	487	290	4	193	3
临泉县										
太和县										
阜南县										
颍上县										
阜阳合肥现代产业园区										
阜阳经济技术开发区										
界首市	2939	2529	921	8	1600	409	272		137	1
宿州市	**10001**	**8362**	**2523**	**33**	**5806**	**1621**	**999**	**9**	**613**	**18**
埇桥区	9816	8204	2455	31	5718	1594	982	9	603	18
砀山县										
萧县	185	158	68	2	88	27	17		10	
灵璧县										
泗县										
宿州马鞍山现代产业园区										
宿州经济技术开发区										
六安市	**9551**	**8259**	**2765**	**18**	**5476**	**1283**	**925**	**4**	**354**	**9**
金安区	4753	4066	1358	9	2699	683	518	1	164	4
裕安区	3521	3039	1001	5	2033	479	327	2	150	3
叶集区	1061	968	328	3	637	91	55	1	35	2
霍邱县	76	64	24		40	12	10		2	
舒城县	140	122	54	1	67	18	15		3	
金寨县										
霍山县										
亳州市	**7147**	**6250**	**2516**	**38**	**3696**	**892**	**615**	**3**	**274**	**5**
谯城区	7073	6188	2485	38	3665	880	605	3	272	5
涡阳县										
蒙城县										
利辛县	74	62	31		31	12	10		2	
池州市	**4732**	**4229**	**1386**	**10**	**2833**	**503**	**363**	**2**	**138**	
贵池区	4487	4008	1310	9	2689	479	347	2	130	
东至县										
石台县										
青阳县										
池州市国家经济技术开发区	149	132	37	1	94	17	9		8	
皖江江南新兴产业集中区	96	89	39		50	7	7			
九华山风景区										
宣城市	**10712**	**9417**	**2906**	**18**	**6493**	**1287**	**871**	**2**	**414**	**8**
宣州区	3867	3353	1111	4	2238	512	373	1	138	2
郎溪县										
泾县										
绩溪县										
旌德县										
宣城市经济开发区										
宁国市	3014	2693	711	3	1979	319	200		119	2
广德市	3831	3371	1084	11	2276	456	298	1	157	4

5-6b　各地区有80岁及以上人口的家庭户户数(镇)

单位：户

地　　区	合　计	有一个80岁及以上人口的户				有二个80岁及以上人口的户				有三个80岁及以上人口的户
		小计	独自居住	只与未成年人口共同居住	其他	小计	只有一对80岁及以上夫妇居住	只有一对80岁及以上夫妇与未成年人口共同居住	其他	
安　徽	**363519**	**317449**	**117124**	**1807**	**198518**	**45710**	**30137**	**347**	**15226**	**360**
合肥市	**42942**	**37513**	**14267**	**107**	**23139**	**5410**	**3914**	**22**	**1474**	**19**
瑶海区	182	165	63	1	101	17	12	1	4	
庐阳区	459	385	86		299	74	59		15	
蜀山区	810	697	319		378	112	83		29	1
包河区										
长丰县	4565	4026	1689	13	2324	534	412	1	121	5
肥东县	10244	8770	3108	35	5627	1470	1021	9	440	4
肥西县	5258	4614	1936	7	2671	643	521	1	121	1
庐江县	9691	8805	3118	34	5653	882	586	6	290	4
合肥高新技术产业开发区	1902	1608	531		1077	293	202		91	1
合肥经济技术开发区	3304	2840	1059	3	1778	464	340		124	
合肥新站高新技术产业开发区	3272	2801	1179	3	1619	470	360	1	109	1
巢湖市	3255	2802	1179	11	1612	451	318	3	130	2
芜湖市	**23278**	**20823**	**8190**	**105**	**12528**	**2443**	**1687**	**18**	**738**	**12**
镜湖区	35	31	12		19	4	4			
弋江区										
鸠江区	2515	2191	907	17	1267	322	229	2	91	2
三山区	110	94	13	1	80	16	12		4	
芜湖县	3685	3313	1307	9	1997	370	277	2	91	2
繁昌县	2954	2673	1144	4	1525	281	207	1	73	
南陵县	4429	4014	1542	8	2464	414	300	3	111	1
芜湖经济技术开发区	1983	1753	810	1	942	229	179		50	1
安徽芜湖长江大桥经济开发区	352	315	150		165	37	32		5	
无为市	7215	6439	2305	65	4069	770	447	10	313	6
蚌埠市	**20009**	**17123**	**5895**	**118**	**11110**	**2872**	**1888**	**32**	**952**	**14**
龙子湖区	193	170	65		105	23	19		4	
蚌山区										
禹会区	247	216	124		92	31	22	1	8	
淮上区	656	589	303	2	284	66	46		20	1
怀远县	6600	5781	2088	52	3641	815	520	15	280	4
五河县	5007	4217	1444	33	2740	785	509	12	264	5
固镇县	2639	2274	731	26	1517	364	227	3	134	1
蚌埠市高新技术开发区	633	529	120	1	408	104	79		25	
蚌埠市经济开发区	4034	3347	1020	4	2323	684	466	1	217	3
淮南市	**17865**	**15610**	**6118**	**123**	**9369**	**2238**	**1532**	**31**	**675**	**17**
大通区	2037	1789	763	5	1021	248	177	1	70	
田家庵区	312	289	103	2	184	23	13		10	
谢家集区	88	73	32	2	39	15	12		3	
八公山区	1	1	1							
潘集区	1615	1411	562	14	835	201	130	4	67	3
凤台县	4160	3629	1394	21	2214	530	376	5	149	1
寿县	9652	8418	3263	79	5076	1221	824	21	376	13

5-6b 续表 1

单位：户

地　　区	合　计	有一个80岁及以上人口的户				有二个80岁及以上人口的户				有三个80岁及以上人口的户
		小计	独自居住	只与未成年人口共同居住	其他	小计	只有一对80岁及以上夫妇居住	只有一对80岁及以上夫妇与未成年人口共同居住	其他	
马鞍山市	**17179**	**15034**	**5615**	**75**	**9344**	**2116**	**1416**	**11**	**689**	**29**
花山区										
雨山区										
博望区	272	247	66		181	25	17		8	
当涂县	6757	5979	2189	19	3771	773	549	2	222	5
含山县	4570	4015	1549	31	2435	542	343	4	195	13
和县	5580	4793	1811	25	2957	776	507	5	264	11
淮北市	**10386**	**8713**	**3684**	**47**	**4982**	**1662**	**1145**	**13**	**504**	**11**
杜集区	1801	1507	763	8	736	292	221	2	69	2
相山区										
烈山区	897	767	375	1	391	129	97	1	31	1
濉溪县	7688	6439	2546	38	3855	1241	827	10	404	8
铜陵市	**8326**	**7518**	**2791**	**40**	**4687**	**807**	**523**	**3**	**281**	**1**
铜官区	4	4	3		1					
义安区	720	650	231	3	416	70	45	1	24	
郊区	1211	1086	506	3	577	124	91	1	32	1
枞阳县	6391	5778	2051	34	3693	613	387	1	225	
安庆市	**25680**	**23167**	**6762**	**125**	**16280**	**2503**	**1421**	**16**	**1066**	**10**
迎江区										
大观区	643	557	149	5	403	86	43	1	42	
宜秀区	1052	964	361	5	598	88	37	2	49	
怀宁县	5030	4565	1353	33	3179	459	266	4	189	6
太湖县	3609	3288	1015	7	2266	321	186		135	
宿松县	4590	4046	1259	42	2745	542	347	6	189	2
望江县	1422	1273	300	7	966	148	70		78	1
岳西县	1961	1803	454	8	1341	158	68	1	89	
安徽安庆经济开发区	1962	1701	578	1	1122	261	201		60	
桐城市	3118	2879	817	14	2048	239	119	2	118	
潜山市	2293	2091	476	3	1612	201	84		117	1
黄山市	**9595**	**8486**	**2567**	**32**	**5887**	**1102**	**669**	**4**	**429**	**7**
屯溪区	193	167	32		135	25	15		10	1
黄山区	802	720	204	1	515	82	53		29	
徽州区	359	319	96	2	221	40	28		12	
歙县	3373	2967	806	14	2147	401	215	2	184	5
休宁县	2158	1912	589	5	1318	246	155		91	
黟县	837	727	262	3	462	109	78	1	30	1
祁门县	1873	1674	578	7	1089	199	125	1	73	
滁州市	**32374**	**28088**	**8982**	**132**	**18974**	**4256**	**2600**	**36**	**1620**	**30**
琅琊区										
南谯区	1208	1053	394	3	656	154	120		34	1
来安县	4352	3828	1345	9	2474	521	350	1	170	3
全椒县	5085	4397	1716	15	2666	684	470	2	212	4
定远县	6749	5803	1788	50	3965	938	557	11	370	8
凤阳县	6710	5790	1680	30	4080	910	492	13	405	10
苏滁现代产业园	219	191	79		112	28	21		7	
滁州经济技术开发区	915	771	208	2	561	144	91	1	52	
天长市	4571	4038	1014	7	3017	532	299	1	232	1
明光市	2565	2217	758	16	1443	345	200	7	138	3

5-6b 续表 2

单位：户

地区	合计	有一个80岁及以上人口的户				有二个80岁及以上人口的户				有三个80岁及以上人口的户
		小计	独自居住	只与未成年人口共同居住	其他	小计	只有一对80岁及以上夫妇居住	只有一对80岁及以上夫妇与未成年人口共同居住	其他	
阜阳市	**43107**	**36985**	**14480**	**319**	**22186**	**6047**	**3841**	**76**	**2130**	**75**
颍州区	1161	1003	427	7	569	155	114	1	40	3
颍东区	1785	1498	475	16	1007	278	154	2	122	9
颍泉区	1966	1689	788	14	887	270	185	3	82	7
临泉县	8110	6835	2131	60	4644	1253	728	16	509	22
太和县	11592	9914	5110	58	4746	1663	1254	12	397	15
阜南县	5705	4981	1623	55	3303	718	369	19	330	6
颍上县	9570	8274	2684	96	5494	1284	731	19	534	12
阜阳合肥现代产业园区	112	101	31	2	68	11	9		2	
阜阳经济技术开发区	866	746	274	2	470	120	73	1	46	
界首市	2240	1944	937	9	998	295	224	3	68	1
宿州市	**35099**	**29700**	**11896**	**186**	**17618**	**5341**	**3577**	**33**	**1731**	**58**
埇桥区	5167	4490	2146	35	2309	665	435	2	228	12
砀山县	9029	7494	3495	46	3953	1524	1105	9	410	11
萧县	8004	6689	2910	27	3752	1297	927	3	367	18
灵璧县	6004	5154	1521	43	3590	844	487	8	349	6
泗县	5750	4917	1493	33	3391	825	499	10	316	8
宿州马鞍山现代产业园区	517	424	184	2	238	92	68	1	23	1
宿州经济技术开发区	628	532	147		385	94	56		38	2
六安市	**26696**	**23725**	**9266**	**119**	**14340**	**2958**	**2020**	**15**	**923**	**13**
金安区	1994	1784	788	9	987	206	154		52	4
裕安区	1750	1556	603	10	943	194	129		65	
叶集区	642	569	198		371	73	54		19	
霍邱县	7790	6791	3238	46	3507	994	687	8	299	5
舒城县	6896	6172	2392	22	3758	722	507	5	210	2
金寨县	3289	2935	1046	18	1871	352	237	1	114	2
霍山县	4335	3918	1001	14	2903	417	252	1	164	
亳州市	**24923**	**21510**	**8896**	**187**	**12427**	**3364**	**2209**	**28**	**1127**	**49**
谯城区	2545	2228	1273	8	947	316	256	2	58	1
涡阳县	7240	6185	2225	57	3903	1028	608	9	411	27
蒙城县	7892	6874	2464	66	4344	1011	632	12	367	7
利辛县	7246	6223	2934	56	3233	1009	713	5	291	14
池州市	**9052**	**8214**	**2371**	**35**	**5808**	**827**	**486**	**2**	**339**	**11**
贵池区	1067	974	298	2	674	93	50		43	
东至县	4886	4422	1288	25	3109	454	254	2	198	10
石台县	835	753	212	4	537	81	62		19	1
青阳县	2216	2019	566	4	1449	197	120		77	
池州市国家经济技术开发区										
皖江江南新兴产业集中区										
九华山风景区	48	46	7		39	2			2	
宣城市	**17008**	**15240**	**5344**	**57**	**9839**	**1764**	**1209**	**7**	**548**	**4**
宣州区	2670	2408	939	12	1457	260	192		68	2
郎溪县	3962	3507	1337	11	2159	455	355	1	99	
泾县	3254	2967	1117	4	1846	286	200	1	85	1
绩溪县	2003	1766	544	9	1213	236	127		109	1
旌德县	1782	1609	428	9	1172	173	99	2	72	
宣城市经济开发区	881	792	348	1	443	89	79		10	
宁国市	963	876	271	4	601	87	53	2	32	
广德市	1493	1315	360	7	948	178	104	1	73	

5-6c 各地区有80岁及以上人口的家庭户户数(乡村)

单位：户

地区	合计	有一个80岁及以上人口的户				有二个80岁及以上人口的户				有三个80岁及以上人口的户
		小计	独自居住	只与未成年人口共同居住	其他	小计	只有一对80岁及以上夫妇居住	只有一对80岁及以上夫妇与未成年人口共同居住	其他	
安徽	**875052**	**762501**	**283559**	**7486**	**471456**	**112194**	**72375**	**1461**	**38358**	**357**
合肥市	**75000**	**65328**	**27646**	**451**	**37231**	**9629**	**6795**	**78**	**2756**	**43**
瑶海区	159	143	31		112	16	11		5	
庐阳区	249	213	100		113	36	31		5	
蜀山区	708	612	267	1	344	95	77		18	1
包河区	122	113	39	1	73	9	5		4	
长丰县	13767	11987	5746	84	6157	1774	1346	12	416	6
肥东县	18859	15833	6986	126	8721	3007	2083	29	895	19
肥西县	11775	10437	4433	60	5944	1334	1012	6	316	4
庐江县	15343	13930	4680	111	9139	1410	826	15	569	3
合肥高新技术产业开发区	1	1			1					
合肥经济技术开发区	380	325	165		160	55	45		10	
合肥新站高新技术产业开发区	111	100	44		56	11	8		3	
巢湖市	13526	11634	5155	68	6411	1882	1351	16	515	10
芜湖市	**40157**	**35985**	**12488**	**306**	**23191**	**4165**	**2501**	**53**	**1611**	**7**
镜湖区	605	549	169	1	379	56	39		17	
弋江区										
鸠江区	5545	4883	1809	49	3025	662	437	14	211	
三山区	1441	1324	528	2	794	117	82		35	
芜湖县	4320	3874	1371	23	2480	444	265	2	177	2
繁昌县	3520	3216	1321	12	1883	303	226	2	75	1
南陵县	7787	6988	2366	38	4584	798	479	7	312	1
芜湖经济技术开发区	127	111	55		56	16	14		2	
安徽芜湖长江大桥经济开发区	244	225	82	4	139	19	10		9	
无为市	16568	14815	4787	177	9851	1750	949	28	773	3
蚌埠市	**48090**	**41398**	**13083**	**452**	**27863**	**6671**	**3798**	**110**	**2763**	**21**
龙子湖区	1025	929	335	7	587	96	71		25	
蚌山区	520	472	156	1	315	48	39		9	
禹会区	2694	2430	820	11	1599	262	178	2	82	2
淮上区	2778	2408	773	12	1623	367	235	2	130	3
怀远县	18442	15962	5244	210	10508	2471	1417	57	997	9
五河县	11144	9327	2956	116	6255	1812	991	21	800	5
固镇县	11487	9870	2799	95	6976	1615	867	28	720	2
蚌埠市高新技术开发区										
蚌埠市经济开发区										
淮南市	**39656**	**34985**	**13635**	**428**	**20922**	**4647**	**3040**	**100**	**1507**	**24**
大通区	1377	1226	552	10	664	150	116	2	32	1
田家庵区	1128	1024	408	9	607	104	75	1	28	
谢家集区	1747	1584	665	13	906	162	120	1	41	1
八公山区	170	152	55		97	18	11	1	6	
潘集区	5210	4611	1673	34	2904	597	378	7	212	2
凤台县	11774	10410	3990	126	6294	1359	853	35	471	5
寿县	18250	15978	6292	236	9450	2257	1487	53	717	15

5－6c　续表 1　　　　单位：户

地　　区	合　计	有一个80岁及以上人口的户				有二个80岁及以上人口的户				有三个80岁及以上人口的户
		小计	独自居住	只与未成年人口共同居住	其他	小计	只有一对80岁及以上夫妇居住	只有一对80岁及以上夫妇与未成年人口共同居住	其他	
马鞍山市	**24602**	**21440**	**7767**	**184**	**13489**	**3156**	**1985**	**37**	**1134**	**6**
花山区	381	338	126	1	211	43	31	1	11	
雨山区	546	495	179	1	315	51	37		14	
博望区	2325	2067	657	5	1405	258	147	2	109	
当涂县	5732	4993	1765	22	3206	737	471	3	263	2
含山县	6333	5539	1992	55	3492	791	490	12	289	3
和县	9285	8008	3048	100	4860	1276	809	19	448	1
淮北市	**23771**	**19789**	**8000**	**134**	**11655**	**3967**	**2805**	**33**	**1129**	**15**
杜集区	1761	1462	584	9	869	299	196		103	
相山区	1620	1361	561	8	792	259	192	1	66	
烈山区	3701	3051	1316	21	1714	649	492	3	154	1
濉溪县	16689	13915	5539	96	8280	2760	1925	29	806	14
铜陵市	**17420**	**15787**	**5679**	**146**	**9962**	**1632**	**1014**	**10**	**608**	**1**
铜官区	216	200	60		140	16	10		6	
义安区	4236	3798	1537	13	2248	438	329	1	108	
郊区	3491	3185	1038	31	2116	305	177	4	124	1
枞阳县	9477	8604	3044	102	5458	873	498	5	370	
安庆市	**64646**	**58857**	**15270**	**490**	**43097**	**5781**	**2680**	**66**	**3035**	**8**
迎江区	629	573	254	1	318	56	46		10	
大观区	1311	1179	326	5	848	132	73	2	57	
宜秀区	1161	1060	321	3	736	100	52	4	44	1
怀宁县	10461	9421	2524	92	6805	1039	499	17	523	1
太湖县	8839	8174	2032	59	6083	665	251	5	409	
宿松县	11644	10457	3159	138	7160	1185	612	16	557	2
望江县	9981	8981	2107	86	6788	1000	454	9	537	
岳西县	5000	4685	852	16	3817	312	117	1	194	3
安徽安庆经济开发区	168	151	48		103	17	15		2	
桐城市	8461	7780	2183	49	5548	681	326	6	349	
潜山市	6991	6396	1464	41	4891	594	235	6	353	1
黄山市	**23172**	**20905**	**6741**	**122**	**14042**	**2264**	**1285**	**16**	**963**	**3**
屯溪区	693	611	178		433	81	55		26	1
黄山区	2696	2441	722	8	1711	255	147	2	106	
徽州区	1343	1200	396	4	800	143	80		63	
歙县	8714	7823	2796	52	4975	891	541	2	348	
休宁县	5379	4882	1299	31	3552	496	229	10	257	1
黟县	1717	1540	564	7	969	177	109	1	67	
祁门县	2630	2408	786	20	1602	221	124	1	96	1
滁州市	**60671**	**52279**	**17828**	**469**	**33982**	**8371**	**5009**	**94**	**3268**	**21**
琅琊区	417	374	157		217	43	34		9	
南谯区	3579	3125	1340	5	1780	453	339	3	111	1
来安县	6729	5893	1974	34	3885	836	539	3	294	
全椒县	7782	6719	3005	54	3660	1057	774	6	277	6
定远县	16039	13589	4512	166	8911	2444	1373	46	1025	6
凤阳县	9825	8475	2497	99	5879	1347	723	12	612	3
苏滁现代产业园										
滁州经济技术开发区	247	217	67		150	30	23		7	
天长市	7956	6928	2017	40	4871	1026	538	5	483	2
明光市	8097	6959	2259	71	4629	1135	666	19	450	3

5-6c 续表 2 单位：户

地区	合计	有一个80岁及以上人口的户				有二个80岁及以上人口的户				有三个80岁及以上人口的户
		小计	独自居住	只与未成年人口共同居住	其他	小计	只有一对80岁及以上夫妇居住	只有一对80岁及以上夫妇与未成年人口共同居住	其他	
阜阳市	**132935**	**113330**	**43548**	**1537**	**68245**	**19546**	**12399**	**343**	**6804**	**59**
颍州区	7886	6777	2402	62	4313	1106	738	21	347	3
颍东区	8520	7212	2362	87	4763	1304	740	19	545	4
颍泉区	8947	7631	3490	83	4058	1316	981	13	322	
临泉县	31047	26075	8244	401	17430	4947	2733	99	2115	25
太和县	22900	19447	10552	134	8761	3441	2755	27	659	12
阜南县	21904	18939	5859	395	12685	2959	1583	83	1293	6
颍上县	21340	18346	6331	316	11699	2986	1717	73	1196	8
阜阳合肥现代产业园区	675	581	185	6	390	94	59	1	34	
阜阳经济技术开发区	362	324	129		195	38	32		6	
界首市	9354	7998	3994	53	3951	1355	1061	7	287	1
宿州市	**99436**	**83611**	**34940**	**854**	**47817**	**15779**	**11125**	**164**	**4490**	**46**
埇桥区	25227	21393	9484	151	11758	3830	2816	29	985	4
砀山县	13573	10979	5554	74	5351	2585	1978	23	584	9
萧县	25361	20927	10643	300	9984	4414	3388	36	990	20
灵璧县	19566	16811	5344	193	11274	2747	1699	48	1000	8
泗县	15124	12997	3744	134	9119	2122	1184	27	911	5
宿州马鞍山现代产业园区	585	504	171	2	331	81	60	1	20	
宿州经济技术开发区										
六安市	**76071**	**67766**	**24859**	**653**	**42254**	**8276**	**5330**	**108**	**2838**	**29**
金安区	11469	10229	4357	73	5799	1234	880	15	339	6
裕安区	14684	12980	4078	116	8786	1700	997	24	679	4
叶集区	3005	2752	808	21	1923	251	149	5	97	2
霍邱县	20453	17789	8586	224	8979	2650	1995	42	613	14
舒城县	15420	13852	4558	117	9177	1567	871	16	680	1
金寨县	7706	7068	1732	85	5251	636	315	5	316	2
霍山县	3334	3096	740	17	2339	238	123	1	114	
亳州市	**86032**	**73662**	**34229**	**929**	**38504**	**12311**	**8966**	**199**	**3146**	**59**
谯城区	22180	19131	11034	98	7999	3042	2547	21	474	7
涡阳县	22155	18925	7915	344	10666	3198	2162	69	967	32
蒙城县	17506	15081	5129	254	9698	2412	1480	52	880	13
利辛县	24191	20525	10151	233	10141	3659	2777	57	825	7
池州市	**20619**	**18981**	**5164**	**139**	**13678**	**1638**	**883**	**15**	**740**	
贵池区	8211	7551	2320	53	5178	660	387	9	264	
东至县	6075	5560	1402	49	4109	515	271	3	241	
石台县	2032	1877	417	12	1448	155	64	1	90	
青阳县	3990	3697	987	23	2687	293	155	2	136	
池州市国家经济技术开发区										
皖江江南新兴产业集中区										
九华山风景区	311	296	38	2	256	15	6		9	
宣城市	**42774**	**38398**	**12682**	**192**	**25524**	**4361**	**2760**	**35**	**1566**	**15**
宣州区	14106	12514	4679	64	7771	1588	1092	15	481	4
郎溪县	4058	3649	1215	17	2417	409	286	4	119	
泾县	6270	5758	1766	31	3961	508	294	4	210	4
绩溪县	3116	2728	1057	11	1660	388	252	1	135	
旌德县	2330	2114	562	17	1535	216	93	3	120	
宣城市经济开发区	662	596	219	1	376	66	44	1	21	
宁国市	5805	5218	1679	10	3529	585	375	2	208	2
广德市	6427	5821	1505	41	4275	601	324	5	272	5

第一部分　全部数据资料

第六卷　死亡

6-1　各地区分年龄、性别的死亡人口

(2019.11.1—2020.10.31)

单位：人

地　区	死亡人口			0岁		
	合计	男	女	小计	男	女
安　徽	**362289**	**207987**	**154302**	**1228**	**708**	**520**
合肥市	**36284**	**21234**	**15050**	**104**	**61**	**43**
瑶海区	1624	993	631	4		4
庐阳区	1976	1153	823	2	1	1
蜀山区	2113	1279	834	8	4	4
包河区	3090	1852	1238	8	5	3
长丰县	3455	2017	1438	14	10	4
肥东县	4918	2808	2110	15	12	3
肥西县	4203	2494	1709	8	5	3
庐江县	7772	4545	3227	25	16	9
合肥高新技术产业开发区	394	234	160	2	1	1
合肥经济技术开发区	694	425	269	5	1	4
合肥新站高新技术产业开发区	745	425	320			
巢湖市	5300	3009	2291	13	6	7
芜湖市	**24824**	**14133**	**10691**	**100**	**54**	**46**
镜湖区	3448	2031	1417	15	7	8
弋江区	1237	718	519	5	2	3
鸠江区	3289	1838	1451	15	7	8
三山区	937	537	400	5	3	2
芜湖县	2089	1203	886	14	6	8
繁昌县	1897	1122	775	7	6	1
南陵县	3827	2207	1620	14	11	3
芜湖经济技术开发区	539	292	247	6	2	4
安徽芜湖长江大桥经济开发区	225	137	88	3	2	1
无为市	7336	4048	3288	16	8	8
蚌埠市	**19219**	**11242**	**7977**	**83**	**49**	**34**
龙子湖区	1403	834	569	2	2	
蚌山区	800	466	334	2	1	1
禹会区	1522	893	629	3	1	2
淮上区	1279	749	530	4	2	2
怀远县	6010	3555	2455	31	18	13
五河县	3972	2264	1708	13	8	5
固镇县	3429	2005	1424	19	12	7
蚌埠市高新技术开发区	121	67	54	1		1
蚌埠市经济开发区	683	409	274	8	5	3
淮南市	**18827**	**11193**	**7634**	**53**	**30**	**23**
大通区	925	514	411	1		1
田家庵区	2976	1826	1150	15	5	10
谢家集区	1896	1106	790			
八公山区	914	508	406	2	2	
潘集区	1956	1190	766	12	11	1
凤台县	3590	2127	1463	7	5	2
寿县	6570	3922	2648	16	7	9

6-1 续表 1

单位：人

地区	死亡人口			0岁		
	合计	男	女	小计	男	女
马鞍山市	**13971**	**7907**	**6064**	**40**	**27**	**13**
花山区	2133	1221	912	1	1	
雨山区	1787	1030	757	5	3	2
博望区	1088	617	471	6	2	4
当涂县	2704	1563	1141	10	7	3
含山县	2616	1486	1130	9	7	2
和县	3643	1990	1653	9	7	2
淮北市	**9947**	**5746**	**4201**	**34**	**21**	**13**
杜集区	1612	980	632	2	2	
相山区	1654	957	697	6	5	1
烈山区	1393	816	577	3	1	2
濉溪县	5288	2993	2295	23	13	10
铜陵市	**10092**	**5871**	**4221**	**26**	**15**	**11**
铜官区	2234	1335	899	8	3	5
义安区	2018	1181	837	4	3	1
郊区	1620	918	702	4	2	2
枞阳县	4220	2437	1783	10	7	3
安庆市	**30427**	**17214**	**13213**	**80**	**40**	**40**
迎江区	1158	665	493	2	1	1
大观区	1475	821	654	2	1	1
宜秀区	992	560	432	1		1
怀宁县	4154	2341	1813	6	2	4
太湖县	3433	1979	1454	12	5	7
宿松县	4385	2510	1875	10	7	3
望江县	3551	1975	1576	8	3	5
岳西县	2295	1280	1015	11	5	6
安徽安庆经济开发区	371	218	153			
桐城市	4871	2748	2123	14	8	6
潜山市	3742	2117	1625	14	8	6
黄山市	**9258**	**5245**	**4013**	**15**	**10**	**5**
屯溪区	992	594	398	2	1	1
黄山区	1153	671	482	5	4	1
徽州区	687	409	278	1		1
歙县	3179	1757	1422	3	1	2
休宁县	1591	890	701	1	1	
黟县	576	323	253			
祁门县	1080	601	479	3	3	
滁州市	**24866**	**13998**	**10868**	**71**	**37**	**34**
琅琊区	1465	822	643	3	3	
南谯区	1597	913	684	2	1	1
来安县	3038	1681	1357	11	4	7
全椒县	2569	1389	1180	12	7	5
定远县	4704	2737	1967	11	4	7
凤阳县	3633	2097	1536	12	8	4
苏滁现代产业园	81	49	32			
滁州经济技术开发区	171	111	60			
天长市	4268	2291	1977	14	5	9
明光市	3340	1908	1432	6	5	1

6-1 续表 2

单位：人

地区	死亡人口			0岁		
	合计	男	女	小计	男	女
阜阳市	**47078**	**26657**	**20421**	**223**	**125**	**98**
颍州区	3101	1767	1334	17	8	9
颍东区	3120	1803	1317	12	6	6
颍泉区	3305	1904	1401	14	11	3
临泉县	10184	5506	4678	58	32	26
太和县	8056	4554	3502	34	18	16
阜南县	7345	4112	3233	31	19	12
颍上县	7702	4625	3077	29	12	17
阜阳合肥现代产业园区	193	108	85	2	1	1
阜阳经济技术开发区	196	120	76	1		1
界首市	3876	2158	1718	25	18	7
宿州市	**33067**	**18666**	**14401**	**149**	**85**	**64**
埇桥区	8644	4976	3668	27	14	13
砀山县	4935	2683	2252	22	13	9
萧县	7683	4299	3384	42	20	22
灵璧县	6273	3594	2679	40	26	14
泗县	5198	2910	2288	18	12	6
宿州马鞍山现代产业园区	197	124	73			
宿州经济技术开发区	137	80	57			
六安市	**29597**	**17248**	**12349**	**96**	**64**	**32**
金安区	4589	2694	1895	16	12	4
裕安区	4688	2761	1927	15	9	6
叶集区	1210	728	482	3	2	1
霍邱县	6419	3843	2576	17	14	3
舒城县	6234	3561	2673	21	11	10
金寨县	4024	2313	1711	17	12	5
霍山县	2433	1348	1085	7	4	3
亳州市	**27206**	**15619**	**11587**	**74**	**45**	**29**
谯城区	6665	3718	2947	13	9	4
涡阳县	7255	4192	3063	13	9	4
蒙城县	6392	3684	2708	25	12	13
利辛县	6894	4025	2869	23	15	8
池州市	**9207**	**5203**	**4004**	**35**	**21**	**14**
贵池区	3754	2103	1651	21	11	10
东至县	2782	1544	1238	9	8	1
石台县	718	437	281	2	1	1
青阳县	1811	1032	779	3	1	2
池州市国家经济技术开发区	36	21	15			
皖江江南新兴产业集中区	17	11	6			
九华山风景区	89	55	34			
宣城市	**18419**	**10811**	**7608**	**45**	**24**	**21**
宣州区	5328	3087	2241	11	4	7
郎溪县	1996	1207	789	1		1
泾县	2601	1527	1074	11	5	6
绩溪县	1036	607	429	5	2	3
旌德县	1027	589	438	2		2
宣城市经济开发区	299	182	117	3	3	
宁国市	2798	1630	1168	5	4	1
广德市	3334	1982	1352	7	6	1

6-1 续表 3 单位：人

地　区	1-4岁			5-9岁			10-14岁		
	小计	男	女	小计	男	女	小计	男	女
安　徽	**726**	**431**	**295**	**595**	**364**	**231**	**745**	**446**	**299**
合肥市	**65**	**35**	**30**	**37**	**26**	**11**	**57**	**34**	**23**
瑶海区	2	1	1	2	2				
庐阳区				2	2				
蜀山区	3	1	2	4	2	2	1	1	
包河区	4	2	2	6	3	3	9	6	3
长丰县	9	4	5	2	2		6	5	1
肥东县	12	8	4	6	4	2	11	9	2
肥西县	5	3	2	2	2		8	1	7
庐江县	17	7	10	6	5	1	12	5	7
合肥高新技术产业开发区	2	2							
合肥经济技术开发区	1	1		1		1	2	1	1
合肥新站高新技术产业开发区	5	4	1	3	3				
巢湖市	5	2	3	3	1	2	8	6	2
芜湖市	**39**	**24**	**15**	**23**	**10**	**13**	**28**	**14**	**14**
镜湖区	2	1	1	1	1		2		2
弋江区	3	1	2						
鸠江区	8	3	5				5	3	2
三山区	2	2		1		1	1		1
芜湖县	3	1	2	1	1		2	1	1
繁昌县	2	1	1	2	1	1	3	1	2
南陵县	5	3	2	4	2	2	1	1	
芜湖经济技术开发区	1	1		3	2	1			
安徽芜湖长江大桥经济开发区				1		1	1	1	
无为市	13	11	2	10	3	7	13	7	6
蚌埠市	**39**	**26**	**13**	**44**	**32**	**12**	**41**	**25**	**16**
龙子湖区	1	1		1	1				
蚌山区				1	1				
禹会区	2	1	1				3	3	
淮上区	1	1		5	4	1	4	3	1
怀远县	17	14	3	17	13	4	25	13	12
五河县	11	6	5	9	6	3	6	6	
固镇县	7	3	4	11	7	4	2		2
蚌埠市高新技术开发区									
蚌埠市经济开发区							1		1
淮南市	**42**	**27**	**15**	**28**	**16**	**12**	**42**	**24**	**18**
大通区	2	1	1	1	1		1	1	
田家庵区	3	2	1	6	3	3	11	8	3
谢家集区	1	1		3	2	1	3	3	
八公山区				1		1	2		2
潘集区	9	4	5	3	3		2	1	1
凤台县	17	10	7	8	4	4	6	5	1
寿县	10	9	1	6	3	3	17	6	11

6-1　续表 4　　　　　　　　　　　　　　　　　　　　　　　　单位：人

地　区	1-4岁			5-9岁			10-14岁		
	小计	男	女	小计	男	女	小计	男	女
马鞍山市	**13**	**8**	**5**	**16**	**10**	**6**	**11**	**6**	**5**
花山区	2		2	2	1	1			
雨山区				1	1		3	3	
博望区	3	2	1				1	1	
当涂县	3	2	1	6	3	3	2		2
含山县	1	1		2	2		1	1	
和县	4	3	1	5	3	2	4	1	3
淮北市	**25**	**17**	**8**	**25**	**19**	**6**	**19**	**11**	**8**
杜集区	3	2	1	3	2	1	3	1	2
相山区	3	2	1	3	1	2	2	1	1
烈山区	2		2	5	5		3	2	1
濉溪县	17	13	4	14	11	3	11	7	4
铜陵市	**19**	**16**	**3**	**9**	**5**	**4**	**22**	**16**	**6**
铜官区	1	1		2	2		7	6	1
义安区	6	6		2	1	1	3	3	
郊区	3	2	1	2	1	1	5	1	4
枞阳县	9	7	2	3	1	2	7	6	1
安庆市	**59**	**32**	**27**	**42**	**24**	**18**	**45**	**25**	**20**
迎江区									
大观区	2	1	1	1	1				
宜秀区	2	1	1				1	1	
怀宁县	5	5		10	6	4	3	2	1
太湖县	10	5	5	2	1	1	1		1
宿松县	13	8	5	6	4	2	17	8	9
望江县	9	4	5	6	4	2	7	6	1
岳西县	5	1	4	2	1	1	3	2	1
安徽安庆经济开发区				1		1	1		1
桐城市	6	3	3	6	3	3	3		3
潜山市	7	4	3	8	4	4	9	6	3
黄山市	**14**	**10**	**4**	**11**	**8**	**3**	**6**	**3**	**3**
屯溪区	1		1	1		1			
黄山区	2	1	1						
徽州区				1	1		4	1	3
歙县	4	3	1	4	3	1			
休宁县	3	2	1	1	1				
黟县	2	2		2	2				
祁门县	2	2		2	1	1	2	2	
滁州市	**39**	**18**	**21**	**21**	**12**	**9**	**33**	**25**	**8**
琅琊区							1	1	
南谯区	5	3	2	3	3		4	3	1
来安县	4	1	3	3	1	2	6	3	3
全椒县	4	2	2	4	2	2	4	2	2
定远县	7	5	2	4	2	2	8	8	
凤阳县	7	2	5	2	2		3	2	1
苏滁现代产业园									
滁州经济技术开发区									
天长市	6	2	4	2		2	1		1
明光市	6	3	3	3	2	1	6	6	

6-1 续表 5

单位：人

地 区	1-4岁			5-9岁			10-14岁		
	小计	男	女	小计	男	女	小计	男	女
阜阳市	**128**	**70**	**58**	**120**	**73**	**47**	**137**	**91**	**46**
颍州区	7	4	3	7	5	2	4	4	
颍东区	17	7	10	11	7	4	8	4	4
颍泉区	12	3	9	5	2	3	12	8	4
临泉县	19	11	8	31	14	17	37	23	14
太和县	19	14	5	18	11	7	24	15	9
阜南县	17	9	8	16	14	2	18	13	5
颍上县	28	15	13	28	18	10	27	19	8
阜阳合肥现代产业园区	1	1							
阜阳经济技术开发区							1	1	
界首市	8	6	2	4	2	2	6	4	2
宿州市	**69**	**40**	**29**	**68**	**41**	**27**	**90**	**53**	**37**
埇桥区	21	18	3	16	9	7	26	13	13
砀山县	11	7	4	9	6	3	5	2	3
萧县	17	7	10	11	7	4	18	15	3
灵璧县	9	3	6	21	14	7	28	18	10
泗县	10	5	5	9	5	4	12	4	8
宿州马鞍山现代产业园区	1		1	2		2	1	1	
宿州经济技术开发区									
六安市	**58**	**38**	**20**	**34**	**13**	**21**	**56**	**30**	**26**
金安区	5	3	2	5	2	3	5	3	2
裕安区	10	8	2	6	2	4	8	6	2
叶集区	4	3	1	1	1		1		1
霍邱县	12	6	6	9	4	5	17	10	7
舒城县	16	12	4	7	3	4	10	3	7
金寨县	8	4	4	3		3	11	8	3
霍山县	3	2	1	3	1	2	4		4
亳州市	**84**	**54**	**30**	**100**	**66**	**34**	**113**	**70**	**43**
谯城区	18	12	6	25	19	6	21	12	9
涡阳县	13	6	7	30	18	12	24	17	7
蒙城县	25	17	8	15	10	5	29	18	11
利辛县	28	19	9	30	19	11	39	23	16
池州市	**8**	**4**	**4**	**6**	**4**	**2**	**11**	**4**	**7**
贵池区	2	1	1	4	3	1	6	1	5
东至县	3	2	1	1		1	3	1	2
石台县	1		1	1	1				
青阳县	1	1					2	2	
池州市国家经济技术开发区									
皖江江南新兴产业集中区									
九华山风景区	1		1						
宣城市	**25**	**12**	**13**	**11**	**5**	**6**	**34**	**15**	**19**
宣州区	6	2	4	3	2	1	11	6	5
郎溪县	3	2	1	2	1	1	5	2	3
泾县	2		2	2		2	3	1	2
绩溪县	1		1				3	2	1
旌德县				1	1				
宣城市经济开发区	1		1						
宁国市	5	5		2	1	1	6	1	5
广德市	7	3	4	1		1	6	3	3

6-1 续表 6 单位：人

地 区	15-19岁			20-24岁			25-29岁		
	小计	男	女	小计	男	女	小计	男	女
安 徽	**908**	**627**	**281**	**1057**	**735**	**322**	**1825**	**1278**	**547**
合肥市	**74**	**50**	**24**	**86**	**65**	**21**	**186**	**135**	**51**
瑶海区	6	4	2	1	1		6	6	
庐阳区	3	3		4	2	2	4	4	
蜀山区	3	1	2	5	5		11	8	3
包河区	7	6	1	2	2		25	21	4
长丰县	10	6	4	14	11	3	15	11	4
肥东县	7	6	1	18	15	3	31	25	6
肥西县	9	4	5	8	5	3	19	13	6
庐江县	18	14	4	21	13	8	41	26	15
合肥高新技术产业开发区	1	1		2	1	1			
合肥经济技术开发区	2	1	1	2	2		5	2	3
合肥新站高新技术产业开发区	1		1	3	2	1	5	4	1
巢湖市	7	4	3	6	6		24	15	9
芜湖市	**40**	**29**	**11**	**44**	**25**	**19**	**99**	**68**	**31**
镜湖区	3	1	2	6	5	1	6	3	3
弋江区	1	1		1	1		4	3	1
鸠江区	7	7		6	1	5	11	7	4
三山区	3	2	1	3	2	1	4	3	1
芜湖县	2	2		4	2	2	9	6	3
繁昌县	4	3	1	1		1	9	9	
南陵县	7	4	3	6	2	4	20	13	7
芜湖经济技术开发区				3	3		5	1	4
安徽芜湖长江大桥经济开发区				1	1		1	1	
无为市	13	9	4	13	8	5	30	22	8
蚌埠市	**51**	**41**	**10**	**47**	**33**	**14**	**104**	**71**	**33**
龙子湖区							3	2	1
蚌山区				2	2		4	4	
禹会区	3	3		2	2		6	4	2
淮上区	5	3	2	2	2		12	9	3
怀远县	19	14	5	19	12	7	37	23	14
五河县	16	14	2	9	7	2	21	14	7
固镇县	7	6	1	10	6	4	16	11	5
蚌埠市高新技术开发区	1	1		2	2				
蚌埠市经济开发区				1		1	5	4	1
淮南市	**43**	**26**	**17**	**40**	**30**	**10**	**81**	**64**	**17**
大通区	1	1		2	1	1	4	3	1
田家庵区	4	2	2	3	3		9	7	2
谢家集区	2	1	1	1	1		6	6	
八公山区	1	1					2	2	
潘集区	4	2	2	12	7	5	16	11	5
凤台县	13	5	8	12	10	2	18	13	5
寿县	18	14	4	10	8	2	26	22	4

6-1 续表 7 单位：人

地区	15-19岁			20-24岁			25-29岁		
	小计	男	女	小计	男	女	小计	男	女
马鞍山市	**17**	**12**	**5**	**26**	**20**	**6**	**55**	**39**	**16**
花山区	2	1	1	1		1	8	3	5
雨山区	3	2	1	4	2	2	4	2	2
博望区				3	3		5	5	
当涂县	5	4	1	6	5	1	14	9	5
含山县	4	4		4	2	2	8	7	1
和县	3	1	2	8	8		16	13	3
淮北市	**30**	**18**	**12**	**38**	**25**	**13**	**63**	**43**	**20**
杜集区	4	3	1	3	2	1	9	4	5
相山区	5	2	3	3	1	2	3	2	1
烈山区	1	1		5	4	1	12	10	2
濉溪县	20	12	8	27	18	9	39	27	12
铜陵市	**29**	**22**	**7**	**32**	**17**	**15**	**46**	**34**	**12**
铜官区	5	3	2	6	5	1	8	6	2
义安区	4	4		5	4	1	10	9	1
郊区	8	6	2	5	1	4	9	8	1
枞阳县	12	9	3	16	7	9	19	11	8
安庆市	**59**	**37**	**22**	**81**	**55**	**26**	**123**	**86**	**37**
迎江区	2	2					1		1
大观区	1	1		4	3	1	9	8	1
宜秀区	1		1	3	2	1	6	5	1
怀宁县	6	3	3	15	14	1	23	20	3
太湖县	9	5	4	4	3	1	13	11	2
宿松县	16	11	5	9	6	3	20	14	6
望江县	9	5	4	11	6	5	12	5	7
岳西县	4	2	2	8	7	1	5	2	3
安徽安庆经济开发区	1	1		1	1		3	2	1
桐城市	7	5	2	15	8	7	19	11	8
潜山市	3	2	1	11	5	6	12	8	4
黄山市	**16**	**9**	**7**	**16**	**9**	**7**	**38**	**31**	**7**
屯溪区	4	1	3	2		2	5	4	1
黄山区	3	2	1	5	4	1	3	3	
徽州区	1	1		2	1	1	4	3	1
歙县	4	3	1	4	2	2	15	11	4
休宁县				2	2		6	6	
黟县	1		1				3	2	1
祁门县	3	2	1	1		1	2	2	
滁州市	**46**	**30**	**16**	**75**	**45**	**30**	**99**	**66**	**33**
琅琊区	2	2		6	2	4	2	2	
南谯区	5	4	1	1	1		7	6	1
来安县	5	4	1	6	3	3	12	11	1
全椒县	4	1	3	9	3	6	8	5	3
定远县	7	5	2	12	7	5	30	19	11
凤阳县	9	7	2	13	7	6	21	15	6
苏滁现代产业园	1		1	1	1				
滁州经济技术开发区	1		1						
天长市	6	5	1	8	7	1	11	5	6
明光市	6	2	4	19	14	5	8	3	5

6-1　续表 8　　　　单位：人

地　区	15-19岁			20-24岁			25-29岁		
	小计	男	女	小计	男	女	小计	男	女
阜阳市	**173**	**120**	**53**	**199**	**139**	**60**	**299**	**211**	**88**
颍州区	7	6	1	6	5	1	18	14	4
颍东区	17	16	1	9	6	3	25	17	8
颍泉区	10	7	3	10	4	6	14	12	2
临泉县	57	41	16	62	38	24	74	51	23
太和县	21	14	7	39	29	10	43	28	15
阜南县	40	28	12	32	24	8	51	36	15
颍上县	12	3	9	29	24	5	50	34	16
阜阳合肥现代产业园区							2	2	
阜阳经济技术开发区							1	1	
界首市	9	5	4	12	9	3	21	16	5
宿州市	**81**	**59**	**22**	**118**	**81**	**37**	**189**	**124**	**65**
埇桥区	23	15	8	33	21	12	41	26	15
砀山县	7	5	2	10	6	4	30	23	7
萧县	19	17	2	33	23	10	47	37	10
灵璧县	19	15	4	19	15	4	42	27	15
泗县	12	6	6	22	15	7	27	10	17
宿州马鞍山现代产业园区	1	1					2	1	1
宿州经济技术开发区				1	1				
六安市	**76**	**56**	**20**	**90**	**61**	**29**	**140**	**94**	**46**
金安区	15	9	6	19	14	5	18	8	10
裕安区	14	13	1	19	11	8	22	17	5
叶集区	4	3	1	2		2	9	9	
霍邱县	16	13	3	19	11	8	35	23	12
舒城县	10	5	5	11	9	2	28	18	10
金寨县	15	11	4	10	9	1	15	7	8
霍山县	2	2		10	7	3	13	12	1
亳州市	**121**	**83**	**38**	**108**	**85**	**23**	**196**	**142**	**54**
谯城区	28	20	8	20	13	7	35	24	11
涡阳县	27	20	7	30	25	5	47	35	12
蒙城县	37	25	12	29	23	6	67	48	19
利辛县	29	18	11	29	24	5	47	35	12
池州市	**19**	**13**	**6**	**24**	**19**	**5**	**44**	**29**	**15**
贵池区	7	5	2	8	7	1	20	11	9
东至县	7	4	3	6	5	1	13	9	4
石台县	1	1		2	2		4	4	
青阳县	4	3	1	8	5	3	7	5	2
池州市国家经济技术开发区									
皖江江南新兴产业集中区									
九华山风景区									
宣城市	**33**	**22**	**11**	**33**	**26**	**7**	**63**	**41**	**22**
宣州区	10	6	4	10	7	3	16	9	7
郎溪县	2	1	1	2	2		8	4	4
泾县	8	6	2	4	3	1	9	7	2
绩溪县	1	1					1	1	
旌德县	1	1		1	1				
宣城市经济开发区	1	1					2	1	1
宁国市	3	3		9	8	1	11	9	2
广德市	7	3	4	7	5	2	16	10	6

6-1 续表 9　　单位：人

地　区	30-34岁			35-39岁			40-44岁		
	小计	男	女	小计	男	女	小计	男	女
安　徽	**2591**	**1789**	**802**	**2785**	**1880**	**905**	**4550**	**3199**	**1351**
合肥市	**241**	**166**	**75**	**261**	**145**	**116**	**386**	**252**	**134**
瑶海区	7	3	4	9	2	7	16	9	7
庐阳区	18	7	11	15	8	7	24	13	11
蜀山区	11	7	4	15	10	5	17	13	4
包河区	19	10	9	26	12	14	42	26	16
长丰县	34	26	8	30	21	9	47	32	15
肥东县	32	24	8	26	14	12	59	45	14
肥西县	27	21	6	35	22	13	44	30	14
庐江县	47	35	12	46	27	19	71	46	25
合肥高新技术产业开发区	4	3	1	4	1	3	4	1	3
合肥经济技术开发区	5	5		18	12	6	12	6	6
合肥新站高新技术产业开发区	7	4	3	3		3	6	2	4
巢湖市	30	21	9	34	16	18	44	29	15
芜湖市	**120**	**86**	**34**	**125**	**87**	**38**	**225**	**157**	**68**
镜湖区	7	6	1	13	7	6	25	23	2
弋江区	9	8	1	12	11	1	10	5	5
鸠江区	17	10	7	14	11	3	24	14	10
三山区	4	2	2	6	5	1	7	6	1
芜湖县	12	5	7	13	11	2	22	16	6
繁昌县	15	11	4	6	5	1	23	15	8
南陵县	20	19	1	25	17	8	33	21	12
芜湖经济技术开发区	4	2	2	4	2	2	6	4	2
安徽芜湖长江大桥经济开发区	1	1					1		1
无为市	31	22	9	32	18	14	74	53	21
蚌埠市	**144**	**100**	**44**	**185**	**132**	**53**	**261**	**184**	**77**
龙子湖区	10	8	2	10	8	2	16	10	6
蚌山区	3	2	1	7	5	2	4	2	2
禹会区	13	12	1	12	12		26	19	7
淮上区	7	4	3	13	9	4	16	9	7
怀远县	58	39	19	72	55	17	92	66	26
五河县	28	15	13	25	16	9	51	38	13
固镇县	24	20	4	37	24	13	45	34	11
蚌埠市高新技术开发区				2	1	1	3	1	2
蚌埠市经济开发区	1		1	7	2	5	8	5	3
淮南市	**173**	**106**	**67**	**182**	**115**	**67**	**234**	**164**	**70**
大通区	3	1	2	7	5	2	14	11	3
田家庵区	25	13	12	35	24	11	39	34	5
谢家集区	14	5	9	10	4	6	17	13	4
八公山区	13	11	2	6	3	3	13	9	4
潘集区	20	13	7	23	15	8	32	20	12
凤台县	41	28	13	38	26	12	48	36	12
寿县	57	35	22	63	38	25	71	41	30

6-1　续表 10　　　　　　　　　　　　　　　　　　　　　　　　　　　　　　　　　　单位：人

地　　区	30-34岁			35-39岁			40-44岁		
	小计	男	女	小计	男	女	小计	男	女
马鞍山市	**58**	**37**	**21**	**71**	**43**	**28**	**122**	**86**	**36**
花山区	13	10	3	10	6	4	16	11	5
雨山区	10	6	4	14	7	7	15	8	7
博望区	6	4	2	6	4	2	11	9	2
当涂县	10	3	7	15	10	5	20	15	5
含山县	12	9	3	14	8	6	27	21	6
和县	7	5	2	12	8	4	33	22	11
淮北市	**74**	**50**	**24**	**68**	**44**	**24**	**150**	**109**	**41**
杜集区	12	10	2	13	9	4	13	11	2
相山区	11	9	2	11	7	4	27	17	10
烈山区	6	2	4	9	6	3	22	14	8
濉溪县	45	29	16	35	22	13	88	67	21
铜陵市	**58**	**47**	**11**	**54**	**40**	**14**	**102**	**63**	**39**
铜官区	12	11	1	11	7	4	18	12	6
义安区	10	9	1	17	12	5	16	8	8
郊区	14	11	3	7	5	2	19	15	4
枞阳县	22	16	6	19	16	3	49	28	21
安庆市	**183**	**112**	**71**	**172**	**110**	**62**	**299**	**206**	**93**
迎江区	6	4	2	10	5	5	7	5	2
大观区	11	5	6	5	2	3	13	10	3
宜秀区	6	2	4	9	6	3	14	11	3
怀宁县	23	11	12	25	18	7	40	27	13
太湖县	17	13	4	23	14	9	25	16	9
宿松县	38	21	17	29	20	9	40	26	14
望江县	20	16	4	13	8	5	37	31	6
岳西县	21	13	8	12	8	4	23	17	6
安徽安庆经济开发区	4	1	3	4	3	1	7	5	2
桐城市	25	18	7	25	15	10	46	28	18
潜山市	12	8	4	17	11	6	47	30	17
黄山市	**45**	**27**	**18**	**48**	**29**	**19**	**97**	**71**	**26**
屯溪区	6	3	3	8	5	3	7	3	4
黄山区	4	4		8	4	4	13	8	5
徽州区	6	4	2	6	5	1	11	9	2
歙县	18	11	7	14	9	5	34	29	5
休宁县	6	3	3	6	4	2	12	9	3
黟县	1		1				8	4	4
祁门县	4	2	2	6	2	4	12	9	3
滁州市	**160**	**113**	**47**	**145**	**104**	**41**	**286**	**204**	**82**
琅琊区	8	4	4	8	4	4	19	11	8
南谯区	17	14	3	3	1	2	15	12	3
来安县	25	18	7	19	16	3	32	23	9
全椒县	16	12	4	11	6	5	18	14	4
定远县	26	15	11	27	21	6	77	56	21
凤阳县	31	19	12	29	23	6	49	35	14
苏滁现代产业园									
滁州经济技术开发区	1	1		4	3	1			
天长市	18	17	1	20	13	7	42	24	18
明光市	18	13	5	24	17	7	34	29	5

6-1 续表 11 单位：人

地区	30-34岁			35-39岁			40-44岁		
	小计	男	女	小计	男	女	小计	男	女
阜阳市	**442**	**310**	**132**	**461**	**344**	**117**	**796**	**564**	**232**
颍州区	36	25	11	30	20	10	48	38	10
颍东区	22	17	5	20	16	4	53	36	17
颍泉区	29	20	9	21	16	5	44	29	15
临泉县	94	70	24	108	76	32	193	139	54
太和县	71	48	23	84	62	22	128	90	38
阜南县	86	57	29	60	41	19	135	96	39
颍上县	73	52	21	92	77	15	134	93	41
阜阳合肥现代产业园区				1	1		1		1
阜阳经济技术开发区	1	1		2	1	1	4	4	
界首市	30	20	10	43	34	9	56	39	17
宿州市	**281**	**199**	**82**	**309**	**204**	**105**	**448**	**325**	**123**
埇桥区	71	53	18	70	44	26	132	94	38
砀山县	32	25	7	46	31	15	67	51	16
萧县	63	49	14	79	56	23	105	78	27
灵璧县	64	45	19	74	50	24	73	55	18
泗县	47	24	23	39	22	17	60	40	20
宿州马鞍山现代产业园区	1	1		1	1		6	5	1
宿州经济技术开发区	3	2	1				5	2	3
六安市	**200**	**139**	**61**	**232**	**147**	**85**	**363**	**256**	**107**
金安区	27	18	9	30	19	11	44	24	20
裕安区	39	30	9	32	22	10	63	45	18
叶集区	4	4		12	8	4	10	8	2
霍邱县	49	33	16	72	46	26	97	74	23
舒城县	33	19	14	35	23	12	70	51	19
金寨县	36	27	9	30	19	11	63	44	19
霍山县	12	8	4	21	10	11	16	10	6
亳州市	**284**	**205**	**79**	**307**	**231**	**76**	**483**	**355**	**128**
谯城区	68	48	20	81	51	30	100	76	24
涡阳县	72	50	22	88	69	19	143	105	38
蒙城县	71	53	18	71	55	16	111	77	34
利辛县	73	54	19	67	56	11	129	97	32
池州市	**44**	**34**	**10**	**50**	**29**	**21**	**104**	**67**	**37**
贵池区	15	11	4	30	16	14	49	33	16
东至县	15	12	3	9	6	3	30	17	13
石台县	2	1	1	3	2	1	5	4	1
青阳县	11	9	2	8	5	3	19	13	6
池州市国家经济技术开发区									
皖江江南新兴产业集中区									
九华山风景区	1	1					1		1
宣城市	**84**	**58**	**26**	**115**	**76**	**39**	**194**	**136**	**58**
宣州区	33	18	15	28	19	9	43	27	16
郎溪县	10	7	3	14	7	7	25	20	5
泾县	2		2	18	12	6	21	15	6
绩溪县	5	5		10	9	1	12	7	5
旌德县	3	3		2	2		8	5	3
宣城市经济开发区	4	2	2	1	1		2	2	
宁国市	14	12	2	16	9	7	37	25	12
广德市	13	11	2	26	17	9	46	35	11

6-1 续表 12

单位：人

地 区	45-49岁			50-54岁			55-59岁		
	小计	男	女	小计	男	女	小计	男	女
安 徽	**9982**	**6758**	**3224**	**16061**	**10673**	**5388**	**16946**	**11273**	**5673**
合肥市	**902**	**589**	**313**	**1429**	**912**	**517**	**1582**	**1058**	**524**
瑶海区	62	41	21	71	44	27	93	57	36
庐阳区	45	33	12	65	45	20	92	62	30
蜀山区	43	33	10	71	49	22	104	62	42
包河区	80	50	30	101	71	30	138	103	35
长丰县	84	56	28	146	94	52	138	85	53
肥东县	113	77	36	192	125	67	184	129	55
肥西县	125	72	53	174	104	70	144	97	47
庐江县	212	137	75	339	207	132	403	255	148
合肥高新技术产业开发区	9	5	4	12	7	5	13	10	3
合肥经济技术开发区	17	13	4	23	15	8	29	21	8
合肥新站高新技术产业开发区	21	18	3	30	19	11	34	24	10
巢湖市	91	54	37	205	132	73	210	153	57
芜湖市	**551**	**353**	**198**	**987**	**627**	**360**	**1026**	**685**	**341**
镜湖区	52	33	19	115	76	39	165	125	40
弋江区	27	16	11	55	34	21	51	36	15
鸠江区	85	61	24	131	86	45	144	86	58
三山区	22	19	3	36	19	17	40	26	14
芜湖县	45	27	18	88	58	30	78	60	18
繁昌县	39	26	13	89	57	32	87	58	29
南陵县	92	56	36	129	76	53	151	103	48
芜湖经济技术开发区	10	4	6	26	16	10	21	12	9
安徽芜湖长江大桥经济开发区	7	5	2	12	8	4	9	6	3
无为市	172	106	66	306	197	109	280	173	107
蚌埠市	**538**	**379**	**159**	**874**	**579**	**295**	**897**	**578**	**319**
龙子湖区	32	23	9	72	54	18	70	46	24
蚌山区	18	13	5	32	17	15	47	33	14
禹会区	37	22	15	65	46	19	72	43	29
淮上区	36	23	13	68	50	18	78	47	31
怀远县	208	152	56	278	192	86	279	176	103
五河县	86	56	30	160	98	62	154	91	63
固镇县	104	78	26	161	98	63	149	109	40
蚌埠市高新技术开发区	4	1	3	5	2	3	5	4	1
蚌埠市经济开发区	13	11	2	33	22	11	43	29	14
淮南市	**554**	**372**	**182**	**906**	**627**	**279**	**891**	**590**	**301**
大通区	20	9	11	33	20	13	36	21	15
田家庵区	79	53	26	146	104	42	173	123	50
谢家集区	61	48	13	108	82	26	107	64	43
八公山区	27	17	10	61	44	17	41	23	18
潘集区	71	46	25	84	58	26	107	75	32
凤台县	108	73	35	190	135	55	186	124	62
寿县	188	126	62	284	184	100	241	160	81

6-1 续表 13 单位：人

地 区	45-49岁			50-54岁			55-59岁		
	小计	男	女	小计	男	女	小计	男	女
马鞍山市	**295**	**188**	**107**	**579**	**388**	**191**	**586**	**373**	**213**
花山区	45	28	17	105	72	33	100	61	39
雨山区	31	19	12	86	65	21	89	62	27
博望区	33	22	11	44	34	10	42	29	13
当涂县	55	33	22	99	64	35	125	82	43
含山县	52	34	18	99	62	37	111	67	44
和县	79	52	27	146	91	55	119	72	47
淮北市	**362**	**244**	**118**	**522**	**373**	**149**	**485**	**327**	**158**
杜集区	56	43	13	84	70	14	76	55	21
相山区	58	34	24	80	53	27	89	58	31
烈山区	53	34	19	86	62	24	85	62	23
濉溪县	195	133	62	272	188	84	235	152	83
铜陵市	**288**	**197**	**91**	**422**	**282**	**140**	**531**	**356**	**175**
铜官区	58	46	12	95	67	28	123	88	35
义安区	40	25	15	79	56	23	92	65	27
郊区	41	22	19	68	43	25	87	59	28
枞阳县	149	104	45	180	116	64	229	144	85
安庆市	**864**	**551**	**313**	**1319**	**851**	**468**	**1446**	**960**	**486**
迎江区	30	17	13	39	22	17	66	54	12
大观区	34	24	10	57	36	21	72	50	22
宜秀区	37	21	16	33	23	10	42	24	18
怀宁县	113	74	39	186	116	70	173	116	57
太湖县	94	61	33	136	95	41	168	109	59
宿松县	133	87	46	184	117	67	209	138	71
望江县	105	62	43	130	81	49	141	91	50
岳西县	75	50	25	122	74	48	140	95	45
安徽安庆经济开发区	16	12	4	20	12	8	14	10	4
桐城市	128	76	52	237	150	87	228	145	83
潜山市	99	67	32	175	125	50	193	128	65
黄山市	**186**	**125**	**61**	**358**	**255**	**103**	**401**	**271**	**130**
屯溪区	15	11	4	34	24	10	44	26	18
黄山区	20	14	6	44	28	16	42	26	16
徽州区	10	7	3	22	18	4	31	24	7
歙县	64	42	22	121	92	29	150	104	46
休宁县	35	24	11	57	40	17	64	43	21
黟县	8	7	1	32	22	10	27	18	9
祁门县	34	20	14	48	31	17	43	30	13
滁州市	**664**	**447**	**217**	**1107**	**723**	**384**	**1138**	**733**	**405**
琅琊区	45	30	15	67	43	24	82	54	28
南谯区	45	31	14	91	63	28	86	50	36
来安县	73	51	22	138	93	45	111	73	38
全椒县	53	36	17	113	82	31	119	73	46
定远县	162	112	50	195	124	71	196	124	72
凤阳县	103	73	30	156	103	53	193	133	60
苏滁现代产业园				1	1		1	1	
滁州经济技术开发区				15	12	3	11	7	4
天长市	94	52	42	166	100	66	185	125	60
明光市	89	62	27	165	102	63	154	93	61

6-1 续表 14

单位：人

地 区	45-49岁			50-54岁			55-59岁		
	小计	男	女	小计	男	女	小计	男	女
阜阳市	**1476**	**1029**	**447**	**2396**	**1600**	**796**	**2524**	**1700**	**824**
颍州区	98	67	31	179	117	62	209	142	67
颍东区	120	83	37	139	95	44	147	102	45
颍泉区	110	83	27	165	109	56	181	131	50
临泉县	313	215	98	519	341	178	577	371	206
太和县	219	160	59	400	281	119	389	260	129
阜南县	242	162	80	393	249	144	360	258	102
颍上县	227	156	71	378	252	126	413	280	133
阜阳合肥现代产业园区	10	6	4	8	4	4	11	7	4
阜阳经济技术开发区	9	7	2	15	9	6	11	8	3
界首市	128	90	38	200	143	57	226	141	85
宿州市	**1007**	**700**	**307**	**1416**	**955**	**461**	**1411**	**971**	**440**
埇桥区	284	201	83	413	289	124	458	323	135
砀山县	139	93	46	185	126	59	163	115	48
萧县	210	146	64	298	195	103	283	194	89
灵璧县	203	147	56	265	176	89	267	171	96
泗县	163	106	57	238	158	80	228	156	72
宿州马鞍山现代产业园区	5	4	1	11	7	4	9	9	
宿州经济技术开发区	3	3		6	4	2	3	3	
六安市	**765**	**534**	**231**	**1285**	**818**	**467**	**1492**	**956**	**536**
金安区	125	89	36	181	108	73	176	113	63
裕安区	118	80	38	224	147	77	261	166	95
叶集区	33	25	8	57	39	18	54	34	20
霍邱县	200	148	52	299	189	110	325	203	122
舒城县	119	78	41	234	156	78	304	204	100
金寨县	104	67	37	172	109	63	236	154	82
霍山县	66	47	19	118	70	48	136	82	54
亳州市	**881**	**622**	**259**	**1366**	**925**	**441**	**1347**	**913**	**434**
谯城区	221	146	75	348	249	99	322	215	107
涡阳县	257	190	67	341	238	103	336	234	102
蒙城县	200	142	58	336	216	120	324	203	121
利辛县	203	144	59	341	222	119	365	261	104
池州市	**244**	**153**	**91**	**356**	**250**	**106**	**460**	**299**	**161**
贵池区	99	63	36	140	99	41	180	121	59
东至县	67	44	23	114	72	42	139	87	52
石台县	18	12	6	24	21	3	42	33	9
青阳县	56	32	24	71	54	17	95	57	38
池州市国家经济技术开发区	3	2	1	1		1			
皖江江南新兴产业集中区									
九华山风景区	1		1	6	4	2	4	1	3
宣城市	**405**	**275**	**130**	**739**	**508**	**231**	**729**	**503**	**226**
宣州区	109	74	35	236	168	68	199	141	58
郎溪县	64	41	23	94	62	32	61	47	14
泾县	75	57	18	70	43	27	112	77	35
绩溪县	16	9	7	34	23	11	49	39	10
旌德县	22	13	9	44	32	12	43	33	10
宣城市经济开发区	15	8	7	10	6	4	8	5	3
宁国市	43	33	10	125	84	41	135	84	51
广德市	61	40	21	126	90	36	122	77	45

6-1 续表 15 单位：人

地 区	60-64岁			65-69岁			70-74岁		
	小计	男	女	小计	男	女	小计	男	女
安 徽	**16944**	**11446**	**5498**	**34409**	**22431**	**11978**	**43771**	**27990**	**15781**
合肥市	**1537**	**1075**	**462**	**3489**	**2322**	**1167**	**4376**	**2901**	**1475**
瑶海区	85	68	17	147	105	42	196	127	69
庐阳区	93	64	29	176	120	56	180	116	64
蜀山区	87	63	24	198	111	87	218	146	72
包河区	161	104	57	271	174	97	322	212	110
长丰县	99	62	37	320	213	107	388	266	122
肥东县	186	134	52	426	276	150	551	375	176
肥西县	163	116	47	484	329	155	576	385	191
庐江县	368	254	114	799	528	271	1104	735	369
合肥高新技术产业开发区	15	9	6	37	30	7	51	28	23
合肥经济技术开发区	35	20	15	82	57	25	75	56	19
合肥新站高新技术产业开发区	43	27	16	60	40	20	85	50	35
巢湖市	202	154	48	489	339	150	630	405	225
芜湖市	**1134**	**787**	**347**	**2208**	**1500**	**708**	**3142**	**2008**	**1134**
镜湖区	173	119	54	303	219	84	336	218	118
弋江区	56	39	17	100	68	32	161	106	55
鸠江区	156	104	52	270	189	81	415	261	154
三山区	43	25	18	88	60	28	139	89	50
芜湖县	64	47	17	199	139	60	244	160	84
繁昌县	101	67	34	189	139	50	237	157	80
南陵县	233	163	70	381	237	144	491	317	174
芜湖经济技术开发区	22	12	10	51	38	13	56	38	18
安徽芜湖长江大桥经济开发区	7	6	1	24	14	10	38	26	12
无为市	279	205	74	603	397	206	1025	636	389
蚌埠市	**922**	**614**	**308**	**1661**	**1100**	**561**	**1975**	**1278**	**697**
龙子湖区	94	68	26	137	94	43	126	82	44
蚌山区	57	47	10	68	52	16	69	45	24
禹会区	88	59	29	150	96	54	181	112	69
淮上区	53	41	12	106	68	38	135	83	52
怀远县	265	156	109	502	321	181	642	411	231
五河县	183	126	57	345	228	117	366	240	126
固镇县	128	83	45	270	184	86	375	249	126
蚌埠市高新技术开发区	11	8	3	15	8	7	20	13	7
蚌埠市经济开发区	43	26	17	68	49	19	61	43	18
淮南市	**984**	**643**	**341**	**1723**	**1091**	**632**	**2143**	**1420**	**723**
大通区	41	28	13	108	60	48	108	78	30
田家庵区	188	133	55	295	203	92	292	205	87
谢家集区	110	85	25	166	98	68	180	108	72
八公山区	58	36	22	78	44	34	82	58	24
潘集区	99	66	33	178	112	66	221	140	81
凤台县	198	115	83	334	206	128	403	262	141
寿县	290	180	110	564	368	196	857	569	288

6-1 续表 16 单位：人

地区	60-64岁			65-69岁			70-74岁		
	小计	男	女	小计	男	女	小计	男	女
马鞍山市	**581**	**392**	**189**	**1192**	**774**	**418**	**1639**	**1090**	**549**
花山区	103	71	32	162	97	65	222	150	72
雨山区	103	65	38	134	80	54	169	114	55
博望区	54	38	16	94	59	35	121	81	40
当涂县	115	78	37	252	164	88	303	194	109
含山县	94	66	28	237	173	64	367	251	116
和县	112	74	38	313	201	112	457	300	157
淮北市	**399**	**270**	**129**	**766**	**463**	**303**	**1011**	**629**	**382**
杜集区	84	51	33	139	82	57	183	117	66
相山区	89	65	24	157	96	61	157	91	66
烈山区	65	43	22	102	58	44	147	99	48
濉溪县	161	111	50	368	227	141	524	322	202
铜陵市	**573**	**402**	**171**	**922**	**647**	**275**	**1290**	**835**	**455**
铜官区	114	76	38	181	135	46	264	176	88
义安区	106	69	37	201	143	58	249	160	89
郊区	84	62	22	133	77	56	180	119	61
枞阳县	269	195	74	407	292	115	597	380	217
安庆市	**1433**	**956**	**477**	**3026**	**1958**	**1068**	**3969**	**2459**	**1510**
迎江区	58	45	13	97	69	28	129	72	57
大观区	69	49	20	130	90	40	173	104	69
宜秀区	36	25	11	108	72	36	134	82	52
怀宁县	170	119	51	384	242	142	523	339	184
太湖县	150	91	59	363	233	130	434	280	154
宿松县	214	148	66	427	255	172	553	355	198
望江县	147	96	51	337	221	116	506	322	184
岳西县	152	99	53	293	184	109	279	155	124
安徽安庆经济开发区	25	17	8	38	26	12	45	30	15
桐城市	197	132	65	454	314	140	681	420	261
潜山市	215	135	80	395	252	143	512	300	212
黄山市	**587**	**427**	**160**	**992**	**675**	**317**	**1102**	**710**	**392**
屯溪区	66	50	16	86	57	29	116	78	38
黄山区	65	46	19	117	76	41	110	70	40
徽州区	48	37	11	74	53	21	92	56	36
歙县	224	165	59	367	264	103	412	265	147
休宁县	83	58	25	170	107	63	189	128	61
黟县	42	32	10	51	35	16	56	37	19
祁门县	59	39	20	127	83	44	127	76	51
滁州市	**1194**	**803**	**391**	**2372**	**1531**	**841**	**2628**	**1707**	**921**
琅琊区	65	42	23	139	87	52	143	101	42
南谯区	75	52	23	150	93	57	160	109	51
来安县	167	122	45	303	184	119	368	238	130
全椒县	110	81	29	244	157	87	239	149	90
定远县	189	120	69	392	250	142	471	308	163
凤阳县	166	104	62	342	222	120	414	272	142
苏滁现代产业园	12	7	5	12	9	3	10	7	3
滁州经济技术开发区	9	7	2	27	17	10	13	11	2
天长市	198	133	65	442	301	141	479	303	176
明光市	203	135	68	321	211	110	331	209	122

6-1 续表 17 单位：人

地区	60-64岁			65-69岁			70-74岁		
	小计	男	女	小计	男	女	小计	男	女
阜阳市	**2080**	**1364**	**716**	**4382**	**2782**	**1600**	**5829**	**3632**	**2197**
颍州区	130	93	37	288	189	99	363	218	145
颍东区	134	92	42	277	171	106	391	266	125
颍泉区	139	96	43	301	208	93	402	259	143
临泉县	429	274	155	871	546	325	1332	795	537
太和县	358	226	132	806	536	270	983	603	380
阜南县	247	163	84	619	378	241	886	548	338
颍上县	423	276	147	775	468	307	909	589	320
阜阳合肥现代产业园区	6	2	4	16	12	4	23	18	5
阜阳经济技术开发区	17	9	8	17	10	7	18	13	5
界首市	197	133	64	412	264	148	522	323	199
宿州市	**1448**	**978**	**470**	**2948**	**1890**	**1058**	**3588**	**2263**	**1325**
埇桥区	378	257	121	735	467	268	858	536	322
砀山县	230	156	74	449	291	158	594	370	224
萧县	324	220	104	693	456	237	892	577	315
灵璧县	299	203	96	601	379	222	705	442	263
泗县	196	125	71	444	281	163	506	314	192
宿州马鞍山现代产业园区	12	10	2	16	8	8	24	18	6
宿州经济技术开发区	9	7	2	10	8	2	9	6	3
六安市	**1618**	**1084**	**534**	**3296**	**2150**	**1146**	**3969**	**2520**	**1449**
金安区	222	146	76	500	323	177	609	385	224
裕安区	251	177	74	485	316	169	660	430	230
叶集区	76	51	25	135	89	46	161	97	64
霍邱县	314	209	105	675	424	251	786	530	256
舒城县	348	223	125	702	487	215	821	532	289
金寨县	253	176	77	513	330	183	620	358	262
霍山县	154	102	52	286	181	105	312	188	124
亳州市	**1131**	**770**	**361**	**2558**	**1609**	**949**	**3469**	**2167**	**1302**
谯城区	237	152	85	668	421	247	984	586	398
涡阳县	324	226	98	675	434	241	909	575	334
蒙城县	277	177	100	629	390	239	747	502	245
利辛县	293	215	78	586	364	222	829	504	325
池州市	**467**	**295**	**172**	**1019**	**689**	**330**	**1202**	**788**	**414**
贵池区	167	106	61	408	268	140	507	329	178
东至县	171	117	54	285	193	92	391	249	142
石台县	32	18	14	77	58	19	82	57	25
青阳县	91	52	39	231	158	73	205	141	64
池州市国家经济技术开发区	1		1	6	2	4	7	5	2
皖江江南新兴产业集中区	2	1	1	2	1	1	2	1	1
九华山风景区	3	1	2	10	9	1	8	6	2
宣城市	**856**	**586**	**270**	**1855**	**1250**	**605**	**2439**	**1583**	**856**
宣州区	201	152	49	497	333	164	717	465	252
郎溪县	72	56	16	191	134	57	244	165	79
泾县	126	79	47	278	182	96	335	226	109
绩溪县	85	61	24	105	78	27	118	78	40
旌德县	54	39	15	89	55	34	129	79	50
宣城市经济开发区	16	11	5	30	22	8	37	27	10
宁国市	145	94	51	307	218	89	383	241	142
广德市	157	94	63	358	228	130	476	302	174

6-1 续表 18

单位：人

地区	75—79岁			80—84岁			85—89岁		
	小计	男	女	小计	男	女	小计	男	女
安徽	**55948**	**33849**	**22099**	**60816**	**33361**	**27455**	**54164**	**25667**	**28497**
合肥市	**5580**	**3530**	**2050**	**6054**	**3458**	**2596**	**5696**	**2831**	**2865**
瑶海区	221	139	82	279	164	115	253	141	112
庐阳区	270	165	105	316	179	137	360	184	176
蜀山区	282	190	92	411	254	157	358	197	161
包河区	414	272	142	530	291	239	511	280	231
长丰县	550	359	191	529	328	201	551	262	289
肥东县	741	466	275	808	439	369	838	395	443
肥西县	698	439	259	634	378	256	620	320	300
庐江县	1255	790	465	1358	735	623	1050	500	550
合肥高新技术产业开发区	75	49	26	63	41	22	53	28	25
合肥经济技术开发区	120	81	39	110	69	41	96	47	49
合肥新站高新技术产业开发区	114	78	36	100	55	45	122	66	56
巢湖市	840	502	338	916	525	391	884	411	473
芜湖市	**4326**	**2565**	**1761**	**4626**	**2504**	**2122**	**3752**	**1745**	**2007**
镜湖区	502	304	198	689	383	306	602	328	274
弋江区	219	120	99	217	123	94	179	85	94
鸠江区	591	341	250	632	335	297	461	204	257
三山区	191	114	77	150	84	66	131	56	75
芜湖县	416	266	150	374	203	171	322	138	184
繁昌县	305	185	120	351	192	159	293	140	153
南陵县	638	377	261	716	404	312	576	269	307
芜湖经济技术开发区	91	50	41	87	47	40	72	30	42
安徽芜湖长江大桥经济开发区	46	33	13	29	18	11	29	12	17
无为市	1327	775	552	1381	715	666	1087	483	604
蚌埠市	**2966**	**1805**	**1161**	**3110**	**1808**	**1302**	**3033**	**1536**	**1497**
龙子湖区	195	130	65	223	119	104	224	107	117
蚌山区	105	67	38	127	68	59	152	69	83
禹会区	217	124	93	251	144	107	237	121	116
淮上区	188	116	72	203	126	77	188	101	87
怀远县	941	578	363	960	570	390	885	455	430
五河县	640	382	258	690	384	306	665	336	329
固镇县	558	337	221	529	320	209	573	289	284
蚌埠市高新技术开发区	17	6	11	15	13	2	9	3	6
蚌埠市经济开发区	105	65	40	112	64	48	100	55	45
淮南市	**2951**	**1806**	**1145**	**3054**	**1788**	**1266**	**2711**	**1447**	**1264**
大通区	139	82	57	150	79	71	136	65	71
田家庵区	410	243	167	531	302	229	415	224	191
谢家集区	268	140	128	352	193	159	291	172	119
八公山区	148	84	64	166	79	87	133	55	78
潘集区	328	204	124	279	169	110	270	160	110
凤台县	551	339	212	554	338	216	521	264	257
寿县	1107	714	393	1022	628	394	945	507	438

6-1 续表 19

单位：人

地区	75-79岁			80-84岁			85-89岁		
	小计	男	女	小计	男	女	小计	男	女
马鞍山市	**2264**	**1380**	**884**	**2675**	**1466**	**1209**	**2319**	**1096**	**1223**
花山区	329	192	137	420	226	194	354	178	176
雨山区	263	155	108	332	190	142	320	171	149
博望区	198	114	84	184	96	88	166	83	83
当涂县	491	330	161	538	311	227	388	179	209
含山县	427	271	156	485	240	245	410	183	227
和县	556	318	238	716	403	313	681	302	379
淮北市	**1479**	**922**	**557**	**1630**	**934**	**696**	**1561**	**777**	**784**
杜集区	266	169	97	244	150	94	238	130	108
相山区	235	146	89	280	159	121	248	124	124
烈山区	206	132	74	215	130	85	205	95	110
濉溪县	772	475	297	891	495	396	870	428	442
铜陵市	**1549**	**907**	**642**	**1829**	**938**	**891**	**1516**	**735**	**781**
铜官区	327	202	125	421	204	217	392	205	187
义安区	345	201	144	359	186	173	311	149	162
郊区	246	150	96	305	162	143	260	124	136
枞阳县	631	354	277	744	386	358	553	257	296
安庆市	**5005**	**2914**	**2091**	**5446**	**2930**	**2516**	**4416**	**2039**	**2377**
迎江区	185	114	71	214	107	107	198	103	95
大观区	227	124	103	254	137	117	265	118	147
宜秀区	171	108	63	157	77	80	148	67	81
怀宁县	684	391	293	738	409	329	662	302	360
太湖县	530	311	219	675	394	281	498	235	263
宿松县	742	444	298	785	425	360	598	280	318
望江县	573	340	233	651	343	308	503	226	277
岳西县	396	218	178	385	189	196	266	117	149
安徽安庆经济开发区	52	32	20	66	38	28	48	19	29
桐城市	817	482	335	872	470	402	735	334	401
潜山市	628	350	278	649	341	308	495	238	257
黄山市	**1085**	**657**	**428**	**1790**	**939**	**851**	**1588**	**687**	**901**
屯溪区	114	72	42	196	125	71	173	88	85
黄山区	165	108	57	250	129	121	192	97	95
徽州区	89	57	32	129	74	55	112	49	63
歙县	331	175	156	571	279	292	545	207	338
休宁县	196	116	80	316	167	149	293	131	162
黟县	67	43	24	113	58	55	96	40	56
祁门县	123	86	37	215	107	108	177	75	102
滁州市	**3841**	**2360**	**1481**	**3961**	**2097**	**1864**	**4079**	**1890**	**2189**
琅琊区	190	117	73	218	110	108	274	134	140
南谯区	261	171	90	269	137	132	237	101	136
来安县	463	270	193	460	231	229	492	224	268
全椒县	382	222	160	449	234	215	459	198	261
定远县	725	475	250	814	460	354	788	420	368
凤阳县	585	354	231	506	286	220	557	267	290
苏滁现代产业园	16	12	4	7	2	5	16	9	7
滁州经济技术开发区	19	15	4	24	19	5	25	12	13
天长市	658	391	267	651	319	332	734	298	436
明光市	542	333	209	563	299	264	497	227	270

6-1　续表 20　　　　　　　　　　单位：人

地　区	75—79岁			80—84岁			85—89岁		
	小计	男	女	小计	男	女	小计	男	女
阜阳市	**6765**	**4025**	**2740**	**7206**	**3801**	**3405**	**6570**	**2998**	**3572**
颍州区	446	271	175	486	267	219	419	174	245
颍东区	451	279	172	469	249	220	456	227	229
颍泉区	463	281	182	541	288	253	491	219	272
临泉县	1403	766	637	1621	807	814	1394	569	825
太和县	1110	651	459	1213	645	568	1173	538	635
阜南县	1143	691	452	1236	638	598	1043	463	580
颍上县	1140	743	397	1044	619	425	1040	564	476
阜阳合肥现代产业园区	42	25	17	31	13	18	24	13	11
阜阳经济技术开发区	32	21	11	24	14	10	27	12	15
界首市	535	297	238	541	261	280	503	219	284
宿州市	**4877**	**2943**	**1934**	**5139**	**2881**	**2258**	**5333**	**2484**	**2849**
埇桥区	1314	820	494	1357	772	585	1351	623	728
砀山县	691	390	301	782	429	353	832	345	487
萧县	1027	642	385	1155	632	523	1275	584	691
灵璧县	926	561	365	934	524	410	986	491	495
泗县	860	491	369	860	494	366	848	423	425
宿州马鞍山现代产业园区	35	24	11	28	19	9	20	9	11
宿州经济技术开发区	24	15	9	23	11	12	21	9	12
六安市	**4970**	**3013**	**1957**	**5086**	**2754**	**2332**	**3662**	**1743**	**1919**
金安区	742	471	271	824	486	338	636	324	312
裕安区	780	485	295	785	419	366	579	262	317
叶集区	241	151	90	196	105	91	131	65	66
霍邱县	1042	677	365	1071	589	482	776	410	366
舒城县	993	569	424	1138	607	531	913	408	505
金寨县	782	430	352	643	344	299	311	137	174
霍山县	390	230	160	429	204	225	316	137	179
亳州市	**4017**	**2429**	**1588**	**4182**	**2269**	**1913**	**3629**	**1672**	**1957**
谯城区	1016	584	432	969	504	465	860	371	489
涡阳县	1089	677	412	1118	589	529	974	440	534
蒙城县	892	541	351	1005	564	441	879	405	474
利辛县	1020	627	393	1090	612	478	916	456	460
池州市	**1400**	**791**	**609**	**1617**	**866**	**751**	**1398**	**614**	**784**
贵池区	604	339	265	628	348	280	569	237	332
东至县	424	231	193	483	261	222	412	171	241
石台县	113	71	42	161	90	71	101	45	56
青阳县	242	140	102	314	147	167	294	149	145
池州市国家经济技术开发区	3	2	1	8	4	4	4	3	1
皖江江南新兴产业集中区	4	3	1	1		1	4	4	
九华山风景区	10	5	5	22	16	6	14	5	9
宣城市	**2873**	**1802**	**1071**	**3411**	**1928**	**1483**	**2901**	**1373**	**1528**
宣州区	886	548	338	975	529	446	874	411	463
郎溪县	319	199	120	372	226	146	330	175	155
泾县	389	241	148	559	316	243	393	180	213
绩溪县	142	88	54	164	89	75	168	76	92
旌德县	160	99	61	196	100	96	165	77	88
宣城市经济开发区	39	25	14	54	31	23	47	26	21
宁国市	398	240	158	521	300	221	423	183	240
广德市	540	362	178	570	337	233	501	245	256

6-1 续表 21 单位：人

地区	90-94岁			95-99岁			100岁及以上		
	小计	男	女	小计	男	女	小计	男	女
安徽	**27261**	**10476**	**16785**	**7705**	**2319**	**5386**	**1272**	**287**	**985**
合肥市	**3053**	**1242**	**1811**	**944**	**314**	**630**	**145**	**33**	**112**
瑶海区	127	62	65	32	15	17	5	2	3
庐阳区	223	106	117	76	34	42	8	5	3
蜀山区	202	95	107	57	25	32	4	2	2
包河区	309	157	152	90	42	48	15	3	12
长丰县	329	130	199	111	27	84	29	7	22
肥东县	471	178	293	160	48	112	31	4	27
肥西县	303	117	186	108	29	79	9	2	7
庐江县	447	160	287	120	48	72	13	2	11
合肥高新技术产业开发区	33	12	21	11	3	8	3	2	1
合肥经济技术开发区	38	13	25	15	2	13	1		1
合肥新站高新技术产业开发区	79	24	55	22	5	17	2		2
巢湖市	492	188	304	142	36	106	25	4	21
芜湖市	**1762**	**673**	**1089**	**418**	**117**	**301**	**49**	**15**	**34**
镜湖区	327	131	196	93	34	59	11	7	4
弋江区	100	48	52	24	10	14	3	1	2
鸠江区	247	91	156	46	15	31	4	2	2
三山区	43	17	26	18	3	15			
芜湖县	143	43	100	32	10	22	2	1	1
繁昌县	110	41	69	22	7	15	2	1	1
南陵县	237	98	139	45	12	33	3	2	1
芜湖经济技术开发区	52	27	25	14	1	13	5		5
安徽芜湖长江大桥经济开发区	15	3	12						
无为市	488	174	314	124	25	99	19	1	18
蚌埠市	**1645**	**681**	**964**	**530**	**179**	**351**	**69**	**12**	**57**
龙子湖区	134	59	75	45	17	28	8	3	5
蚌山区	84	32	52	17	6	11	1		1
禹会区	122	57	65	30	11	19	2	1	1
淮上区	111	41	70	38	7	31	6		6
怀远县	474	211	263	168	62	106	21	4	17
五河县	372	156	216	114	35	79	8	2	6
固镇县	279	96	183	103	37	66	22	2	20
蚌埠市高新技术开发区	8	4	4	3		3			
蚌埠市经济开发区	61	25	36	12	4	8	1		1
淮南市	**1514**	**647**	**867**	**404**	**143**	**261**	**74**	**17**	**57**
大通区	97	38	59	19	8	11	2	1	1
田家庵区	233	109	124	50	22	28	14	4	10
谢家集区	165	70	95	28	10	18	3		3
八公山区	67	37	30	11	2	9	2	1	1
潘集区	133	57	76	45	15	30	8	1	7
凤台县	250	104	146	68	21	47	19	4	15
寿县	569	232	337	183	65	118	26	6	20

6-1 续表 22

单位：人

地　区	90–94岁			95–99岁			100岁及以上		
	小计	男	女	小计	男	女	小计	男	女
马鞍山市	**1082**	**387**	**695**	**289**	**76**	**213**	**41**	**9**	**32**
花山区	180	89	91	48	23	25	10	1	9
雨山区	140	59	81	51	14	37	10	2	8
博望区	92	27	65	15	4	11	4		4
当涂县	193	62	131	50	7	43	4	1	3
含山县	191	58	133	54	16	38	7	3	4
和县	286	92	194	71	12	59	6	2	4
淮北市	**852**	**347**	**505**	**283**	**92**	**191**	**71**	**11**	**60**
杜集区	114	44	70	50	20	30	13	3	10
相山区	138	66	72	40	17	23	9	1	8
烈山区	122	47	75	29	8	21	10	1	9
濉溪县	478	190	288	164	47	117	39	6	33
铜陵市	**637**	**244**	**393**	**129**	**50**	**79**	**9**	**3**	**6**
铜官区	153	68	85	27	11	16	1	1	
义安区	132	54	78	24	13	11	3	1	2
郊区	112	38	74	26	9	17	2	1	1
枞阳县	240	84	156	52	17	35	3		3
安庆市	**1908**	**731**	**1177**	**415**	**125**	**290**	**37**	**13**	**24**
迎江区	90	36	54	22	9	13	2		2
大观区	118	46	72	22	9	13	6	2	4
宜秀区	60	27	33	22	6	16	1		1
怀宁县	301	106	195	56	15	41	8	4	4
太湖县	219	80	139	46	15	31	4	2	2
宿松县	288	119	169	53	16	37	1	1	
望江县	260	86	174	61	16	45	5	3	2
岳西县	78	36	42	15	5	10			
安徽安庆经济开发区	22	8	14	3	1	2			
桐城市	277	104	173	72	21	51	7	1	6
潜山市	195	83	112	43	12	31	3		3
黄山市	**694**	**240**	**454**	**152**	**49**	**103**	**17**	**3**	**14**
屯溪区	78	28	50	29	16	13	5	2	3
黄山区	87	39	48	16	7	9	2	1	1
徽州区	34	7	27	9	2	7	1		1
歙县	239	79	160	50	13	37	5		5
休宁县	124	40	84	26	8	18	1		1
黟县	51	18	33	14	3	11	2		2
祁门县	81	29	52	8		8	1		1
滁州市	**2179**	**837**	**1342**	**620**	**193**	**427**	**108**	**23**	**85**
琅琊区	143	51	92	37	18	19	13	6	7
南谯区	121	47	74	35	10	25	5	1	4
来安县	260	95	165	68	16	52	12		12
全椒县	225	81	144	77	21	56	9	1	8
定远县	421	159	262	127	40	87	15	3	12
凤阳县	331	131	200	87	31	56	17	1	16
苏滁现代产业园	3		3	1		1			
滁州经济技术开发区	18	5	13	4	2	2			
天长市	410	151	259	98	32	66	25	8	17
明光市	247	117	130	86	23	63	12	3	9

6-1 续表 23

单位：人

地区	90–94岁			95–99岁			100岁及以上		
	小计	男	女	小计	男	女	小计	男	女
阜阳市	**3635**	**1345**	**2290**	**1020**	**275**	**745**	**217**	**59**	**158**
颍州区	218	77	141	70	19	51	15	4	11
颍东区	246	88	158	78	15	63	18	4	14
颍泉区	252	95	157	76	19	57	13	4	9
临泉县	766	253	513	175	51	124	51	23	28
太和县	675	265	410	200	56	144	49	4	45
阜南县	522	173	349	146	45	101	22	7	15
颍上县	642	278	364	174	46	128	35	7	28
阜阳合肥现代产业园区	10	3	7	4		4	1		1
阜阳经济技术开发区	15	9	6	1		1			
界首市	289	104	185	96	24	72	13	6	7
宿州市	**2835**	**1061**	**1774**	**1047**	**293**	**754**	**216**	**36**	**180**
埇桥区	744	291	453	243	77	166	49	13	36
砀山县	413	148	265	180	47	133	38	4	34
萧县	711	250	461	316	87	229	65	7	58
灵璧县	493	179	314	162	43	119	43	10	33
泗县	444	180	264	135	37	98	20	2	18
宿州马鞍山现代产业园区	16	6	10	5		5	1		1
宿州经济技术开发区	14	7	7	6	2	4			
六安市	**1597**	**630**	**967**	**438**	**126**	**312**	**74**	**22**	**52**
金安区	296	109	187	85	28	57	9		9
裕安区	233	92	141	73	20	53	11	4	7
叶集区	56	28	28	18	4	14	2	2	
霍邱县	429	186	243	128	36	92	31	8	23
舒城县	345	124	221	68	17	51	8	2	6
金寨县	125	47	78	47	15	32	10	5	5
霍山县	113	44	69	19	6	13	3	1	2
亳州市	**2027**	**714**	**1313**	**621**	**170**	**451**	**108**	**23**	**85**
谯城区	463	165	298	143	35	108	25	6	19
涡阳县	542	180	362	168	47	121	35	8	27
蒙城县	464	163	301	136	40	96	23	3	20
利辛县	558	206	352	174	48	126	25	6	19
池州市	**573**	**197**	**376**	**117**	**36**	**81**	**9**	**1**	**8**
贵池区	241	78	163	44	16	28	5		5
东至县	156	47	109	42	8	34	2		2
石台县	43	15	28	4	1	3			
青阳县	122	48	74	25	9	16	2	1	1
池州市国家经济技术开发区	2	2		1	1				
皖江江南新兴产业集中区	2	1	1						
九华山风景区	7	6	1	1	1				
宣城市	**1268**	**500**	**768**	**278**	**81**	**197**	**28**	**7**	**21**
宣州区	366	140	226	84	22	62	13	4	9
郎溪县	141	50	91	33	6	27	3		3
泾县	151	65	86	29	10	19	4	2	2
绩溪县	97	32	65	19	6	13	1	1	
旌德县	92	46	46	15	3	12			
宣城市经济开发区	19	9	10	9	2	7	1		1
宁国市	168	64	104	39	12	27	3		3
广德市	234	94	140	50	20	30	3		3

6-1a 各地区分年龄、性别的死亡人口
(2019.11.1-2020.10.31)(城市)

单位：人

地区	死亡人口			0岁		
	合计	男	女	小计	男	女
安徽	**55076**	**32329**	**22747**	**165**	**85**	**80**
合肥市	**9507**	**5709**	**3798**	**21**	**10**	**11**
瑶海区	1592	974	618	4		4
庐阳区	1854	1078	776	1		1
蜀山区	1733	1057	676	5	3	2
包河区	3002	1804	1198	8	5	3
长丰县	10	7	3	1	1	
肥东县						
肥西县	97	61	36			
庐江县						
合肥高新技术产业开发区						
合肥经济技术开发区						
合肥新站高新技术产业开发区	97	62	35			
巢湖市	1122	666	456	2	1	1
芜湖市	**7129**	**4129**	**3000**	**30**	**13**	**17**
镜湖区	3262	1919	1343	14	6	8
弋江区	1237	718	519	5	2	3
鸠江区	1147	664	483	6	3	3
三山区	434	246	188	2	1	1
芜湖县	72	39	33			
繁昌县						
南陵县						
芜湖经济技术开发区	73	33	40			
安徽芜湖长江大桥经济开发区						
无为市	904	510	394	3	1	2
蚌埠市	**3259**	**1954**	**1305**	**4**	**2**	**2**
龙子湖区	1126	678	448	1	1	
蚌山区	694	409	285			
禹会区	940	564	376	1		1
淮上区	499	303	196	2	1	1
怀远县						
五河县						
固镇县						
蚌埠市高新技术开发区						
蚌埠市经济开发区						
淮南市	**5378**	**3189**	**2189**	**17**	**7**	**10**
大通区	168	85	83			
田家庵区	2687	1641	1046	15	5	10
谢家集区	1440	842	598			
八公山区	856	478	378	1	1	
潘集区	227	143	84	1	1	
凤台县						
寿县						

6-1a 续表 1 单位：人

地区	死亡人口			0岁		
	合计	男	女	小计	男	女
马鞍山市	**4095**	**2363**	**1732**	**8**	**4**	**4**
花山区	2059	1186	873	1	1	
雨山区	1641	946	695	5	3	2
博望区	395	231	164	2		2
当涂县						
含山县						
和县						
淮北市	**3433**	**2022**	**1411**	**8**	**5**	**3**
杜集区	834	503	331	1	1	
相山区	1398	812	586	5	4	1
烈山区	596	350	246			
濉溪县	605	357	248	2		2
铜陵市	**2836**	**1683**	**1153**	**6**	**2**	**4**
铜官区	2083	1243	840	6	2	4
义安区	439	257	182			
郊区	314	183	131			
枞阳县						
安庆市	**4573**	**2576**	**1997**	**13**	**6**	**7**
迎江区	957	548	409	2	1	1
大观区	962	527	435	2	1	1
宜秀区	375	213	162	1		1
怀宁县						
太湖县						
宿松县						
望江县	323	178	145			
岳西县						
安徽安庆经济开发区						
桐城市	1346	762	584	7	3	4
潜山市	610	348	262	1	1	
黄山市	**1171**	**717**	**454**	**3**	**1**	**2**
屯溪区	783	475	308	2	1	1
黄山区	190	122	68			
徽州区	168	108	60	1		1
歙县	11	5	6			
休宁县	19	7	12			
黟县						
祁门县						
滁州市	**3117**	**1768**	**1349**	**9**	**7**	**2**
琅琊区	1312	733	579	3	3	
南谯区	431	245	186	1		1
来安县						
全椒县						
定远县						
凤阳县						
苏滁现代产业园						
滁州经济技术开发区						
天长市	695	392	303	2	2	
明光市	679	398	281	3	2	1

6-1a　续表 2

单位：人

地　区	死亡人口			0岁		
	合计	男	女	小计	男	女
阜阳市	**2770**	**1653**	**1117**	**14**	**10**	**4**
颍州区	818	495	323	5	3	2
颍东区	585	343	242	2		2
颍泉区	649	390	259	3	3	
临泉县						
太和县						
阜南县						
颍上县						
阜阳合肥现代产业园区						
阜阳经济技术开发区						
界首市	718	425	293	4	4	
宿州市	**1863**	**1098**	**765**	**2**		**2**
埇桥区	1817	1077	740	2		2
砀山县						
萧县	46	21	25			
灵璧县						
泗县						
宿州马鞍山现代产业园区						
宿州经济技术开发区						
六安市	**1345**	**848**	**497**	**4**	**2**	**2**
金安区	667	428	239	2		2
裕安区	396	250	146	1	1	
叶集区	240	141	99			
霍邱县	15	10	5	1	1	
舒城县	27	19	8			
金寨县						
霍山县						
亳州市	**1153**	**627**	**526**	**5**	**4**	**1**
谯城区	1133	613	520	5	4	1
涡阳县						
蒙城县						
利辛县	20	14	6			
池州市	**1172**	**656**	**516**	**8**	**4**	**4**
贵池区	1119	624	495	8	4	4
东至县						
石台县						
青阳县						
池州市国家经济技术开发区	36	21	15			
皖江江南新兴产业集中区	17	11	6			
九华山风景区						
宣城市	**2275**	**1337**	**938**	**13**	**8**	**5**
宣州区	796	449	347	6	2	4
郎溪县						
泾县						
绩溪县						
旌德县						
宣城市经济开发区						
宁国市	626	382	244	4	4	
广德市	853	506	347	3	2	1

6-1a 续表 3　　　　单位：人

地区	1-4岁			5-9岁			10-14岁		
	小计	男	女	小计	男	女	小计	男	女
安徽	**80**	**40**	**40**	**63**	**39**	**24**	**78**	**54**	**24**
合肥市	**11**	**5**	**6**	**15**	**8**	**7**	**13**	**9**	**4**
瑶海区	2	1	1	2	2				
庐阳区				2	2				
蜀山区	3	1	2	3	1	2	1	1	
包河区	4	2	2	6	3	3	9	6	3
长丰县									
肥东县									
肥西县							1		1
庐江县									
合肥高新技术产业开发区									
合肥经济技术开发区									
合肥新站高新技术产业开发区									
巢湖市	2	1	1	2		2	2	2	
芜湖市	**10**	**6**	**4**	**2**	**2**		**1**	**1**	
镜湖区	1	1		1	1				
弋江区	3	1	2						
鸠江区	2		2						
三山区	1	1							
芜湖县									
繁昌县									
南陵县									
芜湖经济技术开发区				1	1				
安徽芜湖长江大桥经济开发区									
无为市	3	3					1	1	
蚌埠市	**3**	**2**	**1**	**3**	**3**		**2**	**2**	
龙子湖区	1	1		1	1				
蚌山区				1	1				
禹会区	1		1				2	2	
淮上区	1	1		1	1				
怀远县									
五河县									
固镇县									
蚌埠市高新技术开发区									
蚌埠市经济开发区									
淮南市	**3**	**2**	**1**	**7**	**3**	**4**	**13**	**8**	**5**
大通区									
田家庵区	2	1	1	5	3	2	9	6	3
谢家集区	1	1		1		1	1	1	
八公山区				1		1	2		2
潘集区							1	1	
凤台县									
寿县									

6-1a　续表 4　　　　单位：人

地　区	1-4岁			5-9岁			10-14岁		
	小计	男	女	小计	男	女	小计	男	女
马鞍山市	**4**	**2**	**2**	**3**	**2**	**1**	**3**	**3**	
花山区	2		2	2	1	1			
雨山区				1	1		3	3	
博望区	2	2							
当涂县									
含山县									
和县									
淮北市	**5**	**3**	**2**	**9**	**5**	**4**	**4**	**2**	**2**
杜集区	1	1		2	1	1			
相山区	2	1	1	3	1	2	2	1	1
烈山区	1		1	2	2		2	1	1
濉溪县	1	1		2	1	1			
铜陵市	**2**	**2**		**2**	**2**		**7**	**6**	**1**
铜官区	1	1		2	2		7	6	1
义安区	1	1							
郊区									
枞阳县									
安庆市	**7**	**3**	**4**	**2**	**2**		**4**	**3**	**1**
迎江区									
大观区				1	1				
宜秀区	1		1				1	1	
怀宁县									
太湖县									
宿松县									
望江县							2	2	
岳西县									
安徽安庆经济开发区									
桐城市	4	2	2				1		1
潜山市	2	1	1	1	1				
黄山市	**2**	**1**	**1**				**1**		**1**
屯溪区	1		1						
黄山区	1	1							
徽州区							1		1
歙县									
休宁县									
黟县									
祁门县									
滁州市	**3**	**2**	**1**	**1**	**1**		**7**	**7**	
琅琊区							1	1	
南谯区	1	1		1	1		3	3	
来安县									
全椒县									
定远县									
凤阳县									
苏滁现代产业园									
滁州经济技术开发区									
天长市	1		1						
明光市	1	1					3	3	

6-1a 续表 5

单位：人

地 区	1-4岁			5-9岁			10-14岁		
	小计	男	女	小计	男	女	小计	男	女
阜阳市	**12**	**1**	**11**	**6**	**3**	**3**	**7**	**6**	**1**
颍州区	1		1						
颍东区	6	1	5	4	2	2	3	2	1
颍泉区	5		5	1		1	3	3	
临泉县									
太和县									
阜南县									
颍上县									
阜阳合肥现代产业园区									
阜阳经济技术开发区									
界首市				1	1		1	1	
宿州市	**6**	**4**	**2**	**2**		**2**	**4**	**2**	**2**
埇桥区	5	4	1	2		2	4	2	2
砀山县									
萧县	1		1						
灵璧县									
泗县									
宿州马鞍山现代产业园区									
宿州经济技术开发区									
六安市	**2**	**1**	**1**	**3**	**3**		**3**	**2**	**1**
金安区	1	1		2	2		2	1	1
裕安区				1	1		1	1	
叶集区	1		1						
霍邱县									
舒城县									
金寨县									
霍山县									
亳州市	**5**	**3**	**2**	**7**	**5**	**2**	**2**	**1**	**1**
谯城区	3	2	1	7	5	2	2	1	1
涡阳县									
蒙城县									
利辛县	2	1	1						
池州市	**2**	**1**	**1**				**2**		**2**
贵池区	2	1	1				2		2
东至县									
石台县									
青阳县									
池州市国家经济技术开发区									
皖江江南新兴产业集中区									
九华山风景区									
宣城市	**3**	**2**	**1**	**1**		**1**	**5**	**2**	**3**
宣州区	1		1				1	1	
郎溪县									
泾县									
绩溪县									
旌德县									
宣城市经济开发区									
宁国市	1	1		1		1	2		2
广德市	1	1					2	1	1

6−1a 续表 6 单位：人

地 区	15−19岁			20−24岁			25−29岁		
	小计	男	女	小计	男	女	小计	男	女
安 徽	**92**	**60**	**32**	**106**	**70**	**36**	**215**	**152**	**63**
合肥市	**20**	**14**	**6**	**13**	**11**	**2**	**47**	**37**	**10**
瑶海区	5	3	2	1	1		5	5	
庐阳区	2	2		4	2	2	3	3	
蜀山区	3	1	2	5	5		10	7	3
包河区	7	6	1	1	1		25	21	4
长丰县									
肥东县									
肥西县									
庐江县									
合肥高新技术产业开发区									
合肥经济技术开发区									
合肥新站高新技术产业开发区				1	1				
巢湖市	3	2	1	1	1		4	1	3
芜湖市	**8**	**6**	**2**	**14**	**8**	**6**	**17**	**12**	**5**
镜湖区	3	1	2	6	5	1	5	2	3
弋江区	1	1		1	1		4	3	1
鸠江区	1	1		2		2	3	3	
三山区	2	2		2	1	1	3	2	1
芜湖县									
繁昌县									
南陵县									
芜湖经济技术开发区									
安徽芜湖长江大桥经济开发区									
无为市	1	1		3	1	2	2	2	
蚌埠市	**4**	**3**	**1**	**1**	**1**		**13**	**10**	**3**
龙子湖区							3	2	1
蚌山区				1	1		4	4	
禹会区	1	1					1	1	
淮上区	3	2	1				5	3	2
怀远县									
五河县									
固镇县									
蚌埠市高新技术开发区									
蚌埠市经济开发区									
淮南市	**6**	**3**	**3**	**3**	**3**		**13**	**11**	**2**
大通区	1	1							
田家庵区	3	1	2	2	2		8	6	2
谢家集区	2	1	1	1	1		1	1	
八公山区							2	2	
潘集区							2	2	
凤台县									
寿县									

6-1a 续表 7 单位：人

地区	15-19岁			20-24岁			25-29岁		
	小计	男	女	小计	男	女	小计	男	女
马鞍山市	**4**	**2**	**2**	**5**	**2**	**3**	**14**	**7**	**7**
花山区	2	1	1	1		1	8	3	5
雨山区	2	1	1	4	2	2	3	1	2
博望区							3	3	
当涂县									
含山县									
和县									
淮北市	**9**	**6**	**3**	**6**	**3**	**3**	**23**	**14**	**9**
杜集区	3	3					6	3	3
相山区	2	1	1	3	1	2	3	2	1
烈山区	1	1		2	2		7	5	2
濉溪县	3	1	2	1		1	7	4	3
铜陵市	**8**	**6**	**2**	**7**	**5**	**2**	**12**	**10**	**2**
铜官区	5	3	2	5	4	1	8	6	2
义安区	1	1		1	1		2	2	
郊区	2	2		1		1	2	2	
枞阳县									
安庆市	**5**	**4**	**1**	**9**	**5**	**4**	**18**	**11**	**7**
迎江区	2	2					1		1
大观区				3	3		4	3	1
宜秀区	1		1				4	3	1
怀宁县									
太湖县									
宿松县									
望江县	1	1					2		2
岳西县									
安徽安庆经济开发区									
桐城市	1	1		6	2	4	5	3	2
潜山市							2	2	
黄山市	**4**	**1**	**3**	**2**	**1**	**1**	**5**	**3**	**2**
屯溪区	4	1	3	1		1	3	2	1
黄山区				1	1				
徽州区							2	1	1
歙县									
休宁县									
黟县									
祁门县									
滁州市	**4**	**4**		**16**	**12**	**4**	**4**	**4**	
琅琊区	2	2		3	1	2	1	1	
南谯区	2	2					2	2	
来安县									
全椒县									
定远县									
凤阳县									
苏滁现代产业园									
滁州经济技术开发区									
天长市				6	5	1	1	1	
明光市				7	6	1			

6-1a 续表 8

单位：人

地区	15-19岁			20-24岁			25-29岁		
	小计	男	女	小计	男	女	小计	男	女
阜阳市	**6**	**3**	**3**	**7**	**4**	**3**	**17**	**12**	**5**
颍州区	1		1	3	2	1	8	6	2
颍东区	4	3	1	1		1	4	4	
颍泉区				1		1	2	1	1
临泉县									
太和县									
阜南县									
颍上县									
阜阳合肥现代产业园区									
阜阳经济技术开发区									
界首市	1		1	2	2		3	1	2
宿州市	**1**		**1**	**8**	**5**	**3**	**5**	**2**	**3**
埇桥区	1		1	8	5	3	4	2	2
砀山县									
萧县							1		1
灵璧县									
泗县									
宿州马鞍山现代产业园区									
宿州经济技术开发区									
六安市	**3**	**2**	**1**	**8**	**5**	**3**	**4**	**2**	**2**
金安区	1		1	4	3	1	1		1
裕安区	1	1		3	2	1	2	1	1
叶集区	1	1		1		1	1	1	
霍邱县									
舒城县									
金寨县									
霍山县									
亳州市	**6**	**4**	**2**	**4**	**2**	**2**	**7**	**5**	**2**
谯城区	6	4	2	4	2	2	7	5	2
涡阳县									
蒙城县									
利辛县									
池州市	**1**	**1**		**1**	**1**		**5**	**2**	**3**
贵池区	1	1		1	1		5	2	3
东至县									
石台县									
青阳县									
池州市国家经济技术开发区									
皖江江南新兴产业集中区									
九华山风景区									
宣城市	**3**	**1**	**2**	**2**	**2**		**11**	**10**	**1**
宣州区	2		2	1	1		1		1
郎溪县									
泾县									
绩溪县									
旌德县									
宣城市经济开发区									
宁国市	1	1		1	1		3	3	
广德市							7	7	

6-1a 续表 9 单位：人

地　区	30-34岁			35-39岁			40-44岁		
	小计	男	女	小计	男	女	小计	男	女
安　徽	**346**	**231**	**115**	**394**	**241**	**153**	**655**	**431**	**224**
合肥市	**62**	**35**	**27**	**66**	**33**	**33**	**111**	**65**	**46**
瑶海区	7	3	4	8	2	6	15	8	7
庐阳区	15	6	9	12	7	5	22	11	11
蜀山区	9	5	4	9	8	1	12	9	3
包河区	17	9	8	26	12	14	41	25	16
长丰县	1	1							
肥东县									
肥西县				3	2	1	2	1	1
庐江县									
合肥高新技术产业开发区									
合肥经济技术开发区									
合肥新站高新技术产业开发区	1	1		1		1			
巢湖市	12	10	2	7	2	5	19	11	8
芜湖市	**33**	**25**	**8**	**35**	**24**	**11**	**58**	**41**	**17**
镜湖区	7	6	1	13	7	6	24	22	2
弋江区	9	8	1	12	11	1	10	5	5
鸠江区	11	8	3	2	1	1	10	3	7
三山区	3	1	2	2	1	1	2	1	1
芜湖县	1	1					1	1	
繁昌县									
南陵县									
芜湖经济技术开发区							1	1	
安徽芜湖长江大桥经济开发区									
无为市	2	1	1	6	4	2	10	8	2
蚌埠市	**19**	**14**	**5**	**25**	**19**	**6**	**39**	**23**	**16**
龙子湖区	9	7	2	7	6	1	15	9	6
蚌山区	2	1	1	5	3	2	4	2	2
禹会区	5	4	1	5	5		13	9	4
淮上区	3	2	1	8	5	3	7	3	4
怀远县									
五河县									
固镇县									
蚌埠市高新技术开发区									
蚌埠市经济开发区									
淮南市	**47**	**27**	**20**	**45**	**32**	**13**	**65**	**52**	**13**
大通区				3	2	1			
田家庵区	22	11	11	28	22	6	33	29	4
谢家集区	10	3	7	6	3	3	13	10	3
八公山区	12	10	2	5	3	2	13	9	4
潘集区	3	3		3	2	1	6	4	2
凤台县									
寿县									

6-1a 续表 10

单位：人

地区	30-34岁			35-39岁			40-44岁		
	小计	男	女	小计	男	女	小计	男	女
马鞍山市	**25**	**18**	**7**	**26**	**15**	**11**	**34**	**21**	**13**
花山区	13	10	3	9	6	3	16	11	5
雨山区	9	6	3	13	7	6	15	8	7
博望区	3	2	1	4	2	2	3	2	1
当涂县									
含山县									
和县									
淮北市	**21**	**15**	**6**	**24**	**16**	**8**	**42**	**29**	**13**
杜集区	5	4	1	9	5	4	3	3	
相山区	9	7	2	9	6	3	21	12	9
烈山区	2		2	4	3	1	7	5	2
濉溪县	5	4	1	2	2		11	9	2
铜陵市	**16**	**15**	**1**	**10**	**7**	**3**	**18**	**13**	**5**
铜官区	12	11	1	8	5	3	16	11	5
义安区	1	1		1	1		2	2	
郊区	3	3		1	1				
枞阳县									
安庆市	**27**	**17**	**10**	**27**	**12**	**15**	**56**	**40**	**16**
迎江区	3	3		8	3	5	7	5	2
大观区	8	3	5	4	2	2	6	5	1
宜秀区	3	1	2	3	3		9	7	2
怀宁县									
太湖县									
宿松县									
望江县				2		2	4	4	
岳西县									
安徽安庆经济开发区									
桐城市	12	9	3	8	4	4	20	14	6
潜山市	1	1		2		2	10	5	5
黄山市	**8**	**3**	**5**	**9**	**6**	**3**	**12**	**6**	**6**
屯溪区	3	1	2	5	4	1	7	3	4
黄山区				1		1	1		1
徽州区	4	2	2	2	2		4	3	1
歙县				1		1			
休宁县	1		1						
黟县									
祁门县									
滁州市	**19**	**14**	**5**	**23**	**12**	**11**	**42**	**27**	**15**
琅琊区	7	4	3	8	4	4	18	10	8
南谯区	6	5	1	1		1	6	5	1
来安县									
全椒县									
定远县									
凤阳县									
苏滁现代产业园									
滁州经济技术开发区									
天长市	5	5		9	5	4	10	6	4
明光市	1		1	5	3	2	8	6	2

6-1a 续表 11 单位：人

地区	30-34岁			35-39岁			40-44岁		
	小计	男	女	小计	男	女	小计	男	女
阜阳市	**22**	**15**	**7**	**23**	**18**	**5**	**54**	**36**	**18**
颍州区	9	6	3	11	8	3	15	12	3
颍东区	3	2	1	2	2		14	7	7
颍泉区	4	4		2	2		14	11	3
临泉县									
太和县									
阜南县									
颍上县									
阜阳合肥现代产业园区									
阜阳经济技术开发区									
界首市	6	3	3	8	6	2	11	6	5
宿州市	**15**	**11**	**4**	**19**	**14**	**5**	**34**	**18**	**16**
埇桥区	15	11	4	19	14	5	33	18	15
砀山县									
萧县							1		1
灵璧县									
泗县									
宿州马鞍山现代产业园区									
宿州经济技术开发区									
六安市	**6**	**4**	**2**	**14**	**7**	**7**	**16**	**11**	**5**
金安区	3	2	1	8	4	4	5	3	2
裕安区	3	2	1	2	1	1	8	6	2
叶集区				4	2	2	2	1	1
霍邱县									
舒城县							1	1	
金寨县									
霍山县									
亳州市	**14**	**10**	**4**	**19**	**10**	**9**	**14**	**10**	**4**
谯城区	14	10	4	19	10	9	14	10	4
涡阳县									
蒙城县									
利辛县									
池州市	**4**	**3**	**1**	**12**	**5**	**7**	**19**	**12**	**7**
贵池区	4	3	1	12	5	7	19	12	7
东至县									
石台县									
青阳县									
池州市国家经济技术开发区									
皖江江南新兴产业集中区									
九华山风景区									
宣城市	**8**	**5**	**3**	**17**	**11**	**6**	**41**	**27**	**14**
宣州区	5	3	2	6	4	2	9	3	6
郎溪县									
泾县									
绩溪县									
旌德县									
宣城市经济开发区									
宁国市	2	1	1	3	1	2	16	11	5
广德市	1	1		8	6	2	16	13	3

6−1a　续表 12　　　　单位：人

地　　区	45−49岁			50−54岁			55−59岁		
	小计	男	女	小计	男	女	小计	男	女
安　徽	**1481**	**1005**	**476**	**2555**	**1765**	**790**	**2817**	**1915**	**902**
合肥市	**248**	**169**	**79**	**375**	**252**	**123**	**473**	**321**	**152**
瑶海区	59	39	20	70	43	27	93	57	36
庐阳区	43	32	11	63	43	20	86	59	27
蜀山区	35	29	6	64	44	20	91	55	36
包河区	79	49	30	99	71	28	136	101	35
长丰县	1	1		2	1	1	1	1	
肥东县									
肥西县	2		2	5	3	2	4	3	1
庐江县									
合肥高新技术产业开发区									
合肥经济技术开发区									
合肥新站高新技术产业开发区	5	4	1	7	4	3	7	4	3
巢湖市	24	15	9	65	43	22	55	41	14
芜湖市	**145**	**104**	**41**	**284**	**180**	**104**	**307**	**222**	**85**
镜湖区	47	31	16	110	72	38	156	119	37
弋江区	27	16	11	55	34	21	51	36	15
鸠江区	31	25	6	60	38	22	51	37	14
三山区	14	12	2	21	13	8	15	10	5
芜湖县	1	1		4	1	3	1	1	
繁昌县									
南陵县									
芜湖经济技术开发区	1	1		1		1	3		3
安徽芜湖长江大桥经济开发区									
无为市	24	18	6	33	22	11	30	19	11
蚌埠市	**78**	**51**	**27**	**151**	**109**	**42**	**173**	**115**	**58**
龙子湖区	25	18	7	57	45	12	56	33	23
蚌山区	14	10	4	28	15	13	41	30	11
禹会区	22	11	11	38	28	10	47	29	18
淮上区	17	12	5	28	21	7	29	23	6
怀远县									
五河县									
固镇县									
蚌埠市高新技术开发区									
蚌埠市经济开发区									
淮南市	**144**	**100**	**44**	**289**	**208**	**81**	**309**	**203**	**106**
大通区				6	4	2	8	4	4
田家庵区	69	47	22	137	95	42	161	117	44
谢家集区	42	32	10	83	64	19	87	51	36
八公山区	25	17	8	57	40	17	39	22	17
潘集区	8	4	4	6	5	1	14	9	5
凤台县									
寿县									

6-1a 续表 13 单位：人

地区	45-49岁			50-54岁			55-59岁		
	小计	男	女	小计	男	女	小计	男	女
马鞍山市	**88**	**53**	**35**	**201**	**147**	**54**	**199**	**132**	**67**
花山区	42	26	16	101	68	33	95	58	37
雨山区	31	19	12	81	63	18	82	57	25
博望区	15	8	7	19	16	3	22	17	5
当涂县									
含山县									
和县									
淮北市	**125**	**81**	**44**	**181**	**133**	**48**	**175**	**118**	**57**
杜集区	30	23	7	47	38	9	41	32	9
相山区	48	27	21	68	44	24	74	49	25
烈山区	20	14	6	29	22	7	35	23	12
濉溪县	27	17	10	37	29	8	25	14	11
铜陵市	**58**	**44**	**14**	**128**	**93**	**35**	**147**	**110**	**37**
铜官区	49	37	12	85	62	23	115	85	30
义安区	8	6	2	23	17	6	20	15	5
郊区	1	1		20	14	6	12	10	2
枞阳县									
安庆市	**133**	**75**	**58**	**215**	**138**	**77**	**259**	**174**	**85**
迎江区	29	17	12	33	17	16	56	44	12
大观区	21	15	6	40	25	15	52	35	17
宜秀区	15	7	8	19	13	6	16	9	7
怀宁县									
太湖县									
宿松县									
望江县	6	4	2	23	14	9	18	10	8
岳西县									
安徽安庆经济开发区									
桐城市	37	17	20	65	40	25	75	49	26
潜山市	25	15	10	35	29	6	42	27	15
黄山市	**17**	**12**	**5**	**45**	**33**	**12**	**56**	**34**	**22**
屯溪区	12	8	4	27	18	9	37	21	16
黄山区	1	1		9	7	2	11	5	6
徽州区	4	3	1	7	7		7	7	
歙县				1	1				
休宁县				1		1	1	1	
黟县									
祁门县									
滁州市	**103**	**65**	**38**	**146**	**91**	**55**	**168**	**113**	**55**
琅琊区	41	26	15	56	36	20	73	48	25
南谯区	18	13	5	24	15	9	21	17	4
来安县									
全椒县									
定远县									
凤阳县									
苏滁现代产业园									
滁州经济技术开发区									
天长市	20	12	8	33	18	15	34	20	14
明光市	24	14	10	33	22	11	40	28	12

6-1a 续表 14

单位：人

地区	45-49岁			50-54岁			55-59岁		
	小计	男	女	小计	男	女	小计	男	女
阜阳市	**87**	**61**	**26**	**165**	**123**	**42**	**145**	**102**	**43**
颍州区	21	12	9	52	34	18	45	33	12
颍东区	24	18	6	31	25	6	27	20	7
颍泉区	25	18	7	38	27	11	34	25	9
临泉县									
太和县									
阜南县									
颍上县									
阜阳合肥现代产业园区									
阜阳经济技术开发区									
界首市	17	13	4	44	37	7	39	24	15
宿州市	**68**	**54**	**14**	**106**	**73**	**33**	**98**	**70**	**28**
埇桥区	68	54	14	104	72	32	94	68	26
砀山县									
萧县				2	1	1	4	2	2
灵璧县									
泗县									
宿州马鞍山现代产业园区									
宿州经济技术开发区									
六安市	**42**	**36**	**6**	**50**	**34**	**16**	**72**	**49**	**23**
金安区	22	21	1	25	15	10	28	21	7
裕安区	13	9	4	11	9	2	32	20	12
叶集区	6	5	1	13	9	4	10	7	3
霍邱县	1	1					1	1	
舒城县				1	1		1		1
金寨县									
霍山县									
亳州市	**44**	**30**	**14**	**62**	**47**	**15**	**81**	**58**	**23**
谯城区	42	29	13	61	46	15	80	57	23
涡阳县									
蒙城县									
利辛县	2	1	1	1	1		1	1	
池州市	**41**	**25**	**16**	**50**	**33**	**17**	**51**	**36**	**15**
贵池区	38	23	15	49	33	16	51	36	15
东至县									
石台县									
青阳县									
池州市国家经济技术开发区	3	2	1	1		1			
皖江江南新兴产业集中区									
九华山风景区									
宣城市	**60**	**45**	**15**	**107**	**71**	**36**	**104**	**58**	**46**
宣州区	28	22	6	40	25	15	37	24	13
郎溪县									
泾县									
绩溪县									
旌德县									
宣城市经济开发区									
宁国市	14	11	3	30	18	12	32	15	17
广德市	18	12	6	37	28	9	35	19	16

6-1a 续表 15

单位：人

地区	60-64岁			65-69岁			70-74岁		
	小计	男	女	小计	男	女	小计	男	女
安　徽	**2929**	**2049**	**880**	**4919**	**3248**	**1671**	**5863**	**3796**	**2067**
合肥市	**461**	**328**	**133**	**846**	**559**	**287**	**991**	**642**	**349**
瑶海区	84	67	17	144	103	41	193	125	68
庐阳区	86	57	29	161	111	50	160	102	58
蜀山区	73	52	21	155	87	68	170	107	63
包河区	158	102	56	267	172	95	311	205	106
长丰县				1	1				
肥东县									
肥西县	2	2		8	7	1	12	12	
庐江县									
合肥高新技术产业开发区									
合肥经济技术开发区									
合肥新站高新技术产业开发区	7	6	1	11	7	4	14	8	6
巢湖市	51	42	9	99	71	28	131	83	48
芜湖市	**363**	**244**	**119**	**623**	**435**	**188**	**795**	**516**	**279**
镜湖区	166	115	51	283	203	80	306	195	111
弋江区	56	39	17	100	68	32	161	106	55
鸠江区	79	50	29	102	76	26	134	88	46
三山区	17	8	9	46	29	17	56	35	21
芜湖县	1	1		8	6	2	10	6	4
繁昌县									
南陵县									
芜湖经济技术开发区	3	1	2	5	2	3	8	5	3
安徽芜湖长江大桥经济开发区									
无为市	41	30	11	79	51	28	120	81	39
蚌埠市	**220**	**170**	**50**	**310**	**219**	**91**	**325**	**215**	**110**
龙子湖区	77	58	19	107	71	36	98	61	37
蚌山区	53	47	6	56	46	10	60	39	21
禹会区	68	45	23	94	69	25	113	74	39
淮上区	22	20	2	53	33	20	54	41	13
怀远县									
五河县									
固镇县									
蚌埠市高新技术开发区									
蚌埠市经济开发区									
淮南市	**345**	**251**	**94**	**516**	**331**	**185**	**497**	**333**	**164**
大通区	8	5	3	25	17	8	13	11	2
田家庵区	177	126	51	265	180	85	252	179	73
谢家集区	97	78	19	121	72	49	124	72	52
八公山区	51	32	19	74	42	32	78	54	24
潘集区	12	10	2	31	20	11	30	17	13
凤台县									
寿县									

6－1a　续表 16　　　　单位：人

地　区	60−64岁			65−69岁			70−74岁		
	小计	男	女	小计	男	女	小计	男	女
马鞍山市	**217**	**145**	**72**	**304**	**177**	**127**	**399**	**272**	**127**
花山区	100	68	32	157	93	64	217	147	70
雨山区	96	62	34	115	64	51	148	102	46
博望区	21	15	6	32	20	12	34	23	11
当涂县									
含山县									
和县									
淮北市	**164**	**113**	**51**	**287**	**166**	**121**	**354**	**216**	**138**
杜集区	41	22	19	68	35	33	90	55	35
相山区	76	59	17	129	75	54	131	75	56
烈山区	29	21	8	50	29	21	72	48	24
濉溪县	18	11	7	40	27	13	61	38	23
铜陵市	**163**	**106**	**57**	**237**	**176**	**61**	**334**	**222**	**112**
铜官区	106	71	35	165	124	41	247	164	83
义安区	29	18	11	45	33	12	58	37	21
郊区	28	17	11	27	19	8	29	21	8
枞阳县									
安庆市	**209**	**149**	**60**	**384**	**258**	**126**	**527**	**318**	**209**
迎江区	50	39	11	72	49	23	107	59	48
大观区	43	33	10	70	47	23	102	59	43
宜秀区	16	11	5	37	25	12	52	33	19
怀宁县									
太湖县									
宿松县									
望江县	10	7	3	22	14	8	38	26	12
岳西县									
安徽安庆经济开发区									
桐城市	50	35	15	122	86	36	164	97	67
潜山市	40	24	16	61	37	24	64	44	20
黄山市	**77**	**58**	**19**	**119**	**88**	**31**	**129**	**81**	**48**
屯溪区	55	43	12	66	47	19	83	55	28
黄山区	10	7	3	27	19	8	20	15	5
徽州区	11	8	3	18	16	2	24	10	14
歙县				5	3	2			
休宁县	1		1	3	3		2	1	1
黟县									
祁门县									
滁州市	**150**	**103**	**47**	**290**	**186**	**104**	**302**	**208**	**94**
琅琊区	59	38	21	124	77	47	129	90	39
南谯区	18	11	7	42	27	15	40	27	13
来安县									
全椒县									
定远县									
凤阳县									
苏滁现代产业园									
滁州经济技术开发区									
天长市	26	21	5	67	42	25	65	41	24
明光市	47	33	14	57	40	17	68	50	18

6-1a 续表 17 单位：人

地区	60-64岁			65-69岁			70-74岁		
	小计	男	女	小计	男	女	小计	男	女
阜阳市	**152**	**106**	**46**	**253**	**165**	**88**	**327**	**223**	**104**
颍州区	53	37	16	74	55	19	91	60	31
颍东区	28	18	10	50	27	23	89	67	22
颍泉区	30	20	10	47	29	18	67	47	20
临泉县									
太和县									
阜南县									
颍上县									
阜阳合肥现代产业园区									
阜阳经济技术开发区									
界首市	41	31	10	82	54	28	80	49	31
宿州市	**107**	**72**	**35**	**158**	**108**	**50**	**158**	**95**	**63**
埇桥区	106	71	35	154	106	48	155	93	62
砀山县									
萧县	1	1		4	2	2	3	2	1
灵璧县									
泗县									
宿州马鞍山现代产业园区									
宿州经济技术开发区									
六安市	**81**	**58**	**23**	**141**	**96**	**45**	**174**	**113**	**61**
金安区	44	31	13	64	44	20	90	55	35
裕安区	23	17	6	39	27	12	47	34	13
叶集区	13	10	3	32	20	12	31	20	11
霍邱县				2	1	1	2	1	1
舒城县	1		1	4	4		4	3	1
金寨县									
霍山县									
亳州市	**65**	**48**	**17**	**96**	**56**	**40**	**134**	**77**	**57**
谯城区	63	46	17	94	54	40	132	76	56
涡阳县									
蒙城县									
利辛县	2	2		2	2		2	1	1
池州市	**49**	**31**	**18**	**136**	**85**	**51**	**149**	**94**	**55**
贵池区	46	30	16	128	82	46	140	88	52
东至县									
石台县									
青阳县									
池州市国家经济技术开发区	1		1	6	2	4	7	5	2
皖江江南新兴产业集中区	2	1	1	2	1	1	2	1	1
九华山风景区									
宣城市	**106**	**67**	**39**	**219**	**143**	**76**	**268**	**171**	**97**
宣州区	38	29	9	73	55	18	91	55	36
郎溪县									
泾县									
绩溪县									
旌德县									
宣城市经济开发区									
宁国市	33	18	15	60	41	19	68	45	23
广德市	35	20	15	86	47	39	109	71	38

6-1a　续表 18　　　　单位：人

地　区	75-79岁			80-84岁			85-89岁		
	小计	男	女	小计	男	女	小计	男	女
安　徽	**7974**	**4866**	**3108**	**9659**	**5315**	**4344**	**8753**	**4436**	**4317**
合肥市	**1294**	**831**	**463**	**1652**	**951**	**701**	**1574**	**856**	**718**
瑶海区	219	138	81	273	160	113	246	139	107
庐阳区	251	151	100	301	172	129	344	175	169
蜀山区	228	157	71	349	214	135	300	170	130
包河区	398	262	136	514	285	229	493	269	224
长丰县							2	1	1
肥东县									
肥西县	17	9	8	13	8	5	14	5	9
庐江县									
合肥高新技术产业开发区									
合肥经济技术开发区									
合肥新站高新技术产业开发区	10	8	2	12	7	5	11	9	2
巢湖市	171	106	65	190	105	85	164	88	76
芜湖市	**1138**	**664**	**474**	**1333**	**732**	**601**	**1136**	**571**	**565**
镜湖区	477	289	188	649	363	286	574	313	261
弋江区	219	120	99	217	123	94	179	85	94
鸠江区	166	97	69	207	111	96	175	75	100
三山区	98	57	41	62	37	25	52	26	26
芜湖县	12	5	7	15	8	7	15	7	8
繁昌县									
南陵县									
芜湖经济技术开发区	15	5	10	14	8	6	9	2	7
安徽芜湖长江大桥经济开发区									
无为市	151	91	60	169	82	87	132	63	69
蚌埠市	**424**	**268**	**156**	**521**	**291**	**230**	**531**	**265**	**266**
龙子湖区	143	101	42	181	96	85	185	94	91
蚌山区	89	59	30	114	59	55	131	59	72
禹会区	115	63	52	162	96	66	156	77	79
淮上区	77	45	32	64	40	24	59	35	24
怀远县									
五河县									
固镇县									
蚌埠市高新技术开发区									
蚌埠市经济开发区									
淮南市	**761**	**424**	**337**	**1000**	**535**	**465**	**785**	**427**	**358**
大通区	15	7	8	25	7	18	36	16	20
田家庵区	375	217	158	490	272	218	370	202	168
谢家集区	198	99	99	295	159	136	224	138	86
八公山区	136	80	56	160	76	84	124	52	72
潘集区	37	21	16	30	21	9	31	19	12
凤台县									
寿县									

6-1a 续表 19

单位：人

地区	75-79岁			80-84岁			85-89岁		
	小计	男	女	小计	男	女	小计	男	女
马鞍山市	**631**	**371**	**260**	**772**	**429**	**343**	**696**	**370**	**326**
花山区	316	187	129	409	223	186	341	174	167
雨山区	236	140	96	307	174	133	299	161	138
博望区	79	44	35	56	32	24	56	35	21
当涂县									
含山县									
和县									
淮北市	**525**	**333**	**192**	**596**	**345**	**251**	**518**	**267**	**251**
杜集区	144	96	48	134	84	50	122	63	59
相山区	200	122	78	250	146	104	206	107	99
烈山区	84	50	34	102	57	45	96	47	49
濉溪县	97	65	32	110	58	52	94	50	44
铜陵市	**422**	**254**	**168**	**528**	**256**	**272**	**494**	**249**	**245**
铜官区	304	184	120	400	192	208	367	194	173
义安区	63	38	25	67	30	37	80	35	45
郊区	55	32	23	61	34	27	47	20	27
枞阳县									
安庆市	**693**	**414**	**279**	**822**	**416**	**406**	**762**	**362**	**400**
迎江区	141	87	54	179	92	87	175	92	83
大观区	147	85	62	167	83	84	194	87	107
宜秀区	52	31	21	66	34	32	54	19	35
怀宁县									
太湖县									
宿松县									
望江县	52	31	21	62	29	33	54	25	29
岳西县									
安徽安庆经济开发区									
桐城市	213	130	83	243	127	116	199	93	106
潜山市	88	50	38	105	51	54	86	46	40
黄山市	**149**	**96**	**53**	**235**	**150**	**85**	**176**	**93**	**83**
屯溪区	92	60	32	166	104	62	128	69	59
黄山区	25	12	13	37	24	13	27	20	7
徽州区	30	23	7	31	21	10	14	4	10
歙县							3		3
休宁县	2	1	1	1	1		4		4
黟县									
祁门县									
滁州市	**418**	**264**	**154**	**479**	**233**	**246**	**516**	**234**	**282**
琅琊区	170	106	64	195	96	99	249	121	128
南谯区	70	45	25	71	32	39	54	18	36
来安县									
全椒县									
定远县									
凤阳县									
苏滁现代产业园									
滁州经济技术开发区									
天长市	82	53	29	95	54	41	121	55	66
明光市	96	60	36	118	51	67	92	40	52

6-1a 续表 20

单位：人

地区	75-79岁			80-84岁			85-89岁		
	小计	男	女	小计	男	女	小计	男	女
阜阳市	**369**	**232**	**137**	**458**	**260**	**198**	**381**	**174**	**207**
颍州区	115	78	37	123	69	54	116	54	62
颍东区	82	53	29	90	52	38	72	29	43
颍泉区	79	46	33	126	75	51	93	44	49
临泉县									
太和县									
阜南县									
颍上县									
阜阳合肥现代产业园区									
阜阳经济技术开发区									
界首市	93	55	38	119	64	55	100	47	53
宿州市	**267**	**165**	**102**	**299**	**175**	**124**	**299**	**147**	**152**
埇桥区	262	162	100	291	171	120	292	142	150
砀山县									
萧县	5	3	2	8	4	4	7	5	2
灵璧县									
泗县									
宿州马鞍山现代产业园区									
宿州经济技术开发区									
六安市	**210**	**141**	**69**	**221**	**127**	**94**	**185**	**104**	**81**
金安区	88	55	33	118	74	44	107	67	40
裕安区	62	43	19	64	35	29	48	26	22
叶集区	50	34	16	35	15	20	24	8	16
霍邱县	4	3	1	2	1	1	2	1	1
舒城县	6	6		2	2		4	2	2
金寨县									
霍山县									
亳州市	**162**	**89**	**73**	**155**	**71**	**84**	**163**	**62**	**101**
谯城区	158	86	72	152	69	83	162	62	100
涡阳县									
蒙城县									
利辛县	4	3	1	3	2	1	1		1
池州市	**187**	**107**	**80**	**191**	**111**	**80**	**164**	**73**	**91**
贵池区	180	102	78	182	107	75	156	66	90
东至县									
石台县									
青阳县									
池州市国家经济技术开发区	3	2	1	8	4	4	4	3	1
皖江江南新兴产业集中区	4	3	1	1		1	4	4	
九华山风景区									
宣城市	**324**	**213**	**111**	**397**	**233**	**164**	**373**	**182**	**191**
宣州区	104	61	43	134	69	65	133	64	69
郎溪县									
泾县									
绩溪县									
旌德县									
宣城市经济开发区									
宁国市	90	59	31	113	80	33	100	48	52
广德市	130	93	37	150	84	66	140	70	70

6-1a 续表 21

单位：人

地区	90-94岁			95-99岁			100岁及以上		
	小计	男	女	小计	男	女	小计	男	女
安徽	**4509**	**2004**	**2505**	**1212**	**463**	**749**	**211**	**64**	**147**
合肥市	**904**	**435**	**469**	**275**	**126**	**149**	**35**	**12**	**23**
瑶海区	125	61	64	32	15	17	5	2	3
庐阳区	215	104	111	75	34	41	8	5	3
蜀山区	160	78	82	44	21	23	4	2	2
包河区	301	154	147	87	41	46	15	3	12
长丰县	1		1						
肥东县									
肥西县	11	6	5	3	3				
庐江县									
合肥高新技术产业开发区									
合肥经济技术开发区									
合肥新站高新技术产业开发区	8	3	5	1		1	1		1
巢湖市	83	29	54	33	12	21	2		2
芜湖市	**615**	**261**	**354**	**164**	**53**	**111**	**18**	**9**	**9**
镜湖区	319	127	192	90	34	56	11	7	4
弋江区	100	48	52	24	10	14	3	1	2
鸠江区	87	42	45	17	5	12	1	1	
三山区	24	7	17	12	2	10			
芜湖县	3	1	2						
繁昌县									
南陵县									
芜湖经济技术开发区	10	7	3	2		2			
安徽芜湖长江大桥经济开发区									
无为市	72	29	43	19	2	17	3		3
蚌埠市	**312**	**138**	**174**	**87**	**30**	**57**	**14**	**4**	**10**
龙子湖区	116	56	60	38	15	23	6	3	3
蚌山区	78	29	49	12	4	8	1		1
禹会区	71	40	31	23	9	14	2	1	1
淮上区	47	13	34	14	2	12	5		5
怀远县									
五河县									
固镇县									
蚌埠市高新技术开发区									
蚌埠市经济开发区									
淮南市	**427**	**195**	**232**	**71**	**30**	**41**	**15**	**4**	**11**
大通区	26	9	17	2	2				
田家庵区	211	97	114	43	20	23	10	3	7
谢家集区	116	50	66	14	6	8	3		3
八公山区	64	35	29	10	2	8	2	1	1
潘集区	10	4	6	2		2			
凤台县									
寿县									

6-1a 续表 22

单位：人

地　区	90-94岁			95-99岁			100岁及以上		
	小计	男	女	小计	男	女	小计	男	女
马鞍山市	**341**	**151**	**190**	**100**	**37**	**63**	**21**	**3**	**18**
花山区	171	85	86	47	23	24	9	1	8
雨山区	132	56	76	49	14	35	10	2	8
博望区	38	10	28	4		4	2		2
当涂县									
含山县									
和县									
淮北市	**263**	**120**	**143**	**74**	**30**	**44**	**20**	**2**	**18**
杜集区	59	24	35	25	10	15	3		3
相山区	117	58	59	31	13	18	9	1	8
烈山区	40	18	22	8	2	6	3		3
濉溪县	47	20	27	10	5	5	5	1	4
铜陵市	**197**	**89**	**108**	**38**	**15**	**23**	**2**	**1**	**1**
铜官区	149	68	81	25	10	15	1	1	
义安区	31	17	14	5	2	3	1		1
郊区	17	4	13	8	3	5			
枞阳县									
安庆市	**327**	**141**	**186**	**67**	**26**	**41**	**7**	**2**	**5**
迎江区	71	30	41	19	8	11	2		2
大观区	79	32	47	15	6	9	4	2	2
宜秀区	21	14	7	4	2	2			
怀宁县									
太湖县									
宿松县									
望江县	25	10	15	2	1	1			
岳西县									
安徽安庆经济开发区									
桐城市	97	44	53	16	6	10	1		1
潜山市	34	11	23	11	3	8			
黄山市	**91**	**36**	**55**	**26**	**12**	**14**	**5**	**2**	**3**
屯溪区	64	26	38	23	10	13	4	2	2
黄山区	16	8	8	3	2	1			
徽州区	7	1	6				1		1
歙县	1	1							
休宁县	3		3						
黟县									
祁门县									
滁州市	**288**	**128**	**160**	**94**	**40**	**54**	**35**	**13**	**22**
琅琊区	127	48	79	34	16	18	12	5	7
南谯区	36	17	19	10	3	7	4	1	3
来安县									
全椒县									
定远县									
凤阳县									
苏滁现代产业园									
滁州经济技术开发区									
天长市	70	33	37	30	13	17	18	6	12
明光市	55	30	25	20	8	12	1	1	

6-1a 续表 23 单位：人

地区	90-94岁			95-99岁			100岁及以上		
	小计	男	女	小计	男	女	小计	男	女
阜阳市	**186**	**81**	**105**	**66**	**14**	**52**	**13**	**4**	**9**
颍州区	56	22	34	13	3	10	6	1	5
颍东区	36	9	27	11	2	9	2		2
颍泉区	50	27	23	22	7	15	3	1	2
临泉县									
太和县									
阜南县									
颍上县									
阜阳合肥现代产业园区									
阜阳经济技术开发区									
界首市	44	23	21	20	2	18	2	2	
宿州市	**145**	**66**	**79**	**49**	**16**	**33**	**13**	**1**	**12**
埇桥区	139	65	74	47	16	31	12	1	11
砀山县									
萧县	6	1	5	2		2	1		1
灵璧县									
泗县									
宿州马鞍山现代产业园区									
宿州经济技术开发区									
六安市	**90**	**39**	**51**	**14**	**10**	**4**	**2**	**2**	
金安区	43	23	20	9	6	3			
裕安区	31	11	20	3	2	1	1	1	
叶集区	13	5	8	2	2		1	1	
霍邱县									
舒城县	3		3						
金寨县									
霍山县									
亳州市	**76**	**26**	**50**	**27**	**7**	**20**	**5**	**2**	**3**
谯城区	76	26	50	27	7	20	5	2	3
涡阳县									
蒙城县									
利辛县									
池州市	**79**	**27**	**52**	**19**	**5**	**14**	**2**		**2**
贵池区	75	24	51	18	4	14	2		2
东至县									
石台县									
青阳县									
池州市国家经济技术开发区	2	2		1	1				
皖江江南新兴产业集中区	2	1	1						
九华山风景区									
宣城市	**168**	**71**	**97**	**41**	**12**	**29**	**4**	**3**	**1**
宣州区	71	28	43	12		12	3	3	
郎溪县									
泾县									
绩溪县									
旌德县									
宣城市经济开发区									
宁国市	39	19	20	13	5	8			
广德市	58	24	34	16	7	9	1		1

6-1b 各地区分年龄、性别的死亡人口
(2019.11.1-2020.10.31)(镇)

单位：人

地区	死亡人口			0岁		
	合计	男	女	小计	男	女
安　徽	**86244**	**49969**	**36275**	**294**	**161**	**133**
合肥市	**9750**	**5724**	**4026**	**36**	**18**	**18**
瑶海区	9	4	5			
庐阳区	61	41	20	1	1	
蜀山区	167	101	66	3	1	2
包河区						
长丰县	1161	675	486	7	5	2
肥东县	1646	945	701	2	2	
肥西县	1448	854	594	4	3	1
庐江县	2741	1633	1108	7	4	3
合肥高新技术产业开发区	389	230	159	2	1	1
合肥经济技术开发区	694	425	269	5	1	4
合肥新站高新技术产业开发区	518	296	222			
巢湖市	916	520	396	5		5
芜湖市	**6334**	**3620**	**2714**	**19**	**9**	**10**
镜湖区	4	4				
弋江区						
鸠江区	645	340	305	2	1	1
三山区	11	8	3			
芜湖县	763	447	316	6	3	3
繁昌县	745	442	303	3	2	1
南陵县	1635	978	657			
芜湖经济技术开发区	466	259	207	6	2	4
安徽芜湖长江大桥经济开发区	57	36	21			
无为市	2008	1106	902	2	1	1
蚌埠市	**4363**	**2583**	**1780**	**24**	**12**	**12**
龙子湖区	34	18	16			
蚌山区						
禹会区	42	18	24			
淮上区	108	56	52			
怀远县	1661	1012	649	10	4	6
五河县	1253	726	527	5	3	2
固镇县	461	277	184			
蚌埠市高新技术开发区	121	67	54	1		1
蚌埠市经济开发区	683	409	274	8	5	3
淮南市	**3979**	**2362**	**1617**	**11**	**7**	**4**
大通区	457	251	206	1		1
田家庵区	74	46	28			
谢家集区	33	23	10			
八公山区	1	1				
潘集区	447	250	197	3	3	
凤台县	915	557	358	2	2	
寿县	2052	1234	818	5	2	3

6-1b 续表 1 单位：人

地区	死亡人口			0岁		
	合计	男	女	小计	男	女
马鞍山市	**3687**	**2148**	**1539**	**11**	**9**	**2**
花山区						
雨山区						
博望区	89	54	35	1	1	
当涂县	1511	898	613	4	3	1
含山县	994	582	412	3	2	1
和县	1093	614	479	3	3	
淮北市	**2325**	**1393**	**932**	**5**	**4**	**1**
杜集区	385	250	135			
相山区						
烈山区	179	120	59			
濉溪县	1761	1023	738	5	4	1
铜陵市	**2777**	**1574**	**1203**	**6**	**3**	**3**
铜官区	12	9	3			
义安区	224	130	94			
郊区	489	281	208	1		1
枞阳县	2052	1154	898	5	3	2
安庆市	**6755**	**3826**	**2929**	**14**	**6**	**8**
迎江区						
大观区	136	81	55			
宜秀区	283	159	124			
怀宁县	1412	785	627	1		1
太湖县	1030	580	450	2		2
宿松县	1034	584	450	1	1	
望江县	415	251	164	1	1	
岳西县	429	243	186	2	1	1
安徽安庆经济开发区	343	203	140			
桐城市	941	525	416	4	3	1
潜山市	732	415	317	3		3
黄山市	**2072**	**1177**	**895**	**5**	**3**	**2**
屯溪区	47	30	17			
黄山区	232	145	87	3	2	1
徽州区	107	62	45			
歙县	782	438	344	1		1
休宁县	383	215	168	1	1	
黟县	162	98	64			
祁门县	359	189	170			
滁州市	**7533**	**4293**	**3240**	**26**	**10**	**16**
琅琊区						
南谯区	254	146	108			
来安县	1017	569	448	3	2	1
全椒县	946	524	422	5	3	2
定远县	1481	888	593	6		6
凤阳县	1449	860	589	6	3	3
苏滁现代产业园	81	49	32			
滁州经济技术开发区	115	73	42			
天长市	1532	814	718	5	1	4
明光市	658	370	288	1	1	

6-1b　续表 2　　　　单位：人

地　区	死亡人口			0岁		
	合计	男	女	小计	男	女
阜阳市	**9833**	**5712**	**4121**	**42**	**21**	**21**
颍州区	288	189	99	1		1
颍东区	468	288	180	3	2	1
颍泉区	495	293	202	1	1	
临泉县	1942	1068	874	9	4	5
太和县	2574	1471	1103	10	6	4
阜南县	1235	690	545	2	1	1
颍上县	2053	1276	777	8	4	4
阜阳合肥现代产业园区	40	24	16	1		1
阜阳经济技术开发区	115	71	44	1		1
界首市	623	342	281	6	3	3
宿州市	**8110**	**4676**	**3434**	**36**	**21**	**15**
埇桥区	945	566	379	6	5	1
砀山县	2126	1183	943	8	5	3
萧县	1701	983	718	9	4	5
灵璧县	1330	788	542	6	3	3
泗县	1780	1019	761	7	4	3
宿州马鞍山现代产业园区	91	57	34			
宿州经济技术开发区	137	80	57			
六安市	**6649**	**3832**	**2817**	**26**	**17**	**9**
金安区	620	374	246	4	4	
裕安区	491	291	200	1		1
叶集区	101	59	42			
霍邱县	1576	946	630	6	5	1
舒城县	1782	1008	774	6	2	4
金寨县	826	467	359	6	5	1
霍山县	1253	687	566	3	1	2
亳州市	**5497**	**3195**	**2302**	**14**	**9**	**5**
谯城区	536	325	211			
涡阳县	1535	884	651	2	1	1
蒙城县	2075	1201	874	8	5	3
利辛县	1351	785	566	4	3	1
池州市	**2495**	**1418**	**1077**	**8**	**6**	**2**
贵池区	493	289	204	3	1	2
东至县	1163	638	525	4	4	
石台县	163	108	55	1	1	
青阳县	662	375	287			
池州市国家经济技术开发区						
皖江江南新兴产业集中区						
九华山风景区	14	8	6			
宣城市	**4085**	**2436**	**1649**	**11**	**6**	**5**
宣州区	722	432	290	3	1	2
郎溪县	852	507	345			
泾县	795	473	322			
绩溪县	421	267	154	2	1	1
旌德县	375	220	155	2		2
宣城市经济开发区	156	90	66	2	2	
宁国市	259	143	116			
广德市	505	304	201	2	2	

6-1b 续表 3 单位：人

地区	1-4岁			5-9岁			10-14岁		
	小计	男	女	小计	男	女	小计	男	女
安　徽	**175**	**107**	**68**	**117**	**64**	**53**	**177**	**102**	**75**
合肥市	**21**	**12**	**9**	**8**	**6**	**2**	**18**	**10**	**8**
瑶海区									
庐阳区									
蜀山区									
包河区									
长丰县	2	1	1	1	1		3	3	
肥东县	4	2	2				5	4	1
肥西县	1	1		1	1		3		3
庐江县	6	2	4	1		1	3	1	2
合肥高新技术产业开发区	2	2							
合肥经济技术开发区	1	1		1		1	2	1	1
合肥新站高新技术产业开发区	4	3	1	3	3				
巢湖市	1		1	1	1		2	1	1
芜湖市	**7**	**4**	**3**	**7**	**3**	**4**	**13**	**8**	**5**
镜湖区									
弋江区									
鸠江区	1		1				4	2	2
三山区									
芜湖县	2	1	1				2	1	1
繁昌县	1		1	1		1	1		1
南陵县				1	1		1	1	
芜湖经济技术开发区	1	1		2	1	1			
安徽芜湖长江大桥经济开发区									
无为市	2	2		3	1	2	5	4	1
蚌埠市	**11**	**7**	**4**	**8**	**7**	**1**	**8**	**6**	**2**
龙子湖区									
蚌山区									
禹会区									
淮上区									
怀远县	7	6	1	4	4		3	2	1
五河县	4	1	3	4	3	1	4	4	
固镇县									
蚌埠市高新技术开发区									
蚌埠市经济开发区							1		1
淮南市	**11**	**6**	**5**	**2**	**2**		**6**	**3**	**3**
大通区	1	1							
田家庵区									
谢家集区									
八公山区									
潘集区	4	2	2						
凤台县	3	1	2	1	1		2	2	
寿县	3	2	1	1	1		4	1	3

6-1b 续表 4　　　　单位：人

地　区	1-4岁			5-9岁			10-14岁		
	小计	男	女	小计	男	女	小计	男	女
马鞍山市	**2**	**1**	**1**	**7**	**3**	**4**	**3**		**3**
花山区									
雨山区									
博望区									
当涂县	2	1	1	3	1	2	2		2
含山县									
和县				4	2	2	1		1
淮北市	**6**	**6**		**11**	**9**	**2**	**4**	**2**	**2**
杜集区	1	1					2	1	1
相山区									
烈山区				2	2				
濉溪县	5	5		9	7	2	2	1	1
铜陵市	**5**	**4**	**1**	**3**		**3**	**6**	**4**	**2**
铜官区									
义安区							2	2	
郊区	1	1		1		1	1		1
枞阳县	4	3	1	2		2	3	2	1
安庆市	**16**	**12**	**4**	**10**	**5**	**5**	**7**	**3**	**4**
迎江区									
大观区	1	1							
宜秀区	1	1							
怀宁县	1	1		3	2	1	1		1
太湖县	2	1	1						
宿松县	5	4	1	1		1			
望江县				1		1			
岳西县	2		2				1	1	
安徽安庆经济开发区				1		1	1		1
桐城市	1	1		1	1		1		1
潜山市	3	3		3	2	1	3	2	1
黄山市	**6**	**5**	**1**	**1**		**1**			
屯溪区									
黄山区	1		1						
徽州区									
歙县	3	3		1		1			
休宁县									
黟县	2	2							
祁门县									
滁州市	**11**	**5**	**6**	**4**	**2**	**2**	**10**	**7**	**3**
琅琊区									
南谯区	1		1						
来安县	1		1				4	3	1
全椒县	4	2	2	1		1	1	1	
定远县	2	2		1	1		3	3	
凤阳县	1		1				1		1
苏滁现代产业园									
滁州经济技术开发区									
天长市	2	1	1	1		1	1		1
明光市				1	1				

6–1b　续表 5　　　　单位：人

地　区	1–4岁			5–9岁			10–14岁		
	小计	男	女	小计	男	女	小计	男	女
阜阳市	**25**	**16**	**9**	**21**	**13**	**8**	**29**	**20**	**9**
颍州区				1	1		1	1	
颍东区	2	2					2	1	1
颍泉区	3	1	2				1	1	
临泉县	5	3	2	6	3	3	7	4	3
太和县	6	5	1	4	4		12	9	3
阜南县	2		2	1	1		1	1	
颍上县	6	4	2	8	4	4	3	2	1
阜阳合肥现代产业园区									
阜阳经济技术开发区							1	1	
界首市	1	1		1		1	1		1
宿州市	**12**	**7**	**5**	**18**	**9**	**9**	**19**	**11**	**8**
埇桥区	2	1	1	3	1	2	4	2	2
砀山县	4	3	1	5	3	2	1		1
萧县	1		1	4	2	2	4	3	1
灵璧县				3	3		6	4	2
泗县	5	3	2	1		1	3	1	2
宿州马鞍山现代产业园区				2		2	1	1	
宿州经济技术开发区									
六安市	**16**	**8**	**8**	**5**		**5**	**15**	**7**	**8**
金安区	1		1	1		1			
裕安区	2	1	1	1		1			
叶集区									
霍邱县	5	2	3	1		1	5	3	2
舒城县	6	5	1	1		1	3		3
金寨县	1		1				4	4	
霍山县	1		1	1		1	3		3
亳州市	**18**	**12**	**6**	**12**	**5**	**7**	**30**	**19**	**11**
谯城区	1	1		1	1		1	1	
涡阳县	2	2		3	2	1	10	9	1
蒙城县	6	3	3	4	2	2	8	4	4
利辛县	9	6	3	4		4	11	5	6
池州市	**2**		**2**				**4**	**2**	**2**
贵池区							1		1
东至县	1		1				1		1
石台县	1		1						
青阳县							2	2	
池州市国家经济技术开发区									
皖江江南新兴产业集中区									
九华山风景区									
宣城市	**6**	**2**	**4**				**5**		**5**
宣州区	1		1				2		2
郎溪县	2	1	1				1		1
泾县	1		1				1		1
绩溪县	1		1						
旌德县									
宣城市经济开发区									
宁国市							1		1
广德市	1	1							

6-1b　续表 6　　　　单位：人

地　　区	15—19岁			20—24岁			25—29岁		
	小计	男	女	小计	男	女	小计	男	女
安　徽	**207**	**144**	**63**	**254**	**163**	**91**	**448**	**300**	**148**
合肥市	**21**	**15**	**6**	**22**	**15**	**7**	**51**	**32**	**19**
瑶海区									
庐阳区									
蜀山区							1	1	
包河区									
长丰县	5	4	1	4	3	1	5	2	3
肥东县	2	2		6	4	2	11	10	1
肥西县	2	2		3	3		5	2	3
庐江县	6	4	2	3	1	2	12	8	4
合肥高新技术产业开发区	1	1		2	1	1			
合肥经济技术开发区	2	1	1	2	2		5	2	3
合肥新站高新技术产业开发区	1		1	2	1	1	5	4	1
巢湖市	2	1	1				7	3	4
芜湖市	**12**	**9**	**3**	**11**	**6**	**5**	**31**	**17**	**14**
镜湖区									
弋江区									
鸠江区	2	2					1		1
三山区									
芜湖县	2	2		3	1	2	3	2	1
繁昌县	1	1					3	3	
南陵县	4	3	1	2		2	10	5	5
芜湖经济技术开发区				3	3		5	1	4
安徽芜湖长江大桥经济开发区									
无为市	3	1	2	3	2	1	9	6	3
蚌埠市	**9**	**8**	**1**	**13**	**9**	**4**	**20**	**15**	**5**
龙子湖区									
蚌山区									
禹会区									
淮上区	1	1							
怀远县	3	3		6	5	1	13	9	4
五河县	3	2	1	2	1	1	1	1	
固镇县	1	1		2	1	1	1	1	
蚌埠市高新技术开发区	1	1		2	2				
蚌埠市经济开发区				1		1	5	4	1
淮南市	**15**	**7**	**8**	**11**	**5**	**6**	**16**	**14**	**2**
大通区				2	1	1	3	3	
田家庵区				1	1				
谢家集区									
八公山区									
潘集区	3	2	1	3		3	5	3	2
凤台县	6	2	4	4	2	2	2	2	
寿县	6	3	3	1	1		6	6	

6-1b 续表 7

单位：人

地　　区	15-19岁			20-24岁			25-29岁		
	小计	男	女	小计	男	女	小计	男	女
马鞍山市	**6**	**3**	**3**	**7**	**5**	**2**	**18**	**13**	**5**
花山区									
雨山区									
博望区									
当涂县	4	3	1	4	3	1	8	5	3
含山县				1		1	5	5	
和县	2		2	2	2		5	3	2
淮北市	**4**	**3**	**1**	**12**	**7**	**5**	**19**	**12**	**7**
杜集区				2	1	1	1		1
相山区									
烈山区							1	1	
濉溪县	4	3	1	10	6	4	17	11	6
铜陵市	**11**	**9**	**2**	**7**	**3**	**4**	**16**	**10**	**6**
铜官区									
义安区	1	1					1	1	
郊区	1	1		1	1		3	3	
枞阳县	9	7	2	6	2	4	12	6	6
安庆市	**13**	**8**	**5**	**31**	**22**	**9**	**35**	**26**	**9**
迎江区									
大观区				1		1	1	1	
宜秀区				2	2		2	2	
怀宁县	3	1	2	8	8		11	9	2
太湖县	2	1	1	1		1	4	3	1
宿松县	2	2		3	2	1	5	3	2
望江县				1		1	1	1	
岳西县	1	1		5	4	1	1	1	
安徽安庆经济开发区	1	1		1	1		3	2	1
桐城市	3	1	2	5	3	2	5	3	2
潜山市	1	1		4	2	2	2	1	1
黄山市	**6**	**2**	**4**	**5**	**2**	**3**	**10**	**8**	**2**
屯溪区				1		1	1	1	
黄山区	1		1	2	1	1	1	1	
徽州区	1	1							
歙县	2	1	1	1		1	6	5	1
休宁县				1	1				
黟县	1		1				1		1
祁门县	1		1				1	1	
滁州市	**18**	**10**	**8**	**17**	**11**	**6**	**32**	**21**	**11**
琅琊区									
南谯区	1	1		1	1		1	1	
来安县				1	1		5	5	
全椒县	4	1	3	2		2	4	1	3
定远县	2	1	1	4	2	2	7	5	2
凤阳县	5	4	1	5	3	2	9	7	2
苏滁现代产业园	1		1	1	1				
滁州经济技术开发区	1		1						
天长市	2	2					6	2	4
明光市	2	1	1	3	3				

6-1b　续表 8　　　　单位：人

地　区	15–19岁			20–24岁			25–29岁		
	小计	男	女	小计	男	女	小计	男	女
阜阳市	**26**	**19**	**7**	**36**	**25**	**11**	**67**	**41**	**26**
颍州区							1		1
颍东区	3	3					3	1	2
颍泉区	2	2		1		1	1	1	
临泉县	7	6	1	9	5	4	14	10	4
太和县	8	5	3	15	11	4	16	12	4
阜南县	1	1		5	4	1	17	9	8
颍上县	3	1	2	6	5	1	12	6	6
阜阳合肥现代产业园区									
阜阳经济技术开发区									
界首市	2	1	1				3	2	1
宿州市	**18**	**17**	**1**	**27**	**17**	**10**	**42**	**28**	**14**
埇桥区	1		1	2	2		6	3	3
砀山县	1	1		6	4	2	9	8	1
萧县	6	6		6	3	3	9	7	2
灵璧县	5	5		2	1	1	9	6	3
泗县	4	4		10	6	4	8	4	4
宿州马鞍山现代产业园区	1	1					1		1
宿州经济技术开发区				1	1				
六安市	**13**	**12**	**1**	**16**	**7**	**9**	**26**	**16**	**10**
金安区	1	1		3	2	1	2		2
裕安区	1	1		3	2	1	1		1
叶集区							1	1	
霍邱县	3	3		4	1	3	6	5	1
舒城县	1	1		2		2	7	3	4
金寨县	6	5	1				2	1	1
霍山县	1	1		4	2	2	7	6	1
亳州市	**21**	**14**	**7**	**27**	**20**	**7**	**44**	**31**	**13**
谯城区	2	1	1	2	2		2	2	
涡阳县	4	4		7	5	2	11	6	5
蒙城县	11	7	4	11	8	3	26	18	8
利辛县	4	2	2	7	5	2	5	5	
池州市	**5**	**2**	**3**	**7**	**4**	**3**	**9**	**9**	
贵池区	1		1	1		1	1	1	
东至县	2		2	3	2	1	4	4	
石台县				1	1		2	2	
青阳县	2	2		2	1	1	2	2	
池州市国家经济技术开发区									
皖江江南新兴产业集中区									
九华山风景区									
宣城市	**9**	**6**	**3**	**5**	**5**		**12**	**7**	**5**
宣州区	4	2	2	2	2		2	1	1
郎溪县	1	1					2	1	1
泾县	2	2					3	2	1
绩溪县	1	1							
旌德县									
宣城市经济开发区							1		1
宁国市				3	3		1	1	
广德市	1		1				3	2	1

6-1b 续表 9

单位：人

地　区	30-34岁			35-39岁			40-44岁		
	小计	男	女	小计	男	女	小计	男	女
安　徽	**612**	**428**	**184**	**670**	**468**	**202**	**1122**	**787**	**335**
合肥市	**74**	**53**	**21**	**82**	**42**	**40**	**118**	**76**	**42**
瑶海区				1		1			
庐阳区	2	1	1	3	1	2	2	2	
蜀山区	1	1		4	2	2	3	3	
包河区									
长丰县	16	10	6	8	6	2	20	15	5
肥东县	11	7	4	11	4	7	23	17	6
肥西县	8	7	1	16	7	9	17	13	4
庐江县	17	11	6	10	8	2	27	15	12
合肥高新技术产业开发区	4	3	1	4	1	3	4	1	3
合肥经济技术开发区	5	5		18	12	6	12	6	6
合肥新站高新技术产业开发区	4	3	1	2		2	4	1	3
巢湖市	6	5	1	5	1	4	6	3	3
芜湖市	**34**	**25**	**9**	**32**	**23**	**9**	**65**	**46**	**19**
镜湖区									
弋江区									
鸠江区	2	1	1	1	1		4	4	
三山区	1	1							
芜湖县	5	2	3	8	7	1	10	9	1
繁昌县	6	5	1	1	1		13	8	5
南陵县	8	7	1	11	8	3	14	8	6
芜湖经济技术开发区	4	2	2	4	2	2	5	3	2
安徽芜湖长江大桥经济开发区									
无为市	8	7	1	7	4	3	19	14	5
蚌埠市	**29**	**17**	**12**	**39**	**26**	**13**	**68**	**47**	**21**
龙子湖区									
蚌山区									
禹会区				1	1				
淮上区	3	1	2	2	2		3	1	2
怀远县	14	12	2	19	16	3	27	19	8
五河县	10	3	7	3	1	2	20	16	4
固镇县	1	1		5	3	2	7	5	2
蚌埠市高新技术开发区				2	1	1	3	1	2
蚌埠市经济开发区	1		1	7	2	5	8	5	3
淮南市	**36**	**21**	**15**	**34**	**22**	**12**	**50**	**37**	**13**
大通区	2		2	2	2		4	3	1
田家庵区	1	1		1		1	2	1	1
谢家集区									
八公山区									
潘集区	5	2	3	4	1	3	8	6	2
凤台县	13	10	3	9	8	1	15	15	
寿县	15	8	7	18	11	7	21	12	9

6-1b 续表 10 单位：人

地区	30-34岁			35-39岁			40-44岁		
	小计	男	女	小计	男	女	小计	男	女
马鞍山市	**12**	**7**	**5**	**20**	**13**	**7**	**32**	**23**	**9**
花山区									
雨山区									
博望区									
当涂县	7	2	5	9	5	4	10	7	3
含山县	3	3		9	7	2	13	10	3
和县	2	2		2	1	1	9	6	3
淮北市	**17**	**15**	**2**	**15**	**12**	**3**	**38**	**29**	**9**
杜集区	4	4		1	1		3	2	1
相山区									
烈山区				1	1		2	2	
濉溪县	13	11	2	13	10	3	33	25	8
铜陵市	**14**	**11**	**3**	**16**	**12**	**4**	**39**	**20**	**19**
铜官区				1	1				
义安区	2	2		3	2	1	2	1	1
郊区	2	2		2	1	1	6	4	2
枞阳县	10	7	3	10	8	2	31	15	16
安庆市	**47**	**27**	**20**	**40**	**28**	**12**	**74**	**43**	**31**
迎江区									
大观区							1	1	
宜秀区	1	1		6	3	3	3	3	
怀宁县	8	3	5	9	7	2	15	8	7
太湖县	6	5	1	7	3	4	9	5	4
宿松县	10	7	3	5	4	1	15	7	8
望江县	5	2	3				4	3	1
岳西县	5	3	2	2	2		3	3	
安徽安庆经济开发区	4	1	3	4	3	1	7	5	2
桐城市	6	4	2	5	4	1	7	2	5
潜山市	2	1	1	2	2		10	6	4
黄山市	**11**	**7**	**4**	**11**	**7**	**4**	**22**	**17**	**5**
屯溪区	1	1		1		1			
黄山区	1	1		3	2	1	5	4	1
徽州区	2	2					1	1	
歙县	3	1	2	5	4	1	6	4	2
休宁县	1	1		1	1		3	2	1
黟县							2	2	
祁门县	3	1	2	1		1	5	4	1
滁州市	**53**	**40**	**13**	**52**	**39**	**13**	**81**	**59**	**22**
琅琊区									
南谯区	3	2	1	1	1		4	3	1
来安县	13	9	4	9	8	1	12	9	3
全椒县	5	4	1	5	2	3	7	6	1
定远县	10	5	5	9	7	2	20	16	4
凤阳县	12	10	2	15	11	4	20	15	5
苏滁现代产业园									
滁州经济技术开发区	1	1		3	2	1			
天长市	7	7		4	4		14	8	6
明光市	2	2		6	4	2	4	2	2

6-1b 续表 11 单位：人

地区	30-34岁			35-39岁			40-44岁		
	小计	男	女	小计	男	女	小计	男	女
阜阳市	**82**	**58**	**24**	**97**	**73**	**24**	**169**	**126**	**43**
颍州区	2	2		1	1		4	4	
颍东区	1		1	3	3		7	6	1
颍泉区	5	5		2	2		3	3	
临泉县	16	13	3	17	13	4	37	28	9
太和县	24	15	9	24	17	7	38	25	13
阜南县	18	12	6	12	9	3	26	21	5
颍上县	13	9	4	33	25	8	38	27	11
阜阳合肥现代产业园区				1	1				
阜阳经济技术开发区	1	1		2	1	1	4	4	
界首市	2	1	1	2	1	1	12	8	4
宿州市	**62**	**43**	**19**	**77**	**53**	**24**	**116**	**87**	**29**
埇桥区	4	4		5	5		15	11	4
砀山县	12	8	4	22	13	9	26	18	8
萧县	15	12	3	13	11	2	29	24	5
灵璧县	14	9	5	23	17	6	16	14	2
泗县	13	7	6	13	6	7	22	15	7
宿州马鞍山现代产业园区	1	1		1	1		3	3	
宿州经济技术开发区	3	2	1				5	2	3
六安市	**46**	**30**	**16**	**49**	**30**	**19**	**73**	**51**	**22**
金安区	4	2	2	6	6		2		2
裕安区	5	4	1	1		1	9	8	1
叶集区									
霍邱县	15	11	4	13	10	3	18	14	4
舒城县	7	4	3	13	7	6	26	16	10
金寨县	10	6	4	3	1	2	9	7	2
霍山县	5	3	2	13	6	7	9	6	3
亳州市	**64**	**50**	**14**	**69**	**60**	**9**	**105**	**76**	**29**
谯城区	5	4	1	8	8		9	7	2
涡阳县	17	12	5	18	14	4	34	22	12
蒙城县	23	19	4	27	23	4	36	26	10
利辛县	19	15	4	16	15	1	26	21	5
池州市	**13**	**12**	**1**	**6**	**4**	**2**	**30**	**21**	**9**
贵池区	2	2		4	3	1	7	6	1
东至县	6	5	1	1		1	13	8	5
石台县							2	2	
青阳县	5	5		1	1		7	5	2
池州市国家经济技术开发区									
皖江江南新兴产业集中区									
九华山风景区							1		1
宣城市	**18**	**12**	**6**	**31**	**24**	**7**	**42**	**29**	**13**
宣州区	3	1	2	4	4		6	4	2
郎溪县	5	3	2	9	5	4	12	9	3
泾县				5	4	1	8	6	2
绩溪县	2	2		7	7		6	3	3
旌德县	1	1		1	1		2	1	1
宣城市经济开发区	3	1	2	1	1		1	1	
宁国市	1	1					3	3	
广德市	3	3		4	2	2	4	2	2

6-1b　续表 12　　　　单位：人

地　区	45-49岁			50-54岁			55-59岁		
	小计	男	女	小计	男	女	小计	男	女
安　徽	**2435**	**1645**	**790**	**3905**	**2579**	**1326**	**4252**	**2795**	**1457**
合肥市	**233**	**155**	**78**	**405**	**254**	**151**	**412**	**278**	**134**
瑶海区	1		1						
庐阳区	2	1	1	2	2		1		1
蜀山区	5	3	2	1		1	3		3
包河区									
长丰县	27	19	8	44	35	9	52	31	21
肥东县	32	23	9	82	51	31	58	38	20
肥西县	43	26	17	70	40	30	63	46	17
庐江县	73	45	28	126	75	51	126	85	41
合肥高新技术产业开发区	8	4	4	12	7	5	13	10	3
合肥经济技术开发区	17	13	4	23	15	8	29	21	8
合肥新站高新技术产业开发区	14	13	1	18	12	6	24	17	7
巢湖市	11	8	3	27	17	10	43	30	13
芜湖市	**118**	**74**	**44**	**256**	**159**	**97**	**251**	**149**	**102**
镜湖区									
弋江区									
鸠江区	15	10	5	22	14	8	29	10	19
三山区							1	1	
芜湖县	15	8	7	30	20	10	26	19	7
繁昌县	11	7	4	36	21	15	38	21	17
南陵县	32	22	10	60	36	24	60	41	19
芜湖经济技术开发区	9	3	6	25	16	9	18	12	6
安徽芜湖长江大桥经济开发区	3	3		3	2	1	1	1	
无为市	33	21	12	80	50	30	78	44	34
蚌埠市	**126**	**88**	**38**	**187**	**121**	**66**	**240**	**157**	**83**
龙子湖区				1	1				
蚌山区									
禹会区	1	1		1		1	3		3
淮上区	3	2	1	7	4	3	5	1	4
怀远县	61	41	20	74	54	20	101	68	33
五河县	29	17	12	40	24	16	59	36	23
固镇县	15	15		26	14	12	24	19	5
蚌埠市高新技术开发区	4	1	3	5	2	3	5	4	1
蚌埠市经济开发区	13	11	2	33	22	11	43	29	14
淮南市	**132**	**84**	**48**	**191**	**127**	**64**	**183**	**119**	**64**
大通区	14	7	7	15	9	6	13	8	5
田家庵区	5	2	3	3	3		4	2	2
谢家集区	1		1	3	3		3	2	1
八公山区									
潘集区	18	12	6	22	16	6	20	16	4
凤台县	28	22	6	45	32	13	65	46	19
寿县	66	41	25	103	64	39	78	45	33

6-1b 续表 13 单位：人

地区	45-49岁			50-54岁			55-59岁		
	小计	男	女	小计	男	女	小计	男	女
马鞍山市	**80**	**51**	**29**	**150**	**94**	**56**	**182**	**118**	**64**
花山区									
雨山区									
博望区	4	3	1	2	2		3	1	2
当涂县	34	19	15	58	40	18	85	55	30
含山县	24	14	10	43	26	17	49	34	15
和县	18	15	3	47	26	21	45	28	17
淮北市	**74**	**46**	**28**	**109**	**84**	**25**	**97**	**66**	**31**
杜集区	11	8	3	12	12		15	11	4
相山区									
烈山区	7	3	4	12	9	3	11	10	1
濉溪县	56	35	21	85	63	22	71	45	26
铜陵市	**103**	**71**	**32**	**114**	**74**	**40**	**144**	**90**	**54**
铜官区				1	1				
义安区	6	4	2	2	2		12	8	4
郊区	14	8	6	19	14	5	22	14	8
枞阳县	83	59	24	92	57	35	110	68	42
安庆市	**188**	**129**	**59**	**306**	**186**	**120**	**338**	**227**	**111**
迎江区									
大观区	6	5	1	4	2	2	5	4	1
宜秀区	13	6	7	10	8	2	10	6	4
怀宁县	34	24	10	68	39	29	62	46	16
太湖县	31	23	8	45	31	14	60	35	25
宿松县	28	19	9	47	21	26	59	37	22
望江县	17	9	8	13	8	5	19	15	4
岳西县	12	11	1	20	12	8	27	15	12
安徽安庆经济开发区	14	11	3	19	11	8	14	10	4
桐城市	21	11	10	43	26	17	51	35	16
潜山市	12	10	2	37	28	9	31	24	7
黄山市	**50**	**33**	**17**	**92**	**61**	**31**	**97**	**62**	**35**
屯溪区				2	2		1	1	
黄山区	6	4	2	13	7	6	7	4	3
徽州区	2	1	1	5	2	3	4	2	2
歙县	16	8	8	28	20	8	36	21	15
休宁县	14	11	3	11	7	4	20	14	6
黟县	1	1		11	7	4	8	7	1
祁门县	11	8	3	22	16	6	21	13	8
滁州市	**207**	**141**	**66**	**353**	**245**	**108**	**379**	**238**	**141**
琅琊区									
南谯区	9	7	2	16	10	6	28	15	13
来安县	25	17	8	39	28	11	43	30	13
全椒县	30	20	10	52	42	10	48	30	18
定远县	54	44	10	63	43	20	64	37	27
凤阳县	44	30	14	72	55	17	89	60	29
苏滁现代产业园				1	1		1	1	
滁州经济技术开发区				12	11	1	8	5	3
天长市	26	11	15	65	37	28	70	48	22
明光市	19	12	7	33	18	15	28	12	16

6-1b 续表 14

单位：人

地区	45-49岁			50-54岁			55-59岁		
	小计	男	女	小计	男	女	小计	男	女
阜阳市	**334**	**233**	**101**	**519**	**349**	**170**	**563**	**376**	**187**
颍州区	11	7	4	23	13	10	25	21	4
颍东区	13	10	3	24	13	11	24	17	7
颍泉区	18	18		26	15	11	27	17	10
临泉县	63	37	26	104	73	31	125	81	44
太和县	76	54	22	120	87	33	124	79	45
阜南县	53	37	16	64	35	29	72	55	17
颍上县	63	43	20	114	83	31	122	86	36
阜阳合肥现代产业园区	2	2		2	2		1	1	
阜阳经济技术开发区	5	5		11	6	5	7	5	2
界首市	30	20	10	31	22	9	36	14	22
宿州市	**261**	**175**	**86**	**337**	**226**	**111**	**382**	**272**	**110**
埇桥区	36	20	16	42	34	8	59	42	17
砀山县	71	45	26	63	47	16	85	67	18
萧县	49	35	14	76	49	27	78	54	24
灵璧县	44	32	12	64	38	26	72	47	25
泗县	57	39	18	82	51	31	79	53	26
宿州马鞍山现代产业园区	1	1		4	3	1	6	6	
宿州经济技术开发区	3	3		6	4	2	3	3	
六安市	**177**	**122**	**55**	**325**	**203**	**122**	**371**	**228**	**143**
金安区	19	15	4	29	15	14	24	13	11
裕安区	14	10	4	24	18	6	23	14	9
叶集区	3	2	1	6	4	2	6	3	3
霍邱县	52	37	15	82	54	28	109	65	44
舒城县	36	22	14	71	47	24	93	64	29
金寨县	19	13	6	41	25	16	46	27	19
霍山县	34	23	11	72	40	32	70	42	28
亳州市	**185**	**140**	**45**	**296**	**208**	**88**	**304**	**201**	**103**
谯城区	24	18	6	43	32	11	19	15	4
涡阳县	41	35	6	70	55	15	91	63	28
蒙城县	80	61	19	111	75	36	111	66	45
利辛县	40	26	14	72	46	26	83	57	26
池州市	**65**	**39**	**26**	**97**	**73**	**24**	**135**	**81**	**54**
贵池区	12	11	1	17	13	4	24	11	13
东至县	25	14	11	47	33	14	54	33	21
石台县	5	3	2	7	6	1	9	8	1
青阳县	23	11	12	26	21	5	46	29	17
池州市国家经济技术开发区									
皖江江南新兴产业集中区									
九华山风景区							2		2
宣城市	**102**	**64**	**38**	**168**	**115**	**53**	**174**	**133**	**41**
宣州区	8	2	6	36	30	6	35	25	10
郎溪县	31	18	13	37	26	11	24	20	4
泾县	26	21	5	24	12	12	37	26	11
绩溪县	10	5	5	22	13	9	24	20	4
旌德县	10	7	3	15	11	4	14	12	2
宣城市经济开发区	9	4	5	7	4	3	6	4	2
宁国市	2	2		13	11	2	16	14	2
广德市	6	5	1	14	8	6	18	12	6

6-1b 续表 15　　　　单位：人

地区	60-64岁			65-69岁			70-74岁		
	小计	男	女	小计	男	女	小计	男	女
安徽	**4242**	**2886**	**1356**	**8248**	**5397**	**2851**	**10252**	**6607**	**3645**
合肥市	**405**	**281**	**124**	**987**	**648**	**339**	**1238**	**829**	**409**
瑶海区				1		1			
庐阳区	5	5		5	3	2	11	9	2
蜀山区	5	3	2	16	12	4	24	22	2
包河区									
长丰县	45	24	21	109	75	34	132	86	46
肥东县	47	38	9	153	95	58	205	141	64
肥西县	60	46	14	169	108	61	187	129	58
庐江县	129	92	37	282	184	98	395	256	139
合肥高新技术产业开发区	15	9	6	36	29	7	51	28	23
合肥经济技术开发区	35	20	15	82	57	25	75	56	19
合肥新站高新技术产业开发区	28	17	11	45	31	14	58	36	22
巢湖市	36	27	9	89	54	35	100	66	34
芜湖市	**309**	**214**	**95**	**563**	**379**	**184**	**781**	**496**	**285**
镜湖区	1	1		1	1		1	1	
弋江区									
鸠江区	22	15	7	44	28	16	82	48	34
三山区	3	2	1	2	1	1	3	2	1
芜湖县	30	25	5	74	55	19	91	54	37
繁昌县	40	27	13	73	53	20	72	47	25
南陵县	108	72	36	151	93	58	191	128	63
芜湖经济技术开发区	19	11	8	46	36	10	48	33	15
安徽芜湖长江大桥经济开发区	2	2		6	4	2	6	5	1
无为市	84	59	25	166	108	58	287	178	109
蚌埠市	**230**	**145**	**85**	**386**	**263**	**123**	**444**	**284**	**160**
龙子湖区	1		1	6	6		8	5	3
蚌山区									
禹会区				7	3	4	7	4	3
淮上区	3	2	1	10	6	4	12	8	4
怀远县	90	55	35	132	88	44	163	107	56
五河县	62	42	20	115	78	37	123	75	48
固镇县	20	12	8	33	25	8	50	29	21
蚌埠市高新技术开发区	11	8	3	15	8	7	20	13	7
蚌埠市经济开发区	43	26	17	68	49	19	61	43	18
淮南市	**195**	**116**	**79**	**351**	**228**	**123**	**486**	**316**	**170**
大通区	26	17	9	53	27	26	50	36	14
田家庵区	3	3		6	4	2	13	7	6
谢家集区							5	5	
八公山区									
潘集区	21	12	9	44	26	18	53	25	28
凤台县	50	27	23	82	55	27	113	75	38
寿县	95	57	38	166	116	50	252	168	84

6-1b　续表 16　　　　单位：人

地　　区	60-64岁			65-69岁			70-74岁		
	小计	男	女	小计	男	女	小计	男	女
马鞍山市	**139**	**100**	**39**	**310**	**201**	**109**	**436**	**307**	**129**
花山区									
雨山区									
博望区	5	4	1	11	5	6	11	9	2
当涂县	61	46	15	126	77	49	167	116	51
含山县	35	26	9	83	61	22	130	98	32
和县	38	24	14	90	58	32	128	84	44
淮北市	**97**	**66**	**31**	**195**	**116**	**79**	**260**	**170**	**90**
杜集区	25	16	9	29	19	10	61	45	16
相山区									
烈山区	10	8	2	21	15	6	19	12	7
濉溪县	62	42	20	145	82	63	180	113	67
铜陵市	**166**	**128**	**38**	**263**	**187**	**76**	**377**	**230**	**147**
铜官区				2	2		1	1	
义安区	13	11	2	24	15	9	32	18	14
郊区	21	18	3	37	20	17	58	36	22
枞阳县	132	99	33	200	150	50	286	175	111
安庆市	**339**	**223**	**116**	**680**	**424**	**256**	**849**	**535**	**314**
迎江区									
大观区	6	4	2	9	7	2	20	13	7
宜秀区	10	8	2	27	21	6	38	22	16
怀宁县	57	36	21	120	69	51	171	107	64
太湖县	43	26	17	115	66	49	109	76	33
宿松县	58	41	17	100	61	39	114	74	40
望江县	23	17	6	33	25	8	64	41	23
岳西县	28	17	11	63	33	30	45	32	13
安徽安庆经济开发区	22	14	8	37	25	12	43	29	14
桐城市	41	30	11	90	61	29	129	75	54
潜山市	51	30	21	86	56	30	116	66	50
黄山市	**114**	**87**	**27**	**206**	**131**	**75**	**227**	**144**	**83**
屯溪区	1	1		4	3	1	11	7	4
黄山区	14	11	3	22	19	3	21	12	9
徽州区	8	6	2	8	7	1	11	9	2
歙县	47	39	8	78	51	27	89	63	26
休宁县	22	14	8	44	23	21	38	21	17
黟县	8	6	2	16	8	8	18	13	5
祁门县	14	10	4	34	20	14	39	19	20
滁州市	**392**	**266**	**126**	**761**	**503**	**258**	**784**	**509**	**275**
琅琊区									
南谯区	11	7	4	17	12	5	23	16	7
来安县	60	46	14	109	64	45	115	67	48
全椒县	41	30	11	102	66	36	84	58	26
定远县	69	45	24	125	86	39	152	105	47
凤阳县	83	54	29	141	92	49	163	105	58
苏滁现代产业园	12	7	5	12	9	3	10	7	3
滁州经济技术开发区	9	7	2	17	9	8	10	8	2
天长市	69	46	23	172	123	49	166	102	64
明光市	38	24	14	66	42	24	61	41	20

6-1b 续表 17 单位：人

地区	60-64岁			65-69岁			70-74岁		
	小计	男	女	小计	男	女	小计	男	女
阜阳市	**482**	**317**	**165**	**907**	**591**	**316**	**1120**	**701**	**419**
颍州区	10	10		24	18	6	33	21	12
颍东区	23	19	4	45	31	14	55	38	17
颍泉区	21	16	5	40	28	12	63	43	20
临泉县	79	50	29	177	110	67	221	147	74
太和县	130	80	50	252	175	77	305	180	125
阜南县	48	30	18	91	57	34	132	70	62
颍上县	131	92	39	196	118	78	217	140	77
阜阳合肥现代产业园区	1		1	1		1	6	4	2
阜阳经济技术开发区	9	5	4	9	4	5	6	3	3
界首市	30	15	15	72	50	22	82	55	27
宿州市	**396**	**263**	**133**	**727**	**473**	**254**	**871**	**550**	**321**
埇桥区	53	28	25	85	52	33	113	71	42
砀山县	95	64	31	191	127	64	265	163	102
萧县	81	54	27	157	102	55	189	126	63
灵璧县	68	51	17	118	79	39	132	78	54
泗县	86	55	31	156	99	57	151	98	53
宿州马鞍山现代产业园区	4	4		10	6	4	12	8	4
宿州经济技术开发区	9	7	2	10	8	2	9	6	3
六安市	**379**	**249**	**130**	**717**	**483**	**234**	**841**	**525**	**316**
金安区	26	18	8	70	45	25	69	43	26
裕安区	32	24	8	52	34	18	64	36	28
叶集区	3	1	2	10	5	5	13	6	7
霍邱县	82	60	22	172	112	60	180	113	67
舒城县	103	62	41	175	130	45	243	164	79
金寨县	53	36	17	97	67	30	128	72	56
霍山县	80	48	32	141	90	51	144	91	53
亳州市	**251**	**180**	**71**	**544**	**331**	**213**	**673**	**436**	**237**
谯城区	22	14	8	61	45	16	71	43	28
涡阳县	76	51	25	137	80	57	193	121	72
蒙城县	92	69	23	222	131	91	243	169	74
利辛县	61	46	15	124	75	49	166	103	63
池州市	**145**	**100**	**45**	**249**	**169**	**80**	**319**	**210**	**109**
贵池区	23	16	7	49	34	15	79	54	25
东至县	78	56	22	111	74	37	158	99	59
石台县	5	4	1	14	10	4	15	10	5
青阳县	37	23	14	75	51	24	67	47	20
池州市国家经济技术开发区									
皖江江南新兴产业集中区									
九华山风景区	2	1	1						
宣城市	**203**	**151**	**52**	**402**	**270**	**132**	**546**	**365**	**181**
宣州区	28	23	5	75	50	25	101	74	27
郎溪县	40	31	9	86	55	31	95	68	27
泾县	36	24	12	60	41	19	124	79	45
绩溪县	31	27	4	44	31	13	51	31	20
旌德县	16	12	4	35	21	14	47	29	18
宣城市经济开发区	7	5	2	13	9	4	18	12	6
宁国市	20	14	6	26	20	6	30	19	11
广德市	25	15	10	63	43	20	80	53	27

6-1b 续表 18

单位：人

地区	75-79岁			80-84岁			85-89岁		
	小计	男	女	小计	男	女	小计	男	女
安　徽	**13262**	**8130**	**5132**	**14294**	**7925**	**6369**	**12742**	**6140**	**6602**
合肥市	**1546**	**1023**	**523**	**1555**	**916**	**639**	**1417**	**691**	**726**
瑶海区	1	1		3	2	1	1	1	
庐阳区	11	8	3	6	3	3	8	5	3
蜀山区	23	12	11	30	21	9	25	11	14
包河区									
长丰县	179	125	54	165	98	67	171	73	98
肥东县	252	182	70	252	136	116	256	117	139
肥西县	217	135	82	202	118	84	220	118	102
庐江县	448	287	161	486	289	197	362	181	181
合肥高新技术产业开发区	75	49	26	62	40	22	53	28	25
合肥经济技术开发区	120	81	39	110	69	41	96	47	49
合肥新站高新技术产业开发区	84	58	26	66	37	29	82	43	39
巢湖市	136	85	51	173	103	70	143	67	76
芜湖市	**1130**	**697**	**433**	**1179**	**653**	**526**	**948**	**447**	**501**
镜湖区				1	1				
弋江区									
鸠江区	136	76	60	131	73	58	89	37	52
三山区	1	1							
芜湖县	132	91	41	131	71	60	121	56	65
繁昌县	116	78	38	150	79	71	117	63	54
南陵县	282	178	104	316	188	128	244	127	117
芜湖经济技术开发区	76	45	31	73	39	34	63	28	35
安徽芜湖长江大桥经济开发区	15	9	6	7	4	3	10	5	5
无为市	372	219	153	370	198	172	304	131	173
蚌埠市	**694**	**417**	**277**	**715**	**420**	**295**	**637**	**328**	**309**
龙子湖区	6	3	3	5	2	3	4	1	3
蚌山区									
禹会区	5	2	3	5	2	3	9	5	4
淮上区	17	10	7	22	12	10	12	5	7
怀远县	257	160	97	254	148	106	238	128	110
五河县	203	123	80	232	133	99	194	96	98
固镇县	84	48	36	70	46	24	71	35	36
蚌埠市高新技术开发区	17	6	11	15	13	2	9	3	6
蚌埠市经济开发区	105	65	40	112	64	48	100	55	45
淮南市	**622**	**381**	**241**	**630**	**382**	**248**	**554**	**290**	**264**
大通区	76	47	29	71	38	33	63	27	36
田家庵区	8	6	2	9	5	4	11	6	5
谢家集区	5	3	2	6	5	1	6	4	2
八公山区									
潘集区	76	41	35	68	42	26	51	27	24
凤台县	118	69	49	135	80	55	137	73	64
寿县	339	215	124	341	212	129	286	153	133

6-1b 续表 19 单位：人

地区	75-79岁			80-84岁			85-89岁		
	小计	男	女	小计	男	女	小计	男	女
马鞍山市	**618**	**407**	**211**	**728**	**406**	**322**	**578**	**270**	**308**
花山区									
雨山区									
博望区	14	9	5	16	12	4	12	5	7
当涂县	293	207	86	302	174	128	205	96	109
含山县	150	93	57	192	95	97	159	76	83
和县	161	98	63	218	125	93	202	93	109
淮北市	**350**	**216**	**134**	**370**	**229**	**141**	**377**	**198**	**179**
杜集区	69	38	31	65	41	24	57	38	19
相山区									
烈山区	41	26	15	25	19	6	21	8	13
濉溪县	240	152	88	280	169	111	299	152	147
铜陵市	**399**	**234**	**165**	**491**	**232**	**259**	**390**	**179**	**211**
铜官区	5	3	2	1		1	1	1	
义安区	38	23	15	43	21	22	25	11	14
郊区	65	47	18	102	49	53	92	45	47
枞阳县	291	161	130	345	162	183	272	122	150
安庆市	**1114**	**631**	**483**	**1209**	**661**	**548**	**936**	**433**	**503**
迎江区									
大观区	27	12	15	27	18	9	20	9	11
宜秀区	56	34	22	36	16	20	38	18	20
怀宁县	241	130	111	250	139	111	231	111	120
太湖县	153	86	67	206	126	80	139	56	83
宿松县	178	105	73	183	97	86	141	64	77
望江县	64	37	27	75	46	29	59	31	28
岳西县	76	41	35	70	35	35	43	22	21
安徽安庆经济开发区	47	30	17	60	33	27	42	18	24
桐城市	162	95	67	173	91	82	132	61	71
潜山市	110	61	49	129	60	69	91	43	48
黄山市	**225**	**147**	**78**	**391**	**202**	**189**	**368**	**174**	**194**
屯溪区	4	2	2	8	6	2	9	3	6
黄山区	29	24	5	39	23	16	31	13	18
徽州区	12	6	6	25	14	11	19	8	11
歙县	90	49	41	145	74	71	133	64	69
休宁县	37	24	13	78	43	35	81	40	41
黟县	20	17	3	32	17	15	24	11	13
祁门县	33	25	8	64	25	39	71	35	36
滁州市	**1166**	**716**	**450**	**1127**	**617**	**510**	**1231**	**577**	**654**
琅琊区									
南谯区	40	26	14	39	24	15	42	16	26
来安县	161	97	64	139	69	70	168	79	89
全椒县	127	76	51	157	87	70	167	62	105
定远县	225	142	83	237	144	93	255	138	117
凤阳县	209	130	79	198	110	88	207	111	96
苏滁现代产业园	16	12	4	7	2	5	16	9	7
滁州经济技术开发区	9	7	2	15	10	5	17	10	7
天长市	250	145	105	232	114	118	259	107	152
明光市	129	81	48	103	57	46	100	45	55

6-1b 续表 20 单位：人

地区	75-79岁			80-84岁			85-89岁		
	小计	男	女	小计	男	女	小计	男	女
阜阳市	**1379**	**856**	**523**	**1491**	**810**	**681**	**1415**	**669**	**746**
颍州区	47	32	15	49	30	19	24	15	9
颍东区	63	41	22	77	36	41	70	42	28
颍泉区	72	49	23	77	44	33	80	32	48
临泉县	244	136	108	316	151	165	263	102	161
太和县	363	213	150	390	218	172	394	174	220
阜南县	195	126	69	187	96	91	205	88	117
颍上县	283	188	95	297	181	116	272	163	109
阜阳合肥现代产业园区	7	4	3	7	3	4	8	6	2
阜阳经济技术开发区	22	15	7	14	9	5	14	7	7
界首市	83	52	31	77	42	35	85	40	45
宿州市	**1204**	**718**	**486**	**1274**	**722**	**552**	**1293**	**629**	**664**
埇桥区	132	83	49	130	77	53	140	80	60
砀山县	307	166	141	342	188	154	356	159	197
萧县	216	133	83	270	151	119	283	128	155
灵璧县	192	129	63	204	113	91	206	107	99
泗县	314	178	136	294	176	118	281	145	136
宿州马鞍山现代产业园区	19	14	5	11	6	5	6	1	5
宿州经济技术开发区	24	15	9	23	11	12	21	9	12
六安市	**1041**	**619**	**422**	**1142**	**599**	**543**	**828**	**418**	**410**
金安区	107	70	37	111	66	45	80	46	34
裕安区	73	51	22	81	38	43	73	41	32
叶集区	18	13	5	19	11	8	14	12	2
霍邱县	232	149	83	266	135	131	176	98	78
舒城县	284	151	133	316	163	153	234	114	120
金寨县	128	70	58	135	73	62	91	39	52
霍山县	199	115	84	214	113	101	160	68	92
亳州市	**777**	**474**	**303**	**850**	**446**	**404**	**721**	**340**	**381**
谯城区	79	46	33	76	46	30	66	29	37
涡阳县	222	146	76	242	117	125	212	96	116
蒙城县	279	162	117	322	173	149	272	126	146
利辛县	197	120	77	210	110	100	171	89	82
池州市	**367**	**207**	**160**	**444**	**235**	**209**	**391**	**175**	**216**
贵池区	72	41	31	86	49	37	79	35	44
东至县	191	104	87	191	102	89	178	74	104
石台县	29	19	10	37	24	13	25	14	11
青阳县	74	43	31	126	56	70	106	50	56
池州市国家经济技术开发区									
皖江江南新兴产业集中区									
九华山风景区	1		1	4	4		3	2	1
宣城市	**630**	**387**	**243**	**698**	**395**	**303**	**658**	**322**	**336**
宣州区	130	77	53	103	53	50	121	60	61
郎溪县	132	80	52	164	99	65	134	65	69
泾县	117	75	42	155	89	66	134	60	74
绩溪县	56	37	19	57	35	22	63	38	25
旌德县	53	33	20	74	40	34	63	31	32
宣城市经济开发区	20	12	8	26	10	16	25	17	8
宁国市	35	19	16	40	15	25	44	15	29
广德市	87	54	33	79	54	25	74	36	38

6－1b 续表 21 单位：人

地 区	90－94岁			95－99岁			100岁及以上		
	小计	男	女	小计	男	女	小计	男	女
安 徽	**6367**	**2503**	**3864**	**1861**	**566**	**1295**	**308**	**72**	**236**
合肥市	**805**	**299**	**506**	**260**	**66**	**194**	**36**	**5**	**31**
瑶海区	1		1						
庐阳区	2		2						
蜀山区	14	7	7	9	2	7			
包河区									
长丰县	115	50	65	39	8	31	12	1	11
肥东县	161	53	108	65	19	46	8		8
肥西县	117	43	74	39	6	33	1		1
庐江县	174	63	111	43	20	23	5	2	3
合肥高新技术产业开发区	31	11	20	11	3	8	3	2	1
合肥经济技术开发区	38	13	25	15	2	13	1		1
合肥新站高新技术产业开发区	58	14	44	15	3	12	1		1
巢湖市	94	45	49	24	3	21	5		5
芜湖市	**448**	**172**	**276**	**105**	**29**	**76**	**15**	**1**	**14**
镜湖区									
弋江区									
鸠江区	50	15	35	7	3	4	1		1
三山区									
芜湖县	54	14	40	17	6	11	1		1
繁昌县	51	21	30	9	4	5	2	1	1
南陵县	116	54	62	24	6	18			
芜湖经济技术开发区	42	20	22	12	1	11	5		5
安徽芜湖长江大桥经济开发区	4	1	3						
无为市	131	47	84	36	9	27	6		6
蚌埠市	**354**	**164**	**190**	**110**	**39**	**71**	**11**	**3**	**8**
龙子湖区	2		2	1		1			
蚌山区									
禹会区	3		3						
淮上区	2		2	6	1	5			
怀远县	141	67	74	38	14	24	6	2	4
五河县	105	53	52	34	14	20	1		1
固镇县	32	15	17	16	6	10	3	1	2
蚌埠市高新技术开发区	8	4	4	3		3			
蚌埠市经济开发区	61	25	36	12	4	8	1		1
淮南市	**332**	**153**	**179**	**94**	**37**	**57**	**17**	**5**	**12**
大通区	48	20	28	11	4	7	2	1	1
田家庵区	4	3	1	1	1		2	1	1
谢家集区	3	1	2	1		1			
八公山区	1	1							
潘集区	29	12	17	9	2	7	1		1
凤台县	62	26	36	17	7	10	6		6
寿县	185	90	95	55	23	32	6	3	3

6-1b　续表 22　　　　单位：人

地　区	90-94岁			95-99岁			100岁及以上		
	小计	男	女	小计	男	女	小计	男	女
马鞍山市	**269**	**100**	**169**	**70**	**14**	**56**	**9**	**3**	**6**
花山区									
雨山区									
博望区	10	3	7						
当涂县	97	33	64	27	4	23	3	1	2
含山县	72	27	45	19	3	16	4	2	2
和县	90	37	53	24	7	17	2		2
淮北市	**185**	**85**	**100**	**65**	**16**	**49**	**15**	**2**	**13**
杜集区	16	9	7	8	3	5	3		3
相山区									
烈山区	5	3	2	1	1				
濉溪县	164	73	91	56	12	44	12	2	10
铜陵市	**167**	**62**	**105**	**37**	**10**	**27**	**3**	**1**	**2**
铜官区									
义安区	13	5	8	4	2	2	1	1	
郊区	33	14	19	7	3	4			
枞阳县	121	43	78	26	5	21	2		2
安庆市	**413**	**162**	**251**	**86**	**30**	**56**	**10**	**5**	**5**
迎江区									
大观区	6	3	3	1	1		1		1
宜秀区	21	7	14	8	1	7	1		1
怀宁县	101	38	63	14	4	10	3	3	
太湖县	83	29	54	12	7	5	1	1	
宿松县	71	31	40	7	3	4	1	1	
望江县	28	13	15	7	2	5			
岳西县	19	7	12	4	2	2			
安徽安庆经济开发区	20	8	12	3	1	2			
桐城市	40	14	26	20	4	16	1		1
潜山市	24	12	12	10	5	5	2		2
黄山市	**178**	**70**	**108**	**43**	**15**	**28**	**4**		**4**
屯溪区				3	3				
黄山区	29	15	14	3	2	1	1		1
徽州区	5	2	3	4	1	3			
歙县	72	26	46	19	5	14	1		1
休宁县	24	9	15	6	3	3	1		1
黟县	13	6	7	5	1	4			
祁门县	35	12	23	3		3	1		1
滁州市	**633**	**217**	**416**	**172**	**56**	**116**	**24**	**4**	**20**
琅琊区									
南谯区	14	4	10	3		3			
来安县	83	29	54	24	6	18	3		3
全椒县	73	24	49	23	8	15	4	1	3
定远县	125	43	82	43	17	26	5	2	3
凤阳县	133	48	85	33	12	21	3		3
苏滁现代产业园	3		3	1		1			
滁州经济技术开发区	10	2	8	3	1	2			
天长市	153	48	105	25	7	18	3	1	2
明光市	39	19	20	17	5	12	6		6

6-1b 续表 23

单位：人

地区	90-94岁			95-99岁			100岁及以上		
	小计	男	女	小计	男	女	小计	男	女
阜阳市	**740**	**299**	**441**	**231**	**77**	**154**	**58**	**22**	**36**
颍州区	21	11	10	9	2	7	1		1
颍东区	38	17	21	10	5	5	2	1	1
颍泉区	41	10	31	9	4	5	2	1	1
临泉县	145	55	90	55	22	33	23	15	8
太和县	193	81	112	56	20	36	14	1	13
阜南县	73	28	45	25	7	18	5	2	3
颍上县	170	78	92	50	15	35	8	2	6
阜阳合肥现代产业园区	2	1	1	1		1			
阜阳经济技术开发区	9	5	4						
界首市	48	13	35	16	2	14	3		3
宿州市	**625**	**262**	**363**	**256**	**82**	**174**	**57**	**11**	**46**
埇桥区	70	33	37	26	10	16	11	2	9
砀山县	164	67	97	78	24	54	15	3	12
萧县	127	53	74	67	22	45	12	4	8
灵璧县	104	43	61	32	8	24	10	1	9
泗县	140	58	82	46	16	30	8	1	7
宿州马鞍山现代产业园区	6	1	5	1		1	1		1
宿州经济技术开发区	14	7	7	6	2	4			
六安市	**409**	**168**	**241**	**116**	**33**	**83**	**18**	**7**	**11**
金安区	47	20	27	13	8	5	1		1
裕安区	20	8	12	9	1	8	2		2
叶集区	5	1	4	3		3			
霍邱县	100	54	46	41	12	29	8	3	5
舒城县	124	44	80	26	7	19	5	2	3
金寨县	32	11	21	13	3	10	2	2	
霍山县	81	30	51	11	2	9			
亳州市	**360**	**108**	**252**	**111**	**33**	**78**	**21**	**2**	**19**
谯城区	33	6	27	9	4	5	2		2
涡阳县	105	30	75	32	13	19	6		6
蒙城县	134	43	91	43	11	32	6		6
利辛县	88	29	59	27	5	22	7	2	5
池州市	**160**	**56**	**104**	**38**	**13**	**25**	**1**		**1**
贵池区	28	11	17	3	1	2	1		1
东至县	76	21	55	19	5	14			
石台县	10	4	6						
青阳县	45	19	26	16	7	9			
池州市国家经济技术开发区									
皖江江南新兴产业集中区									
九华山风景区	1	1							
宣城市	**289**	**126**	**163**	**67**	**16**	**51**	**9**	**1**	**8**
宣州区	46	21	25	10	2	8	2		2
郎溪县	59	22	37	17	3	14	1		1
泾县	53	27	26	7	4	3	2	1	1
绩溪县	33	12	21	11	4	7			
旌德县	36	21	15	6		6			
宣城市经济开发区	11	6	5	5	2	3	1		1
宁国市	19	6	13	3		3	2		2
广德市	32	11	21	8	1	7	1		1

6-1c 各地区分年龄、性别的死亡人口
(2019.11.1-2020.10.31)(乡村)

单位：人

地区	死亡人口			0岁		
	合计	男	女	小计	男	女
安徽	**220969**	**125689**	**95280**	**769**	**462**	**307**
合肥市	**17027**	**9801**	**7226**	**47**	**33**	**14**
瑶海区	23	15	8			
庐阳区	61	34	27			
蜀山区	213	121	92			
包河区	88	48	40			
长丰县	2284	1335	949	6	4	2
肥东县	3272	1863	1409	13	10	3
肥西县	2658	1579	1079	4	2	2
庐江县	5031	2912	2119	18	12	6
合肥高新技术产业开发区	5	4	1			
合肥经济技术开发区						
合肥新站高新技术产业开发区	130	67	63			
巢湖市	3262	1823	1439	6	5	1
芜湖市	**11361**	**6384**	**4977**	**51**	**32**	**19**
镜湖区	182	108	74	1	1	
弋江区						
鸠江区	1497	834	663	7	3	4
三山区	492	283	209	3	2	1
芜湖县	1254	717	537	8	3	5
繁昌县	1152	680	472	4	4	
南陵县	2192	1229	963	14	11	3
芜湖经济技术开发区						
安徽芜湖长江大桥经济开发区	168	101	67	3	2	1
无为市	4424	2432	1992	11	6	5
蚌埠市	**11597**	**6705**	**4892**	**55**	**35**	**20**
龙子湖区	243	138	105	1	1	
蚌山区	106	57	49	2	1	1
禹会区	540	311	229	2	1	1
淮上区	672	390	282	2	1	1
怀远县	4349	2543	1806	21	14	7
五河县	2719	1538	1181	8	5	3
固镇县	2968	1728	1240	19	12	7
蚌埠市高新技术开发区						
蚌埠市经济开发区						
淮南市	**9470**	**5642**	**3828**	**25**	**16**	**9**
大通区	300	178	122			
田家庵区	215	139	76			
谢家集区	423	241	182			
八公山区	57	29	28	1	1	
潘集区	1282	797	485	8	7	1
凤台县	2675	1570	1105	5	3	2
寿县	4518	2688	1830	11	5	6

6-1c 续表 1 单位：人

地 区	死亡人口			0岁		
	合计	男	女	小计	男	女
马鞍山市	**6189**	**3396**	**2793**	**21**	**14**	**7**
花山区	74	35	39			
雨山区	146	84	62			
博望区	604	332	272	3	1	2
当涂县	1193	665	528	6	4	2
含山县	1622	904	718	6	5	1
和县	2550	1376	1174	6	4	2
淮北市	**4189**	**2331**	**1858**	**21**	**12**	**9**
杜集区	393	227	166	1	1	
相山区	256	145	111	1	1	
烈山区	618	346	272	3	1	2
濉溪县	2922	1613	1309	16	9	7
铜陵市	**4479**	**2614**	**1865**	**14**	**10**	**4**
铜官区	139	83	56	2	1	1
义安区	1355	794	561	4	3	1
郊区	817	454	363	3	2	1
枞阳县	2168	1283	885	5	4	1
安庆市	**19099**	**10812**	**8287**	**53**	**28**	**25**
迎江区	201	117	84			
大观区	377	213	164			
宜秀区	334	188	146			
怀宁县	2742	1556	1186	5	2	3
太湖县	2403	1399	1004	10	5	5
宿松县	3351	1926	1425	9	6	3
望江县	2813	1546	1267	7	2	5
岳西县	1866	1037	829	9	4	5
安徽安庆经济开发区	28	15	13			
桐城市	2584	1461	1123	3	2	1
潜山市	2400	1354	1046	10	7	3
黄山市	**6015**	**3351**	**2664**	**7**	**6**	**1**
屯溪区	162	89	73			
黄山区	731	404	327	2	2	
徽州区	412	239	173			
歙县	2386	1314	1072	2	1	1
休宁县	1189	668	521			
黟县	414	225	189			
祁门县	721	412	309	3	3	
滁州市	**14216**	**7937**	**6279**	**36**	**20**	**16**
琅琊区	153	89	64			
南谯区	912	522	390	1	1	
来安县	2021	1112	909	8	2	6
全椒县	1623	865	758	7	4	3
定远县	3223	1849	1374	5	4	1
凤阳县	2184	1237	947	6	5	1
苏滁现代产业园						
滁州经济技术开发区	56	38	18			
天长市	2041	1085	956	7	2	5
明光市	2003	1140	863	2	2	

6-1c 续表 2

单位：人

地区	死亡人口			0岁		
	合计	男	女	小计	男	女
阜阳市	**34475**	**19292**	**15183**	**167**	**94**	**73**
颍州区	1995	1083	912	11	5	6
颍东区	2067	1172	895	7	4	3
颍泉区	2161	1221	940	10	7	3
临泉县	8242	4438	3804	49	28	21
太和县	5482	3083	2399	24	12	12
阜南县	6110	3422	2688	29	18	11
颍上县	5649	3349	2300	21	8	13
阜阳合肥现代产业园区	153	84	69	1	1	
阜阳经济技术开发区	81	49	32			
界首市	2535	1391	1144	15	11	4
宿州市	**23094**	**12892**	**10202**	**111**	**64**	**47**
埇桥区	5882	3333	2549	19	9	10
砀山县	2809	1500	1309	14	8	6
萧县	5936	3295	2641	33	16	17
灵璧县	4943	2806	2137	34	23	11
泗县	3418	1891	1527	11	8	3
宿州马鞍山现代产业园区	106	67	39			
宿州经济技术开发区						
六安市	**21603**	**12568**	**9035**	**66**	**45**	**21**
金安区	3302	1892	1410	10	8	2
裕安区	3801	2220	1581	13	8	5
叶集区	869	528	341	3	2	1
霍邱县	4828	2887	1941	10	8	2
舒城县	4425	2534	1891	15	9	6
金寨县	3198	1846	1352	11	7	4
霍山县	1180	661	519	4	3	1
亳州市	**20556**	**11797**	**8759**	**55**	**32**	**23**
谯城区	4996	2780	2216	8	5	3
涡阳县	5720	3308	2412	11	8	3
蒙城县	4317	2483	1834	17	7	10
利辛县	5523	3226	2297	19	12	7
池州市	**5540**	**3129**	**2411**	**19**	**11**	**8**
贵池区	2142	1190	952	10	6	4
东至县	1619	906	713	5	4	1
石台县	555	329	226	1		1
青阳县	1149	657	492	3	1	2
池州市国家经济技术开发区						
皖江江南新兴产业集中区						
九华山风景区	75	47	28			
宣城市	**12059**	**7038**	**5021**	**21**	**10**	**11**
宣州区	3810	2206	1604	2	1	1
郎溪县	1144	700	444	1		1
泾县	1806	1054	752	11	5	6
绩溪县	615	340	275	3	1	2
旌德县	652	369	283			
宣城市经济开发区	143	92	51	1	1	
宁国市	1913	1105	808	1		1
广德市	1976	1172	804	2	2	

6-1c 续表 3

单位：人

地区	1-4岁			5-9岁			10-14岁		
	小计	男	女	小计	男	女	小计	男	女
安　徽	**471**	**284**	**187**	**415**	**261**	**154**	**490**	**290**	**200**
合肥市	**33**	**18**	**15**	**14**	**12**	**2**	**26**	**15**	**11**
瑶海区									
庐阳区									
蜀山区				1	1				
包河区									
长丰县	7	3	4	1	1		3	2	1
肥东县	8	6	2	6	4	2	6	5	1
肥西县	4	2	2	1	1		4	1	3
庐江县	11	5	6	5	5		9	4	5
合肥高新技术产业开发区									
合肥经济技术开发区									
合肥新站高新技术产业开发区	1	1							
巢湖市	2	1	1				4	3	1
芜湖市	**22**	**14**	**8**	**14**	**5**	**9**	**14**	**5**	**9**
镜湖区	1		1				2		2
弋江区									
鸠江区	5	3	2				1	1	
三山区	1	1		1		1	1		1
芜湖县	1		1	1	1				
繁昌县	1	1		1	1		2	1	1
南陵县	5	3	2	3	1	2			
芜湖经济技术开发区									
安徽芜湖长江大桥经济开发区				1		1	1	1	
无为市	8	6	2	7	2	5	7	2	5
蚌埠市	**25**	**17**	**8**	**33**	**22**	**11**	**31**	**17**	**14**
龙子湖区									
蚌山区									
禹会区	1	1					1	1	
淮上区				4	3	1	4	3	1
怀远县	10	8	2	13	9	4	22	11	11
五河县	7	5	2	5	3	2	2	2	
固镇县	7	3	4	11	7	4	2		2
蚌埠市高新技术开发区									
蚌埠市经济开发区									
淮南市	**28**	**19**	**9**	**19**	**11**	**8**	**23**	**13**	**10**
大通区	1		1	1	1		1	1	
田家庵区	1	1		1		1	2	2	
谢家集区				2	2		2	2	
八公山区									
潘集区	5	2	3	3	3		1		1
凤台县	14	9	5	7	3	4	4	3	1
寿县	7	7		5	2	3	13	5	8

6-1c 续表 4

单位：人

地区	1-4岁			5-9岁			10-14岁		
	小计	男	女	小计	男	女	小计	男	女
马鞍山市	**7**	**5**	**2**	**6**	**5**	**1**	**5**	**3**	**2**
花山区									
雨山区									
博望区	1		1				1	1	
当涂县	1	1		3	2	1			
含山县	1	1		2	2		1	1	
和县	4	3	1	1	1		3	1	2
淮北市	**14**	**8**	**6**	**5**	**5**		**11**	**7**	**4**
杜集区	1		1	1	1		1		1
相山区	1	1							
烈山区	1		1	1	1		1	1	
濉溪县	11	7	4	3	3		9	6	3
铜陵市	**12**	**10**	**2**	**4**	**3**	**1**	**9**	**6**	**3**
铜官区									
义安区	5	5		2	1	1	1	1	
郊区	2	1	1	1	1		4	1	3
枞阳县	5	4	1	1	1		4	4	
安庆市	**36**	**17**	**19**	**30**	**17**	**13**	**34**	**19**	**15**
迎江区									
大观区	1		1						
宜秀区									
怀宁县	4	4		7	4	3	2	2	
太湖县	8	4	4	2	1	1	1		1
宿松县	8	4	4	5	4	1	17	8	9
望江县	9	4	5	5	4	1	5	4	1
岳西县	3	1	2	2	1	1	2	1	1
安徽安庆经济开发区									
桐城市	1		1	5	2	3	1		1
潜山市	2		2	4	1	3	6	4	2
黄山市	**6**	**4**	**2**	**10**	**8**	**2**	**5**	**3**	**2**
屯溪区				1		1			
黄山区									
徽州区				1	1		3	1	2
歙县	1		1	3	3				
休宁县	3	2	1	1	1				
黟县				2	2				
祁门县	2	2		2	1	1	2	2	
滁州市	**25**	**11**	**14**	**16**	**9**	**7**	**16**	**11**	**5**
琅琊区									
南谯区	3	2	1	2	2		1		1
来安县	3	1	2	3	1	2	2		2
全椒县				3	2	1	3	1	2
定远县	5	3	2	3	1	2	5	5	
凤阳县	6	2	4	2	2		2	2	
苏滁现代产业园									
滁州经济技术开发区									
天长市	3	1	2	1		1			
明光市	5	2	3	2	1	1	3	3	

6-1c 续表 5　　　　单位：人

地　区	1-4岁			5-9岁			10-14岁		
	小计	男	女	小计	男	女	小计	男	女
阜阳市	**91**	**53**	**38**	**93**	**57**	**36**	**101**	**65**	**36**
颍州区	6	4	2	6	4	2	3	3	
颍东区	9	4	5	7	5	2	3	1	2
颍泉区	4	2	2	4	2	2	8	4	4
临泉县	14	8	6	25	11	14	30	19	11
太和县	13	9	4	14	7	7	12	6	6
阜南县	15	9	6	15	13	2	17	12	5
颍上县	22	11	11	20	14	6	24	17	7
阜阳合肥现代产业园区	1	1							
阜阳经济技术开发区									
界首市	7	5	2	2	1	1	4	3	1
宿州市	**51**	**29**	**22**	**48**	**32**	**16**	**67**	**40**	**27**
埇桥区	14	13	1	11	8	3	18	9	9
砀山县	7	4	3	4	3	1	4	2	2
萧县	15	7	8	7	5	2	14	12	2
灵璧县	9	3	6	18	11	7	22	14	8
泗县	5	2	3	8	5	3	9	3	6
宿州马鞍山现代产业园区	1		1						
宿州经济技术开发区									
六安市	**40**	**29**	**11**	**26**	**10**	**16**	**38**	**21**	**17**
金安区	3	2	1	2		2	3	2	1
裕安区	8	7	1	4	1	3	7	5	2
叶集区	3	3		1	1		1		1
霍邱县	7	4	3	8	4	4	12	7	5
舒城县	10	7	3	6	3	3	7	3	4
金寨县	7	4	3	3		3	7	4	3
霍山县	2	2		2	1	1	1		1
亳州市	**61**	**39**	**22**	**81**	**56**	**25**	**81**	**50**	**31**
谯城区	14	9	5	17	13	4	18	10	8
涡阳县	11	4	7	27	16	11	14	8	6
蒙城县	19	14	5	11	8	3	21	14	7
利辛县	17	12	5	26	19	7	28	18	10
池州市	**4**	**3**	**1**	**6**	**4**	**2**	**5**	**2**	**3**
贵池区				4	3	1	3	1	2
东至县	2	2		1		1	2	1	1
石台县				1	1				
青阳县	1	1							
池州市国家经济技术开发区									
皖江江南新兴产业集中区									
九华山风景区	1		1						
宣城市	**16**	**8**	**8**	**10**	**5**	**5**	**24**	**13**	**11**
宣州区	4	2	2	3	2	1	8	5	3
郎溪县	1	1		2	1	1	4	2	2
泾县	1		1	2		2	2	1	1
绩溪县							3	2	1
旌德县				1	1				
宣城市经济开发区	1		1						
宁国市	4	4		1	1		3	1	2
广德市	5	1	4	1		1	4	2	2

6-1c 续表 6　　　　单位：人

地　区	15-19岁			20-24岁			25-29岁		
	小计	男	女	小计	男	女	小计	男	女
安　徽	**609**	**423**	**186**	**697**	**502**	**195**	**1162**	**826**	**336**
合肥市	**33**	**21**	**12**	**51**	**39**	**12**	**88**	**66**	**22**
瑶海区	1	1					1	1	
庐阳区	1	1					1	1	
蜀山区									
包河区				1	1				
长丰县	5	2	3	10	8	2	10	9	1
肥东县	5	4	1	12	11	1	20	15	5
肥西县	7	2	5	5	2	3	14	11	3
庐江县	12	10	2	18	12	6	29	18	11
合肥高新技术产业开发区									
合肥经济技术开发区									
合肥新站高新技术产业开发区									
巢湖市	2	1	1	5	5		13	11	2
芜湖市	**20**	**14**	**6**	**19**	**11**	**8**	**51**	**39**	**12**
镜湖区							1	1	
弋江区									
鸠江区	4	4		4	1	3	7	4	3
三山区	1		1	1	1		1	1	
芜湖县				1	1		6	4	2
繁昌县	3	2	1	1		1	6	6	
南陵县	3	1	2	4	2	2	10	8	2
芜湖经济技术开发区									
安徽芜湖长江大桥经济开发区				1	1		1	1	
无为市	9	7	2	7	5	2	19	14	5
蚌埠市	**38**	**30**	**8**	**33**	**23**	**10**	**71**	**46**	**25**
龙子湖区									
蚌山区				1	1				
禹会区	2	2		2	2		5	3	2
淮上区	1		1	2	2		7	6	1
怀远县	16	11	5	13	7	6	24	14	10
五河县	13	12	1	7	6	1	20	13	7
固镇县	6	5	1	8	5	3	15	10	5
蚌埠市高新技术开发区									
蚌埠市经济开发区									
淮南市	**22**	**16**	**6**	**26**	**22**	**4**	**52**	**39**	**13**
大通区							1		1
田家庵区	1	1					1	1	
谢家集区							5	5	
八公山区	1	1							
潘集区	1		1	9	7	2	9	6	3
凤台县	7	3	4	8	8		16	11	5
寿县	12	11	1	9	7	2	20	16	4

6-1c 续表 7 单位：人

地区	15-19岁			20-24岁			25-29岁		
	小计	男	女	小计	男	女	小计	男	女
马鞍山市	**7**	**7**		**14**	**13**	**1**	**23**	**19**	**4**
花山区									
雨山区	1	1					1	1	
博望区				3	3		2	2	
当涂县	1	1		2	2		6	4	2
含山县	4	4		3	2	1	3	2	1
和县	1	1		6	6		11	10	1
淮北市	**17**	**9**	**8**	**20**	**15**	**5**	**21**	**17**	**4**
杜集区	1		1	1	1		2	1	1
相山区	3	1	2						
烈山区				3	2	1	4	4	
濉溪县	13	8	5	16	12	4	15	12	3
铜陵市	**10**	**7**	**3**	**18**	**9**	**9**	**18**	**14**	**4**
铜官区				1	1				
义安区	2	2		4	3	1	7	6	1
郊区	5	3	2	3		3	4	3	1
枞阳县	3	2	1	10	5	5	7	5	2
安庆市	**41**	**25**	**16**	**41**	**28**	**13**	**70**	**49**	**21**
迎江区									
大观区	1	1					4	4	
宜秀区				1		1			
怀宁县	3	2	1	7	6	1	12	11	1
太湖县	7	4	3	3	3		9	8	1
宿松县	14	9	5	6	4	2	15	11	4
望江县	8	4	4	10	6	4	9	4	5
岳西县	3	1	2	3	3		4	1	3
安徽安庆经济开发区									
桐城市	3	3		4	3	1	9	5	4
潜山市	2	1	1	7	3	4	8	5	3
黄山市	**6**	**6**		**9**	**6**	**3**	**23**	**20**	**3**
屯溪区							1	1	
黄山区	2	2		2	2		2	2	
徽州区				2	1	1	2	2	
歙县	2	2		3	2	1	9	6	3
休宁县				1	1		6	6	
黟县							2	2	
祁门县	2	2		1		1	1	1	
滁州市	**24**	**16**	**8**	**42**	**22**	**20**	**63**	**41**	**22**
琅琊区				3	1	2	1	1	
南谯区	2	1	1				4	3	1
来安县	5	4	1	5	2	3	7	6	1
全椒县				7	3	4	4	4	
定远县	5	4	1	8	5	3	23	14	9
凤阳县	4	3	1	8	4	4	12	8	4
苏滁现代产业园									
滁州经济技术开发区									
天长市	4	3	1	2	2		4	2	2
明光市	4	1	3	9	5	4	8	3	5

6-1c 续表 8 单位：人

地 区	15-19岁			20-24岁			25-29岁		
	小计	男	女	小计	男	女	小计	男	女
阜阳市	**141**	**98**	**43**	**156**	**110**	**46**	**215**	**158**	**57**
颍州区	6	6		3	3		9	8	1
颍东区	10	10		8	6	2	18	12	6
颍泉区	8	5	3	8	4	4	11	10	1
临泉县	50	35	15	53	33	20	60	41	19
太和县	13	9	4	24	18	6	27	16	11
阜南县	39	27	12	27	20	7	34	27	7
颍上县	9	2	7	23	19	4	38	28	10
阜阳合肥现代产业园区							2	2	
阜阳经济技术开发区							1	1	
界首市	6	4	2	10	7	3	15	13	2
宿州市	**62**	**42**	**20**	**83**	**59**	**24**	**142**	**94**	**48**
埇桥区	21	15	6	23	14	9	31	21	10
砀山县	6	4	2	4	2	2	21	15	6
萧县	13	11	2	27	20	7	37	30	7
灵璧县	14	10	4	17	14	3	33	21	12
泗县	8	2	6	12	9	3	19	6	13
宿州马鞍山现代产业园区							1	1	
宿州经济技术开发区									
六安市	**60**	**42**	**18**	**66**	**49**	**17**	**110**	**76**	**34**
金安区	13	8	5	12	9	3	15	8	7
裕安区	12	11	1	13	7	6	19	16	3
叶集区	3	2	1	1		1	7	7	
霍邱县	13	10	3	15	10	5	29	18	11
舒城县	9	4	5	9	9		21	15	6
金寨县	9	6	3	10	9	1	13	6	7
霍山县	1	1		6	5	1	6	6	
亳州市	**94**	**65**	**29**	**77**	**63**	**14**	**145**	**106**	**39**
谯城区	20	15	5	14	9	5	26	17	9
涡阳县	23	16	7	23	20	3	36	29	7
蒙城县	26	18	8	18	15	3	41	30	11
利辛县	25	16	9	22	19	3	42	30	12
池州市	**13**	**10**	**3**	**16**	**14**	**2**	**30**	**18**	**12**
贵池区	5	4	1	6	6		14	8	6
东至县	5	4	1	3	3		9	5	4
石台县	1	1		1	1		2	2	
青阳县	2	1	1	6	4	2	5	3	2
池州市国家经济技术开发区									
皖江江南新兴产业集中区									
九华山风景区									
宣城市	**21**	**15**	**6**	**26**	**19**	**7**	**40**	**24**	**16**
宣州区	4	4		7	4	3	13	8	5
郎溪县	1		1	2	2		6	3	3
泾县	6	4	2	4	3	1	6	5	1
绩溪县							1	1	
旌德县	1	1		1	1				
宣城市经济开发区	1	1					1	1	
宁国市	2	2		5	4	1	7	5	2
广德市	6	3	3	7	5	2	6	1	5

6-1c 续表 9

单位：人

地 区	30-34岁			35-39岁			40-44岁		
	小计	男	女	小计	男	女	小计	男	女
安 徽	**1633**	**1130**	**503**	**1721**	**1171**	**550**	**2773**	**1981**	**792**
合肥市	**105**	**78**	**27**	**113**	**70**	**43**	**157**	**111**	**46**
瑶海区							1	1	
庐阳区	1		1						
蜀山区	1	1		2		2	2	1	1
包河区	2	1	1				1	1	
长丰县	17	15	2	22	15	7	27	17	10
肥东县	21	17	4	15	10	5	36	28	8
肥西县	19	14	5	16	13	3	25	16	9
庐江县	30	24	6	36	19	17	44	31	13
合肥高新技术产业开发区									
合肥经济技术开发区									
合肥新站高新技术产业开发区	2		2				2	1	1
巢湖市	12	6	6	22	13	9	19	15	4
芜湖市	**53**	**36**	**17**	**58**	**40**	**18**	**102**	**70**	**32**
镜湖区							1	1	
弋江区									
鸠江区	4	1	3	11	9	2	10	7	3
三山区				4	4		5	5	
芜湖县	6	2	4	5	4	1	11	6	5
繁昌县	9	6	3	5	4	1	10	7	3
南陵县	12	12		14	9	5	19	13	6
芜湖经济技术开发区									
安徽芜湖长江大桥经济开发区	1	1					1		1
无为市	21	14	7	19	10	9	45	31	14
蚌埠市	**96**	**69**	**27**	**121**	**87**	**34**	**154**	**114**	**40**
龙子湖区	1	1		3	2	1	1	1	
蚌山区	1	1		2	2				
禹会区	8	8		6	6		13	10	3
淮上区	1	1		3	2	1	6	5	1
怀远县	44	27	17	53	39	14	65	47	18
五河县	18	12	6	22	15	7	31	22	9
固镇县	23	19	4	32	21	11	38	29	9
蚌埠市高新技术开发区									
蚌埠市经济开发区									
淮南市	**90**	**58**	**32**	**103**	**61**	**42**	**119**	**75**	**44**
大通区	1	1		2	1	1	10	8	2
田家庵区	2	1	1	6	2	4	4	4	
谢家集区	4	2	2	4	1	3	4	3	1
八公山区	1	1		1		1			
潘集区	12	8	4	16	12	4	18	10	8
凤台县	28	18	10	29	18	11	33	21	12
寿县	42	27	15	45	27	18	50	29	21

6-1c 续表 10

单位：人

地区	30–34岁			35–39岁			40–44岁		
	小计	男	女	小计	男	女	小计	男	女
马鞍山市	**21**	**12**	**9**	**25**	**15**	**10**	**56**	**42**	**14**
花山区				1		1			
雨山区	1		1	1		1			
博望区	3	2	1	2	2		8	7	1
当涂县	3	1	2	6	5	1	10	8	2
含山县	9	6	3	5	1	4	14	11	3
和县	5	3	2	10	7	3	24	16	8
淮北市	**36**	**20**	**16**	**29**	**16**	**13**	**70**	**51**	**19**
杜集区	3	2	1	3	3		7	6	1
相山区	2	2		2	1	1	6	5	1
烈山区	4	2	2	4	2	2	13	7	6
濉溪县	27	14	13	20	10	10	44	33	11
铜陵市	**28**	**21**	**7**	**28**	**21**	**7**	**45**	**30**	**15**
铜官区				2	1	1	2	1	1
义安区	7	6	1	13	9	4	12	5	7
郊区	9	6	3	4	3	1	13	11	2
枞阳县	12	9	3	9	8	1	18	13	5
安庆市	**109**	**68**	**41**	**105**	**70**	**35**	**169**	**123**	**46**
迎江区	3	1	2	2	2				
大观区	3	2	1	1		1	6	4	2
宜秀区	2		2				2	1	1
怀宁县	15	8	7	16	11	5	25	19	6
太湖县	11	8	3	16	11	5	16	11	5
宿松县	28	14	14	24	16	8	25	19	6
望江县	15	14	1	11	8	3	29	24	5
岳西县	16	10	6	10	6	4	20	14	6
安徽安庆经济开发区									
桐城市	7	5	2	12	7	5	19	12	7
潜山市	9	6	3	13	9	4	27	19	8
黄山市	**26**	**17**	**9**	**28**	**16**	**12**	**63**	**48**	**15**
屯溪区	2	1	1	2	1	1			
黄山区	3	3		4	2	2	7	4	3
徽州区				4	3	1	6	5	1
歙县	15	10	5	8	5	3	28	25	3
休宁县	4	2	2	5	3	2	9	7	2
黟县	1		1				6	2	4
祁门县	1	1		5	2	3	7	5	2
滁州市	**88**	**59**	**29**	**70**	**53**	**17**	**163**	**118**	**45**
琅琊区	1		1				1	1	
南谯区	8	7	1	1		1	5	4	1
来安县	12	9	3	10	8	2	20	14	6
全椒县	11	8	3	6	4	2	11	8	3
定远县	16	10	6	18	14	4	57	40	17
凤阳县	19	9	10	14	12	2	29	20	9
苏滁现代产业园									
滁州经济技术开发区				1	1				
天长市	6	5	1	7	4	3	18	10	8
明光市	15	11	4	13	10	3	22	21	1

6-1c 续表 11

单位：人

地区	30-34岁			35-39岁			40-44岁		
	小计	男	女	小计	男	女	小计	男	女
阜阳市	**338**	**237**	**101**	**341**	**253**	**88**	**573**	**402**	**171**
颍州区	25	17	8	18	11	7	29	22	7
颍东区	18	15	3	15	11	4	32	23	9
颍泉区	20	11	9	17	12	5	27	15	12
临泉县	78	57	21	91	63	28	156	111	45
太和县	47	33	14	60	45	15	90	65	25
阜南县	68	45	23	48	32	16	109	75	34
颍上县	60	43	17	59	52	7	96	66	30
阜阳合肥现代产业园区							1		1
阜阳经济技术开发区									
界首市	22	16	6	33	27	6	33	25	8
宿州市	**204**	**145**	**59**	**213**	**137**	**76**	**298**	**220**	**78**
埇桥区	52	38	14	46	25	21	84	65	19
砀山县	20	17	3	24	18	6	41	33	8
萧县	48	37	11	66	45	21	75	54	21
灵璧县	50	36	14	51	33	18	57	41	16
泗县	34	17	17	26	16	10	38	25	13
宿州马鞍山现代产业园区							3	2	1
宿州经济技术开发区									
六安市	**148**	**105**	**43**	**169**	**110**	**59**	**274**	**194**	**80**
金安区	20	14	6	16	9	7	37	21	16
裕安区	31	24	7	29	21	8	46	31	15
叶集区	4	4		8	6	2	8	7	1
霍邱县	34	22	12	59	36	23	79	60	19
舒城县	26	15	11	22	16	6	43	34	9
金寨县	26	21	5	27	18	9	54	37	17
霍山县	7	5	2	8	4	4	7	4	3
亳州市	**206**	**145**	**61**	**219**	**161**	**58**	**364**	**269**	**95**
谯城区	49	34	15	54	33	21	77	59	18
涡阳县	55	38	17	70	55	15	109	83	26
蒙城县	48	34	14	44	32	12	75	51	24
利辛县	54	39	15	51	41	10	103	76	27
池州市	**27**	**19**	**8**	**32**	**20**	**12**	**55**	**34**	**21**
贵池区	9	6	3	14	8	6	23	15	8
东至县	9	7	2	8	6	2	17	9	8
石台县	2	1	1	3	2	1	3	2	1
青阳县	6	4	2	7	4	3	12	8	4
池州市国家经济技术开发区									
皖江江南新兴产业集中区									
九华山风景区	1	1							
宣城市	**58**	**41**	**17**	**67**	**41**	**26**	**111**	**80**	**31**
宣州区	25	14	11	18	11	7	28	20	8
郎溪县	5	4	1	5	2	3	13	11	2
泾县	2		2	13	8	5	13	9	4
绩溪县	3	3		3	2	1	6	4	2
旌德县	2	2		1	1		6	4	2
宣城市经济开发区	1	1					1	1	
宁国市	11	10	1	13	8	5	18	11	7
广德市	9	7	2	14	9	5	26	20	6

6−1c　续表 12　　　　单位：人

地　区	45−49岁			50−54岁			55−59岁		
	小计	男	女	小计	男	女	小计	男	女
安　徽	**6066**	**4108**	**1958**	**9601**	**6329**	**3272**	**9877**	**6563**	**3314**
合肥市	**421**	**265**	**156**	**649**	**406**	**243**	**697**	**459**	**238**
瑶海区	2	2		1	1				
庐阳区							5	3	2
蜀山区	3	1	2	6	5	1	10	7	3
包河区	1	1		2		2	2	2	
长丰县	56	36	20	100	58	42	85	53	32
肥东县	81	54	27	110	74	36	126	91	35
肥西县	80	46	34	99	61	38	77	48	29
庐江县	139	92	47	213	132	81	277	170	107
合肥高新技术产业开发区	1	1							
合肥经济技术开发区									
合肥新站高新技术产业开发区	2	1	1	5	3	2	3	3	
巢湖市	56	31	25	113	72	41	112	82	30
芜湖市	**288**	**175**	**113**	**447**	**288**	**159**	**468**	**314**	**154**
镜湖区	5	2	3	5	4	1	9	6	3
弋江区									
鸠江区	39	26	13	49	34	15	64	39	25
三山区	8	7	1	15	6	9	24	15	9
芜湖县	29	18	11	54	37	17	51	40	11
繁昌县	28	19	9	53	36	17	49	37	12
南陵县	60	34	26	69	40	29	91	62	29
芜湖经济技术开发区									
安徽芜湖长江大桥经济开发区	4	2	2	9	6	3	8	5	3
无为市	115	67	48	193	125	68	172	110	62
蚌埠市	**334**	**240**	**94**	**536**	**349**	**187**	**484**	**306**	**178**
龙子湖区	7	5	2	14	8	6	14	13	1
蚌山区	4	3	1	4	2	2	6	3	3
禹会区	14	10	4	26	18	8	22	14	8
淮上区	16	9	7	33	25	8	44	23	21
怀远县	147	111	36	204	138	66	178	108	70
五河县	57	39	18	120	74	46	95	55	40
固镇县	89	63	26	135	84	51	125	90	35
蚌埠市高新技术开发区									
蚌埠市经济开发区									
淮南市	**278**	**188**	**90**	**426**	**292**	**134**	**399**	**268**	**131**
大通区	6	2	4	12	7	5	15	9	6
田家庵区	5	4	1	6	6		8	4	4
谢家集区	18	16	2	22	15	7	17	11	6
八公山区	2		2	4	4		2	1	1
潘集区	45	30	15	56	37	19	73	50	23
凤台县	80	51	29	145	103	42	121	78	43
寿县	122	85	37	181	120	61	163	115	48

6－1c 续表 13 单位：人

地区	45－49岁			50－54岁			55－59岁		
	小计	男	女	小计	男	女	小计	男	女
马鞍山市	**127**	**84**	**43**	**228**	**147**	**81**	**205**	**123**	**82**
花山区	3	2	1	4	4		5	3	2
雨山区				5	2	3	7	5	2
博望区	14	11	3	23	16	7	17	11	6
当涂县	21	14	7	41	24	17	40	27	13
含山县	28	20	8	56	36	20	62	33	29
和县	61	37	24	99	65	34	74	44	30
淮北市	**163**	**117**	**46**	**232**	**156**	**76**	**213**	**143**	**70**
杜集区	15	12	3	25	20	5	20	12	8
相山区	10	7	3	12	9	3	15	9	6
烈山区	26	17	9	45	31	14	39	29	10
濉溪县	112	81	31	150	96	54	139	93	46
铜陵市	**127**	**82**	**45**	**180**	**115**	**65**	**240**	**156**	**84**
铜官区	9	9		9	4	5	8	3	5
义安区	26	15	11	54	37	17	60	42	18
郊区	26	13	13	29	15	14	53	35	18
枞阳县	66	45	21	88	59	29	119	76	43
安庆市	**543**	**347**	**196**	**798**	**527**	**271**	**849**	**559**	**290**
迎江区	1		1	6	5	1	10	10	
大观区	7	4	3	13	9	4	15	11	4
宜秀区	9	8	1	4	2	2	16	9	7
怀宁县	79	50	29	118	77	41	111	70	41
太湖县	63	38	25	91	64	27	108	74	34
宿松县	105	68	37	137	96	41	150	101	49
望江县	82	49	33	94	59	35	104	66	38
岳西县	63	39	24	102	62	40	113	80	33
安徽安庆经济开发区	2	1	1	1	1				
桐城市	70	48	22	129	84	45	102	61	41
潜山市	62	42	20	103	68	35	120	77	43
黄山市	**119**	**80**	**39**	**221**	**161**	**60**	**248**	**175**	**73**
屯溪区	3	3		5	4	1	6	4	2
黄山区	13	9	4	22	14	8	24	17	7
徽州区	4	3	1	10	9	1	20	15	5
歙县	48	34	14	92	71	21	114	83	31
休宁县	21	13	8	45	33	12	43	28	15
黟县	7	6	1	21	15	6	19	11	8
祁门县	23	12	11	26	15	11	22	17	5
滁州市	**354**	**241**	**113**	**608**	**387**	**221**	**591**	**382**	**209**
琅琊区	4	4		11	7	4	9	6	3
南谯区	18	11	7	51	38	13	37	18	19
来安县	48	34	14	99	65	34	68	43	25
全椒县	23	16	7	61	40	21	71	43	28
定远县	108	68	40	132	81	51	132	87	45
凤阳县	59	43	16	84	48	36	104	73	31
苏滁现代产业园									
滁州经济技术开发区				3	1	2	3	2	1
天长市	48	29	19	68	45	23	81	57	24
明光市	46	36	10	99	62	37	86	53	33

6-1c 续表 14

单位：人

地区	45-49岁			50-54岁			55-59岁		
	小计	男	女	小计	男	女	小计	男	女
阜阳市	**1055**	**735**	**320**	**1712**	**1128**	**584**	**1816**	**1222**	**594**
颍州区	66	48	18	104	70	34	139	88	51
颍东区	83	55	28	84	57	27	96	65	31
颍泉区	67	47	20	101	67	34	120	89	31
临泉县	250	178	72	415	268	147	452	290	162
太和县	143	106	37	280	194	86	265	181	84
阜南县	189	125	64	329	214	115	288	203	85
颍上县	164	113	51	264	169	95	291	194	97
阜阳合肥现代产业园区	8	4	4	6	2	4	10	6	4
阜阳经济技术开发区	4	2	2	4	3	1	4	3	1
界首市	81	57	24	125	84	41	151	103	48
宿州市	**678**	**471**	**207**	**973**	**656**	**317**	**931**	**629**	**302**
埇桥区	180	127	53	267	183	84	305	213	92
砀山县	68	48	20	122	79	43	78	48	30
萧县	161	111	50	220	145	75	201	138	63
灵璧县	159	115	44	201	138	63	195	124	71
泗县	106	67	39	156	107	49	149	103	46
宿州马鞍山现代产业园区	4	3	1	7	4	3	3	3	
宿州经济技术开发区									
六安市	**546**	**376**	**170**	**910**	**581**	**329**	**1049**	**679**	**370**
金安区	84	53	31	127	78	49	124	79	45
裕安区	91	61	30	189	120	69	206	132	74
叶集区	24	18	6	38	26	12	38	24	14
霍邱县	147	110	37	217	135	82	215	137	78
舒城县	83	56	27	162	108	54	210	140	70
金寨县	85	54	31	131	84	47	190	127	63
霍山县	32	24	8	46	30	16	66	40	26
亳州市	**652**	**452**	**200**	**1008**	**670**	**338**	**962**	**654**	**308**
谯城区	155	99	56	244	171	73	223	143	80
涡阳县	216	155	61	271	183	88	245	171	74
蒙城县	120	81	39	225	141	84	213	137	76
利辛县	161	117	44	268	175	93	281	203	78
池州市	**138**	**89**	**49**	**209**	**144**	**65**	**274**	**182**	**92**
贵池区	49	29	20	74	53	21	105	74	31
东至县	42	30	12	67	39	28	85	54	31
石台县	13	9	4	17	15	2	33	25	8
青阳县	33	21	12	45	33	12	49	28	21
池州市国家经济技术开发区									
皖江江南新兴产业集中区									
九华山风景区	1		1	6	4	2	2	1	1
宣城市	**243**	**166**	**77**	**464**	**322**	**142**	**451**	**312**	**139**
宣州区	73	50	23	160	113	47	127	92	35
郎溪县	33	23	10	57	36	21	37	27	10
泾县	49	36	13	46	31	15	75	51	24
绩溪县	6	4	2	12	10	2	25	19	6
旌德县	12	6	6	29	21	8	29	21	8
宣城市经济开发区	6	4	2	3	2	1	2	1	1
宁国市	27	20	7	82	55	27	87	55	32
广德市	37	23	14	75	54	21	69	46	23

6－1c 续表 15 单位：人

地区	60－64岁			65－69岁			70－74岁		
	小计	男	女	小计	男	女	小计	男	女
安 徽	**9773**	**6511**	**3262**	**21242**	**13786**	**7456**	**27656**	**17587**	**10069**
合肥市	**671**	**466**	**205**	**1656**	**1115**	**541**	**2147**	**1430**	**717**
瑶海区	1	1		2	2		3	2	1
庐阳区	2	2		10	6	4	9	5	4
蜀山区	9	8	1	27	12	15	24	17	7
包河区	3	2	1	4	2	2	11	7	4
长丰县	54	38	16	210	137	73	256	180	76
肥东县	139	96	43	273	181	92	346	234	112
肥西县	101	68	33	307	214	93	377	244	133
庐江县	239	162	77	517	344	173	709	479	230
合肥高新技术产业开发区				1	1				
合肥经济技术开发区									
合肥新站高新技术产业开发区	8	4	4	4	2	2	13	6	7
巢湖市	115	85	30	301	214	87	399	256	143
芜湖市	**462**	**329**	**133**	**1022**	**686**	**336**	**1566**	**996**	**570**
镜湖区	6	3	3	19	15	4	29	22	7
弋江区									
鸠江区	55	39	16	124	85	39	199	125	74
三山区	23	15	8	40	30	10	80	52	28
芜湖县	33	21	12	117	78	39	143	100	43
繁昌县	61	40	21	116	86	30	165	110	55
南陵县	125	91	34	230	144	86	300	189	111
芜湖经济技术开发区									
安徽芜湖长江大桥经济开发区	5	4	1	18	10	8	32	21	11
无为市	154	116	38	358	238	120	618	377	241
蚌埠市	**472**	**299**	**173**	**965**	**618**	**347**	**1206**	**779**	**427**
龙子湖区	16	10	6	24	17	7	20	16	4
蚌山区	4		4	12	6	6	9	6	3
禹会区	20	14	6	49	24	25	61	34	27
淮上区	28	19	9	43	29	14	69	34	35
怀远县	175	101	74	370	233	137	479	304	175
五河县	121	84	37	230	150	80	243	165	78
固镇县	108	71	37	237	159	78	325	220	105
蚌埠市高新技术开发区									
蚌埠市经济开发区									
淮南市	**444**	**276**	**168**	**856**	**532**	**324**	**1160**	**771**	**389**
大通区	7	6	1	30	16	14	45	31	14
田家庵区	8	4	4	24	19	5	27	19	8
谢家集区	13	7	6	45	26	19	51	31	20
八公山区	7	4	3	4	2	2	4	4	
潘集区	66	44	22	103	66	37	138	98	40
凤台县	148	88	60	252	151	101	290	187	103
寿县	195	123	72	398	252	146	605	401	204

6-1c 续表 16

单位：人

地区	60-64岁			65-69岁			70-74岁		
	小计	男	女	小计	男	女	小计	男	女
马鞍山市	**225**	**147**	**78**	**578**	**396**	**182**	**804**	**511**	**293**
花山区	3	3		5	4	1	5	3	2
雨山区	7	3	4	19	16	3	21	12	9
博望区	28	19	9	51	34	17	76	49	27
当涂县	54	32	22	126	87	39	136	78	58
含山县	59	40	19	154	112	42	237	153	84
和县	74	50	24	223	143	80	329	216	113
淮北市	**138**	**91**	**47**	**284**	**181**	**103**	**397**	**243**	**154**
杜集区	18	13	5	42	28	14	32	17	15
相山区	13	6	7	28	21	7	26	16	10
烈山区	26	14	12	31	14	17	56	39	17
濉溪县	81	58	23	183	118	65	283	171	112
铜陵市	**244**	**168**	**76**	**422**	**284**	**138**	**579**	**383**	**196**
铜官区	8	5	3	14	9	5	16	11	5
义安区	64	40	24	132	95	37	159	105	54
郊区	35	27	8	69	38	31	93	62	31
枞阳县	137	96	41	207	142	65	311	205	106
安庆市	**885**	**584**	**301**	**1962**	**1276**	**686**	**2593**	**1606**	**987**
迎江区	8	6	2	25	20	5	22	13	9
大观区	20	12	8	51	36	15	51	32	19
宜秀区	10	6	4	44	26	18	44	27	17
怀宁县	113	83	30	264	173	91	352	232	120
太湖县	107	65	42	248	167	81	325	204	121
宿松县	156	107	49	327	194	133	439	281	158
望江县	114	72	42	282	182	100	404	255	149
岳西县	124	82	42	230	151	79	234	123	111
安徽安庆经济开发区	3	3		1	1		2	1	1
桐城市	106	67	39	242	167	75	388	248	140
潜山市	124	81	43	248	159	89	332	190	142
黄山市	**396**	**282**	**114**	**667**	**456**	**211**	**746**	**485**	**261**
屯溪区	10	6	4	16	7	9	22	16	6
黄山区	41	28	13	68	38	30	69	43	26
徽州区	29	23	6	48	30	18	57	37	20
歙县	177	126	51	284	210	74	323	202	121
休宁县	60	44	16	123	81	42	149	106	43
黟县	34	26	8	35	27	8	38	24	14
祁门县	45	29	16	93	63	30	88	57	31
滁州市	**652**	**434**	**218**	**1321**	**842**	**479**	**1542**	**990**	**552**
琅琊区	6	4	2	15	10	5	14	11	3
南谯区	46	34	12	91	54	37	97	66	31
来安县	107	76	31	194	120	74	253	171	82
全椒县	69	51	18	142	91	51	155	91	64
定远县	120	75	45	267	164	103	319	203	116
凤阳县	83	50	33	201	130	71	251	167	84
苏滁现代产业园									
滁州经济技术开发区				10	8	2	3	3	
天长市	103	66	37	203	136	67	248	160	88
明光市	118	78	40	198	129	69	202	118	84

6－1c 续表 17 单位：人

地区	60－64岁			65－69岁			70－74岁		
	小计	男	女	小计	男	女	小计	男	女
阜阳市	**1446**	**941**	**505**	**3222**	**2026**	**1196**	**4382**	**2708**	**1674**
颍州区	67	46	21	190	116	74	239	137	102
颍东区	83	55	28	182	113	69	247	161	86
颍泉区	88	60	28	214	151	63	272	169	103
临泉县	350	224	126	694	436	258	1111	648	463
太和县	228	146	82	554	361	193	678	423	255
阜南县	199	133	66	528	321	207	754	478	276
颍上县	292	184	108	579	350	229	692	449	243
阜阳合肥现代产业园区	5	2	3	15	12	3	17	14	3
阜阳经济技术开发区	8	4	4	8	6	2	12	10	2
界首市	126	87	39	258	160	98	360	219	141
宿州市	**945**	**643**	**302**	**2063**	**1309**	**754**	**2559**	**1618**	**941**
埇桥区	219	158	61	496	309	187	590	372	218
砀山县	135	92	43	258	164	94	329	207	122
萧县	242	165	77	532	352	180	700	449	251
灵璧县	231	152	79	483	300	183	573	364	209
泗县	110	70	40	288	182	106	355	216	139
宿州马鞍山现代产业园区	8	6	2	6	2	4	12	10	2
宿州经济技术开发区									
六安市	**1158**	**777**	**381**	**2438**	**1571**	**867**	**2954**	**1882**	**1072**
金安区	152	97	55	366	234	132	450	287	163
裕安区	196	136	60	394	255	139	549	360	189
叶集区	60	40	20	93	64	29	117	71	46
霍邱县	232	149	83	501	311	190	604	416	188
舒城县	244	161	83	523	353	170	574	365	209
金寨县	200	140	60	416	263	153	492	286	206
霍山县	74	54	20	145	91	54	168	97	71
亳州市	**815**	**542**	**273**	**1918**	**1222**	**696**	**2662**	**1654**	**1008**
谯城区	152	92	60	513	322	191	781	467	314
涡阳县	248	175	73	538	354	184	716	454	262
蒙城县	185	108	77	407	259	148	504	333	171
利辛县	230	167	63	460	287	173	661	400	261
池州市	**273**	**164**	**109**	**634**	**435**	**199**	**734**	**484**	**250**
贵池区	98	60	38	231	152	79	288	187	101
东至县	93	61	32	174	119	55	233	150	83
石台县	27	14	13	63	48	15	67	47	20
青阳县	54	29	25	156	107	49	138	94	44
池州市国家经济技术开发区									
皖江江南新兴产业集中区									
九华山风景区	1		1	10	9	1	8	6	2
宣城市	**547**	**368**	**179**	**1234**	**837**	**397**	**1625**	**1047**	**578**
宣州区	135	100	35	349	228	121	525	336	189
郎溪县	32	25	7	105	79	26	149	97	52
泾县	90	55	35	218	141	77	211	147	64
绩溪县	54	34	20	61	47	14	67	47	20
旌德县	38	27	11	54	34	20	82	50	32
宣城市经济开发区	9	6	3	17	13	4	19	15	4
宁国市	92	62	30	221	157	64	285	177	108
广德市	97	59	38	209	138	71	287	178	109

6-1c　续表 18　　　　单位：人

地　区	75-79岁			80-84岁			85-89岁		
	小计	男	女	小计	男	女	小计	男	女
安　徽	**34712**	**20853**	**13859**	**36863**	**20121**	**16742**	**32669**	**15091**	**17578**
合肥市	**2740**	**1676**	**1064**	**2847**	**1591**	**1256**	**2705**	**1284**	**1421**
瑶海区	1		1	3	2	1	6	1	5
庐阳区	8	6	2	9	4	5	8	4	4
蜀山区	31	21	10	32	19	13	33	16	17
包河区	16	10	6	16	6	10	18	11	7
长丰县	371	234	137	364	230	134	378	188	190
肥东县	489	284	205	556	303	253	582	278	304
肥西县	464	295	169	419	252	167	386	197	189
庐江县	807	503	304	872	446	426	688	319	369
合肥高新技术产业开发区				1	1				
合肥经济技术开发区									
合肥新站高新技术产业开发区	20	12	8	22	11	11	29	14	15
巢湖市	533	311	222	553	317	236	577	256	321
芜湖市	**2058**	**1204**	**854**	**2114**	**1119**	**995**	**1668**	**727**	**941**
镜湖区	25	15	10	39	19	20	28	15	13
弋江区									
鸠江区	289	168	121	294	151	143	197	92	105
三山区	92	56	36	88	47	41	79	30	49
芜湖县	272	170	102	228	124	104	186	75	111
繁昌县	189	107	82	201	113	88	176	77	99
南陵县	356	199	157	400	216	184	332	142	190
芜湖经济技术开发区									
安徽芜湖长江大桥经济开发区	31	24	7	22	14	8	19	7	12
无为市	804	465	339	842	435	407	651	289	362
蚌埠市	**1848**	**1120**	**728**	**1874**	**1097**	**777**	**1865**	**943**	**922**
龙子湖区	46	26	20	37	21	16	35	12	23
蚌山区	16	8	8	13	9	4	21	10	11
禹会区	97	59	38	84	46	38	72	39	33
淮上区	94	61	33	117	74	43	117	61	56
怀远县	684	418	266	706	422	284	647	327	320
五河县	437	259	178	458	251	207	471	240	231
固镇县	474	289	185	459	274	185	502	254	248
蚌埠市高新技术开发区									
蚌埠市经济开发区									
淮南市	**1568**	**1001**	**567**	**1424**	**871**	**553**	**1372**	**730**	**642**
大通区	48	28	20	54	34	20	37	22	15
田家庵区	27	20	7	32	25	7	34	16	18
谢家集区	65	38	27	51	29	22	61	30	31
八公山区	12	4	8	6	3	3	9	3	6
潘集区	215	142	73	181	106	75	188	114	74
凤台县	433	270	163	419	258	161	384	191	193
寿县	768	499	269	681	416	265	659	354	305

6-1c 续表 19

单位：人

地区	75-79岁			80-84岁			85-89岁		
	小计	男	女	小计	男	女	小计	男	女
马鞍山市	**1015**	**602**	**413**	**1175**	**631**	**544**	**1045**	**456**	**589**
花山区	13	5	8	11	3	8	13	4	9
雨山区	27	15	12	25	16	9	21	10	11
博望区	105	61	44	112	52	60	98	43	55
当涂县	198	123	75	236	137	99	183	83	100
含山县	277	178	99	293	145	148	251	107	144
和县	395	220	175	498	278	220	479	209	270
淮北市	**604**	**373**	**231**	**664**	**360**	**304**	**666**	**312**	**354**
杜集区	53	35	18	45	25	20	59	29	30
相山区	35	24	11	30	13	17	42	17	25
烈山区	81	56	25	88	54	34	88	40	48
濉溪县	435	258	177	501	268	233	477	226	251
铜陵市	**728**	**419**	**309**	**810**	**450**	**360**	**632**	**307**	**325**
铜官区	18	15	3	20	12	8	24	10	14
义安区	244	140	104	249	135	114	206	103	103
郊区	126	71	55	142	79	63	121	59	62
枞阳县	340	193	147	399	224	175	281	135	146
安庆市	**3198**	**1869**	**1329**	**3415**	**1853**	**1562**	**2718**	**1244**	**1474**
迎江区	44	27	17	35	15	20	23	11	12
大观区	53	27	26	60	36	24	51	22	29
宜秀区	63	43	20	55	27	28	56	30	26
怀宁县	443	261	182	488	270	218	431	191	240
太湖县	377	225	152	469	268	201	359	179	180
宿松县	564	339	225	602	328	274	457	216	241
望江县	457	272	185	514	268	246	390	170	220
岳西县	320	177	143	315	154	161	223	95	128
安徽安庆经济开发区	5	2	3	6	5	1	6	1	5
桐城市	442	257	185	456	252	204	404	180	224
潜山市	430	239	191	415	230	185	318	149	169
黄山市	**711**	**414**	**297**	**1164**	**587**	**577**	**1044**	**420**	**624**
屯溪区	18	10	8	22	15	7	36	16	20
黄山区	111	72	39	174	82	92	134	64	70
徽州区	47	28	19	73	39	34	79	37	42
歙县	241	126	115	426	205	221	409	143	266
休宁县	157	91	66	237	123	114	208	91	117
黟县	47	26	21	81	41	40	72	29	43
祁门县	90	61	29	151	82	69	106	40	66
滁州市	**2257**	**1380**	**877**	**2355**	**1247**	**1108**	**2332**	**1079**	**1253**
琅琊区	20	11	9	23	14	9	25	13	12
南谯区	151	100	51	159	81	78	141	67	74
来安县	302	173	129	321	162	159	324	145	179
全椒县	255	146	109	292	147	145	292	136	156
定远县	500	333	167	577	316	261	533	282	251
凤阳县	376	224	152	308	176	132	350	156	194
苏滁现代产业园									
滁州经济技术开发区	10	8	2	9	9		8	2	6
天长市	326	193	133	324	151	173	354	136	218
明光市	317	192	125	342	191	151	305	142	163

6-1c　续表 20　　单位：人

地　区	75-79岁			80-84岁			85-89岁		
	小计	男	女	小计	男	女	小计	男	女
阜阳市	**5017**	**2937**	**2080**	**5257**	**2731**	**2526**	**4774**	**2155**	**2619**
颍州区	284	161	123	314	168	146	279	105	174
颍东区	306	185	121	302	161	141	314	156	158
颍泉区	312	186	126	338	169	169	318	143	175
临泉县	1159	630	529	1305	656	649	1131	467	664
太和县	747	438	309	823	427	396	779	364	415
阜南县	948	565	383	1049	542	507	838	375	463
颍上县	857	555	302	747	438	309	768	401	367
阜阳合肥现代产业园区	35	21	14	24	10	14	16	7	9
阜阳经济技术开发区	10	6	4	10	5	5	13	5	8
界首市	359	190	169	345	155	190	318	132	186
宿州市	**3406**	**2060**	**1346**	**3566**	**1984**	**1582**	**3741**	**1708**	**2033**
埇桥区	920	575	345	936	524	412	919	401	518
砀山县	384	224	160	440	241	199	476	186	290
萧县	806	506	300	877	477	400	985	451	534
灵璧县	734	432	302	730	411	319	780	384	396
泗县	546	313	233	566	318	248	567	278	289
宿州马鞍山现代产业园区	16	10	6	17	13	4	14	8	6
宿州经济技术开发区									
六安市	**3719**	**2253**	**1466**	**3723**	**2028**	**1695**	**2649**	**1221**	**1428**
金安区	547	346	201	595	346	249	449	211	238
裕安区	645	391	254	640	346	294	458	195	263
叶集区	173	104	69	142	79	63	93	45	48
霍邱县	806	525	281	803	453	350	598	311	287
舒城县	703	412	291	820	442	378	675	292	383
金寨县	654	360	294	508	271	237	220	98	122
霍山县	191	115	76	215	91	124	156	69	87
亳州市	**3078**	**1866**	**1212**	**3177**	**1752**	**1425**	**2745**	**1270**	**1475**
谯城区	779	452	327	741	389	352	632	280	352
涡阳县	867	531	336	876	472	404	762	344	418
蒙城县	613	379	234	683	391	292	607	279	328
利辛县	819	504	315	877	500	377	744	367	377
池州市	**846**	**477**	**369**	**982**	**520**	**462**	**843**	**366**	**477**
贵池区	352	196	156	360	192	168	334	136	198
东至县	233	127	106	292	159	133	234	97	137
石台县	84	52	32	124	66	58	76	31	45
青阳县	168	97	71	188	91	97	188	99	89
池州市国家经济技术开发区									
皖江江南新兴产业集中区									
九华山风景区	9	5	4	18	12	6	11	3	8
宣城市	**1919**	**1202**	**717**	**2316**	**1300**	**1016**	**1870**	**869**	**1001**
宣州区	652	410	242	738	407	331	620	287	333
郎溪县	187	119	68	208	127	81	196	110	86
泾县	272	166	106	404	227	177	259	120	139
绩溪县	86	51	35	107	54	53	105	38	67
旌德县	107	66	41	122	60	62	102	46	56
宣城市经济开发区	19	13	6	28	21	7	22	9	13
宁国市	273	162	111	368	205	163	279	120	159
广德市	323	215	108	341	199	142	287	139	148

6−1c　续表 21　　　　单位：人

地　区	90−94岁			95−99岁			100岁及以上		
	小计	男	女	小计	男	女	小计	男	女
安　徽	**16385**	**5969**	**10416**	**4632**	**1290**	**3342**	**753**	**151**	**602**
合肥市	**1344**	**508**	**836**	**409**	**122**	**287**	**74**	**16**	**58**
瑶海区	1	1							
庐阳区	6	2	4	1		1			
蜀山区	28	10	18	4	2	2			
包河区	8	3	5	3	1	2			
长丰县	213	80	133	72	19	53	17	6	11
肥东县	310	125	185	95	29	66	23	4	19
肥西县	175	68	107	66	20	46	8	2	6
庐江县	273	97	176	77	28	49	8		8
合肥高新技术产业开发区	2	1	1						
合肥经济技术开发区									
合肥新站高新技术产业开发区	13	7	6	6	2	4			
巢湖市	315	114	201	85	21	64	18	4	14
芜湖市	**699**	**240**	**459**	**149**	**35**	**114**	**16**	**5**	**11**
镜湖区	8	4	4	3		3			
弋江区									
鸠江区	110	34	76	22	7	15	2	1	1
三山区	19	10	9	6	1	5			
芜湖县	86	28	58	15	4	11	1	1	
繁昌县	59	20	39	13	3	10			
南陵县	121	44	77	21	6	15	3	2	1
芜湖经济技术开发区									
安徽芜湖长江大桥经济开发区	11	2	9						
无为市	285	98	187	69	14	55	10	1	9
蚌埠市	**979**	**379**	**600**	**333**	**110**	**223**	**44**	**5**	**39**
龙子湖区	16	3	13	6	2	4	2		2
蚌山区	6	3	3	5	2	3			
禹会区	48	17	31	7	2	5			
淮上区	62	28	34	18	4	14	1		1
怀远县	333	144	189	130	48	82	15	2	13
五河县	267	103	164	80	21	59	7	2	5
固镇县	247	81	166	87	31	56	19	1	18
蚌埠市高新技术开发区									
蚌埠市经济开发区									
淮南市	**755**	**299**	**456**	**239**	**76**	**163**	**42**	**8**	**34**
大通区	23	9	14	6	2	4			
田家庵区	18	9	9	6	1	5	2		2
谢家集区	46	19	27	13	4	9			
八公山区	2	1	1	1		1			
潘集区	94	41	53	34	13	21	7	1	6
凤台县	188	78	110	51	14	37	13	4	9
寿县	384	142	242	128	42	86	20	3	17

6-1c 续表 22 单位：人

地 区	90-94岁			95-99岁			100岁及以上		
	小计	男	女	小计	男	女	小计	男	女
马鞍山市	**472**	**136**	**336**	**119**	**25**	**94**	**11**	**3**	**8**
花山区	9	4	5	1		1	1		1
雨山区	8	3	5	2		2			
博望区	44	14	30	11	4	7	2		2
当涂县	96	29	67	23	3	20	1		1
含山县	119	31	88	35	13	22	3	1	2
和县	196	55	141	47	5	42	4	2	2
淮北市	**404**	**142**	**262**	**144**	**46**	**98**	**36**	**7**	**29**
杜集区	39	11	28	17	7	10	7	3	4
相山区	21	8	13	9	4	5			
烈山区	77	26	51	20	5	15	7	1	6
濉溪县	267	97	170	98	30	68	22	3	19
铜陵市	**273**	**93**	**180**	**54**	**25**	**29**	**4**	**1**	**3**
铜官区	4		4	2	1	1			
义安区	88	32	56	15	9	6	1		1
郊区	62	20	42	11	3	8	2	1	1
枞阳县	119	41	78	26	12	14	1		1
安庆市	**1168**	**428**	**740**	**262**	**69**	**193**	**20**	**6**	**14**
迎江区	19	6	13	3	1	2			
大观区	33	11	22	6	2	4	1		1
宜秀区	18	6	12	10	3	7			
怀宁县	200	68	132	42	11	31	5	1	4
太湖县	136	51	85	34	8	26	3	1	2
宿松县	217	88	129	46	13	33			
望江县	207	63	144	52	13	39	5	3	2
岳西县	59	29	30	11	3	8			
安徽安庆经济开发区	2		2						
桐城市	140	46	94	36	11	25	5	1	4
潜山市	137	60	77	22	4	18	1		1
黄山市	**425**	**134**	**291**	**83**	**22**	**61**	**8**	**1**	**7**
屯溪区	14	2	12	3	3		1		1
黄山区	42	16	26	10	3	7	1	1	
徽州区	22	4	18	5	1	4			
歙县	166	52	114	31	8	23	4		4
休宁县	97	31	66	20	5	15			
黟县	38	12	26	9	2	7	2		2
祁门县	46	17	29	5		5			
滁州市	**1258**	**492**	**766**	**354**	**97**	**257**	**49**	**6**	**43**
琅琊区	16	3	13	3	2	1	1	1	
南谯区	71	26	45	22	7	15	1		1
来安县	177	66	111	44	10	34	9		9
全椒县	152	57	95	54	13	41	5		5
定远县	296	116	180	84	23	61	10	1	9
凤阳县	198	83	115	54	19	35	14	1	13
苏滁现代产业园									
滁州经济技术开发区	8	3	5	1	1				
天长市	187	70	117	43	12	31	4	1	3
明光市	153	68	85	49	10	39	5	2	3

6-1c 续表 23 单位：人

地区	90-94岁			95-99岁			100岁及以上		
	小计	男	女	小计	男	女	小计	男	女
阜阳市	**2709**	**965**	**1744**	**723**	**184**	**539**	**146**	**33**	**113**
颍州区	141	44	97	48	14	34	8	3	5
颍东区	172	62	110	57	8	49	14	3	11
颍泉区	161	58	103	45	8	37	8	2	6
临泉县	621	198	423	120	29	91	28	8	20
太和县	482	184	298	144	36	108	35	3	32
阜南县	449	145	304	121	38	83	17	5	12
颍上县	472	200	272	124	31	93	27	5	22
阜阳合肥现代产业园区	8	2	6	3		3	1		1
阜阳经济技术开发区	6	4	2	1		1			
界首市	197	68	129	60	20	40	8	4	4
宿州市	**2065**	**733**	**1332**	**742**	**195**	**547**	**146**	**24**	**122**
埇桥区	535	193	342	170	51	119	26	10	16
砀山县	249	81	168	102	23	79	23	1	22
萧县	578	196	382	247	65	182	52	3	49
灵璧县	389	136	253	130	35	95	33	9	24
泗县	304	122	182	89	21	68	12	1	11
宿州马鞍山现代产业园区	10	5	5	4		4			
宿州经济技术开发区									
六安市	**1098**	**423**	**675**	**308**	**83**	**225**	**54**	**13**	**41**
金安区	206	66	140	63	14	49	8		8
裕安区	182	73	109	61	17	44	8	3	5
叶集区	38	22	16	13	2	11	1	1	
霍邱县	329	132	197	87	24	63	23	5	18
舒城县	218	80	138	42	10	32	3		3
金寨县	93	36	57	34	12	22	8	3	5
霍山县	32	14	18	8	4	4	3	1	2
亳州市	**1591**	**580**	**1011**	**483**	**130**	**353**	**82**	**19**	**63**
谯城区	354	133	221	107	24	83	18	4	14
涡阳县	437	150	287	136	34	102	29	8	21
蒙城县	330	120	210	93	29	64	17	3	14
利辛县	470	177	293	147	43	104	18	4	14
池州市	**334**	**114**	**220**	**60**	**18**	**42**	**6**	**1**	**5**
贵池区	138	43	95	23	11	12	2		2
东至县	80	26	54	23	3	20	2		2
石台县	33	11	22	4	1	3			
青阳县	77	29	48	9	2	7	2	1	1
池州市国家经济技术开发区									
皖江江南新兴产业集中区									
九华山风景区	6	5	1	1	1				
宣城市	**811**	**303**	**508**	**170**	**53**	**117**	**15**	**3**	**12**
宣州区	249	91	158	62	20	42	8	1	7
郎溪县	82	28	54	16	3	13	2		2
泾县	98	38	60	22	6	16	2	1	1
绩溪县	64	20	44	8	2	6	1	1	
旌德县	56	25	31	9	3	6			
宣城市经济开发区	8	3	5	4		4			
宁国市	110	39	71	23	7	16	1		1
广德市	144	59	85	26	12	14	1		1

6-2　各地区分性别、受教育程度的3岁及以上死亡人口
(2019.11.1-2020.10.31)

单位：人

地　　区	3岁及以上死亡人口			未上过学		
	合计	男	女	小计	男	女
安　徽	**360598**	**207004**	**153594**	**119520**	**43934**	**75586**
合肥市	**36143**	**21153**	**14990**	**11327**	**4128**	**7199**
瑶海区	1619	993	626	226	64	162
庐阳区	1974	1152	822	266	65	201
蜀山区	2103	1275	828	384	138	246
包河区	3081	1847	1234	601	186	415
长丰县	3436	2004	1432	1764	778	986
肥东县	4893	2789	2104	1618	464	1154
肥西县	4192	2486	1706	1816	785	1031
庐江县	7736	4525	3211	2249	882	1367
合肥高新技术产业开发区	390	231	159	123	43	80
合肥经济技术开发区	688	423	265	237	97	140
合肥新站高新技术产业开发区	744	425	319	265	87	178
巢湖市	5287	3003	2284	1778	539	1239
芜湖市	**24702**	**14065**	**10637**	**8261**	**3158**	**5103**
镜湖区	3432	2024	1408	453	151	302
弋江区	1231	716	515	457	189	268
鸠江区	3271	1829	1442	1413	509	904
三山区	930	532	398	450	196	254
芜湖县	2073	1196	877	668	259	409
繁昌县	1889	1116	773	456	181	275
南陵县	3811	2195	1616	994	385	609
芜湖经济技术开发区	532	289	243	285	118	167
安徽芜湖长江大桥经济开发区	222	135	87	95	38	57
无为市	7311	4033	3278	2990	1132	1858
蚌埠市	**19113**	**11177**	**7936**	**7026**	**2871**	**4155**
龙子湖区	1401	832	569	211	64	147
蚌山区	798	465	333	114	39	75
禹会区	1519	892	627	398	172	226
淮上区	1274	746	528	548	212	336
怀远县	5970	3529	2441	2557	1110	1447
五河县	3951	2251	1700	1768	723	1045
固镇县	3405	1991	1414	1329	515	814
蚌埠市高新技术开发区	120	67	53	11	4	7
蚌埠市经济开发区	675	404	271	90	32	58
淮南市	**18744**	**11144**	**7600**	**5346**	**2325**	**3021**
大通区	922	513	409	327	133	194
田家庵区	2960	1821	1139	431	169	262
谢家集区	1895	1105	790	557	217	340
八公山区	912	506	406	177	59	118
潘集区	1935	1175	760	768	359	409
凤台县	3572	2114	1458	1434	639	795
寿县	6548	3910	2638	1652	749	903

6－2 续表 1 单位：人

地区	3岁及以上死亡人口			未上过学		
	合计	男	女	小计	男	女
马鞍山市	**13924**	**7875**	**6049**	**5063**	**1864**	**3199**
花山区	2131	1220	911	518	165	353
雨山区	1782	1027	755	457	154	303
博望区	1080	613	467	458	187	271
当涂县	2692	1555	1137	1133	476	657
含山县	2606	1478	1128	884	314	570
和县	3633	1982	1651	1613	568	1045
淮北市	**9898**	**5714**	**4184**	**3990**	**1578**	**2412**
杜集区	1608	976	632	701	313	388
相山区	1645	950	695	490	191	299
烈山区	1389	815	574	470	178	292
濉溪县	5256	2973	2283	2329	896	1433
铜陵市	**10053**	**5846**	**4207**	**4077**	**1525**	**2552**
铜官区	2225	1331	894	505	162	343
义安区	2009	1173	836	701	252	449
郊区	1614	915	699	791	307	484
枞阳县	4205	2427	1778	2080	804	1276
安庆市	**30305**	**17150**	**13155**	**8350**	**2614**	**5736**
迎江区	1156	664	492	157	46	111
大观区	1472	820	652	244	66	178
宜秀区	990	560	430	403	129	274
怀宁县	4144	2335	1809	624	164	460
太湖县	3412	1970	1442	852	290	562
宿松县	4366	2497	1869	885	240	645
望江县	3536	1969	1567	1683	573	1110
岳西县	2282	1274	1008	751	250	501
安徽安庆经济开发区	371	218	153	71	22	49
桐城市	4851	2737	2114	1457	479	978
潜山市	3725	2106	1619	1223	355	868
黄山市	**9231**	**5227**	**4004**	**2751**	**688**	**2063**
屯溪区	989	593	396	182	55	127
黄山区	1147	667	480	446	170	276
徽州区	686	409	277	188	43	145
歙县	3172	1753	1419	884	145	739
休宁县	1587	887	700	493	140	353
黟县	574	321	253	196	56	140
祁门县	1076	597	479	362	79	283
滁州市	**24767**	**13948**	**10819**	**6144**	**1984**	**4160**
琅琊区	1462	819	643	203	64	139
南谯区	1590	909	681	624	222	402
来安县	3023	1676	1347	899	242	657
全椒县	2554	1381	1173	490	125	365
定远县	4689	2729	1960	1266	451	815
凤阳县	3618	2087	1531	802	306	496
苏滁现代产业园	81	49	32	17	6	11
滁州经济技术开发区	171	111	60	36	13	23
天长市	4249	2285	1964	955	264	691
明光市	3330	1902	1428	852	291	561

6-2 续表 2

单位：人

地 区	3岁及以上死亡人口			未上过学		
	合计	男	女	小计	男	女
阜阳市	**46781**	**26491**	**20290**	**18959**	**6878**	**12081**
颍州区	3081	1758	1323	1341	463	878
颍东区	3096	1792	1304	1455	543	912
颍泉区	3284	1890	1394	1207	427	780
临泉县	10114	5467	4647	4060	1384	2676
太和县	8011	4527	3484	2655	818	1837
阜南县	7303	4089	3214	3723	1465	2258
颍上县	7659	4604	3055	2856	1293	1563
阜阳合肥现代产业园区	190	106	84	92	38	54
阜阳经济技术开发区	195	120	75	53	23	30
界首市	3848	2138	1710	1517	424	1093
宿州市	**32878**	**18561**	**14317**	**8649**	**2902**	**5747**
埇桥区	8606	4953	3653	2391	833	1558
砀山县	4907	2666	2241	680	161	519
萧县	7629	4276	3353	2449	801	1648
灵璧县	6226	3566	2660	2033	731	1302
泗县	5176	2896	2280	962	320	642
宿州马鞍山现代产业园区	197	124	73	88	40	48
宿州经济技术开发区	137	80	57	46	16	30
六安市	**29459**	**17157**	**12302**	**7133**	**2806**	**4327**
金安区	4569	2680	1889	1163	451	712
裕安区	4666	2747	1919	1359	538	821
叶集区	1204	723	481	267	113	154
霍邱县	6394	3825	2569	1766	777	989
舒城县	6204	3543	2661	1576	584	992
金寨县	3999	2297	1702	532	186	346
霍山县	2423	1342	1081	470	157	313
亳州市	**27082**	**15542**	**11540**	**12078**	**4746**	**7332**
谯城区	6641	3701	2940	2889	1093	1796
涡阳县	7231	4178	3053	3158	1227	1931
蒙城县	6351	3661	2690	2837	1113	1724
利辛县	6859	4002	2857	3194	1313	1881
池州市	**9166**	**5178**	**3988**	**3985**	**1405**	**2580**
贵池区	3732	2091	1641	1742	581	1161
东至县	2770	1534	1236	1075	344	731
石台县	715	436	279	359	154	205
青阳县	1807	1030	777	749	301	448
池州市国家经济技术开发区	36	21	15	19	9	10
皖江江南新兴产业集中区	17	11	6	10	4	6
九华山风景区	89	55	34	31	12	19
宣城市	**18352**	**10776**	**7576**	**6381**	**2462**	**3919**
宣州区	5312	3081	2231	2204	865	1339
郎溪县	1992	1205	787	796	349	447
泾县	2588	1522	1066	629	248	381
绩溪县	1030	605	425	186	31	155
旌德县	1025	589	436	268	83	185
宣城市经济开发区	295	179	116	115	48	67
宁国市	2789	1622	1167	1038	385	653
广德市	3321	1973	1348	1145	453	692

6-2 续表 3 单位：人

地 区	学前教育			小 学		
	小计	男	女	小计	男	女
安 徽	**2550**	**1194**	**1356**	**162620**	**101963**	**60657**
合肥市	**273**	**141**	**132**	**15442**	**9845**	**5597**
瑶海区	2		2	679	394	285
庐阳区	8	5	3	614	313	301
蜀山区	12	7	5	680	391	289
包河区	8	5	3	1032	614	418
长丰县	9	5	4	1138	806	332
肥东县	76	40	36	2250	1463	787
肥西县	33	20	13	1672	1166	506
庐江县	76	34	42	4177	2598	1579
合肥高新技术产业开发区				140	89	51
合肥经济技术开发区				271	182	89
合肥新站高新技术产业开发区	5	4	1	263	169	94
巢湖市	44	21	23	2526	1660	866
芜湖市	**209**	**99**	**110**	**11710**	**7335**	**4375**
镜湖区	9	4	5	1456	779	677
弋江区	5	2	3	455	286	169
鸠江区	19	11	8	1327	902	425
三山区	6	5	1	355	230	125
芜湖县	45	22	23	1099	705	394
繁昌县	26	13	13	1082	664	418
南陵县	44	18	26	2231	1368	863
芜湖经济技术开发区	5	4	1	165	118	47
安徽芜湖长江大桥经济开发区	2	1	1	92	67	25
无为市	48	19	29	3448	2216	1232
蚌埠市	**102**	**51**	**51**	**7625**	**4863**	**2762**
龙子湖区	16	7	9	593	319	274
蚌山区	3	2	1	334	174	160
禹会区				639	358	281
淮上区	5	3	2	496	350	146
怀远县	24	12	12	2373	1596	777
五河县	36	17	19	1531	1003	528
固镇县	15	9	6	1416	943	473
蚌埠市高新技术开发区				40	18	22
蚌埠市经济开发区	3	1	2	203	102	101
淮南市	**131**	**61**	**70**	**8600**	**5226**	**3374**
大通区	4	3	1	389	228	161
田家庵区	6	3	3	1204	686	518
谢家集区	5	3	2	746	441	305
八公山区	15	4	11	411	224	187
潘集区	9	5	4	738	481	257
凤台县	26	8	18	1327	852	475
寿县	66	35	31	3785	2314	1471

6-2 续表 4

单位：人

地区	学前教育			小学		
	小计	男	女	小计	男	女
马鞍山市	**136**	**78**	**58**	**6165**	**3933**	**2232**
花山区	5	1	4	882	531	351
雨山区	11	9	2	767	460	307
博望区	17	12	5	482	304	178
当涂县	33	20	13	1163	758	405
含山县	42	19	23	1312	837	475
和县	28	17	11	1559	1043	516
淮北市	**53**	**22**	**31**	**3318**	**2167**	**1151**
杜集区	6	2	4	518	360	158
相山区	4	2	2	444	248	196
烈山区	16	6	10	560	367	193
濉溪县	27	12	15	1796	1192	604
铜陵市	**86**	**45**	**41**	**3912**	**2677**	**1235**
铜官区	9	2	7	949	589	360
义安区	42	24	18	914	600	314
郊区	6	3	3	575	403	172
枞阳县	29	16	13	1474	1085	389
安庆市	**260**	**115**	**145**	**15710**	**9631**	**6079**
迎江区	8	4	4	497	257	240
大观区	5	3	2	658	337	321
宜秀区	6	2	4	441	317	124
怀宁县	35	17	18	2608	1451	1157
太湖县	74	37	37	1995	1239	756
宿松县	17	7	10	2424	1396	1028
望江县	17	4	13	1391	1025	366
岳西县	9	4	5	1155	713	442
安徽安庆经济开发区	4		4	167	101	66
桐城市	38	16	22	2496	1562	934
潜山市	47	21	26	1878	1233	645
黄山市	**88**	**29**	**59**	**4288**	**2844**	**1444**
屯溪区	2		2	384	240	144
黄山区	5	4	1	496	339	157
徽州区	3	2	1	315	210	105
歙县	43	11	32	1531	1011	520
休宁县	28	8	20	801	522	279
黟县	4	2	2	240	161	79
祁门县	3	2	1	521	361	160
滁州市	**243**	**91**	**152**	**12201**	**7064**	**5137**
琅琊区	26	10	16	671	334	337
南谯区	14	7	7	627	420	207
来安县	11	4	7	1387	844	543
全椒县	68	20	48	1510	853	657
定远县	30	19	11	2165	1291	874
凤阳县	12	5	7	1780	1010	770
苏滁现代产业园				43	26	17
滁州经济技术开发区	1	1		75	47	28
天长市	69	20	49	2340	1315	1025
明光市	12	5	7	1603	924	679

6-2 续表 5

单位：人

地区	学前教育			小学		
	小计	男	女	小计	男	女
阜阳市	**159**	**83**	**76**	**18814**	**12213**	**6601**
颍州区	9	5	4	1008	708	300
颍东区	5	2	3	1007	721	286
颍泉区	7	3	4	1334	858	476
临泉县	30	13	17	4525	2840	1685
太和县	48	22	26	3726	2347	1379
阜南县	13	7	6	2384	1641	743
颍上县	36	23	13	3296	2083	1213
阜阳合肥现代产业园区				48	30	18
阜阳经济技术开发区	2	1	1	82	49	33
界首市	9	7	2	1404	936	468
宿州市	**199**	**81**	**118**	**15386**	**8841**	**6545**
埇桥区	47	17	30	3764	2258	1506
砀山县	31	9	22	2385	1168	1217
萧县	39	18	21	3342	1998	1344
灵璧县	29	11	18	2777	1686	1091
泗县	51	26	25	2986	1642	1344
宿州马鞍山现代产业园区	2		2	69	49	20
宿州经济技术开发区				63	40	23
六安市	**208**	**87**	**121**	**16948**	**10172**	**6776**
金安区	36	10	26	2583	1604	979
裕安区	39	16	23	2523	1581	942
叶集区	8	4	4	737	449	288
霍邱县	36	23	13	3586	2218	1368
舒城县	32	15	17	3438	2025	1413
金寨县	12	4	8	2652	1490	1162
霍山县	45	15	30	1429	805	624
亳州市	**105**	**55**	**50**	**10012**	**6731**	**3281**
谯城区	16	9	7	2498	1631	867
涡阳县	26	17	9	2804	1906	898
蒙城县	26	13	13	2269	1525	744
利辛县	37	16	21	2441	1669	772
池州市	**69**	**29**	**40**	**3632**	**2534**	**1098**
贵池区	34	15	19	1311	966	345
东至县	12	2	10	1267	843	424
石台县	2	1	1	247	188	59
青阳县	19	9	10	755	500	255
池州市国家经济技术开发区				8	5	3
皖江江南新兴产业集中区				6	6	
九华山风景区	2	2		38	26	12
宣城市	**229**	**127**	**102**	**8857**	**5887**	**2970**
宣州区	66	38	28	2344	1632	712
郎溪县	30	19	11	876	597	279
泾县	32	12	20	1520	947	573
绩溪县	8	4	4	555	340	215
旌德县	38	20	18	559	348	211
宣城市经济开发区	2	1	1	132	99	33
宁国市	25	17	8	1257	851	406
广德市	28	16	12	1614	1073	541

6-2 续表 6

单位：人

地 区	初 中			高 中			大学专科		
	小计	男	女	小计	男	女	小计	男	女
安 徽	**57990**	**45564**	**12426**	**12766**	**10212**	**2554**	**3268**	**2605**	**663**
合肥市	**5932**	**4644**	**1288**	**1911**	**1427**	**484**	**656**	**492**	**164**
瑶海区	471	359	112	166	116	50	47	36	11
庐阳区	504	357	147	364	252	112	112	79	33
蜀山区	468	334	134	267	179	88	118	81	37
包河区	692	502	190	401	284	117	168	122	46
长丰县	425	334	91	74	62	12	18	13	5
肥东县	795	682	113	115	105	10	24	20	4
肥西县	537	406	131	88	70	18	28	25	3
庐江县	1010	822	188	151	128	23	52	43	9
合肥高新技术产业开发区	70	53	17	30	25	5	9	6	3
合肥经济技术开发区	108	87	21	38	31	7	22	18	4
合肥新站高新技术产业开发区	163	128	35	35	29	6	11	7	4
巢湖市	689	580	109	182	146	36	47	42	5
芜湖市	**3287**	**2517**	**770**	**884**	**672**	**212**	**209**	**170**	**39**
镜湖区	949	661	288	408	304	104	84	66	18
弋江区	200	146	54	85	65	20	19	18	1
鸠江区	390	306	84	81	69	12	28	22	6
三山区	97	88	9	12	5	7	7	5	2
芜湖县	208	169	39	35	27	8	10	9	1
繁昌县	250	197	53	57	44	13	13	12	1
南陵县	446	345	101	69	57	12	15	13	2
芜湖经济技术开发区	49	36	13	19	8	11	5	2	3
安徽芜湖长江大桥经济开发区	28	25	3	5	4	1			
无为市	670	544	126	113	89	24	28	23	5
蚌埠市	**3226**	**2493**	**733**	**841**	**667**	**174**	**187**	**149**	**38**
龙子湖区	361	272	89	170	129	41	31	23	8
蚌山区	205	142	63	109	83	26	20	16	4
禹会区	359	266	93	101	78	23	13	12	1
淮上区	195	158	37	22	16	6	5	4	1
怀远县	850	667	183	118	103	15	36	31	5
五河县	502	410	92	89	76	13	22	20	2
固镇县	548	440	108	82	71	11	13	11	2
蚌埠市高新技术开发区	38	23	15	22	15	7	5	3	2
蚌埠市经济开发区	168	115	53	128	96	32	42	29	13
淮南市	**3580**	**2692**	**888**	**789**	**601**	**188**	**201**	**154**	**47**
大通区	158	118	40	27	18	9	10	7	3
田家庵区	839	601	238	344	249	95	85	68	17
谢家集区	470	356	114	88	66	22	22	16	6
八公山区	235	168	67	55	36	19	15	12	3
潘集区	364	280	84	46	42	4	7	5	2
凤台县	622	485	137	118	96	22	35	25	10
寿县	892	684	208	111	94	17	27	21	6

6-2 续表 7

单位：人

地区	初中			高中			大学专科		
	小计	男	女	小计	男	女	小计	男	女
马鞍山市	**1882**	**1474**	**408**	**475**	**370**	**105**	**121**	**96**	**25**
花山区	496	355	141	153	114	39	42	31	11
雨山区	328	243	85	138	100	38	45	34	11
博望区	108	96	12	13	12	1	1	1	
当涂县	304	252	52	47	37	10	7	7	
含山县	292	243	49	60	50	10	12	11	1
和县	354	285	69	64	57	7	14	12	2
淮北市	**1964**	**1498**	**466**	**394**	**303**	**91**	**111**	**90**	**21**
杜集区	309	248	61	61	44	17	9	6	3
相山区	449	315	134	149	104	45	63	49	14
烈山区	291	219	72	40	34	6	8	7	1
濉溪县	915	716	199	144	121	23	31	28	3
铜陵市	**1399**	**1111**	**288**	**406**	**345**	**61**	**110**	**92**	**18**
铜官区	487	352	135	178	148	30	51	41	10
义安区	271	224	47	62	56	6	15	13	2
郊区	181	152	29	44	37	7	15	11	4
枞阳县	460	383	77	122	104	18	29	27	2
安庆市	**4483**	**3533**	**950**	**1048**	**884**	**164**	**301**	**243**	**58**
迎江区	298	208	90	127	96	31	42	31	11
大观区	372	272	100	130	93	37	36	26	10
宜秀区	107	84	23	25	21	4	3	2	1
怀宁县	693	540	153	145	131	14	28	23	5
太湖县	384	307	77	71	63	8	26	25	1
宿松县	827	670	157	155	136	19	46	39	7
望江县	331	271	60	78	67	11	25	19	6
岳西县	273	224	49	66	59	7	17	14	3
安徽安庆经济开发区	82	57	25	31	25	6	10	7	3
桐城市	680	526	154	121	105	16	40	34	6
潜山市	436	374	62	99	88	11	28	23	5
黄山市	**1582**	**1250**	**332**	**345**	**269**	**76**	**129**	**105**	**24**
屯溪区	245	168	77	99	68	31	49	39	10
黄山区	145	107	38	39	33	6	12	10	2
徽州区	146	124	22	22	20	2	10	8	2
歙县	588	480	108	91	74	17	28	25	3
休宁县	206	172	34	44	34	10	12	9	3
黟县	109	81	28	16	13	3	7	6	1
祁门县	143	118	25	34	27	7	11	8	3
滁州市	**4813**	**3710**	**1103**	**1049**	**847**	**202**	**207**	**166**	**41**
琅琊区	373	270	103	125	91	34	36	27	9
南谯区	246	193	53	56	47	9	18	16	2
来安县	573	454	119	127	108	19	16	16	
全椒县	403	320	83	67	54	13	10	5	5
定远县	960	752	208	204	168	36	42	33	9
凤阳县	806	596	210	185	142	43	22	17	5
苏滁现代产业园	19	16	3	2	1	1			
滁州经济技术开发区	35	31	4	16	14	2	4	3	1
天长市	702	540	162	133	106	27	39	32	7
明光市	696	538	158	134	116	18	20	17	3

6-2　续表 8　　　　单位：人

地　　区	初　　中			高　　中			大学专科		
	小计	男	女	小计	男	女	小计	男	女
阜阳市	**7446**	**6129**	**1317**	**1088**	**930**	**158**	**227**	**184**	**43**
颍州区	538	429	109	123	104	19	39	29	10
颍东区	521	433	88	95	84	11	10	8	2
颍泉区	561	455	106	126	105	21	38	32	6
临泉县	1310	1070	240	152	130	22	22	17	5
太和县	1392	1185	207	149	124	25	32	26	6
阜南县	1010	826	184	141	123	18	25	20	5
颍上县	1254	1018	236	170	146	24	34	29	5
阜阳合肥现代产业园区	39	27	12	8	8		3	3	
阜阳经济技术开发区	47	39	8	7	6	1	2	1	1
界首市	774	647	127	117	100	17	22	19	3
宿州市	**6822**	**5257**	**1565**	**1453**	**1175**	**278**	**259**	**214**	**45**
埇桥区	1945	1493	452	335	260	75	83	59	24
砀山县	1310	929	381	436	339	97	47	44	3
萧县	1501	1192	309	233	208	25	49	46	3
灵璧县	1094	881	213	229	206	23	47	38	9
泗县	913	709	204	213	156	57	33	27	6
宿州马鞍山现代产业园区	36	33	3	2	2				
宿州经济技术开发区	23	20	3	5	4	1			
六安市	**4154**	**3252**	**902**	**767**	**640**	**127**	**172**	**139**	**33**
金安区	596	461	135	139	115	24	30	24	6
裕安区	615	502	113	99	86	13	22	17	5
叶集区	172	141	31	17	15	2	3	1	2
霍邱县	880	701	179	99	81	18	20	19	1
舒城县	922	728	194	188	152	36	37	30	7
金寨县	633	468	165	124	111	13	33	26	7
霍山县	336	251	85	101	80	21	27	22	5
亳州市	**4134**	**3380**	**754**	**564**	**473**	**91**	**147**	**123**	**24**
谯城区	1098	862	236	113	86	27	19	14	5
涡阳县	1066	882	184	129	106	23	43	36	7
蒙城县	976	803	173	177	152	25	48	41	7
利辛县	994	833	161	145	129	16	37	32	5
池州市	**1081**	**871**	**210**	**263**	**219**	**44**	**97**	**83**	**14**
贵池区	461	378	83	112	91	21	49	39	10
东至县	320	258	62	65	56	9	23	23	
石台县	78	64	14	22	22		7	7	
青阳县	205	157	48	54	41	13	17	14	3
池州市国家经济技术开发区	5	4	1	3	3		1		1
皖江江南新兴产业集中区	1	1							
九华山风景区	11	9	2	7	6	1			
宣城市	**2205**	**1753**	**452**	**489**	**390**	**99**	**134**	**105**	**29**
宣州区	540	425	115	101	78	23	42	29	13
郎溪县	227	185	42	49	43	6	9	7	2
泾县	313	246	67	67	47	20	18	13	5
绩溪县	216	173	43	46	39	7	12	11	1
旌德县	121	104	17	34	29	5	4	4	
宣城市经济开发区	35	27	8	8	4	4	2		2
宁国市	348	269	79	92	73	19	19	17	2
广德市	405	324	81	92	77	15	28	24	4

6-2 续表 9

单位：人

地区	大学本科			硕士研究生			博士研究生		
	小计	男	女	小计	男	女	小计	男	女
安　徽	**1803**	**1461**	**342**	**69**	**61**	**8**	**12**	**10**	**2**
合肥市	**564**	**439**	**125**	**30**	**29**	**1**	**8**	**8**	
瑶海区	28	24	4						
庐阳区	104	79	25	2	2				
蜀山区	155	126	29	14	14		5	5	
包河区	166	122	44	10	9	1	3	3	
长丰县	8	6	2						
肥东县	12	12		3	3				
肥西县	18	14	4						
庐江县	21	18	3						
合肥高新技术产业开发区	18	15	3						
合肥经济技术开发区	11	7	4	1	1				
合肥新站高新技术产业开发区	2	1	1						
巢湖市	21	15	6						
芜湖市	**135**	**109**	**26**	**6**	**4**	**2**	**1**	**1**	
镜湖区	72	58	14	1	1				
弋江区	10	10							
鸠江区	9	7	2	3	2	1	1	1	
三山区	3	3							
芜湖县	8	5	3						
繁昌县	5	5							
南陵县	11	9	2	1		1			
芜湖经济技术开发区	4	3	1						
安徽芜湖长江大桥经济开发区									
无为市	13	9	4	1	1				
蚌埠市	**102**	**80**	**22**	**4**	**3**	**1**			
龙子湖区	19	18	1						
蚌山区	12	9	3	1		1			
禹会区	8	5	3	1	1				
淮上区	3	3							
怀远县	12	10	2						
五河县	3	2	1						
固镇县	2	2							
蚌埠市高新技术开发区	4	4							
蚌埠市经济开发区	39	27	12	2	2				
淮南市	**93**	**82**	**11**	**4**	**3**	**1**			
大通区	7	6	1						
田家庵区	48	42	6	3	3				
谢家集区	7	6	1						
八公山区	3	3		1		1			
潘集区	3	3							
凤台县	10	9	1						
寿县	15	13	2						

6-2 续表 10 单位：人

地 区	大学本科			硕士研究生			博士研究生		
	小计	男	女	小计	男	女	小计	男	女
马鞍山市	**80**	**58**	**22**	**2**	**2**				
花山区	34	22	12	1	1				
雨山区	36	27	9						
博望区	1	1							
当涂县	5	5							
含山县	3	3		1	1				
和县	1		1						
淮北市	**65**	**53**	**12**	**3**	**3**				
杜集区	4	3	1						
相山区	46	41	5						
烈山区	4	4							
濉溪县	11	5	6	3	3				
铜陵市	**61**	**49**	**12**	**2**	**2**				
铜官区	45	36	9	1	1				
义安区	4	4							
郊区	2	2							
枞阳县	10	7	3	1	1				
安庆市	**150**	**128**	**22**	**2**	**1**	**1**	**1**	**1**	
迎江区	27	22	5						
大观区	26	22	4				1	1	
宜秀区	5	5							
怀宁县	11	9	2						
太湖县	10	9	1						
宿松县	10	8	2	2	1	1			
望江县	11	10	1						
岳西县	11	10	1						
安徽安庆经济开发区	6	6							
桐城市	19	15	4						
潜山市	14	12	2						
黄山市	**48**	**42**	**6**						
屯溪区	28	23	5						
黄山区	4	4							
徽州区	2	2							
歙县	7	7							
休宁县	3	2	1						
黟县	2	2							
祁门县	2	2							
滁州市	**108**	**84**	**24**	**2**	**2**				
琅琊区	28	23	5						
南谯区	5	4	1						
来安县	10	8	2						
全椒县	6	4	2						
定远县	21	14	7	1	1				
凤阳县	11	11							
苏滁现代产业园									
滁州经济技术开发区	4	2	2						
天长市	10	7	3	1	1				
明光市	13	11	2						

6-2 续表 11

单位：人

地区	大学本科			硕士研究生			博士研究生		
	小计	男	女	小计	男	女	小计	男	女
阜阳市	**83**	**71**	**12**	**4**	**3**	**1**	**1**		**1**
颍州区	23	20	3						
颍东区	3	1	2						
颍泉区	9	9		2	1	1			
临泉县	14	12	2	1	1				
太和县	9	5	4						
阜南县	7	7							
颍上县	13	12	1						
阜阳合肥现代产业园区									
阜阳经济技术开发区	1	1					1		1
界首市	4	4		1	1				
宿州市	**106**	**89**	**17**	**3**	**2**	**1**	**1**		**1**
埇桥区	39	32	7	2	1	1			
砀山县	18	16	2						
萧县	14	12	2	1	1		1		1
灵璧县	17	13	4						
泗县	18	16	2						
宿州马鞍山现代产业园区									
宿州经济技术开发区									
六安市	**71**	**55**	**16**	**6**	**6**				
金安区	21	14	7	1	1				
裕安区	8	6	2	1	1				
叶集区									
霍邱县	6	5	1	1	1				
舒城县	10	8	2	1	1				
金寨县	13	12	1						
霍山县	13	10	3	2	2				
亳州市	**42**	**34**	**8**						
谯城区	8	6	2						
涡阳县	5	4	1						
蒙城县	18	14	4						
利辛县	11	10	1						
池州市	**38**	**36**	**2**	**1**	**1**				
贵池区	23	21	2						
东至县	7	7		1	1				
石台县									
青阳县	8	8							
池州市国家经济技术开发区									
皖江江南新兴产业集中区									
九华山风景区									
宣城市	**57**	**52**	**5**						
宣州区	15	14	1						
郎溪县	5	5							
泾县	9	9							
绩溪县	7	7							
旌德县	1	1							
宣城市经济开发区	1		1						
宁国市	10	10							
广德市	9	6	3						

6-2a　各地区分性别、受教育程度的3岁及以上死亡人口 (2019.11.1-2020.10.31)(城市)

单位：人

地　区	3岁及以上死亡人口			未上过学		
	合计	男	女	小计	男	女
安　徽	**54864**	**32222**	**22642**	**11743**	**3997**	**7746**
合肥市	**9482**	**5699**	**3783**	**1567**	**486**	**1081**
瑶海区	1587	974	613	218	63	155
庐阳区	1853	1078	775	238	53	185
蜀山区	1726	1054	672	213	74	139
包河区	2993	1799	1194	563	179	384
长丰县	9	6	3	4	2	2
肥东县						
肥西县	97	61	36	42	21	21
庐江县						
合肥高新技术产业开发区						
合肥经济技术开发区						
合肥新站高新技术产业开发区	97	62	35	23	9	14
巢湖市	1120	665	455	266	85	181
芜湖市	**7094**	**4112**	**2982**	**1754**	**646**	**1108**
镜湖区	3248	1913	1335	333	94	239
弋江区	1231	716	515	457	189	268
鸠江区	1141	661	480	402	143	259
三山区	431	244	187	206	84	122
芜湖县	72	39	33	16	5	11
繁昌县						
南陵县						
芜湖经济技术开发区	73	33	40	41	15	26
安徽芜湖长江大桥经济开发区						
无为市	898	506	392	299	116	183
蚌埠市	**3254**	**1951**	**1303**	**479**	**154**	**325**
龙子湖区	1125	677	448	120	31	89
蚌山区	694	409	285	70	17	53
禹会区	939	564	375	100	32	68
淮上区	496	301	195	189	74	115
怀远县						
五河县						
固镇县						
蚌埠市高新技术开发区						
蚌埠市经济开发区						
淮南市	**5359**	**3181**	**2178**	**916**	**337**	**579**
大通区	168	85	83	36	8	28
田家庵区	2671	1636	1035	318	116	202
谢家集区	1439	841	598	337	121	216
八公山区	855	477	378	152	51	101
潘集区	226	142	84	73	41	32
凤台县						
寿县						

6－2a 续表 1 单位：人

地区	3岁及以上死亡人口			未上过学		
	合计	男	女	小计	男	女
马鞍山市	**4084**	**2357**	**1727**	**1030**	**351**	**679**
花山区	2057	1185	872	481	156	325
雨山区	1636	943	693	373	121	252
博望区	391	229	162	176	74	102
当涂县						
含山县						
和县						
淮北市	**3421**	**2014**	**1407**	**1123**	**451**	**672**
杜集区	832	501	331	322	142	180
相山区	1391	807	584	337	125	212
烈山区	596	350	246	187	66	121
濉溪县	602	356	246	277	118	159
铜陵市	**2828**	**1679**	**1149**	**693**	**217**	**476**
铜官区	2076	1240	836	442	134	308
义安区	438	256	182	115	36	79
郊区	314	183	131	136	47	89
枞阳县						
安庆市	**4555**	**2568**	**1987**	**903**	**274**	**629**
迎江区	955	547	408	88	24	64
大观区	960	526	434	71	14	57
宜秀区	373	213	160	148	52	96
怀宁县						
太湖县						
宿松县						
望江县	323	178	145	98	36	62
岳西县						
安徽安庆经济开发区						
桐城市	1335	757	578	326	107	219
潜山市	609	347	262	172	41	131
黄山市	**1167**	**716**	**451**	**178**	**50**	**128**
屯溪区	780	474	306	102	24	78
黄山区	190	122	68	44	20	24
徽州区	167	108	59	24	5	19
歙县	11	5	6	2		2
休宁县	19	7	12	6	1	5
黟县						
祁门县						
滁州市	**3106**	**1760**	**1346**	**499**	**155**	**344**
琅琊区	1309	730	579	161	48	113
南谯区	429	244	185	138	41	97
来安县						
全椒县						
定远县						
凤阳县						
苏滁现代产业园						
滁州经济技术开发区						
天长市	692	390	302	94	32	62
明光市	676	396	280	106	34	72

6−2a 续表 2 单位：人

地区	3岁及以上死亡人口			未上过学		
	合计	男	女	小计	男	女
阜阳市	**2748**	**1643**	**1105**	**798**	**268**	**530**
颍州区	812	492	320	230	83	147
颍东区	579	343	236	220	78	142
颍泉区	643	387	256	139	60	79
临泉县						
太和县						
阜南县						
颍上县						
阜阳合肥现代产业园区						
阜阳经济技术开发区						
界首市	714	421	293	209	47	162
宿州市	**1858**	**1097**	**761**	**236**	**69**	**167**
埇桥区	1813	1076	737	219	63	156
砀山县						
萧县	45	21	24	17	6	11
灵璧县						
泗县						
宿州马鞍山现代产业园区						
宿州经济技术开发区						
六安市	**1340**	**845**	**495**	**213**	**87**	**126**
金安区	664	427	237	84	29	55
裕安区	395	249	146	69	30	39
叶集区	240	141	99	44	17	27
霍邱县	14	9	5	1		1
舒城县	27	19	8	15	11	4
金寨县						
霍山县						
亳州市	**1146**	**622**	**524**	**335**	**108**	**227**
谯城区	1127	608	519	327	105	222
涡阳县						
蒙城县						
利辛县	19	14	5	8	3	5
池州市	**1163**	**651**	**512**	**425**	**131**	**294**
贵池区	1110	619	491	396	118	278
东至县						
石台县						
青阳县						
池州市国家经济技术开发区	36	21	15	19	9	10
皖江江南新兴产业集中区	17	11	6	10	4	6
九华山风景区						
宣城市	**2259**	**1327**	**932**	**594**	**213**	**381**
宣州区	789	447	342	146	36	110
郎溪县						
泾县						
绩溪县						
旌德县						
宣城市经济开发区						
宁国市	621	377	244	157	66	91
广德市	849	503	346	291	111	180

6－2a 续表 3

单位：人

地 区	学前教育			小 学		
	小计	男	女	小计	男	女
安 徽	**298**	**139**	**159**	**21969**	**12695**	**9274**
合肥市	**29**	**16**	**13**	**3265**	**1826**	**1439**
瑶海区	2		2	668	388	280
庐阳区	5	4	1	569	289	280
蜀山区	5	2	3	531	279	252
包河区	8	5	3	993	581	412
长丰县				5	4	1
肥东县						
肥西县	1		1	32	24	8
庐江县						
合肥高新技术产业开发区						
合肥经济技术开发区						
合肥新站高新技术产业开发区				38	23	15
巢湖市	8	5	3	429	238	191
芜湖市	**27**	**13**	**14**	**2928**	**1693**	**1235**
镜湖区	9	4	5	1405	735	670
弋江区	5	2	3	455	286	169
鸠江区	6	5	1	443	283	160
三山区				164	113	51
芜湖县	1		1	49	28	21
繁昌县						
南陵县						
芜湖经济技术开发区	2	1	1	26	14	12
安徽芜湖长江大桥经济开发区						
无为市	4	1	3	386	234	152
蚌埠市	**8**	**3**	**5**	**1401**	**770**	**631**
龙子湖区	3		3	465	238	227
蚌山区	3	2	1	286	149	137
禹会区				458	249	209
淮上区	2	1	1	192	134	58
怀远县						
五河县						
固镇县						
蚌埠市高新技术开发区						
蚌埠市经济开发区						
淮南市	**28**	**9**	**19**	**2209**	**1226**	**983**
大通区	1		1	78	36	42
田家庵区	5	2	3	1079	597	482
谢家集区	3	2	1	579	329	250
八公山区	15	4	11	391	213	178
潘集区	4	1	3	82	51	31
凤台县						
寿县						

6-2a　续表 4　　　　　　　　　　　　　　　　　　　　　　　　　　　　　　单位：人

地　区	学前教育			小　学		
	小计	男	女	小计	男	女
马鞍山市	**17**	**10**	**7**	**1731**	**1042**	**689**
花山区	5	1	4	855	513	342
雨山区	9	7	2	721	423	298
博望区	3	2	1	155	106	49
当涂县						
含山县						
和县						
淮北市	**17**	**9**	**8**	**1115**	**698**	**417**
杜集区	2	1	1	301	197	104
相山区	3	2	1	385	205	180
烈山区	10	4	6	239	160	79
濉溪县	2	2		190	136	54
铜陵市	**20**	**9**	**11**	**1178**	**728**	**450**
铜官区	9	2	7	890	545	345
义安区	10	6	4	182	108	74
郊区	1	1		106	75	31
枞阳县						
安庆市	**29**	**14**	**15**	**1985**	**1075**	**910**
迎江区	7	4	3	385	178	207
大观区	1	1		402	162	240
宜秀区	2	1	1	160	116	44
怀宁县						
太湖县						
宿松县						
望江县				119	62	57
岳西县						
安徽安庆经济开发区						
桐城市	10	4	6	646	381	265
潜山市	9	4	5	273	176	97
黄山市	**2**	**1**	**1**	**457**	**283**	**174**
屯溪区				300	184	116
黄山区	2	1	1	76	53	23
徽州区				65	36	29
歙县				7	5	2
休宁县				9	5	4
黟县						
祁门县						
滁州市	**32**	**11**	**21**	**1431**	**743**	**688**
琅琊区	19	8	11	596	286	310
南谯区	2		2	153	94	59
来安县						
全椒县						
定远县						
凤阳县						
苏滁现代产业园						
滁州经济技术开发区						
天长市	8	2	6	364	195	169
明光市	3	1	2	318	168	150

6-2a　续表 5　　　　单位：人

地区	学前教育			小学		
	小计	男	女	小计	男	女
阜阳市	**4**	**1**	**3**	**950**	**617**	**333**
颍州区	1		1	252	167	85
颍东区				199	135	64
颍泉区	3	1	2	256	149	107
临泉县						
太和县						
阜南县						
颍上县						
阜阳合肥现代产业园区						
阜阳经济技术开发区						
界首市				243	166	77
宿州市	**22**	**8**	**14**	**748**	**405**	**343**
埇桥区	22	8	14	727	395	332
砀山县						
萧县				21	10	11
灵璧县						
泗县						
宿州马鞍山现代产业园区						
宿州经济技术开发区						
六安市	**11**	**4**	**7**	**663**	**408**	**255**
金安区	9	3	6	321	208	113
裕安区	1	1		182	108	74
叶集区	1		1	145	82	63
霍邱县				9	6	3
舒城县				6	4	2
金寨县						
霍山县						
亳州市	**7**	**6**	**1**	**493**	**286**	**207**
谯城区	6	5	1	490	283	207
涡阳县						
蒙城县						
利辛县	1	1		3	3	
池州市	**13**	**3**	**10**	**404**	**270**	**134**
贵池区	13	3	10	390	259	131
东至县						
石台县						
青阳县						
池州市国家经济技术开发区				8	5	3
皖江江南新兴产业集中区				6	6	
九华山风景区						
宣城市	**32**	**22**	**10**	**1011**	**625**	**386**
宣州区	16	11	5	366	210	156
郎溪县						
泾县						
绩溪县						
旌德县						
宣城市经济开发区						
宁国市	8	8		271	169	102
广德市	8	3	5	374	246	128

6-2a 续表 6 单位：人

地 区	初 中			高 中			大学专科		
	小计	男	女	小计	男	女	小计	男	女
安 徽	**13106**	**9557**	**3549**	**5013**	**3705**	**1308**	**1567**	**1184**	**383**
合肥市	**2360**	**1734**	**626**	**1289**	**902**	**387**	**474**	**343**	**131**
瑶海区	463	351	112	162	113	49	46	35	11
庐阳区	483	338	145	349	240	109	108	76	32
蜀山区	426	299	127	261	176	85	116	79	37
包河区	685	497	188	398	282	116	168	122	46
长丰县									
肥东县									
肥西县	17	11	6	1	1		3	3	
庐江县									
合肥高新技术产业开发区									
合肥经济技术开发区									
合肥新站高新技术产业开发区	26	22	4	8	7	1	2	1	1
巢湖市	260	216	44	110	83	27	31	27	4
芜湖市	**1545**	**1119**	**426**	**590**	**441**	**149**	**147**	**116**	**31**
镜湖区	936	651	285	408	304	104	84	66	18
弋江区	200	146	54	85	65	20	19	18	1
鸠江区	209	165	44	47	38	9	22	17	5
三山区	45	38	7	8	3	5	6	4	2
芜湖县	5	5		1	1				
繁昌县									
南陵县									
芜湖经济技术开发区	2	2		2	1	1			
安徽芜湖长江大桥经济开发区									
无为市	148	112	36	39	29	10	16	11	5
蚌埠市	**884**	**654**	**230**	**375**	**285**	**90**	**63**	**49**	**14**
龙子湖区	319	240	79	168	127	41	31	23	8
蚌山区	194	134	60	108	82	26	20	16	4
禹会区	273	200	73	88	67	21	11	10	1
淮上区	98	80	18	11	9	2	1		1
怀远县									
五河县									
固镇县									
蚌埠市高新技术开发区									
蚌埠市经济开发区									
淮南市	**1524**	**1102**	**422**	**494**	**353**	**141**	**122**	**96**	**26**
大通区	36	28	8	11	7	4	2	2	
田家庵区	797	567	230	337	242	95	85	68	17
谢家集区	410	308	102	83	61	22	20	14	6
八公山区	224	158	66	54	36	18	15	12	3
潘集区	57	41	16	9	7	2			
凤台县									
寿县									

6-2a 续表 7

单位：人

地区	初中			高中			大学专科		
	小计	男	女	小计	男	女	小计	男	女
马鞍山市	**854**	**622**	**232**	**294**	**217**	**77**	**87**	**65**	**22**
花山区	487	348	139	152	113	39	42	31	11
雨山区	318	235	83	135	97	38	45	34	11
博望区	49	39	10	7	7				
当涂县									
含山县									
和县									
淮北市	**825**	**599**	**226**	**211**	**152**	**59**	**75**	**58**	**17**
杜集区	166	131	35	31	22	9	6	5	1
相山区	414	284	130	144	102	42	62	48	14
烈山区	133	98	35	22	18	4	4	3	1
濉溪县	112	86	26	14	10	4	3	2	1
铜陵市	**598**	**441**	**157**	**227**	**194**	**33**	**64**	**51**	**13**
铜官区	465	336	129	174	146	28	50	40	10
义安区	87	67	20	32	29	3	10	8	2
郊区	46	38	8	21	19	2	4	3	1
枞阳县									
安庆市	**1040**	**746**	**294**	**399**	**305**	**94**	**121**	**89**	**32**
迎江区	282	193	89	125	95	30	41	31	10
大观区	304	217	87	122	86	36	34	24	10
宜秀区	43	28	15	16	12	4	1	1	
怀宁县									
太湖县									
宿松县									
望江县	69	53	16	25	20	5	8	4	4
岳西县									
安徽安庆经济开发区									
桐城市	252	182	70	66	55	11	23	18	5
潜山市	90	73	17	45	37	8	14	11	3
黄山市	**326**	**229**	**97**	**115**	**81**	**34**	**59**	**46**	**13**
屯溪区	216	147	69	92	63	29	44	34	10
黄山区	45	30	15	13	10	3	8	6	2
徽州区	60	51	9	9	8	1	7	6	1
歙县	2		2						
休宁县	3	1	2	1		1			
黟县									
祁门县									
滁州市	**762**	**550**	**212**	**254**	**197**	**57**	**80**	**65**	**15**
琅琊区	346	247	99	124	91	33	35	27	8
南谯区	90	68	22	28	25	3	14	13	1
来安县									
全椒县									
定远县									
凤阳县									
苏滁现代产业园									
滁州经济技术开发区									
天长市	141	98	43	53	38	15	24	19	5
明光市	185	137	48	49	43	6	7	6	1

6-2a　续表 8　　　　单位：人

地　区	初　中			高　中			大学专科		
	小计	男	女	小计	男	女	小计	男	女
阜阳市	**671**	**505**	**166**	**219**	**168**	**51**	**72**	**54**	**18**
颍州区	198	141	57	80	62	18	31	21	10
颍东区	126	104	22	28	22	6	4	3	1
颍泉区	157	110	47	58	42	16	23	19	4
临泉县									
太和县									
阜南县									
颍上县									
阜阳合肥现代产业园区									
阜阳经济技术开发区									
界首市	190	150	40	53	42	11	14	11	3
宿州市	**544**	**383**	**161**	**203**	**152**	**51**	**72**	**51**	**21**
埇桥区	541	381	160	199	149	50	72	51	21
砀山县									
萧县	3	2	1	4	3	1			
灵璧县									
泗县									
宿州马鞍山现代产业园区									
宿州经济技术开发区									
六安市	**304**	**227**	**77**	**97**	**81**	**16**	**31**	**24**	**7**
金安区	150	104	46	67	58	9	18	15	3
裕安区	99	77	22	25	20	5	13	9	4
叶集区	47	40	7	3	2	1			
霍邱县	4	3	1						
舒城县	4	3	1	2	1	1			
金寨县									
霍山县									
亳州市	**256**	**187**	**69**	**41**	**26**	**15**	**10**	**6**	**4**
谯城区	251	182	69	39	24	15	10	6	4
涡阳县									
蒙城县									
利辛县	5	5		2	2				
池州市	**200**	**152**	**48**	**71**	**55**	**16**	**36**	**27**	**9**
贵池区	194	147	47	68	52	16	35	27	8
东至县									
石台县									
青阳县									
池州市国家经济技术开发区	5	4	1	3	3		1		1
皖江江南新兴产业集中区	1	1							
九华山风景区									
宣城市	**413**	**307**	**106**	**134**	**96**	**38**	**54**	**44**	**10**
宣州区	170	124	46	52	36	16	28	20	8
郎溪县									
泾县									
绩溪县									
旌德县									
宣城市经济开发区									
宁国市	118	83	35	48	34	14	11	9	2
广德市	125	100	25	34	26	8	15	15	

6-2a 续表 9

单位：人

地 区	大学本科			硕士研究生			博士研究生		
	小计	男	女	小计	男	女	小计	男	女
安 徽	**1117**	**898**	**219**	**42**	**38**	**4**	**9**	**9**	
合肥市	**464**	**359**	**105**	**26**	**25**	**1**	**8**	**8**	
瑶海区	28	24	4						
庐阳区	99	76	23	2	2				
蜀山区	155	126	29	14	14		5	5	
包河区	165	121	44	10	9	1	3	3	
长丰县									
肥东县									
肥西县	1	1							
庐江县									
合肥高新技术产业开发区									
合肥经济技术开发区									
合肥新站高新技术产业开发区									
巢湖市	16	11	5						
芜湖市	**99**	**80**	**19**	**3**	**3**		**1**	**1**	
镜湖区	72	58	14	1	1				
弋江区	10	10							
鸠江区	9	7	2	2	2		1	1	
三山区	2	2							
芜湖县									
繁昌县									
南陵县									
芜湖经济技术开发区									
安徽芜湖长江大桥经济开发区									
无为市	6	3	3						
蚌埠市	**42**	**35**	**7**	**2**	**1**	**1**			
龙子湖区	19	18	1						
蚌山区	12	9	3	1		1			
禹会区	8	5	3	1	1				
淮上区	3	3							
怀远县									
五河县									
固镇县									
蚌埠市高新技术开发区									
蚌埠市经济开发区									
淮南市	**62**	**55**	**7**	**4**	**3**	**1**			
大通区	4	4							
田家庵区	47	41	6	3	3				
谢家集区	7	6	1						
八公山区	3	3		1		1			
潘集区	1	1							
凤台县									
寿县									

6-2a　续表 10　　　　单位：人

地　区	大学本科			硕士研究生			博士研究生		
	小计	男	女	小计	男	女	小计	男	女
马鞍山市	**70**	**49**	**21**	**1**	**1**				
花山区	34	22	12	1	1				
雨山区	35	26	9						
博望区	1	1							
当涂县									
含山县									
和县									
淮北市	**55**	**47**	**8**						
杜集区	4	3	1						
相山区	46	41	5						
烈山区	1	1							
濉溪县	4	2	2						
铜陵市	**47**	**38**	**9**	**1**	**1**				
铜官区	45	36	9	1	1				
义安区	2	2							
郊区									
枞阳县									
安庆市	**78**	**65**	**13**						
迎江区	27	22	5						
大观区	26	22	4						
宜秀区	3	3							
怀宁县									
太湖县									
宿松县									
望江县	4	3	1						
岳西县									
安徽安庆经济开发区									
桐城市	12	10	2						
潜山市	6	5	1						
黄山市	**30**	**26**	**4**						
屯溪区	26	22	4						
黄山区	2	2							
徽州区	2	2							
歙县									
休宁县									
黟县									
祁门县									
滁州市	**47**	**38**	**9**	**1**	**1**				
琅琊区	28	23	5						
南谯区	4	3	1						
来安县									
全椒县									
定远县									
凤阳县									
苏滁现代产业园									
滁州经济技术开发区									
天长市	7	5	2	1	1				
明光市	8	7	1						

6-2a 续表 11

单位：人

地区	大学本科			硕士研究生			博士研究生		
	小计	男	女	小计	男	女	小计	男	女
阜阳市	**32**	**29**	**3**	**2**	**1**	**1**			
颍州区	20	18	2						
颍东区	2	1	1						
颍泉区	6	6		1		1			
临泉县									
太和县									
阜南县									
颍上县									
阜阳合肥现代产业园区									
阜阳经济技术开发区									
界首市	4	4		1	1				
宿州市	**33**	**29**	**4**						
埇桥区	33	29	4						
砀山县									
萧县									
灵璧县									
泗县									
宿州马鞍山现代产业园区									
宿州经济技术开发区									
六安市	**19**	**12**	**7**	**2**	**2**				
金安区	14	9	5	1	1				
裕安区	5	3	2	1	1				
叶集区									
霍邱县									
舒城县									
金寨县									
霍山县									
亳州市	**4**	**3**	**1**						
谯城区	4	3	1						
涡阳县									
蒙城县									
利辛县									
池州市	**14**	**13**	**1**						
贵池区	14	13	1						
东至县									
石台县									
青阳县									
池州市国家经济技术开发区									
皖江江南新兴产业集中区									
九华山风景区									
宣城市	**21**	**20**	**1**						
宣州区	11	10	1						
郎溪县									
泾县									
绩溪县									
旌德县									
宣城市经济开发区									
宁国市	8	8							
广德市	2	2							

6-2b 各地区分性别、受教育程度的3岁及以上死亡人口 (2019.11.1-2020.10.31)(镇)

单位：人

地区	3岁及以上死亡人口			未上过学		
	合计	男	女	小计	男	女
安徽	**85831**	**49737**	**36094**	**25052**	**9124**	**15928**
合肥市	**9700**	**5697**	**4003**	**3050**	**1106**	**1944**
瑶海区	9	4	5	1		1
庐阳区	60	40	20	3	1	2
蜀山区	164	100	64	63	20	43
包河区						
长丰县	1153	669	484	511	212	299
肥东县	1641	941	700	460	118	342
肥西县	1443	850	593	529	216	313
庐江县	2729	1627	1102	703	277	426
合肥高新技术产业开发区	385	227	158	119	40	79
合肥经济技术开发区	688	423	265	237	97	140
合肥新站高新技术产业开发区	517	296	221	168	53	115
巢湖市	911	520	391	256	72	184
芜湖市	**6308**	**3607**	**2701**	**2007**	**784**	**1223**
镜湖区	4	4		2	2	
弋江区						
鸠江区	642	339	303	259	86	173
三山区	11	8	3	2	2	
芜湖县	755	443	312	224	83	141
繁昌县	741	440	301	107	45	62
南陵县	1635	978	657	320	135	185
芜湖经济技术开发区	459	256	203	244	103	141
安徽芜湖长江大桥经济开发区	57	36	21	33	15	18
无为市	2004	1103	901	816	313	503
蚌埠市	**4334**	**2568**	**1766**	**1229**	**494**	**735**
龙子湖区	34	18	16	11	2	9
蚌山区						
禹会区	42	18	24	16	8	8
淮上区	108	56	52	48	15	33
怀远县	1649	1006	643	555	243	312
五河县	1245	722	523	407	167	240
固镇县	461	277	184	91	23	68
蚌埠市高新技术开发区	120	67	53	11	4	7
蚌埠市经济开发区	675	404	271	90	32	58
淮南市	**3958**	**2350**	**1608**	**1022**	**428**	**594**
大通区	455	250	205	121	45	76
田家庵区	74	46	28	31	15	16
谢家集区	33	23	10	10	4	6
八公山区	1	1				
潘集区	440	245	195	156	61	95
凤台县	910	554	356	267	106	161
寿县	2045	1231	814	437	197	240

6-2b 续表 1 单位：人

地 区	3岁及以上死亡人口			未上过学		
	合计	男	女	小计	男	女
马鞍山市	**3674**	**2138**	**1536**	**1344**	**534**	**810**
花山区						
雨山区						
博望区	88	53	35	37	16	21
当涂县	1505	894	611	626	264	362
含山县	991	580	411	279	103	176
和县	1090	611	479	402	151	251
淮北市	**2316**	**1385**	**931**	**890**	**377**	**513**
杜集区	384	249	135	184	94	90
相山区						
烈山区	179	120	59	29	12	17
濉溪县	1753	1016	737	677	271	406
铜陵市	**2768**	**1569**	**1199**	**1236**	**445**	**791**
铜官区	12	9	3	3		3
义安区	224	130	94	74	25	49
郊区	488	281	207	204	78	126
枞阳县	2044	1149	895	955	342	613
安庆市	**6731**	**3811**	**2920**	**1660**	**499**	**1161**
迎江区						
大观区	136	81	55	46	16	30
宜秀区	283	159	124	120	35	85
怀宁县	1410	784	626	224	64	160
太湖县	1027	580	447	243	69	174
宿松县	1029	579	450	184	50	134
望江县	414	250	164	149	53	96
岳西县	427	242	185	115	40	75
安徽安庆经济开发区	343	203	140	63	20	43
桐城市	936	521	415	296	84	212
潜山市	726	412	314	220	68	152
黄山市	**2061**	**1169**	**892**	**533**	**136**	**397**
屯溪区	47	30	17	20	11	9
黄山区	228	143	85	76	35	41
徽州区	107	62	45	30	9	21
歙县	778	435	343	182	31	151
休宁县	382	214	168	88	24	64
黟县	160	96	64	34	9	25
祁门县	359	189	170	103	17	86
滁州市	**7500**	**4281**	**3219**	**1573**	**480**	**1093**
琅琊区						
南谯区	253	146	107	79	29	50
来安县	1013	567	446	234	58	176
全椒县	938	520	418	133	30	103
定远县	1474	887	587	291	93	198
凤阳县	1443	857	586	265	109	156
苏滁现代产业园	81	49	32	17	6	11
滁州经济技术开发区	115	73	42	29	9	20
天长市	1526	813	713	354	90	264
明光市	657	369	288	171	56	115

6-2b　续表 2　　　　单位：人

地　　区	3岁及以上死亡人口			未上过学		
	合计	男	女	小计	男	女
阜阳市	**9775**	**5682**	**4093**	**3364**	**1243**	**2121**
颍州区	287	189	98	109	46	63
颍东区	464	285	179	192	80	112
颍泉区	492	291	201	193	64	129
临泉县	1932	1064	868	631	215	416
太和县	2560	1462	1098	771	239	532
阜南县	1231	689	542	557	203	354
颍上县	2039	1268	771	637	298	339
阜阳合肥现代产业园区	39	24	15	15	5	10
阜阳经济技术开发区	114	71	43	32	15	17
界首市	617	339	278	227	78	149
宿州市	**8068**	**4651**	**3417**	**1671**	**543**	**1128**
埇桥区	939	561	378	182	62	120
砀山县	2115	1175	940	257	61	196
萧县	1691	979	712	464	150	314
灵璧县	1324	785	539	399	139	260
泗县	1771	1014	757	287	99	188
宿州马鞍山现代产业园区	91	57	34	36	16	20
宿州经济技术开发区	137	80	57	46	16	30
六安市	**6610**	**3809**	**2801**	**1254**	**478**	**776**
金安区	615	370	245	153	61	92
裕安区	488	290	198	104	47	57
叶集区	101	59	42	26	7	19
霍邱县	1567	940	627	320	143	177
舒城县	1771	1002	769	368	125	243
金寨县	819	462	357	74	27	47
霍山县	1249	686	563	209	68	141
亳州市	**5475**	**3180**	**2295**	**2032**	**765**	**1267**
谯城区	536	325	211	215	84	131
涡阳县	1531	881	650	512	195	317
蒙城县	2064	1194	870	755	267	488
利辛县	1344	780	564	550	219	331
池州市	**2485**	**1412**	**1073**	**997**	**357**	**640**
贵池区	490	288	202	247	90	157
东至县	1158	634	524	440	133	307
石台县	161	107	54	58	26	32
青阳县	662	375	287	247	106	141
池州市国家经济技术开发区						
皖江江南新兴产业集中区						
九华山风景区	14	8	6	5	2	3
宣城市	**4068**	**2428**	**1640**	**1190**	**455**	**735**
宣州区	718	431	287	256	105	151
郎溪县	850	506	344	303	119	184
泾县	794	473	321	178	76	102
绩溪县	418	266	152	63	14	49
旌德县	373	220	153	67	20	47
宣城市经济开发区	154	88	66	60	26	34
宁国市	259	143	116	109	31	78
广德市	502	301	201	154	64	90

6-2b 续表 3 单位：人

地区	学前教育			小学		
	小计	男	女	小计	男	女
安 徽	**593**	**274**	**319**	**39535**	**24087**	**15448**
合肥市	**48**	**18**	**30**	**4402**	**2812**	**1590**
瑶海区				5	2	3
庐阳区				21	9	12
蜀山区	1	1		73	58	15
包河区						
长丰县	2	1	1	392	264	128
肥东县	7	3	4	769	477	292
肥西县	9	4	5	590	386	204
庐江县	22	7	15	1437	887	550
合肥高新技术产业开发区				139	88	51
合肥经济技术开发区				271	182	89
合肥新站高新技术产业开发区	3	2	1	192	123	69
巢湖市	4		4	513	336	177
芜湖市	**57**	**25**	**32**	**3290**	**2043**	**1247**
镜湖区				1	1	
弋江区						
鸠江区	5	1	4	305	196	109
三山区				4	1	3
芜湖县	10	6	4	395	253	142
繁昌县	6	3	3	448	252	196
南陵县	14	6	8	1014	610	404
芜湖经济技术开发区	3	3		139	104	35
安徽芜湖长江大桥经济开发区				16	14	2
无为市	19	6	13	968	612	356
蚌埠市	**16**	**7**	**9**	**1771**	**1077**	**694**
龙子湖区				19	13	6
蚌山区						
禹会区				16	5	11
淮上区				34	23	11
怀远县	8	3	5	679	434	245
五河县	5	3	2	577	355	222
固镇县				203	127	76
蚌埠市高新技术开发区				40	18	22
蚌埠市经济开发区	3	1	2	203	102	101
淮南市	**16**	**11**	**5**	**1888**	**1135**	**753**
大通区	3	3		209	119	90
田家庵区				29	21	8
谢家集区				18	15	3
八公山区				1	1	
潘集区				171	97	74
凤台县	4	2	2	355	222	133
寿县	9	6	3	1105	660	445

6-2b 续表 4 单位：人

地 区	学前教育			小 学		
	小计	男	女	小计	男	女
马鞍山市	**56**	**35**	**21**	**1628**	**1053**	**575**
花山区						
雨山区						
博望区				42	28	14
当涂县	22	14	8	614	419	195
含山县	20	11	9	483	299	184
和县	14	10	4	489	307	182
淮北市	**9**	**4**	**5**	**813**	**531**	**282**
杜集区				98	74	24
相山区						
烈山区	1	1		88	61	27
濉溪县	8	3	5	627	396	231
铜陵市	**14**	**6**	**8**	**1025**	**720**	**305**
铜官区				7	7	
义安区	8	3	5	108	72	36
郊区	1		1	206	144	62
枞阳县	5	3	2	704	497	207
安庆市	**63**	**23**	**40**	**3519**	**2082**	**1437**
迎江区						
大观区	1	1		62	42	20
宜秀区	1		1	122	86	36
怀宁县	16	7	9	838	453	385
太湖县	12	7	5	557	339	218
宿松县	5	2	3	542	285	257
望江县	4		4	193	139	54
岳西县	2	1	1	210	121	89
安徽安庆经济开发区	4		4	150	91	59
桐城市	7	3	4	471	295	176
潜山市	11	2	9	374	231	143
黄山市	**15**	**5**	**10**	**912**	**576**	**336**
屯溪区	1		1	13	10	3
黄山区	1	1		109	77	32
徽州区				49	31	18
歙县	6	2	4	339	213	126
休宁县	7	2	5	179	105	74
黟县				63	40	23
祁门县				160	100	60
滁州市	**75**	**31**	**44**	**3670**	**2074**	**1596**
琅琊区						
南谯区	6	3	3	103	63	40
来安县	4	2	2	458	257	201
全椒县	20	5	15	526	279	247
定远县	10	10		706	419	287
凤阳县	2	1	1	674	368	306
苏滁现代产业园				43	26	17
滁州经济技术开发区				37	23	14
天长市	33	10	23	811	455	356
明光市				312	184	128

6－2b 续表 5

单位：人

地区	学前教育			小学		
	小计	男	女	小计	男	女
阜阳市	**28**	**20**	**8**	**4066**	**2533**	**1533**
颍州区	1	1		98	70	28
颍东区				155	106	49
颍泉区	2	1	1	163	105	58
临泉县	3	2	1	963	584	379
太和县	11	7	4	1179	722	457
阜南县				344	228	116
颍上县	8	7	1	859	536	323
阜阳合肥现代产业园区				14	10	4
阜阳经济技术开发区	2	1	1	43	24	19
界首市	1	1		248	148	100
宿州市	**57**	**24**	**33**	**3857**	**2145**	**1712**
埇桥区	5	2	3	489	295	194
砀山县	14	4	10	1021	506	515
萧县	5	1	4	710	412	298
灵璧县	8	2	6	522	320	202
泗县	24	15	9	1020	552	468
宿州马鞍山现代产业园区	1		1	32	20	12
宿州经济技术开发区				63	40	23
六安市	**60**	**24**	**36**	**3696**	**2094**	**1602**
金安区	1		1	340	213	127
裕安区	6	2	4	289	167	122
叶集区				61	41	20
霍邱县	14	8	6	869	509	360
舒城县	8	4	4	927	523	404
金寨县	3		3	503	254	249
霍山县	28	10	18	707	387	320
亳州市	**20**	**8**	**12**	**2042**	**1296**	**746**
谯城区				187	126	61
涡阳县	2	1	1	611	372	239
蒙城县	10	3	7	787	508	279
利辛县	8	4	4	457	290	167
池州市	**12**	**4**	**8**	**990**	**661**	**329**
贵池区	3	2	1	173	137	36
东至县	2		2	501	329	172
石台县				58	41	17
青阳县	7	2	5	255	152	103
池州市国家经济技术开发区						
皖江江南新兴产业集中区						
九华山风景区				3	2	1
宣城市	**47**	**29**	**18**	**1966**	**1255**	**711**
宣州区	9	5	4	347	239	108
郎溪县	13	11	2	365	236	129
泾县	2		2	420	250	170
绩溪县				188	120	68
旌德县	12	7	5	212	124	88
宣城市经济开发区	1	1		60	40	20
宁国市	2		2	112	80	32
广德市	8	5	3	262	166	96

6-2b 续表 6

单位：人

地区	初中			高中			大学专科		
	小计	男	女	小计	男	女	小计	男	女
安徽	**15316**	**11874**	**3442**	**3787**	**3087**	**700**	**1058**	**875**	**183**
合肥市	**1603**	**1263**	**340**	**371**	**315**	**56**	**142**	**115**	**27**
瑶海区	1	1		2	1	1			
庐阳区	14	14		13	10	3	4	3	1
蜀山区	24	18	6	1	1		2	2	
包河区									
长丰县	187	144	43	43	35	8	13	9	4
肥东县	319	264	55	56	52	4	18	15	3
肥西县	234	177	57	48	38	10	20	18	2
庐江县	417	326	91	97	86	11	38	32	6
合肥高新技术产业开发区	70	53	17	30	25	5	9	6	3
合肥经济技术开发区	108	87	21	38	31	7	22	18	4
合肥新站高新技术产业开发区	120	91	29	23	20	3	9	6	3
巢湖市	109	88	21	20	16	4	7	6	1
芜湖市	**706**	**556**	**150**	**171**	**133**	**38**	**47**	**41**	**6**
镜湖区	1	1							
弋江区									
鸠江区	55	39	16	15	14	1	3	3	
三山区	3	3					1	1	
芜湖县	92	74	18	20	15	5	9	8	1
繁昌县	122	92	30	42	32	10	11	11	
南陵县	216	170	46	52	42	10	11	9	2
芜湖经济技术开发区	47	34	13	17	7	10	5	2	3
安徽芜湖长江大桥经济开发区	7	6	1	1	1				
无为市	163	137	26	24	22	2	7	7	
蚌埠市	**869**	**647**	**222**	**299**	**230**	**69**	**95**	**71**	**24**
龙子湖区	4	3	1						
蚌山区									
禹会区	8	4	4	1		1	1	1	
淮上区	20	14	6	3	1	2	3	3	
怀远县	308	245	63	67	55	12	23	18	5
五河县	196	149	47	48	38	10	12	10	2
固镇县	127	94	33	30	25	5	9	7	2
蚌埠市高新技术开发区	38	23	15	22	15	7	5	3	2
蚌埠市经济开发区	168	115	53	128	96	32	42	29	13
淮南市	**804**	**592**	**212**	**151**	**122**	**29**	**56**	**43**	**13**
大通区	95	65	30	16	11	5	8	5	3
田家庵区	12	8	4	1	1				
谢家集区	5	4	1						
八公山区									
潘集区	96	71	25	12	12		4	3	1
凤台县	198	155	43	59	47	12	23	18	5
寿县	398	289	109	63	51	12	21	17	4

6-2b 续表 7　　单位：人

地区	初中			高中			大学专科		
	小计	男	女	小计	男	女	小计	男	女
马鞍山市	**498**	**395**	**103**	**113**	**89**	**24**	**27**	**24**	**3**
花山区									
雨山区									
博望区	8	8		1	1				
当涂县	194	157	37	39	30	9	6	6	
含山县	157	124	33	39	31	8	9	8	1
和县	139	106	33	34	27	7	12	10	2
淮北市	**483**	**373**	**110**	**97**	**79**	**18**	**19**	**18**	**1**
杜集区	84	68	16	17	13	4	1		1
相山区									
烈山区	50	35	15	8	8		2	2	
濉溪县	349	270	79	72	58	14	16	16	
铜陵市	**344**	**270**	**74**	**107**	**93**	**14**	**31**	**27**	**4**
铜官区	2	2							
义安区	26	22	4	7	7		1	1	
郊区	60	48	12	10	7	3	6	3	3
枞阳县	256	198	58	90	79	11	24	23	1
安庆市	**1081**	**846**	**235**	**273**	**245**	**28**	**87**	**73**	**14**
迎江区									
大观区	21	16	5	5	5		1	1	
宜秀区	34	32	2	5	5				
怀宁县	233	176	57	72	63	9	17	13	4
太湖县	156	109	47	35	32	3	16	16	
宿松县	220	176	44	57	49	8	18	14	4
望江县	52	43	9	11	11		4	3	1
岳西县	55	40	15	24	22	2	11	9	2
安徽安庆经济开发区	79	54	25	31	25	6	10	7	3
桐城市	135	113	22	16	16		6	6	
潜山市	96	87	9	17	17		4	4	
黄山市	**427**	**319**	**108**	**112**	**81**	**31**	**50**	**41**	**9**
屯溪区	6	4	2	3	2	1	2	2	
黄山区	31	21	10	8	6	2	3	3	
徽州区	24	18	6	4	4				
歙县	185	138	47	44	31	13	18	16	2
休宁县	70	56	14	26	18	8	10	7	3
黟县	45	32	13	9	7	2	7	6	1
祁门县	66	50	16	18	13	5	10	7	3
滁州市	**1642**	**1262**	**380**	**412**	**329**	**83**	**89**	**74**	**15**
琅琊区									
南谯区	52	41	11	11	8	3	2	2	
来安县	223	170	53	75	61	14	13	13	
全椒县	199	161	38	49	39	10	7	3	4
定远县	333	259	74	95	76	19	28	23	5
凤阳县	377	278	99	96	75	21	18	15	3
苏滁现代产业园	19	16	3	2	1	1			
滁州经济技术开发区	26	23	3	15	13	2	4	3	1
天长市	277	216	61	38	32	6	11	9	2
明光市	136	98	38	31	24	7	6	6	

6-2b　续表 8　　　　单位：人

地区	初中			高中			大学专科		
	小计	男	女	小计	男	女	小计	男	女
阜阳市	**1870**	**1501**	**369**	**334**	**287**	**47**	**79**	**67**	**12**
颍州区	68	61	7	8	8		3	3	
颍东区	92	76	16	25	23	2			
颍泉区	100	91	9	23	21	2	9	7	2
临泉县	263	202	61	51	43	8	10	8	2
太和县	506	414	92	69	60	9	18	16	2
阜南县	262	201	61	55	45	10	10	9	1
颍上县	417	328	89	84	69	15	23	19	4
阜阳合肥现代产业园区	8	7	1				2	2	
阜阳经济技术开发区	29	25	4	5	4	1	2	1	1
界首市	125	96	29	14	14		2	2	
宿州市	**1812**	**1389**	**423**	**533**	**430**	**103**	**98**	**84**	**14**
埇桥区	227	175	52	30	24	6	4	2	2
砀山县	564	397	167	219	170	49	31	29	2
萧县	392	308	84	94	83	11	21	20	1
灵璧县	268	219	49	92	78	14	25	19	6
泗县	317	250	67	92	70	22	17	14	3
宿州马鞍山现代产业园区	21	20	1	1	1				
宿州经济技术开发区	23	20	3	5	4	1			
六安市	**1166**	**862**	**304**	**314**	**252**	**62**	**83**	**68**	**15**
金安区	95	75	20	19	16	3	5	4	1
裕安区	71	57	14	15	14	1	2	2	
叶集区	12	10	2	1	1		1		1
霍邱县	291	221	70	56	44	12	12	11	1
舒城县	347	258	89	90	66	24	22	18	4
金寨县	154	106	48	59	53	6	17	14	3
霍山县	196	135	61	74	58	16	24	19	5
亳州市	**1053**	**843**	**210**	**228**	**185**	**43**	**74**	**61**	**13**
谯城区	114	98	16	15	12	3	3	3	
涡阳县	322	249	73	63	48	15	19	14	5
蒙城县	378	306	72	90	74	16	30	25	5
利辛县	239	190	49	60	51	9	22	19	3
池州市	**330**	**257**	**73**	**106**	**85**	**21**	**36**	**34**	**2**
贵池区	56	49	7	7	6	1	2	2	
东至县	151	115	36	43	36	7	14	14	
石台县	27	22	5	13	13		5	5	
青阳县	93	69	24	40	28	12	15	13	2
池州市国家经济技术开发区									
皖江江南新兴产业集中区									
九华山风景区	3	2	1	3	2	1			
宣城市	**628**	**499**	**129**	**166**	**132**	**34**	**45**	**34**	**11**
宣州区	86	66	20	12	10	2	5	3	2
郎溪县	123	99	24	35	31	4	6	5	1
泾县	136	104	32	38	27	11	14	10	4
绩溪县	118	91	27	32	25	7	10	9	1
旌德县	60	50	10	18	15	3	3	3	
宣城市经济开发区	24	19	5	6	2	4	2		2
宁国市	27	23	4	7	7		1	1	
广德市	54	47	7	18	15	3	4	3	1

6-2b 续表 9

单位：人

地区	大学本科			硕士研究生			博士研究生		
	小计	男	女	小计	男	女	小计	男	女
安徽	**478**	**404**	**74**	**12**	**12**				
合肥市	**81**	**65**	**16**	**3**	**3**				
瑶海区									
庐阳区	5	3	2						
蜀山区									
包河区									
长丰县	5	4	1						
肥东县	10	10		2	2				
肥西县	13	11	2						
庐江县	15	12	3						
合肥高新技术产业开发区	18	15	3						
合肥经济技术开发区	11	7	4	1	1				
合肥新站高新技术产业开发区	2	1	1						
巢湖市	2	2							
芜湖市	**29**	**24**	**5**	**1**	**1**				
镜湖区									
弋江区									
鸠江区									
三山区	1	1							
芜湖县	5	4	1						
繁昌县	5	5							
南陵县	8	6	2						
芜湖经济技术开发区	4	3	1						
安徽芜湖长江大桥经济开发区									
无为市	6	5	1	1	1				
蚌埠市	**53**	**40**	**13**	**2**	**2**				
龙子湖区									
蚌山区									
禹会区									
淮上区									
怀远县	9	8	1						
五河县									
固镇县	1	1							
蚌埠市高新技术开发区	4	4							
蚌埠市经济开发区	39	27	12	2	2				
淮南市	**21**	**19**	**2**						
大通区	3	2	1						
田家庵区	1	1							
谢家集区									
八公山区									
潘集区	1	1							
凤台县	4	4							
寿县	12	11	1						

6-2b　续表 10　　　　单位：人

地　区	大学本科			硕士研究生			博士研究生		
	小计	男	女	小计	男	女	小计	男	女
马鞍山市	**7**	**7**		**1**	**1**				
花山区									
雨山区									
博望区									
当涂县	4	4							
含山县	3	3		1	1				
和县									
淮北市	**4**	**2**	**2**	**1**	**1**				
杜集区									
相山区									
烈山区	1	1							
濉溪县	3	1	2	1	1				
铜陵市	**10**	**7**	**3**	**1**	**1**				
铜官区									
义安区									
郊区	1	1							
枞阳县	9	6	3	1	1				
安庆市	**48**	**43**	**5**						
迎江区									
大观区									
宜秀区	1	1							
怀宁县	10	8	2						
太湖县	8	8							
宿松县	3	3							
望江县	1	1							
岳西县	10	9	1						
安徽安庆经济开发区	6	6							
桐城市	5	4	1						
潜山市	4	3	1						
黄山市	**12**	**11**	**1**						
屯溪区	2	1	1						
黄山区									
徽州区									
歙县	4	4							
休宁县	2	2							
黟县	2	2							
祁门县	2	2							
滁州市	**39**	**31**	**8**						
琅琊区									
南谯区									
来安县	6	6							
全椒县	4	3	1						
定远县	11	7	4						
凤阳县	11	11							
苏滁现代产业园									
滁州经济技术开发区	4	2	2						
天长市	2	1	1						
明光市	1	1							

6-2b 续表 11 单位：人

地区	大学本科			硕士研究生			博士研究生		
	小计	男	女	小计	男	女	小计	男	女
阜阳市	**34**	**31**	**3**						
颍州区									
颍东区									
颍泉区	2	2							
临泉县	11	10	1						
太和县	6	4	2						
阜南县	3	3							
颍上县	11	11							
阜阳合肥现代产业园区									
阜阳经济技术开发区	1	1							
界首市									
宿州市	**40**	**36**	**4**						
埇桥区	2	1	1						
砀山县	9	8	1						
萧县	5	5							
灵璧县	10	8	2						
泗县	14	14							
宿州马鞍山现代产业园区									
宿州经济技术开发区									
六安市	**35**	**29**	**6**	**2**	**2**				
金安区	2	1	1						
裕安区	1	1							
叶集区									
霍邱县	4	3	1	1	1				
舒城县	8	7	1	1	1				
金寨县	9	8	1						
霍山县	11	9	2						
亳州市	**26**	**22**	**4**						
谯城区	2	2							
涡阳县	2	2							
蒙城县	14	11	3						
利辛县	8	7	1						
池州市	**13**	**13**		**1**	**1**				
贵池区	2	2							
东至县	6	6		1	1				
石台县									
青阳县	5	5							
池州市国家经济技术开发区									
皖江江南新兴产业集中区									
九华山风景区									
宣城市	**26**	**24**	**2**						
宣州区	3	3							
郎溪县	5	5							
泾县	6	6							
绩溪县	7	7							
旌德县	1	1							
宣城市经济开发区	1		1						
宁国市	1	1							
广德市	2	1	1						

6-2c　各地区分性别、受教育程度的3岁及以上死亡人口 (2019.11.1-2020.10.31)(乡村)

单位：人

地　区	3岁及以上死亡人口			未上过学		
	合计	男	女	小计	男	女
安　徽	**219903**	**125045**	**94858**	**82725**	**30813**	**51912**
合肥市	**16961**	**9757**	**7204**	**6710**	**2536**	**4174**
瑶海区	23	15	8	7	1	6
庐阳区	61	34	27	25	11	14
蜀山区	213	121	92	108	44	64
包河区	88	48	40	38	7	31
长丰县	2274	1329	945	1249	564	685
肥东县	3252	1848	1404	1158	346	812
肥西县	2652	1575	1077	1245	548	697
庐江县	5007	2898	2109	1546	605	941
合肥高新技术产业开发区	5	4	1	4	3	1
合肥经济技术开发区						
合肥新站高新技术产业开发区	130	67	63	74	25	49
巢湖市	3256	1818	1438	1256	382	874
芜湖市	**11300**	**6346**	**4954**	**4500**	**1728**	**2772**
镜湖区	180	107	73	118	55	63
弋江区						
鸠江区	1488	829	659	752	280	472
三山区	488	280	208	242	110	132
芜湖县	1246	714	532	428	171	257
繁昌县	1148	676	472	349	136	213
南陵县	2176	1217	959	674	250	424
芜湖经济技术开发区						
安徽芜湖长江大桥经济开发区	165	99	66	62	23	39
无为市	4409	2424	1985	1875	703	1172
蚌埠市	**11525**	**6658**	**4867**	**5318**	**2223**	**3095**
龙子湖区	242	137	105	80	31	49
蚌山区	104	56	48	44	22	22
禹会区	538	310	228	282	132	150
淮上区	670	389	281	311	123	188
怀远县	4321	2523	1798	2002	867	1135
五河县	2706	1529	1177	1361	556	805
固镇县	2944	1714	1230	1238	492	746
蚌埠市高新技术开发区						
蚌埠市经济开发区						
淮南市	**9427**	**5613**	**3814**	**3408**	**1560**	**1848**
大通区	299	178	121	170	80	90
田家庵区	215	139	76	82	38	44
谢家集区	423	241	182	210	92	118
八公山区	56	28	28	25	8	17
潘集区	1269	788	481	539	257	282
凤台县	2662	1560	1102	1167	533	634
寿县	4503	2679	1824	1215	552	663

6-2c 续表 1 单位：人

地区	3岁及以上死亡人口			未上过学		
	合计	男	女	小计	男	女
马鞍山市	**6166**	**3380**	**2786**	**2689**	**979**	**1710**
花山区	74	35	39	37	9	28
雨山区	146	84	62	84	33	51
博望区	601	331	270	245	97	148
当涂县	1187	661	526	507	212	295
含山县	1615	898	717	605	211	394
和县	2543	1371	1172	1211	417	794
淮北市	**4161**	**2315**	**1846**	**1977**	**750**	**1227**
杜集区	392	226	166	195	77	118
相山区	254	143	111	153	66	87
烈山区	614	345	269	254	100	154
濉溪县	2901	1601	1300	1375	507	868
铜陵市	**4457**	**2598**	**1859**	**2148**	**863**	**1285**
铜官区	137	82	55	60	28	32
义安区	1347	787	560	512	191	321
郊区	812	451	361	451	182	269
枞阳县	2161	1278	883	1125	462	663
安庆市	**19019**	**10771**	**8248**	**5787**	**1841**	**3946**
迎江区	201	117	84	69	22	47
大观区	376	213	163	127	36	91
宜秀区	334	188	146	135	42	93
怀宁县	2734	1551	1183	400	100	300
太湖县	2385	1390	995	609	221	388
宿松县	3337	1918	1419	701	190	511
望江县	2799	1541	1258	1436	484	952
岳西县	1855	1032	823	636	210	426
安徽安庆经济开发区	28	15	13	8	2	6
桐城市	2580	1459	1121	835	288	547
潜山市	2390	1347	1043	831	246	585
黄山市	**6003**	**3342**	**2661**	**2040**	**502**	**1538**
屯溪区	162	89	73	60	20	40
黄山区	729	402	327	326	115	211
徽州区	412	239	173	134	29	105
歙县	2383	1313	1070	700	114	586
休宁县	1186	666	520	399	115	284
黟县	414	225	189	162	47	115
祁门县	717	408	309	259	62	197
滁州市	**14161**	**7907**	**6254**	**4072**	**1349**	**2723**
琅琊区	153	89	64	42	16	26
南谯区	908	519	389	407	152	255
来安县	2010	1109	901	665	184	481
全椒县	1616	861	755	357	95	262
定远县	3215	1842	1373	975	358	617
凤阳县	2175	1230	945	537	197	340
苏滁现代产业园						
滁州经济技术开发区	56	38	18	7	4	3
天长市	2031	1082	949	507	142	365
明光市	1997	1137	860	575	201	374

6-2c 续表 2 单位：人

地 区	3岁及以上死亡人口			未上过学		
	合计	男	女	小计	男	女
阜阳市	**34258**	**19166**	**15092**	**14797**	**5367**	**9430**
颍州区	1982	1077	905	1002	334	668
颍东区	2053	1164	889	1043	385	658
颍泉区	2149	1212	937	875	303	572
临泉县	8182	4403	3779	3429	1169	2260
太和县	5451	3065	2386	1884	579	1305
阜南县	6072	3400	2672	3166	1262	1904
颍上县	5620	3336	2284	2219	995	1224
阜阳合肥现代产业园区	151	82	69	77	33	44
阜阳经济技术开发区	81	49	32	21	8	13
界首市	2517	1378	1139	1081	299	782
宿州市	**22952**	**12813**	**10139**	**6742**	**2290**	**4452**
埇桥区	5854	3316	2538	1990	708	1282
砀山县	2792	1491	1301	423	100	323
萧县	5893	3276	2617	1968	645	1323
灵璧县	4902	2781	2121	1634	592	1042
泗县	3405	1882	1523	675	221	454
宿州马鞍山现代产业园区	106	67	39	52	24	28
宿州经济技术开发区						
六安市	**21509**	**12503**	**9006**	**5666**	**2241**	**3425**
金安区	3290	1883	1407	926	361	565
裕安区	3783	2208	1575	1186	461	725
叶集区	863	523	340	197	89	108
霍邱县	4813	2876	1937	1445	634	811
舒城县	4406	2522	1884	1193	448	745
金寨县	3180	1835	1345	458	159	299
霍山县	1174	656	518	261	89	172
亳州市	**20461**	**11740**	**8721**	**9711**	**3873**	**5838**
谯城区	4978	2768	2210	2347	904	1443
涡阳县	5700	3297	2403	2646	1032	1614
蒙城县	4287	2467	1820	2082	846	1236
利辛县	5496	3208	2288	2636	1091	1545
池州市	**5518**	**3115**	**2403**	**2563**	**917**	**1646**
贵池区	2132	1184	948	1099	373	726
东至县	1612	900	712	635	211	424
石台县	554	329	225	301	128	173
青阳县	1145	655	490	502	195	307
池州市国家经济技术开发区						
皖江江南新兴产业集中区						
九华山风景区	75	47	28	26	10	16
宣城市	**12025**	**7021**	**5004**	**4597**	**1794**	**2803**
宣州区	3805	2203	1602	1802	724	1078
郎溪县	1142	699	443	493	230	263
泾县	1794	1049	745	451	172	279
绩溪县	612	339	273	123	17	106
旌德县	652	369	283	201	63	138
宣城市经济开发区	141	91	50	55	22	33
宁国市	1909	1102	807	772	288	484
广德市	1970	1169	801	700	278	422

6-2c 续表 3　　单位：人

地　区	学前教育			小　学		
	小计	男	女	小计	男	女
安　徽	**1659**	**781**	**878**	**101116**	**65181**	**35935**
合肥市	**196**	**107**	**89**	**7775**	**5207**	**2568**
瑶海区				6	4	2
庐阳区	3	1	2	24	15	9
蜀山区	6	4	2	76	54	22
包河区				39	33	6
长丰县	7	4	3	741	538	203
肥东县	69	37	32	1481	986	495
肥西县	23	16	7	1050	756	294
庐江县	54	27	27	2740	1711	1029
合肥高新技术产业开发区				1	1	
合肥经济技术开发区						
合肥新站高新技术产业开发区	2	2		33	23	10
巢湖市	32	16	16	1584	1086	498
芜湖市	**125**	**61**	**64**	**5492**	**3599**	**1893**
镜湖区				50	43	7
弋江区						
鸠江区	8	5	3	579	423	156
三山区	6	5	1	187	116	71
芜湖县	34	16	18	655	424	231
繁昌县	20	10	10	634	412	222
南陵县	30	12	18	1217	758	459
芜湖经济技术开发区						
安徽芜湖长江大桥经济开发区	2	1	1	76	53	23
无为市	25	12	13	2094	1370	724
蚌埠市	**78**	**41**	**37**	**4453**	**3016**	**1437**
龙子湖区	13	7	6	109	68	41
蚌山区				48	25	23
禹会区				165	104	61
淮上区	3	2	1	270	193	77
怀远县	16	9	7	1694	1162	532
五河县	31	14	17	954	648	306
固镇县	15	9	6	1213	816	397
蚌埠市高新技术开发区						
蚌埠市经济开发区						
淮南市	**87**	**41**	**46**	**4503**	**2865**	**1638**
大通区				102	73	29
田家庵区	1	1		96	68	28
谢家集区	2	1	1	149	97	52
八公山区				19	10	9
潘集区	5	4	1	485	333	152
凤台县	22	6	16	972	630	342
寿县	57	29	28	2680	1654	1026

6-2c　续表 4　　　　单位：人

地　区	学前教育			小　学		
	小计	男	女	小计	男	女
马鞍山市	**63**	**33**	**30**	**2806**	**1838**	**968**
花山区				27	18	9
雨山区	2	2		46	37	9
博望区	14	10	4	285	170	115
当涂县	11	6	5	549	339	210
含山县	22	8	14	829	538	291
和县	14	7	7	1070	736	334
淮北市	**27**	**9**	**18**	**1390**	**938**	**452**
杜集区	4	1	3	119	89	30
相山区	1		1	59	43	16
烈山区	5	1	4	233	146	87
濉溪县	17	7	10	979	660	319
铜陵市	**52**	**30**	**22**	**1709**	**1229**	**480**
铜官区				52	37	15
义安区	24	15	9	624	420	204
郊区	4	2	2	263	184	79
枞阳县	24	13	11	770	588	182
安庆市	**168**	**78**	**90**	**10206**	**6474**	**3732**
迎江区	1		1	112	79	33
大观区	3	1	2	194	133	61
宜秀区	3	1	2	159	115	44
怀宁县	19	10	9	1770	998	772
太湖县	62	30	32	1438	900	538
宿松县	12	5	7	1882	1111	771
望江县	13	4	9	1079	824	255
岳西县	7	3	4	945	592	353
安徽安庆经济开发区				17	10	7
桐城市	21	9	12	1379	886	493
潜山市	27	15	12	1231	826	405
黄山市	**71**	**23**	**48**	**2919**	**1985**	**934**
屯溪区	1		1	71	46	25
黄山区	2	2		311	209	102
徽州区	3	2	1	201	143	58
歙县	37	9	28	1185	793	392
休宁县	21	6	15	613	412	201
黟县	4	2	2	177	121	56
祁门县	3	2	1	361	261	100
滁州市	**136**	**49**	**87**	**7100**	**4247**	**2853**
琅琊区	7	2	5	75	48	27
南谯区	6	4	2	371	263	108
来安县	7	2	5	929	587	342
全椒县	48	15	33	984	574	410
定远县	20	9	11	1459	872	587
凤阳县	10	4	6	1106	642	464
苏滁现代产业园						
滁州经济技术开发区	1	1		38	24	14
天长市	28	8	20	1165	665	500
明光市	9	4	5	973	572	401

6-2c 续表 5

单位：人

地　区	学前教育			小　学		
	小计	男	女	小计	男	女
阜阳市	**127**	**62**	**65**	**13798**	**9063**	**4735**
颍州区	7	4	3	658	471	187
颍东区	5	2	3	653	480	173
颍泉区	2	1	1	915	604	311
临泉县	27	11	16	3562	2256	1306
太和县	37	15	22	2547	1625	922
阜南县	13	7	6	2040	1413	627
颍上县	28	16	12	2437	1547	890
阜阳合肥现代产业园区				34	20	14
阜阳经济技术开发区				39	25	14
界首市	8	6	2	913	622	291
宿州市	**120**	**49**	**71**	**10781**	**6291**	**4490**
埇桥区	20	7	13	2548	1568	980
砀山县	17	5	12	1364	662	702
萧县	34	17	17	2611	1576	1035
灵璧县	21	9	12	2255	1366	889
泗县	27	11	16	1966	1090	876
宿州马鞍山现代产业园区	1		1	37	29	8
宿州经济技术开发区						
六安市	**137**	**59**	**78**	**12589**	**7670**	**4919**
金安区	26	7	19	1922	1183	739
裕安区	32	13	19	2052	1306	746
叶集区	7	4	3	531	326	205
霍邱县	22	15	7	2708	1703	1005
舒城县	24	11	13	2505	1498	1007
金寨县	9	4	5	2149	1236	913
霍山县	17	5	12	722	418	304
亳州市	**78**	**41**	**37**	**7477**	**5149**	**2328**
谯城区	10	4	6	1821	1222	599
涡阳县	24	16	8	2193	1534	659
蒙城县	16	10	6	1482	1017	465
利辛县	28	11	17	1981	1376	605
池州市	**44**	**22**	**22**	**2238**	**1603**	**635**
贵池区	18	10	8	748	570	178
东至县	10	2	8	766	514	252
石台县	2	1	1	189	147	42
青阳县	12	7	5	500	348	152
池州市国家经济技术开发区						
皖江江南新兴产业集中区						
九华山风景区	2	2		35	24	11
宣城市	**150**	**76**	**74**	**5880**	**4007**	**1873**
宣州区	41	22	19	1631	1183	448
郎溪县	17	8	9	511	361	150
泾县	30	12	18	1100	697	403
绩溪县	8	4	4	367	220	147
旌德县	26	13	13	347	224	123
宣城市经济开发区	1		1	72	59	13
宁国市	15	9	6	874	602	272
广德市	12	8	4	978	661	317

6-2c　续表 6　　　　单位：人

地　区	初　中			高　中			大学专科		
	小计	男	女	小计	男	女	小计	男	女
安　徽	**29568**	**24133**	**5435**	**3966**	**3420**	**546**	**643**	**546**	**97**
合肥市	**1969**	**1647**	**322**	**251**	**210**	**41**	**40**	**34**	**6**
瑶海区	7	7		2	2		1	1	
庐阳区	7	5	2	2	2				
蜀山区	18	17	1	5	2	3			
包河区	7	5	2	3	2	1			
长丰县	238	190	48	31	27	4	5	4	1
肥东县	476	418	58	59	53	6	6	5	1
肥西县	286	218	68	39	31	8	5	4	1
庐江县	593	496	97	54	42	12	14	11	3
合肥高新技术产业开发区									
合肥经济技术开发区									
合肥新站高新技术产业开发区	17	15	2	4	2	2			
巢湖市	320	276	44	52	47	5	9	9	
芜湖市	**1036**	**842**	**194**	**123**	**98**	**25**	**15**	**13**	**2**
镜湖区	12	9	3						
弋江区									
鸠江区	126	102	24	19	17	2	3	2	1
三山区	49	47	2	4	2	2			
芜湖县	111	90	21	14	11	3	1	1	
繁昌县	128	105	23	15	12	3	2	1	1
南陵县	230	175	55	17	15	2	4	4	
芜湖经济技术开发区									
安徽芜湖长江大桥经济开发区	21	19	2	4	3	1			
无为市	359	295	64	50	38	12	5	5	
蚌埠市	**1473**	**1192**	**281**	**167**	**152**	**15**	**29**	**29**	
龙子湖区	38	29	9	2	2				
蚌山区	11	8	3	1	1				
禹会区	78	62	16	12	11	1	1	1	
淮上区	77	64	13	8	6	2	1	1	
怀远县	542	422	120	51	48	3	13	13	
五河县	306	261	45	41	38	3	10	10	
固镇县	421	346	75	52	46	6	4	4	
蚌埠市高新技术开发区									
蚌埠市经济开发区									
淮南市	**1252**	**998**	**254**	**144**	**126**	**18**	**23**	**15**	**8**
大通区	27	25	2						
田家庵区	30	26	4	6	6				
谢家集区	55	44	11	5	5		2	2	
八公山区	11	10	1	1		1			
潘集区	211	168	43	25	23	2	3	2	1
凤台县	424	330	94	59	49	10	12	7	5
寿县	494	395	99	48	43	5	6	4	2

6-2c 续表 7

单位：人

地区	初中			高中			大学专科		
	小计	男	女	小计	男	女	小计	男	女
马鞍山市	**530**	**457**	**73**	**68**	**64**	**4**	**7**	**7**	
花山区	9	7	2	1	1				
雨山区	10	8	2	3	3				
博望区	51	49	2	5	4	1	1	1	
当涂县	110	95	15	8	7	1	1	1	
含山县	135	119	16	21	19	2	3	3	
和县	215	179	36	30	30		2	2	
淮北市	**656**	**526**	**130**	**86**	**72**	**14**	**17**	**14**	**3**
杜集区	59	49	10	13	9	4	2	1	1
相山区	35	31	4	5	2	3	1	1	
烈山区	108	86	22	10	8	2	2	2	
濉溪县	454	360	94	58	53	5	12	10	2
铜陵市	**457**	**400**	**57**	**72**	**58**	**14**	**15**	**14**	**1**
铜官区	20	14	6	4	2	2	1	1	
义安区	158	135	23	23	20	3	4	4	
郊区	75	66	9	13	11	2	5	5	
枞阳县	204	185	19	32	25	7	5	4	1
安庆市	**2362**	**1941**	**421**	**376**	**334**	**42**	**93**	**81**	**12**
迎江区	16	15	1	2	1	1	1		1
大观区	47	39	8	3	2	1	1	1	
宜秀区	30	24	6	4	4		2	1	1
怀宁县	460	364	96	73	68	5	11	10	1
太湖县	228	198	30	36	31	5	10	9	1
宿松县	607	494	113	98	87	11	28	25	3
望江县	210	175	35	42	36	6	13	12	1
岳西县	218	184	34	42	37	5	6	5	1
安徽安庆经济开发区	3	3							
桐城市	293	231	62	39	34	5	11	10	1
潜山市	250	214	36	37	34	3	10	8	2
黄山市	**829**	**702**	**127**	**118**	**107**	**11**	**20**	**18**	**2**
屯溪区	23	17	6	4	3	1	3	3	
黄山区	69	56	13	18	17	1	1	1	
徽州区	62	55	7	9	8	1	3	2	1
歙县	401	342	59	47	43	4	10	9	1
休宁县	133	115	18	17	16	1	2	2	
黟县	64	49	15	7	6	1			
祁门县	77	68	9	16	14	2	1	1	
滁州市	**2409**	**1898**	**511**	**383**	**321**	**62**	**38**	**27**	**11**
琅琊区	27	23	4	1		1	1		1
南谯区	104	84	20	17	14	3	2	1	1
来安县	350	284	66	52	47	5	3	3	
全椒县	204	159	45	18	15	3	3	2	1
定远县	627	493	134	109	92	17	14	10	4
凤阳县	429	318	111	89	67	22	4	2	2
苏滁现代产业园									
滁州经济技术开发区	9	8	1	1	1				
天长市	284	226	58	42	36	6	4	4	
明光市	375	303	72	54	49	5	7	5	2

6-2c　续表 8　　单位：人

地　区	初　中			高　中			大学专科		
	小计	男	女	小计	男	女	小计	男	女
阜阳市	**4905**	**4123**	**782**	**535**	**475**	**60**	**76**	**63**	**13**
颍州区	272	227	45	35	34	1	5	5	
颍东区	303	253	50	42	39	3	6	5	1
颍泉区	304	254	50	45	42	3	6	6	
临泉县	1047	868	179	101	87	14	12	9	3
太和县	886	771	115	80	64	16	14	10	4
阜南县	748	625	123	86	78	8	15	11	4
颍上县	837	690	147	86	77	9	11	10	1
阜阳合肥现代产业园区	31	20	11	8	8		1	1	
阜阳经济技术开发区	18	14	4	2	2				
界首市	459	401	58	50	44	6	6	6	
宿州市	**4466**	**3485**	**981**	**717**	**593**	**124**	**89**	**79**	**10**
埇桥区	1177	937	240	106	87	19	7	6	1
砀山县	746	532	214	217	169	48	16	15	1
萧县	1106	882	224	135	122	13	28	26	2
灵璧县	826	662	164	137	128	9	22	19	3
泗县	596	459	137	121	86	35	16	13	3
宿州马鞍山现代产业园区	15	13	2	1	1				
宿州经济技术开发区									
六安市	**2684**	**2163**	**521**	**356**	**307**	**49**	**58**	**47**	**11**
金安区	351	282	69	53	41	12	7	5	2
裕安区	445	368	77	59	52	7	7	6	1
叶集区	113	91	22	13	12	1	2	1	1
霍邱县	585	477	108	43	37	6	8	8	
舒城县	571	467	104	96	85	11	15	12	3
金寨县	479	362	117	65	58	7	16	12	4
霍山县	140	116	24	27	22	5	3	3	
亳州市	**2825**	**2350**	**475**	**295**	**262**	**33**	**63**	**56**	**7**
谯城区	733	582	151	59	50	9	6	5	1
涡阳县	744	633	111	66	58	8	24	22	2
蒙城县	598	497	101	87	78	9	18	16	2
利辛县	750	638	112	83	76	7	15	13	2
池州市	**551**	**462**	**89**	**86**	**79**	**7**	**25**	**22**	**3**
贵池区	211	182	29	37	33	4	12	10	2
东至县	169	143	26	22	20	2	9	9	
石台县	51	42	9	9	9		2	2	
青阳县	112	88	24	14	13	1	2	1	1
池州市国家经济技术开发区									
皖江江南新兴产业集中区									
九华山风景区	8	7	1	4	4				
宣城市	**1164**	**947**	**217**	**189**	**162**	**27**	**35**	**27**	**8**
宣州区	284	235	49	37	32	5	9	6	3
郎溪县	104	86	18	14	12	2	3	2	1
泾县	177	142	35	29	20	9	4	3	1
绩溪县	98	82	16	14	14		2	2	
旌德县	61	54	7	16	14	2	1	1	
宣城市经济开发区	11	8	3	2	2				
宁国市	203	163	40	37	32	5	7	7	
广德市	226	177	49	40	36	4	9	6	3

6-2c 续表 9

单位：人

地　区	大学本科			硕士研究生			博士研究生		
	小计	男	女	小计	男	女	小计	男	女
安　徽	**208**	**159**	**49**	**15**	**11**	**4**	**3**	**1**	**2**
合肥市	**19**	**15**	**4**	**1**	**1**				
瑶海区									
庐阳区									
蜀山区									
包河区	1	1							
长丰县	3	2	1						
肥东县	2	2		1	1				
肥西县	4	2	2						
庐江县	6	6							
合肥高新技术产业开发区									
合肥经济技术开发区									
合肥新站高新技术产业开发区									
巢湖市	3	2	1						
芜湖市	**7**	**5**	**2**	**2**		**2**			
镜湖区									
弋江区									
鸠江区				1		1			
三山区									
芜湖县	3	1	2						
繁昌县									
南陵县	3	3		1		1			
芜湖经济技术开发区									
安徽芜湖长江大桥经济开发区									
无为市	1	1							
蚌埠市	**7**	**5**	**2**						
龙子湖区									
蚌山区									
禹会区									
淮上区									
怀远县	3	2	1						
五河县	3	2	1						
固镇县	1	1							
蚌埠市高新技术开发区									
蚌埠市经济开发区									
淮南市	**10**	**8**	**2**						
大通区									
田家庵区									
谢家集区									
八公山区									
潘集区	1	1							
凤台县	6	5	1						
寿县	3	2	1						

6-2c　续表 10　　　　单位：人

地　区	大学本科			硕士研究生			博士研究生		
	小计	男	女	小计	男	女	小计	男	女
马鞍山市	**3**	**2**	**1**						
花山区									
雨山区	1	1							
博望区									
当涂县	1	1							
含山县									
和县	1		1						
淮北市	**6**	**4**	**2**	**2**	**2**				
杜集区									
相山区									
烈山区	2	2							
濉溪县	4	2	2	2	2				
铜陵市	**4**	**4**							
铜官区									
义安区	2	2							
郊区	1	1							
枞阳县	1	1							
安庆市	**24**	**20**	**4**	**2**	**1**	**1**	**1**	**1**	
迎江区									
大观区							1	1	
宜秀区	1	1							
怀宁县	1	1							
太湖县	2	1	1						
宿松县	7	5	2	2	1	1			
望江县	6	6							
岳西县	1	1							
安徽安庆经济开发区									
桐城市	2	1	1						
潜山市	4	4							
黄山市	**6**	**5**	**1**						
屯溪区									
黄山区	2	2							
徽州区									
歙县	3	3							
休宁县	1		1						
黟县									
祁门县									
滁州市	**22**	**15**	**7**	**1**	**1**				
琅琊区									
南谯区	1	1							
来安县	4	2	2						
全椒县	2	1	1						
定远县	10	7	3	1	1				
凤阳县									
苏滁现代产业园									
滁州经济技术开发区									
天长市	1	1							
明光市	4	3	1						

6−2c 续表 11

单位：人

地　　区	大学本科			硕士研究生			博士研究生		
	小计	男	女	小计	男	女	小计	男	女
阜阳市	**17**	**11**	**6**	**2**	**2**		**1**		**1**
颍州区	3	2	1						
颍东区	1		1						
颍泉区	1	1		1	1				
临泉县	3	2	1	1	1				
太和县	3	1	2						
阜南县	4	4							
颍上县	2	1	1						
阜阳合肥现代产业园区									
阜阳经济技术开发区							1		1
界首市									
宿州市	**33**	**24**	**9**	**3**	**2**	**1**	**1**		**1**
埇桥区	4	2	2	2	1	1			
砀山县	9	8	1						
萧县	9	7	2	1	1		1		1
灵璧县	7	5	2						
泗县	4	2	2						
宿州马鞍山现代产业园区									
宿州经济技术开发区									
六安市	**17**	**14**	**3**	**2**	**2**				
金安区	5	4	1						
裕安区	2	2							
叶集区									
霍邱县	2	2							
舒城县	2	1	1						
金寨县	4	4							
霍山县	2	1	1	2	2				
亳州市	**12**	**9**	**3**						
谯城区	2	1	1						
涡阳县	3	2	1						
蒙城县	4	3	1						
利辛县	3	3							
池州市	**11**	**10**	**1**						
贵池区	7	6	1						
东至县	1	1							
石台县									
青阳县	3	3							
池州市国家经济技术开发区									
皖江江南新兴产业集中区									
九华山风景区									
宣城市	**10**	**8**	**2**						
宣州区	1	1							
郎溪县									
泾县	3	3							
绩溪县									
旌德县									
宣城市经济开发区									
宁国市	1	1							
广德市	5	3	2						

6-3 各地区分性别、婚姻状况的15岁及以上死亡人口
(2019.11.1-2020.10.31)

单位：人

地区	15岁及以上死亡人口			未婚		
	合计	男	女	小计	男	女
安徽	**358995**	**206038**	**152957**	**19699**	**18288**	**1411**
合肥市	**36021**	**21078**	**14943**	**1928**	**1773**	**155**
瑶海区	1616	990	626	29	21	8
庐阳区	1972	1150	822	48	35	13
蜀山区	2097	1271	826	43	39	4
包河区	3063	1836	1227	95	82	13
长丰县	3424	1996	1428	295	277	18
肥东县	4874	2775	2099	270	255	15
肥西县	4180	2483	1697	290	270	20
庐江县	7712	4512	3200	527	490	37
合肥高新技术产业开发区	390	231	159	12	11	1
合肥经济技术开发区	685	422	263	46	44	2
合肥新站高新技术产业开发区	737	418	319	21	20	1
巢湖市	5271	2994	2277	252	229	23
芜湖市	**24634**	**14031**	**10603**	**1273**	**1171**	**102**
镜湖区	3428	2022	1406	72	62	10
弋江区	1229	715	514	45	41	4
鸠江区	3261	1825	1436	154	137	17
三山区	928	532	396	56	53	3
芜湖县	2069	1194	875	102	97	5
繁昌县	1883	1113	770	127	115	12
南陵县	3803	2190	1613	281	257	24
芜湖经济技术开发区	529	287	242	24	23	1
安徽芜湖长江大桥经济开发区	220	134	86	15	15	
无为市	7284	4019	3265	397	371	26
蚌埠市	**19012**	**11110**	**7902**	**1055**	**993**	**62**
龙子湖区	1399	830	569	41	37	4
蚌山区	797	464	333	24	21	3
禹会区	1514	888	626	55	53	2
淮上区	1265	739	526	62	57	5
怀远县	5920	3497	2423	412	393	19
五河县	3933	2238	1695	226	209	17
固镇县	3390	1983	1407	220	213	7
蚌埠市高新技术开发区	120	67	53	4	3	1
蚌埠市经济开发区	674	404	270	11	7	4
淮南市	**18662**	**11096**	**7566**	**1329**	**1245**	**84**
大通区	920	511	409	43	39	4
田家庵区	2941	1808	1133	100	89	11
谢家集区	1889	1100	789	76	72	4
八公山区	909	506	403	31	27	4
潘集区	1930	1171	759	170	158	12
凤台县	3552	2103	1449	265	247	18
寿县	6521	3897	2624	644	613	31

6-3 续表 1

单位：人

地 区	15岁及以上死亡人口			未 婚		
	合计	男	女	小计	男	女
马鞍山市	**13891**	**7856**	**6035**	**596**	**550**	**46**
花山区	2128	1219	909	34	28	6
雨山区	1778	1023	755	47	38	9
博望区	1078	612	466	56	54	2
当涂县	2683	1551	1132	184	176	8
含山县	2603	1475	1128	122	112	10
和县	3621	1976	1645	153	142	11
淮北市	**9844**	**5678**	**4166**	**361**	**318**	**43**
杜集区	1601	973	628	51	45	6
相山区	1640	948	692	38	31	7
烈山区	1380	808	572	44	40	4
濉溪县	5223	2949	2274	228	202	26
铜陵市	**10016**	**5819**	**4197**	**418**	**370**	**48**
铜官区	2216	1323	893	58	41	17
义安区	2003	1168	835	90	85	5
郊区	1606	912	694	79	69	10
枞阳县	4191	2416	1775	191	175	16
安庆市	**30201**	**17093**	**13108**	**1443**	**1321**	**122**
迎江区	1156	664	492	34	27	7
大观区	1470	818	652	50	41	9
宜秀区	988	558	430	30	23	7
怀宁县	4130	2326	1804	158	143	15
太湖县	3408	1968	1440	216	205	11
宿松县	4339	2483	1856	236	223	13
望江县	3521	1958	1563	104	90	14
岳西县	2274	1271	1003	183	169	14
安徽安庆经济开发区	369	218	151	7	7	
桐城市	4842	2734	2108	219	201	18
潜山市	3704	2095	1609	206	192	14
黄山市	**9212**	**5214**	**3998**	**461**	**427**	**34**
屯溪区	988	593	395	28	23	5
黄山区	1146	666	480	73	70	3
徽州区	681	407	274	40	35	5
歙县	3168	1750	1418	170	161	9
休宁县	1586	886	700	73	68	5
黟县	572	319	253	30	29	1
祁门县	1071	593	478	47	41	6
滁州市	**24702**	**13906**	**10796**	**1207**	**1099**	**108**
琅琊区	1461	818	643	41	30	11
南谯区	1583	903	680	79	69	10
来安县	3014	1672	1342	119	111	8
全椒县	2545	1376	1169	99	79	20
定远县	4674	2718	1956	277	259	18
凤阳县	3609	2083	1526	219	208	11
苏滁现代产业园	81	49	32	3	2	1
滁州经济技术开发区	171	111	60	3	2	1
天长市	4245	2284	1961	168	155	13
明光市	3319	1892	1427	199	184	15

6-3 续表 2

单位：人

地区	15岁及以上死亡人口			未婚		
	合计	男	女	小计	男	女
阜阳市	**46470**	**26298**	**20172**	**2490**	**2288**	**202**
颍州区	3066	1746	1320	136	130	6
颍东区	3072	1779	1293	201	194	7
颍泉区	3262	1880	1382	174	163	11
临泉县	10039	5426	4613	463	395	68
太和县	7961	4496	3465	383	357	26
阜南县	7263	4057	3206	391	349	42
颍上县	7590	4561	3029	589	562	27
阜阳合肥现代产业园区	190	106	84	9	9	
阜阳经济技术开发区	194	119	75	9	9	
界首市	3833	2128	1705	135	120	15
宿州市	**32691**	**18447**	**14244**	**1668**	**1549**	**119**
埇桥区	8554	4922	3632	397	362	35
砀山县	4888	2655	2233	159	151	8
萧县	7595	4250	3345	436	408	28
灵璧县	6175	3533	2642	371	350	21
泗县	5149	2884	2265	286	259	27
宿州马鞍山现代产业园区	193	123	70	16	16	
宿州经济技术开发区	137	80	57	3	3	
六安市	**29353**	**17103**	**12250**	**2125**	**2036**	**89**
金安区	4558	2674	1884	338	320	18
裕安区	4649	2736	1913	340	331	9
叶集区	1201	722	479	87	86	1
霍邱县	6364	3809	2555	514	494	20
舒城县	6180	3532	2648	463	445	18
金寨县	3985	2289	1696	249	234	15
霍山县	2416	1341	1075	134	126	8
亳州市	**26835**	**15384**	**11451**	**1602**	**1492**	**110**
谯城区	6588	3666	2922	305	276	29
涡阳县	7175	4142	3033	435	410	25
蒙城县	6298	3627	2671	397	368	29
利辛县	6774	3949	2825	465	438	27
池州市	**9147**	**5170**	**3977**	**509**	**473**	**36**
贵池区	3721	2087	1634	172	159	13
东至县	2766	1533	1233	125	111	14
石台县	714	435	279	75	74	1
青阳县	1805	1028	777	130	122	8
池州市国家经济技术开发区	36	21	15			
皖江江南新兴产业集中区	17	11	6			
九华山风景区	88	55	33	7	7	
宣城市	**18304**	**10755**	**7549**	**1234**	**1183**	**51**
宣州区	5297	3073	2224	327	306	21
郎溪县	1985	1202	783	118	115	3
泾县	2583	1521	1062	232	223	9
绩溪县	1027	603	424	41	38	3
旌德县	1024	588	436	65	63	2
宣城市经济开发区	295	179	116	17	17	
宁国市	2780	1619	1161	197	193	4
广德市	3313	1970	1343	237	228	9

6-3 续表 3

单位：人

地区	有配偶			离婚			丧偶		
	小计	男	女	小计	男	女	小计	男	女
安　徽	**193306**	**129816**	**63490**	**5407**	**4459**	**948**	**140583**	**53475**	**87108**
合肥市	**20187**	**13904**	**6283**	**478**	**391**	**87**	**13428**	**5010**	**8418**
瑶海区	1043	734	309	43	32	11	501	203	298
庐阳区	1213	853	360	33	24	9	678	238	440
蜀山区	1423	999	424	34	24	10	597	209	388
包河区	1908	1337	571	67	52	15	993	365	628
长丰县	1728	1168	560	44	41	3	1357	510	847
肥东县	2667	1834	833	55	50	5	1882	636	1246
肥西县	2278	1561	717	55	45	10	1557	607	950
庐江县	4008	2731	1277	56	49	7	3121	1242	1879
合肥高新技术产业开发区	233	163	70	5	4	1	140	53	87
合肥经济技术开发区	402	284	118	15	11	4	222	83	139
合肥新站高新技术产业开发区	452	305	147	9	5	4	255	88	167
巢湖市	2832	1935	897	62	54	8	2125	776	1349
芜湖市	**12988**	**8976**	**4012**	**428**	**344**	**84**	**9945**	**3540**	**6405**
镜湖区	1930	1377	553	76	55	21	1350	528	822
弋江区	679	500	179	14	13	1	491	161	330
鸠江区	1734	1178	556	46	34	12	1327	476	851
三山区	513	348	165	12	8	4	347	123	224
芜湖县	1083	766	317	38	32	6	846	299	547
繁昌县	968	691	277	47	35	12	741	272	469
南陵县	1858	1264	594	89	80	9	1575	589	986
芜湖经济技术开发区	297	205	92	6	5	1	202	54	148
安徽芜湖长江大桥经济开发区	125	90	35	1	1		79	28	51
无为市	3801	2557	1244	99	81	18	2987	1010	1977
蚌埠市	**10372**	**6934**	**3438**	**389**	**289**	**100**	**7196**	**2894**	**4302**
龙子湖区	790	584	206	66	39	27	502	170	332
蚌山区	457	327	130	35	27	8	281	89	192
禹会区	845	573	272	44	30	14	570	232	338
淮上区	714	466	248	18	16	2	471	200	271
怀远县	3140	2057	1083	109	86	23	2259	961	1298
五河县	2096	1363	733	51	38	13	1560	628	932
固镇县	1782	1182	600	55	47	8	1333	541	792
蚌埠市高新技术开发区	84	53	31	1	1		31	10	21
蚌埠市经济开发区	464	329	135	10	5	5	189	63	126
淮南市	**10080**	**6775**	**3305**	**391**	**324**	**67**	**6862**	**2752**	**4110**
大通区	508	332	176	12	11	1	357	129	228
田家庵区	1697	1207	490	103	81	22	1041	431	610
谢家集区	1014	694	320	44	39	5	755	295	460
八公山区	508	355	153	19	14	5	351	110	241
潘集区	1013	674	339	63	57	6	684	282	402
凤台县	1998	1302	696	60	47	13	1229	507	722
寿县	3342	2211	1131	90	75	15	2445	998	1447

6-3　续表 4　　　　单位：人

地　区	有配偶			离　婚			丧　偶		
	小计	男	女	小计	男	女	小计	男	女
马鞍山市	**7501**	**5185**	**2316**	**251**	**198**	**53**	**5543**	**1923**	**3620**
花山区	1261	875	386	59	42	17	774	274	500
雨山区	971	692	279	62	42	20	698	251	447
博望区	550	400	150	17	16	1	455	142	313
当涂县	1402	978	424	47	39	8	1050	358	692
含山县	1395	963	432	26	24	2	1060	376	684
和县	1922	1277	645	40	35	5	1506	522	984
淮北市	**5499**	**3702**	**1797**	**178**	**133**	**45**	**3806**	**1525**	**2281**
杜集区	907	634	273	31	24	7	612	270	342
相山区	1013	686	327	42	25	17	547	206	341
烈山区	810	551	259	28	23	5	498	194	304
濉溪县	2769	1831	938	77	61	16	2149	855	1294
铜陵市	**5498**	**3896**	**1602**	**131**	**112**	**19**	**3969**	**1441**	**2528**
铜官区	1352	980	372	43	39	4	763	263	500
义安区	1046	743	303	26	19	7	841	321	520
郊区	848	584	264	26	22	4	653	237	416
枞阳县	2252	1589	663	36	32	4	1712	620	1092
安庆市	**16120**	**10996**	**5124**	**318**	**260**	**58**	**12320**	**4516**	**7804**
迎江区	668	492	176	23	16	7	431	129	302
大观区	814	555	259	29	25	4	577	197	380
宜秀区	554	395	159	7	6	1	397	134	263
怀宁县	2205	1529	676	32	26	6	1735	628	1107
太湖县	1734	1158	576	32	29	3	1426	576	850
宿松县	2348	1538	810	46	36	10	1709	686	1023
望江县	1895	1302	593	39	30	9	1483	536	947
岳西县	1131	723	408	26	24	2	934	355	579
安徽安庆经济开发区	247	174	73	4	3	1	111	34	77
桐城市	2551	1809	742	42	32	10	2030	692	1338
潜山市	1973	1321	652	38	33	5	1487	549	938
黄山市	**4804**	**3402**	**1402**	**157**	**134**	**23**	**3790**	**1251**	**2539**
屯溪区	585	423	162	21	15	6	354	132	222
黄山区	573	408	165	22	20	2	478	168	310
徽州区	377	283	94	13	10	3	251	79	172
歙县	1594	1120	474	49	42	7	1355	427	928
休宁县	839	582	257	20	16	4	654	220	434
黟县	282	203	79	14	14		246	73	173
祁门县	554	383	171	18	17	1	452	152	300
滁州市	**13044**	**8633**	**4411**	**412**	**345**	**67**	**10039**	**3829**	**6210**
琅琊区	823	569	254	41	34	7	556	185	371
南谯区	908	604	304	18	15	3	578	215	363
来安县	1558	1051	507	42	38	4	1295	472	823
全椒县	1356	877	479	31	26	5	1059	394	665
定远县	2452	1668	784	71	62	9	1874	729	1145
凤阳县	1908	1237	671	70	62	8	1412	576	836
苏滁现代产业园	49	39	10				29	8	21
滁州经济技术开发区	119	83	36	5	5		44	21	23
天长市	2091	1357	734	50	37	13	1936	735	1201
明光市	1780	1148	632	84	66	18	1256	494	762

6-3 续表 5 单位：人

地区	有配偶			离婚			丧偶		
	小计	男	女	小计	男	女	小计	男	女
阜阳市	**25148**	**16205**	**8943**	**570**	**482**	**88**	**18262**	**7323**	**10939**
颍州区	1689	1125	564	47	37	10	1194	454	740
颍东区	1714	1140	574	37	32	5	1120	413	707
颍泉区	1727	1146	581	44	34	10	1317	537	780
临泉县	5377	3322	2055	116	98	18	4083	1611	2472
太和县	4288	2766	1522	74	61	13	3216	1312	1904
阜南县	3778	2429	1349	91	78	13	3003	1201	1802
颍上县	4211	2746	1465	106	91	15	2684	1162	1522
阜阳合肥现代产业园区	113	69	44				68	28	40
阜阳经济技术开发区	104	72	32	3	2	1	78	36	42
界首市	2147	1390	757	52	49	3	1499	569	930
宿州市	**17131**	**11178**	**5953**	**504**	**423**	**81**	**13388**	**5297**	**8091**
埇桥区	4586	3037	1549	171	144	27	3400	1379	2021
砀山县	2585	1671	914	57	52	5	2087	781	1306
萧县	3907	2553	1354	89	72	17	3163	1217	1946
灵璧县	3245	2097	1148	109	94	15	2450	992	1458
泗县	2635	1693	942	74	59	15	2154	873	1281
宿州马鞍山现代产业园区	112	83	29	2	1	1	63	23	40
宿州经济技术开发区	61	44	17	2	1	1	71	32	39
六安市	**15855**	**10431**	**5424**	**332**	**280**	**52**	**11041**	**4356**	**6685**
金安区	2439	1632	807	57	45	12	1724	677	1047
裕安区	2537	1683	854	60	54	6	1712	668	1044
叶集区	659	438	221	11	11		444	187	257
霍邱县	3534	2304	1230	71	62	9	2245	949	1296
舒城县	3198	2141	1057	68	55	13	2451	891	1560
金寨县	2208	1405	803	35	29	6	1493	621	872
霍山县	1280	828	452	30	24	6	972	363	609
亳州市	**14585**	**9523**	**5062**	**364**	**317**	**47**	**10284**	**4052**	**6232**
谯城区	3542	2278	1264	89	79	10	2652	1033	1619
涡阳县	3843	2526	1317	106	88	18	2791	1118	1673
蒙城县	3448	2270	1178	75	64	11	2378	925	1453
利辛县	3752	2449	1303	94	86	8	2463	976	1487
池州市	**4930**	**3425**	**1505**	**128**	**106**	**22**	**3580**	**1166**	**2414**
贵池区	2096	1442	654	49	38	11	1404	448	956
东至县	1479	1037	442	33	29	4	1129	356	773
石台县	356	259	97	7	6	1	276	96	180
青阳县	915	624	291	37	32	5	723	250	473
池州市国家经济技术开发区	27	18	9				9	3	6
皖江江南新兴产业集中区	13	10	3				4	1	3
九华山风景区	44	35	9	2	1	1	35	12	23
宣城市	**9564**	**6651**	**2913**	**376**	**321**	**55**	**7130**	**2600**	**4530**
宣州区	2737	1902	835	87	75	12	2146	790	1356
郎溪县	1101	784	317	33	29	4	733	274	459
泾县	1260	873	387	69	63	6	1022	362	660
绩溪县	598	422	176	18	16	2	370	127	243
旌德县	512	357	155	25	22	3	422	146	276
宣城市经济开发区	149	107	42	7	6	1	122	49	73
宁国市	1454	994	460	74	61	13	1055	371	684
广德市	1753	1212	541	63	49	14	1260	481	779

6-3a　各地区分性别、婚姻状况的15岁及以上死亡人口(2019.11.1-2020.10.31)(城市)

单位：人

地　区	15岁及以上死亡人口			未　婚		
	合计	男	女	小计	男	女
安　徽	**54690**	**32111**	**22579**	**1524**	**1286**	**238**
合肥市	**9447**	**5677**	**3770**	**231**	**190**	**41**
瑶海区	1584	971	613	28	20	8
庐阳区	1851	1076	775	43	30	13
蜀山区	1721	1051	670	22	18	4
包河区	2975	1788	1187	91	78	13
长丰县	9	6	3			
肥东县						
肥西县	96	61	35	3	2	1
庐江县						
合肥高新技术产业开发区						
合肥经济技术开发区						
合肥新站高新技术产业开发区	97	62	35	5	5	
巢湖市	1114	662	452	39	37	2
芜湖市	**7086**	**4107**	**2979**	**228**	**200**	**28**
镜湖区	3246	1911	1335	61	51	10
弋江区	1229	715	514	45	41	4
鸠江区	1139	661	478	49	39	10
三山区	431	244	187	28	26	2
芜湖县	72	39	33	2	2	
繁昌县						
南陵县						
芜湖经济技术开发区	72	32	40	5	5	
安徽芜湖长江大桥经济开发区						
无为市	897	505	392	38	36	2
蚌埠市	**3247**	**1945**	**1302**	**75**	**64**	**11**
龙子湖区	1123	675	448	30	27	3
蚌山区	693	408	285	15	12	3
禹会区	936	562	374	12	10	2
淮上区	495	300	195	18	15	3
怀远县						
五河县						
固镇县						
蚌埠市高新技术开发区						
蚌埠市经济开发区						
淮南市	**5338**	**3169**	**2169**	**135**	**119**	**16**
大通区	168	85	83	4	4	
田家庵区	2656	1626	1030	62	52	10
谢家集区	1437	840	597	34	31	3
八公山区	852	477	375	25	22	3
潘集区	225	141	84	10	10	
凤台县						
寿县						

6-3a 续表 1

单位：人

地 区	15岁及以上死亡人口			未 婚		
	合计	男	女	小计	男	女
马鞍山市	**4077**	**2352**	**1725**	**79**	**66**	**13**
花山区	2054	1184	870	30	25	5
雨山区	1632	939	693	35	27	8
博望区	391	229	162	14	14	
当涂县						
含山县						
和县						
淮北市	**3407**	**2007**	**1400**	**79**	**65**	**14**
杜集区	830	500	330	18	15	3
相山区	1386	805	581	21	16	5
烈山区	591	347	244	14	12	2
濉溪县	600	355	245	26	22	4
铜陵市	**2819**	**1671**	**1148**	**81**	**63**	**18**
铜官区	2067	1232	835	54	38	16
义安区	438	256	182	13	12	1
郊区	314	183	131	14	13	1
枞阳县						
安庆市	**4547**	**2562**	**1985**	**144**	**117**	**27**
迎江区	955	547	408	27	20	7
大观区	959	525	434	36	30	6
宜秀区	372	212	160	9	6	3
怀宁县						
太湖县						
宿松县						
望江县	321	176	145	5	3	2
岳西县						
安徽安庆经济开发区						
桐城市	1334	757	577	47	40	7
潜山市	606	345	261	20	18	2
黄山市	**1165**	**715**	**450**	**31**	**25**	**6**
屯溪区	780	474	306	17	13	4
黄山区	189	121	68	7	7	
徽州区	166	108	58	7	5	2
歙县	11	5	6			
休宁县	19	7	12			
黟县						
祁门县						
滁州市	**3097**	**1751**	**1346**	**114**	**93**	**21**
琅琊区	1308	729	579	31	21	10
南谯区	425	240	185	25	22	3
来安县						
全椒县						
定远县						
凤阳县						
苏滁现代产业园						
滁州经济技术开发区						
天长市	692	390	302	23	20	3
明光市	672	392	280	35	30	5

6-3a　续表 2　　　　单位：人

地　区	15岁及以上死亡人口			未　婚		
	合计	男	女	小计	男	女
阜阳市	**2731**	**1633**	**1098**	**72**	**58**	**14**
颍州区	812	492	320	19	17	2
颍东区	570	338	232	21	18	3
颍泉区	637	384	253	18	13	5
临泉县						
太和县						
阜南县						
颍上县						
阜阳合肥现代产业园区						
阜阳经济技术开发区						
界首市	712	419	293	14	10	4
宿州市	**1849**	**1092**	**757**	**37**	**27**	**10**
埇桥区	1804	1071	733	35	26	9
砀山县						
萧县	45	21	24	2	1	1
灵璧县						
泗县						
宿州马鞍山现代产业园区						
宿州经济技术开发区						
六安市	**1333**	**840**	**493**	**48**	**43**	**5**
金安区	660	424	236	19	16	3
裕安区	393	247	146	16	14	2
叶集区	239	141	98	8	8	
霍邱县	14	9	5	2	2	
舒城县	27	19	8	3	3	
金寨县						
霍山县						
亳州市	**1134**	**614**	**520**	**36**	**30**	**6**
谯城区	1116	601	515	35	29	6
涡阳县						
蒙城县						
利辛县	18	13	5	1	1	
池州市	**1160**	**651**	**509**	**29**	**26**	**3**
贵池区	1107	619	488	29	26	3
东至县						
石台县						
青阳县						
池州市国家经济技术开发区	36	21	15			
皖江江南新兴产业集中区	17	11	6			
九华山风景区						
宣城市	**2253**	**1325**	**928**	**105**	**100**	**5**
宣州区	788	446	342	26	21	5
郎溪县						
泾县						
绩溪县						
旌德县						
宣城市经济开发区						
宁国市	618	377	241	24	24	
广德市	847	502	345	55	55	

6-3a 续表 3

单位：人

地区	有配偶			离婚			丧偶		
	小计	男	女	小计	男	女	小计	男	女
安徽	**32335**	**22751**	**9584**	**1283**	**952**	**331**	**19548**	**7122**	**12426**
合肥市	**6049**	**4263**	**1786**	**184**	**136**	**48**	**2983**	**1088**	**1895**
瑶海区	1018	718	300	43	32	11	495	201	294
庐阳区	1137	800	337	33	24	9	638	222	416
蜀山区	1218	863	355	29	19	10	452	151	301
包河区	1860	1304	556	65	51	14	959	355	604
长丰县	4	3	1	1	1		4	2	2
肥东县									
肥西县	53	38	15	1		1	39	21	18
庐江县									
合肥高新技术产业开发区									
合肥经济技术开发区									
合肥新站高新技术产业开发区	64	47	17				28	10	18
巢湖市	695	490	205	12	9	3	368	126	242
芜湖市	**3997**	**2826**	**1171**	**134**	**98**	**36**	**2727**	**983**	**1744**
镜湖区	1836	1306	530	73	52	21	1276	502	774
弋江区	679	500	179	14	13	1	491	161	330
鸠江区	653	455	198	28	20	8	409	147	262
三山区	252	170	82	4	1	3	147	47	100
芜湖县	35	24	11	1	1		34	12	22
繁昌县									
南陵县									
芜湖经济技术开发区	36	18	18				31	9	22
安徽芜湖长江大桥经济开发区									
无为市	506	353	153	14	11	3	339	105	234
蚌埠市	**1865**	**1357**	**508**	**140**	**92**	**48**	**1167**	**432**	**735**
龙子湖区	648	483	165	64	38	26	381	127	254
蚌山区	400	296	104	32	24	8	246	76	170
禹会区	521	376	145	36	23	13	367	153	214
淮上区	296	202	94	8	7	1	173	76	97
怀远县									
五河县									
固镇县									
蚌埠市高新技术开发区									
蚌埠市经济开发区									
淮南市	**3041**	**2136**	**905**	**167**	**134**	**33**	**1995**	**780**	**1215**
大通区	91	61	30				73	20	53
田家庵区	1552	1102	450	98	77	21	944	395	549
谢家集区	780	539	241	43	38	5	580	232	348
八公山区	480	338	142	19	14	5	328	103	225
潘集区	138	96	42	7	5	2	70	30	40
凤台县									
寿县									

6-3a　续表 4　　　　单位：人

地　区	有配偶			离　婚			丧　偶		
	小计	男	女	小计	男	女	小计	男	女
马鞍山市	**2340**	**1655**	**685**	**125**	**90**	**35**	**1533**	**541**	**992**
花山区	1229	853	376	58	41	17	737	265	472
雨山区	895	639	256	60	42	18	642	231	411
博望区	216	163	53	7	7		154	45	109
当涂县									
含山县									
和县									
淮北市	**2047**	**1412**	**635**	**81**	**55**	**26**	**1200**	**475**	**725**
杜集区	476	337	139	21	16	5	315	132	183
相山区	873	600	273	37	20	17	455	169	286
烈山区	374	256	118	14	12	2	189	67	122
濉溪县	324	219	105	9	7	2	241	107	134
铜陵市	**1649**	**1200**	**449**	**59**	**50**	**9**	**1030**	**358**	**672**
铜官区	1259	911	348	40	37	3	714	246	468
义安区	226	168	58	8	3	5	191	73	118
郊区	164	121	43	11	10	1	125	39	86
枞阳县									
安庆市	**2599**	**1822**	**777**	**81**	**58**	**23**	**1723**	**565**	**1158**
迎江区	568	416	152	19	13	6	341	98	243
大观区	526	355	171	26	22	4	371	118	253
宜秀区	219	155	64	4	3	1	140	48	92
怀宁县									
太湖县									
宿松县									
望江县	181	124	57	4	1	3	131	48	83
岳西县									
安徽安庆经济开发区									
桐城市	750	524	226	21	14	7	516	179	337
潜山市	355	248	107	7	5	2	224	74	150
黄山市	**719**	**522**	**197**	**28**	**17**	**11**	**387**	**151**	**236**
屯溪区	481	349	132	17	11	6	265	101	164
黄山区	113	81	32	5	3	2	64	30	34
徽州区	104	82	22	6	3	3	49	18	31
歙县	9	4	5				2	1	1
休宁县	12	6	6				7	1	6
黟县									
祁门县									
滁州市	**1730**	**1171**	**559**	**86**	**67**	**19**	**1167**	**420**	**747**
琅琊区	746	516	230	39	32	7	492	160	332
南谯区	261	171	90	4	3	1	135	44	91
来安县									
全椒县									
定远县									
凤阳县									
苏滁现代产业园									
滁州经济技术开发区									
天长市	353	227	126	11	8	3	305	135	170
明光市	370	257	113	32	24	8	235	81	154

6-3a 续表 5

单位：人

地区	有配偶			离婚			丧偶		
	小计	男	女	小计	男	女	小计	男	女
阜阳市	**1630**	**1157**	**473**	**56**	**48**	**8**	**973**	**370**	**603**
颍州区	509	360	149	22	19	3	262	96	166
颍东区	335	239	96	9	8	1	205	73	132
颍泉区	361	253	108	14	10	4	244	108	136
临泉县									
太和县									
阜南县									
颍上县									
阜阳合肥现代产业园区									
阜阳经济技术开发区									
界首市	425	305	120	11	11		262	93	169
宿州市	**1113**	**751**	**362**	**50**	**35**	**15**	**649**	**279**	**370**
埇桥区	1093	739	354	50	35	15	626	271	355
砀山县									
萧县	20	12	8				23	8	15
灵璧县									
泗县									
宿州马鞍山现代产业园区									
宿州经济技术开发区									
六安市	**874**	**631**	**243**	**13**	**11**	**2**	**398**	**155**	**243**
金安区	446	321	125	9	7	2	186	80	106
裕安区	259	188	71	4	4		114	41	73
叶集区	148	105	43				83	28	55
霍邱县	7	5	2				5	2	3
舒城县	14	12	2				10	4	6
金寨县									
霍山县									
亳州市	**638**	**430**	**208**	**16**	**14**	**2**	**444**	**140**	**304**
谯城区	625	422	203	15	13	2	441	137	304
涡阳县									
蒙城县									
利辛县	13	8	5	1	1		3	3	
池州市	**729**	**500**	**229**	**16**	**13**	**3**	**386**	**112**	**274**
贵池区	689	472	217	16	13	3	373	108	265
东至县									
石台县									
青阳县									
池州市国家经济技术开发区	27	18	9				9	3	6
皖江江南新兴产业集中区	13	10	3				4	1	3
九华山风景区									
宣城市	**1315**	**918**	**397**	**47**	**34**	**13**	**786**	**273**	**513**
宣州区	471	320	151	19	13	6	272	92	180
郎溪县									
泾县									
绩溪县									
旌德县									
宣城市经济开发区									
宁国市	391	273	118	15	12	3	188	68	120
广德市	453	325	128	13	9	4	326	113	213

6-3b　各地区分性别、婚姻状况的15岁及以上死亡人口 (2019.11.1-2020.10.31)(镇)

单位：人

地　区	15岁及以上死亡人口			未　婚		
	合计	男	女	小计	男	女
安　徽	**85481**	**49535**	**35946**	**4389**	**3992**	**397**
合肥市	**9667**	**5678**	**3989**	**535**	**484**	**51**
瑶海区	9	4	5			
庐阳区	60	40	20	1	1	
蜀山区	164	100	64	17	17	
包河区						
长丰县	1148	665	483	79	72	7
肥东县	1635	937	698	92	86	6
肥西县	1439	849	590	65	60	5
庐江县	2724	1626	1098	157	141	16
合肥高新技术产业开发区	385	227	158	12	11	1
合肥经济技术开发区	685	422	263	46	44	2
合肥新站高新技术产业开发区	511	290	221	12	11	1
巢湖市	907	518	389	54	41	13
芜湖市	**6288**	**3596**	**2692**	**414**	**382**	**32**
镜湖区	4	4				
弋江区						
鸠江区	638	337	301	22	22	
三山区	11	8	3			
芜湖县	753	442	311	45	43	2
繁昌县	739	440	299	46	42	4
南陵县	1633	976	657	158	142	16
芜湖经济技术开发区	457	255	202	19	18	1
安徽芜湖长江大桥经济开发区	57	36	21	4	4	
无为市	1996	1098	898	120	111	9
蚌埠市	**4312**	**2551**	**1761**	**164**	**147**	**17**
龙子湖区	34	18	16	2	2	
蚌山区						
禹会区	42	18	24	3	3	
淮上区	108	56	52	2	2	
怀远县	1637	996	641	84	79	5
五河县	1236	715	521	48	43	5
固镇县	461	277	184	10	8	2
蚌埠市高新技术开发区	120	67	53	4	3	1
蚌埠市经济开发区	674	404	270	11	7	4
淮南市	**3949**	**2344**	**1605**	**278**	**251**	**27**
大通区	455	250	205	20	17	3
田家庵区	74	46	28	7	7	
谢家集区	33	23	10	1	1	
八公山区	1	1				
潘集区	440	245	195	35	30	5
凤台县	907	551	356	54	47	7
寿县	2039	1228	811	161	149	12

6-3b 续表 1

单位：人

地　区	15岁及以上死亡人口			未　婚		
	合计	男	女	小计	男	女
马鞍山市	**3664**	**2135**	**1529**	**172**	**158**	**14**
花山区						
雨山区						
博望区	88	53	35	5	5	
当涂县	1500	893	607	97	93	4
含山县	991	580	411	24	20	4
和县	1085	609	476	46	40	6
淮北市	**2299**	**1372**	**927**	**70**	**62**	**8**
杜集区	382	248	134	9	8	1
相山区						
烈山区	177	118	59	4	4	
濉溪县	1740	1006	734	57	50	7
铜陵市	**2757**	**1563**	**1194**	**122**	**110**	**12**
铜官区	12	9	3	2	2	
义安区	222	128	94	5	5	
郊区	485	280	205	28	26	2
枞阳县	2038	1146	892	87	77	10
安庆市	**6708**	**3800**	**2908**	**299**	**267**	**32**
迎江区						
大观区	135	80	55	5	4	1
宜秀区	282	158	124	13	10	3
怀宁县	1406	782	624	52	44	8
太湖县	1026	579	447	45	41	4
宿松县	1027	579	448	40	37	3
望江县	413	250	163	16	14	2
岳西县	424	241	183	31	29	2
安徽安庆经济开发区	341	203	138	7	7	
桐城市	934	520	414	45	39	6
潜山市	720	408	312	45	42	3
黄山市	**2060**	**1169**	**891**	**100**	**87**	**13**
屯溪区	47	30	17	3	2	1
黄山区	228	143	85	17	14	3
徽州区	107	62	45	6	6	
歙县	777	435	342	30	27	3
休宁县	382	214	168	20	18	2
黟县	160	96	64	9	8	1
祁门县	359	189	170	15	12	3
滁州市	**7482**	**4269**	**3213**	**355**	**318**	**37**
琅琊区						
南谯区	253	146	107	22	18	4
来安县	1009	564	445	37	36	1
全椒县	935	518	417	18	10	8
定远县	1469	882	587	85	77	8
凤阳县	1441	857	584	84	76	8
苏滁现代产业园	81	49	32	3	2	1
滁州经济技术开发区	115	73	42	3	2	1
天长市	1523	812	711	59	55	4
明光市	656	368	288	44	42	2

6-3b　续表 2　　　　单位：人

地　区	15岁及以上死亡人口			未　婚		
	合计	男	女	小计	男	女
阜阳市	**9716**	**5642**	**4074**	**487**	**446**	**41**
颍州区	285	187	98	14	14	
颍东区	461	283	178	35	34	1
颍泉区	490	290	200	29	28	1
临泉县	1915	1054	861	78	67	11
太和县	2542	1447	1095	117	101	16
阜南县	1229	687	542	65	58	7
颍上县	2028	1262	766	125	121	4
阜阳合肥现代产业园区	39	24	15	1	1	
阜阳经济技术开发区	113	70	43	6	6	
界首市	614	338	276	17	16	1
宿州市	**8025**	**4628**	**3397**	**356**	**325**	**31**
埇桥区	930	557	373	28	26	2
砀山县	2108	1172	936	48	43	5
萧县	1683	974	709	100	90	10
灵璧县	1315	778	537	63	58	5
泗县	1764	1011	753	107	98	9
宿州马鞍山现代产业园区	88	56	32	7	7	
宿州经济技术开发区	137	80	57	3	3	
六安市	**6587**	**3800**	**2787**	**353**	**321**	**32**
金安区	614	370	244	41	36	5
裕安区	487	290	197	28	26	2
叶集区	101	59	42	7	7	
霍邱县	1559	936	623	102	92	10
舒城县	1766	1001	765	88	83	5
金寨县	815	458	357	37	32	5
霍山县	1245	686	559	50	45	5
亳州市	**5423**	**3150**	**2273**	**275**	**250**	**25**
谯城区	533	322	211	26	24	2
涡阳县	1518	870	648	56	53	3
蒙城县	2049	1187	862	119	106	13
利辛县	1323	771	552	74	67	7
池州市	**2481**	**1410**	**1071**	**157**	**143**	**14**
贵池区	489	288	201	25	21	4
东至县	1157	634	523	62	54	8
石台县	161	107	54	14	14	
青阳县	660	373	287	56	54	2
池州市国家经济技术开发区						
皖江江南新兴产业集中区						
九华山风景区	14	8	6			
宣城市	**4063**	**2428**	**1635**	**252**	**241**	**11**
宣州区	716	431	285	57	52	5
郎溪县	849	506	343	42	41	1
泾县	793	473	320	51	49	2
绩溪县	418	266	152	22	21	1
旌德县	373	220	153	23	22	1
宣城市经济开发区	154	88	66	5	5	
宁国市	258	143	115	22	22	
广德市	502	301	201	30	29	1

6-3b 续表 3 单位：人

地区	有配偶			离婚			丧偶		
	小计	男	女	小计	男	女	小计	男	女
安徽	**46874**	**31943**	**14931**	**1253**	**1016**	**237**	**32965**	**12584**	**20381**
合肥市	**5458**	**3789**	**1669**	**110**	**87**	**23**	**3564**	**1318**	**2246**
瑶海区	6	3	3				3	1	2
庐阳区	43	33	10				16	6	10
蜀山区	90	61	29	5	5		52	17	35
包河区									
长丰县	613	421	192	14	12	2	442	160	282
肥东县	948	672	276	17	14	3	578	165	413
肥西县	856	600	256	15	11	4	503	178	325
庐江县	1488	1027	461	22	19	3	1057	439	618
合肥高新技术产业开发区	230	160	70	5	4	1	138	52	86
合肥经济技术开发区	402	284	118	15	11	4	222	83	139
合肥新站高新技术产业开发区	321	217	104	7	3	4	171	59	112
巢湖市	461	311	150	10	8	2	382	158	224
芜湖市	**3212**	**2193**	**1019**	**106**	**84**	**22**	**2556**	**937**	**1619**
镜湖区	4	4							
弋江区									
鸠江区	308	204	104	1		1	307	111	196
三山区	10	7	3				1	1	
芜湖县	408	291	117	10	9	1	290	99	191
繁昌县	399	282	117	25	16	9	269	100	169
南陵县	763	527	236	44	39	5	668	268	400
芜湖经济技术开发区	261	187	74	6	5	1	171	45	126
安徽芜湖长江大桥经济开发区	33	23	10				20	9	11
无为市	1026	668	358	20	15	5	830	304	526
蚌埠市	**2560**	**1731**	**829**	**72**	**48**	**24**	**1516**	**625**	**891**
龙子湖区	20	13	7				12	3	9
蚌山区									
禹会区	27	13	14	1	1		11	1	10
淮上区	64	39	25	4	3	1	38	12	26
怀远县	896	614	282	41	28	13	616	275	341
五河县	723	473	250	12	7	5	453	192	261
固镇县	282	197	85	3	3		166	69	97
蚌埠市高新技术开发区	84	53	31	1	1		31	10	21
蚌埠市经济开发区	464	329	135	10	5	5	189	63	126
淮南市	**2190**	**1476**	**714**	**61**	**47**	**14**	**1420**	**570**	**850**
大通区	238	154	84	8	7	1	189	72	117
田家庵区	41	27	14				26	12	14
谢家集区	18	14	4				14	8	6
八公山区	1	1							
潘集区	229	137	92	10	10		166	68	98
凤台县	556	386	170	13	8	5	284	110	174
寿县	1107	757	350	30	22	8	741	300	441

6-3b 续表 4

单位：人

地 区	有配偶			离 婚			丧 偶		
	小计	男	女	小计	男	女	小计	男	女
马鞍山市	**2033**	**1431**	**602**	**61**	**51**	**10**	**1398**	**495**	**903**
花山区									
雨山区									
博望区	51	37	14				32	11	21
当涂县	817	581	236	32	26	6	554	193	361
含山县	545	403	142	14	13	1	408	144	264
和县	620	410	210	15	12	3	404	147	257
淮北市	**1284**	**902**	**382**	**36**	**27**	**9**	**909**	**381**	**528**
杜集区	217	159	58	8	6	2	148	75	73
相山区									
烈山区	115	84	31	4	4		54	26	28
濉溪县	952	659	293	24	17	7	707	280	427
铜陵市	**1484**	**1043**	**441**	**32**	**29**	**3**	**1119**	**381**	**738**
铜官区	7	5	2	1	1		2	1	1
义安区	114	84	30	4	4		99	35	64
郊区	251	173	78	9	7	2	197	74	123
枞阳县	1112	781	331	18	17	1	821	271	550
安庆市	**3704**	**2540**	**1164**	**58**	**47**	**11**	**2647**	**946**	**1701**
迎江区									
大观区	76	53	23	2	2		52	21	31
宜秀区	157	115	42				112	33	79
怀宁县	755	510	245	13	10	3	586	218	368
太湖县	542	367	175	6	4	2	433	167	266
宿松县	602	402	200	10	7	3	375	133	242
望江县	239	172	67	5	3	2	153	61	92
岳西县	231	146	85	7	7		155	59	96
安徽安庆经济开发区	231	161	70	4	3	1	99	32	67
桐城市	486	351	135	5	5		398	125	273
潜山市	385	263	122	6	6		284	97	187
黄山市	**1086**	**755**	**331**	**39**	**32**	**7**	**835**	**295**	**540**
屯溪区	26	19	7	1	1		17	8	9
黄山区	114	85	29	7	7		90	37	53
徽州区	53	38	15	3	3		45	15	30
歙县	417	297	120	8	5	3	322	106	216
休宁县	218	140	78	6	3	3	138	53	85
黟县	73	54	19	4	4		74	30	44
祁门县	185	122	63	10	9	1	149	46	103
滁州市	**4059**	**2751**	**1308**	**129**	**110**	**19**	**2939**	**1090**	**1849**
琅琊区									
南谯区	157	101	56	2	1	1	72	26	46
来安县	543	362	181	13	11	2	416	155	261
全椒县	563	373	190	15	13	2	339	122	217
定远县	787	571	216	26	23	3	571	211	360
凤阳县	782	539	243	37	33	4	538	209	329
苏滁现代产业园	49	39	10				29	8	21
滁州经济技术开发区	82	56	26	3	3		27	12	15
天长市	761	507	254	19	15	4	684	235	449
明光市	335	203	132	14	11	3	263	112	151

6-3b 续表 5 单位：人

地区	有配偶			离婚			丧偶		
	小计	男	女	小计	男	女	小计	男	女
阜阳市	**5302**	**3498**	**1804**	**137**	**110**	**27**	**3790**	**1588**	**2202**
颍州区	169	126	43	5	3	2	97	44	53
颍东区	258	176	82	2	2		166	71	95
颍泉区	265	185	80	6	5	1	190	72	118
临泉县	1009	637	372	27	22	5	801	328	473
太和县	1361	883	478	31	24	7	1033	439	594
阜南县	640	418	222	23	19	4	501	192	309
颍上县	1175	797	378	29	23	6	699	321	378
阜阳合肥现代产业园区	21	15	6				17	8	9
阜阳经济技术开发区	64	46	18	3	2	1	40	16	24
界首市	340	215	125	11	10	1	246	97	149
宿州市	**4336**	**2880**	**1456**	**114**	**92**	**22**	**3219**	**1331**	**1888**
埇桥区	517	354	163	16	14	2	369	163	206
砀山县	1137	745	392	22	20	2	901	364	537
萧县	916	611	305	8	4	4	659	269	390
灵璧县	732	495	237	32	27	5	488	198	290
泗县	920	590	330	32	25	7	705	298	407
宿州马鞍山现代产业园区	53	41	12	2	1	1	26	7	19
宿州经济技术开发区	61	44	17	2	1	1	71	32	39
六安市	**3577**	**2399**	**1178**	**94**	**76**	**18**	**2563**	**1004**	**1559**
金安区	330	219	111	4	4		239	111	128
裕安区	242	173	69	6	5	1	211	86	125
叶集区	52	34	18	2	2		40	16	24
霍邱县	863	570	293	22	20	2	572	254	318
舒城县	943	660	283	32	23	9	703	235	468
金寨县	470	302	168	9	7	2	299	117	182
霍山县	677	441	236	19	15	4	499	185	314
亳州市	**3053**	**2065**	**988**	**82**	**71**	**11**	**2013**	**764**	**1249**
谯城区	307	214	93	11	11		189	73	116
涡阳县	819	558	261	22	16	6	621	243	378
蒙城县	1149	784	365	32	27	5	749	270	479
利辛县	778	509	269	17	17		454	178	276
池州市	**1297**	**918**	**379**	**37**	**29**	**8**	**990**	**320**	**670**
贵池区	263	191	72	10	9	1	191	67	124
东至县	605	423	182	10	9	1	480	148	332
石台县	90	70	20	2	2		55	21	34
青阳县	330	228	102	14	9	5	260	82	178
池州市国家经济技术开发区									
皖江江南新兴产业集中区									
九华山风景区	9	6	3	1		1	4	2	2
宣城市	**2239**	**1572**	**667**	**85**	**76**	**9**	**1487**	**539**	**948**
宣州区	368	255	113	13	13		278	111	167
郎溪县	509	359	150	12	10	2	286	96	190
泾县	424	299	125	22	19	3	296	106	190
绩溪县	257	191	66	11	9	2	128	45	83
旌德县	200	141	59	7	7		143	50	93
宣城市经济开发区	83	55	28	3	2	1	63	26	37
宁国市	120	79	41	7	7		109	35	74
广德市	278	193	85	10	9	1	184	70	114

6-3c　各地区分性别、婚姻状况的15岁及以上死亡人口 (2019.11.1-2020.10.31)(乡村)

单位：人

地　区	15岁及以上死亡人口			未　婚		
	合计	男	女	小计	男	女
安　徽	**218824**	**124392**	**94432**	**13786**	**13010**	**776**
合肥市	**16907**	**9723**	**7184**	**1162**	**1099**	**63**
瑶海区	23	15	8	1	1	
庐阳区	61	34	27	4	4	
蜀山区	212	120	92	4	4	
包河区	88	48	40	4	4	
长丰县	2267	1325	942	216	205	11
肥东县	3239	1838	1401	178	169	9
肥西县	2645	1573	1072	222	208	14
庐江县	4988	2886	2102	370	349	21
合肥高新技术产业开发区	5	4	1			
合肥经济技术开发区						
合肥新站高新技术产业开发区	129	66	63	4	4	
巢湖市	3250	1814	1436	159	151	8
芜湖市	**11260**	**6328**	**4932**	**631**	**589**	**42**
镜湖区	178	107	71	11	11	
弋江区						
鸠江区	1484	827	657	83	76	7
三山区	486	280	206	28	27	1
芜湖县	1244	713	531	55	52	3
繁昌县	1144	673	471	81	73	8
南陵县	2170	1214	956	123	115	8
芜湖经济技术开发区						
安徽芜湖长江大桥经济开发区	163	98	65	11	11	
无为市	4391	2416	1975	239	224	15
蚌埠市	**11453**	**6614**	**4839**	**816**	**782**	**34**
龙子湖区	242	137	105	9	8	1
蚌山区	104	56	48	9	9	
禹会区	536	308	228	40	40	
淮上区	662	383	279	42	40	2
怀远县	4283	2501	1782	328	314	14
五河县	2697	1523	1174	178	166	12
固镇县	2929	1706	1223	210	205	5
蚌埠市高新技术开发区						
蚌埠市经济开发区						
淮南市	**9375**	**5583**	**3792**	**916**	**875**	**41**
大通区	297	176	121	19	18	1
田家庵区	211	136	75	31	30	1
谢家集区	419	237	182	41	40	1
八公山区	56	28	28	6	5	1
潘集区	1265	785	480	125	118	7
凤台县	2645	1552	1093	211	200	11
寿县	4482	2669	1813	483	464	19

6-3c 续表 1

单位：人

地区	15岁及以上死亡人口			未婚		
	合计	男	女	小计	男	女
马鞍山市	**6150**	**3369**	**2781**	**345**	**326**	**19**
花山区	74	35	39	4	3	1
雨山区	146	84	62	12	11	1
博望区	599	330	269	37	35	2
当涂县	1183	658	525	87	83	4
含山县	1612	895	717	98	92	6
和县	2536	1367	1169	107	102	5
淮北市	**4138**	**2299**	**1839**	**212**	**191**	**21**
杜集区	389	225	164	24	22	2
相山区	254	143	111	17	15	2
烈山区	612	343	269	26	24	2
濉溪县	2883	1588	1295	145	130	15
铜陵市	**4440**	**2585**	**1855**	**215**	**197**	**18**
铜官区	137	82	55	2	1	1
义安区	1343	784	559	72	68	4
郊区	807	449	358	37	30	7
枞阳县	2153	1270	883	104	98	6
安庆市	**18946**	**10731**	**8215**	**1000**	**937**	**63**
迎江区	201	117	84	7	7	
大观区	376	213	163	9	7	2
宜秀区	334	188	146	8	7	1
怀宁县	2724	1544	1180	106	99	7
太湖县	2382	1389	993	171	164	7
宿松县	3312	1904	1408	196	186	10
望江县	2787	1532	1255	83	73	10
岳西县	1850	1030	820	152	140	12
安徽安庆经济开发区	28	15	13			
桐城市	2574	1457	1117	127	122	5
潜山市	2378	1342	1036	141	132	9
黄山市	**5987**	**3330**	**2657**	**330**	**315**	**15**
屯溪区	161	89	72	8	8	
黄山区	729	402	327	49	49	
徽州区	408	237	171	27	24	3
歙县	2380	1310	1070	140	134	6
休宁县	1185	665	520	53	50	3
黟县	412	223	189	21	21	
祁门县	712	404	308	32	29	3
滁州市	**14123**	**7886**	**6237**	**738**	**688**	**50**
琅琊区	153	89	64	10	9	1
南谯区	905	517	388	32	29	3
来安县	2005	1108	897	82	75	7
全椒县	1610	858	752	81	69	12
定远县	3205	1836	1369	192	182	10
凤阳县	2168	1226	942	135	132	3
苏滁现代产业园						
滁州经济技术开发区	56	38	18			
天长市	2030	1082	948	86	80	6
明光市	1991	1132	859	120	112	8

6-3c　续表 2　　　　单位：人

地　区	15岁及以上死亡人口			未　婚		
	合计	男	女	小计	男	女
阜阳市	**34023**	**19023**	**15000**	**1931**	**1784**	**147**
颍州区	1969	1067	902	103	99	4
颍东区	2041	1158	883	145	142	3
颍泉区	2135	1206	929	127	122	5
临泉县	8124	4372	3752	385	328	57
太和县	5419	3049	2370	266	256	10
阜南县	6034	3370	2664	326	291	35
颍上县	5562	3299	2263	464	441	23
阜阳合肥现代产业园区	151	82	69	8	8	
阜阳经济技术开发区	81	49	32	3	3	
界首市	2507	1371	1136	104	94	10
宿州市	**22817**	**12727**	**10090**	**1275**	**1197**	**78**
埇桥区	5820	3294	2526	334	310	24
砀山县	2780	1483	1297	111	108	3
萧县	5867	3255	2612	334	317	17
灵璧县	4860	2755	2105	308	292	16
泗县	3385	1873	1512	179	161	18
宿州马鞍山现代产业园区	105	67	38	9	9	
宿州经济技术开发区						
六安市	**21433**	**12463**	**8970**	**1724**	**1672**	**52**
金安区	3284	1880	1404	278	268	10
裕安区	3769	2199	1570	296	291	5
叶集区	861	522	339	72	71	1
霍邱县	4791	2864	1927	410	400	10
舒城县	4387	2512	1875	372	359	13
金寨县	3170	1831	1339	212	202	10
霍山县	1171	655	516	84	81	3
亳州市	**20278**	**11620**	**8658**	**1291**	**1212**	**79**
谯城区	4939	2743	2196	244	223	21
涡阳县	5657	3272	2385	379	357	22
蒙城县	4249	2440	1809	278	262	16
利辛县	5433	3165	2268	390	370	20
池州市	**5506**	**3109**	**2397**	**323**	**304**	**19**
贵池区	2125	1180	945	118	112	6
东至县	1609	899	710	63	57	6
石台县	553	328	225	61	60	1
青阳县	1145	655	490	74	68	6
池州市国家经济技术开发区						
皖江江南新兴产业集中区						
九华山风景区	74	47	27	7	7	
宣城市	**11988**	**7002**	**4986**	**877**	**842**	**35**
宣州区	3793	2196	1597	244	233	11
郎溪县	1136	696	440	76	74	2
泾县	1790	1048	742	181	174	7
绩溪县	609	337	272	19	17	2
旌德县	651	368	283	42	41	1
宣城市经济开发区	141	91	50	12	12	
宁国市	1904	1099	805	151	147	4
广德市	1964	1167	797	152	144	8

6-3c 续表 3

单位：人

地区	有配偶			离婚			丧偶		
	小计	男	女	小计	男	女	小计	男	女
安徽	**114097**	**75122**	**38975**	**2871**	**2491**	**380**	**88070**	**33769**	**54301**
合肥市	**8680**	**5852**	**2828**	**184**	**168**	**16**	**6881**	**2604**	**4277**
瑶海区	19	13	6				3	1	2
庐阳区	33	20	13				24	10	14
蜀山区	115	75	40				93	41	52
包河区	48	33	15	2	1	1	34	10	24
长丰县	1111	744	367	29	28	1	911	348	563
肥东县	1719	1162	557	38	36	2	1304	471	833
肥西县	1369	923	446	39	34	5	1015	408	607
庐江县	2520	1704	816	34	30	4	2064	803	1261
合肥高新技术产业开发区	3	3					2	1	1
合肥经济技术开发区									
合肥新站高新技术产业开发区	67	41	26	2	2		56	19	37
巢湖市	1676	1134	542	40	37	3	1375	492	883
芜湖市	**5779**	**3957**	**1822**	**188**	**162**	**26**	**4662**	**1620**	**3042**
镜湖区	90	67	23	3	3		74	26	48
弋江区									
鸠江区	773	519	254	17	14	3	611	218	393
三山区	251	171	80	8	7	1	199	75	124
芜湖县	640	451	189	27	22	5	522	188	334
繁昌县	569	409	160	22	19	3	472	172	300
南陵县	1095	737	358	45	41	4	907	321	586
芜湖经济技术开发区									
安徽芜湖长江大桥经济开发区	92	67	25	1	1		59	19	40
无为市	2269	1536	733	65	55	10	1818	601	1217
蚌埠市	**5947**	**3846**	**2101**	**177**	**149**	**28**	**4513**	**1837**	**2676**
龙子湖区	122	88	34	2	1	1	109	40	69
蚌山区	57	31	26	3	3		35	13	22
禹会区	297	184	113	7	6	1	192	78	114
淮上区	354	225	129	6	6		260	112	148
怀远县	2244	1443	801	68	58	10	1643	686	957
五河县	1373	890	483	39	31	8	1107	436	671
固镇县	1500	985	515	52	44	8	1167	472	695
蚌埠市高新技术开发区									
蚌埠市经济开发区									
淮南市	**4849**	**3163**	**1686**	**163**	**143**	**20**	**3447**	**1402**	**2045**
大通区	179	117	62	4	4		95	37	58
田家庵区	104	78	26	5	4	1	71	24	47
谢家集区	216	141	75	1	1		161	55	106
八公山区	27	16	11				23	7	16
潘集区	646	441	205	46	42	4	448	184	264
凤台县	1442	916	526	47	39	8	945	397	548
寿县	2235	1454	781	60	53	7	1704	698	1006

6-3c 续表 4 单位：人

地 区	有配偶			离 婚			丧 偶		
	小计	男	女	小计	男	女	小计	男	女
马鞍山市	**3128**	**2099**	**1029**	**65**	**57**	**8**	**2612**	**887**	**1725**
花山区	32	22	10	1	1		37	9	28
雨山区	76	53	23	2		2	56	20	36
博望区	283	200	83	10	9	1	269	86	183
当涂县	585	397	188	15	13	2	496	165	331
含山县	850	560	290	12	11	1	652	232	420
和县	1302	867	435	25	23	2	1102	375	727
淮北市	**2168**	**1388**	**780**	**61**	**51**	**10**	**1697**	**669**	**1028**
杜集区	214	138	76	2	2		149	63	86
相山区	140	86	54	5	5		92	37	55
烈山区	321	211	110	10	7	3	255	101	154
濉溪县	1493	953	540	44	37	7	1201	468	733
铜陵市	**2365**	**1653**	**712**	**40**	**33**	**7**	**1820**	**702**	**1118**
铜官区	86	64	22	2	1	1	47	16	31
义安区	706	491	215	14	12	2	551	213	338
郊区	433	290	143	6	5	1	331	124	207
枞阳县	1140	808	332	18	15	3	891	349	542
安庆市	**9817**	**6634**	**3183**	**179**	**155**	**24**	**7950**	**3005**	**4945**
迎江区	100	76	24	4	3	1	90	31	59
大观区	212	147	65	1	1		154	58	96
宜秀区	178	125	53	3	3		145	53	92
怀宁县	1450	1019	431	19	16	3	1149	410	739
太湖县	1192	791	401	26	25	1	993	409	584
宿松县	1746	1136	610	36	29	7	1334	553	781
望江县	1475	1006	469	30	26	4	1199	427	772
岳西县	900	577	323	19	17	2	779	296	483
安徽安庆经济开发区	16	13	3				12	2	10
桐城市	1315	934	381	16	13	3	1116	388	728
潜山市	1233	810	423	25	22	3	979	378	601
黄山市	**2999**	**2125**	**874**	**90**	**85**	**5**	**2568**	**805**	**1763**
屯溪区	78	55	23	3	3		72	23	49
黄山区	346	242	104	10	10		324	101	223
徽州区	220	163	57	4	4		157	46	111
歙县	1168	819	349	41	37	4	1031	320	711
休宁县	609	436	173	14	13	1	509	166	343
黟县	209	149	60	10	10		172	43	129
祁门县	369	261	108	8	8		303	106	197
滁州市	**7255**	**4711**	**2544**	**197**	**168**	**29**	**5933**	**2319**	**3614**
琅琊区	77	53	24	2	2		64	25	39
南谯区	490	332	158	12	11	1	371	145	226
来安县	1015	689	326	29	27	2	879	317	562
全椒县	793	504	289	16	13	3	720	272	448
定远县	1665	1097	568	45	39	6	1303	518	785
凤阳县	1126	698	428	33	29	4	874	367	507
苏滁现代产业园									
滁州经济技术开发区	37	27	10	2	2		17	9	8
天长市	977	623	354	20	14	6	947	365	582
明光市	1075	688	387	38	31	7	758	301	457

6-3c 续表 5

单位：人

地区	有配偶			离婚			丧偶		
	小计	男	女	小计	男	女	小计	男	女
阜阳市	**18216**	**11550**	**6666**	**377**	**324**	**53**	**13499**	**5365**	**8134**
颍州区	1011	639	372	20	15	5	835	314	521
颍东区	1121	725	396	26	22	4	749	269	480
颍泉区	1101	708	393	24	19	5	883	357	526
临泉县	4368	2685	1683	89	76	13	3282	1283	1999
太和县	2927	1883	1044	43	37	6	2183	873	1310
阜南县	3138	2011	1127	68	59	9	2502	1009	1493
颍上县	3036	1949	1087	77	68	9	1985	841	1144
阜阳合肥现代产业园区	92	54	38				51	20	31
阜阳经济技术开发区	40	26	14				38	20	18
界首市	1382	870	512	30	28	2	991	379	612
宿州市	**11682**	**7547**	**4135**	**340**	**296**	**44**	**9520**	**3687**	**5833**
埇桥区	2976	1944	1032	105	95	10	2405	945	1460
砀山县	1448	926	522	35	32	3	1186	417	769
萧县	2971	1930	1041	81	68	13	2481	940	1541
灵璧县	2513	1602	911	77	67	10	1962	794	1168
泗县	1715	1103	612	42	34	8	1449	575	874
宿州马鞍山现代产业园区	59	42	17				37	16	21
宿州经济技术开发区									
六安市	**11404**	**7401**	**4003**	**225**	**193**	**32**	**8080**	**3197**	**4883**
金安区	1663	1092	571	44	34	10	1299	486	813
裕安区	2036	1322	714	50	45	5	1387	541	846
叶集区	459	299	160	9	9		321	143	178
霍邱县	2664	1729	935	49	42	7	1668	693	975
舒城县	2241	1469	772	36	32	4	1738	652	1086
金寨县	1738	1103	635	26	22	4	1194	504	690
霍山县	603	387	216	11	9	2	473	178	295
亳州市	**10894**	**7028**	**3866**	**266**	**232**	**34**	**7827**	**3148**	**4679**
谯城区	2610	1642	968	63	55	8	2022	823	1199
涡阳县	3024	1968	1056	84	72	12	2170	875	1295
蒙城县	2299	1486	813	43	37	6	1629	655	974
利辛县	2961	1932	1029	76	68	8	2006	795	1211
池州市	**2904**	**2007**	**897**	**75**	**64**	**11**	**2204**	**734**	**1470**
贵池区	1144	779	365	23	16	7	840	273	567
东至县	874	614	260	23	20	3	649	208	441
石台县	266	189	77	5	4	1	221	75	146
青阳县	585	396	189	23	23		463	168	295
池州市国家经济技术开发区									
皖江江南新兴产业集中区									
九华山风景区	35	29	6	1	1		31	10	21
宣城市	**6010**	**4161**	**1849**	**244**	**211**	**33**	**4857**	**1788**	**3069**
宣州区	1898	1327	571	55	49	6	1596	587	1009
郎溪县	592	425	167	21	19	2	447	178	269
泾县	836	574	262	47	44	3	726	256	470
绩溪县	341	231	110	7	7		242	82	160
旌德县	312	216	96	18	15	3	279	96	183
宣城市经济开发区	66	52	14	4	4		59	23	36
宁国市	943	642	301	52	42	10	758	268	490
广德市	1022	694	328	40	31	9	750	298	452

6-4 全省分年龄、性别的死亡人口状况
(2019.11.1-2020.10.31)

单位：人、‰

年龄	平均人口			死亡人口			死亡率		
	合计	男	女	合计	男	女	合计	男	女
总计	**60946806**	**31069278**	**29877528**	**362289**	**207987**	**154302**	**5.94**	**6.69**	**5.16**
0-4岁	**3724051**	**1975848**	**1748203**	**1954**	**1139**	**815**	**0.52**	**0.58**	**0.47**
0	631904	335056	296848	1228	708	520	1.94	2.11	1.75
1	684176	361536	322640	245	149	96	0.36	0.41	0.30
2	777052	410622	366430	218	126	92	0.28	0.31	0.25
3	863134	457720	405414	145	84	61	0.17	0.18	0.15
4	767785	410914	356871	118	72	46	0.15	0.18	0.13
5-9岁	**4174672**	**2259967**	**1914705**	**595**	**364**	**231**	**0.14**	**0.16**	**0.12**
5	832656	448019	384637	161	99	62	0.19	0.22	0.16
6	827000	446734	380266	136	83	53	0.16	0.19	0.14
7	875168	474225	400943	119	74	45	0.14	0.16	0.11
8	837529	454812	382717	90	56	34	0.11	0.12	0.09
9	802319	436177	366142	89	52	37	0.11	0.12	0.10
10-14岁	**3947152**	**2155315**	**1791837**	**745**	**446**	**299**	**0.19**	**0.21**	**0.17**
10	808538	440301	368237	125	71	54	0.15	0.16	0.15
11	799256	435436	363820	126	72	54	0.16	0.17	0.15
12	794275	432247	362028	126	70	56	0.16	0.16	0.15
13	785805	429509	356296	158	106	52	0.20	0.25	0.15
14	759278	417822	341456	210	127	83	0.28	0.30	0.24
15-19岁	**3151089**	**1721925**	**1429164**	**908**	**627**	**281**	**0.29**	**0.36**	**0.20**
15	726564	401988	324576	177	124	53	0.24	0.31	0.16
16	691208	382551	308657	190	135	55	0.27	0.35	0.18
17	620185	339028	281157	199	132	67	0.32	0.39	0.24
18	557185	300977	256208	163	115	48	0.29	0.38	0.19
19	555947	297381	258566	179	121	58	0.32	0.41	0.22
20-24岁	**3097208**	**1643856**	**1453352**	**1057**	**735**	**322**	**0.34**	**0.45**	**0.22**
20	560317	299467	260850	162	112	50	0.29	0.37	0.19
21	568043	302480	265563	173	120	53	0.30	0.40	0.20
22	601335	319858	281477	206	147	59	0.34	0.46	0.21
23	648392	343234	305158	247	170	77	0.38	0.50	0.25
24	719121	378817	340304	269	186	83	0.37	0.49	0.24
25-29岁	**4268528**	**2186319**	**2082209**	**1825**	**1278**	**547**	**0.43**	**0.58**	**0.26**
25	748789	392494	356295	321	218	103	0.43	0.56	0.29
26	756523	391768	364755	314	215	99	0.42	0.55	0.27
27	829197	425296	403901	332	226	106	0.40	0.53	0.26
28	907011	460248	446763	392	277	115	0.43	0.60	0.26
29	1027008	516513	510495	466	342	124	0.45	0.66	0.24

6-4 续表 1

单位：人、‰

年 龄	平均人口			死亡人口			死亡率		
	合计	男	女	合计	男	女	合计	男	女
30-34岁	**4685305**	**2316735**	**2368570**	**2591**	**1789**	**802**	**0.55**	**0.77**	**0.34**
30	1125919	558937	566982	535	371	164	0.48	0.66	0.29
31	991551	490608	500943	520	350	170	0.52	0.71	0.34
32	964217	475603	488614	528	377	151	0.55	0.79	0.31
33	845987	416198	429789	494	346	148	0.58	0.83	0.34
34	757631	375389	382242	514	345	169	0.68	0.92	0.44
35-39岁	**3541453**	**1767600**	**1773853**	**2785**	**1880**	**905**	**0.79**	**1.06**	**0.51**
35	720381	360758	359623	496	331	165	0.69	0.92	0.46
36	699780	349961	349819	504	346	158	0.72	0.99	0.45
37	709102	354348	354754	524	351	173	0.74	0.99	0.49
38	719494	357573	361921	617	420	197	0.86	1.17	0.54
39	692696	344960	347736	644	432	212	0.93	1.25	0.61
40-44岁	**3847280**	**1945086**	**1902194**	**4550**	**3199**	**1351**	**1.18**	**1.64**	**0.71**
40	772314	386947	385367	731	511	220	0.95	1.32	0.57
41	773786	388123	385663	908	618	290	1.17	1.59	0.75
42	729883	368774	361109	840	605	235	1.15	1.64	0.65
43	767505	391928	375577	992	693	299	1.29	1.77	0.80
44	803792	409314	394478	1079	772	307	1.34	1.89	0.78
45-49岁	**5130278**	**2573544**	**2556734**	**9982**	**6758**	**3224**	**1.95**	**2.63**	**1.26**
45	849991	429981	420010	1386	952	434	1.63	2.21	1.03
46	914370	460340	454030	1600	1121	479	1.75	2.44	1.05
47	1078251	544516	533735	2036	1392	644	1.89	2.56	1.21
48	1117111	559804	557307	2316	1546	770	2.07	2.76	1.38
49	1170555	578903	591652	2644	1747	897	2.26	3.02	1.52
50-54岁	**5742586**	**2825196**	**2917390**	**16061**	**10673**	**5388**	**2.80**	**3.78**	**1.85**
50	1183493	578179	605314	2769	1829	940	2.34	3.16	1.55
51	1273508	626815	646693	3225	2148	1077	2.53	3.43	1.67
52	1094045	535337	558708	3191	2129	1062	2.92	3.98	1.90
53	1068196	526914	541282	3226	2167	1059	3.02	4.11	1.96
54	1123344	557951	565393	3650	2400	1250	3.25	4.30	2.21
55-59岁	**4181135**	**2072722**	**2108413**	**16946**	**11273**	**5673**	**4.05**	**5.44**	**2.69**
55	1049473	517310	532163	3649	2381	1268	3.48	4.60	2.38
56	1050300	520180	530120	4036	2671	1365	3.84	5.13	2.57
57	1180702	594810	585892	4692	3170	1522	3.97	5.33	2.60
58	584291	286739	297552	2964	1970	994	5.07	6.87	3.34
59	316369	153683	162686	1605	1081	524	5.07	7.03	3.22
60-64岁	**2478753**	**1274079**	**1204674**	**16944**	**11446**	**5498**	**6.84**	**8.98**	**4.56**
60	280391	141766	138625	1578	1086	492	5.63	7.66	3.55
61	393166	207163	186003	2419	1672	747	6.15	8.07	4.02
62	571187	298081	273106	3725	2513	1212	6.52	8.43	4.44
63	634886	325500	309386	4470	3056	1414	7.04	9.39	4.57
64	599123	301569	297554	4752	3119	1633	7.93	10.34	5.49

6-4 续表 2

单位：人、‰

年龄	平均人口			死亡人口			死亡率		
	合计	男	女	合计	男	女	合计	男	女
65-69岁	**3247043**	**1616662**	**1630381**	**34409**	**22431**	**11978**	**10.60**	**13.87**	**7.35**
65	707405	357361	350044	6073	4057	2016	8.58	11.35	5.76
66	677992	337381	340611	6419	4249	2170	9.47	12.59	6.37
67	699932	346682	353250	7352	4763	2589	10.50	13.74	7.33
68	631895	311565	320330	7574	4838	2736	11.99	15.53	8.54
69	529819	263673	266146	6991	4524	2467	13.20	17.16	9.27
70-74岁	**2352248**	**1178351**	**1173897**	**43771**	**27990**	**15781**	**18.61**	**23.75**	**13.44**
70	547080	276855	270225	7933	5185	2748	14.50	18.73	10.17
71	521331	262013	259318	8693	5598	3095	16.67	21.37	11.94
72	470589	234791	235798	9048	5804	3244	19.23	24.72	13.76
73	420326	209128	211198	8823	5523	3300	20.99	26.41	15.63
74	392922	195564	197358	9274	5880	3394	23.60	30.07	17.20
75-79岁	**1652904**	**811394**	**841510**	**55948**	**33849**	**22099**	**33.85**	**41.72**	**26.26**
75	364585	182066	182519	9872	6167	3705	27.08	33.87	20.30
76	349367	173284	176083	10261	6281	3980	29.37	36.25	22.60
77	321354	158006	163348	10940	6662	4278	34.04	42.16	26.19
78	321048	154994	166054	11901	7089	4812	37.07	45.74	28.98
79	296550	143044	153506	12974	7650	5324	43.75	53.48	34.68
80-84岁	**979119**	**452809**	**526310**	**60816**	**33361**	**27455**	**62.11**	**73.68**	**52.17**
80	232952	110167	122785	11613	6602	5011	49.85	59.93	40.81
81	211929	100389	111540	11778	6745	5033	55.58	67.19	45.12
82	200573	93723	106850	12647	6981	5666	63.05	74.49	53.03
83	178419	80459	97960	12614	6694	5920	70.70	83.20	60.43
84	155246	68071	87175	12164	6339	5825	78.35	93.12	66.82
85-89岁	**532027**	**218961**	**313066**	**54164**	**25667**	**28497**	**101.81**	**117.22**	**91.03**
85	149490	63875	85615	12996	6552	6444	86.94	102.58	75.27
86	139005	58038	80967	13301	6493	6808	95.69	111.87	84.08
87	100021	40419	59602	10792	5068	5724	107.90	125.39	96.04
88	77349	30923	46426	8920	3981	4939	115.32	128.74	106.38
89	66162	25706	40456	8155	3573	4582	123.26	138.99	113.26
90-94岁	**172046**	**60779**	**111267**	**27261**	**10476**	**16785**	**158.45**	**172.36**	**150.85**
90	52919	19644	33275	7509	3114	4395	141.90	158.52	132.08
91	43629	15528	28101	6568	2580	3988	150.54	166.15	141.92
92	33121	11394	21727	5494	2068	3426	165.88	181.50	157.68
93	23922	8180	15742	4254	1536	2718	177.83	187.78	172.66
94	18455	6033	12422	3436	1178	2258	186.18	195.26	181.77
95-99岁	**37219**	**11111**	**26108**	**7705**	**2319**	**5386**	**207.02**	**208.71**	**206.30**
95	13487	4127	9360	2713	852	1861	201.16	206.45	198.82
96	9657	2825	6832	1948	579	1369	201.72	204.96	200.38
97	6251	1830	4421	1350	392	958	215.97	214.21	216.69
98	4389	1305	3084	982	304	678	223.74	232.95	219.84
99	3435	1024	2411	712	192	520	207.28	187.50	215.68
100岁及以上	**4710**	**1019**	**3691**	**1272**	**287**	**985**	**270.06**	**281.65**	**266.87**

6-4a 全省分年龄、性别的死亡人口状况
(2019.11.1-2020.10.31)(城市)

单位：人、‰

年 龄	平均人口			死亡人口			死亡率		
	合计	男	女	合计	男	女	合计	男	女
总 计	**16293034**	**8125285**	**8167749**	**55076**	**32329**	**22747**	**3.38**	**3.98**	**2.78**
0-4岁	**967612**	**510343**	**457269**	**245**	**125**	**120**	**0.25**	**0.24**	**0.26**
0	163838	86291	77547	165	85	80	1.01	0.99	1.03
1	180841	95260	85581	21	8	13	0.12	0.08	0.15
2	204671	107460	97211	26	14	12	0.13	0.13	0.12
3	231799	121980	109819	16	9	7	0.07	0.07	0.06
4	186463	99352	87111	17	9	8	0.09	0.09	0.09
5-9岁	**967780**	**524788**	**442992**	**63**	**39**	**24**	**0.07**	**0.07**	**0.05**
5	203635	109594	94041	15	7	8	0.07	0.06	0.09
6	196106	105743	90363	15	11	4	0.08	0.10	0.04
7	205752	111624	94128	16	10	6	0.08	0.09	0.06
8	188455	102553	85902	10	6	4	0.05	0.06	0.05
9	173832	95274	78558	7	5	2	0.04	0.05	0.03
10-14岁	**848472**	**460316**	**388156**	**78**	**54**	**24**	**0.09**	**0.12**	**0.06**
10	169559	92371	77188	12	7	5	0.07	0.08	0.06
11	168147	91452	76695	11	7	4	0.07	0.08	0.05
12	171569	92783	78786	14	11	3	0.08	0.12	0.04
13	164953	89437	75516	15	11	4	0.09	0.12	0.05
14	174244	94273	79971	26	18	8	0.15	0.19	0.10
15-19岁	**1007330**	**523314**	**484016**	**92**	**60**	**32**	**0.09**	**0.11**	**0.07**
15	206089	110652	95437	19	13	6	0.09	0.12	0.06
16	209722	111873	97849	26	18	8	0.12	0.16	0.08
17	191651	99666	91985	15	7	8	0.08	0.07	0.09
18	188684	95083	93601	11	6	5	0.06	0.06	0.05
19	211184	106040	105144	21	16	5	0.10	0.15	0.05
20-24岁	**1034295**	**522886**	**511409**	**106**	**70**	**36**	**0.10**	**0.13**	**0.07**
20	211183	106664	104519	16	9	7	0.08	0.08	0.07
21	199787	100754	99033	27	20	7	0.14	0.20	0.07
22	198698	100771	97927	16	11	5	0.08	0.11	0.05
23	204315	103344	100971	23	14	9	0.11	0.14	0.09
24	220312	111353	108959	24	16	8	0.11	0.14	0.07
25-29岁	**1313471**	**650145**	**663326**	**215**	**152**	**63**	**0.16**	**0.23**	**0.09**
25	227437	114271	113166	39	24	15	0.17	0.21	0.13
26	230149	115007	115142	35	22	13	0.15	0.19	0.11
27	252367	125276	127091	35	25	10	0.14	0.20	0.08
28	279670	137560	142110	42	32	10	0.15	0.23	0.07
29	323848	158031	165817	64	49	15	0.20	0.31	0.09

6-4a 续表 1 单位：人、‰

年 龄	平均人口			死亡人口			死亡率		
	合计	男	女	合计	男	女	合计	男	女
30–34岁	**1528798**	**734852**	**793946**	**346**	**231**	**115**	**0.23**	**0.31**	**0.14**
30	358235	172581	185654	65	44	21	0.18	0.25	0.11
31	325416	156347	169069	55	35	20	0.17	0.22	0.12
32	316558	152264	164294	86	59	27	0.27	0.39	0.16
33	279598	133797	145801	71	47	24	0.25	0.35	0.16
34	248991	119863	129128	69	46	23	0.28	0.38	0.18
35–39岁	**1165331**	**564300**	**601031**	**394**	**241**	**153**	**0.34**	**0.43**	**0.25**
35	236559	114654	121905	66	36	30	0.28	0.31	0.25
36	232028	112750	119278	58	45	13	0.25	0.40	0.11
37	239103	116031	123072	72	43	29	0.30	0.37	0.24
38	240021	115954	124067	95	58	37	0.40	0.50	0.30
39	217620	104911	112709	103	59	44	0.47	0.56	0.39
40–44岁	**1187770**	**584224**	**603546**	**655**	**431**	**224**	**0.55**	**0.74**	**0.37**
40	246596	119964	126632	118	82	36	0.48	0.68	0.28
41	243984	119005	124979	125	80	45	0.51	0.67	0.36
42	225409	110890	114519	116	74	42	0.51	0.67	0.37
43	233054	115621	117433	149	98	51	0.64	0.85	0.43
44	238727	118744	119983	147	97	50	0.62	0.82	0.42
45–49岁	**1383408**	**687228**	**696180**	**1481**	**1005**	**476**	**1.07**	**1.46**	**0.68**
45	241236	119893	121343	216	139	77	0.90	1.16	0.63
46	254214	126701	127513	237	166	71	0.93	1.31	0.56
47	288293	144078	144215	276	190	86	0.96	1.32	0.60
48	294199	145843	148356	357	241	116	1.21	1.65	0.78
49	305466	150713	154753	395	269	126	1.29	1.78	0.81
50–54岁	**1438322**	**700891**	**737431**	**2555**	**1765**	**790**	**1.78**	**2.52**	**1.07**
50	302928	147759	155169	436	288	148	1.44	1.95	0.95
51	326145	159070	167075	517	366	151	1.59	2.30	0.90
52	269855	131110	138745	500	342	158	1.85	2.61	1.14
53	258746	125649	133097	482	347	135	1.86	2.76	1.01
54	280648	137303	143345	620	422	198	2.21	3.07	1.38
55–59岁	**1074200**	**523219**	**550981**	**2817**	**1915**	**902**	**2.62**	**3.66**	**1.64**
55	271854	132879	138975	602	419	183	2.21	3.15	1.32
56	284305	138764	145541	708	459	249	2.49	3.31	1.71
57	305866	150095	155771	775	515	260	2.53	3.43	1.67
58	129520	61603	67917	448	318	130	3.46	5.16	1.91
59	82655	39878	42777	284	204	80	3.44	5.12	1.87
60–64岁	**643142**	**323599**	**319543**	**2929**	**2049**	**880**	**4.55**	**6.33**	**2.75**
60	89938	45317	44621	374	278	96	4.16	6.13	2.15
61	109548	56757	52791	438	325	113	4.00	5.73	2.14
62	150502	76408	74094	656	458	198	4.36	5.99	2.67
63	152945	76287	76658	687	486	201	4.49	6.37	2.62
64	140209	68830	71379	774	502	272	5.52	7.29	3.81

6-4a 续表 2

单位：人、‰

年龄	平均人口			死亡人口			死亡率		
	合计	男	女	合计	男	女	合计	男	女
65-69岁	**657902**	**316772**	**341130**	**4919**	**3248**	**1671**	**7.48**	**10.25**	**4.90**
65	156254	76676	79578	934	639	295	5.98	8.33	3.71
66	140353	67631	72722	929	633	296	6.62	9.36	4.07
67	139019	66243	72776	1013	698	315	7.29	10.54	4.33
68	122099	58057	64042	1077	661	416	8.82	11.39	6.50
69	100177	48165	52012	966	617	349	9.64	12.81	6.71
70-74岁	**422343**	**203825**	**218518**	**5863**	**3796**	**2067**	**13.88**	**18.62**	**9.46**
70	102232	49973	52259	1083	733	350	10.59	14.67	6.70
71	92314	44370	47944	1127	729	398	12.21	16.43	8.30
72	83118	40041	43077	1214	771	443	14.61	19.26	10.28
73	75328	36250	39078	1195	740	455	15.86	20.41	11.64
74	69351	33191	36160	1244	823	421	17.94	24.80	11.64
75-79岁	**307550**	**142765**	**164785**	**7974**	**4866**	**3108**	**25.93**	**34.08**	**18.86**
75	64360	30843	33517	1364	878	486	21.19	28.47	14.50
76	62214	28827	33387	1399	874	525	22.49	30.32	15.72
77	60396	27996	32400	1554	941	613	25.73	33.61	18.92
78	62931	28652	34279	1686	995	691	26.79	34.73	20.16
79	57649	26447	31202	1971	1178	793	34.19	44.54	25.42
80-84岁	**198317**	**89305**	**109012**	**9659**	**5315**	**4344**	**48.70**	**59.52**	**39.85**
80	46388	20932	25456	1799	1009	790	38.78	48.20	31.03
81	42342	19463	22879	1785	1002	783	42.16	51.48	34.22
82	40703	18670	22033	2014	1115	899	49.48	59.72	40.80
83	36695	16285	20410	2098	1155	943	57.17	70.92	46.20
84	32189	13955	18234	1963	1034	929	60.98	74.10	50.95
85-89岁	**106028**	**45968**	**60060**	**8753**	**4436**	**4317**	**82.55**	**96.50**	**71.88**
85	29568	12812	16756	2034	1051	983	68.79	82.03	58.67
86	27579	11776	15803	2097	1063	1034	76.04	90.27	65.43
87	19639	8412	11227	1790	898	892	91.15	106.75	79.45
88	15768	7045	8723	1471	747	724	93.29	106.03	83.00
89	13474	5923	7551	1361	677	684	101.01	114.30	90.58
90-94岁	**33576**	**13899**	**19677**	**4509**	**2004**	**2505**	**134.29**	**144.18**	**127.31**
90	10525	4552	5973	1311	627	684	124.56	137.74	114.52
91	8483	3530	4953	1054	476	578	124.25	134.84	116.70
92	6366	2524	3842	873	378	495	137.13	149.76	128.84
93	4633	1882	2751	706	307	399	152.39	163.12	145.04
94	3569	1411	2158	565	216	349	158.31	153.08	161.72
95-99岁	**6616**	**2422**	**4194**	**1212**	**463**	**749**	**183.19**	**191.16**	**178.59**
95	2503	951	1552	445	166	279	177.79	174.55	179.77
96	1709	602	1107	309	124	185	180.81	205.98	167.12
97	1072	368	704	193	71	122	180.04	192.93	173.30
98	741	271	470	156	59	97	210.53	217.71	206.38
99	591	230	361	109	43	66	184.43	186.96	182.83
100岁及以上	**771**	**224**	**547**	**211**	**64**	**147**	**273.67**	**285.71**	**268.74**

6-4b 全省分年龄、性别的死亡人口状况 (2019.11.1-2020.10.31)(镇)

单位：人、‰

年龄	平均人口			死亡人口			死亡率		
	合计	男	女	合计	男	女	合计	男	女
总计	**19227456**	**9733986**	**9493470**	**86244**	**49969**	**36275**	**4.49**	**5.13**	**3.82**
0-4岁	**1235603**	**656968**	**578635**	**469**	**268**	**201**	**0.38**	**0.41**	**0.35**
0	205609	108908	96701	294	161	133	1.43	1.48	1.38
1	228029	120617	107412	63	41	22	0.28	0.34	0.20
2	259880	137709	122171	56	30	26	0.22	0.22	0.21
3	290240	154144	136096	28	17	11	0.10	0.11	0.08
4	251845	135590	116255	28	19	9	0.11	0.14	0.08
5-9岁	**1368714**	**744972**	**623742**	**117**	**64**	**53**	**0.09**	**0.09**	**0.08**
5	271132	146316	124816	39	20	19	0.14	0.14	0.15
6	272307	147746	124561	25	12	13	0.09	0.08	0.10
7	288707	157668	131039	16	6	10	0.06	0.04	0.08
8	274137	149776	124361	19	14	5	0.07	0.09	0.04
9	262431	143466	118965	18	12	6	0.07	0.08	0.05
10-14岁	**1313685**	**717975**	**595710**	**177**	**102**	**75**	**0.13**	**0.14**	**0.13**
10	263794	144346	119448	28	11	17	0.11	0.08	0.14
11	260292	142134	118158	29	20	9	0.11	0.14	0.08
12	260139	141677	118462	26	12	14	0.10	0.08	0.12
13	259036	141512	117524	42	25	17	0.16	0.18	0.14
14	270424	148306	122118	52	34	18	0.19	0.23	0.15
15-19岁	**1212774**	**667814**	**544960**	**207**	**144**	**63**	**0.17**	**0.22**	**0.12**
15	297645	164382	133263	30	21	9	0.10	0.13	0.07
16	296314	163508	132806	36	31	5	0.12	0.19	0.04
17	242899	133762	109137	64	43	21	0.26	0.32	0.19
18	191445	105300	86145	38	26	12	0.20	0.25	0.14
19	184471	100862	83609	39	23	16	0.21	0.23	0.19
20-24岁	**985256**	**523911**	**461345**	**254**	**163**	**91**	**0.26**	**0.31**	**0.20**
20	182187	98918	83269	35	21	14	0.19	0.21	0.17
21	180116	96971	83145	39	26	13	0.22	0.27	0.16
22	188464	100927	87537	56	35	21	0.30	0.35	0.24
23	203933	107047	96886	57	36	21	0.28	0.34	0.22
24	230556	120048	110508	67	45	22	0.29	0.37	0.20
25-29岁	**1434677**	**722195**	**712482**	**448**	**300**	**148**	**0.31**	**0.42**	**0.21**
25	244819	126703	118116	71	41	30	0.29	0.32	0.25
26	252046	128919	123127	80	50	30	0.32	0.39	0.24
27	278149	140025	138124	84	60	24	0.30	0.43	0.17
28	308227	153651	154576	100	71	29	0.32	0.46	0.19
29	351436	172897	178539	113	78	35	0.32	0.45	0.20

6－4b 续表 1

单位：人、‰

年 龄	平均人口			死亡人口			死亡率		
	合计	男	女	合计	男	女	合计	男	女
30－34岁	**1621286**	**784561**	**836725**	**612**	**428**	**184**	**0.38**	**0.55**	**0.22**
30	386457	187472	198985	127	92	35	0.33	0.49	0.18
31	344266	167103	177163	110	64	46	0.32	0.38	0.26
32	334777	161213	173564	126	96	30	0.38	0.60	0.17
33	293061	141352	151709	110	80	30	0.38	0.57	0.20
34	262725	127421	135304	139	96	43	0.53	0.75	0.32
35－39岁	**1230505**	**599551**	**630954**	**670**	**468**	**202**	**0.54**	**0.78**	**0.32**
35	249887	122797	127090	131	90	41	0.52	0.73	0.32
36	243276	119139	124137	131	85	46	0.54	0.71	0.37
37	246072	119839	126233	136	95	41	0.55	0.79	0.32
38	250055	120977	129078	143	104	39	0.57	0.86	0.30
39	241215	116799	124416	129	94	35	0.53	0.80	0.28
40－44岁	**1307798**	**642703**	**665095**	**1122**	**787**	**335**	**0.86**	**1.22**	**0.50**
40	266119	129179	136940	166	114	52	0.62	0.88	0.38
41	265206	128850	136356	224	149	75	0.84	1.16	0.55
42	247452	121434	126018	212	158	54	0.86	1.30	0.43
43	259546	129218	130328	255	168	87	0.98	1.30	0.67
44	269475	134022	135453	265	198	67	0.98	1.48	0.49
45－49岁	**1647446**	**812748**	**834698**	**2435**	**1645**	**790**	**1.48**	**2.02**	**0.95**
45	282719	140506	142213	330	227	103	1.17	1.62	0.72
46	298992	147384	151608	387	268	119	1.29	1.82	0.78
47	347441	172211	175230	531	366	165	1.53	2.13	0.94
48	353954	174131	179823	536	362	174	1.51	2.08	0.97
49	364340	178516	185824	651	422	229	1.79	2.36	1.23
50－54岁	**1737223**	**848210**	**889013**	**3905**	**2579**	**1326**	**2.25**	**3.04**	**1.49**
50	363599	176327	187272	660	422	238	1.82	2.39	1.27
51	388557	190196	198361	776	513	263	2.00	2.70	1.33
52	328870	159752	169118	809	542	267	2.46	3.39	1.58
53	320853	157003	163850	746	499	247	2.33	3.18	1.51
54	335344	164932	170412	914	603	311	2.73	3.66	1.82
55－59岁	**1220769**	**597445**	**623324**	**4252**	**2795**	**1457**	**3.48**	**4.68**	**2.34**
55	312923	152966	159957	931	574	357	2.98	3.75	2.23
56	310995	152231	158764	1015	690	325	3.26	4.53	2.05
57	344580	170949	173631	1223	828	395	3.55	4.84	2.27
58	165379	79663	85716	700	459	241	4.23	5.76	2.81
59	86892	41636	45256	383	244	139	4.41	5.86	3.07
60－64岁	**684643**	**347463**	**337180**	**4242**	**2886**	**1356**	**6.20**	**8.31**	**4.02**
60	77411	38852	38559	390	259	131	5.04	6.67	3.40
61	110221	57515	52706	642	446	196	5.82	7.75	3.72
62	158778	82287	76491	957	647	310	6.03	7.86	4.05
63	175539	88374	87165	1083	749	334	6.17	8.48	3.83
64	162694	80435	82259	1170	785	385	7.19	9.76	4.68

6-4b　续表 2　　单位：人、‰

年　龄	平均人口			死亡人口			死亡率		
	合计	男	女	合计	男	女	合计	男	女
65–69岁	**834662**	**408380**	**426282**	**8248**	**5397**	**2851**	**9.88**	**13.22**	**6.69**
65	189128	93712	95416	1527	1027	500	8.07	10.96	5.24
66	176992	86408	90584	1570	1036	534	8.87	11.99	5.90
67	178143	86496	91647	1749	1131	618	9.82	13.08	6.74
68	158564	76925	81639	1714	1088	626	10.81	14.14	7.67
69	131835	64839	66996	1688	1115	573	12.80	17.20	8.55
70–74岁	**573732**	**284649**	**289083**	**10252**	**6607**	**3645**	**17.87**	**23.21**	**12.61**
70	135281	67843	67438	1834	1188	646	13.56	17.51	9.58
71	127298	63133	64165	2087	1345	742	16.39	21.30	11.56
72	114089	56281	57808	2161	1414	747	18.94	25.12	12.92
73	101959	50499	51460	2013	1295	718	19.74	25.64	13.95
74	95105	46893	48212	2157	1365	792	22.68	29.11	16.43
75–79岁	**399058**	**193495**	**205563**	**13262**	**8130**	**5132**	**33.23**	**42.02**	**24.97**
75	88220	43313	44907	2369	1481	888	26.85	34.19	19.77
76	83996	41156	42840	2412	1486	926	28.72	36.11	21.62
77	77773	37852	39921	2663	1667	996	34.24	44.04	24.95
78	77944	37172	40772	2789	1680	1109	35.78	45.20	27.20
79	71125	34002	37123	3029	1816	1213	42.59	53.41	32.68
80–84岁	**235900**	**108008**	**127892**	**14294**	**7925**	**6369**	**60.59**	**73.37**	**49.80**
80	55426	25760	29666	2779	1593	1186	50.14	61.84	39.98
81	51176	24107	27069	2712	1580	1132	52.99	65.54	41.82
82	48562	22395	26167	2924	1608	1316	60.21	71.80	50.29
83	43154	19344	23810	3030	1627	1403	70.21	84.11	58.92
84	37582	16402	21180	2849	1517	1332	75.81	92.49	62.89
85–89岁	**130561**	**54063**	**76498**	**12742**	**6140**	**6602**	**97.59**	**113.57**	**86.30**
85	36440	15526	20914	3118	1590	1528	85.57	102.41	73.06
86	34188	14352	19836	3118	1539	1579	91.20	107.23	79.60
87	24518	9927	14591	2499	1209	1290	101.93	121.79	88.41
88	19224	7849	11375	2088	939	1149	108.61	119.63	101.01
89	16191	6409	9782	1919	863	1056	118.52	134.65	107.95
90–94岁	**42725**	**15638**	**27087**	**6367**	**2503**	**3864**	**149.02**	**160.06**	**142.65**
90	13053	4980	8073	1690	729	961	129.47	146.39	119.04
91	10545	3879	6666	1564	596	968	148.32	153.65	145.21
92	8329	2915	5414	1314	503	811	157.76	172.56	149.80
93	6062	2206	3856	955	364	591	157.54	165.00	153.27
94	4736	1658	3078	844	311	533	178.21	187.58	173.16
95–99岁	**9343**	**2988**	**6355**	**1861**	**566**	**1295**	**199.19**	**189.42**	**203.78**
95	3424	1091	2333	660	213	447	192.76	195.23	191.60
96	2413	769	1644	490	143	347	203.07	185.96	211.07
97	1585	508	1077	302	93	209	190.54	183.07	194.06
98	1067	335	732	232	71	161	217.43	211.94	219.95
99	854	285	569	177	46	131	207.26	161.40	230.23
100岁及以上	**1096**	**249**	**847**	**308**	**72**	**236**	**281.02**	**289.16**	**278.63**

6-4c 全省分年龄、性别的死亡人口状况 (2019.11.1-2020.10.31)(乡村)

单位：人、‰

年 龄	平均人口			死亡人口			死亡率		
	合计	男	女	合计	男	女	合计	男	女
总 计	**25426316**	**13210007**	**12216309**	**220969**	**125689**	**95280**	**8.69**	**9.51**	**7.80**
0-4岁	**1520836**	**808537**	**712299**	**1240**	**746**	**494**	**0.82**	**0.92**	**0.69**
0	262457	139857	122600	769	462	307	2.93	3.30	2.50
1	275306	145659	129647	161	100	61	0.58	0.69	0.47
2	312501	165453	147048	136	82	54	0.44	0.50	0.37
3	341095	181596	159499	101	58	43	0.30	0.32	0.27
4	329477	175972	153505	73	44	29	0.22	0.25	0.19
5-9岁	**1838178**	**990207**	**847971**	**415**	**261**	**154**	**0.23**	**0.26**	**0.18**
5	357889	192109	165780	107	72	35	0.30	0.37	0.21
6	358587	193245	165342	96	60	36	0.27	0.31	0.22
7	380709	204933	175776	87	58	29	0.23	0.28	0.16
8	374937	202483	172454	61	36	25	0.16	0.18	0.14
9	366056	197437	168619	64	35	29	0.17	0.18	0.17
10-14岁	**1784995**	**977024**	**807971**	**490**	**290**	**200**	**0.27**	**0.30**	**0.25**
10	375185	203584	171601	85	53	32	0.23	0.26	0.19
11	370817	201850	168967	86	45	41	0.23	0.22	0.24
12	362567	197787	164780	86	47	39	0.24	0.24	0.24
13	361816	198560	163256	101	70	31	0.28	0.35	0.19
14	314610	175243	139367	132	75	57	0.42	0.43	0.41
15-19岁	**930985**	**530797**	**400188**	**609**	**423**	**186**	**0.65**	**0.80**	**0.46**
15	222830	126954	95876	128	90	38	0.57	0.71	0.40
16	185172	107170	78002	128	86	42	0.69	0.80	0.54
17	185635	105600	80035	120	82	38	0.65	0.78	0.47
18	177056	100594	76462	114	83	31	0.64	0.83	0.41
19	160292	90479	69813	119	82	37	0.74	0.91	0.53
20-24岁	**1077657**	**597059**	**480598**	**697**	**502**	**195**	**0.65**	**0.84**	**0.41**
20	166947	93885	73062	111	82	29	0.66	0.87	0.40
21	188140	104755	83385	107	74	33	0.57	0.71	0.40
22	214173	118160	96013	134	101	33	0.63	0.85	0.34
23	240144	132843	107301	167	120	47	0.70	0.90	0.44
24	268253	147416	120837	178	125	53	0.66	0.85	0.44
25-29岁	**1520380**	**813979**	**706401**	**1162**	**826**	**336**	**0.76**	**1.01**	**0.48**
25	276533	151520	125013	211	153	58	0.76	1.01	0.46
26	274328	147842	126486	199	143	56	0.73	0.97	0.44
27	298681	159995	138686	213	141	72	0.71	0.88	0.52
28	319114	169037	150077	250	174	76	0.78	1.03	0.51
29	351724	185585	166139	289	215	74	0.82	1.16	0.45

6-4c　续表 1　　　　　　　　　　　　　　　　　　　　　　　　　　　　　　　　　单位：人、‰

年　龄	平均人口			死亡人口			死亡率		
	合计	男	女	合计	男	女	合计	男	女
30–34岁	**1535221**	**797322**	**737899**	**1633**	**1130**	**503**	**1.06**	**1.42**	**0.68**
30	381227	198884	182343	343	235	108	0.90	1.18	0.59
31	321869	167158	154711	355	251	104	1.10	1.50	0.67
32	312882	162126	150756	316	222	94	1.01	1.37	0.62
33	273328	141049	132279	313	219	94	1.15	1.55	0.71
34	245915	128105	117810	306	203	103	1.24	1.58	0.87
35–39岁	**1145617**	**603749**	**541868**	**1721**	**1171**	**550**	**1.50**	**1.94**	**1.02**
35	233935	123307	110628	299	205	94	1.28	1.66	0.85
36	224476	118072	106404	315	216	99	1.40	1.83	0.93
37	223927	118478	105449	316	213	103	1.41	1.80	0.98
38	229418	120642	108776	379	258	121	1.65	2.14	1.11
39	233861	123250	110611	412	279	133	1.76	2.26	1.20
40–44岁	**1351712**	**718159**	**633553**	**2773**	**1981**	**792**	**2.05**	**2.76**	**1.25**
40	259599	137804	121795	447	315	132	1.72	2.29	1.08
41	264596	140268	124328	559	389	170	2.11	2.77	1.37
42	257022	136450	120572	512	373	139	1.99	2.73	1.15
43	274905	147089	127816	588	427	161	2.14	2.90	1.26
44	295590	156548	139042	667	477	190	2.26	3.05	1.37
45–49岁	**2099424**	**1073568**	**1025856**	**6066**	**4108**	**1958**	**2.89**	**3.83**	**1.91**
45	326036	169582	156454	840	586	254	2.58	3.46	1.62
46	361164	186255	174909	976	687	289	2.70	3.69	1.65
47	442517	228227	214290	1229	836	393	2.78	3.66	1.83
48	468958	239830	229128	1423	943	480	3.03	3.93	2.09
49	500749	249674	251075	1598	1056	542	3.19	4.23	2.16
50–54岁	**2567041**	**1276095**	**1290946**	**9601**	**6329**	**3272**	**3.74**	**4.96**	**2.53**
50	516966	254093	262873	1673	1119	554	3.24	4.40	2.11
51	558806	277549	281257	1932	1269	663	3.46	4.57	2.36
52	495320	244475	250845	1882	1245	637	3.80	5.09	2.54
53	488597	244262	244335	1998	1321	677	4.09	5.41	2.77
54	507352	255716	251636	2116	1375	741	4.17	5.38	2.94
55–59岁	**1886166**	**952058**	**934108**	**9877**	**6563**	**3314**	**5.24**	**6.89**	**3.55**
55	464696	231465	233231	2116	1388	728	4.55	6.00	3.12
56	455000	229185	225815	2313	1522	791	5.08	6.64	3.50
57	530256	273766	256490	2694	1827	867	5.08	6.67	3.38
58	289392	145473	143919	1816	1193	623	6.28	8.20	4.33
59	146822	72169	74653	938	633	305	6.39	8.77	4.09
60–64岁	**1150968**	**603017**	**547951**	**9773**	**6511**	**3262**	**8.49**	**10.80**	**5.95**
60	113042	57597	55445	814	549	265	7.20	9.53	4.78
61	173397	92891	80506	1339	901	438	7.72	9.70	5.44
62	261907	139386	122521	2112	1408	704	8.06	10.10	5.75
63	306402	160839	145563	2700	1821	879	8.81	11.32	6.04
64	296220	152304	143916	2808	1832	976	9.48	12.03	6.78

6-4c 续表 2

单位：人、‰

年龄	平均人口			死亡人口			死亡率		
	合计	男	女	合计	男	女	合计	男	女
65-69岁	**1754479**	**891510**	**862969**	**21242**	**13786**	**7456**	**12.11**	**15.46**	**8.64**
65	362023	186973	175050	3612	2391	1221	9.98	12.79	6.98
66	360647	183342	177305	3920	2580	1340	10.87	14.07	7.56
67	382770	193943	188827	4590	2934	1656	11.99	15.13	8.77
68	351232	176583	174649	4783	3089	1694	13.62	17.49	9.70
69	297807	150669	147138	4337	2792	1545	14.56	18.53	10.50
70-74岁	**1356173**	**689877**	**666296**	**27656**	**17587**	**10069**	**20.39**	**25.49**	**15.11**
70	309567	159039	150528	5016	3264	1752	16.20	20.52	11.64
71	301719	154510	147209	5479	3524	1955	18.16	22.81	13.28
72	273382	138469	134913	5673	3619	2054	20.75	26.14	15.22
73	243039	122379	120660	5615	3488	2127	23.10	28.50	17.63
74	228466	115480	112986	5873	3692	2181	25.71	31.97	19.30
75-79岁	**946296**	**475134**	**471162**	**34712**	**20853**	**13859**	**36.68**	**43.89**	**29.41**
75	212005	107910	104095	6139	3808	2331	28.96	35.29	22.39
76	203157	103301	99856	6450	3921	2529	31.75	37.96	25.33
77	183185	92158	91027	6723	4054	2669	36.70	43.99	29.32
78	180173	89170	91003	7426	4414	3012	41.22	49.50	33.10
79	167776	82595	85181	7974	4656	3318	47.53	56.37	38.95
80-84岁	**544902**	**255496**	**289406**	**36863**	**20121**	**16742**	**67.65**	**78.75**	**57.85**
80	131138	63475	67663	7035	4000	3035	53.65	63.02	44.85
81	118411	56819	61592	7281	4163	3118	61.49	73.27	50.62
82	111308	52658	58650	7709	4258	3451	69.26	80.86	58.84
83	98570	44830	53740	7486	3912	3574	75.95	87.26	66.51
84	85475	37714	47761	7352	3788	3564	86.01	100.44	74.62
85-89岁	**295438**	**118930**	**176508**	**32669**	**15091**	**17578**	**110.58**	**126.89**	**99.59**
85	83482	35537	47945	7844	3911	3933	93.96	110.05	82.03
86	77238	31910	45328	8086	3891	4195	104.69	121.94	92.55
87	55864	22080	33784	6503	2961	3542	116.41	134.10	104.84
88	42357	16029	26328	5361	2295	3066	126.57	143.18	116.45
89	36497	13374	23123	4875	2033	2842	133.57	152.01	122.91
90-94岁	**95745**	**31242**	**64503**	**16385**	**5969**	**10416**	**171.13**	**191.06**	**161.48**
90	29341	10112	19229	4508	1758	2750	153.64	173.85	143.01
91	24601	8119	16482	3950	1508	2442	160.56	185.74	148.16
92	18426	5955	12471	3307	1187	2120	179.47	199.33	169.99
93	13227	4092	9135	2593	865	1728	196.04	211.39	189.16
94	10150	2964	7186	2027	651	1376	199.70	219.64	191.48
95-99岁	**21260**	**5701**	**15559**	**4632**	**1290**	**3342**	**217.87**	**226.28**	**214.80**
95	7560	2085	5475	1608	473	1135	212.70	226.86	207.31
96	5535	1454	4081	1149	312	837	207.59	214.58	205.10
97	3594	954	2640	855	228	627	237.90	238.99	237.50
98	2581	699	1882	594	174	420	230.14	248.93	223.17
99	1990	509	1481	426	103	323	214.07	202.36	218.10
100岁及以上	**2843**	**546**	**2297**	**753**	**151**	**602**	**264.86**	**276.56**	**262.08**

第一部分　全部数据资料

第七卷　户口登记状况

7-1 全省按现住地、户口登记地、

现住地	户口					
	合计			省内		
	合计	男	女	小计	男	女
安徽	**18099918**	**9098260**	**9001658**	**16549409**	**8225763**	**8323646**
合肥市	**5075402**	**2628764**	**2446638**	**4625725**	**2364474**	**2261251**
瑶海区	574705	292978	281727	517340	261219	256121
庐阳区	402692	202382	200310	371304	184416	186888
蜀山区	605042	305086	299956	545150	270547	274603
包河区	766539	402483	364056	684766	352416	332350
长丰县	384389	200224	184165	355258	184197	171061
肥东县	422458	222819	199639	394134	206112	188022
肥西县	561882	297752	264130	519556	271514	248042
庐江县	182608	89153	93455	171481	82698	88783
合肥高新技术产业开发区	186853	99066	87787	168082	87413	80669
合肥经济技术开发区	384031	202761	181270	337535	175193	162342
合肥新站高新技术产业开发区	339692	184161	155531	312334	167230	145104
巢湖市	264511	129899	134612	248785	121519	127266
芜湖市	**1265568**	**647331**	**618237**	**1106999**	**555987**	**551012**
镜湖区	216089	105106	110983	194304	93411	100893
弋江区	253699	127035	126664	229736	114229	115507
鸠江区	202375	109975	92400	171762	91684	80078
三山区	63499	35395	28104	50206	27015	23191
芜湖县	121743	62566	59177	101689	51096	50593
繁昌县	66213	33742	32471	59915	29806	30109
南陵县	99210	46428	52782	91825	42988	48837
芜湖经济技术开发区	113622	65044	48578	86823	47534	39289
安徽芜湖长江大桥经济开发区	1152	604	548	780	380	400
无为市	127966	61436	66530	119959	57844	62115
蚌埠市	**901189**	**440851**	**460338**	**838539**	**409419**	**429120**
龙子湖区	92988	45581	47407	86764	42101	44663
蚌山区	89806	44746	45060	81557	40055	41502
禹会区	113156	55069	58087	106342	51321	55021
淮上区	87687	44235	43452	81090	40718	40372
怀远县	127385	61232	66153	120122	57956	62166
五河县	91475	43407	48068	85551	40523	45028
固镇县	81171	39101	42070	76319	36868	39451
蚌埠市高新技术开发区	45339	23057	22282	43212	21892	21320
蚌埠市经济开发区	172182	84423	87759	157582	77985	79597
淮南市	**817401**	**404971**	**412430**	**768527**	**379686**	**388841**
大通区	55241	27130	28111	50303	24452	25851
田家庵区	344935	168556	176379	324813	158023	166790
谢家集区	62545	29956	32589	59489	28365	31124
八公山区	39485	18605	20880	37301	17535	19766
潘集区	61707	31935	29772	57357	29570	27787
凤台县	147248	77645	69603	139855	73964	65891
寿县	106240	51144	55096	99409	47777	51632

性别分的户口登记地在外乡镇街道的人口

单位：人

登记地

市辖区内人户分离			省内流动人口			省外		
小计	男	女	小计	男	女	小计	男	女
4227612	**2051466**	**2176146**	**12321797**	**6174297**	**6147500**	**1550509**	**872497**	**678012**
633115	**311804**	**321311**	**3992610**	**2052670**	**1939940**	**449677**	**264290**	**185387**
141502	70088	71414	375838	191131	184707	57365	31759	25606
114947	56074	58873	256357	128342	128015	31388	17966	13422
165470	81181	84289	379680	189366	190314	59892	34539	25353
211196	104461	106735	473570	247955	225615	81773	50067	31706
			355258	184197	171061	29131	16027	13104
			394134	206112	188022	28324	16707	11617
			519556	271514	248042	42326	26238	16088
			171481	82698	88783	11127	6455	4672
			168082	87413	80669	18771	11653	7118
			337535	175193	162342	46496	27568	18928
			312334	167230	145104	27358	16931	10427
			248785	121519	127266	15726	8380	7346
297198	**145264**	**151934**	**809801**	**410723**	**399078**	**158569**	**91344**	**67225**
114216	54997	59219	80088	38414	41674	21785	11695	10090
96538	47518	49020	133198	66711	66487	23963	12806	11157
62303	30541	31762	109459	61143	48316	30613	18291	12322
24141	12208	11933	26065	14807	11258	13293	8380	4913
			101689	51096	50593	20054	11470	8584
			59915	29806	30109	6298	3936	2362
			91825	42988	48837	7385	3440	3945
			86823	47534	39289	26799	17510	9289
			780	380	400	372	224	148
			119959	57844	62115	8007	3592	4415
177446	**84982**	**92464**	**661093**	**324437**	**336656**	**62650**	**31432**	**31218**
45287	21425	23862	41477	20676	20801	6224	3480	2744
39920	19026	20894	41637	21029	20608	8249	4691	3558
59894	28699	31195	46448	22622	23826	6814	3748	3066
32345	15832	16513	48745	24886	23859	6597	3517	3080
			120122	57956	62166	7263	3276	3987
			85551	40523	45028	5924	2884	3040
			76319	36868	39451	4852	2233	2619
			43212	21892	21320	2127	1165	962
			157582	77985	79597	14600	6438	8162
366777	**176289**	**190488**	**401750**	**203397**	**198353**	**48874**	**25285**	**23589**
36882	17690	19192	13421	6762	6659	4938	2678	2260
215934	103118	112816	108879	54905	53974	20122	10533	9589
42658	20210	22448	16831	8155	8676	3056	1591	1465
28500	13489	15011	8801	4046	4755	2184	1070	1114
42803	21782	21021	14554	7788	6766	4350	2365	1985
			139855	73964	65891	7393	3681	3712
			99409	47777	51632	6831	3367	3464

7—1 续表 1

现住地	户口					
	合计			省内		
	合计	男	女	小计	男	女
马鞍山市	**667251**	**338751**	**328500**	**581897**	**290510**	**291387**
花山区	223801	113501	110300	200728	100801	99927
雨山区	192913	99717	93196	171524	87191	84333
博望区	15930	8343	7587	9927	5226	4701
当涂县	99666	50941	48725	84519	42145	42374
含山县	56486	27024	29462	51429	24284	27145
和县	78455	39225	39230	63770	30863	32907
淮北市	**533337**	**263229**	**270108**	**491152**	**241586**	**249566**
杜集区	49671	24973	24698	43652	21517	22135
相山区	268808	131972	136836	252315	123463	128852
烈山区	54970	23898	31072	46705	20532	26173
濉溪县	159888	82386	77502	148480	76074	72406
铜陵市	**393369**	**191285**	**202084**	**370738**	**179074**	**191664**
铜官区	235349	116000	119349	222902	109258	113644
义安区	58636	28738	29898	54629	26570	28059
郊区	29011	14940	14071	26754	13629	13125
枞阳县	70373	31607	38766	66453	29617	36836
安庆市	**1046888**	**511457**	**535431**	**975723**	**471653**	**504070**
迎江区	149315	73862	75453	141961	69846	72115
大观区	75529	37400	38129	69482	33634	35848
宜秀区	103281	51070	52211	94485	46199	48286
怀宁县	99716	49503	50213	91754	44661	47093
太湖县	71059	33921	37138	66233	31415	34818
宿松县	108619	53012	55607	100491	48768	51723
望江县	63376	29191	34185	58520	26749	31771
岳西县	47652	21960	25692	44741	20693	24048
安徽安庆经济开发区	83644	43969	39675	77771	40363	37408
桐城市	159985	77108	82877	150560	71632	78928
潜山市	84712	40461	44251	79725	37693	42032
黄山市	**424920**	**207867**	**217053**	**376689**	**179068**	**197621**
屯溪区	150812	72201	78611	136254	64615	71639
黄山区	44418	23233	21185	36973	18358	18615
徽州区	38349	18765	19584	35246	17120	18126
歙县	88990	42722	46268	80661	38308	42353
休宁县	50671	23979	26692	45894	21149	24745
黟县	14391	7625	6766	11462	5582	5880
祁门县	37289	19342	17947	30199	13936	16263
滁州市	**1245684**	**635001**	**610683**	**1100471**	**551756**	**548715**
琅琊区	141909	71555	70354	128849	63903	64946
南谯区	203631	104592	99039	182542	92023	90519
来安县	108648	57786	50862	81662	41988	39674
全椒县	135825	70469	65356	125144	64419	60725
定远县	114082	57396	56686	108360	54590	53770
凤阳县	104715	51915	52800	96852	47828	49024
苏滁现代产业园	16644	10782	5862	9608	5770	3838
滁州经济技术开发区	109499	58789	50710	86948	45444	41504
天长市	193850	96185	97665	171359	84017	87342
明光市	116881	55532	61349	109147	51774	57373

单位：人

登记地								
市辖区内人户分离			省内流动人口			省外		
小计	男	女	小计	男	女	小计	男	女
196923	**96314**	**100609**	**384974**	**194196**	**190778**	**85354**	**48241**	**37113**
112669	55182	57487	88059	45619	42440	23073	12700	10373
79585	38866	40719	91939	48325	43614	21389	12526	8863
4669	2266	2403	5258	2960	2298	6003	3117	2886
			84519	42145	42374	15147	8796	6351
			51429	24284	27145	5057	2740	2317
			63770	30863	32907	14685	8362	6323
180740	**86891**	**93849**	**310412**	**154695**	**155717**	**42185**	**21643**	**20542**
23003	10778	12225	20649	10739	9910	6019	3456	2563
141818	68398	73420	110497	55065	55432	16493	8509	7984
15919	7715	8204	30786	12817	17969	8265	3366	4899
			148480	76074	72406	11408	6312	5096
200098	**96498**	**103600**	**170640**	**82576**	**88064**	**22631**	**12211**	**10420**
139989	67415	72574	82913	41843	41070	12447	6742	5705
43614	20898	22716	11015	5672	5343	4007	2168	1839
16495	8185	8310	10259	5444	4815	2257	1311	946
			66453	29617	36836	3920	1990	1930
166916	**80800**	**86116**	**808807**	**390853**	**417954**	**71165**	**39804**	**31361**
87682	42473	45209	54279	27373	26906	7354	4016	3338
41261	19550	21711	28221	14084	14137	6047	3766	2281
37973	18777	19196	56512	27422	29090	8796	4871	3925
			91754	44661	47093	7962	4842	3120
			66233	31415	34818	4826	2506	2320
			100491	48768	51723	8128	4244	3884
			58520	26749	31771	4856	2442	2414
			44741	20693	24048	2911	1267	1644
			77771	40363	37408	5873	3606	2267
			150560	71632	78928	9425	5476	3949
			79725	37693	42032	4987	2768	2219
103437	**49182**	**54255**	**273252**	**129886**	**143366**	**48231**	**28799**	**19432**
56006	26441	29565	80248	38174	42074	14558	7586	6972
27539	13127	14412	9434	5231	4203	7445	4875	2570
19892	9614	10278	15354	7506	7848	3103	1645	1458
			80661	38308	42353	8329	4414	3915
			45894	21149	24745	4777	2830	1947
			11462	5582	5880	2929	2043	886
			30199	13936	16263	7090	5406	1684
158018	**77314**	**80704**	**942453**	**474442**	**468011**	**145213**	**83245**	**61968**
73079	35446	37633	55770	28457	27313	13060	7652	5408
84939	41868	43071	97603	50155	47448	21089	12569	8520
			81662	41988	39674	26986	15798	11188
			125144	64419	60725	10681	6050	4631
			108360	54590	53770	5722	2806	2916
			96852	47828	49024	7863	4087	3776
			9608	5770	3838	7036	5012	2024
			86948	45444	41504	22551	13345	9206
			171359	84017	87342	22491	12168	10323
			109147	51774	57373	7734	3758	3976

7-1 续表 2

现住地	户口					
	合计			省内		
	合计	男	女	小计	男	女
阜阳市	**1349326**	**662626**	**686700**	**1265970**	**619022**	**646948**
颍州区	298933	143368	155565	283697	135191	148506
颍东区	111931	57629	54302	103668	52535	51133
颍泉区	104401	52536	51865	96925	48357	48568
临泉县	202354	98798	103556	190263	92904	97359
太和县	166732	80381	86351	157783	76279	81504
阜南县	142370	68200	74170	133959	63966	69993
颍上县	122146	61885	60261	114073	57808	56265
阜阳合肥现代产业园区	6407	3371	3036	5633	2946	2687
阜阳经济技术开发区	67533	34480	33053	64607	32818	31789
界首市	126519	61978	64541	115362	56218	59144
宿州市	**924426**	**449167**	**475259**	**852354**	**414133**	**438221**
埇桥区	406156	198603	207553	380005	185343	194662
砀山县	72528	35668	36860	62405	31026	31379
萧县	141075	68404	72671	127784	62348	65436
灵璧县	140507	65725	74782	130748	61301	69447
泗县	115882	56082	59800	107152	51823	55329
宿州马鞍山现代产业园区	10891	5662	5229	9629	4867	4762
宿州经济技术开发区	37387	19023	18364	34631	17425	17206
六安市	**1189585**	**589314**	**600271**	**1125873**	**554386**	**571487**
金安区	379320	185655	193665	365056	178101	186955
裕安区	351307	174973	176334	341180	170107	171073
叶集区	40013	21547	18466	34485	18471	16014
霍邱县	105252	54240	51012	94820	47601	47219
舒城县	142105	68139	73966	130577	61759	68818
金寨县	96572	48700	47872	87890	44022	43868
霍山县	75016	36060	38956	71865	34325	37540
亳州市	**1028752**	**514396**	**514356**	**974854**	**485834**	**489020**
谯城区	452264	224182	228082	422401	208005	214396
涡阳县	196182	100699	95483	187956	96195	91761
蒙城县	200842	100943	99899	192884	96794	96090
利辛县	179464	88572	90892	171613	84840	86773
池州市	**390981**	**186800**	**204181**	**358312**	**167409**	**190903**
贵池区	233437	110105	123332	217986	100824	117162
东至县	60328	27735	32593	55473	25190	30283
石台县	15471	7590	7881	13523	6320	7203
青阳县	63124	30902	32222	56730	27172	29558
池州市国家经济技术开发区	8105	4353	3752	7347	3831	3516
皖江江南新兴产业集中区	6526	3872	2654	3790	2161	1629
九华山风景区	3990	2243	1747	3463	1911	1552
宣城市	**845839**	**426450**	**419389**	**735586**	**361766**	**373820**
宣州区	232560	113478	119082	212638	102613	110025
郎溪县	78960	39023	39937	63398	30171	33227
泾县	72089	35169	36920	64333	30556	33777
绩溪县	41010	19890	21120	37465	17876	19589
旌德县	23957	11459	12498	21332	9878	11454
宣城市经济开发区	72058	39167	32891	61667	32203	29464
宁国市	179155	91601	87554	162794	82093	80701
广德市	146050	76663	69387	111959	56376	55583

单位：人

登记地								
市辖区内人户分离			省内流动人口			省外		
小计	男	女	小计	男	女	小计	男	女
297615	**144263**	**153352**	**968355**	**474759**	**493596**	**83356**	**43604**	**39752**
160758	77367	83391	122939	57824	65115	15236	8177	7059
72547	35591	36956	31121	16944	14177	8263	5094	3169
64310	31305	33005	32615	17052	15563	7476	4179	3297
			190263	92904	97359	12091	5894	6197
			157783	76279	81504	8949	4102	4847
			133959	63966	69993	8411	4234	4177
			114073	57808	56265	8073	4077	3996
			5633	2946	2687	774	425	349
			64607	32818	31789	2926	1662	1264
			115362	56218	59144	11157	5760	5397
273046	**131309**	**141737**	**579308**	**282824**	**296484**	**72072**	**35034**	**37038**
273046	131309	141737	106959	54034	52925	26151	13260	12891
			62405	31026	31379	10123	4642	5481
			127784	62348	65436	13291	6056	7235
			130748	61301	69447	9759	4424	5335
			107152	51823	55329	8730	4259	4471
			9629	4867	4762	1262	795	467
			34631	17425	17206	2756	1598	1158
494272	**242076**	**252196**	**631601**	**312310**	**319291**	**63712**	**34928**	**28784**
237292	114709	122583	127764	63392	64372	14264	7554	6710
236949	117204	119745	104231	52903	51328	10127	4866	5261
20031	10163	9868	14454	8308	6146	5528	3076	2452
			94820	47601	47219	10432	6639	3793
			130577	61759	68818	11528	6380	5148
			87890	44022	43868	8682	4678	4004
			71865	34325	37540	3151	1735	1416
351363	**172956**	**178407**	**623491**	**312878**	**310613**	**53898**	**28562**	**25336**
351363	172956	178407	71038	35049	35989	29863	16177	13686
			187956	96195	91761	8226	4504	3722
			192884	96794	96090	7958	4149	3809
			171613	84840	86773	7851	3732	4119
156830	**72371**	**84459**	**201482**	**95038**	**106444**	**32669**	**19391**	**13278**
150700	69196	81504	67286	31628	35658	15451	9281	6170
			55473	25190	30283	4855	2545	2310
			13523	6320	7203	1948	1270	678
			56730	27172	29558	6394	3730	2664
4278	2142	2136	3069	1689	1380	758	522	236
1852	1033	819	1938	1128	810	2736	1711	1025
			3463	1911	1552	527	332	195
173818	**83153**	**90665**	**561768**	**278613**	**283155**	**110253**	**64684**	**45569**
173818	83153	90665	38820	19460	19360	19922	10865	9057
			63398	30171	33227	15562	8852	6710
			64333	30556	33777	7756	4613	3143
			37465	17876	19589	3545	2014	1531
			21332	9878	11454	2625	1581	1044
			61667	32203	29464	10391	6964	3427
			162794	82093	80701	16361	9508	6853
			111959	56376	55583	34091	20287	13804

7-1a 全省按现住地、户口登记地、

现住地	户口					
	合计			省内		
	合计	男	女	小计	男	女
安徽	**9113788**	**4545344**	**4568444**	**8420529**	**4155795**	**4264734**
合肥市	**2577146**	**1312876**	**1264270**	**2337600**	**1174459**	**1163141**
瑶海区	539784	274857	264927	485364	244737	240627
庐阳区	365439	183984	181455	337109	167780	169329
蜀山区	594171	298220	295951	536416	265416	271000
包河区	762466	400001	362465	681250	350341	330909
长丰县						
肥东县						
肥西县	53854	28685	25169	48952	25624	23328
庐江县						
合肥高新技术产业开发区						
合肥经济技术开发区						
合肥新站高新技术产业开发区	42703	21638	21065	39588	19972	19616
巢湖市	218729	105491	113238	208921	100589	108332
芜湖市	**793843**	**404622**	**389221**	**708102**	**356148**	**351954**
镜湖区	214041	104129	109912	192732	92679	100053
弋江区	253699	127035	126664	229736	114229	115507
鸠江区	188954	102505	86449	162064	86703	75361
三山区	44786	26189	18597	34630	19423	15207
芜湖县	1127	503	624	903	390	513
繁昌县						
南陵县						
芜湖经济技术开发区	144	74	70	118	61	57
安徽芜湖长江大桥经济开发区						
无为市	91092	44187	46905	87919	42663	45256
蚌埠市	**357543**	**176969**	**180574**	**333563**	**163773**	**169790**
龙子湖区	86392	42186	44206	80905	39188	41717
蚌山区	87328	43465	43863	79597	39107	40490
禹会区	105928	51780	54148	100310	48756	51554
淮上区	77895	39538	38357	72751	36722	36029
怀远县						
五河县						
固镇县						
蚌埠市高新技术开发区						
蚌埠市经济开发区						
淮南市	**493996**	**240161**	**253835**	**467095**	**226204**	**240891**
大通区	23039	11225	11814	21749	10582	11167
田家庵区	340934	166700	174234	321068	156276	164792
谢家集区	58664	28131	30533	56004	26712	29292
八公山区	37522	17711	19811	35467	16708	18759
潘集区	33837	16394	17443	32807	15926	16881
凤台县						
寿县						

性别分的户口登记地在外乡镇街道的人口(城市)

单位：人

登记地								
						省　　外		
市辖区内人户分离			省内流动人口					
小计	男	女	小计	男	女	小计	男	女
3850526	**1870236**	**1980290**	**4570003**	**2285559**	**2284444**	**693259**	**389549**	**303710**
612411	**301492**	**310919**	**1725189**	**872967**	**852222**	**239546**	**138417**	**101129**
135472	67046	68426	349892	177691	172201	54420	30120	24300
103398	50408	52990	233711	117372	116339	28330	16204	12126
162639	79737	82902	373777	185679	188098	57755	32804	24951
210902	104301	106601	470348	246040	224308	81216	49660	31556
			48952	25624	23328	4902	3061	1841
			39588	19972	19616	3115	1666	1449
			208921	100589	108332	9808	4902	4906
287811	**140778**	**147033**	**420291**	**215370**	**204921**	**85741**	**48474**	**37267**
113677	54756	58921	79055	37923	41132	21309	11450	9859
96538	47518	49020	133198	66711	66487	23963	12806	11157
59195	29072	30123	102869	57631	45238	26890	15802	11088
18401	9432	8969	16229	9991	6238	10156	6766	3390
			903	390	513	224	113	111
			118	61	57	26	13	13
			87919	42663	45256	3173	1524	1649
169421	**81529**	**87892**	**164142**	**82244**	**81898**	**23980**	**13196**	**10784**
42595	20162	22433	38310	19026	19284	5487	2998	2489
39183	18713	20470	40414	20394	20020	7731	4358	3373
57968	28005	29963	42342	20751	21591	5618	3024	2594
29675	14649	15026	43076	22073	21003	5144	2816	2328
327642	**156673**	**170969**	**139453**	**69531**	**69922**	**26901**	**13957**	**12944**
17402	8403	8999	4347	2179	2168	1290	643	647
214306	102416	111890	106762	53860	52902	19866	10424	9442
40957	19434	21523	15047	7278	7769	2660	1419	1241
27006	12805	14201	8461	3903	4558	2055	1003	1052
27971	13615	14356	4836	2311	2525	1030	468	562

7-1a 续表 1

现住地	户口					
	合计			省内		
	合计	男	女	小计	男	女
马鞍山市	**423933**	**216981**	**206952**	**376306**	**190174**	**186132**
花山区	221419	112164	109255	198895	99808	99087
雨山区	191053	98677	92376	169986	86370	83616
博望区	11461	6140	5321	7425	3996	3429
当涂县						
含山县						
和县						
淮北市	**343582**	**168172**	**175410**	**319041**	**155854**	**163187**
杜集区	37663	18897	18766	34127	16835	17292
相山区	261172	128057	133115	245853	120261	125592
烈山区	38450	16510	21940	33781	14758	19023
濉溪县	6297	4708	1589	5280	4000	1280
铜陵市	**297978**	**146839**	**151139**	**282610**	**138516**	**144094**
铜官区	231844	114025	117819	219572	107402	112170
义安区	46273	22418	23855	44518	21564	22954
郊区	19861	10396	9465	18520	9550	8970
枞阳县						
安庆市	**559514**	**270099**	**289415**	**528462**	**252811**	**275651**
迎江区	148191	73187	75004	141043	69302	71741
大观区	69917	33845	36072	64876	30840	34036
宜秀区	97097	47788	49309	89160	43408	45752
怀宁县						
太湖县						
宿松县						
望江县	43710	19804	23906	42018	19022	22996
岳西县						
安徽安庆经济开发区	418	340	78	311	257	54
桐城市	136290	65178	71112	129570	61262	68308
潜山市	63891	29957	33934	61484	28720	32764
黄山市	**200711**	**96139**	**104572**	**182393**	**86508**	**95885**
屯溪区	133378	63271	70107	120466	56533	63933
黄山区	29448	14161	15287	26736	12728	14008
徽州区	33894	16762	17132	31386	15402	15984
歙县	1319	624	695	1249	586	663
休宁县	2672	1321	1351	2556	1259	1297
黟县						
祁门县						
滁州市	**512491**	**255563**	**256928**	**474048**	**233830**	**240218**
琅琊区	139471	70086	69385	127143	62924	64219
南谯区	132478	68979	63499	121309	62340	58969
来安县						
全椒县						
定远县						
凤阳县						
苏滁现代产业园						
滁州经济技术开发区						
天长市	148817	72997	75820	138534	67316	71218
明光市	91725	43501	48224	87062	41250	45812

单位：人

登记地								
						省　　外		
市辖区内人户分离			省内流动人口					
小计	男	女	小计	男	女	小计	男	女
194298	**95023**	**99275**	**182008**	**95151**	**86857**	**47627**	**26807**	**20820**
111784	54700	57084	87111	45108	42003	22524	12356	10168
78900	38514	40386	91086	47856	43230	21067	12307	8760
3614	1809	1805	3811	2187	1624	4036	2144	1892
171388	**82525**	**88863**	**147653**	**73329**	**74324**	**24541**	**12318**	**12223**
20502	9651	10851	13625	7184	6441	3536	2062	1474
138828	66992	71836	107025	53269	53756	15319	7796	7523
12058	5882	6176	21723	8876	12847	4669	1752	2917
			5280	4000	1280	1017	708	309
188959	**91201**	**97758**	**93651**	**47315**	**46336**	**15368**	**8323**	**7045**
138551	66627	71924	81021	40775	40246	12272	6623	5649
38135	18361	19774	6383	3203	3180	1755	854	901
12273	6213	6060	6247	3337	2910	1341	846	495
163292	**78978**	**84314**	**365170**	**173833**	**191337**	**31052**	**17288**	**13764**
87540	42399	45141	53503	26903	26600	7148	3885	3263
39939	18843	21096	24937	11997	12940	5041	3005	2036
35813	17736	18077	53347	25672	27675	7937	4380	3557
			42018	19022	22996	1692	782	910
			311	257	54	107	83	24
			129570	61262	68308	6720	3916	2804
			61484	28720	32764	2407	1237	1170
94263	**44734**	**49529**	**88130**	**41774**	**46356**	**18318**	**9631**	**8687**
54159	25570	28589	66307	30963	35344	12912	6738	6174
22128	10357	11771	4608	2371	2237	2712	1433	1279
17976	8807	9169	13410	6595	6815	2508	1360	1148
			1249	586	663	70	38	32
			2556	1259	1297	116	62	54
128705	**62833**	**65872**	**345343**	**170997**	**174346**	**38443**	**21733**	**16710**
72607	35208	37399	54536	27716	26820	12328	7162	5166
56098	27625	28473	65211	34715	30496	11169	6639	4530
			138534	67316	71218	10283	5681	4602
			87062	41250	45812	4663	2251	2412

7－1a 续表 2

现住地	户口					
	合计			省内		
	合计	男	女	小计	男	女
阜阳市	**551017**	**268989**	**282028**	**522571**	**253045**	**269526**
颍州区	263071	125381	137690	251387	119084	132303
颍东区	92700	47178	45522	87907	44135	43772
颍泉区	88284	44406	43878	83158	41396	41762
临泉县						
太和县						
阜南县						
颍上县						
阜阳合肥现代产业园区						
阜阳经济技术开发区						
界首市	106962	52024	54938	100119	48430	51689
宿州市	**334469**	**165401**	**169068**	**318341**	**156631**	**161710**
埇桥区	333102	164672	168430	317198	156051	161147
砀山县						
萧县	1367	729	638	1143	580	563
灵璧县						
泗县						
宿州马鞍山现代产业园区						
宿州经济技术开发区						
六安市	**594378**	**295371**	**299007**	**575955**	**285760**	**290195**
金安区	268933	131968	136965	260725	127674	133051
裕安区	300200	149258	150942	293697	146083	147614
叶集区	24610	13823	10787	20953	11704	9249
霍邱县	117	50	67	91	42	49
舒城县	518	272	246	489	257	232
金寨县						
霍山县						
亳州市	**393785**	**194625**	**199160**	**371120**	**182037**	**189083**
谯城区	392528	194177	198351	370138	181720	188418
涡阳县						
蒙城县						
利辛县	1257	448	809	982	317	665
池州市	**226729**	**105848**	**120881**	**212365**	**97475**	**114890**
贵池区	212098	97623	114475	201228	91483	109745
东至县						
石台县						
青阳县						
池州市国家经济技术开发区	8105	4353	3752	7347	3831	3516
皖江江南新兴产业集中区	6526	3872	2654	3790	2161	1629
九华山风景区						
宣城市	**452673**	**226689**	**225984**	**410957**	**202570**	**208387**
宣州区	170269	81512	88757	161733	77089	84644
郎溪县						
泾县						
绩溪县						
旌德县						
宣城市经济开发区						
宁国市	161113	81613	79500	150394	75630	74764
广德市	121291	63564	57727	98830	49851	48979

单位：人

登记地								
市辖区内人户分离			省内流动人口			省外		
小计	男	女	小计	男	女	小计	男	女
266368	**129637**	**136731**	**256203**	**123408**	**132795**	**28446**	**15944**	**12502**
143070	69062	74008	108317	50022	58295	11684	6297	5387
64957	32105	32852	22950	12030	10920	4793	3043	1750
58341	28470	29871	24817	12926	11891	5126	3010	2116
			100119	48430	51689	6843	3594	3249
240111	**116773**	**123338**	**78230**	**39858**	**38372**	**16128**	**8770**	**7358**
240111	116773	123338	77087	39278	37809	15904	8621	7283
			1143	580	563	224	149	75
401657	**197727**	**203930**	**174298**	**88033**	**86265**	**18423**	**9611**	**8812**
180000	87647	92353	80725	40027	40698	8208	4294	3914
209839	103935	105904	83858	42148	41710	6503	3175	3328
11818	6145	5673	9135	5559	3576	3657	2119	1538
			91	42	49	26	8	18
			489	257	232	29	15	14
316327	**155974**	**160353**	**54793**	**26063**	**28730**	**22665**	**12588**	**10077**
316327	155974	160353	53811	25746	28065	22390	12457	9933
			982	317	665	275	131	144
148988	**68229**	**80759**	**63377**	**29246**	**34131**	**14364**	**8373**	**5991**
142858	65054	77804	58370	26429	31941	10870	6140	4730
4278	2142	2136	3069	1689	1380	758	522	236
1852	1033	819	1938	1128	810	2736	1711	1025
138885	**66130**	**72755**	**272072**	**136440**	**135632**	**41716**	**24119**	**17597**
138885	66130	72755	22848	10959	11889	8536	4423	4113
			150394	75630	74764	10719	5983	4736
			98830	49851	48979	22461	13713	8748

7-1b 全省按现住地、户口登记地、

现住地	户口					
	合计			省内		
	合计	男	女	小计	男	女
安徽	**7585048**	**3827834**	**3757214**	**6994616**	**3489479**	**3505137**
合肥市	**2242626**	**1170593**	**1072033**	**2070206**	**1069512**	**1000694**
瑶海区	17028	8790	8238	15587	7980	7607
庐阳区	36134	17717	18417	33309	16144	17165
蜀山区	7007	3873	3134	6034	3175	2859
包河区						
长丰县	333804	171166	162638	312961	160287	152674
肥东县	395773	207467	188306	372248	193767	178481
肥西县	398667	207785	190882	375051	194061	180990
庐江县	165350	79261	86089	157681	75001	82680
合肥高新技术产业开发区	186788	99017	87771	168026	87371	80655
合肥经济技术开发区	383017	202210	180807	336609	174700	161909
合肥新站高新技术产业开发区	294011	160490	133521	270350	145688	124662
巢湖市	25047	12817	12230	22350	11338	11012
芜湖市	**416664**	**215213**	**201451**	**356665**	**179132**	**177533**
镜湖区	139	68	71	123	60	63
弋江区						
鸠江区	6344	3449	2895	4889	2484	2405
三山区	15780	7717	8063	13569	6628	6941
芜湖县	112843	58384	54459	95764	48381	47383
繁昌县	55626	27783	27843	51123	25091	26032
南陵县	90333	42172	48161	84942	39569	45373
芜湖经济技术开发区	113291	64878	48413	86554	47394	39160
安徽芜湖长江大桥经济开发区	897	463	434	607	288	319
无为市	21411	10299	11112	19094	9237	9857
蚌埠市	**486719**	**237267**	**249452**	**457949**	**223378**	**234571**
龙子湖区	3729	1958	1771	3439	1760	1679
蚌山区						
禹会区	862	461	401	720	364	356
淮上区	5232	2592	2640	4648	2273	2375
怀远县	111080	53952	57128	106918	51786	55132
五河县	84550	40201	44349	80398	38104	42294
固镇县	63745	30623	33122	61032	29214	31818
蚌埠市高新技术开发区	45339	23057	22282	43212	21892	21320
蚌埠市经济开发区	172182	84423	87759	157582	77985	79597
淮南市	**238038**	**121606**	**116432**	**225026**	**114438**	**110588**
大通区	28812	14342	14470	26142	12826	13316
田家庵区	2031	976	1055	1933	929	1004
谢家集区	494	243	251	434	206	228
八公山区	21	9	12	18	7	11
潘集区	13915	8117	5798	12064	6845	5219
凤台县	102966	55199	47767	99188	53201	45987
寿县	89799	42720	47079	85247	40424	44823

性别分的户口登记地在外乡镇街道的人口(镇)

单位：人

登记地								
市辖区内人户分离			省内流动人口			省外		
小计	男	女	小计	男	女	小计	男	女
217221	**106127**	**111094**	**6777395**	**3383352**	**3394043**	**590432**	**338355**	**252077**
18164	**9012**	**9152**	**2052042**	**1060500**	**991542**	**172420**	**101081**	**71339**
4468	2275	2193	11119	5705	5414	1441	810	631
11278	5537	5741	22031	10607	11424	2825	1573	1252
2418	1200	1218	3616	1975	1641	973	698	275
			312961	160287	152674	20843	10879	9964
			372248	193767	178481	23525	13700	9825
			375051	194061	180990	23616	13724	9892
			157681	75001	82680	7669	4260	3409
			168026	87371	80655	18762	11646	7116
			336609	174700	161909	46408	27510	18898
			270350	145688	124662	23661	14802	8859
			22350	11338	11012	2697	1479	1218
7245	**3542**	**3703**	**349420**	**175590**	**173830**	**59999**	**36081**	**23918**
60	29	31	63	31	32	16	8	8
2031	981	1050	2858	1503	1355	1455	965	490
5154	2532	2622	8415	4096	4319	2211	1089	1122
			95764	48381	47383	17079	10003	7076
			51123	25091	26032	4503	2692	1811
			84942	39569	45373	5391	2603	2788
			86554	47394	39160	26737	17484	9253
			607	288	319	290	175	115
			19094	9237	9857	2317	1062	1255
4050	**1958**	**2092**	**453899**	**221420**	**232479**	**28770**	**13889**	**14881**
1962	981	981	1477	779	698	290	198	92
230	92	138	490	272	218	142	97	45
1858	885	973	2790	1388	1402	584	319	265
			106918	51786	55132	4162	2166	1996
			80398	38104	42294	4152	2097	2055
			61032	29214	31818	2713	1409	1304
			43212	21892	21320	2127	1165	962
			157582	77985	79597	14600	6438	8162
28196	**14369**	**13827**	**196830**	**100069**	**96761**	**13012**	**7168**	**5844**
18519	8919	9600	7623	3907	3716	2670	1516	1154
957	470	487	976	459	517	98	47	51
273	127	146	161	79	82	60	37	23
10	4	6	8	3	5	3	2	1
8437	4849	3588	3627	1996	1631	1851	1272	579
			99188	53201	45987	3778	1998	1780
			85247	40424	44823	4552	2296	2256

7-1b 续表 1

现住地	户口					
	合计			省内		
	合计	男	女	小计	男	女
马鞍山市	**204111**	**101044**	**103067**	**178574**	**86460**	**92114**
花山区						
雨山区						
博望区	1189	744	445	642	358	284
当涂县	86540	44072	42468	75756	37849	37907
含山县	50747	24056	26691	47055	22019	25036
和县	65635	32172	33463	55121	26234	28887
淮北市	**148459**	**74918**	**73541**	**139432**	**69741**	**69691**
杜集区	7548	3923	3625	5966	2982	2984
相山区						
烈山区	5714	2780	2934	5254	2530	2724
濉溪县	135197	68215	66982	128212	64229	63983
铜陵市	**71879**	**32567**	**39312**	**67779**	**30263**	**37516**
铜官区	13	8	5	10	6	4
义安区	4344	2455	1889	3322	1754	1568
郊区	4274	2016	2258	4003	1881	2122
枞阳县	63248	28088	35160	60444	26622	33822
安庆市	**412120**	**201984**	**210136**	**386947**	**187636**	**199311**
迎江区						
大观区	1794	1016	778	1579	892	687
宜秀区	3444	1790	1654	3064	1579	1485
怀宁县	89805	43797	46008	84336	40534	43802
太湖县	62831	29702	33129	60003	28223	31780
宿松县	92669	45199	47470	87641	42503	45138
望江县	12506	5938	6568	10785	4885	5900
岳西县	37999	17392	20607	36608	16770	19838
安徽安庆经济开发区	82380	43197	39183	76664	39708	36956
桐城市	14956	7229	7727	13584	6420	7164
潜山市	13736	6724	7012	12683	6122	6561
黄山市	**176909**	**85427**	**91482**	**160631**	**75867**	**84764**
屯溪区	14684	7612	7072	13409	6992	6417
黄山区	7916	4952	2964	5807	3345	2462
徽州区	1574	764	810	1318	620	698
歙县	75150	35696	39454	69123	32510	36613
休宁县	37518	17258	20260	35195	16048	19147
黟县	9511	4757	4754	8426	4088	4338
祁门县	30556	14388	16168	27353	12264	15089
滁州市	**593072**	**306662**	**286410**	**516349**	**262534**	**253815**
琅琊区						
南谯区	33246	16843	16403	28024	13989	14035
来安县	93877	49530	44347	71837	36528	35309
全椒县	122558	62975	59583	113890	58208	55682
定远县	100699	50972	49727	96936	49030	47906
凤阳县	89506	44861	44645	83716	41630	42086
苏滁现代产业园	16644	10782	5862	9608	5770	3838
滁州经济技术开发区	96276	50224	46052	81302	41826	39476
天长市	32656	16750	15906	24573	12423	12150
明光市	7610	3725	3885	6463	3130	3333

单位：人

登记地

市辖区内人户分离			省内流动人口			省外		
小计	男	女	小计	男	女	小计	男	女
271	**127**	**144**	**178303**	**86333**	**91970**	**25537**	**14584**	**10953**
271	127	144	371	231	140	547	386	161
			75756	37849	37907	10784	6223	4561
			47055	22019	25036	3692	2037	1655
			55121	26234	28887	10514	5938	4576
3443	**1672**	**1771**	**135989**	**68069**	**67920**	**9027**	**5177**	**3850**
1184	551	633	4782	2431	2351	1582	941	641
2259	1121	1138	2995	1409	1586	460	250	210
			128212	64229	63983	6985	3986	2999
4274	**2010**	**2264**	**63505**	**28253**	**35252**	**4100**	**2304**	**1796**
			10	6	4	3	2	1
1843	902	941	1479	852	627	1022	701	321
2431	1108	1323	1572	773	799	271	135	136
			60444	26622	33822	2804	1466	1338
1908	**942**	**966**	**385039**	**186694**	**198345**	**25173**	**14348**	**10825**
510	277	233	1069	615	454	215	124	91
1398	665	733	1666	914	752	380	211	169
			84336	40534	43802	5469	3263	2206
			60003	28223	31780	2828	1479	1349
			87641	42503	45138	5028	2696	2332
			10785	4885	5900	1721	1053	668
			36608	16770	19838	1391	622	769
			76664	39708	36956	5716	3489	2227
			13584	6420	7164	1372	809	563
			12683	6122	6561	1053	602	451
5111	**2676**	**2435**	**155520**	**73191**	**82329**	**16278**	**9560**	**6718**
996	505	491	12413	6487	5926	1275	620	655
3311	1809	1502	2496	1536	960	2109	1607	502
804	362	442	514	258	256	256	144	112
			69123	32510	36613	6027	3186	2841
			35195	16048	19147	2323	1210	1113
			8426	4088	4338	1085	669	416
			27353	12264	15089	3203	2124	1079
15219	**7470**	**7749**	**501130**	**255064**	**246066**	**76723**	**44128**	**32595**
15219	7470	7749	12805	6519	6286	5222	2854	2368
			71837	36528	35309	22040	13002	9038
			113890	58208	55682	8668	4767	3901
			96936	49030	47906	3763	1942	1821
			83716	41630	42086	5790	3231	2559
			9608	5770	3838	7036	5012	2024
			81302	41826	39476	14974	8398	6576
			24573	12423	12150	8083	4327	3756
			6463	3130	3333	1147	595	552

7-1b 续表 2

现住地	户口					
	合计			省内		
	合计	男	女	小计	男	女
阜阳市	**657917**	**324990**	**332927**	**627137**	**308383**	**318754**
颍州区	11588	5855	5733	10739	5389	5350
颍东区	7206	4281	2925	6286	3742	2544
颍泉区	5299	2800	2499	4730	2511	2219
临泉县	184330	90135	94195	175675	85551	90124
太和县	152952	74080	78872	147106	71191	75915
阜南县	119720	56976	62744	115503	54654	60849
颍上县	105484	54095	51389	100412	51270	49142
阜阳合肥现代产业园区	989	623	366	817	522	295
阜阳经济技术开发区	62350	31833	30517	59710	30313	29397
界首市	7999	4312	3687	6159	3240	2919
宿州市	**493532**	**241252**	**252280**	**460335**	**223631**	**236704**
埇桥区	32619	16058	16561	28529	13861	14668
砀山县	62932	31244	31688	56172	27909	28263
萧县	121644	60392	61252	113627	56069	57558
灵璧县	123920	58312	65608	119023	55868	63155
泗县	104807	50906	53901	99274	47914	51360
宿州马鞍山现代产业园区	10223	5317	4906	9079	4585	4494
宿州经济技术开发区	37387	19023	18364	34631	17425	17206
六安市	**470561**	**229013**	**241548**	**442344**	**212479**	**229865**
金安区	78924	36691	42233	76182	35248	40934
裕安区	18395	9285	9110	17500	8885	8615
叶集区	6996	3444	3552	6617	3252	3365
霍邱县	84488	43623	40865	77031	38472	38559
舒城县	125084	58809	66275	116873	54255	62618
金寨县	84892	42769	42123	79000	39450	39550
霍山县	71782	34392	37390	69141	32917	36224
亳州市	**540595**	**273101**	**267494**	**524611**	**264239**	**260372**
谯城区	15819	8067	7752	13957	7095	6862
涡阳县	179525	91792	87733	174551	88950	85601
蒙城县	186085	93945	92140	181057	91094	89963
利辛县	159166	79297	79869	155046	77100	77946
池州市	**127287**	**59915**	**67372**	**117599**	**54482**	**63117**
贵池区	6287	3785	2502	5041	2935	2106
东至县	54646	24726	29920	51051	22811	28240
石台县	12259	5693	6566	11333	5111	6222
青阳县	51959	24456	27503	48349	22556	25793
池州市国家经济技术开发区						
皖江江南新兴产业集中区						
九华山风景区	2136	1255	881	1825	1069	756
宣城市	**304559**	**152282**	**152277**	**263032**	**127304**	**135728**
宣州区	32342	16096	16246	29392	14516	14876
郎溪县	71687	35488	36199	58880	27985	30895
泾县	62443	29541	32902	58257	27266	30991
绩溪县	37302	17749	19553	34698	16321	18377
旌德县	20722	9508	11214	19061	8569	10492
宣城市经济开发区	62923	34021	28902	53790	27898	25892
宁国市	6070	3389	2681	3778	1957	1821
广德市	11070	6490	4580	5176	2792	2384

单位：人

登记地								
市辖区内人户分离			省内流动人口			省　　外		
小计	男	女	小计	男	女	小计	男	女
13247	**6583**	**6664**	**613890**	**301800**	**312090**	**30780**	**16607**	**14173**
7230	3533	3697	3509	1856	1653	849	466	383
2945	1427	1518	3341	2315	1026	920	539	381
3072	1623	1449	1658	888	770	569	289	280
			175675	85551	90124	8655	4584	4071
			147106	71191	75915	5846	2889	2957
			115503	54654	60849	4217	2322	1895
			100412	51270	49142	5072	2825	2247
			817	522	295	172	101	71
			59710	30313	29397	2640	1520	1120
			6159	3240	2919	1840	1072	768
14108	**6651**	**7457**	**446227**	**216980**	**229247**	**33197**	**17621**	**15576**
14108	6651	7457	14421	7210	7211	4090	2197	1893
			56172	27909	28263	6760	3335	3425
			113627	56069	57558	8017	4323	3694
			119023	55868	63155	4897	2444	2453
			99274	47914	51360	5533	2992	2541
			9079	4585	4494	1144	732	412
			34631	17425	17206	2756	1598	1158
64387	**30484**	**33903**	**377957**	**181995**	**195962**	**28217**	**16534**	**11683**
46658	21653	25005	29524	13595	15929	2742	1443	1299
13078	6569	6509	4422	2316	2106	895	400	495
4651	2262	2389	1966	990	976	379	192	187
			77031	38472	38559	7457	5151	2306
			116873	54255	62618	8211	4554	3657
			79000	39450	39550	5892	3319	2573
			69141	32917	36224	2641	1475	1166
10866	**5383**	**5483**	**513745**	**258856**	**254889**	**15984**	**8862**	**7122**
10866	5383	5483	3091	1712	1379	1862	972	890
			174551	88950	85601	4974	2842	2132
			181057	91094	89963	5028	2851	2177
			155046	77100	77946	4120	2197	1923
2844	**1564**	**1280**	**114755**	**52918**	**61837**	**9688**	**5433**	**4255**
2844	1564	1280	2197	1371	826	1246	850	396
			51051	22811	28240	3595	1915	1680
			11333	5111	6222	926	582	344
			48349	22556	25793	3610	1900	1710
			1825	1069	756	311	186	125
23888	**11684**	**12204**	**239144**	**115620**	**123524**	**41527**	**24978**	**16549**
23888	11684	12204	5504	2832	2672	2950	1580	1370
			58880	27985	30895	12807	7503	5304
			58257	27266	30991	4186	2275	1911
			34698	16321	18377	2604	1428	1176
			19061	8569	10492	1661	939	722
			53790	27898	25892	9133	6123	3010
			3778	1957	1821	2292	1432	860
			5176	2792	2384	5894	3698	2196

7-1c 全省按现住地、户口登记地、

现住地	户口					
	合计			省内		
	合计	男	女	小计	男	女
安徽	**1401082**	**725082**	**676000**	**1134264**	**580489**	**553775**
合肥市	**255630**	**145295**	**110335**	**217919**	**120503**	**97416**
瑶海区	17893	9331	8562	16389	8502	7887
庐阳区	1119	681	438	886	492	394
蜀山区	3864	2993	871	2700	1956	744
包河区	4073	2482	1591	3516	2075	1441
长丰县	50585	29058	21527	42297	23910	18387
肥东县	26685	15352	11333	21886	12345	9541
肥西县	109361	61282	48079	95553	51829	43724
庐江县	17258	9892	7366	13800	7697	6103
合肥高新技术产业开发区	65	49	16	56	42	14
合肥经济技术开发区	1014	551	463	926	493	433
合肥新站高新技术产业开发区	2978	2033	945	2396	1570	826
巢湖市	20735	11591	9144	17514	9592	7922
芜湖市	**55061**	**27496**	**27565**	**42232**	**20707**	**21525**
镜湖区	1909	909	1000	1449	672	777
弋江区						
鸠江区	7077	4021	3056	4809	2497	2312
三山区	2933	1489	1444	2007	964	1043
芜湖县	7773	3679	4094	5022	2325	2697
繁昌县	10587	5959	4628	8792	4715	4077
南陵县	8877	4256	4621	6883	3419	3464
芜湖经济技术开发区	187	92	95	151	79	72
安徽芜湖长江大桥经济开发区	255	141	114	173	92	81
无为市	15463	6950	8513	12946	5944	7002
蚌埠市	**56927**	**26615**	**30312**	**47027**	**22268**	**24759**
龙子湖区	2867	1437	1430	2420	1153	1267
蚌山区	2478	1281	1197	1960	948	1012
禹会区	6366	2828	3538	5312	2201	3111
淮上区	4560	2105	2455	3691	1723	1968
怀远县	16305	7280	9025	13204	6170	7034
五河县	6925	3206	3719	5153	2419	2734
固镇县	17426	8478	8948	15287	7654	7633
蚌埠市高新技术开发区						
蚌埠市经济开发区						
淮南市	**85367**	**43204**	**42163**	**76406**	**39044**	**37362**
大通区	3390	1563	1827	2412	1044	1368
田家庵区	1970	880	1090	1812	818	994
谢家集区	3387	1582	1805	3051	1447	1604
八公山区	1942	885	1057	1816	820	996
潘集区	13955	7424	6531	12486	6799	5687
凤台县	44282	22446	21836	40667	20763	19904
寿县	16441	8424	8017	14162	7353	6809

性别分的户口登记地在外乡镇街道的人口(乡村)

单位：人

登记地

市辖区内人户分离			省内流动人口			省外		
小计	男	女	小计	男	女	小计	男	女
159865	**75103**	**84762**	**974399**	**505386**	**469013**	**266818**	**144593**	**122225**
2540	**1300**	**1240**	**215379**	**119203**	**96176**	**37711**	**24792**	**12919**
1562	767	795	14827	7735	7092	1504	829	675
271	129	142	615	363	252	233	189	44
413	244	169	2287	1712	575	1164	1037	127
294	160	134	3222	1915	1307	557	407	150
			42297	23910	18387	8288	5148	3140
			21886	12345	9541	4799	3007	1792
			95553	51829	43724	13808	9453	4355
			13800	7697	6103	3458	2195	1263
			56	42	14	9	7	2
			926	493	433	88	58	30
			2396	1570	826	582	463	119
			17514	9592	7922	3221	1999	1222
2142	**944**	**1198**	**40090**	**19763**	**20327**	**12829**	**6789**	**6040**
479	212	267	970	460	510	460	237	223
1077	488	589	3732	2009	1723	2268	1524	744
586	244	342	1421	720	701	926	525	401
			5022	2325	2697	2751	1354	1397
			8792	4715	4077	1795	1244	551
			6883	3419	3464	1994	837	1157
			151	79	72	36	13	23
			173	92	81	82	49	33
			12946	5944	7002	2517	1006	1511
3975	**1495**	**2480**	**43052**	**20773**	**22279**	**9900**	**4347**	**5553**
730	282	448	1690	871	819	447	284	163
737	313	424	1223	635	588	518	333	185
1696	602	1094	3616	1599	2017	1054	627	427
812	298	514	2879	1425	1454	869	382	487
			13204	6170	7034	3101	1110	1991
			5153	2419	2734	1772	787	985
			15287	7654	7633	2139	824	1315
10939	**5247**	**5692**	**65467**	**33797**	**31670**	**8961**	**4160**	**4801**
961	368	593	1451	676	775	978	519	459
671	232	439	1141	586	555	158	62	96
1428	649	779	1623	798	825	336	135	201
1484	680	804	332	140	192	126	65	61
6395	3318	3077	6091	3481	2610	1469	625	844
			40667	20763	19904	3615	1683	1932
			14162	7353	6809	2279	1071	1208

7－1c 续表 1

现住地	户口					
	合计			省内		
	合计	男	女	小计	男	女
马鞍山市	**39207**	**20726**	**18481**	**27017**	**13876**	**13141**
花山区	2382	1337	1045	1833	993	840
雨山区	1860	1040	820	1538	821	717
博望区	3280	1459	1821	1860	872	988
当涂县	13126	6869	6257	8763	4296	4467
含山县	5739	2968	2771	4374	2265	2109
和县	12820	7053	5767	8649	4629	4020
淮北市	**41296**	**20139**	**21157**	**32679**	**15991**	**16688**
杜集区	4460	2153	2307	3559	1700	1859
相山区	7636	3915	3721	6462	3202	3260
烈山区	10806	4608	6198	7670	3244	4426
濉溪县	18394	9463	8931	14988	7845	7143
铜陵市	**23512**	**11879**	**11633**	**20349**	**10295**	**10054**
铜官区	3492	1967	1525	3320	1850	1470
义安区	8019	3865	4154	6789	3252	3537
郊区	4876	2528	2348	4231	2198	2033
枞阳县	7125	3519	3606	6009	2995	3014
安庆市	**75254**	**39374**	**35880**	**60314**	**31206**	**29108**
迎江区	1124	675	449	918	544	374
大观区	3818	2539	1279	3027	1902	1125
宜秀区	2740	1492	1248	2261	1212	1049
怀宁县	9911	5706	4205	7418	4127	3291
太湖县	8228	4219	4009	6230	3192	3038
宿松县	15950	7813	8137	12850	6265	6585
望江县	7160	3449	3711	5717	2842	2875
岳西县	9653	4568	5085	8133	3923	4210
安徽安庆经济开发区	846	432	414	796	398	398
桐城市	8739	4701	4038	7406	3950	3456
潜山市	7085	3780	3305	5558	2851	2707
黄山市	**47300**	**26301**	**20999**	**33665**	**16693**	**16972**
屯溪区	2750	1318	1432	2379	1090	1289
黄山区	7054	4120	2934	4430	2285	2145
徽州区	2881	1239	1642	2542	1098	1444
歙县	12521	6402	6119	10289	5212	5077
休宁县	10481	5400	5081	8143	3842	4301
黟县	4880	2868	2012	3036	1494	1542
祁门县	6733	4954	1779	2846	1672	1174
滁州市	**140121**	**72776**	**67345**	**110074**	**55392**	**54682**
琅琊区	2438	1469	969	1706	979	727
南谯区	37907	18770	19137	33209	15694	17515
来安县	14771	8256	6515	9825	5460	4365
全椒县	13267	7494	5773	11254	6211	5043
定远县	13383	6424	6959	11424	5560	5864
凤阳县	15209	7054	8155	13136	6198	6938
苏滁现代产业园						
滁州经济技术开发区	13223	8565	4658	5646	3618	2028
天长市	12377	6438	5939	8252	4278	3974
明光市	17546	8306	9240	15622	7394	8228

单位：人

登记地	市辖区内人户分离			省内流动人口			省外		
	小计	男	女	小计	男	女	小计	男	女
	2354	**1164**	**1190**	**24663**	**12712**	**11951**	**12190**	**6850**	**5340**
	885	482	403	948	511	437	549	344	205
	685	352	333	853	469	384	322	219	103
	784	330	454	1076	542	534	1420	587	833
				8763	4296	4467	4363	2573	1790
				4374	2265	2109	1365	703	662
				8649	4629	4020	4171	2424	1747
	5909	**2694**	**3215**	**26770**	**13297**	**13473**	**8617**	**4148**	**4469**
	1317	576	741	2242	1124	1118	901	453	448
	2990	1406	1584	3472	1796	1676	1174	713	461
	1602	712	890	6068	2532	3536	3136	1364	1772
				14988	7845	7143	3406	1618	1788
	6865	**3287**	**3578**	**13484**	**7008**	**6476**	**3163**	**1584**	**1579**
	1438	788	650	1882	1062	820	172	117	55
	3636	1635	2001	3153	1617	1536	1230	613	617
	1791	864	927	2440	1334	1106	645	330	315
				6009	2995	3014	1116	524	592
	1716	**880**	**836**	**58598**	**30326**	**28272**	**14940**	**8168**	**6772**
	142	74	68	776	470	306	206	131	75
	812	430	382	2215	1472	743	791	637	154
	762	376	386	1499	836	663	479	280	199
				7418	4127	3291	2493	1579	914
				6230	3192	3038	1998	1027	971
				12850	6265	6585	3100	1548	1552
				5717	2842	2875	1443	607	836
				8133	3923	4210	1520	645	875
				796	398	398	50	34	16
				7406	3950	3456	1333	751	582
				5558	2851	2707	1527	929	598
	4063	**1772**	**2291**	**29602**	**14921**	**14681**	**13635**	**9608**	**4027**
	851	366	485	1528	724	804	371	228	143
	2100	961	1139	2330	1324	1006	2624	1835	789
	1112	445	667	1430	653	777	339	141	198
				10289	5212	5077	2232	1190	1042
				8143	3842	4301	2338	1558	780
				3036	1494	1542	1844	1374	470
				2846	1672	1174	3887	3282	605
	14094	**7011**	**7083**	**95980**	**48381**	**47599**	**30047**	**17384**	**12663**
	472	238	234	1234	741	493	732	490	242
	13622	6773	6849	19587	8921	10666	4698	3076	1622
				9825	5460	4365	4946	2796	2150
				11254	6211	5043	2013	1283	730
				11424	5560	5864	1959	864	1095
				13136	6198	6938	2073	856	1217
				5646	3618	2028	7577	4947	2630
				8252	4278	3974	4125	2160	1965
				15622	7394	8228	1924	912	1012

7-1c 续表 2

现住地	户口					
	合计			省内		
	合计	男	女	小计	男	女
阜阳市	**140392**	**68647**	**71745**	**116262**	**57594**	**58668**
颍州区	24274	12132	12142	21571	10718	10853
颍东区	12025	6170	5855	9475	4658	4817
颍泉区	10818	5330	5488	9037	4450	4587
临泉县	18024	8663	9361	14588	7353	7235
太和县	13780	6301	7479	10677	5088	5589
阜南县	22650	11224	11426	18456	9312	9144
颍上县	16662	7790	8872	13661	6538	7123
阜阳合肥现代产业园区	5418	2748	2670	4816	2424	2392
阜阳经济技术开发区	5183	2647	2536	4897	2505	2392
界首市	11558	5642	5916	9084	4548	4536
宿州市	**96425**	**42514**	**53911**	**73678**	**33871**	**39807**
埇桥区	40435	17873	22562	34278	15431	18847
砀山县	9596	4424	5172	6233	3117	3116
萧县	18064	7283	10781	13014	5699	7315
灵璧县	16587	7413	9174	11725	5433	6292
泗县	11075	5176	5899	7878	3909	3969
宿州马鞍山现代产业园区	668	345	323	550	282	268
宿州经济技术开发区						
六安市	**124646**	**64930**	**59716**	**107574**	**56147**	**51427**
金安区	31463	16996	14467	28149	15179	12970
裕安区	32712	16430	16282	29983	15139	14844
叶集区	8407	4280	4127	6915	3515	3400
霍邱县	20647	10567	10080	17698	9087	8611
舒城县	16503	9058	7445	13215	7247	5968
金寨县	11680	5931	5749	8890	4572	4318
霍山县	3234	1668	1566	2724	1408	1316
亳州市	**94372**	**46670**	**47702**	**79123**	**39558**	**39565**
谯城区	43917	21938	21979	38306	19190	19116
涡阳县	16657	8907	7750	13405	7245	6160
蒙城县	14757	6998	7759	11827	5700	6127
利辛县	19041	8827	10214	15585	7423	8162
池州市	**36965**	**21037**	**15928**	**28348**	**15452**	**12896**
贵池区	15052	8697	6355	11717	6406	5311
东至县	5682	3009	2673	4422	2379	2043
石台县	3212	1897	1315	2190	1209	981
青阳县	11165	6446	4719	8381	4616	3765
池州市国家经济技术开发区						
皖江江南新兴产业集中区						
九华山风景区	1854	988	866	1638	842	796
宣城市	**88607**	**47479**	**41128**	**61597**	**31892**	**29705**
宣州区	29949	15870	14079	21513	11008	10505
郎溪县	7273	3535	3738	4518	2186	2332
泾县	9646	5628	4018	6076	3290	2786
绩溪县	3708	2141	1567	2767	1555	1212
旌德县	3235	1951	1284	2271	1309	962
宣城市经济开发区	9135	5146	3989	7877	4305	3572
宁国市	11972	6599	5373	8622	4506	4116
广德市	13689	6609	7080	7953	3733	4220

单位：人

登记地								
市辖区内人户分离			省内流动人口			省外		
小计	男	女	小计	男	女	小计	男	女
18000	**8043**	**9957**	**98262**	**49551**	**48711**	**24130**	**11053**	**13077**
10458	4772	5686	11113	5946	5167	2703	1414	1289
4645	2059	2586	4830	2599	2231	2550	1512	1038
2897	1212	1685	6140	3238	2902	1781	880	901
			14588	7353	7235	3436	1310	2126
			10677	5088	5589	3103	1213	1890
			18456	9312	9144	4194	1912	2282
			13661	6538	7123	3001	1252	1749
			4816	2424	2392	602	324	278
			4897	2505	2392	286	142	144
			9084	4548	4536	2474	1094	1380
18827	**7885**	**10942**	**54851**	**25986**	**28865**	**22747**	**8643**	**14104**
18827	7885	10942	15451	7546	7905	6157	2442	3715
			6233	3117	3116	3363	1307	2056
			13014	5699	7315	5050	1584	3466
			11725	5433	6292	4862	1980	2882
			7878	3909	3969	3197	1267	1930
			550	282	268	118	63	55
28228	**13865**	**14363**	**79346**	**42282**	**37064**	**17072**	**8783**	**8289**
10634	5409	5225	17515	9770	7745	3314	1817	1497
14032	6700	7332	15951	8439	7512	2729	1291	1438
3562	1756	1806	3353	1759	1594	1492	765	727
			17698	9087	8611	2949	1480	1469
			13215	7247	5968	3288	1811	1477
			8890	4572	4318	2790	1359	1431
			2724	1408	1316	510	260	250
24170	**11599**	**12571**	**54953**	**27959**	**26994**	**15249**	**7112**	**8137**
24170	11599	12571	14136	7591	6545	5611	2748	2863
			13405	7245	6160	3252	1662	1590
			11827	5700	6127	2930	1298	1632
			15585	7423	8162	3456	1404	2052
4998	**2578**	**2420**	**23350**	**12874**	**10476**	**8617**	**5585**	**3032**
4998	2578	2420	6719	3828	2891	3335	2291	1044
			4422	2379	2043	1260	630	630
			2190	1209	981	1022	688	334
			8381	4616	3765	2784	1830	954
			1638	842	796	216	146	70
11045	**5339**	**5706**	**50552**	**26553**	**23999**	**27010**	**15587**	**11423**
11045	5339	5706	10468	5669	4799	8436	4862	3574
			4518	2186	2332	2755	1349	1406
			6076	3290	2786	3570	2338	1232
			2767	1555	1212	941	586	355
			2271	1309	962	964	642	322
			7877	4305	3572	1258	841	417
			8622	4506	4116	3350	2093	1257
			7953	3733	4220	5736	2876	2860

7-2 全省按户口登记地、年龄、性别分的

年龄	户口					
	合计			省内		
	合计	男	女	小计	男	女
总计	**18099918**	**9098260**	**9001658**	**16549409**	**8225763**	**8323646**
0-4岁	**961081**	**509581**	**451500**	**907341**	**481197**	**426144**
0	116664	62169	54495	111471	59393	52078
1	183578	97005	86573	173310	91594	81716
2	199063	105297	93766	187548	99192	88356
3	235572	124316	111256	222384	117362	105022
4	226204	120794	105410	212628	113656	98972
5-9岁	**1065731**	**583620**	**482111**	**1003097**	**550483**	**452614**
5	207612	111956	95656	194798	105203	89595
6	215467	117727	97740	202831	110960	91871
7	213003	116739	96264	200810	110265	90545
8	225157	124071	101086	212046	117139	94907
9	204492	113127	91365	192612	106916	85696
10-14岁	**1021634**	**561570**	**460064**	**971280**	**534844**	**436436**
10	196505	108428	88077	185154	102450	82704
11	202464	111735	90729	191226	105749	85477
12	203253	111463	91790	193306	106240	87066
13	201874	111159	90715	192716	106259	86457
14	217538	118785	98753	208878	114146	94732
15-19岁	**1732627**	**916921**	**815706**	**1634939**	**861454**	**773485**
15	322315	174813	147502	313179	170018	143161
16	416319	225092	191227	403461	217572	185889
17	372045	199359	172686	355209	188988	166221
18	299240	155069	144171	276362	142002	134360
19	322708	162588	160120	286728	142874	143854
20-24岁	**1402462**	**706514**	**695948**	**1228550**	**608698**	**619852**
20	329258	166277	162981	289015	143853	145162
21	283750	144026	139724	246173	122907	123266
22	268285	136202	132083	234468	116924	117544
23	255427	128421	127006	224152	110612	113540
24	265742	131588	134154	234742	114402	120340
25-29岁	**1661467**	**803308**	**858159**	**1486301**	**709381**	**776920**
25	301958	148045	153913	269042	129818	139224
26	295718	143736	151982	263680	126419	137261
27	327734	158435	169299	293050	139971	153079
28	350874	168601	182273	314762	149612	165150
29	385183	184491	200692	345767	163561	182206

户口登记地在外乡镇街道的人口

单位：人

登记地					
其中市辖区内人户分离			省外		
小计	男	女	小计	男	女
4227612	**2051466**	**2176146**	**1550509**	**872497**	**678012**
246519	**129996**	**116523**	**53740**	**28384**	**25356**
30023	15909	14114	5193	2776	2417
46685	24594	22091	10268	5411	4857
51145	26849	24296	11515	6105	5410
60684	31708	28976	13188	6954	6234
57982	30936	27046	13576	7138	6438
252818	**138120**	**114698**	**62634**	**33137**	**29497**
52426	28223	24203	12814	6753	6061
51529	28247	23282	12636	6767	5869
49619	27043	22576	12193	6474	5719
52582	28877	23705	13111	6932	6179
46662	25730	20932	11880	6211	5669
232765	**127289**	**105476**	**50354**	**26726**	**23628**
44747	24625	20122	11351	5978	5373
46540	25515	21025	11238	5986	5252
46651	25648	21003	9947	5223	4724
46297	25206	21091	9158	4900	4258
48530	26295	22235	8660	4639	4021
301039	**160258**	**140781**	**97688**	**55467**	**42221**
72691	39068	33623	9136	4795	4341
91042	49201	41841	12858	7520	5338
72718	38906	33812	16836	10371	6465
37454	19444	18010	22878	13067	9811
27134	13639	13495	35980	19714	16266
178004	**84340**	**93664**	**173912**	**97816**	**76096**
26583	13249	13334	40243	22424	17819
27514	13276	14238	37577	21119	16458
35890	17005	18885	33817	19278	14539
41274	19288	21986	31275	17809	13466
46743	21522	25221	31000	17186	13814
325548	**146568**	**178980**	**175166**	**93927**	**81239**
54360	24812	29548	32916	18227	14689
55928	25438	30490	32038	17317	14721
63787	28619	35168	34684	18464	16220
71046	31748	39298	36112	18989	17123
80427	35951	44476	39416	20930	18486

7-2 续表 1

年龄	户口					
	合计			省内		
	合计	男	女	小计	男	女
30-34岁	**1952180**	**929929**	**1022251**	**1718563**	**804579**	**913984**
30	464546	221061	243485	413293	193532	219761
31	429742	203780	225962	380245	177363	202882
32	379640	180669	198971	334449	156277	178172
33	370358	176912	193446	322650	151266	171384
34	307894	147507	160387	267926	126141	141785
35-39岁	**1320649**	**640132**	**680517**	**1166733**	**554877**	**611856**
35	269643	130582	139061	236539	112733	123806
36	267261	130154	137107	235647	112750	122897
37	255162	124244	130918	225585	107813	117772
38	276201	133442	142759	243980	115434	128546
39	252382	121710	130672	224982	106147	118835
40-44岁	**1302275**	**641418**	**660857**	**1180173**	**571013**	**609160**
40	256641	123800	132841	232144	109929	122215
41	275932	134439	141493	250017	119560	130457
42	266643	130858	135785	242214	116685	125529
43	242494	120393	122101	219831	107302	112529
44	260565	131928	128637	235967	117537	118430
45-49岁	**1430326**	**724452**	**705874**	**1300092**	**645996**	**654096**
45	255775	129061	126714	231316	114724	116592
46	271652	137941	133711	245515	122357	123158
47	286767	145548	141219	260469	129628	130841
48	310049	157481	152568	283413	141326	142087
49	306083	154421	151662	279379	137961	141418
50-54岁	**1433474**	**709861**	**723613**	**1314399**	**634817**	**679582**
50	314813	157149	157664	287581	140144	147437
51	297373	147725	149648	272314	132025	140289
52	309096	153086	156010	283656	137109	146547
53	243131	119088	124043	223392	106608	116784
54	269061	132813	136248	247456	118931	128525
55-59岁	**1055290**	**512940**	**542350**	**977501**	**464663**	**512838**
55	255154	124660	130494	236036	112577	123459
56	240864	116945	123919	223127	105951	117176
57	274872	134904	139968	255129	122599	132530
58	207312	100172	107140	193161	91454	101707
59	77088	36259	40829	70048	32082	37966
60-64岁	**487247**	**246706**	**240541**	**447473**	**223962**	**223511**
60	69278	34157	35121	61912	29877	32035
61	68034	34917	33117	61463	31081	30382
62	103664	53861	49803	95041	48873	46168
63	127425	64806	62619	118043	59486	58557
64	118846	58965	59881	111014	54645	56369

单位：人

登记地					
其中市辖区内人户分离			省外		
小计	男	女	小计	男	女
432059	**191027**	**241032**	**233617**	**125350**	**108267**
97752	43152	54600	51253	27529	23724
94373	41441	52932	49497	26417	23080
85860	37977	47883	45191	24392	20799
83043	36787	46256	47708	25646	22062
71031	31670	39361	39968	21366	18602
318646	**144792**	**173854**	**153916**	**85255**	**68661**
62871	28490	34381	33104	17849	15255
63718	28962	34756	31614	17404	14210
62153	28396	33757	29577	16431	13146
68123	31070	37053	32221	18008	14213
61781	27874	33907	27400	15563	11837
335341	**156243**	**179098**	**122102**	**70405**	**51697**
64125	29208	34917	24497	13871	10626
70545	32529	38016	25915	14879	11036
69012	31933	37079	24429	14173	10256
63708	30072	33636	22663	13091	9572
67951	32501	35450	24598	14391	10207
374023	**181588**	**192435**	**130234**	**78456**	**51778**
66749	32042	34707	24459	14337	10122
69664	33774	35890	26137	15584	10553
75391	36450	38941	26298	15920	10378
81520	40016	41504	26636	16155	10481
80699	39306	41393	26704	16460	10244
380707	**181776**	**198931**	**119075**	**75044**	**44031**
84114	40453	43661	27232	17005	10227
79787	37975	41812	25059	15700	9359
82724	39563	43161	25440	15977	9463
62965	29700	33265	19739	12480	7259
71117	34085	37032	21605	13882	7723
296233	**142920**	**153313**	**77789**	**48277**	**29512**
69467	33364	36103	19118	12083	7035
67725	32934	34791	17737	10994	6743
80758	39315	41443	19743	12305	7438
56717	27243	29474	14151	8718	5433
21566	10064	11502	7040	4177	2863
150204	**75798**	**74406**	**39774**	**22744**	**17030**
23028	11454	11574	7366	4280	3086
22378	11447	10931	6571	3836	2735
32121	16484	15637	8623	4988	3635
37481	18952	18529	9382	5320	4062
35196	17461	17735	7832	4320	3512

7-2 续表 2

年龄	户口					
	合计			省内		
	合计	男	女	小计	男	女
65-69岁	**529253**	**257156**	**272097**	**497616**	**240298**	**257318**
65	117551	58018	59533	109860	53784	56076
66	121928	59585	62343	114620	55649	58971
67	104635	50218	54417	98241	46850	51391
68	104099	50200	53899	98279	47183	51096
69	81040	39135	41905	76616	36832	39784
70-74岁	**309684**	**154336**	**155348**	**295581**	**146863**	**148718**
70	72931	36281	36650	69066	34264	34802
71	70730	35480	35250	67439	33694	33745
72	62892	31176	31716	60209	29729	30480
73	54480	27066	27414	52157	25848	26309
74	48651	24333	24318	46710	23328	23382
75-79岁	**202288**	**97986**	**104302**	**195062**	**94304**	**100758**
75	44200	21997	22203	42535	21157	21378
76	43241	21343	21898	41674	20501	21173
77	38753	18697	20056	37369	17987	19382
78	37651	17938	19713	36329	17304	19025
79	38443	18011	20432	37155	17355	19800
80-84岁	**125749**	**57871**	**67878**	**121446**	**55788**	**65658**
80	32693	15481	17212	31568	14926	16642
81	23992	10935	13057	23141	10535	12606
82	25887	12136	13751	24958	11688	13270
83	22735	10389	12346	21994	10023	11971
84	20442	8930	11512	19785	8616	11169
85-89岁	**72303**	**30387**	**41916**	**70038**	**29362**	**40676**
85	18417	7803	10614	17794	7508	10286
86	17654	7440	10214	17120	7193	9927
87	15730	6597	9133	15239	6381	8858
88	11174	4622	6552	10813	4468	6345
89	9328	3925	5403	9072	3812	5260
90-94岁	**26847**	**10856**	**15991**	**26096**	**10543**	**15553**
90	8567	3604	4963	8319	3486	4833
91	5992	2449	3543	5825	2386	3439
92	5297	2032	3265	5158	1978	3180
93	3909	1551	2358	3797	1506	2291
94	3082	1220	1862	2997	1187	1810
95-99岁	**6471**	**2427**	**4044**	**6283**	**2362**	**3921**
95	2378	907	1471	2316	890	1426
96	1641	647	994	1601	634	967
97	1061	361	700	1023	345	678
98	766	268	498	742	258	484
99	625	244	381	601	235	366
100岁及以上	**880**	**289**	**591**	**845**	**279**	**566**

单位：人

登记地					
其中市辖区内人户分离			省外		
小计	男	女	小计	男	女
157702	**75715**	**81987**	**31637**	**16858**	**14779**
34331	16720	17611	7691	4234	3457
36132	17530	18602	7308	3936	3372
30735	14545	16190	6394	3368	3026
31530	15104	16426	5820	3017	2803
24974	11816	13158	4424	2303	2121
99284	**48369**	**50915**	**14103**	**7473**	**6630**
22870	11179	11691	3865	2017	1848
22571	11010	11561	3291	1786	1505
20001	9724	10277	2683	1447	1236
17761	8609	9152	2323	1218	1105
16081	7847	8234	1941	1005	936
69289	**32721**	**36568**	**7226**	**3682**	**3544**
14604	7032	7572	1665	840	825
14476	6916	7560	1567	842	725
13385	6223	7162	1384	710	674
13221	6249	6972	1322	634	688
13603	6301	7302	1288	656	632
44312	**20173**	**24139**	**4303**	**2083**	**2220**
11569	5324	6245	1125	555	570
8494	3871	4623	851	400	451
9072	4210	4862	929	448	481
7919	3652	4267	741	366	375
7258	3116	4142	657	314	343
23522	**10000**	**13522**	**2265**	**1025**	**1240**
6303	2698	3605	623	295	328
5838	2462	3376	534	247	287
5001	2089	2912	491	216	275
3459	1516	1943	361	154	207
2921	1235	1686	256	113	143
7805	**3179**	**4626**	**751**	**313**	**438**
2617	1160	1457	248	118	130
1761	733	1028	167	63	104
1542	577	965	139	54	85
1043	393	650	112	45	67
842	316	526	85	33	52
1607	**549**	**1058**	**188**	**65**	**123**
622	238	384	62	17	45
431	142	289	40	13	27
274	85	189	38	16	22
163	47	116	24	10	14
117	37	80	24	9	15
185	**45**	**140**	**35**	**10**	**25**

7-2a 全省按户口登记地、年龄、性别分的

年 龄	户口					
	合 计			省 内		
	合计	男	女	小计	男	女
总 计	**9113788**	**4545344**	**4568444**	**8420529**	**4155795**	**4264734**
0–4岁	**472248**	**249852**	**222396**	**447460**	**236606**	**210854**
0	58430	30946	27484	55997	29607	26390
1	90517	47733	42784	85860	45255	40605
2	97785	51765	46020	92616	48932	43684
3	114942	60540	54402	108805	57294	51511
4	110574	58868	51706	104182	55518	48664
5–9岁	**487202**	**267018**	**220184**	**458152**	**251422**	**206730**
5	99587	53747	45840	93678	50629	43049
6	99030	54170	44860	93144	50985	42159
7	95908	52607	43301	90263	49529	40734
8	101676	55948	45728	95605	52708	42897
9	91001	50546	40455	85462	47571	37891
10–14岁	**448759**	**246783**	**201976**	**425478**	**234080**	**191398**
10	87126	48139	38987	81866	45306	36560
11	89336	49439	39897	84250	46645	37605
12	89763	49473	40290	85185	46990	38195
13	89241	48879	40362	85002	46552	38450
14	93293	50853	42440	89175	48587	40588
15–19岁	**773852**	**399298**	**374554**	**732081**	**376521**	**355560**
15	132117	70927	61190	127765	68559	59206
16	171800	91753	80047	166580	88847	77733
17	156871	82195	74676	151104	78915	72189
18	141099	70428	70671	131688	65304	66384
19	171965	83995	87970	154944	74896	80048
20–24岁	**776633**	**385429**	**391204**	**691377**	**337249**	**354128**
20	183775	90772	93003	163743	79687	84056
21	160055	79580	80475	141328	69003	72325
22	150226	74894	75332	133617	65456	68161
23	139882	69719	70163	124836	61073	63763
24	142695	70464	72231	127853	62030	65823
25–29岁	**859763**	**416903**	**442860**	**781065**	**373335**	**407730**
25	158815	77925	80890	143618	69270	74348
26	153596	74698	78898	139126	66697	72429
27	168743	81685	87058	153183	73117	80066
28	180661	87186	93475	164573	78458	86115
29	197948	95409	102539	180565	85793	94772

户口登记地在外乡镇街道的人口(城市)

单位：人

登记地					
其中市辖区内人户分离			省外		
小计	男	女	小计	男	女
3850526	**1870236**	**1980290**	**693259**	**389549**	**303710**
223351	**117839**	**105512**	**24788**	**13246**	**11542**
27241	14446	12795	2433	1339	1094
42254	22253	20001	4657	2478	2179
46225	24305	21920	5169	2833	2336
54964	28703	26261	6137	3246	2891
52667	28132	24535	6392	3350	3042
228342	**124931**	**103411**	**29050**	**15596**	**13454**
47492	25604	21888	5909	3118	2791
46720	25654	21066	5886	3185	2701
44713	24348	20365	5645	3078	2567
47347	26085	21262	6071	3240	2831
42070	23240	18830	5539	2975	2564
210850	**115600**	**95250**	**23281**	**12703**	**10578**
40335	22229	18106	5260	2833	2427
42091	23191	18900	5086	2794	2292
42487	23446	19041	4578	2483	2095
42112	22969	19143	4239	2327	1912
43825	23765	20060	4118	2266	1852
269160	**143040**	**126120**	**41771**	**22777**	**18994**
64764	34637	30127	4352	2368	1984
81448	43676	37772	5220	2906	2314
65366	34858	30508	5767	3280	2487
32981	17319	15662	9411	5124	4287
24601	12550	12051	17021	9099	7922
161965	**78027**	**83938**	**85256**	**48180**	**37076**
24489	12373	12116	20032	11085	8947
25229	12354	12875	18727	10577	8150
32715	15720	16995	16609	9438	7171
37329	17766	19563	15046	8646	6400
42203	19814	22389	14842	8434	6408
294723	**135129**	**159594**	**78698**	**43568**	**35130**
49094	22877	26217	15197	8655	6542
50498	23424	27074	14470	8001	6469
57642	26372	31270	15560	8568	6992
64531	29387	35144	16088	8728	7360
72958	33069	39889	17383	9616	7767

7-2a 续表 1

年 龄	户口					
	合 计			省 内		
	合计	男	女	小计	男	女
30-34岁	**999187**	**477722**	**521465**	**895777**	**420903**	**474874**
30	237905	113930	123975	215428	101497	113931
31	219994	104629	115365	198286	92735	105551
32	194996	93013	101983	174678	81772	92906
33	189088	90512	98576	168008	78959	89049
34	157204	75638	81566	139377	65940	73437
35-39岁	**672640**	**327913**	**344727**	**603769**	**289172**	**314597**
35	137068	66560	70508	122187	58393	63794
36	136105	66585	69520	121970	58695	63275
37	129916	63622	66294	116680	56185	60495
38	141507	68926	72581	127044	60665	66379
39	128044	62220	65824	115888	55234	60654
40-44岁	**658769**	**327733**	**331036**	**606258**	**297047**	**309211**
40	129597	63231	66366	118809	57047	61762
41	140475	69472	71003	129069	62772	66297
42	134792	66739	68053	124248	60578	63670
43	123296	61862	61434	113682	56232	57450
44	130609	66429	64180	120450	60418	60032
45-49岁	**717241**	**364923**	**352318**	**664352**	**333029**	**331323**
45	128392	65069	63323	118349	59174	59175
46	135207	69211	65996	124593	62857	61736
47	143525	73328	70197	132825	66804	66021
48	154985	79025	75960	144231	72511	71720
49	155132	78290	76842	144354	71683	72671
50-54岁	**733949**	**358645**	**375304**	**685301**	**328703**	**356598**
50	159673	79343	80330	148671	72573	76098
51	151992	74439	77553	141939	68232	73707
52	158586	77404	81182	148205	71064	77141
53	124053	59840	64213	115946	54859	61087
54	139645	67619	72026	130540	61975	68565
55-59岁	**564828**	**269248**	**295580**	**530672**	**249353**	**281319**
55	134684	64718	69966	126499	59779	66720
56	129457	61836	67621	121689	57311	64378
57	150121	72089	78032	141421	67028	74393
58	109940	51947	57993	103614	48315	55299
59	40626	18658	21968	37449	16920	20529
60-64岁	**274236**	**136540**	**137696**	**254891**	**126367**	**128524**
60	39609	19243	20366	36116	17382	18734
61	39417	19853	19564	36273	18182	18091
62	58657	29813	28844	54486	27572	26914
63	70963	35543	35420	66297	33117	33180
64	65590	32088	33502	61719	30114	31605

单位：人

登记地					
其中市辖区内人户分离			省外		
小计	男	女	小计	男	女
394964	**175860**	**219104**	**103410**	**56819**	**46591**
88829	39659	49170	22477	12433	10044
86176	38126	48050	21708	11894	9814
78635	34958	43677	20318	11241	9077
76082	33873	42209	21080	11553	9527
65242	29244	35998	17827	9698	8129
294217	**133819**	**160398**	**68871**	**38741**	**30130**
57811	26264	31547	14881	8167	6714
58822	26806	32016	14135	7890	6245
57268	26169	31099	13236	7437	5799
63100	28768	34332	14463	8261	6202
57216	25812	31404	12156	6986	5170
310426	**144691**	**165735**	**52511**	**30686**	**21825**
59337	27022	32315	10788	6184	4604
65403	30160	35243	11406	6700	4706
63906	29561	34345	10544	6161	4383
58994	27899	31095	9614	5630	3984
62786	30049	32737	10159	6011	4148
341969	**166254**	**175715**	**52889**	**31894**	**20995**
61514	29542	31972	10043	5895	4148
63779	31021	32758	10614	6354	4260
69017	33488	35529	10700	6524	4176
74255	36456	37799	10754	6514	4240
73404	35747	37657	10778	6607	4171
345949	**164762**	**181187**	**48648**	**29942**	**18706**
76570	36816	39754	11002	6770	4232
72518	34365	38153	10053	6207	3846
75062	35830	39232	10381	6340	4041
57119	26898	30221	8107	4981	3126
64680	30853	33827	9105	5644	3461
271567	**130530**	**141037**	**34156**	**19895**	**14261**
63327	30334	32993	8185	4939	3246
62247	30171	32076	7768	4525	3243
74497	36137	38360	8700	5061	3639
51697	24702	26995	6326	3632	2694
19799	9186	10613	3177	1738	1439
138898	**69637**	**69261**	**19345**	**10173**	**9172**
21523	10674	10849	3493	1861	1632
20874	10606	10268	3144	1671	1473
29743	15158	14585	4171	2241	1930
34466	17340	17126	4666	2426	2240
32292	15859	16433	3871	1974	1897

7－2a　续表 2

年　龄	户口					
	合　　计			省　　内		
	合计	男	女	小计	男	女
65－69岁	**286753**	**137751**	**149002**	**270278**	**129356**	**140922**
65	64472	31344	33128	60555	29352	31203
66	66587	32229	34358	62755	30251	32504
67	56270	26738	29532	52869	24997	27872
68	56077	26697	29380	53048	25185	27863
69	43347	20743	22604	41051	19571	21480
70－74岁	**162876**	**79156**	**83720**	**155905**	**75578**	**80327**
70	38708	19042	19666	36740	18043	18697
71	37523	18350	19173	35866	17466	18400
72	32823	15848	16975	31541	15198	16343
73	28560	13781	14779	27444	13210	14234
74	25262	12135	13127	24314	11661	12653
75－79岁	**105360**	**49106**	**56254**	**101930**	**47453**	**54477**
75	22696	10960	11736	21922	10587	11335
76	22253	10543	11710	21508	10171	11337
77	20131	9237	10894	19483	8919	10564
78	19852	9142	10710	19202	8828	10374
79	20428	9224	11204	19815	8948	10867
80－84岁	**66269**	**29679**	**36590**	**64136**	**28649**	**35487**
80	17073	7795	9278	16519	7521	8998
81	12748	5660	7088	12319	5462	6857
82	13700	6264	7436	13265	6058	7207
83	11853	5326	6527	11480	5141	6339
84	10895	4634	6261	10553	4467	6086
85－89岁	**36890**	**15226**	**21664**	**35769**	**14734**	**21035**
85	9631	3955	5676	9318	3811	5507
86	9007	3697	5310	8751	3588	5163
87	7932	3264	4668	7684	3156	4528
88	5586	2323	3263	5398	2242	3156
89	4734	1987	2747	4618	1937	2681
90－94岁	**13055**	**5263**	**7792**	**12688**	**5112**	**7576**
90	4218	1830	2388	4094	1771	2323
91	2901	1193	1708	2824	1164	1660
92	2568	959	1609	2500	934	1566
93	1881	730	1151	1824	706	1118
94	1487	551	936	1446	537	909
95－99岁	**2909**	**1044**	**1865**	**2835**	**1021**	**1814**
95	1092	403	689	1067	397	670
96	775	287	488	762	283	479
97	476	161	315	466	157	309
98	321	102	219	308	97	211
99	245	91	154	232	87	145
100岁及以上	**369**	**112**	**257**	**355**	**105**	**250**

单位：人

登记地					
其中市辖区内人户分离			省　外		
小计	男	女	小计	男	女
143067	**68139**	**74928**	**16475**	**8395**	**8080**
31269	15113	16156	3917	1992	1925
32854	15832	17022	3832	1978	1854
27826	13031	14795	3401	1741	1660
28490	13508	14982	3029	1512	1517
22628	10655	11973	2296	1172	1124
89131	**42790**	**46341**	**6971**	**3578**	**3393**
20571	9959	10612	1968	999	969
20362	9794	10568	1657	884	773
17955	8590	9365	1282	650	632
15907	7607	8300	1116	571	545
14336	6840	7496	948	474	474
62097	**28839**	**33258**	**3430**	**1653**	**1777**
12999	6171	6828	774	373	401
12935	6063	6872	745	372	373
11967	5470	6497	648	318	330
11912	5507	6405	650	314	336
12284	5628	6656	613	276	337
40131	**18029**	**22102**	**2133**	**1030**	**1103**
10440	4733	5707	554	274	280
7698	3466	4232	429	198	231
8225	3766	4459	435	206	229
7165	3263	3902	373	185	188
6603	2801	3802	342	167	175
21150	**8947**	**12203**	**1121**	**492**	**629**
5719	2420	3299	313	144	169
5226	2199	3027	256	109	147
4485	1855	2630	248	108	140
3090	1347	1743	188	81	107
2630	1126	1504	116	50	66
6988	**2844**	**4144**	**367**	**151**	**216**
2334	1032	1302	124	59	65
1581	660	921	77	29	48
1377	512	865	68	25	43
933	352	581	57	24	33
763	288	475	41	14	27
1421	**489**	**932**	**74**	**23**	**51**
550	213	337	25	6	19
386	128	258	13	4	9
239	75	164	10	4	6
147	42	105	13	5	8
99	31	68	13	4	9
160	**40**	**120**	**14**	**7**	**7**

7-2b 全省按户口登记地、年龄、性别分的

年龄	户口					
	合计			省内		
	合计	男	女	小计	男	女
总计	**7585048**	**3827834**	**3757214**	**6994616**	**3489479**	**3505137**
0-4岁	**426733**	**227334**	**199399**	**406563**	**216672**	**189891**
0	50960	27390	23570	49024	26369	22655
1	80911	42973	37938	77087	40941	36146
2	87513	46355	41158	83224	44130	39094
3	105802	56039	49763	100837	53397	47440
4	101547	54577	46970	96391	51835	44556
5-9岁	**511508**	**281440**	**230068**	**487790**	**268873**	**218917**
5	94372	51047	43325	89491	48453	41038
6	102935	56489	46446	98140	53897	44243
7	103823	57130	46693	99209	54714	44495
8	109468	60825	48643	104479	58144	46335
9	100910	55949	44961	96471	53665	42806
10-14岁	**511178**	**282515**	**228663**	**492608**	**272689**	**219919**
10	97344	54050	43294	93150	51840	41310
11	100571	55824	44747	96362	53601	42761
12	101139	55546	45593	97465	53605	43860
13	100795	55990	44805	97431	54209	43222
14	111329	61105	50224	108200	59434	48766
15-19岁	**852211**	**462234**	**389977**	**809054**	**436583**	**372471**
15	171009	93288	77721	167365	91458	75907
16	220094	119852	100242	214074	116236	97838
17	192327	104732	87595	184206	99491	84715
18	138185	74864	63321	128042	68719	59323
19	130596	69498	61098	115367	60679	54688
20-24岁	**526727**	**276301**	**250426**	**460742**	**237507**	**223235**
20	126425	67081	59344	109967	57523	52444
21	105986	56400	49586	91107	47756	43351
22	98582	52333	46249	86129	44808	41321
23	94917	49276	45641	83663	42524	41139
24	100817	51211	49606	89876	44896	44980
25-29岁	**669768**	**330630**	**339138**	**603834**	**294238**	**309596**
25	117765	59164	58601	105704	52217	53487
26	117734	58683	59051	105838	51958	53880
27	132788	65849	66939	119782	58743	61039
28	143199	70089	73110	129463	62671	66792
29	158282	76845	81437	143047	68649	74398

户口登记地在外乡镇街道的人口(镇)

单位：人

登记地					
其中市辖区内人户分离			省外		
小计	男	女	小计	男	女
217221	**106127**	**111094**	**590432**	**338355**	**252077**
14091	**7494**	**6597**	**20170**	**10662**	**9508**
1740	918	822	1936	1021	915
2668	1436	1232	3824	2032	1792
2995	1557	1438	4289	2225	2064
3502	1860	1642	4965	2642	2323
3186	1723	1463	5156	2742	2414
14784	**8115**	**6669**	**23718**	**12567**	**11151**
2941	1597	1344	4881	2594	2287
2821	1540	1281	4795	2592	2203
3008	1658	1350	4614	2416	2198
3178	1755	1423	4989	2681	2308
2836	1565	1271	4439	2284	2155
13816	**7405**	**6411**	**18570**	**9826**	**8744**
2775	1510	1265	4194	2210	1984
2765	1457	1308	4209	2223	1986
2605	1359	1246	3674	1941	1733
2720	1487	1233	3364	1781	1583
2951	1592	1359	3129	1671	1458
20271	**11607**	**8664**	**43157**	**25651**	**17506**
5070	2947	2123	3644	1830	1814
6212	3722	2490	6020	3616	2404
4899	2866	2033	8121	5241	2880
2796	1435	1361	10143	6145	3998
1294	637	657	15229	8819	6410
8005	**3696**	**4309**	**65985**	**38794**	**27191**
969	475	494	16458	9558	6900
1071	512	559	14879	8644	6235
1628	753	875	12453	7525	4928
2035	946	1089	11254	6752	4502
2302	1010	1292	10941	6315	4626
16507	**7156**	**9351**	**65934**	**36392**	**29542**
2705	1200	1505	12061	6947	5114
2832	1234	1598	11896	6725	5171
3247	1405	1842	13006	7106	5900
3492	1461	2031	13736	7418	6318
4231	1856	2375	15235	8196	7039

7-2b 续表 1

年龄	户口					
	合计			省内		
	合计	男	女	小计	男	女
30-34岁	**810747**	**387713**	**423034**	**718903**	**337773**	**381130**
30	191745	92010	99735	171634	81072	90562
31	178471	85390	93081	158900	74794	84106
32	157571	75286	82285	139930	65657	74273
33	154621	73901	80720	135722	63604	72118
34	128339	61126	67213	112717	52646	60071
35-39岁	**556520**	**266045**	**290475**	**496371**	**232323**	**264048**
35	113126	54514	58612	100252	47436	52816
36	112452	54257	58195	100048	47288	52760
37	107694	51767	55927	96069	45235	50834
38	116069	54909	61160	103500	47898	55602
39	107179	50598	56581	96502	44466	52036
40-44岁	**550583**	**264673**	**285910**	**503896**	**237609**	**266287**
40	109998	51780	58218	100537	46372	54165
41	116932	55319	61613	106975	49614	57361
42	112968	54196	58772	103706	48739	54967
43	101182	49048	52134	92518	44028	48490
44	109503	54330	55173	100160	48856	51304
45-49岁	**590230**	**291700**	**298530**	**540948**	**261862**	**279086**
45	106550	52721	53829	97244	47184	50060
46	113253	56064	57189	103406	50137	53269
47	118983	58797	60186	109031	52817	56214
48	127720	63126	64594	117639	56951	60688
49	123724	60992	62732	113628	54773	58855
50-54岁	**569855**	**277739**	**292116**	**525690**	**249758**	**275932**
50	126187	61689	64498	116043	55304	60739
51	118182	58013	60169	108795	52119	56676
52	122293	59762	62531	112898	53809	59089
53	97180	46740	50440	89897	42157	47740
54	106013	51535	54478	98057	46369	51688
55-59岁	**399658**	**190378**	**209280**	**371507**	**172596**	**198911**
55	98606	47164	51442	91597	42684	48913
56	91258	43331	47927	84871	39298	45573
57	101572	48979	52593	94340	44396	49944
58	79013	37434	41579	73987	34289	39698
59	29209	13470	15739	26712	11929	14783
60-64岁	**171042**	**84714**	**86328**	**157323**	**76652**	**80671**
60	23689	11421	12268	21109	9873	11236
61	22882	11558	11324	20595	10182	10413
62	35847	18324	17523	32864	16579	16285
63	45572	22632	22940	42359	20747	21612
64	43052	20779	22273	40396	19271	21125

单位：人

登记地					
其中市辖区内人户分离			省外		
小计	男	女	小计	男	女
21869	**9656**	**12213**	**91844**	**49940**	**41904**
5094	2200	2894	20111	10938	9173
4756	2101	2655	19571	10596	8975
4277	1941	2336	17641	9629	8012
4222	1874	2348	18899	10297	8602
3520	1540	1980	15622	8480	7142
15369	**7109**	**8260**	**60149**	**33722**	**26427**
3103	1412	1691	12874	7078	5796
3078	1395	1683	12404	6969	5435
3122	1489	1633	11625	6532	5093
3235	1526	1709	12569	7011	5558
2831	1287	1544	10677	6132	4545
15321	**7104**	**8217**	**46687**	**27064**	**19623**
3013	1360	1653	9461	5408	4053
3209	1489	1720	9957	5705	4252
3131	1468	1663	9262	5457	3805
2899	1330	1569	8664	5020	3644
3069	1457	1612	9343	5474	3869
18998	**8815**	**10183**	**49282**	**29838**	**19444**
3102	1464	1638	9306	5537	3769
3463	1543	1920	9847	5927	3920
3827	1729	2098	9952	5980	3972
4262	1989	2273	10081	6175	3906
4344	2090	2254	10096	6219	3877
19827	**9505**	**10322**	**44165**	**27981**	**16184**
4335	2041	2294	10144	6385	3759
4199	2083	2116	9387	5894	3493
4318	2090	2228	9395	5953	3442
3316	1551	1765	7283	4583	2700
3659	1740	1919	7956	5166	2790
13716	**6595**	**7121**	**28151**	**17782**	**10369**
3465	1629	1836	7009	4480	2529
3125	1511	1614	6387	4033	2354
3504	1694	1810	7232	4583	2649
2753	1335	1418	5026	3145	1881
869	426	443	2497	1541	956
6233	**3162**	**3071**	**13719**	**8062**	**5657**
847	429	418	2580	1548	1032
845	442	403	2287	1376	911
1316	687	629	2983	1745	1238
1694	844	850	3213	1885	1328
1531	760	771	2656	1508	1148

7-2b 续表 2

年龄	户口					
	合计			省内		
	合计	男	女	小计	男	女
65-69岁	**191002**	**90151**	**100851**	**180808**	**84582**	**96226**
65	42757	20646	22111	40164	19138	21026
66	44052	20913	23139	41703	19602	22101
67	38023	17651	20372	36026	16607	19419
68	37345	17553	19792	35502	16572	18930
69	28825	13388	15437	27413	12663	14750
70-74岁	**107430**	**51935**	**55495**	**102981**	**49544**	**53437**
70	25855	12429	13426	24648	11785	12863
71	24716	12146	12570	23680	11585	12095
72	22001	10591	11410	21147	10108	11039
73	18510	8854	9656	17773	8475	9298
74	16348	7915	8433	15733	7591	8142
75-79岁	**66647**	**31364**	**35283**	**64481**	**30232**	**34249**
75	14871	7129	7742	14364	6862	7502
76	14397	6820	7577	13914	6559	7355
77	12894	6142	6752	12482	5933	6549
78	12293	5712	6581	11898	5518	6380
79	12192	5561	6631	11823	5360	6463
80-84岁	**39859**	**17788**	**22071**	**38657**	**17204**	**21453**
80	10524	4891	5633	10205	4740	5465
81	7519	3283	4236	7291	3178	4113
82	8273	3740	4533	8004	3609	4395
83	7257	3159	4098	7045	3050	3995
84	6286	2715	3571	6112	2627	3485
85-89岁	**22788**	**9264**	**13524**	**22179**	**8980**	**13199**
85	5716	2386	3330	5544	2298	3246
86	5579	2312	3267	5426	2238	3188
87	5025	2051	2974	4900	1996	2904
88	3582	1370	2212	3489	1330	2159
89	2886	1145	1741	2820	1118	1702
90-94岁	**8387**	**3168**	**5219**	**8175**	**3081**	**5094**
90	2728	1041	1687	2660	1012	1648
91	1880	727	1153	1839	708	1131
92	1654	605	1049	1615	589	1026
93	1202	445	757	1167	432	735
94	923	350	573	894	340	554
95-99岁	**1936**	**674**	**1262**	**1875**	**648**	**1227**
95	703	244	459	683	237	446
96	471	169	302	457	165	292
97	312	100	212	298	93	205
98	236	73	163	229	69	160
99	214	88	126	208	84	124
100岁及以上	**239**	**74**	**165**	**231**	**73**	**158**

单位：人

登记地					
其中市辖区内人户分离			省　　外		
小计	男	女	小计	男	女
7406	**3486**	**3920**	**10194**	**5569**	**4625**
1674	812	862	2593	1508	1085
1624	759	865	2349	1311	1038
1443	671	772	1997	1044	953
1529	741	788	1843	981	862
1136	503	633	1412	725	687
4672	**2303**	**2369**	**4449**	**2391**	**2058**
1126	550	576	1207	644	563
1019	513	506	1036	561	475
908	457	451	854	483	371
841	376	465	737	379	358
778	407	371	615	324	291
3141	**1495**	**1646**	**2166**	**1132**	**1034**
718	334	384	507	267	240
653	312	341	483	261	222
639	295	344	412	209	203
562	298	264	395	194	201
569	256	313	369	201	168
1791	**830**	**961**	**1202**	**584**	**618**
482	235	247	319	151	168
351	162	189	228	105	123
365	177	188	269	131	138
321	135	186	212	109	103
272	121	151	174	88	86
1005	**439**	**566**	**609**	**284**	**325**
250	117	133	172	88	84
258	115	143	153	74	79
224	100	124	125	55	70
161	66	95	93	40	53
112	41	71	66	27	39
330	**131**	**199**	**212**	**87**	**125**
115	53	62	68	29	39
69	29	40	41	19	22
65	23	42	39	16	23
51	19	32	35	13	22
30	7	23	29	10	19
62	**22**	**40**	**61**	**26**	**35**
28	9	19	20	7	13
16	4	12	14	4	10
7	5	2	14	7	7
6	2	4	7	4	3
5	2	3	6	4	2
7	**2**	**5**	**8**	**1**	**7**

7-2c 全省按户口登记地、年龄、性别分的

年 龄	户口					
	合 计			省 内		
	合计	男	女	小计	男	女
总 计	**1401082**	**725082**	**676000**	**1134264**	**580489**	**553775**
0-4岁	**62100**	**32395**	**29705**	**53318**	**27919**	**25399**
0	7274	3833	3441	6450	3417	3033
1	12150	6299	5851	10363	5398	4965
2	13765	7177	6588	11708	6130	5578
3	14828	7737	7091	12742	6671	6071
4	14083	7349	6734	12055	6303	5752
5-9岁	**67021**	**35162**	**31859**	**57155**	**30188**	**26967**
5	13653	7162	6491	11629	6121	5508
6	13502	7068	6434	11547	6078	5469
7	13272	7002	6270	11338	6022	5316
8	14013	7298	6715	11962	6287	5675
9	12581	6632	5949	10679	5680	4999
10-14岁	**61697**	**32272**	**29425**	**53194**	**28075**	**25119**
10	12035	6239	5796	10138	5304	4834
11	12557	6472	6085	10614	5503	5111
12	12351	6444	5907	10656	5645	5011
13	11838	6290	5548	10283	5498	4785
14	12916	6827	6089	11503	6125	5378
15-19岁	**106564**	**55389**	**51175**	**93804**	**48350**	**45454**
15	19189	10598	8591	18049	10001	8048
16	24425	13487	10938	22807	12489	10318
17	22847	12432	10415	19899	10582	9317
18	19956	9777	10179	16632	7979	8653
19	20147	9095	11052	16417	7299	9118
20-24岁	**99102**	**44784**	**54318**	**76431**	**33942**	**42489**
20	19058	8424	10634	15305	6643	8662
21	17709	8046	9663	13738	6148	7590
22	19477	8975	10502	14722	6660	8062
23	20628	9426	11202	15653	7015	8638
24	22230	9913	12317	17013	7476	9537
25-29岁	**131936**	**55775**	**76161**	**101402**	**41808**	**59594**
25	25378	10956	14422	19720	8331	11389
26	24388	10355	14033	18716	7764	10952
27	26203	10901	15302	20085	8111	11974
28	27014	11326	15688	20726	8483	12243
29	28953	12237	16716	22155	9119	13036

户口登记地在外乡镇街道的人口(乡村)

单位：人

登记地	其中市辖区内人户分离			省外		
	小计	男	女	小计	男	女
	159865	**75103**	**84762**	**266818**	**144593**	**122225**
	9077	**4663**	**4414**	**8782**	**4476**	**4306**
	1042	545	497	824	416	408
	1763	905	858	1787	901	886
	1925	987	938	2057	1047	1010
	2218	1145	1073	2086	1066	1020
	2129	1081	1048	2028	1046	982
	9692	**5074**	**4618**	**9866**	**4974**	**4892**
	1993	1022	971	2024	1041	983
	1988	1053	935	1955	990	965
	1898	1037	861	1934	980	954
	2057	1037	1020	2051	1011	1040
	1756	925	831	1902	952	950
	8099	**4284**	**3815**	**8503**	**4197**	**4306**
	1637	886	751	1897	935	962
	1684	867	817	1943	969	974
	1559	843	716	1695	799	896
	1465	750	715	1555	792	763
	1754	938	816	1413	702	711
	11608	**5611**	**5997**	**12760**	**7039**	**5721**
	2857	1484	1373	1140	597	543
	3382	1803	1579	1618	998	620
	2453	1182	1271	2948	1850	1098
	1677	690	987	3324	1798	1526
	1239	452	787	3730	1796	1934
	8034	**2617**	**5417**	**22671**	**10842**	**11829**
	1125	401	724	3753	1781	1972
	1214	410	804	3971	1898	2073
	1547	532	1015	4755	2315	2440
	1910	576	1334	4975	2411	2564
	2238	698	1540	5217	2437	2780
	14318	**4283**	**10035**	**30534**	**13967**	**16567**
	2561	735	1826	5658	2625	3033
	2598	780	1818	5672	2591	3081
	2898	842	2056	6118	2790	3328
	3023	900	2123	6288	2843	3445
	3238	1026	2212	6798	3118	3680

7-2c 续表 1

年 龄	户口					
	合 计			省 内		
	合计	男	女	小计	男	女
30-34岁	**142246**	**64494**	**77752**	**103883**	**45903**	**57980**
30	34896	15121	19775	26231	10963	15268
31	31277	13761	17516	23059	9834	13225
32	27073	12370	14703	19841	8848	10993
33	26649	12499	14150	18920	8703	10217
34	22351	10743	11608	15832	7555	8277
35-39岁	**91489**	**46174**	**45315**	**66593**	**33382**	**33211**
35	19449	9508	9941	14100	6904	7196
36	18704	9312	9392	13629	6767	6862
37	17552	8855	8697	12836	6393	6443
38	18625	9607	9018	13436	6871	6565
39	17159	8892	8267	12592	6447	6145
40-44岁	**92923**	**49012**	**43911**	**70019**	**36357**	**33662**
40	17046	8789	8257	12798	6510	6288
41	18525	9648	8877	13973	7174	6799
42	18883	9923	8960	14260	7368	6892
43	18016	9483	8533	13631	7042	6589
44	20453	11169	9284	15357	8263	7094
45-49岁	**122855**	**67829**	**55026**	**94792**	**51105**	**43687**
45	20833	11271	9562	15723	8366	7357
46	23192	12666	10526	17516	9363	8153
47	24259	13423	10836	18613	10007	8606
48	27344	15330	12014	21543	11864	9679
49	27227	15139	12088	21397	11505	9892
50-54岁	**129670**	**73477**	**56193**	**103408**	**56356**	**47052**
50	28953	16117	12836	22867	12267	10600
51	27199	15273	11926	21580	11674	9906
52	28217	15920	12297	22553	12236	10317
53	21898	12508	9390	17549	9592	7957
54	23403	13659	9744	18859	10587	8272
55-59岁	**90804**	**53314**	**37490**	**75322**	**42714**	**32608**
55	21864	12778	9086	17940	10114	7826
56	20149	11778	8371	16567	9342	7225
57	23179	13836	9343	19368	11175	8193
58	18359	10791	7568	15560	8850	6710
59	7253	4131	3122	5887	3233	2654
60-64岁	**41969**	**25452**	**16517**	**35259**	**20943**	**14316**
60	5980	3493	2487	4687	2622	2065
61	5735	3506	2229	4595	2717	1878
62	9160	5724	3436	7691	4722	2969
63	10890	6631	4259	9387	5622	3765
64	10204	6098	4106	8899	5260	3639

单位：人

登记地					
其中市辖区内人户分离			省外		
小计	男	女	小计	男	女
15226	**5511**	**9715**	**38363**	**18591**	**19772**
3829	1293	2536	8665	4158	4507
3441	1214	2227	8218	3927	4291
2948	1078	1870	7232	3522	3710
2739	1040	1699	7729	3796	3933
2269	886	1383	6519	3188	3331
9060	**3864**	**5196**	**24896**	**12792**	**12104**
1957	814	1143	5349	2604	2745
1818	761	1057	5075	2545	2530
1763	738	1025	4716	2462	2254
1788	776	1012	5189	2736	2453
1734	775	959	4567	2445	2122
9594	**4448**	**5146**	**22904**	**12655**	**10249**
1775	826	949	4248	2279	1969
1933	880	1053	4552	2474	2078
1975	904	1071	4623	2555	2068
1815	843	972	4385	2441	1944
2096	995	1101	5096	2906	2190
13056	**6519**	**6537**	**28063**	**16724**	**11339**
2133	1036	1097	5110	2905	2205
2422	1210	1212	5676	3303	2373
2547	1233	1314	5646	3416	2230
3003	1571	1432	5801	3466	2335
2951	1469	1482	5830	3634	2196
14931	**7509**	**7422**	**26262**	**17121**	**9141**
3209	1596	1613	6086	3850	2236
3070	1527	1543	5619	3599	2020
3344	1643	1701	5664	3684	1980
2530	1251	1279	4349	2916	1433
2778	1492	1286	4544	3072	1472
10950	**5795**	**5155**	**15482**	**10600**	**4882**
2675	1401	1274	3924	2664	1260
2353	1252	1101	3582	2436	1146
2757	1484	1273	3811	2661	1150
2267	1206	1061	2799	1941	858
898	452	446	1366	898	468
5073	**2999**	**2074**	**6710**	**4509**	**2201**
658	351	307	1293	871	422
659	399	260	1140	789	351
1062	639	423	1469	1002	467
1321	768	553	1503	1009	494
1373	842	531	1305	838	467

7-2c 续表 2

年龄	户口					
	合计			省内		
	合计	男	女	小计	男	女
65-69岁	**51498**	**29254**	**22244**	**46530**	**26360**	**20170**
65	10322	6028	4294	9141	5294	3847
66	11289	6443	4846	10162	5796	4366
67	10342	5829	4513	9346	5246	4100
68	10677	5950	4727	9729	5426	4303
69	8868	5004	3864	8152	4598	3554
70-74岁	**39378**	**23245**	**16133**	**36695**	**21741**	**14954**
70	8368	4810	3558	7678	4436	3242
71	8491	4984	3507	7893	4643	3250
72	8068	4737	3331	7521	4423	3098
73	7410	4431	2979	6940	4163	2777
74	7041	4283	2758	6663	4076	2587
75-79岁	**30281**	**17516**	**12765**	**28651**	**16619**	**12032**
75	6633	3908	2725	6249	3708	2541
76	6591	3980	2611	6252	3771	2481
77	5728	3318	2410	5404	3135	2269
78	5506	3084	2422	5229	2958	2271
79	5823	3226	2597	5517	3047	2470
80-84岁	**19621**	**10404**	**9217**	**18653**	**9935**	**8718**
80	5096	2795	2301	4844	2665	2179
81	3725	1992	1733	3531	1895	1636
82	3914	2132	1782	3689	2021	1668
83	3625	1904	1721	3469	1832	1637
84	3261	1581	1680	3120	1522	1598
85-89岁	**12625**	**5897**	**6728**	**12090**	**5648**	**6442**
85	3070	1462	1608	2932	1399	1533
86	3068	1431	1637	2943	1367	1576
87	2773	1282	1491	2655	1229	1426
88	2006	929	1077	1926	896	1030
89	1708	793	915	1634	757	877
90-94岁	**5405**	**2425**	**2980**	**5233**	**2350**	**2883**
90	1621	733	888	1565	703	862
91	1211	529	682	1162	514	648
92	1075	468	607	1043	455	588
93	826	376	450	806	368	438
94	672	319	353	657	310	347
95-99岁	**1626**	**709**	**917**	**1573**	**693**	**880**
95	583	260	323	566	256	310
96	395	191	204	382	186	196
97	273	100	173	259	95	164
98	209	93	116	205	92	113
99	166	65	101	161	64	97
100岁及以上	**272**	**103**	**169**	**259**	**101**	**158**

单位：人

登记地					
其中市辖区内人户分离			省　外		
小计	男	女	小计	男	女
7229	**4090**	**3139**	**4968**	**2894**	**2074**
1388	795	593	1181	734	447
1654	939	715	1127	647	480
1466	843	623	996	583	413
1511	855	656	948	524	424
1210	658	552	716	406	310
5481	**3276**	**2205**	**2683**	**1504**	**1179**
1173	670	503	690	374	316
1190	703	487	598	341	257
1138	677	461	547	314	233
1013	626	387	470	268	202
967	600	367	378	207	171
4051	**2387**	**1664**	**1630**	**897**	**733**
887	527	360	384	200	184
888	541	347	339	209	130
779	458	321	324	183	141
747	444	303	277	126	151
750	417	333	306	179	127
2390	**1314**	**1076**	**968**	**469**	**499**
647	356	291	252	130	122
445	243	202	194	97	97
482	267	215	225	111	114
433	254	179	156	72	84
383	194	189	141	59	82
1367	**614**	**753**	**535**	**249**	**286**
334	161	173	138	63	75
354	148	206	125	64	61
292	134	158	118	53	65
208	103	105	80	33	47
179	68	111	74	36	38
487	**204**	**283**	**172**	**75**	**97**
168	75	93	56	30	26
111	44	67	49	15	34
100	42	58	32	13	19
59	22	37	20	8	12
49	21	28	15	9	6
124	**38**	**86**	**53**	**16**	**37**
44	16	28	17	4	13
29	10	19	13	5	8
28	5	23	14	5	9
10	3	7	4	1	3
13	4	9	5	1	4
18	**3**	**15**	**13**	**2**	**11**

7－3 全省按现住地、性别分的户口登记地在外省的人口

单位：人

现住地	户口登记地					
	合计			北京		
	合计	男	女	小计	男	女
安徽	**1550509**	**872497**	**678012**	**7530**	**4499**	**3031**
合肥市	**449677**	**264290**	**185387**	**3261**	**2015**	**1246**
瑶海区	57365	31759	25606	213	122	91
庐阳区	31388	17966	13422	280	179	101
蜀山区	59892	34539	25353	846	514	332
包河区	81773	50067	31706	977	611	366
长丰县	29131	16027	13104	38	24	14
肥东县	28324	16707	11617	55	32	23
肥西县	42326	26238	16088	106	72	34
庐江县	11127	6455	4672	44	25	19
合肥高新技术产业开发区	18771	11653	7118	200	121	79
合肥经济技术开发区	46496	27568	18928	268	161	107
合肥新站高新技术产业开发区	27358	16931	10427	126	90	36
巢湖市	15726	8380	7346	108	64	44
芜湖市	**158569**	**91344**	**67225**	**589**	**346**	**243**
镜湖区	21785	11695	10090	144	82	62
弋江区	23963	12806	11157	125	69	56
鸠江区	30613	18291	12322	110	72	38
三山区	13293	8380	4913	24	14	10
芜湖县	20054	11470	8584	50	34	16
繁昌县	6298	3936	2362	27	18	9
南陵县	7385	3440	3945	14	6	8
芜湖经济技术开发区	26799	17510	9289	22	17	5
安徽芜湖长江大桥经济开发区	372	224	148	1	1	
无为市	8007	3592	4415	72	33	39
蚌埠市	**62650**	**31432**	**31218**	**370**	**212**	**158**
龙子湖区	6224	3480	2744	36	17	19
蚌山区	8249	4691	3558	31	21	10
禹会区	6814	3748	3066	65	38	27
淮上区	6597	3517	3080	22	14	8
怀远县	7263	3276	3987	23	13	10
五河县	5924	2884	3040	16	11	5
固镇县	4852	2233	2619	14	8	6
蚌埠市高新技术开发区	2127	1165	962	7	6	1
蚌埠市经济开发区	14600	6438	8162	156	84	72
淮南市	**48874**	**25285**	**23589**	**319**	**183**	**136**
大通区	4938	2678	2260	33	18	15
田家庵区	20122	10533	9589	181	104	77
谢家集区	3056	1591	1465	16	6	10
八公山区	2184	1070	1114	42	30	12
潘集区	4350	2365	1985	16	11	5
凤台县	7393	3681	3712	11	4	7
寿县	6831	3367	3464	20	10	10

7-3　续表 1　　　　单位：人

现住地	户口登记地					
	合计			北京		
	合计	男	女	小计	男	女
马鞍山市	**85354**	**48241**	**37113**	**294**	**154**	**140**
花山区	23073	12700	10373	92	51	41
雨山区	21389	12526	8863	99	52	47
博望区	6003	3117	2886	4	2	2
当涂县	15147	8796	6351	45	23	22
含山县	5057	2740	2317	35	16	19
和县	14685	8362	6323	19	10	9
淮北市	**42185**	**21643**	**20542**	**191**	**120**	**71**
杜集区	6019	3456	2563	9	6	3
相山区	16493	8509	7984	119	71	48
烈山区	8265	3366	4899	12	8	4
濉溪县	11408	6312	5096	51	35	16
铜陵市	**22631**	**12211**	**10420**	**103**	**52**	**51**
铜官区	12447	6742	5705	72	38	34
义安区	4007	2168	1839	14	7	7
郊区	2257	1311	946	3	1	2
枞阳县	3920	1990	1930	14	6	8
安庆市	**71165**	**39804**	**31361**	**389**	**236**	**153**
迎江区	7354	4016	3338	83	47	36
大观区	6047	3766	2281	41	26	15
宜秀区	8796	4871	3925	12	8	4
怀宁县	7962	4842	3120	31	18	13
太湖县	4826	2506	2320	27	13	14
宿松县	8128	4244	3884	17	10	7
望江县	4856	2442	2414	9	3	6
岳西县	2911	1267	1644	13	9	4
安徽安庆经济开发区	5873	3606	2267	30	20	10
桐城市	9425	5476	3949	91	56	35
潜山市	4987	2768	2219	35	26	9
黄山市	**48231**	**28799**	**19432**	**316**	**196**	**120**
屯溪区	14558	7586	6972	171	97	74
黄山区	7445	4875	2570	51	37	14
徽州区	3103	1645	1458	11	8	3
歙县	8329	4414	3915	28	15	13
休宁县	4777	2830	1947	31	18	13
黟县	2929	2043	886	13	12	1
祁门县	7090	5406	1684	11	9	2
滁州市	**145213**	**83245**	**61968**	**283**	**166**	**117**
琅琊区	13060	7652	5408	47	26	21
南谯区	21089	12569	8520	52	37	15
来安县	26986	15798	11188	16	11	5
全椒县	10681	6050	4631	30	14	16
定远县	5722	2806	2916	23	10	13
凤阳县	7863	4087	3776	26	12	14
苏滁现代产业园	7036	5012	2024	3	2	1
滁州经济技术开发区	22551	13345	9206	18	13	5
天长市	22491	12168	10323	39	28	11
明光市	7734	3758	3976	29	13	16

7-3 续表 2

单位：人

现住地	户口登记地					
	合计			北京		
	合计	男	女	小计	男	女
阜阳市	**83356**	**43604**	**39752**	**409**	**234**	**175**
颍州区	15236	8177	7059	106	61	45
颍东区	8263	5094	3169	41	30	11
颍泉区	7476	4179	3297	38	20	18
临泉县	12091	5894	6197	66	38	28
太和县	8949	4102	4847	60	34	26
阜南县	8411	4234	4177	42	18	24
颍上县	8073	4077	3996	17	10	7
阜阳合肥现代产业园区	774	425	349	5	5	
阜阳经济技术开发区	2926	1662	1264	9	3	6
界首市	11157	5760	5397	25	15	10
宿州市	**72072**	**35034**	**37038**	**260**	**150**	**110**
埇桥区	26151	13260	12891	117	65	52
砀山县	10123	4642	5481	45	27	18
萧县	13291	6056	7235	34	17	17
灵璧县	9759	4424	5335	29	22	7
泗县	8730	4259	4471	19	9	10
宿州马鞍山现代产业园区	1262	795	467	3	3	
宿州经济技术开发区	2756	1598	1158	13	7	6
六安市	**63712**	**34928**	**28784**	**280**	**170**	**110**
金安区	14264	7554	6710	90	58	32
裕安区	10127	4866	5261	60	29	31
叶集区	5528	3076	2452	11	5	6
霍邱县	10432	6639	3793	16	11	5
舒城县	11528	6380	5148	48	32	16
金寨县	8682	4678	4004	42	27	15
霍山县	3151	1735	1416	13	8	5
亳州市	**53898**	**28562**	**25336**	**166**	**95**	**71**
谯城区	29863	16177	13686	87	47	40
涡阳县	8226	4504	3722	33	22	11
蒙城县	7958	4149	3809	16	10	6
利辛县	7851	3732	4119	30	16	14
池州市	**32669**	**19391**	**13278**	**120**	**65**	**55**
贵池区	15451	9281	6170	53	28	25
东至县	4855	2545	2310	26	13	13
石台县	1948	1270	678	9	5	4
青阳县	6394	3730	2664	22	12	10
池州市国家经济技术开发区	758	522	236	2	2	
皖江江南新兴产业集中区	2736	1711	1025	2	1	1
九华山风景区	527	332	195	6	4	2
宣城市	**110253**	**64684**	**45569**	**180**	**105**	**75**
宣州区	19922	10865	9057	47	39	8
郎溪县	15562	8852	6710	23	11	12
泾县	7756	4613	3143	23	13	10
绩溪县	3545	2014	1531	23	11	12
旌德县	2625	1581	1044	9	6	3
宣城市经济开发区	10391	6964	3427	18	9	9
宁国市	16361	9508	6853	20	12	8
广德市	34091	20287	13804	17	4	13

7-3　续表 3　　　　单位：人

现住地	户口登记地 天津 小计	天津 男	天津 女	河北 小计	河北 男	河北 女	山西 小计	山西 男	山西 女
安　徽	**5732**	**3386**	**2346**	**56836**	**33911**	**22925**	**22659**	**13333**	**9326**
合肥市	**2579**	**1577**	**1002**	**19045**	**11252**	**7793**	**8526**	**5094**	**3432**
瑶海区	134	74	60	2361	1357	1004	853	494	359
庐阳区	128	76	52	1055	588	467	422	236	186
蜀山区	516	308	208	2167	1229	938	1317	710	607
包河区	709	441	268	4872	2985	1887	1621	1016	605
长丰县	42	29	13	1030	594	436	415	214	201
肥东县	54	36	18	1140	700	440	340	205	135
肥西县	88	57	31	1228	754	474	897	574	323
庐江县	37	21	16	282	178	104	170	130	40
合肥高新技术产业开发区	126	81	45	717	479	238	367	234	133
合肥经济技术开发区	542	332	210	2230	1242	988	1246	742	504
合肥新站高新技术产业开发区	111	68	43	1365	856	509	604	381	223
巢湖市	92	54	38	598	290	308	274	158	116
芜湖市	**546**	**288**	**258**	**9566**	**5810**	**3756**	**2575**	**1537**	**1038**
镜湖区	108	60	48	640	350	290	211	106	105
弋江区	123	61	62	2149	1098	1051	419	220	199
鸠江区	104	55	49	1623	1074	549	528	309	219
三山区	20	11	9	3050	1995	1055	218	140	78
芜湖县	25	16	9	375	227	148	279	174	105
繁昌县	11	7	4	313	218	95	97	64	33
南陵县	9	5	4	127	66	61	73	43	30
芜湖经济技术开发区	59	40	19	956	657	299	642	442	200
安徽芜湖长江大桥经济开发区				7	5	2	7	4	3
无为市	87	33	54	326	120	206	101	35	66
蚌埠市	**302**	**170**	**132**	**2065**	**1019**	**1046**	**767**	**359**	**408**
龙子湖区	35	20	15	169	96	73	77	42	35
蚌山区	41	23	18	358	210	148	60	35	25
禹会区	35	16	19	229	119	110	58	31	27
淮上区	10	6	4	201	131	70	88	45	43
怀远县	13	8	5	160	79	81	95	41	54
五河县	12	5	7	96	53	43	30	10	20
固镇县	7	4	3	89	32	57	37	20	17
蚌埠市高新技术开发区	10	7	3	60	30	30	39	20	19
蚌埠市经济开发区	139	81	58	703	269	434	283	115	168
淮南市	**185**	**132**	**53**	**2473**	**1282**	**1191**	**782**	**453**	**329**
大通区	7	7		160	79	81	76	47	29
田家庵区	136	98	38	1592	771	821	499	314	185
谢家集区	5	2	3	97	61	36	32	18	14
八公山区	3	2	1	82	41	41	10	3	7
潘集区	12	8	4	138	83	55	50	26	24
凤台县	5	2	3	269	174	95	69	30	39
寿县	17	13	4	135	73	62	46	15	31

7-3 续表 4

单位：人

现住地	户口登记地								
	天津			河北			山西		
	小计	男	女	小计	男	女	小计	男	女
马鞍山市	**152**	**87**	**65**	**2025**	**1246**	**779**	**818**	**515**	**303**
花山区	49	28	21	620	356	264	170	103	67
雨山区	59	34	25	642	402	240	289	172	117
博望区	5	3	2	99	55	44	30	24	6
当涂县	15	7	8	239	156	83	192	142	50
含山县	9	6	3	215	125	90	54	27	27
和县	15	9	6	210	152	58	83	47	36
淮北市	**204**	**88**	**116**	**1736**	**763**	**973**	**493**	**205**	**288**
杜集区	9	8	1	198	106	92	41	19	22
相山区	123	53	70	571	305	266	149	56	93
烈山区	55	16	39	667	175	492	193	63	130
濉溪县	17	11	6	300	177	123	110	67	43
铜陵市	**85**	**48**	**37**	**579**	**356**	**223**	**199**	**120**	**79**
铜官区	57	35	22	365	216	149	97	62	35
义安区	13	6	7	101	71	30	34	19	15
郊区	3	1	2	42	25	17	28	20	8
枞阳县	12	6	6	71	44	27	40	19	21
安庆市	**231**	**135**	**96**	**2060**	**1228**	**832**	**1104**	**702**	**402**
迎江区	37	16	21	193	108	85	87	50	37
大观区	20	16	4	128	85	43	73	49	24
宜秀区	15	8	7	334	185	149	132	76	56
怀宁县	34	18	16	298	216	82	181	144	37
太湖县	6	4	2	113	77	36	81	48	33
宿松县	13	7	6	121	85	36	44	26	18
望江县	5	3	2	58	20	38	30	13	17
岳西县	7	4	3	44	16	28	20	9	11
安徽安庆经济开发区	12	8	4	261	168	93	105	77	28
桐城市	52	32	20	366	192	174	293	182	111
潜山市	30	19	11	144	76	68	58	28	30
黄山市	**132**	**87**	**45**	**1160**	**759**	**401**	**513**	**344**	**169**
屯溪区	59	38	21	465	232	233	152	72	80
黄山区	28	20	8	221	173	48	72	56	16
徽州区	8	5	3	46	23	23	30	15	15
歙县	11	8	3	81	47	34	71	52	19
休宁县	8	4	4	66	46	20	90	69	21
黟县	7	6	1	59	40	19	24	17	7
祁门县	11	6	5	222	198	24	74	63	11
滁州市	**194**	**116**	**78**	**2893**	**1773**	**1120**	**2306**	**1451**	**855**
琅琊区	30	16	14	338	230	108	158	87	71
南谯区	27	14	13	499	253	246	196	119	77
来安县	21	11	10	427	304	123	251	156	95
全椒县	16	10	6	170	104	66	82	52	30
定远县	8	6	2	133	83	50	57	30	27
凤阳县	20	13	7	161	97	64	92	55	37
苏滁现代产业园	6	5	1	69	52	17	330	210	120
滁州经济技术开发区	18	11	7	683	405	278	948	637	311
天长市	32	20	12	230	139	91	123	67	56
明光市	16	10	6	183	106	77	69	38	31

7-3 续表 5　　　　单位：人

现住地	户口登记地 天津 小计	天津 男	天津 女	河北 小计	河北 男	河北 女	山西 小计	山西 男	山西 女
阜阳市	**328**	**183**	**145**	**2464**	**1345**	**1119**	**1150**	**588**	**562**
颍州区	65	39	26	512	271	241	291	141	150
颍东区	26	18	8	242	170	72	95	58	37
颍泉区	33	15	18	438	277	161	84	42	42
临泉县	58	33	25	344	137	207	134	64	70
太和县	59	34	25	289	145	144	144	59	85
阜南县	36	13	23	172	76	96	107	54	53
颍上县	14	9	5	165	98	67	97	49	48
阜阳合肥现代产业园区				20	13	7	33	26	7
阜阳经济技术开发区	9	4	5	126	68	58	45	25	20
界首市	28	18	10	156	90	66	120	70	50
宿州市	**242**	**145**	**97**	**1639**	**862**	**777**	**653**	**254**	**399**
埇桥区	97	57	40	756	385	371	239	97	142
砀山县	27	17	10	194	94	100	101	43	58
萧县	52	34	18	251	130	121	161	53	108
灵璧县	29	13	16	221	126	95	71	28	43
泗县	22	13	9	148	83	65	50	16	34
宿州马鞍山现代产业园区	9	7	2	16	10	6	11	6	5
宿州经济技术开发区	6	4	2	53	34	19	20	11	9
六安市	**130**	**74**	**56**	**4858**	**3521**	**1337**	**668**	**399**	**269**
金安区	32	21	11	657	366	291	196	122	74
裕安区	30	19	11	348	177	171	113	54	59
叶集区	3	3		59	37	22	22	15	7
霍邱县	23	10	13	3379	2695	684	84	54	30
舒城县	23	13	10	190	131	59	168	113	55
金寨县	14	7	7	140	77	63	50	21	29
霍山县	5	1	4	85	38	47	35	20	15
亳州市	**157**	**88**	**69**	**1561**	**924**	**637**	**554**	**280**	**274**
谯城区	73	40	33	800	455	345	269	132	137
涡阳县	23	11	12	381	270	111	90	54	36
蒙城县	16	10	6	205	116	89	78	45	33
利辛县	45	27	18	175	83	92	117	49	68
池州市	**71**	**40**	**31**	**920**	**594**	**326**	**548**	**400**	**148**
贵池区	37	19	18	618	400	218	257	185	72
东至县	11	8	3	88	52	36	45	17	28
石台县				31	18	13	28	21	7
青阳县	6	3	3	126	85	41	201	165	36
池州市国家经济技术开发区	1		1	24	14	10	6	5	1
皖江江南新兴产业集中区	14	8	6	19	14	5	8	6	2
九华山风景区	2	2		14	11	3	3	1	2
宣城市	**194**	**128**	**66**	**1792**	**1177**	**615**	**1003**	**632**	**371**
宣州区	60	45	15	457	283	174	142	84	58
郎溪县	10	5	5	195	115	80	114	73	41
泾县	17	12	5	108	72	36	51	38	13
绩溪县	7	6	1	76	58	18	14	7	7
旌德县	6	2	4	39	21	18	13	3	10
宣城市经济开发区	64	44	20	441	310	131	309	218	91
宁国市	20	9	11	209	145	64	119	57	62
广德市	10	5	5	267	173	94	241	152	89

7-3 续表 6　　　　单位：人

现住地	户口登记地								
	内蒙古			辽宁			吉林		
	小计	男	女	小计	男	女	小计	男	女
安　徽	**11639**	**6309**	**5330**	**18564**	**10776**	**7788**	**19724**	**10973**	**8751**
合肥市	**4064**	**2315**	**1749**	**7196**	**4371**	**2825**	**6971**	**4042**	**2929**
瑶海区	367	205	162	695	378	317	772	419	353
庐阳区	292	151	141	465	255	210	406	237	169
蜀山区	695	381	314	1209	665	544	1045	584	461
包河区	702	413	289	1479	935	544	1402	795	607
长丰县	268	138	130	329	184	145	387	198	189
肥东县	204	108	96	227	141	86	271	159	112
肥西县	312	195	117	477	315	162	439	264	175
庐江县	85	45	40	166	107	59	123	73	50
合肥高新技术产业开发区	197	125	72	296	172	124	288	183	105
合肥经济技术开发区	647	366	281	1142	754	388	1157	712	445
合肥新站高新技术产业开发区	182	127	55	468	306	162	488	315	173
巢湖市	113	61	52	243	159	84	193	103	90
芜湖市	**1318**	**695**	**623**	**2159**	**1240**	**919**	**3359**	**1861**	**1498**
镜湖区	153	76	77	318	183	135	414	200	214
弋江区	284	120	164	394	182	212	405	192	213
鸠江区	225	136	89	499	305	194	818	472	346
三山区	112	67	45	147	87	60	167	95	72
芜湖县	91	58	33	157	99	58	281	168	113
繁昌县	65	44	21	122	85	37	91	60	31
南陵县	40	12	28	47	19	28	68	33	35
芜湖经济技术开发区	285	165	120	384	245	139	1009	604	405
安徽芜湖长江大桥经济开发区				6	5	1	2	1	1
无为市	63	17	46	85	30	55	104	36	68
蚌埠市	**689**	**331**	**358**	**820**	**409**	**411**	**804**	**383**	**421**
龙子湖区	55	29	26	56	31	25	70	40	30
蚌山区	50	28	22	91	43	48	134	70	64
禹会区	51	30	21	86	47	39	74	39	35
淮上区	53	29	24	104	59	45	108	61	47
怀远县	39	20	19	67	32	35	55	22	33
五河县	131	73	58	74	50	24	54	21	33
固镇县	30	14	16	48	27	21	40	20	20
蚌埠市高新技术开发区	15	10	5	39	20	19	25	16	9
蚌埠市经济开发区	265	98	167	255	100	155	244	94	150
淮南市	**438**	**229**	**209**	**546**	**315**	**231**	**734**	**368**	**366**
大通区	52	24	28	47	21	26	87	42	45
田家庵区	236	119	117	288	172	116	315	153	162
谢家集区	27	15	12	21	7	14	32	18	14
八公山区	13	5	8	22	4	18	39	17	22
潘集区	29	21	8	50	35	15	41	18	23
凤台县	46	25	21	68	43	25	182	103	79
寿县	35	20	15	50	33	17	38	17	21

7-3 续表 7 单位：人

现住地	户口登记地								
	内蒙古			辽宁			吉林		
	小计	男	女	小计	男	女	小计	男	女
马鞍山市	**820**	**439**	**381**	**947**	**555**	**392**	**909**	**531**	**378**
花山区	198	99	99	260	144	116	263	144	119
雨山区	431	238	193	355	227	128	296	187	109
博望区	25	15	10	35	18	17	34	21	13
当涂县	84	43	41	149	83	66	180	107	73
含山县	36	18	18	50	26	24	47	26	21
和县	46	26	20	98	57	41	89	46	43
淮北市	**467**	**233**	**234**	**388**	**208**	**180**	**399**	**188**	**211**
杜集区	32	16	16	44	25	19	45	25	20
相山区	184	89	95	201	111	90	162	71	91
烈山区	93	32	61	64	25	39	80	26	54
濉溪县	158	96	62	79	47	32	112	66	46
铜陵市	**124**	**61**	**63**	**223**	**115**	**108**	**244**	**107**	**137**
铜官区	80	40	40	136	70	66	131	54	77
义安区	17	8	9	35	17	18	49	28	21
郊区	7	3	4	26	16	10	33	17	16
枞阳县	20	10	10	26	12	14	31	8	23
安庆市	**387**	**187**	**200**	**907**	**524**	**383**	**669**	**348**	**321**
迎江区	44	25	19	131	61	70	103	58	45
大观区	24	11	13	170	120	50	68	36	32
宜秀区	49	22	27	100	57	43	107	48	59
怀宁县	44	23	21	129	69	60	77	42	35
太湖县	19	9	10	39	22	17	31	17	14
宿松县	22	14	8	50	30	20	43	18	25
望江县	24	5	19	37	20	17	38	18	20
岳西县	14	4	10	31	14	17	29	10	19
安徽安庆经济开发区	21	13	8	67	40	27	60	36	24
桐城市	88	46	42	99	64	35	83	48	35
潜山市	38	15	23	54	27	27	30	17	13
黄山市	**234**	**135**	**99**	**498**	**322**	**176**	**559**	**313**	**246**
屯溪区	56	22	34	160	81	79	273	138	135
黄山区	61	42	19	130	91	39	125	85	40
徽州区	7	3	4	33	25	8	25	11	14
歙县	24	16	8	46	28	18	46	22	24
休宁县	36	18	18	45	35	10	38	23	15
黟县	25	18	7	25	14	11	24	16	8
祁门县	25	16	9	59	48	11	28	18	10
滁州市	**665**	**380**	**285**	**1279**	**755**	**524**	**1231**	**730**	**501**
琅琊区	77	47	30	122	68	54	125	77	48
南谯区	151	73	78	236	150	86	207	117	90
来安县	91	56	35	178	111	67	206	124	82
全椒县	70	39	31	125	78	47	69	33	36
定远县	29	14	15	47	19	28	46	23	23
凤阳县	47	25	22	82	41	41	104	58	46
苏滁现代产业园	19	12	7	104	78	26	97	68	29
滁州经济技术开发区	97	66	31	188	115	73	190	119	71
天长市	61	36	25	137	66	71	133	86	47
明光市	23	12	11	60	29	31	54	25	29

7－3 续表 8 单位：人

现住地	户口登记地								
	内蒙古			辽宁			吉林		
	小计	男	女	小计	男	女	小计	男	女
阜阳市	**645**	**322**	**323**	**981**	**520**	**461**	**734**	**404**	**330**
颍州区	184	86	98	208	121	87	151	93	58
颍东区	76	43	33	96	57	39	71	45	26
颍泉区	67	35	32	169	108	61	63	36	27
临泉县	59	30	29	108	43	65	111	67	44
太和县	71	33	38	143	61	82	82	35	47
阜南县	63	32	31	62	27	35	69	34	35
颍上县	42	13	29	59	25	34	70	34	36
阜阳合肥现代产业园区	5	3	2	7	1	6	11	5	6
阜阳经济技术开发区	30	19	11	45	24	21	37	17	20
界首市	48	28	20	84	53	31	69	38	31
宿州市	**552**	**281**	**271**	**597**	**268**	**329**	**664**	**306**	**358**
埇桥区	248	128	120	240	106	134	317	154	163
砀山县	63	29	34	92	41	51	90	34	56
萧县	104	49	55	85	38	47	103	44	59
灵璧县	76	42	34	83	36	47	59	28	31
泗县	32	17	15	71	34	37	50	20	30
宿州马鞍山现代产业园区	1	1		6	2	4	19	12	7
宿州经济技术开发区	28	15	13	20	11	9	26	14	12
六安市	**294**	**180**	**114**	**627**	**370**	**257**	**632**	**368**	**264**
金安区	70	44	26	148	68	80	145	80	65
裕安区	63	35	28	97	55	42	139	89	50
叶集区	6	2	4	16	9	7	16	10	6
霍邱县	74	50	24	93	68	25	58	34	24
舒城县	43	28	15	98	54	44	191	103	88
金寨县	22	12	10	125	87	38	75	47	28
霍山县	16	9	7	50	29	21	8	5	3
亳州市	**349**	**172**	**177**	**455**	**225**	**230**	**553**	**317**	**236**
谯城区	195	95	100	235	120	115	309	181	128
涡阳县	62	35	27	77	41	36	106	73	33
蒙城县	42	21	21	74	36	38	73	42	31
利辛县	50	21	29	69	28	41	65	21	44
池州市	**150**	**83**	**67**	**269**	**165**	**104**	**335**	**191**	**144**
贵池区	82	45	37	147	94	53	192	114	78
东至县	15	7	8	38	25	13	31	16	15
石台县	7	5	2	11	2	9	11	6	5
青阳县	35	19	16	36	22	14	63	35	28
池州市国家经济技术开发区	1	1		7	4	3	11	5	6
皖江江南新兴产业集中区	2	1	1	7	4	3	13	8	5
九华山风景区	8	5	3	23	14	9	14	7	7
宣城市	**443**	**266**	**177**	**672**	**414**	**258**	**927**	**516**	**411**
宣州区	75	42	33	164	100	64	164	93	71
郎溪县	54	29	25	54	31	23	100	56	44
泾县	22	12	10	56	32	24	74	42	32
绩溪县	10	3	7	25	11	14	23	10	13
旌德县	13	6	7	8	5	3	10	2	8
宣城市经济开发区	151	108	43	98	77	21	204	129	75
宁国市	43	25	18	113	73	40	108	51	57
广德市	75	41	34	154	85	69	244	133	111

7-3 续表 9 单位：人

现住地	户口登记地								
	黑龙江			上海			江苏		
	小计	男	女	小计	男	女	小计	男	女
安徽	**24951**	**13224**	**11727**	**25955**	**14510**	**11445**	**262807**	**148545**	**114262**
合肥市	**8827**	**4909**	**3918**	**6935**	**3905**	**3030**	**57965**	**34840**	**23125**
瑶海区	770	365	405	725	405	320	8567	4869	3698
庐阳区	658	381	277	747	406	341	4304	2550	1754
蜀山区	1376	755	621	1570	880	690	7258	4343	2915
包河区	1721	967	754	1592	880	712	10546	6688	3858
长丰县	587	338	249	99	52	47	3792	2173	1619
肥东县	434	249	185	307	166	141	4176	2459	1717
肥西县	786	467	319	299	183	116	4867	3064	1803
庐江县	171	84	87	167	94	73	1333	726	607
合肥高新技术产业开发区	372	196	176	319	187	132	3011	1815	1196
合肥经济技术开发区	1095	613	482	454	282	172	4732	2897	1835
合肥新站高新技术产业开发区	596	381	215	217	139	78	2936	1911	1025
巢湖市	261	113	148	439	231	208	2443	1345	1098
芜湖市	**2900**	**1562**	**1338**	**2685**	**1490**	**1195**	**21512**	**12419**	**9093**
镜湖区	424	217	207	854	439	415	3932	2257	1675
弋江区	457	219	238	529	276	253	3430	1943	1487
鸠江区	588	324	264	358	215	143	3846	2392	1454
三山区	165	99	66	64	40	24	1438	943	495
芜湖县	196	105	91	193	112	81	2920	1509	1411
繁昌县	118	67	51	124	76	48	1002	578	424
南陵县	90	40	50	229	138	91	1306	643	663
芜湖经济技术开发区	738	445	293	121	84	37	1905	1267	638
安徽芜湖长江大桥经济开发区	1		1	5	3	2	89	60	29
无为市	123	46	77	208	107	101	1644	827	817
蚌埠市	**1186**	**493**	**693**	**1512**	**803**	**709**	**12998**	**7148**	**5850**
龙子湖区	93	34	59	220	118	102	1365	780	585
蚌山区	112	49	63	164	83	81	1854	1132	722
禹会区	166	72	94	232	119	113	1498	859	639
淮上区	137	64	73	39	20	19	1228	669	559
怀远县	93	45	48	175	93	82	1449	714	735
五河县	62	31	31	74	44	30	2035	1108	927
固镇县	61	32	29	85	49	36	949	519	430
蚌埠市高新技术开发区	54	26	28	30	15	15	425	237	188
蚌埠市经济开发区	408	140	268	493	262	231	2195	1130	1065
淮南市	**714**	**365**	**349**	**1174**	**608**	**566**	**7654**	**4120**	**3534**
大通区	46	23	23	67	28	39	958	540	418
田家庵区	375	199	176	555	279	276	2874	1538	1336
谢家集区	34	19	15	60	28	32	439	224	215
八公山区	19	8	11	29	18	11	481	239	242
潘集区	63	30	33	42	27	15	893	597	296
凤台县	111	53	58	126	73	53	918	477	441
寿县	66	33	33	295	155	140	1091	505	586

7-3 续表 10 单位：人

现住地	户口登记地								
	黑龙江			上海			江苏		
	小计	男	女	小计	男	女	小计	男	女
马鞍山市	**1248**	**662**	**586**	**2150**	**1204**	**946**	**28048**	**15282**	**12766**
花山区	434	218	216	963	515	448	7429	4068	3361
雨山区	416	234	182	735	417	318	5320	3069	2251
博望区	38	20	18	19	11	8	3028	1466	1562
当涂县	187	102	85	116	67	49	3404	1968	1436
含山县	55	23	32	152	101	51	1093	602	491
和县	118	65	53	165	93	72	7774	4109	3665
淮北市	**721**	**334**	**387**	**708**	**377**	**331**	**8311**	**4520**	**3791**
杜集区	69	27	42	56	32	24	1544	817	727
相山区	359	174	185	449	242	207	3964	2087	1877
烈山区	141	49	92	93	40	53	1083	586	497
濉溪县	152	84	68	110	63	47	1720	1030	690
铜陵市	**284**	**146**	**138**	**735**	**385**	**350**	**3781**	**2066**	**1715**
铜官区	196	102	94	539	280	259	2155	1214	941
义安区	35	19	16	114	63	51	617	341	276
郊区	24	14	10	43	21	22	344	187	157
枞阳县	29	11	18	39	21	18	665	324	341
安庆市	**938**	**497**	**441**	**1218**	**671**	**547**	**7316**	**4434**	**2882**
迎江区	98	44	54	301	152	149	931	532	399
大观区	122	71	51	280	150	130	869	593	276
宜秀区	121	65	56	46	23	23	787	475	312
怀宁县	107	65	42	62	38	24	828	553	275
太湖县	66	44	22	64	35	29	480	278	202
宿松县	35	12	23	105	60	45	693	397	296
望江县	46	19	27	43	30	13	431	254	177
岳西县	28	9	19	31	13	18	257	145	112
安徽安庆经济开发区	67	31	36	113	65	48	638	423	215
桐城市	165	91	74	120	70	50	964	548	416
潜山市	83	46	37	53	35	18	438	236	202
黄山市	**545**	**296**	**249**	**1024**	**567**	**457**	**3898**	**2235**	**1663**
屯溪区	234	116	118	410	209	201	1328	711	617
黄山区	70	39	31	193	115	78	746	464	282
徽州区	33	20	13	70	39	31	323	186	137
歙县	105	55	50	207	123	84	723	407	316
休宁县	48	31	17	74	42	32	340	197	143
黟县	20	10	10	34	20	14	148	92	56
祁门县	35	25	10	36	19	17	290	178	112
滁州市	**1922**	**1086**	**836**	**1822**	**988**	**834**	**51056**	**28583**	**22473**
琅琊区	203	113	90	378	195	183	4122	2349	1773
南谯区	347	208	139	221	120	101	8297	4825	3472
来安县	352	198	154	192	109	83	13114	7307	5807
全椒县	156	85	71	197	102	95	3501	1949	1552
定远县	69	37	32	175	96	79	1324	724	600
凤阳县	99	46	53	147	80	67	1762	963	799
苏滁现代产业园	120	86	34	16	14	2	1210	938	272
滁州经济技术开发区	256	151	105	109	51	58	2684	1570	1114
天长市	199	95	104	240	134	106	12125	6474	5651
明光市	121	67	54	147	87	60	2917	1484	1433

7-3　续表 11

单位：人

现住地	户口登记地								
	黑龙江			上海			江苏		
	小计	男	女	小计	男	女	小计	男	女
阜阳市	**1277**	**642**	**635**	**893**	**475**	**418**	**6757**	**3945**	**2812**
颍州区	311	159	152	196	109	87	1450	801	649
颍东区	136	68	68	61	30	31	696	444	252
颍泉区	136	75	61	59	32	27	739	454	285
临泉县	126	64	62	84	41	43	611	346	265
太和县	262	128	134	81	42	39	668	349	319
阜南县	56	23	33	106	52	54	686	401	285
颍上县	123	53	70	218	120	98	1082	649	433
阜阳合肥现代产业园区	6	5	1	8	3	5	57	27	30
阜阳经济技术开发区	68	40	28	23	16	7	270	163	107
界首市	53	27	26	57	30	27	498	311	187
宿州市	**1113**	**515**	**598**	**867**	**482**	**385**	**21748**	**10538**	**11210**
埇桥区	526	242	284	446	247	199	6366	3251	3115
砀山县	199	87	112	148	80	68	2313	1119	1194
萧县	165	68	97	58	38	20	4574	1967	2607
灵璧县	112	58	54	90	44	46	3714	1749	1965
泗县	67	39	28	91	50	41	3996	1974	2022
宿州马鞍山现代产业园区	7	3	4	20	14	6	142	99	43
宿州经济技术开发区	37	18	19	14	9	5	643	379	264
六安市	**589**	**275**	**314**	**706**	**412**	**294**	**8008**	**4306**	**3702**
金安区	129	62	67	207	122	85	2253	1200	1053
裕安区	132	56	76	146	81	65	1798	888	910
叶集区	28	15	13	40	25	15	452	255	197
霍邱县	62	27	35	142	77	65	952	521	431
舒城县	151	76	75	64	40	24	1138	609	529
金寨县	62	25	37	71	46	25	876	481	395
霍山县	25	14	11	36	21	15	539	352	187
亳州市	**1250**	**612**	**638**	**636**	**383**	**253**	**4608**	**2711**	**1897**
谯城区	417	209	208	214	138	76	1537	989	548
涡阳县	317	159	158	108	51	57	1025	617	408
蒙城县	154	68	86	188	114	74	1048	575	473
利辛县	362	176	186	126	80	46	998	530	468
池州市	**366**	**209**	**157**	**675**	**372**	**303**	**3818**	**2375**	**1443**
贵池区	155	81	74	306	171	135	1866	1086	780
东至县	43	24	19	108	59	49	593	405	188
石台县	29	19	10	50	23	27	196	128	68
青阳县	67	37	30	174	93	81	795	488	307
池州市国家经济技术开发区	8	8		10	6	4	86	60	26
皖江江南新兴产业集中区	32	22	10	15	13	2	222	164	58
九华山风景区	32	18	14	12	7	5	60	44	16
宣城市	**1071**	**621**	**450**	**2215**	**1388**	**827**	**15329**	**9023**	**6306**
宣州区	194	104	90	648	395	253	3595	1967	1628
郎溪县	146	71	75	378	247	131	3909	2238	1671
泾县	65	34	31	199	110	89	841	440	401
绩溪县	34	18	16	102	64	38	351	215	136
旌德县	19	11	8	91	53	38	305	180	125
宣城市经济开发区	146	98	48	126	90	36	908	560	348
宁国市	141	79	62	245	156	89	1403	838	565
广德市	326	206	120	426	273	153	4017	2585	1432

7-3 续表 12

单位：人

现住地	户口登记地					
	浙江			福建		
	小计	男	女	小计	男	女
安徽	**97735**	**56357**	**41378**	**51547**	**30548**	**20999**
合肥市	**22875**	**13366**	**9509**	**17871**	**10596**	**7275**
瑶海区	4610	2655	1955	3438	2012	1426
庐阳区	1612	932	680	1311	790	521
蜀山区	2959	1802	1157	2055	1194	861
包河区	4159	2548	1611	4769	2834	1935
长丰县	1153	639	514	996	590	406
肥东县	1325	774	551	1480	879	601
肥西县	1337	779	558	1028	603	425
庐江县	695	417	278	358	232	126
合肥高新技术产业开发区	573	356	217	367	217	150
合肥经济技术开发区	2036	1148	888	1004	603	401
合肥新站高新技术产业开发区	1360	812	548	640	397	243
巢湖市	1056	504	552	425	245	180
芜湖市	**10514**	**6173**	**4341**	**4515**	**2655**	**1860**
镜湖区	1972	1082	890	730	389	341
弋江区	2172	1251	921	879	488	391
鸠江区	1904	1156	748	1296	783	513
三山区	338	203	135	165	94	71
芜湖县	1954	1212	742	430	270	160
繁昌县	421	266	155	315	232	83
南陵县	697	371	326	252	137	115
芜湖经济技术开发区	584	389	195	244	150	94
安徽芜湖长江大桥经济开发区	13	11	2	15	10	5
无为市	459	232	227	189	102	87
蚌埠市	**3962**	**2124**	**1838**	**2343**	**1252**	**1091**
龙子湖区	283	153	130	317	180	137
蚌山区	678	387	291	395	237	158
禹会区	360	191	169	295	167	128
淮上区	419	215	204	217	113	104
怀远县	614	333	281	203	112	91
五河县	459	236	223	70	40	30
固镇县	357	207	150	134	75	59
蚌埠市高新技术开发区	92	54	38	80	48	32
蚌埠市经济开发区	700	348	352	632	280	352
淮南市	**2897**	**1592**	**1305**	**1665**	**920**	**745**
大通区	257	158	99	174	104	70
田家庵区	1256	658	598	746	414	332
谢家集区	258	149	109	150	88	62
八公山区	107	50	57	65	29	36
潘集区	205	109	96	109	54	55
凤台县	446	264	182	227	122	105
寿县	368	204	164	194	109	85

7-3　续表 13　　单位：人

现住地	户口登记地					
	浙江			福建		
	小计	男	女	小计	男	女
马鞍山市	**3567**	**2058**	**1509**	**1993**	**1211**	**782**
花山区	1105	623	482	579	335	244
雨山区	733	443	290	514	319	195
博望区	204	108	96	89	52	37
当涂县	721	398	323	430	258	172
含山县	306	180	126	114	71	43
和县	498	306	192	267	176	91
淮北市	**1711**	**969**	**742**	**927**	**549**	**378**
杜集区	198	142	56	147	96	51
相山区	705	393	312	429	255	174
烈山区	276	119	157	115	53	62
濉溪县	532	315	217	236	145	91
铜陵市	**1739**	**977**	**762**	**1098**	**651**	**447**
铜官区	1009	560	449	732	418	314
义安区	259	143	116	126	71	55
郊区	144	74	70	144	107	37
枞阳县	327	200	127	96	55	41
安庆市	**4934**	**2861**	**2073**	**2871**	**1655**	**1216**
迎江区	635	340	295	351	214	137
大观区	317	194	123	181	99	82
宜秀区	614	360	254	521	293	228
怀宁县	404	254	150	228	163	65
太湖县	335	182	153	142	63	79
宿松县	660	385	275	307	165	142
望江县	410	255	155	190	92	98
岳西县	220	114	106	208	138	70
安徽安庆经济开发区	480	273	207	304	167	137
桐城市	525	302	223	224	127	97
潜山市	334	202	132	215	134	81
黄山市	**7700**	**4163**	**3537**	**1807**	**1067**	**740**
屯溪区	3013	1577	1436	807	464	343
黄山区	643	374	269	237	130	107
徽州区	636	356	280	87	49	38
歙县	2056	1116	940	238	130	108
休宁县	691	371	320	112	67	45
黟县	248	135	113	103	68	35
祁门县	413	234	179	223	159	64
滁州市	**5287**	**3016**	**2271**	**3773**	**2282**	**1491**
琅琊区	556	307	249	398	235	163
南谯区	776	453	323	419	262	157
来安县	599	360	239	1605	976	629
全椒县	535	305	230	193	114	79
定远县	409	203	206	130	71	59
凤阳县	628	348	280	238	145	93
苏滁现代产业园	122	83	39	49	35	14
滁州经济技术开发区	426	246	180	270	169	101
天长市	796	476	320	236	137	99
明光市	440	235	205	235	138	97

7-3 续表 14

单位：人

现住地	户口登记地					
	浙江			福建		
	小计	男	女	小计	男	女
阜阳市	**4993**	**2824**	**2169**	**3255**	**1922**	**1333**
颍州区	957	535	422	686	351	335
颍东区	313	190	123	515	360	155
颍泉区	882	504	378	407	237	170
临泉县	595	297	298	281	163	118
太和县	404	206	198	377	226	151
阜南县	483	269	214	237	134	103
颍上县	719	434	285	366	210	156
阜阳合肥现代产业园区	30	18	12	54	34	20
阜阳经济技术开发区	165	99	66	111	66	45
界首市	445	272	173	221	141	80
宿州市	**3553**	**2076**	**1477**	**1697**	**996**	**701**
埇桥区	1348	759	589	789	453	336
砀山县	378	232	146	207	127	80
萧县	472	316	156	193	113	80
灵璧县	665	364	301	278	169	109
泗县	470	268	202	131	72	59
宿州马鞍山现代产业园区	86	52	34	41	29	12
宿州经济技术开发区	134	85	49	58	33	25
六安市	**3392**	**1888**	**1504**	**1883**	**1152**	**731**
金安区	841	481	360	534	326	208
裕安区	684	370	314	453	250	203
叶集区	182	115	67	136	89	47
霍邱县	492	285	207	193	117	76
舒城县	596	288	308	184	106	78
金寨县	364	214	150	291	205	86
霍山县	233	135	98	92	59	33
亳州市	**3223**	**1852**	**1371**	**1758**	**1023**	**735**
谯城区	1124	692	432	870	512	358
涡阳县	696	389	307	242	154	88
蒙城县	831	471	360	368	206	162
利辛县	572	300	272	278	151	127
池州市	**3634**	**2099**	**1535**	**1515**	**1058**	**457**
贵池区	1539	869	670	915	640	275
东至县	570	341	229	159	101	58
石台县	120	55	65	88	65	23
青阳县	669	394	275	301	211	90
池州市国家经济技术开发区	53	37	16	12	6	6
皖江江南新兴产业集中区	651	380	271	24	23	1
九华山风景区	32	23	9	16	12	4
宣城市	**13754**	**8319**	**5435**	**2576**	**1559**	**1017**
宣州区	2380	1482	898	671	353	318
郎溪县	1013	629	384	236	150	86
泾县	850	497	353	279	193	86
绩溪县	685	408	277	119	70	49
旌德县	379	248	131	170	127	43
宣城市经济开发区	630	411	219	331	234	97
宁国市	3393	2091	1302	329	181	148
广德市	4424	2553	1871	441	251	190

7-3 续表 15

单位：人

现住地	户口登记地 江西 小计	男	女	山东 小计	男	女	河南 小计	男	女
安　徽	**64312**	**35659**	**28653**	**79045**	**47215**	**31830**	**303747**	**181482**	**122265**
合肥市	**19420**	**11287**	**8133**	**26455**	**16131**	**10324**	**91867**	**57443**	**34424**
瑶海区	1958	1079	879	2586	1556	1030	12877	7758	5119
庐阳区	1386	801	585	1693	998	695	6631	4025	2606
蜀山区	2403	1436	967	3869	2213	1656	10468	6392	4076
包河区	3557	2203	1354	4667	2957	1710	14859	9396	5463
长丰县	1294	688	606	1779	1051	728	6698	4080	2618
肥东县	1903	1068	835	1493	927	566	5402	3610	1792
肥西县	1807	1052	755	2661	1764	897	10940	7077	3863
庐江县	512	262	250	413	264	149	1616	1092	524
合肥高新技术产业开发区	647	411	236	1154	737	417	4219	2760	1459
合肥经济技术开发区	1937	1156	781	3711	2189	1522	9249	5728	3521
合肥新站高新技术产业开发区	1447	851	596	1460	933	527	6473	4065	2408
巢湖市	569	280	289	969	542	427	2435	1460	975
芜湖市	**7005**	**3954**	**3051**	**8785**	**5228**	**3557**	**28983**	**18280**	**10703**
镜湖区	1090	577	513	1246	693	553	3263	1895	1368
弋江区	1207	640	567	1613	878	735	3224	1868	1356
鸠江区	1618	940	678	2423	1465	958	5429	3285	2144
三山区	300	177	123	771	521	250	2693	1856	837
芜湖县	811	493	318	633	380	253	3106	1932	1174
繁昌县	271	170	101	251	177	74	857	618	239
南陵县	347	165	182	275	141	134	909	504	405
芜湖经济技术开发区	1007	643	364	1295	817	478	8381	5719	2662
安徽芜湖长江大桥经济开发区	12	7	5	11	8	3	65	40	25
无为市	342	142	200	267	148	119	1056	563	493
蚌埠市	**1887**	**924**	**963**	**4096**	**2175**	**1921**	**9928**	**5536**	**4392**
龙子湖区	165	88	77	442	253	189	1344	833	511
蚌山区	200	114	86	534	309	225	1608	991	617
禹会区	179	100	79	412	245	167	1086	657	429
淮上区	216	102	114	410	224	186	1454	888	566
怀远县	199	84	115	385	207	178	1020	503	517
五河县	155	70	85	238	133	105	678	321	357
固镇县	236	114	122	279	136	143	734	357	377
蚌埠市高新技术开发区	54	27	27	206	127	79	376	209	167
蚌埠市经济开发区	483	225	258	1190	541	649	1628	777	851
淮南市	**1569**	**830**	**739**	**2758**	**1545**	**1213**	**9252**	**5372**	**3880**
大通区	130	81	49	256	140	116	1140	712	428
田家庵区	688	403	285	1368	786	582	2955	1629	1326
谢家集区	87	45	42	158	85	73	553	323	230
八公山区	50	27	23	75	39	36	439	265	174
潘集区	73	30	43	219	123	96	1006	624	382
凤台县	217	85	132	418	239	179	1959	1141	818
寿县	324	159	165	264	133	131	1200	678	522

7-3 续表 16

单位：人

现住地	户口登记地								
	江西			山东			河南		
	小计	男	女	小计	男	女	小计	男	女
马鞍山市	**3204**	**1819**	**1385**	**3296**	**1966**	**1330**	**12634**	**7840**	**4794**
花山区	1032	561	471	1038	603	435	3553	2119	1434
雨山区	957	558	399	1061	629	432	3685	2163	1522
博望区	127	79	48	118	66	52	655	438	217
当涂县	575	329	246	474	283	191	2774	1848	926
含山县	198	106	92	170	99	71	660	410	250
和县	315	186	129	435	286	149	1307	862	445
淮北市	**984**	**458**	**526**	**3127**	**1747**	**1380**	**10605**	**5925**	**4680**
杜集区	135	100	35	421	237	184	1631	1009	622
相山区	378	169	209	1239	643	596	4319	2363	1956
烈山区	264	90	174	509	237	272	1221	667	554
濉溪县	207	99	108	958	630	328	3434	1886	1548
铜陵市	**1328**	**693**	**635**	**991**	**610**	**381**	**3055**	**1917**	**1138**
铜官区	763	396	367	542	324	218	1551	933	618
义安区	187	90	97	262	170	92	600	392	208
郊区	94	47	47	94	63	31	379	269	110
枞阳县	284	160	124	93	53	40	525	323	202
安庆市	**5874**	**3062**	**2812**	**2992**	**1942**	**1050**	**10116**	**6428**	**3688**
迎江区	603	329	274	348	233	115	942	567	375
大观区	364	193	171	397	316	81	1027	751	276
宜秀区	634	343	291	422	250	172	1459	893	566
怀宁县	505	276	229	343	233	110	1106	731	375
太湖县	425	197	228	125	64	61	661	438	223
宿松县	1075	527	548	185	121	64	819	519	300
望江县	710	328	382	198	111	87	626	326	300
岳西县	170	61	109	95	43	52	294	150	144
安徽安庆经济开发区	409	229	180	265	194	71	1035	711	324
桐城市	682	439	243	393	246	147	1477	961	516
潜山市	297	140	157	221	131	90	670	381	289
黄山市	**4382**	**2341**	**2041**	**1414**	**871**	**543**	**5267**	**3514**	**1753**
屯溪区	1875	1016	859	582	303	279	1457	843	614
黄山区	258	149	109	258	191	67	975	715	260
徽州区	288	159	129	122	72	50	350	186	164
歙县	670	332	338	160	102	58	818	476	342
休宁县	583	293	290	108	71	37	511	346	165
黟县	178	97	81	63	36	27	305	229	76
祁门县	530	295	235	121	96	25	851	719	132
滁州市	**4512**	**2688**	**1824**	**6222**	**3829**	**2393**	**23123**	**14087**	**9036**
琅琊区	420	276	144	674	406	268	1917	1215	702
南谯区	550	332	218	854	543	311	2759	1889	870
来安县	626	395	231	945	603	342	2819	1902	917
全椒县	453	286	167	396	249	147	1271	828	443
定远县	235	105	130	250	147	103	758	393	365
凤阳县	289	155	134	365	200	165	999	546	453
苏滁现代产业园	225	148	77	264	199	65	1799	1210	589
滁州经济技术开发区	917	537	380	1542	916	626	8298	4652	3646
天长市	531	313	218	584	371	213	1611	1003	608
明光市	266	141	125	348	195	153	892	449	443

7-3 续表 17

单位：人

现住地	户口登记地								
	江西			山东			河南		
	小计	男	女	小计	男	女	小计	男	女
阜阳市	**2346**	**1229**	**1117**	**3643**	**2157**	**1486**	**29700**	**15650**	**14050**
颍州区	585	338	247	935	532	403	4444	2472	1972
颍东区	245	139	106	499	372	127	2272	1422	850
颍泉区	257	138	119	348	228	120	2023	1132	891
临泉县	212	104	108	367	211	156	5725	2833	2892
太和县	231	108	123	445	220	225	2704	1300	1404
阜南县	227	98	129	296	162	134	2810	1497	1313
颍上县	304	153	151	304	160	144	1676	891	785
阜阳合肥现代产业园区	22	13	9	42	32	10	207	121	86
阜阳经济技术开发区	95	56	39	128	81	47	975	574	401
界首市	168	82	86	279	159	120	6864	3408	3456
宿州市	**1667**	**797**	**870**	**5453**	**2856**	**2597**	**12996**	**6660**	**6336**
埇桥区	723	348	375	2369	1259	1110	4297	2293	2004
砀山县	133	65	68	1021	435	586	3099	1430	1669
萧县	244	122	122	855	469	386	2774	1369	1405
灵璧县	258	99	159	474	272	202	1043	492	551
泗县	192	92	100	340	193	147	912	511	401
宿州马鞍山现代产业园区	28	17	11	215	116	99	185	131	54
宿州经济技术开发区	89	54	35	179	112	67	686	434	252
六安市	**2051**	**1071**	**980**	**2383**	**1438**	**945**	**15750**	**8915**	**6835**
金安区	537	264	273	631	352	279	2856	1631	1225
裕安区	414	185	229	592	349	243	1568	815	753
叶集区	88	50	38	108	74	34	3277	1837	1440
霍邱县	183	96	87	238	162	76	1909	1146	763
舒城县	486	277	209	432	258	174	2860	1664	1196
金寨县	209	117	92	228	138	90	2758	1506	1252
霍山县	134	82	52	154	105	49	522	316	206
亳州市	**1126**	**566**	**560**	**2617**	**1558**	**1059**	**22252**	**12094**	**10158**
谯城区	456	247	209	1348	758	590	16591	8831	7760
涡阳县	201	94	107	425	271	154	2226	1314	912
蒙城县	247	119	128	466	305	161	1691	990	701
利辛县	222	106	116	378	224	154	1744	959	785
池州市	**2367**	**1194**	**1173**	**1048**	**678**	**370**	**4358**	**2899**	**1459**
贵池区	899	465	434	585	380	205	2213	1493	720
东至县	857	396	461	120	65	55	466	291	175
石台县	70	29	41	44	27	17	266	202	64
青阳县	322	165	157	158	96	62	794	530	264
池州市国家经济技术开发区	50	31	19	65	51	14	123	98	25
皖江江南新兴产业集中区	131	82	49	49	42	7	428	248	180
九华山风景区	38	26	12	27	17	10	68	37	31
宣城市	**4590**	**2746**	**1844**	**3765**	**2484**	**1281**	**13861**	**8922**	**4939**
宣州区	738	414	324	819	536	283	2166	1323	843
郎溪县	400	221	179	356	238	118	2125	1330	795
泾县	299	157	142	272	184	88	784	561	223
绩溪县	229	117	112	85	58	27	337	220	117
旌德县	138	78	60	53	31	22	278	186	92
宣城市经济开发区	578	424	154	406	285	121	1540	1081	459
宁国市	776	445	331	802	509	293	1651	1022	629
广德市	1432	890	542	972	643	329	4980	3199	1781

7-3 续表 18

单位：人

现住地	户口登记地								
	湖北			湖南			广东		
	小计	男	女	小计	男	女	小计	男	女
安 徽	**76826**	**43576**	**33250**	**48179**	**26689**	**21490**	**27863**	**14819**	**13044**
合肥市	**25931**	**14946**	**10985**	**15281**	**8565**	**6716**	**10579**	**6257**	**4322**
瑶海区	2251	1097	1154	1445	689	756	1574	909	665
庐阳区	1789	998	791	1048	571	477	734	430	304
蜀山区	3365	1833	1532	1940	1039	901	2045	1255	790
包河区	5048	3028	2020	2953	1735	1218	2190	1360	830
长丰县	1552	824	728	878	420	458	423	208	215
肥东县	1505	848	657	928	514	414	405	230	175
肥西县	3115	2008	1107	1541	976	565	696	375	321
庐江县	864	542	322	397	232	165	175	92	83
合肥高新技术产业开发区	1137	712	425	582	361	221	577	363	214
合肥经济技术开发区	2685	1547	1138	1820	1029	791	875	543	332
合肥新站高新技术产业开发区	1769	1076	693	1178	690	488	576	340	236
巢湖市	851	433	418	571	309	262	309	152	157
芜湖市	**8133**	**4679**	**3454**	**5549**	**3238**	**2311**	**2401**	**1310**	**1091**
镜湖区	1030	535	495	666	311	355	532	281	251
弋江区	1026	579	447	652	336	316	463	241	222
鸠江区	1689	1003	686	1361	884	477	436	265	171
三山区	533	322	211	385	241	144	107	61	46
芜湖县	1196	715	481	687	400	287	227	130	97
繁昌县	329	221	108	290	179	111	68	35	33
南陵县	328	112	216	277	134	143	167	74	93
芜湖经济技术开发区	1624	1038	586	1017	661	356	284	176	108
安徽芜湖长江大桥经济开发区	12	7	5	6	3	3	3	1	2
无为市	366	147	219	208	89	119	114	46	68
蚌埠市	**1957**	**932**	**1025**	**1459**	**656**	**803**	**1456**	**681**	**775**
龙子湖区	155	73	82	116	63	53	131	75	56
蚌山区	170	88	82	133	52	81	190	96	94
禹会区	227	114	113	184	109	75	191	86	105
淮上区	259	125	134	166	79	87	143	66	77
怀远县	276	124	152	167	66	101	151	58	93
五河县	178	73	105	161	56	105	77	27	50
固镇县	184	76	108	135	53	82	99	39	60
蚌埠市高新技术开发区	105	54	51	76	38	38	61	34	27
蚌埠市经济开发区	403	205	198	321	140	181	413	200	213
淮南市	**1754**	**872**	**882**	**1360**	**686**	**674**	**1046**	**493**	**553**
大通区	107	58	49	92	45	47	69	28	41
田家庵区	737	364	373	502	277	225	496	244	252
谢家集区	197	106	91	97	42	55	77	35	42
八公山区	64	22	42	38	15	23	92	47	45
潘集区	112	62	50	151	69	82	89	40	49
凤台县	244	114	130	193	85	108	98	34	64
寿县	293	146	147	287	153	134	125	65	60

7-3 续表 19

单位：人

现住地	户口登记地								
	湖北			湖南			广东		
	小计	男	女	小计	男	女	小计	男	女
马鞍山市	**3066**	**1729**	**1337**	**2050**	**1159**	**891**	**1140**	**605**	**535**
花山区	779	401	378	517	256	261	295	140	155
雨山区	882	497	385	577	345	232	317	180	137
博望区	170	98	72	126	70	56	61	34	27
当涂县	548	321	227	411	219	192	242	143	99
含山县	219	105	114	118	71	47	122	48	74
和县	468	307	161	301	198	103	103	60	43
淮北市	**1279**	**807**	**472**	**848**	**406**	**442**	**576**	**263**	**313**
杜集区	199	139	60	95	54	41	61	27	34
相山区	392	215	177	311	159	152	235	116	119
烈山区	227	134	93	217	71	146	147	60	87
濉溪县	461	319	142	225	122	103	133	60	73
铜陵市	**1297**	**637**	**660**	**747**	**381**	**366**	**497**	**249**	**248**
铜官区	691	330	361	407	218	189	302	160	142
义安区	251	127	124	111	48	63	69	30	39
郊区	141	72	69	97	48	49	28	16	12
枞阳县	214	108	106	132	67	65	98	43	55
安庆市	**6005**	**3156**	**2849**	**3538**	**2083**	**1455**	**2149**	**1047**	**1102**
迎江区	496	252	244	254	123	131	355	169	186
大观区	387	207	180	180	108	72	187	97	90
宜秀区	561	321	240	463	272	191	224	125	99
怀宁县	472	266	206	474	338	136	199	82	117
太湖县	582	283	299	288	167	121	129	64	65
宿松县	1247	637	610	434	227	207	298	140	158
望江县	336	165	171	291	167	124	135	61	74
岳西县	412	167	245	140	48	92	77	43	34
安徽安庆经济开发区	387	205	182	263	164	99	188	102	86
桐城市	722	440	282	388	221	167	240	110	130
潜山市	403	213	190	363	248	115	117	54	63
黄山市	**3586**	**2561**	**1025**	**1772**	**1018**	**754**	**893**	**463**	**430**
屯溪区	673	376	297	518	231	287	355	186	169
黄山区	599	448	151	284	178	106	130	64	66
徽州区	157	73	84	118	62	56	106	59	47
歙县	521	319	202	346	204	142	121	60	61
休宁县	501	367	134	151	95	56	67	31	36
黟县	331	263	68	105	65	40	50	29	21
祁门县	804	715	89	250	183	67	64	34	30
滁州市	**5107**	**2961**	**2146**	**3406**	**1933**	**1473**	**1537**	**789**	**748**
琅琊区	522	344	178	251	129	122	213	105	108
南谯区	686	412	274	491	271	220	245	124	121
来安县	815	495	320	563	348	215	155	89	66
全椒县	510	299	211	344	188	156	172	106	66
定远县	220	91	129	185	90	95	83	38	45
凤阳县	305	159	146	345	201	144	150	71	79
苏滁现代产业园	288	184	104	172	120	52	40	25	15
滁州经济技术开发区	895	543	352	449	273	176	206	111	95
天长市	610	339	271	414	231	183	181	80	101
明光市	256	95	161	192	82	110	92	40	52

7-3 续表 20

单位：人

现住地	户口登记地								
	湖北			湖南			广东		
	小计	男	女	小计	男	女	小计	男	女
阜阳市	**3181**	**1679**	**1502**	**1877**	**918**	**959**	**1359**	**630**	**729**
颍州区	516	269	247	375	168	207	231	116	115
颍东区	383	240	143	244	131	113	148	74	74
颍泉区	321	172	149	151	83	68	137	72	65
临泉县	470	260	210	265	143	122	179	87	92
太和县	328	145	183	192	79	113	214	83	131
阜南县	320	159	161	189	78	111	198	85	113
颍上县	397	193	204	155	60	95	79	29	50
阜阳合肥现代产业园区	26	14	12	21	10	11	8	2	6
阜阳经济技术开发区	160	92	68	87	50	37	42	20	22
界首市	260	135	125	198	116	82	123	62	61
宿州市	**2149**	**1068**	**1081**	**1339**	**555**	**784**	**914**	**424**	**490**
埇桥区	983	516	467	602	241	361	430	217	213
砀山县	167	70	97	131	57	74	110	57	53
萧县	313	146	167	185	74	111	100	35	65
灵璧县	276	107	169	176	65	111	112	41	71
泗县	254	136	118	147	60	87	89	32	57
宿州马鞍山现代产业园区	33	18	15	24	17	7	11	5	6
宿州经济技术开发区	123	75	48	74	41	33	62	37	25
六安市	**4104**	**2000**	**2104**	**2088**	**1124**	**964**	**814**	**401**	**413**
金安区	879	411	468	474	251	223	255	130	125
裕安区	718	266	452	407	159	248	162	76	86
叶集区	186	103	83	113	73	40	26	14	12
霍邱县	410	219	191	192	102	90	80	32	48
舒城县	727	389	338	454	285	169	120	63	57
金寨县	860	463	397	348	205	143	117	60	57
霍山县	324	149	175	100	49	51	54	26	28
亳州市	**1771**	**975**	**796**	**1114**	**531**	**583**	**906**	**422**	**484**
谯城区	802	493	309	536	276	260	393	205	188
涡阳县	305	170	135	197	109	88	173	83	90
蒙城县	359	181	178	195	88	107	191	78	113
利辛县	305	131	174	186	58	128	149	56	93
池州市	**2347**	**1454**	**893**	**1537**	**894**	**643**	**509**	**233**	**276**
贵池区	1206	779	427	798	480	318	212	91	121
东至县	274	126	148	216	113	103	106	39	67
石台县	180	140	40	91	49	42	87	55	32
青阳县	441	241	200	211	104	107	71	30	41
池州市国家经济技术开发区	61	41	20	51	34	17	6	5	1
皖江江南新兴产业集中区	109	80	29	153	104	49	17	10	7
九华山风景区	76	47	29	17	10	7	10	3	7
宣城市	**5159**	**3120**	**2039**	**4214**	**2542**	**1672**	**1087**	**552**	**535**
宣州区	714	369	345	619	346	273	221	115	106
郎溪县	671	377	294	525	328	197	80	36	44
泾县	537	366	171	324	179	145	135	63	72
绩溪县	219	136	83	159	82	77	70	24	46
旌德县	99	51	48	74	35	39	49	18	31
宣城市经济开发区	543	357	186	495	350	145	199	119	80
宁国市	616	351	265	525	277	248	175	99	76
广德市	1760	1113	647	1493	945	548	158	78	80

7-3 续表 21 单位：人

现住地	户口登记地								
	广西			海南			重庆		
	小计	男	女	小计	男	女	小计	男	女
安徽	**19053**	**8674**	**10379**	**4620**	**1968**	**2652**	**31457**	**16453**	**15004**
合肥市	**5456**	**2716**	**2740**	**1686**	**836**	**850**	**9542**	**5179**	**4363**
瑶海区	693	319	374	139	57	82	1223	586	637
庐阳区	394	186	208	101	50	51	714	339	375
蜀山区	758	389	369	310	146	164	1444	859	585
包河区	969	525	444	306	175	131	1496	885	611
长丰县	434	221	213	88	41	47	725	339	386
肥东县	329	150	179	81	39	42	706	355	351
肥西县	493	255	238	127	61	66	869	482	387
庐江县	154	75	79	24	3	21	319	172	147
合肥高新技术产业开发区	187	101	86	49	22	27	341	196	145
合肥经济技术开发区	668	332	336	321	173	148	836	493	343
合肥新站高新技术产业开发区	239	112	127	53	28	25	470	258	212
巢湖市	138	51	87	87	41	46	399	215	184
芜湖市	**2048**	**940**	**1108**	**377**	**142**	**235**	**2858**	**1431**	**1427**
镜湖区	255	111	144	60	19	41	434	208	226
弋江区	311	119	192	129	49	80	384	186	198
鸠江区	418	181	237	45	25	20	476	239	237
三山区	145	73	72	8	4	4	214	124	90
芜湖县	268	137	131	48	17	31	467	236	231
繁昌县	56	24	32	9	3	6	155	86	69
南陵县	188	79	109	38	10	28	143	53	90
芜湖经济技术开发区	290	176	114	11	8	3	392	218	174
安徽芜湖长江大桥经济开发区	4	2	2				16	9	7
无为市	113	38	75	29	7	22	177	72	105
蚌埠市	**920**	**319**	**601**	**325**	**111**	**214**	**1310**	**607**	**703**
龙子湖区	50	21	29	21	10	11	130	70	60
蚌山区	64	39	25	22	8	14	181	96	85
禹会区	73	22	51	21	6	15	93	51	42
淮上区	51	27	24	11	5	6	153	89	64
怀远县	91	21	70	11	2	9	217	95	122
五河县	51	6	45	9	3	6	107	33	74
固镇县	77	22	55	11	2	9	102	37	65
蚌埠市高新技术开发区	25	14	11	11	7	4	25	10	15
蚌埠市经济开发区	438	147	291	208	68	140	302	126	176
淮南市	**612**	**194**	**418**	**272**	**127**	**145**	**1302**	**578**	**724**
大通区	71	21	50	14	5	9	129	64	65
田家庵区	240	75	165	189	99	90	607	312	295
谢家集区	28	5	23	10	4	6	61	25	36
八公山区	26	8	18	5	1	4	55	22	33
潘集区	60	23	37	18	6	12	82	14	68
凤台县	99	26	73	23	10	13	168	55	113
寿县	88	36	52	13	2	11	200	86	114

7-3 续表 22

单位：人

现住地	户口登记地								
	广西			海南			重庆		
	小计	男	女	小计	男	女	小计	男	女
马鞍山市	**773**	**399**	**374**	**142**	**58**	**84**	**1329**	**710**	**619**
花山区	162	70	92	60	25	35	353	176	177
雨山区	207	127	80	38	14	24	291	168	123
博望区	47	22	25	9	3	6	111	72	39
当涂县	180	90	90	14	8	6	251	123	128
含山县	67	30	37	7	2	5	138	62	76
和县	110	60	50	14	6	8	185	109	76
淮北市	**452**	**129**	**323**	**149**	**56**	**93**	**631**	**306**	**325**
杜集区	53	19	34	6	3	3	81	47	34
相山区	143	43	100	61	32	29	240	130	110
烈山区	127	29	98	58	10	48	157	60	97
濉溪县	129	38	91	24	11	13	153	69	84
铜陵市	**398**	**160**	**238**	**88**	**35**	**53**	**562**	**282**	**280**
铜官区	161	73	88	52	24	28	252	116	136
义安区	57	31	26	11	3	8	169	89	80
郊区	35	20	15	6	4	2	42	19	23
枞阳县	145	36	109	19	4	15	99	58	41
安庆市	**1267**	**490**	**777**	**312**	**100**	**212**	**1792**	**900**	**892**
迎江区	120	41	79	37	14	23	127	58	69
大观区	65	25	40	17	7	10	185	99	86
宜秀区	201	73	128	36	8	28	200	106	94
怀宁县	130	44	86	22	11	11	213	100	113
太湖县	110	45	65	13	3	10	127	58	69
宿松县	173	61	112	66	20	46	212	85	127
望江县	99	50	49	11	1	10	128	70	58
岳西县	53	13	40	11	3	8	104	38	66
安徽安庆经济开发区	66	29	37	36	14	22	101	54	47
桐城市	175	72	103	43	14	29	226	128	98
潜山市	75	37	38	20	5	15	169	104	65
黄山市	**684**	**319**	**365**	**107**	**42**	**65**	**1461**	**902**	**559**
屯溪区	175	64	111	33	12	21	256	111	145
黄山区	109	52	57	25	8	17	312	204	108
徽州区	50	27	23	10	4	6	72	31	41
歙县	126	44	82	12	5	7	186	101	85
休宁县	56	15	41	6	5	1	106	55	51
黟县	40	21	19	11	5	6	107	75	32
祁门县	128	96	32	10	3	7	422	325	97
滁州市	**1465**	**782**	**683**	**142**	**50**	**92**	**2258**	**1270**	**988**
琅琊区	124	66	58	15	3	12	231	145	86
南谯区	182	93	89	27	11	16	455	277	178
来安县	184	85	99	11	4	7	373	249	124
全椒县	141	59	82	15	4	11	164	70	94
定远县	96	31	65	10	3	7	117	42	75
凤阳县	135	79	56	14	4	10	187	75	112
苏滁现代产业园	48	30	18	5	5		117	94	23
滁州经济技术开发区	335	258	77	7	3	4	209	124	85
天长市	140	49	91	21	8	13	274	143	131
明光市	80	32	48	17	5	12	131	51	80

7-3　续表 23　　　　　　　　　　　　　　　　　　　　　　　　单位：人

现 住 地	户口登记地								
	广　西			海　南			重　庆		
	小计	男	女	小计	男	女	小计	男	女
阜阳市	**976**	**356**	**620**	**239**	**93**	**146**	**1642**	**773**	**869**
颍州区	236	101	135	47	17	30	347	186	161
颍东区	130	75	55	11	3	8	246	146	100
颍泉区	62	22	40	22	9	13	73	35	38
临泉县	106	35	71	27	9	18	202	82	120
太和县	136	31	105	44	15	29	164	60	104
阜南县	117	27	90	26	13	13	184	90	94
颍上县	74	24	50	35	20	15	207	82	125
阜阳合肥现代产业园区	8	5	3				20	7	13
阜阳经济技术开发区	23	15	8	5		5	62	27	35
界首市	84	21	63	22	7	15	137	58	79
宿州市	**493**	**164**	**329**	**107**	**43**	**64**	**1234**	**602**	**632**
埇桥区	178	61	117	41	22	19	590	329	261
砀山县	51	9	42	26	8	18	109	42	67
萧县	92	25	67	15	5	10	203	98	105
灵璧县	66	27	39	11	4	7	128	40	88
泗县	60	15	45	11	2	9	128	55	73
宿州马鞍山现代产业园区	23	18	5	1	1		17	8	9
宿州经济技术开发区	23	9	14	2	1	1	59	30	29
六安市	**899**	**377**	**522**	**241**	**107**	**134**	**1308**	**586**	**722**
金安区	167	76	91	104	62	42	375	162	213
裕安区	118	57	61	52	15	37	227	88	139
叶集区	30	14	16	4	2	2	60	22	38
霍邱县	92	38	54	19	7	12	194	104	90
舒城县	336	127	209	23	10	13	168	79	89
金寨县	109	47	62	17	5	12	216	103	113
霍山县	47	18	29	22	6	16	68	28	40
亳州市	**371**	**124**	**247**	**140**	**50**	**90**	**880**	**440**	**440**
谯城区	125	43	82	78	33	45	451	264	187
涡阳县	94	36	58	23		23	110	50	60
蒙城县	64	26	38	14	6	8	160	68	92
利辛县	88	19	69	25	11	14	159	58	101
池州市	**457**	**219**	**238**	**78**	**25**	**53**	**783**	**445**	**338**
贵池区	182	85	97	34	10	24	417	233	184
东至县	78	27	51	12	3	9	83	34	49
石台县	59	44	15	5	2	3	93	71	22
青阳县	98	38	60	23	9	14	97	45	52
池州市国家经济技术开发区	11	5	6	2	1	1	21	16	5
皖江江南新兴产业集中区	27	19	8				66	43	23
九华山风景区	2	1	1	2		2	6	3	3
宣城市	**1782**	**986**	**796**	**215**	**93**	**122**	**2565**	**1442**	**1123**
宣州区	338	185	153	33	16	17	416	205	211
郎溪县	259	140	119	23	9	14	336	173	163
泾县	201	113	88	11		11	244	136	108
绩溪县	47	15	32	5	2	3	156	80	76
旌德县	60	17	43	9	3	6	85	57	28
宣城市经济开发区	389	264	125	57	37	20	241	156	85
宁国市	178	89	89	35	12	23	376	204	172
广德市	310	163	147	42	14	28	711	431	280

7-3 续表 24

单位：人

现住地	户口登记地								
	四川			贵州			云南		
	小计	男	女	小计	男	女	小计	男	女
安徽	**82064**	**42648**	**39416**	**71934**	**35856**	**36078**	**46775**	**21989**	**24786**
合肥市	**22923**	**12260**	**10663**	**14900**	**8098**	**6802**	**10108**	**5119**	**4989**
瑶海区	2884	1317	1567	2207	995	1212	1138	431	707
庐阳区	1705	901	804	1036	546	490	474	196	278
蜀山区	3028	1595	1433	1928	1102	826	954	516	438
包河区	3371	1986	1385	1814	1143	671	1107	635	472
长丰县	1909	874	1035	1345	615	730	1030	423	607
肥东县	1803	978	825	1257	732	525	1131	578	553
肥西县	2524	1416	1108	1464	860	604	1426	825	601
庐江县	781	430	351	725	322	403	735	351	384
合肥高新技术产业开发区	796	440	356	617	394	223	274	164	110
合肥经济技术开发区	2008	1144	864	1090	604	486	806	458	348
合肥新站高新技术产业开发区	1210	724	486	704	415	289	495	301	194
巢湖市	904	455	449	713	370	343	538	241	297
芜湖市	**7660**	**3832**	**3828**	**6527**	**3367**	**3160**	**6470**	**3359**	**3111**
镜湖区	887	399	488	833	422	411	385	165	220
弋江区	1106	546	560	621	322	299	483	215	268
鸠江区	1199	657	542	850	497	353	848	445	403
三山区	705	362	343	379	163	216	602	342	260
芜湖县	1220	635	585	1388	693	695	1894	1014	880
繁昌县	480	274	206	263	134	129	300	141	159
南陵县	459	159	300	539	155	384	419	166	253
芜湖经济技术开发区	1060	631	429	1069	752	317	1166	758	408
安徽芜湖长江大桥经济开发区	16	6	10	24	10	14	27	15	12
无为市	528	163	365	561	219	342	346	98	248
蚌埠市	**3527**	**1481**	**2046**	**2413**	**1026**	**1387**	**1190**	**348**	**842**
龙子湖区	325	165	160	149	55	94	69	22	47
蚌山区	448	195	253	247	130	117	104	31	73
禹会区	368	192	176	270	179	91	96	25	71
淮上区	410	176	234	220	95	125	138	53	85
怀远县	638	196	442	494	188	306	235	53	182
五河县	427	186	241	316	131	185	152	37	115
固镇县	375	149	226	297	76	221	193	43	150
蚌埠市高新技术开发区	76	29	47	45	24	21	25	8	17
蚌埠市经济开发区	460	193	267	375	148	227	178	76	102
淮南市	**3064**	**1284**	**1780**	**2127**	**852**	**1275**	**962**	**276**	**686**
大通区	320	123	197	244	94	150	101	31	70
田家庵区	940	457	483	603	290	313	194	64	130
谢家集区	206	96	110	189	87	102	78	34	44
八公山区	202	83	119	99	40	59	37	10	27
潘集区	258	84	174	210	63	147	132	28	104
凤台县	501	179	322	325	77	248	213	44	169
寿县	637	262	375	457	201	256	207	65	142

7-3　续表 25　　单位：人

现住地	户口登记地								
	四川			贵州			云南		
	小计	男	女	小计	男	女	小计	男	女
马鞍山市	**4217**	**2298**	**1919**	**3222**	**1705**	**1517**	**3446**	**1814**	**1632**
花山区	976	507	469	607	311	296	604	345	259
雨山区	1246	741	505	620	360	260	435	250	185
博望区	227	108	119	248	114	134	327	123	204
当涂县	821	414	407	814	403	411	1318	741	577
含山县	418	220	198	363	177	186	220	83	137
和县	529	308	221	570	340	230	542	272	270
淮北市	**1633**	**745**	**888**	**1439**	**620**	**819**	**716**	**206**	**510**
杜集区	251	143	108	278	157	121	134	58	76
相山区	423	172	251	318	142	176	121	38	83
烈山区	358	143	215	325	124	201	130	26	104
濉溪县	601	287	314	518	197	321	331	84	247
铜陵市	**1344**	**633**	**711**	**1240**	**618**	**622**	**719**	**311**	**408**
铜官区	610	292	318	400	219	181	375	190	185
义安区	286	121	165	244	110	134	167	66	101
郊区	226	125	101	159	83	76	46	14	32
枞阳县	222	95	127	437	206	231	131	41	90
安庆市	**4378**	**2194**	**2184**	**4154**	**2067**	**2087**	**2074**	**962**	**1112**
迎江区	350	158	192	290	174	116	109	58	51
大观区	311	158	153	259	153	106	93	37	56
宜秀区	517	274	243	465	247	218	222	118	104
怀宁县	556	312	244	687	378	309	375	166	209
太湖县	359	163	196	272	93	179	118	34	84
宿松县	556	243	313	482	229	253	232	117	115
望江县	301	119	182	342	162	180	192	74	118
岳西县	198	67	131	214	62	152	109	29	80
安徽安庆经济开发区	289	175	114	256	148	108	197	130	67
桐城市	588	359	229	529	226	303	270	123	147
潜山市	353	166	187	358	195	163	157	76	81
黄山市	**3701**	**2484**	**1217**	**2633**	**1395**	**1238**	**1740**	**949**	**791**
屯溪区	473	215	258	350	150	200	179	63	116
黄山区	503	340	163	632	361	271	329	214	115
徽州区	151	74	77	168	76	92	91	23	68
歙县	489	235	254	566	234	332	397	140	257
休宁县	406	265	141	262	104	158	218	112	106
黟县	508	405	103	237	169	68	100	70	30
祁门县	1171	950	221	418	301	117	426	327	99
滁州市	**7064**	**3893**	**3171**	**6502**	**3297**	**3205**	**4508**	**2533**	**1975**
琅琊区	592	334	258	551	304	247	311	184	127
南谯区	1202	720	482	678	396	282	536	312	224
来安县	991	551	440	921	461	460	641	337	304
全椒县	661	338	323	620	357	263	341	147	194
定远县	352	135	217	419	161	258	213	78	135
凤阳县	653	288	365	427	175	252	239	77	162
苏滁现代产业园	351	241	110	290	212	78	674	562	112
滁州经济技术开发区	765	519	246	820	502	318	693	457	236
天长市	1159	636	523	1410	591	819	613	312	301
明光市	338	131	207	366	138	228	247	67	180

7-3 续表 26

单位：人

现住地	户口登记地								
	四川			贵州			云南		
	小计	男	女	小计	男	女	小计	男	女
阜阳市	**3731**	**1688**	**2043**	**3675**	**1654**	**2021**	**1891**	**671**	**1220**
颍州区	637	300	337	644	312	332	210	86	124
颍东区	549	316	233	334	171	163	315	181	134
颍泉区	319	146	173	212	102	110	102	31	71
临泉县	403	159	244	622	260	362	320	75	245
太和县	391	151	240	418	142	276	241	53	188
阜南县	468	200	268	599	294	305	243	79	164
颍上县	570	225	345	397	150	247	242	71	171
阜阳合肥现代产业园区	52	22	30	54	28	26	24	5	19
阜阳经济技术开发区	100	42	58	82	35	47	24	12	12
界首市	242	127	115	313	160	153	170	78	92
宿州市	**3261**	**1525**	**1736**	**2930**	**1054**	**1876**	**1801**	**457**	**1344**
埇桥区	1350	711	639	905	333	572	605	177	428
砀山县	317	108	209	292	92	200	150	37	113
萧县	625	310	315	491	144	347	294	68	226
灵璧县	464	181	283	561	197	364	338	56	282
泗县	332	125	207	510	216	294	341	93	248
宿州马鞍山现代产业园区	51	31	20	50	23	27	29	13	16
宿州经济技术开发区	122	59	63	121	49	72	44	13	31
六安市	**3480**	**1666**	**1814**	**3443**	**1570**	**1873**	**2121**	**899**	**1222**
金安区	890	413	477	743	342	401	359	145	214
裕安区	571	226	345	464	191	273	255	80	175
叶集区	132	65	67	320	150	170	88	29	59
霍邱县	429	201	228	368	136	232	222	85	137
舒城县	720	411	309	860	428	432	848	450	398
金寨县	546	262	284	525	254	271	265	85	180
霍山县	192	88	104	163	69	94	84	25	59
亳州市	**1889**	**850**	**1039**	**1507**	**567**	**940**	**1133**	**292**	**841**
谯城区	726	410	316	490	225	265	307	102	205
涡阳县	274	102	172	274	91	183	289	78	211
蒙城县	312	116	196	379	133	246	255	55	200
利辛县	577	222	355	364	118	246	282	57	225
池州市	**2226**	**1210**	**1016**	**1978**	**1014**	**964**	**1066**	**563**	**503**
贵池区	872	478	394	678	370	308	373	201	172
东至县	299	114	185	317	139	178	130	50	80
石台县	163	116	47	124	70	54	74	35	39
青阳县	521	273	248	516	246	270	373	212	161
池州市国家经济技术开发区	49	30	19	41	27	14	30	17	13
皖江江南新兴产业集中区	297	180	117	295	159	136	80	46	34
九华山风景区	25	19	6	7	3	4	6	2	4
宣城市	**7966**	**4605**	**3361**	**13244**	**6952**	**6292**	**6830**	**3230**	**3600**
宣州区	1068	520	548	2056	980	1076	1057	341	716
郎溪县	1279	745	534	1580	820	760	1194	498	696
泾县	598	359	239	918	502	416	482	250	232
绩溪县	240	128	112	250	129	121	127	52	75
旌德县	177	99	78	204	121	83	150	93	57
宣城市经济开发区	621	416	205	533	326	207	424	238	186
宁国市	1781	1015	766	1722	900	822	1121	605	516
广德市	2202	1323	879	5981	3174	2807	2275	1153	1122

7-3　续表 27　　单位：人

现住地	户口登记地								
	西藏			陕西			甘肃		
	小计	男	女	小计	男	女	小计	男	女
安　徽	**3111**	**1229**	**1882**	**36584**	**21622**	**14962**	**29143**	**16401**	**12742**
合肥市	**849**	**362**	**487**	**12592**	**7741**	**4851**	**8936**	**5305**	**3631**
瑶海区	89	39	50	1089	613	476	1047	613	434
庐阳区	26	14	12	901	529	372	610	366	244
蜀山区	300	137	163	1639	894	745	1266	750	516
包河区	113	68	45	2053	1263	790	1516	929	587
长丰县	90	33	57	773	455	318	654	376	278
肥东县	26	10	16	528	307	221	486	297	189
肥西县	10	4	6	1530	1002	528	862	529	333
庐江县	8	3	5	360	246	114	258	158	100
合肥高新技术产业开发区	6	3	3	609	393	216	503	301	202
合肥经济技术开发区	48	17	31	1810	1192	618	858	490	368
合肥新站高新技术产业开发区	115	26	89	990	673	317	492	310	182
巢湖市	18	8	10	310	174	136	384	186	198
芜湖市	**130**	**66**	**64**	**4552**	**2751**	**1801**	**3266**	**1860**	**1406**
镜湖区	85	37	48	576	321	255	329	169	160
弋江区	3		3	523	294	229	376	213	163
鸠江区	8	7	1	986	581	405	684	391	293
三山区	2	1	1	261	175	86	214	132	82
芜湖县	1	1		538	326	212	465	281	184
繁昌县				125	72	53	91	59	32
南陵县	7	4	3	162	82	80	111	52	59
芜湖经济技术开发区	19	12	7	1133	722	411	859	524	335
安徽芜湖长江大桥经济开发区				11	7	4	10	3	7
无为市	5	4	1	237	171	66	127	36	91
蚌埠市	**60**	**35**	**25**	**1533**	**766**	**767**	**1500**	**716**	**784**
龙子湖区	5	3	2	148	100	48	123	73	50
蚌山区	9	5	4	155	100	55	138	82	56
禹会区	3	2	1	200	100	100	117	74	43
淮上区				154	66	88	113	62	51
怀远县	5	2	3	191	86	105	131	57	74
五河县				112	49	63	115	63	52
固镇县	3	2	1	98	34	64	117	61	56
蚌埠市高新技术开发区	5	3	2	84	50	34	42	27	15
蚌埠市经济开发区	30	18	12	391	181	210	604	217	387
淮南市	**35**	**20**	**15**	**1013**	**524**	**489**	**1100**	**583**	**517**
大通区	3	1	2	128	90	38	109	69	40
田家庵区	15	7	8	472	235	237	351	176	175
谢家集区				51	23	28	68	34	34
八公山区	1		1	31	15	16	41	21	20
潘集区	5	3	2	75	45	30	177	108	69
凤台县	6	5	1	149	67	82	210	105	105
寿县	5	4	1	107	49	58	144	70	74

7-3 续表 28　　　单位：人

现住地	户口登记地								
	西藏			陕西			甘肃		
	小计	男	女	小计	男	女	小计	男	女
马鞍山市	**19**	**12**	**7**	**1669**	**988**	**681**	**1288**	**766**	**522**
花山区	5	3	2	395	201	194	330	191	139
雨山区	3	2	1	572	342	230	442	284	158
博望区	2	1	1	69	44	25	69	34	35
当涂县	2	2		334	200	134	254	148	106
含山县	6	3	3	81	46	35	67	39	28
和县	1	1		218	155	63	126	70	56
淮北市	**1016**	**307**	**709**	**831**	**454**	**377**	**672**	**308**	**364**
杜集区	34	12	22	120	68	52	61	38	23
相山区	67	32	35	294	134	160	225	90	135
烈山区	909	260	649	133	76	57	169	59	110
濉溪县	6	3	3	284	176	108	217	121	96
铜陵市	**186**	**76**	**110**	**442**	**234**	**208**	**369**	**211**	**158**
铜官区	186	76	110	244	115	129	228	135	93
义安区				70	42	28	77	45	32
郊区				43	32	11	19	11	8
枞阳县				85	45	40	45	20	25
安庆市	**87**	**47**	**40**	**1459**	**860**	**599**	**1113**	**633**	**480**
迎江区	3	1	2	157	88	69	86	60	26
大观区	13	9	4	105	64	41	92	58	34
宜秀区	4		4	158	99	59	197	80	117
怀宁县	13	6	7	213	144	69	151	115	36
太湖县	5	3	2	93	40	53	72	39	33
宿松县	8	3	5	104	43	61	80	43	37
望江县				71	32	39	65	32	33
岳西县	5	3	2	71	33	38	53	21	32
安徽安庆经济开发区	2	1	1	104	65	39	92	52	40
桐城市	28	16	12	238	159	79	173	106	67
潜山市	6	5	1	145	93	52	52	27	25
黄山市	**17**	**8**	**9**	**1293**	**900**	**393**	**611**	**403**	**208**
屯溪区	10	4	6	217	117	100	150	80	70
黄山区	3	3		277	207	70	115	79	36
徽州区	1		1	55	27	28	32	19	13
歙县				170	81	89	80	48	32
休宁县	2		2	140	99	41	59	42	17
黟县				103	86	17	57	43	14
祁门县	1	1		331	283	48	118	92	26
滁州市	**54**	**23**	**31**	**2931**	**1741**	**1190**	**2378**	**1366**	**1012**
琅琊区	6	3	3	289	169	120	254	149	105
南谯区	8	4	4	340	215	125	259	152	107
来安县	7	1	6	393	257	136	382	242	140
全椒县	2	1	1	191	112	79	166	76	90
定远县	5	3	2	142	64	78	119	72	47
凤阳县	4	1	3	148	76	72	125	65	60
苏滁现代产业园	1	1		271	185	86	282	176	106
滁州经济技术开发区	4	2	2	766	460	306	530	286	244
天长市	16	6	10	277	156	121	182	115	67
明光市	1	1		114	47	67	79	33	46

7-3　续表 29　　　　单位：人

现住地	户口登记地								
	西藏			陕西			甘肃		
	小计	男	女	小计	男	女	小计	男	女
阜阳市	**102**	**53**	**49**	**1755**	**968**	**787**	**2086**	**1089**	**997**
颍州区	14	6	8	340	195	145	388	224	164
颍东区	1	1		206	138	68	199	117	82
颍泉区	11	6	5	117	58	59	126	72	54
临泉县	5	3	2	187	101	86	297	153	144
太和县	43	21	22	274	131	143	243	102	141
阜南县	7	5	2	205	120	85	274	136	138
颍上县	4	2	2	193	94	99	317	161	156
阜阳合肥现代产业园区				15	10	5	29	13	16
阜阳经济技术开发区	2	1	1	67	35	32	81	45	36
界首市	15	8	7	151	86	65	132	66	66
宿州市	**62**	**27**	**35**	**1527**	**715**	**812**	**1416**	**657**	**759**
埇桥区	30	15	15	598	310	288	617	319	298
砀山县	15	2	13	251	118	133	186	78	108
萧县	10	7	3	356	139	217	255	86	169
灵璧县	3	1	2	137	47	90	189	76	113
泗县	4	2	2	111	59	52	95	52	43
宿州马鞍山现代产业园区				26	19	7	27	18	9
宿州经济技术开发区				48	23	25	47	28	19
六安市	**57**	**27**	**30**	**1298**	**744**	**554**	**931**	**530**	**401**
金安区	28	12	16	280	145	135	178	102	76
裕安区	13	6	7	199	94	105	154	75	79
叶集区				47	20	27	35	20	15
霍邱县	5	1	4	275	215	60	179	109	70
舒城县	5	4	1	261	146	115	212	133	79
金寨县	4	2	2	178	97	81	110	56	54
霍山县	2	2		58	27	31	63	35	28
亳州市	**55**	**32**	**23**	**724**	**362**	**362**	**1347**	**684**	**663**
谯城区	34	19	15	327	172	155	665	330	335
涡阳县	5	2	3	122	58	64	192	98	94
蒙城县	12	8	4	140	69	71	281	146	135
利辛县	4	3	1	135	63	72	209	110	99
池州市	**20**	**9**	**11**	**752**	**485**	**267**	**525**	**313**	**212**
贵池区	19	9	10	389	248	141	307	175	132
东至县	1		1	66	39	27	69	30	39
石台县				89	67	22	10	8	2
青阳县				148	90	58	93	67	26
池州市国家经济技术开发区				7	4	3	15	10	5
皖江江南新兴产业集中区				45	32	13	20	14	6
九华山风景区				8	5	3	11	9	2
宣城市	**362**	**125**	**237**	**2213**	**1389**	**824**	**1605**	**977**	**628**
宣州区	343	117	226	355	212	143	231	126	105
郎溪县	4		4	300	168	132	158	91	67
泾县	1		1	166	112	54	144	93	51
绩溪县				85	50	35	49	33	16
旌德县	2	2		126	94	32	49	27	22
宣城市经济开发区	4	1	3	333	222	111	379	257	122
宁国市	3	1	2	232	140	92	168	92	76
广德市	5	4	1	616	391	225	427	258	169

7-3 续表 30

单位：人

现住地	户口登记地								
	青海			宁夏			新疆		
	小计	男	女	小计	男	女	小计	男	女
安徽	**6453**	**3256**	**3197**	**3186**	**1625**	**1561**	**10478**	**4965**	**5513**
合肥市	**1924**	**1025**	**899**	**1106**	**633**	**473**	**4007**	**2105**	**1902**
瑶海区	227	118	109	91	41	50	342	187	155
庐阳区	187	94	93	66	38	28	213	103	110
蜀山区	310	162	148	227	120	107	625	336	289
包河区	402	235	167	236	152	84	567	279	288
长丰县	82	39	43	36	20	16	205	147	58
肥东县	104	49	55	88	44	44	136	63	73
肥西县	148	90	58	82	46	36	167	89	78
庐江县	62	29	33	21	16	5	72	34	38
合肥高新技术产业开发区	64	39	25	46	30	16	130	60	70
合肥经济技术开发区	192	106	86	157	93	64	872	422	450
合肥新站高新技术产业开发区	93	39	54	31	20	11	470	287	183
巢湖市	53	25	28	25	13	12	208	98	110
芜湖市	**524**	**276**	**248**	**217**	**124**	**93**	**846**	**431**	**415**
镜湖区	69	35	34	25	10	15	120	66	54
弋江区	136	66	70	31	14	17	309	121	188
鸠江区	93	45	48	34	19	15	117	69	48
三山区	25	14	11	11	7	4	30	17	13
芜湖县	54	31	23	33	26	7	67	39	28
繁昌县	5	2	3	13	7	6	29	19	10
南陵县	17	10	7	15	6	9	32	21	11
芜湖经济技术开发区	90	58	32	49	32	17	104	60	44
安徽芜湖长江大桥经济开发区	3	2	1				6	4	2
无为市	32	13	19	6	3	3	32	15	17
蚌埠市	**417**	**153**	**264**	**347**	**89**	**258**	**507**	**174**	**333**
龙子湖区	25	12	13	17	10	7	33	14	19
蚌山区	35	16	19	12	6	6	31	15	16
禹会区	49	19	30	37	10	27	59	29	30
淮上区	29	16	13	13	6	7	31	12	19
怀远县	19	5	14	10	1	9	37	16	21
五河县	17	9	8	2		2	16	5	11
固镇县	28	12	16	7	2	5	26	11	15
蚌埠市高新技术开发区	9	5	4	3		3	23	10	13
蚌埠市经济开发区	206	59	147	246	54	192	251	62	189
淮南市	**326**	**153**	**173**	**247**	**141**	**106**	**494**	**188**	**306**
大通区	9	4	5	11	5	6	41	16	25
田家庵区	170	69	101	192	106	86	350	121	229
谢家集区	6	2	4	4	1	3	15	9	6
八公山区	6	3	3	4	3	1	7	3	4
潘集区	12	8	4	12	10	2	11	6	5
凤台县	43	17	26	15	11	4	34	17	17
寿县	80	50	30	9	5	4	36	16	20

7-3　续表 31　　　　　　　　　　　　　　　　　　　　　　　　　　单位：人

现住地	户口登记地								
	青海			宁夏			新疆		
	小计	男	女	小计	男	女	小计	男	女
马鞍山市	**165**	**86**	**79**	**105**	**57**	**48**	**618**	**286**	**332**
花山区	38	21	17	48	27	21	119	59	60
雨山区	49	25	24	20	10	10	98	37	61
博望区	3	2	1	7	2	5	17	12	5
当涂县	36	16	20	11	6	5	326	148	178
含山县	12	5	7	4	3	1	21	10	11
和县	27	17	10	15	9	6	37	20	17
淮北市	**237**	**101**	**136**	**108**	**35**	**73**	**626**	**216**	**410**
杜集区	23	12	11	9	4	5	35	10	25
相山区	71	37	34	38	13	25	203	74	129
烈山区	74	16	58	40	6	34	328	106	222
濉溪县	69	36	33	21	12	9	60	26	34
铜陵市	**32**	**16**	**16**	**33**	**15**	**18**	**109**	**49**	**60**
铜官区	18	10	8	13	7	6	83	35	48
义安区	8	2	6	15	6	9	9	3	6
郊区	1		1	1		1	5	2	3
枞阳县	5	4	1	4	2	2	12	9	3
安庆市	**333**	**157**	**176**	**107**	**53**	**54**	**391**	**145**	**246**
迎江区	29	15	14	15	7	8	39	22	17
大观区	21	11	10	14	7	7	37	16	21
宜秀区	69	28	41	20	5	15	106	9	97
怀宁县	32	16	16	10	4	6	38	17	21
太湖县	10	5	5	8	5	3	26	13	13
宿松县	11	3	8	7	3	4	29	14	15
望江县	3		3	1		1	26	12	14
岳西县				1		1	2	1	1
安徽安庆经济开发区	6	2	4	4	3	1	15	7	8
桐城市	115	62	53	13	8	5	55	28	27
潜山市	37	15	22	14	11	3	18	6	12
黄山市	**113**	**58**	**55**	**57**	**30**	**27**	**114**	**57**	**57**
屯溪区	59	27	32	16	6	10	52	25	27
黄山区	23	14	9	13	10	3	23	12	11
徽州区	10	7	3	3	2	1	10	4	6
歙县	13	5	8	13	7	6	5	2	3
休宁县	4	2	2	6	1	5	12	6	6
黟县	2	1	1				2	1	1
祁门县	2	2		6	4	2	10	7	3
滁州市	**763**	**420**	**343**	**167**	**110**	**57**	**363**	**147**	**216**
琅琊区	71	36	35	15	10	5	50	24	26
南谯区	295	139	156	20	13	7	74	35	39
来安县	38	24	14	26	15	11	44	17	27
全椒县	48	27	21	7	5	2	35	13	22
定远县	24	10	14	19	16	3	25	11	14
凤阳县	28	16	12	7	3	4	37	13	24
苏滁现代产业园	37	22	15	23	13	10	4	2	2
滁州经济技术开发区	146	108	38	32	26	6	50	15	35
天长市	67	34	33	16	8	8	34	15	19
明光市	9	4	5	2	1	1	10	2	8

7－3 续表 32　　单位：人

现住地	户口登记地								
	青海			宁夏			新疆		
	小计	男	女	小计	男	女	小计	男	女
阜阳市	**352**	**181**	**171**	**136**	**59**	**77**	**779**	**352**	**427**
颍州区	37	18	19	29	18	11	104	52	52
颍东区	27	14	13	12	5	7	74	36	38
颍泉区	43	21	22	4	2	2	33	15	18
临泉县	20	10	10	20	6	14	87	40	47
太和县	57	23	34	13	8	5	171	78	93
阜南县	39	23	16	16	6	10	74	29	45
颍上县	25	13	12	12	2	10	110	43	67
阜阳合肥现代产业园区	5	2	3	1		1	4	1	3
阜阳经济技术开发区	22	15	7	11	5	6	22	13	9
界首市	77	42	35	18	7	11	100	45	55
宿州市	**376**	**168**	**208**	**122**	**61**	**61**	**640**	**328**	**312**
埇桥区	134	61	73	56	33	23	154	71	83
砀山县	91	49	42	22	9	13	95	46	49
萧县	83	32	51	23	7	16	121	53	68
灵璧县	35	13	22	13	8	5	48	19	29
泗县	21	7	14	5	1	4	31	13	18
宿州马鞍山现代产业园区	1	1					180	121	59
宿州经济技术开发区	11	5	6	3	3		11	5	6
六安市	**338**	**181**	**157**	**74**	**35**	**39**	**265**	**142**	**123**
金安区	109	60	49	23	9	14	74	37	37
裕安区	80	41	39	10	6	4	60	34	26
叶集区	34	18	16	4	2	2	5	3	2
霍邱县	17	9	8	9	5	4	43	23	20
舒城县	55	28	27	18	10	8	49	25	24
金寨县	40	22	18	7	1	6	13	6	7
霍山县	3	3		3	2	1	21	14	7
亳州市	**207**	**74**	**133**	**158**	**63**	**95**	**431**	**196**	**235**
谯城区	111	32	79	109	44	65	184	83	101
涡阳县	34	19	15	24	9	15	98	44	54
蒙城县	24	9	15	15	5	10	60	33	27
利辛县	38	14	24	10	5	5	89	36	53
池州市	**72**	**34**	**38**	**36**	**20**	**16**	**89**	**51**	**38**
贵池区	44	22	22	15	9	6	41	21	20
东至县	12	3	9	8	3	5	14	5	9
石台县	1		1	5	3	2	7	5	2
青阳县	9	5	4	4	1	3	20	14	6
池州市国家经济技术开发区				2	2		3	2	1
皖江江南新兴产业集中区	6	4	2	2	2		2	2	
九华山风景区							2	2	
宣城市	**274**	**173**	**101**	**166**	**100**	**66**	**199**	**98**	**101**
宣州区	51	28	23	19	8	11	81	37	44
郎溪县	10	5	5	12	7	5	18	11	7
泾县	34	32	2	11	4	7	10	7	3
绩溪县	7	2	5	5	1	4	6	4	2
旌德县	2	1	1	1	1		7	3	4
宣城市经济开发区	123	77	46	91	64	27	9	2	7
宁国市	17	10	7	12	6	6	28	14	14
广德市	30	18	12	15	9	6	40	20	20

7-3a 全省按现住地、性别分的户口登记地在外省的人口(城市)

单位：人

现住地	户口登记地					
	合计			北京		
	合计	男	女	小计	男	女
安 徽	**693259**	**389549**	**303710**	**4660**	**2762**	**1898**
合肥市	**239546**	**138417**	**101129**	**2374**	**1459**	**915**
瑶海区	54420	30120	24300	202	114	88
庐阳区	28330	16204	12126	230	147	83
蜀山区	57755	32804	24951	842	511	331
包河区	81216	49660	31556	977	611	366
长丰县						
肥东县						
肥西县	4902	3061	1841	11	10	1
庐江县						
合肥高新技术产业开发区						
合肥经济技术开发区						
合肥新站高新技术产业开发区	3115	1666	1449	28	15	13
巢湖市	9808	4902	4906	84	51	33
芜湖市	**85741**	**48474**	**37267**	**397**	**222**	**175**
镜湖区	21309	11450	9859	143	81	62
弋江区	23963	12806	11157	125	69	56
鸠江区	26890	15802	11088	81	51	30
三山区	10156	6766	3390	13	6	7
芜湖县	224	113	111	3	2	1
繁昌县						
南陵县						
芜湖经济技术开发区	26	13	13			
安徽芜湖长江大桥经济开发区						
无为市	3173	1524	1649	32	13	19
蚌埠市	**23980**	**13196**	**10784**	**141**	**82**	**59**
龙子湖区	5487	2998	2489	34	16	18
蚌山区	7731	4358	3373	31	21	10
禹会区	5618	3024	2594	61	37	24
淮上区	5144	2816	2328	15	8	7
怀远县						
五河县						
固镇县						
蚌埠市高新技术开发区						
蚌埠市经济开发区						
淮南市	**26901**	**13957**	**12944**	**249**	**146**	**103**
大通区	1290	643	647	8	4	4
田家庵区	19866	10424	9442	181	104	77
谢家集区	2660	1419	1241	13	5	8
八公山区	2055	1003	1052	42	30	12
潘集区	1030	468	562	5	3	2
凤台县						
寿县						

7-3a 续表 1 单位：人

现住地	户口登记地					
	合计			北京		
	合计	男	女	小计	男	女
马鞍山市	**47627**	**26807**	**20820**	**192**	**104**	**88**
花山区	22524	12356	10168	91	51	40
雨山区	21067	12307	8760	99	52	47
博望区	4036	2144	1892	2	1	1
当涂县						
含山县						
和县						
淮北市	**24541**	**12318**	**12223**	**129**	**76**	**53**
杜集区	3536	2062	1474	5	4	1
相山区	15319	7796	7523	116	69	47
烈山区	4669	1752	2917	6	3	3
濉溪县	1017	708	309	2		2
铜陵市	**15368**	**8323**	**7045**	**83**	**42**	**41**
铜官区	12272	6623	5649	72	38	34
义安区	1755	854	901	10	4	6
郊区	1341	846	495	1		1
枞阳县						
安庆市	**31052**	**17288**	**13764**	**223**	**130**	**93**
迎江区	7148	3885	3263	83	47	36
大观区	5041	3005	2036	39	26	13
宜秀区	7937	4380	3557	11	8	3
怀宁县						
太湖县						
宿松县						
望江县	1692	782	910	2		2
岳西县						
安徽安庆经济开发区	107	83	24			
桐城市	6720	3916	2804	65	34	31
潜山市	2407	1237	1170	23	15	8
黄山市	**18318**	**9631**	**8687**	**191**	**109**	**82**
屯溪区	12912	6738	6174	167	95	72
黄山区	2712	1433	1279	19	9	10
徽州区	2508	1360	1148	5	5	
歙县	70	38	32			
休宁县	116	62	54			
黟县						
祁门县						
滁州市	**38443**	**21733**	**16710**	**128**	**78**	**50**
琅琊区	12328	7162	5166	47	26	21
南谯区	11169	6639	4530	26	19	7
来安县						
全椒县						
定远县						
凤阳县						
苏滁现代产业园						
滁州经济技术开发区						
天长市	10283	5681	4602	31	22	9
明光市	4663	2251	2412	24	11	13

7-3a 续表 2

单位：人

现住地	户口登记地					
	合计			北京		
	合计	男	女	小计	男	女
阜阳市	**28446**	**15944**	**12502**	**173**	**106**	**67**
颍州区	11684	6297	5387	95	56	39
颍东区	4793	3043	1750	34	24	10
颍泉区	5126	3010	2116	31	18	13
临泉县						
太和县						
阜南县						
颍上县						
阜阳合肥现代产业园区						
阜阳经济技术开发区						
界首市	6843	3594	3249	13	8	5
宿州市	**16128**	**8770**	**7358**	**91**	**48**	**43**
埇桥区	15904	8621	7283	91	48	43
砀山县						
萧县	224	149	75			
灵璧县						
泗县						
宿州马鞍山现代产业园区						
宿州经济技术开发区						
六安市	**18423**	**9611**	**8812**	**128**	**73**	**55**
金安区	8208	4294	3914	64	41	23
裕安区	6503	3175	3328	55	27	28
叶集区	3657	2119	1538	9	5	4
霍邱县	26	8	18			
舒城县	29	15	14			
金寨县						
霍山县						
亳州市	**22665**	**12588**	**10077**	**58**	**29**	**29**
谯城区	22390	12457	9933	58	29	29
涡阳县						
蒙城县						
利辛县	275	131	144			
池州市	**14364**	**8373**	**5991**	**49**	**25**	**24**
贵池区	10870	6140	4730	45	22	23
东至县						
石台县						
青阳县						
池州市国家经济技术开发区	758	522	236	2	2	
皖江江南新兴产业集中区	2736	1711	1025	2	1	1
九华山风景区						
宣城市	**41716**	**24119**	**17597**	**54**	**33**	**21**
宣州区	8536	4423	4113	28	22	6
郎溪县						
泾县						
绩溪县						
旌德县						
宣城市经济开发区						
宁国市	10719	5983	4736	15	9	6
广德市	22461	13713	8748	11	2	9

7-3a 续表 3

单位：人

现住地	户口登记地								
	天津			河北			山西		
	小计	男	女	小计	男	女	小计	男	女
安徽	**3204**	**1871**	**1333**	**29257**	**16779**	**12478**	**10191**	**5831**	**4360**
合肥市	**1521**	**919**	**602**	**10803**	**6291**	**4512**	**4459**	**2601**	**1858**
瑶海区	123	70	53	2274	1305	969	808	470	338
庐阳区	102	62	40	926	522	404	388	218	170
蜀山区	494	287	207	2085	1154	931	1294	692	602
包河区	705	438	267	4844	2966	1878	1618	1014	604
长丰县									
肥东县									
肥西县	10	5	5	140	86	54	136	91	45
庐江县									
合肥高新技术产业开发区									
合肥经济技术开发区									
合肥新站高新技术产业开发区	41	28	13	146	80	66	66	34	32
巢湖市	46	29	17	388	178	210	149	82	67
芜湖市	**387**	**201**	**186**	**6703**	**3956**	**2747**	**1339**	**746**	**593**
镜湖区	107	60	47	625	343	282	209	105	104
弋江区	123	61	62	2149	1098	1051	419	220	199
鸠江区	104	55	49	1149	678	471	485	281	204
三山区	12	8	4	2621	1775	846	180	120	60
芜湖县				11	8	3	3	1	2
繁昌县									
南陵县									
芜湖经济技术开发区				1	1				
安徽芜湖长江大桥经济开发区									
无为市	41	17	24	147	53	94	43	19	24
蚌埠市	**117**	**64**	**53**	**859**	**493**	**366**	**242**	**134**	**108**
龙子湖区	34	20	14	157	88	69	65	35	30
蚌山区	40	22	18	329	187	142	56	33	23
禹会区	33	16	17	209	111	98	51	28	23
淮上区	10	6	4	164	107	57	70	38	32
怀远县									
五河县									
固镇县									
蚌埠市高新技术开发区									
蚌埠市经济开发区									
淮南市	**149**	**106**	**43**	**1856**	**919**	**937**	**554**	**341**	**213**
大通区	3	3		59	29	30	13	6	7
田家庵区	136	98	38	1584	770	814	492	310	182
谢家集区	4	1	3	92	59	33	27	16	11
八公山区	3	2	1	79	40	39	10	3	7
潘集区	3	2	1	42	21	21	12	6	6
凤台县									
寿县									

7-3a　续表 4　　　　单位：人

现住地	户口登记地								
	天津			河北			山西		
	小计	男	女	小计	男	女	小计	男	女
马鞍山市	**109**	**62**	**47**	**1326**	**792**	**534**	**472**	**286**	**186**
花山区	49	28	21	616	353	263	170	103	67
雨山区	58	33	25	637	398	239	288	172	116
博望区	2	1	1	73	41	32	14	11	3
当涂县									
含山县									
和县									
淮北市	**181**	**73**	**108**	**1058**	**498**	**560**	**338**	**119**	**219**
杜集区	7	6	1	163	86	77	28	16	12
相山区	122	53	69	544	287	257	136	50	86
烈山区	51	13	38	326	110	216	162	45	117
濉溪县	1	1		25	15	10	12	8	4
铜陵市	**60**	**36**	**24**	**413**	**245**	**168**	**139**	**91**	**48**
铜官区	55	35	20	357	210	147	97	62	35
义安区	4	1	3	31	16	15	19	10	9
郊区	1		1	25	19	6	23	19	4
枞阳县									
安庆市	**120**	**77**	**43**	**973**	**536**	**437**	**557**	**330**	**227**
迎江区	34	16	18	189	105	84	84	48	36
大观区	19	15	4	97	60	37	62	39	23
宜秀区	10	5	5	310	168	142	122	74	48
怀宁县									
太湖县									
宿松县									
望江县	2	2		18	5	13	10	5	5
岳西县									
安徽安庆经济开发区				8	8		1	1	
桐城市	38	27	11	255	136	119	243	146	97
潜山市	17	12	5	96	54	42	35	17	18
黄山市	**69**	**46**	**23**	**403**	**210**	**193**	**140**	**78**	**62**
屯溪区	48	32	16	303	151	152	90	46	44
黄山区	13	9	4	60	39	21	25	18	7
徽州区	8	5	3	40	20	20	25	14	11
歙县									
休宁县									
黟县									
祁门县									
滁州市	**89**	**51**	**38**	**927**	**527**	**400**	**371**	**215**	**156**
琅琊区	30	16	14	330	225	105	149	80	69
南谯区	22	12	10	321	142	179	100	61	39
来安县									
全椒县									
定远县									
凤阳县									
苏滁现代产业园									
滁州经济技术开发区									
天长市	25	16	9	126	72	54	63	40	23
明光市	12	7	5	150	88	62	59	34	25

7-3a 续表 5 单位：人

现住地	户口登记地								
	天津			河北			山西		
	小计	男	女	小计	男	女	小计	男	女
阜阳市	**114**	**68**	**46**	**993**	**588**	**405**	**393**	**202**	**191**
颍州区	52	31	21	446	240	206	251	122	129
颍东区	19	13	6	156	106	50	40	28	12
颍泉区	23	10	13	327	209	118	56	27	29
临泉县									
太和县									
阜南县									
颍上县									
阜阳合肥现代产业园区									
阜阳经济技术开发区									
界首市	20	14	6	64	33	31	46	25	21
宿州市	**76**	**45**	**31**	**552**	**305**	**247**	**151**	**66**	**85**
埇桥区	76	45	31	551	305	246	148	64	84
砀山县									
萧县				1		1	3	2	1
灵璧县									
泗县									
宿州马鞍山现代产业园区									
宿州经济技术开发区									
六安市	**45**	**32**	**13**	**572**	**325**	**247**	**228**	**137**	**91**
金安区	16	10	6	277	166	111	137	84	53
裕安区	26	19	7	251	129	122	76	40	36
叶集区	3	3		43	29	14	15	13	2
霍邱县									
舒城县				1	1				
金寨县									
霍山县									
亳州市	**55**	**27**	**28**	**665**	**379**	**286**	**210**	**109**	**101**
谯城区	55	27	28	660	376	284	208	108	100
涡阳县									
蒙城县									
利辛县				5	3	2	2	1	1
池州市	**49**	**25**	**24**	**561**	**358**	**203**	**213**	**154**	**59**
贵池区	34	17	17	518	330	188	199	143	56
东至县									
石台县									
青阳县									
池州市国家经济技术开发区	1		1	24	14	10	6	5	1
皖江江南新兴产业集中区	14	8	6	19	14	5	8	6	2
九华山风景区									
宣城市	**63**	**39**	**24**	**593**	**357**	**236**	**385**	**222**	**163**
宣州区	35	27	8	249	136	113	76	46	30
郎溪县									
泾县									
绩溪县									
旌德县									
宣城市经济开发区									
宁国市	19	8	11	149	97	52	100	45	55
广德市	9	4	5	195	124	71	209	131	78

7-3a 续表 6　　单位：人

现住地	户口登记地								
	内蒙古			辽宁			吉林		
	小计	男	女	小计	男	女	小计	男	女
安　徽	**5677**	**2999**	**2678**	**9401**	**5381**	**4020**	**9742**	**5266**	**4476**
合肥市	**2104**	**1175**	**929**	**4047**	**2379**	**1668**	**3790**	**2109**	**1681**
瑶海区	345	190	155	662	365	297	735	399	336
庐阳区	254	131	123	407	230	177	363	217	146
蜀山区	676	369	307	1183	643	540	1032	573	459
包河区	701	413	288	1477	933	544	1391	786	605
长丰县									
肥东县									
肥西县	34	21	13	50	36	14	63	33	30
庐江县									
合肥高新技术产业开发区									
合肥经济技术开发区									
合肥新站高新技术产业开发区	18	10	8	70	44	26	76	42	34
巢湖市	76	41	35	198	128	70	130	59	71
芜湖市	**721**	**357**	**364**	**1221**	**644**	**577**	**1695**	**892**	**803**
镜湖区	149	73	76	315	181	134	397	191	206
弋江区	284	120	164	394	182	212	405	192	213
鸠江区	181	107	74	353	197	156	733	423	310
三山区	80	52	28	117	70	47	112	68	44
芜湖县				1		1	1	1	
繁昌县									
南陵县									
芜湖经济技术开发区									
安徽芜湖长江大桥经济开发区									
无为市	27	5	22	41	14	27	47	17	30
蚌埠市	**184**	**103**	**81**	**307**	**167**	**140**	**351**	**192**	**159**
龙子湖区	48	25	23	49	29	20	61	34	27
蚌山区	50	28	22	90	43	47	134	70	64
禹会区	35	21	14	77	43	34	68	36	32
淮上区	51	29	22	91	52	39	88	52	36
怀远县									
五河县									
固镇县									
蚌埠市高新技术开发区									
蚌埠市经济开发区									
淮南市	**302**	**156**	**146**	**343**	**190**	**153**	**418**	**200**	**218**
大通区	26	13	13	9	4	5	26	11	15
田家庵区	235	119	116	284	169	115	312	153	159
谢家集区	22	12	10	18	6	12	28	15	13
八公山区	10	4	6	21	4	17	37	17	20
潘集区	9	8	1	11	7	4	15	4	11
凤台县									
寿县									

7-3a 续表 7

单位：人

现住地	户口登记地								
	内蒙古			辽宁			吉林		
	小计	男	女	小计	男	女	小计	男	女
马鞍山市	**632**	**338**	**294**	**634**	**381**	**253**	**573**	**340**	**233**
花山区	197	98	99	256	142	114	257	141	116
雨山区	428	236	192	354	226	128	296	187	109
博望区	7	4	3	24	13	11	20	12	8
当涂县									
含山县									
和县									
淮北市	**271**	**126**	**145**	**293**	**155**	**138**	**266**	**116**	**150**
杜集区	21	13	8	27	17	10	18	10	8
相山区	177	84	93	197	108	89	159	69	90
烈山区	60	20	40	52	20	32	70	22	48
濉溪县	13	9	4	17	10	7	19	15	4
铜陵市	**96**	**45**	**51**	**170**	**90**	**80**	**177**	**78**	**99**
铜官区	79	39	40	133	69	64	130	54	76
义安区	11	3	8	15	6	9	23	13	10
郊区	6	3	3	22	15	7	24	11	13
枞阳县									
安庆市	**180**	**81**	**99**	**483**	**283**	**200**	**328**	**164**	**164**
迎江区	41	22	19	128	59	69	101	56	45
大观区	22	9	13	159	112	47	58	29	29
宜秀区	42	17	25	91	50	41	91	38	53
怀宁县									
太湖县									
宿松县									
望江县	8	2	6	6	4	2	12	6	6
岳西县									
安徽安庆经济开发区	1	1		1	1		2	2	
桐城市	49	25	24	75	49	26	48	26	22
潜山市	17	5	12	23	8	15	16	7	9
黄山市	**84**	**35**	**49**	**219**	**122**	**97**	**333**	**175**	**158**
屯溪区	53	20	33	155	78	77	262	133	129
黄山区	24	12	12	32	20	12	57	37	20
徽州区	6	2	4	32	24	8	12	5	7
歙县									
休宁县	1	1					2		2
黟县									
祁门县									
滁州市	**215**	**116**	**99**	**364**	**210**	**154**	**327**	**196**	**131**
琅琊区	75	46	29	115	64	51	121	75	46
南谯区	94	46	48	135	82	53	106	59	47
来安县									
全椒县									
定远县									
凤阳县									
苏滁现代产业园									
滁州经济技术开发区									
天长市	36	19	17	73	43	30	64	46	18
明光市	10	5	5	41	21	20	36	16	20

7-3a 续表 8

单位：人

现住地	户口登记地								
	内蒙古			辽宁			吉林		
	小计	男	女	小计	男	女	小计	男	女
阜阳市	**267**	**139**	**128**	**356**	**223**	**133**	**258**	**158**	**100**
颍州区	161	76	85	169	106	63	121	73	48
颍东区	32	21	11	61	36	25	41	27	14
颍泉区	41	21	20	85	53	32	46	30	16
临泉县									
太和县									
阜南县									
颍上县									
阜阳合肥现代产业园区									
阜阳经济技术开发区									
界首市	33	21	12	41	28	13	50	28	22
宿州市	**176**	**86**	**90**	**177**	**83**	**94**	**236**	**108**	**128**
埇桥区	175	86	89	175	82	93	234	108	126
砀山县									
萧县	1		1	2	1	1	2		2
灵璧县									
泗县									
宿州马鞍山现代产业园区									
宿州经济技术开发区									
六安市	**104**	**64**	**40**	**186**	**97**	**89**	**211**	**132**	**79**
金安区	55	35	20	104	52	52	98	55	43
裕安区	43	25	18	74	39	35	105	72	33
叶集区	4	2	2	8	6	2	8	5	3
霍邱县	1	1							
舒城县	1	1							
金寨县									
霍山县									
亳州市	**146**	**68**	**78**	**219**	**116**	**103**	**269**	**154**	**115**
谯城区	145	67	78	217	116	101	268	154	114
涡阳县									
蒙城县									
利辛县	1	1		2		2	1		1
池州市	**70**	**37**	**33**	**134**	**85**	**49**	**145**	**68**	**77**
贵池区	67	35	32	120	77	43	121	55	66
东至县									
石台县									
青阳县									
池州市国家经济技术开发区	1	1		7	4	3	11	5	6
皖江江南新兴产业集中区	2	1	1	7	4	3	13	8	5
九华山风景区									
宣城市	**125**	**73**	**52**	**248**	**156**	**92**	**365**	**184**	**181**
宣州区	36	20	16	82	53	29	95	45	50
郎溪县									
泾县									
绩溪县									
旌德县									
宣城市经济开发区									
宁国市	38	22	16	83	51	32	80	36	44
广德市	51	31	20	83	52	31	190	103	87

7-3a 续表 9

单位：人

现住地	户口登记地								
	黑龙江			上海			江苏		
	小计	男	女	小计	男	女	小计	男	女
安徽	**12385**	**6477**	**5908**	**15085**	**8222**	**6863**	**112162**	**64305**	**47857**
合肥市	**4739**	**2548**	**2191**	**4947**	**2729**	**2218**	**31911**	**19009**	**12902**
瑶海区	739	350	389	706	395	311	8096	4617	3479
庐阳区	610	358	252	648	349	299	3761	2199	1562
蜀山区	1328	709	619	1558	873	685	7058	4188	2870
包河区	1711	960	751	1587	875	712	10484	6639	3845
长丰县									
肥东县									
肥西县	107	66	41	65	43	22	588	371	217
庐江县									
合肥高新技术产业开发区									
合肥经济技术开发区									
合肥新站高新技术产业开发区	78	40	38	58	31	27	326	176	150
巢湖市	166	65	101	325	163	162	1598	819	779
芜湖市	**1623**	**848**	**775**	**1812**	**964**	**848**	**12165**	**7184**	**4981**
镜湖区	423	217	206	852	438	414	3872	2228	1644
弋江区	457	219	238	529	276	253	3430	1943	1487
鸠江区	574	318	256	304	182	122	3298	2032	1266
三山区	104	66	38	29	18	11	946	668	278
芜湖县				1		1	46	27	19
繁昌县									
南陵县									
芜湖经济技术开发区							6	2	4
安徽芜湖长江大桥经济开发区									
无为市	65	28	37	97	50	47	567	284	283
蚌埠市	**458**	**195**	**263**	**617**	**319**	**298**	**5056**	**2906**	**2150**
龙子湖区	80	27	53	216	116	100	1205	685	520
蚌山区	112	49	63	163	82	81	1749	1073	676
禹会区	154	65	89	205	103	102	1135	616	519
淮上区	112	54	58	33	18	15	967	532	435
怀远县									
五河县									
固镇县									
蚌埠市高新技术开发区									
蚌埠市经济开发区									
淮南市	**467**	**243**	**224**	**686**	**347**	**339**	**4096**	**2155**	**1941**
大通区	13	5	8	23	11	12	242	126	116
田家庵区	375	199	176	554	279	275	2838	1518	1320
谢家集区	32	19	13	58	27	31	379	197	182
八公山区	18	7	11	28	17	11	462	229	233
潘集区	29	13	16	23	13	10	175	85	90
凤台县									
寿县									

7-3a　续表 10　　　　单位：人

现住地	户口登记地								
	黑龙江			上海			江苏		
	小计	男	女	小计	男	女	小计	男	女
马鞍山市	**873**	**462**	**411**	**1711**	**941**	**770**	**14676**	**8086**	**6590**
花山区	433	217	216	962	515	447	7199	3934	3265
雨山区	413	232	181	734	417	317	5270	3038	2232
博望区	27	13	14	15	9	6	2207	1114	1093
当涂县									
含山县									
和县									
淮北市	**503**	**226**	**277**	**569**	**292**	**277**	**4932**	**2520**	**2412**
杜集区	55	20	35	41	24	17	712	412	300
相山区	349	169	180	445	239	206	3445	1730	1715
烈山区	89	30	59	77	27	50	655	290	365
濉溪县	10	7	3	6	2	4	120	88	32
铜陵市	**231**	**122**	**109**	**630**	**331**	**299**	**2552**	**1422**	**1130**
铜官区	195	102	93	539	280	259	2140	1206	934
义安区	14	6	8	68	36	32	258	125	133
郊区	22	14	8	23	15	8	154	91	63
枞阳县									
安庆市	**498**	**252**	**246**	**751**	**409**	**342**	**3294**	**1944**	**1350**
迎江区	97	43	54	297	150	147	893	506	387
大观区	100	51	49	269	146	123	704	466	238
宜秀区	109	58	51	37	19	18	694	421	273
怀宁县									
太湖县									
宿松县									
望江县	24	10	14	23	17	6	127	60	67
岳西县									
安徽安庆经济开发区				1	1		6	5	1
桐城市	131	72	59	88	52	36	631	357	274
潜山市	37	18	19	36	24	12	239	129	110
黄山市	**290**	**148**	**142**	**521**	**263**	**258**	**1743**	**962**	**781**
屯溪区	226	112	114	390	194	196	1108	595	513
黄山区	31	17	14	73	39	34	383	221	162
徽州区	31	19	12	58	30	28	235	135	100
歙县							7	4	3
休宁县	2		2				10	7	3
黟县									
祁门县									
滁州市	**577**	**319**	**258**	**773**	**420**	**353**	**14999**	**8300**	**6699**
琅琊区	203	113	90	378	195	183	4003	2264	1739
南谯区	178	99	79	139	75	64	3789	2271	1518
来安县									
全椒县									
定远县									
凤阳县									
苏滁现代产业园									
滁州经济技术开发区									
天长市	105	54	51	179	101	78	5708	3046	2662
明光市	91	53	38	77	49	28	1499	719	780

7-3a 续表 11

单位：人

现住地	户口登记地								
	黑龙江			上海			江苏		
	小计	男	女	小计	男	女	小计	男	女
阜阳市	**537**	**277**	**260**	**312**	**168**	**144**	**2297**	**1389**	**908**
颍州区	286	144	142	170	93	77	1110	612	498
颍东区	98	45	53	46	23	23	396	257	139
颍泉区	110	65	45	45	24	21	474	311	163
临泉县									
太和县									
阜南县									
颍上县									
阜阳合肥现代产业园区									
阜阳经济技术开发区									
界首市	43	23	20	51	28	23	317	209	108
宿州市	**361**	**170**	**191**	**298**	**162**	**136**	**3626**	**2063**	**1563**
埇桥区	359	169	190	296	161	135	3535	2006	1529
砀山县									
萧县	2	1	1	2	1	1	91	57	34
灵璧县									
泗县									
宿州马鞍山现代产业园区									
宿州经济技术开发区									
六安市	**218**	**102**	**116**	**273**	**164**	**109**	**2688**	**1429**	**1259**
金安区	100	45	55	156	96	60	1260	672	588
裕安区	94	44	50	95	52	43	1119	564	555
叶集区	23	13	10	21	15	6	301	186	115
霍邱县									
舒城县	1		1	1	1		8	7	1
金寨县									
霍山县									
亳州市	**365**	**189**	**176**	**78**	**46**	**32**	**1170**	**782**	**388**
谯城区	362	187	175	78	46	32	1163	779	384
涡阳县									
蒙城县									
利辛县	3	2	1				7	3	4
池州市	**170**	**95**	**75**	**286**	**160**	**126**	**1614**	**920**	**694**
贵池区	130	65	65	261	141	120	1306	696	610
东至县									
石台县									
青阳县									
池州市国家经济技术开发区	8	8		10	6	4	86	60	26
皖江江南新兴产业集中区	32	22	10	15	13	2	222	164	58
九华山风景区									
宣城市	**475**	**281**	**194**	**821**	**507**	**314**	**5343**	**3234**	**2109**
宣州区	95	50	45	372	223	149	1590	866	724
郎溪县									
泾县									
绩溪县									
旌德县									
宣城市经济开发区									
宁国市	118	63	55	189	120	69	1100	633	467
广德市	262	168	94	260	164	96	2653	1735	918

7-3a　续表 12　　　　单位：人

现住地	户口登记地					
	浙江			福建		
	小计	男	女	小计	男	女
安　徽	**47021**	**26825**	**20196**	**28219**	**16437**	**11782**
合肥市	**14160**	**8293**	**5867**	**11931**	**7016**	**4915**
瑶海区	4486	2575	1911	3348	1959	1389
庐阳区	1448	836	612	1210	731	479
蜀山区	2893	1750	1143	2029	1175	854
包河区	4145	2538	1607	4750	2820	1930
长丰县						
肥东县						
肥西县	132	83	49	232	139	93
庐江县						
合肥高新技术产业开发区						
合肥经济技术开发区						
合肥新站高新技术产业开发区	266	152	114	87	48	39
巢湖市	790	359	431	275	144	131
芜湖市	**6283**	**3611**	**2672**	**3021**	**1722**	**1299**
镜湖区	1943	1067	876	726	386	340
弋江区	2172	1251	921	879	488	391
鸠江区	1743	1050	693	1218	734	484
三山区	233	151	82	108	61	47
芜湖县	20	11	9	7	4	3
繁昌县						
南陵县						
芜湖经济技术开发区						
安徽芜湖长江大桥经济开发区						
无为市	172	81	91	83	49	34
蚌埠市	**1604**	**874**	**730**	**1100**	**624**	**476**
龙子湖区	269	142	127	299	169	130
蚌山区	655	376	279	371	221	150
禹会区	327	170	157	255	141	114
淮上区	353	186	167	175	93	82
怀远县						
五河县						
固镇县						
蚌埠市高新技术开发区						
蚌埠市经济开发区						
淮南市	**1696**	**901**	**795**	**1005**	**551**	**454**
大通区	75	47	28	43	30	13
田家庵区	1241	651	590	732	405	327
谢家集区	225	131	94	141	84	57
八公山区	105	48	57	55	21	34
潘集区	50	24	26	34	11	23
凤台县						
寿县						

7－3a 续表 13 单位：人

现住地	户口登记地					
	浙江			福建		
	小计	男	女	小计	男	女
马鞍山市	**1950**	**1116**	**834**	**1149**	**686**	**463**
花山区	1075	600	475	575	331	244
雨山区	720	434	286	507	316	191
博望区	155	82	73	67	39	28
当涂县						
含山县						
和县						
淮北市	**935**	**516**	**419**	**584**	**336**	**248**
杜集区	122	86	36	84	51	33
相山区	642	354	288	416	246	170
烈山区	137	54	83	71	30	41
濉溪县	34	22	12	13	9	4
铜陵市	**1163**	**645**	**518**	**927**	**546**	**381**
铜官区	992	548	444	718	407	311
义安区	109	62	47	89	50	39
郊区	62	35	27	120	89	31
枞阳县						
安庆市	**2124**	**1195**	**929**	**1348**	**768**	**580**
迎江区	629	337	292	349	213	136
大观区	278	164	114	160	85	75
宜秀区	528	305	223	486	275	211
怀宁县						
太湖县						
宿松县						
望江县	123	75	48	80	34	46
岳西县						
安徽安庆经济开发区	1	1		1	1	
桐城市	369	198	171	168	96	72
潜山市	196	115	81	104	64	40
黄山市	**3779**	**2027**	**1752**	**990**	**560**	**430**
屯溪区	2852	1500	1352	785	452	333
黄山区	359	204	155	133	66	67
徽州区	536	305	231	67	39	28
歙县	8	4	4			
休宁县	24	14	10	5	3	2
黟县						
祁门县						
滁州市	**1767**	**1007**	**760**	**998**	**583**	**415**
琅琊区	549	302	247	387	229	158
南谯区	483	274	209	271	165	106
来安县						
全椒县						
定远县						
凤阳县						
苏滁现代产业园						
滁州经济技术开发区						
天长市	441	267	174	153	86	67
明光市	294	164	130	187	103	84

7-3a　续表 14　　单位：人

现住地	户口登记地					
	浙江			福建		
	小计	男	女	小计	男	女
阜阳市	**1656**	**940**	**716**	**1359**	**797**	**562**
颍州区	697	386	311	509	244	265
颍东区	130	78	52	410	292	118
颍泉区	640	368	272	323	184	139
临泉县						
太和县						
阜南县						
颍上县						
阜阳合肥现代产业园区						
阜阳经济技术开发区						
界首市	189	108	81	117	77	40
宿州市	**668**	**372**	**296**	**611**	**339**	**272**
埇桥区	651	357	294	611	339	272
砀山县						
萧县	17	15	2			
灵璧县						
泗县						
宿州马鞍山现代产业园区						
宿州经济技术开发区						
六安市	**1028**	**593**	**435**	**701**	**413**	**288**
金安区	476	282	194	300	181	119
裕安区	463	252	211	303	168	135
叶集区	87	58	29	96	64	32
霍邱县	1		1			
舒城县	1	1		2		2
金寨县						
霍山县						
亳州市	**614**	**392**	**222**	**655**	**390**	**265**
谯城区	613	392	221	655	390	265
涡阳县						
蒙城县						
利辛县	1		1			
池州市	**1806**	**989**	**817**	**736**	**523**	**213**
贵池区	1102	572	530	700	494	206
东至县						
石台县						
青阳县						
池州市国家经济技术开发区	53	37	16	12	6	6
皖江江南新兴产业集中区	651	380	271	24	23	1
九华山风景区						
宣城市	**5788**	**3354**	**2434**	**1104**	**583**	**521**
宣州区	1164	664	500	494	251	243
郎溪县						
泾县						
绩溪县						
旌德县						
宣城市经济开发区						
宁国市	1970	1157	813	277	150	127
广德市	2654	1533	1121	333	182	151

7-3a 续表 15

单位：人

现住地	户口登记地								
	江西			山东			河南		
	小计	男	女	小计	男	女	小计	男	女
安徽	**30414**	**17164**	**13250**	**38731**	**22733**	**15998**	**133696**	**78842**	**54854**
合肥市	**9744**	**5760**	**3984**	**13624**	**8186**	**5438**	**45884**	**27961**	**17923**
瑶海区	1809	984	825	2429	1466	963	12129	7323	4806
庐阳区	1282	749	533	1530	912	618	6043	3645	2398
蜀山区	2376	1416	960	3810	2165	1645	9914	5934	3980
包河区	3553	2202	1351	4644	2938	1706	14747	9312	5435
长丰县									
肥东县									
肥西县	204	135	69	490	339	151	1015	623	392
庐江县									
合肥高新技术产业开发区									
合肥经济技术开发区									
合肥新站高新技术产业开发区	128	74	54	160	97	63	630	351	279
巢湖市	392	200	192	561	269	292	1406	773	633
芜湖市	**4124**	**2266**	**1858**	**5730**	**3334**	**2396**	**13833**	**8379**	**5454**
镜湖区	1056	559	497	1225	683	542	3189	1845	1344
弋江区	1207	640	567	1613	878	735	3224	1868	1356
鸠江区	1484	864	620	2212	1296	916	4864	2898	1966
三山区	203	126	77	573	416	157	2080	1504	576
芜湖县	4	1	3	5	2	3	26	14	12
繁昌县									
南陵县									
芜湖经济技术开发区	13	7	6				1	1	
安徽芜湖长江大桥经济开发区									
无为市	157	69	88	102	59	43	449	249	200
蚌埠市	**690**	**360**	**330**	**1600**	**909**	**691**	**4678**	**2813**	**1865**
龙子湖区	157	82	75	406	229	177	1162	697	465
蚌山区	186	105	81	502	286	216	1479	900	579
禹会区	155	81	74	341	199	142	889	518	371
淮上区	192	92	100	351	195	156	1148	698	450
怀远县									
五河县									
固镇县									
蚌埠市高新技术开发区									
蚌埠市经济开发区									
淮南市	**852**	**485**	**367**	**1735**	**979**	**756**	**4251**	**2380**	**1871**
大通区	19	9	10	76	37	39	277	156	121
田家庵区	678	398	280	1355	779	576	2894	1594	1300
谢家集区	83	43	40	142	80	62	479	284	195
八公山区	43	22	21	70	38	32	415	252	163
潘集区	29	13	16	92	45	47	186	94	92
凤台县									
寿县									

7-3a 续表 16

单位：人

现住地	户口登记地 江西 小计	江西 男	江西 女	山东 小计	山东 男	山东 女	河南 小计	河南 男	河南 女
马鞍山市	**2032**	**1146**	**886**	**2156**	**1252**	**904**	**7541**	**4476**	**3065**
花山区	1024	555	469	1011	578	433	3486	2071	1415
雨山区	930	543	387	1049	622	427	3622	2112	1510
博望区	78	48	30	96	52	44	433	293	140
当涂县									
含山县									
和县									
淮北市	**698**	**316**	**382**	**1911**	**984**	**927**	**5885**	**3249**	**2636**
杜集区	96	70	26	309	181	128	932	555	377
相山区	372	165	207	1169	602	567	4044	2212	1832
烈山区	205	67	138	356	138	218	741	356	385
濉溪县	25	14	11	77	63	14	168	126	42
铜陵市	**936**	**484**	**452**	**696**	**412**	**284**	**2022**	**1235**	**787**
铜官区	758	392	366	536	319	217	1516	907	609
义安区	115	56	59	100	50	50	275	160	115
郊区	63	36	27	60	43	17	231	168	63
枞阳县									
安庆市	**2609**	**1445**	**1164**	**1449**	**916**	**533**	**4686**	**2895**	**1791**
迎江区	600	328	272	316	201	115	900	547	353
大观区	330	174	156	329	253	76	851	601	250
宜秀区	577	312	265	390	227	163	1352	824	528
怀宁县									
太湖县									
宿松县									
望江县	318	155	163	46	25	21	247	119	128
岳西县									
安徽安庆经济开发区	8	7	1	9	8	1	12	10	2
桐城市	589	386	203	270	163	107	1007	627	380
潜山市	187	83	104	89	39	50	317	167	150
黄山市	**2099**	**1136**	**963**	**684**	**375**	**309**	**1830**	**1075**	**755**
屯溪区	1723	939	784	471	255	216	1172	691	481
黄山区	108	46	62	95	50	45	322	194	128
徽州区	242	137	105	108	63	45	293	163	130
歙县	9	6	3	6	6		13	8	5
休宁县	17	8	9	4	1	3	30	19	11
黟县									
祁门县									
滁州市	**1214**	**747**	**467**	**1657**	**1004**	**653**	**4590**	**2886**	**1704**
琅琊区	366	231	135	638	382	256	1721	1093	628
南谯区	369	232	137	516	328	188	1512	1004	508
来安县									
全椒县									
定远县									
凤阳县									
苏滁现代产业园									
滁州经济技术开发区									
天长市	269	162	107	294	176	118	764	502	262
明光市	210	122	88	209	118	91	593	287	306

7－3a 续表 17

单位：人

现住地	户口登记地								
	江西			山东			河南		
	小计	男	女	小计	男	女	小计	男	女
阜阳市	**921**	**542**	**379**	**1479**	**893**	**586**	**10693**	**5753**	**4940**
颍州区	436	266	170	805	443	362	3326	1843	1483
颍东区	178	106	72	263	181	82	1287	795	492
颍泉区	208	119	89	282	192	90	1409	794	615
临泉县									
太和县									
阜南县									
颍上县									
阜阳合肥现代产业园区									
阜阳经济技术开发区									
界首市	99	51	48	129	77	52	4671	2321	2350
宿州市	**434**	**218**	**216**	**1780**	**942**	**838**	**2715**	**1544**	**1171**
埇桥区	432	217	215	1761	927	834	2679	1518	1161
砀山县									
萧县	2	1	1	19	15	4	36	26	10
灵璧县									
泗县									
宿州马鞍山现代产业园区									
宿州经济技术开发区									
六安市	**729**	**346**	**383**	**927**	**523**	**404**	**5054**	**2766**	**2288**
金安区	380	177	203	408	216	192	1688	923	765
裕安区	291	135	156	462	267	195	953	479	474
叶集区	58	34	24	57	40	17	2392	1357	1035
霍邱县							21	7	14
舒城县									
金寨县									
霍山县									
亳州市	**369**	**217**	**152**	**1073**	**614**	**459**	**12364**	**6730**	**5634**
谯城区	369	217	152	1046	592	454	12334	6716	5618
涡阳县									
蒙城县									
利辛县				27	22	5	30	14	16
池州市	**884**	**467**	**417**	**538**	**354**	**184**	**1981**	**1243**	**738**
贵池区	703	354	349	424	261	163	1430	897	533
东至县									
石台县									
青阳县									
池州市国家经济技术开发区	50	31	19	65	51	14	123	98	25
皖江江南新兴产业集中区	131	82	49	49	42	7	428	248	180
九华山风景区									
宣城市	**2079**	**1229**	**850**	**1692**	**1056**	**636**	**5689**	**3457**	**2232**
宣州区	340	172	168	327	192	135	817	441	376
郎溪县									
泾县									
绩溪县									
旌德县									
宣城市经济开发区									
宁国市	590	330	260	641	388	253	1061	624	437
广德市	1149	727	422	724	476	248	3811	2392	1419

7-3a　续表 18　　　　单位：人

现住地	户口登记地								
	湖北			湖南			广东		
	小计	男	女	小计	男	女	小计	男	女
安徽	**33827**	**18824**	**15003**	**21691**	**11718**	**9973**	**14667**	**8114**	**6553**
合肥市	**13324**	**7392**	**5932**	**7852**	**4267**	**3585**	**6760**	**4067**	**2693**
瑶海区	2134	1038	1096	1354	637	717	1495	866	629
庐阳区	1632	915	717	944	513	431	631	370	261
蜀山区	3303	1782	1521	1909	1017	892	2019	1236	783
包河区	5022	3010	2012	2946	1731	1215	2189	1359	830
长丰县									
肥东县									
肥西县	409	257	152	213	130	83	68	50	18
庐江县									
合肥高新技术产业开发区									
合肥经济技术开发区									
合肥新站高新技术产业开发区	243	125	118	135	57	78	118	70	48
巢湖市	581	265	316	351	182	169	240	116	124
芜湖市	**4095**	**2306**	**1789**	**2997**	**1741**	**1256**	**1512**	**830**	**682**
镜湖区	1004	520	484	647	302	345	525	277	248
弋江区	1026	579	447	652	336	316	463	241	222
鸠江区	1540	898	642	1297	849	448	386	236	150
三山区	363	236	127	313	212	101	69	41	28
芜湖县	3		3	5	3	2	11	8	3
繁昌县									
南陵县									
芜湖经济技术开发区							1		1
安徽芜湖长江大桥经济开发区									
无为市	159	73	86	83	39	44	57	27	30
蚌埠市	**705**	**354**	**351**	**511**	**253**	**258**	**551**	**271**	**280**
龙子湖区	139	64	75	98	48	50	120	67	53
蚌山区	155	76	79	119	44	75	179	89	90
禹会区	199	103	96	150	90	60	162	76	86
淮上区	212	111	101	144	71	73	90	39	51
怀远县									
五河县									
固镇县									
蚌埠市高新技术开发区									
蚌埠市经济开发区									
淮南市	**1021**	**501**	**520**	**671**	**344**	**327**	**710**	**346**	**364**
大通区	28	11	17	15	4	11	28	9	19
田家庵区	728	361	367	493	274	219	495	244	251
谢家集区	169	93	76	92	41	51	72	34	38
八公山区	60	18	42	37	14	23	89	46	43
潘集区	36	18	18	34	11	23	26	13	13
凤台县									
寿县									

7－3a 续表 19

单位：人

现住地	户口登记地 湖北 小计	湖北 男	湖北 女	湖南 小计	湖南 男	湖南 女	广东 小计	广东 男	广东 女
马鞍山市	**1761**	**954**	**807**	**1147**	**626**	**521**	**628**	**328**	**300**
花山区	773	398	375	514	253	261	293	139	154
雨山区	875	491	384	556	327	229	314	179	135
博望区	113	65	48	77	46	31	21	10	11
当涂县									
含山县									
和县									
淮北市	**836**	**534**	**302**	**573**	**253**	**320**	**353**	**163**	**190**
杜集区	138	101	37	73	40	33	38	15	23
相山区	374	205	169	306	156	150	228	113	115
烈山区	112	51	61	184	52	132	81	35	46
濉溪县	212	177	35	10	5	5	6		6
铜陵市	**894**	**431**	**463**	**516**	**266**	**250**	**346**	**177**	**169**
铜官区	680	323	357	398	209	189	300	158	142
义安区	113	55	58	48	18	30	37	17	20
郊区	101	53	48	70	39	31	9	2	7
枞阳县									
安庆市	**2249**	**1233**	**1016**	**1279**	**689**	**590**	**998**	**504**	**494**
迎江区	490	248	242	253	122	131	351	166	185
大观区	300	138	162	151	83	68	175	91	84
宜秀区	515	296	219	410	242	168	206	117	89
怀宁县									
太湖县									
宿松县									
望江县	147	69	78	81	34	47	50	23	27
岳西县									
安徽安庆经济开发区	15	12	3	8	5	3			
桐城市	574	359	215	270	148	122	169	81	88
潜山市	208	111	97	106	55	51	47	26	21
黄山市	**899**	**456**	**443**	**653**	**311**	**342**	**459**	**224**	**235**
屯溪区	614	329	285	405	187	218	317	161	156
黄山区	139	64	75	135	65	70	55	18	37
徽州区	137	62	75	104	55	49	84	44	40
歙县	7	1	6	3	1	2	3	1	2
休宁县	2		2	6	3	3			
黟县									
祁门县									
滁州市	**1342**	**778**	**564**	**803**	**395**	**408**	**529**	**259**	**270**
琅琊区	516	340	176	247	128	119	209	103	106
南谯区	392	213	179	251	118	133	170	85	85
来安县									
全椒县									
定远县									
凤阳县									
苏滁现代产业园									
滁州经济技术开发区									
天长市	295	178	117	165	84	81	92	45	47
明光市	139	47	92	140	65	75	58	26	32

7-3a　续表 20　　　　　　　　　　　　　　　　　　　　　　单位：人

现 住 地	户口登记地								
	湖　北			湖　南			广　东		
	小计	男	女	小计	男	女	小计	男	女
阜阳市	**1112**	**664**	**448**	**634**	**337**	**297**	**413**	**220**	**193**
颍州区	430	233	197	315	145	170	182	93	89
颍东区	279	198	81	122	67	55	87	50	37
颍泉区	247	147	100	113	72	41	83	49	34
临泉县									
太和县									
阜南县									
颍上县									
阜阳合肥现代产业园区									
阜阳经济技术开发区									
界首市	156	86	70	84	53	31	61	28	33
宿州市	**676**	**388**	**288**	**375**	**148**	**227**	**287**	**148**	**139**
埇桥区	669	384	285	374	148	226	287	148	139
砀山县									
萧县	7	4	3	1		1			
灵璧县									
泗县									
宿州马鞍山现代产业园区									
宿州经济技术开发区									
六安市	**995**	**456**	**539**	**657**	**301**	**356**	**319**	**162**	**157**
金安区	449	213	236	252	120	132	182	94	88
裕安区	429	172	257	310	116	194	119	59	60
叶集区	114	70	44	95	65	30	18	9	9
霍邱县	1		1						
舒城县	2	1	1						
金寨县									
霍山县									
亳州市	**698**	**454**	**244**	**442**	**241**	**201**	**249**	**132**	**117**
谯城区	694	454	240	439	241	198	249	132	117
涡阳县									
蒙城县									
利辛县	4		4	3		3			
池州市	**1020**	**626**	**394**	**769**	**457**	**312**	**191**	**90**	**101**
贵池区	850	505	345	565	319	246	168	75	93
东至县									
石台县									
青阳县									
池州市国家经济技术开发区	61	41	20	51	34	17	6	5	1
皖江江南新兴产业集中区	109	80	29	153	104	49	17	10	7
九华山风景区									
宣城市	**2200**	**1297**	**903**	**1812**	**1089**	**723**	**362**	**193**	**169**
宣州区	344	159	185	266	135	131	115	60	55
郎溪县									
泾县									
绩溪县									
旌德县									
宣城市经济开发区									
宁国市	476	248	228	389	197	192	145	80	65
广德市	1380	890	490	1157	757	400	102	53	49

7-3a 续表 21

单位：人

现住地	户口登记地								
	广西			海南			重庆		
	小计	男	女	小计	男	女	小计	男	女
安徽	**7620**	**3451**	**4169**	**2339**	**1063**	**1276**	**13590**	**7154**	**6436**
合肥市	**2883**	**1433**	**1450**	**937**	**474**	**463**	**4805**	**2518**	**2287**
瑶海区	634	285	349	132	54	78	1181	564	617
庐阳区	373	178	195	98	47	51	664	316	348
蜀山区	726	364	362	310	146	164	1198	633	565
包河区	967	523	444	306	175	131	1467	866	601
长丰县									
肥东县									
肥西县	73	41	32	22	14	8	66	38	28
庐江县									
合肥高新技术产业开发区									
合肥经济技术开发区									
合肥新站高新技术产业开发区	20	9	11	11	3	8	48	20	28
巢湖市	90	33	57	58	35	23	181	81	100
芜湖市	**1072**	**461**	**611**	**245**	**99**	**146**	**1437**	**719**	**718**
镜湖区	248	110	138	59	19	40	421	204	217
弋江区	311	119	192	129	49	80	384	186	198
鸠江区	373	161	212	42	25	17	403	196	207
三山区	101	58	43	6	3	3	152	95	57
芜湖县	4	2	2				2		2
繁昌县									
南陵县									
芜湖经济技术开发区							1	1	
安徽芜湖长江大桥经济开发区									
无为市	35	11	24	9	3	6	74	37	37
蚌埠市	**197**	**93**	**104**	**69**	**29**	**40**	**447**	**243**	**204**
龙子湖区	47	18	29	20	10	10	96	46	50
蚌山区	62	38	24	21	8	13	163	82	81
禹会区	58	18	40	18	6	12	67	37	30
淮上区	30	19	11	10	5	5	121	78	43
怀远县									
五河县									
固镇县									
蚌埠市高新技术开发区									
蚌埠市经济开发区									
淮南市	**310**	**98**	**212**	**219**	**110**	**109**	**768**	**378**	**390**
大通区	17	4	13	7	3	4	36	17	19
田家庵区	234	75	159	189	99	90	602	310	292
谢家集区	22	4	18	8	3	5	53	24	29
八公山区	25	8	17	5	1	4	50	20	30
潘集区	12	7	5	10	4	6	27	7	20
凤台县									
寿县									

7-3a　续表 22　　　　单位：人

现住地	户口登记地								
	广西			海南			重庆		
	小计	男	女	小计	男	女	小计	男	女
马鞍山市	**385**	**205**	**180**	**103**	**41**	**62**	**687**	**367**	**320**
花山区	157	68	89	60	25	35	350	176	174
雨山区	203	125	78	38	14	24	285	163	122
博望区	25	12	13	5	2	3	52	28	24
当涂县									
含山县									
和县									
淮北市	**255**	**71**	**184**	**103**	**37**	**66**	**412**	**196**	**216**
杜集区	42	16	26	2	1	1	48	26	22
相山区	138	41	97	59	30	29	230	124	106
烈山区	66	11	55	42	6	36	121	38	83
濉溪县	9	3	6				13	8	5
铜陵市	**208**	**97**	**111**	**60**	**26**	**34**	**312**	**140**	**172**
铜官区	159	73	86	52	24	28	246	114	132
义安区	31	13	18	6	1	5	49	18	31
郊区	18	11	7	2	1	1	17	8	9
枞阳县									
安庆市	**525**	**188**	**337**	**124**	**40**	**84**	**736**	**381**	**355**
迎江区	116	38	78	37	14	23	125	57	68
大观区	57	19	38	13	6	7	131	64	67
宜秀区	174	61	113	35	7	28	188	102	86
怀宁县									
太湖县									
宿松县									
望江县	23	8	15	3		3	38	12	26
岳西县									
安徽安庆经济开发区	2	1	1	1	1		1	1	
桐城市	122	51	71	26	10	16	176	99	77
潜山市	31	10	21	9	2	7	77	46	31
黄山市	**246**	**95**	**151**	**49**	**19**	**30**	**360**	**163**	**197**
屯溪区	153	48	105	29	10	19	231	98	133
黄山区	49	23	26	14	6	8	62	33	29
徽州区	41	24	17	6	3	3	63	29	34
歙县							1	1	
休宁县	3		3				3	2	1
黟县									
祁门县									
滁州市	**292**	**136**	**156**	**60**	**21**	**39**	**727**	**423**	**304**
琅琊区	118	61	57	15	3	12	217	133	84
南谯区	88	41	47	17	8	9	324	213	111
来安县									
全椒县									
定远县									
凤阳县									
苏滁现代产业园									
滁州经济技术开发区									
天长市	43	16	27	13	5	8	105	49	56
明光市	43	18	25	15	5	10	81	28	53

7-3a 续表 23 单位：人

现住地	户口登记地								
	广西			海南			重庆		
	小计	男	女	小计	男	女	小计	男	女
阜阳市	**278**	**120**	**158**	**78**	**27**	**51**	**517**	**307**	**210**
颍州区	159	66	93	41	14	27	252	139	113
颍东区	56	32	24	5	2	3	176	118	58
颍泉区	28	14	14	15	6	9	31	18	13
临泉县									
太和县									
阜南县									
颍上县									
阜阳合肥现代产业园区									
阜阳经济技术开发区									
界首市	35	8	27	17	5	12	58	32	26
宿州市	**96**	**39**	**57**	**33**	**17**	**16**	**426**	**256**	**170**
埇桥区	96	39	57	33	17	16	421	254	167
砀山县									
萧县							5	2	3
灵璧县									
泗县									
宿州马鞍山现代产业园区									
宿州经济技术开发区									
六安市	**191**	**88**	**103**	**114**	**65**	**49**	**381**	**161**	**220**
金安区	107	49	58	74	50	24	200	89	111
裕安区	66	31	35	39	15	24	150	58	92
叶集区	15	8	7	1		1	31	14	17
霍邱县									
舒城县	3		3						
金寨县									
霍山县									
亳州市	**82**	**27**	**55**	**48**	**20**	**28**	**387**	**230**	**157**
谯城区	82	27	55	48	20	28	375	224	151
涡阳县									
蒙城县									
利辛县							12	6	6
池州市	**175**	**91**	**84**	**29**	**9**	**20**	**313**	**170**	**143**
贵池区	137	67	70	27	8	19	226	111	115
东至县									
石台县									
青阳县									
池州市国家经济技术开发区	11	5	6	2	1	1	21	16	5
皖江江南新兴产业集中区	27	19	8				66	43	23
九华山风景区									
宣城市	**425**	**209**	**216**	**68**	**29**	**39**	**875**	**502**	**373**
宣州区	83	35	48	17	7	10	168	81	87
郎溪县									
泾县									
绩溪县									
旌德县									
宣城市经济开发区									
宁国市	117	58	59	29	11	18	209	105	104
广德市	225	116	109	22	11	11	498	316	182

7-3a 续表 24 单位：人

现住地	户口登记地								
	四川			贵州			云南		
	小计	男	女	小计	男	女	小计	男	女
安徽	**33703**	**17512**	**16191**	**23783**	**12317**	**11466**	**13749**	**6715**	**7034**
合肥市	**11250**	**5873**	**5377**	**7043**	**3743**	**3300**	**3862**	**1857**	**2005**
瑶海区	2713	1234	1479	2098	942	1156	1079	412	667
庐阳区	1564	826	738	945	500	445	439	185	254
蜀山区	2797	1424	1373	1773	978	795	885	460	425
包河区	3285	1930	1355	1752	1094	658	1074	612	462
长丰县									
肥东县									
肥西县	249	148	101	106	52	54	116	67	49
庐江县									
合肥高新技术产业开发区									
合肥经济技术开发区									
合肥新站高新技术产业开发区	104	52	52	69	32	37	31	5	26
巢湖市	538	259	279	300	145	155	238	116	122
芜湖市	**3776**	**1904**	**1872**	**2614**	**1381**	**1233**	**2174**	**1101**	**1073**
镜湖区	862	390	472	806	413	393	358	157	201
弋江区	1106	546	560	621	322	299	483	215	268
鸠江区	1038	578	460	652	380	272	684	357	327
三山区	554	300	254	266	122	144	526	315	211
芜湖县	23	14	9	18	5	13	23	9	14
繁昌县									
南陵县									
芜湖经济技术开发区				3	1	2			
安徽芜湖长江大桥经济开发区									
无为市	193	76	117	248	138	110	100	48	52
蚌埠市	**1245**	**581**	**664**	**716**	**383**	**333**	**275**	**92**	**183**
龙子湖区	266	128	138	118	40	78	58	20	38
蚌山区	414	179	235	233	119	114	92	29	63
禹会区	289	153	136	227	155	72	64	17	47
淮上区	276	121	155	138	69	69	61	26	35
怀远县									
五河县									
固镇县									
蚌埠市高新技术开发区									
蚌埠市经济开发区									
淮南市	**1405**	**652**	**753**	**911**	**417**	**494**	**331**	**118**	**213**
大通区	83	30	53	43	13	30	27	8	19
田家庵区	923	453	470	590	289	301	184	63	121
谢家集区	164	81	83	148	67	81	63	32	31
八公山区	180	72	108	92	38	54	35	10	25
潘集区	55	16	39	38	10	28	22	5	17
凤台县									
寿县									

7-3a 续表 25 单位：人

现住地	户口登记地								
	四川			贵州			云南		
	小计	男	女	小计	男	女	小计	男	女
马鞍山市	**2282**	**1262**	**1020**	**1327**	**722**	**605**	**1084**	**590**	**494**
花山区	942	490	452	579	297	282	543	307	236
雨山区	1187	700	487	598	346	252	431	248	183
博望区	153	72	81	150	79	71	110	35	75
当涂县									
含山县									
和县									
淮北市	**843**	**364**	**479**	**595**	**283**	**312**	**286**	**102**	**184**
杜集区	159	91	68	168	97	71	69	34	35
相山区	408	167	241	266	118	148	112	36	76
烈山区	209	73	136	122	49	73	65	18	47
濉溪县	67	33	34	39	19	20	40	14	26
铜陵市	**877**	**414**	**463**	**505**	**275**	**230**	**442**	**216**	**226**
铜官区	593	281	312	387	210	177	371	187	184
义安区	120	38	82	58	25	33	48	17	31
郊区	164	95	69	60	40	20	23	12	11
枞阳县									
安庆市	**1812**	**922**	**890**	**1389**	**723**	**666**	**594**	**280**	**314**
迎江区	339	156	183	273	161	112	102	56	46
大观区	244	116	128	180	93	87	70	26	44
宜秀区	462	255	207	396	205	191	187	98	89
怀宁县									
太湖县									
宿松县									
望江县	136	51	85	71	30	41	46	12	34
岳西县									
安徽安庆经济开发区	13	9	4	9	4	5	5	3	2
桐城市	430	268	162	317	150	167	138	65	73
潜山市	188	67	121	143	80	63	46	20	26
黄山市	**705**	**330**	**375**	**607**	**260**	**347**	**282**	**97**	**185**
屯溪区	434	196	238	313	130	183	156	54	102
黄山区	162	83	79	166	62	104	60	23	37
徽州区	105	49	56	121	64	57	64	20	44
歙县	1		1	6	4	2	2		2
休宁县	3	2	1	1		1			
黟县									
祁门县									
滁州市	**1912**	**1066**	**846**	**1398**	**678**	**720**	**888**	**480**	**408**
琅琊区	529	286	243	436	234	202	268	158	110
南谯区	762	463	299	369	198	171	308	179	129
来安县									
全椒县									
定远县									
凤阳县									
苏滁现代产业园									
滁州经济技术开发区									
天长市	406	234	172	371	157	214	198	106	92
明光市	215	83	132	222	89	133	114	37	77

7-3a　续表 26　　　　　　　　　　　　　　　　　　　　　　　　　　　单位：人

现住地	户口登记地								
	四川			贵州			云南		
	小计	男	女	小计	男	女	小计	男	女
阜阳市	**1062**	**597**	**465**	**820**	**444**	**376**	**361**	**212**	**149**
颍州区	446	223	223	448	227	221	116	53	63
颍东区	325	214	111	150	77	73	129	90	39
颍泉区	183	95	88	84	52	32	39	21	18
临泉县									
太和县									
阜南县									
颍上县									
阜阳合肥现代产业园区									
阜阳经济技术开发区									
界首市	108	65	43	138	88	50	77	48	29
宿州市	**755**	**428**	**327**	**326**	**151**	**175**	**199**	**94**	**105**
埇桥区	750	423	327	315	143	172	189	87	102
砀山县									
萧县	5	5		11	8	3	10	7	3
灵璧县									
泗县									
宿州马鞍山现代产业园区									
宿州经济技术开发区									
六安市	**873**	**352**	**521**	**638**	**278**	**360**	**340**	**132**	**208**
金安区	477	198	279	345	159	186	184	74	110
裕安区	323	115	208	203	78	125	114	46	68
叶集区	70	39	31	88	40	48	38	11	27
霍邱县	1		1				1		1
舒城县	2		2	2	1	1	3	1	2
金寨县									
霍山县									
亳州市	**762**	**429**	**333**	**310**	**158**	**152**	**203**	**88**	**115**
谯城区	592	351	241	309	158	151	199	87	112
涡阳县									
蒙城县									
利辛县	170	78	92	1		1	4	1	3
池州市	**907**	**487**	**420**	**718**	**381**	**337**	**310**	**160**	**150**
贵池区	561	277	284	382	195	187	200	97	103
东至县									
石台县									
青阳县									
池州市国家经济技术开发区	49	30	19	41	27	14	30	17	13
皖江江南新兴产业集中区	297	180	117	295	159	136	80	46	34
九华山风景区									
宣城市	**3237**	**1851**	**1386**	**3866**	**2040**	**1826**	**2118**	**1096**	**1022**
宣州区	364	171	193	474	199	275	216	69	147
郎溪县									
泾县									
绩溪县									
旌德县									
宣城市经济开发区									
宁国市	1319	743	576	725	355	370	549	283	266
广德市	1554	937	617	2667	1486	1181	1353	744	609

7-3a 续表 27　　单位：人

现住地	户口登记地								
	西藏			陕西			甘肃		
	小计	男	女	小计	男	女	小计	男	女
安　徽	**1546**	**696**	**850**	**15171**	**8627**	**6544**	**12250**	**6927**	**5323**
合肥市	**532**	**260**	**272**	**5860**	**3391**	**2469**	**4702**	**2761**	**1941**
瑶海区	86	38	48	1017	570	447	978	570	408
庐阳区	20	11	9	819	483	336	573	340	233
蜀山区	298	136	162	1602	866	736	1222	720	502
包河区	113	68	45	2047	1258	789	1513	926	587
长丰县									
肥东县									
肥西县	2		2	142	94	48	98	58	40
庐江县									
合肥高新技术产业开发区									
合肥经济技术开发区									
合肥新站高新技术产业开发区				81	40	41	43	18	25
巢湖市	13	7	6	152	80	72	275	129	146
芜湖市	**101**	**48**	**53**	**2212**	**1277**	**935**	**1511**	**838**	**673**
镜湖区	85	37	48	537	292	245	314	162	152
弋江区	3		3	523	294	229	376	213	163
鸠江区	7	7		905	519	386	613	344	269
三山区	2	1	1	192	144	48	150	100	50
芜湖县				4	1	3	1		1
繁昌县									
南陵县									
芜湖经济技术开发区									
安徽芜湖长江大桥经济开发区									
无为市	4	3	1	51	27	24	57	19	38
蚌埠市	**17**	**10**	**7**	**508**	**265**	**243**	**401**	**242**	**159**
龙子湖区	5	3	2	111	71	40	99	58	41
蚌山区	9	5	4	137	85	52	130	76	54
禹会区	3	2	1	153	65	88	95	62	33
淮上区				107	44	63	77	46	31
怀远县									
五河县									
固镇县									
蚌埠市高新技术开发区									
蚌埠市经济开发区									
淮南市	**22**	**11**	**11**	**601**	**304**	**297**	**499**	**253**	**246**
大通区	3	1	2	40	26	14	33	20	13
田家庵区	15	7	8	468	234	234	349	176	173
谢家集区				48	23	25	53	26	27
八公山区	1		1	30	15	15	37	19	18
潘集区	3	3		15	6	9	27	12	15
凤台县									
寿县									

7-3a　续表 28　　　　　　　　　　　　　　　　　　　　　　单位：人

现住地	户口登记地								
	西藏			陕西			甘肃		
	小计	男	女	小计	男	女	小计	男	女
马鞍山市	**9**	**6**	**3**	**992**	**559**	**433**	**818**	**495**	**323**
花山区	5	3	2	391	198	193	324	186	138
雨山区	3	2	1	565	338	227	440	284	156
博望区	1	1		36	23	13	54	25	29
当涂县									
含山县									
和县									
淮北市	**105**	**46**	**59**	**478**	**250**	**228**	**383**	**158**	**225**
杜集区	26	9	17	74	42	32	32	19	13
相山区	64	30	34	276	130	146	216	87	129
烈山区	14	7	7	74	34	40	117	38	79
濉溪县	1		1	54	44	10	18	14	4
铜陵市	**186**	**76**	**110**	**314**	**159**	**155**	**279**	**162**	**117**
铜官区	186	76	110	242	114	128	227	134	93
义安区				42	23	19	46	24	22
郊区				30	22	8	6	4	2
枞阳县									
安庆市	**52**	**30**	**22**	**648**	**393**	**255**	**518**	**275**	**243**
迎江区	3	1	2	153	86	67	82	58	24
大观区	13	9	4	87	52	35	77	47	30
宜秀区	4		4	143	90	53	185	72	113
怀宁县									
太湖县									
宿松县									
望江县				21	9	12	22	10	12
岳西县									
安徽安庆经济开发区				1		1	1	1	
桐城市	27	16	11	188	125	63	121	72	49
潜山市	5	4	1	55	31	24	30	15	15
黄山市	**13**	**7**	**6**	**307**	**158**	**149**	**181**	**100**	**81**
屯溪区	10	4	6	201	106	95	121	66	55
黄山区	3	3		60	29	31	38	22	16
徽州区				43	21	22	20	11	9
歙县				2	1	1	2	1	1
休宁县				1	1				
黟县									
祁门县									
滁州市	**25**	**12**	**13**	**642**	**360**	**282**	**515**	**305**	**210**
琅琊区	6	3	3	280	163	117	240	140	100
南谯区	6	4	2	173	110	63	140	83	57
来安县									
全椒县									
定远县									
凤阳县									
苏滁现代产业园									
滁州经济技术开发区									
天长市	12	4	8	102	54	48	91	63	28
明光市	1	1		87	33	54	44	19	25

7-3a 续表 29 单位：人

现住地	户口登记地								
	西藏			陕西			甘肃		
	小计	男	女	小计	男	女	小计	男	女
阜阳市	**35**	**18**	**17**	**543**	**321**	**222**	**457**	**264**	**193**
颍州区	12	6	6	270	149	121	248	143	105
颍东区	1	1		117	77	40	97	58	39
颍泉区	9	4	5	75	40	35	71	44	27
临泉县									
太和县									
阜南县									
颍上县									
阜阳合肥现代产业园区									
阜阳经济技术开发区									
界首市	13	7	6	81	55	26	41	19	22
宿州市	**27**	**13**	**14**	**381**	**211**	**170**	**373**	**213**	**160**
埇桥区	27	13	14	374	207	167	373	213	160
砀山县									
萧县				7	4	3			
灵璧县									
泗县									
宿州马鞍山现代产业园区									
宿州经济技术开发区									
六安市	**34**	**16**	**18**	**327**	**165**	**162**	**199**	**101**	**98**
金安区	22	10	12	181	90	91	93	51	42
裕安区	12	6	6	114	59	55	89	40	49
叶集区				32	16	16	15	9	6
霍邱县									
舒城县							2	1	1
金寨县									
霍山县									
亳州市	**32**	**17**	**15**	**249**	**139**	**110**	**561**	**277**	**284**
谯城区	32	17	15	249	139	110	559	277	282
涡阳县									
蒙城县									
利辛县							2		2
池州市	**14**	**6**	**8**	**321**	**201**	**120**	**261**	**138**	**123**
贵池区	14	6	8	269	165	104	226	114	112
东至县									
石台县									
青阳县									
池州市国家经济技术开发区				7	4	3	15	10	5
皖江江南新兴产业集中区				45	32	13	20	14	6
九华山风景区									
宣城市	**342**	**120**	**222**	**788**	**474**	**314**	**592**	**345**	**247**
宣州区	334	115	219	144	74	70	111	58	53
郎溪县									
泾县									
绩溪县									
旌德县									
宣城市经济开发区									
宁国市	3	1	2	157	80	77	130	71	59
广德市	5	4	1	487	320	167	351	216	135

7-3a　续表 30　　　　　　　　　　　　　　　　　　单位：人

现住地	户口登记地								
	青海			宁夏			新疆		
	小计	男	女	小计	男	女	小计	男	女
安　徽	**3007**	**1508**	**1499**	**1543**	**793**	**750**	**4928**	**2236**	**2692**
合肥市	**1174**	**626**	**548**	**630**	**352**	**278**	**1894**	**968**	**926**
瑶海区	217	111	106	86	39	47	325	178	147
庐阳区	179	90	89	60	36	24	187	88	99
蜀山区	308	160	148	220	115	105	613	328	285
包河区	402	235	167	232	149	83	567	279	288
长丰县									
肥东县									
肥西县	13	8	5	14	6	8	34	17	17
庐江县									
合肥高新技术产业开发区									
合肥经济技术开发区									
合肥新站高新技术产业开发区	14	2	12	2	2		18	9	9
巢湖市	41	20	21	16	5	11	150	69	81
芜湖市	**298**	**150**	**148**	**92**	**45**	**47**	**551**	**248**	**303**
镜湖区	69	35	34	25	10	15	118	65	53
弋江区	136	66	70	31	14	17	309	121	188
鸠江区	62	33	29	27	15	12	78	38	40
三山区	17	9	8	8	6	2	26	15	11
芜湖县							2		2
繁昌县									
南陵县									
芜湖经济技术开发区									
安徽芜湖长江大桥经济开发区									
无为市	14	7	7	1		1	18	9	9
蚌埠市	**122**	**53**	**69**	**73**	**27**	**46**	**139**	**65**	**74**
龙子湖区	24	11	13	15	8	7	29	12	17
蚌山区	28	11	17	12	6	6	30	15	15
禹会区	45	17	28	37	10	27	56	28	28
淮上区	25	14	11	9	3	6	24	10	14
怀远县									
五河县									
固镇县									
蚌埠市高新技术开发区									
蚌埠市经济开发区									
淮南市	**189**	**79**	**110**	**204**	**114**	**90**	**381**	**133**	**248**
大通区	6	3	3	2	2		10	1	9
田家庵区	166	68	98	192	106	86	347	119	228
谢家集区	6	2	4	4	1	3	15	9	6
八公山区	6	3	3	4	3	1	6	2	4
潘集区	5	3	2	2	2		3	2	1
凤台县									
寿县									

7-3a 续表 31 单位：人

现住地	户口登记地								
	青海			宁夏			新疆		
	小计	男	女	小计	男	女	小计	男	女
马鞍山市	**85**	**45**	**40**	**71**	**38**	**33**	**222**	**101**	**121**
花山区	33	18	15	48	27	21	111	54	57
雨山区	49	25	24	20	10	10	98	37	61
博望区	3	2	1	3	1	2	13	10	3
当涂县									
含山县									
和县									
淮北市	**130**	**52**	**78**	**81**	**21**	**60**	**555**	**186**	**369**
杜集区	16	9	7	5	3	2	26	8	18
相山区	70	36	34	36	12	24	203	74	129
烈山区	43	7	36	39	5	34	322	103	219
濉溪县	1		1	1	1		4	1	3
铜陵市	**20**	**10**	**10**	**25**	**11**	**14**	**89**	**39**	**50**
铜官区	18	10	8	13	7	6	83	35	48
义安区	2		2	11	4	7	3	3	
郊区				1		1	3	1	2
枞阳县									
安庆市	**213**	**106**	**107**	**58**	**25**	**33**	**234**	**74**	**160**
迎江区	29	15	14	15	7	8	39	22	17
大观区	21	11	10	13	6	7	32	14	18
宜秀区	58	21	37	19	5	14	105	8	97
怀宁县									
太湖县									
宿松县									
望江县							8	5	3
岳西县									
安徽安庆经济开发区									
桐城市	85	52	33	10	6	4	41	20	21
潜山市	20	7	13	1	1		9	5	4
黄山市	**87**	**45**	**42**	**26**	**13**	**13**	**69**	**32**	**37**
屯溪区	58	27	31	16	6	10	49	23	26
黄山区	17	10	7	8	6	2	10	5	5
徽州区	10	7	3	2	1	1	10	4	6
歙县									
休宁县	2	1	1						
黟县									
祁门县									
滁州市	**146**	**78**	**68**	**39**	**23**	**16**	**129**	**60**	**69**
琅琊区	70	35	35	15	10	5	50	24	26
南谯区	42	20	22	15	10	5	51	25	26
来安县									
全椒县									
定远县									
凤阳县									
苏滁现代产业园									
滁州经济技术开发区									
天长市	31	22	9	9	3	6	19	9	10
明光市	3	1	2				9	2	7

7-3a　续表 32　　　　单位：人

现 住 地	户口登记地								
	青　海			宁　夏			新　疆		
	小计	男	女	小计	男	女	小计	男	女
阜阳市	**126**	**69**	**57**	**41**	**24**	**17**	**161**	**77**	**84**
颍州区	30	17	13	26	17	9	75	37	38
颍东区	18	9	9	4	2	2	36	16	20
颍泉区	30	14	16	2	1	1	16	8	8
临泉县									
太和县									
阜南县									
颍上县									
阜阳合肥现代产业园区									
阜阳经济技术开发区									
界首市	48	29	19	9	4	5	34	16	18
宿州市	**73**	**34**	**39**	**39**	**26**	**13**	**110**	**53**	**57**
埇桥区	73	34	39	39	26	13	110	53	57
砀山县									
萧县									
灵璧县									
泗县									
宿州马鞍山现代产业园区									
宿州经济技术开发区									
六安市	**136**	**71**	**65**	**24**	**10**	**14**	**103**	**57**	**46**
金安区	57	30	27	19	8	11	47	24	23
裕安区	66	34	32	5	2	3	54	32	22
叶集区	13	7	6				2	1	1
霍邱县									
舒城县									
金寨县									
霍山县									
亳州市	**95**	**29**	**66**	**98**	**41**	**57**	**139**	**64**	**75**
谯城区	95	29	66	98	41	57	139	64	75
涡阳县									
蒙城县									
利辛县									
池州市	**46**	**23**	**23**	**14**	**8**	**6**	**40**	**23**	**17**
贵池区	40	19	21	10	4	6	35	19	16
东至县									
石台县									
青阳县									
池州市国家经济技术开发区				2	2		3	2	1
皖江江南新兴产业集中区	6	4	2	2	2		2	2	
九华山风景区									
宣城市	**67**	**38**	**29**	**28**	**15**	**13**	**112**	**56**	**56**
宣州区	28	16	12	8	4	4	64	32	32
郎溪县									
泾县									
绩溪县									
旌德县									
宣城市经济开发区									
宁国市	11	5	6	11	6	5	19	7	12
广德市	28	17	11	9	5	4	29	17	12

7-3b 全省按现住地、性别分的户口登记地在外省的人口(镇)

单位：人

现住地	户口登记地					
	合计			北京		
	合计	男	女	小计	男	女
安徽	**590432**	**338355**	**252077**	**2175**	**1320**	**855**
合肥市	**172420**	**101081**	**71339**	**818**	**511**	**307**
瑶海区	1441	810	631	5	3	2
庐阳区	2825	1573	1252	48	31	17
蜀山区	973	698	275	3	2	1
包河区						
长丰县	20843	10879	9964	29	18	11
肥东县	23525	13700	9825	46	28	18
肥西县	23616	13724	9892	78	50	28
庐江县	7669	4260	3409	36	19	17
合肥高新技术产业开发区	18762	11646	7116	200	121	79
合肥经济技术开发区	46408	27510	18898	267	161	106
合肥新站高新技术产业开发区	23661	14802	8859	98	75	23
巢湖市	2697	1479	1218	8	3	5
芜湖市	**59999**	**36081**	**23918**	**138**	**93**	**45**
镜湖区	16	8	8			
弋江区						
鸠江区	1455	965	490	16	13	3
三山区	2211	1089	1122	7	7	
芜湖县	17079	10003	7076	39	28	11
繁昌县	4503	2692	1811	22	14	8
南陵县	5391	2603	2788	12	4	8
芜湖经济技术开发区	26737	17484	9253	22	17	5
安徽芜湖长江大桥经济开发区	290	175	115			
无为市	2317	1062	1255	20	10	10
蚌埠市	**28770**	**13889**	**14881**	**195**	**112**	**83**
龙子湖区	290	198	92			
蚌山区						
禹会区	142	97	45			
淮上区	584	319	265	2	2	
怀远县	4162	2166	1996	11	7	4
五河县	4152	2097	2055	14	9	5
固镇县	2713	1409	1304	5	4	1
蚌埠市高新技术开发区	2127	1165	962	7	6	1
蚌埠市经济开发区	14600	6438	8162	156	84	72
淮南市	**13012**	**7168**	**5844**	**39**	**19**	**20**
大通区	2670	1516	1154	22	12	10
田家庵区	98	47	51			
谢家集区	60	37	23			
八公山区	3	2	1			
潘集区	1851	1272	579	2	2	
凤台县	3778	1998	1780	6	2	4
寿县	4552	2296	2256	9	3	6

7-3b 续表 1

单位：人

现住地	户口登记地					
	合计			北京		
	合计	男	女	小计	男	女
马鞍山市	**25537**	**14584**	**10953**	**76**	**41**	**35**
花山区						
雨山区						
博望区	547	386	161	1	1	
当涂县	10784	6223	4561	36	20	16
含山县	3692	2037	1655	29	14	15
和县	10514	5938	4576	10	6	4
淮北市	**9027**	**5177**	**3850**	**46**	**31**	**15**
杜集区	1582	941	641	3	1	2
相山区						
烈山区	460	250	210	3	3	
濉溪县	6985	3986	2999	40	27	13
铜陵市	**4100**	**2304**	**1796**	**15**	**7**	**8**
铜官区	3	2	1			
义安区	1022	701	321	1	1	
郊区	271	135	136	2	1	1
枞阳县	2804	1466	1338	12	5	7
安庆市	**25173**	**14348**	**10825**	**123**	**80**	**43**
迎江区						
大观区	215	124	91	1		1
宜秀区	380	211	169			
怀宁县	5469	3263	2206	21	13	8
太湖县	2828	1479	1349	20	10	10
宿松县	5028	2696	2332	16	9	7
望江县	1721	1053	668			
岳西县	1391	622	769	10	7	3
安徽安庆经济开发区	5716	3489	2227	30	20	10
桐城市	1372	809	563	17	14	3
潜山市	1053	602	451	8	7	1
黄山市	**16278**	**9560**	**6718**	**88**	**60**	**28**
屯溪区	1275	620	655	2	2	
黄山区	2109	1607	502	28	25	3
徽州区	256	144	112	1		1
歙县	6027	3186	2841	23	13	10
休宁县	2323	1210	1113	25	13	12
黟县	1085	669	416	2	2	
祁门县	3203	2124	1079	7	5	2
滁州市	**76723**	**44128**	**32595**	**127**	**71**	**56**
琅琊区						
南谯区	5222	2854	2368	17	13	4
来安县	22040	13002	9038	13	8	5
全椒县	8668	4767	3901	29	13	16
定远县	3763	1942	1821	21	9	12
凤阳县	5790	3231	2559	19	9	10
苏滁现代产业园	7036	5012	2024	3	2	1
滁州经济技术开发区	14974	8398	6576	17	12	5
天长市	8083	4327	3756	6	4	2
明光市	1147	595	552	2	1	1

7-3b 续表 2　　单位：人

现住地	户口登记地					
	合计			北京		
	合计	男	女	小计	男	女
阜阳市	**30780**	**16607**	**14173**	**112**	**60**	**52**
颍州区	849	466	383	2		2
颍东区	920	539	381	1	1	
颍泉区	569	289	280	1		1
临泉县	8655	4584	4071	20	12	8
太和县	5846	2889	2957	45	26	19
阜南县	4217	2322	1895	19	9	10
颍上县	5072	2825	2247	11	6	5
阜阳合肥现代产业园区	172	101	71			
阜阳经济技术开发区	2640	1520	1120	8	3	5
界首市	1840	1072	768	5	3	2
宿州市	**33197**	**17621**	**15576**	**96**	**54**	**42**
埇桥区	4090	2197	1893	7	5	2
砀山县	6760	3335	3425	27	15	12
萧县	8017	4323	3694	22	10	12
灵璧县	4897	2444	2453	10	9	1
泗县	5533	2992	2541	15	6	9
宿州马鞍山现代产业园区	1144	732	412	2	2	
宿州经济技术开发区	2756	1598	1158	13	7	6
六安市	**28217**	**16534**	**11683**	**106**	**73**	**33**
金安区	2742	1443	1299	15	10	5
裕安区	895	400	495	2	2	
叶集区	379	192	187			
霍邱县	7457	5151	2306	11	9	2
舒城县	8211	4554	3657	35	24	11
金寨县	5892	3319	2573	30	20	10
霍山县	2641	1475	1166	13	8	5
亳州市	**15984**	**8862**	**7122**	**58**	**36**	**22**
谯城区	1862	972	890	6	3	3
涡阳县	4974	2842	2132	20	14	6
蒙城县	5028	2851	2177	10	5	5
利辛县	4120	2197	1923	22	14	8
池州市	**9688**	**5433**	**4255**	**46**	**26**	**20**
贵池区	1246	850	396	1	1	
东至县	3595	1915	1680	19	10	9
石台县	926	582	344	7	4	3
青阳县	3610	1900	1710	17	10	7
池州市国家经济技术开发区						
皖江江南新兴产业集中区						
九华山风景区	311	186	125	2	1	1
宣城市	**41527**	**24978**	**16549**	**92**	**46**	**46**
宣州区	2950	1580	1370	5	3	2
郎溪县	12807	7503	5304	22	11	11
泾县	4186	2275	1911	14	8	6
绩溪县	2604	1428	1176	18	7	11
旌德县	1661	939	722	8	5	3
宣城市经济开发区	9133	6123	3010	18	9	9
宁国市	2292	1432	860	2	1	1
广德市	5894	3698	2196	5	2	3

7-3b　续表 3　　单位：人

现住地	户口登记地 天津 小计	男	女	河北 小计	男	女	山西 小计	男	女
安　徽	**1912**	**1167**	**745**	**20643**	**12824**	**7819**	**9005**	**5349**	**3656**
合肥市	**951**	**588**	**363**	**7188**	**4194**	**2994**	**3463**	**2042**	**1421**
瑶海区	7	3	4	45	27	18	21	11	10
庐阳区	25	14	11	119	59	60	34	18	16
蜀山区				22	19	3	9	6	3
包河区									
长丰县	30	20	10	757	395	362	321	153	168
肥东县	49	33	16	1007	617	390	299	178	121
肥西县	53	33	20	793	449	344	462	250	212
庐江县	23	14	9	172	96	76	92	63	29
合肥高新技术产业开发区	126	81	45	717	479	238	367	234	133
合肥经济技术开发区	542	332	210	2227	1239	988	1244	740	504
合肥新站高新技术产业开发区	66	39	27	1200	764	436	537	346	191
巢湖市	30	19	11	129	50	79	77	43	34
芜湖市	**124**	**75**	**49**	**2152**	**1345**	**807**	**1116**	**723**	**393**
镜湖区									
弋江区									
鸠江区				61	47	14	20	13	7
三山区	8	3	5	387	196	191	31	15	16
芜湖县	17	12	5	314	193	121	246	155	91
繁昌县	11	7	4	241	164	77	87	56	31
南陵县	6	4	2	98	51	47	50	27	23
芜湖经济技术开发区	59	40	19	954	656	298	642	442	200
安徽芜湖长江大桥经济开发区				5	3	2	7	4	3
无为市	23	9	14	92	35	57	33	11	22
蚌埠市	**173**	**100**	**73**	**997**	**423**	**574**	**438**	**188**	**250**
龙子湖区	1		1	4	2	2	8	4	4
蚌山区									
禹会区				1	1		4	1	3
淮上区				8	5	3	10	6	4
怀远县	9	5	4	98	56	42	58	26	32
五河县	9	4	5	81	45	36	18	7	11
固镇县	5	3	2	42	15	27	18	9	9
蚌埠市高新技术开发区	10	7	3	60	30	30	39	20	19
蚌埠市经济开发区	139	81	58	703	269	434	283	115	168
淮南市	**25**	**19**	**6**	**390**	**241**	**149**	**148**	**77**	**71**
大通区	3	3		78	37	41	54	33	21
田家庵区				1		1	2	2	
谢家集区									
八公山区									
潘集区	4	3	1	53	34	19	21	11	10
凤台县	4	2	2	165	116	49	38	17	21
寿县	14	11	3	93	54	39	33	14	19

7－3b 续表 4

单位：人

现住地	户口登记地 天津 小计	天津 男	天津 女	河北 小计	河北 男	河北 女	山西 小计	山西 男	山西 女
马鞍山市	**32**	**20**	**12**	**486**	**310**	**176**	**226**	**153**	**73**
花山区									
雨山区									
博望区				10	10		5	4	1
当涂县	11	6	5	166	109	57	127	97	30
含山县	7	5	2	184	106	78	37	21	16
和县	14	9	5	126	85	41	57	31	26
淮北市	**11**	**10**	**1**	**218**	**133**	**85**	**74**	**41**	**33**
杜集区	2	2		20	11	9	7	2	5
相山区									
烈山区	1	1		8	4	4	5	4	1
濉溪县	8	7	1	190	118	72	62	35	27
铜陵市	**10**	**8**	**2**	**111**	**80**	**31**	**35**	**16**	**19**
铜官区									
义安区	3	3		47	40	7	9	4	5
郊区	1	1		7	3	4	3		3
枞阳县	6	4	2	57	37	20	23	12	11
安庆市	**64**	**33**	**31**	**683**	**436**	**247**	**334**	**220**	**114**
迎江区									
大观区				5	3	2	1	1	
宜秀区	3	2	1	14	9	5	4	1	3
怀宁县	24	13	11	182	129	53	108	82	26
太湖县	5	3	2	49	30	19	38	16	22
宿松县	11	5	6	61	47	14	32	21	11
望江县				15	7	8	4	2	2
岳西县				29	10	19	11	3	8
安徽安庆经济开发区	12	8	4	253	160	93	102	74	28
桐城市	3	1	2	53	27	26	22	14	8
潜山市	6	1	5	22	14	8	12	6	6
黄山市	**42**	**24**	**18**	**447**	**292**	**155**	**208**	**130**	**78**
屯溪区	11	6	5	152	71	81	61	25	36
黄山区	5	2	3	106	90	16	38	33	5
徽州区				4	3	1	3	1	2
歙县	9	7	2	62	34	28	46	29	17
休宁县	4	1	3	28	17	11	31	20	11
黟县	3	3		20	13	7	5	4	1
祁门县	10	5	5	75	64	11	24	18	6
滁州市	**82**	**48**	**34**	**1414**	**866**	**548**	**1240**	**762**	**478**
琅琊区									
南谯区	4	1	3	65	30	35	52	31	21
来安县	19	10	9	355	251	104	228	143	85
全椒县	12	7	5	134	74	60	70	42	28
定远县	6	4	2	89	53	36	32	17	15
凤阳县	11	7	4	121	78	43	63	41	22
苏滁现代产业园	6	5	1	69	52	17	330	210	120
滁州经济技术开发区	16	9	7	490	274	216	427	261	166
天长市	5	3	2	72	43	29	34	15	19
明光市	3	2	1	19	11	8	4	2	2

7-3b　续表 5　　　　单位：人

现住地	户口登记地								
	天津			河北			山西		
	小计	男	女	小计	男	女	小计	男	女
阜阳市	**110**	**63**	**47**	**882**	**484**	**398**	**412**	**222**	**190**
颍州区				18	10	8	8	4	4
颍东区	1	1		36	32	4	10	6	4
颍泉区	2		2	44	24	20	2	1	1
临泉县	30	18	12	230	107	123	90	42	48
太和县	46	28	18	192	109	83	94	39	55
阜南县	11	5	6	91	40	51	62	38	24
颍上县	9	6	3	115	72	43	60	37	23
阜阳合肥现代产业园区							19	17	2
阜阳经济技术开发区	9	4	5	120	65	55	42	22	20
界首市	2	1	1	36	25	11	25	16	9
宿州市	**96**	**59**	**37**	**639**	**332**	**307**	**261**	**121**	**140**
埇桥区	6	4	2	96	28	68	34	20	14
砀山县	14	8	6	115	53	62	61	26	35
萧县	28	19	9	149	88	61	77	30	47
灵璧县	15	8	7	111	63	48	28	14	14
泗县	18	9	9	101	57	44	32	15	17
宿州马鞍山现代产业园区	9	7	2	14	9	5	9	5	4
宿州经济技术开发区	6	4	2	53	34	19	20	11	9
六安市	**49**	**26**	**23**	**3528**	**2734**	**794**	**283**	**175**	**108**
金安区	7	4	3	66	38	28	32	19	13
裕安区				21	9	12	6	1	5
叶集区				3	2	1	4	1	3
霍邱县	15	7	8	3154	2522	632	49	35	14
舒城县	12	8	4	134	92	42	134	92	42
金寨县	10	6	4	80	40	40	28	9	19
霍山县	5	1	4	70	31	39	30	18	12
亳州市	**39**	**23**	**16**	**428**	**252**	**176**	**204**	**116**	**88**
谯城区				38	25	13	27	13	14
涡阳县	10	5	5	141	88	53	50	33	17
蒙城县	12	6	6	149	86	63	58	39	19
利辛县	17	12	5	100	53	47	69	31	38
池州市	**13**	**8**	**5**	**221**	**139**	**82**	**119**	**65**	**54**
贵池区				40	25	15	31	16	15
东至县	7	5	2	70	42	28	29	12	17
石台县				18	10	8	10	7	3
青阳县	4	1	3	87	57	30	46	29	17
池州市国家经济技术开发区									
皖江江南新兴产业集中区									
九华山风景区	2	2		6	5	1	3	1	2
宣城市	**91**	**63**	**28**	**859**	**563**	**296**	**444**	**298**	**146**
宣州区	15	10	5	80	50	30	16	11	5
郎溪县	6	4	2	174	105	69	81	52	29
泾县	8	5	3	65	34	31	27	18	9
绩溪县	3	3		36	25	11	10	4	6
旌德县	3	1	2	28	14	14	11	3	8
宣城市经济开发区	55	39	16	415	289	126	276	191	85
宁国市				15	11	4	6	5	1
广德市	1	1		46	35	11	17	14	3

7-3b 续表 6 单位：人

现 住 地	户口登记地								
	内蒙古			辽 宁			吉 林		
	小计	男	女	小计	男	女	小计	男	女
安　徽	**4430**	**2467**	**1963**	**6763**	**3985**	**2778**	**7611**	**4363**	**3248**
合肥市	**1670**	**952**	**718**	**2788**	**1740**	**1048**	**2768**	**1656**	**1112**
瑶海区	14	9	5	15	7	8	19	11	8
庐阳区	37	20	17	55	22	33	40	19	21
蜀山区	9	4	5	11	8	3	8	6	2
包河区									
长丰县	209	102	107	246	132	114	262	129	133
肥东县	137	67	70	194	117	77	212	119	93
肥西县	181	103	78	301	183	118	246	137	109
庐江县	61	32	29	129	82	47	91	48	43
合肥高新技术产业开发区	197	125	72	296	172	124	288	183	105
合肥经济技术开发区	646	365	281	1140	753	387	1156	711	445
合肥新站高新技术产业开发区	164	117	47	386	252	134	408	270	138
巢湖市	15	8	7	15	12	3	38	23	15
芜湖市	**517**	**295**	**222**	**714**	**455**	**259**	**1464**	**870**	**594**
镜湖区									
弋江区									
鸠江区	16	13	3	8	4	4	24	18	6
三山区	30	14	16	21	14	7	43	17	26
芜湖县	77	48	29	125	82	43	235	145	90
繁昌县	57	38	19	111	81	30	73	47	26
南陵县	34	11	23	39	17	22	56	28	28
芜湖经济技术开发区	285	165	120	384	245	139	1009	604	405
安徽芜湖长江大桥经济开发区				4	3	1	2	1	1
无为市	18	6	12	22	9	13	22	10	12
蚌埠市	**408**	**169**	**239**	**442**	**213**	**229**	**386**	**165**	**221**
龙子湖区	2	1	1	2	1	1	4	3	1
蚌山区									
禹会区	2	1	1	1	1				
淮上区	1		1	4	4		9	6	3
怀远县	27	12	15	43	19	24	36	15	21
五河县	74	37	37	67	48	19	49	19	30
固镇县	22	10	12	31	20	11	19	12	7
蚌埠市高新技术开发区	15	10	5	39	20	19	25	16	9
蚌埠市经济开发区	265	98	167	255	100	155	244	94	150
淮南市	**89**	**50**	**39**	**139**	**84**	**55**	**226**	**116**	**110**
大通区	22	11	11	28	13	15	48	24	24
田家庵区							1		1
谢家集区				1		1	2	1	1
八公山区									
潘集区	10	7	3	34	24	10	13	8	5
凤台县	24	13	11	40	22	18	137	73	64
寿县	33	19	14	36	25	11	25	10	15

7-3b 续表 7 单位：人

现住地	户口登记地								
	内蒙古			辽宁			吉林		
	小计	男	女	小计	男	女	小计	男	女
马鞍山市	**130**	**72**	**58**	**216**	**121**	**95**	**216**	**121**	**95**
花山区									
雨山区									
博望区	6	5	1	2	2		4	3	1
当涂县	68	35	33	123	71	52	110	63	47
含山县	23	11	12	29	13	16	34	19	15
和县	33	21	12	62	35	27	68	36	32
淮北市	**116**	**65**	**51**	**63**	**36**	**27**	**77**	**44**	**33**
杜集区	9	3	6	9	6	3	20	11	9
相山区									
烈山区	7	4	3	6	3	3	2	1	1
濉溪县	100	58	42	48	27	21	55	32	23
铜陵市	**17**	**9**	**8**	**29**	**15**	**14**	**36**	**15**	**21**
铜官区									
义安区	1	1		5	4	1	14	8	6
郊区				1		1	2	2	
枞阳县	16	8	8	23	11	12	20	5	15
安庆市	**124**	**65**	**59**	**257**	**148**	**109**	**205**	**113**	**92**
迎江区									
大观区				5	4	1	1	1	
宜秀区	3	3		3	2	1	6	6	
怀宁县	34	16	18	76	41	35	56	31	25
太湖县	8	4	4	21	12	9	17	11	6
宿松县	13	7	6	36	22	14	23	7	16
望江县	7	3	4	15	8	7	10	7	3
岳西县	5	1	4	10	5	5	13	5	8
安徽安庆经济开发区	20	12	8	64	37	27	57	33	24
桐城市	25	15	10	11	7	4	16	8	8
潜山市	9	4	5	16	10	6	6	4	2
黄山市	**93**	**63**	**30**	**139**	**95**	**44**	**145**	**92**	**53**
屯溪区	2	1	1	3	3		10	5	5
黄山区	28	22	6	44	36	8	42	35	7
徽州区							10	6	4
歙县	17	13	4	29	16	13	37	18	19
休宁县	23	13	10	21	13	8	18	12	6
黟县	10	7	3	15	6	9	11	7	4
祁门县	13	7	6	27	21	6	17	9	8
滁州市	**322**	**183**	**139**	**652**	**376**	**276**	**695**	**405**	**290**
琅琊区									
南谯区	30	14	16	29	16	13	57	27	30
来安县	70	41	29	133	81	52	178	105	73
全椒县	58	33	25	118	74	44	60	31	29
定远县	21	10	11	34	15	19	34	18	16
凤阳县	30	14	16	41	14	27	87	51	36
苏滁现代产业园	19	12	7	104	78	26	97	68	29
滁州经济技术开发区	74	46	28	144	78	66	137	81	56
天长市	20	13	7	42	16	26	40	21	19
明光市				7	4	3	5	3	2

7−3b 续表 8

单位：人

现住地	户口登记地								
	内蒙古			辽宁			吉林		
	小计	男	女	小计	男	女	小计	男	女
阜阳市	**202**	**99**	**103**	**318**	**145**	**173**	**288**	**152**	**136**
颍州区	8	3	5	6	1	5	10	8	2
颍东区	11	5	6	16	10	6	9	5	4
颍泉区	4	1	3	8	3	5	3	2	1
临泉县	39	21	18	79	32	47	93	57	36
太和县	50	26	24	95	44	51	58	24	34
阜南县	27	12	15	26	10	16	31	13	18
颍上县	34	11	23	39	16	23	42	22	20
阜阳合肥现代产业园区				2		2	2	1	1
阜阳经济技术开发区	25	17	8	40	23	17	30	14	16
界首市	4	3	1	7	6	1	10	6	4
宿州市	**235**	**136**	**99**	**280**	**134**	**146**	**260**	**133**	**127**
埇桥区	31	21	10	28	11	17	38	23	15
砀山县	44	20	24	66	32	34	56	22	34
萧县	60	35	25	60	28	32	57	31	26
灵璧县	49	31	18	46	22	24	31	14	17
泗县	22	13	9	56	28	28	34	18	16
宿州马鞍山现代产业园区	1	1		4	2	2	18	11	7
宿州经济技术开发区	28	15	13	20	11	9	26	14	12
六安市	**110**	**72**	**38**	**258**	**162**	**96**	**245**	**130**	**115**
金安区	11	7	4	15	5	10	23	11	12
裕安区	1	1		13	8	5	7	2	5
叶集区				2	1	1	2	2	
霍邱县	35	25	10	76	57	19	34	22	12
舒城县	31	19	12	71	39	32	138	70	68
金寨县	19	12	7	34	23	11	34	19	15
霍山县	13	8	5	47	29	18	7	4	3
亳州市	**93**	**48**	**45**	**153**	**71**	**82**	**180**	**110**	**70**
谯城区	6	4	2	6	1	5	7	4	3
涡阳县	33	17	16	55	25	30	79	55	24
蒙城县	27	16	11	59	31	28	60	36	24
利辛县	27	11	16	33	14	19	34	15	19
池州市	**46**	**26**	**20**	**75**	**36**	**39**	**76**	**40**	**36**
贵池区	4	3	1	4	2	2	3	2	1
东至县	12	6	6	23	14	9	22	10	12
石台县				10	2	8	5	3	2
青阳县	25	15	10	27	15	12	32	18	14
池州市国家经济技术开发区									
皖江江南新兴产业集中区									
九华山风景区	5	2	3	11	3	8	14	7	7
宣城市	**258**	**163**	**95**	**240**	**154**	**86**	**344**	**201**	**143**
宣州区	11	5	6	16	9	7	20	13	7
郎溪县	47	26	21	48	28	20	85	48	37
泾县	19	11	8	30	15	15	48	26	22
绩溪县	6	3	3	18	7	11	16	6	10
旌德县	11	5	6	5	3	2	5		5
宣城市经济开发区	147	106	41	87	69	18	146	92	54
宁国市	2	1	1	3	3		4	3	1
广德市	15	6	9	33	20	13	20	13	7

7-3b　续表 9　　　　单位：人

现住地	户口登记地								
	黑龙江			上海			江苏		
	小计	男	女	小计	男	女	小计	男	女
安　徽	**9848**	**5312**	**4536**	**7763**	**4532**	**3231**	**102647**	**58748**	**43899**
合肥市	**3665**	**2072**	**1593**	**1716**	**1029**	**687**	**21384**	**12777**	**8607**
瑶海区	13	6	7	11	6	5	236	130	106
庐阳区	46	21	25	99	57	42	516	331	185
蜀山区	5	4	1	9	5	4	134	106	28
包河区									
长丰县	510	293	217	70	36	34	2566	1372	1194
肥东县	389	220	169	248	137	111	3549	2058	1491
肥西县	527	289	238	178	108	70	2843	1717	1126
庐江县	145	68	77	117	67	50	924	510	414
合肥高新技术产业开发区	372	196	176	319	187	132	3010	1814	1196
合肥经济技术开发区	1095	613	482	453	281	172	4711	2881	1830
合肥新站高新技术产业开发区	514	338	176	156	106	50	2485	1622	863
巢湖市	49	24	25	56	39	17	410	236	174
芜湖市	**1175**	**673**	**502**	**689**	**432**	**257**	**6981**	**3931**	**3050**
镜湖区							4	1	3
弋江区									
鸠江区	7	4	3	35	23	12	267	178	89
三山区	56	30	26	33	20	13	274	148	126
芜湖县	181	99	82	166	99	67	2374	1221	1153
繁昌县	90	50	40	106	64	42	719	390	329
南陵县	74	36	38	169	111	58	961	482	479
芜湖经济技术开发区	737	445	292	121	84	37	1895	1264	631
安徽芜湖长江大桥经济开发区	1		1	4	3	1	68	49	19
无为市	29	9	20	55	28	27	419	198	221
蚌埠市	**646**	**259**	**387**	**742**	**398**	**344**	**5506**	**2983**	**2523**
龙子湖区	6	2	4	2	1	1	51	31	20
蚌山区									
禹会区							36	22	14
淮上区	12	5	7	5	2	3	92	52	40
怀远县	73	41	32	101	51	50	804	424	380
五河县	56	28	28	59	35	24	1319	739	580
固镇县	37	17	20	52	32	20	584	348	236
蚌埠市高新技术开发区	54	26	28	30	15	15	425	237	188
蚌埠市经济开发区	408	140	268	493	262	231	2195	1130	1065
淮南市	**182**	**96**	**86**	**373**	**197**	**176**	**2120**	**1264**	**856**
大通区	30	18	12	38	14	24	510	300	210
田家庵区							17	11	6
谢家集区				1	1		3	3	
八公山区									
潘集区	20	11	9	10	8	2	463	383	80
凤台县	80	38	42	86	50	36	478	271	207
寿县	52	29	23	238	124	114	649	296	353

7-3b 续表 10 单位：人

现住地	户口登记地								
	黑龙江			上海			江苏		
	小计	男	女	小计	男	女	小计	男	女
马鞍山市	**290**	**155**	**135**	**353**	**218**	**135**	**9002**	**4826**	**4176**
花山区									
雨山区									
博望区	2	1	1	1	1		118	66	52
当涂县	161	90	71	104	61	43	2412	1381	1031
含山县	40	15	25	121	84	37	783	423	360
和县	87	49	38	127	72	55	5689	2956	2733
淮北市	**133**	**76**	**57**	**82**	**49**	**33**	**1626**	**964**	**662**
杜集区	7	5	2	10	6	4	468	249	219
相山区									
烈山区	12	6	6	8	6	2	85	49	36
濉溪县	114	65	49	64	37	27	1073	666	407
铜陵市	**43**	**21**	**22**	**46**	**22**	**24**	**617**	**328**	**289**
铜官区									
义安区	18	12	6	5	3	2	130	92	38
郊区	1		1	13	4	9	57	25	32
枞阳县	24	9	15	28	15	13	430	211	219
安庆市	**261**	**130**	**131**	**338**	**188**	**150**	**2690**	**1707**	**983**
迎江区									
大观区	3	3		7	3	4	32	19	13
宜秀区	7	3	4	2	1	1	40	21	19
怀宁县	66	36	30	38	24	14	629	430	199
太湖县	19	7	12	48	25	23	325	196	129
宿松县	22	10	12	80	46	34	459	266	193
望江县	13	7	6	8	4	4	162	116	46
岳西县	19	6	13	21	10	11	141	90	51
安徽安庆经济开发区	67	31	36	112	64	48	629	415	214
桐城市	12	6	6	18	10	8	172	102	70
潜山市	33	21	12	4	1	3	101	52	49
黄山市	**171**	**94**	**77**	**325**	**194**	**131**	**1368**	**799**	**569**
屯溪区	5	2	3	19	15	4	190	91	99
黄山区	24	14	10	20	11	9	149	108	41
徽州区	1		1	6	4	2	53	35	18
歙县	88	47	41	169	99	70	534	314	220
休宁县	23	13	10	57	34	23	175	90	85
黟县	11	6	5	24	16	8	82	54	28
祁门县	19	12	7	30	15	15	185	107	78
滁州市	**1019**	**576**	**443**	**782**	**427**	**355**	**26736**	**15117**	**11619**
琅琊区									
南谯区	69	40	29	35	20	15	2771	1476	1295
来安县	313	180	133	153	88	65	10764	6098	4666
全椒县	133	74	59	165	89	76	2677	1410	1267
定远县	51	26	25	131	73	58	875	510	365
凤阳县	72	37	35	108	61	47	1372	818	554
苏滁现代产业园	120	86	34	16	14	2	1210	938	272
滁州经济技术开发区	176	94	82	103	46	57	2196	1203	993
天长市	70	30	40	41	21	20	4324	2371	1953
明光市	15	9	6	30	15	15	547	293	254

7-3b　续表 11　　　　单位：人

现 住 地	户口登记地								
	黑 龙 江			上　海			江　苏		
	小计	男	女	小计	男	女	小计	男	女
阜阳市	**492**	**254**	**238**	**326**	**178**	**148**	**2463**	**1546**	**917**
颍州区	9	6	3	2	2		72	38	34
颍东区	4	2	2	4	1	3	75	50	25
颍泉区	7	3	4	4	3	1	64	38	26
临泉县	89	48	41	49	24	25	406	255	151
太和县	199	102	97	64	34	30	432	243	189
阜南县	27	14	13	52	29	23	343	230	113
颍上县	94	42	52	125	69	56	739	492	247
阜阳合肥现代产业园区	1	1		1		1	20	10	10
阜阳经济技术开发区	58	34	24	23	16	7	233	140	93
界首市	4	2	2	2		2	79	50	29
宿州市	**509**	**252**	**257**	**317**	**171**	**146**	**9972**	**5259**	**4713**
埇桥区	74	38	36	45	25	20	955	497	458
砀山县	148	69	79	85	45	40	1547	828	719
萧县	115	53	62	35	20	15	2732	1384	1348
灵璧县	78	44	34	61	28	33	1672	855	817
泗县	51	27	24	59	31	28	2300	1230	1070
宿州马鞍山现代产业园区	6	3	3	18	13	5	123	86	37
宿州经济技术开发区	37	18	19	14	9	5	643	379	264
六安市	**253**	**121**	**132**	**248**	**142**	**106**	**3036**	**1778**	**1258**
金安区	13	7	6	26	16	10	426	221	205
裕安区	12	6	6	8	3	5	159	73	86
叶集区				11	7	4	38	19	19
霍邱县	48	23	25	73	37	36	553	345	208
舒城县	110	53	57	53	31	22	747	412	335
金寨县	46	18	28	53	36	17	648	396	252
霍山县	24	14	10	24	12	12	465	312	153
亳州市	**506**	**248**	**258**	**271**	**164**	**107**	**1858**	**1137**	**721**
谯城区	11	4	7	10	9	1	99	60	39
涡阳县	210	104	106	71	35	36	606	388	218
蒙城县	102	48	54	117	72	45	598	354	244
利辛县	183	92	91	73	48	25	555	335	220
池州市	**104**	**57**	**47**	**277**	**146**	**131**	**1196**	**756**	**440**
贵池区	14	10	4	15	9	6	133	93	40
东至县	35	18	17	84	44	40	466	324	142
石台县	14	9	5	33	17	16	75	42	33
青阳县	30	16	14	142	74	68	488	269	219
池州市国家经济技术开发区									
皖江江南新兴产业集中区									
九华山风景区	11	4	7	3	2	1	34	28	6
宣城市	**399**	**228**	**171**	**878**	**577**	**301**	**6092**	**3576**	**2516**
宣州区	26	11	15	89	58	31	513	266	247
郎溪县	126	63	63	323	216	107	3091	1813	1278
泾县	46	25	21	115	65	50	553	295	258
绩溪县	30	15	15	78	50	28	245	137	108
旌德县	12	7	5	66	38	28	245	142	103
宣城市经济开发区	120	82	38	108	76	32	793	482	311
宁国市	8	5	3	12	7	5	90	65	25
广德市	31	20	11	87	67	20	562	376	186

7-3b 续表 12

单位：人

现住地	户口登记地					
	浙江			福建		
	小计	男	女	小计	男	女
安　徽	**33974**	**19897**	**14077**	**17542**	**10444**	**7098**
合肥市	**7401**	**4281**	**3120**	**5076**	**3024**	**2052**
瑶海区	74	52	22	46	25	21
庐阳区	164	96	68	95	55	40
蜀山区	46	37	9	21	15	6
包河区						
长丰县	810	427	383	791	457	334
肥东县	1149	667	482	1348	801	547
肥西县	841	487	354	496	285	211
庐江县	492	279	213	252	149	103
合肥高新技术产业开发区	573	356	217	367	217	150
合肥经济技术开发区	2026	1141	885	1001	602	399
合肥新站高新技术产业开发区	1085	655	430	545	343	202
巢湖市	141	84	57	114	75	39
芜湖市	**3417**	**2081**	**1336**	**1144**	**698**	**446**
镜湖区				1		1
弋江区						
鸠江区	63	41	22	35	25	10
三山区	77	34	43	38	23	15
芜湖县	1676	1050	626	359	226	133
繁昌县	262	151	111	213	143	70
南陵县	569	302	267	176	89	87
芜湖经济技术开发区	583	389	194	243	149	94
安徽芜湖长江大桥经济开发区	10	10		10	7	3
无为市	177	104	73	69	36	33
蚌埠市	**1771**	**962**	**809**	**1001**	**502**	**499**
龙子湖区	2	2		9	6	3
蚌山区						
禹会区	1	1		7	4	3
淮上区	26	15	11	26	14	12
怀远县	366	215	151	124	73	51
五河县	350	182	168	49	29	20
固镇县	234	145	89	74	48	26
蚌埠市高新技术开发区	92	54	38	80	48	32
蚌埠市经济开发区	700	348	352	632	280	352
淮南市	**731**	**431**	**300**	**426**	**242**	**184**
大通区	147	91	56	104	59	45
田家庵区	6	4	2	9	7	2
谢家集区	2	1	1	2	1	1
八公山区				2	2	
潘集区	82	52	30	48	28	20
凤台县	246	142	104	118	62	56
寿县	248	141	107	143	83	60

7-3b　续表 13　　　　单位：人

现住地	户口登记地					
	浙江			福建		
	小计	男	女	小计	男	女
马鞍山市	**1219**	**707**	**512**	**724**	**450**	**274**
花山区						
雨山区						
博望区	15	11	4	6	4	2
当涂县	616	347	269	381	227	154
含山县	240	142	98	104	65	39
和县	348	207	141	233	154	79
淮北市	**393**	**237**	**156**	**204**	**122**	**82**
杜集区	35	23	12	32	21	11
相山区						
烈山区	7	5	2	18	8	10
濉溪县	351	209	142	154	93	61
铜陵市	**330**	**203**	**127**	**88**	**54**	**34**
铜官区						
义安区	41	26	15	7	6	1
郊区	28	13	15	7	5	2
枞阳县	261	164	97	74	43	31
安庆市	**1808**	**1049**	**759**	**1000**	**583**	**417**
迎江区						
大观区	11	5	6	4	2	2
宜秀区	37	26	11	18	8	10
怀宁县	260	149	111	134	86	48
太湖县	210	122	88	92	46	46
宿松县	375	205	170	189	108	81
望江县	163	113	50	62	38	24
岳西县	133	67	66	136	95	41
安徽安庆经济开发区	472	266	206	301	165	136
桐城市	106	69	37	21	12	9
潜山市	41	27	14	43	23	20
黄山市	**2652**	**1457**	**1195**	**489**	**269**	**220**
屯溪区	112	51	61	10	7	3
黄山区	122	78	44	48	28	20
徽州区	38	23	15	9	4	5
歙县	1502	828	674	193	99	94
休宁县	461	252	209	78	45	33
黟县	143	76	67	43	27	16
祁门县	274	149	125	108	59	49
滁州市	**2587**	**1469**	**1118**	**2428**	**1474**	**954**
琅琊区						
南谯区	132	79	53	55	32	23
来安县	493	292	201	1525	925	600
全椒县	411	230	181	172	104	68
定远县	276	133	143	107	58	49
凤阳县	505	285	220	194	116	78
苏滁现代产业园	122	83	39	49	35	14
滁州经济技术开发区	375	211	164	235	144	91
天长市	217	127	90	66	41	25
明光市	56	29	27	25	19	6

7-3b 续表 14 单位：人

现住地	户口登记地					
	浙江			福建		
	小计	男	女	小计	男	女
阜阳市	**1758**	**1052**	**706**	**1225**	**722**	**503**
颍州区	69	39	30	65	42	23
颍东区	39	27	12	41	21	20
颍泉区	80	50	30	24	15	9
临泉县	307	163	144	217	132	85
太和县	258	137	121	287	166	121
阜南县	206	125	81	142	79	63
颍上县	475	299	176	275	157	118
阜阳合肥现代产业园区	3	2	1	6	4	2
阜阳经济技术开发区	152	92	60	99	60	39
界首市	169	118	51	69	46	23
宿州市	**1778**	**1115**	**663**	**793**	**473**	**320**
埇桥区	219	140	79	106	65	41
砀山县	263	173	90	155	88	67
萧县	368	258	110	151	89	62
灵璧县	351	198	153	181	113	68
泗县	359	211	148	102	57	45
宿州马鞍山现代产业园区	84	50	34	40	28	12
宿州经济技术开发区	134	85	49	58	33	25
六安市	**1398**	**780**	**618**	**707**	**437**	**270**
金安区	170	92	78	105	65	40
裕安区	50	27	23	47	25	22
叶集区	14	7	7	10	3	7
霍邱县	321	191	130	132	81	51
舒城县	381	190	191	152	93	59
金寨县	269	162	107	184	120	64
霍山县	193	111	82	77	50	27
亳州市	**1177**	**671**	**506**	**730**	**422**	**308**
谯城区	85	55	30	92	52	40
涡阳县	289	163	126	188	120	68
蒙城县	505	293	212	277	159	118
利辛县	298	160	138	173	91	82
池州市	**1071**	**635**	**436**	**453**	**292**	**161**
贵池区	81	53	28	126	85	41
东至县	447	278	169	118	72	46
石台县	68	32	36	41	33	8
青阳县	467	267	200	162	97	65
池州市国家经济技术开发区						
皖江江南新兴产业集中区						
九华山风景区	8	5	3	6	5	1
宣城市	**4483**	**2767**	**1716**	**1054**	**680**	**374**
宣州区	392	243	149	84	45	39
郎溪县	844	533	311	211	134	77
泾县	515	278	237	196	127	69
绩溪县	536	316	220	106	64	42
旌德县	236	147	89	70	45	25
宣城市经济开发区	540	343	197	323	228	95
宁国市	558	365	193	18	10	8
广德市	862	542	320	46	27	19

7-3b 续表 15

单位：人

现住地	户口登记地								
	江西			山东			河南		
	小计	男	女	小计	男	女	小计	男	女
安 徽	**26632**	**14918**	**11714**	**29188**	**17642**	**11546**	**117110**	**70831**	**46279**
合肥市	**8503**	**4810**	**3693**	**10875**	**6556**	**4319**	**36509**	**22691**	**13818**
瑶海区	65	36	29	55	35	20	349	206	143
庐阳区	101	49	52	148	76	72	497	300	197
蜀山区	17	11	6	29	21	8	253	189	64
包河区									
长丰县	1056	535	521	1374	785	589	4688	2682	2006
肥东县	1709	956	753	1303	782	521	4200	2733	1467
肥西县	1148	626	522	1374	827	547	5826	3564	2262
庐江县	426	220	206	282	175	107	1161	734	427
合肥高新技术产业开发区	647	411	236	1154	737	417	4216	2757	1459
合肥经济技术开发区	1937	1156	781	3710	2189	1521	9228	5716	3512
合肥新站高新技术产业开发区	1295	761	534	1281	822	459	5670	3568	2102
巢湖市	102	49	53	165	107	58	421	242	179
芜湖市	**2531**	**1517**	**1014**	**2567**	**1597**	**970**	**13337**	**8732**	**4605**
镜湖区				1	1		7	4	3
弋江区									
鸠江区	78	46	32	110	99	11	237	161	76
三山区	86	44	42	174	91	83	370	183	187
芜湖县	770	479	291	532	325	207	2706	1682	1024
繁昌县	205	122	83	174	116	58	566	383	183
南陵县	285	136	149	182	88	94	678	380	298
芜湖经济技术开发区	982	629	353	1295	817	478	8377	5716	2661
安徽芜湖长江大桥经济开发区	11	7	4	9	6	3	48	29	19
无为市	114	54	60	90	54	36	348	194	154
蚌埠市	**980**	**479**	**501**	**2076**	**1057**	**1019**	**3718**	**1920**	**1798**
龙子湖区	4	3	1	10	6	4	67	53	14
蚌山区									
禹会区	3	2	1	2	1	1	23	18	5
淮上区	17	10	7	25	16	9	146	98	48
怀远县	144	74	70	259	157	102	582	325	257
五河县	126	59	67	181	103	78	502	246	256
固镇县	149	79	70	203	106	97	394	194	200
蚌埠市高新技术开发区	54	27	27	206	127	79	376	209	167
蚌埠市经济开发区	483	225	258	1190	541	649	1628	777	851
淮南市	**533**	**273**	**260**	**639**	**371**	**268**	**2915**	**1804**	**1111**
大通区	101	68	33	153	88	65	569	365	204
田家庵区	3	1	2	9	5	4	28	13	15
谢家集区				3	2	1	8	4	4
八公山区									
潘集区	20	12	8	72	53	19	542	385	157
凤台县	151	65	86	213	119	94	943	567	376
寿县	258	127	131	189	104	85	825	470	355

7-3b 续表 16

单位：人

现住地	户口登记地								
	江西			山东			河南		
	小计	男	女	小计	男	女	小计	男	女
马鞍山市	**932**	**550**	**382**	**846**	**530**	**316**	**3085**	**1952**	**1133**
花山区									
雨山区									
博望区	24	22	2	11	10	1	72	50	22
当涂县	519	298	221	395	246	149	1607	1023	584
含山县	147	85	62	102	62	40	454	263	191
和县	242	145	97	338	212	126	952	616	336
淮北市	**166**	**88**	**78**	**696**	**445**	**251**	**3015**	**1733**	**1282**
杜集区	18	13	5	61	34	27	541	360	181
相山区									
烈山区				39	17	22	132	80	52
濉溪县	148	75	73	596	394	202	2342	1293	1049
铜陵市	**291**	**163**	**128**	**217**	**149**	**68**	**556**	**357**	**199**
铜官区									
义安区	28	16	12	131	99	32	116	84	32
郊区	9	1	8	12	8	4	31	24	7
枞阳县	254	146	108	74	42	32	409	249	160
安庆市	**2312**	**1227**	**1085**	**921**	**602**	**319**	**3304**	**2084**	**1220**
迎江区									
大观区	12	7	5	22	20	2	36	22	14
宜秀区	29	16	13	10	8	2	47	29	18
怀宁县	397	237	160	180	109	71	798	494	304
太湖县	312	163	149	88	47	41	339	196	143
宿松县	681	348	333	106	73	33	450	272	178
望江县	283	137	146	106	68	38	172	106	66
岳西县	91	37	54	40	19	21	122	53	69
安徽安庆经济开发区	396	219	177	251	183	68	1014	696	318
桐城市	63	38	25	71	47	24	182	135	47
潜山市	48	25	23	47	28	19	144	81	63
黄山市	**1488**	**757**	**731**	**424**	**263**	**161**	**1916**	**1233**	**683**
屯溪区	123	66	57	102	43	59	211	92	119
黄山区	57	36	21	84	75	9	315	257	58
徽州区	18	10	8	5	4	1	18	9	9
歙县	512	257	255	124	77	47	603	341	262
休宁县	307	149	158	32	14	18	220	114	106
黟县	102	56	46	26	14	12	135	93	42
祁门县	369	183	186	51	36	15	414	327	87
滁州市	**2675**	**1562**	**1113**	**3265**	**2012**	**1253**	**13011**	**7779**	**5232**
琅琊区									
南谯区	80	43	37	176	108	68	524	332	192
来安县	561	354	207	766	496	270	2287	1510	777
全椒县	368	224	144	345	216	129	1080	683	397
定远县	183	91	92	187	113	74	529	283	246
凤阳县	228	135	93	279	154	125	751	433	318
苏滁现代产业园	225	148	77	264	199	65	1799	1210	589
滁州经济技术开发区	811	456	355	1031	594	437	5392	2951	2441
天长市	192	104	88	186	114	72	531	312	219
明光市	27	7	20	31	18	13	118	65	53

7-3b　续表 17　　　　单位：人

现住地	户口登记地 江西 小计	江西 男	江西 女	山东 小计	山东 男	山东 女	河南 小计	河南 男	河南 女
阜阳市	**968**	**532**	**436**	**1199**	**722**	**477**	**11240**	**6013**	**5227**
颍州区	43	18	25	29	23	6	232	131	101
颍东区	24	13	11	50	41	9	254	150	104
颍泉区	19	10	9	13	5	8	154	72	82
临泉县	167	95	72	247	159	88	4450	2295	2155
太和县	189	102	87	303	159	144	1806	903	903
阜南县	147	77	70	172	103	69	1522	848	674
颍上县	245	138	107	194	103	91	1007	568	439
阜阳合肥现代产业园区	5	4	1	6	5	1	38	25	13
阜阳经济技术开发区	92	55	37	114	73	41	878	522	356
界首市	37	20	17	71	51	20	899	499	400
宿州市	**891**	**492**	**399**	**2194**	**1222**	**972**	**6738**	**3749**	**2989**
埇桥区	152	90	62	232	143	89	759	432	327
砀山县	109	62	47	670	316	354	2107	1014	1093
萧县	186	108	78	424	257	167	1807	1049	758
灵璧县	174	78	96	249	139	110	589	316	273
泗县	154	83	71	236	144	92	623	386	237
宿州马鞍山现代产业园区	27	17	10	204	111	93	167	118	49
宿州经济技术开发区	89	54	35	179	112	67	686	434	252
六安市	**990**	**577**	**413**	**915**	**576**	**339**	**6774**	**3942**	**2832**
金安区	119	70	49	94	49	45	528	302	226
裕安区	56	24	32	19	9	10	128	63	65
叶集区	10	6	4	4	2	2	167	91	76
霍邱县	136	72	64	168	121	47	1206	784	422
舒城县	380	228	152	348	213	135	2234	1258	976
金寨县	159	97	62	154	100	54	2078	1177	901
霍山县	130	80	50	128	82	46	433	267	166
亳州市	**556**	**289**	**267**	**828**	**536**	**292**	**4726**	**2745**	**1981**
谯城区	31	12	19	70	37	33	1140	578	562
涡阳县	160	82	78	239	148	91	1532	935	597
蒙城县	201	103	98	334	231	103	1069	661	408
利辛县	164	92	72	185	120	65	985	571	414
池州市	**1021**	**506**	**515**	**268**	**153**	**115**	**1092**	**710**	**382**
贵池区	81	56	25	46	31	15	229	171	58
东至县	652	307	345	96	48	48	331	199	132
石台县	34	17	17	24	13	11	116	79	37
青阳县	224	107	117	88	53	35	369	236	133
池州市国家经济技术开发区									
皖江江南新兴产业集中区									
九华山风景区	30	19	11	14	8	6	47	25	22
宣城市	**1795**	**1096**	**699**	**1258**	**851**	**407**	**5174**	**3387**	**1787**
宣州区	141	79	62	79	53	26	303	172	131
郎溪县	361	208	153	301	206	95	1858	1162	696
泾县	196	93	103	148	88	60	361	209	152
绩溪县	194	101	93	67	44	23	227	147	80
旌德县	103	53	50	42	23	19	163	97	66
宣城市经济开发区	526	387	139	389	270	119	1342	938	404
宁国市	92	60	32	80	59	21	220	150	70
广德市	182	115	67	152	108	44	700	512	188

7-3b 续表 18

单位：人

现住地	户口登记地								
	湖北			湖南			广东		
	小计	男	女	小计	男	女	小计	男	女
安徽	**30941**	**17681**	**13260**	**19766**	**11332**	**8434**	**9364**	**5008**	**4356**
合肥市	**10672**	**6181**	**4491**	**6495**	**3655**	**2840**	**3291**	**1895**	**1396**
瑶海区	46	20	26	66	40	26	44	23	21
庐阳区	152	78	74	73	27	46	102	60	42
蜀山区	23	17	6	15	9	6	24	17	7
包河区									
长丰县	1243	618	625	735	337	398	316	144	172
肥东县	1389	774	615	857	472	385	303	167	136
肥西县	1837	1101	736	902	522	380	423	223	200
庐江县	545	315	230	305	175	130	140	75	65
合肥高新技术产业开发区	1137	712	425	582	361	221	577	363	214
合肥经济技术开发区	2683	1546	1137	1820	1029	791	875	543	332
合肥新站高新技术产业开发区	1497	928	569	1024	622	402	450	265	185
巢湖市	120	72	48	116	61	55	37	15	22
芜湖市	**3583**	**2145**	**1438**	**2308**	**1384**	**924**	**738**	**407**	**331**
镜湖区									
弋江区									
鸠江区	51	35	16	39	21	18	19	11	8
三山区	152	76	76	69	29	40	36	19	17
芜湖县	1163	705	458	653	386	267	186	107	79
繁昌县	231	150	81	215	122	93	47	21	26
南陵县	256	94	162	230	124	106	136	61	75
芜湖经济技术开发区	1622	1038	584	1017	661	356	283	176	107
安徽芜湖长江大桥经济开发区	9	4	5	5	3	2	2		2
无为市	99	43	56	80	38	42	29	12	17
蚌埠市	**966**	**483**	**483**	**728**	**334**	**394**	**691**	**333**	**358**
龙子湖区	13	8	5	3	2	1	4	3	1
蚌山区									
禹会区	5	3	2	16	14	2	3	3	
淮上区	26	8	18	8	3	5	20	12	8
怀远县	187	103	84	111	57	54	79	34	45
五河县	138	62	76	105	41	64	48	15	33
固镇县	89	40	49	88	39	49	63	32	31
蚌埠市高新技术开发区	105	54	51	76	38	38	61	34	27
蚌埠市经济开发区	403	205	198	321	140	181	413	200	213
淮南市	**476**	**261**	**215**	**497**	**278**	**219**	**190**	**97**	**93**
大通区	61	37	24	67	39	28	31	16	15
田家庵区	1		1	3	1	2			
谢家集区	13	10	3						
八公山区									
潘集区	36	25	11	87	56	31	22	13	9
凤台县	139	72	67	124	60	64	40	16	24
寿县	226	117	109	216	122	94	97	52	45

7-3b　续表 19　　　　单位：人

现住地	户口登记地								
	湖北			湖南			广东		
	小计	男	女	小计	男	女	小计	男	女
马鞍山市	**948**	**566**	**382**	**662**	**413**	**249**	**362**	**206**	**156**
花山区									
雨山区									
博望区	34	26	8	20	14	6	23	20	3
当涂县	425	245	180	291	166	125	183	105	78
含山县	152	77	75	99	64	35	83	35	48
和县	337	218	119	252	169	83	73	46	27
淮北市	**248**	**160**	**88**	**169**	**108**	**61**	**103**	**47**	**56**
杜集区	49	34	15	15	12	3	16	8	8
相山区									
烈山区	12	5	7	3		3	8	3	5
濉溪县	187	121	66	151	96	55	79	36	43
铜陵市	**234**	**132**	**102**	**150**	**81**	**69**	**83**	**38**	**45**
铜官区									
义安区	71	49	22	32	19	13	4	2	2
郊区	18	8	10	7	3	4	7	4	3
枞阳县	145	75	70	111	59	52	72	32	40
安庆市	**2495**	**1288**	**1207**	**1363**	**851**	**512**	**737**	**366**	**371**
迎江区									
大观区	15	9	6	7	6	1	5	2	3
宜秀区	31	18	13	5	2	3	13	5	8
怀宁县	354	188	166	294	200	94	153	68	85
太湖县	383	200	183	133	69	64	82	47	35
宿松县	862	453	409	272	157	115	174	86	88
望江县	112	65	47	140	92	48	36	22	14
岳西县	213	83	130	66	26	40	24	10	14
安徽安庆经济开发区	368	191	177	252	157	95	188	102	86
桐城市	65	33	32	59	36	23	34	13	21
潜山市	92	48	44	135	106	29	28	11	17
黄山市	**1099**	**733**	**366**	**674**	**399**	**275**	**277**	**161**	**116**
屯溪区	29	23	6	95	37	58	34	23	11
黄山区	258	216	42	59	42	17	41	31	10
徽州区	8	5	3	7	3	4	11	6	5
歙县	300	154	146	292	185	107	94	51	43
休宁县	222	127	95	88	56	32	41	23	18
黟县	86	59	27	43	24	19	17	7	10
祁门县	196	149	47	90	52	38	39	20	19
滁州市	**2631**	**1519**	**1112**	**2012**	**1199**	**813**	**802**	**438**	**364**
琅琊区									
南谯区	154	95	59	105	61	44	44	28	16
来安县	667	387	280	476	295	181	140	83	57
全椒县	447	256	191	300	164	136	156	101	55
定远县	156	75	81	150	84	66	60	28	32
凤阳县	234	133	101	250	155	95	114	60	54
苏滁现代产业园	288	184	104	172	120	52	40	25	15
滁州经济技术开发区	421	257	164	339	192	147	167	80	87
天长市	214	106	108	199	120	79	68	26	42
明光市	50	26	24	21	8	13	13	7	6

7-3b 续表 20

单位：人

现住地	户口登记地								
	湖北			湖南			广东		
	小计	男	女	小计	男	女	小计	男	女
阜阳市	**1480**	**829**	**651**	**767**	**424**	**343**	**468**	**223**	**245**
颍州区	36	16	20	23	11	12	7	4	3
颍东区	48	21	27	37	20	17	8	3	5
颍泉区	31	13	18	9	3	6	13	6	7
临泉县	377	228	149	215	137	78	92	49	43
太和县	261	132	129	126	67	59	124	54	70
阜南县	205	116	89	116	57	59	116	55	61
颍上县	308	175	133	104	51	53	49	18	31
阜阳合肥现代产业园区	4	3	1	7	2	5	1	1	
阜阳经济技术开发区	154	90	64	79	46	33	37	19	18
界首市	56	35	21	51	30	21	21	14	7
宿州市	**1016**	**560**	**456**	**654**	**329**	**325**	**343**	**168**	**175**
埇桥区	137	75	62	111	61	50	53	30	23
砀山县	125	63	62	104	48	56	68	35	33
萧县	217	124	93	122	60	62	48	19	29
灵璧县	177	80	97	112	49	63	49	20	29
泗县	204	125	79	111	54	57	56	22	34
宿州马鞍山现代产业园区	33	18	15	20	16	4	7	5	2
宿州经济技术开发区	123	75	48	74	41	33	62	37	25
六安市	**1864**	**977**	**887**	**905**	**518**	**387**	**303**	**152**	**151**
金安区	253	123	130	128	75	53	45	23	22
裕安区	98	35	63	43	18	25	9		9
叶集区	30	15	15	10	4	6	2	1	1
霍邱县	279	171	108	118	63	55	48	22	26
舒城县	455	252	203	260	153	107	83	46	37
金寨县	483	259	224	257	162	95	77	44	33
霍山县	266	122	144	89	43	46	39	16	23
亳州市	**634**	**334**	**300**	**332**	**158**	**174**	**295**	**142**	**153**
谯城区	35	19	16	17	7	10	34	19	15
涡阳县	218	132	86	100	53	47	96	50	46
蒙城县	168	74	94	127	69	58	106	50	56
利辛县	213	109	104	88	29	59	59	23	36
池州市	**689**	**379**	**310**	**434**	**225**	**209**	**203**	**99**	**104**
贵池区	59	46	13	55	40	15	10	3	7
东至县	211	107	104	160	76	84	74	31	43
石台县	135	103	32	50	27	23	59	43	16
青阳县	230	91	139	159	76	83	52	20	32
池州市国家经济技术开发区									
皖江江南新兴产业集中区									
九华山风景区	54	32	22	10	6	4	8	2	6
宣城市	**1906**	**1134**	**772**	**1616**	**976**	**640**	**478**	**236**	**242**
宣州区	113	55	58	94	46	48	32	15	17
郎溪县	557	328	229	483	306	177	69	32	37
泾县	301	180	121	231	125	106	66	25	41
绩溪县	130	65	65	124	62	62	57	21	36
旌德县	55	23	32	57	23	34	37	16	21
宣城市经济开发区	467	307	160	404	285	119	184	111	73
宁国市	52	36	16	55	30	25	8	3	5
广德市	231	140	91	168	99	69	25	13	12

7-3b　续表 21　　　　单位：人

现住地	户口登记地 广西 小计	男	女	海南 小计	男	女	重庆 小计	男	女
安　徽	**7498**	**3482**	**4016**	**1648**	**693**	**955**	**11713**	**6220**	**5493**
合肥市	**2109**	**1017**	**1092**	**652**	**314**	**338**	**3618**	**1959**	**1659**
瑶海区	33	19	14	2	1	1	18	9	9
庐阳区	18	6	12	3	3		50	23	27
蜀山区	20	17	3				30	20	10
包河区									
长丰县	292	138	154	65	28	37	509	235	274
肥东县	280	124	156	64	28	36	542	279	263
肥西县	281	132	149	69	28	41	571	305	266
庐江县	111	53	58	20	3	17	214	114	100
合肥高新技术产业开发区	187	101	86	49	22	27	341	196	145
合肥经济技术开发区	666	330	336	321	173	148	832	491	341
合肥新站高新技术产业开发区	207	94	113	42	25	17	419	236	183
巢湖市	14	3	11	17	3	14	92	51	41
芜湖市	**725**	**373**	**352**	**103**	**38**	**65**	**1079**	**559**	**520**
镜湖区							1		1
弋江区									
鸠江区	16	9	7				24	12	12
三山区	32	10	22	1	1		30	13	17
芜湖县	189	103	86	43	17	26	358	188	170
繁昌县	41	15	26	7	3	4	124	69	55
南陵县	118	44	74	29	7	22	88	38	50
芜湖经济技术开发区	290	176	114	11	8	3	391	217	174
安徽芜湖长江大桥经济开发区	1		1				12	6	6
无为市	38	16	22	12	2	10	51	16	35
蚌埠市	**595**	**200**	**395**	**235**	**80**	**155**	**618**	**277**	**341**
龙子湖区	2	2					10	9	1
蚌山区									
禹会区	2		2				4	3	1
淮上区	7	2	5				9	1	8
怀远县	45	16	29	4	1	3	138	79	59
五河县	29	4	25	6	2	4	79	28	51
固镇县	47	15	32	6	2	4	51	21	30
蚌埠市高新技术开发区	25	14	11	11	7	4	25	10	15
蚌埠市经济开发区	438	147	291	208	68	140	302	126	176
淮南市	**135**	**43**	**92**	**23**	**9**	**14**	**291**	**132**	**159**
大通区	39	11	28	5	2	3	63	30	33
田家庵区	1		1				2	1	1
谢家集区									
八公山区									
潘集区	16	5	11	1	1		10	2	8
凤台县	33	11	22	10	4	6	74	26	48
寿县	46	16	30	7	2	5	142	73	69

7－3b 续表 22

单位：人

现住地	户口登记地								
	广西			海南			重庆		
	小计	男	女	小计	男	女	小计	男	女
马鞍山市	**260**	**133**	**127**	**23**	**10**	**13**	**410**	**216**	**194**
花山区									
雨山区									
博望区	6	6		1	1		24	21	3
当涂县	114	52	62	10	5	5	176	82	94
含山县	48	23	25	5	1	4	100	48	52
和县	92	52	40	7	3	4	110	65	45
淮北市	**73**	**26**	**47**	**18**	**9**	**9**	**87**	**44**	**43**
杜集区	6	2	4	3	2	1	14	12	2
相山区									
烈山区	2	2					8	4	4
濉溪县	65	22	43	15	7	8	65	28	37
铜陵市	**114**	**38**	**76**	**16**	**6**	**10**	**163**	**105**	**58**
铜官区									
义安区	16	13	3	1	1		86	59	27
郊区	5	3	2	4	3	1	5	2	3
枞阳县	93	22	71	11	2	9	72	44	28
安庆市	**384**	**150**	**234**	**99**	**36**	**63**	**615**	**317**	**298**
迎江区									
大观区	2		2				5	2	3
宜秀区	11	7	4	1	1		6	2	4
怀宁县	74	21	53	10	5	5	136	65	71
太湖县	59	23	36	6	2	4	69	32	37
宿松县	93	34	59	25	9	16	134	60	74
望江县	28	22	6	3		3	58	43	15
岳西县	22	4	18	2	1	1	41	15	26
安徽安庆经济开发区	63	28	35	35	13	22	100	53	47
桐城市	25	10	15	13	3	10	33	22	11
潜山市	7	1	6	4	2	2	33	23	10
黄山市	**237**	**105**	**132**	**33**	**14**	**19**	**552**	**350**	**202**
屯溪区	15	11	4	3	1	2	5	3	2
黄山区	21	11	10	1		1	120	88	32
徽州区	3		3	3	1	2	4	1	3
歙县	96	37	59	11	5	6	137	70	67
休宁县	24	3	21	4	4		53	27	26
黟县	21	10	11	3	2	1	29	17	12
祁门县	57	33	24	8	1	7	204	144	60
滁州市	**764**	**402**	**362**	**54**	**21**	**33**	**976**	**528**	**448**
琅琊区									
南谯区	47	23	24				59	23	36
来安县	155	75	80	10	4	6	247	158	89
全椒县	116	47	69	13	4	9	142	59	83
定远县	39	12	27	7	3	4	59	18	41
凤阳县	113	70	43	6	1	5	123	53	70
苏滁现代产业园	48	30	18	5	5		117	94	23
滁州经济技术开发区	162	117	45	5	1	4	113	58	55
天长市	76	27	49	7	3	4	105	58	47
明光市	8	1	7	1		1	11	7	4

7-3b 续表 23

单位：人

<table>
<tr><th rowspan="3">现住地</th><th colspan="9">户口登记地</th></tr>
<tr><th colspan="3">广西</th><th colspan="3">海南</th><th colspan="3">重庆</th></tr>
<tr><th>小计</th><th>男</th><th>女</th><th>小计</th><th>男</th><th>女</th><th>小计</th><th>男</th><th>女</th></tr>
<tr><td>阜阳市</td><td>298</td><td>118</td><td>180</td><td>94</td><td>39</td><td>55</td><td>599</td><td>285</td><td>314</td></tr>
<tr><td>颍州区</td><td>17</td><td>7</td><td>10</td><td>5</td><td>3</td><td>2</td><td>27</td><td>14</td><td>13</td></tr>
<tr><td>颍东区</td><td>12</td><td>5</td><td>7</td><td></td><td></td><td></td><td>28</td><td>14</td><td>14</td></tr>
<tr><td>颍泉区</td><td>4</td><td>1</td><td>3</td><td>2</td><td>2</td><td></td><td>6</td><td>3</td><td>3</td></tr>
<tr><td>临泉县</td><td>65</td><td>32</td><td>33</td><td>18</td><td>6</td><td>12</td><td>131</td><td>60</td><td>71</td></tr>
<tr><td>太和县</td><td>74</td><td>22</td><td>52</td><td>34</td><td>12</td><td>22</td><td>107</td><td>47</td><td>60</td></tr>
<tr><td>阜南县</td><td>41</td><td>10</td><td>31</td><td>12</td><td>8</td><td>4</td><td>80</td><td>37</td><td>43</td></tr>
<tr><td>颍上县</td><td>43</td><td>17</td><td>26</td><td>14</td><td>7</td><td>7</td><td>126</td><td>69</td><td>57</td></tr>
<tr><td>阜阳合肥现代产业园区</td><td>3</td><td>1</td><td>2</td><td></td><td></td><td></td><td>7</td><td>2</td><td>5</td></tr>
<tr><td>阜阳经济技术开发区</td><td>22</td><td>15</td><td>7</td><td>5</td><td></td><td>5</td><td>54</td><td>25</td><td>29</td></tr>
<tr><td>界首市</td><td>17</td><td>8</td><td>9</td><td>4</td><td>1</td><td>3</td><td>33</td><td>14</td><td>19</td></tr>
<tr><td>宿州市</td><td>239</td><td>102</td><td>137</td><td>43</td><td>18</td><td>25</td><td>507</td><td>260</td><td>247</td></tr>
<tr><td>埇桥区</td><td>35</td><td>16</td><td>19</td><td>2</td><td>2</td><td></td><td>76</td><td>42</td><td>34</td></tr>
<tr><td>砀山县</td><td>33</td><td>8</td><td>25</td><td>20</td><td>7</td><td>13</td><td>80</td><td>36</td><td>44</td></tr>
<tr><td>萧县</td><td>48</td><td>19</td><td>29</td><td>9</td><td>4</td><td>5</td><td>116</td><td>70</td><td>46</td></tr>
<tr><td>灵璧县</td><td>38</td><td>20</td><td>18</td><td>1</td><td>1</td><td></td><td>72</td><td>30</td><td>42</td></tr>
<tr><td>泗县</td><td>41</td><td>13</td><td>28</td><td>8</td><td>2</td><td>6</td><td>90</td><td>45</td><td>45</td></tr>
<tr><td>宿州马鞍山现代产业园区</td><td>21</td><td>17</td><td>4</td><td>1</td><td>1</td><td></td><td>14</td><td>7</td><td>7</td></tr>
<tr><td>宿州经济技术开发区</td><td>23</td><td>9</td><td>14</td><td>2</td><td>1</td><td>1</td><td>59</td><td>30</td><td>29</td></tr>
<tr><td>六安市</td><td>475</td><td>196</td><td>279</td><td>67</td><td>20</td><td>47</td><td>523</td><td>254</td><td>269</td></tr>
<tr><td>金安区</td><td>27</td><td>11</td><td>16</td><td>11</td><td>3</td><td>8</td><td>100</td><td>46</td><td>54</td></tr>
<tr><td>裕安区</td><td>10</td><td>5</td><td>5</td><td>4</td><td></td><td>4</td><td>16</td><td>7</td><td>9</td></tr>
<tr><td>叶集区</td><td>4</td><td>1</td><td>3</td><td></td><td></td><td></td><td>9</td><td>3</td><td>6</td></tr>
<tr><td>霍邱县</td><td>40</td><td>18</td><td>22</td><td>6</td><td>3</td><td>3</td><td>104</td><td>59</td><td>45</td></tr>
<tr><td>舒城县</td><td>287</td><td>116</td><td>171</td><td>20</td><td>9</td><td>11</td><td>93</td><td>45</td><td>48</td></tr>
<tr><td>金寨县</td><td>67</td><td>31</td><td>36</td><td>14</td><td>4</td><td>10</td><td>136</td><td>66</td><td>70</td></tr>
<tr><td>霍山县</td><td>40</td><td>14</td><td>26</td><td>12</td><td>1</td><td>11</td><td>65</td><td>28</td><td>37</td></tr>
<tr><td>亳州市</td><td>159</td><td>65</td><td>94</td><td>43</td><td>13</td><td>30</td><td>286</td><td>147</td><td>139</td></tr>
<tr><td>谯城区</td><td>8</td><td>3</td><td>5</td><td>3</td><td>2</td><td>1</td><td>13</td><td>8</td><td>5</td></tr>
<tr><td>涡阳县</td><td>48</td><td>24</td><td>24</td><td>14</td><td></td><td>14</td><td>70</td><td>39</td><td>31</td></tr>
<tr><td>蒙城县</td><td>44</td><td>23</td><td>21</td><td>11</td><td>5</td><td>6</td><td>114</td><td>58</td><td>56</td></tr>
<tr><td>利辛县</td><td>59</td><td>15</td><td>44</td><td>15</td><td>6</td><td>9</td><td>89</td><td>42</td><td>47</td></tr>
<tr><td>池州市</td><td>164</td><td>80</td><td>84</td><td>42</td><td>15</td><td>27</td><td>242</td><td>137</td><td>105</td></tr>
<tr><td>贵池区</td><td>9</td><td>2</td><td>7</td><td>5</td><td>2</td><td>3</td><td>88</td><td>67</td><td>21</td></tr>
<tr><td>东至县</td><td>54</td><td>23</td><td>31</td><td>12</td><td>3</td><td>9</td><td>67</td><td>26</td><td>41</td></tr>
<tr><td>石台县</td><td>38</td><td>31</td><td>7</td><td>4</td><td>2</td><td>2</td><td>17</td><td>10</td><td>7</td></tr>
<tr><td>青阳县</td><td>62</td><td>24</td><td>38</td><td>19</td><td>8</td><td>11</td><td>68</td><td>32</td><td>36</td></tr>
<tr><td>池州市国家经济技术开发区</td><td></td><td></td><td></td><td></td><td></td><td></td><td></td><td></td><td></td></tr>
<tr><td>皖江江南新兴产业集中区</td><td></td><td></td><td></td><td></td><td></td><td></td><td></td><td></td><td></td></tr>
<tr><td>九华山风景区</td><td>1</td><td></td><td>1</td><td>2</td><td></td><td>2</td><td>2</td><td>2</td><td></td></tr>
<tr><td>宣城市</td><td>767</td><td>434</td><td>333</td><td>103</td><td>51</td><td>52</td><td>1147</td><td>650</td><td>497</td></tr>
<tr><td>宣州区</td><td>59</td><td>28</td><td>31</td><td>4</td><td>2</td><td>2</td><td>76</td><td>44</td><td>32</td></tr>
<tr><td>郎溪县</td><td>189</td><td>103</td><td>86</td><td>16</td><td>6</td><td>10</td><td>308</td><td>160</td><td>148</td></tr>
<tr><td>泾县</td><td>63</td><td>27</td><td>36</td><td>10</td><td></td><td>10</td><td>112</td><td>49</td><td>63</td></tr>
<tr><td>绩溪县</td><td>29</td><td>8</td><td>21</td><td>5</td><td>2</td><td>3</td><td>137</td><td>71</td><td>66</td></tr>
<tr><td>旌德县</td><td>42</td><td>13</td><td>29</td><td>5</td><td>2</td><td>3</td><td>59</td><td>39</td><td>20</td></tr>
<tr><td>宣城市经济开发区</td><td>320</td><td>213</td><td>107</td><td>56</td><td>37</td><td>19</td><td>223</td><td>148</td><td>75</td></tr>
<tr><td>宁国市</td><td>25</td><td>15</td><td>10</td><td>3</td><td></td><td>3</td><td>112</td><td>67</td><td>45</td></tr>
<tr><td>广德市</td><td>40</td><td>27</td><td>13</td><td>4</td><td>2</td><td>2</td><td>120</td><td>72</td><td>48</td></tr>
</table>

7-3b 续表 24　　　　单位：人

现住地	户口登记地								
	四川			贵州			云南		
	小计	男	女	小计	男	女	小计	男	女
安徽	**30522**	**16101**	**14421**	**26698**	**13905**	**12793**	**19360**	**10014**	**9346**
合肥市	**8705**	**4632**	**4073**	**5588**	**3067**	**2521**	**4143**	**2153**	**1990**
瑶海区	98	46	52	52	27	25	27	7	20
庐阳区	134	71	63	76	34	42	32	9	23
蜀山区	120	67	53	81	63	18	24	14	10
包河区									
长丰县	1255	546	709	798	333	465	518	192	326
肥东县	1347	713	634	988	581	407	744	388	356
肥西县	1314	684	630	735	427	308	655	342	313
庐江县	470	234	236	422	183	239	499	239	260
合肥高新技术产业开发区	796	440	356	612	391	221	274	164	110
合肥经济技术开发区	2005	1142	863	1086	601	485	805	458	347
合肥新站高新技术产业开发区	1066	640	426	597	352	245	445	284	161
巢湖市	100	49	51	141	75	66	120	56	64
芜湖市	**3055**	**1607**	**1448**	**2803**	**1577**	**1226**	**3468**	**2005**	**1463**
镜湖区	2	2							
弋江区									
鸠江区	70	32	38	82	54	28	72	35	37
三山区	89	36	53	28	8	20	31	13	18
芜湖县	1014	545	469	1069	567	502	1589	930	659
繁昌县	364	205	159	122	56	66	205	101	104
南陵县	314	113	201	297	92	205	277	129	148
芜湖经济技术开发区	1057	629	428	1064	751	313	1163	758	405
安徽芜湖长江大桥经济开发区	12	5	7	21	9	12	24	14	10
无为市	133	40	93	120	40	80	107	25	82
蚌埠市	**1375**	**582**	**793**	**1038**	**468**	**570**	**490**	**179**	**311**
龙子湖区	26	18	8	18	11	7	5	2	3
蚌山区									
禹会区	15	11	4	3	3		5	3	2
淮上区	51	23	28	22	7	15	22	8	14
怀远县	297	108	189	254	138	116	95	33	62
五河县	284	121	163	228	106	122	86	28	58
固镇县	166	79	87	93	31	62	74	21	53
蚌埠市高新技术开发区	76	29	47	45	24	21	25	8	17
蚌埠市经济开发区	460	193	267	375	148	227	178	76	102
淮南市	**868**	**343**	**525**	**562**	**236**	**326**	**253**	**69**	**184**
大通区	182	76	106	122	52	70	40	12	28
田家庵区	7	2	5	4		4	3		3
谢家集区	3	1	2	19	12	7	1		1
八公山区				1		1			
潘集区	60	18	42	47	18	29	35	10	25
凤台县	232	89	143	109	34	75	80	23	57
寿县	384	157	227	260	120	140	94	24	70

7-3b 续表 25

单位：人

现住地	户口登记地								
	四川			贵州			云南		
	小计	男	女	小计	男	女	小计	男	女
马鞍山市	**1235**	**665**	**570**	**1104**	**601**	**503**	**1491**	**863**	**628**
花山区									
雨山区									
博望区	11	9	2	30	15	15	96	65	31
当涂县	585	296	289	517	275	242	928	553	375
含山县	291	165	126	287	147	140	149	62	87
和县	348	195	153	270	164	106	318	183	135
淮北市	**432**	**236**	**196**	**344**	**163**	**181**	**185**	**65**	**120**
杜集区	61	37	24	69	37	32	42	16	26
相山区									
烈山区	31	18	13	19	8	11	8	1	7
濉溪县	340	181	159	256	118	138	135	48	87
铜陵市	**239**	**118**	**121**	**385**	**195**	**190**	**122**	**57**	**65**
铜官区	2	1	1				1	1	
义安区	77	50	27	93	57	36	56	32	24
郊区	17	8	9	21	10	11	3	1	2
枞阳县	143	59	84	271	128	143	62	23	39
安庆市	**1543**	**790**	**753**	**1489**	**778**	**711**	**908**	**484**	**424**
迎江区									
大观区	19	5	14	10	5	5	7		7
宜秀区	26	7	19	28	15	13	16	7	9
怀宁县	397	234	163	479	271	208	265	128	137
太湖县	212	96	116	117	47	70	51	17	34
宿松县	334	157	177	259	127	132	143	83	60
望江县	66	33	33	128	79	49	79	48	31
岳西县	84	24	60	51	13	38	49	18	31
安徽安庆经济开发区	275	166	109	245	143	102	191	126	65
桐城市	69	41	28	121	56	65	60	30	30
潜山市	61	27	34	51	22	29	47	27	20
黄山市	**1273**	**811**	**462**	**910**	**462**	**448**	**564**	**297**	**267**
屯溪区	15	7	8	19	10	9	3	2	1
黄山区	120	94	26	176	118	58	81	58	23
徽州区	30	18	12	7	3	4	4		4
歙县	323	139	184	374	156	218	239	98	141
休宁县	124	54	70	111	38	73	58	20	38
黟县	136	97	39	74	45	29	13	5	8
祁门县	525	402	123	149	92	57	166	114	52
滁州市	**3425**	**1894**	**1531**	**3026**	**1548**	**1478**	**2237**	**1326**	**911**
琅琊区									
南谯区	179	94	85	78	37	41	64	35	29
来安县	748	428	320	575	303	272	403	217	186
全椒县	524	252	272	463	256	207	254	102	152
定远县	182	71	111	240	95	145	102	46	56
凤阳县	434	209	225	245	119	126	141	52	89
苏滁现代产业园	351	241	110	290	212	78	674	562	112
滁州经济技术开发区	516	338	178	463	249	214	267	157	110
天长市	454	243	211	620	258	362	296	143	153
明光市	37	18	19	52	19	33	36	12	24

7－3b 续表 26

单位：人

现住地	户口登记地								
	四川			贵州			云南		
	小计	男	女	小计	男	女	小计	男	女
阜阳市	**1231**	**572**	**659**	**1208**	**576**	**632**	**584**	**229**	**355**
颍州区	43	24	19	33	12	21	18	9	9
颍东区	68	31	37	26	15	11	31	13	18
颍泉区	19	8	11	19	9	10	9	2	7
临泉县	232	106	126	383	204	179	178	57	121
太和县	240	102	138	202	78	124	92	30	62
阜南县	189	93	96	224	117	107	83	43	40
颍上县	300	148	152	172	69	103	108	40	68
阜阳合肥现代产业园区	12	5	7	14	8	6	7	4	3
阜阳经济技术开发区	92	38	54	66	28	38	21	11	10
界首市	36	17	19	69	36	33	37	20	17
宿州市	**1421**	**720**	**701**	**1373**	**600**	**773**	**695**	**237**	**458**
埇桥区	211	126	85	260	114	146	150	53	97
砀山县	189	75	114	171	60	111	87	26	61
萧县	405	243	162	254	96	158	99	37	62
灵璧县	231	91	140	215	95	120	140	32	108
泗县	216	96	120	318	169	149	151	64	87
宿州马鞍山现代产业园区	47	30	17	34	17	17	24	12	12
宿州经济技术开发区	122	59	63	121	49	72	44	13	31
六安市	**1452**	**729**	**723**	**1304**	**658**	**646**	**1145**	**551**	**594**
金安区	209	104	105	133	59	74	50	10	40
裕安区	64	28	36	44	25	19	30	6	24
叶集区	25	11	14	13	7	6	6	2	4
霍邱县	241	126	115	158	68	90	117	54	63
舒城县	408	214	194	528	268	260	725	403	322
金寨县	341	168	173	307	175	132	153	55	98
霍山县	164	78	86	121	56	65	64	21	43
亳州市	**564**	**252**	**312**	**499**	**209**	**290**	**298**	**100**	**198**
谯城区	24	13	11	16	2	14	7	3	4
涡阳县	165	73	92	140	57	83	106	31	75
蒙城县	177	76	101	207	96	111	114	45	69
利辛县	198	90	108	136	54	82	71	21	50
池州市	**680**	**327**	**353**	**490**	**220**	**270**	**277**	**125**	**152**
贵池区	61	38	23	61	33	28	34	19	15
东至县	219	90	129	186	77	109	82	35	47
石台县	52	32	20	60	38	22	20	6	14
青阳县	334	157	177	181	72	109	137	63	74
池州市国家经济技术开发区									
皖江江南新兴产业集中区									
九华山风景区	14	10	4	2		2	4	2	2
宣城市	**3024**	**1823**	**1201**	**4575**	**2547**	**2028**	**2500**	**1274**	**1226**
宣州区	183	97	86	363	179	184	152	47	105
郎溪县	1068	632	436	1185	647	538	915	427	488
泾县	349	196	153	286	145	141	261	137	124
绩溪县	176	90	86	184	97	87	80	35	45
旌德县	105	60	45	105	58	47	85	59	26
宣城市经济开发区	553	371	182	416	262	154	341	197	144
宁国市	224	136	88	411	228	183	241	135	106
广德市	366	241	125	1625	931	694	425	237	188

7-3b　续表 27　　单位：人

现住地	户口登记地								
	西藏			陕西			甘肃		
	小计	男	女	小计	男	女	小计	男	女
安　徽	**569**	**237**	**332**	**14713**	**8867**	**5846**	**12201**	**6895**	**5306**
合肥市	**303**	**95**	**208**	**5556**	**3484**	**2072**	**3532**	**2091**	**1441**
瑶海区	2	1	1	35	23	12	27	19	8
庐阳区	6	3	3	82	46	36	36	25	11
蜀山区	1		1	24	18	6	28	19	9
包河区									
长丰县	85	29	56	538	288	250	499	275	224
肥东县	24	9	15	466	263	203	413	256	157
肥西县	8	4	4	790	463	327	474	272	202
庐江县	8	3	5	222	137	85	198	118	80
合肥高新技术产业开发区	6	3	3	609	393	216	503	301	202
合肥经济技术开发区	48	17	31	1808	1190	618	857	489	368
合肥新站高新技术产业开发区	115	26	89	903	629	274	447	291	156
巢湖市				79	34	45	50	26	24
芜湖市	**26**	**16**	**10**	**2002**	**1239**	**763**	**1508**	**889**	**619**
镜湖区									
弋江区									
鸠江区				43	36	7	28	18	10
三山区				55	23	32	46	20	26
芜湖县	1	1		468	283	185	403	241	162
繁昌县				101	54	47	66	46	20
南陵县	6	3	3	122	64	58	74	35	39
芜湖经济技术开发区	19	12	7	1133	722	411	859	524	335
安徽芜湖长江大桥经济开发区				9	5	4	8	2	6
无为市				71	52	19	24	3	21
蚌埠市	**43**	**25**	**18**	**714**	**351**	**363**	**940**	**405**	**535**
龙子湖区				16	14	2	19	12	7
蚌山区									
禹会区				3	2	1	4	2	2
淮上区				12	7	5	13	7	6
怀远县	5	2	3	93	41	52	79	38	41
五河县				69	33	36	100	56	44
固镇县	3	2	1	46	23	23	79	46	33
蚌埠市高新技术开发区	5	3	2	84	50	34	42	27	15
蚌埠市经济开发区	30	18	12	391	181	210	604	217	387
淮南市	**10**	**8**	**2**	**230**	**131**	**99**	**356**	**209**	**147**
大通区				73	54	19	50	38	12
田家庵区				1		1			
谢家集区							2	1	1
八公山区									
潘集区				20	15	5	112	80	32
凤台县	6	5	1	69	35	34	90	46	44
寿县	4	3	1	67	27	40	102	44	58

7-3b 续表 28　　　　单位：人

现住地	户口登记地								
	西藏			陕西			甘肃		
	小计	男	女	小计	男	女	小计	男	女
马鞍山市	**7**	**5**	**2**	**466**	**298**	**168**	**308**	**175**	**133**
花山区									
雨山区									
博望区				19	15	4	5	3	2
当涂县	2	2		226	131	95	141	76	65
含山县	4	2	2	63	38	25	51	35	16
和县	1	1		158	114	44	111	61	50
淮北市	**14**	**6**	**8**	**188**	**111**	**77**	**136**	**76**	**60**
杜集区	7	2	5	32	19	13	17	11	6
相山区									
烈山区	4	2	2	15	10	5	14	5	9
濉溪县	3	2	1	141	82	59	105	60	45
铜陵市				**88**	**49**	**39**	**43**	**26**	**17**
铜官区									
义安区				15	10	5	10	8	2
郊区				6	4	2	2	2	
枞阳县				67	35	32	31	16	15
安庆市	**22**	**11**	**11**	**487**	**272**	**215**	**400**	**242**	**158**
迎江区									
大观区				1	1		2	2	
宜秀区				7	4	3	7	4	3
怀宁县	10	5	5	141	91	50	98	72	26
太湖县	4	2	2	57	22	35	37	19	18
宿松县	3	1	2	72	30	42	66	38	28
望江县				22	13	9	25	17	8
岳西县	1	1		26	9	17	30	10	20
安徽安庆经济开发区	2	1	1	102	64	38	90	50	40
桐城市	1		1	32	21	11	36	24	12
潜山市	1	1		27	17	10	9	6	3
黄山市	**2**	**1**	**1**	**376**	**227**	**149**	**224**	**145**	**79**
屯溪区				13	8	5	27	13	14
黄山区				71	57	14	42	36	6
徽州区				7	3	4	5	4	1
歙县				131	56	75	58	31	27
休宁县	1		1	45	28	17	35	24	11
黟县				11	7	4	19	12	7
祁门县	1	1		98	68	30	38	25	13
滁州市	**27**	**11**	**16**	**1547**	**939**	**608**	**1335**	**722**	**613**
琅琊区									
南谯区	2		2	86	49	37	52	27	25
来安县	6	1	5	317	207	110	343	214	129
全椒县	2	1	1	178	103	75	156	74	82
定远县	4	3	1	85	37	48	47	24	23
凤阳县	4	1	3	97	52	45	90	48	42
苏滁现代产业园	1	1		271	185	86	282	176	106
滁州经济技术开发区	4	2	2	397	233	164	302	128	174
天长市	4	2	2	105	65	40	49	23	26
明光市				11	8	3	14	8	6

7-3b 续表 29 单位：人

现住地	户口登记地								
	西藏			陕西			甘肃		
	小计	男	女	小计	男	女	小计	男	女
阜阳市	**45**	**22**	**23**	**562**	**313**	**249**	**971**	**519**	**452**
颍州区				20	14	6	40	24	16
颍东区				17	14	3	53	29	24
颍泉区				6	1	5	16	10	6
临泉县	5	3	2	136	81	55	234	126	108
太和县	33	16	17	122	52	70	168	76	92
阜南县				75	48	27	139	81	58
颍上县	4	2	2	111	62	49	189	97	92
阜阳合肥现代产业园区				2	1	1	10	4	6
阜阳经济技术开发区	2	1	1	60	34	26	74	41	33
界首市	1		1	13	6	7	48	31	17
宿州市	**25**	**12**	**13**	**563**	**280**	**283**	**612**	**305**	**307**
埇桥区	1	1		77	47	30	127	63	64
砀山县	9	2	7	144	71	73	112	51	61
萧县	9	6	3	154	69	85	137	63	74
灵璧县	2	1	1	57	21	36	108	53	55
泗县	4	2	2	65	35	30	62	36	26
宿州马鞍山现代产业园区				18	14	4	19	11	8
宿州经济技术开发区				48	23	25	47	28	19
六安市	**15**	**9**	**6**	**599**	**382**	**217**	**422**	**235**	**187**
金安区	2	1	1	50	26	24	38	24	14
裕安区				18	6	12	24	14	10
叶集区				3	1	2	6	3	3
霍邱县	5	1	4	177	143	34	113	69	44
舒城县	3	3		187	112	75	121	68	53
金寨县	3	2	1	119	70	49	66	29	37
霍山县	2	2		45	24	21	54	28	26
亳州市	**18**	**11**	**7**	**255**	**136**	**119**	**551**	**308**	**243**
谯城区				23	13	10	41	23	18
涡阳县	4	2	2	84	41	43	138	73	65
蒙城县	12	8	4	80	47	33	224	125	99
利辛县	2	1	1	68	35	33	148	87	61
池州市	**3**	**1**	**2**	**185**	**109**	**76**	**142**	**89**	**53**
贵池区	2	1	1	33	27	6	16	13	3
东至县	1		1	44	24	20	51	25	26
石台县				23	13	10	4	3	1
青阳县				79	40	39	61	40	21
池州市国家经济技术开发区									
皖江江南新兴产业集中区									
九华山风景区				6	5	1	10	8	2
宣城市	**9**	**4**	**5**	**895**	**546**	**349**	**721**	**459**	**262**
宣州区	1	1		39	18	21	26	13	13
郎溪县	3		3	255	148	107	144	83	61
泾县				71	42	29	75	41	34
绩溪县				54	27	27	26	17	9
旌德县	2	2		62	41	21	32	17	15
宣城市经济开发区	3	1	2	309	205	104	355	245	110
宁国市				27	19	8	18	13	5
广德市				78	46	32	45	30	15

7－3b 续表 30

单位：人

现住地	户口登记地								
	青海			宁夏			新疆		
	小计	男	女	小计	男	女	小计	男	女
安徽	**2645**	**1335**	**1310**	**1285**	**646**	**639**	**4266**	**2140**	**2126**
合肥市	**614**	**316**	**298**	**407**	**239**	**168**	**1960**	**1060**	**900**
瑶海区	1	1		5	2	3	10	5	5
庐阳区	8	4	4	5	2	3	24	14	10
蜀山区				1		1	6	4	2
包河区									
长丰县	70	33	37	28	16	12	173	131	42
肥东县	91	44	47	66	33	33	112	56	56
肥西县	65	34	31	43	24	19	102	55	47
庐江县	42	18	24	19	14	5	51	23	28
合肥高新技术产业开发区	64	39	25	46	30	16	130	60	70
合肥经济技术开发区	192	106	86	157	93	64	870	422	448
合肥新站高新技术产业开发区	78	36	42	29	18	11	452	278	174
巢湖市	3	1	2	8	7	1	30	12	18
芜湖市	**190**	**109**	**81**	**113**	**76**	**37**	**232**	**140**	**92**
镜湖区									
弋江区									
鸠江区	16	4	12	3	2	1	15	11	4
三山区	3	1	2	2	1	1	2		2
芜湖县	42	27	15	31	26	5	53	33	20
繁昌县	5	2	3	13	7	6	25	15	10
南陵县	15	10	5	13	6	7	27	17	10
芜湖经济技术开发区	90	58	32	49	32	17	101	60	41
安徽芜湖长江大桥经济开发区	3	2	1				5	3	2
无为市	16	5	11	2	2		4	1	3
蚌埠市	**266**	**85**	**181**	**267**	**59**	**208**	**325**	**98**	**227**
龙子湖区				1	1		1	1	
蚌山区									
禹会区	2	1	1						
淮上区	3	1	2	4	3	1	4	2	2
怀远县	13	4	9	8	1	7	19	11	8
五河县	12	6	6	2		2	12	5	7
固镇县	21	9	12	3		3	15	7	8
蚌埠市高新技术开发区	9	5	4	3		3	23	10	13
蚌埠市经济开发区	206	59	147	246	54	192	251	62	189
淮南市	**67**	**29**	**38**	**25**	**14**	**11**	**54**	**25**	**29**
大通区	1	1		6	1	5	23	11	12
田家庵区									
谢家集区									
八公山区									
潘集区	2	1	1	7	6	1	2	1	1
凤台县	23	9	14	6	3	3	14	6	8
寿县	41	18	23	6	4	2	15	7	8

7-3b　续表 31　　　　单位：人

现住地	户口登记地								
	青海			宁夏			新疆		
	小计	男	女	小计	男	女	小计	男	女
马鞍山市	**60**	**33**	**27**	**21**	**13**	**8**	**347**	**161**	**186**
花山区									
雨山区									
博望区							1	1	
当涂县	30	16	14	7	3	4	313	142	171
含山县	9	3	6	3	2	1	14	7	7
和县	21	14	7	11	8	3	19	11	8
淮北市	**58**	**29**	**29**	**12**	**6**	**6**	**40**	**17**	**23**
杜集区	3	1	2	3		3	3	1	2
相山区									
烈山区							3	1	2
濉溪县	55	28	27	9	6	3	34	15	19
铜陵市	**6**	**2**	**4**	**5**	**3**	**2**	**11**	**7**	**4**
铜官区									
义安区	3	1	2	1	1		1		1
郊区	1		1				1		1
枞阳县	2	1	1	4	2	2	9	7	2
安庆市	**85**	**37**	**48**	**25**	**13**	**12**	**97**	**48**	**49**
迎江区									
大观区							2	2	
宜秀区	5	3	2				1	1	
怀宁县	25	12	13	7	4	3	23	9	14
太湖县	7	4	3	3	1	2	17	10	7
宿松县	10	3	7	3	1	2	24	11	13
望江县							4	3	1
岳西县				1		1			
安徽安庆经济开发区	6	2	4	4	3	1	15	7	8
桐城市	21	8	13	2	2		9	5	4
潜山市	11	5	6	5	2	3	2		2
黄山市	**17**	**8**	**9**	**17**	**9**	**8**	**28**	**16**	**12**
屯溪区	1		1				3	2	1
黄山区	4	3	1	1	1		4	2	2
徽州区				1	1				
歙县	10	5	5	9	5	4	5	2	3
休宁县	1		1	4	1	3	9	5	4
黟县	1		1						
祁门县				2	1	1	7	5	2
滁州市	**559**	**316**	**243**	**102**	**67**	**35**	**191**	**71**	**120**
琅琊区									
南谯区	240	114	126	2	1	1	14	5	9
来安县	33	20	13	25	14	11	37	14	23
全椒县	46	27	19	7	5	2	32	12	20
定远县	20	10	10	18	15	3	18	8	10
凤阳县	22	11	11	4	2	2	32	12	20
苏滁现代产业园	37	22	15	23	13	10	4	2	2
滁州经济技术开发区	130	99	31	18	14	4	46	13	33
天长市	28	11	17	4	2	2	8	5	3
明光市	3	2	1	1	1				

7-3b　续表 32　　　　单位：人

现住地	户口登记地								
	青海			宁夏			新疆		
	小计	男	女	小计	男	女	小计	男	女
阜阳市	**153**	**78**	**75**	**52**	**21**	**31**	**273**	**115**	**158**
颍州区	3	1	2				4	2	2
颍东区	2	2		4	3	1	11	4	7
颍泉区	2	2					4	2	2
临泉县	15	9	6	12	3	9	49	23	26
太和县	51	21	30	7	4	3	87	34	53
阜南县	27	14	13	7	2	5	25	9	16
颍上县	20	10	10	6	1	5	54	21	33
阜阳合肥现代产业园区	2	1	1						
阜阳经济技术开发区	22	15	7	10	5	5	19	12	7
界首市	9	3	6	6	3	3	20	8	12
宿州市	**218**	**95**	**123**	**38**	**16**	**22**	**391**	**217**	**174**
埇桥区	45	18	27	5	1	4	18	6	12
砀山县	71	40	31	15	7	8	65	35	30
萧县	60	24	36	8	3	5	60	27	33
灵璧县	13	2	11	3	2	1	34	15	19
泗县	18	6	12	4		4	23	8	15
宿州马鞍山现代产业园区							180	121	59
宿州经济技术开发区	11	5	6	3	3		11	5	6
六安市	**127**	**66**	**61**	**29**	**14**	**15**	**87**	**48**	**39**
金安区	27	14	13	2	1	1	17	7	10
裕安区	3	1	2	1	1		2	1	1
叶集区	6	3	3						
霍邱县	16	8	8	8	5	3	16	10	6
舒城县	42	21	21	8	4	4	31	18	13
金寨县	30	16	14	7	1	6	6	2	4
霍山县	3	3		3	2	1	15	10	5
亳州市	**66**	**35**	**31**	**37**	**16**	**21**	**140**	**68**	**72**
谯城区	1		1	1		1	11	3	8
涡阳县	30	18	12	18	8	10	60	29	31
蒙城县	16	8	8	10	3	7	40	24	16
利辛县	19	9	10	8	5	3	29	12	17
池州市	**12**	**5**	**7**	**14**	**7**	**7**	**33**	**20**	**13**
贵池区	2	1	1				3	1	2
东至县	6	1	5	6	3	3	11	5	6
石台县				4	3	1	5	3	2
青阳县	4	3	1	4	1	3	12	9	3
池州市国家经济技术开发区									
皖江江南新兴产业集中区									
九华山风景区							2	2	
宣城市	**147**	**92**	**55**	**121**	**73**	**48**	**57**	**29**	**28**
宣州区	5	3	2	7	2	5	6	2	4
郎溪县	8	5	3	11	6	5	18	11	7
泾县	5	4	1	9	2	7	6	5	1
绩溪县	3	1	2	4		4	5	3	2
旌德县	2	1	1	1	1		4	1	3
宣城市经济开发区	122	76	46	89	62	27	6	2	4
宁国市	2	2					4	3	1
广德市							8	2	6

7-3c　全省按现住地、性别分的户口登记地在外省的人口(乡村)

单位：人

现住地	户口登记地					
	合计			北京		
	合计	男	女	小计	男	女
安　徽	**266818**	**144593**	**122225**	**695**	**417**	**278**
合肥市	**37711**	**24792**	**12919**	**69**	**45**	**24**
瑶海区	1504	829	675	6	5	1
庐阳区	233	189	44	2	1	1
蜀山区	1164	1037	127	1	1	
包河区	557	407	150			
长丰县	8288	5148	3140	9	6	3
肥东县	4799	3007	1792	9	4	5
肥西县	13808	9453	4355	17	12	5
庐江县	3458	2195	1263	8	6	2
合肥高新技术产业开发区	9	7	2			
合肥经济技术开发区	88	58	30	1		1
合肥新站高新技术产业开发区	582	463	119			
巢湖市	3221	1999	1222	16	10	6
芜湖市	**12829**	**6789**	**6040**	**54**	**31**	**23**
镜湖区	460	237	223	1	1	
弋江区						
鸠江区	2268	1524	744	13	8	5
三山区	926	525	401	4	1	3
芜湖县	2751	1354	1397	8	4	4
繁昌县	1795	1244	551	5	4	1
南陵县	1994	837	1157	2	2	
芜湖经济技术开发区	36	13	23			
安徽芜湖长江大桥经济开发区	82	49	33	1	1	
无为市	2517	1006	1511	20	10	10
蚌埠市	**9900**	**4347**	**5553**	**34**	**18**	**16**
龙子湖区	447	284	163	2	1	1
蚌山区	518	333	185			
禹会区	1054	627	427	4	1	3
淮上区	869	382	487	5	4	1
怀远县	3101	1110	1991	12	6	6
五河县	1772	787	985	2	2	
固镇县	2139	824	1315	9	4	5
蚌埠市高新技术开发区						
蚌埠市经济开发区						
淮南市	**8961**	**4160**	**4801**	**31**	**18**	**13**
大通区	978	519	459	3	2	1
田家庵区	158	62	96			
谢家集区	336	135	201	3	1	2
八公山区	126	65	61			
潘集区	1469	625	844	9	6	3
凤台县	3615	1683	1932	5	2	3
寿县	2279	1071	1208	11	7	4

7-3c 续表 1 单位：人

现住地	户口登记地					
	合计			北京		
	合计	男	女	小计	男	女
马鞍山市	**12190**	**6850**	**5340**	**26**	**9**	**17**
花山区	549	344	205	1		1
雨山区	322	219	103			
博望区	1420	587	833	1		1
当涂县	4363	2573	1790	9	3	6
含山县	1365	703	662	6	2	4
和县	4171	2424	1747	9	4	5
淮北市	**8617**	**4148**	**4469**	**16**	**13**	**3**
杜集区	901	453	448	1	1	
相山区	1174	713	461	3	2	1
烈山区	3136	1364	1772	3	2	1
濉溪县	3406	1618	1788	9	8	1
铜陵市	**3163**	**1584**	**1579**	**5**	**3**	**2**
铜官区	172	117	55			
义安区	1230	613	617	3	2	1
郊区	645	330	315			
枞阳县	1116	524	592	2	1	1
安庆市	**14940**	**8168**	**6772**	**43**	**26**	**17**
迎江区	206	131	75			
大观区	791	637	154	1		1
宜秀区	479	280	199	1		1
怀宁县	2493	1579	914	10	5	5
太湖县	1998	1027	971	7	3	4
宿松县	3100	1548	1552	1	1	
望江县	1443	607	836	7	3	4
岳西县	1520	645	875	3	2	1
安徽安庆经济开发区	50	34	16			
桐城市	1333	751	582	9	8	1
潜山市	1527	929	598	4	4	
黄山市	**13635**	**9608**	**4027**	**37**	**27**	**10**
屯溪区	371	228	143	2		2
黄山区	2624	1835	789	4	3	1
徽州区	339	141	198	5	3	2
歙县	2232	1190	1042	5	2	3
休宁县	2338	1558	780	6	5	1
黟县	1844	1374	470	11	10	1
祁门县	3887	3282	605	4	4	
滁州市	**30047**	**17384**	**12663**	**28**	**17**	**11**
琅琊区	732	490	242			
南谯区	4698	3076	1622	9	5	4
来安县	4946	2796	2150	3	3	
全椒县	2013	1283	730	1	1	
定远县	1959	864	1095	2	1	1
凤阳县	2073	856	1217	7	3	4
苏滁现代产业园						
滁州经济技术开发区	7577	4947	2630	1	1	
天长市	4125	2160	1965	2	2	
明光市	1924	912	1012	3	1	2

7-3c　续表 2　　　　单位：人

现 住 地	户口登记地					
	合　计			北　京		
	合计	男	女	小计	男	女
阜阳市	**24130**	**11053**	**13077**	**124**	**68**	**56**
颍州区	2703	1414	1289	9	5	4
颍东区	2550	1512	1038	6	5	1
颍泉区	1781	880	901	6	2	4
临泉县	3436	1310	2126	46	26	20
太和县	3103	1213	1890	15	8	7
阜南县	4194	1912	2282	23	9	14
颍上县	3001	1252	1749	6	4	2
阜阳合肥现代产业园区	602	324	278	5	5	
阜阳经济技术开发区	286	142	144	1		1
界首市	2474	1094	1380	7	4	3
宿州市	**22747**	**8643**	**14104**	**73**	**48**	**25**
埇桥区	6157	2442	3715	19	12	7
砀山县	3363	1307	2056	18	12	6
萧县	5050	1584	3466	12	7	5
灵璧县	4862	1980	2882	19	13	6
泗县	3197	1267	1930	4	3	1
宿州马鞍山现代产业园区	118	63	55	1	1	
宿州经济技术开发区						
六安市	**17072**	**8783**	**8289**	**46**	**24**	**22**
金安区	3314	1817	1497	11	7	4
裕安区	2729	1291	1438	3		3
叶集区	1492	765	727	2		2
霍邱县	2949	1480	1469	5	2	3
舒城县	3288	1811	1477	13	8	5
金寨县	2790	1359	1431	12	7	5
霍山县	510	260	250			
亳州市	**15249**	**7112**	**8137**	**50**	**30**	**20**
谯城区	5611	2748	2863	23	15	8
涡阳县	3252	1662	1590	13	8	5
蒙城县	2930	1298	1632	6	5	1
利辛县	3456	1404	2052	8	2	6
池州市	**8617**	**5585**	**3032**	**25**	**14**	**11**
贵池区	3335	2291	1044	7	5	2
东至县	1260	630	630	7	3	4
石台县	1022	688	334	2	1	1
青阳县	2784	1830	954	5	2	3
池州市国家经济技术开发区						
皖江江南新兴产业集中区						
九华山风景区	216	146	70	4	3	1
宣城市	**27010**	**15587**	**11423**	**34**	**26**	**8**
宣州区	8436	4862	3574	14	14	
郎溪县	2755	1349	1406	1		1
泾县	3570	2338	1232	9	5	4
绩溪县	941	586	355	5	4	1
旌德县	964	642	322	1	1	
宣城市经济开发区	1258	841	417			
宁国市	3350	2093	1257	3	2	1
广德市	5736	2876	2860	1		1

7－3c　续表 3　　单位：人

现 住 地	户口登记地								
	天　津			河　北			山　西		
	小计	男	女	小计	男	女	小计	男	女
安　徽	**616**	**348**	**268**	**6936**	**4308**	**2628**	**3463**	**2153**	**1310**
合肥市	**107**	**70**	**37**	**1054**	**767**	**287**	**604**	**451**	**153**
瑶海区	4	1	3	42	25	17	24	13	11
庐阳区	1		1	10	7	3			
蜀山区	22	21	1	60	56	4	14	12	2
包河区	4	3	1	28	19	9	3	2	1
长丰县	12	9	3	273	199	74	94	61	33
肥东县	5	3	2	133	83	50	41	27	14
肥西县	25	19	6	295	219	76	299	233	66
庐江县	14	7	7	110	82	28	78	67	11
合肥高新技术产业开发区									
合肥经济技术开发区				3	3		2	2	
合肥新站高新技术产业开发区	4	1	3	19	12	7	1	1	
巢湖市	16	6	10	81	62	19	48	33	15
芜湖市	**35**	**12**	**23**	**711**	**509**	**202**	**120**	**68**	**52**
镜湖区	1		1	15	7	8	2	1	1
弋江区									
鸠江区				413	349	64	23	15	8
三山区				42	24	18	7	5	2
芜湖县	8	4	4	50	26	24	30	18	12
繁昌县				72	54	18	10	8	2
南陵县	3	1	2	29	15	14	23	16	7
芜湖经济技术开发区				1		1			
安徽芜湖长江大桥经济开发区				2	2				
无为市	23	7	16	87	32	55	25	5	20
蚌埠市	**12**	**6**	**6**	**209**	**103**	**106**	**87**	**37**	**50**
龙子湖区				8	6	2	4	3	1
蚌山区	1	1		29	23	6	4	2	2
禹会区	2		2	19	7	12	3	2	1
淮上区				29	19	10	8	1	7
怀远县	4	3	1	62	23	39	37	15	22
五河县	3	1	2	15	8	7	12	3	9
固镇县	2	1	1	47	17	30	19	11	8
蚌埠市高新技术开发区									
蚌埠市经济开发区									
淮南市	**11**	**7**	**4**	**227**	**122**	**105**	**80**	**35**	**45**
大通区	1	1		23	13	10	9	8	1
田家庵区				7	1	6	5	2	3
谢家集区	1	1		5	2	3	5	2	3
八公山区				3	1	2			
潘集区	5	3	2	43	28	15	17	9	8
凤台县	1		1	104	58	46	31	13	18
寿县	3	2	1	42	19	23	13	1	12

7-3c　续表 4　　　　单位：人

现住地	户口登记地								
	天津			河北			山西		
	小计	男	女	小计	男	女	小计	男	女
马鞍山市	**11**	**5**	**6**	**213**	**144**	**69**	**120**	**76**	**44**
花山区				4	3	1			
雨山区	1	1		5	4	1	1		1
博望区	3	2	1	16	4	12	11	9	2
当涂县	4	1	3	73	47	26	65	45	20
含山县	2	1	1	31	19	12	17	6	11
和县	1		1	84	67	17	26	16	10
淮北市	**12**	**5**	**7**	**460**	**132**	**328**	**81**	**45**	**36**
杜集区				15	9	6	6	1	5
相山区	1		1	27	18	9	13	6	7
烈山区	3	2	1	333	61	272	26	14	12
濉溪县	8	3	5	85	44	41	36	24	12
铜陵市	**15**	**4**	**11**	**55**	**31**	**24**	**25**	**13**	**12**
铜官区	2		2	8	6	2			
义安区	6	2	4	23	15	8	6	5	1
郊区	1		1	10	3	7	2	1	1
枞阳县	6	2	4	14	7	7	17	7	10
安庆市	**47**	**25**	**22**	**404**	**256**	**148**	**213**	**152**	**61**
迎江区	3		3	4	3	1	3	2	1
大观区	1	1		26	22	4	10	9	1
宜秀区	2	1	1	10	8	2	6	1	5
怀宁县	10	5	5	116	87	29	73	62	11
太湖县	1	1		64	47	17	43	32	11
宿松县	2	2		60	38	22	12	5	7
望江县	3	1	2	25	8	17	16	6	10
岳西县	7	4	3	15	6	9	9	6	3
安徽安庆经济开发区							2	2	
桐城市	11	4	7	58	29	29	28	22	6
潜山市	7	6	1	26	8	18	11	5	6
黄山市	**21**	**17**	**4**	**310**	**257**	**53**	**165**	**136**	**29**
屯溪区				10	10		1	1	
黄山区	10	9	1	55	44	11	9	5	4
徽州区				2		2	2		2
歙县	2	1	1	19	13	6	25	23	2
休宁县	4	3	1	38	29	9	59	49	10
黟县	4	3	1	39	27	12	19	13	6
祁门县	1	1		147	134	13	50	45	5
滁州市	**23**	**17**	**6**	**552**	**380**	**172**	**695**	**474**	**221**
琅琊区				8	5	3	9	7	2
南谯区	1	1		113	81	32	44	27	17
来安县	2	1	1	72	53	19	23	13	10
全椒县	4	3	1	36	30	6	12	10	2
定远县	2	2		44	30	14	25	13	12
凤阳县	9	6	3	40	19	21	29	14	15
苏滁现代产业园									
滁州经济技术开发区	2	2		193	131	62	521	376	145
天长市	2	1	1	32	24	8	26	12	14
明光市	1	1		14	7	7	6	2	4

7－3c 续表 5　　　　单位：人

现住地	户口登记地								
	天津			河北			山西		
	小计	男	女	小计	男	女	小计	男	女
阜阳市	**104**	**52**	**52**	**589**	**273**	**316**	**345**	**164**	**181**
颍州区	13	8	5	48	21	27	32	15	17
颍东区	6	4	2	50	32	18	45	24	21
颍泉区	8	5	3	67	44	23	26	14	12
临泉县	28	15	13	114	30	84	44	22	22
太和县	13	6	7	97	36	61	50	20	30
阜南县	25	8	17	81	36	45	45	16	29
颍上县	5	3	2	50	26	24	37	12	25
阜阳合肥现代产业园区				20	13	7	14	9	5
阜阳经济技术开发区				6	3	3	3	3	
界首市	6	3	3	56	32	24	49	29	20
宿州市	**70**	**41**	**29**	**448**	**225**	**223**	**241**	**67**	**174**
埇桥区	15	8	7	109	52	57	57	13	44
砀山县	13	9	4	79	41	38	40	17	23
萧县	24	15	9	101	42	59	81	21	60
灵璧县	14	5	9	110	63	47	43	14	29
泗县	4	4		47	26	21	18	1	17
宿州马鞍山现代产业园区				2	1	1	2	1	1
宿州经济技术开发区									
六安市	**36**	**16**	**20**	**758**	**462**	**296**	**157**	**87**	**70**
金安区	9	7	2	314	162	152	27	19	8
裕安区	4		4	76	39	37	31	13	18
叶集区				13	6	7	3	1	2
霍邱县	8	3	5	225	173	52	35	19	16
舒城县	11	5	6	55	38	17	34	21	13
金寨县	4	1	3	60	37	23	22	12	10
霍山县				15	7	8	5	2	3
亳州市	**63**	**38**	**25**	**468**	**293**	**175**	**140**	**55**	**85**
谯城区	18	13	5	102	54	48	34	11	23
涡阳县	13	6	7	240	182	58	40	21	19
蒙城县	4	4		56	30	26	20	6	14
利辛县	28	15	13	70	27	43	46	17	29
池州市	**9**	**7**	**2**	**138**	**97**	**41**	**216**	**181**	**35**
贵池区	3	2	1	60	45	15	27	26	1
东至县	4	3	1	18	10	8	16	5	11
石台县				13	8	5	18	14	4
青阳县	2	2		39	28	11	155	136	19
池州市国家经济技术开发区									
皖江江南新兴产业集中区									
九华山风景区				8	6	2			
宣城市	**40**	**26**	**14**	**340**	**257**	**83**	**174**	**112**	**62**
宣州区	10	8	2	128	97	31	50	27	23
郎溪县	4	1	3	21	10	11	33	21	12
泾县	9	7	2	43	38	5	24	20	4
绩溪县	4	3	1	40	33	7	4	3	1
旌德县	3	1	2	11	7	4	2		2
宣城市经济开发区	9	5	4	26	21	5	33	27	6
宁国市	1	1		45	37	8	13	7	6
广德市				26	14	12	15	7	8

7-3c　续表 6　　　　单位：人

现住地	户口登记地								
	内蒙古			辽宁			吉林		
	小计	男	女	小计	男	女	小计	男	女
安　徽	**1532**	**843**	**689**	**2400**	**1410**	**990**	**2371**	**1344**	**1027**
合肥市	**290**	**188**	**102**	**361**	**252**	**109**	**413**	**277**	**136**
瑶海区	8	6	2	18	6	12	18	9	9
庐阳区	1		1	3	3		3	1	2
蜀山区	10	8	2	15	14	1	5	5	
包河区	1		1	2	2		11	9	2
长丰县	59	36	23	83	52	31	125	69	56
肥东县	67	41	26	33	24	9	59	40	19
肥西县	97	71	26	126	96	30	130	94	36
庐江县	24	13	11	37	25	12	32	25	7
合肥高新技术产业开发区									
合肥经济技术开发区	1	1		2	1	1	1	1	
合肥新站高新技术产业开发区				12	10	2	4	3	1
巢湖市	22	12	10	30	19	11	25	21	4
芜湖市	**80**	**43**	**37**	**224**	**141**	**83**	**200**	**99**	**101**
镜湖区	4	3	1	3	2	1	17	9	8
弋江区									
鸠江区	28	16	12	138	104	34	61	31	30
三山区	2	1	1	9	3	6	12	10	2
芜湖县	14	10	4	31	17	14	45	22	23
繁昌县	8	6	2	11	4	7	18	13	5
南陵县	6	1	5	8	2	6	12	5	7
芜湖经济技术开发区									
安徽芜湖长江大桥经济开发区				2	2				
无为市	18	6	12	22	7	15	35	9	26
蚌埠市	**97**	**59**	**38**	**71**	**29**	**42**	**67**	**26**	**41**
龙子湖区	5	3	2	5	1	4	5	3	2
蚌山区				1		1			
禹会区	14	8	6	8	3	5	6	3	3
淮上区	1		1	9	3	6	11	3	8
怀远县	12	8	4	24	13	11	19	7	12
五河县	57	36	21	7	2	5	5	2	3
固镇县	8	4	4	17	7	10	21	8	13
蚌埠市高新技术开发区									
蚌埠市经济开发区									
淮南市	**47**	**23**	**24**	**64**	**41**	**23**	**90**	**52**	**38**
大通区	4		4	10	4	6	13	7	6
田家庵区	1		1	4	3	1	2		2
谢家集区	5	3	2	2	1	1	2	2	
八公山区	3	1	2	1		1	2		2
潘集区	10	6	4	5	4	1	13	6	7
凤台县	22	12	10	28	21	7	45	30	15
寿县	2	1	1	14	8	6	13	7	6

7-3c 续表 7

单位：人

现住地	户口登记地								
	内蒙古			辽宁			吉林		
	小计	男	女	小计	男	女	小计	男	女
马鞍山市	**58**	**29**	**29**	**97**	**53**	**44**	**120**	**70**	**50**
花山区	1	1		4	2	2	6	3	3
雨山区	3	2	1	1	1				
博望区	12	6	6	9	3	6	10	6	4
当涂县	16	8	8	26	12	14	70	44	26
含山县	13	7	6	21	13	8	13	7	6
和县	13	5	8	36	22	14	21	10	11
淮北市	**80**	**42**	**38**	**32**	**17**	**15**	**56**	**28**	**28**
杜集区	2		2	8	2	6	7	4	3
相山区	7	5	2	4	3	1	3	2	1
烈山区	26	8	18	6	2	4	8	3	5
濉溪县	45	29	16	14	10	4	38	19	19
铜陵市	**11**	**7**	**4**	**24**	**10**	**14**	**31**	**14**	**17**
铜官区	1	1		3	1	2	1		1
义安区	5	4	1	15	7	8	12	7	5
郊区	1		1	3	1	2	7	4	3
枞阳县	4	2	2	3	1	2	11	3	8
安庆市	**83**	**41**	**42**	**167**	**93**	**74**	**136**	**71**	**65**
迎江区	3	3		3	2	1	2	2	
大观区	2	2		6	4	2	9	6	3
宜秀区	4	2	2	6	5	1	10	4	6
怀宁县	10	7	3	53	28	25	21	11	10
太湖县	11	5	6	18	10	8	14	6	8
宿松县	9	7	2	14	8	6	20	11	9
望江县	9		9	16	8	8	16	5	11
岳西县	9	3	6	21	9	12	16	5	11
安徽安庆经济开发区				2	2		1	1	
桐城市	14	6	8	13	8	5	19	14	5
潜山市	12	6	6	15	9	6	8	6	2
黄山市	**57**	**37**	**20**	**140**	**105**	**35**	**81**	**46**	**35**
屯溪区	1	1		2		2	1		1
黄山区	9	8	1	54	35	19	26	13	13
徽州区	1	1		1	1		3		3
歙县	7	3	4	17	12	5	9	4	5
休宁县	12	4	8	24	22	2	18	11	7
黟县	15	11	4	10	8	2	13	9	4
祁门县	12	9	3	32	27	5	11	9	2
滁州市	**128**	**81**	**47**	**263**	**169**	**94**	**209**	**129**	**80**
琅琊区	2	1	1	7	4	3	4	2	2
南谯区	27	13	14	72	52	20	44	31	13
来安县	21	15	6	45	30	15	28	19	9
全椒县	12	6	6	7	4	3	9	2	7
定远县	8	4	4	13	4	9	12	5	7
凤阳县	17	11	6	41	27	14	17	7	10
苏滁现代产业园									
滁州经济技术开发区	23	20	3	44	37	7	53	38	15
天长市	5	4	1	22	7	15	29	19	10
明光市	13	7	6	12	4	8	13	6	7

7-3c　续表 8　　　　单位：人

现住地	户口登记地								
	内蒙古			辽宁			吉林		
	小计	男	女	小计	男	女	小计	男	女
阜阳市	**176**	**84**	**92**	**307**	**152**	**155**	**188**	**94**	**94**
颍州区	15	7	8	33	14	19	20	12	8
颍东区	33	17	16	19	11	8	21	13	8
颍泉区	22	13	9	76	52	24	14	4	10
临泉县	20	9	11	29	11	18	18	10	8
太和县	21	7	14	48	17	31	24	11	13
阜南县	36	20	16	36	17	19	38	21	17
颍上县	8	2	6	20	9	11	28	12	16
阜阳合肥现代产业园区	5	3	2	5	1	4	9	4	5
阜阳经济技术开发区	5	2	3	5	1	4	7	3	4
界首市	11	4	7	36	19	17	9	4	5
宿州市	**141**	**59**	**82**	**140**	**51**	**89**	**168**	**65**	**103**
埇桥区	42	21	21	37	13	24	45	23	22
砀山县	19	9	10	26	9	17	34	12	22
萧县	43	14	29	23	9	14	44	13	31
灵璧县	27	11	16	37	14	23	28	14	14
泗县	10	4	6	15	6	9	16	2	14
宿州马鞍山现代产业园区				2		2	1	1	
宿州经济技术开发区									
六安市	**80**	**44**	**36**	**183**	**111**	**72**	**176**	**106**	**70**
金安区	4	2	2	29	11	18	24	14	10
裕安区	19	9	10	10	8	2	27	15	12
叶集区	2		2	6	2	4	6	3	3
霍邱县	38	24	14	17	11	6	24	12	12
舒城县	11	8	3	27	15	12	53	33	20
金寨县	3		3	91	64	27	41	28	13
霍山县	3	1	2	3		3	1	1	
亳州市	**110**	**56**	**54**	**83**	**38**	**45**	**104**	**53**	**51**
谯城区	44	24	20	12	3	9	34	23	11
涡阳县	29	18	11	22	16	6	27	18	9
蒙城县	15	5	10	15	5	10	13	6	7
利辛县	22	9	13	34	14	20	30	6	24
池州市	**34**	**20**	**14**	**60**	**44**	**16**	**114**	**83**	**31**
贵池区	11	7	4	23	15	8	68	57	11
东至县	3	1	2	15	11	4	9	6	3
石台县	7	5	2	1		1	6	3	3
青阳县	10	4	6	9	7	2	31	17	14
池州市国家经济技术开发区									
皖江江南新兴产业集中区									
九华山风景区	3	3		12	11	1			
宣城市	**60**	**30**	**30**	**184**	**104**	**80**	**218**	**131**	**87**
宣州区	28	17	11	66	38	28	49	35	14
郎溪县	7	3	4	6	3	3	15	8	7
泾县	3	1	2	26	17	9	26	16	10
绩溪县	4		4	7	4	3	7	4	3
旌德县	2	1	1	3	2	1	5	2	3
宣城市经济开发区	4	2	2	11	8	3	58	37	21
宁国市	3	2	1	27	19	8	24	12	12
广德市	9	4	5	38	13	25	34	17	17

7-3c 续表 9

单位：人

现住地	户口登记地								
	黑龙江			上海			江苏		
	小计	男	女	小计	男	女	小计	男	女
安徽	**2718**	**1435**	**1283**	**3107**	**1756**	**1351**	**47998**	**25492**	**22506**
合肥市	**423**	**289**	**134**	**272**	**147**	**125**	**4670**	**3054**	**1616**
瑶海区	18	9	9	8	4	4	235	122	113
庐阳区	2	2					27	20	7
蜀山区	43	42	1	3	2	1	66	49	17
包河区	10	7	3	5	5		62	49	13
长丰县	77	45	32	29	16	13	1226	801	425
肥东县	45	29	16	59	29	30	627	401	226
肥西县	152	112	40	56	32	24	1436	976	460
庐江县	26	16	10	50	27	23	409	216	193
合肥高新技术产业开发区							1	1	
合肥经济技术开发区				1	1		21	16	5
合肥新站高新技术产业开发区	4	3	1	3	2	1	125	113	12
巢湖市	46	24	22	58	29	29	435	290	145
芜湖市	**102**	**41**	**61**	**184**	**94**	**90**	**2366**	**1304**	**1062**
镜湖区	1		1	2	1	1	56	28	28
弋江区									
鸠江区	7	2	5	19	10	9	281	182	99
三山区	5	3	2	2	2		218	127	91
芜湖县	15	6	9	26	13	13	500	261	239
繁昌县	28	17	11	18	12	6	283	188	95
南陵县	16	4	12	60	27	33	345	161	184
芜湖经济技术开发区	1		1				4	1	3
安徽芜湖长江大桥经济开发区				1		1	21	11	10
无为市	29	9	20	56	29	27	658	345	313
蚌埠市	**82**	**39**	**43**	**153**	**86**	**67**	**2436**	**1259**	**1177**
龙子湖区	7	5	2	2	1	1	109	64	45
蚌山区				1	1		105	59	46
禹会区	12	7	5	27	16	11	327	221	106
淮上区	13	5	8	1		1	169	85	84
怀远县	20	4	16	74	42	32	645	290	355
五河县	6	3	3	15	9	6	716	369	347
固镇县	24	15	9	33	17	16	365	171	194
蚌埠市高新技术开发区									
蚌埠市经济开发区									
淮南市	**65**	**26**	**39**	**115**	**64**	**51**	**1438**	**701**	**737**
大通区	3		3	6	3	3	206	114	92
田家庵区				1		1	19	9	10
谢家集区	2		2	1		1	57	24	33
八公山区	1	1		1	1		19	10	9
潘集区	14	6	8	9	6	3	255	129	126
凤台县	31	15	16	40	23	17	440	206	234
寿县	14	4	10	57	31	26	442	209	233

7-3c 续表 10

单位：人

现住地	户口登记地								
	黑龙江			上海			江苏		
	小计	男	女	小计	男	女	小计	男	女
马鞍山市	**85**	**45**	**40**	**86**	**45**	**41**	**4370**	**2370**	**2000**
花山区	1	1		1		1	230	134	96
雨山区	3	2	1	1		1	50	31	19
博望区	9	6	3	3	1	2	703	286	417
当涂县	26	12	14	12	6	6	992	587	405
含山县	15	8	7	31	17	14	310	179	131
和县	31	16	15	38	21	17	2085	1153	932
淮北市	**85**	**32**	**53**	**57**	**36**	**21**	**1753**	**1036**	**717**
杜集区	7	2	5	5	2	3	364	156	208
相山区	10	5	5	4	3	1	519	357	162
烈山区	40	13	27	8	7	1	343	247	96
濉溪县	28	12	16	40	24	16	527	276	251
铜陵市	**10**	**3**	**7**	**59**	**32**	**27**	**612**	**316**	**296**
铜官区	1		1				15	8	7
义安区	3	1	2	41	24	17	229	124	105
郊区	1		1	7	2	5	133	71	62
枞阳县	5	2	3	11	6	5	235	113	122
安庆市	**179**	**115**	**64**	**129**	**74**	**55**	**1332**	**783**	**549**
迎江区	1	1		4	2	2	38	26	12
大观区	19	17	2	4	1	3	133	108	25
宜秀区	5	4	1	7	3	4	53	33	20
怀宁县	41	29	12	24	14	10	199	123	76
太湖县	47	37	10	16	10	6	155	82	73
宿松县	13	2	11	25	14	11	234	131	103
望江县	9	2	7	12	9	3	142	78	64
岳西县	9	3	6	10	3	7	116	55	61
安徽安庆经济开发区							3	3	
桐城市	22	13	9	14	8	6	161	89	72
潜山市	13	7	6	13	10	3	98	55	43
黄山市	**84**	**54**	**30**	**178**	**110**	**68**	**787**	**474**	**313**
屯溪区	3	2	1	1		1	30	25	5
黄山区	15	8	7	100	65	35	214	135	79
徽州区	1	1		6	5	1	35	16	19
歙县	17	8	9	38	24	14	182	89	93
休宁县	23	18	5	17	8	9	155	100	55
黟县	9	4	5	10	4	6	66	38	28
祁门县	16	13	3	6	4	2	105	71	34
滁州市	**326**	**191**	**135**	**267**	**141**	**126**	**9321**	**5166**	**4155**
琅琊区							119	85	34
南谯区	100	69	31	47	25	22	1737	1078	659
来安县	39	18	21	39	21	18	2350	1209	1141
全椒县	23	11	12	32	13	19	824	539	285
定远县	18	11	7	44	23	21	449	214	235
凤阳县	27	9	18	39	19	20	390	145	245
苏滁现代产业园									
滁州经济技术开发区	80	57	23	6	5	1	488	367	121
天长市	24	11	13	20	12	8	2093	1057	1036
明光市	15	5	10	40	23	17	871	472	399

7-3c 续表 11

单位：人

现住地	户口登记地								
	黑龙江			上海			江苏		
	小计	男	女	小计	男	女	小计	男	女
阜阳市	**248**	**111**	**137**	**255**	**129**	**126**	**1997**	**1010**	**987**
颍州区	16	9	7	24	14	10	268	151	117
颍东区	34	21	13	11	6	5	225	137	88
颍泉区	19	7	12	10	5	5	201	105	96
临泉县	37	16	21	35	17	18	205	91	114
太和县	63	26	37	17	8	9	236	106	130
阜南县	29	9	20	54	23	31	343	171	172
颍上县	29	11	18	93	51	42	343	157	186
阜阳合肥现代产业园区	5	4	1	7	3	4	37	17	20
阜阳经济技术开发区	10	6	4				37	23	14
界首市	6	2	4	4	2	2	102	52	50
宿州市	**243**	**93**	**150**	**252**	**149**	**103**	**8150**	**3216**	**4934**
埇桥区	93	35	58	105	61	44	1876	748	1128
砀山县	51	18	33	63	35	28	766	291	475
萧县	48	14	34	21	17	4	1751	526	1225
灵璧县	34	14	20	29	16	13	2042	894	1148
泗县	16	12	4	32	19	13	1696	744	952
宿州马鞍山现代产业园区	1		1	2	1	1	19	13	6
宿州经济技术开发区									
六安市	**118**	**52**	**66**	**185**	**106**	**79**	**2284**	**1099**	**1185**
金安区	16	10	6	25	10	15	567	307	260
裕安区	26	6	20	43	26	17	520	251	269
叶集区	5	2	3	8	3	5	113	50	63
霍邱县	14	4	10	69	40	29	399	176	223
舒城县	40	23	17	10	8	2	383	190	193
金寨县	16	7	9	18	10	8	228	85	143
霍山县	1		1	12	9	3	74	40	34
亳州市	**379**	**175**	**204**	**287**	**173**	**114**	**1580**	**792**	**788**
谯城区	44	18	26	126	83	43	275	150	125
涡阳县	107	55	52	37	16	21	419	229	190
蒙城县	52	20	32	71	42	29	450	221	229
利辛县	176	82	94	53	32	21	436	192	244
池州市	**92**	**57**	**35**	**112**	**66**	**46**	**1008**	**699**	**309**
贵池区	11	6	5	30	21	9	427	297	130
东至县	8	6	2	24	15	9	127	81	46
石台县	15	10	5	17	6	11	121	86	35
青阳县	37	21	16	32	19	13	307	219	88
池州市国家经济技术开发区									
皖江江南新兴产业集中区									
九华山风景区	21	14	7	9	5	4	26	16	10
宣城市	**197**	**112**	**85**	**516**	**304**	**212**	**3894**	**2213**	**1681**
宣州区	73	43	30	187	114	73	1492	835	657
郎溪县	20	8	12	55	31	24	818	425	393
泾县	19	9	10	84	45	39	288	145	143
绩溪县	4	3	1	24	14	10	106	78	28
旌德县	7	4	3	25	15	10	60	38	22
宣城市经济开发区	26	16	10	18	14	4	115	78	37
宁国市	15	11	4	44	29	15	213	140	73
广德市	33	18	15	79	42	37	802	474	328

7-3c　续表 12　　　　单位：人

现住地	户口登记地					
	浙江			福建		
	小计	男	女	小计	男	女
安　徽	**16740**	**9635**	**7105**	**5786**	**3667**	**2119**
合肥市	**1314**	**792**	**522**	**864**	**556**	**308**
瑶海区	50	28	22	44	28	16
庐阳区				6	4	2
蜀山区	20	15	5	5	4	1
包河区	14	10	4	19	14	5
长丰县	343	212	131	205	133	72
肥东县	176	107	69	132	78	54
肥西县	364	209	155	300	179	121
庐江县	203	138	65	106	83	23
合肥高新技术产业开发区						
合肥经济技术开发区	10	7	3	3	1	2
合肥新站高新技术产业开发区	9	5	4	8	6	2
巢湖市	125	61	64	36	26	10
芜湖市	**814**	**481**	**333**	**350**	**235**	**115**
镜湖区	29	15	14	3	3	
弋江区						
鸠江区	98	65	33	43	24	19
三山区	28	18	10	19	10	9
芜湖县	258	151	107	64	40	24
繁昌县	159	115	44	102	89	13
南陵县	128	69	59	76	48	28
芜湖经济技术开发区	1		1	1	1	
安徽芜湖长江大桥经济开发区	3	1	2	5	3	2
无为市	110	47	63	37	17	20
蚌埠市	**587**	**288**	**299**	**242**	**126**	**116**
龙子湖区	12	9	3	9	5	4
蚌山区	23	11	12	24	16	8
禹会区	32	20	12	33	22	11
淮上区	40	14	26	16	6	10
怀远县	248	118	130	79	39	40
五河县	109	54	55	21	11	10
固镇县	123	62	61	60	27	33
蚌埠市高新技术开发区						
蚌埠市经济开发区						
淮南市	**470**	**260**	**210**	**234**	**127**	**107**
大通区	35	20	15	27	15	12
田家庵区	9	3	6	5	2	3
谢家集区	31	17	14	7	3	4
八公山区	2	2		8	6	2
潘集区	73	33	40	27	15	12
凤台县	200	122	78	109	60	49
寿县	120	63	57	51	26	25

7-3c 续表 13 单位：人

现住地	户口登记地					
	浙江			福建		
	小计	男	女	小计	男	女
马鞍山市	**398**	**235**	**163**	**120**	**75**	**45**
花山区	30	23	7	4	4	
雨山区	13	9	4	7	3	4
博望区	34	15	19	16	9	7
当涂县	105	51	54	49	31	18
含山县	66	38	28	10	6	4
和县	150	99	51	34	22	12
淮北市	**383**	**216**	**167**	**139**	**91**	**48**
杜集区	41	33	8	31	24	7
相山区	63	39	24	13	9	4
烈山区	132	60	72	26	15	11
濉溪县	147	84	63	69	43	26
铜陵市	**246**	**129**	**117**	**83**	**51**	**32**
铜官区	17	12	5	14	11	3
义安区	109	55	54	30	15	15
郊区	54	26	28	17	13	4
枞阳县	66	36	30	22	12	10
安庆市	**1002**	**617**	**385**	**523**	**304**	**219**
迎江区	6	3	3	2	1	1
大观区	28	25	3	17	12	5
宜秀区	49	29	20	17	10	7
怀宁县	144	105	39	94	77	17
太湖县	125	60	65	50	17	33
宿松县	285	180	105	118	57	61
望江县	124	67	57	48	20	28
岳西县	87	47	40	72	43	29
安徽安庆经济开发区	7	6	1	2	1	1
桐城市	50	35	15	35	19	16
潜山市	97	60	37	68	47	21
黄山市	**1269**	**679**	**590**	**328**	**238**	**90**
屯溪区	49	26	23	12	5	7
黄山区	162	92	70	56	36	20
徽州区	62	28	34	11	6	5
歙县	546	284	262	45	31	14
休宁县	206	105	101	29	19	10
黟县	105	59	46	60	41	19
祁门县	139	85	54	115	100	15
滁州市	**933**	**540**	**393**	**347**	**225**	**122**
琅琊区	7	5	2	11	6	5
南谯区	161	100	61	93	65	28
来安县	106	68	38	80	51	29
全椒县	124	75	49	21	10	11
定远县	133	70	63	23	13	10
凤阳县	123	63	60	44	29	15
苏滁现代产业园						
滁州经济技术开发区	51	35	16	35	25	10
天长市	138	82	56	17	10	7
明光市	90	42	48	23	16	7

7-3c　续表 14　　单位：人

现住地	户口登记地					
	浙江			福建		
	小计	男	女	小计	男	女
阜阳市	**1579**	**832**	**747**	**671**	**403**	**268**
颍州区	191	110	81	112	65	47
颍东区	144	85	59	64	47	17
颍泉区	162	86	76	60	38	22
临泉县	288	134	154	64	31	33
太和县	146	69	77	90	60	30
阜南县	277	144	133	95	55	40
颍上县	244	135	109	91	53	38
阜阳合肥现代产业园区	27	16	11	48	30	18
阜阳经济技术开发区	13	7	6	12	6	6
界首市	87	46	41	35	18	17
宿州市	**1107**	**589**	**518**	**293**	**184**	**109**
埇桥区	478	262	216	72	49	23
砀山县	115	59	56	52	39	13
萧县	87	43	44	42	24	18
灵璧县	314	166	148	97	56	41
泗县	111	57	54	29	15	14
宿州马鞍山现代产业园区	2	2		1	1	
宿州经济技术开发区						
六安市	**966**	**515**	**451**	**475**	**302**	**173**
金安区	195	107	88	129	80	49
裕安区	171	91	80	103	57	46
叶集区	81	50	31	30	22	8
霍邱县	170	94	76	61	36	25
舒城县	214	97	117	30	13	17
金寨县	95	52	43	107	85	22
霍山县	40	24	16	15	9	6
亳州市	**1432**	**789**	**643**	**373**	**211**	**162**
谯城区	426	245	181	123	70	53
涡阳县	407	226	181	54	34	20
蒙城县	326	178	148	91	47	44
利辛县	273	140	133	105	60	45
池州市	**757**	**475**	**282**	**326**	**243**	**83**
贵池区	356	244	112	89	61	28
东至县	123	63	60	41	29	12
石台县	52	23	29	47	32	15
青阳县	202	127	75	139	114	25
池州市国家经济技术开发区						
皖江江南新兴产业集中区						
九华山风景区	24	18	6	10	7	3
宣城市	**3483**	**2198**	**1285**	**418**	**296**	**122**
宣州区	824	575	249	93	57	36
郎溪县	169	96	73	25	16	9
泾县	335	219	116	83	66	17
绩溪县	149	92	57	13	6	7
旌德县	143	101	42	100	82	18
宣城市经济开发区	90	68	22	8	6	2
宁国市	865	569	296	34	21	13
广德市	908	478	430	62	42	20

7-3c 续表 15 单位：人

现住地	户口登记地								
	江西			山东			河南		
	小计	男	女	小计	男	女	小计	男	女
安徽	**7266**	**3577**	**3689**	**11126**	**6840**	**4286**	**52941**	**31809**	**21132**
合肥市	**1173**	**717**	**456**	**1956**	**1389**	**567**	**9474**	**6791**	**2683**
瑶海区	84	59	25	102	55	47	399	229	170
庐阳区	3	3		15	10	5	91	80	11
蜀山区	10	9	1	30	27	3	301	269	32
包河区	4	1	3	23	19	4	112	84	28
长丰县	238	153	85	405	266	139	2010	1398	612
肥东县	194	112	82	190	145	45	1202	877	325
肥西县	455	291	164	797	598	199	4099	2890	1209
庐江县	86	42	44	131	89	42	455	358	97
合肥高新技术产业开发区							3	3	
合肥经济技术开发区				1		1	21	12	9
合肥新站高新技术产业开发区	24	16	8	19	14	5	173	146	27
巢湖市	75	31	44	243	166	77	608	445	163
芜湖市	**350**	**171**	**179**	**488**	**297**	**191**	**1813**	**1169**	**644**
镜湖区	34	18	16	20	9	11	67	46	21
弋江区									
鸠江区	56	30	26	101	70	31	328	226	102
三山区	11	7	4	24	14	10	243	169	74
芜湖县	37	13	24	96	53	43	374	236	138
繁昌县	66	48	18	77	61	16	291	235	56
南陵县	62	29	33	93	53	40	231	124	107
芜湖经济技术开发区	12	7	5				3	2	1
安徽芜湖长江大桥经济开发区	1		1	2	2		17	11	6
无为市	71	19	52	75	35	40	259	120	139
蚌埠市	**217**	**85**	**132**	**420**	**209**	**211**	**1532**	**803**	**729**
龙子湖区	4	3	1	26	18	8	115	83	32
蚌山区	14	9	5	32	23	9	129	91	38
禹会区	21	17	4	69	45	24	174	121	53
淮上区	7		7	34	13	21	160	92	68
怀远县	55	10	45	126	50	76	438	178	260
五河县	29	11	18	57	30	27	176	75	101
固镇县	87	35	52	76	30	46	340	163	177
蚌埠市高新技术开发区									
蚌埠市经济开发区									
淮南市	**184**	**72**	**112**	**384**	**195**	**189**	**2086**	**1188**	**898**
大通区	10	4	6	27	15	12	294	191	103
田家庵区	7	4	3	4	2	2	33	22	11
谢家集区	4	2	2	13	3	10	66	35	31
八公山区	7	5	2	5	1	4	24	13	11
潘集区	24	5	19	55	25	30	278	145	133
凤台县	66	20	46	205	120	85	1016	574	442
寿县	66	32	34	75	29	46	375	208	167

7-3c　续表 16　　　　单位：人

现住地	户口登记地								
	江西			山东			河南		
	小计	男	女	小计	男	女	小计	男	女
马鞍山市	**240**	**123**	**117**	**294**	**184**	**110**	**2008**	**1412**	**596**
花山区	8	6	2	27	25	2	67	48	19
雨山区	27	15	12	12	7	5	63	51	12
博望区	25	9	16	11	4	7	150	95	55
当涂县	56	31	25	79	37	42	1167	825	342
含山县	51	21	30	68	37	31	206	147	59
和县	73	41	32	97	74	23	355	246	109
淮北市	**120**	**54**	**66**	**520**	**318**	**202**	**1705**	**943**	**762**
杜集区	21	17	4	51	22	29	158	94	64
相山区	6	4	2	70	41	29	275	151	124
烈山区	59	23	36	114	82	32	348	231	117
濉溪县	34	10	24	285	173	112	924	467	457
铜陵市	**101**	**46**	**55**	**78**	**49**	**29**	**477**	**325**	**152**
铜官区	5	4	1	6	5	1	35	26	9
义安区	44	18	26	31	21	10	209	148	61
郊区	22	10	12	22	12	10	117	77	40
枞阳县	30	14	16	19	11	8	116	74	42
安庆市	**953**	**390**	**563**	**622**	**424**	**198**	**2126**	**1449**	**677**
迎江区	3	1	2	32	32		42	20	22
大观区	22	12	10	46	43	3	140	128	12
宜秀区	28	15	13	22	15	7	60	40	20
怀宁县	108	39	69	163	124	39	308	237	71
太湖县	113	34	79	37	17	20	322	242	80
宿松县	394	179	215	79	48	31	369	247	122
望江县	109	36	73	46	18	28	207	101	106
岳西县	79	24	55	55	24	31	172	97	75
安徽安庆经济开发区	5	3	2	5	3	2	9	5	4
桐城市	30	15	15	52	36	16	288	199	89
潜山市	62	32	30	85	64	21	209	133	76
黄山市	**795**	**448**	**347**	**306**	**233**	**73**	**1521**	**1206**	**315**
屯溪区	29	11	18	9	5	4	74	60	14
黄山区	93	67	26	79	66	13	338	264	74
徽州区	28	12	16	9	5	4	39	14	25
歙县	149	69	80	30	19	11	202	127	75
休宁县	259	136	123	72	56	16	261	213	48
黟县	76	41	35	37	22	15	170	136	34
祁门县	161	112	49	70	60	10	437	392	45
滁州市	**623**	**379**	**244**	**1300**	**813**	**487**	**5522**	**3422**	**2100**
琅琊区	54	45	9	36	24	12	196	122	74
南谯区	101	57	44	162	107	55	723	553	170
来安县	65	41	24	179	107	72	532	392	140
全椒县	85	62	23	51	33	18	191	145	46
定远县	52	14	38	63	34	29	229	110	119
凤阳县	61	20	41	86	46	40	248	113	135
苏滁现代产业园									
滁州经济技术开发区	106	81	25	511	322	189	2906	1701	1205
天长市	70	47	23	104	81	23	316	189	127
明光市	29	12	17	108	59	49	181	97	84

7-3c 续表 17 单位：人

现住地	户口登记地								
	江西			山东			河南		
	小计	男	女	小计	男	女	小计	男	女
阜阳市	**457**	**155**	**302**	**965**	**542**	**423**	**7767**	**3884**	**3883**
颍州区	106	54	52	101	66	35	886	498	388
颍东区	43	20	23	186	150	36	731	477	254
颍泉区	30	9	21	53	31	22	460	266	194
临泉县	45	9	36	120	52	68	1275	538	737
太和县	42	6	36	142	61	81	898	397	501
阜南县	80	21	59	124	59	65	1288	649	639
颍上县	59	15	44	110	57	53	669	323	346
阜阳合肥现代产业园区	17	9	8	36	27	9	169	96	73
阜阳经济技术开发区	3	1	2	14	8	6	97	52	45
界首市	32	11	21	79	31	48	1294	588	706
宿州市	**342**	**87**	**255**	**1479**	**692**	**787**	**3543**	**1367**	**2176**
埇桥区	139	41	98	376	189	187	859	343	516
砀山县	24	3	21	351	119	232	992	416	576
萧县	56	13	43	412	197	215	931	294	637
灵璧县	84	21	63	225	133	92	454	176	278
泗县	38	9	29	104	49	55	289	125	164
宿州马鞍山现代产业园区	1		1	11	5	6	18	13	5
宿州经济技术开发区									
六安市	**332**	**148**	**184**	**541**	**339**	**202**	**3922**	**2207**	**1715**
金安区	38	17	21	129	87	42	640	406	234
裕安区	67	26	41	111	73	38	487	273	214
叶集区	20	10	10	47	32	15	718	389	329
霍邱县	47	24	23	70	41	29	682	355	327
舒城县	106	49	57	84	45	39	626	406	220
金寨县	50	20	30	74	38	36	680	329	351
霍山县	4	2	2	26	23	3	89	49	40
亳州市	**201**	**60**	**141**	**716**	**408**	**308**	**5162**	**2619**	**2543**
谯城区	56	18	38	232	129	103	3117	1537	1580
涡阳县	41	12	29	186	123	63	694	379	315
蒙城县	46	16	30	132	74	58	622	329	293
利辛县	58	14	44	166	82	84	729	374	355
池州市	**462**	**221**	**241**	**242**	**171**	**71**	**1285**	**946**	**339**
贵池区	115	55	60	115	88	27	554	425	129
东至县	205	89	116	24	17	7	135	92	43
石台县	36	12	24	20	14	6	150	123	27
青阳县	98	58	40	70	43	27	425	294	131
池州市国家经济技术开发区									
皖江江南新兴产业集中区									
九华山风景区	8	7	1	13	9	4	21	12	9
宣城市	**716**	**421**	**295**	**815**	**577**	**238**	**2998**	**2078**	**920**
宣州区	257	163	94	413	291	122	1046	710	336
郎溪县	39	13	26	55	32	23	267	168	99
泾县	103	64	39	124	96	28	423	352	71
绩溪县	35	16	19	18	14	4	110	73	37
旌德县	35	25	10	11	8	3	115	89	26
宣城市经济开发区	52	37	15	17	15	2	198	143	55
宁国市	94	55	39	81	62	19	370	248	122
广德市	101	48	53	96	59	37	469	295	174

7-3c　续表 18　　　　单位：人

现住地	户口登记地								
	湖北			湖南			广东		
	小计	男	女	小计	男	女	小计	男	女
安　徽	**12058**	**7071**	**4987**	**6722**	**3639**	**3083**	**3832**	**1697**	**2135**
合肥市	**1935**	**1373**	**562**	**934**	**643**	**291**	**528**	**295**	**233**
瑶海区	71	39	32	25	12	13	35	20	15
庐阳区	5	5		31	31		1		1
蜀山区	39	34	5	16	13	3	2	2	
包河区	26	18	8	7	4	3	1	1	
长丰县	309	206	103	143	83	60	107	64	43
肥东县	116	74	42	71	42	29	102	63	39
肥西县	869	650	219	426	324	102	205	102	103
庐江县	319	227	92	92	57	35	35	17	18
合肥高新技术产业开发区									
合肥经济技术开发区	2	1	1						
合肥新站高新技术产业开发区	29	23	6	19	11	8	8	5	3
巢湖市	150	96	54	104	66	38	32	21	11
芜湖市	**455**	**228**	**227**	**244**	**113**	**131**	**151**	**73**	**78**
镜湖区	26	15	11	19	9	10	7	4	3
弋江区									
鸠江区	98	70	28	25	14	11	31	18	13
三山区	18	10	8	3		3	2	1	1
芜湖县	30	10	20	29	11	18	30	15	15
繁昌县	98	71	27	75	57	18	21	14	7
南陵县	72	18	54	47	10	37	31	13	18
芜湖经济技术开发区	2		2						
安徽芜湖长江大桥经济开发区	3	3		1		1	1	1	
无为市	108	31	77	45	12	33	28	7	21
蚌埠市	**286**	**95**	**191**	**220**	**69**	**151**	**214**	**77**	**137**
龙子湖区	3	1	2	15	13	2	7	5	2
蚌山区	15	12	3	14	8	6	11	7	4
禹会区	23	8	15	18	5	13	26	7	19
淮上区	21	6	15	14	5	9	33	15	18
怀远县	89	21	68	56	9	47	72	24	48
五河县	40	11	29	56	15	41	29	12	17
固镇县	95	36	59	47	14	33	36	7	29
蚌埠市高新技术开发区									
蚌埠市经济开发区									
淮南市	**257**	**110**	**147**	**192**	**64**	**128**	**146**	**50**	**96**
大通区	18	10	8	10	2	8	10	3	7
田家庵区	8	3	5	6	2	4	1		1
谢家集区	15	3	12	5	1	4	5	1	4
八公山区	4	4		1	1		3	1	2
潘集区	40	19	21	30	2	28	41	14	27
凤台县	105	42	63	69	25	44	58	18	40
寿县	67	29	38	71	31	40	28	13	15

7-3c 续表 19

单位：人

现住地	户口登记地								
	湖北			湖南			广东		
	小计	男	女	小计	男	女	小计	男	女
马鞍山市	**357**	**209**	**148**	**241**	**120**	**121**	**150**	**71**	**79**
花山区	6	3	3	3	3		2	1	1
雨山区	7	6	1	21	18	3	3	1	2
博望区	23	7	16	29	10	19	17	4	13
当涂县	123	76	47	120	53	67	59	38	21
含山县	67	28	39	19	7	12	39	13	26
和县	131	89	42	49	29	20	30	14	16
淮北市	**195**	**113**	**82**	**106**	**45**	**61**	**120**	**53**	**67**
杜集区	12	4	8	7	2	5	7	4	3
相山区	18	10	8	5	3	2	7	3	4
烈山区	103	78	25	30	19	11	58	22	36
濉溪县	62	21	41	64	21	43	48	24	24
铜陵市	**169**	**74**	**95**	**81**	**34**	**47**	**68**	**34**	**34**
铜官区	11	7	4	9	9		2	2	
义安区	67	23	44	31	11	20	28	11	17
郊区	22	11	11	20	6	14	12	10	2
枞阳县	69	33	36	21	8	13	26	11	15
安庆市	**1261**	**635**	**626**	**896**	**543**	**353**	**414**	**177**	**237**
迎江区	6	4	2	1	1		4	3	1
大观区	72	60	12	22	19	3	7	4	3
宜秀区	15	7	8	48	28	20	5	3	2
怀宁县	118	78	40	180	138	42	46	14	32
太湖县	199	83	116	155	98	57	47	17	30
宿松县	385	184	201	162	70	92	124	54	70
望江县	77	31	46	70	41	29	49	16	33
岳西县	199	84	115	74	22	52	53	33	20
安徽安庆经济开发区	4	2	2	3	2	1			
桐城市	83	48	35	59	37	22	37	16	21
潜山市	103	54	49	122	87	35	42	17	25
黄山市	**1588**	**1372**	**216**	**445**	**308**	**137**	**157**	**78**	**79**
屯溪区	30	24	6	18	7	11	4	2	2
黄山区	202	168	34	90	71	19	34	15	19
徽州区	12	6	6	7	4	3	11	9	2
歙县	214	164	50	51	18	33	24	8	16
休宁县	277	240	37	57	36	21	26	8	18
黟县	245	204	41	62	41	21	33	22	11
祁门县	608	566	42	160	131	29	25	14	11
滁州市	**1134**	**664**	**470**	**591**	**339**	**252**	**206**	**92**	**114**
琅琊区	6	4	2	4	1	3	4	2	2
南谯区	140	104	36	135	92	43	31	11	20
来安县	148	108	40	87	53	34	15	6	9
全椒县	63	43	20	44	24	20	16	5	11
定远县	64	16	48	35	6	29	23	10	13
凤阳县	71	26	45	95	46	49	36	11	25
苏滁现代产业园									
滁州经济技术开发区	474	286	188	110	81	29	39	31	8
天长市	101	55	46	50	27	23	21	9	12
明光市	67	22	45	31	9	22	21	7	14

7-3c　续表 20　　　　单位：人

现住地	户口登记地								
	湖　北			湖　南			广　东		
	小计	男	女	小计	男	女	小计	男	女
阜阳市	**589**	**186**	**403**	**476**	**157**	**319**	**478**	**187**	**291**
颍州区	50	20	30	37	12	25	42	19	23
颍东区	56	21	35	85	44	41	53	21	32
颍泉区	43	12	31	29	8	21	41	17	24
临泉县	93	32	61	50	6	44	87	38	49
太和县	67	13	54	66	12	54	90	29	61
阜南县	115	43	72	73	21	52	82	30	52
颍上县	89	18	71	51	9	42	30	11	19
阜阳合肥现代产业园区	22	11	11	14	8	6	7	1	6
阜阳经济技术开发区	6	2	4	8	4	4	5	1	4
界首市	48	14	34	63	33	30	41	20	21
宿州市	**457**	**120**	**337**	**310**	**78**	**232**	**284**	**108**	**176**
埇桥区	177	57	120	117	32	85	90	39	51
砀山县	42	7	35	27	9	18	42	22	20
萧县	89	18	71	62	14	48	52	16	36
灵璧县	99	27	72	64	16	48	63	21	42
泗县	50	11	39	36	6	30	33	10	23
宿州马鞍山现代产业园区				4	1	3	4		4
宿州经济技术开发区									
六安市	**1245**	**567**	**678**	**526**	**305**	**221**	**192**	**87**	**105**
金安区	177	75	102	94	56	38	28	13	15
裕安区	191	59	132	54	25	29	34	17	17
叶集区	42	18	24	8	4	4	6	4	2
霍邱县	130	48	82	74	39	35	32	10	22
舒城县	270	136	134	194	132	62	37	17	20
金寨县	377	204	173	91	43	48	40	16	24
霍山县	58	27	31	11	6	5	15	10	5
亳州市	**439**	**187**	**252**	**340**	**132**	**208**	**362**	**148**	**214**
谯城区	73	20	53	80	28	52	110	54	56
涡阳县	87	38	49	97	56	41	77	33	44
蒙城县	191	107	84	68	19	49	85	28	57
利辛县	88	22	66	95	29	66	90	33	57
池州市	**638**	**449**	**189**	**334**	**212**	**122**	**115**	**44**	**71**
贵池区	297	228	69	178	121	57	34	13	21
东至县	63	19	44	56	37	19	32	8	24
石台县	45	37	8	41	22	19	28	12	16
青阳县	211	150	61	52	28	24	19	10	9
池州市国家经济技术开发区									
皖江江南新兴产业集中区									
九华山风景区	22	15	7	7	4	3	2	1	1
宣城市	**1053**	**689**	**364**	**786**	**477**	**309**	**247**	**123**	**124**
宣州区	257	155	102	259	165	94	74	40	34
郎溪县	114	49	65	42	22	20	11	4	7
泾县	236	186	50	93	54	39	69	38	31
绩溪县	89	71	18	35	20	15	13	3	10
旌德县	44	28	16	17	12	5	12	2	10
宣城市经济开发区	76	50	26	91	65	26	15	8	7
宁国市	88	67	21	81	50	31	22	16	6
广德市	149	83	66	168	89	79	31	12	19

7-3c 续表 21 单位：人

现住地	户口登记地								
	广西			海南			重庆		
	小计	男	女	小计	男	女	小计	男	女
安徽	**3935**	**1741**	**2194**	**633**	**212**	**421**	**6154**	**3079**	**3075**
合肥市	**464**	**266**	**198**	**97**	**48**	**49**	**1119**	**702**	**417**
瑶海区	26	15	11	5	2	3	24	13	11
庐阳区	3	2	1						
蜀山区	12	8	4				216	206	10
包河区	2	2					29	19	10
长丰县	142	83	59	23	13	10	216	104	112
肥东县	49	26	23	17	11	6	164	76	88
肥西县	139	82	57	36	19	17	232	139	93
庐江县	43	22	21	4		4	105	58	47
合肥高新技术产业开发区									
合肥经济技术开发区	2	2					4	2	2
合肥新站高新技术产业开发区	12	9	3				3	2	1
巢湖市	34	15	19	12	3	9	126	83	43
芜湖市	**251**	**106**	**145**	**29**	**5**	**24**	**342**	**153**	**189**
镜湖区	7	1	6	1		1	12	4	8
弋江区									
鸠江区	29	11	18	3		3	49	31	18
三山区	12	5	7	1		1	32	16	16
芜湖县	75	32	43	5		5	107	48	59
繁昌县	15	9	6	2		2	31	17	14
南陵县	70	35	35	9	3	6	55	15	40
芜湖经济技术开发区									
安徽芜湖长江大桥经济开发区	3	2	1				4	3	1
无为市	40	11	29	8	2	6	52	19	33
蚌埠市	**128**	**26**	**102**	**21**	**2**	**19**	**245**	**87**	**158**
龙子湖区	1	1		1		1	24	15	9
蚌山区	2	1	1	1		1	18	14	4
禹会区	13	4	9	3		3	22	11	11
淮上区	14	6	8	1		1	23	10	13
怀远县	46	5	41	7	1	6	79	16	63
五河县	22	2	20	3	1	2	28	5	23
固镇县	30	7	23	5		5	51	16	35
蚌埠市高新技术开发区									
蚌埠市经济开发区									
淮南市	**167**	**53**	**114**	**30**	**8**	**22**	**243**	**68**	**175**
大通区	15	6	9	2		2	30	17	13
田家庵区	5		5				3	1	2
谢家集区	6	1	5	2	1	1	8	1	7
八公山区	1		1				5	2	3
潘集区	32	11	21	7	1	6	45	5	40
凤台县	66	15	51	13	6	7	94	29	65
寿县	42	20	22	6		6	58	13	45

7-3c 续表 22 单位：人

现住地	户口登记地								
	广西			海南			重庆		
	小计	男	女	小计	男	女	小计	男	女
马鞍山市	**128**	**61**	**67**	**16**	**7**	**9**	**232**	**127**	**105**
花山区	5	2	3				3		3
雨山区	4	2	2				6	5	1
博望区	16	4	12	3		3	35	23	12
当涂县	66	38	28	4	3	1	75	41	34
含山县	19	7	12	2	1	1	38	14	24
和县	18	8	10	7	3	4	75	44	31
淮北市	**124**	**32**	**92**	**28**	**10**	**18**	**132**	**66**	**66**
杜集区	5	1	4	1		1	19	9	10
相山区	5	2	3	2	2		10	6	4
烈山区	59	16	43	16	4	12	28	18	10
濉溪县	55	13	42	9	4	5	75	33	42
铜陵市	**76**	**25**	**51**	**12**	**3**	**9**	**87**	**37**	**50**
铜官区	2		2				6	2	4
义安区	10	5	5	4	1	3	34	12	22
郊区	12	6	6				20	9	11
枞阳县	52	14	38	8	2	6	27	14	13
安庆市	**358**	**152**	**206**	**89**	**24**	**65**	**441**	**202**	**239**
迎江区	4	3	1				2	1	1
大观区	6	6		4	1	3	49	33	16
宜秀区	16	5	11				6	2	4
怀宁县	56	23	33	12	6	6	77	35	42
太湖县	51	22	29	7	1	6	58	26	32
宿松县	80	27	53	41	11	30	78	25	53
望江县	48	20	28	5	1	4	32	15	17
岳西县	31	9	22	9	2	7	63	23	40
安徽安庆经济开发区	1		1						
桐城市	28	11	17	4	1	3	17	7	10
潜山市	37	26	11	7	1	6	59	35	24
黄山市	**201**	**119**	**82**	**25**	**9**	**16**	**549**	**389**	**160**
屯溪区	7	5	2	1	1		20	10	10
黄山区	39	18	21	10	2	8	130	83	47
徽州区	6	3	3	1		1	5	1	4
歙县	30	7	23	1		1	48	30	18
休宁县	29	12	17	2	1	1	50	26	24
黟县	19	11	8	8	3	5	78	58	20
祁门县	71	63	8	2	2		218	181	37
滁州市	**409**	**244**	**165**	**28**	**8**	**20**	**555**	**319**	**236**
琅琊区	6	5	1				14	12	2
南谯区	47	29	18	10	3	7	72	41	31
来安县	29	10	19	1		1	126	91	35
全椒县	25	12	13	2		2	22	11	11
定远县	57	19	38	3		3	58	24	34
凤阳县	22	9	13	8	3	5	64	22	42
苏滁现代产业园									
滁州经济技术开发区	173	141	32	2	2		96	66	30
天长市	21	6	15	1		1	64	36	28
明光市	29	13	16	1		1	39	16	23

7-3c 续表 23

单位：人

现住地	户口登记地								
	广西			海南			重庆		
	小计	男	女	小计	男	女	小计	男	女
阜阳市	**400**	**118**	**282**	**67**	**27**	**40**	**526**	**181**	**345**
颍州区	60	28	32	1		1	68	33	35
颍东区	62	38	24	6	1	5	42	14	28
颍泉区	30	7	23	5	1	4	36	14	22
临泉县	41	3	38	9	3	6	71	22	49
太和县	62	9	53	10	3	7	57	13	44
阜南县	76	17	59	14	5	9	104	53	51
颍上县	31	7	24	21	13	8	81	13	68
阜阳合肥现代产业园区	5	4	1				13	5	8
阜阳经济技术开发区	1		1				8	2	6
界首市	32	5	27	1	1		46	12	34
宿州市	**158**	**23**	**135**	**31**	**8**	**23**	**301**	**86**	**215**
埇桥区	47	6	41	6	3	3	93	33	60
砀山县	18	1	17	6	1	5	29	6	23
萧县	44	6	38	6	1	5	82	26	56
灵璧县	28	7	21	10	3	7	56	10	46
泗县	19	2	17	3		3	38	10	28
宿州马鞍山现代产业园区	2	1	1				3	1	2
宿州经济技术开发区									
六安市	**233**	**93**	**140**	**60**	**22**	**38**	**404**	**171**	**233**
金安区	33	16	17	19	9	10	75	27	48
裕安区	42	21	21	9		9	61	23	38
叶集区	11	5	6	3	2	1	20	5	15
霍邱县	52	20	32	13	4	9	90	45	45
舒城县	46	11	35	3	1	2	75	34	41
金寨县	42	16	26	3	1	2	80	37	43
霍山县	7	4	3	10	5	5	3		3
亳州市	**130**	**32**	**98**	**49**	**17**	**32**	**207**	**63**	**144**
谯城区	35	13	22	27	11	16	63	32	31
涡阳县	46	12	34	9		9	40	11	29
蒙城县	20	3	17	3	1	2	46	10	36
利辛县	29	4	25	10	5	5	58	10	48
池州市	**118**	**48**	**70**	**7**	**1**	**6**	**228**	**138**	**90**
贵池区	36	16	20	2		2	103	55	48
东至县	24	4	20				16	8	8
石台县	21	13	8	1		1	76	61	15
青阳县	36	14	22	4	1	3	29	13	16
池州市国家经济技术开发区									
皖江江南新兴产业集中区									
九华山风景区	1	1					4	1	3
宣城市	**590**	**343**	**247**	**44**	**13**	**31**	**543**	**290**	**253**
宣州区	196	122	74	12	7	5	172	80	92
郎溪县	70	37	33	7	3	4	28	13	15
泾县	138	86	52	1		1	132	87	45
绩溪县	18	7	11				19	9	10
旌德县	18	4	14	4	1	3	26	18	8
宣城市经济开发区	69	51	18	1		1	18	8	10
宁国市	36	16	20	3	1	2	55	32	23
广德市	45	20	25	16	1	15	93	43	50

7-3c 续表 24

单位：人

现住地	户口登记地								
	四川			贵州			云南		
	小计	男	女	小计	男	女	小计	男	女
安徽	**17839**	**9035**	**8804**	**21453**	**9634**	**11819**	**13666**	**5260**	**8406**
合肥市	**2968**	**1755**	**1213**	**2269**	**1288**	**981**	**2103**	**1109**	**994**
瑶海区	73	37	36	57	26	31	32	12	20
庐阳区	7	4	3	15	12	3	3	2	1
蜀山区	111	104	7	74	61	13	45	42	3
包河区	86	56	30	62	49	13	33	23	10
长丰县	654	328	326	547	282	265	512	231	281
肥东县	456	265	191	269	151	118	387	190	197
肥西县	961	584	377	623	381	242	655	416	239
庐江县	311	196	115	303	139	164	236	112	124
合肥高新技术产业开发区				5	3	2			
合肥经济技术开发区	3	2	1	4	3	1	1		1
合肥新站高新技术产业开发区	40	32	8	38	31	7	19	12	7
巢湖市	266	147	119	272	150	122	180	69	111
芜湖市	**829**	**321**	**508**	**1110**	**409**	**701**	**828**	**253**	**575**
镜湖区	23	7	16	27	9	18	27	8	19
弋江区									
鸠江区	91	47	44	116	63	53	92	53	39
三山区	62	26	36	85	33	52	45	14	31
芜湖县	183	76	107	301	121	180	282	75	207
繁昌县	116	69	47	141	78	63	95	40	55
南陵县	145	46	99	242	63	179	142	37	105
芜湖经济技术开发区	3	2	1	2		2	3		3
安徽芜湖长江大桥经济开发区	4	1	3	3	1	2	3	1	2
无为市	202	47	155	193	41	152	139	25	114
蚌埠市	**907**	**318**	**589**	**659**	**175**	**484**	**425**	**77**	**348**
龙子湖区	33	19	14	13	4	9	6		6
蚌山区	34	16	18	14	11	3	12	2	10
禹会区	64	28	36	40	21	19	27	5	22
淮上区	83	32	51	60	19	41	55	19	36
怀远县	341	88	253	240	50	190	140	20	120
五河县	143	65	78	88	25	63	66	9	57
固镇县	209	70	139	204	45	159	119	22	97
蚌埠市高新技术开发区									
蚌埠市经济开发区									
淮南市	**791**	**289**	**502**	**654**	**199**	**455**	**378**	**89**	**289**
大通区	55	17	38	79	29	50	34	11	23
田家庵区	10	2	8	9	1	8	7	1	6
谢家集区	39	14	25	22	8	14	14	2	12
八公山区	22	11	11	6	2	4	2		2
潘集区	143	50	93	125	35	90	75	13	62
凤台县	269	90	179	216	43	173	133	21	112
寿县	253	105	148	197	81	116	113	41	72

7-3c 续表 25 单位：人

现住地	户口登记地								
	四川			贵州			云南		
	小计	男	女	小计	男	女	小计	男	女
马鞍山市	**700**	**371**	**329**	**791**	**382**	**409**	**871**	**361**	**510**
花山区	34	17	17	28	14	14	61	38	23
雨山区	59	41	18	22	14	8	4	2	2
博望区	63	27	36	68	20	48	121	23	98
当涂县	236	118	118	297	128	169	390	188	202
含山县	127	55	72	76	30	46	71	21	50
和县	181	113	68	300	176	124	224	89	135
淮北市	**358**	**145**	**213**	**500**	**174**	**326**	**245**	**39**	**206**
杜集区	31	15	16	41	23	18	23	8	15
相山区	15	5	10	52	24	28	9	2	7
烈山区	118	52	66	184	67	117	57	7	50
濉溪县	194	73	121	223	60	163	156	22	134
铜陵市	**228**	**101**	**127**	**350**	**148**	**202**	**155**	**38**	**117**
铜官区	15	10	5	13	9	4	3	2	1
义安区	89	33	56	93	28	65	63	17	46
郊区	45	22	23	78	33	45	20	1	19
枞阳县	79	36	43	166	78	88	69	18	51
安庆市	**1023**	**482**	**541**	**1276**	**566**	**710**	**572**	**198**	**374**
迎江区	11	2	9	17	13	4	7	2	5
大观区	48	37	11	69	55	14	16	11	5
宜秀区	29	12	17	41	27	14	19	13	6
怀宁县	159	78	81	208	107	101	110	38	72
太湖县	147	67	80	155	46	109	67	17	50
宿松县	222	86	136	223	102	121	89	34	55
望江县	99	35	64	143	53	90	67	14	53
岳西县	114	43	71	163	49	114	60	11	49
安徽安庆经济开发区	1		1	2	1	1	1	1	
桐城市	89	50	39	91	20	71	72	28	44
潜山市	104	72	32	164	93	71	64	29	35
黄山市	**1723**	**1343**	**380**	**1116**	**673**	**443**	**894**	**555**	**339**
屯溪区	24	12	12	18	10	8	20	7	13
黄山区	221	163	58	290	181	109	188	133	55
徽州区	16	7	9	40	9	31	23	3	20
歙县	165	96	69	186	74	112	156	42	114
休宁县	279	209	70	150	66	84	160	92	68
黟县	372	308	64	163	124	39	87	65	22
祁门县	646	548	98	269	209	60	260	213	47
滁州市	**1727**	**933**	**794**	**2078**	**1071**	**1007**	**1383**	**727**	**656**
琅琊区	63	48	15	115	70	45	43	26	17
南谯区	261	163	98	231	161	70	164	98	66
来安县	243	123	120	346	158	188	238	120	118
全椒县	137	86	51	157	101	56	87	45	42
定远县	170	64	106	179	66	113	111	32	79
凤阳县	219	79	140	182	56	126	98	25	73
苏滁现代产业园									
滁州经济技术开发区	249	181	68	357	253	104	426	300	126
天长市	299	159	140	419	176	243	119	63	56
明光市	86	30	56	92	30	62	97	18	79

7-3c　续表 26　　　　　　　　　　　　　　　　　　　　　　　　　　　　单位：人

现住地	户口登记地								
	四川			贵州			云南		
	小计	男	女	小计	男	女	小计	男	女
阜阳市	**1438**	**519**	**919**	**1647**	**634**	**1013**	**946**	**230**	**716**
颍州区	148	53	95	163	73	90	76	24	52
颍东区	156	71	85	158	79	79	155	78	77
颍泉区	117	43	74	109	41	68	54	8	46
临泉县	171	53	118	239	56	183	142	18	124
太和县	151	49	102	216	64	152	149	23	126
阜南县	279	107	172	375	177	198	160	36	124
颍上县	270	77	193	225	81	144	134	31	103
阜阳合肥现代产业园区	40	17	23	40	20	20	17	1	16
阜阳经济技术开发区	8	4	4	16	7	9	3	1	2
界首市	98	45	53	106	36	70	56	10	46
宿州市	**1085**	**377**	**708**	**1231**	**303**	**928**	**907**	**126**	**781**
埇桥区	389	162	227	330	76	254	266	37	229
砀山县	128	33	95	121	32	89	63	11	52
萧县	215	62	153	226	40	186	185	24	161
灵璧县	233	90	143	346	102	244	198	24	174
泗县	116	29	87	192	47	145	190	29	161
宿州马鞍山现代产业园区	4	1	3	16	6	10	5	1	4
宿州经济技术开发区									
六安市	**1155**	**585**	**570**	**1501**	**634**	**867**	**636**	**216**	**420**
金安区	204	111	93	265	124	141	125	61	64
裕安区	184	83	101	217	88	129	111	28	83
叶集区	37	15	22	219	103	116	44	16	28
霍邱县	187	75	112	210	68	142	104	31	73
舒城县	310	197	113	330	159	171	120	46	74
金寨县	205	94	111	218	79	139	112	30	82
霍山县	28	10	18	42	13	29	20	4	16
亳州市	**563**	**169**	**394**	**698**	**200**	**498**	**632**	**104**	**528**
谯城区	110	46	64	165	65	100	101	12	89
涡阳县	109	29	80	134	34	100	183	47	136
蒙城县	135	40	95	172	37	135	141	10	131
利辛县	209	54	155	227	64	163	207	35	172
池州市	**639**	**396**	**243**	**770**	**413**	**357**	**479**	**278**	**201**
贵池区	250	163	87	235	142	93	139	85	54
东至县	80	24	56	131	62	69	48	15	33
石台县	111	84	27	64	32	32	54	29	25
青阳县	187	116	71	335	174	161	236	149	87
池州市国家经济技术开发区									
皖江江南新兴产业集中区									
九华山风景区	11	9	2	5	3	2	2		2
宣城市	**1705**	**931**	**774**	**4803**	**2365**	**2438**	**2212**	**860**	**1352**
宣州区	521	252	269	1219	602	617	689	225	464
郎溪县	211	113	98	395	173	222	279	71	208
泾县	249	163	86	632	357	275	221	113	108
绩溪县	64	38	26	66	32	34	47	17	30
旌德县	72	39	33	99	63	36	65	34	31
宣城市经济开发区	68	45	23	117	64	53	83	41	42
宁国市	238	136	102	586	317	269	331	187	144
广德市	282	145	137	1689	757	932	497	172	325

7-3c 续表 27

单位：人

现住地	户口登记地								
	西藏			陕西			甘肃		
	小计	男	女	小计	男	女	小计	男	女
安　徽	**996**	**296**	**700**	**6700**	**4128**	**2572**	**4692**	**2579**	**2113**
合肥市	**14**	**7**	**7**	**1176**	**866**	**310**	**702**	**453**	**249**
瑶海区	1		1	37	20	17	42	24	18
庐阳区							1	1	
蜀山区	1	1		13	10	3	16	11	5
包河区				6	5	1	3	3	
长丰县	5	4	1	235	167	68	155	101	54
肥东县	2	1	1	62	44	18	73	41	32
肥西县				598	445	153	290	199	91
庐江县				138	109	29	60	40	20
合肥高新技术产业开发区									
合肥经济技术开发区				2	2		1	1	
合肥新站高新技术产业开发区				6	4	2	2	1	1
巢湖市	5	1	4	79	60	19	59	31	28
芜湖市	**3**	**2**	**1**	**338**	**235**	**103**	**247**	**133**	**114**
镜湖区				39	29	10	15	7	8
弋江区									
鸠江区	1		1	38	26	12	43	29	14
三山区				14	8	6	18	12	6
芜湖县				66	42	24	61	40	21
繁昌县				24	18	6	25	13	12
南陵县	1	1		40	18	22	37	17	20
芜湖经济技术开发区									
安徽芜湖长江大桥经济开发区				2	2		2	1	1
无为市	1	1		115	92	23	46	14	32
蚌埠市				**311**	**150**	**161**	**159**	**69**	**90**
龙子湖区				21	15	6	5	3	2
蚌山区				18	15	3	8	6	2
禹会区				44	33	11	18	10	8
淮上区				35	15	20	23	9	14
怀远县				98	45	53	52	19	33
五河县				43	16	27	15	7	8
固镇县				52	11	41	38	15	23
蚌埠市高新技术开发区									
蚌埠市经济开发区									
淮南市	**3**	**1**	**2**	**182**	**89**	**93**	**245**	**121**	**124**
大通区				15	10	5	26	11	15
田家庵区				3	1	2	2		2
谢家集区				3		3	13	7	6
八公山区				1		1	4	2	2
潘集区	2		2	40	24	16	38	16	22
凤台县				80	32	48	120	59	61
寿县	1	1		40	22	18	42	26	16

7-3c　续表 28　　　　单位：人

现住地	户口登记地								
	西藏			陕西			甘肃		
	小计	男	女	小计	男	女	小计	男	女
马鞍山市	**3**	**1**	**2**	**211**	**131**	**80**	**162**	**96**	**66**
花山区				4	3	1	6	5	1
雨山区				7	4	3	2		2
博望区	1		1	14	6	8	10	6	4
当涂县				108	69	39	113	72	41
含山县	2	1	1	18	8	10	16	4	12
和县				60	41	19	15	9	6
淮北市	**897**	**255**	**642**	**165**	**93**	**72**	**153**	**74**	**79**
杜集区	1	1		14	7	7	12	8	4
相山区	3	2	1	18	4	14	9	3	6
烈山区	891	251	640	44	32	12	38	16	22
濉溪县	2	1	1	89	50	39	94	47	47
铜陵市				**40**	**26**	**14**	**47**	**23**	**24**
铜官区				2	1	1	1	1	
义安区				13	9	4	21	13	8
郊区				7	6	1	11	5	6
枞阳县				18	10	8	14	4	10
安庆市	**13**	**6**	**7**	**324**	**195**	**129**	**195**	**116**	**79**
迎江区				4	2	2	4	2	2
大观区				17	11	6	13	9	4
宜秀区				8	5	3	5	4	1
怀宁县	3	1	2	72	53	19	53	43	10
太湖县	1	1		36	18	18	35	20	15
宿松县	5	2	3	32	13	19	14	5	9
望江县				28	10	18	18	5	13
岳西县	4	2	2	45	24	21	23	11	12
安徽安庆经济开发区				1	1		1	1	
桐城市				18	13	5	16	10	6
潜山市				63	45	18	13	6	7
黄山市	**2**		**2**	**610**	**515**	**95**	**206**	**158**	**48**
屯溪区				3	3		2	1	1
黄山区				146	121	25	35	21	14
徽州区	1		1	5	3	2	7	4	3
歙县				37	24	13	20	16	4
休宁县	1		1	94	70	24	24	18	6
黟县				92	79	13	38	31	7
祁门县				233	215	18	80	67	13
滁州市	**2**		**2**	**742**	**442**	**300**	**528**	**339**	**189**
琅琊区				9	6	3	14	9	5
南谯区				81	56	25	67	42	25
来安县	1		1	76	50	26	39	28	11
全椒县				13	9	4	10	2	8
定远县	1		1	57	27	30	72	48	24
凤阳县				51	24	27	35	17	18
苏滁现代产业园									
滁州经济技术开发区				369	227	142	228	158	70
天长市				70	37	33	42	29	13
明光市				16	6	10	21	6	15

7－3c 续表 29 单位：人

现住地	户口登记地								
	西藏			陕西			甘肃		
	小计	男	女	小计	男	女	小计	男	女
阜阳市	**22**	**13**	**9**	**650**	**334**	**316**	**658**	**306**	**352**
颍州区	2		2	50	32	18	100	57	43
颍东区				72	47	25	49	30	19
颍泉区	2	2		36	17	19	39	18	21
临泉县				51	20	31	63	27	36
太和县	10	5	5	152	79	73	75	26	49
阜南县	7	5	2	130	72	58	135	55	80
颍上县				82	32	50	128	64	64
阜阳合肥现代产业园区				13	9	4	19	9	10
阜阳经济技术开发区				7	1	6	7	4	3
界首市	1	1		57	25	32	43	16	27
宿州市	**10**	**2**	**8**	**583**	**224**	**359**	**431**	**139**	**292**
埇桥区	2	1	1	147	56	91	117	43	74
砀山县	6		6	107	47	60	74	27	47
萧县	1	1		195	66	129	118	23	95
灵璧县	1		1	80	26	54	81	23	58
泗县				46	24	22	33	16	17
宿州马鞍山现代产业园区				8	5	3	8	7	1
宿州经济技术开发区									
六安市	**8**	**2**	**6**	**372**	**197**	**175**	**310**	**194**	**116**
金安区	4	1	3	49	29	20	47	27	20
裕安区	1		1	67	29	38	41	21	20
叶集区				12	3	9	14	8	6
霍邱县				98	72	26	66	40	26
舒城县	2	1	1	74	34	40	89	64	25
金寨县	1		1	59	27	32	44	27	17
霍山县				13	3	10	9	7	2
亳州市	**5**	**4**	**1**	**220**	**87**	**133**	**235**	**99**	**136**
谯城区	2	2		55	20	35	65	30	35
涡阳县	1		1	38	17	21	54	25	29
蒙城县				60	22	38	57	21	36
利辛县	2	2		67	28	39	59	23	36
池州市	**3**	**2**	**1**	**246**	**175**	**71**	**122**	**86**	**36**
贵池区	3	2	1	87	56	31	65	48	17
东至县				22	15	7	18	5	13
石台县				66	54	12	6	5	1
青阳县				69	50	19	32	27	5
池州市国家经济技术开发区									
皖江江南新兴产业集中区									
九华山风景区				2		2	1	1	
宣城市	**11**	**1**	**10**	**530**	**369**	**161**	**292**	**173**	**119**
宣州区	8	1	7	172	120	52	94	55	39
郎溪县	1		1	45	20	25	14	8	6
泾县	1		1	95	70	25	69	52	17
绩溪县				31	23	8	23	16	7
旌德县				64	53	11	17	10	7
宣城市经济开发区	1		1	24	17	7	24	12	12
宁国市				48	41	7	20	8	12
广德市				51	25	26	31	12	19

7-3c　续表 30　　　　　　　　　　　　　　　　　　　　　　单位：人

现住地	户口登记地								
	青海			宁夏			新疆		
	小计	男	女	小计	男	女	小计	男	女
安　徽	**801**	**413**	**388**	**358**	**186**	**172**	**1284**	**589**	**695**
合肥市	**136**	**83**	**53**	**69**	**42**	**27**	**153**	**77**	**76**
瑶海区	9	6	3				7	4	3
庐阳区				1		1	2	1	1
蜀山区	2	2		6	5	1	6	4	2
包河区				4	3	1			
长丰县	12	6	6	8	4	4	32	16	16
肥东县	13	5	8	22	11	11	24	7	17
肥西县	70	48	22	25	16	9	31	17	14
庐江县	20	11	9	2	2		21	11	10
合肥高新技术产业开发区									
合肥经济技术开发区							2		2
合肥新站高新技术产业开发区	1	1							
巢湖市	9	4	5	1	1		28	17	11
芜湖市	**36**	**17**	**19**	**12**	**3**	**9**	**63**	**43**	**20**
镜湖区							2	1	1
弋江区									
鸠江区	15	8	7	4	2	2	24	20	4
三山区	5	4	1	1		1	2	2	
芜湖县	12	4	8	2		2	12	6	6
繁昌县							4	4	
南陵县	2		2	2		2	5	4	1
芜湖经济技术开发区							3		3
安徽芜湖长江大桥经济开发区							1	1	
无为市	2	1	1	3	1	2	10	5	5
蚌埠市	**29**	**15**	**14**	**7**	**3**	**4**	**43**	**11**	**32**
龙子湖区	1	1		1	1		3	1	2
蚌山区	7	5	2				1		1
禹会区	2	1	1				3	1	2
淮上区	1	1					3		3
怀远县	6	1	5	2		2	18	5	13
五河县	5	3	2				4		4
固镇县	7	3	4	4	2	2	11	4	7
蚌埠市高新技术开发区									
蚌埠市经济开发区									
淮南市	**70**	**45**	**25**	**18**	**13**	**5**	**59**	**30**	**29**
大通区	2		2	3	2	1	8	4	4
田家庵区	4	1	3				3	2	1
谢家集区									
八公山区							1	1	
潘集区	5	4	1	3	2	1	6	3	3
凤台县	20	8	12	9	8	1	20	11	9
寿县	39	32	7	3	1	2	21	9	12

7-3c 续表 31

单位：人

现住地	户口登记地								
	青海			宁夏			新疆		
	小计	男	女	小计	男	女	小计	男	女
马鞍山市	**20**	**8**	**12**	**13**	**6**	**7**	**49**	**24**	**25**
花山区	5	3	2				8	5	3
雨山区									
博望区				4	1	3	3	1	2
当涂县	6		6	4	3	1	13	6	7
含山县	3	2	1	1	1		7	3	4
和县	6	3	3	4	1	3	18	9	9
淮北市	**49**	**20**	**29**	**15**	**8**	**7**	**31**	**13**	**18**
杜集区	4	2	2	1	1		6	1	5
相山区	1	1		2	1	1			
烈山区	31	9	22	1	1		3	2	1
濉溪县	13	8	5	11	5	6	22	10	12
铜陵市	**6**	**4**	**2**	**3**	**1**	**2**	**9**	**3**	**6**
铜官区									
义安区	3	1	2	3	1	2	5		5
郊区							1	1	
枞阳县	3	3					3	2	1
安庆市	**35**	**14**	**21**	**24**	**15**	**9**	**60**	**23**	**37**
迎江区									
大观区				1	1		3		3
宜秀区	6	4	2	1		1			
怀宁县	7	4	3	3		3	15	8	7
太湖县	3	1	2	5	4	1	9	3	6
宿松县	1		1	4	2	2	5	3	2
望江县	3		3	1		1	14	4	10
岳西县							2	1	1
安徽安庆经济开发区									
桐城市	9	2	7	1		1	5	3	2
潜山市	6	3	3	8	8		7	1	6
黄山市	**9**	**5**	**4**	**14**	**8**	**6**	**17**	**9**	**8**
屯溪区									
黄山区	2	1	1	4	3	1	9	5	4
徽州区									
歙县	3		3	4	2	2			
休宁县	1	1		2		2	3	1	2
黟县	1	1					2	1	1
祁门县	2	2		4	3	1	3	2	1
滁州市	**58**	**26**	**32**	**26**	**20**	**6**	**43**	**16**	**27**
琅琊区	1	1							
南谯区	13	5	8	3	2	1	9	5	4
来安县	5	4	1	1	1		7	3	4
全椒县	2		2				3	1	2
定远县	4		4	1	1		7	3	4
凤阳县	6	5	1	3	1	2	5	1	4
苏滁现代产业园									
滁州经济技术开发区	16	9	7	14	12	2	4	2	2
天长市	8	1	7	3	3		7	1	6
明光市	3	1	2	1		1	1		1

7-3c　续表 32　　　　单位：人

现住地	户口登记地								
	青海			宁夏			新疆		
	小计	男	女	小计	男	女	小计	男	女
阜阳市	**73**	**34**	**39**	**43**	**14**	**29**	**345**	**160**	**185**
颍州区	4		4	3	1	2	25	13	12
颍东区	7	3	4	4		4	27	16	11
颍泉区	11	5	6	2	1	1	13	5	8
临泉县	5	1	4	8	3	5	38	17	21
太和县	6	2	4	6	4	2	84	44	40
阜南县	12	9	3	9	4	5	49	20	29
颍上县	5	3	2	6	1	5	56	22	34
阜阳合肥现代产业园区	3	1	2	1		1	4	1	3
阜阳经济技术开发区				1		1	3	1	2
界首市	20	10	10	3		3	46	21	25
宿州市	**85**	**39**	**46**	**45**	**19**	**26**	**139**	**58**	**81**
埇桥区	16	9	7	12	6	6	26	12	14
砀山县	20	9	11	7	2	5	30	11	19
萧县	23	8	15	15	4	11	61	26	35
灵璧县	22	11	11	10	6	4	14	4	10
泗县	3	1	2	1	1		8	5	3
宿州马鞍山现代产业园区	1	1							
宿州经济技术开发区									
六安市	**75**	**44**	**31**	**21**	**11**	**10**	**75**	**37**	**38**
金安区	25	16	9	2		2	10	6	4
裕安区	11	6	5	4	3	1	4	1	3
叶集区	15	8	7	4	2	2	3	2	1
霍邱县	1	1		1		1	27	13	14
舒城县	13	7	6	10	6	4	18	7	11
金寨县	10	6	4				7	4	3
霍山县							6	4	2
亳州市	**46**	**10**	**36**	**23**	**6**	**17**	**152**	**64**	**88**
谯城区	15	3	12	10	3	7	34	16	18
涡阳县	4	1	3	6	1	5	38	15	23
蒙城县	8	1	7	5	2	3	20	9	11
利辛县	19	5	14	2		2	60	24	36
池州市	**14**	**6**	**8**	**8**	**5**	**3**	**16**	**8**	**8**
贵池区	2	2		5	5		3	1	2
东至县	6	2	4	2		2	3		3
石台县	1		1	1		1	2	2	
青阳县	5	2	3				8	5	3
池州市国家经济技术开发区									
皖江江南新兴产业集中区									
九华山风景区									
宣城市	**60**	**43**	**17**	**17**	**12**	**5**	**30**	**13**	**17**
宣州区	18	9	9	4	2	2	11	3	8
郎溪县	2		2	1	1				
泾县	29	28	1	2	2		4	2	2
绩溪县	4	1	3	1	1		1	1	
旌德县							3	2	1
宣城市经济开发区	1	1		2	2		3		3
宁国市	4	3	1	1		1	5	4	1
广德市	2	1	1	6	4	2	3	1	2

7-4 全省按现住地、离开户口登记地时间分的户口登记地在外乡镇街道的人口

单位：人

现住地	离开户口登记地时间							
	合计							
	合计	半年以上，不满一年	一年以上，不满二年	二年以上，不满三年	三年以上，不满四年	四年以上，不满五年	五年以上，不满十年	十年以上
安　徽	**18099918**	**3379572**	**2842321**	**2603765**	**2058579**	**1372831**	**3237347**	**2605503**
合肥市	**5075402**	**879123**	**771145**	**697657**	**568089**	**405417**	**968919**	**785052**
瑶海区	574705	75963	69584	72339	60850	50454	128348	117167
庐阳区	402692	65518	55586	52285	44517	34642	83007	67137
蜀山区	605042	110741	92959	84585	63411	45824	116053	91469
包河区	766539	131630	108013	99835	85723	61916	147609	131813
长丰县	384389	59409	53832	57728	52558	35269	77915	47678
肥东县	422458	57082	62497	49817	40424	35196	90149	87293
肥西县	561882	105679	89689	84495	72985	46365	97142	65527
庐江县	182608	38392	27967	26719	21808	13811	32811	21100
合肥高新技术产业开发区	186853	40404	31157	28733	22011	15142	30457	18949
合肥经济技术开发区	384031	71749	70212	56260	46015	26405	64881	48509
合肥新站高新技术产业开发区	339692	77572	69668	49485	30452	21291	52300	38924
巢湖市	264511	44984	39981	35376	27335	19102	48247	49486
芜湖市	**1265568**	**217221**	**209841**	**194198**	**152634**	**95628**	**238720**	**157326**
镜湖区	216089	34443	31730	30269	25436	16853	47710	29648
弋江区	253699	37949	49630	44718	32811	17514	44177	26900
鸠江区	202375	35667	32371	27791	22766	14866	37535	31379
三山区	63499	9115	13248	9397	7140	5177	12229	7193
芜湖县	121743	18417	16856	19764	17861	11415	24880	12550
繁昌县	66213	14097	8019	8844	7692	5316	14113	8132
南陵县	99210	17649	16389	15578	11989	8076	18655	10874
芜湖经济技术开发区	113622	22735	15963	15330	12439	8698	22080	16377
安徽芜湖长江大桥经济开发区	1152	257	276	167	100	112	155	85
无为市	127966	26892	25359	22340	14400	7601	17186	14188
蚌埠市	**901189**	**161203**	**133306**	**140170**	**117183**	**70847**	**157205**	**121275**
龙子湖区	92988	12124	10134	11584	12331	7958	19622	19235
蚌山区	89806	14734	13476	12974	11750	8705	16730	11437
禹会区	113156	18603	17279	19140	15020	9134	17229	16751
淮上区	87687	17063	14875	13907	9446	6478	16830	9088
怀远县	127385	27703	16785	18280	14072	9220	21910	19415
五河县	91475	18280	13071	13700	11689	7987	19040	7708
固镇县	81171	20779	12380	12358	7326	5611	10207	12510
蚌埠市高新技术开发区	45339	5656	8584	8405	7878	3146	8013	3657
蚌埠市经济开发区	172182	26261	26722	29822	27671	12608	27624	21474
淮南市	**817401**	**119401**	**111824**	**110744**	**91458**	**59773**	**171818**	**152383**
大通区	55241	6926	6107	6085	5839	4429	14014	11841
田家庵区	344935	50317	57920	54398	43558	24508	65073	49161
谢家集区	62545	7226	5665	6300	5780	4414	20369	12791
八公山区	39485	3748	2916	3751	4739	3848	9362	11121
潘集区	61707	7732	6371	7464	6032	4782	14720	14606
凤台县	147248	18429	15944	17613	15271	9875	34314	35802
寿县	106240	25023	16901	15133	10239	7917	13966	17061

7-4 续表 1

单位：人

现住地	离开户口登记地时间							
	合计							
	合计	半年以上，不满一年	一年以上，不满二年	二年以上，不满三年	三年以上，不满四年	四年以上，不满五年	五年以上，不满十年	十年以上
马鞍山市	**667251**	**114954**	**100012**	**100021**	**79292**	**51640**	**127187**	**94145**
花山区	223801	30833	30773	33147	25471	18616	49024	35937
雨山区	192913	29607	30752	31594	25104	14637	34764	26455
博望区	15930	6284	1744	1335	1181	764	2301	2321
当涂县	99666	21034	15438	14464	12110	7399	17803	11418
含山县	56486	12845	7815	8162	6420	4835	10808	5601
和县	78455	14351	13490	11319	9006	5389	12487	12413
淮北市	**533337**	**90709**	**75850**	**78335**	**65667**	**42248**	**96436**	**84092**
杜集区	49671	10464	8244	6375	3900	2936	7630	10122
相山区	268808	35032	39049	39910	32729	22367	53281	46440
烈山区	54970	12485	8499	8882	9431	3890	5200	6583
濉溪县	159888	32728	20058	23168	19607	13055	30325	20947
铜陵市	**393369**	**66044**	**61353**	**60068**	**44810**	**29878**	**75525**	**55691**
铜官区	235349	34895	39259	37859	29750	18695	45389	29502
义安区	58636	7904	7905	8338	7108	5261	12716	9404
郊区	29011	4204	3114	3792	2716	2070	6516	6599
枞阳县	70373	19041	11075	10079	5236	3852	10904	10186
安庆市	**1046888**	**216485**	**166846**	**150063**	**113991**	**78182**	**173445**	**147876**
迎江区	149315	21437	22305	24354	21032	15073	27690	17424
大观区	75529	15524	10136	9908	7196	4986	11384	16395
宜秀区	103281	19958	21092	16544	14844	7560	13138	10145
怀宁县	99716	25539	14706	13360	9438	7696	16894	12083
太湖县	71059	16932	10934	9778	7137	4573	11806	9899
宿松县	108619	22025	15462	17216	9984	6955	18860	18117
望江县	63376	14916	10619	8397	6826	4753	10556	7309
岳西县	47652	12010	7376	6989	5526	3223	7074	5454
安徽安庆经济开发区	83644	11911	10937	11965	9089	6549	14345	18848
桐城市	159985	38861	29583	20251	14085	11307	25971	19927
潜山市	84712	17372	13696	11301	8834	5507	15727	12275
黄山市	**424920**	**68018**	**54580**	**53471**	**43680**	**30164**	**86729**	**88278**
屯溪区	150812	22233	21535	21087	17572	10119	27736	30530
黄山区	44418	7557	4969	4575	3738	3088	9919	10572
徽州区	38349	4772	4328	4716	4035	2969	9611	7918
歙县	88990	13677	10875	11174	8631	6549	18972	19112
休宁县	50671	7691	5847	5710	4856	3765	11337	11465
黟县	14391	3497	1450	1247	1253	1084	2740	3120
祁门县	37289	8591	5576	4962	3595	2590	6414	5561
滁州市	**1245684**	**238390**	**181955**	**167530**	**144200**	**96525**	**243289**	**173795**
琅琊区	141909	24687	20939	20554	19266	10632	26151	19680
南谯区	203631	36293	28532	24816	24325	18496	43603	27566
来安县	108648	21204	16070	15225	11908	7800	18386	18055
全椒县	135825	32116	21267	18455	14690	10395	24329	14573
定远县	114082	22303	14457	14337	13644	9444	24136	15761
凤阳县	104715	18375	18480	16502	11737	7001	18599	14021
苏滁现代产业园	16644	7641	3282	1595	979	794	1453	900
滁州经济技术开发区	109499	29284	17609	15184	14015	7208	16023	10176
天长市	193850	24939	22008	22459	19254	15285	50301	39604
明光市	116881	21548	19311	18403	14382	9470	20308	13459

7－4 续表 2 单位：人

现住地	离开户口登记地时间							
	合计							
	合计	半年以上，不满一年	一年以上，不满二年	二年以上，不满三年	三年以上，不满四年	四年以上，不满五年	五年以上，不满十年	十年以上
阜阳市	**1349326**	**260127**	**241952**	**217978**	**162138**	**89906**	**199331**	**177894**
颍州区	298933	51618	59817	49725	38915	19281	42002	37575
颍东区	111931	19957	23141	18545	11156	7614	15353	16165
颍泉区	104401	22237	18299	17660	11618	6663	15646	12278
临泉县	202354	42304	37589	31449	25944	12011	24806	28251
太和县	166732	37347	29117	31117	20265	11322	23145	14419
阜南县	142370	25764	22173	22049	18417	9617	22610	21740
颍上县	122146	24830	18615	17227	12807	8321	20452	19894
阜阳合肥现代产业园区	6407	2470	1527	677	452	343	484	454
阜阳经济技术开发区	67533	9705	8644	9610	8535	6391	14756	9892
界首市	126519	23895	23030	19919	14029	8343	20077	17226
宿州市	**924426**	**200779**	**161101**	**141240**	**101614**	**63905**	**136337**	**119450**
埇桥区	406156	85609	66906	57489	44868	27455	61453	62376
砀山县	72528	16483	14046	12044	7415	4873	9278	8389
萧县	141075	36552	23915	22210	13259	8664	19288	17187
灵璧县	140507	28461	25296	22111	16564	11092	21630	15353
泗县	115882	23764	20465	19575	14565	9039	16586	11888
宿州马鞍山现代产业园区	10891	2474	3385	1737	842	436	1465	552
宿州经济技术开发区	37387	7436	7088	6074	4101	2346	6637	3705
六安市	**1189585**	**263929**	**194216**	**170038**	**133122**	**92180**	**186382**	**149718**
金安区	379320	83596	64972	54065	41044	31490	56579	47574
裕安区	351307	61710	50393	50252	45364	29926	65275	48387
叶集区	40013	13495	6127	4933	3735	2337	4424	4962
霍邱县	105252	28317	16637	12784	10136	6016	15101	16261
舒城县	142105	38668	25353	21210	13435	9764	18167	15508
金寨县	96572	24683	19098	13641	10293	6980	12252	9625
霍山县	75016	13460	11636	13153	9115	5667	14584	7401
亳州市	**1028752**	**248718**	**197957**	**161726**	**110542**	**72306**	**137962**	**99541**
谯城区	452264	94630	81202	75683	53855	32073	63177	51644
涡阳县	196182	52316	46512	29948	16065	10399	22748	18194
蒙城县	200842	47120	36090	29203	22680	16780	32625	16344
利辛县	179464	54652	34153	26892	17942	13054	19412	13359
池州市	**390981**	**78360**	**59386**	**52201**	**46206**	**30743**	**72200**	**51885**
贵池区	233437	41096	33315	31742	30816	19539	46542	30387
东至县	60328	16547	9966	8340	5715	3912	8218	7630
石台县	15471	3451	2445	2191	1410	971	2621	2382
青阳县	63124	12956	10908	7832	6480	5053	11342	8553
池州市国家经济技术开发区	8105	1827	965	798	958	758	1794	1005
皖江江南新兴产业集中区	6526	1893	1360	949	454	253	922	695
九华山风景区	3990	590	427	349	373	257	761	1233
宣城市	**845839**	**156111**	**120997**	**108325**	**83953**	**63489**	**165862**	**147102**
宣州区	232560	37775	35472	32788	23280	19062	46038	38145
郎溪县	78960	16798	11899	10123	8092	5903	15144	11001
泾县	72089	13402	8783	8183	7398	5683	15662	12978
绩溪县	41010	5392	4561	4274	4385	3219	9193	9986
旌德县	23957	5735	3349	3214	2356	1777	4056	3470
宣城市经济开发区	72058	14500	15382	13926	8131	4756	9884	5479
宁国市	179155	24478	19573	17780	16907	13147	41631	45639
广德市	146050	38031	21978	18037	13404	9942	24254	20404

7-4　续表 3　　单位：人

现住地	离开户口登记地时间							
	省内							
	小计	半年以上，不满一年	一年以上，不满二年	二年以上，不满三年	三年以上，不满四年	四年以上，不满五年	五年以上，不满十年	十年以上
安　徽	**16549409**	**2968516**	**2579927**	**2404625**	**1905417**	**1280026**	**3013431**	**2397467**
合肥市	**4625725**	**775111**	**691107**	**636646**	**519755**	**376498**	**900140**	**726468**
瑶海区	517340	62209	60973	65434	55645	46570	118983	107526
庐阳区	371304	58220	50720	48295	41454	32399	77768	62448
蜀山区	545150	98385	81565	76209	57153	41786	105688	84364
包河区	684766	116030	95497	88428	75036	56093	133536	120146
长丰县	355258	52648	49343	53938	49270	33220	73369	43470
肥东县	394134	50626	57693	46829	38136	33561	85618	81671
肥西县	519556	92669	81317	78830	69119	43972	91958	61691
庐江县	171481	34455	25894	25569	20865	13294	31579	19825
合肥高新技术产业开发区	168082	35190	27716	26155	20136	13904	27681	17300
合肥经济技术开发区	337535	63254	59440	48248	39159	23857	59141	44436
合肥新站高新技术产业开发区	312334	71032	63772	45401	27832	19544	48643	36110
巢湖市	248785	40393	37177	33310	25950	18298	46176	47481
芜湖市	**1106999**	**178984**	**183207**	**172630**	**135578**	**85276**	**213416**	**137908**
镜湖区	194304	29763	28432	27398	23173	15295	43883	26360
弋江区	229736	33798	45037	40731	29510	15761	40427	24472
鸠江区	171762	28854	27094	23616	19497	12803	32466	27432
三山区	50206	6258	10975	7740	5908	4204	9596	5525
芜湖县	101689	13869	13575	16580	15222	10260	22000	10183
繁昌县	59915	11628	6965	8219	7236	5020	13271	7576
南陵县	91825	15804	15272	14758	11260	7587	17445	9699
芜湖经济技术开发区	86823	14591	11530	11914	9916	7091	18138	13643
安徽芜湖长江大桥经济开发区	780	142	178	110	71	83	129	67
无为市	119959	24277	24149	21564	13785	7172	16061	12951
蚌埠市	**838539**	**148344**	**123491**	**131554**	**109531**	**66564**	**146940**	**112115**
龙子湖区	86764	10880	9367	10802	11689	7560	18562	17904
蚌山区	81557	12528	12227	12034	10883	8188	15480	10217
禹会区	106342	16859	16145	18239	14318	8741	16332	15708
淮上区	81090	15626	13825	13073	8830	6001	15593	8142
怀远县	120122	26277	15736	17364	13332	8726	20764	17923
五河县	85551	16487	12161	13033	11224	7642	18003	7001
固镇县	76319	19583	11730	11735	6917	5310	9394	11650
蚌埠市高新技术开发区	43212	5308	8164	8055	7576	3023	7640	3446
蚌埠市经济开发区	157582	24796	24136	27219	24762	11373	25172	20124
淮南市	**768527**	**109883**	**102632**	**103359**	**86179**	**57058**	**164850**	**144566**
大通区	50303	5532	5351	5508	5444	4187	13287	10994
田家庵区	324813	47614	52764	50658	40819	23509	62562	46887
谢家集区	59489	6555	5288	5880	5427	4205	19832	12302
八公山区	37301	3289	2616	3482	4503	3706	8993	10712
潘集区	57357	6967	5652	6672	5631	4511	14043	13881
凤台县	139855	16952	15056	16872	14645	9437	33087	33806
寿县	99409	22974	15905	14287	9710	7503	13046	15984

7-4　续表 4　　　　单位：人

现 住 地	离开户口登记地时间							
	省内							
	小计	半年以上，不满一年	一年以上，不满二年	二年以上，不满三年	三年以上，不满四年	四年以上，不满五年	五年以上，不满十年	十年以上
马鞍山市	**581897**	**94241**	**84718**	**88111**	**70661**	**46349**	**114957**	**82860**
花山区	200728	26892	26849	29759	23067	16839	44868	32454
雨山区	171524	25649	26771	28047	22320	13292	31659	23786
博望区	9927	3966	1109	753	779	425	1448	1447
当涂县	84519	15909	12492	12507	10757	6703	16032	10119
含山县	51429	11130	6839	7568	6079	4556	10225	5032
和县	63770	10695	10658	9477	7659	4534	10725	10022
淮北市	**491152**	**80424**	**68693**	**73147**	**60485**	**39415**	**90898**	**78090**
杜集区	43652	8653	7091	5881	3503	2666	6807	9051
相山区	252315	32283	36078	37663	30827	21345	50678	43441
烈山区	46705	10400	7323	7753	7610	2986	4580	6053
濉溪县	148480	29088	18201	21850	18545	12418	28833	19545
铜陵市	**370738**	**60230**	**58073**	**57089**	**42897**	**28571**	**71673**	**52205**
铜官区	222902	32300	37395	36063	28610	17939	43089	27506
义安区	54629	6743	7299	7822	6792	5027	12126	8820
郊区	26754	3749	2802	3430	2505	1922	6088	6258
枞阳县	66453	17438	10577	9774	4990	3683	10370	9621
安庆市	**975723**	**192652**	**155644**	**142878**	**108228**	**74216**	**164052**	**138053**
迎江区	141961	19766	21197	23424	20322	14477	26383	16392
大观区	69482	13501	9300	9377	6776	4722	10658	15148
宜秀区	94485	17844	19311	15527	13824	7127	11936	8916
怀宁县	91754	21807	13546	12591	8945	7308	16127	11430
太湖县	66233	15176	10218	9313	6781	4382	11112	9251
宿松县	100491	19639	14150	16436	9316	6513	17708	16729
望江县	58520	13451	9864	7862	6384	4392	9908	6659
岳西县	44741	11045	7013	6724	5300	3011	6597	5051
安徽安庆经济开发区	77771	10267	10053	11328	8579	6174	13586	17784
桐城市	150560	34795	28065	19416	13469	10833	24951	19031
潜山市	79725	15361	12927	10880	8532	5277	15086	11662
黄山市	**376689**	**54288**	**47330**	**48473**	**39890**	**27729**	**79281**	**79698**
屯溪区	136254	19849	19327	19175	15995	9231	25116	27561
黄山区	36973	5136	3898	3974	3287	2705	8798	9175
徽州区	35246	4086	3824	4323	3734	2764	9039	7476
歙县	80661	11582	9781	10231	7900	6061	17653	17453
休宁县	45894	6520	5271	5364	4492	3537	10418	10292
黟县	11462	1814	1133	1070	1116	996	2496	2837
祁门县	30199	5301	4096	4336	3366	2435	5761	4904
滁州市	**1100471**	**192014**	**158371**	**150088**	**131900**	**88295**	**223843**	**155960**
琅琊区	128849	21091	19153	18674	17822	9885	24292	17932
南谯区	182542	29973	25322	22565	22661	17032	40272	24717
来安县	81662	15097	11733	11246	9179	6176	14723	13508
全椒县	125144	28479	18805	17087	13876	9831	23264	13802
定远县	108360	20666	13548	13635	13117	9078	23251	15065
凤阳县	96852	16426	16848	15420	10980	6484	17601	13093
苏滁现代产业园	9608	4098	2001	927	535	503	1005	539
滁州经济技术开发区	86948	16746	14387	13292	12627	6542	14003	9351
天长市	171359	19843	18471	19920	17437	13728	46289	35671
明光市	109147	19595	18103	17322	13666	9036	19143	12282

7-4 续表 5

单位：人

现住地	离开户口登记地时间							
	省内							
	小计	半年以上，不满一年	一年以上，不满二年	二年以上，不满三年	三年以上，不满四年	四年以上，不满五年	五年以上，不满十年	十年以上
阜阳市	**1265970**	**235766**	**227339**	**206477**	**153822**	**85506**	**189225**	**167835**
颍州区	283697	47845	56693	47534	37074	18509	40239	35803
颍东区	103668	17366	21482	17530	10454	7233	14469	15134
颍泉区	96925	20062	17104	16642	10912	6247	14564	11394
临泉县	190263	38687	35551	29314	24598	11441	23659	27013
太和县	157783	34433	27667	29967	19401	10825	22088	13402
阜南县	133959	23232	20817	20925	17654	9153	21620	20558
颍上县	114073	22318	17214	16276	12122	7923	19490	18730
阜阳合肥现代产业园区	5633	2210	1269	624	419	291	407	413
阜阳经济技术开发区	64607	9077	8182	9192	8193	6186	14252	9525
界首市	115362	20536	21360	18473	12995	7698	18437	15863
宿州市	**852354**	**180672**	**148744**	**132457**	**95333**	**59836**	**126481**	**108831**
埇桥区	380005	78347	62254	54394	42513	26044	57980	58473
砀山县	62405	13756	12255	10693	6492	4203	8022	6984
萧县	127784	32687	21626	20529	12190	7873	17460	15419
灵璧县	130748	25664	23832	20914	15798	10569	20174	13797
泗县	107152	21419	19140	18593	13795	8537	15308	10360
宿州马鞍山现代产业园区	9629	2033	2981	1562	773	408	1405	467
宿州经济技术开发区	34631	6766	6656	5772	3772	2202	6132	3331
六安市	**1125873**	**242228**	**183871**	**162796**	**127905**	**88935**	**178341**	**141797**
金安区	365056	79279	62458	52167	39751	30659	54845	45897
裕安区	341180	59168	48739	48858	44251	29301	63748	47115
叶集区	34485	11786	5118	4271	3305	2044	3823	4138
霍邱县	94820	25578	15444	11770	9257	5448	13065	14258
舒城县	130577	32298	23605	20257	12864	9457	17412	14684
金寨县	87890	21682	17387	12709	9620	6543	11296	8653
霍山县	71865	12437	11120	12764	8857	5483	14152	7052
亳州市	**974854**	**230664**	**188907**	**155336**	**105750**	**69285**	**131367**	**93545**
谯城区	422401	86184	76145	71682	50795	30275	59181	48139
涡阳县	187956	48918	45122	29106	15519	9997	21873	17421
蒙城县	192884	43776	35005	28401	22085	16329	31732	15556
利辛县	171613	51786	32635	26147	17351	12684	18581	12429
池州市	**358312**	**68356**	**54625**	**48460**	**43463**	**29048**	**67342**	**47018**
贵池区	217986	36419	31122	30037	29445	18714	44106	28143
东至县	55473	15068	9312	7779	5314	3660	7514	6826
石台县	13523	2716	2106	1907	1307	908	2425	2154
青阳县	56730	10943	9960	7170	5985	4695	10348	7629
池州市国家经济技术开发区	7347	1605	863	741	868	721	1661	888
皖江江南新兴产业集中区	3790	1087	916	536	210	125	631	285
九华山风景区	3463	518	346	290	334	225	657	1093
宣城市	**735586**	**124659**	**103175**	**95124**	**74040**	**57445**	**150625**	**130518**
宣州区	212638	32918	32432	30334	21480	17832	42989	34653
郎溪县	63398	12372	9553	8361	6952	5049	12767	8344
泾县	64333	11188	7902	7482	6846	5225	14298	11392
绩溪县	37465	4508	4088	3861	4069	3015	8578	9346
旌德县	21332	4654	2997	2944	2209	1657	3716	3155
宣城市经济开发区	61667	12500	12459	11748	6210	4392	9223	5135
宁国市	162794	20154	17104	16014	15535	12116	39183	42688
广德市	111959	26365	16640	14380	10739	8159	19871	15805

7-4　续表 6　　　　单位：人

现住地	离开户口登记地时间							
	省外							
	小计	半年以上，不满一年	一年以上，不满二年	二年以上，不满三年	三年以上，不满四年	四年以上，不满五年	五年以上，不满十年	十年以上
安　徽	**1550509**	**411056**	**262394**	**199140**	**153162**	**92805**	**223916**	**208036**
合肥市	**449677**	**104012**	**80038**	**61011**	**48334**	**28919**	**68779**	**58584**
瑶海区	57365	13754	8611	6905	5205	3884	9365	9641
庐阳区	31388	7298	4866	3990	3063	2243	5239	4689
蜀山区	59892	12356	11394	8376	6258	4038	10365	7105
包河区	81773	15600	12516	11407	10687	5823	14073	11667
长丰县	29131	6761	4489	3790	3288	2049	4546	4208
肥东县	28324	6456	4804	2988	2288	1635	4531	5622
肥西县	42326	13010	8372	5665	3866	2393	5184	3836
庐江县	11127	3937	2073	1150	943	517	1232	1275
合肥高新技术产业开发区	18771	5214	3441	2578	1875	1238	2776	1649
合肥经济技术开发区	46496	8495	10772	8012	6856	2548	5740	4073
合肥新站高新技术产业开发区	27358	6540	5896	4084	2620	1747	3657	2814
巢湖市	15726	4591	2804	2066	1385	804	2071	2005
芜湖市	**158569**	**38237**	**26634**	**21568**	**17056**	**10352**	**25304**	**19418**
镜湖区	21785	4680	3298	2871	2263	1558	3827	3288
弋江区	23963	4151	4593	3987	3301	1753	3750	2428
鸠江区	30613	6813	5277	4175	3269	2063	5069	3947
三山区	13293	2857	2273	1657	1232	973	2633	1668
芜湖县	20054	4548	3281	3184	2639	1155	2880	2367
繁昌县	6298	2469	1054	625	456	296	842	556
南陵县	7385	1845	1117	820	729	489	1210	1175
芜湖经济技术开发区	26799	8144	4433	3416	2523	1607	3942	2734
安徽芜湖长江大桥经济开发区	372	115	98	57	29	29	26	18
无为市	8007	2615	1210	776	615	429	1125	1237
蚌埠市	**62650**	**12859**	**9815**	**8616**	**7652**	**4283**	**10265**	**9160**
龙子湖区	6224	1244	767	782	642	398	1060	1331
蚌山区	8249	2206	1249	940	867	517	1250	1220
禹会区	6814	1744	1134	901	702	393	897	1043
淮上区	6597	1437	1050	834	616	477	1237	946
怀远县	7263	1426	1049	916	740	494	1146	1492
五河县	5924	1793	910	667	465	345	1037	707
固镇县	4852	1196	650	623	409	301	813	860
蚌埠市高新技术开发区	2127	348	420	350	302	123	373	211
蚌埠市经济开发区	14600	1465	2586	2603	2909	1235	2452	1350
淮南市	**48874**	**9518**	**9192**	**7385**	**5279**	**2715**	**6968**	**7817**
大通区	4938	1394	756	577	395	242	727	847
田家庵区	20122	2703	5156	3740	2739	999	2511	2274
谢家集区	3056	671	377	420	353	209	537	489
八公山区	2184	459	300	269	236	142	369	409
潘集区	4350	765	719	792	401	271	677	725
凤台县	7393	1477	888	741	626	438	1227	1996
寿县	6831	2049	996	846	529	414	920	1077

7-4　续表 7　　　　单位：人

现住地	离开户口登记地时间							
	省　外							
	小计	半年以上，不满一年	一年以上，不满二年	二年以上，不满三年	三年以上，不满四年	四年以上，不满五年	五年以上，不满十年	十年以上
马鞍山市	**85354**	**20713**	**15294**	**11910**	**8631**	**5291**	**12230**	**11285**
花山区	23073	3941	3924	3388	2404	1777	4156	3483
雨山区	21389	3958	3981	3547	2784	1345	3105	2669
博望区	6003	2318	635	582	402	339	853	874
当涂县	15147	5125	2946	1957	1353	696	1771	1299
含山县	5057	1715	976	594	341	279	583	569
和县	14685	3656	2832	1842	1347	855	1762	2391
淮北市	**42185**	**10285**	**7157**	**5188**	**5182**	**2833**	**5538**	**6002**
杜集区	6019	1811	1153	494	397	270	823	1071
相山区	16493	2749	2971	2247	1902	1022	2603	2999
烈山区	8265	2085	1176	1129	1821	904	620	530
濉溪县	11408	3640	1857	1318	1062	637	1492	1402
铜陵市	**22631**	**5814**	**3280**	**2979**	**1913**	**1307**	**3852**	**3486**
铜官区	12447	2595	1864	1796	1140	756	2300	1996
义安区	4007	1161	606	516	316	234	590	584
郊区	2257	455	312	362	211	148	428	341
枞阳县	3920	1603	498	305	246	169	534	565
安庆市	**71165**	**23833**	**11202**	**7185**	**5763**	**3966**	**9393**	**9823**
迎江区	7354	1671	1108	930	710	596	1307	1032
大观区	6047	2023	836	531	420	264	726	1247
宜秀区	8796	2114	1781	1017	1020	433	1202	1229
怀宁县	7962	3732	1160	769	493	388	767	653
太湖县	4826	1756	716	465	356	191	694	648
宿松县	8128	2386	1312	780	668	442	1152	1388
望江县	4856	1465	755	535	442	361	648	650
岳西县	2911	965	363	265	226	212	477	403
安徽安庆经济开发区	5873	1644	884	637	510	375	759	1064
桐城市	9425	4066	1518	835	616	474	1020	896
潜山市	4987	2011	769	421	302	230	641	613
黄山市	**48231**	**13730**	**7250**	**4998**	**3790**	**2435**	**7448**	**8580**
屯溪区	14558	2384	2208	1912	1577	888	2620	2969
黄山区	7445	2421	1071	601	451	383	1121	1397
徽州区	3103	686	504	393	301	205	572	442
歙县	8329	2095	1094	943	731	488	1319	1659
休宁县	4777	1171	576	346	364	228	919	1173
黟县	2929	1683	317	177	137	88	244	283
祁门县	7090	3290	1480	626	229	155	653	657
滁州市	**145213**	**46376**	**23584**	**17442**	**12300**	**8230**	**19446**	**17835**
琅琊区	13060	3596	1786	1880	1444	747	1859	1748
南谯区	21089	6320	3210	2251	1664	1464	3331	2849
来安县	26986	6107	4337	3979	2729	1624	3663	4547
全椒县	10681	3637	2462	1368	814	564	1065	771
定远县	5722	1637	909	702	527	366	885	696
凤阳县	7863	1949	1632	1082	757	517	998	928
苏滁现代产业园	7036	3543	1281	668	444	291	448	361
滁州经济技术开发区	22551	12538	3222	1892	1388	666	2020	825
天长市	22491	5096	3537	2539	1817	1557	4012	3933
明光市	7734	1953	1208	1081	716	434	1165	1177

7-4 续表 8 单位：人

现住地	离开户口登记地时间							
	省外							
	小计	半年以上，不满一年	一年以上，不满二年	二年以上，不满三年	三年以上，不满四年	四年以上，不满五年	五年以上，不满十年	十年以上
阜阳市	**83356**	**24361**	**14613**	**11501**	**8316**	**4400**	**10106**	**10059**
颍州区	15236	3773	3124	2191	1841	772	1763	1772
颍东区	8263	2591	1659	1015	702	381	884	1031
颍泉区	7476	2175	1195	1018	706	416	1082	884
临泉县	12091	3617	2038	2135	1346	570	1147	1238
太和县	8949	2914	1450	1150	864	497	1057	1017
阜南县	8411	2532	1356	1124	763	464	990	1182
颍上县	8073	2512	1401	951	685	398	962	1164
阜阳合肥现代产业园区	774	260	258	53	33	52	77	41
阜阳经济技术开发区	2926	628	462	418	342	205	504	367
界首市	11157	3359	1670	1446	1034	645	1640	1363
宿州市	**72072**	**20107**	**12357**	**8783**	**6281**	**4069**	**9856**	**10619**
埇桥区	26151	7262	4652	3095	2355	1411	3473	3903
砀山县	10123	2727	1791	1351	923	670	1256	1405
萧县	13291	3865	2289	1681	1069	791	1828	1768
灵璧县	9759	2797	1464	1197	766	523	1456	1556
泗县	8730	2345	1325	982	770	502	1278	1528
宿州马鞍山现代产业园区	1262	441	404	175	69	28	60	85
宿州经济技术开发区	2756	670	432	302	329	144	505	374
六安市	**63712**	**21701**	**10345**	**7242**	**5217**	**3245**	**8041**	**7921**
金安区	14264	4317	2514	1898	1293	831	1734	1677
裕安区	10127	2542	1654	1394	1113	625	1527	1272
叶集区	5528	1709	1009	662	430	293	601	824
霍邱县	10432	2739	1193	1014	879	568	2036	2003
舒城县	11528	6370	1748	953	571	307	755	824
金寨县	8682	3001	1711	932	673	437	956	972
霍山县	3151	1023	516	389	258	184	432	349
亳州市	**53898**	**18054**	**9050**	**6390**	**4792**	**3021**	**6595**	**5996**
谯城区	29863	8446	5057	4001	3060	1798	3996	3505
涡阳县	8226	3398	1390	842	546	402	875	773
蒙城县	7958	3344	1085	802	595	451	893	788
利辛县	7851	2866	1518	745	591	370	831	930
池州市	**32669**	**10004**	**4761**	**3741**	**2743**	**1695**	**4858**	**4867**
贵池区	15451	4677	2193	1705	1371	825	2436	2244
东至县	4855	1479	654	561	401	252	704	804
石台县	1948	735	339	284	103	63	196	228
青阳县	6394	2013	948	662	495	358	994	924
池州市国家经济技术开发区	758	222	102	57	90	37	133	117
皖江江南新兴产业集中区	2736	806	444	413	244	128	291	410
九华山风景区	527	72	81	59	39	32	104	140
宣城市	**110253**	**31452**	**17822**	**13201**	**9913**	**6044**	**15237**	**16584**
宣州区	19922	4857	3040	2454	1800	1230	3049	3492
郎溪县	15562	4426	2346	1762	1140	854	2377	2657
泾县	7756	2214	881	701	552	458	1364	1586
绩溪县	3545	884	473	413	316	204	615	640
旌德县	2625	1081	352	270	147	120	340	315
宣城市经济开发区	10391	2000	2923	2178	1921	364	661	344
宁国市	16361	4324	2469	1766	1372	1031	2448	2951
广德市	34091	11666	5338	3657	2665	1783	4383	4599

7-4a 全省按现住地、离开户口登记地时间分的户口登记地在外乡镇街道的人口(城市)

单位：人

现住地	离开户口登记地时间							
	合计							
	合计	半年以上，不满一年	一年以上，不满二年	二年以上，不满三年	三年以上，不满四年	四年以上，不满五年	五年以上，不满十年	十年以上
安　徽	**9113788**	**1483891**	**1414416**	**1324400**	**1068568**	**719166**	**1724681**	**1378666**
合肥市	**2577146**	**417215**	**363102**	**342298**	**279714**	**209152**	**515630**	**450035**
瑶海区	539784	71848	65712	67300	55435	46960	121000	111529
庐阳区	365439	59572	50960	47853	40144	30618	74018	62274
蜀山区	594171	108135	91286	83250	62394	45067	114346	89693
包河区	762466	131279	107305	99411	85279	61518	146571	131103
长丰县								
肥东县								
肥西县	53854	10925	10867	9533	7691	3390	7377	4071
庐江县								
合肥高新技术产业开发区								
合肥经济技术开发区								
合肥新站高新技术产业开发区	42703	5623	6058	4529	3883	4101	9007	9502
巢湖市	218729	29833	30914	30422	24888	17498	43311	41863
芜湖市	**793843**	**127557**	**143261**	**126154**	**96275**	**57410**	**146481**	**96705**
镜湖区	214041	34058	31512	30004	25252	16694	47352	29169
弋江区	253699	37949	49630	44718	32811	17514	44177	26900
鸠江区	188954	31959	30827	26396	21741	14216	35539	28276
三山区	44786	6221	10796	7155	4902	3283	7745	4684
芜湖县	1127	183	140	137	118	78	270	201
繁昌县								
南陵县								
芜湖经济技术开发区	144	30	6	20	5	13	33	37
安徽芜湖长江大桥经济开发区								
无为市	91092	17157	20350	17724	11446	5612	11365	7438
蚌埠市	**357543**	**56666**	**52453**	**54536**	**46310**	**30609**	**65551**	**51418**
龙子湖区	86392	11090	9449	10993	11703	7512	17856	17789
蚌山区	87328	14283	13104	12608	11501	8556	16365	10911
禹会区	105928	16520	16484	18465	14462	8776	16024	15197
淮上区	77895	14773	13416	12470	8644	5765	15306	7521
怀远县								
五河县								
固镇县								
蚌埠市高新技术开发区								
蚌埠市经济开发区								
淮南市	**493996**	**67113**	**71707**	**70368**	**59030**	**37554**	**108397**	**79827**
大通区	23039	2952	2301	2735	3011	2118	6209	3713
田家庵区	340934	49783	57644	54064	43210	24248	64255	47730
谢家集区	58664	6545	5392	5972	5488	4196	19641	11430
八公山区	37522	3612	2733	3413	4024	3773	9120	10847
潘集区	33837	4221	3637	4184	3297	3219	9172	6107
凤台县								
寿县								

7-4a 续表 1

单位：人

现住地	离开户口登记地时间							
	合计							
	合计	半年以上，不满一年	一年以上，不满二年	二年以上，不满三年	三年以上，不满四年	四年以上，不满五年	五年以上，不满十年	十年以上
马鞍山市	**423933**	**64130**	**62351**	**65417**	**51237**	**33591**	**84775**	**62432**
花山区	221419	30457	30406	32927	25290	18517	48732	35090
雨山区	191053	29257	30606	31490	24990	14535	34339	25836
博望区	11461	4416	1339	1000	957	539	1704	1506
当涂县								
含山县								
和县								
淮北市	**343582**	**52802**	**52029**	**51537**	**41187**	**26286**	**62049**	**57692**
杜集区	37663	7425	6693	5230	2986	2252	5789	7288
相山区	261172	33989	38272	38339	32131	22003	51742	44696
烈山区	38450	9277	6639	7611	5776	1769	3255	4123
濉溪县	6297	2111	425	357	294	262	1263	1585
铜陵市	**297978**	**41313**	**46768**	**47158**	**37739**	**24499**	**60427**	**40074**
铜官区	231844	34221	38157	37449	29481	18423	45029	29084
义安区	46273	4812	6534	7062	6347	4603	10550	6365
郊区	19861	2280	2077	2647	1911	1473	4848	4625
枞阳县								
安庆市	**559514**	**104984**	**95762**	**82012**	**67636**	**45343**	**94059**	**69718**
迎江区	148191	21145	22108	24247	20946	15019	27552	17174
大观区	69917	13351	9264	9309	6957	4833	10869	15334
宜秀区	97097	18461	20157	15924	14354	7248	12197	8756
怀宁县								
太湖县								
宿松县								
望江县	43710	9320	7977	6231	5348	3535	7631	3668
岳西县								
安徽安庆经济开发区	418	138	49	69	69	59	18	16
桐城市	136290	30584	25772	17644	12553	10242	23258	16237
潜山市	63891	11985	10435	8588	7409	4407	12534	8533
黄山市	**200711**	**27028**	**24965**	**25604**	**20956**	**15135**	**44102**	**42921**
屯溪区	133378	18896	17481	17250	14041	9766	26810	29134
黄山区	29448	3795	3225	3444	2778	2319	7527	6360
徽州区	33894	4012	4005	4420	3738	2731	8745	6243
歙县	1319	87	60	103	139	109	292	529
休宁县	2672	238	194	387	260	210	728	655
黟县								
祁门县								
滁州市	**512491**	**78857**	**70608**	**69282**	**63335**	**42892**	**110292**	**77225**
琅琊区	139471	23867	20630	20261	19094	10521	25898	19200
南谯区	132478	23598	18397	15890	15688	11890	27441	19574
来安县								
全椒县								
定远县								
凤阳县								
苏滁现代产业园								
滁州经济技术开发区								
天长市	148817	16474	16896	18011	16159	12149	39746	29382
明光市	91725	14918	14685	15120	12394	8332	17207	9069

7-4a　续表 2　　　　单位：人

现住地	离开户口登记地时间 合计							
	合计	半年以上，不满一年	一年以上，不满二年	二年以上，不满三年	三年以上，不满四年	四年以上，不满五年	五年以上，不满十年	十年以上
阜阳市	**551017**	**91091**	**111539**	**94308**	**67432**	**36768**	**81057**	**68822**
颍州区	263071	42356	54647	43888	34935	17082	37492	32671
颍东区	92700	14808	21014	16645	9587	6361	12071	12214
颍泉区	88284	16341	16290	16018	10463	5903	13666	9603
临泉县								
太和县								
阜南县								
颍上县								
阜阳合肥现代产业园区								
阜阳经济技术开发区								
界首市	106962	17586	19588	17757	12447	7422	17828	14334
宿州市	**334469**	**62820**	**55572**	**51250**	**39376**	**24044**	**52517**	**48890**
埇桥区	333102	62581	55426	51128	39303	23980	52301	48383
砀山县								
萧县	1367	239	146	122	73	64	216	507
灵璧县								
泗县								
宿州马鞍山现代产业园区								
宿州经济技术开发区								
六安市	**594378**	**103074**	**93027**	**86835**	**74465**	**53653**	**103961**	**79363**
金安区	268933	47804	45782	39780	30993	25074	43176	36324
裕安区	300200	47557	42766	43364	40843	27015	58055	40600
叶集区	24610	7552	4399	3618	2585	1532	2659	2265
霍邱县	117	15	17	6	7	2	17	53
舒城县	518	146	63	67	37	30	54	121
金寨县								
霍山县								
亳州市	**393785**	**71207**	**75757**	**69656**	**49202**	**28756**	**55675**	**43532**
谯城区	392528	71087	74649	69646	49199	28753	55669	43525
涡阳县								
蒙城县								
利辛县	1257	120	1108	10	3	3	6	7
池州市	**226729**	**39039**	**33057**	**31358**	**30607**	**19377**	**46035**	**27256**
贵池区	212098	35319	30732	29611	29195	18366	43319	25556
东至县								
石台县								
青阳县								
池州市国家经济技术开发区	8105	1827	965	798	958	758	1794	1005
皖江江南新兴产业集中区	6526	1893	1360	949	454	253	922	695
九华山风景区								
宣城市	**452673**	**78995**	**62458**	**56627**	**44067**	**34097**	**93673**	**82756**
宣州区	170269	26979	25975	25336	17255	13713	34711	26300
郎溪县								
泾县								
绩溪县								
旌德县								
宣城市经济开发区								
宁国市	161113	20400	17253	15971	15493	11924	38766	41306
广德市	121291	31616	19230	15320	11319	8460	20196	15150

7－4a 续表 3

单位：人

现住地	离开户口登记地时间							
	省内							
	小计	半年以上，不满一年	一年以上，不满二年	二年以上，不满三年	三年以上，不满四年	四年以上，不满五年	五年以上，不满十年	十年以上
安徽	**8420529**	**1329803**	**1297506**	**1230334**	**994469**	**673835**	**1613989**	**1280593**
合肥市	**2337600**	**366431**	**324528**	**310240**	**253241**	**192551**	**475067**	**415542**
瑶海区	485364	58899	57497	60755	50513	43269	112090	102341
庐阳区	337109	53110	46491	44220	37364	28627	69308	57989
蜀山区	536416	96552	80508	75199	56224	41127	104114	82692
包河区	681250	115738	95060	88077	74623	55729	132550	119473
长丰县								
肥东县								
肥西县	48952	9344	10015	8829	7165	3113	6792	3694
庐江县								
合肥高新技术产业开发区								
合肥经济技术开发区								
合肥新站高新技术产业开发区	39588	5141	5556	4182	3553	3822	8395	8939
巢湖市	208921	27647	29401	28978	23799	16864	41818	40414
芜湖市	**708102**	**109780**	**128268**	**113966**	**86551**	**51352**	**131947**	**86238**
镜湖区	192732	29544	28286	27188	23013	15174	43575	25952
弋江区	229736	33798	45037	40731	29510	15761	40427	24472
鸠江区	162064	26244	26094	22739	18820	12331	30886	24950
三山区	34630	3942	8922	5812	3935	2562	5861	3596
芜湖县	903	111	115	112	100	63	231	171
繁昌县								
南陵县								
芜湖经济技术开发区	118	23	6	9	4	10	29	37
安徽芜湖长江大桥经济开发区								
无为市	87919	16118	19808	17375	11169	5451	10938	7060
蚌埠市	**333563**	**51245**	**48927**	**51574**	**43803**	**29024**	**61591**	**47399**
龙子湖区	80905	10093	8792	10297	11124	7153	16882	16564
蚌山区	79597	12251	11953	11733	10685	8058	15156	9761
禹会区	100310	15219	15528	17715	13881	8440	15248	14279
淮上区	72751	13682	12654	11829	8113	5373	14305	6795
怀远县								
五河县								
固镇县								
蚌埠市高新技术开发区								
蚌埠市经济开发区								
淮南市	**467095**	**62936**	**65683**	**65804**	**55564**	**36094**	**104700**	**76314**
大通区	21749	2615	2120	2610	2904	2052	5998	3450
田家庵区	321068	47140	52512	50345	40502	23264	61794	45511
谢家集区	56004	5975	5058	5601	5168	4010	19178	11014
八公山区	35467	3173	2476	3170	3804	3633	8760	10451
潘集区	32807	4033	3517	4078	3186	3135	8970	5888
凤台县								
寿县								

7-4a　续表 4　　　　单位：人

现 住 地	离开户口登记地时间							
	省内							
	小计	半年以上，不满一年	一年以上，不满二年	二年以上，不满三年	三年以上，不满四年	四年以上，不满五年	五年以上，不满十年	十年以上
马鞍山市	**376306**	**55030**	**54122**	**58163**	**45844**	**30263**	**77007**	**55877**
花山区	198895	26666	26566	29611	22949	16760	44620	31723
雨山区	169986	25416	26666	27963	22229	13203	31309	23200
博望区	7425	2948	890	589	666	300	1078	954
当涂县								
含山县								
和县								
淮北市	**319041**	**47506**	**47468**	**48148**	**38339**	**24832**	**58640**	**54108**
杜集区	34127	6545	5961	4949	2740	2071	5253	6608
相山区	245853	31434	35394	36180	30296	21008	49317	42224
烈山区	33781	7951	5788	6723	5053	1525	2921	3820
濉溪县	5280	1576	325	296	250	228	1149	1456
铜陵市	**282610**	**38239**	**44459**	**44858**	**36257**	**23531**	**57571**	**37695**
铜官区	219572	31668	36318	35691	28360	17678	42745	27112
义安区	44518	4491	6238	6804	6139	4476	10252	6118
郊区	18520	2080	1903	2363	1758	1377	4574	4465
枞阳县								
安庆市	**528462**	**96112**	**90494**	**78598**	**64755**	**43442**	**89710**	**65351**
迎江区	141043	19527	21071	23337	20251	14430	26265	16162
大观区	64876	11971	8571	8845	6560	4581	10194	14154
宜秀区	89160	16576	18529	14985	13398	6848	11149	7675
怀宁县								
太湖县								
宿松县								
望江县	42018	8927	7674	6044	5148	3382	7391	3452
岳西县								
安徽安庆经济开发区	311	79	32	49	62	57	18	14
桐城市	129570	27837	24606	16988	12093	9879	22524	15643
潜山市	61484	11195	10011	8350	7243	4265	12169	8251
黄山市	**182393**	**23785**	**22360**	**23362**	**19199**	**13946**	**40557**	**39184**
屯溪区	120466	16934	15685	15641	12764	8912	24279	26251
黄山区	26736	3057	2879	3165	2558	2169	7038	5870
徽州区	31386	3515	3560	4079	3490	2553	8270	5919
歙县	1249	63	55	97	133	109	275	517
休宁县	2556	216	181	380	254	203	695	627
黟县								
祁门县								
滁州市	**474048**	**69524**	**64923**	**64261**	**59695**	**40300**	**103939**	**71406**
琅琊区	127143	20635	18946	18461	17702	9801	24084	17514
南谯区	121309	20239	16853	14794	14860	11139	25583	17841
来安县								
全椒县								
定远县								
凤阳县								
苏滁现代产业园								
滁州经济技术开发区								
天长市	138534	14856	15153	16643	15217	11304	37801	27560
明光市	87062	13794	13971	14363	11916	8056	16471	8491

7-4a 续表 5 单位：人

现住地	离开户口登记地时间							
	省内							
	小计	半年以上，不满一年	一年以上，不满二年	二年以上，不满三年	三年以上，不满四年	四年以上，不满五年	五年以上，不满十年	十年以上
阜阳市	**522571**	**84531**	**105908**	**90057**	**64265**	**35237**	**77226**	**65347**
颍州区	251387	39736	52053	42175	33419	16502	36150	31352
颍东区	87907	13592	19867	15915	9184	6136	11609	11604
颍泉区	83158	15202	15413	15214	9902	5608	12832	8987
临泉县								
太和县								
阜南县								
颍上县								
阜阳合肥现代产业园区								
阜阳经济技术开发区								
界首市	100119	16001	18575	16753	11760	6991	16635	13404
宿州市	**318341**	**58851**	**52641**	**49094**	**37765**	**23143**	**50399**	**46448**
埇桥区	317198	58683	52526	49014	37705	23089	50215	45966
砀山县								
萧县	1143	168	115	80	60	54	184	482
灵璧县								
泗县								
宿州马鞍山现代产业园区								
宿州经济技术开发区								
六安市	**575955**	**98545**	**89751**	**84174**	**72523**	**52440**	**101539**	**76983**
金安区	260725	45787	44304	38561	30162	24518	42126	35267
裕安区	293697	46169	41636	42364	40045	26577	57081	39825
叶集区	20953	6438	3742	3183	2274	1314	2274	1728
霍邱县	91	10	14	5	7	2	7	46
舒城县	489	141	55	61	35	29	51	117
金寨县								
霍山县								
亳州市	**371120**	**65665**	**71458**	**66481**	**46831**	**27329**	**52574**	**40782**
谯城区	370138	65563	70604	66471	46828	27328	52568	40776
涡阳县								
蒙城县								
利辛县	982	102	854	10	3	1	6	6
池州市	**212365**	**35230**	**30906**	**29593**	**29130**	**18561**	**43695**	**25250**
贵池区	201228	32538	29127	28316	28052	17715	41403	24077
东至县								
石台县								
青阳县								
池州市国家经济技术开发区	7347	1605	863	741	868	721	1661	888
皖江江南新兴产业集中区	3790	1087	916	536	210	125	631	285
九华山风景区								
宣城市	**410957**	**66393**	**55610**	**51961**	**40707**	**31790**	**87827**	**76669**
宣州区	161733	25084	24654	24127	16455	13177	33314	24922
郎溪县								
泾县								
绩溪县								
旌德县								
宣城市经济开发区								
宁国市	150394	17836	15662	14855	14613	11287	36971	39170
广德市	98830	23473	15294	12979	9639	7326	17542	12577

7-4a　续表 6　　　　　　　　　　　　　　　　　　　　　　　　　　　　单位：人

现 住 地	离开户口登记地时间							
	省　外							
	小计	半年以上，不满一年	一年以上，不满二年	二年以上，不满三年	三年以上，不满四年	四年以上，不满五年	五年以上，不满十年	十年以上
安　徽	**693259**	**154088**	**116910**	**94066**	**74099**	**45331**	**110692**	**98073**
合肥市	**239546**	**50784**	**38574**	**32058**	**26473**	**16601**	**40563**	**34493**
瑶海区	54420	12949	8215	6545	4922	3691	8910	9188
庐阳区	28330	6462	4469	3633	2780	1991	4710	4285
蜀山区	57755	11583	10778	8051	6170	3940	10232	7001
包河区	81216	15541	12245	11334	10656	5789	14021	11630
长丰县								
肥东县								
肥西县	4902	1581	852	704	526	277	585	377
庐江县								
合肥高新技术产业开发区								
合肥经济技术开发区								
合肥新站高新技术产业开发区	3115	482	502	347	330	279	612	563
巢湖市	9808	2186	1513	1444	1089	634	1493	1449
芜湖市	**85741**	**17777**	**14993**	**12188**	**9724**	**6058**	**14534**	**10467**
镜湖区	21309	4514	3226	2816	2239	1520	3777	3217
弋江区	23963	4151	4593	3987	3301	1753	3750	2428
鸠江区	26890	5715	4733	3657	2921	1885	4653	3326
三山区	10156	2279	1874	1343	967	721	1884	1088
芜湖县	224	72	25	25	18	15	39	30
繁昌县								
南陵县								
芜湖经济技术开发区	26	7		11	1	3	4	
安徽芜湖长江大桥经济开发区								
无为市	3173	1039	542	349	277	161	427	378
蚌埠市	**23980**	**5421**	**3526**	**2962**	**2507**	**1585**	**3960**	**4019**
龙子湖区	5487	997	657	696	579	359	974	1225
蚌山区	7731	2032	1151	875	816	498	1209	1150
禹会区	5618	1301	956	750	581	336	776	918
淮上区	5144	1091	762	641	531	392	1001	726
怀远县								
五河县								
固镇县								
蚌埠市高新技术开发区								
蚌埠市经济开发区								
淮南市	**26901**	**4177**	**6024**	**4564**	**3466**	**1460**	**3697**	**3513**
大通区	1290	337	181	125	107	66	211	263
田家庵区	19866	2643	5132	3719	2708	984	2461	2219
谢家集区	2660	570	334	371	320	186	463	416
八公山区	2055	439	257	243	220	140	360	396
潘集区	1030	188	120	106	111	84	202	219
凤台县								
寿县								

7-4a 续表 7

单位：人

现住地	离开户口登记地时间							
	省外							
	小计	半年以上，不满一年	一年以上，不满二年	二年以上，不满三年	三年以上，不满四年	四年以上，不满五年	五年以上，不满十年	十年以上
马鞍山市	**47627**	**9100**	**8229**	**7254**	**5393**	**3328**	**7768**	**6555**
花山区	22524	3791	3840	3316	2341	1757	4112	3367
雨山区	21067	3841	3940	3527	2761	1332	3030	2636
博望区	4036	1468	449	411	291	239	626	552
当涂县								
含山县								
和县								
淮北市	**24541**	**5296**	**4561**	**3389**	**2848**	**1454**	**3409**	**3584**
杜集区	3536	880	732	281	246	181	536	680
相山区	15319	2555	2878	2159	1835	995	2425	2472
烈山区	4669	1326	851	888	723	244	334	303
濉溪县	1017	535	100	61	44	34	114	129
铜陵市	**15368**	**3074**	**2309**	**2300**	**1482**	**968**	**2856**	**2379**
铜官区	12272	2553	1839	1758	1121	745	2284	1972
义安区	1755	321	296	258	208	127	298	247
郊区	1341	200	174	284	153	96	274	160
枞阳县								
安庆市	**31052**	**8872**	**5268**	**3414**	**2881**	**1901**	**4349**	**4367**
迎江区	7148	1618	1037	910	695	589	1287	1012
大观区	5041	1380	693	464	397	252	675	1180
宜秀区	7937	1885	1628	939	956	400	1048	1081
怀宁县								
太湖县								
宿松县								
望江县	1692	393	303	187	200	153	240	216
岳西县								
安徽安庆经济开发区	107	59	17	20	7	2		2
桐城市	6720	2747	1166	656	460	363	734	594
潜山市	2407	790	424	238	166	142	365	282
黄山市	**18318**	**3243**	**2605**	**2242**	**1757**	**1189**	**3545**	**3737**
屯溪区	12912	1962	1796	1609	1277	854	2531	2883
黄山区	2712	738	346	279	220	150	489	490
徽州区	2508	497	445	341	248	178	475	324
歙县	70	24	5	6	6		17	12
休宁县	116	22	13	7	6	7	33	28
黟县								
祁门县								
滁州市	**38443**	**9333**	**5685**	**5021**	**3640**	**2592**	**6353**	**5819**
琅琊区	12328	3232	1684	1800	1392	720	1814	1686
南谯区	11169	3359	1544	1096	828	751	1858	1733
来安县								
全椒县								
定远县								
凤阳县								
苏滁现代产业园								
滁州经济技术开发区								
天长市	10283	1618	1743	1368	942	845	1945	1822
明光市	4663	1124	714	757	478	276	736	578

7-4a　续表 8　　　　单位：人

现住地	离开户口登记地时间							
	省外							
	小计	半年以上，不满一年	一年以上，不满二年	二年以上，不满三年	三年以上，不满四年	四年以上，不满五年	五年以上，不满十年	十年以上
阜阳市	**28446**	**6560**	**5631**	**4251**	**3167**	**1531**	**3831**	**3475**
颍州区	11684	2620	2594	1713	1516	580	1342	1319
颍东区	4793	1216	1147	730	403	225	462	610
颍泉区	5126	1139	877	804	561	295	834	616
临泉县								
太和县								
阜南县								
颍上县								
阜阳合肥现代产业园区								
阜阳经济技术开发区								
界首市	6843	1585	1013	1004	687	431	1193	930
宿州市	**16128**	**3969**	**2931**	**2156**	**1611**	**901**	**2118**	**2442**
埇桥区	15904	3898	2900	2114	1598	891	2086	2417
砀山县								
萧县	224	71	31	42	13	10	32	25
灵璧县								
泗县								
宿州马鞍山现代产业园区								
宿州经济技术开发区								
六安市	**18423**	**4529**	**3276**	**2661**	**1942**	**1213**	**2422**	**2380**
金安区	8208	2017	1478	1219	831	556	1050	1057
裕安区	6503	1388	1130	1000	798	438	974	775
叶集区	3657	1114	657	435	311	218	385	537
霍邱县	26	5	3	1			10	7
舒城县	29	5	8	6	2	1	3	4
金寨县								
霍山县								
亳州市	**22665**	**5542**	**4299**	**3175**	**2371**	**1427**	**3101**	**2750**
谯城区	22390	5524	4045	3175	2371	1425	3101	2749
涡阳县								
蒙城县								
利辛县	275	18	254			2		1
池州市	**14364**	**3809**	**2151**	**1765**	**1477**	**816**	**2340**	**2006**
贵池区	10870	2781	1605	1295	1143	651	1916	1479
东至县								
石台县								
青阳县								
池州市国家经济技术开发区	758	222	102	57	90	37	133	117
皖江江南新兴产业集中区	2736	806	444	413	244	128	291	410
九华山风景区								
宣城市	**41716**	**12602**	**6848**	**4666**	**3360**	**2307**	**5846**	**6087**
宣州区	8536	1895	1321	1209	800	536	1397	1378
郎溪县								
泾县								
绩溪县								
旌德县								
宣城市经济开发区								
宁国市	10719	2564	1591	1116	880	637	1795	2136
广德市	22461	8143	3936	2341	1680	1134	2654	2573

7-4b 全省按现住地、离开户口登记地时间分的户口登记地在外乡镇街道的人口(镇)

单位：人

现住地	离开户口登记地时间							
	合计							
	合计	半年以上，不满一年	一年以上，不满二年	二年以上，不满三年	三年以上，不满四年	四年以上，不满五年	五年以上，不满十年	十年以上
安徽	**7585048**	**1473269**	**1243200**	**1125911**	**874481**	**577829**	**1313667**	**976691**
合肥市	**2242626**	**386578**	**367158**	**320456**	**264426**	**182221**	**419965**	**301822**
瑶海区	17028	1959	2104	3015	3128	1611	2306	2905
庐阳区	36134	5608	4492	4266	4274	3962	8824	4708
蜀山区	7007	1346	808	886	730	481	1347	1409
包河区								
长丰县	333804	44277	46316	49738	47693	32730	72335	40715
肥东县	395773	49341	58246	46312	38580	34004	87087	82203
肥西县	398667	63643	58207	58167	53323	36896	76409	52022
庐江县	165350	31044	25552	25076	20926	13163	31046	18543
合肥高新技术产业开发区	186788	40384	31151	28699	22009	15142	30456	18947
合肥经济技术开发区	383017	71510	70042	56131	45936	26354	64737	48307
合肥新站高新技术产业开发区	294011	70298	63353	44857	26488	17111	43016	28888
巢湖市	25047	7168	6887	3309	1339	767	2402	3175
芜湖市	**416664**	**72398**	**60479**	**62206**	**52372**	**35569**	**83905**	**49735**
镜湖区	139	22	19	13	9	17	19	40
弋江区								
鸠江区	6344	1890	729	520	463	340	988	1414
三山区	15780	2231	2130	1942	1994	1722	3918	1843
芜湖县	112843	16318	15965	18821	17098	10857	23042	10742
繁昌县	55626	9552	6903	8034	7192	4931	12896	6118
南陵县	90333	14713	15454	14807	11347	7643	17153	9216
芜湖经济技术开发区	113291	22652	15939	15293	12418	8680	22019	16290
安徽芜湖长江大桥经济开发区	897	187	234	143	81	87	121	44
无为市	21411	4833	3106	2633	1770	1292	3749	4028
蚌埠市	**486719**	**89359**	**74248**	**79447**	**66562**	**36887**	**82181**	**58035**
龙子湖区	3729	420	328	265	347	265	1299	805
蚌山区								
禹会区	862	267	190	94	92	31	87	101
淮上区	5232	1180	959	970	454	377	691	601
怀远县	111080	24217	14995	16615	12665	8087	18950	15551
五河县	84550	16232	12443	13044	11173	7566	17764	6328
固镇县	63745	15126	10027	10232	6282	4807	7753	9518
蚌埠市高新技术开发区	45339	5656	8584	8405	7878	3146	8013	3657
蚌埠市经济开发区	172182	26261	26722	29822	27671	12608	27624	21474
淮南市	**238038**	**36862**	**31251**	**30619**	**23645**	**17348**	**45432**	**52881**
大通区	28812	3194	3476	3058	2585	2108	7216	7175
田家庵区	2031	185	124	153	192	130	454	793
谢家集区	494	70	45	49	36	27	150	117
八公山区	21	3	2	3			9	4
潘集区	13915	1484	1415	1734	979	706	2914	4683
凤台县	102966	12139	10915	11975	10657	7276	23025	26979
寿县	89799	19787	15274	13647	9196	7101	11664	13130

7-4b 续表 1

单位：人

现住地	离开户口登记地时间 合计							
	合计	半年以上，不满一年	一年以上，不满二年	二年以上，不满三年	三年以上，不满四年	四年以上，不满五年	五年以上，不满十年	十年以上
马鞍山市	**204111**	**39245**	**31893**	**30592**	**25095**	**16145**	**37098**	**24043**
花山区								
雨山区								
博望区	1189	789	101	46	38	28	71	116
当涂县	86540	17393	13438	12808	10828	6803	15897	9373
含山县	50747	10699	7230	7730	6081	4570	10069	4368
和县	65635	10364	11124	10008	8148	4744	11061	10186
淮北市	**148459**	**28158**	**19564**	**22373**	**18987**	**12625**	**28516**	**18236**
杜集区	7548	1970	1160	683	588	421	1079	1647
相山区								
烈山区	5714	1002	769	609	476	426	1028	1404
濉溪县	135197	25186	17635	21081	17923	11778	26409	15185
铜陵市	**71879**	**19198**	**11485**	**10583**	**5376**	**3874**	**11295**	**10068**
铜官区	13	2		4		2	4	1
义安区	4344	1818	513	374	206	138	597	698
郊区	4274	824	543	653	393	245	754	862
枞阳县	63248	16554	10429	9552	4777	3489	9940	8507
安庆市	**412120**	**85286**	**61967**	**60397**	**41344**	**29477**	**69640**	**64009**
迎江区								
大观区	1794	452	529	324	74	61	141	213
宜秀区	3444	960	525	403	278	160	475	643
怀宁县	89805	21587	13643	12506	8861	7320	15720	10168
太湖县	62831	13707	9987	9034	6615	4167	10708	8613
宿松县	92669	17571	13034	14814	9027	6269	16737	15217
望江县	12506	3503	1955	1599	995	860	1785	1809
岳西县	37999	8248	6169	6051	4714	2776	5958	4083
安徽安庆经济开发区	82380	11639	10784	11789	8858	6396	14239	18675
桐城市	14956	4833	2703	1706	1051	722	1651	2290
潜山市	13736	2786	2638	2171	871	746	2226	2298
黄山市	**176909**	**28178**	**24375**	**24575**	**20065**	**12916**	**35030**	**31770**
屯溪区	14684	2862	3652	3624	3382	195	440	529
黄山区	7916	2404	919	595	454	345	1145	2054
徽州区	1574	252	116	103	119	90	306	588
歙县	75150	10519	9740	10206	7786	5857	16672	14370
休宁县	37518	5053	4588	4483	3958	3052	8645	7739
黟县	9511	1439	1046	954	1014	934	2157	1967
祁门县	30556	5649	4314	4610	3352	2443	5665	4523
滁州市	**593072**	**116786**	**90216**	**82511**	**69202**	**45696**	**112795**	**75866**
琅琊区								
南谯区	33246	4414	3835	4088	4009	3569	9330	4001
来安县	93877	17365	13778	13694	10771	6999	16119	15151
全椒县	122558	27842	19575	17001	13605	9717	22694	12124
定远县	100699	17947	13026	12996	12693	8729	21977	13331
凤阳县	89506	14680	15974	14759	10672	6039	15964	11418
苏滁现代产业园	16644	7641	3282	1595	979	794	1453	900
滁州经济技术开发区	96276	19696	16061	14267	13580	6984	15721	9967
天长市	32656	5338	3839	3376	2291	2421	8245	7146
明光市	7610	1863	846	735	602	444	1292	1828

7-4b 续表 2

单位：人

现住地	离开户口登记地时间							
	合计							
	合计	半年以上，不满一年	一年以上，不满二年	二年以上，不满三年	三年以上，不满四年	四年以上，不满五年	五年以上，不满十年	十年以上
阜阳市	**657917**	**121434**	**111759**	**108158**	**83020**	**45556**	**101013**	**86977**
颍州区	11588	2809	1706	2319	1491	683	1299	1281
颍东区	7206	1372	732	643	566	431	1444	2018
颍泉区	5299	2303	775	532	251	186	499	753
临泉县	184330	35233	35146	29736	24611	11246	22933	25425
太和县	152952	32791	27396	29635	19231	10616	21394	11889
阜南县	119720	17142	19372	19760	16753	8540	19977	18176
颍上县	105484	19211	16785	15578	11420	7441	18193	16856
阜阳合肥现代产业园区	989	427	176	84	36	31	99	136
阜阳经济技术开发区	62350	7465	8032	9039	8028	6040	14317	9429
界首市	7999	2681	1639	832	633	342	858	1014
宿州市	**493532**	**109727**	**94052**	**80666**	**54342**	**34172**	**69493**	**51080**
埇桥区	32619	9961	6382	2776	2064	1169	3468	6799
砀山县	62932	13932	12820	10998	6629	4344	7948	6261
萧县	121644	31770	21898	20433	11823	7442	16143	12135
灵璧县	123920	23714	23290	20308	15219	10070	19051	12268
泗县	104807	20612	19262	18414	13701	8408	14884	9526
宿州马鞍山现代产业园区	10223	2302	3312	1663	805	393	1362	386
宿州经济技术开发区	37387	7436	7088	6074	4101	2346	6637	3705
六安市	**470561**	**118090**	**84466**	**70347**	**49433**	**32538**	**66639**	**49048**
金安区	78924	25189	13650	10976	7726	5075	9903	6405
裕安区	18395	4589	3154	2875	1612	1023	2312	2830
叶集区	6996	2564	658	574	597	492	847	1264
霍邱县	84488	22335	14031	10496	8593	4961	12362	11710
舒城县	125084	30694	23670	19930	12502	9081	16381	12826
金寨县	84892	20518	17978	12594	9474	6406	10699	7223
霍山县	71782	12201	11325	12902	8929	5500	14135	6790
亳州市	**540595**	**140069**	**110668**	**82422**	**54721**	**38960**	**71269**	**42486**
谯城区	15819	5940	1811	1563	1117	945	2146	2297
涡阳县	179525	46451	44236	28095	14948	9603	20647	15545
蒙城县	186085	40718	34648	27944	21703	16024	30961	14087
利辛县	159166	46960	29973	24820	16953	12388	17515	10557
池州市	**127287**	**27574**	**22303**	**17546**	**12952**	**9377**	**20644**	**16891**
贵池区	6287	1513	838	702	415	344	968	1507
东至县	54646	14403	9466	7940	5414	3655	7452	6316
石台县	12259	2445	2098	1845	1153	750	2150	1818
青阳县	51959	8946	9682	6867	5758	4495	9730	6481
池州市国家经济技术开发区								
皖江江南新兴产业集中区								
九华山风景区	2136	267	219	192	212	133	344	769
宣城市	**304559**	**54327**	**47316**	**43013**	**32939**	**24468**	**58752**	**43744**
宣州区	32342	4766	5442	4543	3614	3649	6165	4163
郎溪县	71687	14551	11246	9533	7535	5434	13928	9460
泾县	62443	10551	7741	7395	6774	5221	14254	10507
绩溪县	37302	4518	4285	3963	4151	3075	8608	8702
旌德县	20722	4411	3041	3029	2200	1649	3736	2656
宣城市经济开发区	62923	11420	13394	12417	7052	4392	9301	4947
宁国市	6070	1302	720	692	542	408	1042	1364
广德市	11070	2808	1447	1441	1071	640	1718	1945

7-4b　续表 3　　　　单位：人

现住地	离开户口登记地时间							
	省内							
	小计	半年以上，不满一年	一年以上，不满二年	二年以上，不满三年	三年以上，不满四年	四年以上，不满五年	五年以上，不满十年	十年以上
安　徽	**6994616**	**1316844**	**1137274**	**1046463**	**814075**	**543120**	**1232061**	**904779**
合肥市	**2070206**	**348854**	**332999**	**295518**	**244925**	**171346**	**395013**	**281551**
瑶海区	15587	1629	1921	2841	2985	1512	2092	2607
庐阳区	33309	4918	4115	3938	4000	3714	8311	4313
蜀山区	6034	1000	609	703	670	428	1269	1355
包河区								
长丰县	312961	40405	43196	46891	45073	31048	68541	37807
肥东县	372248	44950	54107	43794	36579	32547	83013	77258
肥西县	375051	57720	54028	54905	50924	35294	72880	49300
庐江县	157681	28988	23964	24146	20102	12742	30094	17645
合肥高新技术产业开发区	168026	35177	27710	26123	20134	13904	27680	17298
合肥经济技术开发区	336609	63051	59276	48129	39086	23810	59007	44250
合肥新站高新技术产业开发区	270350	64607	58008	41128	24206	15656	40011	26734
巢湖市	22350	6409	6065	2920	1166	691	2115	2984
芜湖市	**356665**	**56364**	**50596**	**54110**	**45981**	**31851**	**74811**	**42952**
镜湖区	123	15	16	12	9	16	16	39
弋江区								
鸠江区	4889	1389	471	406	342	238	825	1218
三山区	13569	1993	1866	1719	1792	1515	3307	1377
芜湖县	95764	12710	13035	15908	14687	9850	20632	8942
繁昌县	51123	7893	6163	7554	6853	4720	12232	5708
南陵县	84942	13526	14617	14143	10750	7245	16231	8430
芜湖经济技术开发区	86554	14530	11512	11891	9900	7077	18083	13561
安徽芜湖长江大桥经济开发区	607	103	158	94	55	63	102	32
无为市	19094	4205	2758	2383	1593	1127	3383	3645
蚌埠市	**457949**	**84641**	**69214**	**74884**	**62237**	**34779**	**77562**	**54632**
龙子湖区	3439	323	280	224	319	255	1257	781
蚌山区								
禹会区	720	215	151	72	78	22	81	101
淮上区	4648	1041	791	890	428	347	618	533
怀远县	106918	23509	14335	16029	12204	7808	18334	14699
五河县	80398	14928	11718	12573	10840	7334	17127	5878
固镇县	61032	14521	9639	9822	6030	4617	7333	9070
蚌埠市高新技术开发区	43212	5308	8164	8055	7576	3023	7640	3446
蚌埠市经济开发区	157582	24796	24136	27219	24762	11373	25172	20124
淮南市	**225026**	**33858**	**29292**	**28742**	**22502**	**16642**	**43560**	**50430**
大通区	26142	2485	3074	2687	2357	1977	6818	6744
田家庵区	1933	172	117	142	175	123	434	770
谢家集区	434	63	39	31	31	24	131	115
八公山区	18	3	2	2			7	4
潘集区	12064	1243	1025	1197	818	627	2681	4473
凤台县	99188	11470	10414	11595	10311	7063	22437	25898
寿县	85247	18422	14621	13088	8810	6828	11052	12426

7－4b 续表 4

单位：人

现住地	离开户口登记地时间							
	省内							
	小计	半年以上，不满一年	一年以上，不满二年	二年以上，不满三年	三年以上，不满四年	四年以上，不满五年	五年以上，不满十年	十年以上
马鞍山市	**178574**	**32089**	**26921**	**27172**	**22624**	**14765**	**34023**	**20980**
花山区								
雨山区								
博望区	642	384	56	26	21	15	56	84
当涂县	75756	13931	11342	11429	9750	6250	14571	8483
含山县	47055	9506	6433	7246	5815	4366	9648	4041
和县	55121	8268	9090	8471	7038	4134	9748	8372
淮北市	**139432**	**25598**	**17922**	**21260**	**18074**	**12094**	**27333**	**17151**
杜集区	5966	1372	847	561	489	365	906	1426
相山区								
烈山区	5254	900	679	549	437	394	968	1327
濉溪县	128212	23326	16396	20150	17148	11335	25459	14398
铜陵市	**67779**	**17488**	**10918**	**10233**	**5132**	**3712**	**10746**	**9550**
铜官区	10	2		3		2	2	1
义安区	3322	1286	367	277	167	112	488	625
郊区	4003	749	511	634	376	226	710	797
枞阳县	60444	15451	10040	9319	4589	3372	9546	8127
安庆市	**386947**	**76907**	**58066**	**57794**	**39305**	**28007**	**66370**	**60498**
迎江区								
大观区	1579	373	478	298	61	58	126	185
宜秀区	3064	865	462	366	245	145	402	579
怀宁县	84336	19211	12764	11920	8486	7013	15202	9740
太湖县	60003	12902	9523	8741	6362	4039	10258	8178
宿松县	87641	16130	12245	14325	8596	5998	15985	14362
望江县	10785	2869	1710	1385	863	721	1613	1624
岳西县	36608	7932	5969	5884	4584	2645	5706	3888
安徽安庆经济开发区	76664	10073	9927	11180	8358	6025	13482	17619
桐城市	13584	4206	2520	1612	948	656	1510	2132
潜山市	12683	2346	2468	2083	802	707	2086	2191
黄山市	**160631**	**23295**	**21866**	**22632**	**18618**	**12133**	**32840**	**29247**
屯溪区	13409	2554	3349	3343	3102	177	397	487
黄山区	5807	1287	521	474	382	294	951	1898
徽州区	1318	157	87	89	90	75	275	545
歙县	69123	9220	8964	9433	7195	5467	15643	13201
休宁县	35195	4588	4309	4278	3736	2926	8179	7179
黟县	8426	1082	882	860	927	868	2004	1803
祁门县	27353	4407	3754	4155	3186	2326	5391	4134
滁州市	**516349**	**93312**	**76880**	**72997**	**62297**	**41248**	**102430**	**67185**
琅琊区								
南谯区	28024	3231	2947	3370	3498	3072	8467	3439
来安县	71837	12782	10334	10257	8410	5595	13044	11415
全椒县	113890	25060	17531	15953	12912	9214	21730	11490
定远县	96936	17002	12364	12485	12307	8473	21368	12937
凤阳县	83716	13157	14822	13987	10082	5676	15229	10763
苏滁现代产业园	9608	4098	2001	927	535	503	1005	539
滁州经济技术开发区	81302	13252	13609	12834	12302	6381	13745	9179
天长市	24573	3192	2579	2572	1725	1939	6736	5830
明光市	6463	1538	693	612	526	395	1106	1593

7-4b　续表 5　　单位：人

现住地	离开户口登记地时间							
	省内							
	小计	半年以上，不满一年	一年以上，不满二年	二年以上，不满三年	三年以上，不满四年	四年以上，不满五年	五年以上，不满十年	十年以上
阜阳市	**627137**	**113056**	**106331**	**103231**	**79725**	**43884**	**97430**	**83480**
颍州区	10739	2597	1559	2181	1407	620	1188	1187
颍东区	6286	1149	569	538	471	389	1300	1870
颍泉区	4730	2025	693	495	220	152	442	703
临泉县	175675	33142	33595	27918	23506	10825	22124	24565
太和县	147106	31155	26338	28778	18593	10275	20686	11281
阜南县	115503	16110	18681	19034	16299	8281	19482	17616
颍上县	100412	17717	15874	14898	10969	7200	17583	16171
阜阳合肥现代产业园区	817	402	86	71	28	28	81	121
阜阳经济技术开发区	59710	6945	7599	8653	7740	5851	13839	9083
界首市	6159	1814	1337	665	492	263	705	883
宿州市	**460335**	**99941**	**87664**	**76584**	**51553**	**32394**	**65347**	**46852**
埇桥区	28529	8378	5390	2397	1824	1056	3095	6389
砀山县	56172	12251	11527	10036	6008	3854	7094	5402
萧县	113627	29243	20325	19359	11193	7007	15231	11269
灵璧县	119023	22314	22516	19733	14830	9809	18321	11500
泗县	99274	19093	18324	17782	13185	8096	14159	8635
宿州马鞍山现代产业园区	9079	1896	2926	1505	741	370	1315	326
宿州经济技术开发区	34631	6766	6656	5772	3772	2202	6132	3331
六安市	**442344**	**108007**	**79813**	**67304**	**47219**	**31231**	**62951**	**45819**
金安区	76182	24336	13135	10602	7496	4914	9550	6149
裕安区	17500	4369	3021	2743	1507	979	2173	2708
叶集区	6617	2443	593	533	561	471	795	1221
霍邱县	77031	20516	13229	9788	7939	4563	10714	10282
舒城县	116873	26204	22374	19184	12053	8857	15878	12323
金寨县	79000	18725	16582	11899	8970	6103	10083	6638
霍山县	69141	11414	10879	12555	8693	5344	13758	6498
亳州市	**524611**	**133933**	**107952**	**80681**	**53426**	**38084**	**69509**	**41026**
谯城区	13957	5292	1571	1348	990	812	1857	2087
涡阳县	174551	44342	43311	27562	14587	9385	20199	15165
蒙城县	181057	38786	33923	27379	21264	15728	30369	13608
利辛县	155046	45513	29147	24392	16585	12159	17084	10166
池州市	**117599**	**25125**	**20835**	**16361**	**12162**	**8836**	**19121**	**15159**
贵池区	5041	1107	712	601	335	272	776	1238
东至县	51051	13452	8991	7469	5079	3454	6917	5689
石台县	11333	2226	1884	1649	1106	723	2040	1705
青阳县	48349	8093	9071	6488	5454	4271	9102	5870
池州市国家经济技术开发区								
皖江江南新兴产业集中区								
九华山风景区	1825	247	177	154	188	116	286	657
宣城市	**263032**	**44376**	**40005**	**36960**	**28295**	**22114**	**53015**	**38267**
宣州区	29392	4081	4986	4192	3340	3453	5665	3675
郎溪县	58880	11189	9180	7973	6546	4697	11934	7361
泾县	58257	9736	7286	6943	6417	4873	13332	9670
绩溪县	34698	4022	3892	3635	3884	2897	8154	8214
旌德县	19061	3877	2805	2813	2087	1562	3478	2439
宣城市经济开发区	53790	9836	10879	10403	5220	4063	8746	4643
宁国市	3778	568	389	361	290	267	803	1100
广德市	5176	1067	588	640	511	302	903	1165

7−4b 续表 6

单位：人

现住地	离开户口登记地时间							
	省外							
	小计	半年以上，不满一年	一年以上，不满二年	二年以上，不满三年	三年以上，不满四年	四年以上，不满五年	五年以上，不满十年	十年以上
安　徽	**590432**	**156425**	**105926**	**79448**	**60406**	**34709**	**81606**	**71912**
合肥市	**172420**	**37724**	**34159**	**24938**	**19501**	**10875**	**24952**	**20271**
瑶海区	1441	330	183	174	143	99	214	298
庐阳区	2825	690	377	328	274	248	513	395
蜀山区	973	346	199	183	60	53	78	54
包河区								
长丰县	20843	3872	3120	2847	2620	1682	3794	2908
肥东县	23525	4391	4139	2518	2001	1457	4074	4945
肥西县	23616	5923	4179	3262	2399	1602	3529	2722
庐江县	7669	2056	1588	930	824	421	952	898
合肥高新技术产业开发区	18762	5207	3441	2576	1875	1238	2776	1649
合肥经济技术开发区	46408	8459	10766	8002	6850	2544	5730	4057
合肥新站高新技术产业开发区	23661	5691	5345	3729	2282	1455	3005	2154
巢湖市	2697	759	822	389	173	76	287	191
芜湖市	**59999**	**16034**	**9883**	**8096**	**6391**	**3718**	**9094**	**6783**
镜湖区	16	7	3	1		1	3	1
弋江区								
鸠江区	1455	501	258	114	121	102	163	196
三山区	2211	238	264	223	202	207	611	466
芜湖县	17079	3608	2930	2913	2411	1007	2410	1800
繁昌县	4503	1659	740	480	339	211	664	410
南陵县	5391	1187	837	664	597	398	922	786
芜湖经济技术开发区	26737	8122	4427	3402	2518	1603	3936	2729
安徽芜湖长江大桥经济开发区	290	84	76	49	26	24	19	12
无为市	2317	628	348	250	177	165	366	383
蚌埠市	**28770**	**4718**	**5034**	**4563**	**4325**	**2108**	**4619**	**3403**
龙子湖区	290	97	48	41	28	10	42	24
蚌山区								
禹会区	142	52	39	22	14	9	6	
淮上区	584	139	168	80	26	30	73	68
怀远县	4162	708	660	586	461	279	616	852
五河县	4152	1304	725	471	333	232	637	450
固镇县	2713	605	388	410	252	190	420	448
蚌埠市高新技术开发区	2127	348	420	350	302	123	373	211
蚌埠市经济开发区	14600	1465	2586	2603	2909	1235	2452	1350
淮南市	**13012**	**3004**	**1959**	**1877**	**1143**	**706**	**1872**	**2451**
大通区	2670	709	402	371	228	131	398	431
田家庵区	98	13	7	11	17	7	20	23
谢家集区	60	7	6	18	5	3	19	2
八公山区	3			1			2	
潘集区	1851	241	390	537	161	79	233	210
凤台县	3778	669	501	380	346	213	588	1081
寿县	4552	1365	653	559	386	273	612	704

7-4b　续表 7　　　　单位：人

现 住 地	离开户口登记地时间							
	省　外							
	小计	半年以上，不满一年	一年以上，不满二年	二年以上，不满三年	三年以上，不满四年	四年以上，不满五年	五年以上，不满十年	十年以上
马鞍山市	**25537**	**7156**	**4972**	**3420**	**2471**	**1380**	**3075**	**3063**
花山区								
雨山区								
博望区	547	405	45	20	17	13	15	32
当涂县	10784	3462	2096	1379	1078	553	1326	890
含山县	3692	1193	797	484	266	204	421	327
和县	10514	2096	2034	1537	1110	610	1313	1814
淮北市	**9027**	**2560**	**1642**	**1113**	**913**	**531**	**1183**	**1085**
杜集区	1582	598	313	122	99	56	173	221
相山区								
烈山区	460	102	90	60	39	32	60	77
濉溪县	6985	1860	1239	931	775	443	950	787
铜陵市	**4100**	**1710**	**567**	**350**	**244**	**162**	**549**	**518**
铜官区	3			1			2	
义安区	1022	532	146	97	39	26	109	73
郊区	271	75	32	19	17	19	44	65
枞阳县	2804	1103	389	233	188	117	394	380
安庆市	**25173**	**8379**	**3901**	**2603**	**2039**	**1470**	**3270**	**3511**
迎江区								
大观区	215	79	51	26	13	3	15	28
宜秀区	380	95	63	37	33	15	73	64
怀宁县	5469	2376	879	586	375	307	518	428
太湖县	2828	805	464	293	253	128	450	435
宿松县	5028	1441	789	489	431	271	752	855
望江县	1721	634	245	214	132	139	172	185
岳西县	1391	316	200	167	130	131	252	195
安徽安庆经济开发区	5716	1566	857	609	500	371	757	1056
桐城市	1372	627	183	94	103	66	141	158
潜山市	1053	440	170	88	69	39	140	107
黄山市	**16278**	**4883**	**2509**	**1943**	**1447**	**783**	**2190**	**2523**
屯溪区	1275	308	303	281	280	18	43	42
黄山区	2109	1117	398	121	72	51	194	156
徽州区	256	95	29	14	29	15	31	43
歙县	6027	1299	776	773	591	390	1029	1169
休宁县	2323	465	279	205	222	126	466	560
黟县	1085	357	164	94	87	66	153	164
祁门县	3203	1242	560	455	166	117	274	389
滁州市	**76723**	**23474**	**13336**	**9514**	**6905**	**4448**	**10365**	**8681**
琅琊区								
南谯区	5222	1183	888	718	511	497	863	562
来安县	22040	4583	3444	3437	2361	1404	3075	3736
全椒县	8668	2782	2044	1048	693	503	964	634
定远县	3763	945	662	511	386	256	609	394
凤阳县	5790	1523	1152	772	590	363	735	655
苏滁现代产业园	7036	3543	1281	668	444	291	448	361
滁州经济技术开发区	14974	6444	2452	1433	1278	603	1976	788
天长市	8083	2146	1260	804	566	482	1509	1316
明光市	1147	325	153	123	76	49	186	235

7-4b 续表 8

单位：人

现住地	离开户口登记地时间							
	省外							
	小计	半年以上，不满一年	一年以上，不满二年	二年以上，不满三年	三年以上，不满四年	四年以上，不满五年	五年以上，不满十年	十年以上
阜阳市	**30780**	**8378**	**5428**	**4927**	**3295**	**1672**	**3583**	**3497**
颍州区	849	212	147	138	84	63	111	94
颍东区	920	223	163	105	95	42	144	148
颍泉区	569	278	82	37	31	34	57	50
临泉县	8655	2091	1551	1818	1105	421	809	860
太和县	5846	1636	1058	857	638	341	708	608
阜南县	4217	1032	691	726	454	259	495	560
颍上县	5072	1494	911	680	451	241	610	685
阜阳合肥现代产业园区	172	25	90	13	8	3	18	15
阜阳经济技术开发区	2640	520	433	386	288	189	478	346
界首市	1840	867	302	167	141	79	153	131
宿州市	**33197**	**9786**	**6388**	**4082**	**2789**	**1778**	**4146**	**4228**
埇桥区	4090	1583	992	379	240	113	373	410
砀山县	6760	1681	1293	962	621	490	854	859
萧县	8017	2527	1573	1074	630	435	912	866
灵璧县	4897	1400	774	575	389	261	730	768
泗县	5533	1519	938	632	516	312	725	891
宿州马鞍山现代产业园区	1144	406	386	158	64	23	47	60
宿州经济技术开发区	2756	670	432	302	329	144	505	374
六安市	**28217**	**10083**	**4653**	**3043**	**2214**	**1307**	**3688**	**3229**
金安区	2742	853	515	374	230	161	353	256
裕安区	895	220	133	132	105	44	139	122
叶集区	379	121	65	41	36	21	52	43
霍邱县	7457	1819	802	708	654	398	1648	1428
舒城县	8211	4490	1296	746	449	224	503	503
金寨县	5892	1793	1396	695	504	303	616	585
霍山县	2641	787	446	347	236	156	377	292
亳州市	**15984**	**6136**	**2716**	**1741**	**1295**	**876**	**1760**	**1460**
谯城区	1862	648	240	215	127	133	289	210
涡阳县	4974	2109	925	533	361	218	448	380
蒙城县	5028	1932	725	565	439	296	592	479
利辛县	4120	1447	826	428	368	229	431	391
池州市	**9688**	**2449**	**1468**	**1185**	**790**	**541**	**1523**	**1732**
贵池区	1246	406	126	101	80	72	192	269
东至县	3595	951	475	471	335	201	535	627
石台县	926	219	214	196	47	27	110	113
青阳县	3610	853	611	379	304	224	628	611
池州市国家经济技术开发区								
皖江江南新兴产业集中区								
九华山风景区	311	20	42	38	24	17	58	112
宣城市	**41527**	**9951**	**7311**	**6053**	**4644**	**2354**	**5737**	**5477**
宣州区	2950	685	456	351	274	196	500	488
郎溪县	12807	3362	2066	1560	989	737	1994	2099
泾县	4186	815	455	452	357	348	922	837
绩溪县	2604	496	393	328	267	178	454	488
旌德县	1661	534	236	216	113	87	258	217
宣城市经济开发区	9133	1584	2515	2014	1832	329	555	304
宁国市	2292	734	331	331	252	141	239	264
广德市	5894	1741	859	801	560	338	815	780

7-4c　全省按现住地、离开户口登记地时间分的户口登记地在外乡镇街道的人口(乡村)

单位：人

现住地	离开户口登记地时间							
	合计							
	合计	半年以上，不满一年	一年以上，不满二年	二年以上，不满三年	三年以上，不满四年	四年以上，不满五年	五年以上，不满十年	十年以上
安　徽	**1401082**	**422412**	**184705**	**153454**	**115530**	**75836**	**198999**	**250146**
合肥市	**255630**	**75330**	**40885**	**34903**	**23949**	**14044**	**33324**	**33195**
瑶海区	17893	2156	1768	2024	2287	1883	5042	2733
庐阳区	1119	338	134	166	99	62	165	155
蜀山区	3864	1260	865	449	287	276	360	367
包河区	4073	351	708	424	444	398	1038	710
长丰县	50585	15132	7516	7990	4865	2539	5580	6963
肥东县	26685	7741	4251	3505	1844	1192	3062	5090
肥西县	109361	31111	20615	16795	11971	6079	13356	9434
庐江县	17258	7348	2415	1643	882	648	1765	2557
合肥高新技术产业开发区	65	20	6	34	2		1	2
合肥经济技术开发区	1014	239	170	129	79	51	144	202
合肥新站高新技术产业开发区	2978	1651	257	99	81	79	277	534
巢湖市	20735	7983	2180	1645	1108	837	2534	4448
芜湖市	**55061**	**17266**	**6101**	**5838**	**3987**	**2649**	**8334**	**10886**
镜湖区	1909	363	199	252	175	142	339	439
弋江区								
鸠江区	7077	1818	815	875	562	310	1008	1689
三山区	2933	663	322	300	244	172	566	666
芜湖县	7773	1916	751	806	645	480	1568	1607
繁昌县	10587	4545	1116	810	500	385	1217	2014
南陵县	8877	2936	935	771	642	433	1502	1658
芜湖经济技术开发区	187	53	18	17	16	5	28	50
安徽芜湖长江大桥经济开发区	255	70	42	24	19	25	34	41
无为市	15463	4902	1903	1983	1184	697	2072	2722
蚌埠市	**56927**	**15178**	**6605**	**6187**	**4311**	**3351**	**9473**	**11822**
龙子湖区	2867	614	357	326	281	181	467	641
蚌山区	2478	451	372	366	249	149	365	526
禹会区	6366	1816	605	581	466	327	1118	1453
淮上区	4560	1110	500	467	348	336	833	966
怀远县	16305	3486	1790	1665	1407	1133	2960	3864
五河县	6925	2048	628	656	516	421	1276	1380
固镇县	17426	5653	2353	2126	1044	804	2454	2992
蚌埠市高新技术开发区								
蚌埠市经济开发区								
淮南市	**85367**	**15426**	**8866**	**9757**	**8783**	**4871**	**17989**	**19675**
大通区	3390	780	330	292	243	203	589	953
田家庵区	1970	349	152	181	156	130	364	638
谢家集区	3387	611	228	279	256	191	578	1244
八公山区	1942	133	181	335	715	75	233	270
潘集区	13955	2027	1319	1546	1756	857	2634	3816
凤台县	44282	6290	5029	5638	4614	2599	11289	8823
寿县	16441	5236	1627	1486	1043	816	2302	3931

7－4c 续表 1 单位：人

现住地	离开户口登记地时间							
	合计							
	合计	半年以上，不满一年	一年以上，不满二年	二年以上，不满三年	三年以上，不满四年	四年以上，不满五年	五年以上，不满十年	十年以上
马鞍山市	**39207**	**11579**	**5768**	**4012**	**2960**	**1904**	**5314**	**7670**
花山区	2382	376	367	220	181	99	292	847
雨山区	1860	350	146	104	114	102	425	619
博望区	3280	1079	304	289	186	197	526	699
当涂县	13126	3641	2000	1656	1282	596	1906	2045
含山县	5739	2146	585	432	339	265	739	1233
和县	12820	3987	2366	1311	858	645	1426	2227
淮北市	**41296**	**9749**	**4257**	**4425**	**5493**	**3337**	**5871**	**8164**
杜集区	4460	1069	391	462	326	263	762	1187
相山区	7636	1043	777	1571	598	364	1539	1744
烈山区	10806	2206	1091	662	3179	1695	917	1056
濉溪县	18394	5431	1998	1730	1390	1015	2653	4177
铜陵市	**23512**	**5533**	**3100**	**2327**	**1695**	**1505**	**3803**	**5549**
铜官区	3492	672	1102	406	269	270	356	417
义安区	8019	1274	858	902	555	520	1569	2341
郊区	4876	1100	494	492	412	352	914	1112
枞阳县	7125	2487	646	527	459	363	964	1679
安庆市	**75254**	**26215**	**9117**	**7654**	**5011**	**3362**	**9746**	**14149**
迎江区	1124	292	197	107	86	54	138	250
大观区	3818	1721	343	275	165	92	374	848
宜秀区	2740	537	410	217	212	152	466	746
怀宁县	9911	3952	1063	854	577	376	1174	1915
太湖县	8228	3225	947	744	522	406	1098	1286
宿松县	15950	4454	2428	2402	957	686	2123	2900
望江县	7160	2093	687	567	483	358	1140	1832
岳西县	9653	3762	1207	938	812	447	1116	1371
安徽安庆经济开发区	846	134	104	107	162	94	88	157
桐城市	8739	3444	1108	901	481	343	1062	1400
潜山市	7085	2601	623	542	554	354	967	1444
黄山市	**47300**	**12812**	**5240**	**3292**	**2659**	**2113**	**7597**	**13587**
屯溪区	2750	475	402	213	149	158	486	867
黄山区	7054	1358	825	536	506	424	1247	2158
徽州区	2881	508	207	193	178	148	560	1087
歙县	12521	3071	1075	865	706	583	2008	4213
休宁县	10481	2400	1065	840	638	503	1964	3071
黟县	4880	2058	404	293	239	150	583	1153
祁门县	6733	2942	1262	352	243	147	749	1038
滁州市	**140121**	**42747**	**21131**	**15737**	**11663**	**7937**	**20202**	**20704**
琅琊区	2438	820	309	293	172	111	253	480
南谯区	37907	8281	6300	4838	4628	3037	6832	3991
来安县	14771	3839	2292	1531	1137	801	2267	2904
全椒县	13267	4274	1692	1454	1085	678	1635	2449
定远县	13383	4356	1431	1341	951	715	2159	2430
凤阳县	15209	3695	2506	1743	1065	962	2635	2603
苏滁现代产业园								
滁州经济技术开发区	13223	9588	1548	917	435	224	302	209
天长市	12377	3127	1273	1072	804	715	2310	3076
明光市	17546	4767	3780	2548	1386	694	1809	2562

7-4c　续表 2　　　　单位：人

现住地	离开户口登记地时间							
	合计							
	合计	半年以上，不满一年	一年以上，不满二年	二年以上，不满三年	三年以上，不满四年	四年以上，不满五年	五年以上，不满十年	十年以上
阜阳市	**140392**	**47602**	**18654**	**15512**	**11686**	**7582**	**17261**	**22095**
颍州区	24274	6453	3464	3518	2489	1516	3211	3623
颍东区	12025	3777	1395	1257	1003	822	1838	1933
颍泉区	10818	3593	1234	1110	904	574	1481	1922
临泉县	18024	7071	2443	1713	1333	765	1873	2826
太和县	13780	4556	1721	1482	1034	706	1751	2530
阜南县	22650	8622	2801	2289	1664	1077	2633	3564
颍上县	16662	5619	1830	1649	1387	880	2259	3038
阜阳合肥现代产业园区	5418	2043	1351	593	416	312	385	318
阜阳经济技术开发区	5183	2240	612	571	507	351	439	463
界首市	11558	3628	1803	1330	949	579	1391	1878
宿州市	**96425**	**28232**	**11477**	**9324**	**7896**	**5689**	**14327**	**19480**
埇桥区	40435	13067	5098	3585	3501	2306	5684	7194
砀山县	9596	2551	1226	1046	786	529	1330	2128
萧县	18064	4543	1871	1655	1363	1158	2929	4545
灵璧县	16587	4747	2006	1803	1345	1022	2579	3085
泗县	11075	3152	1203	1161	864	631	1702	2362
宿州马鞍山现代产业园区	668	172	73	74	37	43	103	166
宿州经济技术开发区								
六安市	**124646**	**42765**	**16723**	**12856**	**9224**	**5989**	**15782**	**21307**
金安区	31463	10603	5540	3309	2325	1341	3500	4845
裕安区	32712	9564	4473	4013	2909	1888	4908	4957
叶集区	8407	3379	1070	741	553	313	918	1433
霍邱县	20647	5967	2589	2282	1536	1053	2722	4498
舒城县	16503	7828	1620	1213	896	653	1732	2561
金寨县	11680	4165	1120	1047	819	574	1553	2402
霍山县	3234	1259	311	251	186	167	449	611
亳州市	**94372**	**37442**	**11532**	**9648**	**6619**	**4590**	**11018**	**13523**
谯城区	43917	17603	4742	4474	3539	2375	5362	5822
涡阳县	16657	5865	2276	1853	1117	796	2101	2649
蒙城县	14757	6402	1442	1259	977	756	1664	2257
利辛县	19041	7572	3072	2062	986	663	1891	2795
池州市	**36965**	**11747**	**4026**	**3297**	**2647**	**1989**	**5521**	**7738**
贵池区	15052	4264	1745	1429	1206	829	2255	3324
东至县	5682	2144	500	400	301	257	766	1314
石台县	3212	1006	347	346	257	221	471	564
青阳县	11165	4010	1226	965	722	558	1612	2072
池州市国家经济技术开发区								
皖江江南新兴产业集中区								
九华山风景区	1854	323	208	157	161	124	417	464
宣城市	**88607**	**22789**	**11223**	**8685**	**6947**	**4924**	**13437**	**20602**
宣州区	29949	6030	4055	2909	2411	1700	5162	7682
郎溪县	7273	2247	653	590	557	469	1216	1541
泾县	9646	2851	1042	788	624	462	1408	2471
绩溪县	3708	874	276	311	234	144	585	1284
旌德县	3235	1324	308	185	156	128	320	814
宣城市经济开发区	9135	3080	1988	1509	1079	364	583	532
宁国市	11972	2776	1600	1117	872	815	1823	2969
广德市	13689	3607	1301	1276	1014	842	2340	3309

7-4c 续表 3

单位：人

现住地	离开户口登记地时间							
	省内							
	小计	半年以上，不满一年	一年以上，不满二年	二年以上，不满三年	三年以上，不满四年	四年以上，不满五年	五年以上，不满十年	十年以上
安徽	**1134264**	**321869**	**145147**	**127828**	**96873**	**63071**	**167381**	**212095**
合肥市	**217919**	**59826**	**33580**	**30888**	**21589**	**12601**	**30060**	**29375**
瑶海区	16389	1681	1555	1838	2147	1789	4801	2578
庐阳区	886	192	114	137	90	58	149	146
蜀山区	2700	833	448	307	259	231	305	317
包河区	3516	292	437	351	413	364	986	673
长丰县	42297	12243	6147	7047	4197	2172	4828	5663
肥东县	21886	5676	3586	3035	1557	1014	2605	4413
肥西县	95553	25605	17274	15096	11030	5565	12286	8697
庐江县	13800	5467	1930	1423	763	552	1485	2180
合肥高新技术产业开发区	56	13	6	32	2		1	2
合肥经济技术开发区	926	203	164	119	73	47	134	186
合肥新站高新技术产业开发区	2396	1284	208	91	73	66	237	437
巢湖市	17514	6337	1711	1412	985	743	2243	4083
芜湖市	**42232**	**12840**	**4343**	**4554**	**3046**	**2073**	**6658**	**8718**
镜湖区	1449	204	130	198	151	105	292	369
弋江区								
鸠江区	4809	1221	529	471	335	234	755	1264
三山区	2007	323	187	209	181	127	428	552
芜湖县	5022	1048	425	560	435	347	1137	1070
繁昌县	8792	3735	802	665	383	300	1039	1868
南陵县	6883	2278	655	615	510	342	1214	1269
芜湖经济技术开发区	151	38	12	14	12	4	26	45
安徽芜湖长江大桥经济开发区	173	39	20	16	16	20	27	35
无为市	12946	3954	1583	1806	1023	594	1740	2246
蚌埠市	**47027**	**12458**	**5350**	**5096**	**3491**	**2761**	**7787**	**10084**
龙子湖区	2420	464	295	281	246	152	423	559
蚌山区	1960	277	274	301	198	130	324	456
禹会区	5312	1425	466	452	359	279	1003	1328
淮上区	3691	903	380	354	289	281	670	814
怀远县	13204	2768	1401	1335	1128	918	2430	3224
五河县	5153	1559	443	460	384	308	876	1123
固镇县	15287	5062	2091	1913	887	693	2061	2580
蚌埠市高新技术开发区								
蚌埠市经济开发区								
淮南市	**76406**	**13089**	**7657**	**8813**	**8113**	**4322**	**16590**	**17822**
大通区	2412	432	157	211	183	158	471	800
田家庵区	1812	302	135	171	142	122	334	606
谢家集区	3051	517	191	248	228	171	523	1173
八公山区	1816	113	138	310	699	73	226	257
潘集区	12486	1691	1110	1397	1627	749	2392	3520
凤台县	40667	5482	4642	5277	4334	2374	10650	7908
寿县	14162	4552	1284	1199	900	675	1994	3558

7-4c　续表 4　　单位：人

现住地	离开户口登记地时间							
	省内							
	小计	半年以上，不满一年	一年以上，不满二年	二年以上，不满三年	三年以上，不满四年	四年以上，不满五年	五年以上，不满十年	十年以上
马鞍山市	**27017**	**7122**	**3675**	**2776**	**2193**	**1321**	**3927**	**6003**
花山区	1833	226	283	148	118	79	248	731
雨山区	1538	233	105	84	91	89	350	586
博望区	1860	634	163	138	92	110	314	409
当涂县	8763	1978	1150	1078	1007	453	1461	1636
含山县	4374	1624	406	322	264	190	577	991
和县	8649	2427	1568	1006	621	400	977	1650
淮北市	**32679**	**7320**	**3303**	**3739**	**4072**	**2489**	**4925**	**6831**
杜集区	3559	736	283	371	274	230	648	1017
相山区	6462	849	684	1483	531	337	1361	1217
烈山区	7670	1549	856	481	2120	1067	691	906
濉溪县	14988	4186	1480	1404	1147	855	2225	3691
铜陵市	**20349**	**4503**	**2696**	**1998**	**1508**	**1328**	**3356**	**4960**
铜官区	3320	630	1077	369	250	259	342	393
义安区	6789	966	694	741	486	439	1386	2077
郊区	4231	920	388	433	371	319	804	996
枞阳县	6009	1987	537	455	401	311	824	1494
安庆市	**60314**	**19633**	**7084**	**6486**	**4168**	**2767**	**7972**	**12204**
迎江区	918	239	126	87	71	47	118	230
大观区	3027	1157	251	234	155	83	338	809
宜秀区	2261	403	320	176	181	134	385	662
怀宁县	7418	2596	782	671	459	295	925	1690
太湖县	6230	2274	695	572	419	343	854	1073
宿松县	12850	3509	1905	2111	720	515	1723	2367
望江县	5717	1655	480	433	373	289	904	1583
岳西县	8133	3113	1044	840	716	366	891	1163
安徽安庆经济开发区	796	115	94	99	159	92	86	151
桐城市	7406	2752	939	816	428	298	917	1256
潜山市	5558	1820	448	447	487	305	831	1220
黄山市	**33665**	**7208**	**3104**	**2479**	**2073**	**1650**	**5884**	**11267**
屯溪区	2379	361	293	191	129	142	440	823
黄山区	4430	792	498	335	347	242	809	1407
徽州区	2542	414	177	155	154	136	494	1012
歙县	10289	2299	762	701	572	485	1735	3735
休宁县	8143	1716	781	706	502	408	1544	2486
黟县	3036	732	251	210	189	128	492	1034
祁门县	2846	894	342	181	180	109	370	770
滁州市	**110074**	**29178**	**16568**	**12830**	**9908**	**6747**	**17474**	**17369**
琅琊区	1706	456	207	213	120	84	208	418
南谯区	33209	6503	5522	4401	4303	2821	6222	3437
来安县	9825	2315	1399	989	769	581	1679	2093
全椒县	11254	3419	1274	1134	964	617	1534	2312
定远县	11424	3664	1184	1150	810	605	1883	2128
凤阳县	13136	3269	2026	1433	898	808	2372	2330
苏滁现代产业园								
滁州经济技术开发区	5646	3494	778	458	325	161	258	172
天长市	8252	1795	739	705	495	485	1752	2281
明光市	15622	4263	3439	2347	1224	585	1566	2198

7-4c 续表 5

单位：人

现住地	离开户口登记地时间							
	省内							
	小计	半年以上，不满一年	一年以上，不满二年	二年以上，不满三年	三年以上，不满四年	四年以上，不满五年	五年以上，不满十年	十年以上
阜阳市	**116262**	**38179**	**15100**	**13189**	**9832**	**6385**	**14569**	**19008**
颍州区	21571	5512	3081	3178	2248	1387	2901	3264
颍东区	9475	2625	1046	1077	799	708	1560	1660
颍泉区	9037	2835	998	933	790	487	1290	1704
临泉县	14588	5545	1956	1396	1092	616	1535	2448
太和县	10677	3278	1329	1189	808	550	1402	2121
阜南县	18456	7122	2136	1891	1355	872	2138	2942
颍上县	13661	4601	1340	1378	1153	723	1907	2559
阜阳合肥现代产业园区	4816	1808	1183	553	391	263	326	292
阜阳经济技术开发区	4897	2132	583	539	453	335	413	442
界首市	9084	2721	1448	1055	743	444	1097	1576
宿州市	**73678**	**21880**	**8439**	**6779**	**6015**	**4299**	**10735**	**15531**
埇桥区	34278	11286	4338	2983	2984	1899	4670	6118
砀山县	6233	1505	728	657	484	349	928	1582
萧县	13014	3276	1186	1090	937	812	2045	3668
灵璧县	11725	3350	1316	1181	968	760	1853	2297
泗县	7878	2326	816	811	610	441	1149	1725
宿州马鞍山现代产业园区	550	137	55	57	32	38	90	141
宿州经济技术开发区								
六安市	**107574**	**35676**	**14307**	**11318**	**8163**	**5264**	**13851**	**18995**
金安区	28149	9156	5019	3004	2093	1227	3169	4481
裕安区	29983	8630	4082	3751	2699	1745	4494	4582
叶集区	6915	2905	783	555	470	259	754	1189
霍邱县	17698	5052	2201	1977	1311	883	2344	3930
舒城县	13215	5953	1176	1012	776	571	1483	2244
金寨县	8890	2957	805	810	650	440	1213	2015
霍山县	2724	1023	241	209	164	139	394	554
亳州市	**79123**	**31066**	**9497**	**8174**	**5493**	**3872**	**9284**	**11737**
谯城区	38306	15329	3970	3863	2977	2135	4756	5276
涡阳县	13405	4576	1811	1544	932	612	1674	2256
蒙城县	11827	4990	1082	1022	821	601	1363	1948
利辛县	15585	6171	2634	1745	763	524	1491	2257
池州市	**28348**	**8001**	**2884**	**2506**	**2171**	**1651**	**4526**	**6609**
贵池区	11717	2774	1283	1120	1058	727	1927	2828
东至县	4422	1616	321	310	235	206	597	1137
石台县	2190	490	222	258	201	185	385	449
青阳县	8381	2850	889	682	531	424	1246	1759
池州市国家经济技术开发区								
皖江江南新兴产业集中区								
九华山风景区	1638	271	169	136	146	109	371	436
宣城市	**61597**	**13890**	**7560**	**6203**	**5038**	**3541**	**9783**	**15582**
宣州区	21513	3753	2792	2015	1685	1202	4010	6056
郎溪县	4518	1183	373	388	406	352	833	983
泾县	6076	1452	616	539	429	352	966	1722
绩溪县	2767	486	196	226	185	118	424	1132
旌德县	2271	777	192	131	122	95	238	716
宣城市经济开发区	7877	2664	1580	1345	990	329	477	492
宁国市	8622	1750	1053	798	632	562	1409	2418
广德市	7953	1825	758	761	589	531	1426	2063

7-4c　续表 6　　　　单位：人

现住地	离开户口登记地时间							
	省外							
	小计	半年以上，不满一年	一年以上，不满二年	二年以上，不满三年	三年以上，不满四年	四年以上，不满五年	五年以上，不满十年	十年以上
安　徽	**266818**	**100543**	**39558**	**25626**	**18657**	**12765**	**31618**	**38051**
合肥市	**37711**	**15504**	**7305**	**4015**	**2360**	**1443**	**3264**	**3820**
瑶海区	1504	475	213	186	140	94	241	155
庐阳区	233	146	20	29	9	4	16	9
蜀山区	1164	427	417	142	28	45	55	50
包河区	557	59	271	73	31	34	52	37
长丰县	8288	2889	1369	943	668	367	752	1300
肥东县	4799	2065	665	470	287	178	457	677
肥西县	13808	5506	3341	1699	941	514	1070	737
庐江县	3458	1881	485	220	119	96	280	377
合肥高新技术产业开发区	9	7		2				
合肥经济技术开发区	88	36	6	10	6	4	10	16
合肥新站高新技术产业开发区	582	367	49	8	8	13	40	97
巢湖市	3221	1646	469	233	123	94	291	365
芜湖市	**12829**	**4426**	**1758**	**1284**	**941**	**576**	**1676**	**2168**
镜湖区	460	159	69	54	24	37	47	70
弋江区								
鸠江区	2268	597	286	404	227	76	253	425
三山区	926	340	135	91	63	45	138	114
芜湖县	2751	868	326	246	210	133	431	537
繁昌县	1795	810	314	145	117	85	178	146
南陵县	1994	658	280	156	132	91	288	389
芜湖经济技术开发区	36	15	6	3	4	1	2	5
安徽芜湖长江大桥经济开发区	82	31	22	8	3	5	7	6
无为市	2517	948	320	177	161	103	332	476
蚌埠市	**9900**	**2720**	**1255**	**1091**	**820**	**590**	**1686**	**1738**
龙子湖区	447	150	62	45	35	29	44	82
蚌山区	518	174	98	65	51	19	41	70
禹会区	1054	391	139	129	107	48	115	125
淮上区	869	207	120	113	59	55	163	152
怀远县	3101	718	389	330	279	215	530	640
五河县	1772	489	185	196	132	113	400	257
固镇县	2139	591	262	213	157	111	393	412
蚌埠市高新技术开发区								
蚌埠市经济开发区								
淮南市	**8961**	**2337**	**1209**	**944**	**670**	**549**	**1399**	**1853**
大通区	978	348	173	81	60	45	118	153
田家庵区	158	47	17	10	14	8	30	32
谢家集区	336	94	37	31	28	20	55	71
八公山区	126	20	43	25	16	2	7	13
潘集区	1469	336	209	149	129	108	242	296
凤台县	3615	808	387	361	280	225	639	915
寿县	2279	684	343	287	143	141	308	373

7-4c 续表 7

单位：人

现住地	离开户口登记地时间							
	省外							
	小计	半年以上，不满一年	一年以上，不满二年	二年以上，不满三年	三年以上，不满四年	四年以上，不满五年	五年以上，不满十年	十年以上
马鞍山市	**12190**	**4457**	**2093**	**1236**	**767**	**583**	**1387**	**1667**
花山区	549	150	84	72	63	20	44	116
雨山区	322	117	41	20	23	13	75	33
博望区	1420	445	141	151	94	87	212	290
当涂县	4363	1663	850	578	275	143	445	409
含山县	1365	522	179	110	75	75	162	242
和县	4171	1560	798	305	237	245	449	577
淮北市	**8617**	**2429**	**954**	**686**	**1421**	**848**	**946**	**1333**
杜集区	901	333	108	91	52	33	114	170
相山区	1174	194	93	88	67	27	178	527
烈山区	3136	657	235	181	1059	628	226	150
濉溪县	3406	1245	518	326	243	160	428	486
铜陵市	**3163**	**1030**	**404**	**329**	**187**	**177**	**447**	**589**
铜官区	172	42	25	37	19	11	14	24
义安区	1230	308	164	161	69	81	183	264
郊区	645	180	106	59	41	33	110	116
枞阳县	1116	500	109	72	58	52	140	185
安庆市	**14940**	**6582**	**2033**	**1168**	**843**	**595**	**1774**	**1945**
迎江区	206	53	71	20	15	7	20	20
大观区	791	564	92	41	10	9	36	39
宜秀区	479	134	90	41	31	18	81	84
怀宁县	2493	1356	281	183	118	81	249	225
太湖县	1998	951	252	172	103	63	244	213
宿松县	3100	945	523	291	237	171	400	533
望江县	1443	438	207	134	110	69	236	249
岳西县	1520	649	163	98	96	81	225	208
安徽安庆经济开发区	50	19	10	8	3	2	2	6
桐城市	1333	692	169	85	53	45	145	144
潜山市	1527	781	175	95	67	49	136	224
黄山市	**13635**	**5604**	**2136**	**813**	**586**	**463**	**1713**	**2320**
屯溪区	371	114	109	22	20	16	46	44
黄山区	2624	566	327	201	159	182	438	751
徽州区	339	94	30	38	24	12	66	75
歙县	2232	772	313	164	134	98	273	478
休宁县	2338	684	284	134	136	95	420	585
黟县	1844	1326	153	83	50	22	91	119
祁门县	3887	2048	920	171	63	38	379	268
滁州市	**30047**	**13569**	**4563**	**2907**	**1755**	**1190**	**2728**	**3335**
琅琊区	732	364	102	80	52	27	45	62
南谯区	4698	1778	778	437	325	216	610	554
来安县	4946	1524	893	542	368	220	588	811
全椒县	2013	855	418	320	121	61	101	137
定远县	1959	692	247	191	141	110	276	302
凤阳县	2073	426	480	310	167	154	263	273
苏滁现代产业园								
滁州经济技术开发区	7577	6094	770	459	110	63	44	37
天长市	4125	1332	534	367	309	230	558	795
明光市	1924	504	341	201	162	109	243	364

7-4c 续表 8

单位：人

现住地	离开户口登记地时间							
	省外							
	小计	半年以上，不满一年	一年以上，不满二年	二年以上，不满三年	三年以上，不满四年	四年以上，不满五年	五年以上，不满十年	十年以上
阜阳市	**24130**	**9423**	**3554**	**2323**	**1854**	**1197**	**2692**	**3087**
颍州区	2703	941	383	340	241	129	310	359
颍东区	2550	1152	349	180	204	114	278	273
颍泉区	1781	758	236	177	114	87	191	218
临泉县	3436	1526	487	317	241	149	338	378
太和县	3103	1278	392	293	226	156	349	409
阜南县	4194	1500	665	398	309	205	495	622
颍上县	3001	1018	490	271	234	157	352	479
阜阳合肥现代产业园区	602	235	168	40	25	49	59	26
阜阳经济技术开发区	286	108	29	32	54	16	26	21
界首市	2474	907	355	275	206	135	294	302
宿州市	**22747**	**6352**	**3038**	**2545**	**1881**	**1390**	**3592**	**3949**
埇桥区	6157	1781	760	602	517	407	1014	1076
砀山县	3363	1046	498	389	302	180	402	546
萧县	5050	1267	685	565	426	346	884	877
灵璧县	4862	1397	690	622	377	262	726	788
泗县	3197	826	387	350	254	190	553	637
宿州马鞍山现代产业园区	118	35	18	17	5	5	13	25
宿州经济技术开发区								
六安市	**17072**	**7089**	**2416**	**1538**	**1061**	**725**	**1931**	**2312**
金安区	3314	1447	521	305	232	114	331	364
裕安区	2729	934	391	262	210	143	414	375
叶集区	1492	474	287	186	83	54	164	244
霍邱县	2949	915	388	305	225	170	378	568
舒城县	3288	1875	444	201	120	82	249	317
金寨县	2790	1208	315	237	169	134	340	387
霍山县	510	236	70	42	22	28	55	57
亳州市	**15249**	**6376**	**2035**	**1474**	**1126**	**718**	**1734**	**1786**
谯城区	5611	2274	772	611	562	240	606	546
涡阳县	3252	1289	465	309	185	184	427	393
蒙城县	2930	1412	360	237	156	155	301	309
利辛县	3456	1401	438	317	223	139	400	538
池州市	**8617**	**3746**	**1142**	**791**	**476**	**338**	**995**	**1129**
贵池区	3335	1490	462	309	148	102	328	496
东至县	1260	528	179	90	66	51	169	177
石台县	1022	516	125	88	56	36	86	115
青阳县	2784	1160	337	283	191	134	366	313
池州市国家经济技术开发区								
皖江江南新兴产业集中区								
九华山风景区	216	52	39	21	15	15	46	28
宣城市	**27010**	**8899**	**3663**	**2482**	**1909**	**1383**	**3654**	**5020**
宣州区	8436	2277	1263	894	726	498	1152	1626
郎溪县	2755	1064	280	202	151	117	383	558
泾县	3570	1399	426	249	195	110	442	749
绩溪县	941	388	80	85	49	26	161	152
旌德县	964	547	116	54	34	33	82	98
宣城市经济开发区	1258	416	408	164	89	35	106	40
宁国市	3350	1026	547	319	240	253	414	551
广德市	5736	1782	543	515	425	311	914	1246

7-5 全省按户口登记地、性别、受教育程度分的户口登记地在外乡镇街道的人口

单位：人

受教育程度	合计			省内		
	合计	男	女	小计	男	女
总　计	**17600613**	**8833789**	**8766824**	**16077080**	**7975584**	**8101496**
未上过学	453640	115056	338584	431618	108354	323264
学前教育	656620	348555	308065	617998	328259	289739
小　学	3207581	1434075	1773506	2973349	1317567	1655782
初　中	5506585	2791839	2714746	4949174	2473651	2475523
高　中	3511309	1916768	1594541	3232601	1750423	1482178
大学专科	2220576	1140033	1080543	2052191	1042135	1010056
大学本科	1872436	992003	880433	1679122	877568	801554
硕士研究生	155009	83927	71082	128836	69366	59470
博士研究生	16857	11533	5324	12191	8261	3930

7-5 续表

单位：人

受教育程度	省内			省外		
	其中市辖区内人户分离					
	小计	男	女	小计	男	女
总　计	**4099759**	**1984114**	**2115645**	**1523533**	**858205**	**665328**
未上过学	105067	27631	77436	22022	6702	15320
学前教育	167576	88840	78736	38622	20296	18326
小　学	699996	311366	388630	234232	116508	117724
初　中	1257242	598219	659023	557411	318188	239223
高　中	889514	459878	429636	278708	166345	112363
大学专科	527836	262232	265604	168385	97898	70487
大学本科	404007	208818	195189	193314	114435	78879
硕士研究生	42799	23165	19634	26173	14561	11612
博士研究生	5722	3965	1757	4666	3272	1394

7-5a　全省按户口登记地、性别、受教育程度分的户口登记地在外乡镇街道的人口(城市)

单位：人

受教育程度	合计			省内		
	合计	男	女	小计	男	女
总　计	**8867056**	**4414900**	**4452156**	**8186056**	**4032001**	**4154055**
未上过学	220607	55320	165287	210725	52303	158422
学前教育	318108	168821	149287	300076	159319	140757
小　学	1468743	653109	815634	1370904	604095	766809
初　中	2598088	1318077	1280011	2376686	1189514	1187172
高　中	1722125	922499	799626	1601764	852378	749386
大学专科	1282667	641444	641223	1199327	594304	605023
大学本科	1138283	590178	548105	1029914	527156	502758
硕士研究生	105345	56438	48907	87476	46647	40829
博士研究生	13090	9014	4076	9184	6285	2899

7-5a　续表

单位：人

受教育程度	省内 其中市辖区内人户分离			省外		
	小计	男	女	小计	男	女
总　计	**3734806**	**1809232**	**1925574**	**681000**	**382899**	**298101**
未上过学	91182	23491	67691	9882	3017	6865
学前教育	151945	80661	71284	18032	9502	8530
小　学	617776	274222	343554	97839	49014	48825
初　中	1114372	531525	582847	221402	128563	92839
高　中	821993	422685	399308	120361	70121	50240
大学专科	500617	248918	251699	83340	47140	36200
大学本科	389705	201302	188403	108369	63022	45347
硕士研究生	41659	22565	19094	17869	9791	8078
博士研究生	5557	3863	1694	3906	2729	1177

7-5b 全省按户口登记地、性别、受教育程度分的户口登记地在外乡镇街道的人口(镇)

单位：人

受教育程度	合计			省内		
	合计	男	女	小计	男	女
总　计	**7365664**	**3711116**	**3654548**	**6785281**	**3378039**	**3407242**
未上过学	182467	43751	138716	175500	41567	133933
学前教育	296827	158116	138711	282034	150269	131765
小　学	1435607	633917	801690	1351616	591907	759709
初　中	2369975	1192162	1177813	2158808	1070768	1088040
高　中	1550792	857502	693290	1435311	786798	648513
大学专科	817179	435126	382053	752267	395729	356538
大学本科	663372	362881	300491	588675	318236	270439
硕士研究生	46091	25417	20674	38398	21011	17387
博士研究生	3354	2244	1110	2672	1754	918

7-5b 续表

单位：人

受教育程度	省内			省外		
	其中市辖区内人户分离					
	小计	男	女	小计	男	女
总　计	**209818**	**102216**	**107602**	**580383**	**333077**	**247306**
未上过学	6462	1772	4690	6967	2184	4783
学前教育	9439	5019	4420	14793	7847	6946
小　学	44866	19649	25217	83991	42010	41981
初　中	77040	36676	40364	211167	121394	89773
高　中	43679	24426	19253	115481	70704	44777
大学专科	16755	8536	8219	64912	39397	25515
大学本科	10466	5530	4936	74697	44645	30052
硕士研究生	960	516	444	7693	4406	3287
博士研究生	151	92	59	682	490	192

7–5c 全省按户口登记地、性别、受教育程度分的户口登记地在外乡镇街道的人口(乡村)

单位：人

受教育程度	合计			省内		
	合计	男	女	小计	男	女
总 计	**1367893**	**707773**	**660120**	**1105743**	**565544**	**540199**
未上过学	50566	15985	34581	45393	14484	30909
学前教育	41685	21618	20067	35888	18671	17217
小 学	303231	147049	156182	250829	121565	129264
初 中	538522	281600	256922	413680	213369	200311
高 中	238392	136767	101625	195526	111247	84279
大学专科	120730	63463	57267	100597	52102	48495
大学本科	70781	38944	31837	60533	32176	28357
硕士研究生	3573	2072	1501	2962	1708	1254
博士研究生	413	275	138	335	222	113

7–5c 续表

单位：人

受教育程度	省内			省外		
	其中市辖区内人户分离					
	小计	男	女	小计	男	女
总 计	**155135**	**72666**	**82469**	**262150**	**142229**	**119921**
未上过学	7423	2368	5055	5173	1501	3672
学前教育	6192	3160	3032	5797	2947	2850
小 学	37354	17495	19859	52402	25484	26918
初 中	65830	30018	35812	124842	68231	56611
高 中	23842	12767	11075	42866	25520	17346
大学专科	10464	4778	5686	20133	11361	8772
大学本科	3836	1986	1850	10248	6768	3480
硕士研究生	180	84	96	611	364	247
博士研究生	14	10	4	78	53	25

7-6 全省按现住地、受教育程度、性别分的户口登记地在本省其他乡镇街道的人口

单位：人

现住地	合计			未上过学		
	合计	男	女	小计	男	女
安　徽	**16077080**	**7975584**	**8101496**	**431618**	**108354**	**323264**
合肥市	**4481068**	**2287265**	**2193803**	**135566**	**32350**	**103216**
瑶海区	500479	252224	248255	16914	4116	12798
庐阳区	358985	177864	181121	10481	2609	7872
蜀山区	531551	263320	268231	12716	3112	9604
包河区	664976	341949	323027	20629	5245	15384
长丰县	338953	175453	163500	11284	3036	8248
肥东县	381197	199198	181999	15754	2781	12973
肥西县	500762	261444	239318	14793	3815	10978
庐江县	166262	79867	86395	6594	1476	5118
合肥高新技术产业开发区	162804	84556	78248	3829	827	3002
合肥经济技术开发区	328326	170213	158113	8336	1772	6564
合肥新站高新技术产业开发区	303996	162879	141117	7708	2131	5577
巢湖市	242777	118298	124479	6528	1430	5098
芜湖市	**1077715**	**540580**	**537135**	**32133**	**8046**	**24087**
镜湖区	189945	91135	98810	5377	1189	4188
弋江区	225200	111852	113348	5184	1529	3655
鸠江区	166668	88973	77695	6110	1434	4676
三山区	48347	26050	22297	1954	548	1406
芜湖县	98948	49662	49286	1796	475	1321
繁昌县	58041	28833	29208	1061	233	828
南陵县	89194	41633	47561	2251	593	1658
芜湖经济技术开发区	83876	45956	37920	2967	689	2278
安徽芜湖长江大桥经济开发区	747	363	384	44	17	27
无为市	116749	56123	60626	5389	1339	4050
蚌埠市	**815862**	**397356**	**418506**	**20920**	**5969**	**14951**
龙子湖区	84719	41047	43672	2738	772	1966
蚌山区	79419	38907	40512	1734	483	1251
禹会区	103730	49944	53786	2613	790	1823
淮上区	78569	39371	39198	1810	536	1274
怀远县	117001	56276	60725	3901	1139	2762
五河县	82765	39021	43744	3200	834	2366
固镇县	73967	35607	38360	1647	494	1153
蚌埠市高新技术开发区	41873	21171	20702	739	223	516
蚌埠市经济开发区	153819	76012	77807	2538	698	1840
淮南市	**750169**	**370024**	**380145**	**19572**	**6238**	**13334**
大通区	48739	23628	25111	1645	541	1104
田家庵区	317588	154209	163379	5517	1773	3744
谢家集区	58168	27675	30493	2541	725	1816
八公山区	36508	17082	19426	927	293	634
潘集区	55617	28695	26922	2159	786	1373
凤台县	136447	72193	64254	4436	1397	3039
寿县	97102	46542	50560	2347	723	1624

7-6　续表 1　　　　单位：人

现住地	合计			未上过学		
	合计	男	女	小计	男	女
马鞍山市	**567027**	**282716**	**284311**	**21015**	**5061**	**15954**
花山区	195653	98192	97461	6799	1729	5070
雨山区	167794	85249	82545	5010	1317	3693
博望区	9637	5062	4575	337	100	237
当涂县	81881	40742	41139	2862	704	2158
含山县	49906	23477	26429	2925	656	2269
和县	62156	29994	32162	3082	555	2527
淮北市	**477531**	**234420**	**243111**	**11875**	**3545**	**8330**
杜集区	42528	20913	21615	1718	579	1139
相山区	245329	119815	125514	5891	1559	4332
烈山区	45918	20112	25806	1125	352	773
濉溪县	143756	73580	70176	3141	1055	2086
铜陵市	**361171**	**174074**	**187097**	**15702**	**3478**	**12224**
铜官区	217354	106329	111025	7792	1855	5937
义安区	52935	25688	27247	2062	468	1594
郊区	26040	13267	12773	2103	575	1528
枞阳县	64842	28790	36052	3745	580	3165
安庆市	**947764**	**457049**	**490715**	**22756**	**5099**	**17657**
迎江区	137720	67594	70126	3474	748	2726
大观区	68211	32970	35241	1487	322	1165
宜秀区	91795	44842	46953	2384	577	1807
怀宁县	88977	43189	45788	2435	483	1952
太湖县	64037	30307	33730	1830	373	1457
宿松县	98137	47431	50706	1962	391	1571
望江县	56774	25849	30925	1456	303	1153
岳西县	43154	19871	23283	805	206	599
安徽安庆经济开发区	75808	39338	36470	1785	430	1355
桐城市	145894	69247	76647	3253	924	2329
潜山市	77257	36411	40846	1885	342	1543
黄山市	**365915**	**173407**	**192508**	**9292**	**1996**	**7296**
屯溪区	133283	63044	70239	2638	573	2065
黄山区	35722	17711	18011	1105	316	789
徽州区	34036	16499	17537	761	166	595
歙县	78213	37009	41204	2164	412	1752
休宁县	44400	20372	24028	1373	252	1121
黟县	11124	5398	5726	253	55	198
祁门县	29137	13374	15763	998	222	776
滁州市	**1065772**	**533436**	**532336**	**24354**	**5836**	**18518**
琅琊区	125295	62000	63295	3035	737	2298
南谯区	176225	88705	87520	6839	1482	5357
来安县	79129	40653	38476	1595	409	1186
全椒县	121107	62265	58842	1938	455	1483
定远县	104832	52726	52106	2755	633	2122
凤阳县	94106	46375	47731	1405	442	963
苏滁现代产业园	9375	5647	3728	267	66	201
滁州经济技术开发区	84290	44006	40284	1513	333	1180
天长市	165636	81055	84581	3098	714	2384
明光市	105777	50004	55773	1909	565	1344

7–6 续表 2　　单位：人

现住地	合计			未上过学		
	合计	男	女	小计	男	女
阜阳市	**1233714**	**601993**	**631721**	**31366**	**7666**	**23700**
颍州区	276621	131417	145204	6466	1701	4765
颍东区	100721	50993	49728	2811	675	2136
颍泉区	94360	46979	47381	1857	525	1332
临泉县	185780	90558	95222	4149	981	3168
太和县	153776	74148	79628	2489	649	1840
阜南县	130524	62140	68384	5835	1212	4623
颍上县	111392	56389	55003	3094	836	2258
阜阳合肥现代产业园区	5431	2852	2579	144	38	106
阜阳经济技术开发区	62630	31768	30862	1368	389	979
界首市	112479	54749	57730	3153	660	2493
宿州市	**829084**	**401798**	**427286**	**13662**	**3636**	**10026**
埇桥区	369240	179639	189601	6726	1817	4909
砀山县	60691	30101	30590	470	178	292
萧县	124285	60522	63763	1696	510	1186
灵璧县	127656	59657	67999	2442	541	1901
泗县	104307	50302	54005	1278	313	965
宿州马鞍山现代产业园区	9383	4724	4659	281	81	200
宿州经济技术开发区	33522	16853	16669	769	196	573
六安市	**1091840**	**536053**	**555787**	**20492**	**5988**	**14504**
金安区	353846	172145	181701	6404	1855	4549
裕安区	330742	164391	166351	6963	1978	4985
叶集区	33569	17970	15599	618	213	405
霍邱县	92395	46263	46132	2510	723	1787
舒城县	126571	59616	66955	2388	727	1661
金寨县	85156	42541	42615	733	256	477
霍山县	69561	33127	36434	876	236	640
亳州市	**951093**	**473099**	**477994**	**21427**	**6080**	**15347**
谯城区	410607	201712	208895	8962	2401	6561
涡阳县	184123	94171	89952	4922	1502	3420
蒙城县	188257	94288	93969	3470	1061	2409
利辛县	168106	82928	85178	4073	1116	2957
池州市	**347823**	**162044**	**185779**	**13611**	**2626**	**10985**
贵池区	211319	97433	113886	8735	1582	7153
东至县	54145	24479	29666	2373	440	1933
石台县	13136	6124	7012	490	98	392
青阳县	54968	26294	28674	1457	375	1082
池州市国家经济技术开发区	7102	3698	3404	339	65	274
皖江江南新兴产业集中区	3756	2140	1616	124	30	94
九华山风景区	3397	1876	1521	93	36	57
宣城市	**713532**	**350270**	**363262**	**17875**	**4740**	**13135**
宣州区	206376	99325	107051	5598	1392	4206
郎溪县	61405	29113	32292	2250	616	1634
泾县	62418	29573	32845	1571	407	1164
绩溪县	36343	17276	19067	701	167	534
旌德县	20662	9525	11137	410	94	316
宣城市经济开发区	59842	31276	28566	1613	579	1034
宁国市	157881	79546	78335	3786	936	2850
广德市	108605	54636	53969	1946	549	1397

7-6 续表 3

单位：人

现住地	学前教育			小学		
	小计	男	女	小计	男	女
安 徽	**617998**	**328259**	**289739**	**2973349**	**1317567**	**1655782**
合肥市	**162188**	**86867**	**75321**	**693380**	**303525**	**389855**
瑶海区	20393	11069	9324	85343	37555	47788
庐阳区	14445	7756	6689	53370	23556	29814
蜀山区	15629	8329	7300	57557	24156	33401
包河区	21907	11717	10190	93762	42559	51203
长丰县	17196	9210	7986	68034	31318	36716
肥东县	14893	7879	7014	83275	36121	47154
肥西县	19286	10453	8833	76717	34502	42215
庐江县	7376	3936	3440	40736	17040	23696
合肥高新技术产业开发区	4718	2494	2224	17543	7126	10417
合肥经济技术开发区	9776	5188	4588	35989	14676	21313
合肥新站高新技术产业开发区	9257	4982	4275	34477	15370	19107
巢湖市	7312	3854	3458	46577	19546	27031
芜湖市	**35167**	**18605**	**16562**	**189548**	**81346**	**108202**
镜湖区	5118	2673	2445	27271	11278	15993
弋江区	5410	2871	2539	29109	13033	16076
鸠江区	5707	3022	2685	26506	11630	14876
三山区	2065	1097	968	8851	3913	4938
芜湖县	3368	1732	1636	21337	8823	12514
繁昌县	2326	1222	1104	12909	5498	7411
南陵县	3364	1784	1580	21698	9043	12655
芜湖经济技术开发区	3562	1924	1638	12688	5464	7224
安徽芜湖长江大桥经济开发区	44	19	25	158	74	84
无为市	4203	2261	1942	29021	12590	16431
蚌埠市	**34271**	**18274**	**15997**	**157906**	**73358**	**84548**
龙子湖区	2894	1567	1327	16207	7517	8690
蚌山区	3124	1639	1485	14871	6759	8112
禹会区	3497	1884	1613	18405	8619	9786
淮上区	3516	1861	1655	14972	7172	7800
怀远县	5371	2880	2491	27202	12861	14341
五河县	4738	2507	2231	22004	9788	12216
固镇县	3930	2115	1815	18307	8639	9668
蚌埠市高新技术开发区	2076	1127	949	8142	3882	4260
蚌埠市经济开发区	5125	2694	2431	17796	8121	9675
淮南市	**27113**	**14516**	**12597**	**140971**	**65375**	**75596**
大通区	2293	1182	1111	8962	4252	4710
田家庵区	9805	5274	4531	47399	21740	25659
谢家集区	1749	893	856	12313	5652	6661
八公山区	1135	572	563	7440	3294	4146
潘集区	2690	1450	1240	12098	5884	6214
凤台县	5832	3211	2621	29245	14093	15152
寿县	3609	1934	1675	23514	10460	13054

7－6 续表 4 单位：人

现住地	学前教育			小学		
	小计	男	女	小计	男	女
马鞍山市	**18975**	**10031**	**8944**	**108466**	**48490**	**59976**
花山区	6374	3404	2970	36578	16660	19918
雨山区	4648	2396	2252	24182	11036	13146
博望区	422	222	200	2401	1196	1205
当涂县	3188	1645	1543	16022	7028	8994
含山县	2132	1149	983	14115	5971	8144
和县	2211	1215	996	15168	6599	8569
淮北市	**19155**	**10145**	**9010**	**73146**	**35591**	**37555**
杜集区	1555	814	741	7156	3533	3623
相山区	9434	5013	4421	33374	16056	17318
烈山区	1157	630	527	5643	2703	2940
濉溪县	7009	3688	3321	26973	13299	13674
铜陵市	**11709**	**6096**	**5613**	**69153**	**28695**	**40458**
铜官区	6590	3440	3150	35345	15319	20026
义安区	1983	1011	972	11553	4788	6765
郊区	783	416	367	5956	2790	3166
枞阳县	2353	1229	1124	16299	5798	10501
安庆市	**35843**	**18561**	**17282**	**207446**	**83479**	**123967**
迎江区	5292	2694	2598	26033	11016	15017
大观区	1887	992	895	12636	5205	7431
宜秀区	2683	1371	1312	14989	6708	8281
怀宁县	3582	1876	1706	21987	9031	12956
太湖县	3058	1551	1507	18259	6910	11349
宿松县	3874	2062	1812	25922	9598	16324
望江县	2432	1235	1197	15142	5539	9603
岳西县	2177	1138	1039	9835	3963	5872
安徽安庆经济开发区	2516	1347	1169	14624	6379	8245
桐城市	5291	2708	2583	28836	11914	16922
潜山市	3051	1587	1464	19183	7216	11967
黄山市	**12675**	**6420**	**6255**	**71763**	**29923**	**41840**
屯溪区	3347	1716	1631	18810	7708	11102
黄山区	1418	706	712	7783	3619	4164
徽州区	1444	742	702	6740	2808	3932
歙县	2914	1478	1436	17183	7042	10141
休宁县	1838	899	939	11732	4766	6966
黟县	423	223	200	2064	850	1214
祁门县	1291	656	635	7451	3130	4321
滁州市	**43931**	**22916**	**21015**	**213123**	**90177**	**122946**
琅琊区	4592	2369	2223	26463	11644	14819
南谯区	7284	3781	3503	32968	14597	18371
来安县	3069	1588	1481	15190	6579	8611
全椒县	5001	2593	2408	27325	11128	16197
定远县	4831	2572	2259	20774	9011	11763
凤阳县	4005	2165	1840	16063	7419	8644
苏滁现代产业园	254	120	134	1903	996	907
滁州经济技术开发区	3021	1577	1444	12666	5285	7381
天长市	7495	3834	3661	35637	13695	21942
明光市	4379	2317	2062	24134	9823	14311

7-6　续表 5　　单位：人

现住地	学前教育			小学		
	小计	男	女	小计	男	女
阜阳市	**52291**	**27900**	**24391**	**242560**	**113549**	**129011**
颍州区	10641	5611	5030	42751	20373	22378
颍东区	4642	2510	2132	18625	9113	9512
颍泉区	4014	2133	1881	16320	7799	8521
临泉县	7333	3837	3496	40659	18494	22165
太和县	6150	3319	2831	30329	13576	16753
阜南县	6490	3457	3033	33429	15685	17744
颍上县	4917	2694	2223	23132	11041	12091
阜阳合肥现代产业园区	255	130	125	1024	514	510
阜阳经济技术开发区	3020	1606	1414	11931	5601	6330
界首市	4829	2603	2226	24360	11353	13007
宿州市	**36946**	**19724**	**17222**	**146146**	**67603**	**78543**
埇桥区	15486	8190	7296	53100	24375	28725
砀山县	2700	1491	1209	7838	3918	3920
萧县	5892	3099	2793	21832	10916	10916
灵璧县	6126	3407	2719	29864	13653	16211
泗县	4916	2576	2340	25925	11101	14824
宿州马鞍山现代产业园区	378	181	197	1824	881	943
宿州经济技术开发区	1448	780	668	5763	2759	3004
六安市	**45245**	**24595**	**20650**	**230766**	**101743**	**129023**
金安区	14450	7836	6614	74301	31446	42855
裕安区	14410	7876	6534	67107	30738	36369
叶集区	1381	788	593	6957	3373	3584
霍邱县	3588	1965	1623	22906	10866	12040
舒城县	4916	2630	2286	26594	11025	15569
金寨县	3639	2026	1613	17931	8184	9747
霍山县	2861	1474	1387	14970	6111	8859
亳州市	**42899**	**23425**	**19474**	**201723**	**97073**	**104650**
谯城区	19930	10894	9036	80308	38826	41482
涡阳县	7109	3903	3206	42379	20574	21805
蒙城县	8329	4536	3793	42538	20066	22472
利辛县	7531	4092	3439	36498	17607	18891
池州市	**12762**	**6547**	**6215**	**75456**	**30945**	**44511**
贵池区	7619	3943	3676	43220	17391	25829
东至县	2172	1096	1076	14026	5556	8470
石台县	454	235	219	2939	1218	1721
青阳县	2131	1079	1052	12421	5469	6952
池州市国家经济技术开发区	271	132	139	1458	645	813
皖江江南新兴产业集中区	39	22	17	674	320	354
九华山风景区	76	40	36	718	346	372
宣城市	**26828**	**13637**	**13191**	**151796**	**66695**	**85101**
宣州区	7559	3856	3703	42533	18168	24365
郎溪县	2413	1218	1195	15089	6589	8500
泾县	2552	1304	1248	16108	7167	8941
绩溪县	1541	775	766	8005	3468	4537
旌德县	972	493	479	5481	2314	3167
宣城市经济开发区	2062	1041	1021	10907	4891	6016
宁国市	5801	2944	2857	32481	14391	18090
广德市	3928	2006	1922	21192	9707	11485

7-6 续表 6

单位：人

现住地	初中			高中			大学专科		
	小计	男	女	小计	男	女	小计	男	女
安　徽	**4949174**	**2473651**	**2475523**	**3232601**	**1750423**	**1482178**	**2052191**	**1042135**	**1010056**
合肥市	**1180118**	**627816**	**552302**	**810689**	**451400**	**359289**	**800322**	**416001**	**384321**
瑶海区	158067	83325	74742	94343	51562	42781	78499	39834	38665
庐阳区	91980	47220	44760	68924	36273	32651	70627	35101	35526
蜀山区	97741	49561	48180	82334	43496	38838	120636	60360	60276
包河区	158685	85591	73094	112577	61760	50817	135862	69615	66247
长丰县	112706	61191	51515	60585	34429	26156	51390	26252	25138
肥东县	130852	74488	56364	78474	45610	32864	37327	21076	16251
肥西县	138110	74983	63127	87325	49868	37457	95402	52237	43165
庐江县	59850	29159	30691	31122	17085	14037	11131	5961	5170
合肥高新技术产业开发区	28059	14810	13249	24791	14285	10506	35672	19112	16560
合肥经济技术开发区	63733	33743	29990	56627	33224	23403	64009	32449	31560
合肥新站高新技术产业开发区	66949	37537	29412	67625	39034	28591	74415	41095	33320
巢湖市	73386	36208	37178	45962	24774	21188	25352	12909	12443
芜湖市	**294780**	**150567**	**144213**	**201461**	**110977**	**90484**	**161426**	**85977**	**75449**
镜湖区	49731	24976	24755	39795	20927	18868	28610	14376	14234
弋江区	41292	21793	19499	32964	18019	14945	59533	29752	29781
鸠江区	41071	22202	18869	27333	15591	11742	25231	14666	10565
三山区	13067	7056	6011	8615	4983	3632	10099	6358	3741
芜湖县	33181	17187	15994	20520	10670	9850	6364	3439	2925
繁昌县	21079	10546	10533	12892	7179	5713	4630	2515	2115
南陵县	33289	15508	17781	18580	9723	8857	5793	2892	2901
芜湖经济技术开发区	21516	11818	9698	15301	9730	5571	14412	8494	5918
安徽芜湖长江大桥经济开发区	268	141	127	93	41	52	75	37	38
无为市	40286	19340	20946	25368	14114	11254	6679	3448	3231
蚌埠市	**257536**	**123039**	**134497**	**162477**	**83809**	**78668**	**82348**	**41769**	**40579**
龙子湖区	30222	14912	15310	17207	8667	8540	8973	4387	4586
蚌山区	25956	12823	13133	17743	9167	8576	9529	4699	4830
禹会区	33430	16237	17193	22390	11279	11111	11584	5918	5666
淮上区	26258	13100	13158	21775	11560	10215	6600	3285	3315
怀远县	42258	19765	22493	23394	12254	11140	8673	4210	4463
五河县	30574	14202	16372	13936	7528	6408	5001	2476	2525
固镇县	27262	12442	14820	15407	8129	7278	4737	2376	2361
蚌埠市高新技术开发区	12545	5946	6599	7922	4262	3660	6699	3786	2913
蚌埠市经济开发区	29031	13612	15419	22703	10963	11740	20552	10632	9920
淮南市	**260176**	**124423**	**135753**	**144888**	**77140**	**67748**	**81146**	**41090**	**40056**
大通区	17688	8264	9424	9455	4802	4653	5630	2905	2725
田家庵区	90464	43017	47447	61939	30611	31328	45558	21743	23815
谢家集区	23301	11095	12206	11782	6131	5651	4496	2144	2352
八公山区	15823	7204	8619	7227	3727	3500	2704	1346	1358
潘集区	25267	12226	13041	7985	5012	2973	3594	2189	1405
凤台县	53367	26716	26651	24905	15425	9480	11569	6984	4585
寿县	34266	15901	18365	21595	11432	10163	7595	3779	3816

7-6　续表 7　　　　单位：人

现住地	初中			高中			大学专科		
	小计	男	女	小计	男	女	小计	男	女
马鞍山市	**168810**	**86494**	**82316**	**106619**	**57423**	**49196**	**66041**	**31634**	**34407**
花山区	60998	31429	29569	38938	20538	18400	24480	12541	11939
雨山区	39553	20479	19074	31766	17504	14262	26608	11581	15027
博望区	4045	2195	1850	1414	813	601	562	295	267
当涂县	26450	13091	13359	14635	8023	6612	7323	3763	3560
含山县	17809	8566	9243	7953	4504	3449	2640	1366	1274
和县	19955	10734	9221	11913	6041	5872	4428	2088	2340
淮北市	**161919**	**77680**	**84239**	**100764**	**53001**	**47763**	**55222**	**27246**	**27976**
杜集区	16093	7741	8352	10757	5594	5163	3336	1631	1705
相山区	75618	35451	40167	53690	27746	25944	32699	16545	16154
烈山区	11904	5623	6281	6910	3340	3570	7757	2902	4855
濉溪县	58304	28865	29439	29407	16321	13086	11430	6168	5262
铜陵市	**102740**	**50390**	**52350**	**72775**	**39015**	**33760**	**41900**	**21711**	**20189**
铜官区	56411	28164	28247	40973	21418	19555	31388	16033	15355
义安区	19244	9705	9539	10213	5561	4652	4476	2385	2091
郊区	8699	4651	4048	4797	2746	2051	2297	1264	1033
枞阳县	18386	7870	10516	16792	9290	7502	3739	2029	1710
安庆市	**298554**	**146805**	**151749**	**198231**	**109742**	**88489**	**103048**	**50917**	**52131**
迎江区	39213	19845	19368	28343	14964	13379	19687	9880	9807
大观区	19840	9950	9890	15808	8268	7540	9126	4736	4390
宜秀区	22341	12172	10169	14945	8580	6365	12459	5379	7080
怀宁县	32061	15729	16332	18938	10807	8131	5800	3011	2789
太湖县	19554	9716	9838	12581	7046	5535	5326	2764	2562
宿松县	31037	14773	16264	23164	13835	9329	6540	3510	3030
望江县	19159	8908	10251	12099	6562	5537	3397	1745	1652
岳西县	14410	6261	8149	9206	4775	4431	3624	1860	1764
安徽安庆经济开发区	22044	11698	10346	15450	8588	6862	14241	7922	6319
桐城市	52268	25049	27219	31888	17407	14481	16596	6850	9746
潜山市	26627	12704	13923	15809	8910	6899	6252	3260	2992
黄山市	**132279**	**62915**	**69364**	**66372**	**35284**	**31088**	**35104**	**17336**	**17768**
屯溪区	37107	17506	19601	26215	13501	12714	17794	8376	9418
黄山区	14062	7028	7034	6223	3297	2926	3277	1691	1586
徽州区	15367	7461	7906	5572	3164	2408	2556	1295	1261
歙县	32385	15694	16691	14930	7940	6990	5086	2612	2474
休宁县	16508	7578	8930	7706	4190	3516	3212	1624	1588
黟县	4404	2066	2338	1942	1110	832	1192	634	558
祁门县	12446	5582	6864	3784	2082	1702	1987	1104	883
滁州市	**351641**	**181358**	**170283**	**230890**	**126175**	**104715**	**114318**	**59951**	**54367**
琅琊区	42827	22302	20525	24000	13018	10982	13237	6719	6518
南谯区	54720	29872	24848	30440	16632	13808	30151	14939	15212
来安县	28769	15231	13538	20067	11099	8968	6492	3535	2957
全椒县	43709	23124	20585	24469	14440	10029	12417	6984	5433
定远县	35765	17721	18044	25680	14513	11167	9257	5049	4208
凤阳县	28489	13584	14905	24683	12310	12373	7796	3985	3811
苏滁现代产业园	3595	2167	1428	1860	1320	540	1064	691	373
滁州经济技术开发区	23053	12051	11002	15025	8833	6192	10009	5552	4457
天长市	53522	27351	26171	38188	20727	17461	16859	8851	8008
明光市	37192	17955	19237	26478	13283	13195	7036	3646	3390

7-6 续表 8　　　　单位：人

现住地	初中			高中			大学专科		
	小计	男	女	小计	男	女	小计	男	女
阜阳市	**411292**	**198101**	**213191**	**278520**	**147977**	**130543**	**122035**	**59099**	**62936**
颍州区	74881	36669	38212	57039	29418	27621	42720	18048	24672
颍东区	33911	16627	17284	25747	14216	11531	8887	4671	4216
颍泉区	31607	15296	16311	25010	13040	11970	9188	4723	4465
临泉县	56278	27117	29161	51116	26555	24561	15402	7942	7460
太和县	59206	27863	31343	35402	18627	16775	12226	6086	6140
阜南县	46389	21772	24617	24816	13040	11776	7981	4093	3888
颍上县	40960	19638	21322	23734	13834	9900	8899	4752	4147
阜阳合肥现代产业园区	2222	1224	998	793	456	337	545	282	263
阜阳经济技术开发区	21606	10929	10677	13817	7363	6454	6831	3669	3162
界首市	44232	20966	23266	21046	11428	9618	9356	4833	4523
宿州市	**271878**	**128197**	**143681**	**207958**	**108298**	**99660**	**88227**	**41310**	**46917**
埇桥区	126629	61116	65513	76955	40325	36630	48730	22275	26455
砀山县	12566	5925	6641	26831	13411	13420	7103	3544	3559
萧县	42450	19324	23126	37068	19201	17867	10222	4902	5320
灵璧县	40446	17809	22637	31628	16322	15306	10667	4693	5974
泗县	34239	16478	17761	23693	12530	11163	8318	4256	4062
宿州马鞍山现代产业园区	3136	1510	1626	3106	1736	1370	402	211	191
宿州经济技术开发区	12412	6035	6377	8677	4773	3904	2785	1429	1356
六安市	**355500**	**167333**	**188167**	**246236**	**133425**	**112811**	**101746**	**52650**	**49096**
金安区	113038	52280	60758	79392	43408	35984	41115	21387	19728
裕安区	100968	48827	52141	68266	36272	31994	29775	15336	14439
叶集区	12081	6039	6042	9250	5820	3430	1646	846	800
霍邱县	32639	15908	16731	18627	10394	8233	6375	3191	3184
舒城县	45799	20551	25248	30407	15864	14543	9775	5072	4703
金寨县	30866	14664	16202	19319	10536	8783	6990	3681	3309
霍山县	20109	9064	11045	20975	11131	9844	6070	3137	2933
亳州市	**331498**	**164432**	**167066**	**205412**	**108811**	**96601**	**88831**	**42995**	**45836**
谯城区	145088	72741	72347	76702	39498	37204	45739	20694	25045
涡阳县	63980	32973	31007	41963	22681	19282	15496	8032	7464
蒙城县	64299	31182	33117	41711	22916	18795	17250	8919	8331
利辛县	58131	27536	30595	45036	23716	21320	10346	5350	4996
池州市	**107255**	**51561**	**55694**	**64479**	**34842**	**29637**	**39032**	**17848**	**21184**
贵池区	60140	29252	30888	36106	19549	16557	28321	12369	15952
东至县	17915	8142	9773	11029	5855	5174	3722	1865	1857
石台县	4223	1930	2293	2574	1355	1219	1242	643	599
青阳县	20288	9609	10679	11614	6172	5442	4098	2017	2081
池州市国家经济技术开发区	2319	1247	1072	1179	707	472	981	565	416
皖江江南新兴产业集中区	1098	657	441	1394	846	548	246	154	92
九华山风景区	1272	724	548	583	358	225	422	235	187
宣城市	**263198**	**132540**	**130658**	**134830**	**73104**	**61726**	**71445**	**34601**	**36844**
宣州区	70781	35337	35444	38046	20238	17808	25717	11827	13890
郎溪县	24696	11914	12782	9614	5174	4440	4180	2001	2179
泾县	22843	10984	11859	11648	5966	5682	4726	2293	2433
绩溪县	16318	7672	8646	5245	2905	2340	2649	1331	1318
旌德县	7956	3802	4154	3375	1643	1732	1478	692	786
宣城市经济开发区	17196	8786	8410	13426	7608	5818	7023	3739	3284
宁国市	61696	32327	29369	30235	16993	13242	15422	7706	7716
广德市	41712	21718	19994	23241	12577	10664	10250	5012	5238

7-6　续表 9　　　　单位：人

现住地	大学本科			硕士研究生			博士研究生		
	小计	男	女	小计	男	女	小计	男	女
安　徽	**1679122**	**877568**	**801554**	**128836**	**69366**	**59470**	**12191**	**8261**	**3930**
合肥市	**619410**	**325309**	**294101**	**71465**	**38627**	**32838**	**7930**	**5370**	**2560**
瑶海区	43457	22891	20566	3220	1715	1505	243	157	86
庐阳区	44123	22643	21480	4601	2415	2186	434	291	143
蜀山区	121348	61725	59623	20399	10433	9966	3191	2148	1043
包河区	102157	54206	47951	17105	9673	7432	2292	1583	709
长丰县	16823	9500	7323	881	482	399	54	35	19
肥东县	19533	10595	8938	1022	609	413	67	39	28
肥西县	64851	33146	31705	3946	2201	1745	332	239	93
庐江县	8983	4939	4044	452	256	196	18	15	3
合肥高新技术产业开发区	43076	22826	20250	4774	2826	1948	342	250	92
合肥经济技术开发区	77976	42813	35163	11189	5907	5282	691	441	250
合肥新站高新技术产业开发区	40650	21110	19540	2744	1511	1233	171	109	62
巢湖市	36433	18915	17518	1132	599	533	95	63	32
芜湖市	**149911**	**78491**	**71420**	**12445**	**5998**	**6447**	**844**	**573**	**271**
镜湖区	30552	14007	16545	3267	1561	1706	224	148	76
弋江区	46083	22350	23733	5224	2229	2995	401	276	125
鸠江区	32227	19043	13184	2354	1296	1058	129	89	40
三山区	3385	1917	1468	287	163	124	24	15	9
芜湖县	12088	7181	4907	281	148	133	13	7	6
繁昌县	2989	1561	1428	146	74	72	9	5	4
南陵县	4059	2012	2047	150	73	77	10	5	5
芜湖经济技术开发区	12897	7497	5400	516	326	190	17	14	3
安徽芜湖长江大桥经济开发区	63	34	29	2		2			
无为市	5568	2889	2679	218	128	90	17	14	3
蚌埠市	**94093**	**47908**	**46185**	**5953**	**3000**	**2953**	**358**	**230**	**128**
龙子湖区	5785	2854	2931	646	339	307	47	32	15
蚌山区	5940	3041	2899	484	271	213	38	25	13
禹会区	11400	4999	6401	394	210	184	17	8	9
淮上区	3412	1736	1676	217	117	100	9	4	5
怀远县	5946	3025	2921	240	132	108	16	10	6
五河县	3194	1615	1579	104	64	40	14	7	7
固镇县	2584	1359	1225	86	48	38	7	5	2
蚌埠市高新技术开发区	3511	1798	1713	229	140	89	10	7	3
蚌埠市经济开发区	52321	27481	24840	3553	1679	1874	200	132	68
淮南市	**71519**	**38253**	**33266**	**4315**	**2646**	**1669**	**469**	**343**	**126**
大通区	2890	1585	1305	163	87	76	13	10	3
田家庵区	53047	27628	25419	3481	2141	1340	378	282	96
谢家集区	1880	975	905	94	52	42	12	8	4
八公山区	1198	619	579	48	22	26	6	5	1
潘集区	1741	1090	651	75	52	23	8	6	2
凤台县	6801	4177	2624	265	175	90	27	15	12
寿县	3962	2179	1783	189	117	72	25	17	8

7-6 续表 10　　　　单位：人

现住地	大学本科			硕士研究生			博士研究生		
	小计	男	女	小计	男	女	小计	男	女
马鞍山市	**71980**	**40472**	**31508**	**4808**	**2881**	**1927**	**313**	**230**	**83**
花山区	19604	10788	8816	1729	989	740	153	114	39
雨山区	33180	19126	14054	2719	1714	1005	128	96	32
博望区	438	232	206	17	8	9	1	1	
当涂县	11222	6402	4820	168	80	88	11	6	5
含山县	2250	1213	1037	71	44	27	11	8	3
和县	5286	2711	2575	104	46	58	9	5	4
淮北市	**52828**	**25864**	**26964**	**2436**	**1223**	**1213**	**186**	**125**	**61**
杜集区	1794	959	835	105	53	52	14	9	5
相山区	32735	16418	16317	1743	926	817	145	101	44
烈山区	11094	4458	6636	319	99	220	9	5	4
濉溪县	7205	4029	3176	269	145	124	18	10	8
铜陵市	**45089**	**23498**	**21591**	**2009**	**1123**	**886**	**94**	**68**	**26**
铜官区	37168	19152	18016	1612	892	720	75	56	19
义安区	3200	1653	1547	195	111	84	9	6	3
郊区	1321	773	548	78	47	31	6	5	1
枞阳县	3400	1920	1480	124	73	51	4	1	3
安庆市	**77703**	**40221**	**37482**	**3900**	**2038**	**1862**	**283**	**187**	**96**
迎江区	14518	7806	6712	1092	592	500	68	49	19
大观区	6841	3185	3656	536	278	258	50	34	16
宜秀区	21154	9648	11506	780	365	415	60	42	18
怀宁县	4007	2161	1846	156	87	69	11	4	7
太湖县	3313	1884	1429	106	56	50	10	7	3
宿松县	5443	3144	2299	183	111	72	12	7	5
望江县	2964	1497	1467	115	56	59	10	4	6
岳西县	2998	1611	1387	92	51	41	7	6	1
安徽安庆经济开发区	4776	2756	2020	348	201	147	24	17	7
桐城市	7408	4219	3189	328	161	167	26	15	11
潜山市	4281	2310	1971	164	80	84	5	2	3
黄山市	**36902**	**18718**	**18184**	**1412**	**740**	**672**	**116**	**75**	**41**
屯溪区	26277	13091	13186	1001	507	494	94	66	28
黄山区	1770	1000	770	80	51	29	4	3	1
徽州区	1535	827	708	56	34	22	5	2	3
歙县	3432	1771	1661	115	57	58	4	3	1
休宁县	1937	1009	928	91	53	38	3	1	2
黟县	806	437	369	36	23	13	4		4
祁门县	1145	583	562	33	15	18	2		2
滁州市	**83492**	**44732**	**38760**	**3687**	**2050**	**1637**	**336**	**241**	**95**
琅琊区	10589	4911	5678	518	275	243	34	25	9
南谯区	12861	6860	6001	920	507	413	42	35	7
来安县	3772	2103	1669	165	102	63	10	7	3
全椒县	5981	3390	2591	251	140	111	16	11	5
定远县	5527	3087	2440	216	124	92	27	16	11
凤阳县	11080	6112	4968	477	281	196	108	77	31
苏滁现代产业园	414	275	139	18	12	6			
滁州经济技术开发区	18379	10023	8356	564	314	250	60	38	22
天长市	10434	5653	4781	376	206	170	27	24	3
明光市	4455	2318	2137	182	89	93	12	8	4

7-6　续表 11　　　　单位：人

现 住 地	大学本科			硕士研究生			博士研究生		
	小计	男	女	小计	男	女	小计	男	女
阜阳市	**90938**	**45108**	**45830**	**4343**	**2366**	**1977**	**369**	**227**	**142**
颍州区	39865	18387	21478	2038	1067	971	220	143	77
颍东区	5854	3046	2808	231	128	103	13	7	6
颍泉区	6026	3257	2769	316	197	119	22	9	13
临泉县	10448	5407	5041	371	210	161	24	15	9
太和县	7609	3837	3772	342	182	160	23	9	14
阜南县	5386	2772	2614	181	96	85	17	13	4
颍上县	6371	3428	2943	270	158	112	15	8	7
阜阳合肥现代产业园区	395	184	211	50	23	27	3	1	2
阜阳经济技术开发区	3822	2075	1747	218	124	94	17	12	5
界首市	5162	2715	2447	326	181	145	15	10	5
宿州市	**61613**	**31630**	**29983**	**2467**	**1293**	**1174**	**187**	**107**	**80**
埇桥区	39779	20592	19187	1720	882	838	115	67	48
砀山县	3087	1580	1507	85	48	37	11	6	5
萧县	4940	2467	2473	166	94	72	19	9	10
灵璧县	6242	3093	3149	221	125	96	20	14	6
泗县	5725	2939	2786	200	102	98	13	7	6
宿州马鞍山现代产业园区	242	117	125	14	7	7			
宿州经济技术开发区	1598	842	756	61	35	26	9	4	5
六安市	**87533**	**47836**	**39697**	**3961**	**2238**	**1723**	**361**	**245**	**116**
金安区	23322	12898	10424	1694	951	743	130	84	46
裕安区	41712	22498	19214	1380	760	620	161	106	55
叶集区	1548	840	708	76	43	33	12	8	4
霍邱县	5505	3057	2448	223	143	80	22	16	6
舒城县	6440	3601	2839	235	133	102	17	13	4
金寨县	5406	3031	2375	258	150	108	14	13	1
霍山县	3600	1911	1689	95	58	37	5	5	
亳州市	**56953**	**28951**	**28002**	**2210**	**1242**	**968**	**140**	**90**	**50**
谯城区	32316	15785	16531	1498	825	673	64	48	16
涡阳县	7968	4333	3635	278	158	120	28	15	13
蒙城县	10353	5444	4909	276	150	126	31	14	17
利辛县	6316	3389	2927	158	109	49	17	13	4
池州市	**33966**	**16966**	**17000**	**1201**	**664**	**537**	**61**	**45**	**16**
贵池区	26228	12830	13398	904	481	423	46	36	10
东至县	2813	1476	1337	87	44	43	8	5	3
石台县	1160	605	555	53	39	14	1	1	
青阳县	2853	1507	1346	103	65	38	3	1	2
池州市国家经济技术开发区	516	311	205	36	24	12	3	2	1
皖江江南新兴产业集中区	174	106	68	7	5	2			
九华山风景区	222	131	91	11	6	5			
宣城市	**45192**	**23611**	**21581**	**2224**	**1237**	**987**	**144**	**105**	**39**
宣州区	15204	7978	7226	897	501	396	41	28	13
郎溪县	3048	1532	1516	112	67	45	3	2	1
泾县	2828	1376	1452	132	68	64	10	8	2
绩溪县	1811	914	897	71	42	29	2	2	
旌德县	950	461	489	38	25	13	2	1	1
宣城市经济开发区	7186	4376	2810	381	218	163	48	38	10
宁国市	8090	4050	4040	351	186	165	19	13	6
广德市	6075	2924	3151	242	130	112	19	13	6

7－6a 全省按现住地、受教育程度、性别分的户口登记地在本省其他乡镇街道的人口(城市)

单位：人

现住地	合计			未上过学		
	合计	男	女	小计	男	女
安　徽	**8186056**	**4032001**	**4154055**	**210725**	**52303**	**158422**
合肥市	**2270453**	**1138779**	**1131674**	**64831**	**15971**	**48860**
瑶海区	469980	236541	233439	15684	3870	11814
庐阳区	326233	162005	164228	9478	2377	7101
蜀山区	522999	258283	264716	12324	2989	9335
包河区	661537	339920	321617	20339	5151	15188
长丰县						
肥东县						
肥西县	47794	25018	22776	651	165	486
庐江县						
合肥高新技术产业开发区						
合肥经济技术开发区						
合肥新站高新技术产业开发区	38246	19266	18980	1200	333	867
巢湖市	203664	97746	105918	5155	1086	4069
芜湖市	**691174**	**347229**	**343945**	**21472**	**5335**	**16137**
镜湖区	188409	90419	97990	5238	1148	4090
弋江区	225200	111852	113348	5184	1529	3655
鸠江区	157288	84152	73136	5626	1299	4327
三山区	33634	18923	14711	1499	448	1051
芜湖县	872	376	496	50	15	35
繁昌县						
南陵县						
芜湖经济技术开发区	113	57	56	8	4	4
安徽芜湖长江大桥经济开发区						
无为市	85658	41450	44208	3867	892	2975
蚌埠市	**324733**	**159100**	**165633**	**8038**	**2318**	**5720**
龙子湖区	78995	38203	40792	2488	688	1800
蚌山区	77479	37969	39510	1666	461	1205
禹会区	97792	47424	50368	2366	714	1652
淮上区	70467	35504	34963	1518	455	1063
怀远县						
五河县						
固镇县						
蚌埠市高新技术开发区						
蚌埠市经济开发区						
淮南市	**455959**	**220301**	**235658**	**10366**	**3241**	**7125**
大通区	20923	10141	10782	613	181	432
田家庵区	313948	152519	161429	5359	1726	3633
谢家集区	54775	26061	28714	2354	654	1700
八公山区	34686	16262	18424	851	265	586
潘集区	31627	15318	16309	1189	415	774
凤台县						
寿县						

7-6a 续表 1

单位：人

现住地	合计			未上过学		
	合计	男	女	小计	男	女
马鞍山市	**367339**	**185534**	**181805**	**11776**	**3028**	**8748**
花山区	193838	97211	96627	6629	1676	4953
雨山区	166289	84446	81843	4893	1277	3616
博望区	7212	3877	3335	254	75	179
当涂县						
含山县						
和县						
淮北市	**310730**	**151493**	**159237**	**7687**	**2133**	**5554**
杜集区	33245	16358	16887	1164	363	801
相山区	238997	116680	122317	5573	1445	4128
烈山区	33266	14485	18781	821	259	562
濉溪县	5222	3970	1252	129	66	63
铜陵市	**275169**	**134602**	**140567**	**10506**	**2509**	**7997**
铜官区	214048	104484	109564	7650	1812	5838
义安区	43066	20795	22271	1486	313	1173
郊区	18055	9323	8732	1370	384	986
枞阳县						
安庆市	**513236**	**244925**	**268311**	**11982**	**2661**	**9321**
迎江区	136849	67082	69767	3426	737	2689
大观区	63652	30197	33455	1322	266	1056
宜秀区	86604	42115	44489	2134	514	1620
怀宁县						
太湖县						
宿松县						
望江县	40726	18369	22357	996	179	817
岳西县						
安徽安庆经济开发区	311	257	54	9	4	5
桐城市	125481	59171	66310	2694	740	1954
潜山市	59613	27734	31879	1401	221	1180
黄山市	**177304**	**83830**	**93474**	**4113**	**935**	**3178**
屯溪区	117604	55014	62590	2508	535	1973
黄山区	25738	12203	13535	862	237	625
徽州区	30301	14847	15454	640	141	499
歙县	1206	562	644	52	11	41
休宁县	2455	1204	1251	51	11	40
黟县						
祁门县						
滁州市	**458402**	**225566**	**232836**	**10658**	**2442**	**8216**
琅琊区	123624	61043	62581	2931	703	2228
南谯区	116892	60004	56888	4048	814	3234
来安县						
全椒县						
定远县						
凤阳县						
苏滁现代产业园						
滁州经济技术开发区						
天长市	133698	64802	68896	2335	526	1809
明光市	84188	39717	44471	1344	399	945

7－6a 续表 2 单位：人

现住地	合计			未上过学		
	合计	男	女	小计	男	女
阜阳市	**509289**	**246054**	**263235**	**11123**	**2569**	**8554**
颍州区	245272	115831	129441	5082	1269	3813
颍东区	85398	42828	42570	2196	495	1701
颍泉区	80987	40228	40759	1402	357	1045
临泉县						
太和县						
阜南县						
颍上县						
阜阳合肥现代产业园区						
阜阳经济技术开发区						
界首市	97632	47167	50465	2443	448	1995
宿州市	**309041**	**151718**	**157323**	**5489**	**1424**	**4065**
埇桥区	307933	151156	156777	5453	1407	4046
砀山县						
萧县	1108	562	546	36	17	19
灵璧县						
泗县						
宿州马鞍山现代产业园区						
宿州经济技术开发区						
六安市	**557972**	**276053**	**281919**	**9447**	**2654**	**6793**
金安区	252466	123276	129190	4105	1195	2910
裕安区	284555	141091	143464	5129	1380	3749
叶集区	20385	11395	8990	176	60	116
霍邱县	90	41	49	2	1	1
舒城县	476	250	226	35	18	17
金寨县						
霍山县						
亳州市	**360704**	**176468**	**184236**	**7116**	**1788**	**5328**
谯城区	359723	176152	183571	7116	1788	5328
涡阳县						
蒙城县						
利辛县	981	316	665			
池州市	**205952**	**94190**	**111762**	**8135**	**1357**	**6778**
贵池区	195094	88352	106742	7672	1262	6410
东至县						
石台县						
青阳县						
池州市国家经济技术开发区	7102	3698	3404	339	65	274
皖江江南新兴产业集中区	3756	2140	1616	124	30	94
九华山风景区						
宣城市	**398599**	**196159**	**202440**	**7986**	**1938**	**6048**
宣州区	156931	74579	82352	3399	807	2592
郎溪县						
泾县						
绩溪县						
旌德县						
宣城市经济开发区						
宁国市	145782	73245	72537	3141	757	2384
广德市	95886	48335	47551	1446	374	1072

7-6a　续表 3　　　　单位：人

现住地	学前教育			小学		
	小计	男	女	小计	男	女
安　徽	**300076**	**159319**	**140757**	**1370904**	**604095**	**766809**
合肥市	**78201**	**41924**	**36277**	**325440**	**142009**	**183431**
瑶海区	18925	10262	8663	79719	35141	44578
庐阳区	12941	6924	6017	48514	21555	26959
蜀山区	15354	8177	7177	55559	23166	32393
包河区	21807	11660	10147	92730	41988	50742
长丰县						
肥东县						
肥西县	1345	727	618	4977	2148	2829
庐江县						
合肥高新技术产业开发区						
合肥经济技术开发区						
合肥新站高新技术产业开发区	1500	823	677	5657	2455	3202
巢湖市	6329	3351	2978	38284	15556	22728
芜湖市	**20183**	**10731**	**9452**	**107264**	**46583**	**60681**
镜湖区	5085	2658	2427	26904	11121	15783
弋江区	5410	2871	2539	29109	13033	16076
鸠江区	5421	2886	2535	24067	10498	13569
三山区	1217	646	571	6050	2787	3263
芜湖县	36	21	15	303	135	168
繁昌县						
南陵县						
芜湖经济技术开发区	4	3	1	29	13	16
安徽芜湖长江大桥经济开发区						
无为市	3010	1646	1364	20802	8996	11806
蚌埠市	**12373**	**6619**	**5754**	**59685**	**27855**	**31830**
龙子湖区	2739	1485	1254	14884	6906	7978
蚌山区	3081	1619	1462	14377	6523	7854
禹会区	3342	1809	1533	17194	8065	9129
淮上区	3211	1706	1505	13230	6361	6869
怀远县						
五河县						
固镇县						
蚌埠市高新技术开发区						
蚌埠市经济开发区						
淮南市	**15430**	**8187**	**7243**	**75966**	**35026**	**40940**
大通区	1183	596	587	3578	1683	1895
田家庵区	9657	5190	4467	46502	21333	25169
谢家集区	1627	829	798	11361	5194	6167
八公山区	1100	554	546	6947	3077	3870
潘集区	1863	1018	845	7578	3739	3839
凤台县						
寿县						

7-6a 续表 4

单位：人

现住地	学前教育			小学		
	小计	男	女	小计	男	女
马鞍山市	**11296**	**5947**	**5349**	**61586**	**28063**	**33523**
花山区	6349	3395	2954	36063	16362	19701
雨山区	4607	2373	2234	23736	10794	12942
博望区	340	179	161	1787	907	880
当涂县						
含山县						
和县						
淮北市	**11308**	**6005**	**5303**	**41775**	**20177**	**21598**
杜集区	1225	644	581	5381	2634	2747
相山区	9261	4919	4342	32041	15394	16647
烈山区	721	393	328	3711	1778	1933
濉溪县	101	49	52	642	371	271
铜陵市	**8711**	**4529**	**4182**	**48054**	**20640**	**27414**
铜官区	6546	3418	3128	34932	15114	19818
义安区	1664	848	816	9175	3686	5489
郊区	501	263	238	3947	1840	2107
枞阳县						
安庆市	**18710**	**9578**	**9132**	**101628**	**40986**	**60642**
迎江区	5260	2682	2578	25802	10885	14917
大观区	1817	957	860	11593	4656	6937
宜秀区	2540	1289	1251	13655	6086	7569
怀宁县						
太湖县						
宿松县						
望江县	1904	975	929	11173	3888	7285
岳西县						
安徽安庆经济开发区	4	2	2	18	14	4
桐城市	4719	2397	2322	24443	10047	14396
潜山市	2466	1276	1190	14944	5410	9534
黄山市	**5902**	**2998**	**2904**	**30455**	**12659**	**17796**
屯溪区	3213	1645	1568	18017	7327	10690
黄山区	1179	591	588	5639	2504	3135
徽州区	1349	690	659	5948	2456	3492
歙县	37	16	21	280	119	161
休宁县	124	56	68	571	253	318
黟县						
祁门县						
滁州市	**19804**	**10325**	**9479**	**96272**	**39643**	**56629**
琅琊区	4534	2342	2192	25958	11362	14596
南谯区	5029	2630	2399	21356	9353	12003
来安县						
全椒县						
定远县						
凤阳县						
苏滁现代产业园						
滁州经济技术开发区						
天长市	6465	3334	3131	29200	10857	18343
明光市	3776	2019	1757	19758	8071	11687

7-6a　续表 5　　　　单位：人

现住地	学前教育			小学		
	小计	男	女	小计	男	女
阜阳市	**20956**	**11225**	**9731**	**84965**	**40407**	**44558**
颍州区	9219	4899	4320	35380	16877	18503
颍东区	4028	2190	1838	15330	7495	7835
颍泉区	3463	1857	1606	13512	6428	7084
临泉县						
太和县						
阜南县						
颍上县						
阜阳合肥现代产业园区						
阜阳经济技术开发区						
界首市	4246	2279	1967	20743	9607	11136
宿州市	**13238**	**7062**	**6176**	**41074**	**18630**	**22444**
埇桥区	13191	7035	6156	40848	18520	22328
砀山县						
萧县	47	27	20	226	110	116
灵璧县						
泗县						
宿州马鞍山现代产业园区						
宿州经济技术开发区						
六安市	**24023**	**13141**	**10882**	**108955**	**48460**	**60495**
金安区	10788	5884	4904	50737	21888	28849
裕安区	12409	6787	5622	54439	24727	29712
叶集区	799	459	340	3630	1772	1858
霍邱县	2		2	25	10	15
舒城县	25	11	14	124	63	61
金寨县						
霍山县						
亳州市	**17770**	**9728**	**8042**	**69114**	**33278**	**35836**
谯城区	17767	9727	8040	68730	33230	35500
涡阳县						
蒙城县						
利辛县	3	1	2	384	48	336
池州市	**7391**	**3821**	**3570**	**41091**	**16189**	**24902**
贵池区	7081	3667	3414	38959	15224	23735
东至县						
石台县						
青阳县						
池州市国家经济技术开发区	271	132	139	1458	645	813
皖江江南新兴产业集中区	39	22	17	674	320	354
九华山风景区						
宣城市	**14780**	**7499**	**7281**	**77580**	**33490**	**44090**
宣州区	5857	2961	2896	30211	12503	17708
郎溪县						
泾县						
绩溪县						
旌德县						
宣城市经济开发区						
宁国市	5456	2770	2686	29274	12805	16469
广德市	3467	1768	1699	18095	8182	9913

7-6a 续表 6

单位：人

现住地	初中			高中			大学专科		
	小计	男	女	小计	男	女	小计	男	女
安　徽	**2376686**	**1189514**	**1187172**	**1601764**	**852378**	**749386**	**1199327**	**594304**	**605023**
合肥市	**565428**	**293668**	**271760**	**400639**	**216278**	**184361**	**432659**	**218976**	**213683**
瑶海区	148173	77856	70317	89849	48880	40969	73717	37392	36325
庐阳区	84715	43670	41045	63129	33312	29817	64402	32055	32347
蜀山区	94614	47730	46884	80975	42544	38431	119721	59686	60035
包河区	157154	84614	72540	112283	61553	50730	135741	69537	66204
长丰县									
肥东县									
肥西县	8496	4663	3833	7343	4328	3015	8211	4683	3528
庐江县									
合肥高新技术产业开发区									
合肥经济技术开发区									
合肥新站高新技术产业开发区	10575	5448	5127	7217	3923	3294	7625	3887	3738
巢湖市	61701	29687	32014	39843	21738	18105	23242	11736	11506
芜湖市	**167143**	**86559**	**80584**	**123894**	**68090**	**55804**	**125173**	**65988**	**59185**
镜湖区	49108	24658	24450	39608	20825	18783	28486	14323	14163
弋江区	41292	21793	19499	32964	18019	14945	59533	29752	29781
鸠江区	37534	20297	17237	25862	14755	11107	24594	14305	10289
三山区	9370	5277	4093	6193	3694	2499	7540	5027	2513
芜湖县	330	135	195	99	45	54	39	17	22
繁昌县									
南陵县									
芜湖经济技术开发区	36	20	16	23	10	13	10	5	5
安徽芜湖长江大桥经济开发区									
无为市	29473	14379	15094	19145	10742	8403	4971	2559	2412
蚌埠市	**106235**	**52551**	**53684**	**75286**	**38872**	**36414**	**35444**	**17640**	**17804**
龙子湖区	27542	13561	13981	16431	8249	8182	8609	4190	4419
蚌山区	25097	12412	12685	17434	9006	8428	9429	4645	4784
禹会区	30920	15156	15764	21096	10832	10264	11274	5759	5515
淮上区	22676	11422	11254	20325	10785	9540	6132	3046	3086
怀远县									
五河县									
固镇县									
蚌埠市高新技术开发区									
蚌埠市经济开发区									
淮南市	**147131**	**69581**	**77550**	**88118**	**44186**	**43932**	**56717**	**27222**	**29495**
大通区	7218	3478	3740	4085	2041	2044	2646	1300	1346
田家庵区	88688	42202	46486	61562	30419	31143	45377	21648	23729
谢家集区	21932	10469	11463	11374	5918	5456	4278	2035	2243
八公山区	15007	6843	8164	6963	3600	3363	2632	1313	1319
潘集区	14286	6589	7697	4134	2208	1926	1784	926	858
凤台县									
寿县									

7-6a　续表 7　　　　　　　　　　　　　　　　　　　　单位：人

现住地	初中			高中			大学专科		
	小计	男	女	小计	男	女	小计	男	女
马鞍山市	**102140**	**52800**	**49340**	**71422**	**38469**	**32953**	**51310**	**24247**	**27063**
花山区	60323	31049	29274	38688	20400	18288	24368	12476	11892
雨山区	38943	20134	18809	31611	17415	14196	26502	11532	14970
博望区	2874	1617	1257	1123	654	469	440	239	201
当涂县									
含山县									
和县									
淮北市	**94554**	**45140**	**49414**	**68995**	**35828**	**33167**	**38981**	**19410**	**19571**
杜集区	11626	5501	6125	9471	4972	4499	2746	1369	1377
相山区	72680	34033	38647	52777	27244	25533	32256	16322	15934
烈山区	7874	3786	4088	5610	2620	2990	3493	1333	2160
濉溪县	2374	1820	554	1137	992	145	486	386	100
铜陵市	**77655**	**39143**	**38512**	**51839**	**27515**	**24324**	**35686**	**18166**	**17520**
铜官区	55855	27836	28019	40219	21086	19133	30053	15156	14897
义安区	15694	7951	7743	8139	4410	3729	3913	2061	1852
郊区	6106	3356	2750	3481	2019	1462	1720	949	771
枞阳县									
安庆市	**155498**	**76676**	**78822**	**104267**	**56372**	**47895**	**63618**	**29777**	**33841**
迎江区	38936	19685	19251	28195	14857	13338	19608	9829	9779
大观区	18136	8795	9341	14656	7566	7090	8843	4552	4291
宜秀区	20693	11264	9429	13577	7761	5816	12204	5244	6960
怀宁县									
太湖县									
宿松县									
望江县	12652	5879	6773	9420	5089	4331	2389	1205	1184
岳西县									
安徽安庆经济开发区	54	38	16	37	30	7	116	104	12
桐城市	44214	21151	23063	26848	14589	12259	15463	6246	9217
潜山市	20813	9864	10949	11534	6480	5054	4995	2597	2398
黄山市	**60332**	**28924**	**31408**	**35464**	**18402**	**17062**	**22318**	**10641**	**11677**
屯溪区	35252	16656	18596	25323	12907	12416	17423	8187	9236
黄山区	10102	4849	5253	4565	2324	2241	2230	1088	1142
徽州区	13544	6728	6816	5076	2891	2185	2304	1174	1130
歙县	589	268	321	143	92	51	71	36	35
休宁县	845	423	422	357	188	169	290	156	134
黟县									
祁门县									
滁州市	**150662**	**77098**	**73564**	**93202**	**49928**	**43274**	**53085**	**28343**	**24742**
琅琊区	42214	21925	20289	23739	12860	10879	13156	6671	6485
南谯区	35661	19062	16599	19676	10924	8752	20384	11454	8930
来安县									
全椒县									
定远县									
凤阳县									
苏滁现代产业园									
滁州经济技术开发区									
天长市	42818	21645	21173	29403	15962	13441	14020	7358	6662
明光市	29969	14466	15503	20384	10182	10202	5525	2860	2665

7-6a 续表 8 单位：人

现住地	初中			高中			大学专科		
	小计	男	女	小计	男	女	小计	男	女
阜阳市	**152079**	**73252**	**78827**	**117116**	**61212**	**55904**	**65762**	**29858**	**35904**
颍州区	61076	29774	31302	52292	26762	25530	41151	17230	23921
颍东区	27226	13225	14001	23498	12691	10807	7696	3958	3738
颍泉区	26439	12881	13558	22073	11392	10681	8380	4259	4121
临泉县									
太和县									
阜南县									
颍上县									
阜阳合肥现代产业园区									
阜阳经济技术开发区									
界首市	37338	17372	19966	19253	10367	8886	8535	4411	4124
宿州市	**102092**	**49772**	**52320**	**67413**	**34981**	**32432**	**40141**	**19411**	**20730**
埇桥区	101517	49488	52029	67254	34897	32357	40093	19382	20711
砀山县									
萧县	575	284	291	159	84	75	48	29	19
灵璧县									
泗县									
宿州马鞍山现代产业园区									
宿州经济技术开发区									
六安市	**172486**	**82097**	**90389**	**118068**	**63584**	**54484**	**60771**	**31048**	**29723**
金安区	81282	38077	43205	51720	27880	23840	32175	16310	15865
裕安区	83734	40153	43581	59797	31430	28367	27503	14163	13340
叶集区	7261	3760	3501	6440	4216	2224	1071	559	512
霍邱县	42	21	21	15	6	9	4	3	1
舒城县	167	86	81	96	52	44	18	13	5
金寨县									
霍山县									
亳州市	**120899**	**60547**	**60352**	**70100**	**35885**	**34215**	**43230**	**19374**	**23856**
谯城区	120316	60287	60029	70092	35880	34212	43229	19374	23855
涡阳县									
蒙城县									
利辛县	583	260	323	8	5	3	1		1
池州市	**57914**	**27819**	**30095**	**35787**	**19283**	**16504**	**28402**	**12365**	**16037**
贵池区	54497	25915	28582	33214	17730	15484	27175	11646	15529
东至县									
石台县									
青阳县									
池州市国家经济技术开发区	2319	1247	1072	1179	707	472	981	565	416
皖江江南新兴产业集中区	1098	657	441	1394	846	548	246	154	92
九华山风景区									
宣城市	**144438**	**73887**	**70551**	**80154**	**43493**	**36661**	**46030**	**21838**	**24192**
宣州区	51504	25408	26096	30046	15674	14372	22018	9952	12066
郎溪县									
泾县									
绩溪县									
旌德县									
宣城市经济开发区									
宁国市	56696	29580	27116	28685	16131	12554	14590	7261	7329
广德市	36238	18899	17339	21423	11688	9735	9422	4625	4797

7-6a 续表 9

单位：人

现 住 地	大学本科			硕士研究生			博士研究生		
	小计	男	女	小计	男	女	小计	男	女
安　徽	**1029914**	**527156**	**502758**	**87476**	**46647**	**40829**	**9184**	**6285**	**2899**
合肥市	**350782**	**180954**	**169828**	**46213**	**24746**	**21467**	**6260**	**4253**	**2007**
瑶海区	40684	21386	19298	2993	1601	1392	236	153	83
庐阳区	38811	19825	18986	3882	2042	1840	361	245	116
蜀山区	120888	61426	59462	20379	10423	9956	3185	2142	1043
包河区	102089	54163	47926	17102	9671	7431	2292	1583	709
长丰县									
肥东县									
肥西县	16231	7994	8237	476	260	216	64	50	14
庐江县									
合肥高新技术产业开发区									
合肥经济技术开发区									
合肥新站高新技术产业开发区	4081	2174	1907	354	200	154	37	23	14
巢湖市	27998	13986	14012	1027	549	478	85	57	28
芜湖市	**114198**	**58201**	**55997**	**11078**	**5218**	**5860**	**769**	**524**	**245**
镜湖区	30497	13979	16518	3259	1559	1700	224	148	76
弋江区	46083	22350	23733	5224	2229	2995	401	276	125
鸠江区	31731	18747	12984	2326	1277	1049	127	88	39
三山区	1645	974	671	115	67	48	5	3	2
芜湖县	14	8	6	1		1			
繁昌县									
南陵县									
芜湖经济技术开发区	3	2	1						
安徽芜湖长江大桥经济开发区									
无为市	4225	2141	2084	153	86	67	12	9	3
蚌埠市	**25880**	**12272**	**13608**	**1686**	**907**	**779**	**106**	**66**	**40**
龙子湖区	5625	2758	2867	631	335	296	46	31	15
蚌山区	5878	3010	2868	479	268	211	38	25	13
禹会区	11208	4883	6325	377	199	178	15	7	8
淮上区	3169	1621	1548	199	105	94	7	3	4
怀远县									
五河县									
固镇县									
蚌埠市高新技术开发区									
蚌埠市经济开发区									
淮南市	**58099**	**30289**	**27810**	**3728**	**2267**	**1461**	**404**	**302**	**102**
大通区	1498	811	687	95	45	50	7	6	1
田家庵区	52949	27581	25368	3476	2138	1338	378	282	96
谢家集区	1749	906	843	88	48	40	12	8	4
八公山区	1134	585	549	46	20	26	6	5	1
潘集区	769	406	363	23	16	7	1	1	
凤台县									
寿县									

7－6a 续表 10 单位：人

现住地	大学本科			硕士研究生			博士研究生		
	小计	男	女	小计	男	女	小计	男	女
马鞍山市	**53073**	**30063**	**23010**	**4456**	**2708**	**1748**	**280**	**209**	**71**
花山区	19543	10754	8789	1724	987	737	151	112	39
雨山区	33151	19111	14040	2718	1714	1004	128	96	32
博望区	379	198	181	14	7	7	1	1	
当涂县									
含山县									
和县									
淮北市	**45147**	**21639**	**23508**	**2123**	**1052**	**1071**	**160**	**109**	**51**
杜集区	1533	823	710	87	44	43	12	8	4
相山区	32541	16309	16232	1727	916	811	141	98	43
烈山区	10730	4227	6503	301	87	214	5	2	3
濉溪县	343	280	63	8	5	3	2	1	1
铜陵市	**40789**	**21018**	**19771**	**1844**	**1020**	**824**	**85**	**62**	**23**
铜官区	37109	19117	17992	1609	889	720	75	56	19
义安区	2810	1420	1390	177	101	76	8	5	3
郊区	870	481	389	58	30	28	2	1	1
枞阳县									
安庆市	**54439**	**27276**	**27163**	**2886**	**1458**	**1428**	**208**	**141**	**67**
迎江区	14466	7769	6697	1088	589	499	68	49	19
大观区	6711	3100	3611	525	271	254	49	34	15
宜秀区	20972	9555	11417	769	360	409	60	42	18
怀宁县									
太湖县									
宿松县									
望江县	2101	1113	988	84	38	46	7	3	4
岳西县									
安徽安庆经济开发区	72	64	8	1	1				
桐城市	6791	3850	2941	288	139	149	21	12	9
潜山市	3326	1825	1501	131	60	71	3	1	2
黄山市	**17645**	**8702**	**8943**	**1016**	**531**	**485**	**59**	**38**	**21**
屯溪区	14914	7260	7654	903	463	440	51	34	17
黄山区	1118	587	531	41	22	19	2	1	1
徽州区	1382	734	648	53	31	22	5	2	3
歙县	34	20	14						
休宁县	197	101	96	19	15	4	1	1	
黟县									
祁门县									
滁州市	**32977**	**16811**	**16166**	**1652**	**903**	**749**	**90**	**73**	**17**
琅琊区	10543	4881	5662	515	274	241	34	25	9
南谯区	9998	5341	4657	707	398	309	33	28	5
来安县									
全椒县									
定远县									
凤阳县									
苏滁现代产业园									
滁州经济技术开发区									
天长市	9116	4927	4189	323	177	146	18	16	2
明光市	3320	1662	1658	107	54	53	5	4	1

7-6a 续表 11 单位：人

现住地	大学本科			硕士研究生			博士研究生		
	小计	男	女	小计	男	女	小计	男	女
阜阳市	**54299**	**25906**	**28393**	**2731**	**1462**	**1269**	**258**	**163**	**95**
颍州区	38887	17856	21031	1971	1024	947	214	140	74
颍东区	5211	2658	2553	200	109	91	13	7	6
颍泉区	5431	2879	2552	269	168	101	18	7	11
临泉县									
太和县									
阜南县									
颍上县									
阜阳合肥现代产业园区									
阜阳经济技术开发区									
界首市	4770	2513	2257	291	161	130	13	9	4
宿州市	**37857**	**19550**	**18307**	**1631**	**827**	**804**	**106**	**61**	**45**
埇桥区	37840	19539	18301	1631	827	804	106	61	45
砀山县									
萧县	17	11	6						
灵璧县									
泗县									
宿州马鞍山现代产业园区									
宿州经济技术开发区									
六安市	**61178**	**33329**	**27849**	**2806**	**1571**	**1235**	**238**	**169**	**69**
金安区	20027	11108	8919	1522	862	660	110	72	38
裕安区	40182	21673	18509	1238	684	554	124	94	30
叶集区	959	542	417	45	24	21	4	3	1
霍邱县									
舒城县	10	6	4	1	1				
金寨县									
霍山县									
亳州市	**31008**	**15048**	**15960**	**1411**	**778**	**633**	**56**	**42**	**14**
谯城区	31006	15046	15960	1411	778	633	56	42	14
涡阳县									
蒙城县									
利辛县	2	2							
池州市	**26276**	**12834**	**13442**	**910**	**486**	**424**	**46**	**36**	**10**
贵池区	25586	12417	13169	867	457	410	43	34	9
东至县									
石台县									
青阳县									
池州市国家经济技术开发区	516	311	205	36	24	12	3	2	1
皖江江南新兴产业集中区	174	106	68	7	5	2			
九华山风景区									
宣城市	**26267**	**13264**	**13003**	**1305**	**713**	**592**	**59**	**37**	**22**
宣州区	13099	6827	6272	770	430	340	27	17	10
郎溪县									
泾县									
绩溪县									
旌德县									
宣城市经济开发区									
宁国市	7599	3756	3843	324	174	150	17	11	6
广德市	5569	2681	2888	211	109	102	15	9	6

7－6b 全省按现住地、受教育程度、性别分的户口登记地在本省其他乡镇街道的人口(镇)

单位：人

现住地	合计			未上过学		
	合计	男	女	小计	男	女
安徽	**6785281**	**3378039**	**3407242**	**175500**	**41567**	**133933**
合肥市	**1997751**	**1030709**	**967042**	**62282**	**13894**	**48388**
瑶海区	14874	7604	7270	536	125	411
庐阳区	31901	15384	16517	904	201	703
蜀山区	5858	3084	2774	252	63	189
包河区						
长丰县	297845	152179	145666	9597	2511	7086
肥东县	359551	186977	172574	14769	2523	12246
肥西县	359498	185725	173773	11227	2747	8480
庐江县	152722	72315	80407	6159	1337	4822
合肥高新技术产业开发区	162748	84514	78234	3828	826	3002
合肥经济技术开发区	327408	169725	157683	8240	1743	6497
合肥新站高新技术产业开发区	263403	142071	121332	6300	1693	4607
巢湖市	21943	11131	10812	470	125	345
芜湖市	**345454**	**173264**	**172190**	**8421**	**2030**	**6391**
镜湖区	121	59	62	11	5	6
弋江区						
鸠江区	4740	2404	2336	187	56	131
三山区	12745	6182	6563	294	57	237
芜湖县	93232	47066	46166	1540	405	1135
繁昌县	49360	24182	25178	818	174	644
南陵县	82512	38316	44196	1841	425	1416
芜湖经济技术开发区	83625	45829	37796	2947	683	2264
安徽芜湖长江大桥经济开发区	578	274	304	36	13	23
无为市	18541	8952	9589	747	212	535
蚌埠市	**445083**	**216513**	**228570**	**10998**	**3024**	**7974**
龙子湖区	3362	1722	1640	170	55	115
蚌山区						
禹会区	705	358	347	26	8	18
淮上区	4495	2193	2302	150	45	105
怀远县	104147	50297	53850	3315	956	2359
五河县	77740	36672	41068	2875	683	2192
固镇县	58942	28088	30854	1185	356	829
蚌埠市高新技术开发区	41873	21171	20702	739	223	516
蚌埠市经济开发区	153819	76012	77807	2538	698	1840
淮南市	**219737**	**111658**	**108079**	**5799**	**1812**	**3987**
大通区	25443	12462	12981	896	315	581
田家庵区	1850	885	965	66	15	51
谢家集区	421	200	221	18	5	13
八公山区	18	7	11	1		1
潘集区	11806	6715	5091	445	141	304
凤台县	96886	51988	44898	2510	797	1713
寿县	83313	39401	43912	1863	539	1324

7-6b　续表 1　　　　单位：人

现住地	合计			未上过学		
	合计	男	女	小计	男	女
马鞍山市	**173326**	**83682**	**89644**	**7655**	**1597**	**6058**
花山区						
雨山区						
博望区	628	349	279	21	8	13
当涂县	73356	36583	36773	2437	591	1846
含山县	45645	21282	24363	2711	588	2123
和县	53697	25468	28229	2486	410	2076
淮北市	**134825**	**67288**	**67537**	**2929**	**961**	**1968**
杜集区	5819	2910	2909	349	113	236
相山区						
烈山区	5090	2443	2647	135	40	95
濉溪县	123916	61935	61981	2445	808	1637
铜陵市	**66224**	**29467**	**36757**	**3824**	**596**	**3228**
铜官区	10	6	4			
义安区	3271	1728	1543	119	32	87
郊区	3900	1828	2072	451	110	341
枞阳县	59043	25905	33138	3254	454	2800
安庆市	**376113**	**181869**	**194244**	**8809**	**1839**	**6970**
迎江区						
大观区	1565	883	682	37	9	28
宜秀区	2988	1548	1440	123	29	94
怀宁县	81753	39166	42587	2261	421	1840
太湖县	58034	27216	30818	1663	328	1335
宿松县	85593	41324	44269	1720	313	1407
望江县	10574	4774	5800	192	44	148
岳西县	35316	16085	19231	534	123	411
安徽安庆经济开发区	74730	38694	36036	1736	419	1317
桐城市	13242	6244	6998	302	106	196
潜山市	12318	5935	6383	241	47	194
黄山市	**155962**	**73379**	**82583**	**4079**	**788**	**3291**
屯溪区	13362	6969	6393	48	12	36
黄山区	5694	3288	2406	92	32	60
徽州区	1268	587	681	34	9	25
歙县	67025	31386	35639	1760	327	1433
休宁县	34065	15461	18604	1103	184	919
黟县	8175	3953	4222	152	33	119
祁门县	26373	11735	14638	890	191	699
滁州市	**499770**	**253779**	**245991**	**10402**	**2435**	**7967**
琅琊区						
南谯区	26932	13419	13513	1466	309	1157
来安县	69576	35335	34241	1341	328	1013
全椒县	110044	56157	53887	1669	389	1280
定远县	93727	47341	46386	2343	512	1831
凤阳县	81269	40349	40920	1164	359	805
苏滁现代产业园	9375	5647	3728	267	66	201
滁州经济技术开发区	78709	40429	38280	1456	310	1146
天长市	23888	12068	11820	509	111	398
明光市	6250	3034	3216	187	51	136

7-6b 续表 2

单位：人

现住地	合计			未上过学		
	合计	男	女	小计	男	女
阜阳市	**611435**	**300036**	**311399**	**15466**	**3635**	**11831**
颍州区	10423	5209	5214	344	103	241
颍东区	6143	3668	2475	222	66	156
颍泉区	4613	2451	2162	135	68	67
临泉县	171609	83421	88188	3580	793	2787
太和县	143326	69178	74148	2144	541	1603
阜南县	112502	53051	59451	4979	956	4023
颍上县	98092	50026	48066	2609	679	1930
阜阳合肥现代产业园区	796	510	286	23	5	18
阜阳经济技术开发区	57905	29352	28553	1199	344	855
界首市	6026	3170	2856	231	80	151
宿州市	**448379**	**217260**	**231119**	**6294**	**1566**	**4728**
埇桥区	27862	13486	14376	371	111	260
砀山县	54641	27082	27559	355	127	228
萧县	110538	54453	56085	1339	369	970
灵璧县	116288	54414	61874	2117	437	1680
泗县	96680	46520	50160	1075	252	823
宿州马鞍山现代产业园区	8848	4452	4396	268	74	194
宿州经济技术开发区	33522	16853	16669	769	196	573
六安市	**428849**	**205218**	**223631**	**7038**	**1887**	**5151**
金安区	73764	33967	39797	1354	346	1008
裕安区	16907	8535	8372	479	117	362
叶集区	6408	3137	3271	259	81	178
霍邱县	75077	37387	37690	1859	517	1342
舒城县	113287	52345	60942	1834	450	1384
金寨县	76498	38093	38405	484	173	311
霍山县	66908	31754	35154	769	203	566
亳州市	**513066**	**258012**	**255054**	**11066**	**3127**	**7939**
谯城区	13511	6857	6654	439	125	314
涡阳县	170974	87062	83912	4142	1193	2949
蒙城县	176701	88723	87978	3004	900	2104
利辛县	151880	75370	76510	3481	909	2572
池州市	**114405**	**52857**	**61548**	**3982**	**786**	**3196**
贵池区	4936	2883	2053	271	78	193
东至县	49853	22174	27679	2158	359	1799
石台县	11025	4958	6067	386	65	321
青阳县	46785	21782	25003	1104	261	843
池州市国家经济技术开发区						
皖江江南新兴产业集中区						
九华山风景区	1806	1060	746	63	23	40
宣城市	**254902**	**123048**	**131854**	**6456**	**1590**	**4866**
宣州区	28399	13987	14412	888	222	666
郎溪县	57047	27015	30032	1875	435	1440
泾县	56524	26371	30153	1308	308	1000
绩溪县	33663	15771	17892	599	138	461
旌德县	18473	8256	10217	345	75	270
宣城市经济开发区	52052	27018	25034	1151	315	836
宁国市	3696	1907	1789	133	37	96
广德市	5048	2723	2325	157	60	97

7-6b　续表 3　　　　单位：人

现住地	学前教育			小学		
	小计	男	女	小计	男	女
安　徽	**282034**	**150269**	**131765**	**1351616**	**591907**	**759709**
合肥市	**78036**	**41768**	**36268**	**326474**	**140793**	**185681**
瑶海区	628	338	290	2680	1178	1502
庐阳区	1479	821	658	4652	1893	2759
蜀山区	248	135	113	1417	655	762
包河区						
长丰县	15964	8558	7406	60018	27301	32717
肥东县	14499	7680	6819	78254	33659	44595
肥西县	15529	8433	7096	56847	24779	32068
庐江县	7005	3745	3260	37514	15471	22043
合肥高新技术产业开发区	4718	2494	2224	17529	7117	10412
合肥经济技术开发区	9757	5178	4579	35691	14522	21169
合肥新站高新技术产业开发区	7699	4125	3574	28240	12546	15694
巢湖市	510	261	249	3632	1672	1960
芜湖市	**13802**	**7279**	**6523**	**71755**	**29891**	**41864**
镜湖区	4	2	2	23	12	11
弋江区						
鸠江区	147	70	77	1197	543	654
三山区	795	424	371	2287	876	1411
芜湖县	3154	1613	1541	19687	8080	11607
繁昌县	2193	1162	1031	11203	4711	6492
南陵县	3157	1674	1483	19710	8060	11650
芜湖经济技术开发区	3553	1918	1635	12626	5437	7189
安徽芜湖长江大桥经济开发区	37	15	22	110	52	58
无为市	762	401	361	4912	2120	2792
蚌埠市	**20370**	**10880**	**9490**	**87890**	**40689**	**47201**
龙子湖区	106	56	50	796	380	416
蚌山区						
禹会区	24	11	13	166	77	89
淮上区	164	83	81	815	387	428
怀远县	4825	2608	2217	23888	11272	12616
五河县	4559	2419	2140	20912	9285	11627
固镇县	3491	1882	1609	15375	7285	8090
蚌埠市高新技术开发区	2076	1127	949	8142	3882	4260
蚌埠市经济开发区	5125	2694	2431	17796	8121	9675
淮南市	**8708**	**4758**	**3950**	**46376**	**21432**	**24944**
大通区	1027	546	481	4837	2315	2522
田家庵区	112	63	49	457	207	250
谢家集区	9	5	4	109	51	58
八公山区	1	1		4	1	3
潘集区	424	233	191	2221	1040	1181
凤台县	3984	2193	1791	19204	9295	9909
寿县	3151	1717	1434	19544	8523	11021

7-6b 续表 4

单位：人

现住地	学前教育			小学		
	小计	男	女	小计	男	女
马鞍山市	**6831**	**3622**	**3209**	**39565**	**16782**	**22783**
花山区						
雨山区						
博望区	14	5	9	143	74	69
当涂县	2868	1469	1399	13847	5997	7850
含山县	1976	1068	908	12735	5308	7427
和县	1973	1080	893	12840	5403	7437
淮北市	**6955**	**3678**	**3277**	**25591**	**12539**	**13052**
杜集区	221	115	106	1108	552	556
相山区						
烈山区	299	157	142	1086	490	596
濉溪县	6435	3406	3029	23397	11497	11900
铜陵市	**2335**	**1226**	**1109**	**16022**	**5619**	**10403**
铜官区				4	3	1
义安区	86	45	41	531	247	284
郊区	118	60	58	860	362	498
枞阳县	2131	1121	1010	14627	5007	9620
安庆市	**15241**	**8011**	**7230**	**91313**	**35495**	**55818**
迎江区						
大观区	27	13	14	278	144	134
宜秀区	80	52	28	688	312	376
怀宁县	3388	1767	1621	20413	8219	12194
太湖县	2828	1430	1398	16639	6130	10509
宿松县	3519	1872	1647	23292	8446	14846
望江县	321	168	153	2357	861	1496
岳西县	1845	965	880	7662	2930	4732
安徽安庆经济开发区	2478	1332	1146	14389	6266	8123
桐城市	351	193	158	2866	1113	1753
潜山市	404	219	185	2729	1074	1655
黄山市	**5844**	**2956**	**2888**	**33706**	**13669**	**20037**
屯溪区	81	45	36	328	176	152
黄山区	120	56	64	1185	639	546
徽州区	41	22	19	249	130	119
歙县	2561	1298	1263	14418	5764	8654
休宁县	1456	728	728	9338	3656	5682
黟县	356	183	173	1422	564	858
祁门县	1229	624	605	6766	2740	4026
滁州市	**21152**	**11110**	**10042**	**95504**	**40572**	**54932**
琅琊区						
南谯区	1282	671	611	5712	2478	3234
来安县	2766	1420	1346	13154	5601	7553
全椒县	4716	2448	2268	24221	9699	14522
定远县	4481	2390	2091	18297	7857	10440
凤阳县	3612	1963	1649	13876	6365	7511
苏滁现代产业园	254	120	134	1903	996	907
滁州经济技术开发区	2933	1535	1398	12086	4932	7154
天长市	868	425	443	4700	1995	2705
明光市	240	138	102	1555	649	906

7-6b 续表 5

单位：人

现住地	学前教育			小学		
	小计	男	女	小计	男	女
阜阳市	**26655**	**14301**	**12354**	**131055**	**60544**	**70511**
颍州区	492	241	251	2351	1099	1252
颍东区	206	108	98	1068	537	531
颍泉区	155	80	75	750	386	364
临泉县	6769	3553	3216	37044	16823	20221
太和县	5773	3140	2633	27750	12407	15343
阜南县	5880	3167	2713	29727	13884	15843
颍上县	4363	2408	1955	19888	9495	10393
阜阳合肥现代产业园区	18	9	9	165	106	59
阜阳经济技术开发区	2777	1475	1302	10885	5102	5783
界首市	222	120	102	1427	705	722
宿州市	**20968**	**11264**	**9704**	**90112**	**41598**	**48514**
埇桥区	1064	545	519	4983	2340	2643
砀山县	2455	1378	1077	6766	3386	3380
萧县	5341	2820	2521	19194	9522	9672
灵璧县	5666	3153	2513	27426	12460	14966
泗县	4633	2417	2216	24291	10321	13970
宿州马鞍山现代产业园区	361	171	190	1689	810	879
宿州经济技术开发区	1448	780	668	5763	2759	3004
六安市	**17736**	**9569**	**8167**	**95020**	**40305**	**54715**
金安区	2877	1521	1356	16859	6363	10496
裕安区	819	453	366	4557	2112	2445
叶集区	380	222	158	1934	917	1017
霍邱县	3018	1651	1367	18108	8593	9515
舒城县	4509	2410	2099	23330	9321	14009
金寨县	3344	1875	1469	15970	7232	8738
霍山县	2789	1437	1352	14262	5767	8495
亳州市	**22420**	**12246**	**10174**	**114997**	**55244**	**59753**
谯城区	687	372	315	2906	1358	1548
涡阳县	6737	3711	3026	39384	19101	20283
蒙城县	7966	4328	3638	39832	18762	21070
利辛县	7030	3835	3195	32875	16023	16852
池州市	**4512**	**2299**	**2213**	**27439**	**11179**	**16260**
贵池区	126	69	57	1019	525	494
东至县	2025	1022	1003	12909	4980	7929
石台县	379	201	178	2437	956	1481
青阳县	1962	994	968	10656	4501	6155
池州市国家经济技术开发区						
皖江江南新兴产业集中区						
九华山风景区	20	13	7	418	217	201
宣城市	**10469**	**5302**	**5167**	**58797**	**25556**	**33241**
宣州区	1215	642	573	6532	2872	3660
郎溪县	2286	1154	1132	13809	5970	7839
泾县	2390	1211	1179	14378	6231	8147
绩溪县	1469	739	730	7418	3155	4263
旌德县	914	462	452	4951	2038	2913
宣城市经济开发区	1895	940	955	9528	4210	5318
宁国市	121	58	63	973	452	521
广德市	179	96	83	1208	628	580

7－6b 续表 6

单位：人

现住地	初中			高中			大学专科		
	小计	男	女	小计	男	女	小计	男	女
安徽	**2158808**	**1070768**	**1088040**	**1435311**	**786798**	**648513**	**752267**	**395729**	**356538**
合肥市	**546758**	**293892**	**252866**	**370341**	**210188**	**160153**	**342507**	**182529**	**159978**
瑶海区	4884	2658	2226	2291	1359	932	2209	1093	1116
庐阳区	6983	3373	3610	5686	2895	2791	6149	3002	3147
蜀山区	2413	1346	1067	763	445	318	390	205	185
包河区									
长丰县	98266	52721	45545	50045	27943	22102	48730	24688	24042
肥东县	123957	70294	53663	72505	41827	30678	36167	20410	15757
肥西县	102937	54490	48447	66025	36598	29427	71520	38712	32808
庐江县	55042	26343	28699	28224	15369	12855	10193	5386	4807
合肥高新技术产业开发区	28053	14806	13247	24786	14282	10504	35656	19098	16558
合肥经济技术开发区	63432	33569	29863	56528	33171	23357	63957	32420	31537
合肥新站高新技术产业开发区	55585	31516	24069	60145	34934	25211	66559	37066	29493
巢湖市	5206	2776	2430	3343	1365	1978	977	449	528
芜湖市	**112724**	**56799**	**55925**	**69506**	**38525**	**30981**	**33822**	**18658**	**15164**
镜湖区	57	29	28	10	4	6	7	5	2
弋江区									
鸠江区	1793	956	837	853	460	393	277	148	129
三山区	2889	1375	1514	2210	1184	1026	2428	1261	1167
芜湖县	30785	16106	14679	19835	10339	9496	6057	3302	2755
繁昌县	18540	9201	9339	9755	5409	4346	4124	2174	1950
南陵县	30661	14222	16439	17715	9261	8454	5416	2700	2716
芜湖经济技术开发区	21430	11772	9658	15258	9707	5551	14390	8482	5908
安徽芜湖长江大桥经济开发区	210	111	99	76	34	42	58	26	32
无为市	6359	3027	3332	3794	2127	1667	1065	560	505
蚌埠市	**133172**	**62430**	**70742**	**77909**	**39958**	**37951**	**43963**	**22694**	**21269**
龙子湖区	1574	828	746	426	241	185	207	114	93
蚌山区									
禹会区	335	168	167	105	66	39	23	10	13
淮上区	1922	926	996	1065	576	489	262	123	139
怀远县	36999	17493	19506	21713	11292	10421	7729	3783	3946
五河县	28527	13280	15247	13215	7161	6054	4605	2294	2311
固镇县	22239	10177	12062	10760	5397	5363	3886	1952	1934
蚌埠市高新技术开发区	12545	5946	6599	7922	4262	3660	6699	3786	2913
蚌埠市经济开发区	29031	13612	15419	22703	10963	11740	20552	10632	9920
淮南市	**80721**	**39230**	**41491**	**47227**	**26855**	**20372**	**19835**	**11086**	**8749**
大通区	9416	4379	5037	5083	2617	2466	2823	1537	1286
田家庵区	983	479	504	129	70	59	68	35	33
谢家集区	185	91	94	59	30	29	25	13	12
八公山区	5	2	3	5	2	3	2	1	1
潘集区	5386	2943	2443	1855	1305	550	957	693	264
凤台县	35848	18225	17623	20264	12404	7860	9370	5624	3746
寿县	28898	13111	15787	19832	10427	9405	6590	3183	3407

7-6b 续表 7

单位：人

现住地	初中			高中			大学专科		
	小计	男	女	小计	男	女	小计	男	女
马鞍山市	**56353**	**28323**	**28030**	**31288**	**16738**	**14550**	**13219**	**6535**	**6684**
花山区									
雨山区									
博望区	352	211	141	63	37	26	23	9	14
当涂县	22740	11351	11389	13462	7347	6115	6854	3495	3359
含山县	16173	7707	8466	7447	4199	3248	2415	1230	1185
和县	17088	9054	8034	10316	5155	5161	3927	1801	2126
淮北市	**54186**	**25997**	**28189**	**27743**	**14842**	**12901**	**10653**	**5610**	**5043**
杜集区	2762	1440	1322	824	414	410	370	173	197
相山区									
烈山区	2154	969	1185	802	431	371	378	207	171
濉溪县	49270	23588	25682	26117	13997	12120	9905	5230	4675
铜陵市	**18628**	**7954**	**10674**	**18172**	**10019**	**8153**	**3711**	**2019**	**1692**
铜官区	2	1	1	2	1	1	2	1	1
义安区	921	493	428	1264	700	564	196	121	75
郊区	1224	588	636	788	429	359	242	135	107
枞阳县	16481	6872	9609	16118	8889	7229	3271	1762	1509
安庆市	**122500**	**59285**	**63215**	**82731**	**46847**	**35884**	**34801**	**18701**	**16100**
迎江区									
大观区	392	222	170	721	429	292	71	41	30
宜秀区	806	418	388	1057	617	440	121	63	58
怀宁县	29475	14232	15243	17284	9821	7463	5172	2684	2488
太湖县	17461	8596	8865	11747	6550	5197	4695	2459	2236
宿松县	27005	12931	14074	19810	11967	7843	5601	3025	2576
望江县	4618	2048	2570	2060	1115	945	578	314	264
岳西县	11578	4914	6664	8010	4159	3851	3035	1562	1473
安徽安庆经济开发区	21712	11505	10207	15306	8490	6816	14072	7794	6278
桐城市	5629	2612	3017	3063	1651	1412	659	359	300
潜山市	3824	1807	2017	3673	2048	1625	797	400	397
黄山市	**57623**	**27098**	**30525**	**26515**	**14338**	**12177**	**10151**	**5246**	**4905**
屯溪区	778	391	387	538	399	139	177	95	82
黄山区	2284	1330	954	984	616	368	613	357	256
徽州区	612	254	358	164	89	75	116	54	62
歙县	27221	13086	14135	13713	7206	6507	4282	2143	2139
休宁县	12284	5654	6630	6160	3345	2815	2334	1178	1156
黟县	3133	1495	1638	1515	837	678	904	477	427
祁门县	11311	4888	6423	3441	1846	1595	1725	942	783
滁州市	**164511**	**84219**	**80292**	**111784**	**62740**	**49044**	**48228**	**26142**	**22086**
琅琊区									
南谯区	9378	4997	4381	4061	2325	1736	3082	1617	1465
来安县	25083	13096	11987	17841	9804	8037	5806	3123	2683
全椒县	39402	20535	18867	22748	13378	9370	11508	6451	5057
定远县	31389	15565	15824	23494	13424	10070	8427	4610	3817
凤阳县	24036	11489	12547	20535	10422	10113	6777	3493	3284
苏滁现代产业园	3595	2167	1428	1860	1320	540	1064	691	373
滁州经济技术开发区	21269	11008	10261	13315	7735	5580	9020	4808	4212
天长市	8095	4253	3842	6809	3716	3093	2020	1071	949
明光市	2264	1109	1155	1121	616	505	524	278	246

7-6b 续表 8

单位：人

现住地	初中			高中			大学专科		
	小计	男	女	小计	男	女	小计	男	女
阜阳市	**212102**	**101830**	**110272**	**144270**	**77134**	**67136**	**48830**	**25313**	**23517**
颍州区	4705	2381	2324	1832	1026	806	421	211	210
颍东区	2471	1379	1092	1242	948	294	620	420	200
颍泉区	1510	733	777	1692	962	730	216	124	92
临泉县	50238	24039	26199	49338	25494	23844	14489	7454	7035
太和县	54731	25800	28931	33927	17821	16106	11549	5735	5814
阜南县	40030	18627	21403	20271	10462	9809	6893	3529	3364
颍上县	35158	16977	18181	22051	12935	9116	7980	4274	3706
阜阳合肥现代产业园区	421	281	140	101	72	29	37	22	15
阜阳经济技术开发区	19821	9997	9824	13097	6970	6127	6345	3407	2938
界首市	3017	1616	1401	719	444	275	280	137	143
宿州市	**140306**	**65114**	**75192**	**127402**	**66923**	**60479**	**41141**	**19525**	**21616**
埇桥区	10798	5305	5493	4474	2524	1950	4983	2008	2975
砀山县	10615	4919	5696	25103	12560	12543	6456	3232	3224
萧县	35936	16642	19294	34713	18255	16458	9283	4487	4796
灵璧县	36231	15785	20446	29234	15318	13916	9628	4265	5363
泗县	31409	15020	16389	22171	11798	10373	7644	3921	3723
宿州马鞍山现代产业园区	2905	1408	1497	3030	1695	1335	362	183	179
宿州经济技术开发区	12412	6035	6377	8677	4773	3904	2785	1429	1356
六安市	**146722**	**66271**	**80451**	**109919**	**59453**	**50466**	**30236**	**15472**	**14764**
金安区	23362	9719	13643	23777	13158	10619	3214	1606	1608
裕安区	6387	3123	3264	3189	1966	1223	821	422	399
叶集区	2505	1141	1364	858	526	332	254	127	127
霍邱县	26366	12669	13697	15695	8693	7002	5325	2629	2696
舒城县	40913	17838	23075	27907	14413	13494	8767	4539	4228
金寨县	27901	13160	14741	17983	9836	8147	6046	3138	2908
霍山县	19288	8621	10667	20510	10861	9649	5809	3011	2798
亳州市	**176490**	**87267**	**89223**	**122731**	**65922**	**56809**	**41175**	**21263**	**19912**
谯城区	7125	3692	3433	1481	836	645	568	305	263
涡阳县	58527	30172	28355	39853	21224	18629	14642	7523	7119
蒙城县	59252	28879	30373	40092	22005	18087	16382	8484	7898
利辛县	51586	24524	27062	41305	21857	19448	9583	4951	4632
池州市	**39818**	**18343**	**21475**	**23562**	**12513**	**11049**	**8529**	**4276**	**4253**
贵池区	1536	929	607	1381	872	509	367	248	119
东至县	16482	7360	9122	10224	5364	4860	3384	1687	1697
石台县	3534	1532	2002	2301	1191	1110	983	492	491
青阳县	17467	8048	9419	9358	4876	4482	3627	1750	1877
池州市国家经济技术开发区									
皖江江南新兴产业集中区									
九华山风景区	799	474	325	298	210	88	168	99	69
宣城市	**96194**	**46716**	**49478**	**44211**	**23803**	**20408**	**21466**	**10660**	**10806**
宣州区	11054	5538	5516	4904	2797	2107	2371	1176	1195
郎溪县	22962	11109	11853	9150	4945	4205	3941	1885	2056
泾县	20724	9813	10911	10784	5492	5292	4310	2060	2250
绩溪县	15221	7065	8156	4864	2666	2198	2390	1173	1217
旌德县	6942	3180	3762	3071	1447	1624	1339	610	729
宣城市经济开发区	15381	7829	7552	10249	5806	4443	6599	3488	3111
宁国市	1664	912	752	470	263	207	185	102	83
广德市	2246	1270	976	719	387	332	331	166	165

7-6b　续表 9　　　　单位：人

现住地	大学本科			硕士研究生			博士研究生		
	小计	男	女	小计	男	女	小计	男	女
安　徽	**588675**	**318236**	**270439**	**38398**	**21011**	**17387**	**2672**	**1754**	**918**
合肥市	**245252**	**133100**	**112152**	**24487**	**13461**	**11026**	**1614**	**1084**	**530**
瑶海区	1496	780	716	145	70	75	5	3	2
庐阳区	5257	2780	2477	718	373	345	73	46	27
蜀山区	361	226	135	9	4	5	5	5	
包河区									
长丰县	14459	8017	6442	717	407	310	49	33	16
肥东县	18394	9986	8408	950	563	387	56	35	21
肥西县	32010	18022	13988	3160	1772	1388	243	172	71
庐江县	8154	4416	3738	415	235	180	16	13	3
合肥高新技术产业开发区	43062	22815	20247	4774	2826	1948	342	250	92
合肥经济技术开发区	77925	42774	35151	11187	5907	5280	691	441	250
合肥新站高新技术产业开发区	36386	18816	17570	2356	1289	1067	133	86	47
巢湖市	7748	4468	3280	56	15	41	1		1
芜湖市	**34104**	**19326**	**14778**	**1256**	**716**	**540**	**64**	**40**	**24**
镜湖区	9	2	7						
弋江区									
鸠江区	270	161	109	14	9	5	2	1	1
三山区	1661	902	759	162	91	71	19	12	7
芜湖县	11903	7081	4822	262	135	127	9	5	4
繁昌县	2590	1283	1307	129	64	65	8	4	4
南陵县	3866	1902	1964	137	68	69	9	4	5
芜湖经济技术开发区	12890	7491	5399	514	325	189	17	14	3
安徽芜湖长江大桥经济开发区	49	23	26	2		2			
无为市	866	481	385	36	24	12			
蚌埠市	**66382**	**34649**	**31733**	**4156**	**2031**	**2125**	**243**	**158**	**85**
龙子湖区	79	48	31	4		4			
蚌山区									
禹会区	25	17	8	1	1				
淮上区	110	50	60	6	3	3	1		1
怀远县	5447	2763	2684	217	122	95	14	8	6
五河县	2944	1489	1455	90	54	36	13	7	6
固镇县	1945	1003	942	56	32	24	5	4	1
蚌埠市高新技术开发区	3511	1798	1713	229	140	89	10	7	3
蚌埠市经济开发区	52321	27481	24840	3553	1679	1874	200	132	68
淮南市	**10604**	**6188**	**4416**	**434**	**279**	**155**	**33**	**18**	**15**
大通区	1296	714	582	59	35	24	6	4	2
田家庵区	34	15	19	1	1				
谢家集区	16	5	11						
八公山区									
潘集区	490	341	149	26	18	8	2	1	1
凤台县	5482	3307	2175	209	136	73	15	7	8
寿县	3286	1806	1480	139	89	50	10	6	4

7-6b 续表 10

单位：人

现住地	大学本科			硕士研究生			博士研究生		
	小计	男	女	小计	男	女	小计	男	女
马鞍山市	**18088**	**9916**	**8172**	**300**	**150**	**150**	**27**	**19**	**8**
花山区									
雨山区									
博望区	12	5	7						
当涂县	10982	6254	4728	155	73	82	11	6	5
含山县	2114	1134	980	65	40	25	9	8	1
和县	4980	2523	2457	80	37	43	7	5	2
淮北市	**6536**	**3539**	**2997**	**217**	**114**	**103**	**15**	**8**	**7**
杜集区	176	97	79	8	5	3	1	1	
相山区									
烈山区	231	146	85	4	3	1	1		1
濉溪县	6129	3296	2833	205	106	99	13	7	6
铜陵市	**3410**	**1956**	**1454**	**119**	**75**	**44**	**3**	**3**	
铜官区									
义安区	144	83	61	9	6	3	1	1	
郊区	206	134	72	9	8	1	2	2	
枞阳县	3060	1739	1321	101	61	40			
安庆市	**19782**	**11170**	**8612**	**879**	**486**	**393**	**57**	**35**	**22**
迎江区									
大观区	34	21	13	5	4	1			
宜秀区	108	55	53	5	2	3			
怀宁县	3609	1944	1665	142	76	66	9	2	7
太湖县	2898	1670	1228	95	47	48	8	6	2
宿松县	4496	2682	1814	144	84	60	6	4	2
望江县	428	215	213	19	9	10	1		1
岳西县	2571	1386	1185	76	41	35	5	5	
安徽安庆经济开发区	4667	2671	1996	346	200	146	24	17	7
桐城市	346	200	146	23	9	14	3	1	2
潜山市	625	326	299	24	14	10	1		1
黄山市	**17658**	**9081**	**8577**	**335**	**167**	**168**	**51**	**36**	**15**
屯溪区	11276	5778	5498	94	41	53	42	32	10
黄山区	393	240	153	22	17	5	1	1	
徽州区	52	29	23						
歙县	2959	1508	1451	108	51	57	3	3	
休宁县	1331	685	646	59	31	28			
黟县	664	348	316	26	16	10	3		3
祁门县	983	493	490	26	11	15	2		2
滁州市	**46179**	**25397**	**20782**	**1793**	**1018**	**775**	**217**	**146**	**71**
琅琊区									
南谯区	1802	939	863	143	78	65	6	5	1
来安县	3428	1864	1564	149	94	55	8	5	3
全椒县	5536	3120	2416	230	127	103	14	10	4
定远县	5078	2859	2219	197	112	85	21	12	9
凤阳县	10712	5915	4797	453	270	183	104	73	31
苏滁现代产业园	414	275	139	18	12	6			
滁州经济技术开发区	18032	9767	8265	538	296	242	60	38	22
天长市	858	482	376	27	13	14	2	2	
明光市	319	176	143	38	16	22	2	1	1

7-6b　续表 11　　　　单位：人

现住地	大学本科			硕士研究生			博士研究生		
	小计	男	女	小计	男	女	小计	男	女
阜阳市	**31741**	**16542**	**15199**	**1241**	**693**	**548**	**75**	**44**	**31**
颍州区	265	140	125	13	8	5			
颍东区	302	201	101	12	9	3			
颍泉区	145	92	53	10	6	4			
临泉县	9810	5072	4738	322	181	141	19	12	7
太和县	7125	3564	3561	308	163	145	19	7	12
阜南县	4583	2354	2229	128	64	64	11	8	3
颍上县	5800	3112	2688	232	139	93	11	7	4
阜阳合肥现代产业园区	29	15	14	2		2			
阜阳经济技术开发区	3557	1927	1630	209	120	89	15	10	5
界首市	125	65	60	5	3	2			
宿州市	**21391**	**10848**	**10543**	**708**	**390**	**318**	**57**	**32**	**25**
埇桥区	1138	621	517	50	31	19	1	1	
砀山县	2809	1436	1373	72	39	33	10	5	5
萧县	4576	2274	2302	144	79	65	12	5	7
灵璧县	5783	2879	2904	187	105	82	16	12	4
泗县	5266	2691	2575	182	95	87	9	5	4
宿州马鞍山现代产业园区	221	105	116	12	6	6			
宿州经济技术开发区	1598	842	756	61	35	26	9	4	5
六安市	**21259**	**11735**	**9524**	**847**	**491**	**356**	**72**	**35**	**37**
金安区	2228	1209	1019	87	43	44	6	2	4
裕安区	567	307	260	63	33	30	25	2	23
叶集区	207	117	90	8	4	4	3	2	1
霍邱县	4512	2508	2004	178	116	62	16	11	5
舒城县	5814	3247	2567	198	115	83	15	12	3
金寨县	4538	2544	1994	228	132	96	4	3	1
霍山县	3393	1803	1590	85	48	37	3	3	
亳州市	**23470**	**12521**	**10949**	**649**	**384**	**265**	**68**	**38**	**30**
谯城区	289	161	128	14	6	8	2	2	
涡阳县	7415	3982	3433	248	143	105	26	13	13
蒙城县	9898	5217	4681	248	136	112	27	12	15
利辛县	5868	3161	2707	139	99	40	13	11	2
池州市	**6345**	**3335**	**3010**	**207**	**120**	**87**	**11**	**6**	**5**
贵池区	229	157	72	7	5	2			
东至县	2584	1359	1225	79	38	41	8	5	3
石台县	968	495	473	37	26	11			
青阳县	2524	1300	1224	84	51	33	3	1	2
池州市国家经济技术开发区									
皖江江南新兴产业集中区									
九华山风景区	40	24	16						
宣城市	**16474**	**8933**	**7541**	**770**	**436**	**334**	**65**	**52**	**13**
宣州区	1345	689	656	84	46	38	6	5	1
郎溪县	2915	1453	1462	107	63	44	2	1	1
泾县	2516	1195	1321	107	55	52	7	6	1
绩溪县	1639	800	839	61	33	28	2	2	
旌德县	877	422	455	33	21	12	1	1	
宣城市经济开发区	6844	4187	2657	360	208	152	45	35	10
宁国市	144	82	62	6	1	5			
广德市	194	105	89	12	9	3	2	2	

7-6c 全省按现住地、受教育程度、性别分的户口登记地在本省其他乡镇街道的人口(乡村)

单位：人

现住地	合计			未上过学		
	合计	男	女	小计	男	女
安徽	**1105743**	**565544**	**540199**	**45393**	**14484**	**30909**
合肥市	**212864**	**117777**	**95087**	**8453**	**2485**	**5968**
瑶海区	15625	8079	7546	694	121	573
庐阳区	851	475	376	99	31	68
蜀山区	2694	1953	741	140	60	80
包河区	3439	2029	1410	290	94	196
长丰县	41108	23274	17834	1687	525	1162
肥东县	21646	12221	9425	985	258	727
肥西县	93470	50701	42769	2915	903	2012
庐江县	13540	7552	5988	435	139	296
合肥高新技术产业开发区	56	42	14	1	1	
合肥经济技术开发区	918	488	430	96	29	67
合肥新站高新技术产业开发区	2347	1542	805	208	105	103
巢湖市	17170	9421	7749	903	219	684
芜湖市	**41087**	**20087**	**21000**	**2240**	**681**	**1559**
镜湖区	1415	657	758	128	36	92
弋江区						
鸠江区	4640	2417	2223	297	79	218
三山区	1968	945	1023	161	43	118
芜湖县	4844	2220	2624	206	55	151
繁昌县	8681	4651	4030	243	59	184
南陵县	6682	3317	3365	410	168	242
芜湖经济技术开发区	138	70	68	12	2	10
安徽芜湖长江大桥经济开发区	169	89	80	8	4	4
无为市	12550	5721	6829	775	235	540
蚌埠市	**46046**	**21743**	**24303**	**1884**	**627**	**1257**
龙子湖区	2362	1122	1240	80	29	51
蚌山区	1940	938	1002	68	22	46
禹会区	5233	2162	3071	221	68	153
淮上区	3607	1674	1933	142	36	106
怀远县	12854	5979	6875	586	183	403
五河县	5025	2349	2676	325	151	174
固镇县	15025	7519	7506	462	138	324
蚌埠市高新技术开发区						
蚌埠市经济开发区						
淮南市	**74473**	**38065**	**36408**	**3407**	**1185**	**2222**
大通区	2373	1025	1348	136	45	91
田家庵区	1790	805	985	92	32	60
谢家集区	2972	1414	1558	169	66	103
八公山区	1804	813	991	75	28	47
潘集区	12184	6662	5522	525	230	295
凤台县	39561	20205	19356	1926	600	1326
寿县	13789	7141	6648	484	184	300

7-6c　续表 1　　单位：人

现住地	合计			未上过学		
	合计	男	女	小计	男	女
马鞍山市	**26362**	**13500**	**12862**	**1584**	**436**	**1148**
花山区	1815	981	834	170	53	117
雨山区	1505	803	702	117	40	77
博望区	1797	836	961	62	17	45
当涂县	8525	4159	4366	425	113	312
含山县	4261	2195	2066	214	68	146
和县	8459	4526	3933	596	145	451
淮北市	**31976**	**15639**	**16337**	**1259**	**451**	**808**
杜集区	3464	1645	1819	205	103	102
相山区	6332	3135	3197	318	114	204
烈山区	7562	3184	4378	169	53	116
濉溪县	14618	7675	6943	567	181	386
铜陵市	**19778**	**10005**	**9773**	**1372**	**373**	**999**
铜官区	3296	1839	1457	142	43	99
义安区	6598	3165	3433	457	123	334
郊区	4085	2116	1969	282	81	201
枞阳县	5799	2885	2914	491	126	365
安庆市	**58415**	**30255**	**28160**	**1965**	**599**	**1366**
迎江区	871	512	359	48	11	37
大观区	2994	1890	1104	128	47	81
宜秀区	2203	1179	1024	127	34	93
怀宁县	7224	4023	3201	174	62	112
太湖县	6003	3091	2912	167	45	122
宿松县	12544	6107	6437	242	78	164
望江县	5474	2706	2768	268	80	188
岳西县	7838	3786	4052	271	83	188
安徽安庆经济开发区	767	387	380	40	7	33
桐城市	7171	3832	3339	257	78	179
潜山市	5326	2742	2584	243	74	169
黄山市	**32649**	**16198**	**16451**	**1100**	**273**	**827**
屯溪区	2317	1061	1256	82	26	56
黄山区	4290	2220	2070	151	47	104
徽州区	2467	1065	1402	87	16	71
歙县	9982	5061	4921	352	74	278
休宁县	7880	3707	4173	219	57	162
黟县	2949	1445	1504	101	22	79
祁门县	2764	1639	1125	108	31	77
滁州市	**107600**	**54091**	**53509**	**3294**	**959**	**2335**
琅琊区	1671	957	714	104	34	70
南谯区	32401	15282	17119	1325	359	966
来安县	9553	5318	4235	254	81	173
全椒县	11063	6108	4955	269	66	203
定远县	11105	5385	5720	412	121	291
凤阳县	12837	6026	6811	241	83	158
苏滁现代产业园						
滁州经济技术开发区	5581	3577	2004	57	23	34
天长市	8050	4185	3865	254	77	177
明光市	15339	7253	8086	378	115	263

7−6c 续表 2

单位：人

现住地	合计			未上过学		
	合计	男	女	小计	男	女
阜阳市	**112990**	**55903**	**57087**	**4777**	**1462**	**3315**
颍州区	20926	10377	10549	1040	329	711
颍东区	9180	4497	4683	393	114	279
颍泉区	8760	4300	4460	320	100	220
临泉县	14171	7137	7034	569	188	381
太和县	10450	4970	5480	345	108	237
阜南县	18022	9089	8933	856	256	600
颍上县	13300	6363	6937	485	157	328
阜阳合肥现代产业园区	4635	2342	2293	121	33	88
阜阳经济技术开发区	4725	2416	2309	169	45	124
界首市	8821	4412	4409	479	132	347
宿州市	**71664**	**32820**	**38844**	**1879**	**646**	**1233**
埇桥区	33445	14997	18448	902	299	603
砀山县	6050	3019	3031	115	51	64
萧县	12639	5507	7132	321	124	197
灵璧县	11368	5243	6125	325	104	221
泗县	7627	3782	3845	203	61	142
宿州马鞍山现代产业园区	535	272	263	13	7	6
宿州经济技术开发区						
六安市	**105019**	**54782**	**50237**	**4007**	**1447**	**2560**
金安区	27616	14902	12714	945	314	631
裕安区	29280	14765	14515	1355	481	874
叶集区	6776	3438	3338	183	72	111
霍邱县	17228	8835	8393	649	205	444
舒城县	12808	7021	5787	519	259	260
金寨县	8658	4448	4210	249	83	166
霍山县	2653	1373	1280	107	33	74
亳州市	**77323**	**38619**	**38704**	**3245**	**1165**	**2080**
谯城区	37373	18703	18670	1407	488	919
涡阳县	13149	7109	6040	780	309	471
蒙城县	11556	5565	5991	466	161	305
利辛县	15245	7242	8003	592	207	385
池州市	**27466**	**14997**	**12469**	**1494**	**483**	**1011**
贵池区	11289	6198	5091	792	242	550
东至县	4292	2305	1987	215	81	134
石台县	2111	1166	945	104	33	71
青阳县	8183	4512	3671	353	114	239
池州市国家经济技术开发区						
皖江江南新兴产业集中区						
九华山风景区	1591	816	775	30	13	17
宣城市	**60031**	**31063**	**28968**	**3433**	**1212**	**2221**
宣州区	21046	10759	10287	1311	363	948
郎溪县	4358	2098	2260	375	181	194
泾县	5894	3202	2692	263	99	164
绩溪县	2680	1505	1175	102	29	73
旌德县	2189	1269	920	65	19	46
宣城市经济开发区	7790	4258	3532	462	264	198
宁国市	8403	4394	4009	512	142	370
广德市	7671	3578	4093	343	115	228

7-6c　续表 3　　　　单位：人

现住地	学前教育			小学		
	小计	男	女	小计	男	女
安　徽	**35888**	**18671**	**17217**	**250829**	**121565**	**129264**
合肥市	**5951**	**3175**	**2776**	**41466**	**20723**	**20743**
瑶海区	840	469	371	2944	1236	1708
庐阳区	25	11	14	204	108	96
蜀山区	27	17	10	581	335	246
包河区	100	57	43	1032	571	461
长丰县	1232	652	580	8016	4017	3999
肥东县	394	199	195	5021	2462	2559
肥西县	2412	1293	1119	14893	7575	7318
庐江县	371	191	180	3222	1569	1653
合肥高新技术产业开发区				14	9	5
合肥经济技术开发区	19	10	9	298	154	144
合肥新站高新技术产业开发区	58	34	24	580	369	211
巢湖市	473	242	231	4661	2318	2343
芜湖市	**1182**	**595**	**587**	**10529**	**4872**	**5657**
镜湖区	29	13	16	344	145	199
弋江区						
鸠江区	139	66	73	1242	589	653
三山区	53	27	26	514	250	264
芜湖县	178	98	80	1347	608	739
繁昌县	133	60	73	1706	787	919
南陵县	207	110	97	1988	983	1005
芜湖经济技术开发区	5	3	2	33	14	19
安徽芜湖长江大桥经济开发区	7	4	3	48	22	26
无为市	431	214	217	3307	1474	1833
蚌埠市	**1528**	**775**	**753**	**10331**	**4814**	**5517**
龙子湖区	49	26	23	527	231	296
蚌山区	43	20	23	494	236	258
禹会区	131	64	67	1045	477	568
淮上区	141	72	69	927	424	503
怀远县	546	272	274	3314	1589	1725
五河县	179	88	91	1092	503	589
固镇县	439	233	206	2932	1354	1578
蚌埠市高新技术开发区						
蚌埠市经济开发区						
淮南市	**2975**	**1571**	**1404**	**18629**	**8917**	**9712**
大通区	83	40	43	547	254	293
田家庵区	36	21	15	440	200	240
谢家集区	113	59	54	843	407	436
八公山区	34	17	17	489	216	273
潘集区	403	199	204	2299	1105	1194
凤台县	1848	1018	830	10041	4798	5243
寿县	458	217	241	3970	1937	2033

7-6c 续表 4

单位：人

现住地	学前教育			小学		
	小计	男	女	小计	男	女
马鞍山市	**848**	**462**	**386**	**7315**	**3645**	**3670**
花山区	25	9	16	515	298	217
雨山区	41	23	18	446	242	204
博望区	68	38	30	471	215	256
当涂县	320	176	144	2175	1031	1144
含山县	156	81	75	1380	663	717
和县	238	135	103	2328	1196	1132
淮北市	**892**	**462**	**430**	**5780**	**2875**	**2905**
杜集区	109	55	54	667	347	320
相山区	173	94	79	1333	662	671
烈山区	137	80	57	846	435	411
濉溪县	473	233	240	2934	1431	1503
铜陵市	**663**	**341**	**322**	**5077**	**2436**	**2641**
铜官区	44	22	22	409	202	207
义安区	233	118	115	1847	855	992
郊区	164	93	71	1149	588	561
枞阳县	222	108	114	1672	791	881
安庆市	**1892**	**972**	**920**	**14505**	**6998**	**7507**
迎江区	32	12	20	231	131	100
大观区	43	22	21	765	405	360
宜秀区	63	30	33	646	310	336
怀宁县	194	109	85	1574	812	762
太湖县	230	121	109	1620	780	840
宿松县	355	190	165	2630	1152	1478
望江县	207	92	115	1612	790	822
岳西县	332	173	159	2173	1033	1140
安徽安庆经济开发区	34	13	21	217	99	118
桐城市	221	118	103	1527	754	773
潜山市	181	92	89	1510	732	778
黄山市	**929**	**466**	**463**	**7602**	**3595**	**4007**
屯溪区	53	26	27	465	205	260
黄山区	119	59	60	959	476	483
徽州区	54	30	24	543	222	321
歙县	316	164	152	2485	1159	1326
休宁县	258	115	143	1823	857	966
黟县	67	40	27	642	286	356
祁门县	62	32	30	685	390	295
滁州市	**2975**	**1481**	**1494**	**21347**	**9962**	**11385**
琅琊区	58	27	31	505	282	223
南谯区	973	480	493	5900	2766	3134
来安县	303	168	135	2036	978	1058
全椒县	285	145	140	3104	1429	1675
定远县	350	182	168	2477	1154	1323
凤阳县	393	202	191	2187	1054	1133
苏滁现代产业园						
滁州经济技术开发区	88	42	46	580	353	227
天长市	162	75	87	1737	843	894
明光市	363	160	203	2821	1103	1718

7-6c　续表 5　　　　单位：人

现住地	学前教育			小学		
	小计	男	女	小计	男	女
阜阳市	**4680**	**2374**	**2306**	**26540**	**12598**	**13942**
颍州区	930	471	459	5020	2397	2623
颍东区	408	212	196	2227	1081	1146
颍泉区	396	196	200	2058	985	1073
临泉县	564	284	280	3615	1671	1944
太和县	377	179	198	2579	1169	1410
阜南县	610	290	320	3702	1801	1901
颍上县	554	286	268	3244	1546	1698
阜阳合肥现代产业园区	237	121	116	859	408	451
阜阳经济技术开发区	243	131	112	1046	499	547
界首市	361	204	157	2190	1041	1149
宿州市	**2740**	**1398**	**1342**	**14960**	**7375**	**7585**
埇桥区	1231	610	621	7269	3515	3754
砀山县	245	113	132	1072	532	540
萧县	504	252	252	2412	1284	1128
灵璧县	460	254	206	2438	1193	1245
泗县	283	159	124	1634	780	854
宿州马鞍山现代产业园区	17	10	7	135	71	64
宿州经济技术开发区						
六安市	**3486**	**1885**	**1601**	**26791**	**12978**	**13813**
金安区	785	431	354	6705	3195	3510
裕安区	1182	636	546	8111	3899	4212
叶集区	202	107	95	1393	684	709
霍邱县	568	314	254	4773	2263	2510
舒城县	382	209	173	3140	1641	1499
金寨县	295	151	144	1961	952	1009
霍山县	72	37	35	708	344	364
亳州市	**2709**	**1451**	**1258**	**17612**	**8551**	**9061**
谯城区	1476	795	681	8672	4238	4434
涡阳县	372	192	180	2995	1473	1522
蒙城县	363	208	155	2706	1304	1402
利辛县	498	256	242	3239	1536	1703
池州市	**859**	**427**	**432**	**6926**	**3577**	**3349**
贵池区	412	207	205	3242	1642	1600
东至县	147	74	73	1117	576	541
石台县	75	34	41	502	262	240
青阳县	169	85	84	1765	968	797
池州市国家经济技术开发区						
皖江江南新兴产业集中区						
九华山风景区	56	27	29	300	129	171
宣城市	**1579**	**836**	**743**	**15419**	**7649**	**7770**
宣州区	487	253	234	5790	2793	2997
郎溪县	127	64	63	1280	619	661
泾县	162	93	69	1730	936	794
绩溪县	72	36	36	587	313	274
旌德县	58	31	27	530	276	254
宣城市经济开发区	167	101	66	1379	681	698
宁国市	224	116	108	2234	1134	1100
广德市	282	142	140	1889	897	992

7-6c 续表 6

单位：人

现住地	初中			高中			大学专科		
	小计	男	女	小计	男	女	小计	男	女
安　徽	**413680**	**213369**	**200311**	**195526**	**111247**	**84279**	**100597**	**52102**	**48495**
合肥市	**67932**	**40256**	**27676**	**39709**	**24934**	**14775**	**25156**	**14496**	**10660**
瑶海区	5010	2811	2199	2203	1323	880	2573	1349	1224
庐阳区	282	177	105	109	66	43	76	44	32
蜀山区	714	485	229	596	507	89	525	469	56
包河区	1531	977	554	294	207	87	121	78	43
长丰县	14440	8470	5970	10540	6486	4054	2660	1564	1096
肥东县	6895	4194	2701	5969	3783	2186	1160	666	494
肥西县	26677	15830	10847	13957	8942	5015	15671	8842	6829
庐江县	4808	2816	1992	2898	1716	1182	938	575	363
合肥高新技术产业开发区	6	4	2	5	3	2	16	14	2
合肥经济技术开发区	301	174	127	99	53	46	52	29	23
合肥新站高新技术产业开发区	789	573	216	263	177	86	231	142	89
巢湖市	6479	3745	2734	2776	1671	1105	1133	724	409
芜湖市	**14913**	**7209**	**7704**	**8061**	**4362**	**3699**	**2431**	**1331**	**1100**
镜湖区	566	289	277	177	98	79	117	48	69
弋江区									
鸠江区	1744	949	795	618	376	242	360	213	147
三山区	808	404	404	212	105	107	131	70	61
芜湖县	2066	946	1120	586	286	300	268	120	148
繁昌县	2539	1345	1194	3137	1770	1367	506	341	165
南陵县	2628	1286	1342	865	462	403	377	192	185
芜湖经济技术开发区	50	26	24	20	13	7	12	7	5
安徽芜湖长江大桥经济开发区	58	30	28	17	7	10	17	11	6
无为市	4454	1934	2520	2429	1245	1184	643	329	314
蚌埠市	**18129**	**8058**	**10071**	**9282**	**4979**	**4303**	**2941**	**1435**	**1506**
龙子湖区	1106	523	583	350	177	173	157	83	74
蚌山区	859	411	448	309	161	148	100	54	46
禹会区	2175	913	1262	1189	381	808	287	149	138
淮上区	1660	752	908	385	199	186	206	116	90
怀远县	5259	2272	2987	1681	962	719	944	427	517
五河县	2047	922	1125	721	367	354	396	182	214
固镇县	5023	2265	2758	4647	2732	1915	851	424	427
蚌埠市高新技术开发区									
蚌埠市经济开发区									
淮南市	**32324**	**15612**	**16712**	**9543**	**6099**	**3444**	**4594**	**2782**	**1812**
大通区	1054	407	647	287	144	143	161	68	93
田家庵区	793	336	457	248	122	126	113	60	53
谢家集区	1184	535	649	349	183	166	193	96	97
八公山区	811	359	452	259	125	134	70	32	38
潘集区	5595	2694	2901	1996	1499	497	853	570	283
凤台县	17519	8491	9028	4641	3021	1620	2199	1360	839
寿县	5368	2790	2578	1763	1005	758	1005	596	409

7-6c　续表 7　　　　单位：人

现住地	初中			高中			大学专科		
	小计	男	女	小计	男	女	小计	男	女
马鞍山市	**10317**	**5371**	**4946**	**3909**	**2216**	**1693**	**1512**	**852**	**660**
花山区	675	380	295	250	138	112	112	65	47
雨山区	610	345	265	155	89	66	106	49	57
博望区	819	367	452	228	122	106	99	47	52
当涂县	3710	1740	1970	1173	676	497	469	268	201
含山县	1636	859	777	506	305	201	225	136	89
和县	2867	1680	1187	1597	886	711	501	287	214
淮北市	**13179**	**6543**	**6636**	**4026**	**2331**	**1695**	**5588**	**2226**	**3362**
杜集区	1705	800	905	462	208	254	220	89	131
相山区	2938	1418	1520	913	502	411	443	223	220
烈山区	1876	868	1008	498	289	209	3886	1362	2524
濉溪县	6660	3457	3203	2153	1332	821	1039	552	487
铜陵市	**6457**	**3293**	**3164**	**2764**	**1481**	**1283**	**2503**	**1526**	**977**
铜官区	554	327	227	752	331	421	1333	876	457
义安区	2629	1261	1368	810	451	359	367	203	164
郊区	1369	707	662	528	298	230	335	180	155
枞阳县	1905	998	907	674	401	273	468	267	201
安庆市	**20556**	**10844**	**9712**	**11233**	**6523**	**4710**	**4629**	**2439**	**2190**
迎江区	277	160	117	148	107	41	79	51	28
大观区	1312	933	379	431	273	158	212	143	69
宜秀区	842	490	352	311	202	109	134	72	62
怀宁县	2586	1497	1089	1654	986	668	628	327	301
太湖县	2093	1120	973	834	496	338	631	305	326
宿松县	4032	1842	2190	3354	1868	1486	939	485	454
望江县	1889	981	908	619	358	261	430	226	204
岳西县	2832	1347	1485	1196	616	580	589	298	291
安徽安庆经济开发区	278	155	123	107	68	39	53	24	29
桐城市	2425	1286	1139	1977	1167	810	474	245	229
潜山市	1990	1033	957	602	382	220	460	263	197
黄山市	**14324**	**6893**	**7431**	**4393**	**2544**	**1849**	**2635**	**1449**	**1186**
屯溪区	1077	459	618	354	195	159	194	94	100
黄山区	1676	849	827	674	357	317	434	246	188
徽州区	1211	479	732	332	184	148	136	67	69
歙县	4575	2340	2235	1074	642	432	733	433	300
休宁县	3379	1501	1878	1189	657	532	588	290	298
黟县	1271	571	700	427	273	154	288	157	131
祁门县	1135	694	441	343	236	107	262	162	100
滁州市	**36468**	**20041**	**16427**	**25904**	**13507**	**12397**	**13005**	**5466**	**7539**
琅琊区	613	377	236	261	158	103	81	48	33
南谯区	9681	5813	3868	6703	3383	3320	6685	1868	4817
来安县	3686	2135	1551	2226	1295	931	686	412	274
全椒县	4307	2589	1718	1721	1062	659	909	533	376
定远县	4376	2156	2220	2186	1089	1097	830	439	391
凤阳县	4453	2095	2358	4148	1888	2260	1019	492	527
苏滁现代产业园									
滁州经济技术开发区	1784	1043	741	1710	1098	612	989	744	245
天长市	2609	1453	1156	1976	1049	927	819	422	397
明光市	4959	2380	2579	4973	2485	2488	987	508	479

7－6c 续表 8

单位：人

现住地	初中			高中			大学专科		
	小计	男	女	小计	男	女	小计	男	女
阜阳市	**47111**	**23019**	**24092**	**17134**	**9631**	**7503**	**7443**	**3928**	**3515**
颍州区	9100	4514	4586	2915	1630	1285	1148	607	541
颍东区	4214	2023	2191	1007	577	430	571	293	278
颍泉区	3658	1682	1976	1245	686	559	592	340	252
临泉县	6040	3078	2962	1778	1061	717	913	488	425
太和县	4475	2063	2412	1475	806	669	677	351	326
阜南县	6359	3145	3214	4545	2578	1967	1088	564	524
颍上县	5802	2661	3141	1683	899	784	919	478	441
阜阳合肥现代产业园区	1801	943	858	692	384	308	508	260	248
阜阳经济技术开发区	1785	932	853	720	393	327	486	262	224
界首市	3877	1978	1899	1074	617	457	541	285	256
宿州市	**29480**	**13311**	**16169**	**13143**	**6394**	**6749**	**6945**	**2374**	**4571**
埇桥区	14314	6323	7991	5227	2904	2323	3654	885	2769
砀山县	1951	1006	945	1728	851	877	647	312	335
萧县	5939	2398	3541	2196	862	1334	891	386	505
灵璧县	4215	2024	2191	2394	1004	1390	1039	428	611
泗县	2830	1458	1372	1522	732	790	674	335	339
宿州马鞍山现代产业园区	231	102	129	76	41	35	40	28	12
宿州经济技术开发区									
六安市	**36292**	**18965**	**17327**	**18249**	**10388**	**7861**	**10739**	**6130**	**4609**
金安区	8394	4484	3910	3895	2370	1525	5726	3471	2255
裕安区	10847	5551	5296	5280	2876	2404	1451	751	700
叶集区	2315	1138	1177	1952	1078	874	321	160	161
霍邱县	6231	3218	3013	2917	1695	1222	1046	559	487
舒城县	4719	2627	2092	2404	1399	1005	990	520	470
金寨县	2965	1504	1461	1336	700	636	944	543	401
霍山县	821	443	378	465	270	195	261	126	135
亳州市	**34109**	**16618**	**17491**	**12581**	**7004**	**5577**	**4426**	**2358**	**2068**
谯城区	17647	8762	8885	5129	2782	2347	1942	1015	927
涡阳县	5453	2801	2652	2110	1457	653	854	509	345
蒙城县	5047	2303	2744	1619	911	708	868	435	433
利辛县	5962	2752	3210	3723	1854	1869	762	399	363
池州市	**9523**	**5399**	**4124**	**5130**	**3046**	**2084**	**2101**	**1207**	**894**
贵池区	4107	2408	1699	1511	947	564	779	475	304
东至县	1433	782	651	805	491	314	338	178	160
石台县	689	398	291	273	164	109	259	151	108
青阳县	2821	1561	1260	2256	1296	960	471	267	204
池州市国家经济技术开发区									
皖江江南新兴产业集中区									
九华山风景区	473	250	223	285	148	137	254	136	118
宣城市	**22566**	**11937**	**10629**	**10465**	**5808**	**4657**	**3949**	**2103**	**1846**
宣州区	8223	4391	3832	3096	1767	1329	1328	699	629
郎溪县	1734	805	929	464	229	235	239	116	123
泾县	2119	1171	948	864	474	390	416	233	183
绩溪县	1097	607	490	381	239	142	259	158	101
旌德县	1014	622	392	304	196	108	139	82	57
宣城市经济开发区	1815	957	858	3177	1802	1375	424	251	173
宁国市	3336	1835	1501	1080	599	481	647	343	304
广德市	3228	1549	1679	1099	502	597	497	221	276

7-6c　续表 9　　　　单位：人

现 住 地	大学本科			硕士研究生			博士研究生		
	小计	男	女	小计	男	女	小计	男	女
安　徽	**60533**	**32176**	**28357**	**2962**	**1708**	**1254**	**335**	**222**	**113**
合肥市	**23376**	**11255**	**12121**	**765**	**420**	**345**	**56**	**33**	**23**
瑶海区	1277	725	552	82	44	38	2	1	1
庐阳区	55	38	17	1		1			
蜀山区	99	73	26	11	6	5	1	1	
包河区	68	43	25	3	2	1			
长丰县	2364	1483	881	164	75	89	5	2	3
肥东县	1139	609	530	72	46	26	11	4	7
肥西县	16610	7130	9480	310	169	141	25	17	8
庐江县	829	523	306	37	21	16	2	2	
合肥高新技术产业开发区	14	11	3						
合肥经济技术开发区	51	39	12	2		2			
合肥新站高新技术产业开发区	183	120	63	34	22	12	1		1
巢湖市	687	461	226	49	35	14	9	6	3
芜湖市	**1609**	**964**	**645**	**111**	**64**	**47**	**11**	**9**	**2**
镜湖区	46	26	20	8	2	6			
弋江区									
鸠江区	226	135	91	14	10	4			
三山区	79	41	38	10	5	5			
芜湖县	171	92	79	18	13	5	4	2	2
繁昌县	399	278	121	17	10	7	1	1	
南陵县	193	110	83	13	5	8	1	1	
芜湖经济技术开发区	4	4		2	1	1			
安徽芜湖长江大桥经济开发区	14	11	3						
无为市	477	267	210	29	18	11	5	5	
蚌埠市	**1831**	**987**	**844**	**111**	**62**	**49**	**9**	**6**	**3**
龙子湖区	81	48	33	11	4	7	1	1	
蚌山区	62	31	31	5	3	2			
禹会区	167	99	68	16	10	6	2	1	1
淮上区	133	65	68	12	9	3	1	1	
怀远县	499	262	237	23	10	13	2	2	
五河县	250	126	124	14	10	4	1		1
固镇县	639	356	283	30	16	14	2	1	1
蚌埠市高新技术开发区									
蚌埠市经济开发区									
淮南市	**2816**	**1776**	**1040**	**153**	**100**	**53**	**32**	**23**	**9**
大通区	96	60	36	9	7	2			
田家庵区	64	32	32	4	2	2			
谢家集区	115	64	51	6	4	2			
八公山区	64	34	30	2	2				
潘集区	482	343	139	26	18	8	5	4	1
凤台县	1319	870	449	56	39	17	12	8	4
寿县	676	373	303	50	28	22	15	11	4

7－6c 续表 10

单位：人

现住地	大学本科			硕士研究生			博士研究生		
	小计	男	女	小计	男	女	小计	男	女
马鞍山市	**819**	**493**	**326**	**52**	**23**	**29**	**6**	**2**	**4**
花山区	61	34	27	5	2	3	2	2	
雨山区	29	15	14	1		1			
博望区	47	29	18	3	1	2			
当涂县	240	148	92	13	7	6			
含山县	136	79	57	6	4	2	2		2
和县	306	188	118	24	9	15	2		2
淮北市	**1145**	**686**	**459**	**96**	**57**	**39**	**11**	**8**	**3**
杜集区	85	39	46	10	4	6	1		1
相山区	194	109	85	16	10	6	4	3	1
烈山区	133	85	48	14	9	5	3	3	
濉溪县	733	453	280	56	34	22	3	2	1
铜陵市	**890**	**524**	**366**	**46**	**28**	**18**	**6**	**3**	**3**
铜官区	59	35	24	3	3				
义安区	246	150	96	9	4	5			
郊区	245	158	87	11	9	2	2	2	
枞阳县	340	181	159	23	12	11	4	1	3
安庆市	**3482**	**1775**	**1707**	**135**	**94**	**41**	**18**	**11**	**7**
迎江区	52	37	15	4	3	1			
大观区	96	64	32	6	3	3	1		1
宜秀区	74	38	36	6	3	3			
怀宁县	398	217	181	14	11	3	2	2	
太湖县	415	214	201	11	9	2	2	1	1
宿松县	947	462	485	39	27	12	6	3	3
望江县	435	169	266	12	9	3	2	1	1
岳西县	427	225	202	16	10	6	2	1	1
安徽安庆经济开发区	37	21	16	1		1			
桐城市	271	169	102	17	13	4	2	2	
潜山市	330	159	171	9	6	3	1	1	
黄山市	**1599**	**935**	**664**	**61**	**42**	**19**	**6**	**1**	**5**
屯溪区	87	53	34	4	3	1	1		1
黄山区	259	173	86	17	12	5	1	1	
徽州区	101	64	37	3	3				
歙县	439	243	196	7	6	1	1		1
休宁县	409	223	186	13	7	6	2		2
黟县	142	89	53	10	7	3	1		1
祁门县	162	90	72	7	4	3			
滁州市	**4336**	**2524**	**1812**	**242**	**129**	**113**	**29**	**22**	**7**
琅琊区	46	30	16	3	1	2			
南谯区	1061	580	481	70	31	39	3	2	1
来安县	344	239	105	16	8	8	2	2	
全椒县	445	270	175	21	13	8	2	1	1
定远县	449	228	221	19	12	7	6	4	2
凤阳县	368	197	171	24	11	13	4	4	
苏滁现代产业园									
滁州经济技术开发区	347	256	91	26	18	8			
天长市	460	244	216	26	16	10	7	6	1
明光市	816	480	336	37	19	18	5	3	2

7-6c 续表 11

单位：人

现住地	大学本科			硕士研究生			博士研究生		
	小计	男	女	小计	男	女	小计	男	女
阜阳市	**4898**	**2660**	**2238**	**371**	**211**	**160**	**36**	**20**	**16**
颍州区	713	391	322	54	35	19	6	3	3
颍东区	341	187	154	19	10	9			
颍泉区	450	286	164	37	23	14	4	2	2
临泉县	638	335	303	49	29	20	5	3	2
太和县	484	273	211	34	19	15	4	2	2
阜南县	803	418	385	53	32	21	6	5	1
颍上县	571	316	255	38	19	19	4	1	3
阜阳合肥现代产业园区	366	169	197	48	23	25	3	1	2
阜阳经济技术开发区	265	148	117	9	4	5	2	2	
界首市	267	137	130	30	17	13	2	1	1
宿州市	**2365**	**1232**	**1133**	**128**	**76**	**52**	**24**	**14**	**10**
埇桥区	801	432	369	39	24	15	8	5	3
砀山县	278	144	134	13	9	4	1	1	
萧县	347	182	165	22	15	7	7	4	3
灵璧县	459	214	245	34	20	14	4	2	2
泗县	459	248	211	18	7	11	4	2	2
宿州马鞍山现代产业园区	21	12	9	2	1	1			
宿州经济技术开发区									
六安市	**5096**	**2772**	**2324**	**308**	**176**	**132**	**51**	**41**	**10**
金安区	1067	581	486	85	46	39	14	10	4
裕安区	963	518	445	79	43	36	12	10	2
叶集区	382	181	201	23	15	8	5	3	2
霍邱县	993	549	444	45	27	18	6	5	1
舒城县	616	348	268	36	17	19	2	1	1
金寨县	868	487	381	30	18	12	10	10	
霍山县	207	108	99	10	10		2	2	
亳州市	**2475**	**1382**	**1093**	**150**	**80**	**70**	**16**	**10**	**6**
谯城区	1021	578	443	73	41	32	6	4	2
涡阳县	553	351	202	30	15	15	2	2	
蒙城县	455	227	228	28	14	14	4	2	2
利辛县	446	226	220	19	10	9	4	2	2
池州市	**1345**	**797**	**548**	**84**	**58**	**26**	**4**	**3**	**1**
贵池区	413	256	157	30	19	11	3	2	1
东至县	229	117	112	8	6	2			
石台县	192	110	82	16	13	3	1	1	
青阳县	329	207	122	19	14	5			
池州市国家经济技术开发区									
皖江江南新兴产业集中区									
九华山风景区	182	107	75	11	6	5			
宣城市	**2451**	**1414**	**1037**	**149**	**88**	**61**	**20**	**16**	**4**
宣州区	760	462	298	43	25	18	8	6	2
郎溪县	133	79	54	5	4	1	1	1	
泾县	312	181	131	25	13	12	3	2	1
绩溪县	172	114	58	10	9	1			
旌德县	73	39	34	5	4	1	1		1
宣城市经济开发区	342	189	153	21	10	11	3	3	
宁国市	347	212	135	21	11	10	2	2	
广德市	312	138	174	19	12	7	2	2	

7-7 全省按现住地、受教育程度、性别分的户口登记地在外省的人口

单位：人

现住地	合计			未上过学		
	合计	男	女	小计	男	女
安　徽	**1523533**	**858205**	**665328**	**22022**	**6702**	**15320**
合肥市	**442748**	**260564**	**182184**	**6507**	**1955**	**4552**
瑶海区	56266	31124	25142	1007	309	698
庐阳区	30824	17672	13152	581	160	421
蜀山区	59123	34109	25014	747	206	541
包河区	80471	49359	31112	1195	356	839
长丰县	28589	15752	12837	486	130	356
肥东县	27814	16454	11360	447	142	305
肥西县	41719	25918	15801	602	213	389
庐江县	10960	6376	4584	177	63	114
合肥高新技术产业开发区	18503	11517	6986	246	89	157
合肥经济技术开发区	46128	27370	18758	418	89	329
合肥新站高新技术产业开发区	26888	16666	10222	391	128	263
巢湖市	15463	8247	7216	210	70	140
芜湖市	**155989**	**89952**	**66037**	**2122**	**617**	**1505**
镜湖区	21444	11513	9931	300	85	215
弋江区	23647	12625	11022	248	79	169
鸠江区	30062	18006	12056	529	165	364
三山区	13018	8228	4790	205	63	142
芜湖县	19817	11342	8475	158	46	112
繁昌县	6221	3896	2325	42	16	26
南陵县	7245	3366	3879	102	21	81
芜湖经济技术开发区	26336	17262	9074	349	90	259
安徽芜湖长江大桥经济开发区	366	220	146	3		3
无为市	7833	3494	4339	186	52	134
蚌埠市	**61502**	**30795**	**30707**	**978**	**300**	**678**
龙子湖区	6110	3428	2682	104	33	71
蚌山区	8071	4595	3476	110	34	76
禹会区	6681	3670	3011	117	33	84
淮上区	6457	3440	3017	103	33	70
怀远县	7138	3206	3932	195	72	123
五河县	5797	2802	2995	137	40	97
固镇县	4774	2190	2584	81	20	61
蚌埠市高新技术开发区	2068	1138	930	26	10	16
蚌埠市经济开发区	14406	6326	8080	105	25	80
淮南市	**48121**	**24893**	**23228**	**623**	**197**	**426**
大通区	4870	2638	2232	92	24	68
田家庵区	19864	10389	9475	164	49	115
谢家集区	2989	1557	1432	70	24	46
八公山区	2135	1048	1087	29	10	19
潘集区	4286	2327	1959	57	20	37
凤台县	7277	3631	3646	126	37	89
寿县	6700	3303	3397	85	33	52

7-7　续表 1　　　　单位：人

现住地	合计			未上过学		
	合计	男	女	小计	男	女
马鞍山市	**83637**	**47312**	**36325**	**1503**	**447**	**1056**
花山区	22535	12391	10144	422	116	306
雨山区	21026	12326	8700	378	121	257
博望区	5823	3017	2806	131	44	87
当涂县	14924	8679	6245	220	62	158
含山县	4960	2686	2274	94	31	63
和县	14369	8213	6156	258	73	185
淮北市	**41471**	**21278**	**20193**	**686**	**188**	**498**
杜集区	5903	3392	2511	124	31	93
相山区	16171	8345	7826	288	75	213
烈山区	8215	3339	4876	50	13	37
濉溪县	11182	6202	4980	224	69	155
铜陵市	**22230**	**12005**	**10225**	**438**	**130**	**308**
铜官区	12250	6645	5605	209	64	145
义安区	3931	2123	1808	55	17	38
郊区	2226	1295	931	55	16	39
枞阳县	3823	1942	1881	119	33	86
安庆市	**69600**	**38945**	**30655**	**753**	**276**	**477**
迎江区	7169	3920	3249	99	35	64
大观区	5965	3722	2243	47	13	34
宜秀区	8650	4788	3862	104	45	59
怀宁县	7810	4761	3049	57	23	34
太湖县	4693	2440	2253	50	16	34
宿松县	7907	4118	3789	88	37	51
望江县	4720	2374	2346	68	21	47
岳西县	2833	1220	1613	31	5	26
安徽安庆经济开发区	5758	3541	2217	66	28	38
桐城市	9239	5370	3869	96	38	58
潜山市	4856	2691	2165	47	15	32
黄山市	**47317**	**28316**	**19001**	**688**	**249**	**439**
屯溪区	14264	7433	6831	184	57	127
黄山区	7319	4797	2522	116	49	67
徽州区	3019	1608	1411	58	21	37
歙县	8173	4331	3842	128	32	96
休宁县	4668	2771	1897	79	39	40
黟县	2879	2019	860	61	25	36
祁门县	6995	5357	1638	62	26	36
滁州市	**142689**	**81952**	**60737**	**1426**	**451**	**975**
琅琊区	12830	7541	5289	159	43	116
南谯区	20680	12347	8333	359	121	238
来安县	26426	15499	10927	248	84	164
全椒县	10480	5941	4539	54	16	38
定远县	5625	2747	2878	36	7	29
凤阳县	7714	4017	3697	62	28	34
苏滁现代产业园	6974	4977	1997	21	5	16
滁州经济技术开发区	22367	13258	9109	65	22	43
天长市	22020	11935	10085	317	87	230
明光市	7573	3690	3883	105	38	67

7-7 续表 2

单位：人

现住地	合计			未上过学		
	合计	男	女	小计	男	女
阜阳市	**81866**	**42838**	**39028**	**1368**	**398**	**970**
颍州区	15003	8071	6932	211	76	135
颍东区	8133	5015	3118	149	67	82
颍泉区	7323	4094	3229	70	17	53
临泉县	11848	5774	6074	179	41	138
太和县	8783	4015	4768	152	46	106
阜南县	8257	4150	4107	213	66	147
颍上县	7943	4011	3932	136	36	100
阜阳合肥现代产业园区	761	420	341	9	1	8
阜阳经济技术开发区	2855	1626	1229	41	14	27
界首市	10960	5662	5298	208	34	174
宿州市	**70460**	**34215**	**36245**	**809**	**217**	**592**
埇桥区	25563	12956	12607	306	85	221
砀山县	9892	4533	5359	100	34	66
萧县	12962	5887	7075	140	33	107
灵璧县	9549	4311	5238	129	28	101
泗县	8542	4164	4378	84	22	62
宿州马鞍山现代产业园区	1248	788	460	9	4	5
宿州经济技术开发区	2704	1576	1128	41	11	30
六安市	**62583**	**34348**	**28235**	**608**	**205**	**403**
金安区	13974	7414	6560	136	44	92
裕安区	9923	4765	5158	128	38	90
叶集区	5443	3021	2422	64	22	42
霍邱县	10243	6542	3701	132	41	91
舒城县	11373	6298	5075	62	28	34
金寨县	8549	4611	3938	60	22	38
霍山县	3078	1697	1381	26	10	16
亳州市	**52897**	**28032**	**24865**	**919**	**284**	**635**
谯城区	29261	15845	13416	468	155	313
涡阳县	8098	4445	3653	148	45	103
蒙城县	7833	4082	3751	119	35	84
利辛县	7705	3660	4045	184	49	135
池州市	**32029**	**19067**	**12962**	**488**	**157**	**331**
贵池区	15125	9112	6013	243	81	162
东至县	4737	2492	2245	80	29	51
石台县	1906	1254	652	25	3	22
青阳县	6285	3668	2617	68	22	46
池州市国家经济技术开发区	745	516	229	9	2	7
皖江江南新兴产业集中区	2712	1697	1015	49	17	32
九华山风景区	519	328	191	14	3	11
宣城市	**108394**	**63693**	**44701**	**2106**	**631**	**1475**
宣州区	19530	10644	8886	453	101	352
郎溪县	15293	8712	6581	302	90	212
泾县	7607	4535	3072	112	38	74
绩溪县	3456	1966	1490	53	10	43
旌德县	2566	1544	1022	32	13	19
宣城市经济开发区	10288	6914	3374	65	17	48
宁国市	16081	9368	6713	354	140	214
广德市	33573	20010	13563	735	222	513

7-7 续表 3　　　　　　　　　　　　　　　　　　　　　　单位：人

现住地	学前教育			小　学		
	小计	男	女	小计	男	女
安　徽	**38622**	**20296**	**18326**	**234232**	**116508**	**117724**
合肥市	**10412**	**5563**	**4849**	**58044**	**29439**	**28605**
瑶海区	1805	1003	802	9902	4761	5141
庐阳区	846	428	418	4535	2327	2208
蜀山区	1086	580	506	5119	2488	2631
包河区	1870	1002	868	9226	4809	4417
长丰县	933	518	415	5519	2678	2841
肥东县	851	450	401	5653	3112	2541
肥西县	804	425	379	5753	3155	2598
庐江县	273	137	136	1883	877	1006
合肥高新技术产业开发区	349	186	163	1946	1032	914
合肥经济技术开发区	569	285	284	3217	1505	1712
合肥新站高新技术产业开发区	691	370	321	2866	1480	1386
巢湖市	335	179	156	2425	1215	1210
芜湖市	**3764**	**1990**	**1774**	**23577**	**11400**	**12177**
镜湖区	521	264	257	3069	1445	1624
弋江区	499	248	251	2889	1437	1452
鸠江区	814	436	378	4755	2512	2243
三山区	432	246	186	2328	1180	1148
芜湖县	364	201	163	3429	1615	1814
繁昌县	109	57	52	936	465	471
南陵县	226	107	119	1342	516	826
芜湖经济技术开发区	569	298	271	2970	1392	1578
安徽芜湖长江大桥经济开发区	10	5	5	78	35	43
无为市	220	128	92	1781	803	978
蚌埠市	**1695**	**875**	**820**	**9376**	**4474**	**4902**
龙子湖区	168	80	88	1089	561	528
蚌山区	286	156	130	1402	666	736
禹会区	160	75	85	1057	568	489
淮上区	209	109	100	1200	609	591
怀远县	212	112	100	1443	636	807
五河县	169	89	80	1090	481	609
固镇县	139	61	78	871	394	477
蚌埠市高新技术开发区	97	61	36	339	157	182
蚌埠市经济开发区	255	132	123	885	402	483
淮南市	**1166**	**610**	**556**	**7021**	**3150**	**3871**
大通区	122	67	55	935	434	501
田家庵区	353	184	169	1841	825	1016
谢家集区	97	48	49	578	280	298
八公山区	63	43	20	405	194	211
潘集区	92	50	42	643	279	364
凤台县	220	115	105	1292	530	762
寿县	219	103	116	1327	608	719

7-7 续表 4 单位：人

现住地	学前教育			小学		
	小计	男	女	小计	男	女
马鞍山市	**2191**	**1146**	**1045**	**14319**	**7113**	**7206**
花山区	680	349	331	3610	1823	1787
雨山区	477	258	219	2696	1281	1415
博望区	208	105	103	1263	592	671
当涂县	326	170	156	2692	1338	1354
含山县	111	59	52	1181	596	585
和县	389	205	184	2877	1483	1394
淮北市	**929**	**492**	**437**	**5646**	**2824**	**2822**
杜集区	150	71	79	981	502	479
相山区	430	232	198	2060	987	1073
烈山区	60	32	28	657	337	320
濉溪县	289	157	132	1948	998	950
铜陵市	**612**	**331**	**281**	**3911**	**1921**	**1990**
铜官区	327	175	152	1839	904	935
义安区	99	56	43	712	321	391
郊区	60	32	28	461	252	209
枞阳县	126	68	58	899	444	455
安庆市	**1883**	**983**	**900**	**11926**	**6299**	**5627**
迎江区	221	127	94	1150	582	568
大观区	108	59	49	796	415	381
宜秀区	211	101	110	1424	836	588
怀宁县	163	82	81	1189	619	570
太湖县	144	80	64	844	359	485
宿松县	251	128	123	1400	733	667
望江县	165	80	85	953	470	483
岳西县	95	53	42	534	237	297
安徽安庆经济开发区	164	88	76	1018	562	456
桐城市	232	114	118	1655	940	715
潜山市	129	71	58	963	546	417
黄山市	**1117**	**567**	**550**	**7528**	**4145**	**3383**
屯溪区	409	222	187	1895	891	1004
黄山区	113	44	69	1383	887	496
徽州区	108	59	49	432	217	215
歙县	258	124	134	1474	675	799
休宁县	122	65	57	826	390	436
黟县	40	21	19	386	233	153
祁门县	67	32	35	1132	852	280
滁州市	**3404**	**1782**	**1622**	**18716**	**9322**	**9394**
琅琊区	341	181	160	2156	1109	1047
南谯区	499	243	256	3299	1892	1407
来安县	737	398	339	3501	1731	1770
全椒县	282	149	133	1382	696	686
定远县	163	86	77	804	327	477
凤阳县	209	117	92	903	439	464
苏滁现代产业园	89	48	41	626	391	235
滁州经济技术开发区	252	139	113	1465	680	785
天长市	626	319	307	3513	1593	1920
明光市	206	102	104	1067	464	603

7-7　续表 5　　　　单位：人

现住地	学前教育			小学		
	小计	男	女	小计	男	女
阜阳市	**2435**	**1268**	**1167**	**14917**	**7158**	**7759**
颍州区	397	218	179	2229	1141	1088
颍东区	204	104	100	1420	766	654
颍泉区	256	135	121	1161	550	611
临泉县	403	188	215	2638	1205	1433
太和县	280	148	132	1634	708	926
阜南县	233	122	111	1749	828	921
颍上县	218	117	101	1491	733	758
阜阳合肥现代产业园区	18	8	10	114	55	59
阜阳经济技术开发区	92	53	39	494	272	222
界首市	334	175	159	1987	900	1087
宿州市	**2307**	**1156**	**1151**	**10702**	**4820**	**5882**
埇桥区	802	397	405	3635	1712	1923
砀山县	338	161	177	1382	572	810
萧县	453	239	214	1731	812	919
灵璧县	331	164	167	1608	669	939
泗县	279	147	132	1759	753	1006
宿州马鞍山现代产业园区	26	11	15	113	57	56
宿州经济技术开发区	78	37	41	474	245	229
六安市	**1727**	**864**	**863**	**10099**	**4791**	**5308**
金安区	428	215	213	2326	1103	1223
裕安区	343	162	181	1692	771	921
叶集区	162	84	78	1094	557	537
霍邱县	266	132	134	1681	792	889
舒城县	225	105	120	1378	620	758
金寨县	204	114	90	1422	710	712
霍山县	99	52	47	506	238	268
亳州市	**1727**	**891**	**836**	**9989**	**4879**	**5110**
谯城区	1068	560	508	5550	2818	2732
涡阳县	198	102	96	1470	705	765
蒙城县	239	115	124	1406	647	759
利辛县	222	114	108	1563	709	854
池州市	**748**	**393**	**355**	**5543**	**3005**	**2538**
贵池区	358	174	184	2331	1312	1019
东至县	143	75	68	901	425	476
石台县	38	19	19	417	279	138
青阳县	149	87	62	1190	619	571
池州市国家经济技术开发区	20	14	6	92	58	34
皖江江南新兴产业集中区	33	19	14	538	276	262
九华山风景区	7	5	2	74	36	38
宣城市	**2505**	**1385**	**1120**	**22918**	**11768**	**11150**
宣州区	510	290	220	4148	2006	2142
郎溪县	368	202	166	3575	1726	1849
泾县	205	110	95	1800	1058	742
绩溪县	104	63	41	487	217	270
旌德县	71	44	27	558	343	215
宣城市经济开发区	138	76	62	792	408	384
宁国市	433	211	222	3917	2079	1838
广德市	676	389	287	7641	3931	3710

7－7 续表 6

单位：人

现住地	初中			高中			大学专科		
	小计	男	女	小计	男	女	小计	男	女
安　徽	**557411**	**318188**	**239223**	**278708**	**166345**	**112363**	**168385**	**97898**	**70487**
合肥市	**133839**	**80845**	**52994**	**75912**	**46762**	**29150**	**58467**	**34716**	**23751**
瑶海区	22044	12582	9462	10490	6096	4394	6688	3799	2889
庐阳区	10149	6104	4045	5683	3319	2364	4544	2615	1929
蜀山区	12074	7229	4845	8602	5158	3444	8543	4912	3631
包河区	20455	12782	7673	12127	7332	4795	10809	6360	4449
长丰县	11732	6830	4902	4999	2828	2171	3361	1813	1548
肥东县	12135	7492	4643	5101	3051	2050	2268	1350	918
肥西县	14580	9321	5259	9094	6035	3059	5937	3735	2202
庐江县	4864	2832	2032	1993	1301	692	951	568	383
合肥高新技术产业开发区	4438	2867	1571	2802	1844	958	2872	1813	1059
合肥经济技术开发区	8465	5085	3380	6681	4580	2101	5639	3472	2167
合肥新站高新技术产业开发区	7544	4716	2828	5820	3797	2023	5350	3494	1856
巢湖市	5359	3005	2354	2520	1421	1099	1505	785	720
芜湖市	**54955**	**31941**	**23014**	**30629**	**19638**	**10991**	**18507**	**11570**	**6937**
镜湖区	6790	3846	2944	4328	2457	1871	2626	1453	1173
弋江区	5600	3310	2290	3882	2381	1501	4039	2259	1780
鸠江区	9816	5982	3834	4976	3176	1800	3404	2199	1205
三山区	5333	3454	1879	2394	1681	713	1325	910	415
芜湖县	8470	4792	3678	4651	2857	1794	1471	942	529
繁昌县	3086	1960	1126	1159	788	371	472	321	151
南陵县	2973	1271	1702	1519	843	676	635	334	301
芜湖经济技术开发区	9322	5841	3481	6424	4832	1592	3958	2845	1113
安徽芜湖长江大桥经济开发区	132	79	53	64	45	19	38	27	11
无为市	3433	1406	2027	1232	578	654	539	280	259
蚌埠市	**21343**	**11079**	**10264**	**9309**	**4985**	**4324**	**5772**	**3267**	**2505**
龙子湖区	2406	1381	1025	1057	594	463	672	421	251
蚌山区	3416	2055	1361	1415	844	571	774	449	325
禹会区	2412	1396	1016	1251	712	539	716	395	321
淮上区	2657	1421	1236	1218	672	546	628	347	281
怀远县	3401	1427	1974	1003	497	506	509	271	238
五河县	2598	1243	1355	897	440	457	562	312	250
固镇县	2249	986	1263	835	391	444	383	204	179
蚌埠市高新技术开发区	625	321	304	345	197	148	304	172	132
蚌埠市经济开发区	1579	849	730	1288	638	650	1224	696	528
淮南市	**17176**	**8438**	**8738**	**6756**	**3651**	**3105**	**5073**	**2623**	**2450**
大通区	2080	1126	954	774	450	324	453	291	162
田家庵区	4057	2032	2025	2336	1173	1163	2649	1141	1508
谢家集区	1379	720	659	513	276	237	192	108	84
八公山区	933	434	499	384	189	195	167	80	87
潘集区	1746	761	985	664	422	242	642	455	187
凤台县	3648	1764	1884	1126	648	478	473	264	209
寿县	3333	1601	1732	959	493	466	497	284	213

7-7 续表 7 单位：人

现住地	初中			高中			大学专科		
	小计	男	女	小计	男	女	小计	男	女
马鞍山市	**30881**	**17905**	**12976**	**13946**	**8119**	**5827**	**7939**	**4622**	**3317**
花山区	7555	4270	3285	4311	2397	1914	2533	1390	1143
雨山区	5769	3432	2337	3352	2021	1331	2204	1264	940
博望区	2856	1519	1337	812	455	357	354	196	158
当涂县	6808	4043	2765	2456	1512	944	1117	733	384
含山县	2231	1242	989	776	430	346	307	173	134
和县	5662	3399	2263	2239	1304	935	1424	866	558
淮北市	**15474**	**8941**	**6533**	**6479**	**3665**	**2814**	**5032**	**2255**	**2777**
杜集区	2832	1680	1152	1078	668	410	452	260	192
相山区	5212	3018	2194	3019	1584	1435	1651	864	787
烈山区	1783	1133	650	679	396	283	2154	678	1476
濉溪县	5647	3110	2537	1703	1017	686	775	453	322
铜陵市	**8226**	**4483**	**3743**	**4262**	**2375**	**1887**	**2313**	**1330**	**983**
铜官区	3964	2224	1740	2552	1376	1176	1513	859	654
义安区	1770	976	794	690	390	300	324	191	133
郊区	876	506	370	441	284	157	205	128	77
枞阳县	1616	777	839	579	325	254	271	152	119
安庆市	**28511**	**16213**	**12298**	**13275**	**7752**	**5523**	**7191**	**3937**	**3254**
迎江区	2372	1339	1033	1403	774	629	1016	535	481
大观区	2113	1369	744	1476	1003	473	687	434	253
宜秀区	3103	1871	1232	1379	819	560	1019	520	499
怀宁县	3445	2126	1319	1849	1216	633	663	392	271
太湖县	2056	1073	983	809	444	365	481	260	221
宿松县	3399	1767	1632	1588	824	764	708	349	359
望江县	2205	1069	1136	777	446	331	340	164	176
岳西县	1363	562	801	468	186	282	190	87	103
安徽安庆经济开发区	2099	1344	755	1104	656	448	766	479	287
桐城市	4145	2482	1663	1676	963	713	860	463	397
潜山市	2211	1211	1000	746	421	325	461	254	207
黄山市	**20980**	**13076**	**7904**	**8193**	**5012**	**3181**	**4450**	**2665**	**1785**
屯溪区	4538	2399	2139	2861	1566	1295	1941	1055	886
黄山区	3425	2284	1141	1120	746	374	643	410	233
徽州区	1322	659	663	554	309	245	306	181	125
歙县	3945	2092	1853	1345	765	580	579	348	231
休宁县	2311	1462	849	722	428	294	342	206	136
黟县	1473	1088	385	393	272	121	286	208	78
祁门县	3966	3092	874	1198	926	272	353	257	96
滁州市	**51821**	**30133**	**21688**	**37188**	**22349**	**14839**	**17729**	**10472**	**7257**
琅琊区	4903	3061	1842	2415	1455	960	1459	883	576
南谯区	7906	5160	2746	3520	2033	1487	2989	1645	1344
来安县	9840	6004	3836	6936	4181	2755	3176	1868	1308
全椒县	3621	2031	1590	2554	1511	1043	1656	950	706
定远县	1937	835	1102	1409	727	682	766	443	323
凤阳县	2561	1318	1243	2078	1008	1070	974	517	457
苏滁现代产业园	2554	1754	800	2351	1761	590	887	681	206
滁州经济技术开发区	7777	4268	3509	8046	5321	2725	2766	1773	993
天长市	7854	4400	3454	5778	3298	2480	2293	1282	1011
明光市	2868	1302	1566	2101	1054	1047	763	430	333

7－7 续表 8

单位：人

现住地	初中			高中			大学专科		
	小计	男	女	小计	男	女	小计	男	女
阜阳市	**37381**	**19654**	**17727**	**12576**	**7154**	**5422**	**6578**	**3751**	**2827**
颍州区	5234	3075	2159	2181	1273	908	1690	979	711
颍东区	3826	2441	1385	1232	770	462	798	536	262
颍泉区	3421	1939	1482	1361	822	539	594	344	250
临泉县	5727	2771	2956	1760	930	830	637	321	316
太和县	4215	1817	2398	1276	638	638	689	365	324
阜南县	4068	2033	2035	1119	609	510	513	275	238
颍上县	3985	1930	2055	1138	639	499	536	300	236
阜阳合肥现代产业园区	440	242	198	83	54	29	53	31	22
阜阳经济技术开发区	1201	670	531	521	312	209	299	172	127
界首市	5264	2736	2528	1905	1107	798	769	428	341
宿州市	**27978**	**13465**	**14513**	**15719**	**7858**	**7861**	**7476**	**3649**	**3827**
埇桥区	10056	5002	5054	4739	2514	2225	3047	1558	1489
砀山县	3209	1480	1729	3185	1464	1721	1105	531	574
萧县	5736	2426	3310	3014	1452	1562	1130	521	609
灵璧县	3813	1821	1992	2109	933	1176	1098	450	648
泗县	3580	1779	1801	1624	824	800	739	364	375
宿州马鞍山现代产业园区	422	263	159	536	352	184	94	65	29
宿州经济技术开发区	1162	694	468	512	319	193	263	160	103
六安市	**25440**	**13667**	**11773**	**13650**	**8110**	**5540**	**6512**	**3942**	**2570**
金安区	5370	2840	2530	2611	1428	1183	1957	1094	863
裕安区	3488	1662	1826	1864	901	963	1022	518	504
叶集区	2405	1270	1135	1298	843	455	263	151	112
霍邱县	4489	2921	1568	1830	1357	473	1170	818	352
舒城县	4768	2375	2393	3436	2130	1306	1067	751	316
金寨县	3705	1920	1785	1891	1047	844	721	432	289
霍山县	1215	679	536	720	404	316	312	178	134
亳州市	**24352**	**12951**	**11401**	**8296**	**4672**	**3624**	**4209**	**2421**	**1788**
谯城区	13030	7213	5817	4612	2609	2003	2340	1301	1039
涡阳县	3816	2068	1748	1324	811	513	761	474	287
蒙城县	3672	1902	1770	1334	749	585	624	376	248
利辛县	3834	1768	2066	1026	503	523	484	270	214
池州市	**13371**	**8181**	**5190**	**5845**	**3687**	**2158**	**3073**	**1855**	**1218**
贵池区	5669	3576	2093	2838	1851	987	1659	955	704
东至县	1955	979	976	871	495	376	454	263	191
石台县	871	595	276	281	171	110	158	98	60
青阳县	2914	1778	1136	1167	680	487	467	279	188
池州市国家经济技术开发区	312	215	97	141	93	48	117	94	23
皖江江南新兴产业集中区	1486	927	559	419	308	111	145	116	29
九华山风景区	164	111	53	128	89	39	73	50	23
宣城市	**45683**	**27216**	**18467**	**16673**	**10556**	**6117**	**8064**	**4823**	**3241**
宣州区	7855	4425	3430	3129	1839	1290	2109	1113	996
郎溪县	7289	4270	3019	2302	1525	777	908	562	346
泾县	3316	2072	1244	1160	643	517	601	343	258
绩溪县	1530	862	668	568	368	200	341	195	146
旌德县	1114	668	446	429	265	164	215	116	99
宣城市经济开发区	1933	1189	744	1000	637	363	660	421	239
宁国市	6949	4180	2769	2476	1513	963	1163	720	443
广德市	15697	9550	6147	5609	3766	1843	2067	1353	714

7-7　续表 9　　　　　　　　　　　　　　　　　　　　单位：人

现住地	大学本科			硕士研究生			博士研究生		
	小计	男	女	小计	男	女	小计	男	女
安　徽	**193314**	**114435**	**78879**	**26173**	**14561**	**11612**	**4666**	**3272**	**1394**
合肥市	**80852**	**49896**	**30956**	**15108**	**8867**	**6241**	**3607**	**2521**	**1086**
瑶海区	3908	2323	1585	390	230	160	32	21	11
庐阳区	3899	2377	1522	520	293	227	67	49	18
蜀山区	16404	9682	6722	4959	2785	2174	1589	1069	520
包河区	19082	13017	6065	4207	2624	1583	1500	1077	423
长丰县	1459	903	556	93	47	46	7	5	2
肥东县	1261	803	458	90	47	43	8	7	1
肥西县	4421	2707	1714	472	285	187	56	42	14
庐江县	761	557	204	48	33	15	10	8	2
合肥高新技术产业开发区	4568	2772	1796	1179	830	349	103	84	19
合肥经济技术开发区	18548	10989	7559	2410	1247	1163	181	118	63
合肥新站高新技术产业开发区	3557	2262	1295	626	385	241	43	34	9
巢湖市	2984	1504	1480	114	61	53	11	7	4
芜湖市	**19365**	**11293**	**8072**	**2824**	**1329**	**1495**	**246**	**174**	**72**
镜湖区	3104	1632	1472	629	280	349	77	51	26
弋江区	5202	2402	2800	1204	457	747	84	52	32
鸠江区	5204	3214	1990	516	282	234	48	40	8
三山区	897	626	271	97	61	36	7	7	
芜湖县	1196	834	362	71	50	21	7	5	2
繁昌县	370	253	117	40	29	11	7	7	
南陵县	420	258	162	24	14	10	4	2	2
芜湖经济技术开发区	2529	1819	710	205	136	69	10	9	1
安徽芜湖长江大桥经济开发区	38	26	12	3	3				
无为市	405	229	176	35	17	18	2	1	1
蚌埠市	**11736**	**5179**	**6557**	**1191**	**569**	**622**	**102**	**67**	**35**
龙子湖区	508	296	212	92	51	41	14	11	3
蚌山区	587	349	238	70	33	37	11	9	2
禹会区	895	446	449	65	38	27	8	7	1
淮上区	405	227	178	36	21	15	1	1	
怀远县	343	175	168	27	15	12	5	1	4
五河县	316	183	133	21	11	10	7	3	4
固镇县	201	125	76	12	7	5	3	2	1
蚌埠市高新技术开发区	297	195	102	32	23	9	3	2	1
蚌埠市经济开发区	8184	3183	5001	836	370	466	50	31	19
淮南市	**9320**	**5573**	**3747**	**879**	**565**	**314**	**107**	**86**	**21**
大通区	377	220	157	37	26	11			
田家庵区	7610	4423	3187	757	485	272	97	77	20
谢家集区	153	98	55	6	2	4	1	1	
八公山区	139	88	51	14	10	4	1		1
潘集区	416	320	96	23	17	6	3	3	
凤台县	366	252	114	23	18	5	3	3	
寿县	259	172	87	19	7	12	2	2	

7-7 续表 10 单位：人

现住地	大学本科			硕士研究生			博士研究生		
	小计	男	女	小计	男	女	小计	男	女
马鞍山市	**11450**	**7101**	**4349**	**1301**	**777**	**524**	**107**	**82**	**25**
花山区	2836	1684	1152	532	321	211	56	41	15
雨山区	5503	3565	1938	608	353	255	39	31	8
博望区	192	101	91	6	5	1	1		1
当涂县	1243	781	462	59	37	22	3	3	
含山县	234	141	93	23	12	11	3	2	1
和县	1442	829	613	73	49	24	5	5	
淮北市	**6382**	**2647**	**3735**	**811**	**244**	**567**	**32**	**22**	**10**
杜集区	264	169	95	19	9	10	3	2	1
相山区	3149	1420	1729	336	147	189	26	18	8
烈山区	2403	675	1728	428	74	354	1	1	
濉溪县	566	383	183	28	14	14	2	1	1
铜陵市	**2247**	**1309**	**938**	**208**	**116**	**92**	**13**	**10**	**3**
铜官区	1670	941	729	165	93	72	11	9	2
义安区	255	161	94	25	10	15	1	1	
郊区	118	72	46	9	5	4	1		1
枞阳县	204	135	69	9	8	1			
安庆市	**5462**	**3168**	**2294**	**544**	**278**	**266**	**55**	**39**	**16**
迎江区	815	485	330	80	35	45	13	8	5
大观区	624	366	258	105	58	47	9	5	4
宜秀区	1236	529	707	164	59	105	10	8	2
怀宁县	428	296	132	15	7	8	1		1
太湖县	290	196	94	16	10	6	3	2	1
宿松县	444	262	182	28	18	10	1		1
望江县	198	112	86	13	11	2	1	1	
岳西县	140	80	60	11	9	2	1	1	
安徽安庆经济开发区	503	358	145	33	22	11	5	4	1
桐城市	517	332	185	50	31	19	8	7	1
潜山市	267	152	115	29	18	11	3	3	
黄山市	**3990**	**2399**	**1591**	**326**	**167**	**159**	**45**	**36**	**9**
屯溪区	2203	1122	1081	201	97	104	32	24	8
黄山区	478	352	126	38	22	16	3	3	
徽州区	222	150	72	16	11	5	1	1	
歙县	411	277	134	31	16	15	2	2	
休宁县	247	168	79	14	8	6	5	5	
黟县	221	161	60	18	11	7	1		1
祁门县	208	169	39	8	2	6	1	1	
滁州市	**11306**	**6818**	**4488**	**977**	**540**	**437**	**122**	**85**	**37**
琅琊区	1248	717	531	125	76	49	24	16	8
南谯区	1826	1082	744	252	147	105	30	24	6
来安县	1872	1171	701	102	53	49	14	9	5
全椒县	875	555	320	45	27	18	11	6	5
定远县	477	303	174	32	19	13	1		1
凤阳县	837	543	294	77	39	38	13	8	5
苏滁现代产业园	407	308	99	38	28	10	1	1	
滁州经济技术开发区	1799	965	834	179	78	101	18	12	6
天长市	1532	898	634	98	50	48	9	8	1
明光市	433	276	157	29	23	6	1	1	

7-7 续表 11　　单位：人

现住地	大学本科			硕士研究生			博士研究生		
	小计	男	女	小计	男	女	小计	男	女
阜阳市	**6016**	**3144**	**2872**	**535**	**267**	**268**	**60**	**44**	**16**
颍州区	2742	1149	1593	290	136	154	29	24	5
颍东区	483	321	162	20	9	11	1	1	
颍泉区	419	269	150	35	15	20	6	3	3
临泉县	478	305	173	23	11	12	3	2	1
太和县	486	260	226	41	25	16	10	8	2
阜南县	340	200	140	21	16	5	1	1	
颍上县	412	240	172	25	14	11	2	2	
阜阳合肥现代产业园区	41	27	14	3	2	1			
阜阳经济技术开发区	186	118	68	19	14	5	2	1	1
界首市	429	255	174	58	25	33	6	2	4
宿州市	**5063**	**2844**	**2219**	**366**	**183**	**183**	**40**	**23**	**17**
埇桥区	2725	1569	1156	229	104	125	24	15	9
砀山县	544	272	272	28	19	9	1		1
萧县	710	377	333	39	23	16	9	4	5
灵璧县	428	229	199	29	14	15	4	3	1
泗县	451	259	192	24	15	9	2	1	1
宿州马鞍山现代产业园区	41	32	9	7	4	3			
宿州经济技术开发区	164	106	58	10	4	6			
六安市	**4236**	**2564**	**1672**	**272**	**181**	**91**	**39**	**24**	**15**
金安区	1020	605	415	113	76	37	13	9	4
裕安区	1322	673	649	55	35	20	9	5	4
叶集区	149	88	61	7	5	2	1	1	
霍邱县	648	465	183	24	15	9	3	1	2
舒城县	399	260	139	32	26	6	6	3	3
金寨县	507	341	166	33	21	12	6	4	2
霍山县	191	132	59	8	3	5	1	1	
亳州市	**3122**	**1782**	**1340**	**260**	**137**	**123**	**23**	**15**	**8**
谯城区	1999	1088	911	182	92	90	12	9	3
涡阳县	340	218	122	34	19	15	7	3	4
蒙城县	412	242	170	25	15	10	2	1	1
利辛县	371	234	137	19	11	8	2	2	
池州市	**2770**	**1678**	**1092**	**174**	**104**	**70**	**17**	**7**	**10**
贵池区	1899	1089	810	119	71	48	9	3	6
东至县	309	210	99	21	14	7	3	2	1
石台县	109	83	26	6	5	1	1	1	
青阳县	309	195	114	18	7	11	3	1	2
池州市国家经济技术开发区	48	37	11	5	3	2	1		1
皖江江南新兴产业集中区	40	32	8	2	2				
九华山风景区	56	32	24	3	2	1			
宣城市	**9997**	**7040**	**2957**	**397**	**237**	**160**	**51**	**37**	**14**
宣州区	1210	798	412	100	61	39	16	11	5
郎溪县	510	316	194	37	19	18	2	2	
泾县	383	254	129	25	13	12	5	4	1
绩溪县	349	234	115	23	16	7	1	1	
旌德县	137	87	50	9	7	2	1	1	
宣城市经济开发区	5626	4124	1502	64	36	28	10	6	4
宁国市	720	489	231	62	31	31	7	5	2
广德市	1062	738	324	77	54	23	9	7	2

7-7a 全省按现住地、受教育程度、性别分的户口登记地在外省的人口(城市)

单位：人

现住地	合计			未上过学		
	合计	男	女	小计	男	女
安　徽	**681000**	**382899**	**298101**	**9882**	**3017**	**6865**
合肥市	**235642**	**136261**	**99381**	**3598**	**1057**	**2541**
瑶海区	53377	29519	23858	949	294	655
庐阳区	27825	15945	11880	508	146	362
蜀山区	57003	32383	24620	727	195	532
包河区	79916	48953	30963	1187	353	834
长丰县						
肥东县						
肥西县	4847	3031	1816	62	21	41
庐江县						
合肥高新技术产业开发区						
合肥经济技术开发区						
合肥新站高新技术产业开发区	3042	1621	1421	56	14	42
巢湖市	9632	4809	4823	109	34	75
芜湖市	**84324**	**47705**	**36619**	**1266**	**411**	**855**
镜湖区	20975	11269	9706	282	81	201
弋江区	23647	12625	11022	248	79	169
鸠江区	26388	15539	10849	486	154	332
三山区	9969	6662	3307	158	55	103
芜湖县	211	108	103	7	4	3
繁昌县						
南陵县						
芜湖经济技术开发区	24	11	13			
安徽芜湖长江大桥经济开发区						
无为市	3110	1491	1619	85	38	47
蚌埠市	**23479**	**12930**	**10549**	**370**	**114**	**256**
龙子湖区	5383	2951	2432	92	30	62
蚌山区	7561	4267	3294	106	32	74
禹会区	5502	2957	2545	95	26	69
淮上区	5033	2755	2278	77	26	51
怀远县						
五河县						
固镇县						
蚌埠市高新技术开发区						
蚌埠市经济开发区						
淮南市	**26498**	**13738**	**12760**	**289**	**91**	**198**
大通区	1269	630	639	29	7	22
田家庵区	19608	10280	9328	161	48	113
谢家集区	2603	1390	1213	59	22	37
八公山区	2013	983	1030	28	10	18
潘集区	1005	455	550	12	4	8
凤台县						
寿县						

7-7a　续表 1　　　　单位：人

现 住 地	合计			未上过学		
	合计	男	女	小计	男	女
马鞍山市	**46614**	**26234**	**20380**	**825**	**243**	**582**
花山区	21991	12048	9943	382	104	278
雨山区	20707	12108	8599	366	118	248
博望区	3916	2078	1838	77	21	56
当涂县						
含山县						
和县						
淮北市	**24143**	**12108**	**12035**	**398**	**102**	**296**
杜集区	3475	2029	1446	84	23	61
相山区	15016	7639	7377	258	60	198
烈山区	4641	1735	2906	38	9	29
濉溪县	1011	705	306	18	10	8
铜陵市	**15124**	**8199**	**6925**	**253**	**78**	**175**
铜官区	12077	6526	5551	208	63	145
义安区	1719	833	886	27	8	19
郊区	1328	840	488	18	7	11
枞阳县						
安庆市	**30461**	**16967**	**13494**	**322**	**119**	**203**
迎江区	6968	3792	3176	98	35	63
大观区	4966	2966	2000	36	10	26
宜秀区	7813	4313	3500	90	40	50
怀宁县						
太湖县						
宿松县						
望江县	1655	763	892	16	5	11
岳西县						
安徽安庆经济开发区	106	82	24	4	2	2
桐城市	6606	3852	2754	57	20	37
潜山市	2347	1199	1148	21	7	14
黄山市	**17896**	**9404**	**8492**	**280**	**99**	**181**
屯溪区	12625	6586	6039	175	54	121
黄山区	2644	1387	1257	63	29	34
徽州区	2446	1335	1111	40	15	25
歙县	69	37	32	1	1	
休宁县	112	59	53	1		1
黟县						
祁门县						
滁州市	**37711**	**21362**	**16349**	**460**	**140**	**320**
琅琊区	12107	7055	5052	148	42	106
南谯区	10970	6519	4451	153	52	101
来安县						
全椒县						
定远县						
凤阳县						
苏滁现代产业园						
滁州经济技术开发区						
天长市	10069	5580	4489	121	33	88
明光市	4565	2208	2357	38	13	25

7-7a 续表 2

单位：人

现住地	合计			未上过学		
	合计	男	女	小计	男	女
阜阳市	**27963**	**15691**	**12272**	**374**	**114**	**260**
颍州区	11502	6213	5289	139	55	84
颍东区	4711	2993	1718	84	36	48
颍泉区	5025	2952	2073	39	8	31
临泉县						
太和县						
阜南县						
颍上县						
阜阳合肥现代产业园区						
阜阳经济技术开发区						
界首市	6725	3533	3192	112	15	97
宿州市	**15784**	**8588**	**7196**	**213**	**61**	**152**
埇桥区	15561	8439	7122	213	61	152
砀山县						
萧县	223	149	74			
灵璧县						
泗县						
宿州马鞍山现代产业园区						
宿州经济技术开发区						
六安市	**18069**	**9427**	**8642**	**157**	**56**	**101**
金安区	8033	4205	3828	64	27	37
裕安区	6368	3110	3258	60	16	44
叶集区	3613	2089	1524	33	13	20
霍邱县	26	8	18			
舒城县	29	15	14			
金寨县						
霍山县						
亳州市	**22186**	**12320**	**9866**	**318**	**98**	**220**
谯城区	21912	12190	9722	317	98	219
涡阳县						
蒙城县						
利辛县	274	130	144	1		1
池州市	**14104**	**8234**	**5870**	**191**	**52**	**139**
贵池区	10647	6021	4626	133	33	100
东至县						
石台县						
青阳县						
池州市国家经济技术开发区	745	516	229	9	2	7
皖江江南新兴产业集中区	2712	1697	1015	49	17	32
九华山风景区						
宣城市	**41002**	**23731**	**17271**	**568**	**182**	**386**
宣州区	8330	4305	4025	99	29	70
郎溪县						
泾县						
绩溪县						
旌德县						
宣城市经济开发区						
宁国市	10530	5886	4644	181	66	115
广德市	22142	13540	8602	288	87	201

7-7a 续表 3

单位：人

现住地	学前教育			小学		
	小计	男	女	小计	男	女
安 徽	**18032**	**9502**	**8530**	**97839**	**49014**	**48825**
合肥市	**5827**	**3128**	**2699**	**29861**	**14804**	**15057**
瑶海区	1725	958	767	9415	4505	4910
庐阳区	769	386	383	4104	2113	1991
蜀山区	1055	562	493	4842	2304	2538
包河区	1865	998	867	9147	4765	4382
长丰县						
肥东县						
肥西县	74	39	35	587	281	306
庐江县						
合肥高新技术产业开发区						
合肥经济技术开发区						
合肥新站高新技术产业开发区	116	59	57	375	164	211
巢湖市	223	126	97	1391	672	719
芜湖市	**2139**	**1114**	**1025**	**12322**	**6222**	**6100**
镜湖区	515	261	254	2956	1398	1558
弋江区	499	248	251	2889	1437	1452
鸠江区	751	401	350	4038	2102	1936
三山区	293	159	134	1711	903	808
芜湖县	4	2	2	49	22	27
繁昌县						
南陵县						
芜湖经济技术开发区				10	3	7
安徽芜湖长江大桥经济开发区						
无为市	77	43	34	669	357	312
蚌埠市	**739**	**375**	**364**	**4006**	**2003**	**2003**
龙子湖区	152	72	80	962	479	483
蚌山区	274	149	125	1293	600	693
禹会区	135	63	72	851	453	398
淮上区	178	91	87	900	471	429
怀远县						
五河县						
固镇县						
蚌埠市高新技术开发区						
蚌埠市经济开发区						
淮南市	**576**	**305**	**271**	**3076**	**1428**	**1648**
大通区	38	17	21	235	106	129
田家庵区	347	182	165	1784	800	984
谢家集区	85	41	44	493	255	238
八公山区	60	40	20	385	185	200
潘集区	46	25	21	179	82	97
凤台县						
寿县						

7－7a　续表 4　　　　单位：人

现住地	学前教育			小学		
	小计	男	女	小计	男	女
马鞍山市	**1297**	**676**	**621**	**6961**	**3417**	**3544**
花山区	675	348	327	3494	1756	1738
雨山区	474	255	219	2619	1238	1381
博望区	148	73	75	848	423	425
当涂县						
含山县						
和县						
淮北市	**539**	**293**	**246**	**3027**	**1496**	**1531**
杜集区	95	48	47	626	322	304
相山区	407	222	185	1910	909	1001
烈山区	29	18	11	336	175	161
濉溪县	8	5	3	155	90	65
铜陵市	**405**	**213**	**192**	**2341**	**1174**	**1167**
铜官区	327	175	152	1794	871	923
义安区	51	26	25	320	153	167
郊区	27	12	15	227	150	77
枞阳县						
安庆市	**805**	**417**	**388**	**4804**	**2573**	**2231**
迎江区	217	127	90	1106	556	550
大观区	104	58	46	629	299	330
宜秀区	194	92	102	1240	732	508
怀宁县						
太湖县						
宿松县						
望江县	57	25	32	308	140	168
岳西县						
安徽安庆经济开发区				21	11	10
桐城市	171	81	90	1139	668	471
潜山市	62	34	28	361	167	194
黄山市	**561**	**295**	**266**	**2596**	**1260**	**1336**
屯溪区	389	212	177	1789	845	944
黄山区	69	28	41	452	226	226
徽州区	89	48	41	327	176	151
歙县	6	3	3	9	5	4
休宁县	8	4	4	19	8	11
黟县						
祁门县						
滁州市	**1076**	**551**	**525**	**5799**	**2906**	**2893**
琅琊区	329	178	151	1970	983	987
南谯区	285	139	146	1668	969	699
来安县						
全椒县						
定远县						
凤阳县						
苏滁现代产业园						
滁州经济技术开发区						
天长市	324	164	160	1610	717	893
明光市	138	70	68	551	237	314

7-7a 续表 5

单位：人

现住地	学前教育			小学		
	小计	男	女	小计	男	女
阜阳市	**816**	**438**	**378**	**4286**	**2220**	**2066**
颍州区	283	156	127	1493	789	704
颍东区	121	63	58	780	464	316
颍泉区	188	102	86	761	390	371
临泉县						
太和县						
阜南县						
颍上县						
阜阳合肥现代产业园区						
阜阳经济技术开发区						
界首市	224	117	107	1252	577	675
宿州市	**504**	**261**	**243**	**2176**	**1098**	**1078**
埇桥区	494	254	240	2146	1078	1068
砀山县						
萧县	10	7	3	30	20	10
灵璧县						
泗县						
宿州马鞍山现代产业园区						
宿州经济技术开发区						
六安市	**598**	**298**	**300**	**2806**	**1351**	**1455**
金安区	265	128	137	1192	534	658
裕安区	213	108	105	918	447	471
叶集区	119	61	58	674	363	311
霍邱县				12	3	9
舒城县	1	1		10	4	6
金寨县						
霍山县						
亳州市	**842**	**433**	**409**	**4203**	**2202**	**2001**
谯城区	842	433	409	4143	2188	1955
涡阳县						
蒙城县						
利辛县				60	14	46
池州市	**321**	**161**	**160**	**2043**	**1052**	**991**
贵池区	268	128	140	1413	718	695
东至县						
石台县						
青阳县						
池州市国家经济技术开发区	20	14	6	92	58	34
皖江江南新兴产业集中区	33	19	14	538	276	262
九华山风景区						
宣城市	**987**	**544**	**443**	**7532**	**3808**	**3724**
宣州区	253	145	108	1378	653	725
郎溪县						
泾县						
绩溪县						
旌德县						
宣城市经济开发区						
宁国市	316	153	163	2184	1095	1089
广德市	418	246	172	3970	2060	1910

7－7a 续表 6 单位：人

现住地	初中			高中			大学专科		
	小计	男	女	小计	男	女	小计	男	女
安 徽	**221402**	**128563**	**92839**	**120361**	**70121**	**50240**	**83340**	**47140**	**36200**
合肥市	**67225**	**39803**	**27422**	**38771**	**22772**	**15999**	**31835**	**18244**	**13591**
瑶海区	20973	11967	9006	9956	5800	4156	6298	3578	2720
庐阳区	9265	5550	3715	5205	3024	2181	4088	2370	1718
蜀山区	11371	6694	4677	7967	4576	3391	8265	4661	3604
包河区	20125	12537	7588	12061	7282	4779	10775	6328	4447
长丰县									
肥东县									
肥西县	1565	1009	556	1193	839	354	637	394	243
庐江县									
合肥高新技术产业开发区									
合肥经济技术开发区									
合肥新站高新技术产业开发区	846	453	393	681	369	312	594	335	259
巢湖市	3080	1593	1487	1708	882	826	1178	578	600
芜湖市	**26056**	**15469**	**10587**	**15029**	**9238**	**5791**	**10853**	**6449**	**4404**
镜湖区	6578	3729	2849	4273	2422	1851	2586	1434	1152
弋江区	5600	3310	2290	3882	2381	1501	4039	2259	1780
鸠江区	8218	4914	3304	4379	2739	1640	3035	1912	1123
三山区	4303	2897	1406	1919	1442	477	951	725	226
芜湖县	101	54	47	33	16	17	5	2	3
繁昌县									
南陵县									
芜湖经济技术开发区	10	6	4	3	1	2			
安徽芜湖长江大桥经济开发区									
无为市	1246	559	687	540	237	303	237	117	120
蚌埠市	**8957**	**5146**	**3811**	**4348**	**2448**	**1900**	**2547**	**1464**	**1083**
龙子湖区	2053	1148	905	943	515	428	615	379	236
蚌山区	3165	1891	1274	1333	786	547	747	436	311
禹会区	1821	1029	792	1047	577	470	646	348	298
淮上区	1918	1078	840	1025	570	455	539	301	238
怀远县									
五河县									
固镇县									
蚌埠市高新技术开发区									
蚌埠市经济开发区									
淮南市	**6907**	**3434**	**3473**	**3521**	**1795**	**1726**	**3188**	**1427**	**1761**
大通区	478	234	244	222	122	100	133	79	54
田家庵区	3913	1973	1940	2309	1162	1147	2637	1134	1503
谢家集区	1190	638	552	463	251	212	164	91	73
八公山区	866	401	465	373	182	191	159	76	83
潘集区	460	188	272	154	78	76	95	47	48
凤台县									
寿县									

7-7a　续表 7　　　　单位：人

现住地	初中			高中			大学专科		
	小计	男	女	小计	男	女	小计	男	女
马鞍山市	**14732**	**8404**	**6328**	**8155**	**4682**	**3473**	**4945**	**2759**	**2186**
花山区	7299	4102	3197	4244	2347	1897	2493	1360	1133
雨山区	5606	3305	2301	3316	1997	1319	2185	1251	934
博望区	1827	997	830	595	338	257	267	148	119
当涂县									
含山县									
和县									
淮北市	**7564**	**4549**	**3015**	**3959**	**2086**	**1873**	**2174**	**1156**	**1018**
杜集区	1583	958	625	632	399	233	259	160	99
相山区	4581	2643	1938	2809	1429	1380	1573	815	758
烈山区	844	538	306	409	196	213	254	123	131
濉溪县	556	410	146	109	62	47	88	58	30
铜陵市	**5020**	**2792**	**2228**	**3188**	**1746**	**1442**	**1812**	**1015**	**797**
铜官区	3890	2174	1716	2533	1367	1166	1484	838	646
义安区	644	314	330	324	152	172	179	86	93
郊区	486	304	182	331	227	104	149	91	58
枞阳县									
安庆市	**11202**	**6450**	**4752**	**5932**	**3505**	**2427**	**3667**	**1959**	**1708**
迎江区	2297	1296	1001	1363	746	617	992	512	480
大观区	1552	932	620	1354	910	444	610	374	236
宜秀区	2711	1644	1067	1252	750	502	953	483	470
怀宁县									
太湖县									
宿松县									
望江县	712	295	417	309	168	141	131	63	68
岳西县									
安徽安庆经济开发区	32	26	6	18	15	3	17	15	2
桐城市	2858	1737	1121	1211	681	530	707	376	331
潜山市	1040	520	520	425	235	190	257	136	121
黄山市	**6314**	**3197**	**3117**	**3717**	**2047**	**1670**	**2364**	**1271**	**1093**
屯溪区	4141	2122	2019	2719	1476	1243	1808	957	851
黄山区	1028	484	544	499	295	204	288	158	130
徽州区	1068	551	517	468	256	212	253	148	105
歙县	33	14	19	12	10	2	6	3	3
休宁县	44	26	18	19	10	9	9	5	4
黟县									
祁门县									
滁州市	**13744**	**8253**	**5491**	**7664**	**4343**	**3321**	**4855**	**2738**	**2117**
琅琊区	4554	2829	1725	2321	1388	933	1407	842	565
南谯区	4089	2683	1406	1679	953	726	1809	943	866
来安县									
全椒县									
定远县									
凤阳县									
苏滁现代产业园									
滁州经济技术开发区									
天长市	3510	2050	1460	2261	1306	955	1112	652	460
明光市	1591	691	900	1403	696	707	527	301	226

7－7a 续表 8

单位：人

现住地	初中			高中			大学专科		
	小计	男	女	小计	男	女	小计	男	女
阜阳市	**10284**	**6146**	**4138**	**4942**	**2936**	**2006**	**3194**	**1921**	**1273**
颍州区	3399	2084	1315	1779	1040	739	1501	869	632
颍东区	1842	1219	623	864	533	331	619	425	194
颍泉区	2106	1274	832	1058	657	401	509	295	214
临泉县									
太和县									
阜南县									
颍上县									
阜阳合肥现代产业园区									
阜阳经济技术开发区									
界首市	2937	1569	1368	1241	706	535	565	332	233
宿州市	**5094**	**2890**	**2204**	**3076**	**1684**	**1392**	**2144**	**1170**	**974**
埇桥区	4961	2801	2160	3037	1656	1381	2136	1166	970
砀山县									
萧县	133	89	44	39	28	11	8	4	4
灵璧县									
泗县									
宿州马鞍山现代产业园区									
宿州经济技术开发区									
六安市	**6094**	**3122**	**2972**	**4037**	**2209**	**1828**	**2128**	**1160**	**968**
金安区	2882	1510	1372	1640	861	779	1112	625	487
裕安区	1778	852	926	1320	627	693	821	425	396
叶集区	1412	751	661	1070	717	353	193	109	84
霍邱县	13	5	8				1		1
舒城县	9	4	5	7	4	3	1	1	
金寨县									
霍山县									
亳州市	**9033**	**5189**	**3844**	**3695**	**2125**	**1570**	**2070**	**1170**	**900**
谯城区	8822	5075	3747	3693	2123	1570	2070	1170	900
涡阳县									
蒙城县									
利辛县	211	114	97	2	2				
池州市	**5360**	**3232**	**2128**	**2672**	**1723**	**949**	**1585**	**923**	**662**
贵池区	3562	2090	1472	2112	1322	790	1323	713	610
东至县									
石台县									
青阳县									
池州市国家经济技术开发区	312	215	97	141	93	48	117	94	23
皖江江南新兴产业集中区	1486	927	559	419	308	111	145	116	29
九华山风景区									
宣城市	**17816**	**10487**	**7329**	**7655**	**4782**	**2873**	**3979**	**2314**	**1665**
宣州区	2817	1462	1355	1511	806	705	1384	658	726
郎溪县									
泾县									
绩溪县									
旌德县									
宣城市经济开发区									
宁国市	4453	2554	1899	1833	1061	772	916	545	371
广德市	10546	6471	4075	4311	2915	1396	1679	1111	568

7−7a　续表 9　　　　单位：人

现住地	大学本科			硕士研究生			博士研究生		
	小计	男	女	小计	男	女	小计	男	女
安　徽	**108369**	**63022**	**45347**	**17869**	**9791**	**8078**	**3906**	**2729**	**1177**
合肥市	**45212**	**28277**	**16935**	**10120**	**5959**	**4161**	**3193**	**2217**	**976**
瑶海区	3666	2181	1485	365	217	148	30	19	11
庐阳区	3416	2084	1332	416	234	182	54	38	16
蜀山区	16239	9543	6696	4950	2780	2170	1587	1068	519
包河区	19051	12990	6061	4205	2623	1582	1500	1077	423
长丰县									
肥东县									
肥西县	666	408	258	53	33	20	10	7	3
庐江县									
合肥高新技术产业开发区									
合肥经济技术开发区									
合肥新站高新技术产业开发区	337	205	132	33	19	14	4	3	1
巢湖市	1837	866	971	98	53	45	8	5	3
芜湖市	**14045**	**7599**	**6446**	**2401**	**1057**	**1344**	**213**	**146**	**67**
镜湖区	3081	1614	1467	627	279	348	77	51	26
弋江区	5202	2402	2800	1204	457	747	84	52	32
鸠江区	4926	2998	1928	507	279	228	48	40	8
三山区	588	447	141	43	31	12	3	3	
芜湖县	10	6	4	2	2				
繁昌县									
南陵县									
芜湖经济技术开发区	1	1							
安徽芜湖长江大桥经济开发区									
无为市	237	131	106	18	9	9	1		1
蚌埠市	**2232**	**1220**	**1012**	**247**	**133**	**114**	**33**	**27**	**6**
龙子湖区	468	271	197	85	47	38	13	10	3
蚌山区	564	333	231	68	31	37	11	9	2
禹会区	839	418	421	60	36	24	8	7	1
淮上区	361	198	163	34	19	15	1	1	
怀远县									
五河县									
固镇县									
蚌埠市高新技术开发区									
蚌埠市经济开发区									
淮南市	**8055**	**4677**	**3378**	**787**	**503**	**284**	**99**	**78**	**21**
大通区	124	59	65	10	6	4			
田家庵区	7603	4419	3184	757	485	272	97	77	20
谢家集区	142	89	53	6	2	4	1	1	
八公山区	127	79	48	14	10	4	1		1
潘集区	59	31	28						
凤台县									
寿县									

7-7a 续表 10 单位：人

现住地	大学本科			硕士研究生			博士研究生		
	小计	男	女	小计	男	女	小计	男	女
马鞍山市	**8462**	**5307**	**3155**	**1141**	**674**	**467**	**96**	**72**	**24**
花山区	2817	1670	1147	531	320	211	56	41	15
雨山区	5495	3561	1934	607	352	255	39	31	8
博望区	150	76	74	3	2	1	1		1
当涂县									
含山县									
和县									
淮北市	**5686**	**2188**	**3498**	**769**	**219**	**550**	**27**	**19**	**8**
杜集区	183	113	70	12	5	7	1	1	
相山区	3119	1397	1722	333	146	187	26	18	8
烈山区	2310	609	1701	421	67	354			
濉溪县	74	69	5	3	1	2			
铜陵市	**1902**	**1069**	**833**	**191**	**103**	**88**	**12**	**9**	**3**
铜官区	1666	937	729	164	92	72	11	9	2
义安区	153	86	67	21	8	13			
郊区	83	46	37	6	3	3	1		1
枞阳县									
安庆市	**3264**	**1716**	**1548**	**424**	**198**	**226**	**41**	**30**	**11**
迎江区	802	477	325	80	35	45	13	8	5
大观区	570	323	247	102	55	47	9	5	4
宜秀区	1200	505	695	163	59	104	10	8	2
怀宁县									
太湖县									
宿松县									
望江县	115	62	53	7	5	2			
岳西县									
安徽安庆经济开发区	12	11	1	2	2				
桐城市	413	257	156	44	26	18	6	6	
潜山市	152	81	71	26	16	10	3	3	
黄山市	**1827**	**1111**	**716**	**213**	**107**	**106**	**24**	**17**	**7**
屯溪区	1399	814	585	184	92	92	21	14	7
黄山区	227	158	69	16	7	9	2	2	
徽州区	188	132	56	12	8	4	1	1	
歙县	2	1	1						
休宁县	11	6	5	1		1			
黟县									
祁门县									
滁州市	**3690**	**2176**	**1514**	**373**	**219**	**154**	**50**	**36**	**14**
琅琊区	1230	702	528	125	76	49	23	15	8
南谯区	1115	679	436	153	87	66	19	14	5
来安县									
全椒县									
定远县									
凤阳县									
苏滁现代产业园									
滁州经济技术开发区									
天长市	1049	612	437	75	40	35	7	6	1
明光市	296	183	113	20	16	4	1	1	

7-7a　续表 11　　　　单位：人

现住地	大学本科			硕士研究生			博士研究生		
	小计	男	女	小计	男	女	小计	男	女
阜阳市	**3655**	**1718**	**1937**	**377**	**172**	**205**	**35**	**26**	**9**
颍州区	2602	1069	1533	281	131	150	25	20	5
颍东区	383	244	139	17	8	9	1	1	
颍泉区	333	211	122	26	12	14	5	3	2
临泉县									
太和县									
阜南县									
颍上县									
阜阳合肥现代产业园区									
阜阳经济技术开发区									
界首市	337	194	143	53	21	32	4	2	2
宿州市	**2357**	**1323**	**1034**	**201**	**90**	**111**	**19**	**11**	**8**
埇桥区	2354	1322	1032	201	90	111	19	11	8
砀山县									
萧县	3	1	2						
灵璧县									
泗县									
宿州马鞍山现代产业园区									
宿州经济技术开发区									
六安市	**2083**	**1124**	**959**	**145**	**93**	**52**	**21**	**14**	**7**
金安区	774	451	323	92	60	32	12	9	3
裕安区	1202	601	601	48	30	18	8	4	4
叶集区	106	71	35	5	3	2	1	1	
霍邱县									
舒城县	1	1							
金寨县									
霍山县									
亳州市	**1854**	**1015**	**839**	**159**	**79**	**80**	**12**	**9**	**3**
谯城区	1854	1015	839	159	79	80	12	9	3
涡阳县									
蒙城县									
利辛县									
池州市	**1804**	**1020**	**784**	**118**	**68**	**50**	**10**	**3**	**7**
贵池区	1716	951	765	111	63	48	9	3	6
东至县									
石台县									
青阳县									
池州市国家经济技术开发区	48	37	11	5	3	2	1		1
皖江江南新兴产业集中区	40	32	8	2	2				
九华山风景区									
宣城市	**2241**	**1482**	**759**	**203**	**117**	**86**	**21**	**15**	**6**
宣州区	795	497	298	83	48	35	10	7	3
郎溪县									
泾县									
绩溪县									
旌德县									
宣城市经济开发区									
宁国市	588	384	204	53	24	29	6	4	2
广德市	858	601	257	67	45	22	5	4	1

7-7b 全省按现住地、受教育程度、性别分的户口登记地在外省的人口(镇)

单位：人

现住地	合计			未上过学		
	合计	男	女	小计	男	女
安　徽	**580383**	**333077**	**247306**	**6967**	**2184**	**4783**
合肥市	**169815**	**99720**	**70095**	**2286**	**684**	**1602**
瑶海区	1419	795	624	22	6	16
庐阳区	2771	1540	1231	70	13	57
蜀山区	960	692	268	3	1	2
包河区						
长丰县	20397	10657	9740	328	86	242
肥东县	23080	13471	9609	333	103	230
肥西县	23175	13492	9683	373	122	251
庐江县	7549	4203	3346	129	48	81
合肥高新技术产业开发区	18494	11510	6984	246	89	157
合肥经济技术开发区	46041	27313	18728	417	89	328
合肥新站高新技术产业开发区	23272	14588	8684	313	104	209
巢湖市	2657	1459	1198	52	23	29
芜湖市	**59052**	**35574**	**23478**	**611**	**159**	**452**
镜湖区	16	8	8			
弋江区						
鸠江区	1436	956	480	15	4	11
三山区	2130	1044	1086	29	7	22
芜湖县	16905	9910	6995	99	30	69
繁昌县	4441	2661	1780	27	8	19
南陵县	5296	2553	2743	55	14	41
芜湖经济技术开发区	26278	17240	9038	347	89	258
安徽芜湖长江大桥经济开发区	284	171	113	2		2
无为市	2266	1031	1235	37	7	30
蚌埠市	**28279**	**13611**	**14668**	**347**	**118**	**229**
龙子湖区	284	196	88	4	1	3
蚌山区						
禹会区	139	96	43	1		1
淮上区	571	313	258	2	1	1
怀远县	4092	2127	1965	95	38	57
五河县	4055	2030	2025	78	29	49
固镇县	2664	1385	1279	36	14	22
蚌埠市高新技术开发区	2068	1138	930	26	10	16
蚌埠市经济开发区	14406	6326	8080	105	25	80
淮南市	**12820**	**7068**	**5752**	**154**	**48**	**106**
大通区	2633	1494	1139	42	12	30
田家庵区	98	47	51	1		1
谢家集区	58	36	22	1		1
八公山区	3	2	1			
潘集区	1837	1262	575	14	4	10
凤台县	3721	1969	1752	47	11	36
寿县	4470	2258	2212	49	21	28

7-7b　续表 1　　　　单位：人

现 住 地	合　计			未上过学		
	合计	男	女	小计	男	女
马鞍山市	**25054**	**14341**	**10713**	**406**	**121**	**285**
花山区						
雨山区						
博望区	541	381	160	12	9	3
当涂县	10607	6129	4478	178	45	133
含山县	3622	1997	1625	60	20	40
和县	10284	5834	4450	156	47	109
淮北市	**8829**	**5079**	**3750**	**151**	**48**	**103**
杜集区	1547	919	628	27	7	20
相山区						
烈山区	456	249	207	6	3	3
濉溪县	6826	3911	2915	118	38	80
铜陵市	**4020**	**2260**	**1760**	**106**	**32**	**74**
铜官区	3	2	1			
义安区	1008	693	315	16	4	12
郊区	265	131	134	17	4	13
枞阳县	2744	1434	1310	73	24	49
安庆市	**24640**	**14037**	**10603**	**240**	**90**	**150**
迎江区						
大观区	212	122	90	4	1	3
宜秀区	372	205	167	6	2	4
怀宁县	5368	3204	2164	33	13	20
太湖县	2760	1444	1316	25	8	17
宿松县	4912	2629	2283	51	22	29
望江县	1685	1033	652	23	9	14
岳西县	1359	599	760	14	3	11
安徽安庆经济开发区	5604	3427	2177	60	25	35
桐城市	1337	783	554	19	6	13
潜山市	1031	591	440	5	1	4
黄山市	**15990**	**9408**	**6582**	**169**	**55**	**114**
屯溪区	1272	620	652	8	2	6
黄山区	2095	1602	493	12	3	9
徽州区	251	140	111	5	3	2
歙县	5918	3124	2794	64	19	45
休宁县	2262	1176	1086	26	5	21
黟县	1055	658	397	17	7	10
祁门县	3137	2088	1049	37	16	21
滁州市	**75350**	**43407**	**31943**	**570**	**181**	**389**
琅琊区						
南谯区	5085	2789	2296	103	30	73
来安县	21579	12749	8830	151	53	98
全椒县	8492	4675	3817	37	14	23
定远县	3698	1902	1796	18	4	14
凤阳县	5677	3180	2497	39	17	22
苏滁现代产业园	6974	4977	1997	21	5	16
滁州经济技术开发区	14808	8316	6492	56	16	40
天长市	7910	4231	3679	123	36	87
明光市	1127	588	539	22	6	16

7-7b 续表 2 单位：人

现住地	合计			未上过学		
	合计	男	女	小计	男	女
阜阳市	**30216**	**16317**	**13899**	**446**	**139**	**307**
颍州区	834	460	374	15	7	8
颍东区	908	532	376	14	8	6
颍泉区	557	284	273	9	3	6
临泉县	8479	4496	3983	102	28	74
太和县	5731	2831	2900	75	21	54
阜南县	4143	2277	1866	92	30	62
颍上县	5001	2790	2211	74	23	51
阜阳合肥现代产业园区	169	99	70	2	1	1
阜阳经济技术开发区	2577	1488	1089	38	14	24
界首市	1817	1060	757	25	4	21
宿州市	**32505**	**17273**	**15232**	**274**	**86**	**188**
埇桥区	3995	2149	1846	20	6	14
砀山县	6597	3254	3343	54	22	32
萧县	7858	4248	3610	72	24	48
灵璧县	4789	2381	2408	47	9	38
泗县	5429	2939	2490	34	11	23
宿州马鞍山现代产业园区	1133	726	407	6	3	3
宿州经济技术开发区	2704	1576	1128	41	11	30
六安市	**27731**	**16287**	**11444**	**199**	**75**	**124**
金安区	2673	1412	1261	32	9	23
裕安区	878	389	489	15	5	10
叶集区	363	182	181	5	1	4
霍邱县	7319	5082	2237	66	24	42
舒城县	8109	4499	3610	37	15	22
金寨县	5810	3277	2533	27	14	13
霍山县	2579	1446	1133	17	7	10
亳州市	**15702**	**8711**	**6991**	**239**	**84**	**155**
谯城区	1829	953	876	37	9	28
涡阳县	4890	2797	2093	79	31	48
蒙城县	4943	2800	2143	56	16	40
利辛县	4040	2161	1879	67	28	39
池州市	**9507**	**5349**	**4158**	**137**	**45**	**92**
贵池区	1221	838	383	29	9	20
东至县	3533	1891	1642	52	18	34
石台县	904	577	327	10	2	8
青阳县	3540	1859	1681	35	14	21
池州市国家经济技术开发区						
皖江江南新兴产业集中区						
九华山风景区	309	184	125	11	2	9
宣城市	**40873**	**24635**	**16238**	**632**	**219**	**413**
宣州区	2895	1552	1343	81	22	59
郎溪县	12596	7392	5204	193	62	131
泾县	4105	2232	1873	41	12	29
绩溪县	2540	1392	1148	36	9	27
旌德县	1627	918	709	15	8	7
宣城市经济开发区	9046	6081	2965	50	13	37
宁国市	2253	1413	840	49	22	27
广德市	5811	3655	2156	167	71	96

7-7b　续表 3　　　　单位：人

现住地	学前教育			小学		
	小计	男	女	小计	男	女
安　徽	**14793**	**7847**	**6946**	**83991**	**42010**	**41981**
合肥市	**4005**	**2138**	**1867**	**21453**	**10873**	**10580**
瑶海区	39	24	15	234	125	109
庐阳区	76	42	34	404	195	209
蜀山区	23	15	8	170	108	62
包河区						
长丰县	771	423	348	3788	1818	1970
肥东县	763	410	353	4500	2480	2020
肥西县	580	311	269	3208	1620	1588
庐江县	214	108	106	1262	581	681
合肥高新技术产业开发区	349	186	163	1941	1029	912
合肥经济技术开发区	566	283	283	3202	1498	1704
合肥新站高新技术产业开发区	566	307	259	2358	1207	1151
巢湖市	58	29	29	386	212	174
芜湖市	**1373**	**748**	**625**	**8345**	**3874**	**4471**
镜湖区				3	1	2
弋江区						
鸠江区	33	19	14	297	176	121
三山区	121	80	41	425	192	233
芜湖县	293	165	128	2646	1276	1370
繁昌县	88	48	40	627	286	341
南陵县	180	86	94	878	347	531
芜湖经济技术开发区	568	298	270	2952	1387	1565
安徽芜湖长江大桥经济开发区	8	4	4	55	25	30
无为市	82	48	34	462	184	278
蚌埠市	**719**	**387**	**332**	**3256**	**1562**	**1694**
龙子湖区	6	2	4	47	34	13
蚌山区						
禹会区	5	4	1	24	12	12
淮上区	14	8	6	80	35	45
怀远县	129	74	55	753	385	368
五河县	120	68	52	718	328	390
固镇县	93	38	55	410	209	201
蚌埠市高新技术开发区	97	61	36	339	157	182
蚌埠市经济开发区	255	132	123	885	402	483
淮南市	**348**	**176**	**172**	**2111**	**953**	**1158**
大通区	65	41	24	501	227	274
田家庵区	3	1	2	17	9	8
谢家集区	1		1	7	1	6
八公山区				2	2	
潘集区	19	12	7	180	74	106
凤台县	115	55	60	603	250	353
寿县	145	67	78	801	390	411

7－7b 续表 4

单位：人

现住地	学前教育			小学		
	小计	男	女	小计	男	女
马鞍山市	**651**	**342**	**309**	**4801**	**2512**	**2289**
花山区						
雨山区						
博望区	12	6	6	110	76	34
当涂县	255	131	124	2004	1029	975
含山县	82	45	37	830	443	387
和县	302	160	142	1857	964	893
淮北市	**246**	**127**	**119**	**1464**	**758**	**706**
杜集区	23	11	12	212	105	107
相山区						
烈山区	18	8	10	96	42	54
濉溪县	205	108	97	1156	611	545
铜陵市	**103**	**55**	**48**	**796**	**399**	**397**
铜官区				3	2	1
义安区	16	9	7	135	63	72
郊区	7	4	3	53	25	28
枞阳县	80	42	38	605	309	296
安庆市	**673**	**361**	**312**	**4167**	**2191**	**1976**
迎江区						
大观区				42	22	20
宜秀区	5	1	4	82	46	36
怀宁县	116	53	63	802	417	385
太湖县	95	52	43	470	208	262
宿松县	146	85	61	829	431	398
望江县	33	15	18	301	175	126
岳西县	55	30	25	211	98	113
安徽安庆经济开发区	163	87	76	992	547	445
桐城市	30	19	11	248	138	110
潜山市	30	19	11	190	109	81
黄山市	**368**	**187**	**181**	**2451**	**1318**	**1133**
屯溪区	15	9	6	45	22	23
黄山区	12	4	8	378	280	98
徽州区	8	5	3	39	19	20
歙县	176	91	85	950	430	520
休宁县	75	38	37	404	167	237
黟县	26	16	10	124	60	64
祁门县	56	24	32	511	340	171
滁州市	**1876**	**1005**	**871**	**8733**	**4246**	**4487**
琅琊区						
南谯区	128	65	63	722	352	370
来安县	643	345	298	2530	1254	1276
全椒县	250	136	114	1085	526	559
定远县	123	61	62	478	210	268
凤阳县	163	93	70	654	340	314
苏滁现代产业园	89	48	41	626	391	235
滁州经济技术开发区	235	129	106	1290	555	735
天长市	221	115	106	1181	541	640
明光市	24	13	11	167	77	90

7-7b　续表 5　　　　单位：人

现住地	学前教育			小　学		
	小计	男	女	小计	男	女
阜阳市	**959**	**487**	**472**	**5668**	**2842**	**2826**
颍州区	28	15	13	182	96	86
颍东区	30	16	14	179	81	98
颍泉区	17	5	12	75	36	39
临泉县	303	146	157	1853	923	930
太和县	199	104	95	985	450	535
阜南县	120	59	61	796	397	399
颍上县	134	70	64	863	477	386
阜阳合肥现代产业园区				29	13	16
阜阳经济技术开发区	89	50	39	432	241	191
界首市	39	22	17	274	128	146
宿州市	**1038**	**531**	**507**	**4634**	**2255**	**2379**
埇桥区	105	47	58	513	265	248
砀山县	235	116	119	785	337	448
萧县	260	148	112	993	526	467
灵璧县	167	86	81	736	328	408
泗县	171	89	82	1049	511	538
宿州马鞍山现代产业园区	22	8	14	84	43	41
宿州经济技术开发区	78	37	41	474	245	229
六安市	**710**	**367**	**343**	**3686**	**1786**	**1900**
金安区	87	50	37	478	236	242
裕安区	42	16	26	186	83	103
叶集区	10	4	6	81	34	47
霍邱县	187	93	94	859	437	422
舒城县	157	75	82	810	367	443
金寨县	144	85	59	870	435	435
霍山县	83	44	39	402	194	208
亳州市	**490**	**252**	**238**	**2696**	**1361**	**1335**
谯城区	56	30	26	366	174	192
涡阳县	140	75	65	809	399	410
蒙城县	160	72	88	765	396	369
利辛县	134	75	59	756	392	364
池州市	**263**	**143**	**120**	**1749**	**908**	**841**
贵池区	29	16	13	249	153	96
东至县	103	51	52	611	295	316
石台县	17	6	11	179	120	59
青阳县	113	69	44	663	319	344
池州市国家经济技术开发区						
皖江江南新兴产业集中区						
九华山风景区	1	1		47	21	26
宣城市	**971**	**541**	**430**	**7981**	**4172**	**3809**
宣州区	85	48	37	722	351	371
郎溪县	303	164	139	2730	1365	1365
泾县	132	72	60	704	338	366
绩溪县	92	59	33	359	160	199
旌德县	56	35	21	302	176	126
宣城市经济开发区	124	70	54	591	299	292
宁国市	45	19	26	741	420	321
广德市	134	74	60	1832	1063	769

7-7b 续表 6

单位：人

现住地	初中			高中			大学专科		
	小计	男	女	小计	男	女	小计	男	女
安　徽	**211167**	**121394**	**89773**	**115481**	**70704**	**44777**	**64912**	**39397**	**25515**
合肥市	**50303**	**30062**	**20241**	**30045**	**18730**	**11315**	**23224**	**14087**	**9137**
瑶海区	562	322	240	283	149	134	154	92	62
庐阳区	766	452	314	438	261	177	434	229	205
蜀山区	450	331	119	135	97	38	65	48	17
包河区									
长丰县	7641	4144	3497	3788	2012	1776	2896	1494	1402
肥东县	9813	5938	3875	4432	2591	1841	2060	1216	844
肥西县	7758	4657	3101	4726	2799	1927	3580	2137	1443
庐江县	3198	1763	1435	1449	895	554	717	410	307
合肥高新技术产业开发区	4438	2867	1571	2801	1843	958	2870	1811	1059
合肥经济技术开发区	8435	5069	3366	6666	4569	2097	5630	3463	2167
合肥新站高新技术产业开发区	6440	4049	2391	5056	3357	1699	4728	3137	1591
巢湖市	802	470	332	271	157	114	90	50	40
芜湖市	**22836**	**13272**	**9564**	**13777**	**9260**	**4517**	**6844**	**4617**	**2227**
镜湖区	10	6	4	2	1	1			
弋江区									
鸠江区	600	386	214	215	153	62	131	105	26
三山区	550	261	289	352	162	190	328	160	168
芜湖县	7072	4094	2978	4305	2664	1641	1312	850	462
繁昌县	2174	1333	841	814	519	295	377	248	129
南陵县	2022	890	1132	1230	695	535	536	280	256
芜湖经济技术开发区	9295	5829	3466	6419	4829	1590	3955	2845	1110
安徽芜湖长江大桥经济开发区	97	55	42	56	39	17	34	25	9
无为市	1016	418	598	384	198	186	171	104	67
蚌埠市	**7402**	**3836**	**3566**	**3719**	**1937**	**1782**	**2664**	**1518**	**1146**
龙子湖区	133	89	44	53	40	13	23	18	5
蚌山区									
禹会区	63	48	15	30	21	9	6	3	3
淮上区	310	167	143	108	65	43	38	22	16
怀远县	1791	908	883	666	348	318	368	215	153
五河县	1742	851	891	681	348	333	439	245	194
固镇县	1159	603	556	548	280	268	262	147	115
蚌埠市高新技术开发区	625	321	304	345	197	148	304	172	132
蚌埠市经济开发区	1579	849	730	1288	638	650	1224	696	528
淮南市	**5664**	**2998**	**2666**	**2185**	**1288**	**897**	**1393**	**922**	**471**
大通区	1105	637	468	433	258	175	268	180	88
田家庵区	64	29	35	7	3	4	4	3	1
谢家集区	30	20	10	11	8	3	6	6	
八公山区	1		1						
潘集区	532	304	228	340	249	91	451	364	87
凤台县	1720	911	809	697	413	284	300	166	134
寿县	2212	1097	1115	697	357	340	364	203	161

7-7b 续表 7 单位：人

现住地	初中			高中			大学专科		
	小计	男	女	小计	男	女	小计	男	女
马鞍山市	**10300**	**6205**	**4095**	**4159**	**2387**	**1772**	**2135**	**1265**	**870**
花山区									
雨山区									
博望区	327	225	102	47	37	10	21	17	4
当涂县	4533	2794	1739	1804	1052	752	763	452	311
含山县	1631	914	717	582	318	264	230	133	97
和县	3809	2272	1537	1726	980	746	1121	663	458
淮北市	**4293**	**2508**	**1785**	**1529**	**942**	**587**	**669**	**390**	**279**
杜集区	837	540	297	270	160	110	121	58	63
相山区									
烈山区	214	113	101	55	36	19	38	24	14
濉溪县	3242	1855	1387	1204	746	458	510	308	202
铜陵市	**1785**	**989**	**796**	**696**	**426**	**270**	**303**	**198**	**105**
铜官区									
义安区	512	359	153	199	154	45	83	67	16
郊区	121	65	56	44	20	24	11	5	6
枞阳县	1152	565	587	453	252	201	209	126	83
安庆市	**10375**	**5884**	**4491**	**4891**	**2869**	**2022**	**2542**	**1473**	**1069**
迎江区									
大观区	109	65	44	41	24	17	8	5	3
宜秀区	174	100	74	60	29	31	26	12	14
怀宁县	2335	1401	934	1240	787	453	495	297	198
太湖县	1033	503	530	547	310	237	349	195	154
宿松县	2032	1072	960	1007	539	468	501	267	234
望江县	867	517	350	293	213	80	120	73	47
岳西县	647	285	362	246	100	146	101	40	61
安徽安庆经济开发区	2047	1304	743	1075	634	441	745	461	284
桐城市	656	376	280	229	141	88	89	55	34
潜山市	475	261	214	153	92	61	108	68	40
黄山市	**7229**	**4409**	**2820**	**2626**	**1582**	**1044**	**1318**	**836**	**482**
屯溪区	187	130	57	82	58	24	112	82	30
黄山区	1033	824	209	262	183	79	219	161	58
徽州区	112	56	56	39	28	11	26	17	9
歙县	2846	1492	1354	1069	597	472	454	269	185
休宁县	913	489	424	461	246	215	202	108	94
黟县	418	247	171	189	128	61	135	93	42
祁门县	1720	1171	549	524	342	182	170	106	64
滁州市	**26031**	**14803**	**11228**	**21329**	**13157**	**8172**	**9898**	**5943**	**3955**
琅琊区									
南谯区	1707	995	712	1064	578	486	757	435	322
来安县	7830	4803	3027	5839	3542	2297	2802	1656	1146
全椒县	2741	1466	1275	2130	1222	908	1414	788	626
定远县	1184	531	653	940	506	434	557	337	220
凤阳县	1802	1004	798	1379	738	641	773	428	345
苏滁现代产业园	2554	1754	800	2351	1761	590	887	681	206
滁州经济技术开发区	4906	2494	2412	4966	3299	1667	1798	1110	688
天长市	2862	1541	1321	2365	1351	1014	817	448	369
明光市	445	215	230	295	160	135	93	60	33

7－7b 续表 8 单位：人

现住地	初中			高中			大学专科		
	小计	男	女	小计	男	女	小计	男	女
阜阳市	**14109**	**7537**	**6572**	**5006**	**2954**	**2052**	**2218**	**1260**	**958**
颍州区	445	240	205	99	65	34	36	22	14
颍东区	450	261	189	145	106	39	59	37	22
颍泉区	344	180	164	74	39	35	19	11	8
临泉县	3917	2075	1842	1411	799	612	489	262	227
太和县	2473	1183	1290	981	517	464	552	306	246
阜南县	1987	1113	874	604	355	249	298	167	131
颍上县	2306	1240	1066	824	505	319	416	247	169
阜阳合肥现代产业园区	116	67	49	15	12	3	3	3	
阜阳经济技术开发区	1080	608	472	481	293	188	268	158	110
界首市	991	570	421	372	263	109	78	47	31
宿州市	**12331**	**6660**	**5671**	**8225**	**4528**	**3697**	**3757**	**1894**	**1863**
埇桥区	1751	958	793	778	449	329	574	243	331
砀山县	1937	948	989	2299	1164	1135	822	423	399
萧县	3141	1720	1421	1985	1082	903	808	414	394
灵璧县	1717	861	856	1104	587	517	689	322	367
泗县	2259	1247	1012	1020	581	439	514	272	242
宿州马鞍山现代产业园区	364	232	132	527	346	181	87	60	27
宿州经济技术开发区	1162	694	468	512	319	193	263	160	103
六安市	**11666**	**6639**	**5027**	**6894**	**4336**	**2558**	**2950**	**1984**	**966**
金安区	1105	553	552	566	320	246	243	140	103
裕安区	411	180	231	147	67	80	49	20	29
叶集区	191	103	88	57	29	28	11	7	4
霍邱县	3083	2189	894	1500	1165	335	1032	746	286
舒城县	3409	1665	1744	2574	1579	995	816	597	219
金寨县	2488	1394	1094	1406	815	591	526	315	211
霍山县	979	555	424	644	361	283	273	159	114
亳州市	**7109**	**3968**	**3141**	**2782**	**1588**	**1194**	**1408**	**855**	**553**
谯城区	1058	574	484	212	114	98	58	30	28
涡阳县	2084	1217	867	946	561	385	550	341	209
蒙城县	2166	1246	920	962	563	399	472	289	183
利辛县	1801	931	870	662	350	312	328	195	133
池州市	**3935**	**2224**	**1711**	**1858**	**1046**	**812**	**885**	**533**	**352**
贵池区	557	386	171	209	156	53	92	72	20
东至县	1397	697	700	698	396	302	373	227	146
石台县	395	274	121	140	67	73	86	48	38
青阳县	1487	801	686	721	370	351	296	162	134
池州市国家经济技术开发区									
皖江江南新兴产业集中区									
九华山风景区	99	66	33	90	57	33	38	24	14
宣城市	**15799**	**9400**	**6399**	**5760**	**3674**	**2086**	**2704**	**1622**	**1082**
宣州区	1180	647	533	454	258	196	231	131	100
郎溪县	6054	3632	2422	2029	1368	661	794	502	292
泾县	1841	1075	766	767	396	371	385	198	187
绩溪县	1149	632	517	431	265	166	251	129	122
旌德县	641	336	305	321	193	128	170	90	80
宣城市经济开发区	1378	804	574	714	439	275	556	340	216
宁国市	984	636	348	289	202	87	90	69	21
广德市	2572	1638	934	755	553	202	227	163	64

7-7b　续表 9　　　　单位：人

现住地	大学本科			硕士研究生			博士研究生		
	小计	男	女	小计	男	女	小计	男	女
安　徽	**74697**	**44645**	**30052**	**7693**	**4406**	**3287**	**682**	**490**	**192**
合肥市	**33230**	**20021**	**13209**	**4873**	**2835**	**2038**	**396**	**290**	**106**
瑶海区	113	72	41	11	4	7	1	1	
庐阳区	466	278	188	104	59	45	13	11	2
蜀山区	108	89	19	6	3	3			
包河区									
长丰县	1105	637	468	74	38	36	6	5	1
肥东县	1089	685	404	83	42	41	7	6	1
肥西县	2538	1595	943	371	220	151	41	31	10
庐江县	537	369	168	37	25	12	6	4	2
合肥高新技术产业开发区	4567	2771	1796	1179	830	349	103	84	19
合肥经济技术开发区	18535	10978	7557	2410	1247	1163	180	117	63
合肥新站高新技术产业开发区	3186	2033	1153	587	364	223	38	30	8
巢湖市	986	514	472	11	3	8	1	1	
芜湖市	**4845**	**3364**	**1481**	**389**	**253**	**136**	**32**	**27**	**5**
镜湖区	1		1						
弋江区									
鸠江区	137	110	27	8	3	5			
三山区	275	155	120	47	24	23	3	3	
芜湖县	1109	781	328	62	45	17	7	5	2
繁昌县	293	188	105	34	24	10	7	7	
南陵县	369	227	142	22	12	10	4	2	2
芜湖经济技术开发区	2527	1818	709	205	136	69	10	9	1
安徽芜湖长江大桥经济开发区	29	20	9	3	3				
无为市	105	65	40	8	6	2	1	1	
蚌埠市	**9190**	**3793**	**5397**	**918**	**423**	**495**	**64**	**37**	**27**
龙子湖区	17	11	6	1	1				
蚌山区									
禹会区	9	7	2	1	1				
淮上区	17	13	4	2	2				
怀远县	269	147	122	17	11	6	4	1	3
五河县	253	149	104	19	10	9	5	2	3
固镇县	144	88	56	10	5	5	2	1	1
蚌埠市高新技术开发区	297	195	102	32	23	9	3	2	1
蚌埠市经济开发区	8184	3183	5001	836	370	466	50	31	19
淮南市	**887**	**628**	**259**	**72**	**49**	**23**	**6**	**6**	
大通区	197	123	74	22	16	6			
田家庵区	2	2							
谢家集区	2	1	1						
八公山区									
潘集区	283	240	43	15	12	3	3	3	
凤台县	219	146	73	18	15	3	2	2	
寿县	184	116	68	17	6	11	1	1	

7－7b 续表 10 单位：人

现住地	大学本科			硕士研究生			博士研究生		
	小计	男	女	小计	男	女	小计	男	女
马鞍山市	**2460**	**1415**	**1045**	**135**	**88**	**47**	**7**	**6**	**1**
花山区									
雨山区									
博望区	10	9	1	2	2				
当涂县	1015	591	424	53	33	20	2	2	
含山县	186	112	74	18	10	8	3	2	1
和县	1249	703	546	62	43	19	2	2	
淮北市	**451**	**291**	**160**	**22**	**13**	**9**	**4**	**2**	**2**
杜集区	51	35	16	4	2	2	2	1	1
相山区									
烈山区	27	21	6	2	2				
濉溪县	373	235	138	16	9	7	2	1	1
铜陵市	**222**	**153**	**69**	**8**	**7**	**1**	**1**	**1**	
铜官区									
义安区	45	36	9	1		1	1	1	
郊区	12	8	4						
枞阳县	165	109	56	7	7				
安庆市	**1650**	**1100**	**550**	**90**	**61**	**29**	**12**	**8**	**4**
迎江区									
大观区	7	4	3	1	1				
宜秀区	19	15	4						
怀宁县	337	232	105	10	4	6			
太湖县	227	159	68	11	7	4	3	2	1
宿松县	323	198	125	22	15	7	1		1
望江县	45	28	17	3	3				
岳西县	77	36	41	7	6	1	1	1	
安徽安庆经济开发区	486	345	141	31	20	11	5	4	1
桐城市	60	43	17	4	4		2	1	1
潜山市	69	40	29	1	1				
黄山市	**1727**	**961**	**766**	**87**	**47**	**40**	**15**	**13**	**2**
屯溪区	797	302	495	15	5	10	11	10	1
黄山区	163	133	30	16	14	2			
徽州区	18	9	9	4	3	1			
歙县	332	212	120	25	12	13	2	2	
休宁县	170	116	54	10	6	4	1	1	
黟县	135	102	33	10	5	5	1		1
祁门县	112	87	25	7	2	5			
滁州市	**6328**	**3750**	**2578**	**519**	**277**	**242**	**66**	**45**	**21**
琅琊区									
南谯区	520	279	241	73	45	28	11	10	1
来安县	1676	1038	638	97	51	46	11	7	4
全椒县	782	492	290	42	25	17	11	6	5
定远县	376	240	136	22	13	9			
凤阳县	778	513	265	76	39	37	13	8	5
苏滁现代产业园	407	308	99	38	28	10	1	1	
滁州经济技术开发区	1388	638	750	152	64	88	17	11	6
天长市	328	191	137	11	6	5	2	2	
明光市	73	51	22	8	6	2			

7-7b 续表 11　　单位：人

现住地	大学本科			硕士研究生			博士研究生		
	小计	男	女	小计	男	女	小计	男	女
阜阳市	**1678**	**1017**	**661**	**116**	**69**	**47**	**16**	**12**	**4**
颍州区	25	14	11	3		3	1	1	
颍东区	29	22	7	2	1	1			
颍泉区	16	9	7	3	1	2			
临泉县	386	255	131	17	7	10	1	1	
太和县	421	221	200	36	22	14	9	7	2
阜南县	231	144	87	14	11	3	1	1	
颍上县	360	213	147	22	13	9	2	2	
阜阳合肥现代产业园区	4	3	1						
阜阳经济技术开发区	171	111	60	17	13	4	1		1
界首市	35	25	10	2	1	1	1		1
宿州市	**2105**	**1240**	**865**	**125**	**68**	**57**	**16**	**11**	**5**
埇桥区	233	170	63	17	7	10	4	4	
砀山县	446	232	214	18	12	6	1		1
萧县	563	313	250	29	17	12	7	4	3
灵璧县	302	173	129	25	13	12	2	2	
泗县	360	215	145	20	12	8	2	1	1
宿州马鞍山现代产业园区	37	31	6	6	3	3			
宿州经济技术开发区	164	106	58	10	4	6			
六安市	**1532**	**1035**	**497**	**82**	**58**	**24**	**12**	**7**	**5**
金安区	154	96	58	8	8				
裕安区	27	18	9	1		1			
叶集区	8	4	4						
霍邱县	570	414	156	20	13	7	2	1	1
舒城县	275	178	97	26	21	5	5	2	3
金寨县	322	201	121	23	15	8	4	3	1
霍山县	176	124	52	4	1	3	1	1	
亳州市	**904**	**558**	**346**	**66**	**40**	**26**	**8**	**5**	**3**
谯城区	40	20	20	2	2				
涡阳县	250	156	94	27	15	12	5	2	3
蒙城县	340	203	137	21	14	7	1	1	
利辛县	274	179	95	16	9	7	2	2	
池州市	**630**	**419**	**211**	**43**	**27**	**16**	**7**	**4**	**3**
贵池区	52	42	10	4	4				
东至县	279	193	86	17	12	5	3	2	1
石台县	71	55	16	5	4	1	1	1	
青阳县	207	117	90	15	6	9	3	1	2
池州市国家经济技术开发区									
皖江江南新兴产业集中区									
九华山风景区	21	12	9	2	1	1			
宣城市	**6858**	**4900**	**1958**	**148**	**91**	**57**	**20**	**16**	**4**
宣州区	131	87	44	8	5	3	3	3	
郎溪县	459	281	178	33	17	16	1	1	
泾县	217	130	87	16	9	7	2	2	
绩溪县	207	126	81	14	11	3	1	1	
旌德县	113	72	41	8	7	1	1	1	
宣城市经济开发区	5563	4076	1487	60	34	26	10	6	4
宁国市	51	42	9	4	3	1			
广德市	117	86	31	5	5		2	2	

7－7c　全省按现住地、受教育程度、性别分的户口登记地在外省的人口(乡村)

单位：人

现住地	合计			未上过学		
	合计	男	女	小计	男	女
安　徽	**262150**	**142229**	**119921**	**5173**	**1501**	**3672**
合肥市	**37291**	**24583**	**12708**	**623**	**214**	**409**
瑶海区	1470	810	660	36	9	27
庐阳区	228	187	41	3	1	2
蜀山区	1160	1034	126	17	10	7
包河区	555	406	149	8	3	5
长丰县	8192	5095	3097	158	44	114
肥东县	4734	2983	1751	114	39	75
肥西县	13697	9395	4302	167	70	97
庐江县	3411	2173	1238	48	15	33
合肥高新技术产业开发区	9	7	2			
合肥经济技术开发区	87	57	30	1		1
合肥新站高新技术产业开发区	574	457	117	22	10	12
巢湖市	3174	1979	1195	49	13	36
芜湖市	**12613**	**6673**	**5940**	**245**	**47**	**198**
镜湖区	453	236	217	18	4	14
弋江区						
鸠江区	2238	1511	727	28	7	21
三山区	919	522	397	18	1	17
芜湖县	2701	1324	1377	52	12	40
繁昌县	1780	1235	545	15	8	7
南陵县	1949	813	1136	47	7	40
芜湖经济技术开发区	34	11	23	2	1	1
安徽芜湖长江大桥经济开发区	82	49	33	1		1
无为市	2457	972	1485	64	7	57
蚌埠市	**9744**	**4254**	**5490**	**261**	**68**	**193**
龙子湖区	443	281	162	8	2	6
蚌山区	510	328	182	4	2	2
禹会区	1040	617	423	21	7	14
淮上区	853	372	481	24	6	18
怀远县	3046	1079	1967	100	34	66
五河县	1742	772	970	59	11	48
固镇县	2110	805	1305	45	6	39
蚌埠市高新技术开发区						
蚌埠市经济开发区						
淮南市	**8803**	**4087**	**4716**	**180**	**58**	**122**
大通区	968	514	454	21	5	16
田家庵区	158	62	96	2	1	1
谢家集区	328	131	197	10	2	8
八公山区	119	63	56	1		1
潘集区	1444	610	834	31	12	19
凤台县	3556	1662	1894	79	26	53
寿县	2230	1045	1185	36	12	24

7-7c　续表 1　　　　单位：人

现住地	合计			未上过学		
	合计	男	女	小计	男	女
马鞍山市	**11969**	**6737**	**5232**	**272**	**83**	**189**
花山区	544	343	201	40	12	28
雨山区	319	218	101	12	3	9
博望区	1366	558	808	42	14	28
当涂县	4317	2550	1767	42	17	25
含山县	1338	689	649	34	11	23
和县	4085	2379	1706	102	26	76
淮北市	**8499**	**4091**	**4408**	**137**	**38**	**99**
杜集区	881	444	437	13	1	12
相山区	1155	706	449	30	15	15
烈山区	3118	1355	1763	6	1	5
濉溪县	3345	1586	1759	88	21	67
铜陵市	**3086**	**1546**	**1540**	**79**	**20**	**59**
铜官区	170	117	53	1	1	
义安区	1204	597	607	12	5	7
郊区	633	324	309	20	5	15
枞阳县	1079	508	571	46	9	37
安庆市	**14499**	**7941**	**6558**	**191**	**67**	**124**
迎江区	201	128	73	1		1
大观区	787	634	153	7	2	5
宜秀区	465	270	195	8	3	5
怀宁县	2442	1557	885	24	10	14
太湖县	1933	996	937	25	8	17
宿松县	2995	1489	1506	37	15	22
望江县	1380	578	802	29	7	22
岳西县	1474	621	853	17	2	15
安徽安庆经济开发区	48	32	16	2	1	1
桐城市	1296	735	561	20	12	8
潜山市	1478	901	577	21	7	14
黄山市	**13431**	**9504**	**3927**	**239**	**95**	**144**
屯溪区	367	227	140	1	1	
黄山区	2580	1808	772	41	17	24
徽州区	322	133	189	13	3	10
歙县	2186	1170	1016	63	12	51
休宁县	2294	1536	758	52	34	18
黟县	1824	1361	463	44	18	26
祁门县	3858	3269	589	25	10	15
滁州市	**29628**	**17183**	**12445**	**396**	**130**	**266**
琅琊区	723	486	237	11	1	10
南谯区	4625	3039	1586	103	39	64
来安县	4847	2750	2097	97	31	66
全椒县	1988	1266	722	17	2	15
定远县	1927	845	1082	18	3	15
凤阳县	2037	837	1200	23	11	12
苏滁现代产业园						
滁州经济技术开发区	7559	4942	2617	9	6	3
天长市	4041	2124	1917	73	18	55
明光市	1881	894	987	45	19	26

7-7c 续表 2

单位：人

现住地	合计			未上过学		
	合计	男	女	小计	男	女
阜阳市	**23687**	**10830**	**12857**	**548**	**145**	**403**
颍州区	2667	1398	1269	57	14	43
颍东区	2514	1490	1024	51	23	28
颍泉区	1741	858	883	22	6	16
临泉县	3369	1278	2091	77	13	64
太和县	3052	1184	1868	77	25	52
阜南县	4114	1873	2241	121	36	85
颍上县	2942	1221	1721	62	13	49
阜阳合肥现代产业园区	592	321	271	7		7
阜阳经济技术开发区	278	138	140	3		3
界首市	2418	1069	1349	71	15	56
宿州市	**22171**	**8354**	**13817**	**322**	**70**	**252**
埇桥区	6007	2368	3639	73	18	55
砀山县	3295	1279	2016	46	12	34
萧县	4881	1490	3391	68	9	59
灵璧县	4760	1930	2830	82	19	63
泗县	3113	1225	1888	50	11	39
宿州马鞍山现代产业园区	115	62	53	3	1	2
宿州经济技术开发区						
六安市	**16783**	**8634**	**8149**	**252**	**74**	**178**
金安区	3268	1797	1471	40	8	32
裕安区	2677	1266	1411	53	17	36
叶集区	1467	750	717	26	8	18
霍邱县	2898	1452	1446	66	17	49
舒城县	3235	1784	1451	25	13	12
金寨县	2739	1334	1405	33	8	25
霍山县	499	251	248	9	3	6
亳州市	**15009**	**7001**	**8008**	**362**	**102**	**260**
谯城区	5520	2702	2818	114	48	66
涡阳县	3208	1648	1560	69	14	55
蒙城县	2890	1282	1608	63	19	44
利辛县	3391	1369	2022	116	21	95
池州市	**8418**	**5484**	**2934**	**160**	**60**	**100**
贵池区	3257	2253	1004	81	39	42
东至县	1204	601	603	28	11	17
石台县	1002	677	325	15	1	14
青阳县	2745	1809	936	33	8	25
池州市国家经济技术开发区						
皖江江南新兴产业集中区						
九华山风景区	210	144	66	3	1	2
宣城市	**26519**	**15327**	**11192**	**906**	**230**	**676**
宣州区	8305	4787	3518	273	50	223
郎溪县	2697	1320	1377	109	28	81
泾县	3502	2303	1199	71	26	45
绩溪县	916	574	342	17	1	16
旌德县	939	626	313	17	5	12
宣城市经济开发区	1242	833	409	15	4	11
宁国市	3298	2069	1229	124	52	72
广德市	5620	2815	2805	280	64	216

7-7c　续表 3　　　　单位：人

现住地	学前教育			小学		
	小计	男	女	小计	男	女
安　徽	**5797**	**2947**	**2850**	**52402**	**25484**	**26918**
合肥市	**580**	**297**	**283**	**6730**	**3762**	**2968**
瑶海区	41	21	20	253	131	122
庐阳区	1		1	27	19	8
蜀山区	8	3	5	107	76	31
包河区	5	4	1	79	44	35
长丰县	162	95	67	1731	860	871
肥东县	88	40	48	1153	632	521
肥西县	150	75	75	1958	1254	704
庐江县	59	29	30	621	296	325
合肥高新技术产业开发区				5	3	2
合肥经济技术开发区	3	2	1	15	7	8
合肥新站高新技术产业开发区	9	4	5	133	109	24
巢湖市	54	24	30	648	331	317
芜湖市	**252**	**128**	**124**	**2910**	**1304**	**1606**
镜湖区	6	3	3	110	46	64
弋江区						
鸠江区	30	16	14	420	234	186
三山区	18	7	11	192	85	107
芜湖县	67	34	33	734	317	417
繁昌县	21	9	12	309	179	130
南陵县	46	21	25	464	169	295
芜湖经济技术开发区	1		1	8	2	6
安徽芜湖长江大桥经济开发区	2	1	1	23	10	13
无为市	61	37	24	650	262	388
蚌埠市	**237**	**113**	**124**	**2114**	**909**	**1205**
龙子湖区	10	6	4	80	48	32
蚌山区	12	7	5	109	66	43
禹会区	20	8	12	182	103	79
淮上区	17	10	7	220	103	117
怀远县	83	38	45	690	251	439
五河县	49	21	28	372	153	219
固镇县	46	23	23	461	185	276
蚌埠市高新技术开发区						
蚌埠市经济开发区						
淮南市	**242**	**129**	**113**	**1834**	**769**	**1065**
大通区	19	9	10	199	101	98
田家庵区	3	1	2	40	16	24
谢家集区	11	7	4	78	24	54
八公山区	3	3		18	7	11
潘集区	27	13	14	284	123	161
凤台县	105	60	45	689	280	409
寿县	74	36	38	526	218	308

7-7c 续表 4 单位：人

现住地	学前教育			小学		
	小计	男	女	小计	男	女
马鞍山市	**243**	**128**	**115**	**2557**	**1184**	**1373**
花山区	5	1	4	116	67	49
雨山区	3	3		77	43	34
博望区	48	26	22	305	93	212
当涂县	71	39	32	688	309	379
含山县	29	14	15	351	153	198
和县	87	45	42	1020	519	501
淮北市	**144**	**72**	**72**	**1155**	**570**	**585**
杜集区	32	12	20	143	75	68
相山区	23	10	13	150	78	72
烈山区	13	6	7	225	120	105
濉溪县	76	44	32	637	297	340
铜陵市	**104**	**63**	**41**	**774**	**348**	**426**
铜官区				42	31	11
义安区	32	21	11	257	105	152
郊区	26	16	10	181	77	104
枞阳县	46	26	20	294	135	159
安庆市	**405**	**205**	**200**	**2955**	**1535**	**1420**
迎江区	4		4	44	26	18
大观区	4	1	3	125	94	31
宜秀区	12	8	4	102	58	44
怀宁县	47	29	18	387	202	185
太湖县	49	28	21	374	151	223
宿松县	105	43	62	571	302	269
望江县	75	40	35	344	155	189
岳西县	40	23	17	323	139	184
安徽安庆经济开发区	1	1		5	4	1
桐城市	31	14	17	268	134	134
潜山市	37	18	19	412	270	142
黄山市	**188**	**85**	**103**	**2481**	**1567**	**914**
屯溪区	5	1	4	61	24	37
黄山区	32	12	20	553	381	172
徽州区	11	6	5	66	22	44
歙县	76	30	46	515	240	275
休宁县	39	23	16	403	215	188
黟县	14	5	9	262	173	89
祁门县	11	8	3	621	512	109
滁州市	**452**	**226**	**226**	**4184**	**2170**	**2014**
琅琊区	12	3	9	186	126	60
南谯区	86	39	47	909	571	338
来安县	94	53	41	971	477	494
全椒县	32	13	19	297	170	127
定远县	40	25	15	326	117	209
凤阳县	46	24	22	249	99	150
苏滁现代产业园						
滁州经济技术开发区	17	10	7	175	125	50
天长市	81	40	41	722	335	387
明光市	44	19	25	349	150	199

7-7c 续表 5

单位：人

现住地	学前教育			小学		
	小计	男	女	小计	男	女
阜阳市	**660**	**343**	**317**	**4963**	**2096**	**2867**
颍州区	86	47	39	554	256	298
颍东区	53	25	28	461	221	240
颍泉区	51	28	23	325	124	201
临泉县	100	42	58	785	282	503
太和县	81	44	37	649	258	391
阜南县	113	63	50	953	431	522
颍上县	84	47	37	628	256	372
阜阳合肥现代产业园区	18	8	10	85	42	43
阜阳经济技术开发区	3	3		62	31	31
界首市	71	36	35	461	195	266
宿州市	**765**	**364**	**401**	**3892**	**1467**	**2425**
埇桥区	203	96	107	976	369	607
砀山县	103	45	58	597	235	362
萧县	183	84	99	708	266	442
灵璧县	164	78	86	872	341	531
泗县	108	58	50	710	242	468
宿州马鞍山现代产业园区	4	3	1	29	14	15
宿州经济技术开发区						
六安市	**419**	**199**	**220**	**3607**	**1654**	**1953**
金安区	76	37	39	656	333	323
裕安区	88	38	50	588	241	347
叶集区	33	19	14	339	160	179
霍邱县	79	39	40	810	352	458
舒城县	67	29	38	558	249	309
金寨县	60	29	31	552	275	277
霍山县	16	8	8	104	44	60
亳州市	**395**	**206**	**189**	**3090**	**1316**	**1774**
谯城区	170	97	73	1041	456	585
涡阳县	58	27	31	661	306	355
蒙城县	79	43	36	641	251	390
利辛县	88	39	49	747	303	444
池州市	**164**	**89**	**75**	**1751**	**1045**	**706**
贵池区	61	30	31	669	441	228
东至县	40	24	16	290	130	160
石台县	21	13	8	238	159	79
青阳县	36	18	18	527	300	227
池州市国家经济技术开发区						
皖江江南新兴产业集中区						
九华山风景区	6	4	2	27	15	12
宣城市	**547**	**300**	**247**	**7405**	**3788**	**3617**
宣州区	172	97	75	2048	1002	1046
郎溪县	65	38	27	845	361	484
泾县	73	38	35	1096	720	376
绩溪县	12	4	8	128	57	71
旌德县	15	9	6	256	167	89
宣城市经济开发区	14	6	8	201	109	92
宁国市	72	39	33	992	564	428
广德市	124	69	55	1839	808	1031

7−7c 续表 6

单位：人

现住地	初中			高中			大学专科		
	小计	男	女	小计	男	女	小计	男	女
安　徽	**124842**	**68231**	**56611**	**42866**	**25520**	**17346**	**20133**	**11361**	**8772**
合肥市	**16311**	**10980**	**5331**	**7096**	**5260**	**1836**	**3408**	**2385**	**1023**
瑶海区	509	293	216	251	147	104	236	129	107
庐阳区	118	102	16	40	34	6	22	16	6
蜀山区	253	204	49	500	485	15	213	203	10
包河区	330	245	85	66	50	16	34	32	2
长丰县	4091	2686	1405	1211	816	395	465	319	146
肥东县	2322	1554	768	669	460	209	208	134	74
肥西县	5257	3655	1602	3175	2397	778	1720	1204	516
庐江县	1666	1069	597	544	406	138	234	158	76
合肥高新技术产业开发区				1	1		2	2	
合肥经济技术开发区	30	16	14	15	11	4	9	9	
合肥新站高新技术产业开发区	258	214	44	83	71	12	28	22	6
巢湖市	1477	942	535	541	382	159	237	157	80
芜湖市	**6063**	**3200**	**2863**	**1823**	**1140**	**683**	**810**	**504**	**306**
镜湖区	202	111	91	53	34	19	40	19	21
弋江区									
鸠江区	998	682	316	382	284	98	238	182	56
三山区	480	296	184	123	77	46	46	25	21
芜湖县	1297	644	653	313	177	136	154	90	64
繁昌县	912	627	285	345	269	76	95	73	22
南陵县	951	381	570	289	148	141	99	54	45
芜湖经济技术开发区	17	6	11	2	2		3		3
安徽芜湖长江大桥经济开发区	35	24	11	8	6	2	4	2	2
无为市	1171	429	742	308	143	165	131	59	72
蚌埠市	**4984**	**2097**	**2887**	**1242**	**600**	**642**	**561**	**285**	**276**
龙子湖区	220	144	76	61	39	22	34	24	10
蚌山区	251	164	87	82	58	24	27	13	14
禹会区	528	319	209	174	114	60	64	44	20
淮上区	429	176	253	85	37	48	51	24	27
怀远县	1610	519	1091	337	149	188	141	56	85
五河县	856	392	464	216	92	124	123	67	56
固镇县	1090	383	707	287	111	176	121	57	64
蚌埠市高新技术开发区									
蚌埠市经济开发区									
淮南市	**4605**	**2006**	**2599**	**1050**	**568**	**482**	**492**	**274**	**218**
大通区	497	255	242	119	70	49	52	32	20
田家庵区	80	30	50	20	8	12	8	4	4
谢家集区	159	62	97	39	17	22	22	11	11
八公山区	66	33	33	11	7	4	8	4	4
潘集区	754	269	485	170	95	75	96	44	52
凤台县	1928	853	1075	429	235	194	173	98	75
寿县	1121	504	617	262	136	126	133	81	52

7-7c　续表 7　　　　单位：人

现住地	初中			高中			大学专科		
	小计	男	女	小计	男	女	小计	男	女
马鞍山市	**5849**	**3296**	**2553**	**1632**	**1050**	**582**	**859**	**598**	**261**
花山区	256	168	88	67	50	17	40	30	10
雨山区	163	127	36	36	24	12	19	13	6
博望区	702	297	405	170	80	90	66	31	35
当涂县	2275	1249	1026	652	460	192	354	281	73
含山县	600	328	272	194	112	82	77	40	37
和县	1853	1127	726	513	324	189	303	203	100
淮北市	**3617**	**1884**	**1733**	**991**	**637**	**354**	**2189**	**709**	**1480**
杜集区	412	182	230	176	109	67	72	42	30
相山区	631	375	256	210	155	55	78	49	29
烈山区	725	482	243	215	164	51	1862	531	1331
濉溪县	1849	845	1004	390	209	181	177	87	90
铜陵市	**1421**	**702**	**719**	**378**	**203**	**175**	**198**	**117**	**81**
铜官区	74	50	24	19	9	10	29	21	8
义安区	614	303	311	167	84	83	62	38	24
郊区	269	137	132	66	37	29	45	32	13
枞阳县	464	212	252	126	73	53	62	26	36
安庆市	**6934**	**3879**	**3055**	**2452**	**1378**	**1074**	**982**	**505**	**477**
迎江区	75	43	32	40	28	12	24	23	1
大观区	452	372	80	81	69	12	69	55	14
宜秀区	218	127	91	67	40	27	40	25	15
怀宁县	1110	725	385	609	429	180	168	95	73
太湖县	1023	570	453	262	134	128	132	65	67
宿松县	1367	695	672	581	285	296	207	82	125
望江县	626	257	369	175	65	110	89	28	61
岳西县	716	277	439	222	86	136	89	47	42
安徽安庆经济开发区	20	14	6	11	7	4	4	3	1
桐城市	631	369	262	236	141	95	64	32	32
潜山市	696	430	266	168	94	74	96	50	46
黄山市	**7437**	**5470**	**1967**	**1850**	**1383**	**467**	**768**	**558**	**210**
屯溪区	210	147	63	60	32	28	21	16	5
黄山区	1364	976	388	359	268	91	136	91	45
徽州区	142	52	90	47	25	22	27	16	11
歙县	1066	586	480	264	158	106	119	76	43
休宁县	1354	947	407	242	172	70	131	93	38
黟县	1055	841	214	204	144	60	151	115	36
祁门县	2246	1921	325	674	584	90	183	151	32
滁州市	**12046**	**7077**	**4969**	**8195**	**4849**	**3346**	**2976**	**1791**	**1185**
琅琊区	349	232	117	94	67	27	52	41	11
南谯区	2110	1482	628	777	502	275	423	267	156
来安县	2010	1201	809	1097	639	458	374	212	162
全椒县	880	565	315	424	289	135	242	162	80
定远县	753	304	449	469	221	248	209	106	103
凤阳县	759	314	445	699	270	429	201	89	112
苏滁现代产业园									
滁州经济技术开发区	2871	1774	1097	3080	2022	1058	968	663	305
天长市	1482	809	673	1152	641	511	364	182	182
明光市	832	396	436	403	198	205	143	69	74

7-7c 续表 8 单位：人

现住地	初中			高中			大学专科		
	小计	男	女	小计	男	女	小计	男	女
阜阳市	**12988**	**5971**	**7017**	**2628**	**1264**	**1364**	**1166**	**570**	**596**
颍州区	1390	751	639	303	168	135	153	88	65
颍东区	1534	961	573	223	131	92	120	74	46
颍泉区	971	485	486	229	126	103	66	38	28
临泉县	1810	696	1114	349	131	218	148	59	89
太和县	1742	634	1108	295	121	174	137	59	78
阜南县	2081	920	1161	515	254	261	215	108	107
颍上县	1679	690	989	314	134	180	120	53	67
阜阳合肥现代产业园区	324	175	149	68	42	26	50	28	22
阜阳经济技术开发区	121	62	59	40	19	21	31	14	17
界首市	1336	597	739	292	138	154	126	49	77
宿州市	**10553**	**3915**	**6638**	**4418**	**1646**	**2772**	**1575**	**585**	**990**
埇桥区	3344	1243	2101	924	409	515	337	149	188
砀山县	1272	532	740	886	300	586	283	108	175
萧县	2462	617	1845	990	342	648	314	103	211
灵璧县	2096	960	1136	1005	346	659	409	128	281
泗县	1321	532	789	604	243	361	225	92	133
宿州马鞍山现代产业园区	58	31	27	9	6	3	7	5	2
宿州经济技术开发区									
六安市	**7680**	**3906**	**3774**	**2719**	**1565**	**1154**	**1434**	**798**	**636**
金安区	1383	777	606	405	247	158	602	329	273
裕安区	1299	630	669	397	207	190	152	73	79
叶集区	802	416	386	171	97	74	59	35	24
霍邱县	1393	727	666	330	192	138	137	72	65
舒城县	1350	706	644	855	547	308	250	153	97
金寨县	1217	526	691	485	232	253	195	117	78
霍山县	236	124	112	76	43	33	39	19	20
亳州市	**8210**	**3794**	**4416**	**1819**	**959**	**860**	**731**	**396**	**335**
谯城区	3150	1564	1586	707	372	335	212	101	111
涡阳县	1732	851	881	378	250	128	211	133	78
蒙城县	1506	656	850	372	186	186	152	87	65
利辛县	1822	723	1099	362	151	211	156	75	81
池州市	**4076**	**2725**	**1351**	**1315**	**918**	**397**	**603**	**399**	**204**
贵池区	1550	1100	450	517	373	144	244	170	74
东至县	558	282	276	173	99	74	81	36	45
石台县	476	321	155	141	104	37	72	50	22
青阳县	1427	977	450	446	310	136	171	117	54
池州市国家经济技术开发区									
皖江江南新兴产业集中区									
九华山风景区	65	45	20	38	32	6	35	26	9
宣城市	**12068**	**7329**	**4739**	**3258**	**2100**	**1158**	**1381**	**887**	**494**
宣州区	3858	2316	1542	1164	775	389	494	324	170
郎溪县	1235	638	597	273	157	116	114	60	54
泾县	1475	997	478	393	247	146	216	145	71
绩溪县	381	230	151	137	103	34	90	66	24
旌德县	473	332	141	108	72	36	45	26	19
宣城市经济开发区	555	385	170	286	198	88	104	81	23
宁国市	1512	990	522	354	250	104	157	106	51
广德市	2579	1441	1138	543	298	245	161	79	82

7-7c 续表 9

单位：人

现住地	大学本科			硕士研究生			博士研究生		
	小计	男	女	小计	男	女	小计	男	女
安 徽	**10248**	**6768**	**3480**	**611**	**364**	**247**	**78**	**53**	**25**
合肥市	**2410**	**1598**	**812**	**115**	**73**	**42**	**18**	**14**	**4**
瑶海区	129	70	59	14	9	5	1	1	
庐阳区	17	15	2						
蜀山区	57	50	7	3	2	1	2	1	1
包河区	31	27	4	2	1	1			
长丰县	354	266	88	19	9	10	1		1
肥东县	172	118	54	7	5	2	1	1	
肥西县	1217	704	513	48	32	16	5	4	1
庐江县	224	188	36	11	8	3	4	4	
合肥高新技术产业开发区	1	1							
合肥经济技术开发区	13	11	2				1	1	
合肥新站高新技术产业开发区	34	24	10	6	2	4	1	1	
巢湖市	161	124	37	5	5		2	1	1
芜湖市	**475**	**330**	**145**	**34**	**19**	**15**	**1**	**1**	
镜湖区	22	18	4	2	1	1			
弋江区									
鸠江区	141	106	35	1		1			
三山区	34	24	10	7	6	1	1	1	
芜湖县	77	47	30	7	3	4			
繁昌县	77	65	12	6	5	1			
南陵县	51	31	20	2	2				
芜湖经济技术开发区	1		1						
安徽芜湖长江大桥经济开发区	9	6	3						
无为市	63	33	30	9	2	7			
蚌埠市	**314**	**166**	**148**	**26**	**13**	**13**	**5**	**3**	**2**
龙子湖区	23	14	9	6	3	3	1	1	
蚌山区	23	16	7	2	2				
禹会区	47	21	26	4	1	3			
淮上区	27	16	11						
怀远县	74	28	46	10	4	6	1		1
五河县	63	34	29	2	1	1	2	1	1
固镇县	57	37	20	2	2		1	1	
蚌埠市高新技术开发区									
蚌埠市经济开发区									
淮南市	**378**	**268**	**110**	**20**	**13**	**7**	**2**	**2**	
大通区	56	38	18	5	4	1			
田家庵区	5	2	3						
谢家集区	9	8	1						
八公山区	12	9	3						
潘集区	74	49	25	8	5	3			
凤台县	147	106	41	5	3	2	1	1	
寿县	75	56	19	2	1	1	1	1	

7－7c 续表 10

单位：人

现住地	大学本科			硕士研究生			博士研究生		
	小计	男	女	小计	男	女	小计	男	女
马鞍山市	**528**	**379**	**149**	**25**	**15**	**10**	**4**	**4**	
花山区	19	14	5	1	1				
雨山区	8	4	4	1	1				
博望区	32	16	16	1	1				
当涂县	228	190	38	6	4	2	1	1	
含山县	48	29	19	5	2	3			
和县	193	126	67	11	6	5	3	3	
淮北市	**245**	**168**	**77**	**20**	**12**	**8**	**1**	**1**	
杜集区	30	21	9	3	2	1			
相山区	30	23	7	3	1	2			
烈山区	66	45	21	5	5		1	1	
濉溪县	119	79	40	9	4	5			
铜陵市	**123**	**87**	**36**	**9**	**6**	**3**			
铜官区	4	4		1	1				
义安区	57	39	18	3	2	1			
郊区	23	18	5	3	2	1			
枞阳县	39	26	13	2	1	1			
安庆市	**548**	**352**	**196**	**30**	**19**	**11**	**2**	**1**	**1**
迎江区	13	8	5						
大观区	47	39	8	2	2				
宜秀区	17	9	8	1		1			
怀宁县	91	64	27	5	3	2	1		1
太湖县	63	37	26	5	3	2			
宿松县	121	64	57	6	3	3			
望江县	38	22	16	3	3		1	1	
岳西县	63	44	19	4	3	1			
安徽安庆经济开发区	5	2	3						
桐城市	44	32	12	2	1	1			
潜山市	46	31	15	2	1	1			
黄山市	**436**	**327**	**109**	**26**	**13**	**13**	**6**	**6**	
屯溪区	7	6	1	2		2			
黄山区	88	61	27	6	1	5	1	1	
徽州区	16	9	7						
歙县	77	64	13	6	4	2			
休宁县	66	46	20	3	2	1	4	4	
黟县	86	59	27	8	6	2			
祁门县	96	82	14	1		1	1	1	
滁州市	**1288**	**892**	**396**	**85**	**44**	**41**	**6**	**4**	**2**
琅琊区	18	15	3				1	1	
南谯区	191	124	67	26	15	11			
来安县	196	133	63	5	2	3	3	2	1
全椒县	93	63	30	3	2	1			
定远县	101	63	38	10	6	4	1		1
凤阳县	59	30	29	1		1			
苏滁现代产业园									
滁州经济技术开发区	411	327	84	27	14	13	1	1	
天长市	155	95	60	12	4	8			
明光市	64	42	22	1	1				

7-7c 续表 11

单位：人

现住地	大学本科			硕士研究生			博士研究生		
	小计	男	女	小计	男	女	小计	男	女
阜阳市	**683**	**409**	**274**	**42**	**26**	**16**	**9**	**6**	**3**
颍州区	115	66	49	6	5	1	3	3	
颍东区	71	55	16	1		1			
颍泉区	70	49	21	6	2	4	1		1
临泉县	92	50	42	6	4	2	2	1	1
太和县	65	39	26	5	3	2	1	1	
阜南县	109	56	53	7	5	2			
颍上县	52	27	25	3	1	2			
阜阳合肥现代产业园区	37	24	13	3	2	1			
阜阳经济技术开发区	15	7	8	2	1	1	1	1	
界首市	57	36	21	3	3		1		1
宿州市	**601**	**281**	**320**	**40**	**25**	**15**	**5**	**1**	**4**
埇桥区	138	77	61	11	7	4	1		1
砀山县	98	40	58	10	7	3			
萧县	144	63	81	10	6	4	2		2
灵璧县	126	56	70	4	1	3	2	1	1
泗县	91	44	47	4	3	1			
宿州马鞍山现代产业园区	4	1	3	1	1				
宿州经济技术开发区									
六安市	**621**	**405**	**216**	**45**	**30**	**15**	**6**	**3**	**3**
金安区	92	58	34	13	8	5	1		1
裕安区	93	54	39	6	5	1	1	1	
叶集区	35	13	22	2	2				
霍邱县	78	51	27	4	2	2	1		1
舒城县	123	81	42	6	5	1	1	1	
金寨县	185	140	45	10	6	4	2	1	1
霍山县	15	8	7	4	2	2			
亳州市	**364**	**209**	**155**	**35**	**18**	**17**	**3**	**1**	**2**
谯城区	105	53	52	21	11	10			
涡阳县	90	62	28	7	4	3	2	1	1
蒙城县	72	39	33	4	1	3	1		1
利辛县	97	55	42	3	2	1			
池州市	**336**	**239**	**97**	**13**	**9**	**4**			
贵池区	131	96	35	4	4				
东至县	30	17	13	4	2	2			
石台县	38	28	10	1	1				
青阳县	102	78	24	3	1	2			
池州市国家经济技术开发区									
皖江江南新兴产业集中区									
九华山风景区	35	20	15	1	1				
宣城市	**898**	**658**	**240**	**46**	**29**	**17**	**10**	**6**	**4**
宣州区	284	214	70	9	8	1	3	1	2
郎溪县	51	35	16	4	2	2	1	1	
泾县	166	124	42	9	4	5	3	2	1
绩溪县	142	108	34	9	5	4			
旌德县	24	15	9	1		1			
宣城市经济开发区	63	48	15	4	2	2			
宁国市	81	63	18	5	4	1	1	1	
广德市	87	51	36	5	4	1	2	1	1

7-8 全省分年龄、性别、迁移原因的户口登记地在外乡镇街道的人口

单位：人

年龄	合计			工作就业		
	合计	男	女	小计	男	女
总 计	**18099918**	**9098260**	**9001658**	**5108605**	**3036976**	**2071629**
0-4岁	**961081**	**509581**	**451500**			
0	116664	62169	54495			
1	183578	97005	86573			
2	199063	105297	93766			
3	235572	124316	111256			
4	226204	120794	105410			
5-9岁	**1065731**	**583620**	**482111**			
5	207612	111956	95656			
6	215467	117727	97740			
7	213003	116739	96264			
8	225157	124071	101086			
9	204492	113127	91365			
10-14岁	**1021634**	**561570**	**460064**	**381**	**230**	**151**
10	196505	108428	88077	45	28	17
11	202464	111735	90729	84	58	26
12	203253	111463	91790	73	38	35
13	201874	111159	90715	63	39	24
14	217538	118785	98753	116	67	49
15-19岁	**1732627**	**916921**	**815706**	**97155**	**60810**	**36345**
15	322315	174813	147502	4412	2769	1643
16	416319	225092	191227	12144	7962	4182
17	372045	199359	172686	22083	14416	7667
18	299240	155069	144171	25310	15815	9495
19	322708	162588	160120	33206	19848	13358
20-24岁	**1402462**	**706514**	**695948**	**457592**	**253437**	**204155**
20	329258	166277	162981	48343	27818	20525
21	283750	144026	139724	65319	36563	28756
22	268285	136202	132083	95646	52612	43034
23	255427	128421	127006	116335	63693	52642
24	265742	131588	134154	131949	72751	59198
25-29岁	**1661467**	**803308**	**858159**	**824651**	**470336**	**354315**
25	301958	148045	153913	153053	85424	67629
26	295718	143736	151982	149633	84501	65132
27	327734	158435	169299	163825	93601	70224
28	350874	168601	182273	172680	99548	73132
29	385183	184491	200692	185460	107262	78198

7-8　续表 1　　单位：人

年 龄	合 计			工作就业		
	合计	男	女	小计	男	女
30-34岁	**1952180**	**929929**	**1022251**	**907843**	**528985**	**378858**
30	464546	221061	243485	221539	128370	93169
31	429742	203780	225962	200967	116600	84367
32	379640	180669	198971	175491	102255	73236
33	370358	176912	193446	170005	99408	70597
34	307894	147507	160387	139841	82352	57489
35-39岁	**1320649**	**640132**	**680517**	**575458**	**340770**	**234688**
35	269643	130582	139061	121500	71778	49722
36	267261	130154	137107	118463	70318	48145
37	255162	124244	130918	111267	66105	45162
38	276201	133442	142759	117563	69593	47970
39	252382	121710	130672	106665	62976	43689
40-44岁	**1302275**	**641418**	**660857**	**535809**	**317054**	**218755**
40	256641	123800	132841	105957	62397	43560
41	275932	134439	141493	112626	66744	45882
42	266643	130858	135785	109338	64494	44844
43	242494	120393	122101	99761	58957	40804
44	260565	131928	128637	108127	64462	43665
45-49岁	**1430326**	**724452**	**705874**	**609846**	**360884**	**248962**
45	255775	129061	126714	108186	63777	44409
46	271652	137941	133711	116309	68580	47729
47	286767	145548	141219	122739	72708	50031
48	310049	157481	152568	132926	78611	54315
49	306083	154421	151662	129686	77208	52478
50-54岁	**1433474**	**709861**	**723613**	**552230**	**339637**	**212593**
50	314813	157149	157664	130779	78014	52765
51	297373	147725	149648	118002	71682	46320
52	309096	153086	156010	118236	72733	45503
53	243131	119088	124043	90540	56563	33977
54	269061	132813	136248	94673	60645	34028
55-59岁	**1055290**	**512940**	**542350**	**316781**	**208389**	**108392**
55	255154	124660	130494	83927	53954	29973
56	240864	116945	123919	74473	48551	25922
57	274872	134904	139968	79599	53085	26514
58	207312	100172	107140	58154	39099	19055
59	77088	36259	40829	20628	13700	6928
60-64岁	**487247**	**246706**	**240541**	**96325**	**66843**	**29482**
60	69278	34157	35121	15866	10695	5171
61	68034	34917	33117	14228	9957	4271
62	103664	53861	49803	20688	14621	6067
63	127425	64806	62619	24527	17204	7323
64	118846	58965	59881	21016	14366	6650
65岁及以上	**1273475**	**611308**	**662167**	**134534**	**89601**	**44933**

7-8 续表 2

单位：人

年 龄	学习培训			随同离开/投亲靠友			拆迁/搬家		
	小计	男	女	小计	男	女	小计	男	女
总 计	**2625450**	**1379155**	**1246295**	**2384275**	**1130109**	**1254166**	**4223993**	**2173928**	**2050065**
0-4岁	**4933**	**2664**	**2269**	**595688**	**315737**	**279951**	**153259**	**81268**	**71991**
0	94	46	48	71836	38284	33552	16967	9068	7899
1	224	117	107	114352	60467	53885	27708	14632	13076
2	431	212	219	123882	65490	58392	31579	16708	14871
3	1860	1007	853	145562	76675	68887	39224	20882	18342
4	2324	1282	1042	140056	74821	65235	37781	19978	17803
5-9岁	**236812**	**132779**	**104033**	**511465**	**277568**	**233897**	**182614**	**99954**	**82660**
5	2615	1416	1199	127557	68758	58799	36201	19540	16661
6	49968	27681	22287	102598	55710	46888	36775	20191	16584
7	58340	32629	25711	95402	51734	43668	36281	19880	16401
8	64639	36355	28284	98377	53580	44797	38561	21181	17380
9	61250	34698	26552	87531	47786	39745	34796	19162	15634
10-14岁	**372257**	**206663**	**165594**	**377433**	**205041**	**172392**	**174746**	**96623**	**78123**
10	60805	34291	26514	81993	44656	37337	34023	18757	15266
11	65653	36823	28830	81446	44405	37041	35052	19348	15704
12	71354	39644	31710	76243	41166	35077	36050	19910	16140
13	75543	42230	33313	71652	39006	32646	35572	19482	16090
14	98902	53675	45227	66099	35808	30291	34049	19126	14923
15-19岁	**1313394**	**681783**	**631611**	**150931**	**82096**	**68835**	**104728**	**58962**	**45766**
15	232001	124947	107054	44666	24381	20285	26267	14728	11539
16	326543	174773	151770	37971	20595	17376	24678	13904	10774
17	281791	147745	134046	31987	17421	14566	22524	12638	9886
18	225807	113347	112460	20409	11147	9262	16731	9423	7308
19	247252	120971	126281	15898	8552	7346	14528	8269	6259
20-24岁	**575547**	**290717**	**284830**	**97133**	**47710**	**49423**	**147167**	**78536**	**68631**
20	233617	115406	118211	15961	8302	7659	17110	9451	7659
21	163468	82193	81275	16389	8285	8104	21177	11367	9810
22	97710	50535	47175	20951	10160	10791	29805	15719	14086
23	50466	26648	23818	21814	10430	11384	36306	19251	17055
24	30286	15935	14351	22018	10533	11485	42769	22748	20021
25-29岁	**70190**	**37288**	**32902**	**102431**	**44123**	**58308**	**335565**	**176909**	**158656**
25	22407	11859	10548	22843	10718	12125	53092	28288	24804
26	15005	7909	7096	20201	9111	11090	56215	29922	26293
27	12373	6647	5726	19883	8629	11254	65993	35058	30935
28	10692	5621	5071	19440	7863	11577	74282	38909	35373
29	9713	5252	4461	20064	7802	12262	85983	44732	41251

7-8 续表 3

单位：人

年 龄	学习培训			随同离开/投亲靠友			拆迁/搬家		
	小计	男	女	小计	男	女	小计	男	女
30—34岁	**29950**	**16288**	**13662**	**87400**	**28544**	**58856**	**469791**	**236381**	**233410**
30	9894	5301	4593	22526	8063	14463	106198	54330	51868
31	7179	3875	3304	19553	6440	13113	102126	51514	50612
32	5462	2985	2477	16880	5454	11426	92290	46412	45878
33	4382	2448	1934	15726	4830	10896	91716	45809	45907
34	3033	1679	1354	12715	3757	8958	77461	38316	39145
35—39岁	**9111**	**4904**	**4207**	**51154**	**14266**	**36888**	**353307**	**177049**	**176258**
35	2305	1281	1024	10865	3145	7720	69342	34852	34490
36	2073	1148	925	10649	3018	7631	70511	35368	35143
37	1714	903	811	9765	2792	6973	68238	34261	33977
38	1636	868	768	10388	2830	7558	75786	37995	37791
39	1383	704	679	9487	2481	7006	69430	34573	34857
40—44岁	**4965**	**2294**	**2671**	**47913**	**11539**	**36374**	**380714**	**192799**	**187915**
40	1246	609	637	9580	2354	7226	71838	36060	35778
41	1082	504	578	10079	2426	7653	79213	39908	39305
42	1031	467	564	9761	2358	7403	77474	39005	38469
43	843	365	478	8770	2099	6671	72509	36769	35740
44	763	349	414	9723	2302	7421	79680	41057	38623
45—49岁	**3317**	**1552**	**1765**	**58121**	**12749**	**45372**	**463780**	**236002**	**227778**
45	751	355	396	9570	2152	7418	79469	40555	38914
46	658	306	352	10427	2301	8126	85682	43891	41791
47	693	316	377	11467	2509	8958	92758	47249	45509
48	650	312	338	12945	2830	10115	102716	52386	50330
49	565	263	302	13712	2957	10755	103155	51921	51234
50—54岁	**1956**	**883**	**1073**	**74163**	**16611**	**57552**	**490197**	**245820**	**244377**
50	547	259	288	14516	3114	11402	107126	53692	53434
51	407	177	230	14750	3215	11535	102808	51335	51473
52	395	175	220	16208	3581	12627	106678	53573	53105
53	323	151	172	13376	3017	10359	82042	40784	41258
54	284	121	163	15313	3684	11629	91543	46436	45107
55—59岁	**1195**	**555**	**640**	**64570**	**16826**	**47744**	**356203**	**182384**	**173819**
55	292	126	166	14846	3675	11171	86914	44298	42616
56	254	128	126	14564	3657	10907	82257	42084	40173
57	307	145	162	16898	4590	12308	94342	48857	45485
58	250	122	128	13155	3550	9605	68012	34810	33202
59	92	34	58	5107	1354	3753	24678	12335	12343
60—64岁	**552**	**263**	**289**	**34648**	**11900**	**22748**	**162709**	**86904**	**75805**
60	68	29	39	4590	1418	3172	23954	12536	11418
61	75	40	35	4585	1606	2979	23428	12630	10798
62	120	61	59	7157	2518	4639	34664	18831	15833
63	149	80	69	9266	3269	5997	41261	22201	19060
64	140	53	87	9050	3089	5961	39402	20706	18696
65岁及以上	**1271**	**522**	**749**	**131225**	**45399**	**85826**	**449213**	**224337**	**224876**

7-8 续表 4

单位：人

年 龄	寄挂户口			婚姻嫁娶			照料孙子女		
	小计	男	女	小计	男	女	小计	男	女
总 计	**221060**	**124507**	**96553**	**808006**	**118372**	**689634**	**592001**	**177454**	**414547**
0—4岁	**15290**	**7872**	**7418**						
0	1963	1027	936						
1	3276	1683	1593						
2	3376	1761	1615						
3	3466	1747	1719						
4	3209	1654	1555						
5—9岁	**11795**	**6292**	**5503**						
5	2792	1450	1342						
6	2374	1255	1119						
7	2268	1229	1039						
8	2314	1233	1081						
9	2047	1125	922						
10—14岁	**10820**	**5783**	**5037**	**20**	**7**	**13**			
10	1995	1037	958	2	1	1			
11	2215	1151	1064	4	3	1			
12	2170	1152	1018						
13	2261	1234	1027	6	2	4			
14	2179	1209	970	8	1	7			
15—19岁	**6942**	**3894**	**3048**	**6409**	**160**	**6249**	**6**	**1**	**5**
15	1611	884	727	174	27	147	4	1	3
16	1542	853	689	395	25	370	1		1
17	1519	860	659	866	23	843			
18	1103	647	456	1720	27	1693	1		1
19	1167	650	517	3254	58	3196			
20—24岁	**11053**	**6294**	**4759**	**60038**	**2585**	**57453**	**15**	**1**	**14**
20	1364	783	581	4965	95	4870			
21	1675	976	699	7150	169	6981	1		1
22	2272	1279	993	10838	352	10486	2		2
23	2696	1555	1141	15351	723	14628	6	1	5
24	3046	1701	1345	21734	1246	20488	6		6
25—29岁	**16222**	**9030**	**7192**	**201889**	**19300**	**182589**	**45**	**5**	**40**
25	3307	1888	1419	30275	2119	28156	5		5
26	3049	1715	1334	33991	2843	31148	4		4
27	3134	1741	1393	41403	3868	37535	12		12
28	3306	1825	1481	45754	4762	40992	6	2	4
29	3426	1861	1565	50466	5708	44758	18	3	15

7-8　续表 5　　　　单位：人

年　龄	寄挂户口			婚姻嫁娶			照料孙子女		
	小计	男	女	小计	男	女	小计	男	女
30–34岁	**20114**	**11171**	**8943**	**226784**	**29406**	**197378**	**2031**	**516**	**1515**
30	4177	2274	1903	59308	7159	52149	375	92	283
31	4227	2343	1884	52234	6592	45642	384	101	283
32	3935	2160	1775	43881	5811	38070	415	103	312
33	4086	2311	1775	40437	5501	34936	452	120	332
34	3689	2083	1606	30924	4343	26581	405	100	305
35–39岁	**16197**	**9307**	**6890**	**103769**	**16587**	**87182**	**2142**	**567**	**1575**
35	3246	1853	1393	24915	3668	21247	367	104	263
36	3326	1945	1381	22618	3504	19114	419	121	298
37	3238	1873	1365	19886	3233	16653	432	113	319
38	3418	1973	1445	20097	3333	16764	450	109	341
39	2969	1663	1306	16253	2849	13404	474	120	354
40–44岁	**16125**	**9099**	**7026**	**65285**	**12304**	**52981**	**3670**	**941**	**2729**
40	3077	1792	1285	15037	2641	12396	526	135	391
41	3373	1874	1499	14687	2723	11964	671	184	487
42	3250	1820	1430	13123	2454	10669	691	180	511
43	3049	1705	1344	11257	2188	9069	791	213	578
44	3376	1908	1468	11181	2298	8883	991	229	762
45–49岁	**18131**	**9983**	**8148**	**50599**	**11249**	**39350**	**20064**	**3569**	**16495**
45	3305	1823	1482	10292	2204	8088	1308	281	1027
46	3501	1908	1593	10165	2206	7959	2045	409	1636
47	3620	2020	1600	10265	2261	8004	3375	615	2760
48	3825	2128	1697	10202	2365	7837	5320	896	4424
49	3880	2104	1776	9675	2213	7462	8016	1368	6648
50–54岁	**18297**	**10130**	**8167**	**38510**	**9289**	**29221**	**107207**	**20202**	**87005**
50	4073	2198	1875	9559	2231	7328	12085	1984	10101
51	3737	2057	1680	8399	1947	6452	17221	3048	14173
52	3939	2184	1755	8192	2002	6190	23343	4368	18975
53	3129	1776	1353	6082	1545	4537	23509	4492	19017
54	3419	1915	1504	6278	1564	4714	31049	6310	24739
55–59岁	**15151**	**8600**	**6551**	**22313**	**5893**	**16420**	**168665**	**40118**	**128547**
55	3566	2019	1547	5780	1557	4223	34433	7498	26935
56	3433	1952	1481	5214	1292	3922	36153	8245	27908
57	4050	2300	1750	5659	1523	4136	45326	11072	34254
58	2912	1652	1260	4065	1104	2961	38206	9637	28569
59	1190	677	513	1595	417	1178	14547	3666	10881
60–64岁	**8461**	**5082**	**3379**	**9603**	**3243**	**6360**	**105692**	**37979**	**67713**
60	1258	701	557	1524	473	1051	12855	3940	8915
61	1209	721	488	1339	448	891	13730	4831	8899
62	1904	1160	744	1986	701	1285	22249	8225	14024
63	2175	1345	830	2470	828	1642	29462	10889	18573
64	1915	1155	760	2284	793	1491	27396	10094	17302
65岁及以上	**36462**	**21970**	**14492**	**22787**	**8349**	**14438**	**182464**	**73555**	**108909**

7-8 续表 6

单位：人

年 龄	为子女就学			养老/康养			其 他		
	小计	男	女	小计	男	女	小计	男	女
总 计	**718254**	**244775**	**473479**	**253503**	**114683**	**138820**	**1164771**	**598301**	**566470**
0-4岁							**191911**	**102040**	**89871**
0							25804	13744	12060
1							38018	20106	17912
2							39795	21126	18669
3							45460	24005	21455
4							42834	23059	19775
5-9岁							**123045**	**67027**	**56018**
5							38447	20792	17655
6							23752	12890	10862
7							20712	11267	9445
8							21266	11722	9544
9							18868	10356	8512
10-14岁				**15**	**12**	**3**	**85962**	**47211**	**38751**
10				3	2	1	17639	9656	7983
11				2	2		18008	9945	8063
12				1		1	17362	9553	7809
13				5	5		16772	9161	7611
14				4	3	1	16181	8896	7285
15-19岁	**158**	**97**	**61**	**21**	**14**	**7**	**52883**	**29104**	**23779**
15	47	26	21	3	1	2	13130	7049	6081
16	35	23	12	2	2		13008	6955	6053
17	36	24	12	8	6	2	11231	6226	5005
18	24	15	9	2	1	1	8133	4647	3486
19	16	9	7	6	4	2	7381	4227	3154
20-24岁	**4044**	**1000**	**3044**	**45**	**32**	**13**	**49828**	**26202**	**23626**
20	176	67	109	4	4		7718	4351	3367
21	316	89	227	6	6		8249	4378	3871
22	631	154	477	11	7	4	10419	5384	5035
23	1055	227	828	9	5	4	11389	5888	5501
24	1866	463	1403	15	10	5	12053	6201	5852
25-29岁	**39353**	**10735**	**28618**	**70**	**41**	**29**	**71051**	**35541**	**35510**
25	3283	828	2455	11	6	5	13682	6915	6767
26	4587	1201	3386	17	11	6	13016	6523	6493
27	7127	1892	5235	10	6	4	13974	6993	6981
28	10078	2722	7356	12	4	8	14624	7345	7279
29	14278	4092	10186	20	14	6	15755	7765	7990

7-8　续表 7　　　　单位：人

年 龄	为子女就学			养老/康养			其 他		
	小计	男	女	小计	男	女	小计	男	女
30–34岁	**124262**	**37641**	**86621**	**122**	**70**	**52**	**83883**	**40927**	**42956**
30	21566	6202	15364	24	14	10	18939	9256	9683
31	24205	7192	17013	28	15	13	18839	9108	9731
32	25000	7566	17434	30	19	11	16256	7904	8352
33	27460	8545	18915	18	12	6	16076	7928	8148
34	26031	8136	17895	22	10	12	13773	6731	7042
35–39岁	**149509**	**46733**	**102776**	**119**	**76**	**43**	**59883**	**29873**	**30010**
35	25005	7887	17118	24	15	9	12074	5999	6075
36	27036	8601	18435	25	17	8	12141	6114	6027
37	29044	9139	19905	22	16	6	11556	5809	5747
38	34245	10513	23732	32	16	16	12586	6212	6374
39	34179	10593	23586	16	12	4	11526	5739	5787
40–44岁	**183398**	**63584**	**119814**	**186**	**119**	**67**	**64210**	**31685**	**32525**
40	37307	11861	25446	30	20	10	12043	5931	6112
41	41102	13637	27465	35	21	14	13064	6418	6646
42	38677	13558	25119	38	22	16	13260	6500	6760
43	33320	12072	21248	32	19	13	12162	6006	6156
44	32992	12456	20536	51	37	14	13681	6830	6851
45–49岁	**125184**	**48297**	**76887**	**391**	**222**	**169**	**80893**	**39945**	**40948**
45	29424	11267	18157	57	33	24	13413	6614	6799
46	28049	10889	17160	61	41	20	14755	7410	7345
47	25633	9899	15734	65	37	28	16152	7934	8218
48	23209	8877	14332	99	56	43	18157	9020	9137
49	18869	7365	11504	109	55	54	18416	8967	9449
50–54岁	**49365**	**19656**	**29709**	**12947**	**4814**	**8133**	**88602**	**42819**	**45783**
50	15531	6026	9505	1468	536	932	19129	9095	10034
51	11376	4572	6804	2367	879	1488	18306	8813	9493
52	9856	3985	5871	2918	1076	1842	19331	9409	9922
53	6528	2561	3967	2587	963	1624	15015	7236	7779
54	6074	2512	3562	3607	1360	2247	16821	8266	8555
55–59岁	**19163**	**7389**	**11774**	**22806**	**9211**	**13595**	**68443**	**33575**	**34868**
55	5110	2055	3055	4242	1708	2534	16044	7770	8274
56	4337	1648	2689	4694	1871	2823	15485	7517	7968
57	4575	1818	2757	6232	2522	3710	17884	8992	8892
58	3727	1381	2346	5145	2085	3060	13686	6732	6954
59	1414	487	927	2493	1025	1468	5344	2564	2780
60–64岁	**7993**	**3177**	**4816**	**26500**	**13108**	**13392**	**34764**	**18207**	**16557**
60	1057	433	624	3032	1384	1648	5074	2548	2526
61	998	412	586	3512	1710	1802	4930	2562	2368
62	1657	692	965	5729	2944	2785	7510	4108	3402
63	2154	825	1329	7077	3511	3566	8884	4654	4230
64	2127	815	1312	7150	3559	3591	8366	4335	4031
65岁及以上	**15825**	**6466**	**9359**	**190281**	**86964**	**103317**	**109413**	**54145**	**55268**

7－8a 全省分年龄、性别、迁移原因的户口登记地在外乡镇街道的人口(城市)

单位：人

年 龄	合 计			工作就业		
	合计	男	女	小计	男	女
总 计	**9113788**	**4545344**	**4568444**	**2517281**	**1452864**	**1064417**
0－4岁	**472248**	**249852**	**222396**			
0	58430	30946	27484			
1	90517	47733	42784			
2	97785	51765	46020			
3	114942	60540	54402			
4	110574	58868	51706			
5－9岁	**487202**	**267018**	**220184**			
5	99587	53747	45840			
6	99030	54170	44860			
7	95908	52607	43301			
8	101676	55948	45728			
9	91001	50546	40455			
10－14岁	**448759**	**246783**	**201976**	**171**	**109**	**62**
10	87126	48139	38987	16	12	4
11	89336	49439	39897	34	22	12
12	89763	49473	40290	33	18	15
13	89241	48879	40362	27	19	8
14	93293	50853	42440	61	38	23
15－19岁	**773852**	**399298**	**374554**	**42618**	**24481**	**18137**
15	132117	70927	61190	2236	1398	838
16	171800	91753	80047	4818	3006	1812
17	156871	82195	74676	8583	5087	3496
18	141099	70428	70671	11041	6293	4748
19	171965	83995	87970	15940	8697	7243
20－24岁	**776633**	**385429**	**391204**	**247979**	**128729**	**119250**
20	183775	90772	93003	25071	13096	11975
21	160055	79580	80475	35330	18346	16984
22	150226	74894	75332	52471	26973	25498
23	139882	69719	70163	63638	32846	30792
24	142695	70464	72231	71469	37468	34001
25－29岁	**859763**	**416903**	**442860**	**427900**	**235384**	**192516**
25	158815	77925	80890	81709	43562	38147
26	153596	74698	78898	78594	42507	36087
27	168743	81685	87058	84718	46646	38072
28	180661	87186	93475	88589	49502	39087
29	197948	95409	102539	94290	53167	41123

7-8a　续表 1　　　　单位：人

年　龄	合　　计			工作就业		
	合计	男	女	小计	男	女
30-34岁	**999187**	**477722**	**521465**	**452606**	**257801**	**194805**
30	237905	113930	123975	111778	63246	48532
31	219994	104629	115365	100152	56833	43319
32	194996	93013	101983	87436	49787	37649
33	189088	90512	98576	84089	48158	35931
34	157204	75638	81566	69151	39777	29374
35-39岁	**672640**	**327913**	**344727**	**281865**	**164183**	**117682**
35	137068	66560	70508	59725	34541	25184
36	136105	66585	69520	58183	33953	24230
37	129916	63622	66294	54343	31783	22560
38	141507	68926	72581	57776	33730	24046
39	128044	62220	65824	51838	30176	21662
40-44岁	**658769**	**327733**	**331036**	**255450**	**149892**	**105558**
40	129597	63231	66366	50977	29675	21302
41	140475	69472	71003	54478	32183	22295
42	134792	66739	68053	51901	30404	21497
43	123296	61862	61434	47389	27735	19654
44	130609	66429	64180	50705	29895	20810
45-49岁	**717241**	**364923**	**352318**	**285559**	**166596**	**118963**
45	128392	65069	63323	50726	29418	21308
46	135207	69211	65996	54201	31636	22565
47	143525	73328	70197	57293	33625	23668
48	154985	79025	75960	62336	36215	26121
49	155132	78290	76842	61003	35702	25301
50-54岁	**733949**	**358645**	**375304**	**258969**	**154932**	**104037**
50	159673	79343	80330	61177	35715	25462
51	151992	74439	77553	55388	32632	22756
52	158586	77404	81182	55474	33164	22310
53	124053	59840	64213	42410	25774	16636
54	139645	67619	72026	44520	27647	16873
55-59岁	**564828**	**269248**	**295580**	**151034**	**96293**	**54741**
55	134684	64718	69966	39971	25022	14949
56	129457	61836	67621	35612	22561	13051
57	150121	72089	78032	38353	24697	13656
58	109940	51947	57993	27590	17936	9654
59	40626	18658	21968	9508	6077	3431
60-64岁	**274236**	**136540**	**137696**	**47204**	**31747**	**15457**
60	39609	19243	20366	7722	5070	2652
61	39417	19853	19564	7020	4718	2302
62	58657	29813	28844	10183	7011	3172
63	70963	35543	35420	11923	8125	3798
64	65590	32088	33502	10356	6823	3533
65岁及以上	**674481**	**317337**	**357144**	**65926**	**42717**	**23209**

7-8a 续表 2

单位：人

年 龄	学习培训			随同离开/投亲靠友			拆迁/搬家		
	小计	男	女	小计	男	女	小计	男	女
总 计	**1205135**	**617173**	**587962**	**1215127**	**572399**	**642728**	**2345537**	**1204813**	**1140724**
0-4岁	**1707**	**920**	**787**	**292478**	**154693**	**137785**	**78041**	**41139**	**36902**
0	29	15	14	36073	19059	17014	8450	4507	3943
1	80	41	39	56384	29791	26593	14001	7305	6696
2	150	76	74	60675	32095	28580	16089	8466	7623
3	639	334	305	70812	37259	33553	20139	10653	9486
4	809	454	355	68534	36489	32045	19362	10208	9154
5-9岁	**87030**	**49023**	**38007**	**247938**	**134979**	**112959**	**89082**	**48586**	**40496**
5	824	459	365	61083	32905	28178	18412	9962	8450
6	18867	10492	8375	49932	27222	22710	17940	9769	8171
7	21582	12180	9402	46237	25132	21105	17376	9429	7947
8	23790	13388	10402	48126	26327	21799	18591	10106	8485
9	21967	12504	9463	42560	23393	19167	16763	9320	7443
10-14岁	**135742**	**75222**	**60520**	**184411**	**100684**	**83727**	**84201**	**46378**	**37823**
10	21622	12213	9409	39920	21826	18094	16343	9029	7314
11	23507	13150	10357	39645	21803	17842	16887	9282	7605
12	26230	14695	11535	37253	20302	16951	17401	9599	7802
13	28034	15601	12433	35233	19218	16015	17238	9323	7915
14	36349	19563	16786	32360	17535	14825	16332	9145	7187
15-19岁	**567055**	**285019**	**282036**	**81441**	**44214**	**37227**	**54398**	**30425**	**23973**
15	86895	45919	40976	23155	12598	10557	13204	7357	5847
16	127098	66827	60271	20577	11097	9480	12787	7220	5567
17	112837	57657	55180	17591	9618	7973	11880	6617	5263
18	105754	50824	54930	11090	6056	5034	8608	4822	3786
19	134471	63792	70679	9028	4845	4183	7919	4409	3510
20-24岁	**341448**	**169087**	**172361**	**56138**	**27729**	**28409**	**80187**	**42164**	**38023**
20	134336	65132	69204	9331	4855	4476	9464	5153	4311
21	96776	47561	49215	9387	4753	4634	11648	6151	5497
22	59466	29877	29589	12135	5913	6222	16484	8643	7841
23	31575	16403	15172	12652	6083	6569	19627	10236	9391
24	19295	10114	9181	12633	6125	6508	22964	11981	10983
25-29岁	**43265**	**22769**	**20496**	**56841**	**24592**	**32249**	**182656**	**95583**	**87073**
25	14279	7543	6736	12960	6033	6927	28335	14932	13403
26	9371	4908	4463	11379	5180	6199	30200	15890	14310
27	7541	3991	3550	10777	4659	6118	35951	18874	17077
28	6353	3307	3046	10694	4333	6361	40949	21390	19559
29	5721	3020	2701	11031	4387	6644	47221	24497	22724

7-8a　续表 3　　单位：人

年　龄	学习培训			随同离开/投亲靠友			拆迁/搬家		
	小计	男	女	小计	男	女	小计	男	女
30—34岁	**16605**	**8944**	**7661**	**46827**	**15495**	**31332**	**262767**	**132756**	**130011**
30	5462	2945	2517	12036	4322	7714	59019	30250	28769
31	3970	2108	1862	10583	3536	7047	57489	29135	28354
32	3067	1614	1453	9031	2973	6058	51823	26161	25662
33	2419	1343	1076	8306	2584	5722	51287	25681	25606
34	1687	934	753	6871	2080	4791	43149	21529	21620
35—39岁	**5147**	**2765**	**2382**	**27468**	**7939**	**19529**	**196883**	**99206**	**97677**
35	1311	716	595	5725	1688	4037	38798	19642	19156
36	1161	640	521	5688	1644	4044	39199	19805	19394
37	976	522	454	5315	1572	3743	37946	19101	18845
38	919	485	434	5633	1629	4004	42464	21451	21013
39	780	402	378	5107	1406	3701	38476	19207	19269
40—44岁	**2747**	**1360**	**1387**	**25468**	**6389**	**19079**	**212156**	**107603**	**104553**
40	697	365	332	5152	1300	3852	39680	20035	19645
41	613	304	309	5341	1348	3993	44154	22355	21799
42	571	272	299	5228	1329	3899	43132	21745	21387
43	475	230	245	4681	1174	3507	40963	20809	20154
44	391	189	202	5066	1238	3828	44227	22659	21568
45—49岁	**1795**	**874**	**921**	**31131**	**7163**	**23968**	**259282**	**131834**	**127448**
45	421	212	209	5132	1178	3954	44474	22568	21906
46	344	164	180	5497	1280	4217	47523	24264	23259
47	368	172	196	6162	1423	4739	51971	26367	25604
48	363	189	174	6899	1626	5273	57058	29171	27887
49	299	137	162	7441	1656	5785	58256	29464	28792
50—54岁	**1019**	**466**	**553**	**40202**	**9301**	**30901**	**278975**	**140136**	**138839**
50	295	146	149	7834	1758	6076	60836	30593	30243
51	207	93	114	7965	1788	6177	58562	29226	29336
52	200	94	106	8823	1996	6827	60834	30558	30276
53	172	76	96	7159	1681	5478	46243	23043	23200
54	145	57	88	8421	2078	6343	52500	26716	25784
55—59岁	**639**	**297**	**342**	**36292**	**9696**	**26596**	**209713**	**107619**	**102094**
55	170	66	104	8212	2059	6153	50506	25860	24646
56	138	72	66	8310	2158	6152	48689	24978	23711
57	166	78	88	9697	2711	6986	56748	29441	27307
58	123	63	60	7254	1993	5261	39270	20073	19197
59	42	18	24	2819	775	2044	14500	7267	7233
60—64岁	**283**	**145**	**138**	**19894**	**6818**	**13076**	**99782**	**53112**	**46670**
60	32	14	18	2663	814	1849	15298	8050	7248
61	35	17	18	2690	944	1746	15019	8083	6936
62	75	40	35	4183	1462	2721	21303	11477	9826
63	82	48	34	5300	1847	3453	24725	13272	11453
64	59	26	33	5058	1751	3307	23437	12230	11207
65岁及以上	**653**	**282**	**371**	**68598**	**22707**	**45891**	**257414**	**128272**	**129142**

7－8a 续表 4

单位：人

年 龄	寄挂户口			婚姻嫁娶			照料孙子女		
	小计	男	女	小计	男	女	小计	男	女
总 计	**94111**	**52307**	**41804**	**370669**	**67089**	**303580**	**326856**	**102288**	**224568**
0－4岁	**8187**	**4218**	**3969**						
0	1156	612	544						
1	1796	938	858						
2	1751	916	835						
3	1839	924	915						
4	1645	828	817						
5－9岁	**5691**	**2999**	**2692**						
5	1438	736	702						
6	1151	594	557						
7	1087	575	512						
8	1080	580	500						
9	935	514	421						
10－14岁	**4735**	**2551**	**2184**	**3**	**2**	**1**			
10	930	470	460	1	1				
11	960	524	436	1	1				
12	915	482	433						
13	983	521	462	1		1			
14	947	554	393						
15－19岁	**3097**	**1750**	**1347**	**1018**	**86**	**932**	**2**		**2**
15	729	397	332	41	14	27	2		2
16	713	392	321	62	16	46			
17	681	393	288	117	12	105			
18	484	276	208	265	16	249			
19	490	292	198	533	28	505			
20－24岁	**4777**	**2735**	**2042**	**18652**	**1417**	**17235**	**4**	**1**	**3**
20	576	339	237	988	52	936			
21	751	440	311	1704	84	1620	1		1
22	980	551	429	3030	184	2846			
23	1129	647	482	4947	370	4577	1	1	
24	1341	758	583	7983	727	7256	2		2
25－29岁	**6890**	**3808**	**3082**	**89592**	**11731**	**77861**	**16**	**3**	**13**
25	1354	770	584	11877	1225	10652	4		4
26	1279	711	568	14480	1694	12786	1		1
27	1345	742	603	18367	2355	16012	4		4
28	1447	792	655	20993	2886	18107	2	1	1
29	1465	793	672	23875	3571	20304	5	2	3

7-8a　续表 5　　　　单位：人

年　龄	寄挂户口			婚姻嫁娶			照料孙子女		
	小计	男	女	小计	男	女	小计	男	女
30–34岁	**8528**	**4710**	**3818**	**112326**	**18380**	**93946**	**939**	**278**	**661**
30	1727	939	788	28592	4473	24119	193	51	142
31	1780	994	786	25893	4084	21809	168	51	117
32	1692	902	790	22071	3693	18378	184	60	124
33	1713	954	759	20208	3384	16824	207	64	143
34	1616	921	695	15562	2746	12816	187	52	135
35–39岁	**7001**	**3950**	**3051**	**52829**	**10269**	**42560**	**1064**	**330**	**734**
35	1378	747	631	12506	2239	10267	187	60	127
36	1412	801	611	11468	2173	9295	199	70	129
37	1433	834	599	10179	2010	8169	214	66	148
38	1485	841	644	10370	2090	8280	240	67	173
39	1293	727	566	8306	1757	6549	224	67	157
40–44岁	**6941**	**3925**	**3016**	**32524**	**7411**	**25113**	**1705**	**487**	**1218**
40	1389	805	584	7660	1627	6033	231	69	162
41	1495	848	647	7347	1663	5684	306	92	214
42	1404	780	624	6619	1506	5113	328	98	230
43	1263	711	552	5537	1293	4244	375	111	264
44	1390	781	609	5361	1322	4039	465	117	348
45–49岁	**7470**	**4082**	**3388**	**23148**	**6138**	**17010**	**9667**	**1814**	**7853**
45	1371	741	630	4804	1226	3578	570	137	433
46	1445	801	644	4657	1247	3410	933	179	754
47	1513	852	661	4625	1202	3423	1613	317	1296
48	1497	796	701	4613	1272	3341	2572	481	2091
49	1644	892	752	4449	1191	3258	3979	700	3279
50–54岁	**7828**	**4258**	**3570**	**17170**	**4802**	**12368**	**55580**	**10713**	**44867**
50	1697	917	780	4273	1177	3096	6213	1063	5150
51	1578	851	727	3708	1010	2698	8850	1628	7222
52	1676	882	794	3701	1078	2623	11868	2258	9610
53	1356	768	588	2671	764	1907	12166	2376	9790
54	1521	840	681	2817	773	2044	16483	3388	13095
55–59岁	**6469**	**3588**	**2881**	**10248**	**2836**	**7412**	**92912**	**22638**	**70274**
55	1600	870	730	2590	749	1841	18681	4151	14530
56	1513	838	675	2457	649	1808	19900	4698	15202
57	1641	930	711	2632	751	1881	25368	6312	19056
58	1243	691	552	1902	519	1383	21014	5432	15582
59	472	259	213	667	168	499	7949	2045	5904
60–64岁	**3567**	**2105**	**1462**	**4263**	**1365**	**2898**	**61819**	**22931**	**38888**
60	533	294	239	734	214	520	7578	2366	5212
61	501	299	202	625	214	411	8196	3006	5190
62	803	470	333	914	316	598	13076	4911	8165
63	916	564	352	1049	317	732	17228	6627	10601
64	814	478	336	941	304	637	15741	6021	9720
65岁及以上	**12930**	**7628**	**5302**	**8896**	**2652**	**6244**	**103148**	**43093**	**60055**

7－8a 续表 6

单位：人

年 龄	为子女就学			养老/康养			其 他		
	小计	男	女	小计	男	女	小计	男	女
总 计	**332568**	**127146**	**205422**	**132348**	**56560**	**75788**	**574156**	**292705**	**281451**
0—4岁							**91835**	**48882**	**42953**
0							12722	6753	5969
1							18256	9658	8598
2							19120	10212	8908
3							21513	11370	10143
4							20224	10889	9335
5—9岁							**57461**	**31431**	**26030**
5							17830	9685	8145
6							11140	6093	5047
7							9626	5291	4335
8							10089	5547	4542
9							8776	4815	3961
10—14岁				**3**	**2**	**1**	**39493**	**21835**	**17658**
10				2	1	1	8292	4587	3705
11							8302	4657	3645
12							7931	4377	3554
13							7725	4197	3528
14				1	1		7243	4017	3226
15—19岁	**65**	**36**	**29**	**4**	**1**	**3**	**24154**	**13286**	**10868**
15	19	10	9				5836	3234	2602
16	20	11	9	1	1		5724	3183	2541
17	15	8	7	1		1	5166	2803	2363
18	6	4	2	1		1	3850	2137	1713
19	5	3	2	1		1	3578	1929	1649
20—24岁	**1624**	**417**	**1207**	**14**	**12**	**2**	**25810**	**13138**	**12672**
20	70	29	41	1	1		3938	2115	1823
21	118	36	82	3	3		4337	2206	2131
22	269	67	202	2	2		5389	2684	2705
23	415	98	317	4	3	1	5894	3032	2862
24	752	187	565	4	3	1	6252	3101	3151
25—29岁	**16497**	**4992**	**11505**	**22**	**12**	**10**	**36084**	**18029**	**18055**
25	1319	360	959	2	1	1	6976	3499	3477
26	1811	553	1258	7	5	2	6474	3250	3224
27	2940	868	2072	3	1	2	7097	3549	3548
28	4201	1246	2955	5	1	4	7428	3728	3700
29	6226	1965	4261	5	4	1	8109	4003	4106

7-8a　续表 7　　　　单位：人

年　龄	为子女就学			养老/康养			其　他		
	小计	男	女	小计	男	女	小计	男	女
30-34岁	**56550**	**18914**	**37636**	**38**	**19**	**19**	**42001**	**20425**	**21576**
30	9559	3041	6518	7	4	3	9532	4659	4873
31	10978	3578	7400	7	4	3	8974	4306	4668
32	11443	3813	7630	10	5	5	8239	4005	4234
33	12678	4352	8326	6	3	3	8175	3989	4186
34	11892	4130	7762	8	3	5	7081	3466	3615
35-39岁	**69872**	**24132**	**45740**	**26**	**15**	**11**	**30485**	**15124**	**15361**
35	11419	3903	7516	5	4	1	6014	3020	2994
36	12494	4393	8101	8	5	3	6293	3101	3192
37	13660	4800	8860	4	2	2	5846	2932	2914
38	16142	5426	10716	8	3	5	6470	3204	3266
39	16157	5610	10547	1	1		5862	2867	2995
40-44岁	**89364**	**34527**	**54837**	**67**	**34**	**33**	**32347**	**16105**	**16242**
40	17669	6283	11386	13	6	7	6129	3066	3063
41	20035	7337	12698	15	6	9	6691	3336	3355
42	18964	7313	11651	15	7	8	6630	3285	3345
43	16429	6707	9722	8	4	4	6176	3088	3088
44	16267	6887	9380	16	11	5	6721	3330	3391
45-49岁	**58800**	**26525**	**32275**	**149**	**79**	**70**	**40240**	**19818**	**20422**
45	14248	6313	7935	24	12	12	6622	3264	3358
46	13273	5997	7276	21	11	10	7313	3632	3681
47	11946	5454	6492	16	7	9	8018	3909	4109
48	10708	4822	5886	38	24	14	8901	4429	4472
49	8625	3939	4686	50	25	25	9386	4584	4802
50-54岁	**21776**	**9850**	**11926**	**7023**	**2541**	**4482**	**45407**	**21646**	**23761**
50	6955	3164	3791	762	267	495	9631	4543	5088
51	5059	2283	2776	1298	445	853	9377	4483	4894
52	4419	2019	2400	1576	552	1024	10015	4803	5212
53	2777	1217	1560	1400	506	894	7699	3635	4064
54	2566	1167	1399	1987	771	1216	8685	4182	4503
55-59岁	**8088**	**3471**	**4617**	**12957**	**5171**	**7786**	**36476**	**17639**	**18837**
55	2197	992	1205	2374	945	1429	8383	4004	4379
56	1846	789	1057	2675	1088	1587	8317	4005	4312
57	1988	861	1127	3662	1453	2209	9866	4855	5011
58	1502	620	882	2877	1158	1719	7165	3462	3703
59	555	209	346	1369	527	842	2745	1313	1432
60-64岁	**3445**	**1485**	**1960**	**14784**	**6966**	**7818**	**19195**	**9866**	**9329**
60	434	200	234	1707	760	947	2908	1461	1447
61	459	197	262	2001	921	1080	2871	1454	1417
62	745	332	413	3181	1539	1642	4194	2255	1939
63	914	392	522	3988	1869	2119	4838	2482	2356
64	893	364	529	3907	1877	2030	4384	2214	2170
65岁及以上	**6487**	**2797**	**3690**	**97261**	**41708**	**55553**	**53168**	**25481**	**27687**

7-8b 全省分年龄、性别、迁移原因的户口登记地在外乡镇街道的人口(镇)

单位：人

年龄	合计			工作就业		
	合计	男	女	小计	男	女
总计	**7585048**	**3827834**	**3757214**	**2189296**	**1305601**	**883695**
0-4岁	**426733**	**227334**	**199399**			
0	50960	27390	23570			
1	80911	42973	37938			
2	87513	46355	41158			
3	105802	56039	49763			
4	101547	54577	46970			
5-9岁	**511508**	**281440**	**230068**			
5	94372	51047	43325			
6	102935	56489	46446			
7	103823	57130	46693			
8	109468	60825	48643			
9	100910	55949	44961			
10-14岁	**511178**	**282515**	**228663**	**179**	**104**	**75**
10	97344	54050	43294	29	16	13
11	100571	55824	44747	40	28	12
12	101139	55546	45593	34	19	15
13	100795	55990	44805	30	17	13
14	111329	61105	50224	46	24	22
15-19岁	**852211**	**462234**	**389977**	**46118**	**30119**	**15999**
15	171009	93288	77721	1905	1189	716
16	220094	119852	100242	6343	4242	2101
17	192327	104732	87595	11412	7743	3669
18	138185	74864	63321	11976	7812	4164
19	130596	69498	61098	14482	9133	5349
20-24岁	**526727**	**276301**	**250426**	**180422**	**104960**	**75462**
20	126425	67081	59344	19744	12238	7506
21	105986	56400	49586	25573	15166	10407
22	98582	52333	46249	37055	21501	15554
23	94917	49276	45641	45581	26084	19497
24	100817	51211	49606	52469	29971	22498
25-29岁	**669768**	**330630**	**339138**	**348638**	**203363**	**145275**
25	117765	59164	58601	62199	35925	26274
26	117734	58683	59051	62116	36131	25985
27	132788	65849	66939	69570	40703	28867
28	143199	70089	73110	74199	43501	30698
29	158282	76845	81437	80554	47103	33451

7-8b 续表 1

单位：人

年龄	合计			工作就业		
	合计	男	女	小计	男	女
30-34岁	**810747**	**387713**	**423034**	**399885**	**233669**	**166216**
30	191745	92010	99735	96928	56527	40401
31	178471	85390	93081	88879	51751	37128
32	157571	75286	82285	77480	45269	32211
33	154621	73901	80720	75119	43890	31229
34	128339	61126	67213	61479	36232	25247
35-39岁	**556520**	**266045**	**290475**	**254913**	**150009**	**104904**
35	113126	54514	58612	53866	31844	22022
36	112452	54257	58195	52509	31049	21460
37	107694	51767	55927	49442	29185	20257
38	116069	54909	61160	51760	30314	21446
39	107179	50598	56581	47336	27617	19719
40-44岁	**550583**	**264673**	**285910**	**239084**	**139131**	**99953**
40	109998	51780	58218	47555	27655	19900
41	116932	55319	61613	49960	28981	20979
42	112968	54196	58772	49051	28474	20577
43	101182	49048	52134	44311	25775	18536
44	109503	54330	55173	48207	28246	19961
45-49岁	**590230**	**291700**	**298530**	**266628**	**155180**	**111448**
45	106550	52721	53829	47812	27913	19899
46	113253	56064	57189	51147	29582	21565
47	118983	58797	60186	53889	31217	22672
48	127720	63126	64594	57790	33681	24109
49	123724	60992	62732	55990	32787	23203
50-54岁	**569855**	**277739**	**292116**	**234216**	**143081**	**91135**
50	126187	61689	64498	56200	33065	23135
51	118182	58013	60169	50128	30341	19787
52	122293	59762	62531	49982	30600	19382
53	97180	46740	50440	38188	23682	14506
54	106013	51535	54478	39718	25393	14325
55-59岁	**399658**	**190378**	**209280**	**129732**	**85221**	**44511**
55	98606	47164	51442	34536	22074	12462
56	91258	43331	47927	30659	19879	10780
57	101572	48979	52593	32272	21560	10712
58	79013	37434	41579	23694	15984	7710
59	29209	13470	15739	8571	5724	2847
60-64岁	**171042**	**84714**	**86328**	**37601**	**26214**	**11387**
60	23689	11421	12268	6248	4186	2062
61	22882	11558	11324	5507	3898	1609
62	35847	18324	17523	7970	5619	2351
63	45572	22632	22940	9686	6819	2867
64	43052	20779	22273	8190	5692	2498
65岁及以上	**438288**	**204418**	**233870**	**51880**	**34550**	**17330**

7-8b 续表 2

单位：人

年 龄	学习培训			随同离开/投亲靠友			拆迁/搬家		
	小计	男	女	小计	男	女	小计	男	女
总 计	**1298816**	**701090**	**597726**	**1033745**	**493027**	**540718**	**1554165**	**799105**	**755060**
0-4岁	**2998**	**1623**	**1375**	**269307**	**143412**	**125895**	**61502**	**32832**	**28670**
0	64	31	33	31792	17113	14679	6775	3621	3154
1	135	71	64	51190	27176	24014	11160	5966	5194
2	268	131	137	55624	29440	26184	12584	6729	5855
3	1144	627	517	66660	35247	31413	15835	8488	7347
4	1387	763	624	64041	34436	29605	15148	8028	7120
5-9岁	**141058**	**79112**	**61946**	**234449**	**127723**	**106726**	**76648**	**42269**	**34379**
5	1660	894	766	59207	32038	27169	14501	7858	6643
6	29245	16236	13009	46859	25539	21320	15538	8616	6922
7	34608	19264	15344	43733	23861	19872	15518	8605	6913
8	38500	21725	16775	44675	24449	20226	16251	9067	7184
9	37045	20993	16052	39975	21836	18139	14840	8123	6717
10-14岁	**222194**	**123846**	**98348**	**172365**	**93960**	**78405**	**74782**	**41626**	**33156**
10	36959	20901	16058	37344	20435	16909	14582	8056	6526
11	39630	22339	17291	37096	20258	16838	15059	8390	6669
12	42544	23599	18945	34836	18770	16066	15363	8531	6832
13	44747	25130	19617	32757	17944	14813	15145	8409	6736
14	58314	31877	26437	30332	16553	13779	14633	8240	6393
15-19岁	**671219**	**358423**	**312796**	**64429**	**35232**	**29197**	**42427**	**23978**	**18449**
15	131334	71330	60004	19819	10924	8895	11135	6277	4858
16	180352	97440	82912	16314	8934	7380	10214	5721	4493
17	152605	81432	71173	13470	7312	6158	8995	5063	3932
18	106562	56280	50282	8612	4708	3904	6794	3840	2954
19	100366	51941	48425	6214	3354	2860	5289	3077	2212
20-24岁	**213294**	**112673**	**100621**	**37194**	**18128**	**19066**	**52768**	**28301**	**24467**
20	89902	46480	43422	6032	3122	2910	5986	3308	2678
21	60890	32143	28747	6303	3180	3123	7455	4022	3433
22	34872	19113	15759	7990	3833	4157	10379	5455	4924
23	17296	9470	7826	8345	3977	4368	13113	6978	6135
24	10334	5467	4867	8524	4016	4508	15835	8538	7297
25-29岁	**25765**	**13926**	**11839**	**40913**	**17524**	**23389**	**129855**	**68865**	**60990**
25	7698	4093	3605	8933	4246	4687	20321	10820	9501
26	5379	2880	2499	7955	3551	4404	21790	11776	10014
27	4647	2560	2087	8145	3538	4607	25616	13819	11797
28	4190	2241	1949	7845	3164	4681	28686	15056	13630
29	3851	2152	1699	8035	3025	5010	33442	17394	16048

7-8b 续表 3

单位：人

年 龄	学习培训			随同离开/投亲靠友			拆迁/搬家		
	小计	男	女	小计	男	女	小计	男	女
30–34岁	**12877**	**7091**	**5786**	**36056**	**11401**	**24655**	**180218**	**89868**	**90350**
30	4280	2275	2005	9296	3295	6001	40598	20670	19928
31	3102	1710	1392	7993	2563	5430	38854	19468	19386
32	2316	1326	990	6970	2172	4798	35375	17631	17744
33	1903	1073	830	6611	1929	4682	35410	17531	17879
34	1276	707	569	5186	1442	3744	29981	14568	15413
35–39岁	**3771**	**2031**	**1740**	**20991**	**5364**	**15627**	**137513**	**67916**	**69597**
35	948	537	411	4543	1250	3293	26625	13159	13466
36	870	488	382	4421	1180	3241	27454	13550	13904
37	708	366	342	3950	1048	2902	26641	13250	13391
38	677	359	318	4202	997	3205	29499	14486	15013
39	568	281	287	3875	889	2986	27294	13471	13823
40–44岁	**2084**	**864**	**1220**	**19883**	**4311**	**15572**	**147555**	**74221**	**73334**
40	516	227	289	3942	891	3051	28480	14111	14369
41	435	179	256	4204	907	3297	31023	15446	15577
42	433	182	251	4034	875	3159	30079	15006	15073
43	347	126	221	3591	762	2829	27348	13815	13533
44	353	150	203	4112	876	3236	30625	15843	14782
45–49岁	**1404**	**600**	**804**	**23449**	**4453**	**18996**	**173643**	**88169**	**85474**
45	306	127	179	3890	774	3116	29986	15376	14610
46	292	126	166	4252	815	3437	32572	16680	15892
47	305	131	174	4605	847	3758	34838	17822	17016
48	263	110	153	5251	957	4294	38538	19493	19045
49	238	106	132	5451	1060	4391	37709	18798	18911
50–54岁	**854**	**371**	**483**	**29939**	**6164**	**23775**	**175087**	**87390**	**87697**
50	231	102	129	5906	1135	4771	38471	19116	19355
51	188	76	112	5955	1208	4747	36713	18271	18442
52	173	71	102	6530	1344	5186	37848	19043	18805
53	139	69	70	5482	1118	4364	29643	14667	14976
54	123	53	70	6066	1359	4707	32412	16293	16119
55–59岁	**502**	**225**	**277**	**24820**	**5960**	**18860**	**118569**	**60182**	**58387**
55	105	49	56	5833	1343	4490	30085	15150	14935
56	107	49	58	5536	1268	4268	27469	13950	13519
57	126	59	67	6327	1581	4746	30295	15536	14759
58	118	54	64	5149	1301	3848	22814	11645	11169
59	46	14	32	1975	467	1508	7906	3901	4005
60–64岁	**245**	**104**	**141**	**12460**	**4011**	**8449**	**48906**	**26042**	**22864**
60	30	13	17	1636	482	1154	6743	3492	3251
61	35	18	17	1600	513	1087	6583	3546	3037
62	43	20	23	2515	841	1674	10320	5608	4712
63	63	30	33	3368	1123	2245	12856	6886	5970
64	74	23	51	3341	1052	2289	12404	6510	5894
65岁及以上	**551**	**201**	**350**	**47490**	**15384**	**32106**	**134692**	**67446**	**67246**

7-8b 续表 4 单位：人

年龄	寄挂户口			婚姻嫁娶			照料孙子女		
	小计	男	女	小计	男	女	小计	男	女
总计	**57684**	**32369**	**25315**	**275119**	**36851**	**238268**	**256450**	**72615**	**183835**
0-4岁	**4415**	**2310**	**2105**						
0	609	325	284						
1	949	496	453						
2	978	512	466						
3	957	483	474						
4	922	494	428						
5-9岁	**3250**	**1744**	**1506**						
5	772	419	353						
6	636	339	297						
7	636	346	290						
8	641	329	312						
9	565	311	254						
10-14岁	**3037**	**1648**	**1389**	**5**	**4**	**1**			
10	547	294	253						
11	650	323	327	2	2				
12	641	345	296						
13	614	359	255	1	1				
14	585	327	258	2	1	1			
15-19岁	**1958**	**1062**	**896**	**1810**	**60**	**1750**	**4**	**1**	**3**
15	419	227	192	56	13	43	2	1	1
16	424	232	192	102	6	96	1		1
17	426	243	183	231	9	222			
18	309	183	126	472	9	463	1		1
19	380	177	203	949	23	926			
20-24岁	**2756**	**1551**	**1205**	**20904**	**1000**	**19904**	**8**		**8**
20	386	201	185	1503	32	1471			
21	421	245	176	2349	71	2278			
22	590	341	249	3777	136	3641	1		1
23	664	383	281	5420	313	5107	3		3
24	695	381	314	7855	448	7407	4		4
25-29岁	**4183**	**2333**	**1850**	**72820**	**6533**	**66287**	**26**	**2**	**24**
25	823	468	355	11121	758	10363	1		1
26	773	433	340	12337	995	11342	3		3
27	810	456	354	14901	1302	13599	7		7
28	831	458	373	16444	1647	14797	4	1	3
29	946	518	428	18017	1831	16186	11	1	10

7-8b　续表 5　　　　单位：人

年　龄	寄挂户口			婚姻嫁娶			照料孙子女		
	小计	男	女	小计	男	女	小计	男	女
30–34岁	**5588**	**3062**	**2526**	**78118**	**9175**	**68943**	**1011**	**229**	**782**
30	1090	581	509	20880	2277	18603	168	39	129
31	1160	645	515	17970	2108	15862	201	50	151
32	1106	597	509	14971	1749	13222	212	43	169
33	1197	687	510	13856	1743	12113	226	52	174
34	1035	552	483	10441	1298	9143	204	45	159
35–39岁	**4494**	**2551**	**1943**	**34424**	**5122**	**29302**	**1020**	**226**	**794**
35	911	520	391	8402	1172	7230	166	40	126
36	894	524	370	7552	1107	6445	208	50	158
37	905	523	382	6581	990	5591	201	42	159
38	935	534	401	6597	991	5606	205	42	163
39	849	450	399	5292	862	4430	240	52	188
40–44岁	**4372**	**2432**	**1940**	**21029**	**3753**	**17276**	**1873**	**433**	**1440**
40	822	486	336	4845	788	4057	274	61	213
41	960	506	454	4821	844	3977	345	86	259
42	844	473	371	4181	720	3461	349	77	272
43	815	456	359	3637	680	2957	393	98	295
44	931	511	420	3545	721	2824	512	111	401
45–49岁	**5064**	**2769**	**2295**	**16642**	**3561**	**13081**	**10081**	**1712**	**8369**
45	918	516	402	3383	722	2661	716	140	576
46	987	529	458	3281	681	2600	1070	219	851
47	979	531	448	3470	747	2723	1707	295	1412
48	1150	635	515	3366	722	2644	2676	406	2270
49	1030	558	472	3142	689	2453	3912	652	3260
50–54岁	**5031**	**2828**	**2203**	**12205**	**2776**	**9429**	**50231**	**9245**	**40986**
50	1122	596	526	3091	693	2398	5698	893	4805
51	1051	595	456	2652	575	2077	8131	1384	6747
52	1046	608	438	2570	558	2012	11176	2067	9109
53	876	496	380	1931	482	1449	11026	2052	8974
54	936	533	403	1961	468	1493	14200	2849	11351
55–59岁	**3697**	**2152**	**1545**	**7049**	**1750**	**5299**	**73745**	**17049**	**56696**
55	926	546	380	1858	485	1373	15345	3275	12070
56	836	484	352	1616	391	1225	15826	3454	12372
57	1006	565	441	1814	432	1382	19454	4649	14805
58	640	375	265	1251	310	941	16723	4097	12626
59	289	182	107	510	132	378	6397	1574	4823
60–64岁	**1923**	**1153**	**770**	**2907**	**905**	**2002**	**42526**	**14593**	**27933**
60	270	154	116	422	135	287	5139	1532	3607
61	262	168	94	389	105	284	5365	1767	3598
62	437	273	164	559	177	382	8878	3215	5663
63	496	297	199	800	260	540	11850	4138	7712
64	458	261	197	737	228	509	11294	3941	7353
65岁及以上	**7916**	**4774**	**3142**	**7206**	**2212**	**4994**	**75925**	**29125**	**46800**

7-8b 续表 6 单位：人

年龄	为子女就学			养老/康养			其他		
	小计	男	女	小计	男	女	小计	男	女
总计	**374599**	**114645**	**259954**	**93936**	**41443**	**52493**	**451238**	**231088**	**220150**
0-4岁							**88511**	**47157**	**41354**
0							11720	6300	5420
1							17477	9264	8213
2							18059	9543	8516
3							21206	11194	10012
4							20049	10856	9193
5-9岁							**56103**	**30592**	**25511**
5							18232	9838	8394
6							10657	5759	4898
7							9328	5054	4274
8							9401	5255	4146
9							8485	4686	3799
10-14岁				**12**	**10**	**2**	**38604**	**21317**	**17287**
10				1	1		7882	4347	3535
11				2	2		8092	4482	3610
12				1		1	7720	4282	3438
13				5	5		7496	4125	3371
14				3	2	1	7414	4081	3333
15-19岁	**86**	**57**	**29**	**17**	**13**	**4**	**24143**	**13289**	**10854**
15	25	14	11	3	1	2	6311	3312	2999
16	14	11	3	1	1		6329	3265	3064
17	21	16	5	7	6	1	5160	2908	2252
18	16	10	6	1	1		3442	2021	1421
19	10	6	4	5	4	1	2901	1783	1118
20-24岁	**2328**	**566**	**1762**	**28**	**18**	**10**	**17025**	**9104**	**7921**
20	99	37	62	3	3		2770	1660	1110
21	188	51	137	2	2		2805	1520	1285
22	351	87	264	8	5	3	3559	1862	1697
23	610	121	489	4	1	3	3881	1949	1932
24	1080	270	810	11	7	4	4010	2113	1897
25-29岁	**22219**	**5612**	**16607**	**40**	**25**	**15**	**25309**	**12447**	**12862**
25	1900	455	1445	7	4	3	4762	2395	2367
26	2682	628	2054	7	5	2	4692	2284	2408
27	4070	1001	3069	6	4	2	5016	2466	2550
28	5727	1448	4279	7	3	4	5266	2570	2696
29	7840	2080	5760	13	9	4	5573	2732	2841

7-8b　续表 7　　　　单位：人

年　龄	为子女就学			养老/康养			其　他		
	小计	男	女	小计	男	女	小计	男	女
30–34岁	**66007**	**18280**	**47727**	**82**	**49**	**33**	**30905**	**14889**	**16016**
30	11677	3086	8591	17	10	7	6811	3250	3561
31	12869	3536	9333	20	10	10	7423	3549	3874
32	13221	3649	9572	20	14	6	5900	2836	3064
33	14421	4088	10333	11	8	3	5867	2900	2967
34	13819	3921	9898	14	7	7	4904	2354	2550
35–39岁	**77759**	**22198**	**55561**	**86**	**57**	**29**	**21549**	**10571**	**10978**
35	13276	3915	9361	16	10	6	4373	2067	2306
36	14232	4133	10099	16	11	5	4296	2165	2131
37	15035	4263	10772	18	14	4	4213	2086	2127
38	17655	4997	12658	22	12	10	4517	2177	2340
39	17561	4890	12671	14	10	4	4150	2076	2074
40–44岁	**91117**	**28264**	**62853**	**105**	**74**	**31**	**23481**	**11190**	**12291**
40	19111	5458	13653	15	13	2	4438	2090	2348
41	20422	6143	14279	18	13	5	4744	2214	2530
42	19088	6073	13015	20	12	8	4889	2304	2585
43	16356	5210	11146	21	14	7	4363	2112	2251
44	16140	5380	10760	31	22	9	5047	2470	2577
45–49岁	**64227**	**21141**	**43086**	**212**	**123**	**89**	**28880**	**13992**	**14888**
45	14660	4783	9877	28	19	9	4851	2351	2500
46	14288	4734	9554	39	29	10	5325	2669	2656
47	13263	4341	8922	44	27	17	5883	2839	3044
48	12096	3936	8160	52	25	27	6538	3161	3377
49	9920	3347	6573	49	23	26	6283	2972	3311
50–54岁	**26670**	**9542**	**17128**	**5172**	**1860**	**3312**	**30450**	**14482**	**15968**
50	8268	2780	5488	596	208	388	6604	3101	3503
51	6124	2233	3891	919	341	578	6321	2989	3332
52	5248	1908	3340	1189	449	740	6531	3114	3417
53	3627	1306	2321	1046	378	668	5222	2490	2732
54	3403	1315	2088	1422	484	938	5772	2788	2984
55–59岁	**10750**	**3798**	**6952**	**8605**	**3381**	**5224**	**22189**	**10660**	**11529**
55	2821	1026	1795	1673	663	1010	5424	2553	2871
56	2417	829	1588	1753	640	1113	5039	2387	2652
57	2518	932	1586	2236	894	1342	5524	2771	2753
58	2164	740	1424	2002	787	1215	4458	2141	2317
59	830	271	559	941	397	544	1744	808	936
60–64岁	**4422**	**1643**	**2779**	**9593**	**4697**	**4896**	**10459**	**5352**	**5107**
60	608	228	380	1116	500	616	1477	699	778
61	526	211	315	1254	619	635	1361	713	648
62	884	346	538	2068	1070	998	2173	1155	1018
63	1207	420	787	2510	1245	1265	2736	1414	1322
64	1197	438	759	2645	1263	1382	2712	1371	1341
65岁及以上	**9014**	**3544**	**5470**	**69984**	**31136**	**38848**	**33630**	**16046**	**17584**

7-8c 全省分年龄、性别、迁移原因的户口登记地在外乡镇街道的人口(乡村)

单位：人

年龄	合计			工作就业		
	合计	男	女	小计	男	女
总计	**1401082**	**725082**	**676000**	**402028**	**278511**	**123517**
0-4岁	**62100**	**32395**	**29705**			
0	7274	3833	3441			
1	12150	6299	5851			
2	13765	7177	6588			
3	14828	7737	7091			
4	14083	7349	6734			
5-9岁	**67021**	**35162**	**31859**			
5	13653	7162	6491			
6	13502	7068	6434			
7	13272	7002	6270			
8	14013	7298	6715			
9	12581	6632	5949			
10-14岁	**61697**	**32272**	**29425**	**31**	**17**	**14**
10	12035	6239	5796			
11	12557	6472	6085	10	8	2
12	12351	6444	5907	6	1	5
13	11838	6290	5548	6	3	3
14	12916	6827	6089	9	5	4
15-19岁	**106564**	**55389**	**51175**	**8419**	**6210**	**2209**
15	19189	10598	8591	271	182	89
16	24425	13487	10938	983	714	269
17	22847	12432	10415	2088	1586	502
18	19956	9777	10179	2293	1710	583
19	20147	9095	11052	2784	2018	766
20-24岁	**99102**	**44784**	**54318**	**29191**	**19748**	**9443**
20	19058	8424	10634	3528	2484	1044
21	17709	8046	9663	4416	3051	1365
22	19477	8975	10502	6120	4138	1982
23	20628	9426	11202	7116	4763	2353
24	22230	9913	12317	8011	5312	2699
25-29岁	**131936**	**55775**	**76161**	**48113**	**31589**	**16524**
25	25378	10956	14422	9145	5937	3208
26	24388	10355	14033	8923	5863	3060
27	26203	10901	15302	9537	6252	3285
28	27014	11326	15688	9892	6545	3347
29	28953	12237	16716	10616	6992	3624

7-8c 续表 1

单位：人

年 龄	合 计			工作就业		
	合计	男	女	小计	男	女
30-34岁	**142246**	**64494**	**77752**	**55352**	**37515**	**17837**
30	34896	15121	19775	12833	8597	4236
31	31277	13761	17516	11936	8016	3920
32	27073	12370	14703	10575	7199	3376
33	26649	12499	14150	10797	7360	3437
34	22351	10743	11608	9211	6343	2868
35-39岁	**91489**	**46174**	**45315**	**38680**	**26578**	**12102**
35	19449	9508	9941	7909	5393	2516
36	18704	9312	9392	7771	5316	2455
37	17552	8855	8697	7482	5137	2345
38	18625	9607	9018	8027	5549	2478
39	17159	8892	8267	7491	5183	2308
40-44岁	**92923**	**49012**	**43911**	**41275**	**28031**	**13244**
40	17046	8789	8257	7425	5067	2358
41	18525	9648	8877	8188	5580	2608
42	18883	9923	8960	8386	5616	2770
43	18016	9483	8533	8061	5447	2614
44	20453	11169	9284	9215	6321	2894
45-49岁	**122855**	**67829**	**55026**	**57659**	**39108**	**18551**
45	20833	11271	9562	9648	6446	3202
46	23192	12666	10526	10961	7362	3599
47	24259	13423	10836	11557	7866	3691
48	27344	15330	12014	12800	8715	4085
49	27227	15139	12088	12693	8719	3974
50-54岁	**129670**	**73477**	**56193**	**59045**	**41624**	**17421**
50	28953	16117	12836	13402	9234	4168
51	27199	15273	11926	12486	8709	3777
52	28217	15920	12297	12780	8969	3811
53	21898	12508	9390	9942	7107	2835
54	23403	13659	9744	10435	7605	2830
55-59岁	**90804**	**53314**	**37490**	**36015**	**26875**	**9140**
55	21864	12778	9086	9420	6858	2562
56	20149	11778	8371	8202	6111	2091
57	23179	13836	9343	8974	6828	2146
58	18359	10791	7568	6870	5179	1691
59	7253	4131	3122	2549	1899	650
60-64岁	**41969**	**25452**	**16517**	**11520**	**8882**	**2638**
60	5980	3493	2487	1896	1439	457
61	5735	3506	2229	1701	1341	360
62	9160	5724	3436	2535	1991	544
63	10890	6631	4259	2918	2260	658
64	10204	6098	4106	2470	1851	619
65岁及以上	**160706**	**89553**	**71153**	**16728**	**12334**	**4394**

7-8c 续表 2

单位：人

年龄	学习培训			随同离开/投亲靠友			拆迁/搬家		
	小计	男	女	小计	男	女	小计	男	女
总计	**121499**	**60892**	**60607**	**135403**	**64683**	**70720**	**324291**	**170010**	**154281**
0—4岁	**228**	**121**	**107**	**33903**	**17632**	**16271**	**13716**	**7297**	**6419**
0	1		1	3971	2112	1859	1742	940	802
1	9	5	4	6778	3500	3278	2547	1361	1186
2	13	5	8	7583	3955	3628	2906	1513	1393
3	77	46	31	8090	4169	3921	3250	1741	1509
4	128	65	63	7481	3896	3585	3271	1742	1529
5—9岁	**8724**	**4644**	**4080**	**29078**	**14866**	**14212**	**16884**	**9099**	**7785**
5	131	63	68	7267	3815	3452	3288	1720	1568
6	1856	953	903	5807	2949	2858	3297	1806	1491
7	2150	1185	965	5432	2741	2691	3387	1846	1541
8	2349	1242	1107	5576	2804	2772	3719	2008	1711
9	2238	1201	1037	4996	2557	2439	3193	1719	1474
10—14岁	**14321**	**7595**	**6726**	**20657**	**10397**	**10260**	**15763**	**8619**	**7144**
10	2224	1177	1047	4729	2395	2334	3098	1672	1426
11	2516	1334	1182	4705	2344	2361	3106	1676	1430
12	2580	1350	1230	4154	2094	2060	3286	1780	1506
13	2762	1499	1263	3662	1844	1818	3189	1750	1439
14	4239	2235	2004	3407	1720	1687	3084	1741	1343
15—19岁	**75120**	**38341**	**36779**	**5061**	**2650**	**2411**	**7903**	**4559**	**3344**
15	13772	7698	6074	1692	859	833	1928	1094	834
16	19093	10506	8587	1080	564	516	1677	963	714
17	16349	8656	7693	926	491	435	1649	958	691
18	13491	6243	7248	707	383	324	1329	761	568
19	12415	5238	7177	656	353	303	1320	783	537
20—24岁	**20805**	**8957**	**11848**	**3801**	**1853**	**1948**	**14212**	**8071**	**6141**
20	9379	3794	5585	598	325	273	1660	990	670
21	5802	2489	3313	699	352	347	2074	1194	880
22	3372	1545	1827	826	414	412	2942	1621	1321
23	1595	775	820	817	370	447	3566	2037	1529
24	657	354	303	861	392	469	3970	2229	1741
25—29岁	**1160**	**593**	**567**	**4677**	**2007**	**2670**	**23054**	**12461**	**10593**
25	430	223	207	950	439	511	4436	2536	1900
26	255	121	134	867	380	487	4225	2256	1969
27	185	96	89	961	432	529	4426	2365	2061
28	149	73	76	901	366	535	4647	2463	2184
29	141	80	61	998	390	608	5320	2841	2479

7-8c　续表 3　　　　单位：人

年　龄	学习培训			随同离开/投亲靠友			拆迁/搬家		
	小计	男	女	小计	男	女	小计	男	女
30-34岁	**468**	**253**	**215**	**4517**	**1648**	**2869**	**26806**	**13757**	**13049**
30	152	81	71	1194	446	748	6581	3410	3171
31	107	57	50	977	341	636	5783	2911	2872
32	79	45	34	879	309	570	5092	2620	2472
33	60	32	28	809	317	492	5019	2597	2422
34	70	38	32	658	235	423	4331	2219	2112
35-39岁	**193**	**108**	**85**	**2695**	**963**	**1732**	**18911**	**9927**	**8984**
35	46	28	18	597	207	390	3919	2051	1868
36	42	20	22	540	194	346	3858	2013	1845
37	30	15	15	500	172	328	3651	1910	1741
38	40	24	16	553	204	349	3823	2058	1765
39	35	21	14	505	186	319	3660	1895	1765
40-44岁	**134**	**70**	**64**	**2562**	**839**	**1723**	**21003**	**10975**	**10028**
40	33	17	16	486	163	323	3678	1914	1764
41	34	21	13	534	171	363	4036	2107	1929
42	27	13	14	499	154	345	4263	2254	2009
43	21	9	12	498	163	335	4198	2145	2053
44	19	10	9	545	188	357	4828	2555	2273
45-49岁	**118**	**78**	**40**	**3541**	**1133**	**2408**	**30855**	**15999**	**14856**
45	24	16	8	548	200	348	5009	2611	2398
46	22	16	6	678	206	472	5587	2947	2640
47	20	13	7	700	239	461	5949	3060	2889
48	24	13	11	795	247	548	7120	3722	3398
49	28	20	8	820	241	579	7190	3659	3531
50-54岁	**83**	**46**	**37**	**4022**	**1146**	**2876**	**36135**	**18294**	**17841**
50	21	11	10	776	221	555	7819	3983	3836
51	12	8	4	830	219	611	7533	3838	3695
52	22	10	12	855	241	614	7996	3972	4024
53	12	6	6	735	218	517	6156	3074	3082
54	16	11	5	826	247	579	6631	3427	3204
55-59岁	**54**	**33**	**21**	**3458**	**1170**	**2288**	**27921**	**14583**	**13338**
55	17	11	6	801	273	528	6323	3288	3035
56	9	7	2	718	231	487	6099	3156	2943
57	15	8	7	874	298	576	7299	3880	3419
58	9	5	4	752	256	496	5928	3092	2836
59	4	2	2	313	112	201	2272	1167	1105
60-64岁	**24**	**14**	**10**	**2294**	**1071**	**1223**	**14021**	**7750**	**6271**
60	6	2	4	291	122	169	1913	994	919
61	5	5		295	149	146	1826	1001	825
62	2	1	1	459	215	244	3041	1746	1295
63	4	2	2	598	299	299	3680	2043	1637
64	7	4	3	651	286	365	3561	1966	1595
65岁及以上	**67**	**39**	**28**	**15137**	**7308**	**7829**	**57107**	**28619**	**28488**

7-8c 续表 4 单位：人

年 龄	寄挂户口			婚姻嫁娶			照料孙子女		
	小计	男	女	小计	男	女	小计	男	女
总 计	**69265**	**39831**	**29434**	**162218**	**14432**	**147786**	**8695**	**2551**	**6144**
0-4岁	**2688**	**1344**	**1344**						
0	198	90	108						
1	531	249	282						
2	647	333	314						
3	670	340	330						
4	642	332	310						
5-9岁	**2854**	**1549**	**1305**						
5	582	295	287						
6	587	322	265						
7	545	308	237						
8	593	324	269						
9	547	300	247						
10-14岁	**3048**	**1584**	**1464**	**12**	**1**	**11**			
10	518	273	245	1		1			
11	605	304	301	1		1			
12	614	325	289						
13	664	354	310	4	1	3			
14	647	328	319	6		6			
15-19岁	**1887**	**1082**	**805**	**3581**	**14**	**3567**			
15	463	260	203	77		77			
16	405	229	176	231	3	228			
17	412	224	188	518	2	516			
18	310	188	122	983	2	981			
19	297	181	116	1772	7	1765			
20-24岁	**3520**	**2008**	**1512**	**20482**	**168**	**20314**	**3**		**3**
20	402	243	159	2474	11	2463			
21	503	291	212	3097	14	3083			
22	702	387	315	4031	32	3999	1		1
23	903	525	378	4984	40	4944	2		2
24	1010	562	448	5896	71	5825			
25-29岁	**5149**	**2889**	**2260**	**39477**	**1036**	**38441**	**3**		**3**
25	1130	650	480	7277	136	7141			
26	997	571	426	7174	154	7020			
27	979	543	436	8135	211	7924	1		1
28	1028	575	453	8317	229	8088			
29	1015	550	465	8574	306	8268	2		2

7-8c 续表 5

单位：人

年 龄	寄挂户口			婚姻嫁娶			照料孙子女		
	小计	男	女	小计	男	女	小计	男	女
30–34岁	**5998**	**3399**	**2599**	**36340**	**1851**	**34489**	**81**	**9**	**72**
30	1360	754	606	9836	409	9427	14	2	12
31	1287	704	583	8371	400	7971	15		15
32	1137	661	476	6839	369	6470	19		19
33	1176	670	506	6373	374	5999	19	4	15
34	1038	610	428	4921	299	4622	14	3	11
35–39岁	**4702**	**2806**	**1896**	**16516**	**1196**	**15320**	**58**	**11**	**47**
35	957	586	371	4007	257	3750	14	4	10
36	1020	620	400	3598	224	3374	12	1	11
37	900	516	384	3126	233	2893	17	5	12
38	998	598	400	3130	252	2878	5		5
39	827	486	341	2655	230	2425	10	1	9
40–44岁	**4812**	**2742**	**2070**	**11732**	**1140**	**10592**	**92**	**21**	**71**
40	866	501	365	2532	226	2306	21	5	16
41	918	520	398	2519	216	2303	20	6	14
42	1002	567	435	2323	228	2095	14	5	9
43	971	538	433	2083	215	1868	23	4	19
44	1055	616	439	2275	255	2020	14	1	13
45–49岁	**5597**	**3132**	**2465**	**10809**	**1550**	**9259**	**316**	**43**	**273**
45	1016	566	450	2105	256	1849	22	4	18
46	1069	578	491	2227	278	1949	42	11	31
47	1128	637	491	2170	312	1858	55	3	52
48	1178	697	481	2223	371	1852	72	9	63
49	1206	654	552	2084	333	1751	125	16	109
50–54岁	**5438**	**3044**	**2394**	**9135**	**1711**	**7424**	**1396**	**244**	**1152**
50	1254	685	569	2195	361	1834	174	28	146
51	1108	611	497	2039	362	1677	240	36	204
52	1217	694	523	1921	366	1555	299	43	256
53	897	512	385	1480	299	1181	317	64	253
54	962	542	420	1500	323	1177	366	73	293
55–59岁	**4985**	**2860**	**2125**	**5016**	**1307**	**3709**	**2008**	**431**	**1577**
55	1040	603	437	1332	323	1009	407	72	335
56	1084	630	454	1141	252	889	427	93	334
57	1403	805	598	1213	340	873	504	111	393
58	1029	586	443	912	275	637	469	108	361
59	429	236	193	418	117	301	201	47	154
60–64岁	**2971**	**1824**	**1147**	**2433**	**973**	**1460**	**1347**	**455**	**892**
60	455	253	202	368	124	244	138	42	96
61	446	254	192	325	129	196	169	58	111
62	664	417	247	513	208	305	295	99	196
63	763	484	279	621	251	370	384	124	260
64	643	416	227	606	261	345	361	132	229
65岁及以上	**15616**	**9568**	**6048**	**6685**	**3485**	**3200**	**3391**	**1337**	**2054**

7-8c 续表 6 单位：人

年 龄	为子女就学			养老/康养			其 他		
	小计	男	女	小计	男	女	小计	男	女
总 计	**11087**	**2984**	**8103**	**27219**	**16680**	**10539**	**139377**	**74508**	**64869**
0-4岁							**11565**	**6001**	**5564**
0							1362	691	671
1							2285	1184	1101
2							2616	1371	1245
3							2741	1441	1300
4							2561	1314	1247
5-9岁							**9481**	**5004**	**4477**
5							2385	1269	1116
6							1955	1038	917
7							1758	922	836
8							1776	920	856
9							1607	855	752
10-14岁							**7865**	**4059**	**3806**
10							1465	722	743
11							1614	806	808
12							1711	894	817
13							1551	839	712
14							1524	798	726
15-19岁	**7**	**4**	**3**				**4586**	**2529**	**2057**
15	3	2	1				983	503	480
16	1	1					955	507	448
17							905	515	390
18	2	1	1				841	489	352
19	1		1				902	515	387
20-24岁	**92**	**17**	**75**	**3**	**2**	**1**	**6993**	**3960**	**3033**
20	7	1	6				1010	576	434
21	10	2	8	1	1		1107	652	455
22	11		11	1		1	1471	838	633
23	30	8	22	1	1		1614	907	707
24	34	6	28				1791	987	804
25-29岁	**637**	**131**	**506**	**8**	**4**	**4**	**9658**	**5065**	**4593**
25	64	13	51	2	1	1	1944	1021	923
26	94	20	74	3	1	2	1850	989	861
27	117	23	94	1	1		1861	978	883
28	150	28	122				1930	1047	883
29	212	47	165	2	1	1	2073	1030	1043

7-8c　续表 7　　　　　　　　　　　　　　　　　　　　　单位：人

年龄	为子女就学			养老/康养			其他		
	小计	男	女	小计	男	女	小计	男	女
30—34岁	**1705**	**447**	**1258**	**2**	**2**		**10977**	**5613**	**5364**
30	330	75	255				2596	1347	1249
31	358	78	280	1	1		2442	1253	1189
32	336	104	232				2117	1063	1054
33	361	105	256	1	1		2034	1039	995
34	320	85	235				1788	911	877
35—39岁	**1878**	**403**	**1475**	**7**	**4**	**3**	**7849**	**4178**	**3671**
35	310	69	241	3	1	2	1687	912	775
36	310	75	235	1	1		1552	848	704
37	349	76	273				1497	791	706
38	448	90	358	2	1	1	1599	831	768
39	461	93	368	1	1		1514	796	718
40—44岁	**2917**	**793**	**2124**	**14**	**11**	**3**	**8382**	**4390**	**3992**
40	527	120	407	2	1	1	1476	775	701
41	645	157	488	2	2		1629	868	761
42	625	172	453	3	3		1741	911	830
43	535	155	380	3	1	2	1623	806	817
44	585	189	396	4	4		1913	1030	883
45—49岁	**2157**	**631**	**1526**	**30**	**20**	**10**	**11773**	**6135**	**5638**
45	516	171	345	5	2	3	1940	999	941
46	488	158	330	1	1		2117	1109	1008
47	424	104	320	5	3	2	2251	1186	1065
48	405	119	286	9	7	2	2718	1430	1288
49	324	79	245	10	7	3	2747	1411	1336
50—54岁	**919**	**264**	**655**	**752**	**413**	**339**	**12745**	**6691**	**6054**
50	308	82	226	110	61	49	2894	1451	1443
51	193	56	137	150	93	57	2608	1341	1267
52	189	58	131	153	75	78	2785	1492	1293
53	124	38	86	141	79	62	2094	1111	983
54	105	30	75	198	105	93	2364	1296	1068
55—59岁	**325**	**120**	**205**	**1244**	**659**	**585**	**9778**	**5276**	**4502**
55	92	37	55	195	100	95	2237	1213	1024
56	74	30	44	266	143	123	2129	1125	1004
57	69	25	44	334	175	159	2494	1366	1128
58	61	21	40	266	140	126	2063	1129	934
59	29	7	22	183	101	82	855	443	412
60—64岁	**126**	**49**	**77**	**2123**	**1445**	**678**	**5110**	**2989**	**2121**
60	15	5	10	209	124	85	689	388	301
61	13	4	9	257	170	87	698	395	303
62	28	14	14	480	335	145	1143	698	445
63	33	13	20	579	397	182	1310	758	552
64	37	13	24	598	419	179	1270	750	520
65岁及以上	**324**	**125**	**199**	**23036**	**14120**	**8916**	**22615**	**12618**	**9997**

7-9 全省按现住地、性别、迁移原因分的户口登记地在本省其他乡镇街道的人口

单位：人

现住地	合计			工作就业		
	合计	男	女	小计	男	女
安　徽	**16549409**	**8225763**	**8323646**	**4249040**	**2445559**	**1803481**
合肥市	**4625725**	**2364474**	**2261251**	**1634792**	**935100**	**699692**
瑶海区	517340	261219	256121	197022	107993	89029
庐阳区	371304	184416	186888	133539	72556	60983
蜀山区	545150	270547	274603	210906	112965	97941
包河区	684766	352416	332350	284152	159959	124193
长丰县	355258	184197	171061	131587	77022	54565
肥东县	394134	206112	188022	100106	60786	39320
肥西县	519556	271514	248042	185141	112508	72633
庐江县	171481	82698	88783	36704	21236	15468
合肥高新技术产业开发区	168082	87413	80669	70000	41613	28387
合肥经济技术开发区	337535	175193	162342	133582	77862	55720
合肥新站高新技术产业开发区	312334	167230	145104	103912	62719	41193
巢湖市	248785	121519	127266	48141	27881	20260
芜湖市	**1106999**	**555987**	**551012**	**267685**	**160294**	**107391**
镜湖区	194304	93411	100893	42148	23466	18682
弋江区	229736	114229	115507	41996	24491	17505
鸠江区	171762	91684	80078	52573	32216	20357
三山区	50206	27015	23191	13582	8624	4958
芜湖县	101689	51096	50593	25156	14829	10327
繁昌县	59915	29806	30109	11713	7325	4388
南陵县	91825	42988	48837	15866	9210	6656
芜湖经济技术开发区	86823	47534	39289	42325	27166	15159
安徽芜湖长江大桥经济开发区	780	380	400	242	162	80
无为市	119959	57844	62115	22084	12805	9279
蚌埠市	**838539**	**409419**	**429120**	**142066**	**78839**	**63227**
龙子湖区	86764	42101	44663	15126	8198	6928
蚌山区	81557	40055	41502	15138	8265	6873
禹会区	106342	51321	55021	16350	9264	7086
淮上区	81090	40718	40372	19771	11603	8168
怀远县	120122	57956	62166	22587	12154	10433
五河县	85551	40523	45028	14105	7698	6407
固镇县	76319	36868	39451	14259	8007	6252
蚌埠市高新技术开发区	43212	21892	21320	6376	3569	2807
蚌埠市经济开发区	157582	77985	79597	18354	10081	8273
淮南市	**768527**	**379686**	**388841**	**116657**	**76031**	**40626**
大通区	50303	24452	25851	5235	3230	2005
田家庵区	324813	158023	166790	41225	23405	17820
谢家集区	59489	28365	31124	4023	2568	1455
八公山区	37301	17535	19766	2712	1792	920
潘集区	57357	29570	27787	12896	9774	3122
凤台县	139855	73964	65891	33102	25042	8060
寿县	99409	47777	51632	17464	10220	7244

7-9　续表 1　　单位：人

现住地	合计			工作就业		
	合计	男	女	小计	男	女
马鞍山市	**581897**	**290510**	**291387**	**112024**	**67059**	**44965**
花山区	200728	100801	99927	36315	21729	14586
雨山区	171524	87191	84333	27114	16293	10821
博望区	9927	5226	4701	3428	2232	1196
当涂县	84519	42145	42374	17066	10463	6603
含山县	51429	24284	27145	11672	6453	5219
和县	63770	30863	32907	16429	9889	6540
淮北市	**491152**	**241586**	**249566**	**93199**	**56778**	**36421**
杜集区	43652	21517	22135	9701	6426	3275
相山区	252315	123463	128852	42374	24058	18316
烈山区	46705	20532	26173	5758	3868	1890
濉溪县	148480	76074	72406	35366	22426	12940
铜陵市	**370738**	**179074**	**191664**	**60074**	**34877**	**25197**
铜官区	222902	109258	113644	32988	18812	14176
义安区	54629	26570	28059	10185	6154	4031
郊区	26754	13629	13125	5929	3736	2193
枞阳县	66453	29617	36836	10972	6175	4797
安庆市	**975723**	**471653**	**504070**	**220785**	**125474**	**95311**
迎江区	141961	69846	72115	25007	14184	10823
大观区	69482	33634	35848	13526	7933	5593
宜秀区	94485	46199	48286	20700	12601	8099
怀宁县	91754	44661	47093	25176	14290	10886
太湖县	66233	31415	34818	17243	9357	7886
宿松县	100491	48768	51723	19010	10553	8457
望江县	58520	26749	31771	15804	7746	8058
岳西县	44741	20693	24048	11068	5950	5118
安徽安庆经济开发区	77771	40363	37408	21105	13051	8054
桐城市	150560	71632	78928	32095	18908	13187
潜山市	79725	37693	42032	20051	10901	9150
黄山市	**376689**	**179068**	**197621**	**99304**	**56447**	**42857**
屯溪区	136254	64615	71639	34155	18572	15583
黄山区	36973	18358	18615	13040	8080	4960
徽州区	35246	17120	18126	11798	6787	5011
歙县	80661	38308	42353	19314	10707	8607
休宁县	45894	21149	24745	11759	6649	5110
黟县	11462	5582	5880	3628	2145	1483
祁门县	30199	13936	16263	5610	3507	2103
滁州市	**1100471**	**551756**	**548715**	**242469**	**145055**	**97414**
琅琊区	128849	63903	64946	26366	15301	11065
南谯区	182542	92023	90519	49610	30426	19184
来安县	81662	41988	39674	26456	16384	10072
全椒县	125144	64419	60725	21029	12623	8406
定远县	108360	54590	53770	19649	11416	8233
凤阳县	96852	47828	49024	15695	9315	6380
苏滁现代产业园	9608	5770	3838	5108	3502	1606
滁州经济技术开发区	86948	45444	41504	28805	17031	11774
天长市	171359	84017	87342	32807	19505	13302
明光市	109147	51774	57373	16944	9552	7392

7-9 续表 2

单位：人

现住地	合计			工作就业		
	合计	男	女	小计	男	女
阜阳市	**1265970**	**619022**	**646948**	**301424**	**166133**	**135291**
颍州区	283697	135191	148506	58952	31888	27064
颍东区	103668	52535	51133	23785	14551	9234
颍泉区	96925	48357	48568	24782	13450	11332
临泉县	190263	92904	97359	51783	27021	24762
太和县	157783	76279	81504	41944	21754	20190
阜南县	133959	63966	69993	29023	15350	13673
颍上县	114073	57808	56265	28904	18184	10720
阜阳合肥现代产业园区	5633	2946	2687	2312	1476	836
阜阳经济技术开发区	64607	32818	31789	20543	11317	9226
界首市	115362	56218	59144	19396	11142	8254
宿州市	**852354**	**414133**	**438221**	**185233**	**105318**	**79915**
埇桥区	380005	185343	194662	89779	51580	38199
砀山县	62405	31026	31379	12492	6900	5592
萧县	127784	62348	65436	32302	18271	14031
灵璧县	130748	61301	69447	21232	11831	9401
泗县	107152	51823	55329	19678	11171	8507
宿州马鞍山现代产业园区	9629	4867	4762	1708	935	773
宿州经济技术开发区	34631	17425	17206	8042	4630	3412
六安市	**1125873**	**554386**	**571487**	**249557**	**138843**	**110714**
金安区	365056	178101	186955	79846	43479	36367
裕安区	341180	170107	171073	70440	38401	32039
叶集区	34485	18471	16014	7121	4231	2890
霍邱县	94820	47601	47219	18378	10961	7417
舒城县	130577	61759	68818	30090	17360	12730
金寨县	87890	44022	43868	25651	14380	11271
霍山县	71865	34325	37540	18031	10031	8000
亳州市	**974854**	**485834**	**489020**	**246535**	**136328**	**110207**
谯城区	422401	208005	214396	110765	60782	49983
涡阳县	187956	96195	91761	39623	23097	16526
蒙城县	192884	96794	96090	50903	28389	22514
利辛县	171613	84840	86773	45244	24060	21184
池州市	**358312**	**167409**	**190903**	**80033**	**46709**	**33324**
贵池区	217986	100824	117162	42828	24655	18173
东至县	55473	25190	30283	12166	7058	5108
石台县	13523	6320	7203	4507	2645	1862
青阳县	56730	27172	29558	13905	8348	5557
池州市国家经济技术开发区	7347	3831	3516	2708	1733	975
皖江江南新兴产业集中区	3790	2161	1629	1940	1172	768
九华山风景区	3463	1911	1552	1979	1098	881
宣城市	**735586**	**361766**	**373820**	**197203**	**116274**	**80929**
宣州区	212638	102613	110025	45353	26806	18547
郎溪县	63398	30171	33227	12058	6879	5179
泾县	64333	30556	33777	15009	9039	5970
绩溪县	37465	17876	19589	11998	6617	5381
旌德县	21332	9878	11454	5922	3443	2479
宣城市经济开发区	61667	32203	29464	13869	8422	5447
宁国市	162794	82093	80701	57120	33754	23366
广德市	111959	56376	55583	35874	21314	14560

7-9 续表 3

单位：人

现住地	学习培训			随同离开/投亲靠友			拆迁/搬家		
	小计	男	女	小计	男	女	小计	男	女
安　徽	**2468340**	**1295911**	**1172429**	**2222350**	**1054359**	**1167991**	**4133200**	**2128253**	**2004947**
合肥市	**686858**	**366187**	**320671**	**563905**	**274099**	**289806**	**897495**	**469084**	**428411**
瑶海区	25172	13547	11625	77728	37626	40102	120556	63559	56997
庐阳区	28227	15200	13027	49984	24479	25505	74607	38955	35652
蜀山区	84617	44475	40142	51223	24760	26463	91833	47098	44735
包河区	63805	37345	26460	77565	38163	39402	134212	68526	65686
长丰县	46494	25102	21392	57389	28101	29288	60531	32634	27897
肥东县	58710	33186	25524	67232	32638	34594	106027	56917	49110
肥西县	99054	49348	49706	51901	25106	26795	95722	50523	45199
庐江县	21310	11619	9691	25712	12371	13341	44592	22089	22503
合肥高新技术产业开发区	33011	16915	16096	14384	7067	7317	22623	11749	10874
合肥经济技术开发区	88769	46899	41870	31551	15475	16076	30909	16253	14656
合肥新站高新技术产业开发区	93877	50427	43450	29969	14407	15562	45946	24474	21472
巢湖市	43812	22124	21688	29267	13906	15361	69937	36307	33630
芜湖市	**192299**	**102061**	**90238**	**135291**	**62288**	**73003**	**298344**	**153761**	**144583**
镜湖区	15350	6158	9192	21516	9753	11763	74754	38287	36467
弋江区	71739	34539	37200	22100	10271	11829	62526	32290	30236
鸠江区	32104	20528	11576	22066	10211	11855	32199	16956	15243
三山区	9218	5945	3273	7259	3297	3962	12083	6370	5713
芜湖县	20308	10852	9456	12379	5758	6621	24559	12944	11615
繁昌县	6825	3646	3179	10800	4848	5952	17072	8980	8092
南陵县	11700	6190	5510	11274	5260	6014	32137	15897	16240
芜湖经济技术开发区	8096	4488	3608	11196	5334	5862	10528	5443	5085
安徽芜湖长江大桥经济开发区	8	4	4	79	36	43	217	109	108
无为市	16951	9711	7240	16622	7520	9102	32269	16485	15784
蚌埠市	**120601**	**64226**	**56375**	**116691**	**55900**	**60791**	**273310**	**137854**	**135456**
龙子湖区	3195	1565	1630	13183	6294	6889	36464	18268	18196
蚌山区	3974	2159	1815	12514	5872	6642	31972	16144	15828
禹会区	8675	3456	5219	14668	6923	7745	42906	21767	21139
淮上区	13751	7435	6316	13398	6287	7111	17323	9110	8213
怀远县	20813	11226	9587	14130	6867	7263	32905	16675	16230
五河县	14902	8382	6520	11558	5791	5767	18266	9037	9229
固镇县	10278	5792	4486	11964	5861	6103	19575	9670	9905
蚌埠市高新技术开发区	4354	2680	1674	7565	3628	3937	17467	8864	8603
蚌埠市经济开发区	40659	21531	19128	17711	8377	9334	56432	28319	28113
淮南市	**97199**	**51010**	**46189**	**95733**	**44372**	**51361**	**270767**	**137761**	**133006**
大通区	1940	1108	832	8462	4025	4437	22942	11809	11133
田家庵区	57026	29050	27976	36532	17005	19527	110290	56102	54188
谢家集区	3006	1544	1462	8345	3529	4816	28490	14901	13589
八公山区	1142	610	532	5169	2388	2781	17527	9018	8509
潘集区	2168	1138	1030	7745	3388	4357	21684	11021	10663
凤台县	11895	6729	5166	19893	9390	10503	48129	23976	24153
寿县	20022	10831	9191	9587	4647	4940	21705	10934	10771

7-9 续表 4 单位：人

现住地	学习培训			随同离开/投亲靠友			拆迁/搬家		
	小计	男	女	小计	男	女	小计	男	女
马鞍山市	**76513**	**41322**	**35191**	**87816**	**41034**	**46782**	**184688**	**96014**	**88674**
花山区	7086	4183	2903	37386	17470	19916	76730	39950	36780
雨山区	39797	21612	18185	23281	10615	12666	55836	28938	26898
博望区	446	256	190	1578	727	851	2094	1171	923
当涂县	10952	6039	4913	9637	4513	5124	26225	13753	12472
含山县	6065	3545	2520	6916	3404	3512	10996	5514	5482
和县	12167	5687	6480	9018	4305	4713	12807	6688	6119
淮北市	**68691**	**33344**	**35347**	**72591**	**33684**	**38907**	**128595**	**66248**	**62347**
杜集区	5001	2703	2298	6816	3125	3691	10073	5195	4878
相山区	27574	14058	13516	38706	17940	20766	80197	41070	39127
烈山区	20578	7693	12885	4137	1829	2308	7718	3899	3819
濉溪县	15538	8890	6648	22932	10790	12142	30607	16084	14523
铜陵市	**53972**	**27784**	**26188**	**48273**	**21349**	**26924**	**121821**	**62551**	**59270**
铜官区	35002	17561	17441	25712	11430	14282	81907	42007	39900
义安区	4730	2439	2291	7229	3204	4025	17422	9065	8357
郊区	942	475	467	4390	1844	2546	9326	4952	4374
枞阳县	13298	7309	5989	10942	4871	6071	13166	6527	6639
安庆市	**138774**	**71548**	**67226**	**117890**	**54593**	**63297**	**282408**	**141967**	**140441**
迎江区	4997	2646	2351	16233	7618	8615	66641	33588	33053
大观区	6803	3374	3429	8258	3824	4434	22627	11291	11336
宜秀区	26353	11569	14784	9901	4414	5487	24092	12318	11774
怀宁县	14091	7929	6162	10257	4906	5351	18751	9257	9494
太湖县	10096	5525	4571	6847	3183	3664	13037	6325	6712
宿松县	19151	11420	7731	13766	6840	6926	24382	12463	11919
望江县	10304	5490	4814	7382	3523	3859	11198	5321	5877
岳西县	6081	3166	2915	3689	1669	2020	8620	4273	4347
安徽安庆经济开发区	9193	5253	3940	11024	5019	6005	23548	12282	11266
桐城市	19042	8359	10683	19361	8602	10759	50971	25624	25347
潜山市	12663	6817	5846	11172	4995	6177	18541	9225	9316
黄山市	**45706**	**22140**	**23566**	**54543**	**25215**	**29328**	**90644**	**46101**	**44543**
屯溪区	23104	11018	12086	16715	7616	9099	34507	17460	17047
黄山区	1734	866	868	5332	2497	2835	8039	4165	3874
徽州区	2492	1220	1272	5946	2809	3137	7286	3860	3426
歙县	9134	4479	4655	15196	7013	8183	19935	10333	9602
休宁县	5962	2958	3004	5429	2530	2899	8414	4260	4154
黟县	810	380	430	1303	648	655	2044	1089	955
祁门县	2470	1219	1251	4622	2102	2520	10419	4934	5485
滁州市	**108441**	**56525**	**51916**	**177491**	**82379**	**95112**	**353242**	**186333**	**166909**
琅琊区	7662	3504	4158	19988	9372	10616	49298	25365	23933
南谯区	23199	11069	12130	25951	12207	13744	44243	23445	20798
来安县	6338	3259	3079	15675	7017	8658	18336	9973	8363
全椒县	3589	2046	1543	20305	9400	10905	58719	31827	26892
定远县	11719	6798	4921	14695	7111	7584	39990	20947	19043
凤阳县	18182	10021	8161	17962	8682	9280	24805	13113	11692
苏滁现代产业园	229	164	65	743	354	389	2855	1470	1385
滁州经济技术开发区	16074	8634	7440	12257	5577	6680	16488	8760	7728
天长市	10388	5369	5019	31692	13918	17774	62961	33412	29549
明光市	11061	5661	5400	18223	8741	9482	35547	18021	17526

7-9　续表 5　　　　单位：人

现住地	学习培训			随同离开/投亲靠友			拆迁/搬家		
	小计	男	女	小计	男	女	小计	男	女
阜阳市	**248206**	**126821**	**121385**	**185932**	**89548**	**96384**	**281733**	**144328**	**137405**
颍州区	63835	27492	36343	36348	17521	18827	74307	37936	36371
颍东区	17529	9657	7872	19056	9075	9981	26406	13648	12758
颍泉区	14182	7394	6788	15362	7551	7811	21367	11041	10326
临泉县	45550	23805	21745	25166	12304	12862	35620	17989	17631
太和县	31372	17179	14193	21486	10389	11097	28074	14562	13512
阜南县	30410	16316	14094	20588	9833	10755	25288	12670	12618
颍上县	18879	10272	8607	17371	8270	9101	25242	12967	12275
阜阳合肥现代产业园区	427	235	192	491	239	252	1130	582	548
阜阳经济技术开发区	6191	3309	2882	12798	6240	6558	14684	7737	6947
界首市	19831	11162	8669	17266	8126	9140	29615	15196	14419
宿州市	**150747**	**80269**	**70478**	**133174**	**64173**	**69001**	**162406**	**82930**	**79476**
埇桥区	51575	25764	25811	52552	25233	27319	89337	45844	43493
砀山县	12670	7155	5515	9617	4801	4816	10829	5582	5247
萧县	27085	14833	12252	21974	10874	11100	12499	6326	6173
灵璧县	30973	16971	14002	20187	9977	10210	19893	9945	9948
泗县	19437	10552	8885	21878	10046	11832	18738	9548	9190
宿州马鞍山现代产业园区	2971	1640	1331	529	255	274	2941	1463	1478
宿州经济技术开发区	6036	3354	2682	6437	2987	3450	8169	4222	3947
六安市	**181001**	**100990**	**80011**	**150156**	**72584**	**77572**	**305826**	**155405**	**150421**
金安区	63576	35271	28305	45389	22170	23219	97252	49288	47964
裕安区	57138	31593	25545	47787	23634	24153	95448	49011	46437
叶集区	7088	4621	2467	4381	2070	2311	9065	4694	4371
霍邱县	14438	8122	6316	14320	6681	7639	25787	13410	12377
舒城县	15365	7901	7464	15470	7221	8249	39185	19316	19869
金寨县	12766	7643	5123	11530	5735	5795	21579	10959	10620
霍山县	10630	5839	4791	11279	5073	6206	17510	8727	8783
亳州市	**169558**	**88235**	**81323**	**137765**	**66481**	**71284**	**200622**	**104352**	**96270**
谯城区	58925	27625	31300	60307	28842	31465	96432	50272	46160
涡阳县	31527	17281	14246	27451	13049	14402	46191	23953	22238
蒙城县	38725	21693	17032	21880	10784	11096	35262	18189	17073
利辛县	40381	21636	18745	28127	13806	14321	22737	11938	10799
池州市	**62205**	**29335**	**32870**	**50250**	**22916**	**27334**	**79592**	**40057**	**39535**
贵池区	39485	17444	22041	33197	14829	18368	55923	28246	27677
东至县	11810	6250	5560	5818	2743	3075	7999	3981	4018
石台县	2077	1033	1044	1527	715	812	1786	853	933
青阳县	7486	3836	3650	7658	3668	3990	11259	5623	5636
池州市国家经济技术开发区	219	117	102	1536	708	828	1829	937	892
皖江江南新兴产业集中区	1064	612	452	117	56	61	534	276	258
九华山风景区	64	43	21	397	197	200	262	141	121
宣城市	**67569**	**34114**	**33455**	**94849**	**43744**	**51105**	**201707**	**103507**	**98200**
宣州区	18531	8452	10079	26265	11993	14272	69004	35711	33293
郎溪县	5117	2521	2596	8214	3773	4441	23213	11605	11608
泾县	7977	4107	3870	6596	2988	3608	14335	7102	7233
绩溪县	3742	1901	1841	4844	2277	2567	7157	3595	3562
旌德县	2568	1250	1318	2678	1209	1469	4102	1983	2119
宣城市经济开发区	8109	4802	3307	7098	3195	3903	19766	10241	9525
宁国市	11356	5936	5420	24137	11304	12833	36080	18765	17315
广德市	10169	5145	5024	15017	7005	8012	28050	14505	13545

7-9 续表 6

单位：人

现住地	寄挂户口			婚姻嫁娶			照料孙子女		
	小计	男	女	小计	男	女	小计	男	女
安　徽	**211050**	**119303**	**91747**	**673536**	**106866**	**566670**	**557881**	**166865**	**391016**
合肥市	**53385**	**29988**	**23397**	**141786**	**21957**	**119829**	**205178**	**61465**	**143713**
瑶海区	6681	3823	2858	18557	2657	15900	16403	5026	11377
庐阳区	4533	2544	1989	13590	2613	10977	22719	7230	15489
蜀山区	7705	4253	3452	16229	3035	13194	34043	11184	22859
包河区	7411	4151	3260	16257	2974	13283	40248	12757	27491
长丰县	4027	2248	1779	11532	1008	10524	11113	2747	8366
肥东县	4119	2389	1730	14565	2016	12549	8602	2438	6164
肥西县	4830	2750	2080	14486	2328	12158	18701	4836	13865
庐江县	1470	819	651	5183	644	4539	5839	1553	4286
合肥高新技术产业开发区	1931	1097	834	4342	746	3596	10698	2914	7784
合肥经济技术开发区	3274	1775	1499	8035	1077	6958	20875	6088	14787
合肥新站高新技术产业开发区	3257	1796	1461	6566	963	5603	8960	2527	6433
巢湖市	4147	2343	1804	12444	1896	10548	6977	2165	4812
芜湖市	**12463**	**6916**	**5547**	**49133**	**7936**	**41197**	**40472**	**12352**	**28120**
镜湖区	2853	1571	1282	10130	2280	7850	8713	2981	5732
弋江区	2624	1425	1199	7826	1601	6225	5562	1863	3699
鸠江区	1939	1063	876	7854	1288	6566	8301	2381	5920
三山区	438	250	188	2290	273	2017	1725	465	1260
芜湖县	952	552	400	4776	560	4216	2442	725	1717
繁昌县	445	262	183	3150	478	2672	1609	464	1145
南陵县	671	386	285	4569	491	4078	3284	895	2389
芜湖经济技术开发区	835	483	352	3145	445	2700	4972	1376	3596
安徽芜湖长江大桥经济开发区	25	16	9	107	14	93	13	4	9
无为市	1681	908	773	5286	506	4780	3851	1198	2653
蚌埠市	**12803**	**7231**	**5572**	**39109**	**7003**	**32106**	**21726**	**6968**	**14758**
龙子湖区	1701	943	758	4358	917	3441	1448	475	973
蚌山区	1627	904	723	3428	774	2654	1668	558	1110
禹会区	1945	1082	863	5379	1034	4345	1354	420	934
淮上区	968	536	432	5363	930	4433	1702	504	1198
怀远县	1881	1126	755	5436	557	4879	2913	893	2020
五河县	790	448	342	3490	387	3103	4821	1547	3274
固镇县	1055	598	457	4183	543	3640	1916	629	1287
蚌埠市高新技术开发区	628	395	233	1561	383	1178	1310	412	898
蚌埠市经济开发区	2208	1199	1009	5911	1478	4433	4594	1530	3064
淮南市	**16142**	**9143**	**6999**	**51076**	**7990**	**43086**	**16583**	**5672**	**10911**
大通区	1056	605	451	5077	1004	4073	758	262	496
田家庵区	5674	3167	2507	18134	4093	14041	9735	3601	6134
谢家集区	1902	1058	844	5607	895	4712	593	198	395
八公山区	942	540	402	4428	533	3895	412	142	270
潘集区	1549	889	660	4912	343	4569	411	141	270
凤台县	2155	1193	962	7946	622	7324	2119	600	1519
寿县	2864	1691	1173	4972	500	4472	2555	728	1827

7-9　续表 7　　单位：人

现住地	寄挂户口			婚姻嫁娶			照料孙子女		
	小计	男	女	小计	男	女	小计	男	女
马鞍山市	**9198**	**5139**	**4059**	**31975**	**5958**	**26017**	**17508**	**5469**	**12039**
花山区	3598	2033	1565	11372	2464	8908	5452	1895	3557
雨山区	2169	1165	1004	7808	1742	6066	3426	1114	2312
博望区	316	184	132	959	86	873	88	23	65
当涂县	1528	869	659	6927	1093	5834	2278	686	1592
含山县	782	445	337	2483	322	2161	3233	912	2321
和县	805	443	362	2426	251	2175	3031	839	2192
淮北市	**8960**	**5197**	**3763**	**27306**	**4363**	**22943**	**10158**	**3343**	**6815**
杜集区	937	541	396	4723	458	4265	510	152	358
相山区	4305	2497	1808	12403	2614	9789	6458	2204	4254
烈山区	829	479	350	2592	288	2304	394	124	270
濉溪县	2889	1680	1209	7588	1003	6585	2796	863	1933
铜陵市	**6104**	**3450**	**2654**	**16884**	**3552**	**13332**	**11108**	**3339**	**7769**
铜官区	3530	1995	1535	9768	2334	7434	6197	1994	4203
义安区	908	500	408	3744	738	3006	1740	503	1237
郊区	595	338	257	1434	230	1204	454	133	321
枞阳县	1071	617	454	1938	250	1688	2717	709	2008
安庆市	**9727**	**5589**	**4138**	**36874**	**5857**	**31017**	**35336**	**10561**	**24775**
迎江区	1625	914	711	5385	1145	4240	4828	1551	3277
大观区	971	568	403	3745	874	2871	2434	843	1591
宜秀区	963	533	430	3750	807	2943	1569	455	1114
怀宁县	747	459	288	2493	303	2190	5774	1806	3968
太湖县	469	260	209	2216	275	1941	2301	632	1669
宿松县	1008	596	412	3978	249	3729	4765	1485	3280
望江县	559	338	221	1334	249	1085	2519	702	1817
岳西县	517	303	214	2512	379	2133	1349	336	1013
安徽安庆经济开发区	1057	604	453	3837	619	3218	2167	708	1459
桐城市	1145	624	521	4836	579	4257	3938	1029	2909
潜山市	666	390	276	2788	378	2410	3692	1014	2678
黄山市	**4404**	**2416**	**1988**	**28942**	**5920**	**23022**	**16947**	**4954**	**11993**
屯溪区	1542	859	683	8661	2014	6647	6262	1928	4334
黄山区	427	230	197	3450	596	2854	1354	339	1015
徽州区	240	151	89	3155	555	2600	1402	383	1019
歙县	800	441	359	6023	1229	4794	3341	1001	2340
休宁县	621	310	311	4474	957	3517	2766	810	1956
黟县	385	205	180	1410	244	1166	345	100	245
祁门县	389	220	169	1769	325	1444	1477	393	1084
滁州市	**13148**	**7345**	**5803**	**49753**	**7581**	**42172**	**30449**	**9352**	**21097**
琅琊区	2073	1106	967	5106	990	4116	3557	1198	2359
南谯区	1487	805	682	7933	1072	6861	7701	2372	5329
来安县	860	498	362	3965	555	3410	1710	506	1204
全椒县	1195	676	519	4951	791	4160	2657	909	1748
定远县	1803	1026	777	4336	412	3924	1985	613	1372
凤阳县	1292	733	559	5935	568	5367	1650	516	1134
苏滁现代产业园	124	74	50	234	77	157	99	24	75
滁州经济技术开发区	757	424	333	2782	415	2367	2616	814	1802
天长市	2597	1464	1133	9590	1967	7623	4745	1220	3525
明光市	960	539	421	4921	734	4187	3729	1180	2549

7-9 续表 8

单位：人

现住地	寄挂户口			婚姻嫁娶			照料孙子女		
	小计	男	女	小计	男	女	小计	男	女
阜阳市	**17383**	**9850**	**7533**	**41004**	**5004**	**36000**	**26820**	**7801**	**19019**
颍州区	4149	2323	1826	8584	1246	7338	4853	1458	3395
颍东区	1173	672	501	5523	720	4803	1833	542	1291
颍泉区	1553	879	674	3941	609	3332	1443	478	965
临泉县	1850	1081	769	4086	362	3724	3971	1213	2758
太和县	1689	978	711	4425	524	3901	3631	997	2634
阜南县	1862	1065	797	3884	330	3554	4137	1139	2998
颍上县	1688	945	743	4505	356	4149	3024	839	2185
阜阳合肥现代产业园区	126	74	52	403	26	377	84	23	61
阜阳经济技术开发区	1044	589	455	1836	196	1640	1015	307	708
界首市	2249	1244	1005	3817	635	3182	2829	805	2024
宿州市	**8803**	**5102**	**3701**	**45355**	**6830**	**38525**	**26151**	**7995**	**18156**
埇桥区	3551	2014	1537	22000	3594	18406	13179	4212	8967
砀山县	1015	601	414	3886	525	3361	1433	465	968
萧县	1463	885	578	7590	702	6888	2397	660	1737
灵璧县	1405	812	593	6155	848	5307	5061	1424	3637
泗县	1086	629	457	4175	792	3383	3067	927	2140
宿州马鞍山现代产业园区	114	66	48	227	19	208	78	20	58
宿州经济技术开发区	169	95	74	1322	350	972	936	287	649
六安市	**15824**	**8986**	**6838**	**30973**	**3896**	**27077**	**34927**	**9456**	**25471**
金安区	3995	2339	1656	8180	1091	7089	12378	3283	9095
裕安区	4941	2755	2186	8652	1211	7441	9894	3003	6891
叶集区	910	540	370	1305	132	1173	264	58	206
霍邱县	2281	1267	1014	2930	291	2639	2040	571	1469
舒城县	1705	922	783	4386	513	3873	4448	1060	3388
金寨县	1448	839	609	2544	269	2275	2564	671	1893
霍山县	544	324	220	2976	389	2587	3339	810	2529
亳州市	**8783**	**5057**	**3726**	**28414**	**3253**	**25161**	**19919**	**5978**	**13941**
谯城区	4329	2488	1841	14356	1808	12548	6437	1832	4605
涡阳县	1474	831	643	4533	548	3985	2794	859	1935
蒙城县	1670	996	674	5483	573	4910	5766	1756	4010
利辛县	1310	742	568	4042	324	3718	4922	1531	3391
池州市	**3668**	**2088**	**1580**	**14927**	**2304**	**12623**	**17235**	**4718**	**12517**
贵池区	2169	1228	941	8581	1124	7457	10084	2849	7235
东至县	609	348	261	1890	392	1498	3500	952	2548
石台县	119	66	53	735	114	621	583	138	445
青阳县	674	383	291	3199	582	2617	2676	678	1998
池州市国家经济技术开发区	40	30	10	288	33	255	346	95	251
皖江江南新兴产业集中区	22	15	7	25	2	23	15		15
九华山风景区	35	18	17	209	57	152	31	6	25
宣城市	**10255**	**5806**	**4449**	**40025**	**7462**	**32563**	**27364**	**7442**	**19922**
宣州区	4084	2280	1804	12092	1923	10169	8743	2599	6144
郎溪县	789	472	317	3187	527	2660	1862	527	1335
泾县	658	378	280	3822	775	3047	3369	872	2497
绩溪县	617	369	248	1869	360	1509	1532	388	1144
旌德县	248	140	108	1178	267	911	1226	274	952
宣城市经济开发区	743	433	310	2392	590	1802	1449	443	1006
宁国市	1372	763	609	8595	1610	6985	6119	1509	4610
广德市	1744	971	773	6890	1410	5480	3064	830	2234

7-9　续表 9　　　　单位：人

现住地	为子女就学			养老/康养			其　他		
	小计	男	女	小计	男	女	小计	男	女
安　徽	**704468**	**241246**	**463222**	**238897**	**107555**	**131342**	**1090647**	**559846**	**530801**
合肥市	**124247**	**47706**	**76541**	**58831**	**25066**	**33765**	**259248**	**133822**	**125426**
瑶海区	8173	3328	4845	6474	2619	3855	40574	21041	19533
庐阳区	13976	6015	7961	5962	2465	3497	24167	12359	11808
蜀山区	10881	4536	6345	8759	3724	5035	28954	14517	14437
包河区	20102	8521	11581	10729	4520	6209	30285	15500	14785
长丰县	6669	2130	4539	2431	1061	1370	23485	12144	11341
肥东县	17178	6567	10611	4633	2155	2478	12962	7020	5942
肥西县	13132	5475	7657	3819	1538	2281	32770	17102	15668
庐江县	13937	4107	9830	2598	1112	1486	14136	7148	6988
合肥高新技术产业开发区	1910	702	1208	1552	654	898	7631	3956	3675
合肥经济技术开发区	4739	1745	2994	3437	1527	1910	12364	6492	5872
合肥新站高新技术产业开发区	2169	816	1353	3173	1357	1816	14505	7744	6761
巢湖市	11381	3764	7617	5264	2334	2930	17415	8799	8616
芜湖市	**40307**	**14933**	**25374**	**12841**	**5618**	**7223**	**58164**	**29828**	**28336**
镜湖区	4986	2217	2769	3232	1339	1893	10622	5359	5263
弋江区	1641	726	915	1667	719	948	12055	6304	5751
鸠江区	4760	1923	2837	1991	879	1112	7975	4239	3736
三山区	748	338	410	665	349	316	2198	1104	1094
芜湖县	5978	2347	3631	793	339	454	4346	2190	2156
繁昌县	4479	1966	2513	841	369	472	2981	1468	1513
南陵县	7256	2181	5075	1047	503	544	4021	1975	2046
芜湖经济技术开发区	558	204	354	1018	416	602	4150	2179	1971
安徽芜湖长江大桥经济开发区	5	2	3	5	2	3	79	31	48
无为市	9896	3029	6867	1582	703	879	9737	4979	4758
蚌埠市	**31510**	**11112**	**20398**	**11722**	**5325**	**6397**	**69001**	**34961**	**34040**
龙子湖区	1969	838	1131	1229	514	715	8091	4089	4002
蚌山区	2719	1161	1558	1235	524	711	7282	3694	3588
禹会区	1439	573	866	1369	599	770	12257	6203	6054
淮上区	2081	828	1253	670	324	346	6063	3161	2902
怀远县	6176	1781	4395	1805	864	941	11476	5813	5663
五河县	9350	3066	6284	1362	664	698	6907	3503	3404
固镇县	4043	1258	2785	929	492	437	8117	4018	4099
蚌埠市高新技术开发区	1054	471	583	685	318	367	2212	1172	1040
蚌埠市经济开发区	2679	1136	1543	2438	1026	1412	6596	3308	3288
淮南市	**29021**	**9895**	**19126**	**13613**	**6348**	**7265**	**61736**	**31464**	**30272**
大通区	627	270	357	1188	571	617	3018	1568	1450
田家庵区	13718	5594	8124	6339	2793	3546	26140	13213	12927
谢家集区	704	243	461	1219	548	671	5600	2881	2719
八公山区	392	149	243	970	433	537	3607	1930	1677
潘集区	1606	575	1031	966	552	414	3420	1749	1671
凤台县	5486	1744	3742	1469	740	729	7661	3928	3733
寿县	6488	1320	5168	1462	711	751	12290	6195	6095

7－9 续表 10

单位：人

现住地	为子女就学			养老/康养			其他		
	小计	男	女	小计	男	女	小计	男	女
马鞍山市	**14872**	**5301**	**9571**	**9871**	**4115**	**5756**	**37432**	**19099**	**18333**
花山区	3637	1677	1960	3239	1323	1916	15913	8077	7836
雨山区	1882	825	1057	2648	1091	1557	7563	3796	3767
博望区	48	18	30	65	29	36	905	500	405
当涂县	2932	1104	1828	1296	597	699	5678	3028	2650
含山县	3257	787	2470	1215	508	707	4810	2394	2416
和县	3116	890	2226	1408	567	841	2563	1304	1259
淮北市	**22958**	**9126**	**13832**	**9544**	**4656**	**4888**	**49150**	**24847**	**24303**
杜集区	842	289	553	1332	702	630	3717	1926	1791
相山区	11232	4763	6469	5543	2499	3044	23523	11760	11763
烈山区	675	221	454	817	442	375	3207	1689	1518
濉溪县	10209	3853	6356	1852	1013	839	18703	9472	9231
铜陵市	**22587**	**7431**	**15156**	**6772**	**3054**	**3718**	**23143**	**11687**	**11456**
铜官区	9593	4266	5327	3298	1358	1940	14907	7501	7406
义安区	4269	1826	2443	1054	454	600	3348	1687	1661
郊区	452	139	313	1281	751	530	1951	1031	920
枞阳县	8273	1200	7073	1139	491	648	2937	1468	1469
安庆市	**51691**	**14747**	**36944**	**15960**	**7252**	**8708**	**66278**	**34065**	**32213**
迎江区	3950	1627	2323	2245	908	1337	11050	5665	5385
大观区	4951	2033	2918	1773	702	1071	4394	2192	2202
宜秀区	1095	437	658	682	312	370	5380	2753	2627
怀宁县	5781	1313	4468	2307	1077	1230	6377	3321	3056
太湖县	5628	1502	4126	1412	738	674	6984	3618	3366
宿松县	7388	1574	5814	1514	701	813	5529	2887	2642
望江县	5844	1512	4332	726	399	327	2850	1469	1381
岳西县	4741	1425	3316	711	373	338	5453	2819	2634
安徽安庆经济开发区	909	364	545	1154	481	673	3777	1982	1795
桐城市	6306	1574	4732	2078	881	1197	10788	5452	5336
潜山市	5098	1386	3712	1358	680	678	3696	1907	1789
黄山市	**13441**	**4536**	**8905**	**7323**	**3482**	**3841**	**15435**	**7857**	**7578**
屯溪区	3471	1398	2073	2609	1137	1472	5228	2613	2615
黄山区	939	317	622	837	360	477	1821	908	913
徽州区	912	389	523	648	293	355	1367	673	694
歙县	2879	870	2009	1671	934	737	2368	1301	1067
休宁县	3089	993	2096	800	389	411	2580	1293	1287
黟县	238	82	156	301	153	148	998	536	462
祁门县	1913	487	1426	457	216	241	1073	533	540
滁州市	**43994**	**15903**	**28091**	**15054**	**6650**	**8404**	**66430**	**34633**	**31797**
琅琊区	5621	2438	3183	2050	864	1186	7128	3765	3363
南谯区	7613	3140	4473	2606	1142	1464	12199	6345	5854
来安县	3289	1215	2074	1147	518	629	3886	2063	1823
全椒县	2650	1030	1620	1670	688	982	8379	4429	3950
定远县	4210	1257	2953	1792	817	975	8181	4193	3988
凤阳县	4200	1333	2867	1061	498	563	6070	3049	3021
苏滁现代产业园	38	15	23	28	11	17	150	79	71
滁州经济技术开发区	1417	582	835	966	439	527	4786	2768	2018
天长市	7757	2819	4938	2200	969	1231	6622	3374	3248
明光市	7199	2074	5125	1534	704	830	9029	4568	4461

7-9 续表 11

单位：人

现住地	为子女就学			养老/康养			其他		
	小计	男	女	小计	男	女	小计	男	女
阜阳市	**61228**	**18271**	**42957**	**19002**	**8674**	**10328**	**83238**	**42592**	**40646**
颍州区	6656	2398	4258	4230	1827	2403	21783	11102	10681
颍东区	2892	1009	1883	1478	692	786	3993	1969	2024
颍泉区	3019	1142	1877	996	478	518	10280	5335	4945
临泉县	9471	2763	6708	3672	1635	2037	9094	4731	4363
太和县	12002	3247	8755	2736	1354	1382	10424	5295	5129
阜南县	9226	2507	6719	2069	878	1191	7472	3878	3594
颍上县	5871	1680	4191	1580	765	815	7009	3530	3479
阜阳合肥现代产业园区	94	19	75	40	18	22	526	254	272
阜阳经济技术开发区	923	296	627	1117	490	627	4456	2337	2119
界首市	11074	3210	7864	1084	537	547	8201	4161	4040
宿州市	**59004**	**19886**	**39118**	**16951**	**8451**	**8500**	**64530**	**33179**	**31351**
埇桥区	19040	7612	11428	8768	4070	4698	30224	15420	14804
砀山县	4274	1685	2589	1432	829	603	4757	2483	2274
萧县	9324	2758	6566	2491	1490	1001	10659	5549	5110
灵璧县	14950	3820	11130	1573	787	786	9319	4886	4433
泗县	9251	3254	5997	1889	896	993	7953	4008	3945
宿州马鞍山现代产业园区	358	117	241	121	66	55	582	286	296
宿州经济技术开发区	1807	640	1167	677	313	364	1036	547	489
六安市	**73069**	**21272**	**51797**	**16072**	**7310**	**8762**	**68468**	**35644**	**32824**
金安区	28084	7826	20258	4883	2080	2803	21473	11274	10199
裕安区	21846	7712	14134	5283	2460	2823	19751	10327	9424
叶集区	492	103	389	186	90	96	3673	1932	1741
霍邱县	5022	1367	3655	1383	644	739	8241	4287	3954
舒城县	9190	2098	7092	2250	1073	1177	8488	4295	4193
金寨县	5001	1113	3888	1030	449	581	3777	1964	1813
霍山县	3434	1053	2381	1057	514	543	3065	1565	1500
亳州市	**46102**	**16180**	**29922**	**10043**	**4940**	**5103**	**107113**	**55030**	**52083**
谯城区	13815	5190	8625	3816	1766	2050	53219	27400	25819
涡阳县	9274	3617	5657	1759	921	838	23330	12039	11291
蒙城县	13683	4468	9215	2427	1153	1274	17085	8793	8292
利辛县	9330	2905	6425	2041	1100	941	13479	6798	6681
池州市	**29368**	**8748**	**20620**	**4700**	**2088**	**2612**	**16334**	**8446**	**7888**
贵池区	14209	4782	9427	2724	1171	1553	8786	4496	4290
东至县	7801	1550	6251	901	418	483	2979	1498	1481
石台县	1137	269	868	275	121	154	777	366	411
青阳县	6040	2094	3946	646	299	347	3187	1661	1526
池州市国家经济技术开发区	132	42	90	113	57	56	136	79	57
皖江江南新兴产业集中区	28	2	26				45	26	19
九华山风景区	21	9	12	41	22	19	424	320	104
宣城市	**41069**	**16199**	**24870**	**10598**	**4526**	**6072**	**44947**	**22692**	**22255**
宣州区	11034	4283	6751	3144	1339	1805	14388	7227	7161
郎溪县	5631	2253	3378	701	285	416	2626	1329	1297
泾县	5576	1939	3637	1272	584	688	5719	2772	2947
绩溪县	2154	622	1532	1090	499	591	2462	1248	1214
旌德县	1488	422	1066	409	163	246	1513	727	786
宣城市经济开发区	1288	533	755	888	378	510	6065	3166	2899
宁国市	8744	3929	4815	2370	962	1408	6901	3561	3340
广德市	5154	2218	2936	724	316	408	5273	2662	2611

7-9a 全省按现住地、性别、迁移原因分的户口登记地在本省其他乡镇街道的人口(城市)

单位：人

现住地	合计			工作就业		
	合计	男	女	小计	男	女
安　徽	**8420529**	**4155795**	**4264734**	**2150374**	**1208457**	**941917**
合肥市	**2337600**	**1174459**	**1163141**	**875196**	**481368**	**393828**
瑶海区	485364	244737	240627	184454	100944	83510
庐阳区	337109	167780	169329	125045	67779	57266
蜀山区	536416	265416	271000	207990	110719	97271
包河区	681250	350341	330909	281765	158447	123318
长丰县						
肥东县						
肥西县	48952	25624	23328	22169	13477	8692
庐江县						
合肥高新技术产业开发区						
合肥经济技术开发区						
合肥新站高新技术产业开发区	39588	19972	19616	15411	8647	6764
巢湖市	208921	100589	108332	38362	21355	17007
芜湖市	**708102**	**356148**	**351954**	**157539**	**92710**	**64829**
镜湖区	192732	92679	100053	41773	23238	18535
弋江区	229736	114229	115507	41996	24491	17505
鸠江区	162064	86703	75361	49859	30489	19370
三山区	34630	19423	15207	8402	5643	2759
芜湖县	903	390	513	146	90	56
繁昌县						
南陵县						
芜湖经济技术开发区	118	61	57	18	12	6
安徽芜湖长江大桥经济开发区						
无为市	87919	42663	45256	15345	8747	6598
蚌埠市	**333563**	**163773**	**169790**	**62567**	**34973**	**27594**
龙子湖区	80905	39188	41717	14063	7548	6515
蚌山区	79597	39107	40490	14798	8049	6749
禹会区	100310	48756	51554	15582	8752	6830
淮上区	72751	36722	36029	18124	10624	7500
怀远县						
五河县						
固镇县						
蚌埠市高新技术开发区						
蚌埠市经济开发区						
淮南市	**467095**	**226204**	**240891**	**53485**	**31139**	**22346**
大通区	21749	10582	11167	1611	941	670
田家庵区	321068	156276	164792	40924	23210	17714
谢家集区	56004	26712	29292	3691	2352	1339
八公山区	35467	16708	18759	2510	1676	834
潘集区	32807	15926	16881	4749	2960	1789
凤台县						
寿县						

7-9a　续表 1　　单位：人

现 住 地	合　计			工作就业		
	合计	男	女	小计	男	女
马鞍山市	**376306**	**190174**	**186132**	**64936**	**39007**	**25929**
花山区	198895	99808	99087	35574	21264	14310
雨山区	169986	86370	83616	26673	16006	10667
博望区	7425	3996	3429	2689	1737	952
当涂县						
含山县						
和县						
淮北市	**319041**	**155854**	**163187**	**55034**	**33243**	**21791**
杜集区	34127	16835	17292	7352	4644	2708
相山区	245853	120261	125592	40730	23110	17620
烈山区	33781	14758	19023	3515	2363	1152
濉溪县	5280	4000	1280	3437	3126	311
铜陵市	**282610**	**138516**	**144094**	**44673**	**25841**	**18832**
铜官区	219572	107402	112170	32620	18573	14047
义安区	44518	21564	22954	7959	4671	3288
郊区	18520	9550	8970	4094	2597	1497
枞阳县						
安庆市	**528462**	**252811**	**275651**	**107528**	**61084**	**46444**
迎江区	141043	69302	71741	24783	14002	10781
大观区	64876	30840	34036	11990	6712	5278
宜秀区	89160	43408	45752	19432	11741	7691
怀宁县						
太湖县						
宿松县						
望江县	42018	19022	22996	8193	4140	4053
岳西县						
安徽安庆经济开发区	311	257	54	257	228	29
桐城市	129570	61262	68308	26892	15753	11139
潜山市	61484	28720	32764	15981	8508	7473
黄山市	**182393**	**86508**	**95885**	**52692**	**29166**	**23526**
屯溪区	120466	56533	63933	33082	17834	15248
黄山区	26736	12728	14008	7745	4564	3181
徽州区	31386	15402	15984	11302	6437	4865
歙县	1249	586	663	158	97	61
休宁县	2556	1259	1297	405	234	171
黟县						
祁门县						
滁州市	**474048**	**233830**	**240218**	**99553**	**58151**	**41402**
琅琊区	127143	62924	64219	25667	14821	10846
南谯区	121309	62340	58969	35136	21169	13967
来安县						
全椒县						
定远县						
凤阳县						
苏滁现代产业园						
滁州经济技术开发区						
天长市	138534	67316	71218	25602	14913	10689
明光市	87062	41250	45812	13148	7248	5900

7-9a 续表 2 单位：人

现住地	合计			工作就业		
	合计	男	女	小计	男	女
阜阳市	**522571**	**253045**	**269526**	**111391**	**61182**	**50209**
颍州区	251387	119084	132303	53073	28393	24680
颍东区	87907	44135	43772	19416	11354	8062
颍泉区	83158	41396	41762	22738	12221	10517
临泉县						
太和县						
阜南县						
颍上县						
阜阳合肥现代产业园区						
阜阳经济技术开发区						
界首市	100119	48430	51689	16164	9214	6950
宿州市	**318341**	**156631**	**161710**	**75404**	**42914**	**32490**
埇桥区	317198	156051	161147	75131	42700	32431
砀山县						
萧县	1143	580	563	273	214	59
灵璧县						
泗县						
宿州马鞍山现代产业园区						
宿州经济技术开发区						
六安市	**575955**	**285760**	**290195**	**127892**	**69357**	**58535**
金安区	260725	127674	133051	62004	33261	28743
裕安区	293697	146083	147614	60814	32995	27819
叶集区	20953	11704	9249	4920	3007	1913
霍邱县	91	42	49	10	6	4
舒城县	489	257	232	144	88	56
金寨县						
霍山县						
亳州市	**371120**	**182037**	**189083**	**102077**	**55663**	**46414**
谯城区	370138	181720	188418	101127	55352	45775
涡阳县						
蒙城县						
利辛县	982	317	665	950	311	639
池州市	**212365**	**97475**	**114890**	**42506**	**23867**	**18639**
贵池区	201228	91483	109745	37858	20962	16896
东至县						
石台县						
青阳县						
池州市国家经济技术开发区	7347	3831	3516	2708	1733	975
皖江江南新兴产业集中区	3790	2161	1629	1940	1172	768
九华山风景区						
宣城市	**410957**	**202570**	**208387**	**117901**	**68792**	**49109**
宣州区	161733	77089	84644	33208	19073	14135
郎溪县						
泾县						
绩溪县						
旌德县						
宣城市经济开发区						
宁国市	150394	75630	74764	53095	31159	21936
广德市	98830	49851	48979	31598	18560	13038

7-9a 续表 3

单位：人

现住地	学习培训			随同离开/投亲靠友			拆迁/搬家		
	小计	男	女	小计	男	女	小计	男	女
安 徽	**1118749**	**571066**	**547683**	**1137426**	**536000**	**601426**	**2295396**	**1179289**	**1116107**
合肥市	**247430**	**132856**	**114574**	**282229**	**137157**	**145072**	**476083**	**246462**	**229621**
瑶海区	23548	12669	10879	73114	35427	37687	112756	59341	53415
庐阳区	26774	14444	12330	46067	22521	23546	65041	33974	31067
蜀山区	84273	44277	39996	50287	24316	25971	88877	45579	43298
包河区	63730	37302	26428	76825	37788	39037	134068	68454	65614
长丰县									
肥东县									
肥西县	14673	6778	7895	3901	1867	2034	3149	1629	1520
庐江县									
合肥高新技术产业开发区									
合肥经济技术开发区									
合肥新站高新技术产业开发区	903	455	448	6435	3005	3430	9156	4808	4348
巢湖市	33529	16931	16598	25600	12233	13367	63036	32677	30359
芜湖市	**139919**	**73892**	**66027**	**80667**	**36992**	**43675**	**201007**	**103758**	**97249**
镜湖区	15334	6149	9185	21326	9668	11658	74269	38041	36228
弋江区	71739	34539	37200	22100	10271	11829	62526	32290	30236
鸠江区	31659	20291	11368	20756	9621	11135	29670	15620	14050
三山区	8015	5309	2706	4294	1868	2426	9578	5094	4484
芜湖县	3	1	2	86	36	50	211	103	108
繁昌县									
南陵县									
芜湖经济技术开发区				17	8	9	33	19	14
安徽芜湖长江大桥经济开发区									
无为市	13169	7603	5566	12088	5520	6568	24720	12591	12129
蚌埠市	**28301**	**14164**	**14137**	**50976**	**24030**	**26946**	**121477**	**61506**	**59971**
龙子湖区	3149	1534	1615	12291	5843	6448	34084	17018	17066
蚌山区	3958	2149	1809	12271	5762	6509	31374	15814	15560
禹会区	8053	3389	4664	14015	6608	7407	41239	20906	20333
淮上区	13141	7092	6049	12399	5817	6582	14780	7768	7012
怀远县									
五河县									
固镇县									
蚌埠市高新技术开发区									
蚌埠市经济开发区									
淮南市	**63140**	**32246**	**30894**	**58183**	**26665**	**31518**	**180279**	**92121**	**88158**
大通区	276	154	122	4359	2071	2288	11337	5835	5502
田家庵区	56991	29033	27958	35917	16694	19223	108883	55352	53531
谢家集区	2959	1519	1440	7894	3325	4569	27394	14310	13084
八公山区	1128	601	527	5035	2320	2715	17390	8942	8448
潘集区	1786	939	847	4978	2255	2723	15275	7682	7593
凤台县									
寿县									

7-9a 续表 4

单位：人

现住地	学习培训			随同离开/投亲靠友			拆迁/搬家		
	小计	男	女	小计	男	女	小计	男	女
马鞍山市	**47253**	**26006**	**21247**	**61205**	**28290**	**32915**	**133795**	**69581**	**64214**
花山区	7068	4172	2896	37045	17294	19751	76466	39805	36661
雨山区	39784	21603	18181	22946	10442	12504	55593	28808	26785
博望区	401	231	170	1214	554	660	1736	968	768
当涂县									
含山县									
和县									
淮北市	**48907**	**22935**	**25972**	**46563**	**21434**	**25129**	**93080**	**47625**	**45455**
杜集区	4732	2557	2175	5495	2502	2993	8272	4263	4009
相山区	27461	13984	13477	37886	17540	20346	78546	40199	38347
烈山区	16663	6369	10294	2886	1251	1635	5587	2809	2778
濉溪县	51	25	26	296	141	155	675	354	321
铜陵市	**37271**	**18582**	**18689**	**35001**	**15439**	**19562**	**103117**	**53143**	**49974**
铜官区	33188	16509	16679	25541	11349	14192	81189	41638	39551
义安区	3687	1873	1814	6177	2719	3458	14987	7819	7168
郊区	396	200	196	3283	1371	1912	6941	3686	3255
枞阳县									
安庆市	**70628**	**33060**	**37568**	**64652**	**29425**	**35227**	**180057**	**90249**	**89808**
迎江区	4994	2644	2350	16180	7596	8584	66299	33399	32900
大观区	6157	2996	3161	7798	3630	4168	21483	10697	10786
宜秀区	25477	11049	14428	9373	4156	5217	23057	11787	11270
怀宁县									
太湖县									
宿松县									
望江县	8790	4754	4036	5301	2488	2813	9445	4443	5002
岳西县									
安徽安庆经济开发区				8	2	6	26	15	11
桐城市	15887	6607	9280	17170	7654	9516	45550	22847	22703
潜山市	9323	5010	4313	8822	3899	4923	14197	7061	7136
黄山市	**15746**	**7052**	**8694**	**26377**	**12128**	**14249**	**48497**	**24723**	**23774**
屯溪区	11701	5057	6644	16201	7375	8826	33493	16927	16566
黄山区	1568	779	789	4213	1960	2253	6890	3533	3357
徽州区	2424	1188	1236	5354	2506	2848	6480	3400	3080
歙县	10	5	5	205	98	107	465	249	216
休宁县	43	23	20	404	189	215	1169	614	555
黟县									
祁门县									
滁州市	**38680**	**20634**	**18046**	**82369**	**37912**	**44457**	**155622**	**81151**	**74471**
琅琊区	7650	3495	4155	19808	9291	10517	48906	25153	23753
南谯区	14238	8491	5747	19016	8927	10089	25641	13738	11903
来安县									
全椒县									
定远县									
凤阳县									
苏滁现代产业园									
滁州经济技术开发区									
天长市	9049	4662	4387	27416	11910	15506	51189	27172	24017
明光市	7743	3986	3757	16129	7784	8345	29886	15088	14798

7-9a 续表 5

单位：人

现住地	学习培训			随同离开/投亲靠友			拆迁/搬家		
	小计	男	女	小计	男	女	小计	男	女
阜阳市	**111298**	**53442**	**57856**	**78184**	**37516**	**40668**	**125121**	**63793**	**61328**
颍州区	61824	26408	35416	31856	15370	16486	62774	31855	30919
颍东区	17184	9469	7715	16835	7994	8841	21915	11276	10639
颍泉区	12787	6582	6205	13999	6882	7117	16855	8632	8223
临泉县									
太和县									
阜南县									
颍上县									
阜阳合肥现代产业园区									
阜阳经济技术开发区									
界首市	19503	10983	8520	15494	7270	8224	23577	12030	11547
宿州市	**42816**	**22331**	**20485**	**44543**	**21537**	**23006**	**75668**	**38873**	**36795**
埇桥区	42811	22329	20482	44202	21380	22822	75553	38809	36744
砀山县									
萧县	5	2	3	341	157	184	115	64	51
灵璧县									
泗县									
宿州马鞍山现代产业园区									
宿州经济技术开发区									
六安市	**93972**	**52033**	**41939**	**81317**	**39817**	**41500**	**157684**	**80758**	**76926**
金安区	36552	19845	16707	34781	16946	17835	73677	37472	36205
裕安区	52417	28780	23637	43237	21339	21898	78884	40617	38267
叶集区	4985	3396	1589	3217	1498	1719	4954	2573	2381
霍邱县	3	2	1	11	4	7	41	21	20
舒城县	15	10	5	71	30	41	128	75	53
金寨县									
霍山县									
亳州市	**57138**	**26577**	**30561**	**55074**	**26351**	**28723**	**79008**	**41099**	**37909**
谯城区	57138	26577	30561	55072	26350	28722	78998	41097	37901
涡阳县									
蒙城县									
利辛县				2	1	1	10	2	8
池州市	**39641**	**17561**	**22080**	**33192**	**14825**	**18367**	**53353**	**26893**	**26460**
贵池区	38358	16832	21526	31539	14061	17478	50990	25680	25310
东至县									
石台县									
青阳县									
池州市国家经济技术开发区	219	117	102	1536	708	828	1829	937	892
皖江江南新兴产业集中区	1064	612	452	117	56	61	534	276	258
九华山风景区									
宣城市	**36609**	**17695**	**18914**	**56894**	**26482**	**30412**	**111548**	**57554**	**53994**
宣州区	15646	6880	8766	20323	9374	10949	53309	27365	25944
郎溪县									
泾县									
绩溪县									
旌德县									
宣城市经济开发区									
宁国市	10967	5749	5218	23034	10812	12222	33007	17179	15828
广德市	9996	5066	4930	13537	6296	7241	25232	13010	12222

7-9a 续表 6 单位：人

现住地	寄挂户口			婚姻嫁娶			照料孙子女		
	小计	男	女	小计	男	女	小计	男	女
安　徽	**89557**	**49912**	**39645**	**331113**	**61465**	**269648**	**305288**	**95391**	**209897**
合肥市	**28064**	**15734**	**12330**	**74778**	**12745**	**62033**	**118141**	**37633**	**80508**
瑶海区	6335	3631	2704	17687	2550	15137	15486	4817	10669
庐阳区	3984	2240	1744	12035	2274	9761	18548	5854	12694
蜀山区	7371	4081	3290	15919	2967	12952	33984	11169	22815
包河区	7377	4132	3245	16222	2965	13257	40233	12749	27484
长丰县									
肥东县									
肥西县	178	93	85	776	57	719	1689	484	1205
庐江县									
合肥高新技术产业开发区									
合肥经济技术开发区									
合肥新站高新技术产业开发区	456	251	205	1467	240	1227	1637	510	1127
巢湖市	2363	1306	1057	10672	1692	8980	6564	2050	4514
芜湖市	**7253**	**4010**	**3243**	**28917**	**5543**	**23374**	**26418**	**8423**	**17995**
镜湖区	2752	1523	1229	9917	2253	7664	8705	2980	5725
弋江区	2624	1425	1199	7826	1601	6225	5562	1863	3699
鸠江区	1228	678	550	7149	1205	5944	8197	2348	5849
三山区	272	164	108	1520	187	1333	508	133	375
芜湖县	59	39	20	171	17	154	1		1
繁昌县									
南陵县									
芜湖经济技术开发区	14	8	6	14	4	10	2	1	1
安徽芜湖长江大桥经济开发区									
无为市	304	173	131	2320	276	2044	3443	1098	2345
蚌埠市	**4782**	**2662**	**2120**	**15624**	**3367**	**12257**	**6069**	**1931**	**4138**
龙子湖区	1428	803	625	3757	819	2938	1406	464	942
蚌山区	1476	810	666	3130	750	2380	1658	553	1105
禹会区	1348	761	587	4501	981	3520	1331	414	917
淮上区	530	288	242	4236	817	3419	1674	500	1174
怀远县									
五河县									
固镇县									
蚌埠市高新技术开发区									
蚌埠市经济开发区									
淮南市	**8448**	**4715**	**3733**	**30628**	**6180**	**24448**	**11436**	**4169**	**7267**
大通区	297	162	135	1973	557	1416	419	144	275
田家庵区	5413	3018	2395	17574	4063	13511	9720	3596	6124
谢家集区	1539	856	683	5074	829	4245	576	193	383
八公山区	906	517	389	4219	518	3701	405	139	266
潘集区	293	162	131	1788	213	1575	316	97	219
凤台县									
寿县									

7-9a　续表 7　　　　单位：人

现住地	寄挂户口			婚姻嫁娶			照料孙子女		
	小计	男	女	小计	男	女	小计	男	女
马鞍山市	**5732**	**3156**	**2576**	**19268**	**4174**	**15094**	**8937**	**3022**	**5915**
花山区	3517	1980	1537	11196	2421	8775	5442	1891	3551
雨山区	2059	1093	966	7608	1706	5902	3418	1111	2307
博望区	156	83	73	464	47	417	77	20	57
当涂县									
含山县									
和县									
淮北市	**5041**	**2929**	**2112**	**16532**	**3155**	**13377**	**7124**	**2401**	**4723**
杜集区	522	301	221	2997	348	2649	449	131	318
相山区	4022	2337	1685	11764	2564	9200	6402	2182	4220
烈山区	342	199	143	1516	214	1302	262	83	179
濉溪县	155	92	63	255	29	226	11	5	6
铜陵市	**3943**	**2206**	**1737**	**13107**	**3093**	**10014**	**8188**	**2578**	**5610**
铜官区	3466	1960	1506	9693	2314	7379	6177	1986	4191
义安区	283	140	143	2478	605	1873	1688	490	1198
郊区	194	106	88	936	174	762	323	102	221
枞阳县									
安庆市	**3806**	**2122**	**1684**	**18048**	**3419**	**14629**	**17906**	**5346**	**12560**
迎江区	1529	861	668	5332	1134	4198	4826	1551	3275
大观区	764	432	332	3542	823	2719	2406	831	1575
宜秀区	696	376	320	3256	738	2518	1540	450	1090
怀宁县									
太湖县									
宿松县									
望江县	97	58	39	484	101	383	2112	607	1505
岳西县									
安徽安庆经济开发区	4	3	1						
桐城市	488	266	222	3839	435	3404	3721	987	2734
潜山市	228	126	102	1595	188	1407	3301	920	2381
黄山市	**1656**	**902**	**754**	**11754**	**2391**	**9363**	**8914**	**2630**	**6284**
屯溪区	1318	717	601	7490	1725	5765	6211	1917	4294
黄山区	185	93	92	2111	345	1766	1285	324	961
徽州区	135	81	54	1705	237	1468	1371	374	997
歙县	11	6	5	244	49	195	9	3	6
休宁县	7	5	2	204	35	169	38	12	26
黟县									
祁门县									
滁州市	**4163**	**2247**	**1916**	**20608**	**3540**	**17068**	**17466**	**5346**	**12120**
琅琊区	1951	1047	904	5020	966	4054	3552	1196	2356
南谯区	757	411	346	5267	715	4552	6288	1949	4339
来安县									
全椒县									
定远县									
凤阳县									
苏滁现代产业园									
滁州经济技术开发区									
天长市	1103	598	505	6553	1282	5271	4431	1168	3263
明光市	352	191	161	3768	577	3191	3195	1033	2162

7-9a 续表 8

单位：人

现住地	寄挂户口			婚姻嫁娶			照料孙子女		
	小计	男	女	小计	男	女	小计	男	女
阜阳市	**4299**	**2360**	**1939**	**15245**	**2743**	**12502**	**10674**	**3188**	**7486**
颍州区	2244	1234	1010	6021	1092	4929	4753	1429	3324
颍东区	308	163	145	3833	582	3251	1752	515	1237
颍泉区	429	237	192	2591	494	2097	1394	459	935
临泉县									
太和县									
阜南县									
颍上县									
阜阳合肥现代产业园区									
阜阳经济技术开发区									
界首市	1318	726	592	2800	575	2225	2775	785	1990
宿州市	**1494**	**814**	**680**	**15588**	**3047**	**12541**	**12695**	**4053**	**8642**
埇桥区	1479	802	677	15383	3038	12345	12695	4053	8642
砀山县									
萧县	15	12	3	205	9	196			
灵璧县									
泗县									
宿州马鞍山现代产业园区									
宿州经济技术开发区									
六安市	**4316**	**2451**	**1865**	**12939**	**1860**	**11079**	**18252**	**5410**	**12842**
金安区	1737	1032	705	5912	792	5120	8697	2482	6215
裕安区	2310	1260	1050	6426	996	5430	9435	2901	6534
叶集区	231	137	94	539	60	479	119	27	92
霍邱县	14	8	6	5		5			
舒城县	24	14	10	57	12	45	1		1
金寨县									
霍山县									
亳州市	**1622**	**904**	**718**	**11002**	**1592**	**9410**	**6238**	**1771**	**4467**
谯城区	1619	902	717	10987	1592	9395	6238	1771	4467
涡阳县									
蒙城县									
利辛县	3	2	1	15		15			
池州市	**1222**	**683**	**539**	**7694**	**1011**	**6683**	**10314**	**2900**	**7414**
贵池区	1160	638	522	7381	976	6405	9953	2805	7148
东至县									
石台县									
青阳县									
池州市国家经济技术开发区	40	30	10	288	33	255	346	95	251
皖江江南新兴产业集中区	22	15	7	25	2	23	15		15
九华山风景区									
宣城市	**3716**	**2017**	**1699**	**19381**	**3605**	**15776**	**16516**	**4590**	**11926**
宣州区	2028	1123	905	7713	1376	6337	7477	2277	5200
郎溪县									
泾县									
绩溪县									
旌德县									
宣城市经济开发区									
宁国市	789	410	379	7040	1185	5855	6031	1494	4537
广德市	899	484	415	4628	1044	3584	3008	819	2189

7-9a 续表 9

单位：人

现住地	为子女就学			养老/康养			其他		
	小计	男	女	小计	男	女	小计	男	女
安徽	**325394**	**124960**	**200434**	**126263**	**53788**	**72475**	**540969**	**275467**	**265502**
合肥市	**62423**	**25456**	**36967**	**36574**	**15298**	**21276**	**136682**	**69750**	**66932**
瑶海区	7821	3192	4629	6341	2563	3778	37822	19603	18219
庐阳区	12618	5387	7231	5325	2201	3124	21672	11106	10566
蜀山区	10798	4500	6298	8705	3703	5002	28212	14105	14107
包河区	20101	8520	11581	10715	4516	6199	30214	15468	14746
长丰县									
肥东县									
肥西县	155	53	102	211	85	126	2051	1101	950
庐江县									
合肥高新技术产业开发区									
合肥经济技术开发区									
合肥新站高新技术产业开发区	364	150	214	899	404	495	2860	1502	1358
巢湖市	10566	3654	6912	4378	1826	2552	13851	6865	6986
芜湖市	**20446**	**7821**	**12625**	**8056**	**3468**	**4588**	**37880**	**19531**	**18349**
镜湖区	4977	2213	2764	3180	1316	1864	10499	5298	5201
弋江区	1641	726	915	1667	719	948	12055	6304	5751
鸠江区	4696	1908	2788	1889	831	1058	6961	3712	3249
三山区	365	171	194	282	165	117	1394	689	705
芜湖县				178	73	105	48	31	17
繁昌县									
南陵县									
芜湖经济技术开发区							20	9	11
安徽芜湖长江大桥经济开发区									
无为市	8767	2803	5964	860	364	496	6903	3488	3415
蚌埠市	**8131**	**3366**	**4765**	**4339**	**1869**	**2470**	**31297**	**15905**	**15392**
龙子湖区	1954	831	1123	1210	506	704	7563	3822	3741
蚌山区	2707	1156	1551	1184	498	686	7041	3566	3475
禹会区	1419	566	853	1315	564	751	11507	5815	5692
淮上区	2051	813	1238	630	301	329	5186	2702	2484
怀远县									
五河县									
固镇县									
蚌埠市高新技术开发区									
蚌埠市经济开发区									
淮南市	**16630**	**6676**	**9954**	**8939**	**3979**	**4960**	**35927**	**18314**	**17613**
大通区	373	169	204	454	206	248	650	343	307
田家庵区	13711	5591	8120	6298	2765	3533	25637	12954	12683
谢家集区	690	237	453	1101	472	629	5086	2619	2467
八公山区	390	148	242	619	286	333	2865	1561	1304
潘集区	1466	531	935	467	250	217	1689	837	852
凤台县									
寿县									

7－9a 续表 10

单位：人

现住地	为子女就学			养老/康养			其他		
	小计	男	女	小计	男	女	小计	男	女
马鞍山市	**5559**	**2517**	**3042**	**5814**	**2372**	**3442**	**23807**	**12049**	**11758**
花山区	3636	1677	1959	3187	1298	1889	15764	8006	7758
雨山区	1882	825	1057	2601	1066	1535	7422	3710	3712
博望区	41	15	26	26	8	18	621	333	288
当涂县									
含山县									
和县									
淮北市	**12291**	**5139**	**7152**	**6639**	**3029**	**3610**	**27830**	**13964**	**13866**
杜集区	683	239	444	913	440	473	2712	1410	1302
相山区	11179	4745	6434	5054	2233	2821	22809	11367	11442
烈山区	427	155	272	606	303	303	1977	1012	965
濉溪县	2		2	66	53	13	332	175	157
铜陵市	**14079**	**6186**	**7893**	**4895**	**2219**	**2676**	**18336**	**9229**	**9107**
铜官区	9589	4265	5324	3280	1350	1930	14829	7458	7371
义安区	4217	1811	2406	693	288	405	2349	1148	1201
郊区	273	110	163	922	581	341	1158	623	535
枞阳县									
安庆市	**24879**	**8148**	**16731**	**7538**	**3057**	**4481**	**33420**	**16901**	**16519**
迎江区	3950	1627	2323	2228	898	1330	10922	5590	5332
大观区	4939	2028	2911	1696	660	1036	4101	2031	2070
宜秀区	986	413	573	448	189	259	4895	2509	2386
怀宁县									
太湖县									
宿松县									
望江县	5442	1414	4028	375	154	221	1779	863	916
岳西县									
安徽安庆经济开发区							16	9	7
桐城市	5222	1464	3758	1827	744	1083	8974	4505	4469
潜山市	4340	1202	3138	964	412	552	2733	1394	1339
黄山市	**5278**	**2086**	**3192**	**3752**	**1595**	**2157**	**7727**	**3835**	**3892**
屯溪区	3455	1390	2065	2560	1109	1451	4955	2482	2473
黄山区	902	304	598	584	232	352	1253	594	659
徽州区	891	380	511	556	229	327	1168	570	598
歙县	2	1	1	15	8	7	130	70	60
休宁县	28	11	17	37	17	20	221	119	102
黟县									
祁门县									
滁州市	**24026**	**9157**	**14869**	**6975**	**3001**	**3974**	**24586**	**12691**	**11895**
琅琊区	5617	2437	3180	2033	855	1178	6939	3663	3276
南谯区	6412	2651	3761	1841	794	1047	6713	3495	3218
来安县									
全椒县									
定远县									
凤阳县									
苏滁现代产业园									
滁州经济技术开发区									
天长市	7146	2712	4434	1931	829	1102	4114	2070	2044
明光市	4851	1357	3494	1170	523	647	6820	3463	3357

7-9a 续表 11 单位：人

现住地	为子女就学			养老/康养			其他		
	小计	男	女	小计	男	女	小计	男	女
阜阳市	**23355**	**7666**	**15689**	**6355**	**2670**	**3685**	**36649**	**18485**	**18164**
颍州区	6530	2348	4182	3488	1456	2032	18824	9499	9325
颍东区	2820	989	1831	1215	515	700	2629	1278	1351
颍泉区	2998	1137	1861	800	328	472	8567	4424	4143
临泉县									
太和县									
阜南县									
颍上县									
阜阳合肥现代产业园区									
阜阳经济技术开发区									
界首市	11007	3192	7815	852	371	481	6629	3284	3345
宿州市	**18349**	**7406**	**10943**	**7691**	**3378**	**4313**	**24093**	**12278**	**11815**
埇桥区	18345	7405	10940	7661	3352	4309	23938	12183	11755
砀山县									
萧县	4	1	3	30	26	4	155	95	60
灵璧县									
泗县									
宿州马鞍山现代产业园区									
宿州经济技术开发区									
六安市	**38426**	**13437**	**24989**	**8294**	**3585**	**4709**	**32863**	**17052**	**15811**
金安区	17681	6038	11643	3895	1649	2246	15789	8157	7632
裕安区	20556	7348	13208	4342	1911	2431	15276	7936	7340
叶集区	186	50	136	51	23	28	1751	933	818
霍邱县							7	1	6
舒城县	3	1	2	6	2	4	40	25	15
金寨县									
霍山县									
亳州市	**13576**	**5110**	**8466**	**3218**	**1366**	**1852**	**42167**	**21604**	**20563**
谯城区	13576	5110	8466	3218	1366	1852	42165	21603	20562
涡阳县									
蒙城县									
利辛县							2	1	1
池州市	**14259**	**4806**	**9453**	**2524**	**1031**	**1493**	**7660**	**3898**	**3762**
贵池区	14099	4762	9337	2411	974	1437	7479	3793	3686
东至县									
石台县									
青阳县									
池州市国家经济技术开发区	132	42	90	113	57	56	136	79	57
皖江江南新兴产业集中区	28	2	26				45	26	19
九华山风景区									
宣城市	**23687**	**9983**	**13704**	**4660**	**1871**	**2789**	**20045**	**9981**	**10064**
宣州区	10024	3911	6113	2119	861	1258	9886	4849	5037
郎溪县									
泾县									
绩溪县									
旌德县									
宣城市经济开发区									
宁国市	8545	3869	4676	2012	785	1227	5874	2988	2886
广德市	5118	2203	2915	529	225	304	4285	2144	2141

7-9b 全省按现住地、性别、迁移原因分的户口登记地在本省其他乡镇街道的人口(镇)

单位：人

现住地	合计			工作就业		
	合计	男	女	小计	男	女
安　徽	**6994616**	**3489479**	**3505137**	**1841595**	**1067145**	**774450**
合肥市	**2070206**	**1069512**	**1000694**	**685116**	**404517**	**280599**
瑶海区	15587	7980	7607	5131	2975	2156
庐阳区	33309	16144	17165	8187	4564	3623
蜀山区	6034	3175	2859	1409	932	477
包河区						
长丰县	312961	160287	152674	118501	68614	49887
肥东县	372248	193767	178481	94559	57179	37380
肥西县	375051	194061	180990	130057	76928	53129
庐江县	157681	75001	82680	32405	18148	14257
合肥高新技术产业开发区	168026	87371	80655	69952	41575	28377
合肥经济技术开发区	336609	174700	161909	133489	77800	55689
合肥新站高新技术产业开发区	270350	145688	124662	86968	52915	34053
巢湖市	22350	11338	11012	4458	2887	1571
芜湖市	**356665**	**179132**	**177533**	**101686**	**61855**	**39831**
镜湖区	123	60	63	35	22	13
弋江区						
鸠江区	4889	2484	2405	1581	966	615
三山区	13569	6628	6941	4678	2645	2033
芜湖县	95764	48381	47383	24239	14270	9969
繁昌县	51123	25091	26032	9274	5531	3743
南陵县	84942	39569	45373	14355	8156	6199
芜湖经济技术开发区	86554	47394	39160	42293	27144	15149
安徽芜湖长江大桥经济开发区	607	288	319	199	127	72
无为市	19094	9237	9857	5032	2994	2038
蚌埠市	**457949**	**223378**	**234571**	**73408**	**40130**	**33278**
龙子湖区	3439	1760	1679	713	421	292
蚌山区						
禹会区	720	364	356	167	101	66
淮上区	4648	2273	2375	1101	614	487
怀远县	106918	51786	55132	21066	11320	9746
五河县	80398	38104	42294	13310	7228	6082
固镇县	61032	29214	31818	12321	6796	5525
蚌埠市高新技术开发区	43212	21892	21320	6376	3569	2807
蚌埠市经济开发区	157582	77985	79597	18354	10081	8273
淮南市	**225026**	**114438**	**110588**	**49522**	**34217**	**15305**
大通区	26142	12826	13316	3445	2175	1270
田家庵区	1933	929	1004	176	115	61
谢家集区	434	206	228	60	35	25
八公山区	18	7	11	1		1
潘集区	12064	6845	5219	4834	3889	945
凤台县	99188	53201	45987	25884	19338	6546
寿县	85247	40424	44823	15122	8665	6457

7-9b　续表 1　　　　单位：人

现住地	合计			工作就业		
	合计	男	女	小计	男	女
马鞍山市	**178574**	**86460**	**92114**	**39619**	**23099**	**16520**
花山区						
雨山区						
博望区	642	358	284	323	229	94
当涂县	75756	37849	37907	14964	9043	5921
含山县	47055	22019	25036	10737	5834	4903
和县	55121	26234	28887	13595	7993	5602
淮北市	**139432**	**69741**	**69691**	**31870**	**18997**	**12873**
杜集区	5966	2982	2984	1631	1181	450
相山区						
烈山区	5254	2530	2724	1543	998	545
濉溪县	128212	64229	63983	28696	16818	11878
铜陵市	**67779**	**30263**	**37516**	**11967**	**6831**	**5136**
铜官区	10	6	4	3	2	1
义安区	3322	1754	1568	991	656	335
郊区	4003	1881	2122	935	567	368
枞阳县	60444	26622	33822	10038	5606	4432
安庆市	**386947**	**187636**	**199311**	**98913**	**55019**	**43894**
迎江区						
大观区	1579	892	687	281	181	100
宜秀区	3064	1579	1485	495	313	182
怀宁县	84336	40534	43802	23145	12925	10220
太湖县	60003	28223	31780	15655	8334	7321
宿松县	87641	42503	45138	16719	9142	7577
望江县	10785	4885	5900	6210	2818	3392
岳西县	36608	16770	19838	9082	4786	4296
安徽安庆经济开发区	76664	39708	36956	20736	12747	7989
桐城市	13584	6420	7164	3744	2170	1574
潜山市	12683	6122	6561	2846	1603	1243
黄山市	**160631**	**75867**	**84764**	**38845**	**21939**	**16906**
屯溪区	13409	6992	6417	661	441	220
黄山区	5807	3345	2462	3729	2392	1337
徽州区	1318	620	698	240	166	74
歙县	69123	32510	36613	17411	9499	7912
休宁县	35195	16048	19147	9463	5176	4287
黟县	8426	4088	4338	2888	1635	1253
祁门县	27353	12264	15089	4453	2630	1823
滁州市	**516349**	**262534**	**253815**	**116217**	**69047**	**47170**
琅琊区						
南谯区	28024	13989	14035	6830	4088	2742
来安县	71837	36528	35309	23296	14044	9252
全椒县	113890	58208	55682	17952	10546	7406
定远县	96936	49030	47906	17648	10183	7465
凤阳县	83716	41630	42086	13391	7864	5527
苏滁现代产业园	9608	5770	3838	5108	3502	1606
滁州经济技术开发区	81302	41826	39476	25095	14566	10529
天长市	24573	12423	12150	5414	3400	2014
明光市	6463	3130	3333	1483	854	629

7-9b 续表 2

单位：人

现住地	合计			工作就业		
	合计	男	女	小计	男	女
阜阳市	**627137**	**308383**	**318754**	**172743**	**94514**	**78229**
颍州区	10739	5389	5350	2663	1506	1157
颍东区	6286	3742	2544	2822	2162	660
颍泉区	4730	2511	2219	944	528	416
临泉县	175675	85551	90124	49598	25716	23882
太和县	147106	71191	75915	40839	21133	19706
阜南县	115503	54654	60849	26222	13730	12492
颍上县	100412	51270	49142	26957	17049	9908
阜阳合肥现代产业园区	817	522	295	482	390	92
阜阳经济技术开发区	59710	30313	29397	19978	10975	9003
界首市	6159	3240	2919	2238	1325	913
宿州市	**460335**	**223631**	**236704**	**99305**	**55851**	**43454**
埇桥区	28529	13861	14668	9848	5883	3965
砀山县	56172	27909	28263	11604	6347	5257
萧县	113627	56069	57558	30294	16958	13336
灵璧县	119023	55868	63155	19441	10697	8744
泗县	99274	47914	51360	18418	10437	7981
宿州马鞍山现代产业园区	9079	4585	4494	1658	899	759
宿州经济技术开发区	34631	17425	17206	8042	4630	3412
六安市	**442344**	**212479**	**229865**	**99340**	**55414**	**43926**
金安区	76182	35248	40934	12150	6754	5396
裕安区	17500	8885	8615	3901	2046	1855
叶集区	6617	3252	3365	1102	592	510
霍邱县	77031	38472	38559	15600	9179	6421
舒城县	116873	54255	62618	25599	14106	11493
金寨县	79000	39450	39550	23602	13090	10512
霍山县	69141	32917	36224	17386	9647	7739
亳州市	**524611**	**264239**	**260372**	**130084**	**71795**	**58289**
谯城区	13957	7095	6862	3732	2092	1640
涡阳县	174551	88950	85601	36212	20519	15693
蒙城县	181057	91094	89963	48552	27008	21544
利辛县	155046	77100	77946	41588	22176	19412
池州市	**117599**	**54482**	**63117**	**29411**	**17061**	**12350**
贵池区	5041	2935	2106	1954	1471	483
东至县	51051	22811	28240	11179	6417	4762
石台县	11333	5111	6222	3581	1969	1612
青阳县	48349	22556	25793	11389	6497	4892
池州市国家经济技术开发区						
皖江江南新兴产业集中区						
九华山风景区	1825	1069	756	1308	707	601
宣城市	**263032**	**127304**	**135728**	**63549**	**36859**	**26690**
宣州区	29392	14516	14876	6469	3905	2564
郎溪县	58880	27985	30895	11295	6361	4934
泾县	58257	27266	30991	13086	7565	5521
绩溪县	34698	16321	18377	11584	6333	5251
旌德县	19061	8569	10492	5168	2837	2331
宣城市经济开发区	53790	27898	25892	12014	7315	4699
宁国市	3778	1957	1821	1504	951	553
广德市	5176	2792	2384	2429	1592	837

7-9b 续表 3

单位：人

现住地	学习培训			随同离开/投亲靠友			拆迁/搬家		
	小计	男	女	小计	男	女	小计	男	女
安 徽	**1239090**	**669403**	**569687**	**975037**	**465552**	**509485**	**1523161**	**784015**	**739146**
合肥市	**398922**	**212327**	**186595**	**263332**	**128268**	**135064**	**376707**	**199029**	**177678**
瑶海区	478	227	251	2801	1295	1506	4972	2668	2304
庐阳区	1449	754	695	3822	1919	1903	9268	4834	4434
蜀山区	329	187	142	839	393	446	2318	1168	1150
包河区									
长丰县	39852	20812	19040	52920	26040	26880	50488	27319	23169
肥东县	54571	30576	23995	65333	31728	33605	101252	54400	46852
肥西县	58182	30432	27750	41865	20351	21514	74717	39512	35205
庐江县	19986	10878	9108	24427	11754	12673	41537	20505	21032
合肥高新技术产业开发区	33011	16915	16096	14384	7067	7317	22617	11746	10871
合肥经济技术开发区	88766	46897	41869	31505	15451	16054	30397	15992	14405
合肥新站高新技术产业开发区	92927	49948	42979	23289	11313	11976	36474	19498	16976
巢湖市	9371	4701	4670	2147	957	1190	2667	1387	1280
芜湖市	**48290**	**26013**	**22277**	**50302**	**23286**	**27016**	**86861**	**44478**	**42383**
镜湖区	3	3		20	6	14	28	15	13
弋江区									
鸠江区	369	199	170	802	367	435	1022	526	496
三山区	1187	628	559	2661	1282	1379	1972	998	974
芜湖县	20259	10830	9429	11727	5425	6302	22653	11924	10729
繁昌县	4490	2398	2092	10207	4582	5625	16005	8406	7599
南陵县	11494	6090	5404	10551	4915	5636	30359	14970	15389
芜湖经济技术开发区	8095	4488	3607	11171	5323	5848	10435	5389	5046
安徽芜湖长江大桥经济开发区	7	3	4	57	26	31	174	85	89
无为市	2386	1374	1012	3106	1360	1746	4213	2165	2048
蚌埠市	**87202**	**47365**	**39837**	**60713**	**29490**	**31223**	**138039**	**69071**	**68968**
龙子湖区	30	20	10	643	314	329	1566	822	744
蚌山区									
禹会区	6	3	3	95	43	52	188	96	92
淮上区	567	329	238	612	294	318	1364	723	641
怀远县	20267	10913	9354	12543	6127	6416	28452	14286	14166
五河县	14773	8304	6469	10916	5471	5445	16832	8268	8564
固镇县	6546	3585	2961	10628	5236	5392	15738	7693	8045
蚌埠市高新技术开发区	4354	2680	1674	7565	3628	3937	17467	8864	8603
蚌埠市经济开发区	40659	21531	19128	17711	8377	9334	56432	28319	28113
淮南市	**32485**	**17913**	**14572**	**30099**	**14189**	**15910**	**60256**	**30297**	**29959**
大通区	1655	950	705	3868	1841	2027	10770	5524	5246
田家庵区	27	13	14	434	211	223	786	413	373
谢家集区	1	1		107	41	66	172	104	68
八公山区	2		2				7	3	4
潘集区	305	167	138	1821	656	1165	2484	1321	1163
凤台县	10779	6109	4670	15524	7396	8128	28848	14400	14448
寿县	19716	10673	9043	8345	4044	4301	17189	8532	8657

7−9b　续表 4　　　　单位：人

现住地	学习培训			随同离开/投亲靠友			拆迁/搬家		
	小计	男	女	小计	男	女	小计	男	女
马鞍山市	**28050**	**14696**	**13354**	**23238**	**11071**	**12167**	**44634**	**23060**	**21574**
花山区									
雨山区									
博望区	8	4	4	96	42	54	45	22	23
当涂县	10857	5998	4859	8772	4079	4693	23471	12296	11175
含山县	5937	3469	2468	6323	3096	3227	9928	4914	5014
和县	11248	5225	6023	8047	3854	4193	11190	5828	5362
淮北市	**15806**	**9037**	**6769**	**23276**	**10913**	**12363**	**27394**	**14356**	**13038**
杜集区	223	125	98	884	391	493	1184	596	588
相山区									
烈山区	333	163	170	885	393	492	879	421	458
濉溪县	15250	8749	6501	21507	10129	11378	25331	13339	11992
铜陵市	**14555**	**7974**	**6581**	**11021**	**4861**	**6160**	**12669**	**6234**	**6435**
铜官区							4	3	1
义安区	962	526	436	310	141	169	473	226	247
郊区	449	216	233	472	171	301	1069	560	509
枞阳县	13144	7232	5912	10239	4549	5690	11123	5445	5678
安庆市	**63236**	**35671**	**27565**	**46048**	**21624**	**24424**	**88031**	**44227**	**43804**
迎江区									
大观区	618	362	256	118	48	70	256	137	119
宜秀区	845	505	340	256	125	131	588	301	287
怀宁县	13655	7669	5986	9326	4377	4949	17154	8382	8772
太湖县	9907	5425	4482	6014	2749	3265	11798	5681	6117
宿松县	16885	10108	6777	12246	6068	6178	21482	10902	10580
望江县	1338	650	688	1241	658	583	547	259	288
岳西县	5811	3019	2792	2750	1248	1502	6807	3347	3460
安徽安庆经济开发区	9182	5250	3932	10880	4956	5924	23114	12064	11050
桐城市	1848	965	883	1568	651	917	3505	1789	1716
潜山市	3147	1718	1429	1649	744	905	2780	1365	1415
黄山市	**29112**	**14627**	**14485**	**24093**	**11054**	**13039**	**35375**	**17724**	**17651**
屯溪区	11376	5949	5427	217	103	114	489	252	237
黄山区	121	61	60	561	279	282	443	258	185
徽州区	16	7	9	191	109	82	305	181	124
歙县	8790	4291	4499	13663	6219	7444	16771	8638	8133
休宁县	5631	2775	2856	4174	1911	2263	5773	2849	2924
黟县	770	360	410	980	476	504	1619	854	765
祁门县	2408	1184	1224	4307	1957	2350	9975	4692	5283
滁州市	**57160**	**31512**	**25648**	**84592**	**39422**	**45170**	**167670**	**89363**	**78307**
琅琊区									
南谯区	1127	619	508	4213	1972	2241	9994	5198	4796
来安县	6268	3224	3044	14475	6461	8014	15433	8406	7027
全椒县	3524	2012	1512	19192	8862	10330	54790	29736	25054
定远县	11412	6611	4801	13442	6500	6942	35941	18833	17108
凤阳县	17057	9480	7577	16030	7750	8280	21221	11173	10048
苏滁现代产业园	229	164	65	743	354	389	2855	1470	1385
滁州经济技术开发区	16042	8612	7430	12096	5500	6596	15723	8374	7349
天长市	1222	645	577	3532	1634	1898	9321	4965	4356
明光市	279	145	134	869	389	480	2392	1208	1184

7-9b　续表 5　　　　单位：人

现住地	学习培训			随同离开/投亲靠友			拆迁/搬家		
	小计	男	女	小计	男	女	小计	男	女
阜阳市	**131174**	**70284**	**60890**	**96059**	**46432**	**49627**	**111782**	**56907**	**54875**
颍州区	1096	605	491	1699	798	901	3423	1755	1668
颍东区	200	114	86	1020	472	548	1131	601	530
颍泉区	1261	737	524	528	258	270	1069	563	506
临泉县	45212	23649	21563	23860	11705	12155	29361	14711	14650
太和县	31146	17068	14078	20550	9964	10586	23844	12331	11513
阜南县	27417	14635	12782	19074	9118	9956	19336	9519	9817
颍上县	18510	10088	8422	15814	7562	8252	20114	10232	9882
阜阳合肥现代产业园区	11	6	5	87	39	48	117	62	55
阜阳经济技术开发区	6116	3271	2845	12554	6115	6439	11621	6178	5443
界首市	205	111	94	873	401	472	1766	955	811
宿州市	**102617**	**55795**	**46822**	**80383**	**38530**	**41853**	**67045**	**33734**	**33311**
埇桥区	4606	1947	2659	4933	2154	2779	3398	1714	1684
砀山县	12320	6904	5416	8889	4428	4461	9337	4762	4575
萧县	26834	14708	12126	19557	9681	9876	10368	5157	5211
灵璧县	30575	16766	13809	18952	9383	9569	16934	8386	8548
泗县	19286	10481	8805	21138	9671	11467	16094	8142	7952
宿州马鞍山现代产业园区	2960	1635	1325	477	226	251	2745	1351	1394
宿州经济技术开发区	6036	3354	2682	6437	2987	3450	8169	4222	3947
六安市	**75409**	**42142**	**33267**	**59477**	**28247**	**31230**	**114415**	**57211**	**57204**
金安区	21279	11870	9409	7974	3981	3993	15656	7743	7913
裕安区	2189	1433	756	2104	1073	1031	5883	2990	2893
叶集区	750	470	280	749	377	372	1948	1014	934
霍邱县	12937	7272	5665	12765	5949	6816	19383	10047	9336
舒城县	15084	7754	7330	14048	6549	7499	36073	17640	18433
金寨县	12574	7522	5052	10760	5357	5403	18732	9469	9263
霍山县	10596	5821	4775	11077	4961	6116	16740	8308	8432
亳州市	**107356**	**59018**	**48338**	**75620**	**36683**	**38937**	**98735**	**51177**	**47558**
谯城区	564	311	253	1582	707	875	4561	2369	2192
涡阳县	31133	17053	14080	26645	12665	13980	42155	21836	20319
蒙城县	38218	21433	16785	20939	10333	10606	31997	16487	15510
利辛县	37441	20221	17220	26454	12978	13476	20022	10485	9537
池州市	**20460**	**10614**	**9846**	**14109**	**6673**	**7436**	**19479**	**9594**	**9885**
贵池区	880	494	386	495	213	282	964	509	455
东至县	11420	6018	5402	5381	2521	2860	7065	3463	3602
石台县	2004	1002	1002	1256	585	671	1458	698	760
青阳县	6147	3095	3052	6882	3302	3580	9960	4910	5050
池州市国家经济技术开发区									
皖江江南新兴产业集中区									
九华山风景区	9	5	4	95	52	43	32	14	18
宣城市	**27256**	**14415**	**12841**	**32675**	**14809**	**17866**	**74069**	**37553**	**36516**
宣州区	2052	1070	982	3877	1694	2183	9832	5246	4586
郎溪县	5085	2506	2579	7903	3627	4276	21511	10740	10771
泾县	7884	4061	3823	5994	2733	3261	13286	6546	6740
绩溪县	3698	1879	1819	4594	2137	2457	6417	3201	3216
旌德县	2537	1238	1299	2423	1083	1340	3658	1741	1917
宣城市经济开发区	5620	3487	2133	6807	3042	3765	17821	9251	8570
宁国市	288	135	153	409	173	236	738	394	344
广德市	92	39	53	668	320	348	806	434	372

7-9b 续表 6

单位：人

现住地	寄挂户口			婚姻嫁娶			照料孙子女		
	小计	男	女	小计	男	女	小计	男	女
安　徽	**55190**	**31101**	**24089**	**232573**	**33008**	**199565**	**245113**	**69244**	**175869**
合肥市	**17180**	**9610**	**7570**	**60230**	**8303**	**51927**	**84866**	**23277**	**61589**
瑶海区	162	92	70	509	74	435	330	75	255
庐阳区	508	280	228	1513	327	1186	4167	1374	2793
蜀山区	186	99	87	282	64	218	57	15	42
包河区									
长丰县	1967	1092	875	10263	873	9390	10924	2697	8227
肥东县	2623	1498	1125	13647	1883	11764	8390	2370	6020
肥西县	2637	1518	1119	11542	1931	9611	16081	4120	11961
庐江县	689	391	298	4205	518	3687	5754	1524	4230
合肥高新技术产业开发区	1930	1097	833	4342	746	3596	10698	2914	7784
合肥经济技术开发区	3183	1725	1458	8015	1074	6941	20875	6088	14787
合肥新站高新技术产业开发区	2768	1532	1236	5089	721	4368	7299	2009	5290
巢湖市	527	286	241	823	92	731	291	91	200
芜湖市	**2647**	**1477**	**1170**	**15100**	**1938**	**13162**	**13755**	**3849**	**9906**
镜湖区	6	4	2	10	2	8	2		2
弋江区									
鸠江区	208	119	89	342	46	296	85	26	59
三山区	43	23	20	469	62	407	1205	329	876
芜湖县	536	310	226	3731	480	3251	2416	715	1701
繁昌县	227	132	95	2460	406	2054	1555	453	1102
南陵县	292	169	123	3481	368	3113	3261	892	2369
芜湖经济技术开发区	806	467	339	3117	437	2680	4969	1375	3594
安徽芜湖长江大桥经济开发区	7	4	3	78	10	68	13	4	9
无为市	522	249	273	1412	127	1285	249	55	194
蚌埠市	**4393**	**2482**	**1911**	**16806**	**3106**	**13700**	**15470**	**4953**	**10517**
龙子湖区	71	33	38	193	50	143	35	8	27
蚌山区									
禹会区	28	17	11	42	3	39	4	1	3
淮上区	85	47	38	529	59	470	22	2	20
怀远县	760	451	309	3516	421	3095	2861	868	1993
五河县	342	189	153	2635	324	2311	4794	1530	3264
固镇县	271	151	120	2419	388	2031	1850	602	1248
蚌埠市高新技术开发区	628	395	233	1561	383	1178	1310	412	898
蚌埠市经济开发区	2208	1199	1009	5911	1478	4433	4594	1530	3064
淮南市	**2847**	**1660**	**1187**	**12205**	**1322**	**10883**	**4787**	**1383**	**3404**
大通区	470	277	193	2534	419	2115	333	116	217
田家庵区	62	32	30	183	7	176	10	4	6
谢家集区	23	15	8	44	3	41	1		1
八公山区	1	1		1		1			
潘集区	400	230	170	1069	45	1024	57	20	37
凤台县	745	416	329	4639	458	4181	1889	535	1354
寿县	1146	689	457	3735	390	3345	2497	708	1789

7-9b　续表 7　　单位：人

现住地	寄挂户口			婚姻嫁娶			照料孙子女		
	小计	男	女	小计	男	女	小计	男	女
马鞍山市	**1600**	**903**	**697**	**9404**	**1435**	**7969**	**8460**	**2413**	**6047**
花山区									
雨山区									
博望区	21	12	9	72		72	1		1
当涂县	865	493	372	5508	970	4538	2256	683	1573
含山县	370	209	161	1984	271	1713	3212	906	2306
和县	344	189	155	1840	194	1646	2991	824	2167
淮北市	**1596**	**930**	**666**	**6576**	**909**	**5667**	**2889**	**877**	**2012**
杜集区	215	121	94	700	42	658	47	14	33
相山区									
烈山区	135	77	58	427	28	399	113	30	83
濉溪县	1246	732	514	5449	839	4610	2729	833	1896
铜陵市	**672**	**370**	**302**	**1960**	**259**	**1701**	**2781**	**724**	**2057**
铜官区									
义安区	79	40	39	249	26	223	10	3	7
郊区	98	54	44	209	17	192	88	19	69
枞阳县	495	276	219	1502	216	1286	2683	702	1981
安庆市	**2708**	**1549**	**1159**	**11996**	**1495**	**10501**	**16932**	**5071**	**11861**
迎江区									
大观区	79	55	24	64	14	50	10	5	5
宜秀区	121	74	47	237	35	202	16	3	13
怀宁县	307	181	126	1741	204	1537	5683	1780	3903
太湖县	207	110	97	1262	137	1125	2265	620	1645
宿松县	425	240	185	2478	176	2302	4633	1451	3182
望江县	74	37	37	206	40	166	363	80	283
岳西县	174	106	68	1302	166	1136	1292	318	974
安徽安庆经济开发区	1030	588	442	3786	609	3177	2161	705	1456
桐城市	178	95	83	402	52	350	190	33	157
潜山市	113	63	50	518	62	456	319	76	243
黄山市	**1305**	**697**	**608**	**8700**	**1576**	**7124**	**7783**	**2254**	**5529**
屯溪区	122	81	41	357	91	266	40	8	32
黄山区	78	49	29	496	110	386	42	9	33
徽州区	15	10	5	447	94	353	10	4	6
歙县	439	216	223	3503	611	2892	3240	969	2271
休宁县	236	114	122	1986	387	1599	2657	775	1882
黟县	123	65	58	618	105	513	333	98	235
祁门县	292	162	130	1293	178	1115	1461	391	1070
滁州市	**4714**	**2630**	**2084**	**20846**	**2965**	**17881**	**12012**	**3725**	**8287**
琅琊区									
南谯区	225	116	109	1393	176	1217	1123	336	787
来安县	437	256	181	2986	426	2560	1662	491	1171
全椒县	586	327	259	4409	710	3699	2626	902	1724
定远县	1192	661	531	2954	321	2633	1954	606	1348
凤阳县	690	377	313	3959	432	3527	1604	499	1105
苏滁现代产业园	124	74	50	234	77	157	99	24	75
滁州经济技术开发区	669	368	301	2665	396	2269	2594	809	1785
天长市	646	373	273	1886	389	1497	275	40	235
明光市	145	78	67	360	38	322	75	18	57

7-9b 续表 8　　　　单位：人

现住地	寄挂户口			婚姻嫁娶			照料孙子女		
	小计	男	女	小计	男	女	小计	男	女
阜阳市	**4078**	**2342**	**1736**	**14673**	**1505**	**13168**	**15671**	**4434**	**11237**
颍州区	289	164	125	481	30	451	42	12	30
颍东区	172	103	69	383	34	349	33	8	25
颍泉区	216	126	90	240	20	220	15	5	10
临泉县	567	331	236	2943	276	2667	3922	1190	2732
太和县	682	390	292	3100	428	2672	3597	979	2618
阜南县	509	289	220	2495	246	2249	4067	1114	2953
颍上县	644	366	278	2964	263	2701	2962	815	2147
阜阳合肥现代产业园区	13	7	6	87	5	82	2	1	1
阜阳经济技术开发区	788	459	329	1712	185	1527	998	302	696
界首市	198	107	91	268	18	250	33	8	25
宿州市	**2549**	**1426**	**1123**	**16182**	**2607**	**13575**	**13118**	**3783**	**9335**
埇桥区	344	199	145	1453	158	1295	369	112	257
砀山县	467	272	195	2782	440	2342	1400	450	950
萧县	511	280	231	3741	479	3262	2313	615	1698
灵璧县	607	332	275	3730	584	3146	4993	1392	3601
泗县	391	216	175	3024	588	2436	3033	909	2124
宿州马鞍山现代产业园区	60	32	28	130	8	122	74	18	56
宿州经济技术开发区	169	95	74	1322	350	972	936	287	649
六安市	**3508**	**1948**	**1560**	**11299**	**1193**	**10106**	**15965**	**3879**	**12086**
金安区	538	308	230	1403	153	1250	3444	754	2690
裕安区	421	238	183	586	44	542	227	52	175
叶集区	129	81	48	230	12	218	129	27	102
霍邱县	732	395	337	1884	182	1702	1952	544	1408
舒城县	874	465	409	2872	337	2535	4375	1037	3338
金寨县	503	274	229	1685	152	1533	2514	659	1855
霍山县	311	187	124	2639	313	2326	3324	806	2518
亳州市	**1953**	**1110**	**843**	**9924**	**1271**	**8653**	**13301**	**4072**	**9229**
谯城区	418	232	186	449	38	411	89	28	61
涡阳县	460	258	202	3205	488	2717	2737	838	1899
蒙城县	714	431	283	3984	505	3479	5718	1735	3983
利辛县	361	189	172	2286	240	2046	4757	1471	3286
池州市	**766**	**440**	**326**	**4238**	**761**	**3477**	**6733**	**1761**	**4972**
贵池区	121	75	46	293	33	260	54	19	35
东至县	304	164	140	1290	237	1053	3478	945	2533
石台县	52	29	23	461	58	403	.566	134	432
青阳县	282	168	114	2166	414	1752	2632	663	1969
池州市国家经济技术开发区									
皖江江南新兴产业集中区									
九华山风景区	7	4	3	28	19	9	3		3
宣城市	**2674**	**1527**	**1147**	**12434**	**2363**	**10071**	**10590**	**2789**	**7801**
宣州区	658	350	308	1748	211	1537	1152	293	859
郎溪县	469	283	186	2457	444	2013	1856	524	1332
泾县	281	172	109	2747	547	2200	3342	868	2474
绩溪县	325	184	141	1505	249	1256	1522	387	1135
旌德县	100	56	44	826	174	652	1222	273	949
宣城市经济开发区	554	312	242	2218	550	1668	1420	435	985
宁国市	84	53	31	347	84	263	45	4	41
广德市	203	117	86	586	104	482	31	5	26

7-9b 续表 9

单位：人

现住地	为子女就学			养老/康养			其他		
	小计	男	女	小计	男	女	小计	男	女
安徽	**368549**	**113428**	**255121**	**87962**	**38538**	**49424**	**426346**	**218045**	**208301**
合肥市	**59871**	**21583**	**38288**	**19710**	**8389**	**11321**	**104272**	**54209**	**50063**
瑶海区	156	58	98	64	31	33	984	485	499
庐阳区	1357	628	729	620	258	362	2418	1206	1212
蜀山区	81	35	46	41	11	30	492	271	221
包河区									
长丰县	6512	2070	4442	2140	910	1230	19394	9860	9534
肥东县	17105	6549	10556	3939	1738	2201	10829	5846	4983
肥西县	11941	4992	6949	3040	1203	1837	24989	13074	11915
庐江县	13810	4067	9743	2383	974	1409	12485	6242	6243
合肥高新技术产业开发区	1910	702	1208	1552	654	898	7630	3955	3675
合肥经济技术开发区	4737	1744	2993	3425	1518	1907	12217	6411	5806
合肥新站高新技术产业开发区	1795	661	1134	2217	920	1297	11524	6171	5353
巢湖市	467	77	390	289	172	117	1310	688	622
芜湖市	**18995**	**6950**	**12045**	**3576**	**1521**	**2055**	**15453**	**7765**	**7688**
镜湖区	4	1	3	4	2	2	11	5	6
弋江区									
鸠江区	56	13	43	35	16	19	389	206	183
三山区	379	165	214	361	172	189	614	324	290
芜湖县	5965	2341	3624	515	213	302	3723	1873	1850
繁昌县	4238	1912	2326	351	140	211	2316	1131	1185
南陵县	7215	2172	5043	864	378	486	3070	1459	1611
芜湖经济技术开发区	557	203	354	1018	416	602	4093	2152	1941
安徽芜湖长江大桥经济开发区	5	2	3	4	2	2	63	25	38
无为市	576	141	435	424	182	242	1174	590	584
蚌埠市	**23219**	**7706**	**15513**	**6617**	**2932**	**3685**	**32082**	**16143**	**15939**
龙子湖区	11	3	8	10	3	7	167	86	81
蚌山区									
禹会区	9	5	4				181	95	86
淮上区	28	13	15	14	8	6	326	184	142
怀远县	6153	1779	4374	1567	692	875	9733	4929	4804
五河县	9337	3065	6272	1213	564	649	6246	3161	3085
固镇县	3948	1234	2714	690	321	369	6621	3208	3413
蚌埠市高新技术开发区	1054	471	583	685	318	367	2212	1172	1040
蚌埠市经济开发区	2679	1136	1543	2438	1026	1412	6596	3308	3288
淮南市	**11731**	**3045**	**8686**	**3201**	**1464**	**1737**	**17893**	**8948**	**8945**
大通区	253	100	153	695	341	354	2119	1083	1036
田家庵区	5	2	3	9	4	5	241	128	113
谢家集区				2	1	1	24	6	18
八公山区				4	1	3	2	2	
潘集区	123	41	82	280	121	159	691	355	336
凤台县	4908	1585	3323	1041	466	575	4931	2498	2433
寿县	6442	1317	5125	1170	530	640	9885	4876	5009

7－9b 续表 10　　　　单位：人

现住地	为子女就学			养老/康养			其他		
	小计	男	女	小计	男	女	小计	男	女
马鞍山市	**9260**	**2766**	**6494**	**3246**	**1338**	**1908**	**11063**	**5679**	**5384**
花山区									
雨山区									
博望区				8	3	5	68	46	22
当涂县	2923	1101	1822	1111	501	610	5029	2685	2344
含山县	3241	782	2459	1076	430	646	4247	2108	2139
和县	3096	883	2213	1051	404	647	1719	840	879
淮北市	**10532**	**3954**	**6578**	**1825**	**910**	**915**	**17668**	**8858**	**8810**
杜集区	152	49	103	219	119	100	711	344	367
相山区									
烈山区	231	61	170	115	57	58	593	302	291
濉溪县	10149	3844	6305	1491	734	757	16364	8212	8152
铜陵市	**8434**	**1228**	**7206**	**1152**	**487**	**665**	**2568**	**1295**	**1273**
铜官区							3	1	2
义安区	21	6	15	31	16	15	196	114	82
郊区	166	27	139	232	106	126	285	144	141
枞阳县	8247	1195	7052	889	365	524	2084	1036	1048
安庆市	**25987**	**6432**	**19555**	**6303**	**2754**	**3549**	**26793**	**13794**	**12999**
迎江区									
大观区	4	2	2	41	25	16	108	63	45
宜秀区	101	22	79	170	93	77	235	108	127
怀宁县	5750	1309	4441	1976	838	1138	5599	2869	2730
太湖县	5560	1488	4072	1073	478	595	6262	3201	3061
宿松县	7004	1528	5476	1180	505	675	4589	2383	2206
望江县	377	97	280	57	34	23	372	212	160
岳西县	4523	1349	3174	404	169	235	4463	2262	2201
安徽安庆经济开发区	905	361	544	1150	479	671	3720	1949	1771
桐城市	1048	105	943	113	51	62	988	509	479
潜山市	715	171	544	139	82	57	457	238	219
黄山市	**7867**	**2366**	**5501**	**2332**	**1031**	**1301**	**5219**	**2599**	**2620**
屯溪区	9	4	5	12	4	8	126	59	67
黄山区	21	9	12	133	74	59	183	104	79
徽州区	5	2	3	34	27	7	55	20	35
歙县	2791	838	1953	1039	451	588	1476	778	698
休宁县	2909	948	1961	585	253	332	1781	860	921
黟县	234	82	152	157	65	92	704	348	356
祁门县	1898	483	1415	372	157	215	894	430	464
滁州市	**17290**	**5900**	**11390**	**6707**	**2935**	**3772**	**29141**	**15035**	**14106**
琅琊区									
南谯区	986	399	587	376	167	209	1757	918	839
来安县	3267	1207	2060	950	423	527	3063	1590	1473
全椒县	2615	1010	1605	1533	625	908	6663	3478	3185
定远县	4174	1250	2924	1631	720	911	6588	3345	3243
凤阳县	4140	1311	2829	915	410	505	4709	2334	2375
苏滁现代产业园	38	15	23	28	11	17	150	79	71
滁州经济技术开发区	1409	580	829	963	437	526	4046	2184	1862
天长市	566	104	462	156	71	85	1555	802	753
明光市	95	24	71	155	71	84	610	305	305

7-9b 续表 11

单位：人

现住地	为子女就学			养老/康养			其他		
	小计	男	女	小计	男	女	小计	男	女
阜阳市	**37514**	**10507**	**27007**	**10114**	**4464**	**5650**	**33329**	**16994**	**16335**
颍州区	97	40	57	130	62	68	819	417	402
颍东区	40	10	30	90	55	35	395	183	212
颍泉区	7	2	5	72	60	12	378	212	166
临泉县	9438	2751	6687	3347	1393	1954	7427	3829	3598
太和县	11980	3245	8735	2357	1123	1234	9011	4530	4481
阜南县	9186	2499	6687	1679	669	1010	5518	2835	2683
颍上县	5835	1670	4165	1324	599	725	5288	2626	2662
阜阳合肥现代产业园区							18	12	6
阜阳经济技术开发区	888	279	609	1033	449	584	4022	2100	1922
界首市	43	11	32	82	54	28	453	250	203
宿州市	**40299**	**12405**	**27894**	**6660**	**3122**	**3538**	**32177**	**16378**	**15799**
埇桥区	524	167	357	341	169	172	2713	1358	1355
砀山县	4231	1677	2554	1098	562	536	4044	2067	1977
萧县	9288	2750	6538	1584	762	822	9137	4679	4458
灵璧县	14854	3802	11052	1126	490	636	7811	4036	3775
泗县	9238	3252	5986	1735	778	957	6917	3440	3477
宿州马鞍山现代产业园区	357	117	240	99	48	51	519	251	268
宿州经济技术开发区	1807	640	1167	677	313	364	1036	547	489
六安市	**33335**	**7579**	**25756**	**5365**	**2326**	**3039**	**24231**	**12540**	**11691**
金安区	10093	1718	8375	447	179	268	3198	1788	1410
裕安区	741	236	505	135	56	79	1313	717	596
叶集区	299	51	248	90	34	56	1191	594	597
霍邱县	4738	1333	3405	1076	489	587	5964	3082	2882
舒城县	9125	2092	7033	1730	730	1000	7093	3545	3548
金寨县	4933	1104	3829	895	361	534	2802	1462	1340
霍山县	3406	1045	2361	992	477	515	2670	1352	1318
亳州市	**32242**	**10990**	**21252**	**5229**	**2433**	**2796**	**50167**	**25690**	**24477**
谯城区	158	52	106	72	38	34	2332	1228	1104
涡阳县	9205	3601	5604	1332	642	690	21467	11050	10417
蒙城县	13666	4463	9203	2222	999	1223	15047	7700	7347
利辛县	9213	2874	6339	1603	754	849	11321	5712	5609
池州市	**14872**	**3881**	**10991**	**1507**	**622**	**885**	**6024**	**3075**	**2949**
贵池区	45	4	41	74	42	32	161	75	86
东至县	7781	1545	6236	755	315	440	2398	1186	1212
石台县	1098	254	844	226	89	137	631	293	338
青阳县	5948	2078	3870	449	175	274	2494	1254	1240
池州市国家经济技术开发区									
皖江江南新兴产业集中区									
九华山风景区				3	1	2	340	267	73
宣城市	**17101**	**6136**	**10965**	**4418**	**1810**	**2608**	**18266**	**9043**	**9223**
宣州区	860	338	522	652	305	347	2092	1104	988
郎溪县	5630	2253	3377	642	256	386	2032	991	1041
泾县	5556	1936	3620	949	373	576	5132	2465	2667
绩溪县	2144	618	1526	856	326	530	2053	1007	1046
旌德县	1486	422	1064	351	130	221	1290	615	675
宣城市经济开发区	1241	515	726	845	357	488	5250	2634	2616
宁国市	158	45	113	53	33	20	152	85	67
广德市	26	9	17	70	30	40	265	142	123

7-9c 全省按现住地、性别、迁移原因分的户口登记地在本省其他乡镇街道的人口(乡村)

单位：人

现住地	合计			工作就业		
	合计	男	女	小计	男	女
安 徽	**1134264**	**580489**	**553775**	**257071**	**169957**	**87114**
合肥市	**217919**	**120503**	**97416**	**74480**	**49215**	**25265**
瑶海区	16389	8502	7887	7437	4074	3363
庐阳区	886	492	394	307	213	94
蜀山区	2700	1956	744	1507	1314	193
包河区	3516	2075	1441	2387	1512	875
长丰县	42297	23910	18387	13086	8408	4678
肥东县	21886	12345	9541	5547	3607	1940
肥西县	95553	51829	43724	32915	22103	10812
庐江县	13800	7697	6103	4299	3088	1211
合肥高新技术产业开发区	56	42	14	48	38	10
合肥经济技术开发区	926	493	433	93	62	31
合肥新站高新技术产业开发区	2396	1570	826	1533	1157	376
巢湖市	17514	9592	7922	5321	3639	1682
芜湖市	**42232**	**20707**	**21525**	**8460**	**5729**	**2731**
镜湖区	1449	672	777	340	206	134
弋江区						
鸠江区	4809	2497	2312	1133	761	372
三山区	2007	964	1043	502	336	166
芜湖县	5022	2325	2697	771	469	302
繁昌县	8792	4715	4077	2439	1794	645
南陵县	6883	3419	3464	1511	1054	457
芜湖经济技术开发区	151	79	72	14	10	4
安徽芜湖长江大桥经济开发区	173	92	81	43	35	8
无为市	12946	5944	7002	1707	1064	643
蚌埠市	**47027**	**22268**	**24759**	**6091**	**3736**	**2355**
龙子湖区	2420	1153	1267	350	229	121
蚌山区	1960	948	1012	340	216	124
禹会区	5312	2201	3111	601	411	190
淮上区	3691	1723	1968	546	365	181
怀远县	13204	6170	7034	1521	834	687
五河县	5153	2419	2734	795	470	325
固镇县	15287	7654	7633	1938	1211	727
蚌埠市高新技术开发区						
蚌埠市经济开发区						
淮南市	**76406**	**39044**	**37362**	**13650**	**10675**	**2975**
大通区	2412	1044	1368	179	114	65
田家庵区	1812	818	994	125	80	45
谢家集区	3051	1447	1604	272	181	91
八公山区	1816	820	996	201	116	85
潘集区	12486	6799	5687	3313	2925	388
凤台县	40667	20763	19904	7218	5704	1514
寿县	14162	7353	6809	2342	1555	787

7-9c　续表 1　　　　单位：人

现住地	合计			工作就业		
	合计	男	女	小计	男	女
马鞍山市	**27017**	**13876**	**13141**	**7469**	**4953**	**2516**
花山区	1833	993	840	741	465	276
雨山区	1538	821	717	441	287	154
博望区	1860	872	988	416	266	150
当涂县	8763	4296	4467	2102	1420	682
含山县	4374	2265	2109	935	619	316
和县	8649	4629	4020	2834	1896	938
淮北市	**32679**	**15991**	**16688**	**6295**	**4538**	**1757**
杜集区	3559	1700	1859	718	601	117
相山区	6462	3202	3260	1644	948	696
烈山区	7670	3244	4426	700	507	193
濉溪县	14988	7845	7143	3233	2482	751
铜陵市	**20349**	**10295**	**10054**	**3434**	**2205**	**1229**
铜官区	3320	1850	1470	365	237	128
义安区	6789	3252	3537	1235	827	408
郊区	4231	2198	2033	900	572	328
枞阳县	6009	2995	3014	934	569	365
安庆市	**60314**	**31206**	**29108**	**14344**	**9371**	**4973**
迎江区	918	544	374	224	182	42
大观区	3027	1902	1125	1255	1040	215
宜秀区	2261	1212	1049	773	547	226
怀宁县	7418	4127	3291	2031	1365	666
太湖县	6230	3192	3038	1588	1023	565
宿松县	12850	6265	6585	2291	1411	880
望江县	5717	2842	2875	1401	788	613
岳西县	8133	3923	4210	1986	1164	822
安徽安庆经济开发区	796	398	398	112	76	36
桐城市	7406	3950	3456	1459	985	474
潜山市	5558	2851	2707	1224	790	434
黄山市	**33665**	**16693**	**16972**	**7767**	**5342**	**2425**
屯溪区	2379	1090	1289	412	297	115
黄山区	4430	2285	2145	1566	1124	442
徽州区	2542	1098	1444	256	184	72
歙县	10289	5212	5077	1745	1111	634
休宁县	8143	3842	4301	1891	1239	652
黟县	3036	1494	1542	740	510	230
祁门县	2846	1672	1174	1157	877	280
滁州市	**110074**	**55392**	**54682**	**26699**	**17857**	**8842**
琅琊区	1706	979	727	699	480	219
南谯区	33209	15694	17515	7644	5169	2475
来安县	9825	5460	4365	3160	2340	820
全椒县	11254	6211	5043	3077	2077	1000
定远县	11424	5560	5864	2001	1233	768
凤阳县	13136	6198	6938	2304	1451	853
苏滁现代产业园						
滁州经济技术开发区	5646	3618	2028	3710	2465	1245
天长市	8252	4278	3974	1791	1192	599
明光市	15622	7394	8228	2313	1450	863

7-9c 续表 2

单位：人

现住地	合计			工作就业		
	合计	男	女	小计	男	女
阜阳市	**116262**	**57594**	**58668**	**17290**	**10437**	**6853**
颍州区	21571	10718	10853	3216	1989	1227
颍东区	9475	4658	4817	1547	1035	512
颍泉区	9037	4450	4587	1100	701	399
临泉县	14588	7353	7235	2185	1305	880
太和县	10677	5088	5589	1105	621	484
阜南县	18456	9312	9144	2801	1620	1181
颍上县	13661	6538	7123	1947	1135	812
阜阳合肥现代产业园区	4816	2424	2392	1830	1086	744
阜阳经济技术开发区	4897	2505	2392	565	342	223
界首市	9084	4548	4536	994	603	391
宿州市	**73678**	**33871**	**39807**	**10524**	**6553**	**3971**
埇桥区	34278	15431	18847	4800	2997	1803
砀山县	6233	3117	3116	888	553	335
萧县	13014	5699	7315	1735	1099	636
灵璧县	11725	5433	6292	1791	1134	657
泗县	7878	3909	3969	1260	734	526
宿州马鞍山现代产业园区	550	282	268	50	36	14
宿州经济技术开发区						
六安市	**107574**	**56147**	**51427**	**22325**	**14072**	**8253**
金安区	28149	15179	12970	5692	3464	2228
裕安区	29983	15139	14844	5725	3360	2365
叶集区	6915	3515	3400	1099	632	467
霍邱县	17698	9087	8611	2768	1776	992
舒城县	13215	7247	5968	4347	3166	1181
金寨县	8890	4572	4318	2049	1290	759
霍山县	2724	1408	1316	645	384	261
亳州市	**79123**	**39558**	**39565**	**14374**	**8870**	**5504**
谯城区	38306	19190	19116	5906	3338	2568
涡阳县	13405	7245	6160	3411	2578	833
蒙城县	11827	5700	6127	2351	1381	970
利辛县	15585	7423	8162	2706	1573	1133
池州市	**28348**	**15452**	**12896**	**8116**	**5781**	**2335**
贵池区	11717	6406	5311	3016	2222	794
东至县	4422	2379	2043	987	641	346
石台县	2190	1209	981	926	676	250
青阳县	8381	4616	3765	2516	1851	665
池州市国家经济技术开发区						
皖江江南新兴产业集中区						
九华山风景区	1638	842	796	671	391	280
宣城市	**61597**	**31892**	**29705**	**15753**	**10623**	**5130**
宣州区	21513	11008	10505	5676	3828	1848
郎溪县	4518	2186	2332	763	518	245
泾县	6076	3290	2786	1923	1474	449
绩溪县	2767	1555	1212	414	284	130
旌德县	2271	1309	962	754	606	148
宣城市经济开发区	7877	4305	3572	1855	1107	748
宁国市	8622	4506	4116	2521	1644	877
广德市	7953	3733	4220	1847	1162	685

7-9c 续表 3

单位：人

现住地	学习培训			随同离开/投亲靠友			拆迁/搬家		
	小计	男	女	小计	男	女	小计	男	女
安　徽	**110501**	**55442**	**55059**	**109887**	**52807**	**57080**	**314643**	**164949**	**149694**
合肥市	**40506**	**21004**	**19502**	**18344**	**8674**	**9670**	**44705**	**23593**	**21112**
瑶海区	1146	651	495	1813	904	909	2828	1550	1278
庐阳区	4	2	2	95	39	56	298	147	151
蜀山区	15	11	4	97	51	46	638	351	287
包河区	75	43	32	740	375	365	144	72	72
长丰县	6642	4290	2352	4469	2061	2408	10043	5315	4728
肥东县	4139	2610	1529	1899	910	989	4775	2517	2258
肥西县	26199	12138	14061	6135	2888	3247	17856	9382	8474
庐江县	1324	741	583	1285	617	668	3055	1584	1471
合肥高新技术产业开发区							6	3	3
合肥经济技术开发区	3	2	1	46	24	22	512	261	251
合肥新站高新技术产业开发区	47	24	23	245	89	156	316	168	148
巢湖市	912	492	420	1520	716	804	4234	2243	1991
芜湖市	**4090**	**2156**	**1934**	**4322**	**2010**	**2312**	**10476**	**5525**	**4951**
镜湖区	13	6	7	170	79	91	457	231	226
弋江区									
鸠江区	76	38	38	508	223	285	1507	810	697
三山区	16	8	8	304	147	157	533	278	255
芜湖县	46	21	25	566	297	269	1695	917	778
繁昌县	2335	1248	1087	593	266	327	1067	574	493
南陵县	206	100	106	723	345	378	1778	927	851
芜湖经济技术开发区	1		1	8	3	5	60	35	25
安徽芜湖长江大桥经济开发区	1	1		22	10	12	43	24	19
无为市	1396	734	662	1428	640	788	3336	1729	1607
蚌埠市	**5098**	**2697**	**2401**	**5002**	**2380**	**2622**	**13794**	**7277**	**6517**
龙子湖区	16	11	5	249	137	112	814	428	386
蚌山区	16	10	6	243	110	133	598	330	268
禹会区	616	64	552	558	272	286	1479	765	714
淮上区	43	14	29	387	176	211	1179	619	560
怀远县	546	313	233	1587	740	847	4453	2389	2064
五河县	129	78	51	642	320	322	1434	769	665
固镇县	3732	2207	1525	1336	625	711	3837	1977	1860
蚌埠市高新技术开发区									
蚌埠市经济开发区									
淮南市	**1574**	**851**	**723**	**7451**	**3518**	**3933**	**30232**	**15343**	**14889**
大通区	9	4	5	235	113	122	835	450	385
田家庵区	8	4	4	181	100	81	621	337	284
谢家集区	46	24	22	344	163	181	924	487	437
八公山区	12	9	3	134	68	66	130	73	57
潘集区	77	32	45	946	477	469	3925	2018	1907
凤台县	1116	620	496	4369	1994	2375	19281	9576	9705
寿县	306	158	148	1242	603	639	4516	2402	2114

7-9c 续表 4 单位：人

现住地	学习培训			随同离开/投亲靠友			拆迁/搬家		
	小计	男	女	小计	男	女	小计	男	女
马鞍山市	**1210**	**620**	**590**	**3373**	**1673**	**1700**	**6259**	**3373**	**2886**
花山区	18	11	7	341	176	165	264	145	119
雨山区	13	9	4	335	173	162	243	130	113
博望区	37	21	16	268	131	137	313	181	132
当涂县	95	41	54	865	434	431	2754	1457	1297
含山县	128	76	52	593	308	285	1068	600	468
和县	919	462	457	971	451	520	1617	860	757
淮北市	**3978**	**1372**	**2606**	**2752**	**1337**	**1415**	**8121**	**4267**	**3854**
杜集区	46	21	25	437	232	205	617	336	281
相山区	113	74	39	820	400	420	1651	871	780
烈山区	3582	1161	2421	366	185	181	1252	669	583
濉溪县	237	116	121	1129	520	609	4601	2391	2210
铜陵市	**2146**	**1228**	**918**	**2251**	**1049**	**1202**	**6035**	**3174**	**2861**
铜官区	1814	1052	762	171	81	90	714	366	348
义安区	81	40	41	742	344	398	1962	1020	942
郊区	97	59	38	635	302	333	1316	706	610
枞阳县	154	77	77	703	322	381	2043	1082	961
安庆市	**4910**	**2817**	**2093**	**7190**	**3544**	**3646**	**14320**	**7491**	**6829**
迎江区	3	2	1	53	22	31	342	189	153
大观区	28	16	12	342	146	196	888	457	431
宜秀区	31	15	16	272	133	139	447	230	217
怀宁县	436	260	176	931	529	402	1597	875	722
太湖县	189	100	89	833	434	399	1239	644	595
宿松县	2266	1312	954	1520	772	748	2900	1561	1339
望江县	176	86	90	840	377	463	1206	619	587
岳西县	270	147	123	939	421	518	1813	926	887
安徽安庆经济开发区	11	3	8	136	61	75	408	203	205
桐城市	1307	787	520	623	297	326	1916	988	928
潜山市	193	89	104	701	352	349	1564	799	765
黄山市	**848**	**461**	**387**	**4073**	**2033**	**2040**	**6772**	**3654**	**3118**
屯溪区	27	12	15	297	138	159	525	281	244
黄山区	45	26	19	558	258	300	706	374	332
徽州区	52	25	27	401	194	207	501	279	222
歙县	334	183	151	1328	696	632	2699	1446	1253
休宁县	288	160	128	851	430	421	1472	797	675
黟县	40	20	20	323	172	151	425	235	190
祁门县	62	35	27	315	145	170	444	242	202
滁州市	**12601**	**4379**	**8222**	**10530**	**5045**	**5485**	**29950**	**15819**	**14131**
琅琊区	12	9	3	180	81	99	392	212	180
南谯区	7834	1959	5875	2722	1308	1414	8608	4509	4099
来安县	70	35	35	1200	556	644	2903	1567	1336
全椒县	65	34	31	1113	538	575	3929	2091	1838
定远县	307	187	120	1253	611	642	4049	2114	1935
凤阳县	1125	541	584	1932	932	1000	3584	1940	1644
苏滁现代产业园									
滁州经济技术开发区	32	22	10	161	77	84	765	386	379
天长市	117	62	55	744	374	370	2451	1275	1176
明光市	3039	1530	1509	1225	568	657	3269	1725	1544

7-9c　续表 5　　　　单位：人

现住地	学习培训			随同离开/投亲靠友			拆迁/搬家		
	小计	男	女	小计	男	女	小计	男	女
阜阳市	**5734**	**3095**	**2639**	**11689**	**5600**	**6089**	**44830**	**23628**	**21202**
颍州区	915	479	436	2793	1353	1440	8110	4326	3784
颍东区	145	74	71	1201	609	592	3360	1771	1589
颍泉区	134	75	59	835	411	424	3443	1846	1597
临泉县	338	156	182	1306	599	707	6259	3278	2981
太和县	226	111	115	936	425	511	4230	2231	1999
阜南县	2993	1681	1312	1514	715	799	5952	3151	2801
颍上县	369	184	185	1557	708	849	5128	2735	2393
阜阳合肥现代产业园区	416	229	187	404	200	204	1013	520	493
阜阳经济技术开发区	75	38	37	244	125	119	3063	1559	1504
界首市	123	68	55	899	455	444	4272	2211	2061
宿州市	**5314**	**2143**	**3171**	**8248**	**4106**	**4142**	**19693**	**10323**	**9370**
埇桥区	4158	1488	2670	3417	1699	1718	10386	5321	5065
砀山县	350	251	99	728	373	355	1492	820	672
萧县	246	123	123	2076	1036	1040	2016	1105	911
灵璧县	398	205	193	1235	594	641	2959	1559	1400
泗县	151	71	80	740	375	365	2644	1406	1238
宿州马鞍山现代产业园区	11	5	6	52	29	23	196	112	84
宿州经济技术开发区									
六安市	**11620**	**6815**	**4805**	**9362**	**4520**	**4842**	**33727**	**17436**	**16291**
金安区	5745	3556	2189	2634	1243	1391	7919	4073	3846
裕安区	2532	1380	1152	2446	1222	1224	10681	5404	5277
叶集区	1353	755	598	415	195	220	2163	1107	1056
霍邱县	1498	848	650	1544	728	816	6363	3342	3021
舒城县	266	137	129	1351	642	709	2984	1601	1383
金寨县	192	121	71	770	378	392	2847	1490	1357
霍山县	34	18	16	202	112	90	770	419	351
亳州市	**5064**	**2640**	**2424**	**7071**	**3447**	**3624**	**22879**	**12076**	**10803**
谯城区	1223	737	486	3653	1785	1868	12873	6806	6067
涡阳县	394	228	166	806	384	422	4036	2117	1919
蒙城县	507	260	247	941	451	490	3265	1702	1563
利辛县	2940	1415	1525	1671	827	844	2705	1451	1254
池州市	**2104**	**1160**	**944**	**2949**	**1418**	**1531**	**6760**	**3570**	**3190**
贵池区	247	118	129	1163	555	608	3969	2057	1912
东至县	390	232	158	437	222	215	934	518	416
石台县	73	31	42	271	130	141	328	155	173
青阳县	1339	741	598	776	366	410	1299	713	586
池州市国家经济技术开发区									
皖江江南新兴产业集中区									
九华山风景区	55	38	17	302	145	157	230	127	103
宣城市	**3704**	**2004**	**1700**	**5280**	**2453**	**2827**	**16090**	**8400**	**7690**
宣州区	833	502	331	2065	925	1140	5863	3100	2763
郎溪县	32	15	17	311	146	165	1702	865	837
泾县	93	46	47	602	255	347	1049	556	493
绩溪县	44	22	22	250	140	110	740	394	346
旌德县	31	12	19	255	126	129	444	242	202
宣城市经济开发区	2489	1315	1174	291	153	138	1945	990	955
宁国市	101	52	49	694	319	375	2335	1192	1143
广德市	81	40	41	812	389	423	2012	1061	951

7-9c 续表 6

单位：人

现住地	寄挂户口			婚姻嫁娶			照料孙子女		
	小计	男	女	小计	男	女	小计	男	女
安　徽	**66303**	**38290**	**28013**	**109850**	**12393**	**97457**	**7480**	**2230**	**5250**
合肥市	**8141**	**4644**	**3497**	**6778**	**909**	**5869**	**2171**	**555**	**1616**
瑶海区	184	100	84	361	33	328	587	134	453
庐阳区	41	24	17	42	12	30	4	2	2
蜀山区	148	73	75	28	4	24	2		2
包河区	34	19	15	35	9	26	15	8	7
长丰县	2060	1156	904	1269	135	1134	189	50	139
肥东县	1496	891	605	918	133	785	212	68	144
肥西县	2015	1139	876	2168	340	1828	931	232	699
庐江县	781	428	353	978	126	852	85	29	56
合肥高新技术产业开发区	1		1						
合肥经济技术开发区	91	50	41	20	3	17			
合肥新站高新技术产业开发区	33	13	20	10	2	8	24	8	16
巢湖市	1257	751	506	949	112	837	122	24	98
芜湖市	**2563**	**1429**	**1134**	**5116**	**455**	**4661**	**299**	**80**	**219**
镜湖区	95	44	51	203	25	178	6	1	5
弋江区									
鸠江区	503	266	237	363	37	326	19	7	12
三山区	123	63	60	301	24	277	12	3	9
芜湖县	357	203	154	874	63	811	25	10	15
繁昌县	218	130	88	690	72	618	54	11	43
南陵县	379	217	162	1088	123	965	23	3	20
芜湖经济技术开发区	15	8	7	14	4	10	1		1
安徽芜湖长江大桥经济开发区	18	12	6	29	4	25			
无为市	855	486	369	1554	103	1451	159	45	114
蚌埠市	**3628**	**2087**	**1541**	**6679**	**530**	**6149**	**187**	**84**	**103**
龙子湖区	202	107	95	408	48	360	7	3	4
蚌山区	151	94	57	298	24	274	10	5	5
禹会区	569	304	265	836	50	786	19	5	14
淮上区	353	201	152	598	54	544	6	2	4
怀远县	1121	675	446	1920	136	1784	52	25	27
五河县	448	259	189	855	63	792	27	17	10
固镇县	784	447	337	1764	155	1609	66	27	39
蚌埠市高新技术开发区									
蚌埠市经济开发区									
淮南市	**4847**	**2768**	**2079**	**8243**	**488**	**7755**	**360**	**120**	**240**
大通区	289	166	123	570	28	542	6	2	4
田家庵区	199	117	82	377	23	354	5	1	4
谢家集区	340	187	153	489	63	426	16	5	11
八公山区	35	22	13	208	15	193	7	3	4
潘集区	856	497	359	2055	85	1970	38	24	14
凤台县	1410	777	633	3307	164	3143	230	65	165
寿县	1718	1002	716	1237	110	1127	58	20	38

7-9c 续表 7

单位：人

现住地	寄挂户口			婚姻嫁娶			照料孙子女		
	小计	男	女	小计	男	女	小计	男	女
马鞍山市	**1866**	**1080**	**786**	**3303**	**349**	**2954**	**111**	**34**	**77**
花山区	81	53	28	176	43	133	10	4	6
雨山区	110	72	38	200	36	164	8	3	5
博望区	139	89	50	423	39	384	10	3	7
当涂县	663	376	287	1419	123	1296	22	3	19
含山县	412	236	176	499	51	448	21	6	15
和县	461	254	207	586	57	529	40	15	25
淮北市	**2323**	**1338**	**985**	**4198**	**299**	**3899**	**145**	**65**	**80**
杜集区	200	119	81	1026	68	958	14	7	7
相山区	283	160	123	639	50	589	56	22	34
烈山区	352	203	149	649	46	603	19	11	8
濉溪县	1488	856	632	1884	135	1749	56	25	31
铜陵市	**1489**	**874**	**615**	**1817**	**200**	**1617**	**139**	**37**	**102**
铜官区	64	35	29	75	20	55	20	8	12
义安区	546	320	226	1017	107	910	42	10	32
郊区	303	178	125	289	39	250	43	12	31
枞阳县	576	341	235	436	34	402	34	7	27
安庆市	**3213**	**1918**	**1295**	**6830**	**943**	**5887**	**498**	**144**	**354**
迎江区	96	53	43	53	11	42	2		2
大观区	128	81	47	139	37	102	18	7	11
宜秀区	146	83	63	257	34	223	13	2	11
怀宁县	440	278	162	752	99	653	91	26	65
太湖县	262	150	112	954	138	816	36	12	24
宿松县	583	356	227	1500	73	1427	132	34	98
望江县	388	243	145	644	108	536	44	15	29
岳西县	343	197	146	1210	213	997	57	18	39
安徽安庆经济开发区	23	13	10	51	10	41	6	3	3
桐城市	479	263	216	595	92	503	27	9	18
潜山市	325	201	124	675	128	547	72	18	54
黄山市	**1443**	**817**	**626**	**8488**	**1953**	**6535**	**250**	**70**	**180**
屯溪区	102	61	41	814	198	616	11	3	8
黄山区	164	88	76	843	141	702	27	6	21
徽州区	90	60	30	1003	224	779	21	5	16
歙县	350	219	131	2276	569	1707	92	29	63
休宁县	378	191	187	2284	535	1749	71	23	48
黟县	262	140	122	792	139	653	12	2	10
祁门县	97	58	39	476	147	329	16	2	14
滁州市	**4271**	**2468**	**1803**	**8299**	**1076**	**7223**	**971**	**281**	**690**
琅琊区	122	59	63	86	24	62	5	2	3
南谯区	505	278	227	1273	181	1092	290	87	203
来安县	423	242	181	979	129	850	48	15	33
全椒县	609	349	260	542	81	461	31	7	24
定远县	611	365	246	1382	91	1291	31	7	24
凤阳县	602	356	246	1976	136	1840	46	17	29
苏滁现代产业园									
滁州经济技术开发区	88	56	32	117	19	98	22	5	17
天长市	848	493	355	1151	296	855	39	12	27
明光市	463	270	193	793	119	674	459	129	330

7-9c 续表 8

单位：人

现住地	寄挂户口			婚姻嫁娶			照料孙子女		
	小计	男	女	小计	男	女	小计	男	女
阜阳市	**9006**	**5148**	**3858**	**11086**	**756**	**10330**	**475**	**179**	**296**
颍州区	1616	925	691	2082	124	1958	58	17	41
颍东区	693	406	287	1307	104	1203	48	19	29
颍泉区	908	516	392	1110	95	1015	34	14	20
临泉县	1283	750	533	1143	86	1057	49	23	26
太和县	1007	588	419	1325	96	1229	34	18	16
阜南县	1353	776	577	1389	84	1305	70	25	45
颍上县	1044	579	465	1541	93	1448	62	24	38
阜阳合肥现代产业园区	113	67	46	316	21	295	82	22	60
阜阳经济技术开发区	256	130	126	124	11	113	17	5	12
界首市	733	411	322	749	42	707	21	12	9
宿州市	**4760**	**2862**	**1898**	**13585**	**1176**	**12409**	**338**	**159**	**179**
埇桥区	1728	1013	715	5164	398	4766	115	47	68
砀山县	548	329	219	1104	85	1019	33	15	18
萧县	937	593	344	3644	214	3430	84	45	39
灵璧县	798	480	318	2425	264	2161	68	32	36
泗县	695	413	282	1151	204	947	34	18	16
宿州马鞍山现代产业园区	54	34	20	97	11	86	4	2	2
宿州经济技术开发区									
六安市	**8000**	**4587**	**3413**	**6735**	**843**	**5892**	**710**	**167**	**543**
金安区	1720	999	721	865	146	719	237	47	190
裕安区	2210	1257	953	1640	171	1469	232	50	182
叶集区	550	322	228	536	60	476	16	4	12
霍邱县	1535	864	671	1041	109	932	88	27	61
舒城县	807	443	364	1457	164	1293	72	23	49
金寨县	945	565	380	859	117	742	50	12	38
霍山县	233	137	96	337	76	261	15	4	11
亳州市	**5208**	**3043**	**2165**	**7488**	**390**	**7098**	**380**	**135**	**245**
谯城区	2292	1354	938	2920	178	2742	110	33	77
涡阳县	1014	573	441	1328	60	1268	57	21	36
蒙城县	956	565	391	1499	68	1431	48	21	27
利辛县	946	551	395	1741	84	1657	165	60	105
池州市	**1680**	**965**	**715**	**2995**	**532**	**2463**	**188**	**57**	**131**
贵池区	888	515	373	907	115	792	77	25	52
东至县	305	184	121	600	155	445	22	7	15
石台县	67	37	30	274	56	218	17	4	13
青阳县	392	215	177	1033	168	865	44	15	29
池州市国家经济技术开发区									
皖江江南新兴产业集中区									
九华山风景区	28	14	14	181	38	143	28	6	22
宣城市	**3865**	**2262**	**1603**	**8210**	**1494**	**6716**	**258**	**63**	**195**
宣州区	1398	807	591	2631	336	2295	114	29	85
郎溪县	320	189	131	730	83	647	6	3	3
泾县	377	206	171	1075	228	847	27	4	23
绩溪县	292	185	107	364	111	253	10	1	9
旌德县	148	84	64	352	93	259	4	1	3
宣城市经济开发区	189	121	68	174	40	134	29	8	21
宁国市	499	300	199	1208	341	867	43	11	32
广德市	642	370	272	1676	262	1414	25	6	19

7-9c　续表 9　　　　单位：人

现住地	为子女就学			养老/康养			其　他		
	小计	男	女	小计	男	女	小计	男	女
安　徽	**10525**	**2858**	**7667**	**24672**	**15229**	**9443**	**123332**	**66334**	**56998**
合肥市	**1953**	**667**	**1286**	**2547**	**1379**	**1168**	**18294**	**9863**	**8431**
瑶海区	196	78	118	69	25	44	1768	953	815
庐阳区	1		1	17	6	11	77	47	30
蜀山区	2	1	1	13	10	3	250	141	109
包河区	1	1		14	4	10	71	32	39
长丰县	157	60	97	291	151	140	4091	2284	1807
肥东县	73	18	55	694	417	277	2133	1174	959
肥西县	1036	430	606	568	250	318	5730	2927	2803
庐江县	127	40	87	215	138	77	1651	906	745
合肥高新技术产业开发区							1	1	
合肥经济技术开发区	2	1	1	12	9	3	147	81	66
合肥新站高新技术产业开发区	10	5	5	57	33	24	121	71	50
巢湖市	348	33	315	597	336	261	2254	1246	1008
芜湖市	**866**	**162**	**704**	**1209**	**629**	**580**	**4831**	**2532**	**2299**
镜湖区	5	3	2	48	21	27	112	56	56
弋江区									
鸠江区	8	2	6	67	32	35	625	321	304
三山区	4	2	2	22	12	10	190	91	99
芜湖县	13	6	7	100	53	47	575	286	289
繁昌县	241	54	187	490	229	261	665	337	328
南陵县	41	9	32	183	125	58	951	516	435
芜湖经济技术开发区	1	1					37	18	19
安徽芜湖长江大桥经济开发区				1		1	16	6	10
无为市	553	85	468	298	157	141	1660	901	759
蚌埠市	**160**	**40**	**120**	**766**	**524**	**242**	**5622**	**2913**	**2709**
龙子湖区	4	4		9	5	4	361	181	180
蚌山区	12	5	7	51	26	25	241	128	113
禹会区	11	2	9	54	35	19	569	293	276
淮上区	2	2		26	15	11	551	275	276
怀远县	23	2	21	238	172	66	1743	884	859
五河县	13	1	12	149	100	49	661	342	319
固镇县	95	24	71	239	171	68	1496	810	686
蚌埠市高新技术开发区									
蚌埠市经济开发区									
淮南市	**660**	**174**	**486**	**1473**	**905**	**568**	**7916**	**4202**	**3714**
大通区	1	1		39	24	15	249	142	107
田家庵区	2	1	1	32	24	8	262	131	131
谢家集区	14	6	8	116	75	41	490	256	234
八公山区	2	1	1	347	146	201	740	367	373
潘集区	17	3	14	219	181	38	1040	557	483
凤台县	578	159	419	428	274	154	2730	1430	1300
寿县	46	3	43	292	181	111	2405	1319	1086

7-9c 续表 10

单位：人

现住地	为子女就学			养老/康养			其他		
	小计	男	女	小计	男	女	小计	男	女
马鞍山市	**53**	**18**	**35**	**811**	**405**	**406**	**2562**	**1371**	**1191**
花山区	1		1	52	25	27	149	71	78
雨山区				47	25	22	141	86	55
博望区	7	3	4	31	18	13	216	121	95
当涂县	9	3	6	185	96	89	649	343	306
含山县	16	5	11	139	78	61	563	286	277
和县	20	7	13	357	163	194	844	464	380
淮北市	**135**	**33**	**102**	**1080**	**717**	**363**	**3652**	**2025**	**1627**
杜集区	7	1	6	200	143	57	294	172	122
相山区	53	18	35	489	266	223	714	393	321
烈山区	17	5	12	96	82	14	637	375	262
濉溪县	58	9	49	295	226	69	2007	1085	922
铜陵市	**74**	**17**	**57**	**725**	**348**	**377**	**2239**	**1163**	**1076**
铜官区	4	1	3	18	8	10	75	42	33
义安区	31	9	22	330	150	180	803	425	378
郊区	13	2	11	127	64	63	508	264	244
枞阳县	26	5	21	250	126	124	853	432	421
安庆市	**825**	**167**	**658**	**2119**	**1441**	**678**	**6065**	**3370**	**2695**
迎江区				17	10	7	128	75	53
大观区	8	3	5	36	17	19	185	98	87
宜秀区	8	2	6	64	30	34	250	136	114
怀宁县	31	4	27	331	239	92	778	452	326
太湖县	68	14	54	339	260	79	722	417	305
宿松县	384	46	338	334	196	138	940	504	436
望江县	25	1	24	294	211	83	699	394	305
岳西县	218	76	142	307	204	103	990	557	433
安徽安庆经济开发区	4	3	1	4	2	2	41	24	17
桐城市	36	5	31	138	86	52	826	438	388
潜山市	43	13	30	255	186	69	506	275	231
黄山市	**296**	**84**	**212**	**1239**	**856**	**383**	**2489**	**1423**	**1066**
屯溪区	7	4	3	37	24	13	147	72	75
黄山区	16	4	12	120	54	66	385	210	175
徽州区	16	7	9	58	37	21	144	83	61
歙县	86	31	55	617	475	142	762	453	309
休宁县	152	34	118	178	119	59	578	314	264
黟县	4		4	144	88	56	294	188	106
祁门县	15	4	11	85	59	26	179	103	76
滁州市	**2678**	**846**	**1832**	**1372**	**714**	**658**	**12703**	**6907**	**5796**
琅琊区	4	1	3	17	9	8	189	102	87
南谯区	215	90	125	389	181	208	3729	1932	1797
来安县	22	8	14	197	95	102	823	473	350
全椒县	35	20	15	137	63	74	1716	951	765
定远县	36	7	29	161	97	64	1593	848	745
凤阳县	60	22	38	146	88	58	1361	715	646
苏滁现代产业园									
滁州经济技术开发区	8	2	6	3	2	1	740	584	156
天长市	45	3	42	113	69	44	953	502	451
明光市	2253	693	1560	209	110	99	1599	800	799

7-9c　续表 11　　　　单位：人

现住地	为子女就学			养老/康养			其他		
	小计	男	女	小计	男	女	小计	男	女
阜阳市	**359**	**98**	**261**	**2533**	**1540**	**993**	**13260**	**7113**	**6147**
颍州区	29	10	19	612	309	303	2140	1186	954
颍东区	32	10	22	173	122	51	969	508	461
颍泉区	14	3	11	124	90	34	1335	699	636
临泉县	33	12	21	325	242	83	1667	902	765
太和县	22	2	20	379	231	148	1413	765	648
阜南县	40	8	32	390	209	181	1954	1043	911
颍上县	36	10	26	256	166	90	1721	904	817
阜阳合肥现代产业园区	94	19	75	40	18	22	508	242	266
阜阳经济技术开发区	35	17	18	84	41	43	434	237	197
界首市	24	7	17	150	112	38	1119	627	492
宿州市	**356**	**75**	**281**	**2600**	**1951**	**649**	**8260**	**4523**	**3737**
埇桥区	171	40	131	766	549	217	3573	1879	1694
砀山县	43	8	35	334	267	67	713	416	297
萧县	32	7	25	877	702	175	1367	775	592
灵璧县	96	18	78	447	297	150	1508	850	658
泗县	13	2	11	154	118	36	1036	568	468
宿州马鞍山现代产业园区	1		1	22	18	4	63	35	28
宿州经济技术开发区									
六安市	**1308**	**256**	**1052**	**2413**	**1399**	**1014**	**11374**	**6052**	**5322**
金安区	310	70	240	541	252	289	2486	1329	1157
裕安区	549	128	421	806	493	313	3162	1674	1488
叶集区	7	2	5	45	33	12	731	405	326
霍邱县	284	34	250	307	155	152	2270	1204	1066
舒城县	62	5	57	514	341	173	1355	725	630
金寨县	68	9	59	135	88	47	975	502	473
霍山县	28	8	20	65	37	28	395	213	182
亳州市	**284**	**80**	**204**	**1596**	**1141**	**455**	**14779**	**7736**	**7043**
谯城区	81	28	53	526	362	164	8722	4569	4153
涡阳县	69	16	53	427	279	148	1863	989	874
蒙城县	17	5	12	205	154	51	2038	1093	945
利辛县	117	31	86	438	346	92	2156	1085	1071
池州市	**237**	**61**	**176**	**669**	**435**	**234**	**2650**	**1473**	**1177**
贵池区	65	16	49	239	155	84	1146	628	518
东至县	20	5	15	146	103	43	581	312	269
石台县	39	15	24	49	32	17	146	73	73
青阳县	92	16	76	197	124	73	693	407	286
池州市国家经济技术开发区									
皖江江南新兴产业集中区									
九华山风景区	21	9	12	38	21	17	84	53	31
宣城市	**281**	**80**	**201**	**1520**	**845**	**675**	**6636**	**3668**	**2968**
宣州区	150	34	116	373	173	200	2410	1274	1136
郎溪县	1		1	59	29	30	594	338	256
泾县	20	3	17	323	211	112	587	307	280
绩溪县	10	4	6	234	173	61	409	241	168
旌德县	2		2	58	33	25	223	112	111
宣城市经济开发区	47	18	29	43	21	22	815	532	283
宁国市	41	15	26	305	144	161	875	488	387
广德市	10	6	4	125	61	64	723	376	347

7-10 全省按现住地、性别、迁移原因分的户口登记地在外省的人口

单位：人

现住地	合计			工作就业		
	合计	男	女	小计	男	女
安　徽	**1550509**	**872497**	**678012**	**859565**	**591417**	**268148**
合肥市	**449677**	**264290**	**185387**	**261055**	**176214**	**84841**
瑶海区	57365	31759	25606	33955	21441	12514
庐阳区	31388	17966	13422	19292	12783	6509
蜀山区	59892	34539	25353	30526	20123	10403
包河区	81773	50067	31706	45567	30521	15046
长丰县	29131	16027	13104	17042	11249	5793
肥东县	28324	16707	11617	17411	12291	5120
肥西县	42326	26238	16088	30637	21423	9214
庐江县	11127	6455	4672	6547	4854	1693
合肥高新技术产业开发区	18771	11653	7118	12529	8917	3612
合肥经济技术开发区	46496	27568	18928	22346	15151	7195
合肥新站高新技术产业开发区	27358	16931	10427	17828	12342	5486
巢湖市	15726	8380	7346	7375	5119	2256
芜湖市	**158569**	**91344**	**67225**	**94757**	**65786**	**28971**
镜湖区	21785	11695	10090	11466	7395	4071
弋江区	23963	12806	11157	10562	7169	3393
鸠江区	30613	18291	12322	18452	12707	5745
三山区	13293	8380	4913	9058	6693	2365
芜湖县	20054	11470	8584	12695	8614	4081
繁昌县	6298	3936	2362	4266	3220	1046
南陵县	7385	3440	3945	3293	2299	994
芜湖经济技术开发区	26799	17510	9289	21314	15133	6181
安徽芜湖长江大桥经济开发区	372	224	148	237	178	59
无为市	8007	3592	4415	3414	2378	1036
蚌埠市	**62650**	**31432**	**31218**	**25271**	**17289**	**7982**
龙子湖区	6224	3480	2744	2985	2030	955
蚌山区	8249	4691	3558	4248	2920	1328
禹会区	6814	3748	3066	3286	2296	990
淮上区	6597	3517	3080	3402	2318	1084
怀远县	7263	3276	3987	3089	2116	973
五河县	5924	2884	3040	2472	1687	785
固镇县	4852	2233	2619	2087	1465	622
蚌埠市高新技术开发区	2127	1165	962	832	585	247
蚌埠市经济开发区	14600	6438	8162	2870	1872	998
淮南市	**48874**	**25285**	**23589**	**18889**	**13428**	**5461**
大通区	4938	2678	2260	2420	1739	681
田家庵区	20122	10533	9589	5162	3401	1761
谢家集区	3056	1591	1465	1318	967	351
八公山区	2184	1070	1114	736	508	228
潘集区	4350	2365	1985	2252	1771	481
凤台县	7393	3681	3712	3537	2596	941
寿县	6831	3367	3464	3464	2446	1018

7-10　续表 1　　　　单位：人

现 住 地	合　计			工作就业		
	合计	男	女	小计	男	女
马鞍山市	**85354**	**48241**	**37113**	**42585**	**29387**	**13198**
花山区	23073	12700	10373	10318	6859	3459
雨山区	21389	12526	8863	9651	6572	3079
博望区	6003	3117	2886	2736	1932	804
当涂县	15147	8796	6351	9278	6569	2709
含山县	5057	2740	2317	2756	1972	784
和县	14685	8362	6323	7846	5483	2363
淮北市	**42185**	**21643**	**20542**	**17600**	**12884**	**4716**
杜集区	6019	3456	2563	3138	2407	731
相山区	16493	8509	7984	6105	4197	1908
烈山区	8265	3366	4899	2331	1792	539
濉溪县	11408	6312	5096	6026	4488	1538
铜陵市	**22631**	**12211**	**10420**	**11490**	**7944**	**3546**
铜官区	12447	6742	5705	6011	4052	1959
义安区	4007	2168	1839	2213	1559	654
郊区	2257	1311	946	1272	943	329
枞阳县	3920	1990	1930	1994	1390	604
安庆市	**71165**	**39804**	**31361**	**40323**	**28669**	**11654**
迎江区	7354	4016	3338	3641	2438	1203
大观区	6047	3766	2281	3750	2841	909
宜秀区	8796	4871	3925	4924	3367	1557
怀宁县	7962	4842	3120	5339	3972	1367
太湖县	4826	2506	2320	2416	1690	726
宿松县	8128	4244	3884	4246	3059	1187
望江县	4856	2442	2414	2638	1697	941
岳西县	2911	1267	1644	1210	853	357
安徽安庆经济开发区	5873	3606	2267	3853	2728	1125
桐城市	9425	5476	3949	5381	3916	1465
潜山市	4987	2768	2219	2925	2108	817
黄山市	**48231**	**28799**	**19432**	**29588**	**21859**	**7729**
屯溪区	14558	7586	6972	7466	4621	2845
黄山区	7445	4875	2570	5132	4070	1062
徽州区	3103	1645	1458	1692	1129	563
歙县	8329	4414	3915	4574	3130	1444
休宁县	4777	2830	1947	2724	2083	641
黟县	2929	2043	886	2193	1811	382
祁门县	7090	5406	1684	5807	5015	792
滁州市	**145213**	**83245**	**61968**	**84933**	**58063**	**26870**
琅琊区	13060	7652	5408	7290	5070	2220
南谯区	21089	12569	8520	11715	8577	3138
来安县	26986	15798	11188	16400	11395	5005
全椒县	10681	6050	4631	5438	3831	1607
定远县	5722	2806	2916	2673	1880	793
凤阳县	7863	4087	3776	3581	2572	1009
苏滁现代产业园	7036	5012	2024	6185	4525	1660
滁州经济技术开发区	22551	13345	9206	17195	10441	6754
天长市	22491	12168	10323	11018	7478	3540
明光市	7734	3758	3976	3438	2294	1144

7-10 续表 2

单位：人

现住地	合计			工作就业		
	合计	男	女	小计	男	女
阜阳市	**83356**	**43604**	**39752**	**44208**	**29687**	**14521**
颍州区	15236	8177	7059	7339	5056	2283
颍东区	8263	5094	3169	5335	4053	1282
颍泉区	7476	4179	3297	4257	2918	1339
临泉县	12091	5894	6197	6713	4106	2607
太和县	8949	4102	4847	4234	2602	1632
阜南县	8411	4234	4177	4513	3065	1448
颍上县	8073	4077	3996	4402	3016	1386
阜阳合肥现代产业园区	774	425	349	494	343	151
阜阳经济技术开发区	2926	1662	1264	1676	1102	574
界首市	11157	5760	5397	5245	3426	1819
宿州市	**72072**	**35034**	**37038**	**32167**	**22011**	**10156**
埇桥区	26151	13260	12891	11956	8192	3764
砀山县	10123	4642	5481	4440	2808	1632
萧县	13291	6056	7235	5732	3957	1775
灵璧县	9759	4424	5335	3996	2732	1264
泗县	8730	4259	4471	3805	2701	1104
宿州马鞍山现代产业园区	1262	795	467	643	482	161
宿州经济技术开发区	2756	1598	1158	1595	1139	456
六安市	**63712**	**34928**	**28784**	**36404**	**25323**	**11081**
金安区	14264	7554	6710	7440	4903	2537
裕安区	10127	4866	5261	4657	3023	1634
叶集区	5528	3076	2452	2298	1504	794
霍邱县	10432	6639	3793	7083	5630	1453
舒城县	11528	6380	5148	8254	5438	2816
金寨县	8682	4678	4004	4959	3544	1415
霍山县	3151	1735	1416	1713	1281	432
亳州市	**53898**	**28562**	**25336**	**29373**	**19271**	**10102**
谯城区	29863	16177	13686	16069	10300	5769
涡阳县	8226	4504	3722	4610	3228	1382
蒙城县	7958	4149	3809	4555	3062	1493
利辛县	7851	3732	4119	4139	2681	1458
池州市	**32669**	**19391**	**13278**	**20556**	**15056**	**5500**
贵池区	15451	9281	6170	9380	7021	2359
东至县	4855	2545	2310	2531	1836	695
石台县	1948	1270	678	1319	1105	214
青阳县	6394	3730	2664	4079	2943	1136
池州市国家经济技术开发区	758	522	236	549	422	127
皖江江南新兴产业集中区	2736	1711	1025	2509	1604	905
九华山风景区	527	332	195	189	125	64
宣城市	**110253**	**64684**	**45569**	**70366**	**48546**	**21820**
宣州区	19922	10865	9057	11510	7968	3542
郎溪县	15562	8852	6710	10516	7173	3343
泾县	7756	4613	3143	4823	3689	1134
绩溪县	3545	2014	1531	2047	1468	579
旌德县	2625	1581	1044	1587	1229	358
宣城市经济开发区	10391	6964	3427	3508	2486	1022
宁国市	16361	9508	6853	11444	7595	3849
广德市	34091	20287	13804	24931	16938	7993

7-10 续表 3

单位：人

现住地	学习培训			随同离开/投亲靠友			拆迁/搬家		
	小计	男	女	小计	男	女	小计	男	女
安　徽	**157110**	**83244**	**73866**	**161925**	**75750**	**86175**	**90793**	**45675**	**45118**
合肥市	**66331**	**38437**	**27894**	**40023**	**19000**	**21023**	**20011**	**10371**	**9640**
瑶海区	2360	1330	1030	7247	3610	3637	4031	2100	1931
庐阳区	1309	673	636	3309	1569	1740	1729	916	813
蜀山区	14621	8317	6304	4094	1968	2126	2230	1170	1060
包河区	15165	10710	4455	7544	3559	3985	3364	1794	1570
长丰县	2142	1213	929	3371	1591	1780	1788	853	935
肥东县	1708	874	834	3814	1803	2011	1470	723	747
肥西县	3413	1648	1765	2662	1235	1427	1241	611	630
庐江县	309	161	148	1077	471	606	461	212	249
合肥高新技术产业开发区	1952	965	987	1125	552	573	722	386	336
合肥经济技术开发区	17320	9489	7831	2100	959	1141	554	311	243
合肥新站高新技术产业开发区	3541	1981	1560	2249	1046	1203	1238	652	586
巢湖市	2491	1076	1415	1431	637	794	1183	643	540
芜湖市	**15445**	**7374**	**8071**	**17297**	**8086**	**9211**	**7432**	**3698**	**3734**
镜湖区	1770	682	1088	2582	1222	1360	1721	889	832
弋江区	6155	2431	3724	2658	1265	1393	1720	919	801
鸠江区	3785	2158	1627	3492	1636	1856	1058	575	483
三山区	392	233	159	1940	866	1074	332	149	183
芜湖县	1882	1006	876	1736	822	914	835	391	444
繁昌县	159	81	78	613	275	338	340	159	181
南陵县	287	148	139	818	381	437	598	238	360
芜湖经济技术开发区	712	470	242	2370	1105	1265	331	176	155
安徽芜湖长江大桥经济开发区	8	5	3	32	17	15	25	7	18
无为市	295	160	135	1056	497	559	472	195	277
蚌埠市	**9423**	**3581**	**5842**	**7054**	**3306**	**3748**	**6217**	**3170**	**3047**
龙子湖区	200	99	101	870	422	448	780	407	373
蚌山区	271	149	122	1053	485	568	821	427	394
禹会区	477	176	301	788	355	433	789	394	395
淮上区	268	122	146	1011	454	557	443	222	221
怀远县	245	121	124	851	433	418	402	202	200
五河县	180	99	81	578	269	309	724	366	358
固镇县	185	89	96	568	252	316	314	150	164
蚌埠市高新技术开发区	76	48	28	360	163	197	398	199	199
蚌埠市经济开发区	7521	2678	4843	975	473	502	1546	803	743
淮南市	**9148**	**5017**	**4131**	**5199**	**2267**	**2932**	**3801**	**1809**	**1992**
大通区	228	130	98	533	240	293	537	261	276
田家庵区	8124	4466	3658	1597	721	876	1769	858	911
谢家集区	80	45	35	437	201	236	284	129	155
八公山区	47	27	20	242	112	130	330	170	160
潘集区	95	54	41	517	226	291	235	109	126
凤台县	265	130	135	1150	451	699	389	175	214
寿县	309	165	144	723	316	407	257	107	150

7-10 续表 4

单位：人

现住地	学习培训			随同离开/投亲靠友			拆迁/搬家		
	小计	男	女	小计	男	女	小计	男	女
马鞍山市	**6870**	**4197**	**2673**	**10526**	**4961**	**5565**	**9374**	**4770**	**4604**
花山区	904	547	357	3852	1874	1978	3354	1727	1627
雨山区	4353	2818	1535	2485	1119	1366	2379	1198	1181
博望区	82	55	27	763	361	402	763	408	355
当涂县	831	441	390	1244	589	655	1044	513	531
含山县	136	71	65	509	233	276	275	131	144
和县	564	265	299	1673	785	888	1559	793	766
淮北市	**8110**	**2549**	**5561**	**4423**	**1996**	**2427**	**3065**	**1585**	**1480**
杜集区	233	123	110	768	355	413	301	145	156
相山区	2900	1094	1806	2097	952	1145	1926	1012	914
烈山区	4633	1138	3495	308	130	178	136	74	62
濉溪县	344	194	150	1250	559	691	702	354	348
铜陵市	**1390**	**678**	**712**	**2783**	**1267**	**1516**	**2092**	**1024**	**1068**
铜官区	1075	516	559	1538	687	851	1536	755	781
义安区	112	60	52	455	209	246	269	128	141
郊区	65	33	32	274	134	140	118	60	58
枞阳县	138	69	69	516	237	279	169	81	88
安庆市	**3982**	**1746**	**2236**	**7629**	**3657**	**3972**	**4214**	**2078**	**2136**
迎江区	210	104	106	854	391	463	1080	541	539
大观区	297	117	180	558	267	291	363	177	186
宜秀区	1532	501	1031	914	444	470	454	243	211
怀宁县	294	150	144	670	313	357	216	106	110
太湖县	226	131	95	500	245	255	181	84	97
宿松县	361	191	170	941	460	481	397	191	206
望江县	225	140	85	636	302	334	183	74	109
岳西县	122	62	60	281	144	137	103	43	60
安徽安庆经济开发区	198	95	103	704	339	365	348	183	165
桐城市	369	170	199	1024	480	544	729	354	375
潜山市	148	85	63	547	272	275	160	82	78
黄山市	**2337**	**1045**	**1292**	**5162**	**2435**	**2727**	**2208**	**1123**	**1085**
屯溪区	1467	580	887	2186	1038	1148	918	467	451
黄山区	142	79	63	482	222	260	262	127	135
徽州区	104	51	53	443	223	220	141	69	72
歙县	348	184	164	1101	510	591	437	222	215
休宁县	197	110	87	468	217	251	183	108	75
黟县	37	15	22	145	76	69	68	35	33
祁门县	42	26	16	337	149	188	199	95	104
滁州市	**5958**	**3366**	**2592**	**15415**	**7198**	**8217**	**12417**	**6166**	**6251**
琅琊区	467	231	236	1677	769	908	1425	734	691
南谯区	1336	623	713	1928	906	1022	1690	833	857
来安县	390	214	176	3478	1658	1820	2145	1087	1058
全椒县	106	58	48	1234	588	646	1426	663	763
定远县	161	88	73	615	297	318	464	201	263
凤阳县	509	332	177	1117	549	568	445	202	243
苏滁现代产业园	272	243	29	311	154	157	113	51	62
滁州经济技术开发区	2060	1234	826	1042	490	552	472	233	239
天长市	436	238	198	3025	1332	1693	3452	1819	1633
明光市	221	105	116	988	455	533	785	343	442

7-10　续表 5　　　　单位：人

现住地	学习培训			随同离开/投亲靠友			拆迁/搬家		
	小计	男	女	小计	男	女	小计	男	女
阜阳市	**6407**	**2981**	**3426**	**10519**	**4896**	**5623**	**4035**	**2063**	**1972**
颍州区	2829	1124	1705	1604	783	821	918	470	448
颍东区	244	130	114	1005	440	565	278	144	134
颍泉区	269	150	119	1088	521	567	323	168	155
临泉县	738	363	375	1611	721	890	472	231	241
太和县	439	220	219	1261	598	663	404	208	196
阜南县	435	211	224	1023	468	555	302	148	154
颍上县	249	136	113	932	440	492	321	162	159
阜阳合肥现代产业园区	21	14	7	65	23	42	13	3	10
阜阳经济技术开发区	131	73	58	407	211	196	259	134	125
界首市	1052	560	492	1523	691	832	745	395	350
宿州市	**4151**	**2104**	**2047**	**9483**	**4316**	**5167**	**3794**	**1912**	**1882**
埇桥区	2022	961	1061	3219	1435	1784	1406	732	674
砀山县	482	252	230	1527	680	847	505	249	256
萧县	465	237	228	1916	929	987	369	186	183
灵璧县	377	197	180	1250	567	683	626	305	321
泗县	254	128	126	1074	479	595	713	345	368
宿州马鞍山现代产业园区	404	244	160	50	30	20	13	6	7
宿州经济技术开发区	147	85	62	447	196	251	162	89	73
六安市	**4722**	**2603**	**2119**	**6528**	**2930**	**3598**	**3576**	**1632**	**1944**
金安区	1463	783	680	1620	716	904	1034	503	531
裕安区	1037	515	522	1182	508	674	867	378	489
叶集区	1002	670	332	685	329	356	564	292	272
霍邱县	256	125	131	960	408	552	247	108	139
舒城县	219	115	104	830	363	467	286	110	176
金寨县	579	316	263	882	431	451	390	165	225
霍山县	166	79	87	369	175	194	188	76	112
亳州市	**3000**	**1480**	**1520**	**6120**	**2929**	**3191**	**2770**	**1447**	**1323**
谯城区	2011	973	1038	3802	1837	1965	1981	1060	921
涡阳县	323	172	151	766	368	398	366	176	190
蒙城县	362	179	183	733	345	388	209	112	97
利辛县	304	156	148	819	379	440	214	99	115
池州市	**1925**	**906**	**1019**	**3192**	**1473**	**1719**	**1247**	**607**	**640**
贵池区	1394	615	779	1635	758	877	706	342	364
东至县	207	108	99	543	246	297	200	101	99
石台县	48	24	24	148	56	92	36	16	20
青阳县	201	94	107	627	299	328	240	114	126
池州市国家经济技术开发区	5	3	2	74	38	36	39	20	19
皖江江南新兴产业集中区	26	21	5	139	61	78	19	9	10
九华山风景区	44	41	3	26	15	11	7	5	2
宣城市	**7911**	**5180**	**2731**	**10572**	**5033**	**5539**	**4540**	**2220**	**2320**
宣州区	920	395	525	2062	974	1088	1129	571	558
郎溪县	232	119	113	1532	699	833	917	432	485
泾县	239	136	103	648	318	330	245	103	142
绩溪县	138	71	67	366	168	198	109	54	55
旌德县	84	53	31	267	133	134	83	51	32
宣城市经济开发区	5267	3845	1422	508	230	278	376	180	196
宁国市	408	226	182	1838	851	987	626	307	319
广德市	623	335	288	3351	1660	1691	1055	522	533

7-10 续表 6

单位：人

现住地	寄挂户口			婚姻嫁娶			照料孙子女		
	小计	男	女	小计	男	女	小计	男	女
安　徽	**10010**	**5204**	**4806**	**134470**	**11506**	**122964**	**34120**	**10589**	**23531**
合肥市	**1831**	**986**	**845**	**19155**	**1903**	**17252**	**16703**	**5283**	**11420**
瑶海区	544	306	238	3180	243	2937	1349	393	956
庐阳区	173	88	85	1516	222	1294	1666	559	1107
蜀山区	246	131	115	1970	300	1670	3448	1200	2248
包河区	195	104	91	2046	313	1733	4152	1342	2810
长丰县	114	47	67	2193	110	2083	596	151	445
肥东县	154	86	68	1882	113	1769	355	97	258
肥西县	81	49	32	1485	144	1341	1121	321	800
庐江县	68	44	24	1434	67	1367	105	33	72
合肥高新技术产业开发区	57	29	28	521	71	450	986	283	703
合肥经济技术开发区	60	29	31	783	108	675	1848	587	1261
合肥新站高新技术产业开发区	14	7	7	600	89	511	843	242	601
巢湖市	125	66	59	1545	123	1422	234	75	159
芜湖市	**830**	**436**	**394**	**10800**	**1037**	**9763**	**4589**	**1445**	**3144**
镜湖区	243	124	119	1456	283	1173	1050	371	679
弋江区	137	77	60	1013	192	821	687	228	459
鸠江区	98	51	47	1252	153	1099	1094	319	775
三山区	64	35	29	603	36	567	363	110	253
芜湖县	105	56	49	1743	111	1632	174	50	124
繁昌县	24	14	10	540	44	496	47	11	36
南陵县	31	20	11	1698	97	1601	109	36	73
芜湖经济技术开发区	25	7	18	507	57	450	973	297	676
安徽芜湖长江大桥经济开发区	2	1	1	43	7	36	3	1	2
无为市	101	51	50	1945	57	1888	89	22	67
蚌埠市	**762**	**416**	**346**	**7290**	**695**	**6595**	**1291**	**401**	**890**
龙子湖区	134	74	60	466	69	397	136	41	95
蚌山区	154	92	62	598	90	508	212	65	147
禹会区	99	58	41	582	89	493	136	39	97
淮上区	75	44	31	830	102	728	104	28	76
怀远县	117	58	59	1854	70	1784	50	16	34
五河县	50	28	22	1066	54	1012	47	13	34
固镇县	33	15	18	1180	57	1123	38	8	30
蚌埠市高新技术开发区	13	7	6	172	28	144	124	48	76
蚌埠市经济开发区	87	40	47	542	136	406	444	143	301
淮南市	**637**	**337**	**300**	**6439**	**396**	**6043**	**821**	**268**	**553**
大通区	89	53	36	645	41	604	69	17	52
田家庵区	158	85	73	1407	189	1218	594	207	387
谢家集区	63	37	26	481	36	445	19	6	13
八公山区	99	53	46	390	32	358	25	10	15
潘集区	102	49	53	842	13	829	16	6	10
凤台县	58	24	34	1385	40	1345	53	15	38
寿县	68	36	32	1289	45	1244	45	7	38

7-10 续表 7

单位：人

现住地	寄挂户口			婚姻嫁娶			照料孙子女		
	小计	男	女	小计	男	女	小计	男	女
马鞍山市	**1306**	**649**	**657**	**6789**	**620**	**6169**	**1338**	**434**	**904**
花山区	336	170	166	1486	221	1265	615	213	402
雨山区	203	97	106	907	142	765	464	147	317
博望区	139	77	62	1043	42	1001	30	9	21
当涂县	114	57	57	1602	111	1491	104	26	78
含山县	116	54	62	707	31	676	32	9	23
和县	398	194	204	1044	73	971	93	30	63
淮北市	**374**	**200**	**174**	**4222**	**376**	**3846**	**612**	**184**	**428**
杜集区	56	28	28	835	53	782	66	17	49
相山区	145	71	74	1140	204	936	413	128	285
烈山区	47	25	22	464	37	427	46	14	32
濉溪县	126	76	50	1783	82	1701	87	25	62
铜陵市	**226**	**115**	**111**	**2458**	**231**	**2227**	**400**	**114**	**286**
铜官区	112	52	60	908	136	772	301	83	218
义安区	31	17	14	596	45	551	37	11	26
郊区	29	22	7	295	18	277	27	7	20
枞阳县	54	24	30	659	32	627	35	13	22
安庆市	**519**	**277**	**242**	**8549**	**722**	**7827**	**966**	**304**	**662**
迎江区	78	37	41	609	96	513	195	67	128
大观区	77	39	38	412	69	343	136	40	96
宜秀区	44	22	22	451	62	389	82	26	56
怀宁县	64	35	29	848	41	807	65	17	48
太湖县	30	23	7	897	62	835	53	15	38
宿松县	57	20	37	1528	56	1472	81	27	54
望江县	41	21	20	719	54	665	63	16	47
岳西县	17	9	8	866	45	821	30	11	19
安徽安庆经济开发区	28	21	7	334	69	265	102	32	70
桐城市	59	33	26	1037	100	937	95	34	61
潜山市	24	17	7	848	68	780	64	19	45
黄山市	**288**	**152**	**136**	**5135**	**650**	**4485**	**842**	**252**	**590**
屯溪区	77	41	36	1014	239	775	540	174	366
黄山区	65	38	27	797	62	735	45	11	34
徽州区	12	7	5	419	49	370	59	17	42
歙县	49	24	25	1315	136	1179	77	18	59
休宁县	34	18	16	764	103	661	54	9	45
黟县	23	9	14	313	21	292	30	9	21
祁门县	28	15	13	513	40	473	37	14	23
滁州市	**876**	**434**	**442**	**11713**	**1263**	**10450**	**1731**	**515**	**1216**
琅琊区	192	93	99	727	129	598	212	72	140
南谯区	86	44	42	1155	122	1033	505	157	348
来安县	132	63	69	1773	144	1629	242	72	170
全椒县	53	28	25	949	98	851	111	40	71
定远县	41	25	16	1205	54	1151	37	8	29
凤阳县	57	24	33	1404	70	1334	59	17	42
苏滁现代产业园	2	1	1	57	12	45	45	7	38
滁州经济技术开发区	18	8	10	333	44	289	219	65	154
天长市	244	125	119	2767	476	2291	213	53	160
明光市	51	23	28	1343	114	1229	88	24	64

7-10 续表 8

单位：人

现住地	寄挂户口			婚姻嫁娶			照料孙子女		
	小计	男	女	小计	男	女	小计	男	女
阜阳市	**607**	**322**	**285**	**10697**	**706**	**9991**	**975**	**285**	**690**
颍州区	71	33	38	1161	117	1044	254	74	180
颍东区	38	22	16	893	90	803	83	25	58
颍泉区	31	17	14	821	85	736	83	25	58
临泉县	71	41	30	1577	63	1514	125	25	100
太和县	82	47	35	1735	90	1645	129	47	82
阜南县	76	30	46	1426	45	1381	49	15	34
颍上县	86	48	38	1526	45	1481	47	16	31
阜阳合肥现代产业园区	7	3	4	119	10	109	6	1	5
阜阳经济技术开发区	11	5	6	184	23	161	31	9	22
界首市	134	76	58	1255	138	1117	168	48	120
宿州市	**589**	**304**	**285**	**14074**	**913**	**13161**	**1054**	**346**	**708**
埇桥区	155	84	71	4114	333	3781	643	217	426
砀山县	104	56	48	2030	119	1911	128	36	92
萧县	118	64	54	3300	96	3204	74	26	48
灵璧县	106	56	50	2450	160	2290	94	32	62
泗县	84	36	48	1902	182	1720	74	25	49
宿州马鞍山现代产业园区	8	3	5	71	3	68	9	2	7
宿州经济技术开发区	14	5	9	207	20	187	32	8	24
六安市	**327**	**160**	**167**	**7412**	**433**	**6979**	**690**	**181**	**509**
金安区	93	54	39	1293	107	1186	220	62	158
裕安区	45	21	24	1385	100	1285	170	42	128
叶集区	20	11	9	498	41	457	32	11	21
霍邱县	80	33	47	1117	38	1079	85	22	63
舒城县	37	18	19	1263	53	1210	64	16	48
金寨县	37	13	24	1361	48	1313	93	23	70
霍山县	15	10	5	495	46	449	26	5	21
亳州市	**290**	**141**	**149**	**6182**	**362**	**5820**	**589**	**166**	**423**
谯城区	82	37	45	2288	238	2050	429	117	312
涡阳县	42	18	24	1104	42	1062	39	12	27
蒙城县	99	55	44	1245	47	1198	51	17	34
利辛县	67	31	36	1545	35	1510	70	20	50
池州市	**131**	**52**	**79**	**3211**	**295**	**2916**	**457**	**123**	**334**
贵池区	66	26	40	1242	124	1118	298	78	220
东至县	25	13	12	920	80	840	47	14	33
石台县	8	2	6	261	11	250	9	2	7
青阳县	31	11	20	723	68	655	70	19	51
池州市国家经济技术开发区	1		1	37	8	29	15	4	11
皖江江南新兴产业集中区				11	1	10	13	4	9
九华山风景区				17	3	14	5	2	3
宣城市	**417**	**223**	**194**	**10344**	**904**	**9440**	**1062**	**288**	**774**
宣州区	104	58	46	2556	176	2380	313	83	230
郎溪县	57	29	28	1585	124	1461	100	25	75
泾县	38	20	18	1186	106	1080	80	27	53
绩溪县	19	11	8	468	46	422	51	13	38
旌德县	12	7	5	386	39	347	19	3	16
宣城市经济开发区	4	2	2	312	42	270	89	25	64
宁国市	62	31	31	1108	148	960	166	44	122
广德市	121	65	56	2743	223	2520	244	68	176

7-10 续表 9　　单位：人

现 住 地	为子女就学			养老/康养			其 他		
	小计	男	女	小计	男	女	小计	男	女
安 徽	**13786**	**3529**	**10257**	**14606**	**7128**	**7478**	**74124**	**38455**	**35669**
合肥市	**3401**	**1001**	**2400**	**2920**	**1312**	**1608**	**18247**	**9783**	**8464**
瑶海区	353	109	244	338	135	203	4008	2092	1916
庐阳区	481	184	297	282	129	153	1631	843	788
蜀山区	375	126	249	448	207	241	1934	997	937
包河区	710	255	455	659	272	387	2371	1197	1174
长丰县	293	54	239	127	60	67	1465	699	766
肥东县	322	68	254	144	68	76	1064	584	480
肥西县	206	48	158	123	52	71	1357	707	650
庐江县	162	27	135	85	52	33	879	534	345
合肥高新技术产业开发区	64	18	46	112	49	63	703	383	320
合肥经济技术开发区	184	56	128	209	99	110	1092	779	313
合肥新站高新技术产业开发区	87	26	61	133	62	71	825	484	341
巢湖市	164	30	134	260	127	133	918	484	434
芜湖市	**975**	**235**	**740**	**833**	**381**	**452**	**5611**	**2866**	**2745**
镜湖区	164	58	106	249	113	136	1084	558	526
弋江区	73	30	43	121	56	65	837	439	398
鸠江区	162	43	119	158	66	92	1062	583	479
三山区	40	8	32	50	24	26	451	226	225
芜湖县	162	41	121	46	21	25	676	358	318
繁昌县	57	10	47	37	19	18	215	103	112
南陵县	158	21	137	53	26	27	340	174	166
芜湖经济技术开发区	36	8	28	64	32	32	467	225	242
安徽芜湖长江大桥经济开发区	2	1	1	2	1	1	18	6	12
无为市	121	15	106	53	23	30	461	194	267
蚌埠市	**525**	**151**	**374**	**589**	**282**	**307**	**4228**	**2141**	**2087**
龙子湖区	38	16	22	60	27	33	555	295	260
蚌山区	61	19	42	83	38	45	748	406	342
禹会区	39	14	25	73	35	38	545	292	253
淮上区	50	19	31	49	24	25	365	184	181
怀远县	72	11	61	71	39	32	512	210	302
五河县	112	21	91	53	31	22	642	316	326
固镇县	60	11	49	49	25	24	338	161	177
蚌埠市高新技术开发区	13	7	6	24	10	14	115	70	45
蚌埠市经济开发区	80	33	47	127	53	74	408	207	201
淮南市	**471**	**117**	**354**	**394**	**173**	**221**	**3075**	**1473**	**1602**
大通区	15	5	10	47	19	28	355	173	182
田家庵区	231	77	154	206	87	119	874	442	432
谢家集区	26	7	19	37	18	19	311	145	166
八公山区	15	8	7	22	11	11	278	139	139
潘集区	18	2	16	16	7	9	257	128	129
凤台县	54	7	47	49	22	27	453	221	232
寿县	112	11	101	17	9	8	547	225	322

7－10 续表 10

单位：人

现住地	为子女就学			养老/康养			其他		
	小计	男	女	小计	男	女	小计	男	女
马鞍山市	**416**	**125**	**291**	**1072**	**530**	**542**	**5078**	**2568**	**2510**
花山区	138	56	82	294	133	161	1776	900	876
雨山区	72	25	47	194	80	114	681	328	353
博望区	19	4	15	21	12	9	407	217	190
当涂县	45	11	34	121	60	61	764	419	345
含山县	54	2	52	52	34	18	420	203	217
和县	88	27	61	390	211	179	1030	501	529
淮北市	**418**	**152**	**266**	**485**	**238**	**247**	**2876**	**1479**	**1397**
杜集区	20	6	14	87	43	44	515	279	236
相山区	232	92	140	266	118	148	1269	641	628
烈山区	20	5	15	43	25	18	237	126	111
濉溪县	146	49	97	89	52	37	855	433	422
铜陵市	**243**	**58**	**185**	**199**	**101**	**98**	**1350**	**679**	**671**
铜官区	126	38	88	112	57	55	728	366	362
义安区	44	9	35	30	14	16	220	116	104
郊区	10	3	7	24	12	12	143	79	64
枞阳县	63	8	55	33	18	15	259	118	141
安庆市	**843**	**164**	**679**	**518**	**282**	**236**	**3622**	**1905**	**1717**
迎江区	79	24	55	91	45	46	517	273	244
大观区	103	35	68	76	37	39	275	144	131
宜秀区	36	8	28	19	9	10	340	189	151
怀宁县	102	11	91	36	19	17	328	178	150
太湖县	67	8	59	48	23	25	408	225	183
宿松县	93	14	79	67	45	22	357	181	176
望江县	100	22	78	19	14	5	232	102	130
岳西县	73	6	67	17	8	9	192	86	106
安徽安庆经济开发区	22	7	15	42	20	22	242	112	130
桐城市	108	23	85	75	45	30	548	321	227
潜山市	60	6	54	28	17	11	183	94	89
黄山市	**344**	**62**	**282**	**677**	**355**	**322**	**1650**	**866**	**784**
屯溪区	96	25	71	235	107	128	559	294	265
黄山区	26	2	24	150	74	76	344	190	154
徽州区	30	4	26	77	40	37	126	56	70
歙县	101	15	86	116	80	36	211	95	116
休宁县	61	13	48	53	29	24	239	140	99
黟县	7	1	6	30	17	13	83	49	34
祁门县	23	2	21	16	8	8	88	42	46
滁州市	**1141**	**291**	**850**	**3704**	**1805**	**1899**	**7325**	**4144**	**3181**
琅琊区	169	54	115	159	75	84	742	425	317
南谯区	238	77	161	1425	678	747	1011	552	459
来安县	166	43	123	1210	591	619	1050	531	519
全椒县	64	17	47	338	175	163	962	552	410
定远县	60	10	50	67	35	32	399	208	191
凤阳县	76	10	66	40	17	23	575	294	281
苏滁现代产业园	6	1	5	4	1	3	41	17	24
滁州经济技术开发区	52	7	45	54	26	28	1106	797	309
天长市	190	54	136	326	166	160	820	427	393
明光市	120	18	102	81	41	40	619	341	278

7-10　续表 11　　　　单位：人

现住地	为子女就学			养老/康养			其他		
	小计	男	女	小计	男	女	小计	男	女
阜阳市	**1211**	**318**	**893**	**665**	**345**	**320**	**4032**	**2001**	**2031**
颍州区	142	47	95	138	66	72	780	407	373
颍东区	60	12	48	72	42	30	255	136	119
颍泉区	60	12	48	38	24	14	506	259	247
临泉县	164	42	122	110	49	61	510	253	257
太和县	104	20	84	103	53	50	458	217	241
阜南县	99	17	82	41	20	21	447	215	232
颍上县	59	3	56	58	39	19	393	172	221
阜阳合肥现代产业园区	8	2	6	4	3	1	37	23	14
阜阳经济技术开发区	33	6	27	23	10	13	171	89	82
界首市	482	157	325	78	39	39	475	230	245
宿州市	**1035**	**278**	**757**	**1035**	**561**	**474**	**4690**	**2289**	**2401**
埇桥区	378	126	252	393	202	191	1865	978	887
砀山县	116	43	73	191	116	75	600	283	317
萧县	214	50	164	197	109	88	906	402	504
灵璧县	143	20	123	123	73	50	594	282	312
泗县	139	30	109	100	47	53	585	286	299
宿州马鞍山现代产业园区	3	1	2	11	7	4	50	17	33
宿州经济技术开发区	42	8	34	20	7	13	90	41	49
六安市	**1019**	**167**	**852**	**317**	**153**	**164**	**2717**	**1346**	**1371**
金安区	389	65	324	83	40	43	629	321	308
裕安区	276	49	227	73	30	43	435	200	235
叶集区	35	8	27	7	4	3	387	206	181
霍邱县	55	10	45	50	24	26	499	241	258
舒城县	95	16	79	60	33	27	420	218	202
金寨县	120	18	102	31	14	17	230	106	124
霍山县	49	1	48	13	8	5	117	54	63
亳州市	**555**	**160**	**395**	**349**	**191**	**158**	**4670**	**2415**	**2255**
谯城区	347	112	235	145	69	76	2709	1434	1275
涡阳县	62	15	47	57	34	23	857	439	418
蒙城县	68	17	51	56	33	23	580	282	298
利辛县	78	16	62	91	55	36	524	260	264
池州市	**423**	**84**	**339**	**211**	**100**	**111**	**1316**	**695**	**621**
贵池区	193	49	144	108	47	61	429	221	208
东至县	112	17	95	29	15	14	241	115	126
石台县	18	1	17	24	10	14	77	43	34
青阳县	90	13	77	35	21	14	298	148	150
池州市国家经济技术开发区	1		1	8	3	5	29	24	5
皖江江南新兴产业集中区	7	4	3	1	1		11	6	5
九华山风景区	2		2	6	3	3	231	138	93
宣城市	**766**	**166**	**600**	**638**	**319**	**319**	**3637**	**1805**	**1832**
宣州区	172	47	125	130	64	66	1026	529	497
郎溪县	130	31	99	98	42	56	395	178	217
泾县	117	26	91	53	26	27	327	162	165
绩溪县	36	5	31	101	57	44	210	121	89
旌德县	36	2	34	32	15	17	119	49	70
宣城市经济开发区	30	4	26	20	10	10	277	140	137
宁国市	146	31	115	78	38	40	485	237	248
广德市	99	20	79	126	67	59	798	389	409

7-10a 全省按现住地、性别、迁移原因分的户口登记地在外省的人口(城市)

单位：人

现住地	合计			工作就业		
	合计	男	女	小计	男	女
安　徽	**693259**	**389549**	**303710**	**366907**	**244407**	**122500**
合肥市	**239546**	**138417**	**101129**	**134009**	**87416**	**46593**
瑶海区	54420	30120	24300	32203	20327	11876
庐阳区	28330	16204	12126	17681	11618	6063
蜀山区	57755	32804	24951	28791	18608	10183
包河区	81216	49660	31556	45071	30141	14930
长丰县						
肥东县						
肥西县	4902	3061	1841	3876	2613	1263
庐江县						
合肥高新技术产业开发区						
合肥经济技术开发区						
合肥新站高新技术产业开发区	3115	1666	1449	1856	1126	730
巢湖市	9808	4902	4906	4531	2983	1548
芜湖市	**85741**	**48474**	**37267**	**46572**	**31697**	**14875**
镜湖区	21309	11450	9859	11185	7207	3978
弋江区	23963	12806	11157	10562	7169	3393
鸠江区	26890	15802	11088	15705	10549	5156
三山区	10156	6766	3390	7463	5685	1778
芜湖县	224	113	111	107	75	32
繁昌县						
南陵县						
芜湖经济技术开发区	26	13	13	21	10	11
安徽芜湖长江大桥经济开发区						
无为市	3173	1524	1649	1529	1002	527
蚌埠市	**23980**	**13196**	**10784**	**11766**	**7945**	**3821**
龙子湖区	5487	2998	2489	2531	1676	855
蚌山区	7731	4358	3373	3938	2674	1264
禹会区	5618	3024	2594	2584	1742	842
淮上区	5144	2816	2328	2713	1853	860
怀远县						
五河县						
固镇县						
蚌埠市高新技术开发区						
蚌埠市经济开发区						
淮南市	**26901**	**13957**	**12944**	**7807**	**5283**	**2524**
大通区	1290	643	647	569	393	176
田家庵区	19866	10424	9442	5067	3335	1732
谢家集区	2660	1419	1241	1157	854	303
八公山区	2055	1003	1052	668	460	208
潘集区	1030	468	562	346	241	105
凤台县						
寿县						

7-10a　续表 1

单位：人

现住地	合计			工作就业		
	合计	男	女	小计	男	女
马鞍山市	**47627**	**26807**	**20820**	**21169**	**14215**	**6954**
花山区	22524	12356	10168	9922	6563	3359
雨山区	21067	12307	8760	9407	6383	3024
博望区	4036	2144	1892	1840	1269	571
当涂县						
含山县						
和县						
淮北市	**24541**	**12318**	**12223**	**9094**	**6489**	**2605**
杜集区	3536	2062	1474	1857	1416	441
相山区	15319	7796	7523	5311	3620	1691
烈山区	4669	1752	2917	1166	823	343
濉溪县	1017	708	309	760	630	130
铜陵市	**15368**	**8323**	**7045**	**7607**	**5138**	**2469**
铜官区	12272	6623	5649	5905	3968	1937
义安区	1755	854	901	809	509	300
郊区	1341	846	495	893	661	232
枞阳县						
安庆市	**31052**	**17288**	**13764**	**17100**	**11722**	**5378**
迎江区	7148	3885	3263	3505	2329	1176
大观区	5041	3005	2036	2945	2153	792
宜秀区	7937	4380	3557	4437	3021	1416
怀宁县						
太湖县						
宿松县						
望江县	1692	782	910	812	455	357
岳西县						
安徽安庆经济开发区	107	83	24	103	82	21
桐城市	6720	3916	2804	3894	2798	1096
潜山市	2407	1237	1170	1404	884	520
黄山市	**18318**	**9631**	**8687**	**9838**	**6156**	**3682**
屯溪区	12912	6738	6174	6852	4168	2684
黄山区	2712	1433	1279	1481	995	486
徽州区	2508	1360	1148	1429	939	490
歙县	70	38	32	40	28	12
休宁县	116	62	54	36	26	10
黟县						
祁门县						
滁州市	**38443**	**21733**	**16710**	**20422**	**14170**	**6252**
琅琊区	12328	7162	5166	6756	4680	2076
南谯区	11169	6639	4530	6346	4581	1765
来安县						
全椒县						
定远县						
凤阳县						
苏滁现代产业园						
滁州经济技术开发区						
天长市	10283	5681	4602	5132	3514	1618
明光市	4663	2251	2412	2188	1395	793

7－10a 续表 2 单位：人

现住地	合计			工作就业		
	合计	男	女	小计	男	女
阜阳市	**28446**	**15944**	**12502**	**14557**	**10071**	**4486**
颍州区	11684	6297	5387	5342	3702	1640
颍东区	4793	3043	1750	3230	2436	794
颍泉区	5126	3010	2116	3098	2088	1010
临泉县						
太和县						
阜南县						
颍上县						
阜阳合肥现代产业园区						
阜阳经济技术开发区						
界首市	6843	3594	3249	2887	1845	1042
宿州市	**16128**	**8770**	**7358**	**7653**	**5217**	**2436**
埇桥区	15904	8621	7283	7505	5093	2412
砀山县						
萧县	224	149	75	148	124	24
灵璧县						
泗县						
宿州马鞍山现代产业园区						
宿州经济技术开发区						
六安市	**18423**	**9611**	**8812**	**8595**	**5485**	**3110**
金安区	8208	4294	3914	4334	2764	1570
裕安区	6503	3175	3328	2827	1773	1054
叶集区	3657	2119	1538	1416	934	482
霍邱县	26	8	18	4	3	1
舒城县	29	15	14	14	11	3
金寨县						
霍山县						
亳州市	**22665**	**12588**	**10077**	**12589**	**8042**	**4547**
谯城区	22390	12457	9933	12322	7914	4408
涡阳县						
蒙城县						
利辛县	275	131	144	267	128	139
池州市	**14364**	**8373**	**5991**	**9073**	**6295**	**2778**
贵池区	10870	6140	4730	6015	4269	1746
东至县						
石台县						
青阳县						
池州市国家经济技术开发区	758	522	236	549	422	127
皖江江南新兴产业集中区	2736	1711	1025	2509	1604	905
九华山风景区						
宣城市	**41716**	**24119**	**17597**	**29056**	**19066**	**9990**
宣州区	8536	4423	4113	4523	2857	1666
郎溪县						
泾县						
绩溪县						
旌德县						
宣城市经济开发区						
宁国市	10719	5983	4736	7157	4591	2566
广德市	22461	13713	8748	17376	11618	5758

7-10a 续表 3

单位：人

现住地	学习培训			随同离开/投亲靠友			拆迁/搬家		
	小计	男	女	小计	男	女	小计	男	女
安　徽	**86386**	**46107**	**40279**	**77701**	**36399**	**41302**	**50141**	**25524**	**24617**
合肥市	**34972**	**21570**	**13402**	**23060**	**11070**	**11990**	**11899**	**6217**	**5682**
瑶海区	2187	1244	943	6929	3446	3483	3809	1987	1822
庐阳区	1211	621	590	3068	1450	1618	1475	786	689
蜀山区	14525	8241	6284	3996	1924	2072	2164	1134	1030
包河区	15161	10707	4454	7507	3543	3964	3357	1791	1566
长丰县									
肥东县									
肥西县	374	183	191	211	102	109	44	25	19
庐江县									
合肥高新技术产业开发区									
合肥经济技术开发区									
合肥新站高新技术产业开发区	72	35	37	407	186	221	261	136	125
巢湖市	1442	539	903	942	419	523	789	358	431
芜湖市	**12032**	**5465**	**6567**	**10221**	**4748**	**5473**	**4886**	**2546**	**2340**
镜湖区	1758	676	1082	2529	1199	1330	1689	879	810
弋江区	6155	2431	3724	2658	1265	1393	1720	919	801
鸠江区	3730	2128	1602	3214	1509	1705	954	528	426
三山区	236	151	85	1378	587	791	231	101	130
芜湖县	6	5	1	30	11	19	10	5	5
繁昌县									
南陵县									
芜湖经济技术开发区				2	1	1			
安徽芜湖长江大桥经济开发区									
无为市	147	74	73	410	176	234	282	114	168
蚌埠市	**1113**	**493**	**620**	**3323**	**1516**	**1807**	**2616**	**1339**	**1277**
龙子湖区	181	88	93	804	391	413	741	382	359
蚌山区	257	140	117	1000	456	544	800	416	384
禹会区	446	159	287	676	302	374	732	368	364
淮上区	229	106	123	843	367	476	343	173	170
怀远县									
五河县									
固镇县									
蚌埠市高新技术开发区									
蚌埠市经济开发区									
淮南市	**8347**	**4588**	**3759**	**2547**	**1139**	**1408**	**2627**	**1257**	**1370**
大通区	69	31	38	172	72	100	161	66	95
田家庵区	8116	4462	3654	1568	703	865	1752	850	902
谢家集区	71	41	30	377	179	198	266	120	146
八公山区	45	25	20	230	107	123	326	167	159
潘集区	46	29	17	200	78	122	122	54	68
凤台县									
寿县									

7－10a 续表 4 单位：人

现住地	学习培训			随同离开/投亲靠友			拆迁/搬家		
	小计	男	女	小计	男	女	小计	男	女
马鞍山市	**5316**	**3404**	**1912**	**6795**	**3199**	**3596**	**6372**	**3269**	**3103**
花山区	902	545	357	3792	1849	1943	3338	1719	1619
雨山区	4353	2818	1535	2453	1104	1349	2370	1191	1179
博望区	61	41	20	550	246	304	664	359	305
当涂县									
含山县									
和县									
淮北市	**5904**	**1873**	**4031**	**2683**	**1216**	**1467**	**2196**	**1140**	**1056**
杜集区	179	96	83	498	224	274	222	111	111
相山区	2881	1082	1799	1966	894	1072	1870	977	893
烈山区	2833	685	2148	171	74	97	78	41	37
濉溪县	11	10	1	48	24	24	26	11	15
铜陵市	**1135**	**541**	**594**	**1915**	**860**	**1055**	**1817**	**889**	**928**
铜官区	1042	495	547	1526	680	846	1529	752	777
义安区	78	42	36	250	109	141	210	98	112
郊区	15	4	11	139	71	68	78	39	39
枞阳县									
安庆市	**2472**	**936**	**1536**	**3344**	**1564**	**1780**	**2707**	**1329**	**1378**
迎江区	210	104	106	836	384	452	1072	536	536
大观区	277	108	169	503	239	264	339	165	174
宜秀区	1504	483	1021	819	392	427	429	227	202
怀宁县									
太湖县									
宿松县									
望江县	119	71	48	209	102	107	143	53	90
岳西县									
安徽安庆经济开发区				4	1	3			
桐城市	273	122	151	709	317	392	620	294	326
潜山市	89	48	41	264	129	135	104	54	50
黄山市	**846**	**369**	**477**	**2780**	**1329**	**1451**	**1255**	**626**	**629**
屯溪区	688	286	402	2097	998	1099	897	455	442
黄山区	64	35	29	289	132	157	203	94	109
徽州区	92	47	45	364	187	177	126	61	65
歙县	1	1		8	5	3	1	1	
休宁县	1		1	22	7	15	28	15	13
黟县									
祁门县									
滁州市	**1900**	**918**	**982**	**4773**	**2182**	**2591**	**4492**	**2244**	**2248**
琅琊区	459	225	234	1635	751	884	1409	726	683
南谯区	1050	488	562	1090	519	571	838	427	411
来安县									
全椒县									
定远县									
凤阳县									
苏滁现代产业园									
滁州经济技术开发区									
天长市	267	146	121	1415	611	804	1717	876	841
明光市	124	59	65	633	301	332	528	215	313

7-10a 续表 5　　　　单位：人

现住地	学习培训			随同离开/投亲靠友			拆迁/搬家		
	小计	男	女	小计	男	女	小计	男	女
阜阳市	**3960**	**1735**	**2225**	**3427**	**1600**	**1827**	**1875**	**960**	**915**
颍州区	2709	1058	1651	1152	560	592	793	401	392
颍东区	177	89	88	573	237	336	209	103	106
颍泉区	201	109	92	778	383	395	248	128	120
临泉县									
太和县									
阜南县									
颍上县									
阜阳合肥现代产业园区									
阜阳经济技术开发区									
界首市	873	479	394	924	420	504	625	328	297
宿州市	**1485**	**758**	**727**	**2033**	**889**	**1144**	**1201**	**621**	**580**
埇桥区	1482	756	726	2006	874	1132	1196	620	576
砀山县									
萧县	3	2	1	27	15	12	5	1	4
灵璧县									
泗县									
宿州马鞍山现代产业园区									
宿州经济技术开发区									
六安市	**2416**	**1379**	**1037**	**2222**	**980**	**1242**	**1806**	**856**	**950**
金安区	658	356	302	969	416	553	708	346	362
裕安区	913	448	465	746	324	422	717	314	403
叶集区	845	575	270	501	238	263	370	192	178
霍邱县				3	1	2	9	3	6
舒城县				3	1	2	2	1	1
金寨县									
霍山县									
亳州市	**1687**	**806**	**881**	**2958**	**1407**	**1551**	**1640**	**874**	**766**
谯城区	1686	805	881	2955	1406	1549	1640	874	766
涡阳县									
蒙城县									
利辛县	1	1		3	1	2			
池州市	**1327**	**586**	**741**	**1469**	**689**	**780**	**683**	**329**	**354**
贵池区	1296	562	734	1256	590	666	625	300	325
东至县									
石台县									
青阳县									
池州市国家经济技术开发区	5	3	2	74	38	36	39	20	19
皖江江南新兴产业集中区	26	21	5	139	61	78	19	9	10
九华山风景区									
宣城市	**1474**	**686**	**788**	**4151**	**2011**	**2140**	**2069**	**1028**	**1041**
宣州区	659	248	411	948	454	494	699	359	340
郎溪县									
泾县									
绩溪县									
旌德县									
宣城市经济开发区									
宁国市	335	183	152	1303	608	695	539	255	284
广德市	480	255	225	1900	949	951	831	414	417

7-10a 续表 6 单位：人

现住地	寄挂户口			婚姻嫁娶			照料孙子女		
	小计	男	女	小计	男	女	小计	男	女
安　徽	**4554**	**2395**	**2159**	**39556**	**5624**	**33932**	**21568**	**6897**	**14671**
合肥市	**1192**	**646**	**546**	**9480**	**1161**	**8319**	**10673**	**3495**	**7178**
瑶海区	516	287	229	3019	232	2787	1299	379	920
庐阳区	148	76	72	1333	193	1140	1288	425	863
蜀山区	242	129	113	1927	294	1633	3432	1194	2238
包河区	194	103	91	2042	313	1729	4151	1342	2809
长丰县									
肥东县									
肥西县	4	3	1	84	8	76	142	41	101
庐江县									
合肥高新技术产业开发区									
合肥经济技术开发区									
合肥新站高新技术产业开发区	6	3	3	128	23	105	153	44	109
巢湖市	82	45	37	947	98	849	208	70	138
芜湖市	**516**	**271**	**245**	**4200**	**678**	**3522**	**2982**	**959**	**2023**
镜湖区	235	118	117	1395	281	1114	1042	369	673
弋江区	137	77	60	1013	192	821	687	228	459
鸠江区	76	38	38	947	140	807	1067	310	757
三山区	41	24	17	362	31	331	137	38	99
芜湖县	8	3	5	44	3	41	2		2
繁昌县									
南陵县									
芜湖经济技术开发区	1	1		1		1			
安徽芜湖长江大桥经济开发区									
无为市	18	10	8	438	31	407	47	14	33
蚌埠市	**374**	**217**	**157**	**1871**	**313**	**1558**	**552**	**166**	**386**
龙子湖区	117	64	53	396	60	336	132	40	92
蚌山区	138	83	55	541	86	455	198	62	136
禹会区	73	42	31	415	80	335	128	38	90
淮上区	46	28	18	519	87	432	94	26	68
怀远县									
五河县									
固镇县									
蚌埠市高新技术开发区									
蚌埠市经济开发区									
淮南市	**360**	**199**	**161**	**2429**	**278**	**2151**	**670**	**231**	**439**
大通区	25	16	9	169	20	149	25	6	19
田家庵区	154	85	69	1326	186	1140	594	207	387
谢家集区	55	33	22	377	32	345	19	6	13
八公山区	99	53	46	371	32	339	25	10	15
潘集区	27	12	15	186	8	178	7	2	5
凤台县									
寿县									

7-10a　续表 7　　　　单位：人

现住地	寄挂户口			婚姻嫁娶			照料孙子女		
	小计	男	女	小计	男	女	小计	男	女
马鞍山市	**613**	**304**	**309**	**2832**	**377**	**2455**	**1095**	**367**	**728**
花山区	331	167	164	1430	216	1214	613	212	401
雨山区	201	95	106	885	139	746	460	147	313
博望区	81	42	39	517	22	495	22	8	14
当涂县									
含山县									
和县									
淮北市	**195**	**101**	**94**	**1717**	**264**	**1453**	**494**	**150**	**344**
杜集区	28	18	10	391	35	356	52	14	38
相山区	140	70	70	1023	195	828	406	127	279
烈山区	18	7	11	198	30	168	28	7	21
濉溪县	9	6	3	105	4	101	8	2	6
铜陵市	**122**	**59**	**63**	**1236**	**176**	**1060**	**349**	**99**	**250**
铜官区	111	52	59	899	136	763	300	83	217
义安区	4	2	2	224	26	198	34	11	23
郊区	7	5	2	113	14	99	15	5	10
枞阳县									
安庆市	**230**	**120**	**110**	**2349**	**352**	**1997**	**576**	**183**	**393**
迎江区	73	36	37	586	96	490	195	67	128
大观区	70	36	34	354	67	287	132	39	93
宜秀区	29	15	14	327	57	270	77	24	53
怀宁县									
太湖县									
宿松县									
望江县	9	4	5	172	25	147	41	9	32
岳西县									
安徽安庆经济开发区									
桐城市	35	18	17	583	73	510	80	29	51
潜山市	14	11	3	327	34	293	51	15	36
黄山市	**101**	**55**	**46**	**1584**	**284**	**1300**	**623**	**196**	**427**
屯溪区	74	40	34	924	215	709	528	170	358
黄山区	21	12	9	383	36	347	37	9	28
徽州区	5	3	2	246	27	219	57	17	40
歙县	1		1	14	1	13			
休宁县				17	5	12	1		1
黟县									
祁门县									
滁州市	**368**	**182**	**186**	**2924**	**437**	**2487**	**784**	**243**	**541**
琅琊区	186	90	96	710	127	583	210	72	138
南谯区	46	24	22	631	66	565	344	108	236
来安县									
全椒县									
定远县									
凤阳县									
苏滁现代产业园									
滁州经济技术开发区									
天长市	110	58	52	881	168	713	157	43	114
明光市	26	10	16	702	76	626	73	20	53

7-10a 续表 8 单位：人

现住地	寄挂户口			婚姻嫁娶			照料孙子女		
	小计	男	女	小计	男	女	小计	男	女
阜阳市	**144**	**79**	**65**	**1691**	**331**	**1360**	**528**	**152**	**376**
颍州区	37	15	22	588	88	500	240	70	170
颍东区	8	6	2	332	66	266	68	20	48
颍泉区	11	7	4	275	64	211	71	20	51
临泉县									
太和县									
阜南县									
颍上县									
阜阳合肥现代产业园区									
阜阳经济技术开发区									
界首市	88	51	37	496	113	383	149	42	107
宿州市	**40**	**22**	**18**	**1410**	**226**	**1184**	**592**	**198**	**394**
埇桥区	36	19	17	1381	224	1157	592	198	394
砀山县									
萧县	4	3	1	29	2	27			
灵璧县									
泗县									
宿州马鞍山现代产业园区									
宿州经济技术开发区									
六安市	**64**	**37**	**27**	**1481**	**161**	**1320**	**347**	**100**	**247**
金安区	39	24	15	702	76	626	169	51	118
裕安区	19	10	9	549	61	488	156	41	115
叶集区	5	3	2	217	23	194	22	8	14
霍邱县	1		1	7		7			
舒城县				6	1	5			
金寨县									
霍山县									
亳州市	**28**	**10**	**18**	**1039**	**183**	**856**	**391**	**108**	**283**
谯城区	28	10	18	1035	182	853	391	108	283
涡阳县									
蒙城县									
利辛县				4	1	3			
池州市	**44**	**14**	**30**	**840**	**110**	**730**	**302**	**81**	**221**
贵池区	43	14	29	792	101	691	274	73	201
东至县									
石台县									
青阳县									
池州市国家经济技术开发区	1		1	37	8	29	15	4	11
皖江江南新兴产业集中区				11	1	10	13	4	9
九华山风景区									
宣城市	**163**	**79**	**84**	**2473**	**293**	**2180**	**610**	**169**	**441**
宣州区	55	29	26	742	77	665	239	68	171
郎溪县									
泾县									
绩溪县									
旌德县									
宣城市经济开发区									
宁国市	40	17	23	713	93	620	153	38	115
广德市	68	33	35	1018	123	895	218	63	155

7-10a　续表 9　　　　单位：人

现 住 地	为子女就学			养老/康养			其　他		
	小计	男	女	小计	男	女	小计	男	女
安　徽	**7174**	**2186**	**4988**	**6085**	**2772**	**3313**	**33187**	**17238**	**15949**
合肥市	**1999**	**673**	**1326**	**1938**	**840**	**1098**	**10324**	**5329**	**4995**
瑶海区	346	107	239	328	129	199	3784	1982	1802
庐阳区	407	153	254	252	116	136	1467	766	701
蜀山区	374	126	248	446	206	240	1858	948	910
包河区	710	255	455	659	272	387	2364	1193	1171
长丰县									
肥东县									
肥西县	5		5	4	1	3	158	85	73
庐江县									
合肥高新技术产业开发区									
合肥经济技术开发区									
合肥新站高新技术产业开发区	13	5	8	43	20	23	176	88	88
巢湖市	144	27	117	206	96	110	517	267	250
芜湖市	**507**	**143**	**364**	**540**	**244**	**296**	**3285**	**1723**	**1562**
镜湖区	163	57	106	248	113	135	1065	551	514
弋江区	73	30	43	121	56	65	837	439	398
鸠江区	154	41	113	142	59	83	901	500	401
三山区	21	3	18	16	11	5	271	135	136
芜湖县				1		1	16	11	5
繁昌县									
南陵县									
芜湖经济技术开发区							1	1	
安徽芜湖长江大桥经济开发区									
无为市	96	12	84	12	5	7	194	86	108
蚌埠市	**178**	**64**	**114**	**250**	**118**	**132**	**1937**	**1025**	**912**
龙子湖区	36	15	21	56	26	30	493	256	237
蚌山区	61	19	42	83	38	45	715	384	331
禹会区	35	13	22	69	32	37	460	248	212
淮上区	46	17	29	42	22	20	269	137	132
怀远县									
五河县									
固镇县									
蚌埠市高新技术开发区									
蚌埠市经济开发区									
淮南市	**287**	**95**	**192**	**279**	**124**	**155**	**1548**	**763**	**785**
大通区	5	1	4	18	9	9	77	29	48
田家庵区	230	77	153	203	86	117	856	433	423
谢家集区	26	7	19	33	17	16	279	130	149
八公山区	15	8	7	20	11	9	256	130	126
潘集区	11	2	9	5	1	4	80	41	39
凤台县									
寿县									

7-10a 续表 10 单位：人

现住地	为子女就学			养老/康养			其他		
	小计	男	女	小计	男	女	小计	男	女
马鞍山市	**221**	**82**	**139**	**493**	**217**	**276**	**2721**	**1373**	**1348**
花山区	135	55	80	290	132	158	1771	898	873
雨山区	72	25	47	193	80	113	673	325	348
博望区	14	2	12	10	5	5	277	150	127
当涂县									
含山县									
和县									
淮北市	**260**	**102**	**158**	**352**	**162**	**190**	**1646**	**821**	**825**
杜集区	16	6	10	67	33	34	226	109	117
相山区	227	91	136	253	112	141	1242	628	614
烈山区	17	5	12	27	14	13	133	66	67
濉溪县				5	3	2	45	18	27
铜陵市	**175**	**48**	**127**	**141**	**71**	**70**	**871**	**442**	**429**
铜官区	126	38	88	112	57	55	722	362	360
义安区	42	8	34	19	7	12	85	42	43
郊区	7	2	5	10	7	3	64	38	26
枞阳县									
安庆市	**433**	**107**	**326**	**252**	**129**	**123**	**1589**	**846**	**743**
迎江区	79	24	55	90	44	46	502	265	237
大观区	102	35	67	73	36	37	246	127	119
宜秀区	29	5	24	15	6	9	271	150	121
怀宁县									
太湖县									
宿松县									
望江县	81	17	64	4	4		102	42	60
岳西县									
安徽安庆经济开发区									
桐城市	96	22	74	48	27	21	382	216	166
潜山市	46	4	42	22	12	10	86	46	40
黄山市	**148**	**33**	**115**	**359**	**172**	**187**	**784**	**411**	**373**
屯溪区	95	24	71	227	104	123	530	278	252
黄山区	20	2	18	58	30	28	156	88	68
徽州区	29	4	25	72	37	35	88	38	50
歙县	1		1				4	2	2
休宁县	3	3		2	1	1	6	5	1
黟县									
祁门县									
滁州市	**554**	**161**	**393**	**480**	**232**	**248**	**1746**	**964**	**782**
琅琊区	169	54	115	159	75	84	635	362	273
南谯区	153	52	101	160	76	84	511	298	213
来安县									
全椒县									
定远县									
凤阳县									
苏滁现代产业园									
滁州经济技术开发区									
天长市	153	44	109	130	65	65	321	156	165
明光市	79	11	68	31	16	15	279	148	131

7-10a　续表 11　　　　单位：人

现住地	为子女就学			养老/康养			其　他		
	小计	男	女	小计	男	女	小计	男	女
阜阳市	**708**	**220**	**488**	**216**	**101**	**115**	**1340**	**695**	**645**
颍州区	133	44	89	114	52	62	576	307	269
颍东区	48	10	38	40	18	22	108	58	50
颍泉区	55	11	44	18	9	9	371	191	180
临泉县									
太和县									
阜南县									
颍上县									
阜阳合肥现代产业园区									
阜阳经济技术开发区									
界首市	472	155	317	44	22	22	285	139	146
宿州市	**341**	**119**	**222**	**290**	**137**	**153**	**1083**	**583**	**500**
埇桥区	341	119	222	290	137	153	1075	581	494
砀山县									
萧县							8	2	6
灵璧县									
泗县									
宿州马鞍山现代产业园区									
宿州经济技术开发区									
六安市	**494**	**94**	**400**	**122**	**59**	**63**	**876**	**460**	**416**
金安区	220	43	177	58	30	28	351	188	163
裕安区	249	44	205	58	26	32	269	134	135
叶集区	25	7	18	5	3	2	251	136	115
霍邱县							2	1	1
舒城县				1		1	3	1	2
金寨县									
霍山县									
亳州市	**333**	**111**	**222**	**108**	**48**	**60**	**1892**	**999**	**893**
谯城区	333	111	222	108	48	60	1892	999	893
涡阳县									
蒙城县									
利辛县									
池州市	**191**	**50**	**141**	**101**	**41**	**60**	**334**	**178**	**156**
贵池区	183	46	137	92	37	55	294	148	146
东至县									
石台县									
青阳县									
池州市国家经济技术开发区	1		1	8	3	5	29	24	5
皖江江南新兴产业集中区	7	4	3	1	1		11	6	5
九华山风景区									
宣城市	**345**	**84**	**261**	**164**	**77**	**87**	**1211**	**626**	**585**
宣州区	119	35	84	65	33	32	487	263	224
郎溪县									
泾县									
绩溪县									
旌德县									
宣城市经济开发区									
宁国市	135	30	105	38	18	20	306	150	156
广德市	91	19	72	61	26	35	418	213	205

7-10b 全省按现住地、性别、迁移原因分的户口登记地在外省的人口(镇)

单位：人

现住地	合计			工作就业		
	合计	男	女	小计	男	女
安　徽	**590432**	**338355**	**252077**	**347701**	**238456**	**109245**
合肥市	**172420**	**101081**	**71339**	**100539**	**68415**	**32124**
瑶海区	1441	810	631	839	545	294
庐阳区	2825	1573	1252	1430	1001	429
蜀山区	973	698	275	686	546	140
包河区						
长丰县	20843	10879	9964	11618	7232	4386
肥东县	23525	13700	9825	14330	9971	4359
肥西县	23616	13724	9892	15963	10565	5398
庐江县	7669	4260	3409	4403	3031	1372
合肥高新技术产业开发区	18762	11646	7116	12520	8910	3610
合肥经济技术开发区	46408	27510	18898	22289	15105	7184
合肥新站高新技术产业开发区	23661	14802	8859	15464	10786	4678
巢湖市	2697	1479	1218	997	723	274
芜湖市	**59999**	**36081**	**23918**	**41366**	**28867**	**12499**
镜湖区	16	8	8	8	5	3
弋江区						
鸠江区	1455	965	490	1057	815	242
三山区	2211	1089	1122	1033	594	439
芜湖县	17079	10003	7076	11232	7601	3631
繁昌县	4503	2692	1811	2977	2130	847
南陵县	5391	2603	2788	2534	1729	805
芜湖经济技术开发区	26737	17484	9253	21274	15113	6161
安徽芜湖长江大桥经济开发区	290	175	115	184	139	45
无为市	2317	1062	1255	1067	741	326
蚌埠市	**28770**	**13889**	**14881**	**9857**	**6687**	**3170**
龙子湖区	290	198	92	212	166	46
蚌山区						
禹会区	142	97	45	97	71	26
淮上区	584	319	265	357	244	113
怀远县	4162	2166	1996	2144	1504	640
五河县	4152	2097	2055	1919	1271	648
固镇县	2713	1409	1304	1426	974	452
蚌埠市高新技术开发区	2127	1165	962	832	585	247
蚌埠市经济开发区	14600	6438	8162	2870	1872	998
淮南市	**13012**	**7168**	**5844**	**7271**	**5333**	**1938**
大通区	2670	1516	1154	1375	995	380
田家庵区	98	47	51	34	22	12
谢家集区	60	37	23	45	34	11
八公山区	3	2	1			
潘集区	1851	1272	579	1383	1145	238
凤台县	3778	1998	1780	1966	1437	529
寿县	4552	2296	2256	2468	1700	768

7-10b　续表 1　　　　单位：人

现 住 地	合　计			工作就业		
	合计	男	女	小计	男	女
马鞍山市	**25537**	**14584**	**10953**	**14330**	**9966**	**4364**
花山区						
雨山区						
博望区	547	386	161	407	323	84
当涂县	10784	6223	4561	6237	4308	1929
含山县	3692	2037	1655	2193	1533	660
和县	10514	5938	4576	5493	3802	1691
淮北市	**9027**	**5177**	**3850**	**4904**	**3570**	**1334**
杜集区	1582	941	641	870	659	211
相山区						
烈山区	460	250	210	250	182	68
濉溪县	6985	3986	2999	3784	2729	1055
铜陵市	**4100**	**2304**	**1796**	**2480**	**1785**	**695**
铜官区	3	2	1	3	2	1
义安区	1022	701	321	826	634	192
郊区	271	135	136	100	82	18
枞阳县	2804	1466	1338	1551	1067	484
安庆市	**25173**	**14348**	**10825**	**15498**	**10761**	**4737**
迎江区						
大观区	215	124	91	133	95	38
宜秀区	380	211	169	205	142	63
怀宁县	5469	3263	2206	3713	2638	1075
太湖县	2828	1479	1349	1506	957	549
宿松县	5028	2696	2332	2818	1941	877
望江县	1721	1053	668	1317	886	431
岳西县	1391	622	769	622	388	234
安徽安庆经济开发区	5716	3489	2227	3716	2620	1096
桐城市	1372	809	563	845	617	228
潜山市	1053	602	451	623	477	146
黄山市	**16278**	**9560**	**6718**	**9925**	**7240**	**2685**
屯溪区	1275	620	655	374	270	104
黄山区	2109	1607	502	1766	1487	279
徽州区	256	144	112	148	108	40
歙县	6027	3186	2841	3499	2255	1244
休宁县	2323	1210	1113	1175	783	392
黟县	1085	669	416	701	530	171
祁门县	3203	2124	1079	2262	1807	455
滁州市	**76723**	**44128**	**32595**	**47286**	**31586**	**15700**
琅琊区						
南谯区	5222	2854	2368	2203	1543	660
来安县	22040	13002	9038	13959	9492	4467
全椒县	8668	4767	3901	4326	2953	1373
定远县	3763	1942	1821	1875	1274	601
凤阳县	5790	3231	2559	2797	2004	793
苏滁现代产业园	7036	5012	2024	6185	4525	1660
滁州经济技术开发区	14974	8398	6576	11553	6844	4709
天长市	8083	4327	3756	3858	2573	1285
明光市	1147	595	552	530	378	152

7－10b 续表 2

单位：人

现住地	合计			工作就业		
	合计	男	女	小计	男	女
阜阳市	**30780**	**16607**	**14173**	**18511**	**11979**	**6532**
颍州区	849	466	383	512	323	189
颍东区	920	539	381	584	422	162
颍泉区	569	289	280	333	225	108
临泉县	8655	4584	4071	5309	3256	2053
太和县	5846	2889	2957	3096	1841	1255
阜南县	4217	2322	1895	2520	1719	801
颍上县	5072	2825	2247	3172	2204	968
阜阳合肥现代产业园区	172	101	71	126	90	36
阜阳经济技术开发区	2640	1520	1120	1552	1019	533
界首市	1840	1072	768	1307	880	427
宿州市	**33197**	**17621**	**15576**	**17365**	**11868**	**5497**
埇桥区	4090	2197	1893	2253	1542	711
砀山县	6760	3335	3425	3254	2060	1194
萧县	8017	4323	3694	4421	3031	1390
灵璧县	4897	2444	2453	2384	1603	781
泗县	5533	2992	2541	2873	2055	818
宿州马鞍山现代产业园区	1144	732	412	585	438	147
宿州经济技术开发区	2756	1598	1158	1595	1139	456
六安市	**28217**	**16534**	**11683**	**19088**	**13388**	**5700**
金安区	2742	1443	1299	1411	938	473
裕安区	895	400	495	470	287	183
叶集区	379	192	187	169	108	61
霍邱县	7457	5151	2306	5638	4544	1094
舒城县	8211	4554	3657	6278	3894	2384
金寨县	5892	3319	2573	3659	2521	1138
霍山县	2641	1475	1166	1463	1096	367
亳州市	**15984**	**8862**	**7122**	**9433**	**6277**	**3156**
谯城区	1862	972	890	1026	626	400
涡阳县	4974	2842	2132	2800	1923	877
蒙城县	5028	2851	2177	3135	2105	1030
利辛县	4120	2197	1923	2472	1623	849
池州市	**9688**	**5433**	**4255**	**5639**	**4026**	**1613**
贵池区	1246	850	396	915	745	170
东至县	3595	1915	1680	1993	1406	587
石台县	926	582	344	608	487	121
青阳县	3610	1900	1710	2024	1332	692
池州市国家经济技术开发区						
皖江江南新兴产业集中区						
九华山风景区	311	186	125	99	56	43
宣城市	**41527**	**24978**	**16549**	**24209**	**16708**	**7501**
宣州区	2950	1580	1370	1616	1112	504
郎溪县	12807	7503	5304	9080	6151	2929
泾县	4186	2275	1911	2342	1648	694
绩溪县	2604	1428	1176	1456	1008	448
旌德县	1661	939	722	924	673	251
宣城市经济开发区	9133	6123	3010	2470	1730	740
宁国市	2292	1432	860	1859	1260	599
广德市	5894	3698	2196	4462	3126	1336

7-10b　续表 3　　　　　　　　　　　　　　　　　　　　　　　　单位：人

现 住 地	学习培训			随同离开/投亲靠友			拆迁/搬家		
	小计	男	女	小计	男	女	小计	男	女
安　徽	**59726**	**31687**	**28039**	**58708**	**27475**	**31233**	**31004**	**15090**	**15914**
合肥市	**29150**	**15716**	**13434**	**14519**	**6790**	**7729**	**6888**	**3449**	**3439**
瑶海区	72	32	40	196	100	96	116	64	52
庐阳区	94	48	46	235	115	120	239	123	116
蜀山区	64	47	17	73	32	41	47	26	21
包河区									
长丰县	1683	893	790	2695	1265	1430	1480	696	784
肥东县	1547	787	760	3370	1594	1776	1304	625	679
肥西县	1715	878	837	1869	863	1006	1027	509	518
庐江县	248	126	122	819	356	463	400	180	220
合肥高新技术产业开发区	1952	965	987	1125	552	573	722	386	336
合肥经济技术开发区	17315	9485	7830	2093	956	1137	552	310	242
合肥新站高新技术产业开发区	3462	1941	1521	1809	848	961	956	505	451
巢湖市	998	514	484	235	109	126	45	25	20
芜湖市	**3118**	**1763**	**1355**	**5848**	**2756**	**3092**	**2118**	**943**	**1175**
镜湖区	2	1	1	2	1	1			
弋江区									
鸠江区	24	17	7	120	59	61	48	24	24
三山区	134	69	65	484	248	236	71	32	39
芜湖县	1808	968	840	1417	671	746	703	320	383
繁昌县	104	56	48	524	227	297	299	138	161
南陵县	252	133	119	586	280	306	536	206	330
芜湖经济技术开发区	710	470	240	2360	1101	1259	331	176	155
安徽芜湖长江大桥经济开发区	6	4	2	26	14	12	25	7	18
无为市	78	45	33	329	155	174	105	40	65
蚌埠市	**7999**	**2932**	**5067**	**2616**	**1254**	**1362**	**2923**	**1476**	**1447**
龙子湖区	2	1	1	27	9	18	18	10	8
蚌山区									
禹会区	2	2		12	8	4	5	3	2
淮上区	18	8	10	64	29	35	34	14	20
怀远县	149	70	79	463	239	224	270	127	143
五河县	147	79	68	408	198	210	437	220	217
固镇县	84	46	38	307	135	172	215	100	115
蚌埠市高新技术开发区	76	48	28	360	163	197	398	199	199
蚌埠市经济开发区	7521	2678	4843	975	473	502	1546	803	743
淮南市	**543**	**292**	**251**	**1465**	**604**	**861**	**812**	**367**	**445**
大通区	115	72	43	271	129	142	322	166	156
田家庵区	2	2		18	13	5	7	2	5
谢家集区				7	2	5	2		2
八公山区	2	2							
潘集区	18	10	8	142	59	83	40	18	22
凤台县	167	80	87	588	213	375	279	124	155
寿县	239	126	113	439	188	251	162	57	105

7-10b 续表 4

单位：人

现住地	学习培训			随同离开/投亲靠友			拆迁/搬家		
	小计	男	女	小计	男	女	小计	男	女
马鞍山市	**1411**	**716**	**695**	**2654**	**1236**	**1418**	**2395**	**1192**	**1203**
花山区									
雨山区									
博望区	4	2	2	41	26	15	11	5	6
当涂县	793	418	375	958	456	502	939	461	478
含山县	103	54	49	358	160	198	206	95	111
和县	511	242	269	1297	594	703	1239	631	608
淮北市	**281**	**147**	**134**	**1071**	**481**	**590**	**610**	**296**	**314**
杜集区	41	17	24	149	72	77	42	16	26
相山区									
烈山区	15	4	11	67	27	40	18	10	8
濉溪县	225	126	99	855	382	473	550	270	280
铜陵市	**123**	**63**	**60**	**503**	**231**	**272**	**149**	**69**	**80**
铜官区									
义安区	12	9	3	75	37	38	12	6	6
郊区	14	9	5	38	17	21	19	8	11
枞阳县	97	45	52	390	177	213	118	55	63
安庆市	**1131**	**607**	**524**	**2537**	**1262**	**1275**	**1185**	**573**	**612**
迎江区									
大观区	11	4	7	24	12	12	7	3	4
宜秀区	19	14	5	39	21	18	13	8	5
怀宁县	242	125	117	449	218	231	178	83	95
太湖县	178	104	74	270	132	138	137	62	75
宿松县	255	132	123	507	263	244	308	148	160
望江县	54	38	16	180	89	91	7	3	4
岳西县	97	50	47	112	59	53	76	30	46
安徽安庆经济开发区	196	94	102	697	335	362	345	181	164
桐城市	43	27	16	144	74	70	78	39	39
潜山市	36	19	17	115	59	56	36	16	20
黄山市	**1321**	**583**	**738**	**1607**	**748**	**859**	**742**	**375**	**367**
屯溪区	776	292	484	52	24	28	18	12	6
黄山区	41	25	16	62	25	37	13	7	6
徽州区	4	1	3	30	15	15	7	3	4
歙县	271	142	129	817	383	434	374	188	186
休宁县	165	90	75	291	136	155	99	55	44
黟县	29	11	18	83	42	41	47	23	24
祁门县	35	22	13	272	123	149	184	87	97
滁州市	**2610**	**1545**	**1065**	**8372**	**3972**	**4400**	**6217**	**3045**	**3172**
琅琊区									
南谯区	132	65	67	516	237	279	555	260	295
来安县	351	191	160	2938	1407	1531	1568	799	769
全椒县	99	53	46	1097	527	570	1319	599	720
定远县	125	65	60	402	198	204	388	166	222
凤阳县	482	319	163	850	421	429	359	163	196
苏滁现代产业园	272	243	29	311	154	157	113	51	62
滁州经济技术开发区	996	529	467	979	457	522	461	225	236
天长市	118	63	55	1152	511	641	1326	717	609
明光市	35	17	18	127	60	67	128	65	63

7-10b　续表 5　　　　单位：人

现住地	学习培训			随同离开/投亲靠友			拆迁/搬家		
	小计	男	女	小计	男	女	小计	男	女
阜阳市	**1658**	**839**	**819**	**4113**	**1918**	**2195**	**1319**	**664**	**655**
颍州区	27	20	7	115	57	58	38	25	13
颍东区	20	10	10	133	66	67	21	11	10
颍泉区	13	5	8	62	24	38	23	12	11
临泉县	643	315	328	1209	549	660	367	179	188
太和县	356	181	175	876	414	462	286	145	141
阜南县	265	126	139	511	231	280	171	81	90
颍上县	159	89	70	574	264	310	200	91	109
阜阳合肥现代产业园区				22	8	14	1		1
阜阳经济技术开发区	124	70	54	390	201	189	172	99	73
界首市	51	23	28	221	104	117	40	21	19
宿州市	**2052**	**1031**	**1021**	**4382**	**2027**	**2355**	**1532**	**758**	**774**
埇桥区	356	119	237	463	211	252	81	44	37
砀山县	334	173	161	1010	455	555	400	196	204
萧县	377	189	188	1041	507	534	244	129	115
灵璧县	254	128	126	696	324	372	259	120	139
泗县	182	95	87	687	310	377	377	177	200
宿州马鞍山现代产业园区	402	242	160	38	24	14	9	3	6
宿州经济技术开发区	147	85	62	447	196	251	162	89	73
六安市	**1244**	**661**	**583**	**2532**	**1154**	**1378**	**1168**	**478**	**690**
金安区	260	144	116	331	158	173	219	100	119
裕安区	37	19	18	112	46	66	54	18	36
叶集区	30	19	11	45	19	26	42	20	22
霍邱县	154	74	80	608	251	357	145	58	87
舒城县	157	79	78	558	257	301	238	93	145
金寨县	459	254	205	555	275	280	304	122	182
霍山县	147	72	75	323	148	175	166	67	99
亳州市	**699**	**356**	**343**	**1665**	**784**	**881**	**674**	**337**	**337**
谯城区	68	32	36	217	98	119	106	56	50
涡阳县	190	98	92	519	253	266	305	146	159
蒙城县	256	132	124	478	227	251	148	82	66
利辛县	185	94	91	451	206	245	115	53	62
池州市	**396**	**195**	**201**	**997**	**447**	**550**	**426**	**203**	**223**
贵池区	33	14	19	113	45	68	22	11	11
东至县	179	99	80	370	160	210	165	78	87
石台县	34	17	17	72	26	46	24	10	14
青阳县	150	65	85	436	210	226	212	102	110
池州市国家经济技术开发区									
皖江江南新兴产业集中区									
九华山风景区				6	6		3	2	1
宣城市	**5990**	**4241**	**1749**	**3827**	**1811**	**2016**	**1846**	**865**	**981**
宣州区	88	53	35	371	173	198	216	101	115
郎溪县	193	100	93	1239	559	680	782	365	417
泾县	183	105	78	360	184	176	195	79	116
绩溪县	115	55	60	302	141	161	96	48	48
旌德县	76	46	30	185	98	87	71	42	29
宣城市经济开发区	5229	3822	1407	439	197	242	364	173	191
宁国市	34	21	13	213	92	121	40	20	20
广德市	72	39	33	718	367	351	82	37	45

7-10b 续表 6

单位：人

现住地	寄挂户口			婚姻嫁娶			照料孙子女		
	小计	男	女	小计	男	女	小计	男	女
安　徽	**2494**	**1268**	**1226**	**42546**	**3843**	**38703**	**11337**	**3371**	**7966**
合肥市	**395**	**207**	**188**	**6966**	**639**	**6327**	**5804**	**1723**	**4081**
瑶海区	12	9	3	87	10	77	20	6	14
庐阳区	21	11	10	177	28	149	376	133	243
蜀山区	2	1	1	36	6	30	9	3	6
包河区									
长丰县	55	23	32	1440	89	1351	555	143	412
肥东县	106	54	52	1459	99	1360	320	85	235
肥西县	43	28	15	967	103	864	893	252	641
庐江县	22	14	8	803	47	756	97	30	67
合肥高新技术产业开发区	57	29	28	521	71	450	986	283	703
合肥经济技术开发区	58	29	29	779	108	671	1848	587	1261
合肥新站高新技术产业开发区	8	4	4	468	65	403	685	197	488
巢湖市	11	5	6	229	13	216	15	4	11
芜湖市	**148**	**73**	**75**	**3757**	**285**	**3472**	**1508**	**460**	**1048**
镜湖区				3		3			
弋江区									
鸠江区	5	4	1	118	6	112	14	5	9
三山区	6	3	3	114	2	112	215	70	145
芜湖县	57	29	28	1100	84	1016	150	45	105
繁昌县	16	9	7	329	35	294	39	10	29
南陵县	9	5	4	996	83	913	95	30	65
芜湖经济技术开发区	24	6	18	499	57	442	973	297	676
安徽芜湖长江大桥经济开发区	2	1	1	38	7	31	2	1	1
无为市	29	16	13	560	11	549	20	2	18
蚌埠市	**188**	**90**	**98**	**2473**	**295**	**2178**	**675**	**216**	**459**
龙子湖区	4	3	1	17	2	15	1	1	
蚌山区									
禹会区	2	1	1	3		3			
淮上区	7	3	4	73	10	63	6	1	5
怀远县	44	24	20	708	48	660	33	8	25
五河县	24	10	14	571	37	534	44	12	32
固镇县	7	2	5	387	34	353	23	3	20
蚌埠市高新技术开发区	13	7	6	172	28	144	124	48	76
蚌埠市经济开发区	87	40	47	542	136	406	444	143	301
淮南市	**112**	**53**	**59**	**1684**	**79**	**1605**	**107**	**27**	**80**
大通区	37	18	19	290	14	276	34	10	24
田家庵区				26	2	24			
谢家集区				5		5			
八公山区				1		1			
潘集区	19	5	14	178	2	176	4	1	3
凤台县	21	8	13	472	25	447	30	10	20
寿县	35	22	13	712	36	676	39	6	33

7-10b　续表 7　　　　　　　　　　　　　　　　　　　　　　　　单位：人

现 住 地	寄挂户口			婚姻嫁娶			照料孙子女		
	小计	男	女	小计	男	女	小计	男	女
马鞍山市	**439**	**219**	**220**	**1982**	**165**	**1817**	**198**	**56**	**142**
花山区									
雨山区									
博望区	12	9	3	42	2	40			
当涂县	60	31	29	901	90	811	93	26	67
含山县	62	31	31	401	19	382	27	7	20
和县	305	148	157	638	54	584	78	23	55
淮北市	**65**	**34**	**31**	**941**	**65**	**876**	**83**	**26**	**57**
杜集区	16	4	12	177	8	169	12	2	10
相山区									
烈山区	3	1	2	65	4	61	7	3	4
濉溪县	46	29	17	699	53	646	64	21	43
铜陵市	**36**	**16**	**20**	**509**	**32**	**477**	**31**	**10**	**21**
铜官区									
义安区	6	3	3	72	6	66	2		2
郊区	8	4	4	57	2	55	3		3
枞阳县	22	9	13	380	24	356	26	10	16
安庆市	**129**	**72**	**57**	**2639**	**223**	**2416**	**323**	**100**	**223**
迎江区									
大观区	1		1	23	2	21	1		1
宜秀区	5	2	3	56	1	55	2	1	1
怀宁县	35	20	15	459	24	435	55	14	41
太湖县	15	10	5	333	37	296	41	13	28
宿松县	23	6	17	705	39	666	68	20	48
望江县	5	4	1	86	5	81	15	6	9
岳西县	4	3	1	289	24	265	27	10	17
安徽安庆经济开发区	28	21	7	329	68	261	100	32	68
桐城市	7	4	3	168	9	159	7	1	6
潜山市	6	2	4	191	14	177	7	3	4
黄山市	**90**	**45**	**45**	**1668**	**201**	**1467**	**189**	**50**	**139**
屯溪区	2	1	1	17	3	14	12	4	8
黄山区	5	3	2	120	8	112	4	1	3
徽州区	2		2	53	9	44	1		1
歙县	35	17	18	704	85	619	64	15	49
休宁县	17	8	9	346	51	295	44	8	36
黟县	7	4	3	114	12	102	30	9	21
祁门县	22	12	10	314	33	281	34	13	21
滁州市	**237**	**110**	**127**	**4719**	**525**	**4194**	**852**	**250**	**602**
琅琊区									
南谯区	7		7	220	24	196	123	38	85
来安县	69	30	39	955	88	867	231	69	162
全椒县	28	12	16	753	91	662	106	39	67
定远县	17	11	6	541	41	500	36	8	28
凤阳县	31	14	17	675	53	622	57	17	40
苏滁现代产业园	2	1	1	57	12	45	45	7	38
滁州经济技术开发区	17	8	9	301	35	266	211	65	146
天长市	60	31	29	1016	167	849	40	7	33
明光市	6	3	3	201	14	187	3		3

7-10b 续表 8

单位：人

现住地	寄挂户口			婚姻嫁娶			照料孙子女		
	小计	男	女	小计	男	女	小计	男	女
阜阳市	**129**	**73**	**56**	**2813**	**213**	**2600**	**331**	**96**	**235**
颍州区	2	2		99	9	90	3		3
颍东区	3		3	107	6	101	6	3	3
颍泉区	1		1	104	5	99	2	1	1
临泉县	20	11	9	500	36	464	114	24	90
太和县	22	15	7	674	69	605	99	37	62
阜南县	22	14	8	406	27	379	38	10	28
颍上县	37	19	18	598	33	565	35	11	24
阜阳合肥现代产业园区	1	1		19	1	18			
阜阳经济技术开发区	10	5	5	160	21	139	28	8	20
界首市	11	6	5	146	6	140	6	2	4
宿州市	**190**	**95**	**95**	**4182**	**381**	**3801**	**362**	**113**	**249**
埇桥区	21	16	5	437	30	407	29	12	17
砀山县	51	25	26	970	87	883	106	31	75
萧县	22	9	13	953	60	893	59	18	41
灵璧县	41	25	16	770	63	707	71	24	47
泗县	36	13	23	799	118	681	59	19	40
宿州马鞍山现代产业园区	5	2	3	46	3	43	6	1	5
宿州经济技术开发区	14	5	9	207	20	187	32	8	24
六安市	**72**	**34**	**38**	**2281**	**157**	**2124**	**276**	**70**	**206**
金安区	18	9	9	210	19	191	39	9	30
裕安区	2	1	1	155	10	145	3		3
叶集区	2	1	1	38	3	35	3	1	2
霍邱县	20	8	12	442	28	414	74	20	54
舒城县	13	6	7	515	31	484	56	15	41
金寨县	10	4	6	553	28	525	78	20	58
霍山县	7	5	2	368	38	330	23	5	18
亳州市	**116**	**69**	**47**	**1475**	**103**	**1372**	**125**	**42**	**83**
谯城区	9	6	3	162	9	153	11	5	6
涡阳县	11	3	8	385	30	355	29	9	20
蒙城县	73	46	27	455	39	416	38	14	24
利辛县	23	14	9	473	25	448	47	14	33
池州市	**33**	**13**	**20**	**1185**	**129**	**1056**	**112**	**33**	**79**
贵池区	5	4	1	105	8	97	8	2	6
东至县	14	6	8	557	55	502	40	13	27
石台县	3	1	2	97	7	90	7	1	6
青阳县	11	2	9	422	58	364	57	17	40
池州市国家经济技术开发区									
皖江江南新兴产业集中区									
九华山风景区				4	1	3			
宣城市	**115**	**65**	**50**	**3272**	**351**	**2921**	**361**	**99**	**262**
宣州区	5	2	3	405	35	370	38	10	28
郎溪县	47	25	22	883	84	799	91	23	68
泾县	19	10	9	679	86	593	67	22	45
绩溪县	13	8	5	334	36	298	45	12	33
旌德县	8	5	3	255	31	224	19	3	16
宣城市经济开发区	4	2	2	264	35	229	83	24	59
宁国市	3	2	1	94	16	78	6	2	4
广德市	16	11	5	358	28	330	12	3	9

7-10b　续表 9　　　　单位：人

现住地	为子女就学			养老/康养			其　他		
	小计	男	女	小计	男	女	小计	男	女
安　徽	**6050**	**1217**	**4833**	**5974**	**2905**	**3069**	**24892**	**13043**	**11849**
合肥市	**1357**	**323**	**1034**	**808**	**380**	**428**	**5994**	**3439**	**2555**
瑶海区	4	1	3				95	43	52
庐阳区	74	31	43	30	13	17	149	70	79
蜀山区	1		1	1		1	54	37	17
包河区									
长丰县	282	52	230	95	46	49	940	440	500
肥东县	320	68	252	96	41	55	673	376	297
肥西县	181	46	135	96	40	56	862	440	422
庐江县	158	27	131	68	42	26	651	407	244
合肥高新技术产业开发区	64	18	46	112	49	63	703	383	320
合肥经济技术开发区	184	56	128	207	98	109	1083	776	307
合肥新站高新技术产业开发区	74	21	53	89	41	48	646	394	252
巢湖市	15	3	12	14	10	4	138	73	65
芜湖市	**440**	**84**	**356**	**191**	**93**	**98**	**1505**	**757**	**748**
镜湖区							1	1	
弋江区									
鸠江区	6	1	5	4	2	2	59	32	27
三山区	18	4	14	29	12	17	107	55	52
芜湖县	156	39	117	23	11	12	433	235	198
繁昌县	54	9	45	24	11	13	137	67	70
南陵县	153	21	132	33	20	13	197	96	101
芜湖经济技术开发区	36	8	28	64	32	32	466	224	242
安徽芜湖长江大桥经济开发区	1		1				6	2	4
无为市	16	2	14	14	5	9	99	45	54
蚌埠市	**325**	**81**	**244**	**242**	**106**	**136**	**1472**	**752**	**720**
龙子湖区							9	6	3
蚌山区									
禹会区							21	12	9
淮上区	1		1	1		1	23	10	13
怀远县	65	9	56	30	14	16	256	123	133
五河县	110	21	89	37	20	17	455	229	226
固镇县	56	11	45	23	9	14	185	95	90
蚌埠市高新技术开发区	13	7	6	24	10	14	115	70	45
蚌埠市经济开发区	80	33	47	127	53	74	408	207	201
淮南市	**162**	**18**	**144**	**64**	**24**	**40**	**792**	**371**	**421**
大通区	7	3	4	24	8	16	195	101	94
田家庵区	1		1				10	6	4
谢家集区							1	1	
八公山区									
潘集区	5		5	2	1	1	60	31	29
凤台县	45	5	40	26	9	17	184	87	97
寿县	104	10	94	12	6	6	342	145	197

7-10b 续表 10

单位：人

现住地	为子女就学			养老/康养			其他		
	小计	男	女	小计	男	女	小计	男	女
马鞍山市	**172**	**34**	**138**	**281**	**147**	**134**	**1675**	**853**	**822**
花山区									
雨山区									
博望区	1		1	3	2	1	26	17	9
当涂县	41	10	31	102	52	50	660	371	289
含山县	51	1	50	34	22	12	257	115	142
和县	79	23	56	142	71	71	732	350	382
淮北市	**145**	**47**	**98**	**74**	**43**	**31**	**853**	**468**	**385**
杜集区	3		3	15	9	6	257	154	103
相山区									
烈山区	2		2	8	6	2	25	13	12
濉溪县	140	47	93	51	28	23	571	301	270
铜陵市	**59**	**8**	**51**	**30**	**12**	**18**	**180**	**78**	**102**
铜官区									
义安区	1		1	2	1	1	14	5	9
郊区	3	1	2	9	3	6	20	9	11
枞阳县	55	7	48	19	8	11	146	64	82
安庆市	**370**	**52**	**318**	**167**	**85**	**82**	**1194**	**613**	**581**
迎江区									
大观区	1		1	3	1	2	11	7	4
宜秀区	6	2	4	4	3	1	31	17	14
怀宁县	96	10	86	27	13	14	215	118	97
太湖县	62	8	54	37	16	21	249	140	109
宿松县	86	14	72	34	20	14	224	113	111
望江县	13	3	10	1		1	43	19	24
岳西县	63	6	57	7	4	3	94	48	46
安徽安庆经济开发区	22	7	15	42	20	22	241	111	130
桐城市	9		9	11	7	4	60	31	29
潜山市	12	2	10	1	1		26	9	17
黄山市	**182**	**25**	**157**	**155**	**82**	**73**	**399**	**211**	**188**
屯溪区				5	2	3	19	12	7
黄山区	4		4	24	11	13	70	40	30
徽州区				2	1	1	9	7	2
歙县	94	14	80	57	34	23	112	53	59
休宁县	54	8	46	36	20	16	96	51	45
黟县	7	1	6	18	9	9	49	28	21
祁门县	23	2	21	13	5	8	44	20	24
滁州市	**506**	**105**	**401**	**2852**	**1392**	**1460**	**3072**	**1598**	**1474**
琅琊区									
南谯区	66	19	47	1171	562	609	229	106	123
来安县	158	39	119	1070	524	546	741	363	378
全椒县	61	16	45	311	159	152	568	318	250
定远县	60	10	50	42	22	20	277	147	130
凤阳县	70	9	61	31	13	18	438	218	220
苏滁现代产业园	6	1	5	4	1	3	41	17	24
滁州经济技术开发区	51	7	44	52	25	27	353	203	150
天长市	27	3	24	148	73	75	338	182	156
明光市	7	1	6	23	13	10	87	44	43

7-10b　续表 11　　　　单位：人

现住地	为子女就学			养老/康养			其　他		
	小计	男	女	小计	男	女	小计	男	女
阜阳市	**445**	**86**	**359**	**229**	**106**	**123**	**1232**	**633**	**599**
颍州区	7	2	5	3	1	2	43	27	16
颍东区	2		2	8	6	2	36	15	21
颍泉区	1		1	2	1	1	28	16	12
临泉县	157	41	116	60	22	38	276	151	125
太和县	100	19	81	67	31	36	270	137	133
阜南县	93	17	76	26	11	15	165	86	79
颍上县	55	3	52	32	21	11	210	90	120
阜阳合肥现代产业园区							3	1	2
阜阳经济技术开发区	27	4	23	22	10	12	155	83	72
界首市	3		3	9	3	6	46	27	19
宿州市	**646**	**150**	**496**	**378**	**191**	**187**	**2108**	**1007**	**1101**
埇桥区	24	4	20	24	12	12	402	207	195
砀山县	109	41	68	123	73	50	403	194	209
萧县	202	48	154	98	47	51	600	285	315
灵璧县	132	19	113	43	21	22	247	117	130
泗县	134	29	105	65	28	37	321	148	173
宿州马鞍山现代产业园区	3	1	2	5	3	2	45	15	30
宿州经济技术开发区	42	8	34	20	7	13	90	41	49
六安市	**469**	**62**	**407**	**97**	**45**	**52**	**990**	**485**	**505**
金安区	155	19	136	7	2	5	92	45	47
裕安区	15	3	12	2	1	1	45	15	30
叶集区	6		6				44	21	23
霍邱县	48	8	40	32	13	19	296	147	149
舒城县	89	16	73	29	15	14	278	148	130
金寨县	108	15	93	17	8	9	149	72	77
霍山县	48	1	47	10	6	4	86	37	49
亳州市	**187**	**42**	**145**	**87**	**47**	**40**	**1523**	**805**	**718**
谯城区	3		3	5	3	2	255	137	118
涡阳县	56	15	41	24	12	12	655	353	302
蒙城县	64	16	48	36	20	16	345	170	175
利辛县	64	11	53	22	12	10	268	145	123
池州市	**211**	**29**	**182**	**58**	**30**	**28**	**631**	**328**	**303**
贵池区	5		5	3	2	1	37	19	18
东至县	107	17	90	15	8	7	155	73	82
石台县	16		16	17	7	10	48	26	22
青阳县	83	12	71	22	12	10	193	90	103
池州市国家经济技术开发区									
皖江江南新兴产业集中区									
九华山风景区				1	1		198	120	78
宣城市	**374**	**71**	**303**	**261**	**122**	**139**	**1272**	**645**	**627**
宣州区	34	8	26	26	10	16	151	76	75
郎溪县	127	30	97	79	33	46	286	133	153
泾县	97	21	76	34	17	17	210	103	107
绩溪县	36	5	31	64	33	31	143	82	61
旌德县	36	2	34	15	6	9	72	33	39
宣城市经济开发区	30	4	26	19	10	9	231	126	105
宁国市	8		8	6	3	3	29	16	13
广德市	6	1	5	18	10	8	150	76	74

7－10c 全省按现住地、性别、迁移原因分的户口登记地在外省的人口(乡村)

单位：人

现住地	合计			工作就业		
	合计	男	女	小计	男	女
安　徽	**266818**	**144593**	**122225**	**144957**	**108554**	**36403**
合肥市	**37711**	**24792**	**12919**	**26507**	**20383**	**6124**
瑶海区	1504	829	675	913	569	344
庐阳区	233	189	44	181	164	17
蜀山区	1164	1037	127	1049	969	80
包河区	557	407	150	496	380	116
长丰县	8288	5148	3140	5424	4017	1407
肥东县	4799	3007	1792	3081	2320	761
肥西县	13808	9453	4355	10798	8245	2553
庐江县	3458	2195	1263	2144	1823	321
合肥高新技术产业开发区	9	7	2	9	7	2
合肥经济技术开发区	88	58	30	57	46	11
合肥新站高新技术产业开发区	582	463	119	508	430	78
巢湖市	3221	1999	1222	1847	1413	434
芜湖市	**12829**	**6789**	**6040**	**6819**	**5222**	**1597**
镜湖区	460	237	223	273	183	90
弋江区						
鸠江区	2268	1524	744	1690	1343	347
三山区	926	525	401	562	414	148
芜湖县	2751	1354	1397	1356	938	418
繁昌县	1795	1244	551	1289	1090	199
南陵县	1994	837	1157	759	570	189
芜湖经济技术开发区	36	13	23	19	10	9
安徽芜湖长江大桥经济开发区	82	49	33	53	39	14
无为市	2517	1006	1511	818	635	183
蚌埠市	**9900**	**4347**	**5553**	**3648**	**2657**	**991**
龙子湖区	447	284	163	242	188	54
蚌山区	518	333	185	310	246	64
禹会区	1054	627	427	605	483	122
淮上区	869	382	487	332	221	111
怀远县	3101	1110	1991	945	612	333
五河县	1772	787	985	553	416	137
固镇县	2139	824	1315	661	491	170
蚌埠市高新技术开发区						
蚌埠市经济开发区						
淮南市	**8961**	**4160**	**4801**	**3811**	**2812**	**999**
大通区	978	519	459	476	351	125
田家庵区	158	62	96	61	44	17
谢家集区	336	135	201	116	79	37
八公山区	126	65	61	68	48	20
潘集区	1469	625	844	523	385	138
凤台县	3615	1683	1932	1571	1159	412
寿县	2279	1071	1208	996	746	250

7-10c　续表 1　　　　单位：人

现住地	合计			工作就业		
	合计	男	女	小计	男	女
马鞍山市	**12190**	**6850**	**5340**	**7086**	**5206**	**1880**
花山区	549	344	205	396	296	100
雨山区	322	219	103	244	189	55
博望区	1420	587	833	489	340	149
当涂县	4363	2573	1790	3041	2261	780
含山县	1365	703	662	563	439	124
和县	4171	2424	1747	2353	1681	672
淮北市	**8617**	**4148**	**4469**	**3602**	**2825**	**777**
杜集区	901	453	448	411	332	79
相山区	1174	713	461	794	577	217
烈山区	3136	1364	1772	915	787	128
濉溪县	3406	1618	1788	1482	1129	353
铜陵市	**3163**	**1584**	**1579**	**1403**	**1021**	**382**
铜官区	172	117	55	103	82	21
义安区	1230	613	617	578	416	162
郊区	645	330	315	279	200	79
枞阳县	1116	524	592	443	323	120
安庆市	**14940**	**8168**	**6772**	**7725**	**6186**	**1539**
迎江区	206	131	75	136	109	27
大观区	791	637	154	672	593	79
宜秀区	479	280	199	282	204	78
怀宁县	2493	1579	914	1626	1334	292
太湖县	1998	1027	971	910	733	177
宿松县	3100	1548	1552	1428	1118	310
望江县	1443	607	836	509	356	153
岳西县	1520	645	875	588	465	123
安徽安庆经济开发区	50	34	16	34	26	8
桐城市	1333	751	582	642	501	141
潜山市	1527	929	598	898	747	151
黄山市	**13635**	**9608**	**4027**	**9825**	**8463**	**1362**
屯溪区	371	228	143	240	183	57
黄山区	2624	1835	789	1885	1588	297
徽州区	339	141	198	115	82	33
歙县	2232	1190	1042	1035	847	188
休宁县	2338	1558	780	1513	1274	239
黟县	1844	1374	470	1492	1281	211
祁门县	3887	3282	605	3545	3208	337
滁州市	**30047**	**17384**	**12663**	**17225**	**12307**	**4918**
琅琊区	732	490	242	534	390	144
南谯区	4698	3076	1622	3166	2453	713
来安县	4946	2796	2150	2441	1903	538
全椒县	2013	1283	730	1112	878	234
定远县	1959	864	1095	798	606	192
凤阳县	2073	856	1217	784	568	216
苏滁现代产业园						
滁州经济技术开发区	7577	4947	2630	5642	3597	2045
天长市	4125	2160	1965	2028	1391	637
明光市	1924	912	1012	720	521	199

7-10c 续表 2

单位：人

现住地	合计			工作就业		
	合计	男	女	小计	男	女
阜阳市	**24130**	**11053**	**13077**	**11140**	**7637**	**3503**
颍州区	2703	1414	1289	1485	1031	454
颍东区	2550	1512	1038	1521	1195	326
颍泉区	1781	880	901	826	605	221
临泉县	3436	1310	2126	1404	850	554
太和县	3103	1213	1890	1138	761	377
阜南县	4194	1912	2282	1993	1346	647
颍上县	3001	1252	1749	1230	812	418
阜阳合肥现代产业园区	602	324	278	368	253	115
阜阳经济技术开发区	286	142	144	124	83	41
界首市	2474	1094	1380	1051	701	350
宿州市	**22747**	**8643**	**14104**	**7149**	**4926**	**2223**
埇桥区	6157	2442	3715	2198	1557	641
砀山县	3363	1307	2056	1186	748	438
萧县	5050	1584	3466	1163	802	361
灵璧县	4862	1980	2882	1612	1129	483
泗县	3197	1267	1930	932	646	286
宿州马鞍山现代产业园区	118	63	55	58	44	14
宿州经济技术开发区						
六安市	**17072**	**8783**	**8289**	**8721**	**6450**	**2271**
金安区	3314	1817	1497	1695	1201	494
裕安区	2729	1291	1438	1360	963	397
叶集区	1492	765	727	713	462	251
霍邱县	2949	1480	1469	1441	1083	358
舒城县	3288	1811	1477	1962	1533	429
金寨县	2790	1359	1431	1300	1023	277
霍山县	510	260	250	250	185	65
亳州市	**15249**	**7112**	**8137**	**7351**	**4952**	**2399**
谯城区	5611	2748	2863	2721	1760	961
涡阳县	3252	1662	1590	1810	1305	505
蒙城县	2930	1298	1632	1420	957	463
利辛县	3456	1404	2052	1400	930	470
池州市	**8617**	**5585**	**3032**	**5844**	**4735**	**1109**
贵池区	3335	2291	1044	2450	2007	443
东至县	1260	630	630	538	430	108
石台县	1022	688	334	711	618	93
青阳县	2784	1830	954	2055	1611	444
池州市国家经济技术开发区						
皖江江南新兴产业集中区						
九华山风景区	216	146	70	90	69	21
宣城市	**27010**	**15587**	**11423**	**17101**	**12772**	**4329**
宣州区	8436	4862	3574	5371	3999	1372
郎溪县	2755	1349	1406	1436	1022	414
泾县	3570	2338	1232	2481	2041	440
绩溪县	941	586	355	591	460	131
旌德县	964	642	322	663	556	107
宣城市经济开发区	1258	841	417	1038	756	282
宁国市	3350	2093	1257	2428	1744	684
广德市	5736	2876	2860	3093	2194	899

7-10c 续表 3 单位：人

现住地	学习培训			随同离开/投亲靠友			拆迁/搬家		
	小计	男	女	小计	男	女	小计	男	女
安 徽	**10998**	**5450**	**5548**	**25516**	**11876**	**13640**	**9648**	**5061**	**4587**
合肥市	**2209**	**1151**	**1058**	**2444**	**1140**	**1304**	**1224**	**705**	**519**
瑶海区	101	54	47	122	64	58	106	49	57
庐阳区	4	4		6	4	2	15	7	8
蜀山区	32	29	3	25	12	13	19	10	9
包河区	4	3	1	37	16	21	7	3	4
长丰县	459	320	139	676	326	350	308	157	151
肥东县	161	87	74	444	209	235	166	98	68
肥西县	1324	587	737	582	270	312	170	77	93
庐江县	61	35	26	258	115	143	61	32	29
合肥高新技术产业开发区									
合肥经济技术开发区	5	4	1	7	3	4	2	1	1
合肥新站高新技术产业开发区	7	5	2	33	12	21	21	11	10
巢湖市	51	23	28	254	109	145	349	260	89
芜湖市	**295**	**146**	**149**	**1228**	**582**	**646**	**428**	**209**	**219**
镜湖区	10	5	5	51	22	29	32	10	22
弋江区									
鸠江区	31	13	18	158	68	90	56	23	33
三山区	22	13	9	78	31	47	30	16	14
芜湖县	68	33	35	289	140	149	122	66	56
繁昌县	55	25	30	89	48	41	41	21	20
南陵县	35	15	20	232	101	131	62	32	30
芜湖经济技术开发区	2		2	8	3	5			
安徽芜湖长江大桥经济开发区	2	1	1	6	3	3			
无为市	70	41	29	317	166	151	85	41	44
蚌埠市	**311**	**156**	**155**	**1115**	**536**	**579**	**678**	**355**	**323**
龙子湖区	17	10	7	39	22	17	21	15	6
蚌山区	14	9	5	53	29	24	21	11	10
禹会区	29	15	14	100	45	55	52	23	29
淮上区	21	8	13	104	58	46	66	35	31
怀远县	96	51	45	388	194	194	132	75	57
五河县	33	20	13	170	71	99	287	146	141
固镇县	101	43	58	261	117	144	99	50	49
蚌埠市高新技术开发区									
蚌埠市经济开发区									
淮南市	**258**	**137**	**121**	**1187**	**524**	**663**	**362**	**185**	**177**
大通区	44	27	17	90	39	51	54	29	25
田家庵区	6	2	4	11	5	6	10	6	4
谢家集区	9	4	5	53	20	33	16	9	7
八公山区				12	5	7	4	3	1
潘集区	31	15	16	175	89	86	73	37	36
凤台县	98	50	48	562	238	324	110	51	59
寿县	70	39	31	284	128	156	95	50	45

7-10c 续表 4

单位：人

现住地	学习培训			随同离开/投亲靠友			拆迁/搬家		
	小计	男	女	小计	男	女	小计	男	女
马鞍山市	**143**	**77**	**66**	**1077**	**526**	**551**	**607**	**309**	**298**
花山区	2	2		60	25	35	16	8	8
雨山区				32	15	17	9	7	2
博望区	17	12	5	172	89	83	88	44	44
当涂县	38	23	15	286	133	153	105	52	53
含山县	33	17	16	151	73	78	69	36	33
和县	53	23	30	376	191	185	320	162	158
淮北市	**1925**	**529**	**1396**	**669**	**299**	**370**	**259**	**149**	**110**
杜集区	13	10	3	121	59	62	37	18	19
相山区	19	12	7	131	58	73	56	35	21
烈山区	1785	449	1336	70	29	41	40	23	17
濉溪县	108	58	50	347	153	194	126	73	53
铜陵市	**132**	**74**	**58**	**365**	**176**	**189**	**126**	**66**	**60**
铜官区	33	21	12	12	7	5	7	3	4
义安区	22	9	13	130	63	67	47	24	23
郊区	36	20	16	97	46	51	21	13	8
枞阳县	41	24	17	126	60	66	51	26	25
安庆市	**379**	**203**	**176**	**1748**	**831**	**917**	**322**	**176**	**146**
迎江区				18	7	11	8	5	3
大观区	9	5	4	31	16	15	17	9	8
宜秀区	9	4	5	56	31	25	12	8	4
怀宁县	52	25	27	221	95	126	38	23	15
太湖县	48	27	21	230	113	117	44	22	22
宿松县	106	59	47	434	197	237	89	43	46
望江县	52	31	21	247	111	136	33	18	15
岳西县	25	12	13	169	85	84	27	13	14
安徽安庆经济开发区	2	1	1	3	3		3	2	1
桐城市	53	21	32	171	89	82	31	21	10
潜山市	23	18	5	168	84	84	20	12	8
黄山市	**170**	**93**	**77**	**775**	**358**	**417**	**211**	**122**	**89**
屯溪区	3	2	1	37	16	21	3		3
黄山区	37	19	18	131	65	66	46	26	20
徽州区	8	3	5	49	21	28	8	5	3
歙县	76	41	35	276	122	154	62	33	29
休宁县	31	20	11	155	74	81	56	38	18
黟县	8	4	4	62	34	28	21	12	9
祁门县	7	4	3	65	26	39	15	8	7
滁州市	**1448**	**903**	**545**	**2270**	**1044**	**1226**	**1708**	**877**	**831**
琅琊区	8	6	2	42	18	24	16	8	8
南谯区	154	70	84	322	150	172	297	146	151
来安县	39	23	16	540	251	289	577	288	289
全椒县	7	5	2	137	61	76	107	64	43
定远县	36	23	13	213	99	114	76	35	41
凤阳县	27	13	14	267	128	139	86	39	47
苏滁现代产业园									
滁州经济技术开发区	1064	705	359	63	33	30	11	8	3
天长市	51	29	22	458	210	248	409	226	183
明光市	62	29	33	228	94	134	129	63	66

7-10c　续表 5　　单位：人

现住地	学习培训			随同离开/投亲靠友			拆迁/搬家		
	小计	男	女	小计	男	女	小计	男	女
阜阳市	**789**	**407**	**382**	**2979**	**1378**	**1601**	**841**	**439**	**402**
颍州区	93	46	47	337	166	171	87	44	43
颍东区	47	31	16	299	137	162	48	30	18
颍泉区	55	36	19	248	114	134	52	28	24
临泉县	95	48	47	402	172	230	105	52	53
太和县	83	39	44	385	184	201	118	63	55
阜南县	170	85	85	512	237	275	131	67	64
颍上县	90	47	43	358	176	182	121	71	50
阜阳合肥现代产业园区	21	14	7	43	15	28	12	3	9
阜阳经济技术开发区	7	3	4	17	10	7	87	35	52
界首市	128	58	70	378	167	211	80	46	34
宿州市	**614**	**315**	**299**	**3068**	**1400**	**1668**	**1061**	**533**	**528**
埇桥区	184	86	98	750	350	400	129	68	61
砀山县	148	79	69	517	225	292	105	53	52
萧县	85	46	39	848	407	441	120	56	64
灵璧县	123	69	54	554	243	311	367	185	182
泗县	72	33	39	387	169	218	336	168	168
宿州马鞍山现代产业园区	2	2		12	6	6	4	3	1
宿州经济技术开发区									
六安市	**1062**	**563**	**499**	**1774**	**796**	**978**	**602**	**298**	**304**
金安区	545	283	262	320	142	178	107	57	50
裕安区	87	48	39	324	138	186	96	46	50
叶集区	127	76	51	139	72	67	152	80	72
霍邱县	102	51	51	349	156	193	93	47	46
舒城县	62	36	26	269	105	164	46	16	30
金寨县	120	62	58	327	156	171	86	43	43
霍山县	19	7	12	46	27	19	22	9	13
亳州市	**614**	**318**	**296**	**1497**	**738**	**759**	**456**	**236**	**220**
谯城区	257	136	121	630	333	297	235	130	105
涡阳县	133	74	59	247	115	132	61	30	31
蒙城县	106	47	59	255	118	137	61	30	31
利辛县	118	61	57	365	172	193	99	46	53
池州市	**202**	**125**	**77**	**726**	**337**	**389**	**138**	**75**	**63**
贵池区	65	39	26	266	123	143	59	31	28
东至县	28	9	19	173	86	87	35	23	12
石台县	14	7	7	76	30	46	12	6	6
青阳县	51	29	22	191	89	102	28	12	16
池州市国家经济技术开发区									
皖江江南新兴产业集中区									
九华山风景区	44	41	3	20	9	11	4	3	1
宣城市	**447**	**253**	**194**	**2594**	**1211**	**1383**	**625**	**327**	**298**
宣州区	173	94	79	743	347	396	214	111	103
郎溪县	39	19	20	293	140	153	135	67	68
泾县	56	31	25	288	134	154	50	24	26
绩溪县	23	16	7	64	27	37	13	6	7
旌德县	8	7	1	82	35	47	12	9	3
宣城市经济开发区	38	23	15	69	33	36	12	7	5
宁国市	39	22	17	322	151	171	47	32	15
广德市	71	41	30	733	344	389	142	71	71

7-10c 续表 6 单位：人

现住地	寄挂户口			婚姻嫁娶			照料孙子女		
	小计	男	女	小计	男	女	小计	男	女
安　徽	**2962**	**1541**	**1421**	**52368**	**2039**	**50329**	**1215**	**321**	**894**
合肥市	**244**	**133**	**111**	**2709**	**103**	**2606**	**226**	**65**	**161**
瑶海区	16	10	6	74	1	73	30	8	22
庐阳区	4	1	3	6	1	5	2	1	1
蜀山区	2	1	1	7		7	7	3	4
包河区	1	1		4		4	1		1
长丰县	59	24	35	753	21	732	41	8	33
肥东县	48	32	16	423	14	409	35	12	23
肥西县	34	18	16	434	33	401	86	28	58
庐江县	46	30	16	631	20	611	8	3	5
合肥高新技术产业开发区									
合肥经济技术开发区	2		2	4		4			
合肥新站高新技术产业开发区				4	1	3	5	1	4
巢湖市	32	16	16	369	12	357	11	1	10
芜湖市	**166**	**92**	**74**	**2843**	**74**	**2769**	**99**	**26**	**73**
镜湖区	8	6	2	58	2	56	8	2	6
弋江区									
鸠江区	17	9	8	187	7	180	13	4	9
三山区	17	8	9	127	3	124	11	2	9
芜湖县	40	24	16	599	24	575	22	5	17
繁昌县	8	5	3	211	9	202	8	1	7
南陵县	22	15	7	702	14	688	14	6	8
芜湖经济技术开发区				7		7			
安徽芜湖长江大桥经济开发区				5		5	1		1
无为市	54	25	29	947	15	932	22	6	16
蚌埠市	**200**	**109**	**91**	**2946**	**87**	**2859**	**64**	**19**	**45**
龙子湖区	13	7	6	53	7	46	3		3
蚌山区	16	9	7	57	4	53	14	3	11
禹会区	24	15	9	164	9	155	8	1	7
淮上区	22	13	9	238	5	233	4	1	3
怀远县	73	34	39	1146	22	1124	17	8	9
五河县	26	18	8	495	17	478	3	1	2
固镇县	26	13	13	793	23	770	15	5	10
蚌埠市高新技术开发区									
蚌埠市经济开发区									
淮南市	**165**	**85**	**80**	**2326**	**39**	**2287**	**44**	**10**	**34**
大通区	27	19	8	186	7	179	10	1	9
田家庵区	4		4	55	1	54			
谢家集区	8	4	4	99	4	95			
八公山区				18		18			
潘集区	56	32	24	478	3	475	5	3	2
凤台县	37	16	21	913	15	898	23	5	18
寿县	33	14	19	577	9	568	6	1	5

7-10c　续表 7　　　　单位：人

现 住 地	寄挂户口			婚姻嫁娶			照料孙子女		
	小计	男	女	小计	男	女	小计	男	女
马鞍山市	**254**	**126**	**128**	**1975**	**78**	**1897**	**45**	**11**	**34**
花山区	5	3	2	56	5	51	2	1	1
雨山区	2	2		22	3	19	4		4
博望区	46	26	20	484	18	466	8	1	7
当涂县	54	26	28	701	21	680	11		11
含山县	54	23	31	306	12	294	5	2	3
和县	93	46	47	406	19	387	15	7	8
淮北市	**114**	**65**	**49**	**1564**	**47**	**1517**	**35**	**8**	**27**
杜集区	12	6	6	267	10	257	2	1	1
相山区	5	1	4	117	9	108	7	1	6
烈山区	26	17	9	201	3	198	11	4	7
濉溪县	71	41	30	979	25	954	15	2	13
铜陵市	**68**	**40**	**28**	**713**	**23**	**690**	**20**	**5**	**15**
铜官区	1		1	9		9	1		1
义安区	21	12	9	300	13	287	1		1
郊区	14	13	1	125	2	123	9	2	7
枞阳县	32	15	17	279	8	271	9	3	6
安庆市	**160**	**85**	**75**	**3561**	**147**	**3414**	**67**	**21**	**46**
迎江区	5	1	4	23		23			
大观区	6	3	3	35		35	3	1	2
宜秀区	10	5	5	68	4	64	3	1	2
怀宁县	29	15	14	389	17	372	10	3	7
太湖县	15	13	2	564	25	539	12	2	10
宿松县	34	14	20	823	17	806	13	7	6
望江县	27	13	14	461	24	437	7	1	6
岳西县	13	6	7	577	21	556	3	1	2
安徽安庆经济开发区				5	1	4	2		2
桐城市	17	11	6	286	18	268	8	4	4
潜山市	4	4		330	20	310	6	1	5
黄山市	**97**	**52**	**45**	**1883**	**165**	**1718**	**30**	**6**	**24**
屯溪区	1		1	73	21	52			
黄山区	39	23	16	294	18	276	4	1	3
徽州区	5	4	1	120	13	107	1		1
歙县	13	7	6	597	50	547	13	3	10
休宁县	17	10	7	401	47	354	9	1	8
黟县	16	5	11	199	9	190			
祁门县	6	3	3	199	7	192	3	1	2
滁州市	**271**	**142**	**129**	**4070**	**301**	**3769**	**95**	**22**	**73**
琅琊区	6	3	3	17	2	15	2		2
南谯区	33	20	13	304	32	272	38	11	27
来安县	63	33	30	818	56	762	11	3	8
全椒县	25	16	9	196	7	189	5	1	4
定远县	24	14	10	664	13	651	1		1
凤阳县	26	10	16	729	17	712	2		2
苏滁现代产业园									
滁州经济技术开发区	1		1	32	9	23	8		8
天长市	74	36	38	870	141	729	16	3	13
明光市	19	10	9	440	24	416	12	4	8

7-10c 续表 8

单位：人

现住地	寄挂户口			婚姻嫁娶			照料孙子女		
	小计	男	女	小计	男	女	小计	男	女
阜阳市	**334**	**170**	**164**	**6193**	**162**	**6031**	**116**	**37**	**79**
颍州区	32	16	16	474	20	454	11	4	7
颍东区	27	16	11	454	18	436	9	2	7
颍泉区	19	10	9	442	16	426	10	4	6
临泉县	51	30	21	1077	27	1050	11	1	10
太和县	60	32	28	1061	21	1040	30	10	20
阜南县	54	16	38	1020	18	1002	11	5	6
颍上县	49	29	20	928	12	916	12	5	7
阜阳合肥现代产业园区	6	2	4	100	9	91	6	1	5
阜阳经济技术开发区	1		1	24	2	22	3	1	2
界首市	35	19	16	613	19	594	13	4	9
宿州市	**359**	**187**	**172**	**8482**	**306**	**8176**	**100**	**35**	**65**
埇桥区	98	49	49	2296	79	2217	22	7	15
砀山县	53	31	22	1060	32	1028	22	5	17
萧县	92	52	40	2318	34	2284	15	8	7
灵璧县	65	31	34	1680	97	1583	23	8	15
泗县	48	23	25	1103	64	1039	15	6	9
宿州马鞍山现代产业园区	3	1	2	25		25	3	1	2
宿州经济技术开发区									
六安市	**191**	**89**	**102**	**3650**	**115**	**3535**	**67**	**11**	**56**
金安区	36	21	15	381	12	369	12	2	10
裕安区	24	10	14	681	29	652	11	1	10
叶集区	13	7	6	243	15	228	7	2	5
霍邱县	59	25	34	668	10	658	11	2	9
舒城县	24	12	12	742	21	721	8	1	7
金寨县	27	9	18	808	20	788	15	3	12
霍山县	8	5	3	127	8	119	3		3
亳州市	**146**	**62**	**84**	**3668**	**76**	**3592**	**73**	**16**	**57**
谯城区	45	21	24	1091	47	1044	27	4	23
涡阳县	31	15	16	719	12	707	10	3	7
蒙城县	26	9	17	790	8	782	13	3	10
利辛县	44	17	27	1068	9	1059	23	6	17
池州市	**54**	**25**	**29**	**1186**	**56**	**1130**	**43**	**9**	**34**
贵池区	18	8	10	345	15	330	16	3	13
东至县	11	7	4	363	25	338	7	1	6
石台县	5	1	4	164	4	160	2	1	1
青阳县	20	9	11	301	10	291	13	2	11
池州市国家经济技术开发区									
皖江江南新兴产业集中区									
九华山风景区				13	2	11	5	2	3
宣城市	**139**	**79**	**60**	**4599**	**260**	**4339**	**91**	**20**	**71**
宣州区	44	27	17	1409	64	1345	36	5	31
郎溪县	10	4	6	702	40	662	9	2	7
泾县	19	10	9	507	20	487	13	5	8
绩溪县	6	3	3	134	10	124	6	1	5
旌德县	4	2	2	131	8	123			
宣城市经济开发区				48	7	41	6	1	5
宁国市	19	12	7	301	39	262	7	4	3
广德市	37	21	16	1367	72	1295	14	2	12

7-10c　续表 9　　　　单位：人

现住地	为子女就学			养老/康养			其　他		
	小计	男	女	小计	男	女	小计	男	女
安　徽	**562**	**126**	**436**	**2547**	**1451**	**1096**	**16045**	**8174**	**7871**
合肥市	**45**	**5**	**40**	**174**	**92**	**82**	**1929**	**1015**	**914**
瑶海区	3	1	2	10	6	4	129	67	62
庐阳区							15	7	8
蜀山区				1	1		22	12	10
包河区							7	4	3
长丰县	11	2	9	32	14	18	525	259	266
肥东县	2		2	48	27	21	391	208	183
肥西县	20	2	18	23	11	12	337	182	155
庐江县	4		4	17	10	7	228	127	101
合肥高新技术产业开发区									
合肥经济技术开发区				2	1	1	9	3	6
合肥新站高新技术产业开发区				1	1		3	2	1
巢湖市	5		5	40	21	19	263	144	119
芜湖市	**28**	**8**	**20**	**102**	**44**	**58**	**821**	**386**	**435**
镜湖区	1	1		1		1	18	6	12
弋江区									
鸠江区	2	1	1	12	5	7	102	51	51
三山区	1	1		5	1	4	73	36	37
芜湖县	6	2	4	22	10	12	227	112	115
繁昌县	3	1	2	13	8	5	78	36	42
南陵县	5		5	20	6	14	143	78	65
芜湖经济技术开发区									
安徽芜湖长江大桥经济开发区	1	1		2	1	1	12	4	8
无为市	9	1	8	27	13	14	168	63	105
蚌埠市	**22**	**6**	**16**	**97**	**58**	**39**	**819**	**364**	**455**
龙子湖区	2	1	1	4	1	3	53	33	20
蚌山区							33	22	11
禹会区	4	1	3	4	3	1	64	32	32
淮上区	3	2	1	6	2	4	73	37	36
怀远县	7	2	5	41	25	16	256	87	169
五河县	2		2	16	11	5	187	87	100
固镇县	4		4	26	16	10	153	66	87
蚌埠市高新技术开发区									
蚌埠市经济开发区									
淮南市	**22**	**4**	**18**	**51**	**25**	**26**	**735**	**339**	**396**
大通区	3	1	2	5	2	3	83	43	40
田家庵区				3	1	2	8	3	5
谢家集区				4	1	3	31	14	17
八公山区				2		2	22	9	13
潘集区	2		2	9	5	4	117	56	61
凤台县	9	2	7	23	13	10	269	134	135
寿县	8	1	7	5	3	2	205	80	125

7-10c 续表 10

单位：人

现住地	为子女就学			养老/康养			其他		
	小计	男	女	小计	男	女	小计	男	女
马鞍山市	**23**	**9**	**14**	**298**	**166**	**132**	**682**	**342**	**340**
花山区	3	1	2	4	1	3	5	2	3
雨山区				1		1	8	3	5
博望区	4	2	2	8	5	3	104	50	54
当涂县	4	1	3	19	8	11	104	48	56
含山县	3	1	2	18	12	6	163	88	75
和县	9	4	5	248	140	108	298	151	147
淮北市	**13**	**3**	**10**	**59**	**33**	**26**	**377**	**190**	**187**
杜集区	1		1	5	1	4	32	16	16
相山区	5	1	4	13	6	7	27	13	14
烈山区	1		1	8	5	3	79	47	32
濉溪县	6	2	4	33	21	12	239	114	125
铜陵市	**9**	**2**	**7**	**28**	**18**	**10**	**299**	**159**	**140**
铜官区							6	4	2
义安区	1	1		9	6	3	121	69	52
郊区				5	2	3	59	32	27
枞阳县	8	1	7	14	10	4	113	54	59
安庆市	**40**	**5**	**35**	**99**	**68**	**31**	**839**	**446**	**393**
迎江区				1	1		15	8	7
大观区							18	10	8
宜秀区	1	1					38	22	16
怀宁县	6	1	5	9	6	3	113	60	53
太湖县	5		5	11	7	4	159	85	74
宿松县	7		7	33	25	8	133	68	65
望江县	6	2	4	14	10	4	87	41	46
岳西县	10		10	10	4	6	98	38	60
安徽安庆经济开发区							1	1	
桐城市	3	1	2	16	11	5	106	74	32
潜山市	2		2	5	4	1	71	39	32
黄山市	**14**	**4**	**10**	**163**	**101**	**62**	**467**	**244**	**223**
屯溪区	1	1		3	1	2	10	4	6
黄山区	2		2	68	33	35	118	62	56
徽州区	1		1	3	2	1	29	11	18
歙县	6	1	5	59	46	13	95	40	55
休宁县	4	2	2	15	8	7	137	84	53
黟县				12	8	4	34	21	13
祁门县				3	3		44	22	22
滁州市	**81**	**25**	**56**	**372**	**181**	**191**	**2507**	**1582**	**925**
琅琊区							107	63	44
南谯区	19	6	13	94	40	54	271	148	123
来安县	8	4	4	140	67	73	309	168	141
全椒县	3	1	2	27	16	11	394	234	160
定远县				25	13	12	122	61	61
凤阳县	6	1	5	9	4	5	137	76	61
苏滁现代产业园									
滁州经济技术开发区	1		1	2	1	1	753	594	159
天长市	10	7	3	48	28	20	161	89	72
明光市	34	6	28	27	12	15	253	149	104

7-10c　续表 11　　　单位：人

现住地	为子女就学			养老/康养			其他		
	小计	男	女	小计	男	女	小计	男	女
阜阳市	**58**	**12**	**46**	**220**	**138**	**82**	**1460**	**673**	**787**
颍州区	2	1	1	21	13	8	161	73	88
颍东区	10	2	8	24	18	6	111	63	48
颍泉区	4	1	3	18	14	4	107	52	55
临泉县	7	1	6	50	27	23	234	102	132
太和县	4	1	3	36	22	14	188	80	108
阜南县	6		6	15	9	6	282	129	153
颍上县	4		4	26	18	8	183	82	101
阜阳合肥现代产业园区	8	2	6	4	3	1	34	22	12
阜阳经济技术开发区	6	2	4	1		1	16	6	10
界首市	7	2	5	25	14	11	144	64	80
宿州市	**48**	**9**	**39**	**367**	**233**	**134**	**1499**	**699**	**800**
埇桥区	13	3	10	79	53	26	388	190	198
砀山县	7	2	5	68	43	25	197	89	108
萧县	12	2	10	99	62	37	298	115	183
灵璧县	11	1	10	80	52	28	347	165	182
泗县	5	1	4	35	19	16	264	138	126
宿州马鞍山现代产业园区				6	4	2	5	2	3
宿州经济技术开发区									
六安市	**56**	**11**	**45**	**98**	**49**	**49**	**851**	**401**	**450**
金安区	14	3	11	18	8	10	186	88	98
裕安区	12	2	10	13	3	10	121	51	70
叶集区	4	1	3	2	1	1	92	49	43
霍邱县	7	2	5	18	11	7	201	93	108
舒城县	6		6	30	18	12	139	69	70
金寨县	12	3	9	14	6	8	81	34	47
霍山县	1		1	3	2	1	31	17	14
亳州市	**35**	**7**	**28**	**154**	**96**	**58**	**1255**	**611**	**644**
谯城区	11	1	10	32	18	14	562	298	264
涡阳县	6		6	33	22	11	202	86	116
蒙城县	4	1	3	20	13	7	235	112	123
利辛县	14	5	9	69	43	26	256	115	141
池州市	**21**	**5**	**16**	**52**	**29**	**23**	**351**	**189**	**162**
贵池区	5	3	2	13	8	5	98	54	44
东至县	5		5	14	7	7	86	42	44
石台县	2	1	1	7	3	4	29	17	12
青阳县	7	1	6	13	9	4	105	58	47
池州市国家经济技术开发区									
皖江江南新兴产业集中区									
九华山风景区	2		2	5	2	3	33	18	15
宣城市	**47**	**11**	**36**	**213**	**120**	**93**	**1154**	**534**	**620**
宣州区	19	4	15	39	21	18	388	190	198
郎溪县	3	1	2	19	9	10	109	45	64
泾县	20	5	15	19	9	10	117	59	58
绩溪县				37	24	13	67	39	28
旌德县				17	9	8	47	16	31
宣城市经济开发区				1		1	46	14	32
宁国市	3	1	2	34	17	17	150	71	79
广德市	2		2	47	31	16	230	100	130

第一部分　全部数据资料

第八卷　住房

8-1 各地区按住房间数分的家庭户户数

单位：户

地区	家庭户户数	住房间数				
		一间	二间	三间	四间	五间
安徽	**20750408**	**1429896**	**5449878**	**7804960**	**2968825**	**1017611**
合肥市	**3017637**	**284862**	**1010564**	**1309513**	**280465**	**63153**
瑶海区	297996	34248	133275	115426	11716	1988
庐阳区	234050	24366	98962	97975	10713	1212
蜀山区	326580	37153	121786	138477	24016	3337
包河区	390322	47551	135981	178957	24240	2028
长丰县	261545	16433	78855	114901	32060	7009
肥东县	308769	24829	91652	132009	41431	8572
肥西县	295614	34716	83575	133887	26978	6943
庐江县	322160	20711	72835	137275	54888	18791
合肥高新技术产业开发区	69742	7535	22822	33451	4910	660
合肥经济技术开发区	135844	12586	43597	67387	9716	1384
合肥新站高新技术产业开发区	112990	6073	47296	52722	5680	571
巢湖市	262025	18661	79928	107046	34117	10658
芜湖市	**1284151**	**108208**	**421195**	**537510**	**145216**	**40821**
镜湖区	182230	17838	91189	62404	7400	2273
弋江区	124302	8218	53520	52626	6982	1781
鸠江区	182535	13858	59871	72572	22505	7294
三山区	54360	6559	13909	24166	6244	2018
芜湖县	114915	8128	32628	56103	13075	3116
繁昌县	92376	8548	27127	41132	11227	2542
南陵县	166270	14360	42648	75339	23760	6363
芜湖经济技术开发区	57326	10044	19388	25718	1378	363
安徽芜湖长江大桥经济开发区	8120	500	3054	2804	1057	377
无为市	301717	20155	77861	124646	51588	14694
蚌埠市	**1083601**	**72548**	**360271**	**342040**	**152955**	**45970**
龙子湖区	80143	9089	42841	16053	4231	1775
蚌山区	60524	8514	32639	16804	1625	345
禹会区	114575	9876	52657	27703	10029	3628
淮上区	88206	9358	36409	26366	9976	2457
怀远县	304556	14891	75015	89974	60180	17555
五河县	173839	9259	38243	57602	32465	11194
固镇县	159207	8638	34855	60078	30315	8672
蚌埠市高新技术开发区	19268	179	10487	7644	834	103
蚌埠市经济开发区	83283	2744	37125	39816	3300	241
淮南市	**1070540**	**75656**	**362595**	**355251**	**134378**	**43906**
大通区	58593	2733	21158	19132	6208	2028
田家庵区	258511	21600	109540	97861	15978	4490
谢家集区	86028	5237	43071	25253	7255	1671
八公山区	46991	2197	23174	16825	2522	875
潘集区	111690	9023	31057	28369	20660	5834
凤台县	213889	12965	47434	71938	31398	10645
寿县	294838	21901	87161	95873	50357	18363

注：本表数据为居住在普通住宅的家庭户。

8-1 续表 1

单位：户

地　　区	家庭户 户　数	住房间数 一间	二间	三间	四间	五间
马鞍山市	**759814**	**52534**	**288372**	**283423**	**88308**	**23316**
花山区	170453	6189	93347	62268	5221	1454
雨山区	117896	6733	60831	42413	4440	1376
博望区	52353	3633	12226	18974	11388	3202
当涂县	152463	11754	49325	59954	20994	5872
含山县	121555	8373	28425	49825	21985	5998
和县	145094	15852	44218	49989	24280	5414
淮北市	**665071**	**34685**	**201363**	**213577**	**72161**	**31742**
杜集区	85361	6774	34905	18019	8174	4473
相山区	190912	9315	83474	78932	11004	2885
烈山区	83158	5956	26760	20223	8862	3644
濉溪县	305640	12640	56224	96403	44121	20740
铜陵市	**498985**	**24313**	**146345**	**199232**	**70102**	**26078**
铜官区	158507	4172	72849	74911	4490	1123
义安区	90150	4874	28320	37755	12363	3843
郊区	65015	3630	17526	23592	11374	4321
枞阳县	185313	11637	27650	62974	41875	16791
安庆市	**1466326**	**79275**	**300103**	**554747**	**298430**	**105216**
迎江区	96017	4037	42316	42091	4780	1307
大观区	81706	7029	39051	22941	6449	2500
宜秀区	47153	1632	8612	20980	9116	2725
怀宁县	180493	8930	29034	72694	41029	15537
太湖县	154486	9777	22740	56958	38343	12332
宿松县	215715	14967	35577	66272	54121	18820
望江县	157628	7249	29641	65209	35971	9428
岳西县	111653	3881	12221	31440	27608	12953
安徽安庆经济开发区	47534	1546	19584	22332	2324	926
桐城市	214581	10346	39360	92484	39588	15568
潜山市	159360	9881	21967	61346	39101	13120
黄山市	**483041**	**24762**	**98628**	**156398**	**108715**	**46040**
屯溪区	97350	6244	29383	41261	11000	4542
黄山区	53777	3324	13988	17874	10448	3929
徽州区	33464	1553	5860	11089	8444	3264
歙县	138272	6677	19867	38359	37593	17188
休宁县	75625	3630	13238	20046	20316	9185
黟县	29480	1441	6052	9292	7816	2657
祁门县	55073	1893	10240	18477	13098	5275
滁州市	**1321764**	**71071**	**353875**	**536585**	**221721**	**56920**
琅琊区	90806	3756	40442	36734	5372	1654
南谯区	114592	6367	40800	48772	10514	3644
来安县	142711	10831	39850	54733	24741	6259
全椒县	139812	8780	35319	59502	23510	7030
定远县	226819	11319	58094	85268	44690	10536
凤阳县	196719	8428	47722	63026	44896	8722
苏滁现代产业园	4839	69	2590	1988	187	2
滁州经济技术开发区	33672	1171	12924	17390	1484	512
天长市	204422	12122	36546	107510	30884	9542
明光市	167372	8228	39588	61662	35443	9019

8-1 续表 2

单位：户

地区	家庭户户数	住房间数 一间	二间	三间	四间	五间
阜阳市	**2648769**	**129602**	**509002**	**950299**	**392620**	**153003**
颍州区	243387	11988	53577	99593	29234	11999
颍东区	166510	7664	34837	50999	20906	12888
颍泉区	196441	10448	41910	66211	29369	12284
临泉县	518802	17219	75074	178259	94981	31177
太和县	500128	24544	87596	193935	62765	27111
阜南县	367364	20273	71093	147017	51506	18845
颍上县	382067	18632	81207	116665	63335	24191
阜阳合肥现代产业园区	11398	493	2121	4170	1330	651
阜阳经济技术开发区	36075	1892	10885	16740	3630	1030
界首市	226597	16449	50702	76710	35564	12827
宿州市	**1803565**	**113033**	**359724**	**650215**	**258074**	**97388**
埇桥区	563872	31862	139536	202630	55780	24116
砀山县	275931	12839	39776	87401	62535	17490
萧县	383584	31372	75379	126008	67193	22914
灵璧县	311830	19386	52284	121618	37572	18730
泗县	238913	15563	44955	102051	32580	12812
宿州马鞍山现代产业园区	12983	1160	2549	3723	1240	815
宿州经济技术开发区	16452	851	5245	6784	1174	511
六安市	**1545283**	**134823**	**363370**	**553702**	**262456**	**86825**
金安区	292716	33053	76144	119148	35438	13115
裕安区	298430	15336	69340	120132	45945	18864
叶集区	64263	4064	13504	22257	12542	4370
霍邱县	344091	40438	100681	98006	53931	18252
舒城县	266473	24724	51617	87261	58546	15720
金寨县	175088	11581	31602	63558	35709	11172
霍山县	104222	5627	20482	43340	20345	5332
亳州市	**1678530**	**125249**	**321868**	**598044**	**233707**	**116516**
谯城区	520895	51052	122785	187301	69049	30003
涡阳县	389028	22719	62020	140801	55761	27575
蒙城县	352210	18312	53926	122615	54396	31583
利辛县	416397	33166	83137	147327	54501	27355
池州市	**490490**	**27672**	**95758**	**182512**	**104302**	**38794**
贵池区	212327	8144	46227	91548	39141	14683
东至县	150037	12312	21847	41621	39996	15125
石台县	30893	1554	5588	10451	7980	2816
青阳县	86407	4765	19549	35188	15858	5412
池州市国家经济技术开发区	3846	88	988	2112	477	122
皖江江南新兴产业集中区	2569	618	976	907	53	14
九华山风景区	4411	191	583	685	797	622
宣城市	**932841**	**71603**	**256845**	**381912**	**145215**	**41923**
宣州区	260203	19763	80032	108562	36489	8971
郎溪县	113143	8610	34314	48419	16220	3217
泾县	111962	9791	36595	39998	16168	5036
绩溪县	55403	2770	9802	19407	13729	4827
旌德县	43133	2509	9048	14968	9307	3876
宣城市经济开发区	32629	1710	8958	16827	3395	987
宁国市	146311	14306	35666	61533	20604	7217
广德市	170057	12144	42430	72198	29303	7792

8－1 续表 3 单位：户

地区	住房间数				
	六间	七间	八间	九间	十间及以上
安 徽	**1301345**	**186564**	**282710**	**150797**	**157822**
合肥市	**43581**	**8290**	**9617**	**2449**	**5143**
瑶海区	691	161	176	47	268
庐阳区	426	100	122	23	151
蜀山区	1149	272	212	42	136
包河区	1084	102	221	22	136
长丰县	7674	1215	1887	570	941
肥东县	6461	1043	1717	282	773
肥西县	5557	1398	1383	414	763
庐江县	11943	2194	2034	630	859
合肥高新技术产业开发区	289	39	18	2	16
合肥经济技术开发区	728	170	148	45	83
合肥新站高新技术产业开发区	369	57	114	24	84
巢湖市	7210	1539	1585	348	933
芜湖市	**21764**	**3362**	**3460**	**777**	**1838**
镜湖区	704	172	129	37	84
弋江区	764	148	150	35	78
鸠江区	4185	685	828	221	516
三山区	1010	207	167	40	40
芜湖县	1401	176	154	45	89
繁昌县	1316	209	162	39	74
南陵县	2802	440	333	60	165
芜湖经济技术开发区	211	65	56	28	75
安徽芜湖长江大桥经济开发区	240	52	21	2	13
无为市	9131	1208	1460	270	704
蚌埠市	**73759**	**7139**	**14644**	**6551**	**7724**
龙子湖区	3301	492	1123	267	971
蚌山区	382	16	76	13	110
禹会区	6320	708	1562	749	1343
淮上区	2514	295	504	123	204
怀远县	31854	2750	6315	2933	3089
五河县	17587	1554	2894	1899	1142
固镇县	11749	1319	2163	566	852
蚌埠市高新技术开发区	15		2		4
蚌埠市经济开发区	37	5	5	1	9
淮南市	**61178**	**7495**	**13224**	**7667**	**9190**
大通区	3440	592	1172	658	1472
田家庵区	4028	621	1620	637	2136
谢家集区	2048	273	601	143	476
八公山区	748	142	254	68	186
潘集区	11042	1034	2572	861	1238
凤台县	26226	2104	4284	4377	2518
寿县	13646	2729	2721	923	1164

8-1　续表 4　　　　单位：户

地　　区	住房间数				
	六间	七间	八间	九间	十间及以上
马鞍山市	**15197**	**3014**	**3154**	**726**	**1770**
花山区	838	224	346	97	469
雨山区	911	276	373	101	442
博望区	1964	469	306	76	115
当涂县	3163	554	521	133	193
含山县	4649	846	896	208	350
和县	3672	645	712	111	201
淮北市	**62667**	**10937**	**18936**	**7263**	**11740**
杜集区	7131	1440	2348	830	1267
相山区	2438	523	1551	195	595
烈山区	7718	2368	3537	1624	2466
濉溪县	45380	6606	11500	4614	7412
铜陵市	**23290**	**3326**	**3099**	**910**	**2290**
铜官区	592	129	116	29	96
义安区	2059	337	286	96	217
郊区	2951	623	572	189	237
枞阳县	17688	2237	2125	596	1740
安庆市	**89367**	**15802**	**13103**	**4310**	**5973**
迎江区	809	149	223	103	202
大观区	2302	531	479	149	275
宜秀区	2097	462	569	284	676
怀宁县	9704	1618	1144	293	510
太湖县	10880	1558	1134	357	407
宿松县	19427	2275	2237	1178	841
望江县	7855	1024	778	163	310
岳西县	13622	4280	3278	912	1458
安徽安庆经济开发区	384	70	133	69	166
桐城市	12376	2048	1677	484	650
潜山市	9911	1787	1451	318	478
黄山市	**31052**	**7366**	**5845**	**1584**	**2651**
屯溪区	3143	620	518	160	479
黄山区	2311	776	476	194	457
徽州区	2055	494	420	130	155
歙县	11876	2581	2607	599	925
休宁县	6089	1600	985	248	288
黟县	1303	368	265	102	184
祁门县	4275	927	574	151	163
滁州市	**54294**	**7304**	**10933**	**3504**	**5557**
琅琊区	1161	493	513	205	476
南谯区	2297	661	725	225	587
来安县	4167	739	809	190	392
全椒县	3852	732	662	129	296
定远县	11520	1742	2055	572	1023
凤阳县	15787	1294	3573	1550	1721
苏滁现代产业园	2				1
滁州经济技术开发区	118	13	33	8	19
天长市	5452	571	1191	145	459
明光市	9938	1059	1372	480	583

8-1 续表 5

单位：户

地区	住房间数				
	六间	七间	八间	九间	十间及以上
阜阳市	**283291**	**40093**	**71892**	**69467**	**49500**
颍州区	16829	3199	5703	5184	6081
颍东区	19514	4442	5629	4870	4761
颍泉区	21848	2514	4070	4133	3654
临泉县	67987	8146	19269	16076	10614
太和县	58468	7748	13370	15135	9456
阜南县	32691	5140	8158	8662	3979
颍上县	42887	5636	9704	12297	7513
阜阳合肥现代产业园区	1195	210	358	340	530
阜阳经济技术开发区	1166	141	246	145	200
界首市	20706	2917	5385	2625	2712
宿州市	**214108**	**19641**	**53242**	**15662**	**22478**
埇桥区	78311	6526	11676	6526	6909
砀山县	23143	3062	21297	1500	6888
萧县	39234	4521	11210	1838	3915
灵璧县	48625	3504	4714	3286	2111
泗县	21981	1602	3497	2109	1763
宿州马鞍山现代产业园区	2008	267	506	246	469
宿州经济技术开发区	806	159	342	157	423
六安市	**95493**	**18118**	**16650**	**5629**	**8217**
金安区	10301	2137	1831	629	920
裕安区	17508	4062	3925	1305	2013
叶集区	4117	894	1074	569	872
霍邱县	19818	4605	4209	1559	2592
舒城县	22651	2453	2286	586	629
金寨县	14239	2928	2616	776	907
霍山县	6859	1039	709	205	284
亳州市	**181189**	**24163**	**36992**	**21684**	**19118**
谯城区	33873	5588	10949	3489	6806
涡阳县	51862	6883	10801	5127	5479
蒙城县	48881	6464	7491	5058	3484
利辛县	46573	5228	7751	8010	3349
池州市	**27831**	**5470**	**4265**	**1469**	**2417**
贵池区	8460	1483	1526	416	699
东至县	13536	2502	1684	675	739
石台县	1587	448	242	52	175
青阳县	3660	738	606	247	384
池州市国家经济技术开发区	31	11	9	2	6
皖江江南新兴产业集中区					1
九华山风景区	557	288	198	77	413
宣城市	**23284**	**5044**	**3654**	**1145**	**2216**
宣州区	4552	744	610	201	279
郎溪县	1744	277	226	35	81
泾县	2813	481	443	139	498
绩溪县	3125	759	571	129	284
旌德县	2065	659	404	138	159
宣城市经济开发区	455	112	78	26	81
宁国市	4130	1253	750	314	538
广德市	4400	759	572	163	296

8-1a　各地区按住房间数分的家庭户户数(城市)

单位：户

地　区	家庭户户数	住房间数				
		一间	二间	三间	四间	五间
安　徽	**5395240**	**420879**	**2106054**	**2337496**	**334439**	**83408**
合肥市	**1359581**	**151100**	**534895**	**577863**	**77256**	**10355**
瑶海区	282914	33345	127291	107955	11246	1863
庐阳区	210489	24063	94412	82673	7821	947
蜀山区	311922	35873	117955	132213	22127	2731
包河区	389337	47460	135691	178694	24103	1978
长丰县						
肥东县						
肥西县	14925	2383	3933	6439	1883	189
庐江县						
合肥高新技术产业开发区						
合肥经济技术开发区						
合肥新站高新技术产业开发区	23149	1034	11586	8658	1587	142
巢湖市	126845	6942	44027	61231	8489	2505
芜湖市	**506625**	**42000**	**216242**	**208788**	**25467**	**7437**
镜湖区	174878	16960	89333	59877	5959	1833
弋江区	124302	8218	53520	52626	6982	1781
鸠江区	103770	8084	41554	46258	4402	1506
三山区	31864	5103	9724	14307	1748	537
芜湖县	3223	175	743	1443	703	116
繁昌县						
南陵县						
芜湖经济技术开发区	993	118	233	359	162	50
安徽芜湖长江大桥经济开发区						
无为市	67595	3342	21135	33918	5511	1614
蚌埠市	**243873**	**28521**	**139960**	**62856**	**6482**	**1767**
龙子湖区	64520	8543	39585	12859	1442	489
蚌山区	55236	8005	31073	15199	713	134
禹会区	77249	7840	46032	19283	1707	618
淮上区	46868	4133	23270	15515	2620	526
怀远县						
五河县						
固镇县						
蚌埠市高新技术开发区						
蚌埠市经济开发区						
淮南市	**395618**	**27892**	**183524**	**146871**	**19629**	**6118**
大通区	14701	360	6988	6582	547	152
田家庵区	242947	20401	105078	94255	12173	3863
谢家集区	66646	3556	37814	20695	2264	757
八公山区	44632	1980	22167	16502	2223	721
潘集区	26692	1595	11477	8837	2422	625
凤台县						
寿县						

注：本表数据为居住在普通住宅的家庭户。

8－1a 续表 1 单位：户

地　区	家庭户户数	住房间数				
		一间	二间	三间	四间	五间
马鞍山市	**304396**	**13596**	**158500**	**112325**	**12640**	**3372**
花山区	167129	5982	92685	61416	4498	1084
雨山区	113326	6422	59916	41351	3544	941
博望区	23941	1192	5899	9558	4598	1347
当涂县						
含山县						
和县						
淮北市	**276834**	**16998**	**124401**	**99663**	**17153**	**5113**
杜集区	49952	4769	23719	11369	3746	1628
相山区	173831	8256	81289	75154	7165	893
烈山区	33450	3293	16923	8437	2742	713
濉溪县	19601	680	2470	4703	3500	1879
铜陵市	**204030**	**6248**	**91900**	**96827**	**6636**	**1647**
铜官区	155667	4114	72298	73775	4136	947
义安区	32742	1407	12246	16657	1763	487
郊区	15621	727	7356	6395	737	213
枞阳县						
安庆市	**358931**	**21932**	**123098**	**163678**	**31313**	**8874**
迎江区	91370	3814	41675	41158	3906	603
大观区	62382	6428	36894	17196	1506	159
宜秀区	27189	991	6107	15075	3121	752
怀宁县						
太湖县						
宿松县						
望江县	30149	1291	7823	15037	3986	838
岳西县						
安徽安庆经济开发区						
桐城市	97248	4733	21265	51824	11239	3968
潜山市	50593	4675	9334	23388	7555	2554
黄山市	**129142**	**8365**	**39197**	**57302**	**13872**	**5391**
屯溪区	88116	5936	28186	39042	8569	3149
黄山区	21514	1406	6479	9383	2849	811
徽州区	16968	963	4150	8129	1891	1065
歙县	1178	34	145	306	349	181
休宁县	1366	26	237	442	214	185
黟县						
祁门县						
滁州市	**285404**	**16759**	**88847**	**141701**	**24670**	**6199**
琅琊区	87044	3444	39806	36023	4649	1212
南谯区	58047	3132	22233	28041	3172	674
来安县						
全椒县						
定远县						
凤阳县						
苏滁现代产业园						
滁州经济技术开发区						
天长市	78624	5549	12037	51305	6596	1769
明光市	61689	4634	14771	26332	10253	2544

8-1a　续表 2　　　　单位：户

地　区	家庭户户　数	住房间数				
		一间	二间	三间	四间	五间
阜阳市	**309121**	**18942**	**91615**	**154580**	**25625**	**5955**
颍州区	129993	7000	37100	68152	10503	2422
颍东区	52679	3383	18719	26962	1853	303
颍泉区	62473	2944	18034	29859	6570	1654
临泉县						
太和县						
阜南县						
颍上县						
阜阳合肥现代产业园区						
阜阳经济技术开发区						
界首市	63976	5615	17762	29607	6699	1576
宿州市	**211310**	**14037**	**73436**	**100277**	**11954**	**3212**
埇桥区	209300	13785	72878	99486	11627	3155
砀山县						
萧县	2010	252	558	791	327	57
灵璧县						
泗县						
宿州马鞍山现代产业园区						
宿州经济技术开发区						
六安市	**248803**	**14287**	**78577**	**134937**	**14705**	**3189**
金安区	113258	8111	36944	61156	5519	931
裕安区	113177	4635	36474	64446	5954	1213
叶集区	19848	1398	4722	8654	2732	841
霍邱县	925	25	110	100	181	98
舒城县	1595	118	327	581	319	106
金寨县						
霍山县						
亳州市	**184810**	**12881**	**51296**	**87375**	**16891**	**6029**
谯城区	183461	12827	51170	86484	16805	6004
涡阳县						
蒙城县						
利辛县	1349	54	126	891	86	25
池州市	**123727**	**5811**	**36048**	**65949**	**10160**	**3495**
贵池区	117312	5105	34084	62930	9630	3359
东至县						
石台县						
青阳县						
池州市国家经济技术开发区	3846	88	988	2112	477	122
皖江江南新兴产业集中区	2569	618	976	907	53	14
九华山风景区						
宣城市	**253035**	**21510**	**74518**	**126504**	**19986**	**5255**
宣州区	90223	5563	29783	49218	3909	1005
郎溪县						
泾县						
绩溪县						
旌德县						
宣城市经济开发区						
宁国市	85313	9657	21857	42353	7317	2082
广德市	77499	6290	22878	34933	8760	2168

8－1a 续表 3　　　　　　　　　　　　单位：户

地　区	住房间数				
	六间	七间	八间	九间	十间及以上
安　徽	**61864**	**11890**	**16973**	**6030**	**16207**
合肥市	**4853**	**955**	**1060**	**200**	**1044**
瑶海区	624	143	165	45	237
庐阳区	293	68	77	15	120
蜀山区	666	149	106	15	87
包河区	1014	95	178	16	108
长丰县					
肥东县					
肥西县	64	13	14	1	6
庐江县					
合肥高新技术产业开发区					
合肥经济技术开发区					
合肥新站高新技术产业开发区	96	6	26	6	8
巢湖市	2096	481	494	102	478
芜湖市	**3622**	**870**	**962**	**292**	**945**
镜湖区	567	149	94	32	74
弋江区	764	148	150	35	78
鸠江区	924	206	359	111	366
三山区	284	84	38	19	20
芜湖县	37	2	3		1
繁昌县					
南陵县					
芜湖经济技术开发区	33	7	11	6	14
安徽芜湖长江大桥经济开发区					
无为市	1013	274	307	89	392
蚌埠市	**1726**	**262**	**780**	**300**	**1219**
龙子湖区	500	81	341	67	613
蚌山区	86	9	5	2	10
禹会区	570	131	355	200	513
淮上区	570	41	79	31	83
怀远县					
五河县					
固镇县					
蚌埠市高新技术开发区					
蚌埠市经济开发区					
淮南市	**5623**	**863**	**1868**	**781**	**2449**
大通区	38	10	13	2	9
田家庵区	2980	522	1263	566	1846
谢家集区	742	146	311	80	281
八公山区	629	93	162	42	113
潘集区	1234	92	119	91	200
凤台县					
寿县					

8-1a　续表 4　　　　单位：户

地　　区	住房间数				
	六间	七间	八间	九间	十间及以上
马鞍山市	**2091**	**531**	**549**	**154**	**638**
花山区	627	150	240	64	383
雨山区	576	163	172	54	187
博望区	888	218	137	36	68
当涂县					
含山县					
和县					
淮北市	**7088**	**1278**	**2641**	**847**	**1652**
杜集区	2488	421	979	299	534
相山区	549	107	249	30	139
烈山区	803	147	230	63	99
濉溪县	3248	603	1183	455	880
铜陵市	**509**	**117**	**84**	**8**	**54**
铜官区	256	59	52	2	28
义安区	133	25	13	3	8
郊区	120	33	19	3	18
枞阳县					
安庆市	**6404**	**1227**	**1168**	**480**	**757**
迎江区	169	18	15	1	11
大观区	123	13	18	15	30
宜秀区	565	148	172	108	150
怀宁县					
太湖县					
宿松县					
望江县	748	108	174	37	107
岳西县					
安徽安庆经济开发区					
桐城市	2757	605	399	174	284
潜山市	2042	335	390	145	175
黄山市	**3178**	**737**	**517**	**184**	**399**
屯溪区	2090	422	303	96	323
黄山区	349	116	54	39	28
徽州区	514	122	88	22	24
歙县	95	45	18	1	4
休宁县	130	32	54	26	20
黟县					
祁门县					
滁州市	**4149**	**743**	**1165**	**355**	**816**
琅琊区	757	313	364	132	344
南谯区	358	104	139	40	154
来安县					
全椒县					
定远县					
凤阳县					
苏滁现代产业园					
滁州经济技术开发区					
天长市	954	55	275	38	46
明光市	2080	271	387	145	272

8－1a 续表 5

单位：户

地　　区	住房间数				
	六间	七间	八间	九间	十间及以上
阜阳市	**6269**	**1063**	**1982**	**849**	**2241**
颍州区	2241	488	766	379	942
颍东区	831	84	206	108	230
颍泉区	1645	247	545	221	754
临泉县					
太和县					
阜南县					
颍上县					
阜阳合肥现代产业园区					
阜阳经济技术开发区					
界首市	1552	244	465	141	315
宿州市	**4980**	**667**	**1185**	**557**	**1005**
埇桥区	4961	663	1184	556	1005
砀山县					
萧县	19	4	1	1	
灵璧县					
泗县					
宿州马鞍山现代产业园区					
宿州经济技术开发区					
六安市	**1813**	**393**	**363**	**170**	**369**
金安区	325	42	73	15	142
裕安区	307	73	34	10	31
叶集区	831	203	200	114	153
霍邱县	263	59	45	23	21
舒城县	87	16	11	8	22
金寨县					
霍山县					
亳州市	**5121**	**940**	**1790**	**550**	**1937**
谯城区	5020	935	1778	507	1931
涡阳县					
蒙城县					
利辛县	101	5	12	43	6
池州市	**1405**	**243**	**309**	**92**	**215**
贵池区	1374	232	300	90	208
东至县					
石台县					
青阳县					
池州市国家经济技术开发区	31	11	9	2	6
皖江江南新兴产业集中区					1
九华山风景区					
宣城市	**3033**	**1001**	**550**	**211**	**467**
宣州区	394	166	80	25	80
郎溪县					
泾县					
绩溪县					
旌德县					
宣城市经济开发区					
宁国市	1030	485	211	100	221
广德市	1609	350	259	86	166

8-1b　各地区按住房间数分的家庭户户数(镇)

单位：户

地　　区	家庭户户　数	住房间数				
		一间	二间	三间	四间	五间
安　徽	**6101712**	**469821**	**1619205**	**2653992**	**734771**	**223074**
合肥市	**1022804**	**83568**	**315925**	**526660**	**68602**	**13434**
瑶海区	8166	547	2888	4255	266	107
庐阳区	21602	227	3782	14727	2655	163
蜀山区	10041	1017	2780	4933	777	220
包河区						
长丰县	144335	7030	44743	81150	8548	1271
肥东县	187358	15208	58814	96818	10744	2267
肥西县	165426	20518	51050	86305	5580	975
庐江县	158592	11394	39374	80750	17243	4852
合肥高新技术产业开发区	69721	7535	22815	33447	4906	660
合肥经济技术开发区	132457	12319	42500	66435	9028	1211
合肥新站高新技术产业开发区	88817	4944	35576	43544	3919	380
巢湖市	36289	2829	11603	14296	4936	1328
芜湖市	**380960**	**34050**	**109892**	**184093**	**36074**	**9523**
镜湖区	350	35	110	182	15	3
弋江区						
鸠江区	27872	2350	7488	10269	5333	1437
三山区	6570	10	1098	4918	318	136
芜湖县	70698	4290	20700	39042	4741	1040
繁昌县	52564	4061	16102	27085	3780	863
南陵县	83885	7463	23949	42313	7152	1793
芜湖经济技术开发区	54948	9605	18648	25014	1063	271
安徽芜湖长江大桥经济开发区	5547	337	2682	2111	362	33
无为市	78526	5899	19115	33159	13310	3947
蚌埠市	**350321**	**17737**	**127790**	**148499**	**31658**	**7987**
龙子湖区	3108	203	1496	652	267	186
蚌山区						
禹会区	2883	313	820	628	543	201
淮上区	9334	443	5325	2150	779	302
怀远县	109141	6115	38292	38290	13211	4059
五河县	74434	4894	21486	32847	8643	1780
固镇县	48870	2846	12759	26472	4081	1115
蚌埠市高新技术开发区	19268	179	10487	7644	834	103
蚌埠市经济开发区	83283	2744	37125	39816	3300	241
淮南市	**255911**	**21099**	**82365**	**90671**	**33622**	**10348**
大通区	28008	1537	10866	8711	2723	918
田家庵区	4564	213	1336	1097	1128	156
谢家集区	1456	150	562	395	267	48
八公山区	23		5	15		3
潘集区	24424	3454	7041	5510	4382	1277
凤台县	76429	6266	23480	31800	8082	2100
寿县	121007	9479	39075	43143	17040	5846

注：本表数据为居住在普通住宅的家庭户。

8-1b 续表 1

单位：户

地　　区	家庭户 户　数	住房间数 一间	二间	三间	四间	五间
马鞍山市	**231576**	**18263**	**71832**	**98215**	**28279**	**7722**
花山区						
雨山区						
博望区	3372	457	869	956	791	169
当涂县	94435	5676	33965	38779	10684	3170
含山县	64495	4209	14787	30985	9282	2281
和县	69274	7921	22211	27495	7522	2102
淮北市	**147267**	**9006**	**46370**	**50740**	**16889**	**6087**
杜集区	17611	1539	8439	2612	1449	867
相山区						
烈山区	12360	1759	5909	1656	725	391
濉溪县	117296	5708	32022	46472	14715	4829
铜陵市	**111408**	**9931**	**20476**	**41166**	**19776**	**7568**
铜官区	12	1	6	4	1	
义安区	9654	586	2506	3800	1721	605
郊区	11758	1005	3892	4172	1628	577
枞阳县	89984	8339	14072	33190	16426	6386
安庆市	**409779**	**28734**	**84314**	**167400**	**70666**	**25887**
迎江区						
大观区	6782	136	633	1450	1490	962
宜秀区	9831	382	1495	3328	2739	777
怀宁县	81743	5965	16769	36708	11198	5644
太湖县	57311	4711	10980	24985	10123	2923
宿松县	81061	8490	15281	28897	15659	5229
望江县	17367	1152	3565	6626	3912	1047
岳西县	39500	1835	6054	15860	7183	3083
安徽安庆经济开发区	46140	1521	19079	21985	2162	783
桐城市	38875	2740	6529	15737	8076	2848
潜山市	31169	1802	3929	11824	8124	2591
黄山市	**134362**	**8457**	**29211**	**50583**	**22528**	**11249**
屯溪区	1891	28	111	413	374	304
黄山区	8175	493	1948	1990	1759	924
徽州区	3796	108	344	648	1224	497
歙县	52508	3758	9792	19820	9221	4691
休宁县	28870	2260	7083	10784	4640	2268
黟县	12127	628	3304	4682	2054	807
祁门县	26995	1182	6629	12246	3256	1758
滁州市	**498526**	**28748**	**138054**	**218915**	**71962**	**17283**
琅琊区						
南谯区	20638	911	8126	8166	1957	977
来安县	75623	4620	20089	33705	11395	2774
全椒县	84834	5666	24829	45058	6568	1278
定远县	96596	6854	26392	38332	14413	3771
凤阳县	94596	5137	27688	35907	16550	2787
苏滁现代产业园	4839	69	2590	1988	187	2
滁州经济技术开发区	30894	1095	11670	16148	1398	487
天长市	62883	3208	9564	32379	11904	3811
明光市	27623	1188	7106	7232	7590	1396

8-1b 续表 2 单位：户

地区	家庭户户数	住房间数				
		一间	二间	三间	四间	五间
阜阳市	**724940**	**45712**	**152818**	**301396**	**96434**	**32199**
颍州区	19140	751	3783	6006	2779	1397
颍东区	21996	895	4315	4787	4049	2076
颍泉区	26536	1326	5253	7164	4194	2074
临泉县	137401	7938	29037	58913	17988	5630
太和县	212795	14405	41970	93714	24828	8446
阜南县	99588	9462	19834	52481	8922	2551
颍上县	140508	6884	30624	51981	24249	7349
阜阳合肥现代产业园区	1591	165	278	439	229	124
阜阳经济技术开发区	30198	1535	9874	14536	2413	651
界首市	35187	2351	7850	11375	6783	1901
宿州市	**525775**	**42693**	**119914**	**214021**	**68193**	**21650**
埇桥区	68749	6036	25839	17369	7806	2508
砀山县	126140	6406	18570	51090	22902	6564
萧县	115537	11834	27009	44873	16481	4826
灵璧县	102472	9768	22882	46492	9769	3640
泗县	88965	6744	18208	44907	9539	3198
宿州马鞍山现代产业园区	7460	1054	2161	2506	522	403
宿州经济技术开发区	16452	851	5245	6784	1174	511
六安市	**439233**	**55711**	**112168**	**181685**	**57040**	**13799**
金安区	50329	13935	11525	19410	3428	1085
裕安区	27146	2666	7617	10922	3702	845
叶集区	8809	590	1851	3641	1813	439
霍邱县	105057	12149	30405	36208	15425	3978
舒城县	112507	15429	27513	45870	15996	3383
金寨县	67400	6738	17555	34033	6119	1360
霍山县	67985	4204	15702	31601	10557	2709
亳州市	**444124**	**30534**	**94538**	**205531**	**52610**	**18780**
谯城区	42256	4406	11182	13885	7082	1972
涡阳县	126837	8721	26220	63029	13895	4366
蒙城县	142601	7885	28376	66623	16718	6940
利辛县	132430	9522	28760	61994	14915	5502
池州市	**151125**	**15410**	**31602**	**56576**	**25943**	**9272**
贵池区	12743	728	1511	4512	3745	1122
东至县	81196	10950	15729	25713	14985	5570
石台县	12459	931	2952	5570	1529	766
青阳县	43968	2734	11239	20630	5619	1751
池州市国家经济技术开发区						
皖江江南新兴产业集中区						
九华山风景区	759	67	171	151	65	63
宣城市	**273601**	**20168**	**81936**	**117841**	**34495**	**10286**
宣州区	38899	2860	14115	15350	4793	1016
郎溪县	67995	4692	21818	32191	6913	1375
泾县	54260	5036	19607	21251	5130	1584
绩溪县	30279	1962	6044	12032	6049	2320
旌德县	23505	1734	5694	9091	3655	1767
宣城市经济开发区	26199	1284	6903	14769	2228	585
宁国市	10152	1138	2350	3432	1831	619
广德市	22312	1462	5405	9725	3896	1020

8−1b 续表 3

单位：户

地　区	住房间数				
	六间	七间	八间	九间	十间及以上
安　徽	**245679**	**35356**	**56837**	**26137**	**36840**
合肥市	**9009**	**1534**	**2037**	**570**	**1465**
瑶海区	49	12	10	2	30
庐阳区	36	5	4		3
蜀山区	180	41	43	13	37
包河区					
长丰县	984	122	251	54	182
肥东县	1993	331	572	133	478
肥西县	536	97	133	64	168
庐江县	3240	582	630	207	320
合肥高新技术产业开发区	286	37	18	2	15
合肥经济技术开发区	609	135	111	35	74
合肥新站高新技术产业开发区	251	46	74	17	66
巢湖市	845	126	191	43	92
芜湖市	**5136**	**803**	**753**	**201**	**435**
镜湖区	3			1	1
弋江区					
鸠江区	685	111	113	24	62
三山区	79	6	3	1	1
芜湖县	620	94	75	34	62
繁昌县	465	89	70	14	35
南陵县	835	140	113	31	96
芜湖经济技术开发区	165	55	44	22	61
安徽芜湖长江大桥经济开发区	18	2	1		1
无为市	2266	306	334	74	116
蚌埠市	**10659**	**1075**	**2371**	**1071**	**1474**
龙子湖区	128	26	99	35	16
蚌山区					
禹会区	227	50	66	12	23
淮上区	160	47	76	11	41
怀远县	5884	518	1311	515	946
五河县	3173	310	565	438	298
固镇县	1035	119	247	59	137
蚌埠市高新技术开发区	15		2		4
蚌埠市经济开发区	37	5	5	1	9
淮南市	**10011**	**1681**	**2728**	**1057**	**2329**
大通区	1331	313	531	261	817
田家庵区	349	26	110	30	119
谢家集区	31	1	2		
八公山区					
潘集区	1602	263	461	149	285
凤台县	2756	246	779	336	584
寿县	3942	832	845	281	524

8-1b　续表 4　　　　单位：户

地　区	住房间数				
	六间	七间	八间	九间	十间及以上
马鞍山市	**4702**	**915**	**963**	**236**	**449**
花山区					
雨山区					
博望区	86	12	18	5	9
当涂县	1411	305	259	66	120
含山县	1856	342	422	123	208
和县	1349	256	264	42	112
淮北市	**10301**	**1472**	**3303**	**1029**	**2070**
杜集区	1473	344	434	195	259
相山区					
烈山区	695	208	403	206	408
濉溪县	8133	920	2466	628	1403
铜陵市	**8123**	**1253**	**1114**	**428**	**1573**
铜官区					
义安区	311	53	39	12	21
郊区	335	67	42	13	27
枞阳县	7477	1133	1033	403	1525
安庆市	**21169**	**4037**	**4073**	**1294**	**2205**
迎江区					
大观区	1164	326	307	104	210
宜秀区	713	124	103	15	155
怀宁县	3395	945	575	212	332
太湖县	2747	291	317	103	131
宿松县	5006	670	959	408	462
望江县	678	129	163	27	68
岳西县	3211	805	812	190	467
安徽安庆经济开发区	277	46	96	49	142
桐城市	2080	287	339	117	122
潜山市	1898	414	402	69	116
黄山市	**7512**	**1848**	**1633**	**454**	**887**
屯溪区	406	55	79	23	98
黄山区	619	165	103	38	136
徽州区	499	144	156	78	98
歙县	3186	760	765	176	339
休宁县	1147	309	229	60	90
黟县	390	86	101	21	54
祁门县	1265	329	200	58	72
滁州市	**15556**	**2072**	**3147**	**968**	**1821**
琅琊区					
南谯区	369	43	48	14	27
来安县	1979	306	414	104	237
全椒县	933	158	175	45	124
定远县	4025	931	925	274	679
凤阳县	4171	346	1010	440	560
苏滁现代产业园	2				1
滁州经济技术开发区	74	3	3	5	11
天长市	1476	121	273	32	115
明光市	2527	164	299	54	67

8-1b 续表 5

单位：户

地　区	住房间数				
	六间	七间	八间	九间	十间及以上
阜阳市	**55699**	**7275**	**13189**	**10452**	**9766**
颍州区	1858	467	660	604	835
颍东区	2702	827	838	689	818
颍泉区	4236	403	656	794	436
临泉县	10630	1250	2706	1470	1839
太和县	16819	2106	3907	3554	3046
阜南县	4166	484	734	542	412
颍上县	10964	1366	2755	2411	1925
阜阳合肥现代产业园区	142	41	87	11	75
阜阳经济技术开发区	818	53	130	98	90
界首市	3364	278	716	279	290
宿州市	**34774**	**3496**	**11816**	**2971**	**6247**
埇桥区	5727	671	1222	790	781
砀山县	8951	1134	6729	672	3122
萧县	7326	560	1735	283	610
灵璧县	7518	474	918	559	452
泗县	4009	374	741	477	768
宿州马鞍山现代产业园区	437	124	129	33	91
宿州经济技术开发区	806	159	342	157	423
六安市	**12023**	**2020**	**2409**	**745**	**1633**
金安区	594	130	106	46	70
裕安区	904	93	236	45	116
叶集区	303	45	72	28	27
霍邱县	3749	757	1024	388	974
舒城县	3175	366	463	111	201
金寨县	937	218	219	72	149
霍山县	2361	411	289	55	96
亳州市	**27497**	**2939**	**4873**	**3841**	**2981**
谯城区	2421	325	636	140	207
涡阳县	6926	629	1412	611	1028
蒙城县	10892	1236	1657	1270	1004
利辛县	7258	749	1168	1820	742
池州市	**7643**	**1759**	**1471**	**526**	**923**
贵池区	749	105	161	39	71
东至县	5264	1257	875	337	516
石台县	450	108	110	16	27
青阳县	1110	261	282	117	225
池州市国家经济技术开发区					
皖江江南新兴产业集中区					
九华山风景区	70	28	43	17	84
宣城市	**5865**	**1177**	**957**	**294**	**582**
宣州区	558	50	84	30	43
郎溪县	713	121	110	20	42
泾县	1056	178	182	75	161
绩溪县	1259	290	184	41	98
旌德县	944	292	186	58	84
宣城市经济开发区	276	56	39	12	47
宁国市	495	86	92	41	68
广德市	564	104	80	17	39

8−1c　各地区按住房间数分的家庭户户数(乡村)

单位：户

地　　区	家庭户户　数	住房间数				
		一间	二间	三间	四间	五间
安　徽	**9253456**	**539196**	**1724619**	**2813472**	**1899615**	**711129**
合肥市	**635252**	**50194**	**159744**	**204990**	**134607**	**39364**
瑶海区	6916	356	3096	3216	204	18
庐阳区	1959	76	768	575	237	102
蜀山区	4617	263	1051	1331	1112	386
包河区	985	91	290	263	137	50
长丰县	117210	9403	34112	33751	23512	5738
肥东县	121411	9621	32838	35191	30687	6305
肥西县	115263	11815	28592	41143	19515	5779
庐江县	163568	9317	33461	56525	37645	13939
合肥高新技术产业开发区	21		7	4	4	
合肥经济技术开发区	3387	267	1097	952	688	173
合肥新站高新技术产业开发区	1024	95	134	520	174	49
巢湖市	98891	8890	24298	31519	20692	6825
芜湖市	**396566**	**32158**	**95061**	**144629**	**83675**	**23861**
镜湖区	7002	843	1746	2345	1426	437
弋江区						
鸠江区	50893	3424	10829	16045	12770	4351
三山区	15926	1446	3087	4941	4178	1345
芜湖县	40994	3663	11185	15618	7631	1960
繁昌县	39812	4487	11025	14047	7447	1679
南陵县	82385	6897	18699	33026	16608	4570
芜湖经济技术开发区	1385	321	507	345	153	42
安徽芜湖长江大桥经济开发区	2573	163	372	693	695	344
无为市	155596	10914	37611	57569	32767	9133
蚌埠市	**489407**	**26290**	**92521**	**130685**	**114815**	**36216**
龙子湖区	12515	343	1760	2542	2522	1100
蚌山区	5288	509	1566	1605	912	211
禹会区	34443	1723	5805	7792	7779	2809
淮上区	32004	4782	7814	8701	6577	1629
怀远县	195415	8776	36723	51684	46969	13496
五河县	99405	4365	16757	24755	23822	9414
固镇县	110337	5792	22096	33606	26234	7557
蚌埠市高新技术开发区						
蚌埠市经济开发区						
淮南市	**419011**	**26665**	**96706**	**117709**	**81127**	**27440**
大通区	15884	836	3304	3839	2938	958
田家庵区	11000	986	3126	2509	2677	471
谢家集区	17926	1531	4695	4163	4724	866
八公山区	2336	217	1002	308	299	151
潘集区	60574	3974	12539	14022	13856	3932
凤台县	137460	6699	23954	40138	23316	8545
寿县	173831	12422	48086	52730	33317	12517

注：本表数据为居住在普通住宅的家庭户。

8-1c 续表 1

单位：户

地区	家庭户户数	住房间数 一间	二间	三间	四间	五间
马鞍山市	**223842**	**20675**	**58040**	**72883**	**47389**	**12222**
花山区	3324	207	662	852	723	370
雨山区	4570	311	915	1062	896	435
博望区	25040	1984	5458	8460	5999	1686
当涂县	58028	6078	15360	21175	10310	2702
含山县	57060	4164	13638	18840	12703	3717
和县	75820	7931	22007	22494	16758	3312
淮北市	**240970**	**8681**	**30592**	**63174**	**38119**	**20542**
杜集区	17798	466	2747	4038	2979	1978
相山区	17081	1059	2185	3778	3839	1992
烈山区	37348	904	3928	10130	5395	2540
濉溪县	168743	6252	21732	45228	25906	14032
铜陵市	**183547**	**8134**	**33969**	**61239**	**43690**	**16863**
铜官区	2828	57	545	1132	353	176
义安区	47754	2881	13568	17298	8879	2751
郊区	37636	1898	6278	13025	9009	3531
枞阳县	95329	3298	13578	29784	25449	10405
安庆市	**697616**	**28609**	**92691**	**223669**	**196451**	**70455**
迎江区	4647	223	641	933	874	704
大观区	12542	465	1524	4295	3453	1379
宜秀区	10133	259	1010	2577	3256	1196
怀宁县	98750	2965	12265	35986	29831	9893
太湖县	97175	5066	11760	31973	28220	9409
宿松县	134654	6477	20296	37375	38462	13591
望江县	110112	4806	18253	43546	28073	7543
岳西县	72153	2046	6167	15580	20425	9870
安徽安庆经济开发区	1394	25	505	347	162	143
桐城市	78458	2873	11566	24923	20273	8752
潜山市	77598	3404	8704	26134	23422	7975
黄山市	**219537**	**7940**	**30220**	**48513**	**72315**	**29400**
屯溪区	7343	280	1086	1806	2057	1089
黄山区	24088	1425	5561	6501	5840	2194
徽州区	12700	482	1366	2312	5329	1702
歙县	84586	2885	9930	18233	28023	12316
休宁县	45389	1344	5918	8820	15462	6732
黟县	17353	813	2748	4610	5762	1850
祁门县	28078	711	3611	6231	9842	3517
滁州市	**537834**	**25564**	**126974**	**175969**	**125089**	**33438**
琅琊区	3762	312	636	711	723	442
南谯区	35907	2324	10441	12565	5385	1993
来安县	67088	6211	19761	21028	13346	3485
全椒县	54978	3114	10490	14444	16942	5752
定远县	130223	4465	31702	46936	30277	6765
凤阳县	102123	3291	20034	27119	28346	5935
苏滁现代产业园						
滁州经济技术开发区	2778	76	1254	1242	86	25
天长市	62915	3365	14945	23826	12384	3962
明光市	78060	2406	17711	28098	17600	5079

8-1c 续表 2

单位：户

地 区	家庭户户数	住房间数 一间	二间	三间	四间	五间
阜阳市	**1614708**	**64948**	**264569**	**494323**	**270561**	**114849**
颍州区	94254	4237	12694	25435	15952	8180
颍东区	91835	3386	11803	19250	15004	10509
颍泉区	107432	6178	18623	29188	18605	8556
临泉县	381401	9281	46037	119346	76993	25547
太和县	287333	10139	45626	100221	37937	18665
阜南县	267776	10811	51259	94536	42584	16294
颍上县	241559	11748	50583	64684	39086	16842
阜阳合肥现代产业园区	9807	328	1843	3731	1101	527
阜阳经济技术开发区	5877	357	1011	2204	1217	379
界首市	127434	8483	25090	35728	22082	9350
宿州市	**1066480**	**56303**	**166374**	**335917**	**177927**	**72526**
埇桥区	285823	12041	40819	85775	36347	18453
砀山县	149791	6433	21206	36311	39633	10926
萧县	266037	19286	47812	80344	50385	18031
灵璧县	209358	9618	29402	75126	27803	15090
泗县	149948	8819	26747	57144	23041	9614
宿州马鞍山现代产业园区	5523	106	388	1217	718	412
宿州经济技术开发区						
六安市	**857247**	**64825**	**172625**	**237080**	**190711**	**69837**
金安区	129129	11007	27675	38582	26491	11099
裕安区	158107	8035	25249	44764	36289	16806
叶集区	35606	2076	6931	9962	7997	3090
霍邱县	238109	28264	70166	61698	38325	14176
舒城县	152371	9177	23777	40810	42231	12231
金寨县	107688	4843	14047	29525	29590	9812
霍山县	36237	1423	4780	11739	9788	2623
亳州市	**1049596**	**81834**	**176034**	**305138**	**164206**	**91707**
谯城区	295178	33819	60433	86932	45162	22027
涡阳县	262191	13998	35800	77772	41866	23209
蒙城县	209609	10427	25550	55992	37678	24643
利辛县	282618	23590	54251	84442	39500	21828
池州市	**215638**	**6451**	**28108**	**59987**	**68199**	**26027**
贵池区	82272	2311	10632	24106	25766	10202
东至县	68841	1362	6118	15908	25011	9555
石台县	18434	623	2636	4881	6451	2050
青阳县	42439	2031	8310	14558	10239	3661
池州市国家经济技术开发区						
皖江江南新兴产业集中区						
九华山风景区	3652	124	412	534	732	559
宣城市	**406205**	**29925**	**100391**	**137567**	**90734**	**26382**
宣州区	131081	11340	36134	43994	27787	6950
郎溪县	45148	3918	12496	16228	9307	1842
泾县	57702	4755	16988	18747	11038	3452
绩溪县	25124	808	3758	7375	7680	2507
旌德县	19628	775	3354	5877	5652	2109
宣城市经济开发区	6430	426	2055	2058	1167	402
宁国市	50846	3511	11459	15748	11456	4516
广德市	70246	4392	14147	27540	16647	4604

8-1c 续表 3

单位：户

地区	住房间数				
	六间	七间	八间	九间	十间及以上
安徽	**993802**	**139318**	**208900**	**118630**	**104775**
合肥市	**29719**	**5801**	**6520**	**1679**	**2634**
瑶海区	18	6	1		1
庐阳区	97	27	41	8	28
蜀山区	303	82	63	14	12
包河区	70	7	43	6	28
长丰县	6690	1093	1636	516	759
肥东县	4468	712	1145	149	295
肥西县	4957	1288	1236	349	589
庐江县	8703	1612	1404	423	539
合肥高新技术产业开发区	3	2			1
合肥经济技术开发区	119	35	37	10	9
合肥新站高新技术产业开发区	22	5	14	1	10
巢湖市	4269	932	900	203	363
芜湖市	**13006**	**1689**	**1745**	**284**	**458**
镜湖区	134	23	35	4	9
弋江区					
鸠江区	2576	368	356	86	88
三山区	647	117	126	20	19
芜湖县	744	80	76	11	26
繁昌县	851	120	92	25	39
南陵县	1967	300	220	29	69
芜湖经济技术开发区	13	3	1		
安徽芜湖长江大桥经济开发区	222	50	20	2	12
无为市	5852	628	819	107	196
蚌埠市	**61374**	**5802**	**11493**	**5180**	**5031**
龙子湖区	2673	385	683	165	342
蚌山区	296	7	71	11	100
禹会区	5523	527	1141	537	807
淮上区	1784	207	349	81	80
怀远县	25970	2232	5004	2418	2143
五河县	14414	1244	2329	1461	844
固镇县	10714	1200	1916	507	715
蚌埠市高新技术开发区					
蚌埠市经济开发区					
淮南市	**45544**	**4951**	**8628**	**5829**	**4412**
大通区	2071	269	628	395	646
田家庵区	699	73	247	41	171
谢家集区	1275	126	288	63	195
八公山区	119	49	92	26	73
潘集区	8206	679	1992	621	753
凤台县	23470	1858	3505	4041	1934
寿县	9704	1897	1876	642	640

8-1c 续表 4

单位：户

地 区	住房间数				
	六间	七间	八间	九间	十间及以上
马鞍山市	**8404**	**1568**	**1642**	**336**	**683**
花山区	211	74	106	33	86
雨山区	335	113	201	47	255
博望区	990	239	151	35	38
当涂县	1752	249	262	67	73
含山县	2793	504	474	85	142
和县	2323	389	448	69	89
淮北市	**45278**	**8187**	**12992**	**5387**	**8018**
杜集区	3170	675	935	336	474
相山区	1889	416	1302	165	456
烈山区	6220	2013	2904	1355	1959
濉溪县	33999	5083	7851	3531	5129
铜陵市	**14658**	**1956**	**1901**	**474**	**663**
铜官区	336	70	64	27	68
义安区	1615	259	234	81	188
郊区	2496	523	511	173	192
枞阳县	10211	1104	1092	193	215
安庆市	**61794**	**10538**	**7862**	**2536**	**3011**
迎江区	640	131	208	102	191
大观区	1015	192	154	30	35
宜秀区	819	190	294	161	371
怀宁县	6309	673	569	81	178
太湖县	8133	1267	817	254	276
宿松县	14421	1605	1278	770	379
望江县	6429	787	441	99	135
岳西县	10411	3475	2466	722	991
安徽安庆经济开发区	107	24	37	20	24
桐城市	7539	1156	939	193	244
潜山市	5971	1038	659	104	187
黄山市	**20362**	**4781**	**3695**	**946**	**1365**
屯溪区	647	143	136	41	58
黄山区	1343	495	319	117	293
徽州区	1042	228	176	30	33
歙县	8595	1776	1824	422	582
休宁县	4812	1259	702	162	178
黟县	913	282	164	81	130
祁门县	3010	598	374	93	91
滁州市	**34589**	**4489**	**6621**	**2181**	**2920**
琅琊区	404	180	149	73	132
南谯区	1570	514	538	171	406
来安县	2188	433	395	86	155
全椒县	2919	574	487	84	172
定远县	7495	811	1130	298	344
凤阳县	11616	948	2563	1110	1161
苏滁现代产业园					
滁州经济技术开发区	44	10	30	3	8
天长市	3022	395	643	75	298
明光市	5331	624	686	281	244

8-1c　续表 5　　　　单位：户

地　区	住房间数				
	六间	七间	八间	九间	十间及以上
阜阳市	**221323**	**31755**	**56721**	**58166**	**37493**
颍州区	12730	2244	4277	4201	4304
颍东区	15981	3531	4585	4073	3713
颍泉区	15967	1864	2869	3118	2464
临泉县	57357	6896	16563	14606	8775
太和县	41649	5642	9463	11581	6410
阜南县	28525	4656	7424	8120	3567
颍上县	31923	4270	6949	9886	5588
阜阳合肥现代产业园区	1053	169	271	329	455
阜阳经济技术开发区	348	88	116	47	110
界首市	15790	2395	4204	2205	2107
宿州市	**174354**	**15478**	**40241**	**12134**	**15226**
埇桥区	67623	5192	9270	5180	5123
砀山县	14192	1928	14568	828	3766
萧县	31889	3957	9474	1554	3305
灵璧县	41107	3030	3796	2727	1659
泗县	17972	1228	2756	1632	995
宿州马鞍山现代产业园区	1571	143	377	213	378
宿州经济技术开发区					
六安市	**81657**	**15705**	**13878**	**4714**	**6215**
金安区	9382	1965	1652	568	708
裕安区	16297	3896	3655	1250	1866
叶集区	2983	646	802	427	692
霍邱县	15806	3789	3140	1148	1597
舒城县	19389	2071	1812	467	406
金寨县	13302	2710	2397	704	758
霍山县	4498	628	420	150	188
亳州市	**148571**	**20284**	**30329**	**17293**	**14200**
谯城区	26432	4328	8535	2842	4668
涡阳县	44936	6254	9389	4516	4451
蒙城县	37989	5228	5834	3788	2480
利辛县	39214	4474	6571	6147	2601
池州市	**18783**	**3468**	**2485**	**851**	**1279**
贵池区	6337	1146	1065	287	420
东至县	8272	1245	809	338	223
石台县	1137	340	132	36	148
青阳县	2550	477	324	130	159
池州市国家经济技术开发区					
皖江江南新兴产业集中区					
九华山风景区	487	260	155	60	329
宣城市	**14386**	**2866**	**2147**	**640**	**1167**
宣州区	3600	528	446	146	156
郎溪县	1031	156	116	15	39
泾县	1757	303	261	64	337
绩溪县	1866	469	387	88	186
旌德县	1121	367	218	80	75
宣城市经济开发区	179	56	39	14	34
宁国市	2605	682	447	173	249
广德市	2227	305	233	60	91

8-2 各地区按人均住房建筑面积分的家庭户户数

单位：户

地区	家庭户户数	人均住房建筑面积(平方米)			
		8及以下	9-12	13-16	17-19
安徽	**20750408**	**99524**	**282730**	**634920**	**468627**
合肥市	**3017637**	**15251**	**49867**	**126316**	**117312**
瑶海区	297996	2010	6875	17198	15892
庐阳区	234050	1262	5117	12891	13051
蜀山区	326580	1368	5223	14082	14081
包河区	390322	4320	9715	19330	16093
长丰县	261545	858	3736	11448	9242
肥东县	308769	1953	4968	10944	9560
肥西县	295614	1452	5364	12729	12734
庐江县	322160	1060	3332	7608	5989
合肥高新技术产业开发区	69742	71	914	3298	3936
合肥经济技术开发区	135844	283	1428	5769	6447
合肥新站高新技术产业开发区	112990	165	1379	5533	5212
巢湖市	262025	449	1816	5486	5075
芜湖市	**1284151**	**2163**	**9825**	**30867**	**32077**
镜湖区	182230	260	1664	5548	5914
弋江区	124302	134	672	2891	4126
鸠江区	182535	310	1529	4299	4545
三山区	54360	72	381	1225	1714
芜湖县	114915	148	638	2445	2598
繁昌县	92376	101	522	1600	1656
南陵县	166270	367	1017	2622	2368
芜湖经济技术开发区	57326	61	340	1699	2566
安徽芜湖长江大桥经济开发区	8120	3	16	75	149
无为市	301717	707	3046	8463	6441
蚌埠市	**1083601**	**3838**	**15108**	**36843**	**27017**
龙子湖区	80143	293	1396	4000	3598
蚌山区	60524	116	970	2598	2709
禹会区	114575	319	1552	4179	3925
淮上区	88206	301	1294	3384	2409
怀远县	304556	1298	4726	10053	5062
五河县	173839	633	2087	4863	2856
固镇县	159207	837	2587	5733	3645
蚌埠市高新技术开发区	19268	4	64	430	730
蚌埠市经济开发区	83283	37	432	1603	2083
淮南市	**1070540**	**5257**	**19462**	**44473**	**28366**
大通区	58593	151	600	1740	1338
田家庵区	258511	728	3236	8776	8560
谢家集区	86028	324	1381	3481	3410
八公山区	46991	209	803	2055	1874
潘集区	111690	477	1916	4244	2484
凤台县	213889	1232	3889	7742	3964
寿县	294838	2136	7637	16435	6736

注：本表数据为居住在普通住宅的家庭户。

8－2 续表 1

单位：户

地 区	家庭户户 数	人均住房建筑面积(平方米)			
		8及以下	9－12	13－16	17－19
马鞍山市	**759814**	**2501**	**8644**	**23427**	**21395**
花山区	170453	497	1980	5757	7772
雨山区	117896	348	1471	4634	4801
博望区	52353	38	239	1110	631
当涂县	152463	292	1371	3705	3118
含山县	121555	619	1589	3939	2591
和县	145094	707	1994	4282	2482
淮北市	**665071**	**2186**	**8763**	**21928**	**20208**
杜集区	85361	536	2143	4519	4707
相山区	190912	290	1924	6191	7940
烈山区	83158	203	1276	3726	3367
濉溪县	305640	1157	3420	7492	4194
铜陵市	**498985**	**2138**	**5790**	**12048**	**12711**
铜官区	158507	148	1322	5517	7841
义安区	90150	131	467	1510	1694
郊区	65015	97	434	1400	1075
枞阳县	185313	1762	3567	3621	2101
安庆市	**1466326**	**5799**	**14179**	**27972**	**21289**
迎江区	96017	116	771	2794	3244
大观区	81706	132	1022	3260	3505
宜秀区	47153	41	197	360	600
怀宁县	180493	1048	1838	2899	1837
太湖县	154486	590	1511	3061	1633
宿松县	215715	1454	2960	4100	2236
望江县	157628	270	842	1692	1370
岳西县	111653	314	883	2026	1265
安徽安庆经济开发区	47534	61	363	1161	1464
桐城市	214581	728	1947	4449	2613
潜山市	159360	1045	1845	2170	1522
黄山市	**483041**	**1749**	**4072**	**8133**	**7247**
屯溪区	97350	178	894	2100	2552
黄山区	53777	95	328	829	674
徽州区	33464	112	354	503	495
歙县	138272	837	1396	2331	1585
休宁县	75625	385	635	1100	786
黟县	29480	38	90	353	313
祁门县	55073	104	375	917	842
滁州市	**1321764**	**6217**	**21055**	**49812**	**33564**
琅琊区	90806	290	1049	3038	3294
南谯区	114592	190	876	3001	3459
来安县	142711	424	1421	3782	2896
全椒县	139812	316	1388	4230	3516
定远县	226819	1542	6101	13596	6817
凤阳县	196719	1088	3964	8849	4286
苏滁现代产业园	4839	5	16	138	39
滁州经济技术开发区	33672	19	111	855	1055
天长市	204422	451	1707	3829	3864
明光市	167372	1892	4422	8494	4338

8-2　续表 2　　　　单位：户

地　区	家庭户户　数	人均住房建筑面积(平方米)			
		8及以下	9-12	13-16	17-19
阜阳市	**2648769**	**16458**	**46069**	**91810**	**47330**
颍州区	243387	1583	4138	8342	6395
颍东区	166510	791	2189	5158	3486
颍泉区	196441	470	2008	5185	3259
临泉县	518802	2763	7763	15738	7829
太和县	500128	2551	9909	20499	9205
阜南县	367364	3841	8728	15558	6797
颍上县	382067	2888	7445	13603	5992
阜阳合肥现代产业园区	11398	51	176	297	252
阜阳经济技术开发区	36075	67	289	808	1008
界首市	226597	1453	3424	6622	3107
宿州市	**1803565**	**7693**	**21389**	**51867**	**29634**
埇桥区	563872	1879	7169	17308	12649
砀山县	275931	673	2175	6874	2876
萧县	383584	1156	3994	10632	4601
灵璧县	311830	2785	4600	8894	4880
泗县	238913	1072	3087	7129	4029
宿州马鞍山现代产业园区	12983	37	142	462	233
宿州经济技术开发区	16452	91	222	568	366
六安市	**1545283**	**13174**	**21326**	**38089**	**27605**
金安区	292716	5221	5266	6184	5160
裕安区	298430	796	1847	5010	5713
叶集区	64263	165	426	1260	718
霍邱县	344091	2514	7251	14518	7147
舒城县	266473	3779	4299	5823	5682
金寨县	175088	473	1416	3658	1889
霍山县	104222	226	821	1636	1296
亳州市	**1678530**	**8030**	**22308**	**46242**	**22023**
谯城区	520895	1740	5659	13135	5624
涡阳县	389028	1689	4475	10046	5191
蒙城县	352210	1907	4260	8455	4822
利辛县	416397	2694	7914	14606	6386
池州市	**490490**	**3684**	**6164**	**7996**	**6903**
贵池区	212327	244	829	3182	3895
东至县	150037	2914	4410	3226	1518
石台县	30893	212	303	423	281
青阳县	86407	296	567	1009	1056
池州市国家经济技术开发区	3846	2	12	37	79
皖江江南新兴产业集中区	2569	2	16	69	58
九华山风景区	4411	14	27	50	16
宣城市	**932841**	**3386**	**8709**	**17097**	**13946**
宣州区	260203	539	1999	4794	4726
郎溪县	113143	190	749	1950	1478
泾县	111962	424	1099	2320	1467
绩溪县	55403	310	624	908	625
旌德县	43133	245	436	775	524
宣城市经济开发区	32629	34	121	436	672
宁国市	146311	1162	2583	3752	2527
广德市	170057	482	1098	2162	1927

8-2 续表 3

单位：户

地　　区	人均住房建筑面积(平方米)					
	20-29	30-39	40-49	50-59	60-69	70及以上
安　徽	**3545042**	**3575473**	**3045099**	**1942655**	**1905035**	**5251303**
合肥市	**708675**	**564806**	**471290**	**228683**	**204171**	**531266**
瑶海区	83468	57911	42788	18800	15744	37310
庐阳区	65098	47582	34666	13160	12140	29083
蜀山区	75431	62285	52073	25142	22142	54753
包河区	97148	76168	60313	27681	24530	55024
长丰县	63360	48141	41074	18620	18530	46536
肥东县	64546	51409	49468	23537	22317	70067
肥西县	72504	51963	44391	24297	16031	54149
庐江县	53403	58198	49141	33330	31941	78158
合肥高新技术产业开发区	18352	14606	10663	3958	3900	10044
合肥经济技术开发区	39508	24705	22339	9259	6189	19917
合肥新站高新技术产业开发区	31911	20696	19295	5101	6015	17683
巢湖市	43946	51142	45079	25798	24692	58542
芜湖市	**251941**	**257128**	**222196**	**123910**	**108900**	**245144**
镜湖区	40990	38729	32714	15852	14390	26169
弋江区	29169	27826	23267	10274	7458	18485
鸠江区	37950	37063	30467	18244	14330	33798
三山区	11203	10294	10513	5150	3640	10168
芜湖县	23655	21458	22113	9701	10361	21798
繁昌县	14178	19077	15681	9707	8229	21625
南陵县	24133	31804	28439	19501	17267	38752
芜湖经济技术开发区	15002	11070	9269	6820	2508	7991
安徽芜湖长江大桥经济开发区	1602	1128	1573	1070	448	2056
无为市	54059	58679	48160	27591	30269	64302
蚌埠市	**198014**	**193586**	**168270**	**96164**	**92970**	**251791**
龙子湖区	18084	15427	12034	6680	6426	12205
蚌山区	14738	12575	10719	4631	3347	8121
禹会区	24524	21435	18797	9191	9527	21126
淮上区	18212	16685	13253	8544	5702	18422
怀远县	46088	48396	44596	27671	28998	87668
五河县	25410	27935	24809	16135	16634	52477
固镇县	28066	29285	24130	14463	14301	36160
蚌埠市高新技术开发区	5923	4206	3193	1321	969	2428
蚌埠市经济开发区	16969	17642	16739	7528	7066	13184
淮南市	**217036**	**201760**	**162163**	**96401**	**87750**	**207872**
大通区	11124	10742	9256	4892	4766	13984
田家庵区	57274	51263	40871	24931	19305	43567
谢家集区	19733	18055	13010	6748	5881	14005
八公山区	11180	9594	7355	4837	2412	6672
潘集区	19790	20109	16140	10745	10478	25307
凤台县	33779	36567	30836	19259	21575	55046
寿县	64156	55430	44695	24989	23333	49291

8-2 续表 4

单位：户

地　区	人均住房建筑面积(平方米)					
	20-29	30-39	40-49	50-59	60-69	70及以上
马鞍山市	**150581**	**157439**	**121456**	**75512**	**65105**	**133754**
花山区	41173	39637	24149	15792	12587	21109
雨山区	26108	25788	18252	11934	9212	15348
博望区	8667	9697	9631	5482	5121	11737
当涂县	27351	32718	27218	15534	14110	27046
含山县	22972	23905	18146	12862	10337	24595
和县	24310	25694	24060	13908	13738	33919
淮北市	**117216**	**110778**	**93310**	**65718**	**57728**	**167236**
杜集区	16611	12759	9722	8871	6823	18670
相山区	46801	38350	32219	14608	11365	31224
烈山区	15371	11140	9335	9937	6810	21993
濉溪县	38433	48529	42034	32302	32730	95349
铜陵市	**86111**	**93185**	**76116**	**44948**	**50112**	**115826**
铜官区	40144	39028	21546	11828	12840	18293
义安区	14173	15693	16786	8181	8514	23001
郊区	9709	11192	10081	5993	7078	17956
枞阳县	22085	27272	27703	18946	21680	56576
安庆市	**196029**	**231748**	**219306**	**154643**	**154791**	**440570**
迎江区	21127	19623	15803	8200	8695	15644
大观区	18232	15797	10825	7072	6772	15089
宜秀区	5771	6827	7189	4434	4922	16812
怀宁县	19157	24789	25436	20477	19018	63994
太湖县	20148	25213	22466	17520	16991	45353
宿松县	22106	27824	30031	21199	23676	80129
望江县	17059	24506	24631	18068	16700	52490
岳西县	15564	18571	16784	12791	12669	30786
安徽安庆经济开发区	9772	9814	8280	3675	3385	9559
桐城市	30061	35529	34214	22532	23607	58901
潜山市	17032	23255	23647	18675	18356	51813
黄山市	**57776**	**69272**	**68938**	**50100**	**49585**	**166169**
屯溪区	16654	17562	15778	10457	8420	22755
黄山区	6402	8333	8322	5247	5469	18078
徽州区	4003	4902	4582	3511	3503	11499
歙县	14148	17007	18350	13509	15329	53780
休宁县	6803	9019	9886	7806	8299	30906
黟县	3213	4516	4878	3218	3423	9438
祁门县	6553	7933	7142	6352	5142	19713
滁州市	**273964**	**252190**	**212122**	**118536**	**109862**	**244442**
琅琊区	22171	19623	14871	7821	5661	12988
南谯区	25705	22544	20304	10593	7909	20011
来安县	24095	26620	24805	13673	13351	31644
全椒县	29776	26942	24211	14347	9502	25584
定远县	53301	43511	33405	16274	18543	33729
凤阳县	41195	36741	30070	16028	17935	36563
苏滁现代产业园	1196	592	1409	196	432	816
滁州经济技术开发区	8217	7045	6077	3139	2219	4935
天长市	31895	36227	31030	23900	21129	50390
明光市	36413	32345	25940	12565	13181	27782

8-2 续表 5

单位：户

地区	人均住房建筑面积(平方米)					
	20-29	30-39	40-49	50-59	60-69	70及以上
阜阳市	**378715**	**395767**	**328266**	**228198**	**259084**	**857072**
颍州区	40132	39555	30132	18677	19623	74810
颍东区	24214	22242	19737	14566	15343	58784
颍泉区	26741	32313	25844	16950	20640	63031
临泉县	63102	71952	62247	45832	54726	186850
太和县	78306	81800	63295	45219	50461	138883
阜南县	54807	53795	43496	28583	35645	116114
颍上县	50624	50800	47826	32617	35525	134747
阜阳合肥现代产业园区	1858	1629	1305	1218	946	3666
阜阳经济技术开发区	7771	6494	5273	3107	2168	9090
界首市	31160	35187	29111	21429	24007	71097
宿州市	**268100**	**300917**	**249767**	**182763**	**190117**	**501318**
埇桥区	92309	98889	80603	56635	54795	141636
砀山县	37203	46412	40278	27661	31394	80385
萧县	55407	61747	52878	41474	41507	110188
灵璧县	41861	47687	40345	30374	33582	96822
泗县	36221	41706	31369	23754	26155	64391
宿州马鞍山现代产业园区	1888	1551	1927	1468	1418	3857
宿州经济技术开发区	3211	2925	2367	1397	1266	4039
六安市	**236498**	**267318**	**232464**	**153605**	**152508**	**402696**
金安区	47465	49914	45144	29242	27796	71324
裕安区	49222	55699	47176	30048	27460	75459
叶集区	8819	11271	10239	7031	7497	16837
霍邱县	58945	63169	48633	29987	32806	79121
舒城县	38057	44508	40396	27218	26162	70549
金寨县	21211	25915	24459	17199	19847	59021
霍山县	12779	16842	16417	12880	10940	30385
亳州市	**213285**	**241104**	**197675**	**172442**	**181549**	**573872**
谯城区	68737	78104	63418	56066	59975	168437
涡阳县	46649	54742	47066	41152	40905	137113
蒙城县	39898	47033	40215	34394	38080	133146
利辛县	58001	61225	46976	40830	42589	135176
池州市	**59465**	**73261**	**71561**	**50965**	**47259**	**163232**
贵池区	31001	34796	32375	21984	18740	65281
东至县	14277	18913	19944	15572	15359	53904
石台县	3324	4667	4807	3421	2996	10459
青阳县	9421	13417	12837	8717	9011	30076
池州市国家经济技术开发区	735	665	641	386	300	989
皖江江南新兴产业集中区	506	436	437	391	426	228
九华山风景区	201	367	520	494	427	2295
宣城市	**131636**	**165214**	**150199**	**100067**	**93544**	**249043**
宣州区	41941	49954	43192	27226	25010	60822
郎溪县	17912	23419	19728	12978	12950	21789
泾县	15304	18139	18700	11815	10555	32139
绩溪县	5603	7257	7259	6296	5900	20621
旌德县	4980	6510	6359	4781	4102	14421
宣城市经济开发区	5891	6698	6003	3704	2433	6637
宁国市	20730	24151	19497	14317	12507	45085
广德市	19275	29086	29461	18950	20087	47529

8-2a　各地区按人均住房建筑面积分的家庭户户数(城市)

单位：户

地　　区	家庭户户　数	人均住房建筑面积(平方米)			
		8及以下	9-12	13-16	17-19
安　徽	**5395240**	**24775**	**80921**	**200521**	**205174**
合肥市	**1359581**	**9207**	**28155**	**66439**	**62133**
瑶海区	282914	1984	6717	16506	15082
庐阳区	210489	1257	5092	12435	11995
蜀山区	311922	1297	5035	13554	13706
包河区	389337	4248	9591	19218	16071
长丰县					
肥东县					
肥西县	14925	135	409	736	677
庐江县					
合肥高新技术产业开发区					
合肥经济技术开发区					
合肥新站高新技术产业开发区	23149	29	223	716	874
巢湖市	126845	257	1088	3274	3728
芜湖市	**506625**	**941**	**4492**	**13756**	**16867**
镜湖区	174878	246	1617	5443	5841
弋江区	124302	134	672	2891	4126
鸠江区	103770	151	854	2547	3509
三山区	31864	61	323	1020	1360
芜湖县	3223	1	29	65	81
繁昌县					
南陵县					
芜湖经济技术开发区	993		3	12	10
安徽芜湖长江大桥经济开发区					
无为市	67595	348	994	1778	1940
蚌埠市	**243873**	**691**	**4015**	**11493**	**11140**
龙子湖区	64520	276	1333	3798	3412
蚌山区	55236	109	921	2494	2641
禹会区	77249	247	1250	3422	3439
淮上区	46868	59	511	1779	1648
怀远县					
五河县					
固镇县					
蚌埠市高新技术开发区					
蚌埠市经济开发区					
淮南市	**395618**	**1250**	**5401**	**14375**	**15111**
大通区	14701	16	72	349	646
田家庵区	242947	687	3048	8299	8406
谢家集区	66646	255	1084	2782	3192
八公山区	44632	195	717	1964	1793
潘集区	26692	97	480	981	1074
凤台县					
寿县					

注：本表数据为居住在普通住宅的家庭户。

8-2a 续表 1

单位：户

地　区	家庭户户　数	人均住房建筑面积(平方米)			
		8及以下	9-12	13-16	17-19
马鞍山市	**304396**	**856**	**3545**	**10847**	**12894**
花山区	167129	493	1968	5721	7758
雨山区	113326	338	1451	4584	4776
博望区	23941	25	126	542	360
当涂县					
含山县					
和县					
淮北市	**276834**	**803**	**4277**	**11565**	**13394**
杜集区	49952	350	1398	2943	3314
相山区	173831	272	1847	5921	7765
烈山区	33450	139	865	2345	2142
濉溪县	19601	42	167	356	173
铜陵市	**204030**	**269**	**1709**	**6870**	**9411**
铜官区	155667	148	1316	5491	7786
义安区	32742	93	304	930	1165
郊区	15621	28	89	449	460
枞阳县					
安庆市	**358931**	**1424**	**4367**	**10184**	**10265**
迎江区	91370	115	769	2786	3242
大观区	62382	122	984	3123	3432
宜秀区	27189	25	125	279	556
怀宁县					
太湖县					
宿松县					
望江县	30149	79	214	549	454
岳西县					
安徽安庆经济开发区					
桐城市	97248	429	1014	2213	1710
潜山市	50593	654	1261	1234	871
黄山市	**129142**	**329**	**1403**	**2960**	**3350**
屯溪区	88116	167	867	2044	2497
黄山区	21514	68	238	476	382
徽州区	16968	93	296	430	454
歙县	1178	1	2	6	4
休宁县	1366			4	13
黟县					
祁门县					
滁州市	**285404**	**2126**	**4474**	**9804**	**10223**
琅琊区	87044	268	982	2969	3265
南谯区	58047	131	545	1708	2297
来安县					
全椒县					
定远县					
凤阳县					
苏滁现代产业园					
滁州经济技术开发区					
天长市	78624	318	769	1713	2306
明光市	61689	1409	2178	3414	2355

8-2a 续表 2

单位：户

地 区	家庭户户数	人均住房建筑面积(平方米) 8及以下	9-12	13-16	17-19
阜阳市	**309121**	**2548**	**6599**	**13337**	**11419**
颍州区	129993	1009	2806	5835	5326
颍东区	52679	203	938	2495	2430
颍泉区	62473	229	987	2367	2190
临泉县					
太和县					
阜南县					
颍上县					
阜阳合肥现代产业园区					
阜阳经济技术开发区					
界首市	63976	1107	1868	2640	1473
宿州市	**211310**	**956**	**3419**	**7554**	**7786**
埇桥区	209300	954	3412	7546	7780
砀山县					
萧县	2010	2	7	8	6
灵璧县					
泗县					
宿州马鞍山现代产业园区					
宿州经济技术开发区					
六安市	**248803**	**714**	**1592**	**5877**	**7992**
金安区	113258	248	736	2803	3578
裕安区	113177	387	620	2469	3941
叶集区	19848	55	130	434	325
霍邱县	925		5	20	8
舒城县	1595	24	101	151	140
金寨县					
霍山县					
亳州市	**184810**	**858**	**2519**	**5936**	**3085**
谯城区	183461	854	2510	5880	3071
涡阳县					
蒙城县					
利辛县	1349	4	9	56	14
池州市	**123727**	**133**	**628**	**2617**	**3656**
贵池区	117312	129	600	2511	3519
东至县					
石台县					
青阳县					
池州市国家经济技术开发区	3846	2	12	37	79
皖江江南新兴产业集中区	2569	2	16	69	58
九华山风景区					
宣城市	**253035**	**1670**	**4326**	**6907**	**6448**
宣州区	90223	308	1276	2243	2813
郎溪县					
泾县					
绩溪县					
旌德县					
宣城市经济开发区					
宁国市	85313	947	2165	3210	2243
广德市	77499	415	885	1454	1392

8-2a 续表 3 单位：户

地区	人均住房建筑面积(平方米)					
	20-29	30-39	40-49	50-59	60-69	70及以上
安徽	**1256859**	**1106102**	**843656**	**464028**	**365784**	**847420**
合肥市	**343867**	**267005**	**209708**	**94928**	**83062**	**195077**
瑶海区	79289	54939	40380	17916	15234	34867
庐阳区	58873	42380	30576	11550	11220	25111
蜀山区	72881	59590	49716	23666	20939	51538
包河区	96974	76051	60222	27634	24476	54852
长丰县						
肥东县						
肥西县	3263	2418	2338	1042	446	3461
庐江县						
合肥高新技术产业开发区						
合肥经济技术开发区						
合肥新站高新技术产业开发区	5883	4115	4366	1083	1304	4556
巢湖市	26704	27512	22110	12037	9443	20692
芜湖市	**116720**	**109066**	**90236**	**46028**	**33775**	**74744**
镜湖区	39988	37514	31292	15119	13439	24379
弋江区	29169	27826	23267	10274	7458	18485
鸠江区	25826	21888	17373	10148	5995	15479
三山区	7679	6276	6433	3378	1119	4215
芜湖县	602	671	585	237	326	626
繁昌县						
南陵县						
芜湖经济技术开发区	127	153	181	98	81	328
安徽芜湖长江大桥经济开发区						
无为市	13329	14738	11105	6774	5357	11232
蚌埠市	**61852**	**49773**	**38770**	**19090**	**14453**	**32596**
龙子湖区	16508	13181	9353	4846	4573	7240
蚌山区	14146	11819	9896	4144	2638	6428
禹会区	19581	15393	12399	5636	5162	10720
淮上区	11617	9380	7122	4464	2080	8208
怀远县						
五河县						
固镇县						
蚌埠市高新技术开发区						
蚌埠市经济开发区						
淮南市	**91895**	**80400**	**61664**	**36912**	**25125**	**63485**
大通区	3800	2922	2812	899	607	2578
田家庵区	54942	48265	38438	23700	17081	40081
谢家集区	16317	14508	9737	5225	3513	10033
八公山区	10707	9341	7117	4316	2204	6278
潘集区	6129	5364	3560	2772	1720	4515
凤台县						
寿县						

8-2a 续表 4

单位：户

地区	人均住房建筑面积(平方米)					
	20-29	30-39	40-49	50-59	60-69	70及以上
马鞍山市	**71013**	**69086**	**45481**	**29232**	**22933**	**38509**
花山区	40890	39175	23678	15407	12166	19873
雨山区	25768	25180	17506	11459	8594	13670
博望区	4355	4731	4297	2366	2173	4966
当涂县						
含山县						
和县						
淮北市	**66743**	**51249**	**41073**	**24242**	**16671**	**46817**
杜集区	11453	8312	5548	5213	3473	7948
相山区	44729	35708	29390	12910	9241	26048
烈山区	9010	4697	3560	3850	1631	5211
濉溪县	1551	2532	2575	2269	2326	7610
铜陵市	**51740**	**49097**	**29926**	**14912**	**15674**	**24422**
铜官区	39788	38546	21072	11446	12587	17487
义安区	8393	6989	6235	2246	1925	4462
郊区	3559	3562	2619	1220	1162	2473
枞阳县						
安庆市	**70897**	**70504**	**57415**	**34209**	**33188**	**66478**
迎江区	21039	19413	15441	7785	8257	12523
大观区	17074	13863	8278	4937	4248	6321
宜秀区	4602	5221	4863	2418	2750	6350
怀宁县						
太湖县						
宿松县						
望江县	4727	5732	5070	3309	2811	7204
岳西县						
安徽安庆经济开发区						
桐城市	16720	18408	16236	10064	9647	20807
潜山市	6735	7867	7527	5696	5475	13273
黄山市	**23008**	**24384**	**20663**	**13505**	**10931**	**28609**
屯溪区	16003	16587	14395	9347	7304	18905
黄山区	3637	4206	3556	1987	1993	4971
徽州区	3218	3318	2435	1889	1358	3477
歙县	59	111	158	118	142	577
休宁县	91	162	119	164	134	679
黟县						
祁门县						
滁州市	**68491**	**61379**	**45939**	**26057**	**17513**	**39398**
琅琊区	21683	19005	14330	7441	5255	11846
南谯区	15167	12628	10036	4301	3226	8008
来安县						
全椒县						
定远县						
凤阳县						
苏滁现代产业园						
滁州经济技术开发区						
天长市	16097	17130	12296	9535	5981	12479
明光市	15544	12616	9277	4780	3051	7065

8-2a 续表 5 单位：户

地 区	人均住房建筑面积(平方米)					
	20-29	30-39	40-49	50-59	60-69	70及以上
阜阳市	**71910**	**61913**	**45051**	**24348**	**19695**	**52301**
颍州区	30858	26771	18875	9677	7587	21249
颍东区	14468	10028	7817	4205	2731	7364
颍泉区	13614	12702	8843	4467	4587	12487
临泉县						
太和县						
阜南县						
颍上县						
阜阳合肥现代产业园区						
阜阳经济技术开发区						
界首市	12970	12412	9516	5999	4790	11201
宿州市	**47875**	**42008**	**32205**	**18452**	**12473**	**38582**
埇桥区	47762	41853	31998	18178	12221	37596
砀山县						
萧县	113	155	207	274	252	986
灵璧县						
泗县						
宿州马鞍山现代产业园区						
宿州经济技术开发区						
六安市	**59406**	**54926**	**41679**	**24602**	**15267**	**36748**
金安区	27819	23811	19943	11421	6771	16128
裕安区	27916	26573	18213	10895	6182	15981
叶集区	3180	4130	3236	2091	2147	4120
霍邱县	127	175	122	97	81	290
舒城县	364	237	165	98	86	229
金寨县						
霍山县						
亳州市	**36350**	**33754**	**22967**	**19212**	**18155**	**41974**
谯城区	36100	33536	22829	19072	17958	41651
涡阳县						
蒙城县						
利辛县	250	218	138	140	197	323
池州市	**26187**	**25901**	**20604**	**12557**	**8009**	**23435**
贵池区	24946	24800	19526	11780	7283	22218
东至县						
石台县						
青阳县						
池州市国家经济技术开发区	735	665	641	386	300	989
皖江江南新兴产业集中区	506	436	437	391	426	228
九华山风景区						
宣城市	**48905**	**55657**	**40275**	**25742**	**18860**	**44245**
宣州区	20501	21352	14551	9342	5385	12452
郎溪县						
泾县						
绩溪县						
旌德县						
宣城市经济开发区						
宁国市	17225	18672	12243	8100	5566	14942
广德市	11179	15633	13481	8300	7909	16851

8-2b 各地区按人均住房建筑面积分的家庭户户数(镇)

单位：户

地 区	家庭户户 数	人均住房建筑面积(平方米)			
		8及以下	9-12	13-16	17-19
安 徽	**6101712**	**47699**	**104595**	**207592**	**157491**
合肥市	**1022804**	**4559**	**15529**	**44354**	**46512**
瑶海区	8166	21	106	288	342
庐阳区	21602	5	20	421	1017
蜀山区	10041	64	165	460	333
包河区					
长丰县	144335	254	1784	6907	7369
肥东县	187358	1793	3912	8037	8301
肥西县	165426	1037	3539	8856	9880
庐江县	158592	840	2314	4861	4126
合肥高新技术产业开发区	69721	71	914	3297	3936
合肥经济技术开发区	132457	277	1410	5705	6413
合肥新站高新技术产业开发区	88817	130	1147	4785	4332
巢湖市	36289	67	218	737	463
芜湖市	**380960**	**622**	**2686**	**8863**	**9700**
镜湖区	350	1	4	9	9
弋江区					
鸠江区	27872	49	246	555	357
三山区	6570		2	34	195
芜湖县	70698	85	354	1618	2062
繁昌县	52564	75	382	1177	1309
南陵县	83885	185	635	1576	1576
芜湖经济技术开发区	54948	60	331	1671	2551
安徽芜湖长江大桥经济开发区	5547	1	4	47	128
无为市	78526	166	728	2176	1513
蚌埠市	**350321**	**1134**	**4127**	**10737**	**9104**
龙子湖区	3108		24	96	117
蚌山区					
禹会区	2883	7	26	107	56
淮上区	9334	14	157	428	212
怀远县	109141	476	1816	3984	2521
五河县	74434	362	1004	2439	2063
固镇县	48870	234	604	1650	1322
蚌埠市高新技术开发区	19268	4	64	430	730
蚌埠市经济开发区	83283	37	432	1603	2083
淮南市	**255911**	**1883**	**5613**	**11630**	**6002**
大通区	28008	77	354	971	519
田家庵区	4564	5	41	118	56
谢家集区	1456	3	3	20	9
八公山区	23				
潘集区	24424	174	688	1294	569
凤台县	76429	478	1464	3018	2039
寿县	121007	1146	3063	6209	2810

注：本表数据为居住在普通住宅的家庭户。

8-2b 续表 1

单位：户

地区	家庭户户数	人均住房建筑面积(平方米)			
		8及以下	9-12	13-16	17-19
马鞍山市	**231576**	**1279**	**3079**	**6353**	**5064**
花山区					
雨山区					
博望区	3372	2	14	31	28
当涂县	94435	198	860	2206	2223
含山县	64495	513	894	1877	1452
和县	69274	566	1311	2239	1361
淮北市	**147267**	**964**	**2648**	**5569**	**4803**
杜集区	17611	149	578	1134	1196
相山区					
烈山区	12360	32	309	805	1038
濉溪县	117296	783	1761	3630	2569
铜陵市	**111408**	**1728**	**3441**	**2741**	**1571**
铜官区	12		1	1	
义安区	9654	9	43	116	90
郊区	11758	24	184	355	276
枞阳县	89984	1695	3213	2269	1205
安庆市	**409779**	**3535**	**7376**	**10973**	**6338**
迎江区					
大观区	6782	2	7	28	12
宜秀区	9831	13	65	73	31
怀宁县	81743	974	1676	2213	1175
太湖县	57311	455	1196	1880	847
宿松县	81061	1141	2257	2685	1321
望江县	17367	63	201	249	147
岳西县	39500	259	615	1210	738
安徽安庆经济开发区	46140	60	362	1145	1431
桐城市	38875	251	666	1101	387
潜山市	31169	317	331	389	249
黄山市	**134362**	**1238**	**2066**	**3420**	**2689**
屯溪区	1891	2	8	14	15
黄山区	8175	8	27	129	61
徽州区	3796	2	2	23	5
歙县	52508	736	1108	1487	1118
休宁县	28870	361	527	809	586
黟县	12127	32	64	211	227
祁门县	26995	97	330	747	677
滁州市	**498526**	**2130**	**6931**	**16793**	**13074**
琅琊区					
南谯区	20638	10	82	465	517
来安县	75623	254	744	2033	1822
全椒县	84834	180	801	2572	2844
定远县	96596	831	2166	4471	3123
凤阳县	94596	659	2020	4295	2268
苏滁现代产业园	4839	5	16	138	39
滁州经济技术开发区	30894	17	94	759	1037
天长市	62883	75	583	1008	963
明光市	27623	99	425	1052	461

8-2b 续表 2

单位：户

地区	家庭户户数	人均住房建筑面积(平方米) 8及以下	9-12	13-16	17-19
阜阳市	**724940**	**5907**	**13828**	**26731**	**15288**
颍州区	19140	58	193	433	284
颍东区	21996	83	256	597	329
颍泉区	26536	87	306	780	285
临泉县	137401	1331	2987	5676	3382
太和县	212795	1273	4227	8244	4390
阜南县	99588	1821	2638	4167	2475
颍上县	140508	1068	2551	5067	2803
阜阳合肥现代产业园区	1591	26	94	102	28
阜阳经济技术开发区	30198	60	255	719	944
界首市	35187	100	321	946	368
宿州市	**525775**	**4421**	**8651**	**18137**	**11190**
埇桥区	68749	354	1149	2610	2091
砀山县	126140	335	966	2957	1566
萧县	115537	549	1740	4098	2064
灵璧县	102472	2376	2952	4343	2767
泗县	88965	685	1500	3158	2135
宿州马鞍山现代产业园区	7460	31	122	403	201
宿州经济技术开发区	16452	91	222	568	366
六安市	**439233**	**9798**	**12092**	**14933**	**9448**
金安区	50329	4680	3957	1899	941
裕安区	27146	205	435	657	442
叶集区	8809	46	59	177	78
霍邱县	105057	984	2336	4153	2056
舒城县	112507	3339	3565	4065	3556
金寨县	67400	334	988	2591	1231
霍山县	67985	210	752	1391	1144
亳州市	**444124**	**3792**	**8287**	**16477**	**9748**
谯城区	42256	149	361	890	268
涡阳县	126837	1031	2395	5045	3085
蒙城县	142601	1510	3081	5547	3423
利辛县	132430	1102	2450	4995	2972
池州市	**151125**	**3427**	**5181**	**4070**	**2344**
贵池区	12743	77	98	206	93
东至县	81196	2860	4298	2796	1193
石台县	12459	204	269	258	185
青阳县	43968	279	503	786	869
池州市国家经济技术开发区					
皖江江南新兴产业集中区					
九华山风景区	759	7	13	24	4
宣城市	**273601**	**1282**	**3060**	**5811**	**4616**
宣州区	38899	85	254	835	732
郎溪县	67995	152	595	1188	1043
泾县	54260	314	843	1631	1095
绩溪县	30279	300	572	754	527
旌德县	23505	240	393	603	384
宣城市经济开发区	26199	31	109	350	582
宁国市	10152	135	208	215	78
广德市	22312	25	86	235	175

8－2b 续表 3

单位：户

地 区	人均住房建筑面积(平方米)					
	20－29	30－39	40－49	50－59	60－69	70及以上
安 徽	**1176550**	**1119409**	**904567**	**578972**	**499051**	**1305786**
合肥市	**272439**	**191805**	**159329**	**72880**	**50207**	**165190**
瑶海区	1817	1848	1332	441	394	1577
庐阳区	6013	4868	3716	1483	678	3381
蜀山区	2057	2038	1473	1029	675	1747
包河区						
长丰县	42060	27266	22089	9022	5284	22300
肥东县	47956	33010	29413	13285	7803	33848
肥西县	51871	29189	24416	10554	4842	21242
庐江县	31979	31554	23459	16558	12616	30285
合肥高新技术产业开发区	18352	14602	10658	3958	3897	10036
合肥经济技术开发区	39049	24108	21708	8960	5808	19019
合肥新站高新技术产业开发区	25879	16451	14820	3900	4650	12723
巢湖市	5406	6871	6245	3690	3560	9032
芜湖市	**77953**	**77804**	**66927**	**39667**	**29022**	**67716**
镜湖区	56	39	75	26	69	62
弋江区						
鸠江区	4451	5795	4870	3001	2805	5743
三山区	1632	1088	1264	348	427	1580
芜湖县	17437	13594	14403	5707	4596	10842
繁昌县	10319	12760	8914	5308	3545	8775
南陵县	14220	18221	14646	10336	6873	15617
芜湖经济技术开发区	14703	10564	8877	6560	2256	7375
安徽芜湖长江大桥经济开发区	1326	727	1208	783	280	1043
无为市	13809	15016	12670	7598	8171	16679
蚌埠市	**72197**	**67742**	**56727**	**32114**	**26064**	**70375**
龙子湖区	660	470	419	501	162	659
蚌山区						
禹会区	486	529	604	189	298	581
淮上区	1912	1869	1139	996	681	1926
怀远县	20768	19459	15992	9881	8375	25869
五河县	14742	13533	11251	6572	5192	17276
固镇县	10737	10034	7390	5126	3321	8452
蚌埠市高新技术开发区	5923	4206	3193	1321	969	2428
蚌埠市经济开发区	16969	17642	16739	7528	7066	13184
淮南市	**53334**	**48956**	**39238**	**23328**	**20453**	**45474**
大通区	5263	4982	4211	2492	2387	6752
田家庵区	733	958	750	370	598	935
谢家集区	218	292	298	162	151	300
八公山区	2	3	3	4		11
潘集区	4348	4326	3353	2366	2193	5113
凤台县	15574	15035	11147	7094	6620	13960
寿县	27196	23360	19476	10840	8504	18403

8-2b 续表 4

单位：户

地区	人均住房建筑面积(平方米)					
	20-29	30-39	40-49	50-59	60-69	70及以上
马鞍山市	**42201**	**48029**	**38641**	**24976**	**19404**	**42550**
花山区						
雨山区						
博望区	353	538	597	409	354	1046
当涂县	17484	20670	17072	10043	7674	16005
含山县	12247	13572	9389	7716	5148	11687
和县	12117	13249	11583	6808	6228	13812
淮北市	**26857**	**26920**	**19648**	**14840**	**12526**	**32492**
杜集区	3456	2132	2017	2003	1100	3846
相山区						
烈山区	2859	1557	908	1758	925	2169
濉溪县	20542	23231	16723	11079	10501	26477
铜陵市	**14172**	**17356**	**16653**	**11329**	**12516**	**29901**
铜官区	5	2	2	1		
义安区	989	1527	1735	1060	1147	2938
郊区	1849	2262	1656	1179	1546	2427
枞阳县	11329	13565	13260	9089	9823	24536
安庆市	**59368**	**65730**	**58952**	**43047**	**40803**	**113657**
迎江区						
大观区	298	469	762	803	771	3630
宜秀区	803	963	1413	1046	1110	4314
怀宁县	11583	12619	11545	9527	8141	22290
太湖县	8880	9916	7984	6607	5878	13668
宿松县	10739	11181	10464	7432	7939	25902
望江县	1979	2626	2570	1930	1982	5620
岳西县	7292	7528	5951	4234	3708	7965
安徽安庆经济开发区	9683	9643	8032	3621	3293	8870
桐城市	4704	6004	5758	4104	4321	11579
潜山市	3407	4781	4473	3743	3660	9819
黄山市	**19301**	**21374**	**18193**	**13802**	**12458**	**39821**
屯溪区	171	200	325	190	243	723
黄山区	652	1050	1118	745	920	3465
徽州区	157	359	478	381	494	1895
歙县	7974	8066	6775	5115	4539	15590
休宁县	4105	4654	3999	2888	2704	8237
黟县	1647	2121	2092	1204	1349	3180
祁门县	4595	4924	3406	3279	2209	6731
滁州市	**105120**	**97065**	**80089**	**47959**	**37852**	**91513**
琅琊区						
南谯区	4421	4063	4035	2111	1418	3516
来安县	14103	15049	13185	7233	6132	15068
全椒县	19656	17879	13684	9184	4509	13525
定远县	23203	18826	14400	8466	6239	14871
凤阳县	21457	18734	14170	8234	7584	15175
苏滁现代产业园	1196	592	1409	196	432	816
滁州经济技术开发区	7638	6615	5471	2856	1994	4413
天长市	8607	10044	9103	7518	6884	18098
明光市	4839	5263	4632	2161	2660	6031

8-2b 续表 5

单位：户

地　区	人均住房建筑面积(平方米)					
	20-29	30-39	40-49	50-59	60-69	70及以上
阜阳市	**122388**	**123118**	**94249**	**67219**	**68597**	**187615**
颍州区	1778	2407	1793	1423	2075	8696
颍东区	2353	2591	2513	2078	2508	8688
颍泉区	3080	4901	3821	2530	3111	7635
临泉县	24557	23683	17300	13111	12637	32737
太和县	36619	38333	27751	20496	20786	50676
阜南县	19527	18201	13155	8871	9376	19357
颍上县	22561	21668	18355	12758	12224	41453
阜阳合肥现代产业园区	231	235	231	150	131	363
阜阳经济技术开发区	7020	5713	4776	2512	1677	6522
界首市	4662	5386	4554	3290	4072	11488
宿州市	**93413**	**99264**	**70237**	**55496**	**48335**	**116631**
埇桥区	11100	13948	8380	7524	7170	14423
砀山县	19021	22697	17988	14419	13206	32985
萧县	20746	21924	15900	12965	10169	25382
灵璧县	20183	18935	13533	9204	8161	20018
泗县	17701	17935	10828	9247	7656	18120
宿州马鞍山现代产业园区	1451	900	1241	740	707	1664
宿州经济技术开发区	3211	2925	2367	1397	1266	4039
六安市	**76002**	**79888**	**64393**	**44632**	**38763**	**89284**
金安区	8794	7925	5853	4465	3594	8221
裕安区	4550	5327	4408	2708	2325	6089
叶集区	1166	1570	1371	964	1019	2359
霍邱县	18598	19664	14873	9410	9360	23623
舒城县	20048	20217	16772	11475	8958	20512
金寨县	12747	12992	10324	6839	7332	12022
霍山县	10099	12193	10792	8771	6175	16458
亳州市	**78944**	**78420**	**55604**	**41440**	**42793**	**108619**
谯城区	4151	5636	5500	4854	5429	15018
涡阳县	24000	23296	16781	12792	11287	27125
蒙城县	25427	24908	16808	12259	13469	36169
利辛县	25366	24580	16515	11535	12608	30307
池州市	**19456**	**24408**	**21350**	**15730**	**13847**	**41312**
贵池区	1103	1741	1655	1643	1487	4640
东至县	9721	11559	10706	8013	7624	22426
石台县	1781	2328	2051	1400	940	3043
青阳县	6774	8699	6847	4605	3728	10878
池州市国家经济技术开发区						
皖江江南新兴产业集中区						
九华山风景区	77	81	91	69	68	325
宣城市	**43405**	**51530**	**44337**	**30513**	**25411**	**63636**
宣州区	6841	7692	6717	3935	3921	7887
郎溪县	11275	14908	11295	8105	7306	12128
泾县	9912	9988	9094	5579	3867	11937
绩溪县	4034	4696	3852	3596	2724	9224
旌德县	3342	4073	3433	2656	2002	6379
宣城市经济开发区	5015	5672	4893	2970	1643	4934
宁国市	871	1010	1162	1054	1007	4412
广德市	2115	3491	3891	2618	2941	6735

8-2c　各地区按人均住房建筑面积分的家庭户户数(乡村)

单位：户

地　区	家庭户户　数	人均住房建筑面积(平方米)			
		8及以下	9-12	13-16	17-19
安　徽	**9253456**	**27050**	**97214**	**226807**	**105962**
合肥市	**635252**	**1485**	**6183**	**15523**	**8667**
瑶海区	6916	5	52	404	468
庐阳区	1959		5	35	39
蜀山区	4617	7	23	68	42
包河区	985	72	124	112	22
长丰县	117210	604	1952	4541	1873
肥东县	121411	160	1056	2907	1259
肥西县	115263	280	1416	3137	2177
庐江县	163568	220	1018	2747	1863
合肥高新技术产业开发区	21			1	
合肥经济技术开发区	3387	6	18	64	34
合肥新站高新技术产业开发区	1024	6	9	32	6
巢湖市	98891	125	510	1475	884
芜湖市	**396566**	**600**	**2647**	**8248**	**5510**
镜湖区	7002	13	43	96	64
弋江区					
鸠江区	50893	110	429	1197	679
三山区	15926	11	56	171	159
芜湖县	40994	62	255	762	455
繁昌县	39812	26	140	423	347
南陵县	82385	182	382	1046	792
芜湖经济技术开发区	1385	1	6	16	5
安徽芜湖长江大桥经济开发区	2573	2	12	28	21
无为市	155596	193	1324	4509	2988
蚌埠市	**489407**	**2013**	**6966**	**14613**	**6773**
龙子湖区	12515	17	39	106	69
蚌山区	5288	7	49	104	68
禹会区	34443	65	276	650	430
淮上区	32004	228	626	1177	549
怀远县	195415	822	2910	6069	2541
五河县	99405	271	1083	2424	793
固镇县	110337	603	1983	4083	2323
蚌埠市高新技术开发区					
蚌埠市经济开发区					
淮南市	**419011**	**2124**	**8448**	**18468**	**7253**
大通区	15884	58	174	420	173
田家庵区	11000	36	147	359	98
谢家集区	17926	66	294	679	209
八公山区	2336	14	86	91	81
潘集区	60574	206	748	1969	841
凤台县	137460	754	2425	4724	1925
寿县	173831	990	4574	10226	3926

注：本表数据为居住在普通住宅的家庭户。

8－2c 续表 1

单位：户

地 区	家庭户户数	人均住房建筑面积(平方米) 8及以下	9－12	13－16	17－19
马鞍山市	**223842**	**366**	**2020**	**6227**	**3437**
花山区	3324	4	12	36	14
雨山区	4570	10	20	50	25
博望区	25040	11	99	537	243
当涂县	58028	94	511	1499	895
含山县	57060	106	695	2062	1139
和县	75820	141	683	2043	1121
淮北市	**240970**	**419**	**1838**	**4794**	**2011**
杜集区	17798	37	167	442	197
相山区	17081	18	77	270	175
烈山区	37348	32	102	576	187
濉溪县	168743	332	1492	3506	1452
铜陵市	**183547**	**141**	**640**	**2437**	**1729**
铜官区	2828		5	25	55
义安区	47754	29	120	464	439
郊区	37636	45	161	596	339
枞阳县	95329	67	354	1352	896
安庆市	**697616**	**840**	**2436**	**6815**	**4686**
迎江区	4647	1	2	8	2
大观区	12542	8	31	109	61
宜秀区	10133	3	7	8	13
怀宁县	98750	74	162	686	662
太湖县	97175	135	315	1181	786
宿松县	134654	313	703	1415	915
望江县	110112	128	427	894	769
岳西县	72153	55	268	816	527
安徽安庆经济开发区	1394	1	1	16	33
桐城市	78458	48	267	1135	516
潜山市	77598	74	253	547	402
黄山市	**219537**	**182**	**603**	**1753**	**1208**
屯溪区	7343	9	19	42	40
黄山区	24088	19	63	224	231
徽州区	12700	17	56	50	36
歙县	84586	100	286	838	463
休宁县	45389	24	108	287	187
黟县	17353	6	26	142	86
祁门县	28078	7	45	170	165
滁州市	**537834**	**1961**	**9650**	**23215**	**10267**
琅琊区	3762	22	67	69	29
南谯区	35907	49	249	828	645
来安县	67088	170	677	1749	1074
全椒县	54978	136	587	1658	672
定远县	130223	711	3935	9125	3694
凤阳县	102123	429	1944	4554	2018
苏滁现代产业园					
滁州经济技术开发区	2778	2	17	96	18
天长市	62915	58	355	1108	595
明光市	78060	384	1819	4028	1522

8-2c　续表 2　　单位：户

地　区	家庭户户　数	人均住房建筑面积(平方米)			
		8及以下	9–12	13–16	17–19
阜阳市	**1614708**	**8003**	**25642**	**51742**	**20623**
颍州区	94254	516	1139	2074	785
颍东区	91835	505	995	2066	727
颍泉区	107432	154	715	2038	784
临泉县	381401	1432	4776	10062	4447
太和县	287333	1278	5682	12255	4815
阜南县	267776	2020	6090	11391	4322
颍上县	241559	1820	4894	8536	3189
阜阳合肥现代产业园区	9807	25	82	195	224
阜阳经济技术开发区	5877	7	34	89	64
界首市	127434	246	1235	3036	1266
宿州市	**1066480**	**2316**	**9319**	**26176**	**10658**
埇桥区	285823	571	2608	7152	2778
砀山县	149791	338	1209	3917	1310
萧县	266037	605	2247	6526	2531
灵璧县	209358	409	1648	4551	2113
泗县	149948	387	1587	3971	1894
宿州马鞍山现代产业园区	5523	6	20	59	32
宿州经济技术开发区					
六安市	**857247**	**2662**	**7642**	**17279**	**10165**
金安区	129129	293	573	1482	641
裕安区	158107	204	792	1884	1330
叶集区	35606	64	237	649	315
霍邱县	238109	1530	4910	10345	5083
舒城县	152371	416	633	1607	1986
金寨县	107688	139	428	1067	658
霍山县	36237	16	69	245	152
亳州市	**1049596**	**3380**	**11502**	**23829**	**9190**
谯城区	295178	737	2788	6365	2285
涡阳县	262191	658	2080	5001	2106
蒙城县	209609	397	1179	2908	1399
利辛县	282618	1588	5455	9555	3400
池州市	**215638**	**124**	**355**	**1309**	**903**
贵池区	82272	38	131	465	283
东至县	68841	54	112	430	325
石台县	18434	8	34	165	96
青阳县	42439	17	64	223	187
池州市国家经济技术开发区					
皖江江南新兴产业集中区					
九华山风景区	3652	7	14	26	12
宣城市	**406205**	**434**	**1323**	**4379**	**2882**
宣州区	131081	146	469	1716	1181
郎溪县	45148	38	154	762	435
泾县	57702	110	256	689	372
绩溪县	25124	10	52	154	98
旌德县	19628	5	43	172	140
宣城市经济开发区	6430	3	12	86	90
宁国市	50846	80	210	327	206
广德市	70246	42	127	473	360

8-2c 续表 3

单位：户

地区	人均住房建筑面积(平方米)					
	20-29	30-39	40-49	50-59	60-69	70及以上
安 徽	**1111633**	**1349962**	**1296876**	**899655**	**1040200**	**3098097**
合肥市	**92369**	**105996**	**102253**	**60875**	**70902**	**170999**
瑶海区	2362	1124	1076	443	116	866
庐阳区	212	334	374	127	242	591
蜀山区	493	657	884	447	528	1468
包河区	174	117	91	47	54	172
长丰县	21300	20875	18985	9598	13246	24236
肥东县	16590	18399	20055	10252	14514	36219
肥西县	17370	20356	17637	12701	10743	29446
庐江县	21424	26644	25682	16772	19325	47873
合肥高新技术产业开发区		4	5		3	8
合肥经济技术开发区	459	597	631	299	381	898
合肥新站高新技术产业开发区	149	130	109	118	61	404
巢湖市	11836	16759	16724	10071	11689	28818
芜湖市	**57268**	**70258**	**65033**	**38215**	**46103**	**102684**
镜湖区	946	1176	1347	707	882	1728
弋江区						
鸠江区	7673	9380	8224	5095	5530	12576
三山区	1892	2930	2816	1424	2094	4373
芜湖县	5616	7193	7125	3757	5439	10330
繁昌县	3859	6317	6767	4399	4684	12850
南陵县	9913	13583	13793	9165	10394	23135
芜湖经济技术开发区	172	353	211	162	171	288
安徽芜湖长江大桥经济开发区	276	401	365	287	168	1013
无为市	26921	28925	24385	13219	16741	36391
蚌埠市	**63965**	**76071**	**72773**	**44960**	**52453**	**148820**
龙子湖区	916	1776	2262	1333	1691	4306
蚌山区	592	756	823	487	709	1693
禹会区	4457	5513	5794	3366	4067	9825
淮上区	4683	5436	4992	3084	2941	8288
怀远县	25320	28937	28604	17790	20623	61799
五河县	10668	14402	13558	9563	11442	35201
固镇县	17329	19251	16740	9337	10980	27708
蚌埠市高新技术开发区						
蚌埠市经济开发区						
淮南市	**71807**	**72404**	**61261**	**36161**	**42172**	**98913**
大通区	2061	2838	2233	1501	1772	4654
田家庵区	1599	2040	1683	861	1626	2551
谢家集区	3198	3255	2975	1361	2217	3672
八公山区	471	250	235	517	208	383
潘集区	9313	10419	9227	5607	6565	15679
凤台县	18205	21532	19689	12165	14955	41086
寿县	36960	32070	25219	14149	14829	30888

8-2c　续表 4　　　　单位：户

地　区	人均住房建筑面积(平方米)					
	20-29	30-39	40-49	50-59	60-69	70及以上
马鞍山市	**37367**	**40324**	**37334**	**21304**	**22768**	**52695**
花山区	283	462	471	385	421	1236
雨山区	340	608	746	475	618	1678
博望区	3959	4428	4737	2707	2594	5725
当涂县	9867	12048	10146	5491	6436	11041
含山县	10725	10333	8757	5146	5189	12908
和县	12193	12445	12477	7100	7510	20107
淮北市	**23616**	**32609**	**32589**	**26636**	**28531**	**87927**
杜集区	1702	2315	2157	1655	2250	6876
相山区	2072	2642	2829	1698	2124	5176
烈山区	3502	4886	4867	4329	4254	14613
濉溪县	16340	22766	22736	18954	19903	61262
铜陵市	**20199**	**26732**	**29537**	**18707**	**21922**	**61503**
铜官区	351	480	472	381	253	806
义安区	4791	7177	8816	4875	5442	15601
郊区	4301	5368	5806	3594	4370	13056
枞阳县	10756	13707	14443	9857	11857	32040
安庆市	**65764**	**95514**	**102939**	**77387**	**80800**	**260435**
迎江区	88	210	362	415	438	3121
大观区	860	1465	1785	1332	1753	5138
宜秀区	366	643	913	970	1062	6148
怀宁县	7574	12170	13891	10950	10877	41704
太湖县	11268	15297	14482	10913	11113	31685
宿松县	11367	16643	19567	13767	15737	54227
望江县	10353	16148	16991	12829	11907	39666
岳西县	8272	11043	10833	8557	8961	22821
安徽安庆经济开发区	89	171	248	54	92	689
桐城市	8637	11117	12220	8364	9639	26515
潜山市	6890	10607	11647	9236	9221	28721
黄山市	**15467**	**23514**	**30082**	**22793**	**26196**	**97739**
屯溪区	480	775	1058	920	873	3127
黄山区	2113	3077	3648	2515	2556	9642
徽州区	628	1225	1669	1241	1651	6127
歙县	6115	8830	11417	8276	10648	37613
休宁县	2607	4203	5768	4754	5461	21990
黟县	1566	2395	2786	2014	2074	6258
祁门县	1958	3009	3736	3073	2933	12982
滁州市	**100353**	**93746**	**86094**	**44520**	**54497**	**113531**
琅琊区	488	618	541	380	406	1142
南谯区	6117	5853	6233	4181	3265	8487
来安县	9992	11571	11620	6440	7219	16576
全椒县	10120	9063	10527	5163	4993	12059
定远县	30098	24685	19005	7808	12304	18858
凤阳县	19738	18007	15900	7794	10351	21388
苏滁现代产业园						
滁州经济技术开发区	579	430	606	283	225	522
天长市	7191	9053	9631	6847	8264	19813
明光市	16030	14466	12031	5624	7470	14686

8-2c 续表 5

单位：户

地　区	人均住房建筑面积(平方米)					
	20-29	30-39	40-49	50-59	60-69	70及以上
阜阳市	**184417**	**210736**	**188966**	**136631**	**170792**	**617156**
颍州区	7496	10377	9464	7577	9961	44865
颍东区	7393	9623	9407	8283	10104	42732
颍泉区	10047	14710	13180	9953	12942	42909
临泉县	38545	48269	44947	32721	42089	154113
太和县	41687	43467	35544	24723	29675	88207
阜南县	35280	35594	30341	19712	26269	96757
颍上县	28063	29132	29471	19859	23301	93294
阜阳合肥现代产业园区	1627	1394	1074	1068	815	3303
阜阳经济技术开发区	751	781	497	595	491	2568
界首市	13528	17389	15041	12140	15145	48408
宿州市	**126812**	**159645**	**147325**	**108815**	**129309**	**346105**
埇桥区	33447	43088	40225	30933	35404	89617
砀山县	18182	23715	22290	13242	18188	47400
萧县	34548	39668	36771	28235	31086	83820
灵璧县	21678	28752	26812	21170	25421	76804
泗县	18520	23771	20541	14507	18499	46271
宿州马鞍山现代产业园区	437	651	686	728	711	2193
宿州经济技术开发区						
六安市	**101090**	**132504**	**126392**	**84371**	**98478**	**276664**
金安区	10852	18178	19348	13356	17431	46975
裕安区	16756	23799	24555	16445	18953	53389
叶集区	4473	5571	5632	3976	4331	10358
霍邱县	40220	43330	33638	20480	23365	55208
舒城县	17645	24054	23459	15645	17118	49808
金寨县	8464	12923	14135	10360	12515	46999
霍山县	2680	4649	5625	4109	4765	13927
亳州市	**97991**	**128930**	**119104**	**111790**	**120601**	**423279**
谯城区	28486	38932	35089	32140	36588	111768
涡阳县	22649	31446	30285	28360	29618	109988
蒙城县	14471	22125	23407	22135	24611	96977
利辛县	32385	36427	30323	29155	29784	104546
池州市	**13822**	**22952**	**29607**	**22678**	**25403**	**98485**
贵池区	4952	8255	11194	8561	9970	38423
东至县	4556	7354	9238	7559	7735	31478
石台县	1543	2339	2756	2021	2056	7416
青阳县	2647	4718	5990	4112	5283	19198
池州市国家经济技术开发区						
皖江江南新兴产业集中区						
九华山风景区	124	286	429	425	359	1970
宣城市	**39326**	**58027**	**65587**	**43812**	**49273**	**141162**
宣州区	14599	20910	21924	13949	15704	40483
郎溪县	6637	8511	8433	4873	5644	9661
泾县	5392	8151	9606	6236	6688	20202
绩溪县	1569	2561	3407	2700	3176	11397
旌德县	1638	2437	2926	2125	2100	8042
宣城市经济开发区	876	1026	1110	734	790	1703
宁国市	2634	4469	6092	5163	5934	25731
广德市	5981	9962	12089	8032	9237	23943

8-3　各地区按家庭户类别和住房间数分的家庭户户数

单位：户

地　　区	家庭户户　数	一代户				
		一间	二间	三间	四间	五间及以上
安　徽	**20750408**	**1159496**	**3026681**	**3203274**	**1136734**	**1041464**
合肥市	**3017637**	**236821**	**509877**	**513260**	**123354**	**58512**
瑶海区	297996	28361	62382	41790	3806	1340
庐阳区	234050	19013	45248	32803	3363	741
蜀山区	326580	31666	60413	53752	8942	2396
包河区	390322	39995	64922	65760	8994	1460
长丰县	261545	14039	43813	45749	15082	8913
肥东县	308769	19531	49956	57169	22149	9057
肥西县	295614	29676	42429	53998	13661	8288
庐江县	322160	16001	42320	58680	23362	14515
合肥高新技术产业开发区	69742	6456	10766	11297	1920	407
合肥经济技术开发区	135844	10699	17905	22762	3651	1183
合肥新站高新技术产业开发区	112990	5137	22314	19927	2260	531
巢湖市	262025	16247	47409	49573	16164	9681
芜湖市	**1284151**	**94231**	**235093**	**214886**	**56553**	**26708**
镜湖区	182230	15478	50140	24439	2606	1272
弋江区	124302	7337	27814	18673	2442	1114
鸠江区	182535	12145	34221	28189	8336	4988
三山区	54360	5801	8259	9581	2620	1433
芜湖县	114915	7015	18266	22119	5544	2143
繁昌县	92376	7509	16556	17659	5083	1868
南陵县	166270	12081	24249	31909	9805	4039
芜湖经济技术开发区	57326	9240	9189	9959	534	370
安徽芜湖长江大桥经济开发区	8120	463	1872	1136	429	264
无为市	301717	17162	44527	51222	19154	9217
蚌埠市	**1083601**	**58079**	**187343**	**129080**	**49229**	**44087**
龙子湖区	80143	6933	23465	6740	1610	2412
蚌山区	60524	6392	16381	5687	523	328
禹会区	114575	7794	28704	11409	3103	3888
淮上区	88206	7903	17156	7917	2612	1515
怀远县	304556	12240	40407	35787	19912	18628
五河县	173839	7573	20185	21979	10923	10636
固镇县	159207	6928	18225	22372	9039	6535
蚌埠市高新技术开发区	19268	150	4141	2235	259	40
蚌埠市经济开发区	83283	2166	18679	14954	1248	105
淮南市	**1070540**	**61363**	**205220**	**149466**	**48939**	**44763**
大通区	58593	2289	12055	8306	2359	2928
田家庵区	258511	17068	57083	38910	6024	4263
谢家集区	86028	4297	24769	11536	2747	1735
八公山区	46991	1807	13505	7522	912	773
潘集区	111690	7602	17559	10985	6797	6264
凤台县	213889	10357	27572	29970	10913	15708
寿县	294838	17943	52677	42237	19187	13092

注：本表数据为居住在普通住宅的家庭户。

8−3 续表 1

单位：户

地　　区	家庭户 户　数	一代户 一间	二间	三间	四间	五间及以上
马鞍山市	**759814**	**44548**	**164052**	**114241**	**31778**	**15791**
花山区	170453	5189	51839	25531	2088	1463
雨山区	117896	5790	35253	18250	1826	1404
博望区	52353	3164	6714	6812	3524	1697
当涂县	152463	10782	28666	23031	6586	3050
含山县	121555	6825	16713	19937	8366	4338
和县	145094	12798	24867	20680	9388	3839
淮北市	**665071**	**25882**	**106908**	**88136**	**26601**	**44082**
杜集区	85361	4772	19993	7949	3050	5563
相山区	190912	6946	39080	29976	4215	2583
烈山区	83158	4138	15582	9716	3979	8004
濉溪县	305640	10026	32253	40495	15357	27932
铜陵市	**498985**	**17395**	**85957**	**93417**	**32515**	**25547**
铜官区	158507	3506	38429	31487	1714	788
义安区	90150	4315	17814	17976	5715	3028
郊区	65015	3282	11502	11697	5054	3776
枞阳县	185313	6292	18212	32257	20032	17955
安庆市	**1466326**	**57282**	**169427**	**234453**	**114392**	**84897**
迎江区	96017	3178	23772	17828	2104	1625
大观区	81706	5471	20993	10234	2674	2279
宜秀区	47153	1495	4782	8554	3980	2704
怀宁县	180493	5632	16839	31527	16619	11207
太湖县	154486	7349	13083	24245	14144	9317
宿松县	215715	9525	20703	27979	20184	14631
望江县	157628	5867	16229	24785	11802	6407
岳西县	111653	2795	6777	12839	10120	12162
安徽安庆经济开发区	47534	1370	10794	9646	1045	881
桐城市	214581	7965	22395	39666	16811	13723
潜山市	159360	6635	13060	27150	14909	9961
黄山市	**483041**	**20021**	**57621**	**69768**	**49531**	**35251**
屯溪区	97350	5369	15800	17152	3947	2560
黄山区	53777	2990	8708	8568	4583	3144
徽州区	33464	1378	3342	4265	3929	2314
歙县	138272	5096	12198	17974	18091	14273
休宁县	75625	2559	7511	8400	8753	6416
黟县	29480	1234	4008	4850	3734	2006
祁门县	55073	1395	6054	8559	6494	4538
滁州市	**1321764**	**56652**	**194718**	**215567**	**82247**	**47583**
琅琊区	90806	3132	19395	13294	2119	1895
南谯区	114592	5523	19746	18853	5156	4134
来安县	142711	9380	23878	23568	9370	4535
全椒县	139812	7115	20441	24645	11823	5870
定远县	226819	8653	31913	35823	15790	8062
凤阳县	196719	6728	26471	24281	13518	8133
苏滁现代产业园	4839	66	1560	729	58	3
滁州经济技术开发区	33672	960	5798	5983	513	250
天长市	204422	9707	23253	42181	10449	6623
明光市	167372	5388	22263	26210	13451	8078

8-3　续表 2　　　　单位：户

地　区	家庭户户数	一代户 一间	二间	三间	四间	五间及以上
阜阳市	**2648769**	**105884**	**291235**	**383582**	**128442**	**195476**
颍州区	243387	10248	27763	37332	9638	13920
颍东区	166510	6312	19024	18982	6710	14740
颍泉区	196441	9315	24898	26714	9443	14357
临泉县	518802	13783	42911	70924	30690	43319
太和县	500128	21216	57910	91592	22227	39953
阜南县	367364	14672	36583	52689	15728	22620
颍上县	382067	14921	45962	46398	21090	31134
阜阳合肥现代产业园区	11398	436	1242	1369	398	802
阜阳经济技术开发区	36075	1508	5109	5865	1054	590
界首市	226597	13473	29833	31717	11464	14041
宿州市	**1803565**	**92352**	**206014**	**267180**	**89851**	**126089**
埇桥区	563872	26650	77471	85244	18844	37768
砀山县	275931	11160	27566	42018	25816	24565
萧县	383584	27696	48381	58385	25218	28732
灵璧县	311830	13174	26648	44440	10838	22471
泗县	238913	12244	22367	33671	8384	10923
宿州马鞍山现代产业园区	12983	838	1342	1460	424	1093
宿州经济技术开发区	16452	590	2239	1962	327	537
六安市	**1545283**	**102346**	**213664**	**229388**	**106633**	**87337**
金安区	292716	22098	43037	48040	15761	12579
裕安区	298430	12144	36187	43442	16859	16326
叶集区	64263	3487	7937	8112	4117	3350
霍邱县	344091	34544	63816	43725	22101	19134
舒城县	266473	17125	32095	40590	25248	18132
金寨县	175088	8536	18367	25560	14031	12038
霍山县	104222	4412	12225	19919	8516	5778
亳州市	**1678530**	**107154**	**193028**	**249867**	**84067**	**139430**
谯城区	520895	45110	70969	75906	23823	31176
涡阳县	389028	18668	38202	61559	20972	38591
蒙城县	352210	14482	30886	47694	18411	33041
利辛县	416397	28894	52971	64708	20861	36622
池州市	**490490**	**17601**	**52928**	**79828**	**46708**	**32858**
贵池区	212327	6346	24103	38441	18473	12237
东至县	150037	5420	12175	19314	17250	13281
石台县	30893	1066	3431	5313	3636	2167
青阳县	86407	3946	11611	15336	6838	4417
池州市国家经济技术开发区	3846	72	504	721	182	67
皖江江南新兴产业集中区	2569	591	735	409	23	4
九华山风景区	4411	160	369	294	306	685
宣城市	**932841**	**61885**	**153596**	**171155**	**65894**	**33053**
宣州区	260203	17227	48908	50273	17129	6675
郎溪县	113143	7489	20147	19424	6601	2041
泾县	111962	8217	22544	19227	7419	3912
绩溪县	55403	2264	6009	9749	7448	4637
旌德县	43133	1851	5249	7027	4144	2910
宣城市经济开发区	32629	1472	4956	7292	1463	835
宁国市	146311	12689	20252	26775	10512	7072
广德市	170057	10676	25531	31388	11178	4971

8-3 续表 3

单位：户

地区	二代户				
	一间	二间	三间	四间	五间及以上
安 徽	**250201**	**2015575**	**3441825**	**1212822**	**1289896**
合肥市	**44246**	**405377**	**583776**	**108629**	**45014**
瑶海区	5450	58603	55722	5643	1268
庐阳区	4964	44002	47539	5147	819
蜀山区	4983	48559	61749	10522	1888
包河区	6974	56872	81559	10828	1401
长丰县	2186	29558	53255	12621	6953
肥东县	4903	34442	56958	13541	5912
肥西县	4637	31965	56813	9021	4944
庐江县	4365	25901	57863	20657	12707
合肥高新技术产业开发区	951	8648	14720	2042	408
合肥经济技术开发区	1728	18970	30348	4113	872
合肥新站高新技术产业开发区	854	20148	23634	2365	414
巢湖市	2251	27709	43616	12129	7428
芜湖市	**12764**	**153754**	**236548**	**56328**	**26158**
镜湖区	2155	33918	27720	3243	1334
弋江区	814	21215	25545	3201	1170
鸠江区	1546	20860	31875	9034	5103
三山区	695	4572	10610	2328	1231
芜湖县	989	11994	25005	4766	1596
繁昌县	983	9129	17672	4094	1496
南陵县	2124	15648	32459	8775	3613
芜湖经济技术开发区	767	7869	11095	550	264
安徽芜湖长江大桥经济开发区	34	998	1188	344	232
无为市	2657	27551	53379	19993	10119
蚌埠市	**12928**	**143345**	**160682**	**67416**	**64710**
龙子湖区	1921	16419	7255	1922	3338
蚌山区	1900	13825	8843	696	405
禹会区	1917	20447	13022	5061	6611
淮上区	1316	16114	13675	4552	2480
怀远县	2319	28148	40300	26625	26832
五河县	1494	14345	26039	13720	15047
固镇县	1509	13038	27384	12818	9808
蚌埠市高新技术开发区	27	5363	4359	449	65
蚌埠市经济开发区	525	15646	19805	1573	124
淮南市	**13061**	**133786**	**159628**	**58857**	**60881**
大通区	385	7808	8423	2812	4118
田家庵区	4185	45265	47748	7436	6369
谢家集区	821	15269	10478	3140	2082
八公山区	348	8143	6935	966	867
潘集区	1275	11579	13490	9591	9743
凤台县	2408	16873	32700	14277	22144
寿县	3639	28849	39854	20635	15558

8-3 续表 4

单位：户

地区	二代户				
	一间	二间	三间	四间	五间及以上
马鞍山市	**7268**	**103456**	**123918**	**33903**	**16595**
花山区	944	35577	29432	2231	1162
雨山区	877	21679	19140	1802	1169
博望区	409	4463	8363	4740	2364
当涂县	886	16974	25148	8084	3596
含山县	1373	9546	21709	8162	4604
和县	2779	15217	20126	8884	3700
淮北市	**7992**	**80694**	**99541**	**32504**	**66272**
杜集区	1764	12654	8040	3638	8059
相山区	2212	38207	39944	5195	4122
烈山区	1604	9413	8420	3683	9630
濉溪县	2412	20420	43137	19988	44461
铜陵市	**6742**	**52388**	**82504**	**26107**	**21722**
铜官区	627	29718	34699	2127	954
义安区	535	9205	15289	4667	2513
郊区	321	5278	9184	4319	3263
枞阳县	5259	8187	23332	14994	14992
安庆市	**21041**	**110231**	**231248**	**112896**	**84847**
迎江区	781	15620	18413	1939	850
大观区	1433	15384	9531	2503	2344
宜秀区	127	3158	9120	3314	2250
怀宁县	3224	10538	29532	14700	10019
太湖县	2278	8090	23207	14470	9588
宿松县	5231	12518	28788	22670	18279
望江县	1310	11046	27058	13564	6921
岳西县	1059	4828	13833	10931	13628
安徽安庆经济开发区	160	7512	9944	956	611
桐城市	2277	14111	37589	13729	10881
潜山市	3161	7426	24233	14120	9476
黄山市	**4473**	**34473**	**62844**	**37985**	**34050**
屯溪区	809	11321	17438	4224	3308
黄山区	318	4505	6970	3853	3058
徽州区	163	2084	4783	2798	2321
歙县	1521	6388	14593	12934	12909
休宁县	1007	4725	8019	6897	6455
黟县	183	1804	3381	2701	1687
祁门县	472	3646	7660	4578	4312
滁州市	**13110**	**128784**	**230423**	**85798**	**49543**
琅琊区	582	17481	17470	2319	1524
南谯区	779	16952	21553	3654	2493
来安县	1268	12975	22358	9047	4219
全椒县	1450	12001	25599	8124	4209
定远县	2338	21025	36214	17926	10649
凤阳县	1546	16939	27649	19574	12694
苏滁现代产业园	3	831	970	92	1
滁州经济技术开发区	194	5747	8315	694	316
天长市	2284	10844	44147	10221	5169
明光市	2666	13989	26148	14147	8269

8-3 续表 5

单位：户

地区	二代户				
	一间	二间	三间	四间	五间及以上
阜阳市	**21257**	**179606**	**429231**	**178590**	**308223**
颍州区	1567	21722	48693	13387	21965
颍东区	1200	12959	23644	8932	22470
颍泉区	1021	14433	30602	14115	22287
临泉县	2995	26254	79151	42472	70513
太和县	3063	25813	83826	31050	67394
阜南县	5053	27097	66933	22384	34357
颍上县	3122	27394	50052	27014	43556
阜阳合肥现代产业园区	51	748	2179	631	1599
阜阳经济技术开发区	344	5010	8755	1707	1265
界首市	2841	18176	35396	16898	22817
宿州市	**19046**	**129137**	**294064**	**117749**	**194586**
埇桥区	4772	52175	91326	25888	63145
砀山县	1533	10786	38135	28368	34502
萧县	3427	24185	56224	31464	39904
灵璧县	5819	20928	55502	16567	35601
泗县	2951	17617	47341	14330	18409
宿州马鞍山现代产业园区	295	962	1732	545	1975
宿州经济技术开发区	249	2484	3804	587	1050
六安市	**30893**	**125501**	**236558**	**99256**	**83194**
金安区	10677	28111	53403	13463	10108
裕安区	2940	27526	55929	17631	16462
叶集区	519	4462	9845	4845	4538
霍邱县	5381	31387	41182	21940	20522
舒城县	7378	16333	33169	20955	14975
金寨县	2886	10927	26755	13237	11604
霍山县	1112	6755	16275	7185	4985
亳州市	**16481**	**110870**	**275721**	**106700**	**178775**
谯城区	5463	45465	90359	33285	42856
涡阳县	3596	19978	61914	24452	47071
蒙城县	3471	19029	56014	23883	44309
利辛县	3951	26398	67434	25080	44539
池州市	**9728**	**36267**	**77688**	**38457**	**29130**
贵池区	1722	18570	40661	14276	9675
东至县	6679	8216	16578	15134	12868
石台县	477	1871	4014	2826	1947
青阳县	782	6848	14774	5713	3795
池州市国家经济技术开发区	13	392	1034	200	63
皖江江南新兴产业集中区	25	202	370	21	8
九华山风景区	30	168	257	287	774
宣城市	**9171**	**87906**	**157451**	**51647**	**26196**
宣州区	2387	26547	44131	13352	5418
郎溪县	1013	12065	21619	6158	1923
泾县	1491	11902	15575	5823	3382
绩溪县	484	3265	7384	4317	3157
旌德县	621	3208	5737	3258	2525
宣城市经济开发区	220	3353	7588	1502	609
宁国市	1565	13103	25829	6505	4345
广德市	1390	14463	29588	10732	4837

8-3 续表 6

单位：户

地 区	三代户				
	一间	二间	三间	四间	五间及以上
安 徽	**19920**	**401511**	**1132239**	**591621**	**724435**
合肥市	**3765**	**94526**	**209320**	**46990**	**27408**
瑶海区	433	12183	17656	2213	706
庐阳区	388	9645	17431	2146	454
蜀山区	503	12730	22720	4477	829
包河区	580	14099	31240	4340	702
长丰县	205	5420	15632	4214	3278
肥东县	386	7174	17571	5555	3699
肥西县	401	9106	22696	4170	3099
庐江县	340	4538	20248	10417	8797
合肥高新技术产业开发区	127	3392	7358	933	207
合肥经济技术开发区	159	6689	14153	1926	491
合肥新站高新技术产业开发区	82	4793	9031	1037	264
巢湖市	161	4757	13584	5562	4882
芜湖市	**1198**	**31916**	**84286**	**30837**	**18024**
镜湖区	205	7049	10089	1492	770
弋江区	67	4461	8309	1312	652
鸠江区	163	4722	12238	4891	3418
三山区	62	1071	3911	1243	780
芜湖县	120	2333	8764	2610	1168
繁昌县	56	1428	5713	1974	928
南陵县	154	2710	10740	4957	2333
芜湖经济技术开发区	37	2311	4598	283	158
安徽芜湖长江大桥经济开发区	3	177	462	271	196
无为市	331	5654	19462	11804	7621
蚌埠市	**1519**	**29001**	**50792**	**34646**	**44305**
龙子湖区	234	2927	2037	678	2112
蚌山区	221	2407	2237	389	199
禹会区	165	3461	3226	1820	3651
淮上区	136	3083	4646	2671	1978
怀远县	327	6315	13426	13051	18043
五河县	186	3578	9256	7460	9894
固镇县	196	3471	9926	7978	8340
蚌埠市高新技术开发区	2	982	1042	125	19
蚌埠市经济开发区	52	2777	4996	474	69
淮南市	**1216**	**23267**	**45188**	**25565**	**35294**
大通区	59	1282	2352	1005	2246
田家庵区	344	7136	11082	2466	2793
谢家集区	119	3004	3195	1329	1325
八公山区	42	1515	2327	621	606
潘集区	144	1888	3810	4106	6260
凤台县	199	2916	9044	5938	11628
寿县	309	5526	13378	10100	10436

8-3 续表 7 单位：户

地　　区	三代户				
	一间	二间	三间	四间	五间及以上
马鞍山市	**697**	**20511**	**43907**	**21284**	**13684**
花山区	55	5865	7189	875	754
雨山区	64	3846	4934	784	855
博望区	58	1028	3667	2944	1941
当涂县	83	3619	11389	5959	3483
含山县	173	2126	7953	5181	3723
和县	264	4027	8775	5541	2928
淮北市	**801**	**13556**	**25237**	**12492**	**31203**
杜集区	236	2225	1985	1419	3675
相山区	156	6121	8871	1553	1424
烈山区	211	1738	2032	1149	3588
濉溪县	198	3472	12349	8371	22516
铜陵市	**175**	**7927**	**22953**	**11168**	**11348**
铜官区	39	4663	8639	635	332
义安区	24	1286	4415	1925	1247
郊区	26	738	2651	1925	1787
枞阳县	86	1240	7248	6683	7982
安庆市	**945**	**20134**	**86642**	**67301**	**59840**
迎江区	78	2901	5779	717	307
大观区	125	2647	3114	1217	1509
宜秀区	10	668	3226	1735	1746
怀宁县	74	1633	11261	9035	7032
太湖县	146	1534	9209	9245	7171
宿松县	210	2297	9287	10857	11267
望江县	71	2326	12893	9863	5657
岳西县	27	604	4657	6278	10174
安徽安庆经济开发区	16	1263	2710	318	251
桐城市	103	2800	14829	8548	7678
潜山市	85	1461	9677	9488	7048
黄山市	**265**	**6463**	**23308**	**20261**	**23572**
屯溪区	66	2241	6563	2692	3332
黄山区	16	769	2288	1951	1797
徽州区	12	432	1999	1632	1767
歙县	60	1262	5683	6326	8131
休宁县	62	984	3510	4374	5040
黟县	23	239	1043	1338	1129
祁门县	26	536	2222	1948	2376
滁州市	**1282**	**29706**	**87823**	**50487**	**38460**
琅琊区	42	3517	5858	904	1039
南谯区	65	4059	8179	1633	1423
来安县	181	2917	8483	5843	3455
全椒县	207	2816	9018	3405	2445
定远县	317	5006	12785	10379	8155
凤阳县	151	4201	10703	11237	11101
苏滁现代产业园		198	282	34	1
滁州经济技术开发区	17	1359	3025	267	131
天长市	130	2374	20456	9307	4989
明光市	172	3259	9034	7478	5721

8-3 续表 8 单位：户

地 区	三代户				
	一间	二间	三间	四间	五间及以上
阜阳市	**2411**	**37317**	**133757**	**82348**	**156043**
颍州区	172	4020	13292	5987	12505
颍东区	150	2801	8165	5039	14080
颍泉区	110	2544	8719	5648	11377
临泉县	429	5780	27354	20983	37621
太和县	261	3807	18166	9242	23244
阜南县	530	7227	26534	12790	19440
颍上县	579	7610	19469	14545	25941
阜阳合肥现代产业园区	6	127	604	292	843
阜阳经济技术开发区	40	755	2073	845	1033
界首市	134	2646	9381	6977	9959
宿州市	**1607**	**24060**	**86257**	**48210**	**96414**
埇桥区	435	9753	25550	10636	31725
砀山县	144	1387	7038	8015	13483
萧县	247	2774	11146	10153	14425
灵璧县	384	4560	20804	9587	21390
泗县	358	4837	20203	9313	13465
宿州马鞍山现代产业园区	27	238	511	256	1170
宿州经济技术开发区	12	511	1005	250	756
六安市	**1568**	**23836**	**85537**	**53906**	**56990**
金安区	274	4945	17367	5950	5949
裕安区	246	5528	20250	10872	13963
叶集区	58	1081	4145	3352	3716
霍邱县	507	5365	12699	9440	10813
舒城县	221	3159	13199	11779	10628
金寨县	159	2275	10961	8133	8524
霍山县	103	1483	6916	4380	3397
亳州市	**1591**	**17623**	**70469**	**41262**	**77684**
谯城区	473	6270	20595	11527	16001
涡阳县	449	3747	16825	9938	21165
蒙城县	352	3921	18260	11556	24171
利辛县	317	3685	14789	8241	16347
池州市	**339**	**6502**	**24512**	**18378**	**17295**
贵池区	75	3528	12266	6164	5091
东至县	212	1439	5567	7295	7709
石台县	11	279	1102	1446	1144
青阳县	36	1080	4976	3178	2663
池州市国家经济技术开发区	3	92	350	93	49
皖江江南新兴产业集中区	2	38	125	8	3
九华山风景区		46	126	194	636
宣城市	**541**	**15166**	**52251**	**26486**	**16871**
宣州区	147	4521	13890	5764	3074
郎溪县	104	2071	7220	3332	1523
泾县	83	2124	5083	2819	1965
绩溪县	22	520	2236	1900	1809
旌德县	37	584	2150	1817	1766
宣城市经济开发区	18	645	1928	419	283
宁国市	52	2294	8778	3406	2570
广德市	78	2407	10966	7029	3881

8-3 续表 9

单位：户

地　　区	四代户				
	一间	二间	三间	四间	五间及以上
安　徽	**279**	**6107**	**27605**	**27634**	**41012**
合肥市	**30**	**784**	**3157**	**1491**	**1298**
瑶海区	4	107	258	54	17
庐阳区	1	67	202	57	20
蜀山区	1	84	256	75	35
包河区	2	88	398	78	30
长丰县	3	64	265	143	152
肥东县	9	80	311	186	180
肥西县	2	75	380	126	127
庐江县	5	76	484	451	432
合肥高新技术产业开发区	1	16	76	15	2
合肥经济技术开发区		33	124	26	12
合肥新站高新技术产业开发区		41	130	18	10
巢湖市	2	53	273	262	281
芜湖市	**15**	**431**	**1789**	**1497**	**1132**
镜湖区		82	156	58	23
弋江区		30	99	27	20
鸠江区	4	67	270	244	220
三山区	1	7	64	53	38
芜湖县	4	35	215	155	74
繁昌县		14	88	76	50
南陵县	1	41	231	223	178
芜湖经济技术开发区		19	66	11	6
安徽芜湖长江大桥经济开发区		7	18	13	13
无为市	5	129	582	637	510
蚌埠市	**22**	**582**	**1485**	**1662**	**2682**
龙子湖区	1	30	21	21	67
蚌山区	1	26	37	17	10
禹会区		45	46	45	160
淮上区	3	56	128	141	124
怀远县	5	145	460	592	991
五河县	6	135	328	360	693
固镇县	5	121	396	480	637
蚌埠市高新技术开发区		1	8	1	
蚌埠市经济开发区	1	23	61	5	
淮南市	**16**	**322**	**968**	**1017**	**1720**
大通区		13	51	32	70
田家庵区	3	56	121	52	107
谢家集区		29	44	39	70
八公山区		11	41	23	27
潘集区	2	31	84	166	314
凤台县	1	73	224	270	672
寿县	10	109	403	435	460

8-3 续表 10

单位：户

地 区	四代户				
	一间	二间	三间	四间	五间及以上
马鞍山市	**21**	**353**	**1356**	**1342**	**1107**
花山区	1	66	116	27	49
雨山区	2	53	89	28	51
博望区	2	21	132	180	130
当涂县	3	66	385	365	307
含山县	2	40	226	276	282
和县	11	107	408	466	288
淮北市	**10**	**205**	**663**	**562**	**1724**
杜集区	2	33	45	67	192
相山区	1	66	141	41	58
烈山区	3	27	55	51	135
濉溪县	4	79	422	403	1339
铜陵市	**1**	**73**	**358**	**312**	**376**
铜官区		39	86	14	11
义安区		15	75	56	50
郊区	1	8	60	76	67
枞阳县		11	137	166	248
安庆市	**7**	**311**	**2400**	**3840**	**4185**
迎江区		23	71	20	11
大观区		27	62	55	104
宜秀区		4	80	87	113
怀宁县		24	374	674	548
太湖县	4	33	297	484	592
宿松县	1	59	218	410	601
望江县	1	40	472	742	571
岳西县		12	111	279	539
安徽安庆经济开发区		15	32	5	5
桐城市	1	54	397	500	521
潜山市		20	286	584	580
黄山市	**3**	**71**	**477**	**938**	**1661**
屯溪区		21	108	137	261
黄山区		6	48	61	144
徽州区		2	42	85	116
歙县		19	108	242	462
休宁县	2	18	117	292	482
黟县	1	1	18	43	57
祁门县		4	36	78	139
滁州市	**27**	**667**	**2772**	**3188**	**2924**
琅琊区		49	112	30	44
南谯区		43	187	71	89
来安县	2	80	324	481	347
全椒县	8	61	240	157	177
定远县	11	150	446	595	581
凤阳县	3	111	393	567	718
苏滁现代产业园		1	7	3	
滁州经济技术开发区		20	67	10	6
天长市	1	75	726	907	579
明光市	2	77	270	367	383

8-3 续表 11 单位：户

地　　区	四代户				
	一间	二间	三间	四间	五间及以上
阜阳市	**50**	**842**	**3728**	**3239**	**7496**
颍州区	1	72	276	222	604
颍东区	2	53	208	224	814
颍泉区	2	35	176	163	482
临泉县	12	128	830	836	1813
太和县	4	66	351	246	695
阜南县	18	186	861	604	1058
颍上县	10	240	745	686	1595
阜阳合肥现代产业园区		4	18	9	40
阜阳经济技术开发区		11	47	24	40
界首市	1	47	216	225	355
宿州市	**28**	**513**	**2711**	**2263**	**5422**
埇桥区	5	137	510	411	1425
砀山县	2	37	210	336	828
萧县	2	39	253	358	570
灵璧县	9	148	869	580	1507
泗县	10	134	836	553	964
宿州马鞍山现代产业园区		7	20	15	73
宿州经济技术开发区		11	13	10	55
六安市	**16**	**369**	**2218**	**2660**	**3409**
金安区	4	51	337	264	297
裕安区	6	99	511	583	926
叶集区		24	155	228	292
霍邱县	6	113	400	450	564
舒城县		30	303	564	590
金寨县		33	282	307	472
霍山县		19	230	264	268
亳州市	**23**	**346**	**1985**	**1676**	**3769**
谯城区	6	81	441	413	675
涡阳县	6	93	502	399	899
蒙城县	7	89	646	545	1437
利辛县	4	83	396	319	758
池州市	**4**	**61**	**484**	**759**	**963**
贵池区	1	26	180	228	264
东至县	1	17	162	317	403
石台县		7	22	72	62
青阳县	1	10	102	129	172
池州市国家经济技术开发区			7	2	2
皖江江南新兴产业集中区		1	3	1	
九华山风景区	1		8	10	60
宣城市	**6**	**177**	**1054**	**1188**	**1144**
宣州区	2	56	268	244	189
郎溪县	4	31	156	129	93
泾县		25	113	107	151
绩溪县		8	38	64	92
旌德县		7	54	88	100
宣城市经济开发区		4	18	11	12
宁国市		17	151	181	215
广德市		29	256	364	292

8−3　续表 12　　　　单位：户

地　区	五代及以上户				
	一间	二间	三间	四间	五间及以上
安　徽		**4**	**17**	**14**	**42**
合肥市				**1**	**1**
瑶海区					
庐阳区					
蜀山区					
包河区					
长丰县					
肥东县					
肥西县					
庐江县				1	
合肥高新技术产业开发区					
合肥经济技术开发区					
合肥新站高新技术产业开发区					
巢湖市					1
芜湖市		**1**	**1**	**1**	
镜湖区				1	
弋江区					
鸠江区		1			
三山区					
芜湖县					
繁昌县					
南陵县					
芜湖经济技术开发区					
安徽芜湖长江大桥经济开发区					
无为市			1		
蚌埠市			**1**	**2**	**3**
龙子湖区					
蚌山区					
禹会区					
淮上区					
怀远县			1		2
五河县				2	
固镇县					1
蚌埠市高新技术开发区					
蚌埠市经济开发区					
淮南市			**1**		**2**
大通区					
田家庵区					
谢家集区					
八公山区					
潘集区					
凤台县					2
寿县			1		

8-3 续表 13 单位：户

地区	五代及以上户				
	一间	二间	三间	四间	五间及以上
马鞍山市			**1**	**1**	
花山区					
雨山区					
博望区					
当涂县			1		
含山县					
和县				1	
淮北市				**2**	**4**
杜集区					
相山区					
烈山区					
濉溪县				2	4
铜陵市					
铜官区					
义安区					
郊区					
枞阳县					
安庆市			**4**	**1**	**2**
迎江区					
大观区					
宜秀区					
怀宁县				1	
太湖县					
宿松县					
望江县			1		2
岳西县					
安徽安庆经济开发区					
桐城市			3		
潜山市					
黄山市			**1**		**4**
屯溪区					1
黄山区					
徽州区					
歙县			1		1
休宁县					2
黟县					
祁门县					
滁州市				**1**	**2**
琅琊区					
南谯区					
来安县					
全椒县				1	
定远县					1
凤阳县					1
苏滁现代产业园					
滁州经济技术开发区					
天长市					
明光市					

8-3 续表 14 单位：户

地　区	五代及以上户				
	一间	二间	三间	四间	五间及以上
阜阳市		**2**	**1**	**1**	**8**
颍州区					1
颍东区				1	
颍泉区					
临泉县		1			3
太和县					2
阜南县					
颍上县		1	1		2
阜阳合肥现代产业园区					
阜阳经济技术开发区					
界首市					
宿州市			**3**	**1**	**8**
埇桥区				1	1
砀山县					2
萧县					1
灵璧县			3		1
泗县					3
宿州马鞍山现代产业园区					
宿州经济技术开发区					
六安市			**1**	**1**	**2**
金安区			1		
裕安区					
叶集区					
霍邱县					2
舒城县					
金寨县				1	
霍山县					
亳州市		**1**	**2**	**2**	**4**
谯城区				1	
涡阳县			1		1
蒙城县		1	1	1	3
利辛县					
池州市					
贵池区					
东至县					
石台县					
青阳县					
池州市国家经济技术开发区					
皖江江南新兴产业集中区					
九华山风景区					
宣城市			**1**		**2**
宣州区					1
郎溪县					
泾县					
绩溪县					
旌德县					
宣城市经济开发区			1		
宁国市					
广德市					1

8－3a 各地区按家庭户类别和住房间数分的家庭户户数(城市)

单位：户

地　区	家庭户户　数	一代户				
		一间	二间	三间	四间	五间及以上
安　徽	**5395240**	**337872**	**1054822**	**854915**	**114999**	**62652**
合肥市	**1359581**	**125495**	**256182**	**214649**	**28100**	**7002**
瑶海区	282914	27549	59831	39206	3638	1236
庐阳区	210489	18741	43361	28305	2622	516
蜀山区	311922	30550	57933	50830	7815	1586
包河区	389337	39910	64710	65634	8943	1353
长丰县						
肥东县						
肥西县	14925	2186	2035	3087	1256	103
庐江县						
合肥高新技术产业开发区						
合肥经济技术开发区						
合肥新站高新技术产业开发区	23149	897	5692	3568	723	149
巢湖市	126845	5662	22620	24019	3103	2059
芜湖市	**506625**	**36227**	**115194**	**75811**	**8807**	**5252**
镜湖区	174878	14670	49036	23403	2087	1045
弋江区	124302	7337	27814	18673	2442	1114
鸠江区	103770	6920	22099	16060	1586	1365
三山区	31864	4435	5423	5437	686	413
芜湖县	3223	164	537	677	256	57
繁昌县						
南陵县						
芜湖经济技术开发区	993	115	164	193	70	56
安徽芜湖长江大桥经济开发区						
无为市	67595	2586	10121	11368	1680	1202
蚌埠市	**243873**	**21663**	**71662**	**22354**	**1995**	**2115**
龙子湖区	64520	6427	21255	5144	508	729
蚌山区	55236	5922	15498	5174	254	129
禹会区	77249	5965	24514	7547	648	968
淮上区	46868	3349	10395	4489	585	289
怀远县						
五河县						
固镇县						
蚌埠市高新技术开发区						
蚌埠市经济开发区						
淮南市	**395618**	**21976**	**97437**	**59497**	**7285**	**5747**
大通区	14701	292	3511	2750	235	95
田家庵区	242947	16014	54279	37308	4601	3601
谢家集区	66646	2831	21247	9249	881	788
八公山区	44632	1620	12791	7397	797	613
潘集区	26692	1219	5609	2793	771	650
凤台县						
寿县						

注：本表数据为居住在普通住宅的家庭户。

8-3a　续表 1　　单位：户

地　区	家庭户户数	一代户 一间	二间	三间	四间	五间及以上
马鞍山市	**304396**	**11489**	**88765**	**45755**	**4535**	**2589**
花山区	167129	4992	51312	25001	1736	1036
雨山区	113326	5496	34563	17633	1445	890
博望区	23941	1001	2890	3121	1354	663
当涂县						
含山县						
和县						
淮北市	**276834**	**12089**	**61547**	**38249**	**6287**	**5577**
杜集区	49952	3234	12816	4556	1329	1764
相山区	173831	6016	37648	27896	2529	588
烈山区	33450	2227	9353	3618	1169	770
濉溪县	19601	612	1730	2179	1260	2455
铜陵市	**204030**	**5151**	**48785**	**40292**	**2563**	**937**
铜官区	155667	3452	38084	30932	1528	501
义安区	32742	1050	6281	6524	690	230
郊区	15621	649	4420	2836	345	206
枞阳县						
安庆市	**358931**	**15909**	**64880**	**63522**	**11670**	**6861**
迎江区	91370	2961	23177	17054	1461	336
大观区	62382	4944	19605	7415	572	145
宜秀区	27189	939	3093	5462	1083	656
怀宁县						
太湖县						
宿松县						
望江县	30149	934	3595	5032	1396	701
岳西县						
安徽安庆经济开发区						
桐城市	97248	3588	10644	19079	4274	3140
潜山市	50593	2543	4766	9480	2884	1883
黄山市	**129142**	**7149**	**20742**	**23234**	**5005**	**3027**
屯溪区	88116	5086	14964	16165	3054	1757
黄山区	21514	1186	3492	3998	1032	460
徽州区	16968	821	2070	2780	717	587
歙县	1178	34	91	118	130	113
休宁县	1366	22	125	173	72	110
黟县						
祁门县						
滁州市	**285404**	**12486**	**40903**	**46649**	**7781**	**4226**
琅琊区	87044	2850	18912	12801	1702	1188
南谯区	58047	2643	8494	8637	961	453
来安县						
全椒县						
定远县						
凤阳县						
苏滁现代产业园						
滁州经济技术开发区						
天长市	78624	4252	6508	16700	1918	1031
明光市	61689	2741	6989	8511	3200	1554

8-3a 续表 2

单位：户

地　　区	家庭户户　数	一代户				
		一间	二间	三间	四间	五间及以上
阜阳市	**309121**	**14021**	**41820**	**50629**	**7438**	**4426**
颍州区	129993	5768	17105	23686	3300	1753
颍东区	52679	2444	8816	8398	527	408
颍泉区	62473	2385	8308	9946	1884	1324
临泉县						
太和县						
阜南县						
颍上县						
阜阳合肥现代产业园区						
阜阳经济技术开发区						
界首市	63976	3424	7591	8599	1727	941
宿州市	**211310**	**10667**	**33005**	**34679**	**3688**	**2964**
埇桥区	209300	10432	32674	34435	3611	2948
砀山县						
萧县	2010	235	331	244	77	16
灵璧县						
泗县						
宿州马鞍山现代产业园区						
宿州经济技术开发区						
六安市	**248803**	**10761**	**35331**	**41760**	**4251**	**1873**
金安区	113258	6080	17125	19999	1712	533
裕安区	113177	3395	15431	19071	1671	508
叶集区	19848	1152	2438	2375	620	528
霍邱县	925	24	92	63	107	188
舒城县	1595	110	245	252	141	116
金寨县						
霍山县						
亳州市	**184810**	**10108**	**25015**	**28497**	**4861**	**4453**
谯城区	183461	10057	24927	28089	4821	4399
涡阳县						
蒙城县						
利辛县	1349	51	88	408	40	54
池州市	**123727**	**4377**	**16369**	**23080**	**3700**	**2090**
贵池区	117312	3714	15130	21950	3495	2019
东至县						
石台县						
青阳县						
池州市国家经济技术开发区	3846	72	504	721	182	67
皖江江南新兴产业集中区	2569	591	735	409	23	4
九华山风景区						
宣城市	**253035**	**18304**	**37185**	**46258**	**7033**	**3513**
宣州区	90223	4472	14914	18846	1461	637
郎溪县						
泾县						
绩溪县						
旌德县						
宣城市经济开发区						
宁国市	85313	8546	9845	14286	2541	1339
广德市	77499	5286	12426	13126	3031	1537

8-3a 续表 3

单位：户

地 区	二代户				
	一间	二间	三间	四间	五间及以上
安 徽	**76991**	**878914**	**1124907**	**148031**	**78702**
合肥市	**23599**	**226420**	**267068**	**34337**	**7000**
瑶海区	5366	55887	52080	5424	1162
庐阳区	4934	41955	39824	3569	605
蜀山区	4825	47460	59324	9993	1491
包河区	6969	56803	81457	10770	1338
长丰县					
肥东县					
肥西县	180	1386	2229	432	102
庐江县					
合肥高新技术产业开发区					
合肥经济技术开发区					
合肥新站高新技术产业开发区	125	4756	3797	623	95
巢湖市	1200	18173	28357	3526	2207
芜湖市	**5314**	**83412**	**98684**	**11357**	**5337**
镜湖区	2091	33290	26716	2693	1094
弋江区	814	21215	25545	3201	1170
鸠江区	1090	15787	21515	1855	1281
三山区	608	3461	6605	671	322
芜湖县	11	185	510	247	48
繁昌县					
南陵县					
芜湖经济技术开发区	3	49	115	56	29
安徽芜湖长江大桥经济开发区					
无为市	697	9425	17678	2634	1393
蚌埠市	**6187**	**57892**	**31833**	**2957**	**2464**
龙子湖区	1883	15497	5984	672	907
蚌山区	1864	13242	8082	330	92
禹会区	1725	18341	9393	831	993
淮上区	715	10812	8374	1124	472
怀远县					
五河县					
固镇县					
蚌埠市高新技术开发区					
蚌埠市经济开发区					
淮南市	**5399**	**73482**	**69483**	**8898**	**8096**
大通区	59	2952	2896	245	98
田家庵区	4058	43834	46224	5756	5375
谢家集区	627	13724	8654	878	881
八公山区	320	7879	6802	848	631
潘集区	335	5093	4907	1171	1111
凤台县					
寿县					

8-3a 续表 4

单位：户

地　　区	二代户				
	一间	二间	三间	四间	五间及以上
马鞍山市	**1957**	**59409**	**52569**	**5371**	**2636**
花山区	934	35454	29193	1999	889
雨山区	860	21485	18797	1473	708
博望区	163	2470	4579	1899	1039
当涂县					
含山县					
和县					
淮北市	**4451**	**53656**	**49561**	**7755**	**8522**
杜集区	1346	9205	5386	1652	2872
相山区	2091	37524	38468	3387	910
烈山区	955	6310	3815	1140	831
濉溪县	59	617	1892	1576	3909
铜陵市	**1048**	**37319**	**45061**	**3019**	**1021**
铜官区	623	29548	34225	1985	620
义安区	350	5177	8016	754	280
郊区	75	2594	2820	280	121
枞阳县					
安庆市	**5694**	**49005**	**73832**	**12200**	**6546**
迎江区	775	15574	18279	1748	323
大观区	1366	14733	7448	673	136
宜秀区	49	2455	7041	1354	635
怀宁县					
太湖县					
宿松县					
望江县	345	3648	7409	1588	658
岳西县					
安徽安庆经济开发区					
桐城市	1082	8796	23499	4032	2784
潜山市	2077	3799	10156	2805	2010
黄山市	**1130**	**15375**	**24672**	**5461**	**3797**
屯溪区	784	11007	16531	3348	2238
黄山区	212	2547	4029	1192	557
徽州区	131	1704	3810	718	683
歙县		34	116	126	131
休宁县	3	83	186	77	188
黟县					
祁门县					
滁州市	**4077**	**39218**	**68861**	**10728**	**4850**
琅琊区	553	17343	17297	2081	1085
南谯区	449	10935	13820	1438	545
来安县					
全椒县					
定远县					
凤阳县					
苏滁现代产业园					
滁州经济技术开发区					
天长市	1254	4622	24528	2680	1025
明光市	1821	6318	13216	4529	2195

8-3a　续表 5　　　　单位：户

地　区	二代户				
	一间	二间	三间	四间	五间及以上
阜阳市	**4615**	**42330**	**81469**	**12304**	**7363**
颍州区	1127	16897	35311	4993	2882
颍东区	830	8313	14154	799	704
颍泉区	510	8167	15401	3381	1984
临泉县					
太和县					
阜南县					
颍上县					
阜阳合肥现代产业园区					
阜阳经济技术开发区					
界首市	2148	8953	16603	3131	1793
宿州市	**3107**	**33811**	**51273**	**5677**	**4956**
埇桥区	3090	33594	50820	5522	4936
砀山县					
萧县	17	217	453	155	20
灵璧县					
泗县					
宿州马鞍山现代产业园区					
宿州经济技术开发区					
六安市	**3323**	**36519**	**70540**	**7028**	**2689**
金安区	1907	16705	31052	2691	649
裕安区	1185	17812	34631	2994	766
叶集区	222	1917	4600	1178	1000
霍邱县	1	15	31	57	205
舒城县	8	70	226	108	69
金寨县					
霍山县					
亳州市	**2625**	**22901**	**47279**	**8436**	**7390**
谯城区	2622	22863	46872	8396	7271
涡阳县					
蒙城县					
利辛县	3	38	407	40	119
池州市	**1379**	**16460**	**32836**	**4512**	**2335**
贵池区	1341	15866	31432	4291	2264
东至县					
石台县					
青阳县					
池州市国家经济技术开发区	13	392	1034	200	63
皖江江南新兴产业集中区	25	202	370	21	8
九华山风景区					
宣城市	**3086**	**31705**	**59886**	**7991**	**3700**
宣州区	1049	12703	23132	1740	676
郎溪县					
泾县					
绩溪县					
旌德县					
宣城市经济开发区					
宁国市	1070	10093	20653	2839	1388
广德市	967	8909	16101	3412	1636

8-3a 续表 6　　单位：户

地 区	三代户				
	一间	二间	三间	四间	五间及以上
安 徽	**5981**	**170714**	**352248**	**69028**	**52158**
合肥市	**1997**	**51911**	**94936**	**14492**	**4289**
瑶海区	426	11469	16428	2132	664
庐阳区	387	9032	14358	1580	382
蜀山区	497	12481	21836	4252	653
包河区	579	14090	31206	4315	671
长丰县					
肥东县					
肥西县	17	508	1112	189	80
庐江县					
合肥高新技术产业开发区					
合肥经济技术开发区					
合肥新站高新技术产业开发区	12	1122	1276	237	39
巢湖市	79	3209	8720	1787	1800
芜湖市	**459**	**17471**	**33781**	**5141**	**3378**
镜湖区	199	6925	9607	1142	592
弋江区	67	4461	8309	1312	652
鸠江区	74	3645	8559	941	796
三山区	60	835	2224	377	237
芜湖县		21	248	183	52
繁昌县					
南陵县					
芜湖经济技术开发区		20	51	35	32
安徽芜湖长江大桥经济开发区					
无为市	59	1564	4783	1151	1017
蚌埠市	**669**	**10284**	**8542**	**1469**	**1416**
龙子湖区	232	2806	1714	252	441
蚌山区	218	2308	1911	124	24
禹会区	150	3141	2323	227	410
淮上区	69	2029	2594	866	541
怀远县					
五河县					
固镇县					
蚌埠市高新技术开发区					
蚌埠市经济开发区					
淮南市	**514**	**12506**	**17669**	**3379**	**3721**
大通区	9	520	916	66	31
田家庵区	326	6912	10610	1792	2006
谢家集区	98	2817	2755	494	617
八公山区	40	1486	2263	561	497
潘集区	41	771	1125	466	570
凤台县					
寿县					

8-3a 续表 7

单位：户

地 区	三代户				
	一间	二间	三间	四间	五间及以上
马鞍山市	**145**	**10195**	**13738**	**2629**	**1975**
花山区	55	5853	7109	743	585
雨山区	64	3815	4835	608	467
博望区	26	527	1794	1278	923
当涂县					
含山县					
和县					
淮北市	**455**	**9084**	**11649**	**2991**	**4245**
杜集区	187	1675	1402	731	1611
相山区	148	6051	8653	1223	446
烈山区	111	1242	983	410	434
濉溪县	9	116	611	627	1754
铜陵市	**49**	**5748**	**11354**	**1024**	**442**
铜官区	39	4627	8532	609	216
义安区	7	781	2094	307	154
郊区	3	340	728	108	72
枞阳县					
安庆市	**329**	**9127**	**25825**	**7115**	**5164**
迎江区	78	2901	5754	678	153
大观区	118	2531	2298	254	71
宜秀区	3	556	2515	654	571
怀宁县					
太湖县					
宿松县					
望江县	12	579	2558	970	614
岳西县					
安徽安庆经济开发区					
桐城市	63	1795	9031	2767	2123
潜山市	55	765	3669	1792	1632
黄山市	**86**	**3053**	**9242**	**3269**	**3342**
屯溪区	66	2194	6246	2071	2215
黄山区	8	436	1335	614	354
徽州区	11	374	1509	435	537
歙县		20	71	88	93
休宁县	1	29	81	61	143
黟县					
祁门县					
滁州市	**194**	**8622**	**25693**	**5907**	**4095**
琅琊区	41	3504	5814	839	811
南谯区	40	2777	5477	747	443
来安县					
全椒县					
定远县					
凤阳县					
苏滁现代产业园					
滁州经济技术开发区					
天长市	42	895	9899	1898	996
明光市	71	1446	4503	2423	1845

8-3a 续表 8

单位：户

地 区	三代户				
	一间	二间	三间	四间	五间及以上
阜阳市	**301**	**7368**	**22078**	**5706**	**6289**
颍州区	104	3051	9017	2156	2517
颍东区	107	1571	4323	500	614
颍泉区	47	1540	4427	1265	1675
临泉县					
太和县					
阜南县					
颍上县					
阜阳合肥现代产业园区					
阜阳经济技术开发区					
界首市	43	1206	4311	1785	1483
宿州市	**260**	**6547**	**14110**	**2499**	**3523**
埇桥区	260	6537	14016	2407	3482
砀山县					
萧县		10	94	92	41
灵璧县					
泗县					
宿州马鞍山现代产业园区					
宿州经济技术开发区					
六安市	**201**	**6665**	**22253**	**3296**	**1650**
金安区	122	3094	9959	1085	333
裕安区	55	3194	10562	1233	377
叶集区	24	362	1630	893	767
霍邱县		3	6	16	110
舒城县		12	96	69	63
金寨县					
霍山县					
亳州市	**148**	**3341**	**11397**	**3461**	**4284**
谯城区	148	3341	11322	3455	4266
涡阳县					
蒙城县					
利辛县			75	6	18
池州市	**55**	**3198**	**9912**	**1908**	**1274**
贵池区	50	3068	9437	1807	1222
东至县					
石台县					
青阳县					
池州市国家经济技术开发区	3	92	350	93	49
皖江江南新兴产业集中区	2	38	125	8	3
九华山风景区					
宣城市	**119**	**5594**	**20069**	**4742**	**3071**
宣州区	41	2153	7156	687	416
郎溪县					
泾县					
绩溪县					
旌德县					
宣城市经济开发区					
宁国市	41	1907	7311	1848	1287
广德市	37	1534	5602	2207	1368

8-3a　续表 9　　单位：户

地　区	四代户				
	一间	二间	三间	四间	五间及以上
安　徽	**35**	**1604**	**5423**	**2378**	**2859**
合肥市	**9**	**382**	**1210**	**327**	**176**
瑶海区	4	104	241	52	15
庐阳区	1	64	186	50	17
蜀山区	1	81	223	67	24
包河区	2	88	397	75	27
长丰县					
肥东县					
肥西县		4	11	6	2
庐江县					
合肥高新技术产业开发区					
合肥经济技术开发区					
合肥新站高新技术产业开发区		16	17	4	1
巢湖市	1	25	135	73	90
芜湖市		**165**	**511**	**161**	**161**
镜湖区		82	151	36	18
弋江区		30	99	27	20
鸠江区		23	124	20	30
三山区		5	41	14	10
芜湖县			8	17	2
繁昌县					
南陵县					
芜湖经济技术开发区				1	4
安徽芜湖长江大桥经济开发区					
无为市		25	88	46	77
蚌埠市	**2**	**122**	**127**	**61**	**59**
龙子湖区	1	27	17	10	14
蚌山区	1	25	32	5	1
禹会区		36	20	1	16
淮上区		34	58	45	28
怀远县					
五河县					
固镇县					
蚌埠市高新技术开发区					
蚌埠市经济开发区					
淮南市	**3**	**99**	**222**	**67**	**138**
大通区		5	20	1	
田家庵区	3	53	113	24	58
谢家集区		26	37	11	31
八公山区		11	40	17	19
潘集区		4	12	14	30
凤台县					
寿县					

8-3a 续表 10 单位：户

地　区	四代户				
	一间	二间	三间	四间	五间及以上
马鞍山市	**5**	**131**	**263**	**105**	**135**
花山区	1	66	113	20	38
雨山区	2	53	86	18	28
博望区	2	12	64	67	69
当涂县					
含山县					
和县					
淮北市	**3**	**114**	**204**	**119**	**275**
杜集区	2	23	25	34	102
相山区	1	66	137	26	23
烈山区		18	21	23	20
濉溪县		7	21	36	130
铜陵市		**48**	**120**	**30**	**19**
铜官区		39	86	14	7
义安区		7	23	12	5
郊区		2	11	4	7
枞阳县					
安庆市		**86**	**497**	**328**	**339**
迎江区		23	71	19	5
大观区		25	35	7	6
宜秀区		3	57	30	33
怀宁县					
太湖县					
宿松县					
望江县		1	38	32	39
岳西县					
安徽安庆经济开发区					
桐城市		30	213	166	140
潜山市		4	83	74	116
黄山市		**27**	**154**	**137**	**240**
屯溪区		21	100	96	173
黄山区		4	21	11	26
徽州区		2	30	21	28
歙县			1	5	7
休宁县			2	4	6
黟县					
祁门县					
滁州市	**2**	**104**	**498**	**254**	**256**
琅琊区		47	111	27	38
南谯区		27	107	26	28
来安县					
全椒县					
定远县					
凤阳县					
苏滁现代产业园					
滁州经济技术开发区					
天长市	1	12	178	100	85
明光市	1	18	102	101	105

8-3a　续表 11　　　　单位：户

地　区	四代户				
	一间	二间	三间	四间	五间及以上
阜阳市	**5**	**97**	**404**	**176**	**281**
颍州区	1	47	138	54	86
颍东区	2	19	87	26	36
颍泉区	2	19	85	40	83
临泉县					
太和县					
阜南县					
颍上县					
阜阳合肥现代产业园区					
阜阳经济技术开发区					
界首市		12	94	56	76
宿州市	**3**	**73**	**215**	**90**	**163**
埇桥区	3	73	215	87	158
砀山县					
萧县				3	5
灵璧县					
泗县					
宿州马鞍山现代产业园区					
宿州经济技术开发区					
六安市	**2**	**62**	**384**	**130**	**85**
金安区	2	20	146	31	13
裕安区		37	182	56	17
叶集区		5	49	41	47
霍邱县				1	6
舒城县			7	1	2
金寨县					
霍山县					
亳州市		**39**	**202**	**133**	**240**
谯城区		39	201	133	239
涡阳县					
蒙城县					
利辛县			1		1
池州市		**21**	**121**	**40**	**60**
贵池区		20	111	37	58
东至县					
石台县					
青阳县					
池州市国家经济技术开发区			7	2	2
皖江江南新兴产业集中区		1	3	1	
九华山风景区					
宣城市	**1**	**34**	**291**	**220**	**232**
宣州区	1	13	84	21	21
郎溪县					
泾县					
绩溪县					
旌德县					
宣城市经济开发区					
宁国市		12	103	89	115
广德市		9	104	110	96

8-3a 续表 12 单位：户

地区	五代及以上户				
	一间	二间	三间	四间	五间及以上
安徽			**3**	**3**	**1**
合肥市					
瑶海区					
庐阳区					
蜀山区					
包河区					
长丰县					
肥东县					
肥西县					
庐江县					
合肥高新技术产业开发区					
合肥经济技术开发区					
合肥新站高新技术产业开发区					
巢湖市					
芜湖市			**1**	**1**	
镜湖区				1	
弋江区					
鸠江区					
三山区					
芜湖县					
繁昌县					
南陵县					
芜湖经济技术开发区					
安徽芜湖长江大桥经济开发区					
无为市			1		
蚌埠市					
龙子湖区					
蚌山区					
禹会区					
淮上区					
怀远县					
五河县					
固镇县					
蚌埠市高新技术开发区					
蚌埠市经济开发区					
淮南市					
大通区					
田家庵区					
谢家集区					
八公山区					
潘集区					
凤台县					
寿县					

8-3a　续表 13　　　　单位：户

地　　区	五代及以上户				
	一间	二间	三间	四间	五间及以上
马鞍山市					
花山区					
雨山区					
博望区					
当涂县					
含山县					
和县					
淮北市				**1**	
杜集区					
相山区					
烈山区					
濉溪县				1	
铜陵市					
铜官区					
义安区					
郊区					
枞阳县					
安庆市			**2**		
迎江区					
大观区					
宜秀区					
怀宁县					
太湖县					
宿松县					
望江县					
岳西县					
安徽安庆经济开发区					
桐城市			2		
潜山市					
黄山市					
屯溪区					
黄山区					
徽州区					
歙县					
休宁县					
黟县					
祁门县					
滁州市					
琅琊区					
南谯区					
来安县					
全椒县					
定远县					
凤阳县					
苏滁现代产业园					
滁州经济技术开发区					
天长市					
明光市					

8-3a 续表 14

单位：户

地 区	五代及以上户				
	一间	二间	三间	四间	五间及以上
阜阳市				**1**	
颍州区					
颍东区				1	
颍泉区					
临泉县					
太和县					
阜南县					
颍上县					
阜阳合肥现代产业园区					
阜阳经济技术开发区					
界首市					
宿州市					
埇桥区					
砀山县					
萧县					
灵璧县					
泗县					
宿州马鞍山现代产业园区					
宿州经济技术开发区					
六安市					
金安区					
裕安区					
叶集区					
霍邱县					
舒城县					
金寨县					
霍山县					
亳州市					
谯城区					
涡阳县					
蒙城县					
利辛县					
池州市					
贵池区					
东至县					
石台县					
青阳县					
池州市国家经济技术开发区					
皖江江南新兴产业集中区					
九华山风景区					
宣城市					**1**
宣州区					
郎溪县					
泾县					
绩溪县					
旌德县					
宣城市经济开发区					
宁国市					
广德市					1

8-3b　各地区按家庭户类别和住房间数分的家庭户户数(镇)

单位：户

地　区	家庭户户　数	一代户				
		一间	二间	三间	四间	五间及以上
安　徽	**6101712**	**340602**	**831523**	**968971**	**257002**	**195101**
合肥市	**1022804**	**66669**	**144154**	**183591**	**25717**	**11001**
瑶海区	8166	495	1550	1600	103	95
庐阳区	21602	201	1356	4157	599	55
蜀山区	10041	867	1625	1989	398	265
包河区						
长丰县	144335	5832	20080	26173	3065	1162
肥东县	187358	11190	26822	35265	4228	2135
肥西县	165426	17052	21289	29002	2066	892
庐江县	158592	7576	19845	29354	6621	3674
合肥高新技术产业开发区	69721	6456	10759	11294	1917	403
合肥经济技术开发区	132457	10447	17047	22110	3251	962
合肥新站高新技术产业开发区	88817	4154	16522	16039	1442	331
巢湖市	36289	2399	7259	6608	2027	1027
芜湖市	**380960**	**28821**	**57849**	**69057**	**13534**	**6107**
镜湖区	350	32	71	78	4	2
弋江区						
鸠江区	27872	2148	4704	4249	1937	788
三山区	6570	7	515	1663	130	82
芜湖县	70698	3536	10420	13741	1809	801
繁昌县	52564	3306	8761	10041	1525	644
南陵县	83885	5783	11674	15220	2718	1194
芜湖经济技术开发区	54948	8829	8661	9599	401	288
安徽芜湖长江大桥经济开发区	5547	317	1643	846	144	17
无为市	78526	4863	11400	13620	4866	2291
蚌埠市	**350321**	**13669**	**61274**	**50938**	**9949**	**6547**
龙子湖区	3108	188	901	295	66	177
蚌山区						
禹会区	2883	277	390	250	143	135
淮上区	9334	385	2747	681	215	148
怀远县	109141	4690	18527	13323	4080	3554
五河县	74434	3781	9885	10651	2740	1747
固镇县	48870	2032	6004	8549	1198	641
蚌埠市高新技术开发区	19268	150	4141	2235	259	40
蚌埠市经济开发区	83283	2166	18679	14954	1248	105
淮南市	**255911**	**16222**	**45327**	**34448**	**11704**	**8526**
大通区	28008	1324	6259	3515	956	1309
田家庵区	4564	187	742	426	330	183
谢家集区	1456	117	350	170	108	28
八公山区	23		5	9		2
潘集区	24424	2950	4287	2251	1415	1134
凤台县	76429	4540	11631	11204	2647	1908
寿县	121007	7104	22053	16873	6248	3962

注：本表数据为居住在普通住宅的家庭户。

8-3b 续表 1

单位：户

地区	家庭户	一代户				
	户数	一间	二间	三间	四间	五间及以上
马鞍山市	**231576**	**14382**	**39478**	**36362**	**9755**	**4726**
花山区						
雨山区						
博望区	3372	412	474	292	212	88
当涂县	94435	5029	19159	14780	3495	1597
含山县	64495	3135	8233	10934	3324	1625
和县	69274	5806	11612	10356	2724	1416
淮北市	**147267**	**6219**	**24347**	**18724**	**5598**	**7250**
杜集区	17611	1123	5408	1333	586	1319
相山区						
烈山区	12360	1243	3385	862	350	985
濉溪县	117296	3853	15554	16529	4662	4946
铜陵市	**111408**	**4726**	**13129**	**19541**	**8678**	**8117**
铜官区	12	1	6	4	1	
义安区	9654	548	1665	1799	672	417
郊区	11758	916	2800	2050	706	409
枞阳县	89984	3261	8658	15688	7299	7291
安庆市	**409779**	**16292**	**44890**	**65951**	**25702**	**20165**
迎江区						
大观区	6782	121	421	758	670	1181
宜秀区	9831	313	950	1591	1199	710
怀宁县	81743	2990	8592	13868	4267	4201
太湖县	57311	2801	5452	9503	3527	2175
宿松县	81061	4129	7884	10195	5339	3777
望江县	17367	734	2063	2463	1249	686
岳西县	39500	1049	2711	5563	2302	2507
安徽安庆经济开发区	46140	1346	10527	9465	937	652
桐城市	38875	1725	3935	7386	3260	2287
潜山市	31169	1084	2355	5159	2952	1989
黄山市	**134362**	**5610**	**15190**	**19945**	**9410**	**8222**
屯溪区	1891	27	79	176	128	220
黄山区	8175	460	1310	1023	816	768
徽州区	3796	104	247	294	491	422
歙县	52508	2429	4780	7356	3801	3573
休宁县	28870	1309	3351	3885	1813	1274
黟县	12127	521	1938	2203	917	604
祁门县	26995	760	3485	5008	1444	1361
滁州市	**498526**	**22154**	**71214**	**81240**	**23857**	**12746**
琅琊区						
南谯区	20638	805	4480	3378	1017	757
来安县	75623	3809	10963	13077	3888	1837
全椒县	84834	4400	12574	15961	2445	964
定远县	96596	4951	12200	13488	4509	3026
凤阳县	94596	3904	13999	12512	4755	2274
苏滁现代产业园	4839	66	1560	729	58	3
滁州经济技术开发区	30894	903	4983	5466	470	196
天长市	62883	2435	6292	13104	3741	1902
明光市	27623	881	4163	3525	2974	1787

8-3b　续表 2　　　　单位：户

地　区	家庭户 户　数	一代户 一间	二间	三间	四间	五间及以上
阜阳市	**724940**	**34452**	**79704**	**106370**	**28739**	**33902**
颍州区	19140	611	2361	2404	918	1590
颍东区	21996	745	2288	1859	1273	2252
颍泉区	26536	1202	3384	3202	1259	2230
临泉县	137401	5644	13707	18760	4924	5583
太和县	212795	12030	24752	36697	7853	10542
阜南县	99588	5673	8469	15407	2242	2154
颍上县	140508	5047	15300	17702	7460	7118
阜阳合肥现代产业园区	1591	152	140	113	36	111
阜阳经济技术开发区	30198	1212	4513	4980	659	359
界首市	35187	2136	4790	5246	2115	1963
宿州市	**525775**	**30969**	**63145**	**73507**	**22050**	**22810**
埇桥区	68749	5300	16559	7682	2711	3782
砀山县	126140	5208	11763	20760	8949	8490
萧县	115537	9646	14967	16734	5454	4717
灵璧县	102472	4823	8824	12799	2214	2910
泗县	88965	4664	7778	12714	2237	2110
宿州马鞍山现代产业园区	7460	738	1015	856	158	264
宿州经济技术开发区	16452	590	2239	1962	327	537
六安市	**439233**	**34226**	**60499**	**68347**	**20937**	**11323**
金安区	50329	6011	5338	6644	1205	881
裕安区	27146	1808	4017	3679	1163	675
叶集区	8809	419	1063	1378	666	296
霍邱县	105057	9591	16823	13018	5680	3539
舒城县	112507	8817	15214	19326	6397	2898
金寨县	67400	4429	9192	11101	1870	893
霍山县	67985	3151	8852	13201	3956	2141
亳州市	**444124**	**22796**	**49132**	**69261**	**16299**	**17933**
谯城区	42256	3931	6539	5497	2262	1745
涡阳县	126837	6272	13486	21472	4279	4202
蒙城县	142601	5243	13932	22065	4932	6529
利辛县	132430	7350	15175	20227	4826	5457
池州市	**151125**	**7334**	**16205**	**23499**	**10720**	**8292**
贵池区	12743	515	958	2365	1663	942
东至县	81196	4250	7847	10918	6118	5304
石台县	12459	480	1571	2646	648	550
青阳县	43968	2032	5713	7484	2256	1355
池州市国家经济技术开发区						
皖江江南新兴产业集中区						
九华山风景区	759	57	116	86	35	141
宣城市	**273601**	**16061**	**45986**	**48190**	**14353**	**7434**
宣州区	38899	2359	8661	6647	2127	730
郎溪县	67995	4046	12116	11354	2591	804
泾县	54260	3800	10512	8627	1969	1180
绩溪县	30279	1533	3184	5073	2878	1675
旌德县	23505	1138	2914	3834	1439	1183
宣城市经济开发区	26199	1068	3487	6094	827	447
宁国市	10152	871	1582	2130	1050	751
广德市	22312	1246	3530	4431	1472	664

8-3b 续表 3

单位：户

地区	二代户				
	一间	二间	三间	四间	五间及以上
安徽	**121552**	**652762**	**1265753**	**310575**	**255417**
合肥市	**15695**	**136211**	**247900**	**28465**	**9908**
瑶海区	47	1113	2045	121	82
庐阳区	25	1848	7545	1497	115
蜀山区	147	925	2097	245	178
包河区					
长丰县	1119	20412	41594	3910	1077
肥东县	3782	26176	46568	4169	1943
肥西县	3219	22770	40110	2292	630
庐江县	3566	16523	37709	6788	3518
合肥高新技术产业开发区	951	8648	14719	2042	407
合肥经济技术开发区	1714	18756	30101	3898	758
合肥新站高新技术产业开发区	721	15363	19687	1677	290
巢湖市	404	3677	5725	1826	910
芜湖市	**4813**	**43068**	**85425**	**14322**	**5987**
镜湖区	3	33	75	4	5
弋江区					
鸠江区	164	2344	4539	2185	905
三山区	3	448	2225	113	92
芜湖县	681	8639	19065	1944	638
繁昌县	721	6260	12965	1529	532
南陵县	1584	10445	20894	2907	1074
芜湖经济技术开发区	739	7684	10826	434	208
安徽芜湖长江大桥经济开发区	20	885	941	131	12
无为市	898	6330	13895	5075	2521
蚌埠市	**3662**	**55594**	**76084**	**14454**	**10277**
龙子湖区	14	520	285	137	195
蚌山区					
禹会区	33	386	298	292	267
淮上区	52	2166	1050	339	238
怀远县	1273	16525	19395	6065	5530
五河县	1003	9494	16834	3777	2849
固镇县	735	5494	14058	1822	1009
蚌埠市高新技术开发区	27	5363	4359	449	65
蚌埠市经济开发区	525	15646	19805	1573	124
淮南市	**4524**	**31560**	**43836**	**14852**	**11310**
大通区	183	3968	4049	1190	1770
田家庵区	21	514	522	520	270
谢家集区	31	186	183	115	28
八公山区			6		1
潘集区	441	2364	2470	1982	1628
凤台县	1606	10169	16477	3688	2892
寿县	2242	14359	20129	7357	4721

8-3b 续表 4

单位：户

地 区	二代户				
	一间	二间	三间	四间	五间及以上
马鞍山市	**3617**	**26484**	**44624**	**11168**	**5313**
花山区					
雨山区					
博望区	43	312	438	379	112
当涂县	599	12128	16869	4234	1784
含山县	974	5391	15028	3610	1946
和县	2001	8653	12289	2945	1471
淮北市	**2583**	**18932**	**25378**	**7911**	**10808**
杜集区	369	2635	1070	656	1596
相山区					
烈山区	473	2188	629	290	942
濉溪县	1741	14109	23679	6965	8270
铜陵市	**5138**	**6435**	**16706**	**7597**	**7780**
铜官区					
义安区	34	742	1467	694	380
郊区	86	958	1678	612	394
枞阳县	5018	4735	13561	6291	7006
安庆市	**12094**	**33938**	**75244**	**27774**	**21578**
迎江区					
大观区	14	187	521	556	1125
宜秀区	66	462	1254	909	651
怀宁县	2918	7178	16999	4145	3867
太湖县	1813	4679	11209	3942	2392
宿松县	4251	6415	14258	6912	5259
望江县	408	1211	2707	1451	693
岳西县	771	2987	7858	3147	3238
安徽安庆经济开发区	159	7329	9821	914	524
桐城市	991	2169	5922	2889	1937
潜山市	703	1321	4695	2909	1892
黄山市	**2734**	**11868**	**22293**	**8112**	**8365**
屯溪区	1	25	178	132	332
黄山区	31	543	725	591	735
徽州区	4	80	214	422	540
歙县	1288	4135	8725	3366	3434
休宁县	903	3100	4845	1618	1425
黟县	102	1213	1919	778	503
祁门县	405	2772	5687	1205	1396
滁州市	**5968**	**54461**	**99794**	**28642**	**14810**
琅琊区					
南谯区	101	2987	3558	681	501
来安县	718	7513	15263	4441	2010
全椒县	1126	9906	21207	2743	954
定远县	1726	11687	18810	6129	4291
凤阳县	1136	11083	17051	7129	3381
苏滁现代产业园	3	831	970	92	1
滁州经济技术开发区	175	5411	7807	669	281
天长市	729	2702	12402	3818	1745
明光市	254	2341	2726	2940	1646

8-3b 续表 5

单位：户

地区	二代户				
	一间	二间	三间	四间	五间及以上
阜阳市	**10214**	**60705**	**150354**	**45276**	**59486**
颍州区	125	1199	2891	1270	2708
颍东区	136	1539	2003	1729	3432
颍泉区	106	1596	2962	2081	4013
临泉县	2048	12865	30486	8431	10958
太和县	2237	15070	47009	12859	19193
阜南县	3521	9107	27284	3934	3835
颍上县	1543	11932	24966	10437	11109
阜阳合肥现代产业园区	11	120	245	111	172
阜阳经济技术开发区	294	4639	7690	1164	818
界首市	193	2638	4818	3260	3248
宿州市	**10999**	**48109**	**110269**	**31682**	**36214**
埇桥区	667	7820	7466	3617	5154
砀山县	1094	5980	25550	10518	12392
萧县	2069	10781	23460	7816	7056
灵璧县	4717	11824	25130	4537	5942
泗县	1913	8313	23611	4370	4088
宿州马鞍山现代产业园区	290	907	1248	237	532
宿州经济技术开发区	249	2484	3804	587	1050
六安市	**20712**	**42922**	**81545**	**21923**	**11568**
金安区	7827	5209	9393	1409	674
裕安区	766	2946	5010	1429	766
叶集区	155	591	1656	678	306
霍邱县	2372	11493	17687	6356	4405
舒城县	6435	10196	19098	5867	2488
金寨县	2194	6930	16179	2465	995
霍山县	963	5557	12522	3719	1934
亳州市	**7070**	**38658**	**108553**	**25307**	**27312**
谯城区	419	4024	6750	3519	2765
涡阳县	2196	10678	33110	6587	6674
蒙城县	2442	12038	34056	7656	9712
利辛县	2013	11918	34637	7545	8161
池州市	**7834**	**13238**	**25077**	**10018**	**7960**
贵池区	201	467	1588	1351	795
东至县	6505	6719	11124	5894	5196
石台县	442	1208	2351	600	556
青阳县	676	4801	9965	2149	1310
池州市国家经济技术开发区					
皖江江南新兴产业集中区					
九华山风景区	10	43	49	24	103
宣城市	**3895**	**30579**	**52671**	**13072**	**6741**
宣州区	460	4671	6605	1834	658
郎溪县	609	8319	15726	2766	844
泾县	1179	7668	9472	2074	1211
绩溪县	417	2470	5324	2054	1425
旌德县	570	2338	3826	1310	1198
宣城市经济开发区	199	2830	6906	1111	398
宁国市	261	674	980	530	435
广德市	200	1609	3832	1393	572

8-3b 续表 6

单位：户

地 区	三代户				
	一间	二间	三间	四间	五间及以上
安 徽	**7557**	**132927**	**409944**	**159818**	**163721**
合肥市	**1192**	**35288**	**93749**	**13991**	**6804**
瑶海区	5	224	598	41	31
庐阳区	1	575	3009	554	40
蜀山区	3	227	819	128	84
包河区					
长丰县	77	4207	13190	1530	610
肥东县	232	5765	14728	2270	1596
肥西县	245	6945	16943	1197	435
庐江县	249	2960	13379	3674	2518
合肥高新技术产业开发区	127	3392	7358	932	206
合肥经济技术开发区	158	6666	14102	1855	443
合肥新站高新技术产业开发区	69	3666	7706	788	205
巢湖市	26	661	1917	1022	636
芜湖市	**408**	**8863**	**29024**	**7832**	**4466**
镜湖区		6	28	5	1
弋江区					
鸠江区	36	429	1426	1150	692
三山区		135	1024	73	50
芜湖县	69	1624	6118	950	452
繁昌县	34	1074	4037	698	346
南陵县	96	1807	6093	1465	692
芜湖经济技术开发区	37	2284	4523	220	120
安徽芜湖长江大桥经济开发区		149	316	84	25
无为市	136	1355	5459	3187	2088
蚌埠市	**395**	**10769**	**21013**	**6949**	**7385**
龙子湖区	1	75	70	63	110
蚌山区					
禹会区	3	42	78	105	172
淮上区	5	410	406	215	235
怀远县	150	3187	5434	2925	3941
五河县	105	2059	5209	2028	1842
固镇县	77	1237	3778	1014	997
蚌埠市高新技术开发区	2	982	1042	125	19
蚌埠市经济开发区	52	2777	4996	474	69
淮南市	**343**	**5384**	**12098**	**6796**	**7928**
大通区	30	635	1128	556	1063
田家庵区	5	80	145	265	312
谢家集区	2	26	41	40	24
八公山区					
潘集区	61	382	764	949	1220
凤台县	119	1646	4043	1685	1889
寿县	126	2615	5977	3301	3420

8-3b 续表 7 单位：户

地 区	三代户				
	一间	二间	三间	四间	五间及以上
马鞍山市	**259**	**5765**	**16778**	**6965**	**4583**
花山区					
雨山区					
博望区	2	81	213	186	96
当涂县	48	2634	6938	2813	1793
含山县	99	1150	4926	2231	1560
和县	110	1900	4701	1735	1134
淮北市	**202**	**3040**	**6432**	**3234**	**5882**
杜集区	47	390	200	199	634
相山区					
烈山区	43	333	158	83	371
濉溪县	112	2317	6074	2952	4877
铜陵市	**67**	**905**	**4833**	**3420**	**4039**
铜官区					
义安区	4	99	520	348	235
郊区	3	134	434	302	248
枞阳县	60	672	3879	2770	3556
安庆市	**344**	**5401**	**25591**	**16294**	**15841**
迎江区					
大观区	1	25	166	254	711
宜秀区	3	82	469	600	487
怀宁县	57	986	5705	2615	2851
太湖县	94	834	4154	2513	1780
宿松县	110	969	4365	3279	3499
望江县	9	287	1408	1124	677
岳西县	15	350	2389	1673	2685
安徽安庆经济开发区	16	1209	2667	306	215
桐城市	24	413	2357	1811	1454
潜山市	15	246	1911	2119	1482
黄山市	**112**	**2134**	**8187**	**4797**	**6530**
屯溪区		7	58	108	383
黄山区	2	94	236	343	451
徽州区		17	138	294	470
歙县	41	868	3678	1974	2757
休宁县	47	625	1993	1145	1272
黟县	5	153	554	348	326
祁门县	17	370	1530	585	871
滁州市	**614**	**12122**	**36788**	**18258**	**12324**
琅琊区					
南谯区	5	654	1204	243	214
来安县	92	1583	5213	2871	1793
全椒县	136	2304	7691	1316	745
定远县	174	2452	5883	3577	3080
凤阳县	94	2540	6163	4446	3418
苏滁现代产业园		198	282	34	1
滁州经济技术开发区	17	1260	2822	251	104
天长市	44	547	6582	3914	1957
明光市	52	584	948	1606	1012

8-3b　续表 8　　　　　　　　　　　　　　　　　　单位：户

地　区	三代户				
	一间	二间	三间	四间	五间及以上
阜阳市	**1025**	**12094**	**43540**	**21612**	**33538**
颍州区	15	214	692	571	1441
颍东区	14	473	891	1010	2141
颍泉区	18	264	979	829	2262
临泉县	241	2416	9414	4475	6650
太和县	135	2107	9841	4003	7863
阜南县	260	2198	9527	2617	2728
颍上县	289	3283	9013	6082	8073
阜阳合肥现代产业园区	2	18	80	82	183
阜阳经济技术开发区	29	711	1825	578	643
界首市	22	410	1278	1365	1554
宿州市	**717**	**8483**	**29408**	**13822**	**20649**
埇桥区	68	1437	2162	1422	2621
砀山县	102	812	4650	3296	5921
萧县	118	1242	4586	3088	3405
灵璧县	227	2181	8288	2865	4372
泗县	164	2068	8331	2780	3173
宿州马鞍山现代产业园区	26	232	386	121	401
宿州经济技术开发区	12	511	1005	250	756
六安市	**768**	**8610**	**31009**	**13494**	**9160**
金安区	96	959	3305	776	449
裕安区	89	644	2175	1048	750
叶集区	16	194	584	429	297
霍邱县	185	2047	5349	3245	2767
舒城县	177	2079	7311	3564	2193
金寨县	115	1412	6582	1717	998
霍山县	90	1275	5703	2715	1706
亳州市	**658**	**6618**	**26972**	**10574**	**14841**
谯城区	54	606	1588	1248	1140
涡阳县	250	2017	8220	2926	3905
蒙城县	197	2359	10192	3951	6363
利辛县	157	1636	6972	2449	3433
池州市	**241**	**2138**	**7846**	**4986**	**5068**
贵池区	12	83	546	695	476
东至县	194	1149	3583	2840	3158
石台县	9	172	566	268	360
青阳县	26	722	3135	1177	1019
池州市国家经济技术开发区					
皖江江南新兴产业集中区					
九华山风景区		12	16	6	55
宣城市	**212**	**5313**	**16676**	**6794**	**4683**
宣州区	41	772	2060	790	365
郎溪县	37	1366	5013	1500	691
泾县	57	1414	3109	1049	785
绩溪县	12	385	1611	1082	1041
旌德县	26	439	1404	868	894
宣城市经济开发区	17	583	1756	285	164
宁国市	6	93	308	233	199
广德市	16	261	1415	987	544

8-3b 续表 9

单位：户

地区	四代户				
	一间	二间	三间	四间	五间及以上
安 徽	**110**	**1991**	**9317**	**7375**	**9674**
合肥市	**12**	**272**	**1420**	**429**	**336**
瑶海区		1	12	1	2
庐阳区		3	16	5	1
蜀山区		3	28	6	7
包河区					
长丰县	2	44	193	43	15
肥东县	4	51	257	77	100
肥西县	2	46	250	25	16
庐江县	3	46	308	160	121
合肥高新技术产业开发区	1	16	76	15	2
合肥经济技术开发区		31	122	24	12
合肥新站高新技术产业开发区		25	112	12	8
巢湖市		6	46	61	52
芜湖市	**8**	**111**	**587**	**386**	**291**
镜湖区			1	2	
弋江区					
鸠江区	2	10	55	61	47
三山区			6	2	2
芜湖县	4	17	118	38	34
繁昌县		7	42	28	14
南陵县		23	106	62	48
芜湖经济技术开发区		19	66	8	2
安徽芜湖长江大桥经济开发区		5	8	3	1
无为市	2	30	185	182	143
蚌埠市	**11**	**153**	**464**	**305**	**428**
龙子湖区			2	1	8
蚌山区					
禹会区		2	2	3	5
淮上区	1	2	13	10	16
怀远县	2	53	138	141	208
五河县	5	48	153	97	126
固镇县	2	24	87	47	65
蚌埠市高新技术开发区		1	8	1	
蚌埠市经济开发区	1	23	61	5	
淮南市	**10**	**94**	**288**	**270**	**390**
大通区		4	19	21	29
田家庵区			4	13	25
谢家集区			1	4	2
八公山区					
潘集区	2	8	25	36	55
凤台县	1	34	76	62	112
寿县	7	48	163	134	167

8-3b　续表 10　　　　单位：户

地　　区	四代户				
	一间	二间	三间	四间	五间及以上
马鞍山市	**5**	**105**	**450**	**391**	**365**
花山区					
雨山区					
博望区		2	13	14	3
当涂县		44	191	142	157
含山县	1	13	97	117	101
和县	4	46	149	118	104
淮北市	**2**	**51**	**206**	**146**	**321**
杜集区		6	9	8	23
相山区					
烈山区		3	7	2	13
濉溪县	2	42	190	136	285
铜陵市		**7**	**86**	**81**	**123**
铜官区					
义安区			14	7	9
郊区			10	8	10
枞阳县		7	62	66	104
安庆市	**4**	**85**	**613**	**896**	**1081**
迎江区					
大观区			5	10	56
宜秀区		1	14	31	39
怀宁县		13	136	171	184
太湖县	3	15	119	141	165
宿松县		13	79	129	199
望江县	1	4	48	88	56
岳西县		6	50	61	138
安徽安庆经济开发区		14	32	5	2
桐城市		12	71	116	115
潜山市		7	59	144	127
黄山市	**1**	**19**	**158**	**209**	**466**
屯溪区			1	6	30
黄山区		1	6	9	31
徽州区			2	17	40
歙县		9	61	80	153
休宁县	1	7	61	64	132
黟县			6	11	26
祁门县		2	21	22	54
滁州市	**12**	**257**	**1093**	**1205**	**965**
琅琊区					
南谯区		5	26	16	6
来安县	1	30	152	195	174
全椒县	4	45	199	64	50
定远县	3	53	151	198	207
凤阳县	3	66	181	220	240
苏滁现代产业园		1	7	3	
滁州经济技术开发区		16	53	8	2
天长市		23	291	431	224
明光市	1	18	33	70	62

8－3b 续表 11 单位：户

地 区	四代户				
	一间	二间	三间	四间	五间及以上
阜阳市	**21**	**315**	**1132**	**807**	**1651**
颍州区		9	19	20	81
颍东区		15	34	37	125
颍泉区		9	21	25	94
临泉县	5	49	253	158	333
太和县	3	41	167	113	279
阜南县	8	60	263	129	172
颍上县	5	109	300	270	470
阜阳合肥现代产业园区			1		14
阜阳经济技术开发区		11	41	12	20
界首市		12	33	43	63
宿州市	**8**	**177**	**834**	**639**	**1279**
埇桥区	1	23	59	56	142
砀山县	2	15	130	139	369
萧县	1	19	93	123	162
灵璧县	1	53	272	153	337
泗县	3	49	251	152	194
宿州马鞍山现代产业园区		7	16	6	20
宿州经济技术开发区		11	13	10	55
六安市	**5**	**137**	**784**	**686**	**577**
金安区	1	19	68	38	27
裕安区	3	10	58	62	48
叶集区		3	23	40	15
霍邱县	1	42	154	144	158
舒城县		24	135	168	120
金寨县		21	171	67	69
霍山县		18	175	167	140
亳州市	**10**	**129**	**745**	**430**	**824**
谯城区	2	13	50	53	51
涡阳县	3	39	227	103	190
蒙城县	3	46	310	179	395
利辛县	2	31	158	95	188
池州市	**1**	**21**	**154**	**219**	**274**
贵池区		3	13	36	34
东至县	1	14	88	133	161
石台县		1	7	13	11
青阳县		3	46	37	62
池州市国家经济技术开发区					
皖江江南新兴产业集中区					
九华山风景区					6
宣城市		**58**	**303**	**276**	**303**
宣州区		11	38	42	28
郎溪县		17	98	56	42
泾县		13	43	38	60
绩溪县		5	24	35	51
旌德县		3	27	38	56
宣城市经济开发区		3	12	5	6
宁国市		1	14	18	16
广德市		5	47	44	44

8-3b　续表 12　　　　　　单位：户

地　　区	五代及以上户				
	一间	二间	三间	四间	五间及以上
安　徽		**2**	**7**	**1**	**10**
合肥市					
瑶海区					
庐阳区					
蜀山区					
包河区					
长丰县					
肥东县					
肥西县					
庐江县					
合肥高新技术产业开发区					
合肥经济技术开发区					
合肥新站高新技术产业开发区					
巢湖市					
芜湖市		**1**			
镜湖区					
弋江区					
鸠江区		1			
三山区					
芜湖县					
繁昌县					
南陵县					
芜湖经济技术开发区					
安徽芜湖长江大桥经济开发区					
无为市					
蚌埠市				**1**	
龙子湖区					
蚌山区					
禹会区					
淮上区					
怀远县					
五河县				1	
固镇县					
蚌埠市高新技术开发区					
蚌埠市经济开发区					
淮南市			**1**		
大通区					
田家庵区					
谢家集区					
八公山区					
潘集区					
凤台县					
寿县			1		

8—3b 续表 13

单位：户

地 区	五代及以上户				
	一间	二间	三间	四间	五间及以上
马鞍山市			**1**		
花山区					
雨山区					
博望区					
当涂县			1		
含山县					
和县					
淮北市					**1**
杜集区					
相山区					
烈山区					
濉溪县					1
铜陵市					
铜官区					
义安区					
郊区					
枞阳县					
安庆市			**1**		
迎江区					
大观区					
宜秀区					
怀宁县					
太湖县					
宿松县					
望江县					
岳西县					
安徽安庆经济开发区					
桐城市			1		
潜山市					
黄山市					
屯溪区					
黄山区					
徽州区					
歙县					
休宁县					
黟县					
祁门县					
滁州市					**2**
琅琊区					
南谯区					
来安县					
全椒县					
定远县					1
凤阳县					1
苏滁现代产业园					
滁州经济技术开发区					
天长市					
明光市					

8-3b　续表 14　　　　单位：户

地　　区	五代及以上户				
	一间	二间	三间	四间	五间及以上
阜阳市					**3**
颍州区					1
颍东区					
颍泉区					
临泉县					1
太和县					1
阜南县					
颍上县					
阜阳合肥现代产业园区					
阜阳经济技术开发区					
界首市					
宿州市			**3**		**2**
埇桥区					
砀山县					
萧县					
灵璧县			3		
泗县					2
宿州马鞍山现代产业园区					
宿州经济技术开发区					
六安市					**1**
金安区					
裕安区					
叶集区					
霍邱县					1
舒城县					
金寨县					
霍山县					
亳州市		**1**			**1**
谯城区					
涡阳县					1
蒙城县		1			
利辛县					
池州市					
贵池区					
东至县					
石台县					
青阳县					
池州市国家经济技术开发区					
皖江江南新兴产业集中区					
九华山风景区					
宣城市			**1**		
宣州区					
郎溪县					
泾县					
绩溪县					
旌德县					
宣城市经济开发区			1		
宁国市					
广德市					

8－3c 各地区按家庭户类别和住房间数分的家庭户户数(乡村)

单位：户

地区	家庭户户数	一代户				
		一间	二间	三间	四间	五间及以上
安徽	**9253456**	**481022**	**1140336**	**1379388**	**764733**	**783711**
合肥市	**635252**	**44657**	**109541**	**115020**	**69537**	**40509**
瑶海区	6916	317	1001	984	65	9
庐阳区	1959	71	531	341	142	170
蜀山区	4617	249	855	933	729	545
包河区	985	85	212	126	51	107
长丰县	117210	8207	23733	19576	12017	7751
肥东县	121411	8341	23134	21904	17921	6922
肥西县	115263	10438	19105	21909	10339	7293
庐江县	163568	8425	22475	29326	16741	10841
合肥高新技术产业开发区	21		7	3	3	4
合肥经济技术开发区	3387	252	858	652	400	221
合肥新站高新技术产业开发区	1024	86	100	320	95	51
巢湖市	98891	8186	17530	18946	11034	6595
芜湖市	**396566**	**29183**	**62050**	**70018**	**34212**	**15349**
镜湖区	7002	776	1033	958	515	225
弋江区						
鸠江区	50893	3077	7418	7880	4813	2835
三山区	15926	1359	2321	2481	1804	938
芜湖县	40994	3315	7309	7701	3479	1285
繁昌县	39812	4203	7795	7618	3558	1224
南陵县	82385	6298	12575	16689	7087	2845
芜湖经济技术开发区	1385	296	364	167	63	26
安徽芜湖长江大桥经济开发区	2573	146	229	290	285	247
无为市	155596	9713	23006	26234	12608	5724
蚌埠市	**489407**	**22747**	**54407**	**55788**	**37285**	**35425**
龙子湖区	12515	318	1309	1301	1036	1506
蚌山区	5288	470	883	513	269	199
禹会区	34443	1552	3800	3612	2312	2785
淮上区	32004	4169	4014	2747	1812	1078
怀远县	195415	7550	21880	22464	15832	15074
五河县	99405	3792	10300	11328	8183	8889
固镇县	110337	4896	12221	13823	7841	5894
蚌埠市高新技术开发区						
蚌埠市经济开发区						
淮南市	**419011**	**23165**	**62456**	**55521**	**29950**	**30490**
大通区	15884	673	2285	2041	1168	1524
田家庵区	11000	867	2062	1176	1093	479
谢家集区	17926	1349	3172	2117	1758	919
八公山区	2336	187	709	116	115	158
潘集区	60574	3433	7663	5941	4611	4480
凤台县	137460	5817	15941	18766	8266	13800
寿县	173831	10839	30624	25364	12939	9130

注：本表数据为居住在普通住宅的家庭户。

8-3c 续表 1

单位：户

地 区	家庭户 户 数	一代户 一间	二间	三间	四间	五间及以上
马鞍山市	**223842**	**18677**	**35809**	**32124**	**17488**	**8476**
花山区	3324	197	527	530	352	427
雨山区	4570	294	690	617	381	514
博望区	25040	1751	3350	3399	1958	946
当涂县	58028	5753	9507	8251	3091	1453
含山县	57060	3690	8480	9003	5042	2713
和县	75820	6992	13255	10324	6664	2423
淮北市	**240970**	**7574**	**21014**	**31163**	**14716**	**31255**
杜集区	17798	415	1769	2060	1135	2480
相山区	17081	930	1432	2080	1686	1995
烈山区	37348	668	2844	5236	2460	6249
濉溪县	168743	5561	14969	21787	9435	20531
铜陵市	**183547**	**7518**	**24043**	**33584**	**21274**	**16493**
铜官区	2828	53	339	551	185	287
义安区	47754	2717	9868	9653	4353	2381
郊区	37636	1717	4282	6811	4003	3161
枞阳县	95329	3031	9554	16569	12733	10664
安庆市	**697616**	**25081**	**59657**	**104980**	**77020**	**57871**
迎江区	4647	217	595	774	643	1289
大观区	12542	406	967	2061	1432	953
宜秀区	10133	243	739	1501	1698	1338
怀宁县	98750	2642	8247	17659	12352	7006
太湖县	97175	4548	7631	14742	10617	7142
宿松县	134654	5396	12819	17784	14845	10854
望江县	110112	4199	10571	17290	9157	5020
岳西县	72153	1746	4066	7276	7818	9655
安徽安庆经济开发区	1394	24	267	181	108	229
桐城市	78458	2652	7816	13201	9277	8296
潜山市	77598	3008	5939	12511	9073	6089
黄山市	**219537**	**7262**	**21689**	**26589**	**35116**	**24002**
屯溪区	7343	256	757	811	765	583
黄山区	24088	1344	3906	3547	2735	1916
徽州区	12700	453	1025	1191	2721	1305
歙县	84586	2633	7327	10500	14160	10587
休宁县	45389	1228	4035	4342	6868	5032
黟县	17353	713	2070	2647	2817	1402
祁门县	28078	635	2569	3551	5050	3177
滁州市	**537834**	**22012**	**82601**	**87678**	**50609**	**30611**
琅琊区	3762	282	483	493	417	707
南谯区	35907	2075	6772	6838	3178	2924
来安县	67088	5571	12915	10491	5482	2698
全椒县	54978	2715	7867	8684	9378	4906
定远县	130223	3702	19713	22335	11281	5036
凤阳县	102123	2824	12472	11769	8763	5859
苏滁现代产业园						
滁州经济技术开发区	2778	57	815	517	43	54
天长市	62915	3020	10453	12377	4790	3690
明光市	78060	1766	11111	14174	7277	4737

8－3c 续表 2

单位：户

地区	家庭户户数	一代户 一间	二间	三间	四间	五间及以上
阜阳市	**1614708**	**57411**	**169711**	**226583**	**92265**	**157148**
颍州区	94254	3869	8297	11242	5420	10577
颍东区	91835	3123	7920	8725	4910	12080
颍泉区	107432	5728	13206	13566	6300	10803
临泉县	381401	8139	29204	52164	25766	37736
太和县	287333	9186	33158	54895	14374	29411
阜南县	267776	8999	28114	37282	13486	20466
颍上县	241559	9874	30662	28696	13630	24016
阜阳合肥现代产业园区	9807	284	1102	1256	362	691
阜阳经济技术开发区	5877	296	596	885	395	231
界首市	127434	7913	17452	17872	7622	11137
宿州市	**1066480**	**50716**	**109864**	**158994**	**64113**	**100315**
埇桥区	285823	10918	28238	43127	12522	31038
砀山县	149791	5952	15803	21258	16867	16075
萧县	266037	17815	33083	41407	19687	23999
灵璧县	209358	8351	17824	31641	8624	19561
泗县	149948	7580	14589	20957	6147	8813
宿州马鞍山现代产业园区	5523	100	327	604	266	829
宿州经济技术开发区						
六安市	**857247**	**57359**	**117834**	**119281**	**81445**	**74141**
金安区	129129	10007	20574	21397	12844	11165
裕安区	158107	6941	16739	20692	14025	15143
叶集区	35606	1916	4436	4359	2831	2526
霍邱县	238109	24929	46901	30644	16314	15407
舒城县	152371	8198	16636	21012	18710	15118
金寨县	107688	4107	9175	14459	12161	11145
霍山县	36237	1261	3373	6718	4560	3637
亳州市	**1049596**	**74250**	**118881**	**152109**	**62907**	**117044**
谯城区	295178	31122	39503	42320	16740	25032
涡阳县	262191	12396	24716	40087	16693	34389
蒙城县	209609	9239	16954	25629	13479	26512
利辛县	282618	21493	37708	44073	15995	31111
池州市	**215638**	**5890**	**20354**	**33249**	**32288**	**22476**
贵池区	82272	2117	8015	14126	13315	9276
东至县	68841	1170	4328	8396	11132	7977
石台县	18434	586	1860	2667	2988	1617
青阳县	42439	1914	5898	7852	4582	3062
池州市国家经济技术开发区						
皖江江南新兴产业集中区						
九华山风景区	3652	103	253	208	271	544
宣城市	**406205**	**27520**	**70425**	**76707**	**44508**	**22106**
宣州区	131081	10396	25333	24780	13541	5308
郎溪县	45148	3443	8031	8070	4010	1237
泾县	57702	4417	12032	10600	5450	2732
绩溪县	25124	731	2825	4676	4570	2962
旌德县	19628	713	2335	3193	2705	1727
宣城市经济开发区	6430	404	1469	1198	636	388
宁国市	50846	3272	8825	10359	6921	4982
广德市	70246	4144	9575	13831	6675	2770

8-3c　续表 3　　　　单位：户

地　区	二代户				
	一间	二间	三间	四间	五间及以上
安　徽	**51658**	**483899**	**1051165**	**754216**	**955777**
合肥市	**4952**	**42746**	**68808**	**45827**	**28106**
瑶海区	37	1603	1597	98	24
庐阳区	5	199	170	81	99
蜀山区	11	174	328	284	219
包河区	5	69	102	58	63
长丰县	1067	9146	11661	8711	5876
肥东县	1121	8266	10390	9372	3969
肥西县	1238	7809	14474	6297	4212
庐江县	799	9378	20154	13869	9189
合肥高新技术产业开发区			1		1
合肥经济技术开发区	14	214	247	215	114
合肥新站高新技术产业开发区	8	29	150	65	29
巢湖市	647	5859	9534	6777	4311
芜湖市	**2637**	**27274**	**52439**	**30649**	**14834**
镜湖区	61	595	929	546	235
弋江区					
鸠江区	292	2729	5821	4994	2917
三山区	84	663	1780	1544	817
芜湖县	297	3170	5430	2575	910
繁昌县	262	2869	4707	2565	964
南陵县	540	5203	11565	5868	2539
芜湖经济技术开发区	25	136	154	60	27
安徽芜湖长江大桥经济开发区	14	113	247	213	220
无为市	1062	11796	21806	12284	6205
蚌埠市	**3079**	**29859**	**52765**	**50005**	**51969**
龙子湖区	24	402	986	1113	2236
蚌山区	36	583	761	366	313
禹会区	159	1720	3331	3938	5351
淮上区	549	3136	4251	3089	1770
怀远县	1046	11623	20905	20560	21302
五河县	491	4851	9205	9943	12198
固镇县	774	7544	13326	10996	8799
蚌埠市高新技术开发区					
蚌埠市经济开发区					
淮南市	**3138**	**28744**	**46309**	**35107**	**41475**
大通区	143	888	1478	1377	2250
田家庵区	106	917	1002	1160	724
谢家集区	163	1359	1641	2147	1173
八公山区	28	264	127	118	235
潘集区	499	4122	6113	6438	7004
凤台县	802	6704	16223	10589	19252
寿县	1397	14490	19725	13278	10837

8-3c 续表 4

单位：户

地　区	二代户				
	一间	二间	三间	四间	五间及以上
马鞍山市	**1694**	**17563**	**26725**	**17364**	**8646**
花山区	10	123	239	232	273
雨山区	17	194	343	329	461
博望区	203	1681	3346	2462	1213
当涂县	287	4846	8279	3850	1812
含山县	399	4155	6681	4552	2658
和县	778	6564	7837	5939	2229
淮北市	**958**	**8106**	**24602**	**16838**	**46942**
杜集区	49	814	1584	1330	3591
相山区	121	683	1476	1808	3212
烈山区	176	915	3976	2253	7857
濉溪县	612	5694	17566	11447	32282
铜陵市	**556**	**8634**	**20737**	**15491**	**12921**
铜官区	4	170	474	142	334
义安区	151	3286	5806	3219	1853
郊区	160	1726	4686	3427	2748
枞阳县	241	3452	9771	8703	7986
安庆市	**3253**	**27288**	**82172**	**72922**	**56723**
迎江区	6	46	134	191	527
大观区	53	464	1562	1274	1083
宜秀区	12	241	825	1051	964
怀宁县	306	3360	12533	10555	6152
太湖县	465	3411	11998	10528	7196
宿松县	980	6103	14530	15758	13020
望江县	557	6187	16942	10525	5570
岳西县	288	1841	5975	7784	10390
安徽安庆经济开发区	1	183	123	42	87
桐城市	204	3146	8168	6808	6160
潜山市	381	2306	9382	8406	5574
黄山市	**609**	**7230**	**15879**	**24412**	**21888**
屯溪区	24	289	729	744	738
黄山区	75	1415	2216	2070	1766
徽州区	28	300	759	1658	1098
歙县	233	2219	5752	9442	9344
休宁县	101	1542	2988	5202	4842
黟县	81	591	1462	1923	1184
祁门县	67	874	1973	3373	2916
滁州市	**3065**	**35105**	**61768**	**46428**	**29883**
琅琊区	29	138	173	238	439
南谯区	229	3030	4175	1535	1447
来安县	550	5462	7095	4606	2209
全椒县	324	2095	4392	5381	3255
定远县	612	9338	17404	11797	6358
凤阳县	410	5856	10598	12445	9313
苏滁现代产业园					
滁州经济技术开发区	19	336	508	25	35
天长市	301	3520	7217	3723	2399
明光市	591	5330	10206	6678	4428

8-3c　续表 5　　　　　　　　　　　　　　　　　　单位：户

地　区	二代户				
	一间	二间	三间	四间	五间及以上
阜阳市	**6428**	**76571**	**197408**	**121010**	**241374**
颍州区	315	3626	10491	7124	16375
颍东区	234	3107	7487	6404	18334
颍泉区	405	4670	12239	8653	16290
临泉县	947	13389	48665	34041	59555
太和县	826	10743	36817	18191	48201
阜南县	1532	17990	39649	18450	30522
颍上县	1579	15462	25086	16577	32447
阜阳合肥现代产业园区	40	628	1934	520	1427
阜阳经济技术开发区	50	371	1065	543	447
界首市	500	6585	13975	10507	17776
宿州市	**4940**	**47217**	**132522**	**80390**	**153416**
埇桥区	1015	10761	33040	16749	53055
砀山县	439	4806	12585	17850	22110
萧县	1341	13187	32311	23493	32828
灵璧县	1102	9104	30372	12030	29659
泗县	1038	9304	23730	9960	14321
宿州马鞍山现代产业园区	5	55	484	308	1443
宿州经济技术开发区					
六安市	**6858**	**46060**	**84473**	**70305**	**68937**
金安区	943	6197	12958	9363	8785
裕安区	989	6768	16288	13208	14930
叶集区	142	1954	3589	2989	3232
霍邱县	3008	19879	23464	15527	15912
舒城县	935	6067	13845	14980	12418
金寨县	692	3997	10576	10772	10609
霍山县	149	1198	3753	3466	3051
亳州市	**6786**	**49311**	**119889**	**72957**	**144073**
谯城区	2422	18578	36737	21370	32820
涡阳县	1400	9300	28804	17865	40397
蒙城县	1029	6991	21958	16227	34597
利辛县	1935	14442	32390	17495	36259
池州市	**515**	**6569**	**19775**	**23927**	**18835**
贵池区	180	2237	7641	8634	6616
东至县	174	1497	5454	9240	7672
石台县	35	663	1663	2226	1391
青阳县	106	2047	4809	3564	2485
池州市国家经济技术开发区					
皖江江南新兴产业集中区					
九华山风景区	20	125	208	263	671
宣城市	**2190**	**25622**	**44894**	**30584**	**15755**
宣州区	878	9173	14394	9778	4084
郎溪县	404	3746	5893	3392	1079
泾县	312	4234	6103	3749	2171
绩溪县	67	795	2060	2263	1732
旌德县	51	870	1911	1948	1327
宣城市经济开发区	21	523	682	391	211
宁国市	234	2336	4196	3136	2522
广德市	223	3945	9655	5927	2629

8-3c 续表 6

单位：户

地 区	三代户				
	一间	二间	三间	四间	五间及以上
安 徽	**6382**	**97870**	**370047**	**362775**	**508556**
合肥市	**576**	**7327**	**20635**	**18507**	**16315**
瑶海区	2	490	630	40	11
庐阳区		38	64	12	32
蜀山区	3	22	65	97	92
包河区	1	9	34	25	31
长丰县	128	1213	2442	2684	2668
肥东县	154	1409	2843	3285	2103
肥西县	139	1653	4641	2784	2584
庐江县	91	1578	6869	6743	6279
合肥高新技术产业开发区				1	1
合肥经济技术开发区	1	23	51	71	48
合肥新站高新技术产业开发区	1	5	49	12	20
巢湖市	56	887	2947	2753	2446
芜湖市	**331**	**5582**	**21481**	**17864**	**10180**
镜湖区	6	118	454	345	177
弋江区					
鸠江区	53	648	2253	2800	1930
三山区	2	101	663	793	493
芜湖县	51	688	2398	1477	664
繁昌县	22	354	1676	1276	582
南陵县	58	903	4647	3492	1641
芜湖经济技术开发区		7	24	28	6
安徽芜湖长江大桥经济开发区	3	28	146	187	171
无为市	136	2735	9220	7466	4516
蚌埠市	**455**	**7948**	**21237**	**26228**	**35504**
龙子湖区	1	46	253	363	1561
蚌山区	3	99	326	265	175
禹会区	12	278	825	1488	3069
淮上区	62	644	1646	1590	1202
怀远县	177	3128	7992	10126	14102
五河县	81	1519	4047	5432	8052
固镇县	119	2234	6148	6964	7343
蚌埠市高新技术开发区					
蚌埠市经济开发区					
淮南市	**359**	**5377**	**15421**	**15390**	**23645**
大通区	20	127	308	383	1152
田家庵区	13	144	327	409	475
谢家集区	19	161	399	795	684
八公山区	2	29	64	60	109
潘集区	42	735	1921	2691	4470
凤台县	80	1270	5001	4253	9739
寿县	183	2911	7401	6799	7016

8-3c 续表 7

单位：户

地区	三代户				
	一间	二间	三间	四间	五间及以上
马鞍山市	**293**	**4551**	**13391**	**11690**	**7126**
花山区		12	80	132	169
雨山区		31	99	176	388
博望区	30	420	1660	1480	922
当涂县	35	985	4451	3146	1690
含山县	74	976	3027	2950	2163
和县	154	2127	4074	3806	1794
淮北市	**144**	**1432**	**7156**	**6267**	**21076**
杜集区	2	160	383	489	1430
相山区	8	70	218	330	978
烈山区	57	163	891	656	2783
濉溪县	77	1039	5664	4792	15885
铜陵市	**59**	**1274**	**6766**	**6724**	**6867**
铜官区		36	107	26	116
义安区	13	406	1801	1270	858
郊区	20	264	1489	1515	1467
枞阳县	26	568	3369	3913	4426
安庆市	**272**	**5606**	**35226**	**43892**	**38835**
迎江区			25	39	154
大观区	6	91	650	709	727
宜秀区	4	30	242	481	688
怀宁县	17	647	5556	6420	4181
太湖县	52	700	5055	6732	5391
宿松县	100	1328	4922	7578	7768
望江县	50	1460	8927	7769	4366
岳西县	12	254	2268	4605	7489
安徽安庆经济开发区		54	43	12	36
桐城市	16	592	3441	3970	4101
潜山市	15	450	4097	5577	3934
黄山市	**67**	**1276**	**5879**	**12195**	**13700**
屯溪区		40	259	513	734
黄山区	6	239	717	994	992
徽州区	1	41	352	903	760
歙县	19	374	1934	4264	5281
休宁县	14	330	1436	3168	3625
黟县	18	86	489	990	803
祁门县	9	166	692	1363	1505
滁州市	**474**	**8962**	**25342**	**26322**	**22041**
琅琊区	1	13	44	65	228
南谯区	20	628	1498	643	766
来安县	89	1334	3270	2972	1662
全椒县	71	512	1327	2089	1700
定远县	143	2554	6902	6802	5075
凤阳县	57	1661	4540	6791	7683
苏滁现代产业园					
滁州经济技术开发区		99	203	16	27
天长市	44	932	3975	3495	2036
明光市	49	1229	3583	3449	2864

8-3c 续表 8

单位：户

地区	三代户				
	一间	二间	三间	四间	五间及以上
阜阳市	**1085**	**17855**	**68139**	**55030**	**116216**
颍州区	53	755	3583	3260	8547
颍东区	29	757	2951	3529	11325
颍泉区	45	740	3313	3554	7440
临泉县	188	3364	17940	16508	30971
太和县	126	1700	8325	5239	15381
阜南县	270	5029	17007	10173	16712
颍上县	290	4327	10456	8463	17868
阜阳合肥现代产业园区	4	109	524	210	660
阜阳经济技术开发区	11	44	248	267	390
界首市	69	1030	3792	3827	6922
宿州市	**630**	**9030**	**42739**	**31889**	**72242**
埇桥区	107	1779	9372	6807	25622
砀山县	42	575	2388	4719	7562
萧县	129	1522	6466	6973	10979
灵璧县	157	2379	12516	6722	17018
泗县	194	2769	11872	6533	10292
宿州马鞍山现代产业园区	1	6	125	135	769
宿州经济技术开发区					
六安市	**599**	**8561**	**32275**	**37116**	**46180**
金安区	56	892	4103	4089	5167
裕安区	102	1690	7513	8591	12836
叶集区	18	525	1931	2030	2652
霍邱县	322	3315	7344	6179	7936
舒城县	44	1068	5792	8146	8372
金寨县	44	863	4379	6416	7526
霍山县	13	208	1213	1665	1691
亳州市	**785**	**7664**	**32100**	**27227**	**58559**
谯城区	271	2323	7685	6824	10595
涡阳县	199	1730	8605	7012	17260
蒙城县	155	1562	8068	7605	17808
利辛县	160	2049	7742	5786	12896
池州市	**43**	**1166**	**6754**	**11484**	**10953**
贵池区	13	377	2283	3662	3393
东至县	18	290	1984	4455	4551
石台县	2	107	536	1178	784
青阳县	10	358	1841	2001	1644
池州市国家经济技术开发区					
皖江江南新兴产业集中区					
九华山风景区		34	110	188	581
宣城市	**210**	**4259**	**15506**	**14950**	**9117**
宣州区	65	1596	4674	4287	2293
郎溪县	67	705	2207	1832	832
泾县	26	710	1974	1770	1180
绩溪县	10	135	625	818	768
旌德县	11	145	746	949	872
宣城市经济开发区	1	62	172	134	119
宁国市	5	294	1159	1325	1084
广德市	25	612	3949	3835	1969

8-3c 续表 9

单位：户

地 区	四代户				
	一间	二间	三间	四间	五间及以上
安 徽	**134**	**2512**	**12865**	**17881**	**28479**
合肥市	**9**	**130**	**527**	**735**	**786**
瑶海区		2	5	1	
庐阳区				2	2
蜀山区			5	2	4
包河区			1	3	3
长丰县	1	20	72	100	137
肥东县	5	29	54	109	80
肥西县		25	119	95	109
庐江县	2	30	176	291	311
合肥高新技术产业开发区					
合肥经济技术开发区		2	2	2	
合肥新站高新技术产业开发区			1	2	1
巢湖市	1	22	92	128	139
芜湖市	**7**	**155**	**691**	**950**	**680**
镜湖区			4	20	5
弋江区					
鸠江区	2	34	91	163	143
三山区	1	2	17	37	26
芜湖县		18	89	100	38
繁昌县		7	46	48	36
南陵县	1	18	125	161	130
芜湖经济技术开发区				2	
安徽芜湖长江大桥经济开发区		2	10	10	12
无为市	3	74	309	409	290
蚌埠市	**9**	**307**	**894**	**1296**	**2195**
龙子湖区		3	2	10	45
蚌山区		1	5	12	9
禹会区		7	24	41	139
淮上区	2	20	57	86	80
怀远县	3	92	322	451	783
五河县	1	87	175	263	567
固镇县	3	97	309	433	572
蚌埠市高新技术开发区					
蚌埠市经济开发区					
淮南市	**3**	**129**	**458**	**680**	**1192**
大通区		4	12	10	41
田家庵区		3	4	15	24
谢家集区		3	6	24	37
八公山区			1	6	8
潘集区		19	47	116	229
凤台县		39	148	208	560
寿县	3	61	240	301	293

8-3c 续表 10 单位：户

地区	四代户				
	一间	二间	三间	四间	五间及以上
马鞍山市	**11**	**117**	**643**	**846**	**607**
花山区			3	7	11
雨山区			3	10	23
博望区		7	55	99	58
当涂县	3	22	194	223	150
含山县	1	27	129	159	181
和县	7	61	259	348	184
淮北市	**5**	**40**	**253**	**297**	**1128**
杜集区		4	11	25	67
相山区			4	15	35
烈山区	3	6	27	26	102
濉溪县	2	30	211	231	924
铜陵市	**1**	**18**	**152**	**201**	**234**
铜官区					4
义安区		8	38	37	36
郊区	1	6	39	64	50
枞阳县		4	75	100	144
安庆市	**3**	**140**	**1290**	**2616**	**2765**
迎江区				1	6
大观区		2	22	38	42
宜秀区			9	26	41
怀宁县		11	238	503	364
太湖县	1	18	178	343	427
宿松县	1	46	139	281	402
望江县		35	386	622	476
岳西县		6	61	218	401
安徽安庆经济开发区		1			3
桐城市	1	12	113	218	266
潜山市		9	144	366	337
黄山市	**2**	**25**	**165**	**592**	**955**
屯溪区			7	35	58
黄山区		1	21	41	87
徽州区			10	47	48
歙县		10	46	157	302
休宁县	1	11	54	224	344
黟县	1	1	12	32	31
祁门县		2	15	56	85
滁州市	**13**	**306**	**1181**	**1729**	**1703**
琅琊区		2	1	3	6
南谯区		11	54	29	55
来安县	1	50	172	286	173
全椒县	4	16	41	93	127
定远县	8	97	295	397	374
凤阳县		45	212	347	478
苏滁现代产业园					
滁州经济技术开发区		4	14	2	4
天长市		40	257	376	270
明光市		41	135	196	216

8-3c 续表 11

单位：户

地 区	四代户				
	一间	二间	三间	四间	五间及以上
阜阳市	**24**	**430**	**2192**	**2256**	**5564**
颍州区		16	119	148	437
颍东区		19	87	161	653
颍泉区		7	70	98	305
临泉县	7	79	577	678	1480
太和县	1	25	184	133	416
阜南县	10	126	598	475	886
颍上县	5	131	445	416	1125
阜阳合肥现代产业园区		4	17	9	26
阜阳经济技术开发区			6	12	20
界首市	1	23	89	126	216
宿州市	**17**	**263**	**1662**	**1534**	**3980**
埇桥区	1	41	236	268	1125
砀山县		22	80	197	459
萧县	1	20	160	232	403
灵璧县	8	95	597	427	1170
泗县	7	85	585	401	770
宿州马鞍山现代产业园区			4	9	53
宿州经济技术开发区					
六安市	**9**	**170**	**1050**	**1844**	**2747**
金安区	1	12	123	195	257
裕安区	3	52	271	465	861
叶集区		16	83	147	230
霍邱县	5	71	246	305	400
舒城县		6	161	395	468
金寨县		12	111	240	403
霍山县		1	55	97	128
亳州市	**13**	**178**	**1038**	**1113**	**2705**
谯城区	4	29	190	227	385
涡阳县	3	54	275	296	709
蒙城县	4	43	336	366	1042
利辛县	2	52	237	224	569
池州市	**3**	**19**	**209**	**500**	**629**
贵池区	1	3	56	155	172
东至县		3	74	184	242
石台县		6	15	59	51
青阳县	1	7	56	92	110
池州市国家经济技术开发区					
皖江江南新兴产业集中区					
九华山风景区	1		8	10	54
宣城市	**5**	**85**	**460**	**692**	**609**
宣州区	1	32	146	181	140
郎溪县	4	14	58	73	51
泾县		12	70	69	91
绩溪县		3	14	29	41
旌德县		4	27	50	44
宣城市经济开发区		1	6	6	6
宁国市		4	34	74	84
广德市		15	105	210	152

8-3c 续表 12 单位：户

地　　区	五代及以上户				
	一间	二间	三间	四间	五间及以上
安　徽		**2**	**7**	**10**	**31**
合肥市				**1**	**1**
瑶海区					
庐阳区					
蜀山区					
包河区					
长丰县					
肥东县					
肥西县					
庐江县				1	
合肥高新技术产业开发区					
合肥经济技术开发区					
合肥新站高新技术产业开发区					
巢湖市					1
芜湖市					
镜湖区					
弋江区					
鸠江区					
三山区					
芜湖县					
繁昌县					
南陵县					
芜湖经济技术开发区					
安徽芜湖长江大桥经济开发区					
无为市					
蚌埠市			**1**	**1**	**3**
龙子湖区					
蚌山区					
禹会区					
淮上区					
怀远县			1		2
五河县				1	
固镇县					1
蚌埠市高新技术开发区					
蚌埠市经济开发区					
淮南市					**2**
大通区					
田家庵区					
谢家集区					
八公山区					
潘集区					
凤台县					2
寿县					

8-3c 续表 13

单位：户

地区	五代及以上户				
	一间	二间	三间	四间	五间及以上
马鞍山市				**1**	
花山区					
雨山区					
博望区					
当涂县					
含山县					
和县				1	
淮北市				**1**	**3**
杜集区					
相山区					
烈山区					
濉溪县				1	3
铜陵市					
铜官区					
义安区					
郊区					
枞阳县					
安庆市			**1**	**1**	**2**
迎江区					
大观区					
宜秀区					
怀宁县				1	
太湖县					
宿松县					
望江县			1		2
岳西县					
安徽安庆经济开发区					
桐城市					
潜山市					
黄山市			**1**		**4**
屯溪区					1
黄山区					
徽州区					
歙县			1		1
休宁县					2
黟县					
祁门县					
滁州市				**1**	
琅琊区					
南谯区					
来安县					
全椒县				1	
定远县					
凤阳县					
苏滁现代产业园					
滁州经济技术开发区					
天长市					
明光市					

8-3c 续表 14　　　　单位：户

地　区	五代及以上户				
	一间	二间	三间	四间	五间及以上
阜阳市		**2**	**1**		**5**
颍州区					
颍东区					
颍泉区					
临泉县		1			2
太和县					1
阜南县					
颍上县		1	1		2
阜阳合肥现代产业园区					
阜阳经济技术开发区					
界首市					
宿州市				**1**	**6**
埇桥区				1	1
砀山县					2
萧县					1
灵璧县					1
泗县					1
宿州马鞍山现代产业园区					
宿州经济技术开发区					
六安市			**1**	**1**	**1**
金安区			1		
裕安区					
叶集区					
霍邱县					1
舒城县					
金寨县				1	
霍山县					
亳州市			**2**	**2**	**3**
谯城区				1	
涡阳县			1		
蒙城县			1	1	3
利辛县					
池州市					
贵池区					
东至县					
石台县					
青阳县					
池州市国家经济技术开发区					
皖江江南新兴产业集中区					
九华山风景区					
宣城市					**1**
宣州区					1
郎溪县					
泾县					
绩溪县					
旌德县					
宣城市经济开发区					
宁国市					
广德市					

8-4　全省按户主的受教育程度分的家庭户住房状况

受教育程度	户　数 (户)	人　数 (人)	平均每户住房间数 (间/户)	人均住房建筑面积 (平方米/人)	人均住房间　数 (间/人)
总　计	**18024058**	**49925043**	**3.16**	**42.97**	**1.14**
未上过学	987543	2050790	2.73	46.22	1.32
学前教育	38320	82488	2.85	45.89	1.32
小　学	4637880	12288225	3.22	44.61	1.21
初　中	7498785	22311658	3.38	43.46	1.14
高　中	2421547	6688587	2.99	40.57	1.08
大学专科	1361583	3629976	2.76	39.46	1.04
大学本科	970918	2583477	2.74	39.66	1.03
硕士研究生	95030	255906	2.76	40.22	1.02
博士研究生	12452	33936	2.82	40.66	1.04

注：本表数据为居住在普通住宅的家庭户。

8-4a　全省按户主的受教育程度分的家庭户住房状况(城市)

受教育程度	户　数 (户)	人　数 (人)	平均每户住房间数 (间/户)	人均住房建筑面积 (平方米/人)	人均住房间　数 (间/人)
总　计	**5096450**	**13601044**	**2.63**	**36.98**	**0.99**
未上过学	141351	295182	2.43	41.90	1.16
学前教育	5483	11412	2.55	42.69	1.23
小　学	685738	1749100	2.65	38.55	1.04
初　中	1802205	5034149	2.67	35.63	0.96
高　中	1012263	2671020	2.56	35.99	0.97
大学专科	762093	2004832	2.60	37.55	0.99
大学本科	608307	1620193	2.69	39.04	1.01
硕士研究生	69197	188250	2.76	39.93	1.01
博士研究生	9813	26906	2.80	40.17	1.02

注：本表数据为居住在普通住宅的家庭户。

8-4b 全省按户主的受教育程度分的家庭户住房状况(镇)

受教育程度	户 数 (户)	人 数 (人)	平均每户住房间数 (间/户)	人均住房建筑面积 (平方米/人)	人均住房间 数 (间/人)
总 计	**5563808**	**15715351**	**3.00**	**40.42**	**1.06**
未上过学	226178	489397	2.63	44.13	1.22
学前教育	9232	19975	2.68	45.08	1.24
小 学	1215603	3291289	3.02	41.88	1.12
初 中	2388032	7168883	3.13	40.11	1.04
高 中	863908	2423648	2.93	39.44	1.04
大学专科	499136	1352597	2.81	39.41	1.04
大学本科	334676	897618	2.78	39.62	1.04
硕士研究生	24577	65247	2.74	40.25	1.03
博士研究生	2466	6697	2.86	41.29	1.05

注：本表数据为居住在普通住宅的家庭户。

8-4c 全省按户主的受教育程度分的家庭户住房状况(乡村)

受教育程度	户 数 (户)	人 数 (人)	平均每户住房间数 (间/户)	人均住房建筑面积 (平方米/人)	人均住房间 数 (间/人)
总 计	**7363800**	**20608648**	**3.65**	**48.86**	**1.31**
未上过学	620014	1266211	2.84	48.03	1.39
学前教育	23605	51101	2.98	46.93	1.38
小 学	2736539	7247836	3.45	47.32	1.30
初 中	3308548	10108626	3.95	49.74	1.29
高 中	545376	1593919	3.87	49.96	1.32
大学专科	100354	272547	3.75	53.74	1.38
大学本科	27935	65666	3.32	55.45	1.41
硕士研究生	1256	2409	3.12	62.48	1.63
博士研究生	173	333	3.42	67.42	1.78

注：本表数据为居住在普通住宅的家庭户。

8-5　全省按户主受教育程度、人均住房建筑面积分的家庭户户数

单位：户

受教育程度	户　数	人均住房建筑面积(平方米)			
		8及以下	9-12	13-16	17-19
总　计	**18024058**	**96786**	**272906**	**610701**	**454273**
未上过学	987543	6770	18503	34111	15168
学前教育	38320	221	546	1153	570
小　学	4637880	30381	80298	161930	91337
初　中	7498785	45488	122601	269454	192841
高　中	2421547	10472	34486	83681	74428
大学专科	1361583	2399	10839	37378	45372
大学本科	970918	977	5152	20836	30984
硕士研究生	95030	68	397	1880	3196
博士研究生	12452	10	84	278	377

注：本表数据为居住在普通住宅的家庭户。

8-5　续表

单位：户

受教育程度	人均住房建筑面积(平方米)				
	20-29	30-39	40-49	50-59	60及以上
总　计	**3393672**	**3360867**	**2783715**	**1732919**	**5318219**
未上过学	143232	162683	151430	101144	354502
学前教育	5620	6194	5990	3975	14051
小　学	749565	813203	726790	466179	1518197
初　中	1435405	1386559	1124311	724531	2197595
高　中	524096	483677	369412	217756	623539
大学专科	305054	282663	219443	121561	336874
大学本科	208506	204461	166611	88589	244802
硕士研究生	19753	18964	17420	8058	25294
博士研究生	2441	2463	2308	1126	3365

8−5a 全省按户主受教育程度、人均住房建筑面积分的家庭户户数(城市)

单位：户

受教育程度	户 数	人均住房建筑面积(平方米)			
		8及以下	9−12	13−16	17−19
总 计	**5096450**	**24425**	**79415**	**196363**	**200556**
未上过学	141351	1332	3480	5996	3915
学前教育	5483	34	124	218	152
小 学	685738	6188	16987	32290	24812
初 中	1802205	11848	35867	83300	78791
高 中	1012263	3454	13537	37929	41626
大学专科	762093	1063	5936	21764	28372
大学本科	608307	449	3117	13224	20264
硕士研究生	69197	51	291	1418	2316
博士研究生	9813	6	76	224	308

注：本表数据为居住在普通住宅的家庭户。

8−5a 续表

单位：户

受教育程度	人均住房建筑面积(平方米)				
	20−29	30−39	40−49	50−59	60及以上
总 计	**1224731**	**1068571**	**803671**	**432990**	**1065728**
未上过学	23530	21803	20842	14915	45538
学前教育	888	842	717	612	1896
小 学	141473	127856	106609	65200	164323
初 中	471316	385712	267575	146209	321587
高 中	257453	222184	159435	81691	194954
大学专科	181545	164191	126317	64174	168731
大学本科	132214	129985	107531	53439	148084
硕士研究生	14384	14003	12837	5862	18035
博士研究生	1928	1995	1808	888	2580

8-5b 全省按户主受教育程度、人均住房建筑面积分的家庭户户数(镇)

单位：户

受教育程度	户 数	人均住房建筑面积(平方米)			
		8及以下	9-12	13-16	17-19
总 计	**5563808**	**47012**	**102067**	**202022**	**153951**
未上过学	226178	3071	5953	8820	4191
学前教育	9232	116	180	299	159
小 学	1215603	14867	28668	48679	28726
初 中	2388032	22219	47047	93049	68420
高 中	863908	5231	14521	30563	25439
大学专科	499136	1046	3869	13131	15701
大学本科	334676	443	1729	6992	10372
硕士研究生	24577	16	93	443	875
博士研究生	2466	3	7	46	68

注：本表数据为居住在普通住宅的家庭户。

8-5b 续表

单位：户

受教育程度	人均住房建筑面积(平方米)				
	20-29	30-39	40-49	50-59	60及以上
总 计	**1140749**	**1070549**	**846649**	**534204**	**1466605**
未上过学	34093	34971	33217	23264	78598
学前教育	1409	1471	1367	891	3340
小 学	213155	211741	187240	122391	360136
初 中	511296	469073	355771	225497	595660
高 中	191465	173983	129389	80099	213218
大学专科	110887	103746	79331	47311	124114
大学本科	72709	70322	55408	32463	84238
硕士研究生	5235	4791	4440	2071	6613
博士研究生	500	451	486	217	688

8-5c 全省按户主受教育程度、人均住房建筑面积分的家庭户户数(乡村)

单位：户

受教育程度	户 数	人均住房建筑面积(平方米)			
		8及以下	9-12	13-16	17-19
总 计	**7363800**	**25349**	**91424**	**212316**	**99766**
未上过学	620014	2367	9070	19295	7062
学前教育	23605	71	242	636	259
小 学	2736539	9326	34643	80961	37799
初 中	3308548	11421	39687	93105	45630
高 中	545376	1787	6428	15189	7363
大学专科	100354	290	1034	2483	1299
大学本科	27935	85	306	620	348
硕士研究生	1256	1	13	19	5
博士研究生	173	1	1	8	1

注：本表数据为居住在普通住宅的家庭户。

8-5c 续表

单位：户

受教育程度	人均住房建筑面积(平方米)				
	20-29	30-39	40-49	50-59	60及以上
总 计	**1028192**	**1221747**	**1133395**	**765725**	**2785886**
未上过学	85609	105909	97371	62965	230366
学前教育	3323	3881	3906	2472	8815
小 学	394937	473606	432941	278588	993738
初 中	452793	531774	500965	352825	1280348
高 中	75178	87510	80588	55966	215367
大学专科	12622	14726	13795	10076	44029
大学本科	3583	4154	3672	2687	12480
硕士研究生	134	170	143	125	646
博士研究生	13	17	14	21	97

第二部分 长表数据资料

第一卷 概要

1－1　各地区户数、

地　区	户　数						
				合　计			
	合计	家庭户	集体户	合计	男	女	性别比（女=100）
安　徽	**2110997**	**2055085**	**55912**	**6038744**	**3063857**	**2974887**	**102.99**
合肥市	**331993**	**309501**	**22492**	**921840**	**472331**	**449509**	**105.08**
瑶海区	30145	29597	548	80232	40291	39941	100.88
庐阳区	24564	23748	816	67594	33536	34058	98.47
蜀山区	35467	31566	3901	95842	47624	48218	98.77
包河区	42377	39221	3156	115556	59123	56433	104.77
长丰县	28142	27182	960	78271	40955	37316	109.75
肥东县	35775	34478	1297	106054	56127	49927	112.42
肥西县	34678	31631	3047	95834	50072	45762	109.42
庐江县	33366	32921	445	94544	47860	46684	102.52
合肥高新技术产业开发区	9149	7526	1623	26078	13541	12537	108.01
合肥经济技术开发区	17923	14400	3523	53606	27924	25682	108.73
合肥新站高新技术产业开发区	14687	12172	2515	42461	22770	19691	115.64
巢湖市	25720	25059	661	65768	32508	33260	97.74
芜湖市	**138380**	**133106**	**5274**	**386778**	**198867**	**187911**	**105.83**
镜湖区	18972	18569	403	47778	23298	24480	95.17
弋江区	14139	12388	1751	40347	20123	20224	99.50
鸠江区	19007	18210	797	51921	26945	24976	107.88
三山区	5844	5466	378	15229	8087	7142	113.23
芜湖县	12353	11775	578	35747	18502	17245	107.29
繁昌县	10046	9893	153	26748	13687	13061	104.79
南陵县	17301	17160	141	46249	23401	22848	102.42
芜湖经济技术开发区	6968	6108	860	17382	9525	7857	121.23
安徽芜湖长江大桥经济开发区	807	804	3	2084	1089	995	109.45
无为市	32943	32733	210	103293	54210	49083	110.45
蚌埠市	**103026**	**100854**	**2172**	**291746**	**145634**	**146112**	**99.67**
龙子湖区	7731	7703	28	19688	9738	9950	97.87
蚌山区	5953	5862	91	15398	7558	7840	96.40
禹会区	11219	10916	303	29928	14958	14970	99.92
淮上区	8583	8379	204	25265	12954	12311	105.22
怀远县	26963	26762	201	77003	38597	38406	100.50
五河县	16465	16338	127	47959	24009	23950	100.25
固镇县	14939	14764	175	44574	22152	22422	98.80
蚌埠市高新技术开发区	1990	1925	65	5901	2983	2918	102.23
蚌埠市经济开发区	9183	8205	978	26030	12685	13345	95.05
淮南市	**108557**	**106028**	**2529**	**300660**	**154508**	**146152**	**105.72**
大通区	5673	5627	46	15337	7765	7572	102.55
田家庵区	26044	24851	1193	68968	34177	34791	98.24
谢家集区	8167	8127	40	20513	10203	10310	98.96
八公山区	4647	4633	14	11790	5834	5956	97.95
潘集区	10756	10565	191	29363	15322	14041	109.12
凤台县	20718	19874	844	56958	30024	26934	111.47
寿县	32552	32351	201	97731	51183	46548	109.96

人口数和性别比

单位：户、人

人口数								平均家庭户规模（人/户）
家庭户				集体户				
小计	男	女	性别比（女=100）	小计	男	女	性别比（女=100）	
5776805	**2908424**	**2868381**	**101.40**	**261939**	**155433**	**106506**	**145.94**	**2.81**
834163	**420282**	**413881**	**101.55**	**87677**	**52049**	**35628**	**146.09**	**2.70**
78534	39360	39174	100.47	1698	931	767	121.38	2.65
64693	31834	32859	96.88	2901	1702	1199	141.95	2.72
82877	40619	42258	96.12	12965	7005	5960	117.53	2.63
104838	52001	52837	98.42	10718	7122	3596	198.05	2.67
73707	38233	35474	107.78	4564	2722	1842	147.77	2.71
98903	51657	47246	109.34	7151	4470	2681	166.73	2.87
83127	42689	40438	105.57	12707	7383	5324	138.67	2.63
92731	46612	46119	101.07	1813	1248	565	220.88	2.82
20369	10081	10288	97.99	5709	3460	2249	153.85	2.71
40197	20133	20064	100.34	13409	7791	5618	138.68	2.79
32456	16690	15766	105.86	10005	6080	3925	154.90	2.67
61731	30373	31358	96.86	4037	2135	1902	112.25	2.46
363373	**184925**	**178448**	**103.63**	**23405**	**13942**	**9463**	**147.33**	**2.73**
46146	22556	23590	95.62	1632	742	890	83.37	2.49
32729	16273	16456	98.89	7618	3850	3768	102.18	2.64
48103	24374	23729	102.72	3818	2571	1247	206.17	2.64
13830	7092	6738	105.25	1399	995	404	246.29	2.53
32364	16491	15873	103.89	3383	2011	1372	146.57	2.75
25733	13071	12662	103.23	1015	616	399	154.39	2.60
45586	22993	22593	101.77	663	408	255	160.00	2.66
14983	7730	7253	106.58	2399	1795	604	297.19	2.45
2063	1069	994	107.55	21	20	1	2000.00	2.57
101836	53276	48560	109.71	1457	934	523	178.59	3.11
282069	**140256**	**141813**	**98.90**	**9677**	**5378**	**4299**	**125.10**	**2.80**
19549	9659	9890	97.66	139	79	60	131.67	2.54
15028	7288	7740	94.16	370	270	100	270.00	2.56
28817	14435	14382	100.37	1111	523	588	88.95	2.64
23995	12208	11787	103.57	1270	746	524	142.37	2.86
76044	37992	38052	99.84	959	605	354	170.90	2.84
47504	23720	23784	99.73	455	289	166	174.10	2.91
43853	21708	22145	98.03	721	444	277	160.29	2.97
5523	2721	2802	97.11	378	262	116	225.86	2.87
21756	10525	11231	93.71	4274	2160	2114	102.18	2.65
290284	**147562**	**142722**	**103.39**	**10376**	**6946**	**3430**	**202.51**	**2.74**
14990	7531	7459	100.97	347	234	113	207.08	2.66
64185	31629	32556	97.15	4783	2548	2235	114.00	2.58
20282	10061	10221	98.43	231	142	89	159.55	2.50
11716	5793	5923	97.81	74	41	33	124.24	2.53
28812	14822	13990	105.95	551	500	51	980.39	2.73
54329	27691	26638	103.95	2629	2333	296	788.18	2.73
95970	50035	45935	108.93	1761	1148	613	187.28	2.97

1-1 续表 1

地区	户数						
				合计			
	合计	家庭户	集体户	合计	男	女	性别比(女=100)
马鞍山市	**76446**	**74715**	**1731**	**205997**	**104800**	**101197**	**103.56**
花山区	16904	16758	146	42700	21224	21476	98.83
雨山区	12728	11750	978	33208	16782	16426	102.17
博望区	5289	5223	66	15404	8102	7302	110.96
当涂县	15316	15153	163	42829	21893	20936	104.57
含山县	12534	12478	56	36606	18894	17712	106.67
和县	13675	13353	322	35250	17905	17345	103.23
淮北市	**66410**	**64973**	**1437**	**189681**	**94491**	**95190**	**99.27**
杜集区	8611	8472	139	23704	11932	11772	101.36
相山区	19180	18734	446	52484	25768	26716	96.45
烈山区	8691	8200	491	23504	11484	12020	95.54
濉溪县	29928	29567	361	89989	45307	44682	101.40
铜陵市	**47623**	**46717**	**906**	**118710**	**58192**	**60518**	**96.16**
铜官区	16470	15767	703	42870	21084	21786	96.78
义安区	8676	8633	43	21241	10711	10530	101.72
郊区	5931	5889	42	14184	6988	7196	97.11
枞阳县	16546	16428	118	40415	19409	21006	92.40
安庆市	**157836**	**155180**	**2656**	**470694**	**238909**	**231785**	**103.07**
迎江区	9740	9592	148	24647	12192	12455	97.89
大观区	8365	8247	118	21535	10576	10959	96.51
宜秀区	6466	5679	787	17998	8927	9071	98.41
怀宁县	19361	19163	198	59803	30366	29437	103.16
太湖县	16737	16604	133	50459	25796	24663	104.59
宿松县	23349	23094	255	73034	38347	34687	110.55
望江县	16869	16666	203	55217	27788	27429	101.31
岳西县	11623	11528	95	34827	17921	16906	106.00
安徽安庆经济开发区	5101	4935	166	13704	6962	6742	103.26
桐城市	23059	22717	342	68553	34159	34394	99.32
潜山市	17166	16955	211	50917	25875	25042	103.33
黄山市	**50028**	**48895**	**1133**	**136157**	**68479**	**67678**	**101.18**
屯溪区	10283	9706	577	28223	13729	14494	94.72
黄山区	5560	5442	118	14008	7315	6693	109.29
徽州区	3518	3468	50	9862	4956	4906	101.02
歙县	14746	14570	176	41613	21132	20481	103.18
休宁县	7653	7562	91	21600	10821	10779	100.39
黟县	2967	2934	33	7363	3752	3611	103.90
祁门县	5301	5213	88	13488	6774	6714	100.89
滁州市	**138006**	**135412**	**2594**	**417437**	**215728**	**201709**	**106.95**
琅琊区	9188	9053	135	25745	12879	12866	100.10
南谯区	11753	11298	455	33133	16898	16235	104.08
来安县	14787	14473	314	41599	21514	20085	107.11
全椒县	14882	14750	132	41727	21689	20038	108.24
定远县	24021	23940	81	78662	41661	37001	112.59
凤阳县	20312	19894	418	67734	35536	32198	110.37
苏滁现代产业园	857	601	256	2394	1460	934	156.32
滁州经济技术开发区	3896	3392	504	13782	7261	6521	111.35
天长市	21090	20885	205	62593	31673	30920	102.44
明光市	17220	17126	94	50068	25157	24911	100.99

单位：户、人

人口数								平均家庭户规模（人/户）
家庭户				集体户				
小计	男	女	性别比（女=100）	小计	男	女	性别比（女=100）	
197546	**99793**	**97753**	**102.09**	**8451**	**5007**	**3444**	**145.38**	**2.64**
42091	20848	21243	98.14	609	376	233	161.37	2.51
28934	14391	14543	98.95	4274	2391	1883	126.98	2.46
15149	7906	7243	109.15	255	196	59	332.20	2.90
41189	20865	20324	102.66	1640	1028	612	167.97	2.72
36235	18614	17621	105.64	371	280	91	307.69	2.90
33948	17169	16779	102.32	1302	736	566	130.04	2.54
182254	**90589**	**91665**	**98.83**	**7427**	**3902**	**3525**	**110.70**	**2.81**
23013	11515	11498	100.15	691	417	274	152.19	2.72
50344	24625	25719	95.75	2140	1143	997	114.64	2.69
20981	10558	10423	101.30	2523	926	1597	57.98	2.56
87916	43891	44025	99.70	2073	1416	657	215.53	2.97
114616	**55873**	**58743**	**95.11**	**4094**	**2319**	**1775**	**130.65**	**2.45**
40160	19685	20475	96.14	2710	1399	1311	106.71	2.55
20897	10453	10444	100.09	344	258	86	300.00	2.42
13857	6779	7078	95.78	327	209	118	177.12	2.35
39702	18956	20746	91.37	713	453	260	174.23	2.42
455984	**230563**	**225421**	**102.28**	**14710**	**8346**	**6364**	**131.14**	**2.94**
24106	11764	12342	95.32	541	428	113	378.76	2.51
20911	10130	10781	93.96	624	446	178	250.56	2.54
14947	7454	7493	99.48	3051	1473	1578	93.35	2.63
58231	29359	28872	101.69	1572	1007	565	178.23	3.04
49627	25282	24345	103.85	832	514	318	161.64	2.99
71661	37522	34139	109.91	1373	825	548	150.55	3.10
53713	27092	26621	101.77	1504	696	808	86.14	3.22
34199	17586	16613	105.86	628	335	293	114.33	2.97
12756	6367	6389	99.66	948	595	353	168.56	2.58
66027	32760	33267	98.48	2526	1399	1127	124.13	2.91
49806	25247	24559	102.80	1111	628	483	130.02	2.94
129877	**64502**	**65375**	**98.66**	**6280**	**3977**	**2303**	**172.69**	**2.66**
25896	12536	13360	93.83	2327	1193	1134	105.20	2.67
13022	6562	6460	101.58	986	753	233	323.18	2.39
9640	4828	4812	100.33	222	128	94	136.17	2.78
40374	20413	19961	102.26	1239	719	520	138.27	2.77
21158	10507	10651	98.65	442	314	128	245.31	2.80
7100	3538	3562	99.33	263	214	49	436.73	2.42
12687	6118	6569	93.13	801	656	145	452.41	2.43
401398	**205305**	**196093**	**104.70**	**16039**	**10423**	**5616**	**185.59**	**2.96**
24920	12333	12587	97.98	825	546	279	195.70	2.75
30294	15109	15185	99.50	2839	1789	1050	170.38	2.68
39825	20194	19631	102.87	1774	1320	454	290.75	2.75
40976	21111	19865	106.27	751	578	173	334.10	2.78
77784	41050	36734	111.75	878	611	267	228.84	3.25
65832	34342	31490	109.06	1902	1194	708	168.64	3.31
1491	771	720	107.08	903	689	214	321.96	2.48
9675	4862	4813	101.02	4107	2399	1708	140.46	2.85
61264	30795	30469	101.07	1329	878	451	194.68	2.93
49337	24738	24599	100.57	731	419	312	134.29	2.88

1-1 续表 2

地区	户数			合计			
	合计	家庭户	集体户	合计	男	女	性别比(女=100)
阜阳市	**262931**	**259859**	**3072**	**829925**	**418906**	**411019**	**101.92**
颍州区	24397	23560	837	76335	37268	39067	95.40
颍东区	16971	16698	273	56223	28884	27339	105.65
颍泉区	19644	19386	258	59267	30012	29255	102.59
临泉县	51024	50488	536	168018	84188	83830	100.43
太和县	48864	48752	112	142474	72618	69856	103.95
阜南县	35438	35181	257	115671	57800	57871	99.88
颍上县	39536	39049	487	133384	69222	64162	107.89
阜阳合肥现代产业园区	1106	1092	14	3554	1848	1706	108.32
阜阳经济技术开发区	3630	3516	114	11251	5634	5617	100.30
界首市	22321	22137	184	63748	31432	32316	97.26
宿州市	**174001**	**172260**	**1741**	**509963**	**255521**	**254442**	**100.42**
埇桥区	54648	54079	569	162906	82466	80440	102.52
砀山县	26710	26529	181	73319	36432	36887	98.77
萧县	37138	36818	320	102556	51443	51113	100.65
灵璧县	29462	29161	301	89761	44516	45245	98.39
泗县	22917	22727	190	71740	35772	35968	99.46
宿州马鞍山现代产业园区	1337	1264	73	4175	2138	2037	104.96
宿州经济技术开发区	1789	1682	107	5506	2754	2752	100.07
六安市	**154340**	**151384**	**2956**	**433405**	**221493**	**211912**	**104.52**
金安区	29192	28251	941	77763	38663	39100	98.88
裕安区	29307	28662	645	87508	44668	42840	104.27
叶集区	6224	6073	151	18434	9707	8727	111.23
霍邱县	32414	32114	300	86758	44977	41781	107.65
舒城县	28260	27764	496	79048	39930	39118	102.08
金寨县	17780	17601	179	52291	27485	24806	110.80
霍山县	11163	10919	244	31603	16063	15540	103.37
亳州市	**158081**	**156035**	**2046**	**459609**	**231215**	**228394**	**101.24**
谯城区	50946	50005	941	143778	72340	71438	101.26
涡阳县	35515	35092	423	105805	53483	52322	102.22
蒙城县	33177	32749	428	100164	50268	49896	100.75
利辛县	38443	38189	254	109862	55124	54738	100.71
池州市	**49832**	**48740**	**1092**	**134155**	**66793**	**67362**	**99.16**
贵池区	20725	20101	624	53883	26195	27688	94.61
东至县	16198	16101	97	48229	24545	23684	103.64
石台县	3022	2985	37	7237	3565	3672	97.09
青阳县	8470	8300	170	21147	10566	10581	99.86
池州市国家经济技术开发区	497	440	57	1249	642	607	105.77
皖江江南新兴产业集中区	432	340	92	930	514	416	123.56
九华山风景区	488	473	15	1480	766	714	107.28
宣城市	**93507**	**91426**	**2081**	**231987**	**117990**	**113997**	**103.50**
宣州区	25271	24839	432	60128	29820	30308	98.39
郎溪县	11561	11352	209	30639	15545	15094	102.99
泾县	10627	10495	132	24818	12754	12064	105.72
绩溪县	5408	5370	38	12542	6195	6347	97.61
旌德县	4200	4169	31	10544	5429	5115	106.14
宣城市经济开发区	3804	3420	384	9975	5388	4587	117.46
宁国市	15038	14812	226	36574	18715	17859	104.79
广德市	17598	16969	629	46767	24144	22623	106.72

单位：户、人

人口数								平均家庭户规模（人/户）
家庭户				集体户				
小计	男	女	性别比（女=100）	小计	男	女	性别比（女=100）	
810722	**408130**	**402592**	**101.38**	**19203**	**10776**	**8427**	**127.87**	**3.12**
70518	34659	35859	96.65	5817	2609	3208	81.33	2.99
53992	27392	26600	102.98	2231	1492	739	201.89	3.23
57639	29027	28612	101.45	1628	985	643	153.19	2.97
164519	82276	82243	100.04	3499	1912	1587	120.48	3.26
141603	72110	69493	103.77	871	508	363	139.94	2.90
114177	56982	57195	99.63	1494	818	676	121.01	3.25
131285	67754	63531	106.65	2099	1468	631	232.65	3.36
3449	1767	1682	105.05	105	81	24	337.50	3.16
10773	5373	5400	99.50	478	261	217	120.28	3.06
62767	30790	31977	96.29	981	642	339	189.38	2.84
498181	**248753**	**249428**	**99.73**	**11782**	**6768**	**5014**	**134.98**	**2.89**
158913	80323	78590	102.21	3993	2143	1850	115.84	2.94
72151	35760	36391	98.27	1168	672	496	135.48	2.72
100207	50027	50180	99.70	2349	1416	933	151.77	2.72
88106	43550	44556	97.74	1655	966	689	140.20	3.02
70119	34762	35357	98.32	1621	1010	611	165.30	3.09
3766	1886	1880	100.32	409	252	157	160.51	2.98
4919	2445	2474	98.83	587	309	278	111.15	2.92
418559	**212672**	**205887**	**103.30**	**14846**	**8821**	**6025**	**146.41**	**2.76**
73656	36612	37044	98.83	4107	2051	2056	99.76	2.61
83565	42512	41053	103.55	3943	2156	1787	120.65	2.92
17357	8970	8387	106.95	1077	737	340	216.76	2.86
85297	43855	41442	105.82	1461	1122	339	330.97	2.66
77033	38657	38376	100.73	2015	1273	742	171.56	2.77
51284	26739	24545	108.94	1007	746	261	285.82	2.91
30367	15327	15040	101.91	1236	736	500	147.20	2.78
446999	**224285**	**222714**	**100.71**	**12610**	**6930**	**5680**	**122.01**	**2.86**
139006	70017	68989	101.49	4772	2323	2449	94.86	2.78
102786	51650	51136	101.01	3019	1833	1186	154.55	2.93
98463	49189	49274	99.83	1701	1079	622	173.47	3.01
106744	53429	53315	100.21	3118	1695	1423	119.11	2.80
128222	**63209**	**65013**	**97.23**	**5933**	**3584**	**2349**	**152.58**	**2.63**
50414	24355	26059	93.46	3469	1840	1629	112.95	2.51
47435	23984	23451	102.27	794	561	233	240.77	2.95
6961	3359	3602	93.25	276	206	70	294.29	2.33
20278	9952	10326	96.38	869	614	255	240.78	2.44
1109	550	559	98.39	140	92	48	191.67	2.52
664	350	314	111.46	266	164	102	160.78	1.95
1361	659	702	93.87	119	107	12	891.67	2.88
222558	**111725**	**110833**	**100.80**	**9429**	**6265**	**3164**	**198.01**	**2.43**
58337	28783	29554	97.39	1791	1037	754	137.53	2.35
29701	14947	14754	101.31	938	598	340	175.88	2.62
23919	12029	11890	101.17	899	725	174	416.67	2.28
12360	6070	6290	96.50	182	125	57	219.30	2.30
10297	5223	5074	102.94	247	206	41	502.44	2.47
8480	4353	4127	105.48	1495	1035	460	225.00	2.48
35753	18171	17582	103.35	821	544	277	196.39	2.41
43711	22149	21562	102.72	3056	1995	1061	188.03	2.58

1-1a 各地区户数、

地区	户数			合计			
	合计	家庭户	集体户	合计	男	女	性别比(女=100)
安 徽	**562555**	**537424**	**25131**	**1551833**	**770791**	**781042**	**98.69**
合肥市	**144255**	**135051**	**9204**	**390115**	**195714**	**194401**	**100.68**
瑶海区	28611	28099	512	75893	38054	37839	100.57
庐阳区	22083	21322	761	60026	29778	30248	98.45
蜀山区	33863	30036	3827	91626	45335	46291	97.93
包河区	42186	39044	3142	114941	58762	56179	104.60
长丰县							
肥东县							
肥西县	2122	1683	439	5525	3011	2514	119.77
庐江县							
合肥高新技术产业开发区							
合肥经济技术开发区							
合肥新站高新技术产业开发区	2278	2249	29	6046	3085	2961	104.19
巢湖市	13112	12618	494	36058	17689	18369	96.30
芜湖市	**54859**	**51483**	**3376**	**148167**	**74454**	**73713**	**101.01**
镜湖区	18253	17850	403	45882	22350	23532	94.98
弋江区	14139	12388	1751	40347	20123	20224	99.50
鸠江区	11347	10600	747	31043	16192	14851	109.03
三山区	3719	3362	357	9701	5268	4433	118.84
芜湖县	324	322	2	913	461	452	101.99
繁昌县							
南陵县							
芜湖经济技术开发区	87	87		204	113	91	124.18
安徽芜湖长江大桥经济开发区							
无为市	6990	6874	116	20077	9947	10130	98.19
蚌埠市	**24086**	**23498**	**588**	**62588**	**31010**	**31578**	**98.20**
龙子湖区	6234	6208	26	15284	7503	7781	96.43
蚌山区	5435	5346	89	13873	6757	7116	94.96
禹会区	7700	7414	286	19347	9514	9833	96.76
淮上区	4717	4530	187	14084	7236	6848	105.67
怀远县							
五河县							
固镇县							
蚌埠市高新技术开发区							
蚌埠市经济开发区							
淮南市	**39576**	**38317**	**1259**	**103583**	**51191**	**52392**	**97.71**
大通区	1453	1447	6	3776	1847	1929	95.75
田家庵区	24715	23523	1192	65289	32292	32997	97.86
谢家集区	6448	6411	37	16086	7923	8163	97.06
八公山区	4406	4394	12	11189	5517	5672	97.27
潘集区	2554	2542	12	7243	3612	3631	99.48
凤台县							
寿县							

人口数和性别比(城市)

单位：户、人

人口数								平均家庭户规模（人/户）
家庭户				集体户				
小计	男	女	性别比（女=100）	小计	男	女	性别比（女=100）	
1442147	**710596**	**731551**	**97.14**	**109686**	**60195**	**49491**	**121.63**	**2.68**
358093	**177269**	**180824**	**98.03**	**32022**	**18445**	**13577**	**135.85**	**2.65**
74281	37169	37112	100.15	1612	885	727	121.73	2.64
57298	28203	29095	96.93	2728	1575	1153	136.60	2.69
79017	38654	40363	95.77	12609	6681	5928	112.70	2.63
104362	51750	52612	98.36	10579	7012	3567	196.58	2.67
3810	2059	1751	117.59	1715	952	763	124.77	2.26
5938	3018	2920	103.36	108	67	41	163.41	2.64
33387	16416	16971	96.73	2671	1273	1398	91.06	2.65
133301	**66112**	**67189**	**98.40**	**14866**	**8342**	**6524**	**127.87**	**2.59**
44250	21608	22642	95.43	1632	742	890	83.37	2.48
32729	16273	16456	98.89	7618	3850	3768	102.18	2.64
27461	13798	13663	100.99	3582	2394	1188	201.52	2.59
8382	4325	4057	106.61	1319	943	376	250.80	2.49
873	449	424	105.90	40	12	28	42.86	2.71
204	113	91	124.18					2.34
19402	9546	9856	96.85	675	401	274	146.35	2.82
59872	**29508**	**30364**	**97.18**	**2716**	**1502**	**1214**	**123.72**	**2.55**
15156	7434	7722	96.27	128	69	59	116.95	2.44
13513	6496	7017	92.58	360	261	99	263.64	2.53
18307	9047	9260	97.70	1040	467	573	81.50	2.47
12896	6531	6365	102.61	1188	705	483	145.96	2.85
98422	**48420**	**50002**	**96.84**	**5161**	**2771**	**2390**	**115.94**	**2.57**
3740	1820	1920	94.79	36	27	9	300.00	2.58
60509	29746	30763	96.69	4780	2546	2234	113.97	2.57
15863	7787	8076	96.42	223	136	87	156.32	2.47
11119	5480	5639	97.18	70	37	33	112.12	2.53
7191	3587	3604	99.53	52	25	27	92.59	2.83

1－1a 续表 1

地区	户数			合计			
	合计	家庭户	集体户	合计	男	女	性别比(女=100)
马鞍山市	**31325**	**30148**	**1177**	**81253**	**40859**	**40394**	**101.15**
花山区	16586	16446	140	41860	20794	21066	98.71
雨山区	12258	11281	977	31965	16146	15819	102.07
博望区	2481	2421	60	7428	3919	3509	111.68
当涂县							
含山县							
和县							
淮北市	**28241**	**27277**	**964**	**78794**	**38806**	**39988**	**97.04**
杜集区	5056	4967	89	14083	7023	7060	99.48
相山区	17505	17065	440	48200	23590	24610	95.86
烈山区	3744	3388	356	10619	5051	5568	90.71
濉溪县	1936	1857	79	5892	3142	2750	114.25
铜陵市	**20896**	**20209**	**687**	**54120**	**26674**	**27446**	**97.19**
铜官区	16138	15476	662	41927	20618	21309	96.76
义安区	3182	3171	11	8299	4080	4219	96.71
郊区	1576	1562	14	3894	1976	1918	103.02
枞阳县							
安庆市	**39660**	**38164**	**1496**	**110058**	**53859**	**56199**	**95.84**
迎江区	9315	9172	143	23744	11712	12032	97.34
大观区	6436	6340	96	15901	7766	8135	95.46
宜秀区	4573	3827	746	13261	6553	6708	97.69
怀宁县							
太湖县							
宿松县							
望江县	3174	3071	103	9437	4496	4941	90.99
岳西县							
安徽安庆经济开发区	28	24	4	37	29	8	362.50
桐城市	10703	10408	295	32371	15826	16545	95.65
潜山市	5431	5322	109	15307	7477	7830	95.49
黄山市	**13311**	**12969**	**342**	**35611**	**17306**	**18305**	**94.54**
屯溪区	9046	8769	277	24215	11691	12524	93.35
黄山区	2201	2178	23	5626	2753	2873	95.82
徽州区	1816	1774	42	5054	2524	2530	99.76
歙县	118	118		326	145	181	80.11
休宁县	130	130		390	193	197	97.97
黟县							
祁门县							
滁州市	**29030**	**28458**	**572**	**84739**	**42056**	**42683**	**98.53**
琅琊区	8804	8674	130	24767	12358	12409	99.59
南谯区	5883	5616	267	17694	9055	8639	104.82
来安县							
全椒县							
定远县							
凤阳县							
苏滁现代产业园							
滁州经济技术开发区							
天长市	8054	7934	120	23820	11779	12041	97.82
明光市	6289	6234	55	18458	8864	9594	92.39

单位：户、人

人口数								平均家庭户规模（人/户）
家庭户				集体户				
小计	男	女	性别比（女=100）	小计	男	女	性别比（女=100）	
76188	**37954**	**38234**	**99.27**	**5065**	**2905**	**2160**	**134.49**	**2.53**
41268	20433	20835	98.07	592	361	231	156.28	2.51
27696	13760	13936	98.74	4269	2386	1883	126.71	2.46
7224	3761	3463	108.61	204	158	46	343.48	2.98
73884	**36341**	**37543**	**96.80**	**4910**	**2465**	**2445**	**100.82**	**2.71**
13606	6780	6826	99.33	477	243	234	103.85	2.74
46078	22462	23616	95.11	2122	1128	994	113.48	2.70
8733	4360	4373	99.70	1886	691	1195	57.82	2.58
5467	2739	2728	100.40	425	403	22	1831.82	2.94
51398	**25242**	**26156**	**96.51**	**2722**	**1432**	**1290**	**111.01**	**2.54**
39401	19318	20083	96.19	2526	1300	1226	106.04	2.55
8255	4055	4200	96.55	44	25	19	131.58	2.60
3742	1869	1873	99.79	152	107	45	237.78	2.40
102895	**50111**	**52784**	**94.94**	**7163**	**3748**	**3415**	**109.75**	**2.70**
23255	11330	11925	95.01	489	382	107	357.01	2.54
15474	7472	8002	93.38	427	294	133	221.05	2.44
10379	5209	5170	100.75	2882	1344	1538	87.39	2.71
8747	4192	4555	92.03	690	304	386	78.76	2.85
28	22	6	366.67	9	7	2	350.00	1.17
30243	14688	15555	94.43	2128	1138	990	114.95	2.91
14769	7198	7571	95.07	538	279	259	107.72	2.78
34108	**16543**	**17565**	**94.18**	**1503**	**763**	**740**	**103.11**	**2.63**
23166	11191	11975	93.45	1049	500	549	91.07	2.64
5378	2608	2770	94.15	248	145	103	140.78	2.47
4848	2406	2442	98.53	206	118	88	134.09	2.73
326	145	181	80.11					2.76
390	193	197	97.97					3.00
81428	**39901**	**41527**	**96.08**	**3311**	**2155**	**1156**	**186.42**	**2.86**
23977	11841	12136	97.57	790	517	273	189.38	2.76
16261	8062	8199	98.33	1433	993	440	225.68	2.90
23126	11340	11786	96.22	694	439	255	172.16	2.91
18064	8658	9406	92.05	394	206	188	109.57	2.90

1－1a 续表 2

地 区	户 数						
				合 计			
	合计	家庭户	集体户	合计	男	女	性别比(女=100)
阜阳市	**32271**	**30885**	**1386**	**101416**	**49948**	**51468**	**97.05**
颍州区	13661	12875	786	43925	21132	22793	92.71
颍东区	5493	5276	217	17148	8704	8444	103.08
颍泉区	6583	6368	215	20478	10319	10159	101.57
临泉县							
太和县							
阜南县							
颍上县							
阜阳合肥现代产业园区							
阜阳经济技术开发区							
界首市	6534	6366	168	19865	9793	10072	97.23
宿州市	**20516**	**20151**	**365**	**59868**	**29403**	**30465**	**96.51**
埇桥区	20310	19945	365	59334	29138	30196	96.50
砀山县							
萧县	206	206		534	265	269	98.51
灵璧县							
泗县							
宿州马鞍山现代产业园区							
宿州经济技术开发区							
六安市	**25822**	**24638**	**1184**	**76709**	**38133**	**38576**	**98.85**
金安区	11879	11335	544	33773	16566	17207	96.27
裕安区	11566	11014	552	35279	17490	17789	98.32
叶集区	2123	2036	87	6951	3721	3230	115.20
霍邱县	92	92		245	125	120	104.17
舒城县	162	161	1	461	231	230	100.43
金寨县							
霍山县							
亳州市	**19348**	**18425**	**923**	**58720**	**29283**	**29437**	**99.48**
谯城区	19216	18299	917	58220	29049	29171	99.58
涡阳县							
蒙城县							
利辛县	132	126	6	500	234	266	87.97
池州市	**12934**	**12267**	**667**	**35862**	**17139**	**18723**	**91.54**
贵池区	12005	11487	518	33683	15983	17700	90.30
东至县							
石台县							
青阳县							
池州市国家经济技术开发区	497	440	57	1249	642	607	105.77
皖江江南新兴产业集中区	432	340	92	930	514	416	123.56
九华山风景区							
宣城市	**26425**	**25484**	**941**	**70230**	**34956**	**35274**	**99.10**
宣州区	9193	8942	251	23930	11542	12388	93.17
郎溪县							
泾县							
绩溪县							
旌德县							
宣城市经济开发区							
宁国市	8734	8584	150	23031	11432	11599	98.56
广德市	8498	7958	540	23269	11982	11287	106.16

单位：户、人

人口数								平均家庭户规模（人/户）
家庭户				集体户				
小计	男	女	性别比（女=100）	小计	男	女	性别比（女=100）	
92072	**45184**	**46888**	**96.37**	**9344**	**4764**	**4580**	**104.02**	**2.98**
38553	18839	19714	95.56	5372	2293	3079	74.47	2.99
15390	7586	7804	97.21	1758	1118	640	174.69	2.92
19166	9548	9618	99.27	1312	771	541	142.51	3.01
18963	9211	9752	94.45	902	582	320	181.88	2.98
57160	**27917**	**29243**	**95.47**	**2708**	**1486**	**1222**	**121.60**	**2.84**
56626	27652	28974	95.44	2708	1486	1222	121.60	2.84
534	265	269	98.51					2.59
70170	**34703**	**35467**	**97.85**	**6539**	**3430**	**3109**	**110.32**	**2.85**
31355	15408	15947	96.62	2418	1158	1260	91.90	2.77
31877	15701	16176	97.06	3402	1789	1613	110.91	2.89
6234	3239	2995	108.15	717	482	235	205.11	3.06
245	125	120	104.17					2.66
459	230	229	100.44	2	1	1	100.00	2.85
54053	**27061**	**26992**	**100.26**	**4667**	**2222**	**2445**	**90.88**	**2.93**
53655	26867	26788	100.29	4565	2182	2383	91.57	2.93
398	194	204	95.10	102	40	62	64.52	3.16
32682	**15619**	**17063**	**91.54**	**3180**	**1520**	**1660**	**91.57**	**2.66**
30909	14719	16190	90.91	2774	1264	1510	83.71	2.69
1109	550	559	98.39	140	92	48	191.67	2.52
664	350	314	111.46	266	164	102	160.78	1.95
66421	**32711**	**33710**	**97.04**	**3809**	**2245**	**1564**	**143.54**	**2.61**
22995	11122	11873	93.67	935	420	515	81.55	2.57
22502	11109	11393	97.51	529	323	206	156.80	2.62
20924	10480	10444	100.34	2345	1502	843	178.17	2.63

1-1b 各地区户数、

地区	户数						
				合计			
	合计	家庭户	集体户	合计	男	女	性别比(女=100)
安徽	**643268**	**617938**	**25330**	**1890559**	**956387**	**934172**	**102.38**
合肥市	**118816**	**107511**	**11305**	**346291**	**178737**	**167554**	**106.67**
瑶海区	807	798	9	2104	1083	1021	106.07
庐阳区	2275	2225	50	7092	3495	3597	97.16
蜀山区	1076	1057	19	3041	1589	1452	109.44
包河区							
长丰县	15578	14937	641	45729	23519	22210	105.89
肥东县	20736	19617	1119	61613	32094	29519	108.72
肥西县	19208	17761	1447	55186	28546	26640	107.15
庐江县	16460	16154	306	46564	22912	23652	96.87
合肥高新技术产业开发区	9146	7523	1623	26070	13537	12533	108.01
合肥经济技术开发区	17603	14080	3523	52919	27555	25364	108.64
合肥新站高新技术产业开发区	12258	9796	2462	36021	19456	16565	117.45
巢湖市	3669	3563	106	9952	4951	5001	99.00
芜湖市	**41634**	**39889**	**1745**	**116236**	**59515**	**56721**	**104.93**
镜湖区	40	40		116	57	59	96.61
弋江区							
鸠江区	2792	2769	23	7474	3796	3678	103.21
三山区	657	640	17	1893	943	950	99.26
芜湖县	7775	7206	569	23450	11981	11469	104.46
繁昌县	5710	5629	81	15156	7569	7587	99.76
南陵县	8851	8729	122	23449	11386	12063	94.39
芜湖经济技术开发区	6753	5893	860	16898	9268	7630	121.47
安徽芜湖长江大桥经济开发区	568	566	2	1433	743	690	107.68
无为市	8488	8417	71	26367	13772	12595	109.34
蚌埠市	**35069**	**33608**	**1461**	**101418**	**49979**	**51439**	**97.16**
龙子湖区	314	313	1	861	423	438	96.58
蚌山区							
禹会区	303	301	2	916	485	431	112.53
淮上区	906	891	15	2603	1310	1293	101.31
怀远县	10049	9859	190	29518	14677	14841	98.89
五河县	7465	7352	113	21438	10566	10872	97.19
固镇县	4859	4762	97	14151	6850	7301	93.82
蚌埠市高新技术开发区	1990	1925	65	5901	2983	2918	102.23
蚌埠市经济开发区	9183	8205	978	26030	12685	13345	95.05
淮南市	**27266**	**26375**	**891**	**76713**	**39799**	**36914**	**107.82**
大通区	2786	2749	37	7581	3837	3744	102.48
田家庵区	402	402		1258	657	601	109.32
谢家集区	139	138	1	354	184	170	108.24
八公山区	2	2		4	3	1	300.00
潘集区	2498	2430	68	6596	3533	3063	115.34
凤台县	8271	7640	631	22741	12187	10554	115.47
寿县	13168	13014	154	38179	19398	18781	103.29

人口数和性别比(镇)

单位：户、人

人口数								平均家庭户规模（人/户）
家庭户				集体户				
小计	男	女	性别比（女=100）	小计	男	女	性别比（女=100）	
1769752	**882957**	**886795**	**99.57**	**120807**	**73430**	**47377**	**154.99**	**2.86**
299240	**150742**	**148498**	**101.51**	**47051**	**27995**	**19056**	**146.91**	**2.78**
2084	1069	1015	105.32	20	14	6	233.33	2.61
6929	3377	3552	95.07	163	118	45	262.22	3.11
2888	1454	1434	101.39	153	135	18	750.00	2.73
42640	21816	20824	104.76	3089	1703	1386	122.87	2.85
55453	28296	27157	104.19	6160	3798	2362	160.80	2.83
48937	24915	24022	103.72	6249	3631	2618	138.69	2.76
45320	22124	23196	95.38	1244	788	456	172.81	2.81
20361	10077	10284	97.99	5709	3460	2249	153.85	2.71
39510	19764	19746	100.09	13409	7791	5618	138.68	2.81
26204	13508	12696	106.40	9817	5948	3869	153.73	2.67
8914	4342	4572	94.97	1038	609	429	141.96	2.50
108955	**54809**	**54146**	**101.22**	**7281**	**4706**	**2575**	**182.76**	**2.73**
116	57	59	96.61					2.90
7388	3744	3644	102.74	86	52	34	152.94	2.67
1836	914	922	99.13	57	29	28	103.57	2.87
20173	10029	10144	98.87	3277	1952	1325	147.32	2.80
14753	7327	7426	98.67	403	242	161	150.31	2.62
22905	11066	11839	93.47	544	320	224	142.86	2.62
14499	7473	7026	106.36	2399	1795	604	297.19	2.46
1427	737	690	106.81	6	6			2.52
25858	13462	12396	108.60	509	310	199	155.78	3.07
95081	**46536**	**48545**	**95.86**	**6337**	**3443**	**2894**	**118.97**	**2.83**
859	421	438	96.12	2	2			2.74
893	466	427	109.13	23	19	4	475.00	2.97
2540	1288	1252	102.88	63	22	41	53.66	2.85
28610	14106	14504	97.26	908	571	337	169.44	2.90
21042	10324	10718	96.32	396	242	154	157.14	2.86
13858	6685	7173	93.20	293	165	128	128.91	2.91
5523	2721	2802	97.11	378	262	116	225.86	2.87
21756	10525	11231	93.71	4274	2160	2114	102.18	2.65
72937	**36947**	**35990**	**102.66**	**3776**	**2852**	**924**	**308.66**	**2.77**
7291	3651	3640	100.30	290	186	104	178.85	2.65
1258	657	601	109.32					3.13
350	181	169	107.10	4	3	1	300.00	2.54
4	3	1	300.00					2.00
6364	3323	3041	109.27	232	210	22	954.55	2.62
20849	10539	10310	102.22	1892	1648	244	675.41	2.73
36821	18593	18228	102.00	1358	805	553	145.57	2.83

1-1b 续表 1

地区	户数						
				合计			
	合计	家庭户	集体户	合计	男	女	性别比(女=100)
马鞍山市	**23493**	**23078**	**415**	**64942**	**32745**	**32197**	**101.70**
花山区							
雨山区							
博望区	348	344	4	1018	551	467	117.99
当涂县	9628	9499	129	27091	13820	13271	104.14
含山县	6537	6496	41	18300	9142	9158	99.83
和县	6980	6739	241	18533	9232	9301	99.26
淮北市	**14920**	**14630**	**290**	**42922**	**21463**	**21459**	**100.02**
杜集区	1758	1726	32	4399	2213	2186	101.24
相山区							
烈山区	1289	1287	2	2978	1517	1461	103.83
濉溪县	11873	11617	256	35545	17733	17812	99.56
铜陵市	**10725**	**10589**	**136**	**27053**	**13067**	**13986**	**93.43**
铜官区	1	1		1	1		
义安区	962	941	21	2467	1306	1161	112.49
郊区	1176	1161	15	2795	1344	1451	92.63
枞阳县	8586	8486	100	21790	10416	11374	91.58
安庆市	**43885**	**43007**	**878**	**128833**	**64068**	**64765**	**98.92**
迎江区							
大观区	683	672	11	2032	1004	1028	97.67
宜秀区	944	921	23	2453	1230	1223	100.57
怀宁县	8707	8546	161	26023	12849	13174	97.53
太湖县	6351	6245	106	18353	9008	9345	96.39
宿松县	8636	8459	177	25723	12991	12732	102.03
望江县	1969	1890	79	6424	3159	3265	96.75
岳西县	4148	4082	66	12565	6126	6439	95.14
安徽安庆经济开发区	4934	4775	159	13330	6771	6559	103.23
桐城市	4082	4056	26	11563	5720	5843	97.89
潜山市	3431	3361	70	10367	5210	5157	101.03
黄山市	**14397**	**13773**	**624**	**40464**	**19917**	**20547**	**96.93**
屯溪区	500	204	296	1905	995	910	109.34
黄山区	960	886	74	2645	1474	1171	125.88
徽州区	401	397	4	1239	626	613	102.12
歙县	5585	5439	146	16203	7897	8306	95.08
休宁县	2998	2945	53	8262	3991	4271	93.44
黟县	1261	1249	12	3203	1576	1627	96.87
祁门县	2692	2653	39	7007	3358	3649	92.03
滁州市	**52406**	**50843**	**1563**	**159919**	**82166**	**77753**	**105.68**
琅琊区							
南谯区	2124	2092	32	5516	2779	2737	101.53
来安县	7984	7730	254	23077	11857	11220	105.68
全椒县	8775	8679	96	25157	12906	12251	105.35
定远县	9727	9673	54	31182	16067	15115	106.30
凤阳县	10020	9645	375	32292	16591	15701	105.67
苏滁现代产业园	857	601	256	2394	1460	934	156.32
滁州经济技术开发区	3520	3104	416	11680	5993	5687	105.38
天长市	6572	6507	65	20566	10456	10110	103.42
明光市	2827	2812	15	8055	4057	3998	101.48

单位：户、人

人口数								平均家庭户规模（人/户）
家庭户				集体户				
小计	男	女	性别比（女=100）	小计	男	女	性别比（女=100）	
62394	**31238**	**31156**	**100.26**	**2548**	**1507**	**1041**	**144.76**	**2.70**
988	531	457	116.19	30	20	10	200.00	2.87
25747	12998	12749	101.95	1344	822	522	157.47	2.71
18053	8967	9086	98.69	247	175	72	243.06	2.78
17606	8742	8864	98.62	927	490	437	112.13	2.61
41361	**20504**	**20857**	**98.31**	**1561**	**959**	**602**	**159.30**	**2.83**
4276	2118	2158	98.15	123	95	28	339.29	2.48
2975	1514	1461	103.63	3	3			2.31
34110	16872	17238	97.88	1435	861	574	150.00	2.94
26172	**12493**	**13679**	**91.33**	**881**	**574**	**307**	**186.97**	**2.47**
1	1							1.00
2305	1170	1135	103.08	162	136	26	523.08	2.45
2714	1313	1401	93.72	81	31	50	62.00	2.34
21152	10009	11143	89.82	638	407	231	176.19	2.49
123305	**60858**	**62447**	**97.46**	**5528**	**3210**	**2318**	**138.48**	**2.87**
1950	945	1005	94.03	82	59	23	256.52	2.90
2354	1149	1205	95.35	99	81	18	450.00	2.56
24790	12075	12715	94.97	1233	774	459	168.63	2.90
17724	8642	9082	95.16	629	366	263	139.16	2.84
24823	12462	12361	100.82	900	529	371	142.59	2.93
5717	2829	2888	97.96	707	330	377	87.53	3.02
12167	5956	6211	95.89	398	170	228	74.56	2.98
12402	6189	6213	99.61	928	582	346	168.21	2.60
11415	5619	5796	96.95	148	101	47	214.89	2.81
9963	4992	4971	100.42	404	218	186	117.20	2.96
37116	**17913**	**19203**	**93.28**	**3348**	**2004**	**1344**	**149.11**	**2.69**
650	324	326	99.39	1255	671	584	114.90	3.19
2142	1079	1063	101.51	503	395	108	365.74	2.42
1231	623	608	102.47	8	3	5	60.00	3.10
15175	7339	7836	93.66	1028	558	470	118.72	2.79
8061	3874	4187	92.52	201	117	84	139.29	2.74
3131	1519	1612	94.23	72	57	15	380.00	2.51
6726	3155	3571	88.35	281	203	78	260.26	2.54
151220	**76576**	**74644**	**102.59**	**8699**	**5590**	**3109**	**179.80**	**2.97**
5361	2668	2693	99.07	155	111	44	252.27	2.56
21756	10912	10844	100.63	1321	945	376	251.33	2.81
24615	12503	12112	103.23	542	403	139	289.93	2.84
30541	15638	14903	104.93	641	429	212	202.36	3.16
30622	15547	15075	103.13	1670	1044	626	166.77	3.17
1491	771	720	107.08	903	689	214	321.96	2.48
8856	4449	4407	100.95	2824	1544	1280	120.63	2.85
20069	10121	9948	101.74	497	335	162	206.79	3.08
7909	3967	3942	100.63	146	90	56	160.71	2.81

1-1b 续表 2

地区	户数			合计			
	合计	家庭户	集体户	合计	男	女	性别比(女=100)
阜阳市	**73528**	**72026**	**1502**	**235880**	**119098**	**116782**	**101.98**
颍州区	1916	1885	31	6025	3024	3001	100.77
颍东区	2248	2216	32	7838	4094	3744	109.35
颍泉区	2794	2762	32	9563	5035	4528	111.20
临泉县	14651	14142	509	49766	24987	24779	100.84
太和县	20580	20476	104	61525	31019	30506	101.68
阜南县	9834	9638	196	32082	15712	16370	95.98
颍上县	14687	14211	476	48974	25213	23761	106.11
阜阳合肥现代产业园区	155	152	3	548	304	244	124.59
阜阳经济技术开发区	3068	2958	110	9460	4718	4742	99.49
界首市	3595	3586	9	10099	4992	5107	97.75
宿州市	**52093**	**50840**	**1253**	**160486**	**80156**	**80330**	**99.78**
埇桥区	5956	5817	139	17073	8678	8395	103.37
砀山县	12290	12120	170	35028	17287	17741	97.44
萧县	11661	11356	305	35636	17962	17674	101.63
灵璧县	10685	10403	282	35962	17978	17984	99.97
泗县	8889	8711	178	28646	14149	14497	97.60
宿州马鞍山现代产业园区	823	751	72	2635	1348	1287	104.74
宿州经济技术开发区	1789	1682	107	5506	2754	2752	100.07
六安市	**45737**	**44452**	**1285**	**126792**	**63365**	**63427**	**99.90**
金安区	5181	4961	220	13402	6304	7098	88.81
裕安区	2683	2658	25	7727	3951	3776	104.63
叶集区	837	833	4	2340	1166	1174	99.32
霍邱县	10553	10294	259	29539	15265	14274	106.94
舒城县	12000	11605	395	32139	15646	16493	94.86
金寨县	7116	6967	149	20602	10515	10087	104.24
霍山县	7367	7134	233	21043	10518	10525	99.93
亳州市	**45328**	**44346**	**982**	**146798**	**74602**	**72196**	**103.33**
谯城区	4120	4119	1	11993	6084	5909	102.96
涡阳县	13030	12654	376	43972	22474	21498	104.54
蒙城县	14331	13927	404	45269	22926	22343	102.61
利辛县	13847	13646	201	45564	23118	22446	102.99
池州市	**15778**	**15530**	**248**	**43323**	**21324**	**21999**	**96.93**
贵池区	1318	1259	59	3393	1755	1638	107.14
东至县	8652	8574	78	24736	12180	12556	97.01
石台县	1252	1236	16	3166	1517	1649	92.00
青阳县	4444	4359	85	11669	5657	6012	94.10
池州市国家经济技术开发区							
皖江江南新兴产业集中区							
九华山风景区	112	102	10	359	215	144	149.31
宣城市	**28193**	**27441**	**752**	**72489**	**36386**	**36103**	**100.78**
宣州区	3911	3857	54	9383	4592	4791	95.85
郎溪县	7170	6977	193	19305	9636	9669	99.66
泾县	5272	5203	69	13165	6458	6707	96.29
绩溪县	3066	3038	28	7658	3698	3960	93.38
旌德县	2336	2317	19	6128	3020	3108	97.17
宣城市经济开发区	3032	2718	314	8224	4444	3780	117.57
宁国市	1132	1111	21	2517	1345	1172	114.76
广德市	2274	2220	54	6109	3193	2916	109.50

单位：户、人

人口数								平均家庭户规模（人/户）
家庭户				集体户				
小计	男	女	性别比（女=100）	小计	男	女	性别比（女=100）	
227441	**114036**	**113405**	**100.56**	**8439**	**5062**	**3377**	**149.90**	**3.16**
5844	2902	2942	98.64	181	122	59	206.78	3.10
7524	3833	3691	103.85	314	261	53	492.45	3.40
9333	4894	4439	110.25	230	141	89	158.43	3.38
46457	23199	23258	99.75	3309	1788	1521	117.55	3.29
60751	30571	30180	101.30	774	448	326	137.42	2.97
30996	15129	15867	95.35	1086	583	503	115.90	3.22
46966	23809	23157	102.82	2008	1404	604	232.45	3.30
499	255	244	104.51	49	49			3.28
8998	4467	4531	98.59	462	251	211	118.96	3.04
10073	4977	5096	97.66	26	15	11	136.36	2.81
152458	**75450**	**77008**	**97.98**	**8028**	**4706**	**3322**	**141.66**	**3.00**
16516	8358	8158	102.45	557	320	237	135.02	2.84
33959	16684	17275	96.58	1069	603	466	129.40	2.80
33341	16586	16755	98.99	2295	1376	919	149.73	2.94
34399	17083	17316	98.65	1563	895	668	133.98	3.31
27092	13195	13897	94.95	1554	954	600	159.00	3.11
2232	1099	1133	97.00	403	249	154	161.69	2.97
4919	2445	2474	98.83	587	309	278	111.15	2.92
121131	**59830**	**61301**	**97.60**	**5661**	**3535**	**2126**	**166.27**	**2.72**
12516	5890	6626	88.89	886	414	472	87.71	2.52
7563	3835	3728	102.87	164	116	48	241.67	2.85
2276	1110	1166	95.20	64	56	8	700.00	2.73
28459	14438	14021	102.97	1080	827	253	326.88	2.76
30569	14752	15817	93.27	1570	894	676	132.25	2.63
19893	9993	9900	100.94	709	522	187	279.14	2.86
19855	9812	10043	97.70	1188	706	482	146.47	2.78
140079	**70744**	**69335**	**102.03**	**6719**	**3858**	**2861**	**134.85**	**3.16**
11988	6083	5905	103.01	5	1	4	25.00	2.91
41403	21001	20402	102.94	2569	1473	1096	134.40	3.27
43751	21981	21770	100.97	1518	945	573	164.92	3.14
42937	21679	21258	101.98	2627	1439	1188	121.13	3.15
41773	**20238**	**21535**	**93.98**	**1550**	**1086**	**464**	**234.05**	**2.69**
3121	1544	1577	97.91	272	211	61	345.90	2.48
24097	11733	12364	94.90	639	447	192	232.81	2.81
3036	1436	1600	89.75	130	81	49	165.31	2.46
11259	5402	5857	92.23	410	255	155	164.52	2.58
260	123	137	89.78	99	92	7	1314.29	2.55
69089	**34043**	**35046**	**97.14**	**3400**	**2343**	**1057**	**221.67**	**2.52**
9174	4489	4685	95.82	209	103	106	97.17	2.38
18486	9116	9370	97.29	819	520	299	173.91	2.65
12759	6141	6618	92.79	406	317	89	356.18	2.45
7536	3616	3920	92.24	122	82	40	205.00	2.48
5986	2905	3081	94.29	142	115	27	425.93	2.58
7029	3606	3423	105.35	1195	838	357	234.73	2.59
2425	1264	1161	108.87	92	81	11	736.36	2.18
5694	2906	2788	104.23	415	287	128	224.22	2.56

1-1c 各地区户数、

地区	户数						
				合计			
	合计	家庭户	集体户	合计	男	女	性别比(女=100)
安徽	**905174**	**899723**	**5451**	**2596352**	**1336679**	**1259673**	**106.11**
合肥市	**68922**	**66939**	**1983**	**185434**	**97880**	**87554**	**111.79**
瑶海区	727	700	27	2235	1154	1081	106.75
庐阳区	206	201	5	476	263	213	123.47
蜀山区	528	473	55	1175	700	475	147.37
包河区	191	177	14	615	361	254	142.13
长丰县	12564	12245	319	32542	17436	15106	115.42
肥东县	15039	14861	178	44441	24033	20408	117.76
肥西县	13348	12187	1161	35123	18515	16608	111.48
庐江县	16906	16767	139	47980	24948	23032	108.32
合肥高新技术产业开发区	3	3		8	4	4	100.00
合肥经济技术开发区	320	320		687	369	318	116.04
合肥新站高新技术产业开发区	151	127	24	394	229	165	138.79
巢湖市	8939	8878	61	19758	9868	9890	99.78
芜湖市	**41887**	**41734**	**153**	**122375**	**64898**	**57477**	**112.91**
镜湖区	679	679		1780	891	889	100.22
弋江区							
鸠江区	4868	4841	27	13404	6957	6447	107.91
三山区	1468	1464	4	3635	1876	1759	106.65
芜湖县	4254	4247	7	11384	6060	5324	113.82
繁昌县	4336	4264	72	11592	6118	5474	111.76
南陵县	8450	8431	19	22800	12015	10785	111.40
芜湖经济技术开发区	128	128		280	144	136	105.88
安徽芜湖长江大桥经济开发区	239	238	1	651	346	305	113.44
无为市	17465	17442	23	56849	30491	26358	115.68
蚌埠市	**43871**	**43748**	**123**	**127740**	**64645**	**63095**	**102.46**
龙子湖区	1183	1182	1	3543	1812	1731	104.68
蚌山区	518	516	2	1525	801	724	110.64
禹会区	3216	3201	15	9665	4959	4706	105.38
淮上区	2960	2958	2	8578	4408	4170	105.71
怀远县	16914	16903	11	47485	23920	23565	101.51
五河县	9000	8986	14	26521	13443	13078	102.79
固镇县	10080	10002	78	30423	15302	15121	101.20
蚌埠市高新技术开发区							
蚌埠市经济开发区							
淮南市	**41715**	**41336**	**379**	**120364**	**63518**	**56846**	**111.74**
大通区	1434	1431	3	3980	2081	1899	109.58
田家庵区	927	926	1	2421	1228	1193	102.93
谢家集区	1580	1578	2	4073	2096	1977	106.02
八公山区	239	237	2	597	314	283	110.95
潘集区	5704	5593	111	15524	8177	7347	111.30
凤台县	12447	12234	213	34217	17837	16380	108.89
寿县	19384	19337	47	59552	31785	27767	114.47

人口数和性别比(乡村)

单位：户、人

人口数								平均家庭户规模(人/户)
家庭户				集体户				
小计	男	女	性别比(女=100)	小计	男	女	性别比(女=100)	
2564906	**1314871**	**1250035**	**105.19**	**31446**	**21808**	**9638**	**226.27**	**2.85**
176830	**92271**	**84559**	**109.12**	**8604**	**5609**	**2995**	**187.28**	**2.64**
2169	1122	1047	107.16	66	32	34	94.12	3.10
466	254	212	119.81	10	9	1	900.00	2.32
972	511	461	110.85	203	189	14	1350.00	2.05
476	251	225	111.56	139	110	29	379.31	2.69
31067	16417	14650	112.06	1475	1019	456	223.46	2.54
43450	23361	20089	116.29	991	672	319	210.66	2.92
30380	15715	14665	107.16	4743	2800	1943	144.11	2.49
47411	24488	22923	106.83	569	460	109	422.02	2.83
8	4	4	100.00					2.67
687	369	318	116.04					2.15
314	164	150	109.33	80	65	15	433.33	2.47
19430	9615	9815	97.96	328	253	75	337.33	2.19
121117	**64004**	**57113**	**112.07**	**1258**	**894**	**364**	**245.60**	**2.90**
1780	891	889	100.22					2.62
13254	6832	6422	106.38	150	125	25	500.00	2.74
3612	1853	1759	105.34	23	23			2.47
11318	6013	5305	113.35	66	47	19	247.37	2.66
10980	5744	5236	109.70	612	374	238	157.14	2.58
22681	11927	10754	110.91	119	88	31	283.87	2.69
280	144	136	105.88					2.19
636	332	304	109.21	15	14	1	1400.00	2.67
56576	30268	26308	115.05	273	223	50	446.00	3.24
127116	**64212**	**62904**	**102.08**	**624**	**433**	**191**	**226.70**	**2.91**
3534	1804	1730	104.28	9	8	1	800.00	2.99
1515	792	723	109.54	10	9	1	900.00	2.94
9617	4922	4695	104.83	48	37	11	336.36	3.00
8559	4389	4170	105.25	19	19			2.89
47434	23886	23548	101.44	51	34	17	200.00	2.81
26462	13396	13066	102.53	59	47	12	391.67	2.94
29995	15023	14972	100.34	428	279	149	187.25	3.00
118925	**62195**	**56730**	**109.63**	**1439**	**1323**	**116**	**1140.52**	**2.88**
3959	2060	1899	108.48	21	21			2.77
2418	1226	1192	102.85	3	2	1	200.00	2.61
4069	2093	1976	105.92	4	3	1	300.00	2.58
593	310	283	109.54	4	4			2.50
15257	7912	7345	107.72	267	265	2	13250.00	2.73
33480	17152	16328	105.05	737	685	52	1317.31	2.74
59149	31442	27707	113.48	403	343	60	571.67	3.06

1-1c 续表 1

地区	户数			合计			
	合计	家庭户	集体户	合计	男	女	性别比(女=100)
马鞍山市	**21628**	**21489**	**139**	**59802**	**31196**	**28606**	**109.05**
花山区	318	312	6	840	430	410	104.88
雨山区	470	469	1	1243	636	607	104.78
博望区	2460	2458	2	6958	3632	3326	109.20
当涂县	5688	5654	34	15738	8073	7665	105.32
含山县	5997	5982	15	18306	9752	8554	114.01
和县	6695	6614	81	16717	8673	8044	107.82
淮北市	**23249**	**23066**	**183**	**67965**	**34222**	**33743**	**101.42**
杜集区	1797	1779	18	5222	2696	2526	106.73
相山区	1675	1669	6	4284	2178	2106	103.42
烈山区	3658	3525	133	9907	4916	4991	98.50
濉溪县	16119	16093	26	48552	24432	24120	101.29
铜陵市	**16002**	**15919**	**83**	**37537**	**18451**	**19086**	**96.67**
铜官区	331	290	41	942	465	477	97.48
义安区	4532	4521	11	10475	5325	5150	103.40
郊区	3179	3166	13	7495	3668	3827	95.85
枞阳县	7960	7942	18	18625	8993	9632	93.37
安庆市	**74291**	**74009**	**282**	**231803**	**120982**	**110821**	**109.17**
迎江区	425	420	5	903	480	423	113.48
大观区	1246	1235	11	3602	1806	1796	100.56
宜秀区	949	931	18	2284	1144	1140	100.35
怀宁县	10654	10617	37	33780	17517	16263	107.71
太湖县	10386	10359	27	32106	16788	15318	109.60
宿松县	14713	14635	78	47311	25356	21955	115.49
望江县	11726	11705	21	39356	20133	19223	104.73
岳西县	7475	7446	29	22262	11795	10467	112.69
安徽安庆经济开发区	139	136	3	337	162	175	92.57
桐城市	8274	8253	21	24619	12613	12006	105.06
潜山市	8304	8272	32	25243	13188	12055	109.40
黄山市	**22320**	**22153**	**167**	**60082**	**31256**	**28826**	**108.43**
屯溪区	737	733	4	2103	1043	1060	98.40
黄山区	2399	2378	21	5737	3088	2649	116.57
徽州区	1301	1297	4	3569	1806	1763	102.44
歙县	9043	9013	30	25084	13090	11994	109.14
休宁县	4525	4487	38	12948	6637	6311	105.17
黟县	1706	1685	21	4160	2176	1984	109.68
祁门县	2609	2560	49	6481	3416	3065	111.45
滁州市	**56570**	**56111**	**459**	**172779**	**91506**	**81273**	**112.59**
琅琊区	384	379	5	978	521	457	114.00
南谯区	3746	3590	156	9923	5064	4859	104.22
来安县	6803	6743	60	18522	9657	8865	108.93
全椒县	6107	6071	36	16570	8783	7787	112.79
定远县	14294	14267	27	47480	25594	21886	116.94
凤阳县	10292	10249	43	35442	18945	16497	114.84
苏滁现代产业园							
滁州经济技术开发区	376	288	88	2102	1268	834	152.04
天长市	6464	6444	20	18207	9438	8769	107.63
明光市	8104	8080	24	23555	12236	11319	108.10

单位：户、人

人口数								平均家庭户规模（人/户）
家庭户				集体户				
小计	男	女	性别比（女=100）	小计	男	女	性别比（女=100）	
58964	**30601**	**28363**	**107.89**	**838**	**595**	**243**	**244.86**	**2.74**
823	415	408	101.72	17	15	2	750.00	2.64
1238	631	607	103.95	5	5			2.64
6937	3614	3323	108.76	21	18	3	600.00	2.82
15442	7867	7575	103.85	296	206	90	228.89	2.73
18182	9647	8535	113.03	124	105	19	552.63	3.04
16342	8427	7915	106.47	375	246	129	190.70	2.47
67009	**33744**	**33265**	**101.44**	**956**	**478**	**478**	**100.00**	**2.91**
5131	2617	2514	104.10	91	79	12	658.33	2.88
4266	2163	2103	102.85	18	15	3	500.00	2.56
9273	4684	4589	102.07	634	232	402	57.71	2.63
48339	24280	24059	100.92	213	152	61	249.18	3.00
37046	**18138**	**18908**	**95.93**	**491**	**313**	**178**	**175.84**	**2.33**
758	366	392	93.37	184	99	85	116.47	2.61
10337	5228	5109	102.33	138	97	41	236.59	2.29
7401	3597	3804	94.56	94	71	23	308.70	2.34
18550	8947	9603	93.17	75	46	29	158.62	2.34
229784	**119594**	**110190**	**108.53**	**2019**	**1388**	**631**	**219.97**	**3.10**
851	434	417	104.08	52	46	6	766.67	2.03
3487	1713	1774	96.56	115	93	22	422.73	2.82
2214	1096	1118	98.03	70	48	22	218.18	2.38
33441	17284	16157	106.98	339	233	106	219.81	3.15
31903	16640	15263	109.02	203	148	55	269.09	3.08
46838	25060	21778	115.07	473	296	177	167.23	3.20
39249	20071	19178	104.66	107	62	45	137.78	3.35
22032	11630	10402	111.81	230	165	65	253.85	2.96
326	156	170	91.76	11	6	5	120.00	2.40
24369	12453	11916	104.51	250	160	90	177.78	2.95
25074	13057	12017	108.65	169	131	38	344.74	3.03
58653	**30046**	**28607**	**105.03**	**1429**	**1210**	**219**	**552.51**	**2.65**
2080	1021	1059	96.41	23	22	1	2200.00	2.84
5502	2875	2627	109.44	235	213	22	968.18	2.31
3561	1799	1762	102.10	8	7	1	700.00	2.75
24873	12929	11944	108.25	211	161	50	322.00	2.76
12707	6440	6267	102.76	241	197	44	447.73	2.83
3969	2019	1950	103.54	191	157	34	461.76	2.36
5961	2963	2998	98.83	520	453	67	676.12	2.33
168750	**88828**	**79922**	**111.14**	**4029**	**2678**	**1351**	**198.22**	**3.01**
943	492	451	109.09	35	29	6	483.33	2.49
8672	4379	4293	102.00	1251	685	566	121.02	2.42
18069	9282	8787	105.63	453	375	78	480.77	2.68
16361	8608	7753	111.03	209	175	34	514.71	2.69
47243	25412	21831	116.40	237	182	55	330.91	3.31
35210	18795	16415	114.50	232	150	82	182.93	3.44
819	413	406	101.72	1283	855	428	199.77	2.84
18069	9334	8735	106.86	138	104	34	305.88	2.80
23364	12113	11251	107.66	191	123	68	180.88	2.89

1－1c 续表 2

地区	户数			合计			
	合计	家庭户	集体户	合计	男	女	性别比(女=100)
阜阳市	**157132**	**156948**	**184**	**492629**	**249860**	**242769**	**102.92**
颍州区	8820	8800	20	26385	13112	13273	98.79
颍东区	9230	9206	24	31237	16086	15151	106.17
颍泉区	10267	10256	11	29226	14658	14568	100.62
临泉县	36373	36346	27	118252	59201	59051	100.25
太和县	28284	28276	8	80949	41599	39350	105.72
阜南县	25604	25543	61	83589	42088	41501	101.41
颍上县	24849	24838	11	84410	44009	40401	108.93
阜阳合肥现代产业园区	951	940	11	3006	1544	1462	105.61
阜阳经济技术开发区	562	558	4	1791	916	875	104.69
界首市	12192	12185	7	33784	16647	17137	97.14
宿州市	**101392**	**101269**	**123**	**289609**	**145962**	**143647**	**101.61**
埇桥区	28382	28317	65	86499	44650	41849	106.69
砀山县	14420	14409	11	38291	19145	19146	99.99
萧县	25271	25256	15	66386	33216	33170	100.14
灵璧县	18777	18758	19	53799	26538	27261	97.35
泗县	14028	14016	12	43094	21623	21471	100.71
宿州马鞍山现代产业园区	514	513	1	1540	790	750	105.33
宿州经济技术开发区							
六安市	**82781**	**82294**	**487**	**229904**	**119995**	**109909**	**109.18**
金安区	12132	11955	177	30588	15793	14795	106.75
裕安区	15058	14990	68	44502	23227	21275	109.18
叶集区	3264	3204	60	9143	4820	4323	111.50
霍邱县	21769	21728	41	56974	29587	27387	108.03
舒城县	16098	15998	100	46448	24053	22395	107.40
金寨县	10664	10634	30	31689	16970	14719	115.29
霍山县	3796	3785	11	10560	5545	5015	110.57
亳州市	**93405**	**93264**	**141**	**254091**	**127330**	**126761**	**100.45**
谯城区	27610	27587	23	73565	37207	36358	102.34
涡阳县	22485	22438	47	61833	31009	30824	100.60
蒙城县	18846	18822	24	54895	27342	27553	99.23
利辛县	24464	24417	47	63798	31772	32026	99.21
池州市	**21120**	**20943**	**177**	**54970**	**28330**	**26640**	**106.34**
贵池区	7402	7355	47	16807	8457	8350	101.28
东至县	7546	7527	19	23493	12365	11128	111.12
石台县	1770	1749	21	4071	2048	2023	101.24
青阳县	4026	3941	85	9478	4909	4569	107.44
池州市国家经济技术开发区							
皖江江南新兴产业集中区							
九华山风景区	376	371	5	1121	551	570	96.67
宣城市	**38889**	**38501**	**388**	**89268**	**46648**	**42620**	**109.45**
宣州区	12167	12040	127	26815	13686	13129	104.24
郎溪县	4391	4375	16	11334	5909	5425	108.92
泾县	5355	5292	63	11653	6296	5357	117.53
绩溪县	2342	2332	10	4884	2497	2387	104.61
旌德县	1864	1852	12	4416	2409	2007	120.03
宣城市经济开发区	772	702	70	1751	944	807	116.98
宁国市	5172	5117	55	11026	5938	5088	116.71
广德市	6826	6791	35	17389	8969	8420	106.52

单位：户、人

人口数								平均家庭户规模（人/户）
家庭户				集体户				
小计	男	女	性别比（女=100）	小计	男	女	性别比（女=100）	
491209	**248910**	**242299**	**102.73**	**1420**	**950**	**470**	**202.13**	**3.13**
26121	12918	13203	97.84	264	194	70	277.14	2.97
31078	15973	15105	105.75	159	113	46	245.65	3.38
29140	14585	14555	100.21	86	73	13	561.54	2.84
118062	59077	58985	100.16	190	124	66	187.88	3.25
80852	41539	39313	105.66	97	60	37	162.16	2.86
83181	41853	41328	101.27	408	235	173	135.84	3.26
84319	43945	40374	108.84	91	64	27	237.04	3.39
2950	1512	1438	105.15	56	32	24	133.33	3.14
1775	906	869	104.26	16	10	6	166.67	3.18
33731	16602	17129	96.92	53	45	8	562.50	2.77
288563	**145386**	**143177**	**101.54**	**1046**	**576**	**470**	**122.55**	**2.85**
85771	44313	41458	106.89	728	337	391	86.19	3.03
38192	19076	19116	99.79	99	69	30	230.00	2.65
66332	33176	33156	100.06	54	40	14	285.71	2.63
53707	26467	27240	97.16	92	71	21	338.10	2.86
43027	21567	21460	100.50	67	56	11	509.09	3.07
1534	787	747	105.35	6	3	3	100.00	2.99
227258	**118139**	**109119**	**108.27**	**2646**	**1856**	**790**	**234.94**	**2.76**
29785	15314	14471	105.83	803	479	324	147.84	2.49
44125	22976	21149	108.64	377	251	126	199.21	2.94
8847	4621	4226	109.35	296	199	97	205.15	2.76
56593	29292	27301	107.29	381	295	86	343.02	2.60
46005	23675	22330	106.02	443	378	65	581.54	2.88
31391	16746	14645	114.35	298	224	74	302.70	2.95
10512	5515	4997	110.37	48	30	18	166.67	2.78
252867	**126480**	**126387**	**100.07**	**1224**	**850**	**374**	**227.27**	**2.71**
73363	37067	36296	102.12	202	140	62	225.81	2.66
61383	30649	30734	99.72	450	360	90	400.00	2.74
54712	27208	27504	98.92	183	134	49	273.47	2.91
63409	31556	31853	99.07	389	216	173	124.86	2.60
53767	**27352**	**26415**	**103.55**	**1203**	**978**	**225**	**434.67**	**2.57**
16384	8092	8292	97.59	423	365	58	629.31	2.23
23338	12251	11087	110.50	155	114	41	278.05	3.10
3925	1923	2002	96.05	146	125	21	595.24	2.24
9019	4550	4469	101.81	459	359	100	359.00	2.29
1101	536	565	94.87	20	15	5	300.00	2.97
87048	**44971**	**42077**	**106.88**	**2220**	**1677**	**543**	**308.84**	**2.26**
26168	13172	12996	101.35	647	514	133	386.47	2.17
11215	5831	5384	108.30	119	78	41	190.24	2.56
11160	5888	5272	111.68	493	408	85	480.00	2.11
4824	2454	2370	103.54	60	43	17	252.94	2.07
4311	2318	1993	116.31	105	91	14	650.00	2.33
1451	747	704	106.11	300	197	103	191.26	2.07
10826	5798	5028	115.31	200	140	60	233.33	2.12
17093	8763	8330	105.20	296	206	90	228.89	2.52

1-2 各地区分性别、

地区	人口数			居住本乡、镇、街道，户口在本乡、镇、街道		
	合计	男	女	小计	男	女
安徽	**6038744**	**3063857**	**2974887**	**4389588**	**2238201**	**2151387**
合肥市	**921840**	**472331**	**449509**	**458557**	**233190**	**225367**
瑶海区	80232	40291	39941	29333	14726	14607
庐阳区	67594	33536	34058	31079	15255	15824
蜀山区	95842	47624	48218	44051	21909	22142
包河区	115556	59123	56433	46459	23085	23374
长丰县	78271	40955	37316	41777	21905	19872
肥东县	106054	56127	49927	64661	34260	30401
肥西县	95834	50072	45762	41656	21329	20327
庐江县	94544	47860	46684	77758	39566	38192
合肥高新技术产业开发区	26078	13541	12537	8468	4290	4178
合肥经济技术开发区	53606	27924	25682	17976	9212	8764
合肥新站高新技术产业开发区	42461	22770	19691	12745	6443	6302
巢湖市	65768	32508	33260	42594	21210	21384
芜湖市	**386778**	**198867**	**187911**	**268322**	**138761**	**129561**
镜湖区	47778	23298	24480	27663	13648	14015
弋江区	40347	20123	20224	17213	8661	8552
鸠江区	51921	26945	24976	33417	16924	16493
三山区	15229	8087	7142	9291	4761	4530
芜湖县	35747	18502	17245	24005	12547	11458
繁昌县	26748	13687	13061	20019	10234	9785
南陵县	46249	23401	22848	37081	19206	17875
芜湖经济技术开发区	17382	9525	7857	6618	3384	3234
安徽芜湖长江大桥经济开发区	2084	1089	995	1965	1035	930
无为市	103293	54210	49083	91050	48361	42689
蚌埠市	**291746**	**145634**	**146112**	**213909**	**107910**	**105999**
龙子湖区	19688	9738	9950	11938	5984	5954
蚌山区	15398	7558	7840	7920	3887	4033
禹会区	29928	14958	14970	20053	10204	9849
淮上区	25265	12954	12311	18003	9341	8662
怀远县	77003	38597	38406	66884	33708	33176
五河县	47959	24009	23950	39613	20060	19553
固镇县	44574	22152	22422	37517	18800	18717
蚌埠市高新技术开发区	5901	2983	2918	1534	780	754
蚌埠市经济开发区	26030	12685	13345	10447	5146	5301
淮南市	**300660**	**154508**	**146152**	**228424**	**118571**	**109853**
大通区	15337	7765	7572	10469	5444	5025
田家庵区	68968	34177	34791	39208	19682	19526
谢家集区	20513	10203	10310	14985	7613	7372
八公山区	11790	5834	5956	8146	4150	3996
潘集区	29363	15322	14041	23816	12434	11382
凤台县	56958	30024	26934	42964	22281	20683
寿县	97731	51183	46548	88836	46967	41869

户口登记状况的人口

单位：人

居住本乡、镇、街道，户口在外乡、镇、街道，离开户口登记地半年以上			居住本乡、镇、街道，户口待定			原住本乡、镇、街道，现在港澳台或国外工作学习		
小计	男	女	小计	男	女	小计	男	女
1624905	**813249**	**811656**	**19943**	**9877**	**10066**	**4308**	**2530**	**1778**
460034	**237375**	**222659**	**2389**	**1254**	**1135**	**860**	**512**	**348**
50637	25434	25203	210	106	104	52	25	27
36240	18148	18092	155	81	74	120	52	68
51359	25503	25856	262	135	127	170	77	93
68642	35786	32856	309	173	136	146	79	67
36200	18897	17303	284	145	139	10	8	2
41051	21628	19423	172	97	75	170	142	28
53917	28600	25317	225	120	105	36	23	13
16535	8162	8373	201	100	101	50	32	18
17485	9179	8306	100	57	43	25	15	10
35474	18622	16852	139	77	62	17	13	4
29580	16246	13334	129	75	54	7	6	1
22914	11170	11744	203	88	115	57	40	17
117620	**59702**	**57918**	**551**	**267**	**284**	**285**	**137**	**148**
19946	9575	10371	54	25	29	115	50	65
23063	11423	11640	52	28	24	19	11	8
18431	9995	8436	56	16	40	17	10	7
5910	3313	2597	24	13	11	4		4
11698	5930	5768	29	17	12	15	8	7
6697	3437	3260	16	7	9	16	9	7
9084	4151	4933	63	31	32	21	13	8
10726	6123	4603	34	17	17	4	1	3
114	52	62	5	2	3			
11951	5703	6248	218	111	107	74	35	39
76642	**37123**	**39519**	**995**	**484**	**511**	**200**	**117**	**83**
7709	3738	3971	21	9	12	20	7	13
7441	3653	3788	22	11	11	15	7	8
9815	4723	5092	44	21	23	16	10	6
7176	3570	3606	80	40	40	6	3	3
9706	4674	5032	368	181	187	45	34	11
8083	3808	4275	240	126	114	23	15	8
6870	3268	3602	162	71	91	25	13	12
4342	2192	2150	17	6	11	8	5	3
15500	7497	8003	41	19	22	42	23	19
71381	**35520**	**35861**	**661**	**307**	**354**	**194**	**110**	**84**
4834	2302	2532	23	13	10	11	6	5
29594	14408	15186	89	41	48	77	46	31
5501	2580	2921	13	4	9	14	6	8
3625	1675	1950	8	6	2	11	3	8
5428	2842	2586	99	33	66	20	13	7
13728	7611	6117	243	116	127	23	16	7
8671	4102	4569	186	94	92	38	20	18

1-2 续表 1

地区	人口数			居住本乡、镇、街道，户口在本乡、镇、街道		
	合计	男	女	小计	男	女
马鞍山市	**205997**	**104800**	**101197**	**146313**	**74720**	**71593**
花山区	42700	21224	21476	22815	11305	11510
雨山区	33208	16782	16426	15582	7743	7839
博望区	15404	8102	7302	14095	7411	6684
当涂县	42829	21893	20936	33695	17275	16420
含山县	36606	18894	17712	31795	16562	15233
和县	35250	17905	17345	28331	14424	13907
淮北市	**189681**	**94491**	**95190**	**141353**	**70985**	**70368**
杜集区	23704	11932	11772	19509	9906	9603
相山区	52484	25768	26716	28344	14037	14307
烈山区	23504	11484	12020	18529	9420	9109
濉溪县	89989	45307	44682	74971	37622	37349
铜陵市	**118710**	**58192**	**60518**	**83625**	**41309**	**42316**
铜官区	42870	21084	21786	21611	10765	10846
义安区	21241	10711	10530	16129	8190	7939
郊区	14184	6988	7196	11649	5710	5939
枞阳县	40415	19409	21006	34236	16644	17592
安庆市	**470694**	**238909**	**231785**	**370421**	**190035**	**180386**
迎江区	24647	12192	12455	10562	5197	5365
大观区	21535	10576	10959	14688	7189	7499
宜秀区	17998	8927	9071	8566	4286	4280
怀宁县	59803	30366	29437	50169	25560	24609
太湖县	50459	25796	24663	43732	22596	21136
宿松县	73034	38347	34687	62186	33017	29169
望江县	55217	27788	27429	49225	25015	24210
岳西县	34827	17921	16906	30273	15827	14446
安徽安庆经济开发区	13704	6962	6742	5643	2816	2827
桐城市	68553	34159	34394	52675	26553	26122
潜山市	50917	25875	25042	42702	21979	20723
黄山市	**136157**	**68479**	**67678**	**95728**	**48610**	**47118**
屯溪区	28223	13729	14494	14187	6985	7202
黄山区	14008	7315	6693	9695	5002	4693
徽州区	9862	4956	4906	6261	3199	3062
歙县	41613	21132	20481	32825	16931	15894
休宁县	21600	10821	10779	16800	8565	8235
黟县	7363	3752	3611	5954	2991	2963
祁门县	13488	6774	6714	10006	4937	5069
滁州市	**417437**	**215728**	**201709**	**301951**	**156789**	**145162**
琅琊区	25745	12879	12866	13113	6531	6582
南谯区	33133	16898	16235	14292	7238	7054
来安县	41599	21514	20085	31938	16293	15645
全椒县	41727	21689	20038	29302	15160	14142
定远县	78662	41661	37001	68082	36317	31765
凤阳县	67734	35536	32198	57904	30624	27280
苏滁现代产业园	2394	1460	934	744	361	383
滁州经济技术开发区	13782	7261	6521	3298	1665	1633
天长市	62593	31673	30920	44180	22603	21577
明光市	50068	25157	24911	39098	19997	19101

单位：人

居住本乡、镇、街道，户口在外乡、镇、街道，离开户口登记地半年以上			居住本乡、镇、街道，户口待定			原住本乡、镇、街道，现在港澳台或国外工作学习		
小计	男	女	小计	男	女	小计	男	女
59033	**29742**	**29291**	**385**	**208**	**177**	**266**	**130**	**136**
19711	9841	9870	55	27	28	119	51	68
17520	8994	8526	46	24	22	60	21	39
1265	665	600	34	19	15	10	7	3
9044	4562	4482	68	38	30	22	18	4
4682	2264	2418	100	50	50	29	18	11
6811	3416	3395	82	50	32	26	15	11
47611	**23127**	**24484**	**589**	**311**	**278**	**128**	**68**	**60**
4154	2003	2151	24	14	10	17	9	8
24008	11664	12344	68	38	30	64	29	35
4905	2045	2860	57	13	44	13	6	7
14544	7415	7129	440	246	194	34	24	10
34676	**16657**	**18019**	**256**	**146**	**110**	**153**	**80**	**73**
21109	10230	10879	71	51	20	79	38	41
5069	2494	2575	21	14	7	22	13	9
2499	1259	1240	21	9	12	15	10	5
5999	2674	3325	143	72	71	37	19	18
98751	**48064**	**50687**	**1042**	**524**	**518**	**480**	**286**	**194**
13974	6926	7048	60	44	16	51	25	26
6786	3357	3429	9	4	5	52	26	26
9406	4626	4780	18	10	8	8	5	3
9482	4733	4749	101	46	55	51	27	24
6563	3116	3447	136	63	73	28	21	7
10388	5082	5306	379	192	187	81	56	25
5870	2716	3154	88	41	47	34	16	18
4466	2051	2415	59	28	31	29	15	14
8010	4118	3892	30	17	13	21	11	10
15748	7528	8220	78	41	37	52	37	15
8058	3811	4247	84	38	46	73	47	26
40041	**19671**	**20370**	**210**	**106**	**104**	**178**	**92**	**86**
13950	6702	7248	48	27	21	38	15	23
4288	2302	1986	12	7	5	13	4	9
3576	1742	1834	14	7	7	11	8	3
8629	4119	4510	75	35	40	84	47	37
4757	2232	2525	27	15	12	16	9	7
1394	756	638	10	4	6	5	1	4
3447	1818	1629	24	11	13	11	8	3
114448	**58409**	**56039**	**881**	**433**	**448**	**157**	**97**	**60**
12556	6313	6243	46	22	24	30	13	17
18772	9622	9150	59	31	28	10	7	3
9610	5199	4411	39	17	22	12	5	7
12355	6487	5868	58	32	26	12	10	2
10304	5207	5097	251	123	128	25	14	11
9563	4778	4785	254	127	127	13	7	6
1646	1097	549	4	2	2			
10463	5584	4879	19	12	7	2		2
18310	9017	9293	68	26	42	35	27	8
10869	5105	5764	83	41	42	18	14	4

1−2 续表 2

地区	人口数			居住本乡、镇、街道，户口在本乡、镇、街道		
	合计	男	女	小计	男	女
阜阳市	**829925**	**418906**	**411019**	**707647**	**359080**	**348567**
颍州区	76335	37268	39067	49716	24579	25137
颍东区	56223	28884	27339	45644	23464	22180
颍泉区	59267	30012	29255	49725	25288	24437
临泉县	168018	84188	83830	150421	75637	74784
太和县	142474	72618	69856	127432	65349	62083
阜南县	115671	57800	57871	102824	51732	51092
颍上县	133384	69222	64162	121593	63169	58424
阜阳合肥现代产业园区	3554	1848	1706	3095	1607	1488
阜阳经济技术开发区	11251	5634	5617	5206	2617	2589
界首市	63748	31432	32316	51991	25638	26353
宿州市	**509963**	**255521**	**254442**	**426809**	**215344**	**211465**
埇桥区	162906	82466	80440	126684	64776	61908
砀山县	73319	36432	36887	67208	33468	33740
萧县	102556	51443	51113	90379	45633	44746
灵璧县	89761	44516	45245	76237	38234	38003
泗县	71740	35772	35968	61087	30621	30466
宿州马鞍山现代产业园区	4175	2138	2037	3116	1573	1543
宿州经济技术开发区	5506	2754	2752	2098	1039	1059
六安市	**433405**	**221493**	**211912**	**325211**	**168158**	**157053**
金安区	77763	38663	39100	43326	21976	21350
裕安区	87508	44668	42840	55693	29014	26679
叶集区	18434	9707	8727	14927	7796	7131
霍邱县	86758	44977	41781	77831	40275	37556
舒城县	79048	39930	39118	65502	33475	32027
金寨县	52291	27485	24806	43502	23001	20501
霍山县	31603	16063	15540	24430	12621	11809
亳州市	**459609**	**231215**	**228394**	**366825**	**185379**	**181446**
谯城区	143778	72340	71438	103846	52675	51171
涡阳县	105805	53483	52322	89185	45133	44052
蒙城县	100164	50268	49896	81828	41132	40696
利辛县	109862	55124	54738	91966	46439	45527
池州市	**134155**	**66793**	**67362**	**98286**	**49499**	**48787**
贵池区	53883	26195	27688	32494	16035	16459
东至县	48229	24545	23684	42576	21914	20662
石台县	7237	3565	3672	5908	2901	3007
青阳县	21147	10566	10581	15461	7752	7709
池州市国家经济技术开发区	1249	642	607	449	224	225
皖江江南新兴产业集中区	930	514	416	283	139	144
九华山风景区	1480	766	714	1115	534	581
宣城市	**231987**	**117990**	**113997**	**156207**	**79861**	**76346**
宣州区	60128	29820	30308	39331	19736	19595
郎溪县	30639	15545	15094	23394	12015	11379
泾县	24818	12754	12064	18411	9543	8868
绩溪县	12542	6195	6347	8890	4427	4463
旌德县	10544	5429	5115	8493	4454	4039
宣城市经济开发区	9975	5388	4587	3329	1722	1607
宁国市	36574	18715	17859	20285	10459	9826
广德市	46767	24144	22623	34074	17505	16569

单位：人

居住本乡、镇、街道，户口在外乡、镇、街道，离开户口登记地半年以上			居住本乡、镇、街道，户口待定			原住本乡、镇、街道，现在港澳台或国外工作学习		
小计	男	女	小计	男	女	小计	男	女
117460	**57354**	**60106**	**4408**	**2213**	**2195**	**410**	**259**	**151**
26246	12509	13737	343	159	184	30	21	9
10358	5311	5047	196	92	104	25	17	8
9218	4556	4662	295	149	146	29	19	10
16707	8107	8600	831	408	423	59	36	23
13995	6730	7265	976	490	486	71	49	22
12077	5658	6419	695	365	330	75	45	30
10982	5634	5348	745	382	363	64	37	27
439	228	211	19	12	7	1	1	
6018	3005	3013	23	11	12	4	1	3
11420	5616	5804	285	145	140	52	33	19
80661	**38910**	**41751**	**2164**	**1029**	**1135**	**329**	**238**	**91**
35543	17348	18195	584	282	302	95	60	35
5735	2778	2957	322	146	176	54	40	14
11750	5565	6185	323	163	160	104	82	22
12865	5955	6910	626	303	323	33	24	9
10340	5002	5338	279	121	158	34	28	6
1042	557	485	14	6	8	3	2	1
3386	1705	1681	16	8	8	6	2	4
107211	**52804**	**54407**	**743**	**382**	**361**	**240**	**149**	**91**
34340	16637	17703	68	34	34	29	16	13
31642	15558	16084	137	75	62	36	21	15
3454	1883	1571	49	27	22	4	1	3
8718	4602	4116	169	76	93	40	24	16
13373	6355	7018	98	52	46	75	48	27
8571	4356	4215	188	103	85	30	25	5
7113	3413	3700	34	15	19	26	14	12
88471	**43774**	**44697**	**4153**	**1958**	**2195**	**160**	**104**	**56**
38914	19143	19771	981	496	485	37	26	11
15484	7800	7684	1108	533	575	28	17	11
17274	8641	8633	1018	471	547	44	24	20
16799	8190	8609	1046	458	588	51	37	14
35585	**17136**	**18449**	**177**	**96**	**81**	**107**	**62**	**45**
21282	10099	11183	67	39	28	40	22	18
5533	2565	2968	80	41	39	40	25	15
1313	655	658	9	5	4	7	4	3
5651	2796	2855	18	9	9	17	9	8
798	416	382	2	2				
647	375	272						
361	230	131	1		1	3	2	1
75280	**37881**	**37399**	**339**	**159**	**180**	**161**	**89**	**72**
20668	10012	10656	91	51	40	38	21	17
7167	3498	3669	65	26	39	13	6	7
6363	3188	3175	25	12	13	19	11	8
3620	1752	1868	16	8	8	16	8	8
2030	965	1065	10	6	4	11	4	7
6625	3656	2969	20	9	11	1	1	
16217	8217	8000	32	15	17	40	24	16
12590	6593	5997	80	32	48	23	14	9

1-2a 各地区分性别、

地　区	人口数			居住本乡、镇、街道，户口在本乡、镇、街道		
	合计	男	女	小计	男	女
安　徽	**1551833**	**770791**	**781042**	**722145**	**359716**	**362429**
合肥市	**390115**	**195714**	**194401**	**161245**	**80245**	**81000**
瑶海区	75893	38054	37839	28242	14171	14071
庐阳区	60026	29778	30248	27072	13262	13810
蜀山区	91626	45335	46291	40693	20186	20507
包河区	114941	58762	56179	46255	22983	23272
长丰县						
肥东县						
肥西县	5525	3011	2514	646	339	307
庐江县						
合肥高新技术产业开发区						
合肥经济技术开发区						
合肥新站高新技术产业开发区	6046	3085	2961	2197	1132	1065
巢湖市	36058	17689	18369	16140	8172	7968
芜湖市	**148167**	**74454**	**73713**	**73914**	**36912**	**37002**
镜湖区	45882	22350	23532	25893	12754	13139
弋江区	40347	20123	20224	17213	8661	8552
鸠江区	31043	16192	14851	13396	6651	6745
三山区	9701	5268	4433	5418	2767	2651
芜湖县	913	461	452	814	424	390
繁昌县						
南陵县						
芜湖经济技术开发区	204	113	91	199	111	88
安徽芜湖长江大桥经济开发区						
无为市	20077	9947	10130	10981	5544	5437
蚌埠市	**62588**	**31010**	**31578**	**31917**	**15981**	**15936**
龙子湖区	15284	7503	7781	8001	3975	4026
蚌山区	13873	6757	7116	6552	3150	3402
禹会区	19347	9514	9833	9907	4951	4956
淮上区	14084	7236	6848	7457	3905	3552
怀远县						
五河县						
固镇县						
蚌埠市高新技术开发区						
蚌埠市经济开发区						
淮南市	**103583**	**51191**	**52392**	**60217**	**30278**	**29939**
大通区	3776	1847	1929	1697	855	842
田家庵区	65289	32292	32997	35784	17910	17874
谢家集区	16086	7923	8163	10795	5432	5363
八公山区	11189	5517	5672	7770	3945	3825
潘集区	7243	3612	3631	4171	2136	2035
凤台县						
寿县						

户口登记状况的人口(城市)

单位：人

居住本乡、镇、街道，户口在外乡、镇、街道，离开户口登记地半年以上			居住本乡、镇、街道，户口待定			原住本乡、镇、街道，现在港澳台或国外工作学习		
小计	男	女	小计	男	女	小计	男	女
824981	**408705**	**416276**	**3168**	**1636**	**1532**	**1539**	**734**	**805**
227308	**114688**	**112620**	**1071**	**547**	**524**	**491**	**234**	**257**
47407	23763	23644	194	96	98	50	24	26
32712	16403	16309	134	69	65	108	44	64
50510	24943	25567	258	133	125	165	73	92
68231	35527	32704	309	173	136	146	79	67
4865	2665	2200	12	7	5	2		2
3822	1942	1880	25	9	16	2	2	
19761	9445	10316	139	60	79	18	12	6
73899	**37373**	**36526**	**191**	**96**	**95**	**163**	**73**	**90**
19821	9521	10300	53	25	28	115	50	65
23063	11423	11640	52	28	24	19	11	8
17598	9523	8075	38	11	27	11	7	4
4267	2493	1774	13	8	5	3		3
98	36	62	1	1				
5	2	3						
9047	4375	4672	34	23	11	15	5	10
30524	**14958**	**15566**	**96**	**48**	**48**	**51**	**23**	**28**
7251	3516	3735	12	5	7	20	7	13
7286	3590	3696	21	11	10	14	6	8
9405	4543	4862	21	11	10	14	9	5
6582	3309	3273	42	21	21	3	1	2
43159	**20812**	**22347**	**107**	**49**	**58**	**100**	**52**	**48**
2076	991	1085	2	1	1	1		1
29348	14298	15050	82	39	43	75	45	30
5274	2486	2788	5	1	4	12	4	8
3403	1565	1838	5	4	1	11	3	8
3058	1472	1586	13	4	9	1		1

1-2a 续表 1

地区	人口数			居住本乡、镇、街道，户口在本乡、镇、街道		
	合计	男	女	小计	男	女
马鞍山市	**81253**	**40859**	**40394**	**43114**	**21554**	**21560**
花山区	41860	20794	21066	22174	10985	11189
雨山区	31965	16146	15819	14486	7191	7295
博望区	7428	3919	3509	6454	3378	3076
当涂县						
含山县						
和县						
淮北市	**78794**	**38806**	**39988**	**47828**	**23868**	**23960**
杜集区	14083	7023	7060	10843	5481	5362
相山区	48200	23590	24610	24652	12166	12486
烈山区	10619	5051	5568	7089	3596	3493
濉溪县	5892	3142	2750	5244	2625	2619
铜陵市	**54120**	**26674**	**27446**	**27234**	**13593**	**13641**
铜官区	41927	20618	21309	20980	10461	10519
义安区	8299	4080	4219	4172	2078	2094
郊区	3894	1976	1918	2082	1054	1028
枞阳县						
安庆市	**110058**	**53859**	**56199**	**56483**	**28004**	**28479**
迎江区	23744	11712	12032	9734	4775	4959
大观区	15901	7766	8135	9468	4637	4831
宜秀区	13261	6553	6708	4287	2181	2106
怀宁县						
太湖县						
宿松县						
望江县	9437	4496	4941	5267	2582	2685
岳西县						
安徽安庆经济开发区	37	29	8			
桐城市	32371	15826	16545	18640	9278	9362
潜山市	15307	7477	7830	9087	4551	4536
黄山市	**35611**	**17306**	**18305**	**16724**	**8218**	**8506**
屯溪区	24215	11691	12524	11802	5760	6042
黄山区	5626	2753	2873	2779	1380	1399
徽州区	5054	2524	2530	1805	914	891
歙县	326	145	181	205	94	111
休宁县	390	193	197	133	70	63
黟县						
祁门县						
滁州市	**84739**	**42056**	**42683**	**36909**	**18349**	**18560**
琅琊区	24767	12358	12409	12295	6105	6190
南谯区	17694	9055	8639	5452	2744	2708
来安县						
全椒县						
定远县						
凤阳县						
苏滁现代产业园						
滁州经济技术开发区						
天长市	23820	11779	12041	9444	4742	4702
明光市	18458	8864	9594	9718	4758	4960

单位：人

居住本乡、镇、街道，户口在外乡、镇、街道，离开户口登记地半年以上			居住本乡、镇、街道，户口待定			原住本乡、镇、街道，现在港澳台或国外工作学习		
小计	男	女	小计	男	女	小计	男	女
37837	**19169**	**18668**	**119**	**62**	**57**	**183**	**74**	**109**
19512	9731	9781	55	27	28	119	51	68
17373	8910	8463	46	24	22	60	21	39
952	528	424	18	11	7	4	2	2
30754	**14838**	**15916**	**129**	**62**	**67**	**83**	**38**	**45**
3215	1529	1686	13	7	6	12	6	6
23437	11369	12068	50	28	22	61	27	34
3492	1450	2042	32	3	29	6	2	4
610	490	120	34	24	10	4	3	1
26714	**12982**	**13732**	**89**	**58**	**31**	**83**	**41**	**42**
20799	10068	10731	70	51	19	78	38	40
4111	1994	2117	11	5	6	5	3	2
1804	920	884	8	2	6			
53266	**25685**	**27581**	**165**	**96**	**69**	**144**	**74**	**70**
13900	6869	7031	59	43	16	51	25	26
6378	3101	3277	7	3	4	48	25	23
8958	4364	4594	14	7	7	2	1	1
4144	1903	2241	19	9	10	7	2	5
37	29	8						
13675	6516	7159	40	21	19	16	11	5
6174	2903	3271	26	13	13	20	10	10
18785	**9040**	**9745**	**58**	**32**	**26**	**44**	**16**	**28**
12329	5889	6440	46	27	19	38	15	23
2840	1372	1468	3	1	2	4		4
3238	1605	1633	9	4	5	2	1	1
121	51	70						
257	123	134						
47651	**23624**	**24027**	**129**	**59**	**70**	**50**	**24**	**26**
12402	6222	6180	44	20	24	26	11	15
12195	6290	5905	41	18	23	6	3	3
14338	7023	7315	28	9	19	10	5	5
8716	4089	4627	16	12	4	8	5	3

1-2a 续表 2

地区	人口数			居住本乡、镇、街道，户口在本乡、镇、街道		
	合计	男	女	小计	男	女
阜阳市	**101416**	**49948**	**51468**	**49928**	**24823**	**25105**
颍州区	43925	21132	22793	19967	9761	10206
颍东区	17148	8704	8444	8204	4159	4045
颍泉区	20478	10319	10159	12033	6094	5939
临泉县						
太和县						
阜南县						
颍上县						
阜阳合肥现代产业园区						
阜阳经济技术开发区						
界首市	19865	9793	10072	9724	4809	4915
宿州市	**59868**	**29403**	**30465**	**29445**	**14317**	**15128**
埇桥区	59334	29138	30196	29018	14112	14906
砀山县						
萧县	534	265	269	427	205	222
灵璧县						
泗县						
宿州马鞍山现代产业园区						
宿州经济技术开发区						
六安市	**76709**	**38133**	**38576**	**20675**	**10422**	**10253**
金安区	33773	16566	17207	8582	4264	4318
裕安区	35279	17490	17789	6892	3479	3413
叶集区	6951	3721	3230	4550	2350	2200
霍邱县	245	125	120	240	124	116
舒城县	461	231	230	411	205	206
金寨县						
霍山县						
亳州市	**58720**	**29283**	**29437**	**22751**	**11519**	**11232**
谯城区	58220	29049	29171	22362	11329	11033
涡阳县						
蒙城县						
利辛县	500	234	266	389	190	199
池州市	**35862**	**17139**	**18723**	**14707**	**7216**	**7491**
贵池区	33683	15983	17700	13975	6853	7122
东至县						
石台县						
青阳县						
池州市国家经济技术开发区	1249	642	607	449	224	225
皖江江南新兴产业集中区	930	514	416	283	139	144
九华山风景区						
宣城市	**70230**	**34956**	**35274**	**29054**	**14417**	**14637**
宣州区	23930	11542	12388	8369	4095	4274
郎溪县						
泾县						
绩溪县						
旌德县						
宣城市经济开发区						
宁国市	23031	11432	11599	8174	3993	4181
广德市	23269	11982	11287	12511	6329	6182

单位：人

居住本乡、镇、街道，户口在外乡、镇、街道，离开户口登记地半年以上			居住本乡、镇、街道，户口待定			原住本乡、镇、街道，现在港澳台或国外工作学习		
小计	男	女	小计	男	女	小计	男	女
51166	**24952**	**26214**	**292**	**154**	**138**	**30**	**19**	**11**
23822	11294	12528	124	70	54	12	7	5
8892	4522	4370	49	20	29	3	3	
8376	4184	4192	63	36	27	6	5	1
10076	4952	5124	56	28	28	9	4	5
30242	**14994**	**15248**	**144**	**70**	**74**	**37**	**22**	**15**
30135	14934	15201	144	70	74	37	22	15
107	60	47						
55921	**27649**	**28272**	**105**	**59**	**46**	**8**	**3**	**5**
25158	12281	12877	29	19	10	4	2	2
28323	13975	14348	63	36	27	1		1
2388	1367	1021	12	4	8	1		1
4	1	3	1		1			
48	25	23				2	1	1
35628	**17590**	**18038**	**336**	**172**	**164**	**5**	**2**	**3**
35520	17547	17973	333	171	162	5	2	3
108	43	65	3	1	2			
21091	**9886**	**11205**	**44**	**27**	**17**	**20**	**10**	**10**
19646	9095	10551	42	25	17	20	10	10
798	416	382	2	2				
647	375	272						
41036	**20465**	**20571**	**93**	**45**	**48**	**47**	**29**	**18**
15513	7415	8098	33	21	12	15	11	4
14811	7418	7393	24	9	15	22	12	10
10712	5632	5080	36	15	21	10	6	4

1-2b 各地区分性别、

地区	人口数			居住本乡、镇、街道，户口在本乡、镇、街道		
	合计	男	女	小计	男	女
安徽	**1890559**	**956387**	**934172**	**1183439**	**599246**	**584193**
合肥市	**346291**	**178737**	**167554**	**132998**	**67205**	**65793**
瑶海区	2104	1083	1021	557	287	270
庐阳区	7092	3495	3597	3588	1766	1822
蜀山区	3041	1589	1452	2446	1242	1204
包河区						
长丰县	45729	23519	22210	13222	6826	6396
肥东县	61613	32094	29519	22312	11490	10822
肥西县	55186	28546	26640	15631	7913	7718
庐江县	46564	22912	23652	31109	15420	15689
合肥高新技术产业开发区	26070	13537	12533	8460	4286	4174
合肥经济技术开发区	52919	27555	25364	17326	8861	8465
合肥新站高新技术产业开发区	36021	19456	16565	10382	5225	5157
巢湖市	9952	4951	5001	7965	3889	4076
芜湖市	**116236**	**59515**	**56721**	**76058**	**38886**	**37172**
镜湖区	116	57	59	107	55	52
弋江区						
鸠江区	7474	3796	3678	7027	3558	3469
三山区	1893	943	950	389	192	197
芜湖县	23450	11981	11469	12186	6201	5985
繁昌县	15156	7569	7587	9550	4754	4796
南陵县	23449	11386	12063	14902	7465	7437
芜湖经济技术开发区	16898	9268	7630	6147	3132	3015
安徽芜湖长江大桥经济开发区	1433	743	690	1326	696	630
无为市	26367	13772	12595	24424	12833	11591
蚌埠市	**101418**	**49979**	**51439**	**57991**	**28925**	**29066**
龙子湖区	861	423	438	533	255	278
蚌山区						
禹会区	916	485	431	863	453	410
淮上区	2603	1310	1293	2160	1109	1051
怀远县	29518	14677	14841	20423	10210	10213
五河县	21438	10566	10872	13650	6876	6774
固镇县	14151	6850	7301	8381	4096	4285
蚌埠市高新技术开发区	5901	2983	2918	1534	780	754
蚌埠市经济开发区	26030	12685	13345	10447	5146	5301
淮南市	**76713**	**39799**	**36914**	**54491**	**28229**	**26262**
大通区	7581	3837	3744	4995	2578	2417
田家庵区	1258	657	601	1101	581	520
谢家集区	354	184	170	296	156	140
八公山区	4	3	1	1	1	
潘集区	6596	3533	3063	5216	2735	2481
凤台县	22741	12187	10554	12661	6509	6152
寿县	38179	19398	18781	30221	15669	14552

户口登记状况的人口(镇)

单位：人

居住本乡、镇、街道，户口在外乡、镇、街道，离开户口登记地半年以上			居住本乡、镇、街道，户口待定			原住本乡、镇、街道，现在港澳台或国外工作学习		
小计	男	女	小计	男	女	小计	男	女
700623	**353802**	**346821**	**5581**	**2789**	**2792**	**916**	**550**	**366**
212163	**110883**	**101280**	**989**	**547**	**442**	**141**	**102**	**39**
1544	795	749	2	1	1	1		1
3472	1710	1762	21	12	9	11	7	4
592	345	247	1		1	2	2	
32308	16587	15721	196	104	92	3	2	1
39120	20493	18627	136	73	63	45	38	7
39393	20542	18851	158	88	70	4	3	1
15320	7420	7900	117	61	56	18	11	7
17485	9179	8306	100	57	43	25	15	10
35437	18604	16833	139	77	62	17	13	4
25532	14162	11370	102	65	37	5	4	1
1960	1046	914	17	9	8	10	7	3
39973	**20532**	**19441**	**158**	**76**	**82**	**47**	**21**	**26**
9	2	7						
438	235	203	8	3	5	1		1
1494	747	747	10	4	6			
11242	5767	5475	15	10	5	7	3	4
5587	2806	2781	10	5	5	9	4	5
8521	3908	4613	23	12	11	3	1	2
10713	6118	4595	34	17	17	4	1	3
103	46	57	4	1	3			
1866	903	963	54	24	30	23	12	11
43088	**20891**	**22197**	**265**	**119**	**146**	**74**	**44**	**30**
326	167	159	2	1	1			
53	32	21						
436	198	238	7	3	4			
8994	4417	4577	95	44	51	6	6	
7711	3654	4057	68	30	38	9	6	3
5726	2734	2992	35	16	19	9	4	5
4342	2192	2150	17	6	11	8	5	3
15500	7497	8003	41	19	22	42	23	19
22039	**11484**	**10555**	**153**	**69**	**84**	**30**	**17**	**13**
2574	1251	1323	5	3	2	7	5	2
153	73	80	3	2	1	1	1	
58	28	30						
3	2	1						
1353	787	566	20	7	13	7	4	3
10019	5653	4366	54	22	32	7	3	4
7879	3690	4189	71	35	36	8	4	4

1-2b 续表 1

地区	人口数			居住本乡、镇、街道，户口在本乡、镇、街道		
	合计	男	女	小计	男	女
马鞍山市	**64942**	**32745**	**32197**	**46509**	**23584**	**22925**
花山区						
雨山区						
博望区	1018	551	467	945	508	437
当涂县	27091	13820	13271	19015	9730	9285
含山县	18300	9142	9158	13915	7028	6887
和县	18533	9232	9301	12634	6318	6316
淮北市	**42922**	**21463**	**21459**	**28686**	**14330**	**14356**
杜集区	4399	2213	2186	3825	1912	1913
相山区						
烈山区	2978	1517	1461	2469	1268	1201
濉溪县	35545	17733	17812	22392	11150	11242
铜陵市	**27053**	**13067**	**13986**	**20626**	**10142**	**10484**
铜官区	1	1		1	1	
义安区	2467	1306	1161	2152	1110	1042
郊区	2795	1344	1451	2450	1197	1253
枞阳县	21790	10416	11374	16023	7834	8189
安庆市	**128833**	**64068**	**64765**	**88685**	**44469**	**44216**
迎江区						
大观区	2032	1004	1028	1899	925	974
宜秀区	2453	1230	1223	2207	1078	1129
怀宁县	26023	12849	13174	17204	8531	8673
太湖县	18353	9008	9345	12358	6171	6187
宿松县	25723	12991	12732	16550	8493	8057
望江县	6424	3159	3265	5252	2615	2637
岳西县	12565	6126	6439	8755	4378	4377
安徽安庆经济开发区	13330	6771	6559	5398	2696	2702
桐城市	11563	5720	5843	10053	5004	5049
潜山市	10367	5210	5157	9009	4578	4431
黄山市	**40464**	**19917**	**20547**	**23276**	**11618**	**11658**
屯溪区	1905	995	910	513	286	227
黄山区	2645	1474	1171	1771	905	866
徽州区	1239	626	613	1115	572	543
歙县	16203	7897	8306	8741	4373	4368
休宁县	8262	3991	4271	4651	2334	2317
黟县	3203	1576	1627	2249	1091	1158
祁门县	7007	3358	3649	4236	2057	2179
滁州市	**159919**	**82166**	**77753**	**104661**	**53426**	**51235**
琅琊区						
南谯区	5516	2779	2737	2424	1215	1209
来安县	23077	11857	11220	14709	7386	7323
全椒县	25157	12906	12251	13647	6928	6719
定远县	31182	16067	15115	21839	11293	10546
凤阳县	32292	16591	15701	23846	12304	11542
苏滁现代产业园	2394	1460	934	744	361	383
滁州经济技术开发区	11680	5993	5687	2694	1365	1329
天长市	20566	10456	10110	17413	8851	8562
明光市	8055	4057	3998	7345	3723	3622

单位：人

居住本乡、镇、街道，户口在外乡、镇、街道，离开户口登记地半年以上			居住本乡、镇、街道，户口待定			原住本乡、镇、街道，现在港澳台或国外工作学习		
小计	男	女	小计	男	女	小计	男	女
18271	**9060**	**9211**	**121**	**74**	**47**	**41**	**27**	**14**
72	42	30				1	1	
8027	4058	3969	36	22	14	13	10	3
4333	2084	2249	39	21	18	13	9	4
5839	2876	2963	46	31	15	14	7	7
14106	**7058**	**7048**	**113**	**65**	**48**	**17**	**10**	**7**
569	297	272	3	3		2	1	1
504	246	258	3	2	1	2	1	1
13033	6515	6518	107	60	47	13	8	5
6332	**2882**	**3450**	**68**	**29**	**39**	**27**	**14**	**13**
312	193	119	1	1		2	2	
338	142	196	1	1		6	4	2
5682	2547	3135	66	27	39	19	8	11
39675	**19369**	**20306**	**359**	**170**	**189**	**114**	**60**	**54**
133	79	54						
242	150	92	3	2	1	1		1
8743	4283	4460	55	26	29	21	9	12
5939	2817	3122	49	16	33	7	4	3
8983	4395	4588	167	88	79	23	15	8
1160	541	619	9	2	7	3	1	2
3779	1737	2042	18	8	10	13	3	10
7881	4047	3834	30	17	13	21	11	10
1494	708	786	10	4	6	6	4	2
1321	612	709	18	7	11	19	13	6
17095	**8248**	**8847**	**55**	**29**	**26**	**38**	**22**	**16**
1391	709	682	1		1			
865	563	302	3	3		6	3	3
123	53	70				1	1	
7413	3498	3915	26	14	12	23	12	11
3600	1652	1948	8	3	5	3	2	1
948	483	465	6	2	4			
2755	1290	1465	11	7	4	5	4	1
54905	**28555**	**26350**	**321**	**164**	**157**	**32**	**21**	**11**
3086	1558	1528	6	6				
8344	4459	3885	17	9	8	7	3	4
11466	5953	5513	41	22	19	3	3	
9243	4726	4517	92	43	49	8	5	3
8334	4230	4104	107	54	53	5	3	2
1646	1097	549	4	2	2			
8965	4616	4349	19	12	7	2		2
3123	1588	1535	23	10	13	7	7	
698	328	370	12	6	6			

1-2b 续表 2

地 区	人口数			居住本乡、镇、街道，户口在本乡、镇、街道		
	合计	男	女	小计	男	女
阜阳市	**235880**	**119098**	**116782**	**176072**	**89536**	**86536**
颍州区	6025	3024	3001	5064	2537	2527
颍东区	7838	4094	3744	7190	3706	3484
颍泉区	9563	5035	4528	9202	4856	4346
临泉县	49766	24987	24779	33868	17212	16656
太和县	61525	31019	30506	47693	24311	23382
阜南县	32082	15712	16370	20907	10420	10487
颍上县	48974	25213	23761	38500	19742	18758
阜阳合肥现代产业园区	548	304	244	475	248	227
阜阳经济技术开发区	9460	4718	4742	3808	1898	1910
界首市	10099	4992	5107	9365	4606	4759
宿州市	**160486**	**80156**	**80330**	**116087**	**58552**	**57535**
埇桥区	17073	8678	8395	14781	7532	7249
砀山县	35028	17287	17741	29649	14635	15014
萧县	35636	17962	17674	25241	12896	12345
灵璧县	35962	17978	17984	23949	12319	11630
泗县	28646	14149	14497	18751	9330	9421
宿州马鞍山现代产业园区	2635	1348	1287	1618	801	817
宿州经济技术开发区	5506	2754	2752	2098	1039	1059
六安市	**126792**	**63365**	**63427**	**82854**	**41938**	**40916**
金安区	13402	6304	7098	6124	2972	3152
裕安区	7727	3951	3776	6359	3265	3094
叶集区	2340	1166	1174	1795	889	906
霍邱县	29539	15265	14274	21867	11207	10660
舒城县	32139	15646	16493	19937	9932	10005
金寨县	20602	10515	10087	12703	6501	6202
霍山县	21043	10518	10525	14069	7172	6897
亳州市	**146798**	**74602**	**72196**	**98193**	**50283**	**47910**
谯城区	11993	6084	5909	10743	5464	5279
涡阳县	43972	22474	21498	29286	15092	14194
蒙城县	45269	22926	22343	28380	14392	13988
利辛县	45564	23118	22446	29784	15335	14449
池州市	**43323**	**21324**	**21999**	**31554**	**15674**	**15880**
贵池区	3393	1755	1638	2854	1420	1434
东至县	24736	12180	12556	19534	9784	9750
石台县	3166	1517	1649	2110	1018	1092
青阳县	11669	5657	6012	6902	3382	3520
池州市国家经济技术开发区						
皖江江南新兴产业集中区						
九华山风景区	359	215	144	154	70	84
宣城市	**72489**	**36386**	**36103**	**44698**	**22449**	**22249**
宣州区	9383	4592	4791	6418	3163	3255
郎溪县	19305	9636	9669	12612	6349	6263
泾县	13165	6458	6707	7618	3769	3849
绩溪县	7658	3698	3960	4269	2089	2180
旌德县	6128	3020	3108	4322	2199	2123
宣城市经济开发区	8224	4444	3780	2268	1181	1087
宁国市	2517	1345	1172	1986	1030	956
广德市	6109	3193	2916	5205	2669	2536

单位：人

居住本乡、镇、街道，户口在外乡、镇、街道，离开户口登记地半年以上			居住本乡、镇、街道，户口待定			原住本乡、镇、街道，现在港澳台或国外工作学习		
小计	男	女	小计	男	女	小计	男	女
58618	**28957**	**29661**	**1083**	**541**	**542**	**107**	**64**	**43**
924	471	453	32	12	20	5	4	1
613	372	241	31	14	17	4	2	2
322	161	161	36	17	19	3	1	2
15722	7677	8045	162	89	73	14	9	5
13433	6523	6910	368	165	203	31	20	11
11025	5211	5814	137	75	62	13	6	7
10212	5323	4889	245	137	108	17	11	6
68	52	16	4	3	1	1	1	
5629	2812	2817	19	7	12	4	1	3
670	355	315	49	22	27	15	9	6
43793	**21299**	**22494**	**533**	**258**	**275**	**73**	**47**	**26**
2247	1120	1127	41	23	18	4	3	1
5228	2569	2659	124	63	61	27	20	7
10325	5027	5298	52	29	23	18	10	8
11819	5564	6255	188	91	97	6	4	2
9781	4772	5009	104	40	64	10	7	3
1007	542	465	8	4	4	2	1	1
3386	1705	1681	16	8	8	6	2	4
43675	**21286**	**22389**	**199**	**102**	**97**	**64**	**39**	**25**
7265	3329	3936	11	2	9	2	1	1
1354	678	676	11	6	5	3	2	1
539	272	267	5	5		1		1
7619	4031	3588	44	21	23	9	6	3
12135	5674	6461	38	22	16	29	18	11
7831	3977	3854	63	34	29	5	3	2
6932	3325	3607	27	12	15	15	9	6
47583	**23840**	**23743**	**989**	**461**	**528**	**33**	**18**	**15**
1185	589	596	64	30	34	1	1	
14469	7272	7197	209	106	103	8	4	4
16572	8383	8189	306	147	159	11	4	7
15357	7596	7761	410	178	232	13	9	4
11668	**5597**	**6071**	**62**	**29**	**33**	**39**	**24**	**15**
529	330	199	5	2	3	5	3	2
5136	2361	2775	43	19	24	23	16	7
1050	495	555	2	2		4	2	2
4749	2267	2482	12	6	6	6	2	4
204	144	60				1	1	
27639	**13861**	**13778**	**113**	**56**	**57**	**39**	**20**	**19**
2949	1420	1529	13	8	5	3	1	2
6646	3265	3381	40	18	22	7	4	3
5526	2678	2848	17	7	10	4	4	
3367	1597	1770	9	6	3	13	6	7
1794	816	978	5	3	2	7	2	5
5939	3253	2686	16	9	7	1	1	
524	311	213	3	2	1	4	2	2
894	521	373	10	3	7			

1-2c 各地区分性别、

地　区	人口数			居住本乡、镇、街道，户口在本乡、镇、街道		
	合计	男	女	小计	男	女
安　徽	**2596352**	**1336679**	**1259673**	**2484004**	**1279239**	**1204765**
合肥市	**185434**	**97880**	**87554**	**164314**	**85740**	**78574**
瑶海区	2235	1154	1081	534	268	266
庐阳区	476	263	213	419	227	192
蜀山区	1175	700	475	912	481	431
包河区	615	361	254	204	102	102
长丰县	32542	17436	15106	28555	15079	13476
肥东县	44441	24033	20408	42349	22770	19579
肥西县	35123	18515	16608	25379	13077	12302
庐江县	47980	24948	23032	46649	24146	22503
合肥高新技术产业开发区	8	4	4	8	4	4
合肥经济技术开发区	687	369	318	650	351	299
合肥新站高新技术产业开发区	394	229	165	166	86	80
巢湖市	19758	9868	9890	18489	9149	9340
芜湖市	**122375**	**64898**	**57477**	**118350**	**62963**	**55387**
镜湖区	1780	891	889	1663	839	824
弋江区						
鸠江区	13404	6957	6447	12994	6715	6279
三山区	3635	1876	1759	3484	1802	1682
芜湖县	11384	6060	5324	11005	5922	5083
繁昌县	11592	6118	5474	10469	5480	4989
南陵县	22800	12015	10785	22179	11741	10438
芜湖经济技术开发区	280	144	136	272	141	131
安徽芜湖长江大桥经济开发区	651	346	305	639	339	300
无为市	56849	30491	26358	55645	29984	25661
蚌埠市	**127740**	**64645**	**63095**	**124001**	**63004**	**60997**
龙子湖区	3543	1812	1731	3404	1754	1650
蚌山区	1525	801	724	1368	737	631
禹会区	9665	4959	4706	9283	4800	4483
淮上区	8578	4408	4170	8386	4327	4059
怀远县	47485	23920	23565	46461	23498	22963
五河县	26521	13443	13078	25963	13184	12779
固镇县	30423	15302	15121	29136	14704	14432
蚌埠市高新技术开发区						
蚌埠市经济开发区						
淮南市	**120364**	**63518**	**56846**	**113716**	**60064**	**53652**
大通区	3980	2081	1899	3777	2011	1766
田家庵区	2421	1228	1193	2323	1191	1132
谢家集区	4073	2096	1977	3894	2025	1869
八公山区	597	314	283	375	204	171
潘集区	15524	8177	7347	14429	7563	6866
凤台县	34217	17837	16380	30303	15772	14531
寿县	59552	31785	27767	58615	31298	27317

户口登记状况的人口(乡村)

单位：人

居住本乡、镇、街道，户口在外乡、镇、街道，离开户口登记地半年以上			居住本乡、镇、街道，户口待定			原住本乡、镇、街道，现在港澳台或国外工作学习		
小计	男	女	小计	男	女	小计	男	女
99301	**50742**	**48559**	**11194**	**5452**	**5742**	**1853**	**1246**	**607**
20563	**11804**	**8759**	**329**	**160**	**169**	**228**	**176**	**52**
1686	876	810	14	9	5	1	1	
56	35	21				1	1	
257	215	42	3	2	1	3	2	1
411	259	152						
3892	2310	1582	88	41	47	7	6	1
1931	1135	796	36	24	12	125	104	21
9659	5393	4266	55	25	30	30	20	10
1215	742	473	84	39	45	32	21	11
37	18	19						
226	142	84	2	1	1			
1193	679	514	47	19	28	29	21	8
3748	**1797**	**1951**	**202**	**95**	**107**	**75**	**43**	**32**
116	52	64	1		1			
395	237	158	10	2	8	5	3	2
149	73	76	1	1		1		1
358	127	231	13	6	7	8	5	3
1110	631	479	6	2	4	7	5	2
563	243	320	40	19	21	18	12	6
8	3	5						
11	6	5	1	1				
1038	425	613	130	64	66	36	18	18
3030	**1274**	**1756**	**634**	**317**	**317**	**75**	**50**	**25**
132	55	77	7	3	4			
155	63	92	1		1	1	1	
357	148	209	23	10	13	2	1	1
158	63	95	31	16	15	3	2	1
712	257	455	273	137	136	39	28	11
372	154	218	172	96	76	14	9	5
1144	534	610	127	55	72	16	9	7
6183	**3224**	**2959**	**401**	**189**	**212**	**64**	**41**	**23**
184	60	124	16	9	7	3	1	2
93	37	56	4		4	1		1
169	66	103	8	3	5	2	2	
219	108	111	3	2	1			
1017	583	434	66	22	44	12	9	3
3709	1958	1751	189	94	95	16	13	3
792	412	380	115	59	56	30	16	14

1-2c 续表 1

地 区	人 口 数			居住本乡、镇、街道，户口在本乡、镇、街道		
	合计	男	女	小计	男	女
马鞍山市	**59802**	**31196**	**28606**	**56690**	**29582**	**27108**
花山区	840	430	410	641	320	321
雨山区	1243	636	607	1096	552	544
博望区	6958	3632	3326	6696	3525	3171
当涂县	15738	8073	7665	14680	7545	7135
含山县	18306	9752	8554	17880	9534	8346
和县	16717	8673	8044	15697	8106	7591
淮北市	**67965**	**34222**	**33743**	**64839**	**32787**	**32052**
杜集区	5222	2696	2526	4841	2513	2328
相山区	4284	2178	2106	3692	1871	1821
烈山区	9907	4916	4991	8971	4556	4415
濉溪县	48552	24432	24120	47335	23847	23488
铜陵市	**37537**	**18451**	**19086**	**35765**	**17574**	**18191**
铜官区	942	465	477	630	303	327
义安区	10475	5325	5150	9805	5002	4803
郊区	7495	3668	3827	7117	3459	3658
枞阳县	18625	8993	9632	18213	8810	9403
安庆市	**231803**	**120982**	**110821**	**225253**	**117562**	**107691**
迎江区	903	480	423	828	422	406
大观区	3602	1806	1796	3321	1627	1694
宜秀区	2284	1144	1140	2072	1027	1045
怀宁县	33780	17517	16263	32965	17029	15936
太湖县	32106	16788	15318	31374	16425	14949
宿松县	47311	25356	21955	45636	24524	21112
望江县	39356	20133	19223	38706	19818	18888
岳西县	22262	11795	10467	21518	11449	10069
安徽安庆经济开发区	337	162	175	245	120	125
桐城市	24619	12613	12006	23982	12271	11711
潜山市	25243	13188	12055	24606	12850	11756
黄山市	**60082**	**31256**	**28826**	**55728**	**28774**	**26954**
屯溪区	2103	1043	1060	1872	939	933
黄山区	5737	3088	2649	5145	2717	2428
徽州区	3569	1806	1763	3341	1713	1628
歙县	25084	13090	11994	23879	12464	11415
休宁县	12948	6637	6311	12016	6161	5855
黟县	4160	2176	1984	3705	1900	1805
祁门县	6481	3416	3065	5770	2880	2890
滁州市	**172779**	**91506**	**81273**	**160381**	**85014**	**75367**
琅琊区	978	521	457	818	426	392
南谯区	9923	5064	4859	6416	3279	3137
来安县	18522	9657	8865	17229	8907	8322
全椒县	16570	8783	7787	15655	8232	7423
定远县	47480	25594	21886	46243	25024	21219
凤阳县	35442	18945	16497	34058	18320	15738
苏滁现代产业园						
滁州经济技术开发区	2102	1268	834	604	300	304
天长市	18207	9438	8769	17323	9010	8313
明光市	23555	12236	11319	22035	11516	10519

单位：人

居住本乡、镇、街道，户口在外乡、镇、街道，离开户口登记地半年以上			居住本乡、镇、街道，户口待定			原住本乡、镇、街道，现在港澳台或国外工作学习		
小计	男	女	小计	男	女	小计	男	女
2925	**1513**	**1412**	**145**	**72**	**73**	**42**	**29**	**13**
199	110	89						
147	84	63						
241	95	146	16	8	8	5	4	1
1017	504	513	32	16	16	9	8	1
349	180	169	61	29	32	16	9	7
972	540	432	36	19	17	12	8	4
2751	**1231**	**1520**	**347**	**184**	**163**	**28**	**20**	**8**
370	177	193	8	4	4	3	2	1
571	295	276	18	10	8	3	2	1
909	349	560	22	8	14	5	3	2
901	410	491	299	162	137	17	13	4
1630	**793**	**837**	**99**	**59**	**40**	**43**	**25**	**18**
310	162	148	1		1	1		1
646	307	339	9	8	1	15	8	7
357	197	160	12	6	6	9	6	3
317	127	190	77	45	32	18	11	7
5810	**3010**	**2800**	**518**	**258**	**260**	**222**	**152**	**70**
74	57	17	1	1				
275	177	98	2	1	1	4	1	3
206	112	94	1	1		5	4	1
739	450	289	46	20	26	30	18	12
624	299	325	87	47	40	21	17	4
1405	687	718	212	104	108	58	41	17
566	272	294	60	30	30	24	13	11
687	314	373	41	20	21	16	12	4
92	42	50						
579	304	275	28	16	12	30	22	8
563	296	267	40	18	22	34	24	10
4161	**2383**	**1778**	**97**	**45**	**52**	**96**	**54**	**42**
230	104	126	1		1			
583	367	216	6	3	3	3	1	2
215	84	131	5	3	2	8	6	2
1095	570	525	49	21	28	61	35	26
900	457	443	19	12	7	13	7	6
446	273	173	4	2	2	5	1	4
692	528	164	13	4	9	6	4	2
11892	**6230**	**5662**	**431**	**210**	**221**	**75**	**52**	**23**
154	91	63	2	2		4	2	2
3491	1774	1717	12	7	5	4	4	
1266	740	526	22	8	14	5	2	3
889	534	355	17	10	7	9	7	2
1061	481	580	159	80	79	17	9	8
1229	548	681	147	73	74	8	4	4
1498	968	530						
849	406	443	17	7	10	18	15	3
1455	688	767	55	23	32	10	9	1

1-2c 续表 2

地区	人口数			居住本乡、镇、街道，户口在本乡、镇、街道		
	合计	男	女	小计	男	女
阜阳市	**492629**	**249860**	**242769**	**481647**	**244721**	**236926**
颍州区	26385	13112	13273	24685	12281	12404
颍东区	31237	16086	15151	30250	15599	14651
颍泉区	29226	14658	14568	28490	14338	14152
临泉县	118252	59201	59051	116553	58425	58128
太和县	80949	41599	39350	79739	41038	38701
阜南县	83589	42088	41501	81917	41312	40605
颍上县	84410	44009	40401	83093	43427	39666
阜阳合肥现代产业园区	3006	1544	1462	2620	1359	1261
阜阳经济技术开发区	1791	916	875	1398	719	679
界首市	33784	16647	17137	32902	16223	16679
宿州市	**289609**	**145962**	**143647**	**281277**	**142475**	**138802**
埇桥区	86499	44650	41849	82885	43132	39753
砀山县	38291	19145	19146	37559	18833	18726
萧县	66386	33216	33170	64711	32532	32179
灵璧县	53799	26538	27261	52288	25915	26373
泗县	43094	21623	21471	42336	21291	21045
宿州马鞍山现代产业园区	1540	790	750	1498	772	726
宿州经济技术开发区						
六安市	**229904**	**119995**	**109909**	**221682**	**115798**	**105884**
金安区	30588	15793	14795	28620	14740	13880
裕安区	44502	23227	21275	42442	22270	20172
叶集区	9143	4820	4323	8582	4557	4025
霍邱县	56974	29587	27387	55724	28944	26780
舒城县	46448	24053	22395	45154	23338	21816
金寨县	31689	16970	14719	30799	16500	14299
霍山县	10560	5545	5015	10361	5449	4912
亳州市	**254091**	**127330**	**126761**	**245881**	**123577**	**122304**
谯城区	73565	37207	36358	70741	35882	34859
涡阳县	61833	31009	30824	59899	30041	29858
蒙城县	54895	27342	27553	53448	26740	26708
利辛县	63798	31772	32026	61793	30914	30879
池州市	**54970**	**28330**	**26640**	**52025**	**26609**	**25416**
贵池区	16807	8457	8350	15665	7762	7903
东至县	23493	12365	11128	23042	12130	10912
石台县	4071	2048	2023	3798	1883	1915
青阳县	9478	4909	4569	8559	4370	4189
池州市国家经济技术开发区						
皖江江南新兴产业集中区						
九华山风景区	1121	551	570	961	464	497
宣城市	**89268**	**46648**	**42620**	**82455**	**42995**	**39460**
宣州区	26815	13686	13129	24544	12478	12066
郎溪县	11334	5909	5425	10782	5666	5116
泾县	11653	6296	5357	10793	5774	5019
绩溪县	4884	2497	2387	4621	2338	2283
旌德县	4416	2409	2007	4171	2255	1916
宣城市经济开发区	1751	944	807	1061	541	520
宁国市	11026	5938	5088	10125	5436	4689
广德市	17389	8969	8420	16358	8507	7851

单位：人

居住本乡、镇、街道，户口在外乡、镇、街道，离开户口登记地半年以上			居住本乡、镇、街道，户口待定			原住本乡、镇、街道，现在港澳台或国外工作学习		
小计	男	女	小计	男	女	小计	男	女
7676	**3445**	**4231**	**3033**	**1518**	**1515**	**273**	**176**	**97**
1500	744	756	187	77	110	13	10	3
853	417	436	116	58	58	18	12	6
520	211	309	196	96	100	20	13	7
985	430	555	669	319	350	45	27	18
562	207	355	608	325	283	40	29	11
1052	447	605	558	290	268	62	39	23
770	311	459	500	245	255	47	26	21
371	176	195	15	9	6			
389	193	196	4	4				
674	309	365	180	95	85	28	20	8
6626	**2617**	**4009**	**1487**	**701**	**786**	**219**	**169**	**50**
3161	1294	1867	399	189	210	54	35	19
507	209	298	198	83	115	27	20	7
1318	478	840	271	134	137	86	72	14
1046	391	655	438	212	226	27	20	7
559	230	329	175	81	94	24	21	3
35	15	20	6	2	4	1	1	
7615	**3869**	**3746**	**439**	**221**	**218**	**168**	**107**	**61**
1917	1027	890	28	13	15	23	13	10
1965	905	1060	63	33	30	32	19	13
527	244	283	32	18	14	2	1	1
1095	570	525	124	55	69	31	18	13
1190	656	534	60	30	30	44	29	15
740	379	361	125	69	56	25	22	3
181	88	93	7	3	4	11	5	6
5260	**2344**	**2916**	**2828**	**1325**	**1503**	**122**	**84**	**38**
2209	1007	1202	584	295	289	31	23	8
1015	528	487	899	427	472	20	13	7
702	258	444	712	324	388	33	20	13
1334	551	783	633	279	354	38	28	10
2826	**1653**	**1173**	**71**	**40**	**31**	**48**	**28**	**20**
1107	674	433	20	12	8	15	9	6
397	204	193	37	22	15	17	9	8
263	160	103	7	3	4	3	2	1
902	529	373	6	3	3	11	7	4
157	86	71	1		1	2	1	1
6605	**3555**	**3050**	**133**	**58**	**75**	**75**	**40**	**35**
2206	1177	1029	45	22	23	20	9	11
521	233	288	25	8	17	6	2	4
837	510	327	8	5	3	15	7	8
253	155	98	7	2	5	3	2	1
236	149	87	5	3	2	4	2	2
686	403	283	4		4			
882	488	394	5	4	1	14	10	4
984	440	544	34	14	20	13	8	5

1-3 各地区分年龄、性别的人口

单位：人

地区	合计			0岁		
	合计	男	女	小计	男	女
安徽	**6038744**	**3063857**	**2974887**	**54066**	**28789**	**25277**
合肥市	**921840**	**472331**	**449509**	**8257**	**4468**	**3789**
瑶海区	80232	40291	39941	578	317	261
庐阳区	67594	33536	34058	624	350	274
蜀山区	95842	47624	48218	839	460	379
包河区	115556	59123	56433	1004	555	449
长丰县	78271	40955	37316	870	472	398
肥东县	106054	56127	49927	878	460	418
肥西县	95834	50072	45762	954	496	458
庐江县	94544	47860	46684	799	429	370
合肥高新技术产业开发区	26078	13541	12537	286	167	119
合肥经济技术开发区	53606	27924	25682	488	258	230
合肥新站高新技术产业开发区	42461	22770	19691	354	185	169
巢湖市	65768	32508	33260	583	319	264
芜湖市	**386778**	**198867**	**187911**	**2804**	**1462**	**1342**
镜湖区	47778	23298	24480	280	135	145
弋江区	40347	20123	20224	239	120	119
鸠江区	51921	26945	24976	464	238	226
三山区	15229	8087	7142	143	77	66
芜湖县	35747	18502	17245	281	143	138
繁昌县	26748	13687	13061	174	83	91
南陵县	46249	23401	22848	329	170	159
芜湖经济技术开发区	17382	9525	7857	135	79	56
安徽芜湖长江大桥经济开发区	2084	1089	995	19	10	9
无为市	103293	54210	49083	740	407	333
蚌埠市	**291746**	**145634**	**146112**	**2749**	**1461**	**1288**
龙子湖区	19688	9738	9950	116	54	62
蚌山区	15398	7558	7840	80	41	39
禹会区	29928	14958	14970	217	114	103
淮上区	25265	12954	12311	259	140	119
怀远县	77003	38597	38406	804	437	367
五河县	47959	24009	23950	568	298	270
固镇县	44574	22152	22422	496	257	239
蚌埠市高新技术开发区	5901	2983	2918	33	14	19
蚌埠市经济开发区	26030	12685	13345	176	106	70
淮南市	**300660**	**154508**	**146152**	**2349**	**1271**	**1078**
大通区	15337	7765	7572	105	57	48
田家庵区	68968	34177	34791	463	248	215
谢家集区	20513	10203	10310	106	42	64
八公山区	11790	5834	5956	52	24	28
潘集区	29363	15322	14041	360	185	175
凤台县	56958	30024	26934	520	290	230
寿县	97731	51183	46548	743	425	318

1-3　续表 1　　　　单位：人

地　　区	合　　计			0岁		
	合计	男	女	小计	男	女
马鞍山市	**205997**	**104800**	**101197**	**1656**	**887**	**769**
花山区	42700	21224	21476	267	149	118
雨山区	33208	16782	16426	203	114	89
博望区	15404	8102	7302	154	73	81
当涂县	42829	21893	20936	368	199	169
含山县	36606	18894	17712	354	196	158
和县	35250	17905	17345	310	156	154
淮北市	**189681**	**94491**	**95190**	**1770**	**935**	**835**
杜集区	23704	11932	11772	181	87	94
相山区	52484	25768	26716	396	203	193
烈山区	23504	11484	12020	208	112	96
濉溪县	89989	45307	44682	985	533	452
铜陵市	**118710**	**58192**	**60518**	**884**	**472**	**412**
铜官区	42870	21084	21786	231	121	110
义安区	21241	10711	10530	167	89	78
郊区	14184	6988	7196	109	57	52
枞阳县	40415	19409	21006	377	205	172
安庆市	**470694**	**238909**	**231785**	**3857**	**2075**	**1782**
迎江区	24647	12192	12455	163	90	73
大观区	21535	10576	10959	136	78	58
宜秀区	17998	8927	9071	146	68	78
怀宁县	59803	30366	29437	471	251	220
太湖县	50459	25796	24663	486	238	248
宿松县	73034	38347	34687	595	341	254
望江县	55217	27788	27429	497	288	209
岳西县	34827	17921	16906	317	156	161
安徽安庆经济开发区	13704	6962	6742	87	49	38
桐城市	68553	34159	34394	548	296	252
潜山市	50917	25875	25042	411	220	191
黄山市	**136157**	**68479**	**67678**	**1151**	**602**	**549**
屯溪区	28223	13729	14494	217	111	106
黄山区	14008	7315	6693	108	58	50
徽州区	9862	4956	4906	103	54	49
歙县	41613	21132	20481	326	167	159
休宁县	21600	10821	10779	202	108	94
黟县	7363	3752	3611	70	35	35
祁门县	13488	6774	6714	125	69	56
滁州市	**417437**	**215728**	**201709**	**3510**	**1880**	**1630**
琅琊区	25745	12879	12866	181	100	81
南谯区	33133	16898	16235	291	147	144
来安县	41599	21514	20085	324	155	169
全椒县	41727	21689	20038	310	172	138
定远县	78662	41661	37001	727	412	315
凤阳县	67734	35536	32198	705	393	312
苏滁现代产业园	2394	1460	934	14	7	7
滁州经济技术开发区	13782	7261	6521	78	44	34
天长市	62593	31673	30920	485	243	242
明光市	50068	25157	24911	395	207	188

1-3 续表 2

单位：人

地区	合计			0岁		
	合计	男	女	小计	男	女
阜阳市	**829925**	**418906**	**411019**	**8320**	**4470**	**3850**
颍州区	76335	37268	39067	782	437	345
颍东区	56223	28884	27339	511	253	258
颍泉区	59267	30012	29255	544	297	247
临泉县	168018	84188	83830	1741	941	800
太和县	142474	72618	69856	1354	704	650
阜南县	115671	57800	57871	1346	740	606
颍上县	133384	69222	64162	1246	674	572
阜阳合肥现代产业园区	3554	1848	1706	42	23	19
阜阳经济技术开发区	11251	5634	5617	73	31	42
界首市	63748	31432	32316	681	370	311
宿州市	**509963**	**255521**	**254442**	**5404**	**2824**	**2580**
埇桥区	162906	82466	80440	1522	778	744
砀山县	73319	36432	36887	882	443	439
萧县	102556	51443	51113	1150	619	531
灵璧县	89761	44516	45245	994	547	447
泗县	71740	35772	35968	769	393	376
宿州马鞍山现代产业园区	4175	2138	2037	45	22	23
宿州经济技术开发区	5506	2754	2752	42	22	20
六安市	**433405**	**221493**	**211912**	**3679**	**1981**	**1698**
金安区	77763	38663	39100	644	335	309
裕安区	87508	44668	42840	745	419	326
叶集区	18434	9707	8727	175	97	78
霍邱县	86758	44977	41781	709	378	331
舒城县	79048	39930	39118	654	340	314
金寨县	52291	27485	24806	508	287	221
霍山县	31603	16063	15540	244	125	119
亳州市	**459609**	**231215**	**228394**	**4897**	**2547**	**2350**
谯城区	143778	72340	71438	1417	721	696
涡阳县	105805	53483	52322	1152	617	535
蒙城县	100164	50268	49896	1242	646	596
利辛县	109862	55124	54738	1086	563	523
池州市	**134155**	**66793**	**67362**	**1030**	**538**	**492**
贵池区	53883	26195	27688	479	250	229
东至县	48229	24545	23684	311	161	150
石台县	7237	3565	3672	63	33	30
青阳县	21147	10566	10581	155	82	73
池州市国家经济技术开发区	1249	642	607	6	4	2
皖江江南新兴产业集中区	930	514	416			
九华山风景区	1480	766	714	16	8	8
宣城市	**231987**	**117990**	**113997**	**1749**	**916**	**833**
宣州区	60128	29820	30308	496	273	223
郎溪县	30639	15545	15094	222	119	103
泾县	24818	12754	12064	186	95	91
绩溪县	12542	6195	6347	95	45	50
旌德县	10544	5429	5115	87	43	44
宣城市经济开发区	9975	5388	4587	77	42	35
宁国市	36574	18715	17859	249	129	120
广德市	46767	24144	22623	337	170	167

1-3　续表 3　　单位：人

地　区	1-4岁			5-9岁			10-14岁		
	小计	男	女	小计	男	女	小计	男	女
安　徽	**302488**	**160462**	**142026**	**415735**	**225087**	**190648**	**389361**	**212027**	**177334**
合肥市	**49458**	**26530**	**22928**	**51850**	**28091**	**23759**	**43551**	**23797**	**19754**
瑶海区	4328	2309	2019	4872	2646	2226	4155	2283	1872
庐阳区	4031	2082	1949	4562	2474	2088	3316	1804	1512
蜀山区	5314	2862	2452	5556	2933	2623	3896	2114	1782
包河区	6773	3596	3177	6793	3651	3142	5194	2831	2363
长丰县	4696	2584	2112	4628	2595	2033	4241	2283	1958
肥东县	5046	2727	2319	5345	2988	2357	5511	3052	2459
肥西县	5091	2776	2315	4790	2567	2223	3795	2060	1735
庐江县	4392	2377	2015	5672	3093	2579	5887	3264	2623
合肥高新技术产业开发区	1712	903	809	1305	691	614	767	406	361
合肥经济技术开发区	3207	1679	1528	3023	1605	1418	1950	1018	932
合肥新站高新技术产业开发区	2254	1227	1027	2177	1188	989	1601	904	697
巢湖市	2614	1408	1206	3127	1660	1467	3238	1778	1460
芜湖市	**16027**	**8452**	**7575**	**19432**	**10573**	**8859**	**17775**	**9501**	**8274**
镜湖区	1795	965	830	2223	1182	1041	1968	1008	960
弋江区	1604	833	771	1877	1015	862	1382	698	684
鸠江区	2502	1328	1174	2895	1626	1269	2179	1208	971
三山区	768	410	358	859	445	414	675	357	318
芜湖县	1480	770	710	1618	827	791	1578	812	766
繁昌县	1001	498	503	1222	636	586	1144	567	577
南陵县	1779	928	851	2224	1176	1048	2430	1248	1182
芜湖经济技术开发区	952	497	455	986	533	453	612	308	304
安徽芜湖长江大桥经济开发区	106	52	54	115	65	50	98	58	40
无为市	4040	2171	1869	5413	3068	2345	5709	3237	2472
蚌埠市	**15797**	**8395**	**7402**	**25587**	**13835**	**11752**	**22349**	**11954**	**10395**
龙子湖区	805	425	380	1126	602	524	1137	613	524
蚌山区	690	356	334	1028	567	461	853	447	406
禹会区	1222	640	582	1908	1053	855	1856	995	861
淮上区	1416	778	638	2286	1265	1021	1593	827	766
怀远县	4347	2300	2047	7942	4249	3693	7788	4112	3676
五河县	2931	1577	1354	4245	2313	1932	3775	2060	1715
固镇县	2782	1490	1292	4900	2647	2253	3781	2066	1715
蚌埠市高新技术开发区	315	162	153	543	309	234	420	222	198
蚌埠市经济开发区	1289	667	622	1609	830	779	1146	612	534
淮南市	**14193**	**7522**	**6671**	**20968**	**11715**	**9253**	**20879**	**11579**	**9300**
大通区	756	391	365	1000	540	460	824	429	395
田家庵区	3019	1553	1466	4208	2273	1935	3612	1920	1692
谢家集区	680	351	329	983	518	465	997	549	448
八公山区	339	171	168	469	260	209	497	256	241
潘集区	1936	1012	924	2379	1334	1045	2036	1123	913
凤台县	2992	1650	1342	5573	3173	2400	5123	2874	2249
寿县	4471	2394	2077	6356	3617	2739	7790	4428	3362

1－3 续表 4

单位：人

地　区	1－4岁			5－9岁			10－14岁		
	小计	男	女	小计	男	女	小计	男	女
马鞍山市	**8411**	**4393**	**4018**	**10283**	**5653**	**4630**	**9461**	**5273**	**4188**
花山区	1510	742	768	2002	1081	921	2003	1066	937
雨山区	1149	582	567	1257	659	598	1061	562	499
博望区	764	395	369	837	467	370	826	468	358
当涂县	1904	1014	890	2199	1170	1029	1647	891	756
含山县	1622	877	745	2085	1200	885	2010	1152	858
和县	1462	783	679	1903	1076	827	1914	1134	780
淮北市	**10604**	**5616**	**4988**	**14541**	**7836**	**6705**	**12333**	**6809**	**5524**
杜集区	1082	591	491	1489	772	717	1418	785	633
相山区	2591	1326	1265	3656	1968	1688	3149	1706	1443
烈山区	1108	587	521	1387	763	624	1203	651	552
濉溪县	5823	3112	2711	8009	4333	3676	6563	3667	2896
铜陵市	**4782**	**2513**	**2269**	**5714**	**2999**	**2715**	**6038**	**3227**	**2811**
铜官区	1680	879	801	2067	1098	969	1954	1026	928
义安区	807	414	393	874	438	436	898	461	437
郊区	615	328	287	645	322	323	806	425	381
枞阳县	1680	892	788	2128	1141	987	2380	1315	1065
安庆市	**21912**	**11504**	**10408**	**25840**	**13854**	**11986**	**25090**	**13707**	**11383**
迎江区	1090	579	511	1145	584	561	978	530	448
大观区	765	377	388	958	522	436	990	518	472
宜秀区	826	442	384	799	442	357	687	380	307
怀宁县	2817	1529	1288	3298	1735	1563	3206	1798	1408
太湖县	2588	1340	1248	3005	1593	1412	2648	1443	1205
宿松县	3374	1845	1529	5155	2852	2303	5402	3065	2337
望江县	3008	1561	1447	3246	1791	1455	3023	1653	1370
岳西县	1689	877	812	2045	1095	950	1888	980	908
安徽安庆经济开发区	575	292	283	669	344	325	524	281	243
桐城市	2987	1520	1467	3136	1649	1487	3220	1731	1489
潜山市	2193	1142	1051	2384	1247	1137	2524	1328	1196
黄山市	**5850**	**2976**	**2874**	**6618**	**3360**	**3258**	**5963**	**3102**	**2861**
屯溪区	1335	692	643	1502	797	705	1207	649	558
黄山区	561	282	279	554	276	278	517	264	253
徽州区	459	214	245	498	245	253	427	227	200
歙县	1748	897	851	1928	971	957	1943	984	959
休宁县	883	456	427	1088	545	543	994	549	445
黟县	248	127	121	291	133	158	257	127	130
祁门县	616	308	308	757	393	364	618	302	316
滁州市	**19795**	**10503**	**9292**	**23016**	**12431**	**10585**	**21411**	**11615**	**9796**
琅琊区	1135	599	536	1380	722	658	1309	679	630
南谯区	1649	848	801	1790	915	875	1337	710	627
来安县	1668	887	781	2069	1085	984	1821	960	861
全椒县	1733	926	807	1848	1027	821	1645	916	729
定远县	4017	2204	1813	4620	2544	2076	4666	2590	2076
凤阳县	3854	2066	1788	4549	2588	1961	4480	2473	2007
苏滁现代产业园	91	37	54	96	51	45	69	42	27
滁州经济技术开发区	634	317	317	625	339	286	435	236	199
天长市	2775	1458	1317	3140	1618	1522	2523	1359	1164
明光市	2239	1161	1078	2899	1542	1357	3126	1650	1476

1-3 续表 5

单位：人

地区	1-4岁			5-9岁			10-14岁		
	小计	男	女	小计	男	女	小计	男	女
阜阳市	**45513**	**23877**	**21636**	**75268**	**40758**	**34510**	**71844**	**39260**	**32584**
颍州区	4696	2428	2268	6635	3584	3051	5434	2928	2506
颍东区	3209	1735	1474	5114	2779	2335	4362	2400	1962
颍泉区	3258	1723	1535	5365	2892	2473	4711	2569	2142
临泉县	9264	4793	4471	15000	8024	6976	14274	7737	6537
太和县	7151	3819	3332	12500	6911	5589	12754	7034	5720
阜南县	6844	3563	3281	11379	6123	5256	11203	6004	5199
颍上县	6594	3513	3081	11988	6549	5439	12494	6849	5645
阜阳合肥现代产业园区	230	119	111	410	227	183	295	169	126
阜阳经济技术开发区	691	366	325	998	503	495	814	447	367
界首市	3576	1818	1758	5879	3166	2713	5503	3123	2380
宿州市	**29977**	**15928**	**14049**	**46536**	**25161**	**21375**	**40700**	**22039**	**18661**
埇桥区	9192	4924	4268	14170	7669	6501	11820	6500	5320
砀山县	4710	2443	2267	6058	3291	2767	5231	2912	2319
萧县	5884	3091	2793	8802	4783	4019	7996	4213	3783
灵璧县	5641	3023	2618	9732	5195	4537	8974	4848	4126
泗县	4011	2165	1846	6812	3686	3126	5979	3198	2781
宿州马鞍山现代产业园区	273	150	123	404	225	179	318	161	157
宿州经济技术开发区	266	132	134	558	312	246	382	207	175
六安市	**19888**	**10857**	**9031**	**27598**	**15614**	**11984**	**28939**	**16334**	**12605**
金安区	3823	1994	1829	4677	2629	2048	4768	2589	2179
裕安区	4600	2564	2036	5651	3220	2431	5697	3265	2432
叶集区	913	517	396	1430	862	568	1451	890	561
霍邱县	3703	2044	1659	7016	4001	3015	8263	4729	3534
舒城县	3325	1786	1539	4055	2151	1904	3862	2004	1858
金寨县	2343	1320	1023	3169	1877	1292	3489	2115	1374
霍山县	1181	632	549	1600	874	726	1409	742	667
亳州市	**25657**	**13756**	**11901**	**44583**	**24077**	**20506**	**45270**	**24694**	**20576**
谯城区	8206	4357	3849	12637	6929	5708	10892	6019	4873
涡阳县	5253	2892	2361	10345	5513	4832	11394	6245	5149
蒙城县	6129	3262	2867	10457	5682	4775	10909	6051	4858
利辛县	6069	3245	2824	11144	5953	5191	12075	6379	5696
池州市	**5731**	**3018**	**2713**	**7156**	**3695**	**3461**	**7259**	**3761**	**3498**
贵池区	2322	1250	1072	2928	1504	1424	2781	1442	1339
东至县	2116	1115	1001	2656	1373	1283	2740	1433	1307
石台县	270	147	123	325	157	168	386	193	193
青阳县	870	438	432	1056	561	495	1181	604	577
池州市国家经济技术开发区	73	31	42	81	43	38	75	42	33
皖江江南新兴产业集中区	27	10	17	34	21	13	33	14	19
九华山风景区	53	27	26	76	36	40	63	33	30
宣城市	**8893**	**4622**	**4271**	**10745**	**5435**	**5310**	**10499**	**5375**	**5124**
宣州区	2356	1223	1133	2911	1458	1453	2831	1442	1389
郎溪县	1233	656	577	1482	744	738	1595	822	773
泾县	840	463	377	1158	588	570	1061	552	509
绩溪县	478	243	235	542	268	274	504	246	258
旌德县	408	213	195	491	250	241	456	236	220
宣城市经济开发区	435	220	215	451	241	210	367	205	162
宁国市	1356	648	708	1682	828	854	1547	767	780
广德市	1787	956	831	2028	1058	970	2138	1105	1033

1-3 续表 6

单位：人

地　区	15－19岁			20－24岁			25－29岁		
	小计	男	女	小计	男	女	小计	男	女
安　徽	**341702**	**184122**	**157580**	**288976**	**150159**	**138817**	**398194**	**202838**	**195356**
合肥市	**54074**	**29506**	**24568**	**66691**	**34978**	**31713**	**81805**	**42385**	**39420**
瑶海区	2829	1487	1342	4562	2311	2251	7761	3872	3889
庐阳区	2642	1406	1236	3589	1782	1807	5841	2844	2997
蜀山区	4461	2443	2018	9386	4588	4798	9836	4838	4998
包河区	5009	2839	2170	8514	4649	3865	11825	6015	5810
长丰县	4807	2663	2144	4378	2327	2051	6885	3590	3295
肥东县	7782	4383	3399	5596	3181	2415	8426	4645	3781
肥西县	6774	3502	3272	7713	4036	3677	8734	4679	4055
庐江县	4683	2559	2124	3501	1753	1748	4877	2498	2379
合肥高新技术产业开发区	1732	947	785	3073	1561	1512	3508	1920	1588
合肥经济技术开发区	4623	2562	2061	7896	4291	3605	5773	3093	2680
合肥新站高新技术产业开发区	5254	3026	2228	5132	2842	2290	4823	2685	2138
巢湖市	3478	1689	1789	3351	1657	1694	3516	1706	1810
芜湖市	**21832**	**11761**	**10071**	**22648**	**12167**	**10481**	**28396**	**15220**	**13176**
镜湖区	1588	785	803	2500	1084	1416	3243	1572	1671
弋江区	3599	1725	1874	5494	2736	2758	3007	1500	1507
鸠江区	2830	1681	1149	3225	1916	1309	4260	2204	2056
三山区	898	532	366	663	408	255	1336	717	619
芜湖县	2697	1387	1310	1822	1067	755	2437	1330	1107
繁昌县	1535	793	742	930	456	474	1777	982	795
南陵县	2364	1241	1123	1661	796	865	2588	1370	1218
芜湖经济技术开发区	562	350	212	1480	957	523	2150	1277	873
安徽芜湖长江大桥经济开发区	56	26	30	66	30	36	155	87	68
无为市	5703	3241	2462	4807	2717	2090	7443	4181	3262
蚌埠市	**15072**	**8028**	**7044**	**12409**	**6122**	**6287**	**17033**	**8143**	**8890**
龙子湖区	708	366	342	712	357	355	1157	561	596
蚌山区	697	387	310	570	277	293	1018	479	539
禹会区	1585	809	776	1596	739	857	1952	964	988
淮上区	1852	1040	812	902	445	457	1824	897	927
怀远县	3841	2053	1788	2300	1123	1177	3828	1823	2005
五河县	2274	1250	1024	1530	774	756	2964	1410	1554
固镇县	1828	987	841	1156	533	623	2265	1054	1211
蚌埠市高新技术开发区	465	296	169	220	115	105	395	192	203
蚌埠市经济开发区	1822	840	982	3423	1759	1664	1630	763	867
淮南市	**15432**	**8321**	**7111**	**12395**	**6504**	**5891**	**15725**	**8015**	**7710**
大通区	593	323	270	556	287	269	1006	489	517
田家庵区	4388	2229	2159	4681	2450	2231	3868	1867	2001
谢家集区	809	433	376	637	302	335	946	477	469
八公山区	418	222	196	416	210	206	542	287	255
潘集区	926	495	431	946	513	433	1755	873	882
凤台县	2487	1418	1069	1584	845	739	2851	1445	1406
寿县	5811	3201	2610	3575	1897	1678	4757	2577	2180

1-3 续表 7

单位：人

地区	15-19岁			20-24岁			25-29岁		
	小计	男	女	小计	男	女	小计	男	女
马鞍山市	**9517**	**5182**	**4335**	**9806**	**5247**	**4559**	**13627**	**7223**	**6404**
花山区	1502	810	692	1548	798	750	2659	1335	1324
雨山区	2489	1394	1095	3055	1642	1413	2222	1130	1092
博望区	616	359	257	623	337	286	1146	654	492
当涂县	1629	915	714	1869	996	873	3249	1707	1542
含山县	1540	849	691	1562	887	675	2539	1427	1112
和县	1741	855	886	1149	587	562	1812	970	842
淮北市	**10566**	**5417**	**5149**	**9351**	**4577**	**4774**	**12425**	**6159**	**6266**
杜集区	1045	524	521	868	449	419	1579	794	785
相山区	2982	1614	1368	2735	1326	1409	3276	1563	1713
烈山区	2113	890	1223	1752	735	1017	1303	678	625
濉溪县	4426	2389	2037	3996	2067	1929	6267	3124	3143
铜陵市	**6016**	**3217**	**2799**	**4818**	**2397**	**2421**	**5684**	**2846**	**2838**
铜官区	2437	1228	1209	2817	1402	1415	2491	1200	1291
义安区	742	425	317	604	299	305	1075	554	521
郊区	463	259	204	346	177	169	579	298	281
枞阳县	2374	1305	1069	1051	519	532	1539	794	745
安庆市	**23795**	**12811**	**10984**	**18913**	**9793**	**9120**	**28678**	**15009**	**13669**
迎江区	779	420	359	789	399	390	1563	760	803
大观区	933	492	441	773	378	395	1038	525	513
宜秀区	1664	734	930	1755	799	956	1178	584	594
怀宁县	2712	1516	1196	2395	1270	1125	3699	1940	1759
太湖县	2237	1191	1046	1751	927	824	3043	1584	1459
宿松县	4531	2790	1741	2840	1621	1219	4750	2659	2091
望江县	2567	1376	1191	1996	1007	989	3752	1919	1833
岳西县	1500	772	728	1297	685	612	1744	903	841
安徽安庆经济开发区	813	438	375	767	403	364	932	480	452
桐城市	3810	1882	1928	2779	1373	1406	3989	2091	1898
潜山市	2249	1200	1049	1771	931	840	2990	1564	1426
黄山市	**5501**	**2735**	**2766**	**4903**	**2415**	**2488**	**7705**	**3767**	**3938**
屯溪区	1490	743	747	1900	901	999	1768	802	966
黄山区	410	193	217	381	210	171	752	369	383
徽州区	294	143	151	244	122	122	617	302	315
歙县	1894	940	954	1245	625	620	2419	1215	1204
休宁县	773	379	394	602	311	291	1200	616	584
黟县	217	127	90	186	85	101	363	163	200
祁门县	423	210	213	345	161	184	586	300	286
滁州市	**21963**	**12265**	**9698**	**21127**	**11315**	**9812**	**30729**	**16286**	**14443**
琅琊区	1029	557	472	1278	617	661	1794	887	907
南谯区	1912	968	944	1723	813	910	2734	1391	1343
来安县	1606	862	744	1689	900	789	3067	1632	1435
全椒县	1794	1041	753	1941	1038	903	3208	1749	1459
定远县	4493	2666	1827	3912	2264	1648	6551	3721	2830
凤阳县	4386	2459	1927	3830	2122	1708	4880	2501	2379
苏滁现代产业园	167	110	57	218	153	65	330	198	132
滁州经济技术开发区	1423	880	543	1884	1078	806	1460	811	649
天长市	2570	1397	1173	2652	1354	1298	3852	1996	1856
明光市	2583	1325	1258	2000	976	1024	2853	1400	1453

1-3 续表 8 单位：人

地区	15-19岁			20-24岁			25-29岁		
	小计	男	女	小计	男	女	小计	男	女
阜阳市	**59049**	**31522**	**27527**	**38375**	**19933**	**18442**	**54305**	**27237**	**27068**
颍州区	6543	3129	3414	4166	1839	2327	5056	2403	2653
颍东区	3828	2161	1667	2360	1252	1108	3859	1962	1897
颍泉区	4089	2198	1891	2383	1268	1115	3859	1956	1903
临泉县	13331	7020	6311	9396	4855	4541	10777	5328	5449
太和县	10097	5614	4483	6180	3430	2750	9117	4715	4402
阜南县	8060	4190	3870	5200	2664	2536	7498	3690	3808
颍上县	8563	4747	3816	6001	3230	2771	9039	4669	4370
阜阳合肥现代产业园区	167	86	81	133	65	68	284	141	143
阜阳经济技术开发区	773	398	375	516	273	243	952	458	494
界首市	3598	1979	1619	2040	1057	983	3864	1915	1949
宿州市	**26198**	**14237**	**11961**	**19758**	**10136**	**9622**	**33698**	**16548**	**17150**
埇桥区	8059	4222	3837	7541	3907	3634	11319	5677	5642
砀山县	3254	1861	1393	2552	1339	1213	4991	2425	2566
萧县	5392	3041	2351	3927	2092	1835	7089	3541	3548
灵璧县	4767	2629	2138	2731	1326	1405	5081	2368	2713
泗县	3810	1979	1831	2575	1241	1334	4397	2157	2240
宿州马鞍山现代产业园区	456	276	180	164	87	77	322	134	188
宿州经济技术开发区	460	229	231	268	144	124	499	246	253
六安市	**25994**	**14539**	**11455**	**16975**	**8955**	**8020**	**23604**	**11971**	**11633**
金安区	5977	3250	2727	3180	1673	1507	4452	2144	2308
裕安区	5629	3140	2489	4634	2482	2152	5155	2571	2584
叶集区	1357	871	486	521	263	258	898	440	458
霍邱县	4572	2555	2017	2390	1195	1195	3773	1887	1886
舒城县	3958	2117	1841	2936	1527	1409	4829	2578	2251
金寨县	2738	1648	1090	2198	1211	987	2733	1437	1296
霍山县	1763	958	805	1116	604	512	1764	914	850
亳州市	**31280**	**16754**	**14526**	**18521**	**9541**	**8980**	**26446**	**12977**	**13469**
谯城区	9379	4929	4450	7149	3630	3519	9426	4726	4700
涡阳县	6930	3761	3169	3839	2015	1824	5732	2745	2987
蒙城县	6304	3530	2774	3482	1763	1719	5359	2574	2785
利辛县	8667	4534	4133	4051	2133	1918	5929	2932	2997
池州市	**6600**	**3254**	**3346**	**5017**	**2393**	**2624**	**6543**	**3202**	**3341**
贵池区	2956	1323	1633	2501	1143	1358	2650	1229	1421
东至县	2336	1239	1097	1693	854	839	2530	1324	1206
石台县	254	131	123	156	67	89	226	83	143
青阳县	870	460	410	539	258	281	875	427	448
池州市国家经济技术开发区	45	23	22	48	30	18	109	59	50
皖江江南新兴产业集中区	107	65	42	35	21	14	77	42	35
九华山风景区	32	13	19	45	20	25	76	38	38
宣城市	**8813**	**4573**	**4240**	**7269**	**3686**	**3583**	**11791**	**5850**	**5941**
宣州区	2312	1092	1220	1885	882	1003	2966	1420	1546
郎溪县	1279	662	617	1155	573	582	1765	908	857
泾县	778	415	363	452	222	230	1006	480	526
绩溪县	300	161	139	213	106	107	511	236	275
旌德县	313	161	152	220	91	129	407	197	210
宣城市经济开发区	895	559	336	859	558	301	800	433	367
宁国市	1112	572	540	972	487	485	1805	890	915
广德市	1824	951	873	1513	767	746	2531	1286	1245

1-3　续表 9　　　　单位：人

地　区	30-34岁			35-39岁			40-44岁		
	小计	男	女	小计	男	女	小计	男	女
安　徽	**484759**	**238760**	**245999**	**356881**	**177755**	**179126**	**380291**	**191862**	**188429**
合肥市	**96328**	**48022**	**48306**	**67062**	**34547**	**32515**	**58415**	**30217**	**28198**
瑶海区	8712	4194	4518	6785	3318	3467	6267	3200	3067
庐阳区	8113	3802	4311	6261	3128	3133	4854	2409	2445
蜀山区	11094	5274	5820	8342	4173	4169	6201	3133	3068
包河区	14052	6896	7156	10060	5128	4932	8097	4170	3927
长丰县	8190	4126	4064	5053	2729	2324	4661	2569	2092
肥东县	7762	4070	3692	6135	3276	2859	7243	3997	3246
肥西县	10692	5642	5050	6498	3584	2914	5065	2695	2370
庐江县	7411	3604	3807	5236	2520	2716	5710	2740	2970
合肥高新技术产业开发区	4050	2144	1906	1947	1075	872	1160	612	548
合肥经济技术开发区	7100	3638	3462	4290	2308	1982	2771	1499	1272
合肥新站高新技术产业开发区	4975	2621	2354	2863	1554	1309	2095	1120	975
巢湖市	4177	2011	2166	3592	1754	1838	4291	2073	2218
芜湖市	**31547**	**16227**	**15320**	**23058**	**11553**	**11505**	**25352**	**12964**	**12388**
镜湖区	4013	1915	2098	3547	1665	1882	3275	1619	1656
弋江区	3710	1807	1903	2689	1373	1316	2459	1268	1191
鸠江区	4856	2450	2406	3026	1585	1441	2929	1518	1411
三山区	1591	858	733	792	410	382	957	526	431
芜湖县	2703	1384	1319	1972	981	991	2571	1316	1255
繁昌县	2118	1120	998	1287	619	668	1967	1028	939
南陵县	3079	1552	1527	2731	1280	1451	3354	1656	1698
芜湖经济技术开发区	2461	1354	1107	1434	812	622	936	558	378
安徽芜湖长江大桥经济开发区	142	68	74	90	43	47	149	69	80
无为市	6874	3719	3155	5490	2785	2705	6755	3406	3349
蚌埠市	**22213**	**10356**	**11857**	**16255**	**7842**	**8413**	**16889**	**8464**	**8425**
龙子湖区	1586	781	805	1299	623	676	1230	620	610
蚌山区	1411	666	745	1093	508	585	1081	530	551
禹会区	2481	1193	1288	1864	963	901	1921	958	963
淮上区	2382	1161	1221	1613	809	804	1390	759	631
怀远县	4923	2263	2660	3548	1692	1856	4102	2079	2023
五河县	3012	1402	1610	2256	1055	1201	2605	1299	1306
固镇县	3383	1513	1870	2166	1024	1142	2480	1204	1276
蚌埠市高新技术开发区	687	311	376	549	268	281	473	228	245
蚌埠市经济开发区	2348	1066	1282	1867	900	967	1607	787	820
淮南市	**23437**	**11569**	**11868**	**19041**	**9744**	**9297**	**18870**	**9832**	**9038**
大通区	1316	635	681	918	489	429	914	485	429
田家庵区	6156	2856	3300	5137	2567	2570	4987	2443	2544
谢家集区	1338	656	682	1013	510	503	1155	593	562
八公山区	788	397	391	644	320	324	688	341	347
潘集区	2426	1220	1206	1807	929	878	1794	1012	782
凤台县	4523	2289	2234	3511	1812	1699	3613	2026	1587
寿县	6890	3516	3374	6011	3117	2894	5719	2932	2787

1−3 续表 10 单位：人

地 区	30−34岁			35−39岁			40−44岁		
	小计	男	女	小计	男	女	小计	男	女
马鞍山市	**15300**	**7696**	**7604**	**11407**	**5649**	**5758**	**13155**	**6590**	**6565**
花山区	3546	1725	1821	2982	1419	1563	3349	1587	1762
雨山区	2643	1323	1320	1868	917	951	1929	951	978
博望区	1157	608	549	853	456	397	1038	543	495
当涂县	3525	1817	1708	2272	1129	1143	2589	1347	1242
含山县	2521	1272	1249	1955	979	976	2265	1170	1095
和县	1908	951	957	1477	749	728	1985	992	993
淮北市	**15114**	**7324**	**7790**	**11119**	**5591**	**5528**	**12952**	**6555**	**6397**
杜集区	1967	1026	941	1409	735	674	1623	827	796
相山区	4771	2241	2530	3737	1774	1963	4464	2126	2338
烈山区	1552	783	769	1049	538	511	1396	738	658
濉溪县	6824	3274	3550	4924	2544	2380	5469	2864	2605
铜陵市	**7564**	**3511**	**4053**	**6162**	**2817**	**3345**	**7833**	**3595**	**4238**
铜官区	3480	1618	1862	2818	1323	1495	3356	1631	1725
义安区	1351	664	687	1019	511	508	1179	572	607
郊区	697	329	368	601	274	327	746	360	386
枞阳县	2036	900	1136	1724	709	1015	2552	1032	1520
安庆市	**35445**	**17941**	**17504**	**26828**	**13110**	**13718**	**31275**	**15096**	**16179**
迎江区	2183	1048	1135	1557	746	811	1779	862	917
大观区	1342	642	700	1227	565	662	1585	748	837
宜秀区	1456	740	716	890	448	442	989	518	471
怀宁县	4386	2217	2169	3161	1565	1596	3724	1809	1915
太湖县	3781	1920	1861	2894	1424	1470	3197	1561	1636
宿松县	4899	2592	2307	3917	1963	1954	4438	2157	2281
望江县	4070	2062	2008	3177	1562	1615	3841	1839	2002
岳西县	2876	1485	1391	2268	1130	1138	2397	1196	1201
安徽安庆经济开发区	1189	593	596	900	448	452	1027	506	521
桐城市	5496	2747	2749	3971	1887	2084	4851	2264	2587
潜山市	3767	1895	1872	2866	1372	1494	3447	1636	1811
黄山市	**10151**	**5050**	**5101**	**7734**	**3828**	**3906**	**8830**	**4496**	**4334**
屯溪区	2624	1200	1424	2074	968	1106	2062	992	1070
黄山区	1010	535	475	740	369	371	900	463	437
徽州区	828	390	438	635	330	305	664	364	300
歙县	2931	1540	1391	2145	1080	1065	2612	1377	1235
休宁县	1508	746	762	1085	527	558	1240	617	623
黟县	445	228	217	361	196	165	454	232	222
祁门县	805	411	394	694	358	336	898	451	447
滁州市	**33204**	**17134**	**16070**	**21454**	**11143**	**10311**	**26104**	**13516**	**12588**
琅琊区	2287	1137	1150	1824	884	940	1966	978	988
南谯区	3259	1685	1574	1944	1034	910	1862	969	893
来安县	3324	1759	1565	2026	1101	925	2433	1244	1189
全椒县	3323	1758	1565	2030	1073	957	2441	1275	1166
定远县	5752	3026	2726	3697	1998	1699	4608	2482	2126
凤阳县	5150	2588	2562	3679	1947	1732	4166	2261	1905
苏滁现代产业园	330	215	115	186	122	64	161	102	59
滁州经济技术开发区	1581	814	767	861	426	435	849	392	457
天长市	4873	2514	2359	2705	1339	1366	4241	2124	2117
明光市	3325	1638	1687	2502	1219	1283	3377	1689	1688

1-3　续表 11　　　　单位：人

地区	30-34岁			35-39岁			40-44岁		
	小计	男	女	小计	男	女	小计	男	女
阜阳市	**63425**	**30760**	**32665**	**49669**	**24679**	**24990**	**52545**	**26556**	**25989**
颍州区	6674	3053	3621	5011	2411	2600	4895	2461	2434
颍东区	4248	2035	2213	3509	1831	1678	3660	1886	1774
颍泉区	4693	2288	2405	3742	1885	1857	3566	1783	1783
临泉县	11942	5903	6039	9467	4677	4790	10754	5362	5392
太和县	10813	5360	5453	8345	4057	4288	9745	4894	4851
阜南县	8271	3941	4330	5988	3005	2983	6264	3100	3164
颍上县	10175	5156	5019	8294	4253	4041	8284	4464	3820
阜阳合肥现代产业园区	326	160	166	224	120	104	187	106	81
阜阳经济技术开发区	1218	570	648	989	497	492	928	467	461
界首市	5065	2294	2771	4100	1943	2157	4262	2033	2229
宿州市	**38919**	**18820**	**20099**	**27569**	**13603**	**13966**	**30095**	**15062**	**15033**
埇桥区	14313	7150	7163	9542	4841	4701	10264	5231	5033
砀山县	5341	2543	2798	3829	1824	2005	4465	2174	2291
萧县	7281	3555	3726	5562	2768	2794	5890	3015	2875
灵璧县	6423	2909	3514	4589	2199	2390	4438	2135	2303
泗县	4629	2216	2413	3487	1693	1794	4462	2218	2244
宿州马鞍山现代产业园区	343	166	177	198	99	99	181	100	81
宿州经济技术开发区	589	281	308	362	179	183	395	189	206
六安市	**31630**	**15431**	**16199**	**24187**	**11677**	**12510**	**24875**	**12050**	**12825**
金安区	6422	3045	3377	4877	2248	2629	4701	2170	2531
裕安区	7442	3505	3937	5290	2523	2767	4967	2406	2561
叶集区	1282	601	681	961	469	492	885	435	450
霍邱县	5486	2676	2810	4894	2411	2483	4529	2305	2224
舒城县	5350	2722	2628	4035	1979	2056	4789	2229	2560
金寨县	3306	1653	1653	2611	1299	1312	3152	1579	1573
霍山县	2342	1229	1113	1519	748	771	1852	926	926
亳州市	**34434**	**16342**	**18092**	**25091**	**12366**	**12725**	**27569**	**14015**	**13554**
谯城区	12663	6066	6597	7997	4031	3966	8673	4332	4341
涡阳县	7636	3672	3964	6146	3080	3066	6629	3446	3183
蒙城县	6734	3087	3647	5069	2393	2676	5833	2978	2855
利辛县	7401	3517	3884	5879	2862	3017	6434	3259	3175
池州市	**9588**	**4666**	**4922**	**7316**	**3389**	**3927**	**9315**	**4519**	**4796**
贵池区	3883	1799	2084	2941	1331	1610	3681	1700	1981
东至县	3639	1908	1731	2663	1309	1354	3621	1830	1791
石台县	352	152	200	312	130	182	398	192	206
青阳县	1315	597	718	1145	488	657	1337	651	686
池州市国家经济技术开发区	155	82	73	81	40	41	98	50	48
皖江江南新兴产业集中区	110	64	46	85	42	43	76	46	30
九华山风景区	134	64	70	89	49	40	104	50	54
宣城市	**16460**	**7911**	**8549**	**12929**	**6217**	**6712**	**16217**	**8335**	**7882**
宣州区	3896	1817	2079	3013	1397	1616	3992	2003	1989
郎溪县	2253	1086	1167	1629	799	830	2306	1150	1156
泾县	1474	680	794	1332	641	691	1541	768	773
绩溪县	689	310	379	656	299	357	695	368	327
旌德县	618	292	326	549	268	281	641	325	316
宣城市经济开发区	1016	512	504	593	298	295	637	327	310
宁国市	2991	1476	1515	2336	1141	1195	2725	1444	1281
广德市	3523	1738	1785	2821	1374	1447	3680	1950	1730

1－3 续表 12

单位：人

地 区	45－49岁			50－54岁			55－59岁		
	小计	男	女	小计	男	女	小计	男	女
安 徽	**487925**	**245509**	**242416**	**569957**	**278747**	**291210**	**453365**	**221744**	**231621**
合肥市	**68663**	**35142**	**33521**	**76786**	**37634**	**39152**	**61323**	**29477**	**31846**
瑶海区	6680	3366	3314	6968	3397	3571	5477	2695	2782
庐阳区	4788	2439	2349	4994	2415	2579	4241	1960	2281
蜀山区	6196	3144	3052	6353	3035	3318	5773	2581	3192
包河区	8209	4330	3879	8593	4218	4375	7192	3420	3772
长丰县	6091	3134	2957	6948	3427	3521	4918	2454	2464
肥东县	9360	4923	4437	10238	5236	5002	7432	3733	3699
肥西县	7026	3729	3297	8229	4080	4149	6460	3172	3288
庐江县	8260	4050	4210	10320	4985	5335	8387	4147	4240
合肥高新技术产业开发区	1315	677	638	1630	780	850	1427	599	828
合肥经济技术开发区	2643	1361	1282	3036	1388	1648	2543	1125	1418
合肥新站高新技术产业开发区	2554	1324	1230	2750	1348	1402	2101	1003	1098
巢湖市	5541	2665	2876	6727	3325	3402	5372	2588	2784
芜湖市	**33277**	**16978**	**16299**	**39213**	**19805**	**19408**	**31516**	**15547**	**15969**
镜湖区	3607	1794	1813	4483	2187	2296	4392	2117	2275
弋江区	2685	1373	1312	3151	1552	1599	2713	1329	1384
鸠江区	3840	1964	1876	5165	2556	2609	4218	1994	2224
三山区	1189	643	546	1569	799	770	1148	564	584
芜湖县	3473	1804	1669	3896	2010	1886	2732	1370	1362
繁昌县	2664	1372	1292	3086	1621	1465	2455	1196	1259
南陵县	4526	2269	2257	5033	2533	2500	3852	1985	1867
芜湖经济技术开发区	1105	579	526	1397	677	720	1161	547	614
安徽芜湖长江大桥经济开发区	186	95	91	216	114	102	172	89	83
无为市	10002	5085	4917	11217	5756	5461	8673	4356	4317
蚌埠市	**21996**	**11007**	**10989**	**26043**	**12257**	**13786**	**21429**	**10211**	**11218**
龙子湖区	1596	773	823	2009	961	1048	1665	813	852
蚌山区	1258	635	623	1357	632	725	1204	592	612
禹会区	2429	1230	1199	2665	1319	1346	2281	1110	1171
淮上区	1833	933	900	2175	1044	1131	1677	794	883
怀远县	5506	2850	2656	6737	3090	3647	5503	2585	2918
五河县	3810	1824	1986	4578	2184	2394	3764	1820	1944
固镇县	3441	1727	1714	4242	1944	2298	3215	1481	1734
蚌埠市高新技术开发区	407	209	198	386	175	211	309	139	170
蚌埠市经济开发区	1716	826	890	1894	908	986	1811	877	934
淮南市	**24255**	**12505**	**11750**	**28740**	**14117**	**14623**	**23151**	**11323**	**11828**
大通区	1109	573	536	1464	706	758	1335	637	698
田家庵区	5454	2678	2776	5840	2795	3045	5267	2528	2739
谢家集区	1721	857	864	2526	1241	1285	2148	1056	1092
八公山区	1131	566	565	1635	783	852	1338	664	674
潘集区	2419	1298	1121	2770	1411	1359	2101	1064	1037
凤台县	4327	2372	1955	5232	2612	2620	3865	1812	2053
寿县	8094	4161	3933	9273	4569	4704	7097	3562	3535

1-3　续表 13　　　　单位：人

地　区	45-49岁			50-54岁			55-59岁		
	小计	男	女	小计	男	女	小计	男	女
马鞍山市	**17801**	**8937**	**8864**	**22245**	**11183**	**11062**	**17888**	**8959**	**8929**
花山区	4069	2061	2008	4527	2259	2268	3865	1956	1909
雨山区	2662	1285	1377	3576	1801	1775	2901	1481	1420
博望区	1382	722	660	1563	786	777	1218	629	589
当涂县	3755	1878	1877	4749	2368	2381	3846	1907	1939
含山县	3226	1618	1608	3994	1996	1998	2940	1451	1489
和县	2707	1373	1334	3836	1973	1863	3118	1535	1583
淮北市	**16227**	**7947**	**8280**	**18020**	**8555**	**9465**	**13119**	**6321**	**6798**
杜集区	1841	911	930	2324	1133	1191	1702	827	875
相山区	4984	2410	2574	4771	2251	2520	3574	1740	1834
烈山区	1883	931	952	2275	1071	1204	1812	889	923
濉溪县	7519	3695	3824	8650	4100	4550	6031	2865	3166
铜陵市	**11075**	**5360**	**5715**	**12573**	**6045**	**6528**	**11036**	**5368**	**5668**
铜官区	4012	2040	1972	4391	2184	2207	3736	1857	1879
义安区	2076	1069	1007	2678	1353	1325	2252	1105	1147
郊区	1355	650	705	1614	759	855	1441	702	739
枞阳县	3632	1601	2031	3890	1749	2141	3607	1704	1903
安庆市	**47083**	**23317**	**23766**	**50188**	**25191**	**24997**	**40202**	**19929**	**20273**
迎江区	2368	1166	1202	2820	1410	1410	2362	1142	1220
大观区	2144	1055	1089	2283	1167	1116	1967	956	1011
宜秀区	1646	817	829	1818	922	896	1226	613	613
怀宁县	5908	2895	3013	6444	3220	3224	5217	2483	2734
太湖县	5014	2517	2497	5202	2626	2576	4492	2233	2259
宿松县	7395	3667	3728	7175	3616	3559	5473	2709	2764
望江县	5768	2790	2978	5506	2704	2802	4366	2168	2198
岳西县	3505	1788	1717	3832	1966	1866	3208	1681	1527
安徽安庆经济开发区	1453	705	748	1581	809	772	1094	564	530
桐城市	6810	3353	3457	7618	3776	3842	5954	2960	2994
潜山市	5072	2564	2508	5909	2975	2934	4843	2420	2423
黄山市	**12001**	**6215**	**5786**	**14640**	**7473**	**7167**	**12717**	**6525**	**6192**
屯溪区	2228	1113	1115	2415	1208	1207	2257	1085	1172
黄山区	1311	711	600	1807	952	855	1490	816	674
徽州区	914	453	461	1101	584	517	861	431	430
歙县	3757	1992	1765	4402	2257	2145	3782	1987	1795
休宁县	1737	898	839	2480	1239	1241	2169	1088	1081
黟县	729	376	353	932	477	455	788	425	363
祁门县	1325	672	653	1503	756	747	1370	693	677
滁州市	**38185**	**19223**	**18962**	**44925**	**22374**	**22551**	**33661**	**17055**	**16606**
琅琊区	2368	1189	1179	2563	1275	1288	2035	1018	1017
南谯区	2953	1497	1456	3521	1802	1719	2831	1453	1378
来安县	3749	1895	1854	4931	2558	2373	3829	1996	1833
全椒县	3784	1902	1882	5006	2500	2506	4125	2144	1981
定远县	7404	3786	3618	8339	4104	4235	5590	2787	2803
凤阳县	5419	2791	2628	6254	3056	3198	4676	2280	2396
苏滁现代产业园	188	101	87	208	141	67	111	67	44
滁州经济技术开发区	1083	508	575	1119	552	567	739	373	366
天长市	6583	3222	3361	7690	3826	3864	5720	2901	2819
明光市	4654	2332	2322	5294	2560	2734	4005	2036	1969

1-3 续表 14

单位：人

地区	45-49岁			50-54岁			55-59岁		
	小计	男	女	小计	男	女	小计	男	女
阜阳市	**54709**	**27738**	**26971**	**67172**	**32022**	**35150**	**55513**	**26519**	**28994**
颍州区	5036	2531	2505	6000	2842	3158	4930	2357	2573
颍东区	3958	2040	1918	4867	2396	2471	3545	1713	1832
颍泉区	4029	2072	1957	4970	2434	2536	4030	1900	2130
临泉县	10438	5299	5139	13318	6407	6911	11518	5590	5928
太和县	9483	4771	4712	11898	5663	6235	9350	4438	4912
阜南县	7323	3710	3613	9610	4548	5062	8575	4101	4474
颍上县	9234	4765	4469	10218	4828	5390	8361	3943	4418
阜阳合肥现代产业园区	193	103	90	283	141	142	230	113	117
阜阳经济技术开发区	837	425	412	819	386	433	576	296	280
界首市	4178	2022	2156	5189	2377	2812	4398	2068	2330
宿州市	**40508**	**19696**	**20812**	**45872**	**21600**	**24272**	**32083**	**15477**	**16606**
埇桥区	13516	6736	6780	15077	7167	7910	10991	5313	5678
砀山县	5520	2714	2806	6627	3209	3418	3992	1964	2028
萧县	7678	3676	4002	8626	4075	4551	5993	2861	3132
灵璧县	6705	3151	3554	7875	3557	4318	5914	2751	3163
泗县	6377	3072	3305	6903	3238	3665	4686	2350	2336
宿州马鞍山现代产业园区	272	134	138	347	156	191	224	109	115
宿州经济技术开发区	440	213	227	417	198	219	283	129	154
六安市	**36735**	**18279**	**18456**	**43355**	**20996**	**22359**	**36511**	**17988**	**18523**
金安区	6441	3060	3381	7057	3302	3755	5974	2907	3067
裕安区	7166	3592	3574	7990	3793	4197	6704	3207	3497
叶集区	1521	759	762	1823	861	962	1657	805	852
霍邱县	6790	3515	3275	8029	3893	4136	6851	3358	3493
舒城县	7278	3557	3721	8875	4407	4468	7273	3652	3621
金寨县	4442	2269	2173	5712	2815	2897	4791	2421	2370
霍山县	3097	1527	1570	3869	1925	1944	3261	1638	1623
亳州市	**29587**	**14856**	**14731**	**38326**	**18049**	**20277**	**29682**	**13840**	**15842**
谯城区	9882	4989	4893	13620	6604	7016	9609	4601	5008
涡阳县	6739	3437	3302	8060	3813	4247	6742	3102	3640
蒙城县	6614	3220	3394	8495	3897	4598	6397	2921	3476
利辛县	6352	3210	3142	8151	3735	4416	6934	3216	3718
池州市	**13089**	**6499**	**6590**	**14124**	**7119**	**7005**	**12152**	**6075**	**6077**
贵池区	5145	2553	2592	5445	2659	2786	4727	2301	2426
东至县	4921	2460	2461	4929	2519	2410	4198	2118	2080
石台县	737	365	372	880	435	445	804	408	396
青阳县	1920	940	980	2455	1292	1163	2117	1078	1039
池州市国家经济技术开发区	116	57	59	126	56	70	88	48	40
皖江江南新兴产业集中区	105	53	52	88	51	37	44	28	16
九华山风景区	145	71	74	201	107	94	174	94	80
宣城市	**22734**	**11810**	**10924**	**27735**	**14327**	**13408**	**21382**	**11130**	**10252**
宣州区	6167	3075	3092	7160	3610	3550	5647	2872	2775
郎溪县	3376	1743	1633	3579	1838	1741	2528	1317	1211
泾县	2148	1126	1022	3155	1661	1494	2533	1323	1210
绩溪县	1030	510	520	1499	756	743	1291	637	654
旌德县	894	476	418	1126	603	523	1129	611	518
宣城市经济开发区	935	494	441	1045	541	504	693	372	321
宁国市	3263	1749	1514	4633	2417	2216	3631	1909	1722
广德市	4921	2637	2284	5538	2901	2637	3930	2089	1841

1-3 续表 15

单位：人

地区	60-64岁			65-69岁			70-74岁		
	小计	男	女	小计	男	女	小计	男	女
安 徽	**227274**	**115909**	**111365**	**323268**	**159733**	**163535**	**235261**	**117692**	**117569**
合肥市	**30072**	**15163**	**14909**	**40110**	**19723**	**20387**	**28020**	**14121**	**13899**
瑶海区	2676	1366	1310	2830	1358	1472	1872	885	987
庐阳区	2737	1356	1381	2693	1259	1434	1600	795	805
蜀山区	3491	1667	1824	3694	1749	1945	2203	1089	1114
包河区	3824	1849	1975	4251	2059	2192	2539	1230	1309
长丰县	2193	1096	1097	3393	1727	1666	2526	1298	1228
肥东县	3297	1693	1604	5468	2702	2766	4164	2098	2066
肥西县	2654	1416	1238	4318	2118	2200	3248	1666	1582
庐江县	3765	1980	1785	5837	2958	2879	4409	2319	2090
合肥高新技术产业开发区	667	319	348	639	334	305	381	182	199
合肥经济技术开发区	1241	580	661	1392	701	691	767	400	367
合肥新站高新技术产业开发区	946	497	449	1086	527	559	586	310	276
巢湖市	2581	1344	1237	4509	2231	2278	3725	1849	1876
芜湖市	**15420**	**7940**	**7480**	**20771**	**10515**	**10256**	**15950**	**8050**	**7900**
镜湖区	2910	1485	1425	2791	1388	1403	1831	877	954
弋江区	1522	743	779	1672	830	842	1097	538	559
鸠江区	1958	1006	952	2499	1250	1249	2121	1081	1040
三山区	519	274	245	770	399	371	576	300	276
芜湖县	1180	623	557	1921	1010	911	1507	799	708
繁昌县	1230	642	588	1590	823	767	1104	565	539
南陵县	2109	1127	982	3202	1630	1572	2249	1113	1136
芜湖经济技术开发区	558	266	292	604	321	283	375	196	179
安徽芜湖长江大桥经济开发区	108	59	49	149	77	72	121	77	44
无为市	3326	1715	1611	5573	2787	2786	4969	2504	2465
蚌埠市	**11405**	**5667**	**5738**	**15853**	**7739**	**8114**	**10655**	**5371**	**5284**
龙子湖区	1142	600	542	1258	606	652	801	392	409
蚌山区	861	408	453	844	418	426	493	236	257
禹会区	1407	710	697	1704	788	916	1070	537	533
淮上区	823	423	400	1234	611	623	782	404	378
怀远县	2749	1341	1408	4423	2129	2294	3327	1728	1599
五河县	1791	897	894	2680	1356	1324	1675	851	824
固镇县	1381	676	705	2445	1251	1194	1756	863	893
蚌埠市高新技术开发区	177	90	87	212	91	121	132	69	63
蚌埠市经济开发区	1074	522	552	1053	489	564	619	291	328
淮南市	**13834**	**7001**	**6833**	**17156**	**8219**	**8937**	**12101**	**6323**	**5778**
大通区	893	461	432	996	483	513	617	317	300
田家庵区	3536	1777	1759	3324	1568	1756	1891	981	910
谢家集区	1368	697	671	1340	655	685	982	488	494
八公山区	754	397	357	760	368	392	492	244	248
潘集区	1235	609	626	1606	746	860	1115	611	504
凤台县	2156	1116	1040	3041	1379	1662	2230	1152	1078
寿县	3892	1944	1948	6089	3020	3069	4774	2530	2244

1-3 续表 16

单位：人

地区	60-64岁			65-69岁			70-74岁		
	小计	男	女	小计	男	女	小计	男	女
马鞍山市	**8774**	**4504**	**4270**	**12911**	**6240**	**6671**	**9668**	**4798**	**4870**
花山区	2005	1033	972	2356	1116	1240	1725	809	916
雨山区	1553	774	779	1608	810	798	1068	493	575
博望区	604	304	300	946	482	464	689	344	345
当涂县	1976	1021	955	2689	1311	1378	1822	943	879
含山县	1310	680	630	2443	1159	1284	1849	945	904
和县	1326	692	634	2869	1362	1507	2515	1264	1251
淮北市	**5959**	**2977**	**2982**	**8515**	**4063**	**4452**	**6508**	**3074**	**3434**
杜集区	1096	567	529	1437	680	757	982	469	513
相山区	1795	874	921	2105	1021	1084	1375	653	722
烈山区	809	414	395	1226	592	634	894	422	472
濉溪县	2259	1122	1137	3747	1770	1977	3257	1530	1727
铜陵市	**6438**	**3266**	**3172**	**7965**	**3887**	**4078**	**5740**	**2814**	**2926**
铜官区	1889	949	940	1888	860	1028	1412	635	777
义安区	1327	728	599	1615	821	794	1083	501	582
郊区	872	449	423	1150	564	586	853	423	430
枞阳县	2350	1140	1210	3312	1642	1670	2392	1255	1137
安庆市	**19337**	**9997**	**9340**	**26804**	**13595**	**13209**	**19605**	**9945**	**9660**
迎江区	1329	703	626	1311	637	674	925	465	460
大观区	1163	585	578	1420	677	743	1111	538	573
宜秀区	655	335	320	843	409	434	637	303	334
怀宁县	2366	1186	1180	3661	1845	1816	2757	1414	1343
太湖县	1996	1053	943	3142	1640	1502	2152	1124	1028
宿松县	2604	1339	1265	3656	1859	1797	3063	1501	1562
望江县	1853	916	937	3096	1595	1501	2456	1211	1245
岳西县	1818	971	847	2017	1032	985	915	487	428
安徽安庆经济开发区	569	291	278	608	313	295	363	174	189
桐城市	2467	1291	1176	3849	1922	1927	3201	1637	1564
潜山市	2517	1327	1190	3201	1666	1535	2025	1091	934
黄山市	**8231**	**4260**	**3971**	**9997**	**4968**	**5029**	**6408**	**3198**	**3210**
屯溪区	1357	678	679	1507	688	819	961	476	485
黄山区	864	469	395	1080	558	522	636	351	285
徽州区	592	305	287	649	337	312	478	226	252
歙县	2837	1482	1355	3179	1593	1586	2049	1008	1041
休宁县	1277	660	617	1856	909	947	1179	577	602
黟县	489	261	228	654	345	309	394	200	194
祁门县	815	405	410	1072	538	534	711	360	351
滁州市	**15741**	**8253**	**7488**	**24261**	**12200**	**12061**	**15253**	**7735**	**7518**
琅琊区	1077	558	519	1366	668	698	831	417	414
南谯区	1217	648	569	1688	851	837	1024	528	496
来安县	2101	1120	981	2885	1502	1383	1712	819	893
全椒县	1516	782	734	2633	1309	1324	1840	922	918
定远县	2244	1157	1087	4124	2037	2087	2962	1513	1449
凤阳县	2087	1088	999	3577	1778	1799	2411	1312	1099
苏滁现代产业园	59	30	29	75	40	35	43	23	20
滁州经济技术开发区	285	152	133	321	155	166	175	83	92
天长市	2748	1469	1279	4186	2117	2069	2476	1227	1249
明光市	2407	1249	1158	3406	1743	1663	1779	891	888

1-3　续表 17　　　　单位：人

地　区	60-64岁			65-69岁			70-74岁		
	小计	男	女	小计	男	女	小计	男	女
阜阳市	**24957**	**12537**	**12420**	**37485**	**18102**	**19383**	**30726**	**14870**	**15856**
颍州区	2142	1081	1061	2858	1338	1520	2309	1072	1237
颍东区	1667	829	838	2632	1277	1355	2119	1057	1062
颍泉区	1927	960	967	2860	1385	1475	2156	1040	1116
临泉县	4787	2397	2390	6809	3373	3436	6577	3056	3521
太和县	4125	2137	1988	6929	3340	3589	5528	2638	2890
阜南县	3104	1565	1539	4954	2379	2575	4101	1935	2166
颍上县	4610	2290	2320	6697	3203	3494	4931	2670	2261
阜阳合肥现代产业园区	86	46	40	151	77	74	130	63	67
阜阳经济技术开发区	275	136	139	309	158	151	199	89	110
界首市	2234	1096	1138	3286	1572	1714	2676	1250	1426
宿州市	**16818**	**8406**	**8412**	**26699**	**13135**	**13564**	**19017**	**9340**	**9677**
埇桥区	4791	2428	2363	7196	3577	3619	5263	2559	2704
砀山县	3137	1555	1582	4654	2235	2419	3469	1638	1831
萧县	3863	1916	1947	5994	2965	3029	4476	2174	2302
灵璧县	2542	1267	1275	4756	2346	2410	3247	1700	1547
泗县	2253	1110	1143	3754	1839	1915	2350	1157	1193
宿州马鞍山现代产业园区	119	65	54	186	97	89	105	56	49
宿州经济技术开发区	113	65	48	159	76	83	107	56	51
六安市	**18671**	**9662**	**9009**	**26933**	**13530**	**13403**	**19165**	**9825**	**9340**
金安区	2903	1451	1452	4540	2218	2322	3257	1668	1589
裕安区	3390	1823	1567	4851	2409	2442	3441	1806	1635
叶集区	651	355	296	1028	524	504	794	412	382
霍邱县	3787	1899	1888	5776	2877	2899	4359	2295	2064
舒城县	3588	1854	1734	5467	2823	2644	3803	1915	1888
金寨县	2691	1408	1283	3295	1700	1595	2267	1112	1155
霍山县	1661	872	789	1976	979	997	1244	617	627
亳州市	**13814**	**6892**	**6922**	**22353**	**10782**	**11571**	**18223**	**8937**	**9286**
谯城区	3847	2009	1838	6606	3181	3425	5262	2463	2799
涡阳县	3595	1726	1869	5126	2516	2610	4545	2255	2290
蒙城县	2928	1419	1509	5099	2438	2661	3904	1936	1968
利辛县	3444	1738	1706	5522	2647	2875	4512	2283	2229
池州市	**7033**	**3692**	**3341**	**8815**	**4561**	**4254**	**6031**	**3046**	**2985**
贵池区	2490	1290	1200	3499	1795	1704	2407	1210	1197
东至县	2655	1379	1276	2858	1454	1404	2017	1023	994
石台县	447	245	202	631	334	297	426	223	203
青阳县	1282	685	597	1681	891	790	1090	541	549
池州市国家经济技术开发区	51	29	22	44	22	22	16	10	6
皖江江南新兴产业集中区	31	15	16	28	15	13	18	11	7
九华山风景区	77	49	28	74	50	24	57	28	29
宣城市	**10770**	**5692**	**5078**	**16640**	**8474**	**8166**	**12191**	**6245**	**5946**
宣州区	2193	1172	1021	4279	2105	2174	3497	1762	1735
郎溪县	1075	563	512	1900	954	946	1446	715	731
泾县	1478	791	687	2239	1202	1037	1526	829	697
绩溪县	1114	586	528	1172	601	571	764	379	385
旌德县	715	363	352	970	505	465	677	349	328
宣城市经济开发区	226	123	103	385	189	196	225	122	103
宁国市	1849	994	855	2567	1361	1206	1736	878	858
广德市	2120	1100	1020	3128	1557	1571	2320	1211	1109

1-3 续表 18

单位：人

地 区	75-79岁			80-84岁			85-89岁		
	小计	男	女	小计	男	女	小计	男	女
安 徽	**161932**	**79606**	**82326**	**96384**	**45009**	**51375**	**50832**	**21233**	**29599**
合肥市	**18976**	**9388**	**9588**	**11719**	**5553**	**6166**	**6269**	**2717**	**3552**
瑶海区	1328	600	728	912	418	494	472	197	275
庐阳区	1178	551	627	844	375	469	495	220	275
蜀山区	1490	740	750	1007	473	534	510	251	259
包河区	1610	759	851	1193	571	622	579	252	327
长丰县	1891	998	893	1069	539	530	559	241	318
肥东县	2987	1512	1475	1914	895	1019	1032	413	619
肥西县	2012	1041	971	1010	508	502	539	238	301
庐江县	2741	1383	1358	1618	753	865	835	378	457
合肥高新技术产业开发区	246	121	125	133	63	70	74	30	44
合肥经济技术开发区	442	228	214	241	116	125	131	61	70
合肥新站高新技术产业开发区	394	179	215	265	135	130	174	73	101
巢湖市	2657	1276	1381	1513	707	806	869	363	506
芜湖市	**11208**	**5569**	**5639**	**6426**	**2963**	**3463**	**3104**	**1254**	**1850**
镜湖区	1511	668	843	1094	526	568	516	227	289
弋江区	767	385	382	406	179	227	207	90	117
鸠江区	1471	713	758	893	411	482	444	174	270
三山区	443	215	228	210	106	104	91	35	56
芜湖县	987	509	478	532	233	299	265	95	170
繁昌县	795	400	395	428	188	240	200	83	117
南陵县	1450	762	688	789	373	416	379	147	232
芜湖经济技术开发区	244	122	122	146	61	85	70	26	44
安徽芜湖长江大桥经济开发区	86	50	36	23	13	10	21	6	15
无为市	3454	1745	1709	1905	873	1032	911	371	540
蚌埠市	**8782**	**4472**	**4310**	**5220**	**2561**	**2659**	**2780**	**1306**	**1474**
龙子湖区	631	294	337	436	189	247	188	78	110
蚌山区	412	190	222	249	113	136	127	51	76
禹会区	855	432	423	543	250	293	260	116	144
淮上区	662	335	327	317	171	146	176	96	80
怀远县	2668	1442	1226	1458	748	710	860	421	439
五河县	1663	809	854	1019	486	533	567	258	309
固镇县	1352	727	625	842	423	419	442	204	238
蚌埠市高新技术开发区	83	39	44	60	37	23	24	12	12
蚌埠市经济开发区	456	204	252	296	144	152	136	70	66
淮南市	**9124**	**4605**	**4519**	**4973**	**2553**	**2420**	**2798**	**1303**	**1495**
大通区	463	243	220	266	118	148	145	71	74
田家庵区	1462	673	789	964	449	515	482	201	281
谢家集区	815	347	468	549	254	295	290	131	159
八公山区	387	137	250	253	105	148	134	64	70
潘集区	892	464	428	478	260	218	271	134	137
凤台县	1631	891	740	888	500	388	573	278	295
寿县	3474	1850	1624	1575	867	708	903	424	479

1-3　续表 19　　　　单位：人

地　区	75-79岁			80-84岁			85-89岁		
	小计	男	女	小计	男	女	小计	男	女
马鞍山市	**6897**	**3302**	**3595**	**4345**	**2021**	**2324**	**2113**	**820**	**1293**
花山区	1303	609	694	925	450	475	402	160	242
雨山区	868	370	498	680	320	360	309	128	181
博望区	518	263	255	320	157	163	107	43	64
当涂县	1466	753	713	773	372	401	389	131	258
含山县	1202	548	654	676	291	385	376	148	228
和县	1540	759	781	971	431	540	530	210	320
淮北市	**4754**	**2249**	**2505**	**3233**	**1469**	**1764**	**1747**	**736**	**1011**
杜集区	760	345	415	513	242	271	274	124	150
相山区	1015	481	534	634	284	350	334	149	185
烈山区	693	309	384	467	229	238	258	107	151
濉溪县	2286	1114	1172	1619	714	905	881	356	525
铜陵市	**4317**	**2019**	**2298**	**2529**	**1184**	**1345**	**1193**	**531**	**662**
铜官区	1080	526	554	694	306	388	332	159	173
义安区	804	396	408	414	201	213	220	85	135
郊区	676	322	354	384	190	194	183	88	95
枞阳县	1757	775	982	1037	487	550	458	199	259
安庆市	**13351**	**6574**	**6777**	**7867**	**3619**	**4248**	**3539**	**1464**	**2075**
迎江区	715	317	398	495	220	275	215	89	126
大观区	810	374	436	549	240	309	263	111	152
宜秀区	431	217	214	228	107	121	95	38	57
怀宁县	1904	974	930	1015	468	547	481	190	291
太湖县	1401	695	706	939	465	474	379	174	205
宿松县	2003	1028	975	1120	479	641	489	207	282
望江县	1584	750	834	907	422	485	397	145	252
岳西县	767	380	387	500	234	266	194	87	107
安徽安庆经济开发区	309	160	149	158	79	79	65	26	39
桐城市	2001	976	1025	1108	511	597	594	237	357
潜山市	1426	703	723	848	394	454	367	160	207
黄山市	**3256**	**1627**	**1629**	**2652**	**1189**	**1463**	**1411**	**536**	**875**
屯溪区	536	267	269	469	221	248	217	92	125
黄山区	374	201	173	302	145	157	164	74	90
徽州区	221	121	100	160	73	87	93	30	63
歙县	1057	502	555	784	335	449	447	139	308
休宁县	541	272	269	476	208	268	248	98	150
黟县	201	100	101	157	71	86	90	29	61
祁门县	326	164	162	304	136	168	152	74	78
滁州市	**11274**	**5558**	**5716**	**6451**	**3054**	**3397**	**3830**	**1643**	**2187**
琅琊区	616	283	333	365	167	198	237	105	132
南谯区	687	320	367	379	185	194	245	108	137
来安县	1156	541	615	645	281	364	404	167	237
全椒县	1138	548	590	793	364	429	446	176	270
定远县	2468	1246	1222	1409	676	733	735	326	409
凤阳县	1868	998	870	955	479	476	566	264	302
苏滁现代产业园	21	7	14	11	6	5	12	7	5
滁州经济技术开发区	109	46	63	72	35	37	36	14	22
天长市	1606	781	825	919	423	496	624	238	386
明光市	1605	788	817	903	438	465	525	238	287

1-3 续表 20

单位：人

地区	75-79岁			80-84岁			85-89岁		
	小计	男	女	小计	男	女	小计	男	女
阜阳市	**20250**	**9563**	**10687**	**11468**	**5083**	**6385**	**6437**	**2515**	**3922**
颍州区	1496	665	831	926	421	505	520	216	304
颍东区	1374	661	713	736	359	377	452	194	258
颍泉区	1512	728	784	832	352	480	515	206	309
临泉县	4200	1866	2334	2447	955	1492	1389	447	942
太和县	3449	1592	1857	2010	913	1097	1094	412	682
阜南县	2865	1330	1535	1824	751	1073	934	356	578
颍上县	3427	1819	1608	1698	904	794	1020	510	510
阜阳合肥现代产业园区	90	50	40	52	26	26	27	8	19
阜阳经济技术开发区	151	70	81	75	42	33	41	15	26
界首市	1686	782	904	868	360	508	445	151	294
宿州市	**14200**	**6923**	**7277**	**8416**	**3805**	**4611**	**5092**	**2053**	**3039**
埇桥区	4024	1937	2087	2265	1069	1196	1405	569	836
砀山县	1993	908	1085	1341	543	798	855	315	540
萧县	3184	1581	1603	1980	843	1137	1144	445	699
灵璧县	2608	1334	1274	1459	697	762	911	411	500
泗县	2216	1076	1140	1270	598	672	703	288	415
宿州马鞍山现代产业园区	92	48	44	59	29	30	41	17	24
宿州经济技术开发区	83	39	44	42	26	16	33	8	25
六安市	**12959**	**6531**	**6428**	**7149**	**3408**	**3741**	**3409**	**1458**	**1951**
金安区	2125	1079	1046	1159	547	612	598	276	322
裕安区	2123	1040	1083	1240	588	652	619	248	371
叶集区	590	317	273	292	143	149	159	66	93
霍邱县	3042	1627	1415	1663	862	801	773	343	430
舒城县	2520	1245	1275	1450	668	782	761	315	446
金寨县	1687	830	857	801	364	437	269	108	161
霍山县	872	393	479	544	236	308	230	102	128
亳州市	**11325**	**5538**	**5787**	**6898**	**3169**	**3729**	**3877**	**1532**	**2345**
谯城区	3218	1502	1716	1838	764	1074	1022	367	655
涡阳县	2757	1353	1404	1679	736	943	1008	401	607
蒙城县	2434	1220	1214	1530	778	752	868	361	507
利辛县	2916	1463	1453	1851	891	960	979	403	576
池州市	**3772**	**1826**	**1946**	**2189**	**1021**	**1168**	**1067**	**411**	**656**
贵池区	1662	817	845	855	402	453	411	158	253
东至县	1142	537	605	718	330	388	364	139	225
石台县	257	128	129	207	102	105	87	32	55
青阳县	642	313	329	367	166	201	187	73	114
池州市国家经济技术开发区	21	8	13	11	5	6	4	3	1
皖江江南新兴产业集中区	14	9	5	12	3	9	6	4	2
九华山风景区	34	14	20	19	13	6	8	2	6
宣城市	**7487**	**3862**	**3625**	**4849**	**2357**	**2492**	**2166**	**954**	**1212**
宣州区	2259	1169	1090	1446	700	746	625	281	344
郎溪县	909	468	441	549	268	281	267	131	136
泾县	916	452	464	640	317	323	270	119	151
绩溪县	442	226	216	340	146	194	148	60	88
旌德县	404	235	169	281	144	137	126	55	71
宣城市经济开发区	158	73	85	116	58	58	47	18	29
宁国市	1045	524	521	693	344	349	295	126	169
广德市	1354	715	639	784	380	404	388	164	224

1-3 续表 21　　单位：人

地区	90-94岁			95-99岁			100岁及以上		
	小计	男	女	小计	男	女	小计	男	女
安徽	**16136**	**5709**	**10427**	**3501**	**1016**	**2485**	**456**	**89**	**367**
合肥市	**1970**	**749**	**1221**	**396**	**116**	**280**	**45**	**7**	**38**
瑶海区	137	62	75	28	9	19	3	1	2
庐阳区	160	74	86	29	11	18	2		2
蜀山区	165	69	96	32	7	25	3	1	2
包河区	197	91	106	41	14	27	7		7
长丰县	226	91	135	39	11	28	9	1	8
肥东县	345	122	223	85	20	65	8	1	7
肥西县	181	56	125	46	11	35	5		5
庐江县	166	55	111	36	13	23	2	2	
合肥高新技术产业开发区	21	8	13	5	2	3			
合肥经济技术开发区	42	10	32	7	3	4			
合肥新站高新技术产业开发区	69	19	50	7	3	4	1		1
巢湖市	261	92	169	41	12	29	5	1	4
芜湖市	**856**	**322**	**534**	**153**	**42**	**111**	**13**	**2**	**11**
镜湖区	184	90	94	27	9	18			
弋江区	59	25	34	8	4	4			
鸠江区	122	39	83	22	3	19	2		2
三山区	29	11	18	2	1	1	1		1
芜湖县	79	25	54	13	6	7	3	1	2
繁昌县	37	15	22	4		4			
南陵县	98	36	62	21	9	12	2		2
芜湖经济技术开发区	12	5	7	2		2			
安徽芜湖长江大桥经济开发区	6	1	5						
无为市	230	75	155	54	10	44	5	1	4
蚌埠市	**970**	**376**	**594**	**229**	**58**	**171**	**31**	**9**	**22**
龙子湖区	67	24	43	18	6	12	1		1
蚌山区	57	21	36	14	3	11	1	1	
禹会区	86	34	52	24	3	21	2	1	1
淮上区	53	20	33	14	2	12	2		2
怀远县	279	112	167	57	14	43	13	6	7
五河县	205	75	130	42	11	31	5		5
固镇县	167	64	103	48	16	32	6	1	5
蚌埠市高新技术开发区	8	4	4	3	1	2			
蚌埠市经济开发区	48	22	26	9	2	7	1		1
淮南市	**978**	**397**	**581**	**229**	**84**	**145**	**32**	**6**	**26**
大通区	45	25	20	14	5	9	2	1	1
田家庵区	187	99	88	39	22	17	3		3
谢家集区	90	40	50	16	6	10	4		4
八公山区	48	15	33	5	3	2			
潘集区	83	23	60	23	5	18	5	1	4
凤台县	185	74	111	48	15	33	5	1	4
寿县	340	121	219	84	28	56	13	3	10

1-3 续表 22 单位：人

地 区	90-94岁			95-99岁			100岁及以上		
	小计	男	女	小计	男	女	小计	男	女
马鞍山市	**613**	**206**	**407**	**110**	**34**	**76**	**9**	**3**	**6**
花山区	127	46	81	25	11	14	3	2	1
雨山区	92	39	53	14	6	8	1	1	
博望区	36	11	25	6	1	5	1		1
当涂县	91	18	73	21	6	15	1		1
含山县	114	46	68	22	3	19	1		1
和县	153	46	107	22	7	15	2		2
淮北市	**631**	**229**	**402**	**162**	**44**	**118**	**31**	**8**	**23**
杜集区	92	37	55	17	6	11	5	1	4
相山区	114	47	67	22	10	12	4	1	3
烈山区	86	34	52	25	9	16	5	2	3
濉溪县	339	111	228	98	19	79	17	4	13
铜陵市	**300**	**109**	**191**	**44**	**14**	**30**	**5**	**1**	**4**
铜官区	90	39	51	13	3	10	2		2
义安区	52	24	28	4	1	3			
郊区	37	8	29	12	4	8			
枞阳县	121	38	83	15	6	9	3	1	2
安庆市	**921**	**340**	**581**	**148**	**37**	**111**	**16**	**1**	**15**
迎江区	66	21	45	14	4	10	1		1
大观区	67	25	42	10	3	7	1		1
宜秀区	24	9	15	5	2	3			
怀宁县	154	55	99	26	6	20	1		1
太湖县	98	47	51	13	1	12	1		1
宿松县	135	54	81	16	3	13	4		4
望江县	81	24	57	22	5	17	4		4
岳西县	45	16	29	5		5			
安徽安庆经济开发区	18	6	12	2	1	1	1		1
桐城市	142	46	96	20	10	10	2		2
潜山市	91	37	54	15	2	13	1	1	
黄山市	**380**	**136**	**244**	**54**	**21**	**33**	**4**		**4**
屯溪区	82	37	45	14	9	5	1		1
黄山区	43	17	26	3	2	1	1		1
徽州区	17	4	13	6	1	5	1		1
歙县	112	37	75	15	4	11	1		1
休宁县	55	16	39	7	2	5			
黟县	33	12	21	4	3	1			
祁门县	38	13	25	5		5			
滁州市	**1237**	**446**	**791**	**273**	**93**	**180**	**33**	**6**	**27**
琅琊区	86	33	53	15	6	9	3		3
南谯区	66	22	44	19	4	15	2		2
来安县	134	44	90	25	6	19	1		1
全椒县	138	49	89	34	18	16	1		1
定远县	269	104	165	66	17	49	9	1	8
凤阳县	194	74	120	41	15	26	7	3	4
苏滁现代产业园	3	1	2	1		1			
滁州经济技术开发区	12	6	6	1		1			
天长市	188	54	134	31	12	19	6	1	5
明光市	147	59	88	40	15	25	4	1	3

1-3 续表 23

单位：人

地区	90-94岁			95-99岁			100岁及以上		
	小计	男	女	小计	男	女	小计	男	女
阜阳市	**2313**	**752**	**1561**	**498**	**138**	**360**	**84**	**15**	**69**
颍州区	176	62	114	46	10	36	4		4
颍东区	176	58	118	32	5	27	5	1	4
颍泉区	178	58	120	44	17	27	4	1	3
临泉县	459	128	331	111	27	84	19	3	16
太和县	451	146	305	82	26	56	19	4	15
阜南县	269	90	179	47	13	34	12	2	10
颍上县	403	151	252	96	33	63	11	2	9
阜阳合肥现代产业园区	13	4	9	1	1				
阜阳经济技术开发区	16	7	9	1		1			
界首市	172	48	124	38	6	32	10	2	8
宿州市	**1779**	**563**	**1216**	**543**	**149**	**394**	**82**	**16**	**66**
埇桥区	490	169	321	126	36	90	20	7	13
砀山县	308	74	234	93	19	74	17	3	14
萧县	456	144	312	163	43	120	26	2	24
灵璧县	279	94	185	84	27	57	11	2	9
泗县	219	74	145	72	22	50	6	2	4
宿州马鞍山现代产业园区	20	5	15	4	2	2	2		2
宿州经济技术开发区	7	3	4	1		1			
六安市	**914**	**340**	**574**	**217**	**65**	**152**	**18**	**2**	**16**
金安区	147	65	82	37	12	25	4	1	3
裕安区	136	56	80	36	11	25	2		2
叶集区	42	19	23	4	1	3			
霍邱县	272	101	171	77	25	52	4	1	3
舒城县	204	54	150	33	7	26	3		3
金寨县	66	27	39	19	5	14	4		4
霍山县	47	18	29	11	4	7	1		1
亳州市	**1411**	**452**	**959**	**318**	**89**	**229**	**47**	**10**	**37**
谯城区	344	100	244	76	18	58	15	2	13
涡阳县	395	130	265	93	26	67	10	2	8
蒙城县	307	97	210	60	15	45	10		10
利辛县	365	125	240	89	30	59	12	6	6
池州市	**285**	**96**	**189**	**41**	**11**	**30**	**2**	**1**	**1**
贵池区	104	37	67	15	1	14	1	1	
东至县	102	32	70	19	8	11	1		1
石台县	19	8	11						
青阳县	57	19	38	6	2	4			
池州市国家经济技术开发区	1		1						
皖江江南新兴产业集中区									
九华山风景区	2		2	1		1			
宣城市	**578**	**196**	**382**	**86**	**21**	**65**	**4**	**2**	**2**
宣州区	169	56	113	27	11	16	1		1
郎溪县	82	26	56	8	2	6	1	1	
泾县	76	27	49	9	3	6			
绩溪县	53	12	41	6		6			
旌德县	26	9	17	6	3	3			
宣城市经济开发区	12	3	9	2		2	1		1
宁国市	77	30	47	9		9	1	1	
广德市	83	33	50	19	2	17			

1-3a 各地区分年龄、性别的人口(城市)

单位：人

地区	合计			0岁		
	合计	男	女	小计	男	女
安　徽	**1551833**	**770791**	**781042**	**11117**	**5862**	**5255**
合肥市	**390115**	**195714**	**194401**	**3147**	**1715**	**1432**
瑶海区	75893	38054	37839	522	281	241
庐阳区	60026	29778	30248	512	281	231
蜀山区	91626	45335	46291	773	417	356
包河区	114941	58762	56179	1002	554	448
长丰县						
肥东县						
肥西县	5525	3011	2514	38	21	17
庐江县						
合肥高新技术产业开发区						
合肥经济技术开发区						
合肥新站高新技术产业开发区	6046	3085	2961	57	29	28
巢湖市	36058	17689	18369	243	132	111
芜湖市	**148167**	**74454**	**73713**	**999**	**505**	**494**
镜湖区	45882	22350	23532	263	126	137
弋江区	40347	20123	20224	239	120	119
鸠江区	31043	16192	14851	270	140	130
三山区	9701	5268	4433	85	43	42
芜湖县	913	461	452	8	5	3
繁昌县						
南陵县						
芜湖经济技术开发区	204	113	91	1	1	
安徽芜湖长江大桥经济开发区						
无为市	20077	9947	10130	133	70	63
蚌埠市	**62588**	**31010**	**31578**	**388**	**199**	**189**
龙子湖区	15284	7503	7781	74	35	39
蚌山区	13873	6757	7116	75	38	37
禹会区	19347	9514	9833	106	55	51
淮上区	14084	7236	6848	133	71	62
怀远县						
五河县						
固镇县						
蚌埠市高新技术开发区						
蚌埠市经济开发区						
淮南市	**103583**	**51191**	**52392**	**621**	**325**	**296**
大通区	3776	1847	1929	14	8	6
田家庵区	65289	32292	32997	424	225	199
谢家集区	16086	7923	8163	63	27	36
八公山区	11189	5517	5672	49	22	27
潘集区	7243	3612	3631	71	43	28
凤台县						
寿县						

1-3a　续表 1　　单位：人

地　区	合　计			0岁		
	合计	男	女	小计	男	女
马鞍山市	**81253**	**40859**	**40394**	**524**	**287**	**237**
花山区	41860	20794	21066	262	147	115
雨山区	31965	16146	15819	190	107	83
博望区	7428	3919	3509	72	33	39
当涂县						
含山县						
和县						
淮北市	**78794**	**38806**	**39988**	**593**	**306**	**287**
杜集区	14083	7023	7060	101	53	48
相山区	48200	23590	24610	349	176	173
烈山区	10619	5051	5568	75	39	36
濉溪县	5892	3142	2750	68	38	30
铜陵市	**54120**	**26674**	**27446**	**306**	**157**	**149**
铜官区	41927	20618	21309	221	116	105
义安区	8299	4080	4219	64	34	30
郊区	3894	1976	1918	21	7	14
枞阳县						
安庆市	**110058**	**53859**	**56199**	**769**	**404**	**365**
迎江区	23744	11712	12032	152	82	70
大观区	15901	7766	8135	72	41	31
宜秀区	13261	6553	6708	97	45	52
怀宁县						
太湖县						
宿松县						
望江县	9437	4496	4941	60	30	30
岳西县						
安徽安庆经济开发区	37	29	8			
桐城市	32371	15826	16545	247	129	118
潜山市	15307	7477	7830	141	77	64
黄山市	**35611**	**17306**	**18305**	**271**	**140**	**131**
屯溪区	24215	11691	12524	188	95	93
黄山区	5626	2753	2873	41	21	20
徽州区	5054	2524	2530	40	23	17
歙县	326	145	181	1	1	
休宁县	390	193	197	1		1
黟县						
祁门县						
滁州市	**84739**	**42056**	**42683**	**647**	**341**	**306**
琅琊区	24767	12358	12409	169	93	76
南谯区	17694	9055	8639	164	82	82
来安县						
全椒县						
定远县						
凤阳县						
苏滁现代产业园						
滁州经济技术开发区						
天长市	23820	11779	12041	185	94	91
明光市	18458	8864	9594	129	72	57

1－3a 续表 2

单位：人

地　区	合　计			0岁		
	合计	男	女	小计	男	女
阜阳市	**101416**	**49948**	**51468**	**744**	**408**	**336**
颍州区	43925	21132	22793	312	188	124
颍东区	17148	8704	8444	128	57	71
颍泉区	20478	10319	10159	145	76	69
临泉县						
太和县						
阜南县						
颍上县						
阜阳合肥现代产业园区						
阜阳经济技术开发区						
界首市	19865	9793	10072	159	87	72
宿州市	**59868**	**29403**	**30465**	**470**	**231**	**239**
埇桥区	59334	29138	30196	467	230	237
砀山县						
萧县	534	265	269	3	1	2
灵璧县						
泗县						
宿州马鞍山现代产业园区						
宿州经济技术开发区						
六安市	**76709**	**38133**	**38576**	**509**	**264**	**245**
金安区	33773	16566	17207	206	101	105
裕安区	35279	17490	17789	239	129	110
叶集区	6951	3721	3230	55	30	25
霍邱县	245	125	120	2	1	1
舒城县	461	231	230	7	3	4
金寨县						
霍山县						
亳州市	**58720**	**29283**	**29437**	**429**	**231**	**198**
谯城区	58220	29049	29171	426	229	197
涡阳县						
蒙城县						
利辛县	500	234	266	3	2	1
池州市	**35862**	**17139**	**18723**	**267**	**132**	**135**
贵池区	33683	15983	17700	261	128	133
东至县						
石台县						
青阳县						
池州市国家经济技术开发区	1249	642	607	6	4	2
皖江江南新兴产业集中区	930	514	416			
九华山风景区						
宣城市	**70230**	**34956**	**35274**	**433**	**217**	**216**
宣州区	23930	11542	12388	157	82	75
郎溪县						
泾县						
绩溪县						
旌德县						
宣城市经济开发区						
宁国市	23031	11432	11599	138	71	67
广德市	23269	11982	11287	138	64	74

1-3a　续表 3　　　　单位：人

地　区	1-4岁			5-9岁			10-14岁		
	小计	男	女	小计	男	女	小计	男	女
安　徽	**76152**	**39911**	**36241**	**93158**	**50427**	**42731**	**80053**	**43364**	**36689**
合肥市	**21272**	**11339**	**9933**	**22930**	**12313**	**10617**	**18027**	**9863**	**8164**
瑶海区	3983	2142	1841	4575	2476	2099	3948	2163	1785
庐阳区	3366	1737	1629	3820	2084	1736	2955	1608	1347
蜀山区	5112	2756	2356	5346	2818	2528	3750	2033	1717
包河区	6758	3591	3167	6769	3635	3134	5169	2817	2352
长丰县									
肥东县									
肥西县	220	133	87	228	138	90	143	80	63
庐江县									
合肥高新技术产业开发区									
合肥经济技术开发区									
合肥新站高新技术产业开发区	305	167	138	375	197	178	248	140	108
巢湖市	1528	813	715	1817	965	852	1814	1022	792
芜湖市	**6247**	**3289**	**2958**	**7374**	**4014**	**3360**	**6083**	**3251**	**2832**
镜湖区	1720	925	795	2123	1128	995	1882	974	908
弋江区	1604	833	771	1877	1015	862	1382	698	684
鸠江区	1610	847	763	1693	943	750	1081	578	503
三山区	451	235	216	532	277	255	413	220	193
芜湖县	39	16	23	29	14	15	30	10	20
繁昌县									
南陵县									
芜湖经济技术开发区	6	3	3	6	3	3	6	2	4
安徽芜湖长江大桥经济开发区									
无为市	817	430	387	1114	634	480	1289	769	520
蚌埠市	**2684**	**1418**	**1266**	**3876**	**2166**	**1710**	**3291**	**1734**	**1557**
龙子湖区	598	328	270	803	446	357	815	443	372
蚌山区	604	305	299	906	499	407	749	388	361
禹会区	712	366	346	980	540	440	925	490	435
淮上区	770	419	351	1187	681	506	802	413	389
怀远县									
五河县									
固镇县									
蚌埠市高新技术开发区									
蚌埠市经济开发区									
淮南市	**4269**	**2203**	**2066**	**5813**	**3143**	**2670**	**5123**	**2718**	**2405**
大通区	209	105	104	211	112	99	143	69	74
田家庵区	2816	1455	1361	3902	2113	1789	3317	1765	1552
谢家集区	475	245	230	667	352	315	686	363	323
八公山区	310	156	154	439	243	196	463	236	227
潘集区	459	242	217	594	323	271	514	285	229
凤台县									
寿县									

1－3a 续表 4

单位：人

地区	1－4岁			5－9岁			10－14岁		
	小计	男	女	小计	男	女	小计	男	女
马鞍山市	**3027**	**1517**	**1510**	**3643**	**1961**	**1682**	**3414**	**1836**	**1578**
花山区	1486	728	758	1970	1062	908	1982	1054	928
雨山区	1122	567	555	1213	637	576	1024	540	484
博望区	419	222	197	460	262	198	408	242	166
当涂县									
含山县									
和县									
淮北市	**3794**	**1962**	**1832**	**5181**	**2765**	**2416**	**4508**	**2442**	**2066**
杜集区	638	351	287	862	431	431	786	428	358
相山区	2369	1194	1175	3348	1804	1544	2834	1531	1303
烈山区	433	225	208	453	232	221	468	255	213
濉溪县	354	192	162	518	298	220	420	228	192
铜陵市	**2192**	**1137**	**1055**	**2555**	**1356**	**1199**	**2440**	**1276**	**1164**
铜官区	1652	866	786	2028	1079	949	1918	1010	908
义安区	386	191	195	397	204	193	386	195	191
郊区	154	80	74	130	73	57	136	71	65
枞阳县									
安庆市	**5120**	**2652**	**2468**	**5532**	**3003**	**2529**	**5366**	**2895**	**2471**
迎江区	1071	573	498	1127	576	551	967	524	443
大观区	497	260	237	674	373	301	720	378	342
宜秀区	635	333	302	610	345	265	477	263	214
怀宁县									
太湖县									
宿松县									
望江县	550	265	285	572	350	222	658	375	283
岳西县									
安徽安庆经济开发区									
桐城市	1614	827	787	1697	901	796	1672	881	791
潜山市	753	394	359	852	458	394	872	474	398
黄山市	**1808**	**933**	**875**	**1979**	**1041**	**938**	**1619**	**858**	**761**
屯溪区	1213	646	567	1343	719	624	1083	579	504
黄山区	281	143	138	316	168	148	257	129	128
徽州区	273	124	149	290	145	145	250	138	112
歙县	16	7	9	12	4	8	14	5	9
休宁县	25	13	12	18	5	13	15	7	8
黟县									
祁门县									
滁州市	**4484**	**2339**	**2145**	**5076**	**2641**	**2435**	**4471**	**2402**	**2069**
琅琊区	1104	580	524	1346	703	643	1270	665	605
南谯区	1047	549	498	1116	569	547	876	474	402
来安县									
全椒县									
定远县									
凤阳县									
苏滁现代产业园									
滁州经济技术开发区									
天长市	1331	687	644	1459	751	708	1056	574	482
明光市	1002	523	479	1155	618	537	1269	689	580

1-3a　续表 5　　　　单位：人

地　区	1-4岁			5-9岁			10-14岁		
	小计	男	女	小计	男	女	小计	男	女
阜阳市	**5583**	**2893**	**2690**	**8206**	**4531**	**3675**	**7001**	**3892**	**3109**
颍州区	2487	1268	1219	3296	1821	1475	2732	1475	1257
颍东区	941	482	459	1371	738	633	1061	613	448
颍泉区	1112	600	512	1748	973	775	1434	797	637
临泉县									
太和县									
阜南县									
颍上县									
阜阳合肥现代产业园区									
阜阳经济技术开发区									
界首市	1043	543	500	1791	999	792	1774	1007	767
宿州市	**3295**	**1769**	**1526**	**4733**	**2601**	**2132**	**3958**	**2226**	**1732**
埇桥区	3273	1757	1516	4688	2576	2112	3920	2204	1716
砀山县									
萧县	22	12	10	45	25	20	38	22	16
灵璧县									
泗县									
宿州马鞍山现代产业园区									
宿州经济技术开发区									
六安市	**4058**	**2145**	**1913**	**5292**	**3041**	**2251**	**5221**	**2919**	**2302**
金安区	1741	912	829	2229	1254	975	2158	1186	972
裕安区	1935	1032	903	2485	1429	1056	2476	1380	1096
叶集区	353	189	164	536	329	207	543	326	217
霍邱县	11	4	7	20	14	6	23	14	9
舒城县	18	8	10	22	15	7	21	13	8
金寨县									
霍山县									
亳州市	**3434**	**1809**	**1625**	**4962**	**2759**	**2203**	**4090**	**2228**	**1862**
谯城区	3408	1790	1618	4909	2736	2173	4043	2202	1841
涡阳县									
蒙城县									
利辛县	26	19	7	53	23	30	47	26	21
池州市	**1719**	**898**	**821**	**2185**	**1132**	**1053**	**2042**	**1059**	**983**
贵池区	1619	857	762	2070	1068	1002	1934	1003	931
东至县									
石台县									
青阳县									
池州市国家经济技术开发区	73	31	42	81	43	38	75	42	33
皖江江南新兴产业集中区	27	10	17	34	21	13	33	14	19
九华山风景区									
宣城市	**3166**	**1608**	**1558**	**3821**	**1960**	**1861**	**3399**	**1765**	**1634**
宣州区	1130	590	540	1370	696	674	1115	588	527
郎溪县									
泾县									
绩溪县									
旌德县									
宣城市经济开发区									
宁国市	1054	505	549	1345	665	680	1211	609	602
广德市	982	513	469	1106	599	507	1073	568	505

1-3a 续表 6

单位：人

地区	15-19岁			20-24岁			25-29岁		
	小计	男	女	小计	男	女	小计	男	女
安 徽	**93032**	**48311**	**44721**	**93389**	**46346**	**47043**	**115534**	**56582**	**58952**
合肥市	**17492**	**9392**	**8100**	**29038**	**14697**	**14341**	**37559**	**18777**	**18782**
瑶海区	2691	1409	1282	4281	2172	2109	7209	3590	3619
庐阳区	2453	1296	1157	3375	1675	1700	5292	2595	2697
蜀山区	4349	2369	1980	9171	4433	4738	9625	4724	4901
包河区	4997	2829	2168	8466	4617	3849	11786	5992	5794
长丰县									
肥东县									
肥西县	451	243	208	982	494	488	701	411	290
庐江县									
合肥高新技术产业开发区									
合肥经济技术开发区									
合肥新站高新技术产业开发区	172	84	88	386	194	192	679	359	320
巢湖市	2379	1162	1217	2377	1112	1265	2267	1106	1161
芜湖市	**9648**	**5115**	**4533**	**11774**	**6071**	**5703**	**11256**	**5683**	**5573**
镜湖区	1532	754	778	2448	1064	1384	3151	1528	1623
弋江区	3599	1725	1874	5494	2736	2758	3007	1500	1507
鸠江区	2096	1251	845	2481	1483	998	2854	1487	1367
三山区	758	452	306	526	335	191	884	486	398
芜湖县	16	9	7	24	14	10	50	27	23
繁昌县									
南陵县									
芜湖经济技术开发区	1		1	3	3		12	9	3
安徽芜湖长江大桥经济开发区									
无为市	1646	924	722	798	436	362	1298	646	652
蚌埠市	**3728**	**2007**	**1721**	**2742**	**1266**	**1476**	**4164**	**1979**	**2185**
龙子湖区	557	292	265	545	267	278	884	415	469
蚌山区	647	358	289	516	252	264	918	422	496
禹会区	1088	539	549	1131	480	651	1238	590	648
淮上区	1436	818	618	550	267	283	1124	552	572
怀远县									
五河县									
固镇县									
蚌埠市高新技术开发区									
蚌埠市经济开发区									
淮南市	**5641**	**2874**	**2767**	**5815**	**2998**	**2817**	**5664**	**2726**	**2938**
大通区	77	40	37	116	52	64	284	122	162
田家庵区	4262	2154	2108	4552	2380	2172	3672	1760	1912
谢家集区	628	338	290	505	241	264	724	359	365
八公山区	392	202	190	390	196	194	511	271	240
潘集区	282	140	142	252	129	123	473	214	259
凤台县									
寿县									

1-3a　续表 7　　　　单位：人

地　区	15-19岁			20-24岁			25-29岁		
	小计	男	女	小计	男	女	小计	男	女
马鞍山市	**4232**	**2357**	**1875**	**4834**	**2560**	**2274**	**5384**	**2748**	**2636**
花山区	1486	803	683	1522	788	734	2610	1307	1303
雨山区	2465	1386	1079	3016	1622	1394	2144	1084	1060
博望区	281	168	113	296	150	146	630	357	273
当涂县									
含山县									
和县									
淮北市	**5111**	**2585**	**2526**	**4354**	**2013**	**2341**	**4909**	**2396**	**2513**
杜集区	766	384	382	511	272	239	944	468	476
相山区	2844	1548	1296	2546	1216	1330	3022	1438	1584
烈山区	1283	547	736	1068	398	670	573	290	283
濉溪县	218	106	112	229	127	102	370	200	170
铜陵市	**2700**	**1385**	**1315**	**3194**	**1590**	**1604**	**3311**	**1619**	**1692**
铜官区	2243	1127	1116	2793	1387	1406	2443	1181	1262
义安区	345	196	149	260	128	132	634	304	330
郊区	112	62	50	141	75	66	234	134	100
枞阳县									
安庆市	**6688**	**3303**	**3385**	**5008**	**2357**	**2651**	**6520**	**3129**	**3391**
迎江区	761	414	347	765	382	383	1528	737	791
大观区	699	373	326	570	269	301	734	362	372
宜秀区	1483	616	867	1633	740	893	982	486	496
怀宁县									
太湖县									
宿松县									
望江县	784	429	355	236	98	138	467	188	279
岳西县									
安徽安庆经济开发区				8	7	1	6	5	1
桐城市	2115	1010	1105	1329	616	713	1949	946	1003
潜山市	846	461	385	467	245	222	854	405	449
黄山市	**1619**	**797**	**822**	**1269**	**555**	**714**	**2316**	**1049**	**1267**
屯溪区	1137	564	573	952	402	550	1569	710	859
黄山区	288	136	152	146	70	76	338	149	189
徽州区	169	82	87	145	73	72	369	174	195
歙县	11	7	4	14	3	11	11	2	9
休宁县	14	8	6	12	7	5	29	14	15
黟县									
祁门县									
滁州市	**4356**	**2362**	**1994**	**3977**	**1936**	**2041**	**6441**	**3134**	**3307**
琅琊区	1003	546	457	1244	593	651	1762	866	896
南谯区	1038	599	439	988	520	468	1689	834	855
来安县									
全椒县									
定远县									
凤阳县									
苏滁现代产业园									
滁州经济技术开发区									
天长市	1277	682	595	1022	502	520	1769	890	879
明光市	1038	535	503	723	321	402	1221	544	677

1－3a 续表 8

单位：人

地 区	15－19岁			20－24岁			25－29岁		
	小计	男	女	小计	男	女	小计	男	女
阜阳市	**9895**	**5033**	**4862**	**5337**	**2513**	**2824**	**7027**	**3322**	**3705**
颍州区	4929	2242	2687	3088	1327	1761	3009	1377	1632
颍东区	1759	1020	739	736	374	362	1193	582	611
颍泉区	1804	992	812	880	450	430	1494	718	776
临泉县									
太和县									
阜南县									
颍上县									
阜阳合肥现代产业园区									
阜阳经济技术开发区									
界首市	1403	779	624	633	362	271	1331	645	686
宿州市	**3513**	**1807**	**1706**	**3227**	**1602**	**1625**	**4268**	**2006**	**2262**
埇桥区	3499	1797	1702	3210	1593	1617	4242	1991	2251
砀山县									
萧县	14	10	4	17	9	8	26	15	11
灵璧县									
泗县									
宿州马鞍山现代产业园区									
宿州经济技术开发区									
六安市	**6748**	**3687**	**3061**	**4374**	**2239**	**2135**	**5112**	**2412**	**2700**
金安区	2604	1357	1247	1577	786	791	2299	1087	1212
裕安区	3322	1776	1546	2532	1317	1215	2339	1083	1256
叶集区	801	542	259	241	122	119	436	225	211
霍邱县	11	6	5	5	2	3	11	4	7
舒城县	10	6	4	19	12	7	27	13	14
金寨县									
霍山县									
亳州市	**5350**	**2644**	**2706**	**3557**	**1683**	**1874**	**4646**	**2266**	**2380**
谯城区	5317	2634	2683	3540	1676	1864	4612	2250	2362
涡阳县									
蒙城县									
利辛县	33	10	23	17	7	10	34	16	18
池州市	**2641**	**1175**	**1466**	**2229**	**1015**	**1214**	**2191**	**1004**	**1187**
贵池区	2489	1087	1402	2146	964	1182	2005	903	1102
东至县									
石台县									
青阳县									
池州市国家经济技术开发区	45	23	22	48	30	18	109	59	50
皖江江南新兴产业集中区	107	65	42	35	21	14	77	42	35
九华山风景区									
宣城市	**3670**	**1788**	**1882**	**2660**	**1251**	**1409**	**4766**	**2332**	**2434**
宣州区	1449	648	801	1037	435	602	1657	788	869
郎溪县									
泾县									
绩溪县									
旌德县									
宣城市经济开发区									
宁国市	952	489	463	752	371	381	1480	715	765
广德市	1269	651	618	871	445	426	1629	829	800

1-3a 续表 9 单位：人

地　区	30-34岁			35-39岁			40-44岁		
	小计	男	女	小计	男	女	小计	男	女
安　徽	**151744**	**72460**	**79284**	**114249**	**55373**	**58876**	**113906**	**55783**	**58123**
合肥市	**44140**	**21287**	**22853**	**33172**	**16557**	**16615**	**28059**	**14152**	**13907**
瑶海区	8107	3886	4221	6404	3119	3285	5967	3032	2935
庐阳区	6904	3238	3666	5315	2654	2661	4389	2158	2231
蜀山区	10774	5116	5658	8075	4021	4054	6019	3033	2986
包河区	14008	6866	7142	10030	5109	4921	8052	4149	3903
长丰县									
肥东县									
肥西县	819	462	357	435	237	198	311	177	134
庐江县									
合肥高新技术产业开发区									
合肥经济技术开发区									
合肥新站高新技术产业开发区	760	373	387	493	265	228	408	217	191
巢湖市	2768	1346	1422	2420	1152	1268	2913	1386	1527
芜湖市	**13644**	**6741**	**6903**	**10180**	**4983**	**5197**	**9985**	**4953**	**5032**
镜湖区	3878	1849	2029	3455	1619	1836	3158	1558	1600
弋江区	3710	1807	1903	2689	1373	1316	2459	1268	1191
鸠江区	3612	1822	1790	2153	1149	1004	1833	934	899
三山区	992	561	431	503	265	238	652	361	291
芜湖县	54	30	24	33	18	15	62	34	28
繁昌县									
南陵县									
芜湖经济技术开发区	11	6	5	6	2	4	10	6	4
安徽芜湖长江大桥经济开发区									
无为市	1387	666	721	1341	557	784	1811	792	1019
蚌埠市	**5663**	**2715**	**2948**	**4368**	**2129**	**2239**	**4148**	**2062**	**2086**
龙子湖区	1179	570	609	1031	480	551	1017	498	519
蚌山区	1268	596	672	1012	462	550	1005	488	517
禹会区	1685	815	870	1299	672	627	1310	626	684
淮上区	1531	734	797	1026	515	511	816	450	366
怀远县									
五河县									
固镇县									
蚌埠市高新技术开发区									
蚌埠市经济开发区									
淮南市	**8900**	**4183**	**4717**	**7236**	**3589**	**3647**	**7051**	**3470**	**3581**
大通区	412	197	215	273	138	135	205	107	98
田家庵区	5893	2742	3151	4955	2462	2493	4766	2319	2447
谢家集区	1103	533	570	817	410	407	915	464	451
八公山区	745	371	374	608	301	307	645	318	327
潘集区	747	340	407	583	278	305	520	262	258
凤台县									
寿县									

1-3a 续表 10 单位：人

地区	30-34岁			35-39岁			40-44岁		
	小计	男	女	小计	男	女	小计	男	女
马鞍山市	**6746**	**3324**	**3422**	**5230**	**2532**	**2698**	**5743**	**2774**	**2969**
花山区	3485	1688	1797	2954	1405	1549	3320	1568	1752
雨山区	2576	1290	1286	1818	890	928	1873	918	955
博望区	685	346	339	458	237	221	550	288	262
当涂县									
含山县									
和县									
淮北市	**6943**	**3373**	**3570**	**5181**	**2550**	**2631**	**6156**	**3043**	**3113**
杜集区	1230	643	587	839	435	404	1006	513	493
相山区	4526	2114	2412	3545	1683	1862	4170	1977	2193
烈山区	704	365	339	467	237	230	624	320	304
濉溪县	483	251	232	330	195	135	356	233	123
铜陵市	**4427**	**2088**	**2339**	**3494**	**1652**	**1842**	**4107**	**1957**	**2150**
铜官区	3398	1578	1820	2781	1308	1473	3307	1605	1702
义安区	736	359	377	513	245	268	571	245	326
郊区	293	151	142	200	99	101	229	107	122
枞阳县									
安庆市	**9372**	**4409**	**4963**	**7129**	**3216**	**3913**	**8476**	**3876**	**4600**
迎江区	2151	1025	1126	1536	731	805	1749	846	903
大观区	1008	468	540	998	456	542	1309	613	696
宜秀区	1245	625	620	722	358	364	762	407	355
怀宁县									
太湖县									
宿松县									
望江县	719	303	416	703	276	427	927	377	550
岳西县									
安徽安庆经济开发区	3	3		3	2	1	2	2	
桐城市	2954	1395	1559	2162	976	1186	2603	1157	1446
潜山市	1292	590	702	1005	417	588	1124	474	650
黄山市	**3483**	**1574**	**1909**	**2712**	**1276**	**1436**	**2810**	**1347**	**1463**
屯溪区	2394	1074	1320	1874	872	1002	1880	888	992
黄山区	516	243	273	386	171	215	461	216	245
徽州区	504	224	280	400	205	195	414	220	194
歙县	20	7	13	23	13	10	25	9	16
休宁县	49	26	23	29	15	14	30	14	16
黟县									
祁门县									
滁州市	**8088**	**3967**	**4121**	**5612**	**2705**	**2907**	**6517**	**3175**	**3342**
琅琊区	2226	1109	1117	1775	851	924	1913	951	962
南谯区	2000	1021	979	1336	688	648	1167	600	567
来安县									
全椒县									
定远县									
凤阳县									
苏滁现代产业园									
滁州经济技术开发区									
天长市	2418	1190	1228	1367	645	722	2006	968	1038
明光市	1444	647	797	1134	521	613	1431	656	775

1-3a　续表 11　　单位：人

地　　区	30-34岁			35-39岁			40-44岁		
	小计	男	女	小计	男	女	小计	男	女
阜阳市	**9650**	**4451**	**5199**	**7702**	**3700**	**4002**	**7826**	**3763**	**4063**
颍州区	4263	1963	2300	3373	1607	1766	3259	1600	1659
颍东区	1599	755	844	1196	612	584	1366	658	708
颍泉区	1958	925	1033	1617	781	836	1527	732	795
临泉县									
太和县									
阜南县									
颍上县									
阜阳合肥现代产业园区									
阜阳经济技术开发区									
界首市	1830	808	1022	1516	700	816	1674	773	901
宿州市	**6162**	**2861**	**3301**	**4558**	**2182**	**2376**	**4653**	**2240**	**2413**
埇桥区	6119	2840	3279	4529	2168	2361	4619	2222	2397
砀山县									
萧县	43	21	22	29	14	15	34	18	16
灵璧县									
泗县									
宿州马鞍山现代产业园区									
宿州经济技术开发区									
六安市	**7826**	**3571**	**4255**	**5883**	**2706**	**3177**	**5182**	**2457**	**2725**
金安区	3478	1617	1861	2682	1211	1471	2373	1132	1241
裕安区	3708	1661	2047	2711	1248	1463	2369	1112	1257
叶集区	593	273	320	452	227	225	402	197	205
霍邱县	15	5	10	14	8	6	14	7	7
舒城县	32	15	17	24	12	12	24	9	15
金寨县									
霍山县									
亳州市	**6504**	**3079**	**3425**	**4044**	**2031**	**2013**	**3938**	**1971**	**1967**
谯城区	6463	3062	3401	4008	2015	1993	3897	1952	1945
涡阳县									
蒙城县									
利辛县	41	17	24	36	16	20	41	19	22
池州市	**3245**	**1486**	**1759**	**2454**	**1076**	**1378**	**2935**	**1324**	**1611**
贵池区	2980	1340	1640	2288	994	1294	2761	1228	1533
东至县									
石台县									
青阳县									
池州市国家经济技术开发区	155	82	73	81	40	41	98	50	48
皖江江南新兴产业集中区	110	64	46	85	42	43	76	46	30
九华山风景区									
宣城市	**6951**	**3351**	**3600**	**5294**	**2489**	**2805**	**6320**	**3219**	**3101**
宣州区	2168	1015	1153	1606	717	889	2035	987	1048
郎溪县									
泾县									
绩溪县									
旌德县									
宣城市经济开发区									
宁国市	2454	1191	1263	1925	903	1022	2181	1127	1054
广德市	2329	1145	1184	1763	869	894	2104	1105	999

1－3a 续表 12 单位：人

地　区	45－49岁			50－54岁			55－59岁		
	小计	男	女	小计	男	女	小计	男	女
安　徽	**128750**	**64269**	**64481**	**138210**	**67498**	**70712**	**111991**	**54158**	**57833**
合肥市	**29003**	**14764**	**14239**	**29998**	**14581**	**15417**	**24892**	**11738**	**13154**
瑶海区	6366	3213	3153	6612	3233	3379	5240	2571	2669
庐阳区	4399	2239	2160	4569	2220	2349	3784	1761	2023
蜀山区	5866	2972	2894	5934	2794	3140	5402	2402	3000
包河区	8132	4282	3850	8510	4166	4344	7126	3382	3744
长丰县									
肥东县									
肥西县	328	181	147	320	157	163	249	125	124
庐江县									
合肥高新技术产业开发区									
合肥经济技术开发区									
合肥新站高新技术产业开发区	504	250	254	556	277	279	398	181	217
巢湖市	3408	1627	1781	3497	1734	1763	2693	1316	1377
芜湖市	**11137**	**5618**	**5519**	**13090**	**6469**	**6621**	**11545**	**5511**	**6034**
镜湖区	3393	1678	1715	4246	2074	2172	4219	2029	2190
弋江区	2685	1373	1312	3151	1552	1599	2713	1329	1384
鸠江区	2179	1144	1035	2697	1299	1398	2313	1060	1253
三山区	801	441	360	960	516	444	691	340	351
芜湖县	88	49	39	119	65	54	89	41	48
繁昌县									
南陵县									
芜湖经济技术开发区	18	8	10	29	19	10	19	10	9
安徽芜湖长江大桥经济开发区									
无为市	1973	925	1048	1888	944	944	1501	702	799
蚌埠市	**4933**	**2449**	**2484**	**5599**	**2703**	**2896**	**4924**	**2381**	**2543**
龙子湖区	1258	605	653	1522	712	810	1389	679	710
蚌山区	1155	578	577	1212	565	647	1071	528	543
禹会区	1551	782	769	1769	889	880	1579	764	815
淮上区	969	484	485	1096	537	559	885	410	475
怀远县									
五河县									
固镇县									
蚌埠市高新技术开发区									
蚌埠市经济开发区									
淮南市	**8427**	**4156**	**4271**	**10155**	**4897**	**5258**	**9002**	**4372**	**4630**
大通区	270	131	139	330	162	168	390	181	209
田家庵区	5178	2538	2640	5531	2648	2883	5018	2408	2610
谢家集区	1346	663	683	2126	1045	1081	1818	899	919
八公山区	1058	525	533	1557	746	811	1293	642	651
潘集区	575	299	276	611	296	315	483	242	241
凤台县									
寿县									

1-3a　续表 13　　　　单位：人

地　　区	45-49岁			50-54岁			55-59岁		
	小计	男	女	小计	男	女	小计	男	女
马鞍山市	**7221**	**3606**	**3615**	**8517**	**4267**	**4250**	**7046**	**3594**	**3452**
花山区	3992	2024	1968	4406	2198	2208	3761	1907	1854
雨山区	2569	1234	1335	3387	1706	1681	2745	1400	1345
博望区	660	348	312	724	363	361	540	287	253
当涂县									
含山县									
和县									
淮北市	**6975**	**3412**	**3563**	**7255**	**3469**	**3786**	**5544**	**2673**	**2871**
杜集区	1099	523	576	1386	670	716	999	477	522
相山区	4577	2210	2367	4300	2010	2290	3289	1597	1692
烈山区	782	393	389	958	460	498	830	405	425
濉溪县	517	286	231	611	329	282	426	194	232
铜陵市	**5207**	**2650**	**2557**	**5790**	**2851**	**2939**	**4955**	**2464**	**2491**
铜官区	3939	2005	1934	4282	2126	2156	3662	1821	1841
义安区	863	441	422	976	471	505	857	414	443
郊区	405	204	201	532	254	278	436	229	207
枞阳县									
安庆市	**11052**	**5390**	**5662**	**11473**	**5770**	**5703**	**9154**	**4525**	**4629**
迎江区	2308	1128	1180	2728	1366	1362	2245	1078	1167
大观区	1632	807	825	1632	832	800	1407	673	734
宜秀区	1207	606	601	1257	651	606	794	414	380
怀宁县									
太湖县									
宿松县									
望江县	1037	480	557	866	423	443	668	350	318
岳西县									
安徽安庆经济开发区	4	1	3	4	3	1	3	3	
桐城市	3240	1586	1654	3325	1675	1650	2615	1319	1296
潜山市	1624	782	842	1661	820	841	1422	688	734
黄山市	**3111**	**1550**	**1561**	**3362**	**1687**	**1675**	**2969**	**1453**	**1516**
屯溪区	1999	998	1001	2088	1045	1043	2011	954	1057
黄山区	532	268	264	625	309	316	500	263	237
徽州区	523	258	265	581	303	278	388	199	189
歙县	28	12	16	27	9	18	34	19	15
休宁县	29	14	15	41	21	20	36	18	18
黟县									
祁门县									
滁州市	**8064**	**3957**	**4107**	**8459**	**4113**	**4346**	**6359**	**3084**	**3275**
琅琊区	2274	1140	1134	2439	1209	1230	1919	962	957
南谯区	1546	788	758	1626	812	814	1258	616	642
来安县									
全椒县									
定远县									
凤阳县									
苏滁现代产业园									
滁州经济技术开发区									
天长市	2548	1233	1315	2562	1245	1317	1817	862	955
明光市	1696	796	900	1832	847	985	1365	644	721

1－3a 续表 14

单位：人

地　区	45－49岁			50－54岁			55－59岁		
	小计	男	女	小计	男	女	小计	男	女
阜阳市	**7292**	**3614**	**3678**	**7575**	**3625**	**3950**	**5693**	**2712**	**2981**
颍州区	2995	1513	1482	3036	1426	1610	2442	1157	1285
颍东区	1382	692	690	1448	712	736	899	437	462
颍泉区	1450	736	714	1575	769	806	1193	575	618
临泉县									
太和县									
阜南县									
颍上县									
阜阳合肥现代产业园区									
阜阳经济技术开发区									
界首市	1465	673	792	1516	718	798	1159	543	616
宿州市	**5056**	**2404**	**2652**	**4910**	**2325**	**2585**	**3701**	**1766**	**1935**
埇桥区	5023	2392	2631	4846	2296	2550	3668	1749	1919
砀山县									
萧县	33	12	21	64	29	35	33	17	16
灵璧县									
泗县									
宿州马鞍山现代产业园区									
宿州经济技术开发区									
六安市	**6399**	**3154**	**3245**	**6250**	**2936**	**3314**	**4944**	**2306**	**2638**
金安区	2895	1407	1488	2818	1319	1499	2231	1059	1172
裕安区	2846	1403	1443	2717	1267	1450	2151	980	1171
叶集区	598	309	289	643	315	328	492	236	256
霍邱县	23	13	10	22	12	10	26	11	15
舒城县	37	22	15	50	23	27	44	20	24
金寨县									
霍山县									
亳州市	**4021**	**2008**	**2013**	**4853**	**2341**	**2512**	**3256**	**1565**	**1691**
谯城区	3994	1993	2001	4802	2321	2481	3224	1551	1673
涡阳县									
蒙城县									
利辛县	27	15	12	51	20	31	32	14	18
池州市	**3677**	**1814**	**1863**	**3260**	**1589**	**1671**	**2568**	**1252**	**1316**
贵池区	3456	1704	1752	3046	1482	1564	2436	1176	1260
东至县									
石台县									
青阳县									
池州市国家经济技术开发区	116	57	59	126	56	70	88	48	40
皖江江南新兴产业集中区	105	53	52	88	51	37	44	28	16
九华山风景区									
宣城市	**7175**	**3723**	**3452**	**7664**	**3875**	**3789**	**5439**	**2762**	**2677**
宣州区	2582	1284	1298	2449	1201	1248	1947	962	985
郎溪县									
泾县									
绩溪县									
旌德县									
宣城市经济开发区									
宁国市	2216	1168	1048	2719	1366	1353	1811	902	909
广德市	2377	1271	1106	2496	1308	1188	1681	898	783

1-3a　续表 15　　　　单位：人

地　区	60-64岁			65-69岁			70-74岁		
	小计	男	女	小计	男	女	小计	男	女
安　徽	**59254**	**29847**	**29407**	**65297**	**31326**	**33971**	**42459**	**20506**	**21953**
合肥市	**13693**	**6722**	**6971**	**14834**	**7066**	**7768**	**9203**	**4468**	**4735**
瑶海区	2600	1330	1270	2737	1312	1425	1828	862	966
庐阳区	2460	1228	1232	2432	1132	1300	1468	731	737
蜀山区	3271	1562	1709	3357	1574	1783	1962	956	1006
包河区	3808	1838	1970	4215	2045	2170	2516	1215	1301
长丰县									
肥东县									
肥西县	121	63	58	102	50	52	48	27	21
庐江县									
合肥高新技术产业开发区									
合肥经济技术开发区									
合肥新站高新技术产业开发区	216	113	103	214	106	108	106	51	55
巢湖市	1217	588	629	1777	847	930	1275	626	649
芜湖市	**6462**	**3267**	**3195**	**6895**	**3434**	**3461**	**4626**	**2235**	**2391**
镜湖区	2822	1437	1385	2674	1329	1345	1734	818	916
弋江区	1522	743	779	1672	830	842	1097	538	559
鸠江区	1128	583	545	1128	575	553	769	389	380
三山区	292	149	143	433	227	206	305	151	154
芜湖县	46	20	26	65	37	28	63	34	29
繁昌县									
南陵县									
芜湖经济技术开发区	20	8	12	16	12	4	18	9	9
安徽芜湖长江大桥经济开发区									
无为市	632	327	305	907	424	483	640	296	344
蚌埠市	**3264**	**1648**	**1616**	**3336**	**1616**	**1720**	**2040**	**998**	**1042**
龙子湖区	939	491	448	965	470	495	617	303	314
蚌山区	813	383	430	747	370	377	430	203	227
禹会区	1096	559	537	1097	517	580	659	322	337
淮上区	416	215	201	527	259	268	334	170	164
怀远县									
五河县									
固镇县									
蚌埠市高新技术开发区									
蚌埠市经济开发区									
淮南市	**5820**	**2962**	**2858**	**5325**	**2523**	**2802**	**3195**	**1624**	**1571**
大通区	293	156	137	227	115	112	115	61	54
田家庵区	3379	1704	1675	3063	1445	1618	1713	883	830
谢家集区	1131	573	558	1019	495	524	696	343	353
八公山区	739	390	349	730	353	377	464	232	232
潘集区	278	139	139	286	115	171	207	105	102
凤台县									
寿县									

1-3a 续表 16

单位：人

地区	60-64岁			65-69岁			70-74岁		
	小计	男	女	小计	男	女	小计	男	女
马鞍山市	**3692**	**1862**	**1830**	**4156**	**2029**	**2127**	**2917**	**1370**	**1547**
花山区	1956	1002	954	2287	1080	1207	1670	785	885
雨山区	1485	737	748	1488	751	737	996	457	539
博望区	251	123	128	381	198	183	251	128	123
当涂县									
含山县									
和县									
淮北市	**2788**	**1408**	**1380**	**3471**	**1661**	**1810**	**2337**	**1117**	**1220**
杜集区	615	323	292	799	371	428	556	267	289
相山区	1666	816	850	1840	890	950	1181	564	617
烈山区	361	193	168	567	271	296	373	175	198
濉溪县	146	76	70	265	129	136	227	111	116
铜陵市	**2430**	**1240**	**1190**	**2442**	**1134**	**1308**	**1792**	**818**	**974**
铜官区	1846	924	922	1853	846	1007	1383	617	766
义安区	382	215	167	362	176	186	234	108	126
郊区	202	101	101	227	112	115	175	93	82
枞阳县									
安庆市	**4453**	**2313**	**2140**	**5092**	**2485**	**2607**	**3610**	**1753**	**1857**
迎江区	1256	661	595	1204	587	617	828	416	412
大观区	891	443	448	1045	488	557	776	378	398
宜秀区	362	194	168	402	196	206	266	119	147
怀宁县									
太湖县									
宿松县									
望江县	274	120	154	342	169	173	238	107	131
岳西县									
安徽安庆经济开发区	3	2	1	1	1				
桐城市	1034	556	478	1376	677	699	1098	527	571
潜山市	633	337	296	722	367	355	404	206	198
黄山市	**1717**	**863**	**854**	**1835**	**842**	**993**	**1174**	**596**	**578**
屯溪区	1191	589	602	1292	575	717	842	420	422
黄山区	272	136	136	299	146	153	158	97	61
徽州区	220	120	100	185	90	95	141	61	80
歙县	22	13	9	27	14	13	21	12	9
休宁县	12	5	7	32	17	15	12	6	6
黟县									
祁门县									
滁州市	**3066**	**1556**	**1510**	**3853**	**1867**	**1986**	**2077**	**1017**	**1060**
琅琊区	1018	523	495	1284	627	657	778	387	391
南谯区	527	265	262	616	305	311	325	163	162
来安县									
全椒县									
定远县									
凤阳县									
苏滁现代产业园									
滁州经济技术开发区									
天长市	793	414	379	981	462	519	510	241	269
明光市	728	354	374	972	473	499	464	226	238

1-3a 续表 17 单位：人

地区	60-64岁			65-69岁			70-74岁		
	小计	男	女	小计	男	女	小计	男	女
阜阳市	**2833**	**1404**	**1429**	**3345**	**1538**	**1807**	**2493**	**1134**	**1359**
颍州区	1176	585	591	1292	603	689	963	438	525
颍东区	395	201	194	627	281	346	497	232	265
颍泉区	602	309	293	725	339	386	495	222	273
临泉县									
太和县									
阜南县									
颍上县									
阜阳合肥现代产业园区									
阜阳经济技术开发区									
界首市	660	309	351	701	315	386	538	242	296
宿州市	**1868**	**909**	**959**	**2103**	**989**	**1114**	**1317**	**607**	**710**
埇桥区	1846	896	950	2059	971	1088	1291	596	695
砀山县									
萧县	22	13	9	44	18	26	26	11	15
灵璧县									
泗县									
宿州马鞍山现代产业园区									
宿州经济技术开发区									
六安市	**2284**	**1151**	**1133**	**2662**	**1269**	**1393**	**1747**	**860**	**887**
金安区	1092	528	564	1308	622	686	917	432	485
裕安区	988	516	472	1058	492	566	624	322	302
叶集区	179	95	84	250	130	120	162	83	79
霍邱县	6	3	3	13	6	7	9	6	3
舒城县	19	9	10	33	19	14	35	17	18
金寨县									
霍山县									
亳州市	**1421**	**738**	**683**	**1753**	**855**	**898**	**1087**	**505**	**582**
谯城区	1410	732	678	1730	843	887	1079	502	577
涡阳县									
蒙城县									
利辛县	11	6	5	23	12	11	8	3	5
池州市	**1192**	**614**	**578**	**1371**	**669**	**702**	**853**	**427**	**426**
贵池区	1110	570	540	1299	632	667	819	406	413
东至县									
石台县									
青阳县									
池州市国家经济技术开发区	51	29	22	44	22	22	16	10	6
皖江江南新兴产业集中区	31	15	16	28	15	13	18	11	7
九华山风景区									
宣城市	**2271**	**1190**	**1081**	**2824**	**1349**	**1475**	**1991**	**977**	**1014**
宣州区	713	376	337	946	425	521	718	351	367
郎溪县									
泾县									
绩溪县									
旌德县									
宣城市经济开发区									
宁国市	731	386	345	848	416	432	545	244	301
广德市	827	428	399	1030	508	522	728	382	346

1-3a 续表 18

单位：人

地区	75-79岁			80-84岁			85-89岁		
	小计	男	女	小计	男	女	小计	男	女
安　徽	**30012**	**13910**	**16102**	**19681**	**8944**	**10737**	**10012**	**4350**	**5662**
合肥市	**6248**	**2926**	**3322**	**4286**	**1981**	**2305**	**2264**	**1020**	**1244**
瑶海区	1298	586	712	898	410	488	462	196	266
庐阳区	1095	510	585	785	343	442	474	210	264
蜀山区	1303	642	661	899	418	481	458	228	230
包河区	1597	752	845	1186	567	619	573	251	322
长丰县									
肥东县									
肥西县	18	7	11	10	5	5	1		1
庐江县									
合肥高新技术产业开发区									
合肥经济技术开发区									
合肥新站高新技术产业开发区	78	34	44	52	27	25	32	18	14
巢湖市	859	395	464	456	211	245	264	117	147
芜湖市	**3477**	**1627**	**1850**	**2218**	**1030**	**1188**	**1100**	**469**	**631**
镜湖区	1428	632	796	1050	508	542	498	222	276
弋江区	767	385	382	406	179	227	207	90	117
鸠江区	535	243	292	343	160	183	195	76	119
三山区	251	125	126	101	53	48	52	21	31
芜湖县	39	19	20	38	13	25	16	4	12
繁昌县									
南陵县									
芜湖经济技术开发区	17	12	5	2		2	2		2
安徽芜湖长江大桥经济开发区									
无为市	440	211	229	278	117	161	130	56	74
蚌埠市	**1599**	**752**	**847**	**1099**	**490**	**609**	**503**	**215**	**288**
龙子湖区	475	216	259	373	160	213	165	66	99
蚌山区	350	159	191	217	98	119	113	42	71
禹会区	506	250	256	380	159	221	164	73	91
淮上区	268	127	141	129	73	56	61	34	27
怀远县									
五河县									
固镇县									
蚌埠市高新技术开发区									
蚌埠市经济开发区									
淮南市	**2538**	**1075**	**1463**	**1751**	**785**	**966**	**863**	**383**	**480**
大通区	87	40	47	61	22	39	38	16	22
田家庵区	1312	588	724	897	410	487	435	182	253
谢家集区	600	234	366	462	201	261	223	103	120
八公山区	372	131	241	245	102	143	130	63	67
潘集区	167	82	85	86	50	36	37	19	18
凤台县									
寿县									

1-3a　续表 19　　　　单位：人

地　区	75-79岁			80-84岁			85-89岁		
	小计	男	女	小计	男	女	小计	男	女
马鞍山市	**2257**	**1031**	**1226**	**1672**	**801**	**871**	**720**	**295**	**425**
花山区	1263	594	669	902	437	465	392	158	234
雨山区	814	350	464	648	304	344	290	121	169
博望区	180	87	93	122	60	62	38	16	22
当涂县									
含山县									
和县									
淮北市	**1719**	**770**	**949**	**1156**	**514**	**642**	**598**	**260**	**338**
杜集区	434	185	249	299	138	161	157	68	89
相山区	869	406	463	552	249	303	271	123	148
烈山区	264	110	154	200	84	116	103	41	62
濉溪县	152	69	83	105	43	62	67	28	39
铜陵市	**1355**	**663**	**692**	**862**	**384**	**478**	**422**	**199**	**223**
铜官区	1063	521	542	683	301	382	328	158	170
义安区	164	86	78	99	38	61	50	21	29
郊区	128	56	72	80	45	35	44	20	24
枞阳县									
安庆市	**2609**	**1228**	**1381**	**1613**	**728**	**885**	**782**	**334**	**448**
迎江区	638	282	356	454	200	254	199	79	120
大观区	580	264	316	397	175	222	197	87	110
宜秀区	197	99	98	92	43	49	29	9	20
怀宁县									
太湖县									
宿松县									
望江县	175	82	93	98	50	48	54	20	34
岳西县									
安徽安庆经济开发区									
桐城市	709	358	351	362	171	191	213	97	116
潜山市	310	143	167	210	89	121	90	42	48
黄山市	**651**	**332**	**319**	**540**	**259**	**281**	**260**	**109**	**151**
屯溪区	478	242	236	405	194	211	189	85	104
黄山区	83	37	46	68	32	36	44	14	30
徽州区	82	48	34	54	29	25	23	8	15
歙县	5	3	2	10	3	7	4	2	2
休宁县	3	2	1	3	1	2			
黟县									
祁门县									
滁州市	**1496**	**708**	**788**	**886**	**404**	**482**	**582**	**254**	**328**
琅琊区	579	264	315	343	156	187	223	96	127
南谯区	178	80	98	105	49	56	70	32	38
来安县									
全椒县									
定远县									
凤阳县									
苏滁现代产业园									
滁州经济技术开发区									
天长市	323	164	159	192	91	101	154	60	94
明光市	416	200	216	246	108	138	135	66	69

1－3a 续表 20

单位：人

地 区	75－79岁			80－84岁			85－89岁		
	小计	男	女	小计	男	女	小计	男	女
阜阳市	**1589**	**727**	**862**	**901**	**390**	**511**	**504**	**222**	**282**
颍州区	598	252	346	378	168	210	207	90	117
颍东区	315	150	165	131	63	68	70	33	37
颍泉区	328	164	164	213	84	129	123	57	66
临泉县									
太和县									
阜南县									
颍上县									
阜阳合肥现代产业园区									
阜阳经济技术开发区									
界首市	348	161	187	179	75	104	104	42	62
宿州市	**956**	**413**	**543**	**632**	**286**	**346**	**354**	**134**	**220**
埇桥区	938	402	536	620	283	337	347	131	216
砀山县									
萧县	18	11	7	12	3	9	7	3	4
灵璧县									
泗县									
宿州马鞍山现代产业园区									
宿州经济技术开发区									
六安市	**1131**	**518**	**613**	**640**	**295**	**345**	**341**	**154**	**187**
金安区	582	276	306	354	165	189	169	86	83
裕安区	395	169	226	218	103	115	135	56	79
叶集区	123	59	64	55	22	33	26	8	18
霍邱县	14	6	8	4	2	2	2	1	1
舒城县	17	8	9	9	3	6	9	3	6
金寨县									
霍山县									
亳州市	**685**	**308**	**377**	**374**	**137**	**237**	**219**	**89**	**130**
谯城区	678	305	373	370	136	234	215	86	129
涡阳县									
蒙城县									
利辛县	7	3	4	4	1	3	4	3	1
池州市	**557**	**262**	**295**	**308**	**138**	**170**	**123**	**56**	**67**
贵池区	522	245	277	285	130	155	113	49	64
东至县									
石台县									
青阳县									
池州市国家经济技术开发区	21	8	13	11	5	6	4	3	1
皖江江南新兴产业集中区	14	9	5	12	3	9	6	4	2
九华山风景区									
宣城市	**1145**	**570**	**575**	**743**	**322**	**421**	**377**	**157**	**220**
宣州区	414	215	199	247	99	148	145	63	82
郎溪县									
泾县									
绩溪县									
旌德县									
宣城市经济开发区									
宁国市	319	145	174	219	99	120	93	43	50
广德市	412	210	202	277	124	153	139	51	88

1-3a 续表 21

单位：人

地区	90-94岁			95-99岁			100岁及以上		
	小计	男	女	小计	男	女	小计	男	女
安徽	**3137**	**1320**	**1817**	**629**	**225**	**404**	**67**	**19**	**48**
合肥市	**704**	**306**	**398**	**139**	**47**	**92**	**15**	**3**	**12**
瑶海区	135	61	74	27	9	18	3	1	2
庐阳区	149	67	82	28	11	17	2		2
蜀山区	148	59	89	30	7	23	2	1	1
包河区	193	91	102	41	14	27	7		7
长丰县									
肥东县									
肥西县									
庐江县									
合肥高新技术产业开发区									
合肥经济技术开发区									
合肥新站高新技术产业开发区	7	3	4						
巢湖市	72	25	47	13	6	7	1	1	
芜湖市	**370**	**171**	**199**	**56**	**18**	**38**	**1**		**1**
镜湖区	181	89	92	27	9	18			
弋江区	59	25	34	8	4	4			
鸠江区	62	26	36	10	3	7	1		1
三山区	18	10	8	1		1			
芜湖县	4	1	3	1	1				
繁昌县									
南陵县									
芜湖经济技术开发区				1		1			
安徽芜湖长江大桥经济开发区									
无为市	46	20	26	8	1	7			
蚌埠市	**183**	**70**	**113**	**51**	**11**	**40**	**5**	**2**	**3**
龙子湖区	61	22	39	16	5	11	1		1
蚌山区	51	19	32	13	3	10	1	1	
禹会区	54	23	31	17	2	15	1	1	
淮上区	17	6	11	5	1	4	2		2
怀远县									
五河县									
固镇县									
蚌埠市高新技术开发区									
蚌埠市经济开发区									
淮南市	**310**	**155**	**155**	**58**	**29**	**29**	**6**	**1**	**5**
大通区	14	11	3	5	1	4	2	1	1
田家庵区	168	92	76	33	19	14	3		3
谢家集区	70	30	40	11	5	6	1		1
八公山区	44	14	30	5	3	2			
潘集区	14	8	6	4	1	3			
凤台县									
寿县									

1-3a 续表 22

单位：人

地区	90-94岁			95-99岁			100岁及以上		
	小计	男	女	小计	男	女	小计	男	女
马鞍山市	**230**	**88**	**142**	**44**	**17**	**27**	**4**	**3**	**1**
花山区	126	46	80	25	11	14	3	2	1
雨山区	87	38	49	14	6	8	1	1	
博望区	17	4	13	5		5			
当涂县									
含山县									
和县									
淮北市	**181**	**73**	**108**	**33**	**12**	**21**	**7**	**2**	**5**
杜集区	43	20	23	10	3	7	3		3
相山区	84	36	48	16	7	9	2	1	1
烈山区	29	10	19	3	1	2	1		1
濉溪县	25	7	18	4	1	3	1	1	
铜陵市	**120**	**49**	**71**	**17**	**5**	**12**	**2**		**2**
铜官区	89	39	50	13	3	10	2		2
义安区	19	8	11	1	1				
郊区	12	2	10	3	1	2			
枞阳县									
安庆市	**201**	**73**	**128**	**37**	**16**	**21**	**2**		**2**
迎江区	63	21	42	13	4	9	1		1
大观区	54	23	31	8	3	5	1		1
宜秀区	8	3	5	1	1				
怀宁县									
太湖县									
宿松县									
望江县	7	3	4	2	1	1			
岳西县									
安徽安庆经济开发区									
桐城市	47	15	32	10	7	3			
潜山市	22	8	14	3		3			
黄山市	**92**	**37**	**55**	**13**	**8**	**5**	**1**		**1**
屯溪区	73	32	41	13	8	5	1		1
黄山区	15	5	10						
徽州区	3		3						
歙县	1		1						
休宁县									
黟县									
祁门县									
滁州市	**176**	**71**	**105**	**45**	**22**	**23**	**7**	**1**	**6**
琅琊区	81	31	50	14	6	8	3		3
南谯区	14	6	8	7	3	4	1		1
来安县									
全椒县									
定远县									
凤阳县									
苏滁现代产业园									
滁州经济技术开发区									
天长市	37	17	20	11	7	4	2		2
明光市	44	17	27	13	6	7	1	1	

1-3a 续表 23

单位：人

地区	90-94岁			95-99岁			100岁及以上		
	小计	男	女	小计	男	女	小计	男	女
阜阳市	**170**	**63**	**107**	**43**	**11**	**32**	**7**	**2**	**5**
颍州区	64	26	38	24	6	18	2		2
颍东区	29	10	19	4	1	3	1	1	
颍泉区	48	17	31	7	3	4			
临泉县									
太和县									
阜南县									
颍上县									
阜阳合肥现代产业园区									
阜阳经济技术开发区									
界首市	29	10	19	8	1	7	4	1	3
宿州市	**99**	**35**	**64**	**31**	**8**	**23**	**4**	**2**	**2**
埇桥区	96	34	62	30	8	22	4	2	2
砀山县									
萧县	3	1	2	1		1			
灵璧县									
泗县									
宿州马鞍山现代产业园区									
宿州经济技术开发区									
六安市	**81**	**40**	**41**	**23**	**8**	**15**	**2**	**1**	**1**
金安区	46	24	22	12	4	8	2	1	1
裕安区	23	12	11	8	3	5			
叶集区	8	3	5	3	1	2			
霍邱县									
舒城县	4	1	3						
金寨县									
霍山县									
亳州市	**80**	**29**	**51**	**15**	**7**	**8**	**2**		**2**
谯城区	78	27	51	15	7	8	2		2
涡阳县									
蒙城县									
利辛县	2	2							
池州市	**40**	**15**	**25**	**4**	**1**	**3**	**1**	**1**	
贵池区	39	15	24	4	1	3	1	1	
东至县									
石台县									
青阳县									
池州市国家经济技术开发区	1		1						
皖江江南新兴产业集中区									
九华山风景区									
宣城市	**100**	**45**	**55**	**20**	**5**	**15**	**1**	**1**	
宣州区	39	17	22	6	3	3			
郎溪县									
泾县									
绩溪县									
旌德县									
宣城市经济开发区									
宁国市	32	16	16	5		5	1	1	
广德市	29	12	17	9	2	7			

1–3b 各地区分年龄、性别的人口(镇)

单位：人

地区	合计			0岁		
	合计	男	女	小计	男	女
安徽	**1890559**	**956387**	**934172**	**15715**	**8386**	**7329**
合肥市	**346291**	**178737**	**167554**	**3148**	**1730**	**1418**
瑶海区	2104	1083	1021	22	14	8
庐阳区	7092	3495	3597	101	64	37
蜀山区	3041	1589	1452	38	26	12
包河区						
长丰县	45729	23519	22210	451	244	207
肥东县	61613	32094	29519	480	268	212
肥西县	55186	28546	26640	542	283	259
庐江县	46564	22912	23652	360	200	160
合肥高新技术产业开发区	26070	13537	12533	286	167	119
合肥经济技术开发区	52919	27555	25364	483	256	227
合肥新站高新技术产业开发区	36021	19456	16565	294	154	140
巢湖市	9952	4951	5001	91	54	37
芜湖市	**116236**	**59515**	**56721**	**817**	**424**	**393**
镜湖区	116	57	59			
弋江区						
鸠江区	7474	3796	3678	63	31	32
三山区	1893	943	950	15	10	5
芜湖县	23450	11981	11469	161	79	82
繁昌县	15156	7569	7587	90	46	44
南陵县	23449	11386	12063	153	77	76
芜湖经济技术开发区	16898	9268	7630	131	76	55
安徽芜湖长江大桥经济开发区	1433	743	690	14	6	8
无为市	26367	13772	12595	190	99	91
蚌埠市	**101418**	**49979**	**51439**	**821**	**456**	**365**
龙子湖区	861	423	438	11	4	7
蚌山区						
禹会区	916	485	431	5	1	4
淮上区	2603	1310	1293	29	20	9
怀远县	29518	14677	14841	257	136	121
五河县	21438	10566	10872	181	102	79
固镇县	14151	6850	7301	129	73	56
蚌埠市高新技术开发区	5901	2983	2918	33	14	19
蚌埠市经济开发区	26030	12685	13345	176	106	70
淮南市	**76713**	**39799**	**36914**	**579**	**319**	**260**
大通区	7581	3837	3744	44	24	20
田家庵区	1258	657	601	16	13	3
谢家集区	354	184	170	5	1	4
八公山区	4	3	1			
潘集区	6596	3533	3063	67	31	36
凤台县	22741	12187	10554	155	83	72
寿县	38179	19398	18781	292	167	125

1-3b　续表 1

单位：人

地　　区	合　　计			0岁		
	合计	男	女	小计	男	女
马鞍山市	**64942**	**32745**	**32197**	**481**	**266**	**215**
花山区						
雨山区						
博望区	1018	551	467	10	3	7
当涂县	27091	13820	13271	198	112	86
含山县	18300	9142	9158	151	93	58
和县	18533	9232	9301	122	58	64
淮北市	**42922**	**21463**	**21459**	**371**	**202**	**169**
杜集区	4399	2213	2186	31	19	12
相山区						
烈山区	2978	1517	1461	24	12	12
濉溪县	35545	17733	17812	316	171	145
铜陵市	**27053**	**13067**	**13986**	**216**	**113**	**103**
铜官区	1	1				
义安区	2467	1306	1161	18	10	8
郊区	2795	1344	1451	17	9	8
枞阳县	21790	10416	11374	181	94	87
安庆市	**128833**	**64068**	**64765**	**1080**	**579**	**501**
迎江区						
大观区	2032	1004	1028	21	13	8
宜秀区	2453	1230	1223	25	10	15
怀宁县	26023	12849	13174	204	112	92
太湖县	18353	9008	9345	176	84	92
宿松县	25723	12991	12732	239	146	93
望江县	6424	3159	3265	61	32	29
岳西县	12565	6126	6439	109	52	57
安徽安庆经济开发区	13330	6771	6559	79	46	33
桐城市	11563	5720	5843	86	44	42
潜山市	10367	5210	5157	80	40	40
黄山市	**40464**	**19917**	**20547**	**335**	**172**	**163**
屯溪区	1905	995	910	5	2	3
黄山区	2645	1474	1171	23	10	13
徽州区	1239	626	613	22	15	7
歙县	16203	7897	8306	138	69	69
休宁县	8262	3991	4271	58	31	27
黟县	3203	1576	1627	33	15	18
祁门县	7007	3358	3649	56	30	26
滁州市	**159919**	**82166**	**77753**	**1250**	**666**	**584**
琅琊区						
南谯区	5516	2779	2737	35	21	14
来安县	23077	11857	11220	165	80	85
全椒县	25157	12906	12251	163	82	81
定远县	31182	16067	15115	276	150	126
凤阳县	32292	16591	15701	320	177	143
苏滁现代产业园	2394	1460	934	14	7	7
滁州经济技术开发区	11680	5993	5687	74	42	32
天长市	20566	10456	10110	146	75	71
明光市	8055	4057	3998	57	32	25

1-3b 续表 2

单位：人

地区	合计			0岁		
	合计	男	女	小计	男	女
阜阳市	**235880**	**119098**	**116782**	**2095**	**1109**	**986**
颍州区	6025	3024	3001	75	37	38
颍东区	7838	4094	3744	70	32	38
颍泉区	9563	5035	4528	75	40	35
临泉县	49766	24987	24779	407	220	187
太和县	61525	31019	30506	546	264	282
阜南县	32082	15712	16370	312	183	129
颍上县	48974	25213	23761	421	240	181
阜阳合肥现代产业园区	548	304	244	11	4	7
阜阳经济技术开发区	9460	4718	4742	59	26	33
界首市	10099	4992	5107	119	63	56
宿州市	**160486**	**80156**	**80330**	**1455**	**754**	**701**
埇桥区	17073	8678	8395	132	62	70
砀山县	35028	17287	17741	405	203	202
萧县	35636	17962	17674	291	163	128
灵璧县	35962	17978	17984	312	169	143
泗县	28646	14149	14497	250	126	124
宿州马鞍山现代产业园区	2635	1348	1287	23	9	14
宿州经济技术开发区	5506	2754	2752	42	22	20
六安市	**126792**	**63365**	**63427**	**988**	**525**	**463**
金安区	13402	6304	7098	106	48	58
裕安区	7727	3951	3776	62	32	30
叶集区	2340	1166	1174	28	16	12
霍邱县	29539	15265	14274	208	115	93
舒城县	32139	15646	16493	249	132	117
金寨县	20602	10515	10087	176	96	80
霍山县	21043	10518	10525	159	86	73
亳州市	**146798**	**74602**	**72196**	**1256**	**628**	**628**
谯城区	11993	6084	5909	146	71	75
涡阳县	43972	22474	21498	298	149	149
蒙城县	45269	22926	22343	429	217	212
利辛县	45564	23118	22446	383	191	192
池州市	**43323**	**21324**	**21999**	**289**	**152**	**137**
贵池区	3393	1755	1638	29	16	13
东至县	24736	12180	12556	160	84	76
石台县	3166	1517	1649	25	12	13
青阳县	11669	5657	6012	73	39	34
池州市国家经济技术开发区						
皖江江南新兴产业集中区						
九华山风景区	359	215	144	2	1	1
宣城市	**72489**	**36386**	**36103**	**534**	**291**	**243**
宣州区	9383	4592	4791	77	43	34
郎溪县	19305	9636	9669	145	78	67
泾县	13165	6458	6707	86	47	39
绩溪县	7658	3698	3960	47	22	25
旌德县	6128	3020	3108	49	27	22
宣城市经济开发区	8224	4444	3780	63	34	29
宁国市	2517	1345	1172	25	12	13
广德市	6109	3193	2916	42	28	14

1-3b　续表 3　　　　单位：人

地　区	1-4岁			5-9岁			10-14岁		
	小计	男	女	小计	男	女	小计	男	女
安　徽	**99501**	**53027**	**46474**	**133204**	**72424**	**60780**	**125423**	**68396**	**57027**
合肥市	**20561**	**11015**	**9546**	**20430**	**11117**	**9313**	**16828**	**9157**	**7671**
瑶海区	171	80	91	118	72	46	89	49	40
庐阳区	640	332	308	725	379	346	347	187	160
蜀山区	176	92	84	189	101	88	130	72	58
包河区									
长丰县	3260	1805	1455	3145	1762	1383	2702	1464	1238
肥东县	3213	1706	1507	3413	1887	1526	3407	1885	1522
肥西县	3475	1876	1599	3119	1684	1435	2318	1257	1061
庐江县	2365	1264	1101	3099	1679	1420	3247	1789	1458
合肥高新技术产业开发区	1711	902	809	1305	691	614	767	406	361
合肥经济技术开发区	3186	1664	1522	3003	1595	1408	1921	1002	919
合肥新站高新技术产业开发区	1937	1052	885	1789	984	805	1337	757	580
巢湖市	427	242	185	525	283	242	563	289	274
芜湖市	**5291**	**2792**	**2499**	**6386**	**3457**	**2929**	**5899**	**3099**	**2800**
镜湖区	7	6	1	10	6	4	8	3	5
弋江区									
鸠江区	340	186	154	451	265	186	391	213	178
三山区	184	108	76	161	79	82	99	58	41
芜湖县	1036	542	494	1156	589	567	1117	576	541
繁昌县	638	328	310	782	422	360	734	370	364
南陵县	991	504	487	1330	703	627	1409	742	667
芜湖经济技术开发区	940	490	450	971	522	449	597	301	296
安徽芜湖长江大桥经济开发区	82	38	44	80	42	38	65	41	24
无为市	1073	590	483	1445	829	616	1479	795	684
蚌埠市	**5714**	**3064**	**2650**	**8595**	**4627**	**3968**	**7511**	**4037**	**3474**
龙子湖区	36	17	19	67	30	37	65	34	31
蚌山区									
禹会区	47	24	23	71	40	31	66	38	28
淮上区	163	89	74	231	126	105	142	80	62
怀远县	1654	886	768	2703	1488	1215	2704	1406	1298
五河县	1345	740	605	1869	1007	862	1772	994	778
固镇县	865	479	386	1502	797	705	1196	651	545
蚌埠市高新技术开发区	315	162	153	543	309	234	420	222	198
蚌埠市经济开发区	1289	667	622	1609	830	779	1146	612	534
淮南市	**3790**	**2043**	**1747**	**5599**	**3155**	**2444**	**5770**	**3229**	**2541**
大通区	338	170	168	469	254	215	398	212	186
田家庵区	80	41	39	109	53	56	106	57	49
谢家集区	18	10	8	25	11	14	16	10	6
八公山区				2	2				
潘集区	387	209	178	479	267	212	425	220	205
凤台县	1119	611	508	1969	1163	806	1843	1034	809
寿县	1848	1002	846	2546	1405	1141	2982	1696	1286

1-3b 续表 4

单位：人

地区	1-4岁			5-9岁			10-14岁		
	小计	男	女	小计	男	女	小计	男	女
马鞍山市	**2964**	**1580**	**1384**	**3640**	**2031**	**1609**	**3195**	**1811**	**1384**
花山区									
雨山区									
博望区	41	25	16	55	28	27	59	32	27
当涂县	1204	636	568	1419	747	672	1005	543	462
含山县	919	496	423	1127	669	458	1117	615	502
和县	800	423	377	1039	587	452	1014	621	393
淮北市	**2475**	**1307**	**1168**	**3381**	**1853**	**1528**	**2973**	**1660**	**1313**
杜集区	167	86	81	258	134	124	260	143	117
相山区									
烈山区	103	53	50	165	92	73	150	68	82
濉溪县	2205	1168	1037	2958	1627	1331	2563	1449	1114
铜陵市	**1202**	**637**	**565**	**1460**	**775**	**685**	**1624**	**905**	**719**
铜官区									
义安区	90	44	46	95	53	42	118	76	42
郊区	147	77	70	127	59	68	162	78	84
枞阳县	965	516	449	1238	663	575	1344	751	593
安庆市	**6439**	**3380**	**3059**	**7997**	**4311**	**3686**	**7977**	**4394**	**3583**
迎江区									
大观区	114	56	58	95	54	41	103	54	49
宜秀区	100	50	50	99	57	42	130	72	58
怀宁县	1278	696	582	1653	882	771	1680	950	730
太湖县	1062	535	527	1224	657	567	1066	566	500
宿松县	1339	728	611	2012	1105	907	2186	1273	913
望江县	329	159	170	353	210	143	382	199	183
岳西县	740	406	334	893	496	397	821	420	401
安徽安庆经济开发区	565	289	276	654	338	316	517	277	240
桐城市	461	229	232	516	263	253	528	294	234
潜山市	451	232	219	498	249	249	564	289	275
黄山市	**1804**	**913**	**891**	**2186**	**1120**	**1066**	**2029**	**1017**	**1012**
屯溪区	27	10	17	44	22	22	35	21	14
黄山区	97	53	44	81	35	46	72	39	33
徽州区	55	29	26	55	26	29	55	23	32
歙县	763	385	378	883	458	425	871	426	445
休宁县	374	190	184	505	267	238	482	257	225
黟县	119	63	56	144	66	78	134	59	75
祁门县	369	183	186	474	246	228	380	192	188
滁州市	**7899**	**4189**	**3710**	**9254**	**5070**	**4184**	**8368**	**4454**	**3914**
琅琊区									
南谯区	278	147	131	321	165	156	225	110	115
来安县	1036	553	483	1295	689	606	1109	595	514
全椒县	1173	619	554	1245	690	555	1109	610	499
定远县	1670	909	761	2026	1132	894	1927	1038	889
凤阳县	1864	992	872	2138	1216	922	2103	1128	975
苏滁现代产业园	91	37	54	96	51	45	69	42	27
滁州经济技术开发区	572	287	285	574	314	260	409	221	188
天长市	862	455	407	1034	538	496	928	475	453
明光市	353	190	163	525	275	250	489	235	254

1-3b 续表 5

单位：人

地区	1-4岁			5-9岁			10-14岁		
	小计	男	女	小计	男	女	小计	男	女
阜阳市	**13018**	**6851**	**6167**	**20936**	**11403**	**9533**	**20572**	**11366**	**9206**
颍州区	413	217	196	608	311	297	483	271	212
颍东区	459	280	179	719	401	318	648	343	305
颍泉区	485	273	212	817	436	381	738	404	334
临泉县	2724	1394	1330	4083	2245	1838	3929	2194	1735
太和县	3246	1672	1574	5308	2944	2364	5395	2974	2421
阜南县	1950	1040	910	3257	1759	1498	3332	1844	1488
颍上县	2581	1387	1194	4391	2415	1976	4472	2455	2017
阜阳合肥现代产业园区	30	20	10	48	20	28	40	24	16
阜阳经济技术开发区	564	299	265	813	413	400	684	374	310
界首市	566	269	297	892	459	433	851	483	368
宿州市	**9375**	**4999**	**4376**	**14675**	**7986**	**6689**	**13114**	**7120**	**5994**
埇桥区	893	511	382	1500	802	698	1278	685	593
砀山县	2325	1209	1116	2955	1614	1341	2612	1452	1160
萧县	1962	1034	928	3025	1654	1371	2712	1439	1273
灵璧县	2129	1163	966	3686	2002	1684	3576	1982	1594
泗县	1635	863	772	2691	1464	1227	2356	1254	1102
宿州马鞍山现代产业园区	165	87	78	260	138	122	198	101	97
宿州经济技术开发区	266	132	134	558	312	246	382	207	175
六安市	**6000**	**3296**	**2704**	**8676**	**4848**	**3828**	**8514**	**4759**	**3755**
金安区	694	351	343	917	509	408	950	488	462
裕安区	430	274	156	527	303	224	521	304	217
叶集区	135	79	56	212	114	98	204	123	81
霍邱县	1379	768	611	2414	1387	1027	2645	1511	1134
舒城县	1465	767	698	1884	994	890	1678	893	785
金寨县	1064	620	444	1494	881	613	1508	898	610
霍山县	833	437	396	1228	660	568	1008	542	466
亳州市	**7872**	**4298**	**3574**	**13503**	**7376**	**6127**	**14600**	**8050**	**6550**
谯城区	703	371	332	1098	606	492	951	508	443
涡阳县	2068	1144	924	3831	2049	1782	4381	2454	1927
蒙城县	2651	1454	1197	4203	2350	1853	4513	2525	1988
利辛县	2450	1329	1121	4371	2371	2000	4755	2563	2192
池州市	**1968**	**1025**	**943**	**2580**	**1318**	**1262**	**2714**	**1435**	**1279**
贵池区	135	73	62	192	98	94	149	78	71
东至县	1146	602	544	1533	781	752	1625	866	759
石台县	139	81	58	164	73	91	187	96	91
青阳县	542	266	276	684	364	320	746	391	355
池州市国家经济技术开发区									
皖江江南新兴产业集中区									
九华山风景区	6	3	3	7	2	5	7	4	3
宣城市	**3129**	**1638**	**1491**	**3906**	**1977**	**1929**	**3735**	**1903**	**1832**
宣州区	437	229	208	535	256	279	522	243	279
郎溪县	867	446	421	1064	531	533	1076	560	516
泾县	537	294	243	779	407	372	729	382	347
绩溪县	327	171	156	422	208	214	381	189	192
旌德县	271	136	135	349	173	176	315	155	160
宣城市经济开发区	406	207	199	405	222	183	316	177	139
宁国市	66	35	31	99	49	50	108	49	59
广德市	218	120	98	253	131	122	288	148	140

1-3b 续表 6 单位：人

地区	15-19岁			20-24岁			25-29岁		
	小计	男	女	小计	男	女	小计	男	女
安　徽	**126994**	**69037**	**57957**	**94398**	**49738**	**44660**	**135315**	**68265**	**67050**
合肥市	**27954**	**15199**	**12755**	**28589**	**15353**	**13236**	**33516**	**17647**	**15869**
瑶海区	62	36	26	136	75	61	280	140	140
庐阳区	176	104	72	200	97	103	537	241	296
蜀山区	55	27	28	127	75	52	158	80	78
包河区									
长丰县	3142	1679	1463	2925	1467	1458	4842	2475	2367
肥东县	5357	2927	2430	3251	1809	1442	5286	2790	2496
肥西县	4475	2284	2191	4081	2255	1826	6083	3180	2903
庐江县	2633	1423	1210	1608	752	856	2439	1188	1251
合肥高新技术产业开发区	1731	947	784	3073	1561	1512	3508	1920	1588
合肥经济技术开发区	4611	2553	2058	7882	4281	3601	5763	3087	2676
合肥新站高新技术产业开发区	5080	2940	2140	4737	2647	2090	4106	2305	1801
巢湖市	632	279	353	569	334	235	514	241	273
芜湖市	**6941**	**3692**	**3249**	**5624**	**3210**	**2414**	**9066**	**4838**	**4228**
镜湖区	1		1	2	1	1	7	2	5
弋江区									
鸠江区	273	148	125	253	140	113	529	267	262
三山区	73	40	33	51	28	23	230	107	123
芜湖县	2328	1184	1144	1408	843	565	1701	875	826
繁昌县	891	463	428	512	228	284	1093	557	536
南陵县	1525	789	736	786	368	418	1437	701	736
芜湖经济技术开发区	554	347	207	1466	950	516	2124	1261	863
安徽芜湖长江大桥经济开发区	29	12	17	50	24	26	117	65	52
无为市	1267	709	558	1096	628	468	1828	1003	825
蚌埠市	**6228**	**3221**	**3007**	**5980**	**2990**	**2990**	**6440**	**3056**	**3384**
龙子湖区	24	11	13	39	19	20	63	32	31
蚌山区									
禹会区	34	22	12	48	28	20	79	43	36
淮上区	128	62	66	96	42	54	200	105	95
怀远县	1931	1026	905	1045	508	537	1760	839	921
五河县	1222	649	573	661	327	334	1474	694	780
固镇县	602	315	287	448	192	256	839	388	451
蚌埠市高新技术开发区	465	296	169	220	115	105	395	192	203
蚌埠市经济开发区	1822	840	982	3423	1759	1664	1630	763	867
淮南市	**4222**	**2316**	**1906**	**2538**	**1355**	**1183**	**4184**	**2112**	**2072**
大通区	348	191	157	286	151	135	490	250	240
田家庵区	35	22	13	56	34	22	76	42	34
谢家集区	17	11	6	12	5	7	18	12	6
八公山区									
潘集区	151	76	75	234	142	92	408	212	196
凤台县	1106	642	464	643	341	302	1323	661	662
寿县	2565	1374	1191	1307	682	625	1869	935	934

1-3b　续表 7　　　　单位：人

地　区	15-19岁			20-24岁			25-29岁		
	小计	男	女	小计	男	女	小计	男	女
马鞍山市	**3316**	**1776**	**1540**	**2804**	**1435**	**1369**	**4431**	**2285**	**2146**
花山区									
雨山区									
博望区	53	36	17	46	27	19	84	51	33
当涂县	1210	690	520	1397	740	657	2128	1088	1040
含山县	855	475	380	691	353	338	1208	627	581
和县	1198	575	623	670	315	355	1011	519	492
淮北市	**2539**	**1326**	**1213**	**1831**	**939**	**892**	**2902**	**1444**	**1458**
杜集区	124	59	65	152	70	82	256	131	125
相山区									
烈山区	75	36	39	122	72	50	144	87	57
濉溪县	2340	1231	1109	1557	797	760	2502	1226	1276
铜陵市	**1795**	**1028**	**767**	**713**	**340**	**373**	**1055**	**533**	**522**
铜官区									
义安区	128	98	30	80	41	39	84	45	39
郊区	98	58	40	50	21	29	103	43	60
枞阳县	1569	872	697	583	278	305	868	445	423
安庆市	**7777**	**4354**	**3423**	**4486**	**2311**	**2175**	**7294**	**3609**	**3685**
迎江区									
大观区	122	66	56	61	29	32	119	65	54
宜秀区	139	92	47	63	31	32	105	51	54
怀宁县	1434	775	659	889	452	437	1509	737	772
太湖县	1083	589	494	510	243	267	960	451	509
宿松县	2085	1309	776	754	410	344	1423	718	705
望江县	258	136	122	223	117	106	457	215	242
岳西县	714	362	352	412	184	228	577	258	319
安徽安庆经济开发区	808	437	371	747	390	357	907	464	443
桐城市	570	299	271	466	259	207	631	334	297
潜山市	564	289	275	361	196	165	606	316	290
黄山市	**2230**	**1128**	**1102**	**2008**	**1027**	**981**	**2369**	**1106**	**1263**
屯溪区	318	164	154	888	468	420	51	28	23
黄山区	31	15	16	74	49	25	184	100	84
徽州区	46	22	24	36	16	20	70	36	34
歙县	1043	529	514	511	257	254	1024	473	551
休宁县	401	188	213	201	105	96	508	237	271
黟县	118	66	52	88	35	53	172	70	102
祁门县	273	144	129	210	97	113	360	162	198
滁州市	**9299**	**5310**	**3989**	**8975**	**4804**	**4171**	**12526**	**6437**	**6089**
琅琊区									
南谯区	177	109	68	219	104	115	444	229	215
来安县	1050	559	491	1014	529	485	1925	987	938
全椒县	1270	742	528	1231	643	588	2108	1101	1007
定远县	2108	1228	880	1546	859	687	2637	1389	1248
凤阳县	2345	1311	1034	1925	1044	881	2303	1114	1189
苏滁现代产业园	167	110	57	218	153	65	330	198	132
滁州经济技术开发区	1099	670	429	1582	859	723	1122	580	542
天长市	794	429	365	940	473	467	1236	643	593
明光市	289	152	137	300	140	160	421	196	225

1-3b 续表 8

单位：人

地　区	15-19岁			20-24岁			25-29岁		
	小计	男	女	小计	男	女	小计	男	女
阜阳市	**17828**	**9552**	**8276**	**10522**	**5491**	**5031**	**16552**	**8182**	**8370**
颍州区	336	184	152	204	109	95	469	227	242
颍东区	404	236	168	296	148	148	571	281	290
颍泉区	641	331	310	436	256	180	678	381	297
临泉县	5029	2631	2398	2753	1408	1345	3498	1703	1795
太和县	4700	2584	2116	2767	1509	1258	4365	2196	2169
阜南县	2215	1112	1103	1227	609	618	2243	1035	1208
颍上县	3297	1831	1466	2002	1009	993	3265	1626	1639
阜阳合肥现代产业园区	22	13	9	22	14	8	38	24	14
阜阳经济技术开发区	683	347	336	438	230	208	812	394	418
界首市	501	283	218	377	199	178	613	315	298
宿州市	**11245**	**6144**	**5101**	**6057**	**3097**	**2960**	**11513**	**5563**	**5950**
埇桥区	765	405	360	774	390	384	1130	570	560
砀山县	1975	1113	862	1116	587	529	2520	1183	1337
萧县	2760	1534	1226	1440	771	669	2784	1365	1419
灵璧县	2784	1530	1254	1265	628	637	2433	1181	1252
泗县	2099	1088	1011	1090	520	570	1936	927	1009
宿州马鞍山现代产业园区	402	245	157	104	57	47	211	91	120
宿州经济技术开发区	460	229	231	268	144	124	499	246	253
六安市	**8414**	**4647**	**3767**	**4182**	**2153**	**2029**	**7406**	**3585**	**3821**
金安区	1847	1029	818	401	198	203	724	336	388
裕安区	345	208	137	308	161	147	503	245	258
叶集区	102	62	40	55	36	19	104	43	61
霍邱县	1643	914	729	829	405	424	1506	737	769
舒城县	1959	1014	945	1033	529	504	2032	984	1048
金寨县	1150	675	475	868	455	413	1297	630	667
霍山县	1368	745	623	688	369	319	1240	610	630
亳州市	**11771**	**6418**	**5353**	**6179**	**3217**	**2962**	**9693**	**4729**	**4964**
谯城区	567	325	242	540	287	253	834	433	401
涡阳县	3328	1783	1545	1810	957	853	2928	1416	1512
蒙城县	3341	1909	1432	1798	902	896	2861	1365	1496
利辛县	4535	2401	2134	2031	1071	960	3070	1515	1555
池州市	**2292**	**1185**	**1107**	**1274**	**602**	**672**	**2133**	**1047**	**1086**
贵池区	141	74	67	59	30	29	164	93	71
东至县	1360	699	661	762	370	392	1219	609	610
石台县	172	86	86	96	42	54	137	55	82
青阳县	616	324	292	346	153	193	594	281	313
池州市国家经济技术开发区									
皖江江南新兴产业集中区									
九华山风景区	3	2	1	11	7	4	19	9	10
宣城市	**3143**	**1741**	**1402**	**2636**	**1414**	**1222**	**4235**	**2092**	**2143**
宣州区	303	151	152	274	144	130	505	237	268
郎溪县	890	467	423	739	364	375	1259	627	632
泾县	577	318	259	284	126	158	702	335	367
绩溪县	239	122	117	165	79	86	402	181	221
旌德县	233	124	109	150	59	91	272	128	144
宣城市经济开发区	743	479	264	794	519	275	716	377	339
宁国市	31	11	20	47	23	24	86	49	37
广德市	127	69	58	183	100	83	293	158	135

1−3b　续表 9

单位：人

地　区	30−34岁			35−39岁			40−44岁		
	小计	男	女	小计	男	女	小计	男	女
安　徽	**167341**	**81577**	**85764**	**122425**	**59997**	**62428**	**128698**	**63471**	**65227**
合肥市	**39918**	**20213**	**19705**	**24850**	**12968**	**11882**	**20756**	**10718**	**10038**
瑶海区	279	137	142	166	87	79	171	93	78
庐阳区	1176	546	630	925	464	461	441	237	204
蜀山区	276	131	145	226	126	100	147	77	70
包河区									
长丰县	5950	2954	2996	3533	1851	1682	2961	1582	1379
肥东县	5171	2614	2557	3920	1988	1932	4573	2423	2150
肥西县	7269	3779	3490	4127	2265	1862	3046	1576	1470
庐江县	3882	1780	2102	2912	1303	1609	3309	1501	1808
合肥高新技术产业开发区	4050	2144	1906	1946	1075	871	1159	611	548
合肥经济技术开发区	7074	3625	3449	4259	2295	1964	2750	1483	1267
合肥新站高新技术产业开发区	4182	2232	1950	2338	1268	1070	1657	884	773
巢湖市	609	271	338	498	246	252	542	251	291
芜湖市	**10472**	**5333**	**5139**	**7452**	**3671**	**3781**	**8260**	**4162**	**4098**
镜湖区	13	5	8	9	4	5	7	5	2
弋江区									
鸠江区	482	243	239	343	166	177	440	226	214
三山区	379	186	193	164	85	79	98	48	50
芜湖县	2003	1002	1001	1487	722	765	1837	913	924
繁昌县	1342	671	671	865	405	460	1296	633	663
南陵县	1813	845	968	1647	698	949	1962	906	1056
芜湖经济技术开发区	2433	1340	1093	1421	806	615	913	543	370
安徽芜湖长江大桥经济开发区	119	58	61	73	35	38	98	49	49
无为市	1888	983	905	1443	750	693	1609	839	770
蚌埠市	**8747**	**3945**	**4802**	**6731**	**3132**	**3599**	**6781**	**3290**	**3491**
龙子湖区	81	44	37	63	32	31	44	26	18
蚌山区									
禹会区	85	47	38	45	22	23	54	27	27
淮上区	254	121	133	164	82	82	143	73	70
怀远县	2391	1079	1312	1838	865	973	2004	984	1020
五河县	1587	714	873	1249	542	707	1417	683	734
固镇县	1314	563	751	956	421	535	1039	482	557
蚌埠市高新技术开发区	687	311	376	549	268	281	473	228	245
蚌埠市经济开发区	2348	1066	1282	1867	900	967	1607	787	820
淮南市	**6298**	**3178**	**3120**	**5223**	**2699**	**2524**	**5261**	**2724**	**2537**
大通区	616	298	318	464	249	215	474	246	228
田家庵区	99	46	53	67	38	29	86	51	35
谢家集区	18	10	8	12	7	5	27	12	15
八公山区									
潘集区	512	276	236	401	229	172	402	231	171
凤台县	2225	1164	1061	1832	980	852	1841	1047	794
寿县	2828	1384	1444	2447	1196	1251	2431	1137	1294

1-3b 续表 10

单位：人

地区	30-34岁			35-39岁			40-44岁		
	小计	男	女	小计	男	女	小计	男	女
马鞍山市	**5078**	**2517**	**2561**	**3617**	**1734**	**1883**	**4347**	**2140**	**2207**
花山区									
雨山区									
博望区	65	38	27	62	37	25	67	31	36
当涂县	2404	1223	1181	1523	749	774	1716	876	840
含山县	1330	632	698	1083	484	599	1293	633	660
和县	1279	624	655	949	464	485	1271	600	671
淮北市	**3586**	**1713**	**1873**	**2778**	**1414**	**1364**	**3157**	**1567**	**1590**
杜集区	346	174	172	252	130	122	281	142	139
相山区									
烈山区	179	93	86	195	104	91	261	148	113
濉溪县	3061	1446	1615	2331	1180	1151	2615	1277	1338
铜陵市	**1544**	**675**	**869**	**1379**	**561**	**818**	**1972**	**823**	**1149**
铜官区									
义安区	149	67	82	111	55	56	142	74	68
郊区	116	48	68	119	54	65	165	90	75
枞阳县	1279	560	719	1149	452	697	1665	659	1006
安庆市	**9767**	**4588**	**5179**	**7995**	**3580**	**4415**	**9295**	**4249**	**5046**
迎江区									
大观区	113	58	55	97	41	56	112	51	61
宜秀区	114	64	50	94	47	47	131	61	70
怀宁县	1967	892	1075	1554	678	876	1859	858	1001
太湖县	1476	660	816	1217	546	671	1411	640	771
宿松县	1663	763	900	1551	655	896	1811	790	1021
望江县	516	263	253	387	174	213	433	195	238
岳西县	1177	540	637	975	406	569	988	447	541
安徽安庆经济开发区	1168	581	587	891	442	449	1002	496	506
桐城市	836	405	431	614	295	319	798	357	441
潜山市	737	362	375	615	296	319	750	354	396
黄山市	**3094**	**1478**	**1616**	**2492**	**1133**	**1359**	**2886**	**1364**	**1522**
屯溪区	62	34	28	83	45	38	58	33	25
黄山区	210	125	85	142	78	64	170	94	76
徽州区	93	49	44	82	41	41	78	44	34
歙县	1330	638	692	1026	439	587	1210	575	635
休宁县	664	303	361	533	232	301	580	259	321
黟县	239	111	128	193	107	86	244	116	128
祁门县	496	218	278	433	191	242	546	243	303
滁州市	**13859**	**7003**	**6856**	**8857**	**4549**	**4308**	**10552**	**5393**	**5159**
琅琊区									
南谯区	601	297	304	298	161	137	289	141	148
来安县	2221	1133	1088	1379	734	645	1552	787	765
全椒县	2294	1161	1133	1501	770	731	1768	898	870
定远县	2545	1234	1311	1641	832	809	2114	1070	1044
凤阳县	2572	1253	1319	1904	964	940	2059	1089	970
苏滁现代产业园	330	215	115	186	122	64	161	102	59
滁州经济技术开发区	1295	652	643	724	353	371	726	334	392
天长市	1488	793	695	875	448	427	1404	719	685
明光市	513	265	248	349	165	184	479	253	226

1-3b　续表 11

单位：人

地　区	30-34岁			35-39岁			40-44岁		
	小计	男	女	小计	男	女	小计	男	女
阜阳市	**19470**	**9339**	**10131**	**16096**	**7895**	**8201**	**16709**	**8243**	**8466**
颍州区	469	209	260	378	178	200	369	194	175
颍东区	538	261	277	527	276	251	521	294	227
颍泉区	793	426	367	632	344	288	620	331	289
临泉县	4101	1981	2120	3454	1708	1746	3707	1757	1950
太和县	5002	2427	2575	4094	1940	2154	4668	2264	2404
阜南县	2608	1139	1469	2000	958	1042	2059	942	1117
颍上县	4088	2024	2064	3422	1709	1713	3252	1711	1541
阜阳合肥现代产业园区	44	21	23	44	32	12	29	17	12
阜阳经济技术开发区	1033	481	552	864	425	439	817	414	403
界首市	794	370	424	681	325	356	667	319	348
宿州市	**13520**	**6400**	**7120**	**10108**	**4822**	**5286**	**10798**	**5298**	**5500**
埇桥区	1326	678	648	949	459	490	1146	620	526
砀山县	2855	1308	1547	2102	969	1133	2371	1132	1239
萧县	3151	1555	1596	2371	1173	1198	2475	1242	1233
灵璧县	3234	1500	1734	2493	1194	1299	2196	1029	1167
泗县	2140	975	1165	1694	781	913	2099	1024	1075
宿州马鞍山现代产业园区	225	103	122	137	67	70	116	62	54
宿州经济技术开发区	589	281	308	362	179	183	395	189	206
六安市	**10032**	**4795**	**5237**	**7670**	**3580**	**4090**	**8387**	**3823**	**4564**
金安区	1047	478	569	871	376	495	958	356	602
裕安区	657	308	349	434	204	230	431	204	227
叶集区	152	61	91	136	56	80	136	67	69
霍邱县	2235	1086	1149	1953	966	987	1794	917	877
舒城县	2522	1202	1320	1917	871	1046	2335	1012	1323
金寨县	1680	781	899	1234	571	663	1397	646	751
霍山县	1739	879	860	1125	536	589	1336	621	715
亳州市	**12902**	**6169**	**6733**	**10010**	**4958**	**5052**	**10746**	**5433**	**5313**
谯城区	1065	517	548	692	357	335	826	403	423
涡阳县	4143	2031	2112	3303	1672	1631	3393	1753	1640
蒙城县	3764	1750	2014	2880	1383	1497	3272	1656	1616
利辛县	3930	1871	2059	3135	1546	1589	3255	1621	1634
池州市	**3285**	**1549**	**1736**	**2634**	**1181**	**1453**	**3346**	**1549**	**1797**
贵池区	228	116	112	157	95	62	187	101	86
东至县	1894	920	974	1469	663	806	2011	915	1096
石台县	215	90	125	188	80	108	223	108	115
青阳县	918	406	512	797	327	470	893	407	486
池州市国家经济技术开发区									
皖江江南新兴产业集中区									
九华山风景区	30	17	13	23	16	7	32	18	14
宣城市	**5769**	**2682**	**3087**	**4533**	**2120**	**2413**	**5445**	**2695**	**2750**
宣州区	668	301	367	572	271	301	621	311	310
郎溪县	1636	764	872	1176	567	609	1620	780	840
泾县	1052	470	582	951	419	532	1030	492	538
绩溪县	561	250	311	513	216	297	543	276	267
旌德县	430	185	245	368	170	198	442	204	238
宣城市经济开发区	889	446	443	516	253	263	561	284	277
宁国市	131	69	62	107	58	49	162	85	77
广德市	402	197	205	330	166	164	466	263	203

1-3b 续表 12 单位：人

地区	45-49岁			50-54岁			55-59岁		
	小计	男	女	小计	男	女	小计	男	女
安 徽	**156666**	**77891**	**78775**	**172159**	**84041**	**88118**	**132613**	**64527**	**68086**
合肥市	**24923**	**12601**	**12322**	**27532**	**13370**	**14162**	**20631**	**9751**	**10880**
瑶海区	164	76	88	164	76	88	128	71	57
庐阳区	363	186	177	384	176	208	405	172	233
蜀山区	261	133	128	303	175	128	260	125	135
包河区									
长丰县	3370	1704	1666	3579	1695	1884	2297	1121	1176
肥东县	5689	2919	2770	5977	3056	2921	4010	2008	2002
肥西县	3940	2045	1895	4457	2125	2332	3345	1539	1806
庐江县	4430	2098	2332	4871	2365	2506	3748	1810	1938
合肥高新技术产业开发区	1313	676	637	1630	780	850	1427	599	828
合肥经济技术开发区	2585	1326	1259	2967	1356	1611	2479	1094	1385
合肥新站高新技术产业开发区	2006	1046	960	2153	1045	1108	1663	797	866
巢湖市	802	392	410	1047	521	526	869	415	454
芜湖市	**10357**	**5254**	**5103**	**11626**	**5741**	**5885**	**9214**	**4503**	**4711**
镜湖区	5	2	3	18	8	10	9	5	4
弋江区									
鸠江区	587	297	290	889	432	457	701	346	355
三山区	68	35	33	106	40	66	115	42	73
芜湖县	2214	1136	1078	2331	1176	1155	1632	805	827
繁昌县	1549	802	747	1611	842	769	1291	609	682
南陵县	2307	1104	1203	2376	1118	1258	1815	913	902
芜湖经济技术开发区	1061	559	502	1335	641	694	1105	519	586
安徽芜湖长江大桥经济开发区	115	61	54	149	73	76	128	69	59
无为市	2451	1258	1193	2811	1411	1400	2418	1195	1223
蚌埠市	**7804**	**3840**	**3964**	**8285**	**3914**	**4371**	**6875**	**3259**	**3616**
龙子湖区	70	30	40	107	51	56	44	27	17
蚌山区									
禹会区	94	48	46	72	38	34	51	25	26
淮上区	195	104	91	232	109	123	175	76	99
怀远县	2338	1196	1142	2425	1150	1275	1959	913	1046
五河县	1771	834	937	1917	911	1006	1556	745	811
固镇县	1213	593	620	1252	572	680	970	457	513
蚌埠市高新技术开发区	407	209	198	386	175	211	309	139	170
蚌埠市经济开发区	1716	826	890	1894	908	986	1811	877	934
淮南市	**6599**	**3482**	**3117**	**7397**	**3740**	**3657**	**5560**	**2745**	**2815**
大通区	536	286	250	779	378	401	646	321	325
田家庵区	102	49	53	124	56	68	72	40	32
谢家集区	52	26	26	33	18	15	26	12	14
八公山区	1		1						
潘集区	616	342	274	713	377	336	497	265	232
凤台县	2053	1149	904	2112	1132	980	1443	697	746
寿县	3239	1630	1609	3636	1779	1857	2876	1410	1466

1-3b 续表 13 单位：人

地区	45-49岁			50-54岁			55-59岁		
	小计	男	女	小计	男	女	小计	男	女
马鞍山市	**5729**	**2848**	**2881**	**6948**	**3484**	**3464**	**5580**	**2711**	**2869**
花山区									
雨山区									
博望区	98	55	43	115	55	60	70	35	35
当涂县	2407	1218	1189	2958	1482	1476	2400	1183	1217
含山县	1642	784	858	1931	951	980	1483	704	779
和县	1582	791	791	1944	996	948	1627	789	838
淮北市	**3757**	**1858**	**1899**	**3925**	**1869**	**2056**	**2788**	**1336**	**1452**
杜集区	373	190	183	443	216	227	353	181	172
相山区									
烈山区	326	165	161	341	164	177	236	119	117
濉溪县	3058	1503	1555	3141	1489	1652	2199	1036	1163
铜陵市	**2666**	**1188**	**1478**	**2732**	**1251**	**1481**	**2360**	**1140**	**1220**
铜官区									
义安区	242	130	112	311	165	146	252	118	134
郊区	275	129	146	297	131	166	279	136	143
枞阳县	2149	929	1220	2124	955	1169	1829	886	943
安庆市	**13182**	**6288**	**6894**	**13377**	**6602**	**6775**	**10654**	**5202**	**5452**
迎江区									
大观区	175	84	91	230	112	118	194	89	105
宜秀区	227	104	123	278	135	143	222	100	122
怀宁县	2627	1257	1370	2665	1331	1334	2213	1032	1181
太湖县	1894	909	985	1767	877	890	1543	760	783
宿松县	2636	1211	1425	2404	1155	1249	1857	897	960
望江县	656	298	358	657	316	341	599	284	315
岳西县	1260	617	643	1253	623	630	1054	537	517
安徽安庆经济开发区	1416	689	727	1540	783	757	1059	549	510
桐城市	1301	611	690	1429	706	723	965	474	491
潜山市	990	508	482	1154	564	590	948	480	468
黄山市	**3647**	**1873**	**1774**	**4160**	**2066**	**2094**	**3499**	**1780**	**1719**
屯溪区	54	32	22	66	26	40	72	39	33
黄山区	244	144	100	371	208	163	315	191	124
徽州区	89	45	44	129	69	60	97	45	52
歙县	1522	758	764	1629	820	809	1277	657	620
休宁县	680	346	334	872	418	454	757	369	388
黟县	355	185	170	386	191	195	305	160	145
祁门县	703	363	340	707	334	373	676	319	357
滁州市	**14814**	**7357**	**7457**	**16832**	**8351**	**8481**	**12591**	**6376**	**6215**
琅琊区									
南谯区	512	245	267	608	296	312	505	249	256
来安县	2107	1055	1052	2530	1292	1238	1962	1028	934
全椒县	2389	1194	1195	2878	1425	1453	2313	1186	1127
定远县	3101	1540	1561	3065	1496	1569	2083	1029	1054
凤阳县	2584	1298	1286	2957	1447	1510	2265	1093	1172
苏滁现代产业园	188	101	87	208	141	67	111	67	44
滁州经济技术开发区	960	451	509	1018	488	530	667	330	337
天长市	2250	1101	1149	2695	1339	1356	1991	1038	953
明光市	723	372	351	873	427	446	694	356	338

1-3b 续表 14

单位：人

地区	45-49岁			50-54岁			55-59岁		
	小计	男	女	小计	男	女	小计	男	女
阜阳市	**16777**	**8445**	**8332**	**18459**	**8900**	**9559**	**14695**	**7067**	**7628**
颍州区	452	227	225	527	269	258	368	184	184
颍东区	561	300	261	645	327	318	542	258	284
颍泉区	734	385	349	847	437	410	624	295	329
临泉县	3371	1689	1682	3726	1829	1897	2952	1456	1496
太和县	4417	2168	2249	4879	2313	2566	3683	1748	1935
阜南县	2252	1091	1161	2471	1181	1290	2238	1066	1172
颍上县	3551	1863	1688	3786	1802	1984	3087	1471	1616
阜阳合肥现代产业园区	43	22	21	38	20	18	41	22	19
阜阳经济技术开发区	693	348	345	697	329	368	470	236	234
界首市	703	352	351	843	393	450	690	331	359
宿州市	**12881**	**6225**	**6656**	**13438**	**6424**	**7014**	**8926**	**4343**	**4583**
埇桥区	1506	753	753	1669	813	856	1170	575	595
砀山县	2615	1279	1336	2955	1411	1544	1863	928	935
萧县	2751	1318	1433	2879	1407	1472	1901	905	996
灵璧县	2725	1301	1424	2789	1291	1498	1957	912	1045
泗县	2673	1274	1399	2536	1216	1320	1634	838	796
宿州马鞍山现代产业园区	171	87	84	193	88	105	118	56	62
宿州经济技术开发区	440	213	227	417	198	219	283	129	154
六安市	**11498**	**5551**	**5947**	**13109**	**6297**	**6812**	**10636**	**5217**	**5419**
金安区	1195	478	717	1035	458	577	864	406	458
裕安区	699	341	358	807	400	407	621	292	329
叶集区	194	100	94	219	105	114	190	87	103
霍邱县	2507	1292	1215	2854	1408	1446	2284	1140	1144
舒城县	3076	1462	1614	3400	1623	1777	2876	1402	1474
金寨县	1832	907	925	2288	1073	1215	1690	847	843
霍山县	1995	971	1024	2506	1230	1276	2111	1043	1068
亳州市	**10291**	**5217**	**5074**	**11333**	**5488**	**5845**	**8644**	**4065**	**4579**
谯城区	859	438	421	1169	609	560	806	368	438
涡阳县	3153	1620	1533	3327	1631	1696	2651	1280	1371
蒙城县	3300	1641	1659	3623	1717	1906	2724	1243	1481
利辛县	2979	1518	1461	3214	1531	1683	2463	1174	1289
池州市	**4430**	**2147**	**2283**	**4565**	**2291**	**2274**	**3734**	**1858**	**1876**
贵池区	343	169	174	425	209	216	317	165	152
东至县	2541	1230	1311	2424	1198	1226	2029	1014	1015
石台县	356	166	190	343	172	171	315	152	163
青阳县	1137	551	586	1311	675	636	1021	498	523
池州市国家经济技术开发区									
皖江江南新兴产业集中区									
九华山风景区	53	31	22	62	37	25	52	29	23
宣城市	**7311**	**3717**	**3594**	**8441**	**4253**	**4188**	**6226**	**3174**	**3052**
宣州区	987	483	504	1123	563	560	841	415	426
郎溪县	2120	1090	1030	2146	1075	1071	1463	754	709
泾县	1203	589	614	1618	819	799	1195	575	620
绩溪县	757	361	396	938	454	484	712	353	359
旌德县	561	290	271	621	311	310	631	335	296
宣城市经济开发区	756	397	359	820	418	402	506	267	239
宁国市	224	137	87	374	194	180	294	167	127
广德市	703	370	333	801	419	382	584	308	276

1-3b　续表 15

单位：人

地　区	60-64岁			65-69岁			70-74岁		
	小计	男	女	小计	男	女	小计	男	女
安　徽	**62474**	**31547**	**30927**	**82888**	**40207**	**42681**	**56772**	**28154**	**28618**
合肥市	**8752**	**4405**	**4347**	**10959**	**5346**	**5613**	**7290**	**3638**	**3652**
瑶海区	41	21	20	54	28	26	29	16	13
庐阳区	250	113	137	204	95	109	92	41	51
蜀山区	146	70	76	196	95	101	128	74	54
包河区									
长丰县	891	436	455	1073	521	552	657	298	359
肥东县	1609	825	784	2228	1060	1168	1740	875	865
肥西县	1310	670	640	1501	710	791	936	472	464
庐江县	1572	821	751	2336	1141	1195	1635	808	827
合肥高新技术产业开发区	667	319	348	637	333	304	381	182	199
合肥经济技术开发区	1188	556	632	1294	647	647	705	369	336
合肥新站高新技术产业开发区	714	374	340	851	409	442	458	247	211
巢湖市	364	200	164	585	307	278	529	256	273
芜湖市	**4124**	**2123**	**2001**	**5467**	**2738**	**2729**	**4074**	**2082**	**1992**
镜湖区	7	4	3	5	3	2	3	2	1
弋江区									
鸠江区	313	162	151	465	221	244	408	208	200
三山区	65	35	30	46	21	25	21	12	9
芜湖县	670	347	323	909	469	440	668	355	313
繁昌县	641	331	310	715	348	367	472	240	232
南陵县	902	469	433	1196	582	614	807	377	430
芜湖经济技术开发区	523	249	274	566	297	269	335	177	158
安徽芜湖长江大桥经济开发区	75	42	33	94	46	48	74	51	23
无为市	928	484	444	1471	751	720	1286	660	626
蚌埠市	**3487**	**1736**	**1751**	**4321**	**2032**	**2289**	**2743**	**1329**	**1414**
龙子湖区	34	18	16	39	15	24	31	13	18
蚌山区									
禹会区	26	13	13	51	21	30	36	22	14
淮上区	112	58	54	140	71	69	61	28	33
怀远县	928	477	451	1298	605	693	923	453	470
五河县	784	381	403	963	466	497	563	276	287
固镇县	352	177	175	565	274	291	378	177	201
蚌埠市高新技术开发区	177	90	87	212	91	121	132	69	63
蚌埠市经济开发区	1074	522	552	1053	489	564	619	291	328
淮南市	**3027**	**1505**	**1522**	**3979**	**1843**	**2136**	**2753**	**1408**	**1345**
大通区	423	213	210	503	225	278	316	155	161
田家庵区	38	21	17	69	29	40	39	23	16
谢家集区	18	9	9	23	11	12	17	11	6
八公山区							1	1	
潘集区	301	146	155	363	162	201	244	137	107
凤台县	734	368	366	860	389	471	595	295	300
寿县	1513	748	765	2161	1027	1134	1541	786	755

1-3b 续表 16

单位：人

地 区	60-64岁			65-69岁			70-74岁		
	小计	男	女	小计	男	女	小计	男	女
马鞍山市	**2551**	**1316**	**1235**	**3802**	**1802**	**2000**	**2662**	**1319**	**1343**
花山区									
雨山区									
博望区	38	21	17	70	37	33	37	15	22
当涂县	1210	629	581	1461	720	741	973	501	472
含山县	649	331	318	1105	518	587	721	358	363
和县	654	335	319	1166	527	639	931	445	486
淮北市	**1248**	**607**	**641**	**1781**	**828**	**953**	**1297**	**610**	**687**
杜集区	221	112	109	316	150	166	219	111	108
相山区									
烈山区	131	60	71	181	83	98	131	63	68
濉溪县	896	435	461	1284	595	689	947	436	511
铜陵市	**1476**	**725**	**751**	**1855**	**917**	**938**	**1266**	**655**	**611**
铜官区							1	1	
义安区	143	72	71	202	110	92	131	63	68
郊区	189	105	84	208	100	108	183	75	108
枞阳县	1144	548	596	1445	707	738	951	516	435
安庆市	**4818**	**2453**	**2365**	**6428**	**3192**	**3236**	**4431**	**2272**	**2159**
迎江区									
大观区	106	62	44	117	56	61	107	54	53
宜秀区	130	62	68	194	94	100	188	97	91
怀宁县	962	471	491	1386	677	709	934	484	450
太湖县	635	323	312	942	481	461	579	306	273
宿松县	837	425	412	1075	532	543	843	407	436
望江县	221	116	105	321	173	148	248	127	121
岳西县	473	246	227	504	232	272	232	134	98
安徽安庆经济开发区	545	279	266	574	295	279	335	161	174
桐城市	380	203	177	694	339	355	588	294	294
潜山市	529	266	263	621	313	308	377	208	169
黄山市	**2067**	**1050**	**1017**	**2391**	**1180**	**1211**	**1423**	**679**	**744**
屯溪区	36	19	17	54	28	26	26	15	11
黄山区	160	87	73	192	100	92	121	68	53
徽州区	89	41	48	105	51	54	70	40	30
歙县	871	433	438	869	430	439	540	257	283
休宁县	419	220	199	541	256	285	311	140	171
黟县	170	86	84	223	115	108	114	46	68
祁门县	322	164	158	407	200	207	241	113	128
滁州市	**5519**	**2902**	**2617**	**7716**	**3805**	**3911**	**4754**	**2372**	**2382**
琅琊区									
南谯区	233	128	105	297	145	152	196	99	97
来安县	990	515	475	1202	613	589	651	321	330
全椒县	791	413	378	1153	551	602	753	368	385
定远县	841	444	397	1322	630	692	897	437	460
凤阳县	1022	537	485	1481	722	759	966	507	459
苏滁现代产业园	59	30	29	75	40	35	43	23	20
滁州经济技术开发区	248	133	115	267	126	141	150	71	79
天长市	905	482	423	1303	662	641	744	368	376
明光市	430	220	210	616	316	300	354	178	176

1-3b　续表 17　　　　单位：人

地　区	60-64岁			65-69岁			70-74岁		
	小计	男	女	小计	男	女	小计	男	女
阜阳市	**6621**	**3282**	**3339**	**9364**	**4512**	**4852**	**6935**	**3386**	**3549**
颍州区	177	84	93	221	114	107	212	94	118
颍东区	261	129	132	415	213	202	264	135	129
颍泉区	278	137	141	430	222	208	301	147	154
临泉县	1270	629	641	1656	815	841	1363	635	728
太和县	1616	833	783	2567	1228	1339	1882	910	972
阜南县	821	393	428	1132	517	615	797	365	432
颍上县	1632	795	837	2134	1008	1126	1517	820	697
阜阳合肥现代产业园区	10	5	5	39	22	17	25	10	15
阜阳经济技术开发区	218	107	111	246	124	122	154	71	83
界首市	338	170	168	524	249	275	420	199	221
宿州市	**4790**	**2345**	**2445**	**6970**	**3317**	**3653**	**4548**	**2230**	**2318**
埇桥区	546	269	277	777	379	398	614	301	313
砀山县	1354	647	707	1871	901	970	1256	614	642
萧县	1084	535	549	1464	712	752	1036	475	561
灵璧县	855	418	437	1458	661	797	820	434	386
泗县	774	378	396	1140	533	607	668	327	341
宿州马鞍山现代产业园区	64	33	31	101	55	46	47	23	24
宿州经济技术开发区	113	65	48	159	76	83	107	56	51
六安市	**4956**	**2524**	**2432**	**6307**	**3025**	**3282**	**4217**	**2074**	**2143**
金安区	383	174	209	561	226	335	354	161	193
裕安区	277	153	124	424	206	218	284	140	144
叶集区	76	38	38	148	70	78	90	45	45
霍邱县	1172	589	583	1500	717	783	1082	561	521
舒城县	1271	639	632	1754	862	892	1197	577	620
金寨县	812	421	391	833	415	418	523	256	267
霍山县	965	510	455	1087	529	558	687	334	353
亳州市	**3940**	**1939**	**2001**	**5195**	**2488**	**2707**	**3926**	**1884**	**2042**
谯城区	267	141	126	531	257	274	410	186	224
涡阳县	1340	628	712	1461	719	742	1158	566	592
蒙城县	1280	628	652	1756	830	926	1248	595	653
利辛县	1053	542	511	1447	682	765	1110	537	573
池州市	**2126**	**1103**	**1023**	**2333**	**1187**	**1146**	**1639**	**809**	**830**
贵池区	151	82	69	261	135	126	190	104	86
东至县	1254	637	617	1265	636	629	942	458	484
石台县	161	89	72	185	91	94	113	58	55
青阳县	535	273	262	607	312	295	391	188	203
池州市国家经济技术开发区									
皖江江南新兴产业集中区									
九华山风景区	25	22	3	15	13	2	3	1	2
宣城市	**2972**	**1532**	**1440**	**4020**	**1995**	**2025**	**2814**	**1407**	**1407**
宣州区	298	165	133	564	272	292	466	222	244
郎溪县	586	295	291	937	473	464	661	319	342
泾县	564	274	290	772	376	396	469	240	229
绩溪县	509	272	237	457	221	236	301	147	154
旌德县	357	177	180	423	212	211	288	150	138
宣城市经济开发区	158	88	70	223	103	120	142	78	64
宁国市	171	86	85	224	122	102	145	83	62
广德市	329	175	154	420	216	204	342	168	174

1-3b 续表 18

单位：人

地区	75-79岁			80-84岁			85-89岁		
	小计	男	女	小计	男	女	小计	男	女
安徽	**38278**	**18623**	**19655**	**22762**	**10390**	**12372**	**12163**	**5014**	**7149**
合肥市	**4716**	**2345**	**2371**	**2804**	**1303**	**1501**	**1534**	**641**	**893**
瑶海区	18	7	11	8	4	4	4	1	3
庐阳区	63	31	32	38	19	19	14	5	9
蜀山区	110	57	53	69	34	35	35	14	21
包河区									
长丰县	450	228	222	288	134	154	148	66	82
肥东县	1081	546	535	690	312	378	352	136	216
肥西县	583	287	296	313	146	167	184	84	100
庐江县	1080	534	546	622	282	340	338	143	195
合肥高新技术产业开发区	246	121	125	133	63	70	74	30	44
合肥经济技术开发区	400	204	196	208	98	110	120	54	66
合肥新站高新技术产业开发区	305	139	166	206	104	102	139	53	86
巢湖市	380	191	189	229	107	122	126	55	71
芜湖市	**2723**	**1366**	**1357**	**1508**	**681**	**827**	**707**	**274**	**433**
镜湖区	1		1	2	1	1	2		2
弋江区									
鸠江区	274	135	139	185	86	99	69	22	47
三山区	6	1	5	7	4	3	4	3	1
芜湖县	399	203	196	225	105	120	119	44	75
繁昌县	335	166	169	189	72	117	89	29	60
南陵县	542	279	263	271	131	140	134	59	75
芜湖经济技术开发区	213	103	110	133	58	75	64	24	40
安徽芜湖长江大桥经济开发区	42	20	22	12	7	5	14	4	10
无为市	911	459	452	484	217	267	212	89	123
蚌埠市	**2139**	**1032**	**1107**	**1270**	**620**	**650**	**673**	**297**	**376**
龙子湖区	27	12	15	11	5	6	4	2	2
蚌山区									
禹会区	25	14	11	16	9	7	7	3	4
淮上区	64	33	31	44	22	22	24	9	15
怀远县	676	348	328	371	177	194	227	104	123
五河县	542	259	283	314	152	162	174	67	107
固镇县	266	123	143	158	74	84	77	30	47
蚌埠市高新技术开发区	83	39	44	60	37	23	24	12	12
蚌埠市经济开发区	456	204	252	296	144	152	136	70	66
淮南市	**2067**	**1058**	**1009**	**1042**	**535**	**507**	**583**	**268**	**315**
大通区	238	118	120	123	51	72	66	34	32
田家庵区	48	28	20	17	9	8	14	3	11
谢家集区	10	6	4	5	2	3	2		2
八公山区									
潘集区	206	111	95	111	63	48	57	31	26
凤台县	437	212	225	243	130	113	146	67	79
寿县	1128	583	545	543	280	263	298	133	165

1-3b　续表 19　　　　单位：人

地　区	75-79岁			80-84岁			85-89岁		
	小计	男	女	小计	男	女	小计	男	女
马鞍山市	**1926**	**924**	**1002**	**1078**	**472**	**606**	**596**	**231**	**365**
花山区									
雨山区									
博望区	24	15	9	17	7	10	6	2	4
当涂县	794	389	405	423	209	214	201	70	131
含山县	489	221	268	279	109	170	163	65	98
和县	619	299	320	359	147	212	226	94	132
淮北市	**945**	**459**	**486**	**666**	**273**	**393**	**353**	**150**	**203**
杜集区	160	72	88	109	55	54	60	29	31
相山区									
烈山区	112	49	63	58	32	26	34	15	19
濉溪县	673	338	335	499	186	313	259	106	153
铜陵市	**885**	**408**	**477**	**517**	**252**	**265**	**256**	**112**	**144**
铜官区									
义安区	91	50	41	47	24	23	27	8	19
郊区	141	73	68	76	35	41	36	19	17
枞阳县	653	285	368	394	193	201	193	85	108
安庆市	**3026**	**1491**	**1535**	**1750**	**785**	**965**	**810**	**332**	**478**
迎江区									
大观区	81	37	44	41	16	25	17	6	11
宜秀区	110	55	55	61	33	28	32	12	20
怀宁县	649	333	316	326	147	179	179	66	113
太湖县	374	176	198	285	136	149	117	56	61
宿松县	515	262	253	317	126	191	131	60	71
望江县	156	76	80	105	48	57	44	17	27
岳西县	196	83	113	128	63	65	49	17	32
安徽安庆经济开发区	297	153	144	143	70	73	62	25	37
桐城市	382	184	198	184	76	108	107	42	65
潜山市	266	132	134	160	70	90	72	31	41
黄山市	**769**	**375**	**394**	**627**	**279**	**348**	**347**	**137**	**210**
屯溪区	8	4	4	11	4	7	3		3
黄山区	67	38	29	56	29	27	28	10	18
徽州区	29	19	10	20	9	11	15	4	11
歙县	307	139	168	222	96	126	134	46	88
休宁县	154	71	83	140	66	74	65	30	35
黟县	71	42	29	46	21	25	35	13	22
祁门县	133	62	71	132	54	78	67	34	33
滁州市	**3298**	**1573**	**1725**	**1973**	**914**	**1059**	**1127**	**482**	**645**
琅琊区									
南谯区	147	68	79	73	39	34	44	22	22
来安县	414	182	232	241	107	134	160	72	88
全椒县	445	210	235	327	145	182	180	72	108
定远县	705	340	365	396	196	200	193	84	109
凤阳县	746	372	374	408	186	222	228	106	122
苏滁现代产业园	21	7	14	11	6	5	12	7	5
滁州经济技术开发区	93	38	55	62	31	31	27	8	19
天长市	441	212	229	279	120	159	176	63	113
明光市	286	144	142	176	84	92	107	48	59

1－3b 续表 20

单位：人

地 区	75－79岁			80－84岁			85－89岁		
	小计	男	女	小计	男	女	小计	男	女
阜阳市	**4464**	**2087**	**2377**	**2614**	**1152**	**1462**	**1458**	**582**	**876**
颍州区	129	63	66	73	30	43	50	17	33
颍东区	178	86	92	139	65	74	56	24	32
颍泉区	220	103	117	108	47	61	68	24	44
临泉县	794	352	442	517	208	309	304	89	215
太和县	1154	515	639	678	314	364	346	137	209
阜南县	540	244	296	359	125	234	203	84	119
颍上县	1038	531	507	547	277	270	328	175	153
阜阳合肥现代产业园区	15	11	4	6	2	4	2		2
阜阳经济技术开发区	115	55	60	53	27	26	35	11	24
界首市	281	127	154	134	57	77	66	21	45
宿州市	**3332**	**1558**	**1774**	**2061**	**903**	**1158**	**1149**	**453**	**696**
埇桥区	449	200	249	272	135	137	119	50	69
砀山县	845	363	482	551	213	338	325	128	197
萧县	689	332	357	464	201	263	263	98	165
灵璧县	612	306	306	344	151	193	207	89	118
泗县	612	296	316	363	165	198	180	72	108
宿州马鞍山现代产业园区	42	22	20	25	12	13	22	8	14
宿州经济技术开发区	83	39	44	42	26	16	33	8	25
六安市	**2966**	**1444**	**1522**	**1677**	**750**	**927**	**863**	**359**	**504**
金安区	269	130	139	124	55	69	81	36	45
裕安区	177	85	92	129	57	72	66	23	43
叶集区	80	34	46	45	18	27	28	10	18
霍邱县	799	399	400	423	217	206	222	99	123
舒城县	758	381	377	439	192	247	218	91	127
金寨县	401	202	199	213	86	127	106	38	68
霍山县	482	213	269	304	125	179	142	62	80
亳州市	**2276**	**1134**	**1142**	**1452**	**651**	**801**	**842**	**340**	**502**
谯城区	240	114	126	157	61	96	91	26	65
涡阳县	643	312	331	403	168	235	245	106	139
蒙城县	749	377	372	499	233	266	265	115	150
利辛县	644	331	313	393	189	204	241	93	148
池州市	**977**	**456**	**521**	**592**	**277**	**315**	**309**	**115**	**194**
贵池区	127	65	62	80	36	44	45	12	33
东至县	556	258	298	319	156	163	171	62	109
石台县	67	33	34	53	24	29	23	7	16
青阳县	223	98	125	138	60	78	69	34	35
池州市国家经济技术开发区									
皖江江南新兴产业集中区									
九华山风景区	4	2	2	2	1	1	1		1
宣城市	**1769**	**913**	**856**	**1131**	**543**	**588**	**556**	**241**	**315**
宣州区	273	146	127	207	97	110	80	34	46
郎溪县	468	232	236	264	129	135	145	71	74
泾县	313	159	154	187	86	101	88	40	48
绩溪县	174	91	83	126	58	68	56	22	34
旌德县	170	94	76	123	59	64	57	23	34
宣城市经济开发区	102	46	56	67	38	29	30	8	22
宁国市	98	51	47	75	41	34	41	20	21
广德市	171	94	77	82	35	47	59	23	36

1-3b 续表 21

单位：人

地区	90-94岁			95-99岁			100岁及以上		
	小计	男	女	小计	男	女	小计	男	女
安徽	**3869**	**1409**	**2460**	**803**	**243**	**560**	**98**	**23**	**75**
合肥市	**490**	**185**	**305**	**99**	**33**	**66**	**11**	**2**	**9**
瑶海区									
庐阳区	10	6	4	1		1			
蜀山区	9	5	4	1		1	1		1
包河区									
长丰县	52	28	24	11	4	7	2	1	1
肥东县	130	49	81	33	11	22	3		3
肥西县	67	24	43	13	5	8	2		2
庐江县	60	25	35	17	5	12	1	1	
合肥高新技术产业开发区	21	8	13	5	2	3			
合肥经济技术开发区	35	8	27	6	2	4			
合肥新站高新技术产业开发区	61	16	45	7	3	4	1		1
巢湖市	45	16	29	5	1	4	1		1
芜湖市	**192**	**64**	**128**	**31**	**10**	**21**	**5**	**1**	**4**
镜湖区									
弋江区									
鸠江区	15	2	13	3		3			
三山区				1	1				
芜湖县	41	12	29	6	3	3	2	1	1
繁昌县	19	7	12	2		2			
南陵县	39	16	23	6	5	1	1		1
芜湖经济技术开发区	12	5	7	1		1			
安徽芜湖长江大桥经济开发区	3		3						
无为市	63	22	41	12	1	11	2		2
蚌埠市	**226**	**92**	**134**	**45**	**10**	**35**	**2**		**2**
龙子湖区	1	1							
蚌山区									
禹会区	3		3				1		1
淮上区	5		5	1		1			
怀远县	73	34	39	13	3	10			
五河县	62	20	42	15	3	12			
固镇县	26	11	15	4	1	3			
蚌埠市高新技术开发区	8	4	4	3	1	2			
蚌埠市经济开发区	48	22	26	9	2	7	1		1
淮南市	**193**	**71**	**122**	**42**	**13**	**29**	**7**	**1**	**6**
大通区	19	10	9	5	1	4			
田家庵区	5	2	3						
谢家集区									
八公山区									
潘集区	18	4	14	2	1	1	2	1	1
凤台县	49	17	32	12	5	7	1		1
寿县	102	38	64	23	6	17	4		4

1-3b 续表 22

单位：人

地区	90-94岁			95-99岁			100岁及以上		
	小计	男	女	小计	男	女	小计	男	女
马鞍山市	**169**	**56**	**113**	**26**	**7**	**19**	**2**		**2**
花山区									
雨山区									
博望区	1	1							
当涂县	48	10	38	12	5	7			
含山县	58	24	34	6		6			
和县	62	21	41	8	2	6	2		2
淮北市	**133**	**41**	**92**	**30**	**7**	**23**	**6**		**6**
杜集区	16	7	9	2	2				
相山区									
烈山区	7	2	5	3		3			
濉溪县	110	32	78	25	5	20	6		6
铜陵市	**69**	**23**	**46**	**9**	**5**	**4**	**2**	**1**	**1**
铜官区									
义安区	6	3	3						
郊区	5	2	3	2	2				
枞阳县	58	18	40	7	3	4	2	1	1
安庆市	**213**	**87**	**126**	**32**	**8**	**24**	**5**	**1**	**4**
迎江区									
大观区	7	1	6						
宜秀区	10	3	7	1		1			
怀宁县	48	17	31	6	2	4	1		1
太湖县	25	12	13	7	1	6			
宿松县	38	18	20	5	1	4	2		2
望江县	12	2	10	6	2	4			
岳西县	9	3	6	1		1			
安徽安庆经济开发区	18	6	12	2	1	1	1		1
桐城市	26	12	14	1		1			
潜山市	20	13	7	3	1	2	1	1	
黄山市	**88**	**36**	**52**	**13**	**4**	**9**			
屯溪区	4	1	3						
黄山区	6	1	5	1		1			
徽州区	3	1	2	1	1				
歙县	28	11	17	5	1	4			
休宁县	15	6	9	2		2			
黟县	12	7	5	2	2				
祁门县	20	9	11	2		2			
滁州市	**359**	**127**	**232**	**87**	**30**	**57**	**10**	**2**	**8**
琅琊区									
南谯区	11	4	7	3		3			
来安县	61	22	39	13	4	9			
全椒县	48	17	31	17	9	8	1		1
定远县	70	22	48	17	7	10	2	1	1
凤阳县	78	29	49	20	5	15	4	1	3
苏滁现代产业园	3	1	2	1		1			
滁州经济技术开发区	10	5	5	1		1			
天长市	62	19	43	10	4	6	3		3
明光市	16	8	8	5	1	4			

1-3b 续表 23　　　　单位：人

地区	90-94岁			95-99岁			100岁及以上		
	小计	男	女	小计	男	女	小计	男	女
阜阳市	**542**	**206**	**336**	**131**	**43**	**88**	**22**	**5**	**17**
颍州区	7	4	3	5	1	4			
颍东区	18	4	14	6	1	5			
颍泉区	26	12	14	12	4	8			
临泉县	100	33	67	26	11	15	2		2
太和县	170	65	105	34	10	24	8	4	4
阜南县	56	22	34	6	3	3	4		4
颍上县	122	51	71	36	12	24	5	1	4
阜阳合肥现代产业园区				1	1				
阜阳经济技术开发区	12	7	5						
界首市	31	8	23	5		5	3		3
宿州市	**410**	**142**	**268**	**103**	**26**	**77**	**18**	**7**	**11**
埇桥区	47	18	29	7		7	4	3	1
砀山县	120	28	92	30	3	27	7	2	5
萧县	102	40	62	29	8	21	3	1	2
灵璧县	70	30	40	14	6	8	3	1	2
泗县	57	21	36	19	7	12			
宿州马鞍山现代产业园区	7	2	5	3	2	1	1		1
宿州经济技术开发区	7	3	4	1		1			
六安市	**241**	**93**	**148**	**49**	**19**	**30**	**4**	**1**	**3**
金安区	16	8	8	4	3	1	1		1
裕安区	17	8	9	8	3	5			
叶集区	6	2	4						
霍邱县	74	31	43	14	5	9	2	1	1
舒城县	67	16	51	8	3	5	1		1
金寨县	27	14	13	9	3	6			
霍山县	34	14	20	6	2	4			
亳州市	**299**	**102**	**197**	**65**	**17**	**48**	**3**	**1**	**2**
谯城区	35	6	29	6		6			
涡阳县	87	31	56	21	5	16			
蒙城县	92	29	63	20	7	13	1		1
利辛县	85	36	49	18	5	13	2	1	1
池州市	**86**	**32**	**54**	**17**	**6**	**11**			
贵池区	11	4	7	2		2			
东至县	45	17	28	11	5	6			
石台县	4	2	2						
青阳县	25	9	16	3	1	2			
池州市国家经济技术开发区									
皖江江南新兴产业集中区									
九华山风景区	1		1	1		1			
宣城市	**159**	**52**	**107**	**24**	**5**	**19**	**1**	**1**	
宣州区	24	7	17	6	2	4			
郎溪县	39	12	27	3	1	2	1	1	
泾县	26	9	17	3	1	2			
绩溪县	24	5	19	4		4			
旌德县	15	7	8	3	1	2			
宣城市经济开发区	9	3	6	2		2			
宁国市	8	4	4	1		1			
广德市	14	5	9	2		2			

1-3c 各地区分年龄、性别的人口(乡村)

单位：人

地 区	合 计			0岁		
	合计	男	女	小计	男	女
安 徽	**2596352**	**1336679**	**1259673**	**27234**	**14541**	**12693**
合肥市	**185434**	**97880**	**87554**	**1962**	**1023**	**939**
瑶海区	2235	1154	1081	34	22	12
庐阳区	476	263	213	11	5	6
蜀山区	1175	700	475	28	17	11
包河区	615	361	254	2	1	1
长丰县	32542	17436	15106	419	228	191
肥东县	44441	24033	20408	398	192	206
肥西县	35123	18515	16608	374	192	182
庐江县	47980	24948	23032	439	229	210
合肥高新技术产业开发区	8	4	4			
合肥经济技术开发区	687	369	318	5	2	3
合肥新站高新技术产业开发区	394	229	165	3	2	1
巢湖市	19758	9868	9890	249	133	116
芜湖市	**122375**	**64898**	**57477**	**988**	**533**	**455**
镜湖区	1780	891	889	17	9	8
弋江区						
鸠江区	13404	6957	6447	131	67	64
三山区	3635	1876	1759	43	24	19
芜湖县	11384	6060	5324	112	59	53
繁昌县	11592	6118	5474	84	37	47
南陵县	22800	12015	10785	176	93	83
芜湖经济技术开发区	280	144	136	3	2	1
安徽芜湖长江大桥经济开发区	651	346	305	5	4	1
无为市	56849	30491	26358	417	238	179
蚌埠市	**127740**	**64645**	**63095**	**1540**	**806**	**734**
龙子湖区	3543	1812	1731	31	15	16
蚌山区	1525	801	724	5	3	2
禹会区	9665	4959	4706	106	58	48
淮上区	8578	4408	4170	97	49	48
怀远县	47485	23920	23565	547	301	246
五河县	26521	13443	13078	387	196	191
固镇县	30423	15302	15121	367	184	183
蚌埠市高新技术开发区						
蚌埠市经济开发区						
淮南市	**120364**	**63518**	**56846**	**1149**	**627**	**522**
大通区	3980	2081	1899	47	25	22
田家庵区	2421	1228	1193	23	10	13
谢家集区	4073	2096	1977	38	14	24
八公山区	597	314	283	3	2	1
潘集区	15524	8177	7347	222	111	111
凤台县	34217	17837	16380	365	207	158
寿县	59552	31785	27767	451	258	193

1-3c 续表 1

单位：人

地 区	合 计			0岁		
	合计	男	女	小计	男	女
马鞍山市	**59802**	**31196**	**28606**	**651**	**334**	**317**
花山区	840	430	410	5	2	3
雨山区	1243	636	607	13	7	6
博望区	6958	3632	3326	72	37	35
当涂县	15738	8073	7665	170	87	83
含山县	18306	9752	8554	203	103	100
和县	16717	8673	8044	188	98	90
淮北市	**67965**	**34222**	**33743**	**806**	**427**	**379**
杜集区	5222	2696	2526	49	15	34
相山区	4284	2178	2106	47	27	20
烈山区	9907	4916	4991	109	61	48
濉溪县	48552	24432	24120	601	324	277
铜陵市	**37537**	**18451**	**19086**	**362**	**202**	**160**
铜官区	942	465	477	10	5	5
义安区	10475	5325	5150	85	45	40
郊区	7495	3668	3827	71	41	30
枞阳县	18625	8993	9632	196	111	85
安庆市	**231803**	**120982**	**110821**	**2008**	**1092**	**916**
迎江区	903	480	423	11	8	3
大观区	3602	1806	1796	43	24	19
宜秀区	2284	1144	1140	24	13	11
怀宁县	33780	17517	16263	267	139	128
太湖县	32106	16788	15318	310	154	156
宿松县	47311	25356	21955	356	195	161
望江县	39356	20133	19223	376	226	150
岳西县	22262	11795	10467	208	104	104
安徽安庆经济开发区	337	162	175	8	3	5
桐城市	24619	12613	12006	215	123	92
潜山市	25243	13188	12055	190	103	87
黄山市	**60082**	**31256**	**28826**	**545**	**290**	**255**
屯溪区	2103	1043	1060	24	14	10
黄山区	5737	3088	2649	44	27	17
徽州区	3569	1806	1763	41	16	25
歙县	25084	13090	11994	187	97	90
休宁县	12948	6637	6311	143	77	66
黟县	4160	2176	1984	37	20	17
祁门县	6481	3416	3065	69	39	30
滁州市	**172779**	**91506**	**81273**	**1613**	**873**	**740**
琅琊区	978	521	457	12	7	5
南谯区	9923	5064	4859	92	44	48
来安县	18522	9657	8865	159	75	84
全椒县	16570	8783	7787	147	90	57
定远县	47480	25594	21886	451	262	189
凤阳县	35442	18945	16497	385	216	169
苏滁现代产业园						
滁州经济技术开发区	2102	1268	834	4	2	2
天长市	18207	9438	8769	154	74	80
明光市	23555	12236	11319	209	103	106

1-3c 续表 2

单位：人

地区	合计			0岁		
	合计	男	女	小计	男	女
阜阳市	**492629**	**249860**	**242769**	**5481**	**2953**	**2528**
颍州区	26385	13112	13273	395	212	183
颍东区	31237	16086	15151	313	164	149
颍泉区	29226	14658	14568	324	181	143
临泉县	118252	59201	59051	1334	721	613
太和县	80949	41599	39350	808	440	368
阜南县	83589	42088	41501	1034	557	477
颍上县	84410	44009	40401	825	434	391
阜阳合肥现代产业园区	3006	1544	1462	31	19	12
阜阳经济技术开发区	1791	916	875	14	5	9
界首市	33784	16647	17137	403	220	183
宿州市	**289609**	**145962**	**143647**	**3479**	**1839**	**1640**
埇桥区	86499	44650	41849	923	486	437
砀山县	38291	19145	19146	477	240	237
萧县	66386	33216	33170	856	455	401
灵璧县	53799	26538	27261	682	378	304
泗县	43094	21623	21471	519	267	252
宿州马鞍山现代产业园区	1540	790	750	22	13	9
宿州经济技术开发区						
六安市	**229904**	**119995**	**109909**	**2182**	**1192**	**990**
金安区	30588	15793	14795	332	186	146
裕安区	44502	23227	21275	444	258	186
叶集区	9143	4820	4323	92	51	41
霍邱县	56974	29587	27387	499	262	237
舒城县	46448	24053	22395	398	205	193
金寨县	31689	16970	14719	332	191	141
霍山县	10560	5545	5015	85	39	46
亳州市	**254091**	**127330**	**126761**	**3212**	**1688**	**1524**
谯城区	73565	37207	36358	845	421	424
涡阳县	61833	31009	30824	854	468	386
蒙城县	54895	27342	27553	813	429	384
利辛县	63798	31772	32026	700	370	330
池州市	**54970**	**28330**	**26640**	**474**	**254**	**220**
贵池区	16807	8457	8350	189	106	83
东至县	23493	12365	11128	151	77	74
石台县	4071	2048	2023	38	21	17
青阳县	9478	4909	4569	82	43	39
池州市国家经济技术开发区						
皖江江南新兴产业集中区						
九华山风景区	1121	551	570	14	7	7
宣城市	**89268**	**46648**	**42620**	**782**	**408**	**374**
宣州区	26815	13686	13129	262	148	114
郎溪县	11334	5909	5425	77	41	36
泾县	11653	6296	5357	100	48	52
绩溪县	4884	2497	2387	48	23	25
旌德县	4416	2409	2007	38	16	22
宣城市经济开发区	1751	944	807	14	8	6
宁国市	11026	5938	5088	86	46	40
广德市	17389	8969	8420	157	78	79

1-3c 续表 3

单位：人

地区	1-4岁			5-9岁			10-14岁		
	小计	男	女	小计	男	女	小计	男	女
安徽	**126835**	**67524**	**59311**	**189373**	**102236**	**87137**	**183885**	**100267**	**83618**
合肥市	**7625**	**4176**	**3449**	**8490**	**4661**	**3829**	**8696**	**4777**	**3919**
瑶海区	174	87	87	179	98	81	118	71	47
庐阳区	25	13	12	17	11	6	14	9	5
蜀山区	26	14	12	21	14	7	16	9	7
包河区	15	5	10	24	16	8	25	14	11
长丰县	1436	779	657	1483	833	650	1539	819	720
肥东县	1833	1021	812	1932	1101	831	2104	1167	937
肥西县	1396	767	629	1443	745	698	1334	723	611
庐江县	2027	1113	914	2573	1414	1159	2640	1475	1165
合肥高新技术产业开发区	1	1							
合肥经济技术开发区	21	15	6	20	10	10	29	16	13
合肥新站高新技术产业开发区	12	8	4	13	7	6	16	7	9
巢湖市	659	353	306	785	412	373	861	467	394
芜湖市	**4489**	**2371**	**2118**	**5672**	**3102**	**2570**	**5793**	**3151**	**2642**
镜湖区	68	34	34	90	48	42	78	31	47
弋江区									
鸠江区	552	295	257	751	418	333	707	417	290
三山区	133	67	66	166	89	77	163	79	84
芜湖县	405	212	193	433	224	209	431	226	205
繁昌县	363	170	193	440	214	226	410	197	213
南陵县	788	424	364	894	473	421	1021	506	515
芜湖经济技术开发区	6	4	2	9	8	1	9	5	4
安徽芜湖长江大桥经济开发区	24	14	10	35	23	12	33	17	16
无为市	2150	1151	999	2854	1605	1249	2941	1673	1268
蚌埠市	**7399**	**3913**	**3486**	**13116**	**7042**	**6074**	**11547**	**6183**	**5364**
龙子湖区	171	80	91	256	126	130	257	136	121
蚌山区	86	51	35	122	68	54	104	59	45
禹会区	463	250	213	857	473	384	865	467	398
淮上区	483	270	213	868	458	410	649	334	315
怀远县	2693	1414	1279	5239	2761	2478	5084	2706	2378
五河县	1586	837	749	2376	1306	1070	2003	1066	937
固镇县	1917	1011	906	3398	1850	1548	2585	1415	1170
蚌埠市高新技术开发区									
蚌埠市经济开发区									
淮南市	**6134**	**3276**	**2858**	**9556**	**5417**	**4139**	**9986**	**5632**	**4354**
大通区	209	116	93	320	174	146	283	148	135
田家庵区	123	57	66	197	107	90	189	98	91
谢家集区	187	96	91	291	155	136	295	176	119
八公山区	29	15	14	28	15	13	34	20	14
潘集区	1090	561	529	1306	744	562	1097	618	479
凤台县	1873	1039	834	3604	2010	1594	3280	1840	1440
寿县	2623	1392	1231	3810	2212	1598	4808	2732	2076

1－3c 续表 4

单位：人

地区	1－4岁			5－9岁			10－14岁		
	小计	男	女	小计	男	女	小计	男	女
马鞍山市	**2420**	**1296**	**1124**	**3000**	**1661**	**1339**	**2852**	**1626**	**1226**
花山区	24	14	10	32	19	13	21	12	9
雨山区	27	15	12	44	22	22	37	22	15
博望区	304	148	156	322	177	145	359	194	165
当涂县	700	378	322	780	423	357	642	348	294
含山县	703	381	322	958	531	427	893	537	356
和县	662	360	302	864	489	375	900	513	387
淮北市	**4335**	**2347**	**1988**	**5979**	**3218**	**2761**	**4852**	**2707**	**2145**
杜集区	277	154	123	369	207	162	372	214	158
相山区	222	132	90	308	164	144	315	175	140
烈山区	572	309	263	769	439	330	585	328	257
濉溪县	3264	1752	1512	4533	2408	2125	3580	1990	1590
铜陵市	**1388**	**739**	**649**	**1699**	**868**	**831**	**1974**	**1046**	**928**
铜官区	28	13	15	39	19	20	36	16	20
义安区	331	179	152	382	181	201	394	190	204
郊区	314	171	143	388	190	198	508	276	232
枞阳县	715	376	339	890	478	412	1036	564	472
安庆市	**10353**	**5472**	**4881**	**12311**	**6540**	**5771**	**11747**	**6418**	**5329**
迎江区	19	6	13	18	8	10	11	6	5
大观区	154	61	93	189	95	94	167	86	81
宜秀区	91	59	32	90	40	50	80	45	35
怀宁县	1539	833	706	1645	853	792	1526	848	678
太湖县	1526	805	721	1781	936	845	1582	877	705
宿松县	2035	1117	918	3143	1747	1396	3216	1792	1424
望江县	2129	1137	992	2321	1231	1090	1983	1079	904
岳西县	949	471	478	1152	599	553	1067	560	507
安徽安庆经济开发区	10	3	7	15	6	9	7	4	3
桐城市	912	464	448	923	485	438	1020	556	464
潜山市	989	516	473	1034	540	494	1088	565	523
黄山市	**2238**	**1130**	**1108**	**2453**	**1199**	**1254**	**2315**	**1227**	**1088**
屯溪区	95	36	59	115	56	59	89	49	40
黄山区	183	86	97	157	73	84	188	96	92
徽州区	131	61	70	153	74	79	122	66	56
歙县	969	505	464	1033	509	524	1058	553	505
休宁县	484	253	231	565	273	292	497	285	212
黟县	129	64	65	147	67	80	123	68	55
祁门县	247	125	122	283	147	136	238	110	128
滁州市	**7412**	**3975**	**3437**	**8686**	**4720**	**3966**	**8572**	**4759**	**3813**
琅琊区	31	19	12	34	19	15	39	14	25
南谯区	324	152	172	353	181	172	236	126	110
来安县	632	334	298	774	396	378	712	365	347
全椒县	560	307	253	603	337	266	536	306	230
定远县	2347	1295	1052	2594	1412	1182	2739	1552	1187
凤阳县	1990	1074	916	2411	1372	1039	2377	1345	1032
苏滁现代产业园									
滁州经济技术开发区	62	30	32	51	25	26	26	15	11
天长市	582	316	266	647	329	318	539	310	229
明光市	884	448	436	1219	649	570	1368	726	642

1-3c　续表 5

单位：人

地　区	1-4岁			5-9岁			10-14岁		
	小计	男	女	小计	男	女	小计	男	女
阜阳市	**26912**	**14133**	**12779**	**46126**	**24824**	**21302**	**44271**	**24002**	**20269**
颍州区	1796	943	853	2731	1452	1279	2219	1182	1037
颍东区	1809	973	836	3024	1640	1384	2653	1444	1209
颍泉区	1661	850	811	2800	1483	1317	2539	1368	1171
临泉县	6540	3399	3141	10917	5779	5138	10345	5543	4802
太和县	3905	2147	1758	7192	3967	3225	7359	4060	3299
阜南县	4894	2523	2371	8122	4364	3758	7871	4160	3711
颍上县	4013	2126	1887	7597	4134	3463	8022	4394	3628
阜阳合肥现代产业园区	200	99	101	362	207	155	255	145	110
阜阳经济技术开发区	127	67	60	185	90	95	130	73	57
界首市	1967	1006	961	3196	1708	1488	2878	1633	1245
宿州市	**17307**	**9160**	**8147**	**27128**	**14574**	**12554**	**23628**	**12693**	**10935**
埇桥区	5026	2656	2370	7982	4291	3691	6622	3611	3011
砀山县	2385	1234	1151	3103	1677	1426	2619	1460	1159
萧县	3900	2045	1855	5732	3104	2628	5246	2752	2494
灵璧县	3512	1860	1652	6046	3193	2853	5398	2866	2532
泗县	2376	1302	1074	4121	2222	1899	3623	1944	1679
宿州马鞍山现代产业园区	108	63	45	144	87	57	120	60	60
宿州经济技术开发区									
六安市	**9830**	**5416**	**4414**	**13630**	**7725**	**5905**	**15204**	**8656**	**6548**
金安区	1388	731	657	1531	866	665	1660	915	745
裕安区	2235	1258	977	2639	1488	1151	2700	1581	1119
叶集区	425	249	176	682	419	263	704	441	263
霍邱县	2313	1272	1041	4582	2600	1982	5595	3204	2391
舒城县	1842	1011	831	2149	1142	1007	2163	1098	1065
金寨县	1279	700	579	1675	996	679	1981	1217	764
霍山县	348	195	153	372	214	158	401	200	201
亳州市	**14351**	**7649**	**6702**	**26118**	**13942**	**12176**	**26580**	**14416**	**12164**
谯城区	4095	2196	1899	6630	3587	3043	5898	3309	2589
涡阳县	3185	1748	1437	6514	3464	3050	7013	3791	3222
蒙城县	3478	1808	1670	6254	3332	2922	6396	3526	2870
利辛县	3593	1897	1696	6720	3559	3161	7273	3790	3483
池州市	**2044**	**1095**	**949**	**2391**	**1245**	**1146**	**2503**	**1267**	**1236**
贵池区	568	320	248	666	338	328	698	361	337
东至县	970	513	457	1123	592	531	1115	567	548
石台县	131	66	65	161	84	77	199	97	102
青阳县	328	172	156	372	197	175	435	213	222
池州市国家经济技术开发区									
皖江江南新兴产业集中区									
九华山风景区	47	24	23	69	34	35	56	29	27
宣城市	**2598**	**1376**	**1222**	**3018**	**1498**	**1520**	**3365**	**1707**	**1658**
宣州区	789	404	385	1006	506	500	1194	611	583
郎溪县	366	210	156	418	213	205	519	262	257
泾县	303	169	134	379	181	198	332	170	162
绩溪县	151	72	79	120	60	60	123	57	66
旌德县	137	77	60	142	77	65	141	81	60
宣城市经济开发区	29	13	16	46	19	27	51	28	23
宁国市	236	108	128	238	114	124	228	109	119
广德市	587	323	264	669	328	341	777	389	388

1－3c 续表 6

单位：人

地区	15－19岁			20－24岁			25－29岁		
	小计	男	女	小计	男	女	小计	男	女
安 徽	**121676**	**66774**	**54902**	**101189**	**54075**	**47114**	**147345**	**77991**	**69354**
合肥市	**8628**	**4915**	**3713**	**9064**	**4928**	**4136**	**10730**	**5961**	**4769**
瑶海区	76	42	34	145	64	81	272	142	130
庐阳区	13	6	7	14	10	4	12	8	4
蜀山区	57	47	10	88	80	8	53	34	19
包河区	12	10	2	48	32	16	39	23	16
长丰县	1665	984	681	1453	860	593	2043	1115	928
肥东县	2425	1456	969	2345	1372	973	3140	1855	1285
肥西县	1848	975	873	2650	1287	1363	1950	1088	862
庐江县	2050	1136	914	1893	1001	892	2438	1310	1128
合肥高新技术产业开发区	1		1						
合肥经济技术开发区	12	9	3	14	10	4	10	6	4
合肥新站高新技术产业开发区	2	2		9	1	8	38	21	17
巢湖市	467	248	219	405	211	194	735	359	376
芜湖市	**5243**	**2954**	**2289**	**5250**	**2886**	**2364**	**8074**	**4699**	**3375**
镜湖区	55	31	24	50	19	31	85	42	43
弋江区									
鸠江区	461	282	179	491	293	198	877	450	427
三山区	67	40	27	86	45	41	222	124	98
芜湖县	353	194	159	390	210	180	686	428	258
繁昌县	644	330	314	418	228	190	684	425	259
南陵县	839	452	387	875	428	447	1151	669	482
芜湖经济技术开发区	7	3	4	11	4	7	14	7	7
安徽芜湖长江大桥经济开发区	27	14	13	16	6	10	38	22	16
无为市	2790	1608	1182	2913	1653	1260	4317	2532	1785
蚌埠市	**5116**	**2800**	**2316**	**3687**	**1866**	**1821**	**6429**	**3108**	**3321**
龙子湖区	127	63	64	128	71	57	210	114	96
蚌山区	50	29	21	54	25	29	100	57	43
禹会区	463	248	215	417	231	186	635	331	304
淮上区	288	160	128	256	136	120	500	240	260
怀远县	1910	1027	883	1255	615	640	2068	984	1084
五河县	1052	601	451	869	447	422	1490	716	774
固镇县	1226	672	554	708	341	367	1426	666	760
蚌埠市高新技术开发区									
蚌埠市经济开发区									
淮南市	**5569**	**3131**	**2438**	**4042**	**2151**	**1891**	**5877**	**3177**	**2700**
大通区	168	92	76	154	84	70	232	117	115
田家庵区	91	53	38	73	36	37	120	65	55
谢家集区	164	84	80	120	56	64	204	106	98
八公山区	26	20	6	26	14	12	31	16	15
潘集区	493	279	214	460	242	218	874	447	427
凤台县	1381	776	605	941	504	437	1528	784	744
寿县	3246	1827	1419	2268	1215	1053	2888	1642	1246

1-3c　续表 7　　　　单位：人

地　区	15-19岁			20-24岁			25-29岁		
	小计	男	女	小计	男	女	小计	男	女
马鞍山市	**1969**	**1049**	**920**	**2168**	**1252**	**916**	**3812**	**2190**	**1622**
花山区	16	7	9	26	10	16	49	28	21
雨山区	24	8	16	39	20	19	78	46	32
博望区	282	155	127	281	160	121	432	246	186
当涂县	419	225	194	472	256	216	1121	619	502
含山县	685	374	311	871	534	337	1331	800	531
和县	543	280	263	479	272	207	801	451	350
淮北市	**2916**	**1506**	**1410**	**3166**	**1625**	**1541**	**4614**	**2319**	**2295**
杜集区	155	81	74	205	107	98	379	195	184
相山区	138	66	72	189	110	79	254	125	129
烈山区	755	307	448	562	265	297	586	301	285
濉溪县	1868	1052	816	2210	1143	1067	3395	1698	1697
铜陵市	**1521**	**804**	**717**	**911**	**467**	**444**	**1318**	**694**	**624**
铜官区	194	101	93	24	15	9	48	19	29
义安区	269	131	138	264	130	134	357	205	152
郊区	253	139	114	155	81	74	242	121	121
枞阳县	805	433	372	468	241	227	671	349	322
安庆市	**9330**	**5154**	**4176**	**9419**	**5125**	**4294**	**14864**	**8271**	**6593**
迎江区	18	6	12	24	17	7	35	23	12
大观区	112	53	59	142	80	62	185	98	87
宜秀区	42	26	16	59	28	31	91	47	44
怀宁县	1278	741	537	1506	818	688	2190	1203	987
太湖县	1154	602	552	1241	684	557	2083	1133	950
宿松县	2446	1481	965	2086	1211	875	3327	1941	1386
望江县	1525	811	714	1537	792	745	2828	1516	1312
岳西县	786	410	376	885	501	384	1167	645	522
安徽安庆经济开发区	5	1	4	12	6	6	19	11	8
桐城市	1125	573	552	984	498	486	1409	811	598
潜山市	839	450	389	943	490	453	1530	843	687
黄山市	**1652**	**810**	**842**	**1626**	**833**	**793**	**3020**	**1612**	**1408**
屯溪区	35	15	20	60	31	29	148	64	84
黄山区	91	42	49	161	91	70	230	120	110
徽州区	79	39	40	63	33	30	178	92	86
歙县	840	404	436	720	365	355	1384	740	644
休宁县	358	183	175	389	199	190	663	365	298
黟县	99	61	38	98	50	48	191	93	98
祁门县	150	66	84	135	64	71	226	138	88
滁州市	**8308**	**4593**	**3715**	**8175**	**4575**	**3600**	**11762**	**6715**	**5047**
琅琊区	26	11	15	34	24	10	32	21	11
南谯区	697	260	437	516	189	327	601	328	273
来安县	556	303	253	675	371	304	1142	645	497
全椒县	524	299	225	710	395	315	1100	648	452
定远县	2385	1438	947	2366	1405	961	3914	2332	1582
凤阳县	2041	1148	893	1905	1078	827	2577	1387	1190
苏滁现代产业园									
滁州经济技术开发区	324	210	114	302	219	83	338	231	107
天长市	499	286	213	690	379	311	847	463	384
明光市	1256	638	618	977	515	462	1211	660	551

1-3c 续表 8

单位：人

地区	15-19岁			20-24岁			25-29岁		
	小计	男	女	小计	男	女	小计	男	女
阜阳市	**31326**	**16937**	**14389**	**22516**	**11929**	**10587**	**30726**	**15733**	**14993**
颍州区	1278	703	575	874	403	471	1578	799	779
颍东区	1665	905	760	1328	730	598	2095	1099	996
颍泉区	1644	875	769	1067	562	505	1687	857	830
临泉县	8302	4389	3913	6643	3447	3196	7279	3625	3654
太和县	5397	3030	2367	3413	1921	1492	4752	2519	2233
阜南县	5845	3078	2767	3973	2055	1918	5255	2655	2600
颍上县	5266	2916	2350	3999	2221	1778	5774	3043	2731
阜阳合肥现代产业园区	145	73	72	111	51	60	246	117	129
阜阳经济技术开发区	90	51	39	78	43	35	140	64	76
界首市	1694	917	777	1030	496	534	1920	955	965
宿州市	**11440**	**6286**	**5154**	**10474**	**5437**	**5037**	**17917**	**8979**	**8938**
埇桥区	3795	2020	1775	3557	1924	1633	5947	3116	2831
砀山县	1279	748	531	1436	752	684	2471	1242	1229
萧县	2618	1497	1121	2470	1312	1158	4279	2161	2118
灵璧县	1983	1099	884	1466	698	768	2648	1187	1461
泗县	1711	891	820	1485	721	764	2461	1230	1231
宿州马鞍山现代产业园区	54	31	23	60	30	30	111	43	68
宿州经济技术开发区									
六安市	**10832**	**6205**	**4627**	**8419**	**4563**	**3856**	**11086**	**5974**	**5112**
金安区	1526	864	662	1202	689	513	1429	721	708
裕安区	1962	1156	806	1794	1004	790	2313	1243	1070
叶集区	454	267	187	225	105	120	358	172	186
霍邱县	2918	1635	1283	1556	788	768	2256	1146	1110
舒城县	1989	1097	892	1884	986	898	2770	1581	1189
金寨县	1588	973	615	1330	756	574	1436	807	629
霍山县	395	213	182	428	235	193	524	304	220
亳州市	**14159**	**7692**	**6467**	**8785**	**4641**	**4144**	**12107**	**5982**	**6125**
谯城区	3495	1970	1525	3069	1667	1402	3980	2043	1937
涡阳县	3602	1978	1624	2029	1058	971	2804	1329	1475
蒙城县	2963	1621	1342	1684	861	823	2498	1209	1289
利辛县	4099	2123	1976	2003	1055	948	2825	1401	1424
池州市	**1667**	**894**	**773**	**1514**	**776**	**738**	**2219**	**1151**	**1068**
贵池区	326	162	164	296	149	147	481	233	248
东至县	976	540	436	931	484	447	1311	715	596
石台县	82	45	37	60	25	35	89	28	61
青阳县	254	136	118	193	105	88	281	146	135
池州市国家经济技术开发区									
皖江江南新兴产业集中区									
九华山风景区	29	11	18	34	13	21	57	29	28
宣城市	**2000**	**1044**	**956**	**1973**	**1021**	**952**	**2790**	**1426**	**1364**
宣州区	560	293	267	574	303	271	804	395	409
郎溪县	389	195	194	416	209	207	506	281	225
泾县	201	97	104	168	96	72	304	145	159
绩溪县	61	39	22	48	27	21	109	55	54
旌德县	80	37	43	70	32	38	135	69	66
宣城市经济开发区	152	80	72	65	39	26	84	56	28
宁国市	129	72	57	173	93	80	239	126	113
广德市	428	231	197	459	222	237	609	299	310

1-3c 续表 9

单位：人

地　区	30-34岁			35-39岁			40-44岁		
	小计	男	女	小计	男	女	小计	男	女
安　徽	**165674**	**84723**	**80951**	**120207**	**62385**	**57822**	**137687**	**72608**	**65079**
合肥市	**12270**	**6522**	**5748**	**9040**	**5022**	**4018**	**9600**	**5347**	**4253**
瑶海区	326	171	155	215	112	103	129	75	54
庐阳区	33	18	15	21	10	11	24	14	10
蜀山区	44	27	17	41	26	15	35	23	12
包河区	44	30	14	30	19	11	45	21	24
长丰县	2240	1172	1068	1520	878	642	1700	987	713
肥东县	2591	1456	1135	2215	1288	927	2670	1574	1096
肥西县	2604	1401	1203	1936	1082	854	1708	942	766
庐江县	3529	1824	1705	2324	1217	1107	2401	1239	1162
合肥高新技术产业开发区				1		1	1	1	
合肥经济技术开发区	26	13	13	31	13	18	21	16	5
合肥新站高新技术产业开发区	33	16	17	32	21	11	30	19	11
巢湖市	800	394	406	674	356	318	836	436	400
芜湖市	**7431**	**4153**	**3278**	**5426**	**2899**	**2527**	**7107**	**3849**	**3258**
镜湖区	122	61	61	83	42	41	110	56	54
弋江区									
鸠江区	762	385	377	530	270	260	656	358	298
三山区	220	111	109	125	60	65	207	117	90
芜湖县	646	352	294	452	241	211	672	369	303
繁昌县	776	449	327	422	214	208	671	395	276
南陵县	1266	707	559	1084	582	502	1392	750	642
芜湖经济技术开发区	17	8	9	7	4	3	13	9	4
安徽芜湖长江大桥经济开发区	23	10	13	17	8	9	51	20	31
无为市	3599	2070	1529	2706	1478	1228	3335	1775	1560
蚌埠市	**7803**	**3696**	**4107**	**5156**	**2581**	**2575**	**5960**	**3112**	**2848**
龙子湖区	326	167	159	205	111	94	169	96	73
蚌山区	143	70	73	81	46	35	76	42	34
禹会区	711	331	380	520	269	251	557	305	252
淮上区	597	306	291	423	212	211	431	236	195
怀远县	2532	1184	1348	1710	827	883	2098	1095	1003
五河县	1425	688	737	1007	513	494	1188	616	572
固镇县	2069	950	1119	1210	603	607	1441	722	719
蚌埠市高新技术开发区									
蚌埠市经济开发区									
淮南市	**8239**	**4208**	**4031**	**6582**	**3456**	**3126**	**6558**	**3638**	**2920**
大通区	288	140	148	181	102	79	235	132	103
田家庵区	164	68	96	115	67	48	135	73	62
谢家集区	217	113	104	184	93	91	213	117	96
八公山区	43	26	17	36	19	17	43	23	20
潘集区	1167	604	563	823	422	401	872	519	353
凤台县	2298	1125	1173	1679	832	847	1772	979	793
寿县	4062	2132	1930	3564	1921	1643	3288	1795	1493

1-3c 续表 10

单位：人

地区	30-34岁			35-39岁			40-44岁		
	小计	男	女	小计	男	女	小计	男	女
马鞍山市	**3476**	**1855**	**1621**	**2560**	**1383**	**1177**	**3065**	**1676**	**1389**
花山区	61	37	24	28	14	14	29	19	10
雨山区	67	33	34	50	27	23	56	33	23
博望区	407	224	183	333	182	151	421	224	197
当涂县	1121	594	527	749	380	369	873	471	402
含山县	1191	640	551	872	495	377	972	537	435
和县	629	327	302	528	285	243	714	392	322
淮北市	**4585**	**2238**	**2347**	**3160**	**1627**	**1533**	**3639**	**1945**	**1694**
杜集区	391	209	182	318	170	148	336	172	164
相山区	245	127	118	192	91	101	294	149	145
烈山区	669	325	344	387	197	190	511	270	241
濉溪县	3280	1577	1703	2263	1169	1094	2498	1354	1144
铜陵市	**1593**	**748**	**845**	**1289**	**604**	**685**	**1754**	**815**	**939**
铜官区	82	40	42	37	15	22	49	26	23
义安区	466	238	228	395	211	184	466	253	213
郊区	288	130	158	282	121	161	352	163	189
枞阳县	757	340	417	575	257	318	887	373	514
安庆市	**16306**	**8944**	**7362**	**11704**	**6314**	**5390**	**13504**	**6971**	**6533**
迎江区	32	23	9	21	15	6	30	16	14
大观区	221	116	105	132	68	64	164	84	80
宜秀区	97	51	46	74	43	31	96	50	46
怀宁县	2419	1325	1094	1607	887	720	1865	951	914
太湖县	2305	1260	1045	1677	878	799	1786	921	865
宿松县	3236	1829	1407	2366	1308	1058	2627	1367	1260
望江县	2835	1496	1339	2087	1112	975	2481	1267	1214
岳西县	1699	945	754	1293	724	569	1409	749	660
安徽安庆经济开发区	18	9	9	6	4	2	23	8	15
桐城市	1706	947	759	1195	616	579	1450	750	700
潜山市	1738	943	795	1246	659	587	1573	808	765
黄山市	**3574**	**1998**	**1576**	**2530**	**1419**	**1111**	**3134**	**1785**	**1349**
屯溪区	168	92	76	117	51	66	124	71	53
黄山区	284	167	117	212	120	92	269	153	116
徽州区	231	117	114	153	84	69	172	100	72
歙县	1581	895	686	1096	628	468	1377	793	584
休宁县	795	417	378	523	280	243	630	344	286
黟县	206	117	89	168	89	79	210	116	94
祁门县	309	193	116	261	167	94	352	208	144
滁州市	**11257**	**6164**	**5093**	**6985**	**3889**	**3096**	**9035**	**4948**	**4087**
琅琊区	61	28	33	49	33	16	53	27	26
南谯区	658	367	291	310	185	125	406	228	178
来安县	1103	626	477	647	367	280	881	457	424
全椒县	1029	597	432	529	303	226	673	377	296
定远县	3207	1792	1415	2056	1166	890	2494	1412	1082
凤阳县	2578	1335	1243	1775	983	792	2107	1172	935
苏滁现代产业园									
滁州经济技术开发区	286	162	124	137	73	64	123	58	65
天长市	967	531	436	463	246	217	831	437	394
明光市	1368	726	642	1019	533	486	1467	780	687

1-3c　续表 11　　　　单位：人

地　区	30-34岁			35-39岁			40-44岁		
	小计	男	女	小计	男	女	小计	男	女
阜阳市	**34305**	**16970**	**17335**	**25871**	**13084**	**12787**	**28010**	**14550**	**13460**
颍州区	1942	881	1061	1260	626	634	1267	667	600
颍东区	2111	1019	1092	1786	943	843	1773	934	839
颍泉区	1942	937	1005	1493	760	733	1419	720	699
临泉县	7841	3922	3919	6013	2969	3044	7047	3605	3442
太和县	5811	2933	2878	4251	2117	2134	5077	2630	2447
阜南县	5663	2802	2861	3988	2047	1941	4205	2158	2047
颍上县	6087	3132	2955	4872	2544	2328	5032	2753	2279
阜阳合肥现代产业园区	282	139	143	180	88	92	158	89	69
阜阳经济技术开发区	185	89	96	125	72	53	111	53	58
界首市	2441	1116	1325	1903	918	985	1921	941	980
宿州市	**19237**	**9559**	**9678**	**12903**	**6599**	**6304**	**14644**	**7524**	**7120**
埇桥区	6868	3632	3236	4064	2214	1850	4499	2389	2110
砀山县	2486	1235	1251	1727	855	872	2094	1042	1052
萧县	4087	1979	2108	3162	1581	1581	3381	1755	1626
灵璧县	3189	1409	1780	2096	1005	1091	2242	1106	1136
泗县	2489	1241	1248	1793	912	881	2363	1194	1169
宿州马鞍山现代产业园区	118	63	55	61	32	29	65	38	27
宿州经济技术开发区									
六安市	**13772**	**7065**	**6707**	**10634**	**5391**	**5243**	**11306**	**5770**	**5536**
金安区	1897	950	947	1324	661	663	1370	682	688
裕安区	3077	1536	1541	2145	1071	1074	2167	1090	1077
叶集区	537	267	270	373	186	187	347	171	176
霍邱县	3236	1585	1651	2927	1437	1490	2721	1381	1340
舒城县	2796	1505	1291	2094	1096	998	2430	1208	1222
金寨县	1626	872	754	1377	728	649	1755	933	822
霍山县	603	350	253	394	212	182	516	305	211
亳州市	**15028**	**7094**	**7934**	**11037**	**5377**	**5660**	**12885**	**6611**	**6274**
谯城区	5135	2487	2648	3297	1659	1638	3950	1977	1973
涡阳县	3493	1641	1852	2843	1408	1435	3236	1693	1543
蒙城县	2970	1337	1633	2189	1010	1179	2561	1322	1239
利辛县	3430	1629	1801	2708	1300	1408	3138	1619	1519
池州市	**3058**	**1631**	**1427**	**2228**	**1132**	**1096**	**3034**	**1646**	**1388**
贵池区	675	343	332	496	242	254	733	371	362
东至县	1745	988	757	1194	646	548	1610	915	695
石台县	137	62	75	124	50	74	175	84	91
青阳县	397	191	206	348	161	187	444	244	200
池州市国家经济技术开发区									
皖江江南新兴产业集中区									
九华山风景区	104	47	57	66	33	33	72	32	40
宣城市	**3740**	**1878**	**1862**	**3102**	**1608**	**1494**	**4452**	**2421**	**2031**
宣州区	1060	501	559	835	409	426	1336	705	631
郎溪县	617	322	295	453	232	221	686	370	316
泾县	422	210	212	381	222	159	511	276	235
绩溪县	128	60	68	143	83	60	152	92	60
旌德县	188	107	81	181	98	83	199	121	78
宣城市经济开发区	127	66	61	77	45	32	76	43	33
宁国市	406	216	190	304	180	124	382	232	150
广德市	792	396	396	728	339	389	1110	582	528

1－3c 续表 12

单位：人

地　区	45－49岁			50－54岁			55－59岁		
	小计	男	女	小计	男	女	小计	男	女
安　徽	**202509**	**103349**	**99160**	**259588**	**127208**	**132380**	**208761**	**103059**	**105702**
合肥市	**14737**	**7777**	**6960**	**19256**	**9683**	**9573**	**15800**	**7988**	**7812**
瑶海区	150	77	73	192	88	104	109	53	56
庐阳区	26	14	12	41	19	22	52	27	25
蜀山区	69	39	30	116	66	50	111	54	57
包河区	77	48	29	83	52	31	66	38	28
长丰县	2721	1430	1291	3369	1732	1637	2621	1333	1288
肥东县	3671	2004	1667	4261	2180	2081	3422	1725	1697
肥西县	2758	1503	1255	3452	1798	1654	2866	1508	1358
庐江县	3830	1952	1878	5449	2620	2829	4639	2337	2302
合肥高新技术产业开发区	2	1	1						
合肥经济技术开发区	58	35	23	69	32	37	64	31	33
合肥新站高新技术产业开发区	44	28	16	41	26	15	40	25	15
巢湖市	1331	646	685	2183	1070	1113	1810	857	953
芜湖市	**11783**	**6106**	**5677**	**14497**	**7595**	**6902**	**10757**	**5533**	**5224**
镜湖区	209	114	95	219	105	114	164	83	81
弋江区									
鸠江区	1074	523	551	1579	825	754	1204	588	616
三山区	320	167	153	503	243	260	342	182	160
芜湖县	1171	619	552	1446	769	677	1011	524	487
繁昌县	1115	570	545	1475	779	696	1164	587	577
南陵县	2219	1165	1054	2657	1415	1242	2037	1072	965
芜湖经济技术开发区	26	12	14	33	17	16	37	18	19
安徽芜湖长江大桥经济开发区	71	34	37	67	41	26	44	20	24
无为市	5578	2902	2676	6518	3401	3117	4754	2459	2295
蚌埠市	**9259**	**4718**	**4541**	**12159**	**5640**	**6519**	**9630**	**4571**	**5059**
龙子湖区	268	138	130	380	198	182	232	107	125
蚌山区	103	57	46	145	67	78	133	64	69
禹会区	784	400	384	824	392	432	651	321	330
淮上区	669	345	324	847	398	449	617	308	309
怀远县	3168	1654	1514	4312	1940	2372	3544	1672	1872
五河县	2039	990	1049	2661	1273	1388	2208	1075	1133
固镇县	2228	1134	1094	2990	1372	1618	2245	1024	1221
蚌埠市高新技术开发区									
蚌埠市经济开发区									
淮南市	**9229**	**4867**	**4362**	**11188**	**5480**	**5708**	**8589**	**4206**	**4383**
大通区	303	156	147	355	166	189	299	135	164
田家庵区	174	91	83	185	91	94	177	80	97
谢家集区	323	168	155	367	178	189	304	145	159
八公山区	72	41	31	78	37	41	45	22	23
潘集区	1228	657	571	1446	738	708	1121	557	564
凤台县	2274	1223	1051	3120	1480	1640	2422	1115	1307
寿县	4855	2531	2324	5637	2790	2847	4221	2152	2069

1-3c　续表 13　　单位：人

地　区	45-49岁			50-54岁			55-59岁		
	小计	男	女	小计	男	女	小计	男	女
马鞍山市	**4851**	**2483**	**2368**	**6780**	**3432**	**3348**	**5262**	**2654**	**2608**
花山区	77	37	40	121	61	60	104	49	55
雨山区	93	51	42	189	95	94	156	81	75
博望区	624	319	305	724	368	356	608	307	301
当涂县	1348	660	688	1791	886	905	1446	724	722
含山县	1584	834	750	2063	1045	1018	1457	747	710
和县	1125	582	543	1892	977	915	1491	746	745
淮北市	**5495**	**2677**	**2818**	**6840**	**3217**	**3623**	**4787**	**2312**	**2475**
杜集区	369	198	171	495	247	248	350	169	181
相山区	407	200	207	471	241	230	285	143	142
烈山区	775	373	402	976	447	529	746	365	381
濉溪县	3944	1906	2038	4898	2282	2616	3406	1635	1771
铜陵市	**3202**	**1522**	**1680**	**4051**	**1943**	**2108**	**3721**	**1764**	**1957**
铜官区	73	35	38	109	58	51	74	36	38
义安区	971	498	473	1391	717	674	1143	573	570
郊区	675	317	358	785	374	411	726	337	389
枞阳县	1483	672	811	1766	794	972	1778	818	960
安庆市	**22849**	**11639**	**11210**	**25338**	**12819**	**12519**	**20394**	**10202**	**10192**
迎江区	60	38	22	92	44	48	117	64	53
大观区	337	164	173	421	223	198	366	194	172
宜秀区	212	107	105	283	136	147	210	99	111
怀宁县	3281	1638	1643	3779	1889	1890	3004	1451	1553
太湖县	3120	1608	1512	3435	1749	1686	2949	1473	1476
宿松县	4759	2456	2303	4771	2461	2310	3616	1812	1804
望江县	4075	2012	2063	3983	1965	2018	3099	1534	1565
岳西县	2245	1171	1074	2579	1343	1236	2154	1144	1010
安徽安庆经济开发区	33	15	18	37	23	14	32	12	20
桐城市	2269	1156	1113	2864	1395	1469	2374	1167	1207
潜山市	2458	1274	1184	3094	1591	1503	2473	1252	1221
黄山市	**5243**	**2792**	**2451**	**7118**	**3720**	**3398**	**6249**	**3292**	**2957**
屯溪区	175	83	92	261	137	124	174	92	82
黄山区	535	299	236	811	435	376	675	362	313
徽州区	302	150	152	391	212	179	376	187	189
歙县	2207	1222	985	2746	1428	1318	2471	1311	1160
休宁县	1028	538	490	1567	800	767	1376	701	675
黟县	374	191	183	546	286	260	483	265	218
祁门县	622	309	313	796	422	374	694	374	320
滁州市	**15307**	**7909**	**7398**	**19634**	**9910**	**9724**	**14711**	**7595**	**7116**
琅琊区	94	49	45	124	66	58	116	56	60
南谯区	895	464	431	1287	694	593	1068	588	480
来安县	1642	840	802	2401	1266	1135	1867	968	899
全椒县	1395	708	687	2128	1075	1053	1812	958	854
定远县	4303	2246	2057	5274	2608	2666	3507	1758	1749
凤阳县	2835	1493	1342	3297	1609	1688	2411	1187	1224
苏滁现代产业园									
滁州经济技术开发区	123	57	66	101	64	37	72	43	29
天长市	1785	888	897	2433	1242	1191	1912	1001	911
明光市	2235	1164	1071	2589	1286	1303	1946	1036	910

1−3c 续表 14

单位：人

地区	45−49岁			50−54岁			55−59岁		
	小计	男	女	小计	男	女	小计	男	女
阜阳市	**30640**	**15679**	**14961**	**41138**	**19497**	**21641**	**35125**	**16740**	**18385**
颍州区	1589	791	798	2437	1147	1290	2120	1016	1104
颍东区	2015	1048	967	2774	1357	1417	2104	1018	1086
颍泉区	1845	951	894	2548	1228	1320	2213	1030	1183
临泉县	7067	3610	3457	9592	4578	5014	8566	4134	4432
太和县	5066	2603	2463	7019	3350	3669	5667	2690	2977
阜南县	5071	2619	2452	7139	3367	3772	6337	3035	3302
颍上县	5683	2902	2781	6432	3026	3406	5274	2472	2802
阜阳合肥现代产业园区	150	81	69	245	121	124	189	91	98
阜阳经济技术开发区	144	77	67	122	57	65	106	60	46
界首市	2010	997	1013	2830	1266	1564	2549	1194	1355
宿州市	**22571**	**11067**	**11504**	**27524**	**12851**	**14673**	**19456**	**9368**	**10088**
埇桥区	6987	3591	3396	8562	4058	4504	6153	2989	3164
砀山县	2905	1435	1470	3672	1798	1874	2129	1036	1093
萧县	4894	2346	2548	5683	2639	3044	4059	1939	2120
灵璧县	3980	1850	2130	5086	2266	2820	3957	1839	2118
泗县	3704	1798	1906	4367	2022	2345	3052	1512	1540
宿州马鞍山现代产业园区	101	47	54	154	68	86	106	53	53
宿州经济技术开发区									
六安市	**18838**	**9574**	**9264**	**23996**	**11763**	**12233**	**20931**	**10465**	**10466**
金安区	2351	1175	1176	3204	1525	1679	2879	1442	1437
裕安区	3621	1848	1773	4466	2126	2340	3932	1935	1997
叶集区	729	350	379	961	441	520	975	482	493
霍邱县	4260	2210	2050	5153	2473	2680	4541	2207	2334
舒城县	4165	2073	2092	5425	2761	2664	4353	2230	2123
金寨县	2610	1362	1248	3424	1742	1682	3101	1574	1527
霍山县	1102	556	546	1363	695	668	1150	595	555
亳州市	**15275**	**7631**	**7644**	**22140**	**10220**	**11920**	**17782**	**8210**	**9572**
谯城区	5029	2558	2471	7649	3674	3975	5579	2682	2897
涡阳县	3586	1817	1769	4733	2182	2551	4091	1822	2269
蒙城县	3314	1579	1735	4872	2180	2692	3673	1678	1995
利辛县	3346	1677	1669	4886	2184	2702	4439	2028	2411
池州市	**4982**	**2538**	**2444**	**6299**	**3239**	**3060**	**5850**	**2965**	**2885**
贵池区	1346	680	666	1974	968	1006	1974	960	1014
东至县	2380	1230	1150	2505	1321	1184	2169	1104	1065
石台县	381	199	182	537	263	274	489	256	233
青阳县	783	389	394	1144	617	527	1096	580	516
池州市国家经济技术开发区									
皖江江南新兴产业集中区									
九华山风景区	92	40	52	139	70	69	122	65	57
宣城市	**8248**	**4370**	**3878**	**11630**	**6199**	**5431**	**9717**	**5194**	**4523**
宣州区	2598	1308	1290	3588	1846	1742	2859	1495	1364
郎溪县	1256	653	603	1433	763	670	1065	563	502
泾县	945	537	408	1537	842	695	1338	748	590
绩溪县	273	149	124	561	302	259	579	284	295
旌德县	333	186	147	505	292	213	498	276	222
宣城市经济开发区	179	97	82	225	123	102	187	105	82
宁国市	823	444	379	1540	857	683	1526	840	686
广德市	1841	996	845	2241	1174	1067	1665	883	782

1-3c 续表 15

单位：人

地 区	60-64岁			65-69岁			70-74岁		
	小计	男	女	小计	男	女	小计	男	女
安 徽	**105546**	**54515**	**51031**	**175083**	**88200**	**86883**	**136030**	**69032**	**66998**
合肥市	**7627**	**4036**	**3591**	**14317**	**7311**	**7006**	**11527**	**6015**	**5512**
瑶海区	35	15	20	39	18	21	15	7	8
庐阳区	27	15	12	57	32	25	40	23	17
蜀山区	74	35	39	141	80	61	113	59	54
包河区	16	11	5	36	14	22	23	15	8
长丰县	1302	660	642	2320	1206	1114	1869	1000	869
肥东县	1688	868	820	3240	1642	1598	2424	1223	1201
肥西县	1223	683	540	2715	1358	1357	2264	1167	1097
庐江县	2193	1159	1034	3501	1817	1684	2774	1511	1263
合肥高新技术产业开发区				2	1	1			
合肥经济技术开发区	53	24	29	98	54	44	62	31	31
合肥新站高新技术产业开发区	16	10	6	21	12	9	22	12	10
巢湖市	1000	556	444	2147	1077	1070	1921	967	954
芜湖市	**4834**	**2550**	**2284**	**8409**	**4343**	**4066**	**7250**	**3733**	**3517**
镜湖区	81	44	37	112	56	56	94	57	37
弋江区									
鸠江区	517	261	256	906	454	452	944	484	460
三山区	162	90	72	291	151	140	250	137	113
芜湖县	464	256	208	947	504	443	776	410	366
繁昌县	589	311	278	875	475	400	632	325	307
南陵县	1207	658	549	2006	1048	958	1442	736	706
芜湖经济技术开发区	15	9	6	22	12	10	22	10	12
安徽芜湖长江大桥经济开发区	33	17	16	55	31	24	47	26	21
无为市	1766	904	862	3195	1612	1583	3043	1548	1495
蚌埠市	**4654**	**2283**	**2371**	**8196**	**4091**	**4105**	**5872**	**3044**	**2828**
龙子湖区	169	91	78	254	121	133	153	76	77
蚌山区	48	25	23	97	48	49	63	33	30
禹会区	285	138	147	556	250	306	375	193	182
淮上区	295	150	145	567	281	286	387	206	181
怀远县	1821	864	957	3125	1524	1601	2404	1275	1129
五河县	1007	516	491	1717	890	827	1112	575	537
固镇县	1029	499	530	1880	977	903	1378	686	692
蚌埠市高新技术开发区									
蚌埠市经济开发区									
淮南市	**4987**	**2534**	**2453**	**7852**	**3853**	**3999**	**6153**	**3291**	**2862**
大通区	177	92	85	266	143	123	186	101	85
田家庵区	119	52	67	192	94	98	139	75	64
谢家集区	219	115	104	298	149	149	269	134	135
八公山区	15	7	8	30	15	15	27	11	16
潘集区	656	324	332	957	469	488	664	369	295
凤台县	1422	748	674	2181	990	1191	1635	857	778
寿县	2379	1196	1183	3928	1993	1935	3233	1744	1489

1-3c 续表 16

单位：人

地 区	60-64岁			65-69岁			70-74岁		
	小计	男	女	小计	男	女	小计	男	女
马鞍山市	**2531**	**1326**	**1205**	**4953**	**2409**	**2544**	**4089**	**2109**	**1980**
花山区	49	31	18	69	36	33	55	24	31
雨山区	68	37	31	120	59	61	72	36	36
博望区	315	160	155	495	247	248	401	201	200
当涂县	766	392	374	1228	591	637	849	442	407
含山县	661	349	312	1338	641	697	1128	587	541
和县	672	357	315	1703	835	868	1584	819	765
淮北市	**1923**	**962**	**961**	**3263**	**1574**	**1689**	**2874**	**1347**	**1527**
杜集区	260	132	128	322	159	163	207	91	116
相山区	129	58	71	265	131	134	194	89	105
烈山区	317	161	156	478	238	240	390	184	206
濉溪县	1217	611	606	2198	1046	1152	2083	983	1100
铜陵市	**2532**	**1301**	**1231**	**3668**	**1836**	**1832**	**2682**	**1341**	**1341**
铜官区	43	25	18	35	14	21	28	17	11
义安区	802	441	361	1051	535	516	718	330	388
郊区	481	243	238	715	352	363	495	255	240
枞阳县	1206	592	614	1867	935	932	1441	739	702
安庆市	**10066**	**5231**	**4835**	**15284**	**7918**	**7366**	**11564**	**5920**	**5644**
迎江区	73	42	31	107	50	57	97	49	48
大观区	166	80	86	258	133	125	228	106	122
宜秀区	163	79	84	247	119	128	183	87	96
怀宁县	1404	715	689	2275	1168	1107	1823	930	893
太湖县	1361	730	631	2200	1159	1041	1573	818	755
宿松县	1767	914	853	2581	1327	1254	2220	1094	1126
望江县	1358	680	678	2433	1253	1180	1970	977	993
岳西县	1345	725	620	1513	800	713	683	353	330
安徽安庆经济开发区	21	10	11	33	17	16	28	13	15
桐城市	1053	532	521	1779	906	873	1515	816	699
潜山市	1355	724	631	1858	986	872	1244	677	567
黄山市	**4447**	**2347**	**2100**	**5771**	**2946**	**2825**	**3811**	**1923**	**1888**
屯溪区	130	70	60	161	85	76	93	41	52
黄山区	432	246	186	589	312	277	357	186	171
徽州区	283	144	139	359	196	163	267	125	142
歙县	1944	1036	908	2283	1149	1134	1488	739	749
休宁县	846	435	411	1283	636	647	856	431	425
黟县	319	175	144	431	230	201	280	154	126
祁门县	493	241	252	665	338	327	470	247	223
滁州市	**7156**	**3795**	**3361**	**12692**	**6528**	**6164**	**8422**	**4346**	**4076**
琅琊区	59	35	24	82	41	41	53	30	23
南谯区	457	255	202	775	401	374	503	266	237
来安县	1111	605	506	1683	889	794	1061	498	563
全椒县	725	369	356	1480	758	722	1087	554	533
定远县	1403	713	690	2802	1407	1395	2065	1076	989
凤阳县	1065	551	514	2096	1056	1040	1445	805	640
苏滁现代产业园									
滁州经济技术开发区	37	19	18	54	29	25	25	12	13
天长市	1050	573	477	1902	993	909	1222	618	604
明光市	1249	675	574	1818	954	864	961	487	474

1-3c　续表 17

单位：人

地　区	60-64岁			65-69岁			70-74岁		
	小计	男	女	小计	男	女	小计	男	女
阜阳市	**15503**	**7851**	**7652**	**24776**	**12052**	**12724**	**21298**	**10350**	**10948**
颍州区	789	412	377	1345	621	724	1134	540	594
颍东区	1011	499	512	1590	783	807	1358	690	668
颍泉区	1047	514	533	1705	824	881	1360	671	689
临泉县	3517	1768	1749	5153	2558	2595	5214	2421	2793
太和县	2509	1304	1205	4362	2112	2250	3646	1728	1918
阜南县	2283	1172	1111	3822	1862	1960	3304	1570	1734
颍上县	2978	1495	1483	4563	2195	2368	3414	1850	1564
阜阳合肥现代产业园区	76	41	35	112	55	57	105	53	52
阜阳经济技术开发区	57	29	28	63	34	29	45	18	27
界首市	1236	617	619	2061	1008	1053	1718	809	909
宿州市	**10160**	**5152**	**5008**	**17626**	**8829**	**8797**	**13152**	**6503**	**6649**
埇桥区	2399	1263	1136	4360	2227	2133	3358	1662	1696
砀山县	1783	908	875	2783	1334	1449	2213	1024	1189
萧县	2757	1368	1389	4486	2235	2251	3414	1688	1726
灵璧县	1687	849	838	3298	1685	1613	2427	1266	1161
泗县	1479	732	747	2614	1306	1308	1682	830	852
宿州马鞍山现代产业园区	55	32	23	85	42	43	58	33	25
宿州经济技术开发区									
六安市	**11431**	**5987**	**5444**	**17964**	**9236**	**8728**	**13201**	**6891**	**6310**
金安区	1428	749	679	2671	1370	1301	1986	1075	911
裕安区	2125	1154	971	3369	1711	1658	2533	1344	1189
叶集区	396	222	174	630	324	306	542	284	258
霍邱县	2609	1307	1302	4263	2154	2109	3268	1728	1540
舒城县	2298	1206	1092	3680	1942	1738	2571	1321	1250
金寨县	1879	987	892	2462	1285	1177	1744	856	888
霍山县	696	362	334	889	450	439	557	283	274
亳州市	**8453**	**4215**	**4238**	**15405**	**7439**	**7966**	**13210**	**6548**	**6662**
谯城区	2170	1136	1034	4345	2081	2264	3773	1775	1998
涡阳县	2255	1098	1157	3665	1797	1868	3387	1689	1698
蒙城县	1648	791	857	3343	1608	1735	2656	1341	1315
利辛县	2380	1190	1190	4052	1953	2099	3394	1743	1651
池州市	**3715**	**1975**	**1740**	**5111**	**2705**	**2406**	**3539**	**1810**	**1729**
贵池区	1229	638	591	1939	1028	911	1398	700	698
东至县	1401	742	659	1593	818	775	1075	565	510
石台县	286	156	130	446	243	203	313	165	148
青阳县	747	412	335	1074	579	495	699	353	346
池州市国家经济技术开发区									
皖江江南新兴产业集中区									
九华山风景区	52	27	25	59	37	22	54	27	27
宣城市	**5527**	**2970**	**2557**	**9796**	**5130**	**4666**	**7386**	**3861**	**3525**
宣州区	1182	631	551	2769	1408	1361	2313	1189	1124
郎溪县	489	268	221	963	481	482	785	396	389
泾县	914	517	397	1467	826	641	1057	589	468
绩溪县	605	314	291	715	380	335	463	232	231
旌德县	358	186	172	547	293	254	389	199	190
宣城市经济开发区	68	35	33	162	86	76	83	44	39
宁国市	947	522	425	1495	823	672	1046	551	495
广德市	964	497	467	1678	833	845	1250	661	589

1-3c 续表 18

单位：人

地区	75-79岁			80-84岁			85-89岁		
	小计	男	女	小计	男	女	小计	男	女
安徽	**93642**	**47073**	**46569**	**53941**	**25675**	**28266**	**28657**	**11869**	**16788**
合肥市	**8012**	**4117**	**3895**	**4629**	**2269**	**2360**	**2471**	**1056**	**1415**
瑶海区	12	7	5	6	4	2	6		6
庐阳区	20	10	10	21	13	8	7	5	2
蜀山区	77	41	36	39	21	18	17	9	8
包河区	13	7	6	7	4	3	6	1	5
长丰县	1441	770	671	781	405	376	411	175	236
肥东县	1906	966	940	1224	583	641	680	277	403
肥西县	1411	747	664	687	357	330	354	154	200
庐江县	1661	849	812	996	471	525	497	235	262
合肥高新技术产业开发区									
合肥经济技术开发区	42	24	18	33	18	15	11	7	4
合肥新站高新技术产业开发区	11	6	5	7	4	3	3	2	1
巢湖市	1418	690	728	828	389	439	479	191	288
芜湖市	**5008**	**2576**	**2432**	**2700**	**1252**	**1448**	**1297**	**511**	**786**
镜湖区	82	36	46	42	17	25	16	5	11
弋江区									
鸠江区	662	335	327	365	165	200	180	76	104
三山区	186	89	97	102	49	53	35	11	24
芜湖县	549	287	262	269	115	154	130	47	83
繁昌县	460	234	226	239	116	123	111	54	57
南陵县	908	483	425	518	242	276	245	88	157
芜湖经济技术开发区	14	7	7	11	3	8	4	2	2
安徽芜湖长江大桥经济开发区	44	30	14	11	6	5	7	2	5
无为市	2103	1075	1028	1143	539	604	569	226	343
蚌埠市	**5044**	**2688**	**2356**	**2851**	**1451**	**1400**	**1604**	**794**	**810**
龙子湖区	129	66	63	52	24	28	19	10	9
蚌山区	62	31	31	32	15	17	14	9	5
禹会区	324	168	156	147	82	65	89	40	49
淮上区	330	175	155	144	76	68	91	53	38
怀远县	1992	1094	898	1087	571	516	633	317	316
五河县	1121	550	571	705	334	371	393	191	202
固镇县	1086	604	482	684	349	335	365	174	191
蚌埠市高新技术开发区									
蚌埠市经济开发区									
淮南市	**4519**	**2472**	**2047**	**2180**	**1233**	**947**	**1352**	**652**	**700**
大通区	138	85	53	82	45	37	41	21	20
田家庵区	102	57	45	50	30	20	33	16	17
谢家集区	205	107	98	82	51	31	65	28	37
八公山区	15	6	9	8	3	5	4	1	3
潘集区	519	271	248	281	147	134	177	84	93
凤台县	1194	679	515	645	370	275	427	211	216
寿县	2346	1267	1079	1032	587	445	605	291	314

1-3c 续表 19

单位：人

地区	75-79岁			80-84岁			85-89岁		
	小计	男	女	小计	男	女	小计	男	女
马鞍山市	**2714**	**1347**	**1367**	**1595**	**748**	**847**	**797**	**294**	**503**
花山区	40	15	25	23	13	10	10	2	8
雨山区	54	20	34	32	16	16	19	7	12
博望区	314	161	153	181	90	91	63	25	38
当涂县	672	364	308	350	163	187	188	61	127
含山县	713	327	386	397	182	215	213	83	130
和县	921	460	461	612	284	328	304	116	188
淮北市	**2090**	**1020**	**1070**	**1411**	**682**	**729**	**796**	**326**	**470**
杜集区	166	88	78	105	49	56	57	27	30
相山区	146	75	71	82	35	47	63	26	37
烈山区	317	150	167	209	113	96	121	51	70
濉溪县	1461	707	754	1015	485	530	555	222	333
铜陵市	**2077**	**948**	**1129**	**1150**	**548**	**602**	**515**	**220**	**295**
铜官区	17	5	12	11	5	6	4	1	3
义安区	549	260	289	268	139	129	143	56	87
郊区	407	193	214	228	110	118	103	49	54
枞阳县	1104	490	614	643	294	349	265	114	151
安庆市	**7716**	**3855**	**3861**	**4504**	**2106**	**2398**	**1947**	**798**	**1149**
迎江区	77	35	42	41	20	21	16	10	6
大观区	149	73	76	111	49	62	49	18	31
宜秀区	124	63	61	75	31	44	34	17	17
怀宁县	1255	641	614	689	321	368	302	124	178
太湖县	1027	519	508	654	329	325	262	118	144
宿松县	1488	766	722	803	353	450	358	147	211
望江县	1253	592	661	704	324	380	299	108	191
岳西县	571	297	274	372	171	201	145	70	75
安徽安庆经济开发区	12	7	5	15	9	6	3	1	2
桐城市	910	434	476	562	264	298	274	98	176
潜山市	850	428	422	478	235	243	205	87	118
黄山市	**1836**	**920**	**916**	**1485**	**651**	**834**	**804**	**290**	**514**
屯溪区	50	21	29	53	23	30	25	7	18
黄山区	224	126	98	178	84	94	92	50	42
徽州区	110	54	56	86	35	51	55	18	37
歙县	745	360	385	552	236	316	309	91	218
休宁县	384	199	185	333	141	192	183	68	115
黟县	130	58	72	111	50	61	55	16	39
祁门县	193	102	91	172	82	90	85	40	45
滁州市	**6480**	**3277**	**3203**	**3592**	**1736**	**1856**	**2121**	**907**	**1214**
琅琊区	37	19	18	22	11	11	14	9	5
南谯区	362	172	190	201	97	104	131	54	77
来安县	742	359	383	404	174	230	244	95	149
全椒县	693	338	355	466	219	247	266	104	162
定远县	1763	906	857	1013	480	533	542	242	300
凤阳县	1122	626	496	547	293	254	338	158	180
苏滁现代产业园									
滁州经济技术开发区	16	8	8	10	4	6	9	6	3
天长市	842	405	437	448	212	236	294	115	179
明光市	903	444	459	481	246	235	283	124	159

1－3c 续表 20

单位：人

地区	75－79岁			80－84岁			85－89岁		
	小计	男	女	小计	男	女	小计	男	女
阜阳市	**14197**	**6749**	**7448**	**7953**	**3541**	**4412**	**4475**	**1711**	**2764**
颍州区	769	350	419	475	223	252	263	109	154
颍东区	881	425	456	466	231	235	326	137	189
颍泉区	964	461	503	511	221	290	324	125	199
临泉县	3406	1514	1892	1930	747	1183	1085	358	727
太和县	2295	1077	1218	1332	599	733	748	275	473
阜南县	2325	1086	1239	1465	626	839	731	272	459
颍上县	2389	1288	1101	1151	627	524	692	335	357
阜阳合肥现代产业园区	75	39	36	46	24	22	25	8	17
阜阳经济技术开发区	36	15	21	22	15	7	6	4	2
界首市	1057	494	563	555	228	327	275	88	187
宿州市	**9912**	**4952**	**4960**	**5723**	**2616**	**3107**	**3589**	**1466**	**2123**
埇桥区	2637	1335	1302	1373	651	722	939	388	551
砀山县	1148	545	603	790	330	460	530	187	343
萧县	2477	1238	1239	1504	639	865	874	344	530
灵璧县	1996	1028	968	1115	546	569	704	322	382
泗县	1604	780	824	907	433	474	523	216	307
宿州马鞍山现代产业园区	50	26	24	34	17	17	19	9	10
宿州经济技术开发区									
六安市	**8862**	**4569**	**4293**	**4832**	**2363**	**2469**	**2205**	**945**	**1260**
金安区	1274	673	601	681	327	354	348	154	194
裕安区	1551	786	765	893	428	465	418	169	249
叶集区	387	224	163	192	103	89	105	48	57
霍邱县	2229	1222	1007	1236	643	593	549	243	306
舒城县	1745	856	889	1002	473	529	534	221	313
金寨县	1286	628	658	588	278	310	163	70	93
霍山县	390	180	210	240	111	129	88	40	48
亳州市	**8364**	**4096**	**4268**	**5072**	**2381**	**2691**	**2816**	**1103**	**1713**
谯城区	2300	1083	1217	1311	567	744	716	255	461
涡阳县	2114	1041	1073	1276	568	708	763	295	468
蒙城县	1685	843	842	1031	545	486	603	246	357
利辛县	2265	1129	1136	1454	701	753	734	307	427
池州市	**2238**	**1108**	**1130**	**1289**	**606**	**683**	**635**	**240**	**395**
贵池区	1013	507	506	490	236	254	253	97	156
东至县	586	279	307	399	174	225	193	77	116
石台县	190	95	95	154	78	76	64	25	39
青阳县	419	215	204	229	106	123	118	39	79
池州市国家经济技术开发区									
皖江江南新兴产业集中区									
九华山风景区	30	12	18	17	12	5	7	2	5
宣城市	**4573**	**2379**	**2194**	**2975**	**1492**	**1483**	**1233**	**556**	**677**
宣州区	1572	808	764	992	504	488	400	184	216
郎溪县	441	236	205	285	139	146	122	60	62
泾县	603	293	310	453	231	222	182	79	103
绩溪县	268	135	133	214	88	126	92	38	54
旌德县	234	141	93	158	85	73	69	32	37
宣城市经济开发区	56	27	29	49	20	29	17	10	7
宁国市	628	328	300	399	204	195	161	63	98
广德市	771	411	360	425	221	204	190	90	100

1-3c　续表 21

单位：人

地　区	90-94岁			95-99岁			100岁及以上		
	小计	男	女	小计	男	女	小计	男	女
安　徽	**9130**	**2980**	**6150**	**2069**	**548**	**1521**	**291**	**47**	**244**
合肥市	**776**	**258**	**518**	**158**	**36**	**122**	**19**	**2**	**17**
瑶海区	2	1	1	1		1			
庐阳区	1	1							
蜀山区	8	5	3	1		1			
包河区	4		4						
长丰县	174	63	111	28	7	21	7		7
肥东县	215	73	142	52	9	43	5	1	4
肥西县	114	32	82	33	6	27	3		3
庐江县	106	30	76	19	8	11	1	1	
合肥高新技术产业开发区									
合肥经济技术开发区	7	2	5	1	1				
合肥新站高新技术产业开发区	1		1						
巢湖市	144	51	93	23	5	18	3		3
芜湖市	**294**	**87**	**207**	**66**	**14**	**52**	**7**	**1**	**6**
镜湖区	3	1	2						
弋江区									
鸠江区	45	11	34	9		9	1		1
三山区	11	1	10				1		1
芜湖县	34	12	22	6	2	4	1		1
繁昌县	18	8	10	2		2			
南陵县	59	20	39	15	4	11	1		1
芜湖经济技术开发区									
安徽芜湖长江大桥经济开发区	3	1	2						
无为市	121	33	88	34	8	26	3	1	2
蚌埠市	**561**	**214**	**347**	**133**	**37**	**96**	**24**	**7**	**17**
龙子湖区	5	1	4	2	1	1			
蚌山区	6	2	4	1		1			
禹会区	29	11	18	7	1	6			
淮上区	31	14	17	8	1	7			
怀远县	206	78	128	44	11	33	13	6	7
五河县	143	55	88	27	8	19	5		5
固镇县	141	53	88	44	15	29	6	1	5
蚌埠市高新技术开发区									
蚌埠市经济开发区									
淮南市	**475**	**171**	**304**	**129**	**42**	**87**	**19**	**4**	**15**
大通区	12	4	8	4	3	1			
田家庵区	14	5	9	6	3	3			
谢家集区	20	10	10	5	1	4	3		3
八公山区	4	1	3						
潘集区	51	11	40	17	3	14	3		3
凤台县	136	57	79	36	10	26	4	1	3
寿县	238	83	155	61	22	39	9	3	6

1-3c 续表 22

单位：人

地区	90-94岁			95-99岁			100岁及以上		
	小计	男	女	小计	男	女	小计	男	女
马鞍山市	**214**	**62**	**152**	**40**	**10**	**30**	**3**		**3**
花山区	1		1						
雨山区	5	1	4						
博望区	18	6	12	1	1		1		1
当涂县	43	8	35	9	1	8	1		1
含山县	56	22	34	16	3	13	1		1
和县	91	25	66	14	5	9			
淮北市	**317**	**115**	**202**	**99**	**25**	**74**	**18**	**6**	**12**
杜集区	33	10	23	5	1	4	2	1	1
相山区	30	11	19	6	3	3	2		2
烈山区	50	22	28	19	8	11	4	2	2
濉溪县	204	72	132	69	13	56	10	3	7
铜陵市	**111**	**37**	**74**	**18**	**4**	**14**	**1**		**1**
铜官区	1		1						
义安区	27	13	14	3		3			
郊区	20	4	16	7	1	6			
枞阳县	63	20	43	8	3	5	1		1
安庆市	**507**	**180**	**327**	**79**	**13**	**66**	**9**		**9**
迎江区	3		3	1		1			
大观区	6	1	5	2		2			
宜秀区	6	3	3	3	1	2			
怀宁县	106	38	68	20	4	16			
太湖县	73	35	38	6		6	1		1
宿松县	97	36	61	11	2	9	2		2
望江县	62	19	43	14	2	12	4		4
岳西县	36	13	23	4		4			
安徽安庆经济开发区									
桐城市	69	19	50	9	3	6	2		2
潜山市	49	16	33	9	1	8			
黄山市	**200**	**63**	**137**	**28**	**9**	**19**	**3**		**3**
屯溪区	5	4	1	1	1				
黄山区	22	11	11	2	2		1		1
徽州区	11	3	8	5		5	1		1
歙县	83	26	57	10	3	7	1		1
休宁县	40	10	30	5	2	3			
黟县	21	5	16	2	1	1			
祁门县	18	4	14	3		3			
滁州市	**702**	**248**	**454**	**141**	**41**	**100**	**16**	**3**	**13**
琅琊区	5	2	3	1		1			
南谯区	41	12	29	9	1	8	1		1
来安县	73	22	51	12	2	10	1		1
全椒县	90	32	58	17	9	8			
定远县	199	82	117	49	10	39	7		7
凤阳县	116	45	71	21	10	11	3	2	1
苏滁现代产业园									
滁州经济技术开发区	2	1	1						
天长市	89	18	71	10	1	9	1	1	
明光市	87	34	53	22	8	14	3		3

1-3c 续表 23

单位：人

地区	90—94岁			95—99岁			100岁及以上		
	小计	男	女	小计	男	女	小计	男	女
阜阳市	**1601**	**483**	**1118**	**324**	**84**	**240**	**55**	**8**	**47**
颍州区	105	32	73	17	3	14	2		2
颍东区	129	44	85	22	3	19	4		4
颍泉区	104	29	75	25	10	15	4	1	3
临泉县	359	95	264	85	16	69	17	3	14
太和县	281	81	200	48	16	32	11		11
阜南县	213	68	145	41	10	31	8	2	6
颍上县	281	100	181	60	21	39	6	1	5
阜阳合肥现代产业园区	13	4	9						
阜阳经济技术开发区	4		4	1		1			
界首市	112	30	82	25	5	20	3	1	2
宿州市	**1270**	**386**	**884**	**409**	**115**	**294**	**60**	**7**	**53**
埇桥区	347	117	230	89	28	61	12	2	10
砀山县	188	46	142	63	16	47	10	1	9
萧县	351	103	248	133	35	98	23	1	22
灵璧县	209	64	145	70	21	49	8	1	7
泗县	162	53	109	53	15	38	6	2	4
宿州马鞍山现代产业园区	13	3	10	1		1	1		1
宿州经济技术开发区									
六安市	**592**	**207**	**385**	**145**	**38**	**107**	**12**		**12**
金安区	85	33	52	21	5	16	1		1
裕安区	96	36	60	20	5	15	2		2
叶集区	28	14	14	1		1			
霍邱县	198	70	128	63	20	43	2		2
舒城县	133	37	96	25	4	21	2		2
金寨县	39	13	26	10	2	8	4		4
霍山县	13	4	9	5	2	3	1		1
亳州市	**1032**	**321**	**711**	**238**	**65**	**173**	**42**	**9**	**33**
谯城区	231	67	164	55	11	44	13	2	11
涡阳县	308	99	209	72	21	51	10	2	8
蒙城县	215	68	147	40	8	32	9		9
利辛县	278	87	191	71	25	46	10	5	5
池州市	**159**	**49**	**110**	**20**	**4**	**16**	**1**		**1**
贵池区	54	18	36	9		9			
东至县	57	15	42	8	3	5	1		1
石台县	15	6	9						
青阳县	32	10	22	3	1	2			
池州市国家经济技术开发区									
皖江江南新兴产业集中区									
九华山风景区	1		1						
宣城市	**319**	**99**	**220**	**42**	**11**	**31**	**2**		**2**
宣州区	106	32	74	15	6	9	1		1
郎溪县	43	14	29	5	1	4			
泾县	50	18	32	6	2	4			
绩溪县	29	7	22	2		2			
旌德县	11	2	9	3	2	1			
宣城市经济开发区	3		3				1		1
宁国市	37	10	27	3		3			
广德市	40	16	24	8		8			

1－4 全省分年龄、性别的人口

单位：人、%

年龄	人口数			占总人口比重			性别比
	合计	男	女	合计	男	女	(女=100)
总 计	**6038744**	**3063857**	**2974887**	**100.00**	**50.74**	**49.26**	**102.99**
0－4岁	**356554**	**189251**	**167303**	**5.90**	**3.13**	**2.77**	**113.12**
0	54066	28789	25277	0.90	0.48	0.42	113.89
1	65071	34367	30704	1.08	0.57	0.51	111.93
2	70780	37457	33323	1.17	0.62	0.55	112.41
3	84328	44627	39701	1.40	0.74	0.66	112.41
4	82309	44011	38298	1.36	0.73	0.63	114.92
5－9岁	**415735**	**225087**	**190648**	**6.88**	**3.73**	**3.16**	**118.06**
5	78245	41658	36587	1.30	0.69	0.61	113.86
6	84208	45728	38480	1.39	0.76	0.64	118.84
7	83423	45182	38241	1.38	0.75	0.63	118.15
8	88533	48160	40373	1.47	0.80	0.67	119.29
9	81326	44359	36967	1.35	0.73	0.61	120.00
10－14岁	**389361**	**212027**	**177334**	**6.45**	**3.51**	**2.94**	**119.56**
10	78482	42820	35662	1.30	0.71	0.59	120.07
11	80218	43559	36659	1.33	0.72	0.61	118.82
12	78481	42727	35754	1.30	0.71	0.59	119.50
13	75501	40955	34546	1.25	0.68	0.57	118.55
14	76679	41966	34713	1.27	0.69	0.57	120.89
15－19岁	**341702**	**184122**	**157580**	**5.66**	**3.05**	**2.61**	**116.84**
15	74931	41190	33741	1.24	0.68	0.56	122.08
16	82907	45313	37594	1.37	0.75	0.62	120.53
17	71563	38686	32877	1.19	0.64	0.54	117.67
18	55474	29384	26090	0.92	0.49	0.43	112.63
19	56827	29549	27278	0.94	0.49	0.45	108.33
20－24岁	**288976**	**150159**	**138817**	**4.79**	**2.49**	**2.30**	**108.17**
20	59019	30854	28165	0.98	0.51	0.47	109.55
21	53768	27925	25843	0.89	0.46	0.43	108.06
22	56689	29389	27300	0.94	0.49	0.45	107.65
23	57529	29857	27672	0.95	0.49	0.46	107.90
24	61971	32134	29837	1.03	0.53	0.49	107.70
25－29岁	**398194**	**202838**	**195356**	**6.59**	**3.36**	**3.24**	**103.83**
25	71536	37078	34458	1.18	0.61	0.57	107.60
26	71255	36686	34569	1.18	0.61	0.57	106.12
27	78473	40027	38446	1.30	0.66	0.64	104.11
28	84255	42581	41674	1.40	0.71	0.69	102.18
29	92675	46466	46209	1.53	0.77	0.77	100.56

1-4 续表 1

单位：人、%

年 龄	人口数			占总人口比重			性别比
	合计	男	女	合计	男	女	(女=100)
30–34岁	**484759**	**238760**	**245999**	**8.03**	**3.95**	**4.07**	**97.06**
30	112483	55914	56569	1.86	0.93	0.94	98.84
31	104095	51471	52624	1.72	0.85	0.87	97.81
32	94357	46075	48282	1.56	0.76	0.80	95.43
33	93629	45972	47657	1.55	0.76	0.79	96.46
34	80195	39328	40867	1.33	0.65	0.68	96.23
35–39岁	**356881**	**177755**	**179126**	**5.91**	**2.94**	**2.97**	**99.23**
35	71775	35666	36109	1.19	0.59	0.60	98.77
36	71684	35720	35964	1.19	0.59	0.60	99.32
37	69235	34591	34644	1.15	0.57	0.57	99.85
38	74613	37284	37329	1.24	0.62	0.62	99.88
39	69574	34494	35080	1.15	0.57	0.58	98.33
40–44岁	**380291**	**191862**	**188429**	**6.30**	**3.18**	**3.12**	**101.82**
40	72468	36015	36453	1.20	0.60	0.60	98.80
41	78383	39526	38857	1.30	0.65	0.64	101.72
42	77501	38916	38585	1.28	0.64	0.64	100.86
43	71968	36652	35316	1.19	0.61	0.58	103.78
44	79971	40753	39218	1.32	0.67	0.65	103.91
45–49岁	**487925**	**245509**	**242416**	**8.08**	**4.07**	**4.01**	**101.28**
45	80159	40510	39649	1.33	0.67	0.66	102.17
46	88335	44925	43410	1.46	0.74	0.72	103.49
47	97247	48834	48413	1.61	0.81	0.80	100.87
48	109852	55115	54737	1.82	0.91	0.91	100.69
49	112332	56125	56207	1.86	0.93	0.93	99.85
50–54岁	**569957**	**278747**	**291210**	**9.44**	**4.62**	**4.82**	**95.72**
50	119527	58280	61247	1.98	0.97	1.01	95.16
51	115281	56366	58915	1.91	0.93	0.98	95.67
52	123245	60607	62638	2.04	1.00	1.04	96.76
53	100549	48623	51926	1.67	0.81	0.86	93.64
54	111355	54871	56484	1.84	0.91	0.94	97.14
55–59岁	**453365**	**221744**	**231621**	**7.51**	**3.67**	**3.84**	**95.74**
55	106961	52192	54769	1.77	0.86	0.91	95.29
56	99913	48806	51107	1.65	0.81	0.85	95.50
57	115057	56730	58327	1.91	0.94	0.97	97.26
58	94704	46714	47990	1.57	0.77	0.79	97.34
59	36730	17302	19428	0.61	0.29	0.32	89.06
60–64岁	**227274**	**115909**	**111365**	**3.76**	**1.92**	**1.84**	**104.08**
60	29521	14439	15082	0.49	0.24	0.25	95.74
61	28905	14734	14171	0.48	0.24	0.23	103.97
62	46953	24636	22317	0.78	0.41	0.37	110.39
63	61151	31721	29430	1.01	0.53	0.49	107.78
64	60744	30379	30365	1.01	0.50	0.50	100.05

1-4 续表 2

单位：人、%

年 龄	人口数			占总人口比重			性别比
	合计	男	女	合计	男	女	(女=100)
65-69岁	**323268**	**159733**	**163535**	**5.35**	**2.65**	**2.71**	**97.68**
65	64051	32008	32043	1.06	0.53	0.53	99.89
66	70176	35026	35150	1.16	0.58	0.58	99.65
67	65176	31979	33197	1.08	0.53	0.55	96.33
68	68214	33251	34963	1.13	0.55	0.58	95.10
69	55651	27469	28182	0.92	0.45	0.47	97.47
70-74岁	**235261**	**117692**	**117569**	**3.90**	**1.95**	**1.95**	**100.10**
70	51474	25759	25715	0.85	0.43	0.43	100.17
71	52364	26267	26097	0.87	0.43	0.43	100.65
72	49775	25023	24752	0.82	0.41	0.41	101.09
73	42759	21319	21440	0.71	0.35	0.36	99.44
74	38889	19324	19565	0.64	0.32	0.32	98.77
75-79岁	**161932**	**79606**	**82326**	**2.68**	**1.32**	**1.36**	**96.70**
75	35521	17685	17836	0.59	0.29	0.30	99.15
76	35066	17496	17570	0.58	0.29	0.29	99.58
77	31405	15504	15901	0.52	0.26	0.26	97.50
78	29653	14341	15312	0.49	0.24	0.25	93.66
79	30287	14580	15707	0.50	0.24	0.26	92.82
80-84岁	**96384**	**45009**	**51375**	**1.60**	**0.75**	**0.85**	**87.61**
80	25690	12311	13379	0.43	0.20	0.22	92.02
81	18826	8793	10033	0.31	0.15	0.17	87.64
82	19858	9386	10472	0.33	0.16	0.17	89.63
83	16855	7687	9168	0.28	0.13	0.15	83.85
84	15155	6832	8323	0.25	0.11	0.14	82.09
85-89岁	**50832**	**21233**	**29599**	**0.84**	**0.35**	**0.49**	**71.74**
85	13249	5775	7474	0.22	0.10	0.12	77.27
86	13110	5505	7605	0.22	0.09	0.13	72.39
87	10932	4557	6375	0.18	0.08	0.11	71.48
88	7705	3075	4630	0.13	0.05	0.08	66.41
89	5836	2321	3515	0.10	0.04	0.06	66.03
90-94岁	**16136**	**5709**	**10427**	**0.27**	**0.09**	**0.17**	**54.75**
90	5224	2024	3200	0.09	0.03	0.05	63.25
91	3817	1272	2545	0.06	0.02	0.04	49.98
92	3291	1126	2165	0.05	0.02	0.04	52.01
93	2218	765	1453	0.04	0.01	0.02	52.65
94	1586	522	1064	0.03	0.01	0.02	49.06
95-99岁	**3501**	**1016**	**2485**	**0.06**	**0.02**	**0.04**	**40.89**
95	1236	386	850	0.02	0.01	0.01	45.41
96	917	264	653	0.02		0.01	40.43
97	637	165	472	0.01		0.01	34.96
98	409	118	291	0.01			40.55
99	302	83	219	0.01			37.90
100岁及以上	**456**	**89**	**367**	**0.01**		**0.01**	**24.25**

1-4a 全省分年龄、性别的人口(城市)

单位：人、%

年 龄	人口数			占总人口比重			性别比
	合计	男	女	合计	男	女	(女=100)
总 计	**1551833**	**770791**	**781042**	**100.00**	**49.67**	**50.33**	**98.69**
0—4岁	**87269**	**45773**	**41496**	**5.62**	**2.95**	**2.67**	**110.31**
0	11117	5862	5255	0.72	0.38	0.34	111.55
1	16424	8534	7890	1.06	0.55	0.51	108.16
2	17902	9336	8566	1.15	0.60	0.55	108.99
3	21503	11252	10251	1.39	0.73	0.66	109.76
4	20323	10789	9534	1.31	0.70	0.61	113.16
5—9岁	**93158**	**50427**	**42731**	**6.00**	**3.25**	**2.75**	**118.01**
5	18123	9674	8449	1.17	0.62	0.54	114.50
6	19330	10497	8833	1.25	0.68	0.57	118.84
7	18761	10134	8627	1.21	0.65	0.56	117.47
8	19786	10839	8947	1.28	0.70	0.58	121.15
9	17158	9283	7875	1.11	0.60	0.51	117.88
10—14岁	**80053**	**43364**	**36689**	**5.16**	**2.79**	**2.36**	**118.19**
10	16138	8851	7287	1.04	0.57	0.47	121.46
11	15993	8622	7371	1.03	0.56	0.47	116.97
12	16141	8744	7397	1.04	0.56	0.48	118.21
13	16088	8546	7542	1.04	0.55	0.49	113.31
14	15693	8601	7092	1.01	0.55	0.46	121.28
15—19岁	**93032**	**48311**	**44721**	**5.99**	**3.11**	**2.88**	**108.03**
15	17219	9343	7876	1.11	0.60	0.51	118.63
16	22326	12030	10296	1.44	0.78	0.66	116.84
17	19568	10194	9374	1.26	0.66	0.60	108.75
18	15417	7797	7620	0.99	0.50	0.49	102.32
19	18502	8947	9555	1.19	0.58	0.62	93.64
20—24岁	**93389**	**46346**	**47043**	**6.02**	**2.99**	**3.03**	**98.52**
20	20608	10193	10415	1.33	0.66	0.67	97.87
21	18263	9091	9172	1.18	0.59	0.59	99.12
22	18202	9018	9184	1.17	0.58	0.59	98.19
23	17755	8846	8909	1.14	0.57	0.57	99.29
24	18561	9198	9363	1.20	0.59	0.60	98.24
25—29岁	**115534**	**56582**	**58952**	**7.45**	**3.65**	**3.80**	**95.98**
25	20400	10161	10239	1.31	0.65	0.66	99.24
26	20875	10372	10503	1.35	0.67	0.68	98.75
27	22578	10973	11605	1.45	0.71	0.75	94.55
28	24175	11802	12373	1.56	0.76	0.80	95.39
29	27506	13274	14232	1.77	0.86	0.92	93.27

1-4a 续表 1

单位：人、%

年 龄	人口数			占总人口比重			性别比
	合计	男	女	合计	男	女	(女=100)
30-34岁	**151744**	**72460**	**79284**	**9.78**	**4.67**	**5.11**	**91.39**
30	34111	16380	17731	2.20	1.06	1.14	92.38
31	32483	15602	16881	2.09	1.01	1.09	92.42
32	29923	14164	15759	1.93	0.91	1.02	89.88
33	29858	14240	15618	1.92	0.92	1.01	91.18
34	25369	12074	13295	1.63	0.78	0.86	90.82
35-39岁	**114249**	**55373**	**58876**	**7.36**	**3.57**	**3.79**	**94.05**
35	22928	11072	11856	1.48	0.71	0.76	93.39
36	23045	11251	11794	1.49	0.73	0.76	95.40
37	22331	10791	11540	1.44	0.70	0.74	93.51
38	24352	11910	12442	1.57	0.77	0.80	95.72
39	21593	10349	11244	1.39	0.67	0.72	92.04
40-44岁	**113906**	**55783**	**58123**	**7.34**	**3.59**	**3.75**	**95.97**
40	21875	10436	11439	1.41	0.67	0.74	91.23
41	24118	11809	12309	1.55	0.76	0.79	95.94
42	23309	11333	11976	1.50	0.73	0.77	94.63
43	21545	10738	10807	1.39	0.69	0.70	99.36
44	23059	11467	11592	1.49	0.74	0.75	98.92
45-49岁	**128750**	**64269**	**64481**	**8.30**	**4.14**	**4.16**	**99.67**
45	22599	11204	11395	1.46	0.72	0.73	98.32
46	23735	11843	11892	1.53	0.76	0.77	99.59
47	25715	12912	12803	1.66	0.83	0.83	100.85
48	28144	14051	14093	1.81	0.91	0.91	99.70
49	28557	14259	14298	1.84	0.92	0.92	99.73
50-54岁	**138210**	**67498**	**70712**	**8.91**	**4.35**	**4.56**	**95.45**
50	29949	14677	15272	1.93	0.95	0.98	96.10
51	28936	14105	14831	1.86	0.91	0.96	95.10
52	29987	14779	15208	1.93	0.95	0.98	97.18
53	23189	11248	11941	1.49	0.72	0.77	94.20
54	26149	12689	13460	1.69	0.82	0.87	94.27
55-59岁	**111991**	**54158**	**57833**	**7.22**	**3.49**	**3.73**	**93.65**
55	26215	12742	13473	1.69	0.82	0.87	94.57
56	25572	12390	13182	1.65	0.80	0.85	93.99
57	30554	14827	15727	1.97	0.96	1.01	94.28
58	21694	10508	11186	1.40	0.68	0.72	93.94
59	7956	3691	4265	0.51	0.24	0.27	86.54
60-64岁	**59254**	**29847**	**29407**	**3.82**	**1.92**	**1.89**	**101.50**
60	8721	4323	4398	0.56	0.28	0.28	98.29
61	8533	4423	4110	0.55	0.29	0.26	107.62
62	12595	6479	6116	0.81	0.42	0.39	105.94
63	15192	7720	7472	0.98	0.50	0.48	103.32
64	14213	6902	7311	0.92	0.44	0.47	94.41

1-4a 续表 2

单位：人、%

年 龄	人口数			占总人口比重			性别比
	合计	男	女	合计	男	女	(女=100)
65-69岁	**65297**	**31326**	**33971**	**4.21**	**2.02**	**2.19**	**92.21**
65	14132	6867	7265	0.91	0.44	0.47	94.52
66	14833	7296	7537	0.96	0.47	0.49	96.80
67	12759	6081	6678	0.82	0.39	0.43	91.06
68	13117	6098	7019	0.85	0.39	0.45	86.88
69	10456	4984	5472	0.67	0.32	0.35	91.08
70-74岁	**42459**	**20506**	**21953**	**2.74**	**1.32**	**1.41**	**93.41**
70	9689	4702	4987	0.62	0.30	0.32	94.29
71	9531	4620	4911	0.61	0.30	0.32	94.07
72	8665	4198	4467	0.56	0.27	0.29	93.98
73	7645	3672	3973	0.49	0.24	0.26	92.42
74	6929	3314	3615	0.45	0.21	0.23	91.67
75-79岁	**30012**	**13910**	**16102**	**1.93**	**0.90**	**1.04**	**86.39**
75	6267	2933	3334	0.40	0.19	0.21	87.97
76	6326	2987	3339	0.41	0.19	0.22	89.46
77	5657	2625	3032	0.36	0.17	0.20	86.58
78	5756	2632	3124	0.37	0.17	0.20	84.25
79	6006	2733	3273	0.39	0.18	0.21	83.50
80-84岁	**19681**	**8944**	**10737**	**1.27**	**0.58**	**0.69**	**83.30**
80	4996	2288	2708	0.32	0.15	0.17	84.49
81	3984	1834	2150	0.26	0.12	0.14	85.30
82	3969	1817	2152	0.26	0.12	0.14	84.43
83	3466	1549	1917	0.22	0.10	0.12	80.80
84	3266	1456	1810	0.21	0.09	0.12	80.44
85-89岁	**10012**	**4350**	**5662**	**0.65**	**0.28**	**0.36**	**76.83**
85	2631	1112	1519	0.17	0.07	0.10	73.21
86	2544	1098	1446	0.16	0.07	0.09	75.93
87	2126	942	1184	0.14	0.06	0.08	79.56
88	1571	691	880	0.10	0.04	0.06	78.52
89	1140	507	633	0.07	0.03	0.04	80.09
90-94岁	**3137**	**1320**	**1817**	**0.20**	**0.09**	**0.12**	**72.65**
90	1046	474	572	0.07	0.03	0.04	82.87
91	750	312	438	0.05	0.02	0.03	71.23
92	602	239	363	0.04	0.02	0.02	65.84
93	436	177	259	0.03	0.01	0.02	68.34
94	303	118	185	0.02	0.01	0.01	63.78
95-99岁	**629**	**225**	**404**	**0.04**	**0.01**	**0.03**	**55.69**
95	231	85	146	0.01	0.01	0.01	58.22
96	173	72	101	0.01		0.01	71.29
97	111	29	82	0.01		0.01	35.37
98	67	23	44				52.27
99	47	16	31				51.61
100岁及以上	**67**	**19**	**48**				**39.58**

1－4b 全省分年龄、性别的人口(镇)

单位：人、%

年 龄	人口数			占总人口比重			性别比
	合计	男	女	合计	男	女	(女=100)
总 计	**1890559**	**956387**	**934172**	**100.00**	**50.59**	**49.41**	**102.38**
0－4岁	**115216**	**61413**	**53803**	**6.09**	**3.25**	**2.85**	**114.14**
0	15715	8386	7329	0.83	0.44	0.39	114.42
1	21497	11412	10085	1.14	0.60	0.53	113.16
2	23207	12326	10881	1.23	0.65	0.58	113.28
3	28147	14985	13162	1.49	0.79	0.70	113.85
4	26650	14304	12346	1.41	0.76	0.65	115.86
5－9岁	**133204**	**72424**	**60780**	**7.05**	**3.83**	**3.21**	**119.16**
5	24893	13291	11602	1.32	0.70	0.61	114.56
6	27139	14776	12363	1.44	0.78	0.65	119.52
7	26966	14695	12271	1.43	0.78	0.65	119.75
8	28206	15425	12781	1.49	0.82	0.68	120.69
9	26000	14237	11763	1.38	0.75	0.62	121.03
10－14岁	**125423**	**68396**	**57027**	**6.63**	**3.62**	**3.02**	**119.94**
10	25248	13856	11392	1.34	0.73	0.60	121.63
11	25704	14002	11702	1.36	0.74	0.62	119.65
12	25117	13723	11394	1.33	0.73	0.60	120.44
13	24237	13164	11073	1.28	0.70	0.59	118.88
14	25117	13651	11466	1.33	0.72	0.61	119.06
15－19岁	**126994**	**69037**	**57957**	**6.72**	**3.65**	**3.07**	**119.12**
15	27421	14961	12460	1.45	0.79	0.66	120.07
16	32579	17772	14807	1.72	0.94	0.78	120.02
17	28190	15382	12808	1.49	0.81	0.68	120.10
18	19728	10594	9134	1.04	0.56	0.48	115.98
19	19076	10328	8748	1.01	0.55	0.46	118.06
20－24岁	**94398**	**49738**	**44660**	**4.99**	**2.63**	**2.36**	**111.37**
20	19558	10541	9017	1.03	0.56	0.48	116.90
21	17710	9441	8269	0.94	0.50	0.44	114.17
22	18401	9644	8757	0.97	0.51	0.46	110.13
23	18566	9711	8855	0.98	0.51	0.47	109.67
24	20163	10401	9762	1.07	0.55	0.52	106.55
25－29岁	**135315**	**68265**	**67050**	**7.16**	**3.61**	**3.55**	**101.81**
25	23788	12191	11597	1.26	0.64	0.61	105.12
26	23968	12199	11769	1.27	0.65	0.62	103.65
27	26825	13554	13271	1.42	0.72	0.70	102.13
28	28986	14524	14462	1.53	0.77	0.76	100.43
29	31748	15797	15951	1.68	0.84	0.84	99.03

1-4b　续表 1

单位：人、%

年　龄	人口数			占总人口比重			性别比
	合计	男	女	合计	男	女	(女=100)
30–34岁	**167341**	**81577**	**85764**	**8.85**	**4.31**	**4.54**	**95.12**
30	38588	18997	19591	2.04	1.00	1.04	96.97
31	35811	17411	18400	1.89	0.92	0.97	94.63
32	32649	15806	16843	1.73	0.84	0.89	93.84
33	32508	15813	16695	1.72	0.84	0.88	94.72
34	27785	13550	14235	1.47	0.72	0.75	95.19
35–39岁	**122425**	**59997**	**62428**	**6.48**	**3.17**	**3.30**	**96.11**
35	24648	12086	12562	1.30	0.64	0.66	96.21
36	24665	12125	12540	1.30	0.64	0.66	96.69
37	23689	11671	12018	1.25	0.62	0.64	97.11
38	25590	12535	13055	1.35	0.66	0.69	96.02
39	23833	11580	12253	1.26	0.61	0.65	94.51
40–44岁	**128698**	**63471**	**65227**	**6.81**	**3.36**	**3.45**	**97.31**
40	24746	12008	12738	1.31	0.64	0.67	94.27
41	26751	13107	13644	1.41	0.69	0.72	96.06
42	26227	12868	13359	1.39	0.68	0.71	96.32
43	24163	12056	12107	1.28	0.64	0.64	99.58
44	26811	13432	13379	1.42	0.71	0.71	100.40
45–49岁	**156666**	**77891**	**78775**	**8.29**	**4.12**	**4.17**	**98.88**
45	26417	13225	13192	1.40	0.70	0.70	100.25
46	29021	14618	14403	1.54	0.77	0.76	101.49
47	31310	15532	15778	1.66	0.82	0.83	98.44
48	34930	17247	17683	1.85	0.91	0.94	97.53
49	34988	17269	17719	1.85	0.91	0.94	97.46
50–54岁	**172159**	**84041**	**88118**	**9.11**	**4.45**	**4.66**	**95.37**
50	36710	17916	18794	1.94	0.95	0.99	95.33
51	35080	17135	17945	1.86	0.91	0.95	95.49
52	37061	18205	18856	1.96	0.96	1.00	96.55
53	30049	14615	15434	1.59	0.77	0.82	94.69
54	33259	16170	17089	1.76	0.86	0.90	94.62
55–59岁	**132613**	**64527**	**68086**	**7.01**	**3.41**	**3.60**	**94.77**
55	31819	15483	16336	1.68	0.82	0.86	94.78
56	29527	14417	15110	1.56	0.76	0.80	95.41
57	33636	16528	17108	1.78	0.87	0.90	96.61
58	27332	13318	14014	1.45	0.70	0.74	95.03
59	10299	4781	5518	0.54	0.25	0.29	86.64
60–64岁	**62474**	**31547**	**30927**	**3.30**	**1.67**	**1.64**	**102.00**
60	8057	3881	4176	0.43	0.21	0.22	92.94
61	8094	4072	4022	0.43	0.22	0.21	101.24
62	13108	6917	6191	0.69	0.37	0.33	111.73
63	16689	8557	8132	0.88	0.45	0.43	105.23
64	16526	8120	8406	0.87	0.43	0.44	96.60

1-4b 续表 2

单位：人、%

年龄	人口数			占总人口比重			性别比
	合计	男	女	合计	男	女	(女=100)
65—69岁	**82888**	**40207**	**42681**	**4.38**	**2.13**	**2.26**	**94.20**
65	17056	8408	8648	0.90	0.44	0.46	97.22
66	18358	8893	9465	0.97	0.47	0.50	93.96
67	16677	8006	8671	0.88	0.42	0.46	92.33
68	17001	8180	8821	0.90	0.43	0.47	92.73
69	13796	6720	7076	0.73	0.36	0.37	94.97
70—74岁	**56772**	**28154**	**28618**	**3.00**	**1.49**	**1.51**	**98.38**
70	12661	6322	6339	0.67	0.33	0.34	99.73
71	12788	6344	6444	0.68	0.34	0.34	98.45
72	11857	5863	5994	0.63	0.31	0.32	97.81
73	10171	5000	5171	0.54	0.26	0.27	96.69
74	9295	4625	4670	0.49	0.24	0.25	99.04
75—79岁	**38278**	**18623**	**19655**	**2.02**	**0.99**	**1.04**	**94.75**
75	8460	4139	4321	0.45	0.22	0.23	95.79
76	8281	4069	4212	0.44	0.22	0.22	96.60
77	7438	3706	3732	0.39	0.20	0.20	99.30
78	6994	3299	3695	0.37	0.17	0.20	89.28
79	7105	3410	3695	0.38	0.18	0.20	92.29
80—84岁	**22762**	**10390**	**12372**	**1.20**	**0.55**	**0.65**	**83.98**
80	5982	2825	3157	0.32	0.15	0.17	89.48
81	4413	1999	2414	0.23	0.11	0.13	82.81
82	4763	2178	2585	0.25	0.12	0.14	84.26
83	4081	1803	2278	0.22	0.10	0.12	79.15
84	3523	1585	1938	0.19	0.08	0.10	81.79
85—89岁	**12163**	**5014**	**7149**	**0.64**	**0.27**	**0.38**	**70.14**
85	3120	1341	1779	0.17	0.07	0.09	75.38
86	3137	1289	1848	0.17	0.07	0.10	69.75
87	2594	1039	1555	0.14	0.05	0.08	66.82
88	1851	747	1104	0.10	0.04	0.06	67.66
89	1461	598	863	0.08	0.03	0.05	69.29
90—94岁	**3869**	**1409**	**2460**	**0.20**	**0.07**	**0.13**	**57.28**
90	1257	492	765	0.07	0.03	0.04	64.31
91	906	308	598	0.05	0.02	0.03	51.51
92	776	276	500	0.04	0.01	0.03	55.20
93	536	192	344	0.03	0.01	0.02	55.81
94	394	141	253	0.02	0.01	0.01	55.73
95—99岁	**803**	**243**	**560**	**0.04**	**0.01**	**0.03**	**43.39**
95	287	89	198	0.02		0.01	44.95
96	208	61	147	0.01		0.01	41.50
97	147	44	103	0.01		0.01	42.72
98	107	30	77	0.01			38.96
99	54	19	35				54.29
100岁及以上	**98**	**23**	**75**	**0.01**			**30.67**

1-4c　全省分年龄、性别的人口(乡村)

单位：人、%

年　龄	人　口　数			占总人口比重			性别比
	合计	男	女	合计	男	女	(女=100)
总　计	**2596352**	**1336679**	**1259673**	**100.00**	**51.48**	**48.52**	**106.11**
0-4岁	**154069**	**82065**	**72004**	**5.93**	**3.16**	**2.77**	**113.97**
0	27234	14541	12693	1.05	0.56	0.49	114.56
1	27150	14421	12729	1.05	0.56	0.49	113.29
2	29671	15795	13876	1.14	0.61	0.53	113.83
3	34678	18390	16288	1.34	0.71	0.63	112.91
4	35336	18918	16418	1.36	0.73	0.63	115.23
5-9岁	**189373**	**102236**	**87137**	**7.29**	**3.94**	**3.36**	**117.33**
5	35229	18693	16536	1.36	0.72	0.64	113.04
6	37739	20455	17284	1.45	0.79	0.67	118.35
7	37696	20353	17343	1.45	0.78	0.67	117.36
8	40541	21896	18645	1.56	0.84	0.72	117.44
9	38168	20839	17329	1.47	0.80	0.67	120.26
10-14岁	**183885**	**100267**	**83618**	**7.08**	**3.86**	**3.22**	**119.91**
10	37096	20113	16983	1.43	0.77	0.65	118.43
11	38521	20935	17586	1.48	0.81	0.68	119.04
12	37223	20260	16963	1.43	0.78	0.65	119.44
13	35176	19245	15931	1.35	0.74	0.61	120.80
14	35869	19714	16155	1.38	0.76	0.62	122.03
15-19岁	**121676**	**66774**	**54902**	**4.69**	**2.57**	**2.11**	**121.62**
15	30291	16886	13405	1.17	0.65	0.52	125.97
16	28002	15511	12491	1.08	0.60	0.48	124.18
17	23805	13110	10695	0.92	0.50	0.41	122.58
18	20329	10993	9336	0.78	0.42	0.36	117.75
19	19249	10274	8975	0.74	0.40	0.35	114.47
20-24岁	**101189**	**54075**	**47114**	**3.90**	**2.08**	**1.81**	**114.77**
20	18853	10120	8733	0.73	0.39	0.34	115.88
21	17795	9393	8402	0.69	0.36	0.32	111.79
22	20086	10727	9359	0.77	0.41	0.36	114.62
23	21208	11300	9908	0.82	0.44	0.38	114.05
24	23247	12535	10712	0.90	0.48	0.41	117.02
25-29岁	**147345**	**77991**	**69354**	**5.68**	**3.00**	**2.67**	**112.45**
25	27348	14726	12622	1.05	0.57	0.49	116.67
26	26412	14115	12297	1.02	0.54	0.47	114.78
27	29070	15500	13570	1.12	0.60	0.52	114.22
28	31094	16255	14839	1.20	0.63	0.57	109.54
29	33421	17395	16026	1.29	0.67	0.62	108.54

1-4c 续表 1 单位：人、%

年 龄	人 口 数			占总人口比重			性别比
	合计	男	女	合计	男	女	(女=100)
30-34岁	**165674**	**84723**	**80951**	**6.38**	**3.26**	**3.12**	**104.66**
30	39784	20537	19247	1.53	0.79	0.74	106.70
31	35801	18458	17343	1.38	0.71	0.67	106.43
32	31785	16105	15680	1.22	0.62	0.60	102.71
33	31263	15919	15344	1.20	0.61	0.59	103.75
34	27041	13704	13337	1.04	0.53	0.51	102.75
35-39岁	**120207**	**62385**	**57822**	**4.63**	**2.40**	**2.23**	**107.89**
35	24199	12508	11691	0.93	0.48	0.45	106.99
36	23974	12344	11630	0.92	0.48	0.45	106.14
37	23215	12129	11086	0.89	0.47	0.43	109.41
38	24671	12839	11832	0.95	0.49	0.46	108.51
39	24148	12565	11583	0.93	0.48	0.45	108.48
40-44岁	**137687**	**72608**	**65079**	**5.30**	**2.80**	**2.51**	**111.57**
40	25847	13571	12276	1.00	0.52	0.47	110.55
41	27514	14610	12904	1.06	0.56	0.50	113.22
42	27965	14715	13250	1.08	0.57	0.51	111.06
43	26260	13858	12402	1.01	0.53	0.48	111.74
44	30101	15854	14247	1.16	0.61	0.55	111.28
45-49岁	**202509**	**103349**	**99160**	**7.80**	**3.98**	**3.82**	**104.22**
45	31143	16081	15062	1.20	0.62	0.58	106.77
46	35579	18464	17115	1.37	0.71	0.66	107.88
47	40222	20390	19832	1.55	0.79	0.76	102.81
48	46778	23817	22961	1.80	0.92	0.88	103.73
49	48787	24597	24190	1.88	0.95	0.93	101.68
50-54岁	**259588**	**127208**	**132380**	**10.00**	**4.90**	**5.10**	**96.09**
50	52868	25687	27181	2.04	0.99	1.05	94.50
51	51265	25126	26139	1.97	0.97	1.01	96.12
52	56197	27623	28574	2.16	1.06	1.10	96.67
53	47311	22760	24551	1.82	0.88	0.95	92.70
54	51947	26012	25935	2.00	1.00	1.00	100.30
55-59岁	**208761**	**103059**	**105702**	**8.04**	**3.97**	**4.07**	**97.50**
55	48927	23967	24960	1.88	0.92	0.96	96.02
56	44814	21999	22815	1.73	0.85	0.88	96.42
57	50867	25375	25492	1.96	0.98	0.98	99.54
58	45678	22888	22790	1.76	0.88	0.88	100.43
59	18475	8830	9645	0.71	0.34	0.37	91.55
60-64岁	**105546**	**54515**	**51031**	**4.07**	**2.10**	**1.97**	**106.83**
60	12743	6235	6508	0.49	0.24	0.25	95.81
61	12278	6239	6039	0.47	0.24	0.23	103.31
62	21250	11240	10010	0.82	0.43	0.39	112.29
63	29270	15444	13826	1.13	0.59	0.53	111.70
64	30005	15357	14648	1.16	0.59	0.56	104.84

1-4c 续表 2

单位：人、%

年龄	人口数			占总人口比重			性别比
	合计	男	女	合计	男	女	(女=100)
65-69岁	**175083**	**88200**	**86883**	**6.74**	**3.40**	**3.35**	**101.52**
65	32863	16733	16130	1.27	0.64	0.62	103.74
66	36985	18837	18148	1.42	0.73	0.70	103.80
67	35740	17892	17848	1.38	0.69	0.69	100.25
68	38096	18973	19123	1.47	0.73	0.74	99.22
69	31399	15765	15634	1.21	0.61	0.60	100.84
70-74岁	**136030**	**69032**	**66998**	**5.24**	**2.66**	**2.58**	**103.04**
70	29124	14735	14389	1.12	0.57	0.55	102.40
71	30045	15303	14742	1.16	0.59	0.57	103.81
72	29253	14962	14291	1.13	0.58	0.55	104.70
73	24943	12647	12296	0.96	0.49	0.47	102.85
74	22665	11385	11280	0.87	0.44	0.43	100.93
75-79岁	**93642**	**47073**	**46569**	**3.61**	**1.81**	**1.79**	**101.08**
75	20794	10613	10181	0.80	0.41	0.39	104.24
76	20459	10440	10019	0.79	0.40	0.39	104.20
77	18310	9173	9137	0.71	0.35	0.35	100.39
78	16903	8410	8493	0.65	0.32	0.33	99.02
79	17176	8437	8739	0.66	0.32	0.34	96.54
80-84岁	**53941**	**25675**	**28266**	**2.08**	**0.99**	**1.09**	**90.83**
80	14712	7198	7514	0.57	0.28	0.29	95.79
81	10429	4960	5469	0.40	0.19	0.21	90.69
82	11126	5391	5735	0.43	0.21	0.22	94.00
83	9308	4335	4973	0.36	0.17	0.19	87.17
84	8366	3791	4575	0.32	0.15	0.18	82.86
85-89岁	**28657**	**11869**	**16788**	**1.10**	**0.46**	**0.65**	**70.70**
85	7498	3322	4176	0.29	0.13	0.16	79.55
86	7429	3118	4311	0.29	0.12	0.17	72.33
87	6212	2576	3636	0.24	0.10	0.14	70.85
88	4283	1637	2646	0.16	0.06	0.10	61.87
89	3235	1216	2019	0.12	0.05	0.08	60.23
90-94岁	**9130**	**2980**	**6150**	**0.35**	**0.11**	**0.24**	**48.46**
90	2921	1058	1863	0.11	0.04	0.07	56.79
91	2161	652	1509	0.08	0.03	0.06	43.21
92	1913	611	1302	0.07	0.02	0.05	46.93
93	1246	396	850	0.05	0.02	0.03	46.59
94	889	263	626	0.03	0.01	0.02	42.01
95-99岁	**2069**	**548**	**1521**	**0.08**	**0.02**	**0.06**	**36.03**
95	718	212	506	0.03	0.01	0.02	41.90
96	536	131	405	0.02	0.01	0.02	32.35
97	379	92	287	0.01		0.01	32.06
98	235	65	170	0.01		0.01	38.24
99	201	48	153	0.01		0.01	31.37
100岁及以上	**291**	**47**	**244**	**0.01**		**0.01**	**19.26**

第二部分 长表数据资料

第二卷 民族

2-1　全省各民族分性别、行业的人口

单位：人

民　　族	人口数			农、林、牧、渔业			采矿业		
	合计	男	女	小计	男	女	小计	男	女
总　计	**2768331**	**1683505**	**1084826**	**529084**	**278450**	**250634**	**25555**	**23103**	**2452**
汉　族	2749901	1673091	1076810	526637	277286	249351	25340	22905	2435
蒙古族	241	131	110	9	6	3	4	2	2
回　族	12701	7834	4867	1951	1113	838	164	156	8
藏　族	67	29	38	8	1	7	1	1	
维吾尔族	117	74	43	3	1	2			
苗　族	1136	463	673	120	8	112	19	17	2
彝　族	848	387	461	87	15	72	7	6	1
壮　族	486	166	320	39	1	38	4	1	3
布依族	329	97	232	42	2	40			
朝鲜族	85	53	32	1		1			
满　族	528	336	192	18	6	12	12	11	1
侗　族	226	79	147	25	3	22			
瑶　族	87	29	58	8		8	1	1	
白　族	81	34	47	13	2	11			
土家族	729	391	338	27	1	26	1	1	
哈尼族	117	42	75	19	1	18			
哈萨克族	1	1							
傣　族	81	27	54	15		15			
黎　族	47	12	35	5		5			
傈僳族	54	20	34	10		10			
佤　族	50	18	32	8	1	7			
畲　族	78	49	29	4	1	3	1	1	
高山族	5	2	3	1		1			
拉祜族	58	20	38	10		10			
水　族	45	8	37	8		8			
东乡族	42	22	20						
纳西族	2		2						
景颇族	15	7	8	1		1			
柯尔克孜族									
土　族	10	6	4						
达斡尔族	6	5	1						
仫佬族	14	3	11	1		1			
羌　族	7	4	3				1	1	
布朗族	8	3	5	2	1	1			
撒拉族	13	7	6						
毛南族	3	1	2	1		1			
仡佬族	37	15	22	1		1			
锡伯族	6	4	2						
阿昌族	4	2	2	1		1			
普米族	2	1	1	1		1			
塔吉克族									
怒　族	2		2	2		2			
乌孜别克族									
俄罗斯族									
鄂温克族	1		1						
德昂族	2		2	2		2			
保安族	2	1	1						
裕固族									
京　族									
塔塔尔族									
独龙族	1		1						
鄂伦春族									
赫哲族									
门巴族									
珞巴族									
基诺族									
未定族称人口	54	30	24	4	1	3			
入　籍	2	1	1						

2-1 续表 1

单位：人

民族	制造业			电力、热力、燃气及水生产和供应业			建筑业		
	小计	男	女	小计	男	女	小计	男	女
总　计	**477163**	**270585**	**206578**	**21735**	**16716**	**5019**	**424880**	**367386**	**57494**
汉　族	473114	268378	204736	21538	16587	4951	422881	365815	57066
蒙古族	67	42	25	6	4	2	28	20	8
回　族	1751	1099	652	162	107	55	1098	923	175
藏　族	25	11	14	1	1		5	4	1
维吾尔族	60	41	19	1	1		3	3	
苗　族	523	223	300				217	151	66
彝　族	371	194	177	4	1	3	145	112	33
壮　族	211	81	130	2	1	1	44	23	21
布依族	162	53	109				46	29	17
朝鲜族	34	28	6				4	2	2
满　族	112	77	35	13	9	4	92	73	19
侗　族	85	31	54				34	22	12
瑶　族	29	10	19	2	1	1	13	11	2
白　族	37	19	18				8	5	3
土家族	305	172	133	5	3	2	164	128	36
哈尼族	50	22	28				14	9	5
哈萨克族									
傣　族	37	19	18				11	7	4
黎　族	12	2	10				7	3	4
傈僳族	23	9	14				4	3	1
佤　族	6	1	5				12	8	4
畲　族	23	19	4				4	4	
高山族									
拉祜族	20	11	9				8	5	3
水　族	27	5	22				4	3	1
东乡族									
纳西族	1		1				1		1
景颇族	6	2	4				6	5	1
柯尔克孜族									
土　族	5	3	2				2	2	
达斡尔族	1	1							
仫佬族	6		6				2	2	
羌　族				1	1				
布朗族	4		4				2	2	
撒拉族	1	1							
毛南族	2	1	1						
仡佬族	11	6	5				11	6	5
锡伯族							1		1
阿昌族							1	1	
普米族							1	1	
塔吉克族									
怒　族									
乌孜别克族									
俄罗斯族									
鄂温克族	1		1						
德昂族									
保安族									
裕固族									
京　族									
塔塔尔族									
独龙族									
鄂伦春族									
赫哲族									
门巴族									
珞巴族									
基诺族									
未定族称人口	40	24	16				7	4	3
入　籍	1		1						

2-1　续表 2　　　　单位：人

民　族	批发和零售业			交通运输、仓储和邮政业			住宿和餐饮业		
	小计	男	女	小计	男	女	小计	男	女
总　计	**373549**	**191106**	**182443**	**141116**	**119571**	**21545**	**151621**	**73776**	**77845**
汉　族	370944	189833	181111	140172	118783	21389	150153	73033	77120
蒙古族	27	7	20	10	8	2	7	4	3
回　族	2127	1136	991	848	732	116	1134	627	507
藏　族	7	5	2				3		3
维吾尔族	4	2	2	1		1	34	22	12
苗　族	78	14	64	18	9	9	43	9	34
彝　族	48	11	37	3	1	2	29	4	25
壮　族	57	10	47	9	4	5	34	18	16
布依族	19	6	13	2	1	1	19	3	16
朝鲜族	16	7	9	1		1	2	2	
满　族	52	33	19	17	11	6	15	6	9
侗　族	26	6	20	3	3		18	4	14
瑶　族	12	2	10	2		2	6	2	4
白　族	5	3	2	4	1	3	3		3
土家族	56	8	48	11	6	5	29	7	22
哈尼族	16	5	11	2	2		5		5
哈萨克族									
傣　族	3		3				5	1	4
黎　族	6	2	4	3	2	1	5	1	4
傈僳族	3		3						
佤　族	6	3	3	1		1	2		2
畲　族	14	6	8	3	3		4	3	1
高山族	1		1	1	1				
拉祜族	7	2	5				5	1	4
水　族	1		1	1		1	2		2
东乡族							42	22	20
纳西族									
景颇族							1		1
柯尔克孜族									
土　族				1	1		2		2
达斡尔族	1	1		2	2		2	1	1
仫佬族	2	1	1						
羌　族	4	1	3						
布朗族									
撒拉族	1	1					11	5	6
毛南族									
仡佬族	4		4				3		3
锡伯族	1	1							
阿昌族									
普米族									
塔吉克族									
怒　族									
乌孜别克族									
俄罗斯族									
鄂温克族									
德昂族									
保安族							2	1	1
裕固族									
京　族									
塔塔尔族									
独龙族							1		1
鄂伦春族									
赫哲族									
门巴族									
珞巴族									
基诺族									
未定族称人口	1		1	1	1				
入　籍									

2-1 续表 3 单位：人

民族	信息传输、软件和信息技术服务业			金融业			房地产业		
	小计	男	女	小计	男	女	小计	男	女
总计	**39050**	**25357**	**13693**	**34484**	**17500**	**16984**	**52477**	**32881**	**19596**
汉族	38766	25184	13582	34236	17376	16860	52124	32655	19469
蒙古族	7	2	5	5	1	4	3	2	1
回族	223	137	86	207	108	99	280	184	96
藏族									
维吾尔族									
苗族	2	1	1	6	2	4	5		5
彝族	3		3	2	1	1	4	4	
壮族	12	7	5	1	1		5	2	3
布依族	2	1	1	1		1	1		1
朝鲜族	5	4	1	2	1	1	3	2	1
满族	15	11	4	13	7	6	17	10	7
侗族				1		1	5	3	2
瑶族	1	1		1		1			
白族	1	1							
土家族	7	5	2	7	3	4	21	13	8
哈尼族	1		1				1	1	
哈萨克族									
傣族									
黎族							2	1	1
傈僳族	1	1							
佤族							2	1	1
畲族	2	1	1	1		1	1	1	
高山族				1		1			
拉祜族									
水族									
东乡族									
纳西族									
景颇族									
柯尔克孜族									
土族									
达斡尔族									
仫佬族									
羌族									
布朗族									
撒拉族									
毛南族									
仡佬族	1		1				1		1
锡伯族	1	1							
阿昌族							1	1	
普米族									
塔吉克族									
怒族									
乌孜别克族									
俄罗斯族									
鄂温克族									
德昂族									
保安族									
裕固族									
京族									
塔塔尔族									
独龙族									
鄂伦春族									
赫哲族									
门巴族									
珞巴族									
基诺族									
未定族称人口									
入籍							1	1	

2-1 续表 4

单位：人

民 族	租赁和商务服务业			科学研究和技术服务业			水利、环境和公共设施管理业		
	小计	男	女	小计	男	女	小计	男	女
总 计	**64193**	**41918**	**22275**	**27736**	**19800**	**7936**	**25912**	**16841**	**9071**
汉 族	63743	41620	22123	27515	19654	7861	25769	16758	9011
蒙古族	6	4	2	12	6	6	4	4	
回 族	335	227	108	128	99	29	112	68	44
藏 族	1		1	8	4	4			
维吾尔族				1		1			
苗 族	15	6	9	8	3	5	7	4	3
彝 族	18	15	3	9	4	5	4	1	3
壮 族	8	4	4	12	3	9	3	1	2
布依族	6	1	5	2		2	1		1
朝鲜族	4	4		2	1	1			
满 族	29	24	5	23	15	8	2	1	1
侗 族	4	2	2	1	1				
瑶 族				2		2			
白 族	3	1	2	1	1				
土家族	11	5	6	6	5	1	4	1	3
哈尼族	2	1	1						
哈萨克族									
傣 族	1		1						
黎 族	1		1						
傈僳族	2	1	1	3	2	1			
佤 族							3	1	2
畲 族	3	2	1	1	1		2	2	
高山族									
拉祜族							1		1
水 族									
东乡族									
纳西族									
景颇族									
柯尔克孜族									
土 族									
达斡尔族									
仫佬族				1		1			
羌 族									
布朗族									
撒拉族									
毛南族									
仡佬族				1	1				
锡伯族	1	1							
阿昌族									
普米族									
塔吉克族									
怒 族									
乌孜别克族									
俄罗斯族									
鄂温克族									
德昂族									
保安族									
裕固族									
京 族									
塔塔尔族									
独龙族									
鄂伦春族									
赫哲族									
门巴族									
珞巴族									
基诺族									
未定族称人口									
入 籍									

2-1 续表 5 单位：人

民族	居民服务、修理和其他服务业			教育			卫生和社会工作		
	小计	男	女	小计	男	女	小计	男	女
总计	**101436**	**50227**	**51209**	**110837**	**44310**	**66527**	**54462**	**20187**	**34275**
汉族	100783	49992	50791	110069	44057	66012	54096	20040	34056
蒙古族	11	7	4	16	4	12	7	4	3
回族	382	177	205	620	218	402	322	131	191
藏族	3		3	2		2	1		1
维吾尔族	1		1	4	2	2	3		3
苗族	41	6	35	12	3	9	7	2	5
彝族	90	14	76	10	1	9	1		1
壮族	23	4	19	6	1	5	2		2
布依族	15	1	14	3		3	1		1
朝鲜族	1		1	7	1	6			
满族	23	10	13	37	10	27	11	5	6
侗族	4		4	11	1	10	2	1	1
瑶族	1		1	3		3	1		1
白族	3	1	2	1		1			
土家族	28	10	18	23	9	14	4	2	2
哈尼族	4	1	3						
哈萨克族				1	1				
傣族	4		4	1		1			
黎族	2		2	1		1			
傈僳族	3	1	2						
佤族	2		2	1		1			
畲族	2	1	1	5	1	4	3	1	2
高山族									
拉祜族	2		2						
水族	2		2						
东乡族									
纳西族									
景颇族	1		1						
柯尔克孜族									
土族									
达斡尔族									
仫佬族	1		1	1		1			
羌族	1	1							
布朗族									
撒拉族									
毛南族									
仡佬族	3	1	2				1	1	
锡伯族				2	1	1			
阿昌族									
普米族									
塔吉克族									
怒族									
乌孜别克族									
俄罗斯族									
鄂温克族									
德昂族									
保安族									
裕固族									
京族									
塔塔尔族									
独龙族									
鄂伦春族									
赫哲族									
门巴族									
珞巴族									
基诺族									
未定族称人口				1		1			
入籍									

2-1 续表 6

单位：人

民 族	文化、体育和娱乐业			公共管理、社会保障和社会组织			国际组织		
	小计	男	女	小计	男	女	小计	男	女
总 计	**16463**	**9169**	**7294**	**96573**	**64619**	**31954**	**5**	**3**	**2**
汉 族	16294	9085	7209	95722	64047	31675	5	3	2
蒙古族	2	2		10	2	8			
回 族	102	61	41	755	531	224			
藏 族	1	1		1	1				
维吾尔族	1	1		1	1				
苗 族	8	1	7	7	4	3			
彝 族	8	1	7	5	2	3			
壮 族	3		3	11	4	7			
布依族	4		4	3		3			
朝鲜族	1		1	2	1	1			
满 族	8	5	3	19	12	7			
侗 族	3	1	2	4	1	3			
瑶 族	2		2	3	1	2			
白 族	1		1	1		1			
土家族	5	3	2	15	9	6			
哈尼族	1		1	2		2			
哈萨克族									
傣 族	2		2	2		2			
黎 族	1	1		2		2			
傈僳族	4	3	1	1		1			
佤 族	7	3	4						
畲 族				5	2	3			
高山族				1	1				
拉祜族	5	1	4						
水 族									
东乡族									
纳西族									
景颇族									
柯尔克孜族									
土 族									
达斡尔族									
仫佬族									
羌 族									
布朗族									
撒拉族									
毛南族									
仡佬族									
锡伯族									
阿昌族				1		1			
普米族									
塔吉克族									
怒 族									
乌孜别克族									
俄罗斯族									
鄂温克族									
德昂族									
保安族									
裕固族									
京 族									
塔塔尔族									
独龙族									
鄂伦春族									
赫哲族									
门巴族									
珞巴族									
基诺族									
未定族称人口									
入 籍									

2-2 全省各民族分性别、职业的人口

单位：人

民族	人口数			党的机关、国家机关、群众团体和社会组织、企事业单位负责人		
	合计	男	女	小计	男	女
总计	**2768331**	**1683505**	**1084826**	**64111**	**48826**	**15285**
汉族	2749901	1673091	1076810	63652	48504	15148
蒙古族	241	131	110	8	7	1
回族	12701	7834	4867	372	263	109
藏族	67	29	38			
维吾尔族	117	74	43	1	1	
苗族	1136	463	673	6	3	3
彝族	848	387	461	4	3	1
壮族	486	166	320	9	6	3
布依族	329	97	232	2		2
朝鲜族	85	53	32	6	5	1
满族	528	336	192	22	16	6
侗族	226	79	147	1		1
瑶族	87	29	58	3	2	1
白族	81	34	47	1	1	
土家族	729	391	338	8	4	4
哈尼族	117	42	75	1	1	
哈萨克族	1	1				
傣族	81	27	54			
黎族	47	12	35	1	1	
傈僳族	54	20	34			
佤族	50	18	32			
畲族	78	49	29	7	3	4
高山族	5	2	3			
拉祜族	58	20	38			
水族	45	8	37			
东乡族	42	22	20	2	2	
纳西族	2		2			
景颇族	15	7	8			
柯尔克孜族						
土族	10	6	4			
达斡尔族	6	5	1			
仫佬族	14	3	11			
羌族	7	4	3	1	1	
布朗族	8	3	5			
撒拉族	13	7	6	1	1	
毛南族	3	1	2			
仡佬族	37	15	22			
锡伯族	6	4	2	1	1	
阿昌族	4	2	2			
普米族	2	1	1			
塔吉克族						
怒族	2		2			
乌孜别克族						
俄罗斯族						
鄂温克族	1		1			
德昂族	2		2			
保安族	2	1	1	2	1	1
裕固族						
京族						
塔塔尔族						
独龙族	1		1			
鄂伦春族						
赫哲族						
门巴族						
珞巴族						
基诺族						
未定族称人口	54	30	24			
入籍	2	1	1			

2-2　续表 1

单位：人

民　族	专业技术人员			办事人员和有关人员			社会生产服务和生活服务人员		
	小计	男	女	小计	男	女	小计	男	女
总　计	**256844**	**123101**	**133743**	**163560**	**106139**	**57421**	**936968**	**539651**	**397317**
汉　族	254980	122272	132708	162196	105232	56964	930185	535952	394233
蒙古族	52	22	30	28	13	15	65	31	34
回　族	1370	586	784	1127	780	347	5369	3248	2121
藏　族	6	3	3	6	5	1	17	6	11
维吾尔族	7	2	5	2	1	1	40	26	14
苗　族	42	22	20	23	8	15	230	60	170
彝　族	40	16	24	7	4	3	198	41	157
壮　族	33	14	19	21	8	13	143	43	100
布依族	8	3	5	4	1	3	76	10	66
朝鲜族	28	18	10	7	4	3	21	10	11
满　族	122	66	56	59	39	20	140	79	61
侗　族	15	5	10	10	5	5	57	14	43
瑶　族	9	2	7	4	1	3	24	5	19
白　族	7	4	3	3	1	2	17	4	13
土家族	74	46	28	36	21	15	166	54	112
哈尼族	1		1	2	2		22	2	20
哈萨克族	1	1							
傣　族	4		4	3	1	2	16	1	15
黎　族	3	1	2	4	1	3	19	5	14
傈僳族	6	4	2				8	3	5
佤　族	8	3	5				18	2	16
畲　族	12	7	5	7	6	1	27	15	12
高山族	1		1	3	1	2			
拉祜族	4		4				16	4	12
水　族							7		7
东乡族							40	20	20
纳西族									
景颇族							3		3
柯尔克孜族									
土　族				1	1		4	1	3
达斡尔族				1		1	4	4	
仫佬族	4	1	3				2		2
羌　族				1	1		4	1	3
布朗族									
撒拉族							9	4	5
毛南族									
仡佬族	1	1		1		1	15	2	13
锡伯族	3	1	2	1	1		1	1	
阿昌族				1		1			
普米族				1	1				
塔吉克族									
怒　族									
乌孜别克族									
俄罗斯族									
鄂温克族									
德昂族									
保安族									
裕固族									
京　族									
塔塔尔族									
独龙族							1		1
鄂伦春族									
赫哲族									
门巴族									
珞巴族									
基诺族									
未定族称人口	3	1	2	1	1		3	2	1
入　籍							1	1	

2－2 续表 2

单位：人

民族	农、林、牧、渔业生产及辅助人员			生产制造及有关人员			不便分类的其他从业人员		
	小计	男	女	小计	男	女	小计	男	女
总 计	**527111**	**276470**	**250641**	**814971**	**586348**	**228623**	**4766**	**2970**	**1796**
汉 族	524702	275326	249376	809449	582853	226596	4737	2952	1785
蒙古族	9	6	3	78	51	27	1	1	
回 族	1918	1092	826	2520	1849	671	25	16	9
藏 族	8	1	7	30	14	16			
维吾尔族	3	1	2	63	42	21	1	1	
苗 族	120	7	113	715	363	352			
彝 族	90	14	76	509	309	200			
壮 族	36		36	243	95	148	1		1
布依族	43	4	39	196	79	117			
朝鲜族	1		1	21	16	5	1		1
满 族	17	6	11	168	130	38			
侗 族	25	3	22	118	52	66			
瑶 族	8		8	39	19	20			
白 族	13	2	11	40	22	18			
土家族	29	2	27	416	264	152			
哈尼族	20	2	18	71	35	36			
哈萨克族									
傣 族	14		14	44	25	19			
黎 族	4		4	16	4	12			
傈僳族	10		10	30	13	17			
佤 族	4		4	20	13	7			
畲 族	4	2	2	21	16	5			
高山族				1	1				
拉祜族	10		10	28	16	12			
水 族	8		8	30	8	22			
东乡族									
纳西族				2		2			
景颇族	1		1	11	7	4			
柯尔克孜族									
土 族				5	4	1			
达斡尔族				1	1				
仫佬族	1		1	7	2	5			
羌 族				1	1				
布朗族	2	1	1	6	2	4			
撒拉族				3	2	1			
毛南族	1		1	2	1	1			
仡佬族				20	12	8			
锡伯族									
阿昌族	1		1	2	2				
普米族	1		1						
塔吉克族									
怒 族	2		2						
乌孜别克族									
俄罗斯族									
鄂温克族				1		1			
德昂族	2		2						
保安族									
裕固族									
京 族									
塔塔尔族									
独龙族									
鄂伦春族									
赫哲族									
门巴族									
珞巴族									
基诺族									
未定族称人口	4	1	3	43	25	18			
入 籍				1		1			

2-3　全省各民族分性别、主要生活来源的15岁及以上人口

单位：人

民　族	15岁及以上人口			劳动收入		
	合计	男	女	小计	男	女
总　计	**4877094**	**2437492**	**2439602**	**2763410**	**1686962**	**1076448**
汉　族	4844618	2422350	2422268	2745020	1676542	1068478
蒙古族	422	195	227	240	132	108
回　族	23224	11786	11438	12650	7822	4828
藏　族	302	107	195	67	28	39
维吾尔族	262	124	138	118	74	44
苗　族	1632	528	1104	1136	466	670
彝　族	1177	427	750	854	389	465
壮　族	849	228	621	484	167	317
布依族	541	124	417	329	99	230
朝鲜族	151	73	78	85	53	32
满　族	866	459	407	526	334	192
侗　族	396	107	289	224	79	145
瑶　族	148	40	108	86	29	57
白　族	142	44	98	80	34	46
土家族	1044	467	577	732	391	341
哈尼族	182	51	131	119	42	77
哈萨克族	21	11	10	1	1	
傣　族	119	27	92	82	27	55
黎　族	95	24	71	47	12	35
傈僳族	87	23	64	50	20	30
佤　族	79	21	58	49	18	31
畲　族	159	91	68	93	61	32
高山族	10	6	4	5	2	3
拉祜族	96	21	75	55	20	35
水　族	80	12	68	45	8	37
东乡族	48	24	24	42	22	20
纳西族	6		6	2		2
景颇族	27	8	19	15	7	8
柯尔克孜族	6	4	2			
土　族	22	9	13	10	6	4
达斡尔族	13	7	6	6	5	1
仫佬族	23	5	18	14	3	11
羌　族	17	6	11	7	4	3
布朗族	12	3	9	8	3	5
撒拉族	16	9	7	13	7	6
毛南族	7	2	5	3	1	2
仡佬族	60	18	42	37	15	22
锡伯族	12	7	5	6	4	2
阿昌族	6	2	4	4	2	2
普米族	2	1	1	2	1	1
塔吉克族	1		1			
怒　族	3		3	2		2
乌孜别克族						
俄罗斯族	1		1			
鄂温克族	4		4	1		1
德昂族	2		2	2		2
保安族	4	2	2	2	1	1
裕固族	1	1				
京　族	3		3			
塔塔尔族	1		1			
独龙族	1		1	1		1
鄂伦春族						
赫哲族						
门巴族						
珞巴族						
基诺族	1	1				
未定族称人口	80	35	45	54	30	24
入　籍	13	2	11	2	1	1

2-3 续表 1

单位：人

民族	离退休金/养老金			最低生活保障金			失业保险金		
	小计	男	女	小计	男	女	小计	男	女
总 计	**334407**	**150758**	**183649**	**108631**	**62643**	**45988**	**1040**	**641**	**399**
汉 族	331314	149503	181811	108150	62405	45745	1025	634	391
蒙古族	18	5	13	1		1			
回 族	2874	1180	1694	409	224	185	14	7	7
藏 族	3		3						
维吾尔族	4	1	3						
苗 族	14	5	9	9	1	8			
彝 族	4	1	3	14		14	1		1
壮 族	24	10	14	8		8			
布依族	2	1	1	7	1	6			
朝鲜族	21	4	17	1		1			
满 族	88	32	56	6	5	1			
侗 族	5	2	3	9	1	8			
瑶 族	2	2		1		1			
白 族	5	1	4						
土家族	13	3	10	2	1	1			
哈尼族	1		1						
哈萨克族				1		1			
傣 族				1		1			
黎 族	3	1	2	1	1				
傈僳族									
佤 族				2		2			
畲 族	3	3		5	4	1			
高山族	1		1						
拉祜族				1		1			
水 族				1		1			
东乡族									
纳西族				1		1			
景颇族									
柯尔克孜族									
土 族	1		1						
达斡尔族	2	1	1						
仫佬族									
羌 族	1		1	1		1			
布朗族									
撒拉族	1	1							
毛南族									
仡佬族	1	1							
锡伯族	2	1	1						
阿昌族									
普米族									
塔吉克族									
怒 族									
乌孜别克族									
俄罗斯族									
鄂温克族									
德昂族									
保安族									
裕固族									
京 族									
塔塔尔族									
独龙族									
鄂伦春族									
赫哲族									
门巴族									
珞巴族									
基诺族									
未定族称人口									
入 籍									

2-3　续表 2　　　　　　　　　　　　　　　　　　　　　　　　单位：人

民　族	财产性收入			家庭其他成员供养			其　他		
	小计	男	女	小计	男	女	小计	男	女
总　计	**34396**	**17870**	**16526**	**1433113**	**426262**	**1006851**	**202097**	**92356**	**109741**
汉　族	34231	17786	16445	1424079	423667	1000412	200799	91813	108986
蒙古族	2		2	147	53	94	14	5	9
回　族	139	81	58	6128	1988	4140	1010	484	526
藏　族	1		1	227	78	149	4	1	3
维吾尔族				133	46	87	7	3	4
苗　族	4		4	412	52	360	57	4	53
彝　族	1		1	278	33	245	25	4	21
壮　族	3		3	301	48	253	29	3	26
布依族	1		1	182	23	159	20		20
朝鲜族	1		1	38	13	25	5	3	2
满　族	2		2	219	77	142	25	11	14
侗　族				142	23	119	16	2	14
瑶　族	1	1		52	7	45	6	1	5
白　族				54	8	46	3	1	2
土家族	2		2	271	67	204	24	5	19
哈尼族	1		1	54	7	47	7	2	5
哈萨克族				18	10	8	1		1
傣　族				33		33	3		3
黎　族				39	8	31	5	2	3
傈僳族				34	3	31	3		3
佤　族	1		1	26	3	23	1		1
畲　族	5	2	3	38	10	28	15	11	4
高山族				4	4				
拉祜族				30	1	29	10		10
水　族				34	4	30			
东乡族				6	2	4			
纳西族				3		3			
景颇族	1		1	11	1	10			
柯尔克孜族				6	4	2			
土　族				11	3	8			
达斡尔族				3	1	2	2		2
仫佬族				9	2	7			
羌　族				7	1	6	1	1	
布朗族				4		4			
撒拉族				2	1	1			
毛南族				4	1	3			
仡佬族				22	2	20			
锡伯族				4	2	2			
阿昌族				2		2			
普米族									
塔吉克族				1		1			
怒　族				1		1			
乌孜别克族									
俄罗斯族				1		1			
鄂温克族				2		2	1		1
德昂族									
保安族				2	1	1			
裕固族				1	1				
京　族				2		2	1		1
塔塔尔族				1		1			
独龙族									
鄂伦春族									
赫哲族									
门巴族									
珞巴族									
基诺族				1	1				
未定族称人口				24	5	19	2		2
入　籍				10	1	9	1		1

2-4 全省各民族分性别、婚姻状况的15岁及以上人口

单位：人

民族	15岁及以上人口			未婚		
	合计	男	女	小计	男	女
总计	**4877094**	**2437492**	**2439602**	**833007**	**499382**	**333625**
汉族	4844618	2422350	2422268	826269	495534	330735
蒙古族	422	195	227	155	95	60
回族	23224	11786	11438	4296	2442	1854
藏族	302	107	195	232	89	143
维吾尔族	262	124	138	187	92	95
苗族	1632	528	1104	299	191	108
彝族	1177	427	750	335	182	153
壮族	849	228	621	175	103	72
布依族	541	124	417	95	54	41
朝鲜族	151	73	78	40	28	12
满族	866	459	407	239	147	92
侗族	396	107	289	67	44	23
瑶族	148	40	108	31	16	15
白族	142	44	98	38	22	16
土家族	1044	467	577	257	165	92
哈尼族	182	51	131	42	29	13
哈萨克族	21	11	10	19	11	8
傣族	119	27	92	20	8	12
黎族	95	24	71	18	10	8
傈僳族	87	23	64	18	14	4
佤族	79	21	58	16	11	5
畲族	159	91	68	39	23	16
高山族	10	6	4	3	3	
拉祜族	96	21	75	18	10	8
水族	80	12	68	6	4	2
东乡族	48	24	24	7	5	2
纳西族	6		6	1		1
景颇族	27	8	19	3	2	1
柯尔克孜族	6	4	2	6	4	2
土族	22	9	13	7	4	3
达斡尔族	13	7	6	4	2	2
仫佬族	23	5	18	3	2	1
羌族	17	6	11	4	2	2
布朗族	12	3	9	2	2	
撒拉族	16	9	7	2	2	
毛南族	7	2	5	3	2	1
仡佬族	60	18	42	23	12	11
锡伯族	12	7	5	6	2	4
阿昌族	6	2	4			
普米族	2	1	1			
塔吉克族	1		1	1		1
怒族	3		3			
乌孜别克族						
俄罗斯族	1		1	1		1
鄂温克族	4		4	1		1
德昂族	2		2			
保安族	4	2	2			
裕固族	1	1		1	1	
京族	3		3			
塔塔尔族	1		1			
独龙族	1		1			
鄂伦春族						
赫哲族						
门巴族						
珞巴族						
基诺族	1	1				
未定族称人口	80	35	45	17	12	5
入籍	13	2	11	1	1	

2-4　续表

单位：人

民　族	有配偶			离　婚			丧　偶		
	小计	男	女	小计	男	女	小计	男	女
总　计	**3638419**	**1791788**	**1846631**	**104775**	**60772**	**44003**	**300893**	**85550**	**215343**
汉　族	3614870	1781250	1833620	104023	60388	43635	299456	85178	214278
蒙古族	253	98	155	7	1	6	7	1	6
回　族	16995	8669	8326	610	328	282	1323	347	976
藏　族	65	17	48	4	1	3	1		1
维吾尔族	73	32	41				2		2
苗　族	1302	330	972	25	6	19	6	1	5
彝　族	822	237	585	10	7	3	10	1	9
壮　族	658	119	539	12	5	7	4	1	3
布依族	425	66	359	12	3	9	9	1	8
朝鲜族	96	41	55	3	2	1	12	2	10
满　族	587	293	294	20	13	7	20	6	14
侗　族	316	59	257	9	3	6	4	1	3
瑶　族	117	24	93						
白　族	101	22	79	1		1	2		2
土家族	759	289	470	19	10	9	9	3	6
哈尼族	133	22	111	4		4	3		3
哈萨克族	2		2						
傣　族	98	19	79				1		1
黎　族	69	14	55	2		2	6		6
傈僳族	67	9	58	1		1	1		1
佤　族	61	10	51	1		1	1		1
畲　族	105	62	43	4	2	2	11	4	7
高山族	5	2	3				2	1	1
拉祜族	77	10	67				1	1	
水　族	72	7	65	1		1	1	1	
东乡族	41	19	22						
纳西族	5		5						
景颇族	22	5	17	2	1	1			
柯尔克孜族									
土　族	14	5	9	1		1			
达斡尔族	9	5	4						
仫佬族	19	3	16	1		1			
羌　族	13	4	9						
布朗族	10	1	9						
撒拉族	14	7	7						
毛南族	4		4						
仡佬族	37	6	31						
锡伯族	6	5	1						
阿昌族	6	2	4						
普米族	2	1	1						
塔吉克族									
怒　族	3		3						
乌孜别克族									
俄罗斯族									
鄂温克族	3		3						
德昂族	2		2						
保安族	4	2	2						
裕固族									
京　族	3		3						
塔塔尔族	1		1						
独龙族	1		1						
鄂伦春族									
赫哲族									
门巴族									
珞巴族									
基诺族	1	1							
未定族称人口	60	20	40	2	2		1	1	
入　籍	11	1	10	1		1			

2-5 全省各民族分性别、初婚年龄的人口

单位：人

民族	合计			15岁以下		
	合计	男	女	小计	男	女
总 计	**4044087**	**1938110**	**2105977**	**5825**	**1215**	**4610**
汉 族	4018349	1926816	2091533	5766	1207	4559
蒙古族	267	100	167			
回 族	18928	9344	9584	33	6	27
藏 族	70	18	52	1		1
维吾尔族	75	32	43	1		1
苗 族	1333	337	996	10	1	9
彝 族	842	245	597	3		3
壮 族	674	125	549	1		1
布依族	446	70	376	1		1
朝鲜族	111	45	66			
满 族	627	312	315			
侗 族	329	63	266			
瑶 族	117	24	93			
白 族	104	22	82			
土家族	787	302	485			
哈尼族	140	22	118	3		3
哈萨克族	2		2			
傣 族	99	19	80	2	1	1
黎 族	77	14	63			
傈僳族	69	9	60			
佤 族	63	10	53	2		2
畲 族	120	68	52			
高山族	7	3	4			
拉祜族	78	11	67	2		2
水 族	74	8	66			
东乡族	41	19	22			
纳西族	5		5			
景颇族	24	6	18			
柯尔克孜族						
土 族	15	5	10			
达斡尔族	9	5	4			
仫佬族	20	3	17			
羌 族	13	4	9			
布朗族	10	1	9			
撒拉族	14	7	7			
毛南族	4		4			
仡佬族	37	6	31			
锡伯族	6	5	1			
阿昌族	6	2	4			
普米族	2	1	1			
塔吉克族						
怒 族	3		3			
乌孜别克族						
俄罗斯族						
鄂温克族	3		3			
德昂族	2		2			
保安族	4	2	2			
裕固族						
京 族	3		3			
塔塔尔族	1		1			
独龙族	1		1			
鄂伦春族						
赫哲族						
门巴族						
珞巴族						
基诺族	1	1				
未定族称人口	63	23	40			
入 籍	12	1	11			

2–5　续表 1

单位：人

民　族	15岁			16岁		
	小计	男	女	小计	男	女
总　计	**27840**	**6026**	**21814**	**52649**	**11649**	**41000**
汉　族	27614	5996	21618	52256	11577	40679
蒙古族	1		1	1	1	
回　族	122	22	100	221	52	169
藏　族	1		1	1		1
维吾尔族	1		1	1		1
苗　族	33	2	31	63	8	55
彝　族	22	3	19	27	4	23
壮　族	6		6	10		10
布依族	13	2	11	14		14
朝鲜族				2	1	1
满　族	2		2	4	1	3
侗　族	5	1	4	3		3
瑶　族	2		2	2	1	1
白　族	1		1	4	1	3
土家族	4		4	10	2	8
哈尼族	2		2	7		7
哈萨克族						
傣　族	2		2	2		2
黎　族	1		1	1		1
傈僳族	1		1	6		6
佤　族				4		4
畲　族						
高山族						
拉祜族	2		2	2		2
水　族	3		3	1		1
东乡族				1		1
纳西族						
景颇族	1		1	1		1
柯尔克孜族						
土　族				1		1
达斡尔族						
仫佬族						
羌　族						
布朗族				1		1
撒拉族				2		2
毛南族						
仡佬族				1	1	
锡伯族						
阿昌族						
普米族						
塔吉克族						
怒　族						
乌孜别克族						
俄罗斯族						
鄂温克族						
德昂族						
保安族						
裕固族						
京　族						
塔塔尔族						
独龙族						
鄂伦春族						
赫哲族						
门巴族						
珞巴族						
基诺族						
未定族称人口	1		1			
入　籍						

2－5 续表 2

单位：人

民族	17岁			18岁			19岁		
	小计	男	女	小计	男	女	小计	男	女
总　计	**98193**	**24488**	**73705**	**165634**	**47380**	**118254**	**288592**	**95737**	**192855**
汉　族	97509	24354	73155	164628	47124	117504	286823	95249	191574
蒙古族	2		2	6	1	5	16	5	11
回　族	399	98	301	667	208	459	1247	402	845
藏　族	1		1	5		5	4	2	2
维吾尔族	2		2	6	2	4	4		4
苗　族	86	14	72	74	9	65	110	21	89
彝　族	34	7	27	49	9	40	81	15	66
壮　族	25	1	24	28	1	27	53	5	48
布依族	27	1	26	23	2	21	35	4	31
朝鲜族	1		1	3		3	1		1
满　族	8	2	6	15	7	8	32	8	24
侗　族	12		12	12	1	11	28	5	23
瑶　族	2	1	1	6	1	5	12	1	11
白　族	2		2	9		9	5	1	4
土家族	27	6	21	34	6	28	47	5	42
哈尼族	6		6	14	2	12	15	3	12
哈萨克族									
傣　族	9		9	10		10	7	2	5
黎　族	3		3	4		4	2		2
傈僳族	10	1	9	2		2	4		4
佤　族	2		2	8		8	6		6
畲　族	2		2	3		3	4		4
高山族									
拉祜族	4		4	7		7	13	3	10
水　族	3		3	4	1	3	13	1	12
东乡族	3	1	2	4	3	1	7	2	5
纳西族									
景颇族	4	1	3	1	1		1		1
柯尔克孜族									
土　族				1		1	1	1	
达斡尔族	1		1				2	1	1
仫佬族									
羌　族									
布朗族	1		1	1		1	2		2
撒拉族	2	1	1	2		2	1	1	
毛南族									
仡佬族	2		2	3		3	5		5
锡伯族									
阿昌族				1	1				
普米族									
塔吉克族									
怒　族									
乌孜别克族									
俄罗斯族									
鄂温克族							1		1
德昂族	1		1						
保安族									
裕固族									
京　族	1		1						
塔塔尔族									
独龙族							1		1
鄂伦春族									
赫哲族									
门巴族									
珞巴族									
基诺族									
未定族称人口	2		2	4	1	3	7		7
入　籍							2		2

2-5 续表 3

单位：人

民 族	20岁			21岁			22岁		
	小计	男	女	小计	男	女	小计	男	女
总 计	**410635**	**147957**	**262678**	**478644**	**201134**	**277510**	**521281**	**248749**	**272532**
汉 族	408150	147170	260980	475927	200079	275848	518308	247416	270892
蒙古族	17	3	14	19	7	12	20	5	15
回 族	1837	674	1163	2068	902	1166	2304	1130	1174
藏 族	4		4	6	2	4	8	1	7
维吾尔族	7	3	4	9	4	5	9	3	6
苗 族	141	22	119	138	35	103	137	49	88
彝 族	101	25	76	89	21	68	91	36	55
壮 族	53	10	43	67	7	60	57	6	51
布依族	49	6	43	38	4	34	46	9	37
朝鲜族	3		3	2		2	8	1	7
满 族	37	7	30	45	21	24	53	24	29
侗 族	31	2	29	33	2	31	32	7	25
瑶 族	6		6	11	2	9	14	3	11
白 族	14	2	12	11	2	9	11	5	6
土家族	82	18	64	82	21	61	82	29	53
哈尼族	16	2	14	14	1	13	18	5	13
哈萨克族									
傣 族	8		8	8	2	6	9	3	6
黎 族	9	1	8	9	3	6	8	1	7
傈僳族	3		3	4		4	7		7
佤 族	9		9	5		5	6		6
畲 族	7	3	4	8	4	4	18	7	11
高山族							1		1
拉祜族	11	3	8	3		3	4	1	3
水 族	6		6	11		11	6		6
东乡族	7	2	5	4	3	1	6	3	3
纳西族	2		2				1		1
景颇族	1	1		2	1	1			
柯尔克孜族									
土 族	1		1	1		1	1		1
达斡尔族							3	1	2
仫佬族	3		3	4	2	2	3		3
羌 族	3		3	3	1	2	1	1	
布朗族	2	1	1						
撒拉族	1	1		1	1				
毛南族				2		2			
仡佬族	6		6	3	1	2	2		2
锡伯族				2	1	1			
阿昌族									
普米族									
塔吉克族									
怒 族	1		1						
乌孜别克族									
俄罗斯族									
鄂温克族									
德昂族				1		1			
保安族	1		1				2	2	
裕固族									
京 族									
塔塔尔族							1		1
独龙族									
鄂伦春族									
赫哲族									
门巴族									
珞巴族									
基诺族				1	1				
未定族称人口	6	1	5	10	4	6	3	1	2
入 籍				3		3	1		1

2-5 续表 4

单位：人

民 族	23岁			24岁			25岁		
	小计	男	女	小计	男	女	小计	男	女
总 计	**467029**	**233140**	**233889**	**397241**	**212434**	**184807**	**314119**	**180881**	**133238**
汉 族	464282	231825	232457	394754	211165	183589	311954	179729	132225
蒙古族	26	13	13	30	10	20	32	15	17
回 族	2173	1111	1062	1917	1063	854	1701	969	732
藏 族	9	2	7	7	2	5	4	1	3
维吾尔族	7	4	3	7	5	2	4	3	1
苗 族	100	29	71	92	33	59	85	31	54
彝 族	70	28	42	56	25	31	53	18	35
壮 族	61	13	48	54	8	46	44	15	29
布依族	33	8	25	34	11	23	18	4	14
朝鲜族	10	4	6	12	4	8	10	4	6
满 族	55	21	34	77	37	40	58	26	32
侗 族	31	9	22	41	9	32	24	6	18
瑶 族	10	2	8	14	3	11	10	2	8
白 族	8	2	6	9	1	8	8	2	6
土家族	75	36	39	75	40	35	55	31	24
哈尼族	4	2	2	7	1	6	8	2	6
哈萨克族									
傣 族	8	2	6	9	3	6	7	1	6
黎 族	10	1	9	5	2	3	5		5
傈僳族	2	1	1	3		3	4	1	3
佤 族	1	1		3	2	1	6	3	3
畲 族	20	14	6	10	6	4	13	11	2
高山族	1		1	1	1		1		1
拉祜族	4		4	3		3	3	2	1
水 族	5	1	4	3		3	2	1	1
东乡族	1	1		2		2			
纳西族	1		1						
景颇族				2		2			
柯尔克孜族									
土 族	2	1	1	2	1	1	1		1
达斡尔族				2	2				
仫佬族							1		1
羌 族	1		1	1		1			
布朗族									
撒拉族	1	1							
毛南族				1		1			
仡佬族	4	2	2	3		3	3	1	2
锡伯族									
阿昌族	1		1				1		1
普米族							1	1	
塔吉克族									
怒 族									
乌孜别克族									
俄罗斯族									
鄂温克族	1		1						
德昂族									
保安族									
裕固族									
京 族				2		2			
塔塔尔族									
独龙族									
鄂伦春族									
赫哲族									
门巴族									
珞巴族									
基诺族									
未定族称人口	11	6	5	2		2	3	2	1
入 籍	1		1	1		1			

2-5　续表 5　　　　　　　　　　　　　　　　　　　　　　　　　　单位：人

民　族	26岁			27岁			28岁		
	小计	男	女	小计	男	女	小计	男	女
总　计	**231133**	**141771**	**89362**	**163150**	**105502**	**57648**	**111336**	**74386**	**36950**
汉　族	229480	140846	88634	162038	104864	57174	110503	73879	36624
蒙古族	25	6	19	21	8	13	10	7	3
回　族	1285	772	513	809	512	297	607	412	195
藏　族	3	2	1	1	1		2	1	1
维吾尔族	5	3	2	1		1	4	2	2
苗　族	51	17	34	45	15	30	34	12	22
彝　族	29	12	17	23	7	16	28	10	18
壮　族	48	14	34	37	11	26	19	3	16
布依族	20	3	17	15	2	13	11		11
朝鲜族	14	8	6	11	4	7	10	5	5
满　族	57	38	19	45	32	13	28	17	11
侗　族	16	2	14	10	5	5	10	5	5
瑶　族	8	1	7	5	2	3	4	3	1
白　族	5	2	3	2		2	3	3	
土家族	45	27	18	43	24	19	26	14	12
哈尼族	2	1	1	2		2			
哈萨克族	1		1						
傣　族	5	2	3	4	2	2	1	1	
黎　族	1		1	4		4	4	1	3
傈僳族	2		2	4	1	3	2	1	1
佤　族	2	2		2		2	1		1
畲　族	7	5	2	10	7	3	7	3	4
高山族									
拉祜族	4		4	4		4	5	2	3
水　族				3	1	2	2		2
东乡族	2	1	1	1		1	1	1	
纳西族									
景颇族	1		1	2		2	1	1	
柯尔克孜族									
土　族	3	1	2						
达斡尔族	1	1							
仫佬族	2	1	1				3		3
羌　族	1		1				1		1
布朗族				1		1	1		1
撒拉族	2	1	1				2	1	1
毛南族				1		1			
仡佬族	1		1	1		1			
锡伯族				1	1		1	1	
阿昌族	1	1					2		2
普米族	1		1						
塔吉克族									
怒　族									
乌孜别克族									
俄罗斯族									
鄂温克族									
德昂族									
保安族									
裕固族									
京　族									
塔塔尔族									
独龙族									
鄂伦春族									
赫哲族									
门巴族									
珞巴族									
基诺族									
未定族称人口	3	2	1	4	3	1	2	1	1
入　籍							1		1

2-5 续表 6

单位：人

民族	29岁			30岁			31岁		
	小计	男	女	小计	男	女	小计	男	女
总计	**76430**	**51795**	**24635**	**53522**	**36276**	**17246**	**37863**	**25223**	**12640**
汉族	75829	51457	24372	53067	36026	17041	37579	25058	12521
蒙古族	8	6	2	8	3	5	10	5	5
回族	411	263	148	307	198	109	171	117	54
藏族	3	2	1						
维吾尔族	2	1	1	1		1			
苗族	30	9	21	25	10	15	17	6	11
彝族	11	3	8	9	1	8	12	4	8
壮族	20	7	13	21	4	17	7	3	4
布依族	14	5	9	8	2	6	7	1	6
朝鲜族	7	2	5				6	6	
满族	39	21	18	19	15	4	15	10	5
侗族	7	1	6	9	1	8	2		2
瑶族	2		2	3		3			
白族	3		3	1		1	3	1	2
土家族	22	8	14	20	11	9	12	5	7
哈尼族	4	2	2	7		7	6	1	5
哈萨克族									
傣族	1		1	1		1			
黎族	1	1		1	1		1		1
傈僳族	3	1	2	2		2	2	1	1
佤族	4	1	3				1	1	
畲族	2	2		4	2	2	1	1	
高山族	1	1		1	1		1		1
拉祜族				3		3	1		1
水族				1		1	1		1
东乡族				1	1		1	1	
纳西族				1		1			
景颇族	1		1	1		1	2		2
柯尔克孜族									
土族									
达斡尔族									
仫佬族	2		2						
羌族	1	1					1	1	
布朗族							1		1
撒拉族									
毛南族									
仡佬族	1	1					1		1
锡伯族							1	1	
阿昌族									
普米族									
塔吉克族									
怒族				1		1			
乌孜别克族									
俄罗斯族									
鄂温克族							1		1
德昂族									
保安族									
裕固族									
京族									
塔塔尔族									
独龙族									
鄂伦春族									
赫哲族									
门巴族									
珞巴族									
基诺族									
未定族称人口	1		1						
入籍									

2-5　续表 7

单位：人

民　族	32岁			33岁			34岁		
	小计	男	女	小计	男	女	小计	男	女
总　计	**28168**	**18536**	**9632**	**21554**	**14013**	**7541**	**16583**	**10914**	**5669**
汉　族	27936	18402	9534	21394	13940	7454	16448	10832	5616
蒙古族	6	2	4	1		1	1		1
回　族	146	97	49	95	61	34	83	59	24
藏　族	2	1	1	1		1	1		1
维吾尔族	1	1							
苗　族	11	3	8	7		7	10	4	6
彝　族	4		4	6		6	6	2	4
壮　族	17	7	10	15	2	13	6	1	5
布依族	8		8	5	1	4	5	1	4
朝鲜族	2	2		2	1	1	1	1	
满　族	7	7		5	1	4	6	6	
侗　族	4	3	1	5	2	3	3	2	1
瑶　族	2	1	1	2	1	1	1		1
白　族	2		2						
土家族	11	9	2	4	1	3	6	3	3
哈尼族	2		2	1		1	1		1
哈萨克族				1		1			
傣　族				2		2			
黎　族				1		1			
傈僳族	1		1	1	1		1	1	
佤　族									
畲　族				2	1	1			
高山族									
拉祜族	1		1						
水　族	1		1	1		1	2	1	1
东乡族									
纳西族									
景颇族	1		1						
柯尔克孜族									
土　族	1	1							
达斡尔族									
仫佬族				1		1			
羌　族									
布朗族									
撒拉族									
毛南族									
仡佬族	1		1						
锡伯族									
阿昌族									
普米族									
塔吉克族									
怒　族									
乌孜别克族									
俄罗斯族									
鄂温克族									
德昂族									
保安族				1		1			
裕固族									
京　族									
塔塔尔族									
独龙族									
鄂伦春族									
赫哲族									
门巴族									
珞巴族									
基诺族									
未定族称人口	1		1				1	1	
入　籍				1	1		1		1

2-5 续表 8 单位：人

民族	35岁			36岁			37岁		
	小计	男	女	小计	男	女	小计	男	女
总　计	**12862**	**8231**	**4631**	**9936**	**6513**	**3423**	**8053**	**5289**	**2764**
汉　族	12769	8182	4587	9843	6473	3370	7982	5257	2725
蒙古族	2	1	1				1		1
回　族	58	40	18	50	29	21	41	29	12
藏　族				2		2	1		1
维吾尔族	1	1					1		1
苗　族	6		6	7	2	5	4		4
彝　族	6	2	4	6		6	4	1	3
壮　族	3	1	2	6	1	5	3		3
布依族	2		2	4	1	3	3		3
朝鲜族				1	1				
满　族	1	1		4	2	2	2	1	1
侗　族	4		4				1		1
瑶　族									
白　族	1		1	1		1			
土家族	2	1	1	4	2	2	5	1	4
哈尼族							1		1
哈萨克族									
傣　族	1		1	1		1			
黎　族	1		1	2	1	1			
傈僳族	1		1	1		1	2		2
佤　族									
畲　族	1	1							
高山族									
拉祜族				1		1			
水　族	1		1	1	1		1		1
东乡族									
纳西族									
景颇族				1		1			
柯尔克孜族									
土　族									
达斡尔族									
仫佬族				1		1			
羌　族									
布朗族									
撒拉族									
毛南族									
仡佬族									
锡伯族	1	1							
阿昌族									
普米族									
塔吉克族									
怒　族									
乌孜别克族									
俄罗斯族									
鄂温克族									
德昂族									
保安族									
裕固族									
京　族									
塔塔尔族									
独龙族									
鄂伦春族									
赫哲族									
门巴族									
珞巴族									
基诺族									
未定族称人口	1		1						
入　籍							1		1

2–5 续表 9

单位：人

民族	38岁			39岁			40岁及以上		
	小计	男	女	小计	男	女	小计	男	女
总　计	**6514**	**4268**	**2246**	**5453**	**3537**	**1916**	**33848**	**21066**	**12782**
汉　族	6456	4235	2221	5419	3523	1896	33635	20951	12684
蒙古族	3	2	1	1		1			
回　族	26	20	6	13	9	4	137	89	48
藏　族	1		1				2	1	1
维吾尔族							1		1
苗　族	5	1	4	3	2	1	9	2	7
彝　族	4	2	2	2		2	16	10	6
壮　族	1	1		4	1	3	8	3	5
布依族	5	2	3	3		3	5	1	4
朝鲜族				2	1	1	3		3
满　族	3	2	1	1		1	9	5	4
侗　族	1		1				5		5
瑶　族				1		1			
白　族							1		1
土家族	5	1	4	2		2	7	1	6
哈尼族									
哈萨克族									
傣　族							2		2
黎　族							4	2	2
傈僳族				1		1			
佤　族							1		1
畲　族	1	1							
高山族									
拉祜族	1		1						
水　族	1		1	1	1		1		1
东乡族									
纳西族									
景颇族	1	1							
柯尔克孜族									
土　族									
达斡尔族									
仫佬族									
羌　族									
布朗族									
撒拉族									
毛南族									
仡佬族									
锡伯族									
阿昌族									
普米族									
塔吉克族									
怒　族							1		1
乌孜别克族									
俄罗斯族									
鄂温克族									
德昂族									
保安族									
裕固族									
京　族									
塔塔尔族									
独龙族									
鄂伦春族									
赫哲族									
门巴族									
珞巴族									
基诺族									
未定族称人口							1	1	
入　籍									

2-6 全省按民族、生育孩次分的育龄妇女人数
(2019.11.1-2020.10.31)

单位：人

民族	合计	生男孩的妇女人数	生女孩的妇女人数	一孩			二孩		
				小计	男	女	小计	男	女
总计	**53913**	**28784**	**25129**	**23267**	**12290**	**10977**	**25490**	**13289**	**12201**
汉族	53347	28493	24854	23014	12160	10854	25230	13163	12067
蒙古族	8	2	6	4	1	3	4	1	3
回族	275	143	132	115	58	57	136	68	68
藏族	6	6		2	2		3	3	
维吾尔族									
苗族	52	24	28	23	11	12	24	11	13
彝族	36	18	18	20	13	7	12	4	8
壮族	36	13	23	16	7	9	17	4	13
布依族	25	14	11	12	7	5	11	6	5
朝鲜族	2	1	1	1		1	1	1	
满族	12	7	5	4	1	3	4	2	2
侗族	11	4	7	2	1	1	9	3	6
瑶族	8	5	3	4	3	1	4	2	2
白族	5	3	2	2		2	2	2	
土家族	26	14	12	10	4	6	13	10	3
哈尼族	10	5	5	5	2	3	5	3	2
哈萨克族									
傣族	2	1	1				2	1	1
黎族	1	1		1	1				
傈僳族	7	4	3	4	3	1	2		2
佤族	6	6		4	4		1	1	
畲族	3	1	2	1	1		2		2
高山族									
拉祜族	10	8	2	6	5	1	3	2	1
水族	3	1	2	2	1	1	1		1
东乡族	1	1							
纳西族	1		1	1		1			
景颇族	1		1	1		1			
柯尔克孜族									
土族									
达斡尔族									
仫佬族	2	1	1	2	1	1			
羌族	1		1				1		1
布朗族									
撒拉族									
毛南族	1	1		1	1				
仡佬族									
锡伯族									
阿昌族	1	1					1	1	
普米族									
塔吉克族									
怒族									
乌孜别克族									
俄罗斯族									
鄂温克族									
德昂族									
保安族									
裕固族									
京族	2	1	1	1		1	1	1	
塔塔尔族									
独龙族	1		1				1		1
鄂伦春族									
赫哲族									
门巴族									
珞巴族									
基诺族									
未定族称人口	9	4	5	8	3	5			
入籍	2	1	1	1		1			

2-6 续表

单位：人

民族	三孩			四孩			五孩及以上		
	小计	男	女	小计	男	女	小计	男	女
总计	**4469**	**2788**	**1681**	**581**	**359**	**222**	**106**	**58**	**48**
汉族	4424	2758	1666	573	354	219	106	58	48
蒙古族									
回族	21	16	5	3	1	2			
藏族	1	1							
维吾尔族									
苗族	4	1	3	1	1				
彝族	4	1	3						
壮族	2	1	1	1	1				
布依族	2	1	1						
朝鲜族									
满族	3	3		1	1				
侗族									
瑶族									
白族	1	1							
土家族	2		2	1		1			
哈尼族									
哈萨克族									
傣族									
黎族									
傈僳族	1	1							
佤族	1	1							
畲族									
高山族									
拉祜族	1	1							
水族									
东乡族	1	1							
纳西族									
景颇族									
柯尔克孜族									
土族									
达斡尔族									
仫佬族									
羌族									
布朗族									
撒拉族									
毛南族									
仡佬族									
锡伯族									
阿昌族									
普米族									
塔吉克族									
怒族									
乌孜别克族									
俄罗斯族									
鄂温克族									
德昂族									
保安族									
裕固族									
京族									
塔塔尔族									
独龙族									
鄂伦春族									
赫哲族									
门巴族									
珞巴族									
基诺族									
未定族称人口				1	1				
入籍	1	1							

2-7　全省各民族15-64岁妇女平均活产子女数和平均存活子女数

单位：人、%

民　族	15-64岁妇女人数	活产子女总数			存活子女总数			存活子女数占活产子女数的百分比	妇　女平均活产子　女　数	妇　女平均存活子　女　数
		小计	男	女	小计	男	女			
总　计	**1981919**	**2794699**	**1513419**	**1281280**	**2732176**	**1475779**	**1256397**	**97.76**	**1.41**	**1.38**
汉　族	1966719	2774637	1502675	1271962	2712539	1465283	1247256	97.76	1.41	1.38
蒙古族	219	219	102	117	215	100	115	98.17	1.00	0.98
回　族	9432	12662	6866	5796	12392	6709	5683	97.87	1.34	1.31
藏　族	193	76	45	31	75	44	31	98.68	0.39	0.39
维吾尔族	135	61	25	36	61	25	36	100.00	0.45	0.45
苗　族	1095	1595	829	766	1566	815	751	98.18	1.46	1.43
彝　族	743	982	512	470	964	501	463	98.17	1.32	1.30
壮　族	611	832	428	404	816	418	398	98.08	1.36	1.34
布依族	412	573	307	266	554	292	262	96.68	1.39	1.34
朝鲜族	67	70	33	37	66	31	35	94.29	1.04	0.99
满　族	377	388	204	184	374	197	177	96.39	1.03	0.99
侗　族	288	415	221	194	406	215	191	97.83	1.44	1.41
瑶　族	107	123	65	58	122	64	58	99.19	1.15	1.14
白　族	93	126	76	50	124	75	49	98.41	1.35	1.33
土家族	568	762	395	367	742	384	358	97.38	1.34	1.31
哈尼族	130	193	100	93	191	99	92	98.96	1.48	1.47
哈萨克族	10	2	2		2	2		100.00	0.20	0.20
傣　族	91	126	65	61	123	64	59	97.62	1.38	1.35
黎　族	64	92	45	47	89	44	45	96.74	1.44	1.39
傈僳族	63	86	48	38	85	48	37	98.84	1.37	1.35
佤　族	57	86	47	39	86	47	39	100.00	1.51	1.51
畲　族	58	61	36	25	60	35	25	98.36	1.05	1.03
高山族	3	4	1	3	4	1	3	100.00	1.33	1.33
拉祜族	75	110	55	55	109	54	55	99.09	1.47	1.45
水　族	67	103	63	40	101	63	38	98.06	1.54	1.51
东乡族	23	44	27	17	44	27	17	100.00	1.91	1.91
纳西族	6	8	5	3	8	5	3	100.00	1.33	1.33
景颇族	19	30	18	12	30	18	12	100.00	1.58	1.58
柯尔克孜族	2									
土　族	13	14	7	7	14	7	7	100.00	1.08	1.08
达斡尔族	6	4	2	2	4	2	2	100.00	0.67	0.67
仫佬族	18	21	12	9	19	10	9	90.48	1.17	1.06
羌　族	9	10	5	5	9	4	5	90.00	1.11	1.00
布朗族	9	13	7	6	13	7	6	100.00	1.44	1.44
撒拉族	7	14	8	6	13	7	6	92.86	2.00	1.86
毛南族	5	5	3	2	5	3	2	100.00	1.00	1.00
仡佬族	42	52	27	25	51	26	25	98.08	1.24	1.21
锡伯族	4									
阿昌族	4	5	3	2	5	3	2	100.00	1.25	1.25
普米族	1	1		1	1		1	100.00	1.00	1.00
塔吉克族	1									
怒　族	3	4	2	2	4	2	2	100.00	1.33	1.33
乌孜别克族										
俄罗斯族	1									
鄂温克族	4	4		4	4		4	100.00	1.00	1.00
德昂族	2	4	2	2	4	2	2	100.00	2.00	2.00
保安族	2	5	3	2	5	3	2	100.00	2.50	2.50
裕固族										
京　族	3	3	2	1	3	2	1	100.00	1.00	1.00
塔塔尔族	1	1	1		1	1		100.00	1.00	1.00
独龙族	1	2	1	1	2	1	1	100.00	2.00	2.00
鄂伦春族										
赫哲族										
门巴族										
珞巴族										
基诺族										
未定族称人口	45	59	32	27	59	32	27	100.00	1.31	1.31
入　籍	11	12	7	5	12	7	5	100.00	1.09	1.09

中国人口普查
CHINA POPULATION CENSUS

2020

安徽省人口普查年鉴

(第3册)

ANHUI POPULATION CENSUS YEARBOOK 2020

(BOOK 3)

安徽省统计局
安徽省第七次全国人口普查领导小组办公室 编

Compiled by
Anhui Provincial Bureau of Statistics
Office of the Leading Group of Anhui province for the Seventh National Population Census

中国统计出版社
China Statistics Press

图书在版编目（CIP）数据

安徽省人口普查年鉴. 2020. 第 3 册 / 安徽省统计局, 安徽省第七次全国人口普查领导小组办公室编. -- 北京 : 中国统计出版社, 2022.9
ISBN 978-7-5037-9947-1

Ⅰ. ①安… Ⅱ. ①安… ②安… Ⅲ. ①人口普查－统计资料－安徽－2020－年鉴 Ⅳ. ①C924.255.4-54

中国版本图书馆 CIP 数据核字(2022)第 157079 号

安徽省人口普查年鉴-2020（第 3 册）
Anhui Population Census Yearbook 2020 (Book 3)

作　　者/安徽省统计局　安徽省第七次全国人口普查领导小组办公室
责任编辑/郭　栋　余竞雄
执行编辑/张　怡
封面设计/李雪燕
出版发行/中国统计出版社有限公司
通信地址/北京市丰台区西三环南路甲 6 号　邮政编码/100073
发行电话/邮购（010）63376909　书店（010）68783171
网　　址/http://www.zgtjcbs.com/
印　　刷/合肥同传印务有限公司
经　　销/新华书店
开　　本/880mm×1230mm　1/16
字　　数/1600 千字
印　　张/66.75
版　　别/2022 年 9 月第 1 版
版　　次/2022 年 9 月第 1 次印刷
定　　价/980.00 元（全四册）

目　　录

第 3 册

第二部分　长表数据资料（续）

第三卷　教育

第四卷　就业

第二部分　长表数据资料

第三卷　教育

3-1 全省分学业完成情况、性别、受教育程度的3岁及以上人口

单位：人

学业完成情况	合计			小学		
	合计	男	女	小计	男	女
总计	**5284514**	**2752776**	**2531738**	**1620154**	**745693**	**874461**
在校	1105603	593687	511916	496048	269319	226729
毕业	3814681	1986484	1828197	915348	391559	523789
肄业	77692	35879	41813	47963	18808	29155
辍学	133865	61141	72724	88973	35346	53627
其他	152673	75585	77088	71822	30661	41161

3-1 续表 1

单位：人

学业完成情况	初中			高中			大学专科		
	小计	男	女	小计	男	女	小计	男	女
总计	**2020932**	**1095928**	**925004**	**809743**	**461009**	**348734**	**448828**	**239395**	**209433**
在校	238732	130405	108327	204230	110103	94127	67251	32896	34355
毕业	1666102	900994	765108	578378	334696	243682	373428	201791	171637
肄业	22167	12437	9730	5834	3569	2265	1193	747	446
辍学	37329	21063	16266	6994	4365	2629	477	300	177
其他	56602	31029	25573	14307	8276	6031	6479	3661	2818

3-1 续表 2

单位：人

学业完成情况	大学本科			硕士研究生			博士研究生		
	小计	男	女	小计	男	女	小计	男	女
总计	**349496**	**190861**	**158635**	**31740**	**17415**	**14325**	**3621**	**2475**	**1146**
在校	89351	45677	43674	8695	4459	4236	1296	828	468
毕业	256326	142999	113327	22809	12821	9988	2290	1624	666
肄业	499	297	202	31	18	13	5	3	2
辍学	85	63	22	5	3	2	2	1	1
其他	3235	1825	1410	200	114	86	28	19	9

3－1a 全省分学业完成情况、性别、受教育程度的3岁及以上人口(城市)

单位：人

学业完成情况	合计			小学		
	合计	男	女	小计	男	女
总　计	**1401031**	**704733**	**696298**	**272799**	**121446**	**151353**
在　校	279005	146787	132218	103767	56315	47452
毕　业	1065412	532326	533086	142589	55493	87096
肄　业	11759	5311	6448	6158	2203	3955
辍　学	21764	9357	12407	12914	4596	8318
其　他	23091	10952	12139	7371	2839	4532

3－1a 续表 1

单位：人

学业完成情况	初中			高中			大学专科		
	小计	男	女	小计	男	女	小计	男	女
总　计	**442295**	**221204**	**221091**	**279484**	**149327**	**130157**	**202562**	**104151**	**98411**
在　校	47043	25478	21565	58322	31318	27004	23705	11182	12523
毕　业	375977	185785	190192	214813	114450	100363	176120	91478	84642
肄　业	3729	1982	1747	1229	742	487	359	216	143
辍　学	7048	3687	3361	1638	963	675	137	91	46
其　他	8498	4272	4226	3482	1854	1628	2241	1184	1057

3－1a 续表 2

单位：人

学业完成情况	大学本科			硕士研究生			博士研究生		
	小计	男	女	小计	男	女	小计	男	女
总　计	**181641**	**96304**	**85337**	**19735**	**10599**	**9136**	**2515**	**1702**	**813**
在　校	40865	19798	21067	4470	2180	2290	833	516	317
毕　业	139118	75601	63517	15131	8345	6786	1664	1174	490
肄　业	261	155	106	20	11	9	3	2	1
辍　学	25	19	6	2	1	1			
其　他	1372	731	641	112	62	50	15	10	5

3-1b 全省分学业完成情况、性别、受教育程度的3岁及以上人口(镇)

单位：人

学业完成情况	合计			小学		
	合计	男	女	小计	男	女
总计	**1677372**	**863747**	**813625**	**454013**	**204116**	**249897**
在校	375116	202791	172325	157483	85814	71669
毕业	1204185	615860	588325	245801	99000	146801
肄业	19827	8907	10920	11651	4349	7302
辍学	35312	15293	20019	22037	8064	13973
其他	42932	20896	22036	17041	6889	10152

3-1b 续表 1

单位：人

学业完成情况	初中			高中			大学专科		
	小计	男	女	小计	男	女	小计	男	女
总计	**638653**	**333578**	**305075**	**295002**	**166656**	**128346**	**159058**	**86377**	**72681**
在校	75878	41613	34265	86753	46542	40211	21554	11107	10447
毕业	529191	274204	254987	199171	114798	84373	134383	73475	60908
肄业	5928	3184	2744	1714	1038	676	406	262	144
辍学	10745	5702	5043	2350	1429	921	146	76	70
其他	16911	8875	8036	5014	2849	2165	2569	1457	1112

3-1b 续表 2

单位：人

学业完成情况	大学本科			硕士研究生			博士研究生		
	小计	男	女	小计	男	女	小计	男	女
总计	**120925**	**67489**	**53436**	**8929**	**4989**	**3940**	**792**	**542**	**250**
在校	30676	16275	14401	2514	1281	1233	258	159	99
毕业	88773	50342	38431	6344	3667	2677	522	374	148
肄业	118	68	50	9	5	4	1	1	
辍学	31	21	10	1		1	2	1	1
其他	1327	783	544	61	36	25	9	7	2

3-1c 全省分学业完成情况、性别、受教育程度的3岁及以上人口(乡村)

单位：人

学业完成情况	合计			小学		
	合计	男	女	小计	男	女
总 计	**2206111**	**1184296**	**1021815**	**893342**	**420131**	**473211**
在 校	451482	244109	207373	234798	127190	107608
毕 业	1545084	838298	706786	526958	237066	289892
肄 业	46106	21661	24445	30154	12256	17898
辍 学	76789	36491	40298	54022	22686	31336
其 他	86650	43737	42913	47410	20933	26477

3-1c 续表 1

单位：人

学业完成情况	初中			高中			大学专科		
	小计	男	女	小计	男	女	小计	男	女
总 计	**939984**	**541146**	**398838**	**235257**	**145026**	**90231**	**87208**	**48867**	**38341**
在 校	115811	63314	52497	59155	32243	26912	21992	10607	11385
毕 业	760934	441005	319929	164394	105448	58946	62925	36838	26087
肄 业	12510	7271	5239	2891	1789	1102	428	269	159
辍 学	19536	11674	7862	3006	1973	1033	194	133	61
其 他	31193	17882	13311	5811	3573	2238	1669	1020	649

3-1c 续表 2

单位：人

学业完成情况	大学本科			硕士研究生			博士研究生		
	小计	男	女	小计	男	女	小计	男	女
总 计	**46930**	**27068**	**19862**	**3076**	**1827**	**1249**	**314**	**231**	**83**
在 校	17810	9604	8206	1711	998	713	205	153	52
毕 业	28435	17056	11379	1334	809	525	104	76	28
肄 业	120	74	46	2	2		1		1
辍 学	29	23	6	2	2				
其 他	536	311	225	27	16	11	4	2	2

3-2　全省分年龄、性别、学业完成情况的3岁及以上各种受教育程度人口

单位：人

年龄	合计								
	合计			在校			毕业		
	合计	男	女	小计	男	女	小计	男	女
总计	**5284514**	**2752776**	**2531738**	**1105603**	**593687**	**511916**	**3814681**	**1986484**	**1828197**
3									
4									
5—9岁	**326263**	**176841**	**149422**	**319660**	**173159**	**146501**	**5224**	**2945**	**2279**
5	10848	5667	5181	10532	5487	5045	213	120	93
6	65720	35375	30345	64402	34637	29765	1039	587	452
7	81357	44084	37273	79745	43185	36560	1283	725	558
8	87573	47657	39916	85813	46683	39130	1400	786	614
9	80765	44058	36707	79168	43167	36001	1289	727	562
10—14岁	**387424**	**211000**	**176424**	**376460**	**204779**	**171681**	**9017**	**5130**	**3887**
10	78028	42588	35440	76266	41596	34670	1417	798	619
11	79820	43343	36477	77962	42301	35661	1504	841	663
12	78110	42523	35587	76019	41365	34654	1724	952	772
13	75148	40777	34371	72743	39401	33342	2030	1181	849
14	76318	41769	34549	73470	40116	33354	2342	1358	984
15—19岁	**341190**	**183803**	**157387**	**302389**	**160824**	**141565**	**35152**	**20808**	**14344**
15	74819	41113	33706	72539	39778	32761	1854	1094	760
16	82800	45252	37548	77879	42222	35657	4316	2658	1658
17	71477	38628	32849	63853	34055	29798	6840	4103	2737
18	55373	29326	26047	45308	23352	21956	9174	5439	3735
19	56721	29484	27237	42810	21417	21393	12968	7514	5454
20—24岁	**288336**	**149802**	**138534**	**97293**	**49522**	**47771**	**182943**	**95710**	**87233**
20	58919	30799	28120	39235	19624	19611	18481	10451	8030
21	53651	27855	25796	27038	13657	13381	25356	13475	11881
22	56556	29314	27242	16787	8707	8080	38102	19672	18430
23	57384	29782	27602	9013	4782	4231	46577	24025	22552
24	61826	32052	29774	5220	2752	2468	54427	28087	26340
25—29岁	**397163**	**202312**	**194851**	**7300**	**3997**	**3303**	**374787**	**190234**	**184553**
25	71361	36992	34369	3211	1754	1457	65580	33830	31750
26	71091	36597	34494	1790	969	821	66603	34143	32460
27	78265	39918	38347	1075	596	479	74182	37664	36518
28	84013	42458	41555	739	416	323	80052	40349	39703
29	92433	46347	46086	485	262	223	88370	44248	44122
30—34岁	**483253**	**238086**	**245167**	**1190**	**655**	**535**	**462599**	**227746**	**234853**
30	112190	55774	56416	406	219	187	107412	53343	54069
31	103766	51315	52451	285	162	123	99290	48985	50305
32	94091	45963	48128	221	128	93	90194	44000	46194
33	93313	45833	47480	156	82	74	89341	43888	45453
34	79893	39201	40692	122	64	58	76362	37530	38832
35—39岁	**355087**	**177062**	**178025**	**403**	**207**	**196**	**338158**	**168919**	**169239**
35	71482	35537	35945	97	41	56	68248	33998	34250
36	71339	35590	35749	93	44	49	68061	34023	34038
37	68898	34449	34449	84	56	28	65630	32830	32800
38	74212	37146	37066	74	33	41	70594	35411	35183
39	69156	34340	34816	55	33	22	65625	32657	32968
40—44岁	**376626**	**190800**	**185826**	**287**	**152**	**135**	**354760**	**180277**	**174483**
40	71929	35843	36086	66	31	35	68178	34001	34177
41	77750	39320	38430	74	43	31	73374	37166	36208
42	76755	38714	38041	56	27	29	72295	36616	35679
43	71208	36427	34781	48	29	19	66869	34395	32474
44	78984	40496	38488	43	22	21	74044	38099	35945
45—49岁	**478167**	**243371**	**234796**	**184**	**120**	**64**	**441859**	**226801**	**215058**
45	78992	40213	38779	34	23	11	73423	37568	35855
46	86891	44536	42355	49	26	23	80835	41723	39112
47	95328	48411	46917	40	29	11	88151	45121	43030
48	107437	54647	52790	33	25	8	99102	50863	48239
49	109519	55564	53955	28	17	11	100348	51526	48822
50岁及以上	**1851005**	**979699**	**871306**	**437**	**272**	**165**	**1610182**	**867914**	**742268**

3-2 续表 1 单位：人

年 龄	合计								
	肄业			辍学			其他		
	小计	男	女	小计	男	女	小计	男	女
总 计	**77692**	**35879**	**41813**	**133865**	**61141**	**72724**	**152673**	**75585**	**77088**
3									
4									
5-9岁	**92**	**47**	**45**	**71**	**39**	**32**	**1216**	**651**	**565**
5	4	2	2	8	5	3	91	53	38
6	15	5	10	12	6	6	252	140	112
7	19	11	8	16	10	6	294	153	141
8	32	14	18	11	4	7	317	170	147
9	22	15	7	24	14	10	262	135	127
10-14岁	**168**	**98**	**70**	**278**	**156**	**122**	**1501**	**837**	**664**
10	22	11	11	22	15	7	301	168	133
11	27	17	10	26	13	13	301	171	130
12	27	18	9	36	22	14	304	166	138
13	41	24	17	67	28	39	267	143	124
14	51	28	23	127	78	49	328	189	139
15-19岁	**698**	**427**	**271**	**1272**	**756**	**516**	**1679**	**988**	**691**
15	62	35	27	180	108	72	184	98	86
16	111	65	46	264	174	90	230	133	97
17	160	105	55	288	167	121	336	198	138
18	197	116	81	275	158	117	419	261	158
19	168	106	62	265	149	116	510	298	212
20-24岁	**1242**	**750**	**492**	**2068**	**1308**	**760**	**4790**	**2512**	**2278**
20	205	128	77	349	242	107	649	354	295
21	195	120	75	335	207	128	727	396	331
22	257	149	108	420	248	172	990	538	452
23	256	148	108	460	289	171	1078	538	540
24	329	205	124	504	322	182	1346	686	660
25-29岁	**2369**	**1350**	**1019**	**3578**	**2111**	**1467**	**9129**	**4620**	**4509**
25	399	239	160	611	383	228	1560	786	774
26	409	230	179	654	407	247	1635	848	787
27	454	279	175	729	445	284	1825	934	891
28	527	279	248	742	411	331	1953	1003	950
29	580	323	257	842	465	377	2156	1049	1107
30-34岁	**3149**	**1668**	**1481**	**5025**	**2576**	**2449**	**11290**	**5441**	**5849**
30	684	372	312	1109	586	523	2579	1254	1325
31	679	387	292	1027	570	457	2485	1211	1274
32	602	309	293	928	480	448	2146	1046	1100
33	620	330	290	1012	493	519	2184	1040	1144
34	564	270	294	949	447	502	1896	890	1006
35-39岁	**2767**	**1331**	**1436**	**4700**	**2180**	**2520**	**9059**	**4425**	**4634**
35	522	250	272	826	376	450	1789	872	917
36	520	264	256	897	428	469	1768	831	937
37	519	236	283	934	431	503	1731	896	835
38	611	304	307	988	469	519	1945	929	1016
39	595	277	318	1055	476	579	1826	897	929
40-44岁	**3894**	**1853**	**2041**	**7249**	**3302**	**3947**	**10436**	**5216**	**5220**
40	620	320	300	1222	564	658	1843	927	916
41	768	363	405	1390	624	766	2144	1124	1020
42	771	378	393	1500	664	836	2133	1029	1104
43	805	363	442	1447	674	773	2039	966	1073
44	930	429	501	1690	776	914	2277	1170	1107
45-49岁	**7074**	**3197**	**3877**	**13603**	**5828**	**7775**	**15447**	**7425**	**8022**
45	1050	494	556	1993	892	1101	2492	1236	1256
46	1175	553	622	2201	961	1240	2631	1273	1358
47	1362	600	762	2770	1169	1601	3005	1492	1513
48	1677	771	906	3042	1314	1728	3583	1674	1909
49	1810	779	1031	3597	1492	2105	3736	1750	1986
50岁及以上	**56239**	**25158**	**31081**	**96021**	**42885**	**53136**	**88126**	**43470**	**44656**

3-2 续表 2

单位：人

年龄	小学								
	合计			在校			毕业		
	合计	男	女	小计	男	女	小计	男	女
总计	**1620154**	**745693**	**874461**	**496048**	**269319**	**226729**	**915348**	**391559**	**523789**
3									
4									
5—9岁	**323195**	**175064**	**148131**	**316877**	**171548**	**145329**	**4985**	**2811**	**2174**
5	10848	5667	5181	10532	5487	5045	213	120	93
6	65179	35059	30120	63928	34361	29567	983	557	426
7	80745	43729	37016	79200	42872	36328	1228	693	535
8	86739	47173	39566	85047	46236	38811	1346	755	591
9	79684	43436	36248	78170	42592	35578	1215	686	529
10—14岁	**183075**	**99996**	**83079**	**178662**	**97539**	**81123**	**3458**	**1923**	**1535**
10	76051	41464	34587	74401	40542	33859	1322	739	583
11	70984	38678	32306	69458	37816	31642	1224	684	540
12	26159	14555	11604	25466	14180	11286	529	284	245
13	7235	3923	3312	6907	3742	3165	235	136	99
14	2646	1376	1270	2430	1259	1171	148	80	68
15—19岁	**1660**	**881**	**779**	**305**	**152**	**153**	**1029**	**541**	**488**
15	248	133	115	107	56	51	72	35	37
16	269	149	120	73	35	38	147	90	57
17	315	163	152	53	29	24	196	98	98
18	373	192	181	37	17	20	274	136	138
19	455	244	211	35	15	20	340	182	158
20—24岁	**3071**	**1585**	**1486**	**33**	**15**	**18**	**2580**	**1310**	**1270**
20	507	271	236	20	8	12	399	211	188
21	487	263	224	8	4	4	392	212	180
22	609	316	293	3	2	1	510	258	252
23	671	328	343	1		1	579	273	306
24	797	407	390	1	1		700	356	344
25—29岁	**7686**	**3573**	**4113**	**7**	**3**	**4**	**6777**	**3123**	**3654**
25	1045	524	521	3	1	2	906	448	458
26	1203	583	620	1		1	1062	509	553
27	1542	718	824	1	1		1360	621	739
28	1776	795	981	1	1		1564	696	868
29	2120	953	1167	1		1	1885	849	1036
30—34岁	**16224**	**6297**	**9927**	**7**	**2**	**5**	**14367**	**5524**	**8843**
30	2850	1212	1638	4	1	3	2502	1041	1461
31	3032	1224	1808	1	1		2671	1063	1608
32	3183	1216	1967				2850	1086	1764
33	3547	1334	2213				3145	1165	1980
34	3612	1311	2301	2		2	3199	1169	2030
35—39岁	**21805**	**7283**	**14522**	**6**	**2**	**4**	**19144**	**6361**	**12783**
35	3534	1222	2312	1	1		3131	1075	2056
36	3776	1280	2496				3304	1125	2179
37	4084	1409	2675	1		1	3615	1238	2377
38	4936	1574	3362	2		2	4311	1363	2948
39	5475	1798	3677	2	1	1	4783	1560	3223
40—44岁	**50045**	**17297**	**32748**	**15**	**5**	**10**	**43799**	**15126**	**28673**
40	6904	2296	4608	2	1	1	6062	1999	4063
41	9100	3199	5901	3	1	2	7976	2798	5178
42	10253	3560	6693	4	1	3	8957	3123	5834
43	10715	3627	7088	2	1	1	9378	3193	6185
44	13073	4615	8458	4	1	3	11426	4013	7413
45—49岁	**113310**	**39540**	**73770**	**11**	**3**	**8**	**97593**	**34168**	**63425**
45	15034	5260	9774	2	1	1	13013	4528	8485
46	18253	6450	11803	4	1	3	15878	5621	10257
47	21917	7567	14350				18867	6558	12309
48	27391	9536	17855	2	1	1	23637	8217	15420
49	30715	10727	19988	3		3	26198	9244	16954
50岁及以上	**900083**	**394177**	**505906**	**125**	**50**	**75**	**721616**	**320672**	**400944**

3-2 续表 3

单位：人

年 龄	小学								
	肄业			辍学			其他		
	小计	男	女	小计	男	女	小计	男	女
总 计	**47963**	**18808**	**29155**	**88973**	**35346**	**53627**	**71822**	**30661**	**41161**
3									
4									
5-9岁	**91**	**46**	**45**	**68**	**37**	**31**	**1174**	**622**	**552**
5	4	2	2	8	5	3	91	53	38
6	15	5	10	11	5	6	242	131	111
7	19	11	8	15	9	6	283	144	139
8	31	13	18	11	4	7	304	165	139
9	22	15	7	23	14	9	254	129	125
10-14岁	**72**	**41**	**31**	**105**	**64**	**41**	**778**	**429**	**349**
10	22	11	11	21	14	7	285	158	127
11	24	17	7	23	12	11	255	149	106
12	11	7	4	18	14	4	135	70	65
13	8	3	5	24	13	11	61	29	32
14	7	3	4	19	11	8	42	23	19
15-19岁	**62**	**32**	**30**	**143**	**85**	**58**	**121**	**71**	**50**
15	14	9	5	24	15	9	31	18	13
16	11	4	7	23	15	8	15	5	10
17	11	5	6	33	16	17	22	15	7
18	11	7	4	29	16	13	22	16	6
19	15	7	8	34	23	11	31	17	14
20-24岁	**76**	**42**	**34**	**198**	**121**	**77**	**184**	**97**	**87**
20	17	10	7	36	24	12	35	18	17
21	14	7	7	29	15	14	44	25	19
22	16	9	7	48	29	19	32	18	14
23	11	7	4	48	28	20	32	20	12
24	18	9	9	37	25	12	41	16	25
25-29岁	**147**	**80**	**67**	**356**	**177**	**179**	**399**	**190**	**209**
25	24	14	10	58	35	23	54	26	28
26	22	14	8	54	31	23	64	29	35
27	28	18	10	71	36	35	82	42	40
28	39	19	20	80	38	42	92	41	51
29	34	15	19	93	37	56	107	52	55
30-34岁	**307**	**128**	**179**	**766**	**326**	**440**	**777**	**317**	**460**
30	70	34	36	135	67	68	139	69	70
31	57	24	33	147	71	76	156	65	91
32	60	26	34	115	45	70	158	59	99
33	56	23	33	186	81	105	160	65	95
34	64	21	43	183	62	121	164	59	105
35-39岁	**456**	**156**	**300**	**1110**	**368**	**742**	**1089**	**396**	**693**
35	67	21	46	161	58	103	174	67	107
36	75	28	47	189	60	129	208	67	141
37	71	22	49	197	58	139	200	91	109
38	99	36	63	282	99	183	242	76	166
39	144	49	95	281	93	188	265	95	170
40-44岁	**1142**	**365**	**777**	**2768**	**941**	**1827**	**2321**	**860**	**1461**
40	154	52	102	395	136	259	291	108	183
41	205	52	153	483	163	320	433	185	248
42	230	82	148	568	178	390	494	176	318
43	248	75	173	590	194	396	497	164	333
44	305	104	201	732	270	462	606	227	379
45-49岁	**3074**	**1028**	**2046**	**7261**	**2421**	**4840**	**5371**	**1920**	**3451**
45	367	124	243	869	302	567	783	305	478
46	500	173	327	1076	365	711	795	290	505
47	599	189	410	1462	461	1001	989	359	630
48	733	262	471	1700	593	1107	1319	463	856
49	875	280	595	2154	700	1454	1485	503	982
50岁及以上	**42536**	**16890**	**25646**	**76198**	**30806**	**45392**	**59608**	**25759**	**33849**

3-2　续表 4　　　　　　　　　　　　　　　　　　　　　　　　单位：人

年龄	初中								
	合计			在校			毕业		
	合计	男	女	小计	男	女	小计	男	女
总　计	**2020932**	**1095928**	**925004**	**238732**	**130405**	**108327**	**1666102**	**900994**	**765108**
3									
4									
5-9岁	**3066**	**1776**	**1290**	**2781**	**1610**	**1171**	**239**	**134**	**105**
5									
6	541	316	225	474	276	198	56	30	26
7	612	355	257	545	313	232	55	32	23
8	832	483	349	764	446	318	54	31	23
9	1081	622	459	998	575	423	74	41	33
10-14岁	**195873**	**106625**	**89248**	**189580**	**103016**	**86564**	**5344**	**3076**	**2268**
10	1973	1121	852	1863	1053	810	93	57	36
11	8830	4661	4169	8499	4482	4017	279	156	123
12	51939	27963	23976	50542	27181	23361	1194	667	527
13	66957	36333	30624	64930	35170	29760	1754	1018	736
14	66174	36547	29627	63746	35130	28616	2024	1178	846
15-19岁	**67204**	**38154**	**29050**	**45829**	**25475**	**20354**	**19681**	**11656**	**8025**
15	29283	16568	12715	27500	15532	11968	1513	885	628
16	14124	8012	6112	10663	5902	4761	3143	1909	1234
17	8916	5092	3824	4393	2344	2049	4184	2539	1645
18	7149	4066	3083	2016	1025	991	4755	2809	1946
19	7732	4416	3316	1257	672	585	6086	3514	2572
20-24岁	**62972**	**34197**	**28775**	**255**	**148**	**107**	**59114**	**32065**	**27049**
20	8384	4874	3510	96	60	36	7780	4498	3282
21	9657	5327	4330	54	30	24	9045	4985	4060
22	12343	6702	5641	48	27	21	11575	6294	5281
23	14571	7786	6785	38	22	16	13754	7351	6403
24	18017	9508	8509	19	9	10	16960	8937	8023
25-29岁	**143534**	**71308**	**72226**	**78**	**45**	**33**	**135795**	**67263**	**68532**
25	22919	11856	11063	28	15	13	21620	11167	10453
26	24348	12418	11930	17	12	5	22982	11680	11302
27	28394	14155	14239	11	5	6	26838	13308	13530
28	31540	15404	16136	13	7	6	29899	14569	15330
29	36333	17475	18858	9	6	3	34456	16539	17917
30-34岁	**216124**	**100360**	**115764**	**44**	**21**	**23**	**205044**	**95058**	**109986**
30	46019	21588	24431	10	3	7	43695	20477	23218
31	44307	20735	23572	11	6	5	42016	19599	22417
32	42185	19500	22685	10	6	4	40085	18478	21607
33	44126	20253	23873	3	1	2	41868	19199	22669
34	39487	18284	21203	10	5	5	37380	17305	20075
35-39岁	**190152**	**91527**	**98625**	**33**	**17**	**16**	**180089**	**86612**	**93477**
35	36844	17333	19511	8	3	5	34935	16436	18499
36	37663	17998	19665	7	1	6	35677	17016	18661
37	36870	17785	19085	9	8	1	34923	16822	18101
38	40249	19624	20625	8	5	3	38131	18590	19541
39	38526	18787	19739	1		1	36423	17748	18675
40-44岁	**212737**	**109239**	**103498**	**29**	**14**	**15**	**200598**	**102900**	**97698**
40	40787	20193	20594	6	3	3	38600	19055	19545
41	43783	22237	21546	2	1	1	41325	20959	20366
42	43393	22211	21182	9	3	6	40919	20936	19983
43	40288	21166	19122	7	5	2	37908	19921	17987
44	44486	23432	21054	5	2	3	41846	22029	19817
45-49岁	**261251**	**141438**	**119813**	**26**	**11**	**15**	**244272**	**132390**	**111882**
45	43946	23173	20773	2		2	41093	21684	19409
46	48558	25964	22594	5	1	4	45571	24388	21183
47	52588	28270	24318	9	5	4	49157	26414	22743
48	57937	31796	26141	4	2	2	54149	29785	24364
49	58222	32235	25987	6	3	3	54302	30119	24183
50岁及以上	**668019**	**401304**	**266715**	**77**	**48**	**29**	**615926**	**369840**	**246086**

3−2 续表 5 单位：人

年龄	初中								
	肄业			辍学			其他		
	小计	男	女	小计	男	女	小计	男	女
总计	**22167**	**12437**	**9730**	**37329**	**21063**	**16266**	**56602**	**31029**	**25573**
3									
4									
5−9岁	**1**	**1**		**3**	**2**	**1**	**42**	**29**	**13**
5									
6				1	1		10	9	1
7				1	1		11	9	2
8	1	1					13	5	8
9				1		1	8	6	2
10−14岁	**94**	**56**	**38**	**166**	**89**	**77**	**689**	**388**	**301**
10				1	1		16	10	6
11	3		3	3	1	2	46	22	24
12	16	11	5	18	8	10	169	96	73
13	33	21	12	43	15	28	197	109	88
14	42	24	18	101	64	37	261	151	110
15−19岁	**299**	**188**	**111**	**638**	**390**	**248**	**757**	**445**	**312**
15	34	17	17	132	79	53	104	55	49
16	53	32	21	143	97	46	122	72	50
17	71	46	25	122	77	45	146	86	60
18	80	52	28	128	79	49	170	101	69
19	61	41	20	113	58	55	215	131	84
20−24岁	**488**	**302**	**186**	**1059**	**642**	**417**	**2056**	**1040**	**1016**
20	79	54	25	167	115	52	262	147	115
21	69	43	26	171	98	73	318	171	147
22	100	58	42	199	112	87	421	211	210
23	101	59	42	232	143	89	446	211	235
24	139	88	51	290	174	116	609	300	309
25−29岁	**1109**	**616**	**493**	**2087**	**1218**	**869**	**4465**	**2166**	**2299**
25	185	104	81	345	218	127	741	352	389
26	192	106	86	383	232	151	774	388	386
27	214	133	81	448	271	177	883	438	445
28	243	127	116	416	225	191	969	476	493
29	275	146	129	495	272	223	1098	512	586
30−34岁	**1595**	**801**	**794**	**3075**	**1545**	**1530**	**6366**	**2935**	**3431**
30	307	161	146	652	333	319	1355	614	741
31	331	183	148	608	321	287	1341	626	715
32	293	135	158	587	302	285	1210	579	631
33	336	176	160	633	303	330	1286	574	712
34	328	146	182	595	286	309	1174	542	632
35−39岁	**1634**	**798**	**836**	**2897**	**1410**	**1487**	**5499**	**2690**	**2809**
35	307	146	161	522	238	284	1072	510	562
36	320	168	152	569	289	280	1090	524	566
37	305	140	165	589	288	301	1044	527	517
38	369	179	190	566	282	284	1175	568	607
39	333	165	168	651	313	338	1118	561	557
40−44岁	**2127**	**1118**	**1009**	**3892**	**2002**	**1890**	**6091**	**3205**	**2886**
40	348	194	154	701	354	347	1132	587	545
41	427	229	198	774	380	394	1255	668	587
42	427	232	195	809	415	394	1229	625	604
43	435	222	213	756	409	347	1182	609	573
44	490	241	249	852	444	408	1293	716	577
45−49岁	**3236**	**1714**	**1522**	**5672**	**3019**	**2653**	**8045**	**4304**	**3741**
45	530	278	252	995	515	480	1326	696	630
46	534	288	246	1012	528	484	1436	759	677
47	612	321	291	1180	636	544	1630	894	736
48	786	416	370	1193	639	554	1805	954	851
49	774	411	363	1292	701	591	1848	1001	847
50岁及以上	**11584**	**6843**	**4741**	**17840**	**10746**	**7094**	**22592**	**13827**	**8765**

3-2 续表 6

单位：人

年龄	高中								
	合计			在校			毕业		
	合计	男	女	小计	男	女	小计	男	女
总计	**809743**	**461009**	**348734**	**204230**	**110103**	**94127**	**578378**	**334696**	**243682**
3									
4									
5-9岁	**2**	**1**	**1**	**2**	**1**	**1**			
5									
6									
7									
8	2	1	1	2	1	1			
9									
10-14岁	**8459**	**4372**	**4087**	**8201**	**4217**	**3984**	**215**	**131**	**84**
10	4	3	1	2	1	1	2	2	
11	5	4	1	4	3	1	1	1	
12	12	5	7	11	4	7	1	1	
13	953	520	433	903	488	415	41	27	14
14	7485	3840	3645	7281	3721	3560	170	100	70
15-19岁	**201422**	**109968**	**91454**	**189322**	**102437**	**86885**	**10795**	**6749**	**4046**
15	43949	23837	20112	43619	23629	19990	248	161	87
16	65468	35691	29777	64337	34970	29367	908	582	326
17	54735	29753	24982	52380	28314	24066	2034	1246	788
18	25124	13812	11312	21591	11612	9979	3184	2001	1183
19	12146	6875	5271	7395	3912	3483	4421	2759	1662
20-24岁	**49538**	**28720**	**20818**	**6558**	**3365**	**3193**	**40859**	**24053**	**16806**
20	9173	5298	3875	3315	1678	1637	5503	3402	2101
21	8212	4785	3427	1474	757	717	6414	3823	2591
22	9639	5609	4030	864	454	410	8316	4873	3443
23	10495	6088	4407	540	289	251	9504	5540	3964
24	12019	6940	5079	365	187	178	11122	6415	4707
25-29岁	**84468**	**46860**	**37608**	**81**	**44**	**37**	**80664**	**44659**	**36005**
25	14484	8327	6157	22	11	11	13838	7941	5897
26	14635	8253	6382	20	11	9	13958	7857	6101
27	16731	9234	7497	14	7	7	15983	8801	7182
28	18262	10041	8221	17	13	4	17418	9555	7863
29	20356	11005	9351	8	2	6	19467	10505	8962
30-34岁	**100073**	**53437**	**46636**	**20**	**11**	**9**	**95959**	**51151**	**44808**
30	24857	13360	11497	9	4	5	23802	12787	11015
31	22355	11869	10486	4	3	1	21370	11308	10062
32	19619	10376	9243	3	1	2	18839	9947	8892
33	18445	9908	8537	3	3		17712	9488	8224
34	14797	7924	6873	1		1	14236	7621	6615
35-39岁	**61866**	**33709**	**28157**	**5**	**3**	**2**	**59303**	**32308**	**26995**
35	12757	6995	5762	1		1	12217	6707	5510
36	12442	6760	5682	1	1		11957	6502	5455
37	11816	6421	5395				11307	6147	5160
38	12916	7061	5855	2	1	1	12378	6751	5627
39	11935	6472	5463	1	1		11444	6201	5243
40-44岁	**58703**	**32683**	**26020**	**7**	**4**	**3**	**56343**	**31331**	**25012**
40	12009	6571	5438	2	1	1	11535	6305	5230
41	12479	6918	5561	1		1	11958	6613	5345
42	12067	6670	5397	1	1		11579	6398	5181
43	10623	5964	4659	2	2		10190	5714	4476
44	11525	6560	4965	1		1	11081	6301	4780
45-49岁	**59971**	**35024**	**24947**	**10**	**7**	**3**	**57294**	**33475**	**23819**
45	10992	6307	4685	1	1		10508	6015	4493
46	11357	6654	4703	5	3	2	10844	6355	4489
47	12080	7074	5006	2	1	1	11561	6772	4789
48	13013	7521	5492	1	1		12421	7196	5225
49	12529	7468	5061	1	1		11960	7137	4823
50岁及以上	**185241**	**116235**	**69006**	**24**	**14**	**10**	**176946**	**110839**	**66107**

3－2 续表 7

单位：人

年 龄	高中								
	肄业			辍学			其他		
	小计	男	女	小计	男	女	小计	男	女
总 计	**5834**	**3569**	**2265**	**6994**	**4365**	**2629**	**14307**	**8276**	**6031**
3									
4									
5－9岁									
5									
6									
7									
8									
9									
10－14岁	**2**	**1**	**1**	**7**	**3**	**4**	**34**	**20**	**14**
10									
11									
12									
13							9	5	4
14	2	1	1	7	3	4	25	15	10
15－19岁	**280**	**181**	**99**	**462**	**266**	**196**	**563**	**335**	**228**
15	13	9	4	24	14	10	45	24	21
16	43	29	14	98	62	36	82	48	34
17	70	50	20	123	71	52	128	72	56
18	82	45	37	112	59	53	155	95	60
19	72	48	24	105	60	45	153	96	57
20－24岁	**400**	**250**	**150**	**706**	**474**	**232**	**1015**	**578**	**437**
20	69	43	26	130	91	39	156	84	72
21	69	44	25	116	81	35	139	80	59
22	85	49	36	151	95	56	223	138	85
23	80	45	35	155	98	57	216	116	100
24	97	69	28	154	109	45	281	160	121
25－29岁	**714**	**426**	**288**	**998**	**634**	**364**	**2011**	**1097**	**914**
25	107	72	35	175	113	62	342	190	152
26	121	67	54	187	120	67	349	198	151
27	137	84	53	195	129	66	402	213	189
28	176	98	78	219	132	87	432	243	189
29	173	105	68	222	140	82	486	253	233
30－34岁	**891**	**515**	**376**	**1070**	**629**	**441**	**2133**	**1131**	**1002**
30	216	126	90	288	163	125	542	280	262
31	207	120	87	250	161	89	524	277	247
32	168	98	70	203	119	84	406	211	195
33	173	94	79	171	96	75	386	227	159
34	127	77	50	158	90	68	275	136	139
35－39岁	**509**	**275**	**234**	**645**	**373**	**272**	**1404**	**750**	**654**
35	108	62	46	130	71	59	301	155	146
36	100	52	48	129	75	54	255	130	125
37	102	48	54	137	76	61	270	150	120
38	107	62	45	134	85	49	295	162	133
39	92	51	41	115	66	49	283	153	130
40－44岁	**510**	**295**	**215**	**550**	**329**	**221**	**1293**	**724**	**569**
40	92	55	37	119	68	51	261	142	119
41	105	63	42	119	71	48	296	171	125
42	99	52	47	117	67	50	271	152	119
43	105	59	46	98	68	30	228	121	107
44	109	66	43	97	55	42	237	138	99
45－49岁	**650**	**385**	**265**	**635**	**364**	**271**	**1382**	**793**	**589**
45	128	81	47	123	71	52	232	139	93
46	122	78	44	104	62	42	282	156	126
47	133	79	54	122	67	55	262	155	107
48	133	74	59	140	76	64	318	174	144
49	134	73	61	146	88	58	288	169	119
50岁及以上	**1878**	**1241**	**637**	**1921**	**1293**	**628**	**4472**	**2848**	**1624**

3-2　续表 8　　　　　　　　　　　　　　　　单位：人

年　龄	大学专科								
	合　　计			在　　校			毕　　业		
	合计	男	女	小计	男	女	小计	男	女
总　计	**448828**	**239395**	**209433**	**67251**	**32896**	**34355**	**373428**	**201791**	**171637**
3									
4									
5-9岁									
5									
6									
7									
8									
9									
10-14岁	**11**	**5**	**6**	**11**	**5**	**6**			
10									
11	1		1	1		1			
12									
13	1	1		1	1				
14	9	4	5	9	4	5			
15-19岁	**39615**	**18877**	**20738**	**36081**	**17074**	**19007**	**3255**	**1650**	**1605**
15	1259	536	723	1238	526	712	17	9	8
16	2686	1265	1421	2562	1186	1376	110	72	38
17	5155	2443	2712	4710	2212	2498	392	203	189
18	12343	5890	6453	11407	5397	6010	851	438	413
19	18172	8743	9429	16164	7753	8411	1885	928	957
20-24岁	**81179**	**39706**	**41473**	**28603**	**14428**	**14175**	**51237**	**24557**	**26680**
20	18930	9270	9660	14548	7143	7405	4174	2016	2158
21	15259	7532	7727	7673	3931	3742	7369	3480	3889
22	15282	7413	7869	3757	1985	1772	11263	5284	5979
23	15634	7638	7996	1718	907	811	13601	6559	7042
24	16074	7853	8221	907	462	445	14830	7218	7612
25-29岁	**85924**	**42740**	**43184**	**1544**	**801**	**743**	**82633**	**41011**	**41622**
25	17428	8541	8887	629	329	300	16463	8033	8430
26	16238	8184	8054	360	188	172	15522	7798	7724
27	16858	8485	8373	245	126	119	16271	8175	8096
28	17263	8537	8726	188	100	88	16729	8257	8472
29	18137	8993	9144	122	58	64	17648	8748	8900
30-34岁	**81554**	**41467**	**40087**	**452**	**244**	**208**	**79512**	**40357**	**39155**
30	20913	10542	10371	137	70	67	20351	10232	10119
31	18638	9364	9274	103	61	42	18173	9107	9066
32	15760	7856	7904	81	43	38	15367	7646	7721
33	14627	7630	6997	78	39	39	14270	7448	6822
34	11616	6075	5541	53	31	22	11351	5924	5427
35-39岁	**41118**	**22066**	**19052**	**190**	**100**	**90**	**40142**	**21526**	**18616**
35	9478	5126	4352	41	18	23	9256	5007	4249
36	8730	4675	4055	44	25	19	8535	4575	3960
37	7995	4304	3691	34	19	15	7800	4188	3612
38	8146	4356	3790	37	18	19	7932	4233	3699
39	6769	3605	3164	34	20	14	6619	3523	3096
40-44岁	**30768**	**17009**	**13759**	**153**	**85**	**68**	**30026**	**16557**	**13469**
40	6493	3469	3024	34	15	19	6336	3380	2956
41	6787	3697	3090	50	29	21	6609	3583	3026
42	6304	3454	2850	28	14	14	6173	3378	2795
43	5460	3114	2346	25	16	9	5334	3040	2294
44	5724	3275	2449	16	11	5	5574	3176	2398
45-49岁	**26132**	**15657**	**10475**	**87**	**65**	**22**	**25480**	**15248**	**10232**
45	5285	3099	2186	16	11	5	5138	3012	2126
46	5165	3066	2099	18	11	7	5041	2995	2046
47	5190	3094	2096	20	17	3	5068	3008	2060
48	5508	3323	2185	17	14	3	5374	3242	2132
49	4984	3075	1909	16	12	4	4859	2991	1868
50岁及以上	**62527**	**41868**	**20659**	**130**	**94**	**36**	**61143**	**40885**	**20258**

3-2 续表 9

单位：人

年龄	大学专科								
	肄业			辍学			其他		
	小计	男	女	小计	男	女	小计	男	女
总计	**1193**	**747**	**446**	**477**	**300**	**177**	**6479**	**3661**	**2818**
3									
4									
5-9岁									
5									
6									
7									
8									
9									
10-14岁									
10									
11									
12									
13									
14									
15-19岁	**52**	**24**	**28**	**27**	**14**	**13**	**200**	**115**	**85**
15	1		1				3	1	2
16	4		4				10	7	3
17	8	4	4	10	3	7	35	21	14
18	22	11	11	6	4	2	57	40	17
19	17	9	8	11	7	4	95	46	49
20-24岁	**208**	**123**	**85**	**86**	**53**	**33**	**1045**	**545**	**500**
20	37	20	17	15	11	4	156	80	76
21	34	22	12	14	8	6	169	91	78
22	42	26	16	18	9	9	202	109	93
23	43	25	18	23	18	5	249	129	120
24	52	30	22	16	7	9	269	136	133
25-29岁	**238**	**135**	**103**	**115**	**64**	**51**	**1394**	**729**	**665**
25	49	26	23	30	15	15	257	138	119
26	44	29	15	25	21	4	287	148	139
27	42	23	19	11	5	6	289	156	133
28	47	25	22	21	11	10	278	144	134
29	56	32	24	28	12	16	283	143	140
30-34岁	**236**	**148**	**88**	**102**	**68**	**34**	**1252**	**650**	**602**
30	58	34	24	25	17	8	342	189	153
31	52	37	15	21	17	4	289	142	147
32	56	34	22	23	14	9	233	119	114
33	39	26	13	20	11	9	220	106	114
34	31	17	14	13	9	4	168	94	74
35-39岁	**104**	**64**	**40**	**39**	**24**	**15**	**643**	**352**	**291**
35	26	13	13	10	7	3	145	81	64
36	19	11	8	7	2	5	125	62	63
37	27	18	9	11	9	2	123	70	53
38	22	16	6	5	3	2	150	86	64
39	10	6	4	6	3	3	100	53	47
40-44岁	**78**	**55**	**23**	**32**	**25**	**7**	**479**	**287**	**192**
40	16	11	5	5	5		102	58	44
41	20	14	6	10	7	3	98	64	34
42	9	8	1	6	4	2	88	50	38
43	11	6	5	3	3		87	49	38
44	22	16	6	8	6	2	104	66	38
45-49岁	**88**	**53**	**35**	**30**	**22**	**8**	**447**	**269**	**178**
45	23	9	14	6	4	2	102	63	39
46	13	9	4	7	4	3	86	47	39
47	14	10	4	5	5		83	54	29
48	15	11	4	8	6	2	94	50	44
49	23	14	9	4	3	1	82	55	27
50岁及以上	**189**	**145**	**44**	**46**	**30**	**16**	**1019**	**714**	**305**

3-2　续表 10　　　　单位：人

年龄	大学本科								
	合计			在校			毕业		
	合计	男	女	小计	男	女	小计	男	女
总　计	**349496**	**190861**	**158635**	**89351**	**45677**	**43674**	**256326**	**142999**	**113327**
3									
4									
5—9岁									
5									
6									
7									
8									
9									
10—14岁	**6**	**2**	**4**	**6**	**2**	**4**			
10									
11									
12									
13	2		2	2		2			
14	4	2	2	4	2	2			
15—19岁	**31252**	**15898**	**15354**	**30816**	**15661**	**15155**	**391**	**212**	**179**
15	80	39	41	75	35	40	4	4	
16	253	135	118	244	129	115	8	5	3
17	2351	1175	1176	2312	1154	1158	34	17	17
18	10372	5358	5014	10245	5293	4952	110	55	55
19	18196	9191	9005	17940	9050	8890	235	131	104
20—24岁	**85040**	**42351**	**42689**	**55989**	**28618**	**27371**	**28501**	**13447**	**15054**
20	21866	11058	10808	21199	10708	10491	623	323	300
21	19672	9782	9890	17476	8775	8701	2126	969	1157
22	17255	8568	8687	10752	5567	5185	6379	2935	3444
23	13796	6854	6942	4668	2543	2125	8978	4238	4740
24	12451	6089	6362	1894	1025	869	10395	4982	5413
25—29岁	**65856**	**32901**	**32955**	**2012**	**1103**	**909**	**62877**	**31286**	**31591**
25	13076	6481	6595	959	542	417	11922	5838	6084
26	12715	6206	6509	491	258	233	12042	5855	6187
27	12892	6396	6496	260	148	112	12442	6142	6300
28	13449	6806	6643	173	83	90	13084	6620	6464
29	13724	7012	6712	129	72	57	13387	6831	6556
30—34岁	**61525**	**32437**	**29088**	**269**	**137**	**132**	**60427**	**31843**	**28584**
30	15607	8064	7543	92	39	53	15293	7911	7382
31	13701	7197	6504	68	37	31	13443	7044	6399
32	11851	6229	5622	47	30	17	11651	6114	5537
33	11149	5973	5176	34	19	15	10974	5877	5097
34	9217	4974	4243	28	12	16	9066	4897	4169
35—39岁	**35463**	**19721**	**15742**	**92**	**45**	**47**	**34917**	**19421**	**15496**
35	7891	4304	3587	18	8	10	7766	4230	3536
36	7769	4326	3443	31	12	19	7650	4266	3384
37	7135	3958	3177	18	14	4	7021	3885	3136
38	7002	3932	3070	18	6	12	6892	3881	3011
39	5666	3201	2465	7	5	2	5588	3159	2429
40—44岁	**21772**	**12877**	**8895**	**62**	**31**	**31**	**21424**	**12687**	**8737**
40	5058	2895	2163	12	4	8	4981	2852	2129
41	4956	2851	2105	14	10	4	4868	2799	2069
42	4225	2497	1728	11	6	5	4160	2463	1697
43	3725	2282	1443	11	4	7	3663	2254	1409
44	3808	2352	1456	14	7	7	3752	2319	1433
45—49岁	**15866**	**10501**	**5365**	**41**	**27**	**14**	**15610**	**10332**	**5278**
45	3402	2137	1265	12	9	3	3340	2094	1246
46	3242	2171	1071	14	8	6	3194	2140	1054
47	3195	2137	1058	6	3	3	3149	2109	1040
48	3242	2216	1026	9	7	2	3179	2171	1008
49	2785	1840	945				2748	1818	930
50岁及以上	**32716**	**24173**	**8543**	**64**	**53**	**11**	**32179**	**23771**	**8408**

3-2 续表 11

单位：人

年 龄	大学本科								
	肄 业			辍 学			其 他		
	小计	男	女	小计	男	女	小计	男	女
总 计	**499**	**297**	**202**	**85**	**63**	**22**	**3235**	**1825**	**1410**
3									
4									
5-9岁									
5									
6									
7									
8									
9									
10-14岁									
10									
11									
12									
13									
14									
15-19岁	**5**	**2**	**3**	**2**	**1**	**1**	**38**	**22**	**16**
15							1		1
16							1	1	
17							5	4	1
18	2	1	1				15	9	6
19	3	1	2	2	1	1	16	8	8
20-24岁	**69**	**32**	**37**	**19**	**18**	**1**	**462**	**236**	**226**
20	3	1	2	1	1		40	25	15
21	9	4	5	5	5		56	29	27
22	13	6	7	4	3	1	107	57	50
23	21	12	9	2	2		127	59	68
24	23	9	14	7	7		132	66	66
25-29岁	**148**	**87**	**61**	**21**	**17**	**4**	**798**	**408**	**390**
25	32	22	10	3	2	1	160	77	83
26	28	13	15	5	3	2	149	77	72
27	29	20	9	4	4		157	82	75
28	21	9	12	5	4	1	166	90	76
29	38	23	15	4	4		166	82	84
30-34岁	**112**	**72**	**40**	**11**	**8**	**3**	**706**	**377**	**329**
30	28	15	13	9	6	3	185	93	92
31	31	23	8				159	93	66
32	23	14	9				130	71	59
33	16	11	5	2	2		123	64	59
34	14	9	5				109	56	53
35-39岁	**60**	**35**	**25**	**7**	**4**	**3**	**387**	**216**	**171**
35	13	7	6	3	2	1	91	57	34
36	6	5	1	2	1	1	80	42	38
37	12	7	5				84	52	32
38	14	11	3				78	34	44
39	15	5	10	2	1	1	54	31	23
40-44岁	**37**	**20**	**17**	**7**	**5**	**2**	**242**	**134**	**108**
40	10	8	2	2	1	1	53	30	23
41	11	5	6	4	3	1	59	34	25
42	6	4	2				48	24	24
43	6	1	5				45	23	22
44	4	2	2	1	1		37	23	14
45-49岁	**23**	**14**	**9**	**5**	**2**	**3**	**187**	**126**	**61**
45	2	2					48	32	16
46	5	4	1	2	2		27	17	10
47	4	1	3	1		1	35	24	11
48	8	6	2	1		1	45	32	13
49	4	1	3	1		1	32	21	11
50岁及以上	**45**	**35**	**10**	**13**	**8**	**5**	**415**	**306**	**109**

3-2　续表 12　　　　单位：人

年　龄	硕士研究生								
	合　计			在　校			毕　业		
	合计	男	女	小计	男	女	小计	男	女
总　计	**31740**	**17415**	**14325**	**8695**	**4459**	**4236**	**22809**	**12821**	**9988**
3									
4									
5–9岁									
5									
6									
7									
8									
9									
10–14岁									
10									
11									
12									
13									
14									
15–19岁	**36**	**25**	**11**	**35**	**25**	**10**	**1**		**1**
15									
16									
17	5	2	3	5	2	3			
18	12	8	4	12	8	4			
19	19	15	4	18	15	3	1		1
20–24岁	**6282**	**3093**	**3189**	**5618**	**2809**	**2809**	**636**	**268**	**368**
20	56	27	29	54	26	28	2	1	1
21	358	163	195	347	157	190	10	6	4
22	1392	687	705	1330	655	675	56	26	30
23	2139	1039	1100	1977	977	1000	155	60	95
24	2337	1177	1160	1910	994	916	413	175	238
25–29岁	**8592**	**4234**	**4358**	**2728**	**1454**	**1274**	**5794**	**2745**	**3049**
25	2186	1118	1068	1370	724	646	808	390	418
26	1718	810	908	686	365	321	1020	436	584
27	1632	791	841	367	193	174	1251	595	656
28	1487	722	765	194	111	83	1276	601	675
29	1569	793	776	111	61	50	1439	723	716
30–34岁	**6989**	**3588**	**3401**	**235**	**127**	**108**	**6700**	**3431**	**3269**
30	1754	877	877	89	51	38	1648	817	831
31	1552	804	748	53	22	31	1484	776	708
32	1354	697	657	53	30	23	1292	659	633
33	1288	655	633	23	13	10	1258	638	620
34	1041	555	486	17	11	6	1018	541	477
35–39岁	**4111**	**2351**	**1760**	**49**	**23**	**26**	**4024**	**2308**	**1716**
35	868	484	384	18	7	11	843	474	369
36	848	472	376	8	4	4	830	462	368
37	882	488	394	11	7	4	860	475	385
38	844	508	336	5	1	4	834	505	329
39	669	399	270	7	4	3	657	392	265
40–44岁	**2170**	**1375**	**795**	**9**	**5**	**4**	**2153**	**1366**	**787**
40	566	337	229	5	4	1	558	332	226
41	533	335	198	2		2	529	334	195
42	424	262	162				421	260	161
43	333	221	112				333	221	112
44	314	220	94	2	1	1	312	219	93
45–49岁	**1435**	**1054**	**381**	**6**	**4**	**2**	**1415**	**1038**	**377**
45	285	199	86				284	198	86
46	281	207	74	3	2	1	274	202	72
47	312	234	78	1	1		307	229	78
48	306	225	81				302	222	80
49	251	189	62	2	1	1	248	187	61
50岁及以上	**2125**	**1695**	**430**	**15**	**12**	**3**	**2086**	**1665**	**421**

3-2 续表 13

单位：人

年 龄	硕士研究生								
	肄 业			辍 学			其 他		
	小计	男	女	小计	男	女	小计	男	女
总 计	**31**	**18**	**13**	**5**	**3**	**2**	**200**	**114**	**86**
3									
4									
5-9岁									
5									
6									
7									
8									
9									
10-14岁									
10									
11									
12									
13									
14									
15-19岁									
15									
16									
17									
18									
19									
20-24岁	**1**	**1**					**27**	**15**	**12**
20									
21							1		1
22	1	1					5	5	
23							7	2	5
24							14	8	6
25-29岁	**12**	**6**	**6**	**1**	**1**		**57**	**28**	**29**
25	2	1	1				6	3	3
26	1	1					11	8	3
27	4	1	3				10	2	8
28	1	1		1	1		15	8	7
29	4	2	2				15	7	8
30-34岁	**8**	**4**	**4**	**1**		**1**	**45**	**26**	**19**
30	5	2	3				12	7	5
31	1		1	1		1	13	6	7
32	2	2					7	6	1
33							7	4	3
34							6	3	3
35-39岁	**3**	**2**	**1**	**2**	**1**	**1**	**33**	**17**	**16**
35	1	1					6	2	4
36				1	1		9	5	4
37	2	1	1				9	5	4
38				1		1	4	2	2
39							5	3	2
40-44岁							**8**	**4**	**4**
40							3	1	2
41							2	1	1
42							3	2	1
43									
44									
45-49岁	**2**	**2**					**12**	**10**	**2**
45							1	1	
46							4	3	1
47							4	4	
48	2	2					2	1	1
49							1	1	
50岁及以上	**5**	**3**	**2**	**1**	**1**		**18**	**14**	**4**

3-2 续表 14 单位：人

年 龄	博士研究生								
	合 计			在 校			毕 业		
	合计	男	女	小计	男	女	小计	男	女
总 计	**3621**	**2475**	**1146**	**1296**	**828**	**468**	**2290**	**1624**	**666**
3									
4									
5–9岁									
5									
6									
7									
8									
9									
10–14岁									
10									
11									
12									
13									
14									
15–19岁	**1**		**1**	**1**		**1**			
15									
16									
17									
18									
19	1		1	1		1			
20–24岁	**254**	**150**	**104**	**237**	**139**	**98**	**16**	**10**	**6**
20	3	1	2	3	1	2			
21	6	3	3	6	3	3			
22	36	19	17	33	17	16	3	2	1
23	78	49	29	71	44	27	6	4	2
24	131	78	53	124	74	50	7	4	3
25–29岁	**1103**	**696**	**407**	**850**	**547**	**303**	**247**	**147**	**100**
25	223	145	78	200	132	68	23	13	10
26	234	143	91	215	135	80	17	8	9
27	216	139	77	177	116	61	37	22	15
28	236	153	83	153	101	52	82	51	31
29	194	116	78	105	63	42	88	53	35
30–34岁	**764**	**500**	**264**	**163**	**113**	**50**	**590**	**382**	**208**
30	190	131	59	65	51	14	121	78	43
31	181	122	59	45	32	13	133	88	45
32	139	89	50	27	18	9	110	70	40
33	131	80	51	15	7	8	114	73	41
34	123	78	45	11	5	6	112	73	39
35–39岁	**572**	**405**	**167**	**28**	**17**	**11**	**539**	**383**	**156**
35	110	73	37	10	4	6	100	69	31
36	111	79	32	2	1	1	108	77	31
37	116	84	32	11	8	3	104	75	29
38	119	91	28	2	2		116	88	28
39	116	78	38	3	2	1	111	74	37
40–44岁	**431**	**320**	**111**	**12**	**8**	**4**	**417**	**310**	**107**
40	112	82	30	5	3	2	106	78	28
41	112	83	29	2	2		109	80	29
42	89	60	29	3	2	1	86	58	28
43	64	53	11	1	1		63	52	11
44	54	42	12	1		1	53	42	11
45–49岁	**202**	**157**	**45**	**3**	**3**		**195**	**150**	**45**
45	48	38	10	1	1		47	37	10
46	35	24	11				33	22	11
47	46	35	11	2	2		42	31	11
48	40	30	10				40	30	10
49	33	30	3				33	30	3
50岁及以上	**294**	**247**	**47**	**2**	**1**	**1**	**286**	**242**	**44**

3−2　续表 15　　　　　　　　　　　　　　　　　　　　　　　　　　　　　　　　　单位：人

年　龄	博士研究生								
	肄　业			辍　学			其　他		
	小计	男	女	小计	男	女	小计	男	女
总　计	**5**	**3**	**2**	**2**	**1**	**1**	**28**	**19**	**9**
3									
4									
5−9岁									
5									
6									
7									
8									
9									
10−14岁									
10									
11									
12									
13									
14									
15−19岁									
15									
16									
17									
18									
19									
20−24岁							**1**	**1**	
20									
21									
22									
23							1	1	
24									
25−29岁	**1**		**1**				**5**	**2**	**3**
25									
26	1		1				1		1
27							2	1	1
28							1	1	
29							1		1
30−34岁							**11**	**5**	**6**
30							4	2	2
31							3	2	1
32							2	1	1
33							2		2
34									
35−39岁	**1**	**1**					**4**	**4**	
35									
36							1	1	
37							1	1	
38							1	1	
39	1	1					1	1	
40−44岁							**2**	**2**	
40							1	1	
41							1	1	
42									
43									
44									
45−49岁	**1**	**1**					**3**	**3**	
45									
46	1	1					1	1	
47							2	2	
48									
49									
50岁及以上	**2**	**1**	**1**	**2**	**1**	**1**	**2**	**2**	

3-2a　全省分年龄、性别、学业完成情况的3岁及以上各种受教育程度人口(城市)

单位：人

年　龄	合　　计								
	合　　计			在　　校			毕　　业		
	合计	男	女	小计	男	女	小计	男	女
总　计	**1401031**	**704733**	**696298**	**279005**	**146787**	**132218**	**1065412**	**532326**	**533086**
3									
4									
5-9岁	**72431**	**39191**	**33240**	**70757**	**38251**	**32506**	**1411**	**793**	**618**
5	1656	871	785	1600	839	761	38	22	16
6	15674	8397	7277	15332	8211	7121	284	156	128
7	18444	9960	8484	18042	9735	8307	349	192	157
8	19619	10747	8872	19157	10485	8672	392	223	169
9	17038	9216	7822	16626	8981	7645	348	200	148
10-14岁	**79665**	**43182**	**36483**	**77164**	**41774**	**35390**	**2198**	**1241**	**957**
10	16041	8812	7229	15606	8561	7045	381	222	159
11	15913	8578	7335	15491	8352	7139	355	187	168
12	16064	8711	7353	15564	8434	7130	436	235	201
13	16024	8515	7509	15435	8190	7245	538	304	234
14	15623	8566	7057	15068	8237	6831	488	293	195
15-19岁	**92930**	**48246**	**44684**	**86679**	**44722**	**41957**	**5684**	**3176**	**2508**
15	17196	9327	7869	16952	9182	7770	191	112	79
16	22305	12015	10290	21713	11669	10044	503	290	213
17	19547	10179	9368	18475	9566	8909	944	538	406
18	15402	7789	7613	13696	6789	6907	1569	917	652
19	18480	8936	9544	15843	7516	8327	2477	1319	1158
20-24岁	**93273**	**46280**	**46993**	**40294**	**19829**	**20465**	**51464**	**25620**	**25844**
20	20594	10189	10405	16262	7847	8415	4116	2217	1899
21	18243	9076	9167	11496	5629	5867	6519	3324	3195
22	18176	9001	9175	6879	3449	3430	10988	5380	5608
23	17723	8826	8897	3580	1836	1744	13801	6816	6985
24	18537	9188	9349	2077	1068	1009	16040	7883	8157
25-29岁	**115363**	**56494**	**58869**	**3028**	**1619**	**1409**	**109562**	**53407**	**56155**
25	20374	10146	10228	1260	667	593	18647	9230	9417
26	20844	10354	10490	778	417	361	19570	9661	9909
27	22547	10960	11587	448	247	201	21578	10411	11167
28	24133	11781	12352	326	182	144	23215	11299	11916
29	27465	13253	14212	216	106	110	26552	12806	13746
30-34岁	**151546**	**72374**	**79172**	**560**	**294**	**266**	**147150**	**70165**	**76985**
30	34071	16361	17710	177	98	79	33045	15845	17200
31	32432	15580	16852	135	71	64	31478	15087	16391
32	29893	14149	15744	110	59	51	29039	13719	15320
33	29821	14224	15597	73	33	40	28969	13801	15168
34	25329	12060	13269	65	33	32	24619	11713	12906
35-39岁	**114004**	**55281**	**58723**	**172**	**90**	**82**	**110695**	**53733**	**56962**
35	22895	11055	11840	42	13	29	22283	10796	11487
36	22983	11230	11753	41	21	20	22326	10915	11411
37	22284	10770	11514	41	28	13	21643	10443	11200
38	24308	11895	12413	21	10	11	23589	11545	12044
39	21534	10331	11203	27	18	9	20854	10034	10820
40-44岁	**113368**	**55629**	**57739**	**118**	**58**	**60**	**109313**	**53743**	**55570**
40	21805	10418	11387	34	17	17	21147	10108	11039
41	24027	11776	12251	31	16	15	23195	11375	11820
42	23187	11300	11887	21	11	10	22335	10915	11420
43	21439	10706	10733	15	7	8	20606	10341	10265
44	22910	11429	11481	17	7	10	22030	11004	11026
45-49岁	**127116**	**63945**	**63171**	**70**	**42**	**28**	**120913**	**61130**	**59783**
45	22428	11162	11266	15	10	5	21476	10705	10771
46	23490	11783	11707	15	7	8	22452	11333	11119
47	25384	12846	12538	16	11	5	24101	12248	11853
48	27726	13971	13755	15	10	5	26276	13321	12955
49	28088	14183	13905	9	4	5	26608	13523	13085
50岁及以上	**441335**	**224111**	**217224**	**163**	**108**	**55**	**407022**	**209318**	**197704**

3−2a 续表 1

单位：人

年 龄	合计								
	肄业			辍学			其他		
	小计	男	女	小计	男	女	小计	男	女
总 计	**11759**	**5311**	**6448**	**21764**	**9357**	**12407**	**23091**	**10952**	**12139**
3									
4									
5−9岁	**6**	**3**	**3**	**10**	**6**	**4**	**247**	**138**	**109**
5				1	1		17	9	8
6				2	2		56	28	28
7	1	1		3	1	2	49	31	18
8	4	2	2	2	1	1	64	36	28
9	1		1	2	1	1	61	34	27
10−14岁	**29**	**15**	**14**	**31**	**20**	**11**	**243**	**132**	**111**
10	3	1	2	2	2		49	26	23
11	4	3	1	9	5	4	54	31	23
12	7	6	1	5	4	1	52	32	20
13	7	1	6	4	2	2	40	18	22
14	8	4	4	11	7	4	48	25	23
15−19岁	**114**	**81**	**33**	**215**	**124**	**91**	**238**	**143**	**95**
15	6	4	2	19	13	6	28	16	12
16	10	7	3	43	28	15	36	21	15
17	32	27	5	59	27	32	37	21	16
18	32	18	14	43	25	18	62	40	22
19	34	25	9	51	31	20	75	45	30
20−24岁	**253**	**145**	**108**	**375**	**239**	**136**	**887**	**447**	**440**
20	38	22	16	57	41	16	121	62	59
21	36	18	18	64	41	23	128	64	64
22	58	37	21	81	44	37	170	91	79
23	50	26	24	83	49	34	209	99	110
24	71	42	29	90	64	26	259	131	128
25−29岁	**485**	**288**	**197**	**702**	**414**	**288**	**1586**	**766**	**820**
25	75	47	28	122	76	46	270	126	144
26	83	46	37	121	74	47	292	156	136
27	80	56	24	131	88	43	310	158	152
28	113	60	53	149	83	66	330	157	173
29	134	79	55	179	93	86	384	169	215
30−34岁	**656**	**346**	**310**	**1002**	**548**	**454**	**2178**	**1021**	**1157**
30	152	72	80	228	133	95	469	213	256
31	137	85	52	192	116	76	490	221	269
32	150	84	66	198	96	102	396	191	205
33	117	63	54	219	115	104	443	212	231
34	100	42	58	165	88	77	380	184	196
35−39岁	**551**	**250**	**301**	**965**	**437**	**528**	**1621**	**771**	**850**
35	90	38	52	156	65	91	324	143	181
36	116	56	60	187	89	98	313	149	164
37	107	46	61	195	89	106	298	164	134
38	128	65	63	208	101	107	362	174	188
39	110	45	65	219	93	126	324	141	183
40−44岁	**731**	**346**	**385**	**1388**	**600**	**788**	**1818**	**882**	**936**
40	117	57	60	231	99	132	276	137	139
41	162	84	78	254	107	147	385	194	191
42	130	65	65	316	131	185	385	178	207
43	166	76	90	277	121	156	375	161	214
44	156	64	92	310	142	168	397	212	185
45−49岁	**1167**	**535**	**632**	**2474**	**1036**	**1438**	**2492**	**1202**	**1290**
45	168	86	82	364	163	201	405	198	207
46	179	85	94	411	166	245	433	192	241
47	246	99	147	525	210	315	496	278	218
48	278	129	149	570	242	328	587	269	318
49	296	136	160	604	255	349	571	265	306
50岁及以上	**7767**	**3302**	**4465**	**14602**	**5933**	**8669**	**11781**	**5450**	**6331**

3−2a　续表 2　　　　单位：人

年龄	小学								
	合计			在校			毕业		
	合计	男	女	小计	男	女	小计	男	女
总　计	**272799**	**121446**	**151353**	**103767**	**56315**	**47452**	**142589**	**55493**	**87096**
3									
4									
5−9岁	**71800**	**38839**	**32961**	**70179**	**37928**	**32251**	**1364**	**770**	**594**
5	1656	871	785	1600	839	761	38	22	16
6	15579	8347	7232	15245	8164	7081	277	154	123
7	18313	9886	8427	17925	9669	8256	337	186	151
8	19432	10628	8804	18985	10375	8610	377	214	163
9	16820	9107	7713	16424	8881	7543	335	194	141
10−14岁	**34502**	**18894**	**15608**	**33521**	**18352**	**15169**	**832**	**458**	**374**
10	15699	8620	7079	15284	8383	6901	364	210	154
11	14408	7828	6580	14048	7632	6416	305	161	144
12	3438	1949	1489	3308	1881	1427	106	55	51
13	697	367	330	644	342	302	44	22	22
14	260	130	130	237	114	123	13	10	3
15−19岁	**181**	**97**	**84**	**38**	**20**	**18**	**103**	**55**	**48**
15	25	18	7	8	5	3	4	3	1
16	30	16	14	10	7	3	15	6	9
17	30	13	17	5	3	2	19	9	10
18	46	26	20	8	2	6	32	20	12
19	50	24	26	7	3	4	33	17	16
20−24岁	**450**	**247**	**203**	**1**	**1**		**395**	**213**	**182**
20	72	40	32	1	1		63	36	27
21	46	26	20				39	22	17
22	94	51	43				79	40	39
23	108	60	48				97	53	44
24	130	70	60				117	62	55
25−29岁	**1145**	**604**	**541**	**2**	**2**		**1029**	**539**	**490**
25	149	89	60	1	1		133	78	55
26	166	86	80				150	76	74
27	216	118	98				197	104	93
28	278	143	135	1	1		246	126	120
29	336	168	168				303	155	148
30−34岁	**2829**	**1151**	**1678**	**1**	**1**		**2559**	**1034**	**1525**
30	467	229	238				416	205	211
31	537	224	313	1	1		489	202	287
32	545	218	327				499	202	297
33	644	240	404				579	215	364
34	636	240	396				576	210	366
35−39岁	**3586**	**1173**	**2413**	**1**		**1**	**3240**	**1055**	**2185**
35	574	209	365				530	194	336
36	616	212	404				548	185	363
37	656	222	434				600	199	401
38	814	250	564				735	222	513
39	926	280	646	1		1	827	255	572
40−44岁	**8383**	**2745**	**5638**	**2**		**2**	**7487**	**2458**	**5029**
40	1145	365	780				1034	329	705
41	1522	502	1020	2		2	1375	458	917
42	1666	559	1107				1477	503	974
43	1834	583	1251				1628	519	1109
44	2216	736	1480				1973	649	1324
45−49岁	**18712**	**6404**	**12308**	**4**	**2**	**2**	**16472**	**5670**	**10802**
45	2478	817	1661	1	1		2218	722	1496
46	3001	1062	1939	1		1	2691	957	1734
47	3684	1252	2432				3229	1104	2125
48	4523	1529	2994	1	1		3938	1337	2601
49	5026	1744	3282	1		1	4396	1550	2846
50岁及以上	**131211**	**51292**	**79919**	**18**	**9**	**9**	**109108**	**43241**	**65867**

3-2a 续表 3

单位：人

年龄	小学								
	肄业			辍学			其他		
	小计	男	女	小计	男	女	小计	男	女
总计	**6158**	**2203**	**3955**	**12914**	**4596**	**8318**	**7371**	**2839**	**4532**
3									
4									
5-9岁	**6**	**3**	**3**	**10**	**6**	**4**	**241**	**132**	**109**
5				1	1		17	9	8
6				2	2		55	27	28
7	1	1		3	1	2	47	29	18
8	4	2	2	2	1	1	64	36	28
9	1		1	2	1	1	58	31	27
10-14岁	**11**	**6**	**5**	**14**	**9**	**5**	**124**	**69**	**55**
10	3	1	2	1	1		47	25	22
11	4	3	1	7	4	3	44	28	16
12	2	1	1	1	1		21	11	10
13	1		1	2	1	1	6	2	4
14	1	1		3	2	1	6	3	3
15-19岁	**7**	**3**	**4**	**19**	**11**	**8**	**14**	**8**	**6**
15	3	2	1	6	5	1	4	3	1
16				3	2	1	2	1	1
17				4		4	2	1	1
18	1	1		3	2	1	2	1	1
19	3		3	3	2	1	4	2	2
20-24岁	**12**	**6**	**6**	**22**	**13**	**9**	**20**	**14**	**6**
20	1		1	4	2	2	3	1	2
21	2	1	1	3	2	1	2	1	1
22	5	3	2	4	3	1	6	5	1
23				6	2	4	5	5	
24	4	2	2	5	4	1	4	2	2
25-29岁	**13**	**10**	**3**	**58**	**31**	**27**	**43**	**22**	**21**
25				9	7	2	6	3	3
26	1	1		13	8	5	2	1	1
27	5	5		5	3	2	9	6	3
28	6	4	2	13	6	7	12	6	6
29	1		1	18	7	11	14	6	8
30-34岁	**52**	**19**	**33**	**124**	**56**	**68**	**93**	**41**	**52**
30	16	5	11	19	13	6	16	6	10
31	5	2	3	20	8	12	22	11	11
32	11	5	6	18	4	14	17	7	10
33	9	2	7	37	15	22	19	8	11
34	11	5	6	30	16	14	19	9	10
35-39岁	**77**	**28**	**49**	**166**	**54**	**112**	**102**	**36**	**66**
35	10	3	7	23	8	15	11	4	7
36	17	6	11	30	12	18	21	9	12
37	10	4	6	29	10	19	17	9	8
38	16	9	7	38	13	25	25	6	19
39	24	6	18	46	11	35	28	8	20
40-44岁	**173**	**58**	**115**	**471**	**147**	**324**	**250**	**82**	**168**
40	23	7	16	63	21	42	25	8	17
41	30	11	19	75	20	55	40	13	27
42	33	16	17	101	29	72	55	11	44
43	42	13	29	101	31	70	63	20	43
44	45	11	34	131	46	85	67	30	37
45-49岁	**480**	**163**	**317**	**1215**	**384**	**831**	**541**	**185**	**356**
45	52	25	27	134	42	92	73	27	46
46	63	20	43	178	65	113	68	20	48
47	112	31	81	253	72	181	90	45	45
48	119	46	73	314	102	212	151	43	108
49	134	41	93	336	103	233	159	50	109
50岁及以上	**5327**	**1907**	**3420**	**10815**	**3885**	**6930**	**5943**	**2250**	**3693**

3-2a 续表 4 单位：人

年龄	初中								
	合计			在校			毕业		
	合计	男	女	小计	男	女	小计	男	女
总计	**442295**	**221204**	**221091**	**47043**	**25478**	**21565**	**375977**	**185785**	**190192**
3									
4									
5-9岁	**631**	**352**	**279**	**578**	**323**	**255**	**47**	**23**	**24**
5									
6	95	50	45	87	47	40	7	2	5
7	131	74	57	117	66	51	12	6	6
8	187	119	68	172	110	62	15	9	6
9	218	109	109	202	100	102	13	6	7
10-14岁	**42874**	**23141**	**19733**	**41415**	**22309**	**19106**	**1314**	**752**	**562**
10	342	192	150	322	178	144	17	12	5
11	1503	749	754	1441	719	722	50	26	24
12	12623	6760	5863	12253	6551	5702	330	180	150
13	15106	8033	7073	14574	7734	6840	491	281	210
14	13300	7407	5893	12825	7127	5698	426	253	173
15-19岁	**7298**	**4177**	**3121**	**4986**	**2820**	**2166**	**2113**	**1220**	**893**
15	3552	2051	1501	3395	1960	1435	138	81	57
16	1192	675	517	871	482	389	284	166	118
17	849	486	363	380	199	181	429	258	171
18	811	458	353	203	100	103	552	320	232
19	894	507	387	137	79	58	710	395	315
20-24岁	**8354**	**4519**	**3835**	**16**	**9**	**7**	**7905**	**4270**	**3635**
20	1024	614	410	6	3	3	959	571	388
21	1211	655	556	4	2	2	1136	612	524
22	1607	897	710	3	2	1	1522	850	672
23	1992	1037	955	3	2	1	1896	986	910
24	2520	1316	1204				2392	1251	1141
25-29岁	**21930**	**10591**	**11339**	**5**	**3**	**2**	**20951**	**10085**	**10866**
25	3270	1657	1613	2	1	1	3121	1582	1539
26	3620	1810	1810				3465	1726	1739
27	4307	2042	2265				4133	1939	2194
28	4852	2335	2517	2	1	1	4645	2233	2412
29	5881	2747	3134	1	1		5587	2605	2982
30-34岁	**39832**	**17413**	**22419**	**9**	**3**	**6**	**38179**	**16623**	**21556**
30	7887	3448	4439	4	1	3	7545	3293	4252
31	7955	3561	4394	1		1	7625	3398	4227
32	7811	3394	4417	1	1		7488	3234	4254
33	8524	3712	4812	1		1	8160	3531	4629
34	7655	3298	4357	2	1	1	7361	3167	4194
35-39岁	**40342**	**17934**	**22408**	**4**		**4**	**38655**	**17171**	**21484**
35	7497	3226	4271				7188	3099	4089
36	7820	3502	4318	3		3	7484	3344	4140
37	7728	3426	4302	1		1	7405	3277	4128
38	8949	4064	4885				8584	3890	4694
39	8348	3716	4632				7994	3561	4433
40-44岁	**48752**	**22836**	**25916**	**3**	**1**	**2**	**46659**	**21814**	**24845**
40	8864	3950	4914				8519	3782	4737
41	10136	4754	5382	1		1	9695	4538	5157
42	10013	4649	5364	2	1	1	9569	4441	5128
43	9419	4535	4884				8985	4331	4654
44	10320	4948	5372				9891	4722	5169
45-49岁	**59595**	**29582**	**30013**	**7**	**2**	**5**	**56686**	**28109**	**28577**
45	10320	4998	5322				9832	4748	5084
46	11221	5432	5789	1		1	10687	5192	5495
47	11852	5885	5967	2	1	1	11242	5564	5678
48	12787	6466	6321	2	1	1	12161	6145	6016
49	13415	6801	6614	2		2	12764	6460	6304
50岁及以上	**172687**	**90659**	**82028**	**20**	**8**	**12**	**163468**	**85718**	**77750**

3-2a 续表 5

单位：人

年 龄	初中								
	肄业			辍学			其他		
	小计	男	女	小计	男	女	小计	男	女
总 计	**3729**	**1982**	**1747**	**7048**	**3687**	**3361**	**8498**	**4272**	**4226**
3									
4									
5-9岁							**6**	**6**	
5									
6							1	1	
7							2	2	
8									
9							3	3	
10-14岁	**18**	**9**	**9**	**17**	**11**	**6**	**110**	**60**	**50**
10				1	1		2	1	1
11				2	1	1	10	3	7
12	5	5		4	3	1	31	21	10
13	6	1	5	2	1	1	33	16	17
14	7	3	4	8	5	3	34	19	15
15-19岁	**45**	**35**	**10**	**88**	**58**	**30**	**66**	**44**	**22**
15	2	1	1	8	5	3	9	4	5
16	5	4	1	21	15	6	11	8	3
17	15	13	2	18	11	7	7	5	2
18	12	7	5	22	16	6	22	15	7
19	11	10	1	19	11	8	17	12	5
20-24岁	**65**	**39**	**26**	**167**	**103**	**64**	**201**	**98**	**103**
20	15	10	5	24	17	7	20	13	7
21	10	6	4	33	19	14	28	16	12
22	11	7	4	31	17	14	40	21	19
23	10	5	5	37	23	14	46	21	25
24	19	11	8	42	27	15	67	27	40
25-29岁	**172**	**99**	**73**	**350**	**201**	**149**	**452**	**203**	**249**
25	24	14	10	54	31	23	69	29	40
26	26	16	10	64	35	29	65	33	32
27	18	12	6	69	48	21	87	43	44
28	44	22	22	68	39	29	93	40	53
29	60	35	25	95	48	47	138	58	80
30-34岁	**253**	**126**	**127**	**565**	**312**	**253**	**826**	**349**	**477**
30	50	21	29	127	74	53	161	59	102
31	56	34	22	100	60	40	173	69	104
32	55	26	29	117	62	55	150	71	79
33	52	30	22	128	69	59	183	82	101
34	40	15	25	93	47	46	159	68	91
35-39岁	**306**	**134**	**172**	**629**	**289**	**340**	**748**	**340**	**408**
35	48	19	29	111	48	63	150	60	90
36	69	34	35	126	60	66	138	64	74
37	62	25	37	126	57	69	134	67	67
38	72	32	40	132	64	68	161	78	83
39	55	24	31	134	60	74	165	71	94
40-44岁	**394**	**193**	**201**	**773**	**369**	**404**	**923**	**459**	**464**
40	63	32	31	139	61	78	143	75	68
41	91	50	41	154	72	82	195	94	101
42	68	32	36	176	83	93	198	92	106
43	92	44	48	151	72	79	191	88	103
44	80	35	45	153	81	72	196	110	86
45-49岁	**535**	**280**	**255**	**1108**	**560**	**548**	**1259**	**631**	**628**
45	85	42	43	200	105	95	203	103	100
46	90	48	42	204	83	121	239	109	130
47	102	50	52	242	122	120	264	148	116
48	126	64	62	227	121	106	271	135	136
49	132	76	56	235	129	106	282	136	146
50岁及以上	**1941**	**1067**	**874**	**3351**	**1784**	**1567**	**3907**	**2082**	**1825**

3-2a　续表 6　　　　单位：人

年　龄	高中								
	合　计			在　校			毕　业		
	合计	男	女	小计	男	女	小计	男	女
总　计	**279484**	**149327**	**130157**	**58322**	**31318**	**27004**	**214813**	**114450**	**100363**
3									
4									
5-9岁									
5									
6									
7									
8									
9									
10-14岁	**2280**	**1145**	**1135**	**2219**	**1111**	**1108**	**52**	**31**	**21**
10									
11	1	1		1	1				
12	3	2	1	3	2	1			
13	218	114	104	214	113	101	3	1	2
14	2058	1028	1030	2001	995	1006	49	30	19
15-19岁	**57451**	**31092**	**26359**	**55020**	**29647**	**25373**	**2201**	**1308**	**893**
15	13133	7044	6089	13069	7006	6063	43	25	18
16	20066	10870	9196	19851	10745	9106	173	101	72
17	16103	8594	7509	15671	8349	7322	366	205	161
18	5805	3240	2565	5090	2806	2284	671	412	259
19	2344	1344	1000	1339	741	598	948	565	383
20-24岁	**11400**	**6548**	**4852**	**1049**	**545**	**504**	**9957**	**5772**	**4185**
20	1850	1062	788	548	265	283	1238	755	483
21	1734	1018	716	218	115	103	1464	876	588
22	2246	1304	942	116	70	46	2041	1185	856
23	2582	1465	1117	95	56	39	2402	1367	1035
24	2988	1699	1289	72	39	33	2812	1589	1223
25-29岁	**22794**	**12126**	**10668**	**15**	**7**	**8**	**22000**	**11674**	**10326**
25	3545	1936	1609	3	1	2	3410	1857	1553
26	3863	2146	1717	3	2	1	3714	2057	1657
27	4475	2387	2088	6	2	4	4314	2298	2016
28	4897	2571	2326	2	1	1	4720	2472	2248
29	6014	3086	2928	1	1		5842	2990	2852
30-34岁	**32625**	**16467**	**16158**	**5**	**1**	**4**	**31660**	**15954**	**15706**
30	7588	3885	3703	3		3	7352	3758	3594
31	7196	3676	3520				6972	3551	3421
32	6575	3309	3266	2	1	1	6384	3209	3175
33	6198	3105	3093				6029	3016	3013
34	5068	2492	2576				4923	2420	2503
35-39岁	**22860**	**11444**	**11416**				**22297**	**11153**	**11144**
35	4350	2208	2142				4255	2165	2090
36	4365	2170	2195				4261	2115	2146
37	4461	2229	2232				4353	2170	2183
38	5107	2564	2543				4979	2494	2485
39	4577	2273	2304				4449	2209	2240
40-44岁	**24515**	**12560**	**11955**	**5**	**2**	**3**	**23907**	**12231**	**11676**
40	4736	2337	2399	2	1	1	4629	2283	2346
41	5193	2669	2524	1		1	5059	2591	2468
42	5154	2608	2546				5018	2535	2483
43	4605	2376	2229	1	1		4488	2310	2178
44	4827	2570	2257	1		1	4713	2512	2201
45-49岁	**24388**	**13214**	**11174**				**23711**	**12834**	**10877**
45	4614	2402	2212				4494	2336	2158
46	4523	2452	2071				4392	2382	2010
47	4914	2702	2212				4779	2629	2150
48	5253	2846	2407				5097	2758	2339
49	5084	2812	2272				4949	2729	2220
50岁及以上	**81171**	**44731**	**36440**	**9**	**5**	**4**	**79028**	**43493**	**35535**

3－2a 续表 7 单位：人

年 龄	高中								
	肄业			辍学			其他		
	小计	男	女	小计	男	女	小计	男	女
总 计	**1229**	**742**	**487**	**1638**	**963**	**675**	**3482**	**1854**	**1628**
3									
4									
5－9岁									
5									
6									
7									
8									
9									
10－14岁							**9**	**3**	**6**
10									
11									
12									
13							1		1
14							8	3	5
15－19岁	**49**	**37**	**12**	**95**	**47**	**48**	**86**	**53**	**33**
15	1	1		5	3	2	15	9	6
16	5	3	2	19	11	8	18	10	8
17	14	13	1	34	15	19	18	12	6
18	13	8	5	15	5	10	16	9	7
19	16	12	4	22	13	9	19	13	6
20－24岁	**85**	**51**	**34**	**152**	**96**	**56**	**157**	**84**	**73**
20	10	7	3	25	18	7	29	17	12
21	12	6	6	17	13	4	23	8	15
22	23	16	7	38	17	21	28	16	12
23	17	6	11	35	20	15	33	16	17
24	23	16	7	37	28	9	44	27	17
25－29岁	**148**	**91**	**57**	**256**	**161**	**95**	**375**	**193**	**182**
25	17	13	4	46	30	16	69	35	34
26	33	17	16	39	27	12	74	43	31
27	31	19	12	53	34	19	71	34	37
28	35	21	14	62	36	26	78	41	37
29	32	21	11	56	34	22	83	40	43
30－34岁	**202**	**118**	**84**	**279**	**156**	**123**	**479**	**238**	**241**
30	49	30	19	76	41	35	108	56	52
31	40	27	13	63	40	23	121	58	63
32	46	30	16	54	24	30	89	45	44
33	35	17	18	44	26	18	90	46	44
34	32	14	18	42	25	17	71	33	38
35－39岁	**100**	**43**	**57**	**156**	**86**	**70**	**307**	**162**	**145**
35	20	8	12	19	7	12	56	28	28
36	20	8	12	29	15	14	55	32	23
37	14	4	10	39	22	17	55	33	22
38	21	10	11	35	23	12	72	37	35
39	25	13	12	34	19	15	69	32	37
40－44岁	**119**	**69**	**50**	**137**	**78**	**59**	**347**	**180**	**167**
40	24	12	12	28	16	12	53	25	28
41	28	17	11	22	13	9	83	48	35
42	23	13	10	39	19	20	74	41	33
43	26	16	10	24	17	7	66	32	34
44	18	11	7	24	13	11	71	34	37
45－49岁	**115**	**68**	**47**	**145**	**87**	**58**	**417**	**225**	**192**
45	23	15	8	28	15	13	69	36	33
46	21	13	8	29	18	11	81	39	42
47	24	13	11	27	13	14	84	47	37
48	24	13	11	28	18	10	104	57	47
49	23	14	9	33	23	10	79	46	33
50岁及以上	**411**	**265**	**146**	**418**	**252**	**166**	**1305**	**716**	**589**

3-2a　续表 8　　　　单位：人

年　龄	大学专科								
	合　计			在　校			毕　业		
	合计	男	女	小计	男	女	小计	男	女
总　计	**202562**	**104151**	**98411**	**23705**	**11182**	**12523**	**176120**	**91478**	**84642**
3									
4									
5–9岁									
5									
6									
7									
8									
9									
10–14岁	**6**	**1**	**5**	**6**	**1**	**5**			
10									
11	1		1	1		1			
12									
13	1	1		1	1				
14	4		4	4		4			
15–19岁	**14425**	**6420**	**8005**	**13210**	**5857**	**7353**	**1131**	**522**	**609**
15	469	204	265	464	202	262	5	2	3
16	937	414	523	903	395	508	29	17	12
17	1756	732	1024	1627	671	956	115	58	57
18	4432	1983	2449	4130	1825	2305	277	144	133
19	6831	3087	3744	6086	2764	3322	705	301	404
20–24岁	**30606**	**14787**	**15819**	**9713**	**4910**	**4803**	**20487**	**9664**	**10823**
20	7099	3379	3720	5406	2614	2792	1627	736	891
21	5675	2806	2869	2592	1344	1248	3016	1429	1587
22	5619	2698	2921	1059	597	462	4486	2056	2430
23	5954	2886	3068	441	242	199	5423	2597	2826
24	6259	3018	3241	215	113	102	5935	2846	3089
25–29岁	**34247**	**16428**	**17819**	**392**	**207**	**185**	**33333**	**15951**	**17382**
25	6619	3211	3408	135	62	73	6388	3097	3291
26	6390	3150	3240	87	51	36	6197	3043	3154
27	6767	3228	3539	68	41	27	6597	3128	3469
28	6933	3297	3636	62	35	27	6768	3213	3555
29	7538	3542	3996	40	18	22	7383	3470	3913
30–34岁	**37565**	**17983**	**19582**	**163**	**77**	**86**	**36854**	**17623**	**19231**
30	9006	4320	4686	43	21	22	8834	4229	4605
31	8330	3938	4392	38	19	19	8168	3853	4315
32	7398	3434	3964	33	15	18	7257	3371	3886
33	7100	3462	3638	29	11	18	6959	3396	3563
34	5731	2829	2902	20	11	9	5636	2774	2862
35–39岁	**21821**	**11020**	**10801**	**68**	**38**	**30**	**21460**	**10829**	**10631**
35	4969	2526	2443	15	4	11	4887	2487	2400
36	4646	2364	2282	13	8	5	4578	2333	2245
37	4239	2125	2114	15	9	6	4170	2085	2085
38	4394	2215	2179	12	7	5	4305	2166	2139
39	3573	1790	1783	13	10	3	3520	1758	1762
40–44岁	**16661**	**8716**	**7945**	**60**	**29**	**31**	**16397**	**8569**	**7828**
40	3463	1731	1732	15	7	8	3409	1702	1707
41	3679	1841	1838	20	11	9	3616	1801	1815
42	3411	1796	1615	11	5	6	3364	1769	1595
43	3058	1679	1379	9	4	5	3014	1662	1352
44	3050	1669	1381	5	2	3	2994	1635	1359
45–49岁	**13770**	**7807**	**5963**	**30**	**20**	**10**	**13532**	**7668**	**5864**
45	2746	1538	1208	6	4	2	2694	1512	1182
46	2658	1481	1177	6	4	2	2619	1459	1160
47	2750	1558	1192	7	5	2	2699	1523	1176
48	2966	1672	1294	6	4	2	2913	1644	1269
49	2650	1558	1092	5	3	2	2607	1530	1077
50岁及以上	**33461**	**20989**	**12472**	**63**	**43**	**20**	**32926**	**20652**	**12274**

3－2a 续表 9

单位：人

年 龄	大学专科								
	肄 业			辍 学			其 他		
	小计	男	女	小计	男	女	小计	男	女
总 计	**359**	**216**	**143**	**137**	**91**	**46**	**2241**	**1184**	**1057**
3									
4									
5－9岁									
5									
6									
7									
8									
9									
10－14岁									
10									
11									
12									
13									
14									
15－19岁	**11**	**5**	**6**	**13**	**8**	**5**	**60**	**28**	**32**
15									
16							5	2	3
17	3	1	2	3	1	2	8	1	7
18	6	2	4	3	2	1	16	10	6
19	2	2		7	5	2	31	15	16
20－24岁	**65**	**38**	**27**	**26**	**19**	**7**	**315**	**156**	**159**
20	12	5	7	3	3		51	21	30
21	10	5	5	7	3	4	50	25	25
22	13	8	5	8	7	1	53	30	23
23	16	11	5	4	3	1	70	33	37
24	14	9	5	4	3	1	91	47	44
25－29岁	**67**	**39**	**28**	**33**	**16**	**17**	**422**	**215**	**207**
25	14	8	6	12	7	5	70	37	33
26	11	7	4	5	4	1	90	45	45
27	11	7	4	3	2	1	88	50	38
28	16	8	8	5	1	4	82	40	42
29	15	9	6	8	2	6	92	43	49
30－34岁	**79**	**42**	**37**	**31**	**22**	**9**	**438**	**219**	**219**
30	18	8	10	5	5		106	57	49
31	20	12	8	9	8	1	95	46	49
32	20	12	8	9	6	3	79	30	49
33	13	7	6	8	3	5	91	45	46
34	8	3	5				67	41	26
35－39岁	**29**	**19**	**10**	**9**	**6**	**3**	**255**	**128**	**127**
35	3	3		2	2		62	30	32
36	4	3	1				51	20	31
37	11	7	4	1		1	42	24	18
38	9	6	3	2	1	1	66	35	31
39	2		2	4	3	1	34	19	15
40－44岁	**25**	**17**	**8**	**3**	**3**		**176**	**98**	**78**
40	4	3	1	1	1		34	18	16
41	6	4	2				37	25	12
42	3	3					33	19	14
43	3	2	1	1	1		31	10	21
44	9	5	4	1	1		41	26	15
45－49岁	**25**	**16**	**9**	**6**	**5**	**1**	**177**	**98**	**79**
45	6	2	4	2	1	1	38	19	19
46	4	3	1				29	15	14
47	5	5		3	3		36	22	14
48	4	2	2	1	1		42	21	21
49	6	4	2				32	21	11
50岁及以上	**58**	**40**	**18**	**16**	**12**	**4**	**398**	**242**	**156**

3−2a　续表 10　　　　单位：人

年龄	大学本科								
	合计			在校			毕业		
	合计	男	女	小计	男	女	小计	男	女
总　计	**181641**	**96304**	**85337**	**40865**	**19798**	**21067**	**139118**	**75601**	**63517**
3									
4									
5−9岁									
5									
6									
7									
8									
9									
10−14岁	**3**	**1**	**2**	**3**	**1**	**2**			
10									
11									
12									
13	2		2	2		2			
14	1	1		1	1				
15−19岁	**13563**	**6451**	**7112**	**13414**	**6369**	**7045**	**135**	**71**	**64**
15	17	10	7	16	9	7	1	1	
16	80	40	40	78	40	38	2		2
17	809	354	455	792	344	448	15	8	7
18	4304	2078	2226	4261	2052	2209	37	21	16
19	8353	3969	4384	8267	3924	4343	80	41	39
20−24岁	**39072**	**18606**	**20466**	**26487**	**12924**	**13563**	**12374**	**5578**	**6796**
20	10530	5087	5443	10282	4957	5325	229	119	110
21	9406	4495	4911	8514	4095	4419	861	382	479
22	7874	3714	4160	4993	2454	2539	2835	1241	1594
23	5904	2831	3073	1960	1024	936	3887	1780	2107
24	5358	2479	2879	738	394	344	4562	2056	2506
25−29岁	**30115**	**14300**	**15815**	**686**	**355**	**331**	**29080**	**13775**	**15305**
25	5565	2620	2945	296	152	144	5195	2433	2762
26	5769	2696	3073	187	101	86	5516	2561	2955
27	5821	2738	3083	86	50	36	5672	2652	3020
28	6225	2994	3231	62	27	35	6093	2934	3159
29	6735	3252	3483	55	25	30	6604	3195	3409
30−34岁	**33642**	**16798**	**16844**	**129**	**61**	**68**	**33136**	**16541**	**16595**
30	7975	3900	4075	42	19	23	7847	3844	4003
31	7319	3607	3712	33	16	17	7201	3548	3653
32	6564	3285	3279	22	13	9	6470	3230	3240
33	6358	3225	3133	13	6	7	6282	3182	3100
34	5426	2781	2645	19	7	12	5336	2737	2599
35−39岁	**21872**	**11701**	**10171**	**52**	**27**	**25**	**21596**	**11556**	**10040**
35	4803	2503	2300	12	4	8	4741	2474	2267
36	4813	2570	2243	18	9	9	4748	2535	2213
37	4456	2358	2098	10	8	2	4394	2319	2075
38	4318	2362	1956	8	3	5	4265	2334	1931
39	3482	1908	1574	4	3	1	3448	1894	1554
40−44岁	**13003**	**7438**	**5565**	**34**	**17**	**17**	**12830**	**7350**	**5480**
40	3055	1698	1357	9	3	6	3025	1682	1343
41	2997	1686	1311	6	4	2	2953	1665	1288
42	2534	1442	1092	6	4	2	2502	1424	1078
43	2202	1310	892	5	2	3	2170	1296	874
44	2215	1302	913	8	4	4	2180	1283	897
45−49岁	**9382**	**6020**	**3362**	**22**	**12**	**10**	**9259**	**5944**	**3315**
45	2016	1231	785	7	4	3	1986	1213	773
46	1851	1190	661	5	2	3	1830	1178	652
47	1901	1241	660	4	2	2	1876	1227	649
48	1921	1258	663	6	4	2	1893	1238	655
49	1693	1100	593				1674	1088	586
50岁及以上	**20989**	**14989**	**6000**	**38**	**32**	**6**	**20708**	**14786**	**5922**

3−2a 续表 11 单位：人

年 龄	大学本科								
	肄 业			辍 学			其 他		
	小计	男	女	小计	男	女	小计	男	女
总 计	**261**	**155**	**106**	**25**	**19**	**6**	**1372**	**731**	**641**
3									
4									
5−9岁									
5									
6									
7									
8									
9									
10−14岁									
10									
11									
12									
13									
14									
15−19岁	**2**	**1**	**1**				**12**	**10**	**2**
15									
16									
17							2	2	
18							6	5	1
19	2	1	1				4	3	1
20−24岁	**25**	**10**	**15**	**8**	**8**		**178**	**86**	**92**
20				1	1		18	10	8
21	2		2	4	4		25	14	11
22	5	2	3				41	17	24
23	7	4	3	1	1		49	22	27
24	11	4	7	2	2		45	23	22
25−29岁	**79**	**46**	**33**	**5**	**5**		**265**	**119**	**146**
25	19	12	7	1	1		54	22	32
26	11	5	6				55	29	26
27	14	12	2	1	1		48	23	25
28	12	5	7	1	1		57	27	30
29	23	12	11	2	2		51	18	33
30−34岁	**63**	**38**	**25**	**3**	**2**	**1**	**311**	**156**	**155**
30	15	7	8	1		1	70	30	40
31	15	10	5				70	33	37
32	16	9	7				56	33	23
33	8	7	1	2	2		53	28	25
34	9	5	4				62	32	30
35−39岁	**36**	**24**	**12**	**3**	**1**	**2**	**185**	**93**	**92**
35	8	4	4	1		1	41	21	20
36	6	5	1	1	1		40	20	20
37	9	6	3				43	25	18
38	10	8	2				35	17	18
39	3	1	2	1		1	26	10	16
40−44岁	**20**	**9**	**11**	**4**	**3**	**1**	**115**	**59**	**56**
40	3	3					18	10	8
41	7	2	5	3	2	1	28	13	15
42	3	1	2				23	13	10
43	3	1	2				24	11	13
44	4	2	2	1	1		22	12	10
45−49岁	**11**	**7**	**4**				**90**	**57**	**33**
45	2	2					21	12	9
46	1	1					15	9	6
47	3		3				18	12	6
48	4	3	1				18	13	5
49	1	1					18	11	7
50岁及以上	**25**	**20**	**5**	**2**		**2**	**216**	**151**	**65**

3-2a　续表 12　　　　单位：人

年　龄	硕士研究生								
	合　计			在　校			毕　业		
	合计	男	女	小计	男	女	小计	男	女
总　计	**19735**	**10599**	**9136**	**4470**	**2180**	**2290**	**15131**	**8345**	**6786**
3									
4									
5-9岁									
5									
6									
7									
8									
9									
10-14岁									
10									
11									
12									
13									
14									
15-19岁	**11**	**9**	**2**	**10**	**9**	**1**	**1**		**1**
15									
16									
17									
18	4	4		4	4				
19	7	5	2	6	5	1	1		1
20-24岁	**3238**	**1485**	**1753**	**2879**	**1354**	**1525**	**342**	**121**	**221**
20	19	7	12	19	7	12			
21	170	76	94	167	73	94	3	3	
22	719	330	389	691	319	372	25	8	17
23	1137	517	620	1037	483	554	94	32	62
24	1193	555	638	965	472	493	220	78	142
25-29岁	**4448**	**2030**	**2418**	**1380**	**705**	**675**	**3036**	**1309**	**1727**
25	1082	535	547	686	356	330	393	179	214
26	881	372	509	355	171	184	520	196	324
27	827	367	460	172	85	87	649	280	369
28	806	357	449	106	63	43	692	291	401
29	852	399	453	61	30	31	782	363	419
30-34岁	**4561**	**2250**	**2311**	**151**	**82**	**69**	**4378**	**2149**	**2229**
30	1034	501	533	51	29	22	973	466	507
31	983	503	480	33	14	19	941	486	455
32	909	450	459	35	18	17	868	426	442
33	902	426	476	17	11	6	880	412	468
34	733	370	363	15	10	5	716	359	357
35-39岁	**3080**	**1698**	**1382**	**27**	**13**	**14**	**3028**	**1674**	**1354**
35	622	332	290	9	3	6	608	328	280
36	645	354	291	5	3	2	632	347	285
37	652	344	308	6	4	2	639	335	304
38	630	367	263	1		1	626	367	259
39	531	301	230	6	3	3	523	297	226
40-44岁	**1700**	**1073**	**627**	**6**	**4**	**2**	**1688**	**1066**	**622**
40	448	267	181	4	3	1	441	263	178
41	409	260	149				408	260	148
42	336	198	138				334	196	138
43	266	177	89				266	177	89
44	241	171	70	2	1	1	239	170	69
45-49岁	**1105**	**793**	**312**	**4**	**3**	**1**	**1093**	**784**	**309**
45	209	141	68				208	140	68
46	211	149	62	2	1	1	208	148	60
47	248	182	66	1	1		244	178	66
48	242	176	66				240	175	65
49	195	145	50	1	1		193	143	50
50岁及以上	**1592**	**1261**	**331**	**13**	**10**	**3**	**1565**	**1242**	**323**

3-2a 续表 13 单位：人

年龄	硕士研究生								
	肄业			辍学			其他		
	小计	男	女	小计	男	女	小计	男	女
总计	**20**	**11**	**9**	**2**	**1**	**1**	**112**	**62**	**50**
3									
4									
5-9岁									
5									
6									
7									
8									
9									
10-14岁									
10									
11									
12									
13									
14									
15-19岁									
15									
16									
17									
18									
19									
20-24岁	**1**	**1**					**16**	**9**	**7**
20									
21									
22	1	1					2	2	
23							6	2	4
24							8	5	3
25-29岁	**5**	**3**	**2**				**27**	**13**	**14**
25	1		1				2		2
26							6	5	1
27	1	1					5	1	4
28							8	3	5
29	3	2	1				6	4	2
30-34岁	**7**	**3**	**4**				**25**	**16**	**9**
30	4	1	3				6	5	1
31	1		1				8	3	5
32	2	2					4	4	
33							5	3	2
34							2	1	1
35-39岁	**2**	**1**	**1**	**2**	**1**	**1**	**21**	**9**	**12**
35	1	1					4		4
36				1	1		7	3	4
37	1		1				6	5	1
38				1		1	2		2
39							2	1	1
40-44岁							**6**	**3**	**3**
40							3	1	2
41							1		1
42							2	2	
43									
44									
45-49岁	**1**	**1**					**7**	**5**	**2**
45							1	1	
46							1		1
47							3	3	
48	1	1					1		1
49							1	1	
50岁及以上	**4**	**2**	**2**				**10**	**7**	**3**

3-2a 续表 14　　　　单位：人

年龄	博士研究生								
	合计			在校			毕业		
	合计	男	女	小计	男	女	小计	男	女
总计	**2515**	**1702**	**813**	**833**	**516**	**317**	**1664**	**1174**	**490**
3									
4									
5-9岁									
5									
6									
7									
8									
9									
10-14岁									
10									
11									
12									
13									
14									
15-19岁	**1**		**1**	**1**		**1**			
15									
16									
17									
18									
19	1		1	1		1			
20-24岁	**153**	**88**	**65**	**149**	**86**	**63**	**4**	**2**	**2**
20									
21	1		1	1		1			
22	17	7	10	17	7	10			
23	46	30	16	44	29	15	2	1	1
24	89	51	38	87	50	37	2	1	1
25-29岁	**684**	**415**	**269**	**548**	**340**	**208**	**133**	**74**	**59**
25	144	98	46	137	94	43	7	4	3
26	155	94	61	146	92	54	8	2	6
27	134	80	54	116	69	47	16	10	6
28	142	84	58	91	54	37	51	30	21
29	109	59	50	58	31	27	51	28	23
30-34岁	**492**	**312**	**180**	**102**	**69**	**33**	**384**	**241**	**143**
30	114	78	36	34	28	6	78	50	28
31	112	71	41	29	21	8	82	49	33
32	91	59	32	17	11	6	73	47	26
33	95	54	41	13	5	8	80	49	31
34	80	50	30	9	4	5	71	46	25
35-39岁	**443**	**311**	**132**	**20**	**12**	**8**	**419**	**295**	**124**
35	80	51	29	6	2	4	74	49	25
36	78	58	20	2	1	1	75	56	19
37	92	66	26	9	7	2	82	58	24
38	96	73	23				95	72	23
39	97	63	34	3	2	1	93	60	33
40-44岁	**354**	**261**	**93**	**8**	**5**	**3**	**345**	**255**	**90**
40	94	70	24	4	3	1	90	67	23
41	91	64	27	1	1		89	62	27
42	73	48	25	2	1	1	71	47	24
43	55	46	9				55	46	9
44	41	33	8	1		1	40	33	7
45-49岁	**164**	**125**	**39**	**3**	**3**		**160**	**121**	**39**
45	45	35	10	1	1		44	34	10
46	25	17	8				25	17	8
47	35	26	9	2	2		32	23	9
48	34	24	10				34	24	10
49	25	23	2				25	23	2
50岁及以上	**224**	**190**	**34**	**2**	**1**	**1**	**219**	**186**	**33**

3－2a 续表 15

单位：人

年 龄	博士研究生								
	肄 业			辍 学			其 他		
	小计	男	女	小计	男	女	小计	男	女
总 计	**3**	**2**	**1**				**15**	**10**	**5**
3									
4									
5－9岁									
5									
6									
7									
8									
9									
10－14岁									
10									
11									
12									
13									
14									
15－19岁									
15									
16									
17									
18									
19									
20－24岁									
20									
21									
22									
23									
24									
25－29岁	**1**		**1**				**2**	**1**	**1**
25									
26	1		1						
27							2	1	1
28									
29									
30－34岁							**6**	**2**	**4**
30							2		2
31							1	1	
32							1	1	
33							2		2
34									
35－39岁	**1**	**1**					**3**	**3**	
35									
36							1	1	
37							1	1	
38							1	1	
39	1	1							
40－44岁							**1**	**1**	
40									
41							1	1	
42									
43									
44									
45－49岁							**1**	**1**	
45									
46									
47							1	1	
48									
49									
50岁及以上	**1**	**1**					**2**	**2**	

3-2b 全省分年龄、性别、学业完成情况的3岁及以上各种受教育程度人口(镇)

单位：人

年龄	合计								
	合计			在校			毕业		
	合计	男	女	小计	男	女	小计	男	女
总计	**1677372**	**863747**	**813625**	**375116**	**202791**	**172325**	**1204185**	**615860**	**588325**
3									
4									
5-9岁	**104893**	**57099**	**47794**	**102795**	**55920**	**46875**	**1711**	**973**	**738**
5	3072	1584	1488	2988	1539	1449	62	32	30
6	21626	11687	9939	21174	11432	9742	366	209	157
7	26403	14376	12027	25873	14087	11786	431	240	191
8	27959	15306	12653	27425	15003	12422	444	252	192
9	25833	14146	11687	25335	13859	11476	408	240	168
10-14岁	**124790**	**68062**	**56728**	**121302**	**66050**	**55252**	**2968**	**1731**	**1237**
10	25107	13785	11322	24534	13465	11069	474	267	207
11	25580	13933	11647	24958	13585	11373	527	293	234
12	24979	13648	11331	24323	13269	11054	565	329	236
13	24132	13116	11016	23376	12677	10699	658	391	267
14	24992	13580	11412	24111	13054	11057	744	451	293
15-19岁	**126852**	**68942**	**57910**	**115441**	**61999**	**53442**	**10372**	**6325**	**4047**
15	27389	14937	12452	26792	14596	12196	484	276	208
16	32552	17760	14792	31167	16853	14314	1232	810	422
17	28162	15363	12799	25910	13963	11947	2013	1255	758
18	19699	10573	9126	16691	8754	7937	2736	1658	1078
19	19050	10309	8741	14881	7833	7048	3907	2326	1581
20-24岁	**94245**	**49652**	**44593**	**32725**	**17232**	**15493**	**59016**	**30996**	**28020**
20	19533	10527	9006	13468	6968	6500	5683	3319	2364
21	17687	9427	8260	9318	4882	4436	8009	4329	3680
22	18367	9622	8745	5561	2998	2563	12278	6335	5943
23	18529	9696	8833	2797	1538	1259	15170	7849	7321
24	20129	10380	9749	1581	846	735	17876	9164	8712
25-29岁	**135070**	**68138**	**66932**	**2107**	**1166**	**941**	**128064**	**64393**	**63671**
25	23740	12170	11570	952	534	418	21965	11184	10781
26	23935	12181	11754	498	264	234	22563	11445	11118
27	26777	13528	13249	316	178	138	25457	12834	12623
28	28918	14490	14428	206	112	94	27673	13841	13832
29	31700	15769	15931	135	78	57	30406	15089	15317
30-34岁	**167009**	**81427**	**85582**	**352**	**197**	**155**	**160362**	**78158**	**82204**
30	38526	18965	19561	118	63	55	37004	18195	18809
31	35743	17384	18359	81	45	36	34294	16653	17641
32	32591	15782	16809	68	43	25	31361	15154	16207
33	32423	15772	16651	50	28	22	31118	15152	15966
34	27726	13524	14202	35	18	17	26585	13004	13581
35-39岁	**121984**	**59832**	**62152**	**137**	**68**	**69**	**116369**	**57234**	**59135**
35	24575	12048	12527	38	19	19	23449	11510	11939
36	24599	12105	12494	27	12	15	23561	11643	11918
37	23596	11632	11964	23	15	8	22485	11109	11376
38	25488	12505	12983	31	11	20	24290	11971	12319
39	23726	11542	12184	18	11	7	22584	11001	11583
40-44岁	**127801**	**63238**	**64563**	**75**	**43**	**32**	**120840**	**60005**	**60835**
40	24630	11979	12651	16	8	8	23349	11351	11998
41	26588	13060	13528	15	9	6	25169	12402	12767
42	26055	12826	13229	17	8	9	24695	12210	12485
43	23980	12008	11972	17	13	4	22599	11383	11216
44	26548	13365	13183	10	5	5	25028	12659	12369
45-49岁	**154055**	**77360**	**76695**	**59**	**39**	**20**	**143546**	**72663**	**70883**
45	26110	13161	12949	8	6	2	24427	12388	12039
46	28635	14524	14111	19	11	8	26860	13712	13148
47	30790	15435	15355	16	11	5	28712	14501	14211
48	34284	17129	17155	9	7	2	31870	16063	15807
49	34236	17111	17125	7	4	3	31677	15999	15678
50岁及以上	**520673**	**269997**	**250676**	**123**	**77**	**46**	**460937**	**243382**	**217555**

3－2b 续表 1

单位：人

年龄	合计								
	肄业			辍学			其他		
	小计	男	女	小计	男	女	小计	男	女
总计	**19827**	**8907**	**10920**	**35312**	**15293**	**20019**	**42932**	**20896**	**22036**
3									
4									
5－9岁	**34**	**18**	**16**	**20**	**12**	**8**	**333**	**176**	**157**
5							22	13	9
6	5	1	4	4	1	3	77	44	33
7	9	5	4	4	3	1	86	41	45
8	12	6	6				78	45	33
9	8	6	2	12	8	4	70	33	37
10－14岁	**43**	**29**	**14**	**69**	**37**	**32**	**408**	**215**	**193**
10	7	5	2	5	3	2	87	45	42
11	10	6	4	5	3	2	80	46	34
12	3	2	1	8	7	1	80	41	39
13	10	6	4	21	8	13	67	34	33
14	13	10	3	30	16	14	94	49	45
15－19岁	**202**	**121**	**81**	**361**	**219**	**142**	**476**	**278**	**198**
15	14	5	9	47	28	19	52	32	20
16	25	14	11	75	50	25	53	33	20
17	58	41	17	83	50	33	98	54	44
18	58	34	24	79	49	30	135	78	57
19	47	27	20	77	42	35	138	81	57
20－24岁	**362**	**229**	**133**	**673**	**435**	**238**	**1469**	**760**	**709**
20	67	43	24	107	76	31	208	121	87
21	53	42	11	97	63	34	210	111	99
22	76	44	32	138	84	54	314	161	153
23	73	44	29	154	95	59	335	170	165
24	93	56	37	177	117	60	402	197	205
25－29岁	**675**	**375**	**300**	**1161**	**669**	**492**	**3063**	**1535**	**1528**
25	123	78	45	195	117	78	505	257	248
26	119	65	54	217	135	82	538	272	266
27	137	76	61	235	134	101	632	306	326
28	139	72	67	231	122	109	669	343	326
29	157	84	73	283	161	122	719	357	362
30－34岁	**954**	**515**	**439**	**1597**	**768**	**829**	**3744**	**1789**	**1955**
30	199	116	83	361	172	189	844	419	425
31	215	126	89	313	154	159	840	406	434
32	167	90	77	271	145	126	724	350	374
33	193	103	90	335	154	181	727	335	392
34	180	80	100	317	143	174	609	279	330
35－39岁	**865**	**398**	**467**	**1498**	**655**	**843**	**3115**	**1477**	**1638**
35	173	93	80	290	126	164	625	300	325
36	149	66	83	279	119	160	583	265	318
37	158	65	93	307	131	176	623	312	311
38	210	96	114	300	132	168	657	295	362
39	175	78	97	322	147	175	627	305	322
40－44岁	**1153**	**532**	**621**	**2302**	**967**	**1335**	**3431**	**1691**	**1740**
40	207	111	96	391	178	213	667	331	336
41	236	106	130	454	175	279	714	368	346
42	232	105	127	450	175	275	661	328	333
43	223	92	131	480	215	265	661	305	356
44	255	118	137	527	224	303	728	359	369
45－49岁	**1924**	**835**	**1089**	**3865**	**1608**	**2257**	**4661**	**2215**	**2446**
45	308	140	168	605	250	355	762	377	385
46	335	152	183	618	259	359	803	390	413
47	364	157	207	803	346	457	895	420	475
48	449	198	251	848	349	499	1108	512	596
49	468	188	280	991	404	587	1093	516	577
50岁及以上	**13615**	**5855**	**7760**	**23766**	**9923**	**13843**	**22232**	**10760**	**11472**

3−2b　续表 2　　　　　　单位：人

年　龄	小　　学								
	合　　计			在　　校			毕　　业		
	合计	男	女	小计	男	女	小计	男	女
总　计	**454013**	**204116**	**249897**	**157483**	**85814**	**71669**	**245801**	**99000**	**146801**
3									
4									
5−9岁	**103847**	**56483**	**47364**	**101844**	**55361**	**46483**	**1631**	**927**	**704**
5	3072	1584	1488	2988	1539	1449	62	32	30
6	21430	11574	9856	21000	11331	9669	348	201	147
7	26196	14258	11938	25692	13984	11708	410	229	181
8	27672	15144	12528	27163	14856	12307	424	240	184
9	25477	13923	11554	25001	13651	11350	387	225	162
10−14岁	**56886**	**31172**	**25714**	**55518**	**30410**	**25108**	**1134**	**632**	**502**
10	24473	13395	11078	23934	13096	10838	446	250	196
11	22737	12424	10313	22236	12143	10093	425	233	192
12	7221	4046	3175	7032	3939	3093	153	87	66
13	1792	963	829	1706	913	793	67	42	25
14	663	344	319	610	319	291	43	20	23
15−19岁	**433**	**230**	**203**	**81**	**33**	**48**	**278**	**159**	**119**
15	57	24	33	28	11	17	14	6	8
16	72	45	27	17	8	9	47	35	12
17	89	48	41	18	8	10	52	30	22
18	96	52	44	9	4	5	71	37	34
19	119	61	58	9	2	7	94	51	43
20−24岁	**762**	**412**	**350**	**5**	**1**	**4**	**658**	**359**	**299**
20	118	66	52	1		1	87	49	38
21	107	67	40	3	1	2	94	59	35
22	174	90	84	1		1	148	80	68
23	177	87	90				157	76	81
24	186	102	84				172	95	77
25−29岁	**2189**	**1041**	**1148**	**1**		**1**	**1950**	**927**	**1023**
25	274	136	138				241	117	124
26	354	170	184	1		1	317	155	162
27	428	207	221				385	185	200
28	511	236	275				453	212	241
29	622	292	330				554	258	296
30−34岁	**4808**	**1849**	**2959**	**2**		**2**	**4321**	**1649**	**2672**
30	829	351	478	1		1	737	305	432
31	858	347	511				769	309	460
32	979	373	606				894	337	557
33	1076	397	679				972	354	618
34	1066	381	685	1		1	949	344	605
35−39岁	**6554**	**2039**	**4515**	**1**	**1**		**5852**	**1835**	**4017**
35	1113	329	784	1	1		993	295	698
36	1151	372	779				1039	342	697
37	1200	412	788				1069	372	697
38	1472	447	1025				1312	406	906
39	1618	479	1139				1439	420	1019
40−44岁	**15366**	**4979**	**10387**				**13595**	**4420**	**9175**
40	2142	659	1483				1897	572	1325
41	2847	937	1910				2499	827	1672
42	3143	1015	2128				2792	914	1878
43	3261	1018	2243				2886	916	1970
44	3973	1350	2623				3521	1191	2330
45−49岁	**32352**	**10847**	**21505**	**3**	**1**	**2**	**28143**	**9480**	**18663**
45	4472	1510	2962				3906	1317	2589
46	5337	1805	3532	2	1	1	4667	1580	3087
47	6181	2075	4106				5390	1832	3558
48	7815	2566	5249				6803	2218	4585
49	8547	2891	5656	1		1	7377	2533	4844
50岁及以上	**230816**	**95064**	**135752**	**28**	**7**	**21**	**188239**	**78612**	**109627**

3—2b 续表 3 单位：人

年龄	小学								
	肄业			辍学			其他		
	小计	男	女	小计	男	女	小计	男	女
总计	**11651**	**4349**	**7302**	**22037**	**8064**	**13973**	**17041**	**6889**	**10152**
3									
4									
5—9岁	**33**	**17**	**16**	**19**	**12**	**7**	**320**	**166**	**154**
5							22	13	9
6	5	1	4	4	1	3	73	40	33
7	9	5	4	4	3	1	81	37	44
8	11	5	6				74	43	31
9	8	6	2	11	8	3	70	33	37
10—14岁	**17**	**12**	**5**	**27**	**16**	**11**	**190**	**102**	**88**
10	7	5	2	5	3	2	81	41	40
11	8	6	2	5	3	2	63	39	24
12				6	5	1	30	15	15
13	1		1	8	3	5	10	5	5
14	1	1		3	2	1	6	2	4
15—19岁	**13**	**7**	**6**	**35**	**18**	**17**	**26**	**13**	**13**
15	2	1	1	5	1	4	8	5	3
16	1		1	3	1	2	4	1	3
17	5	3	2	7	4	3	7	3	4
18	3	2	1	9	6	3	4	3	1
19	2	1	1	11	6	5	3	1	2
20—24岁	**13**	**6**	**7**	**54**	**29**	**25**	**32**	**17**	**15**
20	7	3	4	13	9	4	10	5	5
21				5	3	2	5	4	1
22	4	2	2	15	5	10	6	3	3
23	1	1		14	8	6	5	2	3
24	1		1	7	4	3	6	3	3
25—29岁	**47**	**23**	**24**	**99**	**49**	**50**	**92**	**42**	**50**
25	7	3	4	15	9	6	11	7	4
26	9	6	3	14	6	8	13	3	10
27	6	3	3	21	11	10	16	8	8
28	13	5	8	20	10	10	25	9	16
29	12	6	6	29	13	16	27	15	12
30—34岁	**90**	**37**	**53**	**195**	**83**	**112**	**200**	**80**	**120**
30	17	9	8	33	17	16	41	20	21
31	19	7	12	30	12	18	40	19	21
32	16	5	11	31	15	16	38	16	22
33	19	10	9	50	23	27	35	10	25
34	19	6	13	51	16	35	46	15	31
35—39岁	**146**	**38**	**108**	**305**	**84**	**221**	**250**	**81**	**169**
35	17	5	12	53	13	40	49	15	34
36	25	8	17	47	10	37	40	12	28
37	27	5	22	61	16	45	43	19	24
38	35	9	26	69	20	49	56	12	44
39	42	11	31	75	25	50	62	23	39
40—44岁	**327**	**103**	**224**	**840**	**242**	**598**	**604**	**214**	**390**
40	42	17	25	126	38	88	77	32	45
41	66	14	52	155	43	112	127	53	74
42	65	21	44	166	39	127	120	41	79
43	62	17	45	187	53	134	126	32	94
44	92	34	58	206	69	137	154	56	98
45—49岁	**817**	**252**	**565**	**1981**	**638**	**1343**	**1408**	**476**	**932**
45	108	34	74	253	83	170	205	76	129
46	147	48	99	308	103	205	213	73	140
47	149	43	106	401	125	276	241	75	166
48	183	62	121	463	149	314	366	137	229
49	230	65	165	556	178	378	383	115	268
50岁及以上	**10148**	**3854**	**6294**	**18482**	**6893**	**11589**	**13919**	**5698**	**8221**

3-2b　续表 4　　　　　　　　　　　　　　　　　　　　单位：人

年　龄	初　中								
	合　计			在　校			毕　业		
	合计	男	女	小计	男	女	小计	男	女
总　计	**638653**	**333578**	**305075**	**75878**	**41613**	**34265**	**529191**	**274204**	**254987**
3									
4									
5-9岁	**1045**	**616**	**429**	**950**	**559**	**391**	**80**	**46**	**34**
5									
6	196	113	83	174	101	73	18	8	10
7	207	118	89	181	103	78	21	11	10
8	286	162	124	261	147	114	20	12	8
9	356	223	133	334	208	126	21	15	6
10-14岁	**64473**	**35142**	**29331**	**62438**	**33947**	**28491**	**1764**	**1054**	**710**
10	634	390	244	600	369	231	28	17	11
11	2841	1507	1334	2721	1441	1280	101	59	42
12	17752	9601	8151	17286	9330	7956	411	241	170
13	21988	11966	10022	21336	11590	9746	577	339	238
14	21258	11678	9580	20495	11217	9278	647	398	249
15-19岁	**17917**	**10438**	**7479**	**12336**	**7007**	**5329**	**5140**	**3162**	**1978**
15	8228	4718	3510	7787	4464	3323	370	211	159
16	3515	2059	1456	2629	1484	1145	808	525	283
17	2210	1308	902	1072	594	478	1056	659	397
18	1894	1131	763	510	277	233	1278	791	487
19	2070	1222	848	338	188	150	1628	976	652
20-24岁	**17939**	**9705**	**8234**	**84**	**61**	**23**	**16852**	**9079**	**7773**
20	2371	1428	943	36	29	7	2186	1305	881
21	2660	1510	1150	19	16	3	2501	1407	1094
22	3469	1817	1652	12	5	7	3255	1710	1545
23	4179	2233	1946	11	8	3	3948	2103	1845
24	5260	2717	2543	6	3	3	4962	2554	2408
25-29岁	**44550**	**21462**	**23088**	**16**	**12**	**4**	**42220**	**20271**	**21949**
25	6953	3498	3455	5	3	2	6564	3300	3264
26	7488	3685	3803	5	3	2	7076	3473	3603
27	8851	4289	4562	3	3		8359	4031	4328
28	9842	4675	5167				9346	4425	4921
29	11416	5315	6101	3	3		10875	5042	5833
30-34岁	**71056**	**31731**	**39325**	**9**	**1**	**8**	**67666**	**30194**	**37472**
30	14569	6657	7912	1		1	13904	6352	7552
31	14318	6363	7955	2		2	13613	6043	7570
32	13873	6168	7705	1		1	13243	5869	7374
33	14806	6512	8294	2	1	1	14093	6197	7896
34	13490	6031	7459	3		3	12813	5733	7080
35-39岁	**65452**	**30140**	**35312**	**9**	**5**	**4**	**62157**	**28594**	**33563**
35	12520	5636	6884	2	1	1	11910	5354	6556
36	12998	6005	6993				12354	5709	6645
37	12726	5818	6908	3	3		12066	5508	6558
38	13952	6504	7448	4	1	3	13249	6183	7066
39	13256	6177	7079				12578	5840	6738
40-44岁	**72511**	**35479**	**37032**	**11**	**6**	**5**	**68623**	**33566**	**35057**
40	13928	6527	7401	3	2	1	13176	6152	7024
41	15044	7209	7835				14271	6846	7425
42	14864	7260	7604	4	1	3	14123	6894	7229
43	13760	6946	6814	2	2		12984	6555	6429
44	14915	7537	7378	2	1	1	14069	7119	6950
45-49岁	**84940**	**44129**	**40811**	**7**	**2**	**5**	**79875**	**41540**	**38335**
45	14523	7399	7124	1		1	13648	6971	6677
46	15967	8209	7758	2	1	1	15093	7767	7326
47	17259	8881	8378	3	1	2	16213	8338	7875
48	18718	9850	8868	1		1	17586	9279	8307
49	18473	9790	8683				17335	9185	8150
50岁及以上	**198770**	**114736**	**84034**	**18**	**13**	**5**	**184814**	**106698**	**78116**

3-2b 续表 5

单位：人

年龄	初中								
	肄业			辍学			其他		
	小计	男	女	小计	男	女	小计	男	女
总计	**5928**	**3184**	**2744**	**10745**	**5702**	**5043**	**16911**	**8875**	**8036**
3									
4									
5-9岁	**1**	**1**		**1**		**1**	**13**	**10**	**3**
5									
6							4	4	
7							5	4	1
8	1	1					4	2	2
9				1		1			
10-14岁	**26**	**17**	**9**	**38**	**20**	**18**	**207**	**104**	**103**
10							6	4	2
11	2		2				17	7	10
12	3	2	1	2	2		50	26	24
13	9	6	3	13	5	8	53	26	27
14	12	9	3	23	13	10	81	41	40
15-19岁	**72**	**43**	**29**	**167**	**106**	**61**	**202**	**120**	**82**
15	8	2	6	34	22	12	29	19	10
16	10	4	6	39	28	11	29	18	11
17	19	15	4	29	20	9	34	20	14
18	20	13	7	33	21	12	53	29	24
19	15	9	6	32	15	17	57	34	23
20-24岁	**143**	**96**	**47**	**323**	**209**	**114**	**537**	**260**	**277**
20	26	19	7	44	31	13	79	44	35
21	15	13	2	44	31	13	81	43	38
22	28	17	11	62	38	24	112	47	65
23	34	22	12	72	45	27	114	55	59
24	40	25	15	101	64	37	151	71	80
25-29岁	**307**	**166**	**141**	**664**	**372**	**292**	**1343**	**641**	**702**
25	64	40	24	110	63	47	210	92	118
26	46	21	25	123	77	46	238	111	127
27	69	40	29	144	79	65	276	136	140
28	64	30	34	137	72	65	295	148	147
29	64	35	29	150	81	69	324	154	170
30-34岁	**489**	**244**	**245**	**984**	**447**	**537**	**1908**	**845**	**1063**
30	95	51	44	207	93	114	362	161	201
31	88	49	39	200	94	106	415	177	238
32	86	46	40	163	78	85	380	175	205
33	107	54	53	212	90	122	392	170	222
34	113	44	69	202	92	110	359	162	197
35-39岁	**487**	**231**	**256**	**947**	**447**	**500**	**1852**	**863**	**989**
35	89	45	44	173	79	94	346	157	189
36	85	40	45	183	85	98	376	171	205
37	83	35	48	200	93	107	374	179	195
38	134	62	72	180	86	94	385	172	213
39	96	49	47	211	104	107	371	184	187
40-44岁	**610**	**300**	**310**	**1257**	**602**	**655**	**2010**	**1005**	**1005**
40	121	63	58	219	114	105	409	196	213
41	121	62	59	251	103	148	401	198	203
42	125	61	64	241	110	131	371	194	177
43	120	55	65	262	139	123	392	195	197
44	123	59	64	284	136	148	437	222	215
45-49岁	**900**	**459**	**441**	**1666**	**843**	**823**	**2492**	**1285**	**1207**
45	152	81	71	307	138	169	415	209	206
46	153	76	77	280	136	144	439	229	210
47	168	87	81	361	196	165	514	259	255
48	227	113	114	332	173	159	572	285	287
49	200	102	98	386	200	186	552	303	249
50岁及以上	**2893**	**1627**	**1266**	**4698**	**2656**	**2042**	**6347**	**3742**	**2605**

3-2b 续表 6

单位：人

年龄	高中								
	合计			在校			毕业		
	合计	男	女	小计	男	女	小计	男	女
总计	**295002**	**166656**	**128346**	**86753**	**46542**	**40211**	**199171**	**114798**	**84373**
3									
4									
5-9岁	**1**		**1**	**1**		**1**			
5									
6									
7									
8	1		1	1		1			
9									
10-14岁	**3427**	**1747**	**1680**	**3342**	**1692**	**1650**	**70**	**45**	**25**
10									
11	2	2		1	1		1	1	
12	6	1	5	5		5	1	1	
13	352	187	165	334	174	160	14	10	4
14	3067	1557	1510	3002	1517	1485	54	33	21
15-19岁	**85336**	**46301**	**39035**	**81205**	**43692**	**37513**	**3724**	**2369**	**1355**
15	18738	10039	8699	18620	9970	8650	92	54	38
16	28069	15199	12870	27673	14931	12742	331	224	107
17	23505	12805	10700	22646	12253	10393	746	488	258
18	10466	5681	4785	9300	4957	4343	1055	665	390
19	4558	2577	1981	2966	1581	1385	1500	938	562
20-24岁	**16712**	**9786**	**6926**	**2149**	**1121**	**1028**	**13843**	**8221**	**5622**
20	2994	1775	1219	1124	568	556	1758	1132	626
21	2752	1632	1120	481	255	226	2165	1313	852
22	3291	1949	1342	283	152	131	2851	1698	1153
23	3527	2059	1468	152	87	65	3225	1887	1338
24	4148	2371	1777	109	59	50	3844	2191	1653
25-29岁	**30783**	**16988**	**13795**	**32**	**22**	**10**	**29464**	**16232**	**13232**
25	5118	2955	2163	10	6	4	4899	2818	2081
26	5252	2953	2299	10	6	4	5031	2824	2207
27	6165	3358	2807	5	4	1	5899	3212	2687
28	6814	3709	3105	6	6		6528	3551	2977
29	7434	4013	3421	1		1	7107	3827	3280
30-34岁	**37090**	**19646**	**17444**	**5**	**3**	**2**	**35610**	**18819**	**16791**
30	9238	4869	4369	4	2	2	8854	4660	4194
31	8250	4289	3961	1	1		7892	4086	3806
32	7245	3846	3399				6972	3687	3285
33	6921	3687	3234				6644	3528	3116
34	5436	2955	2481				5248	2858	2390
35-39岁	**22706**	**12326**	**10380**	**4**	**2**	**2**	**21682**	**11798**	**9884**
35	4801	2641	2160	1		1	4550	2508	2042
36	4613	2468	2145	1	1		4445	2386	2059
37	4298	2348	1950				4092	2242	1850
38	4593	2477	2116	1		1	4387	2371	2016
39	4401	2392	2009	1	1		4208	2291	1917
40-44岁	**20605**	**11533**	**9072**	**2**	**2**		**19734**	**11037**	**8697**
40	4342	2428	1914				4155	2319	1836
41	4432	2456	1976				4235	2338	1897
42	4178	2318	1860	1	1		3992	2215	1777
43	3615	2048	1567	1	1		3462	1964	1498
44	4038	2283	1755				3890	2201	1689
45-49岁	**20771**	**12156**	**8615**	**5**	**3**	**2**	**19907**	**11658**	**8249**
45	3817	2224	1593				3662	2132	1530
46	4006	2367	1639	2	1	1	3851	2271	1580
47	4163	2448	1715	1		1	3991	2348	1643
48	4476	2548	1928	1	1		4285	2448	1837
49	4309	2569	1740	1	1		4118	2459	1659
50岁及以上	**57571**	**36173**	**21398**	**8**	**5**	**3**	**55137**	**34619**	**20518**

3-2b 续表 7

单位：人

年龄	高中								
	肄业			辍学			其他		
	小计	男	女	小计	男	女	小计	男	女
总计	**1714**	**1038**	**676**	**2350**	**1429**	**921**	**5014**	**2849**	**2165**
3									
4									
5-9岁									
5									
6									
7									
8									
9									
10-14岁				**4**	**1**	**3**	**11**	**9**	**2**
10									
11									
12									
13							4	3	1
14				4	1	3	7	6	1
15-19岁	**90**	**56**	**34**	**154**	**93**	**61**	**163**	**91**	**72**
15	4	2	2	8	5	3	14	8	6
16	13	10	3	33	21	12	19	13	6
17	30	20	10	43	25	18	40	19	21
18	25	13	12	36	21	15	50	25	25
19	18	11	7	34	21	13	40	26	14
20-24岁	**113**	**73**	**40**	**263**	**178**	**85**	**344**	**193**	**151**
20	19	12	7	45	33	12	48	30	18
21	19	16	3	46	27	19	41	21	20
22	24	13	11	52	38	14	81	48	33
23	20	10	10	59	36	23	71	39	32
24	31	22	9	61	44	17	103	55	48
25-29岁	**207**	**123**	**84**	**352**	**224**	**128**	**728**	**387**	**341**
25	30	22	8	63	42	21	116	67	49
26	31	18	13	68	43	25	112	62	50
27	42	25	17	65	42	23	154	75	79
28	48	27	21	66	37	29	166	88	78
29	56	31	25	90	60	30	180	95	85
30-34岁	**265**	**161**	**104**	**382**	**217**	**165**	**828**	**446**	**382**
30	58	37	21	106	55	51	216	115	101
31	80	49	31	78	45	33	199	108	91
32	43	26	17	72	49	23	158	84	74
33	52	29	23	68	37	31	157	93	64
34	32	20	12	58	31	27	98	46	52
35-39岁	**190**	**105**	**85**	**232**	**120**	**112**	**598**	**301**	**297**
35	53	35	18	61	34	27	136	64	72
36	29	14	15	44	23	21	94	44	50
37	43	22	21	43	19	24	120	65	55
38	34	18	16	50	26	24	121	62	59
39	31	16	15	34	18	16	127	66	61
40-44岁	**177**	**99**	**78**	**195**	**115**	**80**	**497**	**280**	**217**
40	33	22	11	44	25	19	110	62	48
41	38	22	16	43	25	18	116	71	45
42	36	17	19	42	25	17	107	60	47
43	34	17	17	31	23	8	87	43	44
44	36	21	15	35	17	18	77	44	33
45-49岁	**175**	**104**	**71**	**205**	**118**	**87**	**479**	**273**	**206**
45	41	23	18	43	27	16	71	42	29
46	29	22	7	27	18	9	97	55	42
47	43	25	18	40	24	16	88	51	37
48	33	18	15	49	25	24	108	56	52
49	29	16	13	46	24	22	115	69	46
50岁及以上	**497**	**317**	**180**	**563**	**363**	**200**	**1366**	**869**	**497**

3-2b 续表 8

单位：人

年 龄	大学专科								
	合 计			在 校			毕 业		
	合计	男	女	小计	男	女	小计	男	女
总 计	**159058**	**86377**	**72681**	**21554**	**11107**	**10447**	**134383**	**73475**	**60908**
3									
4									
5-9岁									
5									
6									
7									
8									
9									
10-14岁	**2**	**1**	**1**	**2**	**1**	**1**			
10									
11									
12									
13									
14	2	1	1	2	1	1			
15-19岁	**12557**	**6401**	**6156**	**11352**	**5765**	**5587**	**1099**	**570**	**529**
15	337	142	195	328	137	191	8	5	3
16	819	413	406	774	389	385	43	23	20
17	1620	838	782	1446	747	699	149	75	74
18	3826	1913	1913	3496	1737	1759	296	150	146
19	5955	3095	2860	5308	2755	2553	603	317	286
20-24岁	**27387**	**13615**	**13772**	**9393**	**4886**	**4507**	**17528**	**8481**	**9047**
20	6347	3228	3119	4829	2455	2374	1440	729	711
21	5057	2565	2492	2516	1329	1187	2463	1192	1271
22	5118	2504	2614	1216	648	568	3805	1805	2000
23	5347	2640	2707	542	293	249	4693	2286	2407
24	5518	2678	2840	290	161	129	5127	2469	2658
25-29岁	**31208**	**15463**	**15745**	**466**	**246**	**220**	**30076**	**14879**	**15197**
25	6153	2958	3195	186	107	79	5839	2785	3054
26	5814	2922	2892	102	53	49	5571	2789	2782
27	6153	3131	3022	81	38	43	5942	3033	2909
28	6381	3134	3247	56	25	31	6193	3039	3154
29	6707	3318	3389	41	23	18	6531	3233	3298
30-34岁	**30086**	**15332**	**14754**	**162**	**99**	**63**	**29309**	**14907**	**14402**
30	7759	3878	3881	44	23	21	7547	3764	3783
31	6943	3532	3411	36	23	13	6767	3435	3332
32	5807	2900	2907	31	20	11	5659	2816	2843
33	5303	2787	2516	29	18	11	5167	2717	2450
34	4274	2235	2039	22	15	7	4169	2175	1994
35-39岁	**14430**	**7892**	**6538**	**70**	**36**	**34**	**14065**	**7699**	**6366**
35	3281	1807	1474	18	10	8	3195	1759	1436
36	3051	1650	1401	16	9	7	2976	1613	1363
37	2814	1560	1254	9	5	4	2749	1522	1227
38	2887	1577	1310	14	5	9	2811	1535	1276
39	2397	1298	1099	13	7	6	2334	1270	1064
40-44岁	**11041**	**6223**	**4818**	**37**	**22**	**15**	**10762**	**6046**	**4716**
40	2317	1260	1057	8	4	4	2265	1229	1036
41	2393	1371	1022	8	5	3	2330	1329	1001
42	2262	1242	1020	8	4	4	2210	1210	1000
43	1926	1102	824	9	7	2	1871	1066	805
44	2143	1248	895	4	2	2	2086	1212	874
45-49岁	**9856**	**6006**	**3850**	**28**	**21**	**7**	**9602**	**5848**	**3754**
45	1991	1175	816	5	4	1	1933	1137	796
46	2002	1213	789	4	1	3	1953	1186	767
47	1950	1171	779	10	9	1	1900	1137	763
48	2045	1287	758	5	4	1	1994	1259	735
49	1868	1160	708	4	3	1	1822	1129	693
50岁及以上	**22491**	**15444**	**7047**	**44**	**31**	**13**	**21942**	**15045**	**6897**

3-2b 续表 9

单位：人

年 龄	大学专科								
	肄 业			辍 学			其 他		
	小计	男	女	小计	男	女	小计	男	女
总 计	**406**	**262**	**144**	**146**	**76**	**70**	**2569**	**1457**	**1112**
3									
4									
5－9岁									
5									
6									
7									
8									
9									
10－14岁									
10									
11									
12									
13									
14									
15－19岁	**25**	**14**	**11**	**5**	**2**	**3**	**76**	**50**	**26**
15							1		1
16	1		1				1	1	
17	4	3	1	4	1	3	17	12	5
18	9	5	4	1	1		24	20	4
19	11	6	5				33	17	16
20－24岁	**71**	**44**	**27**	**26**	**13**	**13**	**369**	**191**	**178**
20	14	9	5	5	3	2	59	32	27
21	15	11	4	1	1		62	32	30
22	17	10	7	6	1	5	74	40	34
23	10	7	3	9	6	3	93	48	45
24	15	7	8	5	2	3	81	39	42
25－29岁	**79**	**45**	**34**	**40**	**19**	**21**	**547**	**274**	**273**
25	17	9	8	7	3	4	104	54	50
26	22	15	7	9	7	2	110	58	52
27	12	5	7	4	1	3	114	54	60
28	10	8	2	7	2	5	115	60	55
29	18	8	10	13	6	7	104	48	56
30－34岁	**86**	**59**	**27**	**31**	**18**	**13**	**498**	**249**	**249**
30	21	14	7	11	4	7	136	73	63
31	19	15	4	4	3	1	117	56	61
32	21	13	8	5	3	2	91	48	43
33	12	9	3	5	4	1	90	39	51
34	13	8	5	6	4	2	64	33	31
35－39岁	**31**	**19**	**12**	**13**	**4**	**9**	**251**	**134**	**117**
35	10	5	5	3		3	55	33	22
36	10	4	6	4	1	3	45	23	22
37	4	3	1	3	3		49	27	22
38	6	6		1		1	55	31	24
39	1	1		2		2	47	20	27
40－44岁	**24**	**20**	**4**	**8**	**7**	**1**	**210**	**128**	**82**
40	4	4					40	23	17
41	8	6	2	5	4	1	42	27	15
42	3	3		1	1		40	24	16
43	5	3	2				41	26	15
44	4	4		2	2		47	28	19
45－49岁	**26**	**14**	**12**	**10**	**8**	**2**	**190**	**115**	**75**
45	7	2	5	2	2		44	30	14
46	3	3		2	1	1	40	22	18
47	4	2	2	1	1		35	22	13
48	3	2	1	3	2	1	40	20	20
49	9	5	4	2	2		31	21	10
50岁及以上	**64**	**47**	**17**	**13**	**5**	**8**	**428**	**316**	**112**

3-2b 续表 10

单位：人

年龄	大学本科								
	合计			在校			毕业		
	合计	男	女	小计	男	女	小计	男	女
总计	**120925**	**67489**	**53436**	**30676**	**16275**	**14401**	**88773**	**50342**	**38431**
3									
4									
5-9岁									
5									
6									
7									
8									
9									
10-14岁	**2**		**2**	**2**		**2**			
10									
11									
12									
13									
14	2		2	2		2			
15-19岁	**10591**	**5560**	**5031**	**10449**	**5490**	**4959**	**131**	**65**	**66**
15	29	14	15	29	14	15			
16	77	44	33	74	41	33	3	3	
17	734	362	372	724	359	365	10	3	7
18	3410	1792	1618	3369	1775	1594	36	15	21
19	6341	3348	2993	6253	3301	2952	82	44	38
20-24岁	**29542**	**15188**	**14354**	**19420**	**10329**	**9091**	**9917**	**4751**	**5166**
20	7682	4019	3663	7458	3906	3552	211	103	108
21	6987	3600	3387	6180	3228	2952	782	358	424
22	5892	3045	2847	3656	1995	1661	2192	1026	1166
23	4677	2373	2304	1518	872	646	3100	1472	1628
24	4304	2151	2153	608	328	280	3632	1792	1840
25-29岁	**23309**	**11599**	**11710**	**632**	**358**	**274**	**22310**	**11037**	**11273**
25	4505	2243	2262	314	185	129	4125	2019	2106
26	4445	2159	2286	143	77	66	4227	2039	2188
27	4591	2235	2356	85	44	41	4432	2154	2278
28	4822	2444	2378	57	32	25	4695	2374	2321
29	4946	2518	2428	33	20	13	4831	2451	2380
30-34岁	**21699**	**11631**	**10068**	**90**	**47**	**43**	**21288**	**11409**	**9879**
30	5507	2886	2621	30	13	17	5382	2819	2563
31	4855	2582	2273	20	11	9	4761	2522	2239
32	4269	2271	1998	18	12	6	4195	2233	1962
33	3931	2162	1769	16	9	7	3861	2130	1731
34	3137	1730	1407	6	2	4	3089	1705	1384
35-39岁	**11763**	**6751**	**5012**	**27**	**11**	**16**	**11569**	**6643**	**4926**
35	2602	1476	1126	5	3	2	2555	1440	1115
36	2568	1484	1084	8	1	7	2532	1469	1063
37	2323	1347	976	5	3	2	2282	1322	960
38	2362	1352	1010	6	2	4	2317	1333	984
39	1908	1092	816	3	2	1	1883	1079	804
40-44岁	**7758**	**4690**	**3068**	**18**	**9**	**9**	**7616**	**4608**	**3008**
40	1771	1029	742	3	1	2	1729	1005	724
41	1734	1000	734	4	3	1	1700	977	723
42	1510	921	589	3	1	2	1482	908	574
43	1346	847	499	4	2	2	1325	836	489
44	1397	893	504	4	2	2	1380	882	498
45-49岁	**5788**	**3945**	**1843**	**14**	**11**	**3**	**5682**	**3870**	**1812**
45	1234	796	438	2	2		1205	774	431
46	1246	868	378	8	6	2	1225	852	373
47	1167	804	363	2	1	1	1150	792	358
48	1160	823	337	2	2		1134	806	328
49	981	654	327				968	646	322
50岁及以上	**10473**	**8125**	**2348**	**24**	**20**	**4**	**10260**	**7959**	**2301**

3−2b 续表 11 单位：人

年龄	大学本科								
	肄业			辍学			其他		
	小计	男	女	小计	男	女	小计	男	女
总计	**118**	**68**	**50**	**31**	**21**	**10**	**1327**	**783**	**544**
3									
4									
5−9岁									
5									
6									
7									
8									
9									
10−14岁									
10									
11									
12									
13									
14									
15−19岁	**2**	**1**	**1**				**9**	**4**	**5**
15									
16									
17									
18	1	1					4	1	3
19	1		1				5	3	2
20−24岁	**22**	**10**	**12**	**7**	**6**	**1**	**176**	**92**	**84**
20	1		1				12	10	2
21	4	2	2	1	1		20	11	9
22	3	2	1	3	2	1	38	20	18
23	8	4	4				51	25	26
24	6	2	4	3	3		55	26	29
25−29岁	**29**	**16**	**13**	**6**	**5**	**1**	**332**	**183**	**149**
25	4	3	1				62	36	26
26	11	5	6	3	2	1	61	36	25
27	5	3	2	1	1		68	33	35
28	3	1	2	1	1		66	36	30
29	6	4	2	1	1		75	42	33
30−34岁	**23**	**13**	**10**	**4**	**3**	**1**	**294**	**159**	**135**
30	7	4	3	4	3	1	84	47	37
31	9	6	3				65	43	22
32	1		1				55	26	29
33	3	1	2				51	22	29
34	3	2	1				39	21	18
35−39岁	**11**	**5**	**6**	**1**		**1**	**155**	**92**	**63**
35	4	3	1				38	30	8
36				1		1	27	14	13
37	1		1				35	22	13
38	1	1					38	16	22
39	5	1	4				17	10	7
40−44岁	**15**	**10**	**5**	**2**	**1**	**1**	**107**	**62**	**45**
40	7	5	2	2	1	1	30	17	13
41	3	2	1				27	18	9
42	3	3					22	9	13
43	2		2				15	9	6
44							13	9	4
45−49岁	**4**	**4**		**3**	**1**	**2**	**85**	**59**	**26**
45							27	20	7
46	2	2		1	1		10	7	3
47							15	11	4
48	2	2		1		1	21	13	8
49				1		1	12	8	4
50岁及以上	**12**	**9**	**3**	**8**	**5**	**3**	**169**	**132**	**37**

3-2b 续表 12 单位：人

年 龄	硕士研究生								
	合 计			在 校			毕 业		
	合计	男	女	小计	男	女	小计	男	女
总 计	**8929**	**4989**	**3940**	**2514**	**1281**	**1233**	**6344**	**3667**	**2677**
3									
4									
5–9岁									
5									
6									
7									
8									
9									
10–14岁									
10									
11									
12									
13									
14									
15–19岁	**18**	**12**	**6**	**18**	**12**	**6**			
15									
16									
17	4	2	2	4	2	2			
18	7	4	3	7	4	3			
19	7	6	1	7	6	1			
20–24岁	**1848**	**913**	**935**	**1630**	**808**	**822**	**208**	**99**	**109**
20	20	10	10	19	9	10	1	1	
21	123	52	71	118	52	66	4		4
22	415	212	203	387	194	193	25	15	10
23	602	292	310	559	270	289	43	22	21
24	688	347	341	547	283	264	135	61	74
25–29岁	**2791**	**1436**	**1355**	**786**	**420**	**366**	**1979**	**1006**	**973**
25	689	351	338	397	209	188	289	140	149
26	540	271	269	202	108	94	335	161	174
27	541	273	268	106	60	46	428	213	215
28	499	262	237	54	29	25	442	230	212
29	522	279	243	27	14	13	485	262	223
30–34岁	**2065**	**1102**	**963**	**55**	**29**	**26**	**1995**	**1064**	**931**
30	572	290	282	23	15	8	545	273	272
31	475	239	236	15	6	9	455	230	225
32	380	202	178	12	7	5	367	194	173
33	355	205	150	3		3	350	204	146
34	283	166	117	2	1	1	278	163	115
35–39岁	**964**	**602**	**362**	**19**	**9**	**10**	**937**	**588**	**349**
35	230	139	91	8	3	5	221	135	86
36	188	108	80	2	1	1	185	106	79
37	214	132	82	4	3	1	208	129	79
38	203	133	70	4	1	3	197	130	67
39	129	90	39	1	1		126	88	38
40–44岁	**445**	**277**	**168**	**3**	**1**	**2**	**440**	**275**	**165**
40	113	65	48	1	1		112	64	48
41	117	68	49	2		2	114	67	47
42	83	59	24				82	59	23
43	63	40	23				63	40	23
44	69	45	24				69	45	24
45–49岁	**310**	**245**	**65**	**2**	**1**	**1**	**302**	**238**	**64**
45	70	54	16				70	54	16
46	67	55	12	1	1		63	51	12
47	59	47	12				58	46	12
48	64	49	15				62	47	15
49	50	40	10	1		1	49	40	9
50岁及以上	**488**	**402**	**86**	**1**	**1**		**483**	**397**	**86**

3-2b 续表 13 单位：人

年 龄	硕士研究生								
	肄 业			辍 学			其 他		
	小计	男	女	小计	男	女	小计	男	女
总 计	**9**	**5**	**4**	**1**		**1**	**61**	**36**	**25**
3									
4									
5-9岁									
5									
6									
7									
8									
9									
10-14岁									
10									
11									
12									
13									
14									
15-19岁									
15									
16									
17									
18									
19									
20-24岁							**10**	**6**	**4**
20									
21							1		1
22							3	3	
23									
24							6	3	3
25-29岁	**6**	**2**	**4**				**20**	**8**	**12**
25	1	1					2	1	1
26							3	2	1
27	3		3				4		4
28	1	1					2	2	
29	1		1				9	3	6
30-34岁	**1**	**1**		**1**		**1**	**13**	**8**	**5**
30	1	1					3	1	2
31				1		1	4	3	1
32							1	1	
33							2	1	1
34							3	2	1
35-39岁							**8**	**5**	**3**
35							1	1	
36							1	1	
37							2		2
38							2	2	
39							2	1	1
40-44岁							**2**	**1**	**1**
40									
41							1	1	
42							1		1
43									
44									
45-49岁	**1**	**1**					**5**	**5**	
45									
46							3	3	
47							1	1	
48	1	1					1	1	
49									
50岁及以上	**1**	**1**					**3**	**3**	

3-2b　续表 14　　　　单位：人

年龄	博士研究生								
	合计			在校			毕业		
	合计	男	女	小计	男	女	小计	男	女
总计	**792**	**542**	**250**	**258**	**159**	**99**	**522**	**374**	**148**
3									
4									
5–9岁									
5									
6									
7									
8									
9									
10–14岁									
10									
11									
12									
13									
14									
15–19岁									
15									
16									
17									
18									
19									
20–24岁	**55**	**33**	**22**	**44**	**26**	**18**	**10**	**6**	**4**
20	1	1		1	1				
21	1	1		1	1				
22	8	5	3	6	4	2	2	1	1
23	20	12	8	15	8	7	4	3	1
24	25	14	11	21	12	9	4	2	2
25–29岁	**240**	**149**	**91**	**174**	**108**	**66**	**65**	**41**	**24**
25	48	29	19	40	24	16	8	5	3
26	42	21	21	35	17	18	6	4	2
27	48	35	13	36	29	7	12	6	6
28	49	30	19	33	20	13	16	10	6
29	53	34	19	30	18	12	23	16	7
30–34岁	**205**	**136**	**69**	**29**	**18**	**11**	**173**	**116**	**57**
30	52	34	18	15	10	5	35	22	13
31	44	32	12	7	4	3	37	28	9
32	38	22	16	6	4	2	31	18	13
33	31	22	9				31	22	9
34	40	26	14	1		1	39	26	13
35–39岁	**115**	**82**	**33**	**7**	**4**	**3**	**107**	**77**	**30**
35	28	20	8	3	1	2	25	19	6
36	30	18	12				30	18	12
37	21	15	6	2	1	1	19	14	5
38	19	15	4	2	2		17	13	4
39	17	14	3				16	13	3
40–44岁	**75**	**57**	**18**	**4**	**3**	**1**	**70**	**53**	**17**
40	17	11	6	1		1	15	10	5
41	21	19	2	1	1		20	18	2
42	15	11	4	1	1		14	10	4
43	9	7	2	1	1		8	6	2
44	13	9	4				13	9	4
45–49岁	**38**	**32**	**6**				**35**	**29**	**6**
45	3	3					3	3	
46	10	7	3				8	5	3
47	11	9	2				10	8	2
48	6	6					6	6	
49	8	7	1				8	7	1
50岁及以上	**64**	**53**	**11**				**62**	**52**	**10**

3-2b 续表 15 单位：人

年 龄	博士研究生								
	肄 业			辍 学			其 他		
	小计	男	女	小计	男	女	小计	男	女
总 计	**1**	**1**		**2**	**1**	**1**	**9**	**7**	**2**
3									
4									
5-9岁									
5									
6									
7									
8									
9									
10-14岁									
10									
11									
12									
13									
14									
15-19岁									
15									
16									
17									
18									
19									
20-24岁							**1**	**1**	
20									
21									
22									
23							1	1	
24									
25-29岁							**1**		**1**
25									
26							1		1
27									
28									
29									
30-34岁							**3**	**2**	**1**
30							2	2	
31									
32							1		1
33									
34									
35-39岁							**1**	**1**	
35									
36									
37									
38									
39							1	1	
40-44岁							**1**	**1**	
40							1	1	
41									
42									
43									
44									
45-49岁	**1**	**1**					**2**	**2**	
45									
46	1	1					1	1	
47							1	1	
48									
49									
50岁及以上				**2**	**1**	**1**			

3-2c　全省分年龄、性别、学业完成情况的3岁及以上各种受教育程度人口(乡村)

单位：人

年龄	合计								
	合计			在校			毕业		
	合计	男	女	小计	男	女	小计	男	女
总计	**2206111**	**1184296**	**1021815**	**451482**	**244109**	**207373**	**1545084**	**838298**	**706786**
3									
4									
5-9岁	**148939**	**80551**	**68388**	**146108**	**78988**	**67120**	**2102**	**1179**	**923**
5	6120	3212	2908	5944	3109	2835	113	66	47
6	28420	15291	13129	27896	14994	12902	389	222	167
7	36510	19748	16762	35830	19363	16467	503	293	210
8	39995	21604	18391	39231	21195	18036	564	311	253
9	37894	20696	17198	37207	20327	16880	533	287	246
10-14岁	**182969**	**99756**	**83213**	**177994**	**96955**	**81039**	**3851**	**2158**	**1693**
10	36880	19991	16889	36126	19570	16556	562	309	253
11	38327	20832	17495	37513	20364	17149	622	361	261
12	37067	20164	16903	36132	19662	16470	723	388	335
13	34992	19146	15846	33932	18534	15398	834	486	348
14	35703	19623	16080	34291	18825	15466	1110	614	496
15-19岁	**121408**	**66615**	**54793**	**100269**	**54103**	**46166**	**19096**	**11307**	**7789**
15	30234	16849	13385	28795	16000	12795	1179	706	473
16	27943	15477	12466	24999	13700	11299	2581	1558	1023
17	23768	13086	10682	19468	10526	8942	3883	2310	1573
18	20272	10964	9308	14921	7809	7112	4869	2864	2005
19	19191	10239	8952	12086	6068	6018	6584	3869	2715
20-24岁	**100818**	**53870**	**46948**	**24274**	**12461**	**11813**	**72463**	**39094**	**33369**
20	18792	10083	8709	9505	4809	4696	8682	4915	3767
21	17721	9352	8369	6224	3146	3078	10828	5822	5006
22	20013	10691	9322	4347	2260	2087	14836	7957	6879
23	21132	11260	9872	2636	1408	1228	17606	9360	8246
24	23160	12484	10676	1562	838	724	20511	11040	9471
25-29岁	**146730**	**77680**	**69050**	**2165**	**1212**	**953**	**137161**	**72434**	**64727**
25	27247	14676	12571	999	553	446	24968	13416	11552
26	26312	14062	12250	514	288	226	24470	13037	11433
27	28941	15430	13511	311	171	140	27147	14419	12728
28	30962	16187	14775	207	122	85	29164	15209	13955
29	33268	17325	15943	134	78	56	31412	16353	15059
30-34岁	**164698**	**84285**	**80413**	**278**	**164**	**114**	**155087**	**79423**	**75664**
30	39593	20448	19145	111	58	53	37363	19303	18060
31	35591	18351	17240	69	46	23	33518	17245	16273
32	31607	16032	15575	43	26	17	29794	15127	14667
33	31069	15837	15232	33	21	12	29254	14935	14319
34	26838	13617	13221	22	13	9	25158	12813	12345
35-39岁	**119099**	**61949**	**57150**	**94**	**49**	**45**	**111094**	**57952**	**53142**
35	24012	12434	11578	17	9	8	22516	11692	10824
36	23757	12255	11502	25	11	14	22174	11465	10709
37	23018	12047	10971	20	13	7	21502	11278	10224
38	24416	12746	11670	22	12	10	22715	11895	10820
39	23896	12467	11429	10	4	6	22187	11622	10565
40-44岁	**135457**	**71933**	**63524**	**94**	**51**	**43**	**124607**	**66529**	**58078**
40	25494	13446	12048	16	6	10	23682	12542	11140
41	27135	14484	12651	28	18	10	25010	13389	11621
42	27513	14588	12925	18	8	10	25265	13491	11774
43	25789	13713	12076	16	9	7	23664	12671	10993
44	29526	15702	13824	16	10	6	26986	14436	12550
45-49岁	**196996**	**102066**	**94930**	**55**	**39**	**16**	**177400**	**93008**	**84392**
45	30454	15890	14564	11	7	4	27520	14475	13045
46	34766	18229	16537	15	8	7	31523	16678	14845
47	39154	20130	19024	8	7	1	35338	18372	16966
48	45427	23547	21880	9	8	1	40956	21479	19477
49	47195	24270	22925	12	9	3	42063	22004	20059
50岁及以上	**888997**	**485591**	**403406**	**151**	**87**	**64**	**742223**	**415214**	**327009**

3－2c 续表 1

单位：人

年 龄	合计								
	肄业			辍学			其他		
	小计	男	女	小计	男	女	小计	男	女
总 计	**46106**	**21661**	**24445**	**76789**	**36491**	**40298**	**86650**	**43737**	**42913**
3									
4									
5－9岁	**52**	**26**	**26**	**41**	**21**	**20**	**636**	**337**	**299**
5	4	2	2	7	4	3	52	31	21
6	10	4	6	6	3	3	119	68	51
7	9	5	4	9	6	3	159	81	78
8	16	6	10	9	3	6	175	89	86
9	13	9	4	10	5	5	131	68	63
10－14岁	**96**	**54**	**42**	**178**	**99**	**79**	**850**	**490**	**360**
10	12	5	7	15	10	5	165	97	68
11	13	8	5	12	5	7	167	94	73
12	17	10	7	23	11	12	172	93	79
13	24	17	7	42	18	24	160	91	69
14	30	14	16	86	55	31	186	115	71
15－19岁	**382**	**225**	**157**	**696**	**413**	**283**	**965**	**567**	**398**
15	42	26	16	114	67	47	104	50	54
16	76	44	32	146	96	50	141	79	62
17	70	37	33	146	90	56	201	123	78
18	107	64	43	153	84	69	222	143	79
19	87	54	33	137	76	61	297	172	125
20－24岁	**627**	**376**	**251**	**1020**	**634**	**386**	**2434**	**1305**	**1129**
20	100	63	37	185	125	60	320	171	149
21	106	60	46	174	103	71	389	221	168
22	123	68	55	201	120	81	506	286	220
23	133	78	55	223	145	78	534	269	265
24	165	107	58	237	141	96	685	358	327
25－29岁	**1209**	**687**	**522**	**1715**	**1028**	**687**	**4480**	**2319**	**2161**
25	201	114	87	294	190	104	785	403	382
26	207	119	88	316	198	118	805	420	385
27	237	147	90	363	223	140	883	470	413
28	275	147	128	362	206	156	954	503	451
29	289	160	129	380	211	169	1053	523	530
30－34岁	**1539**	**807**	**732**	**2426**	**1260**	**1166**	**5368**	**2631**	**2737**
30	333	184	149	520	281	239	1266	622	644
31	327	176	151	522	300	222	1155	584	571
32	285	135	150	459	239	220	1026	505	521
33	310	164	146	458	224	234	1014	493	521
34	284	148	136	467	216	251	907	427	480
35－39岁	**1351**	**683**	**668**	**2237**	**1088**	**1149**	**4323**	**2177**	**2146**
35	259	119	140	380	185	195	840	429	411
36	255	142	113	431	220	211	872	417	455
37	254	125	129	432	211	221	810	420	390
38	273	143	130	480	236	244	926	460	466
39	310	154	156	514	236	278	875	451	424
40－44岁	**2010**	**975**	**1035**	**3559**	**1735**	**1824**	**5187**	**2643**	**2544**
40	296	152	144	600	287	313	900	459	441
41	370	173	197	682	342	340	1045	562	483
42	409	208	201	734	358	376	1087	523	564
43	416	195	221	690	338	352	1003	500	503
44	519	247	272	853	410	443	1152	599	553
45－49岁	**3983**	**1827**	**2156**	**7264**	**3184**	**4080**	**8294**	**4008**	**4286**
45	574	268	306	1024	479	545	1325	661	664
46	661	316	345	1172	536	636	1395	691	704
47	752	344	408	1442	613	829	1614	794	820
48	950	444	506	1624	723	901	1888	893	995
49	1046	455	591	2002	833	1169	2072	969	1103
50岁及以上	**34857**	**16001**	**18856**	**57653**	**27029**	**30624**	**54113**	**27260**	**26853**

3-2c 续表 2

单位：人

年龄	小学								
	合计			在校			毕业		
	合计	男	女	小计	男	女	小计	男	女
总计	**893342**	**420131**	**473211**	**234798**	**127190**	**107608**	**526958**	**237066**	**289892**
3									
4									
5-9岁	**147548**	**79742**	**67806**	**144854**	**78259**	**66595**	**1990**	**1114**	**876**
5	6120	3212	2908	5944	3109	2835	113	66	47
6	28170	15138	13032	27683	14866	12817	358	202	156
7	36236	19585	16651	35583	19219	16364	481	278	203
8	39635	21401	18234	38899	21005	17894	545	301	244
9	37387	20406	16981	36745	20060	16685	493	267	226
10-14岁	**91687**	**49930**	**41757**	**89623**	**48777**	**40846**	**1492**	**833**	**659**
10	35879	19449	16430	35183	19063	16120	512	279	233
11	33839	18426	15413	33174	18041	15133	494	290	204
12	15500	8560	6940	15126	8360	6766	270	142	128
13	4746	2593	2153	4557	2487	2070	124	72	52
14	1723	902	821	1583	826	757	92	50	42
15-19岁	**1046**	**554**	**492**	**186**	**99**	**87**	**648**	**327**	**321**
15	166	91	75	71	40	31	54	26	28
16	167	88	79	46	20	26	85	49	36
17	196	102	94	30	18	12	125	59	66
18	231	114	117	20	11	9	171	79	92
19	286	159	127	19	10	9	213	114	99
20-24岁	**1859**	**926**	**933**	**27**	**13**	**14**	**1527**	**738**	**789**
20	317	165	152	18	7	11	249	126	123
21	334	170	164	5	3	2	259	131	128
22	341	175	166	2	2		283	138	145
23	386	181	205	1		1	325	144	181
24	481	235	246	1	1		411	199	212
25-29岁	**4352**	**1928**	**2424**	**4**	**1**	**3**	**3798**	**1657**	**2141**
25	622	299	323	2		2	532	253	279
26	683	327	356				595	278	317
27	898	393	505	1	1		778	332	446
28	987	416	571				865	358	507
29	1162	493	669	1		1	1028	436	592
30-34岁	**8587**	**3297**	**5290**	**4**	**1**	**3**	**7487**	**2841**	**4646**
30	1554	632	922	3	1	2	1349	531	818
31	1637	653	984				1413	552	861
32	1659	625	1034				1457	547	910
33	1827	697	1130				1594	596	998
34	1910	690	1220	1		1	1674	615	1059
35-39岁	**11665**	**4071**	**7594**	**4**	**1**	**3**	**10052**	**3471**	**6581**
35	1847	684	1163				1608	586	1022
36	2009	696	1313				1717	598	1119
37	2228	775	1453	1		1	1946	667	1279
38	2650	877	1773	2		2	2264	735	1529
39	2931	1039	1892	1	1		2517	885	1632
40-44岁	**26296**	**9573**	**16723**	**13**	**5**	**8**	**22717**	**8248**	**14469**
40	3617	1272	2345	2	1	1	3131	1098	2033
41	4731	1760	2971	1	1		4102	1513	2589
42	5444	1986	3458	4	1	3	4688	1706	2982
43	5620	2026	3594	2	1	1	4864	1758	3106
44	6884	2529	4355	4	1	3	5932	2173	3759
45-49岁	**62246**	**22289**	**39957**	**4**		**4**	**52978**	**19018**	**33960**
45	8084	2933	5151	1		1	6889	2489	4400
46	9915	3583	6332	1		1	8520	3084	5436
47	12052	4240	7812				10248	3622	6626
48	15053	5441	9612	1		1	12896	4662	8234
49	17142	6092	11050	1		1	14425	5161	9264
50岁及以上	**538056**	**247821**	**290235**	**79**	**34**	**45**	**424269**	**198819**	**225450**

3−2c 续表 3

单位：人

年 龄	小学								
	肄业			辍学			其他		
	小计	男	女	小计	男	女	小计	男	女
总 计	**30154**	**12256**	**17898**	**54022**	**22686**	**31336**	**47410**	**20933**	**26477**
3									
4									
5−9岁	**52**	**26**	**26**	**39**	**19**	**20**	**613**	**324**	**289**
5	4	2	2	7	4	3	52	31	21
6	10	4	6	5	2	3	114	64	50
7	9	5	4	8	5	3	155	78	77
8	16	6	10	9	3	6	166	86	80
9	13	9	4	10	5	5	126	65	61
10−14岁	**44**	**23**	**21**	**64**	**39**	**25**	**464**	**258**	**206**
10	12	5	7	15	10	5	157	92	65
11	12	8	4	11	5	6	148	82	66
12	9	6	3	11	8	3	84	44	40
13	6	3	3	14	9	5	45	22	23
14	5	1	4	13	7	6	30	18	12
15−19岁	**42**	**22**	**20**	**89**	**56**	**33**	**81**	**50**	**31**
15	9	6	3	13	9	4	19	10	9
16	10	4	6	17	12	5	9	3	6
17	6	2	4	22	12	10	13	11	2
18	7	4	3	17	8	9	16	12	4
19	10	6	4	20	15	5	24	14	10
20−24岁	**51**	**30**	**21**	**122**	**79**	**43**	**132**	**66**	**66**
20	9	7	2	19	13	6	22	12	10
21	12	6	6	21	10	11	37	20	17
22	7	4	3	29	21	8	20	10	10
23	10	6	4	28	18	10	22	13	9
24	13	7	6	25	17	8	31	11	20
25−29岁	**87**	**47**	**40**	**199**	**97**	**102**	**264**	**126**	**138**
25	17	11	6	34	19	15	37	16	21
26	12	7	5	27	17	10	49	25	24
27	17	10	7	45	22	23	57	28	29
28	20	10	10	47	22	25	55	26	29
29	21	9	12	46	17	29	66	31	35
30−34岁	**165**	**72**	**93**	**447**	**187**	**260**	**484**	**196**	**288**
30	37	20	17	83	37	46	82	43	39
31	33	15	18	97	51	46	94	35	59
32	33	16	17	66	26	40	103	36	67
33	28	11	17	99	43	56	106	47	59
34	34	10	24	102	30	72	99	35	64
35−39岁	**233**	**90**	**143**	**639**	**230**	**409**	**737**	**279**	**458**
35	40	13	27	85	37	48	114	48	66
36	33	14	19	112	38	74	147	46	101
37	34	13	21	107	32	75	140	63	77
38	48	18	30	175	66	109	161	58	103
39	78	32	46	160	57	103	175	64	111
40−44岁	**642**	**204**	**438**	**1457**	**552**	**905**	**1467**	**564**	**903**
40	89	28	61	206	77	129	189	68	121
41	109	27	82	253	100	153	266	119	147
42	132	45	87	301	110	191	319	124	195
43	144	45	99	302	110	192	308	112	196
44	168	59	109	395	155	240	385	141	244
45−49岁	**1777**	**613**	**1164**	**4065**	**1399**	**2666**	**3422**	**1259**	**2163**
45	207	65	142	482	177	305	505	202	303
46	290	105	185	590	197	393	514	197	317
47	338	115	223	808	264	544	658	239	419
48	431	154	277	923	342	581	802	283	519
49	511	174	337	1262	419	843	943	338	605
50岁及以上	**27061**	**11129**	**15932**	**46901**	**20028**	**26873**	**39746**	**17811**	**21935**

3-2c 续表 4 单位：人

年龄	初中								
	合计			在校			毕业		
	合计	男	女	小计	男	女	小计	男	女
总计	**939984**	**541146**	**398838**	**115811**	**63314**	**52497**	**760934**	**441005**	**319929**
3									
4									
5-9岁	**1390**	**808**	**582**	**1253**	**728**	**525**	**112**	**65**	**47**
5									
6	250	153	97	213	128	85	31	20	11
7	274	163	111	247	144	103	22	15	7
8	359	202	157	331	189	142	19	10	9
9	507	290	217	462	267	195	40	20	20
10-14岁	**88526**	**48342**	**40184**	**85727**	**46760**	**38967**	**2266**	**1270**	**996**
10	997	539	458	941	506	435	48	28	20
11	4486	2405	2081	4337	2322	2015	128	71	57
12	21564	11602	9962	21003	11300	9703	453	246	207
13	29863	16334	13529	29020	15846	13174	686	398	288
14	31616	17462	14154	30426	16786	13640	951	527	424
15-19岁	**41989**	**23539**	**18450**	**28507**	**15648**	**12859**	**12428**	**7274**	**5154**
15	17503	9799	7704	16318	9108	7210	1005	593	412
16	9417	5278	4139	7163	3936	3227	2051	1218	833
17	5857	3298	2559	2941	1551	1390	2699	1622	1077
18	4444	2477	1967	1303	648	655	2925	1698	1227
19	4768	2687	2081	782	405	377	3748	2143	1605
20-24岁	**36679**	**19973**	**16706**	**155**	**78**	**77**	**34357**	**18716**	**15641**
20	4989	2832	2157	54	28	26	4635	2622	2013
21	5786	3162	2624	31	12	19	5408	2966	2442
22	7267	3988	3279	33	20	13	6798	3734	3064
23	8400	4516	3884	24	12	12	7910	4262	3648
24	10237	5475	4762	13	6	7	9606	5132	4474
25-29岁	**77054**	**39255**	**37799**	**57**	**30**	**27**	**72624**	**36907**	**35717**
25	12696	6701	5995	21	11	10	11935	6285	5650
26	13240	6923	6317	12	9	3	12441	6481	5960
27	15236	7824	7412	8	2	6	14346	7338	7008
28	16846	8394	8452	11	6	5	15908	7911	7997
29	19036	9413	9623	5	2	3	17994	8892	9102
30-34岁	**105236**	**51216**	**54020**	**26**	**17**	**9**	**99199**	**48241**	**50958**
30	23563	11483	12080	5	2	3	22246	10832	11414
31	22034	10811	11223	8	6	2	20778	10158	10620
32	20501	9938	10563	8	5	3	19354	9375	9979
33	20796	10029	10767				19615	9471	10144
34	18342	8955	9387	5	4	1	17206	8405	8801
35-39岁	**84358**	**43453**	**40905**	**20**	**12**	**8**	**79277**	**40847**	**38430**
35	16827	8471	8356	6	2	4	15837	7983	7854
36	16845	8491	8354	4	1	3	15839	7963	7876
37	16416	8541	7875	5	5		15452	8037	7415
38	17348	9056	8292	4	4		16298	8517	7781
39	16922	8894	8028	1		1	15851	8347	7504
40-44岁	**91474**	**50924**	**40550**	**15**	**7**	**8**	**85316**	**47520**	**37796**
40	17995	9716	8279	3	1	2	16905	9121	7784
41	18603	10274	8329	1	1		17359	9575	7784
42	18516	10302	8214	3	1	2	17227	9601	7626
43	17109	9685	7424	5	3	2	15939	9035	6904
44	19251	10947	8304	3	1	2	17886	10188	7698
45-49岁	**116716**	**67727**	**48989**	**12**	**7**	**5**	**107711**	**62741**	**44970**
45	19103	10776	8327	1		1	17613	9965	7648
46	21370	12323	9047	2		2	19791	11429	8362
47	23477	13504	9973	4	3	1	21702	12512	9190
48	26432	15480	10952	1	1		24402	14361	10041
49	26334	15644	10690	4	3	1	24203	14474	9729
50岁及以上	**296562**	**195909**	**100653**	**39**	**27**	**12**	**267644**	**177424**	**90220**

3-2c 续表 5 单位：人

年龄	初中								
	肄业			辍学			其他		
	小计	男	女	小计	男	女	小计	男	女
总计	**12510**	**7271**	**5239**	**19536**	**11674**	**7862**	**31193**	**17882**	**13311**
3									
4									
5-9岁				**2**	**2**		**23**	**13**	**10**
5									
6				1	1		5	4	1
7				1	1		4	3	1
8							9	3	6
9							5	3	2
10-14岁	**50**	**30**	**20**	**111**	**58**	**53**	**372**	**224**	**148**
10							8	5	3
11	1		1	1		1	19	12	7
12	8	4	4	12	3	9	88	49	39
13	18	14	4	28	9	19	111	67	44
14	23	12	11	70	46	24	146	91	55
15-19岁	**182**	**110**	**72**	**383**	**226**	**157**	**489**	**281**	**208**
15	24	14	10	90	52	38	66	32	34
16	38	24	14	83	54	29	82	46	36
17	37	18	19	75	46	29	105	61	44
18	48	32	16	73	42	31	95	57	38
19	35	22	13	62	32	30	141	85	56
20-24岁	**280**	**167**	**113**	**569**	**330**	**239**	**1318**	**682**	**636**
20	38	25	13	99	67	32	163	90	73
21	44	24	20	94	48	46	209	112	97
22	61	34	27	106	57	49	269	143	126
23	57	32	25	123	75	48	286	135	151
24	80	52	28	147	83	64	391	202	189
25-29岁	**630**	**351**	**279**	**1073**	**645**	**428**	**2670**	**1322**	**1348**
25	97	50	47	181	124	57	462	231	231
26	120	69	51	196	120	76	471	244	227
27	127	81	46	235	144	91	520	259	261
28	135	75	60	211	114	97	581	288	293
29	151	76	75	250	143	107	636	300	336
30-34岁	**853**	**431**	**422**	**1526**	**786**	**740**	**3632**	**1741**	**1891**
30	162	89	73	318	166	152	832	394	438
31	187	100	87	308	167	141	753	380	373
32	152	63	89	307	162	145	680	333	347
33	177	92	85	293	144	149	711	322	389
34	175	87	88	300	147	153	656	312	344
35-39岁	**841**	**433**	**408**	**1321**	**674**	**647**	**2899**	**1487**	**1412**
35	170	82	88	238	111	127	576	293	283
36	166	94	72	260	144	116	576	289	287
37	160	80	80	263	138	125	536	281	255
38	163	85	78	254	132	122	629	318	311
39	182	92	90	306	149	157	582	306	276
40-44岁	**1123**	**625**	**498**	**1862**	**1031**	**831**	**3158**	**1741**	**1417**
40	164	99	65	343	179	164	580	316	264
41	215	117	98	369	205	164	659	376	283
42	234	139	95	392	222	170	660	339	321
43	223	123	100	343	198	145	599	326	273
44	287	147	140	415	227	188	660	384	276
45-49岁	**1801**	**975**	**826**	**2898**	**1616**	**1282**	**4294**	**2388**	**1906**
45	293	155	138	488	272	216	708	384	324
46	291	164	127	528	309	219	758	421	337
47	342	184	158	577	318	259	852	487	365
48	433	239	194	634	345	289	962	534	428
49	442	233	209	671	372	299	1014	562	452
50岁及以上	**6750**	**4149**	**2601**	**9791**	**6306**	**3485**	**12338**	**8003**	**4335**

3-2c　续表 6　　　　单位：人

年龄	高中								
	合计			在校			毕业		
	合计	男	女	小计	男	女	小计	男	女
总　计	**235257**	**145026**	**90231**	**59155**	**32243**	**26912**	**164394**	**105448**	**58946**
3									
4									
5-9岁	**1**	**1**		**1**	**1**				
5									
6									
7									
8	1	1		1	1				
9									
10-14岁	**2752**	**1480**	**1272**	**2640**	**1414**	**1226**	**93**	**55**	**38**
10	4	3	1	2	1	1	2	2	
11	2	1	1	2	1	1			
12	3	2	1	3	2	1			
13	383	219	164	355	201	154	24	16	8
14	2360	1255	1105	2278	1209	1069	67	37	30
15-19岁	**58635**	**32575**	**26060**	**53097**	**29098**	**23999**	**4870**	**3072**	**1798**
15	12078	6754	5324	11930	6653	5277	113	82	31
16	17333	9622	7711	16813	9294	7519	404	257	147
17	15127	8354	6773	14063	7712	6351	922	553	369
18	8853	4891	3962	7201	3849	3352	1458	924	534
19	5244	2954	2290	3090	1590	1500	1973	1256	717
20-24岁	**21426**	**12386**	**9040**	**3360**	**1699**	**1661**	**17059**	**10060**	**6999**
20	4329	2461	1868	1643	845	798	2507	1515	992
21	3726	2135	1591	775	387	388	2785	1634	1151
22	4102	2356	1746	465	232	233	3424	1990	1434
23	4386	2564	1822	293	146	147	3877	2286	1591
24	4883	2870	2013	184	89	95	4466	2635	1831
25-29岁	**30891**	**17746**	**13145**	**34**	**15**	**19**	**29200**	**16753**	**12447**
25	5821	3436	2385	9	4	5	5529	3266	2263
26	5520	3154	2366	7	3	4	5213	2976	2237
27	6091	3489	2602	3	1	2	5770	3291	2479
28	6551	3761	2790	9	6	3	6170	3532	2638
29	6908	3906	3002	6	1	5	6518	3688	2830
30-34岁	**30358**	**17324**	**13034**	**10**	**7**	**3**	**28689**	**16378**	**12311**
30	8031	4606	3425	2	2		7596	4369	3227
31	6909	3904	3005	3	2	1	6506	3671	2835
32	5799	3221	2578	1		1	5483	3051	2432
33	5326	3116	2210	3	3		5039	2944	2095
34	4293	2477	1816	1		1	4065	2343	1722
35-39岁	**16300**	**9939**	**6361**	**1**	**1**		**15324**	**9357**	**5967**
35	3606	2146	1460				3412	2034	1378
36	3464	2122	1342				3251	2001	1250
37	3057	1844	1213				2862	1735	1127
38	3216	2020	1196	1	1		3012	1886	1126
39	2957	1807	1150				2787	1701	1086
40-44岁	**13583**	**8590**	**4993**				**12702**	**8063**	**4639**
40	2931	1806	1125				2751	1703	1048
41	2854	1793	1061				2664	1684	980
42	2735	1744	991				2569	1648	921
43	2403	1540	863				2240	1440	800
44	2660	1707	953				2478	1588	890
45-49岁	**14812**	**9654**	**5158**	**5**	**4**	**1**	**13676**	**8983**	**4693**
45	2561	1681	880	1	1		2352	1547	805
46	2828	1835	993	3	2	1	2601	1702	899
47	3003	1924	1079	1	1		2791	1795	996
48	3284	2127	1157				3039	1990	1049
49	3136	2087	1049				2893	1949	944
50岁及以上	**46499**	**35331**	**11168**	**7**	**4**	**3**	**42781**	**32727**	**10054**

3－2c 续表 7 单位：人

年龄	高中								
	肄业			辍学			其他		
	小计	男	女	小计	男	女	小计	男	女
总计	**2891**	**1789**	**1102**	**3006**	**1973**	**1033**	**5811**	**3573**	**2238**
3									
4									
5－9岁									
5									
6									
7									
8									
9									
10－14岁	**2**	**1**	**1**	**3**	**2**	**1**	**14**	**8**	**6**
10									
11									
12									
13							4	2	2
14	2	1	1	3	2	1	10	6	4
15－19岁	**141**	**88**	**53**	**213**	**126**	**87**	**314**	**191**	**123**
15	8	6	2	11	6	5	16	7	9
16	25	16	9	46	30	16	45	25	20
17	26	17	9	46	31	15	70	41	29
18	44	24	20	61	33	28	89	61	28
19	38	25	13	49	26	23	94	57	37
20－24岁	**202**	**126**	**76**	**291**	**200**	**91**	**514**	**301**	**213**
20	40	24	16	60	40	20	79	37	42
21	38	22	16	53	41	12	75	51	24
22	38	20	18	61	40	21	114	74	40
23	43	29	14	61	42	19	112	61	51
24	43	31	12	56	37	19	134	78	56
25－29岁	**359**	**212**	**147**	**390**	**249**	**141**	**908**	**517**	**391**
25	60	37	23	66	41	25	157	88	69
26	57	32	25	80	50	30	163	93	70
27	64	40	24	77	53	24	177	104	73
28	93	50	43	91	59	32	188	114	74
29	85	53	32	76	46	30	223	118	105
30－34岁	**424**	**236**	**188**	**409**	**256**	**153**	**826**	**447**	**379**
30	109	59	50	106	67	39	218	109	109
31	87	44	43	109	76	33	204	111	93
32	79	42	37	77	46	31	159	82	77
33	86	48	38	59	33	26	139	88	51
34	63	43	20	58	34	24	106	57	49
35－39岁	**219**	**127**	**92**	**257**	**167**	**90**	**499**	**287**	**212**
35	35	19	16	50	30	20	109	63	46
36	51	30	21	56	37	19	106	54	52
37	45	22	23	55	35	20	95	52	43
38	52	34	18	49	36	13	102	63	39
39	36	22	14	47	29	18	87	55	32
40－44岁	**214**	**127**	**87**	**218**	**136**	**82**	**449**	**264**	**185**
40	35	21	14	47	27	20	98	55	43
41	39	24	15	54	33	21	97	52	45
42	40	22	18	36	23	13	90	51	39
43	45	26	19	43	28	15	75	46	29
44	55	34	21	38	25	13	89	60	29
45－49岁	**360**	**213**	**147**	**285**	**159**	**126**	**486**	**295**	**191**
45	64	43	21	52	29	23	92	61	31
46	72	43	29	48	26	22	104	62	42
47	66	41	25	55	30	25	90	57	33
48	76	43	33	63	33	30	106	61	45
49	82	43	39	67	41	26	94	54	40
50岁及以上	**970**	**659**	**311**	**940**	**678**	**262**	**1801**	**1263**	**538**

3-2c　续表 8　　　　单位：人

年　龄	大学专科								
	合　计			在　校			毕　业		
	合计	男	女	小计	男	女	小计	男	女
总　计	**87208**	**48867**	**38341**	**21992**	**10607**	**11385**	**62925**	**36838**	**26087**
3									
4									
5—9岁									
5									
6									
7									
8									
9									
10—14岁	**3**	**3**		**3**	**3**				
10									
11									
12									
13									
14	3	3		3	3				
15—19岁	**12633**	**6056**	**6577**	**11519**	**5452**	**6067**	**1025**	**558**	**467**
15	453	190	263	446	187	259	4	2	2
16	930	438	492	885	402	483	38	32	6
17	1779	873	906	1637	794	843	128	70	58
18	4085	1994	2091	3781	1835	1946	278	144	134
19	5386	2561	2825	4770	2234	2536	577	310	267
20—24岁	**23186**	**11304**	**11882**	**9497**	**4632**	**4865**	**13222**	**6412**	**6810**
20	5484	2663	2821	4313	2074	2239	1107	551	556
21	4527	2161	2366	2565	1258	1307	1890	859	1031
22	4545	2211	2334	1482	740	742	2972	1423	1549
23	4333	2112	2221	735	372	363	3485	1676	1809
24	4297	2157	2140	402	188	214	3768	1903	1865
25—29岁	**20469**	**10849**	**9620**	**686**	**348**	**338**	**19224**	**10181**	**9043**
25	4656	2372	2284	308	160	148	4236	2151	2085
26	4034	2112	1922	171	84	87	3754	1966	1788
27	3938	2126	1812	96	47	49	3732	2014	1718
28	3949	2106	1843	70	40	30	3768	2005	1763
29	3892	2133	1759	41	17	24	3734	2045	1689
30—34岁	**13903**	**8152**	**5751**	**127**	**68**	**59**	**13349**	**7827**	**5522**
30	4148	2344	1804	50	26	24	3970	2239	1731
31	3365	1894	1471	29	19	10	3238	1819	1419
32	2555	1522	1033	17	8	9	2451	1459	992
33	2224	1381	843	20	10	10	2144	1335	809
34	1611	1011	600	11	5	6	1546	975	571
35—39岁	**4867**	**3154**	**1713**	**52**	**26**	**26**	**4617**	**2998**	**1619**
35	1228	793	435	8	4	4	1174	761	413
36	1033	661	372	15	8	7	981	629	352
37	942	619	323	10	5	5	881	581	300
38	865	564	301	11	6	5	816	532	284
39	799	517	282	8	3	5	765	495	270
40—44岁	**3066**	**2070**	**996**	**56**	**34**	**22**	**2867**	**1942**	**925**
40	713	478	235	11	4	7	662	449	213
41	715	485	230	22	13	9	663	453	210
42	631	416	215	9	5	4	599	399	200
43	476	333	143	7	5	2	449	312	137
44	531	358	173	7	7		494	329	165
45—49岁	**2506**	**1844**	**662**	**29**	**24**	**5**	**2346**	**1732**	**614**
45	548	386	162	5	3	2	511	363	148
46	505	372	133	8	6	2	469	350	119
47	490	365	125	3	3		469	348	121
48	497	364	133	6	6		467	339	128
49	466	357	109	7	6	1	430	332	98
50岁及以上	**6575**	**5435**	**1140**	**23**	**20**	**3**	**6275**	**5188**	**1087**

3-2c 续表 9

单位：人

年 龄	大学专科								
	肄 业			辍 学			其 他		
	小计	男	女	小计	男	女	小计	男	女
总 计	**428**	**269**	**159**	**194**	**133**	**61**	**1669**	**1020**	**649**
3									
4									
5-9岁									
5									
6									
7									
8									
9									
10-14岁									
10									
11									
12									
13									
14									
15-19岁	**16**	**5**	**11**	**9**	**4**	**5**	**64**	**37**	**27**
15	1		1				2	1	1
16	3		3				4	4	
17	1		1	3	1	2	10	8	2
18	7	4	3	2	1	1	17	10	7
19	4	1	3	4	2	2	31	14	17
20-24岁	**72**	**41**	**31**	**34**	**21**	**13**	**361**	**198**	**163**
20	11	6	5	7	5	2	46	27	19
21	9	6	3	6	4	2	57	34	23
22	12	8	4	4	1	3	75	39	36
23	17	7	10	10	9	1	86	48	38
24	23	14	9	7	2	5	97	50	47
25-29岁	**92**	**51**	**41**	**42**	**29**	**13**	**425**	**240**	**185**
25	18	9	9	11	5	6	83	47	36
26	11	7	4	11	10	1	87	45	42
27	19	11	8	4	2	2	87	52	35
28	21	9	12	9	8	1	81	44	37
29	23	15	8	7	4	3	87	52	35
30-34岁	**71**	**47**	**24**	**40**	**28**	**12**	**316**	**182**	**134**
30	19	12	7	9	8	1	100	59	41
31	13	10	3	8	6	2	77	40	37
32	15	9	6	9	5	4	63	41	22
33	14	10	4	7	4	3	39	22	17
34	10	6	4	7	5	2	37	20	17
35-39岁	**44**	**26**	**18**	**17**	**14**	**3**	**137**	**90**	**47**
35	13	5	8	5	5		28	18	10
36	5	4	1	3	1	2	29	19	10
37	12	8	4	7	6	1	32	19	13
38	7	4	3	2	2		29	20	9
39	7	5	2				19	14	5
40-44岁	**29**	**18**	**11**	**21**	**15**	**6**	**93**	**61**	**32**
40	8	4	4	4	4		28	17	11
41	6	4	2	5	3	2	19	12	7
42	3	2	1	5	3	2	15	7	8
43	3	1	2	2	2		15	13	2
44	9	7	2	5	3	2	16	12	4
45-49岁	**37**	**23**	**14**	**14**	**9**	**5**	**80**	**56**	**24**
45	10	5	5	2	1	1	20	14	6
46	6	3	3	5	3	2	17	10	7
47	5	3	2	1	1		12	10	2
48	8	7	1	4	3	1	12	9	3
49	8	5	3	2	1	1	19	13	6
50岁及以上	**67**	**58**	**9**	**17**	**13**	**4**	**193**	**156**	**37**

3-2c　续表 10　　　　单位：人

年　龄	大学本科								
	合　计			在　校			毕　业		
	合计	男	女	小计	男	女	小计	男	女
总　计	**46930**	**27068**	**19862**	**17810**	**9604**	**8206**	**28435**	**17056**	**11379**
3									
4									
5-9岁									
5									
6									
7									
8									
9									
10-14岁	**1**	**1**		**1**	**1**				
10									
11									
12									
13									
14	1	1		1	1				
15-19岁	**7098**	**3887**	**3211**	**6953**	**3802**	**3151**	**125**	**76**	**49**
15	34	15	19	30	12	18	3	3	
16	96	51	45	92	48	44	3	2	1
17	808	459	349	796	451	345	9	6	3
18	2658	1488	1170	2615	1466	1149	37	19	18
19	3502	1874	1628	3420	1825	1595	73	46	27
20-24岁	**16426**	**8557**	**7869**	**10082**	**5365**	**4717**	**6210**	**3118**	**3092**
20	3654	1952	1702	3459	1845	1614	183	101	82
21	3279	1687	1592	2782	1452	1330	483	229	254
22	3489	1809	1680	2103	1118	985	1352	668	684
23	3215	1650	1565	1190	647	543	1991	986	1005
24	2789	1459	1330	548	303	245	2201	1134	1067
25-29岁	**12432**	**7002**	**5430**	**694**	**390**	**304**	**11487**	**6474**	**5013**
25	3006	1618	1388	349	205	144	2602	1386	1216
26	2501	1351	1150	161	80	81	2299	1255	1044
27	2480	1423	1057	89	54	35	2338	1336	1002
28	2402	1368	1034	54	24	30	2296	1312	984
29	2043	1242	801	41	27	14	1952	1185	767
30-34岁	**6184**	**4008**	**2176**	**50**	**29**	**21**	**6003**	**3893**	**2110**
30	2125	1278	847	20	7	13	2064	1248	816
31	1527	1008	519	15	10	5	1481	974	507
32	1018	673	345	7	5	2	986	651	335
33	860	586	274	5	4	1	831	565	266
34	654	463	191	3	3		641	455	186
35-39岁	**1828**	**1269**	**559**	**13**	**7**	**6**	**1752**	**1222**	**530**
35	486	325	161	1	1		470	316	154
36	388	272	116	5	2	3	370	262	108
37	356	253	103	3	3		345	244	101
38	322	218	104	4	1	3	310	214	96
39	276	201	75				257	186	71
40-44岁	**1011**	**749**	**262**	**10**	**5**	**5**	**978**	**729**	**249**
40	232	168	64				227	165	62
41	225	165	60	4	3	1	215	157	58
42	181	134	47	2	1	1	176	131	45
43	177	125	52	2		2	168	122	46
44	196	157	39	2	1	1	192	154	38
45-49岁	**696**	**536**	**160**	**5**	**4**	**1**	**669**	**518**	**151**
45	152	110	42	3	3		149	107	42
46	145	113	32	1		1	139	110	29
47	127	92	35				123	90	33
48	161	135	26	1	1		152	127	25
49	111	86	25				106	84	22
50岁及以上	**1254**	**1059**	**195**	**2**	**1**	**1**	**1211**	**1026**	**185**

3-2c 续表 11 单位：人

年龄	大学本科								
	肄业			辍学			其他		
	小计	男	女	小计	男	女	小计	男	女
总计	**120**	**74**	**46**	**29**	**23**	**6**	**536**	**311**	**225**
3									
4									
5-9岁									
5									
6									
7									
8									
9									
10-14岁									
10									
11									
12									
13									
14									
15-19岁	**1**		**1**	**2**	**1**	**1**	**17**	**8**	**9**
15							1		1
16							1	1	
17							3	2	1
18	1		1				5	3	2
19				2	1	1	7	2	5
20-24岁	**22**	**12**	**10**	**4**	**4**		**108**	**58**	**50**
20	2	1	1				10	5	5
21	3	2	1				11	4	7
22	5	2	3	1	1		28	20	8
23	6	4	2	1	1		27	12	15
24	6	3	3	2	2		32	17	15
25-29岁	**40**	**25**	**15**	**10**	**7**	**3**	**201**	**106**	**95**
25	9	7	2	2	1	1	44	19	25
26	6	3	3	2	1	1	33	12	21
27	10	5	5	2	2		41	26	15
28	6	3	3	3	2	1	43	27	16
29	9	7	2	1	1		40	22	18
30-34岁	**26**	**21**	**5**	**4**	**3**	**1**	**101**	**62**	**39**
30	6	4	2	4	3	1	31	16	15
31	7	7					24	17	7
32	6	5	1				19	12	7
33	5	3	2				19	14	5
34	2	2					8	3	5
35-39岁	**13**	**6**	**7**	**3**	**3**		**47**	**31**	**16**
35	1		1	2	2		12	6	6
36							13	8	5
37	2	1	1				6	5	1
38	3	2	1				5	1	4
39	7	3	4	1	1		11	11	
40-44岁	**2**	**1**	**1**	**1**	**1**		**20**	**13**	**7**
40							5	3	2
41	1	1		1	1		4	3	1
42							3	2	1
43	1		1				6	3	3
44							2	2	
45-49岁	**8**	**3**	**5**	**2**	**1**	**1**	**12**	**10**	**2**
45									
46	2	1	1	1	1		2	1	1
47	1	1		1		1	2	1	1
48	2	1	1				6	6	
49	3		3				2	2	
50岁及以上	**8**	**6**	**2**	**3**	**3**		**30**	**23**	**7**

3-2c　续表 12　　　　单位：人

年　龄	硕士研究生								
	合　计			在　校			毕　业		
	合计	男	女	小计	男	女	小计	男	女
总　计	**3076**	**1827**	**1249**	**1711**	**998**	**713**	**1334**	**809**	**525**
3									
4									
5-9岁									
5									
6									
7									
8									
9									
10-14岁									
10									
11									
12									
13									
14									
15-19岁	**7**	**4**	**3**	**7**	**4**	**3**			
15									
16									
17	1		1	1		1			
18	1		1	1		1			
19	5	4	1	5	4	1			
20-24岁	**1196**	**695**	**501**	**1109**	**647**	**462**	**86**	**48**	**38**
20	17	10	7	16	10	6	1		1
21	65	35	30	62	32	30	3	3	
22	258	145	113	252	142	110	6	3	3
23	400	230	170	381	224	157	18	6	12
24	456	275	181	398	239	159	58	36	22
25-29岁	**1353**	**768**	**585**	**562**	**329**	**233**	**779**	**430**	**349**
25	415	232	183	287	159	128	126	71	55
26	297	167	130	129	86	43	165	79	86
27	264	151	113	89	48	41	174	102	72
28	182	103	79	34	19	15	142	80	62
29	195	115	80	23	17	6	172	98	74
30-34岁	**363**	**236**	**127**	**29**	**16**	**13**	**327**	**218**	**109**
30	148	86	62	15	7	8	130	78	52
31	94	62	32	5	2	3	88	60	28
32	65	45	20	6	5	1	57	39	18
33	31	24	7	3	2	1	28	22	6
34	25	19	6				24	19	5
35-39岁	**67**	**51**	**16**	**3**	**1**	**2**	**59**	**46**	**13**
35	16	13	3	1	1		14	11	3
36	15	10	5	1		1	13	9	4
37	16	12	4	1		1	13	11	2
38	11	8	3				11	8	3
39	9	8	1				8	7	1
40-44岁	**25**	**25**					**25**	**25**	
40	5	5					5	5	
41	7	7					7	7	
42	5	5					5	5	
43	4	4					4	4	
44	4	4					4	4	
45-49岁	**20**	**16**	**4**				**20**	**16**	**4**
45	6	4	2				6	4	2
46	3	3					3	3	
47	5	5					5	5	
48									
49	6	4	2				6	4	2
50岁及以上	**45**	**32**	**13**	**1**	**1**		**38**	**26**	**12**

3-2c　续表 13　　　　单位：人

年龄	硕士研究生								
	肄业			辍学			其他		
	小计	男	女	小计	男	女	小计	男	女
总计	**2**	**2**		**2**	**2**		**27**	**16**	**11**
3									
4									
5-9岁									
5									
6									
7									
8									
9									
10-14岁									
10									
11									
12									
13									
14									
15-19岁									
15									
16									
17									
18									
19									
20-24岁							**1**		**1**
20									
21									
22									
23							1		1
24									
25-29岁	**1**	**1**		**1**	**1**		**10**	**7**	**3**
25							2	2	
26	1	1					2	1	1
27							1	1	
28				1	1		5	3	2
29									
30-34岁							**7**	**2**	**5**
30							3	1	2
31							1		1
32							2	1	1
33									
34							1		1
35-39岁	**1**	**1**					**4**	**3**	**1**
35							1	1	
36							1	1	
37	1	1					1		1
38									
39							1	1	
40-44岁									
40									
41									
42									
43									
44									
45-49岁									
45									
46									
47									
48									
49									
50岁及以上				**1**	**1**		**5**	**4**	**1**

3-2c 续表 14 单位：人

年龄	博士研究生								
	合计			在校			毕业		
	合计	男	女	小计	男	女	小计	男	女
总计	**314**	**231**	**83**	**205**	**153**	**52**	**104**	**76**	**28**
3									
4									
5–9岁									
5									
6									
7									
8									
9									
10–14岁									
10									
11									
12									
13									
14									
15–19岁									
15									
16									
17									
18									
19									
20–24岁	**46**	**29**	**17**	**44**	**27**	**17**	**2**	**2**	
20	2		2	2		2			
21	4	2	2	4	2	2			
22	11	7	4	10	6	4	1	1	
23	12	7	5	12	7	5			
24	17	13	4	16	12	4	1	1	
25–29岁	**179**	**132**	**47**	**128**	**99**	**29**	**49**	**32**	**17**
25	31	18	13	23	14	9	8	4	4
26	37	28	9	34	26	8	3	2	1
27	34	24	10	25	18	7	9	6	3
28	45	39	6	29	27	2	15	11	4
29	32	23	9	17	14	3	14	9	5
30–34岁	**67**	**52**	**15**	**32**	**26**	**6**	**33**	**25**	**8**
30	24	19	5	16	13	3	8	6	2
31	25	19	6	9	7	2	14	11	3
32	10	8	2	4	3	1	6	5	1
33	5	4	1	2	2		3	2	1
34	3	2	1	1	1		2	1	1
35–39岁	**14**	**12**	**2**	**1**	**1**		**13**	**11**	**2**
35	2	2		1	1		1	1	
36	3	3					3	3	
37	3	3					3	3	
38	4	3	1				4	3	1
39	2	1	1				2	1	1
40–44岁	**2**	**2**					**2**	**2**	
40	1	1					1	1	
41									
42	1	1					1	1	
43									
44									
45–49岁									
45									
46									
47									
48									
49									
50岁及以上	**6**	**4**	**2**				**5**	**4**	**1**

3－2c 续表 15

单位：人

年龄	博士研究生								
	肄业			辍学			其他		
	小计	男	女	小计	男	女	小计	男	女
总计	**1**		**1**				**4**	**2**	**2**
3									
4									
5－9岁									
5									
6									
7									
8									
9									
10－14岁									
10									
11									
12									
13									
14									
15－19岁									
15									
16									
17									
18									
19									
20－24岁									
20									
21									
22									
23									
24									
25－29岁							**2**	**1**	**1**
25									
26									
27									
28							1	1	
29							1		1
30－34岁							**2**	**1**	**1**
30									
31							2	1	1
32									
33									
34									
35－39岁									
35									
36									
37									
38									
39									
40－44岁									
40									
41									
42									
43									
44									
45－49岁									
45									
46									
47									
48									
49									
50岁及以上	**1**		**1**						

第二部分 长表数据资料

第四卷 就业

4-1 各地区分性别、年龄的就业人口

单位：人

地区 性别	合计	16-19岁	20-24岁	25-29岁	30-34岁	35-39岁	40-44岁
安徽	**2766699**	**28128**	**146756**	**305293**	**378167**	**281116**	**302538**
合肥市	**440573**	**3832**	**32094**	**65110**	**76845**	**53435**	**46606**
瑶海区	38238	227	2882	6134	6732	5205	4824
庐阳区	31551	202	2070	4723	6506	5053	3877
蜀山区	46637	440	4809	7891	9174	6886	5032
包河区	58850	497	4851	9737	11685	8283	6659
长丰县	36976	305	2348	5042	6023	3895	3712
肥东县	49681	284	3110	6516	5884	4714	5670
肥西县	46789	591	3226	7086	8510	5094	4083
庐江县	44158	222	1838	3679	5639	3962	4442
合肥高新技术产业开发区	13860	138	1428	3103	3502	1653	988
合肥经济技术开发区	25723	476	2534	4692	5971	3618	2349
合肥新站高新技术产业开发区	19357	364	1890	3925	4027	2319	1668
巢湖市	28753	86	1108	2582	3192	2753	3302
芜湖市	**179108**	**1495**	**9889**	**22457**	**25378**	**18138**	**19794**
镜湖区	20017	122	1107	2581	3292	2889	2603
弋江区	15962	76	1015	2312	2988	2159	1974
鸠江区	24290	185	1205	3292	3913	2415	2334
三山区	7359	39	349	1067	1292	657	760
芜湖县	18951	215	975	2134	2408	1734	2258
繁昌县	13241	55	524	1412	1689	1026	1540
南陵县	23193	137	984	2036	2446	2069	2582
芜湖经济技术开发区	9928	273	930	1846	2126	1230	814
安徽芜湖长江大桥经济开发区	957	3	42	113	111	60	123
无为市	45210	390	2758	5664	5113	3899	4806
蚌埠市	**120754**	**1031**	**5180**	**12123**	**16434**	**12500**	**13198**
龙子湖区	7961	60	404	853	1174	996	937
蚌山区	6122	44	323	738	1070	831	823
禹会区	11427	151	627	1335	1736	1390	1422
淮上区	11021	98	562	1294	1787	1239	1113
怀远县	35966	363	1359	2867	3816	2888	3449
五河县	18877	144	814	2001	2131	1611	1941
固镇县	17337	109	581	1525	2307	1588	1873
蚌埠市高新技术开发区	2460	18	116	297	537	453	370
蚌埠市经济开发区	9583	44	394	1213	1876	1504	1270
淮南市	**125890**	**997**	**5262**	**11034**	**16996**	**14269**	**14381**
大通区	6232	41	337	711	923	678	678
田家庵区	25844	112	1060	2690	4522	3920	3741
谢家集区	7120	38	328	659	974	735	835
八公山区	4001	16	210	374	555	426	472
潘集区	11433	108	478	1013	1525	1156	1249
凤台县	25129	203	828	1981	3282	2676	2891
寿县	46131	479	2021	3606	5215	4678	4515

4-1 续表 1 单位：人

地区 性别	合计	16-19岁	20-24岁	25-29岁	30-34岁	35-39岁	40-44岁
马鞍山市	**92416**	**599**	**4314**	**10378**	**12168**	**9055**	**10451**
花山区	18074	80	732	2024	2787	2393	2643
雨山区	13331	59	690	1691	2163	1493	1562
博望区	6897	79	397	864	870	648	795
当涂县	21523	146	885	2512	2885	1865	2125
含山县	16525	122	928	1897	1929	1463	1759
和县	16066	113	682	1390	1534	1193	1567
淮北市	**72994**	**609**	**3919**	**8203**	**10475**	**8018**	**9274**
杜集区	8856	55	479	1055	1328	989	1133
相山区	20441	115	973	2287	3542	2810	3227
烈山区	9361	77	516	898	1114	788	1070
濉溪县	34336	362	1951	3963	4491	3431	3844
铜陵市	**48289**	**194**	**1854**	**4231**	**5689**	**4613**	**5724**
铜官区	18131	60	857	1926	2778	2231	2627
义安区	9815	37	336	803	992	752	883
郊区	5365	20	173	431	498	437	534
枞阳县	14978	77	488	1071	1421	1193	1680
安庆市	**229577**	**1257**	**10366**	**23683**	**29443**	**21901**	**25637**
迎江区	11419	24	467	1243	1823	1297	1456
大观区	9140	33	397	840	1094	1021	1292
宜秀区	8432	51	456	936	1202	736	825
怀宁县	28391	185	1481	3077	3678	2540	3028
太湖县	22623	79	1019	2423	3000	2222	2471
宿松县	32183	250	1655	3926	4067	3167	3526
望江县	36642	268	1416	3541	3884	3037	3658
岳西县	15805	63	741	1316	2166	1686	1816
安徽安庆经济开发区	6870	28	336	747	1018	748	880
桐城市	30816	146	1323	3036	4218	2936	3669
潜山市	27256	130	1075	2598	3293	2511	3016
黄山市	**72130**	**386**	**2641**	**6326**	**8651**	**6656**	**7733**
屯溪区	13435	72	567	1487	2302	1812	1822
黄山区	7807	21	286	602	848	624	790
徽州区	5575	28	177	519	696	562	596
歙县	24023	153	864	2032	2547	1885	2340
休宁县	11212	54	416	979	1260	927	1075
黟县	3995	17	114	279	360	310	404
祁门县	6083	41	217	428	638	536	706
滁州市	**230617**	**2770**	**12767**	**25728**	**28171**	**18475**	**22809**
琅琊区	12275	65	643	1384	1834	1504	1642
南谯区	16316	107	848	2134	2587	1587	1500
来安县	24749	240	1181	2643	2905	1789	2195
全椒县	27640	135	1290	3090	3245	1983	2396
定远县	44140	469	2471	5517	4837	3201	4043
凤阳县	36192	551	2347	4035	4342	3207	3679
苏滁现代产业园	1699	129	192	294	299	169	151
滁州经济技术开发区	7807	632	872	1236	1345	753	763
天长市	35219	251	1738	3210	4165	2297	3676
明光市	24580	191	1185	2185	2612	1985	2764

4-1 续表 2

单位：人

地区 性别	合计	16-19岁	20-24岁	25-29岁	30-34岁	35-39岁	40-44岁
阜阳市	**369105**	**7457**	**21945**	**39923**	**47977**	**38720**	**41749**
颍州区	29447	385	1480	3591	4806	3762	3695
颍东区	24773	354	1386	2927	3255	2812	2979
颍泉区	28577	481	1449	2988	3769	3081	2943
临泉县	74316	1830	5576	7815	9089	7447	8605
太和县	69346	1555	3857	6986	8466	6546	7867
阜南县	50652	1211	3151	5425	6184	4708	5005
颍上县	62802	1235	3649	6894	8016	6720	6879
阜阳合肥现代产业园区	1341	26	78	192	237	172	131
阜阳经济技术开发区	4499	57	277	650	867	688	648
界首市	23352	323	1042	2455	3288	2784	2997
宿州市	**240264**	**2127**	**11466**	**25578**	**30612**	**22188**	**24712**
埇桥区	72026	795	3814	8267	10935	7405	8037
砀山县	37467	223	1577	3732	4170	3120	3779
萧县	53687	512	2536	5586	5902	4669	5131
灵璧县	40770	329	1825	4077	5324	3802	3796
泗县	32378	235	1438	3326	3587	2760	3540
宿州马鞍山现代产业园区	1478	16	91	199	241	139	126
宿州经济技术开发区	2458	17	185	391	453	293	303
六安市	**201387**	**1521**	**8991**	**18411**	**24864**	**18998**	**19900**
金安区	35709	198	1679	3486	5125	3843	3728
裕安区	39066	234	1941	3910	5713	4060	3904
叶集区	7915	80	313	660	971	756	706
霍邱县	35691	360	1311	2674	4046	3705	3452
舒城县	40278	370	1679	3945	4350	3240	3854
金寨县	26084	237	1372	2254	2652	2099	2626
霍山县	16644	42	696	1482	2007	1295	1630
亳州市	**170942**	**2996**	**9247**	**17626**	**23601**	**18079**	**20190**
谯城区	57882	944	3548	6348	8739	5840	6248
涡阳县	36254	659	1816	3626	4980	4272	4738
蒙城县	35966	532	1775	3587	4727	3698	4398
利辛县	40840	861	2108	4065	5155	4269	4806
池州市	**61413**	**295**	**2402**	**5097**	**7580**	**5615**	**7203**
贵池区	23810	93	838	2034	3081	2301	2832
东至县	23289	135	1036	2033	2888	2039	2798
石台县	3132	5	108	159	260	226	302
青阳县	9155	43	318	651	1013	841	1040
池州市国家经济技术开发区	688	10	42	88	131	64	78
皖江江南新兴产业集中区	580	9	31	71	98	78	73
九华山风景区	759		29	61	109	66	80
宣城市	**111240**	**562**	**4419**	**9385**	**13283**	**10456**	**13177**
宣州区	27831	129	1116	2301	3065	2357	3133
郎溪县	14914	150	780	1428	1804	1293	1836
泾县	10674	43	270	721	1047	1014	1154
绩溪县	6074	10	132	413	549	534	610
旌德县	4538	13	124	309	455	416	486
宣城市经济开发区	4883	33	288	659	863	479	538
宁国市	18466	61	637	1468	2508	1976	2337
广德市	23860	123	1072	2086	2992	2387	3083

4-1 续表 3

单位：人

地区 性别	合计	16-19岁	20-24岁	25-29岁	30-34岁	35-39岁	40-44岁
男	**1682501**	**17388**	**85051**	**182433**	**222720**	**165842**	**177190**
合肥市	**270825**	**2360**	**17824**	**38331**	**45536**	**32614**	**28180**
瑶海区	23190	113	1513	3481	3894	3045	2953
庐阳区	18538	104	1024	2588	3575	2928	2236
蜀山区	26641	251	2369	4142	4960	3948	2920
包河区	34992	288	2571	5391	6589	4920	3921
长丰县	23682	174	1383	3273	3870	2573	2383
肥东县	32084	174	1882	4221	3837	3086	3696
肥西县	30270	416	2008	4407	5424	3387	2515
庐江县	27705	137	1000	2249	3433	2380	2608
合肥高新技术产业开发区	8431	86	798	1828	2077	1041	575
合肥经济技术开发区	15592	332	1497	2756	3522	2218	1435
合肥新站高新技术产业开发区	12354	244	1207	2490	2513	1474	1028
巢湖市	17346	41	572	1505	1842	1614	1910
芜湖市	**113961**	**950**	**5789**	**13815**	**15309**	**10849**	**12025**
镜湖区	11981	54	532	1371	1780	1556	1502
弋江区	9822	46	558	1315	1689	1278	1164
鸠江区	15088	125	745	1999	2323	1490	1391
三山区	4810	24	224	674	812	394	475
芜湖县	11384	142	576	1245	1349	944	1262
繁昌县	8504	31	282	897	1053	592	961
南陵县	14576	80	502	1257	1476	1222	1556
芜湖经济技术开发区	6526	199	680	1226	1316	780	523
安徽芜湖长江大桥经济开发区	618	1	19	77	67	37	63
无为市	30652	248	1671	3754	3444	2556	3128
蚌埠市	**71400**	**623**	**2914**	**7093**	**9334**	**7117**	**7580**
龙子湖区	4838	36	217	476	695	559	541
蚌山区	3679	21	167	405	607	463	478
禹会区	7194	99	365	797	1022	853	805
淮上区	6763	60	330	810	1067	726	688
怀远县	20019	219	744	1652	2104	1586	1926
五河县	11553	91	494	1228	1252	942	1161
固镇县	10305	66	317	903	1318	910	1060
蚌埠市高新技术开发区	1459	12	74	170	291	250	206
蚌埠市经济开发区	5590	19	206	652	978	828	715
淮南市	**79456**	**607**	**3105**	**6924**	**10504**	**8990**	**8945**
大通区	4007	23	191	436	573	439	432
田家庵区	15976	64	586	1544	2568	2379	2218
谢家集区	4531	23	165	392	588	463	520
八公山区	2686	10	113	242	355	293	311
潘集区	7890	68	327	710	1079	823	889
凤台县	15855	130	527	1259	2076	1678	1872
寿县	28511	289	1196	2341	3265	2915	2703

4-1 续表 4

单位：人

地区 性别	合计	16-19岁	20-24岁	25-29岁	30-34岁	35-39岁	40-44岁
马鞍山市	**58178**	**376**	**2581**	**6405**	**7174**	**5263**	**6099**
花山区	11133	52	416	1179	1593	1320	1445
雨山区	8256	37	391	986	1246	842	877
博望区	4790	63	250	592	575	427	518
当涂县	13526	92	540	1540	1717	1081	1275
含山县	10812	62	586	1266	1185	916	1098
和县	9661	70	398	842	858	677	886
淮北市	**45921**	**379**	**2372**	**5174**	**6458**	**5004**	**5763**
杜集区	5811	37	270	688	908	658	746
相山区	12418	64	530	1323	2018	1623	1871
烈山区	5684	50	316	574	691	489	668
濉溪县	22008	228	1256	2589	2841	2234	2478
铜陵市	**29980**	**116**	**974**	**2426**	**3215**	**2603**	**3248**
铜官区	11084	32	432	1053	1512	1236	1508
义安区	6299	22	196	477	605	461	502
郊区	3380	13	96	246	289	247	314
枞阳县	9217	49	250	650	809	659	924
安庆市	**138640**	**745**	**5688**	**13831**	**17060**	**12436**	**14275**
迎江区	6872	8	243	682	979	707	807
大观区	5444	20	200	457	576	529	696
宜秀区	5099	28	228	542	703	427	491
怀宁县	17234	111	820	1783	2113	1456	1707
太湖县	14396	46	557	1451	1835	1344	1466
宿松县	20289	165	985	2454	2448	1857	2048
望江县	19061	156	724	1864	2029	1545	1805
岳西县	10182	36	427	807	1380	1043	1088
安徽安庆经济开发区	4178	18	183	439	572	428	486
桐城市	19803	82	723	1884	2606	1774	2123
潜山市	16082	75	598	1468	1819	1326	1558
黄山市	**42252**	**241**	**1426**	**3485**	**4824**	**3627**	**4245**
屯溪区	7494	36	278	744	1154	920	941
黄山区	4910	12	173	343	513	355	447
徽州区	3259	16	99	285	373	314	345
歙县	13729	89	467	1133	1483	1029	1310
休宁县	6640	40	231	572	719	495	577
黟县	2395	15	59	142	212	181	220
祁门县	3825	33	119	266	370	333	405
滁州市	**135640**	**1825**	**7575**	**15383**	**16461**	**10709**	**12897**
琅琊区	7467	41	361	808	1077	846	922
南谯区	10412	86	475	1295	1611	998	906
来安县	14662	157	694	1570	1703	1064	1203
全椒县	14950	91	694	1712	1741	1051	1263
定远县	26017	301	1528	3527	2909	1917	2380
凤阳县	21015	349	1436	2355	2472	1874	2156
苏滁现代产业园	1188	89	146	192	212	119	100
滁州经济技术开发区	4788	445	595	771	794	421	382
天长市	20681	154	1002	1893	2437	1298	2029
明光市	14460	112	644	1260	1505	1121	1556

4-1 续表 5 单位：人

地区 性别	合计	16-19岁	20-24岁	25-29岁	30-34岁	35-39岁	40-44岁
阜阳市	**219969**	**4511**	**13305**	**24328**	**28389**	**22775**	**24330**
颍州区	17612	218	813	2097	2727	2179	2154
颍东区	15369	222	862	1818	1917	1745	1768
颍泉区	16607	300	886	1794	2164	1786	1662
临泉县	43528	1099	3269	4680	5390	4282	4863
太和县	40493	1004	2435	4281	5008	3763	4586
阜南县	29765	664	1859	3277	3664	2778	2841
颍上县	38436	772	2313	4283	4865	4036	4202
阜阳合肥现代产业园区	876	17	52	120	142	109	86
阜阳经济技术开发区	2832	32	158	388	517	424	412
界首市	14451	183	658	1590	1995	1673	1756
宿州市	**137231**	**1336**	**6749**	**14925**	**17459**	**12609**	**13921**
埇桥区	43801	519	2351	5011	6552	4444	4778
砀山县	20678	153	955	2195	2356	1693	2020
萧县	29661	339	1519	3256	3343	2588	2833
灵璧县	22113	192	956	2176	2771	2073	2012
泗县	18558	117	792	1935	2029	1557	2021
宿州马鞍山现代产业园区	924	9	60	114	142	85	84
宿州经济技术开发区	1496	7	116	238	266	169	173
六安市	**123938**	**928**	**5166**	**11149**	**14769**	**11163**	**11483**
金安区	21339	110	935	1991	2937	2148	2079
裕安区	24225	134	1116	2394	3374	2423	2302
叶集区	4848	45	180	403	554	441	405
霍邱县	22659	223	769	1694	2490	2246	2118
舒城县	24935	229	947	2430	2630	1917	2158
金寨县	15898	158	823	1375	1598	1261	1523
霍山县	10034	29	396	862	1186	727	898
亳州市	**106242**	**1882**	**5851**	**10891**	**14369**	**11005**	**12242**
谯城区	35531	588	2243	3945	5276	3550	3688
涡阳县	23461	432	1190	2247	3173	2708	2979
蒙城县	22163	339	1099	2204	2802	2175	2654
利辛县	25087	523	1319	2495	3118	2572	2921
池州市	**38365**	**165**	**1297**	**2905**	**4378**	**3194**	**4196**
贵池区	14487	51	451	1112	1689	1265	1578
东至县	14822	69	563	1212	1804	1236	1715
石台县	1915	5	47	74	140	117	172
青阳县	5896	27	176	376	547	454	599
池州市国家经济技术开发区	432	5	29	56	80	38	46
皖江江南新兴产业集中区	356	8	20	41	62	42	46
九华山风景区	457		11	34	56	42	40
宣城市	**70503**	**344**	**2435**	**5368**	**7481**	**5884**	**7761**
宣州区	17484	73	589	1300	1723	1307	1842
郎溪县	9662	86	432	839	1028	759	1082
泾县	7187	26	149	417	619	599	694
绩溪县	3610	6	71	223	294	280	356
旌德县	3011	6	55	169	271	244	293
宣城市经济开发区	3065	28	170	394	494	284	310
宁国市	11394	36	355	816	1387	1089	1345
广德市	15090	83	614	1210	1665	1322	1839

4-1　续表 6　　　　单位：人

地　区 性　别	合计	16-19岁	20-24岁	25-29岁	30-34岁	35-39岁	40-44岁
女	**1084198**	**10740**	**61705**	**122860**	**155447**	**115274**	**125348**
合肥市	**169748**	**1472**	**14270**	**26779**	**31309**	**20821**	**18426**
瑶海区	15048	114	1369	2653	2838	2160	1871
庐阳区	13013	98	1046	2135	2931	2125	1641
蜀山区	19996	189	2440	3749	4214	2938	2112
包河区	23858	209	2280	4346	5096	3363	2738
长丰县	13294	131	965	1769	2153	1322	1329
肥东县	17597	110	1228	2295	2047	1628	1974
肥西县	16519	175	1218	2679	3086	1707	1568
庐江县	16453	85	838	1430	2206	1582	1834
合肥高新技术产业开发区	5429	52	630	1275	1425	612	413
合肥经济技术开发区	10131	144	1037	1936	2449	1400	914
合肥新站高新技术产业开发区	7003	120	683	1435	1514	845	640
巢湖市	11407	45	536	1077	1350	1139	1392
芜湖市	**65147**	**545**	**4100**	**8642**	**10069**	**7289**	**7769**
镜湖区	8036	68	575	1210	1512	1333	1101
弋江区	6140	30	457	997	1299	881	810
鸠江区	9202	60	460	1293	1590	925	943
三山区	2549	15	125	393	480	263	285
芜湖县	7567	73	399	889	1059	790	996
繁昌县	4737	24	242	515	636	434	579
南陵县	8617	57	482	779	970	847	1026
芜湖经济技术开发区	3402	74	250	620	810	450	291
安徽芜湖长江大桥经济开发区	339	2	23	36	44	23	60
无为市	14558	142	1087	1910	1669	1343	1678
蚌埠市	**49354**	**408**	**2266**	**5030**	**7100**	**5383**	**5618**
龙子湖区	3123	24	187	377	479	437	396
蚌山区	2443	23	156	333	463	368	345
禹会区	4233	52	262	538	714	537	617
淮上区	4258	38	232	484	720	513	425
怀远县	15947	144	615	1215	1712	1302	1523
五河县	7324	53	320	773	879	669	780
固镇县	7032	43	264	622	989	678	813
蚌埠市高新技术开发区	1001	6	42	127	246	203	164
蚌埠市经济开发区	3993	25	188	561	898	676	555
淮南市	**46434**	**390**	**2157**	**4110**	**6492**	**5279**	**5436**
大通区	2225	18	146	275	350	239	246
田家庵区	9868	48	474	1146	1954	1541	1523
谢家集区	2589	15	163	267	386	272	315
八公山区	1315	6	97	132	200	133	161
潘集区	3543	40	151	303	446	333	360
凤台县	9274	73	301	722	1206	998	1019
寿县	17620	190	825	1265	1950	1763	1812

4-1 续表 7

单位：人

地 区 性 别	合计	16—19岁	20—24岁	25—29岁	30—34岁	35—39岁	40—44岁
马鞍山市	**34238**	**223**	**1733**	**3973**	**4994**	**3792**	**4352**
花山区	6941	28	316	845	1194	1073	1198
雨山区	5075	22	299	705	917	651	685
博望区	2107	16	147	272	295	221	277
当涂县	7997	54	345	972	1168	784	850
含山县	5713	60	342	631	744	547	661
和县	6405	43	284	548	676	516	681
淮北市	**27073**	**230**	**1547**	**3029**	**4017**	**3014**	**3511**
杜集区	3045	18	209	367	420	331	387
相山区	8023	51	443	964	1524	1187	1356
烈山区	3677	27	200	324	423	299	402
濉溪县	12328	134	695	1374	1650	1197	1366
铜陵市	**18309**	**78**	**880**	**1805**	**2474**	**2010**	**2476**
铜官区	7047	28	425	873	1266	995	1119
义安区	3516	15	140	326	387	291	381
郊区	1985	7	77	185	209	190	220
枞阳县	5761	28	238	421	612	534	756
安庆市	**90937**	**512**	**4678**	**9852**	**12383**	**9465**	**11362**
迎江区	4547	16	224	561	844	590	649
大观区	3696	13	197	383	518	492	596
宜秀区	3333	23	228	394	499	309	334
怀宁县	11157	74	661	1294	1565	1084	1321
太湖县	8227	33	462	972	1165	878	1005
宿松县	11894	85	670	1472	1619	1310	1478
望江县	17581	112	692	1677	1855	1492	1853
岳西县	5623	27	314	509	786	643	728
安徽安庆经济开发区	2692	10	153	308	446	320	394
桐城市	11013	64	600	1152	1612	1162	1546
潜山市	11174	55	477	1130	1474	1185	1458
黄山市	**29878**	**145**	**1215**	**2841**	**3827**	**3029**	**3488**
屯溪区	5941	36	289	743	1148	892	881
黄山区	2897	9	113	259	335	269	343
徽州区	2316	12	78	234	323	248	251
歙县	10294	64	397	899	1064	856	1030
休宁县	4572	14	185	407	541	432	498
黟县	1600	2	55	137	148	129	184
祁门县	2258	8	98	162	268	203	301
滁州市	**94977**	**945**	**5192**	**10345**	**11710**	**7766**	**9912**
琅琊区	4808	24	282	576	757	658	720
南谯区	5904	21	373	839	976	589	594
来安县	10087	83	487	1073	1202	725	992
全椒县	12690	44	596	1378	1504	932	1133
定远县	18123	168	943	1990	1928	1284	1663
凤阳县	15177	202	911	1680	1870	1333	1523
苏滁现代产业园	511	40	46	102	87	50	51
滁州经济技术开发区	3019	187	277	465	551	332	381
天长市	14538	97	736	1317	1728	999	1647
明光市	10120	79	541	925	1107	864	1208

4-1　续表 8　　　　单位：人

地区 性别	合计	16-19岁	20-24岁	25-29岁	30-34岁	35-39岁	40-44岁
阜阳市	**149136**	**2946**	**8640**	**15595**	**19588**	**15945**	**17419**
颍州区	11835	167	667	1494	2079	1583	1541
颍东区	9404	132	524	1109	1338	1067	1211
颍泉区	11970	181	563	1194	1605	1295	1281
临泉县	30788	731	2307	3135	3699	3165	3742
太和县	28853	551	1422	2705	3458	2783	3281
阜南县	20887	547	1292	2148	2520	1930	2164
颍上县	24366	463	1336	2611	3151	2684	2677
阜阳合肥现代产业园区	465	9	26	72	95	63	45
阜阳经济技术开发区	1667	25	119	262	350	264	236
界首市	8901	140	384	865	1293	1111	1241
宿州市	**103033**	**791**	**4717**	**10653**	**13153**	**9579**	**10791**
埇桥区	28225	276	1463	3256	4383	2961	3259
砀山县	16789	70	622	1537	1814	1427	1759
萧县	24026	173	1017	2330	2559	2081	2298
灵璧县	18657	137	869	1901	2553	1729	1784
泗县	13820	118	646	1391	1558	1203	1519
宿州马鞍山现代产业园区	554	7	31	85	99	54	42
宿州经济技术开发区	962	10	69	153	187	124	130
六安市	**77449**	**593**	**3825**	**7262**	**10095**	**7835**	**8417**
金安区	14370	88	744	1495	2188	1695	1649
裕安区	14841	100	825	1516	2339	1637	1602
叶集区	3067	35	133	257	417	315	301
霍邱县	13032	137	542	980	1556	1459	1334
舒城县	15343	141	732	1515	1720	1323	1696
金寨县	10186	79	549	879	1054	838	1103
霍山县	6610	13	300	620	821	568	732
亳州市	**64700**	**1114**	**3396**	**6735**	**9232**	**7074**	**7948**
谯城区	22351	356	1305	2403	3463	2290	2560
涡阳县	12793	227	626	1379	1807	1564	1759
蒙城县	13803	193	676	1383	1925	1523	1744
利辛县	15753	338	789	1570	2037	1697	1885
池州市	**23048**	**130**	**1105**	**2192**	**3202**	**2421**	**3007**
贵池区	9323	42	387	922	1392	1036	1254
东至县	8467	66	473	821	1084	803	1083
石台县	1217		61	85	120	109	130
青阳县	3259	16	142	275	466	387	441
池州市国家经济技术开发区	256	5	13	32	51	26	32
皖江江南新兴产业集中区	224	1	11	30	36	36	27
九华山风景区	302		18	27	53	24	40
宣城市	**40737**	**218**	**1984**	**4017**	**5802**	**4572**	**5416**
宣州区	10347	56	527	1001	1342	1050	1291
郎溪县	5252	64	348	589	776	534	754
泾县	3487	17	121	304	428	415	460
绩溪县	2464	4	61	190	255	254	254
旌德县	1527	7	69	140	184	172	193
宣城市经济开发区	1818	5	118	265	369	195	228
宁国市	7072	25	282	652	1121	887	992
广德市	8770	40	458	876	1327	1065	1244

4-1　续表 9　　单位：人

地区 性别	45－49岁	50－54岁	55－59岁	60－64岁	65－69岁	70－74岁	75岁及以上
安　徽	**381026**	**387918**	**259530**	**89463**	**114233**	**59306**	**33225**
合肥市	**54248**	**50807**	**31846**	**8505**	**10226**	**4827**	**2192**
瑶海区	5114	4096	2295	384	260	62	23
庐阳区	3764	2979	1728	332	246	58	13
蜀山区	4913	3945	2463	477	434	126	47
包河区	6760	5645	3435	636	501	126	35
长丰县	4796	4739	2884	958	1279	656	339
肥东县	7353	7358	4462	1389	1757	809	375
肥西县	5629	5548	3587	1021	1444	716	254
庐江县	6435	7148	5172	1720	2233	1144	524
合肥高新技术产业开发区	1068	1053	640	133	112	35	7
合肥经济技术开发区	2205	1981	1232	276	270	94	25
合肥新站高新技术产业开发区	1967	1739	960	243	194	53	8
巢湖市	4244	4576	2988	936	1496	948	542
芜湖市	**25734**	**26073**	**16659**	**4505**	**5295**	**2551**	**1140**
镜湖区	2856	2516	1655	223	124	39	10
弋江区	2075	1852	1171	163	129	41	7
鸠江区	3061	3497	2360	690	745	417	176
三山区	920	1035	649	203	244	102	42
芜湖县	2976	3015	1755	479	634	278	90
繁昌县	2134	2165	1387	467	513	227	102
南陵县	3495	3526	2429	1013	1391	671	414
芜湖经济技术开发区	898	923	590	144	113	31	10
安徽芜湖长江大桥经济开发区	139	133	88	48	56	31	10
无为市	7180	7411	4575	1075	1346	714	279
蚌埠市	**16705**	**17126**	**12078**	**3977**	**5662**	**2805**	**1935**
龙子湖区	1170	1152	732	189	186	72	36
蚌山区	914	725	478	81	72	13	10
禹会区	1725	1437	947	215	286	105	51
淮上区	1413	1450	969	343	481	176	96
怀远县	4600	5313	4154	1773	2637	1561	1186
五河县	2704	3000	2143	709	1008	399	272
固镇县	2523	2746	1820	583	936	466	280
蚌埠市高新技术开发区	318	215	117	8	7	3	1
蚌埠市经济开发区	1338	1088	718	76	49	10	3
淮南市	**17968**	**18169**	**11451**	**4562**	**5661**	**3275**	**1865**
大通区	808	867	579	229	224	102	55
田家庵区	3906	3153	1815	378	326	144	77
谢家集区	1154	1237	585	183	212	109	71
八公山区	725	729	265	88	72	51	18
潘集区	1631	1701	1089	520	548	275	140
凤台县	3385	3732	2438	1098	1369	818	428
寿县	6359	6750	4680	2066	2910	1776	1076

4-1 续表 10

单位：人

地区 性别	45-49岁	50-54岁	55-59岁	60-64岁	65-69岁	70-74岁	75岁及以上
马鞍山市	**13719**	**14407**	**9034**	**2492**	**3362**	**1731**	**706**
花山区	3120	2525	1415	172	119	45	19
雨山区	2070	2092	1142	191	135	33	10
博望区	996	978	660	218	267	90	35
当涂县	2965	3350	2347	862	995	368	218
含山县	2456	2715	1603	474	682	380	117
和县	2112	2747	1867	575	1164	815	307
淮北市	**11093**	**10352**	**5702**	**1530**	**1889**	**1139**	**791**
杜集区	1227	1238	621	241	277	129	84
相山区	3416	2496	1108	171	183	68	45
烈山区	1365	1451	921	303	363	251	244
濉溪县	5085	5167	3052	815	1066	691	418
铜陵市	**8170**	**7788**	**5376**	**1849**	**1799**	**683**	**319**
铜官区	3157	2601	1526	214	114	30	10
义安区	1593	1808	1239	549	533	183	107
郊区	950	990	701	256	243	91	41
枞阳县	2470	2389	1910	830	909	379	161
安庆市	**37982**	**35177**	**23036**	**7197**	**7986**	**3759**	**2153**
迎江区	1911	1795	1083	164	105	38	13
大观区	1717	1448	878	187	141	64	28
宜秀区	1350	1313	748	295	315	145	60
怀宁县	4753	4410	2800	816	966	444	213
太湖县	3808	3427	2290	693	814	262	115
宿松县	5667	4875	2927	874	816	321	112
望江县	5525	4985	3775	1414	2258	1626	1255
岳西县	2560	2474	1763	639	454	86	41
安徽安庆经济开发区	1189	1085	587	136	83	25	8
桐城市	5167	4936	3169	833	916	352	115
潜山市	4335	4429	3016	1146	1118	396	193
黄山市	**10164**	**10875**	**8031**	**3935**	**4147**	**1889**	**696**
屯溪区	1853	1649	1154	328	264	95	30
黄山区	1111	1396	1004	429	461	170	65
徽州区	789	846	568	304	299	150	41
歙县	3304	3492	2659	1702	1755	909	381
休宁县	1452	1811	1372	624	797	336	109
黟县	625	697	532	256	263	105	33
祁门县	1030	984	742	292	308	124	37
滁州市	**33070**	**35747**	**23903**	**8183**	**11285**	**4886**	**2823**
琅琊区	1944	1662	1003	266	236	68	24
南谯区	2327	2424	1590	479	509	169	55
来安县	3282	4025	2877	1235	1473	582	322
全椒县	3680	4724	3625	891	1410	767	404
定远县	6547	6966	4303	1345	2358	1199	884
凤阳县	4744	5162	3529	1198	1905	898	595
苏滁现代产业园	162	177	68	28	24	6	
滁州经济技术开发区	887	777	370	78	70	17	7
天长市	5751	6029	3929	1455	1847	644	227
明光市	3746	3801	2609	1208	1453	536	305

4-1 续表 11　　　　单位：人

地区 性别	45-49岁	50-54岁	55-59岁	60-64岁	65-69岁	70-74岁	75岁及以上
阜阳市	**42287**	**46204**	**34564**	**12638**	**17282**	**11295**	**7064**
颍州区	3608	3532	2486	675	779	413	235
颍东区	3094	3247	2060	763	1026	603	267
颍泉区	3284	3650	2702	1055	1495	968	712
临泉县	8124	9311	7348	2518	3120	2223	1310
太和县	7569	8946	6433	2479	3908	2811	1923
阜南县	5683	6700	5623	1742	2483	1654	1083
颍上县	7445	7349	5457	2541	3342	2053	1222
阜阳合肥现代产业园区	122	158	109	32	49	22	13
阜阳经济技术开发区	545	404	231	46	57	21	8
界首市	2813	2907	2115	787	1023	527	291
宿州市	**32591**	**33854**	**21521**	**9150**	**13539**	**7466**	**5460**
埇桥区	10213	9943	6146	1726	2519	1293	933
砀山县	4698	5320	3028	2146	2997	1732	945
萧县	6539	7038	4601	2633	3966	2491	2083
灵璧县	5598	6119	4307	1373	2217	1139	864
泗县	5016	4967	3189	1188	1746	768	618
宿州马鞍山现代产业园区	183	207	123	53	59	28	13
宿州经济技术开发区	344	260	127	31	35	15	4
六安市	**29086**	**30724**	**22416**	**8752**	**10445**	**4908**	**2371**
金安区	5008	4802	3496	1206	1736	956	446
裕安区	5597	5374	3893	1484	1785	811	360
叶集区	1179	1259	997	334	377	186	97
霍邱县	5025	5276	3999	1740	2245	1187	671
舒城县	5994	6712	4723	1798	2207	994	412
金寨县	3649	4400	3242	1420	1371	493	269
霍山县	2634	2901	2066	770	724	281	116
亳州市	**20370**	**22788**	**15287**	**5335**	**7952**	**4894**	**2577**
谯城区	6829	8198	4926	1480	2455	1551	776
涡阳县	4491	4461	3102	1220	1473	982	434
蒙城县	4558	5035	3339	1094	1739	972	512
利辛县	4492	5094	3920	1541	2285	1389	855
池州市	**10161**	**9556**	**6754**	**2762**	**2638**	**998**	**352**
贵池区	4013	3656	2551	911	974	367	159
东至县	3846	3461	2414	1175	946	391	127
石台县	565	588	465	166	201	68	19
青阳县	1445	1556	1127	437	480	161	43
池州市国家经济技术开发区	97	89	51	20	11	5	2
皖江江南新兴产业集中区	91	73	33	15	7	1	
九华山风景区	104	133	113	38	19	5	2
宣城市	**17678**	**18271**	**11872**	**4091**	**5065**	**2200**	**781**
宣州区	4684	4685	3148	797	1412	717	287
郎溪县	2602	2318	1453	409	552	223	66
泾县	1581	1964	1293	545	664	266	112
绩溪县	841	1010	756	501	451	196	71
旌德县	660	725	596	264	311	125	54
宣城市经济开发区	759	664	372	69	108	39	12
宁国市	2642	3129	2013	671	700	249	75
广德市	3909	3776	2241	835	867	385	104

4-1 续表 12

单位：人

地 区 性 别	45—49岁	50—54岁	55—59岁	60—64岁	65—69岁	70—74岁	75岁及以上
男	**223436**	**242444**	**174188**	**58912**	**72860**	**38399**	**21638**
合肥市	**32302**	**32849**	**22943**	**6028**	**6930**	**3357**	**1571**
瑶海区	3015	2795	1828	288	207	44	14
庐阳区	2204	2030	1368	255	174	44	8
蜀山区	2859	2572	1852	332	300	99	37
包河区	4035	3709	2637	469	350	87	25
长丰县	2874	3003	1978	628	850	434	259
肥东县	4523	4671	3068	971	1164	535	256
肥西县	3445	3583	2568	758	1002	548	209
庐江县	3815	4516	3545	1222	1547	840	413
合肥高新技术产业开发区	631	699	472	102	88	28	6
合肥经济技术开发区	1271	1227	863	198	185	69	19
合肥新站高新技术产业开发区	1189	1136	704	181	141	41	6
巢湖市	2441	2908	2060	624	922	588	319
芜湖市	**15560**	**17438**	**12308**	**3304**	**3824**	**1924**	**866**
镜湖区	1619	1836	1433	177	88	27	6
弋江区	1230	1309	980	120	98	30	5
鸠江区	1805	2245	1607	454	482	294	128
三山区	582	710	474	153	172	82	34
芜湖县	1708	1855	1199	362	456	209	77
繁昌县	1289	1479	979	330	385	163	63
南陵县	2122	2291	1684	700	930	460	296
芜湖经济技术开发区	534	607	442	105	83	23	8
安徽芜湖长江大桥经济开发区	80	96	73	36	38	24	7
无为市	4591	5010	3437	867	1092	612	242
蚌埠市	**9653**	**10285**	**7750**	**2415**	**3502**	**1815**	**1319**
龙子湖区	654	780	555	135	120	48	22
蚌山区	532	496	383	56	55	10	6
禹会区	1037	1023	728	150	197	73	45
淮上区	837	883	639	226	313	117	67
怀远县	2601	2761	2238	948	1488	968	784
五河县	1573	1819	1378	478	674	274	189
固镇县	1504	1611	1125	358	612	318	203
蚌埠市高新技术开发区	190	150	99	7	7	2	1
蚌埠市经济开发区	725	762	605	57	36	5	2
淮南市	**11200**	**11747**	**7559**	**2856**	**3455**	**2201**	**1363**
大通区	500	584	411	156	149	71	42
田家庵区	2367	2218	1415	254	201	103	59
谢家集区	738	891	392	111	126	72	50
八公山区	491	553	185	51	40	31	11
潘集区	1118	1155	738	336	342	203	102
凤台县	2187	2328	1447	693	783	550	325
寿县	3799	4018	2971	1255	1814	1171	774

4-1 续表 13 单位：人

地区 性别	45-49岁	50-54岁	55-59岁	60-64岁	65-69岁	70-74岁	75岁及以上
马鞍山市	**8131**	**9702**	**6696**	**1781**	**2251**	**1200**	**519**
花山区	1844	1844	1179	136	78	34	13
雨山区	1154	1507	941	145	101	21	8
博望区	668	698	519	160	214	74	32
当涂县	1752	2168	1654	611	657	271	168
含山县	1508	1789	1176	358	494	284	90
和县	1205	1696	1227	371	707	516	208
淮北市	**6835**	**6775**	**3860**	**948**	**1174**	**684**	**495**
杜集区	790	879	398	140	162	77	58
相山区	2067	1735	889	116	113	38	31
烈山区	828	866	556	175	204	131	136
濉溪县	3150	3295	2017	517	695	438	270
铜陵市	**4812**	**5177**	**4012**	**1325**	**1306**	**521**	**245**
铜官区	1853	1905	1281	163	80	20	9
义安区	976	1187	892	392	381	130	78
郊区	565	621	513	189	182	74	31
枞阳县	1418	1464	1326	581	663	297	127
安庆市	**21757**	**22505**	**16113**	**5032**	**5437**	**2482**	**1279**
迎江区	1071	1242	883	135	79	28	8
大观区	943	1019	718	125	99	44	18
宜秀区	759	839	509	214	216	98	45
怀宁县	2706	2800	1947	622	700	319	150
太湖县	2324	2302	1707	488	592	201	83
宿松县	3413	3195	2136	652	607	237	92
望江县	2745	2630	2059	755	1237	885	627
岳西县	1586	1652	1245	474	339	71	34
安徽安庆经济开发区	656	730	461	109	67	21	8
桐城市	3108	3368	2407	651	705	285	87
潜山市	2446	2728	2041	807	796	293	127
黄山市	**5806**	**6731**	**5426**	**2468**	**2437**	**1116**	**420**
屯溪区	1027	1072	857	223	155	63	24
黄山区	668	876	716	307	312	134	54
徽州区	432	535	370	197	179	86	28
歙县	1887	2062	1682	977	937	478	195
休宁县	840	1114	901	394	479	203	75
黟县	349	430	359	170	166	71	21
祁门县	603	642	541	200	209	81	23
滁州市	**18195**	**20818**	**14920**	**5164**	**6847**	**3074**	**1772**
琅琊区	1087	1132	768	194	160	53	18
南谯区	1387	1626	1172	339	359	121	37
来安县	1803	2411	1811	791	905	361	189
全椒县	1873	2455	2044	527	818	434	247
定远县	3613	3873	2522	790	1351	747	559
凤阳县	2656	2859	2037	725	1127	607	362
苏滁现代产业园	96	134	56	19	20	5	
滁州经济技术开发区	471	505	280	59	50	11	4
天长市	3087	3585	2564	945	1149	393	145
明光市	2122	2238	1666	775	908	342	211

4-1 续表 14

单位：人

地 区 性 别	45-49岁	50-54岁	55-59岁	60-64岁	65-69岁	70-74岁	75岁及以上
阜阳市	**24867**	**27338**	**21187**	**7752**	**10215**	**6706**	**4266**
颍州区	2161	2232	1703	443	478	263	144
颍东区	1870	2095	1370	481	660	387	174
颍泉区	1908	2132	1591	595	832	534	423
临泉县	4725	5393	4417	1522	1867	1272	749
太和县	4368	5057	3724	1488	2192	1538	1049
阜南县	3327	3919	3363	1043	1423	957	650
颍上县	4428	4325	3337	1576	2028	1391	880
阜阳合肥现代产业园区	83	108	76	25	33	14	11
阜阳经济技术开发区	343	275	186	35	40	17	5
界首市	1654	1802	1420	544	662	333	181
宿州市	**17991**	**18988**	**12581**	**5296**	**7795**	**4364**	**3217**
埇桥区	6031	6073	3941	1131	1561	800	609
砀山县	2529	2887	1686	1166	1587	938	513
萧县	3442	3712	2503	1410	2188	1381	1147
灵璧县	2919	3196	2359	817	1359	739	544
泗县	2765	2815	1922	710	1030	472	393
宿州马鞍山现代产业园区	107	134	73	39	45	23	9
宿州经济技术开发区	198	171	97	23	25	11	2
六安市	**17051**	**19010**	**15100**	**6010**	**7033**	**3364**	**1712**
金安区	2841	2975	2402	834	1123	649	315
裕安区	3359	3385	2673	1052	1193	566	254
叶集区	694	761	658	237	270	129	71
霍邱县	3153	3363	2653	1143	1479	830	498
舒城县	3408	4133	3216	1264	1580	704	319
金寨县	2137	2604	2100	947	901	293	178
霍山县	1459	1789	1398	533	487	193	77
亳州市	**12515**	**14334**	**9940**	**3483**	**4931**	**3114**	**1685**
谯城区	4137	5185	3204	949	1419	897	450
涡阳县	2867	2938	2127	841	992	668	299
蒙城县	2754	3140	2159	705	1119	657	356
利辛县	2757	3071	2450	988	1401	892	580
池州市	**6005**	**6286**	**4922**	**2028**	**1956**	**761**	**272**
贵池区	2367	2363	1857	656	710	266	122
东至县	2291	2268	1739	850	681	300	94
石台县	323	373	322	121	151	53	17
青阳县	861	1102	864	340	382	131	37
池州市国家经济技术开发区	55	50	39	18	10	5	1
皖江江南新兴产业集中区	51	45	24	11	5	1	
九华山风景区	57	85	77	32	17	5	1
宣城市	**10756**	**12461**	**8871**	**3022**	**3767**	**1716**	**637**
宣州区	2787	3143	2311	608	1007	559	235
郎溪县	1622	1635	1136	338	463	185	57
泾县	1003	1417	1004	418	528	219	94
绩溪县	460	644	513	319	278	120	46
旌德县	419	516	463	194	230	102	49
宣城市经济开发区	458	465	286	53	82	32	9
宁国市	1574	2069	1471	481	520	191	60
广德市	2433	2572	1687	611	659	308	87

4-1 续表 15 单位：人

地区 性别	45-49岁	50-54岁	55-59岁	60-64岁	65-69岁	70-74岁	75岁及以上
女	**157590**	**145474**	**85342**	**30551**	**41373**	**20907**	**11587**
合肥市	**21946**	**17958**	**8903**	**2477**	**3296**	**1470**	**621**
瑶海区	2099	1301	467	96	53	18	9
庐阳区	1560	949	360	77	72	14	5
蜀山区	2054	1373	611	145	134	27	10
包河区	2725	1936	798	167	151	39	10
长丰县	1922	1736	906	330	429	222	80
肥东县	2830	2687	1394	418	593	274	119
肥西县	2184	1965	1019	263	442	168	45
庐江县	2620	2632	1627	498	686	304	111
合肥高新技术产业开发区	437	354	168	31	24	7	1
合肥经济技术开发区	934	754	369	78	85	25	6
合肥新站高新技术产业开发区	778	603	256	62	53	12	2
巢湖市	1803	1668	928	312	574	360	223
芜湖市	**10174**	**8635**	**4351**	**1201**	**1471**	**627**	**274**
镜湖区	1237	680	222	46	36	12	4
弋江区	845	543	191	43	31	11	2
鸠江区	1256	1252	753	236	263	123	48
三山区	338	325	175	50	72	20	8
芜湖县	1268	1160	556	117	178	69	13
繁昌县	845	686	408	137	128	64	39
南陵县	1373	1235	745	313	461	211	118
芜湖经济技术开发区	364	316	148	39	30	8	2
安徽芜湖长江大桥经济开发区	59	37	15	12	18	7	3
无为市	2589	2401	1138	208	254	102	37
蚌埠市	**7052**	**6841**	**4328**	**1562**	**2160**	**990**	**616**
龙子湖区	516	372	177	54	66	24	14
蚌山区	382	229	95	25	17	3	4
禹会区	688	414	219	65	89	32	6
淮上区	576	567	330	117	168	59	29
怀远县	1999	2552	1916	825	1149	593	402
五河县	1131	1181	765	231	334	125	83
固镇县	1019	1135	695	225	324	148	77
蚌埠市高新技术开发区	128	65	18	1		1	
蚌埠市经济开发区	613	326	113	19	13	5	1
淮南市	**6768**	**6422**	**3892**	**1706**	**2206**	**1074**	**502**
大通区	308	283	168	73	75	31	13
田家庵区	1539	935	400	124	125	41	18
谢家集区	416	346	193	72	86	37	21
八公山区	234	176	80	37	32	20	7
潘集区	513	546	351	184	206	72	38
凤台县	1198	1404	991	405	586	268	103
寿县	2560	2732	1709	811	1096	605	302

4-1 续表 16

单位：人

地区 性别	45-49岁	50-54岁	55-59岁	60-64岁	65-69岁	70-74岁	75岁及以上
马鞍山市	**5588**	**4705**	**2338**	**711**	**1111**	**531**	**187**
花山区	1276	681	236	36	41	11	6
雨山区	916	585	201	46	34	12	2
博望区	328	280	141	58	53	16	3
当涂县	1213	1182	693	251	338	97	50
含山县	948	926	427	116	188	96	27
和县	907	1051	640	204	457	299	99
淮北市	**4258**	**3577**	**1842**	**582**	**715**	**455**	**296**
杜集区	437	359	223	101	115	52	26
相山区	1349	761	219	55	70	30	14
烈山区	537	585	365	128	159	120	108
濉溪县	1935	1872	1035	298	371	253	148
铜陵市	**3358**	**2611**	**1364**	**524**	**493**	**162**	**74**
铜官区	1304	696	245	51	34	10	1
义安区	617	621	347	157	152	53	29
郊区	385	369	188	67	61	17	10
枞阳县	1052	925	584	249	246	82	34
安庆市	**16225**	**12672**	**6923**	**2165**	**2549**	**1277**	**874**
迎江区	840	553	200	29	26	10	5
大观区	774	429	160	62	42	20	10
宜秀区	591	474	239	81	99	47	15
怀宁县	2047	1610	853	194	266	125	63
太湖县	1484	1125	583	205	222	61	32
宿松县	2254	1680	791	222	209	84	20
望江县	2780	2355	1716	659	1021	741	628
岳西县	974	822	518	165	115	15	7
安徽安庆经济开发区	533	355	126	27	16	4	
桐城市	2059	1568	762	182	211	67	28
潜山市	1889	1701	975	339	322	103	66
黄山市	**4358**	**4144**	**2605**	**1467**	**1710**	**773**	**276**
屯溪区	826	577	297	105	109	32	6
黄山区	443	520	288	122	149	36	11
徽州区	357	311	198	107	120	64	13
歙县	1417	1430	977	725	818	431	186
休宁县	612	697	471	230	318	133	34
黟县	276	267	173	86	97	34	12
祁门县	427	342	201	92	99	43	14
滁州市	**14875**	**14929**	**8983**	**3019**	**4438**	**1812**	**1051**
琅琊区	857	530	235	72	76	15	6
南谯区	940	798	418	140	150	48	18
来安县	1479	1614	1066	444	568	221	133
全椒县	1807	2269	1581	364	592	333	157
定远县	2934	3093	1781	555	1007	452	325
凤阳县	2088	2303	1492	473	778	291	233
苏滁现代产业园	66	43	12	9	4	1	
滁州经济技术开发区	416	272	90	19	20	6	3
天长市	2664	2444	1365	510	698	251	82
明光市	1624	1563	943	433	545	194	94

4-1 续表 17　　　　单位：人

地区 性别	45-49岁	50-54岁	55-59岁	60-64岁	65-69岁	70-74岁	75岁及以上
阜阳市	**17420**	**18866**	**13377**	**4886**	**7067**	**4589**	**2798**
颍州区	1447	1300	783	232	301	150	91
颍东区	1224	1152	690	282	366	216	93
颍泉区	1376	1518	1111	460	663	434	289
临泉县	3399	3918	2931	996	1253	951	561
太和县	3201	3889	2709	991	1716	1273	874
阜南县	2356	2781	2260	699	1060	697	433
颍上县	3017	3024	2120	965	1314	662	342
阜阳合肥现代产业园区	39	50	33	7	16	8	2
阜阳经济技术开发区	202	129	45	11	17	4	3
界首市	1159	1105	695	243	361	194	110
宿州市	**14600**	**14866**	**8940**	**3854**	**5744**	**3102**	**2243**
埇桥区	4182	3870	2205	595	958	493	324
砀山县	2169	2433	1342	980	1410	794	432
萧县	3097	3326	2098	1223	1778	1110	936
灵璧县	2679	2923	1948	556	858	400	320
泗县	2251	2152	1267	478	716	296	225
宿州马鞍山现代产业园区	76	73	50	14	14	5	4
宿州经济技术开发区	146	89	30	8	10	4	2
六安市	**12035**	**11714**	**7316**	**2742**	**3412**	**1544**	**659**
金安区	2167	1827	1094	372	613	307	131
裕安区	2238	1989	1220	432	592	245	106
叶集区	485	498	339	97	107	57	26
霍邱县	1872	1913	1346	597	766	357	173
舒城县	2586	2579	1507	534	627	290	93
金寨县	1512	1796	1142	473	470	200	91
霍山县	1175	1112	668	237	237	88	39
亳州市	**7855**	**8454**	**5347**	**1852**	**3021**	**1780**	**892**
谯城区	2692	3013	1722	531	1036	654	326
涡阳县	1624	1523	975	379	481	314	135
蒙城县	1804	1895	1180	389	620	315	156
利辛县	1735	2023	1470	553	884	497	275
池州市	**4156**	**3270**	**1832**	**734**	**682**	**237**	**80**
贵池区	1646	1293	694	255	264	101	37
东至县	1555	1193	675	325	265	91	33
石台县	242	215	143	45	50	15	2
青阳县	584	454	263	97	98	30	6
池州市国家经济技术开发区	42	39	12	2	1		1
皖江江南新兴产业集中区	40	28	9	4	2		
九华山风景区	47	48	36	6	2		1
宣城市	**6922**	**5810**	**3001**	**1069**	**1298**	**484**	**144**
宣州区	1897	1542	837	189	405	158	52
郎溪县	980	683	317	71	89	38	9
泾县	578	547	289	127	136	47	18
绩溪县	381	366	243	182	173	76	25
旌德县	241	209	133	70	81	23	5
宣城市经济开发区	301	199	86	16	26	7	3
宁国市	1068	1060	542	190	180	58	15
广德市	1476	1204	554	224	208	77	17

4−1a　各地区分性别、年龄的就业人口(城市)

单位：人

地　　区 性　　别	合计	16−19岁	20−24岁	25−29岁	30−34岁	35−39岁	40−44岁
安　徽	**683646**	**4441**	**40349**	**89512**	**119859**	**90372**	**89344**
合肥市	**189058**	**1436**	**15432**	**30299**	**35904**	**26840**	**22486**
瑶海区	36150	207	2722	5711	6280	4934	4601
庐阳区	28147	195	1963	4287	5518	4296	3520
蜀山区	44681	391	4661	7747	8961	6695	4892
包河区	58429	495	4814	9700	11644	8255	6619
长丰县							
肥东县							
肥西县	3022	78	267	606	712	379	276
庐江县							
合肥高新技术产业开发区							
合肥经济技术开发区							
合肥新站高新技术产业开发区	2977	19	222	546	595	389	311
巢湖市	15652	51	783	1702	2194	1892	2267
芜湖市	**62175**	**366**	**3527**	**8756**	**11043**	**8067**	**7697**
镜湖区	19177	118	1072	2509	3194	2818	2513
弋江区	15962	76	1015	2312	2988	2159	1974
鸠江区	14261	106	773	2274	2971	1749	1465
三山区	4618	30	256	712	825	423	528
芜湖县	462	2	18	37	45	24	48
繁昌县							
南陵县							
芜湖经济技术开发区	90	1	2	8	9	3	7
安徽芜湖长江大桥经济开发区							
无为市	7605	33	391	904	1011	891	1162
蚌埠市	**24558**	**206**	**1338**	**3013**	**4238**	**3346**	**3145**
龙子湖区	5783	31	294	647	866	778	749
蚌山区	5453	36	292	666	964	771	760
禹会区	7405	94	395	887	1248	1004	984
淮上区	5917	45	357	813	1160	793	652
怀远县							
五河县							
固镇县							
蚌埠市高新技术开发区							
蚌埠市经济开发区							
淮南市	**37047**	**146**	**1616**	**3893**	**6455**	**5332**	**5139**
大通区	1436	4	63	208	311	208	149
田家庵区	24163	92	982	2555	4352	3783	3565
谢家集区	5212	20	263	511	816	592	654
八公山区	3715	13	193	355	520	398	440
潘集区	2521	17	115	264	456	351	331
凤台县							
寿县							

4-1a 续表 1

单位：人

地 区 性 别	合计	16-19岁	20-24岁	25-29岁	30-34岁	35-39岁	40-44岁
马鞍山市	**33832**	**169**	**1586**	**4098**	**5362**	**4174**	**4556**
花山区	17713	79	715	1991	2742	2373	2619
雨山区	12703	58	669	1624	2106	1451	1516
博望区	3416	32	202	483	514	350	421
当涂县							
含山县							
和县							
淮北市	**29215**	**165**	**1441**	**3348**	**4994**	**3825**	**4405**
杜集区	5057	25	285	639	841	590	708
相山区	18542	91	864	2115	3363	2657	2994
烈山区	3462	23	193	379	494	348	465
濉溪县	2154	26	99	215	296	230	238
铜陵市	**23293**	**77**	**1056**	**2566**	**3508**	**2731**	**3189**
铜官区	17742	58	841	1888	2713	2201	2587
义安区	3857	14	138	487	576	387	431
郊区	1694	5	77	191	219	143	171
枞阳县							
安庆市	**51565**	**199**	**2143**	**5228**	**7679**	**5802**	**6986**
迎江区	10980	24	450	1215	1795	1281	1432
大观区	6615	21	268	593	819	826	1067
宜秀区	5998	35	375	784	1028	591	643
怀宁县							
太湖县							
宿松县							
望江县	5226	20	169	427	649	636	854
岳西县							
安徽安庆经济开发区	36		8	6	3	3	2
桐城市	14634	62	590	1454	2253	1601	1998
潜山市	8076	37	283	749	1132	864	990
黄山市	**18022**	**86**	**739**	**1957**	**3030**	**2365**	**2491**
屯溪区	11819	63	494	1331	2098	1633	1663
黄山区	2985	10	112	273	443	327	408
徽州区	2826	10	114	323	431	359	371
歙县	180	2	10	8	18	23	21
休宁县	212	1	9	22	40	23	28
黟县							
祁门县							
滁州市	**41137**	**228**	**2194**	**5082**	**6507**	**4584**	**5376**
琅琊区	11729	63	617	1360	1789	1462	1596
南谯区	8698	41	500	1327	1586	1100	921
来安县							
全椒县							
定远县							
凤阳县							
苏滁现代产业园							
滁州经济技术开发区							
天长市	12274	70	646	1442	1978	1107	1661
明光市	8436	54	431	953	1154	915	1198

4-1a 续表 2

单位：人

地区 性别	合计	16-19岁	20-24岁	25-29岁	30-34岁	35-39岁	40-44岁
阜阳市	**39466**	**382**	**2163**	**5137**	**7144**	**5767**	**5808**
颍州区	16672	181	899	2220	3192	2548	2410
颍东区	7238	55	440	940	1239	947	1093
颍泉区	8506	88	497	1103	1531	1267	1149
临泉县							
太和县							
阜南县							
颍上县							
阜阳合肥现代产业园区							
阜阳经济技术开发区							
界首市	7050	58	327	874	1182	1005	1156
宿州市	**24739**	**187**	**1281**	**3189**	**4724**	**3492**	**3470**
埇桥区	24482	184	1270	3169	4692	3468	3444
砀山县							
萧县	257	3	11	20	32	24	26
灵璧县							
泗县							
宿州马鞍山现代产业园区							
宿州经济技术开发区							
六安市	**32937**	**170**	**1718**	**3965**	**6114**	**4562**	**4088**
金安区	15157	73	832	1822	2777	2127	1931
裕安区	14376	54	724	1770	2837	2035	1803
叶集区	3084	42	150	341	469	368	322
霍邱县	86	1	2	8	7	11	8
舒城县	234		10	24	24	21	24
金寨县							
霍山县							
亳州市	**23121**	**348**	**1666**	**3281**	**4634**	**3030**	**2831**
谯城区	22913	338	1657	3260	4613	3006	2798
涡阳县							
蒙城县							
利辛县	208	10	9	21	21	24	33
池州市	**16253**	**86**	**711**	**1744**	**2622**	**1950**	**2291**
贵池区	14985	67	638	1585	2393	1808	2140
东至县							
石台县							
青阳县							
池州市国家经济技术开发区	688	10	42	88	131	64	78
皖江江南新兴产业集中区	580	9	31	71	98	78	73
九华山风景区							
宣城市	**37228**	**190**	**1738**	**3956**	**5901**	**4505**	**5386**
宣州区	11574	53	589	1337	1769	1308	1644
郎溪县							
泾县							
绩溪县							
旌德县							
宣城市经济开发区							
宁国市	12693	49	494	1223	2097	1658	1932
广德市	12961	88	655	1396	2035	1539	1810

4-1a 续表 3 单位：人

地区 性别	合计	16-19岁	20-24岁	25-29岁	30-34岁	35-39岁	40-44岁
男	**410965**	**2505**	**21379**	**50184**	**67570**	**51698**	**51322**
合肥市	**111689**	**785**	**7866**	**16700**	**20103**	**15609**	**13211**
瑶海区	21869	104	1427	3224	3611	2864	2812
庐阳区	16528	100	972	2359	3043	2478	2006
蜀山区	25281	206	2251	4044	4815	3808	2825
包河区	34724	286	2544	5368	6560	4901	3904
长丰县							
肥东县							
肥西县	1922	57	170	394	452	227	170
庐江县							
合肥高新技术产业开发区							
合肥经济技术开发区							
合肥新站高新技术产业开发区	1847	10	117	324	354	248	193
巢湖市	9518	22	385	987	1268	1083	1301
芜湖市	**38413**	**212**	**1951**	**5033**	**6323**	**4659**	**4536**
镜湖区	11417	52	518	1331	1721	1510	1443
弋江区	9822	46	558	1315	1689	1278	1164
鸠江区	8933	75	467	1362	1743	1095	864
三山区	3076	17	170	457	532	255	331
芜湖县	308	1	10	25	29	16	33
繁昌县							
南陵县							
芜湖经济技术开发区	63		2	6	6	2	5
安徽芜湖长江大桥经济开发区							
无为市	4794	21	226	537	603	503	696
蚌埠市	**14873**	**116**	**704**	**1693**	**2432**	**1918**	**1795**
龙子湖区	3487	17	151	346	504	428	426
蚌山区	3240	17	151	356	543	421	440
禹会区	4499	58	207	490	707	600	520
淮上区	3647	24	195	501	678	469	409
怀远县							
五河县							
固镇县							
蚌埠市高新技术开发区							
蚌埠市经济开发区							
淮南市	**23413**	**81**	**876**	**2249**	**3764**	**3297**	**3135**
大通区	890	1	33	108	181	119	92
田家庵区	14911	51	534	1446	2466	2283	2104
谢家集区	3348	11	129	295	481	372	411
八公山区	2509	9	103	228	331	275	290
潘集区	1755	9	77	172	305	248	238
凤台县							
寿县							

4-1a 续表 4 单位：人

地区 性别	合计	16-19岁	20-24岁	25-29岁	30-34岁	35-39岁	40-44岁
马鞍山市	**21122**	**115**	**912**	**2427**	**3108**	**2348**	**2552**
花山区	10892	51	410	1156	1561	1308	1428
雨山区	7858	37	381	942	1215	816	848
博望区	2372	27	121	329	332	224	276
当涂县							
含山县							
和县							
淮北市	**18258**	**98**	**780**	**2001**	**3001**	**2310**	**2677**
杜集区	3312	15	159	399	567	392	468
相山区	11212	53	449	1211	1897	1537	1732
烈山区	2167	15	102	238	315	210	284
濉溪县	1567	15	70	153	222	171	193
铜陵市	**14327**	**44**	**545**	**1422**	**1953**	**1534**	**1806**
铜官区	10848	30	420	1036	1476	1222	1484
义安区	2410	10	83	269	340	225	226
郊区	1069	4	42	117	137	87	96
枞阳县							
安庆市	**30365**	**100**	**1108**	**2846**	**4165**	**3045**	**3665**
迎江区	6570	8	228	661	957	693	791
大观区	3919	11	130	306	422	424	570
宜秀区	3671	17	185	451	597	339	391
怀宁县							
太湖县							
宿松县							
望江县	2562	12	73	179	296	274	369
岳西县							
安徽安庆经济开发区	29		7	5	3	2	2
桐城市	9172	29	327	858	1328	913	1094
潜山市	4442	23	158	386	562	400	448
黄山市	**10141**	**46**	**364**	**983**	**1521**	**1226**	**1289**
屯溪区	6544	31	234	658	1033	830	847
黄山区	1720	6	59	143	239	169	212
徽州区	1650	6	63	168	216	200	207
歙县	93	2	3	2	7	13	9
休宁县	134	1	5	12	26	14	14
黟县							
祁门县							
滁州市	**24618**	**147**	**1172**	**2903**	**3775**	**2588**	**3000**
琅琊区	7116	41	341	788	1051	814	896
南谯区	5468	32	275	775	974	663	560
来安县							
全椒县							
定远县							
凤阳县							
苏滁现代产业园							
滁州经济技术开发区							
天长市	7315	45	353	843	1143	627	920
明光市	4719	29	203	497	607	484	624

4-1a 续表 5

单位：人

地区 性别	合计	16-19岁	20-24岁	25-29岁	30-34岁	35-39岁	40-44岁
阜阳市	**23478**	**204**	**1224**	**2877**	**4005**	**3330**	**3285**
颍州区	9670	91	472	1192	1753	1437	1366
颍东区	4425	33	260	536	707	581	610
颍泉区	5098	49	281	627	859	724	654
临泉县							
太和县							
阜南县							
颍上县							
阜阳合肥现代产业园区							
阜阳经济技术开发区							
界首市	4285	31	211	522	686	588	655
宿州市	**14622**	**99**	**709**	**1758**	**2618**	**1992**	**2009**
埇桥区	14477	97	702	1743	2597	1979	1994
砀山县							
萧县	145	2	7	15	21	13	15
灵璧县							
泗县							
宿州马鞍山现代产业园区							
宿州经济技术开发区							
六安市	**19679**	**88**	**902**	**2240**	**3440**	**2599**	**2352**
金安区	8910	34	435	1005	1562	1165	1088
裕安区	8714	30	374	1009	1604	1197	1064
叶集区	1854	24	86	210	255	217	185
霍邱县	64		1	4	4	8	6
舒城县	137		6	12	15	12	9
金寨县							
霍山县							
亳州市	**14124**	**206**	**960**	**1940**	**2719**	**1807**	**1677**
谯城区	14016	203	955	1929	2708	1794	1660
涡阳县							
蒙城县							
利辛县	108	3	5	11	11	13	17
池州市	**9575**	**48**	**380**	**925**	**1414**	**1033**	**1248**
贵池区	8787	35	331	828	1272	953	1156
东至县							
石台县							
青阳县							
池州市国家经济技术开发区	432	5	29	56	80	38	46
皖江江南新兴产业集中区	356	8	20	41	62	42	46
九华山风景区							
宣城市	**22268**	**116**	**926**	**2187**	**3229**	**2403**	**3085**
宣州区	6913	28	284	732	977	685	937
郎溪县							
泾县							
绩溪县							
旌德县							
宣城市经济开发区							
宁国市	7463	29	269	667	1142	875	1087
广德市	7892	59	373	788	1110	843	1061

4-1a　续表 6　　　　单位：人

地区 性别	合计	16-19岁	20-24岁	25-29岁	30-34岁	35-39岁	40-44岁
女	**272681**	**1936**	**18970**	**39328**	**52289**	**38674**	**38022**
合肥市	**77369**	**651**	**7566**	**13599**	**15801**	**11231**	**9275**
瑶海区	14281	103	1295	2487	2669	2070	1789
庐阳区	11619	95	991	1928	2475	1818	1514
蜀山区	19400	185	2410	3703	4146	2887	2067
包河区	23705	209	2270	4332	5084	3354	2715
长丰县							
肥东县							
肥西县	1100	21	97	212	260	152	106
庐江县							
合肥高新技术产业开发区							
合肥经济技术开发区							
合肥新站高新技术产业开发区	1130	9	105	222	241	141	118
巢湖市	6134	29	398	715	926	809	966
芜湖市	**23762**	**154**	**1576**	**3723**	**4720**	**3408**	**3161**
镜湖区	7760	66	554	1178	1473	1308	1070
弋江区	6140	30	457	997	1299	881	810
鸠江区	5328	31	306	912	1228	654	601
三山区	1542	13	86	255	293	168	197
芜湖县	154	1	8	12	16	8	15
繁昌县							
南陵县							
芜湖经济技术开发区	27	1		2	3	1	2
安徽芜湖长江大桥经济开发区							
无为市	2811	12	165	367	408	388	466
蚌埠市	**9685**	**90**	**634**	**1320**	**1806**	**1428**	**1350**
龙子湖区	2296	14	143	301	362	350	323
蚌山区	2213	19	141	310	421	350	320
禹会区	2906	36	188	397	541	404	464
淮上区	2270	21	162	312	482	324	243
怀远县							
五河县							
固镇县							
蚌埠市高新技术开发区							
蚌埠市经济开发区							
淮南市	**13634**	**65**	**740**	**1644**	**2691**	**2035**	**2004**
大通区	546	3	30	100	130	89	57
田家庵区	9252	41	448	1109	1886	1500	1461
谢家集区	1864	9	134	216	335	220	243
八公山区	1206	4	90	127	189	123	150
潘集区	766	8	38	92	151	103	93
凤台县							
寿县							

4-1a 续表 7 单位：人

地区 性别	合计	16-19岁	20-24岁	25-29岁	30-34岁	35-39岁	40-44岁
马鞍山市	**12710**	**54**	**674**	**1671**	**2254**	**1826**	**2004**
花山区	6821	28	305	835	1181	1065	1191
雨山区	4845	21	288	682	891	635	668
博望区	1044	5	81	154	182	126	145
当涂县							
含山县							
和县							
淮北市	**10957**	**67**	**661**	**1347**	**1993**	**1515**	**1728**
杜集区	1745	10	126	240	274	198	240
相山区	7330	38	415	904	1466	1120	1262
烈山区	1295	8	91	141	179	138	181
濉溪县	587	11	29	62	74	59	45
铜陵市	**8966**	**33**	**511**	**1144**	**1555**	**1197**	**1383**
铜官区	6894	28	421	852	1237	979	1103
义安区	1447	4	55	218	236	162	205
郊区	625	1	35	74	82	56	75
枞阳县							
安庆市	**21200**	**99**	**1035**	**2382**	**3514**	**2757**	**3321**
迎江区	4410	16	222	554	838	588	641
大观区	2696	10	138	287	397	402	497
宜秀区	2327	18	190	333	431	252	252
怀宁县							
太湖县							
宿松县							
望江县	2664	8	96	248	353	362	485
岳西县							
安徽安庆经济开发区	7		1	1		1	
桐城市	5462	33	263	596	925	688	904
潜山市	3634	14	125	363	570	464	542
黄山市	**7881**	**40**	**375**	**974**	**1509**	**1139**	**1202**
屯溪区	5275	32	260	673	1065	803	816
黄山区	1265	4	53	130	204	158	196
徽州区	1176	4	51	155	215	159	164
歙县	87		7	6	11	10	12
休宁县	78		4	10	14	9	14
黟县							
祁门县							
滁州市	**16519**	**81**	**1022**	**2179**	**2732**	**1996**	**2376**
琅琊区	4613	22	276	572	738	648	700
南谯区	3230	9	225	552	612	437	361
来安县							
全椒县							
定远县							
凤阳县							
苏滁现代产业园							
滁州经济技术开发区							
天长市	4959	25	293	599	835	480	741
明光市	3717	25	228	456	547	431	574

4-1a 续表 8

单位：人

地区 性别	合计	16-19岁	20-24岁	25-29岁	30-34岁	35-39岁	40-44岁
阜阳市	**15988**	**178**	**939**	**2260**	**3139**	**2437**	**2523**
颍州区	7002	90	427	1028	1439	1111	1044
颍东区	2813	22	180	404	532	366	483
颍泉区	3408	39	216	476	672	543	495
临泉县							
太和县							
阜南县							
颍上县							
阜阳合肥现代产业园区							
阜阳经济技术开发区							
界首市	2765	27	116	352	496	417	501
宿州市	**10117**	**88**	**572**	**1431**	**2106**	**1500**	**1461**
埇桥区	10005	87	568	1426	2095	1489	1450
砀山县							
萧县	112	1	4	5	11	11	11
灵璧县							
泗县							
宿州马鞍山现代产业园区							
宿州经济技术开发区							
六安市	**13258**	**82**	**816**	**1725**	**2674**	**1963**	**1736**
金安区	6247	39	397	817	1215	962	843
裕安区	5662	24	350	761	1233	838	739
叶集区	1230	18	64	131	214	151	137
霍邱县	22	1	1	4	3	3	2
舒城县	97		4	12	9	9	15
金寨县							
霍山县							
亳州市	**8997**	**142**	**706**	**1341**	**1915**	**1223**	**1154**
谯城区	8897	135	702	1331	1905	1212	1138
涡阳县							
蒙城县							
利辛县	100	7	4	10	10	11	16
池州市	**6678**	**38**	**331**	**819**	**1208**	**917**	**1043**
贵池区	6198	32	307	757	1121	855	984
东至县							
石台县							
青阳县							
池州市国家经济技术开发区	256	5	13	32	51	26	32
皖江江南新兴产业集中区	224	1	11	30	36	36	27
九华山风景区							
宣城市	**14960**	**74**	**812**	**1769**	**2672**	**2102**	**2301**
宣州区	4661	25	305	605	792	623	707
郎溪县							
泾县							
绩溪县							
旌德县							
宣城市经济开发区							
宁国市	5230	20	225	556	955	783	845
广德市	5069	29	282	608	925	696	749

4-1a 续表 9

单位：人

地区 性别	45-49岁	50-54岁	55-59岁	60-64岁	65-69岁	70-74岁	75岁及以上
安徽	**98933**	**82897**	**47642**	**9228**	**7652**	**2479**	**938**
合肥市	**23018**	**18696**	**10925**	**1947**	**1546**	**413**	**116**
瑶海区	4911	3893	2194	369	245	60	23
庐阳区	3470	2748	1572	303	215	49	11
蜀山区	4669	3656	2222	389	306	69	23
包河区	6695	5572	3376	626	483	119	31
长丰县							
肥东县							
肥西县	284	223	134	31	25	7	
庐江县							
合肥高新技术产业开发区							
合肥经济技术开发区							
合肥新站高新技术产业开发区	370	327	136	32	22	8	
巢湖市	2619	2277	1291	197	250	101	28
芜湖市	**8490**	**7670**	**4833**	**829**	**645**	**185**	**67**
镜湖区	2697	2369	1566	186	102	26	7
弋江区	2075	1852	1171	163	129	41	7
鸠江区	1727	1662	1059	251	168	41	15
三山区	615	620	366	98	107	24	14
芜湖县	72	94	54	22	28	15	3
繁昌县							
南陵县							
芜湖经济技术开发区	15	21	8	9	5		2
安徽芜湖长江大桥经济开发区							
无为市	1289	1052	609	100	106	38	19
蚌埠市	**3611**	**2996**	**1919**	**349**	**283**	**81**	**33**
龙子湖区	891	798	551	78	66	26	8
蚌山区	838	627	396	59	36	2	6
禹会区	1148	913	549	90	68	20	5
淮上区	734	658	423	122	113	33	14
怀远县							
五河县							
固镇县							
蚌埠市高新技术开发区							
蚌埠市经济开发区							
淮南市	**5769**	**5034**	**2545**	**492**	**377**	**169**	**80**
大通区	191	166	109	20	6	1	
田家庵区	3685	2923	1654	282	194	70	26
谢家集区	864	975	370	50	59	17	21
八公山区	668	678	244	83	64	44	15
潘集区	361	292	168	57	54	37	18
凤台县							
寿县							

4-1a　续表 10　　　　单位：人

地　区 性　别	45-49岁	50-54岁	55-59岁	60-64岁	65-69岁	70-74岁	75岁及以上
马鞍山市	**5515**	**4837**	**2698**	**393**	**314**	**96**	**34**
花山区	3061	2456	1365	150	104	43	15
雨山区	1993	1947	1042	165	100	24	8
博望区	461	434	291	78	110	29	11
当涂县							
含山县							
和县							
淮北市	**4735**	**3727**	**1690**	**341**	**321**	**142**	**81**
杜集区	723	683	288	96	107	46	26
相山区	3117	2169	943	116	75	22	16
烈山区	540	524	278	74	81	41	22
濉溪县	355	351	181	55	58	33	17
铜陵市	**4079**	**3445**	**2070**	**317**	**188**	**49**	**18**
铜官区	3097	2530	1488	198	104	27	10
义安区	675	604	389	82	57	10	7
郊区	307	311	193	37	27	12	1
枞阳县							
安庆市	**9040**	**7667**	**4674**	**971**	**791**	**263**	**122**
迎江区	1858	1720	1004	122	57	14	8
大观区	1330	984	564	80	47	12	4
宜秀区	990	870	424	129	100	20	9
怀宁县							
太湖县							
宿松县							
望江县	968	717	465	117	112	60	32
岳西县							
安徽安庆经济开发区	4	4	3	2	1		
桐城市	2483	2128	1362	289	290	90	34
潜山市	1407	1244	852	232	184	67	35
黄山市	**2628**	**2331**	**1542**	**406**	**303**	**109**	**35**
屯溪区	1664	1397	984	231	180	66	15
黄山区	457	460	303	84	73	22	13
徽州区	457	423	218	76	30	9	5
歙县	24	20	20	12	12	9	1
休宁县	26	31	17	3	8	3	1
黟县							
祁门县							
滁州市	**6592**	**5592**	**3230**	**775**	**714**	**187**	**76**
琅琊区	1865	1563	922	226	195	51	20
南谯区	1227	1079	622	156	114	20	5
来安县							
全椒县							
定远县							
凤阳县							
苏滁现代产业园							
滁州经济技术开发区							
天长市	2123	1768	968	214	212	60	25
明光市	1377	1182	718	179	193	56	26

4－1a　续表 11　　　　单位：人

地区 性别	45－49岁	50－54岁	55－59岁	60－64岁	65－69岁	70－74岁	75岁及以上
阜阳市	**5254**	**4201**	**2363**	**499**	**461**	**200**	**87**
颍州区	2181	1632	987	191	146	59	26
颍东区	1047	848	396	80	99	44	10
颍泉区	1080	914	535	118	136	50	38
临泉县							
太和县							
阜南县							
颍上县							
阜阳合肥现代产业园区							
阜阳经济技术开发区							
界首市	946	807	445	110	80	47	13
宿州市	**3662**	**2736**	**1409**	**254**	**229**	**59**	**47**
埇桥区	3638	2690	1387	243	205	54	38
砀山县							
萧县	24	46	22	11	24	5	9
灵璧县							
泗县							
宿州马鞍山现代产业园区							
宿州经济技术开发区							
六安市	**4999**	**3949**	**2312**	**471**	**394**	**151**	**44**
金安区	2286	1786	1038	207	170	79	29
裕安区	2181	1652	957	179	140	41	3
叶集区	483	460	271	77	68	22	11
霍邱县	16	14	13	2	2	2	
舒城县	33	37	33	6	14	7	1
金寨县							
霍山县							
亳州市	**2752**	**2611**	**1278**	**284**	**275**	**105**	**26**
谯城区	2728	2572	1260	280	271	105	25
涡阳县							
蒙城县							
利辛县	24	39	18	4	4		1
池州市	**2919**	**2163**	**1237**	**259**	**202**	**55**	**14**
贵池区	2731	2001	1153	224	184	49	12
东至县							
石台县							
青阳县							
池州市国家经济技术开发区	97	89	51	20	11	5	2
皖江江南新兴产业集中区	91	73	33	15	7	1	
九华山风景区							
宣城市	**5870**	**5242**	**2917**	**641**	**609**	**215**	**58**
宣州区	2019	1576	936	123	148	54	18
郎溪县							
泾县							
绩溪县							
旌德县							
宣城市经济开发区							
宁国市	1884	1891	1026	211	181	38	9
广德市	1967	1775	955	307	280	123	31

4-1a　续表 12　　单位：人

地　区 性　别	45-49岁	50-54岁	55-59岁	60-64岁	65-69岁	70-74岁	75岁及以上
男	**58033**	**56567**	**37200**	**6765**	**5326**	**1757**	**659**
合肥市	**13516**	**12473**	**8512**	**1420**	**1105**	**303**	**86**
瑶海区	2883	2666	1748	277	196	43	14
庐阳区	2029	1873	1244	228	151	39	6
蜀山区	2699	2374	1700	273	208	58	20
包河区	3993	3661	2600	461	341	82	23
长丰县							
肥东县							
肥西县	171	135	99	25	16	6	
庐江县							
合肥高新技术产业开发区							
合肥经济技术开发区							
合肥新站高新技术产业开发区	224	227	105	21	18	6	
巢湖市	1517	1537	1016	135	175	69	23
芜湖市	**5020**	**5436**	**3943**	**626**	**481**	**140**	**53**
镜湖区	1510	1737	1361	144	70	16	4
弋江区	1230	1309	980	120	98	30	5
鸠江区	1045	1130	807	180	122	30	13
三山区	395	453	278	74	83	19	12
芜湖县	44	60	34	15	24	14	3
繁昌县							
南陵县							
芜湖经济技术开发区	7	16	8	6	3		2
安徽芜湖长江大桥经济开发区							
无为市	789	731	475	87	81	31	14
蚌埠市	**2067**	**2104**	**1535**	**239**	**192**	**55**	**23**
龙子湖区	492	556	446	56	40	21	4
蚌山区	478	437	331	38	25		3
禹会区	664	676	452	63	45	12	5
淮上区	433	435	306	82	82	22	11
怀远县							
五河县							
固镇县							
蚌埠市高新技术开发区							
蚌埠市经济开发区							
淮南市	**3633**	**3689**	**1961**	**335**	**224**	**116**	**53**
大通区	113	130	89	19	5		
田家庵区	2238	2087	1313	201	122	49	17
谢家集区	566	729	265	29	33	13	14
八公山区	453	527	172	49	35	28	9
潘集区	263	216	122	37	29	26	13
凤台县							
寿县							

4－1a 续表 13 单位：人

地 区 性 别	45－49岁	50－54岁	55－59岁	60－64岁	65－69岁	70－74岁	75岁及以 上
马鞍山市	**3236**	**3538**	**2251**	**306**	**231**	**71**	**27**
花山区	1809	1795	1146	117	68	32	11
雨山区	1105	1419	871	128	73	16	7
博望区	322	324	234	61	90	23	9
当涂县							
含山县							
和县							
淮北市	**2937**	**2637**	**1270**	**224**	**189**	**80**	**54**
杜集区	459	505	192	56	56	25	19
相山区	1887	1520	773	85	47	12	9
烈山区	342	349	185	45	44	22	16
濉溪县	249	263	120	38	42	21	10
铜陵市	**2407**	**2471**	**1720**	**240**	**136**	**35**	**14**
铜官区	1820	1855	1253	151	75	17	9
义安区	407	416	316	64	42	8	4
郊区	180	200	151	25	19	10	1
枞阳县							
安庆市	**5035**	**5190**	**3627**	**740**	**583**	**189**	**72**
迎江区	1033	1201	829	105	49	10	5
大观区	734	724	496	58	34	7	3
宜秀区	567	590	329	106	76	15	8
怀宁县							
太湖县							
宿松县							
望江县	470	408	310	59	61	36	15
岳西县							
安徽安庆经济开发区	1	3	3	2	1		
桐城市	1481	1505	1068	237	231	75	26
潜山市	749	759	592	173	131	46	15
黄山市	**1451**	**1514**	**1167**	**288**	**185**	**77**	**30**
屯溪区	923	922	748	159	103	43	13
黄山区	254	281	224	57	45	19	12
徽州区	249	281	165	64	23	5	3
歙县	11	9	16	7	6	7	1
休宁县	14	21	14	1	8	3	1
黟县							
祁门县							
滁州市	**3688**	**3699**	**2426**	**557**	**481**	**130**	**52**
琅琊区	1041	1071	717	164	137	40	15
南谯区	738	733	491	117	91	15	4
来安县							
全椒县							
定远县							
凤阳县							
苏滁现代产业园							
滁州经济技术开发区							
天长市	1170	1147	721	157	134	38	17
明光市	739	748	497	119	119	37	16

4-1a 续表 14

单位：人

地区 性别	45-49岁	50-54岁	55-59岁	60-64岁	65-69岁	70-74岁	75岁及以上
阜阳市	**3109**	**2790**	**1804**	**359**	**308**	**130**	**53**
颍州区	1281	1050	751	129	96	39	13
颍东区	631	595	309	58	66	33	6
颍泉区	655	610	409	91	85	30	24
临泉县							
太和县							
阜南县							
颍上县							
阜阳合肥现代产业园区							
阜阳经济技术开发区							
界首市	542	535	335	81	61	28	10
宿州市	**2117**	**1837**	**1084**	**178**	**147**	**45**	**29**
埇桥区	2106	1813	1073	171	137	41	24
砀山县							
萧县	11	24	11	7	10	4	5
灵璧县							
泗县							
宿州马鞍山现代产业园区							
宿州经济技术开发区							
六安市	**2946**	**2564**	**1757**	**364**	**278**	**112**	**37**
金安区	1315	1150	799	158	115	57	27
裕安区	1308	1105	746	143	99	33	2
叶集区	288	276	183	56	53	14	7
霍邱县	13	11	11	2	2	2	
舒城县	22	22	18	5	9	6	1
金寨县							
霍山县							
亳州市	**1670**	**1711**	**946**	**210**	**192**	**68**	**18**
谯城区	1655	1696	935	207	189	68	17
涡阳县							
蒙城县							
利辛县	15	15	11	3	3		1
池州市	**1704**	**1411**	**987**	**210**	**157**	**47**	**11**
贵池区	1598	1316	924	181	142	41	10
东至县							
石台县							
青阳县							
池州市国家经济技术开发区	55	50	39	18	10	5	1
皖江江南新兴产业集中区	51	45	24	11	5	1	
九华山风景区							
宣城市	**3497**	**3503**	**2210**	**469**	**437**	**159**	**47**
宣州区	1191	1079	739	101	106	42	12
郎溪县							
泾县							
绩溪县							
旌德县							
宣城市经济开发区							
宁国市	1102	1237	743	154	122	28	8
广德市	1204	1187	728	214	209	89	27

4-1a 续表 15 单位：人

地区 性别	45-49岁	50-54岁	55-59岁	60-64岁	65-69岁	70-74岁	75岁及以上
女	**40900**	**26330**	**10442**	**2463**	**2326**	**722**	**279**
合肥市	**9502**	**6223**	**2413**	**527**	**441**	**110**	**30**
瑶海区	2028	1227	446	92	49	17	9
庐阳区	1441	875	328	75	64	10	5
蜀山区	1970	1282	522	116	98	11	3
包河区	2702	1911	776	165	142	37	8
长丰县							
肥东县							
肥西县	113	88	35	6	9	1	
庐江县							
合肥高新技术产业开发区							
合肥经济技术开发区							
合肥新站高新技术产业开发区	146	100	31	11	4	2	
巢湖市	1102	740	275	62	75	32	5
芜湖市	**3470**	**2234**	**890**	**203**	**164**	**45**	**14**
镜湖区	1187	632	205	42	32	10	3
弋江区	845	543	191	43	31	11	2
鸠江区	682	532	252	71	46	11	2
三山区	220	167	88	24	24	5	2
芜湖县	28	34	20	7	4	1	
繁昌县							
南陵县							
芜湖经济技术开发区	8	5		3	2		
安徽芜湖长江大桥经济开发区							
无为市	500	321	134	13	25	7	5
蚌埠市	**1544**	**892**	**384**	**110**	**91**	**26**	**10**
龙子湖区	399	242	105	22	26	5	4
蚌山区	360	190	65	21	11	2	3
禹会区	484	237	97	27	23	8	
淮上区	301	223	117	40	31	11	3
怀远县							
五河县							
固镇县							
蚌埠市高新技术开发区							
蚌埠市经济开发区							
淮南市	**2136**	**1345**	**584**	**157**	**153**	**53**	**27**
大通区	78	36	20	1	1	1	
田家庵区	1447	836	341	81	72	21	9
谢家集区	298	246	105	21	26	4	7
八公山区	215	151	72	34	29	16	6
潘集区	98	76	46	20	25	11	5
凤台县							
寿县							

4-1a 续表 16 单位：人

地 区 性 别	45-49岁	50-54岁	55-59岁	60-64岁	65-69岁	70-74岁	75岁及以上
马鞍山市	**2279**	**1299**	**447**	**87**	**83**	**25**	**7**
花山区	1252	661	219	33	36	11	4
雨山区	888	528	171	37	27	8	1
博望区	139	110	57	17	20	6	2
当涂县							
含山县							
和县							
淮北市	**1798**	**1090**	**420**	**117**	**132**	**62**	**27**
杜集区	264	178	96	40	51	21	7
相山区	1230	649	170	31	28	10	7
烈山区	198	175	93	29	37	19	6
濉溪县	106	88	61	17	16	12	7
铜陵市	**1672**	**974**	**350**	**77**	**52**	**14**	**4**
铜官区	1277	675	235	47	29	10	1
义安区	268	188	73	18	15	2	3
郊区	127	111	42	12	8	2	
枞阳县							
安庆市	**4005**	**2477**	**1047**	**231**	**208**	**74**	**50**
迎江区	825	519	175	17	8	4	3
大观区	596	260	68	22	13	5	1
宜秀区	423	280	95	23	24	5	1
怀宁县							
太湖县							
宿松县							
望江县	498	309	155	58	51	24	17
岳西县							
安徽安庆经济开发区	3	1					
桐城市	1002	623	294	52	59	15	8
潜山市	658	485	260	59	53	21	20
黄山市	**1177**	**817**	**375**	**118**	**118**	**32**	**5**
屯溪区	741	475	236	72	77	23	2
黄山区	203	179	79	27	28	3	1
徽州区	208	142	53	12	7	4	2
歙县	13	11	4	5	6	2	
休宁县	12	10	3	2			
黟县							
祁门县							
滁州市	**2904**	**1893**	**804**	**218**	**233**	**57**	**24**
琅琊区	824	492	205	62	58	11	5
南谯区	489	346	131	39	23	5	1
来安县							
全椒县							
定远县							
凤阳县							
苏滁现代产业园							
滁州经济技术开发区							
天长市	953	621	247	57	78	22	8
明光市	638	434	221	60	74	19	10

4-1a 续表 17

单位：人

地　区 性　别	45-49岁	50-54岁	55-59岁	60-64岁	65-69岁	70-74岁	75岁及以上
阜阳市	**2145**	**1411**	**559**	**140**	**153**	**70**	**34**
颍州区	900	582	236	62	50	20	13
颍东区	416	253	87	22	33	11	4
颍泉区	425	304	126	27	51	20	14
临泉县							
太和县							
阜南县							
颍上县							
阜阳合肥现代产业园区							
阜阳经济技术开发区							
界首市	404	272	110	29	19	19	3
宿州市	**1545**	**899**	**325**	**76**	**82**	**14**	**18**
埇桥区	1532	877	314	72	68	13	14
砀山县							
萧县	13	22	11	4	14	1	4
灵璧县							
泗县							
宿州马鞍山现代产业园区							
宿州经济技术开发区							
六安市	**2053**	**1385**	**555**	**107**	**116**	**39**	**7**
金安区	971	636	239	49	55	22	2
裕安区	873	547	211	36	41	8	1
叶集区	195	184	88	21	15	8	4
霍邱县	3	3	2				
舒城县	11	15	15	1	5	1	
金寨县							
霍山县							
亳州市	**1082**	**900**	**332**	**74**	**83**	**37**	**8**
谯城区	1073	876	325	73	82	37	8
涡阳县							
蒙城县							
利辛县	9	24	7	1	1		
池州市	**1215**	**752**	**250**	**49**	**45**	**8**	**3**
贵池区	1133	685	229	43	42	8	2
东至县							
石台县							
青阳县							
池州市国家经济技术开发区	42	39	12	2	1		1
皖江江南新兴产业集中区	40	28	9	4	2		
九华山风景区							
宣城市	**2373**	**1739**	**707**	**172**	**172**	**56**	**11**
宣州区	828	497	197	22	42	12	6
郎溪县							
泾县							
绩溪县							
旌德县							
宣城市经济开发区							
宁国市	782	654	283	57	59	10	1
广德市	763	588	227	93	71	34	4

4-1b　各地区分性别、年龄的就业人口(镇)

单位：人

地　区 性　别	合计	16-19岁	20-24岁	25-29岁	30-34岁	35-39岁	40-44岁
安　徽	**864964**	**8608**	**47305**	**104531**	**130912**	**96011**	**102176**
合肥市	**164986**	**1737**	**12445**	**26845**	**31970**	**19874**	**16746**
瑶海区	961	3	74	213	205	109	115
庐阳区	3189	7	98	427	967	740	336
蜀山区	1329	8	68	102	179	162	115
包河区							
长丰县	21436	190	1538	3592	4441	2725	2345
肥东县	29415	172	1922	4120	3957	3061	3619
肥西县	27603	274	2113	4987	5858	3279	2496
庐江县	21595	116	901	1903	3058	2275	2654
合肥高新技术产业开发区	13856	138	1428	3103	3502	1653	987
合肥经济技术开发区	25345	475	2527	4686	5956	3599	2332
合肥新站高新技术产业开发区	16157	345	1666	3347	3403	1904	1332
巢湖市	4100	9	110	365	444	367	415
芜湖市	**57325**	**641**	**3219**	**7309**	**8546**	**5965**	**6599**
镜湖区	55		2	5	10	8	7
弋江区							
鸠江区	3528	12	143	375	369	272	330
三山区	866	2	35	181	292	139	77
芜湖县	12941	185	721	1518	1860	1353	1694
繁昌县	7374	22	284	875	1069	697	996
南陵县	10986	54	454	1112	1409	1208	1479
芜湖经济技术开发区	9694	271	924	1827	2103	1222	797
安徽芜湖长江大桥经济开发区	645	3	32	87	90	46	79
无为市	11236	92	624	1329	1344	1020	1140
蚌埠市	**40266**	**276**	**1766**	**4686**	**6558**	**5148**	**5248**
龙子湖区	342	1	19	41	56	47	35
蚌山区							
禹会区	370	4	26	54	59	32	35
淮上区	1152	14	53	149	196	122	121
怀远县	12689	113	594	1303	1798	1429	1610
五河县	7984	57	341	1042	1099	848	1026
固镇县	5686	25	223	587	937	713	781
蚌埠市高新技术开发区	2460	18	116	297	537	453	370
蚌埠市经济开发区	9583	44	394	1213	1876	1504	1270
淮南市	**32672**	**240**	**1347**	**2979**	**4494**	**3886**	**4003**
大通区	2978	18	178	353	420	337	339
田家庵区	584	6	37	51	61	47	67
谢家集区	191	3	6	16	13	11	24
八公山区	1						
潘集区	2667	21	132	250	330	275	297
凤台县	9925	50	298	944	1615	1389	1440
寿县	16326	142	696	1365	2055	1827	1836

4-1b 续表 1　　单位：人

地区 性别	合计	16-19岁	20-24岁	25-29岁	30-34岁	35-39岁	40-44岁
马鞍山市	**29516**	**186**	**1363**	**3377**	**4061**	**2848**	**3402**
花山区							
雨山区							
博望区	482	6	25	73	56	51	54
当涂县	13183	79	568	1645	1972	1249	1389
含山县	7704	52	398	859	989	777	963
和县	8147	49	372	800	1044	771	996
淮北市	**16061**	**121**	**892**	**1870**	**2415**	**1921**	**2219**
杜集区	1558	14	76	161	227	163	188
相山区							
烈山区	1291	7	68	102	121	149	195
濉溪县	13212	100	748	1607	2067	1609	1836
铜陵市	**10473**	**52**	**341**	**768**	**1106**	**970**	**1327**
铜官区							
义安区	1228	8	51	69	105	88	115
郊区	929	4	17	69	79	84	112
枞阳县	8316	40	273	630	922	798	1100
安庆市	**58739**	**299**	**2453**	**5771**	**7896**	**6246**	**7331**
迎江区							
大观区	828	4	33	95	92	81	88
宜秀区	1224	9	47	83	99	81	105
怀宁县	11563	55	535	1190	1588	1185	1472
太湖县	7750	28	278	734	1126	913	1048
宿松县	10440	65	397	1108	1347	1188	1390
望江县	4152	37	162	431	503	373	413
岳西县	5413	14	233	421	878	692	747
安徽安庆经济开发区	6660	28	320	726	998	740	860
桐城市	5167	28	229	473	625	456	559
潜山市	5542	31	219	510	640	537	649
黄山市	**20277**	**105**	**757**	**1942**	**2614**	**2124**	**2518**
屯溪区	448	3	26	39	58	76	51
黄山区	1645	5	57	155	176	123	153
徽州区	667	5	22	57	76	64	68
歙县	8536	47	340	869	1156	892	1077
休宁县	4091	16	137	417	555	468	504
黟县	1695	6	49	135	195	167	223
祁门县	3195	23	126	270	398	334	442
滁州市	**89087**	**1158**	**5195**	**10725**	**12062**	**7829**	**9449**
琅琊区							
南谯区	2741	39	157	349	477	244	238
来安县	13220	129	720	1653	1940	1211	1388
全椒县	16363	67	798	2048	2254	1475	1746
定远县	16532	148	947	2182	2103	1414	1822
凤阳县	16463	188	1017	1923	2189	1659	1817
苏滁现代产业园	1699	129	192	294	299	169	151
滁州经济技术开发区	6155	332	587	916	1082	621	647
天长市	12212	100	613	1048	1331	778	1264
明光市	3702	26	164	312	387	258	376

4-1b 续表 2

单位：人

地 区 性 别	合计	16-19岁	20-24岁	25-29岁	30-34岁	35-39岁	40-44岁
阜阳市	**101977**	**1721**	**6076**	**11967**	**14433**	**12190**	**12824**
颍州区	2433	64	112	308	315	289	293
颍东区	3499	48	178	426	403	423	430
颍泉区	5327	118	290	558	678	554	552
临泉县	20899	344	1574	2531	3062	2654	2837
太和县	27519	534	1643	3204	3747	3030	3510
阜南县	12514	193	712	1555	1845	1489	1526
颍上县	21172	293	1114	2367	3026	2608	2537
阜阳合肥现代产业园区	292	10	16	33	35	41	24
阜阳经济技术开发区	3829	43	232	561	741	586	575
界首市	4493	74	205	424	581	516	540
宿州市	**72999**	**507**	**3642**	**8731**	**10489**	**8039**	**8766**
埇桥区	7358	69	407	819	994	715	906
砀山县	16367	66	654	1806	2122	1650	1941
萧县	17091	135	879	2127	2468	1900	2084
灵璧县	16542	132	862	2014	2675	2069	1836
泗县	12284	80	591	1440	1619	1309	1614
宿州马鞍山现代产业园区	899	8	64	134	158	103	82
宿州经济技术开发区	2458	17	185	391	453	293	303
六安市	**59275**	**477**	**2520**	**5815**	**8020**	**6059**	**6717**
金安区	5198	30	221	558	809	661	650
裕安区	3403	14	178	368	491	327	346
叶集区	797	6	31	57	96	85	98
霍邱县	12193	85	443	1078	1686	1483	1372
舒城县	16185	231	622	1622	2030	1534	1878
金寨县	10435	83	581	1089	1391	997	1184
霍山县	11064	28	444	1043	1517	972	1189
亳州市	**57258**	**826**	**3118**	**6734**	**9106**	**7358**	**8070**
谯城区	5125	61	263	561	732	520	617
涡阳县	16753	211	843	1959	2783	2358	2444
蒙城县	17356	205	938	2010	2752	2153	2561
利辛县	18024	349	1074	2204	2839	2327	2448
池州市	**19544**	**76**	**748**	**1660**	**2574**	**1983**	**2566**
贵池区	1484	1	37	123	184	129	148
东至县	11247	48	436	966	1475	1107	1510
石台县	1395	2	68	103	167	140	171
青阳县	5190	25	200	453	722	593	714
池州市国家经济技术开发区							
皖江江南新兴产业集中区							
九华山风景区	228		7	15	26	14	23
宣城市	**34509**	**186**	**1423**	**3352**	**4568**	**3571**	**4391**
宣州区	4286	21	161	380	498	415	477
郎溪县	9675	88	506	1026	1344	956	1325
泾县	5838	22	172	527	770	734	793
绩溪县	3819	5	107	331	456	416	480
旌德县	2589	7	82	212	311	276	326
宣城市经济开发区	3991	25	233	586	755	413	474
宁国市	1191	4	35	63	98	88	124
广德市	3120	14	127	227	336	273	392

4-1b 续表 3 单位：人

地区 / 性别	合计	16-19岁	20-24岁	25-29岁	30-34岁	35-39岁	40-44岁
男	**525016**	**5423**	**27636**	**61978**	**76681**	**56293**	**59066**
合肥市	**102700**	**1121**	**7322**	**16342**	**19428**	**12394**	**10112**
瑶海区	615	2	43	126	123	74	72
庐阳区	1862	4	45	222	515	440	216
蜀山区	902	4	43	67	121	119	75
包河区							
长丰县	13705	100	877	2298	2823	1770	1487
肥东县	18663	99	1148	2590	2489	1897	2270
肥西县	17480	185	1270	3021	3670	2181	1506
庐江县	12829	70	453	1080	1710	1236	1443
合肥高新技术产业开发区	8428	86	798	1828	2077	1041	574
合肥经济技术开发区	15363	331	1491	2751	3513	2208	1420
合肥新站高新技术产业开发区	10356	234	1090	2147	2143	1206	820
巢湖市	2497	6	64	212	244	222	229
芜湖市	**36019**	**438**	**1976**	**4493**	**5108**	**3504**	**3935**
镜湖区	34		1	2	5	4	5
弋江区							
鸠江区	2191	8	86	238	227	157	203
三山区	527	2	21	101	175	84	45
芜湖县	7371	124	421	831	992	705	895
繁昌县	4574	13	139	516	634	388	595
南陵县	6711	32	232	650	805	668	861
芜湖经济技术开发区	6380	198	676	1215	1304	776	511
安徽芜湖长江大桥经济开发区	432	1	15	59	57	29	44
无为市	7799	60	385	881	909	693	776
蚌埠市	**23847**	**155**	**964**	**2682**	**3609**	**2879**	**2983**
龙子湖区	211	1	12	25	37	24	22
蚌山区							
禹会区	255	3	17	36	40	19	25
淮上区	702	8	30	96	113	73	68
怀远县	7341	64	317	751	998	811	904
五河县	4937	34	193	614	636	483	611
固镇县	3352	14	115	338	516	391	432
蚌埠市高新技术开发区	1459	12	74	170	291	250	206
蚌埠市经济开发区	5590	19	206	652	978	828	715
淮南市	**21106**	**142**	**810**	**1875**	**2875**	**2499**	**2504**
大通区	1951	12	103	225	263	227	215
田家庵区	375	5	27	38	40	31	46
谢家集区	118	2	3	12	10	7	11
八公山区							
潘集区	1907	13	99	179	247	208	206
凤台县	6630	30	174	583	1048	911	974
寿县	10125	80	404	838	1267	1115	1052

4-1b 续表 4

单位：人

地区 性别	合计	16-19岁	20-24岁	25-29岁	30-34岁	35-39岁	40-44岁
马鞍山市	**18501**	**103**	**801**	**2025**	**2348**	**1633**	**2002**
花山区							
雨山区							
博望区	328	5	16	48	36	34	31
当涂县	8344	49	347	975	1157	721	829
含山县	4944	19	234	543	584	452	595
和县	4885	30	204	459	571	426	547
淮北市	**10422**	**72**	**559**	**1217**	**1515**	**1249**	**1395**
杜集区	1005	9	41	111	148	106	120
相山区							
烈山区	845	5	49	75	80	97	136
濉溪县	8572	58	469	1031	1287	1046	1139
铜陵市	**6432**	**31**	**168**	**454**	**612**	**515**	**751**
铜官区							
义安区	783	5	32	41	59	48	66
郊区	589	1	9	33	41	46	76
枞阳县	5060	25	127	380	512	421	609
安庆市	**34900**	**183**	**1316**	**3274**	**4365**	**3374**	**3983**
迎江区							
大观区	481	3	17	59	46	40	49
宜秀区	694	5	24	47	60	47	55
怀宁县	6844	30	286	661	851	620	802
太湖县	4707	16	135	408	628	519	582
宿松县	6208	45	230	645	719	614	749
望江县	2109	24	87	212	260	171	186
岳西县	3276	8	109	232	511	373	407
安徽安庆经济开发区	4048	18	173	424	560	422	476
桐城市	3292	16	130	294	379	282	336
潜山市	3241	18	125	292	351	286	341
黄山市	**11625**	**70**	**412**	**1024**	**1406**	**1073**	**1296**
屯溪区	265	3	17	24	34	43	31
黄山区	1094	3	42	95	119	73	89
徽州区	393	2	11	32	45	36	43
歙县	4730	25	180	443	612	423	554
休宁县	2300	9	74	220	294	224	243
黟县	967	6	21	63	101	98	113
祁门县	1876	22	67	147	201	176	223
滁州市	**51258**	**794**	**3033**	**6128**	**6773**	**4401**	**5183**
琅琊区							
南谯区	1705	34	82	219	288	157	134
来安县	7838	89	424	953	1099	712	758
全椒县	8676	48	415	1086	1154	759	891
定远县	9588	101	558	1324	1188	797	1030
凤阳县	9318	113	584	1030	1188	930	1031
苏滁现代产业园	1188	89	146	192	212	119	100
滁州经济技术开发区	3698	251	380	544	633	348	324
天长市	7054	56	355	613	781	434	693
明光市	2193	13	89	167	230	145	222

4-1b 续表 5 单位：人

地区 性别	合计	16-19岁	20-24岁	25-29岁	30-34岁	35-39岁	40-44岁
阜阳市	**61555**	**1057**	**3650**	**7215**	**8551**	**7212**	**7497**
颍州区	1506	37	70	194	184	167	178
颍东区	2182	31	104	259	241	261	279
颍泉区	3175	81	198	363	410	336	323
临泉县	12445	209	910	1488	1797	1550	1570
太和县	16443	355	1004	1941	2226	1755	2068
阜南县	7419	88	402	909	1041	874	849
颍上县	13157	181	681	1428	1859	1581	1558
阜阳合肥现代产业园区	200	8	14	23	20	31	17
阜阳经济技术开发区	2370	24	129	331	435	357	363
界首市	2658	43	138	279	338	300	292
宿州市	**41943**	**304**	**2102**	**5026**	**5957**	**4495**	**4938**
埇桥区	4550	45	243	505	636	427	580
砀山县	9198	39	403	1055	1187	889	1049
萧县	9884	96	533	1239	1458	1091	1165
灵璧县	9146	78	447	1095	1439	1144	984
泗县	7103	35	320	818	879	715	932
宿州马鞍山现代产业园区	566	4	40	76	92	60	55
宿州经济技术开发区	1496	7	116	238	266	169	173
六安市	**35605**	**268**	**1446**	**3349**	**4613**	**3454**	**3662**
金安区	3057	12	123	322	463	365	337
裕安区	2128	7	107	231	295	201	196
叶集区	518	4	23	33	51	48	62
霍邱县	7835	51	253	656	1026	913	850
舒城县	9565	131	353	924	1163	849	981
金寨县	6044	45	338	605	762	557	627
霍山县	6458	18	249	578	853	521	609
亳州市	**35778**	**528**	**1912**	**4018**	**5547**	**4508**	**4862**
谯城区	3187	37	180	359	455	324	350
涡阳县	10773	144	534	1178	1757	1486	1533
蒙城县	10715	137	552	1171	1627	1278	1513
利辛县	11103	210	646	1310	1708	1420	1466
池州市	**12002**	**37**	**388**	**942**	**1453**	**1099**	**1445**
贵池区	993		22	81	109	89	94
东至县	6919	19	234	552	867	623	858
石台县	817	2	28	48	84	70	97
青阳县	3152	16	101	254	380	308	387
池州市国家经济技术开发区							
皖江江南新兴产业集中区							
九华山风景区	121		3	7	13	9	9
宣城市	**21323**	**120**	**777**	**1914**	**2521**	**2004**	**2518**
宣州区	2668	13	87	219	277	252	277
郎溪县	5974	55	279	580	731	549	739
泾县	3626	13	90	296	435	394	458
绩溪县	2198	2	52	172	239	201	271
旌德县	1624	5	34	112	167	154	184
宣城市经济开发区	2460	21	136	344	429	242	269
宁国市	766	2	21	42	58	54	69
广德市	2007	9	78	149	185	158	251

4-1b　续表 6　　　　单位：人

地区 性别	合计	16-19岁	20-24岁	25-29岁	30-34岁	35-39岁	40-44岁
女	**339948**	**3185**	**19669**	**42553**	**54231**	**39718**	**43110**
合肥市	**62286**	**616**	**5123**	**10503**	**12542**	**7480**	**6634**
瑶海区	346	1	31	87	82	35	43
庐阳区	1327	3	53	205	452	300	120
蜀山区	427	4	25	35	58	43	40
包河区							
长丰县	7731	90	661	1294	1618	955	858
肥东县	10752	73	774	1530	1468	1164	1349
肥西县	10123	89	843	1966	2188	1098	990
庐江县	8766	46	448	823	1348	1039	1211
合肥高新技术产业开发区	5428	52	630	1275	1425	612	413
合肥经济技术开发区	9982	144	1036	1935	2443	1391	912
合肥新站高新技术产业开发区	5801	111	576	1200	1260	698	512
巢湖市	1603	3	46	153	200	145	186
芜湖市	**21306**	**203**	**1243**	**2816**	**3438**	**2461**	**2664**
镜湖区	21		1	3	5	4	2
弋江区							
鸠江区	1337	4	57	137	142	115	127
三山区	339		14	80	117	55	32
芜湖县	5570	61	300	687	868	648	799
繁昌县	2800	9	145	359	435	309	401
南陵县	4275	22	222	462	604	540	618
芜湖经济技术开发区	3314	73	248	612	799	446	286
安徽芜湖长江大桥经济开发区	213	2	17	28	33	17	35
无为市	3437	32	239	448	435	327	364
蚌埠市	**16419**	**121**	**802**	**2004**	**2949**	**2269**	**2265**
龙子湖区	131		7	16	19	23	13
蚌山区							
禹会区	115	1	9	18	19	13	10
淮上区	450	6	23	53	83	49	53
怀远县	5348	49	277	552	800	618	706
五河县	3047	23	148	428	463	365	415
固镇县	2334	11	108	249	421	322	349
蚌埠市高新技术开发区	1001	6	42	127	246	203	164
蚌埠市经济开发区	3993	25	188	561	898	676	555
淮南市	**11566**	**98**	**537**	**1104**	**1619**	**1387**	**1499**
大通区	1027	6	75	128	157	110	124
田家庵区	209	1	10	13	21	16	21
谢家集区	73	1	3	4	3	4	13
八公山区	1						
潘集区	760	8	33	71	83	67	91
凤台县	3295	20	124	361	567	478	466
寿县	6201	62	292	527	788	712	784

4-1b 续表 7　　单位：人

地区 性别	合计	16-19岁	20-24岁	25-29岁	30-34岁	35-39岁	40-44岁
马鞍山市	**11015**	**83**	**562**	**1352**	**1713**	**1215**	**1400**
花山区							
雨山区							
博望区	154	1	9	25	20	17	23
当涂县	4839	30	221	670	815	528	560
含山县	2760	33	164	316	405	325	368
和县	3262	19	168	341	473	345	449
淮北市	**5639**	**49**	**333**	**653**	**900**	**672**	**824**
杜集区	553	5	35	50	79	57	68
相山区							
烈山区	446	2	19	27	41	52	59
濉溪县	4640	42	279	576	780	563	697
铜陵市	**4041**	**21**	**173**	**314**	**494**	**455**	**576**
铜官区							
义安区	445	3	19	28	46	40	49
郊区	340	3	8	36	38	38	36
枞阳县	3256	15	146	250	410	377	491
安庆市	**23839**	**116**	**1137**	**2497**	**3531**	**2872**	**3348**
迎江区							
大观区	347	1	16	36	46	41	39
宜秀区	530	4	23	36	39	34	50
怀宁县	4719	25	249	529	737	565	670
太湖县	3043	12	143	326	498	394	466
宿松县	4232	20	167	463	628	574	641
望江县	2043	13	75	219	243	202	227
岳西县	2137	6	124	189	367	319	340
安徽安庆经济开发区	2612	10	147	302	438	318	384
桐城市	1875	12	99	179	246	174	223
潜山市	2301	13	94	218	289	251	308
黄山市	**8652**	**35**	**345**	**918**	**1208**	**1051**	**1222**
屯溪区	183		9	15	24	33	20
黄山区	551	2	15	60	57	50	64
徽州区	274	3	11	25	31	28	25
歙县	3806	22	160	426	544	469	523
休宁县	1791	7	63	197	261	244	261
黟县	728		28	72	94	69	110
祁门县	1319	1	59	123	197	158	219
滁州市	**37829**	**364**	**2162**	**4597**	**5289**	**3428**	**4266**
琅琊区							
南谯区	1036	5	75	130	189	87	104
来安县	5382	40	296	700	841	499	630
全椒县	7687	19	383	962	1100	716	855
定远县	6944	47	389	858	915	617	792
凤阳县	7145	75	433	893	1001	729	786
苏滁现代产业园	511	40	46	102	87	50	51
滁州经济技术开发区	2457	81	207	372	449	273	323
天长市	5158	44	258	435	550	344	571
明光市	1509	13	75	145	157	113	154

4-1b　续表 8　　　　单位：人

地区 性别	合计	16-19岁	20-24岁	25-29岁	30-34岁	35-39岁	40-44岁
阜阳市	**40422**	**664**	**2426**	**4752**	**5882**	**4978**	**5327**
颍州区	927	27	42	114	131	122	115
颍东区	1317	17	74	167	162	162	151
颍泉区	2152	37	92	195	268	218	229
临泉县	8454	135	664	1043	1265	1104	1267
太和县	11076	179	639	1263	1521	1275	1442
阜南县	5095	105	310	646	804	615	677
颍上县	8015	112	433	939	1167	1027	979
阜阳合肥现代产业园区	92	2	2	10	15	10	7
阜阳经济技术开发区	1459	19	103	230	306	229	212
界首市	1835	31	67	145	243	216	248
宿州市	**31056**	**203**	**1540**	**3705**	**4532**	**3544**	**3828**
埇桥区	2808	24	164	314	358	288	326
砀山县	7169	27	251	751	935	761	892
萧县	7207	39	346	888	1010	809	919
灵璧县	7396	54	415	919	1236	925	852
泗县	5181	45	271	622	740	594	682
宿州马鞍山现代产业园区	333	4	24	58	66	43	27
宿州经济技术开发区	962	10	69	153	187	124	130
六安市	**23670**	**209**	**1074**	**2466**	**3407**	**2605**	**3055**
金安区	2141	18	98	236	346	296	313
裕安区	1275	7	71	137	196	126	150
叶集区	279	2	8	24	45	37	36
霍邱县	4358	34	190	422	660	570	522
舒城县	6620	100	269	698	867	685	897
金寨县	4391	38	243	484	629	440	557
霍山县	4606	10	195	465	664	451	580
亳州市	**21480**	**298**	**1206**	**2716**	**3559**	**2850**	**3208**
谯城区	1938	24	83	202	277	196	267
涡阳县	5980	67	309	781	1026	872	911
蒙城县	6641	68	386	839	1125	875	1048
利辛县	6921	139	428	894	1131	907	982
池州市	**7542**	**39**	**360**	**718**	**1121**	**884**	**1121**
贵池区	491	1	15	42	75	40	54
东至县	4328	29	202	414	608	484	652
石台县	578		40	55	83	70	74
青阳县	2038	9	99	199	342	285	327
池州市国家经济技术开发区							
皖江江南新兴产业集中区							
九华山风景区	107		4	8	13	5	14
宣城市	**13186**	**66**	**646**	**1438**	**2047**	**1567**	**1873**
宣州区	1618	8	74	161	221	163	200
郎溪县	3701	33	227	446	613	407	586
泾县	2212	9	82	231	335	340	335
绩溪县	1621	3	55	159	217	215	209
旌德县	965	2	48	100	144	122	142
宣城市经济开发区	1531	4	97	242	326	171	205
宁国市	425	2	14	21	40	34	55
广德市	1113	5	49	78	151	115	141

4-1b 续表 9

单位：人

地区 性别	45-49岁	50-54岁	55-59岁	60-64岁	65-69岁	70-74岁	75岁及以上
安　徽	**122161**	**116662**	**73790**	**21787**	**24470**	**11058**	**5493**
合肥市	**19842**	**18394**	**10762**	**2564**	**2501**	**951**	**355**
瑶海区	90	86	55	5	6		
庐阳区	271	201	122	14	5		1
蜀山区	187	201	161	50	61	26	9
包河区							
长丰县	2623	2261	1158	257	205	75	26
肥东县	4518	4285	2315	575	548	242	81
肥西县	3200	2933	1662	353	313	107	28
庐江县	3554	3328	2147	568	690	268	133
合肥高新技术产业开发区	1066	1053	640	133	111	35	7
合肥经济技术开发区	2158	1921	1178	240	205	57	11
合肥新站高新技术产业开发区	1562	1382	797	206	167	38	8
巢湖市	613	743	527	163	190	103	51
芜湖市	**8150**	**8014**	**5092**	**1359**	**1482**	**660**	**289**
镜湖区	3	10	5	3	2		
弋江区							
鸠江区	460	617	447	157	175	123	48
三山区	49	45	35	9	2		
芜湖县	2000	1894	1071	250	268	95	32
繁昌县	1261	1092	653	166	162	66	31
南陵县	1718	1555	1015	324	398	159	101
芜湖经济技术开发区	862	875	554	127	99	25	8
安徽芜湖长江大桥经济开发区	84	88	60	30	27	16	3
无为市	1713	1838	1252	293	349	176	66
蚌埠市	**5842**	**5099**	**3297**	**759**	**956**	**389**	**242**
龙子湖区	51	55	19	12	3	3	
蚌山区							
禹会区	64	49	26	7	7	6	1
淮上区	158	150	91	41	41	7	9
怀远县	1828	1636	1146	358	494	230	150
五河县	1188	1126	719	180	233	70	55
固镇县	897	780	461	77	122	60	23
蚌埠市高新技术开发区	318	215	117	8	7	3	1
蚌埠市经济开发区	1338	1088	718	76	49	10	3
淮南市	**4954**	**4877**	**2898**	**990**	**1118**	**577**	**309**
大通区	384	448	273	103	80	32	13
田家庵区	82	100	50	18	36	16	13
谢家集区	43	24	20	11	15	3	2
八公山区	1						
潘集区	412	440	233	108	87	54	28
凤台县	1566	1378	696	201	194	100	54
寿县	2466	2487	1626	549	706	372	199

4-1b 续表 10

单位：人

地 区 性 别	45-49岁	50-54岁	55-59岁	60-64岁	65-69岁	70-74岁	75岁及以上
马鞍山市	**4328**	**4590**	**2954**	**808**	**951**	**464**	**184**
花山区							
雨山区							
博望区	71	76	39	13	11	6	1
当涂县	1882	2000	1343	416	400	145	95
含山县	1195	1216	705	187	226	109	28
和县	1180	1298	867	192	314	204	60
淮北市	**2469**	**2172**	**1134**	**289**	**320**	**136**	**103**
杜集区	237	228	130	45	50	22	17
相山区							
烈山区	233	202	93	38	29	25	29
濉溪县	1999	1742	911	206	241	89	57
铜陵市	**1878**	**1754**	**1205**	**445**	**415**	**144**	**68**
铜官区							
义安区	200	231	150	76	83	30	22
郊区	189	178	120	41	23	11	2
枞阳县	1489	1345	935	328	309	103	44
安庆市	**10287**	**8963**	**5719**	**1489**	**1448**	**591**	**246**
迎江区							
大观区	127	153	77	36	16	20	6
宜秀区	192	217	169	61	85	58	18
怀宁县	2055	1753	1073	246	282	93	36
太湖县	1422	1125	719	137	163	41	16
宿松县	1971	1538	934	231	172	69	30
望江县	634	575	503	148	186	119	68
岳西县	911	778	527	115	76	18	3
安徽安庆经济开发区	1156	1051	566	125	69	14	7
桐城市	971	920	534	142	148	62	20
潜山市	848	853	617	248	251	97	42
黄山市	**3111**	**3047**	**2079**	**809**	**783**	**288**	**100**
屯溪区	44	54	50	18	18	8	3
黄山区	216	301	234	92	90	35	8
徽州区	72	102	68	46	57	23	7
歙县	1313	1240	767	354	304	125	52
休宁县	581	604	425	150	164	56	14
黟县	313	283	185	59	60	15	5
祁门县	572	463	350	90	90	26	11
滁州市	**12999**	**13536**	**8885**	**2485**	**2996**	**1163**	**605**
琅琊区							
南谯区	389	409	272	72	63	20	12
来安县	1814	1973	1343	425	431	140	53
全椒县	2331	2676	1947	350	418	182	71
定远县	2700	2413	1426	344	561	277	195
凤阳县	2252	2359	1565	447	615	271	161
苏滁现代产业园	162	177	68	28	24	6	
滁州经济技术开发区	785	711	330	64	60	13	7
天长市	2033	2215	1475	534	587	174	60
明光市	533	603	459	221	237	80	46

4-1b 续表 11　　单位：人

地区 性别	45-49岁	50-54岁	55-59岁	60-64岁	65-69岁	70-74岁	75岁及以上
阜阳市	**12564**	**12091**	**8376**	**2743**	**3623**	**2172**	**1197**
颍州区	315	309	193	82	80	44	29
颍东区	446	453	313	128	166	68	17
颍泉区	659	691	479	194	265	178	111
临泉县	2476	2410	1610	462	537	262	140
太和县	3291	3293	2171	722	1115	781	478
阜南县	1600	1486	1186	252	367	203	100
颍上县	2725	2497	1780	678	802	494	251
阜阳合肥现代产业园区	37	29	32	6	21	3	5
阜阳经济技术开发区	459	351	186	34	41	13	7
界首市	556	572	426	185	229	126	59
宿州市	**10212**	**9570**	**5572**	**2223**	**2943**	**1415**	**890**
埇桥区	1116	1080	634	194	230	114	80
砀山县	2124	2186	1285	744	1024	499	266
萧县	2218	2133	1217	542	706	414	268
灵璧县	2255	2081	1286	381	551	232	168
泗县	2040	1715	969	306	365	135	101
宿州马鞍山现代产业园区	115	115	54	25	32	6	3
宿州经济技术开发区	344	260	127	31	35	15	4
六安市	**9055**	**9251**	**6299**	**1957**	**1956**	**789**	**360**
金安区	810	652	472	143	121	49	22
裕安区	522	535	355	105	116	36	10
叶集区	131	124	83	27	40	11	8
霍邱县	1834	1817	1230	393	446	204	122
舒城县	2544	2524	1755	523	577	247	98
金寨县	1507	1734	1095	360	282	85	47
霍山县	1707	1865	1309	406	374	157	53
亳州市	**7322**	**6822**	**4190**	**1164**	**1446**	**763**	**339**
谯城区	597	799	456	113	222	126	58
涡阳县	2183	1902	1168	355	327	166	54
蒙城县	2344	2113	1251	321	411	206	91
利辛县	2198	2008	1315	375	486	265	136
池州市	**3383**	**2983**	**1975**	**734**	**565**	**226**	**71**
贵池区	255	277	177	64	55	27	7
东至县	1939	1632	1093	493	347	147	54
石台县	280	221	162	35	32	11	3
青阳县	869	809	503	125	130	41	6
池州市国家经济技术开发区							
皖江江南新兴产业集中区							
九华山风景区	40	44	40	17	1		1
宣城市	**5765**	**5499**	**3353**	**969**	**967**	**330**	**135**
宣州区	753	730	464	112	165	71	39
郎溪县	1707	1396	832	185	220	65	25
泾县	903	1003	561	144	142	49	18
绩溪县	632	636	405	180	112	46	13
旌德县	412	392	312	102	108	35	14
宣城市经济开发区	625	520	261	41	37	14	7
宁国市	178	266	172	81	62	14	6
广德市	555	556	346	124	121	36	13

4-1b 续表 12 单位：人

地 区 性 别	45-49岁	50-54岁	55-59岁	60-64岁	65-69岁	70-74岁	75岁及以上
男	**71301**	**73690**	**50934**	**14821**	**16139**	**7387**	**3667**
合肥市	**11752**	**11866**	**7729**	**1903**	**1779**	**693**	**259**
瑶海区	62	60	44	5	4		
庐阳区	162	139	100	14	4		1
蜀山区	123	143	104	35	41	21	6
包河区							
长丰县	1577	1481	871	187	156	56	22
肥东县	2729	2772	1644	418	379	170	58
肥西县	1934	1885	1214	278	232	82	22
庐江县	1997	2138	1514	413	482	190	103
合肥高新技术产业开发区	630	699	472	102	87	28	6
合肥经济技术开发区	1239	1198	836	180	144	45	7
合肥新站高新技术产业开发区	939	887	579	156	119	30	6
巢湖市	360	464	351	115	131	71	28
芜湖市	**4909**	**5190**	**3682**	**1004**	**1064**	**492**	**224**
镜湖区	1	7	4	3	2		
弋江区							
鸠江区	276	379	289	100	109	84	35
三山区	32	32	27	6	2		
芜湖县	1099	1114	727	183	184	70	26
繁昌县	759	760	473	121	116	41	19
南陵县	1031	1003	746	229	267	111	76
芜湖经济技术开发区	516	574	417	93	74	20	6
安徽芜湖长江大桥经济开发区	51	62	55	26	19	13	1
无为市	1144	1259	944	243	291	153	61
蚌埠市	**3392**	**3281**	**2348**	**510**	**620**	**253**	**171**
龙子湖区	27	38	13	9	2	1	
蚌山区							
禹会区	44	36	18	7	5	4	1
淮上区	94	93	61	29	30	3	4
怀远县	1066	969	700	210	295	149	107
五河县	713	744	522	141	161	47	38
固镇县	533	489	330	50	84	42	18
蚌埠市高新技术开发区	190	150	99	7	7	2	1
蚌埠市经济开发区	725	762	605	57	36	5	2
淮南市	**3135**	**3224**	**2015**	**676**	**726**	**394**	**231**
大通区	244	304	205	70	51	23	9
田家庵区	44	52	35	11	22	12	12
谢家集区	25	16	12	7	9	3	1
八公山区							
潘集区	291	311	169	75	51	39	19
凤台县	1051	987	488	142	132	68	42
寿县	1480	1554	1106	371	461	249	148

4-1b 续表 13　　　　单位：人

地　区 性　别	45-49岁	50-54岁	55-59岁	60-64岁	65-69岁	70-74岁	75岁及以上
马鞍山市	**2595**	**3058**	**2201**	**615**	**648**	**338**	**134**
花山区							
雨山区							
博望区	49	48	33	11	10	6	1
当涂县	1135	1331	1007	328	279	117	69
含山县	723	841	538	146	164	81	24
和县	688	838	623	130	195	134	40
淮北市	**1585**	**1471**	**808**	**184**	**217**	**85**	**65**
杜集区	153	160	78	24	33	11	11
相山区							
烈山区	155	132	56	18	14	14	14
濉溪县	1277	1179	674	142	170	60	40
铜陵市	**1090**	**1101**	**901**	**312**	**325**	**120**	**52**
铜官区							
义安区	123	152	105	50	63	24	15
郊区	112	108	99	35	19	8	2
枞阳县	855	841	697	227	243	88	35
安庆市	**5796**	**5788**	**4103**	**1076**	**1047**	**427**	**168**
迎江区							
大观区	66	98	55	23	7	14	4
宜秀区	94	121	93	40	55	40	13
怀宁县	1168	1137	787	194	208	71	29
太湖县	827	757	560	106	123	33	13
宿松县	1118	1002	707	174	134	50	21
望江县	291	304	270	88	114	72	30
岳西县	549	528	391	87	60	18	3
安徽安庆经济开发区	640	708	449	100	59	12	7
桐城市	560	619	392	106	112	50	16
潜山市	483	514	399	158	175	67	32
黄山市	**1748**	**1880**	**1479**	**514**	**488**	**171**	**64**
屯溪区	27	25	32	10	10	7	2
黄山区	136	194	175	65	66	30	7
徽州区	43	62	40	26	30	17	6
歙县	720	748	544	209	181	63	28
休宁县	323	375	295	103	101	28	11
黟县	174	176	129	39	35	9	3
祁门县	325	300	264	62	65	17	7
滁州市	**7005**	**7813**	**5590**	**1590**	**1833**	**727**	**388**
琅琊区							
南谯区	224	259	187	53	44	15	9
来安县	996	1211	909	284	273	96	34
全椒县	1179	1399	1133	214	249	101	48
定远县	1475	1400	893	212	319	169	122
凤阳县	1236	1339	946	275	367	180	99
苏滁现代产业园	96	134	56	19	20	5	
滁州经济技术开发区	416	449	248	51	42	8	4
天长市	1068	1275	933	334	371	101	40
明光市	315	347	285	148	148	52	32

4-1b 续表 14

单位：人

地 区 性 别	45-49岁	50-54岁	55-59岁	60-64岁	65-69岁	70-74岁	75岁及以上
阜阳市	**7516**	**7477**	**5395**	**1703**	**2214**	**1323**	**745**
颍州区	196	207	131	50	49	23	20
颍东区	274	284	201	77	111	47	13
颍泉区	370	410	264	106	153	97	64
临泉县	1489	1499	1063	291	334	160	85
太和县	1938	1985	1357	442	666	437	269
阜南县	944	958	794	157	218	127	58
颍上县	1692	1550	1160	432	497	347	191
阜阳合肥现代产业园区	22	18	21	5	15	2	4
阜阳经济技术开发区	281	235	145	25	29	12	4
界首市	310	331	259	118	142	71	37
宿州市	**5696**	**5621**	**3418**	**1298**	**1724**	**849**	**515**
埇桥区	684	667	379	125	133	77	49
砀山县	1178	1229	768	400	575	282	144
萧县	1207	1245	736	308	420	236	150
灵璧县	1215	1169	767	229	329	146	104
泗县	1142	1061	636	193	217	91	64
宿州马鞍山现代产业园区	72	79	35	20	25	6	2
宿州经济技术开发区	198	171	97	23	25	11	2
六安市	**5188**	**5746**	**4349**	**1369**	**1333**	**567**	**261**
金安区	440	416	333	104	90	38	14
裕安区	320	347	233	75	81	28	7
叶集区	81	88	57	21	33	11	6
霍邱县	1161	1213	883	278	306	153	92
舒城县	1409	1537	1210	368	394	173	73
金寨县	852	1004	745	242	180	57	30
霍山县	925	1141	888	281	249	107	39
亳州市	**4531**	**4465**	**2910**	**790**	**969**	**510**	**228**
谯城区	365	519	280	71	138	79	30
涡阳县	1378	1273	862	236	236	120	36
蒙城县	1430	1407	886	226	282	138	68
利辛县	1358	1266	882	257	313	173	94
池州市	**1964**	**2006**	**1466**	**557**	**412**	**179**	**54**
贵池区	155	190	134	49	41	22	7
东至县	1134	1073	796	365	247	112	39
石台县	151	149	121	29	25	10	3
青阳县	505	571	394	99	98	35	4
池州市国家经济技术开发区							
皖江江南新兴产业集中区							
九华山风景区	19	23	21	15	1		1
宣城市	**3399**	**3703**	**2540**	**720**	**740**	**259**	**108**
宣州区	444	483	332	79	120	51	34
郎溪县	1020	955	649	152	188	56	21
泾县	529	705	432	110	113	37	14
绩溪县	336	401	295	121	71	30	7
旌德县	250	267	250	82	81	27	11
宣城市经济开发区	373	362	203	33	30	13	5
宁国市	115	165	126	48	49	12	5
广德市	332	365	253	95	88	33	11

4-1b 续表 15 单位：人

地区 性别	45-49岁	50-54岁	55-59岁	60-64岁	65-69岁	70-74岁	75岁及以上
女	**50860**	**42972**	**22856**	**6966**	**8331**	**3671**	**1826**
合肥市	**8090**	**6528**	**3033**	**661**	**722**	**258**	**96**
瑶海区	28	26	11		2		
庐阳区	109	62	22		1		
蜀山区	64	58	57	15	20	5	3
包河区							
长丰县	1046	780	287	70	49	19	4
肥东县	1789	1513	671	157	169	72	23
肥西县	1266	1048	448	75	81	25	6
庐江县	1557	1190	633	155	208	78	30
合肥高新技术产业开发区	436	354	168	31	24	7	1
合肥经济技术开发区	919	723	342	60	61	12	4
合肥新站高新技术产业开发区	623	495	218	50	48	8	2
巢湖市	253	279	176	48	59	32	23
芜湖市	**3241**	**2824**	**1410**	**355**	**418**	**168**	**65**
镜湖区	2	3	1				
弋江区							
鸠江区	184	238	158	57	66	39	13
三山区	17	13	8	3			
芜湖县	901	780	344	67	84	25	6
繁昌县	502	332	180	45	46	25	12
南陵县	687	552	269	95	131	48	25
芜湖经济技术开发区	346	301	137	34	25	5	2
安徽芜湖长江大桥经济开发区	33	26	5	4	8	3	2
无为市	569	579	308	50	58	23	5
蚌埠市	**2450**	**1818**	**949**	**249**	**336**	**136**	**71**
龙子湖区	24	17	6	3	1	2	
蚌山区							
禹会区	20	13	8		2	2	
淮上区	64	57	30	12	11	4	5
怀远县	762	667	446	148	199	81	43
五河县	475	382	197	39	72	23	17
固镇县	364	291	131	27	38	18	5
蚌埠市高新技术开发区	128	65	18	1		1	
蚌埠市经济开发区	613	326	113	19	13	5	1
淮南市	**1819**	**1653**	**883**	**314**	**392**	**183**	**78**
大通区	140	144	68	33	29	9	4
田家庵区	38	48	15	7	14	4	1
谢家集区	18	8	8	4	6		1
八公山区	1						
潘集区	121	129	64	33	36	15	9
凤台县	515	391	208	59	62	32	12
寿县	986	933	520	178	245	123	51

4-1b 续表 16

单位：人

地 区 性 别	45-49岁	50-54岁	55-59岁	60-64岁	65-69岁	70-74岁	75岁及以上
马鞍山市	**1733**	**1532**	**753**	**193**	**303**	**126**	**50**
花山区							
雨山区							
博望区	22	28	6	2	1		
当涂县	747	669	336	88	121	28	26
含山县	472	375	167	41	62	28	4
和县	492	460	244	62	119	70	20
淮北市	**884**	**701**	**326**	**105**	**103**	**51**	**38**
杜集区	84	68	52	21	17	11	6
相山区							
烈山区	78	70	37	20	15	11	15
濉溪县	722	563	237	64	71	29	17
铜陵市	**788**	**653**	**304**	**133**	**90**	**24**	**16**
铜官区							
义安区	77	79	45	26	20	6	7
郊区	77	70	21	6	4	3	
枞阳县	634	504	238	101	66	15	9
安庆市	**4491**	**3175**	**1616**	**413**	**401**	**164**	**78**
迎江区							
大观区	61	55	22	13	9	6	2
宜秀区	98	96	76	21	30	18	5
怀宁县	887	616	286	52	74	22	7
太湖县	595	368	159	31	40	8	3
宿松县	853	536	227	57	38	19	9
望江县	343	271	233	60	72	47	38
岳西县	362	250	136	28	16		
安徽安庆经济开发区	516	343	117	25	10	2	
桐城市	411	301	142	36	36	12	4
潜山市	365	339	218	90	76	30	10
黄山市	**1363**	**1167**	**600**	**295**	**295**	**117**	**36**
屯溪区	17	29	18	8	8	1	1
黄山区	80	107	59	27	24	5	1
徽州区	29	40	28	20	27	6	1
歙县	593	492	223	145	123	62	24
休宁县	258	229	130	47	63	28	3
黟县	139	107	56	20	25	6	2
祁门县	247	163	86	28	25	9	4
滁州市	**5994**	**5723**	**3295**	**895**	**1163**	**436**	**217**
琅琊区							
南谯区	165	150	85	19	19	5	3
来安县	818	762	434	141	158	44	19
全椒县	1152	1277	814	136	169	81	23
定远县	1225	1013	533	132	242	108	73
凤阳县	1016	1020	619	172	248	91	62
苏滁现代产业园	66	43	12	9	4	1	
滁州经济技术开发区	369	262	82	13	18	5	3
天长市	965	940	542	200	216	73	20
明光市	218	256	174	73	89	28	14

4-1b 续表 17 单位：人

地区 性别	45-49岁	50-54岁	55-59岁	60-64岁	65-69岁	70-74岁	75岁及以上
阜阳市	**5048**	**4614**	**2981**	**1040**	**1409**	**849**	**452**
颍州区	119	102	62	32	31	21	9
颍东区	172	169	112	51	55	21	4
颍泉区	289	281	215	88	112	81	47
临泉县	987	911	547	171	203	102	55
太和县	1353	1308	814	280	449	344	209
阜南县	656	528	392	95	149	76	42
颍上县	1033	947	620	246	305	147	60
阜阳合肥现代产业园区	15	11	11	1	6	1	1
阜阳经济技术开发区	178	116	41	9	12	1	3
界首市	246	241	167	67	87	55	22
宿州市	**4516**	**3949**	**2154**	**925**	**1219**	**566**	**375**
埇桥区	432	413	255	69	97	37	31
砀山县	946	957	517	344	449	217	122
萧县	1011	888	481	234	286	178	118
灵璧县	1040	912	519	152	222	86	64
泗县	898	654	333	113	148	44	37
宿州马鞍山现代产业园区	43	36	19	5	7		1
宿州经济技术开发区	146	89	30	8	10	4	2
六安市	**3867**	**3505**	**1950**	**588**	**623**	**222**	**99**
金安区	370	236	139	39	31	11	8
裕安区	202	188	122	30	35	8	3
叶集区	50	36	26	6	7		2
霍邱县	673	604	347	115	140	51	30
舒城县	1135	987	545	155	183	74	25
金寨县	655	730	350	118	102	28	17
霍山县	782	724	421	125	125	50	14
亳州市	**2791**	**2357**	**1280**	**374**	**477**	**253**	**111**
谯城区	232	280	176	42	84	47	28
涡阳县	805	629	306	119	91	46	18
蒙城县	914	706	365	95	129	68	23
利辛县	840	742	433	118	173	92	42
池州市	**1419**	**977**	**509**	**177**	**153**	**47**	**17**
贵池区	100	87	43	15	14	5	
东至县	805	559	297	128	100	35	15
石台县	129	72	41	6	7	1	
青阳县	364	238	109	26	32	6	2
池州市国家经济技术开发区							
皖江江南新兴产业集中区							
九华山风景区	21	21	19	2			
宣城市	**2366**	**1796**	**813**	**249**	**227**	**71**	**27**
宣州区	309	247	132	33	45	20	5
郎溪县	687	441	183	33	32	9	4
泾县	374	298	129	34	29	12	4
绩溪县	296	235	110	59	41	16	6
旌德县	162	125	62	20	27	8	3
宣城市经济开发区	252	158	58	8	7	1	2
宁国市	63	101	46	33	13	2	1
广德市	223	191	93	29	33	3	2

4-1c　各地区分性别、年龄的就业人口(乡村)

单位：人

地　区 性　别	合计	16-19岁	20-24岁	25-29岁	30-34岁	35-39岁	40-44岁
安　徽	**1218089**	**15079**	**59102**	**111250**	**127396**	**94733**	**111018**
合肥市	**86529**	**659**	**4217**	**7966**	**8971**	**6721**	**7374**
瑶海区	1127	17	86	210	247	162	108
庐阳区	215		9	9	21	17	21
蜀山区	627	41	80	42	34	29	25
包河区	421	2	37	37	41	28	40
长丰县	15540	115	810	1450	1582	1170	1367
肥东县	20266	112	1188	2396	1927	1653	2051
肥西县	16164	239	846	1493	1940	1436	1311
庐江县	22563	106	937	1776	2581	1687	1788
合肥高新技术产业开发区	4						1
合肥经济技术开发区	378	1	7	6	15	19	17
合肥新站高新技术产业开发区	223		2	32	29	26	25
巢湖市	9001	26	215	515	554	494	620
芜湖市	**59608**	**488**	**3143**	**6392**	**5789**	**4106**	**5498**
镜湖区	785	4	33	67	88	63	83
弋江区							
鸠江区	6501	67	289	643	573	394	539
三山区	1875	7	58	174	175	95	155
芜湖县	5548	28	236	579	503	357	516
繁昌县	5867	33	240	537	620	329	544
南陵县	12207	83	530	924	1037	861	1103
芜湖经济技术开发区	144	1	4	11	14	5	10
安徽芜湖长江大桥经济开发区	312		10	26	21	14	44
无为市	26369	265	1743	3431	2758	1988	2504
蚌埠市	**55930**	**549**	**2076**	**4424**	**5638**	**4006**	**4805**
龙子湖区	1836	28	91	165	252	171	153
蚌山区	669	8	31	72	106	60	63
禹会区	3652	53	206	394	429	354	403
淮上区	3952	39	152	332	431	324	340
怀远县	23277	250	765	1564	2018	1459	1839
五河县	10893	87	473	959	1032	763	915
固镇县	11651	84	358	938	1370	875	1092
蚌埠市高新技术开发区							
蚌埠市经济开发区							
淮南市	**56171**	**611**	**2299**	**4162**	**6047**	**5051**	**5239**
大通区	1818	19	96	150	192	133	190
田家庵区	1097	14	41	84	109	90	109
谢家集区	1717	15	59	132	145	132	157
八公山区	285	3	17	19	35	28	32
潘集区	6245	70	231	499	739	530	621
凤台县	15204	153	530	1037	1667	1287	1451
寿县	29805	337	1325	2241	3160	2851	2679

4－1c 续表 1

单位：人

地 区 性 别	合计	16－19岁	20－24岁	25－29岁	30－34岁	35－39岁	40－44岁
马鞍山市	**29068**	**244**	**1365**	**2903**	**2745**	**2033**	**2493**
花山区	361	1	17	33	45	20	24
雨山区	628	1	21	67	57	42	46
博望区	2999	41	170	308	300	247	320
当涂县	8340	67	317	867	913	616	736
含山县	8821	70	530	1038	940	686	796
和县	7919	64	310	590	490	422	571
淮北市	**27718**	**323**	**1586**	**2985**	**3066**	**2272**	**2650**
杜集区	2241	16	118	255	260	236	237
相山区	1899	24	109	172	179	153	233
烈山区	4608	47	255	417	499	291	410
濉溪县	18970	236	1104	2141	2128	1592	1770
铜陵市	**14523**	**65**	**457**	**897**	**1075**	**912**	**1208**
铜官区	389	2	16	38	65	30	40
义安区	4730	15	147	247	311	277	337
郊区	2742	11	79	171	200	210	251
枞阳县	6662	37	215	441	499	395	580
安庆市	**119273**	**759**	**5770**	**12684**	**13868**	**9853**	**11320**
迎江区	439		17	28	28	16	24
大观区	1697	8	96	152	183	114	137
宜秀区	1210	7	34	69	75	64	77
怀宁县	16828	130	946	1887	2090	1355	1556
太湖县	14873	51	741	1689	1874	1309	1423
宿松县	21743	185	1258	2818	2720	1979	2136
望江县	27264	211	1085	2683	2732	2028	2391
岳西县	10392	49	508	895	1288	994	1069
安徽安庆经济开发区	174		8	15	17	5	18
桐城市	11015	56	504	1109	1340	879	1112
潜山市	13638	62	573	1339	1521	1110	1377
黄山市	**33831**	**195**	**1145**	**2427**	**3007**	**2167**	**2724**
屯溪区	1168	6	47	117	146	103	108
黄山区	3177	6	117	174	229	174	229
徽州区	2082	13	41	139	189	139	157
歙县	15307	104	514	1155	1373	970	1242
休宁县	6909	37	270	540	665	436	543
黟县	2300	11	65	144	165	143	181
祁门县	2888	18	91	158	240	202	264
滁州市	**100393**	**1384**	**5378**	**9921**	**9602**	**6062**	**7984**
琅琊区	546	2	26	24	45	42	46
南谯区	4877	27	191	458	524	243	341
来安县	11529	111	461	990	965	578	807
全椒县	11277	68	492	1042	991	508	650
定远县	27608	321	1524	3335	2734	1787	2221
凤阳县	19729	363	1330	2112	2153	1548	1862
苏滁现代产业园							
滁州经济技术开发区	1652	300	285	320	263	132	116
天长市	10733	81	479	720	856	412	751
明光市	12442	111	590	920	1071	812	1190

4-1c 续表 2 单位：人

地区 性别	合计	16-19岁	20-24岁	25-29岁	30-34岁	35-39岁	40-44岁
阜阳市	**227662**	**5354**	**13706**	**22819**	**26400**	**20763**	**23117**
颍州区	10342	140	469	1063	1299	925	992
颍东区	14036	251	768	1561	1613	1442	1456
颍泉区	14744	275	662	1327	1560	1260	1242
临泉县	53417	1486	4002	5284	6027	4793	5768
太和县	41827	1021	2214	3782	4719	3516	4357
阜南县	38138	1018	2439	3870	4339	3219	3479
颍上县	41630	942	2535	4527	4990	4112	4342
阜阳合肥现代产业园区	1049	16	62	159	202	131	107
阜阳经济技术开发区	670	14	45	89	126	102	73
界首市	11809	191	510	1157	1525	1263	1301
宿州市	**142526**	**1433**	**6543**	**13658**	**15399**	**10657**	**12476**
埇桥区	40186	542	2137	4279	5249	3222	3687
砀山县	21100	157	923	1926	2048	1470	1838
萧县	36339	374	1646	3439	3402	2745	3021
灵璧县	24228	197	963	2063	2649	1733	1960
泗县	20094	155	847	1886	1968	1451	1926
宿州马鞍山现代产业园区	579	8	27	65	83	36	44
宿州经济技术开发区							
六安市	**109175**	**874**	**4753**	**8631**	**10730**	**8377**	**9095**
金安区	15354	95	626	1106	1539	1055	1147
裕安区	21287	166	1039	1772	2385	1698	1755
叶集区	4034	32	132	262	406	303	286
霍邱县	23412	274	866	1588	2353	2211	2072
舒城县	23859	139	1047	2299	2296	1685	1952
金寨县	15649	154	791	1165	1261	1102	1442
霍山县	5580	14	252	439	490	323	441
亳州市	**90563**	**1822**	**4463**	**7611**	**9861**	**7691**	**9289**
谯城区	29844	545	1628	2527	3394	2314	2833
涡阳县	19501	448	973	1667	2197	1914	2294
蒙城县	18610	327	837	1577	1975	1545	1837
利辛县	22608	502	1025	1840	2295	1918	2325
池州市	**25616**	**133**	**943**	**1693**	**2384**	**1682**	**2346**
贵池区	7341	25	163	326	504	364	544
东至县	12042	87	600	1067	1413	932	1288
石台县	1737	3	40	56	93	86	131
青阳县	3965	18	118	198	291	248	326
池州市国家经济技术开发区							
皖江江南新兴产业集中区							
九华山风景区	531		22	46	83	52	57
宣城市	**39503**	**186**	**1258**	**2077**	**2814**	**2380**	**3400**
宣州区	11971	55	366	584	798	634	1012
郎溪县	5239	62	274	402	460	337	511
泾县	4836	21	98	194	277	280	361
绩溪县	2255	5	25	82	93	118	130
旌德县	1949	6	42	97	144	140	160
宣城市经济开发区	892	8	55	73	108	66	64
宁国市	4582	8	108	182	313	230	281
广德市	7779	21	290	463	621	575	881

4－1c　续表 3　　　　单位：人

地区 性别	合计	16－19岁	20－24岁	25－29岁	30－34岁	35－39岁	40－44岁
男	**746520**	**9460**	**36036**	**70271**	**78469**	**57851**	**66802**
合肥市	**56436**	**454**	**2636**	**5289**	**6005**	**4611**	**4857**
瑶海区	706	7	43	131	160	107	69
庐阳区	148		7	7	17	10	14
蜀山区	458	41	75	31	24	21	20
包河区	268	2	27	23	29	19	17
长丰县	9977	74	506	975	1047	803	896
肥东县	13421	75	734	1631	1348	1189	1426
肥西县	10868	174	568	992	1302	979	839
庐江县	14876	67	547	1169	1723	1144	1165
合肥高新技术产业开发区	3						1
合肥经济技术开发区	229	1	6	5	9	10	15
合肥新站高新技术产业开发区	151			19	16	20	15
巢湖市	5331	13	123	306	330	309	380
芜湖市	**39529**	**300**	**1862**	**4289**	**3878**	**2686**	**3554**
镜湖区	530	2	13	38	54	42	54
弋江区							
鸠江区	3964	42	192	399	353	238	324
三山区	1207	5	33	116	105	55	99
芜湖县	3705	17	145	389	328	223	334
繁昌县	3930	18	143	381	419	204	366
南陵县	7865	48	270	607	671	554	695
芜湖经济技术开发区	83	1	2	5	6	2	7
安徽芜湖长江大桥经济开发区	186		4	18	10	8	19
无为市	18059	167	1060	2336	1932	1360	1656
蚌埠市	**32680**	**352**	**1246**	**2718**	**3293**	**2320**	**2802**
龙子湖区	1140	18	54	105	154	107	93
蚌山区	439	4	16	49	64	42	38
禹会区	2440	38	141	271	275	234	260
淮上区	2414	28	105	213	276	184	211
怀远县	12678	155	427	901	1106	775	1022
五河县	6616	57	301	614	616	459	550
固镇县	6953	52	202	565	802	519	628
蚌埠市高新技术开发区							
蚌埠市经济开发区							
淮南市	**34937**	**384**	**1419**	**2800**	**3865**	**3194**	**3306**
大通区	1166	10	55	103	129	93	125
田家庵区	690	8	25	60	62	65	68
谢家集区	1065	10	33	85	97	84	98
八公山区	177	1	10	14	24	18	21
潘集区	4228	46	151	359	527	367	445
凤台县	9225	100	353	676	1028	767	898
寿县	18386	209	792	1503	1998	1800	1651

4-1c　续表 4　　　　单位：人

地区 性别	合计	16-19岁	20-24岁	25-29岁	30-34岁	35-39岁	40-44岁
马鞍山市	**18555**	**158**	**868**	**1953**	**1718**	**1282**	**1545**
花山区	241	1	6	23	32	12	17
雨山区	398		10	44	31	26	29
博望区	2090	31	113	215	207	169	211
当涂县	5182	43	193	565	560	360	446
含山县	5868	43	352	723	601	464	503
和县	4776	40	194	383	287	251	339
淮北市	**17241**	**209**	**1033**	**1956**	**1942**	**1445**	**1691**
杜集区	1494	13	70	178	193	160	158
相山区	1206	11	81	112	121	86	139
烈山区	2672	30	165	261	296	182	248
濉溪县	11869	155	717	1405	1332	1017	1146
铜陵市	**9221**	**41**	**261**	**550**	**650**	**554**	**691**
铜官区	236	2	12	17	36	14	24
义安区	3106	7	81	167	206	188	210
郊区	1722	8	45	96	111	114	142
枞阳县	4157	24	123	270	297	238	315
安庆市	**73375**	**462**	**3264**	**7711**	**8530**	**6017**	**6627**
迎江区	302		15	21	22	14	16
大观区	1044	6	53	92	108	65	77
宜秀区	734	6	19	44	46	41	45
怀宁县	10390	81	534	1122	1262	836	905
太湖县	9689	30	422	1043	1207	825	884
宿松县	14081	120	755	1809	1729	1243	1299
望江县	14390	120	564	1473	1473	1100	1250
岳西县	6906	28	318	575	869	670	681
安徽安庆经济开发区	101		3	10	9	4	8
桐城市	7339	37	266	732	899	579	693
潜山市	8399	34	315	790	906	640	769
黄山市	**20486**	**125**	**650**	**1478**	**1897**	**1328**	**1660**
屯溪区	685	2	27	62	87	47	63
黄山区	2096	3	72	105	155	113	146
徽州区	1216	8	25	85	112	78	95
歙县	8906	62	284	688	864	593	747
休宁县	4206	30	152	340	399	257	320
黟县	1428	9	38	79	111	83	107
祁门县	1949	11	52	119	169	157	182
滁州市	**59764**	**884**	**3370**	**6352**	**5913**	**3720**	**4714**
琅琊区	351		20	20	26	32	26
南谯区	3239	20	118	301	349	178	212
来安县	6824	68	270	617	604	352	445
全椒县	6274	43	279	626	587	292	372
定远县	16429	200	970	2203	1721	1120	1350
凤阳县	11697	236	852	1325	1284	944	1125
苏滁现代产业园							
滁州经济技术开发区	1090	194	215	227	161	73	58
天长市	6312	53	294	437	513	237	416
明光市	7548	70	352	596	668	492	710

4-1c 续表 5 单位：人

地区 性别	合计	16-19岁	20-24岁	25-29岁	30-34岁	35-39岁	40-44岁
阜阳市	**134936**	**3250**	**8431**	**14236**	**15833**	**12233**	**13548**
颍州区	6436	90	271	711	790	575	610
颍东区	8762	158	498	1023	969	903	879
颍泉区	8334	170	407	804	895	726	685
临泉县	31083	890	2359	3192	3593	2732	3293
太和县	24050	649	1431	2340	2782	2008	2518
阜南县	22346	576	1457	2368	2623	1904	1992
颍上县	25279	591	1632	2855	3006	2455	2644
阜阳合肥现代产业园区	676	9	38	97	122	78	69
阜阳经济技术开发区	462	8	29	57	82	67	49
界首市	7508	109	309	789	971	785	809
宿州市	**80666**	**933**	**3938**	**8141**	**8884**	**6122**	**6974**
埇桥区	24774	377	1406	2763	3319	2038	2204
砀山县	11480	114	552	1140	1169	804	971
萧县	19632	241	979	2002	1864	1484	1653
灵璧县	12967	114	509	1081	1332	929	1028
泗县	11455	82	472	1117	1150	842	1089
宿州马鞍山现代产业园区	358	5	20	38	50	25	29
宿州经济技术开发区							
六安市	**68654**	**572**	**2818**	**5560**	**6716**	**5110**	**5469**
金安区	9372	64	377	664	912	618	654
裕安区	13383	97	635	1154	1475	1025	1042
叶集区	2476	17	71	160	248	176	158
霍邱县	14760	172	515	1034	1460	1325	1262
舒城县	15233	98	588	1494	1452	1056	1168
金寨县	9854	113	485	770	836	704	896
霍山县	3576	11	147	284	333	206	289
亳州市	**56340**	**1148**	**2979**	**4933**	**6103**	**4690**	**5703**
谯城区	18328	348	1108	1657	2113	1432	1678
涡阳县	12688	288	656	1069	1416	1222	1446
蒙城县	11448	202	547	1033	1175	897	1141
利辛县	13876	310	668	1174	1399	1139	1438
池州市	**16788**	**80**	**529**	**1038**	**1511**	**1062**	**1503**
贵池区	4707	16	98	203	308	223	328
东至县	7903	50	329	660	937	613	857
石台县	1098	3	19	26	56	47	75
青阳县	2744	11	75	122	167	146	212
池州市国家经济技术开发区							
皖江江南新兴产业集中区							
九华山风景区	336		8	27	43	33	31
宣城市	**26912**	**108**	**732**	**1267**	**1731**	**1477**	**2158**
宣州区	7903	32	218	349	469	370	628
郎溪县	3688	31	153	259	297	210	343
泾县	3561	13	59	121	184	205	236
绩溪县	1412	4	19	51	55	79	85
旌德县	1387	1	21	57	104	90	109
宣城市经济开发区	605	7	34	50	65	42	41
宁国市	3165	5	65	107	187	160	189
广德市	5191	15	163	273	370	321	527

4-1c　续表 6　　　　单位：人

地　区 性　别	合计	16-19岁	20-24岁	25-29岁	30-34岁	35-39岁	40-44岁
女	**471569**	**5619**	**23066**	**40979**	**48927**	**36882**	**44216**
合肥市	**30093**	**205**	**1581**	**2677**	**2966**	**2110**	**2517**
瑶海区	421	10	43	79	87	55	39
庐阳区	67		2	2	4	7	7
蜀山区	169		5	11	10	8	5
包河区	153		10	14	12	9	23
长丰县	5563	41	304	475	535	367	471
肥东县	6845	37	454	765	579	464	625
肥西县	5296	65	278	501	638	457	472
庐江县	7687	39	390	607	858	543	623
合肥高新技术产业开发区	1						
合肥经济技术开发区	149		1	1	6	9	2
合肥新站高新技术产业开发区	72		2	13	13	6	10
巢湖市	3670	13	92	209	224	185	240
芜湖市	**20079**	**188**	**1281**	**2103**	**1911**	**1420**	**1944**
镜湖区	255	2	20	29	34	21	29
弋江区							
鸠江区	2537	25	97	244	220	156	215
三山区	668	2	25	58	70	40	56
芜湖县	1843	11	91	190	175	134	182
繁昌县	1937	15	97	156	201	125	178
南陵县	4342	35	260	317	366	307	408
芜湖经济技术开发区	61		2	6	8	3	3
安徽芜湖长江大桥经济开发区	126		6	8	11	6	25
无为市	8310	98	683	1095	826	628	848
蚌埠市	**23250**	**197**	**830**	**1706**	**2345**	**1686**	**2003**
龙子湖区	696	10	37	60	98	64	60
蚌山区	230	4	15	23	42	18	25
禹会区	1212	15	65	123	154	120	143
淮上区	1538	11	47	119	155	140	129
怀远县	10599	95	338	663	912	684	817
五河县	4277	30	172	345	416	304	365
固镇县	4698	32	156	373	568	356	464
蚌埠市高新技术开发区							
蚌埠市经济开发区							
淮南市	**21234**	**227**	**880**	**1362**	**2182**	**1857**	**1933**
大通区	652	9	41	47	63	40	65
田家庵区	407	6	16	24	47	25	41
谢家集区	652	5	26	47	48	48	59
八公山区	108	2	7	5	11	10	11
潘集区	2017	24	80	140	212	163	176
凤台县	5979	53	177	361	639	520	553
寿县	11419	128	533	738	1162	1051	1028

4－1c 续表 7　　　　单位：人

地区 性别	合计	16－19岁	20－24岁	25－29岁	30－34岁	35－39岁	40－44岁
马鞍山市	**10513**	**86**	**497**	**950**	**1027**	**751**	**948**
花山区	120		11	10	13	8	7
雨山区	230	1	11	23	26	16	17
博望区	909	10	57	93	93	78	109
当涂县	3158	24	124	302	353	256	290
含山县	2953	27	178	315	339	222	293
和县	3143	24	116	207	203	171	232
淮北市	**10477**	**114**	**553**	**1029**	**1124**	**827**	**959**
杜集区	747	3	48	77	67	76	79
相山区	693	13	28	60	58	67	94
烈山区	1936	17	90	156	203	109	162
濉溪县	7101	81	387	736	796	575	624
铜陵市	**5302**	**24**	**196**	**347**	**425**	**358**	**517**
铜官区	153		4	21	29	16	16
义安区	1624	8	66	80	105	89	127
郊区	1020	3	34	75	89	96	109
枞阳县	2505	13	92	171	202	157	265
安庆市	**45898**	**297**	**2506**	**4973**	**5338**	**3836**	**4693**
迎江区	137		2	7	6	2	8
大观区	653	2	43	60	75	49	60
宜秀区	476	1	15	25	29	23	32
怀宁县	6438	49	412	765	828	519	651
太湖县	5184	21	319	646	667	484	539
宿松县	7662	65	503	1009	991	736	837
望江县	12874	91	521	1210	1259	928	1141
岳西县	3486	21	190	320	419	324	388
安徽安庆经济开发区	73		5	5	8	1	10
桐城市	3676	19	238	377	441	300	419
潜山市	5239	28	258	549	615	470	608
黄山市	**13345**	**70**	**495**	**949**	**1110**	**839**	**1064**
屯溪区	483	4	20	55	59	56	45
黄山区	1081	3	45	69	74	61	83
徽州区	866	5	16	54	77	61	62
歙县	6401	42	230	467	509	377	495
休宁县	2703	7	118	200	266	179	223
黟县	872	2	27	65	54	60	74
祁门县	939	7	39	39	71	45	82
滁州市	**40629**	**500**	**2008**	**3569**	**3689**	**2342**	**3270**
琅琊区	195	2	6	4	19	10	20
南谯区	1638	7	73	157	175	65	129
来安县	4705	43	191	373	361	226	362
全椒县	5003	25	213	416	404	216	278
定远县	11179	121	554	1132	1013	667	871
凤阳县	8032	127	478	787	869	604	737
苏滁现代产业园							
滁州经济技术开发区	562	106	70	93	102	59	58
天长市	4421	28	185	283	343	175	335
明光市	4894	41	238	324	403	320	480

4-1c 续表 8 单位：人

地 区 性 别	合计	16-19岁	20-24岁	25-29岁	30-34岁	35-39岁	40-44岁
阜阳市	**92726**	**2104**	**5275**	**8583**	**10567**	**8530**	**9569**
颍州区	3906	50	198	352	509	350	382
颍东区	5274	93	270	538	644	539	577
颍泉区	6410	105	255	523	665	534	557
临泉县	22334	596	1643	2092	2434	2061	2475
太和县	17777	372	783	1442	1937	1508	1839
阜南县	15792	442	982	1502	1716	1315	1487
颍上县	16351	351	903	1672	1984	1657	1698
阜阳合肥现代产业园区	373	7	24	62	80	53	38
阜阳经济技术开发区	208	6	16	32	44	35	24
界首市	4301	82	201	368	554	478	492
宿州市	**61860**	**500**	**2605**	**5517**	**6515**	**4535**	**5502**
埇桥区	15412	165	731	1516	1930	1184	1483
砀山县	9620	43	371	786	879	666	867
萧县	16707	133	667	1437	1538	1261	1368
灵璧县	11261	83	454	982	1317	804	932
泗县	8639	73	375	769	818	609	837
宿州马鞍山现代产业园区	221	3	7	27	33	11	15
宿州经济技术开发区							
六安市	**40521**	**302**	**1935**	**3071**	**4014**	**3267**	**3626**
金安区	5982	31	249	442	627	437	493
裕安区	7904	69	404	618	910	673	713
叶集区	1558	15	61	102	158	127	128
霍邱县	8652	102	351	554	893	886	810
舒城县	8626	41	459	805	844	629	784
金寨县	5795	41	306	395	425	398	546
霍山县	2004	3	105	155	157	117	152
亳州市	**34223**	**674**	**1484**	**2678**	**3758**	**3001**	**3586**
谯城区	11516	197	520	870	1281	882	1155
涡阳县	6813	160	317	598	781	692	848
蒙城县	7162	125	290	544	800	648	696
利辛县	8732	192	357	666	896	779	887
池州市	**8828**	**53**	**414**	**655**	**873**	**620**	**843**
贵池区	2634	9	65	123	196	141	216
东至县	4139	37	271	407	476	319	431
石台县	639		21	30	37	39	56
青阳县	1221	7	43	76	124	102	114
池州市国家经济技术开发区							
皖江江南新兴产业集中区							
九华山风景区	195		14	19	40	19	26
宣城市	**12591**	**78**	**526**	**810**	**1083**	**903**	**1242**
宣州区	4068	23	148	235	329	264	384
郎溪县	1551	31	121	143	163	127	168
泾县	1275	8	39	73	93	75	125
绩溪县	843	1	6	31	38	39	45
旌德县	562	5	21	40	40	50	51
宣城市经济开发区	287	1	21	23	43	24	23
宁国市	1417	3	43	75	126	70	92
广德市	2588	6	127	190	251	254	354

4-1c 续表 9

单位：人

地区 性别	45-49岁	50-54岁	55-59岁	60-64岁	65-69岁	70-74岁	75岁及以上
安徽	**159932**	**188359**	**138098**	**58448**	**82111**	**45769**	**26794**
合肥市	**11388**	**13717**	**10159**	**3994**	**6179**	**3463**	**1721**
瑶海区	113	117	46	10	9	2	
庐阳区	23	30	34	15	26	9	1
蜀山区	57	88	80	38	67	31	15
包河区	65	73	59	10	18	7	4
长丰县	2173	2478	1726	701	1074	581	313
肥东县	2835	3073	2147	814	1209	567	294
肥西县	2145	2392	1791	637	1106	602	226
庐江县	2881	3820	3025	1152	1543	876	391
合肥高新技术产业开发区	2				1		
合肥经济技术开发区	47	60	54	36	65	37	14
合肥新站高新技术产业开发区	35	30	27	5	5	7	
巢湖市	1012	1556	1170	576	1056	744	463
芜湖市	**9094**	**10389**	**6734**	**2317**	**3168**	**1706**	**784**
镜湖区	156	137	84	34	20	13	3
弋江区							
鸠江区	874	1218	854	282	402	253	113
三山区	256	370	248	96	135	78	28
芜湖县	904	1027	630	207	338	168	55
繁昌县	873	1073	734	301	351	161	71
南陵县	1777	1971	1414	689	993	512	313
芜湖经济技术开发区	21	27	28	8	9	6	
安徽芜湖长江大桥经济开发区	55	45	28	18	29	15	7
无为市	4178	4521	2714	682	891	500	194
蚌埠市	**7252**	**9031**	**6862**	**2869**	**4423**	**2335**	**1660**
龙子湖区	228	299	162	99	117	43	28
蚌山区	76	98	82	22	36	11	4
禹会区	513	475	372	118	211	79	45
淮上区	521	642	455	180	327	136	73
怀远县	2772	3677	3008	1415	2143	1331	1036
五河县	1516	1874	1424	529	775	329	217
固镇县	1626	1966	1359	506	814	406	257
蚌埠市高新技术开发区							
蚌埠市经济开发区							
淮南市	**7245**	**8258**	**6008**	**3080**	**4166**	**2529**	**1476**
大通区	233	253	197	106	138	69	42
田家庵区	139	130	111	78	96	58	38
谢家集区	247	238	195	122	138	89	48
八公山区	56	51	21	5	8	7	3
潘集区	858	969	688	355	407	184	94
凤台县	1819	2354	1742	897	1175	718	374
寿县	3893	4263	3054	1517	2204	1404	877

4−1c　续表 10　　　　单位：人

地　区 性　别	45−49岁	50−54岁	55−59岁	60−64岁	65−69岁	70−74岁	75岁及以上
马鞍山市	**3876**	**4980**	**3382**	**1291**	**2097**	**1171**	**488**
花山区	59	69	50	22	15	2	4
雨山区	77	145	100	26	35	9	2
博望区	464	468	330	127	146	55	23
当涂县	1083	1350	1004	446	595	223	123
含山县	1261	1499	898	287	456	271	89
和县	932	1449	1000	383	850	611	247
淮北市	**3889**	**4453**	**2878**	**900**	**1248**	**861**	**607**
杜集区	267	327	203	100	120	61	41
相山区	299	327	165	55	108	46	29
烈山区	592	725	550	191	253	185	193
濉溪县	2731	3074	1960	554	767	569	344
铜陵市	**2213**	**2589**	**2101**	**1087**	**1196**	**490**	**233**
铜官区	60	71	38	16	10	3	
义安区	718	973	700	391	393	143	78
郊区	454	501	388	178	193	68	38
枞阳县	981	1044	975	502	600	276	117
安庆市	**18655**	**18547**	**12643**	**4737**	**5747**	**2905**	**1785**
迎江区	53	75	79	42	48	24	5
大观区	260	311	237	71	78	32	18
宜秀区	168	226	155	105	130	67	33
怀宁县	2698	2657	1727	570	684	351	177
太湖县	2386	2302	1571	556	651	221	99
宿松县	3696	3337	1993	643	644	252	82
望江县	3923	3693	2807	1149	1960	1447	1155
岳西县	1649	1696	1236	524	378	68	38
安徽安庆经济开发区	29	30	18	9	13	11	1
桐城市	1713	1888	1273	402	478	200	61
潜山市	2080	2332	1547	666	683	232	116
黄山市	**4425**	**5497**	**4410**	**2720**	**3061**	**1492**	**561**
屯溪区	145	198	120	79	66	21	12
黄山区	438	635	467	253	298	113	44
徽州区	260	321	282	182	212	118	29
歙县	1967	2232	1872	1336	1439	775	328
休宁县	845	1176	930	471	625	277	94
黟县	312	414	347	197	203	90	28
祁门县	458	521	392	202	218	98	26
滁州市	**13479**	**16619**	**11788**	**4923**	**7575**	**3536**	**2142**
琅琊区	79	99	81	40	41	17	4
南谯区	711	936	696	251	332	129	38
来安县	1468	2052	1534	810	1042	442	269
全椒县	1349	2048	1678	541	992	585	333
定远县	3847	4553	2877	1001	1797	922	689
凤阳县	2492	2803	1964	751	1290	627	434
苏滁现代产业园							
滁州经济技术开发区	102	66	40	14	10	4	
天长市	1595	2046	1486	707	1048	410	142
明光市	1836	2016	1432	808	1023	400	233

4-1c 续表 11 单位：人

地区 性别	45-49岁	50-54岁	55-59岁	60-64岁	65-69岁	70-74岁	75岁及以上
阜阳市	**24469**	**29912**	**23825**	**9396**	**13198**	**8923**	**5780**
颍州区	1112	1591	1306	402	553	310	180
颍东区	1601	1946	1351	555	761	491	240
颍泉区	1545	2045	1688	743	1094	740	563
临泉县	5648	6901	5738	2056	2583	1961	1170
太和县	4278	5653	4262	1757	2793	2030	1445
阜南县	4083	5214	4437	1490	2116	1451	983
颍上县	4720	4852	3677	1863	2540	1559	971
阜阳合肥现代产业园区	85	129	77	26	28	19	8
阜阳经济技术开发区	86	53	45	12	16	8	1
界首市	1311	1528	1244	492	714	354	219
宿州市	**18717**	**21548**	**14540**	**6673**	**10367**	**5992**	**4523**
埇桥区	5459	6173	4125	1289	2084	1125	815
砀山县	2574	3134	1743	1402	1973	1233	679
萧县	4297	4859	3362	2080	3236	2072	1806
灵璧县	3343	4038	3021	992	1666	907	696
泗县	2976	3252	2220	882	1381	633	517
宿州马鞍山现代产业园区	68	92	69	28	27	22	10
宿州经济技术开发区							
六安市	**15032**	**17524**	**13805**	**6324**	**8095**	**3968**	**1967**
金安区	1912	2364	1986	856	1445	828	395
裕安区	2894	3187	2581	1200	1529	734	347
叶集区	565	675	643	230	269	153	78
霍邱县	3175	3445	2756	1345	1797	981	549
舒城县	3417	4151	2935	1269	1616	740	313
金寨县	2142	2666	2147	1060	1089	408	222
霍山县	927	1036	757	364	350	124	63
亳州市	**10296**	**13355**	**9819**	**3887**	**6231**	**4026**	**2212**
谯城区	3504	4827	3210	1087	1962	1320	693
涡阳县	2308	2559	1934	865	1146	816	380
蒙城县	2214	2922	2088	773	1328	766	421
利辛县	2270	3047	2587	1162	1795	1124	718
池州市	**3859**	**4410**	**3542**	**1769**	**1871**	**717**	**267**
贵池区	1027	1378	1221	623	735	291	140
东至县	1907	1829	1321	682	599	244	73
石台县	285	367	303	131	169	57	16
青阳县	576	747	624	312	350	120	37
池州市国家经济技术开发区							
皖江江南新兴产业集中区							
九华山风景区	64	89	73	21	18	5	1
宣城市	**6043**	**7530**	**5602**	**2481**	**3489**	**1655**	**588**
宣州区	1912	2379	1748	562	1099	592	230
郎溪县	895	922	621	224	332	158	41
泾县	678	961	732	401	522	217	94
绩溪县	209	374	351	321	339	150	58
旌德县	248	333	284	162	203	90	40
宣城市经济开发区	134	144	111	28	71	25	5
宁国市	580	972	815	379	457	197	60
广德市	1387	1445	940	404	466	226	60

4-1c 续表 12

单位：人

地 区 性 别	45-49岁	50-54岁	55-59岁	60-64岁	65-69岁	70-74岁	75岁及以 上
男	**94102**	**112187**	**86054**	**37326**	**51395**	**29255**	**17312**
合肥市	**7034**	**8510**	**6702**	**2705**	**4046**	**2361**	**1226**
瑶海区	70	69	36	6	7	1	
庐阳区	13	18	24	13	19	5	1
蜀山区	37	55	48	24	51	20	11
包河区	42	48	37	8	9	5	2
长丰县	1297	1522	1107	441	694	378	237
肥东县	1794	1899	1424	553	785	365	198
肥西县	1340	1563	1255	455	754	460	187
庐江县	1818	2378	2031	809	1065	650	310
合肥高新技术产业开发区	1				1		
合肥经济技术开发区	32	29	27	18	41	24	12
合肥新站高新技术产业开发区	26	22	20	4	4	5	
巢湖市	564	907	693	374	616	448	268
芜湖市	**5631**	**6812**	**4683**	**1674**	**2279**	**1292**	**589**
镜湖区	108	92	68	30	16	11	2
弋江区							
鸠江区	484	736	511	174	251	180	80
三山区	155	225	169	73	87	63	22
芜湖县	565	681	438	164	248	125	48
繁昌县	530	719	506	209	269	122	44
南陵县	1091	1288	938	471	663	349	220
芜湖经济技术开发区	11	17	17	6	6	3	
安徽芜湖长江大桥经济开发区	29	34	18	10	19	11	6
无为市	2658	3020	2018	537	720	428	167
蚌埠市	**4194**	**4900**	**3867**	**1666**	**2690**	**1507**	**1125**
龙子湖区	135	186	96	70	78	26	18
蚌山区	54	59	52	18	30	10	3
禹会区	329	311	258	80	147	57	39
淮上区	310	355	272	115	201	92	52
怀远县	1535	1792	1538	738	1193	819	677
五河县	860	1075	856	337	513	227	151
固镇县	971	1122	795	308	528	276	185
蚌埠市高新技术开发区							
蚌埠市经济开发区							
淮南市	**4432**	**4834**	**3583**	**1845**	**2505**	**1691**	**1079**
大通区	143	150	117	67	93	48	33
田家庵区	85	79	67	42	57	42	30
谢家集区	147	146	115	75	84	56	35
八公山区	38	26	13	2	5	3	2
潘集区	564	628	447	224	262	138	70
凤台县	1136	1341	959	551	651	482	283
寿县	2319	2464	1865	884	1353	922	626

4－1c 续表 13 单位：人

地区 性别	45－49岁	50－54岁	55－59岁	60－64岁	65－69岁	70－74岁	75岁及以上
马鞍山市	**2300**	**3106**	**2244**	**860**	**1372**	**791**	**358**
花山区	35	49	33	19	10	2	2
雨山区	49	88	70	17	28	5	1
博望区	297	326	252	88	114	45	22
当涂县	617	837	647	283	378	154	99
含山县	785	948	638	212	330	203	66
和县	517	858	604	241	512	382	168
淮北市	**2313**	**2667**	**1782**	**540**	**768**	**519**	**376**
杜集区	178	214	128	60	73	41	28
相山区	180	215	116	31	66	26	22
烈山区	331	385	315	112	146	95	106
濉溪县	1624	1853	1223	337	483	357	220
铜陵市	**1315**	**1605**	**1391**	**773**	**845**	**366**	**179**
铜官区	33	50	28	12	5	3	
义安区	446	619	471	278	276	98	59
郊区	273	313	263	129	144	56	28
枞阳县	563	623	629	354	420	209	92
安庆市	**10926**	**11527**	**8383**	**3216**	**3807**	**1866**	**1039**
迎江区	38	41	54	30	30	18	3
大观区	143	197	167	44	58	23	11
宜秀区	98	128	87	68	85	43	24
怀宁县	1538	1663	1160	428	492	248	121
太湖县	1497	1545	1147	382	469	168	70
宿松县	2295	2193	1429	478	473	187	71
望江县	1984	1918	1479	608	1062	777	582
岳西县	1037	1124	854	387	279	53	31
安徽安庆经济开发区	15	19	9	7	7	9	1
桐城市	1067	1244	947	308	362	160	45
潜山市	1214	1455	1050	476	490	180	80
黄山市	**2607**	**3337**	**2780**	**1666**	**1764**	**868**	**326**
屯溪区	77	125	77	54	42	13	9
黄山区	278	401	317	185	201	85	35
徽州区	140	192	165	107	126	64	19
歙县	1156	1305	1122	761	750	408	166
休宁县	503	718	592	290	370	172	63
黟县	175	254	230	131	131	62	18
祁门县	278	342	277	138	144	64	16
滁州市	**7502**	**9306**	**6904**	**3017**	**4533**	**2217**	**1332**
琅琊区	46	61	51	30	23	13	3
南谯区	425	634	494	169	224	91	24
来安县	807	1200	902	507	632	265	155
全椒县	694	1056	911	313	569	333	199
定远县	2138	2473	1629	578	1032	578	437
凤阳县	1420	1520	1091	450	760	427	263
苏滁现代产业园							
滁州经济技术开发区	55	56	32	8	8	3	
天长市	849	1163	910	454	644	254	88
明光市	1068	1143	884	508	641	253	163

4-1c 续表 14

单位：人

地区 性别	45—49岁	50—54岁	55—59岁	60—64岁	65—69岁	70—74岁	75岁及以上
阜阳市	**14242**	**17071**	**13988**	**5690**	**7693**	**5253**	**3468**
颍州区	684	975	821	264	333	201	111
颍东区	965	1216	860	346	483	307	155
颍泉区	883	1112	918	398	594	407	335
临泉县	3236	3894	3354	1231	1533	1112	664
太和县	2430	3072	2367	1046	1526	1101	780
阜南县	2383	2961	2569	886	1205	830	592
颍上县	2736	2775	2177	1144	1531	1044	689
阜阳合肥现代产业园区	61	90	55	20	18	12	7
阜阳经济技术开发区	62	40	41	10	11	5	1
界首市	802	936	826	345	459	234	134
宿州市	**10178**	**11530**	**8079**	**3820**	**5924**	**3470**	**2673**
埇桥区	3241	3593	2489	835	1291	682	536
砀山县	1351	1658	918	766	1012	656	369
萧县	2224	2443	1756	1095	1758	1141	992
灵璧县	1704	2027	1592	588	1030	593	440
泗县	1623	1754	1286	517	813	381	329
宿州马鞍山现代产业园区	35	55	38	19	20	17	7
宿州经济技术开发区							
六安市	**8917**	**10700**	**8994**	**4277**	**5422**	**2685**	**1414**
金安区	1086	1409	1270	572	918	554	274
裕安区	1731	1933	1694	834	1013	505	245
叶集区	325	397	418	160	184	104	58
霍邱县	1979	2139	1759	863	1171	675	406
舒城县	1977	2574	1988	891	1177	525	245
金寨县	1285	1600	1355	705	721	236	148
霍山县	534	648	510	252	238	86	38
亳州市	**6314**	**8158**	**6084**	**2483**	**3770**	**2536**	**1439**
谯城区	2117	2970	1989	671	1092	750	403
涡阳县	1489	1665	1265	605	756	548	263
蒙城县	1324	1733	1273	479	837	519	288
利辛县	1384	1790	1557	728	1085	719	485
池州市	**2337**	**2869**	**2469**	**1261**	**1387**	**535**	**207**
贵池区	614	857	799	426	527	203	105
东至县	1157	1195	943	485	434	188	55
石台县	172	224	201	92	126	43	14
青阳县	356	531	470	241	284	96	33
池州市国家经济技术开发区							
皖江江南新兴产业集中区							
九华山风景区	38	62	56	17	16	5	
宣城市	**3860**	**5255**	**4121**	**1833**	**2590**	**1298**	**482**
宣州区	1152	1581	1240	428	781	466	189
郎溪县	602	680	487	186	275	129	36
泾县	474	712	572	308	415	182	80
绩溪县	124	243	218	198	207	90	39
旌德县	169	249	213	112	149	75	38
宣城市经济开发区	85	103	83	20	52	19	4
宁国市	357	667	602	279	349	151	47
广德市	897	1020	706	302	362	186	49

4-1c 续表 15 单位：人

地　　区 性　　别	45-49岁	50-54岁	55-59岁	60-64岁	65-69岁	70-74岁	75岁及以上
女	**65830**	**76172**	**52044**	**21122**	**30716**	**16514**	**9482**
合肥市	**4354**	**5207**	**3457**	**1289**	**2133**	**1102**	**495**
瑶海区	43	48	10	4	2	1	
庐阳区	10	12	10	2	7	4	
蜀山区	20	33	32	14	16	11	4
包河区	23	25	22	2	9	2	2
长丰县	876	956	619	260	380	203	76
肥东县	1041	1174	723	261	424	202	96
肥西县	805	829	536	182	352	142	39
庐江县	1063	1442	994	343	478	226	81
合肥高新技术产业开发区	1						
合肥经济技术开发区	15	31	27	18	24	13	2
合肥新站高新技术产业开发区	9	8	7	1	1	2	
巢湖市	448	649	477	202	440	296	195
芜湖市	**3463**	**3577**	**2051**	**643**	**889**	**414**	**195**
镜湖区	48	45	16	4	4	2	1
弋江区							
鸠江区	390	482	343	108	151	73	33
三山区	101	145	79	23	48	15	6
芜湖县	339	346	192	43	90	43	7
繁昌县	343	354	228	92	82	39	27
南陵县	686	683	476	218	330	163	93
芜湖经济技术开发区	10	10	11	2	3	3	
安徽芜湖长江大桥经济开发区	26	11	10	8	10	4	1
无为市	1520	1501	696	145	171	72	27
蚌埠市	**3058**	**4131**	**2995**	**1203**	**1733**	**828**	**535**
龙子湖区	93	113	66	29	39	17	10
蚌山区	22	39	30	4	6	1	1
禹会区	184	164	114	38	64	22	6
淮上区	211	287	183	65	126	44	21
怀远县	1237	1885	1470	677	950	512	359
五河县	656	799	568	192	262	102	66
固镇县	655	844	564	198	286	130	72
蚌埠市高新技术开发区							
蚌埠市经济开发区							
淮南市	**2813**	**3424**	**2425**	**1235**	**1661**	**838**	**397**
大通区	90	103	80	39	45	21	9
田家庵区	54	51	44	36	39	16	8
谢家集区	100	92	80	47	54	33	13
八公山区	18	25	8	3	3	4	1
潘集区	294	341	241	131	145	46	24
凤台县	683	1013	783	346	524	236	91
寿县	1574	1799	1189	633	851	482	251

4-1c 续表 16

单位：人

地 区 性 别	45-49岁	50-54岁	55-59岁	60-64岁	65-69岁	70-74岁	75岁及以上
马鞍山市	**1576**	**1874**	**1138**	**431**	**725**	**380**	**130**
花山区	24	20	17	3	5		2
雨山区	28	57	30	9	7	4	1
博望区	167	142	78	39	32	10	1
当涂县	466	513	357	163	217	69	24
含山县	476	551	260	75	126	68	23
和县	415	591	396	142	338	229	79
淮北市	**1576**	**1786**	**1096**	**360**	**480**	**342**	**231**
杜集区	89	113	75	40	47	20	13
相山区	119	112	49	24	42	20	7
烈山区	261	340	235	79	107	90	87
濉溪县	1107	1221	737	217	284	212	124
铜陵市	**898**	**984**	**710**	**314**	**351**	**124**	**54**
铜官区	27	21	10	4	5		
义安区	272	354	229	113	117	45	19
郊区	181	188	125	49	49	12	10
枞阳县	418	421	346	148	180	67	25
安庆市	**7729**	**7020**	**4260**	**1521**	**1940**	**1039**	**746**
迎江区	15	34	25	12	18	6	2
大观区	117	114	70	27	20	9	7
宜秀区	70	98	68	37	45	24	9
怀宁县	1160	994	567	142	192	103	56
太湖县	889	757	424	174	182	53	29
宿松县	1401	1144	564	165	171	65	11
望江县	1939	1775	1328	541	898	670	573
岳西县	612	572	382	137	99	15	7
安徽安庆经济开发区	14	11	9	2	6	2	
桐城市	646	644	326	94	116	40	16
潜山市	866	877	497	190	193	52	36
黄山市	**1818**	**2160**	**1630**	**1054**	**1297**	**624**	**235**
屯溪区	68	73	43	25	24	8	3
黄山区	160	234	150	68	97	28	9
徽州区	120	129	117	75	86	54	10
歙县	811	927	750	575	689	367	162
休宁县	342	458	338	181	255	105	31
黟县	137	160	117	66	72	28	10
祁门县	180	179	115	64	74	34	10
滁州市	**5977**	**7313**	**4884**	**1906**	**3042**	**1319**	**810**
琅琊区	33	38	30	10	18	4	1
南谯区	286	302	202	82	108	38	14
来安县	661	852	632	303	410	177	114
全椒县	655	992	767	228	423	252	134
定远县	1709	2080	1248	423	765	344	252
凤阳县	1072	1283	873	301	530	200	171
苏滁现代产业园							
滁州经济技术开发区	47	10	8	6	2	1	
天长市	746	883	576	253	404	156	54
明光市	768	873	548	300	382	147	70

4－1c 续表 17

单位：人

地区 性别	45－49岁	50－54岁	55－59岁	60－64岁	65－69岁	70－74岁	75岁及以上
阜阳市	**10227**	**12841**	**9837**	**3706**	**5505**	**3670**	**2312**
颍州区	428	616	485	138	220	109	69
颍东区	636	730	491	209	278	184	85
颍泉区	662	933	770	345	500	333	228
临泉县	2412	3007	2384	825	1050	849	506
太和县	1848	2581	1895	711	1267	929	665
阜南县	1700	2253	1868	604	911	621	391
颍上县	1984	2077	1500	719	1009	515	282
阜阳合肥现代产业园区	24	39	22	6	10	7	1
阜阳经济技术开发区	24	13	4	2	5	3	
界首市	509	592	418	147	255	120	85
宿州市	**8539**	**10018**	**6461**	**2853**	**4443**	**2522**	**1850**
埇桥区	2218	2580	1636	454	793	443	279
砀山县	1223	1476	825	636	961	577	310
萧县	2073	2416	1606	985	1478	931	814
灵璧县	1639	2011	1429	404	636	314	256
泗县	1353	1498	934	365	568	252	188
宿州马鞍山现代产业园区	33	37	31	9	7	5	3
宿州经济技术开发区							
六安市	**6115**	**6824**	**4811**	**2047**	**2673**	**1283**	**553**
金安区	826	955	716	284	527	274	121
裕安区	1163	1254	887	366	516	229	102
叶集区	240	278	225	70	85	49	20
霍邱县	1196	1306	997	482	626	306	143
舒城县	1440	1577	947	378	439	215	68
金寨县	857	1066	792	355	368	172	74
霍山县	393	388	247	112	112	38	25
亳州市	**3982**	**5197**	**3735**	**1404**	**2461**	**1490**	**773**
谯城区	1387	1857	1221	416	870	570	290
涡阳县	819	894	669	260	390	268	117
蒙城县	890	1189	815	294	491	247	133
利辛县	886	1257	1030	434	710	405	233
池州市	**1522**	**1541**	**1073**	**508**	**484**	**182**	**60**
贵池区	413	521	422	197	208	88	35
东至县	750	634	378	197	165	56	18
石台县	113	143	102	39	43	14	2
青阳县	220	216	154	71	66	24	4
池州市国家经济技术开发区							
皖江江南新兴产业集中区							
九华山风景区	26	27	17	4	2		1
宣城市	**2183**	**2275**	**1481**	**648**	**899**	**357**	**106**
宣州区	760	798	508	134	318	126	41
郎溪县	293	242	134	38	57	29	5
泾县	204	249	160	93	107	35	14
绩溪县	85	131	133	123	132	60	19
旌德县	79	84	71	50	54	15	2
宣城市经济开发区	49	41	28	8	19	6	1
宁国市	223	305	213	100	108	46	13
广德市	490	425	234	102	104	40	11

4-2　各地区分性别、受教育程度的就业人口

单位：人

地　区 性　别	合　计	未上过学	学前教育	小　学	初　中	高　中	大学专科	大学本科	硕　士 研究生	博　士 研究生
安　徽	**2766699**	**67980**	**2330**	**518247**	**1213809**	**417107**	**298810**	**224607**	**21546**	**2263**
合肥市	**440573**	**8069**	**315**	**53383**	**143890**	**70443**	**81259**	**70889**	**10978**	**1347**
瑶海区	38238	342	8	2586	11961	8298	8830	5667	516	30
庐阳区	31551	233	5	1618	7195	5612	8266	7389	1120	113
蜀山区	46637	325	11	2002	7170	6504	12423	14552	3176	474
包河区	58850	558	18	3638	13522	9241	14209	14523	2736	405
长丰县	36976	1646	10	6727	16263	5561	4305	2346	115	3
肥东县	49681	1455	89	8868	23179	7366	5147	3360	203	14
肥西县	46789	1008	19	6781	17684	8154	7380	5137	578	48
庐江县	44158	845	88	11066	20542	5666	3366	2445	137	3
合肥高新技术产业开发区	13860	121	4	640	2613	1794	3447	4336	816	89
合肥经济技术开发区	25723	255	5	1704	6380	4104	6189	5956	1001	129
合肥新站高新技术产业开发区	19357	253	2	1557	6142	3770	4503	2708	395	27
巢湖市	28753	1028	56	6196	11239	4373	3194	2470	185	12
芜湖市	**179108**	**3690**	**138**	**35544**	**71207**	**26974**	**21743**	**17731**	**1868**	**213**
镜湖区	20017	193	5	1226	4597	4218	4562	4513	636	67
弋江区	15962	224	2	1574	4113	3144	3394	2944	476	91
鸠江区	24290	931	11	4761	8903	3600	3138	2587	328	31
三山区	7359	247	7	1495	3123	972	887	570	53	5
芜湖县	18951	229	32	4473	8937	2352	1598	1242	84	4
繁昌县	13241	133	11	2924	6061	1808	1345	904	51	4
南陵县	23193	424	37	6701	10467	2698	1643	1180	43	
芜湖经济技术开发区	9928	167	3	959	3143	2130	2071	1366	87	2
安徽芜湖长江大桥经济开发区	957	64	5	237	461	112	50	24	4	
无为市	45210	1078	25	11194	21402	5940	3055	2401	106	9
蚌埠市	**120754**	**4667**	**143**	**24930**	**54423**	**15212**	**11537**	**8930**	**826**	**86**
龙子湖区	7961	80	3	867	3279	1767	1046	810	96	13
蚌山区	6122	50	1	439	2175	1432	1105	850	65	5
禹会区	11427	258	10	1466	4912	2286	1516	921	58	
淮上区	11021	430	4	2213	5745	1345	838	416	30	
怀远县	35966	2312	46	10924	17194	2517	1748	1172	51	2
五河县	18877	931	61	4678	9406	1717	1292	771	17	4
固镇县	17337	574	15	3870	9262	1929	1117	556	13	1
蚌埠市高新技术开发区	2460	5		109	680	575	551	497	39	4
蚌埠市经济开发区	9583	27	3	364	1770	1644	2324	2937	457	57
淮南市	**125890**	**3130**	**130**	**25508**	**58399**	**17022**	**12354**	**8597**	**674**	**76**
大通区	6232	271	1	1022	2836	958	747	376	21	
田家庵区	25844	181	13	2200	7993	4971	5181	4728	510	67
谢家集区	7120	191	11	1108	3270	1401	785	340	13	1
八公山区	4001	46	12	371	1884	952	504	222	10	
潘集区	11433	449	1	2320	6485	1182	687	293	16	
凤台县	25129	1022	14	4949	12654	3145	2088	1206	49	2
寿县	46131	970	78	13538	23277	4413	2362	1432	55	6

4-2 续表 1 单位：人

地区 性别	合计	未上过学	学前教育	小学	初中	高中	大学专科	大学本科	硕士研究生	博士研究生
马鞍山市	**92416**	**2485**	**163**	**17655**	**38858**	**12979**	**10404**	**8951**	**839**	**82**
花山区	18074	158	4	1300	5327	3832	3612	3396	396	49
雨山区	13331	172	5	1131	4270	2425	2547	2430	322	29
博望区	6897	107	13	1662	3708	808	357	226	14	2
当涂县	21523	644	47	4691	10700	2576	1663	1163	38	1
含山县	16525	415	53	4206	8055	1788	1073	899	35	1
和县	16066	989	41	4665	6798	1550	1152	837	34	
淮北市	**72994**	**1918**	**35**	**9925**	**35575**	**10473**	**8221**	**6385**	**417**	**45**
杜集区	8856	312	4	980	4504	1735	872	429	18	2
相山区	20441	190	3	989	6280	4106	4353	4150	334	36
烈山区	9361	377	10	1857	4980	1149	674	303	9	2
濉溪县	34336	1039	18	6099	19811	3483	2322	1503	56	5
铜陵市	**48289**	**1977**	**73**	**9433**	**17146**	**7605**	**6164**	**5475**	**388**	**28**
铜官区	18131	217	11	1253	4993	4027	3643	3653	312	22
义安区	9815	286	28	2445	4420	1241	776	587	30	2
郊区	5365	355	18	1359	2167	711	458	281	14	2
枞阳县	14978	1119	16	4376	5566	1626	1287	954	32	2
安庆市	**229577**	**4053**	**195**	**48565**	**96474**	**35876**	**25620**	**17594**	**1125**	**75**
迎江区	11419	64	2	838	3016	2670	2451	2167	200	11
大观区	9140	52	2	980	2920	2139	1619	1283	129	16
宜秀区	8432	181	3	1942	3344	1224	982	670	79	7
怀宁县	28391	128	13	4137	12415	6939	2917	1746	88	8
太湖县	22623	218	58	6083	9083	2552	2890	1655	80	4
宿松县	32183	135	8	3992	15573	6235	3630	2486	119	5
望江县	36642	2421	53	13526	13518	2890	2582	1576	70	6
岳西县	15805	209	5	4049	6922	1988	1466	1095	67	4
安徽安庆经济开发区	6870	28		729	2292	1659	1283	824	52	3
桐城市	30816	230	10	5169	14920	4987	3260	2098	137	5
潜山市	27256	387	41	7120	12471	2593	2540	1994	104	6
黄山市	**72130**	**1523**	**125**	**15311**	**33165**	**9247**	**7129**	**5283**	**307**	**40**
屯溪区	13435	90	1	1209	4642	2445	2487	2331	200	30
黄山区	7807	191	16	1929	3175	1078	867	515	33	3
徽州区	5575	149	3	1008	2921	686	480	312	15	1
歙县	24023	590	71	5784	12472	2581	1465	1021	35	4
休宁县	11212	285	21	3187	5057	1341	796	511	13	1
黟县	3995	98	8	878	1888	492	384	244	3	
祁门县	6083	120	5	1316	3010	624	650	349	8	1
滁州市	**230617**	**2853**	**254**	**36336**	**97380**	**54427**	**24378**	**14146**	**780**	**63**
琅琊区	12275	117	13	1288	4429	2614	2009	1665	133	7
南谯区	16316	380	8	2437	6577	2577	2249	1919	164	5
来安县	24749	321	20	3927	10221	6632	2380	1181	64	3
全椒县	27640	199	98	5810	11973	5127	2984	1391	53	5
定远县	44140	735	41	7220	19292	10709	4058	2009	65	11
凤阳县	36192	539	18	5222	15961	9837	3147	1381	75	12
苏滁现代产业园	1699	16	1	185	723	471	203	97	3	
滁州经济技术开发区	7807	26	2	656	2929	1892	1321	882	87	12
天长市	35219	207	38	5705	14218	8713	3807	2439	86	6
明光市	24580	313	15	3886	11057	5855	2220	1182	50	2

4-2　续表 2　　　　单位：人

地　区 性　别	合　计	未上过学	学前教育	小　学	初　中	高　中	大学专科	大学本科	硕　士 研究生	博　士 研究生
阜阳市	**369105**	**15663**	**212**	**82765**	**200084**	**32693**	**22310**	**14462**	**850**	**66**
颍州区	29447	906	12	4065	12780	3835	3972	3535	304	38
颍东区	24773	885	7	4351	13874	2661	1824	1118	52	1
颍泉区	28577	1167	12	6100	14817	3054	2019	1326	82	
临泉县	74316	3214	58	20543	38887	5759	3586	2165	100	4
太和县	69346	2350	67	16156	40005	5454	3302	1894	113	5
阜南县	50652	4009	18	13295	25947	3761	2226	1353	41	2
颍上县	62802	2418	30	13612	37167	4942	2842	1707	77	7
阜阳合肥现代产业园区	1341	36	1	226	855	104	69	47	3	
阜阳经济技术开发区	4499	34	1	451	2103	768	697	413	26	6
界首市	23352	644	6	3966	13649	2355	1773	904	52	3
宿州市	**240264**	**2698**	**117**	**36250**	**119141**	**51089**	**19446**	**10885**	**603**	**35**
埇桥区	72026	704	29	9513	39683	10336	6700	4685	363	13
砀山县	37467	216	7	5045	15381	12554	3038	1183	41	2
萧县	53687	1183	38	8675	31084	7794	3211	1624	71	7
灵璧县	40770	357	10	6082	17016	11766	3671	1797	62	9
泗县	32378	188	33	6411	13853	8086	2418	1330	57	2
宿州马鞍山现代产业园区	1478	23		281	892	137	87	55	1	2
宿州经济技术开发区	2458	27		243	1232	416	321	211	8	
六安市	**201387**	**2826**	**146**	**46946**	**88525**	**32490**	**16970**	**12768**	**671**	**45**
金安区	35709	528	29	7897	14749	5363	3561	3350	222	10
裕安区	39066	759	43	9117	16357	6172	3512	2916	174	16
叶集区	7915	90	2	1935	4381	719	411	359	15	3
霍邱县	35691	871	29	11333	17051	2989	1884	1476	54	4
舒城县	40278	352	19	7693	17171	9192	3657	2104	85	5
金寨县	26084	115	6	5243	12404	4664	2229	1349	70	4
霍山县	16644	111	18	3728	6412	3391	1716	1214	51	3
亳州市	**170942**	**8114**	**50**	**36756**	**85714**	**17432**	**13183**	**9255**	**414**	**24**
谯城区	57882	2464	15	10991	29593	5978	4800	3796	235	10
涡阳县	36254	1250	13	8395	18346	3700	2772	1721	51	6
蒙城县	35966	1864	11	7874	17269	3797	3032	2040	74	5
利辛县	40840	2536	11	9496	20506	3957	2579	1698	54	3
池州市	**61413**	**1947**	**63**	**14355**	**24895**	**8009**	**6751**	**5063**	**312**	**18**
贵池区	23810	1067	33	4722	8655	3428	3010	2654	226	15
东至县	23289	435	17	6149	10288	2692	2358	1306	41	3
石台县	3132	145	3	883	1143	338	340	272	8	
青阳县	9155	245	7	2216	3971	1220	776	694	26	
池州市国家经济技术开发区	688	24	1	103	243	119	128	62	8	
皖江江南新兴产业集中区	580	18	1	116	281	105	38	20	1	
九华山风景区	759	13	1	166	314	107	101	55	2	
宣城市	**111240**	**2367**	**171**	**24585**	**48933**	**15136**	**11341**	**8193**	**494**	**20**
宣州区	27831	968	54	6803	11181	3434	2878	2316	188	9
郎溪县	14914	323	21	3629	7240	1602	1250	808	41	
泾县	10674	167	23	2775	4534	1391	1008	750	23	3
绩溪县	6074	87	6	1300	2925	725	533	466	32	
旌德县	4538	95	16	1154	1929	533	474	323	14	
宣城市经济开发区	4883	68	6	662	1782	864	807	631	60	3
宁国市	18466	385	15	3263	7764	3234	2294	1431	78	2
广德市	23860	274	30	4999	11578	3353	2097	1468	58	3

4-2 续表 3　　　　单位：人

地区 性别	合计	未上过学	学前教育	小学	初中	高中	大学专科	大学本科	硕士研究生	博士研究生
男	**1682501**	**22014**	**916**	**272351**	**784611**	**281655**	**177155**	**129791**	**12387**	**1621**
合肥市	**270825**	**2619**	**137**	**28412**	**95951**	**48004**	**47334**	**41156**	**6266**	**946**
瑶海区	23190	101	4	1309	7641	5427	5135	3262	289	22
庐阳区	18538	82	2	853	4514	3652	4613	4093	649	80
蜀山区	26641	113	5	998	4488	4156	6747	8031	1776	327
包河区	34992	196	10	1959	8779	5960	7933	8363	1504	288
长丰县	23682	580	5	3840	11238	3932	2606	1401	77	3
肥东县	32084	338	29	4420	16546	5442	3175	2006	115	13
肥西县	30270	424	12	3930	11920	5847	4616	3131	355	35
庐江县	27705	315	46	6005	13734	3880	2089	1542	92	2
合肥高新技术产业开发区	8431	44	2	319	1682	1211	1912	2711	486	64
合肥经济技术开发区	15592	73	1	796	4027	2835	3695	3494	584	87
合肥新站高新技术产业开发区	12354	80		810	4091	2594	2871	1661	231	16
巢湖市	17346	273	21	3173	7291	3068	1942	1461	108	9
芜湖市	**113961**	**1403**	**60**	**20459**	**48527**	**18884**	**13168**	**10269**	**1045**	**146**
镜湖区	11981	67	3	666	2991	2787	2646	2425	354	42
弋江区	9822	73	1	894	2739	2123	1993	1689	243	67
鸠江区	15088	286	5	2569	6055	2523	1910	1534	184	22
三山区	4810	93	2	897	2155	709	576	347	29	2
芜湖县	11384	84	15	2256	5739	1536	967	730	53	4
繁昌县	8504	38	5	1648	4104	1321	831	520	33	4
南陵县	14576	154	13	4002	6906	1863	974	644	20	
芜湖经济技术开发区	6526	55	1	512	2122	1555	1316	903	61	1
安徽芜湖长江大桥经济开发区	618	34	1	139	324	81	29	7	3	
无为市	30652	519	14	6876	15392	4386	1926	1470	65	4
蚌埠市	**71400**	**1571**	**64**	**12927**	**34662**	**10052**	**6654**	**4938**	**464**	**68**
龙子湖区	4838	36	2	455	2080	1161	610	432	53	9
蚌山区	3679	20	1	244	1380	917	627	452	34	4
禹会区	7194	117	8	924	3273	1460	849	527	36	
淮上区	6763	145	2	1220	3764	889	496	226	21	
怀远县	20019	736	17	5290	10592	1691	1000	658	33	2
五河县	11553	307	27	2539	6253	1193	779	443	9	3
固镇县	10305	197	5	1997	5819	1315	648	313	11	
蚌埠市高新技术开发区	1459	3		54	417	355	324	277	25	4
蚌埠市经济开发区	5590	10	2	204	1084	1071	1321	1610	242	46
淮南市	**79456**	**1311**	**59**	**14122**	**38756**	**12179**	**7573**	**5002**	**394**	**60**
大通区	4007	126	1	628	1960	645	441	197	9	
田家庵区	15976	72	5	1293	5216	3363	3023	2654	296	54
谢家集区	4531	78	2	644	2152	1010	451	187	6	1
八公山区	2686	22	3	204	1312	703	316	123	3	
潘集区	7890	200	1	1383	4640	957	489	209	11	
凤台县	15855	412	9	2623	8243	2371	1408	753	34	2
寿县	28511	401	38	7347	15233	3130	1445	879	35	3

4-2　续表 4　　　　　　　　　　　　　　　　　　　　　　单位：人

地　区 性　别	合　计	未上过学	学前教育	小　学	初　中	高　中	大学专科	大学本科	硕　士 研究生	博　士 研究生
马鞍山市	**58178**	**816**	**68**	**9701**	**26388**	**9124**	**6400**	**5126**	**484**	**71**
花山区	11133	50	2	694	3424	2593	2197	1902	227	44
雨山区	8256	47	2	625	2796	1651	1541	1388	182	24
博望区	4790	48	10	1037	2706	628	212	138	10	1
当涂县	13526	247	23	2507	7162	1843	1056	665	22	1
含山县	10812	151	20	2371	5690	1317	700	541	21	1
和县	9661	273	11	2467	4610	1092	694	492	22	
淮北市	**45921**	**624**	**14**	**5496**	**23692**	**7293**	**4888**	**3634**	**245**	**35**
杜集区	5811	112	3	578	3088	1255	522	246	6	1
相山区	12418	60	2	582	4017	2699	2503	2328	198	29
烈山区	5684	122		979	3182	828	407	161	5	
濉溪县	22008	330	9	3357	13405	2511	1456	899	36	5
铜陵市	**29980**	**714**	**33**	**5156**	**11635**	**5283**	**3759**	**3137**	**242**	**21**
铜官区	11084	83	5	653	3237	2640	2190	2067	192	17
义安区	6299	99	12	1346	3101	911	477	333	18	2
郊区	3380	139	7	762	1496	522	294	150	9	1
枞阳县	9217	393	9	2395	3801	1210	798	587	23	1
安庆市	**138640**	**915**	**63**	**23234**	**62110**	**25391**	**15542**	**10685**	**645**	**55**
迎江区	6872	19		442	1906	1736	1414	1225	123	7
大观区	5444	8	1	457	1835	1403	939	722	66	13
宜秀区	5099	56	1	1023	2209	829	559	374	42	6
怀宁县	17234	33	6	1945	7541	4806	1793	1060	47	3
太湖县	14396	60	18	3115	6421	1895	1802	1035	47	3
宿松县	20289	45	3	1539	9863	4781	2364	1617	73	4
望江县	19061	434	13	5762	8408	1982	1490	923	43	6
岳西县	10182	65	1	2189	4866	1449	891	678	40	3
安徽安庆经济开发区	4178	10		378	1381	1098	782	492	34	3
桐城市	19803	86	4	2945	9856	3531	1979	1326	73	3
潜山市	16082	99	16	3439	7824	1881	1529	1233	57	4
黄山市	**42252**	**313**	**36**	**7865**	**20812**	**6094**	**3998**	**2932**	**175**	**27**
屯溪区	7494	16		641	2656	1466	1340	1255	100	20
黄山区	4910	70	7	1235	2065	709	493	305	23	3
徽州区	3259	33	1	511	1802	458	278	166	10	
歙县	13729	73	18	2615	7843	1772	791	587	27	3
休宁县	6640	68	6	1664	3230	896	475	294	7	
黟县	2395	29	4	474	1189	351	208	137	3	
祁门县	3825	24		725	2027	442	413	188	5	1
滁州市	**135640**	**818**	**80**	**16212**	**59184**	**35503**	**14934**	**8386**	**482**	**41**
琅琊区	7467	34	6	688	2796	1739	1181	945	72	6
南谯区	10412	116	4	1292	4615	1834	1360	1081	107	3
来安县	14662	90	7	1767	6332	4274	1438	712	40	2
全椒县	14950	35	20	2251	6766	3279	1747	819	29	4
定远县	26017	200	16	3091	11764	7043	2596	1261	40	6
凤阳县	21015	188	8	2501	9279	6267	1906	810	50	6
苏滁现代产业园	1188	6		128	488	342	147	75	2	
滁州经济技术开发区	4788	7	2	290	1743	1319	828	539	51	9
天长市	20681	44	12	2501	8568	5613	2414	1468	58	3
明光市	14460	98	5	1703	6833	3793	1317	676	33	2

4-2 续表 5

单位：人

地区 性别	合 计	未上过学	学前教育	小 学	初 中	高 中	大学专科	大学本科	硕 士 研究生	博 士 研究生
阜阳市	**219969**	**4634**	**73**	**42228**	**129217**	**22209**	**13017**	**8048**	**493**	**50**
颍州区	17612	261	6	2244	8379	2444	2173	1897	177	31
颍东区	15369	278	4	2283	9234	1841	1100	597	32	
颍泉区	16607	296	5	2908	9411	2010	1182	746	49	
临泉县	43528	865	19	10620	24818	3860	2070	1219	55	2
太和县	40493	463	14	7113	25985	3819	1954	1080	60	5
阜南县	29765	1208	11	7022	16814	2617	1311	757	25	
颍上县	38436	1037	12	7620	23610	3430	1692	978	52	5
阜阳合肥现代产业园区	876	20		141	581	71	36	25	2	
阜阳经济技术开发区	2832	14		273	1362	492	421	250	16	4
界首市	14451	192	2	2004	9023	1625	1078	499	25	3
宿州市	**137231**	**817**	**36**	**16552**	**70644**	**31574**	**11143**	**6092**	**346**	**27**
埇桥区	43801	233	12	4728	25351	6789	3806	2664	209	9
砀山县	20678	57	2	2058	8465	7617	1797	659	21	2
萧县	29661	342	9	3938	17643	4928	1886	867	42	6
灵璧县	22113	113	3	2730	9566	6689	2026	946	33	7
泗县	18558	49	10	2804	8287	5182	1398	791	36	1
宿州马鞍山现代产业园区	924	13		158	580	95	52	23	1	2
宿州经济技术开发区	1496	10		136	752	274	178	142	4	
六安市	**123938**	**1061**	**58**	**26066**	**56063**	**22134**	**10373**	**7753**	**393**	**37**
金安区	21339	192	16	4251	9067	3568	2108	2001	128	8
裕安区	24225	266	17	5123	10560	4187	2179	1766	113	14
叶集区	4848	39	2	1104	2733	513	245	201	8	3
霍邱县	22659	353	12	6676	11438	2091	1156	892	37	4
舒城县	24935	137	7	4224	10637	6264	2279	1336	49	2
金寨县	15898	41	3	2721	7693	3218	1369	817	33	3
霍山县	10034	33	1	1967	3935	2293	1037	740	25	3
亳州市	**106242**	**2621**	**17**	**20399**	**58042**	**11959**	**7756**	**5177**	**256**	**15**
谯城区	35531	686	8	5923	19993	3979	2767	2033	136	6
涡阳县	23461	494	2	4930	12714	2597	1665	1027	28	4
蒙城县	22163	634	1	4263	11600	2665	1798	1151	47	4
利辛县	25087	807	6	5283	13735	2718	1526	966	45	1
池州市	**38365**	**721**	**28**	**8172**	**16655**	**5604**	**4058**	**2932**	**183**	**12**
贵池区	14487	361	15	2579	5700	2391	1783	1513	134	11
东至县	14822	141	6	3416	7103	1934	1448	749	24	1
石台县	1915	53	1	514	750	236	202	153	6	
青阳县	5896	136	4	1453	2580	821	461	428	13	
池州市国家经济技术开发区	432	14	1	53	159	74	87	40	4	
皖江江南新兴产业集中区	356	6		56	175	77	26	15	1	
九华山风景区	457	10	1	101	188	71	51	34	1	
宣城市	**70503**	**1056**	**90**	**15350**	**32273**	**10368**	**6558**	**4524**	**274**	**10**
宣州区	17484	413	27	4099	7485	2360	1680	1315	100	5
郎溪县	9662	173	15	2312	4859	1126	703	449	25	
泾县	7187	95	11	1963	3146	956	592	415	7	2
绩溪县	3610	18	3	689	1800	503	311	265	21	
旌德县	3011	51	8	825	1328	346	264	183	6	
宣城市经济开发区	3065	26	3	393	1172	586	494	354	36	1
宁国市	11394	167	4	1994	4969	2146	1300	774	39	1
广德市	15090	113	19	3075	7514	2345	1214	769	40	1

4-2　续表 6　　　　　　　　　　　　　　　　　　　　　　　　　　单位：人

地　区 性　别	合　计	未上过学	学前教育	小　学	初　中	高　中	大学专科	大学本科	硕　士 研究生	博　士 研究生
女	**1084198**	**45966**	**1414**	**245896**	**429198**	**135452**	**121655**	**94816**	**9159**	**642**
合肥市	**169748**	**5450**	**178**	**24971**	**47939**	**22439**	**33925**	**29733**	**4712**	**401**
瑶海区	15048	241	4	1277	4320	2871	3695	2405	227	8
庐阳区	13013	151	3	765	2681	1960	3653	3296	471	33
蜀山区	19996	212	6	1004	2682	2348	5676	6521	1400	147
包河区	23858	362	8	1679	4743	3281	6276	6160	1232	117
长丰县	13294	1066	5	2887	5025	1629	1699	945	38	
肥东县	17597	1117	60	4448	6633	1924	1972	1354	88	1
肥西县	16519	584	7	2851	5764	2307	2764	2006	223	13
庐江县	16453	530	42	5061	6808	1786	1277	903	45	1
合肥高新技术产业开发区	5429	77	2	321	931	583	1535	1625	330	25
合肥经济技术开发区	10131	182	4	908	2353	1269	2494	2462	417	42
合肥新站高新技术产业开发区	7003	173	2	747	2051	1176	1632	1047	164	11
巢湖市	11407	755	35	3023	3948	1305	1252	1009	77	3
芜湖市	**65147**	**2287**	**78**	**15085**	**22680**	**8090**	**8575**	**7462**	**823**	**67**
镜湖区	8036	126	2	560	1606	1431	1916	2088	282	25
弋江区	6140	151	1	680	1374	1021	1401	1255	233	24
鸠江区	9202	645	6	2192	2848	1077	1228	1053	144	9
三山区	2549	154	5	598	968	263	311	223	24	3
芜湖县	7567	145	17	2217	3198	816	631	512	31	
繁昌县	4737	95	6	1276	1957	487	514	384	18	
南陵县	8617	270	24	2699	3561	835	669	536	23	
芜湖经济技术开发区	3402	112	2	447	1021	575	755	463	26	1
安徽芜湖长江大桥经济开发区	339	30	4	98	137	31	21	17	1	
无为市	14558	559	11	4318	6010	1554	1129	931	41	5
蚌埠市	**49354**	**3096**	**79**	**12003**	**19761**	**5160**	**4883**	**3992**	**362**	**18**
龙子湖区	3123	44	1	412	1199	606	436	378	43	4
蚌山区	2443	30		195	795	515	478	398	31	1
禹会区	4233	141	2	542	1639	826	667	394	22	
淮上区	4258	285	2	993	1981	456	342	190	9	
怀远县	15947	1576	29	5634	6602	826	748	514	18	
五河县	7324	624	34	2139	3153	524	513	328	8	1
固镇县	7032	377	10	1873	3443	614	469	243	2	1
蚌埠市高新技术开发区	1001	2		55	263	220	227	220	14	
蚌埠市经济开发区	3993	17	1	160	686	573	1003	1327	215	11
淮南市	**46434**	**1819**	**71**	**11386**	**19643**	**4843**	**4781**	**3595**	**280**	**16**
大通区	2225	145		394	876	313	306	179	12	
田家庵区	9868	109	8	907	2777	1608	2158	2074	214	13
谢家集区	2589	113	9	464	1118	391	334	153	7	
八公山区	1315	24	9	167	572	249	188	99	7	
潘集区	3543	249		937	1845	225	198	84	5	
凤台县	9274	610	5	2326	4411	774	680	453	15	
寿县	17620	569	40	6191	8044	1283	917	553	20	3

4-2 续表 7　　　　单位：人

地区 性别	合计	未上过学	学前教育	小学	初中	高中	大学专科	大学本科	硕士 研究生	博士 研究生
马鞍山市	**34238**	**1669**	**95**	**7954**	**12470**	**3855**	**4004**	**3825**	**355**	**11**
花山区	6941	108	2	606	1903	1239	1415	1494	169	5
雨山区	5075	125	3	506	1474	774	1006	1042	140	5
博望区	2107	59	3	625	1002	180	145	88	4	1
当涂县	7997	397	24	2184	3538	733	607	498	16	
含山县	5713	264	33	1835	2365	471	373	358	14	
和县	6405	716	30	2198	2188	458	458	345	12	
淮北市	**27073**	**1294**	**21**	**4429**	**11883**	**3180**	**3333**	**2751**	**172**	**10**
杜集区	3045	200	1	402	1416	480	350	183	12	1
相山区	8023	130	1	407	2263	1407	1850	1822	136	7
烈山区	3677	255	10	878	1798	321	267	142	4	2
濉溪县	12328	709	9	2742	6406	972	866	604	20	
铜陵市	**18309**	**1263**	**40**	**4277**	**5511**	**2322**	**2405**	**2338**	**146**	**7**
铜官区	7047	134	6	600	1756	1387	1453	1586	120	5
义安区	3516	187	16	1099	1319	330	299	254	12	
郊区	1985	216	11	597	671	189	164	131	5	1
枞阳县	5761	726	7	1981	1765	416	489	367	9	1
安庆市	**90937**	**3138**	**132**	**25331**	**34364**	**10485**	**10078**	**6909**	**480**	**20**
迎江区	4547	45	2	396	1110	934	1037	942	77	4
大观区	3696	44	1	523	1085	736	680	561	63	3
宜秀区	3333	125	2	919	1135	395	423	296	37	1
怀宁县	11157	95	7	2192	4874	2133	1124	686	41	5
太湖县	8227	158	40	2968	2662	657	1088	620	33	1
宿松县	11894	90	5	2453	5710	1454	1266	869	46	1
望江县	17581	1987	40	7764	5110	908	1092	653	27	
岳西县	5623	144	4	1860	2056	539	575	417	27	1
安徽安庆经济开发区	2692	18		351	911	561	501	332	18	
桐城市	11013	144	6	2224	5064	1456	1281	772	64	2
潜山市	11174	288	25	3681	4647	712	1011	761	47	2
黄山市	**29878**	**1210**	**89**	**7446**	**12353**	**3153**	**3131**	**2351**	**132**	**13**
屯溪区	5941	74	1	568	1986	979	1147	1076	100	10
黄山区	2897	121	9	694	1110	369	374	210	10	
徽州区	2316	116	2	497	1119	228	202	146	5	1
歙县	10294	517	53	3169	4629	809	674	434	8	1
休宁县	4572	217	15	1523	1827	445	321	217	6	1
黟县	1600	69	4	404	699	141	176	107		
祁门县	2258	96	5	591	983	182	237	161	3	
滁州市	**94977**	**2035**	**174**	**20124**	**38196**	**18924**	**9444**	**5760**	**298**	**22**
琅琊区	4808	83	7	600	1633	875	828	720	61	1
南谯区	5904	264	4	1145	1962	743	889	838	57	2
来安县	10087	231	13	2160	3889	2358	942	469	24	1
全椒县	12690	164	78	3559	5207	1848	1237	572	24	1
定远县	18123	535	25	4129	7528	3666	1462	748	25	5
凤阳县	15177	351	10	2721	6682	3570	1241	571	25	6
苏滁现代产业园	511	10	1	57	235	129	56	22	1	
滁州经济技术开发区	3019	19		366	1186	573	493	343	36	3
天长市	14538	163	26	3204	5650	3100	1393	971	28	3
明光市	10120	215	10	2183	4224	2062	903	506	17	

4-2 续表 8　　　　单位：人

地区 性别	合计	未上过学	学前教育	小学	初中	高中	大学专科	大学本科	硕士研究生	博士研究生
阜阳市	**149136**	**11029**	**139**	**40537**	**70867**	**10484**	**9293**	**6414**	**357**	**16**
颍州区	11835	645	6	1821	4401	1391	1799	1638	127	7
颍东区	9404	607	3	2068	4640	820	724	521	20	1
颍泉区	11970	871	7	3192	5406	1044	837	580	33	
临泉县	30788	2349	39	9923	14069	1899	1516	946	45	2
太和县	28853	1887	53	9043	14020	1635	1348	814	53	
阜南县	20887	2801	7	6273	9133	1144	915	596	16	2
颍上县	24366	1381	18	5992	13557	1512	1150	729	25	2
阜阳合肥现代产业园区	465	16	1	85	274	33	33	22	1	
阜阳经济技术开发区	1667	20	1	178	741	276	276	163	10	2
界首市	8901	452	4	1962	4626	730	695	405	27	
宿州市	**103033**	**1881**	**81**	**19698**	**48497**	**19515**	**8303**	**4793**	**257**	**8**
埇桥区	28225	471	17	4785	14332	3547	2894	2021	154	4
砀山县	16789	159	5	2987	6916	4937	1241	524	20	
萧县	24026	841	29	4737	13441	2866	1325	757	29	1
灵璧县	18657	244	7	3352	7450	5077	1645	851	29	2
泗县	13820	139	23	3607	5566	2904	1020	539	21	1
宿州马鞍山现代产业园区	554	10		123	312	42	35	32		
宿州经济技术开发区	962	17		107	480	142	143	69	4	
六安市	**77449**	**1765**	**88**	**20880**	**32462**	**10356**	**6597**	**5015**	**278**	**8**
金安区	14370	336	13	3646	5682	1795	1453	1349	94	2
裕安区	14841	493	26	3994	5797	1985	1333	1150	61	2
叶集区	3067	51		831	1648	206	166	158	7	
霍邱县	13032	518	17	4657	5613	898	728	584	17	
舒城县	15343	215	12	3469	6534	2928	1378	768	36	3
金寨县	10186	74	3	2522	4711	1446	860	532	37	1
霍山县	6610	78	17	1761	2477	1098	679	474	26	
亳州市	**64700**	**5493**	**33**	**16357**	**27672**	**5473**	**5427**	**4078**	**158**	**9**
谯城区	22351	1778	7	5068	9600	1999	2033	1763	99	4
涡阳县	12793	756	11	3465	5632	1103	1107	694	23	2
蒙城县	13803	1230	10	3611	5669	1132	1234	889	27	1
利辛县	15753	1729	5	4213	6771	1239	1053	732	9	2
池州市	**23048**	**1226**	**35**	**6183**	**8240**	**2405**	**2693**	**2131**	**129**	**6**
贵池区	9323	706	18	2143	2955	1037	1227	1141	92	4
东至县	8467	294	11	2733	3185	758	910	557	17	2
石台县	1217	92	2	369	393	102	138	119	2	
青阳县	3259	109	3	763	1391	399	315	266	13	
池州市国家经济技术开发区	256	10		50	84	45	41	22	4	
皖江江南新兴产业集中区	224	12	1	60	106	28	12	5		
九华山风景区	302	3		65	126	36	50	21	1	
宣城市	**40737**	**1311**	**81**	**9235**	**16660**	**4768**	**4783**	**3669**	**220**	**10**
宣州区	10347	555	27	2704	3696	1074	1198	1001	88	4
郎溪县	5252	150	6	1317	2381	476	547	359	16	
泾县	3487	72	12	812	1388	435	416	335	16	1
绩溪县	2464	69	3	611	1125	222	222	201	11	
旌德县	1527	44	8	329	601	187	210	140	8	
宣城市经济开发区	1818	42	3	269	610	278	313	277	24	2
宁国市	7072	218	11	1269	2795	1088	994	657	39	1
广德市	8770	161	11	1924	4064	1008	883	699	18	2

4-2a 各地区分性别、受教育程度的就业人口(城市)

单位：人

地区 性别	合计	未上过学	学前教育	小学	初中	高中	大学专科	大学本科	硕士研究生	博士研究生
安徽	**683646**	**5862**	**211**	**57305**	**221552**	**130963**	**133480**	**118471**	**14182**	**1620**
合肥市	**189058**	**1555**	**38**	**11067**	**44819**	**33053**	**46225**	**43717**	**7563**	**1021**
瑶海区	36150	317	7	2406	11243	7965	8328	5373	485	26
庐阳区	28147	210	5	1494	6687	5200	7334	6220	906	91
蜀山区	44681	272	4	1510	6288	6232	12246	14483	3172	474
包河区	58429	530	18	3557	13317	9211	14182	14474	2735	405
长丰县										
肥东县										
肥西县	3022	18	1	237	815	658	704	517	62	10
庐江县										
合肥高新技术产业开发区										
合肥经济技术开发区										
合肥新站高新技术产业开发区	2977	23		177	791	632	829	486	35	4
巢湖市	15652	185	3	1686	5678	3155	2602	2164	168	11
芜湖市	**62175**	**864**	**16**	**6048**	**18126**	**12148**	**12201**	**11094**	**1484**	**194**
镜湖区	19177	149	5	987	4187	4141	4510	4496	635	67
弋江区	15962	224	2	1574	4113	3144	3394	2944	476	91
鸠江区	14261	193	4	1474	4515	2697	2721	2312	314	31
三山区	4618	114	1	785	2126	716	547	315	14	
芜湖县	462	2		147	246	38	20	8	1	
繁昌县										
南陵县										
芜湖经济技术开发区	90	4		20	45	13	6	2		
安徽芜湖长江大桥经济开发区										
无为市	7605	178	4	1061	2894	1399	1003	1017	44	5
蚌埠市	**24558**	**234**	**1**	**2032**	**9370**	**5674**	**4102**	**2883**	**244**	**18**
龙子湖区	5783	50	1	419	1991	1444	980	790	95	13
蚌山区	5453	29		289	1816	1328	1079	842	65	5
禹会区	7405	70		549	2590	1898	1367	876	55	
淮上区	5917	85		775	2973	1004	676	375	29	
怀远县										
五河县										
固镇县										
蚌埠市高新技术开发区										
蚌埠市经济开发区										
淮南市	**37047**	**213**	**29**	**2811**	**13086**	**7805**	**6957**	**5536**	**542**	**68**
大通区	1436	10		81	490	345	324	174	12	
田家庵区	24163	81	13	1607	7154	4867	5151	4717	506	67
谢家集区	5212	36	4	489	2366	1258	727	320	11	1
八公山区	3715	39	12	302	1733	925	485	210	9	
潘集区	2521	47		332	1343	410	270	115	4	
凤台县										
寿县										

4-2a 续表 1

单位：人

地区 性别	合计	未上过学	学前教育	小学	初中	高中	大学专科	大学本科	硕士研究生	博士研究生
马鞍山市	**33832**	**348**	**9**	**2883**	**10902**	**6630**	**6315**	**5939**	**726**	**80**
花山区	17713	144	3	1215	5165	3777	3584	3381	395	49
雨山区	12703	147	2	986	3939	2363	2503	2412	322	29
博望区	3416	57	4	682	1798	490	228	146	9	2
当涂县										
含山县										
和县										
淮北市	**29215**	**318**	**5**	**1801**	**10694**	**5899**	**5406**	**4698**	**355**	**39**
杜集区	5057	105	2	445	2427	1151	599	313	13	2
相山区	18542	74	3	562	5236	3924	4254	4120	333	36
烈山区	3462	79		475	1735	580	409	179	4	1
濉溪县	2154	60		319	1296	244	144	86	5	
铜陵市	**23293**	**304**	**14**	**1844**	**7073**	**5036**	**4390**	**4258**	**351**	**23**
铜官区	17742	204	10	1144	4814	3982	3614	3641	311	22
义安区	3857	51	2	468	1580	696	550	482	28	
郊区	1694	49	2	232	679	358	226	135	12	1
枞阳县										
安庆市	**51565**	**303**	**22**	**6461**	**19022**	**9956**	**8434**	**6784**	**545**	**38**
迎江区	10980	45	1	664	2858	2630	2420	2151	200	11
大观区	6615	18	2	344	1680	1836	1419	1177	123	16
宜秀区	5998	66		977	2388	999	874	610	78	6
怀宁县										
太湖县										
宿松县										
望江县	5226	52	3	1179	2053	717	632	572	16	2
岳西县										
安徽安庆经济开发区	36			4	8	6	10	8		
桐城市	14634	54	3	1811	6663	2758	1951	1318	74	2
潜山市	8076	68	13	1482	3372	1010	1128	948	54	1
黄山市	**18022**	**124**	**6**	**1568**	**6494**	**3402**	**3295**	**2904**	**205**	**24**
屯溪区	11819	59	1	872	3753	2273	2372	2289	178	22
黄山区	2985	45	4	353	1127	582	523	338	12	1
徽州区	2826	15	1	260	1415	500	364	255	15	1
歙县	180	4		33	112	18	10	3		
休宁县	212	1		50	87	29	26	19		
黟县										
祁门县										
滁州市	**41137**	**308**	**22**	**4249**	**15009**	**9133**	**6600**	**5461**	**345**	**10**
琅琊区	11729	92	10	1116	4155	2566	1992	1658	133	7
南谯区	8698	116	2	841	3117	1556	1504	1438	123	1
来安县										
全椒县										
定远县										
凤阳县										
苏滁现代产业园										
滁州经济技术开发区										
天长市	12274	48	8	1461	4444	2686	1943	1617	66	1
明光市	8436	52	2	831	3293	2325	1161	748	23	1

4-2a 续表 2 单位：人

地区 性别	合 计	未上过学	学前教育	小 学	初 中	高 中	大学专科	大学本科	硕 士 研究生	博 士 研究生
阜阳市	**39466**	**329**	**5**	**3116**	**15571**	**6993**	**7154**	**5822**	**438**	**38**
颍州区	16672	131	2	1128	5296	2973	3502	3307	296	37
颍东区	7238	66	1	677	3178	1362	1169	754	31	
颍泉区	8506	68	1	748	3793	1452	1336	1040	68	
临泉县										
太和县										
阜南县										
颍上县										
阜阳合肥现代产业园区										
阜阳经济技术开发区										
界首市	7050	64	1	563	3304	1206	1147	721	43	1
宿州市	**24739**	**91**	**6**	**1244**	**8702**	**5366**	**5007**	**3990**	**322**	**11**
埇桥区	24482	86	6	1189	8558	5333	4990	3987	322	11
砀山县										
萧县	257	5		55	144	33	17	3		
灵璧县										
泗县										
宿州马鞍山现代产业园区										
宿州经济技术开发区										
六安市	**32937**	**122**	**7**	**3384**	**12323**	**6579**	**5186**	**4973**	**339**	**24**
金安区	15157	40	1	1525	5465	3054	2421	2455	187	9
裕安区	14376	67	5	1332	4932	3118	2488	2277	143	14
叶集区	3084	10	1	477	1763	342	254	227	9	1
霍邱县	86			11	62	8	1	4		
舒城县	234	5		39	101	57	22	10		
金寨县										
霍山县										
亳州市	**23121**	**227**	**5**	**2283**	**9741**	**3729**	**3601**	**3311**	**217**	**7**
谯城区	22913	226	4	2209	9620	3723	3597	3310	217	7
涡阳县										
蒙城县										
利辛县	208	1	1	74	121	6	4	1		
池州市	**16253**	**237**	**9**	**1910**	**5717**	**2782**	**2789**	**2570**	**225**	**14**
贵池区	14985	195	7	1691	5193	2558	2623	2488	216	14
东至县										
石台县										
青阳县										
池州市国家经济技术开发区	688	24	1	103	243	119	128	62	8	
皖江江南新兴产业集中区	580	18	1	116	281	105	38	20	1	
九华山风景区										
宣城市	**37228**	**285**	**17**	**4604**	**14903**	**6778**	**5818**	**4531**	**281**	**11**
宣州区	11574	67	6	1213	4031	2005	2111	1971	163	7
郎溪县										
泾县										
绩溪县										
旌德县										
宣城市经济开发区										
宁国市	12693	120		1376	5159	2616	2041	1311	68	2
广德市	12961	98	11	2015	5713	2157	1666	1249	50	2

4-2a 续表 3 单位：人

地区 性别	合计	未上过学	学前教育	小学	初中	高中	大学专科	大学本科	硕士 研究生	博士 研究生
男	**410965**	**2043**	**93**	**30443**	**139810**	**85934**	**76865**	**66616**	**8002**	**1159**
合肥市	**111689**	**531**	**17**	**5681**	**28363**	**21472**	**25967**	**24706**	**4236**	**716**
瑶海区	21869	92	3	1221	7155	5193	4834	3078	273	20
庐阳区	16528	77	2	777	4169	3388	4107	3417	527	64
蜀山区	25281	97	1	688	3863	3943	6608	7980	1774	327
包河区	34724	190	10	1919	8635	5938	7913	8328	1503	288
长丰县										
肥东县										
肥西县	1922	2		130	520	454	443	332	35	6
庐江县										
合肥高新技术产业开发区										
合肥经济技术开发区										
合肥新站高新技术产业开发区	1847	6		92	500	408	515	300	23	3
巢湖市	9518	67	1	854	3521	2148	1547	1271	101	8
芜湖市	**38413**	**311**	**9**	**3383**	**11998**	**8255**	**7255**	**6260**	**810**	**132**
镜湖区	11417	44	3	514	2686	2733	2623	2419	353	42
弋江区	9822	73	1	894	2739	2123	1993	1689	243	67
鸠江区	8933	71	2	793	3011	1842	1663	1351	178	22
三山区	3076	41		472	1460	537	361	197	8	
芜湖县	308	2		89	166	30	14	6	1	
繁昌县										
南陵县										
芜湖经济技术开发区	63			12	36	10	3	2		
安徽芜湖长江大桥经济开发区										
无为市	4794	80	3	609	1900	980	598	596	27	1
蚌埠市	**14873**	**91**	**1**	**1152**	**5945**	**3623**	**2337**	**1570**	**141**	**13**
龙子湖区	3487	24	1	212	1262	941	566	419	53	9
蚌山区	3240	10		160	1134	838	612	448	34	4
禹会区	4499	27		333	1650	1190	768	497	34	
淮上区	3647	30		447	1899	654	391	206	20	
怀远县										
五河县										
固镇县										
蚌埠市高新技术开发区										
蚌埠市经济开发区										
淮南市	**23413**	**92**	**9**	**1671**	**8669**	**5418**	**4094**	**3096**	**309**	**55**
大通区	890	6		51	324	217	197	90	5	
田家庵区	14911	33	5	950	4639	3283	3005	2648	294	54
谢家集区	3348	11	1	289	1549	905	417	171	4	1
八公山区	2509	19	3	168	1211	686	306	114	2	
潘集区	1755	23		213	946	327	169	73	4	
凤台县										
寿县										

4-2a 续表 4

单位：人

地 区 性 别	合 计	未上过学	学前教育	小 学	初 中	高 中	大学专科	大学本科	硕 士 研究生	博 士 研究生
马鞍山市	**21122**	**117**	**5**	**1627**	**7159**	**4533**	**3830**	**3367**	**415**	**69**
花山区	10892	44	1	639	3311	2552	2179	1895	227	44
雨山区	7858	43	1	544	2563	1602	1519	1380	182	24
博望区	2372	30	3	444	1285	379	132	92	6	1
当涂县										
含山县										
和县										
淮北市	**18258**	**106**	**4**	**1065**	**7057**	**3996**	**3144**	**2648**	**208**	**30**
杜集区	3312	29	2	275	1644	825	356	176	4	1
相山区	11212	21	2	334	3317	2570	2434	2308	197	29
烈山区	2167	33		281	1125	396	236	93	3	
濉溪县	1567	23		175	971	205	118	71	4	
铜陵市	**14327**	**111**	**5**	**944**	**4611**	**3360**	**2653**	**2409**	**217**	**17**
铜官区	10848	77	5	589	3124	2609	2172	2063	192	17
义安区	2410	18		236	1034	489	342	273	18	
郊区	1069	16		119	453	262	139	73	7	
枞阳县										
安庆市	**30365**	**88**	**5**	**3117**	**11484**	**6499**	**4881**	**3959**	**304**	**28**
迎江区	6570	15		338	1788	1698	1389	1212	123	7
大观区	3919	5	1	155	1024	1180	820	658	63	13
宜秀区	3671	24		536	1559	661	497	348	41	5
怀宁县										
太湖县										
宿松县										
望江县	2562	11		392	1030	439	354	324	10	2
岳西县										
安徽安庆经济开发区	29			3	5	5	9	7		
桐城市	9172	17	1	1067	4223	1834	1164	830	36	
潜山市	4442	16	3	626	1855	682	648	580	31	1
黄山市	**10141**	**34**	**2**	**838**	**3708**	**2064**	**1804**	**1569**	**108**	**14**
屯溪区	6544	9		450	2119	1354	1275	1233	91	13
黄山区	1720	18	1	200	653	360	289	191	7	1
徽州区	1650	6	1	136	819	328	215	135	10	
歙县	93	1		18	58	11	5			
休宁县	134			34	59	11	20	10		
黟县										
祁门县										
滁州市	**24618**	**93**	**11**	**1999**	**9340**	**5920**	**3924**	**3113**	**211**	**7**
琅琊区	7116	24	6	590	2605	1703	1170	940	72	6
南谯区	5468	38	1	460	2105	1081	897	806	80	
来安县										
全椒县										
定远县										
凤阳县										
苏滁现代产业园										
滁州经济技术开发区										
天长市	7315	14	3	621	2718	1754	1206	956	43	
明光市	4719	17	1	328	1912	1382	651	411	16	1

4-2a 续表 5

单位：人

地区 性别	合计	未上过学	学前教育	小学	初中	高中	大学专科	大学本科	硕士研究生	博士研究生
阜阳市	**23478**	**119**	**3**	**1720**	**9689**	**4492**	**4056**	**3120**	**248**	**31**
颍州区	9670	52	2	632	3277	1848	1892	1766	171	30
颍东区	4425	29	1	381	1990	916	699	391	18	
颍泉区	5098	23		433	2340	913	772	577	40	
临泉县										
太和县										
阜南县										
颍上县										
阜阳合肥现代产业园区										
阜阳经济技术开发区										
界首市	4285	15		274	2082	815	693	386	19	1
宿州市	**14622**	**36**	**3**	**687**	**5328**	**3360**	**2790**	**2228**	**183**	**7**
埇桥区	14477	34	3	663	5244	3339	2778	2226	183	7
砀山县										
萧县	145	2		24	84	21	12	2		
灵璧县										
泗县										
宿州马鞍山现代产业园区										
宿州经济技术开发区										
六安市	**19679**	**46**	**4**	**1801**	**7417**	**4226**	**3052**	**2908**	**205**	**20**
金安区	8910	19	1	757	3215	1962	1406	1433	110	7
裕安区	8714	23	2	750	3031	1982	1488	1336	90	12
叶集区	1854	4	1	265	1064	240	143	131	5	1
霍邱县	64			8	46	7	1	2		
舒城县	137			21	61	35	14	6		
金寨县										
霍山县										
亳州市	**14124**	**82**	**3**	**1305**	**6352**	**2417**	**2100**	**1735**	**125**	**5**
谯城区	14016	82	3	1276	6280	2414	2097	1734	125	5
涡阳县										
蒙城县										
利辛县	108			29	72	3	3	1		
池州市	**9575**	**72**	**5**	**905**	**3501**	**1844**	**1642**	**1466**	**130**	**10**
贵池区	8787	52	4	796	3167	1693	1529	1411	125	10
东至县										
石台县										
青阳县										
池州市国家经济技术开发区	432	14	1	53	159	74	87	40	4	
皖江江南新兴产业集中区	356	6		56	175	77	26	15	1	
九华山风景区										
宣城市	**22268**	**114**	**7**	**2548**	**9189**	**4455**	**3336**	**2462**	**152**	**5**
宣州区	6913	22	1	676	2506	1291	1212	1115	87	3
郎溪县										
泾县										
绩溪县										
旌德县										
宣城市经济开发区										
宁国市	7463	53		736	3090	1682	1165	705	31	1
广德市	7892	39	6	1136	3593	1482	959	642	34	1

4−2a 续表 6　　　　单位：人

地区 性别	合计	未上过学	学前教育	小学	初中	高中	大学专科	大学本科	硕士 研究生	博士 研究生
女	**272681**	**3819**	**118**	**26862**	**81742**	**45029**	**56615**	**51855**	**6180**	**461**
合肥市	**77369**	**1024**	**21**	**5386**	**16456**	**11581**	**20258**	**19011**	**3327**	**305**
瑶海区	14281	225	4	1185	4088	2772	3494	2295	212	6
庐阳区	11619	133	3	717	2518	1812	3227	2803	379	27
蜀山区	19400	175	3	822	2425	2289	5638	6503	1398	147
包河区	23705	340	8	1638	4682	3273	6269	6146	1232	117
长丰县										
肥东县										
肥西县	1100	16	1	107	295	204	261	185	27	4
庐江县										
合肥高新技术产业开发区										
合肥经济技术开发区										
合肥新站高新技术产业开发区	1130	17		85	291	224	314	186	12	1
巢湖市	6134	118	2	832	2157	1007	1055	893	67	3
芜湖市	**23762**	**553**	**7**	**2665**	**6128**	**3893**	**4946**	**4834**	**674**	**62**
镜湖区	7760	105	2	473	1501	1408	1887	2077	282	25
弋江区	6140	151	1	680	1374	1021	1401	1255	233	24
鸠江区	5328	122	2	681	1504	855	1058	961	136	9
三山区	1542	73	1	313	666	179	186	118	6	
芜湖县	154			58	80	8	6	2		
繁昌县										
南陵县										
芜湖经济技术开发区	27	4		8	9	3	3			
安徽芜湖长江大桥经济开发区										
无为市	2811	98	1	452	994	419	405	421	17	4
蚌埠市	**9685**	**143**		**880**	**3425**	**2051**	**1765**	**1313**	**103**	**5**
龙子湖区	2296	26		207	729	503	414	371	42	4
蚌山区	2213	19		129	682	490	467	394	31	1
禹会区	2906	43		216	940	708	599	379	21	
淮上区	2270	55		328	1074	350	285	169	9	
怀远县										
五河县										
固镇县										
蚌埠市高新技术开发区										
蚌埠市经济开发区										
淮南市	**13634**	**121**	**20**	**1140**	**4417**	**2387**	**2863**	**2440**	**233**	**13**
大通区	546	4		30	166	128	127	84	7	
田家庵区	9252	48	8	657	2515	1584	2146	2069	212	13
谢家集区	1864	25	3	200	817	353	310	149	7	
八公山区	1206	20	9	134	522	239	179	96	7	
潘集区	766	24		119	397	83	101	42		
凤台县										
寿县										

4-2a　续表 7　　　　单位：人

地　区 性　别	合　计	未上过学	学前教育	小　学	初　中	高　中	大学专科	大学本科	硕　士 研究生	博　士 研究生
马鞍山市	**12710**	**231**	**4**	**1256**	**3743**	**2097**	**2485**	**2572**	**311**	**11**
花山区	6821	100	2	576	1854	1225	1405	1486	168	5
雨山区	4845	104	1	442	1376	761	984	1032	140	5
博望区	1044	27	1	238	513	111	96	54	3	1
当涂县										
含山县										
和县										
淮北市	**10957**	**212**	**1**	**736**	**3637**	**1903**	**2262**	**2050**	**147**	**9**
杜集区	1745	76		170	783	326	243	137	9	1
相山区	7330	53	1	228	1919	1354	1820	1812	136	7
烈山区	1295	46		194	610	184	173	86	1	1
濉溪县	587	37		144	325	39	26	15	1	
铜陵市	**8966**	**193**	**9**	**900**	**2462**	**1676**	**1737**	**1849**	**134**	**6**
铜官区	6894	127	5	555	1690	1373	1442	1578	119	5
义安区	1447	33	2	232	546	207	208	209	10	
郊区	625	33	2	113	226	96	87	62	5	1
枞阳县										
安庆市	**21200**	**215**	**17**	**3344**	**7538**	**3457**	**3553**	**2825**	**241**	**10**
迎江区	4410	30	1	326	1070	932	1031	939	77	4
大观区	2696	13	1	189	656	656	599	519	60	3
宜秀区	2327	42		441	829	338	377	262	37	1
怀宁县										
太湖县										
宿松县										
望江县	2664	41	3	787	1023	278	278	248	6	
岳西县										
安徽安庆经济开发区	7			1	3	1	1	1		
桐城市	5462	37	2	744	2440	924	787	488	38	2
潜山市	3634	52	10	856	1517	328	480	368	23	
黄山市	**7881**	**90**	**4**	**730**	**2786**	**1338**	**1491**	**1335**	**97**	**10**
屯溪区	5275	50	1	422	1634	919	1097	1056	87	9
黄山区	1265	27	3	153	474	222	234	147	5	
徽州区	1176	9		124	596	172	149	120	5	1
歙县	87	3		15	54	7	5	3		
休宁县	78	1		16	28	18	6	9		
黟县										
祁门县										
滁州市	**16519**	**215**	**11**	**2250**	**5669**	**3213**	**2676**	**2348**	**134**	**3**
琅琊区	4613	68	4	526	1550	863	822	718	61	1
南谯区	3230	78	1	381	1012	475	607	632	43	1
来安县										
全椒县										
定远县										
凤阳县										
苏滁现代产业园										
滁州经济技术开发区										
天长市	4959	34	5	840	1726	932	737	661	23	1
明光市	3717	35	1	503	1381	943	510	337	7	

4-2a 续表 8

单位：人

地区 性别	合计	未上过学	学前教育	小学	初中	高中	大学专科	大学本科	硕士研究生	博士研究生
阜阳市	**15988**	**210**	**2**	**1396**	**5882**	**2501**	**3098**	**2702**	**190**	**7**
颍州区	7002	79		496	2019	1125	1610	1541	125	7
颍东区	2813	37		296	1188	446	470	363	13	
颍泉区	3408	45	1	315	1453	539	564	463	28	
临泉县										
太和县										
阜南县										
颍上县										
阜阳合肥现代产业园区										
阜阳经济技术开发区										
界首市	2765	49	1	289	1222	391	454	335	24	
宿州市	**10117**	**55**	**3**	**557**	**3374**	**2006**	**2217**	**1762**	**139**	**4**
埇桥区	10005	52	3	526	3314	1994	2212	1761	139	4
砀山县										
萧县	112	3		31	60	12	5	1		
灵璧县										
泗县										
宿州马鞍山现代产业园区										
宿州经济技术开发区										
六安市	**13258**	**76**	**3**	**1583**	**4906**	**2353**	**2134**	**2065**	**134**	**4**
金安区	6247	21		768	2250	1092	1015	1022	77	2
裕安区	5662	44	3	582	1901	1136	1000	941	53	2
叶集区	1230	6		212	699	102	111	96	4	
霍邱县	22			3	16	1		2		
舒城县	97	5		18	40	22	8	4		
金寨县										
霍山县										
亳州市	**8997**	**145**	**2**	**978**	**3389**	**1312**	**1501**	**1576**	**92**	**2**
谯城区	8897	144	1	933	3340	1309	1500	1576	92	2
涡阳县										
蒙城县										
利辛县	100	1	1	45	49	3	1			
池州市	**6678**	**165**	**4**	**1005**	**2216**	**938**	**1147**	**1104**	**95**	**4**
贵池区	6198	143	3	895	2026	865	1094	1077	91	4
东至县										
石台县										
青阳县										
池州市国家经济技术开发区	256	10		50	84	45	41	22	4	
皖江江南新兴产业集中区	224	12	1	60	106	28	12	5		
九华山风景区										
宣城市	**14960**	**171**	**10**	**2056**	**5714**	**2323**	**2482**	**2069**	**129**	**6**
宣州区	4661	45	5	537	1525	714	899	856	76	4
郎溪县										
泾县										
绩溪县										
旌德县										
宣城市经济开发区										
宁国市	5230	67		640	2069	934	876	606	37	1
广德市	5069	59	5	879	2120	675	707	607	16	1

4-2b　各地区分性别、受教育程度的就业人口(镇)

单位：人

地　区 性　别	合　计	未上过学	学前教育	小　学	初　中	高　中	大学专科	大学本科	硕　士 研究生	博　士 研究生
安　徽	**864964**	**12659**	**449**	**127649**	**380595**	**147294**	**109816**	**79924**	**6052**	**526**
合肥市	**164986**	**2233**	**59**	**18374**	**59256**	**27390**	**29932**	**24198**	**3229**	**315**
瑶海区	961	5	1	66	316	163	241	146	20	3
庐阳区	3189	6		83	408	382	913	1161	214	22
蜀山区	1329	28	1	322	679	149	90	57	3	
包河区										
长丰县	21436	309	5	2500	9102	3972	3550	1905	90	3
肥东县	29415	598	18	4468	13043	4710	3861	2548	159	10
肥西县	27603	291	8	2534	9674	5110	5511	3978	461	36
庐江县	21595	299	13	3901	9929	3356	2220	1771	105	1
合肥高新技术产业开发区	13856	121	4	639	2610	1794	3447	4336	816	89
合肥经济技术开发区	25345	227	5	1520	6236	4089	6184	5954	1001	129
合肥新站高新技术产业开发区	16157	211	1	1338	5256	3118	3662	2195	354	22
巢湖市	4100	138	3	1003	2003	547	253	147	6	
芜湖市	**57325**	**883**	**34**	**10943**	**24591**	**8890**	**6736**	**4930**	**303**	**15**
镜湖区	55	3		11	26	7	7	1		
弋江区										
鸠江区	3528	170	2	1078	1577	369	199	128	5	
三山区	866	1		43	170	139	247	224	37	5
芜湖县	12941	112	11	2523	5948	1889	1314	1069	72	3
繁昌县	7374	38	2	1134	3268	1195	977	717	41	2
南陵县	10986	111	6	2288	4950	1610	1140	849	32	
芜湖经济技术开发区	9694	152	3	894	3036	2102	2055	1363	87	2
安徽芜湖长江大桥经济开发区	645	38	5	126	325	85	40	22	4	
无为市	11236	258	5	2846	5291	1494	757	557	25	3
蚌埠市	**40266**	**598**	**29**	**4993**	**16377**	**6129**	**5927**	**5582**	**565**	**66**
龙子湖区	342	1		45	209	62	18	6	1	
蚌山区										
禹会区	370	7	5	49	209	80	13	7		
淮上区	1152	25	1	223	668	128	82	24	1	
怀远县	12689	343	8	2322	6233	1447	1267	1022	46	1
五河县	7984	136	11	1295	3884	1098	880	663	14	3
固镇县	5686	54	1	586	2724	1095	792	426	7	1
蚌埠市高新技术开发区	2460	5		109	680	575	551	497	39	4
蚌埠市经济开发区	9583	27	3	364	1770	1644	2324	2937	457	57
淮南市	**32672**	**564**	**16**	**5627**	**15574**	**4868**	**3626**	**2291**	**101**	**5**
大通区	2978	66	1	409	1434	503	362	194	9	
田家庵区	584	20		161	354	30	12	6	1	
谢家集区	191	4		67	88	21	10		1	
八公山区	1				1					
潘集区	2667	77		428	1461	347	244	102	8	
凤台县	9925	145	2	920	4257	1963	1587	1000	49	2
寿县	16326	252	13	3642	7979	2004	1411	989	33	3

4-2b 续表 1　　单位：人

地区 性别	合计	未上过学	学前教育	小学	初中	高中	大学专科	大学本科	硕士研究生	博士研究生
马鞍山市	**29516**	**680**	**36**	**5425**	**13712**	**4048**	**3095**	**2435**	**84**	**1**
花山区										
雨山区										
博望区	482	8		114	257	56	30	16	1	
当涂县	13183	316	12	2229	6263	1879	1395	1054	34	1
含山县	7704	123	18	1464	3641	1028	757	647	26	
和县	8147	233	6	1618	3551	1085	913	718	23	
淮北市	**16061**	**272**	**11**	**1704**	**8541**	**2502**	**1777**	**1217**	**36**	**1**
杜集区	1558	71	1	141	855	287	143	58	2	
相山区										
烈山区	1291	37		178	659	233	123	59	2	
濉溪县	13212	164	10	1385	7027	1982	1511	1100	32	1
铜陵市	**10473**	**480**	**14**	**2402**	**4156**	**1396**	**1146**	**852**	**25**	**2**
铜官区										
义安区	1228	42	7	348	573	163	64	29		2
郊区	929	41	1	201	386	147	95	57	1	
枞阳县	8316	397	6	1853	3197	1086	987	766	24	
安庆市	**58739**	**547**	**32**	**10148**	**25062**	**10077**	**7360**	**5232**	**272**	**9**
迎江区										
大观区	828	14		196	392	122	71	33		
宜秀区	1224	47	2	476	489	113	56	40	1	
怀宁县	11563	41	4	1355	5068	2645	1396	1003	48	3
太湖县	7750	62	10	1502	2871	1084	1295	878	48	
宿松县	10440	45	3	1386	4569	1938	1346	1097	55	1
望江县	4152	165	1	1231	1886	410	287	162	9	1
岳西县	5413	50	1	908	2177	857	760	632	27	1
安徽安庆经济开发区	6660	22		660	2226	1623	1265	809	52	3
桐城市	5167	50	2	944	2733	777	425	219	17	
潜山市	5542	51	9	1490	2651	508	459	359	15	
黄山市	**20277**	**274**	**13**	**3088**	**9531**	**3072**	**2476**	**1741**	**72**	**10**
屯溪区	448	18		60	219	59	40	22	22	8
黄山区	1645	28	2	424	703	199	170	106	13	
徽州区	667	12		156	382	54	42	21		
歙县	8536	101	5	1185	4178	1367	930	747	22	1
休宁县	4091	71	4	718	1739	680	511	363	5	
黟县	1695	18		169	768	296	256	185	3	
祁门县	3195	26	2	376	1542	417	527	297	7	1
滁州市	**89087**	**703**	**46**	**11134**	**37386**	**22143**	**11027**	**6274**	**334**	**40**
琅琊区										
南谯区	2741	57	4	428	1108	406	403	307	25	3
来安县	13220	77	2	1432	5532	3554	1670	904	48	1
全椒县	16363	72	14	2223	6862	3696	2249	1199	45	3
定远县	16532	186	5	1961	6918	4034	2157	1225	39	7
凤阳县	16463	166	9	1960	6923	4343	1913	1071	67	11
苏滁现代产业园	1699	16	1	185	723	471	203	97	3	
滁州经济技术开发区	6155	24	1	543	2257	1330	1101	804	83	12
天长市	12212	71	10	1816	5393	3351	1039	520	9	3
明光市	3702	34		586	1670	958	292	147	15	

4-2b　续表 2　　　　单位：人

地　区 性　别	合　计	未上过学	学前教育	小　学	初　中	高　中	大学专科	大学本科	硕　士 研究生	博　士 研究生
阜阳市	**101977**	**2575**	**42**	**17731**	**54956**	**11668**	**8834**	**5876**	**276**	**19**
颍州区	2433	70	2	440	1538	206	109	66	1	1
颍东区	3499	103		610	2071	390	192	124	9	
颍泉区	5327	206	10	1190	3081	492	255	88	5	
临泉县	20899	394	6	4128	10340	2370	2102	1497	59	3
太和县	27519	552	10	4607	15382	3106	2275	1484	99	4
阜南县	12514	543	1	2231	6037	1446	1275	952	27	2
颍上县	21172	565	11	3380	11651	2515	1771	1226	50	3
阜阳合肥现代产业园区	292	11		53	191	19	10	8		
阜阳经济技术开发区	3829	28		348	1693	699	649	380	26	6
界首市	4493	103	2	744	2972	425	196	51		
宿州市	**72999**	**419**	**15**	**7726**	**33258**	**17942**	**8384**	**5068**	**173**	**14**
埇桥区	7358	43	4	911	4498	1177	491	223	10	1
砀山县	16367	83	2	1585	6212	5676	1876	904	28	1
萧县	17091	145	1	1460	9159	3236	1879	1168	39	4
灵璧县	16542	67	3	1552	6192	4790	2364	1520	47	7
泗县	12284	43	5	1862	5398	2553	1388	994	41	
宿州马鞍山现代产业园区	899	11		113	567	94	65	48		1
宿州经济技术开发区	2458	27		243	1232	416	321	211	8	
六安市	**59275**	**479**	**40**	**10221**	**25809**	**11342**	**6418**	**4755**	**201**	**10**
金安区	5198	66	15	906	2487	847	501	360	16	
裕安区	3403	60	3	786	1645	548	202	147	11	1
叶集区	797	8		167	451	82	53	36		
霍邱县	12193	161	3	2554	5647	1472	1214	1098	40	4
舒城县	16185	117	8	2459	6875	3594	1865	1216	50	1
金寨县	10435	13	1	1339	4630	2263	1246	899	42	2
霍山县	11064	54	10	2010	4074	2536	1337	999	42	2
亳州市	**57258**	**1228**	**11**	**8171**	**28359**	**8005**	**6660**	**4669**	**147**	**8**
谯城区	5125	244	3	953	3162	400	239	122	2	
涡阳县	16753	180	3	2287	8216	2499	2100	1426	38	4
蒙城县	17356	344	4	2355	7822	2600	2425	1740	64	2
利辛县	18024	460	1	2576	9159	2506	1896	1381	43	2
池州市	**19544**	**313**	**17**	**3766**	**8453**	**2743**	**2370**	**1822**	**57**	**3**
贵池区	1484	67	4	324	699	207	125	55	3	
东至县	11247	148	12	2435	4943	1454	1318	913	21	3
石台县	1395	29		179	494	207	245	234	7	
青阳县	5190	61	1	786	2216	846	645	610	25	
池州市国家经济技术开发区										
皖江江南新兴产业集中区										
九华山风景区	228	8		42	101	29	37	10	1	
宣城市	**34509**	**411**	**34**	**6196**	**15574**	**5079**	**4048**	**2982**	**177**	**8**
宣州区	4286	93	5	1066	1995	547	377	185	16	2
郎溪县	9675	133	8	1882	4669	1237	1019	691	36	
泾县	5838	36	5	896	2414	980	830	653	21	3
绩溪县	3819	25	2	445	1840	569	480	429	29	
旌德县	2589	28	4	456	1027	376	392	296	10	
宣城市经济开发区	3991	33	2	412	1396	760	733	597	55	3
宁国市	1191	35	2	313	577	166	57	38	3	
广德市	3120	28	6	726	1656	444	160	93	7	

4−2b 续表 3

单位：人

地区 性别	合计	未上过学	学前教育	小学	初中	高中	大学专科	大学本科	硕士研究生	博士研究生
男	**525016**	**4235**	**185**	**66197**	**239187**	**98715**	**65650**	**46899**	**3570**	**378**
合肥市	**102700**	**660**	**28**	**9338**	**38994**	**18975**	**18027**	**14549**	**1907**	**222**
瑶海区	615	4	1	37	210	116	147	88	10	2
庐阳区	1862	1		45	275	240	495	668	122	16
蜀山区	902	9	1	206	475	105	60	44	2	
包河区										
长丰县	13705	99	5	1370	6127	2764	2136	1143	58	3
肥东县	18663	122	7	2193	8997	3426	2350	1472	86	10
肥西县	17480	113	6	1320	6358	3572	3392	2407	285	27
庐江县	12829	99	4	1943	6145	2154	1336	1078	69	1
合肥高新技术产业开发区	8428	44	2	318	1680	1211	1912	2711	486	64
合肥经济技术开发区	15363	61	1	706	3917	2824	3690	3493	584	87
合肥新站高新技术产业开发区	10356	69		687	3520	2169	2349	1346	204	12
巢湖市	2497	39	1	513	1290	394	160	99	1	
芜湖市	**36019**	**356**	**9**	**6031**	**16149**	**6184**	**4144**	**2952**	**184**	**10**
镜湖区	34	2		8	17	3	4			
弋江区										
鸠江区	2191	53		593	1069	276	114	84	2	
三山区	527			22	103	82	162	136	20	2
芜湖县	7371	37	1	1140	3568	1186	782	611	43	3
繁昌县	4574	10	1	612	2091	855	581	395	27	2
南陵县	6711	44	2	1316	3127	1080	671	457	14	
芜湖经济技术开发区	6380	52	1	479	2044	1534	1308	900	61	1
安徽芜湖长江大桥经济开发区	432	24	1	82	230	62	23	7	3	
无为市	7799	134	3	1779	3900	1106	499	362	14	2
蚌埠市	**23847**	**208**	**16**	**2710**	**10022**	**4005**	**3420**	**3102**	**310**	**54**
龙子湖区	211			25	122	49	10	5		
蚌山区										
禹会区	255	3	3	36	149	52	9	3		
淮上区	702	9	1	116	419	90	54	12	1	
怀远县	7341	115	3	1212	3725	954	725	578	28	1
五河县	4937	48	7	754	2483	729	530	375	8	3
固镇县	3352	20		309	1623	705	447	242	6	
蚌埠市高新技术开发区	1459	3		54	417	355	324	277	25	4
蚌埠市经济开发区	5590	10	2	204	1084	1071	1321	1610	242	46
淮南市	**21106**	**265**	**9**	**3224**	**10334**	**3513**	**2316**	**1376**	**65**	**4**
大通区	1951	30	1	258	989	353	214	102	4	
田家庵区	375	13		90	238	24	6	3	1	
谢家集区	118	1		37	56	18	5		1	
八公山区										
潘集区	1907	38		269	1049	286	184	76	5	
凤台县	6630	74	1	552	2842	1457	1064	604	34	2
寿县	10125	109	7	2018	5160	1375	843	591	20	2

4-2b 续表 4

单位：人

地区 性别	合计	未上过学	学前教育	小学	初中	高中	大学专科	大学本科	硕士 研究生	博士 研究生
马鞍山市	**18501**	**250**	**16**	**2945**	**9080**	**2838**	**1924**	**1396**	**51**	**1**
花山区										
雨山区										
博望区	328	5		67	186	41	17	11	1	
当涂县	8344	131	9	1241	4150	1321	875	596	20	1
含山县	4944	42	5	818	2455	742	488	379	15	
和县	4885	72	2	819	2289	734	544	410	15	
淮北市	**10422**	**100**	**7**	**999**	**5718**	**1793**	**1093**	**691**	**20**	**1**
杜集区	1005	29		75	567	215	86	33		
相山区										
烈山区	845	13		95	434	182	85	35	1	
濉溪县	8572	58	7	829	4717	1396	922	623	19	1
铜陵市	**6432**	**178**	**9**	**1264**	**2719**	**1014**	**711**	**517**	**18**	**2**
铜官区										
义安区	783	16	5	191	392	124	36	17		2
郊区	589	19	1	107	262	105	62	32	1	
枞阳县	5060	143	3	966	2065	785	613	468	17	
安庆市	**34900**	**131**	**9**	**4599**	**15351**	**7005**	**4449**	**3196**	**153**	**7**
迎江区										
大观区	481			88	244	86	43	20		
宜秀区	694	15		234	316	79	30	19	1	
怀宁县	6844	11	2	622	2970	1808	803	604	23	1
太湖县	4707	17	2	681	1882	756	786	553	30	
宿松县	6208	9	1	494	2726	1421	841	685	30	1
望江县	2109	37		490	1055	262	169	90	5	1
岳西县	3276	8		476	1355	576	455	389	16	1
安徽安庆经济开发区	4048	7		345	1337	1069	771	482	34	3
桐城市	3292	13	1	499	1804	570	256	140	9	
潜山市	3241	14	3	670	1662	378	295	214	5	
黄山市	**11625**	**76**	**1**	**1500**	**5571**	**2010**	**1421**	**991**	**46**	**9**
屯溪区	265	5		37	131	43	23	10	9	7
黄山区	1094	12		287	474	135	102	74	10	
徽州区	393	3		74	246	34	24	12		
歙县	4730	21	1	511	2367	876	511	426	16	1
休宁县	2300	25		324	995	438	301	214	3	
黟县	967	3		75	439	208	136	103	3	
祁门县	1876	7		192	919	276	324	152	5	1
滁州市	**51258**	**192**	**16**	**4745**	**21642**	**14088**	**6597**	**3749**	**202**	**27**
琅琊区										
南谯区	1705	15	2	214	753	292	232	179	16	2
来安县	7838	25	1	637	3389	2233	981	537	34	1
全椒县	8676	14	3	773	3580	2287	1297	697	22	3
定远县	9588	49	3	820	4044	2578	1312	755	23	4
凤阳县	9318	57	2	915	3876	2675	1125	617	45	6
苏滁现代产业园	1188	6		128	488	342	147	75	2	
滁州经济技术开发区	3698	5	1	226	1356	925	655	474	47	9
天长市	7054	11	4	766	3133	2136	665	331	6	2
明光市	2193	10		266	1023	620	183	84	7	

4-2b 续表 5　　　　单位：人

地区 性别	合计	未上过学	学前教育	小学	初中	高中	大学专科	大学本科	硕士研究生	博士研究生
阜阳市	**61555**	**822**	**18**	**9321**	**34763**	**8016**	**5170**	**3275**	**159**	**11**
颍州区	1506	16	1	253	985	148	64	37	1	1
颍东区	2182	35		328	1345	276	121	71	6	
颍泉区	3175	55	5	579	1984	337	159	52	4	
临泉县	12445	119	3	2266	6426	1563	1214	820	33	1
太和县	16443	134	2	2094	9870	2158	1301	828	52	4
阜南县	7419	165	1	1223	3755	996	750	513	16	
颍上县	13157	257	5	1977	7346	1805	1048	687	31	1
阜阳合肥现代产业园区	200	5		36	134	15	4	6		
阜阳经济技术开发区	2370	10		203	1076	441	390	230	16	4
界首市	2658	26	1	362	1842	277	119	31		
宿州市	**41943**	**128**	**6**	**3576**	**19399**	**11104**	**4801**	**2816**	**102**	**11**
埇桥区	4550	14	3	447	2853	791	292	144	5	1
砀山县	9198	23		689	3433	3461	1091	486	14	1
萧县	9884	48		716	5285	2074	1101	634	23	3
灵璧县	9146	16	1	680	3493	2796	1328	800	27	5
泗县	7103	9	2	842	3218	1639	773	591	29	
宿州马鞍山现代产业园区	566	8		66	365	69	38	19		1
宿州经济技术开发区	1496	10		136	752	274	178	142	4	
六安市	**35605**	**168**	**16**	**5536**	**15534**	**7409**	**3923**	**2896**	**115**	**8**
金安区	3057	22	10	469	1461	558	300	228	9	
裕安区	2128	17		440	1053	390	129	89	9	1
叶集区	518	3		107	297	51	37	23		
霍邱县	7835	62	1	1568	3756	1012	752	652	28	4
舒城县	9565	41	3	1269	3963	2332	1162	766	29	
金寨县	6044	8	1	643	2655	1440	742	535	19	1
霍山县	6458	15	1	1040	2349	1626	801	603	21	2
亳州市	**35778**	**411**	**2**	**4609**	**18657**	**5462**	**3883**	**2646**	**103**	**5**
谯城区	3187	69	1	510	2112	276	143	74	2	
涡阳县	10773	65		1344	5535	1743	1222	839	22	3
蒙城县	10715	126		1306	5100	1763	1417	959	43	1
利辛县	11103	151	1	1449	5910	1680	1101	774	36	1
池州市	**12002**	**122**	**4**	**2099**	**5397**	**1849**	**1427**	**1068**	**35**	**1**
贵池区	993	27	1	182	495	164	86	35	3	
东至县	6919	47	3	1311	3232	989	801	521	14	1
石台县	817	13		100	299	126	142	131	6	
青阳县	3152	28		487	1322	549	380	374	12	
池州市国家经济技术开发区										
皖江江南新兴产业集中区										
九华山风景区	121	7		19	49	21	18	7		
宣城市	**21323**	**168**	**19**	**3701**	**9857**	**3450**	**2344**	**1679**	**100**	**5**
宣州区	2668	41	3	611	1285	389	224	105	8	2
郎溪县	5974	62	5	1105	2958	863	573	388	20	
泾县	3626	16	3	574	1534	641	487	362	7	2
绩溪县	2198	4	1	227	1058	376	273	238	21	
旌德县	1624	13	2	311	682	227	219	166	4	
宣城市经济开发区	2460	11	1	233	889	512	447	333	33	1
宁国市	766	11	1	194	389	118	28	23	2	
广德市	2007	10	3	446	1062	324	93	64	5	

4-2b　续表 6　　　　单位：人

地　区 性　别	合　计	未上过学	学前教育	小　学	初　中	高　中	大学专科	大学本科	硕　士 研究生	博　士 研究生
女	**339948**	**8424**	**264**	**61452**	**141408**	**48579**	**44166**	**33025**	**2482**	**148**
合肥市	**62286**	**1573**	**31**	**9036**	**20262**	**8415**	**11905**	**9649**	**1322**	**93**
瑶海区	346	1		29	106	47	94	58	10	1
庐阳区	1327	5		38	133	142	418	493	92	6
蜀山区	427	19		116	204	44	30	13	1	
包河区										
长丰县	7731	210		1130	2975	1208	1414	762	32	
肥东县	10752	476	11	2275	4046	1284	1511	1076	73	
肥西县	10123	178	2	1214	3316	1538	2119	1571	176	9
庐江县	8766	200	9	1958	3784	1202	884	693	36	
合肥高新技术产业开发区	5428	77	2	321	930	583	1535	1625	330	25
合肥经济技术开发区	9982	166	4	814	2319	1265	2494	2461	417	42
合肥新站高新技术产业开发区	5801	142	1	651	1736	949	1313	849	150	10
巢湖市	1603	99	2	490	713	153	93	48	5	
芜湖市	**21306**	**527**	**25**	**4912**	**8442**	**2706**	**2592**	**1978**	**119**	**5**
镜湖区	21	1		3	9	4	3	1		
弋江区										
鸠江区	1337	117	2	485	508	93	85	44	3	
三山区	339	1		21	67	57	85	88	17	3
芜湖县	5570	75	10	1383	2380	703	532	458	29	
繁昌县	2800	28	1	522	1177	340	396	322	14	
南陵县	4275	67	4	972	1823	530	469	392	18	
芜湖经济技术开发区	3314	100	2	415	992	568	747	463	26	1
安徽芜湖长江大桥经济开发区	213	14	4	44	95	23	17	15	1	
无为市	3437	124	2	1067	1391	388	258	195	11	1
蚌埠市	**16419**	**390**	**13**	**2283**	**6355**	**2124**	**2507**	**2480**	**255**	**12**
龙子湖区	131	1		20	87	13	8	1	1	
蚌山区										
禹会区	115	4	2	13	60	28	4	4		
淮上区	450	16		107	249	38	28	12		
怀远县	5348	228	5	1110	2508	493	542	444	18	
五河县	3047	88	4	541	1401	369	350	288	6	
固镇县	2334	34	1	277	1101	390	345	184	1	1
蚌埠市高新技术开发区	1001	2		55	263	220	227	220	14	
蚌埠市经济开发区	3993	17	1	160	686	573	1003	1327	215	11
淮南市	**11566**	**299**	**7**	**2403**	**5240**	**1355**	**1310**	**915**	**36**	**1**
大通区	1027	36		151	445	150	148	92	5	
田家庵区	209	7		71	116	6	6	3		
谢家集区	73	3		30	32	3	5			
八公山区	1				1					
潘集区	760	39		159	412	61	60	26	3	
凤台县	3295	71	1	368	1415	506	523	396	15	
寿县	6201	143	6	1624	2819	629	568	398	13	1

4－2b 续表 7

单位：人

地区 性别	合计	未上过学	学前教育	小学	初中	高中	大学专科	大学本科	硕士研究生	博士研究生
马鞍山市	**11015**	**430**	**20**	**2480**	**4632**	**1210**	**1171**	**1039**	**33**	
花山区										
雨山区										
博望区	154	3		47	71	15	13	5		
当涂县	4839	185	3	988	2113	558	520	458	14	
含山县	2760	81	13	646	1186	286	269	268	11	
和县	3262	161	4	799	1262	351	369	308	8	
淮北市	**5639**	**172**	**4**	**705**	**2823**	**709**	**684**	**526**	**16**	
杜集区	553	42	1	66	288	72	57	25	2	
相山区										
烈山区	446	24		83	225	51	38	24	1	
濉溪县	4640	106	3	556	2310	586	589	477	13	
铜陵市	**4041**	**302**	**5**	**1138**	**1437**	**382**	**435**	**335**	**7**	
铜官区										
义安区	445	26	2	157	181	39	28	12		
郊区	340	22		94	124	42	33	25		
枞阳县	3256	254	3	887	1132	301	374	298	7	
安庆市	**23839**	**416**	**23**	**5549**	**9711**	**3072**	**2911**	**2036**	**119**	**2**
迎江区										
大观区	347	14		108	148	36	28	13		
宜秀区	530	32	2	242	173	34	26	21		
怀宁县	4719	30	2	733	2098	837	593	399	25	2
太湖县	3043	45	8	821	989	328	509	325	18	
宿松县	4232	36	2	892	1843	517	505	412	25	
望江县	2043	128	1	741	831	148	118	72	4	
岳西县	2137	42	1	432	822	281	305	243	11	
安徽安庆经济开发区	2612	15		315	889	554	494	327	18	
桐城市	1875	37	1	445	929	207	169	79	8	
潜山市	2301	37	6	820	989	130	164	145	10	
黄山市	**8652**	**198**	**12**	**1588**	**3960**	**1062**	**1055**	**750**	**26**	**1**
屯溪区	183	13		23	88	16	17	12	13	1
黄山区	551	16	2	137	229	64	68	32	3	
徽州区	274	9		82	136	20	18	9		
歙县	3806	80	4	674	1811	491	419	321	6	
休宁县	1791	46	4	394	744	242	210	149	2	
黟县	728	15		94	329	88	120	82		
祁门县	1319	19	2	184	623	141	203	145	2	
滁州市	**37829**	**511**	**30**	**6389**	**15744**	**8055**	**4430**	**2525**	**132**	**13**
琅琊区										
南谯区	1036	42	2	214	355	114	171	128	9	1
来安县	5382	52	1	795	2143	1321	689	367	14	
全椒县	7687	58	11	1450	3282	1409	952	502	23	
定远县	6944	137	2	1141	2874	1456	845	470	16	3
凤阳县	7145	109	7	1045	3047	1668	788	454	22	5
苏滁现代产业园	511	10	1	57	235	129	56	22	1	
滁州经济技术开发区	2457	19		317	901	405	446	330	36	3
天长市	5158	60	6	1050	2260	1215	374	189	3	1
明光市	1509	24		320	647	338	109	63	8	

4-2b　续表 8　　　　　　　　　　　　　　　　　　　　　　　　　单位：人

地　区 性　别	合　计	未上过学	学前教育	小　学	初　中	高　中	大学专科	大学本科	硕　士 研究生	博　士 研究生
阜阳市	**40422**	**1753**	**24**	**8410**	**20193**	**3652**	**3664**	**2601**	**117**	**8**
颍州区	927	54	1	187	553	58	45	29		
颍东区	1317	68		282	726	114	71	53	3	
颍泉区	2152	151	5	611	1097	155	96	36	1	
临泉县	8454	275	3	1862	3914	807	888	677	26	2
太和县	11076	418	8	2513	5512	948	974	656	47	
阜南县	5095	378		1008	2282	450	525	439	11	2
颍上县	8015	308	6	1403	4305	710	723	539	19	2
阜阳合肥现代产业园区	92	6		17	57	4	6	2		
阜阳经济技术开发区	1459	18		145	617	258	259	150	10	2
界首市	1835	77	1	382	1130	148	77	20		
宿州市	**31056**	**291**	**9**	**4150**	**13859**	**6838**	**3583**	**2252**	**71**	**3**
埇桥区	2808	29	1	464	1645	386	199	79	5	
砀山县	7169	60	2	896	2779	2215	785	418	14	
萧县	7207	97	1	744	3874	1162	778	534	16	1
灵璧县	7396	51	2	872	2699	1994	1036	720	20	2
泗县	5181	34	3	1020	2180	914	615	403	12	
宿州马鞍山现代产业园区	333	3		47	202	25	27	29		
宿州经济技术开发区	962	17		107	480	142	143	69	4	
六安市	**23670**	**311**	**24**	**4685**	**10275**	**3933**	**2495**	**1859**	**86**	**2**
金安区	2141	44	5	437	1026	289	201	132	7	
裕安区	1275	43	3	346	592	158	73	58	2	
叶集区	279	5		60	154	31	16	13		
霍邱县	4358	99	2	986	1891	460	462	446	12	
舒城县	6620	76	5	1190	2912	1262	703	450	21	1
金寨县	4391	5		696	1975	823	504	364	23	1
霍山县	4606	39	9	970	1725	910	536	396	21	
亳州市	**21480**	**817**	**9**	**3562**	**9702**	**2543**	**2777**	**2023**	**44**	**3**
谯城区	1938	175	2	443	1050	124	96	48		
涡阳县	5980	115	3	943	2681	756	878	587	16	1
蒙城县	6641	218	4	1049	2722	837	1008	781	21	1
利辛县	6921	309		1127	3249	826	795	607	7	1
池州市	**7542**	**191**	**13**	**1667**	**3056**	**894**	**943**	**754**	**22**	**2**
贵池区	491	40	3	142	204	43	39	20		
东至县	4328	101	9	1124	1711	465	517	392	7	2
石台县	578	16		79	195	81	103	103	1	
青阳县	2038	33	1	299	894	297	265	236	13	
池州市国家经济技术开发区										
皖江江南新兴产业集中区										
九华山风景区	107	1		23	52	8	19	3	1	
宣城市	**13186**	**243**	**15**	**2495**	**5717**	**1629**	**1704**	**1303**	**77**	**3**
宣州区	1618	52	2	455	710	158	153	80	8	
郎溪县	3701	71	3	777	1711	374	446	303	16	
泾县	2212	20	2	322	880	339	343	291	14	1
绩溪县	1621	21	1	218	782	193	207	191	8	
旌德县	965	15	2	145	345	149	173	130	6	
宣城市经济开发区	1531	22	1	179	507	248	286	264	22	2
宁国市	425	24	1	119	188	48	29	15	1	
广德市	1113	18	3	280	594	120	67	29	2	

4-2c 各地区分性别、受教育程度的就业人口(乡村)

单位：人

地区 性别	合计	未上过学	学前教育	小学	初中	高中	大学专科	大学本科	硕士研究生	博士研究生
安徽	**1218089**	**49459**	**1670**	**333293**	**611662**	**138850**	**55514**	**26212**	**1312**	**117**
合肥市	**86529**	**4281**	**218**	**23942**	**39815**	**10000**	**5102**	**2974**	**186**	**11**
瑶海区	1127	20		114	402	170	261	148	11	1
庐阳区	215	17		41	100	30	19	8		
蜀山区	627	25	6	170	203	123	87	12	1	
包河区	421	28		81	205	30	27	49	1	
长丰县	15540	1337	5	4227	7161	1589	755	441	25	
肥东县	20266	857	71	4400	10136	2656	1286	812	44	4
肥西县	16164	699	10	4010	7195	2386	1165	642	55	2
庐江县	22563	546	75	7165	10613	2310	1146	674	32	2
合肥高新技术产业开发区	4			1	3					
合肥经济技术开发区	378	28		184	144	15	5	2		
合肥新站高新技术产业开发区	223	19	1	42	95	20	12	27	6	1
巢湖市	9001	705	50	3507	3558	671	339	159	11	1
芜湖市	**59608**	**1943**	**88**	**18553**	**28490**	**5936**	**2806**	**1707**	**81**	**4**
镜湖区	785	41		228	384	70	45	16	1	
弋江区										
鸠江区	6501	568	5	2209	2811	534	218	147	9	
三山区	1875	132	6	667	827	117	93	31	2	
芜湖县	5548	115	21	1803	2743	425	264	165	11	1
繁昌县	5867	95	9	1790	2793	613	368	187	10	2
南陵县	12207	313	31	4413	5517	1088	503	331	11	
芜湖经济技术开发区	144	11		45	62	15	10	1		
安徽芜湖长江大桥经济开发区	312	26		111	136	27	10	2		
无为市	26369	642	16	7287	13217	3047	1295	827	37	1
蚌埠市	**55930**	**3835**	**113**	**17905**	**28676**	**3409**	**1508**	**465**	**17**	**2**
龙子湖区	1836	29	2	403	1079	261	48	14		
蚌山区	669	21	1	150	359	104	26	8		
禹会区	3652	181	5	868	2113	308	136	38	3	
淮上区	3952	320	3	1215	2104	213	80	17		
怀远县	23277	1969	38	8602	10961	1070	481	150	5	1
五河县	10893	795	50	3383	5522	619	412	108	3	1
固镇县	11651	520	14	3284	6538	834	325	130	6	
蚌埠市高新技术开发区										
蚌埠市经济开发区										
淮南市	**56171**	**2353**	**85**	**17070**	**29739**	**4349**	**1771**	**770**	**31**	**3**
大通区	1818	195		532	912	110	61	8		
田家庵区	1097	80		432	485	74	18	5	3	
谢家集区	1717	151	7	552	816	122	48	20	1	
八公山区	285	7		69	150	27	19	12	1	
潘集区	6245	325	1	1560	3681	425	173	76	4	
凤台县	15204	877	12	4029	8397	1182	501	206		
寿县	29805	718	65	9896	15298	2409	951	443	22	3

4-2c　续表 1　　　　单位：人

地区 性别	合计	未上过学	学前教育	小学	初中	高中	大学专科	大学本科	硕士研究生	博士研究生
马鞍山市	**29068**	**1457**	**118**	**9347**	**14244**	**2301**	**994**	**577**	**29**	**1**
花山区	361	14	1	85	162	55	28	15	1	
雨山区	628	25	3	145	331	62	44	18		
博望区	2999	42	9	866	1653	262	99	64	4	
当涂县	8340	328	35	2462	4437	697	268	109	4	
含山县	8821	292	35	2742	4414	760	316	252	9	1
和县	7919	756	35	3047	3247	465	239	119	11	
淮北市	**27718**	**1328**	**19**	**6420**	**16340**	**2072**	**1038**	**470**	**26**	**5**
杜集区	2241	136	1	394	1222	297	130	58	3	
相山区	1899	116		427	1044	182	99	30	1	
烈山区	4608	261	10	1204	2586	336	142	65	3	1
濉溪县	18970	815	8	4395	11488	1257	667	317	19	4
铜陵市	**14523**	**1193**	**45**	**5187**	**5917**	**1173**	**628**	**365**	**12**	**3**
铜官区	389	13	1	109	179	45	29	12	1	
义安区	4730	193	19	1629	2267	382	162	76	2	
郊区	2742	265	15	926	1102	206	137	89	1	1
枞阳县	6662	722	10	2523	2369	540	300	188	8	2
安庆市	**119273**	**3203**	**141**	**31956**	**52390**	**15843**	**9826**	**5578**	**308**	**28**
迎江区	439	19	1	174	158	40	31	16		
大观区	1697	20		440	848	181	129	73	6	
宜秀区	1210	68	1	489	467	112	52	20		1
怀宁县	16828	87	9	2782	7347	4294	1521	743	40	5
太湖县	14873	156	48	4581	6212	1468	1595	777	32	4
宿松县	21743	90	5	2606	11004	4297	2284	1389	64	4
望江县	27264	2204	49	11116	9579	1763	1663	842	45	3
岳西县	10392	159	4	3141	4745	1131	706	463	40	3
安徽安庆经济开发区	174	6		65	58	30	8	7		
桐城市	11015	126	5	2414	5524	1452	884	561	46	3
潜山市	13638	268	19	4148	6448	1075	953	687	35	5
黄山市	**33831**	**1125**	**106**	**10655**	**17140**	**2773**	**1358**	**638**	**30**	**6**
屯溪区	1168	13		277	670	113	75	20		
黄山区	3177	118	10	1152	1345	297	174	71	8	2
徽州区	2082	122	2	592	1124	132	74	36		
歙县	15307	485	66	4566	8182	1196	525	271	13	3
休宁县	6909	213	17	2419	3231	632	259	129	8	1
黟县	2300	80	8	709	1120	196	128	59		
祁门县	2888	94	3	940	1468	207	123	52	1	
滁州市	**100393**	**1842**	**186**	**20953**	**44985**	**23151**	**6751**	**2411**	**101**	**13**
琅琊区	546	25	3	172	274	48	17	7		
南谯区	4877	207	2	1168	2352	615	342	174	16	1
来安县	11529	244	18	2495	4689	3078	710	277	16	2
全椒县	11277	127	84	3587	5111	1431	735	192	8	2
定远县	27608	549	36	5259	12374	6675	1901	784	26	4
凤阳县	19729	373	9	3262	9038	5494	1234	310	8	1
苏滁现代产业园										
滁州经济技术开发区	1652	2	1	113	672	562	220	78	4	
天长市	10733	88	20	2428	4381	2676	825	302	11	2
明光市	12442	227	13	2469	6094	2572	767	287	12	1

4−2c 续表 2

单位：人

地区 性别	合计	未上过学	学前教育	小学	初中	高中	大学专科	大学本科	硕士研究生	博士研究生
阜阳市	**227662**	**12759**	**165**	**61918**	**129557**	**14032**	**6322**	**2764**	**136**	**9**
颍州区	10342	705	8	2497	5946	656	361	162	7	
颍东区	14036	716	6	3064	8625	909	463	240	12	1
颍泉区	14744	893	1	4162	7943	1110	428	198	9	
临泉县	53417	2820	52	16415	28547	3389	1484	668	41	1
太和县	41827	1798	57	11549	24623	2348	1027	410	14	1
阜南县	38138	3466	17	11064	19910	2315	951	401	14	
颍上县	41630	1853	19	10232	25516	2427	1071	481	27	4
阜阳合肥现代产业园区	1049	25	1	173	664	85	59	39	3	
阜阳经济技术开发区	670	6	1	103	410	69	48	33		
界首市	11809	477	3	2659	7373	724	430	132	9	2
宿州市	**142526**	**2188**	**96**	**27280**	**77181**	**27781**	**6055**	**1827**	**108**	**10**
埇桥区	40186	575	19	7413	26627	3826	1219	475	31	1
砀山县	21100	133	5	3460	9169	6878	1162	279	13	1
萧县	36339	1033	37	7160	21781	4525	1315	453	32	3
灵璧县	24228	290	7	4530	10824	6976	1307	277	15	2
泗县	20094	145	28	4549	8455	5533	1030	336	16	2
宿州马鞍山现代产业园区	579	12		168	325	43	22	7	1	1
宿州经济技术开发区										
六安市	**109175**	**2225**	**99**	**33341**	**50393**	**14569**	**5366**	**3040**	**131**	**11**
金安区	15354	422	13	5466	6797	1462	639	535	19	1
裕安区	21287	632	35	6999	9780	2506	822	492	20	1
叶集区	4034	72	1	1291	2167	295	104	96	6	2
霍邱县	23412	710	26	8768	11342	1509	669	374	14	
舒城县	23859	230	11	5195	10195	5541	1770	878	35	4
金寨县	15649	102	5	3904	7774	2401	983	450	28	2
霍山县	5580	57	8	1718	2338	855	379	215	9	1
亳州市	**90563**	**6659**	**34**	**26302**	**47614**	**5698**	**2922**	**1275**	**50**	**9**
谯城区	29844	1994	8	7829	16811	1855	964	364	16	3
涡阳县	19501	1070	10	6108	10130	1201	672	295	13	2
蒙城县	18610	1520	7	5519	9447	1197	607	300	10	3
利辛县	22608	2075	9	6846	11226	1445	679	316	11	1
池州市	**25616**	**1397**	**37**	**8679**	**10725**	**2484**	**1592**	**671**	**30**	**1**
贵池区	7341	805	22	2707	2763	663	262	111	7	1
东至县	12042	287	5	3714	5345	1238	1040	393	20	
石台县	1737	116	3	704	649	131	95	38	1	
青阳县	3965	184	6	1430	1755	374	131	84	1	
池州市国家经济技术开发区										
皖江江南新兴产业集中区										
九华山风景区	531	5	1	124	213	78	64	45	1	
宣城市	**39503**	**1671**	**120**	**13785**	**18456**	**3279**	**1475**	**680**	**36**	**1**
宣州区	11971	808	43	4524	5155	882	390	160	9	
郎溪县	5239	190	13	1747	2571	365	231	117	5	
泾县	4836	131	18	1879	2120	411	178	97	2	
绩溪县	2255	62	4	855	1085	156	53	37	3	
旌德县	1949	67	12	698	902	157	82	27	4	
宣城市经济开发区	892	35	4	250	386	104	74	34	5	
宁国市	4582	230	13	1574	2028	452	196	82	7	
广德市	7779	148	13	2258	4209	752	271	126	1	1

4-2c　续表 3　　　　　　　　　　　　　　　　　　　　单位：人

地　区 性　别	合　计	未上过学	学前教育	小　学	初　中	高　中	大学专科	大学本科	硕　士 研究生	博　士 研究生
男	**746520**	**15736**	**638**	**175711**	**405614**	**97006**	**34640**	**16276**	**815**	**84**
合肥市	**56436**	**1428**	**92**	**13393**	**28594**	**7557**	**3340**	**1901**	**123**	**8**
瑶海区	706	5		51	276	118	154	96	6	
庐阳区	148	4		31	70	24	11	8		
蜀山区	458	7	3	104	150	108	79	7		
包河区	268	6		40	144	22	20	35	1	
长丰县	9977	481		2470	5111	1168	470	258	19	
肥东县	13421	216	22	2227	7549	2016	825	534	29	3
肥西县	10868	309	6	2480	5042	1821	781	392	35	2
庐江县	14876	216	42	4062	7589	1726	753	464	23	1
合肥高新技术产业开发区	3			1	2					
合肥经济技术开发区	229	12		90	110	11	5	1		
合肥新站高新技术产业开发区	151	5		31	71	17	7	15	4	1
巢湖市	5331	167	19	1806	2480	526	235	91	6	1
芜湖市	**39529**	**736**	**42**	**11045**	**20380**	**4445**	**1769**	**1057**	**51**	**4**
镜湖区	530	21		144	288	51	19	6	1	
弋江区										
鸠江区	3964	162	3	1183	1975	405	133	99	4	
三山区	1207	52	2	403	592	90	53	14	1	
芜湖县	3705	45	14	1027	2005	320	171	113	9	1
繁昌县	3930	28	4	1036	2013	466	250	125	6	2
南陵县	7865	110	11	2686	3779	783	303	187	6	
芜湖经济技术开发区	83	3		21	42	11	5	1		
安徽芜湖长江大桥经济开发区	186	10		57	94	19	6			
无为市	18059	305	8	4488	9592	2300	829	512	24	1
蚌埠市	**32680**	**1272**	**47**	**9065**	**18695**	**2424**	**897**	**266**	**13**	**1**
龙子湖区	1140	12	1	218	696	171	34	8		
蚌山区	439	10	1	84	246	79	15	4		
禹会区	2440	87	5	555	1474	218	72	27	2	
淮上区	2414	106	1	657	1446	145	51	8		
怀远县	12678	621	14	4078	6867	737	275	80	5	1
五河县	6616	259	20	1785	3770	464	249	68	1	
固镇县	6953	177	5	1688	4196	610	201	71	5	
蚌埠市高新技术开发区										
蚌埠市经济开发区										
淮南市	**34937**	**954**	**41**	**9227**	**19753**	**3248**	**1163**	**530**	**20**	**1**
大通区	1166	90		319	647	75	30	5		
田家庵区	690	26		253	339	56	12	3	1	
谢家集区	1065	66	1	318	547	87	29	16	1	
八公山区	177	3		36	101	17	10	9	1	
潘集区	4228	139	1	901	2645	344	136	60	2	
凤台县	9225	338	8	2071	5401	914	344	149		
寿县	18386	292	31	5329	10073	1755	602	288	15	1

4-2c 续表 4

单位：人

地区 性别	合计	未上过学	学前教育	小学	初中	高中	大学专科	大学本科	硕士研究生	博士研究生
马鞍山市	**18555**	**449**	**47**	**5129**	**10149**	**1753**	**646**	**363**	**18**	**1**
花山区	241	6	1	55	113	41	18	7		
雨山区	398	4	1	81	233	49	22	8		
博望区	2090	13	7	526	1235	208	63	35	3	
当涂县	5182	116	14	1266	3012	522	181	69	2	
含山县	5868	109	15	1553	3235	575	212	162	6	1
和县	4776	201	9	1648	2321	358	150	82	7	
淮北市	**17241**	**418**	**3**	**3432**	**10917**	**1504**	**651**	**295**	**17**	**4**
杜集区	1494	54	1	228	877	215	80	37	2	
相山区	1206	39		248	700	129	69	20	1	
烈山区	2672	76		603	1623	250	86	33	1	
濉溪县	11869	249	2	2353	7717	910	416	205	13	4
铜陵市	**9221**	**425**	**19**	**2948**	**4305**	**909**	**395**	**211**	**7**	**2**
铜官区	236	6		64	113	31	18	4		
义安区	3106	65	7	919	1675	298	99	43		
郊区	1722	104	6	536	781	155	93	45	1	1
枞阳县	4157	250	6	1429	1736	425	185	119	6	1
安庆市	**73375**	**696**	**49**	**15518**	**35275**	**11887**	**6212**	**3530**	**188**	**20**
迎江区	302	4		104	118	38	25	13		
大观区	1044	3		214	567	137	76	44	3	
宜秀区	734	17	1	253	334	89	32	7		1
怀宁县	10390	22	4	1323	4571	2998	990	456	24	2
太湖县	9689	43	16	2434	4539	1139	1016	482	17	3
宿松县	14081	36	2	1045	7137	3360	1523	932	43	3
望江县	14390	386	13	4880	6323	1281	967	509	28	3
岳西县	6906	57	1	1713	3511	873	436	289	24	2
安徽安庆经济开发区	101	3		30	39	24	2	3		
桐城市	7339	56	2	1379	3829	1127	559	356	28	3
潜山市	8399	69	10	2143	4307	821	586	439	21	3
黄山市	**20486**	**203**	**33**	**5527**	**11533**	**2020**	**773**	**372**	**21**	**4**
屯溪区	685	2		154	406	69	42	12		
黄山区	2096	40	6	748	938	214	102	40	6	2
徽州区	1216	24		301	737	96	39	19		
歙县	8906	51	17	2086	5418	885	275	161	11	2
休宁县	4206	43	6	1306	2176	447	154	70	4	
黟县	1428	26	4	399	750	143	72	34		
祁门县	1949	17		533	1108	166	89	36		
滁州市	**59764**	**533**	**53**	**9468**	**28202**	**15495**	**4413**	**1524**	**69**	**7**
琅琊区	351	10		98	191	36	11	5		
南谯区	3239	63	1	618	1757	461	231	96	11	1
来安县	6824	65	6	1130	2943	2041	457	175	6	1
全椒县	6274	21	17	1478	3186	992	450	122	7	1
定远县	16429	151	13	2271	7720	4465	1284	506	17	2
凤阳县	11697	131	6	1586	5403	3592	781	193	5	
苏滁现代产业园										
滁州经济技术开发区	1090	2	1	64	387	394	173	65	4	
天长市	6312	19	5	1114	2717	1723	543	181	9	1
明光市	7548	71	4	1109	3898	1791	483	181	10	1

4-2c 续表 5

单位：人

地区 性别	合计	未上过学	学前教育	小学	初中	高中	大学专科	大学本科	硕士 研究生	博士 研究生
阜阳市	**134936**	**3693**	**52**	**31187**	**84765**	**9701**	**3791**	**1653**	**86**	**8**
颍州区	6436	193	3	1359	4117	448	217	94	5	
颍东区	8762	214	3	1574	5899	649	280	135	8	
颍泉区	8334	218		1896	5087	760	251	117	5	
临泉县	31083	746	16	8354	18392	2297	856	399	22	1
太和县	24050	329	12	5019	16115	1661	653	252	8	1
阜南县	22346	1043	10	5799	13059	1621	561	244	9	
颍上县	25279	780	7	5643	16264	1625	644	291	21	4
阜阳合肥现代产业园区	676	15		105	447	56	32	19	2	
阜阳经济技术开发区	462	4		70	286	51	31	20		
界首市	7508	151	1	1368	5099	533	266	82	6	2
宿州市	**80666**	**653**	**27**	**12289**	**45917**	**17110**	**3552**	**1048**	**61**	**9**
埇桥区	24774	185	6	3618	17254	2659	736	294	21	1
砀山县	11480	34	2	1369	5032	4156	706	173	7	1
萧县	19632	292	9	3198	12274	2833	773	231	19	3
灵璧县	12967	97	2	2050	6073	3893	698	146	6	2
泗县	11455	40	8	1962	5069	3543	625	200	7	1
宿州马鞍山现代产业园区	358	5		92	215	26	14	4	1	1
宿州经济技术开发区										
六安市	**68654**	**847**	**38**	**18729**	**33112**	**10499**	**3398**	**1949**	**73**	**9**
金安区	9372	151	5	3025	4391	1048	402	340	9	1
裕安区	13383	226	15	3933	6476	1815	562	341	14	1
叶集区	2476	32	1	732	1372	222	65	47	3	2
霍邱县	14760	291	11	5100	7636	1072	403	238	9	
舒城县	15233	96	4	2934	6613	3897	1103	564	20	2
金寨县	9854	33	2	2078	5038	1778	627	282	14	2
霍山县	3576	18		927	1586	667	236	137	4	1
亳州市	**56340**	**2128**	**12**	**14485**	**33033**	**4080**	**1773**	**796**	**28**	**5**
谯城区	18328	535	4	4137	11601	1289	527	225	9	1
涡阳县	12688	429	2	3586	7179	854	443	188	6	1
蒙城县	11448	508	1	2957	6500	902	381	192	4	3
利辛县	13876	656	5	3805	7753	1035	422	191	9	
池州市	**16788**	**527**	**19**	**5168**	**7757**	**1911**	**989**	**398**	**18**	**1**
贵池区	4707	282	10	1601	2038	534	168	67	6	1
东至县	7903	94	3	2105	3871	945	647	228	10	
石台县	1098	40	1	414	451	110	60	22		
青阳县	2744	108	4	966	1258	272	81	54	1	
池州市国家经济技术开发区										
皖江江南新兴产业集中区										
九华山风景区	336	3	1	82	139	50	33	27	1	
宣城市	**26912**	**774**	**64**	**9101**	**13227**	**2463**	**878**	**383**	**22**	
宣州区	7903	350	23	2812	3694	680	244	95	5	
郎溪县	3688	111	10	1207	1901	263	130	61	5	
泾县	3561	79	8	1389	1612	315	105	53		
绩溪县	1412	14	2	462	742	127	38	27		
旌德县	1387	38	6	514	646	119	45	17	2	
宣城市经济开发区	605	15	2	160	283	74	47	21	3	
宁国市	3165	103	3	1064	1490	346	107	46	6	
广德市	5191	64	10	1493	2859	539	162	63	1	

4-2c 续表 6　　单位：人

地区 性别	合计	未上过学	学前教育	小学	初中	高中	大学专科	大学本科	硕士研究生	博士研究生
女	**471569**	**33723**	**1032**	**157582**	**206048**	**41844**	**20874**	**9936**	**497**	**33**
合肥市	**30093**	**2853**	**126**	**10549**	**11221**	**2443**	**1762**	**1073**	**63**	**3**
瑶海区	421	15		63	126	52	107	52	5	1
庐阳区	67	13		10	30	6	8			
蜀山区	169	18	3	66	53	15	8	5	1	
包河区	153	22		41	61	8	7	14		
长丰县	5563	856	5	1757	2050	421	285	183	6	
肥东县	6845	641	49	2173	2587	640	461	278	15	1
肥西县	5296	390	4	1530	2153	565	384	250	20	
庐江县	7687	330	33	3103	3024	584	393	210	9	1
合肥高新技术产业开发区	1				1					
合肥经济技术开发区	149	16		94	34	4		1		
合肥新站高新技术产业开发区	72	14	1	11	24	3	5	12	2	
巢湖市	3670	538	31	1701	1078	145	104	68	5	
芜湖市	**20079**	**1207**	**46**	**7508**	**8110**	**1491**	**1037**	**650**	**30**	
镜湖区	255	20		84	96	19	26	10		
弋江区										
鸠江区	2537	406	2	1026	836	129	85	48	5	
三山区	668	80	4	264	235	27	40	17	1	
芜湖县	1843	70	7	776	738	105	93	52	2	
繁昌县	1937	67	5	754	780	147	118	62	4	
南陵县	4342	203	20	1727	1738	305	200	144	5	
芜湖经济技术开发区	61	8		24	20	4	5			
安徽芜湖长江大桥经济开发区	126	16		54	42	8	4	2		
无为市	8310	337	8	2799	3625	747	466	315	13	
蚌埠市	**23250**	**2563**	**66**	**8840**	**9981**	**985**	**611**	**199**	**4**	**1**
龙子湖区	696	17	1	185	383	90	14	6		
蚌山区	230	11		66	113	25	11	4		
禹会区	1212	94		313	639	90	64	11	1	
淮上区	1538	214	2	558	658	68	29	9		
怀远县	10599	1348	24	4524	4094	333	206	70		
五河县	4277	536	30	1598	1752	155	163	40	2	1
固镇县	4698	343	9	1596	2342	224	124	59	1	
蚌埠市高新技术开发区										
蚌埠市经济开发区										
淮南市	**21234**	**1399**	**44**	**7843**	**9986**	**1101**	**608**	**240**	**11**	**2**
大通区	652	105		213	265	35	31	3		
田家庵区	407	54		179	146	18	6	2	2	
谢家集区	652	85	6	234	269	35	19	4		
八公山区	108	4		33	49	10	9	3		
潘集区	2017	186		659	1036	81	37	16	2	
凤台县	5979	539	4	1958	2996	268	157	57		
寿县	11419	426	34	4567	5225	654	349	155	7	2

4-2c　续表 7　　　　单位：人

地区 性别	合计	未上过学	学前教育	小学	初中	高中	大学专科	大学本科	硕士研究生	博士研究生
马鞍山市	**10513**	**1008**	**71**	**4218**	**4095**	**548**	**348**	**214**	**11**	
花山区	120	8		30	49	14	10	8	1	
雨山区	230	21	2	64	98	13	22	10		
博望区	909	29	2	340	418	54	36	29	1	
当涂县	3158	212	21	1196	1425	175	87	40	2	
含山县	2953	183	20	1189	1179	185	104	90	3	
和县	3143	555	26	1399	926	107	89	37	4	
淮北市	**10477**	**910**	**16**	**2988**	**5423**	**568**	**387**	**175**	**9**	**1**
杜集区	747	82		166	345	82	50	21	1	
相山区	693	77		179	344	53	30	10		
烈山区	1936	185	10	601	963	86	56	32	2	1
濉溪县	7101	566	6	2042	3771	347	251	112	6	
铜陵市	**5302**	**768**	**26**	**2239**	**1612**	**264**	**233**	**154**	**5**	**1**
铜官区	153	7	1	45	66	14	11	8	1	
义安区	1624	128	12	710	592	84	63	33	2	
郊区	1020	161	9	390	321	51	44	44		
枞阳县	2505	472	4	1094	633	115	115	69	2	1
安庆市	**45898**	**2507**	**92**	**16438**	**17115**	**3956**	**3614**	**2048**	**120**	**8**
迎江区	137	15	1	70	40	2	6	3		
大观区	653	17		226	281	44	53	29	3	
宜秀区	476	51		236	133	23	20	13		
怀宁县	6438	65	5	1459	2776	1296	531	287	16	3
太湖县	5184	113	32	2147	1673	329	579	295	15	1
宿松县	7662	54	3	1561	3867	937	761	457	21	1
望江县	12874	1818	36	6236	3256	482	696	333	17	
岳西县	3486	102	3	1428	1234	258	270	174	16	1
安徽安庆经济开发区	73	3		35	19	6	6	4		
桐城市	3676	70	3	1035	1695	325	325	205	18	
潜山市	5239	199	9	2005	2141	254	367	248	14	2
黄山市	**13345**	**922**	**73**	**5128**	**5607**	**753**	**585**	**266**	**9**	**2**
屯溪区	483	11		123	264	44	33	8		
黄山区	1081	78	4	404	407	83	72	31	2	
徽州区	866	98	2	291	387	36	35	17		
歙县	6401	434	49	2480	2764	311	250	110	2	1
休宁县	2703	170	11	1113	1055	185	105	59	4	1
黟县	872	54	4	310	370	53	56	25		
祁门县	939	77	3	407	360	41	34	16	1	
滁州市	**40629**	**1309**	**133**	**11485**	**16783**	**7656**	**2338**	**887**	**32**	**6**
琅琊区	195	15	3	74	83	12	6	2		
南谯区	1638	144	1	550	595	154	111	78	5	
来安县	4705	179	12	1365	1746	1037	253	102	10	1
全椒县	5003	106	67	2109	1925	439	285	70	1	1
定远县	11179	398	23	2988	4654	2210	617	278	9	2
凤阳县	8032	242	3	1676	3635	1902	453	117	3	1
苏滁现代产业园										
滁州经济技术开发区	562			49	285	168	47	13		
天长市	4421	69	15	1314	1664	953	282	121	2	1
明光市	4894	156	9	1360	2196	781	284	106	2	

4-2c 续表 8 单位：人

地区 性别	合计	未上过学	学前教育	小学	初中	高中	大学专科	大学本科	硕士研究生	博士研究生
阜阳市	**92726**	**9066**	**113**	**30731**	**44792**	**4331**	**2531**	**1111**	**50**	**1**
颍州区	3906	512	5	1138	1829	208	144	68	2	
颍东区	5274	502	3	1490	2726	260	183	105	4	1
颍泉区	6410	675	1	2266	2856	350	177	81	4	
临泉县	22334	2074	36	8061	10155	1092	628	269	19	
太和县	17777	1469	45	6530	8508	687	374	158	6	
阜南县	15792	2423	7	5265	6851	694	390	157	5	
颍上县	16351	1073	12	4589	9252	802	427	190	6	
阜阳合肥现代产业园区	373	10	1	68	217	29	27	20	1	
阜阳经济技术开发区	208	2	1	33	124	18	17	13		
界首市	4301	326	2	1291	2274	191	164	50	3	
宿州市	**61860**	**1535**	**69**	**14991**	**31264**	**10671**	**2503**	**779**	**47**	**1**
埇桥区	15412	390	13	3795	9373	1167	483	181	10	
砀山县	9620	99	3	2091	4137	2722	456	106	6	
萧县	16707	741	28	3962	9507	1692	542	222	13	
灵璧县	11261	193	5	2480	4751	3083	609	131	9	
泗县	8639	105	20	2587	3386	1990	405	136	9	1
宿州马鞍山现代产业园区	221	7		76	110	17	8	3		
宿州经济技术开发区										
六安市	**40521**	**1378**	**61**	**14612**	**17281**	**4070**	**1968**	**1091**	**58**	**2**
金安区	5982	271	8	2441	2406	414	237	195	10	
裕安区	7904	406	20	3066	3304	691	260	151	6	
叶集区	1558	40		559	795	73	39	49	3	
霍邱县	8652	419	15	3668	3706	437	266	136	5	
舒城县	8626	134	7	2261	3582	1644	667	314	15	2
金寨县	5795	69	3	1826	2736	623	356	168	14	
霍山县	2004	39	8	791	752	188	143	78	5	
亳州市	**34223**	**4531**	**22**	**11817**	**14581**	**1618**	**1149**	**479**	**22**	**4**
谯城区	11516	1459	4	3692	5210	566	437	139	7	2
涡阳县	6813	641	8	2522	2951	347	229	107	7	1
蒙城县	7162	1012	6	2562	2947	295	226	108	6	
利辛县	8732	1419	4	3041	3473	410	257	125	2	1
池州市	**8828**	**870**	**18**	**3511**	**2968**	**573**	**603**	**273**	**12**	
贵池区	2634	523	12	1106	725	129	94	44	1	
东至县	4139	193	2	1609	1474	293	393	165	10	
石台县	639	76	2	290	198	21	35	16	1	
青阳县	1221	76	2	464	497	102	50	30		
池州市国家经济技术开发区										
皖江江南新兴产业集中区										
九华山风景区	195	2		42	74	28	31	18		
宣城市	**12591**	**897**	**56**	**4684**	**5229**	**816**	**597**	**297**	**14**	**1**
宣州区	4068	458	20	1712	1461	202	146	65	4	
郎溪县	1551	79	3	540	670	102	101	56		
泾县	1275	52	10	490	508	96	73	44	2	
绩溪县	843	48	2	393	343	29	15	10	3	
旌德县	562	29	6	184	256	38	37	10	2	
宣城市经济开发区	287	20	2	90	103	30	27	13	2	
宁国市	1417	127	10	510	538	106	89	36	1	
广德市	2588	84	3	765	1350	213	109	63		1

4-3 全省分年龄、性别、受教育程度的就业人口

单位：人

年龄组 性别	合计	未上过学	学前教育	小学	初中	高中	大学专科	大学本科	硕士 研究生	博士 研究生
总计	**2766699**	**67980**	**2330**	**518247**	**1213809**	**417107**	**298810**	**224607**	**21546**	**2263**
16-19岁	28128	16	7	522	13875	9777	3361	570		
20-24岁	146756	69	15	1642	44415	33411	43810	22832	547	15
25-29岁	305293	190	35	4642	102381	65624	69670	57075	5411	265
30-34岁	378167	330	38	10202	158540	78509	67505	55960	6496	587
35-39岁	281116	573	38	14266	144293	49809	34813	32851	3938	535
40-44岁	302538	1631	58	35102	167816	47905	26932	20576	2099	419
45-49岁	381026	4769	149	79336	207428	49500	23245	15030	1374	195
50-54岁	387918	8752	262	118996	191771	38133	17001	11888	977	138
55-59岁	259530	8935	316	84447	119399	27794	10708	7176	656	99
60-64岁	89463	8419	297	44599	25927	8846	951	382	32	10
65-69岁	114233	15965	540	67512	23776	5749	510	172	9	
70-74岁	59306	10751	337	37235	9383	1369	179	48	4	
75岁及以上	33225	7580	238	19746	4805	681	125	47	3	
男	**1682501**	**22014**	**916**	**272351**	**784611**	**281655**	**177155**	**129791**	**12387**	**1621**
16-19岁	17388	8	5	309	8931	6200	1654	281		
20-24岁	85051	39	9	1008	29092	21799	21960	10890	246	8
25-29岁	182433	100	19	2768	64719	43130	39077	29806	2659	155
30-34岁	222720	145	16	5151	93085	49990	39245	31277	3425	386
35-39岁	165842	219	15	6166	85137	31650	20903	19071	2294	387
40-44岁	177190	486	19	15003	101030	30378	16142	12472	1344	316
45-49岁	223436	1206	53	34575	129262	32249	14740	10178	1020	153
50-54岁	242444	2118	82	57581	131991	28548	12343	8897	766	118
55-59岁	174188	1945	84	42803	89318	23364	9604	6384	596	90
60-64岁	58912	2768	112	26514	20780	7588	800	318	24	8
65-69岁	72860	5497	227	42194	19397	4976	422	139	8	
70-74岁	38399	4230	153	24810	7810	1196	159	38	3	
75岁及以上	21638	3253	122	13469	4059	587	106	40	2	
女	**1084198**	**45966**	**1414**	**245896**	**429198**	**135452**	**121655**	**94816**	**9159**	**642**
16-19岁	10740	8	2	213	4944	3577	1707	289		
20-24岁	61705	30	6	634	15323	11612	21850	11942	301	7
25-29岁	122860	90	16	1874	37662	22494	30593	27269	2752	110
30-34岁	155447	185	22	5051	65455	28519	28260	24683	3071	201
35-39岁	115274	354	23	8100	59156	18159	13910	13780	1644	148
40-44岁	125348	1145	39	20099	66786	17527	10790	8104	755	103
45-49岁	157590	3563	96	44761	78166	17251	8505	4852	354	42
50-54岁	145474	6634	180	61415	59780	9585	4658	2991	211	20
55-59岁	85342	6990	232	41644	30081	4430	1104	792	60	9
60-64岁	30551	5651	185	18085	5147	1258	151	64	8	2
65-69岁	41373	10468	313	25318	4379	773	88	33	1	
70-74岁	20907	6521	184	12425	1573	173	20	10	1	
75岁及以上	11587	4327	116	6277	746	94	19	7	1	

4-3a 全省分年龄、性别、受教育程度的就业人口(城市)

单位：人

年龄组 性别	合计	未上过学	学前教育	小学	初中	高中	大学专科	大学本科	硕士 研究生	博士 研究生
总计	**683646**	**5862**	**211**	**57305**	**221552**	**130963**	**133480**	**118471**	**14182**	**1620**
16-19岁	4441	3		49	1500	1682	1054	153		
20-24岁	40349	6	6	251	5767	7695	16970	9400	248	6
25-29岁	89512	39	12	744	15249	17118	27408	26013	2795	134
30-34岁	119859	43	5	1788	27946	24597	30435	30442	4227	376
35-39岁	90372	90	8	2276	28931	17562	18057	20076	2958	414
40-44岁	89344	248	11	5642	36169	18948	14173	12160	1650	343
45-49岁	98933	791	21	12590	44413	19163	11919	8818	1060	158
50-54岁	82897	1200	40	16009	36686	13142	8174	6815	727	104
55-59岁	47642	899	34	8699	19690	8746	4749	4253	494	78
60-64岁	9228	859	29	3416	2803	1569	317	210	18	7
65-69岁	7652	1084	29	3950	1758	597	146	86	2	
70-74岁	2479	452	13	1401	453	93	41	24	2	
75岁及以上	938	148	3	490	187	51	37	21	1	
男	**410965**	**2043**	**93**	**30443**	**139810**	**85934**	**76865**	**66616**	**8002**	**1159**
16-19岁	2505	1		28	937	1015	449	75		
20-24岁	21379	5	4	163	3739	4887	8255	4228	95	3
25-29岁	50184	20	8	499	9551	10953	14879	12939	1264	71
30-34岁	67570	18	1	957	16044	15133	16873	16164	2138	242
35-39岁	51698	29	3	1014	16489	10545	10373	11285	1662	298
40-44岁	51322	74	2	2352	20769	11447	8198	7172	1051	257
45-49岁	58033	195	11	5589	26388	11906	7263	5793	766	122
50-54岁	56567	340	14	8415	25989	10341	5866	4955	560	87
55-59岁	37200	245	18	5071	15573	7753	4282	3736	450	72
60-64岁	6765	375	10	2298	2320	1322	254	167	12	7
65-69岁	5326	444	14	2702	1474	517	104	69	2	
70-74岁	1757	211	6	1006	402	76	37	17	2	
75岁及以上	659	86	2	349	135	39	32	16		
女	**272681**	**3819**	**118**	**26862**	**81742**	**45029**	**56615**	**51855**	**6180**	**461**
16-19岁	1936	2		21	563	667	605	78		
20-24岁	18970	1	2	88	2028	2808	8715	5172	153	3
25-29岁	39328	19	4	245	5698	6165	12529	13074	1531	63
30-34岁	52289	25	4	831	11902	9464	13562	14278	2089	134
35-39岁	38674	61	5	1262	12442	7017	7684	8791	1296	116
40-44岁	38022	174	9	3290	15400	7501	5975	4988	599	86
45-49岁	40900	596	10	7001	18025	7257	4656	3025	294	36
50-54岁	26330	860	26	7594	10697	2801	2308	1860	167	17
55-59岁	10442	654	16	3628	4117	993	467	517	44	6
60-64岁	2463	484	19	1118	483	247	63	43	6	
65-69岁	2326	640	15	1248	284	80	42	17		
70-74岁	722	241	7	395	51	17	4	7		
75岁及以上	279	62	1	141	52	12	5	5	1	

4-3b　全省分年龄、性别、受教育程度的就业人口(镇)

单位：人

年龄组 性　别	合　计	未上过学	学前教育	小　学	初　中	高　中	大学专科	大学本科	硕　士 研究生	博　士 研究生
总　计	**864964**	**12659**	**449**	**127649**	**380595**	**147294**	**109816**	**79924**	**6052**	**526**
16-19岁	8608	2	5	136	3721	3372	1168	204		
20-24岁	47305	21	2	434	12540	11250	14919	7944	187	8
25-29岁	104531	52	11	1334	31568	23864	25342	20418	1870	72
30-34岁	130912	80	18	2997	51493	29147	25175	19886	1945	171
35-39岁	96011	135	7	4171	48818	18354	12414	11080	924	108
40-44岁	102176	408	15	10382	56460	17033	9920	7457	427	74
45-49岁	122161	1229	36	22077	66757	17227	8946	5555	297	37
50-54岁	116662	1892	60	31503	58338	13160	6873	4571	232	33
55-59岁	73790	1759	71	20770	34791	9251	4411	2562	155	20
60-64岁	21787	1651	63	9968	6991	2593	360	146	12	3
65-69岁	24470	2795	87	13782	6030	1523	183	67	3	
70-74岁	11058	1621	49	6874	2085	347	68	14		
75岁及以上	5493	1014	25	3221	1003	173	37	20		
男	**525016**	**4235**	**185**	**66197**	**239187**	**98715**	**65650**	**46899**	**3570**	**378**
16-19岁	5423	2	4	83	2457	2194	598	85		
20-24岁	27636	13		272	8230	7502	7655	3874	86	4
25-29岁	61978	26	5	822	19538	15703	14251	10617	972	44
30-34岁	76681	38	9	1554	29572	18458	14604	11263	1067	116
35-39岁	56293	48	4	1728	28152	11614	7509	6571	589	78
40-44岁	59066	99	9	4358	32978	10772	5945	4577	271	57
45-49岁	71301	298	12	9530	40419	11220	5689	3863	239	31
50-54岁	73690	527	20	15578	39239	9675	4911	3519	191	30
55-59岁	50934	436	20	10678	25691	7694	3939	2318	141	17
60-64岁	14821	585	28	6079	5517	2169	305	126	11	1
65-69岁	16139	1050	38	8683	4868	1281	161	55	3	
70-74岁	7387	671	23	4640	1691	295	54	13		
75岁及以上	3667	442	13	2192	835	138	29	18		
女	**339948**	**8424**	**264**	**61452**	**141408**	**48579**	**44166**	**33025**	**2482**	**148**
16-19岁	3185		1	53	1264	1178	570	119		
20-24岁	19669	8	2	162	4310	3748	7264	4070	101	4
25-29岁	42553	26	6	512	12030	8161	11091	9801	898	28
30-34岁	54231	42	9	1443	21921	10689	10571	8623	878	55
35-39岁	39718	87	3	2443	20666	6740	4905	4509	335	30
40-44岁	43110	309	6	6024	23482	6261	3975	2880	156	17
45-49岁	50860	931	24	12547	26338	6007	3257	1692	58	6
50-54岁	42972	1365	40	15925	19099	3485	1962	1052	41	3
55-59岁	22856	1323	51	10092	9100	1557	472	244	14	3
60-64岁	6966	1066	35	3889	1474	424	55	20	1	2
65-69岁	8331	1745	49	5099	1162	242	22	12		
70-74岁	3671	950	26	2234	394	52	14	1		
75岁及以上	1826	572	12	1029	168	35	8	2		

4－3c 全省分年龄、性别、受教育程度的就业人口(乡村)

单位：人

年龄组 性 别	合 计	未上过学	学前教育	小 学	初 中	高 中	大学专科	大学本科	硕 士 研究生	博 士 研究生
总 计	**1218089**	**49459**	**1670**	**333293**	**611662**	**138850**	**55514**	**26212**	**1312**	**117**
16－19岁	15079	11	2	337	8654	4723	1139	213		
20－24岁	59102	42	7	957	26108	14466	11921	5488	112	1
25－29岁	111250	99	12	2564	55564	24642	16920	10644	746	59
30－34岁	127396	207	15	5417	79101	24765	11895	5632	324	40
35－39岁	94733	348	23	7819	66544	13893	4342	1695	56	13
40－44岁	111018	975	32	19078	75187	11924	2839	959	22	2
45－49岁	159932	2749	92	44669	96258	13110	2380	657	17	
50－54岁	188359	5660	162	71484	96747	11831	1954	502	18	1
55－59岁	138098	6277	211	54978	64918	9797	1548	361	7	1
60－64岁	58448	5909	205	31215	16133	4684	274	26	2	
65－69岁	82111	12086	424	49780	15988	3629	181	19	4	
70－74岁	45769	8678	275	28960	6845	929	70	10	2	
75岁及以上	26794	6418	210	16035	3615	457	51	6	2	
男	**746520**	**15736**	**638**	**175711**	**405614**	**97006**	**34640**	**16276**	**815**	**84**
16－19岁	9460	5	1	198	5537	2991	607	121		
20－24岁	36036	21	5	573	17123	9410	6050	2788	65	1
25－29岁	70271	54	6	1447	35630	16474	9947	6250	423	40
30－34岁	78469	89	6	2640	47469	16399	7768	3850	220	28
35－39岁	57851	142	8	3424	40496	9491	3021	1215	43	11
40－44岁	66802	313	8	8293	47283	8159	1999	723	22	2
45－49岁	94102	713	30	19456	62455	9123	1788	522	15	
50－54岁	112187	1251	48	33588	66763	8532	1566	423	15	1
55－59岁	86054	1264	46	27054	48054	7917	1383	330	5	1
60－64岁	37326	1808	74	18137	12943	4097	241	25	1	
65－69岁	51395	4003	175	30809	13055	3178	157	15	3	
70－74岁	29255	3348	124	19164	5717	825	68	8	1	
75岁及以上	17312	2725	107	10928	3089	410	45	6	2	
女	**471569**	**33723**	**1032**	**157582**	**206048**	**41844**	**20874**	**9936**	**497**	**33**
16－19岁	5619	6	1	139	3117	1732	532	92		
20－24岁	23066	21	2	384	8985	5056	5871	2700	47	
25－29岁	40979	45	6	1117	19934	8168	6973	4394	323	19
30－34岁	48927	118	9	2777	31632	8366	4127	1782	104	12
35－39岁	36882	206	15	4395	26048	4402	1321	480	13	2
40－44岁	44216	662	24	10785	27904	3765	840	236		
45－49岁	65830	2036	62	25213	33803	3987	592	135	2	
50－54岁	76172	4409	114	37896	29984	3299	388	79	3	
55－59岁	52044	5013	165	27924	16864	1880	165	31	2	
60－64岁	21122	4101	131	13078	3190	587	33	1	1	
65－69岁	30716	8083	249	18971	2933	451	24	4	1	
70－74岁	16514	5330	151	9796	1128	104	2	2	1	
75岁及以上	9482	3693	103	5107	526	47	6			

4-4　各地区分性别、行业大类的就业人口

单位：人

地区 性别	合计	农、林、牧、渔业						采矿业	
		小计	农业	林业	畜牧业	渔业	农、林、牧、渔专业及辅助性活动	小计	煤炭开采和洗选业
安　徽	**2766699**	**528871**	**481824**	**7262**	**23423**	**10602**	**5760**	**25553**	**18376**
合肥市	**440573**	**29770**	**25799**	**1263**	**1462**	**659**	**587**	**733**	**63**
瑶海区	38238	365	262	34	26	14	29	22	4
庐阳区	31551	162	91	15	24	14	18	23	7
蜀山区	46637	450	314	57	40	13	26	31	6
包河区	58850	522	419	20	19	15	49	67	14
长丰县	36976	5672	5061	84	363	90	74	32	15
肥东县	49681	4381	3843	152	250	72	64	38	3
肥西县	46789	3747	2669	646	257	103	72	19	5
庐江县	44158	9816	9193	111	221	189	102	393	1
合肥高新技术产业开发区	13860	93	54	14	7	1	17	7	
合肥经济技术开发区	25723	464	376	27	29	9	23	12	1
合肥新站高新技术产业开发区	19357	282	164	30	24	15	49	12	3
巢湖市	28753	3816	3353	73	202	124	64	77	4
芜湖市	**179108**	**18390**	**15181**	**380**	**883**	**1680**	**266**	**444**	**13**
镜湖区	20017	119	89	4	8	12	6	7	2
弋江区	15962	232	167	11	13	31	10	6	
鸠江区	24290	3683	3497	34	61	80	11	65	
三山区	7359	774	699	8	12	34	21	10	1
芜湖县	18951	2038	1624	99	61	222	32	5	
繁昌县	13241	823	658	38	76	47	4	255	3
南陵县	23193	4470	3809	83	397	99	82	60	3
芜湖经济技术开发区	9928	129	64	47	4	13	1	1	
安徽芜湖长江大桥经济开发区	957	125	115	1	5	3	1		
无为市	45210	5997	4459	55	246	1139	98	35	4
蚌埠市	**120754**	**39768**	**37781**	**144**	**1193**	**326**	**324**	**117**	**25**
龙子湖区	7961	529	457	6	54	9	3	4	1
蚌山区	6122	177	148	4	18	4	3	4	1
禹会区	11427	1267	1136	24	57	40	10	25	7
淮上区	11021	2824	2691	17	62	12	42	7	3
怀远县	35966	21071	20431	19	369	98	154	19	5
五河县	18877	6942	6446	35	273	123	65	36	2
固镇县	17337	6866	6407	35	350	34	40	8	4
蚌埠市高新技术开发区	2460	38	29	2	1	2	4	2	
蚌埠市经济开发区	9583	54	36	2	9	4	3	12	2
淮南市	**125890**	**34106**	**32584**	**114**	**902**	**385**	**121**	**9389**	**9182**
大通区	6232	1129	1022	1	58	37	11	141	134
田家庵区	25844	1165	1083	10	47	17	8	2195	2165
谢家集区	7120	1011	963	2	21	21	4	1145	1133
八公山区	4001	453	428		19	5	1	856	839
潘集区	11433	4134	3926		141	46	21	1488	1443
凤台县	25129	9777	9327	18	295	91	46	3413	3353
寿县	46131	16437	15835	83	321	168	30	151	115

4-4 续表 1

单位：人

地区 性别	合计	农、林、牧、渔业						采矿业	
		小计	农业	林业	畜牧业	渔业	农、林、牧、渔专业及辅助性活动	小计	煤炭开采和洗选业
马鞍山市	**92416**	**10251**	**7669**	**183**	**450**	**1785**	**164**	**742**	**17**
花山区	18074	116	70	23	11	7	5	236	4
雨山区	13331	160	126	10	13	5	6	253	3
博望区	6897	694	540	10	45	64	35	7	
当涂县	21523	3750	2092	31	99	1473	55	175	4
含山县	16525	1218	946	40	106	88	38	35	
和县	16066	4313	3895	69	176	148	25	36	6
淮北市	**72994**	**14088**	**13011**	**38**	**830**	**84**	**125**	**5498**	**5162**
杜集区	8856	1285	1144	1	109	19	12	1066	997
相山区	20441	456	376	7	59	6	8	1892	1830
烈山区	9361	2788	2656	12	105	10	5	961	898
濉溪县	34336	9559	8835	18	557	49	100	1579	1437
铜陵市	**48289**	**5636**	**5000**	**73**	**294**	**207**	**62**	**1106**	**8**
铜官区	18131	129	83	6	16	21	3	641	3
义安区	9815	1693	1480	33	95	59	26	337	5
郊区	5365	994	885	7	63	31	8	106	
枞阳县	14978	2820	2552	27	120	96	25	22	
安庆市	**229577**	**28111**	**24625**	**673**	**1613**	**635**	**565**	**329**	**14**
迎江区	11419	223	158	13	11	27	14	43	3
大观区	9140	696	621	4	30	25	16	38	1
宜秀区	8432	849	715	17	38	55	24	13	
怀宁县	28391	2888	2509	115	138	34	92	50	
太湖县	22623	3325	2735	95	386	32	77	21	1
宿松县	32183	3112	2428	80	281	230	93	40	
望江县	36642	9266	8738	56	295	116	61	11	
岳西县	15805	2436	2203	49	123	4	57	19	
安徽安庆经济开发区	6870	113	74	11	8	14	6	21	
桐城市	30816	1615	1326	74	95	63	57	50	3
潜山市	27256	3588	3118	159	208	35	68	23	6
黄山市	**72130**	**13062**	**11675**	**400**	**824**	**65**	**98**	**92**	**1**
屯溪区	13435	331	245	14	48	7	17	5	
黄山区	7807	912	751	85	46	9	21	4	
徽州区	5575	983	891	6	77	4	5	8	
歙县	24023	6842	6334	95	370	19	24	18	
休宁县	11212	2410	2129	54	196	18	13	44	1
黟县	3995	706	586	61	48	1	10		
祁门县	6083	878	739	85	39	7	8	13	
滁州市	**230617**	**54201**	**49062**	**871**	**2439**	**1182**	**647**	**588**	**14**
琅琊区	12275	601	477	33	48	22	21	99	
南谯区	16316	1225	847	111	74	92	101	23	
来安县	24749	5439	4497	249	482	133	78	39	
全椒县	27640	5455	4394	162	476	323	100	20	3
定远县	44140	15980	14987	75	622	151	145	156	7
凤阳县	36192	12833	12269	76	322	115	51	58	2
苏滁现代产业园	1699	6	4	1			1		
滁州经济技术开发区	7807	47	22	8	7	4	6	9	1
天长市	35219	4550	4044	66	100	253	87	153	
明光市	24580	8065	7521	90	308	89	57	31	1

4-4　续表 2

单位：人

地　区 性　别	合计	农、林、牧、渔业						采矿业	
		小计	农业	林业	畜牧业	渔业	农、林、牧、渔专业及辅助性活动	小计	煤炭开采和洗选业
阜阳市	**369105**	**90190**	**84673**	**540**	**3210**	**795**	**972**	**1482**	**1275**
颍州区	29447	3427	3128	70	146	25	58	12	2
颍东区	24773	3219	2861	5	289	34	30	213	201
颍泉区	28577	7164	6603	55	330	117	59	18	6
临泉县	74316	18697	17861	66	504	160	106	54	15
太和县	69346	20764	19953	89	498	100	124	42	20
阜南县	50652	16924	15970	116	490	87	261	42	15
颍上县	62802	16191	14888	79	679	239	306	1076	1011
阜阳合肥现代产业园区	1341	45	32	4	7	2		4	
阜阳经济技术开发区	4499	50	29	7	7	5	2	5	3
界首市	23352	3709	3348	49	260	26	26	16	2
宿州市	**240264**	**93484**	**89768**	**331**	**2851**	**149**	**385**	**2087**	**1904**
埇桥区	72026	17945	16868	103	850	76	48	1757	1640
砀山县	37467	20784	20335	23	357	3	66	33	20
萧县	53687	25865	25089	42	685	14	35	221	189
灵璧县	40770	15504	14575	107	645	20	157	16	6
泗县	32378	13046	12592	51	290	34	79	14	8
宿州马鞍山现代产业园区	1478	284	260	4	18	2			
宿州经济技术开发区	2458	56	49	1	6			46	41
六安市	**201387**	**34938**	**30464**	**646**	**2580**	**847**	**401**	**1117**	**27**
金安区	35709	4699	4156	70	346	66	61	54	5
裕安区	39066	5107	4535	89	335	87	61	60	5
叶集区	7915	1276	1051	28	155	34	8	12	
霍邱县	35691	11341	9782	69	870	464	156	836	7
舒城县	40278	4963	4333	197	263	134	36	68	8
金寨县	26084	5304	4682	72	467	33	50	48	
霍山县	16644	2248	1925	121	144	29	29	39	2
亳州市	**170942**	**40477**	**37749**	**259**	**1849**	**168**	**452**	**660**	**639**
谯城区	57882	14060	13451	34	323	40	212	4	2
涡阳县	36254	6733	6254	42	376	30	31	321	318
蒙城县	35966	8852	8071	76	536	51	118	261	248
利辛县	40840	10832	9973	107	614	47	91	74	71
池州市	**61413**	**8573**	**7189**	**340**	**605**	**285**	**154**	**611**	**8**
贵池区	23810	2924	2426	80	215	159	44	362	3
东至县	23289	3970	3526	141	157	81	65	90	1
石台县	3132	683	546	79	33	1	24	19	
青阳县	9155	972	677	39	192	43	21	130	4
池州市国家经济技术开发区	688	14	10	1	3			10	
皖江江南新兴产业集中区	580	3			2	1			
九华山风景区	759	7	4		3				
宣城市	**111240**	**13826**	**9594**	**1007**	**1438**	**1350**	**437**	**558**	**24**
宣州区	27831	4721	2814	173	443	1068	223	188	14
郎溪县	14914	1583	1161	107	108	156	51	28	
泾县	10674	1590	1225	127	198	29	11	68	1
绩溪县	6074	1291	1122	11	142	12	4	15	
旌德县	4538	837	720	41	57	10	9	63	
宣城市经济开发区	4883	227	133	33	51	8	2	10	1
宁国市	18466	1369	1024	149	161	13	22	53	2
广德市	23860	2208	1395	366	278	54	115	133	6

4-4 续表 3

单位：人

地区 性别	合计	农、林、牧、渔业						采矿业	
		小计	农业	林业	畜牧业	渔业	农、林、牧、渔专业及辅助性活动	小计	煤炭开采和洗选业
男	**1682501**	**278316**	**246181**	**5525**	**14775**	**7857**	**3978**	**23102**	**17011**
合肥市	**270825**	**17164**	**14424**	**875**	**953**	**501**	**411**	**605**	**49**
瑶海区	23190	229	162	23	16	11	17	17	3
庐阳区	18538	117	58	14	20	12	13	15	4
蜀山区	26641	291	197	36	29	9	20	21	5
包河区	34992	317	238	16	15	11	37	47	12
长丰县	23682	3211	2804	57	232	66	52	27	13
肥东县	32084	2401	2044	97	169	52	39	29	2
肥西县	30270	2399	1650	450	163	82	54	16	4
庐江县	27705	5542	5103	87	139	140	73	346	
合肥高新技术产业开发区	8431	62	35	7	6	1	13	6	
合肥经济技术开发区	15592	285	217	21	21	8	18	11	1
合肥新站高新技术产业开发区	12354	178	98	22	16	12	30	8	1
巢湖市	17346	2132	1818	45	127	97	45	62	4
芜湖市	**113961**	**11388**	**9009**	**307**	**535**	**1337**	**200**	**398**	**11**
镜湖区	11981	82	59	3	6	9	5	5	1
弋江区	9822	141	91	8	10	25	7	4	
鸠江区	15088	1970	1833	26	41	61	9	64	
三山区	4810	450	399	6	9	25	11	8	1
芜湖县	11384	1156	849	81	32	167	27	5	
繁昌县	8504	496	363	37	53	39	4	227	3
南陵县	14576	2517	2092	68	215	77	65	51	2
芜湖经济技术开发区	6526	87	41	33	3	10		1	
安徽芜湖长江大桥经济开发区	618	66	60		3	2	1		
无为市	30652	4423	3222	45	163	922	71	33	4
蚌埠市	**71400**	**21399**	**20034**	**105**	**794**	**241**	**225**	**97**	**22**
龙子湖区	4838	295	254	2	30	7	2	3	1
蚌山区	3679	115	97	2	12	2	2	4	1
禹会区	7194	778	686	16	36	33	7	20	5
淮上区	6763	1624	1539	12	44	9	20	6	2
怀远县	20019	10910	10498	15	232	64	101	18	5
五河县	11553	3932	3564	24	196	93	55	28	2
固镇县	10305	3687	3358	31	236	28	34	8	4
蚌埠市高新技术开发区	1459	23	16	2	1	1	3	2	
蚌埠市经济开发区	5590	35	22	1	7	4	1	8	2
淮南市	**79456**	**19123**	**18055**	**81**	**607**	**279**	**101**	**8757**	**8567**
大通区	4007	672	598		40	23	11	137	131
田家庵区	15976	643	589	5	32	13	4	1912	1884
谢家集区	4531	550	519	2	11	14	4	1083	1072
八公山区	2686	232	215		13	3	1	819	804
潘集区	7890	2484	2325		105	36	18	1433	1391
凤台县	15855	5380	5049	16	205	72	38	3231	3176
寿县	28511	9162	8760	58	201	118	25	142	109

4-4 续表 4

单位：人

地区 性别	合计	农、林、牧、渔业						采矿业	
		小计	农业	林业	畜牧业	渔业	农、林、牧、渔专业及辅助性活动	小计	煤炭开采和洗选业
马鞍山市	**58178**	**5833**	**3972**	**135**	**293**	**1308**	**125**	**629**	**14**
花山区	11133	65	31	18	8	6	2	191	4
雨山区	8256	85	57	9	9	5	5	214	3
博望区	4790	414	312	7	25	47	23	7	
当涂县	13526	2189	968	23	62	1091	45	154	4
含山县	10812	741	543	32	73	65	28	33	
和县	9661	2339	2061	46	116	94	22	30	3
淮北市	**45921**	**7302**	**6539**	**30**	**577**	**67**	**89**	**5019**	**4728**
杜集区	5811	678	568	1	82	18	9	1017	955
相山区	12418	257	193	6	47	5	6	1618	1571
烈山区	5684	1284	1183	8	81	7	5	866	812
濉溪县	22008	5083	4595	15	367	37	69	1518	1390
铜陵市	**29980**	**3292**	**2846**	**52**	**188**	**160**	**46**	**895**	**5**
铜官区	11084	88	54	3	12	16	3	490	1
义安区	6299	977	828	25	58	49	17	290	4
郊区	3380	632	554	6	41	24	7	96	
枞阳县	9217	1595	1410	18	77	71	19	19	
安庆市	**138640**	**14144**	**11725**	**534**	**1023**	**461**	**401**	**270**	**9**
迎江区	6872	130	86	10	6	19	9	29	
大观区	5444	374	316	4	22	19	13	28	1
宜秀区	5099	397	306	14	21	39	17	10	
怀宁县	17234	1577	1306	94	92	22	63	42	
太湖县	14396	1862	1479	70	234	29	50	18	1
宿松县	20289	1719	1241	63	189	158	68	38	
望江县	19061	3772	3432	46	169	82	43	11	
岳西县	10182	1454	1290	42	82	2	38	17	
安徽安庆经济开发区	4178	71	42	9	5	11	4	11	
桐城市	19803	974	752	62	62	52	46	46	3
潜山市	16082	1814	1475	120	141	28	50	20	4
黄山市	**42252**	**6320**	**5397**	**311**	**497**	**48**	**67**	**82**	**1**
屯溪区	7494	174	115	10	35	4	10	4	
黄山区	4910	543	413	75	34	8	13	3	
徽州区	3259	475	406	5	55	4	5	8	
歙县	13729	3126	2824	69	206	12	15	14	
休宁县	6640	1190	1020	36	109	13	12	41	1
黟县	2395	363	276	47	30	1	9		
祁门县	3825	449	343	69	28	6	3	12	
滁州市	**135640**	**28518**	**25287**	**564**	**1413**	**791**	**463**	**476**	**13**
琅琊区	7467	328	242	24	30	15	17	74	
南谯区	10412	724	470	81	47	60	66	15	
来安县	14662	2732	2179	127	268	98	60	33	
全椒县	14950	2798	2152	97	283	196	70	19	2
定远县	26017	8290	7702	53	344	104	87	124	7
凤阳县	21015	6515	6157	53	192	75	38	48	2
苏滁现代产业园	1188	4	3				1		
滁州经济技术开发区	4788	37	16	6	6	4	5	8	1
天长市	20681	2618	2248	56	66	171	77	129	
明光市	14460	4472	4118	67	177	68	42	26	1

4-4 续表 5

单位：人

地区 性别	合计	农、林、牧、渔业						采矿业	
		小计	农业	林业	畜牧业	渔业	农、林、牧、渔专业及辅助性活动	小计	煤炭开采和洗选业
阜阳市	**219969**	**43966**	**40248**	**381**	**2091**	**597**	**649**	**1395**	**1227**
颍州区	17612	1632	1425	43	105	19	40	11	1
颍东区	15369	1639	1401	4	181	31	22	206	198
颍泉区	16607	3069	2706	37	209	83	34	12	5
临泉县	43528	8833	8259	50	322	131	71	46	12
太和县	40493	9591	9041	61	321	83	85	35	17
阜南县	29765	8468	7822	87	338	60	161	33	14
颍上县	38436	8759	7906	52	422	167	212	1031	975
阜阳合肥现代产业园区	876	32	22	3	5	2		3	
阜阳经济技术开发区	2832	35	19	6	4	4	2	5	3
界首市	14451	1908	1647	38	184	17	22	13	2
宿州市	**137231**	**44575**	**42219**	**241**	**1773**	**122**	**220**	**1874**	**1709**
埇桥区	43801	9097	8395	80	527	64	31	1566	1461
砀山县	20678	10206	9921	18	225	3	39	29	18
萧县	29661	11571	11103	26	410	9	23	213	183
灵璧县	22113	6996	6431	75	398	17	75	15	5
泗县	18558	6513	6199	37	198	27	52	12	7
宿州马鞍山现代产业园区	924	158	142	4	10	2			
宿州经济技术开发区	1496	34	28	1	5			39	35
六安市	**123938**	**19060**	**16239**	**501**	**1408**	**616**	**296**	**965**	**23**
金安区	21339	2522	2202	45	171	56	48	49	4
裕安区	24225	2659	2274	73	203	68	41	49	4
叶集区	4848	714	589	22	68	30	5	10	
霍邱县	22659	6598	5644	55	475	303	121	728	7
舒城县	24935	2690	2237	143	164	114	32	58	6
金寨县	15898	2650	2304	52	241	23	30	42	
霍山县	10034	1227	989	111	86	22	19	29	2
亳州市	**106242**	**21635**	**19809**	**200**	**1224**	**139**	**263**	**626**	**606**
谯城区	35531	7390	7003	27	227	34	99	4	2
涡阳县	23461	3843	3516	34	244	27	22	299	296
蒙城县	22163	4822	4286	57	346	41	92	250	238
利辛县	25087	5580	5004	82	407	37	50	73	70
池州市	**38365**	**5163**	**4147**	**301**	**402**	**206**	**107**	**520**	**6**
贵池区	14487	1647	1299	71	132	112	33	309	3
东至县	14822	2418	2088	126	102	58	44	82	1
石台县	1915	403	295	68	25		15	17	
青阳县	5896	681	458	35	138	35	15	106	2
池州市国家经济技术开发区	432	7	4	1	2			6	
皖江江南新兴产业集中区	356	2			1	1			
九华山风景区	457	5	3		2				
宣城市	**70503**	**9434**	**6231**	**907**	**997**	**984**	**315**	**494**	**21**
宣州区	17484	3179	1812	156	299	757	155	172	14
郎溪县	9662	1160	822	97	79	120	42	22	
泾县	7187	1178	901	116	128	24	9	60	1
绩溪县	3610	676	565	9	92	9	1	12	
旌德县	3011	584	487	37	44	10	6	57	
宣城市经济开发区	3065	156	84	25	38	7	2	8	1
宁国市	11394	964	678	138	124	9	15	49	2
广德市	15090	1537	882	329	193	48	85	114	3

4-4　续表 6　　　　单位：人

地　区 性　别	合计	农、林、牧、渔业						采矿业	
		小计	农业	林业	畜牧业	渔业	农、林、牧、渔专业及辅助性活动	小计	煤炭开采和洗选业
女	**1084198**	**250555**	**235643**	**1737**	**8648**	**2745**	**1782**	**2451**	**1365**
合肥市	**169748**	**12606**	**11375**	**388**	**509**	**158**	**176**	**128**	**14**
瑶海区	15048	136	100	11	10	3	12	5	1
庐阳区	13013	45	33	1	4	2	5	8	3
蜀山区	19996	159	117	21	11	4	6	10	1
包河区	23858	205	181	4	4	4	12	20	2
长丰县	13294	2461	2257	27	131	24	22	5	2
肥东县	17597	1980	1799	55	81	20	25	9	1
肥西县	16519	1348	1019	196	94	21	18	3	1
庐江县	16453	4274	4090	24	82	49	29	47	1
合肥高新技术产业开发区	5429	31	19	7	1		4	1	
合肥经济技术开发区	10131	179	159	6	8	1	5	1	
合肥新站高新技术产业开发区	7003	104	66	8	8	3	19	4	2
巢湖市	11407	1684	1535	28	75	27	19	15	
芜湖市	**65147**	**7002**	**6172**	**73**	**348**	**343**	**66**	**46**	**2**
镜湖区	8036	37	30	1	2	3	1	2	1
弋江区	6140	91	76	3	3	6	3	2	
鸠江区	9202	1713	1664	8	20	19	2	1	
三山区	2549	324	300	2	3	9	10	2	
芜湖县	7567	882	775	18	29	55	5		
繁昌县	4737	327	295	1	23	8		28	
南陵县	8617	1953	1717	15	182	22	17	9	1
芜湖经济技术开发区	3402	42	23	14	1	3	1		
安徽芜湖长江大桥经济开发区	339	59	55	1	2	1			
无为市	14558	1574	1237	10	83	217	27	2	
蚌埠市	**49354**	**18369**	**17747**	**39**	**399**	**85**	**99**	**20**	**3**
龙子湖区	3123	234	203	4	24	2	1	1	
蚌山区	2443	62	51	2	6	2	1		
禹会区	4233	489	450	8	21	7	3	5	2
淮上区	4258	1200	1152	5	18	3	22	1	1
怀远县	15947	10161	9933	4	137	34	53	1	
五河县	7324	3010	2882	11	77	30	10	8	
固镇县	7032	3179	3049	4	114	6	6		
蚌埠市高新技术开发区	1001	15	13			1	1		
蚌埠市经济开发区	3993	19	14	1	2		2	4	
淮南市	**46434**	**14983**	**14529**	**33**	**295**	**106**	**20**	**632**	**615**
大通区	2225	457	424	1	18	14		4	3
田家庵区	9868	522	494	5	15	4	4	283	281
谢家集区	2589	461	444		10	7		62	61
八公山区	1315	221	213		6	2		37	35
潘集区	3543	1650	1601		36	10	3	55	52
凤台县	9274	4397	4278	2	90	19	8	182	177
寿县	17620	7275	7075	25	120	50	5	9	6

4-4 续表 7

单位：人

地区 性别	合计	农、林、牧、渔业						采矿业	
		小计	农业	林业	畜牧业	渔业	农、林、牧、渔专业及辅助性活动	小计	煤炭开采和洗选业
马鞍山市	**34238**	**4418**	**3697**	**48**	**157**	**477**	**39**	**113**	**3**
花山区	6941	51	39	5	3	1	3	45	
雨山区	5075	75	69	1	4		1	39	
博望区	2107	280	228	3	20	17	12		
当涂县	7997	1561	1124	8	37	382	10	21	
含山县	5713	477	403	8	33	23	10	2	
和县	6405	1974	1834	23	60	54	3	6	3
淮北市	**27073**	**6786**	**6472**	**8**	**253**	**17**	**36**	**479**	**434**
杜集区	3045	607	576		27	1	3	49	42
相山区	8023	199	183	1	12	1	2	274	259
烈山区	3677	1504	1473	4	24	3		95	86
濉溪县	12328	4476	4240	3	190	12	31	61	47
铜陵市	**18309**	**2344**	**2154**	**21**	**106**	**47**	**16**	**211**	**3**
铜官区	7047	41	29	3	4	5		151	2
义安区	3516	716	652	8	37	10	9	47	1
郊区	1985	362	331	1	22	7	1	10	
枞阳县	5761	1225	1142	9	43	25	6	3	
安庆市	**90937**	**13967**	**12900**	**139**	**590**	**174**	**164**	**59**	**5**
迎江区	4547	93	72	3	5	8	5	14	3
大观区	3696	322	305		8	6	3	10	
宜秀区	3333	452	409	3	17	16	7	3	
怀宁县	11157	1311	1203	21	46	12	29	8	
太湖县	8227	1463	1256	25	152	3	27	3	
宿松县	11894	1393	1187	17	92	72	25	2	
望江县	17581	5494	5306	10	126	34	18		
岳西县	5623	982	913	7	41	2	19	2	
安徽安庆经济开发区	2692	42	32	2	3	3	2	10	
桐城市	11013	641	574	12	33	11	11	4	
潜山市	11174	1774	1643	39	67	7	18	3	2
黄山市	**29878**	**6742**	**6278**	**89**	**327**	**17**	**31**	**10**	
屯溪区	5941	157	130	4	13	3	7	1	
黄山区	2897	369	338	10	12	1	8	1	
徽州区	2316	508	485	1	22				
歙县	10294	3716	3510	26	164	7	9	4	
休宁县	4572	1220	1109	18	87	5	1	3	
黟县	1600	343	310	14	18		1		
祁门县	2258	429	396	16	11	1	5	1	
滁州市	**94977**	**25683**	**23775**	**307**	**1026**	**391**	**184**	**112**	**1**
琅琊区	4808	273	235	9	18	7	4	25	
南谯区	5904	501	377	30	27	32	35	8	
来安县	10087	2707	2318	122	214	35	18	6	
全椒县	12690	2657	2242	65	193	127	30	1	1
定远县	18123	7690	7285	22	278	47	58	32	
凤阳县	15177	6318	6112	23	130	40	13	10	
苏滁现代产业园	511	2	1	1					
滁州经济技术开发区	3019	10	6	2	1		1	1	
天长市	14538	1932	1796	10	34	82	10	24	
明光市	10120	3593	3403	23	131	21	15	5	

4-4　续表 8　　　　单位：人

地　区 性　别	合计	农、林、牧、渔业						采矿业	
		小计	农业	林业	畜牧业	渔业	农、林、牧、渔专业及辅助性活动	小计	煤炭开采和洗选业
阜阳市	**149136**	**46224**	**44425**	**159**	**1119**	**198**	**323**	**87**	**48**
颍州区	11835	1795	1703	27	41	6	18	1	1
颍东区	9404	1580	1460	1	108	3	8	7	3
颍泉区	11970	4095	3897	18	121	34	25	6	1
临泉县	30788	9864	9602	16	182	29	35	8	3
太和县	28853	11173	10912	28	177	17	39	7	3
阜南县	20887	8456	8148	29	152	27	100	9	1
颍上县	24366	7432	6982	27	257	72	94	45	36
阜阳合肥现代产业园区	465	13	10	1	2			1	
阜阳经济技术开发区	1667	15	10	1	3	1			
界首市	8901	1801	1701	11	76	9	4	3	
宿州市	**103033**	**48909**	**47549**	**90**	**1078**	**27**	**165**	**213**	**195**
埇桥区	28225	8848	8473	23	323	12	17	191	179
砀山县	16789	10578	10414	5	132		27	4	2
萧县	24026	14294	13986	16	275	5	12	8	6
灵璧县	18657	8508	8144	32	247	3	82	1	1
泗县	13820	6533	6393	14	92	7	27	2	1
宿州马鞍山现代产业园区	554	126	118		8				
宿州经济技术开发区	962	22	21		1			7	6
六安市	**77449**	**15878**	**14225**	**145**	**1172**	**231**	**105**	**152**	**4**
金安区	14370	2177	1954	25	175	10	13	5	1
裕安区	14841	2448	2261	16	132	19	20	11	1
叶集区	3067	562	462	6	87	4	3	2	
霍邱县	13032	4743	4138	14	395	161	35	108	
舒城县	15343	2273	2096	54	99	20	4	10	2
金寨县	10186	2654	2378	20	226	10	20	6	
霍山县	6610	1021	936	10	58	7	10	10	
亳州市	**64700**	**18842**	**17940**	**59**	**625**	**29**	**189**	**34**	**33**
谯城区	22351	6670	6448	7	96	6	113		
涡阳县	12793	2890	2738	8	132	3	9	22	22
蒙城县	13803	4030	3785	19	190	10	26	11	10
利辛县	15753	5252	4969	25	207	10	41	1	1
池州市	**23048**	**3410**	**3042**	**39**	**203**	**79**	**47**	**91**	**2**
贵池区	9323	1277	1127	9	83	47	11	53	
东至县	8467	1552	1438	15	55	23	21	8	
石台县	1217	280	251	11	8	1	9	2	
青阳县	3259	291	219	4	54	8	6	24	2
池州市国家经济技术开发区	256	7	6		1			4	
皖江江南新兴产业集中区	224	1			1				
九华山风景区	302	2	1		1				
宣城市	**40737**	**4392**	**3363**	**100**	**441**	**366**	**122**	**64**	**3**
宣州区	10347	1542	1002	17	144	311	68	16	
郎溪县	5252	423	339	10	29	36	9	6	
泾县	3487	412	324	11	70	5	2	8	
绩溪县	2464	615	557	2	50	3	3	3	
旌德县	1527	253	233	4	13		3	6	
宣城市经济开发区	1818	71	49	8	13	1		2	
宁国市	7072	405	346	11	37	4	7	4	
广德市	8770	671	513	37	85	6	30	19	3

4−4 续表 9

单位：人

地区 性别	采矿业						制造业		
	石油和天然气开采业	黑色金属矿采选业	有色金属矿采选业	非金属矿采选业	开采专业及辅助性活动	其他采矿业	小计	农副食品加工业	食品制造业
安　徽	**200**	**1965**	**1540**	**2625**	**564**	**283**	**476959**	**19755**	**14017**
合肥市	**21**	**240**	**182**	**147**	**51**	**29**	**70772**	**2242**	**2701**
瑶海区	3	2		8	5		3489	134	152
庐阳区	2		1	6	5	2	2989	103	138
蜀山区	2		2	7	11	3	4366	138	136
包河区	6	9	3	12	12	11	5054	182	166
长丰县	1	2	3	6	4	1	7704	263	528
肥东县	4	3	1	18	8	1	6920	352	571
肥西县	1	2	1	6	4		12669	273	270
庐江县	1	201	165	20		5	6622	213	174
合肥高新技术产业开发区		3		2		2	2603	28	41
合肥经济技术开发区	1		3	7			7682	184	175
合肥新站高新技术产业开发区			2	7			4966	56	110
巢湖市		18	1	48	2	4	5708	316	240
芜湖市	**2**	**132**	**43**	**246**	**5**	**3**	**41304**	**2380**	**771**
镜湖区		1	1	3			3312	36	44
弋江区		2		3		1	3216	47	59
鸠江区		57		5	2	1	5149	188	66
三山区	1	2		6			2711	197	62
芜湖县			1	3	1		6089	112	51
繁昌县	1	61	9	180		1	4674	109	180
南陵县		7	30	20			3534	154	103
芜湖经济技术开发区				1			5810	13	21
安徽芜湖长江大桥经济开发区							355	32	9
无为市		2	2	25	2		6454	1492	176
蚌埠市	**6**	**2**	**26**	**46**	**11**	**1**	**13806**	**1007**	**453**
龙子湖区				3			1334	82	42
蚌山区		1		1	1		680	26	36
禹会区	2			12	3	1	2219	104	59
淮上区				3	1		1475	101	45
怀远县		1	1	11	1		2368	227	87
五河县	2		23	6	3		2190	110	88
固镇县	1			3			2083	321	55
蚌埠市高新技术开发区			1	1			494	7	11
蚌埠市经济开发区	1		1	6	2		963	29	30
淮南市	**7**	**4**	**2**	**47**	**124**	**23**	**14095**	**828**	**539**
大通区				4	3		958	28	42
田家庵区	2			7	10	11	1836	58	81
谢家集区				6	3	3	735	50	23
八公山区					17		523	25	9
潘集区	3			1	39	2	887	131	34
凤台县	2	1		7	44	6	1731	209	99
寿县		3	2	22	8	1	7425	327	251

4–4　续表 10　　　　单位：人

地　区 性　别	采矿业						制造业		
	石油和天然气开采业	黑色金属矿采选业	有色金属矿采选业	非金属矿采选业	开采专业及辅助性活动	其他采矿业	小计	农副食品加工业	食品制造业
马鞍山市	**11**	**522**	**24**	**109**	**19**	**40**	**21031**	**1087**	**958**
花山区	2	175	9	23	5	18	3951	81	156
雨山区	2	225	6	11	2	4	3164	67	268
博望区		2		3	1	1	2768	92	38
当涂县	1	116	9	23	6	16	5662	225	132
含山县		2		28	4	1	3029	233	103
和县	6	2		21	1		2457	389	261
淮北市	**7**	**98**	**33**	**74**	**109**	**15**	**9634**	**568**	**439**
杜集区	1	1		30	37		1380	73	54
相山区	4	1	1	27	17	12	2055	105	199
烈山区		1	30	11	19	2	1411	89	47
濉溪县	2	95	2	6	36	1	4788	301	139
铜陵市	**6**	**81**	**862**	**72**	**20**	**57**	**9819**	**239**	**111**
铜官区		55	502	35	6	40	3632	37	29
义安区	2	20	275	22	5	8	2217	62	20
郊区	3	6	78	4	7	8	1332	43	13
枞阳县	1		7	11	2	1	2638	97	49
安庆市	**16**	**15**	**80**	**160**	**27**	**17**	**53105**	**1112**	**827**
迎江区	5		19	9	3	4	1529	55	63
大观区	3	1	24	8		1	1540	39	61
宜秀区		1	5	3	4		1574	42	105
怀宁县		2	20	18	8	2	5246	135	126
太湖县		1		18	1		4837	105	60
宿松县	4	2		32	1	1	8785	175	95
望江县	1			7	2	1	8239	122	83
岳西县				17		2	3042	122	43
安徽安庆经济开发区	1	2	7	5	4	2	1424	32	39
桐城市	2	3	5	33	2	2	8661	165	76
潜山市		3		10	2	2	8228	120	76
黄山市	**1**		**33**	**50**	**5**	**2**	**12966**	**469**	**346**
屯溪区			1	1	1	2	1560	89	85
黄山区				3	1		967	62	34
徽州区				7	1		1649	28	19
歙县	1		3	12	2		5308	120	76
休宁县			24	19			2063	114	44
黟县							506	39	76
祁门县			5	8			913	17	12
滁州市	**89**	**15**	**98**	**314**	**41**	**17**	**53650**	**1596**	**1200**
琅琊区	1	1	81	9	1	6	2516	44	135
南谯区			4	14	2	3	3089	116	95
来安县			1	32	5	1	5544	431	128
全椒县	1	1	1	11	2	1	7418	121	145
定远县	2			142	4	1	7482	272	172
凤阳县		4		47		5	5730	228	151
苏滁现代产业园							1038		14
滁州经济技术开发区		1	5	2			2411	16	82
天长市	85	8	1	34	25		13790	213	147
明光市			5	23	2		4632	155	131

4－4 续表 11 单位：人

地 区 性 别	采矿业						制造业		
	石油和天然气开采业	黑色金属矿采选业	有色金属矿采选业	非金属矿采选业	开采专业及辅助性活动	其他采矿业	小计	农副食品加工业	食品制造业
阜阳市	**7**	**11**	**4**	**137**	**36**	**12**	**50901**	**2458**	**2380**
颍州区		2		4	4		2368	156	131
颍东区	4			5	2	1	3562	215	240
颍泉区				9	2	1	2915	205	163
临泉县		1	1	34	1	2	11023	612	391
太和县	3			15	3	1	9930	344	447
阜南县			2	16	8	1	6392	234	237
颍上县		6		40	16	3	9025	483	364
阜阳合肥现代产业园区				1		3	283	19	21
阜阳经济技术开发区		1		1			544	28	35
界首市		1	1	12			4859	162	351
宿州市	**13**	**11**	**3**	**83**	**55**	**18**	**26824**	**1566**	**1059**
埇桥区	6	5	3	54	32	17	8908	453	389
砀山县	2	3		5	2	1	3157	225	262
萧县	5	3		10	14		5006	380	183
灵璧县				8	2		5434	246	90
泗县				6			3589	217	101
宿州马鞍山现代产业园区							292	26	9
宿州经济技术开发区					5		438	19	25
六安市	**4**	**747**	**4**	**302**	**23**	**10**	**35124**	**1365**	**775**
金安区	1			40	7	1	6780	205	123
裕安区	2	4		43	4	2	6143	206	147
叶集区		2		10			2248	72	30
霍邱县	1	738	3	72	11	4	4304	233	99
舒城县		2	1	54	1	2	8474	393	216
金寨县				47		1	3569	90	98
霍山县		1		36			3606	166	62
亳州市	**1**	**1**		**8**	**8**	**3**	**19035**	**1128**	**732**
谯城区				1	1		7786	236	219
涡阳县					3		3412	227	191
蒙城县	1	1		6	3	2	3703	307	178
利辛县				1	1	1	4134	358	144
池州市	**4**	**47**	**101**	**421**	**12**	**18**	**13506**	**397**	**161**
贵池区	1	39	91	217	4	7	4738	154	60
东至县	3	4	2	79	1		5637	117	55
石台县		3		14	1	1	368	26	7
青阳县		1	2	108	5	10	2018	87	30
池州市国家经济技术开发区			6	3	1		284	1	
皖江江南新兴产业集中区							435	10	7
九华山风景区							26	2	2
宣城市	**5**	**39**	**45**	**409**	**18**	**18**	**31387**	**1313**	**565**
宣州区	1	26	35	108	2	2	5820	401	194
郎溪县	1	1		26			4599	132	91
泾县	1	2	4	54	5	1	2453	148	63
绩溪县				15			1332	74	25
旌德县			1	60		2	647	30	13
宣城市经济开发区	1			5	3		1320	56	39
宁国市	1	6	1	30	5	8	7053	261	59
广德市		4	4	111	3	5	8163	211	81

4-4 续表 12

单位：人

地区 性别	采矿业						制造业		
	石油和天然气开采业	黑色金属矿采选业	有色金属矿采选业	非金属矿采选业	开采专业及辅助性活动	其他采矿业	小计	农副食品加工业	食品制造业
男	**160**	**1696**	**1236**	**2280**	**482**	**237**	**270467**	**11478**	**6429**
合肥市	**16**	**204**	**158**	**125**	**34**	**19**	**43513**	**1286**	**1144**
瑶海区	1	1		8	4		2306	71	61
庐阳区	2		1	3	4	1	1958	63	67
蜀山区	1		1	7	6	1	2956	79	60
包河区	5	6	3	10	5	6	3443	100	66
长丰县	1	1	2	5	4	1	4715	159	216
肥东县	3	2	1	14	6	1	3775	185	195
肥西县	1	1	1	5	4		8039	165	148
庐江县	1	178	144	19		4	3129	130	80
合肥高新技术产业开发区		2		2		2	1758	16	22
合肥经济技术开发区	1		3	6			5090	98	84
合肥新站高新技术产业开发区			1	6			3438	28	50
巢湖市		13	1	40	1	3	2906	192	95
芜湖市	**2**	**127**	**37**	**213**	**5**	**3**	**26007**	**1439**	**365**
镜湖区		1		3			2251	22	25
弋江区		2		1		1	2229	21	23
鸠江区		57		4	2	1	3313	110	30
三山区	1	2		4			1827	115	28
芜湖县			1	3	1		3276	70	21
繁昌县	1	57	9	156		1	2799	63	78
南陵县		6	25	18			1856	107	52
芜湖经济技术开发区				1			4054	10	7
安徽芜湖长江大桥经济开发区							205	21	2
无为市		2	2	23	2		4197	900	99
蚌埠市	**5**	**2**	**20**	**40**	**7**	**1**	**8181**	**609**	**219**
龙子湖区				2			852	51	25
蚌山区		1		1	1		438	17	18
禹会区	2			11	1	1	1410	76	32
淮上区				3	1		812	55	20
怀远县		1	1	10	1		1343	146	43
五河县	1		17	6	2		1172	63	37
固镇县	1			3			1159	177	21
蚌埠市高新技术开发区			1	1			314	6	8
蚌埠市经济开发区	1		1	3	1		681	18	15
淮南市	**6**	**4**	**2**	**44**	**112**	**22**	**8633**	**493**	**265**
大通区				4	2		597	15	21
田家庵区	1			7	10	10	1220	32	37
谢家集区				5	3	3	473	21	13
八公山区					15		344	16	2
潘集区	3			1	36	2	592	82	17
凤台县	2	1		6	40	6	1014	135	46
寿县		3	2	21	6	1	4393	192	129

4-4 续表 13

单位：人

地区 性别	采矿业						制造业		
	石油和天然气开采业	黑色金属矿采选业	有色金属矿采选业	非金属矿采选业	开采专业及辅助性活动	其他采矿业	小计	农副食品加工业	食品制造业
马鞍山市	**8**	**436**	**21**	**100**	**14**	**36**	**13678**	**643**	**480**
花山区	1	140	7	20	3	16	2989	50	84
雨山区	2	189	6	9	1	4	2312	38	129
博望区		2		3	1	1	2060	54	17
当涂县	1	101	8	21	5	14	2960	131	57
含山县		2		27	3	1	1823	152	53
和县	4	2		20	1		1534	218	140
淮北市	**4**	**85**	**27**	**61**	**101**	**13**	**5932**	**324**	**198**
杜集区	1	1		24	36		943	47	26
相山区	1	1	1	22	12	10	1341	63	94
烈山区			24	11	17	2	779	50	22
濉溪县	2	83	2	4	36	1	2869	164	56
铜陵市	**5**	**66**	**689**	**60**	**19**	**51**	**5770**	**159**	**47**
铜官区		43	378	29	5	34	2540	24	11
义安区	2	17	236	18	5	8	1301	38	8
郊区	2	6	69	4	7	8	729	33	5
枞阳县	1		6	9	2	1	1200	64	23
安庆市	**14**	**11**	**57**	**144**	**20**	**15**	**27847**	**681**	**388**
迎江区	5		13	6	2	3	993	32	30
大观区	3	1	15	7		1	1014	24	40
宜秀区		1	4	2	3		887	19	47
怀宁县		2	18	14	6	2	2930	80	61
太湖县		1		15	1		2511	73	31
宿松县	4	1		32		1	4470	109	35
望江县	1			7	2	1	3473	78	49
岳西县				15		2	1695	73	19
安徽安庆经济开发区		1	3	4	2	1	883	18	8
桐城市	1	1	4	33	2	2	4618	101	37
潜山市		3		9	2	2	4373	74	31
黄山市	**1**		**31**	**45**	**3**	**1**	**6858**	**244**	**140**
屯溪区			1	1	1	1	848	51	26
黄山区				3			569	28	14
徽州区				7	1		914	17	9
歙县	1		3	9	1		2769	64	34
休宁县			23	17			1052	56	20
黟县							280	21	31
祁门县			4	8			426	7	6
滁州市	**72**	**13**	**73**	**259**	**33**	**13**	**28376**	**889**	**596**
琅琊区		1	60	8	1	4	1484	27	61
南谯区			2	11		2	1895	64	34
来安县			1	27	4	1	3185	201	58
全椒县	1	1	1	11	2	1	3110	72	75
定远县	2			111	3	1	4275	151	86
凤阳县		3		39		4	3209	142	69
苏滁现代产业园							694		10
滁州经济技术开发区		1	4	2			1529	7	52
天长市	69	7	1	31	21		6442	146	83
明光市			4	19	2		2553	79	68

4-4 续表 14

单位：人

地区 性别	采矿业						制造业		
	石油和天然气开采业	黑色金属矿采选业	有色金属矿采选业	非金属矿采选业	开采专业及辅助性活动	其他采矿业	小计	农副食品加工业	食品制造业
阜阳市	**5**	**11**	**2**	**107**	**34**	**9**	**27761**	**1434**	**1084**
颍州区		2		4	4		1407	100	58
颍东区	2			3	2	1	1923	112	93
颍泉区				6	1		1547	105	68
临泉县		1	1	29	1	2	5987	341	196
太和县	3			11	3	1	5526	235	217
阜南县				11	8		3310	138	105
颍上县		6		32	15	3	4839	288	182
阜阳合肥现代产业园区				1		2	165	6	6
阜阳经济技术开发区		1		1			323	17	19
界首市		1	1	9			2734	92	140
宿州市	**11**	**9**	**3**	**75**	**52**	**15**	**14091**	**906**	**456**
埇桥区	5	4	3	48	30	15	5075	277	173
砀山县	1	3		5	2		1800	127	120
萧县	5	2		9	14		2905	217	74
灵璧县				8	2		2210	142	36
泗县				5			1720	120	41
宿州马鞍山现代产业园区							145	12	4
宿州经济技术开发区					4		236	11	8
六安市	**3**	**650**	**1**	**263**	**18**	**7**	**17776**	**747**	**346**
金安区	1			38	5	1	3417	114	58
裕安区	1	3		37	2	2	2803	123	71
叶集区		2		8			1190	41	14
霍邱县	1	643	1	64	11	1	2346	158	45
舒城县		2		48		2	3941	202	89
金寨县				41		1	2060	55	46
霍山县				27			2019	54	23
亳州市	**1**	**1**		**8**	**8**	**2**	**10451**	**658**	**371**
谯城区				1	1		4342	153	103
涡阳县					3		2078	153	105
蒙城县	1	1		6	3	1	1964	160	88
利辛县				1	1	1	2067	192	75
池州市	**3**	**40**	**82**	**367**	**9**	**13**	**7453**	**252**	**77**
贵池区		32	74	192	4	4	2578	95	22
东至县	3	4	2	72			3079	82	33
石台县		3		12	1	1	183	16	3
青阳县		1	2	90	3	8	1173	50	14
池州市国家经济技术开发区			4	1	1		169		
皖江江南新兴产业集中区							258	8	5
九华山风景区							13	1	
宣城市	**4**	**37**	**33**	**369**	**13**	**17**	**18140**	**714**	**253**
宣州区	1	26	26	102	2	1	3134	219	95
郎溪县		1		21			2509	82	46
泾县	1	2	3	49	3	1	1578	81	31
绩溪县				12			709	34	8
旌德县			1	54		2	399	15	2
宣城市经济开发区	1			4	2		841	31	17
宁国市	1	4	1	29	4	8	4304	133	23
广德市		4	2	98	2	5	4666	119	31

4-4 续表 15　　单位：人

地　区 性　别	采矿业						制造业		
	石油和天然气开采业	黑色金属矿采选业	有色金属矿采选业	非金属矿采选业	开采专业及辅助性活动	其他采矿业	小计	农副食品加工业	食品制造业
女	**40**	**269**	**304**	**345**	**82**	**46**	**206492**	**8277**	**7588**
合肥市	**5**	**36**	**24**	**22**	**17**	**10**	**27259**	**956**	**1557**
瑶海区	2	1			1		1183	63	91
庐阳区				3	1	1	1031	40	71
蜀山区	1		1		5	2	1410	59	76
包河区	1	3		2	7	5	1611	82	100
长丰县		1	1	1			2989	104	312
肥东县	1	1		4	2		3145	167	376
肥西县		1		1			4630	108	122
庐江县		23	21	1		1	3493	83	94
合肥高新技术产业开发区		1					845	12	19
合肥经济技术开发区				1			2592	86	91
合肥新站高新技术产业开发区			1	1			1528	28	60
巢湖市		5		8	1	1	2802	124	145
芜湖市		**5**	**6**	**33**			**15297**	**941**	**406**
镜湖区			1				1061	14	19
弋江区				2			987	26	36
鸠江区				1			1836	78	36
三山区				2			884	82	34
芜湖县							2813	42	30
繁昌县		4		24			1875	46	102
南陵县		1	5	2			1678	47	51
芜湖经济技术开发区							1756	3	14
安徽芜湖长江大桥经济开发区							150	11	7
无为市				2			2257	592	77
蚌埠市	**1**		**6**	**6**	**4**		**5625**	**398**	**234**
龙子湖区				1			482	31	17
蚌山区							242	9	18
禹会区				1	2		809	28	27
淮上区							663	46	25
怀远县				1			1025	81	44
五河县	1		6		1		1018	47	51
固镇县							924	144	34
蚌埠市高新技术开发区							180	1	3
蚌埠市经济开发区				3	1		282	11	15
淮南市	**1**			**3**	**12**	**1**	**5462**	**335**	**274**
大通区					1		361	13	21
田家庵区	1					1	616	26	44
谢家集区				1			262	29	10
八公山区					2		179	9	7
潘集区					3		295	49	17
凤台县				1	4		717	74	53
寿县				1	2		3032	135	122

4-4　续表 16　　　　单位：人

地　区 性　别	采矿业						制造业		
	石油和天然气开采业	黑色金属矿采选业	有色金属矿采选业	非金属矿采选业	开采专业及辅助性活动	其他采矿业	小计	农副食品加工业	食品制造业
马鞍山市	**3**	**86**	**3**	**9**	**5**	**4**	**7353**	**444**	**478**
花山区	1	35	2	3	2	2	962	31	72
雨山区		36		2	1		852	29	139
博望区							708	38	21
当涂县		15	1	2	1	2	2702	94	75
含山县				1	1		1206	81	50
和县	2			1			923	171	121
淮北市	**3**	**13**	**6**	**13**	**8**	**2**	**3702**	**244**	**241**
杜集区				6	1		437	26	28
相山区	3			5	5	2	714	42	105
烈山区		1	6		2		632	39	25
濉溪县		12		2			1919	137	83
铜陵市	**1**	**15**	**173**	**12**	**1**	**6**	**4049**	**80**	**64**
铜官区		12	124	6	1	6	1092	13	18
义安区		3	39	4			916	24	12
郊区	1		9				603	10	8
枞阳县			1	2			1438	33	26
安庆市	**2**	**4**	**23**	**16**	**7**	**2**	**25258**	**431**	**439**
迎江区			6	3	1	1	536	23	33
大观区			9	1			526	15	21
宜秀区			1	1	1		687	23	58
怀宁县			2	4	2		2316	55	65
太湖县				3			2326	32	29
宿松县		1			1		4315	66	60
望江县							4766	44	34
岳西县				2			1347	49	24
安徽安庆经济开发区	1	1	4	1	2	1	541	14	31
桐城市	1	2	1				4043	64	39
潜山市				1			3855	46	45
黄山市			**2**	**5**	**2**	**1**	**6108**	**225**	**206**
屯溪区						1	712	38	59
黄山区					1		398	34	20
徽州区							735	11	10
歙县				3	1		2539	56	42
休宁县			1	2			1011	58	24
黟县							226	18	45
祁门县			1				487	10	6
滁州市	**17**	**2**	**25**	**55**	**8**	**4**	**25274**	**707**	**604**
琅琊区	1		21	1		2	1032	17	74
南谯区			2	3	2	1	1194	52	61
来安县				5	1		2359	230	70
全椒县							4308	49	70
定远县				31	1		3207	121	86
凤阳县		1		8		1	2521	86	82
苏滁现代产业园							344		4
滁州经济技术开发区			1				882	9	30
天长市	16	1		3	4		7348	67	64
明光市			1	4			2079	76	63

4-4 续表 17　　　　单位：人

地区 性别	采矿业						制造业		
	石油和天然气开采业	黑色金属矿采选业	有色金属矿采选业	非金属矿采选业	开采专业及辅助性活动	其他采矿业	小计	农副食品加工业	食品制造业
阜阳市	**2**		**2**	**30**	**2**	**3**	**23140**	**1024**	**1296**
颍州区							961	56	73
颍东区	2			2			1639	103	147
颍泉区				3	1	1	1368	100	95
临泉县				5			5036	271	195
太和县				4			4404	109	230
阜南县			2	5		1	3082	96	132
颍上县				8	1		4186	195	182
阜阳合肥现代产业园区						1	118	13	15
阜阳经济技术开发区							221	11	16
界首市				3			2125	70	211
宿州市	**2**	**2**		**8**	**3**	**3**	**12733**	**660**	**603**
埇桥区	1	1		6	2	2	3833	176	216
砀山县	1					1	1357	98	142
萧县		1		1			2101	163	109
灵璧县							3224	104	54
泗县				1			1869	97	60
宿州马鞍山现代产业园区							147	14	5
宿州经济技术开发区					1		202	8	17
六安市	**1**	**97**	**3**	**39**	**5**	**3**	**17348**	**618**	**429**
金安区				2	2		3363	91	65
裕安区	1	1		6	2		3340	83	76
叶集区				2			1058	31	16
霍邱县		95	2	8		3	1958	75	54
舒城县			1	6	1		4533	191	127
金寨县				6			1509	35	52
霍山县		1		9			1587	112	39
亳州市						**1**	**8584**	**470**	**361**
谯城区							3444	83	116
涡阳县							1334	74	86
蒙城县						1	1739	147	90
利辛县							2067	166	69
池州市	**1**	**7**	**19**	**54**	**3**	**5**	**6053**	**145**	**84**
贵池区	1	7	17	25		3	2160	59	38
东至县				7	1		2558	35	22
石台县				2			185	10	4
青阳县				18	2	2	845	37	16
池州市国家经济技术开发区			2	2			115	1	
皖江江南新兴产业集中区							177	2	2
九华山风景区							13	1	2
宣城市	**1**	**2**	**12**	**40**	**5**	**1**	**13247**	**599**	**312**
宣州区			9	6		1	2686	182	99
郎溪县	1			5			2090	50	45
泾县			1	5	2		875	67	32
绩溪县				3			623	40	17
旌德县				6			248	15	11
宣城市经济开发区				1	1		479	25	22
宁国市		2		1	1		2749	128	36
广德市			2	13	1		3497	92	50

4-4　续表 18　　　　单位：人

地　区 性　别	制造业								
	酒、饮料和精制茶制造业	烟　草制品业	纺织业	纺织服装、服饰业	皮革、毛皮、羽毛及其制品和制鞋业	木材加工和木、竹、藤、棕、草制品业	家　具制造业	造纸和纸制品业	印刷和记录媒介复制业
安　徽	**8329**	**1198**	**21443**	**81696**	**11185**	**14167**	**12442**	**7078**	**4468**
合肥市	**681**	**161**	**2780**	**4508**	**755**	**853**	**2199**	**992**	**1220**
瑶海区	37	2	109	197	47	46	127	34	96
庐阳区	46	12	37	92	22	37	171	80	273
蜀山区	66	60	28	69	26	34	55	34	78
包河区	71	10	76	91	33	42	115	35	128
长丰县	76	9	111	413	66	167	793	208	140
肥东县	54	4	121	884	106	147	276	137	70
肥西县	85	23	103	541	139	98	115	266	162
庐江县	68	3	786	1335	126	119	122	39	49
合肥高新技术产业开发区	38	28	5	27	2	4	17	5	13
合肥经济技术开发区	65	7	54	114	20	17	43	74	90
合肥新站高新技术产业开发区	29	1	52	79	17	76	262	25	82
巢湖市	46	2	1298	666	151	66	103	55	39
芜湖市	**168**	**223**	**858**	**4667**	**599**	**715**	**858**	**582**	**232**
镜湖区	17	33	70	130	8	24	28	38	30
弋江区	24	178	26	94	33	30	18	31	18
鸠江区	8	5	40	354	38	88	256	68	17
三山区	14	2	71	145	6	13	17	208	47
芜湖县	15		116	738	42	135	59	57	6
繁昌县	29		168	1309	17	59	46	55	34
南陵县	24	2	57	1239	33	134	191	23	11
芜湖经济技术开发区	14	3	89	15	4	78	17	47	27
安徽芜湖长江大桥经济开发区			5	75	8		4	6	1
无为市	23		216	568	410	154	222	49	41
蚌埠市	**277**	**256**	**748**	**1239**	**344**	**226**	**239**	**232**	**157**
龙子湖区	14	7	20	34	4	5	7	33	12
蚌山区	16	27	22	22	2	5	16	11	14
禹会区	71	99	77	93	32	43	23	25	30
淮上区	20	4	40	107	49	21	25	20	10
怀远县	62	1	123	228	55	68	38	70	25
五河县	48	1	341	374	145	39	56	20	21
固镇县	6	1	98	364	52	34	63	32	19
蚌埠市高新技术开发区	16	29	13	4	4	4	2	4	5
蚌埠市经济开发区	24	87	14	13	1	7	9	17	21
淮南市	**109**	**6**	**531**	**1372**	**335**	**309**	**367**	**288**	**135**
大通区	10	2	33	131	17	12	23	16	6
田家庵区	17	1	32	76	9	36	36	30	21
谢家集区	6		26	43	8	6	14	5	1
八公山区	8	1	14	15	35	6		15	1
潘集区	7	1	10	76	11	18	11	10	2
凤台县	15		58	191	57	23	24	54	10
寿县	46	1	358	840	198	208	259	158	94

4－4 续表 19

单位：人

地 区 性 别	制造业								
	酒、饮料和精制茶制造业	烟 草制品业	纺织业	纺织服装、服饰业	皮革、毛皮、羽毛及其制品和制鞋业	木材加工和木、竹、藤、棕、草制品业	家 具制造业	造纸和纸制品业	印刷和记录媒介复制业
马鞍山市	**158**	**15**	**283**	**3174**	**73**	**261**	**304**	**367**	**100**
花山区	35	7	17	106	13	39	45	212	38
雨山区	47	1	24	125	8	7	12	60	11
博望区	3		24	94	18	55	35	7	8
当涂县	30	5	124	1926	6	52	51	57	13
含山县	37	2	75	555	25	34	110	16	17
和县	6		19	368	3	74	51	15	13
淮北市	**487**	**3**	**397**	**914**	**149**	**174**	**195**	**127**	**63**
杜集区	48		52	100	8	18	52	15	10
相山区	209	3	116	142	12	23	38	19	14
烈山区	29		58	181	10	42	33	13	3
濉溪县	201		171	491	119	91	72	80	36
铜陵市	**52**	**2**	**316**	**2414**	**97**	**159**	**93**	**140**	**49**
铜官区	10		96	218	7	16	18	75	21
义安区	21	2	59	489	33	42	32	41	5
郊区	11		45	504	15	20	12	12	10
枞阳县	10		116	1203	42	81	31	12	13
安庆市	**404**	**19**	**3212**	**20085**	**1552**	**1268**	**1787**	**949**	**422**
迎江区	13	2	142	151	24	23	24	49	14
大观区	10		172	226	5	26	19	7	13
宜秀区	14		129	129	195	23	53	32	10
怀宁县	25	1	272	2049	37	189	146	216	37
太湖县	27	3	129	2131	123	149	118	60	49
宿松县	41	4	264	4229	443	262	241	77	45
望江县	21	2	456	5764	92	83	185	38	17
岳西县	66	2	112	585	358	77	115	199	21
安徽安庆经济开发区	18	1	136	117	29	22	23	30	7
桐城市	71	4	789	880	193	126	159	126	194
潜山市	98		611	3824	53	288	704	115	15
黄山市	**894**	**5**	**716**	**3388**	**112**	**619**	**423**	**182**	**236**
屯溪区	63	2	132	181	6	34	58	26	24
黄山区	396	1	16	41	7	61	3	2	9
徽州区	55		41	486	16	26	69	9	135
歙县	172	2	423	1946	28	182	204	103	48
休宁县	115		63	446	41	98	39	25	10
黟县	26		20	35	6	96	28		4
祁门县	67		21	253	8	122	22	17	6
滁州市	**527**	**218**	**2163**	**4543**	**1377**	**1025**	**946**	**703**	**488**
琅琊区	66	77	112	76	45	53	36	62	39
南谯区	51	26	112	123	76	106	97	34	50
来安县	48	3	107	333	83	158	123	80	75
全椒县	22	2	83	901	70	164	116	102	64
定远县	46	2	734	1438	273	162	158	89	60
凤阳县	37	94	150	762	182	73	130	72	29
苏滁现代产业园	12	1	29	7	4	5	4	2	6
滁州经济技术开发区	84	9	82	30	53	59	26	37	27
天长市	97		552	395	433	177	135	150	61
明光市	64	4	202	478	158	68	121	75	77

4-4　续表 20　　　　单位：人

地　区 性　别	制造业 酒、饮料和精制茶制造业	烟　草制品业	纺织业	纺织服装、服饰业	皮革、毛皮、羽毛及其制品和制鞋业	木材加工和木、竹、藤、棕、草制品业	家　具制造业	造纸和纸制品业	印刷和记录媒介复制业
阜阳市	**747**	**140**	**3052**	**9829**	**1949**	**1418**	**1572**	**652**	**456**
颍州区	224	31	87	278	88	58	154	53	66
颍东区	95	61	141	687	53	84	181	63	56
颍泉区	49	16	98	664	60	82	131	34	30
临泉县	105	4	706	2257	615	244	190	132	95
太和县	40	2	545	1413	325	330	300	99	65
阜南县	56	9	529	1447	374	244	247	90	43
颍上县	72	8	429	2106	196	297	248	133	71
阜阳合肥现代产业园区	5		9	28	13	27	7	5	1
阜阳经济技术开发区	38	6	53	84	17	3	17	12	10
界首市	63	3	455	865	208	49	97	31	19
宿州市	**267**	**15**	**1542**	**5926**	**1092**	**1218**	**726**	**368**	**178**
埇桥区	138	3	325	1511	584	656	325	120	67
砀山县	27	5	255	491	26	219	87	37	16
萧县	39	1	235	682	107	134	142	119	28
灵璧县	28	4	280	2225	141	95	90	40	27
泗县	14	2	426	919	107	105	63	20	30
宿州马鞍山现代产业园区	7		12	68	16	1	12	11	
宿州经济技术开发区	14		9	30	111	8	7	21	10
六安市	**779**	**17**	**1915**	**7443**	**1589**	**2603**	**1051**	**442**	**372**
金安区	91	5	253	1836	502	112	234	102	106
裕安区	77	3	293	2345	456	236	148	50	49
叶集区	6		124	154	113	1184	158	2	4
霍邱县	50	4	392	486	130	180	136	74	41
舒城县	67	1	224	2079	243	442	224	126	76
金寨县	76	4	519	311	79	190	67	46	29
霍山县	412		110	232	66	259	84	42	67
亳州市	**2119**	**93**	**1161**	**3117**	**346**	**623**	**407**	**304**	**149**
谯城区	1921	2	176	718	127	180	93	159	33
涡阳县	137	43	141	446	74	101	79	39	27
蒙城县	27	44	216	759	51	229	139	59	62
利辛县	34	4	628	1194	94	113	96	47	27
池州市	**181**	**6**	**557**	**4139**	**509**	**641**	**448**	**104**	**38**
贵池区	54	2	138	1554	56	172	53	38	10
东至县	35	1	172	2247	345	269	325	49	20
石台县	74	1	9	51	33	54	11	1	3
青阳县	16	1	54	214	69	129	47	14	5
池州市国家经济技术开发区	1		5	58	2	1	3		
皖江江南新兴产业集中区	1	1	179	11	4	15	8	1	
九华山风景区				4		1	1	1	
宣城市	**479**	**19**	**1212**	**4938**	**307**	**2055**	**827**	**646**	**173**
宣州区	188	8	246	1533	105	320	124	61	26
郎溪县	71	1	402	1280	72	151	161	16	17
泾县	23		60	149	11	255	20	417	16
绩溪县	19		132	117	19	54	40	22	28
旌德县	3		19	41	3	52	14	19	2
宣城市经济开发区	44	6	15	118	3	7	31	28	21
宁国市	51	4	91	165	47	320	91	37	22
广德市	80		247	1535	47	896	346	46	41

4-4 续表 21　　　　单位：人

地　区 性　别	制造业								
	酒、饮料和精制茶制造业	烟　草制品业	纺织业	纺织服装、服饰业	皮革、毛皮、羽毛及其制品和制鞋业	木材加工和木、竹、藤、棕、草制品业	家　具制造业	造纸和纸制品业	印刷和记录媒介复制业
男	**5179**	**793**	**9142**	**23141**	**4472**	**9663**	**8884**	**3916**	**2672**
合肥市	**421**	**112**	**904**	**977**	**308**	**620**	**1559**	**510**	**730**
瑶海区	22	1	47	52	21	31	84	19	66
庐阳区	27	7	16	28	13	24	130	41	155
蜀山区	48	46	14	18	13	22	32	24	49
包河区	39	5	40	24	16	26	80	20	74
长丰县	48	5	46	97	20	118	569	84	77
肥东县	26	1	51	195	34	110	185	60	39
肥西县	50	19	55	130	79	73	83	153	107
庐江县	44	2	162	250	60	100	97	21	27
合肥高新技术产业开发区	27	18	1	10	1	3	12	4	6
合肥经济技术开发区	41	5	28	25	13	14	25	43	55
合肥新站高新技术产业开发区	17	1	25	21	10	50	184	11	53
巢湖市	32	2	419	127	28	49	78	30	22
芜湖市	**102**	**166**	**429**	**1116**	**229**	**555**	**692**	**340**	**140**
镜湖区	10	24	38	34	3	15	21	28	22
弋江区	13	133	14	26	13	19	16	12	12
鸠江区	6	5	19	120	11	61	191	31	7
三山区	6	2	43	29	1	10	14	123	22
芜湖县	9		42	147	12	103	42	37	3
繁昌县	17		104	290	4	47	41	32	21
南陵县	18	1	17	232	20	110	156	11	7
芜湖经济技术开发区	7	1	44	7	1	68	13	30	12
安徽芜湖长江大桥经济开发区			3	11	1		4	3	
无为市	16		105	220	163	122	194	33	34
蚌埠市	**198**	**194**	**321**	**286**	**132**	**157**	**166**	**126**	**101**
龙子湖区	11	5	10	15	1	3	6	13	8
蚌山区	13	19	15	3	1	2	12	6	11
禹会区	51	77	36	16	11	34	19	14	16
淮上区	11	4	13	20	17	15	16	9	6
怀远县	45	1	37	48	15	43	28	39	13
五河县	37		148	98	70	28	41	15	14
固镇县	5	1	45	78	17	25	38	17	15
蚌埠市高新技术开发区	10	20	8			2	1	3	4
蚌埠市经济开发区	15	67	9	8		5	5	10	14
淮南市	**76**	**4**	**271**	**358**	**126**	**231**	**260**	**158**	**80**
大通区	6	2	12	17	5	11	16	12	3
田家庵区	10	1	19	25	4	28	27	18	13
谢家集区	3		13	9	2	5	9	3	1
八公山区	5		10	1	16	4		6	1
潘集区	3		4	15	6	18	10	4	2
凤台县	12		31	62	20	16	17	24	7
寿县	37	1	182	229	73	149	181	91	53

4-4 续表 22

单位：人

地 区 性 别	制造业								
	酒、饮料和精制茶制造业	烟草制品业	纺织业	纺织服装、服饰业	皮革、毛皮、羽毛及其制品和制鞋业	木材加工和木、竹、藤、棕、草制品业	家具制造业	造纸和纸制品业	印刷和记录媒介复制业
马鞍山市	**97**	**3**	**109**	**925**	**33**	**210**	**230**	**255**	**58**
花山区	22	2	7	21	8	33	27	157	23
雨山区	36		7	21	4	4	11	43	6
博望区	2		9	17	6	44	28	4	3
当涂县	15		47	556	2	45	41	40	6
含山县	18	1	30	172	12	30	80	5	12
和县	4		9	138	1	54	43	6	8
淮北市	**379**	**2**	**176**	**259**	**52**	**124**	**120**	**69**	**33**
杜集区	42		20	13	4	10	33	10	5
相山区	153	2	60	28	4	19	25	8	4
烈山区	25		21	66	3	30	16	10	2
濉溪县	159		75	152	41	65	46	41	22
铜陵市	**35**	**2**	**128**	**508**	**40**	**128**	**72**	**62**	**28**
铜官区	7		49	52	4	14	14	32	13
义安区	15	2	15	99	7	35	25	15	1
郊区	6		19	127	9	16	11	8	7
枞阳县	7		45	230	20	63	22	7	7
安庆市	**249**	**12**	**1378**	**7149**	**719**	**923**	**1333**	**514**	**276**
迎江区	8	1	73	39	10	17	17	33	10
大观区	5		78	66	3	21	16	5	7
宜秀区	8		61	33	86	16	36	12	3
怀宁县	15	1	134	896	16	139	105	122	29
太湖县	19	2	56	743	66	113	94	41	30
宿松县	27	1	124	1423	239	197	192	51	31
望江县	14	1	214	1894	48	59	132	24	7
岳西县	41	2	55	200	156	63	87	71	15
安徽安庆经济开发区	12	1	68	38	8	15	15	11	3
桐城市	37	3	262	246	65	88	121	75	129
潜山市	63		253	1571	22	195	518	69	12
黄山市	**536**	**2**	**281**	**1046**	**53**	**449**	**326**	**109**	**174**
屯溪区	32	1	50	41	4	25	38	18	15
黄山区	251		6	8	5	46	3	2	4
徽州区	28		15	114	8	23	54	4	109
歙县	81	1	165	712	18	139	155	61	34
休宁县	82		29	118	15	81	33	15	6
黟县	18		6	7		59	27		3
祁门县	44		10	46	3	76	16	9	3
滁州市	**318**	**119**	**1087**	**1182**	**393**	**709**	**674**	**408**	**285**
琅琊区	41	55	49	21	14	37	23	33	19
南谯区	31	21	49	24	26	72	65	15	31
来安县	35	3	46	46	14	112	91	45	39
全椒县	13	1	36	228	29	99	79	64	38
定远县	27	2	425	482	88	105	113	49	37
凤阳县	18	28	65	197	78	52	93	39	16
苏滁现代产业园	9	1	12	1	2	2	2		4
滁州经济技术开发区	37	6	54	4	7	47	15	26	16
天长市	64		252	65	68	140	109	94	40
明光市	43	2	99	114	67	43	84	43	45

4-4 续表 23

单位：人

地区 性别	制造业 酒、饮料和精制茶制造业	烟草制品业	纺织业	纺织服装、服饰业	皮革、毛皮、羽毛及其制品和制鞋业	木材加工和木、竹、藤、棕、草制品业	家具制造业	造纸和纸制品业	印刷和记录媒介复制业
阜阳市	**472**	**104**	**1342**	**2861**	**975**	**973**	**1048**	**339**	**270**
颍州区	141	24	33	73	37	43	103	20	43
颍东区	57	47	69	174	28	54	116	30	33
颍泉区	32	9	43	165	31	55	80	17	18
临泉县	71	2	337	668	321	168	130	71	57
太和县	25	1	215	479	165	223	195	61	40
阜南县	31	8	208	402	183	161	170	42	22
颍上县	44	5	191	617	97	209	166	78	38
阜阳合肥现代产业园区	4		1	10		19	3	1	
阜阳经济技术开发区	27	5	22	29	8	2	11	5	6
界首市	40	3	223	244	105	39	74	14	13
宿州市	**186**	**9**	**652**	**1559**	**476**	**763**	**472**	**208**	**110**
埇桥区	98	3	159	485	256	388	214	73	44
砀山县	17	3	103	147	14	138	59	21	8
萧县	28	1	101	172	38	95	87	67	20
灵璧县	19	2	95	477	53	63	59	19	17
泗县	10		188	260	54	72	44	8	15
宿州马鞍山现代产业园区	5		4	13	12	1	6	6	
宿州经济技术开发区	9		2	5	49	6	3	14	6
六安市	**472**	**10**	**808**	**1454**	**470**	**1563**	**720**	**229**	**189**
金安区	53	4	91	367	145	84	154	42	45
裕安区	48	1	100	518	145	163	101	25	35
叶集区	4		45	20	27	681	105	1	1
霍邱县	32	2	183	101	32	123	92	40	27
舒城县	44		87	344	69	236	154	72	39
金寨县	48	3	264	69	30	124	51	31	14
霍山县	243		38	35	22	152	63	18	28
亳州市	**1242**	**40**	**451**	**1012**	**148**	**437**	**286**	**131**	**81**
谯城区	1123	2	94	264	49	127	71	63	20
涡阳县	84	24	65	147	31	74	58	15	14
蒙城县	13	11	91	211	22	142	93	28	30
利辛县	22	3	201	390	46	94	64	25	17
池州市	**98**	**3**	**247**	**1176**	**173**	**454**	**342**	**55**	**24**
贵池区	32	2	64	289	20	113	40	21	6
东至县	26		77	818	126	210	254	25	15
石台县	29		2	14	5	38	6	1	2
青阳县	10	1	19	38	19	80	34	7	1
池州市国家经济技术开发区			3	14	1		2		
皖江江南新兴产业集中区	1		82	1	2	12	5	1	
九华山风景区				2		1	1		
宣城市	**298**	**11**	**558**	**1273**	**145**	**1367**	**584**	**403**	**93**
宣州区	114	6	120	334	56	241	85	32	15
郎溪县	49	1	230	356	41	108	116	10	10
泾县	10		20	42		167	13	272	8
绩溪县	15		37	20	4	38	27	15	9
旌德县	1		8	13	1	40	14	8	1
宣城市经济开发区	31	3	11	37		5	21	18	15
宁国市	33	1	39	26	25	220	64	21	14
广德市	45		93	445	18	548	244	27	21

4-4　续表 24　　　　单位：人

地　区 性　别	制造业								
	酒、饮料和精制茶制造业	烟　草制品业	纺织业	纺织服装、服饰业	皮革、毛皮、羽毛及其制品和制鞋业	木材加工和木、竹、藤、棕、草制品业	家　具制造业	造纸和纸制品业	印刷和记录媒介复制业
女	**3150**	**405**	**12301**	**58555**	**6713**	**4504**	**3558**	**3162**	**1796**
合肥市	**260**	**49**	**1876**	**3531**	**447**	**233**	**640**	**482**	**490**
瑶海区	15	1	62	145	26	15	43	15	30
庐阳区	19	5	21	64	9	13	41	39	118
蜀山区	18	14	14	51	13	12	23	10	29
包河区	32	5	36	67	17	16	35	15	54
长丰县	28	4	65	316	46	49	224	124	63
肥东县	28	3	70	689	72	37	91	77	31
肥西县	35	4	48	411	60	25	32	113	55
庐江县	24	1	624	1085	66	19	25	18	22
合肥高新技术产业开发区	11	10	4	17	1	1	5	1	7
合肥经济技术开发区	24	2	26	89	7	3	18	31	35
合肥新站高新技术产业开发区	12		27	58	7	26	78	14	29
巢湖市	14		879	539	123	17	25	25	17
芜湖市	**66**	**57**	**429**	**3551**	**370**	**160**	**166**	**242**	**92**
镜湖区	7	9	32	96	5	9	7	10	8
弋江区	11	45	12	68	20	11	2	19	6
鸠江区	2		21	234	27	27	65	37	10
三山区	8		28	116	5	3	3	85	25
芜湖县	6		74	591	30	32	17	20	3
繁昌县	12		64	1019	13	12	5	23	13
南陵县	6	1	40	1007	13	24	35	12	4
芜湖经济技术开发区	7	2	45	8	3	10	4	17	15
安徽芜湖长江大桥经济开发区			2	64	7			3	1
无为市	7		111	348	247	32	28	16	7
蚌埠市	**79**	**62**	**427**	**953**	**212**	**69**	**73**	**106**	**56**
龙子湖区	3	2	10	19	3	2	1	20	4
蚌山区	3	8	7	19	1	3	4	5	3
禹会区	20	22	41	77	21	9	4	11	14
淮上区	9		27	87	32	6	9	11	4
怀远县	17		86	180	40	25	10	31	12
五河县	11	1	193	276	75	11	15	5	7
固镇县	1		53	286	35	9	25	15	4
蚌埠市高新技术开发区	6	9	5	4	4	2	1	1	1
蚌埠市经济开发区	9	20	5	5	1	2	4	7	7
淮南市	**33**	**2**	**260**	**1014**	**209**	**78**	**107**	**130**	**55**
大通区	4		21	114	12	1	7	4	3
田家庵区	7		13	51	5	8	9	12	8
谢家集区	3		13	34	6	1	5	2	
八公山区	3	1	4	14	19	2		9	
潘集区	4	1	6	61	5		1	6	
凤台县	3		27	129	37	7	7	30	3
寿县	9		176	611	125	59	78	67	41

4-4 续表 25　　　　单位：人

地区 性别	制造业								
	酒、饮料和精制茶制造业	烟草制品业	纺织业	纺织服装、服饰业	皮革、毛皮、羽毛及其制品和制鞋业	木材加工和木、竹、藤、棕、草制品业	家具制造业	造纸和纸制品业	印刷和记录媒介复制业
马鞍山市	**61**	**12**	**174**	**2249**	**40**	**51**	**74**	**112**	**42**
花山区	13	5	10	85	5	6	18	55	15
雨山区	11	1	17	104	4	3	1	17	5
博望区	1		15	77	12	11	7	3	5
当涂县	15	5	77	1370	4	7	10	17	7
含山县	19	1	45	383	13	4	30	11	5
和县	2		10	230	2	20	8	9	5
淮北市	**108**	**1**	**221**	**655**	**97**	**50**	**75**	**58**	**30**
杜集区	6		32	87	4	8	19	5	5
相山区	56	1	56	114	8	4	13	11	10
烈山区	4		37	115	7	12	17	3	1
濉溪县	42		96	339	78	26	26	39	14
铜陵市	**17**		**188**	**1906**	**57**	**31**	**21**	**78**	**21**
铜官区	3		47	166	3	2	4	43	8
义安区	6		44	390	26	7	7	26	4
郊区	5		26	377	6	4	1	4	3
枞阳县	3		71	973	22	18	9	5	6
安庆市	**155**	**7**	**1834**	**12936**	**833**	**345**	**454**	**435**	**146**
迎江区	5	1	69	112	14	6	7	16	4
大观区	5		94	160	2	5	3	2	6
宜秀区	6		68	96	109	7	17	20	7
怀宁县	10		138	1153	21	50	41	94	8
太湖县	8	1	73	1388	57	36	24	19	19
宿松县	14	3	140	2806	204	65	49	26	14
望江县	7	1	242	3870	44	24	53	14	10
岳西县	25		57	385	202	14	28	128	6
安徽安庆经济开发区	6		68	79	21	7	8	19	4
桐城市	34	1	527	634	128	38	38	51	65
潜山市	35		358	2253	31	93	186	46	3
黄山市	**358**	**3**	**435**	**2342**	**59**	**170**	**97**	**73**	**62**
屯溪区	31	1	82	140	2	9	20	8	9
黄山区	145	1	10	33	2	15			5
徽州区	27		26	372	8	3	15	5	26
歙县	91	1	258	1234	10	43	49	42	14
休宁县	33		34	328	26	17	6	10	4
黟县	8		14	28	6	37	1		1
祁门县	23		11	207	5	46	6	8	3
滁州市	**209**	**99**	**1076**	**3361**	**984**	**316**	**272**	**295**	**203**
琅琊区	25	22	63	55	31	16	13	29	20
南谯区	20	5	63	99	50	34	32	19	19
来安县	13		61	287	69	46	32	35	36
全椒县	9	1	47	673	41	65	37	38	26
定远县	19		309	956	185	57	45	40	23
凤阳县	19	66	85	565	104	21	37	33	13
苏滁现代产业园	3		17	6	2	3	2	2	2
滁州经济技术开发区	47	3	28	26	46	12	11	11	11
天长市	33		300	330	365	37	26	56	21
明光市	21	2	103	364	91	25	37	32	32

4-4 续表 26　　　　单位：人

地区 性别	制造业								
	酒、饮料和精制茶制造业	烟草制品业	纺织业	纺织服装、服饰业	皮革、毛皮、羽毛及其制品和制鞋业	木材加工和木、竹、藤、棕、草制品业	家具制造业	造纸和纸制品业	印刷和记录媒介复制业
阜阳市	**275**	**36**	**1710**	**6968**	**974**	**445**	**524**	**313**	**186**
颍州区	83	7	54	205	51	15	51	33	23
颍东区	38	14	72	513	25	30	65	33	23
颍泉区	17	7	55	499	29	27	51	17	12
临泉县	34	2	369	1589	294	76	60	61	38
太和县	15	1	330	934	160	107	105	38	25
阜南县	25	1	321	1045	191	83	77	48	21
颍上县	28	3	238	1489	99	88	82	55	33
阜阳合肥现代产业园区	1		8	18	13	8	4	4	1
阜阳经济技术开发区	11	1	31	55	9	1	6	7	4
界首市	23		232	621	103	10	23	17	6
宿州市	**81**	**6**	**890**	**4367**	**616**	**455**	**254**	**160**	**68**
埇桥区	40		166	1026	328	268	111	47	23
砀山县	10	2	152	344	12	81	28	16	8
萧县	11		134	510	69	39	55	52	8
灵璧县	9	2	185	1748	88	32	31	21	10
泗县	4	2	238	659	53	33	19	12	15
宿州马鞍山现代产业园区	2		8	55	4		6	5	
宿州经济技术开发区	5		7	25	62	2	4	7	4
六安市	**307**	**7**	**1107**	**5989**	**1119**	**1040**	**331**	**213**	**183**
金安区	38	1	162	1469	357	28	80	60	61
裕安区	29	2	193	1827	311	73	47	25	14
叶集区	2		79	134	86	503	53	1	3
霍邱县	18	2	209	385	98	57	44	34	14
舒城县	23	1	137	1735	174	206	70	54	37
金寨县	28	1	255	242	49	66	16	15	15
霍山县	169		72	197	44	107	21	24	39
亳州市	**877**	**53**	**710**	**2105**	**198**	**186**	**121**	**173**	**68**
谯城区	798		82	454	78	53	22	96	13
涡阳县	53	19	76	299	43	27	21	24	13
蒙城县	14	33	125	548	29	87	46	31	32
利辛县	12	1	427	804	48	19	32	22	10
池州市	**83**	**3**	**310**	**2963**	**336**	**187**	**106**	**49**	**14**
贵池区	22		74	1265	36	59	13	17	4
东至县	9	1	95	1429	219	59	71	24	5
石台县	45	1	7	37	28	16	5		1
青阳县	6		35	176	50	49	13	7	4
池州市国家经济技术开发区	1		2	44	1	1	1		
皖江江南新兴产业集中区		1	97	10	2	3	3		
九华山风景区				2				1	
宣城市	**181**	**8**	**654**	**3665**	**162**	**688**	**243**	**243**	**80**
宣州区	74	2	126	1199	49	79	39	29	11
郎溪县	22		172	924	31	43	45	6	7
泾县	13		40	107	11	88	7	145	8
绩溪县	4		95	97	15	16	13	7	19
旌德县	2		11	28	2	12		11	1
宣城市经济开发区	13	3	4	81	3	2	10	10	6
宁国市	18	3	52	139	22	100	27	16	8
广德市	35		154	1090	29	348	102	19	20

4-4 续表 27 单位：人

地区 性别	制造业								
	文教、工美、体育和娱乐用品制造业	石油、煤炭及其他燃料加工业	化学原料和化学制品制造业	医药制造业	化学纤维制造业	橡胶和塑料制品业	非金属矿物制品业	黑色金属冶炼和压延加工业	有色金属冶炼和压延加工业
安徽	**16049**	**1479**	**12720**	**8361**	**649**	**21356**	**28525**	**5716**	**3658**
合肥市	**1126**	**85**	**1907**	**1158**	**169**	**3696**	**3546**	**427**	**349**
瑶海区	50	4	276	56	2	228	188	68	8
庐阳区	30	3	104	86	9	131	126	17	2
蜀山区	39	5	207	165	6	323	165	13	5
包河区	54	6	149	171	11	252	245	26	15
长丰县	65	16	151	76	4	466	499	83	103
肥东县	161	17	335	65	4	309	510	78	23
肥西县	71	7	254	210	3	840	501	74	17
庐江县	449	10	88	32	2	155	411	19	50
合肥高新技术产业开发区	6	1	30	94	3	134	50	4	1
合肥经济技术开发区	35	7	142	106	5	499	98	22	25
合肥新站高新技术产业开发区	19	2	81	31		139	206	5	3
巢湖市	147	7	90	66	120	220	547	18	97
芜湖市	**565**	**33**	**523**	**536**	**47**	**1449**	**2930**	**794**	**524**
镜湖区	34	4	49	60	3	85	164	58	48
弋江区	22	1	38	48	1	138	238	82	19
鸠江区	37	6	115	74	2	281	211	22	85
三山区	13		29	77	3	89	148	134	12
芜湖县	152	3	39	16	1	343	203	24	12
繁昌县	142	4	70	96	3	54	842	368	16
南陵县	57	2	53	17		76	175	43	59
芜湖经济技术开发区	13	3	61	46	2	167	596	29	243
安徽芜湖长江大桥经济开发区	1		5	4	25	8	27	3	4
无为市	94	10	64	98	7	208	326	31	26
蚌埠市	**359**	**51**	**593**	**514**	**40**	**487**	**1658**	**69**	**43**
龙子湖区	93	1	44	58	1	50	470	5	2
蚌山区	20	2	49	25	2	16	93		
禹会区	14	12	151	73	4	48	340	1	8
淮上区	55	8	96	59	1	32	154	9	4
怀远县	65	12	60	10	1	160	161	34	9
五河县	37	2	38	8	2	46	112	12	2
固镇县	53	5	51	207	26	105	98	8	15
蚌埠市高新技术开发区	6	3	45	16	1	4	45		2
蚌埠市经济开发区	16	6	59	58	2	26	185		1
淮南市	**290**	**66**	**643**	**331**	**15**	**484**	**1220**	**112**	**40**
大通区	14	2	60	60	1	29	80	10	
田家庵区	21	20	190	160		54	291	5	2
谢家集区	23	2	32	6	1	28	113	43	1
八公山区	21	1	39	5		11	121	3	1
潘集区	7	22	109	12	1	10	63	5	
凤台县	52	3	28	22		57	143	8	2
寿县	152	16	185	66	12	295	409	38	34

4-4 续表 28

单位：人

地区 性别	制造业								
	文教、工美、体育和娱乐用品制造业	石油、煤炭及其他燃料加工业	化学原料和化学制品制造业	医药制造业	化学纤维制造业	橡胶和塑料制品业	非金属矿物制品业	黑色金属冶炼和压延加工业	有色金属冶炼和压延加工业
马鞍山市	**145**	**137**	**716**	**140**	**13**	**387**	**1143**	**2106**	**214**
花山区	19	56	280	14	1	105	177	970	61
雨山区	13	63	93	25	1	54	174	631	46
博望区	12		6	6	2	29	77	36	11
当涂县	20	2	72	74	8	72	259	401	78
含山县	58	2	55	8	1	64	288	50	7
和县	23	14	210	13		63	168	18	11
淮北市	**136**	**249**	**335**	**198**	**10**	**260**	**850**	**38**	**150**
杜集区	19	32	57	17		58	151	9	10
相山区	20	90	110	95		54	221	9	12
烈山区	18	46	51	21	6	16	97	2	7
濉溪县	79	81	117	65	4	132	381	18	121
铜陵市	**74**	**92**	**642**	**70**	**5**	**293**	**740**	**385**	**623**
铜官区	24	71	462	35	2	101	199	102	445
义安区	24	14	96	14	2	35	187	159	106
郊区	5	4	70	14	1	27	149	106	56
枞阳县	21	3	14	7		130	205	18	16
安庆市	**683**	**389**	**1021**	**788**	**67**	**4273**	**2458**	**92**	**122**
迎江区	6	64	172	37	2	53	71	3	11
大观区	9	157	185	79	21	30	86	1	4
宜秀区	5	18	56	29	4	150	147	3	1
怀宁县	42	6	67	185	5	439	295	15	7
太湖县	67	8	52	32	2	144	213	9	29
宿松县	77	18	93	19	7	154	685	13	28
望江县	78	21	74	32	7	80	164	18	5
岳西县	94	4	47	157	1	77	178	5	18
安徽安庆经济开发区	11	80	95	29	10	70	58		8
桐城市	228	9	92	89	2	2905	306	16	8
潜山市	66	4	88	100	6	171	255	9	3
黄山市	**403**	**12**	**564**	**78**	**5**	**493**	**519**	**31**	**120**
屯溪区	85	3	68	20	2	72	60	1	4
黄山区	16	3	6	15	1	35	58	1	3
徽州区	25		235	16		54	48	1	40
歙县	141	3	215	18	1	239	163	19	51
休宁县	96	3	28	6	1	65	105	7	21
黟县	11		7	1		12	47		1
祁门县	29		5	2		16	38	2	
滁州市	**7274**	**68**	**1862**	**336**	**72**	**2181**	**3518**	**259**	**313**
琅琊区	30	1	38	14	8	110	110	5	8
南谯区	38	4	70	17	5	170	207	27	13
来安县	435	36	506	31	9	206	333	54	37
全椒县	2624	1	231	27	8	230	263	9	22
定远县	218	8	527	32	15	235	240	44	17
凤阳县	394	2	93	18	2	202	1706	17	12
苏滁现代产业园	4		16	1	3	115	17		4
滁州经济技术开发区	15	4	24	10	12	150	61	6	1
天长市	3287	6	212	156	7	615	309	62	191
明光市	229	6	145	30	3	148	272	35	8

4－4 续表 29

单位：人

地区 性别	制造业								
	文教、工美、体育和娱乐用品制造业	石油、煤炭及其他燃料加工业	化学原料和化学制品制造业	医药制造业	化学纤维制造业	橡胶和塑料制品业	非金属矿物制品业	黑色金属冶炼和压延加工业	有色金属冶炼和压延加工业
阜阳市	**1567**	**77**	**1238**	**748**	**64**	**2399**	**2251**	**228**	**239**
颍州区	66	5	61	101	2	45	140	9	2
颍东区	62	9	345	97		126	169	12	2
颍泉区	37	5	170	38	3	76	140	8	
临泉县	268	7	261	67	17	351	526	59	21
太和县	570	13	116	274	14	553	309	42	106
阜南县	197	5	78	30	11	146	305	22	27
颍上县	221	29	155	64	12	306	509	66	19
阜阳合肥现代产业园区			2	2		3	10	3	
阜阳经济技术开发区	4	2	21	17		15	32		
界首市	142	2	29	58	5	778	111	7	62
宿州市	**1153**	**56**	**450**	**282**	**55**	**831**	**1392**	**140**	**39**
埇桥区	236	23	197	118	37	213	422	41	10
砀山县	38	10	51	28	1	171	143	26	14
萧县	138	13	80	35	9	202	454	29	9
灵璧县	472	6	58	34	4	156	198	15	2
泗县	257	4	40	36	1	77	139	27	3
宿州马鞍山现代产业园区	8			1			17		1
宿州经济技术开发区	4		24	30	3	12	19	2	
六安市	**1040**	**61**	**391**	**411**	**28**	**967**	**2045**	**342**	**104**
金安区	154	14	95	70	1	250	367	51	33
裕安区	76	12	65	34	5	140	314	28	16
叶集区	42	2	11	22	2	9	77	4	4
霍邱县	188	5	61	29	2	146	341	192	12
舒城县	501	9	66	23	3	236	366	18	20
金寨县	57	7	61	74	11	86	306	24	11
霍山县	22	12	32	159	4	100	274	25	8
亳州市	**413**	**32**	**241**	**2267**	**9**	**437**	**930**	**70**	**20**
谯城区	54	9	66	2181		125	386	13	4
涡阳县	139	9	46	35	2	104	161	36	3
蒙城县	122	6	61	23	6	105	211	9	9
利辛县	98	8	68	28	1	103	172	12	4
池州市	**216**	**24**	**644**	**178**	**8**	**205**	**1105**	**403**	**376**
贵池区	43	6	118	18	3	73	517	388	270
东至县	60	10	478	116	1	62	236	8	6
石台县	5	3	6	5		4	28	1	
青阳县	103	5	25	31		52	287	5	12
池州市国家经济技术开发区			6	2		11	29		13
皖江江南新兴产业集中区	3		11	6	4	2	7	1	75
九华山风景区	2					1	1		
宣城市	**605**	**47**	**950**	**326**	**42**	**2514**	**2220**	**220**	**382**
宣州区	73	16	285	73	6	182	473	20	84
郎溪县	179	6	61	26	25	131	211	61	64
泾县	109	2	25	13	2	58	233	8	19
绩溪县	64		70	27		28	47	40	4
旌德县	18		10	65		27	128	1	3
宣城市经济开发区	7		30	34	1	50	74	4	51
宁国市	53	9	255	17	5	1578	445	31	49
广德市	102	14	214	71	3	460	609	55	108

4-4　续表 30　　　　　　　　　　　　　　　　　　　　　　　　　　　　单位：人

地　区 性　别	制造业								
	文教、工美、体育和娱乐用品制造业	石油、煤炭及其他燃料加工业	化学原料和化学制品制造业	医　药制造业	化学纤维制造业	橡胶和塑　料制品业	非金属矿　物制品业	黑色金属冶炼和压延加工业	有色金属冶炼和压延加工业
男	**4380**	**1168**	**8970**	**4498**	**411**	**12760**	**21286**	**4815**	**2802**
合肥市	**296**	**62**	**1208**	**619**	**103**	**2470**	**2581**	**348**	**258**
瑶海区	27	3	188	28	2	186	138	58	6
庐阳区	16	3	73	49	4	95	93	14	2
蜀山区	27	4	140	89	5	222	121	8	4
包河区	26	3	99	89	7	183	195	20	14
长丰县	34	11	99	39	2	275	357	70	63
肥东县	40	14	178	31	4	190	344	65	14
肥西县	19	5	152	124	1	532	363	55	9
庐江县	56	8	61	15	1	85	299	14	37
合肥高新技术产业开发区	3	1	21	47	2	110	38	3	
合肥经济技术开发区	14	4	83	59	5	362	76	19	21
合肥新站高新技术产业开发区	8	1	47	18		90	142	5	1
巢湖市	26	5	67	31	70	140	415	17	87
芜湖市	**278**	**23**	**401**	**284**	**32**	**863**	**2291**	**657**	**417**
镜湖区	18	3	43	39	1	51	131	50	36
弋江区	16		28	30	1	74	183	63	14
鸠江区	29	4	90	34	1	173	159	18	66
三山区	9		21	31	3	55	114	116	10
芜湖县	23	3	25	10	1	198	149	22	9
繁昌县	98	3	58	48	2	38	689	300	10
南陵县	23	1	37	11		50	132	33	49
芜湖经济技术开发区	9	3	49	21	2	109	435	27	197
安徽芜湖长江大桥经济开发区			3	2	16	2	24	2	3
无为市	53	6	47	58	5	113	275	26	23
蚌埠市	**180**	**39**	**427**	**330**	**30**	**285**	**1118**	**57**	**32**
龙子湖区	61	1	36	39	1	26	271	4	2
蚌山区	12	2	33	17	1	9	60		
禹会区	10	9	117	46	4	19	249	1	6
淮上区	33	4	70	32	1	22	91	9	2
怀远县	16	11	37	8		100	121	26	7
五河县	14	2	21	6		27	75	9	2
固镇县	21	4	39	135	20	63	83	8	12
蚌埠市高新技术开发区	4	2	31	9	1	3	25		1
蚌埠市经济开发区	9	4	43	38	2	16	143		
淮南市	**137**	**53**	**455**	**187**	**9**	**286**	**886**	**92**	**29**
大通区	7	2	50	32		18	65	8	
田家庵区	10	13	146	97		37	181	4	1
谢家集区	10	2	24	2	1	11	69	35	1
八公山区	10	1	30	2		7	96	3	1
潘集区	1	18	89	8	1	7	47	5	
凤台县	20	3	20	13		25	112	7	2
寿县	79	14	96	33	7	181	316	30	24

4-4 续表 31　　　　单位：人

地　区 性　别	制造业								
	文教、工美、体育和娱乐用品制造业	石油、煤炭及其他燃料加工业	化学原料和化学制品制造业	医　药制造业	化学纤维制造业	橡胶和塑　料制品业	非金属矿　物制品业	黑色金属冶炼和压延加工业	有色金属冶炼和压延加工业
马鞍山市	**61**	**122**	**504**	**93**	**6**	**230**	**883**	**1857**	**165**
花山区	8	52	193	5		67	133	857	47
雨山区	6	56	66	17		32	134	563	37
博望区			3	4	2	15	59	26	8
当涂县	15	1	48	50	3	37	201	362	60
含山县	20	2	37	5	1	34	227	35	3
和县	12	11	157	12		45	129	14	10
淮北市	**41**	**210**	**243**	**123**	**8**	**161**	**639**	**30**	**105**
杜集区	2	31	43	11		33	125	7	9
相山区	5	70	85	67		35	173	9	7
烈山区	6	38	30	13	6	7	68	1	6
濉溪县	28	71	85	32	2	86	273	13	83
铜陵市	**39**	**75**	**482**	**35**	**5**	**146**	**613**	**311**	**512**
铜官区	13	57	341	20	2	64	162	85	372
义安区	15	11	75	6	2	20	151	131	82
郊区	1	4	56	5	1	13	127	81	46
枞阳县	10	3	10	4		49	173	14	12
安庆市	**420**	**299**	**767**	**401**	**37**	**2422**	**1883**	**76**	**88**
迎江区	4	52	124	26	1	39	47	2	7
大观区	3	123	158	60	13	16	72	1	3
宜秀区	2	13	45	17	2	58	117	3	1
怀宁县	24	5	50	91	3	269	226	11	7
太湖县	44	4	35	10	1	85	166	9	17
宿松县	40	10	63	5	5	88	525	9	22
望江县	38	16	49	17	3	53	122	16	3
岳西县	58	3	39	81		45	152	4	14
安徽安庆经济开发区	5	61	68	20	6	35	41		6
桐城市	169	8	70	38	1	1619	220	14	5
潜山市	33	4	66	36	2	115	195	7	3
黄山市	**207**	**8**	**406**	**41**	**4**	**315**	**391**	**23**	**88**
屯溪区	50	2	50	13	2	43	50	1	3
黄山区	4	3	5	8		18	47	1	2
徽州区	14		172	6		36	33	1	26
歙县	75	1	154	11	1	168	123	13	39
休宁县	40	2	20	2	1	37	76	5	17
黟县	7		2	1		6	36		1
祁门县	17		3			7	26	2	
滁州市	**1010**	**54**	**1338**	**185**	**48**	**1299**	**2474**	**219**	**231**
琅琊区	13	1	27	8	6	67	69	4	4
南谯区	22	3	45	9	2	95	164	23	11
来安县	88	32	341	19	6	121	244	44	30
全椒县	180	1	172	11	7	145	211	8	14
定远县	84	5	407	17	10	151	176	36	12
凤阳县	145	2	68	9	1	116	1107	15	5
苏滁现代产业园	3		9		2	78	12		4
滁州经济技术开发区	12	2	14	9	8	83	46	5	1
天长市	420	5	140	88	3	352	236	57	145
明光市	43	3	115	15	3	91	209	27	5

4-4 续表 32 单位：人

地区 性别	制造业								
	文教、工美、体育和娱乐用品制造业	石油、煤炭及其他燃料加工业	化学原料和化学制品制造业	医药制造业	化学纤维制造业	橡胶和塑料制品业	非金属矿物制品业	黑色金属冶炼和压延加工业	有色金属冶炼和压延加工业
阜阳市	**620**	**58**	**859**	**398**	**41**	**1371**	**1668**	**193**	**183**
颍州区	27	4	44	65	1	30	118	8	2
颍东区	20	5	266	40		66	125	11	2
颍泉区	13	4	122	18	2	44	95	7	
临泉县	102	6	162	28	13	203	377	49	12
太和县	207	10	70	157	11	301	225	36	85
阜南县	102	5	55	15	5	81	230	20	18
颍上县	95	21	101	34	7	174	376	52	14
阜阳合肥现代产业园区						3	7	3	
阜阳经济技术开发区	2	2	15	8		6	23		
界首市	52	1	24	33	2	463	92	7	50
宿州市	**297**	**45**	**302**	**149**	**37**	**491**	**1025**	**115**	**28**
埇桥区	70	20	136	69	27	140	308	36	7
砀山县	16	7	43	12	1	103	110	20	9
萧县	37	11	55	17	3	120	324	23	7
灵璧县	116	3	36	11	3	80	152	12	1
泗县	52	4	21	19	1	40	101	22	3
宿州马鞍山现代产业园区	3			1			12		1
宿州经济技术开发区	3		11	20	2	8	18	2	
六安市	**338**	**39**	**247**	**183**	**20**	**606**	**1540**	**277**	**78**
金安区	64	8	59	37	1	178	281	45	24
裕安区	35	8	36	18	4	85	248	24	12
叶集区	10	1	7	2	2	6	64	3	4
霍邱县	58	3	41	11	2	82	254	149	7
舒城县	141	6	45	15	2	145	279	16	16
金寨县	19	6	37	39	7	54	240	18	11
霍山县	11	7	22	61	2	56	174	22	4
亳州市	**142**	**26**	**164**	**1195**	**5**	**242**	**686**	**57**	**13**
谯城区	20	9	48	1142		64	266	13	2
涡阳县	51	6	31	22	1	62	118	27	2
蒙城县	32	5	43	13	3	55	170	8	6
利辛县	39	6	42	18	1	61	132	9	3
池州市	**101**	**18**	**446**	**109**	**7**	**118**	**888**	**320**	**294**
贵池区	15	4	83	12	3	43	436	306	210
东至县	34	7	331	72	1	41	188	7	4
石台县	4	3	6	2		2	22	1	
青阳县	45	4	15	18		23	216	5	12
池州市国家经济技术开发区			5	1		7	22		11
皖江江南新兴产业集中区	2		6	4	3	1	3	1	57
九华山风景区	1					1	1		
宣城市	**213**	**37**	**721**	**166**	**19**	**1455**	**1720**	**183**	**281**
宣州区	23	12	227	41	2	115	353	18	64
郎溪县	41	6	40	12	11	90	172	52	53
泾县	40	2	19	6	1	33	195	4	19
绩溪县	20		56	9		11	33	34	3
旌德县	8		6	30		15	91	1	3
宣城市经济开发区	4		20	17		24	54	3	32
宁国市	26	8	206	9	2	870	364	26	35
广德市	51	9	147	42	3	297	458	45	72

4-4 续表 33　　　　单位：人

地区 性别	制造业								
	文教、工美、体育和娱乐用品制造业	石油、煤炭及其他燃料加工业	化学原料和化学制品制造业	医　药制造业	化学纤维制造业	橡胶和塑　料制品业	非金属矿　物制品业	黑色金属冶炼和压延加工业	有色金属冶炼和压延加工业
女	**11669**	**311**	**3750**	**3863**	**238**	**8596**	**7239**	**901**	**856**
合肥市	**830**	**23**	**699**	**539**	**66**	**1226**	**965**	**79**	**91**
瑶海区	23	1	88	28		42	50	10	2
庐阳区	14		31	37	5	36	33	3	
蜀山区	12	1	67	76	1	101	44	5	1
包河区	28	3	50	82	4	69	50	6	1
长丰县	31	5	52	37	2	191	142	13	40
肥东县	121	3	157	34		119	166	13	9
肥西县	52	2	102	86	2	308	138	19	8
庐江县	393	2	27	17	1	70	112	5	13
合肥高新技术产业开发区	3		9	47	1	24	12	1	1
合肥经济技术开发区	21	3	59	47		137	22	3	4
合肥新站高新技术产业开发区	11	1	34	13		49	64		2
巢湖市	121	2	23	35	50	80	132	1	10
芜湖市	**287**	**10**	**122**	**252**	**15**	**586**	**639**	**137**	**107**
镜湖区	16	1	6	21	2	34	33	8	12
弋江区	6	1	10	18		64	55	19	5
鸠江区	8	2	25	40	1	108	52	4	19
三山区	4		8	46		34	34	18	2
芜湖县	129		14	6		145	54	2	3
繁昌县	44	1	12	48	1	16	153	68	6
南陵县	34	1	16	6		26	43	10	10
芜湖经济技术开发区	4		12	25		58	161	2	46
安徽芜湖长江大桥经济开发区	1		2	2	9	6	3	1	1
无为市	41	4	17	40	2	95	51	5	3
蚌埠市	**179**	**12**	**166**	**184**	**10**	**202**	**540**	**12**	**11**
龙子湖区	32		8	19		24	199	1	
蚌山区	8		16	8	1	7	33		
禹会区	4	3	34	27		29	91		2
淮上区	22	4	26	27		10	63		2
怀远县	49	1	23	2	1	60	40	8	2
五河县	23		17	2	2	19	37	3	
固镇县	32	1	12	72	6	42	15		3
蚌埠市高新技术开发区	2	1	14	7		1	20		1
蚌埠市经济开发区	7	2	16	20		10	42		1
淮南市	**153**	**13**	**188**	**144**	**6**	**198**	**334**	**20**	**11**
大通区	7		10	28	1	11	15	2	
田家庵区	11	7	44	63		17	110	1	1
谢家集区	13		8	4		17	44	8	
八公山区	11		9	3		4	25		
潘集区	6	4	20	4		3	16		
凤台县	32		8	9		32	31	1	
寿县	73	2	89	33	5	114	93	8	10

4-4　续表 34　　　　　　　　　　　　　　　　　　　　　　单位：人

地　区 性　别	制造业								
	文教、工美、体育和娱乐用品制造业	石油、煤炭及其他燃料加工业	化学原料和化学制品制造业	医　药制造业	化学纤维制造业	橡胶和塑　料制品业	非金属矿　物制品业	黑色金属冶炼和压延加工业	有色金属冶炼和压延加工业
马鞍山市	**84**	**15**	**212**	**47**	**7**	**157**	**260**	**249**	**49**
花山区	11	4	87	9	1	38	44	113	14
雨山区	7	7	27	8	1	22	40	68	9
博望区	12		3	2		14	18	10	3
当涂县	5	1	24	24	5	35	58	39	18
含山县	38		18	3		30	61	15	4
和县	11	3	53	1		18	39	4	1
淮北市	**95**	**39**	**92**	**75**	**2**	**99**	**211**	**8**	**45**
杜集区	17	1	14	6		25	26	2	1
相山区	15	20	25	28		19	48		5
烈山区	12	8	21	8		9	29	1	1
濉溪县	51	10	32	33	2	46	108	5	38
铜陵市	**35**	**17**	**160**	**35**		**147**	**127**	**74**	**111**
铜官区	11	14	121	15		37	37	17	73
义安区	9	3	21	8		15	36	28	24
郊区	4		14	9		14	22	25	10
枞阳县	11		4	3		81	32	4	4
安庆市	**263**	**90**	**254**	**387**	**30**	**1851**	**575**	**16**	**34**
迎江区	2	12	48	11	1	14	24	1	4
大观区	6	34	27	19	8	14	14		1
宜秀区	3	5	11	12	2	92	30		
怀宁县	18	1	17	94	2	170	69	4	
太湖县	23	4	17	22	1	59	47		12
宿松县	37	8	30	14	2	66	160	4	6
望江县	40	5	25	15	4	27	42	2	2
岳西县	36	1	8	76	1	32	26	1	4
安徽安庆经济开发区	6	19	27	9	4	35	17		2
桐城市	59	1	22	51	1	1286	86	2	3
潜山市	33		22	64	4	56	60	2	
黄山市	**196**	**4**	**158**	**37**	**1**	**178**	**128**	**8**	**32**
屯溪区	35	1	18	7		29	10		1
黄山区	12		1	7	1	17	11		1
徽州区	11		63	10		18	15		14
歙县	66	2	61	7		71	40	6	12
休宁县	56	1	8	4		28	29	2	4
黟县	4		5			6	11		
祁门县	12		2	2		9	12		
滁州市	**6264**	**14**	**524**	**151**	**24**	**882**	**1044**	**40**	**82**
琅琊区	17		11	6	2	43	41	1	4
南谯区	16	1	25	8	3	75	43	4	2
来安县	347	4	165	12	3	85	89	10	7
全椒县	2444		59	16	1	85	52	1	8
定远县	134	3	120	15	5	84	64	8	5
凤阳县	249		25	9	1	86	599	2	7
苏滁现代产业园	1		7	1	1	37	5		
滁州经济技术开发区	3	2	10	1	4	67	15	1	
天长市	2867	1	72	68	4	263	73	5	46
明光市	186	3	30	15		57	63	8	3

4-4 续表 35 单位：人

地区 性别	制造业								
	文教、工美、体育和娱乐用品制造业	石油、煤炭及其他燃料加工业	化学原料和化学制品制造业	医药制造业	化学纤维制造业	橡胶和塑料制品业	非金属矿物制品业	黑色金属冶炼和压延加工业	有色金属冶炼和压延加工业
阜阳市	**947**	**19**	**379**	**350**	**23**	**1028**	**583**	**35**	**56**
颍州区	39	1	17	36	1	15	22	1	
颍东区	42	4	79	57		60	44	1	
颍泉区	24	1	48	20	1	32	45	1	
临泉县	166	1	99	39	4	148	149	10	9
太和县	363	3	46	117	3	252	84	6	21
阜南县	95		23	15	6	65	75	2	9
颍上县	126	8	54	30	5	132	133	14	5
阜阳合肥现代产业园区			2	2			3		
阜阳经济技术开发区	2		6	9		9	9		
界首市	90	1	5	25	3	315	19		12
宿州市	**856**	**11**	**148**	**133**	**18**	**340**	**367**	**25**	**11**
埇桥区	166	3	61	49	10	73	114	5	3
砀山县	22	3	8	16		68	33	6	5
萧县	101	2	25	18	6	82	130	6	2
灵璧县	356	3	22	23	1	76	46	3	1
泗县	205		19	17		37	38	5	
宿州马鞍山现代产业园区	5						5		
宿州经济技术开发区	1		13	10	1	4	1		
六安市	**702**	**22**	**144**	**228**	**8**	**361**	**505**	**65**	**26**
金安区	90	6	36	33		72	86	6	9
裕安区	41	4	29	16	1	55	66	4	4
叶集区	32	1	4	20		3	13	1	
霍邱县	130	2	20	18		64	87	43	5
舒城县	360	3	21	8	1	91	87	2	4
金寨县	38	1	24	35	4	32	66	6	
霍山县	11	5	10	98	2	44	100	3	4
亳州市	**271**	**6**	**77**	**1072**	**4**	**195**	**244**	**13**	**7**
谯城区	34		18	1039		61	120		2
涡阳县	88	3	15	13	1	42	43	9	1
蒙城县	90	1	18	10	3	50	41	1	3
利辛县	59	2	26	10		42	40	3	1
池州市	**115**	**6**	**198**	**69**	**1**	**87**	**217**	**83**	**82**
贵池区	28	2	35	6		30	81	82	60
东至县	26	3	147	44		21	48	1	2
石台县	1			3		2	6		
青阳县	58	1	10	13		29	71		
池州市国家经济技术开发区			1	1		4	7		2
皖江江南新兴产业集中区	1		5	2	1	1	4		18
九华山风景区	1								
宣城市	**392**	**10**	**229**	**160**	**23**	**1059**	**500**	**37**	**101**
宣州区	50	4	58	32	4	67	120	2	20
郎溪县	138		21	14	14	41	39	9	11
泾县	69		6	7	1	25	38	4	
绩溪县	44		14	18		17	14	6	1
旌德县	10		4	35		12	37		
宣城市经济开发区	3		10	17	1	26	20	1	19
宁国市	27	1	49	8	3	708	81	5	14
广德市	51	5	67	29		163	151	10	36

4-4 续表 36 单位：人

地区 性别	制造业								
	金属制品业	通用设备制造业	专用设备制造业	汽车制造业	铁路、船舶、航空航天和其他运输设备制造业	电气机械和器材制造业	计算机、通信和其他电子设备制造业	仪器仪表制造业	其他制造业
安徽	**29394**	**29116**	**13619**	**21832**	**4554**	**30184**	**34408**	**2580**	**5127**
合肥市	**3985**	**5622**	**2920**	**5276**	**429**	**9610**	**8842**	**586**	**627**
瑶海区	193	301	160	154	29	317	280	37	43
庐阳区	174	263	166	122	21	287	256	36	46
蜀山区	178	443	263	405	40	537	616	101	38
包河区	260	458	249	1037	54	469	298	64	107
长丰县	870	528	297	458	27	711	375	32	53
肥东县	531	547	262	149	48	386	436	42	47
肥西县	620	1275	569	1099	21	3166	1662	71	38
庐江县	356	285	165	168	23	409	755	32	67
合肥高新技术产业开发区	43	410	129	172	20	756	383	47	69
合肥经济技术开发区	182	631	332	1363	16	2068	1156	29	63
合肥新站高新技术产业开发区	182	230	159	87	49	373	2446	74	36
巢湖市	396	251	169	62	81	131	179	21	20
芜湖市	**2400**	**3056**	**1148**	**6224**	**673**	**5096**	**1949**	**141**	**251**
镜湖区	229	356	101	994	125	282	129	15	1
弋江区	336	290	85	731	49	303	129	17	26
鸠江区	206	258	180	1219	94	632	259	19	26
三山区	275	111	131	199	205	384	38	6	7
芜湖县	323	623	177	1024	67	1144	444	22	90
繁昌县	398	169	68	125	26	178	40	4	3
南陵县	170	240	84	197	11	143	128	5	11
芜湖经济技术开发区	128	747	216	1595	57	992	509	37	10
安徽芜湖长江大桥经济开发区	37	24	11	7	3	44	8		1
无为市	298	238	95	133	36	994	265	16	76
蚌埠市	**808**	**949**	**322**	**504**	**120**	**408**	**1189**	**64**	**128**
龙子湖区	47	91	18	75	15	20	48	5	6
蚌山区	31	53	27	35	14	28	70	3	6
禹会区	122	182	58	98	9	66	313	20	8
淮上区	63	163	74	60	22	41	133	3	18
怀远县	183	85	45	92	14	87	284	3	35
五河县	160	177	23	62	24	66	89	5	25
固镇县	134	61	28	16	13	49	86	9	16
蚌埠市高新技术开发区	35	57	8	28	1	32	94	10	6
蚌埠市经济开发区	33	80	41	38	8	19	72	6	8
淮南市	**970**	**1106**	**768**	**466**	**146**	**831**	**1095**	**79**	**181**
大通区	59	96	59	41	11	45	27	5	4
田家庵区	93	156	141	27	12	84	92	10	12
谢家集区	33	96	46	12	3	34	40	3	16
八公山区	28	32	35	10	2	28	27	4	13
潘集区	74	30	36	7	9	47	70	9	7
凤台县	111	77	79	18	14	78	192	5	13
寿县	572	619	372	351	95	515	647	43	116

4-4 续表 37

单位：人

地 区 性 别	制造业								
	金 属 制品业	通用设备 制造业	专用设备 制造业	汽 车 制造业	铁路、船舶、航空航天和其他运输设备制造业	电气机械和器材制造业	计算机、通信和其他电子设备制造业	仪器仪表 制造业	其 他 制造业
马鞍山市	**2755**	**2574**	**678**	**657**	**143**	**518**	**747**	**85**	**372**
花山区	471	376	144	103	19	51	79	17	28
雨山区	262	335	107	240	44	87	128	20	14
博望区	734	1077	212	40	4	21	48	3	30
当涂县	461	422	90	186	36	234	255	31	239
含山县	691	215	85	51	8	68	76	7	57
和县	136	149	40	37	32	57	161	7	4
淮北市	**590**	**422**	**504**	**274**	**71**	**931**	**677**	**28**	**83**
杜集区	129	108	133	28	20	59	76	5	3
相山区	80	101	129	24	6	73	63	2	23
烈山区	58	39	64	80	6	146	197	4	8
濉溪县	323	174	178	142	39	653	341	17	49
铜陵市	**669**	**505**	**244**	**116**	**150**	**428**	**728**	**36**	**84**
铜官区	255	314	157	40	50	280	407	22	54
义安区	120	114	44	33	73	93	214	6	14
郊区	47	31	14	14		21	51	2	7
枞阳县	247	46	29	29	27	34	56	6	9
安庆市	**2019**	**1968**	**994**	**1112**	**170**	**1134**	**1653**	**130**	**1531**
迎江区	54	140	76	122	24	33	29	10	16
大观区	44	78	30	102	10	18	22	3	11
宜秀区	107	89	31	82	9	25	16	3	13
怀宁县	174	188	84	99	4	115	167	11	48
太湖县	305	188	172	63	20	191	238	19	39
宿松县	354	226	128	123	33	227	409	23	47
望江县	240	127	79	55	13	89	161	20	45
岳西县	128	189	52	80	10	105	140	4	28
安徽安庆经济开发区	89	160	46	167	16	33	21	3	19
桐城市	280	400	191	124	21	164	261	19	674
潜山市	244	183	105	95	10	134	189	15	591
黄山市	**577**	**617**	**251**	**556**	**74**	**298**	**606**	**123**	**102**
屯溪区	55	127	40	100	13	50	88	15	14
黄山区	45	24	12	3	2	46	43		6
徽州区	56	121	64	43	26	13	7	9	4
歙县	231	233	48	199	23	115	125	84	46
休宁县	113	88	64	200	6	39	161	11	24
黟县	18	14	8	2		4	46	1	2
祁门县	59	10	15	9	4	31	136	3	6
滁州市	**2848**	**3224**	**1831**	**1735**	**1317**	**4501**	**5446**	**819**	**547**
琅琊区	156	204	116	134	14	476	238	17	45
南谯区	189	278	228	97	14	482	226	22	42
来安县	415	298	107	253	344	254	519	9	41
全椒县	352	914	132	168	21	270	226	13	41
定远县	398	416	187	269	68	521	645	45	63
凤阳县	297	267	81	112	21	128	218	24	61
苏滁现代产业园	19	16	28	208	3	301	213	2	3
滁州经济技术开发区	87	112	67	102	11	252	753	12	199
天长市	622	450	691	198	665	1557	1649	664	32
明光市	313	269	194	194	156	260	759	11	20

4-4　续表 38　　　　　　　　　　　　　　　　　　单位：人

地　区 性　别	制造业								
	金　属 制品业	通用设备 制造业	专用设备 制造业	汽　车 制造业	铁路、船舶、 航空航天和 其他运输 设备制造业	电气机械 和器材 制造业	计算机、 通信和其 他电子设 备制造业	仪器仪表 制造业	其　他 制造业
阜阳市	**3048**	**2194**	**1183**	**948**	**415**	**2078**	**3334**	**157**	**456**
颍州区	201	46	63	68	12	37	81	2	18
颍东区	175	136	110	102	15	97	156	8	10
颍泉区	209	153	70	48	47	71	171	4	13
临泉县	555	670	218	134	119	303	900	49	80
太和县	504	348	234	135	88	488	732	16	103
阜南县	438	243	182	108	28	164	397	33	99
颍上县	683	431	183	196	75	354	768	40	101
阜阳合肥现代产业园区	16	3	4	76	1	1	14		2
阜阳经济技术开发区	50	15	7	52	5	6	4	2	
界首市	217	149	112	29	25	557	111	3	30
宿州市	**1828**	**1294**	**654**	**490**	**304**	**770**	**2278**	**75**	**142**
埇桥区	664	419	252	228	101	315	907	23	28
砀山县	174	144	85	67	50	125	311	12	22
萧县	503	366	132	91	99	118	577	19	18
灵璧县	264	181	86	47	16	119	203	9	42
泗县	190	159	82	52	26	69	229	7	24
宿州马鞍山现代产业园区	10	18	5	1	11	4	44	1	5
宿州经济技术开发区	23	7	12	4	1	20	7	4	3
六安市	**2361**	**2177**	**737**	**602**	**247**	**1411**	**2660**	**117**	**299**
金安区	512	592	136	192	17	330	232	26	53
裕安区	289	284	128	78	28	152	207	16	86
叶集区	70	33	24	6	6	14	25	1	8
霍邱县	309	212	124	73	35	175	327	19	46
舒城县	506	357	142	127	30	235	1520	26	40
金寨县	422	226	100	57	59	173	246	19	32
霍山县	253	473	83	69	72	332	103	10	34
亳州市	**1394**	**589**	**287**	**318**	**122**	**293**	**1153**	**21**	**80**
谯城区	275	114	35	24	14	79	462	3	23
涡阳县	564	164	104	55	64	86	269	8	17
蒙城县	257	187	96	178	16	80	176	7	36
利辛县	298	124	52	61	28	48	246	3	4
池州市	**811**	**442**	**253**	**174**	**96**	**460**	**628**	**36**	**70**
贵池区	224	138	102	47	61	144	191	5	13
东至县	286	144	97	73	31	89	201	7	25
石台县	3	7	4			2	5	11	5
青阳县	217	141	29	51	4	208	125	11	20
池州市国家经济技术开发区	22	8	11	3		10	95	1	2
皖江江南新兴产业集中区	57	4	7			7	10		1
九华山风景区	2		3				1	1	4
宣城市	**2331**	**2377**	**845**	**2380**	**77**	**1417**	**1423**	**83**	**174**
宣州区	333	235	127	238	21	139	186	13	24
郎溪县	406	368	108	124	17	151	149	47	17
泾县	179	192	49	27	8	299	15		13
绩溪县	81	235	29	108		36	18	1	2
旌德县	78	39	37	4	1	10	10	2	2
宣城市经济开发区	97	67	54	201	4	155	84	3	4
宁国市	731	560	294	1216	9	290	225	4	45
广德市	426	681	147	462	17	337	736	13	67

4-4 续表 39 单位：人

地区 性别	制造业 金属制品业	通用设备制造业	专用设备制造业	汽车制造业	铁路、船舶、航空航天和其他运输设备制造业	电气机械和器材制造业	计算机、通信和其他电子设备制造业	仪器仪表制造业	其他制造业
男	**22652**	**21567**	**9133**	**14917**	**3338**	**19004**	**19542**	**1703**	**2760**
合肥市	**3079**	**4163**	**1964**	**3803**	**336**	**6139**	**5693**	**408**	**384**
瑶海区	154	229	114	120	27	217	176	30	28
庐阳区	131	184	110	92	14	194	183	22	33
蜀山区	140	341	177	316	28	342	416	72	27
包河区	208	337	180	782	42	315	190	52	71
长丰县	695	363	192	305	16	382	219	22	36
肥东县	394	402	161	102	43	214	255	30	24
肥西县	476	933	398	778	18	2019	949	47	27
庐江县	282	221	110	117	17	253	448	20	22
合肥高新技术产业开发区	28	309	77	122	15	528	238	25	40
合肥经济技术开发区	140	489	227	957	13	1363	726	16	44
合肥新站高新技术产业开发区	136	174	104	63	37	243	1796	59	21
巢湖市	295	181	114	49	66	69	97	13	11
芜湖市	**1889**	**2186**	**852**	**4250**	**553**	**3271**	**1190**	**94**	**139**
镜湖区	169	237	70	689	104	188	78	8	1
弋江区	284	200	64	512	40	218	82	11	21
鸠江区	147	196	143	806	77	368	143	14	15
三山区	229	71	104	146	168	263	24	5	4
芜湖县	240	425	115	629	52	568	228	11	46
繁昌县	320	127	54	95	22	142	36	3	2
南陵县	135	191	56	143	9	91	74	3	4
芜湖经济技术开发区	96	536	171	1121	48	636	336	27	5
安徽芜湖长江大桥经济开发区	29	20	11	6	3	30	5		1
无为市	240	183	64	103	30	767	184	12	40
蚌埠市	**627**	**700**	**221**	**305**	**83**	**259**	**602**	**43**	**70**
龙子湖区	36	77	16	53	11	12	29	3	4
蚌山区	23	41	21	18	12	18	40	3	4
禹会区	101	139	33	59	8	35	141	15	6
淮上区	51	111	48	25	15	28	46	1	8
怀远县	144	60	33	59	8	52	150	3	15
五河县	117	123	15	39	14	41	51	4	14
固镇县	110	48	19	13	9	30	47	4	8
蚌埠市高新技术开发区	21	43	6	15		26	53	6	4
蚌埠市经济开发区	24	58	30	24	6	17	45	4	7
淮南市	**754**	**833**	**528**	**303**	**119**	**538**	**582**	**55**	**102**
大通区	52	72	45	29	10	36	18	4	2
田家庵区	80	119	96	20	10	53	67	9	8
谢家集区	30	77	40	6	3	24	30	3	9
八公山区	17	23	22	7	2	24	19	2	8
潘集区	66	18	28	5	8	30	40	8	1
凤台县	92	57	61	9	12	39	80	5	5
寿县	417	467	236	227	74	332	328	24	69

4-4　续表 40　　　　单位：人

地区 性别	制造业								
	金属制品业	通用设备制造业	专用设备制造业	汽车制造业	铁路、船舶、航空航天和其他运输设备制造业	电气机械和器材制造业	计算机、通信和其他电子设备制造业	仪器仪表制造业	其他制造业
马鞍山市	**2111**	**2024**	**501**	**475**	**112**	**331**	**364**	**50**	**141**
花山区	371	311	93	82	15	41	47	12	19
雨山区	217	278	74	190	37	57	62	12	12
博望区	566	883	179	30	2	12	20	3	21
当涂县	358	293	60	109	27	140	112	15	49
含山县	493	151	64	34	6	44	35	5	36
和县	106	108	31	30	25	37	88	3	4
淮北市	**483**	**327**	**375**	**157**	**55**	**585**	**328**	**20**	**49**
杜集区	109	91	117	22	17	44	34	4	1
相山区	65	82	103	19	4	52	34	2	17
烈山区	52	28	35	34	4	85	80	2	4
濉溪县	257	126	120	82	30	404	180	12	27
铜陵市	**540**	**385**	**181**	**83**	**122**	**296**	**457**	**20**	**50**
铜官区	194	236	123	27	40	198	262	13	38
义安区	102	89	31	22	61	58	127	4	7
郊区	42	23	7	12		12	32	1	3
枞阳县	202	37	20	22	21	28	36	2	2
安庆市	**1577**	**1452**	**636**	**794**	**135**	**716**	**971**	**93**	**790**
迎江区	45	112	51	91	22	29	18	8	10
大观区	31	63	20	79	9	14	13	3	9
宜秀区	77	71	21	60	6	18	8	3	6
怀宁县	142	124	59	65	2	71	105	9	27
太湖县	214	138	82	50	14	122	146	14	22
宿松县	279	167	96	90	25	148	240	11	32
望江县	190	95	51	37	9	56	101	15	29
岳西县	104	137	35	52	9	64	80	2	17
安徽安庆经济开发区	71	119	28	123	12	21	13	3	12
桐城市	228	293	122	77	18	85	122	13	274
潜山市	196	133	71	70	9	88	125	12	352
黄山市	**434**	**449**	**183**	**284**	**42**	**153**	**248**	**50**	**61**
屯溪区	40	97	28	41	9	28	47	8	4
黄山区	33	17	8	3	2	22	10		6
徽州区	46	91	50	30	8	7	6	1	3
歙县	173	168	33	113	14	59	62	32	29
休宁县	81	59	45	90	5	23	52	7	13
黟县	13	10	6	1		2	20		1
祁门县	48	7	13	6	4	12	51	2	5
滁州市	**2095**	**2369**	**1122**	**1240**	**791**	**2864**	**2877**	**574**	**342**
琅琊区	118	145	69	94	9	273	126	9	29
南谯区	152	194	159	71	12	286	121	9	24
来安县	300	226	69	170	252	170	287	8	17
全椒县	266	697	97	132	18	179	138	10	25
定远县	295	303	131	183	45	306	382	25	36
凤阳县	234	198	50	71	15	75	119	20	26
苏滁现代产业园	16	12	16	145	2	208	139	2	2
滁州经济技术开发区	61	82	41	75	8	128	491	8	162
天长市	442	318	358	166	321	1084	708	477	11
明光市	211	194	132	133	109	155	366	6	10

4-4 续表 41 单位：人

地区 性别	制造业								
	金属制品业	通用设备制造业	专用设备制造业	汽车制造业	铁路、船舶、航空航天和其他运输设备制造业	电气机械和器材制造业	计算机、通信和其他电子设备制造业	仪器仪表制造业	其他制造业
阜阳市	**2358**	**1581**	**741**	**667**	**344**	**1267**	**1765**	**93**	**230**
颍州区	155	38	38	53	10	27	39	1	8
颍东区	141	99	68	74	13	52	76	4	5
颍泉区	159	121	37	33	42	37	97	1	8
临泉县	435	465	137	90	97	180	477	29	39
太和县	393	260	161	96	79	298	412	12	43
阜南县	335	160	102	64	21	86	203	17	53
颍上县	505	303	117	122	53	187	381	27	50
阜阳合肥现代产业园区	12	2	2	68	1	1	7		2
阜阳经济技术开发区	36	12	2	45	5	5	2	1	
界首市	187	121	77	22	23	394	71	1	22
宿州市	**1443**	**979**	**454**	**337**	**232**	**483**	**1276**	**54**	**69**
埇桥区	515	340	193	160	73	192	501	14	15
砀山县	136	113	59	48	44	82	192	7	12
萧县	417	270	93	61	76	80	326	17	9
灵璧县	203	128	51	28	11	69	109	6	19
泗县	147	108	46	37	20	42	122	7	13
宿州马鞍山现代产业园区	9	14	3	1	7	3	24	1	1
宿州经济技术开发区	16	6	9	2	1	15	2	2	
六安市	**1738**	**1641**	**477**	**411**	**185**	**774**	**1417**	**66**	**165**
金安区	398	461	90	136	11	200	151	15	32
裕安区	213	214	86	62	22	96	126	7	50
叶集区	52	26	12	1	4	9	14	1	3
霍邱县	234	158	72	44	25	95	123	11	22
舒城县	365	255	84	90	24	132	843	10	18
金寨县	295	163	69	34	43	88	100	13	18
霍山县	181	364	64	44	56	154	60	9	22
亳州市	**1146**	**431**	**182**	**220**	**93**	**174**	**611**	**11**	**38**
谯城区	231	85	23	17	10	55	224	2	12
涡阳县	464	114	65	38	50	46	163	3	10
蒙城县	211	142	59	123	12	42	93	3	13
利辛县	240	90	35	42	21	31	131	3	3
池州市	**617**	**343**	**164**	**121**	**79**	**322**	**390**	**23**	**32**
贵池区	180	113	72	35	51	106	120	4	6
东至县	210	110	62	48	25	67	128	6	14
石台县	2	3	1			2	4	4	3
青阳县	170	107	15	35	3	132	71	7	6
池州市国家经济技术开发区	14	6	10	3		8	60	1	1
皖江江南新兴产业集中区	39	4	4			7	6		1
九华山风景区	2						1	1	1
宣城市	**1761**	**1704**	**552**	**1467**	**57**	**832**	**771**	**49**	**98**
宣州区	259	171	83	164	19	91	80	10	13
郎溪县	295	272	80	82	12	83	77	29	6
泾县	144	152	34	18	5	212	10		10
绩溪县	65	154	15	64		22	3	1	2
旌德县	61	27	25	2	1	6	5		2
宣城市经济开发区	80	51	38	130	3	108	61	1	4
宁国市	560	387	184	700	7	127	99	1	22
广德市	297	490	93	307	10	183	436	7	39

4-4 续表 42

单位：人

地区 性别	制造业								
	金属制品业	通用设备制造业	专用设备制造业	汽车制造业	铁路、船舶、航空航天和其他运输设备制造业	电气机械和器材制造业	计算机、通信和其他电子设备制造业	仪器仪表制造业	其他制造业
女	**6742**	**7549**	**4486**	**6915**	**1216**	**11180**	**14866**	**877**	**2367**
合肥市	**906**	**1459**	**956**	**1473**	**93**	**3471**	**3149**	**178**	**243**
瑶海区	39	72	46	34	2	100	104	7	15
庐阳区	43	79	56	30	7	93	73	14	13
蜀山区	38	102	86	89	12	195	200	29	11
包河区	52	121	69	255	12	154	108	12	36
长丰县	175	165	105	153	11	329	156	10	17
肥东县	137	145	101	47	5	172	181	12	23
肥西县	144	342	171	321	3	1147	713	24	11
庐江县	74	64	55	51	6	156	307	12	45
合肥高新技术产业开发区	15	101	52	50	5	228	145	22	29
合肥经济技术开发区	42	142	105	406	3	705	430	13	19
合肥新站高新技术产业开发区	46	56	55	24	12	130	650	15	15
巢湖市	101	70	55	13	15	62	82	8	9
芜湖市	**511**	**870**	**296**	**1974**	**120**	**1825**	**759**	**47**	**112**
镜湖区	60	119	31	305	21	94	51	7	
弋江区	52	90	21	219	9	85	47	6	5
鸠江区	59	62	37	413	17	264	116	5	11
三山区	46	40	27	53	37	121	14	1	3
芜湖县	83	198	62	395	15	576	216	11	44
繁昌县	78	42	14	30	4	36	4	1	1
南陵县	35	49	28	54	2	52	54	2	7
芜湖经济技术开发区	32	211	45	474	9	356	173	10	5
安徽芜湖长江大桥经济开发区	8	4		1		14	3		
无为市	58	55	31	30	6	227	81	4	36
蚌埠市	**181**	**249**	**101**	**199**	**37**	**149**	**587**	**21**	**58**
龙子湖区	11	14	2	22	4	8	19	2	2
蚌山区	8	12	6	17	2	10	30		2
禹会区	21	43	25	39	1	31	172	5	2
淮上区	12	52	26	35	7	13	87	2	10
怀远县	39	25	12	33	6	35	134		20
五河县	43	54	8	23	10	25	38	1	11
固镇县	24	13	9	3	4	19	39	5	8
蚌埠市高新技术开发区	14	14	2	13	1	6	41	4	2
蚌埠市经济开发区	9	22	11	14	2	2	27	2	1
淮南市	**216**	**273**	**240**	**163**	**27**	**293**	**513**	**24**	**79**
大通区	7	24	14	12	1	9	9	1	2
田家庵区	13	37	45	7	2	31	25	1	4
谢家集区	3	19	6	6		10	10		7
八公山区	11	9	13	3		4	8	2	5
潘集区	8	12	8	2	1	17	30	1	6
凤台县	19	20	18	9	2	39	112		8
寿县	155	152	136	124	21	183	319	19	47

4-4 续表 43

单位：人

地区 性别	制造业								
	金属制品业	通用设备制造业	专用设备制造业	汽车制造业	铁路、船舶、航空航天和其他运输设备制造业	电气机械和器材制造业	计算机、通信和其他电子设备制造业	仪器仪表制造业	其他制造业
马鞍山市	**644**	**550**	**177**	**182**	**31**	**187**	**383**	**35**	**231**
花山区	100	65	51	21	4	10	32	5	9
雨山区	45	57	33	50	7	30	66	8	2
博望区	168	194	33	10	2	9	28		9
当涂县	103	129	30	77	9	94	143	16	190
含山县	198	64	21	17	2	24	41	2	21
和县	30	41	9	7	7	20	73	4	
淮北市	**107**	**95**	**129**	**117**	**16**	**346**	**349**	**8**	**34**
杜集区	20	17	16	6	3	15	42	1	2
相山区	15	19	26	5	2	21	29		6
烈山区	6	11	29	46	2	61	117	2	4
濉溪县	66	48	58	60	9	249	161	5	22
铜陵市	**129**	**120**	**63**	**33**	**28**	**132**	**271**	**16**	**34**
铜官区	61	78	34	13	10	82	145	9	16
义安区	18	25	13	11	12	35	87	2	7
郊区	5	8	7	2		9	19	1	4
枞阳县	45	9	9	7	6	6	20	4	7
安庆市	**442**	**516**	**358**	**318**	**35**	**418**	**682**	**37**	**741**
迎江区	9	28	25	31	2	4	11	2	6
大观区	13	15	10	23	1	4	9		2
宜秀区	30	18	10	22	3	7	8		7
怀宁县	32	64	25	34	2	44	62	2	21
太湖县	91	50	90	13	6	69	92	5	17
宿松县	75	59	32	33	8	79	169	12	15
望江县	50	32	28	18	4	33	60	5	16
岳西县	24	52	17	28	1	41	60	2	11
安徽安庆经济开发区	18	41	18	44	4	12	8		7
桐城市	52	107	69	47	3	79	139	6	400
潜山市	48	50	34	25	1	46	64	3	239
黄山市	**143**	**168**	**68**	**272**	**32**	**145**	**358**	**73**	**41**
屯溪区	15	30	12	59	4	22	41	7	10
黄山区	12	7	4			24	33		
徽州区	10	30	14	13	18	6	1	8	1
歙县	58	65	15	86	9	56	63	52	17
休宁县	32	29	19	110	1	16	109	4	11
黟县	5	4	2	1		2	26	1	1
祁门县	11	3	2	3		19	85	1	1
滁州市	**753**	**855**	**709**	**495**	**526**	**1637**	**2569**	**245**	**205**
琅琊区	38	59	47	40	5	203	112	8	16
南谯区	37	84	69	26	2	196	105	13	18
来安县	115	72	38	83	92	84	232	1	24
全椒县	86	217	35	36	3	91	88	3	16
定远县	103	113	56	86	23	215	263	20	27
凤阳县	63	69	31	41	6	53	99	4	35
苏滁现代产业园	3	4	12	63	1	93	74		1
滁州经济技术开发区	26	30	26	27	3	124	262	4	37
天长市	180	132	333	32	344	473	941	187	21
明光市	102	75	62	61	47	105	393	5	10

4-4　续表 44　　　　单位：人

地　区 性　别	制造业								
	金　属 制品业	通用设备 制造业	专用设备 制造业	汽　车 制造业	铁路、船舶、 航空航天和 其他运输 设备制造业	电气机械 和器材 制造业	计算机、 通信和其 他电子设 备制造业	仪器仪表 制造业	其　他 制造业
阜阳市	**690**	**613**	**442**	**281**	**71**	**811**	**1569**	**64**	**226**
颍州区	46	8	25	15	2	10	42	1	10
颍东区	34	37	42	28	2	45	80	4	5
颍泉区	50	32	33	15	5	34	74	3	5
临泉县	120	205	81	44	22	123	423	20	41
太和县	111	88	73	39	9	190	320	4	60
阜南县	103	83	80	44	7	78	194	16	46
颍上县	178	128	66	74	22	167	387	13	51
阜阳合肥现代产业园区	4	1	2	8			7		
阜阳经济技术开发区	14	3	5	7		1	2	1	
界首市	30	28	35	7	2	163	40	2	8
宿州市	**385**	**315**	**200**	**153**	**72**	**287**	**1002**	**21**	**73**
埇桥区	149	79	59	68	28	123	406	9	13
砀山县	38	31	26	19	6	43	119	5	10
萧县	86	96	39	30	23	38	251	2	9
灵璧县	61	53	35	19	5	50	94	3	23
泗县	43	51	36	15	6	27	107		11
宿州马鞍山现代产业园区	1	4	2		4	1	20		4
宿州经济技术开发区	7	1	3	2		5	5	2	3
六安市	**623**	**536**	**260**	**191**	**62**	**637**	**1243**	**51**	**134**
金安区	114	131	46	56	6	130	81	11	21
裕安区	76	70	42	16	6	56	81	9	36
叶集区	18	7	12	5	2	5	11		5
霍邱县	75	54	52	29	10	80	204	8	24
舒城县	141	102	58	37	6	103	677	16	22
金寨县	127	63	31	23	16	85	146	6	14
霍山县	72	109	19	25	16	178	43	1	12
亳州市	**248**	**158**	**105**	**98**	**29**	**119**	**542**	**10**	**42**
谯城区	44	29	12	7	4	24	238	1	11
涡阳县	100	50	39	17	14	40	106	5	7
蒙城县	46	45	37	55	4	38	83	4	23
利辛县	58	34	17	19	7	17	115		1
池州市	**194**	**99**	**89**	**53**	**17**	**138**	**238**	**13**	**38**
贵池区	44	25	30	12	10	38	71	1	7
东至县	76	34	35	25	6	22	73	1	11
石台县	1	4	3				1	7	2
青阳县	47	34	14	16	1	76	54	4	14
池州市国家经济技术开发区	8	2	1			2	35		1
皖江江南新兴产业集中区	18		3				4		
九华山风景区			3						3
宣城市	**570**	**673**	**293**	**913**	**20**	**585**	**652**	**34**	**76**
宣州区	74	64	44	74	2	48	106	3	11
郎溪县	111	96	28	42	5	68	72	18	11
泾县	35	40	15	9	3	87	5		3
绩溪县	16	81	14	44		14	15		
旌德县	17	12	12	2		4	5	2	
宣城市经济开发区	17	16	16	71	1	47	23	2	
宁国市	171	173	110	516	2	163	126	3	23
广德市	129	191	54	155	7	154	300	6	28

4-4 续表 45

单位：人

地 区 性 别	制造业		电力、热力、燃气及水生产和供应业				建筑业		
	废弃资源综合利用业	金属制品、机械和设备修理业	小计	电力、热力生产和供应业	燃气生产和供应业	水的生产和供应业	小计	房屋建筑业	土木工程建筑业
安 徽	**7260**	**4594**	**21733**	**14678**	**2920**	**4135**	**424788**	**236322**	**30716**
合肥市	**729**	**591**	**3634**	**2333**	**539**	**762**	**73109**	**39494**	**7535**
瑶海区	49	65	259	154	57	48	5484	2311	502
庐阳区	32	67	428	230	101	97	3471	1262	707
蜀山区	59	34	470	310	68	92	3969	1438	811
包河区	106	74	595	429	89	77	8519	4002	1068
长丰县	69	47	213	120	29	64	6889	4170	675
肥东县	170	78	356	166	62	128	15431	10127	593
肥西县	62	34	307	203	32	72	8116	4913	982
庐江县	78	34	343	238	28	77	9996	5536	978
合肥高新技术产业开发区	11	32	122	92	13	17	1394	667	239
合肥经济技术开发区	23	37	178	140	18	20	2543	1163	390
合肥新站高新技术产业开发区	25	30	69	47	11	11	2486	1166	231
巢湖市	45	59	294	204	31	59	4811	2739	359
芜湖市	**252**	**660**	**1354**	**850**	**220**	**284**	**25445**	**13206**	**1696**
镜湖区	10	107	366	225	72	69	1790	915	260
弋江区	39	66	186	126	30	30	1690	706	153
鸠江区	62	233	144	88	17	39	3189	1179	379
三山区	10	58	76	52	11	13	822	491	34
芜湖县	31	20	135	85	22	28	2996	1733	140
繁昌县	43	19	102	69	9	24	1732	1049	109
南陵县	48	44	101	63	13	25	5284	3390	170
芜湖经济技术开发区		31	34	22	6	6	571	227	102
安徽芜湖长江大桥经济开发区	3		13	10	3		188	91	13
无为市	6	82	197	110	37	50	7183	3425	336
蚌埠市	**141**	**181**	**928**	**576**	**158**	**194**	**12630**	**7146**	**1081**
龙子湖区	11	14	56	28	20	8	919	551	102
蚌山区	4	5	48	30	8	10	891	464	69
禹会区	20	16	143	91	17	35	1367	696	143
淮上区	29	9	55	29	13	13	1885	1088	91
怀远县	10	34	132	76	23	33	2278	1242	207
五河县	20	37	104	54	31	19	2206	1340	96
固镇县	30	28	141	106	9	26	2108	1361	167
蚌埠市高新技术开发区	2		36	30	3	3	240	91	47
蚌埠市经济开发区	15	38	213	132	34	47	736	313	159
淮南市	**127**	**306**	**1920**	**1614**	**124**	**182**	**12066**	**6434**	**1272**
大通区	11	24	183	168	7	8	903	544	84
田家庵区	29	40	928	818	46	64	2912	1390	325
谢家集区	15	6	72	55	9	8	626	330	52
八公山区	9	4	63	54	4	5	183	55	45
潘集区	18	40	213	195	9	9	1438	823	73
凤台县	4	85	251	206	15	30	1760	995	135
寿县	41	107	210	118	34	58	4244	2297	558

4-4 续表 46

单位：人

地区 性别	制造业		电力、热力、燃气及水生产和供应业				建筑业		
	废弃资源综合利用业	金属制品、机械和设备修理业	小计	电力、热力生产和供应业	燃气生产和供应业	水的生产和供应业	小计	房屋建筑业	土木工程建筑业
马鞍山市	**270**	**451**	**1121**	**732**	**163**	**226**	**13003**	**5946**	**920**
花山区	85	146	458	294	73	91	1521	542	193
雨山区	45	152	208	138	44	26	1414	585	137
博望区	14	32	30	11	5	14	665	385	82
当涂县	27	74	153	124	12	17	3814	2337	206
含山县	20	11	123	85	9	29	3780	1197	137
和县	79	36	149	80	20	49	1809	900	165
淮北市	**126**	**186**	**975**	**758**	**97**	**120**	**10115**	**6328**	**766**
杜集区	11	25	82	66	7	9	1099	709	91
相山区	22	41	509	395	48	66	2199	1030	292
烈山区	5	35	159	141	4	14	1141	756	83
濉溪县	88	85	225	156	38	31	5676	3833	300
铜陵市	**163**	**100**	**661**	**448**	**77**	**136**	**7161**	**2990**	**436**
铜官区	56	29	375	247	52	76	1615	693	173
义安区	38	25	120	90	13	17	1552	905	80
郊区	22	6	66	43	5	18	689	294	65
枞阳县	47	40	100	68	7	25	3305	1098	118
安庆市	**539**	**325**	**1573**	**1036**	**211**	**326**	**42146**	**17350**	**2964**
迎江区	21	25	219	146	35	38	1339	541	153
大观区	23	49	145	74	37	34	938	273	135
宜秀区	33	21	46	30	9	7	1570	639	123
怀宁县	42	20	131	76	17	38	4882	1174	344
太湖县	44	48	140	91	31	18	4851	2688	323
宿松县	225	20	212	134	25	53	6445	3479	279
望江县	31	37	98	68	10	20	6648	3085	274
岳西县	18	7	131	105	9	17	3001	1341	387
安徽安庆经济开发区	39	16	82	62	10	10	903	418	113
桐城市	34	55	214	148	19	47	7408	2239	504
潜山市	29	27	155	102	9	44	4161	1473	329
黄山市	**81**	**66**	**491**	**288**	**68**	**135**	**12706**	**6430**	**2034**
屯溪区	29	14	125	75	15	35	1475	738	111
黄山区	9	7	66	40	10	16	1603	756	402
徽州区		3	29	13	1	15	892	475	46
歙县	29	21	104	56	15	33	3942	1973	259
休宁县	14	16	86	54	13	19	2228	1354	254
黟县		2	29	18	8	3	828	475	187
祁门县		3	52	32	6	14	1738	659	775
滁州市	**321**	**392**	**1629**	**1141**	**215**	**273**	**28885**	**17168**	**1939**
琅琊区	18	29	119	73	23	23	1470	815	88
南谯区	37	37	125	83	15	27	2945	1737	215
来安县	38	50	197	122	32	43	3686	2076	455
全椒县	25	51	113	68	21	24	3599	2137	202
定远县	34	94	214	133	39	42	4597	2848	336
凤阳县	103	64	133	78	18	37	3996	2405	172
苏滁现代产业园	1		5	3		2	256	140	19
滁州经济技术开发区	22	6	383	364	10	9	846	387	88
天长市	22	35	197	123	37	37	5106	3081	205
明光市	21	26	143	94	20	29	2384	1542	159

4-4 续表 47

单位：人

地区 性别	制造业		电力、热力、燃气及水生产和供应业				建筑业		
	废弃资源综合利用业	金属制品、机械和设备修理业	小计	电力、热力生产和供应业	燃气生产和供应业	水的生产和供应业	小计	房屋建筑业	土木工程建筑业
阜阳市	**3235**	**389**	**1724**	**1022**	**286**	**416**	**58892**	**35061**	**2334**
颍州区	57	26	282	175	42	65	5235	3131	230
颍东区	41	14	130	75	28	27	5041	3085	302
颍泉区	84	36	177	107	21	49	6091	4562	155
临泉县	996	71	231	122	45	64	12267	6626	416
太和县	1314	61	272	166	39	67	9823	5622	324
阜南县	294	75	190	107	39	44	7696	4258	338
颍上县	337	69	257	141	52	64	8321	5192	322
阜阳合肥现代产业园区	6	5	1	1			330	159	21
阜阳经济技术开发区	5	4	59	48	3	8	781	337	57
界首市	101	28	125	80	17	28	3307	2089	169
宿州市	**388**	**246**	**1475**	**1072**	**178**	**225**	**32622**	**20710**	**1746**
埇桥区	13	90	596	409	93	94	11743	8160	827
砀山县	17	18	157	114	13	30	2732	1467	138
萧县	10	54	392	329	22	41	7083	3608	218
灵璧县	208	48	180	131	24	25	5346	3474	268
泗县	130	33	125	77	23	25	4979	3541	241
宿州马鞍山现代产业园区	3	1	3	2		1	284	205	7
宿州经济技术开发区	7	2	22	10	3	9	455	255	47
六安市	**551**	**222**	**1538**	**1029**	**186**	**323**	**40942**	**26060**	**2798**
金安区	40	46	260	155	41	64	6223	3655	462
裕安区	139	36	264	184	29	51	9546	6550	461
叶集区	34	7	89	63	5	21	1101	646	61
霍邱县	138	45	195	115	33	47	5396	3552	318
舒城县	121	37	247	142	44	61	9882	6000	870
金寨县	53	36	300	237	16	47	5887	3989	349
霍山县	26	15	183	133	18	32	2907	1668	277
亳州市	**29**	**151**	**986**	**640**	**130**	**216**	**29053**	**19311**	**794**
谯城区	5	50	309	172	53	84	9484	6454	231
涡阳县	4	37	212	162	6	44	6522	4751	92
蒙城县	12	35	227	149	25	53	6153	3884	256
利辛县	8	29	238	157	46	35	6894	4222	215
池州市	**88**	**108**	**603**	**394**	**91**	**118**	**10361**	**4068**	**988**
贵池区	29	57	318	213	49	56	3693	1625	462
东至县	36	36	143	80	26	37	4552	1378	256
石台县	7	2	48	31	4	13	521	215	138
青阳县	13	13	68	55	7	6	1370	721	114
池州市国家经济技术开发区			17	12	5		87	48	6
皖江江南新兴产业集中区	3		5	1		4	33	21	2
九华山风景区			4	2		2	105	60	10
宣城市	**220**	**220**	**1121**	**745**	**177**	**199**	**15652**	**8620**	**1413**
宣州区	39	47	280	180	58	42	3719	2175	293
郎溪县	30	24	158	98	22	38	2886	1710	119
泾县	27	13	139	107	10	22	1642	865	281
绩溪县	5	7	90	58	14	18	936	447	105
旌德县	7	9	45	36	5	4	728	384	118
宣城市经济开发区	23	9	99	81	14	4	645	378	68
宁国市	34	55	172	113	27	32	1855	791	265
广德市	55	56	138	72	27	39	3241	1870	164

4-4　续表 48　　　　　　　　　　　　　　　　　　　　　　　　　　　单位：人

地　区 性　别	制造业		电力、热力、燃气及水生产和供应业				建筑业		
	废弃资源综　合利用业	金属制品、机械和设备修理业	小计	电力、热力生产和供应业	燃气生产和供应业	水的生产和供应业	小计	房　屋建筑业	土木工程建筑业
男	**4972**	**4020**	**16714**	**11527**	**2130**	**3057**	**367309**	**202706**	**26815**
合肥市	**524**	**504**	**2681**	**1735**	**404**	**542**	**61684**	**33114**	**6244**
瑶海区	37	63	191	116	39	36	4484	1856	409
庐阳区	18	57	307	159	81	67	2836	1045	561
蜀山区	43	29	320	210	49	61	3097	1182	606
包河区	79	61	426	305	73	48	7018	3357	827
长丰县	54	42	171	100	24	47	5981	3538	616
肥东县	119	70	257	130	42	85	12831	8159	536
肥西县	44	28	237	156	25	56	6958	4220	829
庐江县	59	31	280	201	19	60	8895	4875	866
合肥高新技术产业开发区	7	24	92	70	11	11	1143	554	188
合肥经济技术开发区	14	27	126	99	12	15	2126	1001	310
合肥新站高新技术产业开发区	17	26	50	35	7	8	2131	989	190
巢湖市	33	46	224	154	22	48	4184	2338	306
芜湖市	**194**	**570**	**1036**	**679**	**142**	**215**	**22889**	**11828**	**1488**
镜湖区	8	85	262	169	48	45	1486	771	210
弋江区	30	56	134	98	14	22	1465	628	131
鸠江区	43	196	117	74	11	32	2831	1027	327
三山区	9	52	57	42	6	9	765	456	34
芜湖县	18	18	98	67	12	19	2719	1560	130
繁昌县	38	17	81	55	8	18	1568	940	93
南陵县	41	42	82	50	10	22	4804	3058	158
芜湖经济技术开发区		26	27	19	3	5	496	196	87
安徽芜湖长江大桥经济开发区	3		11	8	3		178	87	12
无为市	4	78	167	97	27	43	6577	3105	306
蚌埠市	**102**	**162**	**720**	**473**	**116**	**131**	**11025**	**6246**	**929**
龙子湖区	9	13	44	22	15	7	797	468	89
蚌山区	3	4	40	25	8	7	749	390	55
禹会区	15	15	104	74	8	22	1209	614	123
淮上区	21	8	46	24	12	10	1672	966	82
怀远县	6	29	106	66	15	25	2028	1103	198
五河县	16	31	74	43	22	9	1934	1185	82
固镇县	20	27	122	97	5	20	1868	1203	149
蚌埠市高新技术开发区	2		28	24	2	2	192	73	32
蚌埠市经济开发区	10	35	156	98	29	29	576	244	119
淮南市	**94**	**269**	**1485**	**1257**	**83**	**145**	**10575**	**5677**	**1118**
大通区	7	20	144	133	5	6	820	501	77
田家庵区	22	33	694	618	30	46	2485	1190	269
谢家集区	11	6	64	48	8	8	541	284	48
八公山区	5	4	54	49	2	3	175	53	45
潘集区	13	38	167	154	6	7	1309	758	63
凤台县	4	78	203	167	11	25	1523	855	119
寿县	32	90	159	88	21	50	3722	2036	497

4-4 续表 49 单位：人

地区 性别	制造业		电力、热力、燃气及水生产和供应业				建筑业		
	废弃资源综合利用业	金属制品、机械和设备修理业	小计	电力、热力生产和供应业	燃气生产和供应业	水的生产和供应业	小计	房屋建筑业	土木工程建筑业
马鞍山市	**200**	**405**	**856**	**570**	**119**	**167**	**11375**	**5188**	**806**
花山区	64	138	328	217	49	62	1279	451	169
雨山区	31	132	162	107	34	21	1188	486	111
博望区	13	30	23	10	4	9	607	356	74
当涂县	18	62	127	104	7	16	3485	2116	191
含山县	16	10	98	67	9	22	3302	1030	125
和县	58	33	118	65	16	37	1514	749	136
淮北市	**92**	**165**	**760**	**616**	**60**	**84**	**8749**	**5379**	**689**
杜集区	9	24	70	61	1	8	971	609	81
相山区	19	33	372	300	29	43	1854	860	250
烈山区	4	31	138	125	3	10	989	650	74
濉溪县	60	77	180	130	27	23	4935	3260	284
铜陵市	**125**	**84**	**488**	**342**	**59**	**87**	**6219**	**2574**	**385**
铜官区	45	28	267	177	42	48	1414	610	146
义安区	28	19	99	77	11	11	1444	829	75
郊区	16	6	49	33	3	13	594	253	55
枞阳县	36	31	73	55	3	15	2767	882	109
安庆市	**389**	**279**	**1244**	**844**	**158**	**242**	**36206**	**14688**	**2617**
迎江区	13	22	163	111	25	27	1144	462	122
大观区	16	43	119	64	30	25	811	234	111
宜秀区	21	17	41	26	8	7	1322	523	113
怀宁县	26	16	103	65	12	26	3960	950	314
太湖县	30	40	108	77	21	10	4331	2353	303
宿松县	169	17	182	118	23	41	5474	2827	235
望江县	22	31	75	53	8	14	5518	2529	237
岳西县	11	6	103	81	7	15	2722	1182	359
安徽安庆经济开发区	27	15	66	49	9	8	752	351	93
桐城市	30	48	154	110	10	34	6593	1980	438
潜山市	24	24	130	90	5	35	3579	1297	292
黄山市	**54**	**57**	**372**	**220**	**46**	**106**	**11293**	**5531**	**1831**
屯溪区	20	11	95	58	12	25	1321	656	100
黄山区	7	6	51	30	6	15	1460	676	369
徽州区		3	18	9		9	795	410	39
歙县	17	20	87	47	11	29	3520	1700	241
休宁县	10	12	60	37	7	16	1974	1154	231
黟县		2	23	15	6	2	720	397	165
祁门县		3	38	24	4	10	1503	538	686
滁州市	**230**	**354**	**1240**	**873**	**153**	**214**	**25042**	**14742**	**1629**
琅琊区	13	20	89	54	15	20	1281	709	74
南谯区	26	35	98	67	11	20	2523	1469	180
来安县	26	45	149	94	22	33	3198	1819	330
全椒县	16	49	89	50	18	21	3038	1769	175
定远县	20	86	173	108	29	36	3793	2309	303
凤阳县	79	57	104	65	12	27	3421	2029	157
苏滁现代产业园	1		5	3		2	241	132	16
滁州经济技术开发区	17	5	270	260	6	4	721	328	74
天长市	17	33	154	98	24	32	4748	2848	176
明光市	15	24	109	74	16	19	2078	1330	144

4-4　续表 50　　　　　　　　　　　　　　　　　　　　　　　　　　　　　　　　单位：人

地　区 性　别	制造业		电力、热力、燃气及水生产和供应业				建筑业		
	废弃资源综合利用业	金属制品、机械和设备修理业	小计	电力、热力生产和供应业	燃气生产和供应业	水的生产和供应业	小计	房屋建筑业	土木工程建筑业
阜阳市	**2076**	**346**	**1358**	**831**	**216**	**311**	**50128**	**29725**	**2094**
颍州区	42	22	205	139	27	39	4434	2631	198
颍东区	31	12	103	58	23	22	4399	2677	270
颍泉区	54	30	141	86	15	40	5141	3813	144
临泉县	657	67	174	98	34	42	10184	5503	364
太和县	759	55	226	137	29	60	8209	4669	297
阜南县	205	63	159	90	31	38	6616	3608	313
颍上县	242	63	206	119	40	47	7197	4510	280
阜阳合肥现代产业园区	3	4	1	1			294	142	18
阜阳经济技术开发区	4	4	48	38	3	7	665	285	50
界首市	79	26	95	65	14	16	2989	1887	160
宿州市	**267**	**211**	**1192**	**892**	**132**	**168**	**28297**	**17941**	**1586**
埇桥区	8	81	473	332	70	71	10147	7043	735
砀山县	11	18	121	91	9	21	2434	1333	123
萧县	10	49	347	298	17	32	6121	3131	205
灵璧县	153	37	130	97	16	17	4692	3026	248
泗县	80	23	102	64	18	20	4255	3004	225
宿州马鞍山现代产业园区	1	1	2	2			250	178	7
宿州经济技术开发区	4	2	17	8	2	7	398	226	43
六安市	**367**	**199**	**1199**	**814**	**141**	**244**	**35719**	**22604**	**2506**
金安区	28	41	203	126	32	45	5336	3139	371
裕安区	94	33	205	143	22	40	8339	5704	415
叶集区	23	7	65	48	3	14	1000	589	54
霍邱县	81	39	150	88	25	37	4753	3135	292
舒城县	86	33	208	120	37	51	8648	5191	797
金寨县	38	33	226	182	10	34	5080	3383	329
霍山县	17	13	142	107	12	23	2563	1463	248
亳州市	**24**	**134**	**744**	**487**	**106**	**151**	**24324**	**15968**	**724**
谯城区	3	47	230	125	44	61	8120	5459	212
涡阳县	3	32	159	124	5	30	5273	3730	82
蒙城县	11	31	164	112	19	33	5144	3222	232
利辛县	7	24	191	126	38	27	5787	3557	198
池州市	**63**	**97**	**471**	**314**	**68**	**89**	**9336**	**3592**	**897**
贵池区	21	54	257	173	41	43	3332	1435	413
东至县	26	32	107	61	19	27	4018	1172	230
石台县	6	2	37	26	1	10	482	190	132
青阳县	7	9	52	43	5	4	1295	676	104
池州市国家经济技术开发区			11	9	2		76	42	6
皖江江南新兴产业集中区	3		4			4	32	20	2
九华山风景区			3	2		1	101	57	10
宣城市	**171**	**184**	**868**	**580**	**127**	**161**	**14448**	**7909**	**1272**
宣州区	31	41	220	141	44	35	3378	1959	264
郎溪县	26	21	123	81	15	27	2716	1590	113
泾县	20	10	108	86	6	16	1562	828	265
绩溪县	4	6	71	41	14	16	854	397	91
旌德县	5	8	35	28	3	4	678	360	102
宣城市经济开发区	16	6	69	55	10	4	561	331	53
宁国市	28	44	138	93	17	28	1716	742	233
广德市	41	48	104	55	18	31	2983	1702	151

4-4 续表 51 单位：人

地区 性别	制造业		电力、热力、燃气及水生产和供应业				建筑业		
	废弃资源综合利用业	金属制品、机械和设备修理业	小计	电力、热力生产和供应业	燃气生产和供应业	水的生产和供应业	小计	房屋建筑业	土木工程建筑业
女	**2288**	**574**	**5019**	**3151**	**790**	**1078**	**57479**	**33616**	**3901**
合肥市	**205**	**87**	**953**	**598**	**135**	**220**	**11425**	**6380**	**1291**
瑶海区	12	2	68	38	18	12	1000	455	93
庐阳区	14	10	121	71	20	30	635	217	146
蜀山区	16	5	150	100	19	31	872	256	205
包河区	27	13	169	124	16	29	1501	645	241
长丰县	15	5	42	20	5	17	908	632	59
肥东县	51	8	99	36	20	43	2600	1968	57
肥西县	18	6	70	47	7	16	1158	693	153
庐江县	19	3	63	37	9	17	1101	661	112
合肥高新技术产业开发区	4	8	30	22	2	6	251	113	51
合肥经济技术开发区	9	10	52	41	6	5	417	162	80
合肥新站高新技术产业开发区	8	4	19	12	4	3	355	177	41
巢湖市	12	13	70	50	9	11	627	401	53
芜湖市	**58**	**90**	**318**	**171**	**78**	**69**	**2556**	**1378**	**208**
镜湖区	2	22	104	56	24	24	304	144	50
弋江区	9	10	52	28	16	8	225	78	22
鸠江区	19	37	27	14	6	7	358	152	52
三山区	1	6	19	10	5	4	57	35	
芜湖县	13	2	37	18	10	9	277	173	10
繁昌县	5	2	21	14	1	6	164	109	16
南陵县	7	2	19	13	3	3	480	332	12
芜湖经济技术开发区		5	7	3	3	1	75	31	15
安徽芜湖长江大桥经济开发区			2	2			10	4	1
无为市	2	4	30	13	10	7	606	320	30
蚌埠市	**39**	**19**	**208**	**103**	**42**	**63**	**1605**	**900**	**152**
龙子湖区	2	1	12	6	5	1	122	83	13
蚌山区	1	1	8	5		3	142	74	14
禹会区	5	1	39	17	9	13	158	82	20
淮上区	8	1	9	5	1	3	213	122	9
怀远县	4	5	26	10	8	8	250	139	9
五河县	4	6	30	11	9	10	272	155	14
固镇县	10	1	19	9	4	6	240	158	18
蚌埠市高新技术开发区			8	6	1	1	48	18	15
蚌埠市经济开发区	5	3	57	34	5	18	160	69	40
淮南市	**33**	**37**	**435**	**357**	**41**	**37**	**1491**	**757**	**154**
大通区	4	4	39	35	2	2	83	43	7
田家庵区	7	7	234	200	16	18	427	200	56
谢家集区	4		8	7	1		85	46	4
八公山区	4		9	5	2	2	8	2	
潘集区	5	2	46	41	3	2	129	65	10
凤台县		7	48	39	4	5	237	140	16
寿县	9	17	51	30	13	8	522	261	61

4-4　续表 52　　　　单位：人

地　区 性　别	制造业		电力、热力、燃气及水生产和供应业				建筑业		
	废弃资源综合利用业	金属制品、机械和设备修理业	小计	电力、热力生产和供应业	燃气生产和供应业	水的生产和供应业	小计	房屋建筑业	土木工程建筑业
马鞍山市	**70**	**46**	**265**	**162**	**44**	**59**	**1628**	**758**	**114**
花山区	21	8	130	77	24	29	242	91	24
雨山区	14	20	46	31	10	5	226	99	26
博望区	1	2	7	1	1	5	58	29	8
当涂县	9	12	26	20	5	1	329	221	15
含山县	4	1	25	18		7	478	167	12
和县	21	3	31	15	4	12	295	151	29
淮北市	**34**	**21**	**215**	**142**	**37**	**36**	**1366**	**949**	**77**
杜集区	2	1	12	5	6	1	128	100	10
相山区	3	8	137	95	19	23	345	170	42
烈山区	1	4	21	16	1	4	152	106	9
濉溪县	28	8	45	26	11	8	741	573	16
铜陵市	**38**	**16**	**173**	**106**	**18**	**49**	**942**	**416**	**51**
铜官区	11	1	108	70	10	28	201	83	27
义安区	10	6	21	13	2	6	108	76	5
郊区	6		17	10	2	5	95	41	10
枞阳县	11	9	27	13	4	10	538	216	9
安庆市	**150**	**46**	**329**	**192**	**53**	**84**	**5940**	**2662**	**347**
迎江区	8	3	56	35	10	11	195	79	31
大观区	7	6	26	10	7	9	127	39	24
宜秀区	12	4	5	4	1		248	116	10
怀宁县	16	4	28	11	5	12	922	224	30
太湖县	14	8	32	14	10	8	520	335	20
宿松县	56	3	30	16	2	12	971	652	44
望江县	9	6	23	15	2	6	1130	556	37
岳西县	7	1	28	24	2	2	279	159	28
安徽安庆经济开发区	12	1	16	13	1	2	151	67	20
桐城市	4	7	60	38	9	13	815	259	66
潜山市	5	3	25	12	4	9	582	176	37
黄山市	**27**	**9**	**119**	**68**	**22**	**29**	**1413**	**899**	**203**
屯溪区	9	3	30	17	3	10	154	82	11
黄山区	2	1	15	10	4	1	143	80	33
徽州区			11	4	1	6	97	65	7
歙县	12	1	17	9	4	4	422	273	18
休宁县	4	4	26	17	6	3	254	200	23
黟县			6	3	2	1	108	78	22
祁门县			14	8	2	4	235	121	89
滁州市	**91**	**38**	**389**	**268**	**62**	**59**	**3843**	**2426**	**310**
琅琊区	5	9	30	19	8	3	189	106	14
南谯区	11	2	27	16	4	7	422	268	35
来安县	12	5	48	28	10	10	488	257	125
全椒县	9	2	24	18	3	3	561	368	27
定远县	14	8	41	25	10	6	804	539	33
凤阳县	24	7	29	13	6	10	575	376	15
苏滁现代产业园							15	8	3
滁州经济技术开发区	5	1	113	104	4	5	125	59	14
天长市	5	2	43	25	13	5	358	233	29
明光市	6	2	34	20	4	10	306	212	15

4-4 续表 53

单位：人

地区 性别	制造业		电力、热力、燃气及水生产和供应业				建筑业		
	废弃资源综合利用业	金属制品、机械和设备修理业	小计	电力、热力生产和供应业	燃气生产和供应业	水的生产和供应业	小计	房屋建筑业	土木工程建筑业
阜阳市	**1159**	**43**	**366**	**191**	**70**	**105**	**8764**	**5336**	**240**
颍州区	15	4	77	36	15	26	801	500	32
颍东区	10	2	27	17	5	5	642	408	32
颍泉区	30	6	36	21	6	9	950	749	11
临泉县	339	4	57	24	11	22	2083	1123	52
太和县	555	6	46	29	10	7	1614	953	27
阜南县	89	12	31	17	8	6	1080	650	25
颍上县	95	6	51	22	12	17	1124	682	42
阜阳合肥现代产业园区	3	1					36	17	3
阜阳经济技术开发区	1		11	10		1	116	52	7
界首市	22	2	30	15	3	12	318	202	9
宿州市	**121**	**35**	**283**	**180**	**46**	**57**	**4325**	**2769**	**160**
埇桥区	5	9	123	77	23	23	1596	1117	92
砀山县	6		36	23	4	9	298	134	15
萧县		5	45	31	5	9	962	477	13
灵璧县	55	11	50	34	8	8	654	448	20
泗县	50	10	23	13	5	5	724	537	16
宿州马鞍山现代产业园区	2		1			1	34	27	
宿州经济技术开发区	3		5	2	1	2	57	29	4
六安市	**184**	**23**	**339**	**215**	**45**	**79**	**5223**	**3456**	**292**
金安区	12	5	57	29	9	19	887	516	91
裕安区	45	3	59	41	7	11	1207	846	46
叶集区	11		24	15	2	7	101	57	7
霍邱县	57	6	45	27	8	10	643	417	26
舒城县	35	4	39	22	7	10	1234	809	73
金寨县	15	3	74	55	6	13	807	606	20
霍山县	9	2	41	26	6	9	344	205	29
亳州市	**5**	**17**	**242**	**153**	**24**	**65**	**4729**	**3343**	**70**
谯城区	2	3	79	47	9	23	1364	995	19
涡阳县	1	5	53	38	1	14	1249	1021	10
蒙城县	1	4	63	37	6	20	1009	662	24
利辛县	1	5	47	31	8	8	1107	665	17
池州市	**25**	**11**	**132**	**80**	**23**	**29**	**1025**	**476**	**91**
贵池区	8	3	61	40	8	13	361	190	49
东至县	10	4	36	19	7	10	534	206	26
石台县	1		11	5	3	3	39	25	6
青阳县	6	4	16	12	2	2	75	45	10
池州市国家经济技术开发区			6	3	3		11	6	
皖江江南新兴产业集中区			1	1			1	1	
九华山风景区			1			1	4	3	
宣城市	**49**	**36**	**253**	**165**	**50**	**38**	**1204**	**711**	**141**
宣州区	8	6	60	39	14	7	341	216	29
郎溪县	4	3	35	17	7	11	170	120	6
泾县	7	3	31	21	4	6	80	37	16
绩溪县	1	1	19	17		2	82	50	14
旌德县	2	1	10	8	2		50	24	16
宣城市经济开发区	7	3	30	26	4		84	47	15
宁国市	6	11	34	20	10	4	139	49	32
广德市	14	8	34	17	9	8	258	168	13

4-4 续表 54

单位：人

地区 性别	建筑业		批发和零售业			交通运输、仓储和邮政业			
	建筑安装业	建筑装饰、装修和其他建筑业	小计	批发业	零售业	小计	铁路运输业	道路运输业	水上运输业
安徽	**20424**	**137326**	**373382**	**101703**	**271679**	**141079**	**4999**	**97410**	**3903**
合肥市	**3857**	**22223**	**67006**	**18858**	**48148**	**23538**	**862**	**15904**	**214**
瑶海区	379	2292	9675	2990	6685	3111	238	2181	18
庐阳区	309	1193	6048	1660	4388	1727	75	1200	2
蜀山区	283	1437	7496	2373	5123	2331	104	1304	9
包河区	542	2907	10348	3164	7184	2683	135	1656	24
长丰县	385	1659	4228	940	3288	2001	22	1555	5
肥东县	509	4202	5890	1562	4328	3278	22	2290	2
肥西县	395	1826	5267	1309	3958	2537	30	1786	11
庐江县	379	3103	5437	1047	4390	1467	8	1012	59
合肥高新技术产业开发区	101	387	1822	627	1195	488	12	290	2
合肥经济技术开发区	155	835	3407	1049	2358	1143	28	742	7
合肥新站高新技术产业开发区	167	922	3657	1158	2499	1345	125	894	4
巢湖市	253	1460	3731	979	2752	1427	63	994	71
芜湖市	**1038**	**9505**	**27611**	**6429**	**21182**	**10105**	**573**	**5960**	**1122**
镜湖区	93	522	3532	881	2651	1426	280	721	171
弋江区	105	726	2909	604	2305	945	70	600	89
鸠江区	138	1493	3547	915	2632	1610	139	957	102
三山区	51	246	848	117	731	320	3	211	23
芜湖县	138	985	1988	413	1575	1246	15	579	411
繁昌县	61	513	1642	354	1288	760	18	540	50
南陵县	118	1606	2633	484	2149	1097	5	710	132
芜湖经济技术开发区	33	209	831	216	615	688	30	436	22
安徽芜湖长江大桥经济开发区	37	47	72	9	63	41		26	5
无为市	264	3158	9609	2436	7173	1972	13	1180	117
蚌埠市	**710**	**3693**	**14933**	**3310**	**11623**	**7554**	**791**	**4890**	**334**
龙子湖区	63	203	1355	260	1095	727	168	413	12
蚌山区	60	298	1336	291	1045	550	125	306	9
禹会区	61	467	1824	347	1477	1121	50	786	52
淮上区	124	582	1633	376	1257	736	14	454	8
怀远县	166	663	2967	679	2288	1454	6	1066	142
五河县	106	664	2111	515	1596	1164	3	915	47
固镇县	79	501	1808	397	1411	775	17	527	24
蚌埠市高新技术开发区	8	94	426	109	317	191	25	115	16
蚌埠市经济开发区	43	221	1473	336	1137	836	383	308	24
淮南市	**869**	**3491**	**14645**	**3523**	**11122**	**7629**	**500**	**5262**	**157**
大通区	62	213	829	177	652	406	36	276	8
田家庵区	287	910	4069	933	3136	1768	328	1069	41
谢家集区	41	203	1007	207	800	451	39	293	4
八公山区	23	60	471	64	407	223	24	150	2
潘集区	60	482	938	204	734	544	30	408	4
凤台县	133	497	2319	567	1752	916	26	641	36
寿县	263	1126	5012	1371	3641	3321	17	2425	62

4-4 续表 55 单位：人

地区 性别	建筑业		批发和零售业			交通运输、仓储和邮政业			
	建筑安装业	建筑装饰、装修和其他建筑业	小计	批发业	零售业	小计	铁路运输业	道路运输业	水上运输业
马鞍山市	**749**	**5388**	**12566**	**4258**	**8308**	**4586**	**126**	**2890**	**304**
花山区	157	629	3003	931	2072	1340	61	881	82
雨山区	159	533	2110	756	1354	742	36	508	21
博望区	27	171	1241	679	562	275	1	119	4
当涂县	176	1095	2372	682	1690	935	18	557	113
含山县	132	2314	2126	805	1321	685	7	467	17
和县	98	646	1714	405	1309	609	3	358	67
淮北市	**637**	**2384**	**8589**	**1903**	**6686**	**4110**	**290**	**3053**	**26**
杜集区	58	241	1120	186	934	501	39	364	4
相山区	154	723	3115	577	2538	1208	160	814	5
烈山区	67	235	723	147	576	477	59	329	3
濉溪县	358	1185	3631	993	2638	1924	32	1546	14
铜陵市	**349**	**3386**	**6171**	**1561**	**4610**	**2510**	**43**	**1638**	**264**
铜官区	132	617	2948	832	2116	1035	30	714	70
义安区	93	474	904	177	727	477	10	334	48
郊区	38	292	582	118	464	340	1	200	67
枞阳县	86	2003	1737	434	1303	658	2	390	79
安庆市	**1911**	**19921**	**31290**	**7815**	**23475**	**8013**	**115**	**4956**	**219**
迎江区	107	538	2106	603	1503	613	13	361	65
大观区	137	393	1444	356	1088	484	13	280	54
宜秀区	110	698	1250	419	831	477	5	310	4
怀宁县	147	3217	4757	1204	3553	730	12	436	7
太湖县	248	1592	2431	536	1895	774	11	498	13
宿松县	252	2435	4127	1107	3020	1317	4	861	21
望江县	249	3040	3482	712	2770	694	9	372	24
岳西县	194	1079	2049	609	1440	625		390	1
安徽安庆经济开发区	73	299	1472	496	976	440	15	274	17
桐城市	211	4454	4263	1153	3110	1110	23	701	10
潜山市	183	2176	3909	620	3289	749	10	473	3
黄山市	**464**	**3778**	**8084**	**1589**	**6495**	**2571**	**115**	**1705**	**34**
屯溪区	82	544	2333	556	1777	669	73	393	2
黄山区	45	400	873	155	718	305		258	5
徽州区	47	324	529	118	411	139	1	89	
歙县	146	1564	2136	363	1773	658	15	422	25
休宁县	78	542	1232	218	1014	372	10	229	1
黟县	18	148	370	65	305	143	1	108	1
祁门县	48	256	611	114	497	285	15	206	
滁州市	**1420**	**8358**	**27342**	**6422**	**20920**	**12160**	**236**	**9170**	**148**
琅琊区	128	439	1921	338	1583	813	55	620	4
南谯区	138	855	2255	711	1544	924	36	670	
来安县	187	968	2832	738	2094	1204	7	941	20
全椒县	162	1098	3026	654	2372	1328	21	949	20
定远县	233	1180	4674	1105	3569	2656	17	2100	7
凤阳县	277	1142	4375	774	3601	2551	25	1874	29
苏滁现代产业园	4	93	60	9	51	33		28	
滁州经济技术开发区	54	317	1907	600	1307	266	3	195	1
天长市	141	1679	3564	923	2641	1169	9	906	18
明光市	96	587	2728	570	2158	1216	63	887	49

4-4 续表 56 单位：人

地区 性别	建筑业		批发和零售业			交通运输、仓储和邮政业			
	建筑安装业	建筑装饰、装修和其他建筑业	小计	批发业	零售业	小计	铁路运输业	道路运输业	水上运输业
阜阳市	**2951**	**18546**	**56753**	**19789**	**36964**	**19837**	**603**	**13335**	**341**
颍州区	268	1606	5175	1303	3872	1591	73	1130	13
颍东区	194	1460	3952	1326	2626	1926	361	1118	46
颍泉区	137	1237	4107	1062	3045	1285	53	897	18
临泉县	677	4548	10892	4098	6794	3363	23	2141	50
太和县	390	3487	11749	5231	6518	3167	20	2174	57
阜南县	495	2605	6636	2038	4598	2371	16	1647	41
颍上县	506	2301	8680	2547	6133	4458	20	3064	98
阜阳合肥现代产业园区	22	128	207	55	152	81	1	60	
阜阳经济技术开发区	50	337	1031	226	805	287	7	217	2
界首市	212	837	4324	1903	2421	1308	29	887	16
宿州市	**1290**	**8876**	**25485**	**6865**	**18620**	**10545**	**398**	**7804**	**56**
埇桥区	227	2529	8526	2092	6434	3848	213	2816	17
砀山县	182	945	3454	759	2695	1348	99	901	3
萧县	365	2892	4745	1133	3612	2017	59	1603	7
灵璧县	288	1316	4430	1223	3207	1979	16	1521	18
泗县	202	995	3720	1517	2203	1129	3	815	11
宿州马鞍山现代产业园区	10	62	129	31	98	51	1	39	
宿州经济技术开发区	16	137	481	110	371	173	7	109	
六安市	**1674**	**10410**	**24900**	**5404**	**19496**	**9673**	**81**	**7258**	**75**
金安区	298	1808	4377	918	3459	1700	11	1300	7
裕安区	320	2215	5453	1167	4286	1796	21	1306	9
叶集区	60	334	958	241	717	433	4	346	
霍邱县	235	1291	4126	891	3235	2027	14	1547	27
舒城县	329	2683	4786	1114	3672	2040	6	1624	29
金寨县	265	1284	3178	569	2609	1021	21	680	
霍山县	167	795	2022	504	1518	656	4	455	3
亳州市	**1133**	**7815**	**26937**	**9355**	**17582**	**9923**	**71**	**7497**	**148**
谯城区	344	2455	9137	2787	6350	2640	31	1952	29
涡阳县	152	1527	6470	2865	3605	2411	25	1721	41
蒙城县	305	1708	4853	1343	3510	2431	6	1891	21
利辛县	332	2125	6477	2360	4117	2441	9	1933	57
池州市	**434**	**4871**	**7299**	**1445**	**5854**	**2855**	**26**	**2074**	**129**
贵池区	134	1472	2973	572	2401	1115	13	771	87
东至县	204	2714	2649	587	2062	1005	7	730	30
石台县	27	141	333	39	294	144		111	1
青阳县	62	473	1138	206	932	532	6	425	3
池州市国家经济技术开发区	3	30	72	22	50	22		10	3
皖江江南新兴产业集中区	1	9	32	16	16	15		6	5
九华山风景区	3	32	102	3	99	22		21	
宣城市	**938**	**4681**	**13771**	**3177**	**10594**	**5470**	**169**	**4014**	**332**
宣州区	159	1092	3886	1006	2880	1545	80	996	219
郎溪县	200	857	1610	348	1262	663	11	460	87
泾县	70	426	1191	230	961	489	3	346	
绩溪县	46	338	619	87	532	218	36	129	3
旌德县	43	183	493	83	410	245	4	176	
宣城市经济开发区	32	167	660	133	527	259	3	194	11
宁国市	104	695	2325	523	1802	761	24	613	8
广德市	284	923	2987	767	2220	1290	8	1100	4

4-4 续表 57

单位：人

地区 性别	建筑业		批发和零售业			交通运输、仓储和邮政业			
	建筑安装业	建筑装饰、装修和其他建筑业	小计	批发业	零售业	小计	铁路运输业	道路运输业	水上运输业
男	**18469**	**119319**	**191031**	**64528**	**126503**	**119545**	**4030**	**86432**	**3065**
合肥市	**3369**	**18957**	**33979**	**11491**	**22488**	**18797**	**649**	**13457**	**166**
瑶海区	323	1896	4864	1749	3115	2490	180	1799	14
庐阳区	265	965	3013	989	2024	1388	53	1008	2
蜀山区	218	1091	3911	1428	2483	1662	74	1028	7
包河区	457	2377	5340	1916	3424	2077	84	1349	19
长丰县	351	1476	2134	596	1538	1733	18	1389	4
肥东县	458	3678	3012	1001	2011	2591	17	1961	2
肥西县	350	1559	2623	824	1799	2091	26	1557	9
庐江县	355	2799	2657	680	1977	1247	6	906	48
合肥高新技术产业开发区	83	318	972	378	594	360	9	233	1
合肥经济技术开发区	128	687	1719	640	1079	874	21	603	5
合肥新站高新技术产业开发区	156	796	1963	683	1280	1059	105	741	2
巢湖市	225	1315	1771	607	1164	1225	56	883	53
芜湖市	**935**	**8638**	**14933**	**4268**	**10665**	**8603**	**500**	**5324**	**917**
镜湖区	75	430	1820	577	1243	1188	249	610	140
弋江区	89	617	1473	379	1094	805	60	534	70
鸠江区	122	1355	1827	556	1271	1310	123	811	84
三山区	46	229	462	84	378	271	2	186	18
芜湖县	131	898	937	267	670	1039	14	533	329
繁昌县	61	474	878	245	633	685	10	508	44
南陵县	105	1483	1346	318	1028	977	5	665	110
芜湖经济技术开发区	29	184	400	127	273	529	29	355	17
安徽芜湖长江大桥经济开发区	36	43	35	7	28	31		22	4
无为市	241	2925	5755	1708	4047	1768	8	1100	101
蚌埠市	**642**	**3208**	**7209**	**2088**	**5121**	**6408**	**666**	**4340**	**253**
龙子湖区	58	182	612	154	458	622	141	362	11
蚌山区	51	253	627	168	459	469	104	266	6
禹会区	59	413	868	228	640	975	41	711	43
淮上区	116	508	764	226	538	614	11	409	5
怀远县	150	577	1436	441	995	1234	5	946	107
五河县	95	572	1080	342	738	1015	3	832	34
固镇县	73	443	862	255	607	659	13	481	18
蚌埠市高新技术开发区	6	81	214	59	155	142	20	93	8
蚌埠市经济开发区	34	179	746	215	531	678	328	240	21
淮南市	**775**	**3005**	**7222**	**2309**	**4913**	**6689**	**394**	**4806**	**117**
大通区	55	187	428	131	297	349	26	255	6
田家庵区	244	782	1990	613	1377	1511	270	941	30
谢家集区	38	171	429	134	295	387	26	266	4
八公山区	21	56	213	50	163	199	19	138	1
潘集区	55	433	461	130	331	502	25	395	4
凤台县	126	423	1117	383	734	786	18	573	26
寿县	236	953	2584	868	1716	2955	10	2238	46

4-4　续表 58　　　　单位：人

地　区 性　别	建筑业		批发和零售业			交通运输、仓储和邮政业			
	建　筑 安装业	建筑装饰、装修和其他建筑业	小计	批发业	零售业	小计	铁　路 运输业	道　路 运输业	水　上 运输业
马鞍山市	**694**	**4687**	**6525**	**2847**	**3678**	**3800**	**95**	**2532**	**250**
花山区	139	520	1446	580	866	1096	41	741	72
雨山区	143	448	1007	449	558	604	32	432	14
博望区	24	153	853	600	253	209	1	108	4
当涂县	167	1011	1248	461	787	780	15	501	91
含山县	129	2018	1130	493	637	594	4	433	15
和县	92	537	841	264	577	517	2	317	54
淮北市	**587**	**2094**	**4026**	**1211**	**2815**	**3597**	**237**	**2788**	**23**
杜集区	57	224	464	110	354	434	25	336	3
相山区	139	605	1420	372	1048	1019	134	718	5
烈山区	60	205	301	85	216	431	51	317	3
濉溪县	331	1060	1841	644	1197	1713	27	1417	12
铜陵市	**312**	**2948**	**3087**	**1026**	**2061**	**2109**	**33**	**1428**	**206**
铜官区	112	546	1421	548	873	855	25	599	53
义安区	88	452	454	124	330	415	7	301	36
郊区	35	251	308	80	228	289	1	180	51
枞阳县	77	1699	904	274	630	550		348	66
安庆市	**1720**	**17181**	**16734**	**4852**	**11882**	**6709**	**78**	**4405**	**169**
迎江区	98	462	1088	385	703	500	5	298	54
大观区	122	344	695	239	456	389	8	232	40
宜秀区	100	586	652	255	397	379	4	266	3
怀宁县	127	2569	2590	693	1897	613	8	397	4
太湖县	229	1446	1284	338	946	667	9	455	11
宿松县	231	2181	2405	746	1659	1142	2	772	17
望江县	218	2534	1749	409	1340	573	7	338	17
岳西县	189	992	1104	387	717	541		356	
安徽安庆经济开发区	63	245	742	284	458	342	10	227	10
桐城市	185	3990	2329	735	1594	939	18	634	10
潜山市	158	1832	2096	381	1715	624	7	430	3
黄山市	**440**	**3491**	**3801**	**924**	**2877**	**2193**	**98**	**1518**	**25**
屯溪区	77	488	1056	303	753	537	58	343	1
黄山区	42	373	406	102	304	254		217	5
徽州区	42	304	252	74	178	121	1	80	
歙县	139	1440	1046	208	838	579	15	391	17
休宁县	76	513	569	120	449	337	8	210	1
黟县	18	140	174	38	136	121	1	95	1
祁门县	46	233	298	79	219	244	15	182	
滁州市	**1288**	**7383**	**13247**	**4048**	**9199**	**10491**	**190**	**8207**	**105**
琅琊区	117	381	885	221	664	693	51	537	3
南谯区	131	743	1169	453	716	807	30	611	
来安县	170	879	1292	452	840	1036	6	845	12
全椒县	149	945	1369	395	974	1138	10	846	15
定远县	202	979	2335	692	1643	2289	12	1860	6
凤阳县	249	986	2065	516	1549	2171	16	1678	23
苏滁现代产业园	4	89	32	5	27	23		20	
滁州经济技术开发区	46	273	961	309	652	233	3	179	1
天长市	134	1590	1824	649	1175	1047	5	837	14
明光市	86	518	1315	356	959	1054	57	794	31

4-4 续表 59　　　　单位：人

地区 性别	建筑业		批发和零售业			交通运输、仓储和邮政业			
	建筑安装业	建筑装饰、装修和其他建筑业	小计	批发业	零售业	小计	铁路运输业	道路运输业	水上运输业
阜阳市	**2674**	**15635**	**29566**	**12324**	**17242**	**16786**	**493**	**11811**	**254**
颍州区	244	1361	2583	827	1756	1328	58	982	11
颍东区	181	1271	1963	845	1118	1627	311	984	37
颍泉区	124	1060	1934	617	1317	1078	44	793	11
临泉县	591	3726	5565	2397	3168	2797	8	1890	36
太和县	357	2886	6575	3343	3232	2672	15	1908	42
阜南县	447	2248	3461	1284	2177	2005	15	1480	26
颍上县	461	1946	4400	1569	2831	3810	16	2741	76
阜阳合肥现代产业园区	21	113	104	39	65	68	1	52	
阜阳经济技术开发区	48	282	547	137	410	241	6	182	2
界首市	200	742	2434	1266	1168	1160	19	799	13
宿州市	**1162**	**7608**	**12600**	**4295**	**8305**	**9064**	**316**	**6955**	**50**
埇桥区	187	2182	4199	1362	2837	3341	170	2526	16
砀山县	164	814	1750	473	1277	1171	86	819	3
萧县	341	2444	2311	733	1578	1702	43	1408	7
灵璧县	266	1152	2218	796	1422	1682	11	1334	15
泗县	181	845	1822	845	977	982	2	739	9
宿州马鞍山现代产业园区	8	57	68	21	47	42		33	
宿州经济技术开发区	15	114	232	65	167	144	4	96	
六安市	**1547**	**9062**	**12195**	**3376**	**8819**	**8491**	**63**	**6623**	**59**
金安区	278	1548	2158	592	1566	1472	4	1176	6
裕安区	293	1927	2733	739	1994	1562	17	1177	8
叶集区	57	300	496	145	351	383	4	317	
霍邱县	219	1107	2109	582	1527	1821	10	1442	23
舒城县	301	2359	2349	675	1674	1819	6	1494	19
金寨县	246	1122	1387	333	1054	882	20	621	
霍山县	153	699	963	310	653	552	2	396	3
亳州市	**1031**	**6601**	**15241**	**6390**	**8851**	**8482**	**60**	**6664**	**106**
谯城区	312	2137	5178	1870	3308	2296	25	1763	20
涡阳县	140	1321	3813	2033	1780	2005	24	1508	30
蒙城县	275	1415	2515	840	1675	2044	4	1658	14
利辛县	304	1728	3735	1647	2088	2137	7	1735	42
池州市	**413**	**4434**	**3661**	**960**	**2701**	**2463**	**18**	**1874**	**104**
贵池区	130	1354	1424	387	1037	957	9	691	70
东至县	192	2424	1424	380	1044	867	4	659	24
石台县	26	134	157	24	133	119		99	1
青阳县	58	457	564	143	421	475	5	395	2
池州市国家经济技术开发区	3	25	35	15	20	16		9	3
皖江江南新兴产业集中区	1	9	17	9	8	13		6	4
九华山风景区	3	31	40	2	38	16		15	
宣城市	**880**	**4387**	**7005**	**2119**	**4886**	**4863**	**140**	**3700**	**261**
宣州区	148	1007	2010	686	1324	1337	67	900	182
郎溪县	192	821	789	224	565	563	5	420	58
泾县	66	403	606	156	450	443	2	325	
绩溪县	42	324	293	56	237	176	33	108	3
旌德县	41	175	256	56	200	222	4	165	
宣城市经济开发区	29	148	341	98	243	227	3	170	9
宁国市	92	649	1177	359	818	700	22	572	6
广德市	270	860	1533	484	1049	1195	4	1040	3

4-4 续表 60

单位：人

地区 性别	建筑业		批发和零售业			交通运输、仓储和邮政业			
	建筑安装业	建筑装饰、装修和其他建筑业	小计	批发业	零售业	小计	铁路运输业	道路运输业	水上运输业
女	**1955**	**18007**	**182351**	**37175**	**145176**	**21534**	**969**	**10978**	**838**
合肥市	**488**	**3266**	**33027**	**7367**	**25660**	**4741**	**213**	**2447**	**48**
瑶海区	56	396	4811	1241	3570	621	58	382	4
庐阳区	44	228	3035	671	2364	339	22	192	
蜀山区	65	346	3585	945	2640	669	30	276	2
包河区	85	530	5008	1248	3760	606	51	307	5
长丰县	34	183	2094	344	1750	268	4	166	1
肥东县	51	524	2878	561	2317	687	5	329	
肥西县	45	267	2644	485	2159	446	4	229	2
庐江县	24	304	2780	367	2413	220	2	106	11
合肥高新技术产业开发区	18	69	850	249	601	128	3	57	1
合肥经济技术开发区	27	148	1688	409	1279	269	7	139	2
合肥新站高新技术产业开发区	11	126	1694	475	1219	286	20	153	2
巢湖市	28	145	1960	372	1588	202	7	111	18
芜湖市	**103**	**867**	**12678**	**2161**	**10517**	**1502**	**73**	**636**	**205**
镜湖区	18	92	1712	304	1408	238	31	111	31
弋江区	16	109	1436	225	1211	140	10	66	19
鸠江区	16	138	1720	359	1361	300	16	146	18
三山区	5	17	386	33	353	49	1	25	5
芜湖县	7	87	1051	146	905	207	1	46	82
繁昌县		39	764	109	655	75	8	32	6
南陵县	13	123	1287	166	1121	120		45	22
芜湖经济技术开发区	4	25	431	89	342	159	1	81	5
安徽芜湖长江大桥经济开发区	1	4	37	2	35	10		4	1
无为市	23	233	3854	728	3126	204	5	80	16
蚌埠市	**68**	**485**	**7724**	**1222**	**6502**	**1146**	**125**	**550**	**81**
龙子湖区	5	21	743	106	637	105	27	51	1
蚌山区	9	45	709	123	586	81	21	40	3
禹会区	2	54	956	119	837	146	9	75	9
淮上区	8	74	869	150	719	122	3	45	3
怀远县	16	86	1531	238	1293	220	1	120	35
五河县	11	92	1031	173	858	149		83	13
固镇县	6	58	946	142	804	116	4	46	6
蚌埠市高新技术开发区	2	13	212	50	162	49	5	22	8
蚌埠市经济开发区	9	42	727	121	606	158	55	68	3
淮南市	**94**	**486**	**7423**	**1214**	**6209**	**940**	**106**	**456**	**40**
大通区	7	26	401	46	355	57	10	21	2
田家庵区	43	128	2079	320	1759	257	58	128	11
谢家集区	3	32	578	73	505	64	13	27	
八公山区	2	4	258	14	244	24	5	12	1
潘集区	5	49	477	74	403	42	5	13	
凤台县	7	74	1202	184	1018	130	8	68	10
寿县	27	173	2428	503	1925	366	7	187	16

4-4 续表 61 单位：人

地区 性别	建筑业		批发和零售业			交通运输、仓储和邮政业			
	建筑安装业	建筑装饰、装修和其他建筑业	小计	批发业	零售业	小计	铁路运输业	道路运输业	水上运输业
马鞍山市	**55**	**701**	**6041**	**1411**	**4630**	**786**	**31**	**358**	**54**
花山区	18	109	1557	351	1206	244	20	140	10
雨山区	16	85	1103	307	796	138	4	76	7
博望区	3	18	388	79	309	66		11	
当涂县	9	84	1124	221	903	155	3	56	22
含山县	3	296	996	312	684	91	3	34	2
和县	6	109	873	141	732	92	1	41	13
淮北市	**50**	**290**	**4563**	**692**	**3871**	**513**	**53**	**265**	**3**
杜集区	1	17	656	76	580	67	14	28	1
相山区	15	118	1695	205	1490	189	26	96	
烈山区	7	30	422	62	360	46	8	12	
濉溪县	27	125	1790	349	1441	211	5	129	2
铜陵市	**37**	**438**	**3084**	**535**	**2549**	**401**	**10**	**210**	**58**
铜官区	20	71	1527	284	1243	180	5	115	17
义安区	5	22	450	53	397	62	3	33	12
郊区	3	41	274	38	236	51		20	16
枞阳县	9	304	833	160	673	108	2	42	13
安庆市	**191**	**2740**	**14556**	**2963**	**11593**	**1304**	**37**	**551**	**50**
迎江区	9	76	1018	218	800	113	8	63	11
大观区	15	49	749	117	632	95	5	48	14
宜秀区	10	112	598	164	434	98	1	44	1
怀宁县	20	648	2167	511	1656	117	4	39	3
太湖县	19	146	1147	198	949	107	2	43	2
宿松县	21	254	1722	361	1361	175	2	89	4
望江县	31	506	1733	303	1430	121	2	34	7
岳西县	5	87	945	222	723	84		34	1
安徽安庆经济开发区	10	54	730	212	518	98	5	47	7
桐城市	26	464	1934	418	1516	171	5	67	
潜山市	25	344	1813	239	1574	125	3	43	
黄山市	**24**	**287**	**4283**	**665**	**3618**	**378**	**17**	**187**	**9**
屯溪区	5	56	1277	253	1024	132	15	50	1
黄山区	3	27	467	53	414	51		41	
徽州区	5	20	277	44	233	18		9	
歙县	7	124	1090	155	935	79		31	8
休宁县	2	29	663	98	565	35	2	19	
黟县		8	196	27	169	22		13	
祁门县	2	23	313	35	278	41		24	
滁州市	**132**	**975**	**14095**	**2374**	**11721**	**1669**	**46**	**963**	**43**
琅琊区	11	58	1036	117	919	120	4	83	1
南谯区	7	112	1086	258	828	117	6	59	
来安县	17	89	1540	286	1254	168	1	96	8
全椒县	13	153	1657	259	1398	190	11	103	5
定远县	31	201	2339	413	1926	367	5	240	1
凤阳县	28	156	2310	258	2052	380	9	196	6
苏滁现代产业园		4	28	4	24	10		8	
滁州经济技术开发区	8	44	946	291	655	33		16	
天长市	7	89	1740	274	1466	122	4	69	4
明光市	10	69	1413	214	1199	162	6	93	18

4-4 续表 62 单位：人

地区 性别	建筑业		批发和零售业			交通运输、仓储和邮政业			
	建筑安装业	建筑装饰、装修和其他建筑业	小计	批发业	零售业	小计	铁路运输业	道路运输业	水上运输业
阜阳市	**277**	**2911**	**27187**	**7465**	**19722**	**3051**	**110**	**1524**	**87**
颍州区	24	245	2592	476	2116	263	15	148	2
颍东区	13	189	1989	481	1508	299	50	134	9
颍泉区	13	177	2173	445	1728	207	9	104	7
临泉县	86	822	5327	1701	3626	566	15	251	14
太和县	33	601	5174	1888	3286	495	5	266	15
阜南县	48	357	3175	754	2421	366	1	167	15
颍上县	45	355	4280	978	3302	648	4	323	22
阜阳合肥现代产业园区	1	15	103	16	87	13		8	
阜阳经济技术开发区	2	55	484	89	395	46	1	35	
界首市	12	95	1890	637	1253	148	10	88	3
宿州市	**128**	**1268**	**12885**	**2570**	**10315**	**1481**	**82**	**849**	**6**
埇桥区	40	347	4327	730	3597	507	43	290	1
砀山县	18	131	1704	286	1418	177	13	82	
萧县	24	448	2434	400	2034	315	16	195	
灵璧县	22	164	2212	427	1785	297	5	187	3
泗县	21	150	1898	672	1226	147	1	76	2
宿州马鞍山现代产业园区	2	5	61	10	51	9	1	6	
宿州经济技术开发区	1	23	249	45	204	29	3	13	
六安市	**127**	**1348**	**12705**	**2028**	**10677**	**1182**	**18**	**635**	**16**
金安区	20	260	2219	326	1893	228	7	124	1
裕安区	27	288	2720	428	2292	234	4	129	1
叶集区	3	34	462	96	366	50		29	
霍邱县	16	184	2017	309	1708	206	4	105	4
舒城县	28	324	2437	439	1998	221		130	10
金寨县	19	162	1791	236	1555	139	1	59	
霍山县	14	96	1059	194	865	104	2	59	
亳州市	**102**	**1214**	**11696**	**2965**	**8731**	**1441**	**11**	**833**	**42**
谯城区	32	318	3959	917	3042	344	6	189	9
涡阳县	12	206	2657	832	1825	406	1	213	11
蒙城县	30	293	2338	503	1835	387	2	233	7
利辛县	28	397	2742	713	2029	304	2	198	15
池州市	**21**	**437**	**3638**	**485**	**3153**	**392**	**8**	**200**	**25**
贵池区	4	118	1549	185	1364	158	4	80	17
东至县	12	290	1225	207	1018	138	3	71	6
石台县	1	7	176	15	161	25		12	
青阳县	4	16	574	63	511	57	1	30	1
池州市国家经济技术开发区		5	37	7	30	6		1	
皖江江南新兴产业集中区			15	7	8	2			1
九华山风景区		1	62	1	61	6		6	
宣城市	**58**	**294**	**6766**	**1058**	**5708**	**607**	**29**	**314**	**71**
宣州区	11	85	1876	320	1556	208	13	96	37
郎溪县	8	36	821	124	697	100	6	40	29
泾县	4	23	585	74	511	46	1	21	
绩溪县	4	14	326	31	295	42	3	21	
旌德县	2	8	237	27	210	23		11	
宣城市经济开发区	3	19	319	35	284	32		24	2
宁国市	12	46	1148	164	984	61	2	41	2
广德市	14	63	1454	283	1171	95	4	60	1

4-4 续表 63

单位：人

地区 性别	交通运输、仓储和邮政业					住宿和餐饮业		
	航空运输业	管道运输业	多式联运和运输代理业	装卸搬运和仓储业	邮政业	小计	住宿业	餐饮业
安徽	**920**	**81**	**2254**	**10678**	**20834**	**151389**	**12196**	**139193**
合肥市	**433**	**13**	**542**	**1314**	**4256**	**24890**	**2471**	**22419**
瑶海区	24	3	83	207	357	2368	318	2050
庐阳区	56	4	30	68	292	2004	221	1783
蜀山区	71		86	44	713	2860	324	2536
包河区	173	2	102	136	455	3583	381	3202
长丰县	11	1	3	103	301	1954	137	1817
肥东县	19		42	205	698	2636	155	2481
肥西县	10	1	54	140	505	2456	233	2223
庐江县	6	1	13	149	219	2173	185	1988
合肥高新技术产业开发区	9	1	26	20	128	721	63	658
合肥经济技术开发区	45		47	53	221	1443	140	1303
合肥新站高新技术产业开发区	8		43	64	207	1097	132	965
巢湖市	1		13	125	160	1595	182	1413
芜湖市	**71**	**4**	**114**	**656**	**1605**	**11060**	**985**	**10075**
镜湖区	10		34	38	172	1436	274	1162
弋江区	8	1	4	42	131	901	114	787
鸠江区	3		9	108	292	1571	116	1455
三山区	2	1	9	30	41	342	24	318
芜湖县	23		4	57	157	793	77	716
繁昌县	3		3	51	95	639	54	585
南陵县	7	1	2	48	192	1201	102	1099
芜湖经济技术开发区	1		3	34	162	439	46	393
安徽芜湖长江大桥经济开发区				1	9	22		22
无为市	14	1	46	247	354	3716	178	3538
蚌埠市	**16**	**1**	**52**	**440**	**1030**	**5846**	**406**	**5440**
龙子湖区	1		8	41	84	667	70	597
蚌山区	2		13	20	75	468	52	416
禹会区	2		5	82	144	799	51	748
淮上区	1		4	47	208	613	32	581
怀远县	1		1	87	151	1117	38	1079
五河县	2	1	9	51	136	823	48	775
固镇县			4	67	136	710	52	658
蚌埠市高新技术开发区	1		1	15	18	116	9	107
蚌埠市经济开发区	6		7	30	78	533	54	479
淮南市	**33**	**1**	**140**	**449**	**1087**	**6994**	**465**	**6529**
大通区	2		7	25	52	323	22	301
田家庵区	7		16	113	194	1746	136	1610
谢家集区	2		17	33	63	520	27	493
八公山区	2		1	11	33	286	15	271
潘集区	2	1	4	34	61	483	23	460
凤台县	1		7	92	113	1139	41	1098
寿县	17		88	141	571	2497	201	2296

4-4 续表 64 单位：人

地区 性别	交通运输、仓储和邮政业					住宿和餐饮业		
	航空运输业	管道运输业	多式联运和运输代理业	装卸搬运和仓储业	邮政业	小计	住宿业	餐饮业
马鞍山市	**23**	**3**	**85**	**425**	**730**	**6580**	**393**	**6187**
花山区	7		32	107	170	1033	89	944
雨山区	3		12	65	97	729	73	656
博望区	3		6	22	120	264	11	253
当涂县	6	3	15	45	178	788	58	730
含山县	4		8	79	103	1834	91	1743
和县			12	107	62	1932	71	1861
淮北市	**16**		**39**	**225**	**461**	**3519**	**216**	**3303**
杜集区	3		4	17	70	499	31	468
相山区	4		15	61	149	1164	102	1062
烈山区	3		3	35	45	394	25	369
濉溪县	6		17	112	197	1462	58	1404
铜陵市	**3**		**66**	**235**	**261**	**2305**	**176**	**2129**
铜官区	2		42	71	106	952	73	879
义安区			11	31	43	543	54	489
郊区			4	32	36	233	15	218
枞阳县	1		9	101	76	577	34	543
安庆市	**57**	**41**	**230**	**767**	**1628**	**14839**	**953**	**13886**
迎江区	6	2	27	55	84	758	64	694
大观区	7		6	27	97	918	34	884
宜秀区	10	2	7	66	73	636	42	594
怀宁县	2	3	13	66	191	4487	74	4413
太湖县	1	3	18	85	145	892	125	767
宿松县	9	2	49	90	281	1174	143	1031
望江县	5		31	68	185	2022	100	1922
岳西县	1		28	82	123	734	80	654
安徽安庆经济开发区	1	27	13	29	64	428	53	375
桐城市	10		32	122	212	1482	100	1382
潜山市	5	2	6	77	173	1308	138	1170
黄山市	**38**		**51**	**209**	**419**	**4935**	**1244**	**3691**
屯溪区	31		17	24	129	1266	300	966
黄山区	2		3	14	23	892	426	466
徽州区	2		6	14	27	254	50	204
歙县	2		13	71	110	1087	148	939
休宁县			9	46	77	711	99	612
黟县			1	8	24	454	195	259
祁门县	1		2	32	29	271	26	245
滁州市	**35**	**1**	**167**	**855**	**1548**	**10976**	**712**	**10264**
琅琊区	5		12	36	81	646	68	578
南谯区	3		36	95	84	861	93	768
来安县	4		11	95	126	1368	110	1258
全椒县	8	1	16	103	210	1459	79	1380
定远县	3		10	223	296	2009	99	1910
凤阳县	3		58	125	437	1643	72	1571
苏滁现代产业园					5	28	1	27
滁州经济技术开发区			12	23	32	281	30	251
天长市	4		2	74	156	1355	89	1266
明光市	5		10	81	121	1326	71	1255

4-4 续表 65

单位：人

地区 性别	交通运输、仓储和邮政业					住宿和餐饮业		
	航空运输业	管道运输业	多式联运和运输代理业	装卸搬运和仓储业	邮政业	小计	住宿业	餐饮业
阜阳市	**62**	**10**	**332**	**2217**	**2937**	**21440**	**954**	**20486**
颍州区	22	1	35	97	220	1986	122	1864
颍东区	1		25	138	237	1457	84	1373
颍泉区	1	2	16	94	204	1522	55	1467
临泉县	6	2	78	478	585	3943	179	3764
太和县	9		68	365	474	4373	124	4249
阜南县	5	1	36	236	389	2714	123	2591
颍上县	15	4	63	541	653	3773	194	3579
阜阳合肥现代产业园区				7	13	109	4	105
阜阳经济技术开发区	2		1	25	33	324	31	293
界首市	1		10	236	129	1239	38	1201
宿州市	**33**		**96**	**735**	**1423**	**9516**	**569**	**8947**
埇桥区	13		24	267	498	3769	239	3530
砀山县	3		6	91	245	1135	90	1045
萧县	9		7	124	208	1875	88	1787
灵璧县	4		23	147	250	1443	73	1370
泗县	3		29	92	176	1054	55	999
宿州马鞍山现代产业园区				2	9	86	14	72
宿州经济技术开发区	1		7	12	37	154	10	144
六安市	**29**		**157**	**741**	**1332**	**10467**	**905**	**9562**
金安区	8		35	99	240	1865	179	1686
裕安区	6		37	159	258	1997	155	1842
叶集区			7	39	37	362	17	345
霍邱县	8		27	180	224	1730	92	1638
舒城县	4		13	138	226	1968	137	1831
金寨县	3		18	84	215	1526	201	1325
霍山县			20	42	132	1019	124	895
亳州市	**16**	**3**	**86**	**957**	**1145**	**9049**	**501**	**8548**
谯城区	4		10	275	339	2793	155	2638
涡阳县	2	1	30	270	321	2176	82	2094
蒙城县	6	2	35	241	229	1735	124	1611
利辛县	4		11	171	256	2345	140	2205
池州市	**28**		**25**	**192**	**381**	**3666**	**581**	**3085**
贵池区	17		5	81	141	1297	139	1158
东至县	3		14	78	143	1263	90	1173
石台县				7	25	175	42	133
青阳县	4		4	23	67	658	147	511
池州市国家经济技术开发区			2	2	5	20	2	18
皖江江南新兴产业集中区	4					15		15
九华山风景区				1		238	161	77
宣城市	**27**	**4**	**72**	**261**	**591**	**5307**	**665**	**4642**
宣州区	10	3	18	57	162	1255	144	1111
郎溪县	3		5	33	64	640	61	579
泾县	2		16	33	89	615	118	497
绩溪县	2			18	30	311	67	244
旌德县	2		1	20	42	230	46	184
宣城市经济开发区	2	1	3	11	34	232	42	190
宁国市	2		9	32	73	952	100	852
广德市	4		20	57	97	1072	87	985

4-4　续表 66

单位：人

地　区 性　别	交通运输、仓储和邮政业					住宿和餐饮业		
	航　空 运输业	管　道 运输业	多式联运 和运输 代理业	装卸搬运 和仓储业	邮政业	小计	住宿业	餐饮业
男	**569**	**63**	**1841**	**8632**	**14913**	**73618**	**4599**	**69019**
合肥市	**257**	**10**	**415**	**984**	**2859**	**12121**	**925**	**11196**
瑶海区	13	3	71	149	261	1197	112	1085
庐阳区	32	3	24	49	217	1050	94	956
蜀山区	48		63	39	403	1468	127	1341
包河区	111	1	77	100	336	1722	147	1575
长丰县	7	1	3	86	225	935	52	883
肥东县	11		34	135	431	1192	59	1133
肥西县	5	1	39	110	344	1212	78	1134
庐江县	6		11	123	147	986	69	917
合肥高新技术产业开发区	4	1	20	12	80	367	24	343
合肥经济技术开发区	19		33	37	156	722	50	672
合肥新站高新技术产业开发区	1		28	44	138	565	58	507
巢湖市			12	100	121	705	55	650
芜湖市	**48**	**4**	**91**	**580**	**1139**	**5727**	**389**	**5338**
镜湖区	5		24	31	129	754	120	634
弋江区	5	1	4	33	98	434	34	400
鸠江区	2		4	95	191	800	44	756
三山区	1	1	6	28	29	162	7	155
芜湖县	18		4	50	91	326	30	296
繁昌县	1		3	49	70	325	21	304
南陵县	4	1	2	43	147	581	40	541
芜湖经济技术开发区	1		3	26	98	221	16	205
安徽芜湖长江大桥经济开发区				1	4	14		14
无为市	11	1	41	224	282	2110	77	2033
蚌埠市	**10**	**1**	**39**	**364**	**735**	**2876**	**146**	**2730**
龙子湖区	1		7	37	63	315	21	294
蚌山区	1		13	13	66	232	26	206
禹会区			5	75	100	407	13	394
淮上区			3	37	149	289	8	281
怀远县				71	105	531	11	520
五河县	2	1	5	43	95	410	16	394
固镇县			2	53	92	359	28	331
蚌埠市高新技术开发区	1			10	10	60	3	57
蚌埠市经济开发区	5		4	25	55	273	20	253
淮南市	**20**	**1**	**116**	**381**	**854**	**3328**	**178**	**3150**
大通区	1		6	21	34	142	4	138
田家庵区	4		13	100	153	861	54	807
谢家集区	2		13	26	50	201	7	194
八公山区			1	11	29	134	5	129
潘集区	1	1	4	26	46	234	8	226
凤台县			5	79	85	498	10	488
寿县	12		74	118	457	1258	90	1168

4-4 续表 67

单位：人

地区 性别	交通运输、仓储和邮政业					住宿和餐饮业		
	航空运输业	管道运输业	多式联运和运输代理业	装卸搬运和仓储业	邮政业	小计	住宿业	餐饮业
马鞍山市	**13**	**2**	**67**	**351**	**490**	**3238**	**135**	**3103**
花山区	3		27	93	119	489	24	465
雨山区	2		8	51	65	301	17	284
博望区	2		4	18	72	111	2	109
当涂县	3	2	11	35	122	345	20	325
含山县	3		7	61	71	1012	49	963
和县			10	93	41	980	23	957
淮北市	**11**		**34**	**183**	**321**	**1753**	**77**	**1676**
杜集区	1		2	17	50	248	10	238
相山区	2		14	46	100	570	33	537
烈山区	2		2	26	30	180	11	169
濉溪县	6		16	94	141	755	23	732
铜陵市	**3**		**58**	**192**	**189**	**994**	**50**	**944**
铜官区	2		36	65	75	434	20	414
义安区			10	29	32	212	12	200
郊区			4	25	28	92	4	88
枞阳县	1		8	73	54	256	14	242
安庆市	**36**	**32**	**202**	**648**	**1139**	**7160**	**349**	**6811**
迎江区	4	2	25	52	60	360	29	331
大观区	4		5	26	74	458	10	448
宜秀区	6	1	5	50	44	304	12	292
怀宁县	1	3	9	49	142	2384	21	2363
太湖县		1	17	74	100	363	46	317
宿松县	6	2	45	82	216	549	57	492
望江县	5		26	59	121	974	41	933
岳西县			24	72	89	337	34	303
安徽安庆经济开发区	1	21	11	25	37	208	20	188
桐城市	6		30	102	139	688	34	654
潜山市	3	2	5	57	117	535	45	490
黄山市	**21**		**42**	**186**	**303**	**2162**	**476**	**1686**
屯溪区	17		14	22	82	555	112	443
黄山区	1		2	13	16	389	179	210
徽州区	1		5	13	21	104	19	85
歙县	1		10	60	85	514	57	457
休宁县			9	43	66	315	34	281
黟县				7	17	179	68	111
祁门县	1		2	28	16	106	7	99
滁州市	**24**		**135**	**694**	**1136**	**5128**	**259**	**4869**
琅琊区	3		10	29	60	309	22	287
南谯区	2		25	75	64	396	28	368
来安县	3		11	79	80	626	42	584
全椒县	6		14	84	163	669	33	636
定远县	3		8	175	225	960	38	922
凤阳县			49	97	308	753	31	722
苏滁现代产业园					3	14		14
滁州经济技术开发区			11	19	20	135	9	126
天长市	2		1	66	122	642	34	608
明光市	5		6	70	91	624	22	602

4-4 续表 68

单位：人

地区 性别	交通运输、仓储和邮政业					住宿和餐饮业		
	航空运输业	管道运输业	多式联运和运输代理业	装卸搬运和仓储业	邮政业	小计	住宿业	餐饮业
阜阳市	**37**	**9**	**273**	**1720**	**2189**	**11182**	**402**	**10780**
颍州区	17	1	30	77	152	992	49	943
颍东区			21	104	170	738	36	702
颍泉区	1	2	13	68	146	803	21	782
临泉县	4	1	63	347	448	2088	78	2010
太和县	6		56	286	359	2354	49	2305
阜南县	2	1	30	182	269	1403	56	1347
颍上县	6	4	50	418	499	1940	82	1858
阜阳合肥现代产业园区				6	9	47	2	45
阜阳经济技术开发区			1	19	31	163	15	148
界首市	1		9	213	106	654	14	640
宿州市	**26**		**79**	**590**	**1048**	**4840**	**236**	**4604**
埇桥区	8		19	216	386	1960	108	1852
砀山县	3		5	78	177	596	35	561
萧县	8		4	91	141	974	36	938
灵璧县	4		20	120	178	677	25	652
泗县	2		26	73	131	521	23	498
宿州马鞍山现代产业园区				2	7	44	6	38
宿州经济技术开发区	1		5	10	28	68	3	65
六安市	**19**		**141**	**615**	**971**	**4521**	**303**	**4218**
金安区	4		33	81	168	819	60	759
裕安区	5		32	135	188	921	51	870
叶集区			6	28	28	154	6	148
霍邱县	5		26	151	164	787	31	756
舒城县	3		11	117	169	851	47	804
金寨县	2		17	66	156	567	64	503
霍山县			16	37	98	422	44	378
亳州市	**9**	**1**	**65**	**746**	**831**	**4800**	**216**	**4584**
谯城区	2		8	231	247	1503	60	1443
涡阳县	2	1	23	196	221	1138	32	1106
蒙城县	3		26	177	162	884	62	822
利辛县	2		8	142	201	1275	62	1213
池州市	**17**		**19**	**164**	**267**	**1575**	**239**	**1336**
贵池区	10		4	73	100	533	55	478
东至县	1		11	62	106	607	41	566
石台县				6	13	52	16	36
青阳县	3		3	21	46	255	53	202
池州市国家经济技术开发区			1	1	2	11	1	10
皖江江南新兴产业集中区	3					6		6
九华山风景区				1		111	73	38
宣城市	**18**	**3**	**65**	**234**	**442**	**2213**	**219**	**1994**
宣州区	6	2	15	53	112	554	44	510
郎溪县	2		5	27	46	251	19	232
泾县	2		14	29	71	286	55	231
绩溪县				15	17	119	15	104
旌德县	2		1	17	33	108	18	90
宣城市经济开发区	2	1	3	11	28	104	13	91
宁国市	2		9	31	58	390	32	358
广德市	2		18	51	77	401	23	378

4-4 续表 69　　　　单位：人

地区 性别	交通运输、仓储和邮政业					住宿和餐饮业		
	航空运输业	管道运输业	多式联运和运输代理业	装卸搬运和仓储业	邮政业	小计	住宿业	餐饮业
女	**351**	**18**	**413**	**2046**	**5921**	**77771**	**7597**	**70174**
合肥市	**176**	**3**	**127**	**330**	**1397**	**12769**	**1546**	**11223**
瑶海区	11		12	58	96	1171	206	965
庐阳区	24	1	6	19	75	954	127	827
蜀山区	23		23	5	310	1392	197	1195
包河区	62	1	25	36	119	1861	234	1627
长丰县	4			17	76	1019	85	934
肥东县	8		8	70	267	1444	96	1348
肥西县	5		15	30	161	1244	155	1089
庐江县		1	2	26	72	1187	116	1071
合肥高新技术产业开发区	5		6	8	48	354	39	315
合肥经济技术开发区	26		14	16	65	721	90	631
合肥新站高新技术产业开发区	7		15	20	69	532	74	458
巢湖市	1		1	25	39	890	127	763
芜湖市	**23**		**23**	**76**	**466**	**5333**	**596**	**4737**
镜湖区	5		10	7	43	682	154	528
弋江区	3			9	33	467	80	387
鸠江区	1		5	13	101	771	72	699
三山区	1		3	2	12	180	17	163
芜湖县	5			7	66	467	47	420
繁昌县	2			2	25	314	33	281
南陵县	3			5	45	620	62	558
芜湖经济技术开发区				8	64	218	30	188
安徽芜湖长江大桥经济开发区					5	8		8
无为市	3		5	23	72	1606	101	1505
蚌埠市	**6**		**13**	**76**	**295**	**2970**	**260**	**2710**
龙子湖区			1	4	21	352	49	303
蚌山区	1			7	9	236	26	210
禹会区	2			7	44	392	38	354
淮上区	1		1	10	59	324	24	300
怀远县	1		1	16	46	586	27	559
五河县			4	8	41	413	32	381
固镇县			2	14	44	351	24	327
蚌埠市高新技术开发区			1	5	8	56	6	50
蚌埠市经济开发区	1		3	5	23	260	34	226
淮南市	**13**		**24**	**68**	**233**	**3666**	**287**	**3379**
大通区	1		1	4	18	181	18	163
田家庵区	3		3	13	41	885	82	803
谢家集区			4	7	13	319	20	299
八公山区	2				4	152	10	142
潘集区	1			8	15	249	15	234
凤台县	1		2	13	28	641	31	610
寿县	5		14	23	114	1239	111	1128

4-4　续表 70　　　　　　　　　　　　　　　　　　　　　　　　　　　　　　　　　　单位：人

地　区 性　别	交通运输、仓储和邮政业					住宿和餐饮业		
	航　空 运输业	管　道 运输业	多式联运 和运输 代理业	装卸搬运 和仓储业	邮政业	小计	住宿业	餐饮业
马鞍山市	**10**	**1**	**18**	**74**	**240**	**3342**	**258**	**3084**
花山区	4		5	14	51	544	65	479
雨山区	1		4	14	32	428	56	372
博望区	1		2	4	48	153	9	144
当涂县	3	1	4	10	56	443	38	405
含山县	1		1	18	32	822	42	780
和县			2	14	21	952	48	904
淮北市	**5**		**5**	**42**	**140**	**1766**	**139**	**1627**
杜集区	2		2		20	251	21	230
相山区	2		1	15	49	594	69	525
烈山区	1		1	9	15	214	14	200
濉溪县			1	18	56	707	35	672
铜陵市			**8**	**43**	**72**	**1311**	**126**	**1185**
铜官区			6	6	31	518	53	465
义安区			1	2	11	331	42	289
郊区				7	8	141	11	130
枞阳县			1	28	22	321	20	301
安庆市	**21**	**9**	**28**	**119**	**489**	**7679**	**604**	**7075**
迎江区	2		2	3	24	398	35	363
大观区	3		1	1	23	460	24	436
宜秀区	4	1	2	16	29	332	30	302
怀宁县	1		4	17	49	2103	53	2050
太湖县	1	2	1	11	45	529	79	450
宿松县	3		4	8	65	625	86	539
望江县			5	9	64	1048	59	989
岳西县	1		4	10	34	397	46	351
安徽安庆经济开发区		6	2	4	27	220	33	187
桐城市	4		2	20	73	794	66	728
潜山市	2		1	20	56	773	93	680
黄山市	**17**		**9**	**23**	**116**	**2773**	**768**	**2005**
屯溪区	14		3	2	47	711	188	523
黄山区	1		1	1	7	503	247	256
徽州区	1		1	1	6	150	31	119
歙县	1		3	11	25	573	91	482
休宁县				3	11	396	65	331
黟县			1	1	7	275	127	148
祁门县				4	13	165	19	146
滁州市	**11**	**1**	**32**	**161**	**412**	**5848**	**453**	**5395**
琅琊区	2		2	7	21	337	46	291
南谯区	1		11	20	20	465	65	400
来安县	1			16	46	742	68	674
全椒县	2	1	2	19	47	790	46	744
定远县			2	48	71	1049	61	988
凤阳县	3		9	28	129	890	41	849
苏滁现代产业园					2	14	1	13
滁州经济技术开发区			1	4	12	146	21	125
天长市	2		1	8	34	713	55	658
明光市			4	11	30	702	49	653

4－4 续表 71

单位：人

地区 性别	交通运输、仓储和邮政业					住宿和餐饮业		
	航空运输业	管道运输业	多式联运和运输代理业	装卸搬运和仓储业	邮政业	小计	住宿业	餐饮业
阜阳市	**25**	**1**	**59**	**497**	**748**	**10258**	**552**	**9706**
颍州区	5		5	20	68	994	73	921
颍东区	1		4	34	67	719	48	671
颍泉区			3	26	58	719	34	685
临泉县	2	1	15	131	137	1855	101	1754
太和县	3		12	79	115	2019	75	1944
阜南县	3		6	54	120	1311	67	1244
颍上县	9		13	123	154	1833	112	1721
阜阳合肥现代产业园区				1	4	62	2	60
阜阳经济技术开发区	2			6	2	161	16	145
界首市			1	23	23	585	24	561
宿州市	**7**		**17**	**145**	**375**	**4676**	**333**	**4343**
埇桥区	5		5	51	112	1809	131	1678
砀山县			1	13	68	539	55	484
萧县	1		3	33	67	901	52	849
灵璧县			3	27	72	766	48	718
泗县	1		3	19	45	533	32	501
宿州马鞍山现代产业园区					2	42	8	34
宿州经济技术开发区			2	2	9	86	7	79
六安市	**10**		**16**	**126**	**361**	**5946**	**602**	**5344**
金安区	4		2	18	72	1046	119	927
裕安区	1		5	24	70	1076	104	972
叶集区			1	11	9	208	11	197
霍邱县	3		1	29	60	943	61	882
舒城县	1		2	21	57	1117	90	1027
金寨县	1		1	18	59	959	137	822
霍山县			4	5	34	597	80	517
亳州市	**7**	**2**	**21**	**211**	**314**	**4249**	**285**	**3964**
谯城区	2		2	44	92	1290	95	1195
涡阳县			7	74	100	1038	50	988
蒙城县	3	2	9	64	67	851	62	789
利辛县	2		3	29	55	1070	78	992
池州市	**11**		**6**	**28**	**114**	**2091**	**342**	**1749**
贵池区	7		1	8	41	764	84	680
东至县	2		3	16	37	656	49	607
石台县				1	12	123	26	97
青阳县	1		1	2	21	403	94	309
池州市国家经济技术开发区			1	1	3	9	1	8
皖江江南新兴产业集中区	1					9		9
九华山风景区						127	88	39
宣城市	**9**	**1**	**7**	**27**	**149**	**3094**	**446**	**2648**
宣州区	4	1	3	4	50	701	100	601
郎溪县	1			6	18	389	42	347
泾县			2	4	18	329	63	266
绩溪县	2			3	13	192	52	140
旌德县				3	9	122	28	94
宣城市经济开发区					6	128	29	99
宁国市				1	15	562	68	494
广德市	2		2	6	20	671	64	607

4-4　续表 72　　　　单位：人

地　区 性　别	信息传输、软件和信息技术服务业				金融业				
	小计	电信、广播电视和卫星传输服务	互联网和相关服务	软件和信息技术服务业	小计	货币金融服　务	资本市场服　务	保险业	其　他金融业
安　徽	**39041**	**10216**	**11797**	**17028**	**34480**	**16374**	**2130**	**12576**	**3400**
合肥市	**15178**	**2368**	**3870**	**8940**	**10866**	**4647**	**980**	**3573**	**1666**
瑶海区	1185	188	362	635	911	310	89	372	140
庐阳区	1359	267	384	708	1378	562	147	537	132
蜀山区	3693	555	736	2402	2038	849	267	593	329
包河区	2510	347	713	1450	3064	1520	219	738	587
长丰县	618	140	274	204	354	135	28	148	43
肥东县	637	125	229	283	462	182	30	216	34
肥西县	1176	230	270	676	608	280	26	239	63
庐江县	372	85	111	176	448	210	22	190	26
合肥高新技术产业开发区	1733	102	271	1360	313	92	45	69	107
合肥经济技术开发区	1127	109	327	691	686	230	69	237	150
合肥新站高新技术产业开发区	436	54	116	266	233	68	20	103	42
巢湖市	332	166	77	89	371	209	18	131	13
芜湖市	**2619**	**654**	**826**	**1139**	**2159**	**1110**	**139**	**726**	**184**
镜湖区	577	180	191	206	607	358	37	189	23
弋江区	380	92	97	191	303	156	20	104	23
鸠江区	325	78	88	159	270	121	21	80	48
三山区	81	9	27	45	43	13	3	22	5
芜湖县	186	70	61	55	141	71	7	58	5
繁昌县	145	43	50	52	152	102	5	36	9
南陵县	208	63	55	90	183	91	6	74	12
芜湖经济技术开发区	94	15	33	46	63	28	6	23	6
安徽芜湖长江大桥经济开发区	9	1	3	5	5	4		1	
无为市	614	103	221	290	392	166	34	139	53
蚌埠市	**1243**	**506**	**371**	**366**	**1442**	**740**	**115**	**512**	**75**
龙子湖区	120	54	32	34	120	45	21	46	8
蚌山区	103	45	21	37	123	68	5	41	9
禹会区	168	65	54	49	147	56	7	70	14
淮上区	107	35	47	25	87	39	8	34	6
怀远县	159	81	33	45	215	107	5	94	9
五河县	149	44	48	57	128	76	8	41	3
固镇县	115	65	28	22	114	69	1	43	1
蚌埠市高新技术开发区	67	16	34	17	69	18	9	34	8
蚌埠市经济开发区	255	101	74	80	439	262	51	109	17
淮南市	**1355**	**468**	**507**	**380**	**1399**	**734**	**80**	**504**	**81**
大通区	76	21	29	26	65	26	2	35	2
田家庵区	513	222	150	141	706	400	47	223	36
谢家集区	79	25	31	23	58	28	2	25	3
八公山区	46	25	7	14	54	20	2	26	6
潘集区	29	16	5	8	32	11	1	18	2
凤台县	112	47	50	15	172	101	5	62	4
寿县	500	112	235	153	312	148	21	115	28

4-4 续表 73 单位：人

地 区 性 别	信息传输、软件和信息技术服务业				金融业				
	小计	电信、广播电视和卫星传输服务	互联网和相关服务	软件和信息技术服务业	小计	货币金融服务	资本市场服务	保险业	其他金融业
马鞍山市	**1175**	**351**	**327**	**497**	**1208**	**648**	**70**	**398**	**92**
花山区	391	105	105	181	388	193	28	139	28
雨山区	279	97	46	136	309	176	23	90	20
博望区	41	12	12	17	33	7	4	15	7
当涂县	181	55	58	68	183	107	2	57	17
含山县	167	41	59	67	157	77	10	62	8
和县	116	41	47	28	138	88	3	35	12
淮北市	**720**	**336**	**184**	**200**	**896**	**449**	**44**	**367**	**36**
杜集区	88	31	30	27	66	27	7	25	7
相山区	351	197	80	74	597	319	29	230	19
烈山区	58	14	23	21	36	11	1	16	8
濉溪县	223	94	51	78	197	92	7	96	2
铜陵市	**649**	**236**	**199**	**214**	**775**	**469**	**42**	**221**	**43**
铜官区	356	141	105	110	504	310	31	139	24
义安区	82	32	31	19	95	58	5	27	5
郊区	49	16	10	23	49	25	3	15	6
枞阳县	162	47	53	62	127	76	3	40	8
安庆市	**3638**	**720**	**1278**	**1640**	**2815**	**1182**	**181**	**1077**	**375**
迎江区	246	101	89	56	376	186	11	141	38
大观区	189	86	52	51	246	134	13	78	21
宜秀区	147	29	63	55	100	27	1	49	23
怀宁县	380	46	168	166	277	82	10	142	43
太湖县	395	71	140	184	266	102	34	83	47
宿松县	661	78	238	345	322	158	27	99	38
望江县	443	84	157	202	275	108	18	111	38
岳西县	206	37	78	91	162	72	13	66	11
安徽安庆经济开发区	119	42	31	46	137	41	8	68	20
桐城市	452	74	157	221	379	141	26	156	56
潜山市	400	72	105	223	275	131	20	84	40
黄山市	**779**	**342**	**248**	**189**	**1012**	**561**	**47**	**314**	**90**
屯溪区	290	148	82	60	432	182	27	159	64
黄山区	73	37	18	18	68	38	1	24	5
徽州区	33	15	6	12	43	27	4	11	1
歙县	217	53	98	66	219	137	11	55	16
休宁县	90	41	29	20	119	77	3	36	3
黟县	33	18	8	7	42	30		12	
祁门县	43	30	7	6	89	70	1	17	1
滁州市	**1969**	**678**	**609**	**682**	**1758**	**901**	**76**	**660**	**121**
琅琊区	215	90	60	65	256	125	17	93	21
南谯区	252	86	55	111	250	120	12	97	21
来安县	210	74	63	73	128	60	4	54	10
全椒县	267	65	100	102	213	118	7	78	10
定远县	338	83	127	128	217	116	12	74	15
凤阳县	192	86	67	39	173	63	4	94	12
苏滁现代产业园	6		5	1	3			2	1
滁州经济技术开发区	99	29	38	32	96	50	4	32	10
天长市	219	92	42	85	263	149	10	88	16
明光市	171	73	52	46	159	100	6	48	5

4-4 续表 74

单位：人

地区 性别	信息传输、软件和信息技术服务业				金融业				
	小计	电信、广播电视和卫星传输服务	互联网和相关服务	软件和信息技术服务业	小计	货币金融服务	资本市场服务	保险业	其他金融业
阜阳市	**2570**	**928**	**960**	**682**	**2602**	**1197**	**74**	**1159**	**172**
颍州区	410	219	119	72	673	364	19	251	39
颍东区	189	61	66	62	185	67	3	106	9
颍泉区	265	81	118	66	215	77	3	119	16
临泉县	421	138	156	127	374	154	16	180	24
太和县	384	87	170	127	303	127	4	153	19
阜南县	333	104	143	86	258	118	7	110	23
颍上县	339	121	120	98	315	149	13	125	28
阜阳合肥现代产业园区	3	2		1	2			1	1
阜阳经济技术开发区	63	33	16	14	87	29	4	48	6
界首市	163	82	52	29	190	112	5	66	7
宿州市	**1968**	**722**	**685**	**561**	**1698**	**776**	**51**	**793**	**78**
埇桥区	968	355	380	233	840	367	34	411	28
砀山县	202	81	49	72	184	111	1	67	5
萧县	284	93	85	106	243	127	3	100	13
灵璧县	249	93	86	70	224	88	8	109	19
泗县	229	93	66	70	162	73	4	73	12
宿州马鞍山现代产业园区	3			3	8	3		5	
宿州经济技术开发区	33	7	19	7	37	7	1	28	1
六安市	**2176**	**664**	**763**	**749**	**2147**	**976**	**105**	**894**	**172**
金安区	440	147	160	133	514	216	24	248	26
裕安区	501	180	154	167	551	205	25	256	65
叶集区	45	23	16	6	51	27	1	21	2
霍邱县	243	88	89	66	216	113	5	87	11
舒城县	466	116	170	180	359	169	25	127	38
金寨县	268	55	100	113	262	148	13	84	17
霍山县	213	55	74	84	194	98	12	71	13
亳州市	**1174**	**505**	**372**	**297**	**1423**	**696**	**40**	**595**	**92**
谯城区	505	233	141	131	550	269	11	219	51
涡阳县	203	71	77	55	283	125	8	127	23
蒙城县	246	101	82	63	330	165	17	139	9
利辛县	220	100	72	48	260	137	4	110	9
池州市	**835**	**311**	**251**	**273**	**878**	**526**	**33**	**280**	**39**
贵池区	374	187	93	94	498	309	16	155	18
东至县	345	61	126	158	206	105	12	71	18
石台县	29	18	9	2	49	37	1	10	1
青阳县	74	44	19	11	114	69	2	43	
池州市国家经济技术开发区	9		2	7	5	3	1		1
皖江江南新兴产业集中区	1			1	1	1			
九华山风景区	3	1	2		5	2	1	1	1
宣城市	**993**	**427**	**347**	**219**	**1402**	**762**	**53**	**503**	**84**
宣州区	273	124	83	66	456	247	19	166	24
郎溪县	103	35	36	32	115	62	6	39	8
泾县	126	47	62	17	116	66	2	40	8
绩溪县	68	37	20	11	73	50	2	19	2
旌德县	49	33	11	5	78	53	2	19	4
宣城市经济开发区	79	41	15	23	106	41	6	57	2
宁国市	134	48	54	32	243	137	12	76	18
广德市	161	62	66	33	215	106	4	87	18

4-4 续表 75　　　　单位：人

地　区 性　别	信息传输、软件和信息技术服务业				金融业				
	小计	电信、广播电视和卫星传输服务	互联网和相关服务	软件和信息技术服务业	小计	货币金融服　务	资本市场服　务	保险业	其　他金融业
男	**25352**	**6062**	**7404**	**11886**	**17497**	**8704**	**1325**	**5599**	**1869**
合肥市	**9786**	**1391**	**2342**	**6053**	**5531**	**2370**	**612**	**1660**	**889**
瑶海区	776	112	231	433	455	168	59	160	68
庐阳区	845	126	230	489	733	312	93	243	85
蜀山区	2267	324	419	1524	1027	420	164	263	180
包河区	1584	199	395	990	1498	710	131	347	310
长丰县	444	70	214	160	197	78	18	81	20
肥东县	435	83	137	215	245	102	18	106	19
肥西县	817	148	183	486	309	145	18	114	32
庐江县	250	52	64	134	249	111	18	107	13
合肥高新技术产业开发区	1120	54	161	905	138	37	22	36	43
合肥经济技术开发区	720	75	181	464	355	126	45	98	86
合肥新站高新技术产业开发区	304	32	81	191	134	42	13	53	26
巢湖市	224	116	46	62	191	119	13	52	7
芜湖市	**1696**	**385**	**520**	**791**	**1048**	**538**	**77**	**314**	**119**
镜湖区	345	105	109	131	287	171	20	81	15
弋江区	232	55	57	120	134	69	7	40	18
鸠江区	215	47	56	112	129	61	11	33	24
三山区	56	5	16	35	25	8		13	4
芜湖县	129	44	42	43	63	34	6	19	4
繁昌县	89	20	32	37	85	59	5	13	8
南陵县	136	37	35	64	87	41	5	32	9
芜湖经济技术开发区	56	7	19	30	28	9	4	11	4
安徽芜湖长江大桥经济开发区	6		2	4	1	1			
无为市	432	65	152	215	209	85	19	72	33
蚌埠市	**833**	**318**	**253**	**262**	**748**	**396**	**68**	**238**	**46**
龙子湖区	90	39	23	28	65	27	11	22	5
蚌山区	64	31	13	20	63	35	3	19	6
禹会区	105	39	33	33	75	26	4	36	9
淮上区	67	25	26	16	46	22	6	14	4
怀远县	109	52	22	35	96	59	2	30	5
五河县	112	30	38	44	91	57	8	23	3
固镇县	76	37	22	17	63	41		22	
蚌埠市高新技术开发区	44	8	27	9	40	10	8	17	5
蚌埠市经济开发区	166	57	49	60	209	119	26	55	9
淮南市	**902**	**275**	**368**	**259**	**683**	**379**	**48**	**214**	**42**
大通区	48	15	15	18	27	10	2	14	1
田家庵区	332	125	116	91	310	182	23	86	19
谢家集区	53	13	23	17	32	20	2	9	1
八公山区	30	14	6	10	27	11	1	11	4
潘集区	20	9	4	7	18	8	1	8	1
凤台县	75	30	34	11	89	60	4	24	1
寿县	344	69	170	105	180	88	15	62	15

4-4　续表 76　　　　单位：人

地　区 性　别	信息传输、软件和信息技术服务业 小计	电信、广播电视和卫星传输服务	互联网和相关服务	软件和信息技术服务业	金融业 小计	货币金融服　务	资本市场服　务	保险业	其　他金融业
马鞍山市	**771**	**198**	**213**	**360**	**586**	**322**	**44**	**166**	**54**
花山区	243	43	72	128	173	86	15	58	14
雨山区	179	62	29	88	143	75	16	39	13
博望区	27	6	7	14	15	3	4	3	5
当涂县	122	34	31	57	101	66		24	11
含山县	122	26	42	54	84	44	7	27	6
和县	78	27	32	19	70	48	2	15	5
淮北市	**441**	**170**	**125**	**146**	**441**	**247**	**27**	**150**	**17**
杜集区	59	16	20	23	34	16	4	10	4
相山区	197	97	50	50	276	163	16	90	7
烈山区	39	6	17	16	19	7	1	7	4
濉溪县	146	51	38	57	112	61	6	43	2
铜陵市	**425**	**135**	**137**	**153**	**368**	**230**	**25**	**83**	**30**
铜官区	219	81	67	71	240	151	19	55	15
义安区	56	18	23	15	47	31	2	9	5
郊区	28	5	8	15	17	7	2	4	4
枞阳县	122	31	39	52	64	41	2	15	6
安庆市	**2378**	**424**	**767**	**1187**	**1425**	**626**	**105**	**495**	**199**
迎江区	150	54	50	46	178	96	5	58	19
大观区	110	46	27	37	127	73	9	33	12
宜秀区	99	19	41	39	52	14	1	24	13
怀宁县	247	28	104	115	132	36	5	69	22
太湖县	268	49	85	134	153	59	18	46	30
宿松县	449	46	147	256	176	94	18	47	17
望江县	261	46	80	135	142	55	12	53	22
岳西县	142	22	51	69	89	35	4	40	10
安徽安庆经济开发区	71	21	17	33	60	25	5	22	8
桐城市	309	46	96	167	170	67	20	58	25
潜山市	272	47	69	156	146	72	8	45	21
黄山市	**454**	**188**	**144**	**122**	**498**	**297**	**28**	**126**	**47**
屯溪区	178	85	53	40	209	92	15	71	31
黄山区	37	18	10	9	33	19		10	4
徽州区	21	7	4	10	17	11	3	2	1
歙县	116	26	50	40	113	76	7	21	9
休宁县	54	22	18	14	64	46	2	14	2
黟县	18	10	3	5	17	13		4	
祁门县	30	20	6	4	45	40	1	4	
滁州市	**1297**	**417**	**370**	**510**	**935**	**514**	**57**	**304**	**60**
琅琊区	142	58	37	47	129	67	12	38	12
南谯区	162	51	32	79	141	74	10	48	9
来安县	141	43	39	59	69	36	4	23	6
全椒县	177	41	55	81	114	66	6	38	4
定远县	209	49	69	91	129	65	10	44	10
凤阳县	119	49	42	28	81	39	2	35	5
苏滁现代产业园	3		2	1	2			2	
滁州经济技术开发区	63	14	26	23	50	31	2	13	4
天长市	154	57	31	66	139	85	6	39	9
明光市	127	55	37	35	81	51	5	24	1

4−4 续表 77

单位：人

地区 性别	信息传输、软件和信息技术服务业				金融业				
	小计	电信、广播电视和卫星传输服务	互联网和相关服务	软件和信息技术服务业	小计	货币金融服务	资本市场服务	保险业	其他金融业
阜阳市	**1670**	**561**	**602**	**507**	**1359**	**686**	**44**	**529**	**100**
颍州区	261	130	79	52	350	198	9	123	20
颍东区	129	39	47	43	90	43	1	37	9
颍泉区	174	49	70	55	98	39	2	49	8
临泉县	256	82	93	81	206	91	13	90	12
太和县	259	50	113	96	162	77	2	72	11
阜南县	210	59	82	69	134	73	4	46	11
颍上县	222	75	72	75	180	86	7	65	22
阜阳合肥现代产业园区	1	1			2			1	1
阜阳经济技术开发区	44	23	11	10	43	15	3	22	3
界首市	114	53	35	26	94	64	3	24	3
宿州市	**1285**	**425**	**469**	**391**	**863**	**442**	**35**	**344**	**42**
埇桥区	628	202	268	158	429	202	23	188	16
砀山县	132	48	36	48	96	60	1	32	3
萧县	192	51	63	78	111	69	2	37	3
灵璧县	162	59	50	53	121	61	8	39	13
泗县	148	60	39	49	92	46		39	7
宿州马鞍山现代产业园区	1			1	1			1	
宿州经济技术开发区	22	5	13	4	13	4	1	8	
六安市	**1449**	**410**	**477**	**562**	**1162**	**569**	**72**	**425**	**96**
金安区	295	97	101	97	263	124	16	109	14
裕安区	332	104	96	132	303	128	19	122	34
叶集区	31	16	9	6	24	11	1	10	2
霍邱县	174	59	65	50	124	71	5	43	5
舒城县	311	73	104	134	183	91	14	59	19
金寨县	175	33	56	86	160	90	10	48	12
霍山县	131	28	46	57	105	54	7	34	10
亳州市	**808**	**320**	**256**	**232**	**756**	**412**	**27**	**263**	**54**
谯城区	341	147	97	97	297	149	7	112	29
涡阳县	146	45	59	42	164	84	6	59	15
蒙城县	166	62	49	55	174	106	13	50	5
利辛县	155	66	51	38	121	73	1	42	5
池州市	**533**	**190**	**153**	**190**	**435**	**271**	**21**	**115**	**28**
贵池区	231	111	55	65	237	160	10	56	11
东至县	233	41	79	113	106	54	6	32	14
石台县	14	8	5	1	29	22	1	5	1
青阳县	47	30	11	6	54	31	2	21	
池州市国家经济技术开发区	5		1	4	5	3	1		1
皖江江南新兴产业集中区	1			1					
九华山风景区	2		2		4	1	1	1	1
宣城市	**624**	**255**	**208**	**161**	**659**	**405**	**35**	**173**	**46**
宣州区	169	73	46	50	223	136	9	62	16
郎溪县	69	22	21	26	52	30	6	13	3
泾县	83	27	45	11	57	42	1	10	4
绩溪县	47	24	14	9	31	25	1	4	1
旌德县	31	21	6	4	33	27	2	2	2
宣城市经济开发区	49	25	8	16	50	22	4	23	1
宁国市	84	30	33	21	114	69	9	26	10
广德市	92	33	35	24	99	54	3	33	9

4-4 续表 78

单位：人

地 区 性 别	信息传输、软件和信息技术服务业				金融业				
	小计	电信、广播电视和卫星传输服务	互联网和相关服务	软件和信息技术服务业	小计	货币金融服务	资本市场服务	保险业	其他金融业
女	**13689**	**4154**	**4393**	**5142**	**16983**	**7670**	**805**	**6977**	**1531**
合肥市	**5392**	**977**	**1528**	**2887**	**5335**	**2277**	**368**	**1913**	**777**
瑶海区	409	76	131	202	456	142	30	212	72
庐阳区	514	141	154	219	645	250	54	294	47
蜀山区	1426	231	317	878	1011	429	103	330	149
包河区	926	148	318	460	1566	810	88	391	277
长丰县	174	70	60	44	157	57	10	67	23
肥东县	202	42	92	68	217	80	12	110	15
肥西县	359	82	87	190	299	135	8	125	31
庐江县	122	33	47	42	199	99	4	83	13
合肥高新技术产业开发区	613	48	110	455	175	55	23	33	64
合肥经济技术开发区	407	34	146	227	331	104	24	139	64
合肥新站高新技术产业开发区	132	22	35	75	99	26	7	50	16
巢湖市	108	50	31	27	180	90	5	79	6
芜湖市	**923**	**269**	**306**	**348**	**1111**	**572**	**62**	**412**	**65**
镜湖区	232	75	82	75	320	187	17	108	8
弋江区	148	37	40	71	169	87	13	64	5
鸠江区	110	31	32	47	141	60	10	47	24
三山区	25	4	11	10	18	5	3	9	1
芜湖县	57	26	19	12	78	37	1	39	1
繁昌县	56	23	18	15	67	43		23	1
南陵县	72	26	20	26	96	50	1	42	3
芜湖经济技术开发区	38	8	14	16	35	19	2	12	2
安徽芜湖长江大桥经济开发区	3	1	1	1	4	3		1	
无为市	182	38	69	75	183	81	15	67	20
蚌埠市	**410**	**188**	**118**	**104**	**694**	**344**	**47**	**274**	**29**
龙子湖区	30	15	9	6	55	18	10	24	3
蚌山区	39	14	8	17	60	33	2	22	3
禹会区	63	26	21	16	72	30	3	34	5
淮上区	40	10	21	9	41	17	2	20	2
怀远县	50	29	11	10	119	48	3	64	4
五河县	37	14	10	13	37	19		18	
固镇县	39	28	6	5	51	28	1	21	1
蚌埠市高新技术开发区	23	8	7	8	29	8	1	17	3
蚌埠市经济开发区	89	44	25	20	230	143	25	54	8
淮南市	**453**	**193**	**139**	**121**	**716**	**355**	**32**	**290**	**39**
大通区	28	6	14	8	38	16		21	1
田家庵区	181	97	34	50	396	218	24	137	17
谢家集区	26	12	8	6	26	8		16	2
八公山区	16	11	1	4	27	9	1	15	2
潘集区	9	7	1	1	14	3		10	1
凤台县	37	17	16	4	83	41	1	38	3
寿县	156	43	65	48	132	60	6	53	13

4-4 续表 79　　　　　　　　　　　　　　　　　　　　　　　单位：人

地区 性别	信息传输、软件和信息技术服务业				金融业				
	小计	电信、广播电视和卫星传输服务	互联网和相关服务	软件和信息技术服务业	小计	货币金融服务	资本市场服务	保险业	其他金融业
马鞍山市	**404**	**153**	**114**	**137**	**622**	**326**	**26**	**232**	**38**
花山区	148	62	33	53	215	107	13	81	14
雨山区	100	35	17	48	166	101	7	51	7
博望区	14	6	5	3	18	4		12	2
当涂县	59	21	27	11	82	41	2	33	6
含山县	45	15	17	13	73	33	3	35	2
和县	38	14	15	9	68	40	1	20	7
淮北市	**279**	**166**	**59**	**54**	**455**	**202**	**17**	**217**	**19**
杜集区	29	15	10	4	32	11	3	15	3
相山区	154	100	30	24	321	156	13	140	12
烈山区	19	8	6	5	17	4		9	4
濉溪县	77	43	13	21	85	31	1	53	
铜陵市	**224**	**101**	**62**	**61**	**407**	**239**	**17**	**138**	**13**
铜官区	137	60	38	39	264	159	12	84	9
义安区	26	14	8	4	48	27	3	18	
郊区	21	11	2	8	32	18	1	11	2
枞阳县	40	16	14	10	63	35	1	25	2
安庆市	**1260**	**296**	**511**	**453**	**1390**	**556**	**76**	**582**	**176**
迎江区	96	47	39	10	198	90	6	83	19
大观区	79	40	25	14	119	61	4	45	9
宜秀区	48	10	22	16	48	13		25	10
怀宁县	133	18	64	51	145	46	5	73	21
太湖县	127	22	55	50	113	43	16	37	17
宿松县	212	32	91	89	146	64	9	52	21
望江县	182	38	77	67	133	53	6	58	16
岳西县	64	15	27	22	73	37	9	26	1
安徽安庆经济开发区	48	21	14	13	77	16	3	46	12
桐城市	143	28	61	54	209	74	6	98	31
潜山市	128	25	36	67	129	59	12	39	19
黄山市	**325**	**154**	**104**	**67**	**514**	**264**	**19**	**188**	**43**
屯溪区	112	63	29	20	223	90	12	88	33
黄山区	36	19	8	9	35	19	1	14	1
徽州区	12	8	2	2	26	16	1	9	
歙县	101	27	48	26	106	61	4	34	7
休宁县	36	19	11	6	55	31	1	22	1
黟县	15	8	5	2	25	17		8	
祁门县	13	10	1	2	44	30		13	1
滁州市	**672**	**261**	**239**	**172**	**823**	**387**	**19**	**356**	**61**
琅琊区	73	32	23	18	127	58	5	55	9
南谯区	90	35	23	32	109	46	2	49	12
来安县	69	31	24	14	59	24		31	4
全椒县	90	24	45	21	99	52	1	40	6
定远县	129	34	58	37	88	51	2	30	5
凤阳县	73	37	25	11	92	24	2	59	7
苏滁现代产业园	3		3		1				1
滁州经济技术开发区	36	15	12	9	46	19	2	19	6
天长市	65	35	11	19	124	64	4	49	7
明光市	44	18	15	11	78	49	1	24	4

4-4 续表 80

单位：人

地区 性别	信息传输、软件和信息技术服务业				金融业				
	小计	电信、广播电视和卫星传输服务	互联网和相关服务	软件和信息技术服务业	小计	货币金融服务	资本市场服务	保险业	其他金融业
阜阳市	**900**	**367**	**358**	**175**	**1243**	**511**	**30**	**630**	**72**
颍州区	149	89	40	20	323	166	10	128	19
颍东区	60	22	19	19	95	24	2	69	
颍泉区	91	32	48	11	117	38	1	70	8
临泉县	165	56	63	46	168	63	3	90	12
太和县	125	37	57	31	141	50	2	81	8
阜南县	123	45	61	17	124	45	3	64	12
颍上县	117	46	48	23	135	63	6	60	6
阜阳合肥现代产业园区	2	1		1					
阜阳经济技术开发区	19	10	5	4	44	14	1	26	3
界首市	49	29	17	3	96	48	2	42	4
宿州市	**683**	**297**	**216**	**170**	**835**	**334**	**16**	**449**	**36**
埇桥区	340	153	112	75	411	165	11	223	12
砀山县	70	33	13	24	88	51		35	2
萧县	92	42	22	28	132	58	1	63	10
灵璧县	87	34	36	17	103	27		70	6
泗县	81	33	27	21	70	27	4	34	5
宿州马鞍山现代产业园区	2			2	7	3		4	
宿州经济技术开发区	11	2	6	3	24	3		20	1
六安市	**727**	**254**	**286**	**187**	**985**	**407**	**33**	**469**	**76**
金安区	145	50	59	36	251	92	8	139	12
裕安区	169	76	58	35	248	77	6	134	31
叶集区	14	7	7		27	16		11	
霍邱县	69	29	24	16	92	42		44	6
舒城县	155	43	66	46	176	78	11	68	19
金寨县	93	22	44	27	102	58	3	36	5
霍山县	82	27	28	27	89	44	5	37	3
亳州市	**366**	**185**	**116**	**65**	**667**	**284**	**13**	**332**	**38**
谯城区	164	86	44	34	253	120	4	107	22
涡阳县	57	26	18	13	119	41	2	68	8
蒙城县	80	39	33	8	156	59	4	89	4
利辛县	65	34	21	10	139	64	3	68	4
池州市	**302**	**121**	**98**	**83**	**443**	**255**	**12**	**165**	**11**
贵池区	143	76	38	29	261	149	6	99	7
东至县	112	20	47	45	100	51	6	39	4
石台县	15	10	4	1	20	15		5	
青阳县	27	14	8	5	60	38		22	
池州市国家经济技术开发区	4		1	3					
皖江江南新兴产业集中区					1	1			
九华山风景区	1	1			1	1			
宣城市	**369**	**172**	**139**	**58**	**743**	**357**	**18**	**330**	**38**
宣州区	104	51	37	16	233	111	10	104	8
郎溪县	34	13	15	6	63	32		26	5
泾县	43	20	17	6	59	24	1	30	4
绩溪县	21	13	6	2	42	25	1	15	1
旌德县	18	12	5	1	45	26		17	2
宣城市经济开发区	30	16	7	7	56	19	2	34	1
宁国市	50	18	21	11	129	68	3	50	8
广德市	69	29	31	9	116	52	1	54	9

4-4 续表 81

单位：人

地区 性别	房地产业		租赁和商务服务业			科学研究和技术服务业			
	小计	房地产业	小计	租赁业	商务服务业	小计	研究和试验发展	专业技术服务业	科技推广和应用服务业
安　徽	**52468**	**52468**	**64158**	**6264**	**57894**	**27734**	**4321**	**18187**	**5226**
合肥市	**15160**	**15160**	**19576**	**1615**	**17961**	**11651**	**2435**	**6746**	**2470**
瑶海区	1539	1539	2436	153	2283	913	131	583	199
庐阳区	1559	1559	2196	104	2092	1075	239	637	199
蜀山区	2062	2062	3173	107	3066	2550	822	1196	532
包河区	2750	2750	3917	210	3707	2705	436	1786	483
长丰县	992	992	1100	215	885	318	43	219	56
肥东县	1064	1064	1335	286	1049	473	56	328	89
肥西县	1409	1409	1271	157	1114	799	132	455	212
庐江县	789	789	605	94	511	249	18	199	32
合肥高新技术产业开发区	620	620	850	36	814	1041	317	406	318
合肥经济技术开发区	976	976	1268	75	1193	860	164	502	194
合肥新站高新技术产业开发区	788	788	879	79	800	402	55	231	116
巢湖市	612	612	546	99	447	266	22	204	40
芜湖市	**4313**	**4313**	**4632**	**365**	**4267**	**1701**	**290**	**1072**	**339**
镜湖区	799	799	859	42	817	311	39	213	59
弋江区	678	678	883	58	825	302	48	202	52
鸠江区	711	711	546	58	488	262	61	149	52
三山区	208	208	208	27	181	68	22	29	17
芜湖县	358	358	287	25	262	116	24	65	27
繁昌县	186	186	197	23	174	71	9	47	15
南陵县	402	402	320	34	286	106	12	68	26
芜湖经济技术开发区	209	209	214	23	191	92	20	61	11
安徽芜湖长江大桥经济开发区	16	16	21	9	12	1			1
无为市	746	746	1097	66	1031	372	55	238	79
蚌埠市	**2161**	**2161**	**1786**	**148**	**1638**	**1001**	**179**	**699**	**123**
龙子湖区	209	209	210	13	197	139	12	111	16
蚌山区	210	210	176	9	167	82	11	65	6
禹会区	288	288	202	12	190	154	28	119	7
淮上区	211	211	148	8	140	69	16	38	15
怀远县	282	282	236	21	215	58	6	36	16
五河县	262	262	268	33	235	96	15	60	21
固镇县	218	218	164	22	142	51	5	37	9
蚌埠市高新技术开发区	68	68	99	6	93	119	47	61	11
蚌埠市经济开发区	413	413	283	24	259	233	39	172	22
淮南市	**2196**	**2196**	**2103**	**273**	**1830**	**817**	**81**	**608**	**128**
大通区	164	164	112	17	95	36	7	23	6
田家庵区	779	779	808	90	718	317	27	234	56
谢家集区	175	175	173	19	154	96	4	82	10
八公山区	106	106	92	5	87	60	3	51	6
潘集区	110	110	147	35	112	29	5	22	2
凤台县	273	273	271	38	233	89	3	80	6
寿县	589	589	500	69	431	190	32	116	42

4-4　续表 82　　　　　　　　　　　　　　　　　　　　　　　　　　　　单位：人

地　区 性　别	房地产业		租赁和商务服务业			科学研究和技术服务业			
	小计	房地产业	小计	租赁业	商　务 服务业	小计	研究和 试验发展	专业技术 服务业	科技推广 和应用 服务业
马鞍山市	**1620**	**1620**	**2703**	**206**	**2497**	**1245**	**163**	**845**	**237**
花山区	546	546	758	39	719	496	65	332	99
雨山区	382	382	580	49	531	370	53	274	43
博望区	47	47	121	11	110	26	8	13	5
当涂县	244	244	555	39	516	112	12	72	28
含山县	217	217	442	32	410	165	20	95	50
和县	184	184	247	36	211	76	5	59	12
淮北市	**1104**	**1104**	**1332**	**182**	**1150**	**591**	**54**	**466**	**71**
杜集区	173	173	152	20	132	106	7	94	5
相山区	567	567	581	48	533	295	22	233	40
烈山区	115	115	126	18	108	42	4	32	6
濉溪县	249	249	473	96	377	148	21	107	20
铜陵市	**1065**	**1065**	**1162**	**92**	**1070**	**527**	**69**	**384**	**74**
铜官区	639	639	652	53	599	360	52	261	47
义安区	186	186	169	10	159	42	6	27	9
郊区	80	80	100	7	93	39	4	32	3
枞阳县	160	160	241	22	219	86	7	64	15
安庆市	**3862**	**3862**	**5652**	**480**	**5172**	**2452**	**260**	**1727**	**465**
迎江区	473	473	368	28	340	239	11	204	24
大观区	194	194	234	21	213	152	10	108	34
宜秀区	289	289	241	35	206	72	7	55	10
怀宁县	306	306	918	54	864	279	36	188	55
太湖县	314	314	761	54	707	310	31	187	92
宿松县	553	553	593	77	516	307	43	207	57
望江县	518	518	577	30	547	228	30	152	46
岳西县	228	228	487	37	450	179	15	111	53
安徽安庆经济开发区	187	187	262	34	228	130	9	107	14
桐城市	456	456	714	66	648	318	41	241	36
潜山市	344	344	497	44	453	238	27	167	44
黄山市	**1302**	**1302**	**1935**	**123**	**1812**	**457**	**34**	**358**	**65**
屯溪区	489	489	771	38	733	218	13	180	25
黄山区	201	201	412	22	390	52	4	44	4
徽州区	112	112	109	20	89	21	2	15	4
歙县	249	249	331	24	307	87	11	61	15
休宁县	162	162	204	15	189	44	1	36	7
黟县	40	40	55		55	11		7	4
祁门县	49	49	53	4	49	24	3	15	6
滁州市	**4443**	**4443**	**3918**	**569**	**3349**	**1336**	**165**	**907**	**264**
琅琊区	617	617	366	46	320	174	22	112	40
南谯区	830	830	516	62	454	245	28	133	84
来安县	518	518	360	73	287	110	13	80	17
全椒县	689	689	499	49	450	135	12	100	23
定远县	447	447	699	95	604	244	33	174	37
凤阳县	244	244	518	106	412	123	12	91	20
苏滁现代产业园	168	168	23	2	21	8		7	1
滁州经济技术开发区	204	204	246	27	219	104	19	69	16
天长市	379	379	409	55	354	149	19	114	16
明光市	347	347	282	54	228	44	7	27	10

4-4 续表 83

单位：人

地区 性别	房地产业		租赁和商务服务业			科学研究和技术服务业			
	小计	房地产业	小计	租赁业	商务服务业	小计	研究和试验发展	专业技术服务业	科技推广和应用服务业
阜阳市	**4016**	**4016**	**6712**	**728**	**5984**	**1732**	**166**	**1190**	**376**
颍州区	616	616	828	74	754	196	19	157	20
颍东区	474	474	371	63	308	104	6	81	17
颍泉区	312	312	508	50	458	141	29	95	17
临泉县	752	752	1440	147	1293	389	26	250	113
太和县	468	468	950	122	828	322	22	185	115
阜南县	388	388	810	74	736	205	32	139	34
颍上县	653	653	1298	141	1157	255	22	194	39
阜阳合肥现代产业园区	24	24	39	6	33	13	1	9	3
阜阳经济技术开发区	139	139	191	34	157	43	4	33	6
界首市	190	190	277	17	260	64	5	47	12
宿州市	**2818**	**2818**	**2638**	**392**	**2246**	**1142**	**122**	**851**	**169**
埇桥区	1234	1234	963	131	832	544	56	423	65
砀山县	359	359	317	17	300	119	18	89	12
萧县	413	413	447	120	327	169	20	115	34
灵璧县	358	358	435	71	364	167	17	120	30
泗县	241	241	426	46	380	106	9	73	24
宿州马鞍山现代产业园区	125	125	18	2	16	3	1	2	
宿州经济技术开发区	88	88	32	5	27	34	1	29	4
六安市	**3679**	**3679**	**4498**	**523**	**3975**	**1291**	**127**	**936**	**228**
金安区	939	939	1258	82	1176	269	18	211	40
裕安区	935	935	815	76	739	264	21	195	48
叶集区	94	94	114	31	83	28	4	17	7
霍邱县	280	280	549	120	429	127	5	99	23
舒城县	698	698	802	109	693	264	47	186	31
金寨县	447	447	587	68	519	199	19	125	55
霍山县	286	286	373	37	336	140	13	103	24
亳州市	**2023**	**2023**	**2422**	**253**	**2169**	**574**	**60**	**452**	**62**
谯城区	935	935	705	76	629	161	11	137	13
涡阳县	348	348	715	58	657	146	22	105	19
蒙城县	413	413	555	88	467	143	16	110	17
利辛县	327	327	447	31	416	124	11	100	13
池州市	**1016**	**1016**	**1311**	**101**	**1210**	**443**	**40**	**327**	**76**
贵池区	523	523	501	60	441	206	17	162	27
东至县	281	281	445	26	419	177	18	119	40
石台县	23	23	66	3	63	12	1	9	2
青阳县	140	140	216	10	206	26	1	22	3
池州市国家经济技术开发区	28	28	15	2	13	11	1	9	1
皖江江南新兴产业集中区	8	8				7	2	2	3
九华山风景区	13	13	68		68	4		4	
宣城市	**1690**	**1690**	**1778**	**214**	**1564**	**774**	**76**	**619**	**79**
宣州区	457	457	531	65	466	140	14	116	10
郎溪县	201	201	162	18	144	82	3	65	14
泾县	135	135	160	19	141	62	2	51	9
绩溪县	54	54	84	6	78	33	5	23	5
旌德县	45	45	63	1	62	20	2	12	6
宣城市经济开发区	138	138	91	12	79	86	15	66	5
宁国市	308	308	286	41	245	130	7	103	20
广德市	352	352	401	52	349	221	28	183	10

4-4 续表 84

单位：人

地区 性别	房地产业		租赁和商务服务业			科学研究和技术服务业			
	小计	房地产业	小计	租赁业	商务服务业	小计	研究和试验发展	专业技术服务业	科技推广和应用服务业
男	**32876**	**32876**	**41893**	**5569**	**36324**	**19798**	**2950**	**13323**	**3525**
合肥市	**9364**	**9364**	**11866**	**1384**	**10482**	**8077**	**1612**	**4800**	**1665**
瑶海区	975	975	1528	121	1407	664	98	428	138
庐阳区	980	980	1313	91	1222	719	154	428	137
蜀山区	1248	1248	1739	80	1659	1689	536	813	340
包河区	1660	1660	2253	169	2084	1885	298	1257	330
长丰县	599	599	771	198	573	225	33	150	42
肥东县	683	683	890	257	633	371	44	263	64
肥西县	882	882	823	135	688	574	93	335	146
庐江县	529	529	415	86	329	187	9	154	24
合肥高新技术产业开发区	388	388	450	30	420	684	194	278	212
合肥经济技术开发区	572	572	719	65	654	579	106	355	118
合肥新站高新技术产业开发区	486	486	573	68	505	296	35	178	83
巢湖市	362	362	392	84	308	204	12	161	31
芜湖市	**2813**	**2813**	**2947**	**329**	**2618**	**1232**	**206**	**798**	**228**
镜湖区	506	506	477	37	440	221	28	160	33
弋江区	418	418	550	53	497	222	35	149	38
鸠江区	432	432	346	53	293	186	45	109	32
三山区	142	142	148	21	127	40	11	20	9
芜湖县	212	212	183	23	160	88	14	50	24
繁昌县	125	125	129	21	108	52	8	32	12
南陵县	286	286	214	31	183	79	8	53	18
芜湖经济技术开发区	109	109	125	19	106	65	14	44	7
安徽芜湖长江大桥经济开发区	11	11	16	8	8	1			1
无为市	572	572	759	63	696	278	43	181	54
蚌埠市	**1320**	**1320**	**1143**	**130**	**1013**	**724**	**119**	**516**	**89**
龙子湖区	145	145	138	11	127	112	8	92	12
蚌山区	126	126	102	8	94	57	7	48	2
禹会区	187	187	138	12	126	113	20	89	4
淮上区	127	127	94	7	87	54	9	33	12
怀远县	161	161	141	19	122	44	4	29	11
五河县	152	152	187	31	156	72	12	43	17
固镇县	134	134	118	21	97	39	4	28	7
蚌埠市高新技术开发区	43	43	56	4	52	76	31	37	8
蚌埠市经济开发区	245	245	169	17	152	157	24	117	16
淮南市	**1330**	**1330**	**1462**	**252**	**1210**	**623**	**62**	**470**	**91**
大通区	109	109	85	16	69	24	5	16	3
田家庵区	436	436	495	82	413	234	22	170	42
谢家集区	100	100	121	16	105	76	2	70	4
八公山区	68	68	64	4	60	51	2	45	4
潘集区	62	62	105	34	71	25	5	19	1
凤台县	142	142	207	35	172	72	3	64	5
寿县	413	413	385	65	320	141	23	86	32

4-4 续表 85 单位：人

地区 性别	房地产业		租赁和商务服务业			科学研究和技术服务业			
	小计	房地产业	小计	租赁业	商务服务业	小计	研究和试验发展	专业技术服务业	科技推广和应用服务业
马鞍山市	**960**	**960**	**1790**	**176**	**1614**	**902**	**124**	**621**	**157**
花山区	292	292	476	32	444	355	48	238	69
雨山区	208	208	392	39	353	269	42	197	30
博望区	28	28	81	11	70	19	6	10	3
当涂县	155	155	370	34	336	81	9	52	20
含山县	149	149	287	29	258	114	15	73	26
和县	128	128	184	31	153	64	4	51	9
淮北市	**684**	**684**	**933**	**169**	**764**	**450**	**37**	**360**	**53**
杜集区	120	120	111	19	92	81	4	74	3
相山区	331	331	377	38	339	223	15	178	30
烈山区	74	74	96	18	78	35	3	26	6
濉溪县	159	159	349	94	255	111	15	82	14
铜陵市	**615**	**615**	**772**	**86**	**686**	**394**	**51**	**292**	**51**
铜官区	349	349	410	47	363	273	39	197	37
义安区	117	117	128	10	118	24	3	15	6
郊区	45	45	73	7	66	35	4	29	2
枞阳县	104	104	161	22	139	62	5	51	6
安庆市	**2534**	**2534**	**3681**	**423**	**3258**	**1781**	**180**	**1291**	**310**
迎江区	301	301	220	26	194	182	9	156	17
大观区	114	114	171	18	153	113	10	77	26
宜秀区	190	190	149	28	121	52	5	41	6
怀宁县	187	187	597	44	553	206	26	144	36
太湖县	217	217	487	52	435	197	20	130	47
宿松县	400	400	409	67	342	232	33	157	42
望江县	338	338	351	27	324	162	18	110	34
岳西县	154	154	330	36	294	133	10	86	37
安徽安庆经济开发区	112	112	173	30	143	99	5	82	12
桐城市	284	284	464	59	405	237	30	184	23
潜山市	237	237	330	36	294	168	14	124	30
黄山市	**789**	**789**	**1227**	**105**	**1122**	**322**	**24**	**260**	**38**
屯溪区	287	287	436	30	406	151	8	131	12
黄山区	120	120	297	20	277	43	4	37	2
徽州区	71	71	75	18	57	16	2	12	2
歙县	160	160	206	20	186	57	7	40	10
休宁县	93	93	146	14	132	31	1	24	6
黟县	26	26	35		35	8		6	2
祁门县	32	32	32	3	29	16	2	10	4
滁州市	**2944**	**2944**	**2632**	**505**	**2127**	**938**	**121**	**652**	**165**
琅琊区	438	438	237	40	197	128	17	87	24
南谯区	591	591	331	55	276	166	16	101	49
来安县	335	335	267	68	199	81	11	59	11
全椒县	397	397	305	42	263	104	8	80	16
定远县	292	292	470	87	383	156	25	107	24
凤阳县	169	169	378	95	283	83	10	62	11
苏滁现代产业园	128	128	12	1	11	4		4	
滁州经济技术开发区	130	130	147	22	125	67	14	40	13
天长市	258	258	274	47	227	116	14	91	11
明光市	206	206	211	48	163	33	6	21	6

4-4　续表 86　　　　单位：人

地　区 性　别	房地产业		租赁和商务服务业			科学研究和技术服务业			
	小计	房地产业	小计	租赁业	商　务 服务业	小计	研究和 试验发展	专业技术 服务业	科技推广 和应用 服务业
阜阳市	**2550**	**2550**	**4756**	**677**	**4079**	**1224**	**107**	**867**	**250**
颍州区	359	359	576	67	509	142	14	112	16
颍东区	270	270	266	60	206	80	3	61	16
颍泉区	193	193	340	47	293	101	22	67	12
临泉县	521	521	991	137	854	274	17	185	72
太和县	312	312	702	114	588	228	19	141	68
阜南县	251	251	583	68	515	132	10	98	24
颍上县	413	413	931	131	800	182	16	139	27
阜阳合肥现代产业园区	13	13	28	6	22	10		8	2
阜阳经济技术开发区	86	86	139	31	108	29	2	23	4
界首市	132	132	200	16	184	46	4	33	9
宿州市	**1704**	**1704**	**1809**	**353**	**1456**	**836**	**83**	**634**	**119**
埇桥区	724	724	631	107	524	397	33	316	48
砀山县	212	212	219	15	204	90	14	66	10
萧县	265	265	328	112	216	121	13	84	24
灵璧县	211	211	314	70	244	122	14	89	19
泗县	142	142	284	42	242	82	7	59	16
宿州马鞍山现代产业园区	92	92	14	2	12	3	1	2	
宿州经济技术开发区	58	58	19	5	14	21	1	18	2
六安市	**2294**	**2294**	**3066**	**469**	**2597**	**969**	**90**	**726**	**153**
金安区	572	572	793	70	723	208	12	168	28
裕安区	590	590	572	66	506	203	18	149	36
叶集区	50	50	87	29	58	25	3	17	5
霍邱县	177	177	419	111	308	96	5	77	14
舒城县	457	457	551	99	452	179	27	130	22
金寨县	276	276	393	59	334	146	16	97	33
霍山县	172	172	251	35	216	112	9	88	15
亳州市	**1266**	**1266**	**1769**	**235**	**1534**	**423**	**44**	**333**	**46**
谯城区	607	607	511	71	440	123	9	103	11
涡阳县	229	229	515	54	461	110	19	78	13
蒙城县	230	230	397	82	315	98	9	78	11
利辛县	200	200	346	28	318	92	7	74	11
池州市	**622**	**622**	**841**	**82**	**759**	**331**	**32**	**244**	**55**
贵池区	309	309	333	48	285	148	13	117	18
东至县	183	183	290	21	269	135	16	89	30
石台县	15	15	35	2	33	8	1	6	1
青阳县	78	78	140	10	130	24	1	20	3
池州市国家经济技术开发区	22	22	8	1	7	8		7	1
皖江江南新兴产业集中区	3	3				5	1	2	2
九华山风景区	12	12	35		35	3		3	
宣城市	**1087**	**1087**	**1199**	**194**	**1005**	**572**	**58**	**459**	**55**
宣州区	289	289	352	57	295	107	10	88	9
郎溪县	137	137	111	17	94	67	3	54	10
泾县	99	99	100	16	84	56	2	46	8
绩溪县	34	34	57	6	51	28	3	23	2
旌德县	30	30	45		45	9	1	6	2
宣城市经济开发区	81	81	65	11	54	55	11	40	4
宁国市	179	179	198	37	161	90	6	70	14
广德市	238	238	271	50	221	160	22	132	6

4-4 续表 87

单位：人

地区 性别	房地产业		租赁和商务服务业			科学研究和技术服务业			
	小计	房地产业	小计	租赁业	商务服务业	小计	研究和试验发展	专业技术服务业	科技推广和应用服务业
女	**19592**	**19592**	**22265**	**695**	**21570**	**7936**	**1371**	**4864**	**1701**
合肥市	**5796**	**5796**	**7710**	**231**	**7479**	**3574**	**823**	**1946**	**805**
瑶海区	564	564	908	32	876	249	33	155	61
庐阳区	579	579	883	13	870	356	85	209	62
蜀山区	814	814	1434	27	1407	861	286	383	192
包河区	1090	1090	1664	41	1623	820	138	529	153
长丰县	393	393	329	17	312	93	10	69	14
肥东县	381	381	445	29	416	102	12	65	25
肥西县	527	527	448	22	426	225	39	120	66
庐江县	260	260	190	8	182	62	9	45	8
合肥高新技术产业开发区	232	232	400	6	394	357	123	128	106
合肥经济技术开发区	404	404	549	10	539	281	58	147	76
合肥新站高新技术产业开发区	302	302	306	11	295	106	20	53	33
巢湖市	250	250	154	15	139	62	10	43	9
芜湖市	**1500**	**1500**	**1685**	**36**	**1649**	**469**	**84**	**274**	**111**
镜湖区	293	293	382	5	377	90	11	53	26
弋江区	260	260	333	5	328	80	13	53	14
鸠江区	279	279	200	5	195	76	16	40	20
三山区	66	66	60	6	54	28	11	9	8
芜湖县	146	146	104	2	102	28	10	15	3
繁昌县	61	61	68	2	66	19	1	15	3
南陵县	116	116	106	3	103	27	4	15	8
芜湖经济技术开发区	100	100	89	4	85	27	6	17	4
安徽芜湖长江大桥经济开发区	5	5	5	1	4				
无为市	174	174	338	3	335	94	12	57	25
蚌埠市	**841**	**841**	**643**	**18**	**625**	**277**	**60**	**183**	**34**
龙子湖区	64	64	72	2	70	27	4	19	4
蚌山区	84	84	74	1	73	25	4	17	4
禹会区	101	101	64		64	41	8	30	3
淮上区	84	84	54	1	53	15	7	5	3
怀远县	121	121	95	2	93	14	2	7	5
五河县	110	110	81	2	79	24	3	17	4
固镇县	84	84	46	1	45	12	1	9	2
蚌埠市高新技术开发区	25	25	43	2	41	43	16	24	3
蚌埠市经济开发区	168	168	114	7	107	76	15	55	6
淮南市	**866**	**866**	**641**	**21**	**620**	**194**	**19**	**138**	**37**
大通区	55	55	27	1	26	12	2	7	3
田家庵区	343	343	313	8	305	83	5	64	14
谢家集区	75	75	52	3	49	20	2	12	6
八公山区	38	38	28	1	27	9	1	6	2
潘集区	48	48	42	1	41	4		3	1
凤台县	131	131	64	3	61	17		16	1
寿县	176	176	115	4	111	49	9	30	10

4-4 续表 88

单位：人

地区 性别	房地产业		租赁和商务服务业			科学研究和技术服务业			
	小计	房地产业	小计	租赁业	商务服务业	小计	研究和试验发展	专业技术服务业	科技推广和应用服务业
马鞍山市	**660**	**660**	**913**	**30**	**883**	**343**	**39**	**224**	**80**
花山区	254	254	282	7	275	141	17	94	30
雨山区	174	174	188	10	178	101	11	77	13
博望区	19	19	40		40	7	2	3	2
当涂县	89	89	185	5	180	31	3	20	8
含山县	68	68	155	3	152	51	5	22	24
和县	56	56	63	5	58	12	1	8	3
淮北市	**420**	**420**	**399**	**13**	**386**	**141**	**17**	**106**	**18**
杜集区	53	53	41	1	40	25	3	20	2
相山区	236	236	204	10	194	72	7	55	10
烈山区	41	41	30		30	7	1	6	
濉溪县	90	90	124	2	122	37	6	25	6
铜陵市	**450**	**450**	**390**	**6**	**384**	**133**	**18**	**92**	**23**
铜官区	290	290	242	6	236	87	13	64	10
义安区	69	69	41		41	18	3	12	3
郊区	35	35	27		27	4		3	1
枞阳县	56	56	80		80	24	2	13	9
安庆市	**1328**	**1328**	**1971**	**57**	**1914**	**671**	**80**	**436**	**155**
迎江区	172	172	148	2	146	57	2	48	7
大观区	80	80	63	3	60	39		31	8
宜秀区	99	99	92	7	85	20	2	14	4
怀宁县	119	119	321	10	311	73	10	44	19
太湖县	97	97	274	2	272	113	11	57	45
宿松县	153	153	184	10	174	75	10	50	15
望江县	180	180	226	3	223	66	12	42	12
岳西县	74	74	157	1	156	46	5	25	16
安徽安庆经济开发区	75	75	89	4	85	31	4	25	2
桐城市	172	172	250	7	243	81	11	57	13
潜山市	107	107	167	8	159	70	13	43	14
黄山市	**513**	**513**	**708**	**18**	**690**	**135**	**10**	**98**	**27**
屯溪区	202	202	335	8	327	67	5	49	13
黄山区	81	81	115	2	113	9		7	2
徽州区	41	41	34	2	32	5		3	2
歙县	89	89	125	4	121	30	4	21	5
休宁县	69	69	58	1	57	13		12	1
黟县	14	14	20		20	3		1	2
祁门县	17	17	21	1	20	8	1	5	2
滁州市	**1499**	**1499**	**1286**	**64**	**1222**	**398**	**44**	**255**	**99**
琅琊区	179	179	129	6	123	46	5	25	16
南谯区	239	239	185	7	178	79	12	32	35
来安县	183	183	93	5	88	29	2	21	6
全椒县	292	292	194	7	187	31	4	20	7
定远县	155	155	229	8	221	88	8	67	13
凤阳县	75	75	140	11	129	40	2	29	9
苏滁现代产业园	40	40	11	1	10	4		3	1
滁州经济技术开发区	74	74	99	5	94	37	5	29	3
天长市	121	121	135	8	127	33	5	23	5
明光市	141	141	71	6	65	11	1	6	4

4-4 续表 89

单位：人

地区 性别	房地产业		租赁和商务服务业			科学研究和技术服务业			
	小计	房地产业	小计	租赁业	商务服务业	小计	研究和试验发展	专业技术服务业	科技推广和应用服务业
阜阳市	**1466**	**1466**	**1956**	**51**	**1905**	**508**	**59**	**323**	**126**
颍州区	257	257	252	7	245	54	5	45	4
颍东区	204	204	105	3	102	24	3	20	1
颍泉区	119	119	168	3	165	40	7	28	5
临泉县	231	231	449	10	439	115	9	65	41
太和县	156	156	248	8	240	94	3	44	47
阜南县	137	137	227	6	221	73	22	41	10
颍上县	240	240	367	10	357	73	6	55	12
阜阳合肥现代产业园区	11	11	11		11	3	1	1	1
阜阳经济技术开发区	53	53	52	3	49	14	2	10	2
界首市	58	58	77	1	76	18	1	14	3
宿州市	**1114**	**1114**	**829**	**39**	**790**	**306**	**39**	**217**	**50**
埇桥区	510	510	332	24	308	147	23	107	17
砀山县	147	147	98	2	96	29	4	23	2
萧县	148	148	119	8	111	48	7	31	10
灵璧县	147	147	121	1	120	45	3	31	11
泗县	99	99	142	4	138	24	2	14	8
宿州马鞍山现代产业园区	33	33	4		4				
宿州经济技术开发区	30	30	13		13	13		11	2
六安市	**1385**	**1385**	**1432**	**54**	**1378**	**322**	**37**	**210**	**75**
金安区	367	367	465	12	453	61	6	43	12
裕安区	345	345	243	10	233	61	3	46	12
叶集区	44	44	27	2	25	3	1		2
霍邱县	103	103	130	9	121	31		22	9
舒城县	241	241	251	10	241	85	20	56	9
金寨县	171	171	194	9	185	53	3	28	22
霍山县	114	114	122	2	120	28	4	15	9
亳州市	**757**	**757**	**653**	**18**	**635**	**151**	**16**	**119**	**16**
谯城区	328	328	194	5	189	38	2	34	2
涡阳县	119	119	200	4	196	36	3	27	6
蒙城县	183	183	158	6	152	45	7	32	6
利辛县	127	127	101	3	98	32	4	26	2
池州市	**394**	**394**	**470**	**19**	**451**	**112**	**8**	**83**	**21**
贵池区	214	214	168	12	156	58	4	45	9
东至县	98	98	155	5	150	42	2	30	10
石台县	8	8	31	1	30	4		3	1
青阳县	62	62	76		76	2		2	
池州市国家经济技术开发区	6	6	7	1	6	3	1	2	
皖江江南新兴产业集中区	5	5				2	1		1
九华山风景区	1	1	33		33	1		1	
宣城市	**603**	**603**	**579**	**20**	**559**	**202**	**18**	**160**	**24**
宣州区	168	168	179	8	171	33	4	28	1
郎溪县	64	64	51	1	50	15		11	4
泾县	36	36	60	3	57	6		5	1
绩溪县	20	20	27		27	5	2		3
旌德县	15	15	18	1	17	11	1	6	4
宣城市经济开发区	57	57	26	1	25	31	4	26	1
宁国市	129	129	88	4	84	40	1	33	6
广德市	114	114	130	2	128	61	6	51	4

4-4　续表 90　　　　单位：人

地　区 性　别	水利、环境和公共设施管理业 小计	水　利 管理业	生态保护 和环境 治理业	公共设施 管理业	土　地 管理业	居民服务、修理和其他服务业 小计	居　民 服务业	机动车、 电子产品 和日用产 品修理业	其　他 服务业
安　徽	**25911**	**1364**	**1862**	**22497**	**188**	**101214**	**59720**	**24102**	**17392**
合肥市	**4507**	**279**	**313**	**3869**	**46**	**15950**	**8936**	**4084**	**2930**
瑶海区	214	13	29	170	2	1714	1051	406	257
庐阳区	321	15	21	280	5	1474	985	258	231
蜀山区	384	26	35	314	9	1537	919	342	276
包河区	474	57	45	368	4	2555	1408	530	617
长丰县	605	34	28	539	4	1219	623	374	222
肥东县	564	26	30	505	3	1921	828	657	436
肥西县	572	26	32	510	4	1382	754	390	238
庐江县	495	38	13	437	7	1407	771	461	175
合肥高新技术产业开发区	159	9	12	134	4	365	231	66	68
合肥经济技术开发区	231	9	33	188	1	700	435	164	101
合肥新站高新技术产业开发区	142	4	6	131	1	652	343	192	117
巢湖市	346	22	29	293	2	1024	588	244	192
芜湖市	**1311**	**65**	**110**	**1133**	**3**	**8661**	**5917**	**1614**	**1130**
镜湖区	82	2	12	68		857	556	224	77
弋江区	130	6	23	101		601	342	123	136
鸠江区	167	17	12	138		869	567	227	75
三山区	42	1	2	38	1	253	156	58	39
芜湖县	152	3	7	142		927	700	122	105
繁昌县	82	1	4	77		489	277	139	73
南陵县	158	3	5	150		1432	1107	204	121
芜湖经济技术开发区	36	1	2	33		183	100	62	21
安徽芜湖长江大桥经济开发区	16	1	2	13		23	12	3	8
无为市	446	30	41	373	2	3027	2100	452	475
蚌埠市	**863**	**119**	**56**	**682**	**6**	**3680**	**2141**	**937**	**602**
龙子湖区	111	17	11	83		317	164	91	62
蚌山区	64	12	4	47	1	246	158	50	38
禹会区	135	21	11	101	2	475	265	128	82
淮上区	66	9	4	53		380	216	93	71
怀远县	141	7	9	123	2	812	499	216	97
五河县	107	10	3	94		601	310	148	143
固镇县	92	5	5	82		501	283	128	90
蚌埠市高新技术开发区	19	3	4	12		72	46	23	3
蚌埠市经济开发区	128	35	5	87	1	276	200	60	16
淮南市	**1039**	**76**	**48**	**904**	**11**	**3761**	**2141**	**1043**	**577**
大通区	108	6	3	99		226	129	66	31
田家庵区	286	15	16	246	9	988	600	277	111
谢家集区	39		1	38		225	134	62	29
八公山区	24		2	22		152	91	43	18
潘集区	70	5	4	61		269	154	74	41
凤台县	204	30	15	157	2	603	350	173	80
寿县	308	20	7	281		1298	683	348	267

4-4　续表 91　　　　　　　　　　　　　　　　　　　　　　　　　　　　　单位：人

地　区 性　别	水利、环境和公共设施管理业					居民服务、修理和其他服务业			
	小计	水　利 管理业	生态保护 和环境 治理业	公共设施 管理业	土　地 管理业	小计	居　民 服务业	机动车、 电子产品 和日用产 品修理业	其　他 服务业
马鞍山市	**852**	**78**	**96**	**668**	**10**	**3933**	**2395**	**771**	**767**
花山区	182	13	34	130	5	799	483	191	125
雨山区	119	5	27	86	1	603	363	148	92
博望区	39	2	3	34		263	155	33	75
当涂县	168	13	12	141	2	781	444	163	174
含山县	135	12	7	114	2	967	631	135	201
和县	209	33	13	163		520	319	101	100
淮北市	**644**	**22**	**37**	**583**	**2**	**2349**	**1236**	**683**	**430**
杜集区	135	3	5	127		286	155	95	36
相山区	134	9	11	112	2	774	468	171	135
烈山区	79	1	6	72		225	124	66	35
濉溪县	296	9	15	272		1064	489	351	224
铜陵市	**546**	**34**	**51**	**448**	**13**	**1473**	**891**	**361**	**221**
铜官区	190	11	21	150	8	608	391	128	89
义安区	98	5	18	73	2	350	222	85	43
郊区	60	5	7	47	1	133	62	50	21
枞阳县	198	13	5	178	2	382	216	98	68
安庆市	**2023**	**143**	**205**	**1656**	**19**	**8528**	**5446**	**1893**	**1189**
迎江区	151	22	18	107	4	445	312	79	54
大观区	93	11	11	69	2	348	228	81	39
宜秀区	146	12	3	131		295	132	98	65
怀宁县	174	13	16	141	4	775	401	197	177
太湖县	222	13	37	168	4	958	456	381	121
宿松县	257	10	28	219		1018	602	269	147
望江县	180	21	14	145		2055	1691	167	197
岳西县	201	12	27	161	1	587	391	114	82
安徽安庆经济开发区	92	3	8	81		272	134	79	59
桐城市	267	15	32	219	1	928	525	255	148
潜山市	240	11	11	215	3	847	574	173	100
黄山市	**726**	**28**	**50**	**647**	**1**	**2539**	**1610**	**529**	**400**
屯溪区	165	8	14	143		634	412	109	113
黄山区	156	1	3	151	1	301	222	44	35
徽州区	39	4	7	28		155	89	40	26
歙县	179	7	18	154		757	456	185	116
休宁县	63	5	2	56		409	245	90	74
黟县	81	3	4	74		120	79	19	22
祁门县	43		2	41		163	107	42	14
滁州市	**2177**	**137**	**105**	**1921**	**14**	**8551**	**5176**	**2024**	**1351**
琅琊区	140	10	13	117		560	315	108	137
南谯区	349	10	12	325	2	592	293	163	136
来安县	309	23	12	270	4	1147	716	206	225
全椒县	261	10	13	236	2	1295	825	241	229
定远县	371	30	21	316	4	1466	775	433	258
凤阳县	235	12	17	206		1200	641	368	191
苏滁现代产业园	10			10		29	19	5	5
滁州经济技术开发区	50	3	3	44		180	82	44	54
天长市	210	27	8	174	1	1167	865	271	31
明光市	242	12	6	223	1	915	645	185	85

4-4　续表 92　　　　　　　　　　　　　　　　　　　　　　　　　　　单位：人

地　区 性　别	水利、环境和公共设施管理业					居民服务、修理和其他服务业			
	小计	水　利 管理业	生态保护 和环境 治理业	公共设施 管理业	土　地 管理业	小计	居　民 服务业	机动车、 电子产品 和日用产 品修理业	其　他 服务业
阜阳市	**3882**	**115**	**232**	**3514**	**21**	**14829**	**8310**	**3464**	**3055**
颍州区	286	14	10	261	1	1265	688	268	309
颍东区	419	20	10	388	1	1058	563	289	206
颍泉区	241	5	9	226	1	1097	584	244	269
临泉县	723	17	70	624	12	3776	2529	748	499
太和县	561	6	22	532	1	1959	1063	511	385
阜南县	305	8	40	255	2	1913	1009	476	428
颍上县	1103	41	43	1017	2	2596	1225	604	767
阜阳合肥现代产业园区	19			19		74	27	24	23
阜阳经济技术开发区	48	1	7	40		196	110	72	14
界首市	177	3	21	152	1	895	512	228	155
宿州市	**1555**	**29**	**108**	**1408**	**10**	**6502**	**3596**	**1751**	**1155**
埇桥区	632	5	50	569	8	2318	1389	572	357
砀山县	121	1	9	111		746	392	232	122
萧县	220	3	7	210		1278	640	388	250
灵璧县	308	8	18	282		1179	658	294	227
泗县	215	11	15	187	2	833	435	213	185
宿州马鞍山现代产业园区	27	1	3	23		27	14	12	1
宿州经济技术开发区	32		6	26		121	68	40	13
六安市	**1982**	**93**	**211**	**1661**	**17**	**8174**	**4970**	**1774**	**1430**
金安区	332	17	23	286	6	1791	1271	298	222
裕安区	428	15	63	347	3	1396	790	334	272
叶集区	118	2	12	103	1	256	136	65	55
霍邱县	322	26	21	269	6	1174	597	315	262
舒城县	350	19	33	298		1759	1086	394	279
金寨县	269	11	36	221	1	933	470	216	247
霍山县	163	3	23	137		865	620	152	93
亳州市	**2139**	**50**	**124**	**1961**	**4**	**6260**	**3124**	**1790**	**1346**
谯城区	616	2	16	598		1833	937	472	424
涡阳县	599	8	80	509	2	1566	786	459	321
蒙城县	519	32	21	465	1	1292	633	419	240
利辛县	405	8	7	389	1	1569	768	440	361
池州市	**598**	**29**	**44**	**525**		**1975**	**1294**	**431**	**250**
贵池区	261	15	22	224		758	515	173	70
东至县	147	6	14	127		643	424	128	91
石台县	34	4	2	28		85	42	22	21
青阳县	93	1	5	87		453	290	100	63
池州市国家经济技术开发区	12	2	1	9		18	10	5	3
皖江江南新兴产业集中区	3			3		2		1	1
九华山风景区	48	1		47		16	13	2	1
宣城市	**1067**	**67**	**72**	**917**	**11**	**4049**	**2537**	**953**	**559**
宣州区	215	10	14	190	1	937	578	253	106
郎溪县	119	8	11	99	1	469	288	116	65
泾县	122	3	9	110		463	335	80	48
绩溪县	69	16	5	48		176	109	34	33
旌德县	46		2	44		239	176	33	30
宣城市经济开发区	87	14	6	65	2	155	74	59	22
宁国市	176	11	12	152	1	681	467	134	80
广德市	233	5	13	209	6	929	510	244	175

4-4 续表 93　　　　单位：人

地区 性别	水利、环境和公共设施管理业					居民服务、修理和其他服务业			
	小计	水利管理业	生态保护和环境治理业	公共设施管理业	土地管理业	小计	居民服务业	机动车、电子产品和日用产品修理业	其他服务业
男	**16841**	**1034**	**1374**	**14303**	**130**	**50085**	**21408**	**20602**	**8075**
合肥市	**2885**	**211**	**230**	**2419**	**25**	**7847**	**3058**	**3466**	**1323**
瑶海区	145	13	23	108	1	840	390	334	116
庐阳区	219	10	17	190	2	639	306	212	121
蜀山区	251	17	20	211	3	672	283	270	119
包河区	313	42	29	241	1	1198	442	443	313
长丰县	366	26	20	317	3	691	251	334	106
肥东县	305	19	23	260	3	1024	284	601	139
肥西县	386	20	29	334	3	735	290	333	112
庐江县	358	34	9	311	4	742	265	387	90
合肥高新技术产业开发区	114	4	9	98	3	165	82	51	32
合肥经济技术开发区	137	6	25	106		319	139	133	47
合肥新站高新技术产业开发区	84	2	5	76	1	338	131	160	47
巢湖市	207	18	21	167	1	484	195	208	81
芜湖市	**881**	**53**	**78**	**749**	**1**	**3556**	**1738**	**1347**	**471**
镜湖区	58	2	11	45		388	180	173	35
弋江区	83	4	16	63		292	120	101	71
鸠江区	114	15	7	92		421	207	191	23
三山区	24	1	2	20	1	113	51	48	14
芜湖县	93	3	6	84		295	163	95	37
繁昌县	51	1	2	48		237	87	115	35
南陵县	110	3	3	104		475	252	173	50
芜湖经济技术开发区	22	1	1	20		97	42	47	8
安徽芜湖长江大桥经济开发区	10	1	2	7		12	7	3	2
无为市	316	22	28	266		1226	629	401	196
蚌埠市	**593**	**81**	**48**	**461**	**3**	**1940**	**826**	**788**	**326**
龙子湖区	74	13	10	51		164	59	78	27
蚌山区	40	6	4	30		121	58	43	20
禹会区	92	16	8	67	1	253	102	109	42
淮上区	46	7	3	36		198	82	81	35
怀远县	100	6	8	85	1	382	159	173	50
五河县	73	7	3	63		358	138	128	92
固镇县	66	5	5	56		294	135	110	49
蚌埠市高新技术开发区	12	1	3	8		37	20	15	2
蚌埠市经济开发区	90	20	4	65	1	133	73	51	9
淮南市	**666**	**51**	**32**	**575**	**8**	**2009**	**857**	**907**	**245**
大通区	68	5	1	62		120	46	60	14
田家庵区	170	13	10	140	7	530	241	239	50
谢家集区	17		1	16		100	40	52	8
八公山区	13		2	11		88	39	38	11
潘集区	38	3	3	32		142	58	67	17
凤台县	137	19	10	107	1	336	154	146	36
寿县	223	11	5	207		693	279	305	109

4-4　续表 94　　　　单位：人

地　区 性　别	水利、环境和公共设施管理业					居民服务、修理和其他服务业			
	小计	水　利 管理业	生态保护 和环境 治理业	公共设施 管理业	土　地 管理业	小计	居　民 服务业	机动车、 电子产品 和日用产 品修理业	其　他 服务业
马鞍山市	**528**	**66**	**62**	**393**	**7**	**1921**	**887**	**663**	**371**
花山区	104	8	18	75	3	365	155	161	49
雨山区	70	4	18	47	1	284	127	119	38
博望区	26	2	3	21		141	70	31	40
当涂县	110	12	8	88	2	421	179	144	98
含山县	85	11	4	69	1	443	230	120	93
和县	133	29	11	93		267	126	88	53
淮北市	**380**	**15**	**27**	**336**	**2**	**1285**	**460**	**589**	**236**
杜集区	70	1	4	65		173	65	84	24
相山区	79	7	8	62	2	379	160	143	76
烈山区	49	1	5	43		118	44	57	17
濉溪县	182	6	10	166		615	191	305	119
铜陵市	**371**	**28**	**46**	**293**	**4**	**718**	**301**	**313**	**104**
铜官区	116	7	19	90		273	123	113	37
义安区	67	5	16	45	1	171	69	79	23
郊区	43	4	6	32	1	78	25	41	12
枞阳县	145	12	5	126	2	196	84	80	32
安庆市	**1463**	**113**	**160**	**1175**	**15**	**3858**	**1660**	**1642**	**556**
迎江区	103	18	15	68	2	200	110	63	27
大观区	66	7	10	47	2	152	62	70	20
宜秀区	86	11	2	73		153	43	84	26
怀宁县	129	10	10	105	4	428	179	164	85
太湖县	160	11	25	121	3	566	157	347	62
宿松县	198	8	25	165		557	239	242	76
望江县	131	17	11	103		535	315	143	77
岳西县	158	10	24	124		272	131	103	38
安徽安庆经济开发区	57	2	7	48		143	49	65	29
桐城市	205	12	24	168	1	491	206	214	71
潜山市	170	7	7	153	3	361	169	147	45
黄山市	**490**	**22**	**36**	**431**	**1**	**1064**	**427**	**442**	**195**
屯溪区	110	7	9	94		272	129	86	57
黄山区	97	1	3	92	1	102	47	36	19
徽州区	29	3	6	20		73	23	33	17
歙县	122	6	11	105		334	119	161	54
休宁县	45	3	2	40		166	60	76	30
黟县	53	2	3	48		49	22	17	10
祁门县	34		2	32		68	27	33	8
滁州市	**1363**	**100**	**73**	**1181**	**9**	**4122**	**1845**	**1699**	**578**
琅琊区	89	5	10	74		294	125	97	72
南谯区	213	7	8	197	1	315	114	142	59
来安县	199	17	9	170	3	471	212	178	81
全椒县	151	9	10	130	2	503	213	198	92
定远县	235	23	13	197	2	798	318	368	112
凤阳县	141	7	10	124		602	226	302	74
苏滁现代产业园	7			7		11	4	5	2
滁州经济技术开发区	32	3	2	27		83	28	31	24
天长市	135	19	6	110		634	386	228	20
明光市	161	10	5	145	1	411	219	150	42

4-4 续表 95 单位：人

地区 性别	水利、环境和公共设施管理业 小计	水利管理业	生态保护和环境治理业	公共设施管理业	土地管理业	居民服务、修理和其他服务业 小计	居民服务业	机动车、电子产品和日用产品修理业	其他服务业
阜阳市	**2321**	**87**	**161**	**2053**	**20**	**7995**	**3577**	**2982**	**1436**
颍州区	178	10	5	162	1	639	270	227	142
颍东区	230	15	8	206	1	583	244	254	85
颍泉区	129	3	6	119	1	563	221	212	130
临泉县	425	14	45	355	11	2093	1238	621	234
太和县	354	6	15	332	1	1105	445	445	215
阜南县	205	6	29	168	2	993	396	409	188
颍上县	642	30	31	579	2	1341	461	528	352
阜阳合肥现代产业园区	12			12		46	12	23	11
阜阳经济技术开发区	31	1	6	24		112	42	65	5
界首市	115	2	16	96	1	520	248	198	74
宿州市	**989**	**22**	**76**	**881**	**10**	**3406**	**1362**	**1479**	**565**
埇桥区	404	4	38	354	8	1164	527	488	149
砀山县	76	1	5	70		412	144	195	73
萧县	127	3	5	119		713	253	333	127
灵璧县	210	6	13	191		616	251	243	122
泗县	131	7	11	111	2	428	164	177	87
宿州马鞍山现代产业园区	20	1	2	17		15	4	10	1
宿州经济技术开发区	21		2	19		58	19	33	6
六安市	**1316**	**72**	**161**	**1067**	**16**	**3863**	**1733**	**1519**	**611**
金安区	214	11	16	182	5	864	519	259	86
裕安区	291	11	48	229	3	687	285	287	115
叶集区	79	2	11	65	1	149	59	56	34
霍邱县	225	21	16	182	6	626	260	259	107
舒城县	236	17	24	195		755	297	345	113
金寨县	158	7	28	122	1	453	168	182	103
霍山县	113	3	18	92		329	145	131	53
亳州市	**1361**	**33**	**90**	**1235**	**3**	**3661**	**1423**	**1564**	**674**
谯城区	382	1	14	367		1014	385	419	210
涡阳县	397	5	54	336	2	961	390	410	161
蒙城县	324	21	15	287	1	764	275	363	126
利辛县	258	6	7	245		922	373	372	177
池州市	**442**	**24**	**34**	**384**		**885**	**389**	**378**	**118**
贵池区	178	11	16	151		334	150	148	36
东至县	115	6	11	98		277	125	120	32
石台县	25	4	2	19		38	12	17	9
青阳县	71	1	4	66		222	94	87	41
池州市国家经济技术开发区	8	2	1	5		8	4	4	
皖江江南新兴产业集中区	3			3		1		1	
九华山风景区	42			42		5	4	1	
宣城市	**792**	**56**	**60**	**670**	**6**	**1955**	**865**	**824**	**266**
宣州区	148	6	11	131		471	214	212	45
郎溪县	102	8	10	83	1	241	107	104	30
泾县	103	3	8	92		199	106	68	25
绩溪县	51	15	4	32		73	26	32	15
旌德县	36		2	34		94	48	29	17
宣城市经济开发区	64	11	5	48		75	17	53	5
宁国市	120	8	11	100	1	290	143	112	35
广德市	168	5	9	150	4	512	204	214	94

4–4　续表 96　　　　单位：人

地　区 性　别	水利、环境和公共设施管理业					居民服务、修理和其他服务业			
	小计	水　利 管理业	生态保护 和环境 治理业	公共设施 管理业	土　地 管理业	小计	居　民 服务业	机动车、 电子产品 和日用产 品修理业	其　他 服务业
女	**9070**	**330**	**488**	**8194**	**58**	**51129**	**38312**	**3500**	**9317**
合肥市	**1622**	**68**	**83**	**1450**	**21**	**8103**	**5878**	**618**	**1607**
瑶海区	69		6	62	1	874	661	72	141
庐阳区	102	5	4	90	3	835	679	46	110
蜀山区	133	9	15	103	6	865	636	72	157
包河区	161	15	16	127	3	1357	966	87	304
长丰县	239	8	8	222	1	528	372	40	116
肥东县	259	7	7	245		897	544	56	297
肥西县	186	6	3	176	1	647	464	57	126
庐江县	137	4	4	126	3	665	506	74	85
合肥高新技术产业开发区	45	5	3	36	1	200	149	15	36
合肥经济技术开发区	94	3	8	82	1	381	296	31	54
合肥新站高新技术产业开发区	58	2	1	55		314	212	32	70
巢湖市	139	4	8	126	1	540	393	36	111
芜湖市	**430**	**12**	**32**	**384**	**2**	**5105**	**4179**	**267**	**659**
镜湖区	24		1	23		469	376	51	42
弋江区	47	2	7	38		309	222	22	65
鸠江区	53	2	5	46		448	360	36	52
三山区	18			18		140	105	10	25
芜湖县	59		1	58		632	537	27	68
繁昌县	31		2	29		252	190	24	38
南陵县	48		2	46		957	855	31	71
芜湖经济技术开发区	14		1	13		86	58	15	13
安徽芜湖长江大桥经济开发区	6			6		11	5		6
无为市	130	8	13	107	2	1801	1471	51	279
蚌埠市	**270**	**38**	**8**	**221**	**3**	**1740**	**1315**	**149**	**276**
龙子湖区	37	4	1	32		153	105	13	35
蚌山区	24	6		17	1	125	100	7	18
禹会区	43	5	3	34	1	222	163	19	40
淮上区	20	2	1	17		182	134	12	36
怀远县	41	1	1	38	1	430	340	43	47
五河县	34	3		31		243	172	20	51
固镇县	26			26		207	148	18	41
蚌埠市高新技术开发区	7	2	1	4		35	26	8	1
蚌埠市经济开发区	38	15	1	22		143	127	9	7
淮南市	**373**	**25**	**16**	**329**	**3**	**1752**	**1284**	**136**	**332**
大通区	40	1	2	37		106	83	6	17
田家庵区	116	2	6	106	2	458	359	38	61
谢家集区	22			22		125	94	10	21
八公山区	11			11		64	52	5	7
潘集区	32	2	1	29		127	96	7	24
凤台县	67	11	5	50	1	267	196	27	44
寿县	85	9	2	74		605	404	43	158

4-4 续表 97　　　　单位：人

地区 性别	水利、环境和公共设施管理业					居民服务、修理和其他服务业			
	小计	水利管理业	生态保护和环境治理业	公共设施管理业	土地管理业	小计	居民服务业	机动车、电子产品和日用产品修理业	其他服务业
马鞍山市	**324**	**12**	**34**	**275**	**3**	**2012**	**1508**	**108**	**396**
花山区	78	5	16	55	2	434	328	30	76
雨山区	49	1	9	39		319	236	29	54
博望区	13			13		122	85	2	35
当涂县	58	1	4	53		360	265	19	76
含山县	50	1	3	45	1	524	401	15	108
和县	76	4	2	70		253	193	13	47
淮北市	**264**	**7**	**10**	**247**		**1064**	**776**	**94**	**194**
杜集区	65	2	1	62		113	90	11	12
相山区	55	2	3	50		395	308	28	59
烈山区	30		1	29		107	80	9	18
濉溪县	114	3	5	106		449	298	46	105
铜陵市	**175**	**6**	**5**	**155**	**9**	**755**	**590**	**48**	**117**
铜官区	74	4	2	60	8	335	268	15	52
义安区	31		2	28	1	179	153	6	20
郊区	17	1	1	15		55	37	9	9
枞阳县	53	1		52		186	132	18	36
安庆市	**560**	**30**	**45**	**481**	**4**	**4670**	**3786**	**251**	**633**
迎江区	48	4	3	39	2	245	202	16	27
大观区	27	4	1	22		196	166	11	19
宜秀区	60	1	1	58		142	89	14	39
怀宁县	45	3	6	36		347	222	33	92
太湖县	62	2	12	47	1	392	299	34	59
宿松县	59	2	3	54		461	363	27	71
望江县	49	4	3	42		1520	1376	24	120
岳西县	43	2	3	37	1	315	260	11	44
安徽安庆经济开发区	35	1	1	33		129	85	14	30
桐城市	62	3	8	51		437	319	41	77
潜山市	70	4	4	62		486	405	26	55
黄山市	**236**	**6**	**14**	**216**		**1475**	**1183**	**87**	**205**
屯溪区	55	1	5	49		362	283	23	56
黄山区	59			59		199	175	8	16
徽州区	10	1	1	8		82	66	7	9
歙县	57	1	7	49		423	337	24	62
休宁县	18	2		16		243	185	14	44
黟县	28	1	1	26		71	57	2	12
祁门县	9			9		95	80	9	6
滁州市	**814**	**37**	**32**	**740**	**5**	**4429**	**3331**	**325**	**773**
琅琊区	51	5	3	43		266	190	11	65
南谯区	136	3	4	128	1	277	179	21	77
来安县	110	6	3	100	1	676	504	28	144
全椒县	110	1	3	106		792	612	43	137
定远县	136	7	8	119	2	668	457	65	146
凤阳县	94	5	7	82		598	415	66	117
苏滁现代产业园	3			3		18	15		3
滁州经济技术开发区	18		1	17		97	54	13	30
天长市	75	8	2	64	1	533	479	43	11
明光市	81	2	1	78		504	426	35	43

4-4 续表 98

单位：人

地区 性别	水利、环境和公共设施管理业					居民服务、修理和其他服务业			
	小计	水利管理业	生态保护和环境治理业	公共设施管理业	土地管理业	小计	居民服务业	机动车、电子产品和日用产品修理业	其他服务业
阜阳市	**1561**	**28**	**71**	**1461**	**1**	**6834**	**4733**	**482**	**1619**
颍州区	108	4	5	99		626	418	41	167
颍东区	189	5	2	182		475	319	35	121
颍泉区	112	2	3	107		534	363	32	139
临泉县	298	3	25	269	1	1683	1291	127	265
太和县	207		7	200		854	618	66	170
阜南县	100	2	11	87		920	613	67	240
颍上县	461	11	12	438		1255	764	76	415
阜阳合肥现代产业园区	7			7		28	15	1	12
阜阳经济技术开发区	17		1	16		84	68	7	9
界首市	62	1	5	56		375	264	30	81
宿州市	**566**	**7**	**32**	**527**		**3096**	**2234**	**272**	**590**
埇桥区	228	1	12	215		1154	862	84	208
砀山县	45		4	41		334	248	37	49
萧县	93		2	91		565	387	55	123
灵璧县	98	2	5	91		563	407	51	105
泗县	84	4	4	76		405	271	36	98
宿州马鞍山现代产业园区	7		1	6		12	10	2	
宿州经济技术开发区	11		4	7		63	49	7	7
六安市	**666**	**21**	**50**	**594**	**1**	**4311**	**3237**	**255**	**819**
金安区	118	6	7	104	1	927	752	39	136
裕安区	137	4	15	118		709	505	47	157
叶集区	39		1	38		107	77	9	21
霍邱县	97	5	5	87		548	337	56	155
舒城县	114	2	9	103		1004	789	49	166
金寨县	111	4	8	99		480	302	34	144
霍山县	50		5	45		536	475	21	40
亳州市	**778**	**17**	**34**	**726**	**1**	**2599**	**1701**	**226**	**672**
谯城区	234	1	2	231		819	552	53	214
涡阳县	202	3	26	173		605	396	49	160
蒙城县	195	11	6	178		528	358	56	114
利辛县	147	2		144	1	647	395	68	184
池州市	**156**	**5**	**10**	**141**		**1090**	**905**	**53**	**132**
贵池区	83	4	6	73		424	365	25	34
东至县	32		3	29		366	299	8	59
石台县	9			9		47	30	5	12
青阳县	22		1	21		231	196	13	22
池州市国家经济技术开发区	4			4		10	6	1	3
皖江江南新兴产业集中区						1			1
九华山风景区	6	1		5		11	9	1	1
宣城市	**275**	**11**	**12**	**247**	**5**	**2094**	**1672**	**129**	**293**
宣州区	67	4	3	59	1	466	364	41	61
郎溪县	17		1	16		228	181	12	35
泾县	19		1	18		264	229	12	23
绩溪县	18	1	1	16		103	83	2	18
旌德县	10			10		145	128	4	13
宣城市经济开发区	23	3	1	17	2	80	57	6	17
宁国市	56	3	1	52		391	324	22	45
广德市	65		4	59	2	417	306	30	81

4-4 续表 99 单位：人

地区 性别	教育		卫生和社会工作			文化、体育和娱乐业				
	小计	教育	小计	卫生	社会工作	小计	新闻和出版业	广播、电视、电影和录音制作业	文化艺术业	体育
安　徽	**110463**	**110463**	**54460**	**52389**	**2071**	**16449**	**1202**	**2057**	**3422**	**2496**
合肥市	**23814**	**23814**	**10325**	**9996**	**329**	**4553**	**543**	**791**	**838**	**684**
瑶海区	2046	2046	885	855	30	477	46	63	92	76
庐阳区	2093	2093	1128	1105	23	454	67	73	105	61
蜀山区	3738	3738	2287	2233	54	838	153	183	140	102
包河区	4278	4278	1621	1572	49	960	102	196	195	158
长丰县	1416	1416	437	406	31	197	11	19	34	40
肥东县	2026	2026	675	649	26	259	15	36	47	44
肥西县	2164	2164	637	609	28	348	19	61	53	58
庐江县	1300	1300	730	691	39	191	7	18	23	34
合肥高新技术产业开发区	738	738	266	262	4	173	19	41	34	31
合肥经济技术开发区	1655	1655	511	505	6	321	86	61	53	45
合肥新站高新技术产业开发区	971	971	452	435	17	141	6	24	24	20
巢湖市	1389	1389	696	674	22	194	12	16	38	15
芜湖市	**7208**	**7208**	**3639**	**3482**	**157**	**1496**	**85**	**151**	**210**	**262**
镜湖区	1325	1325	1077	1065	12	297	31	47	26	46
弋江区	1186	1186	521	513	8	203	23	18	30	49
鸠江区	920	920	404	390	14	220	8	23	20	22
三山区	276	276	69	66	3	47		3	5	4
芜湖县	604	604	220	205	15	145	1	9	43	21
繁昌县	467	467	221	199	22	90	7	7	14	15
南陵县	733	733	424	386	38	158	5	12	25	28
芜湖经济技术开发区	259	259	69	62	7	75		9	6	11
安徽芜湖长江大桥经济开发区	16	16	8	8		6				
无为市	1422	1422	626	588	38	255	10	23	41	66
蚌埠市	**5286**	**5286**	**2871**	**2800**	**71**	**603**	**28**	**78**	**143**	**91**
龙子湖区	396	396	408	402	6	64	3	12	14	9
蚌山区	372	372	190	186	4	66	3	10	16	8
禹会区	427	427	293	279	14	70	6	9	11	8
淮上区	337	337	161	161		37	2	2	6	7
怀远县	1128	1128	545	532	13	89	3	8	21	14
五河县	660	660	333	319	14	81	1	9	20	15
固镇县	707	707	289	281	8	64	2	1	25	7
蚌埠市高新技术开发区	191	191	74	74		17	2	3	6	1
蚌埠市经济开发区	1068	1068	578	566	12	115	6	24	24	22
淮南市	**4977**	**4977**	**2760**	**2625**	**135**	**635**	**44**	**90**	**115**	**98**
大通区	212	212	135	122	13	31	1	5	4	10
田家庵区	1903	1903	1168	1142	26	229	31	44	47	25
谢家集区	259	259	223	207	16	42	2	7	4	9
八公山区	131	131	96	95	1	35	1	2	4	5
潘集区	244	244	149	132	17	40		2	4	6
凤台县	854	854	374	358	16	72	7	12	13	9
寿县	1374	1374	615	569	46	186	2	18	39	34

4-4　续表 100　　　　单位：人

地　区 性　别	教育		卫生和社会工作			文化、体育和娱乐业				
	小计	教育	小计	卫生	社会工作	小计	新闻和出版业	广播、电视、电影和录音制作业	文化艺术业	体育
马鞍山市	**3677**	**3677**	**1728**	**1640**	**88**	**548**	**51**	**69**	**109**	**83**
花山区	1139	1139	529	503	26	160	19	22	25	23
雨山区	741	741	307	288	19	143	17	20	31	26
博望区	168	168	59	59		23		3		9
当涂县	569	569	304	297	7	81	2	6	22	6
含山县	529	529	252	230	22	90	10	11	22	8
和县	531	531	277	263	14	51	3	7	9	11
淮北市	**3581**	**3581**	**1761**	**1720**	**41**	**400**	**40**	**47**	**89**	**61**
杜集区	343	343	179	174	5	40	1	2	9	4
相山区	1777	1777	891	872	19	208	36	35	31	32
烈山区	285	285	120	118	2	32		2	6	6
濉溪县	1176	1176	571	556	15	120	3	8	43	19
铜陵市	**2368**	**2368**	**1346**	**1293**	**53**	**348**	**41**	**31**	**70**	**49**
铜官区	1216	1216	733	709	24	208	28	19	43	24
义安区	324	324	159	149	10	66	7	4	11	6
郊区	162	162	102	96	6	23	1		5	6
枞阳县	666	666	352	339	13	51	5	8	11	13
安庆市	**8318**	**8318**	**4044**	**3908**	**136**	**1303**	**69**	**116**	**293**	**206**
迎江区	692	692	610	605	5	131	10	10	38	23
大观区	550	550	302	296	6	127	15	13	22	12
宜秀区	258	258	166	162	4	54	2		10	8
怀宁县	918	918	369	353	16	137	4	18	39	17
太湖县	879	879	352	335	17	107	6	13	32	15
宿松县	1298	1298	582	553	29	155	6	7	21	39
望江县	818	818	338	330	8	133	5	9	47	18
岳西县	602	602	306	288	18	74	3	8	14	9
安徽安庆经济开发区	288	288	168	164	4	54	4	1	13	8
桐城市	1062	1062	455	445	10	152	7	20	29	38
潜山市	953	953	396	377	19	179	7	17	28	19
黄山市	**2562**	**2562**	**1517**	**1473**	**44**	**556**	**26**	**65**	**150**	**74**
屯溪区	789	789	532	524	8	255	22	21	71	22
黄山区	222	222	121	108	13	62	1	4	10	15
徽州区	191	191	91	87	4	36		2	14	6
歙县	728	728	418	413	5	107	3	5	34	19
休宁县	293	293	166	160	6	35		6	11	7
黟县	104	104	44	42	2	47		27	8	3
祁门县	235	235	145	139	6	14			2	2
滁州市	**6351**	**6351**	**3395**	**3288**	**107**	**961**	**39**	**113**	**182**	**145**
琅琊区	589	589	376	366	10	107	7	17	18	14
南谯区	681	681	346	337	9	116	6	11	31	12
来安县	555	555	324	313	11	118	3	12	16	24
全椒县	697	697	395	376	19	107	5	7	28	11
定远县	978	978	524	501	23	132	3	21	22	33
凤阳县	930	930	372	364	8	101	8	10	35	9
苏滁现代产业园	8	8	9	9		3		1	1	
滁州经济技术开发区	275	275	114	112	2	38	3	10	9	4
天长市	962	962	520	506	14	133	2	18	15	13
明光市	676	676	415	404	11	106	2	6	7	25

4−4 续表 101　　　　单位：人

地区 性别	教育		卫生和社会工作			文化、体育和娱乐业				
	小计	教育	小计	卫生	社会工作	小计	新闻和出版业	广播、电视、电影和录音制作业	文化艺术业	体育
阜阳市	**12802**	**12802**	**6436**	**6239**	**197**	**1431**	**57**	**123**	**397**	**228**
颍州区	1881	1881	1118	1101	17	160	16	21	37	20
颍东区	1038	1038	439	418	21	98	4	10	24	10
颍泉区	1064	1064	444	424	20	128	5	11	12	20
临泉县	2574	2574	1149	1099	50	369	14	29	145	48
太和县	1712	1712	1059	1042	17	215	5	17	67	40
阜南县	1543	1543	763	733	30	128	4	12	37	25
颍上县	1783	1783	799	782	17	246	5	12	58	50
阜阳合肥现代产业园区	34	34	39	38	1	4			1	
阜阳经济技术开发区	271	271	132	125	7	16	1	5	1	4
界首市	902	902	494	477	17	67	3	6	15	11
宿州市	**8053**	**8053**	**3967**	**3874**	**93**	**828**	**31**	**96**	**236**	**125**
埇桥区	2785	2785	1536	1496	40	368	20	45	93	44
砀山县	1072	1072	555	547	8	76	3	13	17	13
萧县	1428	1428	662	642	20	107	1	16	37	13
灵璧县	1543	1543	666	655	11	148	4	11	48	29
泗县	1041	1041	492	482	10	111	2	9	34	25
宿州马鞍山现代产业园区	68	68	12	12		9		1	4	
宿州经济技术开发区	116	116	44	40	4	9	1	1	3	1
六安市	**7479**	**7479**	**3582**	**3400**	**182**	**928**	**59**	**78**	**163**	**140**
金安区	1660	1660	955	917	38	230	11	14	36	31
裕安区	1582	1582	684	649	35	208	23	16	47	26
叶集区	283	283	121	109	12	23			4	5
霍邱县	1183	1183	541	520	21	110	9	15	21	17
舒城县	1213	1213	610	569	41	167	5	16	24	28
金寨县	896	896	355	340	15	107	5	14	18	23
霍山县	662	662	316	296	20	83	6	3	13	10
亳州市	**7678**	**7678**	**3599**	**3420**	**179**	**759**	**36**	**89**	**256**	**95**
谯城区	2608	2608	1174	1147	27	305	19	42	79	39
涡阳县	1757	1757	741	663	78	162	5	12	69	19
蒙城县	1749	1749	860	812	48	146	8	19	63	13
利辛县	1564	1564	824	798	26	146	4	16	45	24
池州市	**2331**	**2331**	**1254**	**1188**	**66**	**382**	**20**	**38**	**51**	**62**
贵池区	1118	1118	606	579	27	169	14	21	20	28
东至县	684	684	347	326	21	101	3	12	20	19
石台县	138	138	84	78	6	16	2		1	1
青阳县	334	334	204	194	10	72	1	5	7	13
池州市国家经济技术开发区	27	27	5	5		2			2	
皖江江南新兴产业集中区	15	15	1		1	1				
九华山风景区	15	15	7	6	1	21			1	1
宣城市	**3978**	**3978**	**2236**	**2043**	**193**	**718**	**33**	**82**	**120**	**93**
宣州区	1120	1120	611	580	31	216	13	23	41	15
郎溪县	460	460	273	260	13	82	2	4	14	15
泾县	359	359	245	218	27	66	1	9	19	5
绩溪县	206	206	107	96	11	24	1	4	8	6
旌德县	167	167	93	85	8	27		4	5	5
宣城市经济开发区	280	280	106	83	23	41	3	9	9	9
宁国市	649	649	416	367	49	146	5	19	11	23
广德市	737	737	385	354	31	116	8	10	13	15

4-4 续表 102

单位：人

地区 性别	教育		卫生和社会工作			文化、体育和娱乐业				
	小计	教育	小计	卫生	社会工作	小计	新闻和出版业	广播、电视、电影和录音制作业	文化艺术业	体育
男	**44096**	**44096**	**20186**	**19304**	**882**	**9159**	**650**	**1180**	**1850**	**1420**
合肥市	**8898**	**8898**	**3339**	**3220**	**119**	**2479**	**275**	**453**	**425**	**361**
瑶海区	721	721	267	257	10	264	23	34	43	45
庐阳区	692	692	347	341	6	261	33	43	58	32
蜀山区	1356	1356	745	724	21	463	72	107	69	53
包河区	1571	1571	473	454	19	539	46	116	99	93
长丰县	546	546	156	151	5	99	8	12	22	17
肥东县	808	808	221	211	10	140	10	19	22	24
肥西县	874	874	242	230	12	183	6	37	23	25
庐江县	552	552	269	248	21	93	4	10	11	19
合肥高新技术产业开发区	249	249	66	65	1	87	9	17	20	16
合肥经济技术开发区	575	575	156	154	2	180	54	35	25	23
合肥新站高新技术产业开发区	336	336	117	114	3	69	3	14	12	6
巢湖市	618	618	280	271	9	101	7	9	21	8
芜湖市	**2805**	**2805**	**1334**	**1269**	**65**	**828**	**50**	**85**	**115**	**163**
镜湖区	483	483	369	365	4	170	18	28	9	31
弋江区	456	456	181	178	3	111	14	9	16	25
鸠江区	358	358	142	137	5	103	3	14	11	10
三山区	99	99	26	26		25		2	2	4
芜湖县	259	259	82	77	5	68	1	6	15	14
繁昌县	184	184	79	73	6	53	4	4	10	10
南陵县	281	281	148	134	14	84	4	6	17	17
芜湖经济技术开发区	57	57	27	23	4	37		4	4	5
安徽芜湖长江大桥经济开发区	1	1	3	3		4				
无为市	627	627	277	253	24	173	6	12	31	47
蚌埠市	**1980**	**1980**	**1051**	**1018**	**33**	**354**	**21**	**46**	**81**	**56**
龙子湖区	144	144	143	140	3	39	2	4	8	7
蚌山区	137	137	63	61	2	34	3	7	7	4
禹会区	132	132	95	88	7	46	5	5	6	4
淮上区	112	112	56	56		20	2	2	3	3
怀远县	467	467	230	225	5	54	2	2	15	10
五河县	272	272	117	111	6	52	1	8	13	11
固镇县	280	280	106	100	6	36	2	1	13	5
蚌埠市高新技术开发区	60	60	27	27		10	2	2	3	
蚌埠市经济开发区	376	376	214	210	4	63	2	15	13	12
淮南市	**2072**	**2072**	**942**	**875**	**67**	**362**	**27**	**50**	**58**	**66**
大通区	69	69	46	41	5	15		2	2	7
田家庵区	766	766	338	327	11	119	17	22	21	16
谢家集区	95	95	67	63	4	26	1	5	1	9
八公山区	53	53	30	29	1	18	1	1	3	3
潘集区	103	103	60	55	5	19			2	4
凤台县	324	324	133	125	8	45	6	7	9	5
寿县	662	662	268	235	33	120	2	13	20	22

4-4 续表 103 单位：人

地区 性别	教育		卫生和社会工作			文化、体育和娱乐业				
	小计	教育	小计	卫生	社会工作	小计	新闻和出版业	广播、电视、电影和录音制作业	文化艺术业	体育
马鞍山市	**1434**	**1434**	**591**	**562**	**29**	**268**	**32**	**33**	**47**	**43**
花山区	400	400	152	147	5	86	14	14	13	11
雨山区	260	260	85	80	5	60	11	8	10	14
博望区	51	51	25	25		9		2		2
当涂县	247	247	113	111	2	32		2	6	3
含山县	234	234	109	100	9	50	6	5	13	4
和县	242	242	107	99	8	31	1	2	5	9
淮北市	**1355**	**1355**	**608**	**591**	**17**	**225**	**23**	**24**	**58**	**34**
杜集区	106	106	51	49	2	21		2	5	2
相山区	651	651	296	291	5	114	21	17	18	17
烈山区	105	105	37	36	1	14		1	4	2
濉溪县	493	493	224	215	9	76	2	4	31	13
铜陵市	**1031**	**1031**	**460**	**436**	**24**	**177**	**22**	**17**	**31**	**26**
铜官区	468	468	246	236	10	107	16	10	16	16
义安区	138	138	50	47	3	30	3	3	5	3
郊区	79	79	29	27	2	11			4	1
枞阳县	346	346	135	126	9	29	3	4	6	6
安庆市	**3651**	**3651**	**1543**	**1489**	**54**	**688**	**39**	**64**	**153**	**112**
迎江区	265	265	213	209	4	64	7	3	20	10
大观区	219	219	99	97	2	72	8	6	13	6
宜秀区	105	105	51	49	2	21	1		3	5
怀宁县	433	433	138	134	4	71	2	13	17	12
太湖县	426	426	144	139	5	59	2	8	17	10
宿松县	564	564	253	239	14	96	5	3	14	23
望江县	354	354	142	136	6	65	4	5	19	9
岳西县	255	255	131	126	5	39		4	10	3
安徽安庆经济开发区	119	119	50	49	1	27	3	1	5	3
桐城市	479	479	172	168	4	84	3	13	17	21
潜山市	432	432	150	143	7	90	4	8	18	10
黄山市	**1006**	**1006**	**527**	**507**	**20**	**303**	**11**	**53**	**85**	**33**
屯溪区	285	285	176	171	5	127	9	14	39	9
黄山区	85	85	46	39	7	32	1	3	4	6
徽州区	67	67	34	33	1	17		2	9	2
歙县	324	324	137	135	2	70	1	3	24	12
休宁县	98	98	64	62	2	19		6	4	3
黟县	42	42	11	11		35		25	5	1
祁门县	105	105	59	56	3	3				
滁州市	**2800**	**2800**	**1265**	**1228**	**37**	**543**	**17**	**73**	**80**	**84**
琅琊区	219	219	121	121		61	3	9	9	8
南谯区	256	256	125	122	3	62	3	10	11	8
来安县	213	213	129	125	4	70	2	6	9	15
全椒县	332	332	137	131	6	57	2	4	13	7
定远县	485	485	215	206	9	82		16	10	21
凤阳县	446	446	141	138	3	54	5	7	14	6
苏滁现代产业园	2	2	2	2		1		1		
滁州经济技术开发区	113	113	30	29	1	20	1	7	5	1
天长市	404	404	214	209	5	82	1	9	8	8
明光市	330	330	151	145	6	54		4	1	10

4-4　续表 104　　　　单位：人

地区 性别	教育		卫生和社会工作			文化、体育和娱乐业				
	小计	教育	小计	卫生	社会工作	小计	新闻和出版业	广播、电视、电影和录音制作业	文化艺术业	体育
阜阳市	**5213**	**5213**	**2696**	**2618**	**78**	**885**	**30**	**73**	**242**	**138**
颍州区	726	726	427	421	6	94	10	10	20	11
颍东区	361	361	181	173	8	63	3	6	14	6
颍泉区	448	448	212	203	9	72	2	5	7	10
临泉县	1084	1084	515	494	21	233	4	20	87	32
太和县	725	725	436	427	9	140	3	12	46	25
阜南县	646	646	340	332	8	76	2	8	19	15
颍上县	765	765	328	321	7	157	3	7	40	29
阜阳合肥现代产业园区	10	10	15	14	1	3			1	
阜阳经济技术开发区	99	99	43	41	2	8	1	2		3
界首市	349	349	199	192	7	39	2	3	8	7
宿州市	**3148**	**3148**	**1492**	**1452**	**40**	**507**	**18**	**55**	**145**	**75**
埇桥区	1046	1046	525	508	17	218	11	21	51	29
砀山县	418	418	220	216	4	48	2	7	10	11
萧县	552	552	269	262	7	66	1	12	25	6
灵璧县	613	613	267	260	7	91	2	6	31	18
泗县	449	449	191	188	3	72	1	8	22	10
宿州马鞍山现代产业园区	24	24	7	7		6		1	4	
宿州经济技术开发区	46	46	13	11	2	6	1		2	1
六安市	**3192**	**3192**	**1552**	**1447**	**105**	**517**	**42**	**45**	**87**	**81**
金安区	706	706	417	395	22	124	8	8	22	18
裕安区	661	661	296	275	21	120	16	11	24	16
叶集区	105	105	58	50	8	9			1	3
霍邱县	503	503	251	239	12	68	6	11	13	11
舒城县	549	549	255	229	26	92	4	8	12	14
金寨县	386	386	154	146	8	59	4	5	10	11
霍山县	282	282	121	113	8	45	4	2	5	8
亳州市	**3031**	**3031**	**1563**	**1464**	**99**	**480**	**20**	**49**	**167**	**65**
谯城区	941	941	480	465	15	188	8	23	50	27
涡阳县	767	767	339	289	50	108	3	6	48	14
蒙城县	721	721	352	329	23	90	6	11	38	8
利辛县	602	602	392	381	11	94	3	9	31	16
池州市	**989**	**989**	**480**	**452**	**28**	**210**	**7**	**19**	**29**	**34**
贵池区	444	444	233	222	11	88	5	10	13	14
东至县	301	301	130	124	6	58	1	7	12	13
石台县	58	58	37	32	5	8			1	
青阳县	157	157	77	71	6	41	1	2	2	7
池州市国家经济技术开发区	15	15	1	1						
皖江江南新兴产业集中区	7	7				1				
九华山风景区	7	7	2	2		14			1	
宣城市	**1491**	**1491**	**743**	**676**	**67**	**333**	**16**	**41**	**47**	**49**
宣州区	454	454	214	203	11	100	8	9	18	9
郎溪县	164	164	97	89	8	42		2	7	11
泾县	128	128	95	85	10	32	1	8	6	4
绩溪县	83	83	35	31	4	7		3	1	3
旌德县	58	58	40	36	4	14		3	3	1
宣城市经济开发区	118	118	25	18	7	19		4	4	5
宁国市	216	216	118	106	12	67	2	10	4	8
广德市	270	270	119	108	11	52	5	2	4	8

4-4 续表 105 单位：人

地区 性别	教育		卫生和社会工作			文化、体育和娱乐业				
	小计	教育	小计	卫生	社会工作	小计	新闻和出版业	广播、电视、电影和录音制作业	文化艺术业	体育
女	**66367**	**66367**	**34274**	**33085**	**1189**	**7290**	**552**	**877**	**1572**	**1076**
合肥市	**14916**	**14916**	**6986**	**6776**	**210**	**2074**	**268**	**338**	**413**	**323**
瑶海区	1325	1325	618	598	20	213	23	29	49	31
庐阳区	1401	1401	781	764	17	193	34	30	47	29
蜀山区	2382	2382	1542	1509	33	375	81	76	71	49
包河区	2707	2707	1148	1118	30	421	56	80	96	65
长丰县	870	870	281	255	26	98	3	7	12	23
肥东县	1218	1218	454	438	16	119	5	17	25	20
肥西县	1290	1290	395	379	16	165	13	24	30	33
庐江县	748	748	461	443	18	98	3	8	12	15
合肥高新技术产业开发区	489	489	200	197	3	86	10	24	14	15
合肥经济技术开发区	1080	1080	355	351	4	141	32	26	28	22
合肥新站高新技术产业开发区	635	635	335	321	14	72	3	10	12	14
巢湖市	771	771	416	403	13	93	5	7	17	7
芜湖市	**4403**	**4403**	**2305**	**2213**	**92**	**668**	**35**	**66**	**95**	**99**
镜湖区	842	842	708	700	8	127	13	19	17	15
弋江区	730	730	340	335	5	92	9	9	14	24
鸠江区	562	562	262	253	9	117	5	9	9	12
三山区	177	177	43	40	3	22		1	3	
芜湖县	345	345	138	128	10	77		3	28	7
繁昌县	283	283	142	126	16	37	3	3	4	5
南陵县	452	452	276	252	24	74	1	6	8	11
芜湖经济技术开发区	202	202	42	39	3	38		5	2	6
安徽芜湖长江大桥经济开发区	15	15	5	5		2				
无为市	795	795	349	335	14	82	4	11	10	19
蚌埠市	**3306**	**3306**	**1820**	**1782**	**38**	**249**	**7**	**32**	**62**	**35**
龙子湖区	252	252	265	262	3	25	1	8	6	2
蚌山区	235	235	127	125	2	32		3	9	4
禹会区	295	295	198	191	7	24	1	4	5	4
淮上区	225	225	105	105		17			3	4
怀远县	661	661	315	307	8	35	1	6	6	4
五河县	388	388	216	208	8	29		1	7	4
固镇县	427	427	183	181	2	28			12	2
蚌埠市高新技术开发区	131	131	47	47		7		1	3	1
蚌埠市经济开发区	692	692	364	356	8	52	4	9	11	10
淮南市	**2905**	**2905**	**1818**	**1750**	**68**	**273**	**17**	**40**	**57**	**32**
大通区	143	143	89	81	8	16	1	3	2	3
田家庵区	1137	1137	830	815	15	110	14	22	26	9
谢家集区	164	164	156	144	12	16	1	2	3	
八公山区	78	78	66	66		17		1	1	2
潘集区	141	141	89	77	12	21		2	2	2
凤台县	530	530	241	233	8	27	1	5	4	4
寿县	712	712	347	334	13	66		5	19	12

4-4　续表 106　　　　单位：人

地　区 性　别	教育 小计	教育 教育	卫生和社会工作 小计	卫生和社会工作 卫生	卫生和社会工作 社会工作	文化、体育和娱乐业 小计	文化、体育和娱乐业 新闻和出版业	文化、体育和娱乐业 广播、电视、电影和录音制作业	文化、体育和娱乐业 文化艺术业	文化、体育和娱乐业 体育
马鞍山市	**2243**	**2243**	**1137**	**1078**	**59**	**280**	**19**	**36**	**62**	**40**
花山区	739	739	377	356	21	74	5	8	12	12
雨山区	481	481	222	208	14	83	6	12	21	12
博望区	117	117	34	34		14		1		7
当涂县	322	322	191	186	5	49	2	4	16	3
含山县	295	295	143	130	13	40	4	6	9	4
和县	289	289	170	164	6	20	2	5	4	2
淮北市	**2226**	**2226**	**1153**	**1129**	**24**	**175**	**17**	**23**	**31**	**27**
杜集区	237	237	128	125	3	19	1		4	2
相山区	1126	1126	595	581	14	94	15	18	13	15
烈山区	180	180	83	82	1	18		1	2	4
濉溪县	683	683	347	341	6	44	1	4	12	6
铜陵市	**1337**	**1337**	**886**	**857**	**29**	**171**	**19**	**14**	**39**	**23**
铜官区	748	748	487	473	14	101	12	9	27	8
义安区	186	186	109	102	7	36	4	1	6	3
郊区	83	83	73	69	4	12	1		1	5
枞阳县	320	320	217	213	4	22	2	4	5	7
安庆市	**4667**	**4667**	**2501**	**2419**	**82**	**615**	**30**	**52**	**140**	**94**
迎江区	427	427	397	396	1	67	3	7	18	13
大观区	331	331	203	199	4	55	7	7	9	6
宜秀区	153	153	115	113	2	33	1		7	3
怀宁县	485	485	231	219	12	66	2	5	22	5
太湖县	453	453	208	196	12	48	4	5	15	5
宿松县	734	734	329	314	15	59	1	4	7	16
望江县	464	464	196	194	2	68	1	4	28	9
岳西县	347	347	175	162	13	35	3	4	4	6
安徽安庆经济开发区	169	169	118	115	3	27	1		8	5
桐城市	583	583	283	277	6	68	4	7	12	17
潜山市	521	521	246	234	12	89	3	9	10	9
黄山市	**1556**	**1556**	**990**	**966**	**24**	**253**	**15**	**12**	**65**	**41**
屯溪区	504	504	356	353	3	128	13	7	32	13
黄山区	137	137	75	69	6	30		1	6	9
徽州区	124	124	57	54	3	19			5	4
歙县	404	404	281	278	3	37	2	2	10	7
休宁县	195	195	102	98	4	16			7	4
黟县	62	62	33	31	2	12		2	3	2
祁门县	130	130	86	83	3	11			2	2
滁州市	**3551**	**3551**	**2130**	**2060**	**70**	**418**	**22**	**40**	**102**	**61**
琅琊区	370	370	255	245	10	46	4	8	9	6
南谯区	425	425	221	215	6	54	3	1	20	4
来安县	342	342	195	188	7	48	1	6	7	9
全椒县	365	365	258	245	13	50	3	3	15	4
定远县	493	493	309	295	14	50	3	5	12	12
凤阳县	484	484	231	226	5	47	3	3	21	3
苏滁现代产业园	6	6	7	7		2			1	
滁州经济技术开发区	162	162	84	83	1	18	2	3	4	3
天长市	558	558	306	297	9	51	1	9	7	5
明光市	346	346	264	259	5	52	2	2	6	15

4-4 续表 107 单位：人

地区 性别	教育		卫生和社会工作			文化、体育和娱乐业				
	小计	教育	小计	卫生	社会工作	小计	新闻和出版业	广播、电视、电影和录音制作业	文化艺术业	体育
阜阳市	**7589**	**7589**	**3740**	**3621**	**119**	**546**	**27**	**50**	**155**	**90**
颍州区	1155	1155	691	680	11	66	6	11	17	9
颍东区	677	677	258	245	13	35	1	4	10	4
颍泉区	616	616	232	221	11	56	3	6	5	10
临泉县	1490	1490	634	605	29	136	10	9	58	16
太和县	987	987	623	615	8	75	2	5	21	15
阜南县	897	897	423	401	22	52	2	4	18	10
颍上县	1018	1018	471	461	10	89	2	5	18	21
阜阳合肥现代产业园区	24	24	24	24		1				
阜阳经济技术开发区	172	172	89	84	5	8		3	1	1
界首市	553	553	295	285	10	28	1	3	7	4
宿州市	**4905**	**4905**	**2475**	**2422**	**53**	**321**	**13**	**41**	**91**	**50**
埇桥区	1739	1739	1011	988	23	150	9	24	42	15
砀山县	654	654	335	331	4	28	1	6	7	2
萧县	876	876	393	380	13	41		4	12	7
灵璧县	930	930	399	395	4	57	2	5	17	11
泗县	592	592	301	294	7	39	1	1	12	15
宿州马鞍山现代产业园区	44	44	5	5		3				
宿州经济技术开发区	70	70	31	29	2	3		1	1	
六安市	**4287**	**4287**	**2030**	**1953**	**77**	**411**	**17**	**33**	**76**	**59**
金安区	954	954	538	522	16	106	3	6	14	13
裕安区	921	921	388	374	14	88	7	5	23	10
叶集区	178	178	63	59	4	14			3	2
霍邱县	680	680	290	281	9	42	3	4	8	6
舒城县	664	664	355	340	15	75	1	8	12	14
金寨县	510	510	201	194	7	48	1	9	8	12
霍山县	380	380	195	183	12	38	2	1	8	2
亳州市	**4647**	**4647**	**2036**	**1956**	**80**	**279**	**16**	**40**	**89**	**30**
谯城区	1667	1667	694	682	12	117	11	19	29	12
涡阳县	990	990	402	374	28	54	2	6	21	5
蒙城县	1028	1028	508	483	25	56	2	8	25	5
利辛县	962	962	432	417	15	52	1	7	14	8
池州市	**1342**	**1342**	**774**	**736**	**38**	**172**	**13**	**19**	**22**	**28**
贵池区	674	674	373	357	16	81	9	11	7	14
东至县	383	383	217	202	15	43	2	5	8	6
石台县	80	80	47	46	1	8	2			1
青阳县	177	177	127	123	4	31		3	5	6
池州市国家经济技术开发区	12	12	4	4		2			2	
皖江江南新兴产业集中区	8	8	1		1					
九华山风景区	8	8	5	4	1	7				1
宣城市	**2487**	**2487**	**1493**	**1367**	**126**	**385**	**17**	**41**	**73**	**44**
宣州区	666	666	397	377	20	116	5	14	23	6
郎溪县	296	296	176	171	5	40	2	2	7	4
泾县	231	231	150	133	17	34		1	13	1
绩溪县	123	123	72	65	7	17	1	1	7	3
旌德县	109	109	53	49	4	13		1	2	4
宣城市经济开发区	162	162	81	65	16	22	3	5	5	4
宁国市	433	433	298	261	37	79	3	9	7	15
广德市	467	467	266	246	20	64	3	8	9	7

4-4　续表 108

单位：人

地区 性别	娱乐业	公共管理、社会保障和社会组织							国际组织	
		小计	中国共产党机关	国家机构	人民政协、民主党派	社会保障	群众团体、社会团体和其他成员组织	基层群众自治组织	小计	国际组织
安　徽	**7272**	**96562**	**1883**	**70680**	**249**	**413**	**3630**	**19707**	**5**	**5**
合肥市	**1697**	**15539**	**382**	**12006**	**37**	**67**	**703**	**2344**	**2**	**2**
瑶海区	200	1145	36	910	2	5	59	133		
庐阳区	148	1662	18	1444	3	5	51	141		
蜀山区	260	2364	102	1966	9	22	129	136		
包河区	309	2644	61	2100	9	8	161	305	1	1
长丰县	93	1027	32	667	4	6	27	291		
肥东县	117	1335	45	918		6	69	297		
肥西县	157	1305	9	941	3	2	21	329		
庐江县	109	1325	18	1000	1	1	41	264		
合肥高新技术产业开发区	48	352	20	252		3	27	50		
合肥经济技术开发区	76	515	10	412	2	4	25	62	1	1
合肥新站高新技术产业开发区	67	347	10	217		2	39	79		
巢湖市	113	1518	21	1179	4	3	54	257		
芜湖市	**788**	**5656**	**76**	**4465**	**17**	**17**	**102**	**979**		
镜湖区	147	1238	9	1126	8		24	71		
弋江区	83	690	3	611		3	13	60		
鸠江区	147	638	15	476	2	4	7	134		
三山区	35	161	2	103		1	4	51		
芜湖县	71	525	6	408	3		8	100		
繁昌县	47	514	20	419	1	2	6	66		
南陵县	88	689	2	464	1	1	19	202		
芜湖经济技术开发区	49	131		97			4	30		
安徽芜湖长江大桥经济开发区	6	20		12				8		
无为市	115	1050	19	749	2	6	17	257		
蚌埠市	**263**	**4236**	**76**	**3037**	**13**	**23**	**115**	**972**		
龙子湖区	26	276	4	213		3	4	52		
蚌山区	29	336	6	281		3	13	33		
禹会区	36	303	7	211	1	2	12	70		
淮上区	20	190	2	114		1	5	68		
怀远县	43	895	8	517	1	2	34	333		
五河县	36	616	4	415	3	4	19	171		
固镇县	29	523	12	338	1	2	6	164		
蚌埠市高新技术开发区	5	122	2	104	1	1	5	9		
蚌埠市经济开发区	39	975	31	844	6	5	17	72		
淮南市	**288**	**4004**	**85**	**3080**	**11**	**28**	**67**	**733**		
大通区	11	195	2	140	1		4	48		
田家庵区	82	1528	47	1319	5	9	33	115		
谢家集区	20	184	1	129			2	52		
八公山区	23	147	3	115	1		1	27		
潘集区	28	189	2	95			1	91		
凤台县	31	799	9	579	3	11	9	188		
寿县	93	962	21	703	1	8	17	212		

4-4 续表 109

单位：人

地区 性别	娱乐业	公共管理、社会保障和社会组织							国际组织	
		小计	中国共产党机关	国家机构	人民政协、民主党派	社会保障	群众团体、社会团体和其他成员组织	基层群众自治组织	小计	国际组织
马鞍山市	**236**	**3847**	**99**	**2965**	**21**	**11**	**161**	**590**		
花山区	71	1028	18	855	8	2	37	108		
雨山区	49	718	25	573	8		32	80		
博望区	11	133	2	83	1		8	39		
当涂县	45	696	36	465	1	2	45	147		
含山县	39	574	9	447	2	5	32	79		
和县	21	698	9	542	1	2	7	137		
淮北市	**163**	**3088**	**29**	**2367**	**7**	**8**	**51**	**626**		
杜集区	24	256	1	177	2		5	71		
相山区	74	1668	17	1458	2	4	22	165		
烈山区	18	189	4	112		2	11	60		
濉溪县	47	975	7	620	3	2	13	330		
铜陵市	**157**	**2661**	**34**	**2055**	**9**	**2**	**55**	**506**		
铜官区	94	1338	26	1161	6	1	32	112		
义安区	38	401	6	303	1		5	86		
郊区	11	226		145			5	76		
枞阳县	14	696	2	446	2	1	13	232		
安庆市	**619**	**7534**	**181**	**5259**	**16**	**52**	**700**	**1326**	**2**	**2**
迎江区	50	858	22	748	3	11	26	48		
大观区	65	502	16	418	1	3	20	44		
宜秀区	34	249	12	172		1	12	52		
怀宁县	59	687	15	419	1	11	98	143		
太湖县	41	788	15	572	1	5	48	147		
宿松县	82	1225	7	713		7	285	213		
望江县	54	616	12	419	2	2	32	149	1	1
岳西县	40	736	17	504	1	3	74	137		
安徽安庆经济开发区	28	278	10	211	2	1	18	36		
桐城市	58	829	44	550	3	5	53	174	1	1
潜山市	108	766	11	533	2	3	34	183		
黄山市	**241**	**3838**	**71**	**3074**	**10**	**12**	**83**	**588**		
屯溪区	119	1096	30	958	4	4	31	69		
黄山区	32	517	8	423	1	2	6	77		
徽州区	14	262	3	184	2		3	70		
歙县	46	636	9	508	2	2	22	93		
休宁县	11	481	11	372			8	90		
黟县	9	382	9	263	1		5	104		
祁门县	10	464	1	366		4	8	85		
滁州市	**482**	**6327**	**139**	**4831**	**12**	**21**	**217**	**1107**		
琅琊区	51	690	23	595	2		15	55		
南谯区	56	692	31	519		5	44	93		
来安县	63	661	5	484		2	12	158		
全椒县	56	664	14	508	2	3	21	116		
定远县	53	956	13	685	2		35	221		
凤阳县	39	785	10	600	1		5	169		
苏滁现代产业园	1	6		5				1		
滁州经济技术开发区	12	251	17	205	1		10	18		
天长市	85	924	16	704	2	6	58	138		
明光市	66	698	10	526	2	5	17	138		

4-4 续表 110

单位：人

地区 性别	娱乐业	公共管理、社会保障和社会组织						国际组织	
		小计	中国共产党机关	国家机构	人民政协、民主党派	社会保障	群众团体、社会团体和其他成员组织	基层群众自治组织	小计	国际组织
阜阳市	**626**	**10873**	**225**	**6676**	**15**	**58**	**604**	**3295**	**1**	**1**
颍州区	66	1938	27	1598	9	12	31	261		
颍东区	50	898	3	412		5	52	426		
颍泉区	80	883	10	575		2	43	253		
临泉县	133	1878	36	976	2	9	244	611	1	1
太和县	86	1293	100	770		5	47	371		
阜南县	50	1041	21	691	2	9	73	245		
颍上县	121	1634	15	898	1	12	88	620		
阜阳合肥现代产业园区	3	30	2	8	1		4	15		
阜阳经济技术开发区	5	232	1	197			4	30		
界首市	32	1046	10	551		4	18	463		
宿州市	**340**	**7057**	**82**	**5155**	**14**	**25**	**164**	**1617**		
埇桥区	166	2746	10	2157	4	5	58	512		
砀山县	30	916	27	677	4	3	8	197		
萧县	40	1232	10	834		4	19	365		
灵璧县	56	1161	12	797	3	7	27	315		
泗县	41	866	23	593	3	6	45	196		
宿州马鞍山现代产业园区	4	49		26			2	21		
宿州经济技术开发区	3	87		71			5	11		
六安市	**488**	**6752**	**128**	**4844**	**18**	**51**	**218**	**1493**		
金安区	138	1363	38	1017	3	4	46	255		
裕安区	96	1336	27	1021	3	7	40	238		
叶集区	14	303	7	210		2	8	76		
霍邱县	48	991	17	654	1	15	53	251		
舒城县	94	1162	12	756	5	12	36	341		
金寨县	47	928	10	649	4	8	27	230		
霍山县	51	669	17	537	2	3	8	102		
亳州市	**283**	**6771**	**114**	**4474**	**13**	**13**	**136**	**2021**		
谯城区	126	2277	47	1531	9	2	22	666		
涡阳县	57	1477	44	1005	1	1	25	401		
蒙城县	43	1498	6	996	3	7	35	451		
利辛县	57	1519	17	942		3	54	503		
池州市	**211**	**2916**	**45**	**2210**	**16**	**12**	**105**	**528**		
贵池区	86	1376	13	1107	9	6	36	205		
东至县	47	604	10	403	2	5	31	153		
石台县	12	305	8	249	2			46		
青阳县	46	543	13	378	3	1	33	115		
池州市国家经济技术开发区		30	1	28				1		
皖江江南新兴产业集中区	1	3		3						
九华山风景区	19	55		42			5	8		
宣城市	**390**	**5463**	**117**	**4182**	**20**	**13**	**149**	**982**		
宣州区	124	1461	31	1131	8	2	48	241		
郎溪县	47	681	15	525	1	1	17	122		
泾县	32	633	6	464	4		18	141		
绩溪县	5	368	13	299	1	2	4	49		
旌德县	13	423	7	315	2		14	85		
宣城市经济开发区	11	262	9	212		2	7	32		
宁国市	88	757	11	581	2	3	19	141		
广德市	70	878	25	655	2	3	22	171		

4-4 续表 111 单位：人

地区 性别	娱乐业	公共管理、社会保障和社会组织							国际组织	
		小计	中国共产党机关	国家机构	人民政协、民主党派	社会保障	群众团体、社会团体和其他成员组织	基层群众自治组织	小计	国际组织
男	**4059**	**64613**	**1336**	**49407**	**187**	**200**	**2143**	**11340**	**3**	**3**
合肥市	**965**	**10208**	**255**	**8192**	**25**	**27**	**364**	**1345**	**1**	**1**
瑶海区	119	777	26	635	1	3	32	80		
庐阳区	95	1106	14	1002	2	2	22	64		
蜀山区	162	1458	70	1263	4	9	54	58		
包河区	185	1627	35	1350	6	4	86	146	1	1
长丰县	40	681	22	442	2	1	18	196		
肥东县	65	874	33	654		2	26	159		
肥西县	92	870	4	657	3		16	190		
庐江县	49	979	12	764	1		22	180		
合肥高新技术产业开发区	25	210	16	159		2	17	16		
合肥经济技术开发区	43	327	2	276	2	2	10	35		
合肥新站高新技术产业开发区	34	225	8	151		2	20	44		
巢湖市	56	1074	13	839	4		41	177		
芜湖市	**415**	**3840**	**51**	**3144**	**11**	**6**	**56**	**572**		
镜湖区	84	829	7	773	6		14	29		
弋江区	47	458		418		2	8	30		
鸠江区	65	410	8	327		1	3	71		
三山区	17	110	1	78		1	1	29		
芜湖县	32	356	5	282	2		4	63		
繁昌县	25	361	14	299	1		4	43		
南陵县	40	462	2	330	1	1	9	119		
芜湖经济技术开发区	24	88		71			3	14		
安徽芜湖长江大桥经济开发区	4	13		8				5		
无为市	77	753	14	558	1	1	10	169		
蚌埠市	**150**	**2799**	**49**	**2125**	**9**	**13**	**73**	**530**		
龙子湖区	18	184	2	156		2	2	22		
蚌山区	13	198	4	176		3	8	7		
禹会区	26	187	4	153		1	6	23		
淮上区	10	116		80			4	32		
怀远县	25	629	4	385	1	1	23	215		
五河县	19	422	3	305	1	3	13	97		
固镇县	15	369	8	248	1	1	4	107		
蚌埠市高新技术开发区	3	79	2	65	1	1	5	5		
蚌埠市经济开发区	21	615	22	557	5	1	8	22		
淮南市	**161**	**2593**	**63**	**2059**	**10**	**12**	**38**	**411**		
大通区	4	107	1	82	1		1	22		
田家庵区	43	930	33	821	4	6	21	45		
谢家集区	10	116		84			2	30		
八公山区	10	74	1	69	1			3		
潘集区	13	116	2	56				58		
凤台县	18	543	7	409	3	3	4	117		
寿县	63	707	19	538	1	3	10	136		

4-4 续表 112

单位：人

地区 性别	娱乐业	公共管理、社会保障和社会组织						国际组织	
		小计	中国共产党机关	国家机构	人民政协、民主党派	社会保障	群众团体、社会团体和其他成员组织	基层群众自治组织	小计	国际组织
马鞍山市	**113**	**2493**	**66**	**2010**	**14**	**5**	**85**	**313**		
花山区	34	604	10	551	4	1	12	26		
雨山区	17	433	12	368	6		15	32		
博望区	5	84	1	53	1		4	25		
当涂县	21	486	27	336	1		31	91		
含山县	22	402	9	318	2	4	19	50		
和县	14	484	7	384			4	89		
淮北市	**86**	**1981**	**18**	**1560**	**5**	**4**	**27**	**367**		
杜集区	12	160	1	116	1		4	38		
相山区	41	1044	11	918	1	2	9	103		
烈山区	7	130	2	81		1	6	40		
濉溪县	26	647	4	445	3	1	8	186		
铜陵市	**81**	**1795**	**22**	**1444**	**8**	**2**	**29**	**290**		
铜官区	49	874	17	781	5	1	14	56		
义安区	16	279	4	219	1		3	52		
郊区	6	153		101			3	49		
枞阳县	10	489	1	343	2	1	9	133		
安庆市	**320**	**5323**	**130**	**3776**	**13**	**24**	**507**	**873**	**1**	**1**
迎江区	24	589	16	527	3	2	17	24		
大观区	39	313	8	274		2	9	20		
宜秀区	12	149	7	93		1	7	41		
怀宁县	27	467	13	293	1	5	57	98		
太湖县	22	575	12	431	1	2	32	97		
宿松县	51	976	7	547		5	269	148		
望江县	28	434	10	299	1	2	23	99	1	1
岳西县	22	506	13	365	1	1	35	91		
安徽安庆经济开发区	15	192	8	147	2		9	26		
桐城市	30	567	30	395	2	2	27	111		
潜山市	50	555	6	405	2	2	22	118		
黄山市	**121**	**2491**	**48**	**2034**	**8**	**6**	**48**	**347**		
屯溪区	56	673	20	590	3	1	19	40		
黄山区	18	343	5	291	1	1	3	42		
徽州区	4	152	1	109	1		3	38		
歙县	30	435	6	352	2		10	65		
休宁县	6	322	8	251			6	57		
黟县	4	241	7	179	1		3	51		
祁门县	3	325	1	262		4	4	54		
滁州市	**289**	**4283**	**102**	**3396**	**11**	**10**	**141**	**623**		
琅琊区	32	466	20	412	1		6	27		
南谯区	30	423	21	332		3	24	43		
来安县	38	436	4	337			4	91		
全椒县	31	443	9	349	2	1	11	71		
定远县	35	707	11	523	2		24	147		
凤阳县	22	515	4	411	1		3	96		
苏滁现代产业园		3		2				1		
滁州经济技术开发区	6	159	10	130	1		8	10		
天长市	56	667	13	521	2	4	50	77		
明光市	39	464	10	379	2	2	11	60		

4-4 续表 113

单位：人

地区 性别	娱乐业	公共管理、社会保障和社会组织							国际组织	
		小计	中国共产党机关	国家机构	人民政协、民主党派	社会保障	群众团体、社会团体和其他成员组织	基层群众自治组织	小计	国际组织
阜阳市	**402**	**7157**	**172**	**4736**	**9**	**31**	**329**	**1880**	**1**	**1**
颍州区	43	1268	22	1078	6	6	15	141		
颍东区	34	518	1	293		4	18	202		
颍泉区	48	552	4	399		2	22	125		
临泉县	90	1255	30	731	2	3	142	347	1	1
太和县	54	882	78	542		3	27	232		
阜南县	32	740	14	516		6	39	165		
颍上县	78	1093	13	647		6	48	379		
阜阳合肥现代产业园区	2	22	1	7	1		4	9		
阜阳经济技术开发区	2	171		146			3	22		
界首市	19	656	9	377		1	11	258		
宿州市	**214**	**4659**	**64**	**3607**	**11**	**11**	**87**	**879**		
埇桥区	106	1777	8	1464	3	2	41	259		
砀山县	18	648	20	496	3	1	5	123		
萧县	22	773	8	584			5	176		
灵璧县	34	766	8	560	3	5	10	180		
泗县	31	612	20	435	2	3	24	128		
宿州马鞍山现代产业园区	1	32		21			1	10		
宿州经济技术开发区	2	51		47			1	3		
六安市	**262**	**4632**	**91**	**3511**	**14**	**28**	**131**	**857**		
金安区	68	907	25	693	1	3	30	155		
裕安区	53	899	19	722	3	4	22	129		
叶集区	5	219	6	162		2	7	42		
霍邱县	27	704	14	488	1	8	34	159		
舒城县	54	803	10	577	4	4	22	186		
金寨县	29	644	5	485	3	5	11	135		
霍山县	26	456	12	384	2	2	5	51		
亳州市	**179**	**4821**	**89**	**3399**	**13**	**9**	**79**	**1232**		
谯城区	80	1584	38	1144	9	1	18	374		
涡阳县	37	1117	31	777	1	1	16	291		
蒙城县	27	1060	5	765	3	5	16	266		
利辛县	35	1060	15	713		2	29	301		
池州市	**121**	**1955**	**31**	**1552**	**11**	**5**	**65**	**291**		
贵池区	46	915	8	778	7	2	20	100		
东至县	25	392	7	277	2	2	18	86		
石台县	7	198	4	168	1			25		
青阳县	29	384	11	274	1	1	23	74		
池州市国家经济技术开发区		21	1	20						
皖江江南新兴产业集中区	1	3		3						
九华山风景区	13	42		32			4	6		
宣城市	**180**	**3583**	**85**	**2862**	**15**	**7**	**84**	**530**		
宣州区	56	973	26	777	6	2	25	137		
郎溪县	22	447	8	365	1		7	66		
泾县	13	414	6	318	4		16	70		
绩溪县		254	7	214	1		3	29		
旌德县	7	282	5	215	1		8	53		
宣城市经济开发区	6	157	6	136		1	1	13		
宁国市	43	480	7	393	1	2	10	67		
广德市	33	576	20	444	1	2	14	95		

4-4 续表 114 单位：人

地区 性别	娱乐业	公共管理、社会保障和社会组织 小计	中国共产党机关	国家机构	人民政协、民主党派	社会保障	群众团体、社会团体和其他成员组织	基层群众自治组织	国际组织 小计	国际组织
女	**3213**	**31949**	**547**	**21273**	**62**	**213**	**1487**	**8367**	**2**	**2**
合肥市	**732**	**5331**	**127**	**3814**	**12**	**40**	**339**	**999**	**1**	**1**
瑶海区	81	368	10	275	1	2	27	53		
庐阳区	53	556	4	442	1	3	29	77		
蜀山区	98	906	32	703	5	13	75	78		
包河区	124	1017	26	750	3	4	75	159		
长丰县	53	346	10	225	2	5	9	95		
肥东县	52	461	12	264		4	43	138		
肥西县	65	435	5	284		2	5	139		
庐江县	60	346	6	236		1	19	84		
合肥高新技术产业开发区	23	142	4	93		1	10	34		
合肥经济技术开发区	33	188	8	136		2	15	27	1	1
合肥新站高新技术产业开发区	33	122	2	66			19	35		
巢湖市	57	444	8	340		3	13	80		
芜湖市	**373**	**1816**	**25**	**1321**	**6**	**11**	**46**	**407**		
镜湖区	63	409	2	353	2		10	42		
弋江区	36	232	3	193		1	5	30		
鸠江区	82	228	7	149	2	3	4	63		
三山区	18	51	1	25			3	22		
芜湖县	39	169	1	126	1		4	37		
繁昌县	22	153	6	120		2	2	23		
南陵县	48	227		134			10	83		
芜湖经济技术开发区	25	43		26			1	16		
安徽芜湖长江大桥经济开发区	2	7		4				3		
无为市	38	297	5	191	1	5	7	88		
蚌埠市	**113**	**1437**	**27**	**912**	**4**	**10**	**42**	**442**		
龙子湖区	8	92	2	57		1	2	30		
蚌山区	16	138	2	105			5	26		
禹会区	10	116	3	58	1	1	6	47		
淮上区	10	74	2	34		1	1	36		
怀远县	18	266	4	132		1	11	118		
五河县	17	194	1	110	2	1	6	74		
固镇县	14	154	4	90		1	2	57		
蚌埠市高新技术开发区	2	43		39				4		
蚌埠市经济开发区	18	360	9	287	1	4	9	50		
淮南市	**127**	**1411**	**22**	**1021**	**1**	**16**	**29**	**322**		
大通区	7	88	1	58			3	26		
田家庵区	39	598	14	498	1	3	12	70		
谢家集区	10	68	1	45				22		
八公山区	13	73	2	46			1	24		
潘集区	15	73		39			1	33		
凤台县	13	256	2	170		8	5	71		
寿县	30	255	2	165		5	7	76		

4-4 续表 115 单位：人

地区 性别	娱乐业	公共管理、社会保障和社会组织						国际组织	
		小计	中国共产党机关	国家机构	人民政协、民主党派	社会保障	群众团体、社会团体和其他成员组织	基层群众自治组织	小计	国际组织
马鞍山市	**123**	**1354**	**33**	**955**	**7**	**6**	**76**	**277**		
花山区	37	424	8	304	4	1	25	82		
雨山区	32	285	13	205	2		17	48		
博望区	6	49	1	30			4	14		
当涂县	24	210	9	129		2	14	56		
含山县	17	172		129		1	13	29		
和县	7	214	2	158	1	2	3	48		
淮北市	**77**	**1107**	**11**	**807**	**2**	**4**	**24**	**259**		
杜集区	12	96		61	1		1	33		
相山区	33	624	6	540	1	2	13	62		
烈山区	11	59	2	31		1	5	20		
濉溪县	21	328	3	175		1	5	144		
铜陵市	**76**	**866**	**12**	**611**	**1**		**26**	**216**		
铜官区	45	464	9	380	1		18	56		
义安区	22	122	2	84			2	34		
郊区	5	73		44			2	27		
枞阳县	4	207	1	103			4	99		
安庆市	**299**	**2211**	**51**	**1483**	**3**	**28**	**193**	**453**	**1**	**1**
迎江区	26	269	6	221		9	9	24		
大观区	26	189	8	144	1	1	11	24		
宜秀区	22	100	5	79			5	11		
怀宁县	32	220	2	126		6	41	45		
太湖县	19	213	3	141		3	16	50		
宿松县	31	249		166		2	16	65		
望江县	26	182	2	120	1		9	50		
岳西县	18	230	4	139		2	39	46		
安徽安庆经济开发区	13	86	2	64		1	9	10		
桐城市	28	262	14	155	1	3	26	63	1	1
潜山市	58	211	5	128		1	12	65		
黄山市	**120**	**1347**	**23**	**1040**	**2**	**6**	**35**	**241**		
屯溪区	63	423	10	368	1	3	12	29		
黄山区	14	174	3	132		1	3	35		
徽州区	10	110	2	75	1			32		
歙县	16	201	3	156		2	12	28		
休宁县	5	159	3	121			2	33		
黟县	5	141	2	84			2	53		
祁门县	7	139		104			4	31		
滁州市	**193**	**2044**	**37**	**1435**	**1**	**11**	**76**	**484**		
琅琊区	19	224	3	183	1		9	28		
南谯区	26	269	10	187		2	20	50		
来安县	25	225	1	147		2	8	67		
全椒县	25	221	5	159		2	10	45		
定远县	18	249	2	162			11	74		
凤阳县	17	270	6	189			2	73		
苏滁现代产业园	1	3		3						
滁州经济技术开发区	6	92	7	75			2	8		
天长市	29	257	3	183		2	8	61		
明光市	27	234		147		3	6	78		

4-4　续表 116　　　　单位：人

地区 性别	娱乐业	公共管理、社会保障和社会组织							国际组织	
		小计	中国共产党机关	国家机构	人民政协、民主党派	社会保障	群众团体、社会团体和其他成员组织	基层群众自治组织	小计	国际组织
阜阳市	**224**	**3716**	**53**	**1940**	**6**	**27**	**275**	**1415**		
颍州区	23	670	5	520	3	6	16	120		
颍东区	16	380	2	119		1	34	224		
颍泉区	32	331	6	176			21	128		
临泉县	43	623	6	245		6	102	264		
太和县	32	411	22	228		2	20	139		
阜南县	18	301	7	175	2	3	34	80		
颍上县	43	541	2	251	1	6	40	241		
阜阳合肥现代产业园区	1	8	1	1				6		
阜阳经济技术开发区	3	61	1	51			1	8		
界首市	13	390	1	174		3	7	205		
宿州市	**126**	**2398**	**18**	**1548**	**3**	**14**	**77**	**738**		
埇桥区	60	969	2	693	1	3	17	253		
砀山县	12	268	7	181	1	2	3	74		
萧县	18	459	2	250		4	14	189		
灵璧县	22	395	4	237		2	17	135		
泗县	10	254	3	158	1	3	21	68		
宿州马鞍山现代产业园区	3	17		5			1	11		
宿州经济技术开发区	1	36		24			4	8		
六安市	**226**	**2120**	**37**	**1333**	**4**	**23**	**87**	**636**		
金安区	70	456	13	324	2	1	16	100		
裕安区	43	437	8	299		3	18	109		
叶集区	9	84	1	48			1	34		
霍邱县	21	287	3	166		7	19	92		
舒城县	40	359	2	179	1	8	14	155		
金寨县	18	284	5	164	1	3	16	95		
霍山县	25	213	5	153		1	3	51		
亳州市	**104**	**1950**	**25**	**1075**		**4**	**57**	**789**		
谯城区	46	693	9	387		1	4	292		
涡阳县	20	360	13	228			9	110		
蒙城县	16	438	1	231		2	19	185		
利辛县	22	459	2	229		1	25	202		
池州市	**90**	**961**	**14**	**658**	**5**	**7**	**40**	**237**		
贵池区	40	461	5	329	2	4	16	105		
东至县	22	212	3	126		3	13	67		
石台县	5	107	4	81	1			21		
青阳县	17	159	2	104	2		10	41		
池州市国家经济技术开发区		9		8				1		
皖江江南新兴产业集中区										
九华山风景区	6	13		10			1	2		
宣城市	**210**	**1880**	**32**	**1320**	**5**	**6**	**65**	**452**		
宣州区	68	488	5	354	2		23	104		
郎溪县	25	234	7	160		1	10	56		
泾县	19	219		146			2	71		
绩溪县	5	114	6	85		2	1	20		
旌德县	6	141	2	100	1		6	32		
宣城市经济开发区	5	105	3	76		1	6	19		
宁国市	45	277	4	188	1	1	9	74		
广德市	37	302	5	211	1	1	8	76		

4-4a 各地区分性别、行业大类的就业人口(城市)

单位：人

地区 性别	合计	农、林、牧、渔业						采矿业	
		小计	农业	林业	畜牧业	渔业	农、林、牧、渔专业及辅助性活动	小计	煤炭开采和洗选业
安　徽	**683646**	**13122**	**9954**	**688**	**1206**	**636**	**638**	**11471**	**9015**
合肥市	**189058**	**1230**	**803**	**112**	**111**	**79**	**125**	**180**	**33**
瑶海区	36150	363	260	34	26	14	29	20	4
庐阳区	28147	132	73	14	20	12	13	21	5
蜀山区	44681	156	79	28	17	8	24	31	6
包河区	58429	311	213	20	19	10	49	67	14
长丰县									
肥东县									
肥西县	3022	9	3	1	2	2	1	1	
庐江县									
合肥高新技术产业开发区									
合肥经济技术开发区									
合肥新站高新技术产业开发区	2977	28	12	6	5	4	1	5	
巢湖市	15652	231	163	9	22	29	8	35	4
芜湖市	**62175**	**1036**	**759**	**87**	**65**	**100**	**25**	**27**	**4**
镜湖区	19177	63	42	4	6	8	3	6	2
弋江区	15962	232	167	11	13	31	10	6	
鸠江区	14261	253	206	26	8	12	1	8	
三山区	4618	169	136	6	5	15	7	2	1
芜湖县	462	85	60	23	2			1	
繁昌县									
南陵县									
芜湖经济技术开发区	90	17	10	7					
安徽芜湖长江大桥经济开发区									
无为市	7605	217	138	10	31	34	4	4	1
蚌埠市	**24558**	**549**	**461**	**12**	**41**	**21**	**14**	**18**	**4**
龙子湖区	5783	93	69	3	13	6	2	4	1
蚌山区	5453	38	27	1	4	3	3	4	1
禹会区	7405	75	63	1	5	5	1	5	
淮上区	5917	343	302	7	19	7	8	5	2
怀远县									
五河县									
固镇县									
蚌埠市高新技术开发区									
蚌埠市经济开发区									
淮南市	**37047**	**1158**	**1024**	**6**	**75**	**44**	**9**	**4697**	**4630**
大通区	1436	17	13		4			88	87
田家庵区	24163	329	272	6	31	13	7	2190	2160
谢家集区	5212	116	95		11	10		1091	1080
八公山区	3715	368	347		16	4	1	834	817
潘集区	2521	328	297		13	17	1	494	486
凤台县									
寿县									

4-4a　续表 1　　　　单位：人

地区 性别	合计	农、林、牧、渔业						采矿业	
		小计	农业	林业	畜牧业	渔业	农、林、牧、渔专业及辅助性活动	小计	煤炭开采和洗选业
马鞍山市	**33832**	**327**	**208**	**29**	**32**	**28**	**30**	**465**	**7**
花山区	17713	84	45	18	9	7	5	236	4
雨山区	12703	71	44	9	9	4	5	228	3
博望区	3416	172	119	2	14	17	20	1	
当涂县									
含山县									
和县									
淮北市	**29215**	**1358**	**1151**	**14**	**146**	**24**	**23**	**3570**	**3359**
杜集区	5057	376	325	1	36	10	4	725	675
相山区	18542	140	93	4	31	5	7	1821	1761
烈山区	3462	414	383	8	17	5	1	551	538
濉溪县	2154	428	350	1	62	4	11	473	385
铜陵市	**23293**	**258**	**175**	**18**	**27**	**22**	**16**	**805**	**4**
铜官区	17742	105	69	6	11	16	3	615	3
义安区	3857	126	88	8	16	3	11	133	1
郊区	1694	27	18	4		3	2	57	
枞阳县									
安庆市	**51565**	**1729**	**1353**	**84**	**125**	**68**	**99**	**129**	**6**
迎江区	10980	98	64	7	6	7	14	43	3
大观区	6615	48	25	3	9	7	4	33	1
宜秀区	5998	175	124	10	12	14	15	10	
怀宁县									
太湖县									
宿松县									
望江县	5226	433	362	11	39	15	6	2	
岳西县									
安徽安庆经济开发区	36								
桐城市	14634	402	307	22	26	16	31	35	1
潜山市	8076	573	471	31	33	9	29	6	1
黄山市	**18022**	**317**	**216**	**17**	**54**	**9**	**21**	**10**	
屯溪区	11819	170	126	6	22	3	13	5	
黄山区	2985	72	47	9	12		4	1	
徽州区	2826	36	12		17	4	3	4	
歙县	180	28	21	2	3	2			
休宁县	212	11	10				1		
黟县									
祁门县									
滁州市	**41137**	**1727**	**1413**	**85**	**79**	**85**	**65**	**217**	
琅琊区	11729	408	312	28	35	17	16	99	
南谯区	8698	109	47	18	5	20	19	9	
来安县									
全椒县									
定远县									
凤阳县									
苏滁现代产业园									
滁州经济技术开发区									
天长市	12274	465	386	19	10	35	15	105	
明光市	8436	745	668	20	29	13	15	4	

4-4a 续表 2　　　　单位：人

地区 性别	合计	农、林、牧、渔业						采矿业	
		小计	农业	林业	畜牧业	渔业	农、林、牧、渔专业及辅助性活动	小计	煤炭开采和洗选业
阜阳市	**39466**	**716**	**472**	**58**	**114**	**28**	**44**	**26**	**6**
颍州区	16672	211	128	26	29	7	21	11	2
颍东区	7238	86	44		30	3	9	8	3
颍泉区	8506	265	184	23	29	17	12	5	
临泉县									
太和县									
阜南县									
颍上县									
阜阳合肥现代产业园区									
阜阳经济技术开发区									
界首市	7050	154	116	9	26	1	2	2	1
宿州市	**24739**	**457**	**372**	**17**	**44**	**8**	**16**	**1027**	**946**
埇桥区	24482	390	309	17	40	8	16	1022	943
砀山县									
萧县	257	67	63		4			5	3
灵璧县									
泗县									
宿州马鞍山现代产业园区									
宿州经济技术开发区									
六安市	**32937**	**489**	**351**	**18**	**64**	**25**	**31**	**50**	**5**
金安区	15157	213	154	5	22	8	24	22	2
裕安区	14376	124	87	3	23	5	6	23	3
叶集区	3084	95	63	10	18	3	1	5	
霍邱县	86	24	16		1	7			
舒城县	234	33	31			2			
金寨县									
霍山县									
亳州市	**23121**	**366**	**286**	**5**	**38**	**17**	**20**	**3**	**2**
谯城区	22913	356	282	5	33	17	19	3	2
涡阳县									
蒙城县									
利辛县	208	10	4		5		1		
池州市	**16253**	**298**	**212**	**8**	**28**	**39**	**11**	**158**	**2**
贵池区	14985	281	202	7	23	38	11	148	2
东至县									
石台县									
青阳县									
池州市国家经济技术开发区	688	14	10	1	3			10	
皖江江南新兴产业集中区	580	3			2	1			
九华山风景区									
宣城市	**37228**	**1107**	**698**	**118**	**163**	**39**	**89**	**89**	**7**
宣州区	11574	296	222	17	35	13	9	32	4
郎溪县									
泾县									
绩溪县									
旌德县									
宣城市经济开发区									
宁国市	12693	141	87	16	20	4	14	24	1
广德市	12961	670	389	85	108	22	66	33	2

4-4a　续表 3　　　　单位：人

地区 性别	合计	农、林、牧、渔业						采矿业	
		小计	农业	林业	畜牧业	渔业	农、林、牧、渔专业及辅助性活动	小计	煤炭开采和洗选业
男	**410965**	**7685**	**5390**	**516**	**827**	**501**	**451**	**10113**	**8126**
合肥市	**111689**	**804**	**489**	**80**	**83**	**60**	**92**	**132**	**26**
瑶海区	21869	228	161	23	16	11	17	16	3
庐阳区	16528	99	47	13	18	10	11	13	2
蜀山区	25281	109	56	17	13	4	19	21	5
包河区	34724	200	124	16	15	8	37	47	12
长丰县									
肥东县									
肥西县	1922	7	3	1	1	1	1	1	
庐江县									
合肥高新技术产业开发区									
合肥经济技术开发区									
合肥新站高新技术产业开发区	1847	17	8	2	3	3	1	3	
巢湖市	9518	144	90	8	17	23	6	31	4
芜湖市	**38413**	**657**	**444**	**65**	**49**	**81**	**18**	**23**	**3**
镜湖区	11417	43	28	3	4	6	2	4	1
弋江区	9822	141	91	8	10	25	7	4	
鸠江区	8933	148	110	19	7	11	1	8	
三山区	3076	105	82	4	4	11	4	2	1
芜湖县	308	48	29	17	2			1	
繁昌县									
南陵县									
芜湖经济技术开发区	63	11	6	5					
安徽芜湖长江大桥经济开发区									
无为市	4794	161	98	9	22	28	4	4	1
蚌埠市	**14873**	**324**	**261**	**8**	**32**	**15**	**8**	**15**	**3**
龙子湖区	3487	48	31	1	10	5	1	3	1
蚌山区	3240	23	16	1	3	1	2	4	1
禹会区	4499	47	37		5	4	1	4	
淮上区	3647	206	177	6	14	5	4	4	1
怀远县									
五河县									
固镇县									
蚌埠市高新技术开发区									
蚌埠市经济开发区									
淮南市	**23413**	**655**	**565**	**2**	**48**	**34**	**6**	**4299**	**4238**
大通区	890	11	8		3			84	84
田家庵区	14911	191	153	2	21	11	4	1907	1879
谢家集区	3348	56	45		4	7		1031	1021
八公山区	2509	193	180		10	2	1	797	782
潘集区	1755	204	179		10	14	1	480	472
凤台县									
寿县									

4-4a 续表 4　　　　单位：人

地 区 性 别	合计	农、林、牧、渔业						采矿业	
		小计	农业	林业	畜牧业	渔业	农、林、牧、渔专业及辅助性活动	小计	煤炭开采和洗选业
马鞍山市	**21122**	**204**	**116**	**24**	**23**	**24**	**17**	**382**	**7**
花山区	10892	50	21	15	6	6	2	191	4
雨山区	7858	50	27	8	7	4	4	190	3
博望区	2372	104	68	1	10	14	11	1	
当涂县									
含山县									
和县									
淮北市	**18258**	**738**	**583**	**8**	**109**	**22**	**16**	**3197**	**3014**
杜集区	3312	206	167	1	26	10	2	694	649
相山区	11212	94	53	3	28	4	6	1553	1507
烈山区	2167	200	179	4	12	4	1	493	482
濉溪县	1567	238	184		43	4	7	457	376
铜陵市	**14327**	**171**	**111**	**11**	**20**	**17**	**12**	**632**	**2**
铜官区	10848	73	45	3	9	13	3	470	1
义安区	2410	80	55	5	11	2	7	114	1
郊区	1069	18	11	3		2	2	48	
枞阳县									
安庆市	**30365**	**871**	**610**	**65**	**67**	**53**	**76**	**100**	**2**
迎江区	6570	61	39	5	2	6	9	29	
大观区	3919	34	15	3	7	5	4	24	1
宜秀区	3671	104	69	7	6	12	10	8	
怀宁县									
太湖县									
宿松县									
望江县	2562	161	119	10	17	10	5	2	
岳西县									
安徽安庆经济开发区	29								
桐城市	9172	248	176	17	16	13	26	33	1
潜山市	4442	263	192	23	19	7	22	4	
黄山市	**10141**	**181**	**110**	**13**	**38**	**7**	**13**	**9**	
屯溪区	6544	83	54	4	16	2	7	4	
黄山区	1720	47	28	7	10		2	1	
徽州区	1650	25	8		10	4	3	4	
歙县	93	17	12	2	2	1			
休宁县	134	9	8				1		
黟县									
祁门县									
滁州市	**24618**	**958**	**732**	**65**	**52**	**59**	**50**	**168**	
琅琊区	7116	228	160	20	21	13	14	74	
南谯区	5468	70	27	13	5	13	12	5	
来安县									
全椒县									
定远县									
凤阳县									
苏滁现代产业园									
滁州经济技术开发区									
天长市	7315	302	242	17	7	23	13	85	
明光市	4719	358	303	15	19	10	11	4	

4-4a　续表 5

单位：人

地　区 性　别	合计	农、林、牧、渔业						采矿业	
		小计	农业	林业	畜牧业	渔业	农、林、牧、渔专业及辅助性活动	小计	煤炭开采和洗选业
阜阳市	**23478**	**443**	**280**	**38**	**73**	**22**	**30**	**21**	**5**
颍州区	9670	132	79	16	18	4	15	10	1
颍东区	4425	53	25		19	3	6	6	3
颍泉区	5098	166	111	16	18	14	7	3	
临泉县									
太和县									
阜南县									
颍上县									
阜阳合肥现代产业园区									
阜阳经济技术开发区									
界首市	4285	92	65	6	18	1	2	2	1
宿州市	**14622**	**218**	**163**	**12**	**27**	**7**	**9**	**882**	**812**
埇桥区	14477	194	142	12	24	7	9	878	809
砀山县									
萧县	145	24	21		3			4	3
灵璧县									
泗县									
宿州马鞍山现代产业园区									
宿州经济技术开发区									
六安市	**19679**	**293**	**185**	**15**	**47**	**23**	**23**	**44**	**4**
金安区	8910	126	83	4	14	7	18	20	2
裕安区	8714	83	51	3	19	5	5	20	2
叶集区	1854	45	21	8	13	3		4	
霍邱县	64	21	14		1	6			
舒城县	137	18	16			2			
金寨县									
霍山县									
亳州市	**14124**	**238**	**183**	**3**	**30**	**13**	**9**	**3**	**2**
谯城区	14016	230	179	3	26	13	9	3	2
涡阳县									
蒙城县									
利辛县	108	8	4		4				
池州市	**9575**	**184**	**127**	**6**	**15**	**29**	**7**	**128**	**2**
贵池区	8787	175	123	5	12	28	7	122	2
东至县									
石台县									
青阳县									
池州市国家经济技术开发区	432	7	4	1	2			6	
皖江江南新兴产业集中区	356	2			1	1			
九华山风景区									
宣城市	**22268**	**746**	**431**	**101**	**114**	**35**	**65**	**78**	**6**
宣州区	6913	198	140	16	23	12	7	29	4
郎溪县									
泾县									
绩溪县									
旌德县									
宣城市经济开发区									
宁国市	7463	100	54	16	16	4	10	21	1
广德市	7892	448	237	69	75	19	48	28	1

4-4a 续表 6

单位：人

地区 性别	合计	农、林、牧、渔业 小计	农业	林业	畜牧业	渔业	农、林、牧、渔专业及辅助性活动	采矿业 小计	煤炭开采和洗选业
女	**272681**	**5437**	**4564**	**172**	**379**	**135**	**187**	**1358**	**889**
合肥市	**77369**	**426**	**314**	**32**	**28**	**19**	**33**	**48**	**7**
瑶海区	14281	135	99	11	10	3	12	4	1
庐阳区	11619	33	26	1	2	2	2	8	3
蜀山区	19400	47	23	11	4	4	5	10	1
包河区	23705	111	89	4	4	2	12	20	2
长丰县									
肥东县									
肥西县	1100	2			1	1			
庐江县									
合肥高新技术产业开发区									
合肥经济技术开发区									
合肥新站高新技术产业开发区	1130	11	4	4	2	1		2	
巢湖市	6134	87	73	1	5	6	2	4	
芜湖市	**23762**	**379**	**315**	**22**	**16**	**19**	**7**	**4**	**1**
镜湖区	7760	20	14	1	2	2	1	2	1
弋江区	6140	91	76	3	3	6	3	2	
鸠江区	5328	105	96	7	1	1			
三山区	1542	64	54	2	1	4	3		
芜湖县	154	37	31	6					
繁昌县									
南陵县									
芜湖经济技术开发区	27	6	4	2					
安徽芜湖长江大桥经济开发区									
无为市	2811	56	40	1	9	6			
蚌埠市	**9685**	**225**	**200**	**4**	**9**	**6**	**6**	**3**	**1**
龙子湖区	2296	45	38	2	3	1	1	1	
蚌山区	2213	15	11		1	2	1		
禹会区	2906	28	26	1		1		1	
淮上区	2270	137	125	1	5	2	4	1	1
怀远县									
五河县									
固镇县									
蚌埠市高新技术开发区									
蚌埠市经济开发区									
淮南市	**13634**	**503**	**459**	**4**	**27**	**10**	**3**	**398**	**392**
大通区	546	6	5		1			4	3
田家庵区	9252	138	119	4	10	2	3	283	281
谢家集区	1864	60	50		7	3		60	59
八公山区	1206	175	167		6	2		37	35
潘集区	766	124	118		3	3		14	14
凤台县									
寿县									

4–4a 续表 7

单位：人

地区 性别	合计	农、林、牧、渔业						采矿业	
		小计	农业	林业	畜牧业	渔业	农、林、牧、渔专业及辅助性活动	小计	煤炭开采和洗选业
马鞍山市	**12710**	**123**	**92**	**5**	**9**	**4**	**13**	**83**	
花山区	6821	34	24	3	3	1	3	45	
雨山区	4845	21	17	1	2		1	38	
博望区	1044	68	51	1	4	3	9		
当涂县									
含山县									
和县									
淮北市	**10957**	**620**	**568**	**6**	**37**	**2**	**7**	**373**	**345**
杜集区	1745	170	158		10		2	31	26
相山区	7330	46	40	1	3	1	1	268	254
烈山区	1295	214	204	4	5	1		58	56
濉溪县	587	190	166	1	19		4	16	9
铜陵市	**8966**	**87**	**64**	**7**	**7**	**5**	**4**	**173**	**2**
铜官区	6894	32	24	3	2	3		145	2
义安区	1447	46	33	3	5	1	4	19	
郊区	625	9	7	1		1		9	
枞阳县									
安庆市	**21200**	**858**	**743**	**19**	**58**	**15**	**23**	**29**	**4**
迎江区	4410	37	25	2	4	1	5	14	3
大观区	2696	14	10		2	2		9	
宜秀区	2327	71	55	3	6	2	5	2	
怀宁县									
太湖县									
宿松县									
望江县	2664	272	243	1	22	5	1		
岳西县									
安徽安庆经济开发区	7								
桐城市	5462	154	131	5	10	3	5	2	
潜山市	3634	310	279	8	14	2	7	2	1
黄山市	**7881**	**136**	**106**	**4**	**16**	**2**	**8**	**1**	
屯溪区	5275	87	72	2	6	1	6	1	
黄山区	1265	25	19	2	2		2		
徽州区	1176	11	4		7				
歙县	87	11	9		1	1			
休宁县	78	2	2						
黟县									
祁门县									
滁州市	**16519**	**769**	**681**	**20**	**27**	**26**	**15**	**49**	
琅琊区	4613	180	152	8	14	4	2	25	
南谯区	3230	39	20	5		7	7	4	
来安县									
全椒县									
定远县									
凤阳县									
苏滁现代产业园									
滁州经济技术开发区									
天长市	4959	163	144	2	3	12	2	20	
明光市	3717	387	365	5	10	3	4		

4-4a 续表 8

单位：人

地区 性别	合计	农、林、牧、渔业						采矿业	
		小计	农业	林业	畜牧业	渔业	农、林、牧、渔专业及辅助性活动	小计	煤炭开采和洗选业
阜阳市	**15988**	**273**	**192**	**20**	**41**	**6**	**14**	**5**	**1**
颍州区	7002	79	49	10	11	3	6	1	1
颍东区	2813	33	19		11		3	2	
颍泉区	3408	99	73	7	11	3	5	2	
临泉县									
太和县									
阜南县									
颍上县									
阜阳合肥现代产业园区									
阜阳经济技术开发区									
界首市	2765	62	51	3	8				
宿州市	**10117**	**239**	**209**	**5**	**17**	**1**	**7**	**145**	**134**
埇桥区	10005	196	167	5	16	1	7	144	134
砀山县									
萧县	112	43	42		1			1	
灵璧县									
泗县									
宿州马鞍山现代产业园区									
宿州经济技术开发区									
六安市	**13258**	**196**	**166**	**3**	**17**	**2**	**8**	**6**	**1**
金安区	6247	87	71	1	8	1	6	2	
裕安区	5662	41	36		4		1	3	1
叶集区	1230	50	42	2	5		1	1	
霍邱县	22	3	2			1			
舒城县	97	15	15						
金寨县									
霍山县									
亳州市	**8997**	**128**	**103**	**2**	**8**	**4**	**11**		
谯城区	8897	126	103	2	7	4	10		
涡阳县									
蒙城县									
利辛县	100	2			1		1		
池州市	**6678**	**114**	**85**	**2**	**13**	**10**	**4**	**30**	
贵池区	6198	106	79	2	11	10	4	26	
东至县									
石台县									
青阳县									
池州市国家经济技术开发区	256	7	6		1			4	
皖江江南新兴产业集中区	224	1			1				
九华山风景区									
宣城市	**14960**	**361**	**267**	**17**	**49**	**4**	**24**	**11**	**1**
宣州区	4661	98	82	1	12	1	2	3	
郎溪县									
泾县									
绩溪县									
旌德县									
宣城市经济开发区									
宁国市	5230	41	33		4		4	3	
广德市	5069	222	152	16	33	3	18	5	1

4-4a　续表 9　　　　单位：人

地区 性别	采矿业						制造业		
	石油和天然气开采业	黑色金属矿采选业	有色金属矿采选业	非金属矿采选业	开采专业及辅助性活动	其他采矿业	小计	农副食品加工业	食品制造业
安　徽	**128**	**557**	**869**	**484**	**248**	**170**	**107632**	**3693**	**3496**
合肥市	**13**	**15**	**9**	**58**	**34**	**18**	**19367**	**688**	**694**
瑶海区	3	1		7	5		3277	127	143
庐阳区	2		1	6	5	2	2723	97	123
蜀山区	2		2	7	11	3	3944	110	133
包河区	6	9	3	12	12	11	5035	180	166
长丰县									
肥东县									
肥西县				1			1438	22	21
庐江县									
合肥高新技术产业开发区									
合肥经济技术开发区									
合肥新站高新技术产业开发区			2	3			375	11	12
巢湖市		5	1	22	1	2	2575	141	96
芜湖市		**6**	**1**	**12**	**2**	**2**	**13346**	**578**	**242**
镜湖区		1	1	2			3115	30	41
弋江区		2		3		1	3216	47	59
鸠江区		3		3	1	1	3827	43	53
三山区				1			2097	145	45
芜湖县				1			132	9	9
繁昌县									
南陵县									
芜湖经济技术开发区							25	1	1
安徽芜湖长江大桥经济开发区									
无为市				2	1		934	303	34
蚌埠市	**1**	**1**		**9**	**2**	**1**	**3821**	**197**	**137**
龙子湖区				3			780	68	29
蚌山区		1		1	1		579	23	30
禹会区	1			3		1	1611	52	50
淮上区				2	1		851	54	28
怀远县									
五河县									
固镇县									
蚌埠市高新技术开发区									
蚌埠市经济开发区									
淮南市	**3**			**12**	**36**	**16**	**3075**	**140**	**115**
大通区					1		161	3	5
田家庵区	2			7	10	11	1675	50	75
谢家集区				5	3	3	561	34	22
八公山区					17		479	25	8
潘集区	1				5	2	199	28	5
凤台县									
寿县									

4−4a 续表 10

单位：人

地区 性别	采矿业						制造业		
	石油和天然气开采业	黑色金属矿采选业	有色金属矿采选业	非金属矿采选业	开采专业及辅助性活动	其他采矿业	小计	农副食品加工业	食品制造业
马鞍山市	**4**	**376**	**15**	**34**	**7**	**22**	**8330**	**155**	**429**
花山区	2	175	9	23	5	18	3880	80	153
雨山区	2	200	6	11	2	4	3018	62	259
博望区		1					1432	13	17
当涂县									
含山县									
和县									
淮北市	**4**	**72**	**2**	**49**	**71**	**13**	**3337**	**178**	**199**
杜集区	1	1		19	29		755	32	37
相山区	3	1	1	27	16	12	1761	73	139
烈山区				2	11		534	54	18
濉溪县		70	1	1	15	1	287	19	5
铜陵市	**5**	**59**	**639**	**38**	**8**	**52**	**4767**	**61**	**45**
铜官区		52	482	32	6	40	3538	34	27
义安区	2	4	117	3	2	4	817	18	12
郊区	3	3	40	3		8	412	9	6
枞阳县									
安庆市	**7**	**3**	**52**	**44**	**8**	**9**	**10269**	**246**	**286**
迎江区	5		19	9	3	4	1472	50	63
大观区	2	1	24	4		1	1151	29	57
宜秀区		1	5		4		1157	27	90
怀宁县									
太湖县									
宿松县									
望江县				1	1		1193	23	9
岳西县									
安徽安庆经济开发区							31		
桐城市		1	4	27		2	3371	80	49
潜山市				3		2	1894	37	18
黄山市			**1**	**6**	**1**	**2**	**2725**	**100**	**107**
屯溪区			1	1	1	2	1200	58	74
黄山区				1			348	26	21
徽州区				4			1104	15	12
歙县							59	1	
休宁县							14		
黟县									
祁门县									
滁州市	**78**	**2**	**85**	**23**	**22**	**7**	**9950**	**204**	**283**
琅琊区	1	1	81	9	1	6	2425	43	126
南谯区			4	2	2	1	1707	38	46
来安县									
全椒县									
定远县									
凤阳县									
苏滁现代产业园									
滁州经济技术开发区									
天长市	77	1		8	19		4012	65	49
明光市				4			1806	58	62

4-4a　续表 11　　　　单位：人

地区 性别	采矿业						制造业		
	石油和天然气开采业	黑色金属矿采选业	有色金属矿采选业	非金属矿采选业	开采专业及辅助性活动	其他采矿业	小计	农副食品加工业	食品制造业
阜阳市	**4**	**3**		**6**	**6**	**1**	**4171**	**264**	**406**
颍州区		2		3	4		1153	60	62
颍东区	4				1		1017	86	94
颍泉区				3	1	1	742	72	37
临泉县									
太和县									
阜南县									
颍上县									
阜阳合肥现代产业园区									
阜阳经济技术开发区									
界首市		1					1259	46	213
宿州市	**4**	**4**	**2**	**28**	**27**	**16**	**2079**	**136**	**139**
埇桥区	4	4	2	26	27	16	2048	136	137
砀山县									
萧县				2			31		2
灵璧县									
泗县									
宿州马鞍山现代产业园区									
宿州经济技术开发区									
六安市	**3**	**4**		**28**	**9**	**1**	**5163**	**134**	**121**
金安区	1			12	6	1	2638	63	44
裕安区	2	3		12	3		1536	50	61
叶集区		1		4			909	13	14
霍邱县							10		1
舒城县							70	8	1
金寨县									
霍山县									
亳州市					**1**		**3180**	**214**	**100**
谯城区					1		3051	106	100
涡阳县									
蒙城县									
利辛县							129	108	
池州市		**9**	**54**	**82**	**5**	**6**	**3427**	**82**	**47**
贵池区		9	48	79	4	6	2708	71	40
东至县									
石台县									
青阳县									
池州市国家经济技术开发区			6	3	1		284	1	
皖江江南新兴产业集中区							435	10	7
九华山风景区									
宣城市	**2**	**3**	**9**	**55**	**9**	**4**	**10625**	**316**	**146**
宣州区	1	1	8	16	1	1	1562	67	64
郎溪县									
泾县									
绩溪县									
旌德县									
宣城市经济开发区									
宁国市	1	2		15	5		4951	147	49
广德市			1	24	3	3	4112	102	33

4-4a 续表 12

单位：人

地区 性别	采矿业						制造业		
	石油和天然气开采业	黑色金属矿采选业	有色金属矿采选业	非金属矿采选业	开采专业及辅助性活动	其他采矿业	小计	农副食品加工业	食品制造业
男	**98**	**460**	**665**	**420**	**205**	**139**	**67048**	**2170**	**1625**
合肥市	**9**	**12**	**7**	**49**	**20**	**9**	**12761**	**402**	**301**
瑶海区	1	1		7	4		2183	69	58
庐阳区	2		1	3	4	1	1779	58	62
蜀山区	1		1	7	6	1	2652	63	59
包河区	5	6	3	10	5	6	3430	99	66
长丰县									
肥东县									
肥西县				1			931	15	11
庐江县									
合肥高新技术产业开发区									
合肥经济技术开发区									
合肥新站高新技术产业开发区			1	2			254	6	6
巢湖市		5	1	19	1	1	1532	92	39
芜湖市		**6**		**10**	**2**	**2**	**9045**	**349**	**113**
镜湖区		1		2			2177	20	25
弋江区		2		1		1	2229	21	23
鸠江区		3		3	1	1	2531	23	21
三山区				1			1435	92	20
芜湖县				1			75	7	5
繁昌县									
南陵县									
芜湖经济技术开发区							18	1	
安徽芜湖长江大桥经济开发区									
无为市				2	1		580	185	19
蚌埠市	**1**	**1**		**7**	**2**	**1**	**2454**	**119**	**73**
龙子湖区				2			537	43	18
蚌山区		1		1	1		381	15	15
禹会区	1			2		1	1038	33	27
淮上区				2	1		498	28	13
怀远县									
五河县									
固镇县									
蚌埠市高新技术开发区									
蚌埠市经济开发区									
淮南市	**2**			**11**	**33**	**15**	**2076**	**74**	**58**
大通区							113	3	4
田家庵区	1			7	10	10	1123	24	35
谢家集区				4	3	3	383	14	13
八公山区					15		322	16	2
潘集区	1				5	2	135	17	4
凤台县									
寿县									

4-4a　续表 13　　　　　　　　　　　　　　　　　　　　　　　　　　单位：人

地　区 性　别	采矿业						制造业		
	石油和天然气开采业	黑色金属矿采选业	有色金属矿采选业	非金属矿采选业	开采专业及辅助性活　动	其　他采矿业	小计	农副食品加工业	食　品制造业
马鞍山市	**3**	**306**	**13**	**29**	**4**	**20**	**6256**	**92**	**218**
花山区	1	140	7	20	3	16	2937	49	83
雨山区	2	165	6	9	1	4	2217	35	124
博望区		1					1102	8	11
当涂县									
含山县									
和县									
淮北市	**2**	**65**	**2**	**40**	**63**	**11**	**2177**	**112**	**96**
杜集区	1	1		15	28		512	21	14
相山区	1	1	1	22	11	10	1192	49	73
烈山区				2	9		285	30	9
濉溪县		63	1	1	15	1	188	12	
铜陵市	**4**	**47**	**494**	**32**	**7**	**46**	**3260**	**41**	**17**
铜官区		40	364	26	5	34	2485	23	11
义安区	2	4	98	3	2	4	498	13	3
郊区	2	3	32	3		8	277	5	3
枞阳县									
安庆市	**7**	**2**	**35**	**40**	**6**	**8**	**5437**	**142**	**138**
迎江区	5		13	6	2	3	963	29	30
大观区	2	1	15	4		1	805	16	37
宜秀区		1	4		3		677	15	40
怀宁县									
太湖县									
宿松县									
望江县				1	1		360	14	4
岳西县									
安徽安庆经济开发区							26		
桐城市			3	27		2	1710	44	21
潜山市				2		2	896	24	6
黄山市			**1**	**6**	**1**	**1**	**1513**	**52**	**41**
屯溪区			1	1	1	1	654	33	24
黄山区				1			198	12	11
徽州区				4			632	7	6
歙县							22		
休宁县							7		
黟县									
祁门县									
滁州市	**61**	**2**	**62**	**21**	**17**	**5**	**5560**	**114**	**132**
琅琊区		1	60	8	1	4	1427	26	55
南谯区			2	2		1	1068	19	19
来安县									
全椒县									
定远县									
凤阳县									
苏滁现代产业园									
滁州经济技术开发区									
天长市	61	1		7	16		2193	42	24
明光市				4			872	27	34

4-4a 续表 14

单位：人

地区 性别	采矿业						制造业		
	石油和天然气开采业	黑色金属矿采选业	有色金属矿采选业	非金属矿采选业	开采专业及辅助性活动	其他采矿业	小计	农副食品加工业	食品制造业
阜阳市	**2**	**3**		**5**	**6**		**2495**	**159**	**180**
颍州区		2		3	4		753	45	32
颍东区	2				1		621	51	43
颍泉区				2	1		446	40	18
临泉县									
太和县									
阜南县									
颍上县									
阜阳合肥现代产业园区									
阜阳经济技术开发区									
界首市		1					675	23	87
宿州市	**3**	**3**	**2**	**23**	**25**	**14**	**1248**	**86**	**64**
埇桥区	3	3	2	22	25	14	1232	86	63
砀山县									
萧县				1			16		1
灵璧县									
泗县									
宿州马鞍山现代产业园区									
宿州经济技术开发区									
六安市	**2**	**4**		**27**	**6**	**1**	**2771**	**81**	**61**
金安区	1			12	4	1	1433	38	23
裕安区	1	3		12	2		790	29	30
叶集区		1		3			510	9	7
霍邱县							6		1
舒城县							32	5	
金寨县									
霍山县									
亳州市					**1**		**1821**	**114**	**47**
谯城区					1		1770	71	47
涡阳县									
蒙城县									
利辛县							51	43	
池州市		**7**	**42**	**69**	**5**	**3**	**1888**	**57**	**18**
贵池区		7	38	68	4	3	1461	49	13
东至县									
石台县									
青阳县									
池州市国家经济技术开发区			4	1	1		169		
皖江江南新兴产业集中区							258	8	5
九华山风景区									
宣城市	**2**	**2**	**7**	**51**	**7**	**3**	**6286**	**176**	**68**
宣州区	1	1	7	15	1		936	45	32
郎溪县									
泾县									
绩溪县									
旌德县									
宣城市经济开发区									
宁国市	1	1		14	4		2951	80	22
广德市				22	2	3	2399	51	14

4-4a 续表 15

单位：人

地区 性别	采矿业						制造业		
	石油和天然气开采业	黑色金属矿采选业	有色金属矿采选业	非金属矿采选业	开采专业及辅助性活动	其他采矿业	小计	农副食品加工业	食品制造业
女	**30**	**97**	**204**	**64**	**43**	**31**	**40584**	**1523**	**1871**
合肥市	**4**	**3**	**2**	**9**	**14**	**9**	**6606**	**286**	**393**
瑶海区	2				1		1094	58	85
庐阳区				3	1	1	944	39	61
蜀山区	1		1		5	2	1292	47	74
包河区	1	3		2	7	5	1605	81	100
长丰县									
肥东县									
肥西县							507	7	10
庐江县									
合肥高新技术产业开发区									
合肥经济技术开发区									
合肥新站高新技术产业开发区			1	1			121	5	6
巢湖市				3		1	1043	49	57
芜湖市			**1**	**2**			**4301**	**229**	**129**
镜湖区			1				938	10	16
弋江区				2			987	26	36
鸠江区							1296	20	32
三山区							662	53	25
芜湖县							57	2	4
繁昌县									
南陵县									
芜湖经济技术开发区							7		1
安徽芜湖长江大桥经济开发区									
无为市							354	118	15
蚌埠市				**2**			**1367**	**78**	**64**
龙子湖区				1			243	25	11
蚌山区							198	8	15
禹会区				1			573	19	23
淮上区							353	26	15
怀远县									
五河县									
固镇县									
蚌埠市高新技术开发区									
蚌埠市经济开发区									
淮南市	**1**			**1**	**3**	**1**	**999**	**66**	**57**
大通区					1		48		1
田家庵区	1					1	552	26	40
谢家集区				1			178	20	9
八公山区					2		157	9	6
潘集区							64	11	1
凤台县									
寿县									

4-4a 续表 16

单位：人

地　区 性　别	采矿业						制造业		
	石油和天然气开采业	黑色金属矿采选业	有色金属矿采选业	非金属矿采选业	开采专业及辅助性活动	其　他采矿业	小计	农副食品加工业	食　品制造业
马鞍山市	**1**	**70**	**2**	**5**	**3**	**2**	**2074**	**63**	**211**
花山区	1	35	2	3	2	2	943	31	70
雨山区		35		2	1		801	27	135
博望区							330	5	6
当涂县									
含山县									
和县									
淮北市	**2**	**7**		**9**	**8**	**2**	**1160**	**66**	**103**
杜集区				4	1		243	11	23
相山区	2			5	5	2	569	24	66
烈山区					2		249	24	9
濉溪县		7					99	7	5
铜陵市	**1**	**12**	**145**	**6**	**1**	**6**	**1507**	**20**	**28**
铜官区		12	118	6	1	6	1053	11	16
义安区			19				319	5	9
郊区	1		8				135	4	3
枞阳县									
安庆市		**1**	**17**	**4**	**2**	**1**	**4832**	**104**	**148**
迎江区			6	3	1	1	509	21	33
大观区			9				346	13	20
宜秀区			1		1		480	12	50
怀宁县									
太湖县									
宿松县									
望江县							833	9	5
岳西县									
安徽安庆经济开发区							5		
桐城市		1	1				1661	36	28
潜山市				1			998	13	12
黄山市						**1**	**1212**	**48**	**66**
屯溪区						1	546	25	50
黄山区							150	14	10
徽州区							472	8	6
歙县							37	1	
休宁县							7		
黟县									
祁门县									
滁州市	**17**		**23**	**2**	**5**	**2**	**4390**	**90**	**151**
琅琊区	1		21	1		2	998	17	71
南谯区			2		2		639	19	27
来安县									
全椒县									
定远县									
凤阳县									
苏滁现代产业园									
滁州经济技术开发区									
天长市	16			1	3		1819	23	25
明光市							934	31	28

4-4a 续表 17

单位：人

地 区 性 别	采矿业						制造业		
	石油和天然气开采业	黑色金属矿采选业	有色金属矿采选业	非金属矿采选业	开采专业及辅助性活动	其他采矿业	小计	农副食品加工业	食品制造业
阜阳市	**2**			**1**		**1**	**1676**	**105**	**226**
颍州区							400	15	30
颍东区	2						396	35	51
颍泉区				1		1	296	32	19
临泉县									
太和县									
阜南县									
颍上县									
阜阳合肥现代产业园区									
阜阳经济技术开发区									
界首市							584	23	126
宿州市	**1**	**1**		**5**	**2**	**2**	**831**	**50**	**75**
埇桥区	1	1		4	2	2	816	50	74
砀山县									
萧县				1			15		1
灵璧县									
泗县									
宿州马鞍山现代产业园区									
宿州经济技术开发区									
六安市	**1**			**1**	**3**		**2392**	**53**	**60**
金安区					2		1205	25	21
裕安区	1				1		746	21	31
叶集区				1			399	4	7
霍邱县							4		
舒城县							38	3	1
金寨县									
霍山县									
亳州市							**1359**	**100**	**53**
谯城区							1281	35	53
涡阳县									
蒙城县									
利辛县							78	65	
池州市		**2**	**12**	**13**		**3**	**1539**	**25**	**29**
贵池区		2	10	11		3	1247	22	27
东至县									
石台县									
青阳县									
池州市国家经济技术开发区			2	2			115	1	
皖江江南新兴产业集中区							177	2	2
九华山风景区									
宣城市		**1**	**2**	**4**	**2**	**1**	**4339**	**140**	**78**
宣州区			1	1		1	626	22	32
郎溪县									
泾县									
绩溪县									
旌德县									
宣城市经济开发区									
宁国市		1		1	1		2000	67	27
广德市			1	2	1		1713	51	19

4－4a 续表 18　　单位：人

地区 性别	制造业								
	酒、饮料和精制茶制造业	烟草制品业	纺织业	纺织服装、服饰业	皮革、毛皮、羽毛及其制品和制鞋业	木材加工和木、竹、藤、棕、草制品业	家具制造业	造纸和纸制品业	印刷和记录媒介复制业
安徽	**2666**	**675**	**3424**	**9657**	**2056**	**1937**	**1999**	**1610**	**1633**
合肥市	**269**	**86**	**324**	**711**	**269**	**188**	**520**	**270**	**648**
瑶海区	37	2	103	176	45	46	118	32	95
庐阳区	42	12	32	86	19	33	163	75	260
蜀山区	65	60	23	62	22	21	54	19	77
包河区	71	10	74	91	33	38	114	35	128
长丰县									
肥东县									
肥西县	7		2	15	10	7	12	71	46
庐江县									
合肥高新技术产业开发区									
合肥经济技术开发区									
合肥新站高新技术产业开发区	9		12	13	6	13	19	1	12
巢湖市	38	2	78	268	134	30	40	37	30
芜湖市	**57**	**218**	**227**	**375**	**263**	**139**	**113**	**293**	**107**
镜湖区	17	33	62	84	8	23	27	38	29
弋江区	24	178	26	94	33	30	18	31	18
鸠江区	6	5	23	52	29	58	30	64	14
三山区	8	2	66	114	5	8	7	154	39
芜湖县			7	9	1	7	3	2	1
繁昌县									
南陵县									
芜湖经济技术开发区					1	2	1	1	
安徽芜湖长江大桥经济开发区									
无为市	2		43	22	186	11	27	3	6
蚌埠市	**103**	**130**	**117**	**127**	**49**	**44**	**47**	**47**	**48**
龙子湖区	14	7	19	28	4	5	6	13	7
蚌山区	16	26	22	15	2	5	12	6	11
禹会区	56	94	58	33	16	19	13	23	27
淮上区	17	3	18	51	27	15	16	5	3
怀远县									
五河县									
固镇县									
蚌埠市高新技术开发区									
蚌埠市经济开发区									
淮南市	**38**	**4**	**77**	**122**	**41**	**36**	**37**	**41**	**25**
大通区	4	1	7	11	1			3	2
田家庵区	17	1	31	51	9	25	32	24	21
谢家集区	5		21	26	3	4	5	4	1
八公山区	8	1	14	14	21	6		8	1
潘集区	4	1	4	20	7	1		2	
凤台县									
寿县									

4-4a 续表 19 单位：人

地区 性别	制造业								
	酒、饮料和精制茶制造业	烟草制品业	纺织业	纺织服装、服饰业	皮革、毛皮、羽毛及其制品和制鞋业	木材加工和木、竹、藤、棕、草制品业	家具制造业	造纸和纸制品业	印刷和记录媒介复制业
马鞍山市	**83**	**8**	**46**	**243**	**25**	**67**	**81**	**270**	**51**
花山区	35	7	15	95	11	38	45	210	36
雨山区	47	1	24	106	7	6	9	57	11
博望区	1		7	42	7	23	27	3	4
当涂县									
含山县									
和县									
淮北市	**244**	**1**	**165**	**226**	**19**	**34**	**65**	**36**	**27**
杜集区	28		34	52	2	6	22	12	9
相山区	199	1	107	108	8	14	28	12	13
烈山区	16		18	42	3	8	11	4	
濉溪县	1		6	24	6	6	4	8	5
铜陵市	**19**	**2**	**131**	**399**	**20**	**30**	**27**	**93**	**28**
铜官区	10		95	206	7	15	18	69	21
义安区	7	2	22	152	12	10	7	16	4
郊区	2		14	41	1	5	2	8	3
枞阳县									
安庆市	**104**	**5**	**792**	**2568**	**343**	**127**	**195**	**153**	**146**
迎江区	13	2	129	145	23	15	21	43	14
大观区	9		152	77	2	8	11	6	12
宜秀区	10		101	91	174	13	38	17	9
怀宁县									
太湖县									
宿松县									
望江县	2		75	912	2	10	8	2	1
岳西县									
安徽安庆经济开发区									
桐城市	49	3	234	352	129	42	37	55	106
潜山市	21		101	991	13	39	80	30	4
黄山市	**153**	**2**	**145**	**447**	**13**	**60**	**94**	**23**	**146**
屯溪区	45	2	116	127	6	23	43	16	22
黄山区	68		4	20		22	2	2	7
徽州区	40		21	284	5	14	47	5	117
歙县			3	16	2	1	1		
休宁县			1				1		
黟县									
祁门县									
滁州市	**181**	**99**	**463**	**531**	**209**	**128**	**132**	**140**	**133**
琅琊区	60	76	108	75	44	47	35	61	39
南谯区	32	23	69	61	44	51	50	19	29
来安县									
全椒县									
定远县									
凤阳县									
苏滁现代产业园									
滁州经济技术开发区									
天长市	38		221	160	74	22	24	37	21
明光市	51		65	235	47	8	23	23	44

4-4a 续表 20 单位：人

地区 性别	制造业								
	酒、饮料和精制茶制造业	烟草制品业	纺织业	纺织服装、服饰业	皮革、毛皮、羽毛及其制品和制鞋业	木材加工和木、竹、藤、棕、草制品业	家具制造业	造纸和纸制品业	印刷和记录媒介复制业
阜阳市	**316**	**104**	**139**	**441**	**66**	**51**	**134**	**45**	**90**
颍州区	195	30	33	65	15	16	45	20	51
颍东区	65	60	32	72	4	12	25	9	16
颍泉区	31	14	12	73	15	19	52	9	16
临泉县									
太和县									
阜南县									
颍上县									
阜阳合肥现代产业园区									
阜阳经济技术开发区									
界首市	25		62	231	32	4	12	7	7
宿州市	**104**	**1**	**93**	**239**	**185**	**64**	**74**	**32**	**25**
埇桥区	104	1	91	238	185	64	73	32	25
砀山县									
萧县			2	1			1		
灵璧县									
泗县									
宿州马鞍山现代产业园区									
宿州经济技术开发区									
六安市	**100**	**6**	**185**	**1029**	**365**	**557**	**211**	**64**	**83**
金安区	62	3	75	562	256	18	52	49	62
裕安区	37	3	56	442	50	28	48	13	19
叶集区	1		52	14	57	510	101	1	1
霍邱县			2		2				
舒城县				11		1	10	1	1
金寨县									
霍山县									
亳州市	**737**	**2**	**46**	**110**	**28**	**47**	**21**	**31**	**13**
谯城区	737	2	39	106	27	45	21	30	13
涡阳县									
蒙城县									
利辛县			7	4	1	2		1	
池州市	**33**	**1**	**257**	**1008**	**46**	**77**	**47**	**20**	**8**
贵池区	31		73	939	40	61	36	19	8
东至县									
石台县									
青阳县									
池州市国家经济技术开发区	1		5	58	2	1	3		
皖江江南新兴产业集中区	1	1	179	11	4	15	8	1	
九华山风景区									
宣城市	**125**	**6**	**217**	**1081**	**115**	**288**	**201**	**52**	**55**
宣州区	81	5	95	297	49	20	25	17	10
郎溪县									
泾县									
绩溪县									
旌德县									
宣城市经济开发区									
宁国市	14	1	47	131	34	86	46	18	22
广德市	30		75	653	32	182	130	17	23

4-4a　续表 21　　　　　　　　　　　　　　　　　　　　单位：人

地　区 性　别	制造业 酒、饮料和精制茶制造业	烟　草 制品业	纺织业	纺织 服装、 服饰业	皮革、毛皮、羽毛及其制品和制鞋业	木材加工和木、竹、藤、棕、草制品业	家　具 制造业	造纸和 纸制品业	印刷和 记录媒介 复制业
男	**1636**	**498**	**1531**	**2295**	**789**	**1326**	**1419**	**951**	**1003**
合肥市	**169**	**61**	**138**	**184**	**93**	**130**	**364**	**162**	**396**
瑶海区	22	1	44	50	21	31	78	18	66
庐阳区	24	7	14	25	11	22	124	39	150
蜀山区	47	46	10	17	11	15	31	15	49
包河区	39	5	39	24	16	23	80	20	74
长丰县									
肥东县									
肥西县	5			3	6	4	7	50	33
庐江县									
合肥高新技术产业开发区									
合肥经济技术开发区									
合肥新站高新技术产业开发区	6		7	3	3	9	12		8
巢湖市	26	2	24	62	25	26	32	20	16
芜湖市	**31**	**164**	**125**	**92**	**102**	**100**	**89**	**168**	**62**
镜湖区	10	24	34	24	3	15	20	28	21
弋江区	13	133	14	26	13	19	16	12	12
鸠江区	4	5	13	11	8	43	20	29	6
三山区	3	2	41	22	1	5	6	97	19
芜湖县			1	2		7	2		
繁昌县									
南陵县									
芜湖经济技术开发区						2	1		
安徽芜湖长江大桥经济开发区									
无为市	1		22	7	77	9	24	2	4
蚌埠市	**71**	**101**	**62**	**35**	**16**	**29**	**36**	**25**	**30**
龙子湖区	11	5	9	14	1	3	5	6	5
蚌山区	13	18	15	3	1	2	9	4	9
禹会区	38	75	31	8	5	15	11	13	14
淮上区	9	3	7	10	9	9	11	2	2
怀远县									
五河县									
固镇县									
蚌埠市高新技术开发区									
蚌埠市经济开发区									
淮南市	**20**	**2**	**43**	**31**	**14**	**28**	**27**	**24**	**15**
大通区	1	1	1	2				2	
田家庵区	10	1	18	19	4	19	23	15	13
谢家集区	2		12	6		4	4	2	1
八公山区	5		10	1	7	4		4	1
潘集区	2		2	3	3	1		1	
凤台县									
寿县									

4-4a 续表 22　　　　单位：人

地　区 性　别	制造业								
	酒、饮料和精制茶制造业	烟　草制品业	纺织业	纺织服装、服饰业	皮革、毛皮、羽毛及其制品和制鞋业	木材加工和木、竹、藤、棕、草制品业	家　具制造业	造纸和纸制品业	印刷和记录媒介复制业
马鞍山市	**59**	**2**	**15**	**49**	**11**	**52**	**56**	**196**	**27**
花山区	22	2	5	19	7	32	27	155	21
雨山区	36		7	20	3	3	8	40	6
博望区	1		3	10	1	17	21	1	
当涂县									
含山县									
和县									
淮北市	**180**	**1**	**77**	**47**	**8**	**27**	**41**	**24**	**14**
杜集区	22		16	5	1	4	15	7	5
相山区	144	1	57	26	3	12	17	7	4
烈山区	14		2	8		5	6	3	
濉溪县			2	8	4	6	3	7	5
铜陵市	**14**	**2**	**64**	**85**	**10**	**24**	**19**	**42**	**16**
铜官区	7		49	50	4	13	14	28	13
义安区	5	2	10	27	5	8	4	9	1
郊区	2		5	8	1	3	1	5	2
枞阳县									
安庆市	**58**	**4**	**330**	**695**	**135**	**86**	**140**	**91**	**93**
迎江区	8	1	67	38	10	13	15	29	10
大观区	5		73	23	2	7	9	5	6
宜秀区	6		49	25	79	8	25	11	2
怀宁县									
太湖县									
宿松县									
望江县	2		21	198		7	7	1	1
岳西县									
安徽安庆经济开发区									
桐城市	26	3	82	83	40	22	26	27	70
潜山市	11		38	328	4	29	58	18	4
黄山市	**79**	**1**	**59**	**95**	**7**	**48**	**67**	**15**	**113**
屯溪区	18	1	46	33	4	17	28	11	13
黄山区	40		3	3		17	2	2	3
徽州区	21		10	58	3	13	36	2	97
歙县				1		1			
休宁县							1		
黟县									
祁门县									
滁州市	**121**	**73**	**222**	**86**	**70**	**92**	**94**	**78**	**76**
琅琊区	36	55	47	20	14	33	22	33	19
南谯区	24	18	30	12	14	35	38	8	20
来安县									
全椒县									
定远县									
凤阳县									
苏滁现代产业园									
滁州经济技术开发区									
天长市	29		119	26	22	16	18	25	15
明光市	32		26	28	20	8	16	12	22

4-4a 续表 23 单位：人

地区 性别	制造业								
	酒、饮料和精制茶制造业	烟草制品业	纺织业	纺织服装、服饰业	皮革、毛皮、羽毛及其制品和制鞋业	木材加工和木、竹、藤、棕、草制品业	家具制造业	造纸和纸制品业	印刷和记录媒介复制业
阜阳市	**195**	**76**	**60**	**114**	**29**	**36**	**89**	**20**	**58**
颍州区	123	23	11	24	9	12	31	10	37
颍东区	39	46	16	14	2	6	14	2	11
颍泉区	19	7	4	19	10	15	34	4	6
临泉县									
太和县									
阜南县									
颍上县									
阜阳合肥现代产业园区									
阜阳经济技术开发区									
界首市	14		29	57	8	3	10	4	4
宿州市	**73**	**1**	**46**	**60**	**79**	**52**	**46**	**15**	**16**
埇桥区	73	1	46	60	79	52	46	15	16
砀山县									
萧县									
灵璧县									
泗县									
宿州马鞍山现代产业园区									
宿州经济技术开发区									
六安市	**65**	**3**	**65**	**203**	**119**	**336**	**153**	**31**	**39**
金安区	39	2	27	116	90	16	41	23	24
裕安区	25	1	19	85	21	20	35	7	14
叶集区	1		17	1	7	299	71	1	
霍邱县			2		1				
舒城县				1		1	6		1
金寨县									
霍山县									
亳州市	**407**	**2**	**20**	**32**	**12**	**34**	**18**	**16**	**11**
谯城区	407	2	19	31	12	32	18	16	11
涡阳县									
蒙城县									
利辛县			1	1		2			
池州市	**21**		**118**	**197**	**16**	**50**	**36**	**11**	**5**
贵池区	20		33	182	13	38	29	10	5
东至县									
石台县									
青阳县									
池州市国家经济技术开发区			3	14	1		2		
皖江江南新兴产业集中区	1		82	1	2	12	5	1	
九华山风景区									
宣城市	**73**	**5**	**87**	**290**	**68**	**202**	**144**	**33**	**32**
宣州区	46	5	42	77	33	16	19	11	7
郎溪县									
泾县									
绩溪县									
旌德县									
宣城市经济开发区									
宁国市	10		15	21	20	67	32	10	14
广德市	17		30	192	15	119	93	12	11

4-4a 续表 24 单位：人

地区 性别	制造业								
	酒、饮料和精制茶制造业	烟草制品业	纺织业	纺织服装、服饰业	皮革、毛皮、羽毛及其制品和制鞋业	木材加工和木、竹、藤、棕、草制品业	家具制造业	造纸和纸制品业	印刷和记录媒介复制业
女	**1030**	**177**	**1893**	**7362**	**1267**	**611**	**580**	**659**	**630**
合肥市	**100**	**25**	**186**	**527**	**176**	**58**	**156**	**108**	**252**
瑶海区	15	1	59	126	24	15	40	14	29
庐阳区	18	5	18	61	8	11	39	36	110
蜀山区	18	14	13	45	11	6	23	4	28
包河区	32	5	35	67	17	15	34	15	54
长丰县									
肥东县									
肥西县	2		2	12	4	3	5	21	13
庐江县									
合肥高新技术产业开发区									
合肥经济技术开发区									
合肥新站高新技术产业开发区	3		5	10	3	4	7	1	4
巢湖市	12		54	206	109	4	8	17	14
芜湖市	**26**	**54**	**102**	**283**	**161**	**39**	**24**	**125**	**45**
镜湖区	7	9	28	60	5	8	7	10	8
弋江区	11	45	12	68	20	11	2	19	6
鸠江区	2		10	41	21	15	10	35	8
三山区	5		25	92	4	3	1	57	20
芜湖县			6	7	1		1	2	1
繁昌县									
南陵县									
芜湖经济技术开发区					1			1	
安徽芜湖长江大桥经济开发区									
无为市	1		21	15	109	2	3	1	2
蚌埠市	**32**	**29**	**55**	**92**	**33**	**15**	**11**	**22**	**18**
龙子湖区	3	2	10	14	3	2	1	7	2
蚌山区	3	8	7	12	1	3	3	2	2
禹会区	18	19	27	25	11	4	2	10	13
淮上区	8		11	41	18	6	5	3	1
怀远县									
五河县									
固镇县									
蚌埠市高新技术开发区									
蚌埠市经济开发区									
淮南市	**18**	**2**	**34**	**91**	**27**	**8**	**10**	**17**	**10**
大通区	3		6	9	1			1	2
田家庵区	7		13	32	5	6	9	9	8
谢家集区	3		9	20	3		1	2	
八公山区	3	1	4	13	14	2		4	
潘集区	2	1	2	17	4			1	
凤台县									
寿县									

4-4a 续表 25　　　　单位：人

地 区 性 别	制造业								
	酒、饮料和精制茶制造业	烟 草制品业	纺织业	纺织服装、服饰业	皮革、毛皮、羽毛及其制品和制鞋业	木材加工和木、竹、藤、棕、草制品业	家 具制造业	造纸和纸制品业	印刷和记录媒介复制业
马鞍山市	**24**	**6**	**31**	**194**	**14**	**15**	**25**	**74**	**24**
花山区	13	5	10	76	4	6	18	55	15
雨山区	11	1	17	86	4	3	1	17	5
博望区			4	32	6	6	6	2	4
当涂县									
含山县									
和县									
淮北市	**64**		**88**	**179**	**11**	**7**	**24**	**12**	**13**
杜集区	6		18	47	1	2	7	5	4
相山区	55		50	82	5	2	11	5	9
烈山区	2		16	34	3	3	5	1	
濉溪县	1		4	16	2		1	1	
铜陵市	**5**		**67**	**314**	**10**	**6**	**8**	**51**	**12**
铜官区	3		46	156	3	2	4	41	8
义安区	2		12	125	7	2	3	7	3
郊区			9	33		2	1	3	1
枞阳县									
安庆市	**46**	**1**	**462**	**1873**	**208**	**41**	**55**	**62**	**53**
迎江区	5	1	62	107	13	2	6	14	4
大观区	4		79	54		1	2	1	6
宜秀区	4		52	66	95	5	13	6	7
怀宁县									
太湖县									
宿松县									
望江县			54	714	2	3	1	1	
岳西县									
安徽安庆经济开发区									
桐城市	23		152	269	89	20	11	28	36
潜山市	10		63	663	9	10	22	12	
黄山市	**74**	**1**	**86**	**352**	**6**	**12**	**27**	**8**	**33**
屯溪区	27	1	70	94	2	6	15	5	9
黄山区	28		1	17		5			4
徽州区	19		11	226	2	1	11	3	20
歙县			3	15	2		1		
休宁县			1						
黟县									
祁门县									
滁州市	**60**	**26**	**241**	**445**	**139**	**36**	**38**	**62**	**57**
琅琊区	24	21	61	55	30	14	13	28	20
南谯区	8	5	39	49	30	16	12	11	9
来安县									
全椒县									
定远县									
凤阳县									
苏滁现代产业园									
滁州经济技术开发区									
天长市	9		102	134	52	6	6	12	6
明光市	19		39	207	27		7	11	22

4-4a 续表 26

单位：人

地区 性别	制造业								
	酒、饮料和精制茶制造业	烟草制品业	纺织业	纺织服装、服饰业	皮革、毛皮、羽毛及其制品和制鞋业	木材加工和木、竹、藤、棕、草制品业	家具制造业	造纸和纸制品业	印刷和记录媒介复制业
阜阳市	**121**	**28**	**79**	**327**	**37**	**15**	**45**	**25**	**32**
颍州区	72	7	22	41	6	4	14	10	14
颍东区	26	14	16	58	2	6	11	7	5
颍泉区	12	7	8	54	5	4	18	5	10
临泉县									
太和县									
阜南县									
颍上县									
阜阳合肥现代产业园区									
阜阳经济技术开发区									
界首市	11		33	174	24	1	2	3	3
宿州市	**31**		**47**	**179**	**106**	**12**	**28**	**17**	**9**
埇桥区	31		45	178	106	12	27	17	9
砀山县									
萧县			2	1			1		
灵璧县									
泗县									
宿州马鞍山现代产业园区									
宿州经济技术开发区									
六安市	**35**	**3**	**120**	**826**	**246**	**221**	**58**	**33**	**44**
金安区	23	1	48	446	166	2	11	26	38
裕安区	12	2	37	357	29	8	13	6	5
叶集区			35	13	50	211	30		1
霍邱县					1				
舒城县				10			4	1	
金寨县									
霍山县									
亳州市	**330**		**26**	**78**	**16**	**13**	**3**	**15**	**2**
谯城区	330		20	75	15	13	3	14	2
涡阳县									
蒙城县									
利辛县			6	3	1			1	
池州市	**12**	**1**	**139**	**811**	**30**	**27**	**11**	**9**	**3**
贵池区	11		40	757	27	23	7	9	3
东至县									
石台县									
青阳县									
池州市国家经济技术开发区	1		2	44	1	1	1		
皖江江南新兴产业集中区		1	97	10	2	3	3		
九华山风景区									
宣城市	**52**	**1**	**130**	**791**	**47**	**86**	**57**	**19**	**23**
宣州区	35		53	220	16	4	6	6	3
郎溪县									
泾县									
绩溪县									
旌德县									
宣城市经济开发区									
宁国市	4	1	32	110	14	19	14	8	8
广德市	13		45	461	17	63	37	5	12

4-4a　续表 27　　　　　　　　　　　　　　　　　　　　　　　　单位：人

地　区 性　别	制造业								
	文教、工美、体育和娱乐用品制造业	石油、煤炭及其他燃料加工业	化学原料和化学制品制造业	医　药制造业	化学纤维制造业	橡胶和塑　料制品业	非金属矿　物制品业	黑色金属冶炼和压延加工业	有色金属冶炼和压延加工业
安　徽	**2243**	**702**	**4614**	**3477**	**171**	**5605**	**6327**	**2608**	**1502**
合肥市	**244**	**25**	**884**	**543**	**72**	**1187**	**1115**	**135**	**63**
瑶海区	47	4	260	53	2	213	182	66	8
庐阳区	29	3	92	75	9	118	120	13	2
蜀山区	26	4	205	160	6	281	128	11	5
包河区	54	6	149	169	11	252	242	26	15
长丰县									
肥东县									
肥西县	5	3	96	30		130	87	11	1
庐江县									
合肥高新技术产业开发区									
合肥经济技术开发区									
合肥新站高新技术产业开发区	3	2	13	2		21	15		1
巢湖市	80	3	69	54	44	172	341	8	31
芜湖市	**120**	**11**	**200**	**268**	**5**	**473**	**673**	**279**	**157**
镜湖区	34	4	47	60	1	78	157	57	48
弋江区	22	1	38	48	1	138	238	82	19
鸠江区	32	4	87	67		175	155	21	81
三山区	6		16	62	3	63	92	117	7
芜湖县			5	2		7	1		
繁昌县									
南陵县									
芜湖经济技术开发区			1			1	2	1	
安徽芜湖长江大桥经济开发区									
无为市	26	2	6	29		11	28	1	2
蚌埠市	**148**	**19**	**290**	**183**	**6**	**81**	**484**	**6**	**9**
龙子湖区	89	1	43	53		18	118	5	1
蚌山区	17	2	48	25	2	13	75		
禹会区	11	12	135	61	3	34	198	1	5
淮上区	31	4	64	44	1	16	93		3
怀远县									
五河县									
固镇县									
蚌埠市高新技术开发区									
蚌埠市经济开发区									
淮南市	**56**	**24**	**273**	**182**	**1**	**78**	**473**	**48**	**4**
大通区	1		7	8		3	12		
田家庵区	21	20	190	160		41	240	4	2
谢家集区	13	2	29	5	1	20	88	40	1
八公山区	20	1	39	3		11	118	2	1
潘集区	1	1	8	6		3	15	2	
凤台县									
寿县									

4-4a 续表 28　　　　单位：人

地区 性别	制造业								
	文教、工美、体育和娱乐用品制造业	石油、煤炭及其他燃料加工业	化学原料和化学制品制造业	医药制造业	化学纤维制造业	橡胶和塑料制品业	非金属矿物制品业	黑色金属冶炼和压延加工业	有色金属冶炼和压延加工业
马鞍山市	**36**	**118**	**367**	**39**	**2**	**165**	**363**	**1588**	**109**
花山区	19	56	276	14	1	104	173	960	61
雨山区	13	62	89	24	1	54	167	621	45
博望区	4		2	1		7	23	7	3
当涂县									
含山县									
和县									
淮北市	**34**	**144**	**181**	**125**		**88**	**399**	**14**	**19**
杜集区	16	23	30	13		26	98	2	5
相山区	11	82	109	94		53	190	8	11
烈山区	4	19	34	15		7	44	2	2
濉溪县	3	20	8	3		2	67	2	1
铜陵市	**34**	**80**	**578**	**48**	**3**	**129**	**297**	**204**	**528**
铜官区	24	71	456	33	2	101	194	102	443
义安区	8	7	67	9	1	13	47	28	56
郊区	2	2	55	6		15	56	74	29
枞阳县									
安庆市	**202**	**222**	**460**	**229**	**30**	**809**	**530**	**8**	**22**
迎江区	6	64	171	36	2	52	69	2	11
大观区	6	137	157	72	18	25	60		4
宜秀区	4	18	53	19	4	40	90	1	1
怀宁县									
太湖县									
宿松县									
望江县	12	2	10		2	7	18	3	
岳西县									
安徽安庆经济开发区						6			
桐城市	158	1	40	46	2	625	198	2	4
潜山市	16		29	56	2	54	95		2
黄山市	**98**	**4**	**232**	**27**	**2**	**129**	**107**	**5**	**38**
屯溪区	74	2	46	9	1	68	53	1	4
黄山区	8	2	1	3	1	16	33	1	2
徽州区	16		170	14		38	20		32
歙县			15	1		5	1	3	
休宁县						2			
黟县									
祁门县									
滁州市	**814**	**7**	**205**	**92**	**11**	**367**	**370**	**47**	**52**
琅琊区	30		35	14	8	106	105	5	8
南谯区	20	2	36	12	1	87	76	15	8
来安县									
全椒县									
定远县									
凤阳县									
苏滁现代产业园									
滁州经济技术开发区									
天长市	633	2	63	50	2	114	63	23	34
明光市	131	3	71	16		60	126	4	2

4-4a　续表 29　　　　单位：人

地　区 性　别	制造业								
	文教、工美、体育和娱乐用品制造业	石油、煤炭及其他燃料加工业	化学原料和化学制品制造业	医　药制造业	化学纤维制造业	橡胶和塑　料制品业	非金属矿　物制品业	黑色金属冶炼和压延加工业	有色金属冶炼和压延加工业
阜阳市	**128**	**9**	**353**	**198**	**3**	**141**	**216**	**10**	**47**
颍州区	32	3	47	91	2	23	67	6	1
颍东区	18	4	176	56		19	51		1
颍泉区	7	2	120	12		14	61	4	
临泉县									
太和县									
阜南县									
颍上县									
阜阳合肥现代产业园区									
阜阳经济技术开发区									
界首市	71		10	39	1	85	37		45
宿州市	**65**	**10**	**74**	**73**	**21**	**49**	**99**	**5**	**1**
埇桥区	65	10	74	72	21	48	98	4	1
砀山县									
萧县				1		1	1	1	
灵璧县									
泗县									
宿州马鞍山现代产业园区									
宿州经济技术开发区									
六安市	**109**	**7**	**88**	**62**		**155**	**290**	**29**	**26**
金安区	57	3	51	44		111	126	15	14
裕安区	29	2	31	18		34	115	12	10
叶集区	20	2	6			4	33	2	2
霍邱县						3			
舒城县	3					3	16		
金寨县									
霍山县									
亳州市	**15**	**6**	**39**	**1281**		**27**	**109**	**4**	**1**
谯城区	15	6	39	1281		24	109	4	1
涡阳县									
蒙城县									
利辛县						3			
池州市	**25**	**5**	**55**	**19**	**7**	**64**	**273**	**181**	**271**
贵池区	22	5	38	11	3	51	237	180	183
东至县									
石台县									
青阳县									
池州市国家经济技术开发区			6	2		11	29		13
皖江江南新兴产业集中区	3		11	6	4	2	7	1	75
九华山风景区									
宣城市	**115**	**11**	**335**	**108**	**8**	**1663**	**529**	**45**	**155**
宣州区	18	3	100	47	3	28	114	7	40
郎溪县									
泾县									
绩溪县									
旌德县									
宣城市经济开发区									
宁国市	20	2	177	11	3	1319	283	17	42
广德市	77	6	58	50	2	316	132	21	73

4-4a 续表 30

单位：人

地区 性别	制造业 文教、工美、体育和娱乐用品制造业	石油、煤炭及其他燃料加工业	化学原料和化学制品制造业	医药制造业	化学纤维制造业	橡胶和塑料制品业	非金属矿物制品业	黑色金属冶炼和压延加工业	有色金属冶炼和压延加工业
男	**846**	**566**	**3393**	**1976**	**112**	**3433**	**4791**	**2255**	**1177**
合肥市	**104**	**18**	**608**	**293**	**48**	**855**	**838**	**109**	**54**
瑶海区	25	3	176	27	2	177	133	56	6
庐阳区	15	3	66	43	4	83	89	11	2
蜀山区	17	3	138	88	5	198	98	6	4
包河区	26	3	99	88	7	183	193	20	14
长丰县									
肥东县									
肥西县	2	3	70	17		86	58	8	
庐江县									
合肥高新技术产业开发区									
合肥经济技术开发区									
合肥新站高新技术产业开发区	2	1	5	2		16	9		
巢湖市	17	2	54	28	30	112	258	8	28
芜湖市	**78**	**6**	**158**	**146**	**4**	**287**	**517**	**230**	**120**
镜湖区	18	3	42	39		49	126	49	36
弋江区	16		28	30	1	74	183	63	14
鸠江区	27	2	68	30		112	113	17	63
三山区	4		12	25	3	41	71	99	5
芜湖县			2	1		3	1		
繁昌县									
南陵县									
芜湖经济技术开发区			1			1	2	1	
安徽芜湖长江大桥经济开发区									
无为市	13	1	5	21		7	21	1	2
蚌埠市	**93**	**14**	**218**	**114**	**5**	**46**	**348**	**5**	**6**
龙子湖区	60	1	35	36		11	82	4	1
蚌山区	9	2	32	17	1	7	56		
禹会区	7	9	103	39	3	15	151	1	3
淮上区	17	2	48	22	1	13	59		2
怀远县									
五河县									
固镇县									
蚌埠市高新技术开发区									
蚌埠市经济开发区									
淮南市	**25**	**17**	**210**	**108**	**1**	**52**	**323**	**39**	**3**
大通区	1		5	4		2	11		
田家庵区	10	13	146	97		33	150	3	1
谢家集区	5	2	21	2	1	8	55	32	1
八公山区	9	1	30	1		7	94	2	1
潘集区		1	8	4		2	13	2	
凤台县									
寿县									

4-4a 续表 31 单位：人

地 区 性 别	制造业								
	文教、工美、体育和娱乐用品制造业	石油、煤炭及其他燃料加工业	化学原料和化学制品制造业	医 药制造业	化学纤维制造业	橡胶和塑 料制品业	非金属矿 物制品业	黑色金属冶炼和压延加工业	有色金属冶炼和压延加工业
马鞍山市	**14**	**107**	**252**	**22**		**101**	**276**	**1407**	**84**
花山区	8	52	189	5		66	130	848	47
雨山区	6	55	62	16		32	128	553	36
博望区			1	1		3	18	6	1
当涂县									
含山县									
和县									
淮北市	**8**	**120**	**133**	**86**		**53**	**305**	**12**	**12**
杜集区	2	22	24	9		14	82	2	4
相山区	4	65	84	67		34	150	8	6
烈山区	1	15	19	10		4	28	1	1
濉溪县	1	18	6			1	45	1	1
铜陵市	**21**	**64**	**433**	**24**	**3**	**80**	**245**	**162**	**437**
铜官区	13	57	336	19	2	64	157	85	370
义安区	7	5	52	3	1	9	41	23	41
郊区	1	2	45	2		7	47	54	26
枞阳县									
安庆市	**139**	**177**	**365**	**129**	**16**	**412**	**391**	**6**	**16**
迎江区	4	52	124	26	1	38	45	2	7
大观区	3	109	138	55	11	13	53		3
宜秀区	2	13	42	11	2	17	69	1	1
怀宁县									
太湖县									
宿松县									
望江县	5	2	9			4	12	2	
岳西县									
安徽安庆经济开发区						3			
桐城市	117	1	31	22	1	302	137	1	3
潜山市	8		21	15	1	35	75		2
黄山市	**55**	**3**	**168**	**15**	**1**	**78**	**85**	**4**	**28**
屯溪区	44	1	35	5	1	41	44	1	3
黄山区	2	2	1	3		11	26	1	2
徽州区	9		124	6		22	14		23
歙县			8	1		3	1	2	
休宁县						1			
黟县									
祁门县									
滁州市	**141**	**4**	**148**	**55**	**8**	**219**	**278**	**41**	**38**
琅琊区	13		24	8	6	65	66	4	4
南谯区	10	1	24	8	1	53	64	12	7
来安县									
全椒县									
定远县									
凤阳县									
苏滁现代产业园									
滁州经济技术开发区									
天长市	93	1	47	30	1	68	51	22	26
明光市	25	2	53	9		33	97	3	1

4-4a 续表 32　　单位：人

地　区 性　别	制造业								
	文教、工美、体育和娱乐用品制造业	石油、煤炭及其他燃料加工业	化学原料和化学制品制造业	医　药制造业	化学纤维制造业	橡胶和塑　料制品业	非金属矿　物制品业	黑色金属冶炼和压延加工业	有色金属冶炼和压延加工业
阜阳市	**46**	**6**	**267**	**119**	**1**	**96**	**163**	**9**	**39**
颍州区	16	2	32	63	1	17	55	6	1
颍东区	2	2	136	26		13	40		1
颍泉区	3	2	89	7		7	36	3	
临泉县									
太和县									
阜南县									
颍上县									
阜阳合肥现代产业园区									
阜阳经济技术开发区									
界首市	25		10	23		59	32		37
宿州市	**12**	**9**	**57**	**46**	**15**	**33**	**80**	**4**	
埇桥区	12	9	57	46	15	32	80	3	
砀山县									
萧县						1		1	
灵璧县									
泗县									
宿州马鞍山现代产业园区									
宿州经济技术开发区									
六安市	**39**	**5**	**50**	**35**		**111**	**222**	**25**	**19**
金安区	20	2	29	25		89	100	13	10
裕安区	12	2	18	10		19	90	10	7
叶集区	6	1	3			2	24	2	2
霍邱县						1			
舒城县	1						8		
金寨县									
霍山县									
亳州市	**6**	**6**	**31**	**703**		**17**	**88**	**4**	**1**
谯城区	6	6	31	703		16	88	4	1
涡阳县									
蒙城县									
利辛县						1			
池州市	**10**	**3**	**36**	**14**	**6**	**41**	**224**	**159**	**211**
贵池区	8	3	25	9	3	33	199	158	143
东至县									
石台县									
青阳县									
池州市国家经济技术开发区			5	1		7	22		11
皖江江南新兴产业集中区	2		6	4	3	1	3	1	57
九华山风景区									
宣城市	**55**	**7**	**259**	**67**	**4**	**952**	**408**	**39**	**109**
宣州区	6	2	81	28	1	19	75	7	35
郎溪县									
泾县									
绩溪县									
旌德县									
宣城市经济开发区									
宁国市	7	2	138	6	1	726	226	14	30
广德市	42	3	40	33	2	207	107	18	44

4-4a　续表 33　　　　单位：人

地　区 性　别	制造业								
	文教、工美、体育和娱乐用品制造业	石油、煤炭及其他燃料加工业	化学原料和化学制品制造业	医　药制造业	化学纤维制造业	橡胶和塑　料制品业	非金属矿　物制品业	黑色金属冶炼和压延加工业	有色金属冶炼和压延加工业
女	**1397**	**136**	**1221**	**1501**	**59**	**2172**	**1536**	**353**	**325**
合肥市	**140**	**7**	**276**	**250**	**24**	**332**	**277**	**26**	**9**
瑶海区	22	1	84	26		36	49	10	2
庐阳区	14		26	32	5	35	31	2	
蜀山区	9	1	67	72	1	83	30	5	1
包河区	28	3	50	81	4	69	49	6	1
长丰县									
肥东县									
肥西县	3		26	13		44	29	3	1
庐江县									
合肥高新技术产业开发区									
合肥经济技术开发区									
合肥新站高新技术产业开发区	1	1	8			5	6		1
巢湖市	63	1	15	26	14	60	83		3
芜湖市	**42**	**5**	**42**	**122**	**1**	**186**	**156**	**49**	**37**
镜湖区	16	1	5	21	1	29	31	8	12
弋江区	6	1	10	18		64	55	19	5
鸠江区	5	2	19	37		63	42	4	18
三山区	2		4	37		22	21	18	2
芜湖县			3	1		4			
繁昌县									
南陵县									
芜湖经济技术开发区									
安徽芜湖长江大桥经济开发区									
无为市	13	1	1	8		4	7		
蚌埠市	**55**	**5**	**72**	**69**	**1**	**35**	**136**	**1**	**3**
龙子湖区	29		8	17		7	36	1	
蚌山区	8		16	8	1	6	19		
禹会区	4	3	32	22		19	47		2
淮上区	14	2	16	22		3	34		1
怀远县									
五河县									
固镇县									
蚌埠市高新技术开发区									
蚌埠市经济开发区									
淮南市	**31**	**7**	**63**	**74**		**26**	**150**	**9**	**1**
大通区			2	4		1	1		
田家庵区	11	7	44	63		8	90	1	1
谢家集区	8		8	3		12	33	8	
八公山区	11		9	2		4	24		
潘集区	1			2		1	2		
凤台县									
寿县									

4-4a 续表 34 单位：人

地区 性别	制造业								
	文教、工美、体育和娱乐用品制造业	石油、煤炭及其他燃料加工业	化学原料和化学制品制造业	医药制造业	化学纤维制造业	橡胶和塑料制品业	非金属矿物制品业	黑色金属冶炼和压延加工业	有色金属冶炼和压延加工业
马鞍山市	**22**	**11**	**115**	**17**	**2**	**64**	**87**	**181**	**25**
花山区	11	4	87	9	1	38	43	112	14
雨山区	7	7	27	8	1	22	39	68	9
博望区	4		1			4	5	1	2
当涂县									
含山县									
和县									
淮北市	**26**	**24**	**48**	**39**		**35**	**94**	**2**	**7**
杜集区	14	1	6	4		12	16		1
相山区	7	17	25	27		19	40		5
烈山区	3	4	15	5		3	16	1	1
濉溪县	2	2	2	3		1	22	1	
铜陵市	**13**	**16**	**145**	**24**		**49**	**52**	**42**	**91**
铜官区	11	14	120	14		37	37	17	73
义安区	1	2	15	6		4	6	5	15
郊区	1		10	4		8	9	20	3
枞阳县									
安庆市	**63**	**45**	**95**	**100**	**14**	**397**	**139**	**2**	**6**
迎江区	2	12	47	10	1	14	24		4
大观区	3	28	19	17	7	12	7		1
宜秀区	2	5	11	8	2	23	21		
怀宁县									
太湖县									
宿松县									
望江县	7		1		2	3	6	1	
岳西县									
安徽安庆经济开发区						3			
桐城市	41		9	24	1	323	61	1	1
潜山市	8		8	41	1	19	20		
黄山市	**43**	**1**	**64**	**12**	**1**	**51**	**22**	**1**	**10**
屯溪区	30	1	11	4		27	9		1
黄山区	6				1	5	7		
徽州区	7		46	8		16	6		9
歙县			7			2		1	
休宁县						1			
黟县									
祁门县									
滁州市	**673**	**3**	**57**	**37**	**3**	**148**	**92**	**6**	**14**
琅琊区	17		11	6	2	41	39	1	4
南谯区	10	1	12	4		34	12	3	1
来安县									
全椒县									
定远县									
凤阳县									
苏滁现代产业园									
滁州经济技术开发区									
天长市	540	1	16	20	1	46	12	1	8
明光市	106	1	18	7		27	29	1	1

4-4a 续表 35

单位：人

地 区 性 别	制造业								
	文教、工美、体育和娱乐用品制造业	石油、煤炭及其他燃料加工业	化学原料和化学制品制造业	医 药 制造业	化学纤维 制造业	橡胶和 塑 料 制品业	非金属 矿 物 制品业	黑色金属 冶炼和压 延加工业	有色金属 冶炼和压 延加工业
阜阳市	**82**	**3**	**86**	**79**	**2**	**45**	**53**	**1**	**8**
颍州区	16	1	15	28	1	6	12		
颍东区	16	2	40	30		6	11		
颍泉区	4		31	5		7	25	1	
临泉县									
太和县									
阜南县									
颍上县									
阜阳合肥现代产业园区									
阜阳经济技术开发区									
界首市	46			16	1	26	5		8
宿州市	**53**	**1**	**17**	**27**	**6**	**16**	**19**	**1**	**1**
埇桥区	53	1	17	26	6	16	18	1	1
砀山县									
萧县				1			1		
灵璧县									
泗县									
宿州马鞍山现代产业园区									
宿州经济技术开发区									
六安市	**70**	**2**	**38**	**27**		**44**	**68**	**4**	**7**
金安区	37	1	22	19		22	26	2	4
裕安区	17		13	8		15	25	2	3
叶集区	14	1	3			2	9		
霍邱县						2			
舒城县	2					3	8		
金寨县									
霍山县									
亳州市	**9**		**8**	**578**		**10**	**21**		
谯城区	9		8	578		8	21		
涡阳县									
蒙城县									
利辛县						2			
池州市	**15**	**2**	**19**	**5**	**1**	**23**	**49**	**22**	**60**
贵池区	14	2	13	2		18	38	22	40
东至县									
石台县									
青阳县									
池州市国家经济技术开发区			1	1		4	7		2
皖江江南新兴产业集中区	1		5	2	1	1	4		18
九华山风景区									
宣城市	**60**	**4**	**76**	**41**	**4**	**711**	**121**	**6**	**46**
宣州区	12	1	19	19	2	9	39		5
郎溪县									
泾县									
绩溪县									
旌德县									
宣城市经济开发区									
宁国市	13		39	5	2	593	57	3	12
广德市	35	3	18	17		109	25	3	29

4-4a 续表 36 单位：人

地　区 性　别	制造业 金　属 制品业	通用设备 制造业	专用设备 制造业	汽　车 制造业	铁路、船舶、 航空航天和 其他运输 设备制造业	电气机械 和器材 制造业	计算机、 通信和其 他电子设 备制造业	仪器仪表 制造业	其　他 制造业
安　徽	**6731**	**8223**	**4518**	**7895**	**1139**	**7374**	**6767**	**934**	**1175**
合肥市	**1033**	**1773**	**969**	**1757**	**223**	**1881**	**1736**	**259**	**243**
瑶海区	180	281	141	147	29	300	257	33	38
庐阳区	158	236	151	113	20	261	212	32	45
蜀山区	161	431	258	266	40	490	601	100	36
包河区	259	457	249	1034	54	469	298	64	107
长丰县									
肥东县									
肥西县	68	135	76	140		255	168	13	1
庐江县									
合肥高新技术产业开发区									
合肥经济技术开发区									
合肥新站高新技术产业开发区	25	26	11	9	26	30	67		5
巢湖市	182	207	83	48	54	76	133	17	11
芜湖市	**947**	**955**	**454**	**3000**	**430**	**1591**	**519**	**57**	**66**
镜湖区	210	316	96	971	124	271	121	15	1
弋江区	336	290	85	731	49	303	129	17	26
鸠江区	132	234	157	1152	62	572	220	18	19
三山区	243	76	108	130	191	318	26	6	6
芜湖县	9	15		9		20	11		4
繁昌县									
南陵县									
芜湖经济技术开发区		2		2	2	2	2	1	2
安徽芜湖长江大桥经济开发区									
无为市	17	22	8	5	2	105	10		8
蚌埠市	**181**	**363**	**147**	**218**	**44**	**102**	**375**	**28**	**25**
龙子湖区	30	54	17	62	14	12	38	5	2
蚌山区	26	50	24	30	14	24	44	3	6
禹会区	79	151	47	88	4	49	246	17	4
淮上区	46	108	59	38	12	17	47	3	13
怀远县									
五河县									
固镇县									
蚌埠市高新技术开发区									
蚌埠市经济开发区									
淮南市	**157**	**283**	**247**	**58**	**26**	**149**	**163**	**21**	**37**
大通区	8	13	25	9	7	10	8	2	
田家庵区	84	149	139	26	12	81	86	10	12
谢家集区	22	83	40	8	3	20	26	3	12
八公山区	26	28	34	10	2	25	25	4	11
潘集区	17	10	9	5	2	13	18	2	2
凤台县									
寿县									

4-4a　续表 37　　　　　　　　　　　　　　　　　　　　　　　　单位：人

地　区 性　别	制造业 金　属 制品业	 通用设备 制造业	 专用设备 制造业	 汽　车 制造业	 铁路、船舶、 航空航天和 其他运输 设备制造业	 电气机械 和器材 制造业	 计算机、 通信和其 他电子设 备制造业	 仪器仪表 制造业	 其　他 制造业
马鞍山市	**1114**	**1335**	**347**	**360**	**62**	**145**	**191**	**40**	**57**
花山区	459	369	142	103	19	49	78	17	27
雨山区	245	321	104	235	42	84	100	20	14
博望区	410	645	101	22	1	12	13	3	16
当涂县									
含山县									
和县									
淮北市	**158**	**162**	**255**	**52**	**10**	**181**	**179**	**7**	**33**
杜集区	65	44	90	16	1	39	33	2	2
相山区	67	94	120	17	5	65	57	2	23
烈山区	17	13	38	14	3	52	72	2	5
濉溪县	9	11	7	5	1	25	17	1	3
铜陵市	**302**	**364**	**188**	**48**	**73**	**321**	**505**	**26**	**65**
铜官区	248	302	155	36	50	275	392	21	54
义安区	45	50	24	10	23	38	92	3	7
郊区	9	12	9	2		8	21	2	4
枞阳县									
安庆市	**392**	**556**	**302**	**382**	**62**	**211**	**242**	**31**	**394**
迎江区	52	139	74	121	24	33	26	10	16
大观区	29	63	27	87	10	16	14	3	9
宜秀区	91	77	24	72	8	15	13	2	13
怀宁县									
太湖县									
宿松县									
望江县	14	16	10	2	1	4	22	2	4
岳西县									
安徽安庆经济开发区	7		1	14	2	1			
桐城市	126	208	124	67	15	109	142	8	321
潜山市	73	53	42	19	2	33	25	6	31
黄山市	**117**	**225**	**90**	**113**	**30**	**47**	**90**	**17**	**14**
屯溪区	44	100	32	85	12	33	49	12	10
黄山区	27	17	5	2		7	38		1
徽州区	38	104	52	22	18	7	2	5	3
歙县	6	1		1			1		
休宁县	2	3	1	3					
黟县									
祁门县									
滁州市	**515**	**589**	**610**	**343**	**90**	**1627**	**1111**	**387**	**99**
琅琊区	153	194	112	128	14	467	229	16	43
南谯区	111	160	140	55	8	316	118	12	33
来安县									
全椒县									
定远县									
凤阳县									
苏滁现代产业园									
滁州经济技术开发区									
天长市	162	162	299	106	47	738	423	355	9
明光市	89	73	59	54	21	106	341	4	14

4-4a 续表 38

单位：人

地区 性别	制造业 金属制品业	通用设备制造业	专用设备制造业	汽车制造业	铁路、船舶、航空航天和其他运输设备制造业	电气机械和器材制造业	计算机、通信和其他电子设备制造业	仪器仪表制造业	其他制造业
阜阳市	**224**	**147**	**150**	**95**	**24**	**108**	**127**	**7**	**20**
颍州区	71	23	42	34	4	20	39	2	10
颍东区	43	40	25	47	3	17	31	1	3
颍泉区	45	17	16	8	13	18	26	2	3
临泉县									
太和县									
阜南县									
颍上县									
阜阳合肥现代产业园区									
阜阳经济技术开发区									
界首市	65	67	67	6	4	53	31	2	4
宿州市	**161**	**72**	**111**	**54**	**16**	**47**	**82**	**8**	**5**
埇桥区	156	69	109	51	12	47	79	8	5
砀山县									
萧县	5	3	2	3	4		3		
灵璧县									
泗县									
宿州马鞍山现代产业园区									
宿州经济技术开发区									
六安市	**336**	**349**	**145**	**93**	**15**	**286**	**173**	**21**	**35**
金安区	195	239	70	70	5	213	101	15	23
裕安区	109	100	61	22	9	70	60	5	8
叶集区	31	9	10		1	2	4		4
霍邱县						1		1	
舒城县	1	1	4	1			8		
金寨县									
霍山县									
亳州市	**101**	**14**	**15**	**6**	**2**	**27**	**154**	**1**	**4**
谯城区	100	14	14	6	2	27	154	1	4
涡阳县									
蒙城县									
利辛县	1		1						
池州市	**211**	**104**	**97**	**41**	**6**	**119**	**255**	**5**	**13**
贵池区	132	92	79	38	6	102	150	4	10
东至县									
石台县									
青阳县									
池州市国家经济技术开发区	22	8	11	3		10	95	1	2
皖江江南新兴产业集中区	57	4	7			7	10		1
九华山风景区									
宣城市	**782**	**932**	**391**	**1275**	**26**	**532**	**865**	**19**	**65**
宣州区	116	90	44	76	8	51	39	5	8
郎溪县									
泾县									
绩溪县									
旌德县									
宣城市经济开发区									
宁国市	395	380	257	937	3	244	167	3	26
广德市	271	462	90	262	15	237	659	11	31

4-4a　续表 39　　　　　　　　　　　　　　　　　　　　　　　　　　　　单位：人

地　区 性　别	制造业								
	金　属 制品业	通用设备 制造业	专用设备 制造业	汽　车 制造业	铁路、船舶、 航空航天和 其他运输 设备制造业	电气机械 和器材 制造业	计算机、 通信和其 他电子设 备制造业	仪器仪表 制造业	其　他 制造业
男	**5277**	**6208**	**3122**	**5492**	**889**	**4810**	**3856**	**655**	**683**
合肥市	**805**	**1312**	**676**	**1302**	**176**	**1239**	**1130**	**189**	**163**
瑶海区	143	216	103	114	27	207	160	28	24
庐阳区	116	163	104	85	13	177	149	18	32
蜀山区	126	333	173	185	28	314	408	71	25
包河区	207	336	180	779	42	315	190	52	71
长丰县									
肥东县									
肥西县	46	92	53	95		152	100	10	1
庐江县									
合肥高新技术产业开发区									
合肥经济技术开发区									
合肥新站高新技术产业开发区	20	21	7	6	22	21	48		3
巢湖市	147	151	56	38	44	53	75	10	7
芜湖市	**759**	**678**	**358**	**2077**	**353**	**1053**	**315**	**37**	**47**
镜湖区	157	224	68	684	103	184	74	8	1
弋江区	284	200	64	512	40	218	82	11	21
鸠江区	88	181	132	771	50	332	128	13	11
三山区	208	45	89	98	156	220	15	5	3
芜湖县	6	12		6		10	6		3
繁昌县									
南陵县									
芜湖经济技术开发区		2		2	2		2		1
安徽芜湖长江大桥经济开发区									
无为市	16	14	5	4	2	89	8		7
蚌埠市	**145**	**282**	**100**	**129**	**33**	**63**	**165**	**20**	**15**
龙子湖区	24	44	15	43	10	7	23	3	2
蚌山区	18	39	18	16	12	16	21	3	4
禹会区	66	115	29	53	3	26	108	13	3
淮上区	37	84	38	17	8	14	13	1	6
怀远县									
五河县									
固镇县									
蚌埠市高新技术开发区									
蚌埠市经济开发区									
淮南市	**129**	**225**	**178**	**39**	**24**	**103**	**128**	**17**	**22**
大通区	7	11	18	5	7	8	8	2	
田家庵区	71	114	94	19	10	51	64	9	8
谢家集区	20	69	36	4	3	14	26	3	7
八公山区	17	22	22	7	2	21	18	2	7
潘集区	14	9	8	4	2	9	12	1	
凤台县									
寿县									

4—4a 续表 40 单位：人

地 区 性 别	制造业								
	金 属 制品业	通用设备 制造业	专用设备 制造业	汽 车 制造业	铁路、船舶、 航空航天和 其他运输 设备制造业	电气机械 和器材 制造业	计算机、 通信和其 他电子设 备制造业	仪器仪表 制造业	其 他 制造业
马鞍山市	**888**	**1094**	**255**	**284**	**50**	**100**	**104**	**27**	**43**
花山区	362	304	92	82	15	39	47	12	18
雨山区	203	265	73	186	35	55	52	12	12
博望区	323	525	90	16		6	5	3	13
当涂县									
含山县									
和县									
淮北市	**135**	**129**	**198**	**36**	**5**	**122**	**83**	**5**	**22**
杜集区	57	36	79	11	1	27	14	1	1
相山区	54	77	96	14	3	48	30	2	17
烈山区	16	8	17	7	1	31	30	1	2
濉溪县	8	8	6	4		16	9	1	2
铜陵市	**236**	**276**	**145**	**37**	**58**	**225**	**321**	**16**	**46**
铜官区	189	227	121	26	40	194	256	13	38
义安区	38	39	19	9	18	26	53	2	6
郊区	9	10	5	2		5	12	1	2
枞阳县									
安庆市	**309**	**422**	**193**	**278**	**51**	**131**	**113**	**26**	**174**
迎江区	43	111	49	91	22	29	16	8	10
大观区	20	50	17	69	9	12	8	3	7
宜秀区	67	64	16	52	5	10	7	2	6
怀宁县									
太湖县									
宿松县									
望江县	12	14	4	2		4	12	2	2
岳西县									
安徽安庆经济开发区	6		1	14	1	1			
桐城市	104	150	79	35	12	49	55	5	129
潜山市	57	33	27	15	2	26	15	6	20
黄山市	**88**	**168**	**67**	**55**	**16**	**25**	**29**	**6**	**7**
屯溪区	32	77	23	36	9	19	20	6	4
黄山区	18	11	3	2		4	8		1
徽州区	32	77	41	16	7	2	1		2
歙县	4	1							
休宁县	2	2		1					
黟县									
祁门县									
滁州市	**398**	**430**	**348**	**256**	**54**	**1077**	**480**	**277**	**61**
琅琊区	115	140	66	88	9	270	121	9	28
南谯区	91	115	91	42	6	188	64	5	20
来安县									
全椒县									
定远县									
凤阳县									
苏滁现代产业园									
滁州经济技术开发区									
天长市	123	124	154	85	22	561	169	259	6
明光市	69	51	37	41	17	58	126	4	7

4-4a 续表 41 单位：人

地 区 性 别	制造业								
	金 属 制品业	通用设备 制造业	专用设备 制造业	汽 车 制造业	铁路、船舶、 航空航天和 其他运输 设备制造业	电气机械 和器材 制造业	计算机、 通信和其 他电子设 备制造业	仪器仪表 制造业	其 他 制造业
阜阳市	**181**	**117**	**92**	**73**	**21**	**71**	**77**	**3**	**12**
颍州区	55	18	22	26	3	18	21	1	5
颍东区	37	33	13	37	2	9	18		2
颍泉区	36	14	10	6	12	6	18	1	1
临泉县									
太和县									
阜南县									
颍上县									
阜阳合肥现代产业园区									
阜阳经济技术开发区									
界首市	53	52	47	4	4	38	20	1	4
宿州市	**125**	**61**	**87**	**37**	**12**	**39**	**50**	**5**	**4**
埇桥区	121	60	86	36	9	39	48	5	4
砀山县									
萧县	4	1	1	1	3		2		
灵璧县									
泗县									
宿州马鞍山现代产业园区									
宿州经济技术开发区									
六安市	**266**	**274**	**96**	**74**	**12**	**180**	**112**	**11**	**18**
金安区	156	184	48	56	3	133	72	8	14
裕安区	84	82	39	17	8	45	33	2	2
叶集区	25	7	7		1	2	3		2
霍邱县								1	
舒城县	1	1	2	1			4		
金寨县									
霍山县									
亳州市	**83**	**13**	**10**	**4**	**2**	**23**	**89**	**1**	**3**
谯城区	82	13	9	4	2	23	89	1	3
涡阳县									
蒙城县									
利辛县	1		1						
池州市	**157**	**83**	**70**	**33**	**5**	**94**	**160**	**4**	**7**
贵池区	104	73	56	30	5	79	94	3	5
东至县									
石台县									
青阳县									
池州市国家经济技术开发区	14	6	10	3		8	60	1	1
皖江江南新兴产业集中区	39	4	4			7	6		1
九华山风景区									
宣城市	**573**	**644**	**249**	**778**	**17**	**265**	**500**	**11**	**39**
宣州区	91	64	30	61	8	42	17	4	4
郎溪县									
泾县									
绩溪县									
旌德县									
宣城市经济开发区									
宁国市	299	252	163	545	1	105	73	1	15
广德市	183	328	56	172	8	118	410	6	20

4-4a 续表 42 单位：人

地　区 性　别	制造业								
	金　属 制品业	通用设备 制造业	专用设备 制造业	汽　车 制造业	铁路、船舶、航空航天和其他运输设备制造业	电气机械和器材制造业	计算机、通信和其他电子设备制造业	仪器仪表 制造业	其　他 制造业
女	**1454**	**2015**	**1396**	**2403**	**250**	**2564**	**2911**	**279**	**492**
合肥市	**228**	**461**	**293**	**455**	**47**	**642**	**606**	**70**	**80**
瑶海区	37	65	38	33	2	93	97	5	14
庐阳区	42	73	47	28	7	84	63	14	13
蜀山区	35	98	85	81	12	176	193	29	11
包河区	52	121	69	255	12	154	108	12	36
长丰县									
肥东县									
肥西县	22	43	23	45		103	68	3	
庐江县									
合肥高新技术产业开发区									
合肥经济技术开发区									
合肥新站高新技术产业开发区	5	5	4	3	4	9	19		2
巢湖市	35	56	27	10	10	23	58	7	4
芜湖市	**188**	**277**	**96**	**923**	**77**	**538**	**204**	**20**	**19**
镜湖区	53	92	28	287	21	87	47	7	
弋江区	52	90	21	219	9	85	47	6	5
鸠江区	44	53	25	381	12	240	92	5	8
三山区	35	31	19	32	35	98	11	1	3
芜湖县	3	3		3		10	5		1
繁昌县									
南陵县									
芜湖经济技术开发区						2		1	1
安徽芜湖长江大桥经济开发区									
无为市	1	8	3	1		16	2		1
蚌埠市	**36**	**81**	**47**	**89**	**11**	**39**	**210**	**8**	**10**
龙子湖区	6	10	2	19	4	5	15	2	
蚌山区	8	11	6	14	2	8	23		2
禹会区	13	36	18	35	1	23	138	4	1
淮上区	9	24	21	21	4	3	34	2	7
怀远县									
五河县									
固镇县									
蚌埠市高新技术开发区									
蚌埠市经济开发区									
淮南市	**28**	**58**	**69**	**19**	**2**	**46**	**35**	**4**	**15**
大通区	1	2	7	4		2			
田家庵区	13	35	45	7	2	30	22	1	4
谢家集区	2	14	4	4		6			5
八公山区	9	6	12	3		4	7	2	4
潘集区	3	1	1	1		4	6	1	2
凤台县									
寿县									

4-4a　续表 43　　单位：人

地区 性别	制造业 金属制品业	通用设备制造业	专用设备制造业	汽车制造业	铁路、船舶、航空航天和其他运输设备制造业	电气机械和器材制造业	计算机、通信和其他电子设备制造业	仪器仪表制造业	其他制造业
马鞍山市	**226**	**241**	**92**	**76**	**12**	**45**	**87**	**13**	**14**
花山区	97	65	50	21	4	10	31	5	9
雨山区	42	56	31	49	7	29	48	8	2
博望区	87	120	11	6	1	6	8		3
当涂县									
含山县									
和县									
淮北市	**23**	**33**	**57**	**16**	**5**	**59**	**96**	**2**	**11**
杜集区	8	8	11	5		12	19	1	1
相山区	13	17	24	3	2	17	27		6
烈山区	1	5	21	7	2	21	42	1	3
濉溪县	1	3	1	1	1	9	8		1
铜陵市	**66**	**88**	**43**	**11**	**15**	**96**	**184**	**10**	**19**
铜官区	59	75	34	10	10	81	136	8	16
义安区	7	11	5	1	5	12	39	1	1
郊区		2	4			3	9	1	2
枞阳县									
安庆市	**83**	**134**	**109**	**104**	**11**	**80**	**129**	**5**	**220**
迎江区	9	28	25	30	2	4	10	2	6
大观区	9	13	10	18	1	4	6		2
宜秀区	24	13	8	20	3	5	6		7
怀宁县									
太湖县									
宿松县									
望江县	2	2	6		1		10		2
岳西县									
安徽安庆经济开发区	1				1				
桐城市	22	58	45	32	3	60	87	3	192
潜山市	16	20	15	4		7	10		11
黄山市	**29**	**57**	**23**	**58**	**14**	**22**	**61**	**11**	**7**
屯溪区	12	23	9	49	3	14	29	6	6
黄山区	9	6	2			3	30		
徽州区	6	27	11	6	11	5	1	5	1
歙县	2			1			1		
休宁县		1	1	2					
黟县									
祁门县									
滁州市	**117**	**159**	**262**	**87**	**36**	**550**	**631**	**110**	**38**
琅琊区	38	54	46	40	5	197	108	7	15
南谯区	20	45	49	13	2	128	54	7	13
来安县									
全椒县									
定远县									
凤阳县									
苏滁现代产业园									
滁州经济技术开发区									
天长市	39	38	145	21	25	177	254	96	3
明光市	20	22	22	13	4	48	215		7

4-4a 续表 44

单位：人

地区 性别	制造业								
	金属制品业	通用设备制造业	专用设备制造业	汽车制造业	铁路、船舶、航空航天和其他运输设备制造业	电气机械和器材制造业	计算机、通信和其他电子设备制造业	仪器仪表制造业	其他制造业
阜阳市	**43**	**30**	**58**	**22**	**3**	**37**	**50**	**4**	**8**
颍州区	16	5	20	8	1	2	18	1	5
颍东区	6	7	12	10	1	8	13	1	1
颍泉区	9	3	6	2	1	12	8	1	2
临泉县									
太和县									
阜南县									
颍上县									
阜阳合肥现代产业园区									
阜阳经济技术开发区									
界首市	12	15	20	2		15	11	1	
宿州市	**36**	**11**	**24**	**17**	**4**	**8**	**32**	**3**	**1**
埇桥区	35	9	23	15	3	8	31	3	1
砀山县									
萧县	1	2	1	2	1		1		
灵璧县									
泗县									
宿州马鞍山现代产业园区									
宿州经济技术开发区									
六安市	**70**	**75**	**49**	**19**	**3**	**106**	**61**	**10**	**17**
金安区	39	55	22	14	2	80	29	7	9
裕安区	25	18	22	5	1	25	27	3	6
叶集区	6	2	3				1		2
霍邱县						1			
舒城县			2				4		
金寨县									
霍山县									
亳州市	**18**	**1**	**5**	**2**		**4**	**65**		**1**
谯城区	18	1	5	2		4	65		1
涡阳县									
蒙城县									
利辛县									
池州市	**54**	**21**	**27**	**8**	**1**	**25**	**95**	**1**	**6**
贵池区	28	19	23	8	1	23	56	1	5
东至县									
石台县									
青阳县									
池州市国家经济技术开发区	8	2	1			2	35		1
皖江江南新兴产业集中区	18		3				4		
九华山风景区									
宣城市	**209**	**288**	**142**	**497**	**9**	**267**	**365**	**8**	**26**
宣州区	25	26	14	15		9	22	1	4
郎溪县									
泾县									
绩溪县									
旌德县									
宣城市经济开发区									
宁国市	96	128	94	392	2	139	94	2	11
广德市	88	134	34	90	7	119	249	5	11

4-4a 续表 45 单位：人

地区 性别	制造业		电力、热力、燃气及水生产和供应业				建筑业		
	废弃资源综合利用业	金属制品、机械和设备修理业	小计	电力、热力生产和供应业	燃气生产和供应业	水的生产和供应业	小计	房屋建筑业	土木工程建筑业
安徽	**1068**	**1713**	**9217**	**6275**	**1342**	**1600**	**82091**	**38687**	**8714**
合肥市	**269**	**289**	**1896**	**1210**	**332**	**354**	**23085**	**9928**	**3179**
瑶海区	49	63	253	152	53	48	5040	2107	468
庐阳区	31	61	355	171	94	90	3130	1117	640
蜀山区	57	32	458	303	68	87	3573	1290	723
包河区	106	74	594	428	89	77	8421	3911	1065
长丰县									
肥东县									
肥西县	2	4	11	9		2	194	74	30
庐江县									
合肥高新技术产业开发区									
合肥经济技术开发区									
合肥新站高新技术产业开发区		11	12	10	1	1	328	110	61
巢湖市	24	44	213	137	27	49	2399	1319	192
芜湖市	**106**	**423**	**773**	**491**	**129**	**153**	**6163**	**2635**	**755**
镜湖区	6	106	361	224	70	67	1458	664	250
弋江区	39	66	186	126	30	30	1690	706	153
鸠江区	56	206	103	69	11	23	1496	512	273
三山区	5	29	55	35	7	13	446	226	19
芜湖县		1					90	46	4
繁昌县									
南陵县									
芜湖经济技术开发区							14	7	
安徽芜湖长江大桥经济开发区									
无为市		15	68	37	11	20	969	474	56
蚌埠市	**36**	**30**	**249**	**136**	**53**	**60**	**3005**	**1529**	**275**
龙子湖区	7	11	52	26	18	8	512	251	87
蚌山区	4	4	45	28	7	10	697	354	65
禹会区	14	11	109	63	16	30	699	337	61
淮上区	11	4	43	19	12	12	1097	587	62
怀远县									
五河县									
固镇县									
蚌埠市高新技术开发区									
蚌埠市经济开发区									
淮南市	**56**	**63**	**1167**	**1020**	**68**	**79**	**3580**	**1595**	**436**
大通区	2	9	54	47	5	2	170	68	28
田家庵区	28	34	925	816	45	64	2668	1261	311
谢家集区	14	6	64	49	9	6	331	128	37
八公山区	9	4	59	51	4	4	166	49	44
潘集区	3	10	65	57	5	3	245	89	16
凤台县									
寿县									

4-4a 续表 46

单位：人

地区 性别	制造业		电力、热力、燃气及水生产和供应业				建筑业		
	废弃资源综合利用业	金属制品、机械和设备修理业	小计	电力、热力生产和供应业	燃气生产和供应业	水的生产和供应业	小计	房屋建筑业	土木工程建筑业
马鞍山市	**137**	**297**	**677**	**435**	**119**	**123**	**2949**	**1125**	**358**
花山区	85	143	455	292	73	90	1445	506	193
雨山区	45	143	206	137	43	26	1271	497	134
博望区	7	11	16	6	3	7	233	122	31
当涂县									
含山县									
和县									
淮北市	**22**	**80**	**637**	**497**	**59**	**81**	**2857**	**1417**	**358**
杜集区	1	15	55	45	5	5	520	290	45
相山区	12	39	497	384	48	65	1678	683	276
烈山区	3	14	74	63	3	8	330	220	20
濉溪县	6	12	11	5	3	3	329	224	17
铜陵市	**75**	**44**	**455**	**306**	**62**	**87**	**2220**	**973**	**216**
铜官区	50	27	369	244	51	74	1569	683	168
义安区	13	14	44	31	8	5	460	211	34
郊区	12	3	42	31	3	8	191	79	14
枞阳县									
安庆市	**83**	**137**	**633**	**408**	**93**	**132**	**7951**	**2943**	**730**
迎江区	21	25	219	146	35	38	1211	491	130
大观区	6	45	122	61	30	31	524	129	74
宜秀区	25	17	33	22	6	5	1136	426	103
怀宁县									
太湖县									
宿松县									
望江县	6	14	34	25	2	7	745	421	50
岳西县									
安徽安庆经济开发区							2		2
桐城市	18	21	150	105	14	31	3336	1106	268
潜山市	7	15	75	49	6	20	997	370	103
黄山市	**30**	**20**	**186**	**103**	**23**	**60**	**1956**	**837**	**174**
屯溪区	21	12	123	74	14	35	1115	508	101
黄山区	7	5	34	19	8	7	451	179	40
徽州区		3	24	9	1	14	337	131	27
歙县	1		5	1		4	19	7	4
休宁县	1						34	12	2
黟县									
祁门县									
滁州市	**39**	**72**	**392**	**260**	**62**	**70**	**5241**	**3069**	**326**
琅琊区	15	29	117	73	22	22	1336	723	84
南谯区	12	23	78	54	5	19	1550	944	108
来安县									
全椒县									
定远县									
凤阳县									
苏滁现代产业园									
滁州经济技术开发区									
天长市	3	13	119	81	23	15	1400	805	95
明光市	9	7	78	52	12	14	955	597	39

4-4a 续表 47 单位：人

地区 性别	制造业		电力、热力、燃气及水生产和供应业				建筑业		
	废弃资源综合利用业	金属制品、机械和设备修理业	小计	电力、热力生产和供应业	燃气生产和供应业	水的生产和供应业	小计	房屋建筑业	土木工程建筑业
阜阳市	**70**	**38**	**474**	**293**	**81**	**100**	**5377**	**3036**	**388**
颍州区	35	9	218	135	38	45	1980	1054	144
颍东区	4	3	65	29	23	13	1150	699	107
颍泉区	7	17	103	73	11	19	1347	814	68
临泉县									
太和县									
阜南县									
颍上县									
阜阳合肥现代产业园区									
阜阳经济技术开发区									
界首市	24	9	88	56	9	23	900	469	69
宿州市		**34**	**404**	**281**	**58**	**65**	**3323**	**1878**	**417**
埇桥区		33	402	279	58	65	3275	1849	412
砀山县									
萧县		1	2	2			48	29	5
灵璧县									
泗县									
宿州马鞍山现代产业园区									
宿州经济技术开发区									
六安市	**53**	**36**	**376**	**270**	**35**	**71**	**5193**	**2843**	**375**
金安区	18	22	165	107	23	35	2181	1166	175
裕安区	22	12	154	120	10	24	2598	1451	183
叶集区	13	2	53	42	1	10	348	170	17
霍邱县			2	1		1	14	12	
舒城县			2		1	1	52	44	
金寨县									
霍山县									
亳州市	**2**	**23**	**221**	**122**	**42**	**57**	**3089**	**2121**	**108**
谯城区	2	22	221	122	42	57	3069	2109	108
涡阳县									
蒙城县									
利辛县		1					20	12	
池州市	**19**	**31**	**272**	**187**	**45**	**40**	**2173**	**899**	**232**
贵池区	16	31	250	174	40	36	2053	830	224
东至县									
石台县									
青阳县									
池州市国家经济技术开发区			17	12	5		87	48	6
皖江江南新兴产业集中区	3		5	1		4	33	21	2
九华山风景区									
宣城市	**71**	**96**	**405**	**256**	**81**	**68**	**3929**	**1859**	**387**
宣州区	16	19	184	129	34	21	1292	630	139
郎溪县									
泾县									
绩溪县									
旌德县									
宣城市经济开发区									
宁国市	26	44	134	85	24	25	1162	457	151
广德市	29	33	87	42	23	22	1475	772	97

4-4a 续表 48　　　　单位：人

地区 性别	制造业		电力、热力、燃气及水生产和供应业				建筑业		
	废弃资源综合利用业	金属制品、机械和设备修理业	小计	电力、热力生产和供应业	燃气生产和供应业	水的生产和供应业	小计	房屋建筑业	土木工程建筑业
男	**784**	**1480**	**6816**	**4740**	**967**	**1109**	**70008**	**32985**	**7214**
合肥市	**193**	**249**	**1363**	**866**	**252**	**245**	**18870**	**8212**	**2471**
瑶海区	37	61	187	116	35	36	4119	1695	378
庐阳区	17	53	260	122	76	62	2568	928	514
蜀山区	41	28	309	203	49	57	2740	1048	523
包河区	79	61	425	304	73	48	6939	3284	824
长丰县									
肥东县									
肥西县	1	3	8	7		1	159	62	20
庐江县									
合肥高新技术产业开发区									
合肥经济技术开发区									
合肥新站高新技术产业开发区		11	10	8	1	1	273	84	50
巢湖市	18	32	164	106	18	40	2072	1111	162
芜湖市	**78**	**349**	**568**	**380**	**80**	**108**	**5356**	**2307**	**632**
镜湖区	4	84	258	168	47	43	1177	540	200
弋江区	30	56	134	98	14	22	1465	628	131
鸠江区	40	170	81	55	8	18	1318	452	229
三山区	4	24	40	27	4	9	417	211	19
芜湖县		1					87	43	4
繁昌县									
南陵县									
芜湖经济技术开发区							14	7	
安徽芜湖长江大桥经济开发区									
无为市		14	55	32	7	16	878	426	49
蚌埠市	**30**	**26**	**189**	**109**	**39**	**41**	**2609**	**1337**	**234**
龙子湖区	6	10	41	21	13	7	442	211	76
蚌山区	3	3	37	23	7	7	587	305	51
禹会区	11	10	75	49	8	18	605	297	51
淮上区	10	3	36	16	11	9	975	524	56
怀远县									
五河县									
固镇县									
蚌埠市高新技术开发区									
蚌埠市经济开发区									
淮南市	**41**	**56**	**898**	**794**	**47**	**57**	**3066**	**1373**	**367**
大通区	2	8	46	41	4	1	141	58	22
田家庵区	21	28	692	617	29	46	2258	1070	255
谢家集区	10	6	57	43	8	6	285	110	34
八公山区	5	4	50	46	2	2	160	48	44
潘集区	3	10	53	47	4	2	222	87	12
凤台县									
寿县									

4-4a 续表 49

单位：人

地区 性别	制造业		电力、热力、燃气及水生产和供应业				建筑业		
	废弃资源综合利用业	金属制品、机械和设备修理业	小计	电力、热力生产和供应业	燃气生产和供应业	水的生产和供应业	小计	房屋建筑业	土木工程建筑业
马鞍山市	**102**	**269**	**497**	**326**	**86**	**85**	**2487**	**947**	**303**
花山区	64	135	325	215	49	61	1216	421	169
雨山区	31	123	161	106	34	21	1064	413	108
博望区	7	11	11	5	3	3	207	113	26
当涂县									
含山县									
和县									
淮北市	**17**	**69**	**477**	**390**	**34**	**53**	**2466**	**1211**	**311**
杜集区	1	15	45	41		4	460	246	40
相山区	9	31	360	289	29	42	1430	580	237
烈山区	3	13	64	57	2	5	285	189	17
濉溪县	4	10	8	3	3	2	291	196	17
铜陵市	**57**	**40**	**327**	**224**	**49**	**54**	**1954**	**857**	**183**
铜官区	40	26	262	175	41	46	1370	600	141
义安区	8	11	36	26	7	3	423	190	31
郊区	9	3	29	23	1	5	161	67	11
枞阳县									
安庆市	**58**	**119**	**466**	**308**	**67**	**91**	**6863**	**2490**	**628**
迎江区	13	22	163	111	25	27	1027	418	101
大观区	3	39	98	51	25	22	449	112	61
宜秀区	16	14	28	18	5	5	935	338	97
怀宁县									
太湖县									
宿松县									
望江县	5	14	22	15	2	5	635	342	47
岳西县									
安徽安庆经济开发区							2		2
桐城市	15	18	100	73	7	20	2959	964	233
潜山市	6	12	55	40	3	12	856	316	87
黄山市	**21**	**17**	**136**	**79**	**16**	**41**	**1748**	**730**	**159**
屯溪区	15	10	93	57	11	25	985	445	90
黄山区	6	4	25	14	5	6	411	158	38
徽州区		3	15	7		8	303	109	25
歙县			3	1		2	16	6	4
休宁县							33	12	2
黟县									
祁门县									
滁州市	**28**	**61**	**293**	**198**	**43**	**52**	**4578**	**2654**	**271**
琅琊区	11	20	88	54	15	19	1163	630	70
南谯区	8	21	63	45	5	13	1317	788	87
来安县									
全椒县									
定远县									
凤阳县									
苏滁现代产业园									
滁州经济技术开发区									
天长市	2	13	84	59	12	13	1261	712	81
明光市	7	7	58	40	11	7	837	524	33

4-4a 续表 50 单位：人

地 区 性 别	制造业		电力、热力、燃气及水生产和供应业				建筑业		
	废弃资源综合利用业	金属制品、机械和设备修理业	小计	电力、热力生产和供应业	燃气生产和供应业	水的生产和供应业	小计	房屋建筑业	土木工程建筑业
阜阳市	**51**	**35**	**342**	**225**	**58**	**59**	**4628**	**2606**	**331**
颍州区	26	8	148	100	24	24	1652	878	118
颍东区	3	3	52	25	19	8	996	614	90
颍泉区	4	15	81	56	9	16	1163	690	58
临泉县									
太和县									
阜南县									
颍上县									
阜阳合肥现代产业园区									
阜阳经济技术开发区									
界首市	18	9	61	44	6	11	817	424	65
宿州市		**34**	**304**	**215**	**42**	**47**	**2807**	**1578**	**357**
埇桥区		33	303	214	42	47	2765	1553	353
砀山县									
萧县		1	1	1			42	25	4
灵璧县									
泗县									
宿州马鞍山现代产业园区									
宿州经济技术开发区									
六安市	**34**	**32**	**272**	**197**	**27**	**48**	**4481**	**2462**	**329**
金安区	12	20	123	81	19	23	1874	1006	149
裕安区	14	10	109	85	7	17	2245	1258	166
叶集区	8	2	36	30		6	306	150	14
霍邱县			2	1		1	13	12	
舒城县			2		1	1	43	36	
金寨县									
霍山县									
亳州市	**2**	**22**	**156**	**81**	**36**	**39**	**2618**	**1776**	**97**
谯城区	2	21	156	81	36	39	2601	1766	97
涡阳县									
蒙城县									
利辛县		1					17	10	
池州市	**14**	**28**	**215**	**148**	**35**	**32**	**1936**	**786**	**202**
贵池区	11	28	200	139	33	28	1828	724	194
东至县									
石台县									
青阳县									
池州市国家经济技术开发区			11	9	2		76	42	6
皖江江南新兴产业集中区	3		4			4	32	20	2
九华山风景区									
宣城市	**58**	**74**	**313**	**200**	**56**	**57**	**3541**	**1659**	**339**
宣州区	13	15	146	102	27	17	1138	544	119
郎溪县									
泾县									
绩溪县									
旌德县									
宣城市经济开发区									
宁国市	22	34	105	69	14	22	1060	421	132
广德市	23	25	62	29	15	18	1343	694	88

4-4a　续表 51　　　　单位：人

地　区 性　别	制造业		电力、热力、燃气及水生产和供应业				建筑业		
	废弃资源综合利用业	金属制品、机械和设备修理业	小计	电力、热力生产和供应业	燃气生产和供应业	水的生产和供应业	小计	房屋建筑业	土木工程建筑业
女	**284**	**233**	**2401**	**1535**	**375**	**491**	**12083**	**5702**	**1500**
合肥市	**76**	**40**	**533**	**344**	**80**	**109**	**4215**	**1716**	**708**
瑶海区	12	2	66	36	18	12	921	412	90
庐阳区	14	8	95	49	18	28	562	189	126
蜀山区	16	4	149	100	19	30	833	242	200
包河区	27	13	169	124	16	29	1482	627	241
长丰县									
肥东县									
肥西县	1	1	3	2		1	35	12	10
庐江县									
合肥高新技术产业开发区									
合肥经济技术开发区									
合肥新站高新技术产业开发区			2	2			55	26	11
巢湖市	6	12	49	31	9	9	327	208	30
芜湖市	**28**	**74**	**205**	**111**	**49**	**45**	**807**	**328**	**123**
镜湖区	2	22	103	56	23	24	281	124	50
弋江区	9	10	52	28	16	8	225	78	22
鸠江区	16	36	22	14	3	5	178	60	44
三山区	1	5	15	8	3	4	29	15	
芜湖县							3	3	
繁昌县									
南陵县									
芜湖经济技术开发区									
安徽芜湖长江大桥经济开发区									
无为市		1	13	5	4	4	91	48	7
蚌埠市	**6**	**4**	**60**	**27**	**14**	**19**	**396**	**192**	**41**
龙子湖区	1	1	11	5	5	1	70	40	11
蚌山区	1	1	8	5		3	110	49	14
禹会区	3	1	34	14	8	12	94	40	10
淮上区	1	1	7	3	1	3	122	63	6
怀远县									
五河县									
固镇县									
蚌埠市高新技术开发区									
蚌埠市经济开发区									
淮南市	**15**	**7**	**269**	**226**	**21**	**22**	**514**	**222**	**69**
大通区		1	8	6	1	1	29	10	6
田家庵区	7	6	233	199	16	18	410	191	56
谢家集区	4		7	6	1		46	18	3
八公山区	4		9	5	2	2	6	1	
潘集区			12	10	1	1	23	2	4
凤台县									
寿县									

4−4a 续表 52　　　　单位：人

地区 性别	制造业		电力、热力、燃气及水生产和供应业				建筑业		
	废弃资源综合利用业	金属制品、机械和设备修理业	小计	电力、热力生产和供应业	燃气生产和供应业	水的生产和供应业	小计	房屋建筑业	土木工程建筑业
马鞍山市	**35**	**28**	**180**	**109**	**33**	**38**	**462**	**178**	**55**
花山区	21	8	130	77	24	29	229	85	24
雨山区	14	20	45	31	9	5	207	84	26
博望区			5	1		4	26	9	5
当涂县									
含山县									
和县									
淮北市	**5**	**11**	**160**	**107**	**25**	**28**	**391**	**206**	**47**
杜集区			10	4	5	1	60	44	5
相山区	3	8	137	95	19	23	248	103	39
烈山区		1	10	6	1	3	45	31	3
濉溪县	2	2	3	2		1	38	28	
铜陵市	**18**	**4**	**128**	**82**	**13**	**33**	**266**	**116**	**33**
铜官区	10	1	107	69	10	28	199	83	27
义安区	5	3	8	5	1	2	37	21	3
郊区	3		13	8	2	3	30	12	3
枞阳县									
安庆市	**25**	**18**	**167**	**100**	**26**	**41**	**1088**	**453**	**102**
迎江区	8	3	56	35	10	11	184	73	29
大观区	3	6	24	10	5	9	75	17	13
宜秀区	9	3	5	4	1		201	88	6
怀宁县									
太湖县									
宿松县									
望江县	1		12	10		2	110	79	3
岳西县									
安徽安庆经济开发区									
桐城市	3	3	50	32	7	11	377	142	35
潜山市	1	3	20	9	3	8	141	54	16
黄山市	**9**	**3**	**50**	**24**	**7**	**19**	**208**	**107**	**15**
屯溪区	6	2	30	17	3	10	130	63	11
黄山区	1	1	9	5	3	1	40	21	2
徽州区			9	2	1	6	34	22	2
歙县	1		2			2	3	1	
休宁县	1						1		
黟县									
祁门县									
滁州市	**11**	**11**	**99**	**62**	**19**	**18**	**663**	**415**	**55**
琅琊区	4	9	29	19	7	3	173	93	14
南谯区	4	2	15	9		6	233	156	21
来安县									
全椒县									
定远县									
凤阳县									
苏滁现代产业园									
滁州经济技术开发区									
天长市	1		35	22	11	2	139	93	14
明光市	2		20	12	1	7	118	73	6

4-4a　续表 53　　　　单位：人

地　区 性　别	制造业		电力、热力、燃气及水生产和供应业				建筑业		
	废弃资源综合利用业	金属制品、机械和设备修理业	小计	电力、热力生产和供应业	燃气生产和供应业	水的生产和供应业	小计	房屋建筑业	土木工程建筑业
阜阳市	**19**	**3**	**132**	**68**	**23**	**41**	**749**	**430**	**57**
颍州区	9	1	70	35	14	21	328	176	26
颍东区	1		13	4	4	5	154	85	17
颍泉区	3	2	22	17	2	3	184	124	10
临泉县									
太和县									
阜南县									
颍上县									
阜阳合肥现代产业园区									
阜阳经济技术开发区									
界首市	6		27	12	3	12	83	45	4
宿州市			**100**	**66**	**16**	**18**	**516**	**300**	**60**
埇桥区			99	65	16	18	510	296	59
砀山县									
萧县			1	1			6	4	1
灵璧县									
泗县									
宿州马鞍山现代产业园区									
宿州经济技术开发区									
六安市	**19**	**4**	**104**	**73**	**8**	**23**	**712**	**381**	**46**
金安区	6	2	42	26	4	12	307	160	26
裕安区	8	2	45	35	3	7	353	193	17
叶集区	5		17	12	1	4	42	20	3
霍邱县							1		
舒城县							9	8	
金寨县									
霍山县									
亳州市		**1**	**65**	**41**	**6**	**18**	**471**	**345**	**11**
谯城区		1	65	41	6	18	468	343	11
涡阳县									
蒙城县									
利辛县							3	2	
池州市	**5**	**3**	**57**	**39**	**10**	**8**	**237**	**113**	**30**
贵池区	5	3	50	35	7	8	225	106	30
东至县									
石台县									
青阳县									
池州市国家经济技术开发区			6	3	3		11	6	
皖江江南新兴产业集中区			1	1			1	1	
九华山风景区									
宣城市	**13**	**22**	**92**	**56**	**25**	**11**	**388**	**200**	**48**
宣州区	3	4	38	27	7	4	154	86	20
郎溪县									
泾县									
绩溪县									
旌德县									
宣城市经济开发区									
宁国市	4	10	29	16	10	3	102	36	19
广德市	6	8	25	13	8	4	132	78	9

4-4a 续表 54

单位：人

地区 性别	建筑业		批发和零售业			交通运输、仓储和邮政业			
	建筑安装业	建筑装饰、装修和其他建筑业	小计	批发业	零售业	小计	铁路运输业	道路运输业	水上运输业
安　徽	**5226**	**29464**	**121679**	**31812**	**89867**	**41726**	**3391**	**27037**	**1180**
合肥市	**1666**	**8312**	**36001**	**10814**	**25187**	**10767**	**674**	**6852**	**90**
瑶海区	355	2110	9169	2846	6323	2923	232	2033	18
庐阳区	289	1084	5470	1491	3979	1561	63	1079	2
蜀山区	272	1288	7338	2348	4990	2186	104	1179	9
包河区	541	2904	10331	3156	7175	2680	135	1654	24
长丰县									
肥东县									
肥西县	30	60	298	75	223	156		102	
庐江县									
合肥高新技术产业开发区									
合肥经济技术开发区									
合肥新站高新技术产业开发区	31	126	735	192	543	310	85	147	
巢湖市	148	740	2660	706	1954	951	55	658	37
芜湖市	**353**	**2420**	**10939**	**2626**	**8313**	**4384**	**486**	**2600**	**337**
镜湖区	86	458	3468	873	2595	1391	280	704	162
弋江区	105	726	2909	604	2305	945	70	600	89
鸠江区	87	624	2362	674	1688	1316	131	816	43
三山区	32	169	517	72	445	230	2	158	21
芜湖县	1	39	44	14	30	32		19	4
繁昌县									
南陵县									
芜湖经济技术开发区	2	5	8	2	6	6		4	
安徽芜湖长江大桥经济开发区									
无为市	40	399	1631	387	1244	464	3	299	18
蚌埠市	**178**	**1023**	**5067**	**1042**	**4025**	**2347**	**350**	**1420**	**49**
龙子湖区	38	136	1092	212	880	611	168	335	12
蚌山区	43	235	1259	274	985	524	125	289	9
禹会区	36	265	1452	293	1159	702	45	465	21
淮上区	61	387	1264	263	1001	510	12	331	7
怀远县									
五河县									
固镇县									
蚌埠市高新技术开发区									
蚌埠市经济开发区									
淮南市	**364**	**1185**	**5898**	**1263**	**4635**	**2570**	**427**	**1587**	**50**
大通区	20	54	280	61	219	104	19	63	2
田家庵区	271	825	3935	900	3035	1682	328	1003	41
谢家集区	31	135	882	180	702	385	35	250	4
八公山区	22	51	443	59	384	205	24	134	2
潘集区	20	120	358	63	295	194	21	137	1
凤台县									
寿县									

4-4a 续表 55

单位：人

地区 性别	建筑业		批发和零售业			交通运输、仓储和邮政业			
	建筑安装业	建筑装饰、装修和其他建筑业	小计	批发业	零售业	小计	铁路运输业	道路运输业	水上运输业
马鞍山市	**311**	**1155**	**5825**	**2114**	**3711**	**2144**	**96**	**1403**	**103**
花山区	151	595	2965	920	2045	1322	61	869	82
雨山区	149	491	2057	736	1321	712	34	488	20
博望区	11	69	803	458	345	110	1	46	1
当涂县									
含山县									
和县									
淮北市	**197**	**885**	**4296**	**806**	**3490**	**1745**	**246**	**1176**	**9**
杜集区	24	161	774	120	654	327	31	238	2
相山区	135	584	2905	552	2353	1096	160	729	5
烈山区	24	66	422	73	349	211	52	118	1
濉溪县	14	74	195	61	134	111	3	91	1
铜陵市	**185**	**846**	**3638**	**947**	**2691**	**1413**	**35**	**955**	**119**
铜官区	125	593	2893	814	2079	1003	30	694	69
义安区	41	174	502	94	408	258	5	164	31
郊区	19	79	243	39	204	152		97	19
枞阳县									
安庆市	**498**	**3780**	**8624**	**2304**	**6320**	**2495**	**46**	**1515**	**102**
迎江区	101	489	2073	597	1476	595	13	352	62
大观区	119	202	1276	326	950	413	12	255	24
宜秀区	91	516	1013	384	629	375	3	244	4
怀宁县									
太湖县									
宿松县									
望江县	33	241	766	120	646	181	1	98	5
岳西县									
安徽安庆经济开发区									
桐城市	101	1861	2220	644	1576	620	13	382	7
潜山市	53	471	1276	233	1043	311	4	184	
黄山市	**127**	**818**	**3051**	**701**	**2350**	**827**	**70**	**507**	**4**
屯溪区	72	434	2154	525	1629	609	69	360	2
黄山区	19	213	487	88	399	106		77	2
徽州区	31	148	346	76	270	91	1	53	
歙县	1	7	19	4	15	10		8	
休宁县	4	16	45	8	37	11		9	
黟县									
祁门县									
滁州市	**286**	**1560**	**6391**	**1403**	**4988**	**2459**	**139**	**1816**	**49**
琅琊区	120	409	1880	328	1552	795	53	606	4
南谯区	70	428	1240	339	901	560	24	414	
来安县									
全椒县									
定远县									
凤阳县									
苏滁现代产业园									
滁州经济技术开发区									
天长市	63	437	1859	456	1403	563	7	408	15
明光市	33	286	1412	280	1132	541	55	388	30

4－4a 续表 56

单位：人

地区 性别	建筑业		批发和零售业			交通运输、仓储和邮政业			
	建筑安装业	建筑装饰、装修和其他建筑业	小计	批发业	零售业	小计	铁路运输业	道路运输业	水上运输业
阜阳市	**253**	**1700**	**7819**	**1932**	**5887**	**2985**	**475**	**1839**	**60**
颍州区	120	662	3400	796	2604	938	69	619	11
颍东区	38	306	1302	315	987	927	342	437	31
颍泉区	39	426	1894	472	1422	608	39	410	6
临泉县									
太和县									
阜南县									
颍上县									
阜阳合肥现代产业园区									
阜阳经济技术开发区									
界首市	56	306	1223	349	874	512	25	373	12
宿州市	**107**	**921**	**4457**	**1050**	**3407**	**1640**	**188**	**1131**	**13**
埇桥区	104	910	4426	1043	3383	1624	188	1121	13
砀山县									
萧县	3	11	31	7	24	16		10	
灵璧县									
泗县									
宿州马鞍山现代产业园区									
宿州经济技术开发区									
六安市	**244**	**1731**	**5701**	**1378**	**4323**	**1858**	**26**	**1364**	**11**
金安区	122	718	2353	569	1784	833	6	620	5
裕安区	102	862	2789	641	2148	816	16	580	5
叶集区	18	143	532	162	370	191	4	151	
霍邱县		2	8	1	7	10		7	
舒城县	2	6	19	5	14	8		6	1
金寨县									
霍山县									
亳州市	**92**	**768**	**5593**	**1505**	**4088**	**1307**	**26**	**919**	**26**
谯城区	88	764	5573	1496	4077	1301	26	915	26
涡阳县									
蒙城县									
利辛县	4	4	20	9	11	6		4	
池州市	**92**	**950**	**2422**	**473**	**1949**	**815**	**11**	**522**	**86**
贵池区	88	911	2318	435	1883	778	11	506	78
东至县									
石台县									
青阳县									
池州市国家经济技术开发区	3	30	72	22	50	22		10	3
皖江江南新兴产业集中区	1	9	32	16	16	15		6	5
九华山风景区									
宣城市	**273**	**1410**	**5957**	**1454**	**4503**	**1970**	**96**	**1431**	**72**
宣州区	66	457	2228	560	1668	785	68	497	65
郎溪县									
泾县									
绩溪县									
旌德县									
宣城市经济开发区									
宁国市	76	478	1771	363	1408	560	23	448	4
广德市	131	475	1958	531	1427	625	5	486	3

4-4a　续表 57　　　　单位：人

地区 性别	建筑业 建筑安装业	建筑业 建筑装饰、装修和其他建筑业	批发和零售业 小计	批发和零售业 批发业	批发和零售业 零售业	交通运输、仓储和邮政业 小计	交通运输、仓储和邮政业 铁路运输业	交通运输、仓储和邮政业 道路运输业	交通运输、仓储和邮政业 水上运输业
男	**4605**	**25204**	**60117**	**19901**	**40216**	**34357**	**2757**	**23170**	**952**
合肥市	**1407**	**6780**	**18228**	**6463**	**11765**	**8355**	**499**	**5610**	**71**
瑶海区	302	1744	4589	1660	2929	2329	176	1667	14
庐阳区	252	874	2697	880	1817	1257	46	908	2
蜀山区	208	961	3831	1413	2418	1524	74	905	7
包河区	456	2375	5329	1909	3420	2075	84	1347	19
长丰县									
肥东县									
肥西县	25	52	156	46	110	119		82	
庐江县									
合肥高新技术产业开发区									
合肥经济技术开发区									
合肥新站高新技术产业开发区	29	110	395	113	282	242	70	125	
巢湖市	135	664	1231	442	789	809	49	576	29
芜湖市	**306**	**2111**	**5660**	**1695**	**3965**	**3676**	**430**	**2243**	**276**
镜湖区	69	368	1793	572	1221	1159	249	594	134
弋江区	89	617	1473	379	1094	805	60	534	70
鸠江区	78	559	1213	416	797	1067	117	683	36
三山区	29	158	282	55	227	195	2	139	16
芜湖县	1	39	26	11	15	26		17	4
繁昌县									
南陵县									
芜湖经济技术开发区	2	5	4	1	3	6		4	
安徽芜湖长江大桥经济开发区									
无为市	38	365	869	261	608	418	2	272	16
蚌埠市	**160**	**878**	**2397**	**640**	**1757**	**1979**	**290**	**1240**	**36**
龙子湖区	34	121	504	128	376	521	141	289	11
蚌山区	35	196	598	158	440	444	104	249	6
禹会区	34	223	694	195	499	584	36	404	15
淮上区	57	338	601	159	442	430	9	298	4
怀远县									
五河县									
固镇县									
蚌埠市高新技术开发区									
蚌埠市经济开发区									
淮南市	**312**	**1014**	**2761**	**833**	**1928**	**2200**	**346**	**1408**	**38**
大通区	15	46	127	45	82	86	16	53	2
田家庵区	231	702	1912	591	1321	1429	270	876	30
谢家集区	28	113	365	113	252	330	23	226	4
八公山区	20	48	197	45	152	182	19	123	1
潘集区	18	105	160	39	121	173	18	130	1
凤台县									
寿县									

4-4a 续表 58

单位：人

地区 性别	建筑业		批发和零售业			交通运输、仓储和邮政业			
	建筑安装业	建筑装饰、装修和其他建筑业	小计	批发业	零售业	小计	铁路运输业	道路运输业	水上运输业
马鞍山市	**276**	**961**	**2958**	**1417**	**1541**	**1736**	**72**	**1182**	**86**
花山区	134	492	1420	571	849	1079	41	730	72
雨山区	133	410	983	438	545	579	30	414	13
博望区	9	59	555	408	147	78	1	38	1
当涂县									
含山县									
和县									
淮北市	**179**	**765**	**1928**	**519**	**1409**	**1488**	**201**	**1049**	**9**
杜集区	24	150	327	77	250	281	21	215	2
相山区	121	492	1334	357	977	925	134	639	5
烈山区	21	58	164	44	120	184	44	113	1
濉溪县	13	65	103	41	62	98	2	82	1
铜陵市	**162**	**752**	**1740**	**619**	**1121**	**1187**	**30**	**817**	**92**
铜官区	105	524	1393	537	856	830	25	584	52
义安区	40	162	238	62	176	225	5	145	24
郊区	17	66	109	20	89	132		88	16
枞阳县									
安庆市	**444**	**3301**	**4293**	**1447**	**2846**	**2010**	**29**	**1285**	**84**
迎江区	92	416	1073	381	692	484	5	289	51
大观区	105	171	614	219	395	332	7	209	19
宜秀区	82	418	535	238	297	290	2	204	3
怀宁县									
太湖县									
宿松县									
望江县	32	214	335	72	263	138		81	4
岳西县									
安徽安庆经济开发区									
桐城市	90	1672	1147	397	750	520	11	340	7
潜山市	43	410	589	140	449	246	4	162	
黄山市	**118**	**741**	**1382**	**399**	**983**	**675**	**56**	**439**	**3**
屯溪区	67	383	991	286	705	490	55	312	1
黄山区	19	196	205	58	147	88		65	2
徽州区	27	142	159	49	110	78	1	46	
歙县	1	5	8	2	6	9		8	
休宁县	4	15	19	4	15	10		8	
黟县									
祁门县									
滁州市	**265**	**1388**	**3026**	**918**	**2108**	**2109**	**123**	**1596**	**34**
琅琊区	110	353	862	212	650	676	49	524	3
南谯区	67	375	622	211	411	489	21	373	
来安县									
全椒县									
定远县									
凤阳县									
苏滁现代产业园									
滁州经济技术开发区									
天长市	59	409	892	324	568	482	4	359	11
明光市	29	251	650	171	479	462	49	340	20

4-4a 续表 59

单位：人

地区 性别	建筑业		批发和零售业			交通运输、仓储和邮政业			
	建筑安装业	建筑装饰、装修和其他建筑业	小计	批发业	零售业	小计	铁路运输业	道路运输业	水上运输业
阜阳市	**233**	**1458**	**3729**	**1168**	**2561**	**2486**	**402**	**1578**	**51**
颍州区	106	550	1673	483	1190	757	54	514	10
颍东区	35	257	599	192	407	766	296	364	25
颍泉区	39	376	838	251	587	509	34	362	6
临泉县									
太和县									
阜南县									
颍上县									
阜阳合肥现代产业园区									
阜阳经济技术开发区									
界首市	53	275	619	242	377	454	18	338	10
宿州市	**97**	**775**	**2052**	**661**	**1391**	**1378**	**153**	**968**	**12**
埇桥区	94	765	2037	657	1380	1365	153	960	12
砀山县									
萧县	3	10	15	4	11	13		8	
灵璧县									
泗县									
宿州马鞍山现代产业园区									
宿州经济技术开发区									
六安市	**226**	**1464**	**2755**	**870**	**1885**	**1567**	**18**	**1202**	**9**
金安区	113	606	1098	356	742	702	1	548	4
裕安区	94	727	1363	409	954	684	13	505	4
叶集区	17	125	282	101	181	167	4	139	
霍邱县		1	3	1	2	7		5	
舒城县	2	5	9	3	6	7		5	1
金寨县									
霍山县									
亳州市	**81**	**664**	**3133**	**998**	**2135**	**1111**	**21**	**819**	**18**
谯城区	77	661	3121	992	2129	1105	21	815	18
涡阳县									
蒙城县									
利辛县	4	3	12	6	6	6		4	
池州市	**89**	**859**	**1111**	**302**	**809**	**678**	**9**	**449**	**71**
贵池区	85	825	1059	278	781	649	9	434	64
东至县									
石台县									
青阳县									
池州市国家经济技术开发区	3	25	35	15	20	16		9	3
皖江江南新兴产业集中区	1	9	17	9	8	13		6	4
九华山风景区									
宣城市	**250**	**1293**	**2964**	**952**	**2012**	**1722**	**78**	**1285**	**62**
宣州区	61	414	1123	381	742	646	55	419	56
郎溪县									
泾县									
绩溪县									
旌德县									
宣城市经济开发区									
宁国市	66	441	852	243	609	512	21	414	4
广德市	123	438	989	328	661	564	2	452	2

4－4a 续表 60

单位：人

地区 性别	建筑业		批发和零售业			交通运输、仓储和邮政业			
	建筑安装业	建筑装饰、装修和其他建筑业	小计	批发业	零售业	小计	铁路运输业	道路运输业	水上运输业
女	**621**	**4260**	**61562**	**11911**	**49651**	**7369**	**634**	**3867**	**228**
合肥市	**259**	**1532**	**17773**	**4351**	**13422**	**2412**	**175**	**1242**	**19**
瑶海区	53	366	4580	1186	3394	594	56	366	4
庐阳区	37	210	2773	611	2162	304	17	171	
蜀山区	64	327	3507	935	2572	662	30	274	2
包河区	85	529	5002	1247	3755	605	51	307	5
长丰县									
肥东县									
肥西县	5	8	142	29	113	37		20	
庐江县									
合肥高新技术产业开发区									
合肥经济技术开发区									
合肥新站高新技术产业开发区	2	16	340	79	261	68	15	22	
巢湖市	13	76	1429	264	1165	142	6	82	8
芜湖市	**47**	**309**	**5279**	**931**	**4348**	**708**	**56**	**357**	**61**
镜湖区	17	90	1675	301	1374	232	31	110	28
弋江区	16	109	1436	225	1211	140	10	66	19
鸠江区	9	65	1149	258	891	249	14	133	7
三山区	3	11	235	17	218	35		19	5
芜湖县			18	3	15	6		2	
繁昌县									
南陵县									
芜湖经济技术开发区			4	1	3				
安徽芜湖长江大桥经济开发区									
无为市	2	34	762	126	636	46	1	27	2
蚌埠市	**18**	**145**	**2670**	**402**	**2268**	**368**	**60**	**180**	**13**
龙子湖区	4	15	588	84	504	90	27	46	1
蚌山区	8	39	661	116	545	80	21	40	3
禹会区	2	42	758	98	660	118	9	61	6
淮上区	4	49	663	104	559	80	3	33	3
怀远县									
五河县									
固镇县									
蚌埠市高新技术开发区									
蚌埠市经济开发区									
淮南市	**52**	**171**	**3137**	**430**	**2707**	**370**	**81**	**179**	**12**
大通区	5	8	153	16	137	18	3	10	
田家庵区	40	123	2023	309	1714	253	58	127	11
谢家集区	3	22	517	67	450	55	12	24	
八公山区	2	3	246	14	232	23	5	11	1
潘集区	2	15	198	24	174	21	3	7	
凤台县									
寿县									

4-4a 续表 61

单位：人

地 区 性 别	建筑业		批发和零售业			交通运输、仓储和邮政业			
	建 筑 安装业	建筑装饰、装修和其他建筑业	小计	批发业	零售业	小计	铁 路 运输业	道 路 运输业	水 上 运输业
马鞍山市	**35**	**194**	**2867**	**697**	**2170**	**408**	**24**	**221**	**17**
花山区	17	103	1545	349	1196	243	20	139	10
雨山区	16	81	1074	298	776	133	4	74	7
博望区	2	10	248	50	198	32		8	
当涂县									
含山县									
和县									
淮北市	**18**	**120**	**2368**	**287**	**2081**	**257**	**45**	**127**	
杜集区		11	447	43	404	46	10	23	
相山区	14	92	1571	195	1376	171	26	90	
烈山区	3	8	258	29	229	27	8	5	
濉溪县	1	9	92	20	72	13	1	9	
铜陵市	**23**	**94**	**1898**	**328**	**1570**	**226**	**5**	**138**	**27**
铜官区	20	69	1500	277	1223	173	5	110	17
义安区	1	12	264	32	232	33		19	7
郊区	2	13	134	19	115	20		9	3
枞阳县									
安庆市	**54**	**479**	**4331**	**857**	**3474**	**485**	**17**	**230**	**18**
迎江区	9	73	1000	216	784	111	8	63	11
大观区	14	31	662	107	555	81	5	46	5
宜秀区	9	98	478	146	332	85	1	40	1
怀宁县									
太湖县									
宿松县									
望江县	1	27	431	48	383	43	1	17	1
岳西县									
安徽安庆经济开发区									
桐城市	11	189	1073	247	826	100	2	42	
潜山市	10	61	687	93	594	65		22	
黄山市	**9**	**77**	**1669**	**302**	**1367**	**152**	**14**	**68**	**1**
屯溪区	5	51	1163	239	924	119	14	48	1
黄山区		17	282	30	252	18		12	
徽州区	4	6	187	27	160	13		7	
歙县		2	11	2	9	1			
休宁县		1	26	4	22	1		1	
黟县									
祁门县									
滁州市	**21**	**172**	**3365**	**485**	**2880**	**350**	**16**	**220**	**15**
琅琊区	10	56	1018	116	902	119	4	82	1
南谯区	3	53	618	128	490	71	3	41	
来安县									
全椒县									
定远县									
凤阳县									
苏滁现代产业园									
滁州经济技术开发区									
天长市	4	28	967	132	835	81	3	49	4
明光市	4	35	762	109	653	79	6	48	10

4-4a 续表 62

单位：人

地区 性别	建筑业		批发和零售业			交通运输、仓储和邮政业			
	建筑安装业	建筑装饰、装修和其他建筑业	小计	批发业	零售业	小计	铁路运输业	道路运输业	水上运输业
阜阳市	**20**	**242**	**4090**	**764**	**3326**	**499**	**73**	**261**	**9**
颍州区	14	112	1727	313	1414	181	15	105	1
颍东区	3	49	703	123	580	161	46	73	6
颍泉区		50	1056	221	835	99	5	48	
临泉县									
太和县									
阜南县									
颍上县									
阜阳合肥现代产业园区									
阜阳经济技术开发区									
界首市	3	31	604	107	497	58	7	35	2
宿州市	**10**	**146**	**2405**	**389**	**2016**	**262**	**35**	**163**	**1**
埇桥区	10	145	2389	386	2003	259	35	161	1
砀山县									
萧县		1	16	3	13	3		2	
灵璧县									
泗县									
宿州马鞍山现代产业园区									
宿州经济技术开发区									
六安市	**18**	**267**	**2946**	**508**	**2438**	**291**	**8**	**162**	**2**
金安区	9	112	1255	213	1042	131	5	72	1
裕安区	8	135	1426	232	1194	132	3	75	1
叶集区	1	18	250	61	189	24		12	
霍邱县		1	5		5	3		2	
舒城县		1	10	2	8	1		1	
金寨县									
霍山县									
亳州市	**11**	**104**	**2460**	**507**	**1953**	**196**	**5**	**100**	**8**
谯城区	11	103	2452	504	1948	196	5	100	8
涡阳县									
蒙城县									
利辛县		1	8	3	5				
池州市	**3**	**91**	**1311**	**171**	**1140**	**137**	**2**	**73**	**15**
贵池区	3	86	1259	157	1102	129	2	72	14
东至县									
石台县									
青阳县									
池州市国家经济技术开发区		5	37	7	30	6		1	
皖江江南新兴产业集中区			15	7	8	2			1
九华山风景区									
宣城市	**23**	**117**	**2993**	**502**	**2491**	**248**	**18**	**146**	**10**
宣州区	5	43	1105	179	926	139	13	78	9
郎溪县									
泾县									
绩溪县									
旌德县									
宣城市经济开发区									
宁国市	10	37	919	120	799	48	2	34	
广德市	8	37	969	203	766	61	3	34	1

4-4a　续表 63　　　　单位：人

地区 性别	交通运输、仓储和邮政业					住宿和餐饮业		
	航空运输业	管道运输业	多式联运和运输代理业	装卸搬运和仓储业	邮政业	小计	住宿业	餐饮业
安　徽	**511**	**22**	**818**	**2482**	**6285**	**43750**	**4607**	**39143**
合肥市	**317**	**9**	**329**	**537**	**1959**	**11843**	**1389**	**10454**
瑶海区	23	3	75	201	338	2276	312	1964
庐阳区	45	4	29	65	274	1864	198	1666
蜀山区	70		86	41	697	2747	322	2425
包河区	173	2	102	136	454	3560	381	3179
长丰县								
肥东县								
肥西县			6	5	43	146	8	138
庐江县								
合肥高新技术产业开发区								
合肥经济技术开发区								
合肥新站高新技术产业开发区	6		22	12	38	154	24	130
巢湖市			9	77	115	1096	144	952
芜湖市	**22**	**2**	**61**	**232**	**644**	**3927**	**560**	**3367**
镜湖区	10		33	36	166	1407	274	1133
弋江区	8	1	4	42	131	901	114	787
鸠江区	2		9	73	242	794	98	696
三山区	1	1	6	19	22	228	18	210
芜湖县					9	15	2	13
繁昌县								
南陵县								
芜湖经济技术开发区					2	6		6
安徽芜湖长江大桥经济开发区								
无为市	1		9	62	72	576	54	522
蚌埠市	**5**		**25**	**128**	**370**	**2037**	**185**	**1852**
龙子湖区	1		6	33	56	541	61	480
蚌山区	2		11	17	71	435	51	384
禹会区	2		4	47	118	593	43	550
淮上区			4	31	125	468	30	438
怀远县								
五河县								
固镇县								
蚌埠市高新技术开发区								
蚌埠市经济开发区								
淮南市	**13**	**1**	**34**	**147**	**311**	**2629**	**196**	**2433**
大通区	2		1	4	13	102	10	92
田家庵区	6		16	100	188	1693	135	1558
谢家集区	2		16	25	53	429	24	405
八公山区	2		1	11	31	267	15	252
潘集区	1	1		7	26	138	12	126
凤台县								
寿县								

4-4a 续表 64 单位：人

地区 性别	交通运输、仓储和邮政业					住宿和餐饮业		
	航空运输业	管道运输业	多式联运和运输代理业	装卸搬运和仓储业	邮政业	小计	住宿业	餐饮业
马鞍山市	**12**		**46**	**172**	**312**	**1860**	**165**	**1695**
花山区	7		32	104	167	1011	88	923
雨山区	3		12	63	92	709	71	638
博望区	2		2	5	53	140	6	134
当涂县								
含山县								
和县								
淮北市	**9**		**19**	**86**	**200**	**1666**	**147**	**1519**
杜集区	2		1	12	41	314	24	290
相山区	4		15	56	127	1063	98	965
烈山区	3		3	12	22	202	21	181
濉溪县				6	10	87	4	83
铜陵市	**2**		**52**	**104**	**146**	**1371**	**110**	**1261**
铜官区	2		40	66	102	933	72	861
义安区			10	19	29	305	29	276
郊区			2	19	15	133	9	124
枞阳县								
安庆市	**31**	**5**	**68**	**234**	**494**	**3203**	**298**	**2905**
迎江区	5	2	27	55	79	742	64	678
大观区	6		6	24	86	442	30	412
宜秀区	8	2	7	43	64	428	37	391
怀宁县								
太湖县								
宿松县								
望江县	1		9	12	55	274	27	247
岳西县								
安徽安庆经济开发区								
桐城市	9		17	53	139	816	65	751
潜山市	2	1	2	47	71	501	75	426
黄山市	**31**		**21**	**47**	**147**	**1647**	**389**	**1258**
屯溪区	30		15	20	113	1132	258	874
黄山区	1		2	11	13	330	104	226
徽州区			4	14	19	153	18	135
歙县				2		9	4	5
休宁县					2	23	5	18
黟县								
祁门县								
滁州市	**10**		**29**	**151**	**265**	**2305**	**201**	**2104**
琅琊区	5		12	34	81	633	65	568
南谯区	2		15	49	56	508	49	459
来安县								
全椒县								
定远县								
凤阳县								
苏滁现代产业园								
滁州经济技术开发区								
天长市	2			43	88	611	51	560
明光市	1		2	25	40	553	36	517

4-4a 续表 65

单位：人

地区 性别	交通运输、仓储和邮政业					住宿和餐饮业		
	航空运输业	管道运输业	多式联运和运输代理业	装卸搬运和仓储业	邮政业	小计	住宿业	餐饮业
阜阳市	**18**	**2**	**41**	**180**	**370**	**2812**	**202**	**2610**
颍州区	17	1	29	53	139	1241	100	1141
颍东区				31	86	445	46	399
颍泉区	1	1	11	44	96	572	30	542
临泉县								
太和县								
阜南县								
颍上县								
阜阳合肥现代产业园区								
阜阳经济技术开发区								
界首市			1	52	49	554	26	528
宿州市	**4**		**15**	**95**	**194**	**1596**	**141**	**1455**
埇桥区	4		15	90	193	1582	138	1444
砀山县								
萧县				5	1	14	3	11
灵璧县								
泗县								
宿州马鞍山现代产业园区								
宿州经济技术开发区								
六安市	**8**		**34**	**115**	**300**	**2178**	**188**	**1990**
金安区	6		21	39	136	1018	90	928
裕安区	2		10	55	148	954	87	867
叶集区			3	20	13	185	11	174
霍邱县				1	2	7		7
舒城县					1	14		14
金寨县								
霍山县								
亳州市	**3**		**10**	**120**	**203**	**1539**	**109**	**1430**
谯城区	3		10	119	202	1529	109	1420
涡阳县								
蒙城县								
利辛县				1	1	10		10
池州市	**19**		**7**	**48**	**122**	**1051**	**112**	**939**
贵池区	15		5	46	117	1016	110	906
东至县								
石台县								
青阳县								
池州市国家经济技术开发区			2	2	5	20	2	18
皖江江南新兴产业集中区	4					15		15
九华山风景区								
宣城市	**7**	**3**	**27**	**86**	**248**	**2086**	**215**	**1871**
宣州区	2	3	8	32	110	748	104	644
郎溪县								
泾县								
绩溪县								
旌德县								
宣城市经济开发区								
宁国市	2		8	18	57	709	59	650
广德市	3		11	36	81	629	52	577

4-4a 续表 66　　　　单位：人

地区 性别	交通运输、仓储和邮政业					住宿和餐饮业		
	航空运输业	管道运输业	多式联运和运输代理业	装卸搬运和仓储业	邮政业	小计	住宿业	餐饮业
男	**310**	**18**	**656**	**2033**	**4461**	**20892**	**1646**	**19246**
合肥市	**195**	**7**	**254**	**397**	**1322**	**5913**	**519**	**5394**
瑶海区	12	3	65	145	247	1158	110	1048
庐阳区	25	3	23	47	203	971	83	888
蜀山区	47		63	36	392	1426	127	1299
包河区	111	1	77	100	336	1706	147	1559
长丰县								
肥东县								
肥西县			3	3	31	74	4	70
庐江县								
合肥高新技术产业开发区								
合肥经济技术开发区								
合肥新站高新技术产业开发区			14	7	26	74	7	67
巢湖市			9	59	87	504	41	463
芜湖市	**14**	**2**	**43**	**202**	**466**	**1984**	**220**	**1764**
镜湖区	5		23	29	125	740	120	620
弋江区	5	1	4	33	98	434	34	400
鸠江区	2		4	66	159	389	36	353
三山区	1	1	4	17	15	111	7	104
芜湖县					5	7	2	5
繁昌县								
南陵县								
芜湖经济技术开发区					2	2		2
安徽芜湖长江大桥经济开发区								
无为市	1		8	57	62	301	21	280
蚌埠市	**2**		**23**	**109**	**279**	**1000**	**60**	**940**
龙子湖区	1		5	31	43	264	17	247
蚌山区	1		11	10	63	216	26	190
禹会区			4	43	82	306	10	296
淮上区			3	25	91	214	7	207
怀远县								
五河县								
固镇县								
蚌埠市高新技术开发区								
蚌埠市经济开发区								
淮南市	**7**	**1**	**27**	**128**	**245**	**1240**	**71**	**1169**
大通区	1		1	3	10	47	3	44
田家庵区	3		13	87	150	837	53	784
谢家集区	2		12	21	42	159	5	154
八公山区			1	11	27	122	5	117
潘集区	1	1		6	16	75	5	70
凤台县								
寿县								

4-4a 续表 67

单位：人

地区 性别	交通运输、仓储和邮政业					住宿和餐饮业		
	航空运输业	管道运输业	多式联运和运输代理业	装卸搬运和仓储业	邮政业	小计	住宿业	餐饮业
马鞍山市	**6**		**36**	**142**	**212**	**842**	**41**	**801**
花山区	3		27	90	116	484	24	460
雨山区	2		8	49	63	297	17	280
博望区	1		1	3	33	61		61
当涂县								
含山县								
和县								
淮北市	**5**		**16**	**68**	**140**	**805**	**53**	**752**
杜集区	1			12	30	154	9	145
相山区	2		14	42	89	514	32	482
烈山区	2		2	9	13	93	9	84
濉溪县				5	8	44	3	41
铜陵市	**2**		**46**	**92**	**108**	**596**	**28**	**568**
铜官区	2		34	60	73	429	20	409
义安区			10	17	24	116	6	110
郊区			2	15	11	51	2	49
枞阳县								
安庆市	**19**	**4**	**60**	**192**	**337**	**1397**	**100**	**1297**
迎江区	4	2	25	52	56	350	29	321
大观区	3		5	23	66	200	8	192
宜秀区	4	1	5	33	38	190	12	178
怀宁县								
太湖县								
宿松县								
望江县	1		7	8	37	97	9	88
岳西县								
安徽安庆经济开发区								
桐城市	6		17	47	92	376	22	354
潜山市	1	1	1	29	48	184	20	164
黄山市	**17**		**16**	**44**	**100**	**737**	**149**	**588**
屯溪区	17		12	19	74	508	98	410
黄山区			1	11	9	148	44	104
徽州区			3	13	15	63	5	58
歙县				1		4	1	3
休宁县					2	14	1	13
黟县								
祁门县								
滁州市	**6**		**22**	**125**	**203**	**1077**	**69**	**1008**
琅琊区	3		10	27	60	305	21	284
南谯区	1		11	38	45	248	15	233
来安县								
全椒县								
定远县								
凤阳县								
苏滁现代产业园								
滁州经济技术开发区								
天长市	1			39	68	278	21	257
明光市	1		1	21	30	246	12	234

4－4a 续表 68

单位：人

地区 性别	交通运输、仓储和邮政业					住宿和餐饮业		
	航空运输业	管道运输业	多式联运和运输代理业	装卸搬运和仓储业	邮政业	小计	住宿业	餐饮业
阜阳市	**13**	**2**	**34**	**144**	**262**	**1426**	**75**	**1351**
颍州区	12	1	25	42	99	617	40	577
颍东区				23	58	216	16	200
颍泉区	1	1	8	33	64	299	12	287
临泉县								
太和县								
阜南县								
颍上县								
阜阳合肥现代产业园区								
阜阳经济技术开发区								
界首市			1	46	41	294	7	287
宿州市	**2**		**12**	**76**	**155**	**763**	**58**	**705**
埇桥区	2		12	72	154	756	58	698
砀山县								
萧县				4	1	7		7
灵璧县								
泗县								
宿州马鞍山现代产业园区								
宿州经济技术开发区								
六安市	**5**		**31**	**88**	**214**	**984**	**45**	**939**
金安区	4		20	28	97	458	25	433
裕安区	1		9	47	105	438	18	420
叶集区			2	12	10	79	2	77
霍邱县				1	1	3		3
舒城县					1	6		6
金寨县								
霍山县								
亳州市	**1**		**8**	**102**	**142**	**812**	**45**	**767**
谯城区	1		8	101	141	806	45	761
涡阳县								
蒙城县								
利辛县				1	1	6		6
池州市	**12**		**5**	**45**	**87**	**445**	**46**	**399**
贵池区	9		4	44	85	428	45	383
东至县								
石台县								
青阳县								
池州市国家经济技术开发区			1	1	2	11	1	10
皖江江南新兴产业集中区	3					6		6
九华山风景区								
宣城市	**4**	**2**	**23**	**79**	**189**	**871**	**67**	**804**
宣州区	1	2	6	30	77	331	35	296
郎溪县								
泾县								
绩溪县								
旌德县								
宣城市经济开发区								
宁国市	2		8	18	45	299	17	282
广德市	1		9	31	67	241	15	226

4-4a 续表 69 单位：人

地区 性别	交通运输、仓储和邮政业					住宿和餐饮业		
	航空运输业	管道运输业	多式联运和运输代理业	装卸搬运和仓储业	邮政业	小计	住宿业	餐饮业
女	**201**	**4**	**162**	**449**	**1824**	**22858**	**2961**	**19897**
合肥市	**122**	**2**	**75**	**140**	**637**	**5930**	**870**	**5060**
瑶海区	11		10	56	91	1118	202	916
庐阳区	20	1	6	18	71	893	115	778
蜀山区	23		23	5	305	1321	195	1126
包河区	62	1	25	36	118	1854	234	1620
长丰县								
肥东县								
肥西县			3	2	12	72	4	68
庐江县								
合肥高新技术产业开发区								
合肥经济技术开发区								
合肥新站高新技术产业开发区	6		8	5	12	80	17	63
巢湖市				18	28	592	103	489
芜湖市	**8**		**18**	**30**	**178**	**1943**	**340**	**1603**
镜湖区	5		10	7	41	667	154	513
弋江区	3			9	33	467	80	387
鸠江区			5	7	83	405	62	343
三山区			2	2	7	117	11	106
芜湖县					4	8		8
繁昌县								
南陵县								
芜湖经济技术开发区						4		4
安徽芜湖长江大桥经济开发区								
无为市			1	5	10	275	33	242
蚌埠市	**3**		**2**	**19**	**91**	**1037**	**125**	**912**
龙子湖区			1	2	13	277	44	233
蚌山区	1			7	8	219	25	194
禹会区	2			4	36	287	33	254
淮上区			1	6	34	254	23	231
怀远县								
五河县								
固镇县								
蚌埠市高新技术开发区								
蚌埠市经济开发区								
淮南市	**6**		**7**	**19**	**66**	**1389**	**125**	**1264**
大通区	1			1	3	55	7	48
田家庵区	3		3	13	38	856	82	774
谢家集区			4	4	11	270	19	251
八公山区	2				4	145	10	135
潘集区				1	10	63	7	56
凤台县								
寿县								

4－4a 续表 70 单位：人

地区 性别	交通运输、仓储和邮政业					住宿和餐饮业		
	航空运输业	管道运输业	多式联运和运输代理业	装卸搬运和仓储业	邮政业	小计	住宿业	餐饮业
马鞍山市	**6**		**10**	**30**	**100**	**1018**	**124**	**894**
花山区	4		5	14	51	527	64	463
雨山区	1		4	14	29	412	54	358
博望区	1		1	2	20	79	6	73
当涂县								
含山县								
和县								
淮北市	**4**		**3**	**18**	**60**	**861**	**94**	**767**
杜集区	1		1		11	160	15	145
相山区	2		1	14	38	549	66	483
烈山区	1		1	3	9	109	12	97
濉溪县				1	2	43	1	42
铜陵市			**6**	**12**	**38**	**775**	**82**	**693**
铜官区			6	6	29	504	52	452
义安区				2	5	189	23	166
郊区				4	4	82	7	75
枞阳县								
安庆市	**12**	**1**	**8**	**42**	**157**	**1806**	**198**	**1608**
迎江区	1		2	3	23	392	35	357
大观区	3		1	1	20	242	22	220
宜秀区	4	1	2	10	26	238	25	213
怀宁县								
太湖县								
宿松县								
望江县			2	4	18	177	18	159
岳西县								
安徽安庆经济开发区								
桐城市	3			6	47	440	43	397
潜山市	1		1	18	23	317	55	262
黄山市	**14**		**5**	**3**	**47**	**910**	**240**	**670**
屯溪区	13		3	1	39	624	160	464
黄山区	1		1		4	182	60	122
徽州区			1	1	4	90	13	77
歙县				1		5	3	2
休宁县						9	4	5
黟县								
祁门县								
滁州市	**4**		**7**	**26**	**62**	**1228**	**132**	**1096**
琅琊区	2		2	7	21	328	44	284
南谯区	1		4	11	11	260	34	226
来安县								
全椒县								
定远县								
凤阳县								
苏滁现代产业园								
滁州经济技术开发区								
天长市	1			4	20	333	30	303
明光市			1	4	10	307	24	283

4-4a　续表 71　　　　　　　　　　　　　　　　　　单位：人

地　区 性　别	交通运输、仓储和邮政业					住宿和餐饮业		
	航　空 运输业	管　道 运输业	多式联运 和运输 代理业	装卸搬运 和仓储业	邮政业	小计	住宿业	餐饮业
阜阳市	**5**		**7**	**36**	**108**	**1386**	**127**	**1259**
颍州区	5		4	11	40	624	60	564
颍东区				8	28	229	30	199
颍泉区			3	11	32	273	18	255
临泉县								
太和县								
阜南县								
颍上县								
阜阳合肥现代产业园区								
阜阳经济技术开发区								
界首市				6	8	260	19	241
宿州市	**2**		**3**	**19**	**39**	**833**	**83**	**750**
埇桥区	2		3	18	39	826	80	746
砀山县								
萧县				1		7	3	4
灵璧县								
泗县								
宿州马鞍山现代产业园区								
宿州经济技术开发区								
六安市	**3**		**3**	**27**	**86**	**1194**	**143**	**1051**
金安区	2		1	11	39	560	65	495
裕安区	1		1	8	43	516	69	447
叶集区			1	8	3	106	9	97
霍邱县					1	4		4
舒城县						8		8
金寨县								
霍山县								
亳州市	**2**		**2**	**18**	**61**	**727**	**64**	**663**
谯城区	2		2	18	61	723	64	659
涡阳县								
蒙城县								
利辛县						4		4
池州市	**7**		**2**	**3**	**35**	**606**	**66**	**540**
贵池区	6		1	2	32	588	65	523
东至县								
石台县								
青阳县								
池州市国家经济技术开发区			1	1	3	9	1	8
皖江江南新兴产业集中区	1					9		9
九华山风景区								
宣城市	**3**	**1**	**4**	**7**	**59**	**1215**	**148**	**1067**
宣州区	1	1	2	2	33	417	69	348
郎溪县								
泾县								
绩溪县								
旌德县								
宣城市经济开发区								
宁国市					12	410	42	368
广德市	2		2	5	14	388	37	351

4-4a 续表 72

单位：人

地区 性别	信息传输、软件和信息技术服务业				金融业				
	小计	电信、广播电视和卫星传输服务	互联网和相关服务	软件和信息技术服务业	小计	货币金融服务	资本市场服务	保险业	其他金融业
安徽	**17956**	**5086**	**4952**	**7918**	**18860**	**9152**	**1278**	**6436**	**1994**
合肥市	**8952**	**1444**	**2256**	**5252**	**7551**	**3343**	**717**	**2306**	**1185**
瑶海区	1103	176	338	589	870	295	89	352	134
庐阳区	1195	230	347	618	1179	467	127	473	112
蜀山区	3675	550	732	2393	2032	846	267	590	329
包河区	2508	346	712	1450	3063	1519	219	738	587
长丰县									
肥东县									
肥西县	124	7	29	88	45	21	4	16	4
庐江县									
合肥高新技术产业开发区									
合肥经济技术开发区									
合肥新站高新技术产业开发区	109	17	44	48	45	15	1	20	9
巢湖市	238	118	54	66	317	180	10	117	10
芜湖市	**1378**	**405**	**409**	**564**	**1306**	**697**	**86**	**417**	**106**
镜湖区	569	178	188	203	601	358	37	183	23
弋江区	380	92	97	191	303	156	20	104	23
鸠江区	255	62	72	121	235	102	18	68	47
三山区	38	8	11	19	23	10		11	2
芜湖县	5	4		1					
繁昌县									
南陵县									
芜湖经济技术开发区									
安徽芜湖长江大桥经济开发区									
无为市	131	61	41	29	144	71	11	51	11
蚌埠市	**430**	**170**	**132**	**128**	**444**	**199**	**40**	**176**	**29**
龙子湖区	113	53	28	32	115	43	21	44	7
蚌山区	97	43	20	34	121	68	5	39	9
禹会区	138	51	43	44	137	54	6	65	12
淮上区	82	23	41	18	71	34	8	28	1
怀远县									
五河县									
固镇县									
蚌埠市高新技术开发区									
蚌埠市经济开发区									
淮南市	**672**	**283**	**204**	**185**	**852**	**462**	**52**	**292**	**46**
大通区	34	11	17	6	26	13	1	12	
田家庵区	510	220	150	140	703	397	47	223	36
谢家集区	67	20	27	20	52	25	2	22	3
八公山区	44	24	7	13	50	20	2	22	6
潘集区	17	8	3	6	21	7		13	1
凤台县									
寿县									

4-4a 续表 73

单位：人

地 区 性 别	信息传输、软件和信息技术服务业				金融业				
	小计	电信、广播电视和卫星传输服务	互联网和相关服务	软件和信息技术服务业	小计	货币金融服务	资本市场服务	保险业	其他金融业
马鞍山市	**686**	**208**	**156**	**322**	**707**	**371**	**53**	**232**	**51**
花山区	388	102	105	181	384	191	28	137	28
雨山区	277	97	46	134	306	176	23	87	20
博望区	21	9	5	7	17	4	2	8	3
当涂县									
含山县									
和县									
淮北市	**445**	**229**	**114**	**102**	**656**	**344**	**33**	**252**	**27**
杜集区	59	21	24	14	38	17	4	17	
相山区	337	188	75	74	591	318	29	225	19
烈山区	35	10	12	13	24	8		8	8
濉溪县	14	10	3	1	3	1		2	
铜陵市	**421**	**168**	**123**	**130**	**606**	**369**	**38**	**168**	**31**
铜官区	352	140	102	110	502	309	31	138	24
义安区	48	20	16	12	77	47	5	21	4
郊区	21	8	5	8	27	13	2	9	3
枞阳县									
安庆市	**1003**	**333**	**350**	**320**	**1169**	**541**	**49**	**426**	**153**
迎江区	244	100	89	55	376	186	11	141	38
大观区	166	80	44	42	225	124	10	71	20
宜秀区	132	23	56	53	82	21	1	40	20
怀宁县									
太湖县									
宿松县									
望江县	99	40	41	18	100	58	4	31	7
岳西县									
安徽安庆经济开发区									
桐城市	229	48	83	98	262	94	18	107	43
潜山市	133	42	37	54	124	58	5	36	25
黄山市	**345**	**173**	**97**	**75**	**501**	**227**	**29**	**175**	**70**
屯溪区	278	139	81	58	415	174	26	151	64
黄山区	42	23	10	9	47	29		13	5
徽州区	24	10	6	8	36	22	3	10	1
歙县									
休宁县	1	1			3	2		1	
黟县									
祁门县									
滁州市	**589**	**261**	**146**	**182**	**735**	**397**	**34**	**256**	**48**
琅琊区	212	89	60	63	255	125	17	93	20
南谯区	176	62	42	72	176	88	8	64	16
来安县									
全椒县									
定远县									
凤阳县									
苏滁现代产业园									
滁州经济技术开发区									
天长市	102	57	16	29	199	115	6	70	8
明光市	99	53	28	18	105	69	3	29	4

4-4a 续表 74 单位：人

地区 性别	信息传输、软件和信息技术服务业				金融业				
	小计	电信、广播电视和卫星传输服务	互联网和相关服务	软件和信息技术服务业	小计	货币金融服务	资本市场服务	保险业	其他金融业
阜阳市	**702**	**347**	**228**	**127**	**1031**	**535**	**27**	**420**	**49**
颍州区	340	192	94	54	634	354	18	229	33
颍东区	96	40	28	28	101	39	2	59	1
颍泉区	175	56	85	34	155	53	3	86	13
临泉县									
太和县									
阜南县									
颍上县									
阜阳合肥现代产业园区									
阜阳经济技术开发区									
界首市	91	59	21	11	141	89	4	46	2
宿州市	**572**	**259**	**201**	**112**	**724**	**339**	**27**	**335**	**23**
埇桥区	570	259	200	111	720	337	27	333	23
砀山县									
萧县	2		1	1	4	2		2	
灵璧县									
泗县									
宿州马鞍山现代产业园区									
宿州经济技术开发区									
六安市	**602**	**259**	**202**	**141**	**846**	**367**	**38**	**372**	**69**
金安区	259	104	87	68	388	174	20	176	18
裕安区	305	138	101	66	425	170	18	187	50
叶集区	27	13	11	3	31	21		9	1
霍邱县	2		1	1					
舒城县	9	4	2	3	2	2			
金寨县									
霍山县									
亳州市	**387**	**190**	**98**	**99**	**471**	**237**	**9**	**183**	**42**
谯城区	387	190	98	99	471	237	9	183	42
涡阳县									
蒙城县									
利辛县									
池州市	**333**	**167**	**84**	**82**	**471**	**296**	**15**	**144**	**16**
贵池区	323	167	82	74	465	292	14	144	15
东至县									
石台县									
青阳县									
池州市国家经济技术开发区	9		2	7	5	3	1		1
皖江江南新兴产业集中区	1			1	1	1			
九华山风景区									
宣城市	**439**	**190**	**152**	**97**	**790**	**428**	**31**	**282**	**49**
宣州区	194	99	51	44	383	211	17	138	17
郎溪县									
泾县									
绩溪县									
旌德县									
宣城市经济开发区									
宁国市	120	42	51	27	224	122	12	73	17
广德市	125	49	50	26	183	95	2	71	15

4-4a　续表 75　　　　单位：人

地　区 性　别	信息传输、软件和信息技术服务业				金融业				
	小计	电信、广播电视和卫星传输服务	互联网和相关服务	软件和信息技术服务业	小计	货币金融服务	资本市场服务	保险业	其他金融业
男	**11278**	**2951**	**3007**	**5320**	**9287**	**4673**	**778**	**2753**	**1083**
合肥市	**5617**	**834**	**1311**	**3472**	**3793**	**1673**	**445**	**1036**	**639**
瑶海区	718	104	211	403	431	159	59	149	64
庐阳区	736	111	208	417	622	257	79	214	72
蜀山区	2255	323	415	1517	1025	419	164	262	180
包河区	1584	199	395	990	1497	709	131	347	310
长丰县									
肥东县									
肥西县	91	5	21	65	26	11	4	9	2
庐江县									
合肥高新技术产业开发区									
合肥经济技术开发区									
合肥新站高新技术产业开发区	76	11	32	33	22	9		8	5
巢湖市	157	81	29	47	170	109	8	47	6
芜湖市	**853**	**241**	**240**	**372**	**619**	**337**	**44**	**172**	**66**
镜湖区	341	105	107	129	282	171	20	76	15
弋江区	232	55	57	120	134	69	7	40	18
鸠江区	170	38	46	86	111	52	10	26	23
三山区	27	4	6	17	14	5		8	1
芜湖县	4	3		1					
繁昌县									
南陵县									
芜湖经济技术开发区									
安徽芜湖长江大桥经济开发区									
无为市	79	36	24	19	78	40	7	22	9
蚌埠市	**283**	**115**	**82**	**86**	**232**	**104**	**23**	**86**	**19**
龙子湖区	83	38	19	26	62	26	11	21	4
蚌山区	61	29	13	19	62	35	3	18	6
禹会区	88	31	27	30	70	25	3	34	8
淮上区	51	17	23	11	38	18	6	13	1
怀远县									
五河县									
固镇县									
蚌埠市高新技术开发区									
蚌埠市经济开发区									
淮南市	**435**	**156**	**155**	**124**	**384**	**218**	**27**	**114**	**25**
大通区	18	5	9	4	12	5	1	6	
田家庵区	329	123	116	90	308	180	23	86	19
谢家集区	46	10	21	15	28	17	2	8	1
八公山区	29	14	6	9	26	11	1	10	4
潘集区	13	4	3	6	10	5		4	1
凤台县									
寿县									

4-4a 续表 76

单位：人

地 区 性 别	信息传输、软件和信息技术服务业				金融业				
	小计	电信、广播电视和卫星传输服务	互联网和相关服务	软件和信息技术服务业	小计	货币金融服务	资本市场服务	保险业	其他金融业
马鞍山市	**432**	**107**	**104**	**221**	**322**	**164**	**33**	**95**	**30**
花山区	241	41	72	128	173	86	15	58	14
雨山区	178	62	29	87	140	75	16	36	13
博望区	13	4	3	6	9	3	2	1	3
当涂县									
含山县									
和县									
淮北市	**258**	**113**	**74**	**71**	**304**	**177**	**18**	**98**	**11**
杜集区	40	12	16	12	17	10	2	5	
相山区	188	92	46	50	274	162	16	89	7
烈山区	22	4	9	9	13	5		4	4
濉溪县	8	5	3						
铜陵市	**265**	**97**	**80**	**88**	**289**	**183**	**22**	**63**	**21**
铜官区	216	81	64	71	240	151	19	55	15
义安区	34	11	12	11	41	29	2	6	4
郊区	15	5	4	6	8	3	1	2	2
枞阳县									
安庆市	**621**	**186**	**198**	**237**	**558**	**281**	**33**	**162**	**82**
迎江区	149	53	50	46	178	96	5	58	19
大观区	95	43	22	30	117	69	7	29	12
宜秀区	89	15	36	38	42	11	1	19	11
怀宁县									
太湖县									
宿松县									
望江县	48	21	16	11	48	30	4	11	3
岳西县									
安徽安庆经济开发区									
桐城市	150	28	50	72	109	42	14	32	21
潜山市	90	26	24	40	64	33	2	13	16
黄山市	**208**	**96**	**62**	**50**	**245**	**115**	**18**	**76**	**36**
屯溪区	170	80	52	38	204	88	15	70	31
黄山区	23	12	6	5	23	15		4	4
徽州区	15	4	4	7	15	10	3	1	1
歙县									
休宁县					3	2		1	
黟县									
祁门县									
滁州市	**393**	**166**	**96**	**131**	**375**	**219**	**25**	**108**	**23**
琅琊区	141	58	37	46	128	67	12	38	11
南谯区	112	35	26	51	96	55	7	28	6
来安县									
全椒县									
定远县									
凤阳县									
苏滁现代产业园									
滁州经济技术开发区									
天长市	66	32	12	22	103	65	3	30	5
明光市	74	41	21	12	48	32	3	12	1

4-4a　续表 77

单位：人

地　区 性　别	信息传输、软件和信息技术服务业				金融业				
	小计	电信、广播电视和卫星传输服务	互联网和相关服务	软件和信息技术服务业	小计	货币金融服　务	资本市场服　务	保险业	其　他金融业
阜阳市	**445**	**206**	**144**	**95**	**516**	**295**	**12**	**182**	**27**
颍州区	217	113	65	39	331	194	8	112	17
颍东区	64	23	20	21	46	24		21	1
颍泉区	103	33	45	25	71	27	2	34	8
临泉县									
太和县									
阜南县									
颍上县									
阜阳合肥现代产业园区									
阜阳经济技术开发区									
界首市	61	37	14	10	68	50	2	15	1
宿州市	**360**	**148**	**138**	**74**	**365**	**185**	**18**	**149**	**13**
埇桥区	359	148	137	74	363	184	18	148	13
砀山县									
萧县	1		1		2	1		1	
灵璧县									
泗县									
宿州马鞍山现代产业园区									
宿州经济技术开发区									
六安市	**385**	**154**	**124**	**107**	**433**	**209**	**27**	**164**	**33**
金安区	168	66	53	49	193	97	13	75	8
裕安区	191	77	62	52	227	103	14	86	24
叶集区	18	9	6	3	12	8		3	1
霍邱县	2		1	1					
舒城县	6	2	2	2	1	1			
金寨县									
霍山县									
亳州市	**255**	**120**	**64**	**71**	**258**	**133**	**5**	**97**	**23**
谯城区	255	120	64	71	258	133	5	97	23
涡阳县									
蒙城县									
利辛县									
池州市	**198**	**99**	**47**	**52**	**222**	**154**	**9**	**50**	**9**
贵池区	192	99	46	47	217	151	8	50	8
东至县									
石台县									
青阳县									
池州市国家经济技术开发区	5		1	4	5	3	1		1
皖江江南新兴产业集中区	1			1					
九华山风景区									
宣城市	**270**	**113**	**88**	**69**	**372**	**226**	**19**	**101**	**26**
宣州区	125	62	31	32	184	115	8	51	10
郎溪县									
泾县									
绩溪县									
旌德县									
宣城市经济开发区									
宁国市	76	26	30	20	105	62	9	25	9
广德市	69	25	27	17	83	49	2	25	7

4－4a 续表 78

单位：人

地区 性别	信息传输、软件和信息技术服务业				金融业				
	小计	电信、广播电视和卫星传输服务	互联网和相关服务	软件和信息技术服务业	小计	货币金融服务	资本市场服务	保险业	其他金融业
女	**6678**	**2135**	**1945**	**2598**	**9573**	**4479**	**500**	**3683**	**911**
合肥市	**3335**	**610**	**945**	**1780**	**3758**	**1670**	**272**	**1270**	**546**
瑶海区	385	72	127	186	439	136	30	203	70
庐阳区	459	119	139	201	557	210	48	259	40
蜀山区	1420	227	317	876	1007	427	103	328	149
包河区	924	147	317	460	1566	810	88	391	277
长丰县									
肥东县									
肥西县	33	2	8	23	19	10		7	2
庐江县									
合肥高新技术产业开发区									
合肥经济技术开发区									
合肥新站高新技术产业开发区	33	6	12	15	23	6	1	12	4
巢湖市	81	37	25	19	147	71	2	70	4
芜湖市	**525**	**164**	**169**	**192**	**687**	**360**	**42**	**245**	**40**
镜湖区	228	73	81	74	319	187	17	107	8
弋江区	148	37	40	71	169	87	13	64	5
鸠江区	85	24	26	35	124	50	8	42	24
三山区	11	4	5	2	9	5		3	1
芜湖县	1	1							
繁昌县									
南陵县									
芜湖经济技术开发区									
安徽芜湖长江大桥经济开发区									
无为市	52	25	17	10	66	31	4	29	2
蚌埠市	**147**	**55**	**50**	**42**	**212**	**95**	**17**	**90**	**10**
龙子湖区	30	15	9	6	53	17	10	23	3
蚌山区	36	14	7	15	59	33	2	21	3
禹会区	50	20	16	14	67	29	3	31	4
淮上区	31	6	18	7	33	16	2	15	
怀远县									
五河县									
固镇县									
蚌埠市高新技术开发区									
蚌埠市经济开发区									
淮南市	**237**	**127**	**49**	**61**	**468**	**244**	**25**	**178**	**21**
大通区	16	6	8	2	14	8		6	
田家庵区	181	97	34	50	395	217	24	137	17
谢家集区	21	10	6	5	24	8		14	2
八公山区	15	10	1	4	24	9	1	12	2
潘集区	4	4			11	2		9	
凤台县									
寿县									

4-4a 续表 79

单位：人

地区 性别	信息传输、软件和信息技术服务业				金融业				
	小计	电信、广播电视和卫星传输服务	互联网和相关服务	软件和信息技术服务业	小计	货币金融服务	资本市场服务	保险业	其他金融业
马鞍山市	**254**	**101**	**52**	**101**	**385**	**207**	**20**	**137**	**21**
花山区	147	61	33	53	211	105	13	79	14
雨山区	99	35	17	47	166	101	7	51	7
博望区	8	5	2	1	8	1		7	
当涂县									
含山县									
和县									
淮北市	**187**	**116**	**40**	**31**	**352**	**167**	**15**	**154**	**16**
杜集区	19	9	8	2	21	7	2	12	
相山区	149	96	29	24	317	156	13	136	12
烈山区	13	6	3	4	11	3		4	4
濉溪县	6	5		1	3	1		2	
铜陵市	**156**	**71**	**43**	**42**	**317**	**186**	**16**	**105**	**10**
铜官区	136	59	38	39	262	158	12	83	9
义安区	14	9	4	1	36	18	3	15	
郊区	6	3	1	2	19	10	1	7	1
枞阳县									
安庆市	**382**	**147**	**152**	**83**	**611**	**260**	**16**	**264**	**71**
迎江区	95	47	39	9	198	90	6	83	19
大观区	71	37	22	12	108	55	3	42	8
宜秀区	43	8	20	15	40	10		21	9
怀宁县									
太湖县									
宿松县									
望江县	51	19	25	7	52	28		20	4
岳西县									
安徽安庆经济开发区									
桐城市	79	20	33	26	153	52	4	75	22
潜山市	43	16	13	14	60	25	3	23	9
黄山市	**137**	**77**	**35**	**25**	**256**	**112**	**11**	**99**	**34**
屯溪区	108	59	29	20	211	86	11	81	33
黄山区	19	11	4	4	24	14		9	1
徽州区	9	6	2	1	21	12		9	
歙县									
休宁县	1	1							
黟县									
祁门县									
滁州市	**196**	**95**	**50**	**51**	**360**	**178**	**9**	**148**	**25**
琅琊区	71	31	23	17	127	58	5	55	9
南谯区	64	27	16	21	80	33	1	36	10
来安县									
全椒县									
定远县									
凤阳县									
苏滁现代产业园									
滁州经济技术开发区									
天长市	36	25	4	7	96	50	3	40	3
明光市	25	12	7	6	57	37		17	3

4−4a 续表 80

单位：人

地区 性别	信息传输、软件和信息技术服务业				金融业				
	小计	电信、广播电视和卫星传输服务	互联网和相关服务	软件和信息技术服务业	小计	货币金融服务	资本市场服务	保险业	其他金融业
阜阳市	**257**	**141**	**84**	**32**	**515**	**240**	**15**	**238**	**22**
颍州区	123	79	29	15	303	160	10	117	16
颍东区	32	17	8	7	55	15	2	38	
颍泉区	72	23	40	9	84	26	1	52	5
临泉县									
太和县									
阜南县									
颍上县									
阜阳合肥现代产业园区									
阜阳经济技术开发区									
界首市	30	22	7	1	73	39	2	31	1
宿州市	**212**	**111**	**63**	**38**	**359**	**154**	**9**	**186**	**10**
埇桥区	211	111	63	37	357	153	9	185	10
砀山县									
萧县	1			1	2	1		1	
灵璧县									
泗县									
宿州马鞍山现代产业园区									
宿州经济技术开发区									
六安市	**217**	**105**	**78**	**34**	**413**	**158**	**11**	**208**	**36**
金安区	91	38	34	19	195	77	7	101	10
裕安区	114	61	39	14	198	67	4	101	26
叶集区	9	4	5		19	13		6	
霍邱县									
舒城县	3	2		1	1	1			
金寨县									
霍山县									
亳州市	**132**	**70**	**34**	**28**	**213**	**104**	**4**	**86**	**19**
谯城区	132	70	34	28	213	104	4	86	19
涡阳县									
蒙城县									
利辛县									
池州市	**135**	**68**	**37**	**30**	**249**	**142**	**6**	**94**	**7**
贵池区	131	68	36	27	248	141	6	94	7
东至县									
石台县									
青阳县									
池州市国家经济技术开发区	4		1	3					
皖江江南新兴产业集中区					1	1			
九华山风景区									
宣城市	**169**	**77**	**64**	**28**	**418**	**202**	**12**	**181**	**23**
宣州区	69	37	20	12	199	96	9	87	7
郎溪县									
泾县									
绩溪县									
旌德县									
宣城市经济开发区									
宁国市	44	16	21	7	119	60	3	48	8
广德市	56	24	23	9	100	46		46	8

4-4a 续表 81

单位：人

地区 性别	房地产业		租赁和商务服务业			科学研究和技术服务业			
	小计	房地产业	小计	租赁业	商务服务业	小计	研究和试验发展	专业技术服务业	科技推广和应用服务业
安 徽	**24164**	**24164**	**27258**	**1913**	**25345**	**14113**	**2385**	**9291**	**2437**
合肥市	**8324**	**8324**	**11969**	**639**	**11330**	**7391**	**1631**	**4301**	**1459**
瑶海区	1470	1470	2332	141	2191	876	127	556	193
庐阳区	1367	1367	1926	89	1837	915	199	541	175
蜀山区	2029	2029	3145	107	3038	2531	819	1182	530
包河区	2750	2750	3903	197	3706	2703	436	1784	483
长丰县									
肥东县									
肥西县	79	79	83	6	77	92	23	47	22
庐江县									
合肥高新技术产业开发区									
合肥经济技术开发区									
合肥新站高新技术产业开发区	141	141	151	17	134	72	10	39	23
巢湖市	488	488	429	82	347	202	17	152	33
芜湖市	**2426**	**2426**	**2510**	**181**	**2329**	**941**	**162**	**595**	**184**
镜湖区	794	794	854	41	813	303	38	206	59
弋江区	678	678	883	58	825	302	48	202	52
鸠江区	635	635	411	46	365	230	58	126	46
三山区	117	117	156	17	139	29	9	15	5
芜湖县	10	10	5		5	2		2	
繁昌县									
南陵县									
芜湖经济技术开发区	4	4	2		2				
安徽芜湖长江大桥经济开发区									
无为市	188	188	199	19	180	75	9	44	22
蚌埠市	**816**	**816**	**603**	**34**	**569**	**397**	**60**	**301**	**36**
龙子湖区	180	180	168	11	157	126	12	100	14
蚌山区	195	195	172	9	163	80	11	63	6
禹会区	260	260	159	9	150	141	25	109	7
淮上区	181	181	104	5	99	50	12	29	9
怀远县									
五河县									
固镇县									
蚌埠市高新技术开发区									
蚌埠市经济开发区									
淮南市	**1143**	**1143**	**1087**	**111**	**976**	**483**	**37**	**380**	**66**
大通区	56	56	34	4	30	12	3	8	1
田家庵区	772	772	781	80	701	314	26	232	56
谢家集区	166	166	151	15	136	85	4	79	2
八公山区	100	100	85	5	80	57	3	48	6
潘集区	49	49	36	7	29	15	1	13	1
凤台县									
寿县									

4-4a 续表 82

单位：人

地区 性别	房地产业		租赁和商务服务业			科学研究和技术服务业			
	小计	房地产业	小计	租赁业	商务服务业	小计	研究和试验发展	专业技术服务业	科技推广和应用服务业
马鞍山市	**938**	**938**	**1356**	**92**	**1264**	**865**	**120**	**605**	**140**
花山区	536	536	742	39	703	491	65	329	97
雨山区	375	375	555	49	506	365	53	269	43
博望区	27	27	59	4	55	9	2	7	
当涂县									
含山县									
和县									
淮北市	**766**	**766**	**737**	**61**	**676**	**387**	**29**	**313**	**45**
杜集区	130	130	77	7	70	72	5	65	2
相山区	550	550	560	45	515	285	21	224	40
烈山区	81	81	72	5	67	25	2	20	3
濉溪县	5	5	28	4	24	5	1	4	
铜陵市	**809**	**809**	**767**	**63**	**704**	**406**	**58**	**296**	**52**
铜官区	625	625	643	51	592	356	52	257	47
义安区	135	135	85	8	77	26	5	16	5
郊区	49	49	39	4	35	24	1	23	
枞阳县									
安庆市	**1397**	**1397**	**1557**	**139**	**1418**	**732**	**54**	**577**	**101**
迎江区	470	470	367	28	339	235	10	201	24
大观区	169	169	197	20	177	124	9	100	15
宜秀区	269	269	220	33	187	63	5	49	9
怀宁县									
太湖县									
宿松县									
望江县	48	48	147	6	141	37	3	23	11
岳西县									
安徽安庆经济开发区	1	1							
桐城市	307	307	399	33	366	166	17	129	20
潜山市	133	133	227	19	208	107	10	75	22
黄山市	**634**	**634**	**990**	**61**	**929**	**256**	**17**	**210**	**29**
屯溪区	442	442	738	34	704	211	13	173	25
黄山区	117	117	159	12	147	26	3	20	3
徽州区	67	67	68	13	55	15	1	13	1
歙县	3	3	4		4				
休宁县	5	5	21	2	19	4		4	
黟县									
祁门县									
滁州市	**1449**	**1449**	**1079**	**126**	**953**	**428**	**44**	**274**	**110**
琅琊区	610	610	364	45	319	172	20	112	40
南谯区	379	379	337	37	300	158	12	86	60
来安县									
全椒县									
定远县									
凤阳县									
苏滁现代产业园									
滁州经济技术开发区									
天长市	264	264	241	23	218	82	9	67	6
明光市	196	196	137	21	116	16	3	9	4

4-4a 续表 83

单位：人

地区 性别	房地产业		租赁和商务服务业			科学研究和技术服务业			
	小计	房地产业	小计	租赁业	商务服务业	小计	研究和试验发展	专业技术服务业	科技推广和应用服务业
阜阳市	**1039**	**1039**	**1213**	**98**	**1115**	**347**	**42**	**261**	**44**
颍州区	476	476	635	42	593	163	16	130	17
颍东区	245	245	129	24	105	43		35	8
颍泉区	210	210	327	25	302	104	24	68	12
临泉县									
太和县									
阜南县									
颍上县									
阜阳合肥现代产业园区									
阜阳经济技术开发区									
界首市	108	108	122	7	115	37	2	28	7
宿州市	**877**	**877**	**584**	**54**	**530**	**434**	**41**	**345**	**48**
埇桥区	872	872	582	53	529	433	41	344	48
砀山县									
萧县	5	5	2	1	1	1		1	
灵璧县									
泗县									
宿州马鞍山现代产业园区									
宿州经济技术开发区									
六安市	**1384**	**1384**	**1079**	**98**	**981**	**348**	**28**	**267**	**53**
金安区	649	649	581	39	542	173	13	135	25
裕安区	668	668	427	43	384	161	13	122	26
叶集区	66	66	67	16	51	13	1	10	2
霍邱县	1	1	1		1				
舒城县			3		3	1	1		
金寨县									
霍山县									
亳州市	**751**	**751**	**455**	**29**	**426**	**118**	**9**	**100**	**9**
谯城区	750	750	454	29	425	118	9	100	9
涡阳县									
蒙城县									
利辛县	1	1	1		1				
池州市	**508**	**508**	**431**	**49**	**382**	**208**	**17**	**161**	**30**
贵池区	472	472	416	47	369	190	14	150	26
东至县									
石台县									
青阳县									
池州市国家经济技术开发区	28	28	15	2	13	11	1	9	1
皖江江南新兴产业集中区	8	8				7	2	2	3
九华山风景区									
宣城市	**903**	**903**	**841**	**78**	**763**	**372**	**36**	**305**	**31**
宣州区	348	348	340	19	321	99	9	82	8
郎溪县									
泾县									
绩溪县									
旌德县									
宣城市经济开发区									
宁国市	261	261	223	27	196	103	5	83	15
广德市	294	294	278	32	246	170	22	140	8

4−4a 续表 84

单位：人

地区 性别	房地产业		租赁和商务服务业			科学研究和技术服务业			
	小计	房地产业	小计	租赁业	商务服务业	小计	研究和试验发展	专业技术服务业	科技推广和应用服务业
男	**14626**	**14626**	**16688**	**1607**	**15081**	**10029**	**1629**	**6750**	**1650**
合肥市	**5083**	**5083**	**7006**	**514**	**6492**	**5080**	**1091**	**3011**	**978**
瑶海区	923	923	1458	111	1347	637	95	409	133
庐阳区	865	865	1136	79	1057	613	129	364	120
蜀山区	1223	1223	1717	80	1637	1676	535	802	339
包河区	1660	1660	2241	157	2084	1883	298	1255	330
长丰县									
肥东县									
肥西县	54	54	52	6	46	69	21	34	14
庐江县									
合肥高新技术产业开发区									
合肥经济技术开发区									
合肥新站高新技术产业开发区	93	93	95	14	81	52	5	30	17
巢湖市	265	265	307	67	240	150	8	117	25
芜湖市	**1513**	**1513**	**1534**	**163**	**1371**	**671**	**116**	**439**	**116**
镜湖区	503	503	473	36	437	219	27	159	33
弋江区	418	418	550	53	497	222	35	149	38
鸠江区	376	376	253	42	211	161	43	90	28
三山区	79	79	118	13	105	14	3	9	2
芜湖县	5	5	5		5	1		1	
繁昌县									
南陵县									
芜湖经济技术开发区	1	1	2		2				
安徽芜湖长江大桥经济开发区									
无为市	131	131	133	19	114	54	8	31	15
蚌埠市	**510**	**510**	**374**	**30**	**344**	**297**	**38**	**237**	**22**
龙子湖区	121	121	109	9	100	100	8	82	10
蚌山区	115	115	98	8	90	55	7	46	2
禹会区	164	164	103	9	94	104	17	83	4
淮上区	110	110	64	4	60	38	6	26	6
怀远县									
五河县									
固镇县									
蚌埠市高新技术开发区									
蚌埠市经济开发区									
淮南市	**645**	**645**	**690**	**99**	**591**	**373**	**29**	**297**	**47**
大通区	36	36	27	4	23	8	3	5	
田家庵区	429	429	472	72	400	233	21	170	42
谢家集区	92	92	105	12	93	70	2	67	1
八公山区	62	62	58	4	54	49	2	43	4
潘集区	26	26	28	7	21	13	1	12	
凤台县									
寿县									

4-4a 续表 85

单位：人

地区 性别	房地产业		租赁和商务服务业			科学研究和技术服务业			
	小计	房地产业	小计	租赁业	商务服务业	小计	研究和试验发展	专业技术服务业	科技推广和应用服务业
马鞍山市	**503**	**503**	**876**	**75**	**801**	**623**	**91**	**435**	**97**
花山区	285	285	467	32	435	350	48	235	67
雨山区	204	204	370	39	331	266	42	194	30
博望区	14	14	39	4	35	7	1	6	
当涂县									
含山县									
和县									
淮北市	**455**	**455**	**488**	**51**	**437**	**298**	**20**	**244**	**34**
杜集区	86	86	52	7	45	58	3	54	1
相山区	315	315	360	35	325	213	14	169	30
烈山区	51	51	55	5	50	22	2	17	3
濉溪县	3	3	21	4	17	5	1	4	
铜陵市	**451**	**451**	**497**	**57**	**440**	**305**	**42**	**223**	**40**
铜官区	341	341	403	45	358	270	39	194	37
义安区	82	82	64	8	56	14	2	9	3
郊区	28	28	30	4	26	21	1	20	
枞阳县									
安庆市	**876**	**876**	**1014**	**120**	**894**	**538**	**39**	**427**	**72**
迎江区	299	299	220	26	194	178	8	153	17
大观区	97	97	145	18	127	93	9	72	12
宜秀区	178	178	135	26	109	47	4	38	5
怀宁县									
太湖县									
宿松县									
望江县	28	28	95	6	89	28	2	18	8
岳西县									
安徽安庆经济开发区									
桐城市	190	190	269	29	240	119	8	97	14
潜山市	84	84	150	15	135	73	8	49	16
黄山市	**376**	**376**	**576**	**50**	**526**	**180**	**12**	**154**	**14**
屯溪区	260	260	416	26	390	145	8	125	12
黄山区	68	68	99	11	88	21	3	16	2
徽州区	42	42	45	11	34	11	1	10	
歙县	3	3	3		3				
休宁县	3	3	13	2	11	3		3	
黟县									
祁门县									
滁州市	**947**	**947**	**693**	**105**	**588**	**309**	**31**	**213**	**65**
琅琊区	432	432	235	39	196	126	15	87	24
南谯区	234	234	211	30	181	107	8	64	35
来安县									
全椒县									
定远县									
凤阳县									
苏滁现代产业园									
滁州经济技术开发区									
天长市	176	176	149	19	130	65	6	56	3
明光市	105	105	98	17	81	11	2	6	3

4-4a 续表 86

单位：人

地区 性别	房地产业		租赁和商务服务业			科学研究和技术服务业			
	小计	房地产业	小计	租赁业	商务服务业	小计	研究和试验发展	专业技术服务业	科技推广和应用服务业
阜阳市	**603**	**603**	**815**	**89**	**726**	**260**	**31**	**192**	**37**
颍州区	267	267	426	36	390	118	11	93	14
颍东区	135	135	97	23	74	36		28	8
颍泉区	131	131	208	24	184	78	18	50	10
临泉县									
太和县									
阜南县									
颍上县									
阜阳合肥现代产业园区									
阜阳经济技术开发区									
界首市	70	70	84	6	78	28	2	21	5
宿州市	**479**	**479**	**343**	**40**	**303**	**319**	**23**	**259**	**37**
埇桥区	477	477	342	39	303	318	23	258	37
砀山县									
萧县	2	2	1	1		1		1	
灵璧县									
泗县									
宿州马鞍山现代产业园区									
宿州经济技术开发区									
六安市	**839**	**839**	**667**	**81**	**586**	**268**	**20**	**208**	**40**
金安区	395	395	322	32	290	130	8	103	19
裕安区	412	412	293	35	258	126	11	95	20
叶集区	31	31	49	14	35	11		10	1
霍邱县	1	1	1		1				
舒城县			2		2	1	1		
金寨县									
霍山县									
亳州市	**485**	**485**	**311**	**27**	**284**	**89**	**7**	**75**	**7**
谯城区	484	484	310	27	283	89	7	75	7
涡阳县									
蒙城县									
利辛县	1	1	1		1				
池州市	**302**	**302**	**270**	**37**	**233**	**150**	**11**	**118**	**21**
贵池区	277	277	262	36	226	137	10	109	18
东至县									
石台县									
青阳县									
池州市国家经济技术开发区	22	22	8	1	7	8		7	1
皖江江南新兴产业集中区	3	3				5	1	2	2
九华山风景区									
宣城市	**559**	**559**	**534**	**69**	**465**	**269**	**28**	**218**	**23**
宣州区	219	219	212	15	197	76	7	61	8
郎溪县									
泾县									
绩溪县									
旌德县									
宣城市经济开发区									
宁国市	144	144	147	23	124	70	4	55	11
广德市	196	196	175	31	144	123	17	102	4

4-4a　续表 87　　　　单位：人

地区 性别	房地产业		租赁和商务服务业			科学研究和技术服务业			
	小计	房地产业	小计	租赁业	商务服务业	小计	研究和试验发展	专业技术服务业	科技推广和应用服务业
女	**9538**	**9538**	**10570**	**306**	**10264**	**4084**	**756**	**2541**	**787**
合肥市	**3241**	**3241**	**4963**	**125**	**4838**	**2311**	**540**	**1290**	**481**
瑶海区	547	547	874	30	844	239	32	147	60
庐阳区	502	502	790	10	780	302	70	177	55
蜀山区	806	806	1428	27	1401	855	284	380	191
包河区	1090	1090	1662	40	1622	820	138	529	153
长丰县									
肥东县									
肥西县	25	25	31		31	23	2	13	8
庐江县									
合肥高新技术产业开发区									
合肥经济技术开发区									
合肥新站高新技术产业开发区	48	48	56	3	53	20	5	9	6
巢湖市	223	223	122	15	107	52	9	35	8
芜湖市	**913**	**913**	**976**	**18**	**958**	**270**	**46**	**156**	**68**
镜湖区	291	291	381	5	376	84	11	47	26
弋江区	260	260	333	5	328	80	13	53	14
鸠江区	259	259	158	4	154	69	15	36	18
三山区	38	38	38	4	34	15	6	6	3
芜湖县	5	5				1		1	
繁昌县									
南陵县									
芜湖经济技术开发区	3	3							
安徽芜湖长江大桥经济开发区									
无为市	57	57	66		66	21	1	13	7
蚌埠市	**306**	**306**	**229**	**4**	**225**	**100**	**22**	**64**	**14**
龙子湖区	59	59	59	2	57	26	4	18	4
蚌山区	80	80	74	1	73	25	4	17	4
禹会区	96	96	56		56	37	8	26	3
淮上区	71	71	40	1	39	12	6	3	3
怀远县									
五河县									
固镇县									
蚌埠市高新技术开发区									
蚌埠市经济开发区									
淮南市	**498**	**498**	**397**	**12**	**385**	**110**	**8**	**83**	**19**
大通区	20	20	7		7	4		3	1
田家庵区	343	343	309	8	301	81	5	62	14
谢家集区	74	74	46	3	43	15	2	12	1
八公山区	38	38	27	1	26	8	1	5	2
潘集区	23	23	8		8	2		1	1
凤台县									
寿县									

4-4a 续表 88

单位：人

地区 性别	房地产业		租赁和商务服务业			科学研究和技术服务业			
	小计	房地产业	小计	租赁业	商务服务业	小计	研究和试验发展	专业技术服务业	科技推广和应用服务业
马鞍山市	**435**	**435**	**480**	**17**	**463**	**242**	**29**	**170**	**43**
花山区	251	251	275	7	268	141	17	94	30
雨山区	171	171	185	10	175	99	11	75	13
博望区	13	13	20		20	2	1	1	
当涂县									
含山县									
和县									
淮北市	**311**	**311**	**249**	**10**	**239**	**89**	**9**	**69**	**11**
杜集区	44	44	25		25	14	2	11	1
相山区	235	235	200	10	190	72	7	55	10
烈山区	30	30	17		17	3		3	
濉溪县	2	2	7		7				
铜陵市	**358**	**358**	**270**	**6**	**264**	**101**	**16**	**73**	**12**
铜官区	284	284	240	6	234	86	13	63	10
义安区	53	53	21		21	12	3	7	2
郊区	21	21	9		9	3		3	
枞阳县									
安庆市	**521**	**521**	**543**	**19**	**524**	**194**	**15**	**150**	**29**
迎江区	171	171	147	2	145	57	2	48	7
大观区	72	72	52	2	50	31		28	3
宜秀区	91	91	85	7	78	16	1	11	4
怀宁县									
太湖县									
宿松县									
望江县	20	20	52		52	9	1	5	3
岳西县									
安徽安庆经济开发区	1	1							
桐城市	117	117	130	4	126	47	9	32	6
潜山市	49	49	77	4	73	34	2	26	6
黄山市	**258**	**258**	**414**	**11**	**403**	**76**	**5**	**56**	**15**
屯溪区	182	182	322	8	314	66	5	48	13
黄山区	49	49	60	1	59	5		4	1
徽州区	25	25	23	2	21	4		3	1
歙县			1		1				
休宁县	2	2	8		8	1		1	
黟县									
祁门县									
滁州市	**502**	**502**	**386**	**21**	**365**	**119**	**13**	**61**	**45**
琅琊区	178	178	129	6	123	46	5	25	16
南谯区	145	145	126	7	119	51	4	22	25
来安县									
全椒县									
定远县									
凤阳县									
苏滁现代产业园									
滁州经济技术开发区									
天长市	88	88	92	4	88	17	3	11	3
明光市	91	91	39	4	35	5	1	3	1

4-4a 续表 89

单位：人

地区 性别	房地产业		租赁和商务服务业			科学研究和技术服务业			
	小计	房地产业	小计	租赁业	商务服务业	小计	研究和试验发展	专业技术服务业	科技推广和应用服务业
阜阳市	**436**	**436**	**398**	**9**	**389**	**87**	**11**	**69**	**7**
颍州区	209	209	209	6	203	45	5	37	3
颍东区	110	110	32	1	31	7		7	
颍泉区	79	79	119	1	118	26	6	18	2
临泉县									
太和县									
阜南县									
颍上县									
阜阳合肥现代产业园区									
阜阳经济技术开发区									
界首市	38	38	38	1	37	9		7	2
宿州市	**398**	**398**	**241**	**14**	**227**	**115**	**18**	**86**	**11**
埇桥区	395	395	240	14	226	115	18	86	11
砀山县									
萧县	3	3	1		1				
灵璧县									
泗县									
宿州马鞍山现代产业园区									
宿州经济技术开发区									
六安市	**545**	**545**	**412**	**17**	**395**	**80**	**8**	**59**	**13**
金安区	254	254	259	7	252	43	5	32	6
裕安区	256	256	134	8	126	35	2	27	6
叶集区	35	35	18	2	16	2	1		1
霍邱县									
舒城县			1		1				
金寨县									
霍山县									
亳州市	**266**	**266**	**144**	**2**	**142**	**29**	**2**	**25**	**2**
谯城区	266	266	144	2	142	29	2	25	2
涡阳县									
蒙城县									
利辛县									
池州市	**206**	**206**	**161**	**12**	**149**	**58**	**6**	**43**	**9**
贵池区	195	195	154	11	143	53	4	41	8
东至县									
石台县									
青阳县									
池州市国家经济技术开发区	6	6	7	1	6	3	1	2	
皖江江南新兴产业集中区	5	5				2	1		1
九华山风景区									
宣城市	**344**	**344**	**307**	**9**	**298**	**103**	**8**	**87**	**8**
宣州区	129	129	128	4	124	23	2	21	
郎溪县									
泾县									
绩溪县									
旌德县									
宣城市经济开发区									
宁国市	117	117	76	4	72	33	1	28	4
广德市	98	98	103	1	102	47	5	38	4

4-4a 续表 90

单位：人

地区 性别	水利、环境和公共设施管理业 小计	水利管理业	生态保护和环境治理业	公共设施管理业	土地管理业	居民服务、修理和其他服务业 小计	居民服务业	机动车、电子产品和日用产品修理业	其他服务业
安徽	**6161**	**462**	**571**	**5050**	**78**	**28364**	**17595**	**6359**	**4410**
合肥市	**1409**	**127**	**148**	**1113**	**21**	**7856**	**4730**	**1691**	**1435**
瑶海区	200	13	27	158	2	1643	1005	386	252
庐阳区	260	12	20	223	5	1342	903	230	209
蜀山区	315	25	35	246	9	1429	894	322	213
包河区	472	57	45	366	4	2551	1407	528	616
长丰县									
肥东县									
肥西县	9		1	8		60	32	16	12
庐江县									
合肥高新技术产业开发区									
合肥经济技术开发区									
合肥新站高新技术产业开发区	30			30		150	87	39	24
巢湖市	123	20	20	82	1	681	402	170	109
芜湖市	**426**	**22**	**51**	**352**	**1**	**2488**	**1528**	**615**	**345**
镜湖区	72		12	60		828	539	217	72
弋江区	130	6	23	101		601	342	123	136
鸠江区	116		12	104		474	275	160	39
三山区	24	1	1	22		144	89	27	28
芜湖县	9			9		14	10	2	2
繁昌县									
南陵县									
芜湖经济技术开发区	1			1		3	2		1
安徽芜湖长江大桥经济开发区									
无为市	74	15	3	55	1	424	271	86	67
蚌埠市	**283**	**56**	**20**	**204**	**3**	**1029**	**628**	**256**	**145**
龙子湖区	78	17	6	55		243	143	72	28
蚌山区	54	12	3	38	1	222	150	42	30
禹会区	105	20	7	76	2	322	197	79	46
淮上区	46	7	4	35		242	138	63	41
怀远县									
五河县									
固镇县									
蚌埠市高新技术开发区									
蚌埠市经济开发区									
淮南市	**361**	**20**	**23**	**309**	**9**	**1426**	**887**	**375**	**164**
大通区	17	2	1	14		55	37	13	5
田家庵区	272	15	16	232	9	948	582	259	107
谢家集区	34		1	33		186	117	44	25
八公山区	20		2	18		144	88	39	17
潘集区	18	3	3	12		93	63	20	10
凤台县									
寿县									

4-4a　续表 91　　　　单位：人

地　区 性　别	水利、环境和公共设施管理业					居民服务、修理和其他服务业			
	小计	水　利 管理业	生态保护和环境治理业	公共设施管理业	土　地 管理业	小计	居　民 服务业	机动车、电子产品和日用产品修理业	其　他 服务业
马鞍山市	**312**	**19**	**61**	**226**	**6**	**1450**	**881**	**341**	**228**
花山区	181	13	34	129	5	759	453	188	118
雨山区	114	5	25	83	1	567	349	139	79
博望区	17	1	2	14		124	79	14	31
当涂县									
含山县									
和县									
淮北市	**254**	**12**	**17**	**223**	**2**	**1060**	**628**	**268**	**164**
杜集区	87	3	4	80		189	101	64	24
相山区	116	9	11	94	2	688	434	145	109
烈山区	29		1	28		125	73	41	11
濉溪县	22		1	21		58	20	18	20
铜陵市	**229**	**14**	**30**	**176**	**9**	**813**	**510**	**195**	**108**
铜官区	181	11	20	142	8	587	380	125	82
义安区	36	3	8	24	1	161	99	46	16
郊区	12		2	10		65	31	24	10
枞阳县									
安庆市	**526**	**49**	**61**	**409**	**7**	**2134**	**1376**	**491**	**267**
迎江区	130	22	18	86	4	436	308	76	52
大观区	80	5	10	63	2	289	185	67	37
宜秀区	82	2	3	77		238	104	81	53
怀宁县									
太湖县									
宿松县									
望江县	20	5	4	11		307	228	40	39
岳西县									
安徽安庆经济开发区									
桐城市	129	9	23	96	1	486	287	149	50
潜山市	85	6	3	76		378	264	78	36
黄山市	**204**	**12**	**19**	**173**		**828**	**549**	**151**	**128**
屯溪区	141	7	14	120		569	375	99	95
黄山区	44	1		43		143	109	19	15
徽州区	17	4	5	8		98	55	28	15
歙县						8	4	3	1
休宁县	2			2		10	6	2	2
黟县									
祁门县									
滁州市	**428**	**43**	**20**	**364**	**1**	**1812**	**1200**	**369**	**243**
琅琊区	132	10	12	110		545	308	104	133
南谯区	116	4	3	109		341	188	90	63
来安县									
全椒县									
定远县									
凤阳县									
苏滁现代产业园									
滁州经济技术开发区									
天长市	73	22	2	49		479	367	99	13
明光市	107	7	3	96	1	447	337	76	34

4-4a 续表 92

单位：人

地 区 性 别	水利、环境和公共设施管理业					居民服务、修理和其他服务业			
	小计	水 利 管理业	生态保护 和环境 治理业	公共设施 管理业	土 地 管理业	小计	居 民 服务业	机动车、 电子产品 和日用产 品修理业	其 他 服务业
阜阳市	**376**	**27**	**14**	**333**	**2**	**1813**	**1107**	**357**	**349**
颍州区	152	13	6	132	1	770	452	116	202
颍东区	77	6	3	68		316	198	91	27
颍泉区	92	5	2	85		402	250	69	83
临泉县									
太和县									
阜南县									
颍上县									
阜阳合肥现代产业园区									
阜阳经济技术开发区									
界首市	55	3	3	48	1	325	207	81	37
宿州市	**267**	**5**	**24**	**232**	**6**	**1032**	**657**	**220**	**155**
埇桥区	266	5	24	231	6	1018	652	213	153
砀山县									
萧县	1			1		14	5	7	2
灵璧县									
泗县									
宿州马鞍山现代产业园区									
宿州经济技术开发区									
六安市	**351**	**23**	**28**	**292**	**8**	**1459**	**927**	**317**	**215**
金安区	156	14	16	122	4	691	462	138	91
裕安区	141	9	5	124	3	624	383	139	102
叶集区	51		6	44	1	135	78	36	21
霍邱县						3	1	2	
舒城县	3		1	2		6	3	2	1
金寨县									
霍山县									
亳州市	**249**	**1**	**9**	**239**		**926**	**543**	**204**	**179**
谯城区	246	1	9	236		923	541	203	179
涡阳县									
蒙城县									
利辛县	3			3		3	2	1	
池州市	**173**	**11**	**18**	**144**		**623**	**424**	**148**	**51**
贵池区	158	9	17	132		603	414	142	47
东至县									
石台县									
青阳县									
池州市国家经济技术开发区	12	2	1	9		18	10	5	3
皖江江南新兴产业集中区	3			3		2		1	1
九华山风景区									
宣城市	**313**	**21**	**28**	**261**	**3**	**1615**	**1020**	**361**	**234**
宣州区	93	7	5	80	1	490	324	120	46
郎溪县									
泾县									
绩溪县									
旌德县									
宣城市经济开发区									
宁国市	112	10	10	92		540	379	103	58
广德市	108	4	13	89	2	585	317	138	130

4-4a　续表 93　　　　单位：人

地区 性别	水利、环境和公共设施管理业					居民服务、修理和其他服务业			
	小计	水利管理业	生态保护和环境治理业	公共设施管理业	土地管理业	小计	居民服务业	机动车、电子产品和日用产品修理业	其他服务业
男	**3972**	**327**	**418**	**3184**	**43**	**13238**	**5914**	**5324**	**2000**
合肥市	**953**	**96**	**105**	**745**	**7**	**3581**	**1536**	**1386**	**659**
瑶海区	138	13	23	101	1	805	374	318	113
庐阳区	185	9	16	158	2	577	284	187	106
蜀山区	205	16	20	166	3	610	275	252	83
包河区	312	42	29	240	1	1196	442	441	313
长丰县									
肥东县									
肥西县	8		1	7		26	12	12	2
庐江县									
合肥高新技术产业开发区									
合肥经济技术开发区									
合肥新站高新技术产业开发区	20			20		75	31	35	9
巢湖市	85	16	16	53		292	118	141	33
芜湖市	**282**	**13**	**37**	**232**		**1189**	**524**	**506**	**159**
镜湖区	51		11	40		370	171	166	33
弋江区	83	4	16	63		292	120	101	71
鸠江区	76		7	69		260	111	136	13
三山区	15	1	1	13		59	26	22	11
芜湖县	8			8		6	3	2	1
繁昌县									
南陵县									
芜湖经济技术开发区						2	2		
安徽芜湖长江大桥经济开发区									
无为市	49	8	2	39		200	91	79	30
蚌埠市	**191**	**39**	**18**	**133**	**1**	**515**	**226**	**217**	**72**
龙子湖区	55	13	6	36		124	48	61	15
蚌山区	36	6	3	27		102	52	36	14
禹会区	71	15	6	49	1	165	73	68	24
淮上区	29	5	3	21		124	53	52	19
怀远县									
五河县									
固镇县									
蚌埠市高新技术开发区									
蚌埠市经济开发区									
淮南市	**208**	**16**	**15**	**170**	**7**	**741**	**343**	**327**	**71**
大通区	13	2		11		28	13	12	3
田家庵区	162	13	10	132	7	508	235	225	48
谢家集区	16		1	15		82	37	38	7
八公山区	9		2	7		82	37	34	11
潘集区	8	1	2	5		41	21	18	2
凤台县									
寿县									

4-4a 续表 94

单位：人

地区 性别	水利、环境和公共设施管理业					居民服务、修理和其他服务业			
	小计	水利管理业	生态保护和环境治理业	公共设施管理业	土地管理业	小计	居民服务业	机动车、电子产品和日用产品修理业	其他服务业
马鞍山市	**182**	**13**	**36**	**129**	**4**	**665**	**293**	**283**	**89**
花山区	104	8	18	75	3	337	135	158	44
雨山区	67	4	16	46	1	268	123	113	32
博望区	11	1	2	8		60	35	12	13
当涂县									
含山县									
和县									
淮北市	**143**	**8**	**13**	**120**	**2**	**542**	**218**	**229**	**95**
杜集区	42	1	3	38		110	39	56	15
相山区	70	7	8	53	2	324	144	119	61
烈山区	20		1	19		70	27	36	7
濉溪县	11		1	10		38	8	18	12
铜陵市	**141**	**10**	**27**	**104**		**386**	**161**	**173**	**52**
铜官区	109	7	18	84		270	122	111	37
义安区	27	3	8	16		78	28	42	8
郊区	5		1	4		38	11	20	7
枞阳县									
安庆市	**358**	**34**	**48**	**271**	**5**	**925**	**394**	**407**	**124**
迎江区	89	18	15	54	2	193	107	61	25
大观区	55	2	9	42	2	126	48	58	20
宜秀区	48	2	2	44		122	32	69	21
怀宁县									
太湖县									
宿松县									
望江县	15	3	3	9		90	39	34	17
岳西县									
安徽安庆经济开发区									
桐城市	93	6	17	69	1	254	106	124	24
潜山市	58	3	2	53		140	62	61	17
黄山市	**139**	**10**	**13**	**116**		**353**	**158**	**120**	**75**
屯溪区	96	6	9	81		254	123	78	53
黄山区	28	1		27		47	22	15	10
徽州区	13	3	4	6		46	12	23	11
歙县						2		2	
休宁县	2			2		4	1	2	1
黟县									
祁门县									
滁州市	**282**	**28**	**15**	**238**	**1**	**857**	**421**	**315**	**121**
琅琊区	85	5	9	71		287	123	93	71
南谯区	72	2	2	68		169	68	78	23
来安县									
全椒县									
定远县									
凤阳县									
苏滁现代产业园									
滁州经济技术开发区									
天长市	48	15	2	31		230	137	82	11
明光市	77	6	2	68	1	171	93	62	16

4-4a 续表 95

单位：人

地区 性别	水利、环境和公共设施管理业					居民服务、修理和其他服务业			
	小计	水利管理业	生态保护和环境治理业	公共设施管理业	土地管理业	小计	居民服务业	机动车、电子产品和日用产品修理业	其他服务业
阜阳市	**225**	**17**	**10**	**196**	**2**	**892**	**434**	**300**	**158**
颍州区	93	9	3	80	1	355	163	95	97
颍东区	41	3	2	36		168	82	76	10
颍泉区	48	3	2	43		189	94	59	36
临泉县									
太和县									
阜南县									
颍上县									
阜阳合肥现代产业园区									
阜阳经济技术开发区									
界首市	43	2	3	37	1	180	95	70	15
宿州市	**165**	**4**	**16**	**139**	**6**	**445**	**214**	**182**	**49**
埇桥区	165	4	16	139	6	436	214	175	47
砀山县									
萧县						9		7	2
灵璧县									
泗县									
宿州马鞍山现代产业园区									
宿州经济技术开发区									
六安市	**236**	**16**	**21**	**192**	**7**	**678**	**329**	**271**	**78**
金安区	107	9	11	84	3	309	160	117	32
裕安区	93	7	3	80	3	292	141	120	31
叶集区	35		6	28	1	73	28	30	15
霍邱县						2		2	
舒城县	1		1			2		2	
金寨县									
霍山县									
亳州市	**147**		**8**	**139**		**455**	**207**	**178**	**70**
谯城区	145		8	137		454	207	177	70
涡阳县									
蒙城县									
利辛县	2			2		1		1	
池州市	**110**	**8**	**14**	**88**		**270**	**122**	**127**	**21**
贵池区	99	6	13	80		261	118	122	21
东至县									
石台县									
青阳县									
池州市国家经济技术开发区	8	2	1	5		8	4	4	
皖江江南新兴产业集中区	3			3		1		1	
九华山风景区									
宣城市	**210**	**15**	**22**	**172**	**1**	**744**	**334**	**303**	**107**
宣州区	60	4	4	52		227	112	99	16
郎溪县									
泾县									
绩溪县									
旌德县									
宣城市经济开发区									
宁国市	72	7	9	56		213	106	85	22
广德市	78	4	9	64	1	304	116	119	69

4−4a 续表 96

单位：人

地区 性别	水利、环境和公共设施管理业					居民服务、修理和其他服务业			
	小计	水利管理业	生态保护和环境治理业	公共设施管理业	土地管理业	小计	居民服务业	机动车、电子产品和日用产品修理业	其他服务业
女	**2189**	**135**	**153**	**1866**	**35**	**15126**	**11681**	**1035**	**2410**
合肥市	**456**	**31**	**43**	**368**	**14**	**4275**	**3194**	**305**	**776**
瑶海区	62		4	57	1	838	631	68	139
庐阳区	75	3	4	65	3	765	619	43	103
蜀山区	110	9	15	80	6	819	619	70	130
包河区	160	15	16	126	3	1355	965	87	303
长丰县									
肥东县									
肥西县	1			1		34	20	4	10
庐江县									
合肥高新技术产业开发区									
合肥经济技术开发区									
合肥新站高新技术产业开发区	10			10		75	56	4	15
巢湖市	38	4	4	29	1	389	284	29	76
芜湖市	**144**	**9**	**14**	**120**	**1**	**1299**	**1004**	**109**	**186**
镜湖区	21		1	20		458	368	51	39
弋江区	47	2	7	38		309	222	22	65
鸠江区	40		5	35		214	164	24	26
三山区	9			9		85	63	5	17
芜湖县	1			1		8	7		1
繁昌县									
南陵县									
芜湖经济技术开发区	1			1		1			1
安徽芜湖长江大桥经济开发区									
无为市	25	7	1	16	1	224	180	7	37
蚌埠市	**92**	**17**	**2**	**71**	**2**	**514**	**402**	**39**	**73**
龙子湖区	23	4		19		119	95	11	13
蚌山区	18	6		11	1	120	98	6	16
禹会区	34	5	1	27	1	157	124	11	22
淮上区	17	2	1	14		118	85	11	22
怀远县									
五河县									
固镇县									
蚌埠市高新技术开发区									
蚌埠市经济开发区									
淮南市	**153**	**4**	**8**	**139**	**2**	**685**	**544**	**48**	**93**
大通区	4		1	3		27	24	1	2
田家庵区	110	2	6	100	2	440	347	34	59
谢家集区	18			18		104	80	6	18
八公山区	11			11		62	51	5	6
潘集区	10	2	1	7		52	42	2	8
凤台县									
寿县									

4-4a　续表 97　　　　　　　　　　　　　　　　　　　　　　　单位：人

地　区 性　别	水利、环境和公共设施管理业					居民服务、修理和其他服务业			
	小计	水　利 管理业	生态保护 和环境 治理业	公共设施 管理业	土　地 管理业	小计	居　民 服务业	机动车、 电子产品 和日用产 品修理业	其　他 服务业
马鞍山市	**130**	**6**	**25**	**97**	**2**	**785**	**588**	**58**	**139**
花山区	77	5	16	54	2	422	318	30	74
雨山区	47	1	9	37		299	226	26	47
博望区	6			6		64	44	2	18
当涂县									
含山县									
和县									
淮北市	**111**	**4**	**4**	**103**		**518**	**410**	**39**	**69**
杜集区	45	2	1	42		79	62	8	9
相山区	46	2	3	41		364	290	26	48
烈山区	9			9		55	46	5	4
濉溪县	11			11		20	12		8
铜陵市	**88**	**4**	**3**	**72**	**9**	**427**	**349**	**22**	**56**
铜官区	72	4	2	58	8	317	258	14	45
义安区	9			8	1	83	71	4	8
郊区	7		1	6		27	20	4	3
枞阳县									
安庆市	**168**	**15**	**13**	**138**	**2**	**1209**	**982**	**84**	**143**
迎江区	41	4	3	32	2	243	201	15	27
大观区	25	3	1	21		163	137	9	17
宜秀区	34		1	33		116	72	12	32
怀宁县									
太湖县									
宿松县									
望江县	5	2	1	2		217	189	6	22
岳西县									
安徽安庆经济开发区									
桐城市	36	3	6	27		232	181	25	26
潜山市	27	3	1	23		238	202	17	19
黄山市	**65**	**2**	**6**	**57**		**475**	**391**	**31**	**53**
屯溪区	45	1	5	39		315	252	21	42
黄山区	16			16		96	87	4	5
徽州区	4	1	1	2		52	43	5	4
歙县						6	4	1	1
休宁县						6	5		1
黟县									
祁门县									
滁州市	**146**	**15**	**5**	**126**		**955**	**779**	**54**	**122**
琅琊区	47	5	3	39		258	185	11	62
南谯区	44	2	1	41		172	120	12	40
来安县									
全椒县									
定远县									
凤阳县									
苏滁现代产业园									
滁州经济技术开发区									
天长市	25	7		18		249	230	17	2
明光市	30	1	1	28		276	244	14	18

4－4a 续表 98

单位：人

地区 性别	水利、环境和公共设施管理业					居民服务、修理和其他服务业			
	小计	水利管理业	生态保护和环境治理业	公共设施管理业	土地管理业	小计	居民服务业	机动车、电子产品和日用产品修理业	其他服务业
阜阳市	**151**	**10**	**4**	**137**		**921**	**673**	**57**	**191**
颍州区	59	4	3	52		415	289	21	105
颍东区	36	3	1	32		148	116	15	17
颍泉区	44	2		42		213	156	10	47
临泉县									
太和县									
阜南县									
颍上县									
阜阳合肥现代产业园区									
阜阳经济技术开发区									
界首市	12	1		11		145	112	11	22
宿州市	**102**	**1**	**8**	**93**		**587**	**443**	**38**	**106**
埇桥区	101	1	8	92		582	438	38	106
砀山县									
萧县	1			1		5	5		
灵璧县									
泗县									
宿州马鞍山现代产业园区									
宿州经济技术开发区									
六安市	**115**	**7**	**7**	**100**	**1**	**781**	**598**	**46**	**137**
金安区	49	5	5	38	1	382	302	21	59
裕安区	48	2	2	44		332	242	19	71
叶集区	16			16		62	50	6	6
霍邱县						1	1		
舒城县	2			2		4	3		1
金寨县									
霍山县									
亳州市	**102**	**1**	**1**	**100**		**471**	**336**	**26**	**109**
谯城区	101	1	1	99		469	334	26	109
涡阳县									
蒙城县									
利辛县	1			1		2	2		
池州市	**63**	**3**	**4**	**56**		**353**	**302**	**21**	**30**
贵池区	59	3	4	52		342	296	20	26
东至县									
石台县									
青阳县									
池州市国家经济技术开发区	4			4		10	6	1	3
皖江江南新兴产业集中区						1			1
九华山风景区									
宣城市	**103**	**6**	**6**	**89**	**2**	**871**	**686**	**58**	**127**
宣州区	33	3	1	28	1	263	212	21	30
郎溪县									
泾县									
绩溪县									
旌德县									
宣城市经济开发区									
宁国市	40	3	1	36		327	273	18	36
广德市	30		4	25	1	281	201	19	61

4-4a　续表 99　　　　　　　　　　　　　　　　　　单位：人

地　区 性　别	教育		卫生和社会工作			文化、体育和娱乐业				
	小计	教育	小计	卫生	社会工作	小计	新闻和出版业	广播、电视、电影和录音制作业	文化艺术业	体育
安　徽	**44685**	**44685**	**24220**	**23670**	**550**	**7674**	**795**	**1126**	**1361**	**1076**
合肥市	**13090**	**13090**	**6419**	**6271**	**148**	**2854**	**374**	**528**	**553**	**408**
瑶海区	1947	1947	810	782	28	460	45	61	87	74
庐阳区	1829	1829	996	977	19	412	60	65	99	57
蜀山区	3679	3679	2250	2207	43	833	153	183	139	100
包河区	4261	4261	1619	1571	48	960	102	196	195	158
长丰县										
肥东县										
肥西县	164	164	39	38	1	21	1	4	4	3
庐江县										
合肥高新技术产业开发区										
合肥经济技术开发区										
合肥新站高新技术产业开发区	135	135	102	101	1	27	3	6	4	3
巢湖市	1075	1075	603	595	8	141	10	13	25	13
芜湖市	**4023**	**4023**	**2217**	**2175**	**42**	**795**	**66**	**92**	**87**	**129**
镜湖区	1308	1308	1064	1053	11	295	31	47	25	46
弋江区	1186	1186	521	513	8	203	23	18	30	49
鸠江区	737	737	326	315	11	197	7	18	16	21
三山区	151	151	38	38		33		3	4	1
芜湖县	8	8	6	1	5	2				
繁昌县										
南陵县										
芜湖经济技术开发区	2	2				1				
安徽芜湖长江大桥经济开发区										
无为市	631	631	262	255	7	64	5	6	12	12
蚌埠市	**1327**	**1327**	**959**	**944**	**15**	**214**	**14**	**30**	**45**	**29**
龙子湖区	367	367	397	394	3	63	3	12	14	9
蚌山区	355	355	183	180	3	65	3	10	16	8
禹会区	331	331	253	244	9	62	6	8	11	6
淮上区	274	274	126	126		24	2		4	6
怀远县										
五河县										
固镇县										
蚌埠市高新技术开发区										
蚌埠市经济开发区										
淮南市	**2423**	**2423**	**1560**	**1513**	**47**	**322**	**34**	**58**	**58**	**39**
大通区	80	80	47	40	7	13		4	3	1
田家庵区	1877	1877	1158	1132	26	225	31	44	45	25
谢家集区	229	229	208	195	13	36	2	6	4	6
八公山区	128	128	91	90	1	34	1	2	4	5
潘集区	109	109	56	56		14		2	2	2
凤台县										
寿县										

4-4a 续表 100

单位：人

地区 性别	教育		卫生和社会工作			文化、体育和娱乐业				
	小计	教育	小计	卫生	社会工作	小计	新闻和出版业	广播、电视、电影和录音制作业	文化艺术业	体育
马鞍山市	**1966**	**1966**	**864**	**820**	**44**	**309**	**36**	**43**	**54**	**53**
花山区	1133	1133	525	499	26	159	19	22	25	23
雨山区	727	727	303	285	18	140	17	20	29	26
博望区	106	106	36	36		10		1		4
当涂县										
含山县										
和县										
淮北市	**2133**	**2133**	**1083**	**1061**	**22**	**246**	**37**	**35**	**36**	**39**
杜集区	225	225	118	116	2	24	1		2	3
相山区	1735	1735	882	864	18	200	36	34	30	31
烈山区	149	149	61	60	1	17		1	2	3
濉溪县	24	24	22	21	1	5			2	2
铜陵市	**1474**	**1474**	**866**	**834**	**32**	**262**	**36**	**22**	**51**	**34**
铜官区	1208	1208	730	706	24	205	28	19	43	24
义安区	214	214	97	93	4	39	7	3	4	5
郊区	52	52	39	35	4	18	1		4	5
枞阳县										
安庆市	**2882**	**2882**	**1706**	**1687**	**19**	**511**	**37**	**47**	**101**	**81**
迎江区	686	686	605	600	5	130	10	10	37	23
大观区	495	495	287	282	5	120	14	13	21	9
宜秀区	215	215	141	140	1	37	2		6	8
怀宁县										
太湖县										
宿松县										
望江县	313	313	158	157	1	28	1	5	5	2
岳西县										
安徽安庆经济开发区	1	1								
桐城市	679	679	311	308	3	100	6	11	13	33
潜山市	493	493	204	200	4	96	4	8	19	6
黄山市	**1044**	**1044**	**658**	**646**	**12**	**294**	**23**	**25**	**75**	**30**
屯溪区	712	712	506	498	8	248	22	20	68	20
黄山区	171	171	82	79	3	21	1	1	2	2
徽州区	147	147	62	61	1	18		2	4	6
歙县	9	9	2	2		1				1
休宁县	5	5	6	6		6		2	1	1
黟县										
祁门县										
滁州市	**2106**	**2106**	**1217**	**1195**	**22**	**325**	**12**	**40**	**53**	**42**
琅琊区	585	585	375	365	10	106	7	17	18	13
南谯区	471	471	233	232	1	76	5	6	21	7
来安县										
全椒县										
定远县										
凤阳县										
苏滁现代产业园										
滁州经济技术开发区										
天长市	600	600	356	349	7	79		13	10	8
明光市	450	450	253	249	4	64		4	4	14

4-4a　续表 101　　　　单位：人

地　区 性　别	教育		卫生和社会工作			文化、体育和娱乐业				
	小计	教育	小计	卫生	社会工作	小计	新闻和出版业	广播、电视、电影和录音制作业	文化艺术业	体育
阜阳市	**3325**	**3325**	**1846**	**1814**	**32**	**276**	**24**	**37**	**45**	**35**
颍州区	1544	1544	994	983	11	125	16	20	28	14
颍东区	606	606	259	253	6	39	2	5	9	3
颍泉区	594	594	258	254	4	71	4	7	6	10
临泉县										
太和县										
阜南县										
颍上县										
阜阳合肥现代产业园区										
阜阳经济技术开发区										
界首市	581	581	335	324	11	41	2	5	2	8
宿州市	**1884**	**1884**	**1159**	**1135**	**24**	**223**	**18**	**41**	**40**	**23**
埇桥区	1878	1878	1157	1133	24	221	18	41	40	23
砀山县										
萧县	6	6	2	2		2				
灵璧县										
泗县										
宿州马鞍山现代产业园区										
宿州经济技术开发区										
六安市	**2175**	**2175**	**1252**	**1240**	**12**	**322**	**29**	**21**	**58**	**34**
金安区	988	988	716	711	5	178	10	11	26	17
裕安区	1036	1036	479	473	6	136	19	10	30	14
叶集区	143	143	56	55	1	8			2	3
霍邱县	2	2	1	1						
舒城县	6	6								
金寨县										
霍山县										
亳州市	**1863**	**1863**	**821**	**808**	**13**	**227**	**18**	**40**	**35**	**30**
谯城区	1860	1860	821	808	13	227	18	40	35	30
涡阳县										
蒙城县										
利辛县	3	3								
池州市	**1040**	**1040**	**515**	**502**	**13**	**150**	**14**	**19**	**20**	**27**
贵池区	998	998	509	497	12	147	14	19	18	27
东至县										
石台县										
青阳县										
池州市国家经济技术开发区	27	27	5	5		2			2	
皖江江南新兴产业集中区	15	15	1		1	1				
九华山风景区										
宣城市	**1930**	**1930**	**1078**	**1025**	**53**	**344**	**23**	**48**	**50**	**43**
宣州区	799	799	451	433	18	135	11	22	26	14
郎溪县										
泾县										
绩溪县										
旌德县										
宣城市经济开发区										
宁国市	553	553	341	312	29	121	5	18	11	18
广德市	578	578	286	280	6	88	7	8	13	11

4-4a 续表 102

单位：人

地区 性别	教育		卫生和社会工作			文化、体育和娱乐业				
	小计	教育	小计	卫生	社会工作	小计	新闻和出版业	广播、电视、电影和录音制作业	文化艺术业	体育
男	**16833**	**16833**	**8032**	**7827**	**205**	**4086**	**418**	**620**	**669**	**589**
合肥市	**4794**	**4794**	**2022**	**1969**	**53**	**1586**	**180**	**308**	**278**	**226**
瑶海区	684	684	249	240	9	257	23	33	40	44
庐阳区	613	613	309	305	4	235	31	37	54	29
蜀山区	1331	1331	728	709	19	460	72	107	69	51
包河区	1564	1564	471	453	18	539	46	116	99	93
长丰县										
肥东县										
肥西县	84	84	13	13		10		4	2	1
庐江县										
合肥高新技术产业开发区										
合肥经济技术开发区										
合肥新站高新技术产业开发区	54	54	28	28		16	2	3	1	2
巢湖市	464	464	224	221	3	69	6	8	13	6
芜湖市	**1525**	**1525**	**772**	**757**	**15**	**420**	**37**	**51**	**43**	**75**
镜湖区	476	476	364	360	4	169	18	28	9	31
弋江区	456	456	181	178	3	111	14	9	16	25
鸠江区	271	271	105	102	3	87	2	10	8	9
三山区	51	51	14	14		16		2	2	1
芜湖县	3	3	2	1	1	2				
繁昌县										
南陵县										
芜湖经济技术开发区	2	2								
安徽芜湖长江大桥经济开发区										
无为市	266	266	106	102	4	35	3	2	8	9
蚌埠市	**463**	**463**	**317**	**309**	**8**	**127**	**12**	**16**	**23**	**17**
龙子湖区	135	135	138	137	1	38	2	4	8	7
蚌山区	133	133	60	58	2	33	3	7	7	4
禹会区	101	101	79	74	5	43	5	5	6	3
淮上区	94	94	40	40		13	2		2	3
怀远县										
五河县										
固镇县										
蚌埠市高新技术开发区										
蚌埠市经济开发区										
淮南市	**965**	**965**	**458**	**441**	**17**	**164**	**19**	**28**	**26**	**26**
大通区	25	25	15	12	3	4		1	1	
田家庵区	759	759	334	323	11	116	17	22	20	16
谢家集区	83	83	60	58	2	21	1	4	1	6
八公山区	53	53	30	29	1	18	1	1	3	3
潘集区	45	45	19	19		5			1	1
凤台县										
寿县										

4-4a 续表 103

单位：人

地区 性别	教育		卫生和社会工作			文化、体育和娱乐业				
	小计	教育	小计	卫生	社会工作	小计	新闻和出版业	广播、电视、电影和录音制作业	文化艺术业	体育
马鞍山市	**685**	**685**	**253**	**243**	**10**	**149**	**25**	**23**	**23**	**25**
花山区	396	396	152	147	5	86	14	14	13	11
雨山区	256	256	84	79	5	60	11	8	10	14
博望区	33	33	17	17		3		1		
当涂县										
含山县										
和县										
淮北市	**768**	**768**	**353**	**345**	**8**	**134**	**21**	**18**	**21**	**20**
杜集区	64	64	35	34	1	11				1
相山区	640	640	292	287	5	111	21	17	18	16
烈山区	49	49	17	16	1	8		1	1	2
濉溪县	15	15	9	8	1	4			2	1
铜陵市	**582**	**582**	**281**	**268**	**13**	**131**	**19**	**12**	**21**	**19**
铜官区	465	465	246	236	10	106	16	10	16	16
义安区	94	94	28	27	1	16	3	2	2	2
郊区	23	23	7	5	2	9			3	1
枞阳县										
安庆市	**1223**	**1223**	**582**	**574**	**8**	**249**	**21**	**23**	**50**	**40**
迎江区	260	260	211	207	4	63	7	3	19	10
大观区	193	193	94	93	1	68	8	6	12	4
宜秀区	83	83	37	37		12	1		1	5
怀宁县										
太湖县										
宿松县										
望江县	143	143	60	59	1	13	1	3	1	2
岳西县										
安徽安庆经济开发区										
桐城市	302	302	119	118	1	49	2	7	6	18
潜山市	242	242	61	60	1	44	2	4	11	1
黄山市	**372**	**372**	**217**	**210**	**7**	**146**	**10**	**17**	**40**	**14**
屯溪区	257	257	167	162	5	124	9	13	37	9
黄山区	61	61	26	24	2	10	1		1	1
徽州区	51	51	20	20		7		2	2	2
歙县	2	2	1	1		1				1
休宁县	1	1	3	3		4		2		1
黟县										
祁门县										
滁州市	**832**	**832**	**425**	**420**	**5**	**177**	**5**	**22**	**22**	**21**
琅琊区	219	219	121	121		60	3	9	9	7
南谯区	171	171	82	81	1	40	2	5	8	5
来安县										
全椒县										
定远县										
凤阳县										
苏滁现代产业园										
滁州经济技术开发区										
天长市	244	244	132	130	2	46		5	5	5
明光市	198	198	90	88	2	31		3		4

4-4a 续表 104

单位：人

地区 性别	教育		卫生和社会工作			文化、体育和娱乐业				
	小计	教育	小计	卫生	社会工作	小计	新闻和出版业	广播、电视、电影和录音制作业	文化艺术业	体育
阜阳市	**1245**	**1245**	**679**	**666**	**13**	**154**	**13**	**21**	**25**	**19**
颍州区	568	568	365	360	5	68	10	10	14	8
颍东区	199	199	90	89	1	23	1	4	6	2
颍泉区	247	247	103	102	1	39	1	4	3	4
临泉县										
太和县										
阜南县										
颍上县										
阜阳合肥现代产业园区										
阜阳经济技术开发区										
界首市	231	231	121	115	6	24	1	3	2	5
宿州市	**698**	**698**	**376**	**367**	**9**	**118**	**10**	**19**	**16**	**13**
埇桥区	696	696	375	366	9	116	10	19	16	13
砀山县										
萧县	2	2	1	1		2				
灵璧县										
泗县										
宿州马鞍山现代产业园区										
宿州经济技术开发区										
六安市	**906**	**906**	**484**	**474**	**10**	**176**	**20**	**12**	**31**	**23**
金安区	421	421	290	286	4	95	7	6	15	10
裕安区	427	427	174	169	5	78	13	6	16	10
叶集区	54	54	19	18	1	3				3
霍邱县	1	1	1	1						
舒城县	3	3								
金寨县										
霍山县										
亳州市	**651**	**651**	**312**	**304**	**8**	**132**	**8**	**22**	**21**	**19**
谯城区	649	649	312	304	8	132	8	22	21	19
涡阳县										
蒙城县										
利辛县	2	2								
池州市	**412**	**412**	**179**	**175**	**4**	**76**	**5**	**9**	**11**	**14**
贵池区	390	390	178	174	4	75	5	9	11	14
东至县										
石台县										
青阳县										
池州市国家经济技术开发区	15	15	1	1						
皖江江南新兴产业集中区	7	7				1				
九华山风景区										
宣城市	**712**	**712**	**322**	**305**	**17**	**147**	**13**	**19**	**18**	**18**
宣州区	310	310	144	137	7	61	7	9	10	8
郎溪县										
泾县										
绩溪县										
旌德县										
宣城市经济开发区										
宁国市	180	180	95	90	5	50	2	9	4	5
广德市	222	222	83	78	5	36	4	1	4	5

4-4a 续表 105

单位：人

地区 性别	教育		卫生和社会工作			文化、体育和娱乐业				
	小计	教育	小计	卫生	社会工作	小计	新闻和出版业	广播、电视、电影和录音制作业	文化艺术业	体育
女	**27852**	**27852**	**16188**	**15843**	**345**	**3588**	**377**	**506**	**692**	**487**
合肥市	**8296**	**8296**	**4397**	**4302**	**95**	**1268**	**194**	**220**	**275**	**182**
瑶海区	1263	1263	561	542	19	203	22	28	47	30
庐阳区	1216	1216	687	672	15	177	29	28	45	28
蜀山区	2348	2348	1522	1498	24	373	81	76	70	49
包河区	2697	2697	1148	1118	30	421	56	80	96	65
长丰县										
肥东县										
肥西县	80	80	26	25	1	11	1		2	2
庐江县										
合肥高新技术产业开发区										
合肥经济技术开发区										
合肥新站高新技术产业开发区	81	81	74	73	1	11	1	3	3	1
巢湖市	611	611	379	374	5	72	4	5	12	7
芜湖市	**2498**	**2498**	**1445**	**1418**	**27**	**375**	**29**	**41**	**44**	**54**
镜湖区	832	832	700	693	7	126	13	19	16	15
弋江区	730	730	340	335	5	92	9	9	14	24
鸠江区	466	466	221	213	8	110	5	8	8	12
三山区	100	100	24	24		17		1	2	
芜湖县	5	5	4		4					
繁昌县										
南陵县										
芜湖经济技术开发区						1				
安徽芜湖长江大桥经济开发区										
无为市	365	365	156	153	3	29	2	4	4	3
蚌埠市	**864**	**864**	**642**	**635**	**7**	**87**	**2**	**14**	**22**	**12**
龙子湖区	232	232	259	257	2	25	1	8	6	2
蚌山区	222	222	123	122	1	32		3	9	4
禹会区	230	230	174	170	4	19	1	3	5	3
淮上区	180	180	86	86		11			2	3
怀远县										
五河县										
固镇县										
蚌埠市高新技术开发区										
蚌埠市经济开发区										
淮南市	**1458**	**1458**	**1102**	**1072**	**30**	**158**	**15**	**30**	**32**	**13**
大通区	55	55	32	28	4	9		3	2	1
田家庵区	1118	1118	824	809	15	109	14	22	25	9
谢家集区	146	146	148	137	11	15	1	2	3	
八公山区	75	75	61	61		16		1	1	2
潘集区	64	64	37	37		9		2	1	1
凤台县										
寿县										

4-4a 续表 106 单位：人

地区 性别	教育		卫生和社会工作			文化、体育和娱乐业				
	小计	教育	小计	卫生	社会工作	小计	新闻和出版业	广播、电视、电影和录音制作业	文化艺术业	体育
马鞍山市	**1281**	**1281**	**611**	**577**	**34**	**160**	**11**	**20**	**31**	**28**
花山区	737	737	373	352	21	73	5	8	12	12
雨山区	471	471	219	206	13	80	6	12	19	12
博望区	73	73	19	19		7				4
当涂县										
含山县										
和县										
淮北市	**1365**	**1365**	**730**	**716**	**14**	**112**	**16**	**17**	**15**	**19**
杜集区	161	161	83	82	1	13	1		2	2
相山区	1095	1095	590	577	13	89	15	17	12	15
烈山区	100	100	44	44		9			1	1
濉溪县	9	9	13	13		1				1
铜陵市	**892**	**892**	**585**	**566**	**19**	**131**	**17**	**10**	**30**	**15**
铜官区	743	743	484	470	14	99	12	9	27	8
义安区	120	120	69	66	3	23	4	1	2	3
郊区	29	29	32	30	2	9	1		1	4
枞阳县										
安庆市	**1659**	**1659**	**1124**	**1113**	**11**	**262**	**16**	**24**	**51**	**41**
迎江区	426	426	394	393	1	67	3	7	18	13
大观区	302	302	193	189	4	52	6	7	9	5
宜秀区	132	132	104	103	1	25	1		5	3
怀宁县										
太湖县										
宿松县										
望江县	170	170	98	98		15		2	4	
岳西县										
安徽安庆经济开发区	1	1								
桐城市	377	377	192	190	2	51	4	4	7	15
潜山市	251	251	143	140	3	52	2	4	8	5
黄山市	**672**	**672**	**441**	**436**	**5**	**148**	**13**	**8**	**35**	**16**
屯溪区	455	455	339	336	3	124	13	7	31	11
黄山区	110	110	56	55	1	11		1	1	1
徽州区	96	96	42	41	1	11			2	4
歙县	7	7	1	1						
休宁县	4	4	3	3		2			1	
黟县										
祁门县										
滁州市	**1274**	**1274**	**792**	**775**	**17**	**148**	**7**	**18**	**31**	**21**
琅琊区	366	366	254	244	10	46	4	8	9	6
南谯区	300	300	151	151		36	3	1	13	2
来安县										
全椒县										
定远县										
凤阳县										
苏滁现代产业园										
滁州经济技术开发区										
天长市	356	356	224	219	5	33		8	5	3
明光市	252	252	163	161	2	33		1	4	10

4-4a　续表 107　　　　　　　　　　　　　　　　　　　　　　　　单位：人

地区 性别	教育		卫生和社会工作			文化、体育和娱乐业				
	小计	教育	小计	卫生	社会工作	小计	新闻和出版业	广播、电视、电影和录音制作业	文化艺术业	体育
阜阳市	**2080**	**2080**	**1167**	**1148**	**19**	**122**	**11**	**16**	**20**	**16**
颍州区	976	976	629	623	6	57	6	10	14	6
颍东区	407	407	169	164	5	16	1	1	3	1
颍泉区	347	347	155	152	3	32	3	3	3	6
临泉县										
太和县										
阜南县										
颍上县										
阜阳合肥现代产业园区										
阜阳经济技术开发区										
界首市	350	350	214	209	5	17	1	2		3
宿州市	**1186**	**1186**	**783**	**768**	**15**	**105**	**8**	**22**	**24**	**10**
埇桥区	1182	1182	782	767	15	105	8	22	24	10
砀山县										
萧县	4	4	1	1						
灵璧县										
泗县										
宿州马鞍山现代产业园区										
宿州经济技术开发区										
六安市	**1269**	**1269**	**768**	**766**	**2**	**146**	**9**	**9**	**27**	**11**
金安区	567	567	426	425	1	83	3	5	11	7
裕安区	609	609	305	304	1	58	6	4	14	4
叶集区	89	89	37	37		5			2	
霍邱县	1	1								
舒城县	3	3								
金寨县										
霍山县										
亳州市	**1212**	**1212**	**509**	**504**	**5**	**95**	**10**	**18**	**14**	**11**
谯城区	1211	1211	509	504	5	95	10	18	14	11
涡阳县										
蒙城县										
利辛县	1	1								
池州市	**628**	**628**	**336**	**327**	**9**	**74**	**9**	**10**	**9**	**13**
贵池区	608	608	331	323	8	72	9	10	7	13
东至县										
石台县										
青阳县										
池州市国家经济技术开发区	12	12	4	4		2			2	
皖江江南新兴产业集中区	8	8	1		1					
九华山风景区										
宣城市	**1218**	**1218**	**756**	**720**	**36**	**197**	**10**	**29**	**32**	**25**
宣州区	489	489	307	296	11	74	4	13	16	6
郎溪县										
泾县										
绩溪县										
旌德县										
宣城市经济开发区										
宁国市	373	373	246	222	24	71	3	9	7	13
广德市	356	356	203	202	1	52	3	7	9	6

4-4a 续表 108

单位：人

地区 性别	娱乐业	公共管理、社会保障和社会组织 小计	中国共产党机关	国家机构	人民政协、民主党派	社会保障	群众团体、社会团体和其他成员组织	基层群众自治组织	国际组织 小计	国际组织
安 徽	**3316**	**39500**	**866**	**33761**	**143**	**152**	**1137**	**3441**	**3**	**3**
合肥市	**991**	**8873**	**229**	**7337**	**27**	**42**	**420**	**818**	**1**	**1**
瑶海区	193	1118	35	888	2	5	58	130		
庐阳区	131	1470	17	1279	3	4	48	119		
蜀山区	258	2330	102	1946	9	22	126	125		
包河区	309	2639	61	2099	9	8	161	301	1	1
长丰县										
肥东县										
肥西县	9	53		46			1	6		
庐江县										
合肥高新技术产业开发区										
合肥经济技术开发区										
合肥新站高新技术产业开发区	11	68	3	50			5	10		
巢湖市	80	1195	11	1029	4	3	21	127		
芜湖市	**421**	**3070**	**41**	**2680**	**12**	**12**	**54**	**271**		
镜湖区	146	1220	9	1119	8		24	60		
弋江区	83	690	3	611		3	13	60		
鸠江区	135	486	15	391	2	4	6	68		
三山区	25	121	2	81		1	4	33		
芜湖县	2	2		2						
繁昌县										
南陵县										
芜湖经济技术开发区	1	1						1		
安徽芜湖长江大桥经济开发区										
无为市	29	550	12	476	2	4	7	49		
蚌埠市	**96**	**963**	**18**	**764**	**1**	**6**	**28**	**146**		
龙子湖区	25	248	4	199		2	4	39		
蚌山区	28	328	6	279		2	13	28		
禹会区	31	251	6	196	1	1	6	41		
淮上区	12	136	2	90		1	5	38		
怀远县										
五河县										
固镇县										
蚌埠市高新技术开发区										
蚌埠市经济开发区										
淮南市	**133**	**1944**	**54**	**1671**	**7**	**9**	**38**	**165**		
大通区	5	86	2	75	1		2	6		
田家庵区	80	1506	47	1313	5	9	33	99		
谢家集区	18	139	1	114			1	23		
八公山区	22	141	3	109	1		1	27		
潘集区	8	72	1	60			1	10		
凤台县										
寿县										

4-4a　续表 109

单位：人

地区 性别	娱乐业	公共管理、社会保障和社会组织							国际组织	
		小计	中国共产党机关	国家机构	人民政协、民主党派	社会保障	群众团体、社会团体和其他成员组织	基层群众自治组织	小计	国际组织
马鞍山市	**123**	**1802**	**44**	**1473**	**17**	**2**	**72**	**194**		
花山区	70	1017	18	849	8	2	36	104		
雨山区	48	702	24	566	8		32	72		
博望区	5	83	2	58	1		4	18		
当涂县										
含山县										
和县										
淮北市	**99**	**1982**	**22**	**1662**	**3**	**6**	**31**	**258**		
杜集区	18	192	1	136	1		4	50		
相山区	69	1637	17	1448	2	4	21	145		
烈山区	11	106	3	68		2	3	30		
濉溪县	1	47	1	10			3	33		
铜陵市	**119**	**1713**	**31**	**1476**	**7**	**1**	**39**	**159**		
铜官区	91	1328	26	1156	6	1	31	108		
义安区	20	294	5	250	1		4	34		
郊区	8	91		70			4	17		
枞阳县										
安庆市	**245**	**2913**	**103**	**2462**	**10**	**22**	**94**	**222**	**2**	**2**
迎江区	50	848	22	743	3	11	26	43		
大观区	63	454	16	395	1	3	7	32		
宜秀区	21	192	12	142		1	6	31		
怀宁县										
太湖县										
宿松县										
望江县	15	340	4	301	1	1	13	20	1	1
岳西县										
安徽安庆经济开发区		1		1						
桐城市	37	615	41	479	3	4	25	63	1	1
潜山市	59	463	8	401	2	2	17	33		
黄山市	**141**	**1549**	**39**	**1382**	**7**	**3**	**35**	**83**		
屯溪区	118	1051	30	942	4	3	30	42		
黄山区	15	304	6	278	1		2	17		
徽州区	6	179	3	150	2		3	21		
歙县		4		2				2		
休宁县	2	11		10				1		
黟县										
祁门县										
滁州市	**178**	**2287**	**70**	**1967**	**6**	**11**	**80**	**153**		
琅琊区	51	680	23	590	2		15	50		
南谯区	37	474	21	394		3	34	22		
来安县										
全椒县										
定远县										
凤阳县										
苏滁现代产业园										
滁州经济技术开发区										
天长市	48	665	16	580	2	6	23	38		
明光市	42	468	10	403	2	2	8	43		

4-4a 续表 110

单位：人

地区 性别	娱乐业	公共管理、社会保障和社会组织 小计	中国共产党机关	国家机构	人民政协、民主党派	社会保障	群众团体、社会团体和其他成员组织	基层群众自治组织	国际组织 小计	国际组织
阜阳市	**135**	**3118**	**41**	**2709**	**6**	**15**	**59**	**288**		
颍州区	47	1687	23	1522	6	10	19	107		
颍东区	20	327	2	255		4	14	52		
颍泉区	44	582	8	473			19	82		
临泉县										
太和县										
阜南县										
颍上县										
阜阳合肥现代产业园区										
阜阳经济技术开发区										
界首市	24	522	8	459		1	7	47		
宿州市	**101**	**2000**	**10**	**1847**	**4**	**5**	**37**	**97**		
埇桥区	99	1996	10	1846	4	5	37	94		
砀山县										
萧县	2	4		1				3		
灵璧县										
泗县										
宿州马鞍山现代产业园区										
宿州经济技术开发区										
六安市	**180**	**2111**	**57**	**1869**	**6**	**4**	**52**	**123**		
金安区	114	955	32	836	3	3	37	44		
裕安区	63	980	18	889	3	1	12	57		
叶集区	3	169	7	142			2	18		
霍邱县		1					1			
舒城县		6		2				4		
金寨县										
霍山县										
亳州市	**104**	**1555**	**44**	**1310**	**9**	**2**	**16**	**174**		
谯城区	104	1553	44	1309	9	2	16	173		
涡阳县										
蒙城县										
利辛县		2		1				1		
池州市	**70**	**1185**	**14**	**1056**	**9**	**6**	**27**	**73**		
贵池区	69	1152	13	1025	9	6	27	72		
东至县										
石台县										
青阳县										
池州市国家经济技术开发区		30	1	28				1		
皖江江南新兴产业集中区	1	3		3						
九华山风景区										
宣城市	**180**	**2435**	**49**	**2096**	**12**	**6**	**55**	**217**		
宣州区	62	1115	23	981	8	1	27	75		
郎溪县										
泾县										
绩溪县										
旌德县										
宣城市经济开发区										
宁国市	69	643	11	541	2	3	13	73		
广德市	49	677	15	574	2	2	15	69		

4-4a　续表 111

单位：人

地区 性别	娱乐业	公共管理、社会保障和社会组织							国际组织	
		小计	中国共产党机关	国家机构	人民政协、民主党派	社会保障	群众团体、社会团体和其他成员组织	基层群众自治组织	小计	国际组织
男	**1790**	**25858**	**589**	**22856**	**100**	**73**	**593**	**1647**	**2**	**2**
合肥市	**594**	**5747**	**151**	**4927**	**17**	**18**	**206**	**428**	**1**	**1**
瑶海区	117	760	25	622	1	3	31	78		
庐阳区	84	993	13	903	2	2	21	52		
蜀山区	161	1439	70	1251	4	9	53	52		
包河区	185	1625	35	1350	6	4	86	144	1	1
长丰县										
肥东县										
肥西县	3	34		30			1	3		
庐江县										
合肥高新技术产业开发区										
合肥经济技术开发区										
合肥新站高新技术产业开发区	8	48	2	37			1	8		
巢湖市	36	848	6	734	4		13	91		
芜湖市	**214**	**2066**	**25**	**1867**	**7**	**5**	**27**	**135**		
镜湖区	83	818	7	767	6		14	24		
弋江区	47	458		418		2	8	30		
鸠江区	58	308	8	262		1	2	35		
三山区	11	82	1	61		1	1	18		
芜湖县	2	2		2						
繁昌县										
南陵县										
芜湖经济技术开发区		1						1		
安徽芜湖长江大桥经济开发区										
无为市	13	397	9	357	1	1	2	27		
蚌埠市	**59**	**597**	**9**	**529**		**4**	**16**	**39**		
龙子湖区	17	162	2	144		1	2	13		
蚌山区	12	195	4	175		2	8	6		
禹会区	24	158	3	145		1	2	7		
淮上区	6	82		65			4	13		
怀远县										
五河县										
固镇县										
蚌埠市高新技术开发区										
蚌埠市经济开发区										
淮南市	**65**	**1155**	**36**	**1036**	**6**	**6**	**22**	**49**		
大通区	2	49	1	46	1			1		
田家庵区	41	912	33	816	4	6	21	32		
谢家集区	9	79		72			1	6		
八公山区	10	70	1	65	1			3		
潘集区	3	45	1	37				7		
凤台县										
寿县										

4-4a 续表 112

单位：人

地区 性别	娱乐业	公共管理、社会保障和社会组织							国际组织	
		小计	中国共产党机关	国家机构	人民政协、民主党派	社会保障	群众团体、社会团体和其他成员组织	基层群众自治组织	小计	国际组织
马鞍山市	**53**	**1070**	**23**	**946**	**11**	**1**	**28**	**61**		
花山区	34	599	10	548	4	1	12	24		
雨山区	17	424	12	363	6		15	28		
博望区	2	47	1	35	1		1	9		
当涂县										
含山县										
和县										
淮北市	**54**	**1239**	**14**	**1056**	**1**	**3**	**15**	**150**		
杜集区	10	118	1	88			3	26		
相山区	39	1023	11	910	1	2	8	91		
烈山区	4	72	1	51		1	2	17		
濉溪县	1	26	1	7			2	16		
铜陵市	**60**	**1132**	**20**	**1009**	**6**	**1**	**18**	**78**		
铜官区	48	870	17	779	5	1	14	54		
义安区	7	202	3	179	1		2	17		
郊区	5	60		51			2	7		
枞阳县										
安庆市	**115**	**1983**	**67**	**1729**	**7**	**9**	**51**	**120**	**1**	**1**
迎江区	24	580	16	523	3	2	17	19		
大观区	38	280	8	256		2	2	12		
宜秀区	5	111	7	77		1	2	24		
怀宁县										
太湖县										
宿松县										
望江县	6	243	4	219		1	8	11	1	1
岳西县										
安徽安庆经济开发区		1		1						
桐城市	16	425	29	345	2	2	11	36		
潜山市	26	343	3	308	2	1	11	18		
黄山市	**65**	**948**	**26**	**852**	**5**	**1**	**22**	**42**		
屯溪区	56	643	20	578	3	1	19	22		
黄山区	7	191	5	180	1			5		
徽州区	1	106	1	88	1		3	13		
歙县		2		1				1		
休宁县	1	6		5				1		
黟县										
祁门县										
滁州市	**107**	**1559**	**58**	**1376**	**5**	**6**	**49**	**65**		
琅琊区	32	459	20	409	1		6	23		
南谯区	20	292	15	248		2	19	8		
来安县										
全椒县										
定远县										
凤阳县										
苏滁现代产业园										
滁州经济技术开发区										
天长市	31	479	13	425	2	4	18	17		
明光市	24	329	10	294	2		6	17		

4-4a 续表 113

单位：人

地区 性别	娱乐业	公共管理、社会保障和社会组织 小计	中国共产党机关	国家机构	人民政协、民主党派	社会保障	群众团体、社会团体和其他成员组织	基层群众自治组织	国际组织 小计	国际组织
阜阳市	**76**	**2074**	**30**	**1859**	**4**	**8**	**29**	**144**		
颍州区	26	1120	19	1028	4	5	9	55		
颍东区	10	217	1	187		3	3	23		
颍泉区	27	376	2	326			12	36		
临泉县										
太和县										
阜南县										
颍上县										
阜阳合肥现代产业园区										
阜阳经济技术开发区										
界首市	13	361	8	318			5	30		
宿州市	**60**	**1302**	**8**	**1224**	**3**	**2**	**23**	**42**		
埇桥区	58	1300	8	1223	3	2	23	41		
砀山县										
萧县	2	2		1				1		
灵璧县										
泗县										
宿州马鞍山现代产业园区										
宿州经济技术开发区										
六安市	**90**	**1440**	**39**	**1303**	**4**	**2**	**33**	**59**		
金安区	57	646	21	574	1	2	23	25		
裕安区	33	669	12	625	3		7	22		
叶集区		120	6	103			2	9		
霍邱县		1					1			
舒城县		4		1				3		
金寨县										
霍山县										
亳州市	**62**	**1137**	**36**	**960**	**9**	**1**	**12**	**119**		
谯城区	62	1136	36	960	9	1	12	118		
涡阳县										
蒙城县										
利辛县		1						1		
池州市	**37**	**801**	**9**	**747**	**7**	**2**	**14**	**22**		
贵池区	36	777	8	724	7	2	14	22		
东至县										
石台县										
青阳县										
池州市国家经济技术开发区		21	1	20						
皖江江南新兴产业集中区	1	3		3						
九华山风景区										
宣城市	**79**	**1608**	**38**	**1436**	**8**	**4**	**28**	**94**		
宣州区	27	748	18	674	6	1	13	36		
郎溪县										
泾县										
绩溪县										
旌德县										
宣城市经济开发区										
宁国市	30	411	7	370	1	2	6	25		
广德市	22	449	13	392	1	1	9	33		

4-4a 续表 114

单位：人

地区 性别	娱乐业	公共管理、社会保障和社会组织 小计	中国共产党机关	国家机构	人民政协、民主党派	社会保障	群众团体、社会团体和其他成员组织	基层群众自治组织	国际组织 小计	国际组织
女	**1526**	**13642**	**277**	**10905**	**43**	**79**	**544**	**1794**	**1**	**1**
合肥市	**397**	**3126**	**78**	**2410**	**10**	**24**	**214**	**390**		
瑶海区	76	358	10	266	1	2	27	52		
庐阳区	47	477	4	376	1	2	27	67		
蜀山区	97	891	32	695	5	13	73	73		
包河区	124	1014	26	749	3	4	75	157		
长丰县										
肥东县										
肥西县	6	19		16				3		
庐江县										
合肥高新技术产业开发区										
合肥经济技术开发区										
合肥新站高新技术产业开发区	3	20	1	13			4	2		
巢湖市	44	347	5	295		3	8	36		
芜湖市	**207**	**1004**	**16**	**813**	**5**	**7**	**27**	**136**		
镜湖区	63	402	2	352	2		10	36		
弋江区	36	232	3	193		1	5	30		
鸠江区	77	178	7	129	2	3	4	33		
三山区	14	39	1	20			3	15		
芜湖县										
繁昌县										
南陵县										
芜湖经济技术开发区	1									
安徽芜湖长江大桥经济开发区										
无为市	16	153	3	119	1	3	5	22		
蚌埠市	**37**	**366**	**9**	**235**	**1**	**2**	**12**	**107**		
龙子湖区	8	86	2	55		1	2	26		
蚌山区	16	133	2	104			5	22		
禹会区	7	93	3	51	1		4	34		
淮上区	6	54	2	25		1	1	25		
怀远县										
五河县										
固镇县										
蚌埠市高新技术开发区										
蚌埠市经济开发区										
淮南市	**68**	**789**	**18**	**635**	**1**	**3**	**16**	**116**		
大通区	3	37	1	29			2	5		
田家庵区	39	594	14	497	1	3	12	67		
谢家集区	9	60	1	42				17		
八公山区	12	71	2	44			1	24		
潘集区	5	27		23			1	3		
凤台县										
寿县										

4−4a　续表 115

单位：人

地区 性别	娱乐业	公共管理、社会保障和社会组织							国际组织	
		小计	中国共产党机关	国家机构	人民政协、民主党派	社会保障	群众团体、社会团体和其他成员组织	基层群众自治组织	小计	国际组织
马鞍山市	**70**	**732**	**21**	**527**	**6**	**1**	**44**	**133**		
花山区	36	418	8	301	4	1	24	80		
雨山区	31	278	12	203	2		17	44		
博望区	3	36	1	23			3	9		
当涂县										
含山县										
和县										
淮北市	**45**	**743**	**8**	**606**	**2**	**3**	**16**	**108**		
杜集区	8	74		48	1		1	24		
相山区	30	614	6	538	1	2	13	54		
烈山区	7	34	2	17		1	1	13		
濉溪县		21		3			1	17		
铜陵市	**59**	**581**	**11**	**467**	**1**		**21**	**81**		
铜官区	43	458	9	377	1		17	54		
义安区	13	92	2	71			2	17		
郊区	3	31		19			2	10		
枞阳县										
安庆市	**130**	**930**	**36**	**733**	**3**	**13**	**43**	**102**	**1**	**1**
迎江区	26	268	6	220		9	9	24		
大观区	25	174	8	139	1	1	5	20		
宜秀区	16	81	5	65			4	7		
怀宁县										
太湖县										
宿松县										
望江县	9	97		82	1		5	9		
岳西县										
安徽安庆经济开发区										
桐城市	21	190	12	134	1	2	14	27	1	1
潜山市	33	120	5	93		1	6	15		
黄山市	**76**	**601**	**13**	**530**	**2**	**2**	**13**	**41**		
屯溪区	62	408	10	364	1	2	11	20		
黄山区	8	113	1	98			2	12		
徽州区	5	73	2	62	1			8		
歙县		2		1				1		
休宁县	1	5		5						
黟县										
祁门县										
滁州市	**71**	**728**	**12**	**591**	**1**	**5**	**31**	**88**		
琅琊区	19	221	3	181	1		9	27		
南谯区	17	182	6	146		1	15	14		
来安县										
全椒县										
定远县										
凤阳县										
苏滁现代产业园										
滁州经济技术开发区										
天长市	17	186	3	155		2	5	21		
明光市	18	139		109		2	2	26		

4-4a 续表 116 单位：人

地区 性别	娱乐业	公共管理、社会保障和社会组织						国际组织	
		小计	中国共产党机关	国家机构	人民政协、民主党派	社会保障	群众团体、社会团体和其他成员组织	基层群众自治组织	小计	国际组织
阜阳市	**59**	**1044**	**11**	**850**	**2**	**7**	**30**	**144**		
颍州区	21	567	4	494	2	5	10	52		
颍东区	10	110	1	68		1	11	29		
颍泉区	17	206	6	147			7	46		
临泉县										
太和县										
阜南县										
颍上县										
阜阳合肥现代产业园区										
阜阳经济技术开发区										
界首市	11	161		141		1	2	17		
宿州市	**41**	**698**	**2**	**623**	**1**	**3**	**14**	**55**		
埇桥区	41	696	2	623	1	3	14	53		
砀山县										
萧县		2						2		
灵璧县										
泗县										
宿州马鞍山现代产业园区										
宿州经济技术开发区										
六安市	**90**	**671**	**18**	**566**	**2**	**2**	**19**	**64**		
金安区	57	309	11	262	2	1	14	19		
裕安区	30	311	6	264		1	5	35		
叶集区	3	49	1	39				9		
霍邱县										
舒城县		2		1				1		
金寨县										
霍山县										
亳州市	**42**	**418**	**8**	**350**		**1**	**4**	**55**		
谯城区	42	417	8	349		1	4	55		
涡阳县										
蒙城县										
利辛县		1		1						
池州市	**33**	**384**	**5**	**309**	**2**	**4**	**13**	**51**		
贵池区	33	375	5	301	2	4	13	50		
东至县										
石台县										
青阳县										
池州市国家经济技术开发区		9		8				1		
皖江江南新兴产业集中区										
九华山风景区										
宣城市	**101**	**827**	**11**	**660**	**4**	**2**	**27**	**123**		
宣州区	35	367	5	307	2		14	39		
郎溪县										
泾县										
绩溪县										
旌德县										
宣城市经济开发区										
宁国市	39	232	4	171	1	1	7	48		
广德市	27	228	2	182	1	1	6	36		

4-4b　各地区分性别、行业大类的就业人口(镇)

单位：人

地　区 性　别	合计	农、林、牧、渔业						采矿业	
		小计	农业	林业	畜牧业	渔业	农、林、牧、渔专业及辅助性活动	小计	煤炭开采和洗选业
安　徽	**864964**	**91876**	**81389**	**1573**	**4736**	**2677**	**1501**	**8543**	**6453**
合肥市	**164986**	**4825**	**3865**	**249**	**330**	**165**	**216**	**183**	**18**
瑶海区	961								
庐阳区	3189	11	4	1	1	1	4	2	2
蜀山区	1329	82	62	6	11	2	1		
包河区									
长丰县	21436	429	309	19	56	24	21	15	6
肥东县	29415	864	703	48	62	26	25	23	
肥西县	27603	322	183	64	35	15	25	16	5
庐江县	21595	2118	1868	48	90	64	48	90	1
合肥高新技术产业开发区	13856	93	54	14	7	1	17	7	
合肥经济技术开发区	25345	229	161	20	22	5	21	12	1
合肥新站高新技术产业开发区	16157	231	133	22	18	10	48	7	3
巢湖市	4100	446	388	7	28	17	6	11	
芜湖市	**57325**	**4451**	**3527**	**76**	**210**	**555**	**83**	**107**	**5**
镜湖区	55	2	2						
弋江区									
鸠江区	3528	942	897	4	26	13	2		
三山区	866	11	6		1	3	1	4	
芜湖县	12941	771	593	26	35	104	13	3	
繁昌县	7374	158	136	4	12	6		79	1
南陵县	10986	1092	931	25	73	27	36	10	1
芜湖经济技术开发区	9694	60	32	11	3	13	1	1	
安徽芜湖长江大桥经济开发区	645	48	46	1			1		
无为市	11236	1367	884	5	60	389	29	10	3
蚌埠市	**40266**	**5145**	**4646**	**49**	**277**	**85**	**88**	**57**	**8**
龙子湖区	342	12	11		1				
蚌山区									
禹会区	370	48	33	12	1	1	1		
淮上区	1152	189	175	4	5	1	4		
怀远县	12689	3260	3078	8	100	23	51	10	2
五河县	7984	1054	881	17	104	37	15	28	2
固镇县	5686	490	403	4	56	17	10	5	2
蚌埠市高新技术开发区	2460	38	29	2	1	2	4	2	
蚌埠市经济开发区	9583	54	36	2	9	4	3	12	2
淮南市	**32672**	**5783**	**5332**	**48**	**241**	**130**	**32**	**2972**	**2904**
大通区	2978	250	203	1	29	14	3	37	35
田家庵区	584	277	267		9		1		
谢家集区	191	62	60	1	1			4	4
八公山区	1								
潘集区	2667	630	595		26	4	5	451	442
凤台县	9925	983	858	6	63	42	14	2413	2374
寿县	16326	3581	3349	40	113	70	9	67	49

4-4b 续表 1

单位：人

地区 性别	合计	农、林、牧、渔业						采矿业	
		小计	农业	林业	畜牧业	渔业	农、林、牧、渔专业及辅助性活动	小计	煤炭开采和洗选业
马鞍山市	**29516**	**2445**	**1772**	**64**	**139**	**433**	**37**	**201**	**8**
花山区									
雨山区									
博望区	482	28	23		4		1		
当涂县	13183	1138	685	23	53	360	17	166	2
含山县	7704	265	179	19	30	24	13	18	
和县	8147	1014	885	22	52	49	6	17	6
淮北市	**16061**	**1475**	**1233**	**8**	**172**	**28**	**34**	**1272**	**1223**
杜集区	1558	287	262		23	1	1	222	210
相山区									
烈山区	1291	259	220	4	32	3		313	305
濉溪县	13212	929	751	4	117	24	33	737	708
铜陵市	**10473**	**1100**	**933**	**24**	**75**	**50**	**18**	**63**	
铜官区									
义安区	1228	207	180	5	11	6	5	27	
郊区	929	127	114	1	7	2	3	24	
枞阳县	8316	766	639	18	57	42	10	12	
安庆市	**58739**	**4779**	**4056**	**158**	**274**	**136**	**155**	**95**	**3**
迎江区									
大观区	828	194	185		3	3	3	1	
宜秀区	1224	302	272	3	10	11	6	2	
怀宁县	11563	876	739	58	27	9	43	29	
太湖县	7750	554	437	20	57	14	26	11	
宿松县	10440	579	411	15	61	57	35	17	
望江县	4152	702	646	3	39	7	7	2	
岳西县	5413	474	434	7	23		10	5	
安徽安庆经济开发区	6660	95	58	10	7	14	6	21	
桐城市	5167	246	204	7	19	14	2	2	
潜山市	5542	757	670	35	28	7	17	5	3
黄山市	**20277**	**1869**	**1636**	**73**	**125**	**14**	**21**	**17**	
屯溪区	448	36	31	4			1		
黄山区	1645	143	122	9	8		4		
徽州区	667	161	149	2	10			2	
歙县	8536	930	848	15	52	7	8	4	
休宁县	4091	323	272	14	30	4	3	6	
黟县	1695	125	106	5	10	1	3		
祁门县	3195	151	108	24	15	2	2	5	
滁州市	**89087**	**12547**	**11170**	**222**	**564**	**374**	**217**	**232**	**5**
琅琊区									
南谯区	2741	187	149	13	5	8	12	11	
来安县	13220	1123	904	58	96	40	25	24	
全椒县	16363	1263	939	52	133	98	41	13	2
定远县	16532	3269	3011	28	133	47	50	97	1
凤阳县	16463	4009	3813	30	97	42	27	47	1
苏滁现代产业园	1699	6	4	1			1		
滁州经济技术开发区	6155	44	21	7	6	4	6	9	1
天长市	12212	1308	1126	17	33	92	40	28	
明光市	3702	1338	1203	16	61	43	15	3	

4-4b　续表 2

单位：人

地　区 性　别	合计	农、林、牧、渔业						采矿业	
		小计	农业	林业	畜牧业	渔业	农、林、牧、渔专业及辅助性活动	小计	煤炭开采和洗选业
阜阳市	**101977**	**14909**	**13647**	**112**	**681**	**225**	**244**	**1160**	**1111**
颍州区	2433	286	254	7	15	3	7		
颍东区	3499	372	329		35	4	4	192	190
颍泉区	5327	1318	1168	14	81	37	18	2	2
临泉县	20899	2286	2129	11	83	42	21	17	4
太和县	27519	4961	4732	30	133	31	35	15	8
阜南县	12514	1760	1628	16	67	17	32	11	2
颍上县	21172	3237	2814	20	197	84	122	916	902
阜阳合肥现代产业园区	292	4	3	1					
阜阳经济技术开发区	3829	30	16	4	5	4	1	4	3
界首市	4493	655	574	9	65	3	4	3	
宿州市	**72999**	**18000**	**17274**	**65**	**546**	**40**	**75**	**694**	**665**
埇桥区	7358	1596	1507	3	74	9	3	532	530
砀山县	16367	6655	6476	14	144		21	15	11
萧县	17091	4028	3873	18	114	7	16	87	76
灵璧县	16542	2999	2844	13	120	9	13	7	3
泗县	12284	2619	2484	16	83	14	22	7	4
宿州马鞍山现代产业园区	899	47	41		5	1			
宿州经济技术开发区	2458	56	49	1	6			46	41
六安市	**59275**	**4714**	**3946**	**136**	**349**	**200**	**83**	**769**	**7**
金安区	5198	252	211	8	15	13	5	4	
裕安区	3403	156	116	7	17	12	4	3	
叶集区	797	104	82		10	6	6	3	
霍邱县	12193	1570	1244	29	161	103	33	676	3
舒城县	16185	1031	910	32	43	35	11	23	2
金寨县	10435	692	617	10	43	12	10	22	
霍山县	11064	909	766	50	60	19	14	38	2
亳州市	**57258**	**6118**	**5542**	**57**	**370**	**65**	**84**	**498**	**488**
谯城区	5125	1370	1326		34	4	6		
涡阳县	16753	963	883	12	48	17	3	186	184
蒙城县	17356	1444	1221	18	133	29	43	251	244
利辛县	18024	2341	2112	27	155	15	32	61	60
池州市	**19544**	**1670**	**1395**	**74**	**110**	**44**	**47**	**124**	**4**
贵池区	1484	138	106	4	10	12	6	38	1
东至县	11247	1265	1115	48	58	19	25	36	1
石台县	1395	81	58	14	5		4	2	
青阳县	5190	186	116	8	37	13	12	48	2
池州市国家经济技术开发区									
皖江江南新兴产业集中区									
九华山风景区	228								
宣城市	**34509**	**2046**	**1415**	**158**	**273**	**133**	**67**	**99**	**4**
宣州区	4286	427	272	18	75	39	23	16	2
郎溪县	9675	473	306	34	52	59	22	8	
泾县	5838	208	150	13	39	4	2	12	1
绩溪县	3819	226	188	3	23	10	2	13	
旌德县	2589	226	183	18	17	5	3	12	
宣城市经济开发区	3991	93	41	16	29	6	1	10	1
宁国市	1191	111	80	17	13	1		9	
广德市	3120	282	195	39	25	9	14	19	

4-4b 续表 3

单位：人

地区 性别	合计	农、林、牧、渔业						采矿业	
		小计	农业	林业	畜牧业	渔业	农、林、牧、渔专业及辅助性活动	小计	煤炭开采和洗选业
男	**525016**	**48536**	**41161**	**1192**	**3140**	**2005**	**1038**	**7868**	**6093**
合肥市	**102700**	**2801**	**2125**	**181**	**228**	**130**	**137**	**149**	**12**
瑶海区	615								
庐阳区	1862	7	4	1		1	1	2	2
蜀山区	902	50	38	2	7	2	1		
包河区									
长丰县	13705	286	192	15	44	20	15	11	4
肥东县	18663	454	347	32	45	20	10	18	
肥西县	17480	216	115	48	23	12	18	13	4
庐江县	12829	1147	973	37	58	47	32	75	
合肥高新技术产业开发区	8428	62	35	7	6	1	13	6	
合肥经济技术开发区	15363	155	104	15	15	5	16	11	1
合肥新站高新技术产业开发区	10356	149	81	19	12	8	29	5	1
巢湖市	2497	275	236	5	18	14	2	8	
芜湖市	**36019**	**2695**	**1996**	**58**	**136**	**439**	**66**	**88**	**4**
镜湖区	34	2	2						
弋江区									
鸠江区	2191	500	469	3	16	10	2		
三山区	527	5	2		1	2		2	
芜湖县	7371	381	254	21	18	78	10	3	
繁昌县	4574	103	85	4	8	6		64	1
南陵县	6711	610	488	17	52	22	31	8	
芜湖经济技术开发区	6380	44	21	11	2	10		1	
安徽芜湖长江大桥经济开发区	432	25	24				1		
无为市	7799	1025	651	2	39	311	22	10	3
蚌埠市	**23847**	**2813**	**2467**	**35**	**194**	**58**	**59**	**46**	**8**
龙子湖区	211	6	5		1				
蚌山区									
禹会区	255	25	16	8	1				
淮上区	702	101	92	4	4		1		
怀远县	7341	1692	1577	5	65	12	33	10	2
五河县	4937	664	535	11	77	28	13	21	2
固镇县	3352	267	204	4	38	13	8	5	2
蚌埠市高新技术开发区	1459	23	16	2	1	1	3	2	
蚌埠市经济开发区	5590	35	22	1	7	4	1	8	2
淮南市	**21106**	**3361**	**3039**	**35**	**168**	**95**	**24**	**2804**	**2739**
大通区	1951	160	128		20	9	3	37	35
田家庵区	375	159	153		6				
谢家集区	118	38	36	1	1			4	4
八公山区									
潘集区	1907	384	357		20	3	4	435	426
凤台县	6630	580	484	5	48	34	9	2264	2228
寿县	10125	2040	1881	29	73	49	8	64	46

4-4b　续表 4　　　　单位：人

地　区 性　别	合计	农、林、牧、渔业 小计	农业	林业	畜牧业	渔业	农、林、牧、渔专业及辅助性活动	采矿业 小计	煤炭开采和洗选业
马鞍山市	**18501**	**1393**	**899**	**44**	**94**	**328**	**28**	**175**	**5**
花山区									
雨山区									
博望区	328	20	16		3		1		
当涂县	8344	673	336	16	33	276	12	146	2
含山县	4944	157	94	14	20	20	9	16	
和县	4885	543	453	14	38	32	6	13	3
淮北市	**10422**	**774**	**601**	**7**	**128**	**20**	**18**	**1199**	**1158**
杜集区	1005	141	120		19	1	1	206	196
相山区									
烈山区	845	123	88	4	29	2		283	275
濉溪县	8572	510	393	3	80	17	17	710	687
铜陵市	**6432**	**662**	**548**	**17**	**49**	**37**	**11**	**56**	
铜官区									
义安区	783	123	105	3	7	5	3	23	
郊区	589	93	84	1	5	1	2	24	
枞阳县	5060	446	359	13	37	31	6	9	
安庆市	**34900**	**2478**	**1980**	**122**	**171**	**101**	**104**	**76**	**3**
迎江区									
大观区	481	99	91		3	2	3	1	
宜秀区	694	123	104	3	4	7	5	1	
怀宁县	6844	492	388	48	17	5	34	25	
太湖县	4707	308	236	12	37	12	11	9	
宿松县	6208	327	207	13	40	42	25	15	
望江县	2109	291	260	2	19	4	6	2	
岳西县	3276	271	249	5	13		4	5	
安徽安庆经济开发区	4048	62	35	8	4	11	4	11	
桐城市	3292	151	115	7	15	12	2	2	
潜山市	3241	354	295	24	19	6	10	5	3
黄山市	**11625**	**933**	**773**	**56**	**79**	**11**	**14**	**14**	
屯溪区	265	24	20	3			1		
黄山区	1094	92	78	7	5		2		
徽州区	393	77	68	1	8			2	
歙县	4730	421	366	13	32	5	5	3	
休宁县	2300	165	131	9	19	3	3	5	
黟县	967	69	56	5	5	1	2		
祁门县	1876	85	54	18	10	2	1	4	
滁州市	**51258**	**6442**	**5541**	**152**	**342**	**255**	**152**	**183**	**4**
琅琊区									
南谯区	1705	118	88	10	3	6	11	7	
来安县	7838	555	414	38	55	30	18	19	
全椒县	8676	631	428	31	80	63	29	12	1
定远县	9588	1617	1454	20	81	33	29	71	1
凤阳县	9318	1991	1863	23	60	27	18	37	1
苏滁现代产业园	1188	4	3				1		
滁州经济技术开发区	3698	35	15	6	5	4	5	8	1
天长市	7054	733	603	14	22	61	33	26	
明光市	2193	758	673	10	36	31	8	3	

4-4b 续表 5

单位：人

地区 性别	合计	农、林、牧、渔业						采矿业	
		小计	农业	林业	畜牧业	渔业	农、林、牧、渔专业及辅助性活动	小计	煤炭开采和洗选业
阜阳市	**61555**	**7283**	**6432**	**76**	**440**	**162**	**173**	**1114**	**1074**
颍州区	1506	127	103	3	13	3	5		
颍东区	2182	190	162		21	4	3	191	189
颍泉区	3175	568	481	7	51	19	10	2	2
临泉县	12445	1145	1035	7	53	34	16	13	3
太和县	16443	2302	2137	23	87	27	28	13	7
阜南县	7419	893	795	14	48	12	24	6	2
颍上县	13157	1705	1435	11	120	57	82	882	868
阜阳合肥现代产业园区	200	2	2						
阜阳经济技术开发区	2370	19	9	3	3	3	1	4	3
界首市	2658	332	273	8	44	3	4	3	
宿州市	**41943**	**8400**	**7899**	**48**	**369**	**34**	**50**	**637**	**611**
埇桥区	4550	758	694	3	49	9	3	493	491
砀山县	9198	3270	3151	11	94		14	13	10
萧县	9884	1768	1667	12	72	6	11	81	70
灵璧县	9146	1257	1153	10	79	8	7	6	2
泗县	7103	1286	1184	11	66	10	15	5	3
宿州马鞍山现代产业园区	566	27	22		4	1			
宿州经济技术开发区	1496	34	28	1	5			39	35
六安市	**35605**	**2608**	**2078**	**107**	**208**	**148**	**67**	**667**	**7**
金安区	3057	152	124	6	8	11	3	4	
裕安区	2128	101	71	7	9	11	3	3	
叶集区	518	73	57		7	5	4	3	
霍邱县	7835	948	733	21	91	74	29	588	3
舒城县	9565	536	445	23	31	26	11	20	2
金寨县	6044	328	284	6	23	7	8	21	
霍山县	6458	470	364	44	39	14	9	28	2
亳州市	**35778**	**3459**	**3058**	**43**	**255**	**50**	**53**	**472**	**462**
谯城区	3187	755	727		23	3	2		
涡阳县	10773	571	512	8	34	15	2	171	169
蒙城县	10715	834	675	14	90	22	33	241	234
利辛县	11103	1299	1144	21	108	10	16	60	59
池州市	**12002**	**1020**	**818**	**65**	**75**	**30**	**32**	**103**	**2**
贵池区	993	83	59	4	8	6	6	32	1
东至县	6919	765	661	41	35	14	14	32	1
石台县	817	47	27	12	5		3	2	
青阳县	3152	125	71	8	27	10	9	37	
池州市国家经济技术开发区									
皖江江南新兴产业集中区									
九华山风景区	121								
宣城市	**21323**	**1414**	**907**	**146**	**204**	**107**	**50**	**85**	**4**
宣州区	2668	295	174	17	54	33	17	14	2
郎溪县	5974	352	222	33	35	44	18	7	
泾县	3626	148	101	13	29	4	1	11	1
绩溪县	2198	123	94	2	19	7	1	11	
旌德县	1624	161	124	16	14	5	2	11	
宣城市经济开发区	2460	66	25	13	22	5	1	8	1
宁国市	766	75	50	14	10	1		9	
广德市	2007	194	117	38	21	8	10	14	

4-4b　续表 6

单位：人

地区 性别	合计	农、林、牧、渔业						采矿业	
		小计	农业	林业	畜牧业	渔业	农、林、牧、渔专业及辅助性活动	小计	煤炭开采和洗选业
女	**339948**	**43340**	**40228**	**381**	**1596**	**672**	**463**	**675**	**360**
合肥市	**62286**	**2024**	**1740**	**68**	**102**	**35**	**79**	**34**	**6**
瑶海区	346								
庐阳区	1327	4			1		3		
蜀山区	427	32	24	4	4				
包河区									
长丰县	7731	143	117	4	12	4	6	4	2
肥东县	10752	410	356	16	17	6	15	5	
肥西县	10123	106	68	16	12	3	7	3	1
庐江县	8766	971	895	11	32	17	16	15	1
合肥高新技术产业开发区	5428	31	19	7	1		4	1	
合肥经济技术开发区	9982	74	57	5	7		5	1	
合肥新站高新技术产业开发区	5801	82	52	3	6	2	19	2	2
巢湖市	1603	171	152	2	10	3	4	3	
芜湖市	**21306**	**1756**	**1531**	**18**	**74**	**116**	**17**	**19**	**1**
镜湖区	21								
弋江区									
鸠江区	1337	442	428	1	10	3			
三山区	339	6	4			1	1	2	
芜湖县	5570	390	339	5	17	26	3		
繁昌县	2800	55	51		4			15	
南陵县	4275	482	443	8	21	5	5	2	1
芜湖经济技术开发区	3314	16	11		1	3	1		
安徽芜湖长江大桥经济开发区	213	23	22	1					
无为市	3437	342	233	3	21	78	7		
蚌埠市	**16419**	**2332**	**2179**	**14**	**83**	**27**	**29**	**11**	
龙子湖区	131	6	6						
蚌山区									
禹会区	115	23	17	4		1	1		
淮上区	450	88	83		1	1	3		
怀远县	5348	1568	1501	3	35	11	18		
五河县	3047	390	346	6	27	9	2	7	
固镇县	2334	223	199		18	4	2		
蚌埠市高新技术开发区	1001	15	13			1	1		
蚌埠市经济开发区	3993	19	14	1	2		2	4	
淮南市	**11566**	**2422**	**2293**	**13**	**73**	**35**	**8**	**168**	**165**
大通区	1027	90	75	1	9	5			
田家庵区	209	118	114		3		1		
谢家集区	73	24	24						
八公山区	1								
潘集区	760	246	238		6	1	1	16	16
凤台县	3295	403	374	1	15	8	5	149	146
寿县	6201	1541	1468	11	40	21	1	3	3

4-4b 续表 7

单位：人

地区 性别	合计	农、林、牧、渔业						采矿业	
		小计	农业	林业	畜牧业	渔业	农、林、牧、渔专业及辅助性活动	小计	煤炭开采和洗选业
马鞍山市	**11015**	**1052**	**873**	**20**	**45**	**105**	**9**	**26**	**3**
花山区									
雨山区									
博望区	154	8	7		1				
当涂县	4839	465	349	7	20	84	5	20	
含山县	2760	108	85	5	10	4	4	2	
和县	3262	471	432	8	14	17		4	3
淮北市	**5639**	**701**	**632**	**1**	**44**	**8**	**16**	**73**	**65**
杜集区	553	146	142		4			16	14
相山区									
烈山区	446	136	132		3	1		30	30
濉溪县	4640	419	358	1	37	7	16	27	21
铜陵市	**4041**	**438**	**385**	**7**	**26**	**13**	**7**	**7**	
铜官区									
义安区	445	84	75	2	4	1	2	4	
郊区	340	34	30		2	1	1		
枞阳县	3256	320	280	5	20	11	4	3	
安庆市	**23839**	**2301**	**2076**	**36**	**103**	**35**	**51**	**19**	
迎江区									
大观区	347	95	94			1			
宜秀区	530	179	168		6	4	1	1	
怀宁县	4719	384	351	10	10	4	9	4	
太湖县	3043	246	201	8	20	2	15	2	
宿松县	4232	252	204	2	21	15	10	2	
望江县	2043	411	386	1	20	3	1		
岳西县	2137	203	185	2	10		6		
安徽安庆经济开发区	2612	33	23	2	3	3	2	10	
桐城市	1875	95	89		4	2			
潜山市	2301	403	375	11	9	1	7		
黄山市	**8652**	**936**	**863**	**17**	**46**	**3**	**7**	**3**	
屯溪区	183	12	11	1					
黄山区	551	51	44	2	3		2		
徽州区	274	84	81	1	2				
歙县	3806	509	482	2	20	2	3	1	
休宁县	1791	158	141	5	11	1		1	
黟县	728	56	50		5		1		
祁门县	1319	66	54	6	5		1	1	
滁州市	**37829**	**6105**	**5629**	**70**	**222**	**119**	**65**	**49**	**1**
琅琊区									
南谯区	1036	69	61	3	2	2	1	4	
来安县	5382	568	490	20	41	10	7	5	
全椒县	7687	632	511	21	53	35	12	1	1
定远县	6944	1652	1557	8	52	14	21	26	
凤阳县	7145	2018	1950	7	37	15	9	10	
苏滁现代产业园	511	2	1	1					
滁州经济技术开发区	2457	9	6	1	1		1	1	
天长市	5158	575	523	3	11	31	7	2	
明光市	1509	580	530	6	25	12	7		

4-4b　续表 8　　　　单位：人

地区 性别	合计	农、林、牧、渔业						采矿业	
		小计	农业	林业	畜牧业	渔业	农、林、牧、渔专业及辅助性活动	小计	煤炭开采和洗选业
阜阳市	**40422**	**7626**	**7215**	**36**	**241**	**63**	**71**	**46**	**37**
颍州区	927	159	151	4	2		2		
颍东区	1317	182	167		14		1	1	1
颍泉区	2152	750	687	7	30	18	8		
临泉县	8454	1141	1094	4	30	8	5	4	1
太和县	11076	2659	2595	7	46	4	7	2	1
阜南县	5095	867	833	2	19	5	8	5	
颍上县	8015	1532	1379	9	77	27	40	34	34
阜阳合肥现代产业园区	92	2	1	1					
阜阳经济技术开发区	1459	11	7	1	2	1			
界首市	1835	323	301	1	21				
宿州市	**31056**	**9600**	**9375**	**17**	**177**	**6**	**25**	**57**	**54**
埇桥区	2808	838	813		25			39	39
砀山县	7169	3385	3325	3	50		7	2	1
萧县	7207	2260	2206	6	42	1	5	6	6
灵璧县	7396	1742	1691	3	41	1	6	1	1
泗县	5181	1333	1300	5	17	4	7	2	1
宿州马鞍山现代产业园区	333	20	19		1				
宿州经济技术开发区	962	22	21		1			7	6
六安市	**23670**	**2106**	**1868**	**29**	**141**	**52**	**16**	**102**	
金安区	2141	100	87	2	7	2	2		
裕安区	1275	55	45		8	1	1		
叶集区	279	31	25		3	1	2		
霍邱县	4358	622	511	8	70	29	4	88	
舒城县	6620	495	465	9	12	9		3	
金寨县	4391	364	333	4	20	5	2	1	
霍山县	4606	439	402	6	21	5	5	10	
亳州市	**21480**	**2659**	**2484**	**14**	**115**	**15**	**31**	**26**	**26**
谯城区	1938	615	599		11	1	4		
涡阳县	5980	392	371	4	14	2	1	15	15
蒙城县	6641	610	546	4	43	7	10	10	10
利辛县	6921	1042	968	6	47	5	16	1	1
池州市	**7542**	**650**	**577**	**9**	**35**	**14**	**15**	**21**	**2**
贵池区	491	55	47		2	6		6	
东至县	4328	500	454	7	23	5	11	4	
石台县	578	34	31	2			1		
青阳县	2038	61	45		10	3	3	11	2
池州市国家经济技术开发区									
皖江江南新兴产业集中区									
九华山风景区	107								
宣城市	**13186**	**632**	**508**	**12**	**69**	**26**	**17**	**14**	
宣州区	1618	132	98	1	21	6	6	2	
郎溪县	3701	121	84	1	17	15	4	1	
泾县	2212	60	49		10		1	1	
绩溪县	1621	103	94	1	4	3	1	2	
旌德县	965	65	59	2	3		1	1	
宣城市经济开发区	1531	27	16	3	7	1		2	
宁国市	425	36	30	3	3				
广德市	1113	88	78	1	4	1	4	5	

4－4b 续表 9

单位：人

地区 性别	采矿业						制造业		
	石油和天然气开采业	黑色金属矿采选业	有色金属矿采选业	非金属矿采选业	开采专业及辅助性活动	其他采矿业	小计	农副食品加工业	食品制造业
安徽	**46**	**908**	**149**	**794**	**144**	**49**	**172658**	**7454**	**5340**
合肥市	**8**	**75**	**9**	**55**	**11**	**7**	**37628**	**934**	**1494**
瑶海区							86	3	
庐阳区							241	6	14
蜀山区							219	25	3
包河区									
长丰县	1	1		4	2	1	5129	131	444
肥东县	4		1	11	7		4677	235	418
肥西县	1	2	1	5	2		7279	117	168
庐江县	1	69	4	11		4	3971	118	91
合肥高新技术产业开发区		3		2		2	2602	27	41
合肥经济技术开发区	1		3	7			7657	179	174
合肥新站高新技术产业开发区				4			4549	35	97
巢湖市				11			1218	58	44
芜湖市	**2**	**14**	**12**	**73**	**1**		**17574**	**566**	**274**
镜湖区							13	2	
弋江区									
鸠江区							485	43	4
三山区	1			3			222	18	8
芜湖县			1	1	1		4563	46	29
繁昌县	1	14	8	55			2561	68	101
南陵县			3	6			1818	72	50
芜湖经济技术开发区				1			5759	12	20
安徽芜湖长江大桥经济开发区							249	27	7
无为市				7			1904	278	55
蚌埠市	**3**	**1**	**24**	**16**	**5**		**5135**	**417**	**192**
龙子湖区							154	3	1
蚌山区									
禹会区							57	3	
淮上区							204	23	7
怀远县		1		7			1376	139	59
五河县	1		22		3		1012	58	59
固镇县	1			2			875	155	25
蚌埠市高新技术开发区			1	1			494	7	11
蚌埠市经济开发区	1		1	6	2		963	29	30
淮南市	**4**	**3**	**2**	**15**	**40**	**4**	**4019**	**355**	**165**
大通区				1	1		621	18	31
田家庵区							50	5	5
谢家集区							17	2	
八公山区									
潘集区	2				7		297	57	7
凤台县	2	1		4	28	4	717	91	41
寿县		2	2	10	4		2317	182	81

4-4b 续表 10

单位：人

地区 性别	采矿业						制造业		
	石油和天然气开采业	黑色金属矿采选业	有色金属矿采选业	非金属矿采选业	开采专业及辅助性活动	其他采矿业	小计	农副食品加工业	食品制造业
马鞍山市	**4**	**114**	**9**	**41**	**9**	**16**	**6376**	**443**	**193**
花山区									
雨山区									
博望区							202	24	6
当涂县	1	111	9	21	6	16	3395	164	106
含山县		1		14	3		1472	90	47
和县	3	2		6			1307	165	34
淮北市		**23**		**12**	**14**		**2794**	**197**	**90**
杜集区				6	6		234	10	7
相山区									
烈山区				3	5		193	11	4
濉溪县		23		3	3		2367	176	79
铜陵市	**1**	**4**	**43**	**12**	**1**	**2**	**2244**	**78**	**36**
铜官区									
义安区		3	18	5		1	364	12	2
郊区		1	23				287	9	2
枞阳县	1		2	7	1	1	1593	57	32
安庆市	**7**	**8**	**23**	**37**	**13**	**4**	**14131**	**341**	**220**
迎江区									
大观区	1						146	2	2
宜秀区				2			223	6	10
怀宁县		2	16	4	6	1	2127	63	51
太湖县		1		9	1		1559	45	20
宿松县	4	2		10	1		2594	94	45
望江县	1			1			1213	25	17
岳西县				4		1	905	25	18
安徽安庆经济开发区	1	2	7	5	4	2	1353	30	39
桐城市				1	1		2145	25	8
潜山市		1		1			1866	26	10
黄山市			**2**	**15**			**4378**	**140**	**108**
屯溪区							99	1	5
黄山区							125	11	6
徽州区				2			138	3	5
歙县				4			2413	40	38
休宁县				6			923	59	21
黟县							173	14	26
祁门县			2	3			507	12	7
滁州市	**9**	**7**	**6**	**188**	**9**	**8**	**24162**	**810**	**498**
琅琊区									
南谯区				9		2	573	30	22
来安县				19	4	1	3612	299	72
全椒县	1	1	1	7	1		5281	71	92
定远县	2			92	1	1	2698	140	64
凤阳县		3		39		4	2774	147	82
苏滁现代产业园							1038		14
滁州经济技术开发区		1	5	2			1841	12	81
天长市	6	2		17	3		5692	71	53
明光市				3			653	40	18

4-4b 续表 11

单位：人

地区 性别	采矿业						制造业		
	石油和天然气开采业	黑色金属矿采选业	有色金属矿采选业	非金属矿采选业	开采专业及辅助性活动	其他采矿业	小计	农副食品加工业	食品制造业
阜阳市		**3**	**3**	**34**	**8**	**1**	**13589**	**936**	**740**
颍州区							286	33	19
颍东区				1	1		369	52	28
颍泉区							666	31	37
临泉县			1	11	1		2829	281	168
太和县				5	2		3773	200	203
阜南县			2	7			1512	70	96
颍上县		2		7	4	1	2535	200	124
阜阳合肥现代产业园区							68	6	3
阜阳经济技术开发区		1					453	25	24
界首市				3			1098	38	38
宿州市	**2**	**2**		**12**	**12**	**1**	**8659**	**607**	**449**
埇桥区				1	1		1053	91	50
砀山县		1		1	1	1	1505	111	200
萧县	2	1		5	3		1790	127	63
灵璧县				2	2		2310	123	50
泗县				3			1354	125	53
宿州马鞍山现代产业园区							209	11	8
宿州经济技术开发区					5		438	19	25
六安市	**1**	**633**	**3**	**116**	**6**	**3**	**11357**	**602**	**303**
金安区				4			1215	26	23
裕安区				2		1	799	46	19
叶集区		1		2			191	20	5
霍邱县	1	631	3	31	5	2	1293	119	37
舒城县				20	1		3889	216	115
金寨县				22			1350	43	60
霍山县		1		35			2620	132	44
亳州市				**6**	**4**		**6312**	**495**	**309**
谯城区							888	46	31
涡阳县					2		1497	115	91
蒙城县				5	2		2004	220	100
利辛县				1			1923	114	87
池州市	**2**	**21**	**6**	**84**	**5**	**2**	**4300**	**133**	**53**
贵池区		18	5	14			535	18	1
东至县	2	1		32			2685	65	29
石台县		1		1			135	10	3
青阳县		1	1	37	5	2	944	40	20
池州市国家经济技术开发区									
皖江江南新兴产业集中区									
九华山风景区							1		
宣城市	**3**		**7**	**78**	**6**	**1**	**10000**	**400**	**216**
宣州区			3	11			1113	92	50
郎溪县	1			7			3180	87	69
泾县	1		1	6	3		1415	74	28
绩溪县				13			1034	47	14
旌德县				12			346	15	8
宣城市经济开发区	1			5	3		1001	42	30
宁国市			1	8			567	13	3
广德市			2	16		1	1344	30	14

4-4b　续表 12

单位：人

地区 性别	采矿业						制造业		
	石油和天然气开采业	黑色金属矿采选业	有色金属矿采选业	非金属矿采选业	开采专业及辅助性活动	其他采矿业	小计	农副食品加工业	食品制造业
男	**42**	**785**	**121**	**663**	**123**	**41**	**96696**	**4293**	**2387**
合肥市	**7**	**60**	**8**	**47**	**9**	**6**	**22941**	**517**	**616**
瑶海区							57	1	
庐阳区							164	5	5
蜀山区							131	13	1
包河区									
长丰县	1			3	2	1	3122	73	179
肥东县	3		1	9	5		2504	127	137
肥西县	1	1	1	4	2		4624	68	87
庐江县	1	57	3	11		3	1771	70	40
合肥高新技术产业开发区		2		2		2	1757	15	22
合肥经济技术开发区	1		3	6			5072	94	84
合肥新站高新技术产业开发区				4			3160	18	43
巢湖市				8			579	33	18
芜湖市	**2**	**13**	**12**	**56**	**1**		**10822**	**349**	**120**
镜湖区							3		
弋江区									
鸠江区							283	29	2
三山区	1			1			157	8	4
芜湖县			1	1	1		2420	25	9
繁昌县	1	13	8	41			1545	37	45
南陵县			3	5			942	48	23
芜湖经济技术开发区				1			4023	9	7
安徽芜湖长江大桥经济开发区							155	19	1
无为市				7			1294	174	29
蚌埠市	**3**	**1**	**18**	**13**	**3**		**3060**	**254**	**87**
龙子湖区							97	2	1
蚌山区									
禹会区							41	3	
淮上区							103	13	3
怀远县		1		7			840	92	30
五河县	1		16		2		500	37	23
固镇县	1			2			484	83	7
蚌埠市高新技术开发区			1	1			314	6	8
蚌埠市经济开发区	1		1	3	1		681	18	15
淮南市	**4**	**3**	**2**	**15**	**37**	**4**	**2456**	**210**	**81**
大通区				1	1		388	5	14
田家庵区							31	5	2
谢家集区							9	1	
八公山区									
潘集区	2				7		204	37	2
凤台县	2	1		4	25	4	460	59	19
寿县		2	2	10	4		1364	103	44

4-4b 续表 13 单位：人

地　区 性　别	采矿业						制造业		
	石油和天然气开采业	黑色金属矿采选业	有色金属矿采选业	非金属矿采选业	开采专业及辅助性活　动	其　他采矿业	小计	农副食品加工业	食　品制造业
马鞍山市	**3**	**100**	**8**	**38**	**7**	**14**	**3780**	**253**	**86**
花山区									
雨山区									
博望区							142	14	1
当涂县	1	97	8	19	5	14	1951	93	48
含山县		1		13	2		865	58	20
和县	2	2		6			822	88	17
淮北市		**18**		**9**	**14**		**1727**	**109**	**38**
杜集区				4	6		156	7	4
相山区									
烈山区				3	5		118	6	1
濉溪县		18		2	3		1453	96	33
铜陵市	**1**	**4**	**38**	**10**	**1**	**2**	**1114**	**53**	**16**
铜官区									
义安区		3	14	5		1	211	6	1
郊区		1	23				158	9	
枞阳县	1		1	5	1	1	745	38	15
安庆市	**6**	**6**	**17**	**32**	**9**	**3**	**7271**	**204**	**92**
迎江区									
大观区	1						71	1	1
宜秀区				1			106	1	4
怀宁县		2	14	3	5	1	1179	37	23
太湖县		1		7	1		761	33	8
宿松县	4	1		10			1147	56	20
望江县	1			1			501	16	10
岳西县				4		1	480	15	8
安徽安庆经济开发区		1	3	4	2	1	838	17	8
桐城市				1	1		1205	13	4
潜山市		1		1			983	15	6
黄山市			**1**	**13**			**2088**	**70**	**45**
屯溪区							65		2
黄山区							66	4	1
徽州区				2			64	2	2
歙县				3			1189	22	16
休宁县				5			423	27	7
黟县							89	9	13
祁门县			1	3			192	6	4
滁州市	**9**	**6**	**5**	**146**	**7**	**6**	**12158**	**438**	**263**
琅琊区									
南谯区				6		1	340	19	8
来安县				15	3	1	2119	141	36
全椒县	1	1	1	7	1		2133	39	50
定远县	2			67		1	1419	74	30
凤阳县		2		31		3	1500	86	37
苏滁现代产业园							694		10
滁州经济技术开发区		1	4	2			1132	5	52
天长市	6	2		15	3		2467	52	31
明光市				3			354	22	9

4-4b　续表 14

单位：人

地　区 性　别	采矿业						制造业		
	石油和天然气开采业	黑色金属矿采选业	有色金属矿采选业	非金属矿采选业	开采专业及辅助性活　动	其　他采矿业	小计	农副食品加工业	食　品制造业
阜阳市		**3**	**1**	**27**	**8**	**1**	**7523**	**561**	**343**
颍州区							150	19	6
颍东区				1	1		193	25	8
颍泉区							354	17	14
临泉县			1	8	1		1577	156	84
太和县				4	2		2149	142	91
阜南县				4			731	43	42
颍上县		2		7	4	1	1423	121	66
阜阳合肥现代产业园区							51	2	1
阜阳经济技术开发区		1					270	15	13
界首市				3			625	21	18
宿州市	**2**	**2**		**11**	**11**		**4492**	**363**	**198**
埇桥区				1	1		579	58	27
砀山县		1		1	1		846	66	94
萧县	2	1		5	3		1071	74	28
灵璧县				2	2		1041	73	17
泗县				2			609	73	20
宿州马鞍山现代产业园区							110	8	4
宿州经济技术开发区					4		236	11	8
六安市	**1**	**551**	**1**	**100**	**5**	**2**	**5683**	**316**	**123**
金安区				4			560	14	11
裕安区				2		1	370	28	9
叶集区		1		2			90	13	3
霍邱县	1	550	1	27	5	1	744	82	15
舒城县				18			1790	115	48
金寨县				21			700	28	22
霍山县				26			1429	36	15
亳州市				**6**	**4**		**3557**	**294**	**155**
谯城区							534	28	13
涡阳县					2		949	84	48
蒙城县				5	2		1117	114	50
利辛县				1			957	68	44
池州市	**2**	**18**	**5**	**71**	**3**	**2**	**2322**	**89**	**28**
贵池区		15	4	12			352	9	
东至县	2	1		28			1361	48	17
石台县		1		1			69	7	2
青阳县		1	1	30	3	2	540	25	9
池州市国家经济技术开发区									
皖江江南新兴产业集中区									
九华山风景区									
宣城市	**2**		**5**	**69**	**4**	**1**	**5702**	**213**	**96**
宣州区			2	10			565	49	24
郎溪县				7			1720	50	35
泾县	1		1	6	2		904	35	15
绩溪县				11			527	22	3
旌德县				11			213	9	2
宣城市经济开发区	1			4	2		620	22	12
宁国市			1	8			359	7	
广德市			1	12		1	794	19	5

4-4b 续表 15

单位：人

地区 性别	采矿业						制造业		
	石油和天然气开采业	黑色金属矿采选业	有色金属矿采选业	非金属矿采选业	开采专业及辅助性活动	其他采矿业	小计	农副食品加工业	食品制造业
女	**4**	**123**	**28**	**131**	**21**	**8**	**75962**	**3161**	**2953**
合肥市	**1**	**15**	**1**	**8**	**2**	**1**	**14687**	**417**	**878**
瑶海区							29	2	
庐阳区							77	1	9
蜀山区							88	12	2
包河区									
长丰县		1		1			2007	58	265
肥东县	1			2	2		2173	108	281
肥西县		1		1			2655	49	81
庐江县		12	1			1	2200	48	51
合肥高新技术产业开发区		1					845	12	19
合肥经济技术开发区				1			2585	85	90
合肥新站高新技术产业开发区							1389	17	54
巢湖市				3			639	25	26
芜湖市		**1**		**17**			**6752**	**217**	**154**
镜湖区							10	2	
弋江区									
鸠江区							202	14	2
三山区				2			65	10	4
芜湖县							2143	21	20
繁昌县		1		14			1016	31	56
南陵县				1			876	24	27
芜湖经济技术开发区							1736	3	13
安徽芜湖长江大桥经济开发区							94	8	6
无为市							610	104	26
蚌埠市			**6**	**3**	**2**		**2075**	**163**	**105**
龙子湖区							57	1	
蚌山区									
禹会区							16		
淮上区							101	10	4
怀远县							536	47	29
五河县			6		1		512	21	36
固镇县							391	72	18
蚌埠市高新技术开发区							180	1	3
蚌埠市经济开发区				3	1		282	11	15
淮南市					**3**		**1563**	**145**	**84**
大通区							233	13	17
田家庵区							19		3
谢家集区							8	1	
八公山区									
潘集区							93	20	5
凤台县					3		257	32	22
寿县							953	79	37

4-4b　续表 16　　　　单位：人

地区 性别	采矿业						制造业		
	石油和天然气开采业	黑色金属矿采选业	有色金属矿采选业	非金属矿采选业	开采专业及辅助性活动	其他采矿业	小计	农副食品加工业	食品制造业
马鞍山市	**1**	**14**	**1**	**3**	**2**	**2**	**2596**	**190**	**107**
花山区									
雨山区									
博望区							60	10	5
当涂县		14	1	2	1	2	1444	71	58
含山县				1	1		607	32	27
和县	1						485	77	17
淮北市		**5**		**3**			**1067**	**88**	**52**
杜集区				2			78	3	3
相山区									
烈山区							75	5	3
濉溪县		5		1			914	80	46
铜陵市			**5**	**2**			**1130**	**25**	**20**
铜官区									
义安区			4				153	6	1
郊区							129		2
枞阳县			1	2			848	19	17
安庆市	**1**	**2**	**6**	**5**	**4**	**1**	**6860**	**137**	**128**
迎江区									
大观区							75	1	1
宜秀区				1			117	5	6
怀宁县			2	1	1		948	26	28
太湖县				2			798	12	12
宿松县		1			1		1447	38	25
望江县							712	9	7
岳西县							425	10	10
安徽安庆经济开发区	1	1	4	1	2	1	515	13	31
桐城市							940	12	4
潜山市							883	11	4
黄山市			**1**	**2**			**2290**	**70**	**63**
屯溪区							34	1	3
黄山区							59	7	5
徽州区							74	1	3
歙县				1			1224	18	22
休宁县				1			500	32	14
黟县							84	5	13
祁门县			1				315	6	3
滁州市		**1**	**1**	**42**	**2**	**2**	**12004**	**372**	**235**
琅琊区									
南谯区				3		1	233	11	14
来安县				4	1		1493	158	36
全椒县							3148	32	42
定远县				25	1		1279	66	34
凤阳县		1		8		1	1274	61	45
苏滁现代产业园							344		4
滁州经济技术开发区			1				709	7	29
天长市				2			3225	19	22
明光市							299	18	9

4-4b 续表 17　　　　单位：人

地区 性别	采矿业 石油和天然气开采业	采矿业 黑色金属矿采选业	采矿业 有色金属矿采选业	采矿业 非金属矿采选业	采矿业 开采专业及辅助性活动	采矿业 其他采矿业	制造业 小计	制造业 农副食品加工业	制造业 食品制造业
阜阳市			**2**	**7**			**6066**	**375**	**397**
颍州区							136	14	13
颍东区							176	27	20
颍泉区							312	14	23
临泉县				3			1252	125	84
太和县				1			1624	58	112
阜南县			2	3			781	27	54
颍上县							1112	79	58
阜阳合肥现代产业园区							17	4	2
阜阳经济技术开发区							183	10	11
界首市							473	17	20
宿州市				**1**	**1**	**1**	**4167**	**244**	**251**
埇桥区							474	33	23
砀山县						1	659	45	106
萧县							719	53	35
灵璧县							1269	50	33
泗县				1			745	52	33
宿州马鞍山现代产业园区							99	3	4
宿州经济技术开发区					1		202	8	17
六安市		**82**	**2**	**16**	**1**	**1**	**5674**	**286**	**180**
金安区							655	12	12
裕安区							429	18	10
叶集区							101	7	2
霍邱县		81	2	4		1	549	37	22
舒城县				2	1		2099	101	67
金寨县				1			650	15	38
霍山县		1		9			1191	96	29
亳州市							**2755**	**201**	**154**
谯城区							354	18	18
涡阳县							548	31	43
蒙城县							887	106	50
利辛县							966	46	43
池州市		**3**	**1**	**13**	**2**		**1978**	**44**	**25**
贵池区		3	1	2			183	9	1
东至县				4			1324	17	12
石台县							66	3	1
青阳县				7	2		404	15	11
池州市国家经济技术开发区									
皖江江南新兴产业集中区									
九华山风景区							1		
宣城市	**1**		**2**	**9**	**2**		**4298**	**187**	**120**
宣州区			1	1			548	43	26
郎溪县	1						1460	37	34
泾县					1		511	39	13
绩溪县				2			507	25	11
旌德县				1			133	6	6
宣城市经济开发区				1	1		381	20	18
宁国市							208	6	3
广德市			1	4			550	11	9

4-4b　续表 18　　　　单位：人

地　区 性　别	制造业								
	酒、饮料和精制茶制造业	烟　草制品业	纺织业	纺织服装、服饰业	皮革、毛皮、羽毛及其制品和制鞋业	木材加工和木、竹、藤、棕、草制品业	家　具制造业	造纸和纸制品业	印刷和记录媒介复制业
安　徽	**2673**	**384**	**7282**	**26492**	**3259**	**4072**	**3943**	**2567**	**1542**
合肥市	**334**	**57**	**1257**	**2153**	**288**	**424**	**1228**	**531**	**475**
瑶海区			2	7	1		5		1
庐阳区	4		2	6	2	3	8	5	12
蜀山区	1		5	4	4	13		14	1
包河区									
长丰县	64	6	72	268	42	113	600	161	108
肥东县	42	3	76	480	80	100	206	100	46
肥西县	59	9	54	272	60	49	46	125	99
庐江县	40	3	465	758	55	55	57	17	29
合肥高新技术产业开发区	38	28	5	27	2	4	17	5	13
合肥经济技术开发区	65	7	54	114	20	16	42	74	90
合肥新站高新技术产业开发区	20	1	30	66	11	63	229	24	70
巢湖市	1		492	151	11	8	18	6	6
芜湖市	**65**	**5**	**295**	**2174**	**133**	**270**	**257**	**136**	**67**
镜湖区				9					
弋江区									
鸠江区			9	111	5	12	54	1	1
三山区	4			4			2	5	
芜湖县	8		78	511	29	58	25	38	4
繁昌县	14		48	711	12	19	21	20	19
南陵县	18	2	27	660	13	59	96	10	5
芜湖经济技术开发区	14	3	89	15	3	72	16	46	27
安徽芜湖长江大桥经济开发区			4	44	4		3	6	
无为市	7		40	109	67	50	40	10	11
蚌埠市	**130**	**117**	**315**	**501**	**98**	**55**	**85**	**104**	**69**
龙子湖区				1				10	3
蚌山区									
禹会区	2	1	1	6	1	1	1		
淮上区	3		7	18	5	2	1	2	3
怀远县	54		47	107	17	24	24	53	20
五河县	26		200	211	59	9	20	9	5
固镇县	5		33	141	11	8	28	9	12
蚌埠市高新技术开发区	16	29	13	4	4	4	2	4	5
蚌埠市经济开发区	24	87	14	13	1	7	9	17	21
淮南市	**30**	**2**	**175**	**461**	**92**	**103**	**91**	**86**	**29**
大通区	5	1	21	84	6	8	13	11	4
田家庵区			1	7		3	3	5	
谢家集区				2			3		
八公山区									
潘集区	2		1	19	1	3	3	5	
凤台县	8		24	65	25	5	10	11	6
寿县	15	1	128	284	60	84	59	54	19

4-4b 续表 19　　　　单位：人

地　区 性　别	制造业								
	酒、饮料和精制茶制造业	烟　草制品业	纺织业	纺织服装、服饰业	皮革、毛皮、羽毛及其制品和制鞋业	木材加工和木、竹、藤、棕、草制品业	家　具制造业	造纸和纸制品业	印刷和记录媒介复制业
马鞍山市	**44**	**6**	**147**	**1362**	**17**	**84**	**99**	**58**	**19**
花山区									
雨山区									
博望区	1		2	6	2	7	3		
当涂县	18	5	104	861	4	25	36	42	6
含山县	20	1	30	264	8	19	45	8	8
和县	5		11	231	3	33	15	8	5
淮北市	**192**		**69**	**197**	**55**	**52**	**51**	**48**	**15**
杜集区	5		4	23	2	3	11		
相山区									
烈山区	6		3	25		4	4	3	
濉溪县	181		62	149	53	45	36	45	15
铜陵市	**11**		**103**	**914**	**18**	**65**	**25**	**11**	**12**
铜官区									
义安区	5		9	93	4	11	6	2	
郊区	2		4	136	3	6	4	2	2
枞阳县	4		90	685	11	48	15	7	10
安庆市	**88**	**7**	**888**	**4919**	**275**	**355**	**339**	**301**	**135**
迎江区									
大观区	1		11	59		9	2		
宜秀区	4		14	10	7	3	9	5	1
怀宁县	13		80	656	11	81	49	135	18
太湖县	3	3	41	704	19	46	18	27	27
宿松县	21	2	114	1362	71	74	69	14	18
望江县	7		80	893	6	6	13	5	3
岳西县	12	1	36	262	102	24	26	19	5
安徽安庆经济开发区	18	1	131	112	29	19	23	25	7
桐城市	1		222	112	15	13	20	21	51
潜山市	8		159	749	15	80	110	50	5
黄山市	**167**		**304**	**1186**	**28**	**147**	**76**	**75**	**23**
屯溪区	2		5	6				8	
黄山区	22		2	11	2	10	1		
徽州区	3		1	59		3	7		3
歙县	45		255	723	10	62	42	53	14
休宁县	53		23	194	10	22	17	10	3
黟县	11		6	22	3	10	2		1
祁门县	31		12	171	3	40	7	4	2
滁州市	**220**	**79**	**631**	**2007**	**621**	**410**	**310**	**319**	**229**
琅琊区									
南谯区	6		16	40	17	21	6	7	9
来安县	29	1	61	165	53	90	60	62	59
全椒县	13	1	59	643	48	84	77	78	50
定远县	22		155	590	142	50	34	24	30
凤阳县	25	67	62	321	45	16	30	35	21
苏滁现代产业园	12	1	29	7	4	5	4	2	6
滁州经济技术开发区	83	9	43	30	51	57	26	34	26
天长市	30		185	150	219	74	55	66	25
明光市			21	61	42	13	18	11	3

4-4b 续表 20 单位：人

地区 性别	制造业 酒、饮料和精制茶制造业	烟草制品业	纺织业	纺织服装、服饰业	皮革、毛皮、羽毛及其制品和制鞋业	木材加工和木、竹、藤、棕、草制品业	家具制造业	造纸和纸制品业	印刷和记录媒介复制业
阜阳市	**213**	**14**	**863**	**2437**	**415**	**420**	**395**	**173**	**93**
颍州区	5	1	9	39	21	3	38	8	3
颍东区	5		19	78	4	18	22	6	6
颍泉区	4		37	196	4	16	17	5	3
临泉县	59	1	138	476	122	44	59	30	23
太和县	23	1	241	503	79	151	101	37	32
阜南县	28	1	114	396	70	67	56	26	5
颍上县	39	4	99	569	45	106	68	44	10
阜阳合肥现代产业园区				4	1	4	1		
阜阳经济技术开发区	34	6	47	69	14	2	12	7	10
界首市	16		159	107	55	9	21	10	1
宿州市	**99**	**1**	**487**	**1965**	**282**	**282**	**239**	**106**	**68**
埇桥区	6		30	199	36	84	56	7	5
砀山县	22		120	247	11	117	33	22	7
萧县	21		85	202	45	22	53	18	13
灵璧县	20		126	870	48	22	49	26	17
泗县	9	1	108	369	17	29	30	3	16
宿州马鞍山现代产业园区	7		9	48	14		11	9	
宿州经济技术开发区	14		9	30	111	8	7	21	10
六安市	**445**	**7**	**471**	**2106**	**485**	**550**	**265**	**140**	**144**
金安区	4	1	41	380	94	15	52	27	17
裕安区	15		35	348	128	26	15	1	2
叶集区	4		4	48	23	24	4		1
霍邱县	36	2	98	128	36	50	32	15	15
舒城县	40	1	71	873	120	174	96	59	39
金寨县	22	3	144	150	35	77	9	9	11
霍山县	324		78	179	49	184	57	29	59
亳州市	**457**	**80**	**563**	**1114**	**94**	**225**	**136**	**99**	**69**
谯城区	331		31	65	14	18	8	27	1
涡阳县	90	33	52	181	25	29	21	15	13
蒙城县	19	43	98	325	17	126	70	35	39
利辛县	17	4	382	543	38	52	37	22	16
池州市	**39**	**2**	**120**	**1297**	**262**	**190**	**103**	**45**	**14**
贵池区			3	98	1	4		7	
东至县	13		84	1045	214	118	87	26	8
石台县	17	1	3	29	18	12	5		3
青阳县	9	1	30	125	29	56	11	12	3
池州市国家经济技术开发区									
皖江江南新兴产业集中区									
九华山风景区									
宣城市	**139**	**7**	**594**	**1699**	**96**	**440**	**244**	**335**	**81**
宣州区	24	1	30	333	7	91	20	15	8
郎溪县	39		320	820	58	74	110	14	11
泾县	10		38	95	7	70	4	244	13
绩溪县	9		99	101	15	29	22	17	24
旌德县	2		8	30	1	32	12	13	
宣城市经济开发区	38	5	13	112	1	4	25	15	17
宁国市		1	24	12	5	31	15	7	
广德市	17		62	196	2	109	36	10	8

4-4b 续表 21

单位：人

地区 性别	制造业								
	酒、饮料和精制茶制造业	烟草制品业	纺织业	纺织服装、服饰业	皮革、毛皮、羽毛及其制品和制鞋业	木材加工和木、竹、藤、棕、草制品业	家具制造业	造纸和纸制品业	印刷和记录媒介复制业
男	**1685**	**223**	**2996**	**6540**	**1177**	**2817**	**2830**	**1436**	**893**
合肥市	**201**	**39**	**418**	**389**	**129**	**310**	**868**	**252**	**281**
瑶海区			1	2			4		
庐阳区	3		1	3	2	1	6	2	5
蜀山区	1		4	1	2	7		9	
包河区									
长丰县	40	5	27	59	12	79	434	62	61
肥东县	16	1	28	72	23	72	134	45	28
肥西县	34	7	27	63	42	40	32	63	62
庐江县	28	2	91	111	25	48	44	9	15
合肥高新技术产业开发区	27	18	1	10	1	3	12	4	6
合肥经济技术开发区	41	5	28	25	13	13	24	43	55
合肥新站高新技术产业开发区	11	1	11	18	7	41	163	11	45
巢湖市			199	25	2	6	15	4	4
芜湖市	**39**	**2**	**137**	**451**	**43**	**213**	**210**	**92**	**40**
镜湖区				1					
弋江区									
鸠江区			3	42	2	8	41		
三山区	1			1			2	4	
芜湖县	4		30	81	7	43	16	28	3
繁昌县	9		32	157	2	16	18	14	11
南陵县	14	1	7	118	8	47	83	5	3
芜湖经济技术开发区	7	1	44	7	1	63	12	30	12
安徽芜湖长江大桥经济开发区			2	8	1		3	3	
无为市	4		19	36	22	36	35	8	11
蚌埠市	**92**	**87**	**131**	**94**	**32**	**41**	**56**	**63**	**43**
龙子湖区								6	1
蚌山区									
禹会区	2		1	1	1	1	1		
淮上区	2		2	2	2	2		1	2
怀远县	38		14	20	7	19	17	33	11
五河县	20		81	46	20	6	13	6	2
固镇县	5		16	17	2	6	19	4	9
蚌埠市高新技术开发区	10	20	8			2	1	3	4
蚌埠市经济开发区	15	67	9	8		5	5	10	14
淮南市	**23**	**2**	**80**	**109**	**38**	**79**	**67**	**54**	**18**
大通区	4	1	9	10	5	7	10	8	3
田家庵区			1	1		2	3	3	
谢家集区							2		
八公山区									
潘集区	1			1	1	3	3	3	
凤台县	7		11	37	11	4	8	5	4
寿县	11	1	59	60	21	63	41	35	11

4-4b　续表 22　　　　　　　　　　　　　　　　　　　　　　　　　　　　单位：人

地　区 性　别	制造业								
	酒、饮料和精制茶制造业	烟　草制品业	纺织业	纺织服装、服饰业	皮革、毛皮、羽毛及其制品和制鞋业	木材加工和木、竹、藤、棕、草制品业	家　具制造业	造纸和纸制品业	印刷和记录媒介复制业
马鞍山市	**25**	**1**	**59**	**405**	**9**	**65**	**74**	**35**	**9**
花山区									
雨山区									
博望区			1	2	2	6	3		
当涂县	10		39	258	2	19	28	28	3
含山县	12	1	13	68	4	16	31	3	4
和县	3		6	77	1	24	12	4	2
淮北市	**153**		**26**	**46**	**19**	**32**	**31**	**22**	**8**
杜集区	5		1	5		2	6		
相山区									
烈山区	4		2	5				3	
濉溪县	144		23	36	19	30	25	19	8
铜陵市	**8**		**37**	**173**	**6**	**50**	**18**	**8**	**7**
铜官区									
义安区	3			16		9	4	2	
郊区	1		2	42	2	4	4	2	2
枞阳县	4		35	115	4	37	10	4	5
安庆市	**56**	**5**	**399**	**1550**	**116**	**262**	**253**	**176**	**93**
迎江区									
大观区			2	13		7	2		
宜秀区	2		6	1	4	3	9	1	1
怀宁县	7		40	254	4	59	32	79	14
太湖县	1	2	20	207	10	36	15	18	18
宿松县	13	1	51	342	35	54	57	10	13
望江县	5		47	286	3	5	10	4	1
岳西县	10	1	20	75	37	19	18	8	2
安徽安庆经济开发区	12	1	66	37	8	13	15	9	3
桐城市			86	30	6	10	14	14	38
潜山市	6		61	305	9	56	81	33	3
黄山市	**100**		**118**	**272**	**12**	**102**	**62**	**42**	**14**
屯溪区	1		2	1				7	
黄山区	14			1	1	9	1		
徽州区	1			15		3	5		3
歙县	20		97	193	8	47	33	27	8
休宁县	36		12	36	2	16	16	5	2
黟县	7		2	5		4	2		1
祁门县	21		5	21	1	23	5	3	
滁州市	**122**	**29**	**284**	**437**	**129**	**294**	**217**	**192**	**135**
琅琊区									
南谯区	3		7	6	5	16	2	2	6
来安县	20	1	26	24	7	65	43	35	32
全椒县	9		25	149	20	55	50	51	28
定远县	12		84	135	33	32	26	13	18
凤阳县	13	21	18	72	20	11	23	16	13
苏滁现代产业园	9	1	12	1	2	2	2		4
滁州经济技术开发区	36	6	19	4	6	45	15	25	15
天长市	20		84	29	21	60	44	42	16
明光市			9	17	15	8	12	8	3

4-4b 续表 23 单位：人

地 区 性 别	制造业 酒、饮料和精制茶制造业	烟草制品业	纺织业	纺织服装、服饰业	皮革、毛皮、羽毛及其制品和制鞋业	木材加工和木、竹、藤、棕、草制品业	家具制造业	造纸和纸制品业	印刷和记录媒介复制业
阜阳市	**135**	**12**	**387**	**641**	**217**	**290**	**283**	**95**	**56**
颍州区	2	1	2	8	5	2	31	1	
颍东区	3		10	23	2	14	18	3	4
颍泉区	4		19	51	2	10	10	4	3
临泉县	40	1	72	131	67	31	41	19	16
太和县	14	1	99	166	38	103	70	26	19
阜南县	16	1	37	61	31	45	40	12	2
颍上县	22	3	40	146	30	73	49	25	5
阜阳合肥现代产业园区						3			
阜阳经济技术开发区	24	5	20	26	7	2	8	2	6
界首市	10		88	29	35	7	16	3	1
宿州市	**70**		**196**	**475**	**126**	**186**	**152**	**59**	**36**
埇桥区	4		12	60	16	55	38	4	4
砀山县	13		44	70	6	71	20	12	3
萧县	16		42	46	14	17	31	12	8
灵璧县	15		54	201	24	15	33	12	9
泗县	8		39	82	7	22	22		6
宿州马鞍山现代产业园区	5		3	11	10		5	5	
宿州经济技术开发区	9		2	5	49	6	3	14	6
六安市	**255**	**5**	**195**	**387**	**139**	**297**	**181**	**71**	**66**
金安区	2	1	16	62	12	10	32	6	6
裕安区	7		13	105	48	17	12	1	2
叶集区	2		2	8	8	16	3		1
霍邱县	22	2	44	24	7	36	25	10	10
舒城县	25		29	134	35	75	60	34	21
金寨县	10	2	64	29	11	44	7	6	4
霍山县	187		27	25	18	99	42	14	22
亳州市	**304**	**36**	**194**	**351**	**44**	**153**	**100**	**48**	**35**
谯城区	228		16	23	5	12	4	13	
涡阳县	58	22	22	59	15	21	17	6	8
蒙城县	8	11	40	84	7	79	52	17	19
利辛县	10	3	116	185	17	41	27	12	8
池州市	**19**	**1**	**45**	**354**	**76**	**150**	**82**	**25**	**8**
贵池区			2	20		4		5	
东至县	7		32	307	64	93	69	14	5
石台县	7			8	5	10	3		2
青阳县	5	1	11	19	7	43	10	6	1
池州市国家经济技术开发区									
皖江江南新兴产业集中区									
九华山风景区									
宣城市	**83**	**4**	**290**	**406**	**42**	**293**	**176**	**202**	**44**
宣州区	10		12	79	3	68	14	8	5
郎溪县	28		182	204	35	49	78	9	7
泾县	4		13	21		51	1	155	6
绩溪县	6		24	13	3	20	15	11	8
旌德县	1		5	8		24	12	4	
宣城市经济开发区	26	3	9	37		2	19	9	13
宁国市		1	14		1	16	12	2	
广德市	8		31	44		63	25	4	5

4-4b 续表 24

单位：人

地区 性别	制造业								
	酒、饮料和精制茶制造业	烟草制品业	纺织业	纺织服装、服饰业	皮革、毛皮、羽毛及其制品和制鞋业	木材加工和木、竹、藤、棕、草制品业	家具制造业	造纸和纸制品业	印刷和记录媒介复制业
女	**988**	**161**	**4286**	**19952**	**2082**	**1255**	**1113**	**1131**	**649**
合肥市	**133**	**18**	**839**	**1764**	**159**	**114**	**360**	**279**	**194**
瑶海区			1	5	1		1		1
庐阳区	1		1	3		2	2	3	7
蜀山区			1	3	2	6		5	1
包河区									
长丰县	24	1	45	209	30	34	166	99	47
肥东县	26	2	48	408	57	28	72	55	18
肥西县	25	2	27	209	18	9	14	62	37
庐江县	12	1	374	647	30	7	13	8	14
合肥高新技术产业开发区	11	10	4	17	1	1	5	1	7
合肥经济技术开发区	24	2	26	89	7	3	18	31	35
合肥新站高新技术产业开发区	9		19	48	4	22	66	13	25
巢湖市	1		293	126	9	2	3	2	2
芜湖市	**26**	**3**	**158**	**1723**	**90**	**57**	**47**	**44**	**27**
镜湖区				8					
弋江区									
鸠江区			6	69	3	4	13	1	1
三山区	3			3				1	
芜湖县	4		48	430	22	15	9	10	1
繁昌县	5		16	554	10	3	3	6	8
南陵县	4	1	20	542	5	12	13	5	2
芜湖经济技术开发区	7	2	45	8	2	9	4	16	15
安徽芜湖长江大桥经济开发区			2	36	3			3	
无为市	3		21	73	45	14	5	2	
蚌埠市	**38**	**30**	**184**	**407**	**66**	**14**	**29**	**41**	**26**
龙子湖区				1				4	2
蚌山区									
禹会区		1		5					
淮上区	1		5	16	3		1	1	1
怀远县	16		33	87	10	5	7	20	9
五河县	6		119	165	39	3	7	3	3
固镇县			17	124	9	2	9	5	3
蚌埠市高新技术开发区	6	9	5	4	4	2	1	1	1
蚌埠市经济开发区	9	20	5	5	1	2	4	7	7
淮南市	**7**		**95**	**352**	**54**	**24**	**24**	**32**	**11**
大通区	1		12	74	1	1	3	3	1
田家庵区				6		1		2	
谢家集区				2			1		
八公山区									
潘集区	1		1	18				2	
凤台县	1		13	28	14	1	2	6	2
寿县	4		69	224	39	21	18	19	8

4-4b 续表 25

单位：人

地区 性别	制造业								
	酒、饮料和精制茶制造业	烟草制品业	纺织业	纺织服装、服饰业	皮革、毛皮、羽毛及其制品和制鞋业	木材加工和木、竹、藤、棕、草制品业	家具制造业	造纸和纸制品业	印刷和记录媒介复制业
马鞍山市	**19**	**5**	**88**	**957**	**8**	**19**	**25**	**23**	**10**
花山区									
雨山区									
博望区	1		1	4		1			
当涂县	8	5	65	603	2	6	8	14	3
含山县	8		17	196	4	3	14	5	4
和县	2		5	154	2	9	3	4	3
淮北市	**39**		**43**	**151**	**36**	**20**	**20**	**26**	**7**
杜集区			3	18	2	1	5		
相山区									
烈山区	2		1	20		4	4		
濉溪县	37		39	113	34	15	11	26	7
铜陵市	**3**		**66**	**741**	**12**	**15**	**7**	**3**	**5**
铜官区									
义安区	2		9	77	4	2	2		
郊区	1		2	94	1	2			
枞阳县			55	570	7	11	5	3	5
安庆市	**32**	**2**	**489**	**3369**	**159**	**93**	**86**	**125**	**42**
迎江区									
大观区	1		9	46		2			
宜秀区	2		8	9	3			4	
怀宁县	6		40	402	7	22	17	56	4
太湖县	2	1	21	497	9	10	3	9	9
宿松县	8	1	63	1020	36	20	12	4	5
望江县	2		33	607	3	1	3	1	2
岳西县	2		16	187	65	5	8	11	3
安徽安庆经济开发区	6		65	75	21	6	8	16	4
桐城市	1		136	82	9	3	6	7	13
潜山市	2		98	444	6	24	29	17	2
黄山市	**67**		**186**	**914**	**16**	**45**	**14**	**33**	**9**
屯溪区	1		3	5				1	
黄山区	8		2	10	1	1			
徽州区	2		1	44			2		
歙县	25		158	530	2	15	9	26	6
休宁县	17		11	158	8	6	1	5	1
黟县	4		4	17	3	6			
祁门县	10		7	150	2	17	2	1	2
滁州市	**98**	**50**	**347**	**1570**	**492**	**116**	**93**	**127**	**94**
琅琊区									
南谯区	3		9	34	12	5	4	5	3
来安县	9		35	141	46	25	17	27	27
全椒县	4	1	34	494	28	29	27	27	22
定远县	10		71	455	109	18	8	11	12
凤阳县	12	46	44	249	25	5	7	19	8
苏滁现代产业园	3		17	6	2	3	2	2	2
滁州经济技术开发区	47	3	24	26	45	12	11	9	11
天长市	10		101	121	198	14	11	24	9
明光市			12	44	27	5	6	3	

4-4b　续表 26　　　　单位：人

地　区 性　别	制造业								
	酒、饮料和精制茶制造业	烟　草制品业	纺织业	纺织服装、服饰业	皮革、毛皮、羽毛及其制品和制鞋业	木材加工和木、竹、藤、棕、草制品业	家　具制造业	造纸和纸制品业	印刷和记录媒介复制业
阜阳市	**78**	**2**	**476**	**1796**	**198**	**130**	**112**	**78**	**37**
颍州区	3		7	31	16	1	7	7	3
颍东区	2		9	55	2	4	4	3	2
颍泉区			18	145	2	6	7	1	
临泉县	19		66	345	55	13	18	11	7
太和县	9		142	337	41	48	31	11	13
阜南县	12		77	335	39	22	16	14	3
颍上县	17	1	59	423	15	33	19	19	5
阜阳合肥现代产业园区				4	1	1	1		
阜阳经济技术开发区	10	1	27	43	7		4	5	4
界首市	6		71	78	20	2	5	7	
宿州市	**29**	**1**	**291**	**1490**	**156**	**96**	**87**	**47**	**32**
埇桥区	2		18	139	20	29	18	3	1
砀山县	9		76	177	5	46	13	10	4
萧县	5		43	156	31	5	22	6	5
灵璧县	5		72	669	24	7	16	14	8
泗县	1	1	69	287	10	7	8	3	10
宿州马鞍山现代产业园区	2		6	37	4		6	4	
宿州经济技术开发区	5		7	25	62	2	4	7	4
六安市	**190**	**2**	**276**	**1719**	**346**	**253**	**84**	**69**	**78**
金安区	2		25	318	82	5	20	21	11
裕安区	8		22	243	80	9	3		
叶集区	2		2	40	15	8	1		
霍邱县	14		54	104	29	14	7	5	5
舒城县	15	1	42	739	85	99	36	25	18
金寨县	12	1	80	121	24	33	2	3	7
霍山县	137		51	154	31	85	15	15	37
亳州市	**153**	**44**	**369**	**763**	**50**	**72**	**36**	**51**	**34**
谯城区	103		15	42	9	6	4	14	1
涡阳县	32	11	30	122	10	8	4	9	5
蒙城县	11	32	58	241	10	47	18	18	20
利辛县	7	1	266	358	21	11	10	10	8
池州市	**20**	**1**	**75**	**943**	**186**	**40**	**21**	**20**	**6**
贵池区			1	78	1			2	
东至县	6		52	738	150	25	18	12	3
石台县	10	1	3	21	13	2	2		1
青阳县	4		19	106	22	13	1	6	2
池州市国家经济技术开发区									
皖江江南新兴产业集中区									
九华山风景区									
宣城市	**56**	**3**	**304**	**1293**	**54**	**147**	**68**	**133**	**37**
宣州区	14	1	18	254	4	23	6	7	3
郎溪县	11		138	616	23	25	32	5	4
泾县	6		25	74	7	19	3	89	7
绩溪县	3		75	88	12	9	7	6	16
旌德县	1		3	22	1	8		9	
宣城市经济开发区	12	2	4	75	1	2	6	6	4
宁国市			10	12	4	15	3	5	
广德市	9		31	152	2	46	11	6	3

4-4b 续表 27

单位：人

地区 性别	制造业								
	文教、工美、体育和娱乐用品制造业	石油、煤炭及其他燃料加工业	化学原料和化学制品制造业	医药制造业	化学纤维制造业	橡胶和塑料制品业	非金属矿物制品业	黑色金属冶炼和压延加工业	有色金属冶炼和压延加工业
安徽	**7346**	**457**	**4713**	**2349**	**201**	**8294**	**10193**	**1796**	**1320**
合肥市	**650**	**40**	**748**	**515**	**60**	**1805**	**1489**	**208**	**132**
瑶海区	1		9	1		5	3	1	
庐阳区	1		12	11		10	6	4	
蜀山区	2	1	1	5		27	32	2	
包河区									
长丰县	40	8	83	60	2	225	235	61	35
肥东县	125	15	238	36	1	215	383	49	15
肥西县	37	3	118	157	2	460	172	49	13
庐江县	366	3	38	14	2	92	250	8	33
合肥高新技术产业开发区	6	1	30	94	3	134	50	4	1
合肥经济技术开发区	35	7	141	106	5	499	95	21	25
合肥新站高新技术产业开发区	15		68	29		116	191	5	2
巢湖市	22	2	10	2	45	22	72	4	8
芜湖市	**243**	**10**	**201**	**174**	**22**	**629**	**1415**	**391**	**326**
镜湖区									
弋江区									
鸠江区	1	2	20	2		74	4		3
三山区	1		12	2		8	29	12	4
芜湖县	141	2	24	7		275	155	24	11
繁昌县	54	2	42	66	1	21	458	289	12
南陵县	17		18	9		35	75	29	40
芜湖经济技术开发区	13	3	60	46	2	163	594	28	243
安徽芜湖长江大桥经济开发区	1		4	4	19	5	13	1	4
无为市	15	1	21	38		48	87	8	9
蚌埠市	**103**	**19**	**207**	**196**	**18**	**201**	**544**	**33**	**12**
龙子湖区				2		4	87		
蚌山区									
禹会区	2		2	2		1	16		2
淮上区	13		5	9		1	15		
怀远县	27	7	46	7		105	103	28	5
五河县	20	1	18	1		16	60	3	1
固镇县	19	2	32	101	15	44	33	2	1
蚌埠市高新技术开发区	6	3	45	16	1	4	45		2
蚌埠市经济开发区	16	6	59	58	2	26	185		1
淮南市	**77**	**24**	**197**	**83**	**2**	**123**	**287**	**13**	**15**
大通区	7	2	47	48	1	23	54	5	
田家庵区						5	2		
谢家集区	1		1						
八公山区									
潘集区		14	84	4	1	2	11		
凤台县	22	2	14	11		26	80	1	1
寿县	47	6	51	20		67	140	7	14

4-4b 续表 28

单位：人

地 区 性 别	制造业								
	文教、工美、体育和娱乐用品制造业	石油、煤炭及其他燃料加工业	化学原料和化学制品制造业	医 药制造业	化学纤维制造业	橡胶和塑 料制品业	非金属矿 物制品业	黑色金属冶炼和压延加工业	有色金属冶炼和压延加工业
马鞍山市	**56**	**14**	**270**	**46**	**7**	**128**	**401**	**414**	**75**
花山区									
雨山区									
博望区	1			1		2	18	5	1
当涂县	15	2	53	34	7	56	170	358	57
含山县	26	2	38			36	126	42	7
和县	14	10	179	11		34	87	9	10
淮北市	**49**	**74**	**97**	**31**		**95**	**199**	**16**	**106**
杜集区	1	4	12	2		12	20	3	1
相山区									
烈山区	5	27	7	3		2	6		1
濉溪县	43	43	78	26		81	173	13	104
铜陵市	**14**	**3**	**24**	**6**		**84**	**224**	**76**	**38**
铜官区									
义安区			6	2		4	44	42	8
郊区	1		7	2		3	24	23	16
枞阳县	13	3	11	2		77	156	11	14
安庆市	**120**	**122**	**223**	**227**	**19**	**2005**	**545**	**27**	**52**
迎江区									
大观区		10	7	4	1	2	2		
宜秀区			1	7		104	9	2	
怀宁县	18	2	32	113	2	279	112	6	4
太湖县	17	2	10	11		64	69	3	18
宿松县	21	7	18	4		44	159	4	8
望江县	3	14	15	4	3	12	26	2	
岳西县	18	1	18	31		17	50	3	13
安徽安庆经济开发区	11	80	94	29	10	61	53		8
桐城市	20	4	8	17		1367	30	4	
潜山市	12	2	20	7	3	55	35	3	1
黄山市	**164**	**6**	**167**	**29**	**1**	**198**	**196**	**12**	**53**
屯溪区	3		5	10			2		
黄山区	2			6		1	8		
徽州区	1		16	1		6	5		3
歙县	92	3	123	8	1	160	90	9	32
休宁县	53	3	16	3		17	40	3	17
黟县	5		3			4	28		1
祁门县	8		4	1		10	23		
滁州市	**4184**	**43**	**1210**	**157**	**28**	**1096**	**1687**	**71**	**179**
琅琊区									
南谯区	10	2	5	3		26	50	3	
来安县	316	32	394	17	3	139	181	22	36
全椒县	2000	1	156	20	4	177	171	7	17
定远县	120	2	431	8	2	90	84	8	4
凤阳县	259	1	57	14		105	979	2	2
苏滁现代产业园	4		16	1	3	115	17		4
滁州经济技术开发区	14	4	21	10	11	122	55	5	1
天长市	1425	1	103	77	5	302	121	19	115
明光市	36		27	7		20	29	5	

4－4b　续表 29　　　　单位：人

地　区 性　别	制造业								
	文教、工美、体育和娱乐用品制造业	石油、煤炭及其他燃料加工业	化学原料和化学制品制造业	医　药制造业	化学纤维制造业	橡胶和塑　料制品业	非金属矿　物制品业	黑色金属冶炼和压延加工业	有色金属冶炼和压延加工业
阜阳市	**441**	**26**	**307**	**285**	**16**	**794**	**640**	**62**	**78**
颍州区	11		4	3		5	14	1	
颍东区	4	1	24	5		10	20	1	
颍泉区	10	2	19	5	2	16	18	1	
临泉县	72	1	119	27	4	63	143	11	4
太和县	220	7	52	191	2	282	129	14	51
阜南县	30	1	20	15	2	22	81	4	15
颍上县	67	11	50	16	4	61	195	26	6
阜阳合肥现代产业园区									
阜阳经济技术开发区	3	2	17	16		10	26		
界首市	24	1	2	7	2	325	14	4	2
宿州市	**332**	**19**	**173**	**106**	**6**	**271**	**511**	**46**	**11**
埇桥区	21	3	33	8		13	66	8	1
砀山县	12	3	36	14		94	69	8	2
萧县	37	6	20	16		46	178	12	5
灵璧县	157	4	32	16	2	72	106	7	1
泗县	97	3	28	21	1	34	65	9	1
宿州马鞍山现代产业园区	4			1			8		1
宿州经济技术开发区	4		24	30	3	12	19	2	
六安市	**396**	**29**	**98**	**105**	**15**	**302**	**703**	**164**	**29**
金安区	16	3	13	10	1	43	64	6	5
裕安区	1	2	5			17	43	2	1
叶集区	4		2	2		2	7		
霍邱县	62	3	17	7		35	84	126	6
舒城县	262	7	24	7	3	95	162	6	4
金寨县	32	2	20	31	7	31	127	13	6
霍山县	19	12	17	48	4	79	216	11	7
亳州市	**169**	**11**	**93**	**158**		**147**	**326**	**30**	**11**
谯城区	6		2	117		12	62	2	
涡阳县	49	6	25	14		37	67	16	
蒙城县	74	3	39	16		54	134	6	7
利辛县	40	2	27	11		44	63	6	4
池州市	**76**	**11**	**406**	**100**		**56**	**344**	**114**	**49**
贵池区	1		46	2		6	113	108	44
东至县	25	6	344	90		16	125	2	3
石台县	3	1		3		2	3	1	
青阳县	46	4	16	5		32	103	3	2
池州市国家经济技术开发区									
皖江江南新兴产业集中区									
九华山风景区	1								
宣城市	**272**	**6**	**292**	**131**	**7**	**360**	**682**	**119**	**154**
宣州区	11	1	36	6	2	32	66	5	11
郎溪县	135	2	47	16	1	105	132	42	57
泾县	60	1	21	5		39	48	2	8
绩溪县	38		63	23		24	35	40	4
旌德县	4		4	34		7	61		1
宣城市经济开发区	3		29	32	1	43	45	3	48
宁国市	10	1	22	2	2	62	38	5	
广德市	11	1	70	13	1	48	257	22	25

4-4b　续表 30　　　　单位：人

地　区 性　别	制造业								
	文教、工美、体育和娱乐用品制造业	石油、煤炭及其他燃料加工业	化学原料和化学制品制造业	医　药制造业	化学纤维制造业	橡胶和塑　料制品业	非金属矿　物制品业	黑色金属冶炼和压延加工业	有色金属冶炼和压延加工业
男	**1569**	**358**	**3256**	**1282**	**127**	**5042**	**7559**	**1478**	**1003**
合肥市	**121**	**28**	**444**	**277**	**37**	**1215**	**1056**	**173**	**98**
瑶海区	1		6	1		3	2	1	
庐阳区	1		7	6		10	4	3	
蜀山区	1	1	1	1		16	20	2	
包河区									
长丰县	16	6	51	32	1	137	168	51	26
肥东县	28	12	137	16	1	133	252	44	11
肥西县	12	1	61	93	1	308	131	35	7
庐江县	36	2	30	6	1	48	176	7	25
合肥高新技术产业开发区	3	1	21	47	2	110	38	3	
合肥经济技术开发区	14	4	82	59	5	362	75	18	21
合肥新站高新技术产业开发区	6		42	16		74	133	5	1
巢湖市	3	1	6		26	14	57	4	7
芜湖市	**83**	**9**	**146**	**88**	**16**	**377**	**1088**	**321**	**266**
镜湖区									
弋江区									
鸠江区		2	16	1		39	4		2
三山区	1		8	1		5	23	12	4
芜湖县	17	2	14	3		166	113	22	9
繁昌县	41	1	34	34	1	14	377	233	7
南陵县	7		11	5		25	52	20	36
芜湖经济技术开发区	9	3	48	21	2	107	433	26	197
安徽芜湖长江大桥经济开发区			2	2	13	1	11	1	3
无为市	8	1	13	21		20	75	7	8
蚌埠市	**47**	**15**	**141**	**125**	**13**	**131**	**381**	**25**	**9**
龙子湖区				1		3	51		
蚌山区									
禹会区	2		2	1			13		2
淮上区	11		4	7		1	7		
怀远县	8	7	28	6		70	76	20	4
五河县	7	1	10	1		11	39	3	1
固镇县	6	1	23	62	10	27	27	2	1
蚌埠市高新技术开发区	4	2	31	9	1	3	25		1
蚌埠市经济开发区	9	4	43	38	2	16	143		
淮南市	**40**	**21**	**148**	**49**	**1**	**75**	**232**	**10**	**11**
大通区	4	2	39	26		14	43	4	
田家庵区						1	2		
谢家集区			1						
八公山区									
潘集区		11	66	3	1	1	8		
凤台县	12	2	11	7		14	65	1	1
寿县	24	6	31	13		45	114	5	10

4-4b 续表 31 单位：人

地区 性别	制造业								
	文教、工美、体育和娱乐用品制造业	石油、煤炭及其他燃料加工业	化学原料和化学制品制造业	医药制造业	化学纤维制造业	橡胶和塑料制品业	非金属矿物制品业	黑色金属冶炼和压延加工业	有色金属冶炼和压延加工业
马鞍山市	**28**	**10**	**194**	**29**	**2**	**72**	**309**	**363**	**53**
花山区									
雨山区									
博望区				1			14	4	1
当涂县	11	1	36	17	2	29	131	322	40
含山县	10	2	24			19	95	30	3
和县	7	7	134	11		24	69	7	9
淮北市	**13**	**64**	**71**	**15**		**59**	**147**	**13**	**75**
杜集区		4	10	1		7	17	3	1
相山区									
烈山区	1	23	6	1		1	6		1
濉溪县	12	37	55	13		51	124	10	73
铜陵市	**7**	**3**	**20**	**2**		**40**	**185**	**63**	**30**
铜官区									
义安区			6	1		2	34	36	7
郊区			7			2	20	19	12
枞阳县	7	3	7	1		36	131	8	11
安庆市	**67**	**93**	**165**	**112**	**11**	**1169**	**430**	**20**	**37**
迎江区									
大观区		8	5	3	1	1	1		
宜秀区			1	6		37	7	2	
怀宁县	13	2	25	52	1	174	94	4	4
太湖县	13	1	5	3		41	58	3	9
宿松县	12	3	13	1		22	123	3	8
望江县	1	12	12	2	2	9	22	1	
岳西县	8	1	16	17		10	43	2	9
安徽安庆经济开发区	5	61	68	20	6	30	39		6
桐城市	11	3	4	4		807	19	3	
潜山市	4	2	16	4	1	38	24	2	1
黄山市	**76**	**3**	**113**	**16**	**1**	**131**	**138**	**9**	**41**
屯溪区	2		3	7			1		
黄山区				3			7		
徽州区			10			4	3		1
歙县	49	1	87	5	1	111	64	7	25
休宁县	18	2	11	1		11	27	2	14
黟县	3					1	22		1
祁门县	4		2			4	14		
滁州市	**525**	**36**	**877**	**83**	**20**	**666**	**1167**	**61**	**132**
琅琊区									
南谯区	6	2	3	1		13	40	3	
来安县	69	28	268	10	3	83	137	17	30
全椒县	137	1	121	8	4	118	144	6	9
定远县	31	1	334	7	2	58	60	7	2
凤阳县	90	1	45	6		63	624	2	1
苏滁现代产业园	3		9		2	78	12		4
滁州经济技术开发区	11	2	13	9	7	73	43	4	1
天长市	172	1	62	40	2	167	88	17	85
明光市	6		22	2		13	19	5	

4-4b 续表 32

单位：人

地区 性别	制造业								
	文教、工美、体育和娱乐用品制造业	石油、煤炭及其他燃料加工业	化学原料和化学制品制造业	医药制造业	化学纤维制造业	橡胶和塑料制品业	非金属矿物制品业	黑色金属冶炼和压延加工业	有色金属冶炼和压延加工业
阜阳市	**173**	**21**	**211**	**159**	**9**	**427**	**488**	**53**	**59**
颍州区	4		3			5	14	1	
颍东区			18	3		5	16	1	
颍泉区	1	1	14	2	1	12	13	1	
临泉县	25	1	80	10	2	29	106	7	2
太和县	82	5	30	113	1	152	92	14	42
阜南县	16	1	16	8	1	12	66	4	9
颍上县	31	10	36	12	3	40	149	21	4
阜阳合肥现代产业园区									
阜阳经济技术开发区	1	2	12	8		2	19		
界首市	13	1	2	3	1	170	13	4	2
宿州市	**98**	**13**	**110**	**60**	**5**	**152**	**375**	**36**	**8**
埇桥区	6	2	21	4		8	40	7	1
砀山县	6	2	30	5		55	55	7	1
萧县	11	4	14	11		22	132	8	4
灵璧县	53	2	18	6	2	44	78	6	
泗县	18	3	16	13	1	15	47	6	1
宿州马鞍山现代产业园区	1			1			5		1
宿州经济技术开发区	3		11	20	2	8	18	2	
六安市	**123**	**19**	**64**	**55**	**9**	**202**	**520**	**129**	**23**
金安区	7	2	7	5	1	30	50	5	5
裕安区		2	2			13	37	2	1
叶集区			2			2	7		
霍邱县	17	2	13	3		25	69	99	4
舒城县	81	5	16	4	2	67	122	5	4
金寨县	10	1	11	19	4	20	99	8	6
霍山县	8	7	13	24	2	45	136	10	3
亳州市	**53**	**8**	**65**	**89**		**85**	**264**	**24**	**7**
谯城区	3		2	65		4	40	2	
涡阳县	13	4	15	8		23	56	11	
蒙城县	18	2	28	9		33	115	6	4
利辛县	19	2	20	7		25	53	5	3
池州市	**40**	**9**	**280**	**61**		**31**	**282**	**78**	**38**
贵池区	1		32			2	100	72	35
东至县	12	5	238	56		13	104	2	1
石台县	3	1		2		1	3	1	
青阳县	24	3	10	3		15	75	3	2
池州市国家经济技术开发区									
皖江江南新兴产业集中区									
九华山风景区									
宣城市	**75**	**6**	**207**	**62**	**3**	**210**	**497**	**100**	**116**
宣州区	4	1	26	3		18	46	3	7
郎溪县	31	2	31	9	1	68	106	36	48
泾县	24	1	18	5		20	40	1	8
绩溪县	8		51	8		10	22	34	3
旌德县			2	16		5	42		1
宣城市经济开发区	1		19	17		21	32	3	30
宁国市	3	1	16		1	39	33	4	
广德市	4	1	44	4	1	29	176	19	19

4－4b　续表 33　　　　　　　　　　　　　　　　　　　　　　　　单位：人

地　区 性　别	制造业								
	文教、工美、体育和娱乐用品制造业	石油、煤炭及其他燃料加工业	化学原料和化学制品制造业	医　药制造业	化学纤维制造业	橡胶和塑　料制品业	非金属矿　物制品业	黑色金属冶炼和压延加工业	有色金属冶炼和压延加工业
女	**5777**	**99**	**1457**	**1067**	**74**	**3252**	**2634**	**318**	**317**
合肥市	**529**	**12**	**304**	**238**	**23**	**590**	**433**	**35**	**34**
瑶海区			3			2	1		
庐阳区			5	5			2	1	
蜀山区	1			4		11	12		
包河区									
长丰县	24	2	32	28	1	88	67	10	9
肥东县	97	3	101	20		82	131	5	4
肥西县	25	2	57	64	1	152	41	14	6
庐江县	330	1	8	8	1	44	74	1	8
合肥高新技术产业开发区	3		9	47	1	24	12	1	1
合肥经济技术开发区	21	3	59	47		137	20	3	4
合肥新站高新技术产业开发区	9		26	13		42	58		1
巢湖市	19	1	4	2	19	8	15		1
芜湖市	**160**	**1**	**55**	**86**	**6**	**252**	**327**	**70**	**60**
镜湖区									
弋江区									
鸠江区	1		4	1		35			1
三山区			4	1		3	6		
芜湖县	124		10	4		109	42	2	2
繁昌县	13	1	8	32		7	81	56	5
南陵县	10		7	4		10	23	9	4
芜湖经济技术开发区	4		12	25		56	161	2	46
安徽芜湖长江大桥经济开发区	1		2	2	6	4	2		1
无为市	7		8	17		28	12	1	1
蚌埠市	**56**	**4**	**66**	**71**	**5**	**70**	**163**	**8**	**3**
龙子湖区				1		1	36		
蚌山区									
禹会区				1		1	3		
淮上区	2		1	2			8		
怀远县	19		18	1		35	27	8	1
五河县	13		8			5	21		
固镇县	13	1	9	39	5	17	6		
蚌埠市高新技术开发区	2	1	14	7		1	20		1
蚌埠市经济开发区	7	2	16	20		10	42		1
淮南市	**37**	**3**	**49**	**34**	**1**	**48**	**55**	**3**	**4**
大通区	3		8	22	1	9	11	1	
田家庵区						4			
谢家集区	1								
八公山区									
潘集区		3	18	1		1	3		
凤台县	10		3	4		12	15		
寿县	23		20	7		22	26	2	4

4-4b 续表 34

单位：人

地区 性别	制造业								
	文教、工美、体育和娱乐用品制造业	石油、煤炭及其他燃料加工业	化学原料和化学制品制造业	医药制造业	化学纤维制造业	橡胶和塑料制品业	非金属矿物制品业	黑色金属冶炼和压延加工业	有色金属冶炼和压延加工业
马鞍山市	**28**	**4**	**76**	**17**	**5**	**56**	**92**	**51**	**22**
花山区									
雨山区									
博望区	1					2	4	1	
当涂县	4	1	17	17	5	27	39	36	17
含山县	16		14			17	31	12	4
和县	7	3	45			10	18	2	1
淮北市	**36**	**10**	**26**	**16**		**36**	**52**	**3**	**31**
杜集区	1		2	1		5	3		
相山区									
烈山区	4	4	1	2		1			
濉溪县	31	6	23	13		30	49	3	31
铜陵市	**7**		**4**	**4**		**44**	**39**	**13**	**8**
铜官区									
义安区				1		2	10	6	1
郊区	1			2		1	4	4	4
枞阳县	6		4	1		41	25	3	3
安庆市	**53**	**29**	**58**	**115**	**8**	**836**	**115**	**7**	**15**
迎江区									
大观区		2	2	1		1	1		
宜秀区				1		67	2		
怀宁县	5		7	61	1	105	18	2	
太湖县	4	1	5	8		23	11		9
宿松县	9	4	5	3		22	36	1	
望江县	2	2	3	2	1	3	4	1	
岳西县	10		2	14		7	7	1	4
安徽安庆经济开发区	6	19	26	9	4	31	14		2
桐城市	9	1	4	13		560	11	1	
潜山市	8		4	3	2	17	11	1	
黄山市	**88**	**3**	**54**	**13**		**67**	**58**	**3**	**12**
屯溪区	1		2	3			1		
黄山区	2			3		1	1		
徽州区	1		6	1		2	2		2
歙县	43	2	36	3		49	26	2	7
休宁县	35	1	5	2		6	13	1	3
黟县	2		3			3	6		
祁门县	4		2	1		6	9		
滁州市	**3659**	**7**	**333**	**74**	**8**	**430**	**520**	**10**	**47**
琅琊区									
南谯区	4		2	2		13	10		
来安县	247	4	126	7		56	44	5	6
全椒县	1863		35	12		59	27	1	8
定远县	89	1	97	1		32	24	1	2
凤阳县	169		12	8		42	355		1
苏滁现代产业园	1		7	1	1	37	5		
滁州经济技术开发区	3	2	8	1	4	49	12	1	
天长市	1253		41	37	3	135	33	2	30
明光市	30		5	5		7	10		

4－4b 续表 35

单位：人

地区 性别	制造业								
	文教、工美、体育和娱乐用品制造业	石油、煤炭及其他燃料加工业	化学原料和化学制品制造业	医药制造业	化学纤维制造业	橡胶和塑料制品业	非金属矿物制品业	黑色金属冶炼和压延加工业	有色金属冶炼和压延加工业
阜阳市	**268**	**5**	**96**	**126**	**7**	**367**	**152**	**9**	**19**
颍州区	7		1	3					
颍东区	4	1	6	2		5	4		
颍泉区	9	1	5	3	1	4	5		
临泉县	47		39	17	2	34	37	4	2
太和县	138	2	22	78	1	130	37		9
阜南县	14		4	7	1	10	15		6
颍上县	36	1	14	4	1	21	46	5	2
阜阳合肥现代产业园区									
阜阳经济技术开发区	2		5	8		8	7		
界首市	11			4	1	155	1		
宿州市	**234**	**6**	**63**	**46**	**1**	**119**	**136**	**10**	**3**
埇桥区	15	1	12	4		5	26	1	
砀山县	6	1	6	9		39	14	1	1
萧县	26	2	6	5		24	46	4	1
灵璧县	104	2	14	10		28	28	1	1
泗县	79		12	8		19	18	3	
宿州马鞍山现代产业园区	3						3		
宿州经济技术开发区	1		13	10	1	4	1		
六安市	**273**	**10**	**34**	**50**	**6**	**100**	**183**	**35**	**6**
金安区	9	1	6	5		13	14	1	
裕安区	1		3			4	6		
叶集区	4			2					
霍邱县	45	1	4	4		10	15	27	2
舒城县	181	2	8	3	1	28	40	1	
金寨县	22	1	9	12	3	11	28	5	
霍山县	11	5	4	24	2	34	80	1	4
亳州市	**116**	**3**	**28**	**69**		**62**	**62**	**6**	**4**
谯城区	3			52		8	22		
涡阳县	36	2	10	6		14	11	5	
蒙城县	56	1	11	7		21	19		3
利辛县	21		7	4		19	10	1	1
池州市	**36**	**2**	**126**	**39**		**25**	**62**	**36**	**11**
贵池区			14	2		4	13	36	9
东至县	13	1	106	34		3	21		2
石台县				1		1			
青阳县	22	1	6	2		17	28		
池州市国家经济技术开发区									
皖江江南新兴产业集中区									
九华山风景区	1								
宣城市	**197**		**85**	**69**	**4**	**150**	**185**	**19**	**38**
宣州区	7		10	3	2	14	20	2	4
郎溪县	104		16	7		37	26	6	9
泾县	36		3			19	8	1	
绩溪县	30		12	15		14	13	6	1
旌德县	4		2	18		2	19		
宣城市经济开发区	2		10	15	1	22	13		18
宁国市	7		6	2	1	23	5	1	
广德市	7		26	9		19	81	3	6

4-4b　续表 36　　　　单位：人

地　区 性　别	制造业 金　属 制品业	通用设备 制造业	专用设备 制造业	汽　车 制造业	铁路、船舶、航空航天和其他运输设备制造业	电气机械和器材制造业	计算机、通信和其他电子设备制造业	仪器仪表 制造业	其　他 制造业
安　徽	**10219**	**10931**	**4583**	**8906**	**1826**	**13586**	**15012**	**948**	**1490**
合肥市	**2067**	**3011**	**1574**	**2791**	**147**	**5792**	**6290**	**284**	**320**
瑶海区	2	14	7	3		3	9	2	5
庐阳区	13	22	13	6	1	25	43	4	1
蜀山区	16	9	4	3		33	7	1	2
包河区									
长丰县	643	382	229	225	21	484	247	31	39
肥东县	366	385	177	98	30	274	246	25	34
肥西县	348	785	395	747	17	1488	1293	49	26
庐江县	192	158	95	94	11	301	513	22	47
合肥高新技术产业开发区	43	410	129	172	20	756	383	47	69
合肥经济技术开发区	182	629	332	1363	16	2059	1155	29	63
合肥新站高新技术产业开发区	157	204	148	78	23	342	2378	74	31
巢湖市	105	13	45	2	8	27	16		3
芜湖市	**767**	**1520**	**515**	**2751**	**159**	**2791**	**1060**	**59**	**108**
镜湖区		1							
弋江区									
鸠江区	28	15	12	29	8	15	11		1
三山区	14	12	15	44	5	9	8		1
芜湖县	229	431	144	864	65	891	359	17	59
繁昌县	184	120	31	79	9	107	18	3	1
南陵县	84	133	52	115	6	78	72	2	2
芜湖经济技术开发区	127	742	215	1587	55	982	507	36	8
安徽芜湖长江大桥经济开发区	20	17	11	6	3	38	6		1
无为市	81	49	35	27	8	671	79	1	35
蚌埠市	**307**	**328**	**103**	**163**	**37**	**121**	**445**	**19**	**39**
龙子湖区	5	18		3		6	5		2
蚌山区									
禹会区	4	2	2			1	3		
淮上区	1	32	12	8	5	5	21		2
怀远县	108	51	21	62	7	27	190		12
五河县	61	60	8	17	13	17	27		4
固镇县	60	28	11	7	3	14	33	3	5
蚌埠市高新技术开发区	35	57	8	28	1	32	94	10	6
蚌埠市经济开发区	33	80	41	38	8	19	72	6	8
淮南市	**298**	**259**	**178**	**113**	**65**	**224**	**294**	**22**	**36**
大通区	36	72	31	25	4	26	12	3	4
田家庵区	1	3	1			1	2		
谢家集区	2	3		1			2		
八公山区									
潘集区	11	5	9	1	4	13	14	6	3
凤台县	54	30	36	5	10	40	66	4	3
寿县	194	146	101	81	47	144	198	9	26

4－4b 续表 37

单位：人

地区 性别	制造业								
	金属制品业	通用设备制造业	专用设备制造业	汽车制造业	铁路、船舶、航空航天和其他运输设备制造业	电气机械和器材制造业	计算机、通信和其他电子设备制造业	仪器仪表制造业	其他制造业
马鞍山市	**808**	**552**	**135**	**203**	**54**	**208**	**290**	**25**	**50**
花山区									
雨山区									
博望区	60	43	6		2	2	2		1
当涂县	305	279	67	153	30	126	190	16	36
含山县	369	113	33	29	2	39	35	4	11
和县	74	117	29	21	20	41	63	5	2
淮北市	**178**	**130**	**113**	**78**	**34**	**423**	**109**	**4**	**11**
杜集区	27	29	12	1	13	11	19		
相山区									
烈山区	9	12	15	4	1	11	13	1	
濉溪县	142	89	86	73	20	401	77	3	11
铜陵市	**197**	**49**	**16**	**23**	**24**	**37**	**76**	**6**	**8**
铜官区									
义安区	23	17	5	2		15	44	1	1
郊区	14	7		4		5	7		2
枞阳县	160	25	11	17	24	17	25	5	5
安庆市	**519**	**475**	**254**	**324**	**38**	**206**	**372**	**30**	**473**
迎江区									
大观区	5	5	1	6		1	1		
宜秀区	5	6	5	7		1	1		
怀宁县	67	89	42	49	3	43	56	6	26
太湖县	119	39	82	17	1	38	72	3	16
宿松县	103	44	35	27	11	31	106	11	8
望江县	20	13	8	4	3	2	13	1	2
岳西县	45	52	12	32	1	20	45	1	9
安徽安庆经济开发区	81	154	44	152	14	31	21	3	19
桐城市	34	44	13	19	1	9	25	3	51
潜山市	40	29	12	11	4	30	32	2	342
黄山市	**191**	**198**	**72**	**259**	**24**	**132**	**284**	**69**	**30**
屯溪区		15	6	8	1	12	10		
黄山区	3	2	2		1	31	2		1
徽州区	4	6	1	6	3	2			
歙县	125	127	19	119	14	54	50	66	18
休宁县	26	37	34	122	3	11	99	3	9
黟县	5	8	1	2		2	18		1
祁门县	28	3	9	2	2	20	105		1
滁州市	**1180**	**1402**	**603**	**779**	**780**	**1538**	**2395**	**259**	**113**
琅琊区									
南谯区	27	56	44	12	2	74	56	6	9
来安县	284	203	50	153	276	124	359	5	20
全椒县	230	657	84	125	16	191	130	8	15
定远县	130	97	47	61	6	92	157	22	14
凤阳县	130	80	44	57	7	27	52	7	30
苏滁现代产业园	19	16	28	208	3	301	213	2	3
滁州经济技术开发区	77	98	61	86	7	236	536	10	7
天长市	242	155	230	55	448	469	762	195	14
明光市	41	40	15	22	15	24	130	4	1

4-4b 续表 38

单位：人

地 区 性 别	制造业								
	金 属 制品业	通用设备 制造业	专用设备 制造业	汽 车 制造业	铁路、船舶、 航空航天和 其他运输 设备制造业	电气机械 和器材 制造业	计算机、 通信和其 他电子设 备制造业	仪器仪表 制造业	其 他 制造业
阜阳市	**823**	**536**	**256**	**243**	**117**	**580**	**746**	**42**	**116**
颍州区	33	11	6	3	2	3	5		1
颍东区	12	10	6	5	2	11	13	1	1
颍泉区	48	47	13	15	9	9	51		3
临泉县	147	153	62	37	32	76	235	14	23
太和县	192	130	83	34	42	174	212	5	36
阜南县	113	31	32	15	6	44	62	9	32
颍上县	202	121	40	42	18	93	141	11	12
阜阳合肥现代产业园区	3		1	44	1				
阜阳经济技术开发区	40	15	6	46	4	6	4	2	
界首市	33	18	7	2	1	164	23		8
宿州市	**560**	**473**	**194**	**125**	**88**	**243**	**609**	**30**	**56**
埇桥区	57	50	22	22	14	38	109	4	1
砀山县	84	52	33	20	16	46	96	3	14
萧县	186	208	55	34	31	46	217	8	7
灵璧县	126	95	40	28	8	64	89	7	12
泗县	74	50	30	16	8	26	59	4	14
宿州马鞍山现代产业园区	10	11	2	1	10	3	32		5
宿州经济技术开发区	23	7	12	4	1	20	7	4	3
六安市	**661**	**755**	**157**	**145**	**127**	**547**	**1272**	**26**	**57**
金安区	96	107	15	31	6	39	34	4	16
裕安区	16	22	2	5	1	8	15	1	8
叶集区	8	8	3	2	1	3	6		1
霍邱县	77	44	28	15	10	29	89	3	9
舒城县	183	119	40	40	18	98	950	6	5
金寨县	110	78	20	12	32	95	111	7	11
霍山县	171	377	49	40	59	275	67	5	7
亳州市	**609**	**231**	**118**	**190**	**49**	**95**	**332**	**7**	**21**
谯城区	36	8	4	3	3	10	41		3
涡阳县	289	74	43	27	23	30	103	4	2
蒙城县	147	81	49	137	9	38	74	2	15
利辛县	137	68	22	23	14	17	114	1	1
池州市	**199**	**155**	**52**	**52**	**57**	**83**	**169**	**17**	**22**
贵池区	15	3	3		30	1	5		1
东至县	99	64	33	26	24	33	60	3	8
石台县	1	2	1			1	4	7	1
青阳县	84	86	15	26	3	48	100	7	12
池州市国家经济技术开发区									
皖江江南新兴产业集中区									
九华山风景区									
宣城市	**855**	**857**	**243**	**667**	**26**	**566**	**269**	**49**	**30**
宣州区	69	43	18	54	1	31	34		2
郎溪县	321	249	78	101	12	107	86	42	6
泾县	132	143	25	17	7	276	12		3
绩溪县	62	190	29	91		33	13	1	2
旌德县	40	19	28	1	1	6	3	2	1
宣城市经济开发区	64	50	37	170	4	56	80	3	4
宁国市	123	56	12	90		8	23		2
广德市	44	107	16	143	1	49	18	1	10

4－4b 续表 39

单位：人

地 区 性 别	制造业								
	金 属 制品业	通用设备 制造业	专用设备 制造业	汽 车 制造业	铁路、船舶、 航空航天和 其他运输 设备制造业	电气机械 和器材 制造业	计算机、 通信和其 他电子设 备制造业	仪器仪表 制造业	其 他 制造业
男	**7817**	**8077**	**2994**	**6120**	**1270**	**8530**	**8904**	**603**	**800**
合肥市	**1584**	**2236**	**1032**	**1967**	**114**	**3671**	**4095**	**189**	**189**
瑶海区	2	9	6	3		1	6	2	4
庐阳区	12	18	6	4	1	16	33	4	1
蜀山区	13	6	3	1		20	2	1	2
包河区									
长丰县	512	267	141	148	12	274	143	21	27
肥东县	268	281	105	65	27	138	138	16	19
肥西县	270	576	275	545	14	925	750	32	16
庐江县	147	118	63	65	9	185	305	13	16
合肥高新技术产业开发区	28	309	77	122	15	528	238	25	40
合肥经济技术开发区	140	487	227	957	13	1357	725	16	44
合肥新站高新技术产业开发区	116	153	97	57	15	222	1747	59	18
巢湖市	76	12	32		8	5	8		2
芜湖市	**590**	**1096**	**368**	**1863**	**126**	**1781**	**651**	**41**	**53**
镜湖区		1							
弋江区									
鸠江区	24	11	4	13	6	10	5		1
三山区	10	10	10	32	4	5	7		1
芜湖县	168	292	92	529	50	449	184	8	28
繁昌县	147	86	26	61	6	88	17	3	1
南陵县	64	111	35	84	6	47	45	2	1
芜湖经济技术开发区	95	534	171	1115	46	632	334	27	4
安徽芜湖长江大桥经济开发区	17	16	11	5	3	26	5		1
无为市	65	35	19	24	5	524	54	1	16
蚌埠市	**234**	**236**	**78**	**109**	**24**	**92**	**254**	**11**	**27**
龙子湖区	3	16		3		4	2		1
蚌山区									
禹会区	3	2	1			1	1		
淮上区	1	13	9	3	3	4	8		1
怀远县	85	36	18	43	4	21	105		9
五河县	44	44	6	14	8	11	20		2
固镇县	53	24	8	7	3	8	20	1	3
蚌埠市高新技术开发区	21	43	6	15		26	53	6	4
蚌埠市经济开发区	24	58	30	24	6	17	45	4	7
淮南市	**246**	**194**	**113**	**79**	**54**	**145**	**138**	**17**	**21**
大通区	32	53	25	20	3	23	7	2	2
田家庵区	1	2	1			1	1		
谢家集区	2	1		1			1		
八公山区									
潘集区	10	1	6	1	4	11	9	6	
凤台县	50	23	25	2	9	20	23	4	2
寿县	151	114	56	55	38	90	97	5	17

4-4b　续表 40　　　　　　　　　　　　　　　　　　　　　　单位：人

地　区 性　别	制造业								
	金　属 制品业	通用设备 制造业	专用设备 制造业	汽　车 制造业	铁路、船舶、 航空航天和 其他运输 设备制造业	电气机械 和器材 制造业	计算机、 通信和其 他电子设 备制造业	仪器仪表 制造业	其　他 制造业
马鞍山市	**618**	**400**	**95**	**119**	**41**	**124**	**125**	**12**	**31**
花山区									
雨山区									
博望区	39	39	4		2	1	1		1
当涂县	243	204	44	86	23	72	80	7	23
含山县	276	74	25	16	1	23	12	3	5
和县	60	83	22	17	15	28	32	2	2
淮北市	**136**	**101**	**77**	**48**	**26**	**271**	**49**	**2**	**7**
杜集区	22	23	9	1	10	9	7		
相山区									
烈山区	8	10	10	3	1	6	7	1	
濉溪县	106	68	58	44	15	256	35	1	7
铜陵市	**160**	**41**	**14**	**20**	**18**	**23**	**55**	**3**	**2**
铜官区									
义安区	19	13	4	2		6	34	1	
郊区	10	6		4		2	5		1
枞阳县	131	22	10	14	18	15	16	2	1
安庆市	**399**	**338**	**149**	**228**	**29**	**140**	**223**	**17**	**260**
迎江区									
大观区	3	4	1	4		1			
宜秀区	4	3	3	5		1	1		
怀宁县	58	52	29	29	2	27	34	5	12
太湖县	79	29	32	14	1	29	42	3	10
宿松县	76	33	29	20	8	21	62	4	2
望江县	16	9	6	3	2	2	7		1
岳西县	39	39	7	23	1	16	26		6
安徽安庆经济开发区	65	116	26	108	11	19	13	3	12
桐城市	28	33	7	14	1	6	19	1	22
潜山市	31	20	9	8	3	18	19	1	195
黄山市	**146**	**139**	**52**	**135**	**14**	**63**	**109**	**22**	**15**
屯溪区		13	5	5		8	8		
黄山区	3	2	2		1	14	1		1
徽州区	3	6		4		2			
歙县	93	88	12	69	8	27	28	20	10
休宁县	20	23	24	56	3	6	29	2	3
黟县	3	4	1	1			10		
祁门县	24	3	8		2	6	33		1
滁州市	**851**	**1047**	**359**	**564**	**468**	**955**	**1336**	**174**	**45**
琅琊区									
南谯区	22	41	34	10	2	42	29	2	4
来安县	201	160	38	102	211	87	202	5	2
全椒县	170	493	61	99	14	126	83	7	9
定远县	101	71	25	45	5	56	86	13	5
凤阳县	95	58	27	33	6	18	27	6	15
苏滁现代产业园	16	12	16	145	2	208	139	2	2
滁州经济技术开发区	55	72	38	65	5	117	357	6	4
天长市	168	110	111	47	213	286	343	133	3
明光市	23	30	9	18	10	15	70		1

4-4b 续表 41 单位：人

地 区 性 别	制造业								
	金 属 制品业	通用设备 制造业	专用设备 制造业	汽 车 制造业	铁路、船舶、航空航天和其他运输设备制造业	电气机械和器材制造业	计算机、通信和其他电子设备制造业	仪器仪表 制造业	其 他 制造业
阜阳市	**651**	**402**	**161**	**192**	**98**	**359**	**423**	**28**	**59**
颍州区	22	9	4	2	2	2	3		
颍东区	10	6	4	3	2	7	4	1	
颍泉区	38	39	9	12	7	7	30		2
临泉县	118	114	37	26	25	49	125	9	12
太和县	156	99	61	25	39	105	130	4	19
阜南县	91	21	16	13	4	22	39	6	16
颍上县	161	85	23	28	13	47	75	7	7
阜阳合肥现代产业园区	2			42	1				
阜阳经济技术开发区	28	12	2	39	4	5	2	1	
界首市	25	17	5	2	1	115	15		3
宿州市	**442**	**350**	**125**	**83**	**63**	**147**	**351**	**24**	**26**
埇桥区	45	38	17	16	7	21	51	3	
砀山县	65	43	21	16	14	31	73	3	8
萧县	149	149	36	20	23	31	131	8	4
灵璧县	99	71	27	16	6	34	47	4	6
泗县	59	35	14	12	5	13	27	4	7
宿州马鞍山现代产业园区	9	8	1	1	7	2	20		1
宿州经济技术开发区	16	6	9	2	1	15	2	2	
六安市	**484**	**568**	**100**	**98**	**93**	**260**	**672**	**20**	**26**
金安区	76	83	11	21	3	26	24	4	8
裕安区	11	18	2	5	1	5	11	1	4
叶集区	2	7	1			2	4		
霍邱县	62	37	15	10	8	14	35	2	3
舒城县	135	83	22	30	13	56	518	4	3
金寨县	79	53	12	9	21	40	41	5	3
霍山县	119	287	37	23	47	117	39	4	5
亳州市	**497**	**176**	**80**	**139**	**36**	**61**	**180**	**4**	**11**
谯城区	31	7	3	2	2	9	16		1
涡阳县	236	56	29	18	18	18	61	2	1
蒙城县	123	63	33	101	6	21	41	1	8
利辛县	107	50	15	18	10	13	62	1	1
池州市	**147**	**116**	**31**	**39**	**49**	**56**	**106**	**10**	**10**
贵池区	11	2	3		26	1	3		
东至县	69	48	19	19	21	25	39	2	5
石台县	1	2				1	3	4	
青阳县	66	64	9	20	2	29	61	4	5
池州市国家经济技术开发区									
皖江江南新兴产业集中区									
九华山风景区									
宣城市	**632**	**637**	**160**	**437**	**17**	**382**	**137**	**29**	**18**
宣州区	50	38	9	40		21	9		1
郎溪县	232	187	57	66	8	58	42	26	2
泾县	103	115	22	12	4	197	8		1
绩溪县	48	123	15	49		20	1	1	2
旌德县	30	14	19	1	1	4	2		1
宣城市经济开发区	51	37	23	111	3	37	59	1	4
宁国市	90	44	7	53		6	8		1
广德市	28	79	8	105	1	39	8	1	6

4-4b 续表 42

单位：人

地区 性别	制造业								
	金属制品业	通用设备制造业	专用设备制造业	汽车制造业	铁路、船舶、航空航天和其他运输设备制造业	电气机械和器材制造业	计算机、通信和其他电子设备制造业	仪器仪表制造业	其他制造业
女	**2402**	**2854**	**1589**	**2786**	**556**	**5056**	**6108**	**345**	**690**
合肥市	**483**	**775**	**542**	**824**	**33**	**2121**	**2195**	**95**	**131**
瑶海区		5	1			2	3		1
庐阳区	1	4	7	2		9	10		
蜀山区	3	3	1	2		13	5		
包河区									
长丰县	131	115	88	77	9	210	104	10	12
肥东县	98	104	72	33	3	136	108	9	15
肥西县	78	209	120	202	3	563	543	17	10
庐江县	45	40	32	29	2	116	208	9	31
合肥高新技术产业开发区	15	101	52	50	5	228	145	22	29
合肥经济技术开发区	42	142	105	406	3	702	430	13	19
合肥新站高新技术产业开发区	41	51	51	21	8	120	631	15	13
巢湖市	29	1	13	2		22	8		1
芜湖市	**177**	**424**	**147**	**888**	**33**	**1010**	**409**	**18**	**55**
镜湖区									
弋江区									
鸠江区	4	4	8	16	2	5	6		
三山区	4	2	5	12	1	4	1		
芜湖县	61	139	52	335	15	442	175	9	31
繁昌县	37	34	5	18	3	19	1		
南陵县	20	22	17	31		31	27		1
芜湖经济技术开发区	32	208	44	472	9	350	173	9	4
安徽芜湖长江大桥经济开发区	3	1		1		12	1		
无为市	16	14	16	3	3	147	25		19
蚌埠市	**73**	**92**	**25**	**54**	**13**	**29**	**191**	**8**	**12**
龙子湖区	2	2				2	3		1
蚌山区									
禹会区	1		1				2		
淮上区		19	3	5	2	1	13		1
怀远县	23	15	3	19	3	6	85		3
五河县	17	16	2	3	5	6	7		2
固镇县	7	4	3			6	13	2	2
蚌埠市高新技术开发区	14	14	2	13	1	6	41	4	2
蚌埠市经济开发区	9	22	11	14	2	2	27	2	1
淮南市	**52**	**65**	**65**	**34**	**11**	**79**	**156**	**5**	**15**
大通区	4	19	6	5	1	3	5	1	2
田家庵区		1					1		
谢家集区		2					1		
八公山区									
潘集区	1	4	3			2	5		3
凤台县	4	7	11	3	1	20	43		1
寿县	43	32	45	26	9	54	101	4	9

4-4b 续表 43　　　　单位：人

地　区 性　别	制造业								
	金　属 制品业	通用设备 制造业	专用设备 制造业	汽　车 制造业	铁路、船舶、 航空航天和 其他运输 设备制造业	电气机械 和器材 制造业	计算机、 通信和其 他电子设 备制造业	仪器仪表 制造业	其　他 制造业
马鞍山市	**190**	**152**	**40**	**84**	**13**	**84**	**165**	**13**	**19**
花山区									
雨山区									
博望区	21	4	2			1	1		
当涂县	62	75	23	67	7	54	110	9	13
含山县	93	39	8	13	1	16	23	1	6
和县	14	34	7	4	5	13	31	3	
淮北市	**42**	**29**	**36**	**30**	**8**	**152**	**60**	**2**	**4**
杜集区	5	6	3		3	2	12		
相山区									
烈山区	1	2	5	1		5	6		
濉溪县	36	21	28	29	5	145	42	2	4
铜陵市	**37**	**8**	**2**	**3**	**6**	**14**	**21**	**3**	**6**
铜官区									
义安区	4	4	1			9	10		1
郊区	4	1				3	2		1
枞阳县	29	3	1	3	6	2	9	3	4
安庆市	**120**	**137**	**105**	**96**	**9**	**66**	**149**	**13**	**213**
迎江区									
大观区	2	1		2			1		
宜秀区	1	3	2	2					
怀宁县	9	37	13	20	1	16	22	1	14
太湖县	40	10	50	3		9	30		6
宿松县	27	11	6	7	3	10	44	7	6
望江县	4	4	2	1	1		6	1	1
岳西县	6	13	5	9		4	19	1	3
安徽安庆经济开发区	16	38	18	44	3	12	8		7
桐城市	6	11	6	5		3	6	2	29
潜山市	9	9	3	3	1	12	13	1	147
黄山市	**45**	**59**	**20**	**124**	**10**	**69**	**175**	**47**	**15**
屯溪区		2	1	3	1	4	2		
黄山区						17	1		
徽州区	1		1	2	3				
歙县	32	39	7	50	6	27	22	46	8
休宁县	6	14	10	66		5	70	1	6
黟县	2	4		1		2	8		1
祁门县	4		1	2		14	72		
滁州市	**329**	**355**	**244**	**215**	**312**	**583**	**1059**	**85**	**68**
琅琊区									
南谯区	5	15	10	2		32	27	4	5
来安县	83	43	12	51	65	37	157		18
全椒县	60	164	23	26	2	65	47	1	6
定远县	29	26	22	16	1	36	71	9	9
凤阳县	35	22	17	24	1	9	25	1	15
苏滁现代产业园	3	4	12	63	1	93	74		1
滁州经济技术开发区	22	26	23	21	2	119	179	4	3
天长市	74	45	119	8	235	183	419	62	11
明光市	18	10	6	4	5	9	60	4	

4-4b 续表 44

单位：人

地 区 性 别	制造业								
	金 属 制品业	通用设备 制造业	专用设备 制造业	汽 车 制造业	铁路、船舶、 航空航天和 其他运输 设备制造业	电气机械 和器材 制造业	计算机、 通信和其 他电子设 备制造业	仪器仪表 制造业	其 他 制造业
阜阳市	**172**	**134**	**95**	**51**	**19**	**221**	**323**	**14**	**57**
颍州区	11	2	2	1		1	2		1
颍东区	2	4	2	2		4	9		1
颍泉区	10	8	4	3	2	2	21		1
临泉县	29	39	25	11	7	27	110	5	11
太和县	36	31	22	9	3	69	82	1	17
阜南县	22	10	16	2	2	22	23	3	16
颍上县	41	36	17	14	5	46	66	4	5
阜阳合肥现代产业园区	1		1	2					
阜阳经济技术开发区	12	3	4	7		1	2	1	
界首市	8	1	2			49	8		5
宿州市	**118**	**123**	**69**	**42**	**25**	**96**	**258**	**6**	**30**
埇桥区	12	12	5	6	7	17	58	1	1
砀山县	19	9	12	4	2	15	23		6
萧县	37	59	19	14	8	15	86		3
灵璧县	27	24	13	12	2	30	42	3	6
泗县	15	15	16	4	3	13	32		7
宿州马鞍山现代产业园区	1	3	1		3	1	12		4
宿州经济技术开发区	7	1	3	2		5	5	2	3
六安市	**177**	**187**	**57**	**47**	**34**	**287**	**600**	**6**	**31**
金安区	20	24	4	10	3	13	10		8
裕安区	5	4				3	4		4
叶集区	6	1	2	2	1	1	2		1
霍邱县	15	7	13	5	2	15	54	1	6
舒城县	48	36	18	10	5	42	432	2	2
金寨县	31	25	8	3	11	55	70	2	8
霍山县	52	90	12	17	12	158	28	1	2
亳州市	**112**	**55**	**38**	**51**	**13**	**34**	**152**	**3**	**10**
谯城区	5	1	1	1	1	1	25		2
涡阳县	53	18	14	9	5	12	42	2	1
蒙城县	24	18	16	36	3	17	33	1	7
利辛县	30	18	7	5	4	4	52		
池州市	**52**	**39**	**21**	**13**	**8**	**27**	**63**	**7**	**12**
贵池区	4	1			4		2		1
东至县	30	16	14	7	3	8	21	1	3
石台县			1				1	3	1
青阳县	18	22	6	6	1	19	39	3	7
池州市国家经济技术开发区									
皖江江南新兴产业集中区									
九华山风景区									
宣城市	**223**	**220**	**83**	**230**	**9**	**184**	**132**	**20**	**12**
宣州区	19	5	9	14	1	10	25		1
郎溪县	89	62	21	35	4	49	44	16	4
泾县	29	28	3	5	3	79	4		2
绩溪县	14	67	14	42		13	12		
旌德县	10	5	9			2	1	2	
宣城市经济开发区	13	13	14	59	1	19	21	2	
宁国市	33	12	5	37		2	15		1
广德市	16	28	8	38		10	10		4

4-4b 续表 45 单位：人

地 区 性 别	制造业		电力、热力、燃气及水生产和供应业				建筑业		
	废弃资源综合利用业	金属制品、机械和设备修理业	小计	电力、热力生产和供应业	燃气生产和供应业	水的生产和供应业	小计	房屋建筑业	土木工程建筑业
安 徽	**2103**	**1377**	**7541**	**5009**	**993**	**1539**	**126448**	**69990**	**9325**
合肥市	**307**	**223**	**1301**	**834**	**172**	**295**	**28942**	**16505**	**2731**
瑶海区		2	5	1	4		143	73	12
庐阳区	1	6	72	58	7	7	286	114	63
蜀山区	2	2	7	3		4	305	128	58
包河区									
长丰县	40	30	154	84	24	46	3981	2348	337
肥东县	131	48	262	112	54	96	8576	5489	402
肥西县	41	21	221	152	25	44	4541	2614	511
庐江县	26	18	183	122	15	46	4421	2523	506
合肥高新技术产业开发区	11	32	122	92	13	17	1393	667	239
合肥经济技术开发区	23	37	178	140	18	20	2500	1140	383
合肥新站高新技术产业开发区	23	19	57	37	10	10	2085	1011	160
巢湖市	9	8	40	33	2	5	711	398	60
芜湖市	**70**	**121**	**372**	**242**	**49**	**81**	**7762**	**4254**	**485**
镜湖区	1		1			1	10	4	4
弋江区									
鸠江区	3	17	20	10		10	574	261	67
三山区		5	10	8	2		50	14	9
芜湖县	25	14	107	70	19	18	1738	938	91
繁昌县	16	15	74	50	5	19	676	408	40
南陵县	22	17	68	42	9	17	2215	1440	83
芜湖经济技术开发区		31	34	22	6	6	542	212	100
安徽芜湖长江大桥经济开发区	1		11	10	1		131	67	11
无为市	2	22	47	30	7	10	1826	910	80
蚌埠市	**58**	**99**	**530**	**336**	**81**	**113**	**4176**	**2158**	**485**
龙子湖区	4						38	21	8
蚌山区									
禹会区	3	1	2	1		1	79	25	36
淮上区	3	1	6	5		1	240	172	2
怀远县	9	17	110	62	19	29	1101	573	117
五河县	8	21	80	43	23	14	1062	581	56
固镇县	14	21	83	63	2	18	680	382	60
蚌埠市高新技术开发区	2		36	30	3	3	240	91	47
蚌埠市经济开发区	15	38	213	132	34	47	736	313	159
淮南市	**35**	**85**	**449**	**355**	**35**	**59**	**3281**	**1868**	**321**
大通区	9	10	121	116	1	4	403	225	48
田家庵区		6	2	2			70	29	5
谢家集区							41	28	4
八公山区									
潘集区	3	14	70	64	3	3	348	225	30
凤台县	1	25	126	94	10	22	625	324	47
寿县	22	30	130	79	21	30	1794	1037	187

4-4b 续表 46

单位：人

地区 性别	制造业		电力、热力、燃气及水生产和供应业				建筑业		
	废弃资源综合利用业	金属制品、机械和设备修理业	小计	电力、热力生产和供应业	燃气生产和供应业	水的生产和供应业	小计	房屋建筑业	土木工程建筑业
马鞍山市	**95**	**73**	**306**	**208**	**32**	**66**	**4450**	**2248**	**341**
花山区									
雨山区									
博望区	6	1	1			1	43	19	9
当涂县	25	45	109	82	12	15	2117	1220	155
含山县	16	4	92	69	5	18	1366	550	61
和县	48	23	104	57	15	32	924	459	116
淮北市	**27**	**54**	**169**	**119**	**24**	**26**	**2210**	**1363**	**174**
杜集区	1	1	7	4	2	1	204	158	11
相山区									
烈山区	2	14	15	14		1	106	53	7
濉溪县	24	39	147	101	22	24	1900	1152	156
铜陵市	**26**	**40**	**91**	**59**	**7**	**25**	**1915**	**608**	**106**
铜官区									
义安区	4	2	11	11			185	93	12
郊区	1	1	6	2	1	3	89	41	13
枞阳县	21	37	74	46	6	22	1641	474	81
安庆市	**172**	**60**	**482**	**304**	**77**	**101**	**8487**	**3408**	**760**
迎江区									
大观区	14	1	7	3	3	1	94	24	3
宜秀区	3	3	7	5	2		161	48	8
怀宁县	14	7	76	40	10	26	1478	481	162
太湖县	16	9	76	47	20	9	1232	611	120
宿松县	60	9	103	52	17	34	1579	811	67
望江县	7	6	16	10	2	4	504	202	43
岳西县	5	2	79	64	8	7	765	302	103
安徽安庆经济开发区	39	15	73	53	10	10	856	386	111
桐城市	3	5	18	10	3	5	942	288	60
潜山市	11	3	27	20	2	5	876	255	83
黄山市	**28**	**11**	**204**	**114**	**36**	**54**	**3117**	**1609**	**531**
屯溪区			1	1			70	41	
黄山区	1		14	7	2	5	344	172	130
徽州区			2	1		1	152	93	4
歙县	16	5	66	34	11	21	1067	542	73
休宁县	11	4	60	36	11	13	603	381	41
黟县			19	11	6	2	230	108	50
祁门县		2	42	24	6	12	651	272	233
滁州市	**168**	**156**	**605**	**379**	**104**	**122**	**11088**	**6300**	**641**
琅琊区									
南谯区	10	4	20	15	5		394	187	27
来安县	22	25	142	91	21	30	1795	1051	106
全椒县	19	37	79	50	12	17	2031	1040	148
定远县	32	40	126	73	26	27	2018	1322	105
凤阳县	44	26	96	58	14	24	1672	919	78
苏滁现代产业园	1		5	3		2	256	140	19
滁州经济技术开发区	22	6	67	48	10	9	669	315	64
天长市	13	13	41	22	10	9	1928	1127	68
明光市	5	5	29	19	6	4	325	199	26

4－4b 续表 47 单位：人

地 区 性 别	制造业		电力、热力、燃气及水生产和供应业				建筑业		
	废弃资源综合利用业	金属制品、机械和设备修理业	小计	电力、热力生产和供应业	燃气生产和供应业	水的生产和供应业	小计	房屋建筑业	土木工程建筑业
阜阳市	**675**	**107**	**659**	**420**	**89**	**150**	**14431**	**8307**	**589**
颍州区	4	1	20	15	2	3	560	339	11
颍东区	2	3	30	21	2	7	563	317	22
颍泉区	45	3	20	12	2	6	1144	918	13
临泉县	192	13	135	78	18	39	2834	1502	143
太和县	315	31	170	115	24	31	3659	2051	141
阜南县	26	23	98	63	18	17	1903	1058	89
颍上县	83	28	125	73	17	35	2705	1603	108
阜阳合肥现代产业园区							67	29	1
阜阳经济技术开发区	3	3	52	41	3	8	594	254	45
界首市	5	2	9	2	3	4	402	236	16
宿州市	**120**	**101**	**556**	**409**	**61**	**86**	**10134**	**6075**	**479**
埇桥区	1	18	45	37	5	3	1056	736	36
砀山县	3	10	103	72	9	22	1474	802	67
萧县	5	24	173	140	13	20	2737	1476	91
灵璧县	70	23	130	96	17	17	2042	1167	130
泗县	31	23	81	53	14	14	2187	1493	106
宿州马鞍山现代产业园区	3	1	2	1		1	183	146	2
宿州经济技术开发区	7	2	22	10	3	9	455	255	47
六安市	**175**	**76**	**640**	**418**	**86**	**136**	**10261**	**6382**	**744**
金安区	12	14	34	15	8	11	790	428	74
裕安区	10	5	24	12	6	6	688	461	24
叶集区	8	1	7	4		3	109	70	3
霍邱县	66	15	116	74	15	27	1792	1143	118
舒城县	42	14	142	79	29	34	2844	1653	291
金寨县	24	18	173	131	13	29	2319	1688	81
霍山县	13	9	144	103	15	26	1719	939	153
亳州市	**17**	**57**	**479**	**342**	**39**	**98**	**8336**	**5184**	**275**
谯城区	2	5	14	11	3		725	472	9
涡阳县	4	19	157	118	5	34	2442	1617	41
蒙城县	5	22	166	109	13	44	2480	1500	131
利辛县	6	11	142	104	18	20	2689	1595	94
池州市	**35**	**45**	**213**	**136**	**35**	**42**	**3167**	**1211**	**284**
贵池区	5	20	27	14	6	7	196	81	21
东至县	18	17	97	55	22	20	2117	710	153
石台县	3	1	34	23	2	9	191	48	61
青阳县	9	7	52	42	5	5	655	367	49
池州市国家经济技术开发区									
皖江江南新兴产业集中区									
九华山风景区			3	2		1	8	5	
宣城市	**95**	**69**	**485**	**334**	**66**	**85**	**4691**	**2510**	**379**
宣州区	6	14	36	16	10	10	609	325	36
郎溪县	24	15	123	79	14	30	1562	924	57
泾县	24	9	104	82	9	13	707	365	63
绩溪县	3	6	65	38	13	14	502	216	50
旌德县	6	7	41	33	4	4	354	153	86
宣城市经济开发区	18	9	97	79	14	4	493	263	56
宁国市			6	3		3	124	61	16
广德市	14	9	13	4	2	7	340	203	15

4-4b　续表 48　　　　　　　　　　　　　　　　　　　　　　　　　　　　单位：人

地　区 性　别	制造业		电力、热力、燃气及水生产和供应业				建筑业		
	废弃资源综合利用业	金属制品、机械和设备修理业	小计	电力、热力生产和供应业	燃气生产和供应业	水的生产和供应业	小计	房屋建筑业	土木工程建筑业
男	**1438**	**1192**	**5697**	**3880**	**715**	**1102**	**109674**	**60124**	**8206**
合肥市	**210**	**185**	**953**	**620**	**126**	**207**	**24643**	**13899**	**2319**
瑶海区		2	4		4		116	58	10
庐阳区	1	4	46	36	5	5	218	88	44
蜀山区	2	1	6	3		3	278	114	55
包河区									
长丰县	30	28	124	69	20	35	3438	1985	307
肥东县	87	43	181	85	37	59	7177	4461	366
肥西县	30	17	162	110	19	33	3853	2226	425
庐江县	19	17	144	99	10	35	3907	2219	437
合肥高新技术产业开发区	7	24	92	70	11	11	1142	554	188
合肥经济技术开发区	14	27	126	99	12	15	2089	981	305
合肥新站高新技术产业开发区	15	15	40	27	6	7	1793	862	132
巢湖市	5	7	28	22	2	4	632	351	50
芜湖市	**52**	**111**	**286**	**193**	**33**	**60**	**7050**	**3830**	**440**
镜湖区	1		1			1	10	4	4
弋江区									
鸠江区	1	17	18	10		8	532	239	63
三山区		4	8	7	1		45	13	9
芜湖县	15	13	72	52	10	10	1554	825	85
繁昌县	14	13	58	39	5	14	623	368	35
南陵县	18	16	52	31	7	14	2016	1301	79
芜湖经济技术开发区		26	27	19	3	5	467	181	85
安徽芜湖长江大桥经济开发区	1		9	8	1		126	65	11
无为市	2	22	41	27	6	8	1677	834	69
蚌埠市	**40**	**88**	**400**	**270**	**57**	**73**	**3573**	**1864**	**397**
龙子湖区	3						37	21	7
蚌山区									
禹会区	2	1	2	1		1	70	22	30
淮上区	1	1	5	4		1	211	154	1
怀远县	5	14	88	55	11	22	968	503	110
五河县	7	17	54	34	15	5	933	520	49
固镇县	10	20	67	54		13	586	327	49
蚌埠市高新技术开发区	2		28	24	2	2	192	73	32
蚌埠市经济开发区	10	35	156	98	29	29	576	244	119
淮南市	**25**	**76**	**335**	**268**	**19**	**48**	**2908**	**1678**	**284**
大通区	5	8	91	88		3	376	211	47
田家庵区		5	1	1			64	27	5
谢家集区							30	20	3
八公山区									
潘集区	2	13	54	51	1	2	317	210	26
凤台县	1	23	96	72	7	17	550	293	39
寿县	17	27	93	56	11	26	1571	917	164

4-4b 续表 49

单位：人

地　区 性　别	制造业		电力、热力、燃气及水生产和供应业				建筑业		
	废弃资源综合利用业	金属制品、机械和设备修理业	小计	电力、热力生产和供应业	燃气生产和供应业	水的生产和供应业	小计	房屋建筑业	土木工程建筑业
马鞍山市	**73**	**61**	**237**	**164**	**23**	**50**	**3979**	**1972**	**313**
花山区									
雨山区									
博望区	5	1	1			1	38	16	8
当涂县	17	35	88	67	7	14	1917	1091	142
含山县	13	4	71	53	5	13	1230	481	56
和县	38	21	77	44	11	22	794	384	107
淮北市	**20**	**49**	**133**	**94**	**19**	**20**	**1942**	**1173**	**162**
杜集区	1	1	6	4	1	1	174	132	10
相山区									
烈山区	1	11	13	13			93	48	7
濉溪县	18	37	114	77	18	19	1675	993	145
铜陵市	**21**	**31**	**67**	**48**	**4**	**15**	**1644**	**497**	**96**
铜官区									
义安区	3	2	11	11			173	87	11
郊区	1	1	5	2	1	2	78	36	9
枞阳县	17	28	51	35	3	13	1393	374	76
安庆市	**125**	**53**	**372**	**242**	**58**	**72**	**7350**	**2892**	**674**
迎江区									
大观区	12	1	6	3	2	1	85	20	2
宜秀区	2	2	7	5	2		147	45	7
怀宁县	7	6	56	32	8	16	1226	389	144
太湖县	13	8	54	37	12	5	1098	523	115
宿松县	47	8	85	45	15	25	1362	671	54
望江县	3	4	12	7	2	3	426	160	39
岳西县	2	2	53	42	6	5	692	271	95
安徽安庆经济开发区	27	14	62	45	9	8	712	324	91
桐城市	3	5	14	8	1	5	857	272	51
潜山市	9	3	23	18	1	4	745	217	76
黄山市	**17**	**11**	**153**	**84**	**23**	**46**	**2753**	**1375**	**476**
屯溪区			1	1			68	40	
黄山区	1		13	7	1	5	308	150	117
徽州区			1			1	138	84	2
歙县	8	5	54	27	7	20	945	467	68
休宁县	8	4	41	24	6	11	530	324	37
黟县			15	9	5	1	204	90	47
祁门县		2	28	16	4	8	560	220	205
滁州市	**115**	**137**	**452**	**290**	**72**	**90**	**9652**	**5449**	**563**
琅琊区									
南谯区	8	4	14	10	4		347	162	25
来安县	15	21	103	67	14	22	1587	924	92
全椒县	12	35	58	34	10	14	1717	875	125
定远县	19	34	96	54	19	23	1644	1054	93
凤阳县	30	23	69	45	8	16	1441	791	74
苏滁现代产业园	1		5	3		2	241	132	16
滁州经济技术开发区	17	5	49	39	6	4	560	262	55
天长市	9	11	36	21	8	7	1823	1069	58
明光市	4	4	22	17	3	2	292	180	25

4-4b　续表 50　　　　　　　　　　　　　　　　　　　　　　　　　　　　　单位：人

地　区 性　别	制造业		电力、热力、燃气及水生产和供应业				建筑业		
	废弃资源综合利用业	金属制品、机械和设备修理业	小计	电力、热力生产和供应业	燃气生产和供应业	水的生产和供应业	小计	房屋建筑业	土木工程建筑业
阜阳市	**430**	**100**	**533**	**345**	**72**	**116**	**12344**	**7086**	**522**
颍州区	1	1	19	15	2	2	485	284	11
颍东区		3	18	10	1	7	487	270	19
颍泉区	29	2	17	11	1	5	975	777	13
临泉县	129	13	102	66	14	22	2363	1257	121
太和县	182	29	140	95	17	28	3092	1722	125
阜南县	21	19	84	51	16	17	1654	907	84
颍上县	63	28	102	63	15	24	2367	1414	92
阜阳合肥现代产业园区							60	26	1
阜阳经济技术开发区	2	3	42	32	3	7	500	214	41
界首市	3	2	9	2	3	4	361	215	15
宿州市	**84**	**79**	**438**	**335**	**43**	**60**	**8784**	**5289**	**443**
埇桥区	1	13	39	33	4	2	938	667	32
砀山县	2	10	75	55	6	14	1315	735	59
萧县	5	21	150	125	9	16	2307	1242	85
灵璧县	52	17	91	69	12	10	1799	1024	121
泗县	19	15	65	44	10	11	1864	1268	101
宿州马鞍山现代产业园区	1	1	1	1			163	127	2
宿州经济技术开发区	4	2	17	8	2	7	398	226	43
六安市	**118**	**65**	**491**	**328**	**64**	**99**	**8969**	**5526**	**678**
金安区	9	11	29	15	7	7	695	375	63
裕安区	8	5	20	11	5	4	630	421	23
叶集区	6	1	5	3		2	98	64	2
霍邱县	37	12	82	52	11	19	1587	1020	109
舒城县	32	12	117	65	24	28	2501	1438	264
金寨县	16	16	127	99	7	21	1927	1372	76
霍山县	10	8	111	83	10	18	1531	836	141
亳州市	**15**	**49**	**339**	**249**	**30**	**60**	**6967**	**4256**	**250**
谯城区	1	4	10	8	2		623	399	8
涡阳县	3	17	112	87	4	21	1989	1264	36
蒙城县	5	19	115	78	11	26	2094	1258	118
利辛县	6	9	102	76	13	13	2261	1335	88
池州市	**21**	**41**	**152**	**103**	**25**	**24**	**2818**	**1060**	**256**
贵池区	4	20	20	11	6	3	182	75	20
东至县	11	16	66	40	15	11	1849	601	135
石台县	2	1	26	19		7	176	42	59
青阳县	4	4	38	31	4	3	603	337	42
池州市国家经济技术开发区									
皖江江南新兴产业集中区									
九华山风景区			2	2			8	5	
宣城市	**72**	**56**	**356**	**247**	**47**	**62**	**4298**	**2278**	**333**
宣州区	5	12	25	10	7	8	562	296	35
郎溪县	21	12	93	65	9	19	1458	846	54
泾县	18	6	74	61	5	8	660	343	59
绩溪县	2	5	53	28	13	12	450	184	44
旌德县	4	6	32	26	2	4	324	143	72
宣城市经济开发区	13	6	67	53	10	4	423	227	44
宁国市			4	1		3	110	55	12
广德市	9	9	8	3	1	4	311	184	13

4-4b 续表 51

单位：人

地区 性别	制造业		电力、热力、燃气及水生产和供应业				建筑业		
	废弃资源综合利用业	金属制品、机械和设备修理业	小计	电力、热力生产和供应业	燃气生产和供应业	水的生产和供应业	小计	房屋建筑业	土木工程建筑业
女	**665**	**185**	**1844**	**1129**	**278**	**437**	**16774**	**9866**	**1119**
合肥市	**97**	**38**	**348**	**214**	**46**	**88**	**4299**	**2606**	**412**
瑶海区			1	1			27	15	2
庐阳区		2	26	22	2	2	68	26	19
蜀山区		1	1			1	27	14	3
包河区									
长丰县	10	2	30	15	4	11	543	363	30
肥东县	44	5	81	27	17	37	1399	1028	36
肥西县	11	4	59	42	6	11	688	388	86
庐江县	7	1	39	23	5	11	514	304	69
合肥高新技术产业开发区	4	8	30	22	2	6	251	113	51
合肥经济技术开发区	9	10	52	41	6	5	411	159	78
合肥新站高新技术产业开发区	8	4	17	10	4	3	292	149	28
巢湖市	4	1	12	11		1	79	47	10
芜湖市	**18**	**10**	**86**	**49**	**16**	**21**	**712**	**424**	**45**
镜湖区									
弋江区									
鸠江区	2		2			2	42	22	4
三山区		1	2	1	1		5	1	
芜湖县	10	1	35	18	9	8	184	113	6
繁昌县	2	2	16	11		5	53	40	5
南陵县	4	1	16	11	2	3	199	139	4
芜湖经济技术开发区		5	7	3	3	1	75	31	15
安徽芜湖长江大桥经济开发区			2	2			5	2	
无为市			6	3	1	2	149	76	11
蚌埠市	**18**	**11**	**130**	**66**	**24**	**40**	**603**	**294**	**88**
龙子湖区	1						1		1
蚌山区									
禹会区	1						9	3	6
淮上区	2		1	1			29	18	1
怀远县	4	3	22	7	8	7	133	70	7
五河县	1	4	26	9	8	9	129	61	7
固镇县	4	1	16	9	2	5	94	55	11
蚌埠市高新技术开发区			8	6	1	1	48	18	15
蚌埠市经济开发区	5	3	57	34	5	18	160	69	40
淮南市	**10**	**9**	**114**	**87**	**16**	**11**	**373**	**190**	**37**
大通区	4	2	30	28	1	1	27	14	1
田家庵区		1	1	1			6	2	
谢家集区							11	8	1
八公山区									
潘集区	1	1	16	13	2	1	31	15	4
凤台县		2	30	22	3	5	75	31	8
寿县	5	3	37	23	10	4	223	120	23

4-4b　续表 52　　　　单位：人

地　区 性　别	制造业		电力、热力、燃气及水生产和供应业				建筑业		
	废弃资源综合利用业	金属制品、机械和设备修理业	小计	电力、热力生产和供应业	燃气生产和供应业	水的生产和供应业	小计	房屋建筑业	土木工程建筑业
马鞍山市	**22**	**12**	**69**	**44**	**9**	**16**	**471**	**276**	**28**
花山区									
雨山区									
博望区	1						5	3	1
当涂县	8	10	21	15	5	1	200	129	13
含山县	3		21	16		5	136	69	5
和县	10	2	27	13	4	10	130	75	9
淮北市	**7**	**5**	**36**	**25**	**5**	**6**	**268**	**190**	**12**
杜集区			1		1		30	26	1
相山区									
烈山区	1	3	2	1		1	13	5	
濉溪县	6	2	33	24	4	5	225	159	11
铜陵市	**5**	**9**	**24**	**11**	**3**	**10**	**271**	**111**	**10**
铜官区									
义安区	1						12	6	1
郊区			1			1	11	5	4
枞阳县	4	9	23	11	3	9	248	100	5
安庆市	**47**	**7**	**110**	**62**	**19**	**29**	**1137**	**516**	**86**
迎江区									
大观区	2		1		1		9	4	1
宜秀区	1	1					14	3	1
怀宁县	7	1	20	8	2	10	252	92	18
太湖县	3	1	22	10	8	4	134	88	5
宿松县	13	1	18	7	2	9	217	140	13
望江县	4	2	4	3		1	78	42	4
岳西县	3		26	22	2	2	73	31	8
安徽安庆经济开发区	12	1	11	8	1	2	144	62	20
桐城市			4	2	2		85	16	9
潜山市	2		4	2	1	1	131	38	7
黄山市	**11**		**51**	**30**	**13**	**8**	**364**	**234**	**55**
屯溪区							2	1	
黄山区			1		1		36	22	13
徽州区			1	1			14	9	2
歙县	8		12	7	4	1	122	75	5
休宁县	3		19	12	5	2	73	57	4
黟县			4	2	1	1	26	18	3
祁门县			14	8	2	4	91	52	28
滁州市	**53**	**19**	**153**	**89**	**32**	**32**	**1436**	**851**	**78**
琅琊区									
南谯区	2		6	5	1		47	25	2
来安县	7	4	39	24	7	8	208	127	14
全椒县	7	2	21	16	2	3	314	165	23
定远县	13	6	30	19	7	4	374	268	12
凤阳县	14	3	27	13	6	8	231	128	4
苏滁现代产业园							15	8	3
滁州经济技术开发区	5	1	18	9	4	5	109	53	9
天长市	4	2	5	1	2	2	105	58	10
明光市	1	1	7	2	3	2	33	19	1

4-4b 续表 53 单位：人

地区 性别	制造业		电力、热力、燃气及水生产和供应业				建筑业		
	废弃资源综合利用业	金属制品、机械和设备修理业	小计	电力、热力生产和供应业	燃气生产和供应业	水的生产和供应业	小计	房屋建筑业	土木工程建筑业
阜阳市	**245**	**7**	**126**	**75**	**17**	**34**	**2087**	**1221**	**67**
颍州区	3		1			1	75	55	
颍东区	2		12	11	1		76	47	3
颍泉区	16	1	3	1	1	1	169	141	
临泉县	63		33	12	4	17	471	245	22
太和县	133	2	30	20	7	3	567	329	16
阜南县	5	4	14	12	2		249	151	5
颍上县	20		23	10	2	11	338	189	16
阜阳合肥现代产业园区							7	3	
阜阳经济技术开发区	1		10	9		1	94	40	4
界首市	2						41	21	1
宿州市	**36**	**22**	**118**	**74**	**18**	**26**	**1350**	**786**	**36**
埇桥区		5	6	4	1	1	118	69	4
砀山县	1		28	17	3	8	159	67	8
萧县		3	23	15	4	4	430	234	6
灵璧县	18	6	39	27	5	7	243	143	9
泗县	12	8	16	9	4	3	323	225	5
宿州马鞍山现代产业园区	2		1			1	20	19	
宿州经济技术开发区	3		5	2	1	2	57	29	4
六安市	**57**	**11**	**149**	**90**	**22**	**37**	**1292**	**856**	**66**
金安区	3	3	5		1	4	95	53	11
裕安区	2		4	1	1	2	58	40	1
叶集区	2		2	1		1	11	6	1
霍邱县	29	3	34	22	4	8	205	123	9
舒城县	10	2	25	14	5	6	343	215	27
金寨县	8	2	46	32	6	8	392	316	5
霍山县	3	1	33	20	5	8	188	103	12
亳州市	**2**	**8**	**140**	**93**	**9**	**38**	**1369**	**928**	**25**
谯城区	1	1	4	3	1		102	73	1
涡阳县	1	2	45	31	1	13	453	353	5
蒙城县		3	51	31	2	18	386	242	13
利辛县		2	40	28	5	7	428	260	6
池州市	**14**	**4**	**61**	**33**	**10**	**18**	**349**	**151**	**28**
贵池区	1		7	3		4	14	6	1
东至县	7	1	31	15	7	9	268	109	18
石台县	1		8	4	2	2	15	6	2
青阳县	5	3	14	11	1	2	52	30	7
池州市国家经济技术开发区									
皖江江南新兴产业集中区									
九华山风景区			1			1			
宣城市	**23**	**13**	**129**	**87**	**19**	**23**	**393**	**232**	**46**
宣州区	1	2	11	6	3	2	47	29	1
郎溪县	3	3	30	14	5	11	104	78	3
泾县	6	3	30	21	4	5	47	22	4
绩溪县	1	1	12	10		2	52	32	6
旌德县	2	1	9	7	2		30	10	14
宣城市经济开发区	5	3	30	26	4		70	36	12
宁国市			2	2			14	6	4
广德市	5		5	1	1	3	29	19	2

4-4b　续表 54　　　　单位：人

地　区 性　别	建筑业		批发和零售业			交通运输、仓储和邮政业			
	建　筑 安装业	建筑装 饰、装修 和其他 建筑业	小计	批发业	零售业	小计	铁　路 运输业	道　路 运输业	水　上 运输业
安　徽	**6440**	**40693**	**133962**	**33062**	**100900**	**50540**	**1224**	**35702**	**1392**
合肥市	**1444**	**8262**	**23753**	**6208**	**17545**	**9457**	**156**	**6590**	**55**
瑶海区	7	51	247	70	177	111	3	95	
庐阳区	19	90	565	169	396	157	12	114	
蜀山区	11	108	134	13	121	125		107	
包河区									
长丰县	248	1048	3162	659	2503	1406	13	1086	5
肥东县	357	2328	3989	1100	2889	2274	14	1521	2
肥西县	220	1196	3577	852	2725	1711	27	1165	9
庐江县	169	1223	3421	603	2818	842	3	605	17
合肥高新技术产业开发区	101	386	1822	627	1195	488	12	290	2
合肥经济技术开发区	152	825	3385	1038	2347	1131	28	735	7
合肥新站高新技术产业开发区	135	779	2902	955	1947	1025	40	741	4
巢湖市	25	228	549	122	427	187	4	131	9
芜湖市	**307**	**2716**	**8188**	**1640**	**6548**	**3284**	**73**	**2049**	**358**
镜湖区		2	7	2	5	2		2	
弋江区									
鸠江区	20	226	530	97	433	131	8	67	22
三山区	7	20	144	26	118	30		13	1
芜湖县	74	635	1516	310	1206	816	14	430	193
繁昌县	31	197	1057	223	834	480	13	322	44
南陵县	54	638	1643	248	1395	615	1	445	32
芜湖经济技术开发区	31	199	810	209	601	658	30	423	20
安徽芜湖长江大桥经济开发区	19	34	56	6	50	35		21	5
无为市	71	765	2425	519	1906	517	7	326	41
蚌埠市	**227**	**1306**	**6421**	**1411**	**5010**	**3273**	**427**	**2029**	**197**
龙子湖区	2	7	47	8	39	20		12	
蚌山区									
禹会区	2	16	49	12	37	49		36	2
淮上区	27	39	178	56	122	93		44	1
怀远县	85	326	1946	423	1523	893	4	615	114
五河县	39	386	1299	260	1039	740	1	594	25
固镇县	21	217	1003	207	796	451	14	305	15
蚌埠市高新技术开发区	8	94	426	109	317	191	25	115	16
蚌埠市经济开发区	43	221	1473	336	1137	836	383	308	24
淮南市	**217**	**875**	**4578**	**1070**	**3508**	**2164**	**40**	**1604**	**84**
大通区	35	95	436	86	350	251	14	178	5
田家庵区	9	27	77	20	57	25		24	
谢家集区	3	6	25	9	16	12		10	
八公山区			1		1				
潘集区	8	85	251	58	193	130	1	112	
凤台县	57	197	1391	306	1085	485	16	334	29
寿县	105	465	2397	591	1806	1261	9	946	50

4-4b 续表 55 单位：人

地区 性别	建筑业		批发和零售业			交通运输、仓储和邮政业			
	建筑安装业	建筑装饰、装修和其他建筑业	小计	批发业	零售业	小计	铁路运输业	道路运输业	水上运输业
马鞍山市	**228**	**1633**	**4324**	**1212**	**3112**	**1463**	**23**	**909**	**133**
花山区									
雨山区									
博望区	3	12	57	17	40	32		8	1
当涂县	99	643	1842	493	1349	645	15	387	73
含山县	58	697	1188	391	797	387	6	274	8
和县	68	281	1237	311	926	399	2	240	51
淮北市	**145**	**528**	**2243**	**594**	**1649**	**1122**	**35**	**874**	**5**
杜集区	10	25	167	44	123	74	2	50	1
相山区									
烈山区	10	36	103	18	85	73	5	57	
濉溪县	125	467	1973	532	1441	975	28	767	4
铜陵市	**53**	**1148**	**1438**	**293**	**1145**	**482**	**3**	**309**	**52**
铜官区									
义安区	7	73	134	32	102	50	2	41	1
郊区	2	33	124	28	96	34		20	3
枞阳县	44	1042	1180	233	947	398	1	248	48
安庆市	**469**	**3850**	**9539**	**2297**	**7242**	**2411**	**37**	**1564**	**47**
迎江区									
大观区	6	61	61	8	53	26	1	5	15
宜秀区	9	96	148	17	131	55	1	38	
怀宁县	58	777	2279	575	1704	346	6	194	5
太湖县	95	406	1089	222	867	339	6	227	4
宿松县	87	614	1630	349	1281	531	3	379	4
望江县	15	244	536	85	451	113		69	2
岳西县	51	309	845	234	611	243		169	
安徽安庆经济开发区	71	288	1461	494	967	432	15	266	17
桐城市	40	554	695	179	516	184	2	117	
潜山市	37	501	795	134	661	142	3	100	
黄山市	**106**	**871**	**2608**	**443**	**2165**	**848**	**35**	**595**	**13**
屯溪区	1	28	44	1	43	17		8	
黄山区	5	37	144	25	119	96		91	1
徽州区	6	49	62	18	44	15		11	
歙县	52	400	1065	183	882	317	11	211	10
休宁县	22	159	603	100	503	154	10	90	1
黟县	9	63	248	39	209	67	1	52	1
祁门县	11	135	442	77	365	182	13	132	
滁州市	**551**	**3596**	**12692**	**2841**	**9851**	**5177**	**69**	**3957**	**73**
琅琊区									
南谯区	21	159	434	111	323	161	10	113	
来安县	96	542	1940	390	1550	796	5	632	13
全椒县	97	746	2198	422	1776	941	13	692	16
定远县	87	504	2551	561	1990	1222	11	1004	3
凤阳县	124	551	2510	404	2106	1226	22	888	25
苏滁现代产业园	4	93	60	9	51	33		28	
滁州经济技术开发区	52	238	1438	572	866	248	3	184	1
天长市	56	677	1076	273	803	385	1	314	1
明光市	14	86	485	99	386	165	4	102	14

4-4b 续表 56

单位：人

地区 性别	建筑业		批发和零售业			交通运输、仓储和邮政业			
	建筑安装业	建筑装饰、装修和其他建筑业	小计	批发业	零售业	小计	铁路运输业	道路运输业	水上运输业
阜阳市	**837**	**4698**	**19614**	**6044**	**13570**	**6344**	**59**	**4313**	**148**
颍州区	25	185	494	91	403	150	1	118	
颍东区	24	200	691	203	488	222	8	152	2
颍泉区	18	195	843	203	640	218	5	159	2
临泉县	199	990	4063	1306	2757	1175	15	749	41
太和县	182	1285	5794	2091	3703	1594	12	1102	48
阜南县	151	605	2137	491	1646	802	5	607	10
颍上县	174	820	3397	876	2521	1628	10	1072	42
阜阳合肥现代产业园区	3	34	47	16	31	11		8	
阜阳经济技术开发区	31	264	917	193	724	245	3	184	2
界首市	30	120	1231	574	657	299		162	1
宿州市	**505**	**3075**	**10577**	**2475**	**8102**	**4027**	**155**	**2928**	**25**
埇桥区	17	267	1003	222	781	383	6	282	
砀山县	87	518	2012	404	1608	797	86	517	2
萧县	151	1019	2504	564	1940	1005	43	790	2
灵璧县	132	613	2669	675	1994	1050	10	794	11
泗县	96	492	1812	479	1333	582	2	409	10
宿州马鞍山现代产业园区	6	29	96	21	75	37	1	27	
宿州经济技术开发区	16	137	481	110	371	173	7	109	
六安市	**533**	**2602**	**9267**	**1597**	**7670**	**3209**	**15**	**2454**	**22**
金安区	35	253	796	81	715	298	1	236	
裕安区	30	173	651	84	567	191	1	152	
叶集区	10	26	123	17	106	71		60	
霍邱县	90	441	1982	362	1620	747	8	575	11
舒城县	141	759	2447	499	1948	995	3	803	9
金寨县	116	434	1766	202	1564	444		295	
霍山县	111	516	1502	352	1150	463	2	333	2
亳州市	**401**	**2476**	**11105**	**3470**	**7635**	**4414**	**30**	**3399**	**75**
谯城区	42	202	866	263	603	214	3	170	
涡阳县	78	706	3655	1384	2271	1437	17	1030	35
蒙城县	142	707	3099	739	2360	1431	3	1114	18
利辛县	139	861	3485	1084	2401	1332	7	1085	22
池州市	**131**	**1541**	**2752**	**510**	**2242**	**1037**	**10**	**784**	**25**
贵池区	4	90	171	28	143	75		62	4
东至县	88	1166	1467	303	1164	546	5	403	17
石台县	4	78	216	28	188	74		52	1
青阳县	35	204	842	150	692	337	5	262	3
池州市国家经济技术开发区									
皖江江南新兴产业集中区									
九华山风景区		3	56	1	55	5		5	
宣城市	**286**	**1516**	**4863**	**957**	**3906**	**1828**	**57**	**1344**	**80**
宣州区	32	216	738	159	579	264	5	187	27
郎溪县	108	473	1270	260	1010	441	7	325	40
泾县	35	244	882	176	706	305	3	199	
绩溪县	34	202	492	71	421	183	34	111	2
旌德县	22	93	369	56	313	141	4	106	
宣城市经济开发区	28	146	610	119	491	228	3	167	10
宁国市	5	42	164	49	115	34		28	1
广德市	22	100	338	67	271	232	1	221	

4-4b 续表 57 单位：人

地区 性别	建筑业		批发和零售业			交通运输、仓储和邮政业			
	建筑安装业	建筑装饰、装修和其他建筑业	小计	批发业	零售业	小计	铁路运输业	道路运输业	水上运输业
男	**5867**	**35477**	**66641**	**20800**	**45841**	**42806**	**991**	**31785**	**1078**
合肥市	**1278**	**7147**	**11888**	**3842**	**8046**	**7580**	**126**	**5637**	**43**
瑶海区	6	42	135	41	94	101	2	89	
庐阳区	12	74	308	109	199	122	7	93	
蜀山区	10	99	66	7	59	119		106	
包河区									
长丰县	223	923	1570	417	1153	1209	11	970	4
肥东县	320	2030	2007	704	1303	1750	12	1287	2
肥西县	190	1012	1755	527	1228	1382	23	1001	8
庐江县	160	1091	1548	387	1161	700	3	529	14
合肥高新技术产业开发区	83	317	972	378	594	360	9	233	1
合肥经济技术开发区	125	678	1707	633	1074	865	21	599	5
合肥新站高新技术产业开发区	126	673	1557	563	994	811	35	612	2
巢湖市	23	208	263	76	187	161	3	118	7
芜湖市	**284**	**2496**	**4240**	**1084**	**3156**	**2802**	**60**	**1853**	**298**
镜湖区		2	3	1	2	2		2	
弋江区									
鸠江区	20	210	282	58	224	109	6	60	19
三山区	6	17	77	13	64	25		11	1
芜湖县	70	574	674	192	482	683	13	393	156
繁昌县	31	189	536	156	380	424	6	300	39
南陵县	47	589	785	165	620	552	1	420	27
芜湖经济技术开发区	27	174	391	123	268	512	29	344	16
安徽芜湖长江大桥经济开发区	18	32	26	5	21	26		17	4
无为市	65	709	1466	371	1095	469	5	306	36
蚌埠市	**200**	**1112**	**3084**	**891**	**2193**	**2739**	**364**	**1782**	**147**
龙子湖区	2	7	16	4	12	18		11	
蚌山区									
禹会区	2	16	19	6	13	45		33	2
淮上区	24	32	76	32	44	75		40	1
怀远县	78	277	931	273	658	758	4	551	85
五河县	34	330	626	171	455	648	1	544	19
固镇县	20	190	456	131	325	375	11	270	11
蚌埠市高新技术开发区	6	81	214	59	155	142	20	93	8
蚌埠市经济开发区	34	179	746	215	531	678	328	240	21
淮南市	**202**	**744**	**2259**	**693**	**1566**	**1899**	**25**	**1484**	**58**
大通区	33	85	243	64	179	220	9	169	3
田家庵区	7	25	45	12	33	25		24	
谢家集区	3	4	11	6	5	11		9	
八公山区									
潘集区	8	73	125	34	91	124		111	
凤台县	52	166	643	197	446	410	10	300	20
寿县	99	391	1192	380	812	1109	6	871	35

4-4b　续表 58　　　　单位：人

地区 性别	建筑业		批发和零售业			交通运输、仓储和邮政业			
	建筑安装业	建筑装饰、装修和其他建筑业	小计	批发业	零售业	小计	铁路运输业	道路运输业	水上运输业
马鞍山市	**216**	**1478**	**2181**	**784**	**1397**	**1214**	**16**	**817**	**103**
花山区									
雨山区									
博望区	3	11	38	14	24	24		8	1
当涂县	92	592	942	328	614	531	12	348	55
含山县	58	635	618	247	371	332	3	253	7
和县	63	240	583	195	388	327	1	208	40
淮北市	**137**	**470**	**1075**	**364**	**711**	**997**	**31**	**806**	**3**
杜集区	10	22	64	18	46	65	2	47	
相山区									
烈山区	8	30	40	9	31	69	5	55	
濉溪县	119	418	971	337	634	863	24	704	3
铜陵市	**47**	**1004**	**734**	**198**	**536**	**408**	**1**	**278**	**43**
铜官区									
义安区	6	69	74	26	48	42	1	39	
郊区	2	31	75	24	51	30		19	3
枞阳县	39	904	585	148	437	336		220	40
安庆市	**423**	**3361**	**4887**	**1386**	**3501**	**2012**	**25**	**1390**	**34**
迎江区									
大观区	6	57	25	6	19	19	1	5	10
宜秀区	8	87	71	10	61	50	1	36	
怀宁县	51	642	1190	343	847	279	3	173	4
太湖县	89	371	529	136	393	290	6	203	4
宿松县	80	557	858	220	638	466	1	343	4
望江县	13	214	260	43	217	96		65	2
岳西县	47	279	414	146	268	205		148	
安徽安庆经济开发区	61	236	737	283	454	334	10	219	10
桐城市	34	500	379	120	259	154	2	107	
潜山市	34	418	424	79	345	119	1	91	
黄山市	**102**	**800**	**1188**	**263**	**925**	**727**	**33**	**526**	**10**
屯溪区	1	27	11	1	10	11		7	
黄山区	5	36	74	17	57	77		73	1
徽州区	6	46	28	7	21	13		10	
歙县	50	360	496	105	391	272	11	190	7
休宁县	20	149	263	58	205	139	8	82	1
黟县	9	58	110	21	89	55	1	45	1
祁门县	11	124	206	54	152	160	13	119	
滁州市	**490**	**3150**	**5913**	**1726**	**4187**	**4447**	**50**	**3540**	**48**
琅琊区									
南谯区	19	141	226	71	155	141	8	106	
来安县	85	486	835	235	600	683	4	566	8
全椒县	87	630	979	263	716	806	9	615	11
定远县	73	424	1206	349	857	1051	8	887	2
凤阳县	111	465	1085	265	820	1027	13	782	19
苏滁现代产业园	4	89	32	5	27	23		20	
滁州经济技术开发区	44	199	726	291	435	218	3	168	1
天长市	55	641	584	187	397	359	1	303	1
明光市	12	75	240	60	180	139	4	93	6

4-4b 续表 59

单位：人

地区 性别	建筑业 建筑安装业	建筑业 建筑装饰、装修和其他建筑业	批发和零售业 小计	批发和零售业 批发业	批发和零售业 零售业	交通运输、仓储和邮政业 小计	交通运输、仓储和邮政业 铁路运输业	交通运输、仓储和邮政业 道路运输业	交通运输、仓储和邮政业 水上运输业
阜阳市	**771**	**3965**	**10123**	**3769**	**6354**	**5422**	**39**	**3864**	**110**
颍州区	23	167	230	59	171	129	1	108	
颍东区	23	175	336	134	202	199	6	144	2
颍泉区	17	168	436	133	303	186	2	142	
临泉县	177	808	2055	797	1258	988	6	667	28
太和县	168	1077	3156	1321	1835	1368	8	985	35
阜南县	139	524	1063	309	754	694	5	555	6
颍上县	163	698	1685	544	1141	1390	8	966	36
阜阳合肥现代产业园区	3	30	25	13	12	9		7	
阜阳经济技术开发区	29	216	483	112	371	206	3	155	2
界首市	29	102	654	347	307	253		135	1
宿州市	**471**	**2581**	**5021**	**1514**	**3507**	**3441**	**130**	**2606**	**21**
埇桥区	16	223	494	142	352	343	6	264	
砀山县	80	441	987	253	734	696	78	470	2
萧县	142	838	1143	350	793	839	33	686	2
灵璧县	128	526	1301	436	865	889	8	697	9
泗县	85	410	816	254	562	500	1	371	8
宿州马鞍山现代产业园区	5	29	48	14	34	30		22	
宿州经济技术开发区	15	114	232	65	167	144	4	96	
六安市	**498**	**2267**	**4226**	**967**	**3259**	**2845**	**12**	**2260**	**17**
金安区	35	222	400	52	348	274	1	229	
裕安区	25	161	320	51	269	180	1	146	
叶集区	9	23	60	8	52	67		57	
霍邱县	85	373	964	238	726	681	6	542	9
舒城县	130	669	1145	305	840	887	3	741	6
金寨县	109	370	669	108	561	371		261	
霍山县	105	449	668	205	463	385	1	284	2
亳州市	**365**	**2096**	**6048**	**2354**	**3694**	**3760**	**24**	**3000**	**56**
谯城区	38	178	487	182	305	193	2	156	
涡阳县	73	616	2091	981	1110	1186	16	894	27
蒙城县	128	590	1560	462	1098	1225	1	992	12
利辛县	126	712	1910	729	1181	1156	5	958	17
池州市	**121**	**1381**	**1383**	**335**	**1048**	**894**	**7**	**709**	**21**
贵池区	3	84	94	22	72	68		59	4
东至县	83	1030	759	192	567	473	3	361	14
石台县	3	72	96	18	78	56		44	1
青阳县	32	192	413	103	310	294	4	242	2
池州市国家经济技术开发区									
皖江江南新兴产业集中区									
九华山风景区		3	21		21	3		3	
宣城市	**262**	**1425**	**2391**	**630**	**1761**	**1619**	**48**	**1233**	**66**
宣州区	28	203	370	107	263	245	5	180	26
郎溪县	102	456	594	161	433	383	3	294	30
泾县	32	226	424	116	308	268	2	183	
绩溪县	30	192	229	45	184	147	31	92	2
旌德县	21	88	183	34	149	126	4	99	
宣城市经济开发区	25	127	315	86	229	199	3	146	8
宁国市	4	39	95	35	60	31		27	
广德市	20	94	181	46	135	220		212	

4-4b 续表 60

单位：人

地区 性别	建筑业		批发和零售业			交通运输、仓储和邮政业			
	建筑安装业	建筑装饰、装修和其他建筑业	小计	批发业	零售业	小计	铁路运输业	道路运输业	水上运输业
女	**573**	**5216**	**67321**	**12262**	**55059**	**7734**	**233**	**3917**	**314**
合肥市	**166**	**1115**	**11865**	**2366**	**9499**	**1877**	**30**	**953**	**12**
瑶海区	1	9	112	29	83	10	1	6	
庐阳区	7	16	257	60	197	35	5	21	
蜀山区	1	9	68	6	62	6		1	
包河区									
长丰县	25	125	1592	242	1350	197	2	116	1
肥东县	37	298	1982	396	1586	524	2	234	
肥西县	30	184	1822	325	1497	329	4	164	1
庐江县	9	132	1873	216	1657	142		76	3
合肥高新技术产业开发区	18	69	850	249	601	128	3	57	1
合肥经济技术开发区	27	147	1678	405	1273	266	7	136	2
合肥新站高新技术产业开发区	9	106	1345	392	953	214	5	129	2
巢湖市	2	20	286	46	240	26	1	13	2
芜湖市	**23**	**220**	**3948**	**556**	**3392**	**482**	**13**	**196**	**60**
镜湖区			4	1	3				
弋江区									
鸠江区		16	248	39	209	22	2	7	3
三山区	1	3	67	13	54	5		2	
芜湖县	4	61	842	118	724	133	1	37	37
繁昌县		8	521	67	454	56	7	22	5
南陵县	7	49	858	83	775	63		25	5
芜湖经济技术开发区	4	25	419	86	333	146	1	79	4
安徽芜湖长江大桥经济开发区	1	2	30	1	29	9		4	1
无为市	6	56	959	148	811	48	2	20	5
蚌埠市	**27**	**194**	**3337**	**520**	**2817**	**534**	**63**	**247**	**50**
龙子湖区			31	4	27	2		1	
蚌山区									
禹会区			30	6	24	4		3	
淮上区	3	7	102	24	78	18		4	
怀远县	7	49	1015	150	865	135		64	29
五河县	5	56	673	89	584	92		50	6
固镇县	1	27	547	76	471	76	3	35	4
蚌埠市高新技术开发区	2	13	212	50	162	49	5	22	8
蚌埠市经济开发区	9	42	727	121	606	158	55	68	3
淮南市	**15**	**131**	**2319**	**377**	**1942**	**265**	**15**	**120**	**26**
大通区	2	10	193	22	171	31	5	9	2
田家庵区	2	2	32	8	24				
谢家集区		2	14	3	11	1		1	
八公山区			1		1				
潘集区		12	126	24	102	6	1	1	
凤台县	5	31	748	109	639	75	6	34	9
寿县	6	74	1205	211	994	152	3	75	15

4-4b 续表 61

单位：人

地区 性别	建筑业		批发和零售业			交通运输、仓储和邮政业			
	建筑安装业	建筑装饰、装修和其他建筑业	小计	批发业	零售业	小计	铁路运输业	道路运输业	水上运输业
马鞍山市	**12**	**155**	**2143**	**428**	**1715**	**249**	**7**	**92**	**30**
花山区									
雨山区									
博望区		1	19	3	16	8			
当涂县	7	51	900	165	735	114	3	39	18
含山县		62	570	144	426	55	3	21	1
和县	5	41	654	116	538	72	1	32	11
淮北市	**8**	**58**	**1168**	**230**	**938**	**125**	**4**	**68**	**2**
杜集区		3	103	26	77	9		3	1
相山区									
烈山区	2	6	63	9	54	4		2	
濉溪县	6	49	1002	195	807	112	4	63	1
铜陵市	**6**	**144**	**704**	**95**	**609**	**74**	**2**	**31**	**9**
铜官区									
义安区	1	4	60	6	54	8	1	2	1
郊区		2	49	4	45	4		1	
枞阳县	5	138	595	85	510	62	1	28	8
安庆市	**46**	**489**	**4652**	**911**	**3741**	**399**	**12**	**174**	**13**
迎江区									
大观区		4	36	2	34	7			5
宜秀区	1	9	77	7	70	5		2	
怀宁县	7	135	1089	232	857	67	3	21	1
太湖县	6	35	560	86	474	49		24	
宿松县	7	57	772	129	643	65	2	36	
望江县	2	30	276	42	234	17		4	
岳西县	4	30	431	88	343	38		21	
安徽安庆经济开发区	10	52	724	211	513	98	5	47	7
桐城市	6	54	316	59	257	30		10	
潜山市	3	83	371	55	316	23	2	9	
黄山市	**4**	**71**	**1420**	**180**	**1240**	**121**	**2**	**69**	**3**
屯溪区		1	33		33	6		1	
黄山区		1	70	8	62	19		18	
徽州区		3	34	11	23	2		1	
歙县	2	40	569	78	491	45		21	3
休宁县	2	10	340	42	298	15	2	8	
黟县		5	138	18	120	12		7	
祁门县		11	236	23	213	22		13	
滁州市	**61**	**446**	**6779**	**1115**	**5664**	**730**	**19**	**417**	**25**
琅琊区									
南谯区	2	18	208	40	168	20	2	7	
来安县	11	56	1105	155	950	113	1	66	5
全椒县	10	116	1219	159	1060	135	4	77	5
定远县	14	80	1345	212	1133	171	3	117	1
凤阳县	13	86	1425	139	1286	199	9	106	6
苏滁现代产业园		4	28	4	24	10		8	
滁州经济技术开发区	8	39	712	281	431	30		16	
天长市	1	36	492	86	406	26		11	
明光市	2	11	245	39	206	26		9	8

4-4b　续表 62　　　　单位：人

地　区 性　别	建筑业		批发和零售业			交通运输、仓储和邮政业			
	建　筑 安装业	建筑装 饰、装修 和其他 建筑业	小计	批发业	零售业	小计	铁　路 运输业	道　路 运输业	水　上 运输业
阜阳市	**66**	**733**	**9491**	**2275**	**7216**	**922**	**20**	**449**	**38**
颍州区	2	18	264	32	232	21		10	
颍东区	1	25	355	69	286	23	2	8	
颍泉区	1	27	407	70	337	32	3	17	2
临泉县	22	182	2008	509	1499	187	9	82	13
太和县	14	208	2638	770	1868	226	4	117	13
阜南县	12	81	1074	182	892	108		52	4
颍上县	11	122	1712	332	1380	238	2	106	6
阜阳合肥现代产业园区		4	22	3	19	2		1	
阜阳经济技术开发区	2	48	434	81	353	39		29	
界首市	1	18	577	227	350	46		27	
宿州市	**34**	**494**	**5556**	**961**	**4595**	**586**	**25**	**322**	**4**
埇桥区	1	44	509	80	429	40		18	
砀山县	7	77	1025	151	874	101	8	47	
萧县	9	181	1361	214	1147	166	10	104	
灵璧县	4	87	1368	239	1129	161	2	97	2
泗县	11	82	996	225	771	82	1	38	2
宿州马鞍山现代产业园区	1		48	7	41	7	1	5	
宿州经济技术开发区	1	23	249	45	204	29	3	13	
六安市	**35**	**335**	**5041**	**630**	**4411**	**364**	**3**	**194**	**5**
金安区		31	396	29	367	24		7	
裕安区	5	12	331	33	298	11		6	
叶集区	1	3	63	9	54	4		3	
霍邱县	5	68	1018	124	894	66	2	33	2
舒城县	11	90	1302	194	1108	108		62	3
金寨县	7	64	1097	94	1003	73		34	
霍山县	6	67	834	147	687	78	1	49	
亳州市	**36**	**380**	**5057**	**1116**	**3941**	**654**	**6**	**399**	**19**
谯城区	4	24	379	81	298	21	1	14	
涡阳县	5	90	1564	403	1161	251	1	136	8
蒙城县	14	117	1539	277	1262	206	2	122	6
利辛县	13	149	1575	355	1220	176	2	127	5
池州市	**10**	**160**	**1369**	**175**	**1194**	**143**	**3**	**75**	**4**
贵池区	1	6	77	6	71	7		3	
东至县	5	136	708	111	597	73	2	42	3
石台县	1	6	120	10	110	18		8	
青阳县	3	12	429	47	382	43	1	20	1
池州市国家经济技术开发区									
皖江江南新兴产业集中区									
九华山风景区			35	1	34	2		2	
宣城市	**24**	**91**	**2472**	**327**	**2145**	**209**	**9**	**111**	**14**
宣州区	4	13	368	52	316	19		7	1
郎溪县	6	17	676	99	577	58	4	31	10
泾县	3	18	458	60	398	37	1	16	
绩溪县	4	10	263	26	237	36	3	19	
旌德县	1	5	186	22	164	15		7	
宣城市经济开发区	3	19	295	33	262	29		21	2
宁国市	1	3	69	14	55	3		1	1
广德市	2	6	157	21	136	12	1	9	

4－4b 续表 63 单位：人

地区 性别	交通运输、仓储和邮政业					住宿和餐饮业		
	航空运输业	管道运输业	多式联运和运输代理业	装卸搬运和仓储业	邮政业	小计	住宿业	餐饮业
安徽	**236**	**39**	**764**	**3697**	**7486**	**52915**	**4465**	**48450**
合肥市	**87**	**2**	**172**	**544**	**1851**	**9143**	**870**	**8273**
瑶海区			1	3	9	43	2	41
庐阳区	11		1	3	16	124	22	102
蜀山区	1			3	14	96	1	95
包河区								
长丰县	6		1	62	233	1255	98	1157
肥东县	5		34	144	554	1471	101	1370
肥西县	8	1	36	102	363	1599	194	1405
庐江县	4		4	81	128	1236	126	1110
合肥高新技术产业开发区	9	1	26	20	128	719	63	656
合肥经济技术开发区	41		47	53	220	1433	140	1293
合肥新站高新技术产业开发区	2		21	52	165	930	108	822
巢湖市			1	21	21	237	15	222
芜湖市	**31**		**19**	**195**	**559**	**3376**	**247**	**3129**
镜湖区						5		5
弋江区								
鸠江区	1			10	23	270	6	264
三山区	1		2	2	11	47	3	44
芜湖县	21		3	43	112	597	55	542
繁昌县	2		1	31	67	404	40	364
南陵县	3		1	31	102	669	58	611
芜湖经济技术开发区	1		3	30	151	431	45	386
安徽芜湖长江大桥经济开发区				1	8	17		17
无为市	2		9	47	85	936	40	896
蚌埠市	**11**	**1**	**16**	**194**	**398**	**2371**	**151**	**2220**
龙子湖区				2	6	24		24
蚌山区								
禹会区				8	3	29	1	28
淮上区	1			4	43	77	2	75
怀远县	1		1	62	96	737	29	708
五河县	2	1	7	31	79	506	30	476
固镇县				42	75	349	26	323
蚌埠市高新技术开发区	1		1	15	18	116	9	107
蚌埠市经济开发区	6		7	30	78	533	54	479
淮南市	**7**		**30**	**118**	**281**	**2152**	**145**	**2007**
大通区			6	17	31	163	10	153
田家庵区					1	29		29
谢家集区				2		10	2	8
八公山区								
潘集区	1		1	10	5	149	5	144
凤台县	1		6	33	66	646	27	619
寿县	5		17	56	178	1155	101	1054

4-4b　续表 64　　　　单位：人

地　区 性　别	交通运输、仓储和邮政业					住宿和餐饮业		
	航　空运输业	管　道运输业	多式联运和运输代理业	装卸搬运和仓储业	邮政业	小计	住宿业	餐饮业
马鞍山市	**8**	**2**	**28**	**110**	**250**	**2170**	**158**	**2012**
花山区								
雨山区								
博望区	1		2	1	19	28	1	27
当涂县	6	2	15	23	124	608	49	559
含山县	1		3	37	58	637	53	584
和县			8	49	49	897	55	842
淮北市	**5**		**13**	**61**	**129**	**918**	**44**	**874**
杜集区	1		1	3	16	95	1	94
相山区								
烈山区				4	7	62	3	59
濉溪县	4		12	54	106	761	40	721
铜陵市	**1**		**5**	**49**	**63**	**507**	**31**	**476**
铜官区								
义安区				2	4	68	8	60
郊区				4	7	35		35
枞阳县	1		5	43	52	404	23	381
安庆市	**11**	**31**	**57**	**207**	**457**	**4011**	**309**	**3702**
迎江区								
大观区					5	158	2	156
宜秀区	2			10	4	147	3	144
怀宁县	2		5	32	102	1350	36	1314
太湖县	1	1	9	32	59	391	71	320
宿松县	5	2	7	27	104	487	65	422
望江县			9	13	20	308	13	295
岳西县			10	23	41	336	38	298
安徽安庆经济开发区	1	27	13	29	64	418	51	367
桐城市			4	36	25	206	17	189
潜山市		1		5	33	210	13	197
黄山市	**2**		**22**	**60**	**121**	**1534**	**443**	**1091**
屯溪区			1		8	60	22	38
黄山区				2	2	301	191	110
徽州区			1		3	33	14	19
歙县	1		8	23	53	450	63	387
休宁县			9	13	31	236	28	208
黟县			1	2	10	255	111	144
祁门县	1		2	20	14	199	14	185
滁州市	**13**	**1**	**94**	**341**	**629**	**4600**	**310**	**4290**
琅琊区								
南谯区			10	11	17	164	14	150
来安县	3		5	57	81	816	70	746
全椒县	4	1	14	72	129	875	62	813
定远县	2		2	76	124	945	50	895
凤阳县	2		48	61	180	860	45	815
苏滁现代产业园					5	28	1	27
滁州经济技术开发区			12	23	25	262	28	234
天长市	1		2	24	42	444	32	412
明光市	1		1	17	26	206	8	198

4-4b 续表 65

单位：人

地区 性别	交通运输、仓储和邮政业					住宿和餐饮业		
	航空运输业	管道运输业	多式联运和运输代理业	装卸搬运和仓储业	邮政业	小计	住宿业	餐饮业
阜阳市	**19**		**130**	**763**	**912**	**7229**	**351**	**6878**
颍州区	3		3	8	17	192	8	184
颍东区	1		2	16	41	284	17	267
颍泉区			3	5	44	381	5	376
临泉县	2		20	143	205	1531	80	1451
太和县	4		59	160	209	2056	66	1990
阜南县	2		12	62	104	819	73	746
颍上县	4		29	235	236	1429	67	1362
阜阳合肥现代产业园区				1	2	29	2	27
阜阳经济技术开发区	2		1	25	28	276	28	248
界首市	1		1	108	26	232	5	227
宿州市	**18**		**42**	**316**	**543**	**3779**	**252**	**3527**
埇桥区	4		1	42	48	456	30	426
砀山县	1		4	61	126	652	58	594
萧县	7		5	64	94	942	49	893
灵璧县	3		8	81	143	903	57	846
泗县	2		17	54	88	602	37	565
宿州马鞍山现代产业园区				2	7	70	11	59
宿州经济技术开发区	1		7	12	37	154	10	144
六安市	**4**		**48**	**232**	**434**	**3811**	**374**	**3437**
金安区	1		8	19	33	335	40	295
裕安区			1	17	20	218	18	200
叶集区			2	3	6	47	3	44
霍邱县			14	61	78	786	51	735
舒城县	1		4	72	103	908	67	841
金寨县	2		2	29	116	829	103	726
霍山县			17	31	78	688	92	596
亳州市	**7**	**1**	**51**	**366**	**485**	**4044**	**280**	**3764**
谯城区				22	19	330	17	313
涡阳县	1	1	19	137	197	1239	56	1183
蒙城县	4		24	133	135	1083	94	989
利辛县	2		8	74	134	1392	113	1279
池州市	**6**		**7**	**59**	**146**	**1380**	**255**	**1125**
贵池区				3	6	87	5	82
东至县	2		5	44	70	674	54	620
石台县				3	18	81	22	59
青阳县	4		2	9	52	429	103	326
池州市国家经济技术开发区								
皖江江南新兴产业集中区								
九华山风景区						109	71	38
宣城市	**6**	**1**	**30**	**82**	**228**	**1890**	**245**	**1645**
宣州区	3		6	12	24	262	16	246
郎溪县	1		4	20	44	478	53	425
泾县			15	13	75	369	52	317
绩溪县				11	25	225	41	184
旌德县				12	19	158	35	123
宣城市经济开发区	2	1	3	8	34	205	40	165
宁国市			1		4	45	4	41
广德市			1	6	3	148	4	144

4-4b　续表 66　　　　　　　　　　　　　　　　　　　　　　单位：人

地区 性别	交通运输、仓储和邮政业					住宿和餐饮业		
	航空运输业	管道运输业	多式联运和运输代理业	装卸搬运和仓储业	邮政业	小计	住宿业	餐饮业
男	**141**	**30**	**628**	**2928**	**5225**	**25293**	**1696**	**23597**
合肥市	**43**	**2**	**130**	**395**	**1204**	**4332**	**326**	**4006**
瑶海区			1	1	8	21	1	20
庐阳区	7		1	2	12	72	11	61
蜀山区	1			3	9	37		37
包河区								
长丰县	4		1	49	170	596	37	559
肥东县	3		29	91	326	649	37	612
肥西县	4	1	27	80	238	783	65	718
庐江县	4		3	65	82	514	44	470
合肥高新技术产业开发区	4	1	20	12	80	366	24	342
合肥经济技术开发区	15		33	37	155	717	50	667
合肥新站高新技术产业开发区	1		14	37	110	483	51	432
巢湖市			1	18	14	94	6	88
芜湖市	**20**		**18**	**172**	**381**	**1658**	**91**	**1567**
镜湖区						3		3
弋江区								
鸠江区				9	15	136	3	133
三山区			2	2	9	22		22
芜湖县	16		3	37	65	231	18	213
繁昌县			1	30	48	192	17	175
南陵县	1		1	26	76	322	22	300
芜湖经济技术开发区	1		3	24	95	219	16	203
安徽芜湖长江大桥经济开发区				1	4	10		10
无为市	2		8	43	69	523	15	508
蚌埠市	**8**	**1**	**7**	**156**	**274**	**1158**	**54**	**1104**
龙子湖区				2	5	7		7
蚌山区								
禹会区				7	3	17	1	16
淮上区				4	30	41	1	40
怀远县				50	68	342	8	334
五河县	2	1	3	26	52	244	9	235
固镇县				32	51	174	12	162
蚌埠市高新技术开发区	1			10	10	60	3	57
蚌埠市经济开发区	5		4	25	55	273	20	253
淮南市	**4**		**24**	**99**	**205**	**1013**	**60**	**953**
大通区			5	15	19	73	1	72
田家庵区					1	14		14
谢家集区				2		5	1	4
八公山区								
潘集区			1	7	5	76	2	74
凤台县			4	29	47	291	10	281
寿县	4		14	46	133	554	46	508

4－4b 续表 67　　　　单位：人

地　区 性　别	交通运输、仓储和邮政业					住宿和餐饮业		
	航　空 运输业	管　道 运输业	多式联运 和运输 代理业	装卸搬运 和仓储业	邮政业	小计	住宿业	餐饮业
马鞍山市	**4**	**1**	**21**	**89**	**163**	**1070**	**65**	**1005**
花山区								
雨山区								
博望区	1		1	1	12	12		12
当涂县	3	1	11	19	82	266	17	249
含山县			3	26	40	346	29	317
和县			6	43	29	446	19	427
淮北市	**4**		**12**	**51**	**90**	**462**	**19**	**443**
杜集区				3	13	46	1	45
相山区								
烈山区				3	6	26	1	25
濉溪县	4		12	45	71	390	17	373
铜陵市	**1**		**5**	**39**	**41**	**219**	**12**	**207**
铜官区								
义安区				2		28	3	25
郊区				3	5	15		15
枞阳县	1		5	34	36	176	9	167
安庆市	**8**	**24**	**52**	**168**	**311**	**1923**	**117**	**1806**
迎江区								
大观区					3	88	2	86
宜秀区	2			9	2	83		83
怀宁县	1		3	22	73	680	7	673
太湖县			9	29	39	153	30	123
宿松县	4	2	7	23	82	214	22	192
望江县			9	12	8	163	7	156
岳西县			9	19	29	157	18	139
安徽安庆经济开发区	1	21	11	25	37	202	19	183
桐城市			4	24	17	97	6	91
潜山市		1		5	21	86	6	80
黄山市	**2**		**19**	**49**	**88**	**654**	**177**	**477**
屯溪区			1		3	23	8	15
黄山区				1	2	131	82	49
徽州区			1		2	14	6	8
歙县	1		6	17	40	205	27	178
休宁县			9	12	27	94	9	85
黟县				1	7	109	42	67
祁门县	1		2	18	7	78	3	75
滁州市	**8**		**80**	**273**	**448**	**2110**	**108**	**2002**
琅琊区								
南谯区			7	9	11	76	6	70
来安县	2		5	48	50	374	27	347
全椒县	3		12	57	99	398	23	375
定远县	2		2	58	92	422	16	406
凤阳县			41	46	126	384	14	370
苏滁现代产业园					3	14		14
滁州经济技术开发区			11	19	16	126	9	117
天长市			1	20	33	222	11	211
明光市	1		1	16	18	94	2	92

4-4b　续表 68　　　　单位：人

地　区 性　别	交通运输、仓储和邮政业					住宿和餐饮业		
	航　空 运输业	管　道 运输业	多式联运 和运输 代理业	装卸搬运 和仓储业	邮政业	小计	住宿业	餐饮业
阜阳市	**10**		**109**	**598**	**692**	**3767**	**145**	**3622**
颍州区	3		2	7	8	93	3	90
颍东区			2	15	30	149	9	140
颍泉区			3	4	35	218	3	215
临泉县	1		19	110	157	811	29	782
太和县	2		49	124	165	1133	27	1106
阜南县	2		11	46	69	399	28	371
颍上县	1		21	177	181	702	28	674
阜阳合肥现代产业园区				1	1	10	1	9
阜阳经济技术开发区			1	19	26	137	13	124
界首市	1		1	95	20	115	4	111
宿州市	**15**		**35**	**247**	**387**	**1838**	**88**	**1750**
埇桥区	2		1	36	34	224	14	210
砀山县	1		3	52	90	322	19	303
萧县	6		3	44	65	485	20	465
灵璧县	3		7	63	102	420	16	404
泗县	2		16	40	62	283	11	272
宿州马鞍山现代产业园区				2	6	36	5	31
宿州经济技术开发区	1		5	10	28	68	3	65
六安市	**3**		**44**	**197**	**312**	**1581**	**131**	**1450**
金安区			8	17	19	141	15	126
裕安区			1	15	17	104	8	96
叶集区			2	3	5	22	2	20
霍邱县			14	51	59	345	18	327
舒城县	1		3	60	73	397	24	373
金寨县	2		2	22	84	305	36	269
霍山县			14	29	55	267	28	239
亳州市	**2**	**1**	**40**	**278**	**359**	**2133**	**119**	**2014**
谯城区				18	17	177	5	172
涡阳县	1	1	15	97	135	650	21	629
蒙城县	1		18	101	100	553	46	507
利辛县			7	62	107	753	47	706
池州市	**4**		**5**	**44**	**104**	**593**	**104**	**489**
贵池区				1	4	34		34
东至县	1		4	34	56	308	24	284
石台县				2	9	26	7	19
青阳县	3		1	7	35	174	40	134
池州市国家经济技术开发区								
皖江江南新兴产业集中区								
九华山风景区						51	33	18
宣城市	**5**	**1**	**27**	**73**	**166**	**782**	**80**	**702**
宣州区	2		5	12	15	123	5	118
郎溪县	1		4	18	33	187	18	169
泾县			13	12	58	162	21	141
绩溪县				8	14	81	7	74
旌德县				10	13	68	13	55
宣城市经济开发区	2	1	3	8	28	88	13	75
宁国市			1		3	17	2	15
广德市			1	5	2	56	1	55

4-4b 续表 69

单位：人

地区 性别	交通运输、仓储和邮政业					住宿和餐饮业		
	航空运输业	管道运输业	多式联运和运输代理业	装卸搬运和仓储业	邮政业	小计	住宿业	餐饮业
女	**95**	**9**	**136**	**769**	**2261**	**27622**	**2769**	**24853**
合肥市	**44**		**42**	**149**	**647**	**4811**	**544**	**4267**
瑶海区				2	1	22	1	21
庐阳区	4			1	4	52	11	41
蜀山区					5	59	1	58
包河区								
长丰县	2			13	63	659	61	598
肥东县	2		5	53	228	822	64	758
肥西县	4		9	22	125	816	129	687
庐江县			1	16	46	722	82	640
合肥高新技术产业开发区	5		6	8	48	353	39	314
合肥经济技术开发区	26		14	16	65	716	90	626
合肥新站高新技术产业开发区	1		7	15	55	447	57	390
巢湖市				3	7	143	9	134
芜湖市	**11**		**1**	**23**	**178**	**1718**	**156**	**1562**
镜湖区						2		2
弋江区								
鸠江区	1			1	8	134	3	131
三山区	1				2	25	3	22
芜湖县	5			6	47	366	37	329
繁昌县	2			1	19	212	23	189
南陵县	2			5	26	347	36	311
芜湖经济技术开发区				6	56	212	29	183
安徽芜湖长江大桥经济开发区					4	7		7
无为市			1	4	16	413	25	388
蚌埠市	**3**		**9**	**38**	**124**	**1213**	**97**	**1116**
龙子湖区					1	17		17
蚌山区								
禹会区				1		12		12
淮上区	1				13	36	1	35
怀远县	1		1	12	28	395	21	374
五河县			4	5	27	262	21	241
固镇县				10	24	175	14	161
蚌埠市高新技术开发区			1	5	8	56	6	50
蚌埠市经济开发区	1		3	5	23	260	34	226
淮南市	**3**		**6**	**19**	**76**	**1139**	**85**	**1054**
大通区			1	2	12	90	9	81
田家庵区						15		15
谢家集区						5	1	4
八公山区								
潘集区	1			3		73	3	70
凤台县	1		2	4	19	355	17	338
寿县	1		3	10	45	601	55	546

4-4b　续表 70　　　　　　　　　　　　　　　　　　　　　　　　单位：人

地　区 性　别	交通运输、仓储和邮政业					住宿和餐饮业		
	航　空 运输业	管　道 运输业	多式联运 和运输 代理业	装卸搬运 和仓储业	邮政业	小计	住宿业	餐饮业
马鞍山市	**4**	**1**	**7**	**21**	**87**	**1100**	**93**	**1007**
花山区								
雨山区								
博望区			1		7	16	1	15
当涂县	3	1	4	4	42	342	32	310
含山县	1			11	18	291	24	267
和县			2	6	20	451	36	415
淮北市	**1**		**1**	**10**	**39**	**456**	**25**	**431**
杜集区	1		1		3	49		49
相山区								
烈山区				1	1	36	2	34
濉溪县				9	35	371	23	348
铜陵市				**10**	**22**	**288**	**19**	**269**
铜官区								
义安区					4	40	5	35
郊区				1	2	20		20
枞阳县				9	16	228	14	214
安庆市	**3**	**7**	**5**	**39**	**146**	**2088**	**192**	**1896**
迎江区								
大观区					2	70		70
宜秀区				1	2	64	3	61
怀宁县	1		2	10	29	670	29	641
太湖县	1	1		3	20	238	41	197
宿松县	1			4	22	273	43	230
望江县				1	12	145	6	139
岳西县			1	4	12	179	20	159
安徽安庆经济开发区		6	2	4	27	216	32	184
桐城市				12	8	109	11	98
潜山市					12	124	7	117
黄山市			**3**	**11**	**33**	**880**	**266**	**614**
屯溪区					5	37	14	23
黄山区				1		170	109	61
徽州区					1	19	8	11
歙县			2	6	13	245	36	209
休宁县				1	4	142	19	123
黟县			1	1	3	146	69	77
祁门县				2	7	121	11	110
滁州市	**5**	**1**	**14**	**68**	**181**	**2490**	**202**	**2288**
琅琊区								
南谯区			3	2	6	88	8	80
来安县	1			9	31	442	43	399
全椒县	1	1	2	15	30	477	39	438
定远县				18	32	523	34	489
凤阳县	2		7	15	54	476	31	445
苏滁现代产业园					2	14	1	13
滁州经济技术开发区			1	4	9	136	19	117
天长市	1		1	4	9	222	21	201
明光市				1	8	112	6	106

4－4b 续表 71

单位：人

地区 性别	交通运输、仓储和邮政业					住宿和餐饮业		
	航空运输业	管道运输业	多式联运和运输代理业	装卸搬运和仓储业	邮政业	小计	住宿业	餐饮业
阜阳市	**9**		**21**	**165**	**220**	**3462**	**206**	**3256**
颍州区			1	1	9	99	5	94
颍东区	1			1	11	135	8	127
颍泉区				1	9	163	2	161
临泉县	1		1	33	48	720	51	669
太和县	2		10	36	44	923	39	884
阜南县			1	16	35	420	45	375
颍上县	3		8	58	55	727	39	688
阜阳合肥现代产业园区					1	19	1	18
阜阳经济技术开发区	2			6	2	139	15	124
界首市				13	6	117	1	116
宿州市	**3**		**7**	**69**	**156**	**1941**	**164**	**1777**
埇桥区	2			6	14	232	16	216
砀山县			1	9	36	330	39	291
萧县	1		2	20	29	457	29	428
灵璧县			1	18	41	483	41	442
泗县			1	14	26	319	26	293
宿州马鞍山现代产业园区					1	34	6	28
宿州经济技术开发区			2	2	9	86	7	79
六安市	**1**		**4**	**35**	**122**	**2230**	**243**	**1987**
金安区	1			2	14	194	25	169
裕安区				2	3	114	10	104
叶集区					1	25	1	24
霍邱县				10	19	441	33	408
舒城县			1	12	30	511	43	468
金寨县				7	32	524	67	457
霍山县			3	2	23	421	64	357
亳州市	**5**		**11**	**88**	**126**	**1911**	**161**	**1750**
谯城区				4	2	153	12	141
涡阳县			4	40	62	589	35	554
蒙城县	3		6	32	35	530	48	482
利辛县	2		1	12	27	639	66	573
池州市	**2**		**2**	**15**	**42**	**787**	**151**	**636**
贵池区				2	2	53	5	48
东至县	1		1	10	14	366	30	336
石台县				1	9	55	15	40
青阳县	1		1	2	17	255	63	192
池州市国家经济技术开发区								
皖江江南新兴产业集中区								
九华山风景区						58	38	20
宣城市	**1**		**3**	**9**	**62**	**1108**	**165**	**943**
宣州区	1		1		9	139	11	128
郎溪县				2	11	291	35	256
泾县			2	1	17	207	31	176
绩溪县				3	11	144	34	110
旌德县				2	6	90	22	68
宣城市经济开发区					6	117	27	90
宁国市					1	28	2	26
广德市				1	1	92	3	89

4-4b　续表 72　　　　单位：人

地　区 性　别	信息传输、软件和信息技术服务业				金融业				
	小计	电信、广播电视和卫星传输服务	互联网和相关服务	软件和信息技术服务业	小计	货币金融服　务	资本市场服　务	保险业	其　他金融业
安　徽	**12925**	**3646**	**3761**	**5518**	**11059**	**5515**	**534**	**4086**	**924**
合肥市	**5491**	**771**	**1374**	**3346**	**2818**	**1112**	**232**	**1042**	**432**
瑶海区	26	6	7	13	15	4		9	2
庐阳区	162	37	37	88	198	94	20	64	20
蜀山区	14	5	4	5	5	3		2	
包河区									
长丰县	517	104	243	170	276	106	23	112	35
肥东县	438	96	159	183	341	133	21	160	27
肥西县	918	187	187	544	470	211	20	187	52
庐江县	206	70	64	72	301	169	14	112	6
合肥高新技术产业开发区	1733	102	271	1360	313	92	45	69	107
合肥经济技术开发区	1125	109	325	691	685	230	69	237	149
合肥新站高新技术产业开发区	319	37	70	212	187	53	19	83	32
巢湖市	33	18	7	8	27	17	1	7	2
芜湖市	**626**	**193**	**185**	**248**	**534**	**282**	**26**	**187**	**39**
镜湖区									
弋江区									
鸠江区	25	11	5	9	18	10	1	6	1
三山区	36		13	23	14	2	2	8	2
芜湖县	121	57	37	27	118	61	5	47	5
繁昌县	99	37	27	35	126	88	4	30	4
南陵县	120	55	29	36	127	67	3	49	8
芜湖经济技术开发区	94	15	33	46	62	28	6	22	6
安徽芜湖长江大桥经济开发区	7	1	2	4	2	1		1	
无为市	124	17	39	68	67	25	5	24	13
蚌埠市	**623**	**272**	**175**	**176**	**886**	**504**	**70**	**279**	**33**
龙子湖区	1		1		3	1		2	
蚌山区									
禹会区	3	3			1	1			
淮上区	13	7	3	3	6	1		3	2
怀远县	128	68	24	36	185	100	5	75	5
五河县	88	30	29	29	97	64	4	28	1
固镇县	68	47	10	11	86	57	1	28	
蚌埠市高新技术开发区	67	16	34	17	69	18	9	34	8
蚌埠市经济开发区	255	101	74	80	439	262	51	109	17
淮南市	**337**	**130**	**122**	**85**	**378**	**219**	**10**	**131**	**18**
大通区	32	5	10	17	34	12	1	19	2
田家庵区	2	1		1	1	1			
谢家集区	2		2		2	1		1	
八公山区									
潘集区	7	3	2	2	4	2		1	1
凤台县	73	37	27	9	144	87	3	50	4
寿县	221	84	81	56	193	116	6	60	11

4-4b 续表 73

单位：人

地　　区 性　　别	信息传输、软件和信息技术服务业				金融业				
	小计	电信、广播电视和卫星传输服务	互联网和相关服务	软件和信息技术服务业	小计	货币金融服　　务	资本市场服　　务	保险业	其　他金融业
马鞍山市	**315**	**105**	**113**	**97**	**401**	**247**	**9**	**112**	**33**
花山区									
雨山区									
博望区	4		1	3	3	1	1	1	
当涂县	149	46	49	54	161	99	1	45	16
含山县	80	29	30	21	113	66	5	36	6
和县	82	30	33	19	124	81	2	30	11
淮北市	**157**	**71**	**37**	**49**	**174**	**89**	**6**	**75**	**4**
杜集区	17	9	3	5	15	8	1	3	3
相山区									
烈山区	8	2	5	1	4	1		3	
濉溪县	132	60	29	43	155	80	5	69	1
铜陵市	**127**	**50**	**41**	**36**	**122**	**74**	**3**	**37**	**8**
铜官区									
义安区	5	4	1		7	5		1	1
郊区	8	5	2	1	11	6		4	1
枞阳县	114	41	38	35	104	63	3	32	6
安庆市	**819**	**207**	**275**	**337**	**778**	**332**	**46**	**318**	**82**
迎江区									
大观区	4	3		1	6	5		1	
宜秀区	4		2	2	9	3		4	2
怀宁县	137	25	41	71	165	42	3	97	23
太湖县	124	40	44	40	138	61	12	44	21
宿松县	189	42	80	67	144	82	8	43	11
望江县	35	10	8	17	32	16	2	11	3
岳西县	67	23	24	20	79	40	5	32	2
安徽安庆经济开发区	119	42	31	46	136	41	8	67	20
桐城市	53	9	23	21	22	14	1	7	
潜山市	87	13	22	52	47	28	7	12	
黄山市	**223**	**111**	**80**	**32**	**351**	**247**	**7**	**89**	**8**
屯溪区	3	3			4	2	1	1	
黄山区	7	5		2	8	3		5	
徽州区	5	3		2	2	2			
歙县	103	36	55	12	148	102	4	35	7
休宁县	55	31	14	10	79	51	2	26	
黟县	13	7	4	2	32	25		7	
祁门县	37	26	7	4	78	62		15	1
滁州市	**831**	**297**	**279**	**255**	**739**	**387**	**25**	**279**	**48**
琅琊区									
南谯区	39	11	5	23	41	19	1	18	3
来安县	128	59	36	33	96	43	3	44	6
全椒县	190	51	73	66	176	102	5	61	8
定远县	173	56	68	49	137	83	6	41	7
凤阳县	129	67	46	16	137	57	4	68	8
苏滁现代产业园	6		5	1	3			2	1
滁州经济技术开发区	93	29	36	28	95	50	4	31	10
天长市	58	17	8	33	41	23	2	12	4
明光市	15	7	2	6	13	10		2	1

4-4b 续表 74

单位：人

地区 性别	信息传输、软件和信息技术服务业				金融业				
	小计	电信、广播电视和卫星传输服务	互联网和相关服务	软件和信息技术服务业	小计	货币金融服务	资本市场服务	保险业	其他金融业
阜阳市	**847**	**366**	**272**	**209**	**916**	**438**	**21**	**391**	**66**
颍州区	24	9	10	5	7	1	1	3	2
颍东区	19	4	7	8	25	8		16	1
颍泉区	27	9	4	14	22	5		15	2
临泉县	200	96	55	49	205	107	5	86	7
太和县	221	71	84	66	213	100	1	98	14
阜南县	144	68	53	23	167	90	3	56	18
颍上县	131	76	31	24	182	96	7	64	15
阜阳合肥现代产业园区					1				1
阜阳经济技术开发区	55	25	16	14	81	26	4	45	6
界首市	26	8	12	6	13	5		8	
宿州市	**738**	**299**	**232**	**207**	**681**	**340**	**11**	**291**	**39**
埇桥区	107	19	38	50	32	10	2	20	
砀山县	124	66	28	30	136	89		46	1
萧县	169	66	58	45	175	96	2	67	10
灵璧县	179	77	58	44	174	76	5	76	17
泗县	124	64	31	29	121	60	1	50	10
宿州马鞍山现代产业园区	2			2	6	2		4	
宿州经济技术开发区	33	7	19	7	37	7	1	28	1
六安市	**630**	**255**	**199**	**176**	**753**	**416**	**19**	**269**	**49**
金安区	49	17	21	11	39	13		23	3
裕安区	31	7	9	15	20	8		7	5
叶集区	5	3	1	1	3	1		2	
霍邱县	119	69	31	19	160	92	2	62	4
舒城县	189	75	62	52	199	110	4	68	17
金寨县	100	35	35	30	169	105	2	54	8
霍山县	137	49	40	48	163	87	11	53	12
亳州市	**486**	**218**	**157**	**111**	**760**	**383**	**26**	**316**	**35**
谯城区	20	8	8	4	19	11	1	6	1
涡阳县	150	56	55	39	244	110	7	107	20
蒙城县	174	86	53	35	284	141	14	123	6
利辛县	142	68	41	33	213	121	4	80	8
池州市	**277**	**110**	**84**	**83**	**270**	**170**	**6**	**89**	**5**
贵池区	15	9	2	4	6	5		1	
东至县	172	45	59	68	125	74	4	42	5
石台县	26	16	9	1	39	31	1	7	
青阳县	64	40	14	10	99	59	1	39	
池州市国家经济技术开发区									
皖江江南新兴产业集中区									
九华山风景区					1	1			
宣城市	**398**	**191**	**136**	**71**	**498**	**275**	**17**	**181**	**25**
宣州区	39	17	13	9	40	19	2	13	6
郎溪县	70	30	23	17	99	58	3	34	4
泾县	110	42	56	12	107	59	2	40	6
绩溪县	59	30	20	9	65	43	1	19	2
旌德县	37	29	6	2	70	48	2	17	3
宣城市经济开发区	70	40	10	20	101	40	6	54	1
宁国市	3	1	1	1	4	3			1
广德市	10	2	7	1	12	5	1	4	2

4−4b　续表 75

单位：人

地　区 性　别	信息传输、软件和信息技术服务业				金融业				
	小计	电信、广播电视和卫星传输服务	互联网和相关服务	软件和信息技术服务业	小计	货币金融服　务	资本市场服　务	保险业	其　他金融业
男	**8460**	**2157**	**2377**	**3926**	**5692**	**3099**	**338**	**1745**	**510**
合肥市	**3648**	**449**	**869**	**2330**	**1466**	**591**	**148**	**502**	**225**
瑶海区	21	4	7	10	10	3		6	1
庐阳区	107	15	22	70	111	55	14	29	13
蜀山区	9	1	4	4	2	1		1	
包河区									
长丰县	373	50	190	133	157	64	14	63	16
肥东县	297	62	95	140	177	71	13	77	16
肥西县	625	117	118	390	237	107	13	91	26
庐江县	133	39	38	56	157	89	13	51	4
合肥高新技术产业开发区	1120	54	161	905	138	37	22	36	43
合肥经济技术开发区	720	75	181	464	354	126	45	98	85
合肥新站高新技术产业开发区	222	21	48	153	111	33	13	45	20
巢湖市	21	11	5	5	12	5	1	5	1
芜湖市	**406**	**106**	**120**	**180**	**252**	**136**	**17**	**74**	**25**
镜湖区									
弋江区									
鸠江区	13	5	2	6	11	7		3	1
三山区	24		8	16	7	2		3	2
芜湖县	77	33	24	20	49	29	4	12	4
繁昌县	62	17	20	25	66	49	4	10	3
南陵县	78	33	18	27	56	30	2	19	5
芜湖经济技术开发区	56	7	19	30	27	9	4	10	4
安徽芜湖长江大桥经济开发区	4		1	3					
无为市	92	11	28	53	36	10	3	17	6
蚌埠市	**421**	**163**	**127**	**131**	**448**	**267**	**40**	**122**	**19**
龙子湖区	1		1		2	1		1	
蚌山区									
禹会区	1	1			1	1			
淮上区	8	5	1	2	3	1		1	1
怀远县	90	44	16	30	80	54	2	21	3
五河县	67	20	24	23	66	48	4	13	1
固镇县	44	28	9	7	47	33		14	
蚌埠市高新技术开发区	44	8	27	9	40	10	8	17	5
蚌埠市经济开发区	166	57	49	60	209	119	26	55	9
淮南市	**226**	**80**	**83**	**63**	**204**	**131**	**9**	**56**	**8**
大通区	22	5	5	12	13	5	1	6	1
田家庵区	2	1		1	1	1			
谢家集区					2	1		1	
八公山区									
潘集区	4	2	1	1	2	1		1	
凤台县	48	24	19	5	77	55	2	19	1
寿县	150	48	58	44	109	68	6	29	6

4-4b 续表 76

单位：人

地区 性别	信息传输、软件和信息技术服务业				金融业				
	小计	电信、广播电视和卫星传输服务	互联网和相关服务	软件和信息技术服务业	小计	货币金融服务	资本市场服务	保险业	其他金融业
马鞍山市	**206**	**61**	**68**	**77**	**214**	**147**	**6**	**41**	**20**
花山区									
雨山区									
博望区	4		1	3	1		1		
当涂县	98	26	27	45	91	62		18	11
含山县	53	17	20	16	58	40	3	10	5
和县	51	18	20	13	64	45	2	13	4
淮北市	**93**	**29**	**27**	**37**	**99**	**58**	**5**	**33**	**3**
杜集区	8	3	1	4	11	6	1	2	2
相山区									
烈山区	6	1	4	1	2	1		1	
濉溪县	79	25	22	32	86	51	4	30	1
铜陵市	**92**	**28**	**33**	**31**	**56**	**36**	**2**	**12**	**6**
铜官区									
义安区	2	2			1				1
郊区	2		2		3	1		1	1
枞阳县	88	26	31	31	52	35	2	11	4
安庆市	**519**	**125**	**159**	**235**	**397**	**191**	**20**	**138**	**48**
迎江区									
大观区	3	2		1	2	2			
宜秀区	3		2	1	5	2		2	1
怀宁县	88	15	24	49	79	20	1	45	13
太湖县	85	29	26	30	72	32	6	20	14
宿松县	112	22	42	48	79	55	3	14	7
望江县	17	6	3	8	18	10		5	3
岳西县	45	14	16	15	43	21	1	19	2
安徽安庆经济开发区	71	21	17	33	60	25	5	22	8
桐城市	37	6	16	15	14	9	1	4	
潜山市	58	10	13	35	25	15	3	7	
黄山市	**124**	**59**	**43**	**22**	**174**	**139**	**4**	**27**	**4**
屯溪区	1	1			2	2			
黄山区	3	2		1	4	1		3	
徽州区	4	2		2					
歙县	52	17	25	10	75	59	2	10	4
休宁县	32	16	10	6	43	32	2	9	
黟县	8	5	2	1	13	11		2	
祁门县	24	16	6	2	37	34		3	
滁州市	**526**	**174**	**157**	**195**	**386**	**224**	**18**	**120**	**24**
琅琊区									
南谯区	27	6	2	19	23	10	1	10	2
来安县	82	34	21	27	50	26	3	16	5
全椒县	126	32	38	56	96	58	4	32	2
定远县	101	33	37	31	75	47	5	19	4
凤阳县	73	38	25	10	61	35	2	20	4
苏滁现代产业园	3		2	1	2			2	
滁州经济技术开发区	59	14	24	21	50	31	2	13	4
天长市	45	12	7	26	23	13	1	6	3
明光市	10	5	1	4	6	4		2	

4-4b 续表 77

单位：人

地区 性别	信息传输、软件和信息技术服务业				金融业				
	小计	电信、广播电视和卫星传输服务	互联网和相关服务	软件和信息技术服务业	小计	货币金融服务	资本市场服务	保险业	其他金融业
阜阳市	**540**	**218**	**171**	**151**	**486**	**260**	**13**	**176**	**37**
颍州区	15	6	6	3	3	1	1	1	
颍东区	15	4	7	4	12	5		6	1
颍泉区	22	6	3	13	12	4		8	
临泉县	128	57	37	34	109	62	3	40	4
太和县	140	39	56	45	117	64	1	44	8
阜南县	85	38	28	19	81	52	1	20	8
颍上县	78	45	15	18	104	56	4	32	12
阜阳合肥现代产业园区					1				1
阜阳经济技术开发区	38	17	11	10	40	12	3	22	3
界首市	19	6	8	5	7	4		3	
宿州市	**479**	**177**	**154**	**148**	**330**	**199**	**9**	**102**	**20**
埇桥区	64	9	22	33	16	5	1	10	
砀山县	76	38	18	20	62	46		16	
萧县	116	36	47	33	79	53	2	22	2
灵璧县	123	51	35	37	92	52	5	23	12
泗县	77	38	19	20	67	39		22	6
宿州马鞍山现代产业园区	1			1	1			1	
宿州经济技术开发区	22	5	13	4	13	4	1	8	
六安市	**411**	**162**	**119**	**130**	**411**	**248**	**13**	**120**	**30**
金安区	33	12	15	6	18	8		8	2
裕安区	22	4	6	12	14	7		4	3
叶集区	3	2		1	2	1		1	
霍邱县	81	49	19	13	90	58	2	28	2
舒城县	126	48	39	39	101	62	3	27	9
金寨县	67	23	19	25	98	62	1	30	5
霍山县	79	24	21	34	88	50	7	22	9
亳州市	**337**	**142**	**107**	**88**	**404**	**237**	**18**	**129**	**20**
谯城区	14	6	5	3	8	6	1	1	
涡阳县	104	35	40	29	142	75	5	50	12
蒙城县	119	56	34	29	151	90	11	46	4
利辛县	100	45	28	27	103	66	1	32	4
池州市	**175**	**67**	**51**	**57**	**134**	**88**	**5**	**36**	**5**
贵池区	8	3	2	3	4	4			
东至县	113	30	35	48	61	38	3	15	5
石台县	13	8	5		23	19	1	3	
青阳县	41	26	9	6	45	26	1	18	
池州市国家经济技术开发区									
皖江江南新兴产业集中区									
九华山风景区					1	1			
宣城市	**257**	**117**	**89**	**51**	**231**	**147**	**11**	**57**	**16**
宣州区	20	8	6	6	25	14	1	5	5
郎溪县	48	20	15	13	43	27	3	11	2
泾县	73	25	41	7	52	38	1	10	3
绩溪县	41	20	14	7	24	19		4	1
旌德县	23	17	4	2	29	24	2	1	2
宣城市经济开发区	45	24	6	15	49	21	4	23	1
宁国市	2	1	1		2	1			1
广德市	5	2	2	1	7	3		3	1

4-4b　续表 78　　　　　　　　　　　　　　　　　　　　　单位：人

地　区 性　别	信息传输、软件和信息技术服务业				金融业				
	小计	电信、广播电视和卫星传输服务	互联网和相关服务	软件和信息技术服务业	小计	货币金融服务	资本市场服务	保险业	其他金融业
女	**4465**	**1489**	**1384**	**1592**	**5367**	**2416**	**196**	**2341**	**414**
合肥市	**1843**	**322**	**505**	**1016**	**1352**	**521**	**84**	**540**	**207**
瑶海区	5	2		3	5	1		3	1
庐阳区	55	22	15	18	87	39	6	35	7
蜀山区	5	4		1	3	2		1	
包河区									
长丰县	144	54	53	37	119	42	9	49	19
肥东县	141	34	64	43	164	62	8	83	11
肥西县	293	70	69	154	233	104	7	96	26
庐江县	73	31	26	16	144	80	1	61	2
合肥高新技术产业开发区	613	48	110	455	175	55	23	33	64
合肥经济技术开发区	405	34	144	227	331	104	24	139	64
合肥新站高新技术产业开发区	97	16	22	59	76	20	6	38	12
巢湖市	12	7	2	3	15	12		2	1
芜湖市	**220**	**87**	**65**	**68**	**282**	**146**	**9**	**113**	**14**
镜湖区									
弋江区									
鸠江区	12	6	3	3	7	3	1	3	
三山区	12		5	7	7		2	5	
芜湖县	44	24	13	7	69	32	1	35	1
繁昌县	37	20	7	10	60	39		20	1
南陵县	42	22	11	9	71	37	1	30	3
芜湖经济技术开发区	38	8	14	16	35	19	2	12	2
安徽芜湖长江大桥经济开发区	3	1	1	1	2	1		1	
无为市	32	6	11	15	31	15	2	7	7
蚌埠市	**202**	**109**	**48**	**45**	**438**	**237**	**30**	**157**	**14**
龙子湖区					1			1	
蚌山区									
禹会区	2	2							
淮上区	5	2	2	1	3			2	1
怀远县	38	24	8	6	105	46	3	54	2
五河县	21	10	5	6	31	16		15	
固镇县	24	19	1	4	39	24	1	14	
蚌埠市高新技术开发区	23	8	7	8	29	8	1	17	3
蚌埠市经济开发区	89	44	25	20	230	143	25	54	8
淮南市	**111**	**50**	**39**	**22**	**174**	**88**	**1**	**75**	**10**
大通区	10		5	5	21	7		13	1
田家庵区									
谢家集区	2		2						
八公山区									
潘集区	3	1	1	1	2	1			1
凤台县	25	13	8	4	67	32	1	31	3
寿县	71	36	23	12	84	48		31	5

4-4b 续表 79 单位：人

地 区 性 别	信息传输、软件和信息技术服务业				金融业				
	小计	电信、广播电视和卫星传输服务	互联网和相关服务	软件和信息技术服务业	小计	货币金融服务	资本市场服务	保险业	其他金融业
马鞍山市	**109**	**44**	**45**	**20**	**187**	**100**	**3**	**71**	**13**
花山区									
雨山区									
博望区					2	1		1	
当涂县	51	20	22	9	70	37	1	27	5
含山县	27	12	10	5	55	26	2	26	1
和县	31	12	13	6	60	36		17	7
淮北市	**64**	**42**	**10**	**12**	**75**	**31**	**1**	**42**	**1**
杜集区	9	6	2	1	4	2		1	1
相山区									
烈山区	2	1	1		2			2	
濉溪县	53	35	7	11	69	29	1	39	
铜陵市	**35**	**22**	**8**	**5**	**66**	**38**	**1**	**25**	**2**
铜官区									
义安区	3	2	1		6	5		1	
郊区	6	5		1	8	5		3	
枞阳县	26	15	7	4	52	28	1	21	2
安庆市	**300**	**82**	**116**	**102**	**381**	**141**	**26**	**180**	**34**
迎江区									
大观区	1	1			4	3		1	
宜秀区	1			1	4	1		2	1
怀宁县	49	10	17	22	86	22	2	52	10
太湖县	39	11	18	10	66	29	6	24	7
宿松县	77	20	38	19	65	27	5	29	4
望江县	18	4	5	9	14	6	2	6	
岳西县	22	9	8	5	36	19	4	13	
安徽安庆经济开发区	48	21	14	13	76	16	3	45	12
桐城市	16	3	7	6	8	5		3	
潜山市	29	3	9	17	22	13	4	5	
黄山市	**99**	**52**	**37**	**10**	**177**	**108**	**3**	**62**	**4**
屯溪区	2	2			2		1	1	
黄山区	4	3		1	4	2		2	
徽州区	1	1			2	2			
歙县	51	19	30	2	73	43	2	25	3
休宁县	23	15	4	4	36	19		17	
黟县	5	2	2	1	19	14		5	
祁门县	13	10	1	2	41	28		12	1
滁州市	**305**	**123**	**122**	**60**	**353**	**163**	**7**	**159**	**24**
琅琊区									
南谯区	12	5	3	4	18	9		8	1
来安县	46	25	15	6	46	17		28	1
全椒县	64	19	35	10	80	44	1	29	6
定远县	72	23	31	18	62	36	1	22	3
凤阳县	56	29	21	6	76	22	2	48	4
苏滁现代产业园	3		3		1				1
滁州经济技术开发区	34	15	12	7	45	19	2	18	6
天长市	13	5	1	7	18	10	1	6	1
明光市	5	2	1	2	7	6			1

4-4b　续表 80　　　　单位：人

地　区 性　别	信息传输、软件和信息技术服务业				金融业				
	小计	电信、广播电视和卫星传输服务	互联网和相关服务	软件和信息技术服务业	小计	货币金融服务	资本市场服务	保险业	其他金融业
阜阳市	**307**	**148**	**101**	**58**	**430**	**178**	**8**	**215**	**29**
颍州区	9	3	4	2	4			2	2
颍东区	4			4	13	3		10	
颍泉区	5	3	1	1	10	1		7	2
临泉县	72	39	18	15	96	45	2	46	3
太和县	81	32	28	21	96	36		54	6
阜南县	59	30	25	4	86	38	2	36	10
颍上县	53	31	16	6	78	40	3	32	3
阜阳合肥现代产业园区									
阜阳经济技术开发区	17	8	5	4	41	14	1	23	3
界首市	7	2	4	1	6	1		5	
宿州市	**259**	**122**	**78**	**59**	**351**	**141**	**2**	**189**	**19**
埇桥区	43	10	16	17	16	5	1	10	
砀山县	48	28	10	10	74	43		30	1
萧县	53	30	11	12	96	43		45	8
灵璧县	56	26	23	7	82	24		53	5
泗县	47	26	12	9	54	21	1	28	4
宿州马鞍山现代产业园区	1			1	5	2		3	
宿州经济技术开发区	11	2	6	3	24	3		20	1
六安市	**219**	**93**	**80**	**46**	**342**	**168**	**6**	**149**	**19**
金安区	16	5	6	5	21	5		15	1
裕安区	9	3	3	3	6	1		3	2
叶集区	2	1	1		1			1	
霍邱县	38	20	12	6	70	34		34	2
舒城县	63	27	23	13	98	48	1	41	8
金寨县	33	12	16	5	71	43	1	24	3
霍山县	58	25	19	14	75	37	4	31	3
亳州市	**149**	**76**	**50**	**23**	**356**	**146**	**8**	**187**	**15**
谯城区	6	2	3	1	11	5		5	1
涡阳县	46	21	15	10	102	35	2	57	8
蒙城县	55	30	19	6	133	51	3	77	2
利辛县	42	23	13	6	110	55	3	48	4
池州市	**102**	**43**	**33**	**26**	**136**	**82**	**1**	**53**	
贵池区	7	6		1	2	1		1	
东至县	59	15	24	20	64	36	1	27	
石台县	13	8	4	1	16	12		4	
青阳县	23	14	5	4	54	33		21	
池州市国家经济技术开发区									
皖江江南新兴产业集中区									
九华山风景区									
宣城市	**141**	**74**	**47**	**20**	**267**	**128**	**6**	**124**	**9**
宣州区	19	9	7	3	15	5	1	8	1
郎溪县	22	10	8	4	56	31		23	2
泾县	37	17	15	5	55	21	1	30	3
绩溪县	18	10	6	2	41	24	1	15	1
旌德县	14	12	2		41	24		16	1
宣城市经济开发区	25	16	4	5	52	19	2	31	
宁国市	1			1	2	2			
广德市	5		5		5	2	1	1	1

4-4b 续表 81

单位：人

地区 性别	房地产业		租赁和商务服务业			科学研究和技术服务业			
	小计	房地产业	小计	租赁业	商务服务业	小计	研究和试验发展	专业技术服务业	科技推广和应用服务业
安　徽	**17817**	**17817**	**20097**	**2206**	**17891**	**8414**	**1319**	**5426**	**1669**
合肥市	**5635**	**5635**	**6105**	**655**	**5450**	**3723**	**745**	**2077**	**901**
瑶海区	40	40	57	7	50	19	2	13	4
庐阳区	184	184	264	13	251	155	36	95	24
蜀山区	31	31	22		22	16	3	12	1
包河区									
长丰县	819	819	788	142	646	259	37	180	42
肥东县	766	766	775	153	622	311	37	229	45
肥西县	1042	1042	974	107	867	594	93	341	160
庐江县	472	472	340	55	285	127	11	98	18
合肥高新技术产业开发区	620	620	850	36	814	1041	317	406	318
合肥经济技术开发区	973	973	1266	74	1192	860	164	502	194
合肥新站高新技术产业开发区	637	637	723	62	661	329	45	191	93
巢湖市	51	51	46	6	40	12		10	2
芜湖市	**1049**	**1049**	**1070**	**103**	**967**	**405**	**77**	**248**	**80**
镜湖区	1	1				2		2	
弋江区									
鸠江区	30	30	62	8	54	20		16	4
三山区	60	60	39	6	33	34	12	10	12
芜湖县	264	264	227	20	207	83	20	44	19
繁昌县	132	132	139	18	121	44	3	31	10
南陵县	215	215	166	16	150	46	4	31	11
芜湖经济技术开发区	204	204	212	23	189	92	20	61	11
安徽芜湖长江大桥经济开发区	13	13	12	2	10	1			1
无为市	130	130	213	10	203	83	18	53	12
蚌埠市	**1071**	**1071**	**809**	**67**	**742**	**485**	**100**	**323**	**62**
龙子湖区	7	7	9		9	5		5	
蚌山区									
禹会区	12	12	5	1	4	1		1	
淮上区	17	17	17	1	16	7	3	2	2
怀远县	232	232	168	8	160	45	4	27	14
五河县	181	181	137	17	120	51	7	36	8
固镇县	141	141	91	10	81	24		19	5
蚌埠市高新技术开发区	68	68	99	6	93	119	47	61	11
蚌埠市经济开发区	413	413	283	24	259	233	39	172	22
淮南市	**542**	**542**	**451**	**57**	**394**	**160**	**22**	**112**	**26**
大通区	70	70	63	10	53	24	4	15	5
田家庵区	4	4	12	5	7				
谢家集区			1		1				
八公山区									
潘集区	26	26	59	6	53	8	2	5	1
凤台县	181	181	139	19	120	56	1	50	5
寿县	261	261	177	17	160	72	15	42	15

4-4b　续表 82　　　　　　　　　　　　　　　　　　　　　　　　　　　　单位：人

地　区 性　别	房地产业		租赁和商务服务业			科学研究和技术服务业			
	小计	房地产业	小计	租赁业	商　务 服务业	小计	研究和 试验发展	专业技术 服务业	科技推广 和应用 服务业
马鞍山市	**470**	**470**	**850**	**65**	**785**	**218**	**26**	**155**	**37**
花山区									
雨山区									
博望区	3	3	16		16	3		3	
当涂县	212	212	461	24	437	89	10	65	14
含山县	132	132	208	17	191	66	12	43	11
和县	123	123	165	24	141	60	4	44	12
淮北市	**210**	**210**	**289**	**60**	**229**	**94**	**9**	**70**	**15**
杜集区	17	17	18	2	16	7	1	6	
相山区									
烈山区	17	17	15	2	13	7		6	1
濉溪县	176	176	256	56	200	80	8	58	14
铜陵市	**133**	**133**	**165**	**16**	**149**	**67**	**6**	**50**	**11**
铜官区									
义安区	10	10	16	2	14	2		2	
郊区	10	10	14	1	13	8	3	4	1
枞阳县	113	113	135	13	122	57	3	44	10
安庆市	**853**	**853**	**1761**	**180**	**1581**	**618**	**60**	**432**	**126**
迎江区									
大观区	6	6	13	1	12	21	1	3	17
宜秀区	13	13	11	1	10	4		3	1
怀宁县	161	161	518	38	480	118	12	80	26
太湖县	107	107	286	21	265	107	14	71	22
宿松县	182	182	216	39	177	82	11	58	13
望江县	35	35	46	1	45	20	4	11	5
岳西县	82	82	202	17	185	58	2	44	12
安徽安庆经济开发区	183	183	259	34	225	129	9	106	14
桐城市	26	26	117	18	99	40	4	30	6
潜山市	58	58	93	10	83	39	3	26	10
黄山市	**331**	**331**	**522**	**35**	**487**	**109**	**8**	**86**	**15**
屯溪区	12	12	13	3	10	1		1	
黄山区	31	31	167	3	164	18	1	17	
徽州区	15	15	11	1	10	2	1	1	
歙县	125	125	154	15	139	39	4	29	6
休宁县	101	101	106	9	97	24		20	4
黟县	12	12	26		26	8		6	2
祁门县	35	35	45	4	41	17	2	12	3
滁州市	**1814**	**1814**	**1726**	**258**	**1468**	**519**	**69**	**371**	**79**
琅琊区									
南谯区	136	136	75	12	63	40	9	23	8
来安县	364	364	210	51	159	58	7	42	9
全椒县	497	497	363	32	331	95	8	71	16
定远县	199	199	359	44	315	103	12	72	19
凤阳县	167	167	345	60	285	79	9	60	10
苏滁现代产业园	168	168	23	2	21	8		7	1
滁州经济技术开发区	194	194	222	27	195	95	18	67	10
天长市	66	66	94	22	72	37	5	26	6
明光市	23	23	35	8	27	4	1	3	

4-4b 续表 83

单位：人

地区 性别	房地产业		租赁和商务服务业			科学研究和技术服务业			
	小计	房地产业	小计	租赁业	商务服务业	小计	研究和试验发展	专业技术服务业	科技推广和应用服务业
阜阳市	**1482**	**1482**	**2080**	**226**	**1854**	**566**	**63**	**370**	**133**
颍州区	42	42	43	6	37	9		8	1
颍东区	74	74	66	6	60	7	2	5	
颍泉区	31	31	58	7	51	18	4	13	1
临泉县	446	446	463	42	421	139	14	96	29
太和县	299	299	451	46	405	170	13	95	62
阜南县	174	174	285	22	263	79	19	44	16
颍上县	279	279	492	63	429	98	6	75	17
阜阳合肥现代产业园区	3	3	10	1	9	4	1	2	1
阜阳经济技术开发区	118	118	172	31	141	36	3	28	5
界首市	16	16	40	2	38	6	1	4	1
宿州市	**1248**	**1248**	**1045**	**142**	**903**	**395**	**40**	**292**	**63**
埇桥区	83	83	76	10	66	26	3	18	5
砀山县	263	263	164	10	154	73	6	57	10
萧县	300	300	218	53	165	95	9	67	19
灵璧县	290	290	287	39	248	112	12	82	18
泗县	137	137	252	23	229	52	8	37	7
宿州马鞍山现代产业园区	87	87	16	2	14	3	1	2	
宿州经济技术开发区	88	88	32	5	27	34	1	29	4
六安市	**1228**	**1228**	**1228**	**167**	**1061**	**412**	**36**	**327**	**49**
金安区	130	130	155	13	142	34	2	31	1
裕安区	45	45	61	6	55	12		9	3
叶集区	4	4	10	3	7	2		1	1
霍邱县	155	155	253	48	205	68	3	56	9
舒城县	361	361	285	49	236	115	15	92	8
金寨县	313	313	238	25	213	85	10	63	12
霍山县	220	220	226	23	203	96	6	75	15
亳州市	**905**	**905**	**1057**	**95**	**962**	**273**	**25**	**220**	**28**
谯城区	36	36	45	7	38	5		5	
涡阳县	286	286	436	31	405	101	11	78	12
蒙城县	326	326	329	43	286	93	7	77	9
利辛县	257	257	247	14	233	74	7	60	7
池州市	**270**	**270**	**420**	**20**	**400**	**107**	**10**	**84**	**13**
贵池区	5	5	19	1	18				
东至县	145	145	207	13	194	75	8	58	9
石台县	18	18	29	2	27	11	1	8	2
青阳县	102	102	156	4	152	21	1	18	2
池州市国家经济技术开发区									
皖江江南新兴产业集中区									
九华山风景区			9		9				
宣城市	**576**	**576**	**519**	**60**	**459**	**263**	**23**	**209**	**31**
宣州区	61	61	83	15	68	15	1	13	1
郎溪县	174	174	108	11	97	55	2	44	9
泾县	98	98	105	11	94	43	1	34	8
绩溪县	50	50	63	4	59	28	1	22	5
旌德县	36	36	39	1	38	15	2	11	2
宣城市经济开发区	126	126	74	11	63	84	15	64	5
宁国市	6	6	6	1	5	8		7	1
广德市	25	25	41	6	35	15	1	14	

4-4b　续表 84　　　　　　　　　　　　　　　　　　　　　　　　　　单位：人

地　区 性　别	房地产业		租赁和商务服务业			科学研究和技术服务业			
	小计	房地产业	小计	租赁业	商　务 服务业	小计	研究和 试验发展	专业技术 服务业	科技推广 和应用 服务业
男	**10889**	**10889**	**13325**	**1949**	**11376**	**5997**	**879**	**3989**	**1129**
合肥市	**3463**	**3463**	**3795**	**566**	**3229**	**2580**	**480**	**1498**	**602**
瑶海区	31	31	39	6	33	13	1	9	3
庐阳区	110	110	173	10	163	101	21	63	17
蜀山区	24	24	17		17	11	1	9	1
包河区									
长丰县	493	493	528	127	401	182	28	124	30
肥东县	471	471	513	134	379	236	28	175	33
肥西县	644	644	611	86	525	423	65	249	109
庐江县	305	305	229	49	180	97	6	79	12
合肥高新技术产业开发区	388	388	450	30	420	684	194	278	212
合肥经济技术开发区	570	570	717	64	653	579	106	355	118
合肥新站高新技术产业开发区	385	385	477	54	423	244	30	148	66
巢湖市	42	42	41	6	35	10		9	1
芜湖市	**667**	**667**	**679**	**90**	**589**	**295**	**51**	**186**	**58**
镜湖区	1	1				1		1	
弋江区									
鸠江区	20	20	42	7	35	14		12	2
三山区	39	39	22	4	18	23	7	9	7
芜湖县	150	150	142	18	124	61	11	33	17
繁昌县	84	84	83	16	67	32	2	21	9
南陵县	147	147	111	15	96	33	3	24	6
芜湖经济技术开发区	108	108	123	19	104	65	14	44	7
安徽芜湖长江大桥经济开发区	10	10	9	2	7	1			1
无为市	108	108	147	9	138	65	14	42	9
蚌埠市	**627**	**627**	**497**	**54**	**443**	**336**	**65**	**224**	**47**
龙子湖区	5	5	6		6	4		4	
蚌山区									
禹会区	11	11	4	1	3	1		1	
淮上区	9	9	10	1	9	6	2	2	2
怀远县	131	131	96	6	90	35	2	24	9
五河县	104	104	92	16	76	40	6	26	8
固镇县	79	79	64	9	55	17		13	4
蚌埠市高新技术开发区	43	43	56	4	52	76	31	37	8
蚌埠市经济开发区	245	245	169	17	152	157	24	117	16
淮南市	**333**	**333**	**330**	**54**	**276**	**123**	**17**	**85**	**21**
大通区	48	48	46	9	37	16	2	11	3
田家庵区	4	4	10	5	5				
谢家集区									
八公山区									
潘集区	14	14	36	6	30	7	2	4	1
凤台县	90	90	101	17	84	46	1	41	4
寿县	177	177	137	17	120	54	12	29	13

4－4b 续表 85 单位：人

地区 性别	房地产业		租赁和商务服务业			科学研究和技术服务业			
	小计	房地产业	小计	租赁业	商务服务业	小计	研究和试验发展	专业技术服务业	科技推广和应用服务业
马鞍山市	**310**	**310**	**578**	**58**	**520**	**161**	**19**	**119**	**23**
花山区									
雨山区									
博望区	2	2	10		10	1		1	
当涂县	138	138	308	20	288	64	8	47	9
含山县	89	89	135	17	118	47	8	34	5
和县	81	81	125	21	104	49	3	37	9
淮北市	**128**	**128**	**209**	**59**	**150**	**73**	**6**	**57**	**10**
杜集区	12	12	14	2	12	4		4	
相山区									
烈山区	9	9	9	2	7	6		5	1
濉溪县	107	107	186	55	131	63	6	48	9
铜陵市	**82**	**82**	**112**	**16**	**96**	**50**	**5**	**40**	**5**
铜官区									
义安区	5	5	12	2	10	1		1	
郊区	6	6	9	1	8	7	3	4	
枞阳县	71	71	91	13	78	42	2	35	5
安庆市	**537**	**537**	**1146**	**153**	**993**	**457**	**40**	**329**	**88**
迎江区									
大观区	6	6	8		8	15	1	2	12
宜秀区	8	8	7	1	6	4		3	1
怀宁县	87	87	330	28	302	88	11	59	18
太湖县	78	78	185	20	165	72	10	49	13
宿松县	125	125	147	33	114	65	7	47	11
望江县	26	26	22	1	21	15	3	8	4
岳西县	41	41	136	17	119	43		35	8
安徽安庆经济开发区	111	111	171	30	141	98	5	81	12
桐城市	18	18	77	15	62	30	3	23	4
潜山市	37	37	63	8	55	27		22	5
黄山市	**197**	**197**	**375**	**30**	**345**	**80**	**5**	**63**	**12**
屯溪区	11	11	10	3	7	1		1	
黄山区	18	18	142	3	139	17	1	16	
徽州区	8	8	6	1	5	2	1	1	
歙县	74	74	92	12	80	25	2	17	6
休宁县	60	60	83	8	75	17		14	3
黟县	6	6	15		15	7		6	1
祁门县	20	20	27	3	24	11	1	8	2
滁州市	**1099**	**1099**	**1138**	**231**	**907**	**365**	**57**	**256**	**52**
琅琊区									
南谯区	78	78	48	12	36	29	6	18	5
来安县	226	226	150	46	104	44	7	30	7
全椒县	264	264	220	27	193	75	6	57	12
定远县	117	117	230	40	190	65	11	43	11
凤阳县	105	105	247	55	192	59	8	45	6
苏滁现代产业园	128	128	12	1	11	4		4	
滁州经济技术开发区	123	123	131	22	109	59	14	38	7
天长市	41	41	74	20	54	27	4	19	4
明光市	17	17	26	8	18	3	1	2	

4-4b　续表 86　　　　单位：人

地　区 性　别	房地产业		租赁和商务服务业			科学研究和技术服务业			
	小计	房地产业	小计	租赁业	商务服务业	小计	研究和试验发展	专业技术服务业	科技推广和应用服务业
阜阳市	**941**	**941**	**1509**	**208**	**1301**	**392**	**34**	**274**	**84**
颍州区	26	26	30	5	25	6		6	
颍东区	32	32	48	5	43	4	1	3	
颍泉区	22	22	42	6	36	13	3	9	1
临泉县	310	310	331	39	292	100	9	70	21
太和县	193	193	334	41	293	120	12	74	34
阜南县	112	112	207	22	185	44	3	28	13
颍上县	158	158	357	59	298	72	4	58	10
阜阳合肥现代产业园区	3	3	8	1	7	2		2	
阜阳经济技术开发区	73	73	123	28	95	27	2	21	4
界首市	12	12	29	2	27	4		3	1
宿州市	**748**	**748**	**733**	**132**	**601**	**292**	**30**	**216**	**46**
埇桥区	61	61	62	10	52	19	2	13	4
砀山县	142	142	112	9	103	51	4	39	8
萧县	188	188	158	47	111	70	6	51	13
灵璧县	170	170	211	39	172	85	9	64	12
泗县	66	66	159	20	139	43	7	29	7
宿州马鞍山现代产业园区	63	63	12	2	10	3	1	2	
宿州经济技术开发区	58	58	19	5	14	21	1	18	2
六安市	**699**	**699**	**839**	**147**	**692**	**311**	**26**	**257**	**28**
金安区	71	71	107	12	95	29	1	28	
裕安区	29	29	42	6	36	7		6	1
叶集区	3	3	8	3	5	2		1	1
霍邱县	87	87	182	40	142	51	3	43	5
舒城县	214	214	185	43	142	78	9	65	4
金寨县	176	176	166	22	144	66	8	50	8
霍山县	119	119	149	21	128	78	5	64	9
亳州市	**531**	**531**	**753**	**83**	**670**	**204**	**18**	**163**	**23**
谯城区	21	21	36	6	30	5		5	
涡阳县	191	191	310	27	283	74	9	56	9
蒙城县	171	171	229	39	190	65	5	53	7
利辛县	148	148	178	11	167	60	4	49	7
池州市	**161**	**161**	**278**	**16**	**262**	**84**	**9**	**66**	**9**
贵池区	4	4	18	1	17				
东至县	90	90	144	9	135	58	7	45	6
石台县	11	11	18	2	16	7	1	5	1
青阳县	56	56	93	4	89	19	1	16	2
池州市国家经济技术开发区									
皖江江南新兴产业集中区									
九华山风景区			5		5				
宣城市	**366**	**366**	**354**	**52**	**302**	**194**	**17**	**156**	**21**
宣州区	39	39	61	12	49	9		9	
郎溪县	115	115	70	10	60	46	2	38	6
泾县	67	67	60	9	51	37	1	29	7
绩溪县	30	30	42	4	38	25	1	22	2
旌德县	22	22	28		28	9	1	6	2
宣城市经济开发区	73	73	52	10	42	53	11	38	4
宁国市	5	5	6	1	5	4		4	
广德市	15	15	35	6	29	11	1	10	

4-4b 续表 87

单位：人

地区 性别	房地产业		租赁和商务服务业			科学研究和技术服务业			
	小计	房地产业	小计	租赁业	商务服务业	小计	研究和试验发展	专业技术服务业	科技推广和应用服务业
女	**6928**	**6928**	**6772**	**257**	**6515**	**2417**	**440**	**1437**	**540**
合肥市	**2172**	**2172**	**2310**	**89**	**2221**	**1143**	**265**	**579**	**299**
瑶海区	9	9	18	1	17	6	1	4	1
庐阳区	74	74	91	3	88	54	15	32	7
蜀山区	7	7	5		5	5	2	3	
包河区									
长丰县	326	326	260	15	245	77	9	56	12
肥东县	295	295	262	19	243	75	9	54	12
肥西县	398	398	363	21	342	171	28	92	51
庐江县	167	167	111	6	105	30	5	19	6
合肥高新技术产业开发区	232	232	400	6	394	357	123	128	106
合肥经济技术开发区	403	403	549	10	539	281	58	147	76
合肥新站高新技术产业开发区	252	252	246	8	238	85	15	43	27
巢湖市	9	9	5		5	2		1	1
芜湖市	**382**	**382**	**391**	**13**	**378**	**110**	**26**	**62**	**22**
镜湖区						1		1	
弋江区									
鸠江区	10	10	20	1	19	6		4	2
三山区	21	21	17	2	15	11	5	1	5
芜湖县	114	114	85	2	83	22	9	11	2
繁昌县	48	48	56	2	54	12	1	10	1
南陵县	68	68	55	1	54	13	1	7	5
芜湖经济技术开发区	96	96	89	4	85	27	6	17	4
安徽芜湖长江大桥经济开发区	3	3	3		3				
无为市	22	22	66	1	65	18	4	11	3
蚌埠市	**444**	**444**	**312**	**13**	**299**	**149**	**35**	**99**	**15**
龙子湖区	2	2	3		3	1		1	
蚌山区									
禹会区	1	1	1		1				
淮上区	8	8	7		7	1	1		
怀远县	101	101	72	2	70	10	2	3	5
五河县	77	77	45	1	44	11	1	10	
固镇县	62	62	27	1	26	7		6	1
蚌埠市高新技术开发区	25	25	43	2	41	43	16	24	3
蚌埠市经济开发区	168	168	114	7	107	76	15	55	6
淮南市	**209**	**209**	**121**	**3**	**118**	**37**	**5**	**27**	**5**
大通区	22	22	17	1	16	8	2	4	2
田家庵区			2		2				
谢家集区			1		1				
八公山区									
潘集区	12	12	23		23	1		1	
凤台县	91	91	38	2	36	10		9	1
寿县	84	84	40		40	18	3	13	2

4-4b　续表 88　　　　单位：人

地区 性别	房地产业		租赁和商务服务业			科学研究和技术服务业			
	小计	房地产业	小计	租赁业	商务服务业	小计	研究和试验发展	专业技术服务业	科技推广和应用服务业
马鞍山市	**160**	**160**	**272**	**7**	**265**	**57**	**7**	**36**	**14**
花山区									
雨山区									
博望区	1	1	6		6	2		2	
当涂县	74	74	153	4	149	25	2	18	5
含山县	43	43	73		73	19	4	9	6
和县	42	42	40	3	37	11	1	7	3
淮北市	**82**	**82**	**80**	**1**	**79**	**21**	**3**	**13**	**5**
杜集区	5	5	4		4	3	1	2	
相山区									
烈山区	8	8	6		6	1		1	
濉溪县	69	69	70	1	69	17	2	10	5
铜陵市	**51**	**51**	**53**		**53**	**17**	**1**	**10**	**6**
铜官区									
义安区	5	5	4		4	1		1	
郊区	4	4	5		5	1			1
枞阳县	42	42	44		44	15	1	9	5
安庆市	**316**	**316**	**615**	**27**	**588**	**161**	**20**	**103**	**38**
迎江区									
大观区			5	1	4	6		1	5
宜秀区	5	5	4		4				
怀宁县	74	74	188	10	178	30	1	21	8
太湖县	29	29	101	1	100	35	4	22	9
宿松县	57	57	69	6	63	17	4	11	2
望江县	9	9	24		24	5	1	3	1
岳西县	41	41	66		66	15	2	9	4
安徽安庆经济开发区	72	72	88	4	84	31	4	25	2
桐城市	8	8	40	3	37	10	1	7	2
潜山市	21	21	30	2	28	12	3	4	5
黄山市	**134**	**134**	**147**	**5**	**142**	**29**	**3**	**23**	**3**
屯溪区	1	1	3		3				
黄山区	13	13	25		25	1		1	
徽州区	7	7	5		5				
歙县	51	51	62	3	59	14	2	12	
休宁县	41	41	23	1	22	7		6	1
黟县	6	6	11		11	1			1
祁门县	15	15	18	1	17	6	1	4	1
滁州市	**715**	**715**	**588**	**27**	**561**	**154**	**12**	**115**	**27**
琅琊区									
南谯区	58	58	27		27	11	3	5	3
来安县	138	138	60	5	55	14		12	2
全椒县	233	233	143	5	138	20	2	14	4
定远县	82	82	129	4	125	38	1	29	8
凤阳县	62	62	98	5	93	20	1	15	4
苏滁现代产业园	40	40	11	1	10	4		3	1
滁州经济技术开发区	71	71	91	5	86	36	4	29	3
天长市	25	25	20	2	18	10	1	7	2
明光市	6	6	9		9	1		1	

4-4b 续表 89　　　　单位：人

地区 性别	房地产业		租赁和商务服务业			科学研究和技术服务业			
	小计	房地产业	小计	租赁业	商务服务业	小计	研究和试验发展	专业技术服务业	科技推广和应用服务业
阜阳市	**541**	**541**	**571**	**18**	**553**	**174**	**29**	**96**	**49**
颍州区	16	16	13	1	12	3		2	1
颍东区	42	42	18	1	17	3	1	2	
颍泉区	9	9	16	1	15	5	1	4	
临泉县	136	136	132	3	129	39	5	26	8
太和县	106	106	117	5	112	50	1	21	28
阜南县	62	62	78		78	35	16	16	3
颍上县	121	121	135	4	131	26	2	17	7
阜阳合肥现代产业园区			2		2	2	1		1
阜阳经济技术开发区	45	45	49	3	46	9	1	7	1
界首市	4	4	11		11	2	1	1	
宿州市	**500**	**500**	**312**	**10**	**302**	**103**	**10**	**76**	**17**
埇桥区	22	22	14		14	7	1	5	1
砀山县	121	121	52	1	51	22	2	18	2
萧县	112	112	60	6	54	25	3	16	6
灵璧县	120	120	76		76	27	3	18	6
泗县	71	71	93	3	90	9	1	8	
宿州马鞍山现代产业园区	24	24	4		4				
宿州经济技术开发区	30	30	13		13	13		11	2
六安市	**529**	**529**	**389**	**20**	**369**	**101**	**10**	**70**	**21**
金安区	59	59	48	1	47	5	1	3	1
裕安区	16	16	19		19	5		3	2
叶集区	1	1	2		2				
霍邱县	68	68	71	8	63	17		13	4
舒城县	147	147	100	6	94	37	6	27	4
金寨县	137	137	72	3	69	19	2	13	4
霍山县	101	101	77	2	75	18	1	11	6
亳州市	**374**	**374**	**304**	**12**	**292**	**69**	**7**	**57**	**5**
谯城区	15	15	9	1	8				
涡阳县	95	95	126	4	122	27	2	22	3
蒙城县	155	155	100	4	96	28	2	24	2
利辛县	109	109	69	3	66	14	3	11	
池州市	**109**	**109**	**142**	**4**	**138**	**23**	**1**	**18**	**4**
贵池区	1	1	1		1				
东至县	55	55	63	4	59	17	1	13	3
石台县	7	7	11		11	4		3	1
青阳县	46	46	63		63	2		2	
池州市国家经济技术开发区									
皖江江南新兴产业集中区									
九华山风景区			4		4				
宣城市	**210**	**210**	**165**	**8**	**157**	**69**	**6**	**53**	**10**
宣州区	22	22	22	3	19	6	1	4	1
郎溪县	59	59	38	1	37	9		6	3
泾县	31	31	45	2	43	6		5	1
绩溪县	20	20	21		21	3			3
旌德县	14	14	11	1	10	6	1	5	
宣城市经济开发区	53	53	22	1	21	31	4	26	1
宁国市	1	1				4		3	1
广德市	10	10	6		6	4		4	

4-4b　续表 90　　　　　　　　　　　　　　　　　　　　　　　　单位：人

地　区 性　别	水利、环境和公共设施管理业					居民服务、修理和其他服务业			
	小计	水　利 管理业	生态保护 和环境 治理业	公共设施 管理业	土　地 管理业	小计	居　民 服务业	机动车、 电子产品 和日用产 品修理业	其　他 服务业
安　徽	**8131**	**616**	**530**	**6921**	**64**	**34242**	**20420**	**8745**	**5077**
合肥市	**1758**	**109**	**131**	**1498**	**20**	**5492**	**2981**	**1628**	**883**
瑶海区	2		1	1		32	22	8	2
庐阳区	36	3	1	32		125	77	26	22
蜀山区	56			56		97	21	20	56
包河区									
长丰县	246	32	20	191	3	809	425	280	104
肥东县	320	16	23	279	2	1108	491	374	243
肥西县	282	15	27	236	4	880	517	244	119
庐江县	279	21	6	247	5	773	457	254	62
合肥高新技术产业开发区	159	9	12	134	4	365	231	66	68
合肥经济技术开发区	219	9	33	176	1	699	434	164	101
合肥新站高新技术产业开发区	110	4	5	100	1	501	255	153	93
巢湖市	49		3	46		103	51	39	13
芜湖市	**383**	**18**	**24**	**340**	**1**	**2729**	**1873**	**514**	**342**
镜湖区	1			1		3	1	1	1
弋江区									
鸠江区	25	6		19		138	99	31	8
三山区	8			7	1	31	20	8	3
芜湖县	88		4	84		704	517	98	89
繁昌县	38	1	2	35		264	148	79	37
南陵县	69	1	3	65		687	512	109	66
芜湖经济技术开发区	34	1	2	31		177	97	60	20
安徽芜湖长江大桥经济开发区	10	1	2	7		18	11	3	4
无为市	110	8	11	91		707	468	125	114
蚌埠市	**340**	**48**	**20**	**269**	**3**	**1483**	**937**	**407**	**139**
龙子湖区	6		1	5		5	2	3	
蚌山区									
禹会区	5	1		4		13	4	7	2
淮上区	7	1		6		38	30	5	3
怀远县	80	2	9	67	2	517	321	148	48
五河县	60	3	1	56		321	187	87	47
固镇县	35	3		32		241	147	74	20
蚌埠市高新技术开发区	19	3	4	12		72	46	23	3
蚌埠市经济开发区	128	35	5	87	1	276	200	60	16
淮南市	**350**	**50**	**14**	**284**	**2**	**1046**	**602**	**290**	**154**
大通区	66	4		62		124	66	37	21
田家庵区	3			3		10	5	5	
谢家集区						4	2	2	
八公山区									
潘集区	20	1	1	18		74	35	26	13
凤台县	126	28	8	88	2	310	190	88	32
寿县	135	17	5	113		524	304	132	88

4-4b 续表 91　　　　单位：人

地区 性别	水利、环境和公共设施管理业					居民服务、修理和其他服务业			
	小计	水利管理业	生态保护和环境治理业	公共设施管理业	土地管理业	小计	居民服务业	机动车、电子产品和日用产品修理业	其他服务业
马鞍山市	**253**	**38**	**21**	**191**	**3**	**1450**	**897**	**263**	**290**
花山区									
雨山区									
博望区	5			5		27	14	2	11
当涂县	90	10	9	70	1	573	329	114	130
含山县	68	12	5	49	2	491	318	72	101
和县	90	16	7	67		359	236	75	48
淮北市	**164**	**5**	**11**	**148**		**597**	**333**	**184**	**80**
杜集区	12			12		59	38	17	4
相山区									
烈山区	10		2	8		24	14	6	4
濉溪县	142	5	9	128		514	281	161	72
铜陵市	**136**	**13**	**6**	**116**	**1**	**287**	**165**	**81**	**41**
铜官区									
义安区	16	1	3	12		41	19	13	9
郊区	9	3		6		15	9	4	2
枞阳县	111	9	3	98	1	231	137	64	30
安庆市	**514**	**59**	**29**	**422**	**4**	**2157**	**1283**	**553**	**321**
迎江区									
大观区	7	4		3		27	20	5	2
宜秀区	26	10		16		36	20	8	8
怀宁县	81	11	4	64	2	346	173	106	67
太湖县	73	9	5	58	1	328	178	108	42
宿松县	85	10	5	70		352	192	114	46
望江县	25	5	2	18		325	263	29	33
岳西县	50	3	3	44		238	172	40	26
安徽安庆经济开发区	90	3	8	79		260	127	79	54
桐城市	33	3	1	29		144	76	37	31
潜山市	44	1	1	41	1	101	62	27	12
黄山市	**218**	**12**	**13**	**193**		**771**	**512**	**179**	**80**
屯溪区	3			3		15	11		4
黄山区	66		2	64		48	35	8	5
徽州区	8			8		14	10	4	
歙县	53	7	9	37		343	224	91	28
休宁县	27	3	2	22		184	121	34	29
黟县	43	2		41		57	43	10	4
祁门县	18			18		110	68	32	10
滁州市	**737**	**63**	**47**	**620**	**7**	**3727**	**2221**	**904**	**602**
琅琊区									
南谯区	55	2	4	47	2	94	48	27	19
来安县	145	13	8	122	2	722	459	124	139
全椒县	112	7	6	98	1	779	469	164	146
定远县	149	21	8	119	1	753	438	208	107
凤阳县	121	11	12	98		654	356	182	116
苏滁现代产业园	10			10		29	19	5	5
滁州经济技术开发区	49	3	3	43		162	75	40	47
天长市	66	4	6	55	1	407	285	112	10
明光市	30	2		28		127	72	42	13

4-4b　续表 92　　　　　　　　　　　　　　　　　　　　单位：人

地　区 性　别	水利、环境和公共设施管理业					居民服务、修理和其他服务业			
	小计	水　利 管理业	生态保护 和环境 治理业	公共设施 管理业	土　地 管理业	小计	居　民 服务业	机动车、 电子产品 和日用产 品修理业	其　他 服务业
阜阳市	**1051**	**48**	**64**	**927**	**12**	**4598**	**2700**	**1125**	**773**
颍州区	29	1	3	25		116	54	42	20
颍东区	59	1		58		199	106	59	34
颍泉区	22			22		271	153	58	60
临泉县	201	8	18	167	8	1157	811	240	106
太和县	220	4	15	200	1	969	556	235	178
阜南县	95	5	9	79	2	571	326	138	107
颍上县	358	28	13	316	1	971	502	244	225
阜阳合肥现代产业园区	3			3		17	8	6	3
阜阳经济技术开发区	39	1	6	32		163	98	57	8
界首市	25			25		164	86	46	32
宿州市	**486**	**14**	**27**	**443**	**2**	**2567**	**1429**	**716**	**422**
埇桥区	53		4	48	1	291	157	89	45
砀山县	64	1	3	60		390	218	118	54
萧县	106		1	105		610	328	179	103
灵璧县	118	3	6	109		666	400	163	103
泗县	95	9	5	80	1	466	246	116	104
宿州马鞍山现代产业园区	18	1	2	15		23	12	11	
宿州经济技术开发区	32		6	26		121	68	40	13
六安市	**563**	**54**	**52**	**452**	**5**	**2783**	**1796**	**639**	**348**
金安区	33	3	1	29		443	363	55	25
裕安区	37		10	27		145	84	45	16
叶集区	10	1	2	7		22	9	9	4
霍邱县	144	22	9	109	4	466	247	143	76
舒城县	108	15	4	89		707	455	183	69
金寨县	119	10	10	98	1	404	206	99	99
霍山县	112	3	16	93		596	432	105	59
亳州市	**670**	**43**	**33**	**592**	**2**	**2481**	**1358**	**755**	**368**
谯城区	37			37		192	110	51	31
涡阳县	206	6	21	178	1	782	423	213	146
蒙城县	260	29	6	225		742	412	256	74
利辛县	167	8	6	152	1	765	413	235	117
池州市	**166**	**7**	**11**	**148**		**685**	**452**	**154**	**79**
贵池区	21		3	18		31	20	9	2
东至县	66	4	7	55		316	210	72	34
石台县	6	1		5		45	24	14	7
青阳县	50	1	1	48		293	198	59	36
池州市国家经济技术开发区									
皖江江南新兴产业集中区									
九华山风景区	23	1		22					
宣城市	**342**	**35**	**27**	**278**	**2**	**1389**	**881**	**353**	**155**
宣州区	42		7	35		170	100	54	16
郎溪县	67	4	5	58		342	217	81	44
泾县	57	1	6	50		306	220	64	22
绩溪县	43	16	3	24		137	92	22	23
旌德县	25		2	23		141	98	28	15
宣城市经济开发区	55	14	4	35	2	136	62	54	20
宁国市	12			12		32	19	6	7
广德市	41			41		125	73	44	8

4-4b 续表 93

单位：人

地区 性别	水利、环境和公共设施管理业					居民服务、修理和其他服务业			
	小计	水利管理业	生态保护和环境治理业	公共设施管理业	土地管理业	小计	居民服务业	机动车、电子产品和日用产品修理业	其他服务业
男	**5354**	**460**	**404**	**4443**	**47**	**17110**	**7433**	**7437**	**2240**
合肥市	**1135**	**82**	**105**	**934**	**14**	**2813**	**1052**	**1391**	**370**
瑶海区	1			1		19	12	5	2
庐阳区	20	1	1	18		58	20	23	15
蜀山区	37			37		59	7	18	34
包河区									
长丰县	163	25	15	120	3	452	162	250	40
肥东县	167	11	18	136	2	584	173	339	72
肥西县	204	12	24	165	3	453	193	206	54
庐江县	206	21	6	177	2	379	142	207	30
合肥高新技术产业开发区	114	4	9	98	3	165	82	51	32
合肥经济技术开发区	131	6	25	100		319	139	133	47
合肥新站高新技术产业开发区	63	2	4	56	1	262	99	125	38
巢湖市	29		3	26		63	23	34	6
芜湖市	**262**	**17**	**17**	**227**	**1**	**1082**	**525**	**433**	**124**
镜湖区	1			1		3	1	1	1
弋江区									
鸠江区	18	6		12		73	46	25	2
三山区	4			3	1	16	8	7	1
芜湖县	52		3	49		204	102	75	27
繁昌县	25	1	1	23		126	46	67	13
南陵县	48	1	2	45		236	119	94	23
芜湖经济技术开发区	22	1	1	20		93	39	46	8
安徽芜湖长江大桥经济开发区	7	1	2	4		12	7	3	2
无为市	85	7	8	70		319	157	115	47
蚌埠市	**232**	**29**	**17**	**184**	**2**	**764**	**353**	**337**	**74**
龙子湖区	4		1	3		4	1	3	
蚌山区									
禹会区	4	1		3		8		7	1
淮上区	7	1		6		21	15	5	1
怀远县	53	1	8	43	1	226	86	116	24
五河县	39	2	1	36		193	91	75	27
固镇县	23	3		20		142	67	65	10
蚌埠市高新技术开发区	12	1	3	8		37	20	15	2
蚌埠市经济开发区	90	20	4	65	1	133	73	51	9
淮南市	**230**	**30**	**13**	**186**	**1**	**554**	**240**	**252**	**62**
大通区	40	3		37		66	23	33	10
田家庵区	1			1		7	2	5	
谢家集区						2		2	
八公山区									
潘集区	12	1	1	10		43	14	22	7
凤台县	86	17	8	60	1	155	75	72	8
寿县	91	9	4	78		281	126	118	37

4-4b 续表 94

单位：人

地区 性别	水利、环境和公共设施管理业					居民服务、修理和其他服务业			
	小计	水利管理业	生态保护和环境治理业	公共设施管理业	土地管理业	小计	居民服务业	机动车、电子产品和日用产品修理业	其他服务业
马鞍山市	**179**	**33**	**15**	**129**	**2**	**762**	**381**	**228**	**153**
花山区									
雨山区									
博望区	4			4		18	8	2	8
当涂县	61	9	6	45	1	311	139	98	74
含山县	53	11	4	37	1	259	147	63	49
和县	61	13	5	43		174	87	65	22
淮北市	**101**	**3**	**9**	**89**		**333**	**134**	**159**	**40**
杜集区	7			7		40	22	14	4
相山区									
烈山区	6		2	4		11	5	5	1
濉溪县	88	3	7	78		282	107	140	35
铜陵市	**94**	**11**	**6**	**76**	**1**	**149**	**60**	**69**	**20**
铜官区									
义安区	12	1	3	8		24	5	13	6
郊区	4	2		2		11	5	4	2
枞阳县	78	8	3	66	1	114	50	52	12
安庆市	**379**	**49**	**25**	**301**	**4**	**1103**	**462**	**478**	**163**
迎江区									
大观区	5	3		2		14	10	4	
宜秀区	18	9		9		17	7	8	2
怀宁县	61	8	4	47	2	202	83	85	34
太湖县	56	8	3	44	1	185	65	96	24
宿松县	67	8	5	54		207	81	100	26
望江县	23	5	2	16		98	52	27	19
岳西县	33	3	2	28		115	67	36	12
安徽安庆经济开发区	57	2	7	48		140	48	65	27
桐城市	28	3	1	24		75	32	30	13
潜山市	31		1	29	1	50	17	27	6
黄山市	**141**	**8**	**9**	**124**		**311**	**130**	**143**	**38**
屯溪区	2			2		3	2		1
黄山区	40		2	38		17	9	7	1
徽州区	6			6		5	3	2	
歙县	35	6	5	24		143	55	73	15
休宁县	17	1	2	14		68	28	27	13
黟县	28	1		27		22	12	9	1
祁门县	13			13		53	21	25	7
滁州市	**460**	**46**	**31**	**380**	**3**	**1775**	**825**	**741**	**209**
琅琊区									
南谯区	34	2	2	29	1	53	23	23	7
来安县	93	9	5	78	1	282	138	105	39
全椒县	68	6	5	56	1	332	137	136	59
定远县	92	16	5	71		400	188	177	35
凤阳县	71	6	8	57		303	128	142	33
苏滁现代产业园	7			7		11	4	5	2
滁州经济技术开发区	31	3	2	26		73	25	27	21
天长市	46	3	4	39		247	146	95	6
明光市	18	1		17		74	36	31	7

4-4b 续表 95

单位：人

地区 性别	水利、环境和公共设施管理业					居民服务、修理和其他服务业			
	小计	水利管理业	生态保护和环境治理业	公共设施管理业	土地管理业	小计	居民服务业	机动车、电子产品和日用产品修理业	其他服务业
阜阳市	**660**	**36**	**47**	**566**	**11**	**2463**	**1141**	**964**	**358**
颍州区	16	1	1	14		73	30	36	7
颍东区	35	1		34		108	49	48	11
颍泉区	9			9		138	56	52	30
临泉县	126	6	14	99	7	621	372	198	51
太和县	149	4	12	132	1	529	234	203	92
阜南县	71	3	6	60	2	294	123	122	49
颍上县	214	20	9	184	1	510	202	210	98
阜阳合肥现代产业园区	2			2		11	4	5	2
阜阳经济技术开发区	23	1	5	17		90	36	51	3
界首市	15			15		89	35	39	15
宿州市	**299**	**8**	**17**	**272**	**2**	**1322**	**515**	**601**	**206**
埇桥区	33		4	28	1	164	62	79	23
砀山县	43	1	2	40		215	80	100	35
萧县	59			59		319	121	153	45
灵璧县	72	1	4	67		319	140	130	49
泗县	59	5	4	49	1	236	91	97	48
宿州马鞍山现代产业园区	12	1	1	10		11	2	9	
宿州经济技术开发区	21		2	19		58	19	33	6
六安市	**364**	**43**	**36**	**280**	**5**	**1311**	**614**	**550**	**147**
金安区	23	2	1	20		225	161	50	14
裕安区	25		7	18		81	35	38	8
叶集区	8	1	1	6		16	4	9	3
霍邱县	99	17	6	72	4	263	119	119	25
舒城县	75	14	3	58		319	128	159	32
金寨县	62	6	7	48	1	179	65	84	30
霍山县	72	3	11	58		228	102	91	35
亳州市	**429**	**28**	**25**	**375**	**1**	**1424**	**598**	**650**	**176**
谯城区	21			21		116	50	48	18
涡阳县	143	4	15	123	1	448	192	190	66
蒙城县	158	18	4	136		420	167	218	35
利辛县	107	6	6	95		440	189	194	57
池州市	**123**	**6**	**7**	**110**		**299**	**129**	**130**	**40**
贵池区	15		1	14		16	8	6	2
东至县	48	4	5	39		138	58	67	13
石台县	3	1		2		19	6	9	4
青阳县	37	1	1	35		126	57	48	21
池州市国家经济技术开发区									
皖江江南新兴产业集中区									
九华山风景区	20			20					
宣城市	**266**	**31**	**25**	**210**		**645**	**274**	**311**	**60**
宣州区	30		7	23		93	39	50	4
郎溪县	60	4	5	51		172	81	72	19
泾县	48	1	6	41		120	58	53	9
绩溪县	34	15	2	17		47	18	21	8
旌德县	20		2	18		62	28	24	10
宣城市经济开发区	39	11	3	25		67	14	48	5
宁国市	8			8		18	10	5	3
广德市	27			27		66	26	38	2

4-4b　续表 96　　单位：人

地区 性别	水利、环境和公共设施管理业 小计	水利管理业	生态保护和环境治理业	公共设施管理业	土地管理业	居民服务、修理和其他服务业 小计	居民服务业	机动车、电子产品和日用产品修理业	其他服务业
女	**2777**	**156**	**126**	**2478**	**17**	**17132**	**12987**	**1308**	**2837**
合肥市	**623**	**27**	**26**	**564**	**6**	**2679**	**1929**	**237**	**513**
瑶海区	1		1			13	10	3	
庐阳区	16	2		14		67	57	3	7
蜀山区	19			19		38	14	2	22
包河区									
长丰县	83	7	5	71		357	263	30	64
肥东县	153	5	5	143		524	318	35	171
肥西县	78	3	3	71	1	427	324	38	65
庐江县	73			70	3	394	315	47	32
合肥高新技术产业开发区	45	5	3	36	1	200	149	15	36
合肥经济技术开发区	88	3	8	76	1	380	295	31	54
合肥新站高新技术产业开发区	47	2	1	44		239	156	28	55
巢湖市	20			20		40	28	5	7
芜湖市	**121**	**1**	**7**	**113**		**1647**	**1348**	**81**	**218**
镜湖区									
弋江区									
鸠江区	7			7		65	53	6	6
三山区	4			4		15	12	1	2
芜湖县	36		1	35		500	415	23	62
繁昌县	13		1	12		138	102	12	24
南陵县	21		1	20		451	393	15	43
芜湖经济技术开发区	12		1	11		84	58	14	12
安徽芜湖长江大桥经济开发区	3			3		6	4		2
无为市	25	1	3	21		388	311	10	67
蚌埠市	**108**	**19**	**3**	**85**	**1**	**719**	**584**	**70**	**65**
龙子湖区	2			2		1	1		
蚌山区									
禹会区	1			1		5	4		1
淮上区						17	15		2
怀远县	27	1	1	24	1	291	235	32	24
五河县	21	1		20		128	96	12	20
固镇县	12			12		99	80	9	10
蚌埠市高新技术开发区	7	2	1	4		35	26	8	1
蚌埠市经济开发区	38	15	1	22		143	127	9	7
淮南市	**120**	**20**	**1**	**98**	**1**	**492**	**362**	**38**	**92**
大通区	26	1		25		58	43	4	11
田家庵区	2			2		3	3		
谢家集区						2	2		
八公山区									
潘集区	8			8		31	21	4	6
凤台县	40	11		28	1	155	115	16	24
寿县	44	8	1	35		243	178	14	51

4-4b 续表 97

单位：人

地区 性别	水利、环境和公共设施管理业 小计	水利管理业	生态保护和环境治理业	公共设施管理业	土地管理业	居民服务、修理和其他服务业 小计	居民服务业	机动车、电子产品和日用产品修理业	其他服务业
马鞍山市	**74**	**5**	**6**	**62**	**1**	**688**	**516**	**35**	**137**
花山区									
雨山区									
博望区	1			1		9	6		3
当涂县	29	1	3	25		262	190	16	56
含山县	15	1	1	12	1	232	171	9	52
和县	29	3	2	24		185	149	10	26
淮北市	**63**	**2**	**2**	**59**		**264**	**199**	**25**	**40**
杜集区	5			5		19	16	3	
相山区									
烈山区	4			4		13	9	1	3
濉溪县	54	2	2	50		232	174	21	37
铜陵市	**42**	**2**		**40**		**138**	**105**	**12**	**21**
铜官区									
义安区	4			4		17	14		3
郊区	5	1		4		4	4		
枞阳县	33	1		32		117	87	12	18
安庆市	**135**	**10**	**4**	**121**		**1054**	**821**	**75**	**158**
迎江区									
大观区	2	1		1		13	10	1	2
宜秀区	8	1		7		19	13		6
怀宁县	20	3		17		144	90	21	33
太湖县	17	1	2	14		143	113	12	18
宿松县	18	2		16		145	111	14	20
望江县	2			2		227	211	2	14
岳西县	17		1	16		123	105	4	14
安徽安庆经济开发区	33	1	1	31		120	79	14	27
桐城市	5			5		69	44	7	18
潜山市	13	1		12		51	45		6
黄山市	**77**	**4**	**4**	**69**		**460**	**382**	**36**	**42**
屯溪区	1			1		12	9		3
黄山区	26			26		31	26	1	4
徽州区	2			2		9	7	2	
歙县	18	1	4	13		200	169	18	13
休宁县	10	2		8		116	93	7	16
黟县	15	1		14		35	31	1	3
祁门县	5			5		57	47	7	3
滁州市	**277**	**17**	**16**	**240**	**4**	**1952**	**1396**	**163**	**393**
琅琊区									
南谯区	21		2	18	1	41	25	4	12
来安县	52	4	3	44	1	440	321	19	100
全椒县	44	1	1	42		447	332	28	87
定远县	57	5	3	48	1	353	250	31	72
凤阳县	50	5	4	41		351	228	40	83
苏滁现代产业园	3			3		18	15		3
滁州经济技术开发区	18		1	17		89	50	13	26
天长市	20	1	2	16	1	160	139	17	4
明光市	12	1		11		53	36	11	6

4-4b　续表 98　　　　　　　　　　　　　　　　　　　　　　　　　　　　单位：人

地　区 性　别	水利、环境和公共设施管理业					居民服务、修理和其他服务业			
	小计	水　利 管理业	生态保护 和环境 治理业	公共设施 管理业	土　地 管理业	小计	居　民 服务业	机动车、 电子产品 和日用产 品修理业	其　他 服务业
阜阳市	**391**	**12**	**17**	**361**	**1**	**2135**	**1559**	**161**	**415**
颍州区	13		2	11		43	24	6	13
颍东区	24			24		91	57	11	23
颍泉区	13			13		133	97	6	30
临泉县	75	2	4	68	1	536	439	42	55
太和县	71		3	68		440	322	32	86
阜南县	24	2	3	19		277	203	16	58
颍上县	144	8	4	132		461	300	34	127
阜阳合肥现代产业园区	1			1		6	4	1	1
阜阳经济技术开发区	16		1	15		73	62	6	5
界首市	10			10		75	51	7	17
宿州市	**187**	**6**	**10**	**171**		**1245**	**914**	**115**	**216**
埇桥区	20			20		127	95	10	22
砀山县	21		1	20		175	138	18	19
萧县	47		1	46		291	207	26	58
灵璧县	46	2	2	42		347	260	33	54
泗县	36	4	1	31		230	155	19	56
宿州马鞍山现代产业园区	6		1	5		12	10	2	
宿州经济技术开发区	11		4	7		63	49	7	7
六安市	**199**	**11**	**16**	**172**		**1472**	**1182**	**89**	**201**
金安区	10	1		9		218	202	5	11
裕安区	12		3	9		64	49	7	8
叶集区	2		1	1		6	5		1
霍邱县	45	5	3	37		203	128	24	51
舒城县	33	1	1	31		388	327	24	37
金寨县	57	4	3	50		225	141	15	69
霍山县	40		5	35		368	330	14	24
亳州市	**241**	**15**	**8**	**217**	**1**	**1057**	**760**	**105**	**192**
谯城区	16			16		76	60	3	13
涡阳县	63	2	6	55		334	231	23	80
蒙城县	102	11	2	89		322	245	38	39
利辛县	60	2		57	1	325	224	41	60
池州市	**43**	**1**	**4**	**38**		**386**	**323**	**24**	**39**
贵池区	6		2	4		15	12	3	
东至县	18		2	16		178	152	5	21
石台县	3			3		26	18	5	3
青阳县	13			13		167	141	11	15
池州市国家经济技术开发区									
皖江江南新兴产业集中区									
九华山风景区	3	1		2					
宣城市	**76**	**4**	**2**	**68**	**2**	**744**	**607**	**42**	**95**
宣州区	12			12		77	61	4	12
郎溪县	7			7		170	136	9	25
泾县	9			9		186	162	11	13
绩溪县	9	1	1	7		90	74	1	15
旌德县	5			5		79	70	4	5
宣城市经济开发区	16	3	1	10	2	69	48	6	15
宁国市	4			4		14	9	1	4
广德市	14			14		59	47	6	6

4-4b 续表 99　　单位：人

地区 性别	教育		卫生和社会工作			文化、体育和娱乐业				
	小计	教育	小计	卫生	社会工作	小计	新闻和出版业	广播、电视、电影和录音制作业	文化艺术业	体育
安徽	**44376**	**44376**	**19956**	**19343**	**613**	**5160**	**316**	**640**	**1072**	**748**
合肥市	**8942**	**8942**	**3172**	**3072**	**100**	**1374**	**151**	**231**	**232**	**209**
瑶海区	47	47	62	60	2	9	1	1	5	
庐阳区	256	256	129	127	2	41	7	8	5	4
蜀山区	57	57	31	21	10	5			1	2
包河区										
长丰县	1060	1060	304	284	20	149	9	15	26	32
肥东县	1547	1547	482	468	14	161	7	21	29	26
肥西县	1576	1576	454	446	8	247	16	49	40	25
庐江县	1014	1014	553	538	15	135	2	16	13	25
合肥高新技术产业开发区	738	738	266	262	4	173	19	41	34	31
合肥经济技术开发区	1651	1651	510	504	6	320	86	61	52	45
合肥新站高新技术产业开发区	827	827	348	332	16	114	3	18	20	17
巢湖市	169	169	33	30	3	20	1	1	7	2
芜湖市	**2268**	**2268**	**812**	**766**	**46**	**423**	**13**	**35**	**78**	**73**
镜湖区	2	2	3	3						
弋江区										
鸠江区	110	110	48	46	2	10	1	3		
三山区	85	85	17	15	2	5			1	1
芜湖县	514	514	150	145	5	115	1	9	35	13
繁昌县	369	369	157	145	12	66	6	4	10	12
南陵县	564	564	248	240	8	100	3	8	18	20
芜湖经济技术开发区	256	256	68	61	7	73		9	6	11
安徽芜湖长江大桥经济开发区	14	14	5	5		4				
无为市	354	354	116	106	10	50	2	2	8	16
蚌埠市	**3062**	**3062**	**1550**	**1517**	**33**	**266**	**14**	**38**	**57**	**45**
龙子湖区	5	5	3	2	1					
蚌山区										
禹会区	9	9	4	3	1					
淮上区	21	21	13	13		2		1		
怀远县	802	802	413	406	7	55	3	5	11	9
五河县	505	505	253	241	12	42	1	4	7	9
固镇县	461	461	212	212		35	2	1	9	4
蚌埠市高新技术开发区	191	191	74	74		17	2	3	6	1
蚌埠市经济开发区	1068	1068	578	566	12	115	6	24	24	22
淮南市	**1623**	**1623**	**747**	**716**	**31**	**172**	**8**	**24**	**34**	**31**
大通区	108	108	71	67	4	14	1	1	1	8
田家庵区	9	9	6	6		1				
谢家集区	4	4	1	1						
八公山区										
潘集区	59	59	34	27	7	11			2	2
凤台县	600	600	261	251	10	56	6	12	7	5
寿县	843	843	374	364	10	90	1	11	24	16

4-4b　续表 100　　单位：人

地　区 性　别	教育		卫生和社会工作			文化、体育和娱乐业				
	小计	教育	小计	卫生	社会工作	小计	新闻和出版业	广播、电视、电影和录音制作业	文化艺术业	体育
马鞍山市	**1336**	**1336**	**675**	**646**	**29**	**170**	**13**	**19**	**42**	**14**
花山区										
雨山区										
博望区	15	15	4	4		3		1		
当涂县	501	501	260	256	4	67	2	6	21	3
含山县	399	399	188	171	17	61	8	7	14	4
和县	421	421	223	215	8	39	3	5	7	7
淮北市	**926**	**926**	**452**	**441**	**11**	**84**	**3**	**8**	**26**	**16**
杜集区	64	64	26	25	1	8		1	4	
相山区										
烈山区	33	33	25	25		5		1	1	2
濉溪县	829	829	401	391	10	71	3	6	21	14
铜陵市	**600**	**600**	**335**	**327**	**8**	**46**	**4**	**6**	**8**	**12**
铜官区										
义安区	33	33	22	20	2	3				
郊区	47	47	20	19	1	2				
枞阳县	520	520	293	288	5	41	4	6	8	12
安庆市	**2995**	**2995**	**1234**	**1196**	**38**	**335**	**18**	**20**	**84**	**46**
迎江区										
大观区	26	26	5	5		3				2
宜秀区	30	30	9	6	3	11			3	
怀宁县	651	651	234	226	8	73	1	5	25	4
太湖县	530	530	201	194	7	55	5	5	21	7
宿松县	672	672	296	291	5	65	5	3	11	18
望江县	99	99	41	39	2	11	1			
岳西县	336	336	181	175	6	26	1	3	7	2
安徽安庆经济开发区	281	281	166	162	4	54	4	1	13	8
桐城市	160	160	53	51	2	10		2	2	2
潜山市	210	210	48	47	1	27	1	1	2	3
黄山市	**992**	**992**	**556**	**543**	**13**	**124**	**2**	**17**	**41**	**12**
屯溪区	48	48	9	9		2			1	1
黄山区	21	21	14	9	5	11			1	2
徽州区	13	13	11	11		8			7	
歙县	472	472	280	280		48	2	3	17	5
休宁县	180	180	89	87	2	18		2	8	2
黟县	78	78	32	31	1	25		12	5	1
祁门县	180	180	121	116	5	12			2	1
滁州市	**3061**	**3061**	**1479**	**1440**	**39**	**395**	**21**	**44**	**83**	**43**
琅琊区										
南谯区	113	113	60	59	1	20	1	1	5	1
来安县	411	411	242	240	2	74	1	8	7	10
全椒县	551	551	291	282	9	89	5	6	22	8
定远县	676	676	333	321	12	68	2	11	15	13
凤阳县	715	715	270	264	6	61	6	5	19	2
苏滁现代产业园	8	8	9	9		3		1	1	
滁州经济技术开发区	269	269	111	109	2	38	3	10	9	4
天长市	252	252	91	89	2	32	2	2	4	4
明光市	66	66	72	67	5	10	1		1	1

4-4b 续表 101

单位：人

地区 性别	教育		卫生和社会工作			文化、体育和娱乐业				
	小计	教育	小计	卫生	社会工作	小计	新闻和出版业	广播、电视、电影和录音制作业	文化艺术业	体育
阜阳市	**5209**	**5209**	**2753**	**2698**	**55**	**502**	**17**	**48**	**128**	**66**
颍州区	84	84	34	34		6		1	1	2
颍东区	113	113	54	54		16		1	4	1
颍泉区	131	131	66	62	4	13		1	1	4
临泉县	1444	1444	681	667	14	152	7	13	36	13
太和县	1148	1148	769	759	10	126	3	11	35	19
阜南县	793	793	479	468	11	55	2	7	19	6
颍上县	1160	1160	492	485	7	108	4	9	25	16
阜阳合肥现代产业园区	15	15	4	4		1				
阜阳经济技术开发区	238	238	124	117	7	14	1	4		4
界首市	83	83	50	48	2	11		1	7	1
宿州市	**4037**	**4037**	**1768**	**1740**	**28**	**311**	**5**	**38**	**78**	**56**
埇桥区	278	278	102	100	2	27			4	4
砀山县	774	774	392	389	3	48	3	10	12	6
萧县	905	905	370	364	6	62		11	18	9
灵璧县	1170	1170	495	490	5	90	1	7	20	23
泗县	738	738	356	348	8	68		8	17	13
宿州马鞍山现代产业园区	56	56	9	9		7		1	4	
宿州经济技术开发区	116	116	44	40	4	9	1	1	3	1
六安市	**3134**	**3134**	**1300**	**1257**	**43**	**313**	**19**	**34**	**42**	**41**
金安区	353	353	80	74	6	22	1	1	2	5
裕安区	180	180	52	47	5	18		1	1	4
叶集区	36	36	17	16	1					
霍邱县	746	746	353	343	10	66	7	10	11	7
舒城县	748	748	337	332	5	85	3	9	10	14
金寨县	525	525	219	216	3	63	3	10	9	7
霍山县	546	546	242	229	13	59	5	3	9	4
亳州市	**3849**	**3849**	**1825**	**1768**	**57**	**280**	**15**	**43**	**74**	**32**
谯城区	157	157	57	57		13			8	2
涡阳县	1276	1276	503	483	20	90	5	12	25	9
蒙城县	1316	1316	660	634	26	94	6	17	30	10
利辛县	1100	1100	605	594	11	83	4	14	11	11
池州市	**887**	**887**	**517**	**498**	**19**	**121**	**5**	**8**	**14**	**14**
贵池区	32	32	31	28	3	4				
东至县	489	489	259	247	12	50	3	3	7	6
石台县	98	98	57	56	1	10	1			1
青阳县	267	267	170	167	3	57	1	5	7	7
池州市国家经济技术开发区										
皖江江南新兴产业集中区										
九华山风景区	1	1								
宣城市	**1455**	**1455**	**781**	**718**	**63**	**244**	**8**	**27**	**51**	**38**
宣州区	153	153	68	64	4	32	2	1	5	1
郎溪县	370	370	225	213	12	62		3	9	13
泾县	292	292	184	177	7	57	1	8	18	4
绩溪县	194	194	95	88	7	20	1	4	6	6
旌德县	142	142	71	70	1	23		2	4	5
宣城市经济开发区	237	237	97	78	19	36	3	8	9	7
宁国市	24	24	10	7	3	6				2
广德市	43	43	31	21	10	8	1	1		

4-4b　续表 102　　　　单位：人

地区 性别	教育		卫生和社会工作			文化、体育和娱乐业				
	小计	教育	小计	卫生	社会工作	小计	新闻和出版业	广播、电视、电影和录音制作业	文化艺术业	体育
男	**18389**	**18389**	**7288**	**7047**	**241**	**2799**	**178**	**382**	**558**	**404**
合肥市	**3330**	**3330**	**987**	**958**	**29**	**710**	**85**	**131**	**114**	**101**
瑶海区	16	16	14	13	1	5		1	3	
庐阳区	75	75	37	36	1	25	2	6	3	3
蜀山区	25	25	14	12	2	3				2
包河区										
长丰县	386	386	102	100	2	69	6	9	16	13
肥东县	596	596	140	135	5	83	5	13	10	15
肥西县	601	601	158	155	3	133	6	29	17	11
庐江县	436	436	195	187	8	60	1	9	5	12
合肥高新技术产业开发区	249	249	66	65	1	87	9	17	20	16
合肥经济技术开发区	573	573	155	153	2	179	54	35	24	23
合肥新站高新技术产业开发区	280	280	87	84	3	53	1	11	11	4
巢湖市	93	93	19	18	1	13	1	1	5	2
芜湖市	**892**	**892**	**302**	**282**	**20**	**220**	**9**	**20**	**36**	**45**
镜湖区	2	2	1	1						
弋江区										
鸠江区	51	51	20	19	1	7	1	2		
三山区	30	30	7	7		2				1
芜湖县	219	219	53	52	1	46	1	6	10	8
繁昌县	143	143	57	53	4	35	3	2	6	8
南陵县	224	224	86	83	3	54	3	4	11	12
芜湖经济技术开发区	54	54	26	22	4	37		4	4	5
安徽芜湖长江大桥经济开发区	1	1	1	1		2				
无为市	168	168	51	44	7	37	1	2	5	11
蚌埠市	**1174**	**1174**	**557**	**543**	**14**	**153**	**9**	**25**	**32**	**28**
龙子湖区			2	1	1					
蚌山区										
禹会区	2	2	2	2						
淮上区	7	7	3	3		2		1		
怀远县	343	343	163	160	3	34	2	2	8	7
五河县	206	206	80	74	6	24	1	4	4	6
固镇县	180	180	66	66		20	2	1	4	3
蚌埠市高新技术开发区	60	60	27	27		10	2	2	3	
蚌埠市经济开发区	376	376	214	210	4	63	2	15	13	12
淮南市	**677**	**677**	**279**	**264**	**15**	**105**	**6**	**16**	**18**	**18**
大通区	33	33	24	22	2	9		1	1	6
田家庵区	2	2	2	2		1				
谢家集区	1	1								
八公山区										
潘集区	24	24	15	14	1	7			1	2
凤台县	212	212	89	83	6	32	5	7	4	2
寿县	405	405	149	143	6	56	1	8	12	8

4-4b 续表 103

单位：人

地区 性别	教育		卫生和社会工作			文化、体育和娱乐业				
	小计	教育	小计	卫生	社会工作	小计	新闻和出版业	广播、电视、电影和录音制作业	文化艺术业	体育
马鞍山市	**588**	**588**	**253**	**243**	**10**	**82**	**6**	**7**	**18**	**9**
花山区										
雨山区										
博望区	5	5	2	2		1				
当涂县	221	221	96	95	1	24		2	6	1
含山县	176	176	74	68	6	34	5	3	9	2
和县	186	186	81	78	3	23	1	2	3	6
淮北市	**375**	**375**	**158**	**152**	**6**	**47**	**2**	**4**	**17**	**10**
杜集区	22	22	6	6		4		1	2	
相山区										
烈山区	12	12	5	5		1			1	
濉溪县	341	341	147	141	6	42	2	3	14	10
铜陵市	**316**	**316**	**111**	**108**	**3**	**23**	**2**	**2**	**4**	**6**
铜官区										
义安区	14	14	7	6	1	1				
郊区	26	26	5	5		1				
枞阳县	276	276	99	97	2	21	2	2	4	6
安庆市	**1420**	**1420**	**448**	**434**	**14**	**163**	**12**	**12**	**40**	**20**
迎江区										
大观区	16	16	2	2		1				1
宜秀区	14	14	4	2	2	6			2	
怀宁县	326	326	77	76	1	31	1	2	9	3
太湖县	276	276	68	65	3	28	2	4	11	3
宿松县	304	304	109	107	2	32	4	1	6	8
望江县	50	50	20	18	2	8	1			
岳西县	144	144	78	76	2	9		1	3	
安徽安庆经济开发区	116	116	49	48	1	27	3	1	5	3
桐城市	80	80	20	19	1	7		2	2	1
潜山市	94	94	21	21		14	1	1	2	1
黄山市	**426**	**426**	**195**	**190**	**5**	**67**		**13**	**21**	**5**
屯溪区	23	23	1	1		1			1	
黄山区	12	12	7	5	2	8			1	1
徽州区	7	7	4	4		5			5	
歙县	211	211	94	94		28		1	9	3
休宁县	64	64	38	38		8		2	2	1
黟县	32	32	8	8		15		10	3	
祁门县	77	77	43	40	3	2				
滁州市	**1415**	**1415**	**542**	**525**	**17**	**212**	**8**	**29**	**35**	**23**
琅琊区										
南谯区	43	43	22	22		10	1	1	1	1
来安县	158	158	90	90		42		3	4	6
全椒县	265	265	101	98	3	46	2	3	10	5
定远县	329	329	133	128	5	36		8	5	6
凤阳县	347	347	91	88	3	30	3	4	6	2
苏滁现代产业园	2	2	2	2		1		1		
滁州经济技术开发区	112	112	29	28	1	20	1	7	5	1
天长市	121	121	44	42	2	21	1	2	3	2
明光市	38	38	30	27	3	6			1	

4-4b 续表 104

单位：人

地区 性别	教育		卫生和社会工作			文化、体育和娱乐业				
	小计	教育	小计	卫生	社会工作	小计	新闻和出版业	广播、电视、电影和录音制作业	文化艺术业	体育
阜阳市	**2215**	**2215**	**1096**	**1072**	**24**	**307**	**6**	**33**	**77**	**39**
颍州区	45	45	21	21		4			1	1
颍东区	42	42	27	27		12		1	3	
颍泉区	67	67	37	34	3	5				3
临泉县	620	620	266	261	5	98	1	12	22	7
太和县	483	483	308	301	7	83	1	8	25	12
阜南县	324	324	188	184	4	29	1	4	10	3
颍上县	512	512	185	182	3	61	2	6	13	9
阜阳合肥现代产业园区	6	6	2	2		1				
阜阳经济技术开发区	85	85	39	37	2	8	1	2		3
界首市	31	31	23	23		6			3	1
宿州市	**1625**	**1625**	**631**	**622**	**9**	**193**	**4**	**26**	**47**	**30**
埇桥区	111	111	29	28	1	21			3	3
砀山县	292	292	143	143		29	2	5	6	4
萧县	348	348	127	126	1	37		9	11	4
灵璧县	470	470	179	176	3	51	1	4	11	14
泗县	338	338	135	133	2	43		7	10	4
宿州马鞍山现代产业园区	20	20	5	5		6		1	4	
宿州经济技术开发区	46	46	13	11	2	6	1		2	1
六安市	**1399**	**1399**	**542**	**522**	**20**	**161**	**14**	**18**	**23**	**20**
金安区	148	148	39	36	3	11	1	1	1	2
裕安区	93	93	29	26	3	7				2
叶集区	21	21	9	8	1					
霍邱县	323	323	160	154	6	41	5	8	7	5
舒城县	352	352	126	124	2	40	2	3	5	6
金寨县	227	227	84	83	1	35	3	4	7	2
霍山县	235	235	95	91	4	27	3	2	3	3
亳州市	**1555**	**1555**	**728**	**701**	**27**	**175**	**10**	**24**	**50**	**19**
谯城区	63	63	23	23		9			5	2
涡阳县	534	534	203	192	11	57	3	6	19	6
蒙城县	532	532	245	234	11	57	4	10	18	6
利辛县	426	426	257	252	5	52	3	8	8	5
池州市	**416**	**416**	**187**	**183**	**4**	**66**	**2**	**4**	**7**	**8**
贵池区	13	13	14	13	1	2				
东至县	233	233	92	89	3	27	1	2	5	4
石台县	44	44	18	18		6				
青阳县	126	126	63	63		31	1	2	2	4
池州市国家经济技术开发区										
皖江江南新兴产业集中区										
九华山风景区										
宣城市	**566**	**566**	**272**	**248**	**24**	**115**	**3**	**18**	**19**	**23**
宣州区	74	74	30	29	1	15	1		2	1
郎溪县	132	132	81	73	8	34		2	5	11
泾县	104	104	68	65	3	25	1	7	6	3
绩溪县	76	76	28	25	3	6		3		3
旌德县	52	52	30	29	1	10		1	2	1
宣城市经济开发区	105	105	25	18	7	18		4	4	4
宁国市	9	9	2	2		3				
广德市	14	14	8	7	1	4	1	1		

4-4b 续表 105

单位：人

地区 性别	教育		卫生和社会工作			文化、体育和娱乐业				
	小计	教育	小计	卫生	社会工作	小计	新闻和出版业	广播、电视、电影和录音制作业	文化艺术业	体育
女	**25987**	**25987**	**12668**	**12296**	**372**	**2361**	**138**	**258**	**514**	**344**
合肥市	**5612**	**5612**	**2185**	**2114**	**71**	**664**	**66**	**100**	**118**	**108**
瑶海区	31	31	48	47	1	4	1		2	
庐阳区	181	181	92	91	1	16	5	2	2	1
蜀山区	32	32	17	9	8	2			1	
包河区										
长丰县	674	674	202	184	18	80	3	6	10	19
肥东县	951	951	342	333	9	78	2	8	19	11
肥西县	975	975	296	291	5	114	10	20	23	14
庐江县	578	578	358	351	7	75	1	7	8	13
合肥高新技术产业开发区	489	489	200	197	3	86	10	24	14	15
合肥经济技术开发区	1078	1078	355	351	4	141	32	26	28	22
合肥新站高新技术产业开发区	547	547	261	248	13	61	2	7	9	13
巢湖市	76	76	14	12	2	7			2	
芜湖市	**1376**	**1376**	**510**	**484**	**26**	**203**	**4**	**15**	**42**	**28**
镜湖区			2	2						
弋江区										
鸠江区	59	59	28	27	1	3		1		
三山区	55	55	10	8	2	3			1	
芜湖县	295	295	97	93	4	69		3	25	5
繁昌县	226	226	100	92	8	31	3	2	4	4
南陵县	340	340	162	157	5	46		4	7	8
芜湖经济技术开发区	202	202	42	39	3	36		5	2	6
安徽芜湖长江大桥经济开发区	13	13	4	4		2				
无为市	186	186	65	62	3	13	1		3	5
蚌埠市	**1888**	**1888**	**993**	**974**	**19**	**113**	**5**	**13**	**25**	**17**
龙子湖区	5	5	1	1						
蚌山区										
禹会区	7	7	2	1	1					
淮上区	14	14	10	10						
怀远县	459	459	250	246	4	21	1	3	3	2
五河县	299	299	173	167	6	18			3	3
固镇县	281	281	146	146		15			5	1
蚌埠市高新技术开发区	131	131	47	47		7		1	3	1
蚌埠市经济开发区	692	692	364	356	8	52	4	9	11	10
淮南市	**946**	**946**	**468**	**452**	**16**	**67**	**2**	**8**	**16**	**13**
大通区	75	75	47	45	2	5	1			2
田家庵区	7	7	4	4						
谢家集区	3	3	1	1						
八公山区										
潘集区	35	35	19	13	6	4			1	
凤台县	388	388	172	168	4	24	1	5	3	3
寿县	438	438	225	221	4	34		3	12	8

4-4b　续表 106　　　　　　　　　　　　　　　　　　　　　　　　　　　　单位：人

地　区 性　别	教育		卫生和社会工作			文化、体育和娱乐业				
	小计	教育	小计	卫生	社会工作	小计	新闻和出版业	广播、电视、电影和录音制作业	文化艺术业	体育
马鞍山市	**748**	**748**	**422**	**403**	**19**	**88**	**7**	**12**	**24**	**5**
花山区										
雨山区										
博望区	10	10	2	2		2		1		
当涂县	280	280	164	161	3	43	2	4	15	2
含山县	223	223	114	103	11	27	3	4	5	2
和县	235	235	142	137	5	16	2	3	4	1
淮北市	**551**	**551**	**294**	**289**	**5**	**37**	**1**	**4**	**9**	**6**
杜集区	42	42	20	19	1	4			2	
相山区										
烈山区	21	21	20	20		4		1		2
濉溪县	488	488	254	250	4	29	1	3	7	4
铜陵市	**284**	**284**	**224**	**219**	**5**	**23**	**2**	**4**	**4**	**6**
铜官区										
义安区	19	19	15	14	1	2				
郊区	21	21	15	14	1	1				
枞阳县	244	244	194	191	3	20	2	4	4	6
安庆市	**1575**	**1575**	**786**	**762**	**24**	**172**	**6**	**8**	**44**	**26**
迎江区										
大观区	10	10	3	3		2				1
宜秀区	16	16	5	4	1	5			1	
怀宁县	325	325	157	150	7	42		3	16	1
太湖县	254	254	133	129	4	27	3	1	10	4
宿松县	368	368	187	184	3	33	1	2	5	10
望江县	49	49	21	21		3				
岳西县	192	192	103	99	4	17	1	2	4	2
安徽安庆经济开发区	165	165	117	114	3	27	1		8	5
桐城市	80	80	33	32	1	3				1
潜山市	116	116	27	26	1	13				2
黄山市	**566**	**566**	**361**	**353**	**8**	**57**	**2**	**4**	**20**	**7**
屯溪区	25	25	8	8		1				1
黄山区	9	9	7	4	3	3				1
徽州区	6	6	7	7		3			2	
歙县	261	261	186	186		20	2	2	8	2
休宁县	116	116	51	49	2	10			6	1
黟县	46	46	24	23	1	10		2	2	1
祁门县	103	103	78	76	2	10			2	1
滁州市	**1646**	**1646**	**937**	**915**	**22**	**183**	**13**	**15**	**48**	**20**
琅琊区										
南谯区	70	70	38	37	1	10			4	
来安县	253	253	152	150	2	32	1	5	3	4
全椒县	286	286	190	184	6	43	3	3	12	3
定远县	347	347	200	193	7	32	2	3	10	7
凤阳县	368	368	179	176	3	31	3	1	13	
苏滁现代产业园	6	6	7	7		2			1	
滁州经济技术开发区	157	157	82	81	1	18	2	3	4	3
天长市	131	131	47	47		11	1		1	2
明光市	28	28	42	40	2	4	1			1

4-4b 续表 107

单位：人

地区 性别	教育		卫生和社会工作			文化、体育和娱乐业				
	小计	教育	小计	卫生	社会工作	小计	新闻和出版业	广播、电视、电影和录音制作业	文化艺术业	体育
阜阳市	**2994**	**2994**	**1657**	**1626**	**31**	**195**	**11**	**15**	**51**	**27**
颍州区	39	39	13	13		2		1		1
颍东区	71	71	27	27		4			1	1
颍泉区	64	64	29	28	1	8		1	1	1
临泉县	824	824	415	406	9	54	6	1	14	6
太和县	665	665	461	458	3	43	2	3	10	7
阜南县	469	469	291	284	7	26	1	3	9	3
颍上县	648	648	307	303	4	47	2	3	12	7
阜阳合肥现代产业园区	9	9	2	2						
阜阳经济技术开发区	153	153	85	80	5	6		2		1
界首市	52	52	27	25	2	5		1	4	
宿州市	**2412**	**2412**	**1137**	**1118**	**19**	**118**	**1**	**12**	**31**	**26**
埇桥区	167	167	73	72	1	6			1	1
砀山县	482	482	249	246	3	19	1	5	6	2
萧县	557	557	243	238	5	25		2	7	5
灵璧县	700	700	316	314	2	39		3	9	9
泗县	400	400	221	215	6	25		1	7	9
宿州马鞍山现代产业园区	36	36	4	4		1				
宿州经济技术开发区	70	70	31	29	2	3		1	1	
六安市	**1735**	**1735**	**758**	**735**	**23**	**152**	**5**	**16**	**19**	**21**
金安区	205	205	41	38	3	11			1	3
裕安区	87	87	23	21	2	11		1	1	2
叶集区	15	15	8	8						
霍邱县	423	423	193	189	4	25	2	2	4	2
舒城县	396	396	211	208	3	45	1	6	5	8
金寨县	298	298	135	133	2	28		6	2	5
霍山县	311	311	147	138	9	32	2	1	6	1
亳州市	**2294**	**2294**	**1097**	**1067**	**30**	**105**	**5**	**19**	**24**	**13**
谯城区	94	94	34	34		4			3	
涡阳县	742	742	300	291	9	33	2	6	6	3
蒙城县	784	784	415	400	15	37	2	7	12	4
利辛县	674	674	348	342	6	31	1	6	3	6
池州市	**471**	**471**	**330**	**315**	**15**	**55**	**3**	**4**	**7**	**6**
贵池区	19	19	17	15	2	2				
东至县	256	256	167	158	9	23	2	1	2	2
石台县	54	54	39	38	1	4	1			1
青阳县	141	141	107	104	3	26		3	5	3
池州市国家经济技术开发区										
皖江江南新兴产业集中区										
九华山风景区	1	1								
宣城市	**889**	**889**	**509**	**470**	**39**	**129**	**5**	**9**	**32**	**15**
宣州区	79	79	38	35	3	17	1	1	3	
郎溪县	238	238	144	140	4	28		1	4	2
泾县	188	188	116	112	4	32		1	12	1
绩溪县	118	118	67	63	4	14	1	1	6	3
旌德县	90	90	41	41		13		1	2	4
宣城市经济开发区	132	132	72	60	12	18	3	4	5	3
宁国市	15	15	8	5	3	3				2
广德市	29	29	23	14	9	4				

4-4b　续表 108　　　　　　　　　　　　　　　　　　　　　　单位：人

地区 性别	娱乐业	公共管理、社会保障和社会组织							国际组织	
		小计	中国共产党机关	国家机构	人民政协、民主党派	社会保障	群众团体、社会团体和其他成员组织	基层群众自治组织	小计	国际组织
安　徽	**2384**	**38303**	**845**	**30442**	**96**	**180**	**1182**	**5558**	**1**	**1**
合肥市	**551**	**5243**	**135**	**4086**	**9**	**23**	**234**	**756**	**1**	**1**
瑶海区	2	17	1	13				3		
庐阳区	17	181	1	161		1	3	15		
蜀山区	2	27		16			3	8		
包河区										
长丰县	67	678	26	513	3	6	19	111		
肥东县	78	1030	42	784		5	56	143		
肥西县	117	900	8	734	3	2	17	136		
庐江县	79	1113	14	937	1		31	130		
合肥高新技术产业开发区	48	352	20	252		3	27	50		
合肥经济技术开发区	76	511	10	412	2	4	25	58	1	1
合肥新站高新技术产业开发区	56	276	7	165		2	34	68		
巢湖市	9	158	6	99			19	34		
芜湖市	**224**	**1912**	**32**	**1523**	**5**	**2**	**28**	**322**		
镜湖区		3						3		
弋江区										
鸠江区	6	90		61				29		
三山区	3	19		16				3		
芜湖县	57	446	6	366	3		5	66		
繁昌县	34	451	20	381	1	2	6	41		
南陵县	51	514	2	411	1		11	89		
芜湖经济技术开发区	47	127		97			4	26		
安徽芜湖长江大桥经济开发区	4	12		9				3		
无为市	22	250	4	182			2	62		
蚌埠市	**112**	**2583**	**52**	**2107**	**12**	**10**	**67**	**335**		
龙子湖区		3		1				2		
蚌山区										
禹会区		4		1				3		
淮上区	1	24		15				9		
怀远县	27	631	7	465	1	2	30	126		
五河县	21	468	2	383	3	1	11	68		
固镇县	19	356	10	294	1	1	4	46		
蚌埠市高新技术开发区	5	122	2	104	1	1	5	9		
蚌埠市经济开发区	39	975	31	844	6	5	17	72		
淮南市	**75**	**1468**	**29**	**1187**	**4**	**17**	**22**	**209**		
大通区	3	90		63			2	25		
田家庵区	1	6		3				3		
谢家集区		6		2				4		
八公山区										
潘集区	7	39		17				22		
凤台县	26	593	9	494	3	9	9	69		
寿县	38	734	20	608	1	8	11	86		

4-4b 续表 109

单位：人

地区 性别	娱乐业	公共管理、社会保障和社会组织 小计	中国共产党机关	国家机构	人民政协、民主党派	社会保障	群众团体、社会团体和其他成员组织	基层群众自治组织	国际组织 小计	国际组织
马鞍山市	**82**	**1643**	**50**	**1328**	**4**	**8**	**70**	**183**		
花山区										
雨山区										
博望区	2	8		3			1	4		
当涂县	35	600	33	434	1	2	43	87		
含山县	28	473	9	403	2	4	19	36		
和县	17	562	8	488	1	2	7	56		
淮北市	**31**	**711**	**4**	**564**	**4**	**2**	**7**	**130**		
杜集区	3	25		16	1		1	7		
相山区										
烈山区	1	19		14			1	4		
濉溪县	27	667	4	534	3	2	5	119		
铜陵市	**16**	**615**	**3**	**467**	**2**	**1**	**8**	**134**		
铜官区										
义安区	3	27	1	13			1	12		
郊区	2	59		45				14		
枞阳县	11	529	2	409	2	1	7	108		
安庆市	**167**	**2740**	**56**	**2122**	**5**	**21**	**206**	**330**		
迎江区										
大观区	1	23		9			12	2		
宜秀区	8	26		12			5	9		
怀宁县	38	518	13	356	1	10	60	78		
太湖县	17	550	10	469	1	3	20	47		
宿松县	28	637	5	536		5	44	47		
望江县	10	89	1	60		1	3	24		
岳西县	13	442	13	373	1	1	28	26		
安徽安庆经济开发区	28	274	10	208	2	1	18	35		
桐城市	4	71	2	33			12	24		
潜山市	20	110	2	66			4	38		
黄山市	**52**	**1505**	**23**	**1311**	**3**	**8**	**30**	**130**		
屯溪区		11		8		1		2		
黄山区	8	87		76		1	2	8		
徽州区	1	13		11				2		
歙县	21	459	6	417	2	2	11	21		
休宁县	6	320	11	276			5	28		
黟县	7	252	5	194	1		5	47		
祁门县	9	363	1	329		4	7	22		
滁州市	**204**	**2956**	**63**	**2405**	**6**	**5**	**81**	**396**		
琅琊区										
南谯区	12	124	9	86		1	4	24		
来安县	48	522	5	436		1	9	71		
全椒县	48	539	14	450	2	2	19	52		
定远县	27	656	11	550	2		15	78		
凤阳县	29	591	7	514	1		3	66		
苏滁现代产业园	1	6		5				1		
滁州经济技术开发区	12	249	17	204	1		10	17		
天长市	20	166		91			19	56		
明光市	7	103		69		1	2	31		

4-4b　续表 110

单位：人

地区 性别	娱乐业	公共管理、社会保障和社会组织							国际组织	
		小计	中国共产党机关	国家机构	人民政协、民主党派	社会保障	群众团体、社会团体和其他成员组织	基层群众自治组织	小计	国际组织
阜阳市	**243**	**4038**	**141**	**2947**	**4**	**17**	**163**	**766**		
颍州区	2	51		27			3	21		
颍东区	10	144		60			9	75		
颍泉区	7	76	2	36			8	30		
临泉县	83	941	29	731	2	6	53	120		
太和县	58	911	86	637		2	24	162		
阜南县	21	630	12	523	1	3	24	67		
颍上县	54	929	9	708	1	4	35	172		
阜阳合肥现代产业园区	1	8	1	2				5		
阜阳经济技术开发区	5	218	1	193			4	20		
界首市	2	130	1	30		2	3	94		
宿州市	**134**	**3297**	**65**	**2685**	**9**	**15**	**61**	**462**		
埇桥区	19	159		96			2	61		
砀山县	17	726	25	578	4	3	7	109		
萧县	24	815	10	695		2	10	98		
灵璧县	39	851	11	719	2	6	13	100		
泗县	30	631	19	508	3	4	22	75		
宿州马鞍山现代产业园区	2	28		18			2	8		
宿州经济技术开发区	3	87		71			5	11		
六安市	**177**	**2903**	**49**	**2353**	**10**	**30**	**64**	**397**		
金安区	13	136	3	84			2	47		
裕安区	12	72		36		1	5	30		
叶集区		33		25		1	1	6		
霍邱县	31	701	16	563	1	13	26	82		
舒城县	49	772	8	618	4	8	20	114		
金寨县	34	605	7	527	4	5	3	59		
霍山县	38	584	15	500	1	2	7	59		
亳州市	**116**	**3366**	**60**	**2593**	**4**	**9**	**55**	**645**		
谯城区	3	137	1	57			1	78		
涡阳县	39	1103	39	860	1	1	21	181		
蒙城县	31	1120	5	888	3	5	17	202		
利辛县	43	1006	15	788		3	16	184		
池州市	**80**	**1181**	**29**	**970**	**7**	**6**	**36**	**133**		
贵池区	4	53		35			2	16		
东至县	31	456	9	359	2	5	17	64		
石台县	8	242	7	221	2			12		
青阳县	37	418	13	349	3	1	13	39		
池州市国家经济技术开发区										
皖江江南新兴产业集中区										
九华山风景区		12		6			4	2		
宣城市	**120**	**2142**	**54**	**1794**	**8**	**6**	**50**	**230**		
宣州区	23	118	6	80		1	4	27		
郎溪县	37	568	10	488	1	1	14	54		
泾县	26	477	6	406	4		13	48		
绩溪县	3	325	13	286	1	2	4	19		
旌德县	12	343	6	290	2		6	39		
宣城市经济开发区	9	238	9	202		2	6	19		
宁国市	4	20		14				6		
广德市	6	53	4	28			3	18		

4-4b 续表 111

单位：人

地 区 性 别		公共管理、社会保障和社会组织							国际组织	
	娱乐业	小计	中国共产党机关	国家机构	人民政协、民主党派	社会保障	群众团体、社会团体和其他成员组织	基层群众自治组织	小计	国际组织
男	**1277**	**26502**	**624**	**21880**	**80**	**88**	**687**	**3143**		
合肥市	**279**	**3486**	**90**	**2856**	**8**	**9**	**124**	**399**		
瑶海区	1	12	1	9				2		
庐阳区	11	106	1	96			1	8		
蜀山区	1	14		8			1	5		
包河区										
长丰县	25	444	18	342	2	1	11	70		
肥东县	40	659	30	548		2	19	60		
肥西县	70	603	4	519	3		13	64		
庐江县	33	826	8	714	1		17	86		
合肥高新技术产业开发区	25	210	16	159		2	17	16		
合肥经济技术开发区	43	324	2	276	2	2	10	32		
合肥新站高新技术产业开发区	26	174	6	112		2	19	35		
巢湖市	4	114	4	73			16	21		
芜湖市	**110**	**1321**	**24**	**1087**	**4**		**18**	**188**		
镜湖区		1						1		
弋江区										
鸠江区	4	62		46				16		
三山区	1	12		11				1		
芜湖县	21	300	5	250	2		3	40		
繁昌县	16	316	14	271	1		4	26		
南陵县	24	351	2	296	1		7	45		
芜湖经济技术开发区	24	85		71			3	11		
安徽芜湖长江大桥经济开发区	2	8		6				2		
无为市	18	186	3	136			1	46		
蚌埠市	**59**	**1765**	**36**	**1487**	**9**	**5**	**44**	**184**		
龙子湖区		2		1				1		
蚌山区										
禹会区		2		1				1		
淮上区	1	14		10				4		
怀远县	15	461	4	344	1	1	20	91		
五河县	9	336	1	287	1	1	7	39		
固镇县	10	256	7	222	1	1	4	21		
蚌埠市高新技术开发区	3	79	2	65	1	1	5	5		
蚌埠市经济开发区	21	615	22	557	5	1	8	22		
淮南市	**47**	**1010**	**25**	**846**	**4**	**5**	**12**	**118**		
大通区	1	46		34			1	11		
田家庵区	1	6		3				3		
谢家集区		5		1				4		
八公山区										
潘集区	4	24		9				15		
凤台县	14	400	7	339	3	2	4	45		
寿县	27	529	18	460	1	3	7	40		

4-4b 续表 112

单位：人

地区 性别	娱乐业	公共管理、社会保障和社会组织							国际组织	
		小计	中国共产党机关	国家机构	人民政协、民主党派	社会保障	群众团体、社会团体和其他成员组织	基层群众自治组织	小计	国际组织
马鞍山市	**42**	**1139**	**39**	**941**	**3**	**3**	**45**	**108**		
花山区										
雨山区										
博望区	1	5		2				3		
当涂县	15	418	24	313	1		29	51		
含山县	15	331	9	286	2	3	12	19		
和县	11	385	6	340			4	35		
淮北市	**14**	**497**	**3**	**408**	**4**	**1**	**4**	**77**		
杜集区	1	19		13	1		1	4		
相山区										
烈山区		13		10				3		
濉溪县	13	465	3	385	3	1	3	70		
铜陵市	**9**	**443**	**2**	**361**	**2**	**1**	**7**	**70**		
铜官区										
义安区	1	19	1	10			1	7		
郊区	1	37		29				8		
枞阳县	7	387	1	322	2	1	6	55		
安庆市	**79**	**1962**	**45**	**1549**	**5**	**12**	**133**	**218**		
迎江区										
大观区		15		7			7	1		
宜秀区	4	20		8			4	8		
怀宁县	16	348	11	247	1	5	32	52		
太湖县	8	400	9	349	1	2	11	28		
宿松县	13	487	5	410		3	40	29		
望江县	7	61	1	39		1	3	17		
岳西县	5	312	9	269	1	1	15	17		
安徽安庆经济开发区	15	190	8	145	2		9	26		
桐城市	2	47		23			8	16		
潜山市	9	82	2	52			4	24		
黄山市	**28**	**1025**	**17**	**915**	**3**	**5**	**15**	**70**		
屯溪区		7		6				1		
黄山区	6	65		57		1	2	5		
徽州区		9		7				2		
歙县	15	316	3	292	2		4	15		
休宁县	3	210	8	184			3	15		
黟县	2	162	5	134	1		3	19		
祁门县	2	256	1	235		4	3	13		
滁州市	**117**	**1983**	**41**	**1676**	**6**	**1**	**50**	**209**		
琅琊区										
南谯区	6	69	6	55			2	6		
来安县	29	346	4	302			3	37		
全椒县	26	349	9	303	2		9	26		
定远县	17	484	10	418	2		9	45		
凤阳县	15	397	2	354	1		1	39		
苏滁现代产业园		3		2				1		
滁州经济技术开发区	6	157	10	129	1		8	9		
天长市	13	115		67			17	31		
明光市	5	63		46		1	1	15		

4－4b 续表 113

单位：人

地区 性别	娱乐业	公共管理、社会保障和社会组织 小计	中国共产党机关	国家机构	人民政协、民主党派	社会保障	群众团体、社会团体和其他成员组织	基层群众自治组织	国际组织 小计	国际组织
阜阳市	**152**	**2837**	**111**	**2160**	**2**	**9**	**96**	**459**		
颍州区	2	34		19			1	14		
颍东区	8	84		42			6	36		
颍泉区	2	52	2	28			5	17		
临泉县	56	682	25	551	2	2	30	72		
太和县	37	634	67	452		1	13	101		
阜南县	11	460	8	392		2	14	44		
颍上县	31	650	8	511		3	22	106		
阜阳合肥现代产业园区	1	7	1	2				4		
阜阳经济技术开发区	2	163		145			3	15		
界首市	2	71		18		1	2	50		
宿州市	**86**	**2240**	**50**	**1913**	**7**	**8**	**25**	**237**		
埇桥区	15	102		74			1	27		
砀山县	12	509	18	423	3	1	5	59		
萧县	13	539	8	484			2	45		
灵璧县	21	570	8	501	2	4	5	50		
泗县	22	452	16	371	2	3	10	50		
宿州马鞍山现代产业园区	1	17		13			1	3		
宿州经济技术开发区	2	51		47			1	3		
六安市	**86**	**2087**	**37**	**1778**	**8**	**18**	**38**	**208**		
金安区	6	98	3	64			2	29		
裕安区	5	51		29		1	5	16		
叶集区		28		22		1	1	4		
霍邱县	16	519	13	432	1	8	14	51		
舒城县	24	556	7	481	3	3	10	52		
金寨县	19	436	4	393	3	4	2	30		
霍山县	16	399	10	357	1	1	4	26		
亳州市	**72**	**2503**	**45**	**1999**	**4**	**6**	**28**	**421**		
谯城区	2	92	1	49			1	41		
涡阳县	23	848	27	669	1	1	13	137		
蒙城县	19	829	4	684	3	3	8	127		
利辛县	28	734	13	597		2	6	116		
池州市	**45**	**794**	**21**	**677**	**4**	**3**	**20**	**69**		
贵池区	2	34		22			1	11		
东至县	15	302	6	250	2	2	8	34		
石台县	6	157	4	148	1			4		
青阳县	22	291	11	251	1	1	7	20		
池州市国家经济技术开发区										
皖江江南新兴产业集中区										
九华山风景区		10		6			4			
宣城市	**52**	**1410**	**38**	**1227**	**7**	**2**	**28**	**108**		
宣州区	11	73	6	54		1	3	9		
郎溪县	16	379	6	343	1		6	23		
泾县	8	321	6	278	4		12	21		
绩溪县		224	7	204	1		3	9		
旌德县	6	221	4	194	1		1	21		
宣城市经济开发区	6	148	6	132		1	1	8		
宁国市	3	7		4				3		
广德市	2	37	3	18			2	14		

4-4b　续表 114　　　　　　　　　　　　　　　　　　　　　　　　　　　　　　　单位：人

地区 性别	娱乐业	公共管理、社会保障和社会组织							国际组织	
		小计	中国共产党机关	国家机构	人民政协、民主党派	社会保障	群众团体、社会团体和其他成员组织	基层群众自治组织	小计	国际组织
女	**1107**	**11801**	**221**	**8562**	**16**	**92**	**495**	**2415**	**1**	**1**
合肥市	**272**	**1757**	**45**	**1230**	**1**	**14**	**110**	**357**	**1**	**1**
瑶海区	1	5		4				1		
庐阳区	6	75		65		1	2	7		
蜀山区	1	13		8			2	3		
包河区										
长丰县	42	234	8	171	1	5	8	41		
肥东县	38	371	12	236		3	37	83		
肥西县	47	297	4	215		2	4	72		
庐江县	46	287	6	223			14	44		
合肥高新技术产业开发区	23	142	4	93		1	10	34		
合肥经济技术开发区	33	187	8	136		2	15	26	1	1
合肥新站高新技术产业开发区	30	102	1	53			15	33		
巢湖市	5	44	2	26			3	13		
芜湖市	**114**	**591**	**8**	**436**	**1**	**2**	**10**	**134**		
镜湖区		2						2		
弋江区										
鸠江区	2	28		15				13		
三山区	2	7		5				2		
芜湖县	36	146	1	116	1		2	26		
繁昌县	18	135	6	110		2	2	15		
南陵县	27	163		115			4	44		
芜湖经济技术开发区	23	42		26			1	15		
安徽芜湖长江大桥经济开发区	2	4		3				1		
无为市	4	64	1	46			1	16		
蚌埠市	**53**	**818**	**16**	**620**	**3**	**5**	**23**	**151**		
龙子湖区		1						1		
蚌山区										
禹会区		2						2		
淮上区		10		5				5		
怀远县	12	170	3	121		1	10	35		
五河县	12	132	1	96	2		4	29		
固镇县	9	100	3	72				25		
蚌埠市高新技术开发区	2	43		39				4		
蚌埠市经济开发区	18	360	9	287	1	4	9	50		
淮南市	**28**	**458**	**4**	**341**		**12**	**10**	**91**		
大通区	2	44		29			1	14		
田家庵区										
谢家集区		1		1						
八公山区										
潘集区	3	15		8				7		
凤台县	12	193	2	155		7	5	24		
寿县	11	205	2	148		5	4	46		

4-4b 续表 115

单位：人

地区 性别	娱乐业	公共管理、社会保障和社会组织 小计	中国共产党机关	国家机构	人民政协、民主党派	社会保障	群众团体、社会团体和其他成员组织	基层群众自治组织	国际组织 小计	国际组织
马鞍山市	**40**	**504**	**11**	**387**	**1**	**5**	**25**	**75**		
花山区										
雨山区										
博望区	1	3		1			1	1		
当涂县	20	182	9	121		2	14	36		
含山县	13	142		117		1	7	17		
和县	6	177	2	148	1	2	3	21		
淮北市	**17**	**214**	**1**	**156**		**1**	**3**	**53**		
杜集区	2	6		3				3		
相山区										
烈山区	1	6		4			1	1		
濉溪县	14	202	1	149		1	2	49		
铜陵市	**7**	**172**	**1**	**106**			**1**	**64**		
铜官区										
义安区	2	8		3				5		
郊区	1	22		16				6		
枞阳县	4	142	1	87			1	53		
安庆市	**88**	**778**	**11**	**573**		**9**	**73**	**112**		
迎江区										
大观区	1	8		2			5	1		
宜秀区	4	6		4			1	1		
怀宁县	22	170	2	109		5	28	26		
太湖县	9	150	1	120		1	9	19		
宿松县	15	150		126		2	4	18		
望江县	3	28		21				7		
岳西县	8	130	4	104			13	9		
安徽安庆经济开发区	13	84	2	63		1	9	9		
桐城市	2	24	2	10			4	8		
潜山市	11	28		14				14		
黄山市	**24**	**480**	**6**	**396**		**3**	**15**	**60**		
屯溪区		4		2		1		1		
黄山区	2	22		19				3		
徽州区	1	4		4						
歙县	6	143	3	125		2	7	6		
休宁县	3	110	3	92			2	13		
黟县	5	90		60			2	28		
祁门县	7	107		94			4	9		
滁州市	**87**	**973**	**22**	**729**		**4**	**31**	**187**		
琅琊区										
南谯区	6	55	3	31		1	2	18		
来安县	19	176	1	134		1	6	34		
全椒县	22	190	5	147		2	10	26		
定远县	10	172	1	132			6	33		
凤阳县	14	194	5	160			2	27		
苏滁现代产业园	1	3		3						
滁州经济技术开发区	6	92	7	75			2	8		
天长市	7	51		24			2	25		
明光市	2	40		23			1	16		

4-4b 续表 116

单位：人

地区 性别	娱乐业	公共管理、社会保障和社会组织							国际组织	
		小计	中国共产党机关	国家机构	人民政协、民主党派	社会保障	群众团体、社会团体和其他成员组织	基层群众自治组织	小计	国际组织
阜阳市	**91**	**1201**	**30**	**787**	**2**	**8**	**67**	**307**		
颍州区		17		8			2	7		
颍东区	2	60		18			3	39		
颍泉区	5	24		8			3	13		
临泉县	27	259	4	180		4	23	48		
太和县	21	277	19	185		1	11	61		
阜南县	10	170	4	131	1	1	10	23		
颍上县	23	279	1	197	1	1	13	66		
阜阳合肥现代产业园区		1						1		
阜阳经济技术开发区	3	55	1	48			1	5		
界首市		59	1	12		1	1	44		
宿州市	**48**	**1057**	**15**	**772**	**2**	**7**	**36**	**225**		
埇桥区	4	57		22			1	34		
砀山县	5	217	7	155	1	2	2	50		
萧县	11	276	2	211		2	8	53		
灵璧县	18	281	3	218		2	8	50		
泗县	8	179	3	137	1	1	12	25		
宿州马鞍山现代产业园区	1	11		5			1	5		
宿州经济技术开发区	1	36		24			4	8		
六安市	**91**	**816**	**12**	**575**	**2**	**12**	**26**	**189**		
金安区	7	38		20				18		
裕安区	7	21		7				14		
叶集区		5		3				2		
霍邱县	15	182	3	131		5	12	31		
舒城县	25	216	1	137	1	5	10	62		
金寨县	15	169	3	134	1	1	1	29		
霍山县	22	185	5	143		1	3	33		
亳州市	**44**	**863**	**15**	**594**		**3**	**27**	**224**		
谯城区	1	45		8				37		
涡阳县	16	255	12	191			8	44		
蒙城县	12	291	1	204		2	9	75		
利辛县	15	272	2	191		1	10	68		
池州市	**35**	**387**	**8**	**293**	**3**	**3**	**16**	**64**		
贵池区	2	19		13			1	5		
东至县	16	154	3	109		3	9	30		
石台县	2	85	3	73	1			8		
青阳县	15	127	2	98	2		6	19		
池州市国家经济技术开发区										
皖江江南新兴产业集中区										
九华山风景区		2						2		
宣城市	**68**	**732**	**16**	**567**	**1**	**4**	**22**	**122**		
宣州区	12	45		26			1	18		
郎溪县	21	189	4	145		1	8	31		
泾县	18	156		128			1	27		
绩溪县	3	101	6	82		2	1	10		
旌德县	6	122	2	96	1		5	18		
宣城市经济开发区	3	90	3	70		1	5	11		
宁国市	1	13		10				3		
广德市	4	16	1	10			1	4		

4-4c 各地区分性别、行业大类的就业人口(乡村)

单位：人

地区 性别	合计	农、林、牧、渔业						采矿业	
		小计	农业	林业	畜牧业	渔业	农、林、牧、渔专业及辅助性活动	小计	煤炭开采和洗选业
安　徽	**1218089**	**423873**	**390481**	**5001**	**17481**	**7289**	**3621**	**5539**	**2908**
合肥市	**86529**	**23715**	**21131**	**902**	**1021**	**415**	**246**	**370**	**12**
瑶海区	1127	2	2					2	
庐阳区	215	19	14		3	1	1		
蜀山区	627	212	173	23	12	3	1		
包河区	421	211	206			5			
长丰县	15540	5243	4752	65	307	66	53	17	9
肥东县	20266	3517	3140	104	188	46	39	15	3
肥西县	16164	3416	2483	581	220	86	46	2	
庐江县	22563	7698	7325	63	131	125	54	303	
合肥高新技术产业开发区	4								
合肥经济技术开发区	378	235	215	7	7	4	2		
合肥新站高新技术产业开发区	223	23	19	2	1	1			
巢湖市	9001	3139	2802	57	152	78	50	31	
芜湖市	**59608**	**12903**	**10895**	**217**	**608**	**1025**	**158**	**310**	**4**
镜湖区	785	54	45		2	4	3	1	
弋江区									
鸠江区	6501	2488	2394	4	27	55	8	57	
三山区	1875	594	557	2	6	16	13	4	
芜湖县	5548	1182	971	50	24	118	19	1	
繁昌县	5867	665	522	34	64	41	4	176	2
南陵县	12207	3378	2878	58	324	72	46	50	2
芜湖经济技术开发区	144	52	22	29	1				
安徽芜湖长江大桥经济开发区	312	77	69		5	3			
无为市	26369	4413	3437	40	155	716	65	21	
蚌埠市	**55930**	**34074**	**32674**	**83**	**875**	**220**	**222**	**42**	**13**
龙子湖区	1836	424	377	3	40	3	1		
蚌山区	669	139	121	3	14	1			
禹会区	3652	1144	1040	11	51	34	8	20	7
淮上区	3952	2292	2214	6	38	4	30	2	1
怀远县	23277	17811	17353	11	269	75	103	9	3
五河县	10893	5888	5565	18	169	86	50	8	
固镇县	11651	6376	6004	31	294	17	30	3	2
蚌埠市高新技术开发区									
蚌埠市经济开发区									
淮南市	**56171**	**27165**	**26228**	**60**	**586**	**211**	**80**	**1720**	**1648**
大通区	1818	862	806		25	23	8	16	12
田家庵区	1097	559	544	4	7	4		5	5
谢家集区	1717	833	808	1	9	11	4	50	49
八公山区	285	85	81		3	1		22	22
潘集区	6245	3176	3034		102	25	15	543	515
凤台县	15204	8794	8469	12	232	49	32	1000	979
寿县	29805	12856	12486	43	208	98	21	84	66

4-4c　续表 1　　　　单位：人

地区 性别	合计	农、林、牧、渔业						采矿业	
		小计	农业	林业	畜牧业	渔业	农、林、牧、渔专业及辅助性活动	小计	煤炭开采和洗选业
马鞍山市	**29068**	**7479**	**5689**	**90**	**279**	**1324**	**97**	**76**	**2**
花山区	361	32	25	5	2				
雨山区	628	89	82	1	4	1	1	25	
博望区	2999	494	398	8	27	47	14	6	
当涂县	8340	2612	1407	8	46	1113	38	9	2
含山县	8821	953	767	21	76	64	25	17	
和县	7919	3299	3010	47	124	99	19	19	
淮北市	**27718**	**11255**	**10627**	**16**	**512**	**32**	**68**	**656**	**580**
杜集区	2241	622	557		50	8	7	119	112
相山区	1899	316	283	3	28	1	1	71	69
烈山区	4608	2115	2053		56	2	4	97	55
濉溪县	18970	8202	7734	13	378	21	56	369	344
铜陵市	**14523**	**4278**	**3892**	**31**	**192**	**135**	**28**	**238**	**4**
铜官区	389	24	14		5	5		26	
义安区	4730	1360	1212	20	68	50	10	177	4
郊区	2742	840	753	2	56	26	3	25	
枞阳县	6662	2054	1913	9	63	54	15	10	
安庆市	**119273**	**21603**	**19216**	**431**	**1214**	**431**	**311**	**105**	**5**
迎江区	439	125	94	6	5	20			
大观区	1697	454	411	1	18	15	9	4	
宜秀区	1210	372	319	4	16	30	3	1	
怀宁县	16828	2012	1770	57	111	25	49	21	
太湖县	14873	2771	2298	75	329	18	51	10	1
宿松县	21743	2533	2017	65	220	173	58	23	
望江县	27264	8131	7730	42	217	94	48	7	
岳西县	10392	1962	1769	42	100	4	47	14	
安徽安庆经济开发区	174	18	16	1	1				
桐城市	11015	967	815	45	50	33	24	13	2
潜山市	13638	2258	1977	93	147	19	22	12	2
黄山市	**33831**	**10876**	**9823**	**310**	**645**	**42**	**56**	**65**	**1**
屯溪区	1168	125	88	4	26	4	3		
黄山区	3177	697	582	67	26	9	13	3	
徽州区	2082	786	730	4	50		2	2	
歙县	15307	5884	5465	78	315	10	16	14	
休宁县	6909	2076	1847	40	166	14	9	38	1
黟县	2300	581	480	56	38		7		
祁门县	2888	727	631	61	24	5	6	8	
滁州市	**100393**	**39927**	**36479**	**564**	**1796**	**723**	**365**	**139**	**9**
琅琊区	546	193	165	5	13	5	5		
南谯区	4877	929	651	80	64	64	70	3	
来安县	11529	4316	3593	191	386	93	53	15	
全椒县	11277	4192	3455	110	343	225	59	7	1
定远县	27608	12711	11976	47	489	104	95	59	6
凤阳县	19729	8824	8456	46	225	73	24	11	1
苏滁现代产业园									
滁州经济技术开发区	1652	3	1	1	1				
天长市	10733	2777	2532	30	57	126	32	20	
明光市	12442	5982	5650	54	218	33	27	24	1

4-4c 续表 2

单位：人

地区 性别	合计	农、林、牧、渔业						采矿业	
		小计	农业	林业	畜牧业	渔业	农、林、牧、渔专业及辅助性活动	小计	煤炭开采和洗选业
阜阳市	**227662**	**74565**	**70554**	**370**	**2415**	**542**	**684**	**296**	**158**
颍州区	10342	2930	2746	37	102	15	30	1	
颍东区	14036	2761	2488	5	224	27	17	13	8
颍泉区	14744	5581	5251	18	220	63	29	11	4
临泉县	53417	16411	15732	55	421	118	85	37	11
太和县	41827	15803	15221	59	365	69	89	27	12
阜南县	38138	15164	14342	100	423	70	229	31	13
颍上县	41630	12954	12074	59	482	155	184	160	109
阜阳合肥现代产业园区	1049	41	29	3	7	2		4	
阜阳经济技术开发区	670	20	13	3	2	1	1	1	
界首市	11809	2900	2658	31	169	22	20	11	1
宿州市	**142526**	**75027**	**72122**	**249**	**2261**	**101**	**294**	**366**	**293**
埇桥区	40186	15959	15052	83	736	59	29	203	167
砀山县	21100	14129	13859	9	213	3	45	18	9
萧县	36339	21770	21153	24	567	7	19	129	110
灵璧县	24228	12505	11731	94	525	11	144	9	3
泗县	20094	10427	10108	35	207	20	57	7	4
宿州马鞍山现代产业园区	579	237	219	4	13	1			
宿州经济技术开发区									
六安市	**109175**	**29735**	**26167**	**492**	**2167**	**622**	**287**	**298**	**15**
金安区	15354	4234	3791	57	309	45	32	28	3
裕安区	21287	4827	4332	79	295	70	51	34	2
叶集区	4034	1077	906	18	127	25	1	4	
霍邱县	23412	9747	8522	40	708	354	123	160	4
舒城县	23859	3899	3392	165	220	97	25	45	6
金寨县	15649	4612	4065	62	424	21	40	26	
霍山县	5580	1339	1159	71	84	10	15	1	
亳州市	**90563**	**33993**	**31921**	**197**	**1441**	**86**	**348**	**159**	**149**
谯城区	29844	12334	11843	29	256	19	187	1	
涡阳县	19501	5770	5371	30	328	13	28	135	134
蒙城县	18610	7408	6850	58	403	22	75	10	4
利辛县	22608	8481	7857	80	454	32	58	13	11
池州市	**25616**	**6605**	**5582**	**258**	**467**	**202**	**96**	**329**	**2**
贵池区	7341	2505	2118	69	182	109	27	176	
东至县	12042	2705	2411	93	99	62	40	54	
石台县	1737	602	488	65	28	1	20	17	
青阳县	3965	786	561	31	155	30	9	82	2
池州市国家经济技术开发区									
皖江江南新兴产业集中区									
九华山风景区	531	7	4		3				
宣城市	**39503**	**10673**	**7481**	**731**	**1002**	**1178**	**281**	**370**	**13**
宣州区	11971	3998	2320	138	333	1016	191	140	8
郎溪县	5239	1110	855	73	56	97	29	20	
泾县	4836	1382	1075	114	159	25	9	56	
绩溪县	2255	1065	934	8	119	2	2	2	
旌德县	1949	611	537	23	40	5	6	51	
宣城市经济开发区	892	134	92	17	22	2	1		
宁国市	4582	1117	857	116	128	8	8	20	1
广德市	7779	1256	811	242	145	23	35	81	4

4-4c　续表 3　　　　单位：人

地　区 性　别	合计	农、林、牧、渔业						采矿业	
		小计	农业	林业	畜牧业	渔业	农、林、牧、渔专业及辅助性活动	小计	煤炭开采和洗选业
男	**746520**	**222095**	**199630**	**3817**	**10808**	**5351**	**2489**	**5121**	**2792**
合肥市	**56436**	**13559**	**11810**	**614**	**642**	**311**	**182**	**324**	**11**
瑶海区	706	1	1					1	
庐阳区	148	11	7		2	1	1		
蜀山区	458	132	103	17	9	3			
包河区	268	117	114			3			
长丰县	9977	2925	2612	42	188	46	37	16	9
肥东县	13421	1947	1697	65	124	32	29	11	2
肥西县	10868	2176	1532	401	139	69	35	2	
庐江县	14876	4395	4130	50	81	93	41	271	
合肥高新技术产业开发区	3								
合肥经济技术开发区	229	130	113	6	6	3	2		
合肥新站高新技术产业开发区	151	12	9	1	1	1			
巢湖市	5331	1713	1492	32	92	60	37	23	
芜湖市	**39529**	**8036**	**6569**	**184**	**350**	**817**	**116**	**287**	**4**
镜湖区	530	37	29		2	3	3	1	
弋江区									
鸠江区	3964	1322	1254	4	18	40	6	56	
三山区	1207	340	315	2	4	12	7	4	
芜湖县	3705	727	566	43	12	89	17	1	
繁昌县	3930	393	278	33	45	33	4	163	2
南陵县	7865	1907	1604	51	163	55	34	43	2
芜湖经济技术开发区	83	32	14	17	1				
安徽芜湖长江大桥经济开发区	186	41	36		3	2			
无为市	18059	3237	2473	34	102	583	45	19	
蚌埠市	**32680**	**18262**	**17306**	**62**	**568**	**168**	**158**	**36**	**11**
龙子湖区	1140	241	218	1	19	2	1		
蚌山区	439	92	81	1	9	1			
禹会区	2440	706	633	8	30	29	6	16	5
淮上区	2414	1317	1270	2	26	4	15	2	1
怀远县	12678	9218	8921	10	167	52	68	8	3
五河县	6616	3268	3029	13	119	65	42	7	
固镇县	6953	3420	3154	27	198	15	26	3	2
蚌埠市高新技术开发区									
蚌埠市经济开发区									
淮南市	**34937**	**15107**	**14451**	**44**	**391**	**150**	**71**	**1654**	**1590**
大通区	1166	501	462		17	14	8	16	12
田家庵区	690	293	283	3	5	2		5	5
谢家集区	1065	456	438	1	6	7	4	48	47
八公山区	177	39	35		3	1		22	22
潘集区	4228	1896	1789		75	19	13	518	493
凤台县	9225	4800	4565	11	157	38	29	967	948
寿县	18386	7122	6879	29	128	69	17	78	63

4-4c 续表 4　　　　单位：人

地区 性别	合计	农、林、牧、渔业						采矿业	
		小计	农业	林业	畜牧业	渔业	农、林、牧、渔专业及辅助性活动	小计	煤炭开采和洗选业
马鞍山市	**18555**	**4236**	**2957**	**67**	**176**	**956**	**80**	**72**	**2**
花山区	241	15	10	3	2				
雨山区	398	35	30	1	2	1	1	24	
博望区	2090	290	228	6	12	33	11	6	
当涂县	5182	1516	632	7	29	815	33	8	2
含山县	5868	584	449	18	53	45	19	17	
和县	4776	1796	1608	32	78	62	16	17	
淮北市	**17241**	**5790**	**5355**	**15**	**340**	**25**	**55**	**623**	**556**
杜集区	1494	331	281		37	7	6	117	110
相山区	1206	163	140	3	19	1		65	64
烈山区	2672	961	916		40	1	4	90	55
濉溪县	11869	4335	4018	12	244	16	45	351	327
铜陵市	**9221**	**2459**	**2187**	**24**	**119**	**106**	**23**	**207**	**3**
铜官区	236	15	9		3	3		20	
义安区	3106	774	668	17	40	42	7	153	3
郊区	1722	521	459	2	36	21	3	24	
枞阳县	4157	1149	1051	5	40	40	13	10	
安庆市	**73375**	**10795**	**9135**	**347**	**785**	**307**	**221**	**94**	**4**
迎江区	302	69	47	5	4	13			
大观区	1044	241	210	1	12	12	6	3	
宜秀区	734	170	133	4	11	20	2	1	
怀宁县	10390	1085	918	46	75	17	29	17	
太湖县	9689	1554	1243	58	197	17	39	9	1
宿松县	14081	1392	1034	50	149	116	43	23	
望江县	14390	3320	3053	34	133	68	32	7	
岳西县	6906	1183	1041	37	69	2	34	12	
安徽安庆经济开发区	101	9	7	1	1				
桐城市	7339	575	461	38	31	27	18	11	2
潜山市	8399	1197	988	73	103	15	18	11	1
黄山市	**20486**	**5206**	**4514**	**242**	**380**	**30**	**40**	**59**	**1**
屯溪区	685	67	41	3	19	2	2		
黄山区	2096	404	307	61	19	8	9	2	
徽州区	1216	373	330	4	37		2	2	
歙县	8906	2688	2446	54	172	6	10	11	
休宁县	4206	1016	881	27	90	10	8	36	1
黟县	1428	294	220	42	25		7		
祁门县	1949	364	289	51	18	4	2	8	
滁州市	**59764**	**21118**	**19014**	**347**	**1019**	**477**	**261**	**125**	**9**
琅琊区	351	100	82	4	9	2	3		
南谯区	3239	536	355	58	39	41	43	3	
来安县	6824	2177	1765	89	213	68	42	14	
全椒县	6274	2167	1724	66	203	133	41	7	1
定远县	16429	6673	6248	33	263	71	58	53	6
凤阳县	11697	4524	4294	30	132	48	20	11	1
苏滁现代产业园									
滁州经济技术开发区	1090	2	1		1				
天长市	6312	1583	1403	25	37	87	31	18	
明光市	7548	3356	3142	42	122	27	23	19	1

4-4c 续表 5

单位：人

地区 性别	合计	农、林、牧、渔业						采矿业	
		小计	农业	林业	畜牧业	渔业	农、林、牧、渔专业及辅助性活动	小计	煤炭开采和洗选业
阜阳市	**134936**	**36240**	**33536**	**267**	**1578**	**413**	**446**	**260**	**148**
颍州区	6436	1373	1243	24	74	12	20	1	
颍东区	8762	1396	1214	4	141	24	13	9	6
颍泉区	8334	2335	2114	14	140	50	17	7	3
临泉县	31083	7688	7224	43	269	97	55	33	9
太和县	24050	7289	6904	38	234	56	57	22	10
阜南县	22346	7575	7027	73	290	48	137	27	12
颍上县	25279	7054	6471	41	302	110	130	149	107
阜阳合肥现代产业园区	676	30	20	3	5	2		3	
阜阳经济技术开发区	462	16	10	3	1	1	1	1	
界首市	7508	1484	1309	24	122	13	16	8	1
宿州市	**80666**	**35957**	**34157**	**181**	**1377**	**81**	**161**	**355**	**286**
埇桥区	24774	8145	7559	65	454	48	19	195	161
砀山县	11480	6936	6770	7	131	3	25	16	8
萧县	19632	9779	9415	14	335	3	12	128	110
灵璧县	12967	5739	5278	65	319	9	68	9	3
泗县	11455	5227	5015	26	132	17	37	7	4
宿州马鞍山现代产业园区	358	131	120	4	6	1			
宿州经济技术开发区									
六安市	**68654**	**16159**	**13976**	**379**	**1153**	**445**	**206**	**254**	**12**
金安区	9372	2244	1995	35	149	38	27	25	2
裕安区	13383	2475	2152	63	175	52	33	26	2
叶集区	2476	596	511	14	48	22	1	3	
霍邱县	14760	5629	4897	34	383	223	92	140	4
舒城县	15233	2136	1776	120	133	86	21	38	4
金寨县	9854	2322	2020	46	218	16	22	21	
霍山县	3576	757	625	67	47	8	10	1	
亳州市	**56340**	**17938**	**16568**	**154**	**939**	**76**	**201**	**151**	**142**
谯城区	18328	6405	6097	24	178	18	88	1	
涡阳县	12688	3272	3004	26	210	12	20	128	127
蒙城县	11448	3988	3611	43	256	19	59	9	4
利辛县	13876	4273	3856	61	295	27	34	13	11
池州市	**16788**	**3959**	**3202**	**230**	**312**	**147**	**68**	**289**	**2**
贵池区	4707	1389	1117	62	112	78	20	155	
东至县	7903	1653	1427	85	67	44	30	50	
石台县	1098	356	268	56	20		12	15	
青阳县	2744	556	387	27	111	25	6	69	2
池州市国家经济技术开发区									
皖江江南新兴产业集中区									
九华山风景区	336	5	3		2				
宣城市	**26912**	**7274**	**4893**	**660**	**679**	**842**	**200**	**331**	**11**
宣州区	7903	2686	1498	123	222	712	131	129	8
郎溪县	3688	808	600	64	44	76	24	15	
泾县	3561	1030	800	103	99	20	8	49	
绩溪县	1412	553	471	7	73	2		1	
旌德县	1387	423	363	21	30	5	4	46	
宣城市经济开发区	605	90	59	12	16	2	1		
宁国市	3165	789	574	108	98	4	5	19	1
广德市	5191	895	528	222	97	21	27	72	2

4-4c 续表 6

单位：人

地区 性别	合计	农、林、牧、渔业						采矿业	
		小计	农业	林业	畜牧业	渔业	农、林、牧、渔专业及辅助性活动	小计	煤炭开采和洗选业
女	**471569**	**201778**	**190851**	**1184**	**6673**	**1938**	**1132**	**418**	**116**
合肥市	**30093**	**10156**	**9321**	**288**	**379**	**104**	**64**	**46**	**1**
瑶海区	421	1	1					1	
庐阳区	67	8	7		1				
蜀山区	169	80	70	6	3		1		
包河区	153	94	92			2			
长丰县	5563	2318	2140	23	119	20	16	1	
肥东县	6845	1570	1443	39	64	14	10	4	1
肥西县	5296	1240	951	180	81	17	11		
庐江县	7687	3303	3195	13	50	32	13	32	
合肥高新技术产业开发区	1								
合肥经济技术开发区	149	105	102	1	1	1			
合肥新站高新技术产业开发区	72	11	10	1					
巢湖市	3670	1426	1310	25	60	18	13	8	
芜湖市	**20079**	**4867**	**4326**	**33**	**258**	**208**	**42**	**23**	
镜湖区	255	17	16			1			
弋江区									
鸠江区	2537	1166	1140		9	15	2	1	
三山区	668	254	242		2	4	6		
芜湖县	1843	455	405	7	12	29	2		
繁昌县	1937	272	244	1	19	8		13	
南陵县	4342	1471	1274	7	161	17	12	7	
芜湖经济技术开发区	61	20	8	12					
安徽芜湖长江大桥经济开发区	126	36	33		2	1			
无为市	8310	1176	964	6	53	133	20	2	
蚌埠市	**23250**	**15812**	**15368**	**21**	**307**	**52**	**64**	**6**	**2**
龙子湖区	696	183	159	2	21	1			
蚌山区	230	47	40	2	5				
禹会区	1212	438	407	3	21	5	2	4	2
淮上区	1538	975	944	4	12		15		
怀远县	10599	8593	8432	1	102	23	35	1	
五河县	4277	2620	2536	5	50	21	8	1	
固镇县	4698	2956	2850	4	96	2	4		
蚌埠市高新技术开发区									
蚌埠市经济开发区									
淮南市	**21234**	**12058**	**11777**	**16**	**195**	**61**	**9**	**66**	**58**
大通区	652	361	344		8	9			
田家庵区	407	266	261	1	2	2			
谢家集区	652	377	370		3	4		2	2
八公山区	108	46	46						
潘集区	2017	1280	1245		27	6	2	25	22
凤台县	5979	3994	3904	1	75	11	3	33	31
寿县	11419	5734	5607	14	80	29	4	6	3

4-4c　续表 7

单位：人

地区 性别	合计	农、林、牧、渔业						采矿业	
		小计	农业	林业	畜牧业	渔业	农、林、牧、渔专业及辅助性活动	小计	煤炭开采和洗选业
马鞍山市	**10513**	**3243**	**2732**	**23**	**103**	**368**	**17**	**4**	
花山区	120	17	15	2					
雨山区	230	54	52		2			1	
博望区	909	204	170	2	15	14	3		
当涂县	3158	1096	775	1	17	298	5	1	
含山县	2953	369	318	3	23	19	6		
和县	3143	1503	1402	15	46	37	3	2	
淮北市	**10477**	**5465**	**5272**	**1**	**172**	**7**	**13**	**33**	**24**
杜集区	747	291	276		13	1	1	2	2
相山区	693	153	143		9		1	6	5
烈山区	1936	1154	1137		16	1		7	
濉溪县	7101	3867	3716	1	134	5	11	18	17
铜陵市	**5302**	**1819**	**1705**	**7**	**73**	**29**	**5**	**31**	**1**
铜官区	153	9	5		2	2		6	
义安区	1624	586	544	3	28	8	3	24	1
郊区	1020	319	294		20	5		1	
枞阳县	2505	905	862	4	23	14	2		
安庆市	**45898**	**10808**	**10081**	**84**	**429**	**124**	**90**	**11**	**1**
迎江区	137	56	47	1	1	7			
大观区	653	213	201		6	3	3	1	
宜秀区	476	202	186		5	10	1		
怀宁县	6438	927	852	11	36	8	20	4	
太湖县	5184	1217	1055	17	132	1	12	1	
宿松县	7662	1141	983	15	71	57	15		
望江县	12874	4811	4677	8	84	26	16		
岳西县	3486	779	728	5	31	2	13	2	
安徽安庆经济开发区	73	9	9						
桐城市	3676	392	354	7	19	6	6	2	
潜山市	5239	1061	989	20	44	4	4	1	1
黄山市	**13345**	**5670**	**5309**	**68**	**265**	**12**	**16**	**6**	
屯溪区	483	58	47	1	7	2	1		
黄山区	1081	293	275	6	7	1	4	1	
徽州区	866	413	400		13				
歙县	6401	3196	3019	24	143	4	6	3	
休宁县	2703	1060	966	13	76	4	1	2	
黟县	872	287	260	14	13				
祁门县	939	363	342	10	6	1	4		
滁州市	**40629**	**18809**	**17465**	**217**	**777**	**246**	**104**	**14**	
琅琊区	195	93	83	1	4	3	2		
南谯区	1638	393	296	22	25	23	27		
来安县	4705	2139	1828	102	173	25	11	1	
全椒县	5003	2025	1731	44	140	92	18		
定远县	11179	6038	5728	14	226	33	37	6	
凤阳县	8032	4300	4162	16	93	25	4		
苏滁现代产业园									
滁州经济技术开发区	562	1		1					
天长市	4421	1194	1129	5	20	39	1	2	
明光市	4894	2626	2508	12	96	6	4	5	

4-4c 续表 8

单位：人

地区 性别	合计	农、林、牧、渔业						采矿业	
		小计	农业	林业	畜牧业	渔业	农、林、牧、渔专业及辅助性活动	小计	煤炭开采和洗选业
阜阳市	**92726**	**38325**	**37018**	**103**	**837**	**129**	**238**	**36**	**10**
颍州区	3906	1557	1503	13	28	3	10		
颍东区	5274	1365	1274	1	83	3	4	4	2
颍泉区	6410	3246	3137	4	80	13	12	4	1
临泉县	22334	8723	8508	12	152	21	30	4	2
太和县	17777	8514	8317	21	131	13	32	5	2
阜南县	15792	7589	7315	27	133	22	92	4	1
颍上县	16351	5900	5603	18	180	45	54	11	2
阜阳合肥现代产业园区	373	11	9		2			1	
阜阳经济技术开发区	208	4	3		1				
界首市	4301	1416	1349	7	47	9	4	3	
宿州市	**61860**	**39070**	**37965**	**68**	**884**	**20**	**133**	**11**	**7**
埇桥区	15412	7814	7493	18	282	11	10	8	6
砀山县	9620	7193	7089	2	82		20	2	1
萧县	16707	11991	11738	10	232	4	7	1	
灵璧县	11261	6766	6453	29	206	2	76		
泗县	8639	5200	5093	9	75	3	20		
宿州马鞍山现代产业园区	221	106	99		7				
宿州经济技术开发区									
六安市	**40521**	**13576**	**12191**	**113**	**1014**	**177**	**81**	**44**	**3**
金安区	5982	1990	1796	22	160	7	5	3	1
裕安区	7904	2352	2180	16	120	18	18	8	
叶集区	1558	481	395	4	79	3		1	
霍邱县	8652	4118	3625	6	325	131	31	20	
舒城县	8626	1763	1616	45	87	11	4	7	2
金寨县	5795	2290	2045	16	206	5	18	5	
霍山县	2004	582	534	4	37	2	5		
亳州市	**34223**	**16055**	**15353**	**43**	**502**	**10**	**147**	**8**	**7**
谯城区	11516	5929	5746	5	78	1	99		
涡阳县	6813	2498	2367	4	118	1	8	7	7
蒙城县	7162	3420	3239	15	147	3	16	1	
利辛县	8732	4208	4001	19	159	5	24		
池州市	**8828**	**2646**	**2380**	**28**	**155**	**55**	**28**	**40**	
贵池区	2634	1116	1001	7	70	31	7	21	
东至县	4139	1052	984	8	32	18	10	4	
石台县	639	246	220	9	8	1	8	2	
青阳县	1221	230	174	4	44	5	3	13	
池州市国家经济技术开发区									
皖江江南新兴产业集中区									
九华山风景区	195	2	1		1				
宣城市	**12591**	**3399**	**2588**	**71**	**323**	**336**	**81**	**39**	**2**
宣州区	4068	1312	822	15	111	304	60	11	
郎溪县	1551	302	255	9	12	21	5	5	
泾县	1275	352	275	11	60	5	1	7	
绩溪县	843	512	463	1	46		2	1	
旌德县	562	188	174	2	10		2	5	
宣城市经济开发区	287	44	33	5	6				
宁国市	1417	328	283	8	30	4	3	1	
广德市	2588	361	283	20	48	2	8	9	2

4-4c　续表 9　　　　单位：人

地　区 性　别	采矿业						制造业		
	石油和天然气开采业	黑色金属矿采选业	有色金属矿采选业	非金属矿采选业	开采专业及辅助性活　动	其　他采矿业	小计	农副食品加工业	食　品制造业
安　徽	**26**	**500**	**522**	**1347**	**172**	**64**	**196669**	**8608**	**5181**
合肥市		**150**	**164**	**34**	**6**	**4**	**13777**	**620**	**513**
瑶海区		1		1			126	4	9
庐阳区							25		1
蜀山区							203	3	
包河区							19	2	
长丰县		1	3	2	2		2575	132	84
肥东县		3		7	1	1	2243	117	153
肥西县					2		3952	134	81
庐江县		132	161	9		1	2651	95	83
合肥高新技术产业开发区							1	1	
合肥经济技术开发区							25	5	1
合肥新站高新技术产业开发区							42	10	1
巢湖市		13		15	1	2	1915	117	100
芜湖市		**112**	**30**	**161**	**2**	**1**	**10384**	**1236**	**255**
镜湖区				1			184	4	3
弋江区									
鸠江区		54		2	1		837	102	9
三山区		2		2			392	34	9
芜湖县				1			1394	57	13
繁昌县		47	1	125		1	2113	41	79
南陵县		7	27	14			1716	82	53
芜湖经济技术开发区							26		
安徽芜湖长江大桥经济开发区							106	5	2
无为市		2	2	16	1		3616	911	87
蚌埠市	**2**		**2**	**21**	**4**		**4850**	**393**	**124**
龙子湖区							400	11	12
蚌山区							101	3	6
禹会区	1			9	3		551	49	9
淮上区				1			420	24	10
怀远县			1	4	1		992	88	28
五河县	1		1	6			1178	52	29
固镇县				1			1208	166	30
蚌埠市高新技术开发区									
蚌埠市经济开发区									
淮南市		**1**		**20**	**48**	**3**	**7001**	**333**	**259**
大通区				3	1		176	7	6
田家庵区							111	3	1
谢家集区				1			157	14	1
八公山区							44		1
潘集区				1	27		391	46	22
凤台县				3	16	2	1014	118	58
寿县		1		12	4	1	5108	145	170

4-4c 续表 10　　　　单位：人

地区 性别	采矿业 石油和天然气开采业	采矿业 黑色金属矿采选业	采矿业 有色金属矿采选业	采矿业 非金属矿采选业	采矿业 开采专业及辅助性活动	采矿业 其他采矿业	制造业 小计	制造业 农副食品加工业	制造业 食品制造业
马鞍山市	**3**	**32**		**34**	**3**	**2**	**6325**	**489**	**336**
花山区							71	1	3
雨山区		25					146	5	9
博望区		1		3	1	1	1134	55	15
当涂县		5		2			2267	61	26
含山县		1		14	1	1	1557	143	56
和县	3			15	1		1150	224	227
淮北市	**3**	**3**	**31**	**13**	**24**	**2**	**3503**	**193**	**150**
杜集区				5	2		391	31	10
相山区	1				1		294	32	60
烈山区		1	30	6	3	2	684	24	25
濉溪县	2	2	1	2	18		2134	106	55
铜陵市		**18**	**180**	**22**	**11**	**3**	**2808**	**100**	**30**
铜官区		3	20	3			94	3	2
义安区		13	140	14	3	3	1036	32	6
郊区		2	15	1	7		633	25	5
枞阳县			5	4	1		1045	40	17
安庆市	**2**	**4**	**5**	**79**	**6**	**4**	**28705**	**525**	**321**
迎江区							57	5	
大观区				4			243	8	2
宜秀区				1			194	9	5
怀宁县			4	14	2	1	3119	72	75
太湖县				9			3278	60	40
宿松县				22		1	6191	81	50
望江县				5	1	1	5833	74	57
岳西县				13		1	2137	97	25
安徽安庆经济开发区							40	2	
桐城市	2	2	1	5	1		3145	60	19
潜山市		2		6	2		4468	57	48
黄山市	**1**		**30**	**29**	**4**		**5863**	**229**	**131**
屯溪区							261	30	6
黄山区				2	1		494	25	7
徽州区				1	1		407	10	2
歙县	1		3	8	2		2836	79	38
休宁县			24	13			1126	55	23
黟县							333	25	50
祁门县			3	5			406	5	5
滁州市	**2**	**6**	**7**	**103**	**10**	**2**	**19538**	**582**	**419**
琅琊区							91	1	9
南谯区				3			809	48	27
来安县			1	13	1		1932	132	56
全椒县				4	1	1	2137	50	53
定远县				50	3		4784	132	108
凤阳县		1		8		1	2956	81	69
苏滁现代产业园									
滁州经济技术开发区							570	4	1
天长市	2	5	1	9	3		4086	77	45
明光市			5	16	2		2173	57	51

4-4c 续表 11

单位：人

地区 性别	采矿业						制造业		
	石油和天然气开采业	黑色金属矿采选业	有色金属矿采选业	非金属矿采选业	开采专业及辅助性活动	其他采矿业	小计	农副食品加工业	食品制造业
阜阳市	**3**	**5**	**1**	**97**	**22**	**10**	**33141**	**1258**	**1234**
颍州区				1			929	63	50
颍东区				4		1	2176	77	118
颍泉区				6	1		1507	102	89
临泉县		1		23		2	8194	331	223
太和县	3			10	1	1	6157	144	244
阜南县				9	8	1	4880	164	141
颍上县		4		33	12	2	6490	283	240
阜阳合肥现代产业园区				1		3	215	13	18
阜阳经济技术开发区				1			91	3	11
界首市			1	9			2502	78	100
宿州市	**7**	**5**	**1**	**43**	**16**	**1**	**16086**	**823**	**471**
埇桥区	2	1	1	27	4	1	5807	226	202
砀山县	2	2		4	1		1652	114	62
萧县	3	2		3	11		3185	253	118
灵璧县				6			3124	123	40
泗县				3			2235	92	48
宿州马鞍山现代产业园区							83	15	1
宿州经济技术开发区									
六安市		**110**	**1**	**158**	**8**	**6**	**18604**	**629**	**351**
金安区				24	1		2927	116	56
裕安区		1		29	1	1	3808	110	67
叶集区				4			1148	39	11
霍邱县		107		41	6	2	3001	114	61
舒城县		2	1	34		2	4515	169	100
金寨县				25		1	2219	47	38
霍山县				1			986	34	18
亳州市	**1**	**1**		**2**	**3**	**3**	**9543**	**419**	**323**
谯城区				1			3847	84	88
涡阳县					1		1915	112	100
蒙城县	1	1		1	1	2	1699	87	78
利辛县					1	1	2082	136	57
池州市	**2**	**17**	**41**	**255**	**2**	**10**	**5779**	**182**	**61**
贵池区	1	12	38	124		1	1495	65	19
东至县	1	3	2	47	1		2952	52	26
石台县		2		13	1	1	233	16	4
青阳县			1	71		8	1074	47	10
池州市国家经济技术开发区									
皖江江南新兴产业集中区									
九华山风景区							25	2	2
宣城市		**36**	**29**	**276**	**3**	**13**	**10762**	**597**	**203**
宣州区		25	24	81	1	1	3145	242	80
郎溪县		1		19			1419	45	22
泾县		2	3	48	2	1	1038	74	35
绩溪县				2			298	27	11
旌德县			1	48		2	301	15	5
宣城市经济开发区							319	14	9
宁国市		4		7		8	1535	101	7
广德市		4	1	71		1	2707	79	34

4-4c 续表 12

单位：人

地区 性别	采矿业						制造业		
	石油和天然气开采业	黑色金属矿采选业	有色金属矿采选业	非金属矿采选业	开采专业及辅助性活动	其他采矿业	小计	农副食品加工业	食品制造业
男	**20**	**451**	**450**	**1197**	**154**	**57**	**106723**	**5015**	**2417**
合肥市		**132**	**143**	**29**	**5**	**4**	**7811**	**367**	**227**
瑶海区				1			66	1	3
庐阳区							15		
蜀山区							173	3	
包河区							13	1	
长丰县		1	2	2	2		1593	86	37
肥东县		2		5	1	1	1271	58	58
肥西县					2		2484	82	50
庐江县		121	141	8		1	1358	60	40
合肥高新技术产业开发区							1	1	
合肥经济技术开发区							18	4	
合肥新站高新技术产业开发区							24	4	1
巢湖市		8		13		2	795	67	38
芜湖市		**108**	**25**	**147**	**2**	**1**	**6140**	**741**	**132**
镜湖区				1			71	2	
弋江区									
鸠江区		54		1	1		499	58	7
三山区		2		2			235	15	4
芜湖县				1			781	38	7
繁昌县		44	1	115		1	1254	26	33
南陵县		6	22	13			914	59	29
芜湖经济技术开发区							13		
安徽芜湖长江大桥经济开发区							50	2	1
无为市		2	2	14	1		2323	541	51
蚌埠市	**1**		**2**	**20**	**2**		**2667**	**236**	**59**
龙子湖区							218	6	6
蚌山区							57	2	3
禹会区	1			9	1		331	40	5
淮上区				1			211	14	4
怀远县			1	3	1		503	54	13
五河县			1	6			672	26	14
固镇县				1			675	94	14
蚌埠市高新技术开发区									
蚌埠市经济开发区									
淮南市		**1**		**18**	**42**	**3**	**4101**	**209**	**126**
大通区				3	1		96	7	3
田家庵区							66	3	
谢家集区				1			81	6	
八公山区							22		
潘集区				1	24		253	28	11
凤台县				2	15	2	554	76	27
寿县		1		11	2	1	3029	89	85

4-4c　续表 13　　　　单位：人

地　区 性　别	采矿业						制造业		
	石油和天然气开采业	黑色金属矿采选业	有色金属矿采选业	非金属矿采选业	开采专业及辅助性活　动	其　他采矿业	小计	农副食品加工业	食　品制造业
马鞍山市	**2**	**30**		**33**	**3**	**2**	**3642**	**298**	**176**
花山区							52	1	1
雨山区		24					95	3	5
博望区		1		3	1	1	816	32	5
当涂县		4		2			1009	38	9
含山县		1		14	1	1	958	94	33
和县	2			14	1		712	130	123
淮北市	**2**	**2**	**25**	**12**	**24**	**2**	**2028**	**103**	**64**
杜集区				5	2		275	19	8
相山区					1		149	14	21
烈山区			24	6	3	2	376	14	12
濉溪县	2	2	1	1	18		1228	56	23
铜陵市		**15**	**157**	**18**	**11**	**3**	**1396**	**65**	**14**
铜官区		3	14	3			55	1	
义安区		10	124	10	3	3	592	19	4
郊区		2	14	1	7		294	19	2
枞阳县			5	4	1		455	26	8
安庆市	**1**	**3**	**5**	**72**	**5**	**4**	**15139**	**335**	**158**
迎江区							30	3	
大观区				3			138	7	2
宜秀区				1			104	3	3
怀宁县			4	11	1	1	1751	43	38
太湖县				8			1750	40	23
宿松县				22		1	3323	53	15
望江县				5	1	1	2612	48	35
岳西县				11		1	1215	58	11
安徽安庆经济开发区							19	1	
桐城市	1	1	1	5	1		1703	44	12
潜山市		2		6	2		2494	35	19
黄山市	**1**		**29**	**26**	**2**		**3257**	**122**	**54**
屯溪区							129	18	
黄山区				2			305	12	2
徽州区				1	1		218	8	1
歙县	1		3	6	1		1558	42	18
休宁县			23	12			622	29	13
黟县							191	12	18
祁门县			3	5			234	1	2
滁州市	**2**	**5**	**6**	**92**	**9**	**2**	**10658**	**337**	**201**
琅琊区							57	1	6
南谯区				3			487	26	7
来安县			1	12	1		1066	60	22
全椒县				4	1	1	977	33	25
定远县				44	3		2856	77	56
凤阳县		1		8		1	1709	56	32
苏滁现代产业园									
滁州经济技术开发区							397	2	
天长市	2	4	1	9	2		1782	52	28
明光市			4	12	2		1327	30	25

4-4c 续表 14

单位：人

地区 性别	采矿业						制造业		
	石油和天然气开采业	黑色金属矿采选业	有色金属矿采选业	非金属矿采选业	开采专业及辅助性活动	其他采矿业	小计	农副食品加工业	食品制造业
阜阳市	**3**	**5**	**1**	**75**	**20**	**8**	**17743**	**714**	**561**
颍州区				1			504	36	20
颍东区				2		1	1109	36	42
颍泉区				4			747	48	36
临泉县		1		21		2	4410	185	112
太和县	3			7	1	1	3377	93	126
阜南县				7	8		2579	95	63
颍上县		4		25	11	2	3416	167	116
阜阳合肥现代产业园区				1		2	114	4	5
阜阳经济技术开发区				1			53	2	6
界首市			1	6			1434	48	35
宿州市	**6**	**4**	**1**	**41**	**16**	**1**	**8351**	**457**	**194**
埇桥区	2	1	1	25	4	1	3264	133	83
砀山县	1	2		4	1		954	61	26
萧县	3	1		3	11		1818	143	45
灵璧县				6			1169	69	19
泗县				3			1111	47	21
宿州马鞍山现代产业园区							35	4	
宿州经济技术开发区									
六安市		**95**		**136**	**7**	**4**	**9322**	**350**	**162**
金安区				22	1		1424	62	24
裕安区				23		1	1643	66	32
叶集区				3			590	19	4
霍邱县		93		37	6		1596	76	29
舒城县		2		30		2	2119	82	41
金寨县				20		1	1360	27	24
霍山县				1			590	18	8
亳州市	**1**	**1**		**2**	**3**	**2**	**5073**	**250**	**169**
谯城区				1			2038	54	43
涡阳县					1		1129	69	57
蒙城县	1	1		1	1	1	847	46	38
利辛县					1	1	1059	81	31
池州市	**1**	**15**	**35**	**227**	**1**	**8**	**3243**	**106**	**31**
贵池区		10	32	112		1	765	37	9
东至县	1	3	2	44			1718	34	16
石台县		2		11	1	1	114	9	1
青阳县			1	60		6	633	25	5
池州市国家经济技术开发区									
皖江江南新兴产业集中区									
九华山风景区							13	1	
宣城市		**35**	**21**	**249**	**2**	**13**	**6152**	**325**	**89**
宣州区		25	17	77	1	1	1633	125	39
郎溪县		1		14			789	32	11
泾县		2	2	43	1	1	674	46	16
绩溪县				1			182	12	5
旌德县			1	43		2	186	6	
宣城市经济开发区							221	9	5
宁国市		3		7		8	994	46	1
广德市		4	1	64		1	1473	49	12

4-4c　续表 15

单位：人

地　区 性　别	采矿业						制造业		
	石油和天然气开采业	黑色金属矿采选业	有色金属矿采选业	非金属矿采选业	开采专业及辅助性活　动	其　他采矿业	小计	农副食品加工业	食　品制造业
女	**6**	**49**	**72**	**150**	**18**	**7**	**89946**	**3593**	**2764**
合肥市		**18**	**21**	**5**	**1**		**5966**	**253**	**286**
瑶海区		1					60	3	6
庐阳区							10		1
蜀山区							30		
包河区							6	1	
长丰县			1				982	46	47
肥东县		1		2			972	59	95
肥西县							1468	52	31
庐江县		11	20	1			1293	35	43
合肥高新技术产业开发区									
合肥经济技术开发区							7	1	1
合肥新站高新技术产业开发区							18	6	
巢湖市		5		2	1		1120	50	62
芜湖市		**4**	**5**	**14**			**4244**	**495**	**123**
镜湖区							113	2	3
弋江区									
鸠江区				1			338	44	2
三山区							157	19	5
芜湖县							613	19	6
繁昌县		3		10			859	15	46
南陵县		1	5	1			802	23	24
芜湖经济技术开发区							13		
安徽芜湖长江大桥经济开发区							56	3	1
无为市				2			1293	370	36
蚌埠市	**1**			**1**	**2**		**2183**	**157**	**65**
龙子湖区							182	5	6
蚌山区							44	1	3
禹会区					2		220	9	4
淮上区							209	10	6
怀远县				1			489	34	15
五河县	1						506	26	15
固镇县							533	72	16
蚌埠市高新技术开发区									
蚌埠市经济开发区									
淮南市				**2**	**6**		**2900**	**124**	**133**
大通区							80		3
田家庵区							45		1
谢家集区							76	8	1
八公山区							22		1
潘集区					3		138	18	11
凤台县				1	1		460	42	31
寿县				1	2		2079	56	85

4－4c 续表 16

单位：人

地 区 性 别	采矿业						制造业		
	石油和天然气开采业	黑色金属矿采选业	有色金属矿采选业	非金属矿采选业	开采专业及辅助性活动	其他采矿业	小计	农副食品加工业	食品制造业
马鞍山市	**1**	**2**		**1**			**2683**	**191**	**160**
花山区							19		2
雨山区		1					51	2	4
博望区							318	23	10
当涂县		1					1258	23	17
含山县							599	49	23
和县	1			1			438	94	104
淮北市	**1**	**1**	**6**	**1**			**1475**	**90**	**86**
杜集区							116	12	2
相山区	1						145	18	39
烈山区		1	6				308	10	13
濉溪县				1			906	50	32
铜陵市		**3**	**23**	**4**			**1412**	**35**	**16**
铜官区			6				39	2	2
义安区		3	16	4			444	13	2
郊区			1				339	6	3
枞阳县							590	14	9
安庆市	**1**	**1**		**7**	**1**		**13566**	**190**	**163**
迎江区							27	2	
大观区				1			105	1	
宜秀区							90	6	2
怀宁县				3	1		1368	29	37
太湖县				1			1528	20	17
宿松县							2868	28	35
望江县							3221	26	22
岳西县				2			922	39	14
安徽安庆经济开发区							21	1	
桐城市	1	1					1442	16	7
潜山市							1974	22	29
黄山市			**1**	**3**	**2**		**2606**	**107**	**77**
屯溪区							132	12	6
黄山区					1		189	13	5
徽州区							189	2	1
歙县				2	1		1278	37	20
休宁县			1	1			504	26	10
黟县							142	13	32
祁门县							172	4	3
滁州市		**1**	**1**	**11**	**1**		**8880**	**245**	**218**
琅琊区							34		3
南谯区							322	22	20
来安县				1			866	72	34
全椒县							1160	17	28
定远县				6			1928	55	52
凤阳县							1247	25	37
苏滁现代产业园									
滁州经济技术开发区							173	2	1
天长市		1			1		2304	25	17
明光市			1	4			846	27	26

4-4c 续表 17

单位：人

地区 性别	采矿业						制造业		
	石油和天然气开采业	黑色金属矿采选业	有色金属矿采选业	非金属矿采选业	开采专业及辅助性活动	其他采矿业	小计	农副食品加工业	食品制造业
阜阳市				**22**	**2**	**2**	**15398**	**544**	**673**
颍州区							425	27	30
颍东区				2			1067	41	76
颍泉区				2	1		760	54	53
临泉县				2			3784	146	111
太和县				3			2780	51	118
阜南县				2		1	2301	69	78
颍上县				8	1		3074	116	124
阜阳合肥现代产业园区						1	101	9	13
阜阳经济技术开发区							38	1	5
界首市				3			1068	30	65
宿州市	**1**	**1**		**2**			**7735**	**366**	**277**
埇桥区				2			2543	93	119
砀山县	1						698	53	36
萧县		1					1367	110	73
灵璧县							1955	54	21
泗县							1124	45	27
宿州马鞍山现代产业园区							48	11	1
宿州经济技术开发区									
六安市		**15**	**1**	**22**	**1**	**2**	**9282**	**279**	**189**
金安区				2			1503	54	32
裕安区		1		6	1		2165	44	35
叶集区				1			558	20	7
霍邱县		14		4		2	1405	38	32
舒城县			1	4			2396	87	59
金寨县				5			859	20	14
霍山县							396	16	10
亳州市						**1**	**4470**	**169**	**154**
谯城区							1809	30	45
涡阳县							786	43	43
蒙城县						1	852	41	40
利辛县							1023	55	26
池州市	**1**	**2**	**6**	**28**	**1**	**2**	**2536**	**76**	**30**
贵池区	1	2	6	12			730	28	10
东至县				3	1		1234	18	10
石台县				2			119	7	3
青阳县				11		2	441	22	5
池州市国家经济技术开发区									
皖江江南新兴产业集中区									
九华山风景区							12	1	2
宣城市		**1**	**8**	**27**	**1**		**4610**	**272**	**114**
宣州区			7	4			1512	117	41
郎溪县				5			630	13	11
泾县			1	5	1		364	28	19
绩溪县				1			116	15	6
旌德县				5			115	9	5
宣城市经济开发区							98	5	4
宁国市		1					541	55	6
广德市				7			1234	30	22

4-4c 续表 18

单位：人

地 区 性 别	制造业 酒、饮料和精制茶制造业	烟草制品业	纺织业	纺织服装、服饰业	皮革、毛皮、羽毛及其制品和制鞋业	木材加工和木、竹、藤、棕、草制品业	家具制造业	造纸和纸制品业	印刷和记录媒介复制业
安 徽	**2990**	**139**	**10737**	**45547**	**5870**	**8158**	**6500**	**2901**	**1293**
合肥市	**78**	**18**	**1199**	**1644**	**198**	**241**	**451**	**191**	**97**
瑶海区			4	14	1		4	2	
庐阳区			3		1	1			1
蜀山区				3			1	1	
包河区			2			4	1		
长丰县	12	3	39	145	24	54	193	47	32
肥东县	12	1	45	404	26	47	70	37	24
肥西县	19	14	47	254	69	42	57	70	17
庐江县	28		321	577	71	64	65	22	20
合肥高新技术产业开发区									
合肥经济技术开发区						1	1		
合肥新站高新技术产业开发区			10				14		
巢湖市	7		728	247	6	28	45	12	3
芜湖市	**46**		**336**	**2118**	**203**	**306**	**488**	**153**	**58**
镜湖区			8	37		1	1		1
弋江区									
鸠江区	2		8	191	4	18	172	3	2
三山区	2		5	27	1	5	8	49	8
芜湖县	7		31	218	12	70	31	17	1
繁昌县	15		120	598	5	40	25	35	15
南陵县	6		30	579	20	75	95	13	6
芜湖经济技术开发区						4			
安徽芜湖长江大桥经济开发区			1	31	4		1		1
无为市	14		133	437	157	93	155	36	24
蚌埠市	**44**	**9**	**316**	**611**	**197**	**127**	**107**	**81**	**40**
龙子湖区			1	5			1	10	2
蚌山区		1		7			4	5	3
禹会区	13	4	18	54	15	23	9	2	3
淮上区		1	15	38	17	4	8	13	4
怀远县	8	1	76	121	38	44	14	17	5
五河县	22	1	141	163	86	30	36	11	16
固镇县	1	1	65	223	41	26	35	23	7
蚌埠市高新技术开发区									
蚌埠市经济开发区									
淮南市	**41**		**279**	**789**	**202**	**170**	**239**	**161**	**81**
大通区	1		5	36	10	4	10	2	
田家庵区				18		8	1	1	
谢家集区	1		5	15	5	2	6	1	
八公山区				1	14			7	
潘集区	1		5	37	3	14	8	3	2
凤台县	7		34	126	32	18	14	43	4
寿县	31		230	556	138	124	200	104	75

4-4c 续表 19 单位：人

地区 性别	制造业								
	酒、饮料和精制茶制造业	烟草制品业	纺织业	纺织服装、服饰业	皮革、毛皮、羽毛及其制品和制鞋业	木材加工和木、竹、藤、棕、草制品业	家具制造业	造纸和纸制品业	印刷和记录媒介复制业
马鞍山市	**31**	**1**	**90**	**1569**	**31**	**110**	**124**	**39**	**30**
花山区			2	11	2	1		2	2
雨山区				19	1	1	3	3	
博望区	1		15	46	9	25	5	4	4
当涂县	12		20	1065	2	27	15	15	7
含山县	17	1	45	291	17	15	65	8	9
和县	1		8	137		41	36	7	8
淮北市	**51**	**2**	**163**	**491**	**75**	**88**	**79**	**43**	**21**
杜集区	15		14	25	4	9	19	3	1
相山区	10	2	9	34	4	9	10	7	1
烈山区	7		37	114	7	30	18	6	3
濉溪县	19		103	318	60	40	32	27	16
铜陵市	**22**		**82**	**1101**	**59**	**64**	**41**	**36**	**9**
铜官区			1	12		1		6	
义安区	9		28	244	17	21	19	23	1
郊区	7		27	327	11	9	6	2	5
枞阳县	6		26	518	31	33	16	5	3
安庆市	**212**	**7**	**1532**	**12598**	**934**	**786**	**1253**	**495**	**141**
迎江区			13	6	1	8	3	6	
大观区			9	90	3	9	6	1	1
宜秀区			14	28	14	7	6	10	
怀宁县	12	1	192	1393	26	108	97	81	19
太湖县	24		88	1427	104	103	100	33	22
宿松县	20	2	150	2867	372	188	172	63	27
望江县	12	2	301	3959	84	67	164	31	13
岳西县	54	1	76	323	256	53	89	180	16
安徽安庆经济开发区			5	5		3		5	
桐城市	21	1	333	416	49	71	102	50	37
潜山市	69		351	2084	25	169	514	35	6
黄山市	**574**	**3**	**267**	**1755**	**71**	**412**	**253**	**84**	**67**
屯溪区	16		11	48		11	15	2	2
黄山区	306	1	10	10	5	29			2
徽州区	12		19	143	11	9	15	4	15
歙县	127	2	165	1207	16	119	161	50	34
休宁县	62		39	252	31	76	21	15	7
黟县	15		14	13	3	86	26		3
祁门县	36		9	82	5	82	15	13	4
滁州市	**126**	**40**	**1069**	**2005**	**547**	**487**	**504**	**244**	**126**
琅琊区	6	1	4	1	1	6	1	1	
南谯区	13	3	27	22	15	34	41	8	12
来安县	19	2	46	168	30	68	63	18	16
全椒县	9	1	24	258	22	80	39	24	14
定远县	24	2	579	848	131	112	124	65	30
凤阳县	12	27	88	441	137	57	100	37	8
苏滁现代产业园									
滁州经济技术开发区	1		39		2	2		3	1
天长市	29		146	85	140	81	56	47	15
明光市	13	4	116	182	69	47	80	41	30

4-4c 续表 20 单位：人

地区 性别	制造业								
	酒、饮料和精制茶制造业	烟草制品业	纺织业	纺织服装、服饰业	皮革、毛皮、羽毛及其制品和制鞋业	木材加工和木、竹、藤、棕、草制品业	家具制造业	造纸和纸制品业	印刷和记录媒介复制业
阜阳市	**218**	**22**	**2050**	**6951**	**1468**	**947**	**1043**	**434**	**273**
颍州区	24		45	174	52	39	71	25	12
颍东区	25	1	90	537	45	54	134	48	34
颍泉区	14	2	49	395	41	47	62	20	11
临泉县	46	3	568	1781	493	200	131	102	72
太和县	17	1	304	910	246	179	199	62	33
阜南县	28	8	415	1051	304	177	191	64	38
颍上县	33	4	330	1537	151	191	180	89	61
阜阳合肥现代产业园区	5		9	24	12	23	6	5	1
阜阳经济技术开发区	4		6	15	3	1	5	5	
界首市	22	3	234	527	121	36	64	14	11
宿州市	**64**	**13**	**962**	**3722**	**625**	**872**	**413**	**230**	**85**
埇桥区	28	2	204	1074	363	508	196	81	37
砀山县	5	5	135	244	15	102	54	15	9
萧县	18	1	148	479	62	112	88	101	15
灵璧县	8	4	154	1355	93	73	41	14	10
泗县	5	1	318	550	90	76	33	17	14
宿州马鞍山现代产业园区			3	20	2	1	1	2	
宿州经济技术开发区									
六安市	**234**	**4**	**1259**	**4308**	**739**	**1496**	**575**	**238**	**145**
金安区	25	1	137	894	152	79	130	26	27
裕安区	25		202	1555	278	182	85	36	28
叶集区	1		68	92	33	650	53	1	2
霍邱县	14	2	292	358	92	130	104	59	26
舒城县	27		153	1195	123	267	118	66	36
金寨县	54	1	375	161	44	113	58	37	18
霍山县	88		32	53	17	75	27	13	8
亳州市	**925**	**11**	**552**	**1893**	**224**	**351**	**250**	**174**	**67**
谯城区	853		106	547	86	117	64	102	19
涡阳县	47	10	89	265	49	72	58	24	14
蒙城县	8	1	118	434	34	103	69	24	23
利辛县	17		239	647	55	59	59	24	11
池州市	**109**	**3**	**180**	**1834**	**201**	**374**	**298**	**39**	**16**
贵池区	23	2	62	517	15	107	17	12	2
东至县	22	1	88	1202	131	151	238	23	12
石台县	57		6	22	15	42	6	1	
青阳县	7		24	89	40	73	36	2	2
池州市国家经济技术开发区									
皖江江南新兴产业集中区									
九华山风景区				4		1	1	1	
宣城市	**215**	**6**	**401**	**2158**	**96**	**1327**	**382**	**259**	**37**
宣州区	83	2	121	903	49	209	79	29	8
郎溪县	32	1	82	460	14	77	51	2	6
泾县	13		22	54	4	185	16	173	3
绩溪县	10		33	16	4	25	18	5	4
旌德县	1		11	11	2	20	2	6	2
宣城市经济开发区	6	1	2	6	2	3	6	13	4
宁国市	37	2	20	22	8	203	30	12	
广德市	33		110	686	13	605	180	19	10

4-4c　续表 21　　　　单位：人

地　区 性　别	制造业								
	酒、饮料和精制茶制造业	烟　草制品业	纺织业	纺织服装、服饰业	皮革、毛皮、羽毛及其制品和制鞋业	木材加工和木、竹、藤、棕、草制品业	家　具制造业	造纸和纸制品业	印刷和记录媒介复制业
男	**1858**	**72**	**4615**	**14306**	**2506**	**5520**	**4635**	**1529**	**776**
合肥市	**51**	**12**	**348**	**404**	**86**	**180**	**327**	**96**	**53**
瑶海区			2				2	1	
庐阳区			1			1			
蜀山区							1		
包河区			1			3			
长丰县	8		19	38	8	39	135	22	16
肥东县	10		23	123	11	38	51	15	11
肥西县	11	12	28	64	31	29	44	40	12
庐江县	16		71	139	35	52	53	12	12
合肥高新技术产业开发区									
合肥经济技术开发区						1	1		
合肥新站高新技术产业开发区			7				9		
巢湖市	6		196	40	1	17	31	6	2
芜湖市	**32**		**167**	**573**	**84**	**242**	**393**	**80**	**38**
镜湖区			4	9			1		1
弋江区									
鸠江区	2		3	67	1	10	130	2	1
三山区	2		2	6		5	6	22	3
芜湖县	5		11	64	5	53	24	9	
繁昌县	8		72	133	2	31	23	18	10
南陵县	4		10	114	12	63	73	6	4
芜湖经济技术开发区						3			
安徽芜湖长江大桥经济开发区			1	3			1		
无为市	11		64	177	64	77	135	23	19
蚌埠市	**35**	**6**	**128**	**157**	**84**	**87**	**74**	**38**	**28**
龙子湖区			1	1			1	1	2
蚌山区		1					3	2	2
禹会区	11	2	4	7	5	18	7	1	2
淮上区		1	4	8	6	4	5	6	2
怀远县	7	1	23	28	8	24	11	6	2
五河县	17		67	52	50	22	28	9	12
固镇县		1	29	61	15	19	19	13	6
蚌埠市高新技术开发区									
蚌埠市经济开发区									
淮南市	**33**		**148**	**218**	**74**	**124**	**166**	**80**	**47**
大通区	1		2	5		4	6	2	
田家庵区				5		7	1		
谢家集区	1		1	3	2	1	3	1	
八公山区					9			2	
潘集区			2	11	2	14	7		2
凤台县	5		20	25	9	12	9	19	3
寿县	26		123	169	52	86	140	56	42

4－4c　续表 22　　　　单位：人

地　区 性　别	制造业 酒、饮料和精制茶制造业	烟　草制品业	纺织业	纺织服装、服饰业	皮革、毛皮、羽毛及其制品和制鞋业	木材加工和木、竹、藤、棕、草制品业	家　具制造业	造纸和纸制品业	印刷和记录媒介复制业
马鞍山市	**13**		**35**	**471**	**13**	**93**	**100**	**24**	**22**
花山区			2	2	1	1		2	2
雨山区				1	1	1	3	3	
博望区	1		5	5	3	21	4	3	3
当涂县	5		8	298		26	13	12	3
含山县	6		17	104	8	14	49	2	8
和县	1		3	61		30	31	2	6
淮北市	**46**	**1**	**73**	**166**	**25**	**65**	**48**	**23**	**11**
杜集区	15		3	3	3	4	12	3	
相山区	9	1	3	2	1	7	8	1	
烈山区	7		17	53	3	25	10	4	2
濉溪县	15		50	108	18	29	18	15	9
铜陵市	**13**		**27**	**250**	**24**	**54**	**35**	**12**	**5**
铜官区				2		1		4	
义安区	7		5	56	2	18	17	4	
郊区	3		12	77	6	9	6	1	3
枞阳县	3		10	115	16	26	12	3	2
安庆市	**135**	**3**	**649**	**4904**	**468**	**575**	**940**	**247**	**90**
迎江区			6	1		4	2	4	
大观区			3	30	1	7	5		1
宜秀区			6	7	3	5	2		
怀宁县	8	1	94	642	12	80	73	43	15
太湖县	18		36	536	56	77	79	23	12
宿松县	14		73	1081	204	143	135	41	18
望江县	7	1	146	1410	45	47	115	19	5
岳西县	31	1	35	125	119	44	69	63	13
安徽安庆经济开发区			2	1		2		2	
桐城市	11		94	133	19	56	81	34	21
潜山市	46		154	938	9	110	379	18	5
黄山市	**357**	**1**	**104**	**679**	**34**	**299**	**197**	**52**	**47**
屯溪区	13		2	7		8	10		2
黄山区	197		3	4	4	20			1
徽州区	6		5	41	5	7	13	2	9
歙县	61	1	68	518	10	91	122	34	26
休宁县	46		17	82	13	65	16	10	4
黟县	11		4	2		55	25		2
祁门县	23		5	25	2	53	11	6	3
滁州市	**75**	**17**	**581**	**659**	**194**	**323**	**363**	**138**	**74**
琅琊区	5		2	1		4	1		
南谯区	4	3	12	6	7	21	25	5	5
来安县	15	2	20	22	7	47	48	10	7
全椒县	4	1	11	79	9	44	29	13	10
定远县	15	2	341	347	55	73	87	36	19
凤阳县	5	7	47	125	58	41	70	23	3
苏滁现代产业园									
滁州经济技术开发区	1		35		1	2		1	1
天长市	15		49	10	25	64	47	27	9
明光市	11	2	64	69	32	27	56	23	20

4-4c　续表 23　　　　单位：人

地　区 性　别	制造业								
	酒、饮料和精制茶制造业	烟　草制品业	纺织业	纺织服装、服饰业	皮革、毛皮、羽毛及其制品和制鞋业	木材加工和木、竹、藤、棕、草制品业	家　具制造业	造纸和纸制品业	印刷和记录媒介复制业
阜阳市	**142**	**16**	**895**	**2106**	**729**	**647**	**676**	**224**	**156**
颍州区	16		20	41	23	29	41	9	6
颍东区	15	1	43	137	24	34	84	25	18
颍泉区	9	2	20	95	19	30	36	9	9
临泉县	31	1	265	537	254	137	89	52	41
太和县	11		116	313	127	120	125	35	21
阜南县	15	7	171	341	152	116	130	30	20
颍上县	22	2	151	471	67	136	117	53	33
阜阳合肥现代产业园区	4		1	10		16	3	1	
阜阳经济技术开发区	3		2	3	1		3	3	
界首市	16	3	106	158	62	29	48	7	8
宿州市	**43**	**8**	**410**	**1024**	**271**	**525**	**274**	**134**	**58**
埇桥区	21	2	101	365	161	281	130	54	24
砀山县	4	3	59	77	8	67	39	9	5
萧县	12	1	59	126	24	78	56	55	12
灵璧县	4	2	41	276	29	48	26	7	8
泗县	2		149	178	47	50	22	8	9
宿州马鞍山现代产业园区			1	2	2	1	1	1	
宿州经济技术开发区									
六安市	**152**	**2**	**548**	**864**	**212**	**930**	**386**	**127**	**84**
金安区	12	1	48	189	43	58	81	13	15
裕安区	16		68	328	76	126	54	17	19
叶集区	1		26	11	12	366	31		
霍邱县	10		137	77	24	87	67	30	17
舒城县	19		58	209	34	160	88	38	17
金寨县	38	1	200	40	19	80	44	25	10
霍山县	56		11	10	4	53	21	4	6
亳州市	**531**	**2**	**237**	**629**	**92**	**250**	**168**	**67**	**35**
谯城区	488		59	210	32	83	49	34	9
涡阳县	26	2	43	88	16	53	41	9	6
蒙城县	5		51	127	15	63	41	11	11
利辛县	12		84	204	29	51	37	13	9
池州市	**58**	**2**	**84**	**625**	**81**	**254**	**224**	**19**	**11**
贵池区	12	2	29	87	7	71	11	6	1
东至县	19		45	511	62	117	185	11	10
石台县	22		2	6		28	3	1	
青阳县	5		8	19	12	37	24	1	
池州市国家经济技术开发区									
皖江江南新兴产业集中区									
九华山风景区				2		1	1		
宣城市	**142**	**2**	**181**	**577**	**35**	**872**	**264**	**168**	**17**
宣州区	58	1	66	178	20	157	52	13	3
郎溪县	21	1	48	152	6	59	38	1	3
泾县	6		7	21		116	12	117	2
绩溪县	9		13	7	1	18	12	4	1
旌德县			3	5	1	16	2	4	1
宣城市经济开发区	5		2			3	2	9	2
宁国市	23		10	5	4	137	20	9	
广德市	20		32	209	3	366	126	11	5

4-4c 续表 24 单位：人

地区 性别	制造业								
	酒、饮料和精制茶制造业	烟草制品业	纺织业	纺织服装、服饰业	皮革、毛皮、羽毛及其制品和制鞋业	木材加工和木、竹、藤、棕、草制品业	家具制造业	造纸和纸制品业	印刷和记录媒介复制业
女	**1132**	**67**	**6122**	**31241**	**3364**	**2638**	**1865**	**1372**	**517**
合肥市	**27**	**6**	**851**	**1240**	**112**	**61**	**124**	**95**	**44**
瑶海区			2	14	1		2	1	
庐阳区			2		1				1
蜀山区				3				1	
包河区			1			1	1		
长丰县	4	3	20	107	16	15	58	25	16
肥东县	2	1	22	281	15	9	19	22	13
肥西县	8	2	19	190	38	13	13	30	5
庐江县	12		250	438	36	12	12	10	8
合肥高新技术产业开发区									
合肥经济技术开发区									
合肥新站高新技术产业开发区			3				5		
巢湖市	1		532	207	5	11	14	6	1
芜湖市	**14**		**169**	**1545**	**119**	**64**	**95**	**73**	**20**
镜湖区			4	28		1			
弋江区									
鸠江区			5	124	3	8	42	1	1
三山区			3	21	1		2	27	5
芜湖县	2		20	154	7	17	7	8	1
繁昌县	7		48	465	3	9	2	17	5
南陵县	2		20	465	8	12	22	7	2
芜湖经济技术开发区						1			
安徽芜湖长江大桥经济开发区				28	4				1
无为市	3		69	260	93	16	20	13	5
蚌埠市	**9**	**3**	**188**	**454**	**113**	**40**	**33**	**43**	**12**
龙子湖区				4				9	
蚌山区				7			1	3	1
禹会区	2	2	14	47	10	5	2	1	1
淮上区			11	30	11		3	7	2
怀远县	1		53	93	30	20	3	11	3
五河县	5	1	74	111	36	8	8	2	4
固镇县	1		36	162	26	7	16	10	1
蚌埠市高新技术开发区									
蚌埠市经济开发区									
淮南市	**8**		**131**	**571**	**128**	**46**	**73**	**81**	**34**
大通区			3	31	10		4		
田家庵区				13		1		1	
谢家集区			4	12	3	1	3		
八公山区				1	5			5	
潘集区	1		3	26	1		1	3	
凤台县	2		14	101	23	6	5	24	1
寿县	5		107	387	86	38	60	48	33

4-4c 续表 25 单位：人

地区 性别	制造业								
	酒、饮料和精制茶制造业	烟草制品业	纺织业	纺织服装、服饰业	皮革、毛皮、羽毛及其制品和制鞋业	木材加工和木、竹、藤、棕、草制品业	家具制造业	造纸和纸制品业	印刷和记录媒介复制业
马鞍山市	**18**	**1**	**55**	**1098**	**18**	**17**	**24**	**15**	**8**
花山区				9	1				
雨山区				18					
博望区			10	41	6	4	1	1	1
当涂县	7		12	767	2	1	2	3	4
含山县	11	1	28	187	9	1	16	6	1
和县			5	76		11	5	5	2
淮北市	**5**	**1**	**90**	**325**	**50**	**23**	**31**	**20**	**10**
杜集区			11	22	1	5	7		1
相山区	1	1	6	32	3	2	2	6	1
烈山区			20	61	4	5	8	2	1
濉溪县	4		53	210	42	11	14	12	7
铜陵市	**9**		**55**	**851**	**35**	**10**	**6**	**24**	**4**
铜官区			1	10				2	
义安区	2		23	188	15	3	2	19	1
郊区	4		15	250	5			1	2
枞阳县	3		16	403	15	7	4	2	1
安庆市	**77**	**4**	**883**	**7694**	**466**	**211**	**313**	**248**	**51**
迎江区			7	5	1	4	1	2	
大观区			6	60	2	2	1	1	
宜秀区			8	21	11	2	4	10	
怀宁县	4		98	751	14	28	24	38	4
太湖县	6		52	891	48	26	21	10	10
宿松县	6	2	77	1786	168	45	37	22	9
望江县	5	1	155	2549	39	20	49	12	8
岳西县	23		41	198	137	9	20	117	3
安徽安庆经济开发区			3	4		1		3	
桐城市	10	1	239	283	30	15	21	16	16
潜山市	23		197	1146	16	59	135	17	1
黄山市	**217**	**2**	**163**	**1076**	**37**	**113**	**56**	**32**	**20**
屯溪区	3		9	41		3	5	2	
黄山区	109	1	7	6	1	9			1
徽州区	6		14	102	6	2	2	2	6
歙县	66	1	97	689	6	28	39	16	8
休宁县	16		22	170	18	11	5	5	3
黟县	4		10	11	3	31	1		1
祁门县	13		4	57	3	29	4	7	1
滁州市	**51**	**23**	**488**	**1346**	**353**	**164**	**141**	**106**	**52**
琅琊区	1	1	2		1	2		1	
南谯区	9		15	16	8	13	16	3	7
来安县	4		26	146	23	21	15	8	9
全椒县	5		13	179	13	36	10	11	4
定远县	9		238	501	76	39	37	29	11
凤阳县	7	20	41	316	79	16	30	14	5
苏滁现代产业园									
滁州经济技术开发区			4		1			2	
天长市	14		97	75	115	17	9	20	6
明光市	2	2	52	113	37	20	24	18	10

4-4c 续表 26 单位：人

地 区 性 别	制造业								
	酒、饮料和精制茶制造业	烟 草制品业	纺织业	纺织服装、服饰业	皮革、毛皮、羽毛及其制品和制鞋业	木材加工和木、竹、藤、棕、草制品业	家 具制造业	造纸和纸制品业	印刷和记录媒介复制业
阜阳市	**76**	**6**	**1155**	**4845**	**739**	**300**	**367**	**210**	**117**
颍州区	8		25	133	29	10	30	16	6
颍东区	10		47	400	21	20	50	23	16
颍泉区	5		29	300	22	17	26	11	2
临泉县	15	2	303	1244	239	63	42	50	31
太和县	6	1	188	597	119	59	74	27	12
阜南县	13	1	244	710	152	61	61	34	18
颍上县	11	2	179	1066	84	55	63	36	28
阜阳合肥现代产业园区	1		8	14	12	7	3	4	1
阜阳经济技术开发区	1		4	12	2	1	2	2	
界首市	6		128	369	59	7	16	7	3
宿州市	**21**	**5**	**552**	**2698**	**354**	**347**	**139**	**96**	**27**
埇桥区	7		103	709	202	227	66	27	13
砀山县	1	2	76	167	7	35	15	6	4
萧县	6		89	353	38	34	32	46	3
灵璧县	4	2	113	1079	64	25	15	7	2
泗县	3	1	169	372	43	26	11	9	5
宿州马鞍山现代产业园区			2	18				1	
宿州经济技术开发区									
六安市	**82**	**2**	**711**	**3444**	**527**	**566**	**189**	**111**	**61**
金安区	13		89	705	109	21	49	13	12
裕安区	9		134	1227	202	56	31	19	9
叶集区			42	81	21	284	22	1	2
霍邱县	4	2	155	281	68	43	37	29	9
舒城县	8		95	986	89	107	30	28	19
金寨县	16		175	121	25	33	14	12	8
霍山县	32		21	43	13	22	6	9	2
亳州市	**394**	**9**	**315**	**1264**	**132**	**101**	**82**	**107**	**32**
谯城区	365		47	337	54	34	15	68	10
涡阳县	21	8	46	177	33	19	17	15	8
蒙城县	3	1	67	307	19	40	28	13	12
利辛县	5		155	443	26	8	22	11	2
池州市	**51**	**1**	**96**	**1209**	**120**	**120**	**74**	**20**	**5**
贵池区	11		33	430	8	36	6	6	1
东至县	3	1	43	691	69	34	53	12	2
石台县	35		4	16	15	14	3		
青阳县	2		16	70	28	36	12	1	2
池州市国家经济技术开发区									
皖江江南新兴产业集中区									
九华山风景区				2				1	
宣城市	**73**	**4**	**220**	**1581**	**61**	**455**	**118**	**91**	**20**
宣州区	25	1	55	725	29	52	27	16	5
郎溪县	11		34	308	8	18	13	1	3
泾县	7		15	33	4	69	4	56	1
绩溪县	1		20	9	3	7	6	1	3
旌德县	1		8	6	1	4		2	1
宣城市经济开发区	1	1		6	2		4	4	2
宁国市	14	2	10	17	4	66	10	3	
广德市	13		78	477	10	239	54	8	5

4-4c　续表 27　　　　单位：人

地　区 性　别	制造业								
	文教、工美、体育和娱乐用品制造业	石油、煤炭及其他燃料加工业	化学原料和化学制品制造业	医　药制造业	化学纤维制造业	橡胶和塑　料制品业	非金属矿　物制品业	黑色金属冶炼和压延加工业	有色金属冶炼和压延加工业
安　徽	**6460**	**320**	**3393**	**2535**	**277**	**7457**	**12005**	**1312**	**836**
合肥市	**232**	**20**	**275**	**100**	**37**	**704**	**942**	**84**	**154**
瑶海区	2		7	2		10	3	1	
庐阳区						3			
蜀山区	11		1			15	5		
包河区				2			3		
长丰县	25	8	68	16	2	241	264	22	68
肥东县	36	2	97	29	3	94	127	29	8
肥西县	29	1	40	23	1	250	242	14	3
庐江县	83	7	50	18		63	161	11	17
合肥高新技术产业开发区									
合肥经济技术开发区			1				3	1	
合肥新站高新技术产业开发区	1					2			
巢湖市	45	2	11	10	31	26	134	6	58
芜湖市	**202**	**12**	**122**	**94**	**20**	**347**	**842**	**124**	**41**
镜湖区			2		2	7	7	1	
弋江区									
鸠江区	4		8	5	2	32	52	1	1
三山区	6		1	13		18	27	5	1
芜湖县	11	1	10	7	1	61	47		1
繁昌县	88	2	28	30	2	33	384	79	4
南陵县	40	2	35	8		41	100	14	19
芜湖经济技术开发区						3			
安徽芜湖长江大桥经济开发区			1		6	3	14	2	
无为市	53	7	37	31	7	149	211	22	15
蚌埠市	**108**	**13**	**96**	**135**	**16**	**205**	**630**	**30**	**22**
龙子湖区	4		1	3	1	28	265		1
蚌山区	3		1			3	18		
禹会区	1		14	10	1	13	126		1
淮上区	11	4	27	6		15	46	9	1
怀远县	38	5	14	3	1	55	58	6	4
五河县	17	1	20	7	2	30	52	9	1
固镇县	34	3	19	106	11	61	65	6	14
蚌埠市高新技术开发区									
蚌埠市经济开发区									
淮南市	**157**	**18**	**173**	**66**	**12**	**283**	**460**	**51**	**21**
大通区	6		6	4		3	14	5	
田家庵区						8	49	1	
谢家集区	9		2	1		8	25	3	
八公山区	1			2			3	1	
潘集区	6	7	17	2		5	37	3	
凤台县	30	1	14	11		31	63	7	1
寿县	105	10	134	46	12	228	269	31	20

4-4c 续表 28

单位：人

地区 性别	制造业								
	文教、工美、体育和娱乐用品制造业	石油、煤炭及其他燃料加工业	化学原料和化学制品制造业	医药制造业	化学纤维制造业	橡胶和塑料制品业	非金属矿物制品业	黑色金属冶炼和压延加工业	有色金属冶炼和压延加工业
马鞍山市	**53**	**5**	**79**	**55**	**4**	**94**	**379**	**104**	**30**
花山区			4			1	4	10	
雨山区		1	4	1			7	10	1
博望区	7		4	4	2	20	36	24	7
当涂县	5		19	40	1	16	89	43	21
含山县	32		17	8	1	28	162	8	
和县	9	4	31	2		29	81	9	1
淮北市	**53**	**31**	**57**	**42**	**10**	**77**	**252**	**8**	**25**
杜集区	2	5	15	2		20	33	4	4
相山区	9	8	1	1		1	31	1	1
烈山区	9		10	3	6	7	47		4
濉溪县	33	18	31	36	4	49	141	3	16
铜陵市	**26**	**9**	**40**	**16**	**2**	**80**	**219**	**105**	**57**
铜官区			6	2			5		2
义安区	16	7	23	3	1	18	96	89	42
郊区	2	2	8	6	1	9	69	9	11
枞阳县	8		3	5		53	49	7	2
安庆市	**361**	**45**	**338**	**332**	**18**	**1459**	**1383**	**57**	**48**
迎江区			1	1		1	2	1	
大观区	3	10	21	3	2	3	24	1	
宜秀区	1		2	3		6	48		
怀宁县	24	4	35	72	3	160	183	9	3
太湖县	50	6	42	21	2	80	144	6	11
宿松县	56	11	75	15	7	110	526	9	20
望江县	63	5	49	28	2	61	120	13	5
岳西县	76	3	29	126	1	60	128	2	5
安徽安庆经济开发区			1			3	5		
桐城市	50	4	44	26		913	78	10	4
潜山市	38	2	39	37	1	62	125	6	
黄山市	**141**	**2**	**165**	**22**	**2**	**166**	**216**	**14**	**29**
屯溪区	8	1	17	1	1	4	5		
黄山区	6	1	5	6		18	17		1
徽州区	8		49	1		10	23	1	5
歙县	49		77	9		74	72	7	19
休宁县	43		12	3	1	46	65	4	4
黟县	6		4	1		8	19		
祁门县	21		1	1		6	15	2	
滁州市	**2276**	**18**	**447**	**87**	**33**	**718**	**1461**	**141**	**82**
琅琊区		1	3			4	5		
南谯区	8		29	2	4	57	81	9	5
来安县	119	4	112	14	6	67	152	32	1
全椒县	624		75	7	4	53	92	2	5
定远县	98	6	96	24	13	145	156	36	13
凤阳县	135	1	36	4	2	97	727	15	10
苏滁现代产业园									
滁州经济技术开发区	1		3		1	28	6	1	
天长市	1229	3	46	29		199	125	20	42
明光市	62	3	47	7	3	68	117	26	6

4-4c 续表 29

单位：人

地 区 性 别	制造业								
	文教、工美、体育和娱乐用品制造业	石油、煤炭及其他燃料加工业	化学原料和化学制品制造业	医 药制造业	化学纤维制造业	橡胶和塑 料制品业	非金属矿 物制品业	黑色金属冶炼和压延加工业	有色金属冶炼和压延加工业
阜阳市	**998**	**42**	**578**	**265**	**45**	**1464**	**1395**	**156**	**114**
颍州区	23	2	10	7		17	59	2	1
颍东区	40	4	145	36		97	98	11	1
颍泉区	20	1	31	21	1	46	61	3	
临泉县	196	6	142	40	13	288	383	48	17
太和县	350	6	64	83	12	271	180	28	55
阜南县	167	4	58	15	9	124	224	18	12
颍上县	154	18	105	48	8	245	314	40	13
阜阳合肥现代产业园区			2	2		3	10	3	
阜阳经济技术开发区	1		4	1		5	6		
界首市	47	1	17	12	2	368	60	3	15
宿州市	**756**	**27**	**203**	**103**	**28**	**511**	**782**	**89**	**27**
埇桥区	150	10	90	38	16	152	258	29	8
砀山县	26	7	15	14	1	77	74	18	12
萧县	101	7	60	18	9	155	275	16	4
灵璧县	315	2	26	18	2	84	92	8	1
泗县	160	1	12	15		43	74	18	2
宿州马鞍山现代产业园区	4						9		
宿州经济技术开发区									
六安市	**535**	**25**	**205**	**244**	**13**	**510**	**1052**	**149**	**49**
金安区	81	8	31	16		96	177	30	14
裕安区	46	8	29	16	5	89	156	14	5
叶集区	18		3	20	2	3	37	2	2
霍邱县	126	2	44	22	2	108	257	66	6
舒城县	236	2	42	16		138	188	12	16
金寨县	25	5	41	43	4	55	179	11	5
霍山县	3		15	111		21	58	14	1
亳州市	**229**	**15**	**109**	**828**	**9**	**263**	**495**	**36**	**8**
谯城区	33	3	25	783		89	215	7	3
涡阳县	90	3	21	21	2	67	94	20	3
蒙城县	48	3	22	7	6	51	77	3	2
利辛县	58	6	41	17	1	56	109	6	
池州市	**115**	**8**	**183**	**59**	**1**	**85**	**488**	**108**	**56**
贵池区	20	1	34	5		16	167	100	43
东至县	35	4	134	26	1	46	111	6	3
石台县	2	2	6	2		2	25		
青阳县	57	1	9	26		20	184	2	10
池州市国家经济技术开发区									
皖江江南新兴产业集中区									
九华山风景区	1					1	1		
宣城市	**218**	**30**	**323**	**87**	**27**	**491**	**1009**	**56**	**73**
宣州区	44	12	149	20	1	122	293	8	33
郎溪县	44	4	14	10	24	26	79	19	7
泾县	49	1	4	8	2	19	185	6	11
绩溪县	26		7	4		4	12		
旌德县	14		6	31		20	67	1	2
宣城市经济开发区	4		1	2		7	29	1	3
宁国市	23	6	56	4		197	124	9	7
广德市	14	7	86	8		96	220	12	10

4-4c 续表 30 单位：人

地区 性别	制造业								
	文教、工美、体育和娱乐用品制造业	石油、煤炭及其他燃料加工业	化学原料和化学制品制造业	医 药制造业	化学纤维制造业	橡胶和塑 料制品业	非金属矿 物制品业	黑色金属冶炼和压延加工业	有色金属冶炼和压延加工业
男	**1965**	**244**	**2321**	**1240**	**172**	**4285**	**8936**	**1082**	**622**
合肥市	**71**	**16**	**156**	**49**	**18**	**400**	**687**	**66**	**106**
瑶海区	1		6			6	3	1	
庐阳区						2			
蜀山区	9		1			8	3		
包河区				1			2		
长丰县	18	5	48	7	1	138	189	19	37
肥东县	12	2	41	15	3	57	92	21	3
肥西县	5	1	21	14		138	174	12	2
庐江县	20	6	31	9		37	123	7	12
合肥高新技术产业开发区									
合肥经济技术开发区			1				1	1	
合肥新站高新技术产业开发区									
巢湖市	6	2	7	3	14	14	100	5	52
芜湖市	**117**	**8**	**97**	**50**	**12**	**199**	**686**	**106**	**31**
镜湖区			1		1	2	5	1	
弋江区									
鸠江区	2		6	3	1	22	42	1	1
三山区	4		1	5		9	20	5	1
芜湖县	6	1	9	6	1	29	35		
繁昌县	57	2	24	14	1	24	312	67	3
南陵县	16	1	26	6		25	80	13	13
芜湖经济技术开发区						1			
安徽芜湖长江大桥经济开发区			1		3	1	13	1	
无为市	32	4	29	16	5	86	179	18	13
蚌埠市	**40**	**10**	**68**	**91**	**12**	**108**	**389**	**27**	**17**
龙子湖区	1		1	2	1	12	138		1
蚌山区	3		1			2	4		
禹会区	1		12	6	1	4	85		1
淮上区	5	2	18	3		8	25	9	
怀远县	8	4	9	2		30	45	6	3
五河县	7	1	11	5		16	36	6	1
固镇县	15	3	16	73	10	36	56	6	11
蚌埠市高新技术开发区									
蚌埠市经济开发区									
淮南市	**72**	**15**	**97**	**30**	**7**	**159**	**331**	**43**	**15**
大通区	2		6	2		2	11	4	
田家庵区						3	29	1	
谢家集区	5		2			3	14	3	
八公山区	1			1			2	1	
潘集区	1	6	15	1		4	26	3	
凤台县	8	1	9	6		11	47	6	1
寿县	55	8	65	20	7	136	202	25	14

4-4c　续表 31　　　　单位：人

地　区 性　别	制造业								
	文教、工美、体育和娱乐用品制造业	石油、煤炭及其他燃料加工业	化学原料和化学制品制造业	医　药制造业	化学纤维制造业	橡胶和塑　料制品业	非金属矿　物制品业	黑色金属冶炼和压延加工业	有色金属冶炼和压延加工业
马鞍山市	**19**	**5**	**58**	**42**	**4**	**57**	**298**	**87**	**28**
花山区			4			1	3	9	
雨山区		1	4	1			6	10	1
博望区			2	2	2	12	27	16	6
当涂县	4		12	33	1	8	70	40	20
含山县	10		13	5	1	15	132	5	
和县	5	4	23	1		21	60	7	1
淮北市	**20**	**26**	**39**	**22**	**8**	**49**	**187**	**5**	**18**
杜集区		5	9	1		12	26	2	4
相山区	1	5	1			1	23	1	1
烈山区	4		5	2	6	2	34		4
濉溪县	15	16	24	19	2	34	104	2	9
铜陵市	**11**	**8**	**29**	**9**	**2**	**26**	**183**	**86**	**45**
铜官区			5	1			5		2
义安区	8	6	17	2	1	9	76	72	34
郊区		2	4	3	1	4	60	8	8
枞阳县	3		3	3		13	42	6	1
安庆市	**214**	**29**	**237**	**160**	**10**	**841**	**1062**	**50**	**35**
迎江区						1	2		
大观区		6	15	2	1	2	18	1	
宜秀区			2			4	41		
怀宁县	11	3	25	39	2	95	132	7	3
太湖县	31	3	30	7	1	44	108	6	8
宿松县	28	7	50	4	5	66	402	6	14
望江县	32	2	28	15	1	40	88	13	3
岳西县	50	2	23	64		35	109	2	5
安徽安庆经济开发区						2	2		
桐城市	41	4	35	12		510	64	10	2
潜山市	21	2	29	17		42	96	5	
黄山市	**76**	**2**	**125**	**10**	**2**	**106**	**168**	**10**	**19**
屯溪区	4	1	12	1	1	2	5		
黄山区	2	1	4	2		7	14		
徽州区	5		38			10	16	1	2
歙县	26		59	5		54	58	4	14
休宁县	22		9	1	1	25	49	3	3
黟县	4		2	1		5	14		
祁门县	13		1			3	12	2	
滁州市	**344**	**14**	**313**	**47**	**20**	**414**	**1029**	**117**	**61**
琅琊区		1	3			2	3		
南谯区	6		18		1	29	60	8	4
来安县	19	4	73	9	3	38	107	27	
全椒县	43		51	3	3	27	67	2	5
定远县	53	4	73	10	8	93	116	29	10
凤阳县	55	1	23	3	1	53	483	13	4
苏滁现代产业园									
滁州经济技术开发区	1		1		1	10	3	1	
天长市	155	3	31	18		117	97	18	34
明光市	12	1	40	4	3	45	93	19	4

4-4c 续表 32

单位：人

地区 性别	制造业								
	文教、工美、体育和娱乐用品制造业	石油、煤炭及其他燃料加工业	化学原料和化学制品制造业	医药制造业	化学纤维制造业	橡胶和塑料制品业	非金属矿物制品业	黑色金属冶炼和压延加工业	有色金属冶炼和压延加工业
阜阳市	**401**	**31**	**381**	**120**	**31**	**848**	**1017**	**131**	**85**
颍州区	7	2	9	2		8	49	1	1
颍东区	18	3	112	11		48	69	10	1
颍泉区	9	1	19	9	1	25	46	3	
临泉县	77	5	82	18	11	174	271	42	10
太和县	125	5	40	44	10	149	133	22	43
阜南县	86	4	39	7	4	69	164	16	9
颍上县	64	11	65	22	4	134	227	31	10
阜阳合肥现代产业园区						3	7	3	
阜阳经济技术开发区	1		3			4	4		
界首市	14		12	7	1	234	47	3	11
宿州市	**187**	**23**	**135**	**43**	**17**	**306**	**570**	**75**	**20**
埇桥区	52	9	58	19	12	100	188	26	6
砀山县	10	5	13	7	1	48	55	13	8
萧县	26	7	41	6	3	97	192	14	3
灵璧县	63	1	18	5	1	36	74	6	1
泗县	34	1	5	6		25	54	16	2
宿州马鞍山现代产业园区	2						7		
宿州经济技术开发区									
六安市	**176**	**15**	**133**	**93**	**11**	**293**	**798**	**123**	**36**
金安区	37	4	23	7		59	131	27	9
裕安区	23	4	16	8	4	53	121	12	4
叶集区	4		2	2	2	2	33	1	2
霍邱县	41	1	28	8	2	56	185	50	3
舒城县	59	1	29	11		78	149	11	12
金寨县	9	5	26	20	3	34	141	10	5
霍山县	3		9	37		11	38	12	1
亳州市	**83**	**12**	**68**	**403**	**5**	**140**	**334**	**29**	**5**
谯城区	11	3	15	374		44	138	7	1
涡阳县	38	2	16	14	1	39	62	16	2
蒙城县	14	3	15	4	3	22	55	2	2
利辛县	20	4	22	11	1	35	79	4	
池州市	**51**	**6**	**130**	**34**	**1**	**46**	**382**	**83**	**45**
贵池区	6	1	26	3		8	137	76	32
东至县	22	2	93	16	1	28	84	5	3
石台县	1	2	6			1	19		
青阳县	21	1	5	15		8	141	2	10
池州市国家经济技术开发区									
皖江江南新兴产业集中区									
九华山风景区	1					1	1		
宣城市	**83**	**24**	**255**	**37**	**12**	**293**	**815**	**44**	**56**
宣州区	13	9	120	10	1	78	232	8	22
郎溪县	10	4	9	3	10	22	66	16	5
泾县	16	1	1	1	1	13	155	3	11
绩溪县	12		5	1		1	11		
旌德县	8		4	14		10	49	1	2
宣城市经济开发区	3		1			3	22		2
宁国市	16	5	52	3		105	105	8	5
广德市	5	5	63	5		61	175	8	9

4-4c　续表 33　　　　单位：人

地　区 性　别	制造业								
	文教、工美、体育和娱乐用品制造业	石油、煤炭及其他燃料加工业	化学原料和化学制品制造业	医　药制造业	化学纤维制造业	橡胶和塑　料制品业	非金属矿　物制品业	黑色金属冶炼和压延加工业	有色金属冶炼和压延加工业
女	**4495**	**76**	**1072**	**1295**	**105**	**3172**	**3069**	**230**	**214**
合肥市	**161**	**4**	**119**	**51**	**19**	**304**	**255**	**18**	**48**
瑶海区	1		1	2		4			
庐阳区						1			
蜀山区	2					7	2		
包河区				1			1		
长丰县	7	3	20	9	1	103	75	3	31
肥东县	24		56	14		37	35	8	5
肥西县	24		19	9	1	112	68	2	1
庐江县	63	1	19	9		26	38	4	5
合肥高新技术产业开发区									
合肥经济技术开发区							2		
合肥新站高新技术产业开发区	1					2			
巢湖市	39		4	7	17	12	34	1	6
芜湖市	**85**	**4**	**25**	**44**	**8**	**148**	**156**	**18**	**10**
镜湖区			1		1	5	2		
弋江区									
鸠江区	2		2	2	1	10	10		
三山区	2			8		9	7		
芜湖县	5		1	1		32	12		1
繁昌县	31		4	16	1	9	72	12	1
南陵县	24	1	9	2		16	20	1	6
芜湖经济技术开发区						2			
安徽芜湖长江大桥经济开发区					3	2	1	1	
无为市	21	3	8	15	2	63	32	4	2
蚌埠市	**68**	**3**	**28**	**44**	**4**	**97**	**241**	**3**	**5**
龙子湖区	3			1		16	127		
蚌山区						1	14		
禹会区			2	4		9	41		
淮上区	6	2	9	3		7	21		1
怀远县	30	1	5	1	1	25	13		1
五河县	10		9	2	2	14	16	3	
固镇县	19		3	33	1	25	9		3
蚌埠市高新技术开发区									
蚌埠市经济开发区									
淮南市	**85**	**3**	**76**	**36**	**5**	**124**	**129**	**8**	**6**
大通区	4			2		1	3	1	
田家庵区						5	20		
谢家集区	4			1		5	11		
八公山区				1			1		
潘集区	5	1	2	1		1	11		
凤台县	22		5	5		20	16	1	
寿县	50	2	69	26	5	92	67	6	6

4-4c 续表 34 单位：人

地区 性别	制造业								
	文教、工美、体育和娱乐用品制造业	石油、煤炭及其他燃料加工业	化学原料和化学制品制造业	医药制造业	化学纤维制造业	橡胶和塑料制品业	非金属矿物制品业	黑色金属冶炼和压延加工业	有色金属冶炼和压延加工业
马鞍山市	**34**		**21**	**13**		**37**	**81**	**17**	**2**
花山区							1	1	
雨山区							1		
博望区	7		2	2		8	9	8	1
当涂县	1		7	7		8	19	3	1
含山县	22		4	3		13	30	3	
和县	4		8	1		8	21	2	
淮北市	**33**	**5**	**18**	**20**	**2**	**28**	**65**	**3**	**7**
杜集区	2		6	1		8	7	2	
相山区	8	3		1			8		
烈山区	5		5	1		5	13		
濉溪县	18	2	7	17	2	15	37	1	7
铜陵市	**15**	**1**	**11**	**7**		**54**	**36**	**19**	**12**
铜官区			1	1					
义安区	8	1	6	1		9	20	17	8
郊区	2		4	3		5	9	1	3
枞阳县	5			2		40	7	1	1
安庆市	**147**	**16**	**101**	**172**	**8**	**618**	**321**	**7**	**13**
迎江区			1	1				1	
大观区	3	4	6	1	1	1	6		
宜秀区	1			3		2	7		
怀宁县	13	1	10	33	1	65	51	2	
太湖县	19	3	12	14	1	36	36		3
宿松县	28	4	25	11	2	44	124	3	6
望江县	31	3	21	13	1	21	32		2
岳西县	26	1	6	62	1	25	19		
安徽安庆经济开发区			1			1	3		
桐城市	9		9	14		403	14		2
潜山市	17		10	20	1	20	29	1	
黄山市	**65**		**40**	**12**		**60**	**48**	**4**	**10**
屯溪区	4		5			2			
黄山区	4		1	4		11	3		1
徽州区	3		11	1			7		3
歙县	23		18	4		20	14	3	5
休宁县	21		3	2		21	16	1	1
黟县	2		2			3	5		
祁门县	8			1		3	3		
滁州市	**1932**	**4**	**134**	**40**	**13**	**304**	**432**	**24**	**21**
琅琊区						2	2		
南谯区	2		11	2	3	28	21	1	1
来安县	100		39	5	3	29	45	5	1
全椒县	581		24	4	1	26	25		
定远县	45	2	23	14	5	52	40	7	3
凤阳县	80		13	1	1	44	244	2	6
苏滁现代产业园									
滁州经济技术开发区			2			18	3		
天长市	1074		15	11		82	28	2	8
明光市	50	2	7	3		23	24	7	2

4-4c　续表 35　　　　单位：人

地　区 性　别	制造业								
	文教、工美、体育和娱乐用品制造业	石油、煤炭及其他燃料加工业	化学原料和化学制品制造业	医　药制造业	化学纤维制造业	橡胶和塑　料制品业	非金属矿　物制品业	黑色金属冶炼和压延加工业	有色金属冶炼和压延加工业
阜阳市	**597**	**11**	**197**	**145**	**14**	**616**	**378**	**25**	**29**
颍州区	16		1	5		9	10	1	
颍东区	22	1	33	25		49	29	1	
颍泉区	11		12	12		21	15		
临泉县	119	1	60	22	2	114	112	6	7
太和县	225	1	24	39	2	122	47	6	12
阜南县	81		19	8	5	55	60	2	3
颍上县	90	7	40	26	4	111	87	9	3
阜阳合肥现代产业园区			2	2			3		
阜阳经济技术开发区			1	1		1	2		
界首市	33	1	5	5	1	134	13		4
宿州市	**569**	**4**	**68**	**60**	**11**	**205**	**212**	**14**	**7**
埇桥区	98	1	32	19	4	52	70	3	2
砀山县	16	2	2	7		29	19	5	4
萧县	75		19	12	6	58	83	2	1
灵璧县	252	1	8	13	1	48	18	2	
泗县	126		7	9		18	20	2	
宿州马鞍山现代产业园区	2						2		
宿州经济技术开发区									
六安市	**359**	**10**	**72**	**151**	**2**	**217**	**254**	**26**	**13**
金安区	44	4	8	9		37	46	3	5
裕安区	23	4	13	8	1	36	35	2	1
叶集区	14		1	18		1	4	1	
霍邱县	85	1	16	14		52	72	16	3
舒城县	177	1	13	5		60	39	1	4
金寨县	16		15	23	1	21	38	1	
霍山县			6	74		10	20	2	
亳州市	**146**	**3**	**41**	**425**	**4**	**123**	**161**	**7**	**3**
谯城区	22		10	409		45	77		2
涡阳县	52	1	5	7	1	28	32	4	1
蒙城县	34		7	3	3	29	22	1	
利辛县	38	2	19	6		21	30	2	
池州市	**64**	**2**	**53**	**25**		**39**	**106**	**25**	**11**
贵池区	14		8	2		8	30	24	11
东至县	13	2	41	10		18	27	1	
石台县	1			2		1	6		
青阳县	36		4	11		12	43		
池州市国家经济技术开发区									
皖江江南新兴产业集中区									
九华山风景区									
宣城市	**135**	**6**	**68**	**50**	**15**	**198**	**194**	**12**	**17**
宣州区	31	3	29	10		44	61		11
郎溪县	34		5	7	14	4	13	3	2
泾县	33		3	7	1	6	30	3	
绩溪县	14		2	3		3	1		
旌德县	6		2	17		10	18		
宣城市经济开发区	1			2		4	7	1	1
宁国市	7	1	4	1		92	19	1	2
广德市	9	2	23	3		35	45	4	1

4－4c 续表 36

单位：人

地区 性别	制造业								
	金属制品业	通用设备制造业	专用设备制造业	汽车制造业	铁路、船舶、航空航天和其他运输设备制造业	电气机械和器材制造业	计算机、通信和其他电子设备制造业	仪器仪表制造业	其他制造业
安徽	**12444**	**9962**	**4518**	**5031**	**1589**	**9224**	**12629**	**698**	**2462**
合肥市	**885**	**838**	**377**	**728**	**59**	**1937**	**816**	**43**	**64**
瑶海区	11	6	12	4		14	14	2	
庐阳区	3	5	2	3		1	1		
蜀山区	1	3	1	136		14	8		
包河区	1	1		3					
长丰县	227	146	68	233	6	227	128	1	14
肥东县	165	162	85	51	18	112	190	17	13
肥西县	204	355	98	212	4	1423	201	9	11
庐江县	164	127	70	74	12	108	242	10	20
合肥高新技术产业开发区									
合肥经济技术开发区		2				9	1		
合肥新站高新技术产业开发区						1	1		
巢湖市	109	31	41	12	19	28	30	4	6
芜湖市	**686**	**581**	**179**	**473**	**84**	**714**	**370**	**25**	**77**
镜湖区	19	39	5	23	1	11	8		
弋江区									
鸠江区	46	9	11	38	24	45	28	1	6
三山区	18	23	8	25	9	57	4		
芜湖县	85	177	33	151	2	233	74	5	27
繁昌县	214	49	37	46	17	71	22	1	2
南陵县	86	107	32	82	5	65	56	3	9
芜湖经济技术开发区	1	3	1	6		8			
安徽芜湖长江大桥经济开发区	17	7		1		6	2		
无为市	200	167	52	101	26	218	176	15	33
蚌埠市	**320**	**258**	**72**	**123**	**39**	**185**	**369**	**17**	**64**
龙子湖区	12	19	1	10	1	2	5		2
蚌山区	5	3	3	5		4	26		
禹会区	39	29	9	10	5	16	64	3	4
淮上区	16	23	3	14	5	19	65		3
怀远县	75	34	24	30	7	60	94	3	23
五河县	99	117	15	45	11	49	62	5	21
固镇县	74	33	17	9	10	35	53	6	11
蚌埠市高新技术开发区									
蚌埠市经济开发区									
淮南市	**515**	**564**	**343**	**295**	**55**	**458**	**638**	**36**	**108**
大通区	15	11	3	7		9	7		
田家庵区	8	4	1	1		2	4		
谢家集区	9	10	6	3		14	12		4
八公山区	2	4	1			3	2		2
潘集区	46	15	18	1	3	21	38	1	2
凤台县	57	47	43	13	4	38	126	1	10
寿县	378	473	271	270	48	371	449	34	90

4-4c　续表 37　　　　单位：人

地　区 性　别	制造业								
	金　属 制品业	通用设备 制造业	专用设备 制造业	汽　车 制造业	铁路、船舶、 航空航天和 其他运输 设备制造业	电气机械 和器材 制造业	计算机、 通信和其 他电子设 备制造业	仪器仪表 制造业	其　他 制造业
马鞍山市	**833**	**687**	**196**	**94**	**27**	**165**	**266**	**20**	**265**
花山区	12	7	2			2	1		1
雨山区	17	14	3	5	2	3	28		
博望区	264	389	105	18	1	7	33		13
当涂县	156	143	23	33	6	108	65	15	203
含山县	322	102	52	22	6	29	41	3	46
和县	62	32	11	16	12	16	98	2	2
淮北市	**254**	**130**	**136**	**144**	**27**	**327**	**389**	**17**	**39**
杜集区	37	35	31	11	6	9	24	3	1
相山区	13	7	9	7	1	8	6		
烈山区	32	14	11	62	2	83	112	1	3
濉溪县	172	74	85	64	18	227	247	13	35
铜陵市	**170**	**92**	**40**	**45**	**53**	**70**	**147**	**4**	**11**
铜官区	7	12	2	4		5	15	1	
义安区	52	47	15	21	50	40	78	2	6
郊区	24	12	5	8		8	23		1
枞阳县	87	21	18	12	3	17	31	1	4
安庆市	**1108**	**937**	**438**	**406**	**70**	**717**	**1039**	**69**	**664**
迎江区	2	1	2	1			3		
大观区	10	10	2	9		1	7		2
宜秀区	11	6	2	3	1	9	2	1	
怀宁县	107	99	42	50	1	72	111	5	22
太湖县	186	149	90	46	19	153	166	16	23
宿松县	251	182	93	96	22	196	303	12	39
望江县	206	98	61	49	9	83	126	17	39
岳西县	83	137	40	48	9	85	95	3	19
安徽安庆经济开发区	1	6	1	1		1			
桐城市	120	148	54	38	5	46	94	8	302
潜山市	131	101	51	65	4	71	132	7	218
黄山市	**269**	**194**	**89**	**184**	**20**	**119**	**232**	**37**	**58**
屯溪区	11	12	2	7		5	29	3	4
黄山区	15	5	5	1	1	8	3		4
徽州区	14	11	11	15	5	4	5	4	1
歙县	100	105	29	79	9	61	74	18	28
休宁县	85	48	29	75	3	28	62	8	15
黟县	13	6	7			2	28	1	1
祁门县	31	7	6	7	2	11	31	3	5
滁州市	**1153**	**1233**	**618**	**613**	**447**	**1336**	**1940**	**173**	**335**
琅琊区	3	10	4	6		9	9	1	2
南谯区	51	62	44	30	4	92	52	4	
来安县	131	95	57	100	68	130	160	4	21
全椒县	122	257	48	43	5	79	96	5	26
定远县	268	319	140	208	62	429	488	23	49
凤阳县	167	187	37	55	14	101	166	17	31
苏滁现代产业园									
滁州经济技术开发区	10	14	6	16	4	16	217	2	192
天长市	218	133	162	37	170	350	464	114	9
明光市	183	156	120	118	120	130	288	3	5

4−4c 续表 38

单位：人

地区 性别	制造业								
	金属制品业	通用设备制造业	专用设备制造业	汽车制造业	铁路、船舶、航空航天和其他运输设备制造业	电气机械和器材制造业	计算机、通信和其他电子设备制造业	仪器仪表制造业	其他制造业
阜阳市	**2001**	**1511**	**777**	**610**	**274**	**1390**	**2461**	**108**	**320**
颍州区	97	12	15	31	6	14	37		7
颍东区	120	86	79	50	10	69	112	6	6
颍泉区	116	89	41	25	25	44	94	2	7
临泉县	408	517	156	97	87	227	665	35	57
太和县	312	218	151	101	46	314	520	11	67
阜南县	325	212	150	93	22	120	335	24	67
颍上县	481	310	143	154	57	261	627	29	89
阜阳合肥现代产业园区	13	3	3	32		1	14		2
阜阳经济技术开发区	10		1	6	1				
界首市	119	64	38	21	20	340	57	1	18
宿州市	**1107**	**749**	**349**	**311**	**200**	**480**	**1587**	**37**	**81**
埇桥区	451	300	121	155	75	230	719	11	22
砀山县	90	92	52	47	34	79	215	9	8
萧县	312	155	75	54	64	72	357	11	11
灵璧县	138	86	46	19	8	55	114	2	30
泗县	116	109	52	36	18	43	170	3	10
宿州马鞍山现代产业园区		7	3		1	1	12	1	
宿州经济技术开发区									
六安市	**1364**	**1073**	**435**	**364**	**105**	**578**	**1215**	**70**	**207**
金安区	221	246	51	91	6	78	97	7	14
裕安区	164	162	65	51	18	74	132	10	70
叶集区	31	16	11	4	4	9	15	1	3
霍邱县	232	168	96	58	25	145	238	15	37
舒城县	322	237	98	86	12	137	562	20	35
金寨县	312	148	80	45	27	78	135	12	21
霍山县	82	96	34	29	13	57	36	5	27
亳州市	**684**	**344**	**154**	**122**	**71**	**171**	**667**	**13**	**55**
谯城区	139	92	17	15	9	42	267	2	16
涡阳县	275	90	61	28	41	56	166	4	15
蒙城县	110	106	47	41	7	42	102	5	21
利辛县	160	56	29	38	14	31	132	2	3
池州市	**401**	**183**	**104**	**81**	**33**	**258**	**204**	**14**	**35**
贵池区	77	43	20	9	25	41	36	1	2
东至县	187	80	64	47	7	56	141	4	17
石台县	2	5	3			1	1	4	4
青阳县	133	55	14	25	1	160	25	4	8
池州市国家经济技术开发区									
皖江江南新兴产业集中区									
九华山风景区	2		3				1	1	4
宣城市	**694**	**588**	**211**	**438**	**25**	**319**	**289**	**15**	**79**
宣州区	148	102	65	108	12	57	113	8	14
郎溪县	85	119	30	23	5	44	63	5	11
泾县	47	49	24	10	1	23	3		10
绩溪县	19	45		17		3	5		
旌德县	38	20	9	3		4	7		1
宣城市经济开发区	33	17	17	31		99	4		
宁国市	213	124	25	189	6	38	35	1	17
广德市	111	112	41	57	1	51	59	1	26

4-4c　续表 39　　　　　　　　　　　　　　　　　　　　　　　　　　　　　　单位：人

地　区 性　别	制造业								
	金　属 制品业	通用设备 制造业	专用设备 制造业	汽　车 制造业	铁路、船舶、 航空航天和 其他运输 设备制造业	电气机械 和器材 制造业	计算机、 通信和其 他电子设 备制造业	仪器仪表 制造业	其　他 制造业
男	**9558**	**7282**	**3017**	**3305**	**1179**	**5664**	**6782**	**445**	**1277**
合肥市	**690**	**615**	**256**	**534**	**46**	**1229**	**468**	**30**	**32**
瑶海区	9	4	5	3		9	10		
庐阳区	3	3		3		1	1		
蜀山区	1	2	1	130		8	6		
包河区	1	1		3					
长丰县	183	96	51	157	4	108	76	1	9
肥东县	126	121	56	37	16	76	117	14	5
肥西县	160	265	70	138	4	942	99	5	10
庐江县	135	103	47	52	8	68	143	7	6
合肥高新技术产业开发区									
合肥经济技术开发区		2				6	1		
合肥新站高新技术产业开发区							1		
巢湖市	72	18	26	11	14	11	14	3	2
芜湖市	**540**	**412**	**126**	**310**	**74**	**437**	**224**	**16**	**39**
镜湖区	12	12	2	5	1	4	4		
弋江区									
鸠江区	35	4	7	22	21	26	10	1	3
三山区	11	16	5	16	8	38	2		
芜湖县	66	121	23	94	2	109	38	3	15
繁昌县	173	41	28	34	16	54	19		1
南陵县	71	80	21	59	3	44	29	1	3
芜湖经济技术开发区	1			4		4			
安徽芜湖长江大桥经济开发区	12	4		1		4			
无为市	159	134	40	75	23	154	122	11	17
蚌埠市	**248**	**182**	**43**	**67**	**26**	**104**	**183**	**12**	**28**
龙子湖区	9	17	1	7	1	1	4		1
蚌山区	5	2	3	2		2	19		
禹会区	32	22	3	6	5	8	32	2	3
淮上区	13	14	1	5	4	10	25		1
怀远县	59	24	15	16	4	31	45	3	6
五河县	73	79	9	25	6	30	31	4	12
固镇县	57	24	11	6	6	22	27	3	5
蚌埠市高新技术开发区									
蚌埠市经济开发区									
淮南市	**379**	**414**	**237**	**185**	**41**	**290**	**316**	**21**	**59**
大通区	13	8	2	4		5	3		
田家庵区	8	3	1	1		1	2		
谢家集区	8	7	4	1		10	3		2
八公山区		1				3	1		1
潘集区	42	8	14		2	10	19	1	1
凤台县	42	34	36	7	3	19	57	1	3
寿县	266	353	180	172	36	242	231	19	52

4－4c 续表 40 单位：人

地区 性别	制造业								
	金属制品业	通用设备制造业	专用设备制造业	汽车制造业	铁路、船舶、航空航天和其他运输设备制造业	电气机械和器材制造业	计算机、通信和其他电子设备制造业	仪器仪表制造业	其他制造业
马鞍山市	**605**	**530**	**151**	**72**	**21**	**107**	**135**	**11**	**67**
花山区	9	7	1			2			1
雨山区	14	13	1	4	2	2	10		
博望区	204	319	85	14		5	14		7
当涂县	115	89	16	23	4	68	32	8	26
含山县	217	77	39	18	5	21	23	2	31
和县	46	25	9	13	10	9	56	1	2
淮北市	**212**	**97**	**100**	**73**	**24**	**192**	**196**	**13**	**20**
杜集区	30	32	29	10	6	8	13	3	
相山区	11	5	7	5	1	4	4		
烈山区	28	10	8	24	2	48	43		2
濉溪县	143	50	56	34	15	132	136	10	18
铜陵市	**144**	**68**	**22**	**26**	**46**	**48**	**81**	**1**	**2**
铜官区	5	9	2	1		4	6		
义安区	45	37	8	11	43	26	40	1	1
郊区	23	7	2	6		5	15		
枞阳县	71	15	10	8	3	13	20		1
安庆市	**869**	**692**	**294**	**288**	**55**	**445**	**635**	**50**	**356**
迎江区	2	1	2				2		
大观区	8	9	2	6		1	5		2
宜秀区	6	4	2	3	1	7		1	
怀宁县	84	72	30	36		44	71	4	15
太湖县	135	109	50	36	13	93	104	11	12
宿松县	203	134	67	70	17	127	178	7	30
望江县	162	72	41	32	7	50	82	13	26
岳西县	65	98	28	29	8	48	54	2	11
安徽安庆经济开发区		3	1	1		1			
桐城市	96	110	36	28	5	30	48	7	123
潜山市	108	80	35	47	4	44	91	5	137
黄山市	**200**	**142**	**64**	**94**	**12**	**65**	**110**	**22**	**39**
屯溪区	8	7				1	19	2	
黄山区	12	4	3	1	1	4	1		4
徽州区	11	8	9	10	1	3	5	1	1
歙县	76	79	21	44	6	32	34	12	19
休宁县	59	34	21	33	2	17	23	5	10
黟县	10	6	5			2	10		1
祁门县	24	4	5	6	2	6	18	2	4
滁州市	**846**	**892**	**415**	**420**	**269**	**832**	**1061**	**123**	**236**
琅琊区	3	5	3	6		3	5		1
南谯区	39	38	34	19	4	56	28	2	
来安县	99	66	31	68	41	83	85	3	15
全椒县	96	204	36	33	4	53	55	3	16
定远县	194	232	106	138	40	250	296	12	31
凤阳县	139	140	23	38	9	57	92	14	11
苏滁现代产业园									
滁州经济技术开发区	6	10	3	10	3	11	134	2	158
天长市	151	84	93	34	86	237	196	85	2
明光市	119	113	86	74	82	82	170	2	2

4-4c 续表 41

单位：人

地区 性别	制造业								
	金属制品业	通用设备制造业	专用设备制造业	汽车制造业	铁路、船舶、航空航天和其他运输设备制造业	电气机械和器材制造业	计算机、通信和其他电子设备制造业	仪器仪表制造业	其他制造业
阜阳市	**1526**	**1062**	**488**	**402**	**225**	**837**	**1265**	**62**	**159**
颍州区	78	11	12	25	5	7	15		3
颍东区	94	60	51	34	9	36	54	3	3
颍泉区	85	68	18	15	23	24	49		5
临泉县	317	351	100	64	72	131	352	20	27
太和县	237	161	100	71	40	193	282	8	24
阜南县	244	139	86	51	17	64	164	11	37
颍上县	344	218	94	94	40	140	306	20	43
阜阳合肥现代产业园区	10	2	2	26		1	7		2
阜阳经济技术开发区	8			6	1				
界首市	109	52	25	16	18	241	36		15
宿州市	**876**	**568**	**242**	**217**	**157**	**297**	**875**	**25**	**39**
埇桥区	349	242	90	108	57	132	402	6	11
砀山县	71	70	38	32	30	51	119	4	4
萧县	264	120	56	40	50	49	193	9	5
灵璧县	104	57	24	12	5	35	62	2	13
泗县	88	73	32	25	15	29	95	3	6
宿州马鞍山现代产业园区		6	2			1	4	1	
宿州经济技术开发区									
六安市	**988**	**799**	**281**	**239**	**80**	**334**	**633**	**35**	**121**
金安区	166	194	31	59	5	41	55	3	10
裕安区	118	114	45	40	13	46	82	4	44
叶集区	25	12	4	1	3	5	7	1	1
霍邱县	172	121	57	34	17	81	88	8	19
舒城县	229	171	60	59	11	76	321	6	15
金寨县	216	110	57	25	22	48	59	8	15
霍山县	62	77	27	21	9	37	21	5	17
亳州市	**566**	**242**	**92**	**77**	**55**	**90**	**342**	**6**	**24**
谯城区	118	65	11	11	6	23	119	1	8
涡阳县	228	58	36	20	32	28	102	1	9
蒙城县	88	79	26	22	6	21	52	2	5
利辛县	132	40	19	24	11	18	69	2	2
池州市	**313**	**144**	**63**	**49**	**25**	**172**	**124**	**9**	**15**
贵池区	65	38	13	5	20	26	23	1	1
东至县	141	62	43	29	4	42	89	4	9
石台县	1	1	1			1	1		3
青阳县	104	43	6	15	1	103	10	3	1
池州市国家经济技术开发区									
皖江江南新兴产业集中区									
九华山风景区	2						1	1	1
宣城市	**556**	**423**	**143**	**252**	**23**	**185**	**134**	**9**	**41**
宣州区	118	69	44	63	11	28	54	6	8
郎溪县	63	85	23	16	4	25	35	3	4
泾县	41	37	12	6	1	15	2		9
绩溪县	17	31		15		2	2		
旌德县	31	13	6	1		2	3		1
宣城市经济开发区	29	14	15	19		71	2		
宁国市	171	91	14	102	6	16	18		6
广德市	86	83	29	30	1	26	18		13

4-4c 续表 42

单位：人

地区 性别	制造业								
	金属制品业	通用设备制造业	专用设备制造业	汽车制造业	铁路、船舶、航空航天和其他运输设备制造业	电气机械和器材制造业	计算机、通信和其他电子设备制造业	仪器仪表制造业	其他制造业
女	**2886**	**2680**	**1501**	**1726**	**410**	**3560**	**5847**	**253**	**1185**
合肥市	**195**	**223**	**121**	**194**	**13**	**708**	**348**	**13**	**32**
瑶海区	2	2	7	1		5	4	2	
庐阳区		2	2						
蜀山区		1		6		6	2		
包河区									
长丰县	44	50	17	76	2	119	52		5
肥东县	39	41	29	14	2	36	73	3	8
肥西县	44	90	28	74		481	102	4	1
庐江县	29	24	23	22	4	40	99	3	14
合肥高新技术产业开发区									
合肥经济技术开发区						3			
合肥新站高新技术产业开发区						1			
巢湖市	37	13	15	1	5	17	16	1	4
芜湖市	**146**	**169**	**53**	**163**	**10**	**277**	**146**	**9**	**38**
镜湖区	7	27	3	18		7	4		
弋江区									
鸠江区	11	5	4	16	3	19	18		3
三山区	7	7	3	9	1	19	2		
芜湖县	19	56	10	57		124	36	2	12
繁昌县	41	8	9	12	1	17	3	1	1
南陵县	15	27	11	23	2	21	27	2	6
芜湖经济技术开发区		3	1	2		4			
安徽芜湖长江大桥经济开发区	5	3				2	2		
无为市	41	33	12	26	3	64	54	4	16
蚌埠市	**72**	**76**	**29**	**56**	**13**	**81**	**186**	**5**	**36**
龙子湖区	3	2		3		1	1		1
蚌山区		1		3		2	7		
禹会区	7	7	6	4		8	32	1	1
淮上区	3	9	2	9	1	9	40		2
怀远县	16	10	9	14	3	29	49		17
五河县	26	38	6	20	5	19	31	1	9
固镇县	17	9	6	3	4	13	26	3	6
蚌埠市高新技术开发区									
蚌埠市经济开发区									
淮南市	**136**	**150**	**106**	**110**	**14**	**168**	**322**	**15**	**49**
大通区	2	3	1	3		4	4		
田家庵区		1				1	2		
谢家集区	1	3	2	2		4	9		2
八公山区	2	3	1				1		1
潘集区	4	7	4	1	1	11	19		1
凤台县	15	13	7	6	1	19	69		7
寿县	112	120	91	98	12	129	218	15	38

4-4c　续表 43　　　　单位：人

地　区 性　别	制造业								
	金　属 制品业	通用设备 制造业	专用设备 制造业	汽　车 制造业	铁路、船舶、 航空航天和 其他运输 设备制造业	电气机械 和器材 制造业	计算机、 通信和其 他电子设 备制造业	仪器仪表 制造业	其　他 制造业
马鞍山市	**228**	**157**	**45**	**22**	**6**	**58**	**131**	**9**	**198**
花山区	3		1				1		
雨山区	3	1	2	1		1	18		
博望区	60	70	20	4	1	2	19		6
当涂县	41	54	7	10	2	40	33	7	177
含山县	105	25	13	4	1	8	18	1	15
和县	16	7	2	3	2	7	42	1	
淮北市	**42**	**33**	**36**	**71**	**3**	**135**	**193**	**4**	**19**
杜集区	7	3	2	1		1	11		1
相山区	2	2	2	2		4	2		
烈山区	4	4	3	38		35	69	1	1
濉溪县	29	24	29	30	3	95	111	3	17
铜陵市	**26**	**24**	**18**	**19**	**7**	**22**	**66**	**3**	**9**
铜官区	2	3		3		1	9	1	
义安区	7	10	7	10	7	14	38	1	5
郊区	1	5	3	2		3	8		1
枞阳县	16	6	8	4		4	11	1	3
安庆市	**239**	**245**	**144**	**118**	**15**	**272**	**404**	**19**	**308**
迎江区				1			1		
大观区	2	1		3			2		
宜秀区	5	2				2	2		
怀宁县	23	27	12	14	1	28	40	1	7
太湖县	51	40	40	10	6	60	62	5	11
宿松县	48	48	26	26	5	69	125	5	9
望江县	44	26	20	17	2	33	44	4	13
岳西县	18	39	12	19	1	37	41	1	8
安徽安庆经济开发区	1	3							
桐城市	24	38	18	10		16	46	1	179
潜山市	23	21	16	18		27	41	2	81
黄山市	**69**	**52**	**25**	**90**	**8**	**54**	**122**	**15**	**19**
屯溪区	3	5	2	7		4	10	1	4
黄山区	3	1	2			4	2		
徽州区	3	3	2	5	4	1		3	
歙县	24	26	8	35	3	29	40	6	9
休宁县	26	14	8	42	1	11	39	3	5
黟县	3		2				18	1	
祁门县	7	3	1	1		5	13	1	1
滁州市	**307**	**341**	**203**	**193**	**178**	**504**	**879**	**50**	**99**
琅琊区		5	1			6	4	1	1
南谯区	12	24	10	11		36	24	2	
来安县	32	29	26	32	27	47	75	1	6
全椒县	26	53	12	10	1	26	41	2	10
定远县	74	87	34	70	22	179	192	11	18
凤阳县	28	47	14	17	5	44	74	3	20
苏滁现代产业园									
滁州经济技术开发区	4	4	3	6	1	5	83		34
天长市	67	49	69	3	84	113	268	29	7
明光市	64	43	34	44	38	48	118	1	3

4-4c 续表 44

单位：人

地 区 性 别	制造业 金 属 制品业	通用设备 制造业	专用设备 制造业	汽 车 制造业	铁路、船舶、 航空航天和 其他运输 设备制造业	电气机械 和器材 制造业	计算机、 通信和其 他电子设 备制造业	仪器仪表 制造业	其 他 制造业
阜阳市	**475**	**449**	**289**	**208**	**49**	**553**	**1196**	**46**	**161**
颍州区	19	1	3	6	1	7	22		4
颍东区	26	26	28	16	1	33	58	3	3
颍泉区	31	21	23	10	2	20	45	2	2
临泉县	91	166	56	33	15	96	313	15	30
太和县	75	57	51	30	6	121	238	3	43
阜南县	81	73	64	42	5	56	171	13	30
颍上县	137	92	49	60	17	121	321	9	46
阜阳合肥现代产业园区	3	1	1	6			7		
阜阳经济技术开发区	2		1						
界首市	10	12	13	5	2	99	21	1	3
宿州市	**231**	**181**	**107**	**94**	**43**	**183**	**712**	**12**	**42**
埇桥区	102	58	31	47	18	98	317	5	11
砀山县	19	22	14	15	4	28	96	5	4
萧县	48	35	19	14	14	23	164	2	6
灵璧县	34	29	22	7	3	20	52		17
泗县	28	36	20	11	3	14	75		4
宿州马鞍山现代产业园区		1	1		1		8		
宿州经济技术开发区									
六安市	**376**	**274**	**154**	**125**	**25**	**244**	**582**	**35**	**86**
金安区	55	52	20	32	1	37	42	4	4
裕安区	46	48	20	11	5	28	50	6	26
叶集区	6	4	7	3	1	4	8		2
霍邱县	60	47	39	24	8	64	150	7	18
舒城县	93	66	38	27	1	61	241	14	20
金寨县	96	38	23	20	5	30	76	4	6
霍山县	20	19	7	8	4	20	15		10
亳州市	**118**	**102**	**62**	**45**	**16**	**81**	**325**	**7**	**31**
谯城区	21	27	6	4	3	19	148	1	8
涡阳县	47	32	25	8	9	28	64	3	6
蒙城县	22	27	21	19	1	21	50	3	16
利辛县	28	16	10	14	3	13	63		1
池州市	**88**	**39**	**41**	**32**	**8**	**86**	**80**	**5**	**20**
贵池区	12	5	7	4	5	15	13		1
东至县	46	18	21	18	3	14	52		8
石台县	1	4	2					4	1
青阳县	29	12	8	10		57	15	1	7
池州市国家经济技术开发区									
皖江江南新兴产业集中区									
九华山风景区			3						3
宣城市	**138**	**165**	**68**	**186**	**2**	**134**	**155**	**6**	**38**
宣州区	30	33	21	45	1	29	59	2	6
郎溪县	22	34	7	7	1	19	28	2	7
泾县	6	12	12	4		8	1		1
绩溪县	2	14		2		1	3		
旌德县	7	7	3	2		2	4		
宣城市经济开发区	4	3	2	12		28	2		
宁国市	42	33	11	87		22	17	1	11
广德市	25	29	12	27		25	41	1	13

4-4c　续表 45　　　　　　　　　　　　　　　　　　　　　　　　单位：人

地　区 性　别	制造业		电力、热力、燃气及水生产和供应业				建筑业		
	废弃资源综合利用业	金属制品、机械和设备修理业	小计	电力、热力生产和供应业	燃气生产和供应业	水的生产和供应业	小计	房屋建筑业	土木工程建筑业
安　徽	**4089**	**1504**	**4975**	**3394**	**585**	**996**	**216249**	**127645**	**12677**
合肥市	**153**	**79**	**437**	**289**	**35**	**113**	**21082**	**13061**	**1625**
瑶海区			1	1			301	131	22
庐阳区			1	1			55	31	4
蜀山区			5	4		1	91	20	30
包河区			1	1			98	91	3
长丰县	29	17	59	36	5	18	2908	1822	338
肥东县	39	30	94	54	8	32	6855	4638	191
肥西县	19	9	75	42	7	26	3381	2225	441
庐江县	52	16	160	116	13	31	5575	3013	472
合肥高新技术产业开发区							1		
合肥经济技术开发区							43	23	7
合肥新站高新技术产业开发区	2						73	45	10
巢湖市	12	7	41	34	2	5	1701	1022	107
芜湖市	**76**	**116**	**209**	**117**	**42**	**50**	**11520**	**6317**	**456**
镜湖区	3	1	4	1	2	1	322	247	6
弋江区									
鸠江区	3	10	21	9	6	6	1119	406	39
三山区	5	24	11	9	2		326	251	6
芜湖县	6	5	28	15	3	10	1168	749	45
繁昌县	27	4	28	19	4	5	1056	641	69
南陵县	26	27	33	21	4	8	3069	1950	87
芜湖经济技术开发区							15	8	2
安徽芜湖长江大桥经济开发区	2		2		2		57	24	2
无为市	4	45	82	43	19	20	4388	2041	200
蚌埠市	**47**	**52**	**149**	**104**	**24**	**21**	**5449**	**3459**	**321**
龙子湖区		3	4	2	2		369	279	7
蚌山区		1	3	2	1		194	110	4
禹会区	3	4	32	27	1	4	589	334	46
淮上区	15	4	6	5	1		548	329	27
怀远县	1	17	22	14	4	4	1177	669	90
五河县	12	16	24	11	8	5	1144	759	40
固镇县	16	7	58	43	7	8	1428	979	107
蚌埠市高新技术开发区									
蚌埠市经济开发区									
淮南市	**36**	**158**	**304**	**239**	**21**	**44**	**5205**	**2971**	**515**
大通区		5	8	5	1	2	330	251	8
田家庵区	1		1		1		174	100	9
谢家集区	1		8	6		2	254	174	11
八公山区			4	3		1	17	6	1
潘集区	12	16	78	74	1	3	845	509	27
凤台县	3	60	125	112	5	8	1135	671	88
寿县	19	77	80	39	13	28	2450	1260	371

4-4c 续表 46 单位：人

地区 性别	制造业		电力、热力、燃气及水生产和供应业				建筑业		
	废弃资源综合利用业	金属制品、机械和设备修理业	小计	电力、热力生产和供应业	燃气生产和供应业	水的生产和供应业	小计	房屋建筑业	土木工程建筑业
马鞍山市	**38**	**81**	**138**	**89**	**12**	**37**	**5604**	**2573**	**221**
花山区		3	3	2		1	76	36	
雨山区		9	2	1	1		143	88	3
博望区	1	20	13	5	2	6	389	244	42
当涂县	2	29	44	42		2	1697	1117	51
含山县	4	7	31	16	4	11	2414	647	76
和县	31	13	45	23	5	17	885	441	49
淮北市	**77**	**52**	**169**	**142**	**14**	**13**	**5048**	**3548**	**234**
杜集区	9	9	20	17		3	375	261	35
相山区	10	2	12	11		1	521	347	16
烈山区		7	70	64	1	5	705	483	56
濉溪县	58	34	67	50	13	4	3447	2457	127
铜陵市	**62**	**16**	**115**	**83**	**8**	**24**	**3026**	**1409**	**114**
铜官区	6	2	6	3	1	2	46	10	5
义安区	21	9	65	48	5	12	907	601	34
郊区	9	2	18	10	1	7	409	174	38
枞阳县	26	3	26	22	1	3	1664	624	37
安庆市	**284**	**128**	**458**	**324**	**41**	**93**	**25708**	**10999**	**1474**
迎江区							128	50	23
大观区	3	3	16	10	4	2	320	120	58
宜秀区	5	1	6	3	1	2	273	165	12
怀宁县	28	13	55	36	7	12	3404	693	182
太湖县	28	39	64	44	11	9	3619	2077	203
宿松县	165	11	109	82	8	19	4866	2668	212
望江县	18	17	48	33	6	9	5399	2462	181
岳西县	13	5	52	41	1	10	2236	1039	284
安徽安庆经济开发区		1	9	9			45	32	
桐城市	13	29	46	33	2	11	3130	845	176
潜山市	11	9	53	33	1	19	2288	848	143
黄山市	**23**	**35**	**101**	**71**	**9**	**21**	**7633**	**3984**	**1329**
屯溪区	8	2	1		1		290	189	10
黄山区	1	2	18	14		4	808	405	232
徽州区			3	3			403	251	15
歙县	12	16	33	21	4	8	2856	1424	182
休宁县	2	12	26	18	2	6	1591	961	211
黟县		2	10	7	2	1	598	367	137
祁门县		1	10	8		2	1087	387	542
滁州市	**114**	**164**	**632**	**502**	**49**	**81**	**12556**	**7799**	**972**
琅琊区	3		2		1	1	134	92	4
南谯区	15	10	27	14	5	8	1001	606	80
来安县	16	25	55	31	11	13	1891	1025	349
全椒县	6	14	34	18	9	7	1568	1097	54
定远县	2	54	88	60	13	15	2579	1526	231
凤阳县	59	38	37	20	4	13	2324	1486	94
苏滁现代产业园									
滁州经济技术开发区			316	316			177	72	24
天长市	6	9	37	20	4	13	1778	1149	42
明光市	7	14	36	23	2	11	1104	746	94

4-4c　续表 47　　　　单位：人

地　区 性　别	制造业		电力、热力、燃气及水生产和供应业				建筑业		
	废弃资源综合利用业	金属制品、机械和设备修理业	小计	电力、热力生产和供应业	燃气生产和供应业	水的生产和供应业	小计	房屋建筑业	土木工程建筑业
阜阳市	**2490**	**244**	**591**	**309**	**116**	**166**	**39084**	**23718**	**1357**
颍州区	18	16	44	25	2	17	2695	1738	75
颍东区	35	8	35	25	3	7	3328	2069	173
颍泉区	32	16	54	22	8	24	3600	2830	74
临泉县	804	58	96	44	27	25	9433	5124	273
太和县	999	30	102	51	15	36	6164	3571	183
阜南县	268	52	92	44	21	27	5793	3200	249
颍上县	254	41	132	68	35	29	5616	3589	214
阜阳合肥现代产业园区	6	5	1	1			263	130	20
阜阳经济技术开发区	2	1	7	7			187	83	12
界首市	72	17	28	22	5	1	2005	1384	84
宿州市	**268**	**111**	**515**	**382**	**59**	**74**	**19165**	**12757**	**850**
埇桥区	12	39	149	93	30	26	7412	5575	379
砀山县	14	8	54	42	4	8	1258	665	71
萧县	5	29	217	187	9	21	4298	2103	122
灵璧县	138	25	50	35	7	8	3304	2307	138
泗县	99	10	44	24	9	11	2792	2048	135
宿州马鞍山现代产业园区			1	1			101	59	5
宿州经济技术开发区									
六安市	**323**	**110**	**522**	**341**	**65**	**116**	**25488**	**16835**	**1679**
金安区	10	10	61	33	10	18	3252	2061	213
裕安区	107	19	86	52	13	21	6260	4638	254
叶集区	13	4	29	17	4	8	644	406	41
霍邱县	72	30	77	40	18	19	3590	2397	200
舒城县	79	23	103	63	14	26	6986	4303	579
金寨县	29	18	127	106	3	18	3568	2301	268
霍山县	13	6	39	30	3	6	1188	729	124
亳州市	**10**	**71**	**286**	**176**	**49**	**61**	**17628**	**12006**	**411**
谯城区	1	23	74	39	8	27	5690	3873	114
涡阳县		18	55	44	1	10	4080	3134	51
蒙城县	7	13	61	40	12	9	3673	2384	125
利辛县	2	17	96	53	28	15	4185	2615	121
池州市	**34**	**32**	**118**	**71**	**11**	**36**	**5021**	**1958**	**472**
贵池区	8	6	41	25	3	13	1444	714	217
东至县	18	19	46	25	4	17	2435	668	103
石台县	4	1	14	8	2	4	330	167	77
青阳县	4	6	16	13	2	1	715	354	65
池州市国家经济技术开发区									
皖江江南新兴产业集中区									
九华山风景区			1			1	97	55	10
宣城市	**54**	**55**	**231**	**155**	**30**	**46**	**7032**	**4251**	**647**
宣州区	17	14	60	35	14	11	1818	1220	118
郎溪县	6	9	35	19	8	8	1324	786	62
泾县	3	4	35	25	1	9	935	500	218
绩溪县	2	1	25	20	1	4	434	231	55
旌德县	1	2	4	3	1		374	231	32
宣城市经济开发区	5		2	2			152	115	12
宁国市	8	11	32	25	3	4	569	273	98
广德市	12	14	38	26	2	10	1426	895	52

4-4c 续表 48

单位：人

地区 性别	制造业		电力、热力、燃气及水生产和供应业				建筑业		
	废弃资源综合利用业	金属制品、机械和设备修理业	小计	电力、热力生产和供应业	燃气生产和供应业	水的生产和供应业	小计	房屋建筑业	土木工程建筑业
男	**2750**	**1348**	**4201**	**2907**	**448**	**846**	**187627**	**109597**	**11395**
合肥市	**121**	**70**	**365**	**249**	**26**	**90**	**18171**	**11003**	**1454**
瑶海区							249	103	21
庐阳区			1	1			50	29	3
蜀山区			5	4		1	79	20	28
包河区			1	1			79	73	3
长丰县	24	14	47	31	4	12	2543	1553	309
肥东县	32	27	76	45	5	26	5654	3698	170
肥西县	13	8	67	39	6	22	2946	1932	384
庐江县	40	14	136	102	9	25	4988	2656	429
合肥高新技术产业开发区							1		
合肥经济技术开发区							37	20	5
合肥新站高新技术产业开发区	2						65	43	8
巢湖市	10	7	32	26	2	4	1480	876	94
芜湖市	**64**	**110**	**182**	**106**	**29**	**47**	**10483**	**5691**	**416**
镜湖区	3	1	3	1	1	1	299	227	6
弋江区									
鸠江区	2	9	18	9	3	6	981	336	35
三山区	5	24	9	8	1		303	232	6
芜湖县	3	4	26	15	2	9	1078	692	41
繁昌县	24	4	23	16	3	4	945	572	58
南陵县	23	26	30	19	3	8	2788	1757	79
芜湖经济技术开发区							15	8	2
安徽芜湖长江大桥经济开发区	2		2		2		52	22	1
无为市	2	42	71	38	14	19	4022	1845	188
蚌埠市	**32**	**48**	**131**	**94**	**20**	**17**	**4843**	**3045**	**298**
龙子湖区		3	3	1	2		318	236	6
蚌山区		1	3	2	1		162	85	4
禹会区	2	4	27	24		3	534	295	42
淮上区	10	4	5	4	1		486	288	25
怀远县	1	15	18	11	4	3	1060	600	88
五河县	9	14	20	9	7	4	1001	665	33
固镇县	10	7	55	43	5	7	1282	876	100
蚌埠市高新技术开发区									
蚌埠市经济开发区									
淮南市	**28**	**137**	**252**	**195**	**17**	**40**	**4601**	**2626**	**467**
大通区		4	7	4	1	2	303	232	8
田家庵区	1		1		1		163	93	9
谢家集区	1		7	5		2	226	154	11
八公山区			4	3		1	15	5	1
潘集区	8	15	60	56	1	3	770	461	25
凤台县	3	55	107	95	4	8	973	562	80
寿县	15	63	66	32	10	24	2151	1119	333

4-4c　续表 49

单位：人

地　区 性　别	制造业		电力、热力、燃气及水生产和供应业				建筑业		
	废弃资源综合利用业	金属制品、机械和设备修理业	小计	电力、热力生产和供应业	燃气生产和供应业	水的生产和供应业	小计	房屋建筑业	土木工程建筑业
马鞍山市	**25**	**75**	**122**	**80**	**10**	**32**	**4909**	**2269**	**190**
花山区		3	3	2		1	63	30	
雨山区		9	1	1			124	73	3
博望区	1	18	11	5	1	5	362	227	40
当涂县	1	27	39	37		2	1568	1025	49
含山县	3	6	27	14	4	9	2072	549	69
和县	20	12	41	21	5	15	720	365	29
淮北市	**55**	**47**	**150**	**132**	**7**	**11**	**4341**	**2995**	**216**
杜集区	7	8	19	16		3	337	231	31
相山区	10	2	12	11		1	424	280	13
烈山区		7	61	55	1	5	611	413	50
濉溪县	38	30	58	50	6	2	2969	2071	122
铜陵市	**47**	**13**	**94**	**70**	**6**	**18**	**2621**	**1220**	**106**
铜官区	5	2	5	2	1	2	44	10	5
义安区	17	6	52	40	4	8	848	552	33
郊区	6	2	15	8	1	6	355	150	35
枞阳县	19	3	22	20		2	1374	508	33
安庆市	**206**	**107**	**406**	**294**	**33**	**79**	**21993**	**9306**	**1315**
迎江区							117	44	21
大观区	1	3	15	10	3	2	277	102	48
宜秀区	3	1	6	3	1	2	240	140	9
怀宁县	19	10	47	33	4	10	2734	561	170
太湖县	17	32	54	40	9	5	3233	1830	188
宿松县	122	9	97	73	8	16	4112	2156	181
望江县	14	13	41	31	4	6	4457	2027	151
岳西县	9	4	50	39	1	10	2030	911	264
安徽安庆经济开发区		1	4	4			38	27	
桐城市	12	25	40	29	2	9	2777	744	154
潜山市	9	9	52	32	1	19	1978	764	129
黄山市	**16**	**29**	**83**	**57**	**7**	**19**	**6792**	**3426**	**1196**
屯溪区	5	1	1		1		268	171	10
黄山区		2	13	9		4	741	368	214
徽州区			2	2			354	217	12
歙县	9	15	30	19	4	7	2559	1227	169
休宁县	2	8	19	13	1	5	1411	818	192
黟县		2	8	6	1	1	516	307	118
祁门县		1	10	8		2	943	318	481
滁州市	**87**	**156**	**495**	**385**	**38**	**72**	**10812**	**6639**	**795**
琅琊区	2		1			1	118	79	4
南谯区	10	10	21	12	2	7	859	519	68
来安县	11	24	46	27	8	11	1611	895	238
全椒县	4	14	31	16	8	7	1321	894	50
定远县	1	52	77	54	10	13	2149	1255	210
凤阳县	49	34	35	20	4	11	1980	1238	83
苏滁现代产业园									
滁州经济技术开发区			221	221			161	66	19
天长市	6	9	34	18	4	12	1664	1067	37
明光市	4	13	29	17	2	10	949	626	86

4-4c 续表 50　　单位：人

地区 性别	制造业		电力、热力、燃气及水生产和供应业				建筑业		
	废弃资源综合利用业	金属制品、机械和设备修理业	小计	电力、热力生产和供应业	燃气生产和供应业	水的生产和供应业	小计	房屋建筑业	土木工程建筑业
阜阳市	**1595**	**211**	**483**	**261**	**86**	**136**	**33156**	**20033**	**1241**
颍州区	15	13	38	24	1	13	2297	1469	69
颍东区	28	6	33	23	3	7	2916	1793	161
颍泉区	21	13	43	19	5	19	3003	2346	73
临泉县	528	54	72	32	20	20	7821	4246	243
太和县	577	26	86	42	12	32	5117	2947	172
阜南县	184	44	75	39	15	21	4962	2701	229
颍上县	179	35	104	56	25	23	4830	3096	188
阜阳合肥现代产业园区	3	4	1	1			234	116	17
阜阳经济技术开发区	2	1	6	6			165	71	9
界首市	58	15	25	19	5	1	1811	1248	80
宿州市	**183**	**98**	**450**	**342**	**47**	**61**	**16706**	**11074**	**786**
埇桥区	7	35	131	85	24	22	6444	4823	350
砀山县	9	8	46	36	3	7	1119	598	64
萧县	5	27	196	172	8	16	3772	1864	116
灵璧县	101	20	39	28	4	7	2893	2002	127
泗县	61	8	37	20	8	9	2391	1736	124
宿州马鞍山现代产业园区			1	1			87	51	5
宿州经济技术开发区									
六安市	**215**	**102**	**436**	**289**	**50**	**97**	**22269**	**14616**	**1499**
金安区	7	10	51	30	6	15	2767	1758	159
裕安区	72	18	76	47	10	19	5464	4025	226
叶集区	9	4	24	15	3	6	596	375	38
霍邱县	44	27	66	35	14	17	3153	2103	183
舒城县	54	21	89	55	12	22	6104	3717	533
金寨县	22	17	99	83	3	13	3153	2011	253
霍山县	7	5	31	24	2	5	1032	627	107
亳州市	**7**	**63**	**249**	**157**	**40**	**52**	**14739**	**9936**	**377**
谯城区		22	64	36	6	22	4896	3294	107
涡阳县		15	47	37	1	9	3284	2466	46
蒙城县	6	12	49	34	8	7	3050	1964	114
利辛县	1	14	89	50	25	14	3509	2212	110
池州市	**28**	**28**	**104**	**63**	**8**	**33**	**4582**	**1746**	**439**
贵池区	6	6	37	23	2	12	1322	636	199
东至县	15	16	41	21	4	16	2169	571	95
石台县	4	1	11	7	1	3	306	148	73
青阳县	3	5	14	12	1	1	692	339	62
池州市国家经济技术开发区									
皖江江南新兴产业集中区									
九华山风景区			1			1	93	52	10
宣城市	**41**	**54**	**199**	**133**	**24**	**42**	**6609**	**3972**	**600**
宣州区	13	14	49	29	10	10	1678	1119	110
郎溪县	5	9	30	16	6	8	1258	744	59
泾县	2	4	34	25	1	8	902	485	206
绩溪县	2	1	18	13	1	4	404	213	47
旌德县	1	2	3	2	1		354	217	30
宣城市经济开发区	3		2	2			138	104	9
宁国市	6	10	29	23	3	3	546	266	89
广德市	9	14	34	23	2	9	1329	824	50

4-4c　续表 51　　　　单位：人

地　区 性　别	制造业		电力、热力、燃气及水生产和供应业				建筑业		
	废弃资源综合利用业	金属制品、机械和设备修理业	小计	电力、热力生产和供应业	燃气生产和供应业	水的生产和供应业	小计	房屋建筑业	土木工程建筑业
女	**1339**	**156**	**774**	**487**	**137**	**150**	**28622**	**18048**	**1282**
合肥市	**32**	**9**	**72**	**40**	**9**	**23**	**2911**	**2058**	**171**
瑶海区			1	1			52	28	1
庐阳区							5	2	1
蜀山区							12		2
包河区							19	18	
长丰县	5	3	12	5	1	6	365	269	29
肥东县	7	3	18	9	3	6	1201	940	21
肥西县	6	1	8	3	1	4	435	293	57
庐江县	12	2	24	14	4	6	587	357	43
合肥高新技术产业开发区									
合肥经济技术开发区							6	3	2
合肥新站高新技术产业开发区							8	2	2
巢湖市	2		9	8		1	221	146	13
芜湖市	**12**	**6**	**27**	**11**	**13**	**3**	**1037**	**626**	**40**
镜湖区			1		1		23	20	
弋江区									
鸠江区	1	1	3		3		138	70	4
三山区			2	1	1		23	19	
芜湖县	3	1	2		1	1	90	57	4
繁昌县	3		5	3	1	1	111	69	11
南陵县	3	1	3	2	1		281	193	8
芜湖经济技术开发区									
安徽芜湖长江大桥经济开发区							5	2	1
无为市	2	3	11	5	5	1	366	196	12
蚌埠市	**15**	**4**	**18**	**10**	**4**	**4**	**606**	**414**	**23**
龙子湖区			1	1			51	43	1
蚌山区							32	25	
禹会区	1		5	3	1	1	55	39	4
淮上区	5		1	1			62	41	2
怀远县		2	4	3		1	117	69	2
五河县	3	2	4	2	1	1	143	94	7
固镇县	6		3		2	1	146	103	7
蚌埠市高新技术开发区									
蚌埠市经济开发区									
淮南市	**8**	**21**	**52**	**44**	**4**	**4**	**604**	**345**	**48**
大通区		1	1	1			27	19	
田家庵区							11	7	
谢家集区			1	1			28	20	
八公山区							2	1	
潘集区	4	1	18	18			75	48	2
凤台县		5	18	17	1		162	109	8
寿县	4	14	14	7	3	4	299	141	38

4-4c 续表 52

单位：人

地区 性别	制造业		电力、热力、燃气及水生产和供应业				建筑业		
	废弃资源综合利用业	金属制品、机械和设备修理业	小计	电力、热力生产和供应业	燃气生产和供应业	水的生产和供应业	小计	房屋建筑业	土木工程建筑业
马鞍山市	**13**	**6**	**16**	**9**	**2**	**5**	**695**	**304**	**31**
花山区							13	6	
雨山区			1		1		19	15	
博望区		2	2		1	1	27	17	2
当涂县	1	2	5	5			129	92	2
含山县	1	1	4	2		2	342	98	7
和县	11	1	4	2		2	165	76	20
淮北市	**22**	**5**	**19**	**10**	**7**	**2**	**707**	**553**	**18**
杜集区	2	1	1	1			38	30	4
相山区							97	67	3
烈山区			9	9			94	70	6
濉溪县	20	4	9		7	2	478	386	5
铜陵市	**15**	**3**	**21**	**13**	**2**	**6**	**405**	**189**	**8**
铜官区	1		1	1			2		
义安区	4	3	13	8	1	4	59	49	1
郊区	3		3	2		1	54	24	3
枞阳县	7		4	2	1	1	290	116	4
安庆市	**78**	**21**	**52**	**30**	**8**	**14**	**3715**	**1693**	**159**
迎江区							11	6	2
大观区	2		1		1		43	18	10
宜秀区	2						33	25	3
怀宁县	9	3	8	3	3	2	670	132	12
太湖县	11	7	10	4	2	4	386	247	15
宿松县	43	2	12	9		3	754	512	31
望江县	4	4	7	2	2	3	942	435	30
岳西县	4	1	2	2			206	128	20
安徽安庆经济开发区			5	5			7	5	
桐城市	1	4	6	4		2	353	101	22
潜山市	2		1	1			310	84	14
黄山市	**7**	**6**	**18**	**14**	**2**	**2**	**841**	**558**	**133**
屯溪区	3	1					22	18	
黄山区	1		5	5			67	37	18
徽州区			1	1			49	34	3
歙县	3	1	3	2		1	297	197	13
休宁县		4	7	5	1	1	180	143	19
黟县			2	1	1		82	60	19
祁门县							144	69	61
滁州市	**27**	**8**	**137**	**117**	**11**	**9**	**1744**	**1160**	**177**
琅琊区	1		1		1		16	13	
南谯区	5		6	2	3	1	142	87	12
来安县	5	1	9	4	3	2	280	130	111
全椒县	2		3	2	1		247	203	4
定远县	1	2	11	6	3	2	430	271	21
凤阳县	10	4	2			2	344	248	11
苏滁现代产业园									
滁州经济技术开发区			95	95			16	6	5
天长市			3	2		1	114	82	5
明光市	3	1	7	6		1	155	120	8

4-4c 续表 53

单位：人

地 区 性 别	制造业		电力、热力、燃气及水生产和供应业				建筑业		
	废弃资源综合利用业	金属制品、机械和设备修理业	小计	电力、热力生产和供应业	燃气生产和供应业	水的生产和供应业	小计	房屋建筑业	土木工程建筑业
阜阳市	**895**	**33**	**108**	**48**	**30**	**30**	**5928**	**3685**	**116**
颍州区	3	3	6	1	1	4	398	269	6
颍东区	7	2	2	2			412	276	12
颍泉区	11	3	11	3	3	5	597	484	1
临泉县	276	4	24	12	7	5	1612	878	30
太和县	422	4	16	9	3	4	1047	624	11
阜南县	84	8	17	5	6	6	831	499	20
颍上县	75	6	28	12	10	6	786	493	26
阜阳合肥现代产业园区	3	1					29	14	3
阜阳经济技术开发区			1	1			22	12	3
界首市	14	2	3	3			194	136	4
宿州市	**85**	**13**	**65**	**40**	**12**	**13**	**2459**	**1683**	**64**
埇桥区	5	4	18	8	6	4	968	752	29
砀山县	5		8	6	1	1	139	67	7
萧县		2	21	15	1	5	526	239	6
灵璧县	37	5	11	7	3	1	411	305	11
泗县	38	2	7	4	1	2	401	312	11
宿州马鞍山现代产业园区							14	8	
宿州经济技术开发区									
六安市	**108**	**8**	**86**	**52**	**15**	**19**	**3219**	**2219**	**180**
金安区	3		10	3	4	3	485	303	54
裕安区	35	1	10	5	3	2	796	613	28
叶集区	4		5	2	1	2	48	31	3
霍邱县	28	3	11	5	4	2	437	294	17
舒城县	25	2	14	8	2	4	882	586	46
金寨县	7	1	28	23		5	415	290	15
霍山县	6	1	8	6	1	1	156	102	17
亳州市	**3**	**8**	**37**	**19**	**9**	**9**	**2889**	**2070**	**34**
谯城区	1	1	10	3	2	5	794	579	7
涡阳县		3	8	7		1	796	668	5
蒙城县	1	1	12	6	4	2	623	420	11
利辛县	1	3	7	3	3	1	676	403	11
池州市	**6**	**4**	**14**	**8**	**3**	**3**	**439**	**212**	**33**
贵池区	2		4	2	1	1	122	78	18
东至县	3	3	5	4		1	266	97	8
石台县			3	1	1	1	24	19	4
青阳县	1	1	2	1	1		23	15	3
池州市国家经济技术开发区									
皖江江南新兴产业集中区									
九华山风景区							4	3	
宣城市	**13**	**1**	**32**	**22**	**6**	**4**	**423**	**279**	**47**
宣州区	4		11	6	4	1	140	101	8
郎溪县	1		5	3	2		66	42	3
泾县	1		1			1	33	15	12
绩溪县			7	7			30	18	8
旌德县			1	1			20	14	2
宣城市经济开发区	2						14	11	3
宁国市	2	1	3	2		1	23	7	9
广德市	3		4	3		1	97	71	2

4-4c 续表 54　　　　单位：人

地　区 性　别	建筑业		批发和零售业			交通运输、仓储和邮政业			
	建筑安装业	建筑装饰、装修和其他建筑业	小计	批发业	零售业	小计	铁路运输业	道路运输业	水上运输业
安　徽	**8758**	**67169**	**117741**	**36829**	**80912**	**48813**	**384**	**34671**	**1331**
合肥市	**747**	**5649**	**7252**	**1836**	**5416**	**3314**	**32**	**2462**	**69**
瑶海区	17	131	259	74	185	77	3	53	
庐阳区	1	19	13		13	9		7	
蜀山区		41	24	12	12	20		18	
包河区	1	3	17	8	9	3		2	
长丰县	137	611	1066	281	785	595	9	469	
肥东县	152	1874	1901	462	1439	1004	8	769	
肥西县	145	570	1392	382	1010	670	3	519	2
庐江县	210	1880	2016	444	1572	625	5	407	42
合肥高新技术产业开发区		1							
合肥经济技术开发区	3	10	22	11	11	12		7	
合肥新站高新技术产业开发区	1	17	20	11	9	10		6	
巢湖市	80	492	522	151	371	289	4	205	25
芜湖市	**378**	**4369**	**8484**	**2163**	**6321**	**2437**	**14**	**1311**	**427**
镜湖区	7	62	57	6	51	33		15	9
弋江区									
鸠江区	31	643	655	144	511	163		74	37
三山区	12	57	187	19	168	60	1	40	1
芜湖县	63	311	428	89	339	398	1	130	214
繁昌县	30	316	585	131	454	280	5	218	6
南陵县	64	968	990	236	754	482	4	265	100
芜湖经济技术开发区		5	13	5	8	24		9	2
安徽芜湖长江大桥经济开发区	18	13	16	3	13	6		5	
无为市	153	1994	5553	1530	4023	991	3	555	58
蚌埠市	**305**	**1364**	**3445**	**857**	**2588**	**1934**	**14**	**1441**	**88**
龙子湖区	23	60	216	40	176	96		66	
蚌山区	17	63	77	17	60	26		17	
禹会区	23	186	323	42	281	370	5	285	29
淮上区	36	156	191	57	134	133	2	79	
怀远县	81	337	1021	256	765	561	2	451	28
五河县	67	278	812	255	557	424	2	321	22
固镇县	58	284	805	190	615	324	3	222	9
蚌埠市高新技术开发区									
蚌埠市经济开发区									
淮南市	**288**	**1431**	**4169**	**1190**	**2979**	**2895**	**33**	**2071**	**23**
大通区	7	64	113	30	83	51	3	35	1
田家庵区	7	58	57	13	44	61		42	
谢家集区	7	62	100	18	82	54	4	33	
八公山区	1	9	27	5	22	18		16	
潘集区	32	277	329	83	246	220	8	159	3
凤台县	76	300	928	261	667	431	10	307	7
寿县	158	661	2615	780	1835	2060	8	1479	12

4-4c　续表 55　　　　　　　　　　　　　　　　　　　　　　　　　　　　单位：人

地　区 性　别	建筑业		批发和零售业			交通运输、仓储和邮政业			
	建　筑 安装业	建筑装饰、装修和其他建筑业	小计	批发业	零售业	小计	铁　路 运输业	道　路 运输业	水　上 运输业
马鞍山市	**210**	**2600**	**2417**	**932**	**1485**	**979**	**7**	**578**	**68**
花山区	6	34	38	11	27	18		12	
雨山区	10	42	53	20	33	30	2	20	1
博望区	13	90	381	204	177	133		65	2
当涂县	77	452	530	189	341	290	3	170	40
含山县	74	1617	938	414	524	298	1	193	9
和县	30	365	477	94	383	210	1	118	16
淮北市	**295**	**971**	**2050**	**503**	**1547**	**1243**	**9**	**1003**	**12**
杜集区	24	55	179	22	157	100	6	76	1
相山区	19	139	210	25	185	112		85	
烈山区	33	133	198	56	142	193	2	154	2
濉溪县	219	644	1463	400	1063	838	1	688	9
铜陵市	**111**	**1392**	**1095**	**321**	**774**	**615**	**5**	**374**	**93**
铜官区	7	24	55	18	37	32		20	1
义安区	45	227	268	51	217	169	3	129	16
郊区	17	180	215	51	164	154	1	83	45
枞阳县	42	961	557	201	356	260	1	142	31
安庆市	**944**	**12291**	**13127**	**3214**	**9913**	**3107**	**32**	**1877**	**70**
迎江区	6	49	33	6	27	18		9	3
大观区	12	130	107	22	85	45		20	15
宜秀区	10	86	89	18	71	47	1	28	
怀宁县	89	2440	2478	629	1849	384	6	242	2
太湖县	153	1186	1342	314	1028	435	5	271	9
宿松县	165	1821	2497	758	1739	786	1	482	17
望江县	201	2555	2180	507	1673	400	8	205	17
岳西县	143	770	1204	375	829	382		221	1
安徽安庆经济开发区	2	11	11	2	9	8		8	
桐城市	70	2039	1348	330	1018	306	8	202	3
潜山市	93	1204	1838	253	1585	296	3	189	3
黄山市	**231**	**2089**	**2425**	**445**	**1980**	**896**	**10**	**603**	**17**
屯溪区	9	82	135	30	105	43	4	25	
黄山区	21	150	242	42	200	103		90	2
徽州区	10	127	121	24	97	33		25	
歙县	93	1157	1052	176	876	331	4	203	15
休宁县	52	367	584	110	474	207		130	
黟县	9	85	122	26	96	76		56	
祁门县	37	121	169	37	132	103	2	74	
滁州市	**583**	**3202**	**8259**	**2178**	**6081**	**4524**	**28**	**3397**	**26**
琅琊区	8	30	41	10	31	18	2	14	
南谯区	47	268	581	261	320	203	2	143	
来安县	91	426	892	348	544	408	2	309	7
全椒县	65	352	828	232	596	387	8	257	4
定远县	146	676	2123	544	1579	1434	6	1096	4
凤阳县	153	591	1865	370	1495	1325	3	986	4
苏滁现代产业园									
滁州经济技术开发区	2	79	469	28	441	18		11	
天长市	22	565	629	194	435	221	1	184	2
明光市	49	215	831	191	640	510	4	397	5

4－4c　续表 56

单位：人

地区 性别	建筑业		批发和零售业			交通运输、仓储和邮政业			
	建筑安装业	建筑装饰、装修和其他建筑业	小计	批发业	零售业	小计	铁路运输业	道路运输业	水上运输业
阜阳市	**1861**	**12148**	**29320**	**11813**	**17507**	**10508**	**69**	**7183**	**133**
颍州区	123	759	1281	416	865	503	3	393	2
颍东区	132	954	1959	808	1151	777	11	529	13
颍泉区	80	616	1370	387	983	459	9	328	10
临泉县	478	3558	6829	2792	4037	2188	8	1392	9
太和县	208	2202	5955	3140	2815	1573	8	1072	9
阜南县	344	2000	4499	1547	2952	1569	11	1040	31
颍上县	332	1481	5283	1671	3612	2830	10	1992	56
阜阳合肥现代产业园区	19	94	160	39	121	70	1	52	
阜阳经济技术开发区	19	73	114	33	81	42	4	33	
界首市	126	411	1870	980	890	497	4	352	3
宿州市	**678**	**4880**	**10451**	**3340**	**7111**	**4878**	**55**	**3745**	**18**
埇桥区	106	1352	3097	827	2270	1841	19	1413	4
砀山县	95	427	1442	355	1087	551	13	384	1
萧县	211	1862	2210	562	1648	996	16	803	5
灵璧县	156	703	1761	548	1213	929	6	727	7
泗县	106	503	1908	1038	870	547	1	406	1
宿州马鞍山现代产业园区	4	33	33	10	23	14		12	
宿州经济技术开发区									
六安市	**897**	**6077**	**9932**	**2429**	**7503**	**4606**	**40**	**3440**	**42**
金安区	141	837	1228	268	960	569	4	444	2
裕安区	188	1180	2013	442	1571	789	4	574	4
叶集区	32	165	303	62	241	171		135	
霍邱县	145	848	2136	528	1608	1270	6	965	16
舒城县	186	1918	2320	610	1710	1037	3	815	19
金寨县	149	850	1412	367	1045	577	21	385	
霍山县	56	279	520	152	368	193	2	122	1
亳州市	**640**	**4571**	**10239**	**4380**	**5859**	**4202**	**15**	**3179**	**47**
谯城区	214	1489	2698	1028	1670	1125	2	867	3
涡阳县	74	821	2815	1481	1334	974	8	691	6
蒙城县	163	1001	1754	604	1150	1000	3	777	3
利辛县	189	1260	2972	1267	1705	1103	2	844	35
池州市	**211**	**2380**	**2125**	**462**	**1663**	**1003**	**5**	**768**	**18**
贵池区	42	471	484	109	375	262	2	203	5
东至县	116	1548	1182	284	898	459	2	327	13
石台县	23	63	117	11	106	70		59	
青阳县	27	269	296	56	240	195	1	163	
池州市国家经济技术开发区									
皖江江南新兴产业集中区									
九华山风景区	3	29	46	2	44	17		16	
宣城市	**379**	**1755**	**2951**	**766**	**2185**	**1672**	**16**	**1239**	**180**
宣州区	61	419	920	287	633	496	7	312	127
郎溪县	92	384	340	88	252	222	4	135	47
泾县	35	182	309	54	255	184		147	
绩溪县	12	136	127	16	111	35	2	18	1
旌德县	21	90	124	27	97	104		70	
宣城市经济开发区	4	21	50	14	36	31		27	1
宁国市	23	175	390	111	279	167	1	137	3
广德市	131	348	691	169	522	433	2	393	1

4-4c　续表 57　　　　单位：人

地　区 性　别	建筑业		批发和零售业			交通运输、仓储和邮政业			
	建　筑 安装业	建筑装饰、装修和其他建筑业	小计	批发业	零售业	小计	铁　路 运输业	道　路 运输业	水　上 运输业
男	**7997**	**58638**	**64273**	**23827**	**40446**	**42382**	**282**	**31477**	**1035**
合肥市	**684**	**5030**	**3863**	**1186**	**2677**	**2862**	**24**	**2210**	**52**
瑶海区	15	110	140	48	92	60	2	43	
庐阳区	1	17	8		8	9		7	
蜀山区		31	14	8	6	19		17	
包河区	1	2	11	7	4	2		2	
长丰县	128	553	564	179	385	524	7	419	
肥东县	138	1648	1005	297	708	841	5	674	
肥西县	135	495	712	251	461	590	3	474	1
庐江县	195	1708	1109	293	816	547	3	377	34
合肥高新技术产业开发区		1							
合肥经济技术开发区	3	9	12	7	5	9		4	
合肥新站高新技术产业开发区	1	13	11	7	4	6		4	
巢湖市	67	443	277	89	188	255	4	189	17
芜湖市	**345**	**4031**	**5033**	**1489**	**3544**	**2125**	**10**	**1228**	**343**
镜湖区	6	60	24	4	20	27		14	6
弋江区									
鸠江区	24	586	332	82	250	134		68	29
三山区	11	54	103	16	87	51		36	1
芜湖县	60	285	237	64	173	330	1	123	169
繁昌县	30	285	342	89	253	261	4	208	5
南陵县	58	894	561	153	408	425	4	245	83
芜湖经济技术开发区		5	5	3	2	11		7	1
安徽芜湖长江大桥经济开发区	18	11	9	2	7	5		5	
无为市	138	1851	3420	1076	2344	881	1	522	49
蚌埠市	**282**	**1218**	**1728**	**557**	**1171**	**1690**	**12**	**1318**	**70**
龙子湖区	22	54	92	22	70	83		62	
蚌山区	16	57	29	10	19	25		17	
禹会区	23	174	155	27	128	346	5	274	26
淮上区	35	138	87	35	52	109	2	71	
怀远县	72	300	505	168	337	476	1	395	22
五河县	61	242	454	171	283	367	2	288	15
固镇县	53	253	406	124	282	284	2	211	7
蚌埠市高新技术开发区									
蚌埠市经济开发区									
淮南市	**261**	**1247**	**2202**	**783**	**1419**	**2590**	**23**	**1914**	**21**
大通区	7	56	58	22	36	43	1	33	1
田家庵区	6	55	33	10	23	57		41	
谢家集区	7	54	53	15	38	46	3	31	
八公山区	1	8	16	5	11	17		15	
潘集区	29	255	176	57	119	205	7	154	3
凤台县	74	257	474	186	288	376	8	273	6
寿县	137	562	1392	488	904	1846	4	1367	11

4-4c 续表 58

单位：人

地区 性别	建筑业		批发和零售业			交通运输、仓储和邮政业			
	建筑安装业	建筑装饰、装修和其他建筑业	小计	批发业	零售业	小计	铁路运输业	道路运输业	水上运输业
马鞍山市	**202**	**2248**	**1386**	**646**	**740**	**850**	**7**	**533**	**61**
花山区	5	28	26	9	17	17		11	
雨山区	10	38	24	11	13	25	2	18	1
博望区	12	83	260	178	82	107		62	2
当涂县	75	419	306	133	173	249	3	153	36
含山县	71	1383	512	246	266	262	1	180	8
和县	29	297	258	69	189	190	1	109	14
淮北市	**271**	**859**	**1023**	**328**	**695**	**1112**	**5**	**933**	**11**
杜集区	23	52	73	15	58	88	2	74	1
相山区	18	113	86	15	71	94		79	
烈山区	31	117	97	32	65	178	2	149	2
濉溪县	199	577	767	266	501	752	1	631	8
铜陵市	**103**	**1192**	**613**	**209**	**404**	**514**	**2**	**333**	**71**
铜官区	7	22	28	11	17	25		15	1
义安区	42	221	142	36	106	148	1	117	12
郊区	16	154	124	36	88	127	1	73	32
枞阳县	38	795	319	126	193	214		128	26
安庆市	**853**	**10519**	**7554**	**2019**	**5535**	**2687**	**24**	**1730**	**51**
迎江区	6	46	15	4	11	16		9	3
大观区	11	116	56	14	42	38		18	11
宜秀区	10	81	46	7	39	39	1	26	
怀宁县	76	1927	1400	350	1050	334	5	224	
太湖县	140	1075	755	202	553	377	3	252	7
宿松县	151	1624	1547	526	1021	676	1	429	13
望江县	173	2106	1154	294	860	339	7	192	11
岳西县	142	713	690	241	449	336		208	
安徽安庆经济开发区	2	9	5	1	4	8		8	
桐城市	61	1818	803	218	585	265	5	187	3
潜山市	81	1004	1083	162	921	259	2	177	3
黄山市	**220**	**1950**	**1231**	**262**	**969**	**791**	**9**	**553**	**12**
屯溪区	9	78	54	16	38	36	3	24	
黄山区	18	141	127	27	100	89		79	2
徽州区	9	116	65	18	47	30		24	
歙县	88	1075	542	101	441	298	4	193	10
休宁县	52	349	287	58	229	188		120	
黟县	9	82	64	17	47	66		50	
祁门县	35	109	92	25	67	84	2	63	
滁州市	**533**	**2845**	**4308**	**1404**	**2904**	**3935**	**17**	**3071**	**23**
琅琊区	7	28	23	9	14	17	2	13	
南谯区	45	227	321	171	150	177	1	132	
来安县	85	393	457	217	240	353	2	279	4
全椒县	62	315	390	132	258	332	1	231	4
定远县	129	555	1129	343	786	1238	4	973	4
凤阳县	138	521	980	251	729	1144	3	896	4
苏滁现代产业园									
滁州经济技术开发区	2	74	235	18	217	15		11	
天长市	20	540	348	138	210	206		175	2
明光市	45	192	425	125	300	453	4	361	5

4-4c　续表 59　　　　　　　　　　　　　　　　　　　　　　　　　　单位：人

地区 性别	建筑业		批发和零售业			交通运输、仓储和邮政业			
	建筑安装业	建筑装饰、装修和其他建筑业	小计	批发业	零售业	小计	铁路运输业	道路运输业	水上运输业
阜阳市	**1670**	**10212**	**15714**	**7387**	**8327**	**8878**	**52**	**6369**	**93**
颍州区	115	644	680	285	395	442	3	360	1
颍东区	123	839	1028	519	509	662	9	476	10
颍泉区	68	516	660	233	427	383	8	289	5
临泉县	414	2918	3510	1600	1910	1809	2	1223	8
太和县	189	1809	3419	2022	1397	1304	7	923	7
阜南县	308	1724	2398	975	1423	1311	10	925	20
颍上县	298	1248	2715	1025	1690	2420	8	1775	40
阜阳合肥现代产业园区	18	83	79	26	53	59	1	45	
阜阳经济技术开发区	19	66	64	25	39	35	3	27	
界首市	118	365	1161	677	484	453	1	326	2
宿州市	**594**	**4252**	**5527**	**2120**	**3407**	**4245**	**33**	**3381**	**17**
埇桥区	77	1194	1668	563	1105	1633	11	1302	4
砀山县	84	373	763	220	543	475	8	349	1
萧县	196	1596	1153	379	774	850	10	714	5
灵璧县	138	626	917	360	557	793	3	637	6
泗县	96	435	1006	591	415	482	1	368	1
宿州马鞍山现代产业园区	3	28	20	7	13	12		11	
宿州经济技术开发区									
六安市	**823**	**5331**	**5214**	**1539**	**3675**	**4079**	**33**	**3161**	**33**
金安区	130	720	660	184	476	496	2	399	2
裕安区	174	1039	1050	279	771	698	3	526	4
叶集区	31	152	154	36	118	149		121	
霍邱县	134	733	1142	343	799	1133	4	895	14
舒城县	169	1685	1195	367	828	925	3	748	12
金寨县	137	752	718	225	493	511	20	360	
霍山县	48	250	295	105	190	167	1	112	1
亳州市	**585**	**3841**	**6060**	**3038**	**3022**	**3611**	**15**	**2845**	**32**
谯城区	197	1298	1570	696	874	998	2	792	2
涡阳县	67	705	1722	1052	670	819	8	614	3
蒙城县	147	825	955	378	577	819	3	666	2
利辛县	174	1013	1813	912	901	975	2	773	25
池州市	**203**	**2194**	**1167**	**323**	**844**	**891**	**2**	**716**	**12**
贵池区	42	445	271	87	184	240		198	2
东至县	109	1394	665	188	477	394	1	298	10
石台县	23	62	61	6	55	63		55	
青阳县	26	265	151	40	111	181	1	153	
池州市国家经济技术开发区									
皖江江南新兴产业集中区									
九华山风景区	3	28	19	2	17	13		12	
宣城市	**368**	**1669**	**1650**	**537**	**1113**	**1522**	**14**	**1182**	**133**
宣州区	59	390	517	198	319	446	7	301	100
郎溪县	90	365	195	63	132	180	2	126	28
泾县	34	177	182	40	142	175		142	
绩溪县	12	132	64	11	53	29	2	16	1
旌德县	20	87	73	22	51	96		66	
宣城市经济开发区	4	21	26	12	14	28		24	1
宁国市	22	169	230	81	149	157	1	131	2
广德市	127	328	363	110	253	411	2	376	1

4−4c　续表 60　　　　　　　　　　　　　　　　　　　　　　　　　　　　　　　　单位：人

地　区 性　别	建筑业		批发和零售业			交通运输、仓储和邮政业			
	建　筑 安装业	建筑装 饰、装修 和其他 建筑业	小计	批发业	零售业	小计	铁　路 运输业	道　路 运输业	水　上 运输业
女	**761**	**8531**	**53468**	**13002**	**40466**	**6431**	**102**	**3194**	**296**
合肥市	**63**	**619**	**3389**	**650**	**2739**	**452**	**8**	**252**	**17**
瑶海区	2	21	119	26	93	17	1	10	
庐阳区		2	5		5				
蜀山区		10	10	4	6	1		1	
包河区		1	6	1	5	1			
长丰县	9	58	502	102	400	71	2	50	
肥东县	14	226	896	165	731	163	3	95	
肥西县	10	75	680	131	549	80		45	1
庐江县	15	172	907	151	756	78	2	30	8
合肥高新技术产业开发区									
合肥经济技术开发区		1	10	4	6	3		3	
合肥新站高新技术产业开发区		4	9	4	5	4		2	
巢湖市	13	49	245	62	183	34		16	8
芜湖市	**33**	**338**	**3451**	**674**	**2777**	**312**	**4**	**83**	**84**
镜湖区	1	2	33	2	31	6		1	3
弋江区									
鸠江区	7	57	323	62	261	29		6	8
三山区	1	3	84	3	81	9	1	4	
芜湖县	3	26	191	25	166	68		7	45
繁昌县		31	243	42	201	19	1	10	1
南陵县	6	74	429	83	346	57		20	17
芜湖经济技术开发区			8	2	6	13		2	1
安徽芜湖长江大桥经济开发区		2	7	1	6	1			
无为市	15	143	2133	454	1679	110	2	33	9
蚌埠市	**23**	**146**	**1717**	**300**	**1417**	**244**	**2**	**123**	**18**
龙子湖区	1	6	124	18	106	13		4	
蚌山区	1	6	48	7	41	1			
禹会区		12	168	15	153	24		11	3
淮上区	1	18	104	22	82	24		8	
怀远县	9	37	516	88	428	85	1	56	6
五河县	6	36	358	84	274	57		33	7
固镇县	5	31	399	66	333	40	1	11	2
蚌埠市高新技术开发区									
蚌埠市经济开发区									
淮南市	**27**	**184**	**1967**	**407**	**1560**	**305**	**10**	**157**	**2**
大通区		8	55	8	47	8	2	2	
田家庵区	1	3	24	3	21	4		1	
谢家集区		8	47	3	44	8	1	2	
八公山区		1	11		11	1		1	
潘集区	3	22	153	26	127	15	1	5	
凤台县	2	43	454	75	379	55	2	34	1
寿县	21	99	1223	292	931	214	4	112	1

4-4c 续表 61

单位：人

地区 性别	建筑业		批发和零售业			交通运输、仓储和邮政业			
	建筑安装业	建筑装饰、装修和其他建筑业	小计	批发业	零售业	小计	铁路运输业	道路运输业	水上运输业
马鞍山市	**8**	**352**	**1031**	**286**	**745**	**129**		**45**	**7**
花山区	1	6	12	2	10	1		1	
雨山区		4	29	9	20	5		2	
博望区	1	7	121	26	95	26		3	
当涂县	2	33	224	56	168	41		17	4
含山县	3	234	426	168	258	36		13	1
和县	1	68	219	25	194	20		9	2
淮北市	**24**	**112**	**1027**	**175**	**852**	**131**	**4**	**70**	**1**
杜集区	1	3	106	7	99	12	4	2	
相山区	1	26	124	10	114	18		6	
烈山区	2	16	101	24	77	15		5	
濉溪县	20	67	696	134	562	86		57	1
铜陵市	**8**	**200**	**482**	**112**	**370**	**101**	**3**	**41**	**22**
铜官区		2	27	7	20	7		5	
义安区	3	6	126	15	111	21	2	12	4
郊区	1	26	91	15	76	27		10	13
枞阳县	4	166	238	75	163	46	1	14	5
安庆市	**91**	**1772**	**5573**	**1195**	**4378**	**420**	**8**	**147**	**19**
迎江区		3	18	2	16	2			
大观区	1	14	51	8	43	7		2	4
宜秀区		5	43	11	32	8		2	
怀宁县	13	513	1078	279	799	50	1	18	2
太湖县	13	111	587	112	475	58	2	19	2
宿松县	14	197	950	232	718	110		53	4
望江县	28	449	1026	213	813	61	1	13	6
岳西县	1	57	514	134	380	46		13	1
安徽安庆经济开发区		2	6	1	5				
桐城市	9	221	545	112	433	41	3	15	
潜山市	12	200	755	91	664	37	1	12	
黄山市	**11**	**139**	**1194**	**183**	**1011**	**105**	**1**	**50**	**5**
屯溪区		4	81	14	67	7	1	1	
黄山区	3	9	115	15	100	14		11	
徽州区	1	11	56	6	50	3		1	
歙县	5	82	510	75	435	33		10	5
休宁县		18	297	52	245	19		10	
黟县		3	58	9	49	10		6	
祁门县	2	12	77	12	65	19		11	
滁州市	**50**	**357**	**3951**	**774**	**3177**	**589**	**11**	**326**	**3**
琅琊区	1	2	18	1	17	1		1	
南谯区	2	41	260	90	170	26	1	11	
来安县	6	33	435	131	304	55		30	3
全椒县	3	37	438	100	338	55	7	26	
定远县	17	121	994	201	793	196	2	123	
凤阳县	15	70	885	119	766	181		90	
苏滁现代产业园									
滁州经济技术开发区		5	234	10	224	3			
天长市	2	25	281	56	225	15	1	9	
明光市	4	23	406	66	340	57		36	

4-4c 续表 62

单位：人

地区 性别	建筑业		批发和零售业			交通运输、仓储和邮政业			
	建筑安装业	建筑装饰、装修和其他建筑业	小计	批发业	零售业	小计	铁路运输业	道路运输业	水上运输业
阜阳市	**191**	**1936**	**13606**	**4426**	**9180**	**1630**	**17**	**814**	**40**
颍州区	8	115	601	131	470	61		33	1
颍东区	9	115	931	289	642	115	2	53	3
颍泉区	12	100	710	154	556	76	1	39	5
临泉县	64	640	3319	1192	2127	379	6	169	1
太和县	19	393	2536	1118	1418	269	1	149	2
阜南县	36	276	2101	572	1529	258	1	115	11
颍上县	34	233	2568	646	1922	410	2	217	16
阜阳合肥现代产业园区	1	11	81	13	68	11		7	
阜阳经济技术开发区		7	50	8	42	7	1	6	
界首市	8	46	709	303	406	44	3	26	1
宿州市	**84**	**628**	**4924**	**1220**	**3704**	**633**	**22**	**364**	**1**
埇桥区	29	158	1429	264	1165	208	8	111	
砀山县	11	54	679	135	544	76	5	35	
萧县	15	266	1057	183	874	146	6	89	
灵璧县	18	77	844	188	656	136	3	90	1
泗县	10	68	902	447	455	65		38	
宿州马鞍山现代产业园区	1	5	13	3	10	2		1	
宿州经济技术开发区									
六安市	**74**	**746**	**4718**	**890**	**3828**	**527**	**7**	**279**	**9**
金安区	11	117	568	84	484	73	2	45	
裕安区	14	141	963	163	800	91	1	48	
叶集区	1	13	149	26	123	22		14	
霍邱县	11	115	994	185	809	137	2	70	2
舒城县	17	233	1125	243	882	112		67	7
金寨县	12	98	694	142	552	66	1	25	
霍山县	8	29	225	47	178	26	1	10	
亳州市	**55**	**730**	**4179**	**1342**	**2837**	**591**		**334**	**15**
谯城区	17	191	1128	332	796	127		75	1
涡阳县	7	116	1093	429	664	155		77	3
蒙城县	16	176	799	226	573	181		111	1
利辛县	15	247	1159	355	804	128		71	10
池州市	**8**	**186**	**958**	**139**	**819**	**112**	**3**	**52**	**6**
贵池区		26	213	22	191	22	2	5	3
东至县	7	154	517	96	421	65	1	29	3
石台县		1	56	5	51	7		4	
青阳县	1	4	145	16	129	14		10	
池州市国家经济技术开发区									
皖江江南新兴产业集中区									
九华山风景区		1	27		27	4		4	
宣城市	**11**	**86**	**1301**	**229**	**1072**	**150**	**2**	**57**	**47**
宣州区	2	29	403	89	314	50		11	27
郎溪县	2	19	145	25	120	42	2	9	19
泾县	1	5	127	14	113	9		5	
绩溪县		4	63	5	58	6		2	
旌德县	1	3	51	5	46	8		4	
宣城市经济开发区			24	2	22	3		3	
宁国市	1	6	160	30	130	10		6	1
广德市	4	20	328	59	269	22		17	

4-4c　续表 63　　　　单位：人

地　区 性　别	交通运输、仓储和邮政业					住宿和餐饮业		
	航　空 运输业	管　道 运输业	多式联运 和运输 代理业	装卸搬运 和仓储业	邮政业	小计	住宿业	餐饮业
安　徽	**173**	**20**	**672**	**4499**	**7063**	**54724**	**3124**	**51600**
合肥市	**29**	**2**	**41**	**233**	**446**	**3904**	**212**	**3692**
瑶海区	1		7	3	10	49	4	45
庐阳区					2	16	1	15
蜀山区					2	17	1	16
包河区					1	23		23
长丰县	5	1	2	41	68	699	39	660
肥东县	14		8	61	144	1165	54	1111
肥西县	2		12	33	99	711	31	680
庐江县	2	1	9	68	91	937	59	878
合肥高新技术产业开发区						2		2
合肥经济技术开发区	4				1	10		10
合肥新站高新技术产业开发区					4	13		13
巢湖市	1		3	27	24	262	23	239
芜湖市	**18**	**2**	**34**	**229**	**402**	**3757**	**178**	**3579**
镜湖区			1	2	6	24		24
弋江区								
鸠江区				25	27	507	12	495
三山区			1	9	8	67	3	64
芜湖县	2		1	14	36	181	20	161
繁昌县	1		2	20	28	235	14	221
南陵县	4	1	1	17	90	532	44	488
芜湖经济技术开发区				4	9	2	1	1
安徽芜湖长江大桥经济开发区					1	5		5
无为市	11	1	28	138	197	2204	84	2120
蚌埠市			**11**	**118**	**262**	**1438**	**70**	**1368**
龙子湖区			2	6	22	102	9	93
蚌山区			2	3	4	33	1	32
禹会区			1	27	23	177	7	170
淮上区				12	40	68		68
怀远县				25	55	380	9	371
五河县			2	20	57	317	18	299
固镇县			4	25	61	361	26	335
蚌埠市高新技术开发区								
蚌埠市经济开发区								
淮南市	**13**		**76**	**184**	**495**	**2213**	**124**	**2089**
大通区				4	8	58	2	56
田家庵区	1			13	5	24	1	23
谢家集区			1	6	10	81	1	80
八公山区					2	19		19
潘集区			3	17	30	196	6	190
凤台县			1	59	47	493	14	479
寿县	12		71	85	393	1342	100	1242

4-4c 续表 64 单位：人

地 区 性 别	交通运输、仓储和邮政业					住宿和餐饮业		
	航 空 运输业	管 道 运输业	多式联运 和运输 代理业	装卸搬运 和仓储业	邮政业	小计	住宿业	餐饮业
马鞍山市	**3**	**1**	**11**	**143**	**168**	**2550**	**70**	**2480**
花山区				3	3	22	1	21
雨山区				2	5	20	2	18
博望区			2	16	48	96	4	92
当涂县		1		22	54	180	9	171
含山县	3		5	42	45	1197	38	1159
和县			4	58	13	1035	16	1019
淮北市	**2**		**7**	**78**	**132**	**935**	**25**	**910**
杜集区			2	2	13	90	6	84
相山区				5	22	101	4	97
烈山区				19	16	130	1	129
濉溪县	2		5	52	81	614	14	600
铜陵市			**9**	**82**	**52**	**427**	**35**	**392**
铜官区			2	5	4	19	1	18
义安区			1	10	10	170	17	153
郊区			2	9	14	65	6	59
枞阳县			4	58	24	173	11	162
安庆市	**15**	**5**	**105**	**326**	**677**	**7625**	**346**	**7279**
迎江区	1				5	16		16
大观区	1			3	6	318	2	316
宜秀区				13	5	61	2	59
怀宁县		3	8	34	89	3137	38	3099
太湖县		2	9	53	86	501	54	447
宿松县	4		42	63	177	687	78	609
望江县	4		13	43	110	1440	60	1380
岳西县	1		18	59	82	398	42	356
安徽安庆经济开发区						10	2	8
桐城市	1		11	33	48	460	18	442
潜山市	3		4	25	69	597	50	547
黄山市	**5**		**8**	**102**	**151**	**1754**	**412**	**1342**
屯溪区	1		1	4	8	74	20	54
黄山区	1		1	1	8	261	131	130
徽州区	2		1		5	68	18	50
歙县	1		5	46	57	628	81	547
休宁县				33	44	452	66	386
黟县				6	14	199	84	115
祁门县				12	15	72	12	60
滁州市	**12**		**44**	**363**	**654**	**4071**	**201**	**3870**
琅琊区				2		13	3	10
南谯区	1		11	35	11	189	30	159
来安县	1		6	38	45	552	40	512
全椒县	4		2	31	81	584	17	567
定远县	1		8	147	172	1064	49	1015
凤阳县	1		10	64	257	783	27	756
苏滁现代产业园								
滁州经济技术开发区					7	19	2	17
天长市	1			7	26	300	6	294
明光市	3		7	39	55	567	27	540

4-4c　续表 65　　　　单位：人

地　区 性　别	交通运输、仓储和邮政业					住宿和餐饮业		
	航　空 运输业	管　道 运输业	多式联运 和运输 代理业	装卸搬运 和仓储业	邮政业	小计	住宿业	餐饮业
阜阳市	**25**	**8**	**161**	**1274**	**1655**	**11399**	**401**	**10998**
颍州区	2		3	36	64	553	14	539
颍东区			23	91	110	728	21	707
颍泉区		1	2	45	64	569	20	549
临泉县	4	2	58	335	380	2412	99	2313
太和县	5		9	205	265	2317	58	2259
阜南县	3	1	24	174	285	1895	50	1845
颍上县	11	4	34	306	417	2344	127	2217
阜阳合肥现代产业园区				6	11	80	2	78
阜阳经济技术开发区					5	48	3	45
界首市			8	76	54	453	7	446
宿州市	**11**		**39**	**324**	**686**	**4141**	**176**	**3965**
埇桥区	5		8	135	257	1731	71	1660
砀山县	2		2	30	119	483	32	451
萧县	2		2	55	113	919	36	883
灵璧县	1		15	66	107	540	16	524
泗县	1		12	38	88	452	18	434
宿州马鞍山现代产业园区					2	16	3	13
宿州经济技术开发区								
六安市	**17**		**75**	**394**	**598**	**4478**	**343**	**4135**
金安区	1		6	41	71	512	49	463
裕安区	4		26	87	90	825	50	775
叶集区			2	16	18	130	3	127
霍邱县	8		13	118	144	937	41	896
舒城县	3		9	66	122	1046	70	976
金寨县	1		16	55	99	697	98	599
霍山县			3	11	54	331	32	299
亳州市	**6**	**2**	**25**	**471**	**457**	**3466**	**112**	**3354**
谯城区	1			134	118	934	29	905
涡阳县	1		11	133	124	937	26	911
蒙城县	2	2	11	108	94	652	30	622
利辛县	2		3	96	121	943	27	916
池州市	**3**		**11**	**85**	**113**	**1235**	**214**	**1021**
贵池区	2			32	18	194	24	170
东至县	1		9	34	73	589	36	553
石台县				4	7	94	20	74
青阳县			2	14	15	229	44	185
池州市国家经济技术开发区								
皖江江南新兴产业集中区								
九华山风景区				1		129	90	39
宣城市	**14**		**15**	**93**	**115**	**1331**	**205**	**1126**
宣州区	5		4	13	28	245	24	221
郎溪县	2		1	13	20	162	8	154
泾县	2		1	20	14	246	66	180
绩溪县	2			7	5	86	26	60
旌德县	2		1	8	23	72	11	61
宣城市经济开发区				3		27	2	25
宁国市				14	12	198	37	161
广德市	1		8	15	13	295	31	264

4-4c 续表 66

单位：人

地区 性别	交通运输、仓储和邮政业					住宿和餐饮业		
	航空运输业	管道运输业	多式联运和运输代理业	装卸搬运和仓储业	邮政业	小计	住宿业	餐饮业
男	**118**	**15**	**557**	**3671**	**5227**	**27433**	**1257**	**26176**
合肥市	**19**	**1**	**31**	**192**	**333**	**1876**	**80**	**1796**
瑶海区	1		5	3	6	18	1	17
庐阳区					2	7		7
蜀山区					2	5		5
包河区						16		16
长丰县	3	1	2	37	55	339	15	324
肥东县	8		5	44	105	543	22	521
肥西县	1		9	27	75	355	9	346
庐江县	2		8	58	65	472	25	447
合肥高新技术产业开发区						1		1
合肥经济技术开发区	4				1	5		5
合肥新站高新技术产业开发区					2	8		8
巢湖市			2	23	20	107	8	99
芜湖市	**14**	**2**	**30**	**206**	**292**	**2085**	**78**	**2007**
镜湖区			1	2	4	11		11
弋江区								
鸠江区				20	17	275	5	270
三山区				9	5	29		29
芜湖县	2		1	13	21	88	10	78
繁昌县	1		2	19	22	133	4	129
南陵县	3	1	1	17	71	259	18	241
芜湖经济技术开发区				2	1			
安徽芜湖长江大桥经济开发区						4		4
无为市	8	1	25	124	151	1286	41	1245
蚌埠市			**9**	**99**	**182**	**718**	**32**	**686**
龙子湖区			2	4	15	44	4	40
蚌山区			2	3	3	16		16
禹会区			1	25	15	84	2	82
淮上区				8	28	34		34
怀远县				21	37	189	3	186
五河县			2	17	43	166	7	159
固镇县			2	21	41	185	16	169
蚌埠市高新技术开发区								
蚌埠市经济开发区								
淮南市	**9**		**65**	**154**	**404**	**1075**	**47**	**1028**
大通区				3	5	22		22
田家庵区	1			13	2	10	1	9
谢家集区			1	3	8	37	1	36
八公山区					2	12		12
潘集区			3	13	25	83	1	82
凤台县			1	50	38	207		207
寿县	8		60	72	324	704	44	660

4-4c 续表 67

单位：人

地区 性别	交通运输、仓储和邮政业					住宿和餐饮业		
	航空运输业	管道运输业	多式联运和运输代理业	装卸搬运和仓储业	邮政业	小计	住宿业	餐饮业
马鞍山市	**3**	**1**	**10**	**120**	**115**	**1326**	**29**	**1297**
花山区				3	3	5		5
雨山区				2	2	4		4
博望区			2	14	27	38	2	36
当涂县		1		16	40	79	3	76
含山县	3		4	35	31	666	20	646
和县			4	50	12	534	4	530
淮北市	**2**		**6**	**64**	**91**	**486**	**5**	**481**
杜集区			2	2	7	48		48
相山区				4	11	56	1	55
烈山区				14	11	61	1	60
濉溪县	2		4	44	62	321	3	318
铜陵市			**7**	**61**	**40**	**179**	**10**	**169**
铜官区			2	5	2	5		5
义安区				10	8	68	3	65
郊区			2	7	12	26	2	24
枞阳县			3	39	18	80	5	75
安庆市	**9**	**4**	**90**	**288**	**491**	**3840**	**132**	**3708**
迎江区					4	10		10
大观区	1			3	5	170		170
宜秀区				8	4	31		31
怀宁县		3	6	27	69	1704	14	1690
太湖县		1	8	45	61	210	16	194
宿松县	2		38	59	134	335	35	300
望江县	4		10	39	76	714	25	689
岳西县			15	53	60	180	16	164
安徽安庆经济开发区						6	1	5
桐城市			9	31	30	215	6	209
潜山市	2		4	23	48	265	19	246
黄山市	**2**		**7**	**93**	**115**	**771**	**150**	**621**
屯溪区			1	3	5	24	6	18
黄山区	1		1	1	5	110	53	57
徽州区	1		1		4	27	8	19
歙县			4	42	45	305	29	276
休宁县				31	37	207	24	183
黟县				6	10	70	26	44
祁门县				10	9	28	4	24
滁州市	**10**		**33**	**296**	**485**	**1941**	**82**	**1859**
琅琊区				2		4	1	3
南谯区	1		7	28	8	72	7	65
来安县	1		6	31	30	252	15	237
全椒县	3		2	27	64	271	10	261
定远县	1		6	117	133	538	22	516
凤阳县			8	51	182	369	17	352
苏滁现代产业园								
滁州经济技术开发区					4	9		9
天长市	1			7	21	142	2	140
明光市	3		4	33	43	284	8	276

4－4c 续表 68 单位：人

地 区 性 别	交通运输、仓储和邮政业					住宿和餐饮业		
	航 空 运输业	管 道 运输业	多式联运 和运输 代理业	装卸搬运 和仓储业	邮政业	小计	住宿业	餐饮业
阜阳市	**14**	**7**	**130**	**978**	**1235**	**5989**	**182**	**5807**
颍州区	2		3	28	45	282	6	276
颍东区			19	66	82	373	11	362
颍泉区		1	2	31	47	286	6	280
临泉县	3	1	44	237	291	1277	49	1228
太和县	4		7	162	194	1221	22	1199
阜南县		1	19	136	200	1004	28	976
颍上县	5	4	29	241	318	1238	54	1184
阜阳合肥现代产业园区				5	8	37	1	36
阜阳经济技术开发区					5	26	2	24
界首市			7	72	45	245	3	242
宿州市	**9**		**32**	**267**	**506**	**2239**	**90**	**2149**
埇桥区	4		6	108	198	980	36	944
砀山县	2		2	26	87	274	16	258
萧县	2		1	43	75	482	16	466
灵璧县	1		13	57	76	257	9	248
泗县			10	33	69	238	12	226
宿州马鞍山现代产业园区					1	8	1	7
宿州经济技术开发区								
六安市	**11**		**66**	**330**	**445**	**1956**	**127**	**1829**
金安区			5	36	52	220	20	200
裕安区	4		22	73	66	379	25	354
叶集区			2	13	13	53	2	51
霍邱县	5		12	99	104	439	13	426
舒城县	2		8	57	95	448	23	425
金寨县			15	44	72	262	28	234
霍山县			2	8	43	155	16	139
亳州市	**6**		**17**	**366**	**330**	**1855**	**52**	**1803**
谯城区	1			112	89	520	10	510
涡阳县	1		8	99	86	488	11	477
蒙城县	2		8	76	62	331	16	315
利辛县	2		1	79	93	516	15	501
池州市	**1**		**9**	**75**	**76**	**537**	**89**	**448**
贵池区	1			28	11	71	10	61
东至县			7	28	50	299	17	282
石台县				4	4	26	9	17
青阳县			2	14	11	81	13	68
池州市国家经济技术开发区								
皖江江南新兴产业集中区								
九华山风景区				1		60	40	20
宣城市	**9**		**15**	**82**	**87**	**560**	**72**	**488**
宣州区	3		4	11	20	100	4	96
郎溪县	1		1	9	13	64	1	63
泾县	2		1	17	13	124	34	90
绩溪县				7	3	38	8	30
旌德县	2		1	7	20	40	5	35
宣城市经济开发区				3		16		16
宁国市				13	10	74	13	61
广德市	1		8	15	8	104	7	97

4-4c　续表 69　　　　　　　　　　　　　　　　　　　　单位：人

地　区 性　别	交通运输、仓储和邮政业					住宿和餐饮业		
	航　空 运输业	管　道 运输业	多式联运 和运输 代理业	装卸搬运 和仓储业	邮政业	小计	住宿业	餐饮业
女	**55**	**5**	**115**	**828**	**1836**	**27291**	**1867**	**25424**
合肥市	**10**	**1**	**10**	**41**	**113**	**2028**	**132**	**1896**
瑶海区			2		4	31	3	28
庐阳区						9	1	8
蜀山区						12	1	11
包河区					1	7		7
长丰县	2			4	13	360	24	336
肥东县	6		3	17	39	622	32	590
肥西县	1		3	6	24	356	22	334
庐江县		1	1	10	26	465	34	431
合肥高新技术产业开发区						1		1
合肥经济技术开发区						5		5
合肥新站高新技术产业开发区					2	5		5
巢湖市	1		1	4	4	155	15	140
芜湖市	**4**		**4**	**23**	**110**	**1672**	**100**	**1572**
镜湖区					2	13		13
弋江区								
鸠江区				5	10	232	7	225
三山区			1		3	38	3	35
芜湖县				1	15	93	10	83
繁昌县				1	6	102	10	92
南陵县	1				19	273	26	247
芜湖经济技术开发区				2	8	2	1	1
安徽芜湖长江大桥经济开发区					1	1		1
无为市	3		3	14	46	918	43	875
蚌埠市			**2**	**19**	**80**	**720**	**38**	**682**
龙子湖区				2	7	58	5	53
蚌山区					1	17	1	16
禹会区				2	8	93	5	88
淮上区				4	12	34		34
怀远县				4	18	191	6	185
五河县				3	14	151	11	140
固镇县			2	4	20	176	10	166
蚌埠市高新技术开发区								
蚌埠市经济开发区								
淮南市	**4**		**11**	**30**	**91**	**1138**	**77**	**1061**
大通区				1	3	36	2	34
田家庵区					3	14		14
谢家集区				3	2	44		44
八公山区						7		7
潘集区				4	5	113	5	108
凤台县				9	9	286	14	272
寿县	4		11	13	69	638	56	582

4-4c 续表 70　　单位：人

地区 性别	交通运输、仓储和邮政业					住宿和餐饮业		
	航空运输业	管道运输业	多式联运和运输代理业	装卸搬运和仓储业	邮政业	小计	住宿业	餐饮业
马鞍山市			**1**	**23**	**53**	**1224**	**41**	**1183**
花山区						17	1	16
雨山区					3	16	2	14
博望区				2	21	58	2	56
当涂县				6	14	101	6	95
含山县			1	7	14	531	18	513
和县				8	1	501	12	489
淮北市			**1**	**14**	**41**	**449**	**20**	**429**
杜集区					6	42	6	36
相山区				1	11	45	3	42
烈山区				5	5	69		69
濉溪县			1	8	19	293	11	282
铜陵市			**2**	**21**	**12**	**248**	**25**	**223**
铜官区					2	14	1	13
义安区			1		2	102	14	88
郊区				2	2	39	4	35
枞阳县			1	19	6	93	6	87
安庆市	**6**	**1**	**15**	**38**	**186**	**3785**	**214**	**3571**
迎江区	1				1	6		6
大观区					1	148	2	146
宜秀区				5	1	30	2	28
怀宁县			2	7	20	1433	24	1409
太湖县		1	1	8	25	291	38	253
宿松县	2		4	4	43	352	43	309
望江县			3	4	34	726	35	691
岳西县	1		3	6	22	218	26	192
安徽安庆经济开发区						4	1	3
桐城市	1		2	2	18	245	12	233
潜山市	1			2	21	332	31	301
黄山市	**3**		**1**	**9**	**36**	**983**	**262**	**721**
屯溪区	1			1	3	50	14	36
黄山区					3	151	78	73
徽州区	1				1	41	10	31
歙县	1		1	4	12	323	52	271
休宁县				2	7	245	42	203
黟县					4	129	58	71
祁门县				2	6	44	8	36
滁州市	**2**		**11**	**67**	**169**	**2130**	**119**	**2011**
琅琊区						9	2	7
南谯区			4	7	3	117	23	94
来安县				7	15	300	25	275
全椒县	1			4	17	313	7	306
定远县			2	30	39	526	27	499
凤阳县	1		2	13	75	414	10	404
苏滁现代产业园								
滁州经济技术开发区					3	10	2	8
天长市					5	158	4	154
明光市			3	6	12	283	19	264

4-4c　续表 71

单位：人

地　区 性　别	交通运输、仓储和邮政业					住宿和餐饮业		
	航　空 运输业	管　道 运输业	多式联运 和运输 代理业	装卸搬运 和仓储业	邮政业	小计	住宿业	餐饮业
阜阳市	**11**	**1**	**31**	**296**	**420**	**5410**	**219**	**5191**
颍州区				8	19	271	8	263
颍东区			4	25	28	355	10	345
颍泉区				14	17	283	14	269
临泉县	1	1	14	98	89	1135	50	1085
太和县	1		2	43	71	1096	36	1060
阜南县	3		5	38	85	891	22	869
颍上县	6		5	65	99	1106	73	1033
阜阳合肥现代产业园区				1	3	43	1	42
阜阳经济技术开发区						22	1	21
界首市			1	4	9	208	4	204
宿州市	**2**		**7**	**57**	**180**	**1902**	**86**	**1816**
埇桥区	1		2	27	59	751	35	716
砀山县				4	32	209	16	193
萧县			1	12	38	437	20	417
灵璧县			2	9	31	283	7	276
泗县	1		2	5	19	214	6	208
宿州马鞍山现代产业园区					1	8	2	6
宿州经济技术开发区								
六安市	**6**		**9**	**64**	**153**	**2522**	**216**	**2306**
金安区	1		1	5	19	292	29	263
裕安区			4	14	24	446	25	421
叶集区				3	5	77	1	76
霍邱县	3		1	19	40	498	28	470
舒城县	1		1	9	27	598	47	551
金寨县	1		1	11	27	435	70	365
霍山县			1	3	11	176	16	160
亳州市		**2**	**8**	**105**	**127**	**1611**	**60**	**1551**
谯城区				22	29	414	19	395
涡阳县			3	34	38	449	15	434
蒙城县		2	3	32	32	321	14	307
利辛县			2	17	28	427	12	415
池州市	**2**		**2**	**10**	**37**	**698**	**125**	**573**
贵池区	1			4	7	123	14	109
东至县	1		2	6	23	290	19	271
石台县					3	68	11	57
青阳县					4	148	31	117
池州市国家经济技术开发区								
皖江江南新兴产业集中区								
九华山风景区						69	50	19
宣城市	**5**			**11**	**28**	**771**	**133**	**638**
宣州区	2			2	8	145	20	125
郎溪县	1			4	7	98	7	91
泾县				3	1	122	32	90
绩溪县	2				2	48	18	30
旌德县				1	3	32	6	26
宣城市经济开发区						11	2	9
宁国市				1	2	124	24	100
广德市					5	191	24	167

4-4c 续表 72

单位：人

地区 性别	信息传输、软件和信息技术服务业				金融业				
	小计	电信、广播电视和卫星传输服务	互联网和相关服务	软件和信息技术服务业	小计	货币金融服务	资本市场服务	保险业	其他金融业
安徽	**8160**	**1484**	**3084**	**3592**	**4561**	**1707**	**318**	**2054**	**482**
合肥市	**735**	**153**	**240**	**342**	**497**	**192**	**31**	**225**	**49**
瑶海区	56	6	17	33	26	11		11	4
庐阳区	2			2	1	1			
蜀山区	4			4	1			1	
包河区	2	1	1		1	1			
长丰县	101	36	31	34	78	29	5	36	8
肥东县	199	29	70	100	121	49	9	56	7
肥西县	134	36	54	44	93	48	2	36	7
庐江县	166	15	47	104	147	41	8	78	20
合肥高新技术产业开发区									
合肥经济技术开发区	2		2		1				1
合肥新站高新技术产业开发区	8		2	6	1				1
巢湖市	61	30	16	15	27	12	7	7	1
芜湖市	**615**	**56**	**232**	**327**	**319**	**131**	**27**	**122**	**39**
镜湖区	8	2	3	3	6			6	
弋江区									
鸠江区	45	5	11	29	17	9	2	6	
三山区	7	1	3	3	6	1	1	3	1
芜湖县	60	9	24	27	23	10	2	11	
繁昌县	46	6	23	17	26	14	1	6	5
南陵县	88	8	26	54	56	24	3	25	4
芜湖经济技术开发区					1			1	
安徽芜湖长江大桥经济开发区	2		1	1	3	3			
无为市	359	25	141	193	181	70	18	64	29
蚌埠市	**190**	**64**	**64**	**62**	**112**	**37**	**5**	**57**	**13**
龙子湖区	6	1	3	2	2	1			1
蚌山区	6	2	1	3	2			2	
禹会区	27	11	11	5	9	1	1	5	2
淮上区	12	5	3	4	10	4		3	3
怀远县	31	13	9	9	30	7		19	4
五河县	61	14	19	28	31	12	4	13	2
固镇县	47	18	18	11	28	12		15	1
蚌埠市高新技术开发区									
蚌埠市经济开发区									
淮南市	**346**	**55**	**181**	**110**	**169**	**53**	**18**	**81**	**17**
大通区	10	5	2	3	5	1		4	
田家庵区	1	1			2	2			
谢家集区	10	5	2	3	4	2		2	
八公山区	2	1		1	4			4	
潘集区	5	5			7	2	1	4	
凤台县	39	10	23	6	28	14	2	12	
寿县	279	28	154	97	119	32	15	55	17

4-4c 续表 73

单位：人

地 区 性 别	信息传输、软件和信息技术服务业				金融业				
	小计	电信、广播电视和卫星传输服务	互联网和相关服务	软件和信息技术服务业	小计	货币金融服务	资本市场服务	保险业	其他金融业
马鞍山市	**174**	**38**	**58**	**78**	**100**	**30**	**8**	**54**	**8**
花山区	3	3			4	2		2	
雨山区	2			2	3			3	
博望区	16	3	6	7	13	2	1	6	4
当涂县	32	9	9	14	22	8	1	12	1
含山县	87	12	29	46	44	11	5	26	2
和县	34	11	14	9	14	7	1	5	1
淮北市	**118**	**36**	**33**	**49**	**66**	**16**	**5**	**40**	**5**
杜集区	12	1	3	8	13	2	2	5	4
相山区	14	9	5		6	1		5	
烈山区	15	2	6	7	8	2	1	5	
濉溪县	77	24	19	34	39	11	2	25	1
铜陵市	**101**	**18**	**35**	**48**	**47**	**26**	**1**	**16**	**4**
铜官区	4	1	3		2	1		1	
义安区	29	8	14	7	11	6		5	
郊区	20	3	3	14	11	6	1	2	2
枞阳县	48	6	15	27	23	13		8	2
安庆市	**1816**	**180**	**653**	**983**	**868**	**309**	**86**	**333**	**140**
迎江区	2	1		1					
大观区	19	3	8	8	15	5	3	6	1
宜秀区	11	6	5		9	3		5	1
怀宁县	243	21	127	95	112	40	7	45	20
太湖县	271	31	96	144	128	41	22	39	26
宿松县	472	36	158	278	178	76	19	56	27
望江县	309	34	108	167	143	34	12	69	28
岳西县	139	14	54	71	83	32	8	34	9
安徽安庆经济开发区					1			1	
桐城市	170	17	51	102	95	33	7	42	13
潜山市	180	17	46	117	104	45	8	36	15
黄山市	**211**	**58**	**71**	**82**	**160**	**87**	**11**	**50**	**12**
屯溪区	9	6	1	2	13	6		7	
黄山区	24	9	8	7	13	6	1	6	
徽州区	4	2		2	5	3	1	1	
歙县	114	17	43	54	71	35	7	20	9
休宁县	34	9	15	10	37	24	1	9	3
黟县	20	11	4	5	10	5		5	
祁门县	6	4		2	11	8	1	2	
滁州市	**549**	**120**	**184**	**245**	**284**	**117**	**17**	**125**	**25**
琅琊区	3	1		2	1				1
南谯区	37	13	8	16	33	13	3	15	2
来安县	82	15	27	40	32	17	1	10	4
全椒县	77	14	27	36	37	16	2	17	2
定远县	165	27	59	79	80	33	6	33	8
凤阳县	63	19	21	23	36	6		26	4
苏滁现代产业园									
滁州经济技术开发区	6		2	4	1			1	
天长市	59	18	18	23	23	11	2	6	4
明光市	57	13	22	22	41	21	3	17	

4-4c 续表 74 单位：人

地区 性别	信息传输、软件和信息技术服务业				金融业				
	小计	电信、广播电视和卫星传输服务	互联网和相关服务	软件和信息技术服务业	小计	货币金融服务	资本市场服务	保险业	其他金融业
阜阳市	**1021**	**215**	**460**	**346**	**655**	**224**	**26**	**348**	**57**
颍州区	46	18	15	13	32	9		19	4
颍东区	74	17	31	26	59	20	1	31	7
颍泉区	63	16	29	18	38	19		18	1
临泉县	221	42	101	78	169	47	11	94	17
太和县	163	16	86	61	90	27	3	55	5
阜南县	189	36	90	63	91	28	4	54	5
颍上县	208	45	89	74	133	53	6	61	13
阜阳合肥现代产业园区	3	2		1	1			1	
阜阳经济技术开发区	8	8			6	3		3	
界首市	46	15	19	12	36	18	1	12	5
宿州市	**658**	**164**	**252**	**242**	**293**	**97**	**13**	**167**	**16**
埇桥区	291	77	142	72	88	20	5	58	5
砀山县	78	15	21	42	48	22	1	21	4
萧县	113	27	26	60	64	29	1	31	3
灵璧县	70	16	28	26	50	12	3	33	2
泗县	105	29	35	41	41	13	3	23	2
宿州马鞍山现代产业园区	1			1	2	1		1	
宿州经济技术开发区									
六安市	**944**	**150**	**362**	**432**	**548**	**193**	**48**	**253**	**54**
金安区	132	26	52	54	87	29	4	49	5
裕安区	165	35	44	86	106	27	7	62	10
叶集区	13	7	4	2	17	5	1	10	1
霍邱县	122	19	57	46	56	21	3	25	7
舒城县	268	37	106	125	158	57	21	59	21
金寨县	168	20	65	83	93	43	11	30	9
霍山县	76	6	34	36	31	11	1	18	1
亳州市	**301**	**97**	**117**	**87**	**192**	**76**	**5**	**96**	**15**
谯城区	98	35	35	28	60	21	1	30	8
涡阳县	53	15	22	16	39	15	1	20	3
蒙城县	72	15	29	28	46	24	3	16	3
利辛县	78	32	31	15	47	16		30	1
池州市	**225**	**34**	**83**	**108**	**137**	**60**	**12**	**47**	**18**
贵池区	36	11	9	16	27	12	2	10	3
东至县	173	16	67	90	81	31	8	29	13
石台县	3	2		1	10	6		3	1
青阳县	10	4	5	1	15	10	1	4	
池州市国家经济技术开发区									
皖江江南新兴产业集中区									
九华山风景区	3	1	2		4	1	1	1	1
宣城市	**156**	**46**	**59**	**51**	**114**	**59**	**5**	**40**	**10**
宣州区	40	8	19	13	33	17		15	1
郎溪县	33	5	13	15	16	4	3	5	4
泾县	16	5	6	5	9	7			2
绩溪县	9	7		2	8	7	1		
旌德县	12	4	5	3	8	5		2	1
宣城市经济开发区	9	1	5	3	5	1		3	1
宁国市	11	5	2	4	15	12		3	
广德市	26	11	9	6	20	6	1	12	1

4-4c 续表 75

单位：人

地区 性别	信息传输、软件和信息技术服务业				金融业				
	小计	电信、广播电视和卫星传输服务	互联网和相关服务	软件和信息技术服务业	小计	货币金融服务	资本市场服务	保险业	其他金融业
男	**5614**	**954**	**2020**	**2640**	**2518**	**932**	**209**	**1101**	**276**
合肥市	**521**	**108**	**162**	**251**	**272**	**106**	**19**	**122**	**25**
瑶海区	37	4	13	20	14	6		5	3
庐阳区	2			2					
蜀山区	3			3					
包河区					1	1			
长丰县	71	20	24	27	40	14	4	18	4
肥东县	138	21	42	75	68	31	5	29	3
肥西县	101	26	44	31	46	27	1	14	4
庐江县	117	13	26	78	92	22	5	56	9
合肥高新技术产业开发区									
合肥经济技术开发区					1				1
合肥新站高新技术产业开发区	6		1	5	1				1
巢湖市	46	24	12	10	9	5	4		
芜湖市	**437**	**38**	**160**	**239**	**177**	**65**	**16**	**68**	**28**
镜湖区	4		2	2	5			5	
弋江区									
鸠江区	32	4	8	20	7	2	1	4	
三山区	5	1	2	2	4	1		2	1
芜湖县	48	8	18	22	14	5	2	7	
繁昌县	27	3	12	12	19	10	1	3	5
南陵县	58	4	17	37	31	11	3	13	4
芜湖经济技术开发区					1			1	
安徽芜湖长江大桥经济开发区	2		1	1	1	1			
无为市	261	18	100	143	95	35	9	33	18
蚌埠市	**129**	**40**	**44**	**45**	**68**	**25**	**5**	**30**	**8**
龙子湖区	6	1	3	2	1				1
蚌山区	3	2		1	1			1	
禹会区	16	7	6	3	4		1	2	1
淮上区	8	3	2	3	5	3			2
怀远县	19	8	6	5	16	5		9	2
五河县	45	10	14	21	25	9	4	10	2
固镇县	32	9	13	10	16	8		8	
蚌埠市高新技术开发区									
蚌埠市经济开发区									
淮南市	**241**	**39**	**130**	**72**	**95**	**30**	**12**	**44**	**9**
大通区	8	5	1	2	2			2	
田家庵区	1	1			1	1			
谢家集区	7	3	2	2	2	2			
八公山区	1			1	1			1	
潘集区	3	3			6	2	1	3	
凤台县	27	6	15	6	12	5	2	5	
寿县	194	21	112	61	71	20	9	33	9

4-4c 续表 76 单位：人

地区 性别	信息传输、软件和信息技术服务业				金融业				
	小计	电信、广播电视和卫星传输服务	互联网和相关服务	软件和信息技术服务业	小计	货币金融服务	资本市场服务	保险业	其他金融业
马鞍山市	**133**	**30**	**41**	**62**	**50**	**11**	**5**	**30**	**4**
花山区	2	2							
雨山区	1			1	3			3	
博望区	10	2	3	5	5		1	2	2
当涂县	24	8	4	12	10	4		6	
含山县	69	9	22	38	26	4	4	17	1
和县	27	9	12	6	6	3		2	1
淮北市	**90**	**28**	**24**	**38**	**38**	**12**	**4**	**19**	**3**
杜集区	11	1	3	7	6		1	3	2
相山区	9	5	4		2	1		1	
烈山区	11	1	4	6	4	1	1	2	
濉溪县	59	21	13	25	26	10	2	13	1
铜陵市	**68**	**10**	**24**	**34**	**23**	**11**	**1**	**8**	**3**
铜官区	3		3						
义安区	20	5	11	4	5	2		3	
郊区	11		2	9	6	3	1	1	1
枞阳县	34	5	8	21	12	6		4	2
安庆市	**1238**	**113**	**410**	**715**	**470**	**154**	**52**	**195**	**69**
迎江区	1	1							
大观区	12	1	5	6	8	2	2	4	
宜秀区	7	4	3		5	1		3	1
怀宁县	159	13	80	66	53	16	4	24	9
太湖县	183	20	59	104	81	27	12	26	16
宿松县	337	24	105	208	97	39	15	33	10
望江县	196	19	61	116	76	15	8	37	16
岳西县	97	8	35	54	46	14	3	21	8
安徽安庆经济开发区									
桐城市	122	12	30	80	47	16	5	22	4
潜山市	124	11	32	81	57	24	3	25	5
黄山市	**122**	**33**	**39**	**50**	**79**	**43**	**6**	**23**	**7**
屯溪区	7	4	1	2	3	2		1	
黄山区	11	4	4	3	6	3		3	
徽州区	2	1		1	2	1		1	
歙县	64	9	25	30	38	17	5	11	5
休宁县	22	6	8	8	18	12		4	2
黟县	10	5	1	4	4	2		2	
祁门县	6	4		2	8	6	1	1	
滁州市	**378**	**77**	**117**	**184**	**174**	**71**	**14**	**76**	**13**
琅琊区	1			1	1				1
南谯区	23	10	4	9	22	9	2	10	1
来安县	59	9	18	32	19	10	1	7	1
全椒县	51	9	17	25	18	8	2	6	2
定远县	108	16	32	60	54	18	5	25	6
凤阳县	46	11	17	18	20	4		15	1
苏滁现代产业园									
滁州经济技术开发区	4		2	2					
天长市	43	13	12	18	13	7	2	3	1
明光市	43	9	15	19	27	15	2	10	

4-4c 续表 77

单位：人

地区 性别	信息传输、软件和信息技术服务业				金融业				
	小计	电信、广播电视和卫星传输服务	互联网和相关服务	软件和信息技术服务业	小计	货币金融服务	资本市场服务	保险业	其他金融业
阜阳市	**685**	**137**	**287**	**261**	**357**	**131**	**19**	**171**	**36**
颍州区	29	11	8	10	16	3		10	3
颍东区	50	12	20	18	32	14	1	10	7
颍泉区	49	10	22	17	15	8		7	
临泉县	128	25	56	47	97	29	10	50	8
太和县	119	11	57	51	45	13	1	28	3
阜南县	125	21	54	50	53	21	3	26	3
颍上县	144	30	57	57	76	30	3	33	10
阜阳合肥现代产业园区	1	1			1			1	
阜阳经济技术开发区	6	6			3	3			
界首市	34	10	13	11	19	10	1	6	2
宿州市	**446**	**100**	**177**	**169**	**168**	**58**	**8**	**93**	**9**
埇桥区	205	45	109	51	50	13	4	30	3
砀山县	56	10	18	28	34	14	1	16	3
萧县	75	15	15	45	30	15		14	1
灵璧县	39	8	15	16	29	9	3	16	1
泗县	71	22	20	29	25	7		17	1
宿州马鞍山现代产业园区									
宿州经济技术开发区									
六安市	**653**	**94**	**234**	**325**	**318**	**112**	**32**	**141**	**33**
金安区	94	19	33	42	52	19	3	26	4
裕安区	119	23	28	68	62	18	5	32	7
叶集区	10	5	3	2	10	2	1	6	1
霍邱县	91	10	45	36	34	13	3	15	3
舒城县	179	23	63	93	81	28	11	32	10
金寨县	108	10	37	61	62	28	9	18	7
霍山县	52	4	25	23	17	4		12	1
亳州市	**216**	**58**	**85**	**73**	**94**	**42**	**4**	**37**	**11**
谯城区	72	21	28	23	31	10	1	14	6
涡阳县	42	10	19	13	22	9	1	9	3
蒙城县	47	6	15	26	23	16	2	4	1
利辛县	55	21	23	11	18	7		10	1
池州市	**160**	**24**	**55**	**81**	**79**	**29**	**7**	**29**	**14**
贵池区	31	9	7	15	16	5	2	6	3
东至县	120	11	44	65	45	16	3	17	9
石台县	1			1	6	3		2	1
青阳县	6	4	2		9	5	1	3	
池州市国家经济技术开发区									
皖江江南新兴产业集中区									
九华山风景区	2		2		3		1	1	1
宣城市	**97**	**25**	**31**	**41**	**56**	**32**	**5**	**15**	**4**
宣州区	24	3	9	12	14	7		6	1
郎溪县	21	2	6	13	9	3	3	2	1
泾县	10	2	4	4	5	4			1
绩溪县	6	4		2	7	6	1		
旌德县	8	4	2	2	4	3		1	
宣城市经济开发区	4	1	2	1	1	1			
宁国市	6	3	2	1	7	6		1	
广德市	18	6	6	6	9	2	1	5	1

4-4c 续表 78 单位：人

地区 性别	信息传输、软件和信息技术服务业				金融业				
	小计	电信、广播电视和卫星传输服务	互联网和相关服务	软件和信息技术服务业	小计	货币金融服务	资本市场服务	保险业	其他金融业
女	**2546**	**530**	**1064**	**952**	**2043**	**775**	**109**	**953**	**206**
合肥市	**214**	**45**	**78**	**91**	**225**	**86**	**12**	**103**	**24**
瑶海区	19	2	4	13	12	5		6	1
庐阳区					1	1			
蜀山区	1			1	1			1	
包河区	2	1	1						
长丰县	30	16	7	7	38	15	1	18	4
肥东县	61	8	28	25	53	18	4	27	4
肥西县	33	10	10	13	47	21	1	22	3
庐江县	49	2	21	26	55	19	3	22	11
合肥高新技术产业开发区									
合肥经济技术开发区	2		2						
合肥新站高新技术产业开发区	2		1	1					
巢湖市	15	6	4	5	18	7	3	7	1
芜湖市	**178**	**18**	**72**	**88**	**142**	**66**	**11**	**54**	**11**
镜湖区	4	2	1	1	1			1	
弋江区									
鸠江区	13	1	3	9	10	7	1	2	
三山区	2		1	1	2		1	1	
芜湖县	12	1	6	5	9	5		4	
繁昌县	19	3	11	5	7	4		3	
南陵县	30	4	9	17	25	13		12	
芜湖经济技术开发区									
安徽芜湖长江大桥经济开发区					2	2			
无为市	98	7	41	50	86	35	9	31	11
蚌埠市	**61**	**24**	**20**	**17**	**44**	**12**		**27**	**5**
龙子湖区					1	1			
蚌山区	3		1	2	1			1	
禹会区	11	4	5	2	5	1		3	1
淮上区	4	2	1	1	5	1		3	1
怀远县	12	5	3	4	14	2		10	2
五河县	16	4	5	7	6	3		3	
固镇县	15	9	5	1	12	4		7	1
蚌埠市高新技术开发区									
蚌埠市经济开发区									
淮南市	**105**	**16**	**51**	**38**	**74**	**23**	**6**	**37**	**8**
大通区	2		1	1	3	1		2	
田家庵区					1	1			
谢家集区	3	2		1	2			2	
八公山区	1	1			3			3	
潘集区	2	2			1			1	
凤台县	12	4	8		16	9		7	
寿县	85	7	42	36	48	12	6	22	8

4-4c　续表 79　　　　单位：人

地　区 性　别	信息传输、软件和信息技术服务业				金融业				
	小计	电信、广播电视和卫星传输服务	互联网和相关服务	软件和信息技术服务业	小计	货币金融服务	资本市场服务	保险业	其他金融业
马鞍山市	**41**	**8**	**17**	**16**	**50**	**19**	**3**	**24**	**4**
花山区	1	1			4	2		2	
雨山区	1			1					
博望区	6	1	3	2	8	2		4	2
当涂县	8	1	5	2	12	4	1	6	1
含山县	18	3	7	8	18	7	1	9	1
和县	7	2	2	3	8	4	1	3	
淮北市	**28**	**8**	**9**	**11**	**28**	**4**	**1**	**21**	**2**
杜集区	1			1	7	2	1	2	2
相山区	5	4	1		4			4	
烈山区	4	1	2	1	4	1		3	
濉溪县	18	3	6	9	13	1		12	
铜陵市	**33**	**8**	**11**	**14**	**24**	**15**		**8**	**1**
铜官区	1	1			2	1		1	
义安区	9	3	3	3	6	4		2	
郊区	9	3	1	5	5	3		1	1
枞阳县	14	1	7	6	11	7		4	
安庆市	**578**	**67**	**243**	**268**	**398**	**155**	**34**	**138**	**71**
迎江区	1			1					
大观区	7	2	3	2	7	3	1	2	1
宜秀区	4	2	2		4	2		2	
怀宁县	84	8	47	29	59	24	3	21	11
太湖县	88	11	37	40	47	14	10	13	10
宿松县	135	12	53	70	81	37	4	23	17
望江县	113	15	47	51	67	19	4	32	12
岳西县	42	6	19	17	37	18	5	13	1
安徽安庆经济开发区					1			1	
桐城市	48	5	21	22	48	17	2	20	9
潜山市	56	6	14	36	47	21	5	11	10
黄山市	**89**	**25**	**32**	**32**	**81**	**44**	**5**	**27**	**5**
屯溪区	2	2			10	4		6	
黄山区	13	5	4	4	7	3	1	3	
徽州区	2	1		1	3	2	1		
歙县	50	8	18	24	33	18	2	9	4
休宁县	12	3	7	2	19	12	1	5	1
黟县	10	6	3	1	6	3		3	
祁门县					3	2		1	
滁州市	**171**	**43**	**67**	**61**	**110**	**46**	**3**	**49**	**12**
琅琊区	2	1		1					
南谯区	14	3	4	7	11	4	1	5	1
来安县	23	6	9	8	13	7		3	3
全椒县	26	5	10	11	19	8		11	
定远县	57	11	27	19	26	15	1	8	2
凤阳县	17	8	4	5	16	2		11	3
苏滁现代产业园									
滁州经济技术开发区	2			2	1			1	
天长市	16	5	6	5	10	4		3	3
明光市	14	4	7	3	14	6	1	7	

4-4c 续表 80

单位：人

地区 性别	信息传输、软件和信息技术服务业				金融业				
	小计	电信、广播电视和卫星传输服务	互联网和相关服务	软件和信息技术服务业	小计	货币金融服务	资本市场服务	保险业	其他金融业
阜阳市	**336**	**78**	**173**	**85**	**298**	**93**	**7**	**177**	**21**
颍州区	17	7	7	3	16	6		9	1
颍东区	24	5	11	8	27	6		21	
颍泉区	14	6	7	1	23	11		11	1
临泉县	93	17	45	31	72	18	1	44	9
太和县	44	5	29	10	45	14	2	27	2
阜南县	64	15	36	13	38	7	1	28	2
颍上县	64	15	32	17	57	23	3	28	3
阜阳合肥现代产业园区	2	1		1					
阜阳经济技术开发区	2	2			3			3	
界首市	12	5	6	1	17	8		6	3
宿州市	**212**	**64**	**75**	**73**	**125**	**39**	**5**	**74**	**7**
埇桥区	86	32	33	21	38	7	1	28	2
砀山县	22	5	3	14	14	8		5	1
萧县	38	12	11	15	34	14	1	17	2
灵璧县	31	8	13	10	21	3		17	1
泗县	34	7	15	12	16	6	3	6	1
宿州马鞍山现代产业园区	1			1	2	1		1	
宿州经济技术开发区									
六安市	**291**	**56**	**128**	**107**	**230**	**81**	**16**	**112**	**21**
金安区	38	7	19	12	35	10	1	23	1
裕安区	46	12	16	18	44	9	2	30	3
叶集区	3	2	1		7	3		4	
霍邱县	31	9	12	10	22	8		10	4
舒城县	89	14	43	32	77	29	10	27	11
金寨县	60	10	28	22	31	15	2	12	2
霍山县	24	2	9	13	14	7	1	6	
亳州市	**85**	**39**	**32**	**14**	**98**	**34**	**1**	**59**	**4**
谯城区	26	14	7	5	29	11		16	2
涡阳县	11	5	3	3	17	6		11	
蒙城县	25	9	14	2	23	8	1	12	2
利辛县	23	11	8	4	29	9		20	
池州市	**65**	**10**	**28**	**27**	**58**	**31**	**5**	**18**	**4**
贵池区	5	2	2	1	11	7		4	
东至县	53	5	23	25	36	15	5	12	4
石台县	2	2			4	3		1	
青阳县	4		3	1	6	5		1	
池州市国家经济技术开发区									
皖江江南新兴产业集中区									
九华山风景区	1	1			1	1			
宣城市	**59**	**21**	**28**	**10**	**58**	**27**		**25**	**6**
宣州区	16	5	10	1	19	10		9	
郎溪县	12	3	7	2	7	1		3	3
泾县	6	3	2	1	4	3			1
绩溪县	3	3			1	1			
旌德县	4		3	1	4	2		1	1
宣城市经济开发区	5		3	2	4			3	1
宁国市	5	2		3	8	6		2	
广德市	8	5	3		11	4		7	

4-4c　续表 81　　　　单位：人

地　区 性　别	房地产业		租赁和商务服务业			科学研究和技术服务业			
	小计	房地产业	小计	租赁业	商务服务业	小计	研究和试验发展	专业技术服务业	科技推广和应用服务业
安　徽	**10487**	**10487**	**16803**	**2145**	**14658**	**5207**	**617**	**3470**	**1120**
合肥市	**1201**	**1201**	**1502**	**321**	**1181**	**537**	**59**	**368**	**110**
瑶海区	29	29	47	5	42	18	2	14	2
庐阳区	8	8	6	2	4	5	4	1	
蜀山区	2	2	6		6	3		2	1
包河区			14	13	1	2		2	
长丰县	173	173	312	73	239	59	6	39	14
肥东县	298	298	560	133	427	162	19	99	44
肥西县	288	288	214	44	170	113	16	67	30
庐江县	317	317	265	39	226	122	7	101	14
合肥高新技术产业开发区									
合肥经济技术开发区	3	3	2	1	1				
合肥新站高新技术产业开发区	10	10	5		5	1		1	
巢湖市	73	73	71	11	60	52	5	42	5
芜湖市	**838**	**838**	**1052**	**81**	**971**	**355**	**51**	**229**	**75**
镜湖区	4	4	5	1	4	6	1	5	
弋江区									
鸠江区	46	46	73	4	69	12	3	7	2
三山区	31	31	13	4	9	5	1	4	
芜湖县	84	84	55	5	50	31	4	19	8
繁昌县	54	54	58	5	53	27	6	16	5
南陵县	187	187	154	18	136	60	8	37	15
芜湖经济技术开发区	1	1							
安徽芜湖长江大桥经济开发区	3	3	9	7	2				
无为市	428	428	685	37	648	214	28	141	45
蚌埠市	**274**	**274**	**374**	**47**	**327**	**119**	**19**	**75**	**25**
龙子湖区	22	22	33	2	31	8		6	2
蚌山区	15	15	4		4	2		2	
禹会区	16	16	38	2	36	12	3	9	
淮上区	13	13	27	2	25	12	1	7	4
怀远县	50	50	68	13	55	13	2	9	2
五河县	81	81	131	16	115	45	8	24	13
固镇县	77	77	73	12	61	27	5	18	4
蚌埠市高新技术开发区									
蚌埠市经济开发区									
淮南市	**511**	**511**	**565**	**105**	**460**	**174**	**22**	**116**	**36**
大通区	38	38	15	3	12				
田家庵区	3	3	15	5	10	3	1	2	
谢家集区	9	9	21	4	17	11		3	8
八公山区	6	6	7		7	3		3	
潘集区	35	35	52	22	30	6	2	4	
凤台县	92	92	132	19	113	33	2	30	1
寿县	328	328	323	52	271	118	17	74	27

4-4c 续表 82

单位：人

地区 性别	房地产业		租赁和商务服务业			科学研究和技术服务业			
	小计	房地产业	小计	租赁业	商务服务业	小计	研究和试验发展	专业技术服务业	科技推广和应用服务业
马鞍山市	**212**	**212**	**497**	**49**	**448**	**162**	**17**	**85**	**60**
花山区	10	10	16		16	5		3	2
雨山区	7	7	25		25	5		5	
博望区	17	17	46	7	39	14	6	3	5
当涂县	32	32	94	15	79	23	2	7	14
含山县	85	85	234	15	219	99	8	52	39
和县	61	61	82	12	70	16	1	15	
淮北市	**128**	**128**	**306**	**61**	**245**	**110**	**16**	**83**	**11**
杜集区	26	26	57	11	46	27	1	23	3
相山区	17	17	21	3	18	10	1	9	
烈山区	17	17	39	11	28	10	2	6	2
濉溪县	68	68	189	36	153	63	12	45	6
铜陵市	**123**	**123**	**230**	**13**	**217**	**54**	**5**	**38**	**11**
铜官区	14	14	9	2	7	4		4	
义安区	41	41	68		68	14	1	9	4
郊区	21	21	47	2	45	7		5	2
枞阳县	47	47	106	9	97	29	4	20	5
安庆市	**1612**	**1612**	**2334**	**161**	**2173**	**1102**	**146**	**718**	**238**
迎江区	3	3	1		1	4	1	3	
大观区	19	19	24		24	7		5	2
宜秀区	7	7	10	1	9	5	2	3	
怀宁县	145	145	400	16	384	161	24	108	29
太湖县	207	207	475	33	442	203	17	116	70
宿松县	371	371	377	38	339	225	32	149	44
望江县	435	435	384	23	361	171	23	118	30
岳西县	146	146	285	20	265	121	13	67	41
安徽安庆经济开发区	3	3	3		3	1		1	
桐城市	123	123	198	15	183	112	20	82	10
潜山市	153	153	177	15	162	92	14	66	12
黄山市	**337**	**337**	**423**	**27**	**396**	**92**	**9**	**62**	**21**
屯溪区	35	35	20	1	19	6		6	
黄山区	53	53	86	7	79	8		7	1
徽州区	30	30	30	6	24	4		1	3
歙县	121	121	173	9	164	48	7	32	9
休宁县	56	56	77	4	73	16	1	12	3
黟县	28	28	29		29	3		1	2
祁门县	14	14	8		8	7	1	3	3
滁州市	**1180**	**1180**	**1113**	**185**	**928**	**389**	**52**	**262**	**75**
琅琊区	7	7	2	1	1	2	2		
南谯区	315	315	104	13	91	47	7	24	16
来安县	154	154	150	22	128	52	6	38	8
全椒县	192	192	136	17	119	40	4	29	7
定远县	248	248	340	51	289	141	21	102	18
凤阳县	77	77	173	46	127	44	3	31	10
苏滁现代产业园									
滁州经济技术开发区	10	10	24		24	9	1	2	6
天长市	49	49	74	10	64	30	5	21	4
明光市	128	128	110	25	85	24	3	15	6

4-4c　续表 83　　　　单位：人

地区 性别	房地产业		租赁和商务服务业			科学研究和技术服务业			
	小计	房地产业	小计	租赁业	商务服务业	小计	研究和试验发展	专业技术服务业	科技推广和应用服务业
阜阳市	**1495**	**1495**	**3419**	**404**	**3015**	**819**	**61**	**559**	**199**
颍州区	98	98	150	26	124	24	3	19	2
颍东区	155	155	176	33	143	54	4	41	9
颍泉区	71	71	123	18	105	19	1	14	4
临泉县	306	306	977	105	872	250	12	154	84
太和县	169	169	499	76	423	152	9	90	53
阜南县	214	214	525	52	473	126	13	95	18
颍上县	374	374	806	78	728	157	16	119	22
阜阳合肥现代产业园区	21	21	29	5	24	9		7	2
阜阳经济技术开发区	21	21	19	3	16	7	1	5	1
界首市	66	66	115	8	107	21	2	15	4
宿州市	**693**	**693**	**1009**	**196**	**813**	**313**	**41**	**214**	**58**
埇桥区	279	279	305	68	237	85	12	61	12
砀山县	96	96	153	7	146	46	12	32	2
萧县	108	108	227	66	161	73	11	47	15
灵璧县	68	68	148	32	116	55	5	38	12
泗县	104	104	174	23	151	54	1	36	17
宿州马鞍山现代产业园区	38	38	2		2				
宿州经济技术开发区									
六安市	**1067**	**1067**	**2191**	**258**	**1933**	**531**	**63**	**342**	**126**
金安区	160	160	522	30	492	62	3	45	14
裕安区	222	222	327	27	300	91	8	64	19
叶集区	24	24	37	12	25	13	3	6	4
霍邱县	124	124	295	72	223	59	2	43	14
舒城县	337	337	514	60	454	148	31	94	23
金寨县	134	134	349	43	306	114	9	62	43
霍山县	66	66	147	14	133	44	7	28	9
亳州市	**367**	**367**	**910**	**129**	**781**	**183**	**26**	**132**	**25**
谯城区	149	149	206	40	166	38	2	32	4
涡阳县	62	62	279	27	252	45	11	27	7
蒙城县	87	87	226	45	181	50	9	33	8
利辛县	69	69	199	17	182	50	4	40	6
池州市	**238**	**238**	**460**	**32**	**428**	**128**	**13**	**82**	**33**
贵池区	46	46	66	12	54	16	3	12	1
东至县	136	136	238	13	225	102	10	61	31
石台县	5	5	37	1	36	1		1	
青阳县	38	38	60	6	54	5		4	1
池州市国家经济技术开发区									
皖江江南新兴产业集中区									
九华山风景区	13	13	59		59	4		4	
宣城市	**211**	**211**	**418**	**76**	**342**	**139**	**17**	**105**	**17**
宣州区	48	48	108	31	77	26	4	21	1
郎溪县	27	27	54	7	47	27	1	21	5
泾县	37	37	55	8	47	19	1	17	1
绩溪县	4	4	21	2	19	5	4	1	
旌德县	9	9	24		24	5		1	4
宣城市经济开发区	12	12	17	1	16	2		2	
宁国市	41	41	57	13	44	19	2	13	4
广德市	33	33	82	14	68	36	5	29	2

4-4c 续表 84　　单位：人

地区 性别	房地产业		租赁和商务服务业			科学研究和技术服务业			
	小计	房地产业	小计	租赁业	商务服务业	小计	研究和试验发展	专业技术服务业	科技推广和应用服务业
男	**7361**	**7361**	**11880**	**2013**	**9867**	**3772**	**442**	**2584**	**746**
合肥市	**818**	**818**	**1065**	**304**	**761**	**417**	**41**	**291**	**85**
瑶海区	21	21	31	4	27	14	2	10	2
庐阳区	5	5	4	2	2	5	4	1	
蜀山区	1	1	5		5	2		2	
包河区			12	12		2		2	
长丰县	106	106	243	71	172	43	5	26	12
肥东县	212	212	377	123	254	135	16	88	31
肥西县	184	184	160	43	117	82	7	52	23
庐江县	224	224	186	37	149	90	3	75	12
合肥高新技术产业开发区									
合肥经济技术开发区	2	2	2	1	1				
合肥新站高新技术产业开发区	8	8	1		1				
巢湖市	55	55	44	11	33	44	4	35	5
芜湖市	**633**	**633**	**734**	**76**	**658**	**266**	**39**	**173**	**54**
镜湖区	2	2	4	1	3	1	1		
弋江区									
鸠江区	36	36	51	4	47	11	2	7	2
三山区	24	24	8	4	4	3	1	2	
芜湖县	57	57	36	5	31	26	3	16	7
繁昌县	41	41	46	5	41	20	6	11	3
南陵县	139	139	103	16	87	46	5	29	12
芜湖经济技术开发区									
安徽芜湖长江大桥经济开发区	1	1	7	6	1				
无为市	333	333	479	35	444	159	21	108	30
蚌埠市	**183**	**183**	**272**	**46**	**226**	**91**	**16**	**55**	**20**
龙子湖区	19	19	23	2	21	8		6	2
蚌山区	11	11	4		4	2		2	
禹会区	12	12	31	2	29	8	3	5	
淮上区	8	8	20	2	18	10	1	5	4
怀远县	30	30	45	13	32	9	2	5	2
五河县	48	48	95	15	80	32	6	17	9
固镇县	55	55	54	12	42	22	4	15	3
蚌埠市高新技术开发区									
蚌埠市经济开发区									
淮南市	**352**	**352**	**442**	**99**	**343**	**127**	**16**	**88**	**23**
大通区	25	25	12	3	9				
田家庵区	3	3	13	5	8	1	1		
谢家集区	8	8	16	4	12	6		3	3
八公山区	6	6	6		6	2		2	
潘集区	22	22	41	21	20	5	2	3	
凤台县	52	52	106	18	88	26	2	23	1
寿县	236	236	248	48	200	87	11	57	19

4-4c 续表 85　　单位：人

地区 性别	房地产业		租赁和商务服务业			科学研究和技术服务业			
	小计	房地产业	小计	租赁业	商务服务业	小计	研究和试验发展	专业技术服务业	科技推广和应用服务业
马鞍山市	**147**	**147**	**336**	**43**	**293**	**118**	**14**	**67**	**37**
花山区	7	7	9		9	5		3	2
雨山区	4	4	22		22	3		3	
博望区	12	12	32	7	25	11	5	3	3
当涂县	17	17	62	14	48	17	1	5	11
含山县	60	60	152	12	140	67	7	39	21
和县	47	47	59	10	49	15	1	14	
淮北市	**101**	**101**	**236**	**59**	**177**	**79**	**11**	**59**	**9**
杜集区	22	22	45	10	35	19	1	16	2
相山区	16	16	17	3	14	10	1	9	
烈山区	14	14	32	11	21	7	1	4	2
濉溪县	49	49	142	35	107	43	8	30	5
铜陵市	**82**	**82**	**163**	**13**	**150**	**39**	**4**	**29**	**6**
铜官区	8	8	7	2	5	3		3	
义安区	30	30	52		52	9	1	5	3
郊区	11	11	34	2	32	7		5	2
枞阳县	33	33	70	9	61	20	3	16	1
安庆市	**1121**	**1121**	**1521**	**150**	**1371**	**786**	**101**	**535**	**150**
迎江区	2	2				4	1	3	
大观区	11	11	18		18	5		3	2
宜秀区	4	4	7	1	6	1	1		
怀宁县	100	100	267	16	251	118	15	85	18
太湖县	139	139	302	32	270	125	10	81	34
宿松县	275	275	262	34	228	167	26	110	31
望江县	284	284	234	20	214	119	13	84	22
岳西县	113	113	194	19	175	90	10	51	29
安徽安庆经济开发区	1	1	2		2	1		1	
桐城市	76	76	118	15	103	88	19	64	5
潜山市	116	116	117	13	104	68	6	53	9
黄山市	**216**	**216**	**276**	**25**	**251**	**62**	**7**	**43**	**12**
屯溪区	16	16	10	1	9	5		5	
黄山区	34	34	56	6	50	5		5	
徽州区	21	21	24	6	18	3		1	2
歙县	83	83	111	8	103	32	5	23	4
休宁县	30	30	50	4	46	11	1	7	3
黟县	20	20	20		20	1			1
祁门县	12	12	5		5	5	1	2	2
滁州市	**898**	**898**	**801**	**169**	**632**	**264**	**33**	**183**	**48**
琅琊区	6	6	2	1	1	2	2		
南谯区	279	279	72	13	59	30	2	19	9
来安县	109	109	117	22	95	37	4	29	4
全椒县	133	133	85	15	70	29	2	23	4
定远县	175	175	240	47	193	91	14	64	13
凤阳县	64	64	131	40	91	24	2	17	5
苏滁现代产业园									
滁州经济技术开发区	7	7	16		16	8		2	6
天长市	41	41	51	8	43	24	4	16	4
明光市	84	84	87	23	64	19	3	13	3

4-4c 续表 86

单位：人

地区 性别	房地产业		租赁和商务服务业			科学研究和技术服务业			
	小计	房地产业	小计	租赁业	商务服务业	小计	研究和试验发展	专业技术服务业	科技推广和应用服务业
阜阳市	**1006**	**1006**	**2432**	**380**	**2052**	**572**	**42**	**401**	**129**
颍州区	66	66	120	26	94	18	3	13	2
颍东区	103	103	121	32	89	40	2	30	8
颍泉区	40	40	90	17	73	10	1	8	1
临泉县	211	211	660	98	562	174	8	115	51
太和县	119	119	368	73	295	108	7	67	34
阜南县	139	139	376	46	330	88	7	70	11
颍上县	255	255	574	72	502	110	12	81	17
阜阳合肥现代产业园区	10	10	20	5	15	8		6	2
阜阳经济技术开发区	13	13	16	3	13	2		2	
界首市	50	50	87	8	79	14	2	9	3
宿州市	**477**	**477**	**733**	**181**	**552**	**225**	**30**	**159**	**36**
埇桥区	186	186	227	58	169	60	8	45	7
砀山县	70	70	107	6	101	39	10	27	2
萧县	75	75	169	64	105	50	7	32	11
灵璧县	41	41	103	31	72	37	5	25	7
泗县	76	76	125	22	103	39		30	9
宿州马鞍山现代产业园区	29	29	2		2				
宿州经济技术开发区									
六安市	**756**	**756**	**1560**	**241**	**1319**	**390**	**44**	**261**	**85**
金安区	106	106	364	26	338	49	3	37	9
裕安区	149	149	237	25	212	70	7	48	15
叶集区	16	16	30	12	18	12	3	6	3
霍邱县	89	89	236	71	165	45	2	34	9
舒城县	243	243	364	56	308	100	17	65	18
金寨县	100	100	227	37	190	80	8	47	25
霍山县	53	53	102	14	88	34	4	24	6
亳州市	**250**	**250**	**705**	**125**	**580**	**130**	**19**	**95**	**16**
谯城区	102	102	165	38	127	29	2	23	4
涡阳县	38	38	205	27	178	36	10	22	4
蒙城县	59	59	168	43	125	33	4	25	4
利辛县	51	51	167	17	150	32	3	25	4
池州市	**159**	**159**	**293**	**29**	**264**	**97**	**12**	**60**	**25**
贵池区	28	28	53	11	42	11	3	8	
东至县	93	93	146	12	134	77	9	44	24
石台县	4	4	17		17	1		1	
青阳县	22	22	47	6	41	5		4	1
池州市国家经济技术开发区									
皖江江南新兴产业集中区									
九华山风景区	12	12	30		30	3		3	
宣城市	**162**	**162**	**311**	**73**	**238**	**109**	**13**	**85**	**11**
宣州区	31	31	79	30	49	22	3	18	1
郎溪县	22	22	41	7	34	21	1	16	4
泾县	32	32	40	7	33	19	1	17	1
绩溪县	4	4	15	2	13	3	2	1	
旌德县	8	8	17		17				
宣城市经济开发区	8	8	13	1	12	2		2	
宁国市	30	30	45	13	32	16	2	11	3
广德市	27	27	61	13	48	26	4	20	2

4-4c 续表 87

单位：人

地区 性别	房地产业		租赁和商务服务业			科学研究和技术服务业			
	小计	房地产业	小计	租赁业	商务服务业	小计	研究和试验发展	专业技术服务业	科技推广和应用服务业
女	**3126**	**3126**	**4923**	**132**	**4791**	**1435**	**175**	**886**	**374**
合肥市	**383**	**383**	**437**	**17**	**420**	**120**	**18**	**77**	**25**
瑶海区	8	8	16	1	15	4		4	
庐阳区	3	3	2		2				
蜀山区	1	1	1		1	1			1
包河区			2	1	1				
长丰县	67	67	69	2	67	16	1	13	2
肥东县	86	86	183	10	173	27	3	11	13
肥西县	104	104	54	1	53	31	9	15	7
庐江县	93	93	79	2	77	32	4	26	2
合肥高新技术产业开发区									
合肥经济技术开发区	1	1							
合肥新站高新技术产业开发区	2	2	4		4	1		1	
巢湖市	18	18	27		27	8	1	7	
芜湖市	**205**	**205**	**318**	**5**	**313**	**89**	**12**	**56**	**21**
镜湖区	2	2	1		1	5		5	
弋江区									
鸠江区	10	10	22		22	1	1		
三山区	7	7	5		5	2		2	
芜湖县	27	27	19		19	5	1	3	1
繁昌县	13	13	12		12	7		5	2
南陵县	48	48	51	2	49	14	3	8	3
芜湖经济技术开发区	1	1							
安徽芜湖长江大桥经济开发区	2	2	2	1	1				
无为市	95	95	206	2	204	55	7	33	15
蚌埠市	**91**	**91**	**102**	**1**	**101**	**28**	**3**	**20**	**5**
龙子湖区	3	3	10		10				
蚌山区	4	4							
禹会区	4	4	7		7	4		4	
淮上区	5	5	7		7	2		2	
怀远县	20	20	23		23	4		4	
五河县	33	33	36	1	35	13	2	7	4
固镇县	22	22	19		19	5	1	3	1
蚌埠市高新技术开发区									
蚌埠市经济开发区									
淮南市	**159**	**159**	**123**	**6**	**117**	**47**	**6**	**28**	**13**
大通区	13	13	3		3				
田家庵区			2		2	2		2	
谢家集区	1	1	5		5	5			5
八公山区			1		1	1		1	
潘集区	13	13	11	1	10	1		1	
凤台县	40	40	26	1	25	7		7	
寿县	92	92	75	4	71	31	6	17	8

4-4c 续表 88 单位：人

地区 性别	房地产业		租赁和商务服务业			科学研究和技术服务业			
	小计	房地产业	小计	租赁业	商务服务业	小计	研究和试验发展	专业技术服务业	科技推广和应用服务业
马鞍山市	**65**	**65**	**161**	**6**	**155**	**44**	**3**	**18**	**23**
花山区	3	3	7		7				
雨山区	3	3	3		3	2		2	
博望区	5	5	14		14	3	1		2
当涂县	15	15	32	1	31	6	1	2	3
含山县	25	25	82	3	79	32	1	13	18
和县	14	14	23	2	21	1		1	
淮北市	**27**	**27**	**70**	**2**	**68**	**31**	**5**	**24**	**2**
杜集区	4	4	12	1	11	8		7	1
相山区	1	1	4		4				
烈山区	3	3	7		7	3	1	2	
濉溪县	19	19	47	1	46	20	4	15	1
铜陵市	**41**	**41**	**67**		**67**	**15**	**1**	**9**	**5**
铜官区	6	6	2		2	1		1	
义安区	11	11	16		16	5		4	1
郊区	10	10	13		13				
枞阳县	14	14	36		36	9	1	4	4
安庆市	**491**	**491**	**813**	**11**	**802**	**316**	**45**	**183**	**88**
迎江区	1	1	1		1				
大观区	8	8	6		6	2		2	
宜秀区	3	3	3		3	4	1	3	
怀宁县	45	45	133		133	43	9	23	11
太湖县	68	68	173	1	172	78	7	35	36
宿松县	96	96	115	4	111	58	6	39	13
望江县	151	151	150	3	147	52	10	34	8
岳西县	33	33	91	1	90	31	3	16	12
安徽安庆经济开发区	2	2	1		1				
桐城市	47	47	80		80	24	1	18	5
潜山市	37	37	60	2	58	24	8	13	3
黄山市	**121**	**121**	**147**	**2**	**145**	**30**	**2**	**19**	**9**
屯溪区	19	19	10		10	1		1	
黄山区	19	19	30	1	29	3		2	1
徽州区	9	9	6		6	1			1
歙县	38	38	62	1	61	16	2	9	5
休宁县	26	26	27		27	5		5	
黟县	8	8	9		9	2		1	1
祁门县	2	2	3		3	2		1	1
滁州市	**282**	**282**	**312**	**16**	**296**	**125**	**19**	**79**	**27**
琅琊区	1	1							
南谯区	36	36	32		32	17	5	5	7
来安县	45	45	33		33	15	2	9	4
全椒县	59	59	51	2	49	11	2	6	3
定远县	73	73	100	4	96	50	7	38	5
凤阳县	13	13	42	6	36	20	1	14	5
苏滁现代产业园									
滁州经济技术开发区	3	3	8		8	1	1		
天长市	8	8	23	2	21	6	1	5	
明光市	44	44	23	2	21	5		2	3

4-4c　续表 89　　　　　　　　　　　　　　　　　　单位：人

地　区 性　别	房地产业		租赁和商务服务业			科学研究和技术服务业			
	小计	房地产业	小计	租赁业	商　务 服务业	小计	研究和 试验发展	专业技术 服务业	科技推广 和应用 服务业
阜阳市	**489**	**489**	**987**	**24**	**963**	**247**	**19**	**158**	**70**
颍州区	32	32	30		30	6		6	
颍东区	52	52	55	1	54	14	2	11	1
颍泉区	31	31	33	1	32	9		6	3
临泉县	95	95	317	7	310	76	4	39	33
太和县	50	50	131	3	128	44	2	23	19
阜南县	75	75	149	6	143	38	6	25	7
颍上县	119	119	232	6	226	47	4	38	5
阜阳合肥现代产业园区	11	11	9		9	1		1	
阜阳经济技术开发区	8	8	3		3	5	1	3	1
界首市	16	16	28		28	7		6	1
宿州市	**216**	**216**	**276**	**15**	**261**	**88**	**11**	**55**	**22**
埇桥区	93	93	78	10	68	25	4	16	5
砀山县	26	26	46	1	45	7	2	5	
萧县	33	33	58	2	56	23	4	15	4
灵璧县	27	27	45	1	44	18		13	5
泗县	28	28	49	1	48	15	1	6	8
宿州马鞍山现代产业园区	9	9							
宿州经济技术开发区									
六安市	**311**	**311**	**631**	**17**	**614**	**141**	**19**	**81**	**41**
金安区	54	54	158	4	154	13		8	5
裕安区	73	73	90	2	88	21	1	16	4
叶集区	8	8	7		7	1			1
霍邱县	35	35	59	1	58	14		9	5
舒城县	94	94	150	4	146	48	14	29	5
金寨县	34	34	122	6	116	34	1	15	18
霍山县	13	13	45		45	10	3	4	3
亳州市	**117**	**117**	**205**	**4**	**201**	**53**	**7**	**37**	**9**
谯城区	47	47	41	2	39	9		9	
涡阳县	24	24	74		74	9	1	5	3
蒙城县	28	28	58	2	56	17	5	8	4
利辛县	18	18	32		32	18	1	15	2
池州市	**79**	**79**	**167**	**3**	**164**	**31**	**1**	**22**	**8**
贵池区	18	18	13	1	12	5		4	1
东至县	43	43	92	1	91	25	1	17	7
石台县	1	1	20	1	19				
青阳县	16	16	13		13				
池州市国家经济技术开发区									
皖江江南新兴产业集中区									
九华山风景区	1	1	29		29	1		1	
宣城市	**49**	**49**	**107**	**3**	**104**	**30**	**4**	**20**	**6**
宣州区	17	17	29	1	28	4	1	3	
郎溪县	5	5	13		13	6		5	1
泾县	5	5	15	1	14				
绩溪县			6		6	2	2		
旌德县	1	1	7		7	5		1	4
宣城市经济开发区	4	4	4		4				
宁国市	11	11	12		12	3		2	1
广德市	6	6	21	1	20	10	1	9	

4-4c 续表 90 单位：人

地区 性别	水利、环境和公共设施管理业					居民服务、修理和其他服务业			
	小计	水利管理业	生态保护和环境治理业	公共设施管理业	土地管理业	小计	居民服务业	机动车、电子产品和日用产品修理业	其他服务业
安徽	**11619**	**286**	**761**	**10526**	**46**	**38608**	**21705**	**8998**	**7905**
合肥市	**1340**	**43**	**34**	**1258**	**5**	**2602**	**1225**	**765**	**612**
瑶海区	12		1	11		39	24	12	3
庐阳区	25			25		7	5	2	
蜀山区	13	1		12		11	4		7
包河区	2			2		4	1	2	1
长丰县	359	2	8	348	1	410	198	94	118
肥东县	244	10	7	226	1	813	337	283	193
肥西县	281	11	4	266		442	205	130	107
庐江县	216	17	7	190	2	634	314	207	113
合肥高新技术产业开发区									
合肥经济技术开发区	12			12		1	1		
合肥新站高新技术产业开发区	2		1	1		1	1		
巢湖市	174	2	6	165	1	240	135	35	70
芜湖市	**502**	**25**	**35**	**441**	**1**	**3444**	**2516**	**485**	**443**
镜湖区	9	2		7		26	16	6	4
弋江区									
鸠江区	26	11		15		257	193	36	28
三山区	10		1	9		78	47	23	8
芜湖县	55	3	3	49		209	173	22	14
繁昌县	44		2	42		225	129	60	36
南陵县	89	2	2	85		745	595	95	55
芜湖经济技术开发区	1			1		3	1	2	
安徽芜湖长江大桥经济开发区	6			6		5	1		4
无为市	262	7	27	227	1	1896	1361	241	294
蚌埠市	**240**	**15**	**16**	**209**		**1168**	**576**	**274**	**318**
龙子湖区	27		4	23		69	19	16	34
蚌山区	10		1	9		24	8	8	8
禹会区	25		4	21		140	64	42	34
淮上区	13	1		12		100	48	25	27
怀远县	61	5		56		295	178	68	49
五河县	47	7	2	38		280	123	61	96
固镇县	57	2	5	50		260	136	54	70
蚌埠市高新技术开发区									
蚌埠市经济开发区									
淮南市	**328**	**6**	**11**	**311**		**1289**	**652**	**378**	**259**
大通区	25		2	23		47	26	16	5
田家庵区	11			11		30	13	13	4
谢家集区	5			5		35	15	16	4
八公山区	4			4		8	3	4	1
潘集区	32	1		31		102	56	28	18
凤台县	78	2	7	69		293	160	85	48
寿县	173	3	2	168		774	379	216	179

4-4c　续表 91　　　　　　　　　　　　　　　　　　　　　　　　单位：人

地　区 性　别	水利、环境和公共设施管理业					居民服务、修理和其他服务业			
	小计	水　利 管理业	生态保护 和环境 治理业	公共设施 管理业	土　地 管理业	小计	居　民 服务业	机动车、 电子产品 和日用产 品修理业	其　他 服务业
马鞍山市	**287**	**21**	**14**	**251**	**1**	**1033**	**617**	**167**	**249**
花山区	1			1		40	30	3	7
雨山区	5		2	3		36	14	9	13
博望区	17	1	1	15		112	62	17	33
当涂县	78	3	3	71	1	208	115	49	44
含山县	67		2	65		476	313	63	100
和县	119	17	6	96		161	83	26	52
淮北市	**226**	**5**	**9**	**212**		**692**	**275**	**231**	**186**
杜集区	36		1	35		38	16	14	8
相山区	18			18		86	34	26	26
烈山区	40	1	3	36		76	37	19	20
濉溪县	132	4	5	123		492	188	172	132
铜陵市	**181**	**7**	**15**	**156**	**3**	**373**	**216**	**85**	**72**
铜官区	9		1	8		21	11	3	7
义安区	46	1	7	37	1	148	104	26	18
郊区	39	2	5	31	1	53	22	22	9
枞阳县	87	4	2	80	1	151	79	34	38
安庆市	**983**	**35**	**115**	**825**	**8**	**4237**	**2787**	**849**	**601**
迎江区	21			21		9	4	3	2
大观区	6	2	1	3		32	23	9	
宜秀区	38			38		21	8	9	4
怀宁县	93	2	12	77	2	429	228	91	110
太湖县	149	4	32	110	3	630	278	273	79
宿松县	172		23	149		666	410	155	101
望江县	135	11	8	116		1423	1200	98	125
岳西县	151	9	24	117	1	349	219	74	56
安徽安庆经济开发区	2			2		12	7		5
桐城市	105	3	8	94		298	162	69	67
潜山市	111	4	7	98	2	368	248	68	52
黄山市	**304**	**4**	**18**	**281**	**1**	**940**	**549**	**199**	**192**
屯溪区	21	1		20		50	26	10	14
黄山区	46		1	44	1	110	78	17	15
徽州区	14		2	12		43	24	8	11
歙县	126		9	117		406	228	91	87
休宁县	34	2		32		215	118	54	43
黟县	38	1	4	33		63	36	9	18
祁门县	25		2	23		53	39	10	4
滁州市	**1012**	**31**	**38**	**937**	**6**	**3012**	**1755**	**751**	**506**
琅琊区	8		1	7		15	7	4	4
南谯区	178	4	5	169		157	57	46	54
来安县	164	10	4	148	2	425	257	82	86
全椒县	149	3	7	138	1	516	356	77	83
定远县	222	9	13	197	3	713	337	225	151
凤阳县	114	1	5	108		546	285	186	75
苏滁现代产业园									
滁州经济技术开发区	1			1		18	7	4	7
天长市	71	1		70		281	213	60	8
明光市	105	3	3	99		341	236	67	38

4-4c 续表 92

单位：人

地区 性别	水利、环境和公共设施管理业 小计	水利管理业	生态保护和环境治理业	公共设施管理业	土地管理业	居民服务、修理和其他服务业 小计	居民服务业	机动车、电子产品和日用产品修理业	其他服务业
阜阳市	**2455**	**40**	**154**	**2254**	**7**	**8418**	**4503**	**1982**	**1933**
颍州区	105		1	104		379	182	110	87
颍东区	283	13	7	262	1	543	259	139	145
颍泉区	127		7	119	1	424	181	117	126
临泉县	522	9	52	457	4	2619	1718	508	393
太和县	341	2	7	332		990	507	276	207
阜南县	210	3	31	176		1342	683	338	321
颍上县	745	13	30	701	1	1625	723	360	542
阜阳合肥现代产业园区	16			16		57	19	18	20
阜阳经济技术开发区	9		1	8		33	12	15	6
界首市	97		18	79		406	219	101	86
宿州市	**802**	**10**	**57**	**733**	**2**	**2903**	**1510**	**815**	**578**
埇桥区	313		22	290	1	1009	580	270	159
砀山县	57		6	51		356	174	114	68
萧县	113	3	6	104		654	307	202	145
灵璧县	190	5	12	173		513	258	131	124
泗县	120	2	10	107	1	367	189	97	81
宿州马鞍山现代产业园区	9		1	8		4	2	1	1
宿州经济技术开发区									
六安市	**1068**	**16**	**131**	**917**	**4**	**3932**	**2247**	**818**	**867**
金安区	143		6	135	2	657	446	105	106
裕安区	250	6	48	196		627	323	150	154
叶集区	57	1	4	52		99	49	20	30
霍邱县	178	4	12	160	2	705	349	170	186
舒城县	239	4	28	207		1046	628	209	209
金寨县	150	1	26	123		529	264	117	148
霍山县	51		7	44		269	188	47	34
亳州市	**1220**	**6**	**82**	**1130**	**2**	**2853**	**1223**	**831**	**799**
谯城区	333	1	7	325		718	286	218	214
涡阳县	393	2	59	331	1	784	363	246	175
蒙城县	259	3	15	240	1	550	221	163	166
利辛县	235		1	234		801	353	204	244
池州市	**259**	**11**	**15**	**233**		**667**	**418**	**129**	**120**
贵池区	82	6	2	74		124	81	22	21
东至县	81	2	7	72		327	214	56	57
石台县	28	3	2	23		40	18	8	14
青阳县	43		4	39		160	92	41	27
池州市国家经济技术开发区									
皖江江南新兴产业集中区									
九华山风景区	25			25		16	13	2	1
宣城市	**412**	**11**	**17**	**378**	**6**	**1045**	**636**	**239**	**170**
宣州区	80	3	2	75		277	154	79	44
郎溪县	52	4	6	41	1	127	71	35	21
泾县	65	2	3	60		157	115	16	26
绩溪县	26		2	24		39	17	12	10
旌德县	21			21		98	78	5	15
宣城市经济开发区	32		2	30		19	12	5	2
宁国市	52	1	2	48	1	109	69	25	15
广德市	84	1		79	4	219	120	62	37

4-4c 续表 93 单位：人

地区 性别	水利、环境和公共设施管理业					居民服务、修理和其他服务业			
	小计	水利管理业	生态保护和环境治理业	公共设施管理业	土地管理业	小计	居民服务业	机动车、电子产品和日用产品修理业	其他服务业
男	**7515**	**247**	**552**	**6676**	**40**	**19737**	**8061**	**7841**	**3835**
合肥市	**797**	**33**	**20**	**740**	**4**	**1453**	**470**	**689**	**294**
瑶海区	6			6		16	4	11	1
庐阳区	14			14		4	2	2	
蜀山区	9	1		8		3	1		2
包河区	1			1		2		2	
长丰县	203	1	5	197		239	89	84	66
肥东县	138	8	5	124	1	440	111	262	67
肥西县	174	8	4	162		256	85	115	56
庐江县	152	13	3	134	2	363	123	180	60
合肥高新技术产业开发区									
合肥经济技术开发区	6			6					
合肥新站高新技术产业开发区	1		1			1	1		
巢湖市	93	2	2	88	1	129	54	33	42
芜湖市	**337**	**23**	**24**	**290**		**1285**	**689**	**408**	**188**
镜湖区	6	2		4		15	8	6	1
弋江区									
鸠江区	20	9		11		88	50	30	8
三山区	5		1	4		38	17	19	2
芜湖县	33	3	3	27		85	58	18	9
繁昌县	26		1	25		111	41	48	22
南陵县	62	2	1	59		239	133	79	27
芜湖经济技术开发区						2	1	1	
安徽芜湖长江大桥经济开发区	3			3					
无为市	182	7	18	157		707	381	207	119
蚌埠市	**170**	**13**	**13**	**144**		**661**	**247**	**234**	**180**
龙子湖区	15		3	12		36	10	14	12
蚌山区	4		1	3		19	6	7	6
禹会区	17		2	15		80	29	34	17
淮上区	10	1		9		53	14	24	15
怀远县	47	5		42		156	73	57	26
五河县	34	5	2	27		165	47	53	65
固镇县	43	2	5	36		152	68	45	39
蚌埠市高新技术开发区									
蚌埠市经济开发区									
淮南市	**228**	**5**	**4**	**219**		**714**	**274**	**328**	**112**
大通区	15		1	14		26	10	15	1
田家庵区	7			7		15	4	9	2
谢家集区	1			1		16	3	12	1
八公山区	4			4		6	2	4	
潘集区	18	1		17		58	23	27	8
凤台县	51	2	2	47		181	79	74	28
寿县	132	2	1	129		412	153	187	72

4-4c 续表 94　　　　单位：人

地区 性别	水利、环境和公共设施管理业 小计	水利管理业	生态保护和环境治理业	公共设施管理业	土地管理业	居民服务、修理和其他服务业 小计	居民服务业	机动车、电子产品和日用产品修理业	其他服务业
马鞍山市	**167**	**20**	**11**	**135**	**1**	**494**	**213**	**152**	**129**
花山区						28	20	3	5
雨山区	3		2	1		16	4	6	6
博望区	11	1	1	9		63	27	17	19
当涂县	49	3	2	43	1	110	40	46	24
含山县	32			32		184	83	57	44
和县	72	16	6	50		93	39	23	31
淮北市	**136**	**4**	**5**	**127**		**410**	**108**	**201**	**101**
杜集区	21		1	20		23	4	14	5
相山区	9			9		55	16	24	15
烈山区	23	1	2	20		37	12	16	9
濉溪县	83	3	2	78		295	76	147	72
铜陵市	**136**	**7**	**13**	**113**	**3**	**183**	**80**	**71**	**32**
铜官区	7		1	6		3	1	2	
义安区	28	1	5	21	1	69	36	24	9
郊区	34	2	5	26	1	29	9	17	3
枞阳县	67	4	2	60	1	82	34	28	20
安庆市	**726**	**30**	**87**	**603**	**6**	**1830**	**804**	**757**	**269**
迎江区	14			14		7	3	2	2
大观区	6	2	1	3		12	4	8	
宜秀区	20			20		14	4	7	3
怀宁县	68	2	6	58	2	226	96	79	51
太湖县	104	3	22	77	2	381	92	251	38
宿松县	131		20	111		350	158	142	50
望江县	93	9	6	78		347	224	82	41
岳西县	125	7	22	96		157	64	67	26
安徽安庆经济开发区						3	1		2
桐城市	84	3	6	75		162	68	60	34
潜山市	81	4	4	71	2	171	90	59	22
黄山市	**210**	**4**	**14**	**191**	**1**	**400**	**139**	**179**	**82**
屯溪区	12	1		11		15	4	8	3
黄山区	29		1	27	1	38	16	14	8
徽州区	10		2	8		22	8	8	6
歙县	87		6	81		189	64	86	39
休宁县	26	2		24		94	31	47	16
黟县	25	1	3	21		27	10	8	9
祁门县	21		2	19		15	6	8	1
滁州市	**621**	**26**	**27**	**563**	**5**	**1490**	**599**	**643**	**248**
琅琊区	4		1	3		7	2	4	1
南谯区	107	3	4	100		93	23	41	29
来安县	106	8	4	92	2	189	74	73	42
全椒县	83	3	5	74	1	171	76	62	33
定远县	143	7	8	126	2	398	130	191	77
凤阳县	70	1	2	67		299	98	160	41
苏滁现代产业园									
滁州经济技术开发区	1			1		10	3	4	3
天长市	41	1		40		157	103	51	3
明光市	66	3	3	60		166	90	57	19

4-4c 续表 95

单位：人

地区 性别	水利、环境和公共设施管理业					居民服务、修理和其他服务业			
	小计	水利管理业	生态保护和环境治理业	公共设施管理业	土地管理业	小计	居民服务业	机动车、电子产品和日用产品修理业	其他服务业
阜阳市	**1436**	**34**	**104**	**1291**	**7**	**4640**	**2002**	**1718**	**920**
颍州区	69		1	68		211	77	96	38
颍东区	154	11	6	136	1	307	113	130	64
颍泉区	72		4	67	1	236	71	101	64
临泉县	299	8	31	256	4	1472	866	423	183
太和县	205	2	3	200		576	211	242	123
阜南县	134	3	23	108		699	273	287	139
颍上县	428	10	22	395	1	831	259	318	254
阜阳合肥现代产业园区	10			10		35	8	18	9
阜阳经济技术开发区	8		1	7		22	6	14	2
界首市	57		13	44		251	118	89	44
宿州市	**525**	**10**	**43**	**470**	**2**	**1639**	**633**	**696**	**310**
埇桥区	206		18	187	1	564	251	234	79
砀山县	33		3	30		197	64	95	38
萧县	68	3	5	60		385	132	173	80
灵璧县	138	5	9	124		297	111	113	73
泗县	72	2	7	62	1	192	73	80	39
宿州马鞍山现代产业园区	8		1	7		4	2	1	1
宿州经济技术开发区									
六安市	**716**	**13**	**104**	**595**	**4**	**1874**	**790**	**698**	**386**
金安区	84		4	78	2	330	198	92	40
裕安区	173	4	38	131		314	109	129	76
叶集区	36	1	4	31		60	27	17	16
霍邱县	126	4	10	110	2	361	141	138	82
舒城县	160	3	20	137		434	169	184	81
金寨县	96	1	21	74		274	103	98	73
霍山县	41		7	34		101	43	40	18
亳州市	**785**	**5**	**57**	**721**	**2**	**1782**	**618**	**736**	**428**
谯城区	216	1	6	209		444	128	194	122
涡阳县	254	1	39	213	1	513	198	220	95
蒙城县	166	3	11	151	1	344	108	145	91
利辛县	149		1	148		481	184	177	120
池州市	**209**	**10**	**13**	**186**		**316**	**138**	**121**	**57**
贵池区	64	5	2	57		57	24	20	13
东至县	67	2	6	59		139	67	53	19
石台县	22	3	2	17		19	6	8	5
青阳县	34		3	31		96	37	39	20
池州市国家经济技术开发区									
皖江江南新兴产业集中区									
九华山风景区	22			22		5	4	1	
宣城市	**316**	**10**	**13**	**288**	**5**	**566**	**257**	**210**	**99**
宣州区	58	2		56		151	63	63	25
郎溪县	42	4	5	32	1	69	26	32	11
泾县	55	2	2	51		79	48	15	16
绩溪县	17		2	15		26	8	11	7
旌德县	16			16		32	20	5	7
宣城市经济开发区	25		2	23		8	3	5	
宁国市	40	1	2	36	1	59	27	22	10
广德市	63	1		59	3	142	62	57	23

4-4c 续表 96

单位：人

地区 性别	水利、环境和公共设施管理业					居民服务、修理和其他服务业			
	小计	水利管理业	生态保护和环境治理业	公共设施管理业	土地管理业	小计	居民服务业	机动车、电子产品和日用产品修理业	其他服务业
女	**4104**	**39**	**209**	**3850**	**6**	**18871**	**13644**	**1157**	**4070**
合肥市	**543**	**10**	**14**	**518**	**1**	**1149**	**755**	**76**	**318**
瑶海区	6		1	5		23	20	1	2
庐阳区	11			11		3	3		
蜀山区	4			4		8	3		5
包河区	1			1		2	1		1
长丰县	156	1	3	151	1	171	109	10	52
肥东县	106	2	2	102		373	226	21	126
肥西县	107	3		104		186	120	15	51
庐江县	64	4	4	56		271	191	27	53
合肥高新技术产业开发区									
合肥经济技术开发区	6			6		1	1		
合肥新站高新技术产业开发区	1			1					
巢湖市	81		4	77		111	81	2	28
芜湖市	**165**	**2**	**11**	**151**	**1**	**2159**	**1827**	**77**	**255**
镜湖区	3			3		11	8		3
弋江区									
鸠江区	6	2		4		169	143	6	20
三山区	5			5		40	30	4	6
芜湖县	22			22		124	115	4	5
繁昌县	18		1	17		114	88	12	14
南陵县	27		1	26		506	462	16	28
芜湖经济技术开发区	1			1		1		1	
安徽芜湖长江大桥经济开发区	3			3		5	1		4
无为市	80		9	70	1	1189	980	34	175
蚌埠市	**70**	**2**	**3**	**65**		**507**	**329**	**40**	**138**
龙子湖区	12		1	11		33	9	2	22
蚌山区	6			6		5	2	1	2
禹会区	8		2	6		60	35	8	17
淮上区	3			3		47	34	1	12
怀远县	14			14		139	105	11	23
五河县	13	2		11		115	76	8	31
固镇县	14			14		108	68	9	31
蚌埠市高新技术开发区									
蚌埠市经济开发区									
淮南市	**100**	**1**	**7**	**92**		**575**	**378**	**50**	**147**
大通区	10		1	9		21	16	1	4
田家庵区	4			4		15	9	4	2
谢家集区	4			4		19	12	4	3
八公山区						2	1		1
潘集区	14			14		44	33	1	10
凤台县	27		5	22		112	81	11	20
寿县	41	1	1	39		362	226	29	107

4-4c 续表 97 单位：人

地 区 性 别	水利、环境和公共设施管理业					居民服务、修理和其他服务业			
	小计	水 利 管理业	生态保护 和环境 治理业	公共设施 管理业	土 地 管理业	小计	居 民 服务业	机动车、 电子产品 和日用产 品修理业	其 他 服务业
马鞍山市	**120**	**1**	**3**	**116**		**539**	**404**	**15**	**120**
花山区	1			1		12	10		2
雨山区	2			2		20	10	3	7
博望区	6			6		49	35		14
当涂县	29		1	28		98	75	3	20
含山县	35		2	33		292	230	6	56
和县	47	1		46		68	44	3	21
淮北市	**90**	**1**	**4**	**85**		**282**	**167**	**30**	**85**
杜集区	15			15		15	12		3
相山区	9			9		31	18	2	11
烈山区	17		1	16		39	25	3	11
濉溪县	49	1	3	45		197	112	25	60
铜陵市	**45**		**2**	**43**		**190**	**136**	**14**	**40**
铜官区	2			2		18	10	1	7
义安区	18		2	16		79	68	2	9
郊区	5			5		24	13	5	6
枞阳县	20			20		69	45	6	18
安庆市	**257**	**5**	**28**	**222**	**2**	**2407**	**1983**	**92**	**332**
迎江区	7			7		2	1	1	
大观区						20	19	1	
宜秀区	18			18		7	4	2	1
怀宁县	25		6	19		203	132	12	59
太湖县	45	1	10	33	1	249	186	22	41
宿松县	41		3	38		316	252	13	51
望江县	42	2	2	38		1076	976	16	84
岳西县	26	2	2	21	1	192	155	7	30
安徽安庆经济开发区	2			2		9	6		3
桐城市	21		2	19		136	94	9	33
潜山市	30		3	27		197	158	9	30
黄山市	**94**		**4**	**90**		**540**	**410**	**20**	**110**
屯溪区	9			9		35	22	2	11
黄山区	17			17		72	62	3	7
徽州区	4			4		21	16		5
歙县	39		3	36		217	164	5	48
休宁县	8			8		121	87	7	27
黟县	13		1	12		36	26	1	9
祁门县	4			4		38	33	2	3
滁州市	**391**	**5**	**11**	**374**	**1**	**1522**	**1156**	**108**	**258**
琅琊区	4			4		8	5		3
南谯区	71	1	1	69		64	34	5	25
来安县	58	2		56		236	183	9	44
全椒县	66		2	64		345	280	15	50
定远县	79	2	5	71	1	315	207	34	74
凤阳县	44		3	41		247	187	26	34
苏滁现代产业园									
滁州经济技术开发区						8	4		4
天长市	30			30		124	110	9	5
明光市	39			39		175	146	10	19

4-4c 续表 98

单位：人

地区 性别	水利、环境和公共设施管理业					居民服务、修理和其他服务业			
	小计	水利管理业	生态保护和环境治理业	公共设施管理业	土地管理业	小计	居民服务业	机动车、电子产品和日用产品修理业	其他服务业
阜阳市	**1019**	**6**	**50**	**963**		**3778**	**2501**	**264**	**1013**
颍州区	36			36		168	105	14	49
颍东区	129	2	1	126		236	146	9	81
颍泉区	55		3	52		188	110	16	62
临泉县	223	1	21	201		1147	852	85	210
太和县	136		4	132		414	296	34	84
阜南县	76		8	68		643	410	51	182
颍上县	317	3	8	306		794	464	42	288
阜阳合肥现代产业园区	6			6		22	11		11
阜阳经济技术开发区	1			1		11	6	1	4
界首市	40		5	35		155	101	12	42
宿州市	**277**		**14**	**263**		**1264**	**877**	**119**	**268**
埇桥区	107		4	103		445	329	36	80
砀山县	24		3	21		159	110	19	30
萧县	45		1	44		269	175	29	65
灵璧县	52		3	49		216	147	18	51
泗县	48		3	45		175	116	17	42
宿州马鞍山现代产业园区	1			1					
宿州经济技术开发区									
六安市	**352**	**3**	**27**	**322**		**2058**	**1457**	**120**	**481**
金安区	59		2	57		327	248	13	66
裕安区	77	2	10	65		313	214	21	78
叶集区	21			21		39	22	3	14
霍邱县	52		2	50		344	208	32	104
舒城县	79	1	8	70		612	459	25	128
金寨县	54		5	49		255	161	19	75
霍山县	10			10		168	145	7	16
亳州市	**435**	**1**	**25**	**409**		**1071**	**605**	**95**	**371**
谯城区	117		1	116		274	158	24	92
涡阳县	139	1	20	118		271	165	26	80
蒙城县	93		4	89		206	113	18	75
利辛县	86			86		320	169	27	124
池州市	**50**	**1**	**2**	**47**		**351**	**280**	**8**	**63**
贵池区	18	1		17		67	57	2	8
东至县	14		1	13		188	147	3	38
石台县	6			6		21	12		9
青阳县	9		1	8		64	55	2	7
池州市国家经济技术开发区									
皖江江南新兴产业集中区									
九华山风景区	3			3		11	9	1	1
宣城市	**96**	**1**	**4**	**90**	**1**	**479**	**379**	**29**	**71**
宣州区	22	1	2	19		126	91	16	19
郎溪县	10		1	9		58	45	3	10
泾县	10		1	9		78	67	1	10
绩溪县	9			9		13	9	1	3
旌德县	5			5		66	58		8
宣城市经济开发区	7			7		11	9		2
宁国市	12			12		50	42	3	5
广德市	21			20	1	77	58	5	14

4-4c　续表 99　　　　单位：人

地区 性别	教育		卫生和社会工作			文化、体育和娱乐业				
	小计	教育	小计	卫生	社会工作	小计	新闻和出版业	广播、电视、电影和录音制作业	文化艺术业	体育
安　徽	**21402**	**21402**	**10284**	**9376**	**908**	**3615**	**91**	**291**	**989**	**672**
合肥市	**1782**	**1782**	**734**	**653**	**81**	**325**	**18**	**32**	**53**	**67**
瑶海区	52	52	13	13		8		1		2
庐阳区	8	8	3	1	2	1			1	
蜀山区	2	2	6	5	1					
包河区	17	17	2	1	1					
长丰县	356	356	133	122	11	48	2	4	8	8
肥东县	479	479	193	181	12	98	8	15	18	18
肥西县	424	424	144	125	19	80	2	8	9	30
庐江县	286	286	177	153	24	56	5	2	10	9
合肥高新技术产业开发区										
合肥经济技术开发区	4	4	1	1		1			1	
合肥新站高新技术产业开发区	9	9	2	2						
巢湖市	145	145	60	49	11	33	1	2	6	
芜湖市	**917**	**917**	**610**	**541**	**69**	**278**	**6**	**24**	**45**	**60**
镜湖区	15	15	10	9	1	2			1	
弋江区										
鸠江区	73	73	30	29	1	13		2	4	1
三山区	40	40	14	13	1	9				2
芜湖县	82	82	64	59	5	28			8	8
繁昌县	98	98	64	54	10	24	1	3	4	3
南陵县	169	169	176	146	30	58	2	4	7	8
芜湖经济技术开发区	1	1	1	1		1				
安徽芜湖长江大桥经济开发区	2	2	3	3		2				
无为市	437	437	248	227	21	141	3	15	21	38
蚌埠市	**897**	**897**	**362**	**339**	**23**	**123**		**10**	**41**	**17**
龙子湖区	24	24	8	6	2	1				
蚌山区	17	17	7	6	1	1				
禹会区	87	87	36	32	4	8		1		2
淮上区	42	42	22	22		11		1	2	1
怀远县	326	326	132	126	6	34		3	10	5
五河县	155	155	80	78	2	39		5	13	6
固镇县	246	246	77	69	8	29			16	3
蚌埠市高新技术开发区										
蚌埠市经济开发区										
淮南市	**931**	**931**	**453**	**396**	**57**	**141**	**2**	**8**	**23**	**28**
大通区	24	24	17	15	2	4				1
田家庵区	17	17	4	4		3			2	
谢家集区	26	26	14	11	3	6		1		3
八公山区	3	3	5	5		1				
潘集区	76	76	59	49	10	15				2
凤台县	254	254	113	107	6	16	1		6	4
寿县	531	531	241	205	36	96	1	7	15	18

4-4c 续表 100 单位：人

地区 性别	教育		卫生和社会工作			文化、体育和娱乐业				
	小计	教育	小计	卫生	社会工作	小计	新闻和出版业	广播、电视、电影和录音制作业	文化艺术业	体育
马鞍山市	**375**	**375**	**189**	**174**	**15**	**69**	**2**	**7**	**13**	**16**
花山区	6	6	4	4		1				
雨山区	14	14	4	3	1	3			2	
博望区	47	47	19	19		10		1		5
当涂县	68	68	44	41	3	14			1	3
含山县	130	130	64	59	5	29	2	4	8	4
和县	110	110	54	48	6	12		2	2	4
淮北市	**522**	**522**	**226**	**218**	**8**	**70**		**4**	**27**	**6**
杜集区	54	54	35	33	2	8		1	3	1
相山区	42	42	9	8	1	8		1	1	1
烈山区	103	103	34	33	1	10			3	1
濉溪县	323	323	148	144	4	44		2	20	3
铜陵市	**294**	**294**	**145**	**132**	**13**	**40**	**1**	**3**	**11**	**3**
铜官区	8	8	3	3		3				
义安区	77	77	40	36	4	24		1	7	1
郊区	63	63	43	42	1	3			1	1
枞阳县	146	146	59	51	8	10	1	2	3	1
安庆市	**2441**	**2441**	**1104**	**1025**	**79**	**457**	**14**	**49**	**108**	**79**
迎江区	6	6	5	5		1			1	
大观区	29	29	10	9	1	4	1		1	1
宜秀区	13	13	16	16		6			1	
怀宁县	267	267	135	127	8	64	3	13	14	13
太湖县	349	349	151	141	10	52	1	8	11	8
宿松县	626	626	286	262	24	90	1	4	10	21
望江县	406	406	139	134	5	94	3	4	42	16
岳西县	266	266	125	113	12	48	2	5	7	7
安徽安庆经济开发区	6	6	2	2						
桐城市	223	223	91	86	5	42	1	7	14	3
潜山市	250	250	144	130	14	56	2	8	7	10
黄山市	**526**	**526**	**303**	**284**	**19**	**138**	**1**	**23**	**34**	**32**
屯溪区	29	29	17	17		5		1	2	1
黄山区	30	30	25	20	5	30		3	7	11
徽州区	31	31	18	15	3	10			3	
歙县	247	247	136	131	5	58	1	2	17	13
休宁县	108	108	71	67	4	11		2	2	4
黟县	26	26	12	11	1	22		15	3	2
祁门县	55	55	24	23	1	2				1
滁州市	**1184**	**1184**	**699**	**653**	**46**	**241**	**6**	**29**	**46**	**60**
琅琊区	4	4	1	1		1				1
南谯区	97	97	53	46	7	20		4	5	4
来安县	144	144	82	73	9	44	2	4	9	14
全椒县	146	146	104	94	10	18		1	6	3
定远县	302	302	191	180	11	64	1	10	7	20
凤阳县	215	215	102	100	2	40	2	5	16	7
苏滁现代产业园										
滁州经济技术开发区	6	6	3	3						
天长市	110	110	73	68	5	22		3	1	1
明光市	160	160	90	88	2	32	1	2	2	10

4-4c 续表 101

单位：人

地区 性别	教育		卫生和社会工作			文化、体育和娱乐业				
	小计	教育	小计	卫生	社会工作	小计	新闻和出版业	广播、电视、电影和录音制作业	文化艺术业	体育
阜阳市	**4268**	**4268**	**1837**	**1727**	**110**	**653**	**16**	**38**	**224**	**127**
颍州区	253	253	90	84	6	29			8	4
颍东区	319	319	126	111	15	43	2	4	11	6
颍泉区	339	339	120	108	12	44	1	3	5	6
临泉县	1130	1130	468	432	36	217	7	16	109	35
太和县	564	564	290	283	7	89	2	6	32	21
阜南县	750	750	284	265	19	73	2	5	18	19
颍上县	623	623	307	297	10	138	1	3	33	34
阜阳合肥现代产业园区	19	19	35	34	1	3			1	
阜阳经济技术开发区	33	33	8	8		2		1	1	
界首市	238	238	109	105	4	15	1		6	2
宿州市	**2132**	**2132**	**1040**	**999**	**41**	**294**	**8**	**17**	**118**	**46**
埇桥区	629	629	277	263	14	120	2	4	49	17
砀山县	298	298	163	158	5	28		3	5	7
萧县	517	517	290	276	14	43	1	5	19	4
灵璧县	373	373	171	165	6	58	3	4	28	6
泗县	303	303	136	134	2	43	2	1	17	12
宿州马鞍山现代产业园区	12	12	3	3		2				
宿州经济技术开发区										
六安市	**2170**	**2170**	**1030**	**903**	**127**	**293**	**11**	**23**	**63**	**65**
金安区	319	319	159	132	27	30		2	8	9
裕安区	366	366	153	129	24	54	4	5	16	8
叶集区	104	104	48	38	10	15			2	2
霍邱县	435	435	187	176	11	44	2	5	10	10
舒城县	459	459	273	237	36	82	2	7	14	14
金寨县	371	371	136	124	12	44	2	4	9	16
霍山县	116	116	74	67	7	24	1		4	6
亳州市	**1966**	**1966**	**953**	**844**	**109**	**252**	**3**	**6**	**147**	**33**
谯城区	591	591	296	282	14	65	1	2	36	7
涡阳县	481	481	238	180	58	72			44	10
蒙城县	433	433	200	178	22	52	2	2	33	3
利辛县	461	461	219	204	15	63		2	34	13
池州市	**404**	**404**	**222**	**188**	**34**	**111**	**1**	**11**	**17**	**21**
贵池区	88	88	66	54	12	18		2	2	1
东至县	195	195	88	79	9	51		9	13	13
石台县	40	40	27	22	5	6	1		1	
青阳县	67	67	34	27	7	15				6
池州市国家经济技术开发区										
皖江江南新兴产业集中区										
九华山风景区	14	14	7	6	1	21			1	1
宣城市	**593**	**593**	**377**	**300**	**77**	**130**	**2**	**7**	**19**	**12**
宣州区	168	168	92	83	9	49			10	
郎溪县	90	90	48	47	1	20	2	1	5	2
泾县	67	67	61	41	20	9		1	1	1
绩溪县	12	12	12	8	4	4			2	
旌德县	25	25	22	15	7	4		2	1	
宣城市经济开发区	43	43	9	5	4	5		1		2
宁国市	72	72	65	48	17	19		1		3
广德市	116	116	68	53	15	20		1		4

4－4c 续表 102

单位：人

地 区 性 别	教育		卫生和社会工作			文化、体育和娱乐业				
	小计	教育	小计	卫生	社会工作	小计	新闻和出版业	广播、电视、电影和录音制作业	文化艺术业	体育
男	**8874**	**8874**	**4866**	**4430**	**436**	**2274**	**54**	**178**	**623**	**427**
合肥市	**774**	**774**	**330**	**293**	**37**	**183**	**10**	**14**	**33**	**34**
瑶海区	21	21	4	4		2				1
庐阳区	4	4	1		1	1			1	
蜀山区			3	3						
包河区	7	7	2	1	1					
长丰县	160	160	54	51	3	30	2	3	6	4
肥东县	212	212	81	76	5	57	5	6	12	9
肥西县	189	189	71	62	9	40		4	4	13
庐江县	116	116	74	61	13	33	3	1	6	7
合肥高新技术产业开发区										
合肥经济技术开发区	2	2	1	1		1			1	
合肥新站高新技术产业开发区	2	2	2	2						
巢湖市	61	61	37	32	5	19			3	
芜湖市	**388**	**388**	**260**	**230**	**30**	**188**	**4**	**14**	**36**	**43**
镜湖区	5	5	4	4		1				
弋江区										
鸠江区	36	36	17	16	1	9		2	3	1
三山区	18	18	5	5		7				2
芜湖县	37	37	27	24	3	20			5	6
繁昌县	41	41	22	20	2	18	1	2	4	2
南陵县	57	57	62	51	11	30	1	2	6	5
芜湖经济技术开发区	1	1	1	1						
安徽芜湖长江大桥经济开发区			2	2		2				
无为市	193	193	120	107	13	101	2	8	18	27
蚌埠市	**343**	**343**	**177**	**166**	**11**	**74**		**5**	**26**	**11**
龙子湖区	9	9	3	2	1	1				
蚌山区	4	4	3	3		1				
禹会区	29	29	14	12	2	3				1
淮上区	11	11	13	13		5		1	1	
怀远县	124	124	67	65	2	20			7	3
五河县	66	66	37	37		28		4	9	5
固镇县	100	100	40	34	6	16			9	2
蚌埠市高新技术开发区										
蚌埠市经济开发区										
淮南市	**430**	**430**	**205**	**170**	**35**	**93**	**2**	**6**	**14**	**22**
大通区	11	11	7	7		2				1
田家庵区	5	5	2	2		2			1	
谢家集区	11	11	7	5	2	5		1		3
八公山区										
潘集区	34	34	26	22	4	7				1
凤台县	112	112	44	42	2	13	1		5	3
寿县	257	257	119	92	27	64	1	5	8	14

4-4c　续表 103　　　　单位：人

地　区 性　别	教育		卫生和社会工作			文化、体育和娱乐业				
	小计	教育	小计	卫生	社会工作	小计	新闻和出版业	广播、电视、电影和录音制作业	文化艺术业	体育
马鞍山市	**161**	**161**	**85**	**76**	**9**	**37**	**1**	**3**	**6**	**9**
花山区	4	4								
雨山区	4	4	1	1						
博望区	13	13	6	6		5		1		2
当涂县	26	26	17	16	1	8				2
含山县	58	58	35	32	3	16	1	2	4	2
和县	56	56	26	21	5	8			2	3
淮北市	**212**	**212**	**97**	**94**	**3**	**44**		**2**	**20**	**4**
杜集区	20	20	10	9	1	6		1	3	1
相山区	11	11	4	4		3				1
烈山区	44	44	15	15		5			2	
濉溪县	137	137	68	66	2	30		1	15	2
铜陵市	**133**	**133**	**68**	**60**	**8**	**23**	**1**	**3**	**6**	**1**
铜官区	3	3				1				
义安区	30	30	15	14	1	13		1	3	1
郊区	30	30	17	17		1			1	
枞阳县	70	70	36	29	7	8	1	2	2	
安庆市	**1008**	**1008**	**513**	**481**	**32**	**276**	**6**	**29**	**63**	**52**
迎江区	5	5	2	2		1			1	
大观区	10	10	3	2	1	3			1	1
宜秀区	8	8	10	10		3				
怀宁县	107	107	61	58	3	40	1	11	8	9
太湖县	150	150	76	74	2	31		4	6	7
宿松县	260	260	144	132	12	64	1	2	8	15
望江县	161	161	62	59	3	44	2	2	18	7
岳西县	111	111	53	50	3	30		3	7	3
安徽安庆经济开发区	3	3	1	1						
桐城市	97	97	33	31	2	28	1	4	9	2
潜山市	96	96	68	62	6	32	1	3	5	8
黄山市	**208**	**208**	**115**	**107**	**8**	**90**	**1**	**23**	**24**	**14**
屯溪区	5	5	8	8		2		1	1	
黄山区	12	12	13	10	3	14		3	2	4
徽州区	9	9	10	9	1	5			2	
歙县	111	111	42	40	2	41	1	2	15	8
休宁县	33	33	23	21	2	7		2	2	1
黟县	10	10	3	3		20		15	2	1
祁门县	28	28	16	16		1				
滁州市	**553**	**553**	**298**	**283**	**15**	**154**	**4**	**22**	**23**	**40**
琅琊区						1				1
南谯区	42	42	21	19	2	12		4	2	2
来安县	55	55	39	35	4	28	2	3	5	9
全椒县	67	67	36	33	3	11		1	3	2
定远县	156	156	82	78	4	46		8	5	15
凤阳县	99	99	50	50		24	2	3	8	4
苏滁现代产业园										
滁州经济技术开发区	1	1	1	1						
天长市	39	39	38	37	1	15		2		1
明光市	94	94	31	30	1	17		1		6

4-4c 续表 104

单位：人

地区 性别	教育		卫生和社会工作			文化、体育和娱乐业				
	小计	教育	小计	卫生	社会工作	小计	新闻和出版业	广播、电视、电影和录音制作业	文化艺术业	体育
阜阳市	**1753**	**1753**	**921**	**880**	**41**	**424**	**11**	**19**	**140**	**80**
颍州区	113	113	41	40	1	22			5	2
颍东区	120	120	64	57	7	28	2	1	5	4
颍泉区	134	134	72	67	5	28	1	1	4	3
临泉县	464	464	249	233	16	135	3	8	65	25
太和县	242	242	128	126	2	57	2	4	21	13
阜南县	322	322	152	148	4	47	1	4	9	12
颍上县	253	253	143	139	4	96	1	1	27	20
阜阳合肥现代产业园区	4	4	13	12	1	2			1	
阜阳经济技术开发区	14	14	4	4						
界首市	87	87	55	54	1	9	1		3	1
宿州市	**825**	**825**	**485**	**463**	**22**	**196**	**4**	**10**	**82**	**32**
埇桥区	239	239	121	114	7	81	1	2	32	13
砀山县	126	126	77	73	4	19		2	4	7
萧县	202	202	141	135	6	27	1	3	14	2
灵璧县	143	143	88	84	4	40	1	2	20	4
泗县	111	111	56	55	1	29	1	1	12	6
宿州马鞍山现代产业园区	4	4	2	2						
宿州经济技术开发区										
六安市	**887**	**887**	**526**	**451**	**75**	**180**	**8**	**15**	**33**	**38**
金安区	137	137	88	73	15	18		1	6	6
裕安区	141	141	93	80	13	35	3	5	8	4
叶集区	30	30	30	24	6	6			1	
霍邱县	179	179	90	84	6	27	1	3	6	6
舒城县	194	194	129	105	24	52	2	5	7	8
金寨县	159	159	70	63	7	24	1	1	3	9
霍山县	47	47	26	22	4	18	1		2	5
亳州市	**825**	**825**	**523**	**459**	**64**	**173**	**2**	**3**	**96**	**27**
谯城区	229	229	145	138	7	47		1	24	6
涡阳县	233	233	136	97	39	51			29	8
蒙城县	189	189	107	95	12	33	2	1	20	2
利辛县	174	174	135	129	6	42		1	23	11
池州市	**161**	**161**	**114**	**94**	**20**	**68**		**6**	**11**	**12**
贵池区	41	41	41	35	6	11		1	2	
东至县	68	68	38	35	3	31		5	7	9
石台县	14	14	19	14	5	2			1	
青阳县	31	31	14	8	6	10				3
池州市国家经济技术开发区										
皖江江南新兴产业集中区										
九华山风景区	7	7	2	2		14			1	
宣城市	**213**	**213**	**149**	**123**	**26**	**71**		**4**	**10**	**8**
宣州区	70	70	40	37	3	24			6	
郎溪县	32	32	16	16		8			2	
泾县	24	24	27	20	7	7		1		1
绩溪县	7	7	7	6	1	1			1	
旌德县	6	6	10	7	3	4		2	1	
宣城市经济开发区	13	13				1				1
宁国市	27	27	21	14	7	14		1		3
广德市	34	34	28	23	5	12				3

4-4c　续表 105　　　　单位：人

地区 性别	教育		卫生和社会工作			文化、体育和娱乐业				
	小计	教育	小计	卫生	社会工作	小计	新闻和出版业	广播、电视、电影和录音制作业	文化艺术业	体育
女	**12528**	**12528**	**5418**	**4946**	**472**	**1341**	**37**	**113**	**366**	**245**
合肥市	**1008**	**1008**	**404**	**360**	**44**	**142**	**8**	**18**	**20**	**33**
瑶海区	31	31	9	9		6		1		1
庐阳区	4	4	2	1	1					
蜀山区	2	2	3	2	1					
包河区	10	10								
长丰县	196	196	79	71	8	18		1	2	4
肥东县	267	267	112	105	7	41	3	9	6	9
肥西县	235	235	73	63	10	40	2	4	5	17
庐江县	170	170	103	92	11	23	2	1	4	2
合肥高新技术产业开发区										
合肥经济技术开发区	2	2								
合肥新站高新技术产业开发区	7	7								
巢湖市	84	84	23	17	6	14	1	2	3	
芜湖市	**529**	**529**	**350**	**311**	**39**	**90**	**2**	**10**	**9**	**17**
镜湖区	10	10	6	5	1	1			1	
弋江区										
鸠江区	37	37	13	13		4			1	
三山区	22	22	9	8	1	2				
芜湖县	45	45	37	35	2	8			3	2
繁昌县	57	57	42	34	8	6		1		1
南陵县	112	112	114	95	19	28	1	2	1	3
芜湖经济技术开发区						1				
安徽芜湖长江大桥经济开发区	2	2	1	1						
无为市	244	244	128	120	8	40	1	7	3	11
蚌埠市	**554**	**554**	**185**	**173**	**12**	**49**		**5**	**15**	**6**
龙子湖区	15	15	5	4	1					
蚌山区	13	13	4	3	1					
禹会区	58	58	22	20	2	5		1		1
淮上区	31	31	9	9		6			1	1
怀远县	202	202	65	61	4	14		3	3	2
五河县	89	89	43	41	2	11		1	4	1
固镇县	146	146	37	35	2	13			7	1
蚌埠市高新技术开发区										
蚌埠市经济开发区										
淮南市	**501**	**501**	**248**	**226**	**22**	**48**		**2**	**9**	**6**
大通区	13	13	10	8	2	2				
田家庵区	12	12	2	2		1			1	
谢家集区	15	15	7	6	1	1				
八公山区	3	3	5	5		1				
潘集区	42	42	33	27	6	8				1
凤台县	142	142	69	65	4	3			1	1
寿县	274	274	122	113	9	32		2	7	4

4－4c 续表 106 单位：人

地区 性别	教育		卫生和社会工作			文化、体育和娱乐业				
	小计	教育	小计	卫生	社会工作	小计	新闻和出版业	广播、电视、电影和录音制作业	文化艺术业	体育
马鞍山市	**214**	**214**	**104**	**98**	**6**	**32**	**1**	**4**	**7**	**7**
花山区	2	2	4	4		1				
雨山区	10	10	3	2	1	3			2	
博望区	34	34	13	13		5				3
当涂县	42	42	27	25	2	6			1	1
含山县	72	72	29	27	2	13	1	2	4	2
和县	54	54	28	27	1	4		2		1
淮北市	**310**	**310**	**129**	**124**	**5**	**26**		**2**	**7**	**2**
杜集区	34	34	25	24	1	2				
相山区	31	31	5	4	1	5		1	1	
烈山区	59	59	19	18	1	5			1	1
濉溪县	186	186	80	78	2	14		1	5	1
铜陵市	**161**	**161**	**77**	**72**	**5**	**17**			**5**	**2**
铜官区	5	5	3	3		2				
义安区	47	47	25	22	3	11			4	
郊区	33	33	26	25	1	2				1
枞阳县	76	76	23	22	1	2			1	1
安庆市	**1433**	**1433**	**591**	**544**	**47**	**181**	**8**	**20**	**45**	**27**
迎江区	1	1	3	3						
大观区	19	19	7	7		1	1			
宜秀区	5	5	6	6		3			1	
怀宁县	160	160	74	69	5	24	2	2	6	4
太湖县	199	199	75	67	8	21	1	4	5	1
宿松县	366	366	142	130	12	26		2	2	6
望江县	245	245	77	75	2	50	1	2	24	9
岳西县	155	155	72	63	9	18	2	2		4
安徽安庆经济开发区	3	3	1	1						
桐城市	126	126	58	55	3	14		3	5	1
潜山市	154	154	76	68	8	24	1	5	2	2
黄山市	**318**	**318**	**188**	**177**	**11**	**48**			**10**	**18**
屯溪区	24	24	9	9		3			1	1
黄山区	18	18	12	10	2	16			5	7
徽州区	22	22	8	6	2	5			1	
歙县	136	136	94	91	3	17			2	5
休宁县	75	75	48	46	2	4				3
黟县	16	16	9	8	1	2			1	1
祁门县	27	27	8	7	1	1				1
滁州市	**631**	**631**	**401**	**370**	**31**	**87**	**2**	**7**	**23**	**20**
琅琊区	4	4	1	1						
南谯区	55	55	32	27	5	8			3	2
来安县	89	89	43	38	5	16		1	4	5
全椒县	79	79	68	61	7	7			3	1
定远县	146	146	109	102	7	18	1	2	2	5
凤阳县	116	116	52	50	2	16		2	8	3
苏滁现代产业园										
滁州经济技术开发区	5	5	2	2						
天长市	71	71	35	31	4	7		1	1	
明光市	66	66	59	58	1	15	1	1	2	4

4-4c　续表 107　　　　单位：人

地　区 性　别	教育		卫生和社会工作			文化、体育和娱乐业				
	小计	教育	小计	卫生	社会工作	小计	新闻和出版业	广播、电视、电影和录音制作业	文　化艺术业	体育
阜阳市	**2515**	**2515**	**916**	**847**	**69**	**229**	**5**	**19**	**84**	**47**
颍州区	140	140	49	44	5	7			3	2
颍东区	199	199	62	54	8	15		3	6	2
颍泉区	205	205	48	41	7	16		2	1	3
临泉县	666	666	219	199	20	82	4	8	44	10
太和县	322	322	162	157	5	32		2	11	8
阜南县	428	428	132	117	15	26	1	1	9	7
颍上县	370	370	164	158	6	42		2	6	14
阜阳合肥现代产业园区	15	15	22	22		1				
阜阳经济技术开发区	19	19	4	4		2		1	1	
界首市	151	151	54	51	3	6			3	1
宿州市	**1307**	**1307**	**555**	**536**	**19**	**98**	**4**	**7**	**36**	**14**
埇桥区	390	390	156	149	7	39	1	2	17	4
砀山县	172	172	86	85	1	9		1	1	
萧县	315	315	149	141	8	16		2	5	2
灵璧县	230	230	83	81	2	18	2	2	8	2
泗县	192	192	80	79	1	14	1		5	6
宿州马鞍山现代产业园区	8	8	1	1		2				
宿州经济技术开发区										
六安市	**1283**	**1283**	**504**	**452**	**52**	**113**	**3**	**8**	**30**	**27**
金安区	182	182	71	59	12	12		1	2	3
裕安区	225	225	60	49	11	19	1		8	4
叶集区	74	74	18	14	4	9			1	2
霍邱县	256	256	97	92	5	17	1	2	4	4
舒城县	265	265	144	132	12	30		2	7	6
金寨县	212	212	66	61	5	20	1	3	6	7
霍山县	69	69	48	45	3	6			2	1
亳州市	**1141**	**1141**	**430**	**385**	**45**	**79**	**1**	**3**	**51**	**6**
谯城区	362	362	151	144	7	18	1	1	12	1
涡阳县	248	248	102	83	19	21			15	2
蒙城县	244	244	93	83	10	19		1	13	1
利辛县	287	287	84	75	9	21		1	11	2
池州市	**243**	**243**	**108**	**94**	**14**	**43**	**1**	**5**	**6**	**9**
贵池区	47	47	25	19	6	7		1		1
东至县	127	127	50	44	6	20		4	6	4
石台县	26	26	8	8		4	1			
青阳县	36	36	20	19	1	5				3
池州市国家经济技术开发区										
皖江江南新兴产业集中区										
九华山风景区	7	7	5	4	1	7				1
宣城市	**380**	**380**	**228**	**177**	**51**	**59**	**2**	**3**	**9**	**4**
宣州区	98	98	52	46	6	25			4	
郎溪县	58	58	32	31	1	12	2	1	3	2
泾县	43	43	34	21	13	2			1	
绩溪县	5	5	5	2	3	3			1	
旌德县	19	19	12	8	4					
宣城市经济开发区	30	30	9	5	4	4		1		1
宁国市	45	45	44	34	10	5				
广德市	82	82	40	30	10	8		1		1

4-4c 续表 108　　单位：人

地区 性别	娱乐业	公共管理、社会保障和社会组织 小计	中国共产党机关	国家机构	人民政协、民主党派	社会保障	群众团体、社会团体和其他成员组织	基层群众自治组织	国际组织 小计	国际组织
安　徽	**1572**	**18759**	**172**	**6477**	**10**	**81**	**1311**	**10708**	**1**	**1**
合肥市	**155**	**1423**	**18**	**583**	**1**	**2**	**49**	**770**		
瑶海区	5	10		9			1			
庐阳区		11		4				7		
蜀山区		7		4				3		
包河区		5		1				4		
长丰县	26	349	6	154	1		8	180		
肥东县	39	305	3	134		1	13	154		
肥西县	31	352	1	161			3	187		
庐江县	30	212	4	63		1	10	134		
合肥高新技术产业开发区										
合肥经济技术开发区		4						4		
合肥新站高新技术产业开发区		3		2				1		
巢湖市	24	165	4	51			14	96		
芜湖市	**143**	**674**	**3**	**262**		**3**	**20**	**386**		
镜湖区	1	15		7				8		
弋江区										
鸠江区	6	62		24			1	37		
三山区	7	21		6				15		
芜湖县	12	77		40			3	34		
繁昌县	13	63		38				25		
南陵县	37	175		53		1	8	113		
芜湖经济技术开发区	1	3						3		
安徽芜湖长江大桥经济开发区	2	8		3				5		
无为市	64	250	3	91		2	8	146		
蚌埠市	**55**	**690**	**6**	**166**		**7**	**20**	**491**		
龙子湖区	1	25		13		1		11		
蚌山区	1	8		2		1		5		
禹会区	5	48	1	14		1	6	26		
淮上区	7	30		9				21		
怀远县	16	264	1	52			4	207		
五河县	15	148	2	32		3	8	103		
固镇县	10	167	2	44		1	2	118		
蚌埠市高新技术开发区										
蚌埠市经济开发区										
淮南市	**80**	**592**	**2**	**222**		**2**	**7**	**359**		
大通区	3	19		2				17		
田家庵区	1	16		3				13		
谢家集区	2	39		13			1	25		
八公山区	1	6		6						
潘集区	13	78	1	18				59		
凤台县	5	206		85		2		119		
寿县	55	228	1	95			6	126		

4-4c 续表 109

单位：人

地区 性别	娱乐业	公共管理、社会保障和社会组织							国际组织	
		小计	中国共产党机关	国家机构	人民政协、民主党派	社会保障	群众团体、社会团体和其他成员组织	基层群众自治组织	小计	国际组织
马鞍山市	**31**	**402**	**5**	**164**		**1**	**19**	**213**		
花山区	1	11		6			1	4		
雨山区	1	16	1	7				8		
博望区	4	42		22			3	17		
当涂县	10	96	3	31			2	60		
含山县	11	101		44		1	13	43		
和县	4	136	1	54				81		
淮北市	**33**	**395**	**3**	**141**			**13**	**238**		
杜集区	3	39		25				14		
相山区	5	31		10			1	20		
烈山区	6	64	1	30			7	26		
濉溪县	19	261	2	76			5	178		
铜陵市	**22**	**333**		**112**			**8**	**213**		
铜官区	3	10		5			1	4		
义安区	15	80		40				40		
郊区	1	76		30			1	45		
枞阳县	3	167		37			6	124		
安庆市	**207**	**1881**	**22**	**675**	**1**	**9**	**400**	**774**		
迎江区		10		5				5		
大观区	1	25		14			1	10		
宜秀区	5	31		18			1	12		
怀宁县	21	169	2	63		1	38	65		
太湖县	24	238	5	103		2	28	100		
宿松县	54	588	2	177		2	241	166		
望江县	29	187	7	58	1		16	105		
岳西县	27	294	4	131		2	46	111		
安徽安庆经济开发区		3		2				1		
桐城市	17	143	1	38		1	16	87		
潜山市	29	193	1	66		1	13	112		
黄山市	**48**	**784**	**9**	**381**		**1**	**18**	**375**		
屯溪区	1	34		8			1	25		
黄山区	9	126	2	69		1	2	52		
徽州区	7	70		23				47		
歙县	25	173	3	89			11	70		
休宁县	3	150		86			3	61		
黟县	2	130	4	69				57		
祁门县	1	101		37			1	63		
滁州市	**100**	**1084**	**6**	**459**		**5**	**56**	**558**		
琅琊区		10		5				5		
南谯区	7	94	1	39		1	6	47		
来安县	15	139		48		1	3	87		
全椒县	8	125		58		1	2	64		
定远县	26	300	2	135			20	143		
凤阳县	10	194	3	86			2	103		
苏滁现代产业园										
滁州经济技术开发区		2		1				1		
天长市	17	93		33			16	44		
明光市	17	127		54		2	7	64		

4-4c 续表 110　　　　单位：人

地区 性别	娱乐业	公共管理、社会保障和社会组织							国际组织	
		小计	中国共产党机关	国家机构	人民政协、民主党派	社会保障	群众团体、社会团体和其他成员组织	基层群众自治组织	小计	国际组织
阜阳市	**248**	**3717**	**43**	**1020**	**5**	**26**	**382**	**2241**	**1**	**1**
颍州区	17	200	4	49	3	2	9	133		
颍东区	20	427	1	97		1	29	299		
颍泉区	29	225		66		2	16	141		
临泉县	50	937	7	245		3	191	491	1	1
太和县	28	382	14	133		3	23	209		
阜南县	29	411	9	168	1	6	49	178		
颍上县	67	705	6	190		8	53	448		
阜阳合肥现代产业园区	2	22	1	6	1		4	10		
阜阳经济技术开发区		14		4				10		
界首市	6	394	1	62		1	8	322		
宿州市	**105**	**1760**	**7**	**623**	**1**	**5**	**66**	**1058**		
埇桥区	48	591		215			19	357		
砀山县	13	190	2	99			1	88		
萧县	14	413		138		2	9	264		
灵璧县	17	310	1	78	1	1	14	215		
泗县	11	235	4	85		2	23	121		
宿州马鞍山现代产业园区	2	21		8				13		
宿州经济技术开发区										
六安市	**131**	**1738**	**22**	**622**	**2**	**17**	**102**	**973**		
金安区	11	272	3	97		1	7	164		
裕安区	21	284	9	96		5	23	151		
叶集区	11	101		43		1	5	52		
霍邱县	17	289	1	91		2	26	169		
舒城县	45	384	4	136	1	4	16	223		
金寨县	13	323	3	122		3	24	171		
霍山县	13	85	2	37	1	1	1	43		
亳州市	**63**	**1850**	**10**	**571**		**2**	**65**	**1202**		
谯城区	19	587	2	165			5	415		
涡阳县	18	374	5	145			4	220		
蒙城县	12	378	1	108		2	18	249		
利辛县	14	511	2	153			38	318		
池州市	**61**	**550**	**2**	**184**			**42**	**322**		
贵池区	13	171		47			7	117		
东至县	16	148	1	44			14	89		
石台县	4	63	1	28				34		
青阳县	9	125		29			20	76		
池州市国家经济技术开发区										
皖江江南新兴产业集中区										
九华山风景区	19	43		36			1	6		
宣城市	**90**	**886**	**14**	**292**		**1**	**44**	**535**		
宣州区	39	228	2	70			17	139		
郎溪县	10	113	5	37			3	68		
泾县	6	156		58			5	93		
绩溪县	2	43		13				30		
旌德县	1	80	1	25			8	46		
宣城市经济开发区	2	24		10			1	13		
宁国市	15	94		26			6	62		
广德市	15	148	6	53		1	4	84		

4-4c　续表 111　　　　单位：人

地　区 性　别	娱乐业	公共管理、社会保障和社会组织							国际组织	
		小计	中国共产党机关	国家机构	人民政协、民主党派	社会保障	群众团体、社会团体和其他成员组织	基层群众自治组织	小计	国际组织
男	**992**	**12253**	**123**	**4671**	**7**	**39**	**863**	**6550**	**1**	**1**
合肥市	**92**	**975**	**14**	**409**			**34**	**518**		
瑶海区	1	5		4			1			
庐阳区		7		3				4		
蜀山区		5		4				1		
包河区		2						2		
长丰县	15	237	4	100			7	126		
肥东县	25	215	3	106			7	99		
肥西县	19	233		108			2	123		
庐江县	16	153	4	50			5	94		
合肥高新技术产业开发区										
合肥经济技术开发区		3						3		
合肥新站高新技术产业开发区		3		2				1		
巢湖市	16	112	3	32			12	65		
芜湖市	**91**	**453**	**2**	**190**		**1**	**11**	**249**		
镜湖区	1	10		6				4		
弋江区										
鸠江区	3	40		19			1	20		
三山区	5	16		6				10		
芜湖县	9	54		30			1	23		
繁昌县	9	45		28				17		
南陵县	16	111		34		1	2	74		
芜湖经济技术开发区		2						2		
安徽芜湖长江大桥经济开发区	2	5		2				3		
无为市	46	170	2	65			7	96		
蚌埠市	**32**	**437**	**4**	**109**		**4**	**13**	**307**		
龙子湖区	1	20		11		1		8		
蚌山区	1	3		1		1		1		
禹会区	2	27	1	7			4	15		
淮上区	3	20		5				15		
怀远县	10	168		41			3	124		
五河县	10	86	2	18		2	6	58		
固镇县	5	113	1	26				86		
蚌埠市高新技术开发区										
蚌埠市经济开发区										
淮南市	**49**	**428**	**2**	**177**		**1**	**4**	**244**		
大通区	1	12		2				10		
田家庵区	1	12		2				10		
谢家集区	1	32		11			1	20		
八公山区		4		4						
潘集区	6	47	1	10				36		
凤台县	4	143		70		1		72		
寿县	36	178	1	78			3	96		

4-4c 续表 112　　单位：人

地区 性别	娱乐业	公共管理、社会保障和社会组织 小计	中国共产党机关	国家机构	人民政协、民主党派	社会保障	群众团体、社会团体和其他成员组织	基层群众自治组织	国际组织 小计	国际组织
马鞍山市	**18**	**284**	**4**	**123**		**1**	**12**	**144**		
花山区		5		3				2		
雨山区		9		5				4		
博望区	2	32		16			3	13		
当涂县	6	68	3	23			2	40		
含山县	7	71		32		1	7	31		
和县	3	99	1	44				54		
淮北市	**18**	**245**	**1**	**96**			**8**	**140**		
杜集区	1	23		15				8		
相山区	2	21		8			1	12		
烈山区	3	45	1	20			4	20		
濉溪县	12	156		53			3	100		
铜陵市	**12**	**220**		**74**			**4**	**142**		
铜官区	1	4		2				2		
义安区	8	58		30				28		
郊区		56		21			1	34		
枞阳县	3	102		21			3	78		
安庆市	**126**	**1378**	**18**	**498**	**1**	**3**	**323**	**535**		
迎江区		9		4				5		
大观区	1	18		11				7		
宜秀区	3	18		8			1	9		
怀宁县	11	119	2	46			25	46		
太湖县	14	175	3	82			21	69		
宿松县	38	489	2	137		2	229	119		
望江县	15	130	5	41	1		12	71		
岳西县	17	194	4	96			20	74		
安徽安庆经济开发区		1		1						
桐城市	12	95	1	27			8	59		
潜山市	15	130	1	45		1	7	76		
黄山市	**28**	**518**	**5**	**267**			**11**	**235**		
屯溪区		23		6				17		
黄山区	5	87		54			1	32		
徽州区	3	37		14				23		
歙县	15	117	3	59			6	49		
休宁县	2	106		62			3	41		
黟县	2	79	2	45				32		
祁门县	1	69		27			1	41		
滁州市	**65**	**741**	**3**	**344**		**3**	**42**	**349**		
琅琊区		7		3				4		
南谯区	4	62		29		1	3	29		
来安县	9	90		35			1	54		
全椒县	5	94		46		1	2	45		
定远县	18	223	1	105			15	102		
凤阳县	7	118	2	57			2	57		
苏滁现代产业园										
滁州经济技术开发区		2		1				1		
天长市	12	73		29			15	29		
明光市	10	72		39		1	4	28		

4-4c 续表 113

单位：人

地区 性别	娱乐业	公共管理、社会保障和社会组织							国际组织	
		小计	中国共产党机关	国家机构	人民政协、民主党派	社会保障	群众团体、社会团体和其他成员组织	基层群众自治组织	小计	国际组织
阜阳市	**174**	**2246**	**31**	**717**	**3**	**14**	**204**	**1277**	**1**	**1**
颍州区	15	114	3	31	2	1	5	72		
颍东区	16	217		64		1	9	143		
颍泉区	19	124		45		2	5	72		
临泉县	34	573	5	180		1	112	275	1	1
太和县	17	248	11	90		2	14	131		
阜南县	21	280	6	124		4	25	121		
颍上县	47	443	5	136		3	26	273		
阜阳合肥现代产业园区	1	15		5	1		4	5		
阜阳经济技术开发区		8		1				7		
界首市	4	224	1	41			4	178		
宿州市	**68**	**1117**	**6**	**470**	**1**	**1**	**39**	**600**		
埇桥区	33	375		167			17	191		
砀山县	6	139	2	73				64		
萧县	7	232		99			3	130		
灵璧县	13	196		59	1	1	5	130		
泗县	9	160	4	64			14	78		
宿州马鞍山现代产业园区		15		8				7		
宿州经济技术开发区										
六安市	**86**	**1105**	**15**	**430**	**2**	**8**	**60**	**590**		
金安区	5	163	1	55		1	5	101		
裕安区	15	179	7	68		3	10	91		
叶集区	5	71		37		1	4	29		
霍邱县	11	184	1	56			19	108		
舒城县	30	243	3	95	1	1	12	131		
金寨县	10	208	1	92		1	9	105		
霍山县	10	57	2	27	1	1	1	25		
亳州市	**45**	**1181**	**8**	**440**		**2**	**39**	**692**		
谯城区	16	356	1	135			5	215		
涡阳县	14	269	4	108			3	154		
蒙城县	8	231	1	81		2	8	139		
利辛县	7	325	2	116			23	184		
池州市	**39**	**360**	**1**	**128**			**31**	**200**		
贵池区	8	104		32			5	67		
东至县	10	90	1	27			10	52		
石台县	1	41		20				21		
青阳县	7	93		23			16	54		
池州市国家经济技术开发区										
皖江江南新兴产业集中区										
九华山风景区	13	32		26				6		
宣城市	**49**	**565**	**9**	**199**		**1**	**28**	**328**		
宣州区	18	152	2	49			9	92		
郎溪县	6	68	2	22			1	43		
泾县	5	93		40			4	49		
绩溪县		30		10				20		
旌德县	1	61	1	21			7	32		
宣城市经济开发区		9		4				5		
宁国市	10	62		19			4	39		
广德市	9	90	4	34		1	3	48		

4−4c 续表 114 单位：人

地区 性别	娱乐业	公共管理、社会保障和社会组织							国际组织	
		小计	中国共产党机关	国家机构	人民政协、民主党派	社会保障	群众团体、社会团体和其他成员组织	基层群众自治组织	小计	国际组织
女	**580**	**6506**	**49**	**1806**	**3**	**42**	**448**	**4158**		
合肥市	**63**	**448**	**4**	**174**	**1**	**2**	**15**	**252**		
瑶海区	4	5		5						
庐阳区		4		1				3		
蜀山区		2						2		
包河区		3		1				2		
长丰县	11	112	2	54	1		1	54		
肥东县	14	90		28		1	6	55		
肥西县	12	119	1	53			1	64		
庐江县	14	59		13		1	5	40		
合肥高新技术产业开发区										
合肥经济技术开发区		1						1		
合肥新站高新技术产业开发区										
巢湖市	8	53	1	19			2	31		
芜湖市	**52**	**221**	**1**	**72**		**2**	**9**	**137**		
镜湖区		5		1				4		
弋江区										
鸠江区	3	22		5				17		
三山区	2	5						5		
芜湖县	3	23		10			2	11		
繁昌县	4	18		10				8		
南陵县	21	64		19			6	39		
芜湖经济技术开发区	1	1						1		
安徽芜湖长江大桥经济开发区		3		1				2		
无为市	18	80	1	26		2	1	50		
蚌埠市	**23**	**253**	**2**	**57**		**3**	**7**	**184**		
龙子湖区		5		2				3		
蚌山区		5		1				4		
禹会区	3	21		7		1	2	11		
淮上区	4	10		4				6		
怀远县	6	96	1	11			1	83		
五河县	5	62		14		1	2	45		
固镇县	5	54	1	18		1	2	32		
蚌埠市高新技术开发区										
蚌埠市经济开发区										
淮南市	**31**	**164**		**45**		**1**	**3**	**115**		
大通区	2	7						7		
田家庵区		4		1				3		
谢家集区	1	7		2				5		
八公山区	1	2		2						
潘集区	7	31		8				23		
凤台县	1	63		15		1		47		
寿县	19	50		17			3	30		

4-4c 续表 115

单位：人

地区 性别	娱乐业	公共管理、社会保障和社会组织						国际组织	
		小计	中国共产党机关	国家机构	人民政协、民主党派	社会保障	群众团体、社会团体和其他成员组织	基层群众自治组织	小计	国际组织
马鞍山市	**13**	**118**	**1**	**41**			**7**	**69**		
花山区	1	6		3			1	2		
雨山区	1	7	1	2				4		
博望区	2	10		6				4		
当涂县	4	28		8				20		
含山县	4	30		12			6	12		
和县	1	37		10				27		
淮北市	**15**	**150**	**2**	**45**			**5**	**98**		
杜集区	2	16		10				6		
相山区	3	10		2				8		
烈山区	3	19		10			3	6		
濉溪县	7	105	2	23			2	78		
铜陵市	**10**	**113**		**38**			**4**	**71**		
铜官区	2	6		3			1	2		
义安区	7	22		10				12		
郊区	1	20		9				11		
枞阳县		65		16			3	46		
安庆市	**81**	**503**	**4**	**177**		**6**	**77**	**239**		
迎江区		1		1						
大观区		7		3			1	3		
宜秀区	2	13		10				3		
怀宁县	10	50		17		1	13	19		
太湖县	10	63	2	21		2	7	31		
宿松县	16	99		40			12	47		
望江县	14	57	2	17			4	34		
岳西县	10	100		35		2	26	37		
安徽安庆经济开发区		2		1				1		
桐城市	5	48		11		1	8	28		
潜山市	14	63		21			6	36		
黄山市	**20**	**266**	**4**	**114**		**1**	**7**	**140**		
屯溪区	1	11		2			1	8		
黄山区	4	39	2	15		1	1	20		
徽州区	4	33		9				24		
歙县	10	56		30			5	21		
休宁县	1	44		24				20		
黟县		51	2	24				25		
祁门县		32		10				22		
滁州市	**35**	**343**	**3**	**115**		**2**	**14**	**209**		
琅琊区		3		2				1		
南谯区	3	32	1	10			3	18		
来安县	6	49		13		1	2	33		
全椒县	3	31		12				19		
定远县	8	77	1	30			5	41		
凤阳县	3	76	1	29				46		
苏滁现代产业园										
滁州经济技术开发区										
天长市	5	20		4			1	15		
明光市	7	55		15		1	3	36		

4－4c　续表 116　　　　单位：人

地　区 性　别	娱乐业	公共管理、社会保障和社会组织 小计	中国共产党机关	国家机构	人民政协、民主党派	社会保障	群众团体、社会团体和其他成员组织	基层群众自治组织	国际组织 小计	国际组织
阜阳市	**74**	**1471**	**12**	**303**	**2**	**12**	**178**	**964**		
颍州区	2	86	1	18	1	1	4	61		
颍东区	4	210	1	33			20	156		
颍泉区	10	101		21			11	69		
临泉县	16	364	2	65		2	79	216		
太和县	11	134	3	43		1	9	78		
阜南县	8	131	3	44	1	2	24	57		
颍上县	20	262	1	54		5	27	175		
阜阳合肥现代产业园区	1	7	1	1				5		
阜阳经济技术开发区		6		3				3		
界首市	2	170		21		1	4	144		
宿州市	**37**	**643**	**1**	**153**		**4**	**27**	**458**		
埇桥区	15	216		48			2	166		
砀山县	7	51		26			1	24		
萧县	7	181		39		2	6	134		
灵璧县	4	114	1	19			9	85		
泗县	2	75		21		2	9	43		
宿州马鞍山现代产业园区	2	6						6		
宿州经济技术开发区										
六安市	**45**	**633**	**7**	**192**		**9**	**42**	**383**		
金安区	6	109	2	42			2	63		
裕安区	6	105	2	28		2	13	60		
叶集区	6	30		6			1	23		
霍邱县	6	105		35		2	7	61		
舒城县	15	141	1	41		3	4	92		
金寨县	3	115	2	30		2	15	66		
霍山县	3	28		10				18		
亳州市	**18**	**669**	**2**	**131**			**26**	**510**		
谯城区	3	231	1	30				200		
涡阳县	4	105	1	37			1	66		
蒙城县	4	147		27			10	110		
利辛县	7	186		37			15	134		
池州市	**22**	**190**	**1**	**56**			**11**	**122**		
贵池区	5	67		15			2	50		
东至县	6	58		17			4	37		
石台县	3	22	1	8				13		
青阳县	2	32		6			4	22		
池州市国家经济技术开发区										
皖江江南新兴产业集中区										
九华山风景区	6	11		10			1			
宣城市	**41**	**321**	**5**	**93**			**16**	**207**		
宣州区	21	76		21			8	47		
郎溪县	4	45	3	15			2	25		
泾县	1	63		18			1	44		
绩溪县	2	13		3				10		
旌德县		19		4			1	14		
宣城市经济开发区	2	15		6			1	8		
宁国市	5	32		7			2	23		
广德市	6	58	2	19			1	36		

4-5 全省分年龄、性别、行业大类的就业人口

单位：人

年龄组 性别	合计	农、林、牧、渔业						采矿业	
		小计	农业	林业	畜牧业	渔业	农、林、牧、渔专业及辅助性活动	小计	煤炭开采和洗选业
总 计	**2766699**	**528871**	**481824**	**7262**	**23423**	**10602**	**5760**	**25553**	**18376**
16-19岁	28128	2367	2223	8	73	36	27	20	8
20-24岁	146756	8821	7931	90	477	145	178	297	157
25-29岁	305293	19251	17105	190	1086	475	395	1377	900
30-34岁	378167	25645	22579	300	1692	619	455	3863	3005
35-39岁	281116	22620	19622	296	1618	629	455	3568	2913
40-44岁	302538	32525	28088	479	2283	1047	628	4483	3520
45-49岁	381026	58108	50741	1088	3591	1805	883	5390	3944
50-54岁	387918	89220	80337	1479	4055	2239	1110	4795	3270
55-59岁	259530	81265	74355	1311	3182	1657	760	1348	539
60-64岁	89463	43919	41150	636	1266	590	277	207	45
65-69岁	114233	72179	68074	883	2040	851	331	140	45
70-74岁	59306	44808	42644	371	1229	381	183	46	18
75岁及以上	33225	28143	26975	131	831	128	78	19	12
男	**1682501**	**278316**	**246181**	**5525**	**14775**	**7857**	**3978**	**23102**	**17011**
16-19岁	17388	1491	1379	7	52	30	23	19	8
20-24岁	85051	5114	4445	68	360	117	124	250	129
25-29岁	182433	10349	8756	141	780	375	297	1224	821
30-34岁	222720	12906	10763	219	1142	470	312	3446	2736
35-39岁	165842	11339	9321	220	1031	467	300	3179	2645
40-44岁	177190	16510	13584	351	1409	725	441	3983	3203
45-49岁	223436	28371	23575	800	2138	1272	586	4812	3679
50-54岁	242444	42091	36169	1150	2440	1584	748	4554	3174
55-59岁	174188	39952	35201	1009	1979	1228	535	1265	511
60-64岁	58912	23953	21999	501	801	453	199	190	41
65-69岁	72860	41021	38139	667	1301	681	233	122	38
70-74岁	38399	27329	25780	282	803	334	130	42	16
75岁及以上	21638	17890	17070	110	539	121	50	16	10
女	**1084198**	**250555**	**235643**	**1737**	**8648**	**2745**	**1782**	**2451**	**1365**
16-19岁	10740	876	844	1	21	6	4	1	
20-24岁	61705	3707	3486	22	117	28	54	47	28
25-29岁	122860	8902	8349	49	306	100	98	153	79
30-34岁	155447	12739	11816	81	550	149	143	417	269
35-39岁	115274	11281	10301	76	587	162	155	389	268
40-44岁	125348	16015	14504	128	874	322	187	500	317
45-49岁	157590	29737	27166	288	1453	533	297	578	265
50-54岁	145474	47129	44168	329	1615	655	362	241	96
55-59岁	85342	41313	39154	302	1203	429	225	83	28
60-64岁	30551	19966	19151	135	465	137	78	17	4
65-69岁	41373	31158	29935	216	739	170	98	18	7
70-74岁	20907	17479	16864	89	426	47	53	4	2
75岁及以上	11587	10253	9905	21	292	7	28	3	2

4-5 续表 1 单位：人

年龄组 性别	采矿业						制造业		
	石油和天然气开采业	黑色金属矿采选业	有色金属矿采选业	非金属矿采选业	开采专业及辅助性活动	其他采矿业	小计	农副食品加工业	食品制造业
总计	**200**	**1965**	**1540**	**2625**	**564**	**283**	**476959**	**19755**	**14017**
16-19岁		2		7	1	2	6869	107	216
20-24岁	6	34	19	63	11	7	26903	595	952
25-29岁	16	150	54	202	45	10	58072	1416	1722
30-34岁	29	315	87	296	91	40	82007	1958	2118
35-39岁	32	195	78	251	73	26	59438	1584	1565
40-44岁	33	246	217	320	104	43	60513	2122	1722
45-49岁	36	376	403	479	96	56	72234	3467	2139
50-54岁	30	374	413	558	91	59	60836	3848	1956
55-59岁	15	219	219	295	32	29	32010	2569	1017
60-64岁	1	31	29	86	8	7	7837	736	285
65-69岁	1	21	15	49	6	3	6881	842	210
70-74岁	1	1	3	17	5	1	2454	383	86
75岁及以上		1	3	2	1		905	128	29
男	**160**	**1696**	**1236**	**2280**	**482**	**237**	**270467**	**11478**	**6429**
16-19岁		2		6	1	2	4565	66	113
20-24岁	5	32	15	55	9	5	17751	389	462
25-29岁	13	126	42	177	38	7	36342	864	829
30-34岁	22	262	65	256	73	32	46437	1153	983
35-39岁	24	157	58	216	58	21	31171	856	714
40-44岁	25	210	148	273	91	33	29361	1085	703
45-49岁	29	302	283	394	82	43	35405	1855	831
50-54岁	24	349	373	497	83	54	35166	2103	844
55-59岁	15	205	208	268	29	29	21834	1612	555
60-64岁	1	30	26	77	8	7	5556	516	185
65-69岁	1	20	13	42	5	3	4694	590	135
70-74岁	1		3	17	4	1	1633	293	57
75岁及以上		1	2	2	1		552	96	18
女	**40**	**269**	**304**	**345**	**82**	**46**	**206492**	**8277**	**7588**
16-19岁				1			2304	41	103
20-24岁	1	2	4	8	2	2	9152	206	490
25-29岁	3	24	12	25	7	3	21730	552	893
30-34岁	7	53	22	40	18	8	35570	805	1135
35-39岁	8	38	20	35	15	5	28267	728	851
40-44岁	8	36	69	47	13	10	31152	1037	1019
45-49岁	7	74	120	85	14	13	36829	1612	1308
50-54岁	6	25	40	61	8	5	25670	1745	1112
55-59岁		14	11	27	3		10176	957	462
60-64岁		1	3	9			2281	220	100
65-69岁		1	2	7	1		2187	252	75
70-74岁		1			1		821	90	29
75岁及以上			1				353	32	11

4-5 续表 2

单位：人

年龄组 性 别	制造业								
	酒、饮料和精制茶制造业	烟 草制品业	纺织业	纺织服装、服饰业	皮革、毛皮、羽毛及其制品和制鞋业	木材加工和木、竹、藤、棕、草制品业	家 具制造业	造纸和纸制品业	印刷和记录媒介复制业
总 计	**8329**	**1198**	**21443**	**81696**	**11185**	**14167**	**12442**	**7078**	**4468**
16-19岁	40		225	992	150	58	87	48	40
20-24岁	376	26	862	3582	523	311	578	257	213
25-29岁	887	67	2131	9297	1097	812	1336	654	515
30-34岁	1269	122	3381	17264	1822	1258	1976	1027	809
35-39岁	936	138	2613	13664	1535	1146	1567	880	613
40-44岁	1023	153	2978	12686	1667	1521	1602	960	651
45-49岁	1294	223	3661	12308	1989	2373	1950	1211	732
50-54岁	1225	277	2975	7495	1368	2849	1913	1127	502
55-59岁	712	171	1527	3044	640	2051	981	594	280
60-64岁	220	15	407	657	173	694	185	160	47
65-69岁	239	4	380	467	152	728	189	114	50
70-74岁	81		192	177	58	264	58	35	11
75岁及以上	27	2	111	63	11	102	20	11	5
男	**5179**	**793**	**9142**	**23141**	**4472**	**9663**	**8884**	**3916**	**2672**
16-19岁	22		122	386	82	43	74	30	28
20-24岁	247	13	462	1408	281	246	437	175	148
25-29岁	587	42	1096	3207	545	617	984	417	324
30-34岁	746	74	1469	5261	786	849	1363	583	506
35-39岁	548	85	1023	3829	572	757	1100	471	372
40-44岁	498	80	1049	3015	588	924	1093	463	353
45-49岁	734	111	1311	2690	640	1437	1262	557	347
50-54岁	852	227	1299	1778	516	1855	1377	604	280
55-59岁	559	148	812	984	276	1530	807	383	221
60-64岁	150	9	229	281	94	534	155	118	35
65-69岁	159	3	162	196	59	578	159	86	44
70-74岁	58		78	80	29	217	55	22	9
75岁及以上	19	1	30	26	4	76	18	7	5
女	**3150**	**405**	**12301**	**58555**	**6713**	**4504**	**3558**	**3162**	**1796**
16-19岁	18		103	606	68	15	13	18	12
20-24岁	129	13	400	2174	242	65	141	82	65
25-29岁	300	25	1035	6090	552	195	352	237	191
30-34岁	523	48	1912	12003	1036	409	613	444	303
35-39岁	388	53	1590	9835	963	389	467	409	241
40-44岁	525	73	1929	9671	1079	597	509	497	298
45-49岁	560	112	2350	9618	1349	936	688	654	385
50-54岁	373	50	1676	5717	852	994	536	523	222
55-59岁	153	23	715	2060	364	521	174	211	59
60-64岁	70	6	178	376	79	160	30	42	12
65-69岁	80	1	218	271	93	150	30	28	6
70-74岁	23		114	97	29	47	3	13	2
75岁及以上	8	1	81	37	7	26	2	4	

4-5 续表 3　　　　单位：人

年龄组 性　别	制造业								
	文教、工美、体育和娱乐用品制造业	石油、煤炭及其他燃料加工业	化学原料和化学制品制造业	医　药制造业	化学纤维制造业	橡胶和塑　料制品业	非金属矿　物制品业	黑色金属冶炼和压延加工业	有色金属冶炼和压延加工业
总　计	**16049**	**1479**	**12720**	**8361**	**649**	**21356**	**28525**	**5716**	**3658**
16－19岁	140	2	57	79	6	190	171	23	17
20－24岁	572	46	564	658	20	944	1116	189	172
25－29岁	1347	118	1562	1295	80	2201	2721	474	331
30－34岁	2115	191	2073	1503	109	3290	4066	779	518
35－39岁	1687	148	1471	1036	77	2559	3148	584	349
40－44岁	2194	173	1620	1000	113	2782	3571	737	470
45－49岁	2762	292	2062	1168	101	3697	4876	1112	694
50－54岁	2608	285	1918	883	96	3202	4619	1123	698
55－59岁	1400	145	1023	486	38	1628	2670	573	330
60－64岁	381	36	195	109	3	383	767	67	53
65－69岁	531	25	132	95	4	345	599	43	23
70－74岁	226	18	33	33		106	168	8	2
75岁及以上	86		10	16	2	29	33	4	1
男	**4380**	**1168**	**8970**	**4498**	**411**	**12760**	**21286**	**4815**	**2802**
16－19岁	67	2	28	43	3	149	139	21	12
20－24岁	251	42	382	353	15	674	836	166	147
25－29岁	508	90	1067	730	52	1512	2034	395	252
30－34岁	731	146	1410	837	71	2096	3024	646	368
35－39岁	468	110	998	532	47	1469	2238	473	242
40－44岁	495	135	1028	460	67	1489	2455	574	343
45－49岁	532	207	1370	564	55	1812	3443	904	494
50－54岁	563	238	1493	504	66	1837	3508	998	583
55－59岁	378	130	895	327	28	1119	2246	530	291
60－64岁	122	30	157	70	2	287	654	61	46
65－69岁	161	22	106	51	4	246	532	38	21
70－74岁	69	16	27	19		62	149	6	2
75岁及以上	35		9	8	1	8	28	3	1
女	**11669**	**311**	**3750**	**3863**	**238**	**8596**	**7239**	**901**	**856**
16－19岁	73		29	36	3	41	32	2	5
20－24岁	321	4	182	305	5	270	280	23	25
25－29岁	839	28	495	565	28	689	687	79	79
30－34岁	1384	45	663	666	38	1194	1042	133	150
35－39岁	1219	38	473	504	30	1090	910	111	107
40－44岁	1699	38	592	540	46	1293	1116	163	127
45－49岁	2230	85	692	604	46	1885	1433	208	200
50－54岁	2045	47	425	379	30	1365	1111	125	115
55－59岁	1022	15	128	159	10	509	424	43	39
60－64岁	259	6	38	39	1	96	113	6	7
65－69岁	370	3	26	44		99	67	5	2
70－74岁	157	2	6	14		44	19	2	
75岁及以上	51		1	8	1	21	5	1	

4-5　续表 4　　单位：人

年龄组 性　别	制造业								
	金　属 制品业	通用设备 制造业	专用设备 制造业	汽　车 制造业	铁路、船舶、航空航天和其他运输设备制造业	电气机械和器材制造业	计算机、通信和其他电子设备制造业	仪器仪表 制造业	其　他 制造业
总　计	**29394**	**29116**	**13619**	**21832**	**4554**	**30184**	**34408**	**2580**	**5127**
16-19岁	244	453	175	364	59	942	1796	25	62
20-24岁	1106	1885	953	1457	316	2746	4853	197	286
25-29岁	3039	4095	2192	3279	593	5131	7624	458	569
30-34岁	4650	5468	2824	4616	745	6065	7367	524	745
35-39岁	3688	3503	1750	3197	531	3596	3881	343	513
40-44岁	3957	3399	1509	2668	536	3379	3074	280	593
45-49岁	4942	4171	1757	2761	691	3889	2897	325	792
50-54岁	4404	3642	1405	2180	602	2763	1865	241	722
55-59岁	2359	1824	742	1018	337	1251	714	125	445
60-64岁	516	359	150	162	70	231	167	29	176
65-69岁	347	236	113	106	63	147	113	21	155
70-74岁	105	62	36	19	9	31	39	8	49
75岁及以上	37	19	13	5	2	13	18	4	20
男	**22652**	**21567**	**9133**	**14917**	**3338**	**19004**	**19542**	**1703**	**2760**
16-19岁	203	368	128	295	47	720	1232	14	41
20-24岁	902	1512	685	1157	245	2024	3303	146	192
25-29岁	2436	3216	1575	2450	446	3537	4965	330	383
30-34岁	3635	4174	1908	3220	546	3868	4132	341	414
35-39岁	2853	2471	1132	2075	379	2106	1920	218	275
40-44岁	2896	2255	877	1616	357	1784	1267	148	265
45-49岁	3489	2747	1020	1546	470	1952	1154	183	335
50-54岁	3390	2694	989	1480	464	1705	887	167	369
55-59岁	1991	1546	576	837	271	967	460	103	254
60-64岁	445	314	120	130	57	194	108	26	96
65-69岁	293	198	89	91	50	114	80	17	96
70-74岁	90	55	27	15	5	24	24	7	27
75岁及以上	29	17	7	5	1	9	10	3	13
女	**6742**	**7549**	**4486**	**6915**	**1216**	**11180**	**14866**	**877**	**2367**
16-19岁	41	85	47	69	12	222	564	11	21
20-24岁	204	373	268	300	71	722	1550	51	94
25-29岁	603	879	617	829	147	1594	2659	128	186
30-34岁	1015	1294	916	1396	199	2197	3235	183	331
35-39岁	835	1032	618	1122	152	1490	1961	125	238
40-44岁	1061	1144	632	1052	179	1595	1807	132	328
45-49岁	1453	1424	737	1215	221	1937	1743	142	457
50-54岁	1014	948	416	700	138	1058	978	74	353
55-59岁	368	278	166	181	66	284	254	22	191
60-64岁	71	45	30	32	13	37	59	3	80
65-69岁	54	38	24	15	13	33	33	4	59
70-74岁	15	7	9	4	4	7	15	1	22
75岁及以上	8	2	6		1	4	8	1	7

4-5 续表 5 单位：人

年龄组 性别	制造业		电力、热力、燃气及水生产和供应业				建筑业		
	废弃资源综合利用业	金属制品、机械和设备修理业	小计	电力、热力生产和供应业	燃气生产和供应业	水的生产和供应业	小计	房屋建筑业	土木工程建筑业
总计	**7260**	**4594**	**21733**	**14678**	**2920**	**4135**	**424788**	**236322**	**30716**
16-19岁	50	51	55	43	6	6	2116	1010	150
20-24岁	232	316	1061	764	142	155	13771	6077	1586
25-29岁	412	617	2667	1825	379	463	34835	15018	3535
30-34岁	569	786	3203	2175	505	523	48462	20668	4464
35-39岁	582	554	2433	1682	345	406	40152	17623	3088
40-44岁	833	540	2762	1874	363	525	50193	25835	3102
45-49岁	1246	652	3373	2252	449	672	75221	44183	4485
50-54岁	1445	600	3220	2221	386	613	82165	52102	4862
55-59岁	967	349	2259	1571	248	440	49967	33042	3366
60-64岁	344	60	351	140	49	162	13428	9739	996
65-69岁	359	49	253	97	30	126	11035	8348	806
70-74岁	144	13	67	24	12	31	2875	2251	226
75岁及以上	77	7	29	10	6	13	568	426	50
男	**4972**	**4020**	**16714**	**11527**	**2130**	**3057**	**367309**	**202706**	**26815**
16-19岁	40	47	46	36	5	5	1917	893	148
20-24岁	171	280	779	555	111	113	11927	5241	1354
25-29岁	294	558	2019	1402	283	334	30434	13072	3022
30-34岁	410	687	2321	1600	353	368	42418	18050	3860
35-39岁	370	468	1725	1222	224	279	34955	15218	2698
40-44岁	544	455	1883	1332	236	315	42304	21448	2675
45-49岁	818	535	2395	1665	300	430	61962	35799	3842
50-54岁	954	542	2801	1971	314	516	69897	43737	4278
55-59岁	674	324	2108	1505	217	386	45284	29688	3091
60-64岁	273	58	319	127	42	150	12612	9128	907
65-69岁	267	47	230	83	28	119	10391	7914	704
70-74岁	99	12	64	23	12	29	2693	2128	193
75岁及以上	58	7	24	6	5	13	515	390	43
女	**2288**	**574**	**5019**	**3151**	**790**	**1078**	**57479**	**33616**	**3901**
16-19岁	10	4	9	7	1	1	199	117	2
20-24岁	61	36	282	209	31	42	1844	836	232
25-29岁	118	59	648	423	96	129	4401	1946	513
30-34岁	159	99	882	575	152	155	6044	2618	604
35-39岁	212	86	708	460	121	127	5197	2405	390
40-44岁	289	85	879	542	127	210	7889	4387	427
45-49岁	428	117	978	587	149	242	13259	8384	643
50-54岁	491	58	419	250	72	97	12268	8365	584
55-59岁	293	25	151	66	31	54	4683	3354	275
60-64岁	71	2	32	13	7	12	816	611	89
65-69岁	92	2	23	14	2	7	644	434	102
70-74岁	45	1	3	1		2	182	123	33
75岁及以上	19		5	4	1		53	36	7

4-5　续表 6　　单位：人

年龄组 性　别	建筑业		批发和零售业			交通运输、仓储和邮政业			
	建　筑 安装业	建筑装 饰、装修 和其他 建筑业	小计	批发业	零售业	小计	铁　路 运输业	道　路 运输业	水　上 运输业
总　计	**20424**	**137326**	**373382**	**101703**	**271679**	**141079**	**4999**	**97410**	**3903**
16-19岁	142	814	4111	796	3315	819	12	323	10
20-24岁	897	5211	22306	4883	17423	6685	307	3353	94
25-29岁	2646	13636	48601	11319	37282	16011	573	9218	333
30-34岁	3689	19641	64530	15752	48778	21491	636	13937	521
35-39岁	2695	16746	47544	12344	35200	18943	447	14277	368
40-44岁	2585	18671	48976	13134	35842	21620	625	16915	462
45-49岁	3010	23543	52959	15293	37666	23810	777	17941	805
50-54岁	2681	22520	43448	14053	29395	19000	917	13478	765
55-59岁	1503	12056	24269	8316	15953	9715	645	6310	404
60-64岁	318	2375	6415	2170	4245	1562	36	905	82
65-69岁	203	1678	6223	2209	4014	1077	17	590	39
70-74岁	46	352	2646	977	1669	276	5	133	12
75岁及以上	9	83	1354	457	897	70	2	30	8
男	**18469**	**119319**	**191031**	**64528**	**126503**	**119545**	**4030**	**86432**	**3065**
16-19岁	136	740	1948	523	1425	613	6	268	10
20-24岁	825	4507	11015	3031	7984	5151	200	2760	77
25-29岁	2430	11910	24855	7280	17575	13010	390	7980	270
30-34岁	3328	17180	31484	9769	21715	17704	473	12148	426
35-39岁	2424	14615	22796	7539	15257	16101	335	12704	286
40-44岁	2277	15904	23027	7883	15144	18372	479	14986	345
45-49岁	2650	19671	25360	9164	16196	20009	611	15724	586
50-54岁	2417	19465	23904	9179	14725	16887	855	12336	611
55-59岁	1435	11070	15209	5863	9346	8979	630	5963	339
60-64岁	304	2273	4370	1581	2789	1429	31	867	65
65-69岁	195	1578	4239	1652	2587	983	14	550	34
70-74岁	41	331	1854	729	1125	244	4	118	11
75岁及以上	7	75	970	335	635	63	2	28	5
女	**1955**	**18007**	**182351**	**37175**	**145176**	**21534**	**969**	**10978**	**838**
16-19岁	6	74	2163	273	1890	206	6	55	
20-24岁	72	704	11291	1852	9439	1534	107	593	17
25-29岁	216	1726	23746	4039	19707	3001	183	1238	63
30-34岁	361	2461	33046	5983	27063	3787	163	1789	95
35-39岁	271	2131	24748	4805	19943	2842	112	1573	82
40-44岁	308	2767	25949	5251	20698	3248	146	1929	117
45-49岁	360	3872	27599	6129	21470	3801	166	2217	219
50-54岁	264	3055	19544	4874	14670	2113	62	1142	154
55-59岁	68	986	9060	2453	6607	736	15	347	65
60-64岁	14	102	2045	589	1456	133	5	38	17
65-69岁	8	100	1984	557	1427	94	3	40	5
70-74岁	5	21	792	248	544	32	1	15	1
75岁及以上	2	8	384	122	262	7		2	3

4-5 续表 7　　单位：人

年龄组 性　别	交通运输、仓储和邮政业					住宿和餐饮业		
	航　空 运输业	管　道 运输业	多式联运 和运输 代理业	装卸搬运 和仓储业	邮政业	小计	住宿业	餐饮业
总　计	**920**	**81**	**2254**	**10678**	**20834**	**151389**	**12196**	**139193**
16-19岁	7		10	77	380	3594	171	3423
20-24岁	121	2	130	341	2337	11234	980	10254
25-29岁	220	8	305	817	4537	18828	1445	17383
30-34岁	171	17	389	979	4841	23208	1701	21507
35-39岁	91	12	295	863	2590	17588	1223	16365
40-44岁	77	6	328	1275	1932	18978	1452	17526
45-49岁	88	10	357	1876	1956	22821	1949	20872
50-54岁	83	15	270	2113	1359	20117	1823	18294
55-59岁	47	8	132	1464	705	10462	1005	9457
60-64岁	7	2	22	401	107	2327	241	2086
65-69岁	4		13	338	76	1676	154	1522
70-74岁	2	1	3	109	11	432	41	391
75岁及以上	2			25	3	124	11	113
男	**569**	**63**	**1841**	**8632**	**14913**	**73618**	**4599**	**69019**
16-19岁	5		9	64	251	2461	86	2375
20-24岁	63	2	95	278	1676	7121	369	6752
25-29岁	116	6	230	683	3335	11514	581	10933
30-34岁	106	13	294	752	3492	12795	645	12150
35-39岁	55	7	247	643	1824	8897	473	8424
40-44岁	53	6	270	950	1283	8452	451	8001
45-49岁	63	7	310	1432	1276	8412	581	7831
50-54岁	57	12	231	1772	1013	7214	621	6593
55-59岁	39	8	121	1282	597	4349	507	3842
60-64岁	6	1	19	354	86	1170	153	1017
65-69岁	2		12	303	68	900	97	803
70-74岁	2	1	3	96	9	263	30	233
75岁及以上	2			23	3	70	5	65
女	**351**	**18**	**413**	**2046**	**5921**	**77771**	**7597**	**70174**
16-19岁	2		1	13	129	1133	85	1048
20-24岁	58		35	63	661	4113	611	3502
25-29岁	104	2	75	134	1202	7314	864	6450
30-34岁	65	4	95	227	1349	10413	1056	9357
35-39岁	36	5	48	220	766	8691	750	7941
40-44岁	24		58	325	649	10526	1001	9525
45-49岁	25	3	47	444	680	14409	1368	13041
50-54岁	26	3	39	341	346	12903	1202	11701
55-59岁	8		11	182	108	6113	498	5615
60-64岁	1	1	3	47	21	1157	88	1069
65-69岁	2		1	35	8	776	57	719
70-74岁				13	2	169	11	158
75岁及以上				2		54	6	48

4-5 续表 8 单位：人

年龄组 性别	信息传输、软件和信息技术服务业				金融业				
	小计	电信、广播电视和卫星传输服务	互联网和相关服务	软件和信息技术服务业	小计	货币金融服务	资本市场服务	保险业	其他金融业
总计	**39041**	**10216**	**11797**	**17028**	**34480**	**16374**	**2130**	**12576**	**3400**
16–19岁	541	67	278	196	134	48	5	46	35
20–24岁	6167	760	2306	3101	3093	1362	191	1068	472
25–29岁	11755	1839	3790	6126	8028	3628	529	2860	1011
30–34岁	9323	2429	2713	4181	8293	3766	541	3109	877
35–39岁	4801	1882	1182	1737	3888	1573	283	1706	326
40–44岁	2619	1213	644	762	2684	1065	172	1261	186
45–49岁	1829	944	441	444	3430	1836	188	1188	218
50–54岁	1260	681	279	300	2880	1757	149	812	162
55–59岁	609	337	123	149	1834	1227	65	443	99
60–64岁	68	33	21	14	141	79	6	51	5
65–69岁	53	24	18	11	56	22	1	26	7
70–74岁	8	3	1	4	11	4		5	2
75岁及以上	8	4	1	3	8	7		1	
男	**25352**	**6062**	**7404**	**11886**	**17497**	**8704**	**1325**	**5599**	**1869**
16–19岁	310	30	165	115	66	24	3	20	19
20–24岁	3659	399	1310	1950	1489	602	88	589	210
25–29岁	7588	1057	2291	4240	4133	1708	315	1579	531
30–34岁	6018	1261	1737	3020	3955	1724	334	1411	486
35–39岁	3084	1007	784	1293	1759	745	177	653	184
40–44岁	1738	733	449	556	1087	532	103	354	98
45–49岁	1305	666	315	324	1584	966	118	365	135
50–54岁	1008	546	226	236	1775	1213	121	330	111
55–59岁	535	312	97	126	1504	1105	60	255	84
60–64岁	57	29	15	13	97	65	5	23	4
65–69岁	42	19	14	9	36	14	1	16	5
70–74岁	7	3	1	3	8	2		4	2
75岁及以上	1			1	4	4			
女	**13689**	**4154**	**4393**	**5142**	**16983**	**7670**	**805**	**6977**	**1531**
16–19岁	231	37	113	81	68	24	2	26	16
20–24岁	2508	361	996	1151	1604	760	103	479	262
25–29岁	4167	782	1499	1886	3895	1920	214	1281	480
30–34岁	3305	1168	976	1161	4338	2042	207	1698	391
35–39岁	1717	875	398	444	2129	828	106	1053	142
40–44岁	881	480	195	206	1597	533	69	907	88
45–49岁	524	278	126	120	1846	870	70	823	83
50–54岁	252	135	53	64	1105	544	28	482	51
55–59岁	74	25	26	23	330	122	5	188	15
60–64岁	11	4	6	1	44	14	1	28	1
65–69岁	11	5	4	2	20	8		10	2
70–74岁	1			1	3	2		1	
75岁及以上	7	4	1	2	4	3		1	

4－5 续表 9

单位：人

年龄组 性 别	房地产业		租赁和商务服务业			科学研究和技术服务业			
	小计	房地产业	小计	租赁业	商 务 服务业	小计	研究和 试验发展	专业技术 服务业	科技推广 和应用 服务业
总 计	**52468**	**52468**	**64158**	**6264**	**57894**	**27734**	**4321**	**18187**	**5226**
16－19岁	296	296	679	96	583	153	25	100	28
20－24岁	3903	3903	6427	402	6025	3098	399	2028	671
25－29岁	8530	8530	12026	1074	10952	6404	992	4128	1284
30－34岁	9112	9112	12115	1242	10873	6191	1036	4049	1106
35－39岁	5122	5122	7154	837	6317	3483	650	2256	577
40－44岁	4254	4254	6010	735	5275	2320	386	1558	376
45－49岁	5162	5162	6466	804	5662	2210	318	1483	409
50－54岁	5850	5850	5967	635	5332	1993	264	1386	343
55－59岁	4919	4919	4471	304	4167	1394	215	927	252
60－64岁	2238	2238	1293	61	1232	209	19	141	49
65－69岁	2321	2321	1080	52	1028	181	12	98	71
70－74岁	623	623	363	17	346	63	3	20	40
75岁及以上	138	138	107	5	102	35	2	13	20
男	**32876**	**32876**	**41893**	**5569**	**36324**	**19798**	**2950**	**13323**	**3525**
16－19岁	200	200	427	93	334	105	15	73	17
20－24岁	2451	2451	3370	372	2998	2037	250	1342	445
25－29岁	5350	5350	6956	980	5976	4405	643	2909	853
30－34岁	5286	5286	7314	1110	6204	4369	713	2913	743
35－39岁	2891	2891	4641	735	3906	2440	446	1612	382
40－44岁	2248	2248	3927	629	3298	1654	270	1132	252
45－49岁	2894	2894	4276	696	3580	1556	198	1090	268
50－54岁	3897	3897	4638	561	4077	1623	202	1157	264
55－59岁	3539	3539	3881	275	3606	1231	186	851	194
60－64岁	1735	1735	1132	55	1077	171	12	129	30
65－69岁	1758	1758	938	43	895	141	12	85	44
70－74岁	511	511	305	16	289	43	2	19	22
75岁及以上	116	116	88	4	84	23	1	11	11
女	**19592**	**19592**	**22265**	**695**	**21570**	**7936**	**1371**	**4864**	**1701**
16－19岁	96	96	252	3	249	48	10	27	11
20－24岁	1452	1452	3057	30	3027	1061	149	686	226
25－29岁	3180	3180	5070	94	4976	1999	349	1219	431
30－34岁	3826	3826	4801	132	4669	1822	323	1136	363
35－39岁	2231	2231	2513	102	2411	1043	204	644	195
40－44岁	2006	2006	2083	106	1977	666	116	426	124
45－49岁	2268	2268	2190	108	2082	654	120	393	141
50－54岁	1953	1953	1329	74	1255	370	62	229	79
55－59岁	1380	1380	590	29	561	163	29	76	58
60－64岁	503	503	161	6	155	38	7	12	19
65－69岁	563	563	142	9	133	40		13	27
70－74岁	112	112	58	1	57	20	1	1	18
75岁及以上	22	22	19	1	18	12	1	2	9

4-5　续表 10　　　　　　　　　　　　　　　　　　　　　　单位：人

年龄组 性　别	水利、环境和公共设施管理业					居民服务、修理和其他服务业			
	小计	水　利 管理业	生态保护 和环境 治理业	公共设施 管理业	土　地 管理业	小计	居　民 服务业	机动车、 电子产品 和日用产 品修理业	其　他 服务业
总　计	**25911**	**1364**	**1862**	**22497**	**188**	**101214**	**59720**	**24102**	**17392**
16-19岁	40	1	5	34		2949	1966	907	76
20-24岁	458	41	72	337	8	8017	4937	2724	356
25-29岁	1293	103	180	981	29	13056	7990	4299	767
30-34岁	1659	116	229	1284	30	14737	9310	4463	964
35-39岁	1419	104	165	1124	26	10105	6210	2964	931
40-44岁	1838	186	178	1447	27	10123	6022	2606	1495
45-49岁	3083	285	272	2504	22	12427	7602	2410	2415
50-54岁	3819	264	278	3255	22	12828	7628	1994	3206
55-59岁	3732	188	231	3299	14	7890	4362	1061	2467
60-64岁	2568	37	87	2441	3	3091	1329	270	1492
65-69岁	3861	21	108	3730	2	3817	1479	258	2080
70-74岁	1675	11	42	1621	1	1593	623	107	863
75岁及以上	466	7	15	440	4	581	262	39	280
男	**16841**	**1034**	**1374**	**14303**	**130**	**50085**	**21408**	**20602**	**8075**
16-19岁	32	1	5	26		1916	982	887	47
20-24岁	332	30	49	248	5	4911	2175	2531	205
25-29岁	881	66	126	670	19	7566	3340	3774	452
30-34岁	1178	79	167	915	17	7805	3504	3777	524
35-39岁	952	65	122	747	18	4965	2104	2438	423
40-44岁	1159	127	121	893	18	4468	1797	2112	559
45-49岁	1825	185	196	1425	19	4643	1965	1921	757
50-54岁	2352	231	207	1897	17	4877	2118	1651	1108
55-59岁	2295	179	194	1913	9	3384	1522	900	962
60-64岁	1597	34	63	1497	3	1738	641	244	853
65-69岁	2585	20	83	2480	2	2340	777	228	1335
70-74岁	1276	10	29	1237		1087	352	104	631
75岁及以上	377	7	12	355	3	385	131	35	219
女	**9070**	**330**	**488**	**8194**	**58**	**51129**	**38312**	**3500**	**9317**
16-19岁	8			8		1033	984	20	29
20-24岁	126	11	23	89	3	3106	2762	193	151
25-29岁	412	37	54	311	10	5490	4650	525	315
30-34岁	481	37	62	369	13	6932	5806	686	440
35-39岁	467	39	43	377	8	5140	4106	526	508
40-44岁	679	59	57	554	9	5655	4225	494	936
45-49岁	1258	100	76	1079	3	7784	5637	489	1658
50-54岁	1467	33	71	1358	5	7951	5510	343	2098
55-59岁	1437	9	37	1386	5	4506	2840	161	1505
60-64岁	971	3	24	944		1353	688	26	639
65-69岁	1276	1	25	1250		1477	702	30	745
70-74岁	399	1	13	384	1	506	271	3	232
75岁及以上	89		3	85	1	196	131	4	61

4-5 续表 11　　单位：人

年龄组 性　别	教育		卫生和社会工作			文化、体育和娱乐业				
	小计	教育	小计	卫生	社会工作	小计	新闻和出版业	广播、电视、电影和录音制作业	文　化艺术业	体育
总　计	**110463**	**110463**	**54460**	**52389**	**2071**	**16449**	**1202**	**2057**	**3422**	**2496**
16-19岁	2284	2284	375	372	3	497	4	27	68	108
20-24岁	11897	11897	5569	5508	61	2254	63	323	356	563
25-29岁	18638	18638	10275	10177	98	3128	188	438	572	657
30-34岁	17609	17609	9260	9142	118	2865	181	418	543	482
35-39岁	14674	14674	6408	6297	111	1778	205	251	362	207
40-44岁	13423	13423	5734	5566	168	1395	169	175	299	120
45-49岁	11085	11085	6013	5748	265	1511	156	160	373	117
50-54岁	10882	10882	4944	4607	337	1494	115	151	398	115
55-59岁	7840	7840	3375	2963	412	967	105	91	295	71
60-64岁	1107	1107	983	795	188	253	9	15	65	28
65-69岁	704	704	1008	803	205	200	4	5	57	24
70-74岁	202	202	346	260	86	82	3	2	22	3
75岁及以上	118	118	170	151	19	25		1	12	1
男	**44096**	**44096**	**20186**	**19304**	**882**	**9159**	**650**	**1180**	**1850**	**1420**
16-19岁	740	740	72	72		303	4	17	44	75
20-24岁	2530	2530	1108	1089	19	1284	20	165	156	369
25-29岁	4832	4832	2264	2235	29	1759	73	220	278	402
30-34岁	4864	4864	2540	2510	30	1488	82	223	253	234
35-39岁	5344	5344	2414	2383	31	966	110	151	184	91
40-44岁	6151	6151	2454	2388	66	736	86	101	165	61
45-49岁	5592	5592	2735	2673	62	723	89	94	176	43
50-54岁	6362	6362	2527	2408	119	849	80	108	252	62
55-59岁	6059	6059	2263	2063	200	652	91	80	213	42
60-64岁	822	822	668	545	123	185	9	15	53	23
65-69岁	544	544	708	584	124	134	3	4	48	15
70-74岁	158	158	286	219	67	62	3	1	18	2
75岁及以上	98	98	147	135	12	18		1	10	1
女	**66367**	**66367**	**34274**	**33085**	**1189**	**7290**	**552**	**877**	**1572**	**1076**
16-19岁	1544	1544	303	300	3	194		10	24	33
20-24岁	9367	9367	4461	4419	42	970	43	158	200	194
25-29岁	13806	13806	8011	7942	69	1369	115	218	294	255
30-34岁	12745	12745	6720	6632	88	1377	99	195	290	248
35-39岁	9330	9330	3994	3914	80	812	95	100	178	116
40-44岁	7272	7272	3280	3178	102	659	83	74	134	59
45-49岁	5493	5493	3278	3075	203	788	67	66	197	74
50-54岁	4520	4520	2417	2199	218	645	35	43	146	53
55-59岁	1781	1781	1112	900	212	315	14	11	82	29
60-64岁	285	285	315	250	65	68			12	5
65-69岁	160	160	300	219	81	66	1	1	9	9
70-74岁	44	44	60	41	19	20		1	4	1
75岁及以上	20	20	23	16	7	7			2	

4-5　续表 12　　　　单位：人

年龄组 性　别	娱乐业	公共管理、社会保障和社会组织							国际组织	
		小计	中国共产党机关	国家机构	人民政协、民主党派	社会保障	群众团体、社会团体和其他成员组织	基层群众自治组织	小计	国际组织
总　计	**7272**	**96562**	**1883**	**70680**	**249**	**413**	**3630**	**19707**	**5**	**5**
16–19岁	290	229	3	136		1	32	57		
20–24岁	949	4795	71	3903	4	42	201	574		
25–29岁	1273	12518	252	10071	14	70	416	1695		
30–34岁	1241	14594	302	11262	12	74	496	2448		
35–39岁	753	9997	229	7470	18	38	364	1878	1	1
40–44岁	632	12085	251	9163	26	54	377	2214	3	3
45–49岁	705	13894	260	10425	29	54	479	2647		
50–54岁	715	13199	261	9488	41	39	501	2869	1	1
55–59岁	405	11204	221	7563	98	25	398	2899		
60–64岁	136	1466	20	589	6	8	126	717		
65–69岁	110	1488	10	405	1	7	134	931		
70–74岁	52	736	2	146		1	60	527		
75岁及以上	11	357	1	59			46	251		
男	**4059**	**64613**	**1336**	**49407**	**187**	**200**	**2143**	**11340**	**3**	**3**
16–19岁	163	157	1	106		1	20	29		
20–24岁	574	2772	43	2344	1	14	96	274		
25–29岁	786	6952	136	5851	9	28	188	740		
30–34岁	696	8392	192	6957	7	34	250	952		
35–39岁	430	6223	155	5007	9	17	200	835		
40–44岁	323	7674	182	6159	14	26	208	1085	2	2
45–49岁	321	9577	186	7503	18	27	291	1552		
50–54岁	347	10021	203	7518	32	25	345	1898	1	1
55–59岁	226	9865	209	6990	90	18	297	2261		
60–64岁	85	1111	19	484	6	7	83	512		
65–69岁	64	1054	9	318	1	2	95	629		
70–74岁	38	534		119		1	42	372		
75岁及以上	6	281	1	51			28	201		
女	**3213**	**31949**	**547**	**21273**	**62**	**213**	**1487**	**8367**	**2**	**2**
16–19岁	127	72	2	30			12	28		
20–24岁	375	2023	28	1559	3	28	105	300		
25–29岁	487	5566	116	4220	5	42	228	955		
30–34岁	545	6202	110	4305	5	40	246	1496		
35–39岁	323	3774	74	2463	9	21	164	1043	1	1
40–44岁	309	4411	69	3004	12	28	169	1129	1	1
45–49岁	384	4317	74	2922	11	27	188	1095		
50–54岁	368	3178	58	1970	9	14	156	971		
55–59岁	179	1339	12	573	8	7	101	638		
60–64岁	51	355	1	105		1	43	205		
65–69岁	46	434	1	87		5	39	302		
70–74岁	14	202	2	27			18	155		
75岁及以上	5	76		8			18	50		

4-5a 全省分年龄、性别、行业大类的就业人口(城市)

单位：人

年龄组 性别	合计	农、林、牧、渔业						采矿业	
		小计	农业	林业	畜牧业	渔业	农、林、牧、渔专业及辅助性活动	小计	煤炭开采和洗选业
总　计	**683646**	**13122**	**9954**	**688**	**1206**	**636**	**638**	**11471**	**9015**
16-19岁	4441	36	29	1	4		2	3	2
20-24岁	40349	204	138	14	21	12	19	97	65
25-29岁	89512	567	372	34	70	37	54	549	436
30-34岁	119859	962	636	55	154	53	64	1730	1480
35-39岁	90372	787	473	59	113	74	68	1709	1487
40-44岁	89344	1173	772	85	165	68	83	2099	1678
45-49岁	98933	1879	1344	121	204	120	90	2435	1863
50-54岁	82897	2410	1839	130	189	131	121	2183	1652
55-59岁	47642	1905	1498	96	155	81	75	577	309
60-64岁	9228	862	737	37	36	21	31	42	18
65-69岁	7652	1297	1155	36	58	28	20	24	12
70-74岁	2479	697	643	14	25	7	8	11	6
75岁及以上	938	343	318	6	12	4	3	12	7
男	**410965**	**7685**	**5390**	**516**	**827**	**501**	**451**	**10113**	**8126**
16-19岁	2505	21	16	1	2		2	3	2
20-24岁	21379	135	91	9	16	9	10	76	51
25-29岁	50184	370	223	19	60	31	37	486	392
30-34岁	67570	594	352	36	116	44	46	1507	1305
35-39岁	51698	509	280	45	82	60	42	1482	1314
40-44岁	51322	713	446	64	104	48	51	1770	1459
45-49岁	58033	1069	687	94	131	97	60	2100	1689
50-54岁	56567	1322	911	104	115	103	89	2066	1586
55-59岁	37200	1057	748	78	106	63	62	549	293
60-64岁	6765	463	368	29	24	18	24	37	15
65-69岁	5326	757	653	24	43	19	18	20	10
70-74岁	1757	438	398	9	18	6	7	7	4
75岁及以上	659	237	217	4	10	3	3	10	6
女	**272681**	**5437**	**4564**	**172**	**379**	**135**	**187**	**1358**	**889**
16-19岁	1936	15	13		2				
20-24岁	18970	69	47	5	5	3	9	21	14
25-29岁	39328	197	149	15	10	6	17	63	44
30-34岁	52289	368	284	19	38	9	18	223	175
35-39岁	38674	278	193	14	31	14	26	227	173
40-44岁	38022	460	326	21	61	20	32	329	219
45-49岁	40900	810	657	27	73	23	30	335	174
50-54岁	26330	1088	928	26	74	28	32	117	66
55-59岁	10442	848	750	18	49	18	13	28	16
60-64岁	2463	399	369	8	12	3	7	5	3
65-69岁	2326	540	502	12	15	9	2	4	2
70-74岁	722	259	245	5	7	1	1	4	2
75岁及以上	279	106	101	2	2	1		2	1

4-5a　续表 1　　单位：人

年龄组 性　别	采矿业						制造业		
	石油和天然气开采业	黑色金属矿采选业	有色金属矿采选业	非金属矿采选业	开采专业及辅助性活　动	其　他采矿业	小计	农副食品加工业	食　品制造业
总　计	**128**	**557**	**869**	**484**	**248**	**170**	**107632**	**3693**	**3496**
16-19岁		1					675	18	37
20-24岁	4	5	10	9	1	3	4577	125	244
25-29岁	6	24	31	35	13	4	12119	301	462
30-34岁	16	47	51	67	44	25	19199	457	602
35-39岁	23	37	50	58	38	16	14693	359	470
40-44岁	23	86	148	78	54	32	15471	469	449
45-49岁	25	130	252	88	39	38	17759	718	509
50-54岁	23	135	214	82	41	36	13994	700	452
55-59岁	7	84	100	50	13	14	6996	380	193
60-64岁		5	5	10	2	2	1070	67	38
65-69岁		1	5	5	1		764	69	28
70-74岁	1	1		2	1		226	20	9
75岁及以上		1	3		1		89	10	3
男	**98**	**460**	**665**	**420**	**205**	**139**	**67048**	**2170**	**1625**
16-19岁		1					489	9	17
20-24岁	3	4	6	9	1	2	3116	79	110
25-29岁	5	20	25	30	11	3	8053	184	225
30-34岁	12	42	39	56	34	19	11762	268	279
35-39岁	17	26	36	48	28	13	8474	200	221
40-44岁	15	65	94	67	46	24	8335	256	187
45-49岁	20	92	165	73	32	29	9861	412	220
50-54岁	18	122	193	78	36	33	9684	387	207
55-59岁	7	81	97	44	13	14	5654	248	108
60-64岁		5	4	9	2	2	828	52	26
65-69岁		1	4	4	1		567	49	20
70-74岁	1			2			166	20	4
75岁及以上		1	2		1		59	6	1
女	**30**	**97**	**204**	**64**	**43**	**31**	**40584**	**1523**	**1871**
16-19岁							186	9	20
20-24岁	1	1	4			1	1461	46	134
25-29岁	1	4	6	5	2	1	4066	117	237
30-34岁	4	5	12	11	10	6	7437	189	323
35-39岁	6	11	14	10	10	3	6219	159	249
40-44岁	8	21	54	11	8	8	7136	213	262
45-49岁	5	38	87	15	7	9	7898	306	289
50-54岁	5	13	21	4	5	3	4310	313	245
55-59岁		3	3	6			1342	132	85
60-64岁			1	1			242	15	12
65-69岁			1	1			197	20	8
70-74岁		1			1		60		5
75岁及以上			1				30	4	2

4-5a 续表 2 单位：人

年龄组 性 别	制造业								
	酒、饮料和精制茶制造业	烟 草制品业	纺织业	纺织服装、服饰业	皮革、毛皮、羽毛及其制品和制鞋业	木材加工和木、竹、藤、棕、草制品业	家 具制造业	造纸和纸制品业	印刷和记录媒介复制业
总 计	**2666**	**675**	**3424**	**9657**	**2056**	**1937**	**1999**	**1610**	**1633**
16-19岁	11		16	33	17	6	7	3	6
20-24岁	121	14	95	201	67	48	100	55	55
25-29岁	306	26	249	773	184	165	241	166	163
30-34岁	502	63	511	1895	334	232	333	280	273
35-39岁	351	70	438	1721	319	209	281	189	208
40-44岁	380	80	538	1845	357	262	295	249	268
45-49岁	451	125	717	1756	390	316	302	293	314
50-54岁	320	180	507	940	252	369	271	205	199
55-59岁	178	105	266	360	97	227	127	119	111
60-64岁	22	7	45	62	18	43	20	36	16
65-69岁	16	3	28	54	14	40	20	11	15
70-74岁	4		9	13	5	11	1	3	4
75岁及以上	4	2	5	4	2	9	1	1	1
男	**1636**	**498**	**1531**	**2295**	**789**	**1326**	**1419**	**951**	**1003**
16-19岁	6		8	15	9	5	7	2	4
20-24岁	69	7	51	78	37	36	71	36	40
25-29岁	192	16	125	218	85	124	175	107	113
30-34岁	306	38	217	450	126	146	223	169	177
35-39岁	195	53	171	380	103	138	201	109	135
40-44岁	184	45	186	378	108	167	194	121	140
45-49岁	244	70	242	327	129	200	200	147	151
50-54岁	243	164	280	247	105	250	200	129	120
55-59岁	159	97	185	146	59	179	113	92	95
60-64岁	19	5	38	26	13	34	16	26	11
65-69岁	12	2	17	23	9	34	18	9	12
70-74岁	3		8	6	4	8	1	3	4
75岁及以上	4	1	3	1	2	5		1	1
女	**1030**	**177**	**1893**	**7362**	**1267**	**611**	**580**	**659**	**630**
16-19岁	5		8	18	8	1		1	2
20-24岁	52	7	44	123	30	12	29	19	15
25-29岁	114	10	124	555	99	41	66	59	50
30-34岁	196	25	294	1445	208	86	110	111	96
35-39岁	156	17	267	1341	216	71	80	80	73
40-44岁	196	35	352	1467	249	95	101	128	128
45-49岁	207	55	475	1429	261	116	102	146	163
50-54岁	77	16	227	693	147	119	71	76	79
55-59岁	19	8	81	214	38	48	14	27	16
60-64岁	3	2	7	36	5	9	4	10	5
65-69岁	4	1	11	31	5	6	2	2	3
70-74岁	1		1	7	1	3			
75岁及以上		1	2	3		4	1		

4-5a 续表 3

单位：人

年龄组 性 别	制造业								
	文教、工美、体育和娱乐用品制造业	石油、煤炭及其他燃料加工业	化学原料和化学制品制造业	医 药制造业	化学纤维制造业	橡胶和塑 料制品业	非金属矿 物制品业	黑色金属冶炼和压延加工业	有色金属冶炼和压延加工业
总 计	**2243**	**702**	**4614**	**3477**	**171**	**5605**	**6327**	**2608**	**1502**
16-19岁	12		2	32	1	29	15	7	4
20-24岁	72	18	165	261	4	192	188	61	65
25-29岁	220	62	546	534	14	549	597	187	111
30-34岁	385	102	786	676	28	936	1067	334	215
35-39岁	299	81	593	460	18	757	793	285	140
40-44岁	344	86	631	456	35	904	895	378	233
45-49岁	388	135	773	493	30	951	1121	578	315
50-54岁	306	153	703	325	25	786	949	516	279
55-59岁	147	56	358	186	14	379	518	233	126
60-64岁	19	5	35	27	1	59	93	19	8
65-69岁	38		18	19		50	65	8	6
70-74岁	13	4	2	4		10	24		
75岁及以上			2	4	1	3	2	2	
男	**846**	**566**	**3393**	**1976**	**112**	**3433**	**4791**	**2255**	**1177**
16-19岁	5			17	1	23	15	7	3
20-24岁	36	14	112	143	4	138	139	54	55
25-29岁	118	52	399	301	12	378	449	160	89
30-34岁	196	77	543	386	20	592	805	281	158
35-39岁	112	63	411	239	9	439	578	230	94
40-44岁	90	63	413	220	17	476	642	304	171
45-49岁	100	98	540	262	16	505	791	480	231
50-54岁	91	136	597	224	21	501	754	487	245
55-59岁	71	54	331	145	11	294	455	225	119
60-64岁	9	5	31	21	1	45	81	18	7
65-69岁	16		14	14		34	58	8	5
70-74岁	2	4	1	2		7	22		
75岁及以上			1	2		1	2	1	
女	**1397**	**136**	**1221**	**1501**	**59**	**2172**	**1536**	**353**	**325**
16-19岁	7		2	15		6			1
20-24岁	36	4	53	118		54	49	7	10
25-29岁	102	10	147	233	2	171	148	27	22
30-34岁	189	25	243	290	8	344	262	53	57
35-39岁	187	18	182	221	9	318	215	55	46
40-44岁	254	23	218	236	18	428	253	74	62
45-49岁	288	37	233	231	14	446	330	98	84
50-54岁	215	17	106	101	4	285	195	29	34
55-59岁	76	2	27	41	3	85	63	8	7
60-64岁	10		4	6		14	12	1	1
65-69岁	22		4	5		16	7		1
70-74岁	11		1	2		3	2		
75岁及以上			1	2	1	2		1	

4－5a　续表 4　　单位：人

年龄组 性别	制造业								
	金属制品业	通用设备制造业	专用设备制造业	汽车制造业	铁路、船舶、航空航天和其他运输设备制造业	电气机械和器材制造业	计算机、通信和其他电子设备制造业	仪器仪表制造业	其他制造业
总　计	**6731**	**8223**	**4518**	**7895**	**1139**	**7374**	**6767**	**934**	**1175**
16－19岁	32	59	23	45	6	76	158	1	5
20－24岁	186	341	238	326	59	422	637	45	40
25－29岁	688	987	630	975	117	1093	1262	135	107
30－34岁	1060	1478	930	1675	161	1485	1612	205	194
35－39岁	891	1057	643	1406	132	1022	936	144	151
40－44岁	968	1086	559	1113	160	1057	793	108	161
45－49岁	1207	1318	657	1108	186	1074	727	135	194
50－54岁	1044	1094	494	811	179	756	421	90	178
55－59岁	516	635	279	361	118	325	165	55	92
60－64岁	82	98	35	43	16	40	34	8	25
65－69岁	40	52	24	23	5	19	10	4	21
70－74岁	13	15	3	7		3	8	2	4
75岁及以上	4	3	3	2		2	4	2	3
男	**5277**	**6208**	**3122**	**5492**	**889**	**4810**	**3856**	**655**	**683**
16－19岁	27	53	17	43	5	55	118	1	4
20－24岁	151	261	168	272	47	301	428	39	25
25－29岁	534	775	448	713	97	748	825	95	72
30－34岁	806	1120	612	1171	118	991	904	135	117
35－39岁	696	745	431	919	102	599	496	102	88
40－44岁	730	725	343	702	116	618	356	62	80
45－49岁	872	922	431	670	132	603	332	85	86
50－54岁	879	886	380	618	149	556	235	75	114
55－59岁	466	578	243	327	104	285	124	47	58
60－64岁	70	83	25	33	14	32	23	8	17
65－69岁	32	44	19	17	5	18	7	2	18
70－74岁	12	13	2	5		3	6	2	2
75岁及以上	2	3	3	2		1	2	2	2
女	**1454**	**2015**	**1396**	**2403**	**250**	**2564**	**2911**	**279**	**492**
16－19岁	5	6	6	2	1	21	40		1
20－24岁	35	80	70	54	12	121	209	6	15
25－29岁	154	212	182	262	20	345	437	40	35
30－34岁	254	358	318	504	43	494	708	70	77
35－39岁	195	312	212	487	30	423	440	42	63
40－44岁	238	361	216	411	44	439	437	46	81
45－49岁	335	396	226	438	54	471	395	50	108
50－54岁	165	208	114	193	30	200	186	15	64
55－59岁	50	57	36	34	14	40	41	8	34
60－64岁	12	15	10	10	2	8	11		8
65－69岁	8	8	5	6		1	3	2	3
70－74岁	1	2	1	2			2		2
75岁及以上	2					1	2		1

4−5a 续表 5

单位：人

年龄组 性 别	制造业		电力、热力、燃气及水生产和供应业				建筑业		
	废弃资源综合利用业	金属制品、机械和设备修理业	小计	电力、热力生产和供应业	燃气生产和供应业	水的生产和供应业	小计	房屋建筑业	土木工程建筑业
总　计	**1068**	**1713**	**9217**	**6275**	**1342**	**1600**	**82091**	**38687**	**8714**
16−19岁	4	10	8	6	2		213	99	16
20−24岁	25	107	347	229	68	50	2835	1197	389
25−29岁	57	212	1083	723	183	177	7683	3013	1090
30−34岁	93	295	1483	1011	256	216	11533	4626	1557
35−39岁	78	192	1170	814	162	194	9601	3667	1180
40−44岁	116	196	1380	943	183	254	10849	4788	1020
45−49岁	202	276	1530	1005	210	315	14557	7205	1290
50−54岁	231	259	1306	925	166	215	14047	7664	1164
55−59岁	129	141	817	583	95	139	8002	4610	735
60−64岁	36	13	50	23	7	20	1547	1017	142
65−69岁	58	6	33	9	7	17	987	638	104
70−74岁	34	1	7	2	2	3	197	138	24
75岁及以上	5	5	3	2	1		40	25	3
男	**784**	**1480**	**6816**	**4740**	**967**	**1109**	**70008**	**32985**	**7214**
16−19岁	3	10	7	5	2		184	87	16
20−24岁	19	96	240	152	51	37	2257	988	294
25−29岁	40	184	792	534	130	128	6347	2544	845
30−34岁	75	256	1064	746	176	142	9623	3904	1252
35−39岁	59	156	796	571	99	126	8155	3110	953
40−44岁	82	159	886	627	117	142	9155	3974	827
45−49岁	141	222	1026	695	140	191	12085	5885	1052
50−54岁	164	240	1139	815	143	181	12205	6572	1036
55−59岁	102	134	782	564	92	126	7389	4198	690
60−64岁	27	12	45	20	7	18	1467	966	134
65−69岁	46	5	30	8	7	15	923	606	91
70−74岁	21	1	7	2	2	3	184	128	23
75岁及以上	5	5	2	1	1		34	23	1
女	**284**	**233**	**2401**	**1535**	**375**	**491**	**12083**	**5702**	**1500**
16−19岁	1		1	1			29	12	
20−24岁	6	11	107	77	17	13	578	209	95
25−29岁	17	28	291	189	53	49	1336	469	245
30−34岁	18	39	419	265	80	74	1910	722	305
35−39岁	19	36	374	243	63	68	1446	557	227
40−44岁	34	37	494	316	66	112	1694	814	193
45−49岁	61	54	504	310	70	124	2472	1320	238
50−54岁	67	19	167	110	23	34	1842	1092	128
55−59岁	27	7	35	19	3	13	613	412	45
60−64岁	9	1	5	3		2	80	51	8
65−69岁	12	1	3	1		2	64	32	13
70−74岁	13						13	10	1
75岁及以上			1	1			6	2	2

4-5a 续表 6 单位：人

年龄组 性别	建筑业		批发和零售业			交通运输、仓储和邮政业			
	建筑安装业	建筑装饰、装修和其他建筑业	小计	批发业	零售业	小计	铁路运输业	道路运输业	水上运输业
总计	**5226**	**29464**	**121679**	**31812**	**89867**	**41726**	**3391**	**27037**	**1180**
16—19岁	11	87	684	120	564	116	3	44	2
20—24岁	196	1053	6433	1380	5053	1821	168	850	28
25—29岁	594	2986	15666	3584	12082	4297	347	2187	98
30—34岁	925	4425	23435	5926	17509	6118	428	3571	166
35—39岁	744	4010	18020	4795	13225	5394	304	3791	112
40—44岁	710	4331	17784	4540	13244	6622	468	4813	157
45—49岁	889	5173	18141	4856	13285	7502	568	5396	231
50—54岁	720	4499	12570	3776	8794	6066	654	4075	232
55—59岁	348	2309	6315	2025	4290	3246	423	1995	133
60—64岁	49	339	1243	374	869	312	18	185	14
65—69岁	32	213	926	289	637	171	8	99	1
70—74岁	6	29	322	97	225	46	1	25	2
75岁及以上	2	10	140	50	90	15	1	6	4
男	**4605**	**25204**	**60117**	**19901**	**40216**	**34357**	**2757**	**23170**	**952**
16—19岁	10	71	323	77	246	70	1	30	2
20—24岁	167	808	3069	797	2272	1270	111	616	21
25—29岁	524	2434	7754	2213	5541	3255	226	1754	78
30—34岁	793	3674	11245	3596	7649	4822	338	2948	138
35—39岁	658	3434	8421	2849	5572	4360	230	3202	87
40—44岁	612	3742	7955	2689	5266	5429	355	4131	114
45—49岁	775	4373	8230	2877	5353	6113	446	4562	170
50—54岁	649	3948	7059	2608	4451	5479	614	3739	204
55—59岁	334	2167	4255	1574	2681	3062	411	1896	120
60—64岁	46	321	862	286	576	289	16	176	13
65—69岁	30	196	628	226	402	157	7	90	1
70—74岁	5	28	225	77	148	39	1	21	2
75岁及以上	2	8	91	32	59	12	1	5	2
女	**621**	**4260**	**61562**	**11911**	**49651**	**7369**	**634**	**3867**	**228**
16—19岁	1	16	361	43	318	46	2	14	
20—24岁	29	245	3364	583	2781	551	57	234	7
25—29岁	70	552	7912	1371	6541	1042	121	433	20
30—34岁	132	751	12190	2330	9860	1296	90	623	28
35—39岁	86	576	9599	1946	7653	1034	74	589	25
40—44岁	98	589	9829	1851	7978	1193	113	682	43
45—49岁	114	800	9911	1979	7932	1389	122	834	61
50—54岁	71	551	5511	1168	4343	587	40	336	28
55—59岁	14	142	2060	451	1609	184	12	99	13
60—64岁	3	18	381	88	293	23	2	9	1
65—69岁	2	17	298	63	235	14	1	9	
70—74岁	1	1	97	20	77	7		4	
75岁及以上		2	49	18	31	3		1	2

4-5a　续表 7　　单位：人

年龄组 性　别	交通运输、仓储和邮政业					住宿和餐饮业		
	航空运输业	管道运输业	多式联运和运输代理业	装卸搬运和仓储业	邮政业	小计	住宿业	餐饮业
总　计	**511**	**22**	**818**	**2482**	**6285**	**43750**	**4607**	**39143**
16-19岁			1	5	61	760	48	712
20-24岁	62		36	53	624	3096	348	2748
25-29岁	108	1	103	145	1308	5317	534	4783
30-34岁	107	3	144	236	1463	6863	611	6252
35-39岁	55	4	108	211	809	5543	520	5023
40-44岁	53	2	120	324	685	5823	571	5252
45-49岁	53	5	149	489	611	6999	798	6201
50-54岁	45	4	90	529	437	5626	685	4941
55-59岁	23	3	58	371	240	2772	366	2406
60-64岁	2		7	60	26	563	80	483
65-69岁	2		2	42	17	305	33	272
70-74岁	1			13	4	63	6	57
75岁及以上				4		20	7	13
男	**310**	**18**	**656**	**2033**	**4461**	**20892**	**1646**	**19246**
16-19岁			1	5	31	503	17	486
20-24岁	32		24	44	422	1896	111	1785
25-29岁	50	1	78	119	949	3212	186	3026
30-34岁	64	3	104	177	1050	3801	223	3578
35-39岁	32	2	84	152	571	2772	189	2583
40-44岁	36	2	90	239	462	2506	158	2348
45-49岁	37	4	133	377	384	2479	217	2262
50-54岁	33	3	79	468	339	2030	266	1764
55-59岁	21	3	56	341	214	1216	200	1016
60-64岁	2		5	56	21	281	51	230
65-69岁	2		2	40	15	152	20	132
70-74岁	1			11	3	37	5	32
75岁及以上				4		7	3	4
女	**201**	**4**	**162**	**449**	**1824**	**22858**	**2961**	**19897**
16-19岁					30	257	31	226
20-24岁	30		12	9	202	1200	237	963
25-29岁	58		25	26	359	2105	348	1757
30-34岁	43		40	59	413	3062	388	2674
35-39岁	23	2	24	59	238	2771	331	2440
40-44岁	17		30	85	223	3317	413	2904
45-49岁	16	1	16	112	227	4520	581	3939
50-54岁	12	1	11	61	98	3596	419	3177
55-59岁	2		2	30	26	1556	166	1390
60-64岁			2	4	5	282	29	253
65-69岁				2	2	153	13	140
70-74岁				2	1	26	1	25
75岁及以上						13	4	9

4-5a　续表 8　　　　单位：人

年龄组 性　别	信息传输、软件和信息技术服务业				金融业				
	小计	电信、广播电视和卫星传输服务	互联网和相关服务	软件和信息技术服务业	小计	货币金融服　务	资本市场服　务	保险业	其　他金融业
总　计	**17956**	**5086**	**4952**	**7918**	**18860**	**9152**	**1278**	**6436**	**1994**
16-19岁	224	18	113	93	55	23	3	16	13
20-24岁	2648	340	956	1352	1405	613	81	481	230
25-29岁	4761	781	1500	2480	3862	1750	257	1337	518
30-34岁	4407	1239	1168	2000	4758	2248	319	1648	543
35-39岁	2632	1079	540	1013	2449	1042	193	1003	211
40-44岁	1430	655	302	473	1638	699	121	688	130
45-49岁	928	468	198	262	1984	1066	147	613	158
50-54岁	627	342	116	169	1656	1023	108	410	115
55-59岁	259	151	46	62	969	648	44	208	69
60-64岁	20	7	6	7	56	30	5	20	1
65-69岁	16	6	6	4	20	6		9	5
70-74岁	1			1	4	1		2	1
75岁及以上	3		1	2	4	3		1	
男	**11278**	**2951**	**3007**	**5320**	**9287**	**4673**	**778**	**2753**	**1083**
16-19岁	130	9	70	51	22	9	2	4	7
20-24岁	1506	185	524	797	637	255	36	247	99
25-29岁	2900	431	851	1618	1898	798	143	694	263
30-34岁	2699	616	705	1378	2172	971	189	716	296
35-39岁	1666	555	357	754	1093	483	112	384	114
40-44岁	921	387	204	330	675	339	67	205	64
45-49岁	665	334	147	184	926	540	93	194	99
50-54岁	524	281	102	141	1000	662	90	170	78
55-59岁	236	143	38	55	812	582	42	130	58
60-64岁	17	6	4	7	39	28	4	7	
65-69岁	12	4	5	3	9	4		1	4
70-74岁	1			1	3	1		1	1
75岁及以上	1			1	1	1			
女	**6678**	**2135**	**1945**	**2598**	**9573**	**4479**	**500**	**3683**	**911**
16-19岁	94	9	43	42	33	14	1	12	6
20-24岁	1142	155	432	555	768	358	45	234	131
25-29岁	1861	350	649	862	1964	952	114	643	255
30-34岁	1708	623	463	622	2586	1277	130	932	247
35-39岁	966	524	183	259	1356	559	81	619	97
40-44岁	509	268	98	143	963	360	54	483	66
45-49岁	263	134	51	78	1058	526	54	419	59
50-54岁	103	61	14	28	656	361	18	240	37
55-59岁	23	8	8	7	157	66	2	78	11
60-64岁	3	1	2		17	2	1	13	1
65-69岁	4	2	1	1	11	2		8	1
70-74岁					1			1	
75岁及以上	2		1	1	3	2		1	

4-5a　续表 9　　　　单位：人

年龄组 性　别	房地产业		租赁和商务服务业			科学研究和技术服务业			
	小计	房地产业	小计	租赁业	商　务 服务业	小计	研究和 试验发展	专业技术 服务业	科技推广 和应用 服务业
总　计	**24164**	**24164**	**27258**	**1913**	**25345**	**14113**	**2385**	**9291**	**2437**
16-19岁	81	81	166	19	147	45	9	25	11
20-24岁	1418	1418	2598	92	2506	1295	154	800	341
25-29岁	3464	3464	4921	275	4646	2787	412	1804	571
30-34岁	4313	4313	5488	370	5118	3182	578	2057	547
35-39岁	2647	2647	3482	285	3197	2068	409	1325	334
40-44岁	2234	2234	2858	252	2606	1430	262	966	202
45-49岁	2656	2656	2940	275	2665	1239	214	837	188
50-54岁	2801	2801	2460	208	2252	1124	182	809	133
55-59岁	2276	2276	1714	112	1602	792	153	559	80
60-64岁	1005	1005	325	12	313	86	10	63	13
65-69岁	958	958	235	10	225	49	1	36	12
70-74岁	265	265	54	1	53	9		5	4
75岁及以上	46	46	17	2	15	7	1	5	1
男	**14626**	**14626**	**16688**	**1607**	**15081**	**10029**	**1629**	**6750**	**1650**
16-19岁	54	54	96	18	78	32	6	18	8
20-24岁	851	851	1269	80	1189	830	84	521	225
25-29岁	2101	2101	2618	240	2378	1835	255	1208	372
30-34岁	2373	2373	3096	307	2789	2191	399	1444	348
35-39岁	1461	1461	2069	232	1837	1457	284	947	226
40-44岁	1129	1129	1736	206	1530	1018	180	698	140
45-49岁	1415	1415	1870	221	1649	889	132	626	131
50-54岁	1875	1875	1894	181	1713	927	146	673	108
55-59岁	1654	1654	1516	104	1412	722	135	515	72
60-64岁	768	768	282	10	272	76	7	60	9
65-69岁	700	700	187	6	181	39	1	30	8
70-74岁	207	207	42	1	41	7		5	2
75岁及以上	38	38	13	1	12	6		5	1
女	**9538**	**9538**	**10570**	**306**	**10264**	**4084**	**756**	**2541**	**787**
16-19岁	27	27	70	1	69	13	3	7	3
20-24岁	567	567	1329	12	1317	465	70	279	116
25-29岁	1363	1363	2303	35	2268	952	157	596	199
30-34岁	1940	1940	2392	63	2329	991	179	613	199
35-39岁	1186	1186	1413	53	1360	611	125	378	108
40-44岁	1105	1105	1122	46	1076	412	82	268	62
45-49岁	1241	1241	1070	54	1016	350	82	211	57
50-54岁	926	926	566	27	539	197	36	136	25
55-59岁	622	622	198	8	190	70	18	44	8
60-64岁	237	237	43	2	41	10	3	3	4
65-69岁	258	258	48	4	44	10		6	4
70-74岁	58	58	12		12	2			2
75岁及以上	8	8	4	1	3	1	1		

4－5a　续表 10　　　　　单位：人

年龄组 性　别	水利、环境和公共设施管理业					居民服务、修理和其他服务业			
	小计	水　利 管理业	生态保护 和环境 治理业	公共设施 管理业	土　地 管理业	小计	居　民 服务业	机动车、 电子产品 和日用产 品修理业	其　他 服务业
总　计	**6161**	**462**	**571**	**5050**	**78**	**28364**	**17595**	**6359**	**4410**
16－19岁	3			3		561	412	129	20
20－24岁	132	17	26	86	3	2109	1365	604	140
25－29岁	439	42	76	310	11	3786	2484	1018	284
30－34岁	632	51	110	453	18	4865	3262	1254	349
35－39岁	531	38	74	406	13	3292	2120	845	327
40－44岁	632	66	59	491	16	3241	2007	761	473
45－49岁	895	106	78	707	4	3796	2347	744	705
50－54岁	880	66	65	741	8	3326	1968	586	772
55－59岁	783	65	41	672	5	1809	991	298	520
60－64岁	449	8	14	427		627	287	57	283
65－69岁	567	3	19	545		690	246	41	403
70－74岁	184		6	178		209	82	18	109
75岁及以上	34		3	31		53	24	4	25
男	**3972**	**327**	**418**	**3184**	**43**	**13238**	**5914**	**5324**	**2000**
16－19岁	2			2		316	176	126	14
20－24岁	93	12	18	62	1	1146	524	549	73
25－29岁	281	24	56	197	4	1989	970	851	168
30－34岁	430	30	80	312	8	2403	1158	1053	192
35－39岁	350	24	51	268	7	1490	653	677	160
40－44岁	403	43	43	306	11	1371	563	608	200
45－49岁	534	64	58	409	3	1390	573	599	218
50－54岁	549	56	48	440	5	1424	630	494	300
55－59岁	537	64	34	435	4	829	366	262	201
60－64岁	282	7	11	264		331	130	52	149
65－69岁	359	3	13	343		386	116	33	237
70－74岁	127		3	124		132	44	17	71
75岁及以上	25		3	22		31	11	3	17
女	**2189**	**135**	**153**	**1866**	**35**	**15126**	**11681**	**1035**	**2410**
16－19岁	1			1		245	236	3	6
20－24岁	39	5	8	24	2	963	841	55	67
25－29岁	158	18	20	113	7	1797	1514	167	116
30－34岁	202	21	30	141	10	2462	2104	201	157
35－39岁	181	14	23	138	6	1802	1467	168	167
40－44岁	229	23	16	185	5	1870	1444	153	273
45－49岁	361	42	20	298	1	2406	1774	145	487
50－54岁	331	10	17	301	3	1902	1338	92	472
55－59岁	246	1	7	237	1	980	625	36	319
60－64岁	167	1	3	163		296	157	5	134
65－69岁	208		6	202		304	130	8	166
70－74岁	57		3	54		77	38	1	38
75岁及以上	9			9		22	13	1	8

4-5a 续表 11　　　　　单位：人

年龄组 性　别	教育		卫生和社会工作			文化、体育和娱乐业				
	小计	教育	小计	卫生	社会工作	小计	新闻和出版业	广播、电视、电影和录音制作业	文　化艺术业	体育
总　计	**44685**	**44685**	**24220**	**23670**	**550**	**7674**	**795**	**1126**	**1361**	**1076**
16-19岁	404	404	169	169		190	1	9	15	32
20-24岁	4313	4313	2210	2177	33	1046	30	142	154	228
25-29岁	7152	7152	4551	4507	44	1505	104	241	255	278
30-34岁	7767	7767	4987	4938	49	1425	121	238	247	218
35-39岁	6962	6962	3491	3449	42	922	146	158	158	102
40-44岁	5916	5916	2674	2605	69	717	113	109	146	61
45-49岁	4738	4738	2455	2360	95	709	114	102	138	53
50-54岁	4167	4167	1883	1803	80	638	88	70	134	51
55-59岁	2792	2792	1143	1078	65	374	68	46	84	31
60-64岁	279	279	301	270	31	82	6	7	17	13
65-69岁	135	135	240	209	31	48	3	2	10	8
70-74岁	38	38	69	60	9	12	1	2	2	
75岁及以上	22	22	47	45	2	6			1	1
男	**16833**	**16833**	**8032**	**7827**	**205**	**4086**	**418**	**620**	**669**	**589**
16-19岁	99	99	23	23		97	1	5	7	22
20-24岁	944	944	491	477	14	549	7	66	58	143
25-29岁	1844	1844	995	979	16	778	42	113	104	159
30-34岁	2063	2063	1268	1257	11	703	48	120	107	104
35-39岁	2393	2393	1213	1201	12	484	72	93	75	43
40-44岁	2549	2549	1029	1005	24	374	57	63	75	33
45-49岁	2191	2191	956	936	20	337	60	61	56	20
50-54岁	2267	2267	853	822	31	379	64	49	93	26
55-59岁	2143	2143	783	750	33	279	58	41	70	22
60-64岁	202	202	181	160	21	59	6	7	13	11
65-69岁	92	92	149	132	17	35	2	1	9	5
70-74岁	29	29	53	47	6	8	1	1	1	
75岁及以上	17	17	38	38		4			1	1
女	**27852**	**27852**	**16188**	**15843**	**345**	**3588**	**377**	**506**	**692**	**487**
16-19岁	305	305	146	146		93		4	8	10
20-24岁	3369	3369	1719	1700	19	497	23	76	96	85
25-29岁	5308	5308	3556	3528	28	727	62	128	151	119
30-34岁	5704	5704	3719	3681	38	722	73	118	140	114
35-39岁	4569	4569	2278	2248	30	438	74	65	83	59
40-44岁	3367	3367	1645	1600	45	343	56	46	71	28
45-49岁	2547	2547	1499	1424	75	372	54	41	82	33
50-54岁	1900	1900	1030	981	49	259	24	21	41	25
55-59岁	649	649	360	328	32	95	10	5	14	9
60-64岁	77	77	120	110	10	23			4	2
65-69岁	43	43	91	77	14	13	1	1	1	3
70-74岁	9	9	16	13	3	4		1	1	
75岁及以上	5	5	9	7	2	2				

4-5a 续表 12

单位：人

年龄组 性别	娱乐业	公共管理、社会保障和社会组织							国际组织	
		小计	中国共产党机关	国家机构	人民政协、民主党派	社会保障	群众团体、社会团体和其他成员组织	基层群众自治组织	小计	国际组织
总　计	**3316**	**39500**	**866**	**33761**	**143**	**152**	**1137**	**3441**	**3**	**3**
16-19岁	133	48		37		1	1	9		
20-24岁	492	1765	22	1540	2	15	65	121		
25-29岁	627	5003	100	4357	10	22	148	366		
30-34岁	601	6712	153	5785	8	27	195	544		
35-39岁	358	4978	129	4195	10	20	138	486	1	1
40-44岁	288	5372	114	4583	17	22	143	493	1	1
45-49岁	302	5791	112	4958	15	25	155	526		
50-54岁	295	5132	118	4404	19	9	153	429	1	1
55-59岁	145	4101	104	3516	57	9	95	320		
60-64岁	39	309	10	216	5	2	20	56		
65-69岁	25	187	4	115			14	54		
70-74岁	7	65		33			8	24		
75岁及以上	4	37		22			2	13		
男	**1790**	**25858**	**589**	**22856**	**100**	**73**	**593**	**1647**	**2**	**2**
16-19岁	62	34		28		1	1	4		
20-24岁	275	1004	13	902	1	5	30	53		
25-29岁	360	2676	51	2420	6	8	58	133		
30-34岁	324	3754	94	3390	3	8	79	180		
35-39岁	201	3053	84	2706	5	11	65	182		
40-44岁	146	3367	76	2978	8	12	70	223	1	1
45-49岁	140	3897	75	3451	8	13	90	260		
50-54岁	147	3890	88	3440	13	6	92	251	1	1
55-59岁	88	3725	96	3241	51	8	74	255		
60-64岁	22	256	9	179	5	1	15	47		
65-69岁	18	124	3	77			10	34		
70-74岁	5	45		26			7	12		
75岁及以上	2	33		18			2	13		
女	**1526**	**13642**	**277**	**10905**	**43**	**79**	**544**	**1794**	**1**	**1**
16-19岁	71	14		9				5		
20-24岁	217	761	9	638	1	10	35	68		
25-29岁	267	2327	49	1937	4	14	90	233		
30-34岁	277	2958	59	2395	5	19	116	364		
35-39岁	157	1925	45	1489	5	9	73	304	1	1
40-44岁	142	2005	38	1605	9	10	73	270		
45-49岁	162	1894	37	1507	7	12	65	266		
50-54岁	148	1242	30	964	6	3	61	178		
55-59岁	57	376	8	275	6	1	21	65		
60-64岁	17	53	1	37		1	5	9		
65-69岁	7	63	1	38			4	20		
70-74岁	2	20		7			1	12		
75岁及以上	2	4		4						

4-5b　全省分年龄、性别、行业大类的就业人口(镇)

单位：人

年龄组 性　别	合计	农、林、牧、渔业						采矿业	
		小计	农业	林业	畜牧业	渔业	农、林、牧、渔专业及辅助性活动	小计	煤炭开采和洗选业
总　计	**864964**	**91876**	**81389**	**1573**	**4736**	**2677**	**1501**	**8543**	**6453**
16−19岁	8608	377	345	4	16	6	6	8	5
20−24岁	47305	1601	1382	22	105	39	53	106	52
25−29岁	104531	3799	3201	62	294	120	122	514	317
30−34岁	130912	5046	4214	102	412	176	142	1435	1089
35−39岁	96011	4444	3664	85	385	175	135	1222	996
40−44岁	102176	6513	5421	129	500	291	172	1550	1264
45−49岁	122161	10890	9160	279	743	448	260	1784	1401
50−54岁	116662	15966	13936	316	835	597	282	1527	1152
55−59岁	73790	14072	12582	267	611	429	183	299	136
60−64岁	21787	7115	6617	109	214	133	42	49	13
65−69岁	24470	11375	10701	114	335	166	59	37	19
70−74岁	11058	6732	6397	59	175	67	34	10	7
75岁及以上	5493	3946	3769	25	111	30	11	2	2
男	**525016**	**48536**	**41161**	**1192**	**3140**	**2005**	**1038**	**7868**	**6093**
16−19岁	5423	245	220	3	12	4	6	7	5
20−24岁	27636	926	761	18	78	34	35	93	44
25−29岁	61978	2057	1600	48	219	98	92	456	291
30−34岁	76681	2586	1985	73	296	135	97	1299	1015
35−39岁	56293	2285	1751	64	260	124	86	1113	925
40−44岁	59066	3345	2611	87	319	200	128	1424	1183
45−49岁	71301	5463	4318	201	456	323	165	1638	1332
50−54岁	73690	7605	6212	258	517	432	186	1471	1133
55−59岁	50934	7001	5936	208	403	318	136	278	128
60−64岁	14821	3880	3505	84	147	110	34	44	12
65−69岁	16139	6455	5963	80	232	139	41	34	17
70−74岁	7387	4134	3883	47	122	60	22	10	7
75岁及以上	3667	2554	2416	21	79	28	10	1	1
女	**339948**	**43340**	**40228**	**381**	**1596**	**672**	**463**	**675**	**360**
16−19岁	3185	132	125	1	4	2		1	
20−24岁	19669	675	621	4	27	5	18	13	8
25−29岁	42553	1742	1601	14	75	22	30	58	26
30−34岁	54231	2460	2229	29	116	41	45	136	74
35−39岁	39718	2159	1913	21	125	51	49	109	71
40−44岁	43110	3168	2810	42	181	91	44	126	81
45−49岁	50860	5427	4842	78	287	125	95	146	69
50−54岁	42972	8361	7724	58	318	165	96	56	19
55−59岁	22856	7071	6646	59	208	111	47	21	8
60−64岁	6966	3235	3112	25	67	23	8	5	1
65−69岁	8331	4920	4738	34	103	27	18	3	2
70−74岁	3671	2598	2514	12	53	7	12		
75岁及以上	1826	1392	1353	4	32	2	1	1	1

4-5b 续表 1

单位：人

年龄组 性别	采矿业						制造业		
	石油和天然气开采业	黑色金属矿采选业	有色金属矿采选业	非金属矿采选业	开采专业及辅助性活动	其他采矿业	小计	农副食品加工业	食品制造业
总计	**46**	**908**	**149**	**794**	**144**	**49**	**172658**	**7454**	**5340**
16-19岁		1		2			2816	28	66
20-24岁		23	2	25	3	1	10208	197	330
25-29岁	6	104	4	67	12	4	22046	559	684
30-34岁	9	188	11	107	25	6	30600	759	883
35-39岁	7	114	2	81	17	5	21754	619	595
40-44岁	9	105	24	118	23	7	21760	808	639
45-49岁	8	156	31	154	24	10	25359	1308	811
50-54岁	4	133	45	157	27	9	20859	1433	716
55-59岁	3	64	25	58	7	6	11187	1023	403
60-64岁		11	2	18	4	1	2765	271	91
65-69岁		9	3	6			2241	273	73
70-74岁				1	2		768	138	36
75岁及以上							295	38	13
男	**42**	**785**	**121**	**663**	**123**	**41**	**96696**	**4293**	**2387**
16-19岁		1		1			1996	17	33
20-24岁		23	2	22	2		7032	138	159
25-29岁	5	87	2	55	12	4	13908	333	324
30-34岁	8	154	7	89	20	6	17407	450	403
35-39岁	6	92	1	70	14	5	11215	335	260
40-44岁	9	94	17	97	19	5	10139	404	261
45-49岁	7	129	23	120	20	7	11876	692	290
50-54岁	4	129	40	134	24	7	11630	796	313
55-59岁	3	58	24	53	6	6	7334	628	221
60-64岁		10	2	15	4	1	1933	188	54
65-69岁		8	3	6			1513	185	38
70-74岁				1	2		525	99	24
75岁及以上							188	28	7
女	**4**	**123**	**28**	**131**	**21**	**8**	**75962**	**3161**	**2953**
16-19岁				1			820	11	33
20-24岁				3	1	1	3176	59	171
25-29岁	1	17	2	12			8138	226	360
30-34岁	1	34	4	18	5		13193	309	480
35-39岁	1	22	1	11	3		10539	284	335
40-44岁		11	7	21	4	2	11621	404	378
45-49岁	1	27	8	34	4	3	13483	616	521
50-54岁		4	5	23	3	2	9229	637	403
55-59岁		6	1	5	1		3853	395	182
60-64岁		1		3			832	83	37
65-69岁		1					728	88	35
70-74岁							243	39	12
75岁及以上							107	10	6

4-5b　续表 2　　单位：人

年龄组 性　别	制造业								
	酒、饮料和精制茶制造业	烟　草制品业	纺织业	纺织服装、服饰业	皮革、毛皮、羽毛及其制品和制鞋业	木材加工和木、竹、藤、棕、草制品业	家　具制造业	造纸和纸制品业	印刷和记录媒介复制业
总　计	**2673**	**384**	**7282**	**26492**	**3259**	**4072**	**3943**	**2567**	**1542**
16–19岁	10		62	218	33	18	23	20	12
20–24岁	125	3	250	894	126	98	177	100	77
25–29岁	308	24	705	2754	289	239	463	228	183
30–34岁	420	42	1144	5443	485	375	697	381	287
35–39岁	323	47	933	4676	398	381	539	312	217
40–44岁	371	57	1053	4457	515	442	494	375	221
45–49岁	416	74	1209	4142	614	705	561	413	234
50–54岁	370	81	988	2398	440	800	575	423	169
55–59岁	202	51	570	1055	220	565	287	212	101
60–64岁	54	5	166	235	65	192	57	43	17
65–69岁	59		116	137	55	186	47	41	17
70–74岁	13		54	58	17	54	12	13	3
75岁及以上	2		32	25	2	17	11	6	4
男	**1685**	**223**	**2996**	**6540**	**1177**	**2817**	**2830**	**1436**	**893**
16–19岁	3		36	92	22	12	21	11	9
20–24岁	83	1	135	348	70	81	134	67	53
25–29岁	211	12	357	844	133	183	347	151	114
30–34岁	254	23	476	1428	190	253	481	221	171
35–39岁	198	24	335	1088	131	261	380	159	123
40–44岁	186	28	354	892	167	277	344	186	125
45–49岁	245	33	413	792	179	437	358	186	93
50–54岁	254	54	419	544	140	525	416	230	93
55–59岁	161	45	287	323	84	432	241	148	78
60–64岁	35	3	95	94	33	154	48	32	11
65–69岁	42		56	56	17	142	38	32	16
70–74岁	11		25	28	11	48	12	8	3
75岁及以上	2		8	11		12	10	5	4
女	**988**	**161**	**4286**	**19952**	**2082**	**1255**	**1113**	**1131**	**649**
16–19岁	7		26	126	11	6	2	9	3
20–24岁	42	2	115	546	56	17	43	33	24
25–29岁	97	12	348	1910	156	56	116	77	69
30–34岁	166	19	668	4015	295	122	216	160	116
35–39岁	125	23	598	3588	267	120	159	153	94
40–44岁	185	29	699	3565	348	165	150	189	96
45–49岁	171	41	796	3350	435	268	203	227	141
50–54岁	116	27	569	1854	300	275	159	193	76
55–59岁	41	6	283	732	136	133	46	64	23
60–64岁	19	2	71	141	32	38	9	11	6
65–69岁	17		60	81	38	44	9	9	1
70–74岁	2		29	30	6	6		5	
75岁及以上			24	14	2	5	1	1	

4-5b 续表 3

单位：人

年龄组 性别	制造业 文教、工美、体育和娱乐用品制造业	石油、煤炭及其他燃料加工业	化学原料和化学制品制造业	医药制造业	化学纤维制造业	橡胶和塑料制品业	非金属矿物制品业	黑色金属冶炼和压延加工业	有色金属冶炼和压延加工业
总计	**7346**	**457**	**4713**	**2349**	**201**	**8294**	**10193**	**1796**	**1320**
16-19岁	44	1	26	16	1	83	71	9	6
20-24岁	213	16	210	164	6	390	429	65	56
25-29岁	565	28	602	378	26	885	1107	169	147
30-34岁	929	55	809	462	33	1318	1587	277	191
35-39岁	800	42	528	339	28	976	1198	185	140
40-44岁	1079	49	606	269	31	990	1284	217	143
45-49岁	1343	104	742	310	33	1440	1662	310	218
50-54岁	1231	81	675	229	28	1251	1528	340	267
55-59岁	702	52	363	138	12	618	849	176	117
60-64岁	158	11	78	19	1	160	225	27	26
65-69岁	197	11	54	19	1	137	187	16	7
70-74岁	65	7	14	5		38	47	3	1
75岁及以上	20		6	1	1	8	19	2	1
男	**1569**	**358**	**3256**	**1282**	**127**	**5042**	**7559**	**1478**	**1003**
16-19岁	23	1	15	9	1	71	56	9	3
20-24岁	87	16	146	90	3	283	316	58	49
25-29岁	167	20	404	222	18	611	816	140	107
30-34岁	240	42	546	261	21	867	1180	225	127
35-39岁	161	31	354	184	17	579	855	149	98
40-44岁	188	40	370	119	21	553	892	165	108
45-49岁	214	74	477	135	19	697	1168	247	160
50-54岁	201	64	509	136	14	727	1164	282	217
55-59岁	148	46	316	96	10	413	707	161	103
60-64岁	53	9	59	17	1	112	187	25	22
65-69岁	58	10	43	8	1	104	160	13	7
70-74岁	21	5	11	4		21	42	2	1
75岁及以上	8		6	1	1	4	16	2	1
女	**5777**	**99**	**1457**	**1067**	**74**	**3252**	**2634**	**318**	**317**
16-19岁	21		11	7		12	15		3
20-24岁	126		64	74	3	107	113	7	7
25-29岁	398	8	198	156	8	274	291	29	40
30-34岁	689	13	263	201	12	451	407	52	64
35-39岁	639	11	174	155	11	397	343	36	42
40-44岁	891	9	236	150	10	437	392	52	35
45-49岁	1129	30	265	175	14	743	494	63	58
50-54岁	1030	17	166	93	14	524	364	58	50
55-59岁	554	6	47	42	2	205	142	15	14
60-64岁	105	2	19	2		48	38	2	4
65-69岁	139	1	11	11		33	27	3	
70-74岁	44	2	3	1		17	5	1	
75岁及以上	12					4	3		

4-5b 续表 4　　　　单位：人

年龄组 性 别	制造业								
	金 属 制品业	通用设备 制造业	专用设备 制造业	汽 车 制造业	铁路、船舶、 航空航天和 其他运输 设备制造业	电气机械 和器材 制造业	计算机、 通信和其 他电子设 备制造业	仪器仪表 制造业	其 他 制造业
总 计	**10219**	**10931**	**4583**	**8906**	**1826**	**13586**	**15012**	**948**	**1490**
16-19岁	69	204	70	185	26	555	912	15	15
20-24岁	371	765	320	645	141	1402	2343	81	65
25-29岁	1052	1625	765	1476	264	2398	3460	175	170
30-34岁	1713	2157	1057	1978	311	2840	3143	187	227
35-39岁	1318	1340	566	1249	210	1539	1623	119	156
40-44岁	1387	1202	469	1010	202	1389	1267	96	204
45-49岁	1685	1502	554	1013	267	1659	1101	123	250
50-54岁	1424	1288	427	829	205	1118	737	87	185
55-59岁	821	598	235	397	128	493	270	39	108
60-64岁	187	135	60	72	33	104	72	11	53
65-69岁	129	86	37	46	32	69	57	10	35
70-74岁	46	20	17	5	5	15	17	3	16
75岁及以上	17	9	6	1	2	5	10	2	6
男	**7817**	**8077**	**2994**	**6120**	**1270**	**8530**	**8904**	**603**	**800**
16-19岁	54	160	49	149	17	431	661	9	9
20-24岁	304	623	224	502	106	1053	1685	59	38
25-29岁	832	1280	540	1113	183	1664	2285	122	113
30-34岁	1335	1645	721	1402	220	1778	1864	122	120
35-39岁	1019	952	358	835	144	928	839	78	85
40-44岁	1011	817	255	596	126	683	521	47	91
45-49岁	1180	961	285	558	180	803	431	62	114
50-54岁	1080	928	295	539	148	650	342	52	98
55-59岁	680	493	171	320	92	375	174	30	70
60-64岁	154	123	51	61	26	91	46	9	26
65-69岁	113	70	28	40	24	57	42	9	24
70-74岁	41	17	15	4	3	13	9	3	8
75岁及以上	14	8	2	1	1	4	5	1	4
女	**2402**	**2854**	**1589**	**2786**	**556**	**5056**	**6108**	**345**	**690**
16-19岁	15	44	21	36	9	124	251	6	6
20-24岁	67	142	96	143	35	349	658	22	27
25-29岁	220	345	225	363	81	734	1175	53	57
30-34岁	378	512	336	576	91	1062	1279	65	107
35-39岁	299	388	208	414	66	611	784	41	71
40-44岁	376	385	214	414	76	706	746	49	113
45-49岁	505	541	269	455	87	856	670	61	136
50-54岁	344	360	132	290	57	468	395	35	87
55-59岁	141	105	64	77	36	118	96	9	38
60-64岁	33	12	9	11	7	13	26	2	27
65-69岁	16	16	9	6	8	12	15	1	11
70-74岁	5	3	2	1	2	2	8		8
75岁及以上	3	1	4		1	1	5	1	2

4-5b 续表 5　　　　单位：人

年龄组 性别	制造业		电力、热力、燃气及水生产和供应业				建筑业		
	废弃资源综合利用业	金属制品、机械和设备修理业	小计	电力、热力生产和供应业	燃气生产和供应业	水的生产和供应业	小计	房屋建筑业	土木工程建筑业
总计	**2103**	**1377**	**7541**	**5009**	**993**	**1539**	**126448**	**69990**	**9325**
16-19岁	9	9	12	9	1	2	532	231	46
20-24岁	57	92	391	276	46	69	4058	1869	506
25-29岁	128	190	928	615	120	193	10894	4825	1211
30-34岁	168	242	1090	726	163	201	15609	6696	1501
35-39岁	183	175	881	612	125	144	12718	5709	934
40-44岁	257	177	941	633	107	201	15629	8152	946
45-49岁	381	175	1224	817	153	254	22564	13366	1359
50-54岁	371	165	1091	728	144	219	23667	15001	1385
55-59岁	275	107	749	499	93	157	13923	9117	979
60-64岁	116	21	119	48	20	51	3373	2411	237
65-69岁	91	16	77	32	12	33	2657	1987	167
70-74岁	39	7	25	11	5	9	666	505	41
75岁及以上	28	1	13	3	4	6	158	121	13
男	**1438**	**1192**	**5697**	**3880**	**715**	**1102**	**109674**	**60124**	**8206**
16-19岁	6	7	9	7		2	480	206	44
20-24岁	38	83	277	196	36	45	3478	1589	440
25-29岁	90	172	699	473	95	131	9476	4168	1045
30-34岁	131	210	770	514	117	139	13694	5822	1286
35-39岁	113	142	615	440	76	99	11150	4954	837
40-44岁	163	149	642	460	64	118	13284	6831	820
45-49岁	249	144	854	597	107	150	18735	10921	1165
50-54岁	256	144	939	641	112	186	20263	12675	1243
55-59岁	185	96	683	475	72	136	12662	8235	906
60-64岁	93	21	107	42	16	49	3164	2244	219
65-69岁	64	16	68	24	11	33	2516	1887	154
70-74岁	29	7	23	10	5	8	632	486	35
75岁及以上	21	1	11	1	4	6	140	106	12
女	**665**	**185**	**1844**	**1129**	**278**	**437**	**16774**	**9866**	**1119**
16-19岁	3	2	3	2	1		52	25	2
20-24岁	19	9	114	80	10	24	580	280	66
25-29岁	38	18	229	142	25	62	1418	657	166
30-34岁	37	32	320	212	46	62	1915	874	215
35-39岁	70	33	266	172	49	45	1568	755	97
40-44岁	94	28	299	173	43	83	2345	1321	126
45-49岁	132	31	370	220	46	104	3829	2445	194
50-54岁	115	21	152	87	32	33	3404	2326	142
55-59岁	90	11	66	24	21	21	1261	882	73
60-64岁	23		12	6	4	2	209	167	18
65-69岁	27		9	8	1		141	100	13
70-74岁	10		2	1		1	34	19	6
75岁及以上	7		2	2			18	15	1

4-5b　续表 6　　　　单位：人

年龄组 性别	建筑业		批发和零售业			交通运输、仓储和邮政业			
	建筑安装业	建筑装饰、装修和其他建筑业	小计	批发业	零售业	小计	铁路运输业	道路运输业	水上运输业
总　计	**6440**	**40693**	**133962**	**33062**	**100900**	**50540**	**1224**	**35702**	**1392**
16-19岁	42	213	1259	258	1001	230	1	102	2
20-24岁	237	1446	7189	1564	5625	2298	92	1181	35
25-29岁	829	4029	17022	3764	13258	5756	144	3395	138
30-34岁	1223	6189	23343	5214	18129	7847	163	5182	191
35-39岁	897	5178	17016	4069	12947	7027	116	5399	136
40-44岁	922	5609	17687	4256	13431	7807	126	6277	158
45-49岁	932	6907	19145	4977	14168	8427	165	6462	291
50-54岁	771	6510	15986	4449	11537	6689	219	4877	251
55-59岁	407	3420	9141	2697	6444	3401	180	2240	135
60-64岁	95	630	2455	654	1801	536	11	307	31
65-69岁	66	437	2366	729	1637	408	5	228	16
70-74岁	15	105	905	295	610	99	2	47	6
75岁及以上	4	20	448	136	312	15		5	2
男	**5867**	**35477**	**66641**	**20800**	**45841**	**42806**	**991**	**31785**	**1078**
16-19岁	41	189	603	163	440	176	1	84	2
20-24岁	217	1232	3578	983	2595	1777	64	980	28
25-29岁	760	3503	8593	2438	6155	4644	103	2946	108
30-34岁	1126	5460	11090	3282	7808	6432	110	4515	149
35-39岁	804	4555	7939	2523	5416	6022	89	4845	103
40-44岁	821	4812	8023	2500	5523	6667	99	5602	119
45-49岁	824	5825	8858	2929	5929	7088	133	5700	214
50-54岁	712	5633	8373	2826	5547	5916	201	4450	196
55-59岁	388	3133	5456	1835	3621	3131	178	2111	116
60-64岁	91	610	1627	459	1168	492	9	298	24
65-69岁	65	410	1574	548	1026	362	3	208	13
70-74岁	15	96	616	214	402	87	1	42	5
75岁及以上	3	19	311	100	211	12		4	1
女	**573**	**5216**	**67321**	**12262**	**55059**	**7734**	**233**	**3917**	**314**
16-19岁	1	24	656	95	561	54		18	
20-24岁	20	214	3611	581	3030	521	28	201	7
25-29岁	69	526	8429	1326	7103	1112	41	449	30
30-34岁	97	729	12253	1932	10321	1415	53	667	42
35-39岁	93	623	9077	1546	7531	1005	27	554	33
40-44岁	101	797	9664	1756	7908	1140	27	675	39
45-49岁	108	1082	10287	2048	8239	1339	32	762	77
50-54岁	59	877	7613	1623	5990	773	18	427	55
55-59岁	19	287	3685	862	2823	270	2	129	19
60-64岁	4	20	828	195	633	44	2	9	7
65-69岁	1	27	792	181	611	46	2	20	3
70-74岁		9	289	81	208	12	1	5	1
75岁及以上	1	1	137	36	101	3		1	1

4-5b 续表 7

单位：人

年龄组 性别	交通运输、仓储和邮政业					住宿和餐饮业		
	航空运输业	管道运输业	多式联运和运输代理业	装卸搬运和仓储业	邮政业	小计	住宿业	餐饮业
总计	**236**	**39**	**764**	**3697**	**7486**	**52915**	**4465**	**48450**
16-19岁	1		3	19	102	998	61	937
20-24岁	26	1	52	126	785	3346	307	3039
25-29岁	68	3	112	278	1618	6370	487	5883
30-34岁	44	10	124	341	1792	8445	668	7777
35-39岁	26	6	107	301	936	6442	430	6012
40-44岁	15	3	113	415	700	6988	548	6440
45-49岁	17	4	105	659	724	7826	714	7112
50-54岁	25	8	94	724	491	7042	669	6373
55-59岁	11	4	39	535	257	3723	407	3316
60-64岁	1		10	133	43	879	85	794
65-69岁	1		4	119	35	643	68	575
70-74岁			1	42	1	166	18	148
75岁及以上	1			5	2	47	3	44
男	**141**	**30**	**628**	**2928**	**5225**	**25293**	**1696**	**23597**
16-19岁	1		3	17	68	694	32	662
20-24岁	11	1	39	96	558	2134	120	2014
25-29岁	38	2	78	221	1148	3791	201	3590
30-34岁	28	8	95	264	1263	4556	245	4311
35-39岁	18	3	96	224	644	3262	166	3096
40-44岁	9	3	98	301	436	3098	177	2921
45-49岁	12	3	89	477	460	2833	221	2612
50-54岁	14	6	80	602	367	2518	221	2297
55-59岁	8	4	35	466	213	1497	199	1298
60-64岁	1		10	115	35	445	53	392
65-69岁			4	104	30	336	46	290
70-74岁			1	37	1	97	13	84
75岁及以上	1			4	2	32	2	30
女	**95**	**9**	**136**	**769**	**2261**	**27622**	**2769**	**24853**
16-19岁				2	34	304	29	275
20-24岁	15		13	30	227	1212	187	1025
25-29岁	30	1	34	57	470	2579	286	2293
30-34岁	16	2	29	77	529	3889	423	3466
35-39岁	8	3	11	77	292	3180	264	2916
40-44岁	6		15	114	264	3890	371	3519
45-49岁	5	1	16	182	264	4993	493	4500
50-54岁	11	2	14	122	124	4524	448	4076
55-59岁	3		4	69	44	2226	208	2018
60-64岁				18	8	434	32	402
65-69岁	1			15	5	307	22	285
70-74岁				5		69	5	64
75岁及以上				1		15	1	14

4-5b　续表 8　　　　　　　　　　　　　　　　　　　　　　单位：人

年龄组 性　别	信息传输、软件和信息技术服务业				金融业				
	小计	电信、广播电视和卫星传输服务	互联网和相关服务	软件和信息技术服务业	小计	货币金融服务	资本市场服务	保险业	其他金融业
总　计	**12925**	**3646**	**3761**	**5518**	**11059**	**5515**	**534**	**4086**	**924**
16−19岁	128	22	62	44	44	14		15	15
20−24岁	1836	237	680	919	910	422	57	303	128
25−29岁	3889	686	1199	2004	2557	1219	157	867	314
30−34岁	3316	883	915	1518	2599	1213	143	1009	234
35−39岁	1592	639	406	547	1121	454	66	522	79
40−44岁	876	445	220	211	848	323	39	443	43
45−49岁	617	349	148	120	1204	693	28	437	46
50−54岁	391	227	73	91	1001	641	28	294	38
55−59岁	221	126	42	53	691	490	16	164	21
60−64岁	33	19	11	3	59	36		19	4
65−69岁	19	9	5	5	22	8		12	2
70−74岁	4	1		3	2	1		1	
75岁及以上	3	3			1	1			
男	**8460**	**2157**	**2377**	**3926**	**5692**	**3099**	**338**	**1745**	**510**
16−19岁	73	9	36	28	23	6		8	9
20−24岁	1118	117	390	611	457	194	26	179	58
25−29岁	2537	394	729	1414	1307	574	92	471	170
30−34岁	2163	462	598	1103	1271	593	97	453	128
35−39岁	1011	347	265	399	511	223	47	194	47
40−44岁	581	261	158	162	319	164	25	107	23
45−49岁	438	248	100	90	550	388	15	120	27
50−54岁	304	180	57	67	638	480	22	110	26
55−59岁	189	114	32	43	558	444	14	83	17
60−64岁	29	17	9	3	38	26		8	4
65−69岁	14	7	3	4	19	7		11	1
70−74岁	3	1		2	1			1	
75岁及以上									
女	**4465**	**1489**	**1384**	**1592**	**5367**	**2416**	**196**	**2341**	**414**
16−19岁	55	13	26	16	21	8		7	6
20−24岁	718	120	290	308	453	228	31	124	70
25−29岁	1352	292	470	590	1250	645	65	396	144
30−34岁	1153	421	317	415	1328	620	46	556	106
35−39岁	581	292	141	148	610	231	19	328	32
40−44岁	295	184	62	49	529	159	14	336	20
45−49岁	179	101	48	30	654	305	13	317	19
50−54岁	87	47	16	24	363	161	6	184	12
55−59岁	32	12	10	10	133	46	2	81	4
60−64岁	4	2	2		21	10		11	
65−69岁	5	2	2	1	3	1		1	1
70−74岁	1			1	1	1			
75岁及以上	3	3			1	1			

4-5b 续表 9 单位：人

年龄组 性 别	房地产业		租赁和商务服务业			科学研究和技术服务业			
	小计	房地产业	小计	租赁业	商 务 服务业	小计	研究和 试验发展	专业技术 服务业	科技推广 和应用 服务业
总 计	**17817**	**17817**	**20097**	**2206**	**17891**	**8414**	**1319**	**5426**	**1669**
16-19岁	95	95	208	27	181	44	12	24	8
20-24岁	1242	1242	1912	141	1771	970	148	628	194
25-29岁	2893	2893	3767	409	3358	2089	351	1304	434
30-34岁	3141	3141	3870	463	3407	2045	334	1330	381
35-39岁	1729	1729	2211	299	1912	1040	188	671	181
40-44岁	1421	1421	1837	273	1564	590	94	388	108
45-49岁	1689	1689	1962	243	1719	643	77	428	138
50-54岁	1869	1869	1910	210	1700	531	55	355	121
55-59岁	1711	1711	1438	82	1356	347	47	221	79
60-64岁	834	834	480	25	455	53	5	39	9
65-69岁	891	891	361	27	334	48	5	31	12
70-74岁	244	244	111	6	105	8	2	3	3
75岁及以上	58	58	30	1	29	6	1	4	1
男	**10889**	**10889**	**13325**	**1949**	**11376**	**5997**	**879**	**3989**	**1129**
16-19岁	66	66	128	26	102	24	6	14	4
20-24岁	779	779	1043	126	917	648	99	423	126
25-29岁	1765	1765	2236	368	1868	1455	226	945	284
30-34岁	1804	1804	2302	419	1883	1453	223	967	263
35-39岁	916	916	1480	260	1220	715	123	479	113
40-44岁	709	709	1214	231	983	420	67	280	73
45-49岁	928	928	1285	215	1070	439	47	309	83
50-54岁	1186	1186	1488	179	1309	436	39	299	98
55-59岁	1187	1187	1267	73	1194	311	39	205	67
60-64岁	637	637	434	23	411	44	3	34	7
65-69岁	661	661	329	23	306	42	5	29	8
70-74岁	202	202	96	5	91	7	1	3	3
75岁及以上	49	49	23	1	22	3	1	2	
女	**6928**	**6928**	**6772**	**257**	**6515**	**2417**	**440**	**1437**	**540**
16-19岁	29	29	80	1	79	20	6	10	4
20-24岁	463	463	869	15	854	322	49	205	68
25-29岁	1128	1128	1531	41	1490	634	125	359	150
30-34岁	1337	1337	1568	44	1524	592	111	363	118
35-39岁	813	813	731	39	692	325	65	192	68
40-44岁	712	712	623	42	581	170	27	108	35
45-49岁	761	761	677	28	649	204	30	119	55
50-54岁	683	683	422	31	391	95	16	56	23
55-59岁	524	524	171	9	162	36	8	16	12
60-64岁	197	197	46	2	44	9	2	5	2
65-69岁	230	230	32	4	28	6		2	4
70-74岁	42	42	15	1	14	1	1		
75岁及以上	9	9	7		7	3		2	1

4-5b　续表 10　　　　　　　　　　　　　　　　　　　　　　　　　单位：人

年龄组 性　别	水利、环境和公共设施管理业					居民服务、修理和其他服务业			
	小计	水　利 管理业	生态保护 和环境 治理业	公共设施 管理业	土　地 管理业	小计	居　民 服务业	机动车、 电子产品 和日用产 品修理业	其　他 服务业
总　计	**8131**	**616**	**530**	**6921**	**64**	**34242**	**20420**	**8745**	**5077**
16−19岁	17	1	2	14		842	533	292	17
20−24岁	161	16	20	125		2499	1557	844	98
25−29岁	455	39	48	358	10	4628	2801	1602	225
30−34岁	575	43	64	461	7	5290	3332	1661	297
35−39岁	481	54	52	365	10	3790	2377	1131	282
40−44岁	627	92	50	477	8	3568	2145	976	447
45−49岁	1046	135	73	826	12	4139	2563	853	723
50−54岁	1181	130	83	962	6	4180	2537	702	941
55−59岁	1117	82	70	960	5	2548	1440	403	705
60−64岁	767	15	23	728	1	982	424	116	442
65−69岁	1133	2	28	1102	1	1131	450	106	575
70−74岁	450	5	15	429	1	490	189	42	259
75岁及以上	121	2	2	114	3	155	72	17	66
男	**5354**	**460**	**404**	**4443**	**47**	**17110**	**7433**	**7437**	**2240**
16−19岁	15	1	2	12		560	261	287	12
20−24岁	122	12	15	95		1574	742	775	57
25−29岁	311	24	34	245	8	2716	1166	1415	135
30−34岁	418	32	48	334	4	2791	1233	1404	154
35−39岁	326	30	41	246	9	1858	803	929	126
40−44岁	402	62	35	301	4	1589	644	784	161
45−49岁	643	91	50	492	10	1582	690	667	225
50−54岁	778	112	65	596	5	1644	751	587	306
55−59岁	711	75	64	569	3	1124	542	334	248
60−64岁	458	13	17	427	1	548	210	104	234
65−69岁	745	2	23	719	1	694	246	94	354
70−74岁	330	4	8	318		329	109	41	179
75岁及以上	95	2	2	89	2	101	36	16	49
女	**2777**	**156**	**126**	**2478**	**17**	**17132**	**12987**	**1308**	**2837**
16−19岁	2			2		282	272	5	5
20−24岁	39	4	5	30		925	815	69	41
25−29岁	144	15	14	113	2	1912	1635	187	90
30−34岁	157	11	16	127	3	2499	2099	257	143
35−39岁	155	24	11	119	1	1932	1574	202	156
40−44岁	225	30	15	176	4	1979	1501	192	286
45−49岁	403	44	23	334	2	2557	1873	186	498
50−54岁	403	18	18	366	1	2536	1786	115	635
55−59岁	406	7	6	391	2	1424	898	69	457
60−64岁	309	2	6	301		434	214	12	208
65−69岁	388		5	383		437	204	12	221
70−74岁	120	1	7	111	1	161	80	1	80
75岁及以上	26			25	1	54	36	1	17

4－5b 续表 11

单位：人

年龄组 性 别	教育		卫生和社会工作			文化、体育和娱乐业				
	小计	教育	小计	卫生	社会工作	小计	新闻和出版业	广播、电视、电影和录音制作业	文 化艺术业	体育
总 计	**44376**	**44376**	**19956**	**19343**	**613**	**5160**	**316**	**640**	**1072**	**748**
16－19岁	704	704	108	108		138		8	21	28
20－24岁	4133	4133	1962	1952	10	658	18	106	110	162
25－29岁	7056	7056	3809	3779	30	900	55	124	166	178
30－34岁	6830	6830	3358	3311	47	901	45	131	171	165
35－39岁	6029	6029	2334	2300	34	561	50	71	115	66
40－44岁	5873	5873	2220	2170	50	435	51	56	80	29
45－49岁	4796	4796	2351	2265	86	511	34	46	132	42
50－54岁	4914	4914	1827	1729	98	519	24	58	113	38
55－59岁	3217	3217	1178	1053	125	342	33	31	105	23
60－64岁	443	443	314	256	58	89	3	6	25	6
65－69岁	268	268	337	280	57	73	1	2	20	10
70－74岁	68	68	101	87	14	26	2		10	1
75岁及以上	45	45	57	53	4	7		1	4	
男	**18389**	**18389**	**7288**	**7047**	**241**	**2799**	**178**	**382**	**558**	**404**
16－19岁	185	185	22	22		84		5	11	21
20－24岁	785	785	366	365	1	385	6	58	52	106
25－29岁	1768	1768	812	803	9	524	22	67	85	112
30－34岁	1899	1899	931	915	16	443	22	72	71	74
35－39岁	2291	2291	905	896	9	301	31	44	53	27
40－44岁	2767	2767	945	927	18	206	25	30	41	12
45－49岁	2565	2565	1031	1011	20	230	23	27	63	12
50－54岁	2994	2994	920	897	23	270	14	43	59	19
55－59岁	2503	2503	785	725	60	216	29	27	74	10
60－64岁	328	328	205	171	34	67	3	6	21	5
65－69岁	216	216	233	197	36	48	1	2	17	6
70－74岁	52	52	87	74	13	20	2		8	
75岁及以上	36	36	46	44	2	5		1	3	
女	**25987**	**25987**	**12668**	**12296**	**372**	**2361**	**138**	**258**	**514**	**344**
16－19岁	519	519	86	86		54		3	10	7
20－24岁	3348	3348	1596	1587	9	273	12	48	58	56
25－29岁	5288	5288	2997	2976	21	376	33	57	81	66
30－34岁	4931	4931	2427	2396	31	458	23	59	100	91
35－39岁	3738	3738	1429	1404	25	260	19	27	62	39
40－44岁	3106	3106	1275	1243	32	229	26	26	39	17
45－49岁	2231	2231	1320	1254	66	281	11	19	69	30
50－54岁	1920	1920	907	832	75	249	10	15	54	19
55－59岁	714	714	393	328	65	126	4	4	31	13
60－64岁	115	115	109	85	24	22			4	1
65－69岁	52	52	104	83	21	25			3	4
70－74岁	16	16	14	13	1	6			2	1
75岁及以上	9	9	11	9	2	2			1	

4-5b　续表 12　　　　单位：人

年龄组 性　别	娱乐业	公共管理、社会保障和社会组织 小计	中国共产党机关	国家机构	人民政协、民主党派	社会保障	群众团体、社会团体和其他成员组织	基层群众自治组织	国际组织 小计	国际组织
总　计	**2384**	**38303**	**845**	**30442**	**96**	**180**	**1182**	**5558**	**1**	**1**
16-19岁	81	48		31			2	15		
20-24岁	262	1825	29	1542		14	60	180		
25-29岁	377	5159	112	4319	2	31	141	554		
30-34岁	389	5572	122	4426	3	30	156	835		
35-39岁	259	3619	85	2805	7	17	122	583		
40-44岁	219	5005	126	4042	9	28	123	677	1	1
45-49岁	257	5984	133	4869	12	21	166	783		
50-54岁	286	5512	128	4460	21	22	150	731		
55-59岁	150	4485	101	3455	40	8	145	736		
60-64岁	49	442	6	252	1	4	36	143		
65-69岁	40	383	2	155	1	4	35	186		
70-74岁	13	183		65		1	22	95		
75岁及以上	2	86	1	21			24	40		
男	**1277**	**26502**	**624**	**21880**	**80**	**88**	**687**	**3143**		
16-19岁	47	33		22			1	10		
20-24岁	163	1064	20	932		6	26	80		
25-29岁	238	2923	57	2531	1	11	71	252		
30-34岁	204	3372	81	2850	3	17	78	343		
35-39岁	146	2378	59	1957	3	6	71	282		
40-44岁	98	3292	97	2770	6	13	65	341		
45-49岁	105	4265	101	3599	9	11	97	448		
50-54岁	135	4317	103	3595	18	12	101	488		
55-59岁	76	4041	97	3223	38	5	109	569		
60-64岁	32	341	6	208	1	4	21	101		
65-69岁	22	280	2	122	1	2	22	131		
70-74岁	10	136		53		1	14	68		
75岁及以上	1	60	1	18			11	30		
女	**1107**	**11801**	**221**	**8562**	**16**	**92**	**495**	**2415**	**1**	**1**
16-19岁	34	15		9			1	5		
20-24岁	99	761	9	610		8	34	100		
25-29岁	139	2236	55	1788	1	20	70	302		
30-34岁	185	2200	41	1576		13	78	492		
35-39岁	113	1241	26	848	4	11	51	301		
40-44岁	121	1713	29	1272	3	15	58	336	1	1
45-49岁	152	1719	32	1270	3	10	69	335		
50-54岁	151	1195	25	865	3	10	49	243		
55-59岁	74	444	4	232	2	3	36	167		
60-64岁	17	101		44			15	42		
65-69岁	18	103		33		2	13	55		
70-74岁	3	47		12			8	27		
75岁及以上	1	26		3			13	10		

4－5c 全省分年龄、性别、行业大类的就业人口(乡村)

单位：人

年龄组 性别	合计	农、林、牧、渔业						采矿业	
		小计	农业	林业	畜牧业	渔业	农、林、牧、渔专业及辅助性活动	小计	煤炭开采和洗选业
总　计	**1218089**	**423873**	**390481**	**5001**	**17481**	**7289**	**3621**	**5539**	**2908**
16－19岁	15079	1954	1849	3	53	30	19	9	1
20－24岁	59102	7016	6411	54	351	94	106	94	40
25－29岁	111250	14885	13532	94	722	318	219	314	147
30－34岁	127396	19637	17729	143	1126	390	249	698	436
35－39岁	94733	17389	15485	152	1120	380	252	637	430
40－44岁	111018	24839	21895	265	1618	688	373	834	578
45－49岁	159932	45339	40237	688	2644	1237	533	1171	680
50－54岁	188359	70844	64562	1033	3031	1511	707	1085	466
55－59岁	138098	65288	60275	948	2416	1147	502	472	94
60－64岁	58448	35942	33796	490	1016	436	204	116	14
65－69岁	82111	59507	56218	733	1647	657	252	79	14
70－74岁	45769	37379	35604	298	1029	307	141	25	5
75岁及以上	26794	23854	22888	100	708	94	64	5	3
男	**746520**	**222095**	**199630**	**3817**	**10808**	**5351**	**2489**	**5121**	**2792**
16－19岁	9460	1225	1143	3	38	26	15	9	1
20－24岁	36036	4053	3593	41	266	74	79	81	34
25－29岁	70271	7922	6933	74	501	246	168	282	138
30－34岁	78469	9726	8426	110	730	291	169	640	416
35－39岁	57851	8545	7290	111	689	283	172	584	406
40－44岁	66802	12452	10527	200	986	477	262	789	561
45－49岁	94102	21839	18570	505	1551	852	361	1074	658
50－54岁	112187	33164	29046	788	1808	1049	473	1017	455
55－59岁	86054	31894	28517	723	1470	847	337	438	90
60－64岁	37326	19610	18126	388	630	325	141	109	14
65－69岁	51395	33809	31523	563	1026	523	174	68	11
70－74岁	29255	22757	21499	226	663	268	101	25	5
75岁及以上	17312	15099	14437	85	450	90	37	5	3
女	**471569**	**201778**	**190851**	**1184**	**6673**	**1938**	**1132**	**418**	**116**
16－19岁	5619	729	706		15	4	4		
20－24岁	23066	2963	2818	13	85	20	27	13	6
25－29岁	40979	6963	6599	20	221	72	51	32	9
30－34岁	48927	9911	9303	33	396	99	80	58	20
35－39岁	36882	8844	8195	41	431	97	80	53	24
40－44岁	44216	12387	11368	65	632	211	111	45	17
45－49岁	65830	23500	21667	183	1093	385	172	97	22
50－54岁	76172	37680	35516	245	1223	462	234	68	11
55－59岁	52044	33394	31758	225	946	300	165	34	4
60－64岁	21122	16332	15670	102	386	111	63	7	
65－69岁	30716	25698	24695	170	621	134	78	11	3
70－74岁	16514	14622	14105	72	366	39	40		
75岁及以上	9482	8755	8451	15	258	4	27		

4-5c 续表 1 单位：人

年龄组 性别	采矿业						制造业		
	石油和天然气开采业	黑色金属矿采选业	有色金属矿采选业	非金属矿采选业	开采专业及辅助性活动	其他采矿业	小计	农副食品加工业	食品制造业
总计	**26**	**500**	**522**	**1347**	**172**	**64**	**196669**	**8608**	**5181**
16-19岁				5	1	2	3378	61	113
20-24岁	2	6	7	29	7	3	12118	273	378
25-29岁	4	22	19	100	20	2	23907	556	576
30-34岁	4	80	25	122	22	9	32208	742	633
35-39岁	2	44	26	112	18	5	22991	606	500
40-44岁	1	55	45	124	27	4	23282	845	634
45-49岁	3	90	120	237	33	8	29116	1441	819
50-54岁	3	106	154	319	23	14	25983	1715	788
55-59岁	5	71	94	187	12	9	13827	1166	421
60-64岁	1	15	22	58	2	4	4002	398	156
65-69岁	1	11	7	38	5	3	3876	500	109
70-74岁			3	14	2	1	1460	225	41
75岁及以上				2			521	80	13
男	**20**	**451**	**450**	**1197**	**154**	**57**	**106723**	**5015**	**2417**
16-19岁				5	1	2	2080	40	63
20-24岁	2	5	7	24	6	3	7603	172	193
25-29岁	3	19	15	92	15		14381	347	280
30-34岁	2	66	19	111	19	7	17268	435	301
35-39岁	1	39	21	98	16	3	11482	321	233
40-44岁	1	51	37	109	26	4	10887	425	255
45-49岁	2	81	95	201	30	7	13668	751	321
50-54岁	2	98	140	285	23	14	13852	920	324
55-59岁	5	66	87	171	10	9	8846	736	226
60-64岁	1	15	20	53	2	4	2795	276	105
65-69岁	1	11	6	32	4	3	2614	356	77
70-74岁			3	14	2	1	942	174	29
75岁及以上				2			305	62	10
女	**6**	**49**	**72**	**150**	**18**	**7**	**89946**	**3593**	**2764**
16-19岁							1298	21	50
20-24岁		1		5	1		4515	101	185
25-29岁	1	3	4	8	5	2	9526	209	296
30-34岁	2	14	6	11	3	2	14940	307	332
35-39岁	1	5	5	14	2	2	11509	285	267
40-44岁		4	8	15	1		12395	420	379
45-49岁	1	9	25	36	3	1	15448	690	498
50-54岁	1	8	14	34			12131	795	464
55-59岁		5	7	16	2		4981	430	195
60-64岁			2	5			1207	122	51
65-69岁			1	6	1		1262	144	32
70-74岁							518	51	12
75岁及以上							216	18	3

4－5c　续表 2　　　　单位：人

年龄组 性　别	制造业								
	酒、饮料和精制茶制造业	烟　草制品业	纺织业	纺织服装、服饰业	皮革、毛皮、羽毛及其制品和制鞋业	木材加工和木、竹、藤、棕、草制品业	家　具制造业	造纸和纸制品业	印刷和记录媒介复制业
总　计	**2990**	**139**	**10737**	**45547**	**5870**	**8158**	**6500**	**2901**	**1293**
16－19岁	19		147	741	100	34	57	25	22
20－24岁	130	9	517	2487	330	165	301	102	81
25－29岁	273	17	1177	5770	624	408	632	260	169
30－34岁	347	17	1726	9926	1003	651	946	366	249
35－39岁	262	21	1242	7267	818	556	747	379	188
40－44岁	272	16	1387	6384	795	817	813	336	162
45－49岁	427	24	1735	6410	985	1352	1087	505	184
50－54岁	535	16	1480	4157	676	1680	1067	499	134
55－59岁	332	15	691	1629	323	1259	567	263	68
60－64岁	144	3	196	360	90	459	108	81	14
65－69岁	164	1	236	276	83	502	122	62	18
70－74岁	64		129	106	36	199	45	19	4
75岁及以上	21		74	34	7	76	8	4	
男	**1858**	**72**	**4615**	**14306**	**2506**	**5520**	**4635**	**1529**	**776**
16－19岁	13		78	279	51	26	46	17	15
20－24岁	95	5	276	982	174	129	232	72	55
25－29岁	184	14	614	2145	327	310	462	159	97
30－34岁	186	13	776	3383	470	450	659	193	158
35－39岁	155	8	517	2361	338	358	519	203	114
40－44岁	128	7	509	1745	313	480	555	156	88
45－49岁	245	8	656	1571	332	800	704	224	103
50－54岁	355	9	600	987	271	1080	761	245	67
55－59岁	239	6	340	515	133	919	453	143	48
60－64岁	96	1	96	161	48	346	91	60	13
65－69岁	105	1	89	117	33	402	103	45	16
70－74岁	44		45	46	14	161	42	11	2
75岁及以上	13		19	14	2	59	8	1	
女	**1132**	**67**	**6122**	**31241**	**3364**	**2638**	**1865**	**1372**	**517**
16－19岁	6		69	462	49	8	11	8	7
20－24岁	35	4	241	1505	156	36	69	30	26
25－29岁	89	3	563	3625	297	98	170	101	72
30－34岁	161	4	950	6543	533	201	287	173	91
35－39岁	107	13	725	4906	480	198	228	176	74
40－44岁	144	9	878	4639	482	337	258	180	74
45－49岁	182	16	1079	4839	653	552	383	281	81
50－54岁	180	7	880	3170	405	600	306	254	67
55－59岁	93	9	351	1114	190	340	114	120	20
60－64岁	48	2	100	199	42	113	17	21	1
65－69岁	59		147	159	50	100	19	17	2
70－74岁	20		84	60	22	38	3	8	2
75岁及以上	8		55	20	5	17		3	

4-5c　续表 3　　　　单位：人

年龄组 性　别	制造业								
	文教、工美、体育和娱乐用品制造业	石油、煤炭及其他燃料加工业	化学原料和化学制品制造业	医　药制造业	化学纤维制造业	橡胶和塑　料制品业	非金属矿　物制品业	黑色金属冶炼和压延加工业	有色金属冶炼和压延加工业
总　计	**6460**	**320**	**3393**	**2535**	**277**	**7457**	**12005**	**1312**	**836**
16-19岁	84	1	29	31	4	78	85	7	7
20-24岁	287	12	189	233	10	362	499	63	51
25-29岁	562	28	414	383	40	767	1017	118	73
30-34岁	801	34	478	365	48	1036	1412	168	112
35-39岁	588	25	350	237	31	826	1157	114	69
40-44岁	771	38	383	275	47	888	1392	142	94
45-49岁	1031	53	547	365	38	1306	2093	224	161
50-54岁	1071	51	540	329	43	1165	2142	267	152
55-59岁	551	37	302	162	12	631	1303	164	87
60-64岁	204	20	82	63	1	164	449	21	19
65-69岁	296	14	60	57	3	158	347	19	10
70-74岁	148	7	17	24		58	97	5	1
75岁及以上	66		2	11		18	12		
男	**1965**	**244**	**2321**	**1240**	**172**	**4285**	**8936**	**1082**	**622**
16-19岁	39	1	13	17	1	55	68	5	6
20-24岁	128	12	124	120	8	253	381	54	43
25-29岁	223	18	264	207	22	523	769	95	56
30-34岁	295	27	321	190	30	637	1039	140	83
35-39岁	195	16	233	109	21	451	805	94	50
40-44岁	217	32	245	121	29	460	921	105	64
45-49岁	218	35	353	167	20	610	1484	177	103
50-54岁	271	38	387	144	31	609	1590	229	121
55-59岁	159	30	248	86	7	412	1084	144	69
60-64岁	60	16	67	32		130	386	18	17
65-69岁	87	12	49	29	3	108	314	17	9
70-74岁	46	7	15	13		34	85	4	1
75岁及以上	27		2	5		3	10		
女	**4495**	**76**	**1072**	**1295**	**105**	**3172**	**3069**	**230**	**214**
16-19岁	45		16	14	3	23	17	2	1
20-24岁	159		65	113	2	109	118	9	8
25-29岁	339	10	150	176	18	244	248	23	17
30-34岁	506	7	157	175	18	399	373	28	29
35-39岁	393	9	117	128	10	375	352	20	19
40-44岁	554	6	138	154	18	428	471	37	30
45-49岁	813	18	194	198	18	696	609	47	58
50-54岁	800	13	153	185	12	556	552	38	31
55-59岁	392	7	54	76	5	219	219	20	18
60-64岁	144	4	15	31	1	34	63	3	2
65-69岁	209	2	11	28		50	33	2	1
70-74岁	102		2	11		24	12	1	
75岁及以上	39			6		15	2		

4-5c 续表 4 单位：人

年龄组 性别	制造业								
	金属制品业	通用设备制造业	专用设备制造业	汽车制造业	铁路、船舶、航空航天和其他运输设备制造业	电气机械和器材制造业	计算机、通信和其他电子设备制造业	仪器仪表制造业	其他制造业
总计	**12444**	**9962**	**4518**	**5031**	**1589**	**9224**	**12629**	**698**	**2462**
16-19岁	143	190	82	134	27	311	726	9	42
20-24岁	549	779	395	486	116	922	1873	71	181
25-29岁	1299	1483	797	828	212	1640	2902	148	292
30-34岁	1877	1833	837	963	273	1740	2612	132	324
35-39岁	1479	1106	541	542	189	1035	1322	80	206
40-44岁	1602	1111	481	545	174	933	1014	76	228
45-49岁	2050	1351	546	640	238	1156	1069	67	348
50-54岁	1936	1260	484	540	218	889	707	64	359
55-59岁	1022	591	228	260	91	433	279	31	245
60-64岁	247	126	55	47	21	87	61	10	98
65-69岁	178	98	52	37	26	59	46	7	99
70-74岁	46	27	16	7	4	13	14	3	29
75岁及以上	16	7	4	2		6	4		11
男	**9558**	**7282**	**3017**	**3305**	**1179**	**5664**	**6782**	**445**	**1277**
16-19岁	122	155	62	103	25	234	453	4	28
20-24岁	447	628	293	383	92	670	1190	48	129
25-29岁	1070	1161	587	624	166	1125	1855	113	198
30-34岁	1494	1409	575	647	208	1099	1364	84	177
35-39岁	1138	774	343	321	133	579	585	38	102
40-44岁	1155	713	279	318	115	483	390	39	94
45-49岁	1437	864	304	318	158	546	391	36	135
50-54岁	1431	880	314	323	167	499	310	40	157
55-59岁	845	475	162	190	75	307	162	26	126
60-64岁	221	108	44	36	17	71	39	9	53
65-69岁	148	84	42	34	21	39	31	6	54
70-74岁	37	25	10	6	2	8	9	2	17
75岁及以上	13	6	2	2		4	3		7
女	**2886**	**2680**	**1501**	**1726**	**410**	**3560**	**5847**	**253**	**1185**
16-19岁	21	35	20	31	2	77	273	5	14
20-24岁	102	151	102	103	24	252	683	23	52
25-29岁	229	322	210	204	46	515	1047	35	94
30-34岁	383	424	262	316	65	641	1248	48	147
35-39岁	341	332	198	221	56	456	737	42	104
40-44岁	447	398	202	227	59	450	624	37	134
45-49岁	613	487	242	322	80	610	678	31	213
50-54岁	505	380	170	217	51	390	397	24	202
55-59岁	177	116	66	70	16	126	117	5	119
60-64岁	26	18	11	11	4	16	22	1	45
65-69岁	30	14	10	3	5	20	15	1	45
70-74岁	9	2	6	1	2	5	5	1	12
75岁及以上	3	1	2			2	1		4

4–5c　续表 5　　　　单位：人

年龄组 性　别	制造业		电力、热力、燃气及水生产和供应业				建筑业		
	废弃资源综　合利用业	金属制品、机械和设备修理业	小计	电力、热力生产和供应业	燃气生产和供应业	水的生产和供应业	小计	房　屋建筑业	土木工程建筑业
总　计	**4089**	**1504**	**4975**	**3394**	**585**	**996**	**216249**	**127645**	**12677**
16–19岁	37	32	35	28	3	4	1371	680	88
20–24岁	150	117	323	259	28	36	6878	3011	691
25–29岁	227	215	656	487	76	93	16258	7180	1234
30–34岁	308	249	630	438	86	106	21320	9346	1406
35–39岁	321	187	382	256	58	68	17833	8247	974
40–44岁	460	167	441	298	73	70	23715	12895	1136
45–49岁	663	201	619	430	86	103	38100	23612	1836
50–54岁	843	176	823	568	76	179	44451	29437	2313
55–59岁	563	101	693	489	60	144	28042	19315	1652
60–64岁	192	26	182	69	22	91	8508	6311	617
65–69岁	210	27	143	56	11	76	7391	5723	535
70–74岁	71	5	35	11	5	19	2012	1608	161
75岁及以上	44	1	13	5	1	7	370	280	34
男	**2750**	**1348**	**4201**	**2907**	**448**	**846**	**187627**	**109597**	**11395**
16–19岁	31	30	30	24	3	3	1253	600	88
20–24岁	114	101	262	207	24	31	6192	2664	620
25–29岁	164	202	528	395	58	75	14611	6360	1132
30–34岁	204	221	487	340	60	87	19101	8324	1322
35–39岁	198	170	314	211	49	54	15650	7154	908
40–44岁	299	147	355	245	55	55	19865	10643	1028
45–49岁	428	169	515	373	53	89	31142	18993	1625
50–54岁	534	158	723	515	59	149	37429	24490	1999
55–59岁	387	94	643	466	53	124	25233	17255	1495
60–64岁	153	25	167	65	19	83	7981	5918	554
65–69岁	157	26	132	51	10	71	6952	5421	459
70–74岁	49	4	34	11	5	18	1877	1514	135
75岁及以上	32	1	11	4		7	341	261	30
女	**1339**	**156**	**774**	**487**	**137**	**150**	**28622**	**18048**	**1282**
16–19岁	6	2	5	4		1	118	80	
20–24岁	36	16	61	52	4	5	686	347	71
25–29岁	63	13	128	92	18	18	1647	820	102
30–34岁	104	28	143	98	26	19	2219	1022	84
35–39岁	123	17	68	45	9	14	2183	1093	66
40–44岁	161	20	86	53	18	15	3850	2252	108
45–49岁	235	32	104	57	33	14	6958	4619	211
50–54岁	309	18	100	53	17	30	7022	4947	314
55–59岁	176	7	50	23	7	20	2809	2060	157
60–64岁	39	1	15	4	3	8	527	393	63
65–69岁	53	1	11	5	1	5	439	302	76
70–74岁	22	1	1			1	135	94	26
75岁及以上	12		2	1	1		29	19	4

4-5c 续表 6

单位：人

年龄组 性别	建筑业		批发和零售业			交通运输、仓储和邮政业			
	建筑安装业	建筑装饰、装修和其他建筑业	小计	批发业	零售业	小计	铁路运输业	道路运输业	水上运输业
总计	**8758**	**67169**	**117741**	**36829**	**80912**	**48813**	**384**	**34671**	**1331**
16-19岁	89	514	2168	418	1750	473	8	177	6
20-24岁	464	2712	8684	1939	6745	2566	47	1322	31
25-29岁	1223	6621	15913	3971	11942	5958	82	3636	97
30-34岁	1541	9027	17752	4612	13140	7526	45	5184	164
35-39岁	1054	7558	12508	3480	9028	6522	27	5087	120
40-44岁	953	8731	13505	4338	9167	7191	31	5825	147
45-49岁	1189	11463	15673	5460	10213	7881	44	6083	283
50-54岁	1190	11511	14892	5828	9064	6245	44	4526	282
55-59岁	748	6327	8813	3594	5219	3068	42	2075	136
60-64岁	174	1406	2717	1142	1575	714	7	413	37
65-69岁	105	1028	2931	1191	1740	498	4	263	22
70-74岁	25	218	1419	585	834	131	2	61	4
75岁及以上	3	53	766	271	495	40	1	19	2
男	**7997**	**58638**	**64273**	**23827**	**40446**	**42382**	**282**	**31477**	**1035**
16-19岁	85	480	1022	283	739	367	4	154	6
20-24岁	441	2467	4368	1251	3117	2104	25	1164	28
25-29岁	1146	5973	8508	2629	5879	5111	61	3280	84
30-34岁	1409	8046	9149	2891	6258	6450	25	4685	139
35-39岁	962	6626	6436	2167	4269	5719	16	4657	96
40-44岁	844	7350	7049	2694	4355	6276	25	5253	112
45-49岁	1051	9473	8272	3358	4914	6808	32	5462	202
50-54岁	1056	9884	8472	3745	4727	5492	40	4147	211
55-59岁	713	5770	5498	2454	3044	2786	41	1956	103
60-64岁	167	1342	1881	836	1045	648	6	393	28
65-69岁	100	972	2037	878	1159	464	4	252	20
70-74岁	21	207	1013	438	575	118	2	55	4
75岁及以上	2	48	568	203	365	39	1	19	2
女	**761**	**8531**	**53468**	**13002**	**40466**	**6431**	**102**	**3194**	**296**
16-19岁	4	34	1146	135	1011	106	4	23	
20-24岁	23	245	4316	688	3628	462	22	158	3
25-29岁	77	648	7405	1342	6063	847	21	356	13
30-34岁	132	981	8603	1721	6882	1076	20	499	25
35-39岁	92	932	6072	1313	4759	803	11	430	24
40-44岁	109	1381	6456	1644	4812	915	6	572	35
45-49岁	138	1990	7401	2102	5299	1073	12	621	81
50-54岁	134	1627	6420	2083	4337	753	4	379	71
55-59岁	35	557	3315	1140	2175	282	1	119	33
60-64岁	7	64	836	306	530	66	1	20	9
65-69岁	5	56	894	313	581	34		11	2
70-74岁	4	11	406	147	259	13		6	
75岁及以上	1	5	198	68	130	1			

4-5c　续表 7　　　　　　　　　　　　　　　　　　　　　　　　　　　单位：人

年龄组 性　别	交通运输、仓储和邮政业					住宿和餐饮业		
	航　空 运输业	管　道 运输业	多式联运 和运输 代理业	装卸搬运 和仓储业	邮政业	小计	住宿业	餐饮业
总　计	**173**	**20**	**672**	**4499**	**7063**	**54724**	**3124**	**51600**
16-19岁	6		6	53	217	1836	62	1774
20-24岁	33	1	42	162	928	4792	325	4467
25-29岁	44	4	90	394	1611	7141	424	6717
30-34岁	20	4	121	402	1586	7900	422	7478
35-39岁	10	2	80	351	845	5603	273	5330
40-44岁	9	1	95	536	547	6167	333	5834
45-49岁	18	1	103	728	621	7996	437	7559
50-54岁	13	3	86	860	431	7449	469	6980
55-59岁	13	1	35	558	208	3967	232	3735
60-64岁	4	2	5	208	38	885	76	809
65-69岁	1		7	177	24	728	53	675
70-74岁	1	1	2	54	6	203	17	186
75岁及以上	1			16	1	57	1	56
男	**118**	**15**	**557**	**3671**	**5227**	**27433**	**1257**	**26176**
16-19岁	4		5	42	152	1264	37	1227
20-24岁	20	1	32	138	696	3091	138	2953
25-29岁	28	3	74	343	1238	4511	194	4317
30-34岁	14	2	95	311	1179	4438	177	4261
35-39岁	5	2	67	267	609	2863	118	2745
40-44岁	8	1	82	410	385	2848	116	2732
45-49岁	14		88	578	432	3100	143	2957
50-54岁	10	3	72	702	307	2666	134	2532
55-59岁	10	1	30	475	170	1636	108	1528
60-64岁	3	1	4	183	30	444	49	395
65-69岁			6	159	23	412	31	381
70-74岁	1	1	2	48	5	129	12	117
75岁及以上	1			15	1	31		31
女	**55**	**5**	**115**	**828**	**1836**	**27291**	**1867**	**25424**
16-19岁	2		1	11	65	572	25	547
20-24岁	13		10	24	232	1701	187	1514
25-29岁	16	1	16	51	373	2630	230	2400
30-34岁	6	2	26	91	407	3462	245	3217
35-39岁	5		13	84	236	2740	155	2585
40-44岁	1		13	126	162	3319	217	3102
45-49岁	4	1	15	150	189	4896	294	4602
50-54岁	3		14	158	124	4783	335	4448
55-59岁	3		5	83	38	2331	124	2207
60-64岁	1	1	1	25	8	441	27	414
65-69岁	1		1	18	1	316	22	294
70-74岁				6	1	74	5	69
75岁及以上				1		26	1	25

4-5c 续表 8 单位：人

年龄组 性　别	信息传输、软件和信息技术服务业				金融业				
	小计	电信、广播电视和卫星传输服务	互联网和相关服务	软件和信息技术服务业	小计	货币金融服　务	资本市场服　务	保险业	其　他金融业
总　计	**8160**	**1484**	**3084**	**3592**	**4561**	**1707**	**318**	**2054**	**482**
16-19岁	189	27	103	59	35	11	2	15	7
20-24岁	1683	183	670	830	778	327	53	284	114
25-29岁	3105	372	1091	1642	1609	659	115	656	179
30-34岁	1600	307	630	663	936	305	79	452	100
35-39岁	577	164	236	177	318	77	24	181	36
40-44岁	313	113	122	78	198	43	12	130	13
45-49岁	284	127	95	62	242	77	13	138	14
50-54岁	242	112	90	40	223	93	13	108	9
55-59岁	129	60	35	34	174	89	5	71	9
60-64岁	15	7	4	4	26	13	1	12	
65-69岁	18	9	7	2	14	8	1	5	
70-74岁	3	2	1		5	2		2	1
75岁及以上	2	1		1	3	3			
男	**5614**	**954**	**2020**	**2640**	**2518**	**932**	**209**	**1101**	**276**
16-19岁	107	12	59	36	21	9	1	8	3
20-24岁	1035	97	396	542	395	153	26	163	53
25-29岁	2151	232	711	1208	928	336	80	414	98
30-34岁	1156	183	434	539	512	160	48	242	62
35-39岁	407	105	162	140	155	39	18	75	23
40-44岁	236	85	87	64	93	29	11	42	11
45-49岁	202	84	68	50	108	38	10	51	9
50-54岁	180	85	67	28	137	71	9	50	7
55-59岁	110	55	27	28	134	79	4	42	9
60-64岁	11	6	2	3	20	11	1	8	
65-69岁	16	8	6	2	8	3	1	4	
70-74岁	3	2	1		4	1		2	1
75岁及以上					3	3			
女	**2546**	**530**	**1064**	**952**	**2043**	**775**	**109**	**953**	**206**
16-19岁	82	15	44	23	14	2	1	7	4
20-24岁	648	86	274	288	383	174	27	121	61
25-29岁	954	140	380	434	681	323	35	242	81
30-34岁	444	124	196	124	424	145	31	210	38
35-39岁	170	59	74	37	163	38	6	106	13
40-44岁	77	28	35	14	105	14	1	88	2
45-49岁	82	43	27	12	134	39	3	87	5
50-54岁	62	27	23	12	86	22	4	58	2
55-59岁	19	5	8	6	40	10	1	29	
60-64岁	4	1	2	1	6	2		4	
65-69岁	2	1	1		6	5		1	
70-74岁					1	1			
75岁及以上	2	1		1					

4-5c　续表 9　　　　　　　　　　　　　　　　　　　　　　单位：人

年龄组 性　别	房地产业		租赁和商务服务业			科学研究和技术服务业			
	小计	房地产业	小计	租赁业	商　务 服务业	小计	研究和 试验发展	专业技术 服务业	科技推广 和应用 服务业
总　计	**10487**	**10487**	**16803**	**2145**	**14658**	**5207**	**617**	**3470**	**1120**
16-19岁	120	120	305	50	255	64	4	51	9
20-24岁	1243	1243	1917	169	1748	833	97	600	136
25-29岁	2173	2173	3338	390	2948	1528	229	1020	279
30-34岁	1658	1658	2757	409	2348	964	124	662	178
35-39岁	746	746	1461	253	1208	375	53	260	62
40-44岁	599	599	1315	210	1105	300	30	204	66
45-49岁	817	817	1564	286	1278	328	27	218	83
50-54岁	1180	1180	1597	217	1380	338	27	222	89
55-59岁	932	932	1319	110	1209	255	15	147	93
60-64岁	399	399	488	24	464	70	4	39	27
65-69岁	472	472	484	15	469	84	6	31	47
70-74岁	114	114	198	10	188	46	1	12	33
75岁及以上	34	34	60	2	58	22		4	18
男	**7361**	**7361**	**11880**	**2013**	**9867**	**3772**	**442**	**2584**	**746**
16-19岁	80	80	203	49	154	49	3	41	5
20-24岁	821	821	1058	166	892	559	67	398	94
25-29岁	1484	1484	2102	372	1730	1115	162	756	197
30-34岁	1109	1109	1916	384	1532	725	91	502	132
35-39岁	514	514	1092	243	849	268	39	186	43
40-44岁	410	410	977	192	785	216	23	154	39
45-49岁	551	551	1121	260	861	228	19	155	54
50-54岁	836	836	1256	201	1055	260	17	185	58
55-59岁	698	698	1098	98	1000	198	12	131	55
60-64岁	330	330	416	22	394	51	2	35	14
65-69岁	397	397	422	14	408	60	6	26	28
70-74岁	102	102	167	10	157	29	1	11	17
75岁及以上	29	29	52	2	50	14		4	10
女	**3126**	**3126**	**4923**	**132**	**4791**	**1435**	**175**	**886**	**374**
16-19岁	40	40	102	1	101	15	1	10	4
20-24岁	422	422	859	3	856	274	30	202	42
25-29岁	689	689	1236	18	1218	413	67	264	82
30-34岁	549	549	841	25	816	239	33	160	46
35-39岁	232	232	369	10	359	107	14	74	19
40-44岁	189	189	338	18	320	84	7	50	27
45-49岁	266	266	443	26	417	100	8	63	29
50-54岁	344	344	341	16	325	78	10	37	31
55-59岁	234	234	221	12	209	57	3	16	38
60-64岁	69	69	72	2	70	19	2	4	13
65-69岁	75	75	62	1	61	24		5	19
70-74岁	12	12	31		31	17		1	16
75岁及以上	5	5	8		8	8			8

4-5c 续表 10　　　　单位：人

年龄组 性别	水利、环境和公共设施管理业					居民服务、修理和其他服务业			
	小计	水利管理业	生态保护和环境治理业	公共设施管理业	土地管理业	小计	居民服务业	机动车、电子产品和日用产品修理业	其他服务业
总计	**11619**	**286**	**761**	**10526**	**46**	**38608**	**21705**	**8998**	**7905**
16-19岁	20		3	17		1546	1021	486	39
20-24岁	165	8	26	126	5	3409	2015	1276	118
25-29岁	399	22	56	313	8	4642	2705	1679	258
30-34岁	452	22	55	370	5	4582	2716	1548	318
35-39岁	407	12	39	353	3	3023	1713	988	322
40-44岁	579	28	69	479	3	3314	1870	869	575
45-49岁	1142	44	121	971	6	4492	2692	813	987
50-54岁	1758	68	130	1552	8	5322	3123	706	1493
55-59岁	1832	41	120	1667	4	3533	1931	360	1242
60-64岁	1352	14	50	1286	2	1482	618	97	767
65-69岁	2161	16	61	2083	1	1996	783	111	1102
70-74岁	1041	6	21	1014		894	352	47	495
75岁及以上	311	5	10	295	1	373	166	18	189
男	**7515**	**247**	**552**	**6676**	**40**	**19737**	**8061**	**7841**	**3835**
16-19岁	15		3	12		1040	545	474	21
20-24岁	117	6	16	91	4	2191	909	1207	75
25-29岁	289	18	36	228	7	2861	1204	1508	149
30-34岁	330	17	39	269	5	2611	1113	1320	178
35-39岁	276	11	30	233	2	1617	648	832	137
40-44岁	354	22	43	286	3	1508	590	720	198
45-49岁	648	30	88	524	6	1671	702	655	314
50-54岁	1025	63	94	861	7	1809	737	570	502
55-59岁	1047	40	96	909	2	1431	614	304	513
60-64岁	857	14	35	806	2	859	301	88	470
65-69岁	1481	15	47	1418	1	1260	415	101	744
70-74岁	819	6	18	795		626	199	46	381
75岁及以上	257	5	7	244	1	253	84	16	153
女	**4104**	**39**	**209**	**3850**	**6**	**18871**	**13644**	**1157**	**4070**
16-19岁	5			5		506	476	12	18
20-24岁	48	2	10	35	1	1218	1106	69	43
25-29岁	110	4	20	85	1	1781	1501	171	109
30-34岁	122	5	16	101		1971	1603	228	140
35-39岁	131	1	9	120	1	1406	1065	156	185
40-44岁	225	6	26	193		1806	1280	149	377
45-49岁	494	14	33	447		2821	1990	158	673
50-54岁	733	5	36	691	1	3513	2386	136	991
55-59岁	785	1	24	758	2	2102	1317	56	729
60-64岁	495		15	480		623	317	9	297
65-69岁	680	1	14	665		736	368	10	358
70-74岁	222		3	219		268	153	1	114
75岁及以上	54		3	51		120	82	2	36

4-5c 续表 11

单位：人

年龄组 性别	教育		卫生和社会工作			文化、体育和娱乐业				
	小计	教育	小计	卫生	社会工作	小计	新闻和出版业	广播、电视、电影和录音制作业	文化艺术业	体育
总计	**21402**	**21402**	**10284**	**9376**	**908**	**3615**	**91**	**291**	**989**	**672**
16-19岁	1176	1176	98	95	3	169	3	10	32	48
20-24岁	3451	3451	1397	1379	18	550	15	75	92	173
25-29岁	4430	4430	1915	1891	24	723	29	73	151	201
30-34岁	3012	3012	915	893	22	539	15	49	125	99
35-39岁	1683	1683	583	548	35	295	9	22	89	39
40-44岁	1634	1634	840	791	49	243	5	10	73	30
45-49岁	1551	1551	1207	1123	84	291	8	12	103	22
50-54岁	1801	1801	1234	1075	159	337	3	23	151	26
55-59岁	1831	1831	1054	832	222	251	4	14	106	17
60-64岁	385	385	368	269	99	82		2	23	9
65-69岁	301	301	431	314	117	79		1	27	6
70-74岁	96	96	176	113	63	44			10	2
75岁及以上	51	51	66	53	13	12			7	
男	**8874**	**8874**	**4866**	**4430**	**436**	**2274**	**54**	**178**	**623**	**427**
16-19岁	456	456	27	27		122	3	7	26	32
20-24岁	801	801	251	247	4	350	7	41	46	120
25-29岁	1220	1220	457	453	4	457	9	40	89	131
30-34岁	902	902	341	338	3	342	12	31	75	56
35-39岁	660	660	296	286	10	181	7	14	56	21
40-44岁	835	835	480	456	24	156	4	8	49	16
45-49岁	836	836	748	726	22	156	6	6	57	11
50-54岁	1101	1101	754	689	65	200	2	16	100	17
55-59岁	1413	1413	695	588	107	157	4	12	69	10
60-64岁	292	292	282	214	68	59		2	19	7
65-69岁	236	236	326	255	71	51		1	22	4
70-74岁	77	77	146	98	48	34			9	2
75岁及以上	45	45	63	53	10	9			6	
女	**12528**	**12528**	**5418**	**4946**	**472**	**1341**	**37**	**113**	**366**	**245**
16-19岁	720	720	71	68	3	47		3	6	16
20-24岁	2650	2650	1146	1132	14	200	8	34	46	53
25-29岁	3210	3210	1458	1438	20	266	20	33	62	70
30-34岁	2110	2110	574	555	19	197	3	18	50	43
35-39岁	1023	1023	287	262	25	114	2	8	33	18
40-44岁	799	799	360	335	25	87	1	2	24	14
45-49岁	715	715	459	397	62	135	2	6	46	11
50-54岁	700	700	480	386	94	137	1	7	51	9
55-59岁	418	418	359	244	115	94		2	37	7
60-64岁	93	93	86	55	31	23			4	2
65-69岁	65	65	105	59	46	28			5	2
70-74岁	19	19	30	15	15	10			1	
75岁及以上	6	6	3		3	3			1	

4—5c 续表 12

单位：人

年龄组 性别	娱乐业	公共管理、社会保障和社会组织							国际组织	
		小计	中国共产党机关	国家机构	人民政协、民主党派	社会保障	群众团体、社会团体和其他成员组织	基层群众自治组织	小计	国际组织
总计	**1572**	**18759**	**172**	**6477**	**10**	**81**	**1311**	**10708**	**1**	**1**
16—19岁	76	133	3	68			29	33		
20—24岁	195	1205	20	821	2	13	76	273		
25—29岁	269	2356	40	1395	2	17	127	775		
30—34岁	251	2310	27	1051	1	17	145	1069		
35—39岁	136	1400	15	470	1	1	104	809		
40—44岁	125	1708	11	538		4	111	1044	1	1
45—49岁	146	2119	15	598	2	8	158	1338		
50—54岁	134	2555	15	624	1	8	198	1709		
55—59岁	110	2618	16	592	1	8	158	1843		
60—64岁	48	715	4	121		2	70	518		
65—69岁	45	918	4	135		3	85	691		
70—74岁	32	488	2	48			30	408		
75岁及以上	5	234		16			20	198		
男	**992**	**12253**	**123**	**4671**	**7**	**39**	**863**	**6550**	**1**	**1**
16—19岁	54	90	1	56			18	15		
20—24岁	136	704	10	510		3	40	141		
25—29岁	188	1353	28	900	2	9	59	355		
30—34岁	168	1266	17	717	1	9	93	429		
35—39岁	83	792	12	344	1		64	371		
40—44岁	79	1015	9	411		1	73	521	1	1
45—49岁	76	1415	10	453	1	3	104	844		
50—54岁	65	1814	12	483	1	7	152	1159		
55—59岁	62	2099	16	526	1	5	114	1437		
60—64岁	31	514	4	97		2	47	364		
65—69岁	24	650	4	119			63	464		
70—74岁	23	353		40			21	292		
75岁及以上	3	188		15			15	158		
女	**580**	**6506**	**49**	**1806**	**3**	**42**	**448**	**4158**		
16—19岁	22	43	2	12			11	18		
20—24岁	59	501	10	311	2	10	36	132		
25—29岁	81	1003	12	495		8	68	420		
30—34岁	83	1044	10	334		8	52	640		
35—39岁	53	608	3	126		1	40	438		
40—44岁	46	693	2	127		3	38	523		
45—49岁	70	704	5	145	1	5	54	494		
50—54岁	69	741	3	141		1	46	550		
55—59岁	48	519		66		3	44	406		
60—64岁	17	201		24			23	154		
65—69岁	21	268		16		3	22	227		
70—74岁	9	135	2	8			9	116		
75岁及以上	2	46		1			5	40		

4-6　各地区分性别、职业中类的就业人口

单位：人

地区 性别	合计	党的机关、国家机关、群众团体和社会组织、企事业单位负责人						
		小计	中国共产党机关负责人	国家机关负责人	民主党派和工商联负责人	人民团体和群众团体、社会组织及其他成员组织负责人	基层群众自治组织负责人	企事业单位负责人
安　徽	**2766699**	**64109**	**184**	**2830**	**5**	**2243**	**1707**	**57140**
合肥市	**440573**	**15650**	**22**	**384**	**1**	**311**	**147**	**14785**
瑶海区	38238	1558	2	14		64	6	1472
庐阳区	31551	2025	1	35		38	4	1947
蜀山区	46637	2860	8	95		42	5	2710
包河区	58850	3355	2	73		61	4	3215
长丰县	36976	888	4	25		13	28	818
肥东县	49681	997		42	1	20	16	918
肥西县	46789	659	2	8		10	22	617
庐江县	44158	656	1	36		10	41	568
合肥高新技术产业开发区	13860	832		14		14	1	803
合肥经济技术开发区	25723	692	1	12		13	4	662
合肥新站高新技术产业开发区	19357	499		9		6	2	482
巢湖市	28753	629	1	21		20	14	573
芜湖市	**179108**	**3453**	**17**	**109**		**145**	**81**	**3101**
镜湖区	20017	318	1	12		1	1	303
弋江区	15962	436		6		12		418
鸠江区	24290	610	1	14		6	3	586
三山区	7359	201	1			95	3	102
芜湖县	18951	256		7		2	9	238
繁昌县	13241	346	8	22		4	14	298
南陵县	23193	441	1	13		10	30	387
芜湖经济技术开发区	9928	53		1		2	2	48
安徽芜湖长江大桥经济开发区	957	16		2		1		13
无为市	45210	776	5	32		12	19	708
蚌埠市	**120754**	**2242**	**25**	**114**		**106**	**63**	**1934**
龙子湖区	7961	157		3		11	4	139
蚌山区	6122	215		8		5		202
禹会区	11427	263		4		15	4	240
淮上区	11021	113	1	7		3	4	98
怀远县	35966	264	23	13		16	22	190
五河县	18877	279	1	26		20	14	218
固镇县	17337	182		13		26	14	129
蚌埠市高新技术开发区	2460	103		6				97
蚌埠市经济开发区	9583	666		34		10	1	621
淮南市	**125890**	**2654**	**12**	**188**		**117**	**114**	**2223**
大通区	6232	143	1	7		8	7	120
田家庵区	25844	867	5	75		26	13	748
谢家集区	7120	105		4		7	10	84
八公山区	4001	58		7		1		50
潘集区	11433	214	2	4		33	36	139
凤台县	25129	402	2	45		15	32	308
寿县	46131	865	2	46		27	16	774

4-6 续表 1

单位：人

地区 性别	合计	党的机关、国家机关、群众团体和社会组织、企事业单位负责人						
		小计	中国共产党机关负责人	国家机关负责人	民主党派和工商联负责人	人民团体和群众团体、社会组织及其他成员组织负责人	基层群众自治组织负责人	企事业单位负责人
马鞍山市	**92416**	**2252**	**11**	**97**		**96**	**51**	**1997**
花山区	18074	701	2	26		18	5	650
雨山区	13331	459	4	17		14	6	418
博望区	6897	163		2		1	2	158
当涂县	21523	309	2	22		33	21	231
含山县	16525	370		23		23	2	322
和县	16066	250	3	7		7	15	218
淮北市	**72994**	**1502**	**1**	**76**	**1**	**78**	**53**	**1293**
杜集区	8856	94		1		4	11	78
相山区	20441	947	1	51	1	52	12	830
烈山区	9361	99		4		5	12	78
濉溪县	34336	362		20		17	18	307
铜陵市	**48289**	**1783**	**2**	**118**		**48**	**48**	**1567**
铜官区	18131	1074	2	64		29	6	973
义安区	9815	194		12		9	9	164
郊区	5365	117		2		3	8	104
枞阳县	14978	398		40		7	25	326
安庆市	**229577**	**6851**	**18**	**318**	**1**	**199**	**147**	**6168**
迎江区	11419	655	1	42		20	5	587
大观区	9140	397		18		7	3	369
宜秀区	8432	341		7		16	4	314
怀宁县	28391	640		28		44	12	556
太湖县	22623	555	3	37		23	23	469
宿松县	32183	905	2	38		32	31	802
望江县	36642	680	1	29		19	11	620
岳西县	15805	432	5	32		9	9	377
安徽安庆经济开发区	6870	394	1	10	1	3	2	377
桐城市	30816	1059	2	36		18	18	985
潜山市	27256	793	3	41		8	29	712
黄山市	**72130**	**2003**	**11**	**185**		**68**	**73**	**1666**
屯溪区	13435	912	3	59		44	2	804
黄山区	7807	287	2	26		5	14	240
徽州区	5575	124		13		3	8	100
歙县	24023	308	2	31		8	20	247
休宁县	11212	187	2	20		6	16	143
黟县	3995	118	2	20		1	8	87
祁门县	6083	67		16		1	5	45
滁州市	**230617**	**4685**	**12**	**206**	**1**	**116**	**91**	**4259**
琅琊区	12275	402		33		28	2	339
南谯区	16316	572	3	26		21	6	516
来安县	24749	335		21		5	15	294
全椒县	27640	442		25		9	9	399
定远县	44140	391	1	20		6	20	344
凤阳县	36192	548		17		8	5	518
苏滁现代产业园	1699	30						30
滁州经济技术开发区	7807	273		7		5	2	259
天长市	35219	1348	4	37		27	21	1259
明光市	24580	344	4	20	1	7	11	301

4-6　续表 2　　　　　　　　　　　　　　　　　　　　　　　　　　　　　　单位：人

地　区 性　别	合计	党的机关、国家机关、群众团体和社会组织、企事业单位负责人						
		小计	中国共产党机关负责人	国家机关负责人	民主党派和工商联负责人	人民团体和群众团体、社会组织及其他成员组织负责人	基层群众自治组织负责人	企事业单位负责人
阜阳市	**369105**	**5223**	**9**	**206**		**303**	**185**	**4520**
颍州区	29447	824	3	37		44	23	717
颍东区	24773	413		5		16	9	383
颍泉区	28577	528		19		12	13	484
临泉县	74316	882	2	30		45	21	784
太和县	69346	519	2	25		28	26	438
阜南县	50652	596	1	39		25	27	504
颍上县	62802	820	1	28		67	36	688
阜阳合肥现代产业园区	1341	45		1		5	3	36
阜阳经济技术开发区	4499	170		6		4	2	158
界首市	23352	426		16		57	25	328
宿州市	**240264**	**3265**	**8**	**193**		**127**	**158**	**2779**
埇桥区	72026	1433	3	76		49	39	1266
砀山县	37467	352	3	18		9	24	298
萧县	53687	468		19		6	40	403
灵璧县	40770	553	1	40		41	34	437
泗县	32378	364	1	40		18	20	285
宿州马鞍山现代产业园区	1478	21				4	1	16
宿州经济技术开发区	2458	74						74
六安市	**201387**	**4992**	**23**	**220**	**1**	**177**	**198**	**4373**
金安区	35709	1006	9	38		12	35	912
裕安区	39066	1018	7	31	1	79	41	859
叶集区	7915	371		12		18	8	333
霍邱县	35691	657		31		32	37	557
舒城县	40278	981	4	45		23	41	868
金寨县	26084	638	1	31		5	20	581
霍山县	16644	321	2	32		8	16	263
亳州市	**170942**	**2555**	**2**	**121**		**125**	**154**	**2153**
谯城区	57882	1052	1	40		37	26	948
涡阳县	36254	492		27		22	73	370
蒙城县	35966	648	1	41		40	25	541
利辛县	40840	363		13		26	30	294
池州市	**61413**	**1658**	**3**	**114**		**72**	**68**	**1401**
贵池区	23810	524		50		28	18	428
东至县	23289	504		20		32	29	423
石台县	3132	151	1	18		3	1	128
青阳县	9155	362	2	23		5	20	312
池州市国家经济技术开发区	688	37		3		1		33
皖江江南新兴产业集中区	580	16				1		15
九华山风景区	759	64				2		62
宣城市	**111240**	**3341**	**8**	**181**		**155**	**76**	**2921**
宣州区	27831	719	5	52		30	13	619
郎溪县	14914	349		14		15	14	306
泾县	10674	354	1	25		33	16	279
绩溪县	6074	166		18		2	11	135
旌德县	4538	102		5			7	90
宣城市经济开发区	4883	221		8		7	1	205
宁国市	18466	835	2	37		32	7	757
广德市	23860	595		22		36	7	530

4-6 续表 3

单位：人

地区 性别	合计	党的机关、国家机关、群众团体和社会组织、企事业单位负责人						
		小计	中国共产党机关负责人	国家机关负责人	民主党派和工商联负责人	人民团体和群众团体、社会组织及其他成员组织负责人	基层群众自治组织负责人	企事业单位负责人
男	**1682501**	**48826**	**150**	**2360**	**4**	**1454**	**1380**	**43478**
合肥市	**270825**	**11757**	**17**	**311**	**1**	**190**	**119**	**11119**
瑶海区	23190	1139	1	9		39	4	1086
庐阳区	18538	1514	1	30		23	3	1457
蜀山区	26641	2086	7	73		24	3	1979
包河区	34992	2425	1	60		33	4	2327
长丰县	23682	686	3	23		5	22	633
肥东县	32084	790		35	1	15	12	727
肥西县	30270	541	1	7		7	18	508
庐江县	27705	548	1	28		7	37	475
合肥高新技术产业开发区	8431	614		11		7		596
合肥经济技术开发区	15592	558	1	9		9	4	535
合肥新站高新技术产业开发区	12354	375		8		5		362
巢湖市	17346	481	1	18		16	12	434
芜湖市	**113961**	**2756**	**14**	**90**		**77**	**72**	**2503**
镜湖区	11981	247	1	10				236
弋江区	9822	341		4		7		330
鸠江区	15088	475		13		4	3	455
三山区	4810	141	1			50	3	87
芜湖县	11384	222		7		1	9	205
繁昌县	8504	269	6	18		1	13	231
南陵县	14576	353	1	8		7	26	311
芜湖经济技术开发区	6526	46		1		1	1	43
安徽芜湖长江大桥经济开发区	618	13		2				11
无为市	30652	649	5	27		6	17	594
蚌埠市	**71400**	**1696**	**21**	**97**		**62**	**51**	**1465**
龙子湖区	4838	117		3		7	4	103
蚌山区	3679	156		5		2		149
禹会区	7194	203		3		11	3	186
淮上区	6763	91	1	7		2	3	78
怀远县	20019	226	20	12		8	19	167
五河县	11553	206		22		10	10	164
固镇县	10305	147		12		17	11	107
蚌埠市高新技术开发区	1459	76		4				72
蚌埠市经济开发区	5590	474		29		5	1	439
淮南市	**79456**	**2044**	**9**	**157**		**76**	**91**	**1711**
大通区	4007	108		6		5	5	92
田家庵区	15976	640	4	56		16	11	553
谢家集区	4531	76		3		5	7	61
八公山区	2686	46		6		1		39
潘集区	7890	158	2	3		21	27	105
凤台县	15855	324	2	41		10	26	245
寿县	28511	692	1	42		18	15	616

4-6　续表 4　　　　　　　　　　　　　　　　　　　　　　　　　　　　单位：人

地　区 性　别	合计	党的机关、国家机关、群众团体和社会组织、企事业单位负责人						
		小计	中国共产党机关负责人	国家机关负责人	民主党派和工商联负责人	人民团体和群众团体、社会组织及其他成员组织负责人	基层群众自治组织负责人	企事业单位负责人
马鞍山市	**58178**	**1753**	**10**	**78**		**57**	**36**	**1572**
花山区	11133	518	1	20		10	3	484
雨山区	8256	343	4	11		6	4	318
博望区	4790	142		2		1	2	137
当涂县	13526	245	2	20		21	13	189
含山县	10812	296		20		13	2	261
和县	9661	209	3	5		6	12	183
淮北市	**45921**	**1107**	**1**	**61**		**48**	**42**	**955**
杜集区	5811	75				3	10	62
相山区	12418	691	1	41		29	12	608
烈山区	5684	74		2		3	8	61
濉溪县	22008	267		18		13	12	224
铜陵市	**29980**	**1364**	**2**	**98**		**28**	**45**	**1191**
铜官区	11084	806	2	47		15	6	736
义安区	6299	156		11		6	9	130
郊区	3380	93		2		2	8	81
枞阳县	9217	309		38		5	22	244
安庆市	**138640**	**5333**	**16**	**276**	**1**	**130**	**126**	**4784**
迎江区	6872	495		35		13	4	443
大观区	5444	278		14		5	3	256
宜秀区	5099	243		3		12	3	225
怀宁县	17234	474		22		26	11	415
太湖县	14396	441	3	35		16	21	366
宿松县	20289	746	2	35		23	28	658
望江县	19061	523	1	28		15	8	471
岳西县	10182	354	5	29		6	8	306
安徽安庆经济开发区	4178	296	1	9	1	3		282
桐城市	19803	842	1	30		8	16	787
潜山市	16082	641	3	36		3	24	575
黄山市	**42252**	**1504**	**8**	**142**		**48**	**68**	**1238**
屯溪区	7494	645	3	43		28	1	570
黄山区	4910	210	2	21		3	13	171
徽州区	3259	102		11		3	8	80
歙县	13729	252	1	25		8	20	198
休宁县	6640	150	1	15		5	14	115
黟县	2395	87	1	13		1	7	65
祁门县	3825	58		14			5	39
滁州市	**135640**	**3612**	**11**	**175**	**1**	**77**	**74**	**3274**
琅琊区	7467	307		27		16	1	263
南谯区	10412	444	2	20		17	6	399
来安县	14662	274		18		2	13	241
全椒县	14950	338		19		6	8	305
定远县	26017	310	1	19		5	17	268
凤阳县	21015	401		14		5	4	378
苏滁现代产业园	1188	29						29
滁州经济技术开发区	4788	214		4		4	1	205
天长市	20681	1040	4	34		16	17	969
明光市	14460	255	4	20	1	6	7	217

4-6 续表 5

单位：人

地　区 性　别	合计	党的机关、国家机关、群众团体和社会组织、企事业单位负责人						
		小计	中国共产党机关负责人	国家机关负责人	民主党派和工商联负责人	人民团体和群众团体、社会组织及其他成员组织负责人	基层群众自治组织负责人	企事业单位负责人
阜阳市	**219969**	**3863**	**7**	**174**		**217**	**145**	**3320**
颍州区	17612	590	2	29		30	16	513
颍东区	15369	312		4		13	8	287
颍泉区	16607	379		15		7	10	347
临泉县	43528	639	2	25		33	14	565
太和县	40493	406	1	23		20	22	340
阜南县	29765	440	1	32		20	20	367
颍上县	38436	609	1	26		48	28	506
阜阳合肥现代产业园区	876	29		1		1	2	25
阜阳经济技术开发区	2832	123		5		3	2	113
界首市	14451	336		14		42	23	257
宿州市	**137231**	**2427**	**5**	**166**		**84**	**115**	**2057**
埇桥区	43801	1055	1	65		32	30	927
砀山县	20678	272	3	16		5	19	229
萧县	29661	348		17		5	27	299
灵璧县	22113	413		34		26	24	329
泗县	18558	279	1	34		13	14	217
宿州马鞍山现代产业园区	924	14				3	1	10
宿州经济技术开发区	1496	46						46
六安市	**123938**	**3844**	**19**	**182**	**1**	**114**	**154**	**3374**
金安区	21339	783	8	30		8	31	706
裕安区	24225	763	5	27	1	47	30	653
叶集区	4848	267		10		14	4	239
霍邱县	22659	519		27		19	30	443
舒城县	24935	774	3	38		18	34	681
金寨县	15898	493	1	24		4	13	451
霍山县	10034	245	2	26		4	12	201
亳州市	**106242**	**1887**	**2**	**104**		**90**	**125**	**1566**
谯城区	35531	738	1	32		23	17	665
涡阳县	23461	379		22		14	63	280
蒙城县	22163	486	1	38		28	20	399
利辛县	25087	284		12		25	25	222
池州市	**38365**	**1315**	**2**	**93**		**54**	**58**	**1108**
贵池区	14487	436		41		24	14	357
东至县	14822	414		15		23	23	353
石台县	1915	112		14		1	1	96
青阳县	5896	276	2	20		2	20	232
池州市国家经济技术开发区	432	29		3		1		25
皖江江南新兴产业集中区	356	15				1		14
九华山风景区	457	33				2		31
宣城市	**70503**	**2564**	**6**	**156**		**102**	**59**	**2241**
宣州区	17484	559	3	43		21	12	480
郎溪县	9662	256		14		10	10	222
泾县	7187	275	1	21		22	12	219
绩溪县	3610	131		16		2	8	105
旌德县	3011	76		5			6	65
宣城市经济开发区	3065	168		6		4		158
宁国市	11394	639	2	32		21	4	580
广德市	15090	460		19		22	7	412

4-6 续表 6

单位：人

地区 性别	合计	党的机关、国家机关、群众团体和社会组织、企事业单位负责人						
		小计	中国共产党机关负责人	国家机关负责人	民主党派和工商联负责人	人民团体和群众团体、社会组织及其他成员组织负责人	基层群众自治组织负责人	企事业单位负责人
女	**1084198**	**15283**	**34**	**470**	**1**	**789**	**327**	**13662**
合肥市	**169748**	**3893**	**5**	**73**		**121**	**28**	**3666**
瑶海区	15048	419	1	5		25	2	386
庐阳区	13013	511		5		15	1	490
蜀山区	19996	774	1	22		18	2	731
包河区	23858	930	1	13		28		888
长丰县	13294	202	1	2		8	6	185
肥东县	17597	207		7		5	4	191
肥西县	16519	118	1	1		3	4	109
庐江县	16453	108		8		3	4	93
合肥高新技术产业开发区	5429	218		3		7	1	207
合肥经济技术开发区	10131	134		3		4		127
合肥新站高新技术产业开发区	7003	124		1		1	2	120
巢湖市	11407	148		3		4	2	139
芜湖市	**65147**	**697**	**3**	**19**		**68**	**9**	**598**
镜湖区	8036	71		2		1	1	67
弋江区	6140	95		2		5		88
鸠江区	9202	135	1	1		2		131
三山区	2549	60				45		15
芜湖县	7567	34				1		33
繁昌县	4737	77	2	4		3	1	67
南陵县	8617	88		5		3	4	76
芜湖经济技术开发区	3402	7				1	1	5
安徽芜湖长江大桥经济开发区	339	3				1		2
无为市	14558	127		5		6	2	114
蚌埠市	**49354**	**546**	**4**	**17**		**44**	**12**	**469**
龙子湖区	3123	40				4		36
蚌山区	2443	59		3		3		53
禹会区	4233	60		1		4	1	54
淮上区	4258	22				1	1	20
怀远县	15947	38	3	1		8	3	23
五河县	7324	73	1	4		10	4	54
固镇县	7032	35		1		9	3	22
蚌埠市高新技术开发区	1001	27		2				25
蚌埠市经济开发区	3993	192		5		5		182
淮南市	**46434**	**610**	**3**	**31**		**41**	**23**	**512**
大通区	2225	35	1	1		3	2	28
田家庵区	9868	227	1	19		10	2	195
谢家集区	2589	29		1		2	3	23
八公山区	1315	12		1				11
潘集区	3543	56		1		12	9	34
凤台县	9274	78		4		5	6	63
寿县	17620	173	1	4		9	1	158

4-6 续表 7

单位：人

地区 性别	合计	党的机关、国家机关、群众团体和社会组织、企事业单位负责人						
		小计	中国共产党机关负责人	国家机关负责人	民主党派和工商联负责人	人民团体和群众团体、社会组织及其他成员组织负责人	基层群众自治组织负责人	企事业单位负责人
马鞍山市	**34238**	**499**	**1**	**19**		**39**	**15**	**425**
花山区	6941	183	1	6		8	2	166
雨山区	5075	116		6		8	2	100
博望区	2107	21						21
当涂县	7997	64		2		12	8	42
含山县	5713	74		3		10		61
和县	6405	41		2		1	3	35
淮北市	**27073**	**395**		**15**	**1**	**30**	**11**	**338**
杜集区	3045	19		1		1	1	16
相山区	8023	256		10	1	23		222
烈山区	3677	25		2		2	4	17
濉溪县	12328	95		2		4	6	83
铜陵市	**18309**	**419**		**20**		**20**	**3**	**376**
铜官区	7047	268		17		14		237
义安区	3516	38		1		3		34
郊区	1985	24				1		23
枞阳县	5761	89		2		2	3	82
安庆市	**90937**	**1518**	**2**	**42**		**69**	**21**	**1384**
迎江区	4547	160	1	7		7	1	144
大观区	3696	119		4		2		113
宜秀区	3333	98		4		4	1	89
怀宁县	11157	166		6		18	1	141
太湖县	8227	114		2		7	2	103
宿松县	11894	159		3		9	3	144
望江县	17581	157		1		4	3	149
岳西县	5623	78		3		3	1	71
安徽安庆经济开发区	2692	98		1			2	95
桐城市	11013	217	1	6		10	2	198
潜山市	11174	152		5		5	5	137
黄山市	**29878**	**499**	**3**	**43**		**20**	**5**	**428**
屯溪区	5941	267		16		16	1	234
黄山区	2897	77		5		2	1	69
徽州区	2316	22		2				20
歙县	10294	56	1	6				49
休宁县	4572	37	1	5		1	2	28
黟县	1600	31	1	7			1	22
祁门县	2258	9		2		1		6
滁州市	**94977**	**1073**	**1**	**31**		**39**	**17**	**985**
琅琊区	4808	95		6		12	1	76
南谯区	5904	128	1	6		4		117
来安县	10087	61		3		3	2	53
全椒县	12690	104		6		3	1	94
定远县	18123	81		1		1	3	76
凤阳县	15177	147		3		3	1	140
苏滁现代产业园	511	1						1
滁州经济技术开发区	3019	59		3		1	1	54
天长市	14538	308		3		11	4	290
明光市	10120	89				1	4	84

4-6　续表 8　　　　单位：人

地　区 性　别	合计	党的机关、国家机关、群众团体和社会组织、企事业单位负责人						
		小计	中国共产党机关负责人	国家机关负责人	民主党派和工商联负责人	人民团体和群众团体、社会组织及其他成员组织负责人	基层群众自治组织负责人	企事业单位负责人
阜阳市	**149136**	**1360**	**2**	**32**		**86**	**40**	**1200**
颍州区	11835	234	1	8		14	7	204
颍东区	9404	101		1		3	1	96
颍泉区	11970	149		4		5	3	137
临泉县	30788	243		5		12	7	219
太和县	28853	113	1	2		8	4	98
阜南县	20887	156		7		5	7	137
颍上县	24366	211		2		19	8	182
阜阳合肥现代产业园区	465	16				4	1	11
阜阳经济技术开发区	1667	47		1		1		45
界首市	8901	90		2		15	2	71
宿州市	**103033**	**838**	**3**	**27**		**43**	**43**	**722**
埇桥区	28225	378	2	11		17	9	339
砀山县	16789	80		2		4	5	69
萧县	24026	120		2		1	13	104
灵璧县	18657	140	1	6		15	10	108
泗县	13820	85		6		5	6	68
宿州马鞍山现代产业园区	554	7				1		6
宿州经济技术开发区	962	28						28
六安市	**77449**	**1148**	**4**	**38**		**63**	**44**	**999**
金安区	14370	223	1	8		4	4	206
裕安区	14841	255	2	4		32	11	206
叶集区	3067	104		2		4	4	94
霍邱县	13032	138		4		13	7	114
舒城县	15343	207	1	7		5	7	187
金寨县	10186	145		7		1	7	130
霍山县	6610	76		6		4	4	62
亳州市	**64700**	**668**		**17**		**35**	**29**	**587**
谯城区	22351	314		8		14	9	283
涡阳县	12793	113		5		8	10	90
蒙城县	13803	162		3		12	5	142
利辛县	15753	79		1		1	5	72
池州市	**23048**	**343**	**1**	**21**		**18**	**10**	**293**
贵池区	9323	88		9		4	4	71
东至县	8467	90		5		9	6	70
石台县	1217	39	1	4		2		32
青阳县	3259	86		3		3		80
池州市国家经济技术开发区	256	8						8
皖江江南新兴产业集中区	224	1						1
九华山风景区	302	31						31
宣城市	**40737**	**777**	**2**	**25**		**53**	**17**	**680**
宣州区	10347	160	2	9		9	1	139
郎溪县	5252	93				5	4	84
泾县	3487	79		4		11	4	60
绩溪县	2464	35		2			3	30
旌德县	1527	26					1	25
宣城市经济开发区	1818	53		2		3	1	47
宁国市	7072	196		5		11	3	177
广德市	8770	135		3		14		118

4-6 续表 9

单位：人

地区 性别	专业技术人员 小计	科学研究人员	工程技术人员	农业技术人员	飞机和船舶技术人员	卫生专业技术人员	经济和金融专业人员	法律、社会和宗教专业人员	教学人员	文学艺术、体育专业人员
安　徽	**256665**	**1236**	**53393**	**1647**	**298**	**44419**	**48572**	**5635**	**92649**	**3817**
合肥市	**65502**	**681**	**17672**	**208**	**45**	**8515**	**15488**	**1326**	**18920**	**1119**
瑶海区	5591	29	1405	9	1	698	1436	104	1653	124
庐阳区	6205	86	1342	19	2	905	1741	154	1718	101
蜀山区	11835	270	2885	18	13	1956	2982	252	2903	221
包河区	11755	116	3218	18	10	1331	2877	245	3365	261
长丰县	2926	10	661	11	1	364	616	28	1149	35
肥东县	4409	21	1075	24	2	566	762	142	1671	70
肥西县	5313	24	1636	21	2	483	1293	68	1649	75
庐江县	3283	11	796	41		587	607	47	1123	33
合肥高新技术产业开发区	3182	63	1327	13	3	238	718	66	566	61
合肥经济技术开发区	5277	30	1849	7	6	472	1295	94	1271	73
合肥新站高新技术产业开发区	2732	11	917	1	1	353	603	65	717	32
巢湖市	2994	10	561	26	4	562	558	61	1135	33
芜湖市	**19464**	**59**	**5358**	**68**	**70**	**2864**	**4041**	**416**	**5971**	**288**
镜湖区	4049	7	887	5	19	878	909	96	1112	50
弋江区	2916	10	777	4	5	425	515	88	985	54
鸠江区	2839	7	1014	4	4	319	584	65	755	44
三山区	640	1	197	4	3	60	142	7	207	11
芜湖县	1551	5	457	10	13	168	343	27	498	12
繁昌县	1126	8	192	5		172	328	14	377	14
南陵县	1669	1	379	11	19	316	271	23	604	21
芜湖经济技术开发区	1479	6	841	1	1	46	335	21	189	23
安徽芜湖长江大桥经济开发区	45		7		1	8	15		13	1
无为市	3150	14	607	24	5	472	599	75	1231	58
蚌埠市	**11157**	**56**	**1701**	**48**	**30**	**2323**	**1881**	**296**	**4511**	**105**
龙子湖区	1079	5	211	7	1	345	139	22	317	13
蚌山区	890	2	185	1		157	181	22	319	10
禹会区	1156	11	251	2	1	224	229	25	360	22
淮上区	702	4	142	1		130	125	11	266	8
怀远县	1938	2	154	17	19	408	280	42	982	16
五河县	1302	6	140	12	3	292	181	28	599	10
固镇县	1211	7	125	6	1	235	157	56	602	9
蚌埠市高新技术开发区	431	4	86		1	65	83	9	173	5
蚌埠市经济开发区	2448	15	407	2	4	467	506	81	893	12
淮南市	**11129**	**25**	**2470**	**130**	**11**	**2146**	**1654**	**198**	**4152**	**106**
大通区	534	4	153	5		93	85	6	173	8
田家庵区	4765	10	1054	7	4	950	804	103	1671	41
谢家集区	637	1	116	6		165	85	11	214	12
八公山区	360	1	93			78	49	16	110	3
潘集区	514	1	122	4		108	55	9	207	4
凤台县	1724	2	413	19	4	292	201	21	736	12
寿县	2595	6	519	89	3	460	375	32	1041	26

4-6　续表 10　　　　单位：人

地区 性别	专业技术人员									
	小计	科学研究人员	工程技术人员	农业技术人员	飞机和船舶技术人员	卫生专业技术人员	经济和金融专业人员	法律、社会和宗教专业人员	教学人员	文学艺术、体育专业人员
马鞍山市	**9372**	**35**	**2258**	**48**	**14**	**1412**	**1990**	**239**	**3064**	**102**
花山区	3150	10	872	7	1	438	680	90	937	30
雨山区	2074	4	570	8		235	561	54	566	26
博望区	401	3	84			56	100	3	143	1
当涂县	1384	6	275	9	8	262	236	49	495	15
含山县	1127	6	205	3	3	201	199	13	459	13
和县	1236	6	252	21	2	220	214	30	464	17
淮北市	**7852**	**27**	**1427**	**44**	**3**	**1418**	**1322**	**196**	**3144**	**91**
杜集区	735	5	116	3	1	148	135	6	291	12
相山区	4146	14	727	23		708	825	146	1563	40
烈山区	601	1	148	4		104	82	7	233	11
濉溪县	2370	7	436	14	2	458	280	37	1057	28
铜陵市	**5810**	**18**	**1179**	**31**	**10**	**1065**	**1176**	**134**	**1988**	**60**
铜官区	3386	13	774	10	2	576	783	78	1010	31
义安区	753	2	168	4	2	99	156	15	273	11
郊区	433		84	5	1	86	86	15	140	8
枞阳县	1238	3	153	12	5	304	151	26	565	10
安庆市	**20170**	**70**	**4219**	**160**	**35**	**3380**	**3885**	**597**	**7022**	**363**
迎江区	2194	3	433	7	11	536	466	54	597	26
大观区	1359	1	280		12	255	295	18	442	20
宜秀区	692		147	2	2	141	156	19	208	8
怀宁县	2023	10	454	12	1	321	323	48	765	45
太湖县	2218	11	446	32	1	297	524	35	747	57
宿松县	2874	10	513	26		454	420	253	1110	54
望江县	1857	8	372	19	2	282	356	38	694	50
岳西县	1401	7	315	18		250	220	28	516	23
安徽安庆经济开发区	911	2	226	3	1	144	216	28	260	8
桐城市	2622	10	609	19	4	390	523	34	920	46
潜山市	2019	8	424	22	1	310	386	42	763	26
黄山市	**6181**	**15**	**1171**	**71**	**1**	**1216**	**1266**	**131**	**2057**	**114**
屯溪区	2159	5	410	20	1	431	509	53	621	46
黄山区	623	3	158	6		88	160	8	184	7
徽州区	395	1	71	6		72	78	10	149	3
歙县	1496	6	225	12		345	252	18	577	33
休宁县	695		151	14		126	130	13	232	6
黟县	290		75	7		38	54	8	86	16
祁门县	523		81	6		116	83	21	208	3
滁州市	**15920**	**54**	**3165**	**138**	**19**	**2836**	**3410**	**377**	**5444**	**214**
琅琊区	1609	5	317	7		304	366	43	518	17
南谯区	1979	6	507	26	2	294	447	43	566	27
来安县	1517	9	353	10	1	269	330	34	459	25
全椒县	1785	8	318	13	2	329	457	32	586	21
定远县	2176	12	385	28		427	332	52	887	28
凤阳县	1757	7	234	15	7	309	306	22	793	27
苏滁现代产业园	133		88			10	19	2	8	6
滁州经济技术开发区	924	3	328	2	1	103	241	16	207	6
天长市	2571	2	416	18	1	438	682	107	832	45
明光市	1469	2	219	19	5	353	230	26	588	12

4-6 续表 11　　单位：人

地区 性别	专业技术人员									
	小计	科学研究人员	工程技术人员	农业技术人员	飞机和船舶技术人员	卫生专业技术人员	经济和金融专业人员	法律、社会和宗教专业人员	教学人员	文学艺术、体育专业人员
阜阳市	**23984**	**65**	**3321**	**214**	**31**	**5329**	**3085**	**451**	**10758**	**391**
颍州区	3882	11	462	17	1	899	662	90	1635	35
颍东区	1960	6	354	19	1	370	304	39	825	22
颍泉区	1988	5	302	7	1	380	287	41	913	30
临泉县	4338	15	625	58	7	965	390	72	2027	128
太和县	3522	17	459	37	8	940	402	44	1523	60
阜南县	2709	4	351	32	5	617	332	44	1220	39
颍上县	3243	4	471	22	4	659	368	57	1563	48
阜阳合肥现代产业园区	91		8			32	13	7	26	
阜阳经济技术开发区	554		83	4		98	108	14	235	7
界首市	1697	3	206	18	4	369	219	43	791	22
宿州市	**15473**	**38**	**2256**	**155**	**5**	**3266**	**2028**	**260**	**7062**	**220**
埇桥区	5895	17	971	35	3	1225	982	98	2403	87
砀山县	1986	3	241	23	1	461	246	31	934	18
萧县	2599	7	428	18		558	261	29	1239	43
灵璧县	2684	4	289	34	1	566	263	41	1410	38
泗县	1944	2	256	41		412	206	55	922	27
宿州马鞍山现代产业园区	100	1	8	3		9	18	1	58	2
宿州经济技术开发区	265	4	63	1		35	52	5	96	5
六安市	**16017**	**39**	**3100**	**120**	**4**	**2928**	**2642**	**332**	**6387**	**224**
金安区	3513	8	588	16		770	579	94	1356	52
裕安区	3383	8	674	17	2	589	501	71	1398	57
叶集区	512	2	64	7		89	101	10	223	7
霍邱县	2193	5	341	20		444	271	32	1022	27
舒城县	2872	7	655	30	1	475	545	64	1016	40
金寨县	1986	3	436	18		312	345	28	799	17
霍山县	1558	6	342	12	1	249	300	33	573	24
亳州市	**13444**	**22**	**1215**	**67**	**9**	**2974**	**1489**	**281**	**6968**	**214**
谯城区	4717	6	443	9		978	672	120	2323	79
涡阳县	2856	7	251	17	4	602	250	46	1594	49
蒙城县	3137	7	327	21	1	711	334	64	1575	51
利辛县	2734	2	194	20	4	683	233	51	1476	35
池州市	**5571**	**15**	**983**	**49**	**6**	**1011**	**1173**	**152**	**1960**	**73**
贵池区	2690	7	492	21	2	483	589	84	909	29
东至县	1685	5	306	14	2	292	340	33	615	29
石台县	296		34	6		64	51	6	124	1
青阳县	769	2	109	8	1	163	170	27	264	12
池州市国家经济技术开发区	70	1	26		1	6	7		26	2
皖江江南新兴产业集中区	19		5			1	5		8	
九华山风景区	42		11			2	11	2	14	
宣城市	**9619**	**17**	**1898**	**96**	**5**	**1736**	**2042**	**249**	**3241**	**133**
宣州区	2580	5	418	23	4	497	528	62	950	37
郎溪县	1120	4	204	10		244	224	22	384	12
泾县	892		167	8		164	181	41	297	20
绩溪县	496		122	6		91	97	21	153	2
旌德县	358	1	48	13		73	67	16	131	6
宣城市经济开发区	608	2	130	6	1	68	135	13	221	6
宁国市	1813	2	455	12		307	396	48	523	25
广德市	1752	3	354	18		292	414	26	582	25

4-6　续表 12　　　　单位：人

地　区 性　别	专业技术人员									
	小计	科学研究人　员	工程技术人　员	农业技术人　员	飞机和船舶技术人　员	卫生专业技术人员	经济和金融专业人　员	法律、社会和宗教专业人员	教学人员	文学艺术、体育专业人员
男	**122989**	**827**	**45944**	**1251**	**262**	**15407**	**15702**	**3240**	**35438**	**2322**
合肥市	**31636**	**451**	**14955**	**149**	**38**	**2528**	**4773**	**740**	**6573**	**668**
瑶海区	2577	24	1232	6	1	182	398	65	527	74
庐阳区	2725	49	1117	10	2	260	539	88	528	59
蜀山区	5396	175	2341	10	11	588	919	135	953	125
包河区	5609	84	2700	10	9	353	857	127	1145	157
长丰县	1399	8	573	10	1	120	198	18	409	27
肥东县	2212	17	944	18	1	177	275	65	638	42
肥西县	2760	15	1425	19	2	166	415	40	613	48
庐江县	1662	7	691	26		198	212	36	455	17
合肥高新技术产业开发区	1712	42	1097	11	3	61	193	27	175	38
合肥经济技术开发区	2706	21	1559	5	4	127	405	58	400	37
合肥新站高新技术产业开发区	1339	5	781	1		80	171	36	228	22
巢湖市	1539	4	495	23	4	216	191	45	502	22
芜湖市	**9885**	**40**	**4647**	**50**	**66**	**950**	**1311**	**234**	**2238**	**180**
镜湖区	1820	3	769	4	18	269	258	47	386	30
弋江区	1463	7	674	3	5	129	172	48	373	31
鸠江区	1498	6	866	4	4	93	162	35	281	25
三山区	336	1	169	3	3	22	56	4	67	6
芜湖县	810	5	388	8	13	59	97	17	205	7
繁昌县	528	5	159	4		62	124	9	145	10
南陵县	825		349	8	16	103	84	15	224	16
芜湖经济技术开发区	902	5	721		1	10	97	9	37	13
安徽芜湖长江大桥经济开发区	13		6		1	2	4			
无为市	1690	8	546	16	5	201	257	50	520	42
蚌埠市	**4923**	**43**	**1473**	**36**	**25**	**782**	**593**	**153**	**1635**	**66**
龙子湖区	482	2	191	5	1	116	45	6	100	7
蚌山区	374	1	159	1		46	36	10	106	5
禹会区	516	11	213	2	1	62	72	10	110	14
淮上区	298	2	119			44	35	4	84	2
怀远县	869	2	136	12	15	159	93	28	402	12
五河县	588	6	123	11	3	96	63	17	243	8
固镇县	543	4	111	4	1	79	57	38	234	6
蚌埠市高新技术开发区	188	3	77			21	27	2	51	3
蚌埠市经济开发区	1065	12	344	1	4	159	165	38	305	9
淮南市	**5391**	**16**	**2145**	**94**	**11**	**650**	**546**	**90**	**1648**	**61**
大通区	249	4	135	4		24	25	2	48	3
田家庵区	2206	5	896	6	4	252	265	51	648	23
谢家集区	272		103	4		40	20	4	76	7
八公山区	168		84			21	12	1	41	2
潘集区	275	1	111	4		44	22	3	86	1
凤台县	867	2	380	15	4	93	74	12	261	11
寿县	1354	4	436	61	3	176	128	17	488	14

4-6 续表 13 单位：人

地区 性别	专业技术人员 小计	科学研究人员	工程技术人员	农业技术人员	飞机和船舶技术人员	卫生专业技术人员	经济和金融专业人员	法律、社会和宗教专业人员	教学人员	文学艺术、体育专业人员
马鞍山市	**4567**	**27**	**1956**	**41**	**14**	**470**	**597**	**108**	**1191**	**59**
花山区	1485	8	739	4	1	121	183	41	334	16
雨山区	975	4	501	6		60	149	25	197	12
博望区	180	2	75			24	19	2	50	1
当涂县	691	6	241	8	8	91	78	19	215	9
含山县	595	5	186	3	3	88	86	4	196	9
和县	641	2	214	20	2	86	82	17	199	12
淮北市	**3594**	**19**	**1245**	**34**	**3**	**440**	**481**	**115**	**1100**	**61**
杜集区	290	3	96	2	1	38	46	5	81	7
相山区	1837	9	627	16		205	290	89	529	30
烈山区	285		128	3		31	30	4	78	6
濉溪县	1182	7	394	13	2	166	115	17	412	18
铜陵市	**2794**	**12**	**1029**	**20**	**9**	**344**	**359**	**73**	**836**	**30**
铜官区	1576	9	672	5	2	172	229	44	368	12
义安区	372	2	147	2	1	31	45	9	115	8
郊区	217		72	4	1	26	32	7	66	6
枞阳县	629	1	138	9	5	115	53	13	287	4
安庆市	**10301**	**47**	**3638**	**124**	**30**	**1237**	**1322**	**434**	**2995**	**220**
迎江区	990	3	371	5	10	172	131	28	221	11
大观区	636	1	243		10	78	100	9	166	12
宜秀区	318		135	1	2	39	36	13	82	6
怀宁县	1050	7	387	8	1	109	114	24	349	25
太湖县	1210	9	389	24	1	122	212	25	356	29
宿松县	1604	7	450	22		190	163	230	485	39
望江县	984	5	313	18	2	116	152	22	303	28
岳西县	728	4	270	12		112	87	15	200	15
安徽安庆经济开发区	428	2	182	2	1	44	53	17	108	4
桐城市	1329	5	524	17	2	142	144	21	405	35
潜山市	1024	4	374	15	1	113	130	30	320	16
黄山市	**2797**	**9**	**1022**	**53**	**1**	**376**	**354**	**61**	**790**	**68**
屯溪区	907	3	348	14	1	121	136	19	214	22
黄山区	302	3	142	5		29	45	3	67	4
徽州区	167	1	58	4		27	19	4	50	1
歙县	670	2	188	9		103	65	11	258	23
休宁县	324		136	11		45	41	7	71	4
黟县	169		74	5		10	20	6	37	13
祁门县	258		76	5		41	28	11	93	1
滁州市	**7823**	**40**	**2784**	**106**	**16**	**987**	**1104**	**219**	**2312**	**116**
琅琊区	726	4	286	5		88	95	25	194	10
南谯区	974	3	431	19	2	99	152	21	197	13
来安县	788	5	329	7	1	96	121	17	185	13
全椒县	838	7	281	8	2	101	123	19	270	16
定远县	1131	9	320	20		160	133	33	427	19
凤阳县	847	7	207	12	6	115	89	14	365	10
苏滁现代产业园	92		80			2	5		1	4
滁州经济技术开发区	501	3	293	2	1	25	83	8	78	3
天长市	1228		370	16	1	176	226	70	330	23
明光市	698	2	187	17	3	125	77	12	265	5

4-6　续表 14　　　　单位：人

地　区 性　别	专业技术人员									
	小计	科学研究人员	工程技术人员	农业技术人员	飞机和船舶技术人员	卫生专业技术人员	经济和金融专业人员	法律、社会和宗教专业人员	教学人员	文学艺术、体育专业人员
阜阳市	**11078**	**39**	**2798**	**149**	**25**	**2128**	**1115**	**256**	**4148**	**247**
颍州区	1644	4	403	11	1	312	234	47	581	24
颍东区	903	3	309	10	1	150	101	18	291	12
颍泉区	953	2	263	4	1	178	85	23	368	19
临泉县	2047	12	516	44	4	401	146	38	780	79
太和县	1638	11	376	22	5	381	141	28	614	41
阜南县	1290	3	280	26	5	268	140	29	483	22
颍上县	1581	2	392	15	4	264	151	37	655	33
阜阳合肥现代产业园区	26		5			9	2	3	5	
阜阳经济技术开发区	227		73	2		28	29	7	82	4
界首市	769	2	181	15	4	137	86	26	289	13
宿州市	**7001**	**24**	**1959**	**115**	**5**	**1146**	**740**	**154**	**2618**	**147**
埇桥区	2612	10	842	27	3	383	348	53	855	51
砀山县	876	1	214	17	1	167	92	22	340	11
萧县	1212	3	374	10		219	102	13	453	31
灵璧县	1197	4	253	25	1	219	90	24	528	33
泗县	935	1	216	32		142	85	40	389	17
宿州马鞍山现代产业园区	39	1	5	3		6	5		18	1
宿州经济技术开发区	130	4	55	1		10	18	2	35	3
六安市	**8119**	**27**	**2717**	**98**	**3**	**1196**	**910**	**200**	**2704**	**140**
金安区	1699	6	520	13		308	183	52	566	29
裕安区	1750	7	585	14	1	252	192	47	575	37
叶集区	222	1	54	7		36	26	6	82	6
霍邱县	1087	5	287	17		197	110	23	412	16
舒城县	1524	4	594	22	1	183	176	35	464	27
金寨县	1070	2	381	17		136	142	17	349	13
霍山县	767	2	296	8	1	84	81	20	256	12
亳州市	**6034**	**13**	**1058**	**61**	**6**	**1239**	**574**	**185**	**2642**	**137**
谯城区	1982	3	390	9		388	227	80	780	54
涡阳县	1362	4	213	15	3	257	111	31	673	34
蒙城县	1460	5	288	19	1	281	135	41	626	31
利辛县	1230	1	167	18	2	313	101	33	563	18
池州市	**2686**	**9**	**875**	**38**	**5**	**379**	**363**	**87**	**818**	**44**
贵池区	1273	3	444	16	1	182	184	49	344	18
东至县	825	4	258	9	2	112	111	20	271	16
石台县	141		33	5		25	17		55	1
青阳县	376	2	103	8	1	58	47	17	124	8
池州市国家经济技术开发区	40		22		1	1	1		14	1
皖江江南新兴产业集中区	9		4				1		4	
九华山风景区	22		11			1	2	1	6	
宣城市	**4360**	**11**	**1643**	**83**	**5**	**555**	**560**	**131**	**1190**	**78**
宣州区	1181	3	367	21	4	164	153	34	389	18
郎溪县	502	1	177	9		85	73	10	130	9
泾县	415		144	6		63	60	26	101	9
绩溪县	241		107	5		25	20	11	70	1
旌德县	164		42	11		31	18	12	43	5
宣城市经济开发区	285	2	112	5	1	14	37	6	95	4
宁国市	805	2	388	10		84	101	15	162	15
广德市	767	3	306	16		89	98	17	200	17

4-6 续表 15　　　　单位：人

地区 性别	专业技术人员									
	小计	科学研究人员	工程技术人员	农业技术人员	飞机和船舶技术人员	卫生专业技术人员	经济和金融专业人员	法律、社会和宗教专业人员	教学人员	文学艺术、体育专业人员
女	**133676**	**409**	**7449**	**396**	**36**	**29012**	**32870**	**2395**	**57211**	**1495**
合肥市	**33866**	**230**	**2717**	**59**	**7**	**5987**	**10715**	**586**	**12347**	**451**
瑶海区	3014	5	173	3		516	1038	39	1126	50
庐阳区	3480	37	225	9		645	1202	66	1190	42
蜀山区	6439	95	544	8	2	1368	2063	117	1950	96
包河区	6146	32	518	8	1	978	2020	118	2220	104
长丰县	1527	2	88	1		244	418	10	740	8
肥东县	2197	4	131	6	1	389	487	77	1033	28
肥西县	2553	9	211	2		317	878	28	1036	27
庐江县	1621	4	105	15		389	395	11	668	16
合肥高新技术产业开发区	1470	21	230	2		177	525	39	391	23
合肥经济技术开发区	2571	9	290	2	2	345	890	36	871	36
合肥新站高新技术产业开发区	1393	6	136		1	273	432	29	489	10
巢湖市	1455	6	66	3		346	367	16	633	11
芜湖市	**9579**	**19**	**711**	**18**	**4**	**1914**	**2730**	**182**	**3733**	**108**
镜湖区	2229	4	118	1	1	609	651	49	726	20
弋江区	1453	3	103	1		296	343	40	612	23
鸠江区	1341	1	148			226	422	30	474	19
三山区	304		28	1		38	86	3	140	5
芜湖县	741		69	2		109	246	10	293	5
繁昌县	598	3	33	1		110	204	5	232	4
南陵县	844	1	30	3	3	213	187	8	380	5
芜湖经济技术开发区	577	1	120	1		36	238	12	152	10
安徽芜湖长江大桥经济开发区	32		1			6	11		13	1
无为市	1460	6	61	8		271	342	25	711	16
蚌埠市	**6234**	**13**	**228**	**12**	**5**	**1541**	**1288**	**143**	**2876**	**39**
龙子湖区	597	3	20	2		229	94	16	217	6
蚌山区	516	1	26			111	145	12	213	5
禹会区	640		38			162	157	15	250	8
淮上区	404	2	23	1		86	90	7	182	6
怀远县	1069		18	5	4	249	187	14	580	4
五河县	714		17	1		196	118	11	356	2
固镇县	668	3	14	2		156	100	18	368	3
蚌埠市高新技术开发区	243	1	9		1	44	56	7	122	2
蚌埠市经济开发区	1383	3	63	1		308	341	43	588	3
淮南市	**5738**	**9**	**325**	**36**		**1496**	**1108**	**108**	**2504**	**45**
大通区	285		18	1		69	60	4	125	5
田家庵区	2559	5	158	1		698	539	52	1023	18
谢家集区	365	1	13	2		125	65	7	138	5
八公山区	192	1	9			57	37	15	69	1
潘集区	239		11			64	33	6	121	3
凤台县	857		33	4		199	127	9	475	1
寿县	1241	2	83	28		284	247	15	553	12

4-6 续表 16

单位：人

地区 性别	专业技术人员 小计	科学研究人员	工程技术人员	农业技术人员	飞机和船舶技术人员	卫生专业技术人员	经济和金融专业人员	法律、社会和宗教专业人员	教学人员	文学艺术、体育专业人员
马鞍山市	**4805**	**8**	**302**	**7**		**942**	**1393**	**131**	**1873**	**43**
花山区	1665	2	133	3		317	497	49	603	14
雨山区	1099		69	2		175	412	29	369	14
博望区	221	1	9			32	81	1	93	
当涂县	693		34	1		171	158	30	280	6
含山县	532	1	19			113	113	9	263	4
和县	595	4	38	1		134	132	13	265	5
淮北市	**4258**	**8**	**182**	**10**		**978**	**841**	**81**	**2044**	**30**
杜集区	445	2	20	1		110	89	1	210	5
相山区	2309	5	100	7		503	535	57	1034	10
烈山区	316	1	20	1		73	52	3	155	5
濉溪县	1188		42	1		292	165	20	645	10
铜陵市	**3016**	**6**	**150**	**11**	**1**	**721**	**817**	**61**	**1152**	**30**
铜官区	1810	4	102	5		404	554	34	642	19
义安区	381		21	2	1	68	111	6	158	3
郊区	216		12	1		60	54	8	74	2
枞阳县	609	2	15	3		189	98	13	278	6
安庆市	**9869**	**23**	**581**	**36**	**5**	**2143**	**2563**	**163**	**4027**	**143**
迎江区	1204		62	2	1	364	335	26	376	15
大观区	723		37		2	177	195	9	276	8
宜秀区	374		12	1		102	120	6	126	2
怀宁县	973	3	67	4		212	209	24	416	20
太湖县	1008	2	57	8		175	312	10	391	28
宿松县	1270	3	63	4		264	257	23	625	15
望江县	873	3	59	1		166	204	16	391	22
岳西县	673	3	45	6		138	133	13	316	8
安徽安庆经济开发区	483		44	1		100	163	11	152	4
桐城市	1293	5	85	2	2	248	379	13	515	11
潜山市	995	4	50	7		197	256	12	443	10
黄山市	**3384**	**6**	**149**	**18**		**840**	**912**	**70**	**1267**	**46**
屯溪区	1252	2	62	6		310	373	34	407	24
黄山区	321		16	1		59	115	5	117	3
徽州区	228		13	2		45	59	6	99	2
歙县	826	4	37	3		242	187	7	319	10
休宁县	371		15	3		81	89	6	161	2
黟县	121		1	2		28	34	2	49	3
祁门县	265		5	1		75	55	10	115	2
滁州市	**8097**	**14**	**381**	**32**	**3**	**1849**	**2306**	**158**	**3132**	**98**
琅琊区	883	1	31	2		216	271	18	324	7
南谯区	1005	3	76	7		195	295	22	369	14
来安县	729	4	24	3		173	209	17	274	12
全椒县	947	1	37	5		228	334	13	316	5
定远县	1045	3	65	8		267	199	19	460	9
凤阳县	910		27	3	1	194	217	8	428	17
苏滁现代产业园	41		8			8	14	2	7	2
滁州经济技术开发区	423		35			78	158	8	129	3
天长市	1343	2	46	2		262	456	37	502	22
明光市	771		32	2	2	228	153	14	323	7

4-6 续表 17 单位：人

地区 性别	专业技术人员 小计	科学研究人员	工程技术人员	农业技术人员	飞机和船舶技术人员	卫生专业技术人员	经济和金融专业人员	法律、社会和宗教专业人员	教学人员	文学艺术、体育专业人员
阜阳市	**12906**	**26**	**523**	**65**	**6**	**3201**	**1970**	**195**	**6610**	**144**
颍州区	2238	7	59	6		587	428	43	1054	11
颍东区	1057	3	45	9		220	203	21	534	10
颍泉区	1035	3	39	3		202	202	18	545	11
临泉县	2291	3	109	14	3	564	244	34	1247	49
太和县	1884	6	83	15	3	559	261	16	909	19
阜南县	1419	1	71	6		349	192	15	737	17
颍上县	1662	2	79	7		395	217	20	908	15
阜阳合肥现代产业园区	65		3			23	11	4	21	
阜阳经济技术开发区	327		10	2		70	79	7	153	3
界首市	928	1	25	3		232	133	17	502	9
宿州市	**8472**	**14**	**297**	**40**		**2120**	**1288**	**106**	**4444**	**73**
埇桥区	3283	7	129	8		842	634	45	1548	36
砀山县	1110	2	27	6		294	154	9	594	7
萧县	1387	4	54	8		339	159	16	786	12
灵璧县	1487		36	9		347	173	17	882	5
泗县	1009	1	40	9		270	121	15	533	10
宿州马鞍山现代产业园区	61		3			3	13	1	40	1
宿州经济技术开发区	135		8			25	34	3	61	2
六安市	**7898**	**12**	**383**	**22**	**1**	**1732**	**1732**	**132**	**3683**	**84**
金安区	1814	2	68	3		462	396	42	790	23
裕安区	1633	1	89	3	1	337	309	24	823	20
叶集区	290	1	10			53	75	4	141	1
霍邱县	1106		54	3		247	161	9	610	11
舒城县	1348	3	61	8		292	369	29	552	13
金寨县	916	1	55	1		176	203	11	450	4
霍山县	791	4	46	4		165	219	13	317	12
亳州市	**7410**	**9**	**157**	**6**	**3**	**1735**	**915**	**96**	**4326**	**77**
谯城区	2735	3	53			590	445	40	1543	25
涡阳县	1494	3	38	2	1	345	139	15	921	15
蒙城县	1677	2	39	2		430	199	23	949	20
利辛县	1504	1	27	2	2	370	132	18	913	17
池州市	**2885**	**6**	**108**	**11**	**1**	**632**	**810**	**65**	**1142**	**29**
贵池区	1417	4	48	5	1	301	405	35	565	11
东至县	860	1	48	5		180	229	13	344	13
石台县	155		1	1		39	34	6	69	
青阳县	393		6			105	123	10	140	4
池州市国家经济技术开发区	30	1	4			5	6		12	1
皖江江南新兴产业集中区	10		1			1	4		4	
九华山风景区	20					1	9	1	8	
宣城市	**5259**	**6**	**255**	**13**		**1181**	**1482**	**118**	**2051**	**55**
宣州区	1399	2	51	2		333	375	28	561	19
郎溪县	618	3	27	1		159	151	12	254	3
泾县	477		23	2		101	121	15	196	11
绩溪县	255		15	1		66	77	10	83	1
旌德县	194	1	6	2		42	49	4	88	1
宣城市经济开发区	323		18	1		54	98	7	126	2
宁国市	1008		67	2		223	295	33	361	10
广德市	985		48	2		203	316	9	382	8

4-6 续表 18

单位：人

地区 性别	专业技术人员		办事人员和有关人员				社会生产服务和生活服务人员		
	新闻出版、文化专业人员	其他专业技术人员	小计	办事人员	安全和消防人员	其他办事人员和有关人员	小计	批发与零售服务人员	交通运输、仓储和邮政业服务人员
安　徽	**3418**	**1581**	**163538**	**130101**	**31555**	**1882**	**936231**	**381111**	**169616**
合肥市	**1118**	**410**	**42784**	**36395**	**5867**	**522**	**171902**	**68887**	**28208**
瑶海区	89	43	4406	3651	691	64	19377	9096	3558
庐阳区	102	35	4719	4081	565	73	14352	6298	2009
蜀山区	284	51	7041	6116	854	71	19438	8008	2137
包河区	223	91	8941	7935	911	95	24778	10442	3000
长丰县	25	26	1955	1622	319	14	13123	4701	2744
肥东县	64	12	2560	2010	537	13	16809	6017	3753
肥西县	56	6	3401	3101	293	7	17232	6114	3536
庐江县	30	8	1763	1164	573	26	13442	5506	1949
合肥高新技术产业开发区	65	62	1569	1368	178	23	5505	1837	580
合肥经济技术开发区	132	48	2543	2147	292	104	9705	3706	1521
合肥新站高新技术产业开发区	28	4	1540	1339	184	17	8399	3462	1582
巢湖市	20	24	2346	1861	470	15	9742	3700	1839
芜湖市	**238**	**91**	**12365**	**9719**	**2538**	**108**	**71269**	**29640**	**12189**
镜湖区	75	11	3448	2965	476	7	8771	3857	1525
弋江区	45	8	1965	1644	319	2	6912	2968	1181
鸠江区	31	12	1386	1058	319	9	9261	3566	1811
三山区	7	1	450	293	126	31	2381	901	511
芜湖县	8	10	763	499	244	20	6494	2277	1400
繁昌县	13	3	673	473	198	2	4770	1729	1191
南陵县	20	4	1018	742	267	9	7846	2756	1325
芜湖经济技术开发区	7	9	691	580	109	2	3140	1042	890
安徽芜湖长江大桥经济开发区			51	20	30	1	280	84	97
无为市	32	33	1920	1445	450	25	21414	10460	2258
蚌埠市	**129**	**77**	**6558**	**5063**	**1412**	**83**	**37526**	**15042**	**8325**
龙子湖区	18	1	627	446	166	15	3549	1335	734
蚌山区	9	4	576	457	117	2	2944	1294	574
禹会区	16	15	675	480	174	21	5054	1818	1342
淮上区	4	11	371	271	98	2	3880	1608	843
怀远县	11	7	1063	893	163	7	7378	2966	1724
五河县	13	18	706	517	177	12	5562	2147	1319
固镇县	11	2	531	357	170	4	4644	1873	929
蚌埠市高新技术开发区		5	301	249	44	8	958	483	183
蚌埠市经济开发区	47	14	1708	1393	303	12	3557	1518	677
淮南市	**157**	**80**	**7508**	**5764**	**1658**	**86**	**40468**	**14820**	**9496**
大通区	6	1	325	208	100	17	2308	786	513
田家庵区	95	26	3241	2669	561	11	10264	3985	2053
谢家集区	11	16	593	367	220	6	2607	962	582
八公山区	3	7	299	203	92	4	1548	487	343
潘集区	4		324	244	78	2	2780	976	690
凤台县	18	6	1159	870	270	19	6106	2391	1266
寿县	20	24	1567	1203	337	27	14855	5233	4049

4-6 续表 19 单位：人

地区 性别	专业技术人员		办事人员和有关人员				社会生产服务和生活服务人员		
	新闻出版、文化专业人员	其他专业技术人员	小计	办事人员	安全和消防人员	其他办事人员和有关人员	小计	批发与零售服务人员	交通运输、仓储和邮政业服务人员
马鞍山市	**144**	**66**	**6342**	**4891**	**1389**	**62**	**32834**	**11918**	**5538**
花山区	61	24	2025	1628	381	16	7430	2771	1516
雨山区	45	5	1404	1074	312	18	5240	1895	977
博望区	2	9	284	205	77	2	2453	1377	324
当涂县	12	17	1076	826	232	18	5748	2190	1084
含山县	18	7	769	591	173	5	6280	1972	874
和县	6	4	784	567	214	3	5683	1713	763
淮北市	**121**	**59**	**4580**	**3535**	**1001**	**44**	**22871**	**8426**	**5232**
杜集区	11	7	452	269	177	6	3081	1114	690
相山区	86	14	2471	2026	423	22	7717	3087	1490
烈山区	2	9	319	202	115	2	2364	722	634
濉溪县	22	29	1338	1038	286	14	9709	3503	2418
铜陵市	**84**	**65**	**4281**	**3450**	**793**	**38**	**15080**	**5696**	**2988**
铜官区	62	47	2572	2120	424	28	6544	2607	1225
义安区	11	12	648	489	152	7	2963	884	643
郊区	3	5	310	232	78		1609	522	424
枞阳县	8	1	751	609	139	3	3964	1683	696
安庆市	**242**	**197**	**11569**	**9151**	**2222**	**196**	**77017**	**32673**	**9811**
迎江区	37	24	1459	1143	281	35	4585	1975	666
大观区	26	10	1012	816	186	10	3725	1360	588
宜秀区	7	2	511	382	121	8	3226	1258	553
怀宁县	22	22	1034	817	206	11	12199	4882	926
太湖县	28	40	1078	873	178	27	6376	2512	900
宿松县	29	5	1345	1010	321	14	10518	4874	1755
望江县	15	21	928	719	189	20	9964	3583	849
岳西县	14	10	849	675	166	8	4564	1688	774
安徽安庆经济开发区	10	13	651	523	107	21	2811	1228	457
桐城市	37	30	1573	1302	239	32	10167	4935	1329
潜山市	17	20	1129	891	228	10	8882	4378	1014
黄山市	**101**	**38**	**5225**	**4006**	**1123**	**96**	**22163**	**8025**	**3265**
屯溪区	51	12	1842	1474	354	14	5651	2257	729
黄山区	8	1	653	499	143	11	2884	864	449
徽州区	3	2	344	271	58	15	1477	501	218
歙县	15	13	1059	756	285	18	5799	2203	822
休宁县	15	8	587	413	147	27	3273	1163	504
黟县	5	1	343	257	83	3	1299	399	182
祁门县	4	1	397	336	53	8	1780	638	361
滁州市	**170**	**93**	**10774**	**8107**	**2536**	**131**	**70918**	**28163**	**14556**
琅琊区	19	13	1370	1070	285	15	4790	1933	961
南谯区	30	31	1178	921	236	21	5781	2031	1125
来安县	19	8	1199	873	318	8	8419	2975	1647
全椒县	14	5	1253	905	343	5	8963	3376	1640
定远县	20	5	1407	1042	331	34	12932	5234	2878
凤阳县	19	18	1279	1005	269	5	11148	4815	2663
苏滁现代产业园			79	55	24		257	83	55
滁州经济技术开发区	12	5	553	428	118	7	2028	789	406
天长市	23	7	1539	1106	402	31	9105	3979	1683
明光市	14	1	917	702	210	5	7495	2948	1498

4-6　续表 20　　单位：人

地区 性别	专业技术人员		办事人员和有关人员				社会生产服务和生活服务人员		
	新闻出版、文化专业人员	其他专业技术人员	小计	办事人员	安全和消防人员	其他办事人员和有关人员	小计	批发与零售服务人员	交通运输、仓储和邮政业服务人员
阜阳市	**232**	**107**	**13352**	**9959**	**3295**	**98**	**130269**	**57920**	**23100**
颍州区	58	12	2676	2166	496	14	11905	5413	1853
颍东区	15	5	1090	732	353	5	9926	3861	2084
颍泉区	18	4	1191	890	295	6	9282	4273	1447
临泉县	35	16	2032	1417	598	17	24795	10608	4083
太和县	17	15	1709	1246	448	15	24048	12377	3504
阜南县	33	32	1362	1056	287	19	15286	6574	2830
颍上县	35	12	1850	1390	452	8	23297	9041	5204
阜阳合肥现代产业园区		5	67	33	34		539	216	90
阜阳经济技术开发区	5		367	257	108	2	2158	1049	357
界首市	16	6	1008	772	224	12	9033	4508	1648
宿州市	**153**	**30**	**8961**	**7081**	**1841**	**39**	**61849**	**25921**	**12577**
埇桥区	70	4	3700	3018	673	9	22870	9054	4785
砀山县	26	2	1151	869	280	2	7931	3564	1612
萧县	12	4	1550	1187	360	3	11737	4936	2368
灵璧县	26	12	1261	1007	238	16	10597	4575	2242
泗县	16	7	1058	827	225	6	7179	3185	1259
宿州马鞍山现代产业园区			62	47	15		438	147	75
宿州经济技术开发区	3	1	179	126	50	3	1097	460	236
六安市	**178**	**63**	**9601**	**7485**	**2008**	**108**	**65857**	**25778**	**12247**
金安区	38	12	2319	1879	411	29	12508	4671	2172
裕安区	49	17	1804	1387	401	16	13242	5748	2172
叶集区	7	2	328	256	66	6	2425	975	604
霍邱县	19	12	1381	1079	273	29	10623	4204	2505
舒城县	32	7	1662	1249	402	11	13280	4967	2578
金寨县	24	4	1109	838	259	12	8172	3223	1289
霍山县	9	9	998	797	196	5	5607	1990	927
亳州市	**136**	**69**	**7796**	**6097**	**1633**	**66**	**60206**	**27159**	**11010**
谯城区	57	30	2596	1998	579	19	20048	9911	3104
涡阳县	17	19	1920	1481	411	28	13841	6289	2501
蒙城县	30	16	1759	1406	339	14	11862	4506	2716
利辛县	32	4	1521	1212	304	5	14455	6453	2689
池州市	**93**	**56**	**4047**	**3259**	**702**	**86**	**20249**	**7649**	**3794**
贵池区	54	20	1957	1643	276	38	8308	3041	1599
东至县	22	27	981	779	192	10	6981	2940	1266
石台县	4	6	304	235	41	28	905	307	175
青阳县	10	3	667	506	154	7	3351	1161	689
池州市国家经济技术开发区	1		60	42	15	3	164	62	20
皖江江南新兴产业集中区			29	18	11		90	23	24
九华山风景区	2		49	36	13		450	115	21
宣城市	**122**	**80**	**7795**	**6139**	**1537**	**119**	**35753**	**13394**	**7280**
宣州区	39	17	2008	1559	406	43	9464	3784	1944
郎溪县	14	2	860	643	206	11	4201	1566	888
泾县	12	2	742	587	151	4	3578	1305	734
绩溪县	4		468	366	101	1	1686	626	304
旌德县	2	1	421	355	47	19	1559	516	305
宣城市经济开发区	19	7	532	433	82	17	1714	601	328
宁国市	13	32	1348	1070	268	10	5977	2189	1132
广德市	19	19	1416	1126	276	14	7574	2807	1645

4-6 续表 21

单位：人

地区 性别	专业技术人员		办事人员和有关人员				社会生产服务和生活服务人员		
	新闻出版、文化专业人员	其他专业技术人员	小计	办事人员	安全和消防人员	其他办事人员和有关人员	小计	批发与零售服务人员	交通运输、仓储和邮政业服务人员
男	**1403**	**1193**	**106127**	**76116**	**28807**	**1204**	**539187**	**192704**	**146068**
合肥市	**444**	**317**	**25567**	**19959**	**5277**	**331**	**98653**	**35531**	**23457**
瑶海区	36	32	2737	2043	645	49	11089	4481	2992
庐阳区	44	29	2775	2234	498	43	8163	3195	1679
蜀山区	98	41	3987	3182	756	49	10997	4312	1734
包河区	97	70	5234	4363	816	55	13721	5491	2425
长丰县	13	22	1187	889	291	7	7851	2437	2374
肥东县	27	8	1605	1113	482	10	9698	3098	3047
肥西县	12	5	2056	1783	268	5	10463	3259	2988
庐江县	13	7	1270	740	513	17	7512	2643	1640
合肥高新技术产业开发区	21	44	822	649	161	12	3197	981	477
合肥经济技术开发区	57	33	1429	1101	262	66	5544	1985	1221
合肥新站高新技术产业开发区	12	3	857	682	166	9	5056	1922	1290
巢湖市	14	23	1608	1180	419	9	5362	1727	1590
芜湖市	**98**	**71**	**8165**	**5725**	**2370**	**70**	**41188**	**15906**	**10571**
镜湖区	27	9	2224	1780	440	4	5087	1947	1323
弋江区	17	4	1177	885	292		3988	1539	1016
鸠江区	12	10	869	573	290	6	5290	1827	1510
三山区	4	1	315	179	121	15	1392	482	435
芜湖县	1	10	548	310	225	13	3414	1064	1195
繁昌县	7	3	468	283	183	2	2934	915	1085
南陵县	9	1	697	436	254	7	4223	1373	1199
芜湖经济技术开发区	1	8	426	322	102	2	1828	539	674
安徽芜湖长江大桥经济开发区			40	10	30		165	35	78
无为市	20	25	1401	947	433	21	12867	6185	2056
蚌埠市	**61**	**56**	**4285**	**2926**	**1309**	**50**	**21842**	**7131**	**7147**
龙子湖区	9		421	257	155	9	2044	623	628
蚌山区	7	3	354	248	105	1	1670	604	500
禹会区	8	13	437	259	167	11	3065	854	1172
淮上区	2	6	237	140	95	2	2195	740	705
怀远县	5	5	712	553	155	4	4170	1372	1473
五河县	5	13	499	325	165	9	3407	1055	1161
固镇县	7	2	392	227	161	4	2698	864	808
蚌埠市高新技术开发区		4	174	127	42	5	563	252	143
蚌埠市经济开发区	18	10	1059	790	264	5	2030	767	557
淮南市	**68**	**62**	**5019**	**3450**	**1503**	**66**	**23939**	**6972**	**8435**
大通区	3	1	206	102	89	15	1363	384	442
田家庵区	38	18	2046	1541	495	10	5834	1858	1789
谢家集区	5	13	425	220	201	4	1360	361	499
八公山区	1	6	206	116	87	3	909	199	310
潘集区	3		230	155	73	2	1663	459	626
凤台县	9	6	786	529	243	14	3450	1072	1098
寿县	9	18	1120	787	315	18	9360	2639	3671

4-6　续表 22　　单位：人

地区 性别	专业技术人员		办事人员和有关人员				社会生产服务和生活服务人员		
	新闻出版、文化专业人员	其他专业技术人员	小计	办事人员	安全和消防人员	其他办事人员和有关人员	小计	批发与零售服务人员	交通运输、仓储和邮政业服务人员
马鞍山市	**58**	**46**	**4129**	**2817**	**1276**	**36**	**18437**	**5932**	**4668**
花山区	22	16	1232	887	338	7	4030	1214	1250
雨山区	17	4	877	573	292	12	2801	864	816
博望区		7	174	105	69		1543	949	252
当涂县	4	12	754	522	220	12	3315	1108	922
含山县	11	4	539	372	164	3	3567	983	769
和县	4	3	553	358	193	2	3181	814	659
淮北市	**52**	**44**	**3076**	**2128**	**919**	**29**	**13292**	**3768**	**4484**
杜集区	6	5	316	145	167	4	1726	449	590
相山区	32	10	1578	1184	378	16	4251	1357	1243
烈山区	1	4	222	113	108	1	1360	289	539
濉溪县	13	25	960	686	266	8	5955	1673	2112
铜陵市	**34**	**48**	**2871**	**2127**	**722**	**22**	**8385**	**2745**	**2565**
铜官区	27	36	1662	1270	376	16	3491	1174	1030
义安区	3	9	455	302	147	6	1661	435	574
郊区		3	219	149	70		947	255	364
枞阳县	4		535	406	129		2286	881	597
安庆市	**99**	**155**	**7628**	**5463**	**2041**	**124**	**43402**	**17507**	**8430**
迎江区	21	17	955	682	253	20	2492	954	573
大观区	8	9	644	470	168	6	2032	617	501
宜秀区	2	2	303	197	103	3	1804	621	473
怀宁县	10	16	692	492	192	8	6852	2586	802
太湖县	8	35	713	523	169	21	3746	1357	793
宿松县	15	3	960	654	298	8	6499	2814	1529
望江县	6	19	603	420	173	10	4842	1841	712
岳西县	3	10	549	394	149	6	2675	890	682
安徽安庆经济开发区	5	10	433	317	102	14	1506	581	365
桐城市	16	18	1005	769	215	21	6080	2864	1146
潜山市	5	16	771	545	219	7	4874	2382	854
黄山市	**36**	**27**	**3328**	**2259**	**1009**	**60**	**11398**	**3584**	**2840**
屯溪区	20	9	1139	810	319	10	2745	924	621
黄山区	3	1	428	288	135	5	1435	373	393
徽州区	1	2	189	124	55	10	777	235	178
歙县	3	8	695	433	250	12	3094	1035	720
休宁县	4	5	377	229	132	16	1710	540	442
黟县	3	1	228	151	75	2	631	175	165
祁门县	2	1	272	224	43	5	1006	302	321
滁州市	**66**	**73**	**7188**	**4812**	**2295**	**81**	**40628**	**13723**	**12722**
琅琊区	7	12	896	626	261	9	2691	860	842
南谯区	13	24	707	489	203	15	3375	1022	981
来安县	9	5	765	478	283	4	4544	1342	1423
全椒县	6	5	847	531	314	2	4769	1519	1428
定远县	7	3	1016	697	298	21	7695	2602	2515
凤阳县	9	13	847	597	247	3	6504	2286	2340
苏滁现代产业园			48	24	24		140	38	45
滁州经济技术开发区	1	4	360	250	106	4	1167	422	336
天长市	10	6	1083	697	365	21	5480	2208	1481
明光市	4	1	619	423	194	2	4263	1424	1331

4-6 续表 23 单位：人

地区 性别	专业技术人员		办事人员和有关人员				社会生产服务和生活服务人员		
	新闻出版、文化专业人员	其他专业技术人员	小计	办事人员	安全和消防人员	其他办事人员和有关人员	小计	批发与零售服务人员	交通运输、仓储和邮政业服务人员
阜阳市	**102**	**71**	**9226**	**6130**	**3033**	**63**	**76312**	**29664**	**19796**
颍州区	19	8	1773	1325	436	12	6665	2644	1577
颍东区	4	4	749	423	322	4	5684	1838	1790
颍泉区	7	3	783	517	265	1	5133	1992	1246
临泉县	15	12	1470	898	562	10	14306	5255	3465
太和县	10	9	1223	790	424	9	14646	7037	2980
阜南县	14	20	947	664	270	13	8878	3294	2425
颍上县	19	9	1264	852	406	6	13889	4492	4479
阜阳合肥现代产业园区		2	57	25	32		294	97	76
阜阳经济技术开发区	2		250	150	100		1286	552	302
界首市	12	4	710	486	216	8	5531	2463	1456
宿州市	**75**	**18**	**5888**	**4171**	**1690**	**27**	**35996**	**12610**	**10886**
埇桥区	36	4	2361	1741	612	8	13357	4351	4171
砀山县	9	2	819	549	269	1	4732	1785	1417
萧县	5	2	992	667	323	2	6775	2371	2018
灵璧县	13	7	830	597	222	11	6187	2285	1918
泗县	10	3	735	527	205	3	4077	1529	1104
宿州马鞍山现代产业园区			39	26	13		263	76	62
宿州经济技术开发区	2		112	64	46	2	605	213	196
六安市	**76**	**48**	**6575**	**4671**	**1831**	**73**	**36727**	**12324**	**10752**
金安区	11	11	1504	1122	365	17	6894	2209	1906
裕安区	26	14	1218	851	357	10	7505	2814	1891
叶集区	3	1	233	167	62	4	1434	464	540
霍邱县	10	10	991	720	250	21	6403	2116	2239
舒城县	13	5	1154	762	383	9	7375	2381	2287
金寨县	11	2	789	543	237	9	4195	1416	1092
霍山县	2	5	686	506	177	3	2921	924	797
亳州市	**62**	**57**	**5433**	**3898**	**1490**	**45**	**37433**	**15188**	**9468**
谯城区	26	25	1795	1240	544	11	12447	5727	2682
涡阳县	7	14	1405	1021	364	20	8680	3598	2100
蒙城县	18	15	1185	861	312	12	7164	2209	2312
利辛县	11	3	1048	776	270	2	9142	3654	2374
池州市	**30**	**38**	**2671**	**1965**	**640**	**66**	**11313**	**3676**	**3367**
贵池区	19	13	1266	993	242	31	4526	1372	1407
东至县	5	17	644	455	181	8	4098	1547	1117
石台县		5	204	148	38	18	463	136	160
青阳县	5	3	458	310	142	6	1856	529	627
池州市国家经济技术开发区			40	23	14	3	87	28	17
皖江江南新兴产业集中区			20	10	10		54	15	20
九华山风景区	1		39	26	13		229	49	19
宣城市	**42**	**62**	**5078**	**3615**	**1402**	**61**	**20242**	**6443**	**6480**
宣州区	15	13	1326	951	359	16	5484	1855	1722
郎溪县	6	2	574	381	189	4	2354	737	762
泾县	4	2	485	352	132	1	2053	617	655
绩溪县	2		307	216	90	1	863	284	258
旌德县	1	1	266	210	44	12	907	254	280
宣城市经济开发区	4	5	325	238	77	10	964	298	276
宁国市	4	24	876	613	256	7	3259	1044	1007
广德市	6	15	919	654	255	10	4358	1354	1520

4-6　续表 24

单位：人

地　区 性　别	专业技术人员		办事人员和有关人员				社会生产服务和生活服务人员		
	新闻出版、文化专业人员	其他专业技术人员	小计	办事人员	安全和消防人员	其他办事人员和有关人员	小计	批发与零售服务人员	交通运输、仓储和邮政业服务人员
女	**2015**	**388**	**57411**	**53985**	**2748**	**678**	**397044**	**188407**	**23548**
合肥市	**674**	**93**	**17217**	**16436**	**590**	**191**	**73249**	**33356**	**4751**
瑶海区	53	11	1669	1608	46	15	8288	4615	566
庐阳区	58	6	1944	1847	67	30	6189	3103	330
蜀山区	186	10	3054	2934	98	22	8441	3696	403
包河区	126	21	3707	3572	95	40	11057	4951	575
长丰县	12	4	768	733	28	7	5272	2264	370
肥东县	37	4	955	897	55	3	7111	2919	706
肥西县	44	1	1345	1318	25	2	6769	2855	548
庐江县	17	1	493	424	60	9	5930	2863	309
合肥高新技术产业开发区	44	18	747	719	17	11	2308	856	103
合肥经济技术开发区	75	15	1114	1046	30	38	4161	1721	300
合肥新站高新技术产业开发区	16	1	683	657	18	8	3343	1540	292
巢湖市	6	1	738	681	51	6	4380	1973	249
芜湖市	**140**	**20**	**4200**	**3994**	**168**	**38**	**30081**	**13734**	**1618**
镜湖区	48	2	1224	1185	36	3	3684	1910	202
弋江区	28	4	788	759	27	2	2924	1429	165
鸠江区	19	2	517	485	29	3	3971	1739	301
三山区	3		135	114	5	16	989	419	76
芜湖县	7		215	189	19	7	3080	1213	205
繁昌县	6		205	190	15		1836	814	106
南陵县	11	3	321	306	13	2	3623	1383	126
芜湖经济技术开发区	6	1	265	258	7		1312	503	216
安徽芜湖长江大桥经济开发区			11	10		1	115	49	19
无为市	12	8	519	498	17	4	8547	4275	202
蚌埠市	**68**	**21**	**2273**	**2137**	**103**	**33**	**15684**	**7911**	**1178**
龙子湖区	9	1	206	189	11	6	1505	712	106
蚌山区	2	1	222	209	12	1	1274	690	74
禹会区	8	2	238	221	7	10	1989	964	170
淮上区	2	5	134	131	3		1685	868	138
怀远县	6	2	351	340	8	3	3208	1594	251
五河县	8	5	207	192	12	3	2155	1092	158
固镇县	4		139	130	9		1946	1009	121
蚌埠市高新技术开发区		1	127	122	2	3	395	231	40
蚌埠市经济开发区	29	4	649	603	39	7	1527	751	120
淮南市	**89**	**18**	**2489**	**2314**	**155**	**20**	**16529**	**7848**	**1061**
大通区	3		119	106	11	2	945	402	71
田家庵区	57	8	1195	1128	66	1	4430	2127	264
谢家集区	6	3	168	147	19	2	1247	601	83
八公山区	2	1	93	87	5	1	639	288	33
潘集区	1		94	89	5		1117	517	64
凤台县	9		373	341	27	5	2656	1319	168
寿县	11	6	447	416	22	9	5495	2594	378

4-6 续表 25

单位：人

地区 性别	专业技术人员		办事人员和有关人员				社会生产服务和生活服务人员		
	新闻出版、文化专业人员	其他专业技术人员	小计	办事人员	安全和消防人员	其他办事人员和有关人员	小计	批发与零售服务人员	交通运输、仓储和邮政业服务人员
马鞍山市	**86**	**20**	**2213**	**2074**	**113**	**26**	**14397**	**5986**	**870**
花山区	39	8	793	741	43	9	3400	1557	266
雨山区	28	1	527	501	20	6	2439	1031	161
博望区	2	2	110	100	8	2	910	428	72
当涂县	8	5	322	304	12	6	2433	1082	162
含山县	7	3	230	219	9	2	2713	989	105
和县	2	1	231	209	21	1	2502	899	104
淮北市	**69**	**15**	**1504**	**1407**	**82**	**15**	**9579**	**4658**	**748**
杜集区	5	2	136	124	10	2	1355	665	100
相山区	54	4	893	842	45	6	3466	1730	247
烈山区	1	5	97	89	7	1	1004	433	95
濉溪县	9	4	378	352	20	6	3754	1830	306
铜陵市	**50**	**17**	**1410**	**1323**	**71**	**16**	**6695**	**2951**	**423**
铜官区	35	11	910	850	48	12	3053	1433	195
义安区	8	3	193	187	5	1	1302	449	69
郊区	3	2	91	83	8		662	267	60
枞阳县	4	1	216	203	10	3	1678	802	99
安庆市	**143**	**42**	**3941**	**3688**	**181**	**72**	**33615**	**15166**	**1381**
迎江区	16	7	504	461	28	15	2093	1021	93
大观区	18	1	368	346	18	4	1693	743	87
宜秀区	5		208	185	18	5	1422	637	80
怀宁县	12	6	342	325	14	3	5347	2296	124
太湖县	20	5	365	350	9	6	2630	1155	107
宿松县	14	2	385	356	23	6	4019	2060	226
望江县	9	2	325	299	16	10	5122	1742	137
岳西县	11		300	281	17	2	1889	798	92
安徽安庆经济开发区	5	3	218	206	5	7	1305	647	92
桐城市	21	12	568	533	24	11	4087	2071	183
潜山市	12	4	358	346	9	3	4008	1996	160
黄山市	**65**	**11**	**1897**	**1747**	**114**	**36**	**10765**	**4441**	**425**
屯溪区	31	3	703	664	35	4	2906	1333	108
黄山区	5		225	211	8	6	1449	491	56
徽州区	2		155	147	3	5	700	266	40
歙县	12	5	364	323	35	6	2705	1168	102
休宁县	11	3	210	184	15	11	1563	623	62
黟县	2		115	106	8	1	668	224	17
祁门县	2		125	112	10	3	774	336	40
滁州市	**104**	**20**	**3586**	**3295**	**241**	**50**	**30290**	**14440**	**1834**
琅琊区	12	1	474	444	24	6	2099	1073	119
南谯区	17	7	471	432	33	6	2406	1009	144
来安县	10	3	434	395	35	4	3875	1633	224
全椒县	8		406	374	29	3	4194	1857	212
定远县	13	2	391	345	33	13	5237	2632	363
凤阳县	10	5	432	408	22	2	4644	2529	323
苏滁现代产业园			31	31			117	45	10
滁州经济技术开发区	11	1	193	178	12	3	861	367	70
天长市	13	1	456	409	37	10	3625	1771	202
明光市	10		298	279	16	3	3232	1524	167

4-6　续表 26　　　　单位：人

地区 性别	专业技术人员		办事人员和有关人员				社会生产服务和生活服务人员		
	新闻出版、文化专业人员	其他专业技术人员	小计	办事人员	安全和消防人员	其他办事人员和有关人员	小计	批发与零售服务人员	交通运输、仓储和邮政业服务人员
阜阳市	**130**	**36**	**4126**	**3829**	**262**	**35**	**53957**	**28256**	**3304**
颍州区	39	4	903	841	60	2	5240	2769	276
颍东区	11	1	341	309	31	1	4242	2023	294
颍泉区	11	1	408	373	30	5	4149	2281	201
临泉县	20	4	562	519	36	7	10489	5353	618
太和县	7	6	486	456	24	6	9402	5340	524
阜南县	19	12	415	392	17	6	6408	3280	405
颍上县	16	3	586	538	46	2	9408	4549	725
阜阳合肥现代产业园区		3	10	8	2		245	119	14
阜阳经济技术开发区	3		117	107	8	2	872	497	55
界首市	4	2	298	286	8	4	3502	2045	192
宿州市	**78**	**12**	**3073**	**2910**	**151**	**12**	**25853**	**13311**	**1691**
埇桥区	34		1339	1277	61	1	9513	4703	614
砀山县	17		332	320	11	1	3199	1779	195
萧县	7	2	558	520	37	1	4962	2565	350
灵璧县	13	5	431	410	16	5	4410	2290	324
泗县	6	4	323	300	20	3	3102	1656	155
宿州马鞍山现代产业园区			23	21	2		175	71	13
宿州经济技术开发区	1	1	67	62	4	1	492	247	40
六安市	**102**	**15**	**3026**	**2814**	**177**	**35**	**29130**	**13454**	**1495**
金安区	27	1	815	757	46	12	5614	2462	266
裕安区	23	3	586	536	44	6	5737	2934	281
叶集区	4	1	95	89	4	2	991	511	64
霍邱县	9	2	390	359	23	8	4220	2088	266
舒城县	19	2	508	487	19	2	5905	2586	291
金寨县	13	2	320	295	22	3	3977	1807	197
霍山县	7	4	312	291	19	2	2686	1066	130
亳州市	**74**	**12**	**2363**	**2199**	**143**	**21**	**22773**	**11971**	**1542**
谯城区	31	5	801	758	35	8	7601	4184	422
涡阳县	10	5	515	460	47	8	5161	2691	401
蒙城县	12	1	574	545	27	2	4698	2297	404
利辛县	21	1	473	436	34	3	5313	2799	315
池州市	**63**	**18**	**1376**	**1294**	**62**	**20**	**8936**	**3973**	**427**
贵池区	35	7	691	650	34	7	3782	1669	192
东至县	17	10	337	324	11	2	2883	1393	149
石台县	4	1	100	87	3	10	442	171	15
青阳县	5		209	196	12	1	1495	632	62
池州市国家经济技术开发区	1		20	19	1		77	34	3
皖江江南新兴产业集中区			9	8	1		36	8	4
九华山风景区	1		10	10			221	66	2
宣城市	**80**	**18**	**2717**	**2524**	**135**	**58**	**15511**	**6951**	**800**
宣州区	24	4	682	608	47	27	3980	1929	222
郎溪县	8		286	262	17	7	1847	829	126
泾县	8		257	235	19	3	1525	688	79
绩溪县	2		161	150	11		823	342	46
旌德县	1		155	145	3	7	652	262	25
宣城市经济开发区	15	2	207	195	5	7	750	303	52
宁国市	9	8	472	457	12	3	2718	1145	125
广德市	13	4	497	472	21	4	3216	1453	125

4－6 续表 27

单位：人

地　区 性　别	社会生产服务和生活服务人员								
	住宿和餐饮服务人员	信息传输、软件和信息技术服务人员	金融服务人员	房地产服务人员	租赁和商务服务人员	技术辅助服务人员	水利、环境和公共设施管理服务人员	居民服务人员	电力、燃气及水供应服务人员
安　徽	**139127**	**18601**	**16392**	**13906**	**20417**	**19792**	**55793**	**56780**	**7904**
合肥市	**21349**	**6933**	**4138**	**4108**	**6908**	**5794**	**9693**	**8081**	**1220**
瑶海区	1808	557	348	677	632	557	528	859	87
庐阳区	1512	504	543	379	586	565	562	788	90
蜀山区	2112	1664	727	488	980	965	761	813	109
包河区	2892	1087	902	569	1055	1071	1314	1375	138
长丰县	1953	250	165	311	442	333	1049	525	92
肥东县	2409	286	218	254	599	325	1216	816	167
肥西县	2229	550	211	281	993	584	1358	645	114
庐江县	2087	215	298	405	266	252	838	792	192
合肥高新技术产业开发区	575	922	144	107	316	286	356	204	33
合肥经济技术开发区	1275	497	277	274	437	424	495	360	53
合肥新站高新技术产业开发区	1030	231	112	208	341	275	465	324	32
巢湖市	1467	170	193	155	261	157	751	580	113
芜湖市	**10224**	**1150**	**1049**	**1211**	**1201**	**1495**	**3765**	**6156**	**484**
镜湖区	1103	197	246	172	212	284	292	429	114
弋江区	761	155	120	254	173	223	331	450	46
鸠江区	1478	153	122	166	164	158	456	782	41
三山区	325	44	25	55	33	39	166	154	16
芜湖县	825	114	112	109	72	122	445	689	45
繁昌县	638	64	66	43	114	108	324	270	31
南陵县	1259	94	91	76	102	122	480	1172	52
芜湖经济技术开发区	383	58	30	50	124	127	207	89	16
安徽芜湖长江大桥经济开发区	31	3	2	2		4	39	11	2
无为市	3421	268	235	284	207	308	1025	2110	121
蚌埠市	**5220**	**589**	**703**	**579**	**598**	**658**	**1961**	**1913**	**345**
龙子湖区	596	69	58	77	89	53	196	153	24
蚌山区	404	54	67	66	50	67	99	138	24
禹会区	666	80	80	99	91	91	241	251	67
淮上区	556	50	42	59	54	68	219	186	26
怀远县	1020	83	130	84	85	99	397	438	42
五河县	786	77	75	70	89	77	341	287	35
固镇县	697	62	68	58	61	59	287	268	81
蚌埠市高新技术开发区	95	15	20	10	15	25	22	48	5
蚌埠市经济开发区	400	99	163	56	64	119	159	144	41
淮南市	**6302**	**612**	**691**	**617**	**991**	**723**	**2375**	**1840**	**383**
大通区	310	41	32	44	64	51	190	123	26
田家庵区	1485	220	330	224	241	232	462	462	142
谢家集区	447	37	29	40	52	30	141	145	21
八公山区	249	27	28	29	94	46	72	83	16
潘集区	461	19	23	28	67	48	203	142	30
凤台县	1030	53	99	50	149	104	370	292	69
寿县	2320	215	150	202	324	212	937	593	79

4-6　续表 28　　　　单位：人

地　区 性　别	社会生产服务和生活服务人员								
	住宿和餐饮服务人员	信息传输、软件和信息技术服务人员	金融服务人员	房地产服务人员	租赁和商务服务人员	技术辅助服务人员	水利、环境和公共设施管理服务人员	居民服务人员	电力、燃气及水供应服务人员
马鞍山市	**6441**	**570**	**640**	**442**	**736**	**651**	**1896**	**2302**	**389**
花山区	968	178	203	144	204	212	365	451	93
雨山区	699	137	159	101	125	160	353	309	70
博望区	300	23	12	20	23	32	92	159	22
当涂县	787	71	100	77	226	82	303	483	67
含山县	1797	102	84	53	76	98	356	596	69
和县	1890	59	82	47	82	67	427	304	68
淮北市	**3234**	**400**	**428**	**311**	**420**	**461**	**1470**	**1121**	**251**
杜集区	463	58	25	41	65	66	255	139	20
相山区	1015	185	264	174	166	214	320	371	110
烈山区	378	30	23	25	73	44	197	117	23
濉溪县	1378	127	116	71	116	137	698	494	98
铜陵市	**2149**	**309**	**340**	**229**	**314**	**319**	**995**	**925**	**176**
铜官区	794	153	209	130	166	182	367	361	80
义安区	518	41	46	53	65	53	241	245	28
郊区	248	18	24	8	29	30	138	60	13
枞阳县	589	97	61	38	54	54	249	259	55
安庆市	**14331**	**1697**	**1397**	**1065**	**1445**	**1752**	**3397**	**5754**	**641**
迎江区	651	101	147	128	96	157	172	263	49
大观区	828	77	112	60	91	100	126	202	20
宜秀区	592	53	44	59	82	69	239	112	18
怀宁县	4380	182	137	86	135	172	309	599	79
太湖县	889	230	125	110	118	156	297	479	71
宿松县	1151	266	195	175	217	278	550	589	76
望江县	1971	200	162	101	266	193	454	1817	47
岳西县	723	107	79	47	80	76	289	418	69
安徽安庆经济开发区	405	51	62	61	63	83	132	127	21
桐城市	1440	219	192	131	143	321	410	534	95
潜山市	1301	211	142	107	154	147	419	614	96
黄山市	**4467**	**391**	**484**	**272**	**803**	**457**	**1382**	**1539**	**214**
屯溪区	953	139	142	85	263	188	315	324	41
黄山区	774	27	43	33	104	44	212	218	28
徽州区	259	24	24	40	100	34	115	95	9
歙县	1094	109	116	46	135	94	404	459	40
休宁县	687	45	69	51	100	62	183	240	29
黟县	408	14	27	3	37	17	79	82	13
祁门县	292	33	63	14	64	18	74	121	54
滁州市	**10135**	**1029**	**1005**	**1073**	**1124**	**1314**	**4426**	**4685**	**556**
琅琊区	585	81	117	112	118	125	270	254	43
南谯区	779	120	133	189	191	135	500	279	45
来安县	1315	125	66	131	145	108	897	630	88
全椒县	1395	138	124	184	78	189	661	772	68
定远县	1842	190	135	126	170	223	715	758	81
凤阳县	1511	114	107	50	172	139	450	617	61
苏滁现代产业园	27	4		8	10	4	35	21	1
滁州经济技术开发区	246	44	41	57	41	97	120	84	26
天长市	1221	118	192	88	91	207	380	665	84
明光市	1214	95	90	128	108	87	398	605	59

4-6 续表 29

单位：人

地区 性别	社会生产服务和生活服务人员								
	住宿和餐饮服务人员	信息传输、软件和信息技术服务人员	金融服务人员	房地产服务人员	租赁和商务服务人员	技术辅助服务人员	水利、环境和公共设施管理服务人员	居民服务人员	电力、燃气及水供应服务人员
阜阳市	**19992**	**1305**	**1419**	**1107**	**1562**	**1727**	**8544**	**7782**	**879**
颍州区	1738	165	330	160	191	246	703	569	104
颍东区	1373	108	99	95	124	178	1063	494	64
颍泉区	1408	125	108	97	112	140	620	527	72
临泉县	3817	247	211	214	220	291	1482	2426	131
太和县	4200	212	187	133	161	290	1041	1039	168
阜南县	2614	157	148	121	158	173	722	1028	100
颍上县	3351	181	183	209	478	265	2306	1092	149
阜阳合肥现代产业园区	88	2	2	11	4	2	51	38	2
阜阳经济技术开发区	273	29	25	16	40	37	109	96	20
界首市	1130	79	126	51	74	105	447	473	69
宿州市	**8589**	**1018**	**932**	**692**	**1091**	**1051**	**3648**	**3404**	**567**
埇桥区	3145	454	421	294	606	448	1393	1246	193
砀山县	1027	114	137	105	100	151	393	360	77
萧县	1858	157	133	85	127	170	649	649	135
灵璧县	1331	115	125	102	127	163	688	649	84
泗县	1023	145	95	69	90	98	407	432	72
宿州马鞍山现代产业园区	80	5	4	23	23	4	47	13	2
宿州经济技术开发区	125	28	17	14	18	17	71	55	4
六安市	**9704**	**1001**	**1175**	**942**	**1107**	**1472**	**4527**	**4630**	**688**
金安区	1706	201	270	248	290	400	901	1046	131
裕安区	1827	219	289	256	217	246	800	808	138
叶集区	318	25	30	21	24	36	200	93	24
霍邱县	1605	94	140	77	145	147	659	534	92
舒城县	1875	230	207	209	181	367	877	1116	123
金寨县	1421	120	152	79	172	144	706	461	93
霍山县	952	112	87	52	78	132	384	572	87
亳州市	**8182**	**755**	**865**	**571**	**875**	**699**	**4295**	**2893**	**459**
谯城区	2447	346	294	192	380	260	1470	833	157
涡阳县	2011	140	191	111	133	128	982	663	93
蒙城县	1607	137	196	116	215	156	887	629	113
利辛县	2117	132	184	152	147	155	956	768	96
池州市	**3414**	**361**	**435**	**241**	**606**	**431**	**1153**	**1265**	**228**
贵池区	1247	140	255	125	316	198	529	489	91
东至县	1180	168	83	68	94	169	305	433	77
石台县	184	14	32	5	15	6	58	50	19
青阳县	600	32	60	35	91	47	183	277	36
池州市国家经济技术开发区	29	3	2	3	5	6	18	6	3
皖江江南新兴产业集中区	20		1	5	1	3	9	1	1
九华山风景区	154	4	2		84	2	51	9	1
宣城市	**5394**	**481**	**691**	**446**	**636**	**788**	**2266**	**2490**	**424**
宣州区	1268	135	243	165	197	179	491	553	111
郎溪县	648	60	58	49	61	83	281	284	58
泾县	567	46	53	31	71	46	194	348	54
绩溪县	315	31	37	7	37	30	100	125	30
旌德县	201	29	48	18	46	25	118	179	15
宣城市经济开发区	227	38	41	33	64	44	160	80	19
宁国市	966	66	109	79	86	206	408	434	62
广德市	1202	76	102	64	74	175	514	487	75

4-6　续表 30　　　　　　　　　　　　　　　　　　　　　　　　　　　　　　　　单位：人

地　区 性　别	社会生产服务和生活服务人员								
	住宿和餐饮服务人　员	信息传输、软件和信息技术服务人　员	金融服务人　员	房地产服务人员	租赁和商务服务人　员	技术辅助服务人员	水利、环境和公共设施管理服务人员	居民服务人　员	电力、燃气及水供应服务人　员
男	**63835**	**13156**	**8023**	**8387**	**14031**	**12959**	**24688**	**18903**	**6651**
合肥市	**9653**	**4978**	**2122**	**2530**	**4264**	**3807**	**3566**	**2519**	**1008**
瑶海区	834	407	177	429	376	359	147	289	63
庐阳区	758	365	273	237	396	359	199	229	65
蜀山区	1012	1101	378	293	491	601	273	237	85
包河区	1348	743	451	359	535	720	381	438	115
长丰县	878	174	95	177	304	226	464	175	76
肥东县	1009	224	114	169	387	237	367	251	141
肥西县	986	442	109	153	720	405	593	218	99
庐江县	881	160	161	276	229	156	457	238	169
合肥高新技术产业开发区	284	699	62	67	133	180	112	61	29
合肥经济技术开发区	588	361	146	158	241	274	140	99	44
合肥新站高新技术产业开发区	481	173	67	132	252	184	138	107	27
巢湖市	594	129	89	80	200	106	295	177	95
芜湖市	**4963**	**841**	**476**	**786**	**790**	**967**	**1592**	**1752**	**402**
镜湖区	551	149	111	108	126	180	112	115	93
弋江区	322	108	44	154	102	148	130	199	29
鸠江区	706	109	55	111	104	95	163	279	32
三山区	133	30	13	40	16	23	72	45	15
芜湖县	320	83	46	60	54	71	149	151	36
繁昌县	279	43	32	24	87	63	151	77	22
南陵县	572	70	37	42	78	85	231	243	47
芜湖经济技术开发区	171	42	10	30	72	80	66	36	15
安徽芜湖长江大桥经济开发区	18	2		1		3	16	6	2
无为市	1891	205	128	216	151	219	502	601	111
蚌埠市	**2431**	**434**	**338**	**339**	**406**	**434**	**938**	**694**	**290**
龙子湖区	279	52	25	49	58	37	88	51	19
蚌山区	184	41	34	39	35	43	37	48	23
禹会区	320	55	37	62	62	58	113	97	56
淮上区	254	34	22	38	37	45	99	66	20
怀远县	453	59	56	46	61	63	195	125	32
五河县	374	60	50	32	71	53	182	126	28
固镇县	327	51	34	31	43	41	156	114	75
蚌埠市高新技术开发区	51	10	12	7	9	16	12	20	4
蚌埠市经济开发区	189	72	68	35	30	78	56	47	33
淮南市	**2860**	**431**	**326**	**359**	**758**	**473**	**983**	**714**	**302**
大通区	136	28	13	27	51	34	83	37	19
田家庵区	693	156	133	116	153	149	163	170	107
谢家集区	164	24	17	26	38	24	40	50	19
八公山区	113	16	14	15	81	34	28	33	10
潘集区	204	17	14	16	54	28	85	56	23
凤台县	437	38	50	19	123	69	172	128	57
寿县	1113	152	85	140	258	135	412	240	67

4-6 续表 31　　　　单位：人

地　区 性　别	社会生产服务和生活服务人员								
	住宿和餐饮服务人员	信息传输、软件和信息技术服务人员	金融服务人员	房地产服务人员	租赁和商务服务人员	技术辅助服务人员	水利、环境和公共设施管理服务人员	居民服务人员	电力、燃气及水供应服务人员
马鞍山市	**3009**	**393**	**299**	**255**	**501**	**429**	**756**	**827**	**327**
花山区	436	122	90	77	131	138	108	129	71
雨山区	256	93	62	53	73	103	128	96	63
博望区	96	16	5	13	13	22	36	72	17
当涂县	309	42	58	43	159	47	136	203	63
含山县	965	75	43	37	54	67	151	198	59
和县	947	45	41	32	71	52	197	129	54
淮北市	**1600**	**256**	**206**	**181**	**312**	**317**	**670**	**391**	**204**
杜集区	226	37	12	28	47	45	106	52	15
相山区	494	116	121	94	113	143	129	108	87
烈山区	171	21	10	14	65	32	86	39	20
濉溪县	709	82	63	45	87	97	349	192	82
铜陵市	**824**	**221**	**143**	**123**	**220**	**207**	**399**	**282**	**134**
铜官区	310	102	88	71	113	118	111	92	58
义安区	177	27	18	25	52	30	104	78	21
郊区	96	12	7	4	20	18	64	22	11
枞阳县	241	80	30	23	35	41	120	90	44
安庆市	**6406**	**1222**	**679**	**661**	**951**	**1190**	**1616**	**1715**	**552**
迎江区	275	60	74	62	60	108	75	75	40
大观区	410	47	53	36	60	63	53	50	18
宜秀区	261	40	25	34	48	45	92	34	17
怀宁县	2289	125	67	45	85	121	143	269	68
太湖县	311	167	64	79	81	98	154	153	58
宿松县	450	202	103	126	158	211	259	244	71
望江县	906	144	75	68	169	108	183	360	42
岳西县	300	80	46	29	54	51	171	133	64
安徽安庆经济开发区	172	28	22	35	43	58	46	45	18
桐城市	597	172	79	82	100	224	216	187	68
潜山市	435	157	71	65	93	103	224	165	88
黄山市	**1737**	**253**	**210**	**147**	**519**	**304**	**582**	**377**	**185**
屯溪区	380	95	54	46	148	127	95	77	33
黄山区	292	17	18	16	55	34	97	50	27
徽州区	88	15	9	24	81	20	57	21	6
歙县	469	67	57	30	84	61	190	117	35
休宁县	266	27	33	24	83	36	68	57	24
黟县	147	8	9		16	11	38	20	10
祁门县	95	24	30	7	52	15	37	35	50
滁州市	**4524**	**707**	**527**	**657**	**769**	**853**	**1836**	**1506**	**486**
琅琊区	264	61	57	61	73	83	100	92	39
南谯区	333	85	72	112	121	91	212	96	43
来安县	553	91	35	88	113	71	341	168	79
全椒县	620	106	67	109	48	129	238	177	60
定远县	860	121	79	84	123	136	336	287	69
凤阳县	689	64	59	30	115	100	193	201	53
苏滁现代产业园	11	3		4	6	3	16	4	1
滁州经济技术开发区	112	30	18	31	24	59	40	19	19
天长市	533	78	96	65	57	129	166	277	75
明光市	549	68	44	73	89	52	194	185	48

4-6　续表 32　　　　单位：人

地　区 性　别	社会生产服务和生活服务人员								
	住宿和餐饮服务人　员	信息传输、软件和信息技术服务人　员	金融服务人　员	房地产服务人员	租赁和商务服务人　员	技术辅助服务人员	水利、环境和公共设施管理服务人员	居民服务人　员	电力、燃气及水供应服务人　员
阜阳市	**10194**	**927**	**710**	**670**	**1260**	**1140**	**4012**	**3109**	**753**
颍州区	844	108	154	90	153	158	308	188	94
颍东区	668	79	44	56	102	121	431	175	55
颍泉区	722	90	48	60	85	79	273	186	64
临泉县	1986	167	125	130	171	202	691	1149	103
太和县	2256	159	92	88	124	189	544	415	151
阜南县	1315	121	75	72	122	109	344	347	90
颍上县	1642	124	101	131	402	191	1129	384	122
阜阳合肥现代产业园区	38	1	1	6	2		25	14	2
阜阳经济技术开发区	136	22	9	10	32	25	50	37	17
界首市	587	56	61	27	67	66	217	214	55
宿州市	**4256**	**639**	**448**	**381**	**807**	**663**	**1693**	**1207**	**474**
埇桥区	1603	274	198	144	449	275	593	454	158
砀山县	519	72	68	60	80	93	201	132	61
萧县	949	107	57	51	88	113	280	233	118
灵璧县	600	83	69	56	96	100	376	221	71
泗县	489	88	49	42	63	66	194	150	61
宿州马鞍山现代产业园区	37	1	1	16	18	4	28	6	2
宿州经济技术开发区	59	14	6	12	13	12	21	11	3
六安市	**3845**	**743**	**603**	**579**	**848**	**936**	**1990**	**1401**	**586**
金安区	682	154	126	161	223	250	341	343	113
裕安区	804	165	155	158	163	181	374	264	118
叶集区	117	22	14	12	17	22	109	34	21
霍邱县	684	69	74	53	121	101	317	208	75
舒城县	731	178	101	110	134	207	388	287	106
金寨县	484	85	89	52	132	93	269	151	77
霍山县	343	70	44	33	58	82	192	114	76
亳州市	**4246**	**528**	**445**	**336**	**731**	**473**	**2306**	**1274**	**383**
谯城区	1276	230	152	121	315	167	771	323	130
涡阳县	1050	101	106	64	112	95	555	311	74
蒙城县	797	94	100	59	176	101	461	264	96
利辛县	1123	103	87	92	128	110	519	376	83
池州市	**1300**	**249**	**197**	**129**	**423**	**300**	**559**	**356**	**201**
贵池区	435	89	103	59	250	136	235	129	80
东至县	533	127	45	47	64	118	143	116	67
石台县	45	6	14	3	5	4	32	17	17
青阳县	204	22	32	15	54	34	103	87	33
池州市国家经济技术开发区	13	2	2	2	2	4	7	4	2
皖江江南新兴产业集中区	6			3		2	5		1
九华山风景区	64	3	1		48	2	34	3	1
宣城市	**1987**	**334**	**294**	**254**	**472**	**466**	**1190**	**779**	**364**
宣州区	500	91	108	84	158	113	248	193	98
郎溪县	228	44	26	27	45	47	155	95	46
泾县	236	33	28	24	45	29	135	96	49
绩溪县	113	22	10	6	18	17	44	27	26
旌德县	77	20	20	14	39	18	78	46	13
宣城市经济开发区	82	28	17	21	47	33	66	14	16
宁国市	367	48	44	45	65	97	204	111	52
广德市	384	48	41	33	55	112	260	197	64

4-6 续表 33

单位：人

地区 性别	社会生产服务和生活服务人员								
	住宿和餐饮服务人员	信息传输、软件和信息技术服务人员	金融服务人员	房地产服务人员	租赁和商务服务人员	技术辅助服务人员	水利、环境和公共设施管理服务人员	居民服务人员	电力、燃气及水供应服务人员
女	**75292**	**5445**	**8369**	**5519**	**6386**	**6833**	**31105**	**37877**	**1253**
合肥市	**11696**	**1955**	**2016**	**1578**	**2644**	**1987**	**6127**	**5562**	**212**
瑶海区	974	150	171	248	256	198	381	570	24
庐阳区	754	139	270	142	190	206	363	559	25
蜀山区	1100	563	349	195	489	364	488	576	24
包河区	1544	344	451	210	520	351	933	937	23
长丰县	1075	76	70	134	138	107	585	350	16
肥东县	1400	62	104	85	212	88	849	565	26
肥西县	1243	108	102	128	273	179	765	427	15
庐江县	1206	55	137	129	37	96	381	554	23
合肥高新技术产业开发区	291	223	82	40	183	106	244	143	4
合肥经济技术开发区	687	136	131	116	196	150	355	261	9
合肥新站高新技术产业开发区	549	58	45	76	89	91	327	217	5
巢湖市	873	41	104	75	61	51	456	403	18
芜湖市	**5261**	**309**	**573**	**425**	**411**	**528**	**2173**	**4404**	**82**
镜湖区	552	48	135	64	86	104	180	314	21
弋江区	439	47	76	100	71	75	201	251	17
鸠江区	772	44	67	55	60	63	293	503	9
三山区	192	14	12	15	17	16	94	109	1
芜湖县	505	31	66	49	18	51	296	538	9
繁昌县	359	21	34	19	27	45	173	193	9
南陵县	687	24	54	34	24	37	249	929	5
芜湖经济技术开发区	212	16	20	20	52	47	141	53	1
安徽芜湖长江大桥经济开发区	13	1	2	1		1	23	5	
无为市	1530	63	107	68	56	89	523	1509	10
蚌埠市	**2789**	**155**	**365**	**240**	**192**	**224**	**1023**	**1219**	**55**
龙子湖区	317	17	33	28	31	16	108	102	5
蚌山区	220	13	33	27	15	24	62	90	1
禹会区	346	25	43	37	29	33	128	154	11
淮上区	302	16	20	21	17	23	120	120	6
怀远县	567	24	74	38	24	36	202	313	10
五河县	412	17	25	38	18	24	159	161	7
固镇县	370	11	34	27	18	18	131	154	6
蚌埠市高新技术开发区	44	5	8	3	6	9	10	28	1
蚌埠市经济开发区	211	27	95	21	34	41	103	97	8
淮南市	**3442**	**181**	**365**	**258**	**233**	**250**	**1392**	**1126**	**81**
大通区	174	13	19	17	13	17	107	86	7
田家庵区	792	64	197	108	88	83	299	292	35
谢家集区	283	13	12	14	14	6	101	95	2
八公山区	136	11	14	14	13	12	44	50	6
潘集区	257	2	9	12	13	20	118	86	7
凤台县	593	15	49	31	26	35	198	164	12
寿县	1207	63	65	62	66	77	525	353	12

4-6　续表 34　　　　单位：人

地　区 性　别	社会生产服务和生活服务人员								
	住宿和餐饮服务人员	信息传输、软件和信息技术服务人员	金融服务人员	房地产服务人员	租赁和商务服务人员	技术辅助服务人员	水利、环境和公共设施管理服务人员	居民服务人员	电力、燃气及水供应服务人员
马鞍山市	**3432**	**177**	**341**	**187**	**235**	**222**	**1140**	**1475**	**62**
花山区	532	56	113	67	73	74	257	322	22
雨山区	443	44	97	48	52	57	225	213	7
博望区	204	7	7	7	10	10	56	87	5
当涂县	478	29	42	34	67	35	167	280	4
含山县	832	27	41	16	22	31	205	398	10
和县	943	14	41	15	11	15	230	175	14
淮北市	**1634**	**144**	**222**	**130**	**108**	**144**	**800**	**730**	**47**
杜集区	237	21	13	13	18	21	149	87	5
相山区	521	69	143	80	53	71	191	263	23
烈山区	207	9	13	11	8	12	111	78	3
濉溪县	669	45	53	26	29	40	349	302	16
铜陵市	**1325**	**88**	**197**	**106**	**94**	**112**	**596**	**643**	**42**
铜官区	484	51	121	59	53	64	256	269	22
义安区	341	14	28	28	13	23	137	167	7
郊区	152	6	17	4	9	12	74	38	2
枞阳县	348	17	31	15	19	13	129	169	11
安庆市	**7925**	**475**	**718**	**404**	**494**	**562**	**1781**	**4039**	**89**
迎江区	376	41	73	66	36	49	97	188	9
大观区	418	30	59	24	31	37	73	152	2
宜秀区	331	13	19	25	34	24	147	78	1
怀宁县	2091	57	70	41	50	51	166	330	11
太湖县	578	63	61	31	37	58	143	326	13
宿松县	701	64	92	49	59	67	291	345	5
望江县	1065	56	87	33	97	85	271	1457	5
岳西县	423	27	33	18	26	25	118	285	5
安徽安庆经济开发区	233	23	40	26	20	25	86	82	3
桐城市	843	47	113	49	43	97	194	347	27
潜山市	866	54	71	42	61	44	195	449	8
黄山市	**2730**	**138**	**274**	**125**	**284**	**153**	**800**	**1162**	**29**
屯溪区	573	44	88	39	115	61	220	247	8
黄山区	482	10	25	17	49	10	115	168	1
徽州区	171	9	15	16	19	14	58	74	3
歙县	625	42	59	16	51	33	214	342	5
休宁县	421	18	36	27	17	26	115	183	5
黟县	261	6	18	3	21	6	41	62	3
祁门县	197	9	33	7	12	3	37	86	4
滁州市	**5611**	**322**	**478**	**416**	**355**	**461**	**2590**	**3179**	**70**
琅琊区	321	20	60	51	45	42	170	162	4
南谯区	446	35	61	77	70	44	288	183	2
来安县	762	34	31	43	32	37	556	462	9
全椒县	775	32	57	75	30	60	423	595	8
定远县	982	69	56	42	47	87	379	471	12
凤阳县	822	50	48	20	57	39	257	416	8
苏滁现代产业园	16	1		4	4	1	19	17	
滁州经济技术开发区	134	14	23	26	17	38	80	65	7
天长市	688	40	96	23	34	78	214	388	9
明光市	665	27	46	55	19	35	204	420	11

4-6 续表 35 单位：人

地区 性别	社会生产服务和生活服务人员								
	住宿和餐饮服务人员	信息传输、软件和信息技术服务人员	金融服务人员	房地产服务人员	租赁和商务服务人员	技术辅助服务人员	水利、环境和公共设施管理服务人员	居民服务人员	电力、燃气及水供应服务人员
阜阳市	**9798**	**378**	**709**	**437**	**302**	**587**	**4532**	**4673**	**126**
颍州区	894	57	176	70	38	88	395	381	10
颍东区	705	29	55	39	22	57	632	319	9
颍泉区	686	35	60	37	27	61	347	341	8
临泉县	1831	80	86	84	49	89	791	1277	28
太和县	1944	53	95	45	37	101	497	624	17
阜南县	1299	36	73	49	36	64	378	681	10
颍上县	1709	57	82	78	76	74	1177	708	27
阜阳合肥现代产业园区	50	1	1	5	2	2	26	24	
阜阳经济技术开发区	137	7	16	6	8	12	59	59	3
界首市	543	23	65	24	7	39	230	259	14
宿州市	**4333**	**379**	**484**	**311**	**284**	**388**	**1955**	**2197**	**93**
埇桥区	1542	180	223	150	157	173	800	792	35
砀山县	508	42	69	45	20	58	192	228	16
萧县	909	50	76	34	39	57	369	416	17
灵璧县	731	32	56	46	31	63	312	428	13
泗县	534	57	46	27	27	32	213	282	11
宿州马鞍山现代产业园区	43	4	3	7	5		19	7	
宿州经济技术开发区	66	14	11	2	5	5	50	44	1
六安市	**5859**	**258**	**572**	**363**	**259**	**536**	**2537**	**3229**	**102**
金安区	1024	47	144	87	67	150	560	703	18
裕安区	1023	54	134	98	54	65	426	544	20
叶集区	201	3	16	9	7	14	91	59	3
霍邱县	921	25	66	24	24	46	342	326	17
舒城县	1144	52	106	99	47	160	489	829	17
金寨县	937	35	63	27	40	51	437	310	16
霍山县	609	42	43	19	20	50	192	458	11
亳州市	**3936**	**227**	**420**	**235**	**144**	**226**	**1989**	**1619**	**76**
谯城区	1171	116	142	71	65	93	699	510	27
涡阳县	961	39	85	47	21	33	427	352	19
蒙城县	810	43	96	57	39	55	426	365	17
利辛县	994	29	97	60	19	45	437	392	13
池州市	**2114**	**112**	**238**	**112**	**183**	**131**	**594**	**909**	**27**
贵池区	812	51	152	66	66	62	294	360	11
东至县	647	41	38	21	30	51	162	317	10
石台县	139	8	18	2	10	2	26	33	2
青阳县	396	10	28	20	37	13	80	190	3
池州市国家经济技术开发区	16	1		1	3	2	11	2	1
皖江江南新兴产业集中区	14		1	2	1	1	4	1	
九华山风景区	90	1	1		36		17	6	
宣城市	**3407**	**147**	**397**	**192**	**164**	**322**	**1076**	**1711**	**60**
宣州区	768	44	135	81	39	66	243	360	13
郎溪县	420	16	32	22	16	36	126	189	12
泾县	331	13	25	7	26	17	59	252	5
绩溪县	202	9	27	1	19	13	56	98	4
旌德县	124	9	28	4	7	7	40	133	2
宣城市经济开发区	145	10	24	12	17	11	94	66	3
宁国市	599	18	65	34	21	109	204	323	10
广德市	818	28	61	31	19	63	254	290	11

4-6　续表 36　　　　单位：人

地　区 性　别	社会生产服务和生活服务人员 修理及制作服务人员	文化、体育和娱乐服务人员	健康服务人员	其他社会生产和生活服务人员	农、林、牧、渔业生产及辅助人员 小计	农业生产人员	林业生产人员	畜牧业生产人员	渔业生产人员
安　徽	**29112**	**4999**	**1687**	**994**	**526904**	**480700**	**7670**	**22189**	**11334**
合肥市	**4964**	**1068**	**362**	**189**	**29847**	**25185**	**1293**	**1316**	**1698**
瑶海区	492	108	42	28	135	105	7	10	9
庐阳区	397	72	37	10	102	51	15	14	13
蜀山区	433	163	67	11	384	282	50	33	9
包河区	661	170	50	52	377	323	16	12	12
长丰县	451	77	14	16	5597	5050	95	318	85
肥东县	640	72	29	8	4294	3756	156	250	55
肥西县	473	113	29	2	3717	2670	684	228	92
庐江县	501	84	39	18	9749	9119	134	216	205
合肥高新技术产业开发区	95	38	9	3	37	22	6	6	1
合肥经济技术开发区	257	84	23	22	461	389	37	23	9
合肥新站高新技术产业开发区	290	28	12	7	112	75	11	14	9
巢湖市	274	59	11	12	4882	3343	82	192	1199
芜湖市	**1933**	**552**	**131**	**89**	**17960**	**15047**	**331**	**768**	**1579**
镜湖区	240	75	22	3	109	77	8	8	12
弋江区	171	62	11	6	191	150	1	9	28
鸠江区	282	60	9	13	3695	3497	40	57	84
三山区	84	24	1	3	715	664	2	8	35
芜湖县	152	105	20	7	1934	1559	84	56	206
繁昌县	153	30	8	1	795	633	38	67	47
南陵县	238	55	20	4	4409	3798	71	368	86
芜湖经济技术开发区	84	29	4	7	127	73	38	4	12
安徽芜湖长江大桥经济开发区	3	1	1		123	113		5	4
无为市	526	111	35	45	5862	4483	49	186	1065
蚌埠市	**1214**	**237**	**99**	**43**	**39420**	**37597**	**87**	**1137**	**288**
龙子湖区	119	24	10	12	522	441	4	58	9
蚌山区	79	20	7	1	182	152	5	17	4
禹会区	169	35	16	8	1218	1099	7	59	39
淮上区	129	21	11	8	2796	2696	7	64	14
怀远县	244	39	20	7	21067	20401	23	364	93
五河县	206	40	11	2	6734	6360	15	228	95
固镇县	150	37	10	4	6822	6387	25	337	31
蚌埠市高新技术开发区	29	4	4		32	30			1
蚌埠市经济开发区	89	17	10	1	47	31	1	10	2
淮南市	**1284**	**219**	**75**	**40**	**33855**	**32313**	**147**	**840**	**368**
大通区	104	15	5	4	1123	1007	7	56	40
田家庵区	342	54	24	8	1178	1084	21	43	18
谢家集区	86	21	9	5	1023	972	2	21	20
八公山区	56	17		1	454	407	20	20	5
潘集区	73	16	3	1	4118	3925	1	130	38
凤台县	192	25	7	9	9727	9310	26	259	86
寿县	431	71	27	12	16232	15608	70	311	161

4-6 续表 37

单位：人

地区 性别	社会生产服务和生活服务人员				农、林、牧、渔业生产及辅助人员				
	修理及制作服务人员	文化、体育和娱乐服务人员	健康服务人员	其他社会生产和生活服务人员	小计	农业生产人员	林业生产人员	畜牧业生产人员	渔业生产人员
马鞍山市	**981**	**172**	**80**	**78**	**10175**	**7658**	**180**	**443**	**1774**
花山区	246	41	25	13	110	68	15	12	7
雨山区	188	45	13	9	140	114	5	9	4
博望区	49	11	3	6	620	528	7	38	38
当涂县	225	22	11	20	3720	2069	31	104	1475
含山县	149	24	4	26	1302	1031	44	108	104
和县	124	29	24	4	4283	3848	78	172	146
淮北市	**915**	**124**	**52**	**26**	**13937**	**12946**	**62**	**749**	**72**
杜集区	116	16	5	8	1284	1143	6	105	18
相山区	236	49	27	9	415	340	11	50	4
烈山区	74	17	6	1	2760	2643	19	88	9
濉溪县	489	42	14	8	9478	8820	26	506	41
铜陵市	**500**	**71**	**27**	**42**	**5655**	**5005**	**128**	**288**	**172**
铜官区	196	42	12	20	129	81	13	13	17
义安区	120	17	7	2	1631	1466	22	87	47
郊区	69	5	4	17	973	861	13	61	25
枞阳县	115	7	4	3	2922	2597	80	127	83
安庆市	**2384**	**427**	**152**	**91**	**27217**	**24077**	**745**	**1469**	**582**
迎江区	124	37	16	3	172	130	7	9	21
大观区	115	34	6	6	650	598	6	19	21
宜秀区	120	20	5	2	731	622	25	35	45
怀宁县	254	42	10	6	2557	2267	57	134	42
太湖县	425	38	15	11	3316	2750	141	374	27
宿松县	312	50	15	15	2991	2356	108	243	223
望江县	219	58	27	17	9108	8676	37	249	102
岳西县	167	29	15	3	2663	2361	126	136	7
安徽安庆经济开发区	97	12	6	6	70	52	2	5	7
桐城市	324	55	21	18	1503	1259	65	88	56
潜山市	227	52	16	4	3456	3006	171	177	31
黄山市	**621**	**175**	**39**	**29**	**13092**	**11732**	**443**	**798**	**50**
屯溪区	124	71	11	9	329	245	23	44	6
黄山区	60	20	6	2	1032	857	109	48	10
徽州区	41	11	5	1	996	900	13	73	2
歙县	218	35	9	15	6739	6274	86	352	10
休宁县	111	23	4	2	2383	2105	58	191	13
黟县	26	9	3		712	597	57	50	1
祁门县	41	6	1		901	754	97	40	8
滁州市	**2366**	**330**	**94**	**62**	**53314**	**48684**	**790**	**2294**	**1105**
琅琊区	151	23	9	8	555	467	24	34	22
南谯区	208	26	13	7	1369	992	135	89	103
来安县	240	44	6	2	5269	4369	267	443	113
全椒县	270	46	8	14	5300	4346	130	447	318
定远县	499	48	18	15	15691	14826	50	592	125
凤阳县	416	21	7	5	12674	12204	42	296	87
苏滁现代产业园	8	1			7	6			
滁州经济技术开发区	61	8	4	4	47	26	5	6	7
天长市	307	66	22	2	4415	3969	54	90	239
明光市	206	47	7	5	7987	7479	83	297	91

4-6　续表 38

单位：人

地　区 性　别	社会生产服务和生活服务人员				农、林、牧、渔业生产及辅助人员				
	修理及制作服务人员	文化、体育和娱乐服务人员	健康服务人员	其他社会生产和生活服务人员	小计	农业生产人员	林业生产人员	畜牧业生产人员	渔业生产人员
阜阳市	**4139**	**505**	**211**	**77**	**91599**	**86347**	**570**	**3150**	**810**
颍州区	343	41	36	13	3282	3072	36	133	18
颍东区	335	36	8	4	3276	2881	34	294	41
颍泉区	289	51	9	4	7003	6447	27	308	84
临泉县	897	124	32	12	19789	18790	143	532	216
太和县	593	96	34	13	21245	20414	94	505	114
阜南县	572	49	27	13	16686	16008	85	447	74
颍上县	711	81	36	10	16239	15008	98	702	236
阜阳合肥现代产业园区	30	2		1	38	28	4	5	1
阜阳经济技术开发区	103	3	1		39	27	3	6	3
界首市	266	22	28	7	4002	3672	46	218	23
宿州市	**1982**	**268**	**87**	**22**	**93635**	**89836**	**387**	**2792**	**152**
埇桥区	671	110	45	5	17916	16842	128	815	79
砀山县	255	26	7	3	20733	20324	22	360	4
萧县	421	31	12	6	25808	25057	47	667	10
灵璧县	328	53	12	3	15485	14605	122	644	25
泗县	249	42	11	2	13345	12696	62	284	30
宿州马鞍山现代产业园区	13	2			283	258	5	18	2
宿州经济技术开发区	45	4		3	65	54	1	4	2
六安市	**2114**	**281**	**103**	**88**	**34935**	**29881**	**866**	**2556**	**820**
金安区	365	60	22	25	4619	4084	90	334	61
裕安区	414	63	23	22	5141	4461	173	329	95
叶集区	58	7	2	8	1250	1028	30	148	35
霍邱县	355	33	19	14	11225	9284	66	860	447
舒城县	469	58	14	9	4896	4280	195	253	125
金寨县	278	29	5		5395	4728	134	485	27
霍山县	175	31	18	10	2409	2016	178	147	30
亳州市	**2082**	**253**	**74**	**34**	**40528**	**38036**	**299**	**1767**	**166**
谯城区	542	78	26	8	14089	13553	62	314	44
涡阳县	518	51	17	13	6844	6345	42	385	32
蒙城县	500	64	13	7	8842	8111	103	498	52
利辛县	522	60	18	6	10753	10027	92	570	38
池州市	**529**	**80**	**30**	**33**	**8303**	**7069**	**304**	**552**	**258**
贵池区	215	40	13	10	2859	2380	85	196	151
东至县	163	20	8	7	3773	3449	84	135	64
石台县	26	3	4	7	684	560	74	34	
青阳县	111	16	4	9	965	668	59	181	41
池州市国家经济技术开发区	6		1		11	9		1	1
皖江江南新兴产业集中区	1	1			3			2	1
九华山风景区	7				8	3	2	3	
宣城市	**1104**	**237**	**71**	**51**	**13432**	**9287**	**1038**	**1270**	**1440**
宣州区	283	76	22	13	4559	2727	159	405	1165
郎溪县	129	28	7	1	1621	1145	137	100	168
泾县	94	23	3	9	1590	1190	151	188	21
绩溪县	36	6	1	1	1307	1109	34	141	9
旌德县	43	13	2	1	803	700	44	45	10
宣城市经济开发区	65	10	2	2	199	119	26	43	7
宁国市	158	48	24	10	1327	998	150	133	13
广德市	296	33	10	14	2026	1299	337	215	47

4－6 续表 39

单位：人

地区 性别	社会生产服务和生活服务人员				农、林、牧、渔业生产及辅助人员				
	修理及制作服务人员	文化、体育和娱乐服务人员	健康服务人员	其他社会生产和生活服务人员	小计	农业生产人员	林业生产人员	畜牧业生产人员	渔业生产人员
男	**25708**	**2869**	**615**	**590**	**276339**	**245343**	**5801**	**13915**	**7942**
合肥市	**4434**	**581**	**104**	**99**	**16781**	**14045**	**848**	**851**	**771**
瑶海区	443	66	11	15	92	68	5	8	8
庐阳区	359	35	9	5	71	33	12	12	9
蜀山区	375	78	22	5	242	171	30	23	9
包河区	582	95	14	24	230	182	15	11	10
长丰县	415	41	5	10	3148	2794	58	201	63
肥东县	590	44	16	4	2349	1998	91	164	44
肥西县	416	65	9	1	2365	1647	464	143	74
庐江县	437	44	9	12	5479	5054	103	136	133
合肥高新技术产业开发区	85	23	1	3	27	15	3	6	1
合肥经济技术开发区	227	46	4	10	277	228	21	17	8
合肥新站高新技术产业开发区	270	10	1	2	66	42	3	11	8
巢湖市	235	34	3	8	2435	1813	43	119	404
芜湖市	**1727**	**304**	**47**	**64**	**11093**	**8932**	**268**	**452**	**1258**
镜湖区	215	47	8	2	70	47	5	6	9
弋江区	153	35	5	4	113	80		7	25
鸠江区	250	35	5	9	1979	1829	34	38	64
三山区	77	11			414	379	1	6	25
芜湖县	129	46	4	6	1092	814	68	30	157
繁昌县	137	16	3		475	347	36	46	38
南陵县	213	24	6	3	2467	2083	60	190	68
芜湖经济技术开发区	72	15	1	5	85	47	25	3	10
安徽芜湖长江大桥经济开发区	3	1			67	60		3	3
无为市	478	74	15	35	4331	3246	39	123	859
蚌埠市	**1059**	**146**	**28**	**27**	**21166**	**19925**	**68**	**746**	**208**
龙子湖区	107	15	3	10	288	244	1	29	8
蚌山区	71	10	1		117	97	2	11	3
禹会区	149	23	4	3	755	669	7	37	30
淮上区	115	12	3	5	1604	1533	5	46	9
怀远县	198	27	5	5	10912	10481	18	230	59
五河县	184	26	4	1	3781	3514	11	159	71
固镇县	126	22	4	2	3655	3349	23	225	25
蚌埠市高新技术开发区	25	2			20	19			1
蚌埠市经济开发区	84	9	4	1	34	19	1	9	2
淮南市	**1142**	**131**	**26**	**27**	**18957**	**17886**	**108**	**560**	**262**
大通区	93	11	2	3	669	588	6	38	24
田家庵区	307	28	8	4	658	589	17	30	13
谢家集区	75	15	3	5	557	524	2	12	14
八公山区	48	7		1	238	210	9	14	3
潘集区	69	9	2	1	2469	2322	1	98	28
凤台县	166	14	3	4	5347	5039	23	178	68
寿县	384	47	8	9	9019	8614	50	190	112

4-6　续表 40

单位：人

地　区 性　别	社会生产服务和生活服务人员				农、林、牧、渔业生产及辅助人员				
	修理及制作服务人员	文化、体育和娱乐服务人员	健康服务人员	其他社会生产和生活服务人员	小计	农业生产人员	林业生产人员	畜牧业生产人员	渔业生产人员
马鞍山市	**887**	**85**	**30**	**39**	**5769**	**3968**	**124**	**284**	**1304**
花山区	222	21	12	9	63	31	12	7	7
雨山区	165	22	3	4	75	54	5	6	4
博望区	44	4	1	3	366	306	4	21	29
当涂县	205	7	4	9	2168	962	19	65	1092
含山县	140	14	2	10	783	588	33	74	77
和县	111	17	8	4	2314	2027	51	111	95
淮北市	**809**	**61**	**19**	**14**	**7201**	**6494**	**51**	**513**	**59**
杜集区	105	7	4	3	677	567	5	78	17
相山区	210	23	6	7	232	173	10	37	4
烈山区	64	8	1	1	1262	1175	14	66	6
濉溪县	430	23	8	3	5030	4579	22	332	32
铜陵市	**451**	**39**	**9**	**23**	**3300**	**2835**	**97**	**191**	**137**
铜官区	183	27	3	11	91	54	10	10	14
义安区	110	7	3		936	816	16	57	39
郊区	61	1	2	10	618	534	11	40	21
枞阳县	97	4	1	2	1655	1431	60	84	63
安庆市	**2120**	**247**	**56**	**50**	**13590**	**11420**	**596**	**941**	**434**
迎江区	112	17	4	3	99	70	4	6	14
大观区	99	20	2	3	341	302	5	14	17
宜秀区	103	8	2	1	324	248	22	21	31
怀宁县	214	28	6	4	1381	1171	48	92	33
太湖县	390	27	7	7	1845	1475	99	228	24
宿松县	287	32	3	10	1649	1210	83	161	156
望江县	187	29	13	5	3678	3409	30	141	76
岳西县	153	14	7	1	1605	1370	114	96	4
安徽安庆经济开发区	83	7		3	41	30		3	6
桐城市	294	34	6	11	894	706	58	58	48
潜山市	198	31	6	2	1733	1429	133	121	25
黄山市	**547**	**83**	**12**	**18**	**6355**	**5439**	**349**	**479**	**42**
屯溪区	108	27	5	5	174	113	17	32	4
黄山区	53	6	2	2	627	480	97	35	10
徽州区	35	6	2		483	409	12	54	2
歙县	196	21	2	10	3061	2801	51	193	8
休宁县	95	14		1	1173	1000	45	106	10
黟县	24	7	1		367	284	46	31	1
祁门县	36	2			470	352	81	28	7
滁州市	**2037**	**209**	**37**	**35**	**28014**	**25101**	**515**	**1311**	**747**
琅琊区	139	15	2	3	296	238	18	20	14
南谯区	181	17	3	6	814	546	103	56	72
来安县	211	25	3	1	2663	2128	146	243	84
全椒县	230	28	3	7	2712	2135	74	263	192
定远县	432	37	8	6	8122	7612	35	323	88
凤阳县	353	15	2	4	6420	6123	29	174	60
苏滁现代产业园	8	1			4	3			
滁州经济技术开发区	51	2	2	2	32	15	3	4	7
天长市	264	41	8	2	2526	2202	47	60	160
明光市	168	28	6	4	4425	4099	60	168	70

4-6 续表 41

单位：人

地区 性别	社会生产服务和生活服务人员				农、林、牧、渔业生产及辅助人员				
	修理及制作服务人员	文化、体育和娱乐服务人员	健康服务人员	其他社会生产和生活服务人员	小计	农业生产人员	林业生产人员	畜牧业生产人员	渔业生产人员
阜阳市	**3616**	**320**	**90**	**51**	**44607**	**41042**	**401**	**2055**	**625**
颍州区	300	26	14	7	1546	1396	21	94	17
颍东区	296	24	3	2	1679	1419	25	183	34
颍泉区	257	26	3	2	2972	2622	18	197	64
临泉县	760	76	16	10	9417	8723	102	347	174
太和县	520	59	21	11	9826	9255	65	328	97
阜南县	512	34	9	9	8297	7824	66	301	55
颍上县	619	55	11	7	8779	7961	65	444	165
阜阳合肥现代产业园区	30	1		1	29	21	4	3	1
阜阳经济技术开发区	93	1			28	20	2	4	2
界首市	229	18	13	2	2034	1801	33	154	16
宿州市	**1695**	**179**	**42**	**16**	**44690**	**42285**	**287**	**1729**	**126**
埇桥区	584	80	22	1	9093	8391	100	505	62
砀山县	216	20	5	3	10168	9909	16	223	4
萧县	364	15	6	5	11549	11086	38	399	8
灵璧县	272	34	3	3	7008	6440	87	399	21
泗县	207	27	6	2	6676	6288	41	190	27
宿州马鞍山现代产业园区	11	1			157	140	5	10	2
宿州经济技术开发区	41	2		2	39	31		3	2
六安市	**1860**	**156**	**50**	**54**	**19020**	**15883**	**655**	**1377**	**601**
金安区	329	37	7	13	2455	2147	53	163	52
裕安区	359	34	10	15	2681	2242	127	197	70
叶集区	53	3	1	5	701	578	24	62	31
霍邱县	306	19	11	10	6509	5356	55	462	290
舒城县	423	29	8	5	2640	2197	142	157	114
金寨县	237	18			2698	2316	101	248	19
霍山县	153	16	13	6	1336	1047	153	88	25
亳州市	**1832**	**170**	**33**	**20**	**21635**	**19949**	**235**	**1168**	**130**
谯城区	482	56	11	4	7395	7039	46	221	36
涡阳县	465	34	7	8	3908	3564	34	250	27
蒙城县	443	41	6	5	4809	4318	86	318	39
利辛县	442	39	9	3	5523	5028	69	379	28
池州市	**483**	**45**	**8**	**20**	**4996**	**4076**	**269**	**374**	**196**
贵池区	200	20	4	7	1616	1268	77	125	109
东至县	153	13	3	5	2291	2045	80	88	51
石台县	20	1		3	396	300	62	25	
青阳县	100	10	1	5	679	457	48	132	34
池州市国家经济技术开发区	4				6	4		1	1
皖江江南新兴产业集中区	1	1			2			1	1
九华山风景区	5				6	2	2	2	
宣城市	**1009**	**113**	**24**	**33**	**9165**	**6063**	**930**	**884**	**1042**
宣州区	259	37	9	9	3072	1767	140	275	820
郎溪县	120	18	4		1193	812	122	74	131
泾县	86	14	1	5	1191	891	136	122	17
绩溪县	35	3			693	561	29	92	7
旌德县	41	5	1	1	560	475	38	34	10
宣城市经济开发区	58	7		1	138	77	20	32	6
宁国市	146	16	5	8	934	664	139	102	9
广德市	264	13	4	9	1384	816	306	153	42

4-6　续表 42　　　　单位：人

地　区 性　别	社会生产服务和生活服务人员				农、林、牧、渔业生产及辅助人员				
	修理及制作服务人员	文化、体育和娱乐服务人员	健康服务人员	其他社会生产和生活服务人员	小计	农业生产人员	林业生产人员	畜牧业生产人员	渔业生产人员
女	**3404**	**2130**	**1072**	**404**	**250565**	**235357**	**1869**	**8274**	**3392**
合肥市	**530**	**487**	**258**	**90**	**13066**	**11140**	**445**	**465**	**927**
瑶海区	49	42	31	13	43	37	2	2	1
庐阳区	38	37	28	5	31	18	3	2	4
蜀山区	58	85	45	6	142	111	20	10	
包河区	79	75	36	28	147	141	1	1	2
长丰县	36	36	9	6	2449	2256	37	117	22
肥东县	50	28	13	4	1945	1758	65	86	11
肥西县	57	48	20	1	1352	1023	220	85	18
庐江县	64	40	30	6	4270	4065	31	80	72
合肥高新技术产业开发区	10	15	8		10	7	3		
合肥经济技术开发区	30	38	19	12	184	161	16	6	1
合肥新站高新技术产业开发区	20	18	11	5	46	33	8	3	1
巢湖市	39	25	8	4	2447	1530	39	73	795
芜湖市	**206**	**248**	**84**	**25**	**6867**	**6115**	**63**	**316**	**321**
镜湖区	25	28	14	1	39	30	3	2	3
弋江区	18	27	6	2	78	70	1	2	3
鸠江区	32	25	4	4	1716	1668	6	19	20
三山区	7	13	1	3	301	285	1	2	10
芜湖县	23	59	16	1	842	745	16	26	49
繁昌县	16	14	5	1	320	286	2	21	9
南陵县	25	31	14	1	1942	1715	11	178	18
芜湖经济技术开发区	12	14	3	2	42	26	13	1	2
安徽芜湖长江大桥经济开发区			1		56	53		2	1
无为市	48	37	20	10	1531	1237	10	63	206
蚌埠市	**155**	**91**	**71**	**16**	**18254**	**17672**	**19**	**391**	**80**
龙子湖区	12	9	7	2	234	197	3	29	1
蚌山区	8	10	6	1	65	55	3	6	1
禹会区	20	12	12	5	463	430		22	9
淮上区	14	9	8	3	1192	1163	2	18	5
怀远县	46	12	15	2	10155	9920	5	134	34
五河县	22	14	7	1	2953	2846	4	69	24
固镇县	24	15	6	2	3167	3038	2	112	6
蚌埠市高新技术开发区	4	2	4		12	11			
蚌埠市经济开发区	5	8	6		13	12		1	
淮南市	**142**	**88**	**49**	**13**	**14898**	**14427**	**39**	**280**	**106**
大通区	11	4	3	1	454	419	1	18	16
田家庵区	35	26	16	4	520	495	4	13	5
谢家集区	11	6	6		466	448		9	6
八公山区	8	10			216	197	11	6	2
潘集区	4	7	1		1649	1603		32	10
凤台县	26	11	4	5	4380	4271	3	81	18
寿县	47	24	19	3	7213	6994	20	121	49

4-6 续表 43

单位：人

地区 性别	社会生产服务和生活服务人员				农、林、牧、渔业生产及辅助人员				
	修理及制作服务人员	文化、体育和娱乐服务人员	健康服务人员	其他社会生产和生活服务人员	小计	农业生产人员	林业生产人员	畜牧业生产人员	渔业生产人员
马鞍山市	**94**	**87**	**50**	**39**	**4406**	**3690**	**56**	**159**	**470**
花山区	24	20	13	4	47	37	3	5	
雨山区	23	23	10	5	65	60		3	
博望区	5	7	2	3	254	222	3	17	9
当涂县	20	15	7	11	1552	1107	12	39	383
含山县	9	10	2	16	519	443	11	34	27
和县	13	12	16		1969	1821	27	61	51
淮北市	**106**	**63**	**33**	**12**	**6736**	**6452**	**11**	**236**	**13**
杜集区	11	9	1	5	607	576	1	27	1
相山区	26	26	21	2	183	167	1	13	
烈山区	10	9	5		1498	1468	5	22	3
濉溪县	59	19	6	5	4448	4241	4	174	9
铜陵市	**49**	**32**	**18**	**19**	**2355**	**2170**	**31**	**97**	**35**
铜官区	13	15	9	9	38	27	3	3	3
义安区	10	10	4	2	695	650	6	30	8
郊区	8	4	2	7	355	327	2	21	4
枞阳县	18	3	3	1	1267	1166	20	43	20
安庆市	**264**	**180**	**96**	**41**	**13627**	**12657**	**149**	**528**	**148**
迎江区	12	20	12		73	60	3	3	7
大观区	16	14	4	3	309	296	1	5	4
宜秀区	17	12	3	1	407	374	3	14	14
怀宁县	40	14	4	2	1176	1096	9	42	9
太湖县	35	11	8	4	1471	1275	42	146	3
宿松县	25	18	12	5	1342	1146	25	82	67
望江县	32	29	14	12	5430	5267	7	108	26
岳西县	14	15	8	2	1058	991	12	40	3
安徽安庆经济开发区	14	5	6	3	29	22	2	2	1
桐城市	30	21	15	7	609	553	7	30	8
潜山市	29	21	10	2	1723	1577	38	56	6
黄山市	**74**	**92**	**27**	**11**	**6737**	**6293**	**94**	**319**	**8**
屯溪区	16	44	6	4	155	132	6	12	2
黄山区	7	14	4		405	377	12	13	
徽州区	6	5	3	1	513	491	1	19	
歙县	22	14	7	5	3678	3473	35	159	2
休宁县	16	9	4	1	1210	1105	13	85	3
黟县	2	2	2		345	313	11	19	
祁门县	5	4	1		431	402	16	12	1
滁州市	**329**	**121**	**57**	**27**	**25300**	**23583**	**275**	**983**	**358**
琅琊区	12	8	7	5	259	229	6	14	8
南谯区	27	9	10	1	555	446	32	33	31
来安县	29	19	3	1	2606	2241	121	200	29
全椒县	40	18	5	7	2588	2211	56	184	126
定远县	67	11	10	9	7569	7214	15	269	37
凤阳县	63	6	5	1	6254	6081	13	122	27
苏滁现代产业园					3	3			
滁州经济技术开发区	10	6	2	2	15	11	2	2	
天长市	43	25	14		1889	1767	7	30	79
明光市	38	19	1	1	3562	3380	23	129	21

4-6 续表 44

单位：人

地区 性别	社会生产服务和生活服务人员				农、林、牧、渔业生产及辅助人员				
	修理及制作服务人员	文化、体育和娱乐服务人员	健康服务人员	其他社会生产和生活服务人员	小计	农业生产人员	林业生产人员	畜牧业生产人员	渔业生产人员
阜阳市	**523**	**185**	**121**	**26**	**46992**	**45305**	**169**	**1095**	**185**
颍州区	43	15	22	6	1736	1676	15	39	1
颍东区	39	12	5	2	1597	1462	9	111	7
颍泉区	32	25	6	2	4031	3825	9	111	20
临泉县	137	48	16	2	10372	10067	41	185	42
太和县	73	37	13	2	11419	11159	29	177	17
阜南县	60	15	18	4	8389	8184	19	146	19
颍上县	92	26	25	3	7460	7047	33	258	71
阜阳合肥现代产业园区		1			9	7		2	
阜阳经济技术开发区	10	2	1		11	7	1	2	1
界首市	37	4	15	5	1968	1871	13	64	7
宿州市	**287**	**89**	**45**	**6**	**48945**	**47551**	**100**	**1063**	**26**
埇桥区	87	30	23	4	8823	8451	28	310	17
砀山县	39	6	2		10565	10415	6	137	
萧县	57	16	6	1	14259	13971	9	268	2
灵璧县	56	19	9		8477	8165	35	245	4
泗县	42	15	5		6669	6408	21	94	3
宿州马鞍山现代产业园区	2	1			126	118		8	
宿州经济技术开发区	4	2		1	26	23	1	1	
六安市	**254**	**125**	**53**	**34**	**15915**	**13998**	**211**	**1179**	**219**
金安区	36	23	15	12	2164	1937	37	171	9
裕安区	55	29	13	7	2460	2219	46	132	25
叶集区	5	4	1	3	549	450	6	86	4
霍邱县	49	14	8	4	4716	3928	11	398	157
舒城县	46	29	6	4	2256	2083	53	96	11
金寨县	41	11	5		2697	2412	33	237	8
霍山县	22	15	5	4	1073	969	25	59	5
亳州市	**250**	**83**	**41**	**14**	**18893**	**18087**	**64**	**599**	**36**
谯城区	60	22	15	4	6694	6514	16	93	8
涡阳县	53	17	10	5	2936	2781	8	135	5
蒙城县	57	23	7	2	4033	3793	17	180	13
利辛县	80	21	9	3	5230	4999	23	191	10
池州市	**46**	**35**	**22**	**13**	**3307**	**2993**	**35**	**178**	**62**
贵池区	15	20	9	3	1243	1112	8	71	42
东至县	10	7	5	2	1482	1404	4	47	13
石台县	6	2	4	4	288	260	12	9	
青阳县	11	6	3	4	286	211	11	49	7
池州市国家经济技术开发区	2		1		5	5			
皖江江南新兴产业集中区					1			1	
九华山风景区	2				2	1		1	
宣城市	**95**	**124**	**47**	**18**	**4267**	**3224**	**108**	**386**	**398**
宣州区	24	39	13	4	1487	960	19	130	345
郎溪县	9	10	3	1	428	333	15	26	37
泾县	8	9	2	4	399	299	15	66	4
绩溪县	1	3	1	1	614	548	5	49	2
旌德县	2	8	1		243	225	6	11	
宣城市经济开发区	7	3	2	1	61	42	6	11	1
宁国市	12	32	19	2	393	334	11	31	4
广德市	32	20	6	5	642	483	31	62	5

4-6 续表 45

单位：人

地区 性别	农林牧渔生产辅助人员	其他农、林、牧、渔业生产加工人员	生产制造及有关人员						
			小计	农副产品加工人员	食品、饮料生产加工人员	烟草及其制品加工人员	纺织、针织、印染人员	纺织品、服装和皮革、毛皮制品加工制作人员	木材加工、家具与木制品制作人员
安　徽	**4649**	**362**	**814659**	**11004**	**13482**	**587**	**10144**	**92151**	**29880**
合肥市	**335**	**20**	**114029**	**1024**	**1925**	**66**	**675**	**5188**	**4017**
瑶海区	4		7082	53	124	2	15	288	227
庐阳区	9		4088	24	94	4	3	89	128
蜀山区	9	1	4904	41	108	20	4	83	84
包河区	8	6	9291	20	138	4	16	152	304
长丰县	44	5	12482	128	312	4	25	467	745
肥东县	73	4	20535	167	348	1	39	962	988
肥西县	43		16448	159	185	16	36	620	371
庐江县	73	2	15261	140	165		446	1431	268
合肥高新技术产业开发区	2		2732	6	52	11	3	27	38
合肥经济技术开发区	3		7023	87	138	4	23	110	95
合肥新站高新技术产业开发区	3		6043	30	74		7	130	285
巢湖市	64	2	8140	169	187		58	829	484
芜湖市	**213**	**22**	**54456**	**1255**	**797**	**139**	**413**	**4546**	**1778**
镜湖区	4		3321	14	49	15	15	175	67
弋江区	3		3523	19	54	99	6	111	88
鸠江区	17		6481	168	86	1	12	159	337
三山区	4	2	2967	72	48	1	33	130	86
芜湖县	26	3	7936	84	37	12	35	712	235
繁昌县	10		5527	71	88		126	1109	172
南陵县	84	2	7803	92	75	9	31	1078	268
芜湖经济技术开发区			4428	13	33	1	41	34	95
安徽芜湖长江大桥经济开发区	1		442	14	4		4	65	9
无为市	64	15	12028	708	323	1	110	973	421
蚌埠市	**303**	**8**	**23708**	**573**	**499**	**106**	**319**	**1650**	**599**
龙子湖区	8	2	2003	41	34	2	14	47	26
蚌山区	4		1303	13	40	10	8	26	58
禹会区	14		3048	54	77	64	40	117	117
淮上区	14	1	3145	48	71		16	141	60
怀远县	186		4245	124	88		27	319	115
五河县	35	1	4271	66	97		162	578	107
固镇县	39	3	3925	218	62		48	394	98
蚌埠市高新技术开发区		1	624	2	8	2	2	14	1
蚌埠市经济开发区	3		1144	7	22	28	2	14	17
淮南市	**177**	**10**	**30145**	**440**	**457**	**1**	**246**	**1670**	**709**
大通区	11	2	1795	22	33		10	135	87
田家庵区	11	1	5484	37	77	1	15	93	84
谢家集区	8		2154	29	20		12	62	23
八公山区	2		1265	8	19		7	39	6
潘集区	22	2	3468	62	37		4	74	71
凤台县	44	2	6003	117	89		36	254	47
寿县	79	3	9976	165	182		162	1013	391

4-6 续表 46

单位：人

地区 性别			生产制造及有关人员						
	农林牧渔生产辅助人员	其他农、林、牧、渔业生产加工人员	小计	农副产品加工人员	食品、饮料生产加工人员	烟草及其制品加工人员	纺织、针织、印染人员	纺织品、服装和皮革、毛皮制品加工制作人员	木材加工、家具与木制品制作人员
马鞍山市	**112**	**8**	**31177**	**579**	**823**	**4**	**121**	**3249**	**952**
花山区	8		4622	24	96		10	118	83
雨山区	8		3996	35	191	1	9	117	41
博望区	9		2949	62	34		9	115	79
当涂县	35	6	9175	88	154		39	1900	237
含山县	14	1	6612	141	98		47	600	332
和县	38	1	3823	229	250	3	7	399	180
淮北市	**101**	**7**	**22080**	**256**	**532**	**3**	**241**	**1014**	**448**
杜集区	12		3199	32	50	1	24	103	66
相山区	9	1	4678	35	195	2	50	124	83
烈山区	1		3203	38	47		81	153	70
濉溪县	79	6	11000	151	240		86	634	229
铜陵市	**58**	**4**	**15580**	**168**	**127**		**127**	**2546**	**354**
铜官区	5		4383	20	45		33	220	67
义安区	8	1	3589	47	35		25	511	79
郊区	13		1919	35	14		21	517	57
枞阳县	32	3	5689	66	33		48	1298	151
安庆市	**306**	**38**	**86116**	**664**	**782**	**5**	**1197**	**21776**	**3824**
迎江区	4	1	2313	26	53		69	164	63
大观区	4	2	1983	17	31	1	68	223	124
宜秀区	4		2892	24	92		40	355	87
怀宁县	52	5	9815	78	104	2	104	2276	433
太湖县	21	3	8996	60	57		52	2169	407
宿松县	55	6	13536	99	73		116	4293	431
望江县	44		14064	68	83		231	5701	420
岳西县	18	15	5861	124	62	1	64	1053	236
安徽安庆经济开发区	1	3	1968	15	32		61	162	47
桐城市	32	3	13799	74	95	1	220	1494	630
潜山市	71		10889	79	100		172	3886	946
黄山市	**59**	**10**	**23376**	**333**	**706**	**2**	**372**	**3471**	**1284**
屯溪区	10	1	2529	45	79		48	208	129
黄山区	5	3	2328	31	301		5	52	90
徽州区	7	1	2239	21	25		14	470	74
歙县	15	2	8612	83	86	2	247	1974	562
休宁县	16		4073	90	115		29	487	201
黟县	4	3	1181	47	67		16	32	116
祁门县	2		2414	16	33		13	248	112
滁州市	**428**	**13**	**74713**	**943**	**1020**	**105**	**1086**	**6174**	**2174**
琅琊区	8		3477	20	112	31	27	146	96
南谯区	47	3	5397	69	81	14	34	214	216
来安县	76	1	8000	250	126	2	34	455	344
全椒县	56	3	9863	81	90		55	1051	321
定远县	96	2	11521	151	135	1	505	1666	301
凤阳县	43	2	8726	129	101	48	72	848	198
苏滁现代产业园	1		1193	1	12	1	1	39	6
滁州经济技术开发区	3		3967	1	87	6	23	138	72
天长市	63		16220	122	162		225	1009	435
明光市	35	2	6349	119	114	2	110	608	185

4-6 续表 47

单位：人

地区 性别	农林牧渔生产辅助人员	其他农、林、牧、渔业生产加工人员	生产制造及有关人员 小计	农副产品加工人员	食品、饮料生产加工人员	烟草及其制品加工人员	纺织、针织、印染人员	纺织品、服装和皮革、毛皮制品加工制作人员	木材加工、家具与木制品制作人员
阜阳市	**584**	**138**	**103917**	**1286**	**1972**	**51**	**1979**	**11802**	**2960**
颍州区	23		6828	64	185	15	60	366	229
颍东区	25	1	8091	113	173	23	80	700	242
颍泉区	41	96	8542	161	138	8	54	736	325
临泉县	100	8	22257	258	371	1	630	2938	497
太和县	114	4	18214	192	380		312	1872	523
阜南县	66	6	13809	138	198		365	1801	489
颍上县	181	14	17245	272	301	2	227	2210	463
阜阳合肥现代产业园区			555	4	24			38	24
阜阳经济技术开发区			1207	7	24	2	18	116	24
界首市	34	9	7169	77	178		233	1025	144
宿州市	**460**	**8**	**56952**	**900**	**872**	**2**	**754**	**7064**	**2137**
埇桥区	50	2	20197	211	307	2	200	1841	1001
砀山县	21	2	5297	137	151		165	479	263
萧县	27		11511	220	162		109	736	215
灵璧县	88	1	10165	150	122		201	2330	325
泗县	271	2	8432	153	101		67	1488	302
宿州马鞍山现代产业园区			574	18	8		8	79	13
宿州经济技术开发区	3	1	776	11	21		4	111	18
六安市	**785**	**27**	**69484**	**863**	**897**	**3**	**1116**	**8646**	**3818**
金安区	49	1	11490	136	124		141	2003	393
裕安区	72	11	14412	137	152	1	188	2748	510
叶集区	8	1	2979	37	23		76	236	1035
霍邱县	564	4	9567	139	105		207	701	292
舒城县	41	2	16569	222	191		80	2196	599
金寨县	19	2	8738	61	95	2	345	466	541
霍山县	32	6	5729	131	207		79	296	448
亳州市	**252**	**8**	**46203**	**789**	**1305**	**54**	**571**	**3730**	**984**
谯城区	114	2	15307	132	776	4	87	821	283
涡阳县	37	3	10236	162	175	16	61	537	191
蒙城县	75	3	9673	192	190	34	95	877	321
利辛县	26		10987	303	164		328	1495	189
池州市	**105**	**15**	**21556**	**231**	**188**	**3**	**297**	**4305**	**1338**
贵池区	43	4	7472	88	71	1	72	1426	355
东至县	38	3	9353	64	60	1	59	2452	718
石台县	11	5	792	22	14	1	5	76	67
青阳县	13	3	3029	55	33		26	283	157
池州市国家经济技术开发区			342	1	1		5	45	5
皖江江南新兴产业集中区			422	1	7		130	18	25
九华山风景区			146		2			5	11
宣城市	**371**	**26**	**41167**	**700**	**580**	**43**	**630**	**5320**	**2504**
宣州区	97	6	8459	207	211	34	84	1589	383
郎溪县	71		6761	77	66		274	1360	305
泾县	39	1	3508	109	62	3	19	174	233
绩溪县	14		1951	37	32		72	134	139
旌德县	3	1	1295	25	18		11	54	102
宣城市经济开发区	3	1	1609	31	34	6	3	109	63
宁国市	24	9	7160	113	66		20	249	328
广德市	120	8	10424	101	91		147	1651	951

4-6 续表 48

单位：人

地区 性别	农林牧渔生产辅助人员	其他农、林、牧、渔业生产加工人员	生产制造及有关人员 小计	农副产品加工人员	食品、饮料生产加工人员	烟草及其制品加工人员	纺织、针织、印染人员	纺织品、服装和皮革、毛皮制品加工制作人员	木材加工、家具与木制品制作人员
男	**3134**	**204**	**586147**	**6319**	**6832**	**370**	**3919**	**25759**	**24176**
合肥市	**253**	**13**	**85888**	**606**	**806**	**48**	**147**	**1118**	**3493**
瑶海区	3		5497	27	42	2	3	67	198
庐阳区	5		3245	15	43	3	1	29	104
蜀山区	8	1	3823	23	45	14	2	27	72
包河区	7	5	7551	15	64	3	7	51	275
长丰县	28	4	9406	71	132	2	10	109	589
肥东县	51	1	15387	95	101		12	196	886
肥西县	37		12076	98	86	14	15	174	331
庐江县	52	1	11231	93	88		70	246	235
合肥高新技术产业开发区	2		2056	4	27	6	1	11	33
合肥经济技术开发区	3		5063	48	68	4	10	33	90
合肥新站高新技术产业开发区	2		4642	16	31		2	41	233
巢湖市	55	1	5911	101	79		14	134	447
芜湖市	**169**	**14**	**40781**	**795**	**409**	**102**	**190**	**1022**	**1589**
镜湖区	3		2533	8	17	10	7	48	61
弋江区	1		2725	12	26	79	2	29	81
鸠江区	14		4965	106	48	1	3	47	276
三山区	2	1	2208	43	16	1	23	19	79
芜湖县	22	1	5287	52	15	7	9	135	211
繁昌县	8		3828	43	41		71	202	160
南陵县	65	1	6006	66	40	3	11	176	242
芜湖经济技术开发区			3236	9	16		22	13	86
安徽芜湖长江大桥经济开发区	1		320	9			1	7	9
无为市	53	11	9673	447	190	1	41	346	384
蚌埠市	**215**	**4**	**17393**	**326**	**257**	**81**	**110**	**424**	**479**
龙子湖区	5	1	1468	19	21	1	7	17	22
蚌山区	4		998	8	19	7	5	5	50
禹会区	12		2210	36	39	48	13	25	103
淮上区	10	1	2329	28	34		4	28	49
怀远县	124		3125	76	48		6	65	82
五河县	26		3055	35	48		52	188	86
固镇县	31	2	2857	117	30		20	87	73
蚌埠市高新技术开发区			430	1	6	1	1	2	1
蚌埠市经济开发区	3		921	6	12	24	2	7	13
淮南市	**132**	**9**	**24014**	**256**	**207**	**1**	**122**	**449**	**590**
大通区	11	2	1410	11	10		3	17	75
田家庵区	8	1	4559	21	31	1	9	26	74
谢家集区	5		1840	13	10		7	14	19
八公山区	2		1104	4	9		4	9	6
潘集区	18	2	3083	38	15			15	67
凤台县	38	1	5074	75	40		18	84	38
寿县	50	3	6944	94	92		81	284	311

4-6 续表 49

单位：人

地区 性别			生产制造及有关人员						
	农林牧渔生产辅助人员	其他农、林、牧、渔业生产加工人员	小计	农副产品加工人员	食品、饮料生产加工人员	烟草及其制品加工人员	纺织、针织、印染人员	纺织品、服装和皮革、毛皮制品加工制作人员	木材加工、家具与木制品制作人员
马鞍山市	**84**	**5**	**23355**	**348**	**416**	**2**	**40**	**923**	**873**
花山区	6		3784	15	46		1	28	76
雨山区	6		3172	22	97		2	17	40
博望区	6		2367	39	14		3	21	69
当涂县	27	3	6280	53	72		10	529	227
含山县	10	1	4992	86	52		24	186	299
和县	29	1	2760	133	135	2		142	162
淮北市	**80**	**4**	**17533**	**134**	**346**	**3**	**111**	**265**	**356**
杜集区	10		2721	20	34	1	6	13	50
相山区	7	1	3784	17	127	2	20	17	69
烈山区	1		2472	21	30		43	40	52
濉溪县	62	3	8556	76	155		42	195	185
铜陵市	**40**		**11195**	**105**	**70**		**37**	**525**	**324**
铜官区	3		3430	13	25		9	50	65
义安区	8		2691	25	22		2	97	70
郊区	12		1282	26	5		5	129	52
枞阳县	17		3792	41	18		21	249	137
安庆市	**175**	**24**	**58009**	**406**	**375**	**4**	**469**	**7595**	**3223**
迎江区	4	1	1814	16	29		33	42	53
大观区	2	1	1503	12	20	1	18	59	116
宜秀区	2		2088	13	39		17	129	76
怀宁县	32	5	6710	47	57	1	45	996	366
太湖县	16	3	6384	44	24		22	754	360
宿松县	37	2	8821	62	31		39	1429	364
望江县	22		8408	46	39		87	1865	353
岳西县	12	9	4244	59	32	1	29	379	211
安徽安庆经济开发区	1	1	1429	7	11		18	48	44
桐城市	22	2	9601	46	46	1	85	353	520
潜山市	25		7007	54	47		76	1541	760
黄山市	**37**	**9**	**16822**	**177**	**421**	**1**	**112**	**1031**	**1105**
屯溪区	7	1	1876	25	36		11	40	119
黄山区	3	2	1908	15	195		1	10	80
徽州区	5	1	1541	12	17		4	104	67
歙县	6	2	5950	49	42	1	71	710	493
休宁县	12		2901	47	81		14	119	184
黟县	2	3	885	21	29		6	3	88
祁门县	2		1761	8	21		5	45	74
滁州市	**331**	**9**	**48186**	**519**	**520**	**54**	**540**	**1475**	**1770**
琅琊区	6		2502	12	60	23	11	38	80
南谯区	35	2	4068	39	32	10	17	44	175
来安县	61	1	5621	112	62	2	16	71	295
全椒县	47	1	5422	45	44		9	211	257
定远县	63	1	7729	88	70	1	293	556	219
凤阳县	32	2	5965	81	52	12	30	209	160
苏滁现代产业园	1		875	1	10	1		14	5
滁州经济技术开发区	3		2505	1	49	4	11	51	61
天长市	57		9311	78	88		96	135	382
明光市	26	2	4188	62	53	1	57	146	136

4-6　续表 50　　　　　　　　　　　　　　　　　　　　　　单位：人

地　区 性　别			生产制造及有关人员						
	农林牧渔生产辅助人员	其他农、林、牧、渔业生产加工人员	小计	农副产品加工人员	食品、饮料生产加工人员	烟草及其制品加工人员	纺织、针织、印染人员	纺织品、服装和皮革、毛皮制品加工制作人员	木材加工、家具与木制品制作人员
阜阳市	**416**	**68**	**74432**	**715**	**942**	**32**	**813**	**3692**	**2245**
颍州区	18		5365	41	104	10	24	96	189
颍东区	18		6033	53	59	15	34	167	188
颍泉区	24	47	6363	64	70	4	21	197	260
临泉县	67	4	15517	147	183		281	1010	383
太和县	79	2	12704	122	192		120	650	364
阜南县	48	3	9791	85	96		128	571	365
颍上县	137	7	12244	153	139	1	96	652	334
阜阳合肥现代产业园区			437	1	9			8	17
阜阳经济技术开发区			916	4	13	2	5	37	21
界首市	25	5	5062	45	77		104	304	124
宿州市	**258**	**5**	**41157**	**508**	**388**	**1**	**258**	**1919**	**1580**
埇桥区	33	2	15314	124	162	1	69	605	690
砀山县	15	1	3801	76	50		56	130	182
萧县	18		8779	120	66		49	181	161
灵璧县	61		6463	85	55		48	489	271
泗县	129	1	5825	87	42		30	462	252
宿州马鞍山现代产业园区			412	9	3		5	18	9
宿州经济技术开发区	2	1	563	7	10		1	34	15
六安市	**488**	**16**	**49329**	**453**	**437**	**3**	**403**	**1608**	**2764**
金安区	39	1	7831	74	62		50	349	311
裕安区	39	6	10267	80	76	1	57	591	424
叶集区	6		1964	17	10		23	28	569
霍邱县	343	3	7124	90	48		86	145	227
舒城县	28	2	11456	117	80		23	330	422
金寨县	13	1	6624	36	49	2	145	114	451
霍山县	20	3	4063	39	112		19	51	360
亳州市	**151**	**2**	**33677**	**452**	**854**	**18**	**220**	**1179**	**746**
谯城区	53		11128	84	579	3	49	302	224
涡阳县	31	2	7681	112	99	10	25	171	158
蒙城县	48		7029	95	81	5	43	239	218
利辛县	19		7839	161	95		103	467	146
池州市	**72**	**9**	**15372**	**139**	**92**	**3**	**91**	**1144**	**1136**
贵池区	35	2	5370	48	32	1	18	238	310
东至县	25	2	6547	45	34	1	19	838	630
石台县	5	4	599	8	7	1	2	7	52
青阳县	7	1	2247	37	14		8	47	111
池州市国家经济技术开发区			226				1	9	5
皖江江南新兴产业集中区			255	1	5		43	3	17
九华山风景区			128					2	11
宣城市	**233**	**13**	**29004**	**380**	**292**	**17**	**256**	**1390**	**1903**
宣州区	68	2	5833	97	118	12	43	364	296
郎溪县	54		4781	49	39		150	379	268
泾县	25		2761	62	28	2	3	37	169
绩溪县	4		1375	17	16		13	19	118
旌德县	2	1	1038	14	3		4	17	89
宣城市经济开发区	2	1	1185	19	20	3	2	30	56
宁国市	15	5	4877	62	31		5	56	242
广德市	63	4	7154	60	37		36	488	665

4-6 续表 51

单位：人

地区 性别	农林牧渔生产辅助人员	其他农、林、牧、渔业生产加工人员	生产制造及有关人员 小计	农副产品加工人员	食品、饮料生产加工人员	烟草及其制品加工人员	纺织、针织、印染人员	纺织品、服装和皮革、毛皮制品加工制作人员	木材加工、家具与木制品制作人员
女	**1515**	**158**	**228512**	**4685**	**6650**	**217**	**6225**	**66392**	**5704**
合肥市	**82**	**7**	**28141**	**418**	**1119**	**18**	**528**	**4070**	**524**
瑶海区	1		1585	26	82		12	221	29
庐阳区	4		843	9	51	1	2	60	24
蜀山区	1		1081	18	63	6	2	56	12
包河区	1	1	1740	5	74	1	9	101	29
长丰县	16	1	3076	57	180	2	15	358	156
肥东县	22	3	5148	72	247	1	27	766	102
肥西县	6		4372	61	99	2	21	446	40
庐江县	21	1	4030	47	77		376	1185	33
合肥高新技术产业开发区			676	2	25	5	2	16	5
合肥经济技术开发区			1960	39	70		13	77	5
合肥新站高新技术产业开发区	1		1401	14	43		5	89	52
巢湖市	9	1	2229	68	108		44	695	37
芜湖市	**44**	**8**	**13675**	**460**	**388**	**37**	**223**	**3524**	**189**
镜湖区	1		788	6	32	5	8	127	6
弋江区	2		798	7	28	20	4	82	7
鸠江区	3		1516	62	38		9	112	61
三山区	2	1	759	29	32		10	111	7
芜湖县	4	2	2649	32	22	5	26	577	24
繁昌县	2		1699	28	47		55	907	12
南陵县	19	1	1797	26	35	6	20	902	26
芜湖经济技术开发区			1192	4	17	1	19	21	9
安徽芜湖长江大桥经济开发区			122	5	4		3	58	
无为市	11	4	2355	261	133		69	627	37
蚌埠市	**88**	**4**	**6315**	**247**	**242**	**25**	**209**	**1226**	**120**
龙子湖区	3	1	535	22	13	1	7	30	4
蚌山区			305	5	21	3	3	21	8
禹会区	2		838	18	38	16	27	92	14
淮上区	4		816	20	37		12	113	11
怀远县	62		1120	48	40		21	254	33
五河县	9	1	1216	31	49		110	390	21
固镇县	8	1	1068	101	32		28	307	25
蚌埠市高新技术开发区		1	194	1	2	1	1	12	
蚌埠市经济开发区			223	1	10	4		7	4
淮南市	**45**	**1**	**6131**	**184**	**250**		**124**	**1221**	**119**
大通区			385	11	23		7	118	12
田家庵区	3		925	16	46		6	67	10
谢家集区	3		314	16	10		5	48	4
八公山区			161	4	10		3	30	
潘集区	4		385	24	22		4	59	4
凤台县	6	1	929	42	49		18	170	9
寿县	29		3032	71	90		81	729	80

4-6 续表 52　　　　　　　　　　　　　　　　　　　　　　　　　　　　　　单位：人

地区 性别	农林牧渔生产辅助人员	其他农、林、牧、渔业生产加工人员	生产制造及有关人员 小计	农副产品加工人员	食品、饮料生产加工人员	烟草及其制品加工人员	纺织、针织、印染人员	纺织品、服装和皮革、毛皮制品加工制作人员	木材加工、家具与木制品制作人员
马鞍山市	**28**	**3**	**7822**	**231**	**407**	**2**	**81**	**2326**	**79**
花山区	2		838	9	50		9	90	7
雨山区	2		824	13	94	1	7	100	1
博望区	3		582	23	20		6	94	10
当涂县	8	3	2895	35	82		29	1371	10
含山县	4		1620	55	46		23	414	33
和县	9		1063	96	115	1	7	257	18
淮北市	**21**	**3**	**4547**	**122**	**186**		**130**	**749**	**92**
杜集区	2		478	12	16		18	90	16
相山区	2		894	18	68		30	107	14
烈山区			731	17	17		38	113	18
濉溪县	17	3	2444	75	85		44	439	44
铜陵市	**18**	**4**	**4385**	**63**	**57**		**90**	**2021**	**30**
铜官区	2		953	7	20		24	170	2
义安区		1	898	22	13		23	414	9
郊区	1		637	9	9		16	388	5
枞阳县	15	3	1897	25	15		27	1049	14
安庆市	**131**	**14**	**28107**	**258**	**407**	**1**	**728**	**14181**	**601**
迎江区			499	10	24		36	122	10
大观区	2	1	480	5	11		50	164	8
宜秀区	2		804	11	53		23	226	11
怀宁县	20		3105	31	47	1	59	1280	67
太湖县	5		2612	16	33		30	1415	47
宿松县	18	4	4715	37	42		77	2864	67
望江县	22		5656	22	44		144	3836	67
岳西县	6	6	1617	65	30		35	674	25
安徽安庆经济开发区		2	539	8	21		43	114	3
桐城市	10	1	4198	28	49		135	1141	110
潜山市	46		3882	25	53		96	2345	186
黄山市	**22**	**1**	**6554**	**156**	**285**	**1**	**260**	**2440**	**179**
屯溪区	3		653	20	43		37	168	10
黄山区	2	1	420	16	106		4	42	10
徽州区	2		698	9	8		10	366	7
歙县	9		2662	34	44	1	176	1264	69
休宁县	4		1172	43	34		15	368	17
黟县	2		296	26	38		10	29	28
祁门县			653	8	12		8	203	38
滁州市	**97**	**4**	**26527**	**424**	**500**	**51**	**546**	**4699**	**404**
琅琊区	2		975	8	52	8	16	108	16
南谯区	12	1	1329	30	49	4	17	170	41
来安县	15		2379	138	64		18	384	49
全椒县	9	2	4441	36	46		46	840	64
定远县	33	1	3792	63	65		212	1110	82
凤阳县	11		2761	48	49	36	42	639	38
苏滁现代产业园			318		2		1	25	1
滁州经济技术开发区			1462		38	2	12	87	11
天长市	6		6909	44	74		129	874	53
明光市	9		2161	57	61	1	53	462	49

4-6 续表 53

单位：人

地区 性别	农林牧渔生产辅助人员	其他农、林、牧、渔业生产加工人员	生产制造及有关人员 小计	农副产品加工人员	食品、饮料生产加工人员	烟草及其制品加工人员	纺织、针织、印染人员	纺织品、服装和皮革、毛皮制品加工制作人员	木材加工、家具与木制品制作人员
阜阳市	**168**	**70**	**29485**	**571**	**1030**	**19**	**1166**	**8110**	**715**
颍州区	5		1463	23	81	5	36	270	40
颍东区	7	1	2058	60	114	8	46	533	54
颍泉区	17	49	2179	97	68	4	33	539	65
临泉县	33	4	6740	111	188	1	349	1928	114
太和县	35	2	5510	70	188		192	1222	159
阜南县	18	3	4018	53	102		237	1230	124
颍上县	44	7	5001	119	162	1	131	1558	129
阜阳合肥现代产业园区			118	3	15			30	7
阜阳经济技术开发区			291	3	11		13	79	3
界首市	9	4	2107	32	101		129	721	20
宿州市	**202**	**3**	**15795**	**392**	**484**	**1**	**496**	**5145**	**557**
埇桥区	17		4883	87	145	1	131	1236	311
砀山县	6	1	1496	61	101		109	349	81
萧县	9		2732	100	96		60	555	54
灵璧县	27	1	3702	65	67		153	1841	54
泗县	142	1	2607	66	59		37	1026	50
宿州马鞍山现代产业园区			162	9	5		3	61	4
宿州经济技术开发区	1		213	4	11		3	77	3
六安市	**297**	**11**	**20155**	**410**	**460**		**713**	**7038**	**1054**
金安区	10		3659	62	62		91	1654	82
裕安区	33	5	4145	57	76		131	2157	86
叶集区	2	1	1015	20	13		53	208	466
霍邱县	221	1	2443	49	57		121	556	65
舒城县	13		5113	105	111		57	1866	177
金寨县	6	1	2114	25	46		200	352	90
霍山县	12	3	1666	92	95		60	245	88
亳州市	**101**	**6**	**12526**	**337**	**451**	**36**	**351**	**2551**	**238**
谯城区	61	2	4179	48	197	1	38	519	59
涡阳县	6	1	2555	50	76	6	36	366	33
蒙城县	27	3	2644	97	109	29	52	638	103
利辛县	7		3148	142	69		225	1028	43
池州市	**33**	**6**	**6184**	**92**	**96**		**206**	**3161**	**202**
贵池区	8	2	2102	40	39		54	1188	45
东至县	13	1	2806	19	26		40	1614	88
石台县	6	1	193	14	7		3	69	15
青阳县	6	2	782	18	19		18	236	46
池州市国家经济技术开发区			116	1	1		4	36	
皖江江南新兴产业集中区			167		2		87	15	8
九华山风景区			18		2			3	
宣城市	**138**	**13**	**12163**	**320**	**288**	**26**	**374**	**3930**	**601**
宣州区	29	4	2626	110	93	22	41	1225	87
郎溪县	17		1980	28	27		124	981	37
泾县	14	1	747	47	34	1	16	137	64
绩溪县	10		576	20	16		59	115	21
旌德县	1		257	11	15		7	37	13
宣城市经济开发区	1		424	12	14	3	1	79	7
宁国市	9	4	2283	51	35		15	193	86
广德市	57	4	3270	41	54		111	1163	286

4-6　续表 54　　　　　　　　　　　　　　　　　　　　　　　　　　　　　　　　单位：人

地　区 性　别	生产制造及有关人员								
	纸及纸制品生产加工人员	印刷和记录媒介复制人员	文教、工美、体育和娱乐用品制造人　员	石油加工和炼焦、煤化工生产人员	化学原料和化学制品制造人　员	医药制造人　　员	化学纤维制造人员	橡胶和塑料制品制造人员	非金属矿物制品制造人员
安　徽	**3734**	**2884**	**12504**	**633**	**5035**	**2999**	**676**	**12682**	**12188**
合肥市	**547**	**630**	**781**	**28**	**642**	**349**	**311**	**1859**	**1410**
瑶海区	12	42	23	2	108	21	1	97	54
庐阳区	44	125	20	1	17	19		43	50
蜀山区	21	34	26	1	33	48	1	105	50
包河区	18	56	26	1	23	47	3	56	39
长丰县	94	94	48	6	67	35	4	303	204
肥东县	77	48	128	11	115	29	1	160	229
肥西县	155	71	58		83	54	1	529	270
庐江县	27	39	313	3	44	9	217	72	193
合肥高新技术产业开发区	2	15	6		7	21		64	8
合肥经济技术开发区	56	36	23	1	52	42	1	262	23
合肥新站高新技术产业开发区	12	49	15	1	22	9		64	63
巢湖市	29	21	95	1	71	15	82	104	227
芜湖市	**242**	**147**	**449**	**15**	**203**	**198**	**16**	**880**	**1134**
镜湖区	14	20	19		17	31	1	65	43
弋江区	13	11	7		6	23		102	54
鸠江区	27	9	13	3	47	20	2	164	120
三山区	75	24	11	6	8	38	3	47	68
芜湖县	23	2	159	1	16	5	1	201	75
繁昌县	30	19	113		32	27	1	24	260
南陵县	16	10	39	3	19	4		41	49
芜湖经济技术开发区	14	6	14		32	16		96	256
安徽芜湖长江大桥经济开发区	3				3	1	8	6	4
无为市	27	46	74	2	23	33		134	205
蚌埠市	**118**	**96**	**371**	**11**	**245**	**253**	**18**	**301**	**755**
龙子湖区	9	10	102	1	22	21	1	29	241
蚌山区	4	6	27		18	12		9	38
禹会区	18	22	13	1	66	42	1	36	145
淮上区	13	6	82	2	47	25	1	22	87
怀远县	40	15	64	3	24	5	1	77	87
五河县	9	12	18	2	17	6	3	26	60
固镇县	21	14	51	1	27	125	10	83	52
蚌埠市高新技术开发区	1	2	3		8	2		4	2
蚌埠市经济开发区	3	9	11	1	16	15	1	15	43
淮南市	**177**	**95**	**196**	**50**	**268**	**126**	**14**	**310**	**494**
大通区	7	5	14	1	22	19	1	16	31
田家庵区	15	9	16	17	47	61		35	93
谢家集区	3	3	13		13	5	2	18	28
八公山区	8	1	15	3	19	4		8	25
潘集区	7		7	21	55	4	2	12	72
凤台县	40	4	38	5	22	5		30	54
寿县	97	73	93	3	90	28	9	191	191

4-6 续表 55　　　　单位：人

地　区 性　别	生产制造及有关人员								
	纸及纸制品生产加工人员	印刷和记录媒介复制人员	文教、工美、体育和娱乐用品制造人员	石油加工和炼焦、煤化工生产人员	化学原料和化学制品制造人员	医药制造人员	化学纤维制造人员	橡胶和塑料制品制造人员	非金属矿物制品制造人员
马鞍山市	**139**	**65**	**92**	**83**	**326**	**69**	**6**	**263**	**439**
花山区	59	24	14	22	103	7	1	52	48
雨山区	20	7	9	41	31	10		32	33
博望区	10	5	7		1	2	2	20	43
当涂县	28	8	15	3	25	34	2	81	143
含山县	10	14	33	1	32	11		45	99
和县	12	7	14	16	134	5	1	33	73
淮北市	**83**	**42**	**99**	**107**	**125**	**60**	**6**	**136**	**265**
杜集区	6	2	9	12	29	8	1	31	48
相山区	12	10	19	29	39	32		25	54
烈山区	7	1	20	37	14	4	1	16	21
濉溪县	58	29	51	29	43	16	4	64	142
铜陵市	**59**	**39**	**39**	**39**	**211**	**22**	**4**	**119**	**231**
铜官区	26	7	7	30	126	11	2	37	44
义安区	21	3	15	8	43	5	1	25	60
郊区	5	8	1	1	37	5	1	23	30
枞阳县	7	21	16		5	1		34	97
安庆市	**529**	**274**	**470**	**149**	**372**	**202**	**27**	**2510**	**1084**
迎江区	16	11	5	18	59	21	3	19	26
大观区	3	12	7	54	79	17	10	15	25
宜秀区	14	5	4	4	22	5	1	122	56
怀宁县	99	36	28	1	22	19	2	225	121
太湖县	39	25	48	2	15	11		93	143
宿松县	42	32	38	11	24	2	1	74	212
望江县	18	12	51	6	33	18	4	43	95
岳西县	174	12	67	1	24	54	1	32	111
安徽安庆经济开发区	14	3	6	48	30	11	2	38	15
桐城市	68	115	176	2	32	16		1746	113
潜山市	42	11	40	2	32	28	3	103	167
黄山市	**102**	**135**	**277**	**3**	**193**	**22**	**9**	**324**	**253**
屯溪区	4	8	64		12	8	3	28	36
黄山区	2	3	13	1	4	5	2	23	22
徽州区	10	65	25	1	77	3		60	32
歙县	59	43	72	1	81	4	3	153	67
休宁县	17	10	71		16	2	1	40	52
黟县		2	12		1			7	26
祁门县	10	4	20		2			13	18
滁州市	**365**	**353**	**5915**	**19**	**817**	**112**	**65**	**1368**	**1694**
琅琊区	25	26	10	2	17	7	7	102	39
南谯区	16	30	20		19	4	10	114	84
来安县	56	29	325	11	246	17	5	162	146
全椒县	60	33	2312	2	68	10	5	105	93
定远县	52	51	183	3	256	13	14	170	130
凤阳县	30	19	180		25	9	5	112	862
苏滁现代产业园	2		2		6	1	1	32	6
滁州经济技术开发区	12	21	11	1	9	1	8	92	13
天长市	64	98	2695		81	46	5	371	160
明光市	48	46	177		90	4	5	108	161

4-6 续表 56

单位：人

地 区 性 别	生产制造及有关人员								
	纸及纸制品生产加工人员	印刷和记录媒介复制人员	文教、工美、体育和娱乐用品制造人员	石油加工和炼焦、煤化工生产人员	化学原料和化学制品制造人员	医药制造人员	化学纤维制造人员	橡胶和塑料制品制造人员	非金属矿物制品制造人员
阜阳市	**358**	**302**	**1180**	**33**	**490**	**311**	**116**	**1460**	**1083**
颍州区	38	30	32		22	34	1	24	32
颍东区	46	43	40	4	102	34	1	75	82
颍泉区	18	17	27		49	15	2	46	45
临泉县	79	59	186	4	106	25	11	195	263
太和县	57	53	459	6	69	124	12	386	193
阜南县	40	35	197	4	34	14	9	94	169
颍上县	62	45	149	13	82	36	8	205	226
阜阳合肥现代产业园区	2				2			3	9
阜阳经济技术开发区	2	5	1	1	8	8		5	13
界首市	14	15	89	1	16	21	72	427	51
宿州市	**209**	**162**	**1030**	**22**	**172**	**99**	**28**	**516**	**604**
埇桥区	70	70	199	12	78	50	19	131	162
砀山县	18	12	33	4	22	8	4	88	68
萧县	69	22	126	5	24	16	1	142	199
灵璧县	21	24	424	1	19	5	3	100	94
泗县	16	25	236		21	8	1	48	67
宿州马鞍山现代产业园区	3		7						5
宿州经济技术开发区	12	9	5		8	12		7	9
六安市	**208**	**248**	**737**	**20**	**180**	**215**	**19**	**723**	**910**
金安区	56	67	101	3	37	19	2	148	179
裕安区	21	50	49	6	26	12	3	77	111
叶集区	1	2	20	1	4		1	3	15
霍邱县	43	23	156	1	35	12	3	107	157
舒城县	47	47	353	5	33	15	3	249	153
金寨县	19	25	39	2	24	55	5	56	137
霍山县	21	34	19	2	21	102	2	83	158
亳州市	**180**	**137**	**331**	**25**	**117**	**775**	**16**	**276**	**424**
谯城区	78	46	52	1	22	732	2	67	161
涡阳县	23	26	101	10	24	21	4	72	62
蒙城县	44	42	99	4	30	10	2	65	90
利辛县	35	23	79	10	41	12	8	72	111
池州市	**48**	**29**	**127**	**10**	**251**	**61**	**7**	**118**	**414**
贵池区	17	12	17	4	44	9	2	33	173
东至县	24	10	34	2	194	43		49	92
石台县		1	5			3	1	6	29
青阳县	4	5	67	4	6	5		26	104
池州市国家经济技术开发区						1		4	15
皖江江南新兴产业集中区	3	1	2		7		4		
九华山风景区			2						1
宣城市	**370**	**130**	**410**	**19**	**423**	**125**	**14**	**1519**	**994**
宣州区	26	21	51	4	134	29	2	111	209
郎溪县	8	13	97	2	27	9	5	87	86
泾县	262	20	77	1	7	4	1	26	125
绩溪县	11	11	56		36	7		14	24
旌德县	13	4	19		2	33		14	84
宣城市经济开发区	10	12	4		5	14		34	28
宁国市	22	18	29	5	120	3	6	910	137
广德市	18	31	77	7	92	26		323	301

4-6 续表 57　　　　　　　　　　　　　　　　　　　　单位：人

地　区 性　别	生产制造及有关人员								
	纸及纸制品生产加工人员	印刷和记录媒介复制人员	文教、工美、体育和娱乐用品制造人　员	石油加工和炼焦、煤化工生产人员	化学原料和化学制品制造人　员	医药制造人　员	化学纤维制造人员	橡胶和塑料制品制造人员	非金属矿物制品制造人员
男	**1896**	**1755**	**2892**	**526**	**3673**	**1594**	**306**	**7252**	**9052**
合肥市	**273**	**398**	**203**	**21**	**423**	**187**	**86**	**1202**	**992**
瑶海区	4	27	11	2	83	15		75	46
庐阳区	17	74	14	1	13	11		25	38
蜀山区	14	20	15	1	26	20	1	74	38
包河区	10	37	16	1	21	23	2	44	29
长丰县	31	54	25	3	43	17	2	180	137
肥东县	34	27	29	9	57	14		92	157
肥西县	90	55	16		50	38	1	339	178
庐江县	14	24	34	2	28	4	41	36	142
合肥高新技术产业开发区	1	11	4		5	11		53	5
合肥经济技术开发区	35	25	16	1	36	22	1	184	19
合肥新站高新技术产业开发区	7	30	7	1	16	6		45	38
巢湖市	16	14	16		45	6	38	55	165
芜湖市	**131**	**94**	**174**	**10**	**160**	**96**	**9**	**506**	**896**
镜湖区	13	13	9		14	15		30	34
弋江区	4	6	6		6	13		54	44
鸠江区	13	4	4	3	36	8	1	106	93
三山区	44	13	6	4	5	16	1	24	58
芜湖县	12	2	15		10	3	1	114	52
繁昌县	14	12	79		29	12		19	208
南陵县	8	6	10	2	15	3		26	38
芜湖经济技术开发区	4	3	11		28	7		63	194
安徽芜湖长江大桥经济开发区	2				2		6	2	4
无为市	17	35	34	1	15	19		68	171
蚌埠市	**51**	**62**	**199**	**8**	**188**	**163**	**14**	**166**	**521**
龙子湖区	3	7	70		20	12	1	17	145
蚌山区		4	17		14	8		6	20
禹会区	6	12	9	1	54	32		14	116
淮上区	4	4	56		38	11	1	14	51
怀远县	19	11	16	3	15	4	1	43	66
五河县	3	8	6	2	10	4	2	14	44
固镇县	13	11	17	1	22	82	8	47	43
蚌埠市高新技术开发区	1	1	3		5	1		2	
蚌埠市经济开发区	2	4	5	1	10	9	1	9	36
淮南市	**83**	**54**	**80**	**44**	**181**	**59**	**7**	**184**	**378**
大通区	5	3	6	1	18	9		10	23
田家庵区	10	6	8	15	35	31		22	63
谢家集区	2	2	5		8	2	1	7	17
八公山区	3	1	7	3	16	1		5	20
潘集区	3			18	45	2	1	9	67
凤台县	14	3	10	4	17	4		11	40
寿县	46	39	44	3	42	10	5	120	148

4-6 续表 58　　单位：人

地区 性别	生产制造及有关人员								
	纸及纸制品生产加工人员	印刷和记录媒介复制人员	文教、工美、体育和娱乐用品制造人员	石油加工和炼焦、煤化工生产人员	化学原料和化学制品制造人员	医药制造人员	化学纤维制造人员	橡胶和塑料制品制造人员	非金属矿物制品制造人员
马鞍山市	**88**	**36**	**36**	**74**	**257**	**33**	**3**	**153**	**337**
花山区	46	12	8	21	79	2		35	38
雨山区	15	4	5	39	26	6		18	25
博望区	4	1	1			1	2	10	30
当涂县	17	5	8	3	19	14		46	116
含山县	2	9	9		21	6		20	74
和县	4	5	5	11	112	4	1	24	54
淮北市	**39**	**25**	**32**	**94**	**91**	**41**	**5**	**78**	**209**
杜集区	5	2	2	12	23	8	1	18	38
相山区	3	3	8	22	30	24		14	49
烈山区	6	1	3	34	8	3	1	7	15
濉溪县	25	19	19	26	30	6	3	39	107
铜陵市	**25**	**21**	**21**	**31**	**177**	**6**	**3**	**57**	**194**
铜官区	10	3	5	23	102	5	2	25	34
义安区	8	2	7	7	38	1		12	52
郊区	3	5		1	33		1	9	24
枞阳县	4	11	9		4			11	84
安庆市	**253**	**180**	**302**	**120**	**296**	**119**	**17**	**1264**	**842**
迎江区	12	8	4	17	47	15	2	14	17
大观区	1	7	1	46	65	12	6	9	21
宜秀区	3	3	3	3	19	5		46	45
怀宁县	44	22	19	1	20	12	1	131	80
太湖县	32	13	28	2	14	4		53	119
宿松县	25	20	23	7	19	2	1	39	167
望江县	10	7	27	3	24	11	3	26	70
岳西县	58	6	37	1	20	32	1	18	95
安徽安庆经济开发区	7	2	3	36	19	9	2	21	9
桐城市	36	83	139	2	24	4		844	86
潜山市	25	9	18	2	25	13	1	63	133
黄山市	**53**	**106**	**144**	**3**	**154**	**8**	**6**	**209**	**208**
屯溪区	1	5	49		9	3	3	13	33
黄山区		1	3	1	4	1		11	19
徽州区	2	55	17	1	66	1		46	25
歙县	36	32	33	1	64	3	2	111	56
休宁县	9	8	25		10		1	21	44
黟县		2	7					1	19
祁门县	5	3	10		1			6	12
滁州市	**199**	**209**	**542**	**14**	**586**	**69**	**39**	**786**	**1172**
琅琊区	13	10	7	2	13	4	5	60	17
南谯区	5	18	15		12	3	4	60	55
来安县	31	12	51	8	156	8	4	86	114
全椒县	36	22	127	1	57	6	3	69	78
定远县	27	33	56	2	195	6	10	110	94
凤阳县	17	11	44		15	6	2	64	549
苏滁现代产业园	1		1		4			15	5
滁州经济技术开发区	7	18	4	1	6	1	4	51	10
天长市	39	61	215		59	33	3	209	122
明光市	23	24	22		69	2	4	62	128

4-6 续表 59

单位：人

地 区 性 别	生产制造及有关人员								
	纸及纸制品生产加工人员	印刷和记录媒介复制人员	文教、工美、体育和娱乐用品制造人员	石油加工和炼焦、煤化工生产人员	化学原料和化学制品制造人员	医药制造人员	化学纤维制造人员	橡胶和塑料制品制造人员	非金属矿物制品制造人员
阜阳市	**170**	**177**	**453**	**27**	**329**	**160**	**64**	**847**	**787**
颍州区	11	19	10		16	23		16	27
颍东区	18	23	18	2	76	11		38	57
颍泉区	6	8	12		38	7	1	27	33
临泉县	41	38	65	4	61	11	8	105	192
太和县	32	36	161	5	40	68	8	203	131
阜南县	20	18	91	4	24	6	7	51	123
颍上县	35	23	66	11	52	20	5	109	167
阜阳合肥现代产业园区	1				1			3	7
阜阳经济技术开发区		3			7	3		1	9
界首市	6	9	30	1	14	11	35	294	41
宿州市	**112**	**98**	**232**	**17**	**118**	**61**	**19**	**291**	**420**
埇桥区	41	42	44	9	59	35	13	81	112
砀山县	8	6	11	2	18	4	3	53	44
萧县	35	17	27	5	14	9		84	139
灵璧县	13	14	101	1	13	3	2	46	66
泗县	7	13	42		11	2	1	23	47
宿州马鞍山现代产业园区	1		4						4
宿州经济技术开发区	7	6	3		3	8		4	8
六安市	**86**	**133**	**187**	**17**	**124**	**94**	**12**	**421**	**678**
金安区	19	34	40	3	29	8	1	102	133
裕安区	9	32	17	5	18	6	3	45	88
叶集区			2	1	3		1	2	13
霍邱县	20	16	39	1	24	6	2	52	115
舒城县	22	25	62	4	22	9	1	142	119
金寨县	8	10	15	2	14	39	2	34	116
霍山县	8	16	12	1	14	26	2	44	94
亳州市	**70**	**75**	**108**	**21**	**77**	**398**	**8**	**153**	**292**
谯城区	25	27	18	1	16	371	1	34	99
涡阳县	10	13	35	7	18	12	1	46	45
蒙城县	17	18	26	4	19	7	1	31	70
利辛县	18	17	29	9	24	8	5	42	78
池州市	**25**	**17**	**51**	**7**	**166**	**36**	**6**	**66**	**352**
贵池区	6	8	4	3	33	5	2	21	157
东至县	13	6	17	1	124	25		31	77
石台县			3			2	1	2	26
青阳县	4	2	25	3	6	4		10	80
池州市国家经济技术开发区								2	11
皖江江南新兴产业集中区	2	1	1		3		3		
九华山风景区			1						1
宣城市	**238**	**70**	**128**	**18**	**346**	**64**	**8**	**869**	**774**
宣州区	13	15	14	4	117	16		67	160
郎溪县	7	5	18	2	20	6	2	57	65
泾县	182	6	23	1	6	3	1	15	106
绩溪县	8	5	14		30	3		3	21
旌德县	4	1	9		1	13		8	57
宣城市经济开发区	6	9	2		5	7		15	26
宁国市	11	10	16	4	99		5	504	114
广德市	7	19	32	7	68	16		200	225

4-6　续表 60　　　　单位：人

地　区 性　别	生产制造及有关人员								
	纸及纸制品生产加工人员	印刷和记录媒介复制人员	文教、工美、体育和娱乐用品制造人　员	石油加工和炼焦、煤化工生产人员	化学原料和化学制品制造人　员	医药制造人　　员	化学纤维制造人员	橡胶和塑料制品制造人员	非金属矿物制品制造人员
女	**1838**	**1129**	**9612**	**107**	**1362**	**1405**	**370**	**5430**	**3136**
合肥市	**274**	**232**	**578**	**7**	**219**	**162**	**225**	**657**	**418**
瑶海区	8	15	12		25	6	1	22	8
庐阳区	27	51	6		4	8		18	12
蜀山区	7	14	11		7	28		31	12
包河区	8	19	10		2	24	1	12	10
长丰县	63	40	23	3	24	18	2	123	67
肥东县	43	21	99	2	58	15	1	68	72
肥西县	65	16	42		33	16		190	92
庐江县	13	15	279	1	16	5	176	36	51
合肥高新技术产业开发区	1	4	2		2	10		11	3
合肥经济技术开发区	21	11	7		16	20		78	4
合肥新站高新技术产业开发区	5	19	8		6	3		19	25
巢湖市	13	7	79	1	26	9	44	49	62
芜湖市	**111**	**53**	**275**	**5**	**43**	**102**	**7**	**374**	**238**
镜湖区	1	7	10		3	16	1	35	9
弋江区	9	5	1			10		48	10
鸠江区	14	5	9		11	12	1	58	27
三山区	31	11	5	2	3	22	2	23	10
芜湖县	11		144	1	6	2		87	23
繁昌县	16	7	34		3	15	1	5	52
南陵县	8	4	29	1	4	1		15	11
芜湖经济技术开发区	10	3	3		4	9		33	62
安徽芜湖长江大桥经济开发区	1				1	1	2	4	
无为市	10	11	40	1	8	14		66	34
蚌埠市	**67**	**34**	**172**	**3**	**57**	**90**	**4**	**135**	**234**
龙子湖区	6	3	32	1	2	9		12	96
蚌山区	4	2	10		4	4		3	18
禹会区	12	10	4		12	10	1	22	29
淮上区	9	2	26	2	9	14		8	36
怀远县	21	4	48		9	1		34	21
五河县	6	4	12		7	2	1	12	16
固镇县	8	3	34		5	43	2	36	9
蚌埠市高新技术开发区		1			3	1		2	2
蚌埠市经济开发区	1	5	6		6	6		6	7
淮南市	**94**	**41**	**116**	**6**	**87**	**67**	**7**	**126**	**116**
大通区	2	2	8		4	10	1	6	8
田家庵区	5	3	8	2	12	30		13	30
谢家集区	1	1	8		5	3	1	11	11
八公山区	5		8		3	3		3	5
潘集区	4		7	3	10	2	1	3	5
凤台县	26	1	28	1	5	1		19	14
寿县	51	34	49		48	18	4	71	43

4−6 续表 61 单位：人

地区 性别	生产制造及有关人员								
	纸及纸制品生产加工人员	印刷和记录媒介复制人员	文教、工美、体育和娱乐用品制造人员	石油加工和炼焦、煤化工生产人员	化学原料和化学制品制造人员	医药制造人员	化学纤维制造人员	橡胶和塑料制品制造人员	非金属矿物制品制造人员
马鞍山市	**51**	**29**	**56**	**9**	**69**	**36**	**3**	**110**	**102**
花山区	13	12	6	1	24	5	1	17	10
雨山区	5	3	4	2	5	4		14	8
博望区	6	4	6		1	1		10	13
当涂县	11	3	7		6	20	2	35	27
含山县	8	5	24	1	11	5		25	25
和县	8	2	9	5	22	1		9	19
淮北市	**44**	**17**	**67**	**13**	**34**	**19**	**1**	**58**	**56**
杜集区	1		7		6			13	10
相山区	9	7	11	7	9	8		11	5
烈山区	1		17	3	6	1		9	6
濉溪县	33	10	32	3	13	10	1	25	35
铜陵市	**34**	**18**	**18**	**8**	**34**	**16**	**1**	**62**	**37**
铜官区	16	4	2	7	24	6		12	10
义安区	13	1	8	1	5	4	1	13	8
郊区	2	3	1		4	5		14	6
枞阳县	3	10	7		1	1		23	13
安庆市	**276**	**94**	**168**	**29**	**76**	**83**	**10**	**1246**	**242**
迎江区	4	3	1	1	12	6	1	5	9
大观区	2	5	6	8	14	5	4	6	4
宜秀区	11	2	1	1	3		1	76	11
怀宁县	55	14	9		2	7	1	94	41
太湖县	7	12	20		1	7		40	24
宿松县	17	12	15	4	5			35	45
望江县	8	5	24	3	9	7	1	17	25
岳西县	116	6	30		4	22		14	16
安徽安庆经济开发区	7	1	3	12	11	2		17	6
桐城市	32	32	37		8	12		902	27
潜山市	17	2	22		7	15	2	40	34
黄山市	**49**	**29**	**133**		**39**	**14**	**3**	**115**	**45**
屯溪区	3	3	15		3	5		15	3
黄山区	2	2	10			4	2	12	3
徽州区	8	10	8		11	2		14	7
歙县	23	11	39		17	1	1	42	11
休宁县	8	2	46		6	2		19	8
黟县			5		1			6	7
祁门县	5	1	10		1			7	6
滁州市	**166**	**144**	**5373**	**5**	**231**	**43**	**26**	**582**	**522**
琅琊区	12	16	3		4	3	2	42	22
南谯区	11	12	5		7	1	6	54	29
来安县	25	17	274	3	90	9	1	76	32
全椒县	24	11	2185	1	11	4	2	36	15
定远县	25	18	127	1	61	7	4	60	36
凤阳县	13	8	136		10	3	3	48	313
苏滁现代产业园	1		1		2	1	1	17	1
滁州经济技术开发区	5	3	7		3		4	41	3
天长市	25	37	2480		22	13	2	162	38
明光市	25	22	155		21	2	1	46	33

4-6 续表 62　　单位：人

地区 性别	生产制造及有关人员								
	纸及纸制品生产加工人员	印刷和记录媒介复制人员	文教、工美、体育和娱乐用品制造人员	石油加工和炼焦、煤化工生产人员	化学原料和化学制品制造人员	医药制造人员	化学纤维制造人员	橡胶和塑料制品制造人员	非金属矿物制品制造人员
阜阳市	**188**	**125**	**727**	**6**	**161**	**151**	**52**	**613**	**296**
颍州区	27	11	22		6	11	1	8	5
颍东区	28	20	22	2	26	23	1	37	25
颍泉区	12	9	15		11	8	1	19	12
临泉县	38	21	121		45	14	3	90	71
太和县	25	17	298	1	29	56	4	183	62
阜南县	20	17	106		10	8	2	43	46
颍上县	27	22	83	2	30	16	3	96	59
阜阳合肥现代产业园区	1				1				2
阜阳经济技术开发区	2	2	1	1	1	5		4	4
界首市	8	6	59		2	10	37	133	10
宿州市	**97**	**64**	**798**	**5**	**54**	**38**	**9**	**225**	**184**
埇桥区	29	28	155	3	19	15	6	50	50
砀山县	10	6	22	2	4	4	1	35	24
萧县	34	5	99		10	7	1	58	60
灵璧县	8	10	323		6	2	1	54	28
泗县	9	12	194		10	6		25	20
宿州马鞍山现代产业园区	2		3						1
宿州经济技术开发区	5	3	2		5	4		3	1
六安市	**122**	**115**	**550**	**3**	**56**	**121**	**7**	**302**	**232**
金安区	37	33	61		8	11	1	46	46
裕安区	12	18	32	1	8	6		32	23
叶集区	1	2	18		1			1	2
霍邱县	23	7	117		11	6	1	55	42
舒城县	25	22	291	1	11	6	2	107	34
金寨县	11	15	24		10	16	3	22	21
霍山县	13	18	7	1	7	76		39	64
亳州市	**110**	**62**	**223**	**4**	**40**	**377**	**8**	**123**	**132**
谯城区	53	19	34		6	361	1	33	62
涡阳县	13	13	66	3	6	9	3	26	17
蒙城县	27	24	73		11	3	1	34	20
利辛县	17	6	50	1	17	4	3	30	33
池州市	**23**	**12**	**76**	**3**	**85**	**25**	**1**	**52**	**62**
贵池区	11	4	13	1	11	4		12	16
东至县	11	4	17	1	70	18		18	15
石台县		1	2			1		4	3
青阳县		3	42	1		1		16	24
池州市国家经济技术开发区						1		2	4
皖江江南新兴产业集中区	1		1		4		1		
九华山风景区			1						
宣城市	**132**	**60**	**282**	**1**	**77**	**61**	**6**	**650**	**220**
宣州区	13	6	37		17	13	2	44	49
郎溪县	1	8	79		7	3	3	30	21
泾县	80	14	54		1	1		11	19
绩溪县	3	6	42		6	4		11	3
旌德县	9	3	10		1	20		6	27
宣城市经济开发区	4	3	2			7		19	2
宁国市	11	8	13	1	21	3	1	406	23
广德市	11	12	45		24	10		123	76

4-6 续表 63

单位：人

地区 性别	生产制造及有关人员								
	采矿人员	金属冶炼和压延加工人员	机械制造基础加工人员	金属制品制造人员	通用设备制造人员	专用设备制造人员	汽车制造人员	铁路、船舶、航空设备制造人员	电气机械和器材制造人员
安徽	**13735**	**5878**	**30277**	**14334**	**6156**	**2499**	**11214**	**1661**	**12400**
合肥市	**432**	**584**	**4135**	**1636**	**928**	**510**	**2664**	**116**	**3800**
瑶海区	10	30	171	105	43	14	93	5	48
庐阳区	6	10	155	70	26	12	48	8	46
蜀山区	7	27	211	69	49	33	201	4	101
包河区	20	15	304	108	50	30	385	12	84
长丰县	15	178	645	242	126	50	310	3	296
肥东县	12	51	620	201	95	53	102	11	165
肥西县	6	63	952	231	268	134	642	12	1547
庐江县	314	79	246	229	70	23	95	10	173
合肥高新技术产业开发区	2	4	66	24	11	7	75	2	37
合肥经济技术开发区	3	29	341	111	105	61	610	4	1120
合肥新站高新技术产业开发区	7	7	146	93	29	64	48	12	133
巢湖市	30	91	278	153	56	29	55	33	50
芜湖市	**153**	**848**	**2596**	**866**	**765**	**140**	**2459**	**236**	**1973**
镜湖区	3	58	181	55	28	5	237	22	54
弋江区	3	136	140	54	30	9	245	7	75
鸠江区	43	52	335	107	58	20	524	58	273
三山区	2	171	251	47	21	31	89	100	213
芜湖县		47	548	168	143	24	437	15	402
繁昌县	56	195	358	37	46	7	54	11	89
南陵县	32	19	251	77	29	21	105	7	26
芜湖经济技术开发区		127	295	69	368	13	683	9	370
安徽芜湖长江大桥经济开发区	1	10	28	3	2	3	1	2	23
无为市	13	33	209	249	40	7	84	5	448
蚌埠市	**53**	**65**	**885**	**502**	**204**	**86**	**312**	**47**	**187**
龙子湖区	3	9	79	39	24		30	6	3
蚌山区	4		47	13	11	4	14	1	2
禹会区	10	3	134	52	43	21	51	4	37
淮上区	4	6	86	46	47	18	46	10	19
怀远县	3	27	159	110	17	15	78	5	60
五河县	18	5	191	131	37	11	43	4	36
固镇县	7	15	130	74	15	11	17	6	27
蚌埠市高新技术开发区	1		26	15	1	2	15		
蚌埠市经济开发区	3		33	22	9	4	18	11	3
淮南市	**5557**	**144**	**1167**	**486**	**286**	**123**	**222**	**35**	**319**
大通区	83	14	106	20	24	16	35	4	16
田家庵区	862	9	173	45	37	8	16	4	26
谢家集区	890	13	79	30	13	5	6		19
八公山区	475	2	26	10	10	6	5		10
潘集区	974	9	97	22	10	2	7		20
凤台县	2171	16	125	50	32	14	12	5	40
寿县	102	81	561	309	160	72	141	22	188

4-6　续表 64　　　　　　　　　　　　　　　　　　　　　　　　单位：人

地　区 性　别	生产制造及有关人员								
	采矿人员	金属冶炼和压延加工人员	机械制造基础加工人员	金属制品制造人员	通用设备制造人员	专用设备制造人员	汽车制造人员	铁路、船舶、航空设备制造人员	电气机械和器材制造人员
马鞍山市	**253**	**1336**	**2513**	**718**	**563**	**61**	**450**	**42**	**191**
花山区	84	479	385	85	99	12	55	3	19
雨山区	73	315	360	56	66	6	119	14	32
博望区	5	39	985	136	220	6	30		2
当涂县	75	358	369	225	85	17	170	9	88
含山县	8	122	313	173	43	18	49	4	19
和县	8	23	101	43	50	2	27	12	31
淮北市	**2993**	**91**	**832**	**239**	**93**	**74**	**166**	**22**	**415**
杜集区	761	15	226	31	11	15	17	2	17
相山区	766	13	140	29	11	5	12	4	23
烈山区	465	7	99	23	17	20	43	1	73
濉溪县	1001	56	367	156	54	34	94	15	302
铜陵市	**508**	**405**	**542**	**383**	**103**	**23**	**71**	**29**	**100**
铜官区	258	201	210	87	44	10	19	6	41
义安区	190	132	155	43	38	7	26	19	35
郊区	43	58	42	39	8	2	11		8
枞阳县	17	14	135	214	13	4	15	4	16
安庆市	**113**	**130**	**1729**	**1518**	**364**	**242**	**685**	**50**	**432**
迎江区	9	17	101	41	10	5	68	5	6
大观区	9	2	95	33	17	4	57	3	7
宜秀区	7	6	64	66	21	8	58	1	5
怀宁县	35	9	116	179	32	58	110	3	41
太湖县	2	19	172	196	47	62	41	13	105
宿松县	10	23	257	235	47	11	58	3	66
望江县	2	16	143	183	41	13	30	4	32
岳西县	9	8	110	159	30	9	56	4	41
安徽安庆经济开发区	10	2	106	43	37	8	104	2	6
桐城市	12	19	379	230	47	43	54	9	64
潜山市	8	9	186	153	35	21	49	3	59
黄山市	**37**	**65**	**603**	**419**	**122**	**54**	**316**	**20**	**77**
屯溪区	3	5	72	44	12	15	51	1	8
黄山区		5	46	38	8	1	2	3	1
徽州区	2	14	92	36	17	7	34	1	5
歙县	5	22	229	159	45	10	133	10	35
休宁县	21	13	120	89	23	7	88	2	12
黟县		4	15	8	9	6	1	1	1
祁门县	6	2	29	45	8	8	7	2	15
滁州市	**214**	**491**	**3369**	**1515**	**667**	**510**	**1061**	**619**	**1933**
琅琊区	30	14	134	66	34	14	55	2	167
南谯区	4	23	243	98	51	32	63	4	149
来安县	7	57	479	144	62	28	166	54	138
全椒县	9	29	517	164	137	21	97	6	90
定远县	66	50	358	288	145	37	223	32	291
凤阳县	14	11	380	272	41	6	84	2	50
苏滁现代产业园		2	67	26	1	4	95		34
滁州经济技术开发区	7	12	71	36	21	9	58	2	252
天长市	68	258	815	228	58	299	87	413	640
明光市	9	35	305	193	117	60	133	104	122

4－6 续表 65　　　　单位：人

地区 性别	生产制造及有关人员								
	采矿人员	金属冶炼和压延加工人员	机械制造基础加工人员	金属制品制造人员	通用设备制造人员	专用设备制造人员	汽车制造人员	铁路、船舶、航空设备制造人员	电气机械和器材制造人员
阜阳市	**982**	**317**	**2931**	**1866**	**514**	**211**	**594**	**168**	**1210**
颍州区	5	10	177	100	15	6	11	5	9
颍东区	84	14	242	87	40	16	35	6	46
颍泉区	7	7	209	156	33	22	28	14	31
临泉县	27	57	591	350	103	24	120	37	157
太和县	37	117	456	328	98	58	120	47	375
阜南县	18	22	343	345	68	19	73	16	87
颍上县	797	53	614	359	106	37	158	24	158
阜阳合肥现代产业园区	1	3	45	7	1		21		
阜阳经济技术开发区	1	1	50	26	7	2	12	1	4
界首市	5	33	204	108	43	27	16	18	343
宿州市	**1199**	**131**	**2269**	**776**	**316**	**142**	**352**	**124**	**377**
埇桥区	993	39	788	250	83	53	160	50	169
砀山县	16	26	180	77	38	18	47	23	62
萧县	162	31	766	178	94	36	60	30	41
灵璧县	4	8	305	145	43	22	33	7	54
泗县	4	26	184	116	54	11	49	10	38
宿州马鞍山现代产业园区			29	4	2	2		4	5
宿州经济技术开发区	20	1	17	6	2		3		8
六安市	**441**	**292**	**2508**	**1258**	**437**	**128**	**418**	**57**	**586**
金安区	16	52	698	400	108	21	82	5	115
裕安区	17	39	247	152	73	28	63	9	68
叶集区	4	8	86	29	10	6	4	3	6
霍邱县	355	85	248	142	97	36	72	15	98
舒城县	20	30	578	218	48	16	105	7	111
金寨县	19	35	283	240	21	12	48	10	62
霍山县	10	43	368	77	80	9	44	8	126
亳州市	**514**	**74**	**1162**	**708**	**164**	**39**	**215**	**39**	**138**
谯城区	6	39	176	123	40	10	16	4	33
涡阳县	206	16	504	269	39	11	41	20	34
蒙城县	234	10	260	155	64	11	101	7	44
利辛县	68	9	222	161	21	7	57	8	27
池州市	**147**	**397**	**664**	**482**	**116**	**39**	**120**	**39**	**210**
贵池区	107	302	283	88	48	17	54	20	56
东至县	10	21	165	245	29	9	43	17	18
石台县	2	3	10	6	1		1		2
青阳县	28	21	182	74	31	7	22	2	132
池州市国家经济技术开发区		12	7	17	6	2			
皖江江南新兴产业集中区		38	14	48	1	2			2
九华山风景区			3	4		2			
宣城市	**139**	**508**	**2372**	**962**	**514**	**117**	**1109**	**18**	**452**
宣州区	59	68	262	177	69	13	148	7	55
郎溪县	13	94	473	133	84	26	53	2	44
泾县	5	50	207	53	37	13	11		81
绩溪县	5	24	117	31	85	13	65		2
旌德县	10	10	39	61	11	4	2	1	8
宣城市经济开发区	2	30	118	57	20	4	107	1	83
宁国市	24	150	658	182	80	11	487	3	95
广德市	21	82	498	268	128	33	236	4	84

4-6　续表 66　　　　　　　　　　　　　　　　　　　　　　　　　　　　单位：人

地　区 性　别	生产制造及有关人员								
	采矿人员	金属冶炼和压延加工人员	机械制造基础加工人　员	金属制品制造人员	通用设备制造人员	专用设备制造人员	汽车制造人　员	铁路、船舶、航空设备制造人　员	电气机械和器材制造人员
男	**13068**	**4932**	**25592**	**10309**	**4859**	**1405**	**7552**	**1166**	**7357**
合肥市	**382**	**457**	**3482**	**1223**	**734**	**341**	**1916**	**100**	**2288**
瑶海区	8	26	149	88	37	12	78	4	31
庐阳区	5	8	128	56	18	8	38	6	30
蜀山区	6	15	190	56	44	26	161	4	49
包河区	11	13	264	82	44	22	303	11	59
长丰县	14	144	554	172	93	28	193	2	145
肥东县	11	38	506	152	79	33	72	11	88
肥西县	6	50	784	163	199	90	457	9	933
庐江县	281	55	204	175	60	15	65	8	103
合肥高新技术产业开发区	2	4	53	20	10	4	60	2	26
合肥经济技术开发区	3	22	297	85	84	42	415	4	723
合肥新站高新技术产业开发区	6	5	126	60	25	42	34	12	77
巢湖市	29	77	227	114	41	19	40	27	24
芜湖市	**139**	**747**	**2210**	**637**	**572**	**97**	**1615**	**203**	**1242**
镜湖区	2	53	157	41	22	4	166	18	36
弋江区	3	117	128	40	28	5	165	7	52
鸠江区	42	42	283	87	46	14	305	53	154
三山区	2	158	216	24	19	27	64	83	119
芜湖县		40	429	104	108	16	282	11	175
繁昌县	48	167	316	16	34	5	43	9	70
南陵县	28	18	219	60	23	9	76	6	12
芜湖经济技术开发区		117	252	54	256	8	450	9	253
安徽芜湖长江大桥经济开发区	1	8	27	2	2	3		2	14
无为市	13	27	183	209	34	6	64	5	357
蚌埠市	**45**	**53**	**777**	**334**	**167**	**59**	**169**	**37**	**96**
龙子湖区	3	4	78	28	20		17	4	2
蚌山区	3		38	9	7	4	7	1	1
禹会区	8	3	118	38	37	13	28	4	17
淮上区	2	6	80	25	36	11	13	6	10
怀远县	3	23	140	74	13	8	48	4	31
五河县	15	4	160	84	31	9	25	3	21
固镇县	7	13	116	52	13	9	13	5	11
蚌埠市高新技术开发区	1		19	10	1	2	6		
蚌埠市经济开发区	3		28	14	9	3	12	10	3
淮南市	**5389**	**119**	**1023**	**334**	**217**	**70**	**149**	**24**	**191**
大通区	82	11	101	17	17	12	25	4	10
田家庵区	799	7	164	33	32	4	12	3	17
谢家集区	871	12	71	20	12	4	5		12
八公山区	463	1	25	7	6	3	3		8
潘集区	956	9	90	13	9	1	5		11
凤台县	2119	14	103	38	28	10	7	3	17
寿县	99	65	469	206	113	36	92	14	116

4-6 续表 67

单位：人

地区 性别	生产制造及有关人员								
	采矿人员	金属冶炼和压延加工人员	机械制造基础加工人员	金属制品制造人员	通用设备制造人员	专用设备制造人员	汽车制造人员	铁路、船舶、航空设备制造人员	电气机械和器材制造人员
马鞍山市	**215**	**1178**	**2204**	**537**	**481**	**48**	**317**	**37**	**116**
花山区	71	437	345	70	92	12	44	3	15
雨山区	60	287	335	46	63	5	96	14	17
博望区	4	32	862	108	183	6	21		1
当涂县	65	311	326	158	71	10	103	7	51
含山县	8	92	254	122	34	13	33	2	10
和县	7	19	82	33	38	2	20	11	22
淮北市	**2887**	**69**	**771**	**185**	**81**	**44**	**92**	**16**	**245**
杜集区	742	12	214	27	11	15	13	1	10
相山区	708	11	131	23	10	4	10	4	16
烈山区	449	7	92	21	13	7	20		44
濉溪县	988	39	334	114	47	18	49	11	175
铜陵市	**438**	**360**	**467**	**317**	**83**	**20**	**46**	**25**	**69**
铜官区	212	180	178	80	40	9	11	6	28
义安区	168	118	133	35	28	6	16	16	24
郊区	42	52	38	32	8	2	8		6
枞阳县	16	10	118	170	7	3	11	3	11
安庆市	**99**	**108**	**1431**	**1116**	**291**	**100**	**513**	**41**	**244**
迎江区	8	14	87	32	9	3	54	5	5
大观区	7	2	82	25	13	3	48	3	5
宜秀区	7	5	62	51	18	2	46	1	3
怀宁县	29	8	90	136	25	30	78	3	22
太湖县	2	17	159	120	36	16	32	8	61
宿松县	10	18	213	185	35	6	42	3	42
望江县	2	13	118	141	32	7	23	3	18
岳西县	9	7	95	121	23	5	37	4	21
安徽安庆经济开发区	6	1	92	36	34	6	81		3
桐城市	11	15	274	157	34	17	39	8	24
潜山市	8	8	159	112	32	5	33	3	40
黄山市	**36**	**53**	**495**	**309**	**91**	**38**	**142**	**13**	**42**
屯溪区	3	4	57	36	10	11	21	1	7
黄山区		4	37	24	5	1	2	3	1
徽州区	2	10	81	26	15	4	14		4
歙县	5	18	192	120	33	7	62	5	16
休宁县	20	12	92	59	16	2	38	1	9
黟县		3	12	6	6	5		1	1
祁门县	6	2	24	38	6	8	5	2	4
滁州市	**177**	**372**	**2669**	**1050**	**516**	**230**	**728**	**322**	**1118**
琅琊区	24	9	115	49	30	11	33	1	89
南谯区	3	18	213	77	46	22	47	4	80
来安县	6	45	393	104	51	13	108	37	85
全椒县	8	25	424	124	109	13	77	5	63
定远县	55	40	301	192	110	26	147	21	145
凤阳县	11	8	306	169	27	6	52	2	29
苏滁现代产业园		2	52	24	1		65		20
滁州经济技术开发区	7	9	63	21	18	6	38	1	95
天长市	57	190	548	171	44	95	74	180	441
明光市	6	26	254	119	80	38	87	71	71

4-6　续表 68　　　　单位：人

地　区 性　别	生产制造及有关人员								
	采矿人员	金属冶炼和压延加工人员	机械制造基础加工人员	金属制品制造人员	通用设备制造人员	专用设备制造人员	汽车制造人员	铁路、船舶、航空设备制造人员	电气机械和器材制造人员
阜阳市	**958**	**265**	**2494**	**1289**	**416**	**97**	**405**	**132**	**708**
颍州区	4	9	155	71	11	4	10	5	4
颍东区	83	11	218	58	32	7	18	5	20
颍泉区	5	7	178	108	26	2	21	12	16
临泉县	25	41	479	246	85	14	85	29	81
太和县	32	102	392	230	77	28	85	40	221
阜南县	17	20	293	230	58	13	44	11	48
颍上县	785	45	509	240	84	15	104	14	76
阜阳合肥现代产业园区	1	3	44	6	1		17		
阜阳经济技术开发区	1	1	50	17	6	1	8	1	1
界首市	5	26	176	83	36	13	13	15	241
宿州市	**1143**	**110**	**2015**	**506**	**246**	**77**	**239**	**97**	**228**
埇桥区	944	33	688	165	71	27	110	36	98
砀山县	14	20	163	56	31	12	33	20	35
萧县	159	28	706	126	65	23	42	24	29
灵璧县	4	6	264	81	34	10	18	7	30
泗县	4	22	153	71	42	4	35	9	25
宿州马鞍山现代产业园区			27	3	2	1		1	4
宿州经济技术开发区	18	1	14	4	1		1		7
六安市	**402**	**235**	**1985**	**891**	**345**	**76**	**281**	**38**	**309**
金安区	14	45	562	281	91	13	60	4	66
裕安区	17	34	205	108	61	16	51	7	42
叶集区	3	8	71	19	8		3	2	5
霍邱县	321	68	205	95	67	25	43	10	56
舒城县	19	21	430	153	39	9	63	4	49
金寨县	18	22	221	179	16	7	29	6	38
霍山县	10	37	291	56	63	6	32	5	53
亳州市	**501**	**45**	**1011**	**511**	**129**	**20**	**144**	**33**	**74**
谯城区	6	22	155	90	37	4	12	4	19
涡阳县	204	9	433	188	26	7	27	17	15
蒙城县	224	8	224	115	52	6	63	5	24
利辛县	67	6	199	118	14	3	42	7	16
池州市	**135**	**341**	**562**	**346**	**99**	**21**	**83**	**35**	**130**
贵池区	99	262	244	68	41	10	37	19	37
东至县	9	18	130	176	28	6	30	14	12
石台县	2	3	9	5	1				
青阳县	25	19	161	52	22	1	16	2	79
池州市国家经济技术开发区		10	7	12	6	2			
皖江江南新兴产业集中区		29	8	32	1	2			2
九华山风景区			3	1					
宣城市	**122**	**420**	**1996**	**724**	**391**	**67**	**713**	**13**	**257**
宣州区	50	54	232	133	53	8	105	6	31
郎溪县	9	75	390	94	67	20	32	2	15
泾县	5	42	188	42	35	7	6		57
绩溪县	4	21	92	23	55	3	38		1
旌德县	8	8	31	50	8	2		1	5
宣城市经济开发区	2	21	105	43	16	2	77		60
宁国市	24	130	554	143	64	6	301	3	43
广德市	20	69	404	196	93	19	154	1	45

4-6 续表 69　　单位：人

地区 性别	生产制造及有关人员								
	采矿人员	金属冶炼和压延加工人员	机械制造基础加工人员	金属制品制造人员	通用设备制造人员	专用设备制造人员	汽车制造人员	铁路、船舶、航空设备制造人员	电气机械和器材制造人员
女	**667**	**946**	**4685**	**4025**	**1297**	**1094**	**3662**	**495**	**5043**
合肥市	**50**	**127**	**653**	**413**	**194**	**169**	**748**	**16**	**1512**
瑶海区	2	4	22	17	6	2	15	1	17
庐阳区	1	2	27	14	8	4	10	2	16
蜀山区	1	12	21	13	5	7	40		52
包河区	9	2	40	26	6	8	82	1	25
长丰县	1	34	91	70	33	22	117	1	151
肥东县	1	13	114	49	16	20	30		77
肥西县		13	168	68	69	44	185	3	614
庐江县	33	24	42	54	10	8	30	2	70
合肥高新技术产业开发区			13	4	1	3	15		11
合肥经济技术开发区		7	44	26	21	19	195		397
合肥新站高新技术产业开发区	1	2	20	33	4	22	14		56
巢湖市	1	14	51	39	15	10	15	6	26
芜湖市	**14**	**101**	**386**	**229**	**193**	**43**	**844**	**33**	**731**
镜湖区	1	5	24	14	6	1	71	4	18
弋江区		19	12	14	2	4	80		23
鸠江区	1	10	52	20	12	6	219	5	119
三山区		13	35	23	2	4	25	17	94
芜湖县		7	119	64	35	8	155	4	227
繁昌县	8	28	42	21	12	2	11	2	19
南陵县	4	1	32	17	6	12	29	1	14
芜湖经济技术开发区		10	43	15	112	5	233		117
安徽芜湖长江大桥经济开发区		2	1	1			1		9
无为市		6	26	40	6	1	20		91
蚌埠市	**8**	**12**	**108**	**168**	**37**	**27**	**143**	**10**	**91**
龙子湖区		5	1	11	4		13	2	1
蚌山区	1		9	4	4		7		1
禹会区	2		16	14	6	8	23		20
淮上区	2		6	21	11	7	33	4	9
怀远县		4	19	36	4	7	30	1	29
五河县	3	1	31	47	6	2	18	1	15
固镇县		2	14	22	2	2	4	1	16
蚌埠市高新技术开发区			7	5			9		
蚌埠市经济开发区			5	8		1	6	1	
淮南市	**168**	**25**	**144**	**152**	**69**	**53**	**73**	**11**	**128**
大通区	1	3	5	3	7	4	10		6
田家庵区	63	2	9	12	5	4	4	1	9
谢家集区	19	1	8	10	1	1	1		7
八公山区	12	1	1	3	4	3	2		2
潘集区	18		7	9	1	1	2		9
凤台县	52	2	22	12	4	4	5	2	23
寿县	3	16	92	103	47	36	49	8	72

4-6　续表 70

单位：人

地　区 性　别	生产制造及有关人员								
	采矿人员	金属冶炼和压延加工人员	机械制造基础加工人　员	金属制品制造人员	通用设备制造人员	专用设备制造人员	汽车制造人　员	铁路、船舶、航空设备制造人　员	电气机械和器材制造人员
马鞍山市	**38**	**158**	**309**	**181**	**82**	**13**	**133**	**5**	**75**
花山区	13	42	40	15	7		11		4
雨山区	13	28	25	10	3	1	23		15
博望区	1	7	123	28	37		9		1
当涂县	10	47	43	67	14	7	67	2	37
含山县		30	59	51	9	5	16	2	9
和县	1	4	19	10	12		7	1	9
淮北市	**106**	**22**	**61**	**54**	**12**	**30**	**74**	**6**	**170**
杜集区	19	3	12	4			4	1	7
相山区	58	2	9	6	1	1	2		7
烈山区	16		7	2	4	13	23	1	29
濉溪县	13	17	33	42	7	16	45	4	127
铜陵市	**70**	**45**	**75**	**66**	**20**	**3**	**25**	**4**	**31**
铜官区	46	21	32	7	4	1	8		13
义安区	22	14	22	8	10	1	10	3	11
郊区	1	6	4	7			3		2
枞阳县	1	4	17	44	6	1	4	1	5
安庆市	**14**	**22**	**298**	**402**	**73**	**142**	**172**	**9**	**188**
迎江区	1	3	14	9	1	2	14		1
大观区	2		13	8	4	1	9		2
宜秀区		1	2	15	3	6	12		2
怀宁县	6	1	26	43	7	28	32		19
太湖县		2	13	76	11	46	9	5	44
宿松县		5	44	50	12	5	16		24
望江县		3	25	42	9	6	7	1	14
岳西县		1	15	38	7	4	19		20
安徽安庆经济开发区	4	1	14	7	3	2	23	2	3
桐城市	1	4	105	73	13	26	15	1	40
潜山市		1	27	41	3	16	16		19
黄山市	**1**	**12**	**108**	**110**	**31**	**16**	**174**	**7**	**35**
屯溪区		1	15	8	2	4	30		1
黄山区		1	9	14	3				
徽州区		4	11	10	2	3	20	1	1
歙县		4	37	39	12	3	71	5	19
休宁县	1	1	28	30	7	5	50	1	3
黟县		1	3	2	3	1	1		
祁门县			5	7	2		2		11
滁州市	**37**	**119**	**700**	**465**	**151**	**280**	**333**	**297**	**815**
琅琊区	6	5	19	17	4	3	22	1	78
南谯区	1	5	30	21	5	10	16		69
来安县	1	12	86	40	11	15	58	17	53
全椒县	1	4	93	40	28	8	20	1	27
定远县	11	10	57	96	35	11	76	11	146
凤阳县	3	3	74	103	14		32		21
苏滁现代产业园			15	2		4	30		14
滁州经济技术开发区		3	8	15	3	3	20	1	157
天长市	11	68	267	57	14	204	13	233	199
明光市	3	9	51	74	37	22	46	33	51

4-6 续表 71

单位：人

地区 性别	生产制造及有关人员								
	采矿人员	金属冶炼和压延加工人员	机械制造基础加工人员	金属制品制造人员	通用设备制造人员	专用设备制造人员	汽车制造人员	铁路、船舶、航空设备制造人员	电气机械和器材制造人员
阜阳市	**24**	**52**	**437**	**577**	**98**	**114**	**189**	**36**	**502**
颍州区	1	1	22	29	4	2	1		5
颍东区	1	3	24	29	8	9	17	1	26
颍泉区	2		31	48	7	20	7	2	15
临泉县	2	16	112	104	18	10	35	8	76
太和县	5	15	64	98	21	30	35	7	154
阜南县	1	2	50	115	10	6	29	5	39
颍上县	12	8	105	119	22	22	54	10	82
阜阳合肥现代产业园区			1	1			4		
阜阳经济技术开发区				9	1	1	4		3
界首市		7	28	25	7	14	3	3	102
宿州市	**56**	**21**	**254**	**270**	**70**	**65**	**113**	**27**	**149**
埇桥区	49	6	100	85	12	26	50	14	71
砀山县	2	6	17	21	7	6	14	3	27
萧县	3	3	60	52	29	13	18	6	12
灵璧县		2	41	64	9	12	15		24
泗县		4	31	45	12	7	14	1	13
宿州马鞍山现代产业园区			2	1		1		3	1
宿州经济技术开发区	2		3	2	1		2		1
六安市	**39**	**57**	**523**	**367**	**92**	**52**	**137**	**19**	**277**
金安区	2	7	136	119	17	8	22	1	49
裕安区		5	42	44	12	12	12	2	26
叶集区	1		15	10	2	6	1	1	1
霍邱县	34	17	43	47	30	11	29	5	42
舒城县	1	9	148	65	9	7	42	3	62
金寨县	1	13	62	61	5	5	19	4	24
霍山县		6	77	21	17	3	12	3	73
亳州市	**13**	**29**	**151**	**197**	**35**	**19**	**71**	**6**	**64**
谯城区		17	21	33	3	6	4		14
涡阳县	2	7	71	81	13	4	14	3	19
蒙城县	10	2	36	40	12	5	38	2	20
利辛县	1	3	23	43	7	4	15	1	11
池州市	**12**	**56**	**102**	**136**	**17**	**18**	**37**	**4**	**80**
贵池区	8	40	39	20	7	7	17	1	19
东至县	1	3	35	69	1	3	13	3	6
石台县			1	1			1		2
青阳县	3	2	21	22	9	6	6		53
池州市国家经济技术开发区		2		5					
皖江江南新兴产业集中区		9	6	16					
九华山风景区				3		2			
宣城市	**17**	**88**	**376**	**238**	**123**	**50**	**396**	**5**	**195**
宣州区	9	14	30	44	16	5	43	1	24
郎溪县	4	19	83	39	17	6	21		29
泾县		8	19	11	2	6	5		24
绩溪县	1	3	25	8	30	10	27		1
旌德县	2	2	8	11	3	2	2		3
宣城市经济开发区		9	13	14	4	2	30	1	23
宁国市		20	104	39	16	5	186		52
广德市	1	13	94	72	35	14	82	3	39

4-6 续表 72

单位：人

地区 性别	生产制造及有关人员								不便分类的其他从业人员
	计算机、通信和其他电子设备制造人员	仪器仪表制造人员	废弃资源综合利用人员	电力、热力、气体、水生产和输配人员	建筑施工人员	运输设备和通用工程机械操作人员及有关人员	生产辅助人员	其他生产制造及有关人员	
安　徽	**42224**	**676**	**2348**	**3122**	**361204**	**23592**	**68647**	**4109**	**4593**
合肥市	**8629**	**62**	**218**	**384**	**54785**	**4148**	**11152**	**394**	**859**
瑶海区	410	6	8	23	3944	274	791	38	89
庐阳区	257		5	20	1939	201	579	45	60
蜀山区	540	6	4	30	1906	194	844	19	175
包河区	463	6	50	38	5218	371	1205	29	353
长丰县	570	4	30	34	5604	821	949	69	5
肥东县	615	9	48	50	13203	725	1245	27	77
肥西县	1497	8	17	32	6221	471	1717	22	19
庐江县	674	9	37	88	8740	362	724	21	4
合肥高新技术产业开发区	889	1	2	5	771	70	472	34	3
合肥经济技术开发区	862	3	4	12	1446	209	1117	33	22
合肥新站高新技术产业开发区	1648	7	6	9	1996	161	877	39	32
巢湖市	204	3	7	43	3797	289	632	18	20
芜湖市	**3183**	**28**	**145**	**204**	**21061**	**1441**	**5533**	**613**	**141**
镜湖区	223	5	1	39	1239	121	491	14	1
弋江区	390	1	1	13	1230	113	470	13	19
鸠江区	284		12	23	2583	197	665	79	18
三山区	91		1	6	682	85	480	47	5
芜湖县	941	4	2	14	2608	139	652	194	17
繁昌县	53	12	7	54	1374	302	786	14	4
南陵县	196	2	3	18	4669	135	315	164	7
芜湖经济技术开发区	480	3		12	410	81	820	37	10
安徽芜湖长江大桥经济开发区	5			1	169	14	59		
无为市	520	1	118	24	6097	254	795	51	60
蚌埠市	**1490**	**25**	**31**	**166**	**10440**	**883**	**2284**	**134**	**143**
龙子湖区	86	3	2	16	724	82	285	12	24
蚌山区	65	2	2	9	633	71	153	3	12
禹会区	339	11	4	22	994	121	364	25	13
淮上区	220	3	4	10	1677	69	240	19	14
怀远县	208	1	4	29	1969	202	352	17	11
五河县	171		5	13	1973	130	301	39	23
固镇县	91	4	6	35	1911	119	244	9	22
蚌埠市高新技术开发区	240	1	1	5	157	11	92	6	11
蚌埠市经济开发区	70		3	27	402	78	253	4	13
淮南市	**1460**	**19**	**44**	**411**	**9413**	**1235**	**3856**	**115**	**131**
大通区	28	1	2	28	695	78	228	14	4
田家庵区	148	7	22	200	2004	275	1038	10	45
谢家集区	80		1	11	500	76	188	12	1
八公山区	40	1	1	20	175	66	248	8	17
潘集区	88	3	4	60	1240	122	379	3	15
凤台县	172		2	57	1583	265	708	10	8
寿县	904	7	12	35	3216	353	1067	58	41

4-6 续表 73

单位：人

地区 性别	生产制造及有关人员								不便分类的其他从业人员
	计算机、通信和其他电子设备制造人员	仪器仪表制造人员	废弃资源综合利用人员	电力、热力、气体、水生产和输配人员	建筑施工人员	运输设备和通用工程机械操作人员及有关人员	生产辅助人员	其他生产制造及有关人员	
马鞍山市	**1508**	**39**	**93**	**213**	**10865**	**1170**	**3625**	**327**	**264**
花山区	217	9	12	100	921	385	1071	25	36
雨山区	153	8	14	59	942	295	900	7	18
博望区	171		14	9	575	45	294	29	27
当涂县	579	19	12	23	3439	192	517	241	111
含山县	222	2	5	8	3477	144	535	7	65
和县	166	1	36	14	1511	109	308	18	7
淮北市	**962**	**7**	**43**	**162**	**8616**	**820**	**3056**	**72**	**172**
杜集区	88	1	2	21	937	136	488	9	11
相山区	94	3	2	64	1551	216	1024	12	67
烈山区	226			43	1023	158	485	10	15
濉溪县	554	3	39	34	5105	310	1059	41	79
铜陵市	**928**	**9**	**33**	**119**	**6116**	**548**	**1482**	**96**	**100**
铜官区	578	8	13	75	1071	250	802	35	43
义安区	231		8	18	1398	116	264	31	37
郊区	52		6	24	578	68	201	24	4
枞阳县	67	1	6	2	3069	114	215	6	16
安庆市	**2271**	**22**	**148**	**202**	**36275**	**1548**	**5658**	**864**	**637**
迎江区	71	4		18	942	108	334	21	41
大观区	62	4	2	16	545	80	352	9	14
宜秀区	62		2	6	1396	88	250	21	39
怀宁县	380	1	11	14	4586	124	531	35	123
太湖县	281	1	21	19	4207	169	480	40	84
宿松县	364		66	30	5767	203	910	38	14
望江县	150		8	14	5991	126	491	37	41
岳西县	252	3	6	30	2654	139	316	19	35
安徽安庆经济开发区	82	2	16	16	691	73	271	15	65
桐城市	368	4	7	19	6054	283	1101	324	93
潜山市	199	3	9	20	3442	155	622	305	88
黄山市	**819**	**36**	**18**	**52**	**10875**	**546**	**1724**	**107**	**90**
屯溪区	147	3	7	10	1066	118	282	13	13
黄山区	49			4	1381	65	169	2	
徽州区	30	2	1	13	817	38	236	17	
歙县	244	29	5	10	3486	135	572	46	10
休宁县	195	1	5	9	2005	87	252	13	14
黟县	45	1		3	674	44	41	2	52
祁门县	109			3	1446	59	172	14	1
滁州市	**6990**	**304**	**96**	**240**	**25196**	**2097**	**6795**	**406**	**293**
琅琊区	377	4	5	10	1279	121	446	52	72
南谯区	464	3	16	19	2535	262	475	31	40
来安县	501	5	9	48	3098	283	690	23	10
全椒县	469	3	15	16	3043	217	643	101	34
定远县	834	17	6	54	4212	320	924	33	22
凤阳县	289		15	19	3623	311	935	36	60
苏滁现代产业园	259	2		1	346	10	236		
滁州经济技术开发区	1814	2	5	4	630	82	436	31	15
天长市	1314	261	5	36	4374	260	1539	92	21
明光市	669	7	20	33	2056	231	471	7	19

4-6 续表 74

单位：人

地区 性别	生产制造及有关人员								不便分类的其他从业人员
	计算机、通信和其他电子设备制造人员	仪器仪表制造人员	废弃资源综合利用人员	电力、热力、气体、水生产和输配人员	建筑施工人员	运输设备和通用工程机械操作人员及有关人员	生产辅助人员	其他生产制造及有关人员	
阜阳市	**4976**	**50**	**1032**	**208**	**54552**	**2784**	**5810**	**329**	**761**
颍州区	87	1	10	18	4571	234	428	9	50
颍东区	216	3	10	22	4562	301	636	13	17
颍泉区	240	4	2	20	5534	205	379	10	43
临泉县	1480	13	430	45	11585	540	1010	65	223
太和县	948	12	378	23	9497	311	678	93	89
阜南县	762	5	74	21	7191	402	709	67	204
颍上县	1076	10	78	35	7603	588	1195	53	108
阜阳合肥现代产业园区	9		1	1	292	30	37	1	6
阜阳经济技术开发区	22			6	701	39	99	2	4
界首市	136	2	49	17	3016	134	639	16	17
宿州市	**2487**	**18**	**62**	**177**	**28051**	**1516**	**4297**	**87**	**129**
埇桥区	888	8	11	66	9441	567	2269	9	15
砀山县	293	2	5	26	2360	176	477	19	17
萧县	609	6	3	50	6401	293	695	10	14
灵璧县	291		34	20	4739	222	394	25	25
泗县	353	2	9	12	4464	215	336	16	56
宿州马鞍山现代产业园区	41				295	19	31	1	
宿州经济技术开发区	12			3	351	24	95	7	2
六安市	**2753**	**28**	**204**	**211**	**35415**	**1960**	**3952**	**233**	**501**
金安区	270	7	15	24	5174	282	740	72	254
裕安区	303	3	62	34	8428	295	453	47	66
叶集区	27		5	23	1022	78	207	7	50
霍邱县	396	4	67	33	4833	434	625	46	45
舒城县	1135	9	22	26	8783	379	858	31	18
金寨县	377	3	23	30	4905	281	507	10	46
霍山县	245	2	10	41	2270	211	562	20	22
亳州市	**1368**	**6**	**97**	**100**	**27573**	**988**	**3225**	**79**	**210**
谯城区	443	2	8	25	8811	308	1981	18	73
涡阳县	360	1	27	30	6468	243	457	25	65
蒙城县	263	1	57	24	5498	334	487	28	45
利辛县	302	2	5	21	6796	103	300	8	27
池州市	**624**	**8**	**29**	**79**	**8549**	**706**	**1815**	**105**	**29**
贵池区	171		16	41	2800	333	794	18	
东至县	229	1	9	21	3914	225	545	50	12
石台县	10	2		5	411	41	58	10	
青阳县	123	5	4	10	1215	93	292	13	12
池州市国家经济技术开发区	87				88	7	34	5	4
皖江江南新兴产业集中区	3			2	30	4	72	8	1
九华山风景区	1				91	3	20	1	
宣城市	**1776**	**15**	**55**	**194**	**13422**	**1202**	**4383**	**148**	**133**
宣州区	207	2	8	39	3163	284	779	24	42
郎溪县	145	2	3	51	2560	166	484	12	2
泾县	75	2	6	20	1406	116	293	10	10
绩溪县	48			6	753	35	193	1	
旌德县	35			1	629	28	73	4	
宣城市经济开发区	93	1	6	7	438	57	228	4	
宁国市	438	5	7	30	1458	185	1277	44	6
广德市	735	3	25	40	3015	331	1056	49	73

4－6 续表 75

单位：人

地区 性别	生产制造及有关人员								不便分类的其他从业人员
	计算机、通信和其他电子设备制造人员	仪器仪表制造人员	废弃资源综合利用人员	电力、热力、气体、水生产和输配人员	建筑施工人员	运输设备和通用工程机械操作人员及有关人员	生产辅助人员	其他生产制造及有关人员	
男	**24199**	**424**	**1537**	**2653**	**315827**	**21682**	**44897**	**2367**	**2886**
合肥市	**5491**	**45**	**151**	**311**	**47381**	**3801**	**7525**	**257**	**543**
瑶海区	267	6	6	18	3288	244	610	23	59
庐阳区	175		4	15	1720	193	415	38	45
蜀山区	351	5	3	22	1673	188	625	13	110
包河区	317	4	34	32	4552	340	846	19	222
长丰县	320	4	22	28	4870	777	592	43	5
肥东县	350	7	33	39	10855	633	755	16	43
肥西县	846	5	10	24	5462	425	1114	14	9
庐江县	400	6	28	77	7844	340	499	14	3
合肥高新技术产业开发区	601			5	704	63	314	16	3
合肥经济技术开发区	517	1	3	10	1322	193	724	26	15
合肥新站高新技术产业开发区	1252	6	5	7	1750	139	598	25	19
巢湖市	95	1	3	34	3341	266	433	10	10
芜湖市	**1954**	**21**	**110**	**173**	**19331**	**1305**	**3863**	**379**	**93**
镜湖区	139	3		32	1087	109	377	8	
弋江区	244	1	1	8	1105	108	339	12	15
鸠江区	161		8	20	2347	185	435	34	12
三山区	57		1	6	644	79	326	31	4
芜湖县	482	1	1	12	2394	122	366	106	11
繁昌县	42	12	6	46	1266	261	590	7	2
南陵县	135	2	3	16	4323	121	180	129	5
芜湖经济技术开发区	312	2		12	372	73	590	20	3
安徽芜湖长江大桥经济开发区	4			1	162	12	40		
无为市	378		90	20	5631	235	620	32	41
蚌埠市	**805**	**19**	**26**	**142**	**9270**	**818**	**1442**	**85**	**95**
龙子湖区	55	2	2	14	635	77	157	8	18
蚌山区	39	1	2	7	540	61	113	2	10
禹会区	155	8	3	16	892	111	235	16	8
淮上区	97	3	4	9	1505	64	126	10	9
怀远县	105	1	3	26	1763	189	225	14	5
五河县	98		5	12	1733	122	209	22	17
固镇县	53	3	3	34	1708	110	130	6	13
蚌埠市高新技术开发区	161	1	1	4	138	11	47	3	8
蚌埠市经济开发区	42		3	20	356	73	200	4	7
淮南市	**822**	**13**	**35**	**332**	**8465**	**1148**	**2918**	**70**	**92**
大通区	20	1	2	23	644	72	170	8	2
田家庵区	95	6	16	149	1794	246	823	7	33
谢家集区	62			10	439	65	139	11	1
八公山区	30		1	17	164	60	223	5	15
潘集区	52	3	4	52	1140	116	340	2	12
凤台县	76		2	51	1402	256	588	2	7
寿县	487	3	10	30	2882	333	635	35	22

4-6　续表 76　　　　单位：人

地　区 性　别	生产制造及有关人员								不便分类的其他从业人员
	计算机、通信和其他电子设备制造人　员	仪器仪表制造人员	废弃资源综合利用人　员	电力、热力、气体、水生产和输配人员	建筑施工人　员	运输设备和通用工程机械操作人员及有关人员	生产辅助人　员	其他生产制造及有关人员	
马鞍山市	**892**	**24**	**73**	**175**	**9639**	**1048**	**2630**	**122**	**168**
花山区	153	7	8	78	828	332	862	20	21
雨山区	84	7	12	52	822	262	687	7	13
博望区	116		12	8	535	45	220	19	18
当涂县	308	9	8	18	3160	174	325	57	73
含山县	126		4	6	3017	133	346	4	40
和县	105	1	29	13	1277	102	190	15	3
淮北市	**512**	**5**	**27**	**138**	**7520**	**754**	**2314**	**44**	**118**
杜集区	43	1		18	847	121	407	6	6
相山区	56	2	2	51	1349	197	796	9	45
烈山区	98			38	897	141	376	5	9
濉溪县	315	2	25	31	4427	295	735	24	58
铜陵市	**603**	**6**	**26**	**96**	**5378**	**500**	**1091**	**74**	**71**
铜官区	395	5	10	58	999	228	591	29	28
义安区	134		7	15	1314	107	204	23	28
郊区	29		5	22	511	59	157	18	4
枞阳县	45	1	4	1	2554	106	139	4	11
安庆市	**1337**	**17**	**107**	**175**	**31399**	**1455**	**3684**	**427**	**377**
迎江区	55	4		16	852	99	247	15	27
大观区	52	3	1	12	489	76	279	9	10
宜秀区	41		1	6	1202	75	158	9	19
怀宁县	237	1	7	11	3704	120	345	22	75
太湖县	167	1	12	15	3770	159	312	28	57
宿松县	190		50	27	4934	196	615	27	10
望江县	85		6	12	4974	113	268	22	23
岳西县	151	1	4	27	2416	133	197	14	27
安徽安庆经济开发区	53		11	14	588	68	190	10	45
桐城市	194	4	7	17	5480	266	675	110	52
潜山市	112	3	8	18	2990	150	398	161	32
黄山市	**351**	**11**	**15**	**46**	**9764**	**520**	**1084**	**74**	**48**
屯溪区	75	1	6	9	991	111	179	7	8
黄山区	21			4	1288	64	111	2	
徽州区	16		1	9	737	35	156	14	
歙县	122	10	5	10	3116	125	370	30	7
休宁县	63		3	8	1779	84	141	11	5
黟县	17			3	586	43	26		28
祁门县	37			3	1267	58	101	10	
滁州市	**3750**	**193**	**67**	**213**	**22069**	**1946**	**4020**	**252**	**189**
琅琊区	197	2	3	7	1138	117	290	32	49
南谯区	241	1	11	16	2231	234	312	23	30
来安县	281	3	4	38	2756	263	391	15	7
全椒县	309	1	10	16	2582	202	414	75	24
定远县	490	13	4	53	3472	301	579	20	14
凤阳县	158		12	18	3106	290	505	14	31
苏滁现代产业园	178	2		1	308	10	155		
滁州经济技术开发区	1061	1	4	3	552	73	255	19	9
天长市	531	167	4	32	4120	243	845	49	13
明光市	304	3	15	29	1804	213	274	5	12

4-6 续表 77

单位：人

地区 性别	生产制造及有关人员								不便分类的其他从业人员
	计算机、通信和其他电子设备制造人员	仪器仪表制造人员	废弃资源综合利用人员	电力、热力、气体、水生产和输配人员	建筑施工人员	运输设备和通用工程机械操作人员及有关人员	生产辅助人员	其他生产制造及有关人员	
阜阳市	**2710**	**33**	**587**	**181**	**46490**	**2562**	**3472**	**180**	**451**
颍州区	51	1	8	17	3923	211	289	6	29
颍东区	99	1	8	21	3995	270	420	8	9
颍泉区	147	2	2	20	4663	184	217	5	24
临泉县	808	10	283	37	9630	498	603	34	132
太和县	546	5	140	19	7929	293	394	39	50
阜南县	411	4	47	19	6179	372	392	44	122
颍上县	539	9	54	25	6581	549	720	32	70
阜阳合肥现代产业园区	5		1	1	263	27	21		4
阜阳经济技术开发区	14			6	608	37	58	2	2
界首市	90	1	44	16	2719	121	358	10	9
宿州市	**1386**	**11**	**44**	**166**	**24390**	**1387**	**3044**	**46**	**72**
埇桥区	489	5	7	62	8174	509	1803	6	9
砀山县	173	1	3	25	2123	158	278	13	10
萧县	357	5	2	49	5548	269	436	4	6
灵璧县	154		26	16	4149	214	231	12	15
泗县	182		6	11	3825	197	213	7	31
宿州马鞍山现代产业园区	24				262	16	18	1	
宿州经济技术开发区	7			3	309	24	65	3	1
六安市	**1439**	**14**	**130**	**178**	**31196**	**1776**	**2469**	**145**	**324**
金安区	157	5	12	22	4516	257	462	49	173
裕安区	189	2	43	28	7397	259	324	32	41
叶集区	14		4	17	943	72	123	3	27
霍邱县	161	1	35	26	4283	394	441	22	26
舒城县	604	3	15	25	7796	347	482	19	12
金寨县	175	2	15	25	4236	263	328	7	29
霍山县	139	1	6	35	2025	184	309	13	16
亳州市	**756**	**3**	**72**	**89**	**23111**	**912**	**1547**	**48**	**143**
谯城区	220	1	6	22	7593	285	809	10	46
涡阳县	219		21	27	5203	225	280	18	46
蒙城县	148		41	23	4611	303	293	15	30
利辛县	169	2	4	17	5704	99	165	5	21
池州市	**388**	**3**	**23**	**64**	**7806**	**639**	**1298**	**68**	**12**
贵池区	119		14	33	2596	295	599	11	
东至县	149	1	7	17	3471	201	384	33	3
石台县	5			5	376	40	35	7	
青阳县	56	2	2	7	1169	89	189	5	4
池州市国家经济技术开发区	55				78	7	17	4	4
皖江江南新兴产业集中区	3			2	29	4	56	8	1
九华山风景区	1				87	3	18		
宣城市	**1003**	**6**	**44**	**174**	**12618**	**1111**	**2496**	**96**	**90**
宣州区	92		7	36	2942	264	474	10	29
郎溪县	71	2	2	44	2431	153	297	10	2
泾县	56	2	4	18	1350	112	185	8	7
绩溪县	26			6	693	34	111	1	
旌德县	24			1	597	26	54	3	
宣城市经济开发区	62		6	6	402	48	132	3	
宁国市	200	2	7	28	1390	170	623	30	4
广德市	472		18	35	2813	304	620	31	48

4-6　续表 78　　　　单位：人

地　区 性　别	生产制造及有关人员								不便分类的其他从业人员
	计算机、通信和其他电子设备制造人员	仪器仪表制造人员	废弃资源综合利用人员	电力、热力、气体、水生产和输配人员	建筑施工人员	运输设备和通用工程机械操作人员及有关人员	生产辅助人员	其他生产制造及有关人员	
女	**18025**	**252**	**811**	**469**	**45377**	**1910**	**23750**	**1742**	**1707**
合肥市	**3138**	**17**	**67**	**73**	**7404**	**347**	**3627**	**137**	**316**
瑶海区	143		2	5	656	30	181	15	30
庐阳区	82		1	5	219	8	164	7	15
蜀山区	189	1	1	8	233	6	219	6	65
包河区	146	2	16	6	666	31	359	10	131
长丰县	250		8	6	734	44	357	26	
肥东县	265	2	15	11	2348	92	490	11	34
肥西县	651	3	7	8	759	46	603	8	10
庐江县	274	3	9	11	896	22	225	7	1
合肥高新技术产业开发区	288	1	2		67	7	158	18	
合肥经济技术开发区	345	2	1	2	124	16	393	7	7
合肥新站高新技术产业开发区	396	1	1	2	246	22	279	14	13
巢湖市	109	2	4	9	456	23	199	8	10
芜湖市	**1229**	**7**	**35**	**31**	**1730**	**136**	**1670**	**234**	**48**
镜湖区	84	2	1	7	152	12	114	6	1
弋江区	146			5	125	5	131	1	4
鸠江区	123		4	3	236	12	230	45	6
三山区	34				38	6	154	16	1
芜湖县	459	3	1	2	214	17	286	88	6
繁昌县	11		1	8	108	41	196	7	2
南陵县	61			2	346	14	135	35	2
芜湖经济技术开发区	168	1			38	8	230	17	7
安徽芜湖长江大桥经济开发区	1				7	2	19		
无为市	142	1	28	4	466	19	175	19	19
蚌埠市	**685**	**6**	**5**	**24**	**1170**	**65**	**842**	**49**	**48**
龙子湖区	31	1		2	89	5	128	4	6
蚌山区	26	1		2	93	10	40	1	2
禹会区	184	3	1	6	102	10	129	9	5
淮上区	123			1	172	5	114	9	5
怀远县	103		1	3	206	13	127	3	6
五河县	73			1	240	8	92	17	6
固镇县	38	1	3	1	203	9	114	3	9
蚌埠市高新技术开发区	79			1	19		45	3	3
蚌埠市经济开发区	28			7	46	5	53		6
淮南市	**638**	**6**	**9**	**79**	**948**	**87**	**938**	**45**	**39**
大通区	8			5	51	6	58	6	2
田家庵区	53	1	6	51	210	29	215	3	12
谢家集区	18		1	1	61	11	49	1	
八公山区	10	1		3	11	6	25	3	2
潘集区	36			8	100	6	39	1	3
凤台县	96			6	181	9	120	8	1
寿县	417	4	2	5	334	20	432	23	19

4－6　续表 79　　　　单位：人

地　区 性　别	生产制造及有关人员 计算机、通信和其他电子设备制造人员	仪器仪表制造人员	废弃资源综合利用人员	电力、热力、气体、水生产和输配人员	建筑施工人员	运输设备和通用工程机械操作人员及有关人员	生产辅助人员	其他生产制造及有关人员	不便分类的其他从业人员
马鞍山市	**616**	**15**	**20**	**38**	**1226**	**122**	**995**	**205**	**96**
花山区	64	2	4	22	93	53	209	5	15
雨山区	69	1	2	7	120	33	213		5
博望区	55		2	1	40		74	10	9
当涂县	271	10	4	5	279	18	192	184	38
含山县	96	2	1	2	460	11	189	3	25
和县	61		7	1	234	7	118	3	4
淮北市	**450**	**2**	**16**	**24**	**1096**	**66**	**742**	**28**	**54**
杜集区	45		2	3	90	15	81	3	5
相山区	38	1		13	202	19	228	3	22
烈山区	128			5	126	17	109	5	6
濉溪县	239	1	14	3	678	15	324	17	21
铜陵市	**325**	**3**	**7**	**23**	**738**	**48**	**391**	**22**	**29**
铜官区	183	3	3	17	72	22	211	6	15
义安区	97		1	3	84	9	60	8	9
郊区	23		1	2	67	9	44	6	
枞阳县	22		2	1	515	8	76	2	5
安庆市	**934**	**5**	**41**	**27**	**4876**	**93**	**1974**	**437**	**260**
迎江区	16			2	90	9	87	6	14
大观区	10	1	1	4	56	4	73		4
宜秀区	21		1		194	13	92	12	20
怀宁县	143		4	3	882	4	186	13	48
太湖县	114		9	4	437	10	168	12	27
宿松县	174		16	3	833	7	295	11	4
望江县	65		2	2	1017	13	223	15	18
岳西县	101	2	2	3	238	6	119	5	8
安徽安庆经济开发区	29	2	5	2	103	5	81	5	20
桐城市	174			2	574	17	426	214	41
潜山市	87		1	2	452	5	224	144	56
黄山市	**468**	**25**	**3**	**6**	**1111**	**26**	**640**	**33**	**42**
屯溪区	72	2	1	1	75	7	103	6	5
黄山区	28				93	1	58		
徽州区	14	2		4	80	3	80	3	
歙县	122	19			370	10	202	16	3
休宁县	132	1	2	1	226	3	111	2	9
黟县	28	1			88	1	15	2	24
祁门县	72				179	1	71	4	1
滁州市	**3240**	**111**	**29**	**27**	**3127**	**151**	**2775**	**154**	**104**
琅琊区	180	2	2	3	141	4	156	20	23
南谯区	223	2	5	3	304	28	163	8	10
来安县	220	2	5	10	342	20	299	8	3
全椒县	160	2	5		461	15	229	26	10
定远县	344	4	2	1	740	19	345	13	8
凤阳县	131		3	1	517	21	430	22	29
苏滁现代产业园	81				38		81		
滁州经济技术开发区	753	1	1	1	78	9	181	12	6
天长市	783	94	1	4	254	17	694	43	8
明光市	365	4	5	4	252	18	197	2	7

4-6 续表 80

单位：人

地 区 性 别	生产制造及有关人员								不便分类的其他从业人员
	计算机、通信和其他电子设备制造人员	仪器仪表制造人员	废弃资源综合利用人员	电力、热力、气体、水生产和输配人员	建筑施工人员	运输设备和通用工程机械操作人员及有关人员	生产辅助人员	其他生产制造及有关人员	
阜阳市	**2266**	**17**	**445**	**27**	**8062**	**222**	**2338**	**149**	**310**
颍州区	36		2	1	648	23	139	3	21
颍东区	117	2	2	1	567	31	216	5	8
颍泉区	93	2			871	21	162	5	19
临泉县	672	3	147	8	1955	42	407	31	91
太和县	402	7	238	4	1568	18	284	54	39
阜南县	351	1	27	2	1012	30	317	23	82
颍上县	537	1	24	10	1022	39	475	21	38
阜阳合肥现代产业园区	4				29	3	16	1	2
阜阳经济技术开发区	8				93	2	41		2
界首市	46	1	5	1	297	13	281	6	8
宿州市	**1101**	**7**	**18**	**11**	**3661**	**129**	**1253**	**41**	**57**
埇桥区	399	3	4	4	1267	58	466	3	6
砀山县	120	1	2	1	237	18	199	6	7
萧县	252	1	1	1	853	24	259	6	8
灵璧县	137		8	4	590	8	163	13	10
泗县	171	2	3	1	639	18	123	9	25
宿州马鞍山现代产业园区	17				33	3	13		
宿州经济技术开发区	5				42		30	4	1
六安市	**1314**	**14**	**74**	**33**	**4219**	**184**	**1483**	**88**	**177**
金安区	113	2	3	2	658	25	278	23	81
裕安区	114	1	19	6	1031	36	129	15	25
叶集区	13		1	6	79	6	84	4	23
霍邱县	235	3	32	7	550	40	184	24	19
舒城县	531	6	7	1	987	32	376	12	6
金寨县	202	1	8	5	669	18	179	3	17
霍山县	106	1	4	6	245	27	253	7	6
亳州市	**612**	**3**	**25**	**11**	**4462**	**76**	**1678**	**31**	**67**
谯城区	223	1	2	3	1218	23	1172	8	27
涡阳县	141	1	6	3	1265	18	177	7	19
蒙城县	115	1	16	1	887	31	194	13	15
利辛县	133		1	4	1092	4	135	3	6
池州市	**236**	**5**	**6**	**15**	**743**	**67**	**517**	**37**	**17**
贵池区	52		2	8	204	38	195	7	
东至县	80		2	4	443	24	161	17	9
石台县	5	2			35	1	23	3	
青阳县	67	3	2	3	46	4	103	8	8
池州市国家经济技术开发区	32				10		17	1	
皖江江南新兴产业集中区					1		16		
九华山风景区					4		2	1	
宣城市	**773**	**9**	**11**	**20**	**804**	**91**	**1887**	**52**	**43**
宣州区	115	2	1	3	221	20	305	14	13
郎溪县	74		1	7	129	13	187	2	
泾县	19		2	2	56	4	108	2	3
绩溪县	22				60	1	82		
旌德县	11				32	2	19	1	
宣城市经济开发区	31	1		1	36	9	96	1	
宁国市	238	3		2	68	15	654	14	2
广德市	263	3	7	5	202	27	436	18	25

4-6a 各地区分性别、职业中类的就业人口(城市)

单位：人

地区 性别	合计	党的机关、国家机关、群众团体和社会组织、企事业单位负责人						
		小计	中国共产党机关负责人	国家机关负责人	民主党派和工商联负责人	人民团体和群众团体、社会组织及其他成员组织负责人	基层群众自治组织负责人	企事业单位负责人
安　徽	**683646**	**29706**	**70**	**1297**	**3**	**956**	**174**	**27206**
合肥市	**189058**	**9990**	**13**	**226**		**216**	**18**	**9517**
瑶海区	36150	1534	2	14		63	6	1449
庐阳区	28147	1687		26		37	1	1623
蜀山区	44681	2824	8	95		37	4	2680
包河区	58429	3354	2	73		61	4	3214
长丰县								
肥东县								
肥西县	3022	31				1	2	28
庐江县								
合肥高新技术产业开发区								
合肥经济技术开发区								
合肥新站高新技术产业开发区	2977	97		2		1		94
巢湖市	15652	463	1	16		16	1	429
芜湖市	**62175**	**1712**	**6**	**50**		**115**	**6**	**1535**
镜湖区	19177	314	1	12		1	1	299
弋江区	15962	436		6		12		418
鸠江区	14261	530	1	11		5		513
三山区	4618	157	1			92	2	62
芜湖县	462	4						4
繁昌县								
南陵县								
芜湖经济技术开发区	90							
安徽芜湖长江大桥经济开发区								
无为市	7605	271	3	21		5	3	239
蚌埠市	**24558**	**653**		**21**		**30**	**5**	**597**
龙子湖区	5783	133		3		9	1	120
蚌山区	5453	212		8		5		199
禹会区	7405	217		3		13	2	199
淮上区	5917	91		7		3	2	79
怀远县								
五河县								
固镇县								
蚌埠市高新技术开发区								
蚌埠市经济开发区								
淮南市	**37047**	**1116**	**7**	**90**		**53**	**15**	**951**
大通区	1436	56	1	6			2	47
田家庵区	24163	849	5	74		26	8	736
谢家集区	5212	85		3		5	4	73
八公山区	3715	51		6		1		44
潘集区	2521	75	1	1		21	1	51
凤台县								
寿县								

4-6a　续表 1

单位：人

地　区 性　别	合计	党的机关、国家机关、群众团体和社会组织、企事业单位负责人						
		小计	中国共产党机关负责人	国家机关负责人	民主党派和工商联负责人	人民团体和群众团体、社会组织及其他成员组织负责人	基层群众自治组织负责人	企事业单位负责人
马鞍山市	**33832**	**1246**	**6**	**44**		**33**	**12**	**1151**
花山区	17713	699	2	26		18	5	648
雨山区	12703	454	4	16		14	6	414
博望区	3416	93		2		1	1	89
当涂县								
含山县								
和县								
淮北市	**29215**	**1079**	**1**	**54**	**1**	**54**	**24**	**945**
杜集区	5057	58		1			8	49
相山区	18542	937	1	51	1	51	10	823
烈山区	3462	64		2		3	2	57
濉溪县	2154	20					4	16
铜陵市	**23293**	**1244**	**2**	**77**		**37**	**9**	**1119**
铜官区	17742	1066	2	64		29	6	965
义安区	3857	141		12		6	2	121
郊区	1694	37		1		2	1	33
枞阳县								
安庆市	**51565**	**2529**	**3**	**152**		**67**	**15**	**2292**
迎江区	10980	650	1	42		20	4	583
大观区	6615	335		18		6	1	310
宜秀区	5998	305		7		16	1	281
怀宁县								
太湖县								
宿松县								
望江县	5226	201		22		11	1	167
岳西县								
安徽安庆经济开发区	36	1						1
桐城市	14634	646	1	29		10	3	603
潜山市	8076	391	1	34		4	5	347
黄山市	**18022**	**1177**	**4**	**92**		**50**	**6**	**1025**
屯溪区	11819	887	2	57		44	2	782
黄山区	2985	185	2	21		4	1	157
徽州区	2826	93		13		2	3	75
歙县	180	2						2
休宁县	212	10		1				9
黟县								
祁门县								
滁州市	**41137**	**1824**	**6**	**96**	**1**	**51**	**7**	**1663**
琅琊区	11729	394		32		28	2	332
南谯区	8698	420		19		16	1	384
来安县								
全椒县								
定远县								
凤阳县								
苏滁现代产业园								
滁州经济技术开发区								
天长市	12274	760	3	32		4	2	719
明光市	8436	250	3	13	1	3	2	228

4−6a　续表 2　　　　单位：人

地区 性别	合计	党的机关、国家机关、群众团体和社会组织、企事业单位负责人						
		小计	中国共产党机关负责人	国家机关负责人	民主党派和工商联负责人	人民团体和群众团体、社会组织及其他成员组织负责人	基层群众自治组织负责人	企事业单位负责人
阜阳市	**39466**	**1526**	**2**	**66**		**50**	**17**	**1391**
颍州区	16672	655	2	35		22	9	587
颍东区	7238	283		4		12	3	264
颍泉区	8506	377		15		9	1	352
临泉县								
太和县								
阜南县								
颍上县								
阜阳合肥现代产业园区								
阜阳经济技术开发区								
界首市	7050	211		12		7	4	188
宿州市	**24739**	**875**	**3**	**70**		**26**	**8**	**768**
埇桥区	24482	869	3	70		26	8	762
砀山县								
萧县	257	6						6
灵璧县								
泗县								
宿州马鞍山现代产业园区								
宿州经济技术开发区								
六安市	**32937**	**1674**	**12**	**69**	**1**	**60**	**9**	**1523**
金安区	15157	691	6	32		10	4	639
裕安区	14376	702	6	27	1	43	3	622
叶集区	3084	267		10		7	1	249
霍邱县	86	4						4
舒城县	234	10					1	9
金寨县								
霍山县								
亳州市	**23121**	**873**	**1**	**36**		**18**	**4**	**814**
谯城区	22913	873	1	36		18	4	814
涡阳县								
蒙城县								
利辛县	208							
池州市	**16253**	**489**		**52**		**28**	**4**	**405**
贵池区	14985	436		49		26	4	357
东至县								
石台县								
青阳县								
池州市国家经济技术开发区	688	37		3		1		33
皖江江南新兴产业集中区	580	16				1		15
九华山风景区								
宣城市	**37228**	**1699**	**4**	**102**		**68**	**15**	**1510**
宣州区	11574	539	2	47		23	7	460
郎溪县								
泾县								
绩溪县								
旌德县								
宣城市经济开发区								
宁国市	12693	737	2	35		26	6	668
广德市	12961	423		20		19	2	382

4-6a 续表 3 单位：人

地 区 性 别	合计	党的机关、国家机关、群众团体和社会组织、企事业单位负责人						
		小计	中国共产党机关负责人	国家机关负责人	民主党派和工商联负责人	人民团体和群众团体、社会组织及其他成员组织负责人	基层群众自治组织负责人	企事业单位负责人
男	**410965**	**21990**	**54**	**1042**	**2**	**583**	**137**	**20172**
合肥市	**111689**	**7298**	**10**	**178**		**128**	**13**	**6969**
瑶海区	21869	1118	1	9		39	4	1065
庐阳区	16528	1256		21		22	1	1212
蜀山区	25281	2058	7	73		22	2	1954
包河区	34724	2424	1	60		33	4	2326
长丰县								
肥东县								
肥西县	1922	22					1	21
庐江县								
合肥高新技术产业开发区								
合肥经济技术开发区								
合肥新站高新技术产业开发区	1847	70		2				68
巢湖市	9518	350	1	13		12	1	323
芜湖市	**38413**	**1320**	**5**	**42**		**63**	**5**	**1205**
镜湖区	11417	245	1	10				234
弋江区	9822	341		4		7		330
鸠江区	8933	407		11		4		392
三山区	3076	108	1			50	2	55
芜湖县	308	4						4
繁昌县								
南陵县								
芜湖经济技术开发区	63							
安徽芜湖长江大桥经济开发区								
无为市	4794	215	3	17		2	3	190
蚌埠市	**14873**	**489**		**18**		**19**	**4**	**448**
龙子湖区	3487	96		3		5	1	87
蚌山区	3240	153		5		2		146
禹会区	4499	167		3		10	1	153
淮上区	3647	73		7		2	2	62
怀远县								
五河县								
固镇县								
蚌埠市高新技术开发区								
蚌埠市经济开发区								
淮南市	**23413**	**817**	**5**	**68**		**36**	**8**	**700**
大通区	890	39		5				34
田家庵区	14911	625	4	55		16	6	544
谢家集区	3348	60		2		4	1	53
八公山区	2509	39		5		1		33
潘集区	1755	54	1	1		15	1	36
凤台县								
寿县								

4-6a 续表 4

单位：人

地区 性别	合计	党的机关、国家机关、群众团体和社会组织、企事业单位负责人						
		小计	中国共产党机关负责人	国家机关负责人	民主党派和工商联负责人	人民团体和群众团体、社会组织及其他成员组织负责人	基层群众自治组织负责人	企事业单位负责人
马鞍山市	**21122**	**931**	**5**	**32**		**17**	**8**	**869**
花山区	10892	516	1	20		10	3	482
雨山区	7858	338	4	10		6	4	314
博望区	2372	77		2		1	1	73
当涂县								
含山县								
和县								
淮北市	**18258**	**793**	**1**	**41**		**29**	**23**	**699**
杜集区	3312	47					7	40
相山区	11212	682	1	41		28	10	602
烈山区	2167	49				1	2	46
濉溪县	1567	15					4	11
铜陵市	**14327**	**938**	**2**	**59**		**20**	**9**	**848**
铜官区	10848	799	2	47		15	6	729
义安区	2410	109		11		4	2	92
郊区	1069	30		1		1	1	27
枞阳县								
安庆市	**30365**	**1896**	**2**	**126**		**44**	**13**	**1711**
迎江区	6570	490		35		13	3	439
大观区	3919	239		14		5	1	219
宜秀区	3671	219		3		12	1	203
怀宁县								
太湖县								
宿松县								
望江县	2562	147		21		7	1	118
岳西县								
安徽安庆经济开发区	29	1						1
桐城市	9172	506	1	23		5	3	474
潜山市	4442	294	1	30		2	4	257
黄山市	**10141**	**842**	**4**	**69**		**32**	**5**	**732**
屯溪区	6544	623	2	42		28	1	550
黄山区	1720	133	2	16		2	1	112
徽州区	1650	78		11		2	3	62
歙县	93	2						2
休宁县	134	6						6
黟县								
祁门县								
滁州市	**24618**	**1381**	**6**	**84**	**1**	**35**	**4**	**1251**
琅琊区	7116	301		26		16	1	258
南谯区	5468	320		16		14	1	289
来安县								
全椒县								
定远县								
凤阳县								
苏滁现代产业园								
滁州经济技术开发区								
天长市	7315	578	3	29		2	2	542
明光市	4719	182	3	13	1	3		162

4-6a　续表 5　　　　　　　　　　　　　　　　　　　　单位：人

地　区 性　别	合计	党的机关、国家机关、群众团体和社会组织、企事业单位负责人						
		小计	中国共产党机关负责人	国家机关负责人	民主党派和工商联负责人	人民团体和群众团体、社会组织及其他成员组织负责人	基层群众自治组织负责人	企事业单位负责人
阜阳市	**23478**	**1105**	**1**	**51**		**30**	**15**	**1008**
颍州区	9670	461	1	27		13	8	412
颍东区	4425	212		3		10	3	196
颍泉区	5098	265		11		4		250
临泉县								
太和县								
阜南县								
颍上县								
阜阳合肥现代产业园区								
阜阳经济技术开发区								
界首市	4285	167		10		3	4	150
宿州市	**14622**	**643**	**1**	**60**		**15**	**6**	**561**
埇桥区	14477	638	1	60		15	6	556
砀山县								
萧县	145	5						5
灵璧县								
泗县								
宿州马鞍山现代产业园区								
宿州经济技术开发区								
六安市	**19679**	**1238**	**9**	**57**	**1**	**38**	**9**	**1124**
金安区	8910	528	5	24		7	4	488
裕安区	8714	513	4	25	1	26	3	454
叶集区	1854	186		8		5	1	172
霍邱县	64	3						3
舒城县	137	8					1	7
金寨县								
霍山县								
亳州市	**14124**	**608**	**1**	**28**		**10**	**2**	**567**
谯城区	14016	608	1	28		10	2	567
涡阳县								
蒙城县								
利辛县	108							
池州市	**9575**	**402**		**43**		**24**	**2**	**333**
贵池区	8787	358		40		22	2	294
东至县								
石台县								
青阳县								
池州市国家经济技术开发区	432	29		3		1		25
皖江江南新兴产业集中区	356	15				1		14
九华山风景区								
宣城市	**22268**	**1289**	**2**	**86**		**43**	**11**	**1147**
宣州区	6913	413		38		14	6	355
郎溪县								
泾县								
绩溪县								
旌德县								
宣城市经济开发区								
宁国市	7463	550	2	30		17	3	498
广德市	7892	326		18		12	2	294

4－6a 续表 6

单位：人

地区 性别	合计	党的机关、国家机关、群众团体和社会组织、企事业单位负责人						
		小计	中国共产党机关负责人	国家机关负责人	民主党派和工商联负责人	人民团体和群众团体、社会组织及其他成员组织负责人	基层群众自治组织负责人	企事业单位负责人
女	**272681**	**7716**	**16**	**255**	**1**	**373**	**37**	**7034**
合肥市	**77369**	**2692**	**3**	**48**		**88**	**5**	**2548**
瑶海区	14281	416	1	5		24	2	384
庐阳区	11619	431		5		15		411
蜀山区	19400	766	1	22		15	2	726
包河区	23705	930	1	13		28		888
长丰县								
肥东县								
肥西县	1100	9				1	1	7
庐江县								
合肥高新技术产业开发区								
合肥经济技术开发区								
合肥新站高新技术产业开发区	1130	27				1		26
巢湖市	6134	113		3		4		106
芜湖市	**23762**	**392**	**1**	**8**		**52**	**1**	**330**
镜湖区	7760	69		2		1	1	65
弋江区	6140	95		2		5		88
鸠江区	5328	123	1			1		121
三山区	1542	49				42		7
芜湖县	154							
繁昌县								
南陵县								
芜湖经济技术开发区	27							
安徽芜湖长江大桥经济开发区								
无为市	2811	56		4		3		49
蚌埠市	**9685**	**164**		**3**		**11**	**1**	**149**
龙子湖区	2296	37				4		33
蚌山区	2213	59		3		3		53
禹会区	2906	50				3	1	46
淮上区	2270	18				1		17
怀远县								
五河县								
固镇县								
蚌埠市高新技术开发区								
蚌埠市经济开发区								
淮南市	**13634**	**299**	**2**	**22**		**17**	**7**	**251**
大通区	546	17	1	1			2	13
田家庵区	9252	224	1	19		10	2	192
谢家集区	1864	25		1		1	3	20
八公山区	1206	12		1				11
潘集区	766	21				6		15
凤台县								
寿县								

4-6a　续表 7　　　　单位：人

地　区 性　别	合计	党的机关、国家机关、群众团体和社会组织、企事业单位负责人						
		小计	中国共产党机关负责人	国家机关负责人	民主党派和工商联负责人	人民团体和群众团体、社会组织及其他成员组织负责人	基层群众自治组织负责人	企事业单位负责人
马鞍山市	**12710**	**315**	**1**	**12**		**16**	**4**	**282**
花山区	6821	183	1	6		8	2	166
雨山区	4845	116		6		8	2	100
博望区	1044	16						16
当涂县								
含山县								
和县								
淮北市	**10957**	**286**		**13**	**1**	**25**	**1**	**246**
杜集区	1745	11		1			1	9
相山区	7330	255		10	1	23		221
烈山区	1295	15		2		2		11
濉溪县	587	5						5
铜陵市	**8966**	**306**		**18**		**17**		**271**
铜官区	6894	267		17		14		236
义安区	1447	32		1		2		29
郊区	625	7				1		6
枞阳县								
安庆市	**21200**	**633**	**1**	**26**		**23**	**2**	**581**
迎江区	4410	160	1	7		7	1	144
大观区	2696	96		4		1		91
宜秀区	2327	86		4		4		78
怀宁县								
太湖县								
宿松县								
望江县	2664	54		1		4		49
岳西县								
安徽安庆经济开发区	7							
桐城市	5462	140		6		5		129
潜山市	3634	97		4		2	1	90
黄山市	**7881**	**335**		**23**		**18**	**1**	**293**
屯溪区	5275	264		15		16	1	232
黄山区	1265	52		5		2		45
徽州区	1176	15		2				13
歙县	87							
休宁县	78	4		1				3
黟县								
祁门县								
滁州市	**16519**	**443**		**12**		**16**	**3**	**412**
琅琊区	4613	93		6		12	1	74
南谯区	3230	100		3		2		95
来安县								
全椒县								
定远县								
凤阳县								
苏滁现代产业园								
滁州经济技术开发区								
天长市	4959	182		3		2		177
明光市	3717	68					2	66

4-6a 续表 8

单位：人

地区 性别	合计	党的机关、国家机关、群众团体和社会组织、企事业单位负责人						
		小计	中国共产党机关负责人	国家机关负责人	民主党派和工商联负责人	人民团体和群众团体、社会组织及其他成员组织负责人	基层群众自治组织负责人	企事业单位负责人
阜阳市	**15988**	**421**	**1**	**15**		**20**	**2**	**383**
颍州区	7002	194	1	8		9	1	175
颍东区	2813	71		1		2		68
颍泉区	3408	112		4		5	1	102
临泉县								
太和县								
阜南县								
颍上县								
阜阳合肥现代产业园区								
阜阳经济技术开发区								
界首市	2765	44		2		4		38
宿州市	**10117**	**232**	**2**	**10**		**11**	**2**	**207**
埇桥区	10005	231	2	10		11	2	206
砀山县								
萧县	112	1						1
灵璧县								
泗县								
宿州马鞍山现代产业园区								
宿州经济技术开发区								
六安市	**13258**	**436**	**3**	**12**		**22**		**399**
金安区	6247	163	1	8		3		151
裕安区	5662	189	2	2		17		168
叶集区	1230	81		2		2		77
霍邱县	22	1						1
舒城县	97	2						2
金寨县								
霍山县								
亳州市	**8997**	**265**		**8**		**8**	**2**	**247**
谯城区	8897	265		8		8	2	247
涡阳县								
蒙城县								
利辛县	100							
池州市	**6678**	**87**		**9**		**4**	**2**	**72**
贵池区	6198	78		9		4	2	63
东至县								
石台县								
青阳县								
池州市国家经济技术开发区	256	8						8
皖江江南新兴产业集中区	224	1						1
九华山风景区								
宣城市	**14960**	**410**	**2**	**16**		**25**	**4**	**363**
宣州区	4661	126	2	9		9	1	105
郎溪县								
泾县								
绩溪县								
旌德县								
宣城市经济开发区								
宁国市	5230	187		5		9	3	170
广德市	5069	97		2		7		88

4-6a 续表 9

单位：人

地区 性别	专业技术人员 小计	科学研究人员	工程技术人员	农业技术人员	飞机和船舶技术人员	卫生专业技术人员	经济和金融专业人员	法律、社会和宗教专业人员	教学人员	文学艺术、体育专业人员
安　徽	**114355**	**708**	**24303**	**355**	**106**	**19726**	**24820**	**2640**	**37466**	**1651**
合肥市	**37447**	**507**	**9294**	**77**	**31**	**5291**	**9376**	**781**	**10432**	**727**
瑶海区	5274	28	1313	9	1	632	1374	99	1569	120
庐阳区	5398	71	1165	15	2	792	1494	139	1504	95
蜀山区	11715	270	2855	17	13	1937	2969	250	2856	220
包河区	11721	116	3200	18	10	1330	2875	245	3352	261
长丰县										
肥东县										
肥西县	486	5	199	3		26	102	5	138	4
庐江县										
合肥高新技术产业开发区										
合肥经济技术开发区										
合肥新站高新技术产业开发区	441	8	115	1	1	83	105	9	109	6
巢湖市	2412	9	447	14	4	491	457	34	904	21
芜湖市	**10922**	**26**	**2844**	**22**	**27**	**1771**	**2219**	**272**	**3375**	**157**
镜湖区	4000	7	875	5	17	867	900	96	1098	49
弋江区	2916	10	777	4	5	425	515	88	985	54
鸠江区	2420	7	911	3	2	254	521	47	606	36
三山区	384		134	3	3	38	77	5	111	7
芜湖县	16		8			3	2		2	
繁昌县										
南陵县										
芜湖经济技术开发区	2						1			
安徽芜湖长江大桥经济开发区										
无为市	1184	2	139	7		184	203	36	573	11
蚌埠市	**3406**	**21**	**708**	**6**	**2**	**783**	**602**	**77**	**1088**	**48**
龙子湖区	1016	5	194	4	1	336	131	21	293	13
蚌山区	856	2	177	1		151	174	22	307	9
禹会区	980	11	228		1	194	197	23	278	19
淮上区	554	3	109	1		102	100	11	210	7
怀远县										
五河县										
固镇县										
蚌埠市高新技术开发区										
蚌埠市经济开发区										
淮南市	**6051**	**14**	**1331**	**10**	**4**	**1243**	**988**	**135**	**2107**	**60**
大通区	219	2	57			34	47	3	70	4
田家庵区	4707	10	1042	7	4	941	795	102	1645	41
谢家集区	581	1	105	3		154	77	11	193	11
八公山区	344	1	88			73	47	16	106	3
潘集区	200		39			41	22	3	93	1
凤台县										
寿县										

4-6a 续表 10　　　　单位：人

地　区 性　别	专业技术人员 小计	科学研究人员	工程技术人员	农业技术人员	飞机和船舶技术人员	卫生专业技术人员	经济和金融专业人员	法律、社会和宗教专业人员	教学人员	文学艺术、体育专业人员
马鞍山市	**5422**	**16**	**1485**	**14**	**1**	**698**	**1290**	**143**	**1583**	**57**
花山区	3121	10	860	7	1	433	674	89	933	30
雨山区	2048	4	564	7		232	556	53	558	26
博望区	253	2	61			33	60	1	92	1
当涂县										
含山县										
和县										
淮北市	**4998**	**19**	**923**	**12**	**1**	**868**	**982**	**148**	**1874**	**48**
杜集区	497	4	75	1	1	100	101	3	194	6
相山区	4051	14	715	7		698	813	139	1529	38
烈山区	338		85	2		53	53	4	130	2
濉溪县	112	1	48	2		17	15	2	21	2
铜陵市	**4057**	**13**	**887**	**11**	**5**	**682**	**948**	**91**	**1247**	**40**
铜官区	3370	13	767	9	2	575	781	78	1005	31
义安区	512		77	2	2	73	123	11	198	6
郊区	175		43		1	34	44	2	44	3
枞阳县										
安庆市	**7244**	**12**	**1381**	**37**	**17**	**1445**	**1480**	**127**	**2477**	**98**
迎江区	2162	3	423	5	11	531	463	52	593	26
大观区	1220	1	236		2	242	272	16	401	19
宜秀区	608		135	2	1	121	144	14	179	5
怀宁县										
太湖县										
宿松县										
望江县	614	1	63	6		127	104	11	286	7
岳西县										
安徽安庆经济开发区	4		2				1		1	
桐城市	1636	6	365	11	3	262	312	14	595	28
潜山市	1000	1	157	13		162	184	20	422	13
黄山市	**2763**	**8**	**500**	**23**	**1**	**533**	**664**	**67**	**853**	**50**
屯溪区	2019	4	377	14	1	409	490	51	573	43
黄山区	402	3	64	4		66	102	6	150	3
徽州区	310		56	5		51	62	10	121	2
歙县	12	1	2			2	2		5	
休宁县	20		1			5	8		4	2
黟县										
祁门县										
滁州市	**5410**	**10**	**941**	**30**	**3**	**1017**	**1250**	**135**	**1858**	**76**
琅琊区	1588	4	309	5		303	363	43	513	17
南谯区	1327	4	302	11	1	204	319	28	405	20
来安县										
全椒县										
定远县										
凤阳县										
苏滁现代产业园										
滁州经济技术开发区										
天长市	1605	2	228	8	1	295	429	51	544	29
明光市	890		102	6	1	215	139	13	396	10

4-6a　续表 11　　　　单位：人

地区 性别	专业技术人员 小计	科学研究人员	工程技术人员	农业技术人员	飞机和船舶技术人员	卫生专业技术人员	经济和金融专业人员	法律、社会和宗教专业人员	教学人员	文学艺术、体育专业人员
阜阳市	**6737**	**18**	**833**	**28**	**5**	**1483**	**1156**	**167**	**2877**	**60**
颍州区	3313	11	361	8	1	804	600	82	1359	23
颍东区	1152	3	195	6		220	200	20	483	11
颍泉区	1219	2	190	3	1	221	216	26	527	17
临泉县										
太和县										
阜南县										
颍上县										
阜阳合肥现代产业园区										
阜阳经济技术开发区										
界首市	1053	2	87	11	3	238	140	39	508	9
宿州市	**4305**	**11**	**697**	**19**	**2**	**912**	**826**	**76**	**1663**	**41**
埇桥区	4295	11	693	19	2	910	826	76	1659	41
砀山县										
萧县	10		4			2			4	
灵璧县										
泗县										
宿州马鞍山现代产业园区										
宿州经济技术开发区										
六安市	**4996**	**14**	**839**	**17**	**2**	**1052**	**892**	**133**	**1885**	**77**
金安区	2413	7	396	9		577	442	78	834	30
裕安区	2283	6	406	7	2	427	377	50	927	42
叶集区	283	1	34	1		47	68	4	117	5
霍邱县	4		1			1	1		1	
舒城县	13		2				4	1	6	
金寨县										
霍山县										
亳州市	**3427**	**4**	**325**	**4**		**680**	**541**	**104**	**1665**	**31**
谯城区	3423	4	325	4		680	540	104	1662	31
涡阳县										
蒙城县										
利辛县	4						1		3	
池州市	**2438**	**7**	**417**	**16**	**3**	**419**	**550**	**73**	**866**	**26**
贵池区	2349	6	386	16	2	412	538	73	832	24
东至县										
石台县										
青阳县										
池州市国家经济技术开发区	70	1	26		1	6	7		26	2
皖江江南新兴产业集中区	19		5			1	5		8	
九华山风景区										
宣城市	**4732**	**8**	**898**	**29**	**2**	**849**	**1056**	**111**	**1616**	**55**
宣州区	1860	4	274	11	2	366	395	51	696	18
郎溪县										
泾县										
绩溪县										
旌德县										
宣城市经济开发区										
宁国市	1538	2	380	10		254	349	39	447	18
广德市	1334	2	244	8		229	312	21	473	19

4-6a 续表 12　　　　单位：人

地　区 性　别	专业技术人员									
	小计	科学研究人员	工程技术人员	农业技术人员	飞机和船舶技术人员	卫生专业技术人员	经济和金融专业人员	法律、社会和宗教专业人员	教学人员	文学艺术、体育专业人员
男	**52201**	**458**	**20770**	**268**	**97**	**5977**	**7588**	**1407**	**13386**	**957**
合肥市	**17388**	**331**	**7776**	**52**	**27**	**1520**	**2832**	**433**	**3526**	**431**
瑶海区	2423	23	1150	6	1	165	382	61	497	72
庐阳区	2385	39	975	9	2	227	466	79	466	55
蜀山区	5330	175	2315	10	11	577	915	134	935	124
包河区	5588	84	2686	10	9	352	857	127	1139	157
长丰县										
肥东县										
肥西县	272	3	154	3		8	29	1	69	4
庐江县										
合肥高新技术产业开发区										
合肥经济技术开发区										
合肥新站高新技术产业开发区	210	4	103	1		19	33	6	40	4
巢湖市	1180	3	393	13	4	172	150	25	380	15
芜湖市	**5324**	**17**	**2459**	**17**	**27**	**547**	**683**	**148**	**1241**	**88**
镜湖区	1798	3	760	4	17	264	256	47	381	30
弋江区	1463	7	674	3	5	129	172	48	373	31
鸠江区	1264	6	778	3	2	66	135	26	214	18
三山区	218		119	2	3	14	36	2	34	4
芜湖县	11		7			1	1		1	
繁昌县										
南陵县										
芜湖经济技术开发区										
安徽芜湖长江大桥经济开发区										
无为市	570	1	121	5		73	83	25	238	5
蚌埠市	**1481**	**16**	**610**	**4**	**2**	**239**	**163**	**28**	**349**	**24**
龙子湖区	453	2	175	3	1	114	44	6	92	7
蚌山区	360	1	152	1		44	34	10	103	5
禹会区	434	11	191		1	50	60	8	82	11
淮上区	234	2	92			31	25	4	72	1
怀远县										
五河县										
固镇县										
蚌埠市高新技术开发区										
蚌埠市经济开发区										
淮南市	**2777**	**7**	**1145**	**8**	**4**	**325**	**310**	**59**	**806**	**31**
大通区	101	2	51			9	15	2	21	
田家庵区	2178	5	885	6	4	248	261	50	640	23
谢家集区	243		94	2		36	16	4	67	6
八公山区	162		80			21	11	1	40	2
潘集区	93		35			11	7	2	38	
凤台县										
寿县										

4-6a 续表 13 单位：人

地区 性别	专业技术人员 小计	科学研究人员	工程技术人员	农业技术人员	飞机和船舶技术人员	卫生专业技术人员	经济和金融专业人员	法律、社会和宗教专业人员	教学人员	文学艺术、体育专业人员
马鞍山市	**2551**	**13**	**1278**	**9**	**1**	**195**	**342**	**66**	**559**	**29**
花山区	1471	8	728	4	1	121	182	41	332	16
雨山区	962	4	496	5		59	147	24	195	12
博望区	118	1	54			15	13	1	32	1
当涂县										
含山县										
和县										
淮北市	**2217**	**12**	**797**	**11**	**1**	**241**	**344**	**91**	**627**	**36**
杜集区	190	2	61	1	1	25	33	3	52	5
相山区	1792	9	615	6		199	284	86	522	29
烈山区	154		74	2		10	19	2	41	1
濉溪县	81	1	47	2		7	8		12	1
铜陵市	**1885**	**9**	**770**	**5**	**4**	**200**	**275**	**52**	**474**	**19**
铜官区	1568	9	666	4	2	172	228	44	368	12
义安区	236		66	1	1	21	35	7	89	5
郊区	81		38		1	7	12	1	17	2
枞阳县										
安庆市	**3413**	**7**	**1190**	**28**	**15**	**464**	**463**	**72**	**1023**	**58**
迎江区	966	3	361	4	10	170	130	26	218	11
大观区	558	1	205		2	75	93	8	148	11
宜秀区	274		124	1	1	31	32	10	68	4
怀宁县										
太湖县										
宿松县										
望江县	307		52	6		44	55	6	133	5
岳西县										
安徽安庆经济开发区	3		2				1			
桐城市	820	2	311	9	2	97	92	8	258	21
潜山市	485	1	135	8		47	60	14	198	6
黄山市	**1149**	**5**	**418**	**17**	**1**	**155**	**177**	**25**	**295**	**26**
屯溪区	845	2	317	10	1	116	132	19	199	22
黄山区	164	3	54	3		19	28	2	51	3
徽州区	131		45	4		17	16	4	43	
歙县	3		1			1			1	
休宁县	6		1			2	1		1	1
黟县										
祁门县										
滁州市	**2438**	**5**	**825**	**26**	**3**	**332**	**387**	**72**	**703**	**37**
琅琊区	713	3	279	4		87	93	25	193	10
南谯区	614	2	249	10	1	67	106	15	138	9
来安县										
全椒县										
定远县										
凤阳县										
苏滁现代产业园										
滁州经济技术开发区										
天长市	725		211	7	1	106	140	26	211	14
明光市	386		86	5	1	72	48	6	161	4

4－6a　续表 14　　　　单位：人

地　区 性　别	专业技术人员 小计	科学研究人员	工程技术人员	农业技术人员	飞机和船舶技术人员	卫生专业技术人员	经济和金融专业人员	法律、社会和宗教专业人员	教学人员	文学艺术、体育专业人员
阜阳市	**2828**	**8**	**723**	**21**	**5**	**491**	**395**	**91**	**1007**	**38**
颍州区	1337	4	309	4	1	265	213	43	458	15
颍东区	495	2	172	6		70	65	9	159	6
颍泉区	549	1	164	2	1	81	67	15	202	11
临泉县										
太和县										
阜南县										
颍上县										
阜阳合肥现代产业园区										
阜阳经济技术开发区										
界首市	447	1	78	9	3	75	50	24	188	6
宿州市	**1859**	**7**	**611**	**15**	**2**	**263**	**293**	**38**	**577**	**24**
埇桥区	1854	7	608	15	2	262	293	38	576	24
砀山县										
萧县	5		3			1			1	
灵璧县										
泗县										
宿州马鞍山现代产业园区										
宿州经济技术开发区										
六安市	**2365**	**11**	**737**	**14**	**1**	**376**	**303**	**74**	**760**	**48**
金安区	1132	5	351	7		209	146	41	340	17
裕安区	1114	6	354	6	1	152	140	30	375	27
叶集区	110		29	1		14	15	3	42	4
霍邱县	2		1			1				
舒城县	7		2				2		3	
金寨县										
霍山县										
亳州市	**1384**	**2**	**286**	**4**		**249**	**181**	**66**	**535**	**17**
谯城区	1382	2	286	4		249	181	66	533	17
涡阳县										
蒙城县										
利辛县	2								2	
池州市	**1105**	**2**	**376**	**12**	**2**	**139**	**168**	**41**	**326**	**16**
贵池区	1056	2	350	12	1	138	166	41	308	15
东至县										
石台县										
青阳县										
池州市国家经济技术开发区	40		22		1	1	1		14	1
皖江江南新兴产业集中区	9		4				1		4	
九华山风景区										
宣城市	**2037**	**6**	**769**	**25**	**2**	**241**	**272**	**51**	**578**	**35**
宣州区	811	2	238	10	2	110	113	28	275	10
郎溪县										
泾县										
绩溪县										
旌德县										
宣城市经济开发区										
宁国市	667	2	324	8		69	84	10	136	12
广德市	559	2	207	7		62	75	13	167	13

4-6a 续表 15 单位：人

地区 性别	专业技术人员 小计	科学研究人员	工程技术人员	农业技术人员	飞机和船舶技术人员	卫生专业技术人员	经济和金融专业人员	法律、社会和宗教专业人员	教学人员	文学艺术、体育专业人员
女	**62154**	**250**	**3533**	**87**	**9**	**13749**	**17232**	**1233**	**24080**	**694**
合肥市	**20059**	**176**	**1518**	**25**	**4**	**3771**	**6544**	**348**	**6906**	**296**
瑶海区	2851	5	163	3		467	992	38	1072	48
庐阳区	3013	32	190	6		565	1028	60	1038	40
蜀山区	6385	95	540	7	2	1360	2054	116	1921	96
包河区	6133	32	514	8	1	978	2018	118	2213	104
长丰县										
肥东县										
肥西县	214	2	45			18	73	4	69	
庐江县										
合肥高新技术产业开发区										
合肥经济技术开发区										
合肥新站高新技术产业开发区	231	4	12		1	64	72	3	69	2
巢湖市	1232	6	54	1		319	307	9	524	6
芜湖市	**5598**	**9**	**385**	**5**		**1224**	**1536**	**124**	**2134**	**69**
镜湖区	2202	4	115	1		603	644	49	717	19
弋江区	1453	3	103	1		296	343	40	612	23
鸠江区	1156	1	133			188	386	21	392	18
三山区	166		15	1		24	41	3	77	3
芜湖县	5		1			2	1		1	
繁昌县										
南陵县										
芜湖经济技术开发区	2						1			
安徽芜湖长江大桥经济开发区										
无为市	614	1	18	2		111	120	11	335	6
蚌埠市	**1925**	**5**	**98**	**2**		**544**	**439**	**49**	**739**	**24**
龙子湖区	563	3	19	1		222	87	15	201	6
蚌山区	496	1	25			107	140	12	204	4
禹会区	546		37			144	137	15	196	8
淮上区	320	1	17	1		71	75	7	138	6
怀远县										
五河县										
固镇县										
蚌埠市高新技术开发区										
蚌埠市经济开发区										
淮南市	**3274**	**7**	**186**	**2**		**918**	**678**	**76**	**1301**	**29**
大通区	118		6			25	32	1	49	4
田家庵区	2529	5	157	1		693	534	52	1005	18
谢家集区	338	1	11	1		118	61	7	126	5
八公山区	182	1	8			52	36	15	66	1
潘集区	107		4			30	15	1	55	1
凤台县										
寿县										

4-6a 续表 16　　单位：人

地区 性别	专业技术人员 小计	科学研究人员	工程技术人员	农业技术人员	飞机和船舶技术人员	卫生专业技术人员	经济和金融专业人员	法律、社会和宗教专业人员	教学人员	文学艺术、体育专业人员
马鞍山市	**2871**	**3**	**207**	**5**		**503**	**948**	**77**	**1024**	**28**
花山区	1650	2	132	3		312	492	48	601	14
雨山区	1086		68	2		173	409	29	363	14
博望区	135	1	7			18	47		60	
当涂县										
含山县										
和县										
淮北市	**2781**	**7**	**126**	**1**		**627**	**638**	**57**	**1247**	**12**
杜集区	307	2	14			75	68		142	1
相山区	2259	5	100	1		499	529	53	1007	9
烈山区	184		11			43	34	2	89	1
濉溪县	31		1			10	7	2	9	1
铜陵市	**2172**	**4**	**117**	**6**	**1**	**482**	**673**	**39**	**773**	**21**
铜官区	1802	4	101	5		403	553	34	637	19
义安区	276		11	1	1	52	88	4	109	1
郊区	94		5			27	32	1	27	1
枞阳县										
安庆市	**3831**	**5**	**191**	**9**	**2**	**981**	**1017**	**55**	**1454**	**40**
迎江区	1196		62	1	1	361	333	26	375	15
大观区	662		31			167	179	8	253	8
宜秀区	334		11	1		90	112	4	111	1
怀宁县										
太湖县										
宿松县										
望江县	307	1	11			83	49	5	153	2
岳西县										
安徽安庆经济开发区	1								1	
桐城市	816	4	54	2	1	165	220	6	337	7
潜山市	515		22	5		115	124	6	224	7
黄山市	**1614**	**3**	**82**	**6**		**378**	**487**	**42**	**558**	**24**
屯溪区	1174	2	60	4		293	358	32	374	21
黄山区	238		10	1		47	74	4	99	
徽州区	179		11	1		34	46	6	78	2
歙县	9	1	1			1	2		4	
休宁县	14					3	7		3	1
黟县										
祁门县										
滁州市	**2972**	**5**	**116**	**4**		**685**	**863**	**63**	**1155**	**39**
琅琊区	875	1	30	1		216	270	18	320	7
南谯区	713	2	53	1		137	213	13	267	11
来安县										
全椒县										
定远县										
凤阳县										
苏滁现代产业园										
滁州经济技术开发区										
天长市	880	2	17	1		189	289	25	333	15
明光市	504		16	1		143	91	7	235	6

4-6a　续表 17　　　　单位：人

地　区 性　别	专业技术人员									
	小计	科学研究人员	工程技术人员	农业技术人员	飞机和船舶技术人员	卫生专业技术人员	经济和金融专业人员	法律、社会和宗教专业人员	教学人员	文学艺术、体育专业人员
阜阳市	**3909**	**10**	**110**	**7**		**992**	**761**	**76**	**1870**	**22**
颍州区	1976	7	52	4		539	387	39	901	8
颍东区	657	1	23			150	135	11	324	5
颍泉区	670	1	26	1		140	149	11	325	6
临泉县										
太和县										
阜南县										
颍上县										
阜阳合肥现代产业园区										
阜阳经济技术开发区										
界首市	606	1	9	2		163	90	15	320	3
宿州市	**2446**	**4**	**86**	**4**		**649**	**533**	**38**	**1086**	**17**
埇桥区	2441	4	85	4		648	533	38	1083	17
砀山县										
萧县	5		1			1			3	
灵璧县										
泗县										
宿州马鞍山现代产业园区										
宿州经济技术开发区										
六安市	**2631**	**3**	**102**	**3**	**1**	**676**	**589**	**59**	**1125**	**29**
金安区	1281	2	45	2		368	296	37	494	13
裕安区	1169		52	1	1	275	237	20	552	15
叶集区	173	1	5			33	53	1	75	1
霍邱县	2						1		1	
舒城县	6						2	1	3	
金寨县										
霍山县										
亳州市	**2043**	**2**	**39**			**431**	**360**	**38**	**1130**	**14**
谯城区	2041	2	39			431	359	38	1129	14
涡阳县										
蒙城县										
利辛县	2						1		1	
池州市	**1333**	**5**	**41**	**4**	**1**	**280**	**382**	**32**	**540**	**10**
贵池区	1293	4	36	4	1	274	372	32	524	9
东至县										
石台县										
青阳县										
池州市国家经济技术开发区	30	1	4			5	6		12	1
皖江江南新兴产业集中区	10		1			1	4		4	
九华山风景区										
宣城市	**2695**	**2**	**129**	**4**		**608**	**784**	**60**	**1038**	**20**
宣州区	1049	2	36	1		256	282	23	421	8
郎溪县										
泾县										
绩溪县										
旌德县										
宣城市经济开发区										
宁国市	871		56	2		185	265	29	311	6
广德市	775		37	1		167	237	8	306	6

4-6a 续表 18

单位：人

地区 性别	专业技术人员		办事人员和有关人员				社会生产服务和生活服务人员		
	新闻出版、文化专业人员	其他专业技术人员	小计	办事人员	安全和消防人员	其他办事人员和有关人员	小计	批发与零售服务人员	交通运输、仓储和邮政业服务人员
安徽	**1895**	**685**	**79297**	**65360**	**13171**	**766**	**290087**	**122765**	**48692**
合肥市	**706**	**225**	**26654**	**23029**	**3320**	**305**	**84207**	**36349**	**11942**
瑶海区	87	42	4171	3449	662	60	18363	8628	3353
庐阳区	89	32	4170	3563	537	70	13006	5665	1863
蜀山区	281	47	6926	6045	810	71	18798	7866	1943
包河区	223	91	8934	7932	908	94	24706	10417	2993
长丰县									
肥东县									
肥西县	3	1	250	243	7		1140	412	261
庐江县									
合肥高新技术产业开发区									
合肥经济技术开发区									
合肥新站高新技术产业开发区	4		296	257	38	1	1614	760	286
巢湖市	19	12	1907	1540	358	9	6580	2601	1243
芜湖市	**161**	**48**	**7529**	**6210**	**1277**	**42**	**26977**	**11515**	**5042**
镜湖区	75	11	3425	2948	470	7	8569	3794	1474
弋江区	45	8	1965	1644	319	2	6912	2968	1181
鸠江区	23	10	1172	913	251	8	6073	2368	1466
三山区	5	1	287	174	98	15	1510	537	375
芜湖县		1	7	1	6		140	46	42
繁昌县									
南陵县									
芜湖经济技术开发区	1		6	3	3		29	7	11
安徽芜湖长江大桥经济开发区									
无为市	12	17	667	527	130	10	3744	1795	493
蚌埠市	**46**	**25**	**1985**	**1495**	**455**	**35**	**12092**	**4954**	**2476**
龙子湖区	18		568	424	130	14	2852	1085	566
蚌山区	9	4	560	448	110	2	2734	1228	531
禹会区	15	14	589	423	148	18	3650	1414	795
淮上区	4	7	268	200	67	1	2856	1227	584
怀远县									
五河县									
固镇县									
蚌埠市高新技术开发区									
蚌埠市经济开发区									
淮南市	**112**	**47**	**4321**	**3371**	**923**	**27**	**15206**	**5766**	**3159**
大通区	2		128	85	38	5	667	271	121
田家庵区	95	25	3214	2651	552	11	9912	3842	1954
谢家集区	11	15	543	329	208	6	2216	842	503
八公山区	3	7	293	198	91	4	1449	449	321
潘集区	1		143	108	34	1	962	362	260
凤台县									
寿县									

4-6a 续表 19

单位：人

地区 性别	专业技术人员		办事人员和有关人员				社会生产服务和生活服务人员		
	新闻出版、文化专业人员	其他专业技术人员	小计	办事人员	安全和消防人员	其他办事人员和有关人员	小计	批发与零售服务人员	交通运输、仓储和邮政业服务人员
马鞍山市	**104**	**31**	**3551**	**2798**	**718**	**35**	**13720**	**5475**	**2555**
花山区	60	24	2018	1622	380	16	7288	2744	1493
雨山区	43	5	1369	1053	298	18	5047	1839	935
博望区	1	2	164	123	40	1	1385	892	127
当涂县									
含山县									
和县									
淮北市	**95**	**28**	**3052**	**2399**	**626**	**27**	**10847**	**4125**	**2237**
杜集区	7	5	327	196	128	3	2004	742	452
相山区	84	14	2438	2011	406	21	7058	2816	1339
烈山区	2	7	204	125	78	1	1213	411	268
濉溪县	2	2	83	67	14	2	572	156	178
铜陵市	**70**	**63**	**3136**	**2565**	**538**	**33**	**8610**	**3258**	**1711**
铜官区	62	47	2546	2105	413	28	6379	2568	1191
义安区	8	12	444	355	84	5	1496	467	329
郊区		4	146	105	41		735	223	191
枞阳县									
安庆市	**102**	**68**	**4965**	**4022**	**872**	**71**	**19740**	**8615**	**2887**
迎江区	36	19	1450	1136	279	35	4465	1949	625
大观区	22	9	927	748	171	8	2813	1161	490
宜秀区	5	2	446	340	98	8	2459	1028	437
怀宁县									
太湖县									
宿松县									
望江县	6	3	400	331	67	2	1807	819	210
岳西县									
安徽安庆经济开发区			5	5			9	2	1
桐城市	21	19	1110	948	148	14	5168	2347	724
潜山市	12	16	627	514	109	4	3019	1309	400
黄山市	**54**	**10**	**2408**	**1943**	**439**	**26**	**7474**	**2923**	**990**
屯溪区	48	9	1732	1394	324	14	5120	2071	659
黄山区	4		409	320	85	4	1267	474	155
徽州区	2	1	246	216	22	8	927	328	149
歙县			4	3	1		58	11	12
休宁县			17	10	7		102	39	15
黟县									
祁门县									
滁州市	**61**	**29**	**3688**	**2946**	**710**	**32**	**15956**	**6666**	**3011**
琅琊区	19	12	1357	1064	278	15	4678	1889	932
南谯区	20	13	789	656	118	15	3300	1203	657
来安县									
全椒县									
定远县									
凤阳县									
苏滁现代产业园									
滁州经济技术开发区									
天长市	14	4	974	765	208	1	4395	2059	766
明光市	8		568	461	106	1	3583	1515	656

4－6a 续表 20

单位：人

地区 性别	专业技术人员		办事人员和有关人员				社会生产服务和生活服务人员		
	新闻出版、文化专业人员	其他专业技术人员	小计	办事人员	安全和消防人员	其他办事人员和有关人员	小计	批发与零售服务人员	交通运输、仓储和邮政业服务人员
阜阳市	**89**	**21**	**4452**	**3482**	**948**	**22**	**18186**	**8168**	**3172**
颍州区	53	11	2366	1938	419	9	7608	3612	1036
颍东区	9	5	586	392	193	1	3348	1272	857
颍泉区	14	2	819	622	191	6	4016	1966	648
临泉县									
太和县									
阜南县									
颍上县									
阜阳合肥现代产业园区									
阜阳经济技术开发区									
界首市	13	3	681	530	145	6	3214	1318	631
宿州市	**56**	**2**	**2840**	**2431**	**402**	**7**	**10959**	**4675**	**1943**
埇桥区	56	2	2829	2424	398	7	10870	4651	1928
砀山县									
萧县			11	7	4		89	24	15
灵璧县									
泗县									
宿州马鞍山现代产业园区									
宿州经济技术开发区									
六安市	**76**	**9**	**3208**	**2568**	**616**	**24**	**14026**	**6033**	**2398**
金安区	33	7	1683	1375	293	15	6280	2451	1106
裕安区	37	2	1349	1058	283	8	6453	3024	996
叶集区	6		171	132	38	1	1188	516	280
霍邱县							29	7	7
舒城县			5	3	2		76	35	9
金寨县									
霍山县									
亳州市	**50**	**23**	**1991**	**1559**	**416**	**16**	**11528**	**6094**	**1550**
谯城区	50	23	1989	1558	415	16	11483	6074	1542
涡阳县									
蒙城县									
利辛县			2	1	1		45	20	8
池州市	**53**	**8**	**1776**	**1495**	**251**	**30**	**6418**	**2468**	**1098**
贵池区	52	8	1687	1435	225	27	6164	2383	1054
东至县									
石台县									
青阳县									
池州市国家经济技术开发区	1		60	42	15	3	164	62	20
皖江江南新兴产业集中区			29	18	11		90	23	24
九华山风景区									
宣城市	**60**	**48**	**3741**	**3047**	**660**	**34**	**14141**	**5681**	**2521**
宣州区	30	13	1544	1256	269	19	5131	2149	900
郎溪县									
泾县									
绩溪县									
旌德县									
宣城市经济开发区									
宁国市	13	26	1161	952	201	8	4463	1708	799
广德市	17	9	1036	839	190	7	4547	1824	822

4-6a　续表 21　　　　单位：人

地　区 性　别	专业技术人员		办事人员和有关人员				社会生产服务和生活服务人员		
	新闻出版、文化专业人员	其他专业技术人员	小计	办事人员	安全和消防人员	其他办事人员和有关人员	小计	批发与零售服务人员	交通运输、仓储和邮政业服务人员
男	**764**	**529**	**49851**	**37468**	**11901**	**482**	**161423**	**59722**	**41332**
合肥市	**284**	**176**	**15800**	**12623**	**2981**	**196**	**47388**	**18615**	**9866**
瑶海区	35	31	2587	1925	617	45	10470	4222	2820
庐阳区	41	26	2470	1953	476	41	7357	2835	1554
蜀山区	97	37	3903	3140	714	49	10603	4246	1555
包河区	97	70	5229	4361	813	55	13674	5473	2418
长丰县									
肥东县									
肥西县		1	140	133	7		733	241	209
庐江县									
合肥高新技术产业开发区									
合肥经济技术开发区									
合肥新站高新技术产业开发区			176	138	37	1	972	428	235
巢湖市	14	11	1295	973	317	5	3579	1170	1075
芜湖市	**61**	**36**	**4791**	**3594**	**1174**	**23**	**15687**	**5942**	**4332**
镜湖区	27	9	2208	1769	435	4	4967	1921	1282
弋江区	17	4	1177	885	292		3988	1539	1016
鸠江区	7	9	713	483	225	5	3586	1229	1221
三山区	3	1	208	109	93	6	863	275	316
芜湖县		1	6	1	5		84	26	35
繁昌县									
南陵县									
芜湖经济技术开发区			4	1	3		19	3	11
安徽芜湖长江大桥经济开发区									
无为市	7	12	475	346	121	8	2180	949	451
蚌埠市	**26**	**20**	**1266**	**822**	**425**	**19**	**6914**	**2316**	**2112**
龙子湖区	9		370	243	119	8	1659	516	485
蚌山区	7	3	342	243	98	1	1550	580	462
禹会区	8	12	381	229	143	9	2115	657	663
淮上区	2	5	173	107	65	1	1590	563	502
怀远县									
五河县									
固镇县									
蚌埠市高新技术开发区									
蚌埠市经济开发区									
淮南市	**45**	**37**	**2806**	**1950**	**833**	**23**	**8504**	**2532**	**2746**
大通区	1		84	43	36	5	361	115	98
田家庵区	38	18	2023	1527	486	10	5601	1778	1696
谢家集区	5	13	389	193	192	4	1133	306	430
八公山区	1	6	203	114	86	3	844	183	289
潘集区			107	73	33	1	565	150	233
凤台县									
寿县									

4－6a 续表 22 单位：人

地区 性别	专业技术人员		办事人员和有关人员				社会生产服务和生活服务人员		
	新闻出版、文化专业人员	其他专业技术人员	小计	办事人员	安全和消防人员	其他办事人员和有关人员	小计	批发与零售服务人员	交通运输、仓储和邮政业服务人员
马鞍山市	**38**	**21**	**2172**	**1503**	**650**	**19**	**7519**	**2655**	**2104**
花山区	22	16	1229	885	337	7	3945	1197	1230
雨山区	16	4	853	563	278	12	2699	837	779
博望区		1	90	55	35		875	621	95
当涂县									
含山县									
和县									
淮北市	**37**	**20**	**1982**	**1394**	**568**	**20**	**5996**	**1755**	**1869**
杜集区	3	4	227	105	120	2	1095	288	383
相山区	32	10	1551	1173	362	16	3861	1238	1118
烈山区	1	4	137	63	73	1	676	155	224
濉溪县	1	2	67	53	13	1	364	74	144
铜陵市	**29**	**48**	**2051**	**1543**	**488**	**20**	**4640**	**1472**	**1455**
铜官区	27	36	1643	1261	366	16	3422	1161	1003
义安区	2	9	303	217	82	4	817	215	289
郊区		3	105	65	40		401	96	163
枞阳县									
安庆市	**42**	**51**	**3219**	**2396**	**784**	**39**	**10471**	**4127**	**2432**
迎江区	20	13	947	676	251	20	2415	943	539
大观区	7	8	586	429	153	4	1517	513	420
宜秀区	1	2	261	177	81	3	1353	509	367
怀宁县									
太湖县									
宿松县									
望江县	3	3	262	199	62	1	802	336	168
岳西县									
安徽安庆经济开发区			4	4			5	2	1
桐城市	9	11	729	587	134	8	2917	1233	610
潜山市	2	14	430	324	103	3	1462	591	327
黄山市	**21**	**9**	**1462**	**1048**	**397**	**17**	**3690**	**1207**	**837**
屯溪区	19	8	1061	760	291	10	2523	858	560
黄山区	1		261	180	81		596	183	135
徽州区	1	1	128	101	20	7	482	145	119
歙县			1	1			30	4	10
休宁县			11	6	5		59	17	13
黟县									
祁门县									
滁州市	**23**	**25**	**2427**	**1762**	**644**	**21**	**9017**	**3245**	**2635**
琅琊区	7	12	888	624	255	9	2625	836	815
南谯区	8	9	481	368	102	11	1927	600	579
来安县									
全椒县									
定远县									
凤阳县									
苏滁现代产业园									
滁州经济技术开发区									
天长市	5	4	678	486	191	1	2539	1113	664
明光市	3		380	284	96		1926	696	577

4-6a　续表 23　　　　单位：人

地　区 性　别	专业技术人员		办事人员和有关人员				社会生产服务和生活服务人员		
	新闻出版、文化专业人员	其他专业技术人员	小计	办事人员	安全和消防人员	其他办事人员和有关人员	小计	批发与零售服务人员	交通运输、仓储和邮政业服务人员
阜阳市	**34**	**15**	**2997**	**2135**	**847**	**15**	**10081**	**3812**	**2716**
颍州区	18	7	1565	1192	365	8	4150	1756	871
颍东区	2	4	404	228	175	1	1876	532	726
颍泉区	4	1	542	372	169	1	2145	865	552
临泉县									
太和县									
阜南县									
颍上县									
阜阳合肥现代产业园区									
阜阳经济技术开发区									
界首市	10	3	486	343	138	5	1910	659	567
宿州市	**27**	**2**	**1777**	**1414**	**357**	**6**	**5904**	**2079**	**1656**
埇桥区	27	2	1770	1411	353	6	5855	2069	1644
砀山县									
萧县			7	3	4		49	10	12
灵璧县									
泗县									
宿州马鞍山现代产业园区									
宿州经济技术开发区									
六安市	**33**	**8**	**2141**	**1577**	**548**	**16**	**7611**	**2740**	**2075**
金安区	10	6	1104	833	261	10	3362	1072	960
裕安区	21	2	914	659	250	5	3511	1406	847
叶集区	2		120	84	35	1	680	240	253
霍邱县							18	3	6
舒城县			3	1	2		40	19	9
金寨县									
霍山县									
亳州市	**25**	**19**	**1398**	**1006**	**384**	**8**	**6968**	**3506**	**1319**
谯城区	25	19	1397	1005	384	8	6940	3496	1312
涡阳县									
蒙城县									
利辛县			1	1			28	10	7
池州市	**17**	**6**	**1151**	**906**	**221**	**24**	**3360**	**1065**	**952**
贵池区	17	6	1091	873	197	21	3219	1022	915
东至县									
石台县									
青阳县									
池州市国家经济技术开发区			40	23	14	3	87	28	17
皖江江南新兴产业集中区			20	10	10		54	15	20
九华山风景区									
宣城市	**22**	**36**	**2411**	**1795**	**600**	**16**	**7673**	**2654**	**2226**
宣州区	12	11	1012	773	232	7	2839	1015	785
郎溪县									
泾县									
绩溪县									
旌德县									
宣城市经济开发区									
宁国市	4	18	740	544	190	6	2333	775	699
广德市	6	7	659	478	178	3	2501	864	742

4－6a 续表 24

单位：人

地区 性别	专业技术人员		办事人员和有关人员				社会生产服务和生活服务人员		
	新闻出版、文化专业人员	其他专业技术人员	小计	办事人员	安全和消防人员	其他办事人员和有关人员	小计	批发与零售服务人员	交通运输、仓储和邮政业服务人员
女	**1131**	**156**	**29446**	**27892**	**1270**	**284**	**128664**	**63043**	**7360**
合肥市	**422**	**49**	**10854**	**10406**	**339**	**109**	**36819**	**17734**	**2076**
瑶海区	52	11	1584	1524	45	15	7893	4406	533
庐阳区	48	6	1700	1610	61	29	5649	2830	309
蜀山区	184	10	3023	2905	96	22	8195	3620	388
包河区	126	21	3705	3571	95	39	11032	4944	575
长丰县									
肥东县									
肥西县	3		110	110			407	171	52
庐江县									
合肥高新技术产业开发区									
合肥经济技术开发区									
合肥新站高新技术产业开发区	4		120	119	1		642	332	51
巢湖市	5	1	612	567	41	4	3001	1431	168
芜湖市	**100**	**12**	**2738**	**2616**	**103**	**19**	**11290**	**5573**	**710**
镜湖区	48	2	1217	1179	35	3	3602	1873	192
弋江区	28	4	788	759	27	2	2924	1429	165
鸠江区	16	1	459	430	26	3	2487	1139	245
三山区	2		79	65	5	9	647	262	59
芜湖县			1		1		56	20	7
繁昌县									
南陵县									
芜湖经济技术开发区	1		2	2			10	4	
安徽芜湖长江大桥经济开发区									
无为市	5	5	192	181	9	2	1564	846	42
蚌埠市	**20**	**5**	**719**	**673**	**30**	**16**	**5178**	**2638**	**364**
龙子湖区	9		198	181	11	6	1193	569	81
蚌山区	2	1	218	205	12	1	1184	648	69
禹会区	7	2	208	194	5	9	1535	757	132
淮上区	2	2	95	93	2		1266	664	82
怀远县									
五河县									
固镇县									
蚌埠市高新技术开发区									
蚌埠市经济开发区									
淮南市	**67**	**10**	**1515**	**1421**	**90**	**4**	**6702**	**3234**	**413**
大通区	1		44	42	2		306	156	23
田家庵区	57	7	1191	1124	66	1	4311	2064	258
谢家集区	6	2	154	136	16	2	1083	536	73
八公山区	2	1	90	84	5	1	605	266	32
潘集区	1		36	35	1		397	212	27
凤台县									
寿县									

4-6a　续表 25　　　　　　　　　　　　　　　　　　单位：人

地　区 性　别	专业技术人员		办事人员和有关人员				社会生产服务和生活服务人员		
	新闻出版、文化专业人员	其他专业技术人员	小计	办事人员	安全和消防人员	其他办事人员和有关人员	小计	批发与零售服务人员	交通运输、仓储和邮政业服务人员
马鞍山市	**66**	**10**	**1379**	**1295**	**68**	**16**	**6201**	**2820**	**451**
花山区	38	8	789	737	43	9	3343	1547	263
雨山区	27	1	516	490	20	6	2348	1002	156
博望区	1	1	74	68	5	1	510	271	32
当涂县									
含山县									
和县									
淮北市	**58**	**8**	**1070**	**1005**	**58**	**7**	**4851**	**2370**	**368**
杜集区	4	1	100	91	8	1	909	454	69
相山区	52	4	887	838	44	5	3197	1578	221
烈山区	1	3	67	62	5		537	256	44
濉溪县	1		16	14	1	1	208	82	34
铜陵市	**41**	**15**	**1085**	**1022**	**50**	**13**	**3970**	**1786**	**256**
铜官区	35	11	903	844	47	12	2957	1407	188
义安区	6	3	141	138	2	1	679	252	40
郊区		1	41	40	1		334	127	28
枞阳县									
安庆市	**60**	**17**	**1746**	**1626**	**88**	**32**	**9269**	**4488**	**455**
迎江区	16	6	503	460	28	15	2050	1006	86
大观区	15	1	341	319	18	4	1296	648	70
宜秀区	4		185	163	17	5	1106	519	70
怀宁县									
太湖县									
宿松县									
望江县	3		138	132	5	1	1005	483	42
岳西县									
安徽安庆经济开发区			1	1			4		
桐城市	12	8	381	361	14	6	2251	1114	114
潜山市	10	2	197	190	6	1	1557	718	73
黄山市	**33**	**1**	**946**	**895**	**42**	**9**	**3784**	**1716**	**153**
屯溪区	29	1	671	634	33	4	2597	1213	99
黄山区	3		148	140	4	4	671	291	20
徽州区	1		118	115	2	1	445	183	30
歙县			3	2	1		28	7	2
休宁县			6	4	2		43	22	2
黟县									
祁门县									
滁州市	**38**	**4**	**1261**	**1184**	**66**	**11**	**6939**	**3421**	**376**
琅琊区	12		469	440	23	6	2053	1053	117
南谯区	12	4	308	288	16	4	1373	603	78
来安县									
全椒县									
定远县									
凤阳县									
苏滁现代产业园									
滁州经济技术开发区									
天长市	9		296	279	17		1856	946	102
明光市	5		188	177	10	1	1657	819	79

4-6a 续表 26

单位：人

地区 性别	专业技术人员		办事人员和有关人员				社会生产服务和生活服务人员		
	新闻出版、文化专业人员	其他专业技术人员	小计	办事人员	安全和消防人员	其他办事人员和有关人员	小计	批发与零售服务人员	交通运输、仓储和邮政业服务人员
阜阳市	**55**	**6**	**1455**	**1347**	**101**	**7**	**8105**	**4356**	**456**
颍州区	35	4	801	746	54	1	3458	1856	165
颍东区	7	1	182	164	18		1472	740	131
颍泉区	10	1	277	250	22	5	1871	1101	96
临泉县									
太和县									
阜南县									
颍上县									
阜阳合肥现代产业园区									
阜阳经济技术开发区									
界首市	3		195	187	7	1	1304	659	64
宿州市	**29**		**1063**	**1017**	**45**	**1**	**5055**	**2596**	**287**
埇桥区	29		1059	1013	45	1	5015	2582	284
砀山县									
萧县			4	4			40	14	3
灵璧县									
泗县									
宿州马鞍山现代产业园区									
宿州经济技术开发区									
六安市	**43**	**1**	**1067**	**991**	**68**	**8**	**6415**	**3293**	**323**
金安区	23	1	579	542	32	5	2918	1379	146
裕安区	16		435	399	33	3	2942	1618	149
叶集区	4		51	48	3		508	276	27
霍邱县							11	4	1
舒城县			2	2			36	16	
金寨县									
霍山县									
亳州市	**25**	**4**	**593**	**553**	**32**	**8**	**4560**	**2588**	**231**
谯城区	25	4	592	553	31	8	4543	2578	230
涡阳县									
蒙城县									
利辛县			1		1		17	10	1
池州市	**36**	**2**	**625**	**589**	**30**	**6**	**3058**	**1403**	**146**
贵池区	35	2	596	562	28	6	2945	1361	139
东至县									
石台县									
青阳县									
池州市国家经济技术开发区	1		20	19	1		77	34	3
皖江江南新兴产业集中区			9	8	1		36	8	4
九华山风景区									
宣城市	**38**	**12**	**1330**	**1252**	**60**	**18**	**6468**	**3027**	**295**
宣州区	18	2	532	483	37	12	2292	1134	115
郎溪县									
泾县									
绩溪县									
旌德县									
宣城市经济开发区									
宁国市	9	8	421	408	11	2	2130	933	100
广德市	11	2	377	361	12	4	2046	960	80

4-6a　续表 27　　　　单位：人

地　区 性　别	社会生产服务和生活服务人员 住宿和餐饮服务人　员	信息传输、软件和信息技术服务人　员	金融服务人　员	房地产服务人员	租赁和商务服务人　员	技术辅助服务人员	水利、环境和公共设施管理服务人员	居民服务人　员	电力、燃气及水供应服务人　员
安　徽	**36938**	**7986**	**8085**	**6314**	**8343**	**8491**	**13509**	**15478**	**2456**
合肥市	**9190**	**3924**	**2641**	**2225**	**3463**	**3305**	**3439**	**4211**	**473**
瑶海区	1728	518	332	645	595	528	496	824	82
庐阳区	1398	443	483	331	528	503	505	732	73
蜀山区	2008	1652	723	481	973	960	668	784	101
包河区	2871	1086	902	568	1054	1068	1307	1373	137
长丰县									
肥东县									
肥西县	112	60	15	24	75	74	46	29	6
庐江县									
合肥高新技术产业开发区									
合肥经济技术开发区									
合肥新站高新技术产业开发区	147	48	19	55	45	45	59	70	6
巢湖市	926	117	167	121	193	127	358	399	68
芜湖市	**3325**	**548**	**569**	**653**	**571**	**727**	**1230**	**1530**	**216**
镜湖区	1075	194	242	170	211	280	273	415	109
弋江区	761	155	120	254	173	223	331	450	46
鸠江区	729	117	100	139	138	127	335	277	19
三山区	225	24	16	27	19	17	119	87	13
芜湖县	15	1		1	3	2	17	12	
繁昌县									
南陵县									
芜湖经济技术开发区	5					1	3	2	
安徽芜湖长江大桥经济开发区									
无为市	515	57	91	62	27	77	152	287	29
蚌埠市	**1733**	**214**	**234**	**270**	**250**	**233**	**524**	**579**	**109**
龙子湖区	474	61	55	69	80	47	130	123	18
蚌山区	370	51	65	61	44	60	81	128	19
禹会区	473	69	79	92	86	79	161	187	54
淮上区	416	33	35	48	40	47	152	141	18
怀远县									
五河县									
固镇县									
蚌埠市高新技术开发区									
蚌埠市经济开发区									
淮南市	**2239**	**301**	**409**	**324**	**406**	**335**	**699**	**741**	**201**
大通区	94	14	14	21	17	18	18	35	16
田家庵区	1437	219	327	222	237	228	443	450	142
谢家集区	358	31	25	37	45	27	112	123	19
八公山区	234	25	28	29	86	44	69	82	14
潘集区	116	12	15	15	21	18	57	51	10
凤台县									
寿县									

4-6a 续表 28

单位：人

地区 性别	社会生产服务和生活服务人员								
	住宿和餐饮服务人员	信息传输、软件和信息技术服务人员	金融服务人员	房地产服务人员	租赁和商务服务人员	技术辅助服务人员	水利、环境和公共设施管理服务人员	居民服务人员	电力、燃气及水供应服务人员
马鞍山市	**1771**	**325**	**367**	**252**	**323**	**381**	**732**	**787**	**160**
花山区	943	175	201	144	192	211	359	418	87
雨山区	673	135	157	100	120	157	329	291	65
博望区	155	15	9	8	11	13	44	78	8
当涂县									
含山县									
和县									
淮北市	**1515**	**241**	**292**	**210**	**249**	**271**	**572**	**529**	**128**
杜集区	295	35	15	29	46	38	158	92	10
相山区	939	177	261	172	159	200	259	341	99
烈山区	195	20	16	7	37	25	94	69	14
濉溪县	86	9		2	7	8	61	27	5
铜陵市	**1178**	**182**	**256**	**176**	**194**	**223**	**461**	**481**	**95**
铜官区	776	150	208	128	156	180	335	347	78
义安区	273	26	34	41	21	29	73	106	15
郊区	129	6	14	7	17	14	53	28	2
枞阳县									
安庆市	**2868**	**428**	**549**	**370**	**413**	**568**	**778**	**1249**	**152**
迎江区	633	100	147	128	90	157	151	260	48
大观区	368	66	103	53	80	88	95	152	16
宜秀区	374	46	37	50	68	62	150	80	10
怀宁县									
太湖县									
宿松县									
望江县	240	41	63	8	27	38	80	206	10
岳西县									
安徽安庆经济开发区	2					4			
桐城市	790	106	138	91	81	174	176	262	47
潜山市	461	69	61	40	67	45	126	289	21
黄山市	**1313**	**168**	**188**	**121**	**377**	**242**	**359**	**458**	**49**
屯溪区	831	133	135	78	257	183	245	293	39
黄山区	289	14	32	16	41	32	67	100	5
徽州区	156	20	19	26	71	20	39	55	5
歙县	17			1	4	2	4	4	
休宁县	20	1	2		4	5	4	6	
黟县									
祁门县									
滁州市	**2028**	**259**	**421**	**354**	**354**	**362**	**768**	**998**	**131**
琅琊区	575	80	117	112	116	125	254	247	43
南谯区	447	70	91	100	113	81	200	175	22
来安县									
全椒县									
定远县									
凤阳县									
苏滁现代产业园									
滁州经济技术开发区									
天长市	517	57	152	66	54	111	154	270	36
明光市	489	52	61	76	71	45	160	306	30

4-6a　续表 29　　　　　　　　　　　　　　　　　　　　　　单位：人

地　区 性　别	社会生产服务和生活服务人员								
	住宿和餐饮服务人员	信息传输、软件和信息技术服务人员	金融服务人员	房地产服务人员	租赁和商务服务人员	技术辅助服务人员	水利、环境和公共设施管理服务人员	居民服务人员	电力、燃气及水供应服务人员
阜阳市	**2419**	**295**	**511**	**258**	**312**	**409**	**931**	**930**	**179**
颍州区	1024	129	304	132	126	193	399	343	73
颍东区	385	53	46	34	75	81	227	180	21
颍泉区	506	65	66	65	62	80	179	219	42
临泉县									
太和县									
阜南县									
颍上县									
阜阳合肥现代产业园区									
阜阳经济技术开发区									
界首市	504	48	95	27	49	55	126	188	43
宿州市	**1231**	**268**	**352**	**228**	**406**	**280**	**578**	**536**	**106**
埇桥区	1217	265	348	225	405	279	569	531	103
砀山县									
萧县	14	3	4	3	1	1	9	5	3
灵璧县									
泗县									
宿州马鞍山现代产业园区									
宿州经济技术开发区									
六安市	**1800**	**243**	**417**	**358**	**264**	**379**	**790**	**704**	**148**
金安区	845	113	191	196	148	206	374	338	70
裕安区	785	113	205	150	104	159	320	316	68
叶集区	151	12	20	12	10	12	87	46	9
霍邱县	8	1			2		1	1	1
舒城县	11	4	1			2	8	3	
金寨县									
霍山县									
亳州市	**1278**	**262**	**253**	**145**	**273**	**186**	**615**	**453**	**99**
谯城区	1269	262	253	145	273	185	611	451	99
涡阳县									
蒙城县									
利辛县	9					1	4	2	
池州市	**957**	**109**	**244**	**119**	**250**	**178**	**320**	**379**	**67**
贵池区	908	106	241	111	244	169	293	372	63
东至县									
石台县									
青阳县									
池州市国家经济技术开发区	29	3	2	3	5	6	18	6	3
皖江江南新兴产业集中区	20		1	5	1	3	9	1	1
九华山风景区									
宣城市	**2093**	**219**	**382**	**251**	**238**	**412**	**713**	**913**	**143**
宣州区	697	101	197	134	124	112	186	288	58
郎溪县									
泾县									
绩溪县									
旌德县									
宣城市经济开发区									
宁国市	694	58	98	63	58	176	247	345	43
广德市	702	60	87	54	56	124	280	280	42

4-6a 续表 30

单位：人

地区 性别	社会生产服务和生活服务人员								
	住宿和餐饮服务人员	信息传输、软件和信息技术服务人员	金融服务人员	房地产服务人员	租赁和商务服务人员	技术辅助服务人员	水利、环境和公共设施管理服务人员	居民服务人员	电力、燃气及水供应服务人员
男	**16511**	**5453**	**3763**	**3660**	**5315**	**5461**	**4867**	**4792**	**1957**
合肥市	**4327**	**2702**	**1338**	**1367**	**1970**	**2138**	**1055**	**1306**	**374**
瑶海区	803	380	167	405	354	338	139	278	60
庐阳区	697	319	243	206	361	322	169	216	54
蜀山区	977	1092	376	288	487	597	229	228	78
包河区	1334	743	451	358	534	718	381	438	114
长丰县									
肥东县									
肥西县	53	51	9	16	61	46	13	11	5
庐江县									
合肥高新技术产业开发区									
合肥经济技术开发区									
合肥新站高新技术产业开发区	61	33	13	39	23	33	22	19	6
巢湖市	402	84	79	55	150	84	102	116	57
芜湖市	**1534**	**393**	**252**	**411**	**348**	**458**	**475**	**549**	**167**
镜湖区	538	147	108	107	126	177	102	107	88
弋江区	322	108	44	154	102	148	130	199	29
鸠江区	322	83	46	89	86	75	107	104	12
三山区	90	16	7	16	12	9	51	22	12
芜湖县	5				3	1	9	4	
繁昌县									
南陵县									
芜湖经济技术开发区	1					1	1	2	
安徽芜湖长江大桥经济开发区									
无为市	256	39	47	45	19	47	75	111	26
蚌埠市	**815**	**154**	**111**	**165**	**167**	**158**	**224**	**206**	**90**
龙子湖区	229	47	24	41	52	34	65	37	13
蚌山区	166	40	33	37	30	38	30	43	19
禹会区	237	47	36	58	57	51	68	75	45
淮上区	183	20	18	29	28	35	61	51	13
怀远县									
五河县									
固镇县									
蚌埠市高新技术开发区									
蚌埠市经济开发区									
淮南市	**1002**	**210**	**174**	**169**	**290**	**222**	**236**	**270**	**150**
大通区	44	6	7	11	15	12	8	11	12
田家庵区	670	155	131	114	150	148	154	166	107
谢家集区	125	21	14	23	31	21	28	42	17
八公山区	103	16	14	15	74	32	26	32	8
潘集区	60	12	8	6	20	9	20	19	6
凤台县									
寿县									

4-6a　续表 31　　单位：人

地　区 性　别	社会生产服务和生活服务人员								
	住宿和餐饮服务人员	信息传输、软件和信息技术服务人员	金融服务人员	房地产服务人员	租赁和商务服务人员	技术辅助服务人员	水利、环境和公共设施管理服务人员	居民服务人员	电力、燃气及水供应服务人员
马鞍山市	**735**	**224**	**155**	**135**	**198**	**246**	**241**	**231**	**130**
花山区	431	121	90	77	120	137	106	109	66
雨山区	251	93	60	52	70	100	120	90	59
博望区	53	10	5	6	8	9	15	32	5
当涂县									
含山县									
和县									
淮北市	**726**	**152**	**133**	**115**	**180**	**191**	**237**	**167**	**99**
杜集区	137	24	6	18	34	28	63	31	7
相山区	450	111	119	92	108	135	93	95	77
烈山区	93	12	8	4	33	20	47	24	11
濉溪县	46	5		1	5	8	34	17	4
铜陵市	**457**	**123**	**107**	**91**	**134**	**141**	**141**	**129**	**68**
铜官区	308	101	88	69	107	117	102	90	57
义安区	101	18	15	19	15	15	24	30	10
郊区	48	4	4	3	12	9	15	9	1
枞阳县									
安庆市	**1146**	**293**	**248**	**200**	**266**	**381**	**307**	**300**	**119**
迎江区	265	60	74	62	54	108	64	74	39
大观区	162	40	50	30	53	56	36	35	15
宜秀区	148	34	21	28	39	39	43	26	9
怀宁县									
太湖县									
宿松县									
望江县	84	25	24	4	24	23	22	29	10
岳西县									
安徽安庆经济开发区						2			
桐城市	333	80	50	60	56	123	88	78	28
潜山市	154	54	29	16	40	30	54	58	18
黄山市	**533**	**113**	**77**	**65**	**230**	**165**	**127**	**106**	**39**
屯溪区	341	91	54	41	145	122	76	71	31
黄山区	121	9	13	8	21	26	28	22	5
徽州区	54	13	8	15	57	11	19	12	3
歙县	6			1	4	1	1		
休宁县	11		2		3	5	3	1	
黟县									
祁门县									
滁州市	**883**	**178**	**203**	**207**	**230**	**222**	**304**	**308**	**115**
琅琊区	262	60	57	61	71	83	95	90	39
南谯区	201	47	47	58	67	53	80	55	22
来安县									
全椒县									
定远县									
凤阳县									
苏滁现代产业园									
滁州经济技术开发区									
天长市	212	36	73	50	32	59	55	95	30
明光市	208	35	26	38	60	27	74	68	24

4-6a 续表 32 单位：人

地　区 性　别	社会生产服务和生活服务人员								
	住宿和餐饮服务人　员	信息传输、软件和信息技术服务人　员	金融服务人　员	房地产服务人员	租赁和商务服务人　员	技术辅助服务人员	水利、环境和公共设施管理服务人员	居民服务人　员	电力、燃气及水供应服务人　员
阜阳市	**1184**	**192**	**228**	**140**	**243**	**257**	**370**	**313**	**150**
颍州区	489	84	140	72	95	124	170	104	65
颍东区	183	35	18	17	59	53	78	54	17
颍泉区	254	41	25	39	47	48	65	80	37
临泉县									
太和县									
阜南县									
颍上县									
阜阳合肥现代产业园区									
阜阳经济技术开发区									
界首市	258	32	45	12	42	32	57	75	31
宿州市	**590**	**151**	**157**	**102**	**292**	**167**	**189**	**156**	**81**
埇桥区	581	148	155	101	292	166	187	156	79
砀山县									
萧县	9	3	2	1		1	2		2
灵璧县									
泗县									
宿州马鞍山现代产业园区									
宿州经济技术开发区									
六安市	**779**	**181**	**194**	**220**	**180**	**246**	**278**	**206**	**118**
金安区	356	85	83	126	101	123	112	92	56
裕安区	358	83	102	88	71	115	120	99	54
叶集区	56	11	8	6	6	8	44	15	7
霍邱县	4	1			2				1
舒城县	5	1	1				2		
金寨县									
霍山县									
亳州市	**637**	**169**	**134**	**86**	**222**	**115**	**271**	**164**	**78**
谯城区	631	169	134	86	222	114	268	164	78
涡阳县									
蒙城县									
利辛县	6					1	3		
池州市	**361**	**69**	**97**	**54**	**185**	**122**	**113**	**99**	**57**
贵池区	342	67	95	49	183	116	101	95	54
东至县									
石台县									
青阳县									
池州市国家经济技术开发区	13	2	2	2	2	4	7	4	2
皖江江南新兴产业集中区	6			3		2	5		1
九华山风景区									
宣城市	**802**	**149**	**155**	**133**	**180**	**232**	**299**	**282**	**122**
宣州区	283	70	82	69	96	75	77	88	52
郎溪县									
泾县									
绩溪县									
旌德县									
宣城市经济开发区									
宁国市	285	44	39	35	43	78	100	80	34
广德市	234	35	34	29	41	79	122	114	36

4-6a　续表 33　　　　　　　　　　　　　　　　　　　　　　　　　　　　　　　单位：人

地　区 性　别	社会生产服务和生活服务人员								
	住宿和餐饮服务人员	信息传输、软件和信息技术服务人员	金融服务人员	房地产服务人员	租赁和商务服务人员	技术辅助服务人员	水利、环境和公共设施管理服务人员	居民服务人员	电力、燃气及水供应服务人员
女	**20427**	**2533**	**4322**	**2654**	**3028**	**3030**	**8642**	**10686**	**499**
合肥市	**4863**	**1222**	**1303**	**858**	**1493**	**1167**	**2384**	**2905**	**99**
瑶海区	925	138	165	240	241	190	357	546	22
庐阳区	701	124	240	125	167	181	336	516	19
蜀山区	1031	560	347	193	486	363	439	556	23
包河区	1537	343	451	210	520	350	926	935	23
长丰县									
肥东县									
肥西县	59	9	6	8	14	28	33	18	1
庐江县									
合肥高新技术产业开发区									
合肥经济技术开发区									
合肥新站高新技术产业开发区	86	15	6	16	22	12	37	51	
巢湖市	524	33	88	66	43	43	256	283	11
芜湖市	**1791**	**155**	**317**	**242**	**223**	**269**	**755**	**981**	**49**
镜湖区	537	47	134	63	85	103	171	308	21
弋江区	439	47	76	100	71	75	201	251	17
鸠江区	407	34	54	50	52	52	228	173	7
三山区	135	8	9	11	7	8	68	65	1
芜湖县	10	1		1		1	8	8	
繁昌县									
南陵县									
芜湖经济技术开发区	4						2		
安徽芜湖长江大桥经济开发区									
无为市	259	18	44	17	8	30	77	176	3
蚌埠市	**918**	**60**	**123**	**105**	**83**	**75**	**300**	**373**	**19**
龙子湖区	245	14	31	28	28	13	65	86	5
蚌山区	204	11	32	24	14	22	51	85	
禹会区	236	22	43	34	29	28	93	112	9
淮上区	233	13	17	19	12	12	91	90	5
怀远县									
五河县									
固镇县									
蚌埠市高新技术开发区									
蚌埠市经济开发区									
淮南市	**1237**	**91**	**235**	**155**	**116**	**113**	**463**	**471**	**51**
大通区	50	8	7	10	2	6	10	24	4
田家庵区	767	64	196	108	87	80	289	284	35
谢家集区	233	10	11	14	14	6	84	81	2
八公山区	131	9	14	14	12	12	43	50	6
潘集区	56		7	9	1	9	37	32	4
凤台县									
寿县									

4-6a 续表 34

单位：人

地　区 性　别	社会生产服务和生活服务人员								
	住宿和餐饮服务人员	信息传输、软件和信息技术服务人员	金融服务人员	房地产服务人员	租赁和商务服务人员	技术辅助服务人员	水利、环境和公共设施管理服务人员	居民服务人员	电力、燃气及水供应服务人员
马鞍山市	**1036**	**101**	**212**	**117**	**125**	**135**	**491**	**556**	**30**
花山区	512	54	111	67	72	74	253	309	21
雨山区	422	42	97	48	50	57	209	201	6
博望区	102	5	4	2	3	4	29	46	3
当涂县									
含山县									
和县									
淮北市	**789**	**89**	**159**	**95**	**69**	**80**	**335**	**362**	**29**
杜集区	158	11	9	11	12	10	95	61	3
相山区	489	66	142	80	51	65	166	246	22
烈山区	102	8	8	3	4	5	47	45	3
濉溪县	40	4		1	2		27	10	1
铜陵市	**721**	**59**	**149**	**85**	**60**	**82**	**320**	**352**	**27**
铜官区	468	49	120	59	49	63	233	257	21
义安区	172	8	19	22	6	14	49	76	5
郊区	81	2	10	4	5	5	38	19	1
枞阳县									
安庆市	**1722**	**135**	**301**	**170**	**147**	**187**	**471**	**949**	**33**
迎江区	368	40	73	66	36	49	87	186	9
大观区	206	26	53	23	27	32	59	117	1
宜秀区	226	12	16	22	29	23	107	54	1
怀宁县									
太湖县									
宿松县									
望江县	156	16	39	4	3	15	58	177	
岳西县									
安徽安庆经济开发区	2					2			
桐城市	457	26	88	31	25	51	88	184	19
潜山市	307	15	32	24	27	15	72	231	3
黄山市	**780**	**55**	**111**	**56**	**147**	**77**	**232**	**352**	**10**
屯溪区	490	42	81	37	112	61	169	222	8
黄山区	168	5	19	8	20	6	39	78	
徽州区	102	7	11	11	14	9	20	43	2
歙县	11					1	3	4	
休宁县	9	1			1		1	5	
黟县									
祁门县									
滁州市	**1145**	**81**	**218**	**147**	**124**	**140**	**464**	**690**	**16**
琅琊区	313	20	60	51	45	42	159	157	4
南谯区	246	23	44	42	46	28	120	120	
来安县									
全椒县									
定远县									
凤阳县									
苏滁现代产业园									
滁州经济技术开发区									
天长市	305	21	79	16	22	52	99	175	6
明光市	281	17	35	38	11	18	86	238	6

4-6a　续表 35　　　　单位：人

地　区 性　别	社会生产服务和生活服务人员								
	住宿和餐饮服务人员	信息传输、软件和信息技术服务人员	金融服务人员	房地产服务人员	租赁和商务服务人员	技术辅助服务人员	水利、环境和公共设施管理服务人员	居民服务人员	电力、燃气及水供应服务人员
阜阳市	**1235**	**103**	**283**	**118**	**69**	**152**	**561**	**617**	**29**
颍州区	535	45	164	60	31	69	229	239	8
颍东区	202	18	28	17	16	28	149	126	4
颍泉区	252	24	41	26	15	32	114	139	5
临泉县									
太和县									
阜南县									
颍上县									
阜阳合肥现代产业园区									
阜阳经济技术开发区									
界首市	246	16	50	15	7	23	69	113	12
宿州市	**641**	**117**	**195**	**126**	**114**	**113**	**389**	**380**	**25**
埇桥区	636	117	193	124	113	113	382	375	24
砀山县									
萧县	5		2	2	1		7	5	1
灵璧县									
泗县									
宿州马鞍山现代产业园区									
宿州经济技术开发区									
六安市	**1021**	**62**	**223**	**138**	**84**	**133**	**512**	**498**	**30**
金安区	489	28	108	70	47	83	262	246	14
裕安区	427	30	103	62	33	44	200	217	14
叶集区	95	1	12	6	4	4	43	31	2
霍邱县	4						1	1	
舒城县	6	3				2	6	3	
金寨县									
霍山县									
亳州市	**641**	**93**	**119**	**59**	**51**	**71**	**344**	**289**	**21**
谯城区	638	93	119	59	51	71	343	287	21
涡阳县									
蒙城县									
利辛县	3						1	2	
池州市	**596**	**40**	**147**	**65**	**65**	**56**	**207**	**280**	**10**
贵池区	566	39	146	62	61	53	192	277	9
东至县									
石台县									
青阳县									
池州市国家经济技术开发区	16	1		1	3	2	11	2	1
皖江江南新兴产业集中区	14		1	2	1	1	4	1	
九华山风景区									
宣城市	**1291**	**70**	**227**	**118**	**58**	**180**	**414**	**631**	**21**
宣州区	414	31	115	65	28	37	109	200	6
郎溪县									
泾县									
绩溪县									
旌德县									
宣城市经济开发区									
宁国市	409	14	59	28	15	98	147	265	9
广德市	468	25	53	25	15	45	158	166	6

4-6a 续表 36　　　　单位：人

地区 性别	社会生产服务和生活服务人员				农、林、牧、渔业生产及辅助人员				
	修理及制作服务人员	文化、体育和娱乐服务人员	健康服务人员	其他社会生产和生活服务人员	小计	农业生产人员	林业生产人员	畜牧业生产人员	渔业生产人员
安　徽	**8064**	**1884**	**727**	**355**	**11278**	**9001**	**503**	**922**	**545**
合肥市	**2177**	**560**	**203**	**105**	**719**	**481**	**60**	**64**	**74**
瑶海区	464	103	40	27	133	103	7	10	9
庐阳区	369	70	34	9	82	36	15	11	12
蜀山区	400	162	66	11	92	54	15	12	4
包河区	658	170	50	52	169	124	15	12	8
长丰县									
肥东县									
肥西县	18	6	2		4	3		1	
庐江县									
合肥高新技术产业开发区									
合肥经济技术开发区									
合肥新站高新技术产业开发区	63	7	4		17	7	4	3	3
巢湖市	205	42	7	6	222	154	4	15	38
芜湖市	**733**	**233**	**57**	**28**	**966**	**725**	**69**	**45**	**99**
镜湖区	233	74	22	3	55	34	5	7	8
弋江区	171	62	11	6	191	150	1	9	28
鸠江区	196	49	5	8	272	217	32	6	14
三山区	31	18		2	142	117	2	3	16
芜湖县	1				85	59	24	2	
繁昌县									
南陵县									
芜湖经济技术开发区					16	16			
安徽芜湖长江大桥经济开发区									
无为市	101	30	19	9	205	132	5	18	33
蚌埠市	**361**	**94**	**43**	**18**	**531**	**447**	**6**	**39**	**22**
龙子湖区	99	24	10	11	91	67	2	13	5
蚌山区	68	20	7	1	41	31	1	3	3
禹会区	106	34	15	6	73	57	2	5	7
淮上区	88	16	11		326	292	1	18	7
怀远县									
五河县									
固镇县									
蚌埠市高新技术开发区									
蚌埠市经济开发区									
淮南市	**482**	**95**	**37**	**12**	**1181**	**1038**	**20**	**69**	**43**
大通区	18	7	2	1	17	13		4	
田家庵区	326	53	24	8	340	275	17	28	14
谢家集区	67	16	9	2	122	102		10	9
八公山区	51	16		1	375	350	2	17	4
潘集区	20	3	2		327	298	1	10	16
凤台县									
寿县									

4-6a　续表 37

单位：人

地　区 性　别	社会生产服务和生活服务人员				农、林、牧、渔业生产及辅助人员				
	修理及制作服务人员	文化、体育和娱乐服务人员	健康服务人员	其他社会生产和生活服务人员	小计	农业生产人员	林业生产人员	畜牧业生产人员	渔业生产人员
马鞍山市	**441**	**90**	**39**	**22**	**269**	**193**	**16**	**24**	**19**
花山区	245	41	25	10	77	40	11	11	7
雨山区	180	44	13	9	56	35	5	5	3
博望区	16	5	1	3	136	118		8	9
当涂县									
含山县									
和县									
淮北市	**359**	**67**	**38**	**14**	**1343**	**1158**	**18**	**123**	**24**
杜集区	71	12	5	4	378	324	2	34	11
相山区	214	46	27	9	128	83	7	26	4
烈山区	47	7	3		404	380	6	12	5
濉溪县	27	2	3	1	433	371	3	51	4
铜陵市	**289**	**54**	**18**	**34**	**215**	**154**	**19**	**20**	**15**
铜官区	189	41	12	20	102	66	9	10	12
义安区	65	10	5	2	89	73	5	10	1
郊区	35	3	1	12	24	15	5		2
枞阳县									
安庆市	**637**	**137**	**61**	**28**	**1312**	**1087**	**59**	**90**	**36**
迎江区	122	36	16	3	48	34	3	4	3
大观区	95	34	6	6	22	9		5	7
宜秀区	98	13	4	2	83	49	16	10	6
怀宁县									
太湖县									
宿松县									
望江县	53	5	3	4	386	338	2	30	3
岳西县									
安徽安庆经济开发区									
桐城市	173	28	18	13	316	257	15	21	14
潜山市	96	21	14		457	400	23	20	3
黄山市	**168**	**90**	**18**	**10**	**310**	**224**	**24**	**44**	**6**
屯溪区	110	68	10	8	155	116	11	17	2
黄山区	27	10	4	1	82	63	7	10	1
徽州区	27	7	4	1	40	17	5	15	2
歙县	2	1			25	21	1	2	1
休宁县	2	4			8	7			
黟县									
祁门县									
滁州市	**468**	**92**	**28**	**16**	**1561**	**1344**	**60**	**68**	**63**
琅琊区	148	23	9	8	369	304	21	23	15
南谯区	115	13	8	5	86	45	13	8	16
来安县									
全椒县									
定远县									
凤阳县									
苏滁现代产业园									
滁州经济技术开发区									
天长市	112	30	9	2	403	354	13	8	18
明光市	93	26	2	1	703	641	13	29	14

4—6a 续表 38　　　　单位：人

地区 性别	社会生产服务和生活服务人员				农、林、牧、渔业生产及辅助人员				
	修理及制作服务人员	文化、体育和娱乐服务人员	健康服务人员	其他社会生产和生活服务人员	小计	农业生产人员	林业生产人员	畜牧业生产人员	渔业生产人员
阜阳市	**463**	**67**	**58**	**14**	**537**	**408**	**15**	**77**	**19**
颍州区	172	26	30	9	127	92	6	21	4
颍东区	103	10	3	1	63	38		20	3
颍泉区	93	18	5	2	207	170	2	18	11
临泉县									
太和县									
阜南县									
颍上县									
阜阳合肥现代产业园区									
阜阳经济技术开发区									
界首市	95	13	20	2	140	108	7	18	1
宿州市	**263**	**56**	**33**	**4**	**439**	**364**	**11**	**41**	**7**
埇桥区	256	56	33	4	372	301	11	37	7
砀山县									
萧县	7				67	63		4	
灵璧县									
泗县									
宿州马鞍山现代产业园区									
宿州经济技术开发区									
六安市	**375**	**78**	**26**	**13**	**425**	**317**	**25**	**50**	**25**
金安区	176	43	14	9	172	136	10	14	8
裕安区	168	31	11	3	114	81	6	20	5
叶集区	27	4	1	1	86	56	9	15	4
霍邱县	1				24	16		1	7
舒城县	3				29	28			1
金寨县									
霍山县									
亳州市	**257**	**39**	**18**	**6**	**380**	**292**	**9**	**37**	**24**
谯城区	256	39	18	6	371	288	9	32	24
涡阳县									
蒙城县									
利辛县	1				9	4		5	
池州市	**176**	**33**	**13**	**7**	**274**	**199**	**11**	**23**	**36**
贵池区	169	32	12	7	260	190	11	20	34
东至县									
石台县									
青阳县									
池州市国家经济技术开发区	6		1		11	9		1	1
皖江江南新兴产业集中区	1	1			3			2	1
九华山风景区									
宣城市	**415**	**99**	**37**	**24**	**816**	**570**	**81**	**108**	**33**
宣州区	129	33	17	6	239	182	7	29	12
郎溪县									
泾县									
绩溪县									
旌德县									
宣城市经济开发区									
宁国市	112	41	14	7	93	55	12	16	3
广德市	174	25	6	11	484	333	62	63	18

4-6a　续表 39　　　　单位：人

地区 性别	社会生产服务和生活服务人员				农、林、牧、渔业生产及辅助人员				
	修理及制作服务人员	文化、体育和娱乐服务人员	健康服务人员	其他社会生产和生活服务人员	小计	农业生产人员	林业生产人员	畜牧业生产人员	渔业生产人员
男	**7161**	**997**	**237**	**195**	**6524**	**4840**	**388**	**638**	**441**
合肥市	**1923**	**298**	**57**	**52**	**466**	**293**	**43**	**49**	**49**
瑶海区	416	64	10	14	91	67	5	8	8
庐阳区	334	34	9	4	61	26	12	10	8
蜀山区	346	77	22	5	60	33	9	8	4
包河区	579	95	14	24	115	74	14	11	7
长丰县									
肥东县									
肥西县	16	2			3	3			
庐江县									
合肥高新技术产业开发区									
合肥经济技术开发区									
合肥新站高新技术产业开发区	57	3			11	5	1	2	3
巢湖市	175	23	2	5	125	85	2	10	19
芜湖市	**663**	**127**	**19**	**17**	**612**	**420**	**55**	**33**	**84**
镜湖区	208	46	8	2	34	20	3	5	6
弋江区	153	35	5	4	113	80		7	25
鸠江区	178	27	2	5	165	117	27	5	13
三山区	29	8			88	71	1	3	11
芜湖县	1				49	27	20	2	
繁昌县									
南陵县									
芜湖经济技术开发区					10	10			
安徽芜湖长江大桥经济开发区									
无为市	94	11	4	6	153	95	4	11	29
蚌埠市	**317**	**57**	**11**	**11**	**315**	**253**	**5**	**28**	**17**
龙子湖区	89	15	3	9	49	32	1	9	5
蚌山区	61	10	1		25	17	1	2	2
禹会区	92	23	4	2	49	35	2	5	5
淮上区	75	9	3		192	169	1	12	5
怀远县									
五河县									
固镇县									
蚌埠市高新技术开发区									
蚌埠市经济开发区									
淮南市	**431**	**51**	**14**	**7**	**682**	**578**	**16**	**46**	**33**
大通区	16	5	1		11	8		3	
田家庵区	293	27	8	4	204	154	14	20	11
谢家集区	59	11	3	2	63	52		4	7
八公山区	44	7		1	201	185	1	11	2
潘集区	19	1	2		203	179	1	8	13
凤台县									
寿县									

4-6a 续表 40

单位：人

地区 性别	社会生产服务和生活服务人员				农、林、牧、渔业生产及辅助人员				
	修理及制作服务人员	文化、体育和娱乐服务人员	健康服务人员	其他社会生产和生活服务人员	小计	农业生产人员	林业生产人员	畜牧业生产人员	渔业生产人员
马鞍山市	**394**	**44**	**16**	**11**	**168**	**109**	**14**	**15**	**18**
花山区	221	21	12	7	48	20	9	6	7
雨山区	159	22	3	4	41	23	5	4	3
博望区	14	1	1		79	66		5	8
当涂县									
含山县									
和县									
淮北市	**318**	**33**	**11**	**10**	**727**	**587**	**11**	**89**	**23**
杜集区	64	6	4	2	209	165	2	25	11
相山区	190	22	6	7	86	48	6	21	4
烈山区	41	3	1		193	178	2	8	4
濉溪县	23	2		1	239	196	1	35	4
铜陵市	**270**	**31**	**5**	**16**	**149**	**100**	**15**	**17**	**13**
铜官区	179	26	3	11	74	45	7	8	11
义安区	60	4	2		58	45	4	9	
郊区	31	1		5	17	10	4		2
枞阳县									
安庆市	**555**	**62**	**18**	**17**	**620**	**474**	**49**	**46**	**31**
迎江区	110	16	4	3	32	21	2	3	2
大观区	82	20	2	3	14	5		4	5
宜秀区	83	5	1	1	52	26	14	5	6
怀宁县									
太湖县									
宿松县									
望江县	48	1	1	3	130	113	2	10	3
岳西县									
安徽安庆经济开发区									
桐城市	155	12	4	7	185	141	12	13	12
潜山市	77	8	6		207	168	19	11	3
黄山市	**143**	**34**	**8**	**6**	**182**	**115**	**21**	**33**	**5**
屯溪区	96	27	5	5	79	48	10	13	2
黄山区	22		2	1	53	38	5	8	1
徽州区	22	3	1		28	11	5	10	2
歙县	2	1			15	12	1	2	
休宁县	1	3			7	6			
黟县									
祁门县									
滁州市	**411**	**55**	**11**	**10**	**846**	**691**	**46**	**41**	**47**
琅琊区	136	15	2	3	199	157	15	12	11
南谯区	103	9	2	4	55	25	10	7	11
来安县									
全椒县									
定远县									
凤阳县									
苏滁现代产业园									
滁州经济技术开发区									
天长市	95	18	5	2	260	220	12	4	14
明光市	77	13	2	1	332	289	9	18	11

4-6a　续表 41　　　　单位：人

地　区 性　别	社会生产服务和生活服务人员				农、林、牧、渔业生产及辅助人员				
	修理及制作服务人　员	文化、体育和娱乐服务人员	健康服务人　员	其他社会生产和生活服务人　员	小计	农业生产人　员	林业生产人　员	畜牧业生产人员	渔业生产人　员
阜阳市	**408**	**42**	**21**	**5**	**339**	**243**	**12**	**53**	**16**
颍州区	149	16	11	4	79	57	3	13	3
颍东区	94	9	1		41	22		14	3
颍泉区	83	7	1	1	134	105	2	13	9
临泉县									
太和县									
阜南县									
颍上县									
阜阳合肥现代产业园区									
阜阳经济技术开发区									
界首市	82	10	8		85	59	7	13	1
宿州市	**231**	**37**	**16**		**216**	**164**	**7**	**28**	**6**
埇桥区	224	37	16		192	143	7	25	6
砀山县									
萧县	7				24	21		3	
灵璧县									
泗县									
宿州马鞍山现代产业园区									
宿州经济技术开发区									
六安市	**335**	**43**	**8**	**8**	**243**	**160**	**17**	**37**	**22**
金安区	161	26	3	6	95	71	4	9	7
裕安区	147	15	5	1	72	44	5	16	5
叶集区	23	2		1	41	18	8	11	3
霍邱县	1				21	14		1	6
舒城县	3				14	13			1
金寨县									
霍山县									
亳州市	**229**	**28**	**8**	**2**	**247**	**186**	**5**	**29**	**18**
谯城区	228	28	8	2	239	182	5	25	18
涡阳县									
蒙城县									
利辛县	1				8	4		4	
池州市	**162**	**16**	**4**	**4**	**177**	**122**	**10**	**14**	**27**
贵池区	157	15	4	4	169	118	10	12	25
东至县									
石台县									
青阳县									
池州市国家经济技术开发区	4				6	4		1	1
皖江江南新兴产业集中区	1	1			2			1	1
九华山风景区									
宣城市	**371**	**39**	**10**	**19**	**535**	**345**	**62**	**80**	**32**
宣州区	118	17	6	6	159	118	4	19	12
郎溪县									
泾县									
绩溪县									
旌德县									
宣城市经济开发区									
宁国市	102	12	2	5	68	37	11	12	3
广德市	151	10	2	8	308	190	47	49	17

4−6a 续表 42　　单位：人

地区 性别	社会生产服务和生活服务人员				农、林、牧、渔业生产及辅助人员				
	修理及制作服务人员	文化、体育和娱乐服务人员	健康服务人员	其他社会生产和生活服务人员	小计	农业生产人员	林业生产人员	畜牧业生产人员	渔业生产人员
女	**903**	**887**	**490**	**160**	**4754**	**4161**	**115**	**284**	**104**
合肥市	**254**	**262**	**146**	**53**	**253**	**188**	**17**	**15**	**25**
瑶海区	48	39	30	13	42	36	2	2	1
庐阳区	35	36	25	5	21	10	3	1	4
蜀山区	54	85	44	6	32	21	6	4	
包河区	79	75	36	28	54	50	1	1	1
长丰县									
肥东县									
肥西县	2	4	2		1			1	
庐江县									
合肥高新技术产业开发区									
合肥经济技术开发区									
合肥新站高新技术产业开发区	6	4	4		6	2	3	1	
巢湖市	30	19	5	1	97	69	2	5	19
芜湖市	**70**	**106**	**38**	**11**	**354**	**305**	**14**	**12**	**15**
镜湖区	25	28	14	1	21	14	2	2	2
弋江区	18	27	6	2	78	70	1	2	3
鸠江区	18	22	3	3	107	100	5	1	1
三山区	2	10		2	54	46	1		5
芜湖县					36	32	4		
繁昌县									
南陵县									
芜湖经济技术开发区					6	6			
安徽芜湖长江大桥经济开发区									
无为市	7	19	15	3	52	37	1	7	4
蚌埠市	**44**	**37**	**32**	**7**	**216**	**194**	**1**	**11**	**5**
龙子湖区	10	9	7	2	42	35	1	4	
蚌山区	7	10	6	1	16	14		1	1
禹会区	14	11	11	4	24	22			2
淮上区	13	7	8		134	123		6	2
怀远县									
五河县									
固镇县									
蚌埠市高新技术开发区									
蚌埠市经济开发区									
淮南市	**51**	**44**	**23**	**5**	**499**	**460**	**4**	**23**	**10**
大通区	2	2	1	1	6	5		1	
田家庵区	33	26	16	4	136	121	3	8	3
谢家集区	8	5	6		59	50		6	2
八公山区	7	9			174	165	1	6	2
潘集区	1	2			124	119		2	3
凤台县									
寿县									

4-6a　续表 43　　　　单位：人

地区 性别	社会生产服务和生活服务人员				农、林、牧、渔业生产及辅助人员				
	修理及制作服务人员	文化、体育和娱乐服务人员	健康服务人员	其他社会生产和生活服务人员	小计	农业生产人员	林业生产人员	畜牧业生产人员	渔业生产人员
马鞍山市	**47**	**46**	**23**	**11**	**101**	**84**	**2**	**9**	**1**
花山区	24	20	13	3	29	20	2	5	
雨山区	21	22	10	5	15	12		1	
博望区	2	4		3	57	52		3	1
当涂县									
含山县									
和县									
淮北市	**41**	**34**	**27**	**4**	**616**	**571**	**7**	**34**	**1**
杜集区	7	6	1	2	169	159		9	
相山区	24	24	21	2	42	35	1	5	
烈山区	6	4	2		211	202	4	4	1
濉溪县	4		3		194	175	2	16	
铜陵市	**19**	**23**	**13**	**18**	**66**	**54**	**4**	**3**	**2**
铜官区	10	15	9	9	28	21	2	2	1
义安区	5	6	3	2	31	28	1	1	1
郊区	4	2	1	7	7	5	1		
枞阳县									
安庆市	**82**	**75**	**43**	**11**	**692**	**613**	**10**	**44**	**5**
迎江区	12	20	12		16	13	1	1	1
大观区	13	14	4	3	8	4		1	2
宜秀区	15	8	3	1	31	23	2	5	
怀宁县									
太湖县									
宿松县									
望江县	5	4	2	1	256	225		20	
岳西县									
安徽安庆经济开发区									
桐城市	18	16	14	6	131	116	3	8	2
潜山市	19	13	8		250	232	4	9	
黄山市	**25**	**56**	**10**	**4**	**128**	**109**	**3**	**11**	**1**
屯溪区	14	41	5	3	76	68	1	4	
黄山区	5	10	2		29	25	2	2	
徽州区	5	4	3	1	12	6		5	
歙县					10	9			1
休宁县	1	1			1	1			
黟县									
祁门县									
滁州市	**57**	**37**	**17**	**6**	**715**	**653**	**14**	**27**	**16**
琅琊区	12	8	7	5	170	147	6	11	4
南谯区	12	4	6	1	31	20	3	1	5
来安县									
全椒县									
定远县									
凤阳县									
苏滁现代产业园									
滁州经济技术开发区									
天长市	17	12	4		143	134	1	4	4
明光市	16	13			371	352	4	11	3

4-6a 续表 44

单位：人

地区 性别	社会生产服务和生活服务人员				农、林、牧、渔业生产及辅助人员				
	修理及制作服务人员	文化、体育和娱乐服务人员	健康服务人员	其他社会生产和生活服务人员	小计	农业生产人员	林业生产人员	畜牧业生产人员	渔业生产人员
阜阳市	**55**	**25**	**37**	**9**	**198**	**165**	**3**	**24**	**3**
颍州区	23	10	19	5	48	35	3	8	1
颍东区	9	1	2	1	22	16		6	
颍泉区	10	11	4	1	73	65		5	2
临泉县									
太和县									
阜南县									
颍上县									
阜阳合肥现代产业园区									
阜阳经济技术开发区									
界首市	13	3	12	2	55	49		5	
宿州市	**32**	**19**	**17**	**4**	**223**	**200**	**4**	**13**	**1**
埇桥区	32	19	17	4	180	158	4	12	1
砀山县									
萧县					43	42		1	
灵璧县									
泗县									
宿州马鞍山现代产业园区									
宿州经济技术开发区									
六安市	**40**	**35**	**18**	**5**	**182**	**157**	**8**	**13**	**3**
金安区	15	17	11	3	77	65	6	5	1
裕安区	21	16	6	2	42	37	1	4	
叶集区	4	2	1		45	38	1	4	1
霍邱县					3	2			1
舒城县					15	15			
金寨县									
霍山县									
亳州市	**28**	**11**	**10**	**4**	**133**	**106**	**4**	**8**	**6**
谯城区	28	11	10	4	132	106	4	7	6
涡阳县									
蒙城县									
利辛县					1			1	
池州市	**14**	**17**	**9**	**3**	**97**	**77**	**1**	**9**	**9**
贵池区	12	17	8	3	91	72	1	8	9
东至县									
石台县									
青阳县									
池州市国家经济技术开发区	2		1		5	5			
皖江江南新兴产业集中区					1			1	
九华山风景区									
宣城市	**44**	**60**	**27**	**5**	**281**	**225**	**19**	**28**	**1**
宣州区	11	16	11		80	64	3	10	
郎溪县									
泾县									
绩溪县									
旌德县									
宣城市经济开发区									
宁国市	10	29	12	2	25	18	1	4	
广德市	23	15	4	3	176	143	15	14	1

4-6a　续表 45　　　　　　　　　　　　　　　　　　　　单位：人

地　区 性　别	农林牧渔生产辅助人　员	其他农、林、牧、渔业生产加工人员	生产制造及有关人员						
			小计	农副产品加工人员	食品、饮料生产加工人员	烟草及其制品加工人员	纺织、针织、印染人员	纺织品、服装和皮革、毛皮制品加工制作人员	木材加工、家具与木制品制作人员
安　徽	**273**	**34**	**157278**	**1627**	**3158**	**321**	**1334**	**11311**	**4559**
合肥市	**34**	**6**	**29404**	**200**	**543**	**30**	**66**	**990**	**914**
瑶海区	4		6586	52	115	2	15	260	218
庐阳区	8		3745	23	89	4	1	85	117
蜀山区	6	1	4203	21	103	20	3	72	66
包河区	5	5	9192	20	138	4	14	152	298
长丰县									
肥东县									
肥西县			1111	12	12		2	19	15
庐江县									
合肥高新技术产业开发区									
合肥经济技术开发区									
合肥新站高新技术产业开发区			508	6	10		1	16	20
巢湖市	11		4059	66	76		30	386	180
芜湖市	**17**	**11**	**14017**	**286**	**231**	**116**	**81**	**576**	**288**
镜湖区	1		2813	11	48	15	14	125	47
弋江区	3		3523	19	54	99	6	111	88
鸠江区	3		3780	51	38	1	4	60	72
三山区	2	2	2133	58	37	1	31	98	28
芜湖县			210	8	4		4	10	16
繁昌县									
南陵县									
芜湖经济技术开发区			37	2				1	2
安徽芜湖长江大桥经济开发区									
无为市	8	9	1521	137	50		22	171	35
蚌埠市	**15**	**2**	**5849**	**99**	**174**	**74**	**52**	**167**	**165**
龙子湖区	3	1	1101	30	31	2	9	35	13
蚌山区	3		1038	10	38	10	8	21	54
禹会区	2		1892	31	60	62	28	50	55
淮上区	7	1	1818	28	45		7	61	43
怀远县									
五河县									
固镇县									
蚌埠市高新技术开发区									
蚌埠市经济开发区									
淮南市	**10**	**1**	**9110**	**80**	**123**	**1**	**35**	**167**	**110**
大通区			348	3	11		3	9	5
田家庵区	5	1	5097	33	72	1	15	71	74
谢家集区	1		1665	27	13		10	35	15
八公山区	2		1187	8	17		6	32	6
潘集区	2		813	9	10		1	20	10
凤台县									
寿县									

4-6a 续表 46

单位：人

地区 性别	农林牧渔生产辅助人员	其他农、林、牧、渔业生产加工人员	生产制造及有关人员 小计	农副产品加工人员	食品、饮料生产加工人员	烟草及其制品加工人员	纺织、针织、印染人员	纺织品、服装和皮革、毛皮制品加工制作人员	木材加工、家具与木制品制作人员
马鞍山市	**17**		**9558**	**65**	**295**	**1**	**22**	**251**	**154**
花山区	8		4474	23	96		10	103	81
雨山区	8		3712	33	188	1	9	100	36
博望区	1		1372	9	11		3	48	37
当涂县									
含山县									
和县									
淮北市	**20**		**7807**	**64**	**224**	**2**	**76**	**222**	**123**
杜集区	7		1789	16	39		14	55	33
相山区	8		3863	20	155	2	49	85	58
烈山区	1		1229	17	21		10	43	13
濉溪县	4		926	11	9		3	39	19
铜陵市	**7**		**5975**	**34**	**68**		**47**	**405**	**117**
铜官区	5		4236	19	43		33	211	66
义安区			1164	7	16		7	154	21
郊区	2		575	8	9		7	40	30
枞阳县									
安庆市	**36**	**4**	**15579**	**108**	**235**	**2**	**267**	**2993**	**466**
迎江区	3	1	2165	24	52		65	155	53
大观区		1	1285	10	26	1	58	86	28
宜秀区	2		2060	16	73		30	293	59
怀宁县									
太湖县									
宿松县									
望江县	13		1811	10	12		23	873	73
岳西县									
安徽安庆经济开发区			17						
桐城市	7	2	5714	26	53	1	52	618	121
潜山市	11		2527	22	19		39	968	132
黄山市	**12**		**3877**	**41**	**113**		**49**	**455**	**173**
屯溪区	9		1893	23	68		42	148	86
黄山区	1		640	9	25			25	32
徽州区	1		1210	9	19		7	261	49
歙县			79					19	5
休宁县	1		55		1			2	1
黟县									
祁门县									
滁州市	**24**	**2**	**12592**	**118**	**248**	**43**	**172**	**783**	**302**
琅琊区	6		3271	20	102	31	24	146	81
南谯区	3	1	2759	16	33	12	25	105	111
来安县									
全椒县									
定远县									
凤阳县									
苏滁现代产业园									
滁州经济技术开发区									
天长市	10		4126	34	56		102	246	59
明光市	5	1	2436	48	57		21	286	51

4-6a 续表 47

单位：人

地区 性别	农林牧渔生产辅助人员	其他农、林、牧、渔业生产加工人员	生产制造及有关人员 小计	农副产品加工人员	食品、饮料生产加工人员	烟草及其制品加工人员	纺织、针织、印染人员	纺织品、服装和皮革、毛皮制品加工制作人员	木材加工、家具与木制品制作人员
阜阳市	**17**	**1**	**7941**	**119**	**278**	**43**	**56**	**480**	**231**
颍州区	4		2562	23	114	14	20	87	59
颍东区	2		1803	33	51	23	9	60	32
颍泉区	5	1	1832	43	35	6	6	90	110
临泉县									
太和县									
阜南县									
颍上县									
阜阳合肥现代产业园区									
阜阳经济技术开发区									
界首市	6		1744	20	78		21	243	30
宿州市	**16**		**5314**	**58**	**120**	**2**	**31**	**370**	**165**
埇桥区	16		5240	58	119	2	30	368	164
砀山县									
萧县			74		1		1	2	1
灵璧县									
泗县									
宿州马鞍山现代产业园区									
宿州经济技术开发区									
六安市	**7**	**1**	**8478**	**56**	**120**	**1**	**102**	**1153**	**661**
金安区	4		3817	24	64		35	640	101
裕安区	2		3461	27	48	1	34	447	126
叶集区	1	1	1074	3	7		31	52	427
霍邱县			25				2	2	
舒城县			101	2	1			12	7
金寨县									
霍山县									
亳州市	**18**		**4886**	**161**	**192**	**2**	**12**	**139**	**56**
谯城区	18		4738	53	192	2	10	131	55
涡阳县									
蒙城县									
利辛县			148	108			2	8	1
池州市	**5**		**4853**	**36**	**49**	**1**	**173**	**921**	**205**
贵池区	5		4089	34	41	1	38	858	175
东至县									
石台县									
青阳县									
池州市国家经济技术开发区			342	1	1		5	45	5
皖江江南新兴产业集中区			422	1	7		130	18	25
九华山风景区									
宣城市	**18**	**6**	**12038**	**102**	**145**	**3**	**93**	**1239**	**429**
宣州区	8	1	2242	16	69	3	31	339	48
郎溪县									
泾县									
绩溪县									
旌德县									
宣城市经济开发区									
宁国市	6	1	4696	38	46		10	179	116
广德市	4	4	5100	48	30		52	721	265

4-6a 续表 48

单位：人

地区 性别	农林牧渔生产辅助人员	其他农、林、牧、渔业生产加工人员	生产制造及有关人员 小计	农副产品加工人员	食品、饮料生产加工人员	烟草及其制品加工人员	纺织、针织、印染人员	纺织品、服装和皮革、毛皮制品加工制作人员	木材加工、家具与木制品制作人员
男	**196**	**21**	**117917**	**933**	**1623**	**238**	**468**	**2589**	**3857**
合肥市	**26**	**6**	**22938**	**127**	**236**	**22**	**16**	**242**	**813**
瑶海区	3		5121	27	41	2	3	63	190
庐阳区	5		2955	14	41	3		28	93
蜀山区	5	1	3248	13	45	14	1	23	60
包河区	4	5	7472	15	64	3	6	51	271
长丰县									
肥东县									
肥西县			752	8	7			5	10
庐江县									
合肥高新技术产业开发区									
合肥经济技术开发区									
合肥新站高新技术产业开发区			405	5	7			5	14
巢湖市	9		2985	45	31		6	67	175
芜湖市	**13**	**7**	**10644**	**179**	**111**	**91**	**41**	**151**	**255**
镜湖区			2165	8	17	10	6	38	42
弋江区	1		2725	12	26	79	2	29	81
鸠江区	3		2789	28	19	1	2	12	59
三山区	1	1	1587	36	14	1	22	12	24
芜湖县			154	5	3			2	15
繁昌县									
南陵县									
芜湖经济技术开发区			30	2					2
安徽芜湖长江大桥经济开发区									
无为市	8	6	1194	88	32		9	58	32
蚌埠市	**10**	**2**	**4375**	**57**	**87**	**55**	**21**	**45**	**142**
龙子湖区	1	1	844	14	20	1	3	13	10
蚌山区	3		800	7	18	7	5	5	47
禹会区	2		1349	20	29	47	12	14	49
淮上区	4	1	1382	16	20		1	13	36
怀远县									
五河县									
固镇县									
蚌埠市高新技术开发区									
蚌埠市经济开发区									
淮南市	**8**	**1**	**7779**	**41**	**53**	**1**	**18**	**37**	**99**
大通区			293	2	3			1	4
田家庵区	4	1	4248	17	30	1	9	21	65
谢家集区			1460	11	5		6	7	15
八公山区	2		1046	4	9		3	5	6
潘集区	2		732	7	6			3	9
凤台县									
寿县									

4-6a 续表 49

单位：人

地区 性别	农林牧渔生产辅助人员	其他农、林、牧、渔业生产加工人员	生产制造及有关人员						
			小计	农副产品加工人员	食品、饮料生产加工人员	烟草及其制品加工人员	纺织、针织、印染人员	纺织品、服装和皮革、毛皮制品加工制作人员	木材加工、家具与木制品制作人员
马鞍山市	**12**		**7739**	**39**	**148**		**5**	**46**	**140**
花山区	6		3662	14	46		1	24	74
雨山区	6		2953	21	96		2	16	35
博望区			1124	4	6		2	6	31
当涂县									
含山县									
和县									
淮北市	**17**		**6483**	**34**	**150**	**2**	**26**	**41**	**103**
杜集区	6		1542	9	26		4	7	28
相山区	7		3195	9	107	2	20	13	48
烈山区	1		952	10	14		1	4	11
濉溪县	3		794	6	3		1	17	16
铜陵市	**4**		**4627**	**22**	**38**		**10**	**82**	**108**
铜官区	3		3314	12	25		9	48	64
义安区			880	5	9			28	17
郊区	1		433	5	4		1	6	27
枞阳县									
安庆市	**18**	**2**	**10640**	**65**	**116**	**2**	**89**	**771**	**408**
迎江区	3	1	1694	15	29		31	39	48
大观区			996	6	15	1	16	21	27
宜秀区	1		1495	8	32		13	112	51
怀宁县									
太湖县									
宿松县									
望江县	2		909	8	3		5	170	66
岳西县									
安徽安庆经济开发区			16						
桐城市	6	1	3987	13	29	1	14	129	105
潜山市	6		1543	15	8		10	300	111
黄山市	**8**		**2808**	**23**	**62**		**11**	**86**	**157**
屯溪区	6		1405	13	31		9	35	79
黄山区	1		513	6	17			4	29
徽州区			803	4	14		2	45	44
歙县			42					1	4
休宁县	1		45					1	1
黟县									
祁门县									
滁州市	**20**	**1**	**8434**	**65**	**125**	**31**	**84**	**143**	**264**
琅琊区	4		2341	12	54	23	9	38	68
南谯区	2		2056	7	16	8	11	22	98
来安县									
全椒县									
定远县									
凤阳县									
苏滁现代产业园									
滁州经济技术开发区									
天长市	10		2527	21	27		57	39	52
明光市	4	1	1510	25	28		7	44	46

4－6a 续表 50 单位：人

地区 性别	农林牧渔生产辅助人员	其他农、林、牧、渔业生产加工人员	生产制造及有关人员						
			小计	农副产品加工人员	食品、饮料生产加工人员	烟草及其制品加工人员	纺织、针织、印染人员	纺织品、服装和皮革、毛皮制品加工制作人员	木材加工、家具与木制品制作人员
阜阳市	**14**	**1**	**6078**	**55**	**146**	**26**	**16**	**110**	**208**
颍州区	3		2056	17	72	9	7	27	53
颍东区	2		1394	14	19	15	3	8	26
颍泉区	4	1	1443	17	18	2		28	99
临泉县									
太和县									
阜南县									
颍上县									
阜阳合肥现代产业园区									
阜阳经济技术开发区									
界首市	5		1185	7	37		6	47	30
宿州市	**11**		**4218**	**36**	**70**	**1**	**8**	**104**	**145**
埇桥区	11		4163	36	70	1	8	104	145
砀山县									
萧县			55						
灵璧县									
泗县									
宿州马鞍山现代产业园区									
宿州经济技术开发区									
六安市	**7**		**6000**	**35**	**65**	**1**	**31**	**192**	**442**
金安区	4		2625	15	37		13	109	86
裕安区	2		2582	17	26	1	8	78	113
叶集区	1		708	2	2		8	3	238
霍邱县			20				2	1	
舒城县			65	1				1	5
金寨县									
霍山县									
亳州市	**9**		**3498**	**77**	**120**	**2**	**7**	**39**	**46**
谯城区	9		3429	34	120	2	6	38	45
涡阳县									
蒙城县									
利辛县			69	43			1	1	1
池州市	**4**		**3375**	**19**	**25**	**1**	**54**	**151**	**178**
贵池区	4		2894	18	20	1	10	139	156
东至县									
石台县									
青阳县									
池州市国家经济技术开发区			226				1	9	5
皖江江南新兴产业集中区			255	1	5		43	3	17
九华山风景区									
宣城市	**15**	**1**	**8281**	**59**	**71**	**3**	**31**	**349**	**349**
宣州区	6		1663	10	37	3	11	91	42
郎溪县									
泾县									
绩溪县									
旌德县									
宣城市经济开发区									
宁国市	5		3102	25	23		4	36	99
广德市	4	1	3516	24	11		16	222	208

4-6a 续表 51 单位：人

地区 性别	农林牧渔生产辅助人员	其他农、林、牧、渔业生产加工人员	生产制造及有关人员 小计	农副产品加工人员	食品、饮料生产加工人员	烟草及其制品加工人员	纺织、针织、印染人员	纺织品、服装和皮革、毛皮制品加工制作人员	木材加工、家具与木制品制作人员
女	**77**	**13**	**39361**	**694**	**1535**	**83**	**866**	**8722**	**702**
合肥市	**8**		**6466**	**73**	**307**	**8**	**50**	**748**	**101**
瑶海区	1		1465	25	74		12	197	28
庐阳区	3		790	9	48	1	1	57	24
蜀山区	1		955	8	58	6	2	49	6
包河区	1		1720	5	74	1	8	101	27
长丰县									
肥东县									
肥西县			359	4	5		2	14	5
庐江县									
合肥高新技术产业开发区									
合肥经济技术开发区									
合肥新站高新技术产业开发区			103	1	3		1	11	6
巢湖市	2		1074	21	45		24	319	5
芜湖市	**4**	**4**	**3373**	**107**	**120**	**25**	**40**	**425**	**33**
镜湖区	1		648	3	31	5	8	87	5
弋江区	2		798	7	28	20	4	82	7
鸠江区			991	23	19		2	48	13
三山区	1	1	546	22	23		9	86	4
芜湖县			56	3	1		4	8	1
繁昌县									
南陵县									
芜湖经济技术开发区			7					1	
安徽芜湖长江大桥经济开发区									
无为市		3	327	49	18		13	113	3
蚌埠市	**5**		**1474**	**42**	**87**	**19**	**31**	**122**	**23**
龙子湖区	2		257	16	11	1	6	22	3
蚌山区			238	3	20	3	3	16	7
禹会区			543	11	31	15	16	36	6
淮上区	3		436	12	25		6	48	7
怀远县									
五河县									
固镇县									
蚌埠市高新技术开发区									
蚌埠市经济开发区									
淮南市	**2**		**1331**	**39**	**70**		**17**	**130**	**11**
大通区			55	1	8		3	8	1
田家庵区	1		849	16	42		6	50	9
谢家集区	1		205	16	8		4	28	
八公山区			141	4	8		3	27	
潘集区			81	2	4		1	17	1
凤台县									
寿县									

4－6a 续表 52　　　　单位：人

地区 性别	农林牧渔生产辅助人员	其他农、林、牧、渔业生产加工人员	生产制造及有关人员						
			小计	农副产品加工人员	食品、饮料生产加工人员	烟草及其制品加工人员	纺织、针织、印染人员	纺织品、服装和皮革、毛皮制品加工制作人员	木材加工、家具与木制品制作人员
马鞍山市	**5**		**1819**	**26**	**147**	**1**	**17**	**205**	**14**
花山区	2		812	9	50		9	79	7
雨山区	2		759	12	92	1	7	84	1
博望区	1		248	5	5		1	42	6
当涂县									
含山县									
和县									
淮北市	**3**		**1324**	**30**	**74**		**50**	**181**	**20**
杜集区	1		247	7	13		10	48	5
相山区	1		668	11	48		29	72	10
烈山区			277	7	7		9	39	2
濉溪县	1		132	5	6		2	22	3
铜陵市	**3**		**1348**	**12**	**30**		**37**	**323**	**9**
铜官区	2		922	7	18		24	163	2
义安区			284	2	7		7	126	4
郊区	1		142	3	5		6	34	3
枞阳县									
安庆市	**18**	**2**	**4939**	**43**	**119**		**178**	**2222**	**58**
迎江区			471	9	23		34	116	5
大观区		1	289	4	11		42	65	1
宜秀区	1		565	8	41		17	181	8
怀宁县									
太湖县									
宿松县									
望江县	11		902	2	9		18	703	7
岳西县									
安徽安庆经济开发区			1						
桐城市	1	1	1727	13	24		38	489	16
潜山市	5		984	7	11		29	668	21
黄山市	**4**		**1069**	**18**	**51**		**38**	**369**	**16**
屯溪区	3		488	10	37		33	113	7
黄山区			127	3	8			21	3
徽州区	1		407	5	5		5	216	5
歙县			37					18	1
休宁县			10		1			1	
黟县									
祁门县									
滁州市	**4**	**1**	**4158**	**53**	**123**	**12**	**88**	**640**	**38**
琅琊区	2		930	8	48	8	15	108	13
南谯区	1	1	703	9	17	4	14	83	13
来安县									
全椒县									
定远县									
凤阳县									
苏滁现代产业园									
滁州经济技术开发区									
天长市			1599	13	29		45	207	7
明光市	1		926	23	29		14	242	5

4-6a 续表 53 单位：人

地区 性别	农林牧渔生产辅助人员	其他农、林、牧、渔业生产加工人员	生产制造及有关人员 小计	农副产品加工人员	食品、饮料生产加工人员	烟草及其制品加工人员	纺织、针织、印染人员	纺织品、服装和皮革、毛皮制品加工制作人员	木材加工、家具与木制品制作人员
阜阳市	**3**		**1863**	**64**	**132**	**17**	**40**	**370**	**23**
颍州区	1		506	6	42	5	13	60	6
颍东区			409	19	32	8	6	52	6
颍泉区	1		389	26	17	4	6	62	11
临泉县									
太和县									
阜南县									
颍上县									
阜阳合肥现代产业园区									
阜阳经济技术开发区									
界首市	1		559	13	41		15	196	
宿州市	**5**		**1096**	**22**	**50**	**1**	**23**	**266**	**20**
埇桥区	5		1077	22	49	1	22	264	19
砀山县									
萧县			19		1		1	2	1
灵璧县									
泗县									
宿州马鞍山现代产业园区									
宿州经济技术开发区									
六安市		**1**	**2478**	**21**	**55**		**71**	**961**	**219**
金安区			1192	9	27		22	531	15
裕安区			879	10	22		26	369	13
叶集区		1	366	1	5		23	49	189
霍邱县			5					1	
舒城县			36	1	1			11	2
金寨县									
霍山县									
亳州市	**9**		**1388**	**84**	**72**		**5**	**100**	**10**
谯城区	9		1309	19	72		4	93	10
涡阳县									
蒙城县									
利辛县			79	65			1	7	
池州市	**1**		**1478**	**17**	**24**		**119**	**770**	**27**
贵池区	1		1195	16	21		28	719	19
东至县									
石台县									
青阳县									
池州市国家经济技术开发区			116	1	1		4	36	
皖江江南新兴产业集中区			167		2		87	15	8
九华山风景区									
宣城市	**3**	**5**	**3757**	**43**	**74**		**62**	**890**	**80**
宣州区	2	1	579	6	32		20	248	6
郎溪县									
泾县									
绩溪县									
旌德县									
宣城市经济开发区									
宁国市	1	1	1594	13	23		6	143	17
广德市		3	1584	24	19		36	499	57

4-6a 续表 54

单位：人

地区 性别	生产制造及有关人员								
	纸及纸制品生产加工人员	印刷和记录媒介复制人员	文教、工美、体育和娱乐用品制造人员	石油加工和炼焦、煤化工生产人员	化学原料和化学制品制造人员	医药制造人员	化学纤维制造人员	橡胶和塑料制品制造人员	非金属矿物制品制造人员
安徽	**690**	**886**	**1576**	**278**	**1522**	**1039**	**72**	**2882**	**2087**
合肥市	**159**	**282**	**124**	**5**	**248**	**158**	**17**	**453**	**373**
瑶海区	12	41	22	2	105	21	1	89	53
庐阳区	42	120	19		17	16		40	49
蜀山区	8	34	16	1	32	47	1	80	36
包河区	18	56	26	1	23	45	3	56	37
长丰县									
肥东县									
肥西县	57	11	1		11	12	1	111	56
庐江县									
合肥高新技术产业开发区									
合肥经济技术开发区									
合肥新站高新技术产业开发区	1	5	1		2	4		9	5
巢湖市	21	15	39	1	58	13	11	68	137
芜湖市	**100**	**63**	**46**	**7**	**64**	**121**	**3**	**277**	**232**
镜湖区	14	19	18		16	31		43	40
弋江区	13	11	7		6	23		102	54
鸠江区	23	6	9	1	32	19		87	73
三山区	48	21	5	6	8	30	3	32	51
芜湖县						2		6	
繁昌县									
南陵县									
芜湖经济技术开发区	1				2			1	1
安徽芜湖长江大桥经济开发区									
无为市	1	6	7			16		6	13
蚌埠市	**22**	**31**	**185**	**2**	**126**	**88**	**2**	**59**	**237**
龙子湖区	2	7	98	1	22	18	1	15	59
蚌山区	1	4	24		18	11		7	26
禹会区	16	19	6	1	54	38	1	25	90
淮上区	3	1	57		32	21		12	62
怀远县									
五河县									
固镇县									
蚌埠市高新技术开发区									
蚌埠市经济开发区									
淮南市	**20**	**15**	**33**	**23**	**82**	**70**	**2**	**48**	**118**
大通区	2	2	1		1	1		1	5
田家庵区	8	9	14	16	46	61		24	68
谢家集区	2	3	3		10	3	2	13	17
八公山区	6	1	14	3	19	2		7	23
潘集区	2		1	4	6	3		3	5
凤台县									
寿县									

4-6a　续表 55　　　　单位：人

地　区 性　别	生产制造及有关人员								
	纸及纸制品生产加工人员	印刷和记录媒介复制人员	文教、工美、体育和娱乐用品制造人　员	石油加工和炼焦、煤化工生产人员	化学原料和化学制品制造人　员	医药制造人　　员	化学纤维制造人员	橡胶和塑料制品制造人员	非金属矿物制品制造人员
马鞍山市	**80**	**35**	**24**	**62**	**132**	**15**	**1**	**84**	**86**
花山区	57	24	14	22	102	6	1	51	46
雨山区	19	7	9	40	30	9		32	32
博望区	4	4	1					1	8
当涂县									
含山县									
和县									
淮北市	**16**	**14**	**26**	**65**	**64**	**42**	**1**	**50**	**95**
杜集区	4	2	6	8	17	7	1	13	23
相山区	6	10	11	28	38	31		24	43
烈山区	1		9	21	8	4		9	15
濉溪县	5	2		8	1			4	14
铜陵市	**34**	**12**	**12**	**31**	**184**	**17**	**2**	**53**	**75**
铜官区	24	7	7	30	126	10	2	37	44
义安区	7	2	4	1	27	4		7	16
郊区	3	3	1		31	3		9	15
枞阳县									
安庆市	**62**	**73**	**162**	**70**	**168**	**59**	**14**	**374**	**184**
迎江区	16	11	5	18	58	21	3	17	25
大观区	2	11	4	48	65	14	10	12	15
宜秀区	5	4	2	4	21	5	1	27	28
怀宁县									
太湖县									
宿松县									
望江县		1	6		4	2		2	6
岳西县									
安徽安庆经济开发区								1	
桐城市	30	42	133		13	7		288	55
潜山市	9	4	12		7	10		27	55
黄山市	**8**	**67**	**78**		**60**	**9**	**2**	**74**	**47**
屯溪区	2	6	56		8	7	1	26	25
黄山区		3	6				1	6	6
徽州区	6	57	16		48	2		39	15
歙县		1			4			2	1
休宁县								1	
黟县									
祁门县									
滁州市	**67**	**99**	**617**	**1**	**82**	**24**	**12**	**241**	**153**
琅琊区	25	26	10	1	16	7	7	95	35
南谯区	9	19	11		4	2	4	61	19
来安县									
全椒县									
定远县									
凤阳县									
苏滁现代产业园									
滁州经济技术开发区									
天长市	19	31	500		19	13		47	30
明光市	14	23	96		43	2	1	38	69

4－6a 续表 56

单位：人

地区 性别	生产制造及有关人员 纸及纸制品生产加工人员	印刷和记录媒介复制人员	文教、工美、体育和娱乐用品制造人员	石油加工和炼焦、煤化工生产人员	化学原料和化学制品制造人员	医药制造人员	化学纤维制造人员	橡胶和塑料制品制造人员	非金属矿物制品制造人员
阜阳市	**23**	**47**	**58**		**87**	**75**	**1**	**52**	**58**
颍州区	12	25	7		17	31		6	10
颍东区	3	9	8		45	19	1	6	24
颍泉区	3	7	3		22	7		8	13
临泉县									
太和县									
阜南县									
颍上县									
阜阳合肥现代产业园区									
阜阳经济技术开发区									
界首市	5	6	40		3	18		32	11
宿州市	**21**	**25**	**60**	**5**	**33**	**35**	**6**	**19**	**29**
埇桥区	21	25	60	5	33	35	6	19	29
砀山县									
萧县									
灵璧县									
泗县									
宿州马鞍山现代产业园区									
宿州经济技术开发区									
六安市	**23**	**52**	**60**	**3**	**23**	**13**		**76**	**86**
金安区	21	31	39	2	14	11		61	47
裕安区	2	20	14	1	8	2		10	29
叶集区		1	6		1			1	6
霍邱县								2	
舒城县			1					2	4
金寨县									
霍山县									
亳州市	**16**	**18**	**15**		**7**	**271**		**13**	**49**
谯城区	15	18	15		7	271		10	49
涡阳县									
蒙城县									
利辛县	1							3	
池州市	**14**	**11**	**8**	**2**	**21**	**5**	**5**	**22**	**80**
贵池区	11	10	6	2	14	4	1	18	65
东至县									
石台县									
青阳县									
池州市国家经济技术开发区						1		4	15
皖江江南新兴产业集中区	3	1	2		7		4		
九华山风景区									
宣城市	**25**	**42**	**68**	**2**	**141**	**37**	**4**	**987**	**185**
宣州区	9	5	14		40	15	1	10	46
郎溪县									
泾县									
绩溪县									
旌德县									
宣城市经济开发区									
宁国市	8	17	12	1	80	2	3	751	80
广德市	8	20	42	1	21	20		226	59

4-6a 续表 57

单位：人

地区 性别	生产制造及有关人员								
	纸及纸制品生产加工人员	印刷和记录媒介复制人员	文教、工美、体育和娱乐用品制造人员	石油加工和炼焦、煤化工生产人员	化学原料和化学制品制造人员	医药制造人员	化学纤维制造人员	橡胶和塑料制品制造人员	非金属矿物制品制造人员
男	**372**	**536**	**569**	**241**	**1205**	**564**	**40**	**1709**	**1630**
合肥市	**86**	**178**	**55**	**4**	**182**	**83**	**8**	**321**	**288**
瑶海区	4	27	11	2	80	15		70	45
庐阳区	16	71	13		13	9		22	37
蜀山区	6	20	9	1	25	20	1	59	30
包河区	10	37	16	1	21	22	2	44	28
长丰县									
肥东县									
肥西县	39	10			6	10	1	83	43
庐江县									
合肥高新技术产业开发区									
合肥经济技术开发区									
合肥新站高新技术产业开发区		4			1	1		5	5
巢湖市	11	9	6		36	6	4	38	100
芜湖市	**61**	**36**	**22**	**5**	**51**	**57**	**1**	**165**	**186**
镜湖区	13	12	8		14	15		29	32
弋江区	4	6	6		6	13		54	44
鸠江区	11	3	3	1	24	7		57	55
三山区	32	12	2	4	5	12	1	18	44
芜湖县						1		2	
繁昌县									
南陵县									
芜湖经济技术开发区					2			1	1
安徽芜湖长江大桥经济开发区									
无为市	1	3	3			9		4	10
蚌埠市	**7**	**18**	**128**	**1**	**104**	**53**	**1**	**31**	**176**
龙子湖区	1	5	69		20	10	1	7	46
蚌山区		3	14		14	7		5	16
禹会区	6	10	5	1	44	28		11	74
淮上区			40		26	8		8	40
怀远县									
五河县									
固镇县									
蚌埠市高新技术开发区									
蚌埠市经济开发区									
淮南市	**12**	**9**	**14**	**21**	**62**	**34**	**1**	**31**	**84**
大通区	1		1		1	1			4
田家庵区	6	6	6	14	34	31		19	45
谢家集区	1	2	1		5	1	1	5	11
八公山区	3	1	6	3	16			5	19
潘集区	1			4	6	1		2	5
凤台县									
寿县									

4-6a 续表 58　　　　单位：人

地区 性别	生产制造及有关人员								
	纸及纸制品生产加工人员	印刷和记录媒介复制人员	文教、工美、体育和娱乐用品制造人员	石油加工和炼焦、煤化工生产人员	化学原料和化学制品制造人员	医药制造人员	化学纤维制造人员	橡胶和塑料制品制造人员	非金属矿物制品制造人员
马鞍山市	**58**	**16**	**13**	**59**	**103**	**7**		**52**	**67**
花山区	44	12	8	21	78	2		34	36
雨山区	14	4	5	38	25	5		18	24
博望区									7
当涂县									
含山县									
和县									
淮北市	**10**	**7**	**9**	**55**	**50**	**33**	**1**	**29**	**81**
杜集区	3	2	1	8	15	7	1	8	20
相山区	2	3	7	22	29	23		14	42
烈山区	1		1	18	5	3		4	9
濉溪县	4	2		7	1			3	10
铜陵市	**15**	**7**	**9**	**24**	**154**	**4**	**2**	**32**	**61**
铜官区	9	3	5	23	102	4	2	25	34
义安区	4	2	4	1	24			4	15
郊区	2	2			28			3	12
枞阳县									
安庆市	**33**	**42**	**117**	**62**	**136**	**40**	**8**	**162**	**136**
迎江区	12	8	4	17	46	15	2	13	16
大观区	1	6	1	42	54	9	6	7	14
宜秀区	3	2	2	3	18	5		14	22
怀宁县									
太湖县									
宿松县									
望江县			3		4	2			4
岳西县									
安徽安庆经济开发区								1	
桐城市	10	24	104		9	3		108	35
潜山市	7	2	3		5	6		19	45
黄山市	**2**	**52**	**57**		**49**	**4**	**1**	**52**	**42**
屯溪区	1	3	44		5	3	1	13	23
黄山区		1	2					5	5
徽州区	1	48	11		42	1		31	13
歙县					2			2	1
休宁县								1	
黟县									
祁门县									
滁州市	**32**	**56**	**62**	**1**	**61**	**14**	**8**	**138**	**110**
琅琊区	13	10	7	1	12	4	5	57	16
南谯区	3	14	7		2	2	2	34	14
来安县									
全椒县									
定远县									
凤阳县									
苏滁现代产业园									
滁州经济技术开发区									
天长市	11	21	38		16	8		28	25
明光市	5	11	10		31		1	19	55

4-6a　续表 59　　　　单位：人

地　区 性　别	生产制造及有关人员								
	纸及纸制品生产加工人员	印刷和记录媒介复制人员	文教、工美、体育和娱乐用品制造人　员	石油加工和炼焦、煤化工生产人员	化学原料和化学制品制造人　员	医药制造人　员	化学纤维制造人员	橡胶和塑料制品制造人员	非金属矿物制品制造人员
阜阳市	**8**	**27**	**18**		**67**	**42**		**33**	**48**
颍州区	5	17	4		11	22		4	10
颍东区		6	1		34	8		4	18
颍泉区		2	2		19	4		4	11
临泉县									
太和县									
阜南县									
颍上县									
阜阳合肥现代产业园区									
阜阳经济技术开发区									
界首市	3	2	11		3	8		21	9
宿州市	**12**	**15**	**9**	**3**	**30**	**25**	**3**	**9**	**26**
埇桥区	12	15	9	3	30	25	3	9	26
砀山县									
萧县									
灵璧县									
泗县									
宿州马鞍山现代产业园区									
宿州经济技术开发区									
六安市	**11**	**26**	**15**	**3**	**18**	**5**		**52**	**70**
金安区	10	14	10	2	12	4		45	36
裕安区	1	12	4	1	5	1		6	25
叶集区					1				6
霍邱县								1	
舒城县			1						3
金寨县									
霍山县									
亳州市	**7**	**14**	**8**		**5**	**139**		**8**	**37**
谯城区	7	14	8		5	139		7	37
涡阳县									
蒙城县									
利辛县								1	
池州市	**5**	**8**	**3**	**1**	**12**	**3**	**4**	**19**	**73**
贵池区	3	7	2	1	9	3	1	17	62
东至县									
石台县									
青阳县									
池州市国家经济技术开发区								2	11
皖江江南新兴产业集中区	2	1	1		3		3		
九华山风景区									
宣城市	**13**	**25**	**30**	**2**	**121**	**21**	**2**	**575**	**145**
宣州区	5	3	3		37	8		8	32
郎溪县									
泾县									
绩溪县									
旌德县									
宣城市经济开发区									
宁国市	4	10	7	1	66		2	421	67
广德市	4	12	20	1	18	13		146	46

4-6a 续表 60 单位：人

地区 性别	生产制造及有关人员								
	纸及纸制品生产加工人员	印刷和记录媒介复制人员	文教、工美、体育和娱乐用品制造人员	石油加工和炼焦、煤化工生产人员	化学原料和化学制品制造人员	医药制造人员	化学纤维制造人员	橡胶和塑料制品制造人员	非金属矿物制品制造人员
女	**318**	**350**	**1007**	**37**	**317**	**475**	**32**	**1173**	**457**
合肥市	**73**	**104**	**69**	**1**	**66**	**75**	**9**	**132**	**85**
瑶海区	8	14	11		25	6	1	19	8
庐阳区	26	49	6		4	7		18	12
蜀山区	2	14	7		7	27		21	6
包河区	8	19	10		2	23	1	12	9
长丰县									
肥东县									
肥西县	18	1	1		5	2		28	13
庐江县									
合肥高新技术产业开发区									
合肥经济技术开发区									
合肥新站高新技术产业开发区	1	1	1		1	3		4	
巢湖市	10	6	33	1	22	7	7	30	37
芜湖市	**39**	**27**	**24**	**2**	**13**	**64**	**2**	**112**	**46**
镜湖区	1	7	10		2	16		14	8
弋江区	9	5	1			10		48	10
鸠江区	12	3	6		8	12		30	18
三山区	16	9	3	2	3	18	2	14	7
芜湖县						1		4	
繁昌县									
南陵县									
芜湖经济技术开发区	1								
安徽芜湖长江大桥经济开发区									
无为市		3	4			7		2	3
蚌埠市	**15**	**13**	**57**	**1**	**22**	**35**	**1**	**28**	**61**
龙子湖区	1	2	29	1	2	8		8	13
蚌山区	1	1	10		4	4		2	10
禹会区	10	9	1		10	10	1	14	16
淮上区	3	1	17		6	13		4	22
怀远县									
五河县									
固镇县									
蚌埠市高新技术开发区									
蚌埠市经济开发区									
淮南市	**8**	**6**	**19**	**2**	**20**	**36**	**1**	**17**	**34**
大通区	1	2						1	1
田家庵区	2	3	8	2	12	30		5	23
谢家集区	1	1	2		5	2	1	8	6
八公山区	3		8		3	2		2	4
潘集区	1		1			2		1	
凤台县									
寿县									

4-6a　续表 61　　　　单位：人

地　区 性　别	生产制造及有关人员 纸及纸制品生产加工人员	印刷和记录媒介复制人员	文教、工美、体育和娱乐用品制造人　员	石油加工和炼焦、煤化工生产人员	化学原料和化学制品制造人　员	医药制造人　员	化学纤维制造人员	橡胶和塑料制品制造人员	非金属矿物制品制造人员
马鞍山市	**22**	**19**	**11**	**3**	**29**	**8**	**1**	**32**	**19**
花山区	13	12	6	1	24	4	1	17	10
雨山区	5	3	4	2	5	4		14	8
博望区	4	4	1					1	1
当涂县									
含山县									
和县									
淮北市	**6**	**7**	**17**	**10**	**14**	**9**		**21**	**14**
杜集区	1		5		2			5	3
相山区	4	7	4	6	9	8		10	1
烈山区			8	3	3	1		5	6
濉溪县	1			1				1	4
铜陵市	**19**	**5**	**3**	**7**	**30**	**13**		**21**	**14**
铜官区	15	4	2	7	24	6		12	10
义安区	3				3	4		3	1
郊区	1	1	1		3	3		6	3
枞阳县									
安庆市	**29**	**31**	**45**	**8**	**32**	**19**	**6**	**212**	**48**
迎江区	4	3	1	1	12	6	1	4	9
大观区	1	5	3	6	11	5	4	5	1
宜秀区	2	2		1	3		1	13	6
怀宁县									
太湖县									
宿松县									
望江县		1	3					2	2
岳西县									
安徽安庆经济开发区									
桐城市	20	18	29		4	4		180	20
潜山市	2	2	9		2	4		8	10
黄山市	**6**	**15**	**21**		**11**	**5**	**1**	**22**	**5**
屯溪区	1	3	12		3	4		13	2
黄山区		2	4				1	1	1
徽州区	5	9	5		6	1		8	2
歙县		1			2				
休宁县									
黟县									
祁门县									
滁州市	**35**	**43**	**555**		**21**	**10**	**4**	**103**	**43**
琅琊区	12	16	3		4	3	2	38	19
南谯区	6	5	4		2		2	27	5
来安县									
全椒县									
定远县									
凤阳县									
苏滁现代产业园									
滁州经济技术开发区									
天长市	8	10	462		3	5		19	5
明光市	9	12	86		12	2		19	14

4-6a 续表 62 单位：人

地区 性别	生产制造及有关人员								
	纸及纸制品生产加工人员	印刷和记录媒介复制人员	文教、工美、体育和娱乐用品制造人员	石油加工和炼焦、煤化工生产人员	化学原料和化学制品制造人员	医药制造人员	化学纤维制造人员	橡胶和塑料制品制造人员	非金属矿物制品制造人员
阜阳市	**15**	**20**	**40**		**20**	**33**	**1**	**19**	**10**
颍州区	7	8	3		6	9		2	
颍东区	3	3	7		11	11	1	2	6
颍泉区	3	5	1		3	3		4	2
临泉县									
太和县									
阜南县									
颍上县									
阜阳合肥现代产业园区									
阜阳经济技术开发区									
界首市	2	4	29			10		11	2
宿州市	**9**	**10**	**51**	**2**	**3**	**10**	**3**	**10**	**3**
埇桥区	9	10	51	2	3	10	3	10	3
砀山县									
萧县									
灵璧县									
泗县									
宿州马鞍山现代产业园区									
宿州经济技术开发区									
六安市	**12**	**26**	**45**		**5**	**8**		**24**	**16**
金安区	11	17	29		2	7		16	11
裕安区	1	8	10		3	1		4	4
叶集区		1	6					1	
霍邱县								1	
舒城县								2	1
金寨县									
霍山县									
亳州市	**9**	**4**	**7**		**2**	**132**		**5**	**12**
谯城区	8	4	7		2	132		3	12
涡阳县									
蒙城县									
利辛县	1							2	
池州市	**9**	**3**	**5**	**1**	**9**	**2**	**1**	**3**	**7**
贵池区	8	3	4	1	5	1		1	3
东至县									
石台县									
青阳县									
池州市国家经济技术开发区						1		2	4
皖江江南新兴产业集中区	1		1		4		1		
九华山风景区									
宣城市	**12**	**17**	**38**		**20**	**16**	**2**	**412**	**40**
宣州区	4	2	11		3	7	1	2	14
郎溪县									
泾县									
绩溪县									
旌德县									
宣城市经济开发区									
宁国市	4	7	5		14	2	1	330	13
广德市	4	8	22		3	7		80	13

4-6a　续表 63　　　　单位：人

地　区 性　别	生产制造及有关人员								
	采矿人员	金属冶炼和压延加工人员	机械制造基础加工人　员	金属制品制造人员	通用设备制造人员	专用设备制造人员	汽车制造人　员	铁路、船舶、航空设备制造人　员	电气机械和器材制造人员
安　徽	**5541**	**2177**	**7092**	**2468**	**1443**	**678**	**3213**	**362**	**2234**
合肥市	**53**	**108**	**977**	**438**	**224**	**128**	**758**	**52**	**391**
瑶海区	10	29	162	99	43	11	88	5	46
庐阳区	5	7	147	64	22	10	46	8	44
蜀山区	7	20	145	62	48	32	127	4	89
包河区	20	15	302	107	50	30	382	12	84
长丰县									
肥东县									
肥西县		8	49	29	27	34	72		103
庐江县									
合肥高新技术产业开发区									
合肥经济技术开发区									
合肥新站高新技术产业开发区	1		11	13	4	2	2	9	7
巢湖市	10	29	161	64	30	9	41	14	18
芜湖市	**11**	**397**	**790**	**213**	**133**	**59**	**1024**	**178**	**564**
镜湖区	3	56	156	51	26	5	225	22	49
弋江区	3	136	140	54	30	9	245	7	75
鸠江区	3	46	255	52	53	16	480	53	240
三山区	2	156	213	30	18	28	59	94	169
芜湖县			12	2	3		6		8
繁昌县									
南陵县									
芜湖经济技术开发区		1			2		2	2	2
安徽芜湖长江大桥经济开发区									
无为市		2	14	24	1	1	7		21
蚌埠市	**12**	**5**	**235**	**86**	**86**	**38**	**112**	**15**	**39**
龙子湖区	3	2	40	15	14		27	5	2
蚌山区	4		40	10	8	4	11	1	2
禹会区	3	1	91	37	26	18	48	2	27
淮上区	2	2	64	24	38	16	26	7	8
怀远县									
五河县									
固镇县									
蚌埠市高新技术开发区									
蚌埠市经济开发区									
淮南市	**2519**	**28**	**295**	**81**	**56**	**29**	**33**	**8**	**42**
大通区	47	1	19	5	2	12	7	4	3
田家庵区	858	9	166	40	30	8	15	4	22
谢家集区	842	12	69	20	12	5	4		4
八公山区	461	2	24	9	9	4	5		9
潘集区	311	4	17	7	3		2		4
凤台县									
寿县									

4-6a 续表 64　　　　　　　　　　　　　　　　　　　　　　　　单位：人

地 区 性 别	生产制造及有关人员								
	采矿人员	金属冶炼和压延加工人员	机械制造基础加工人员	金属制品制造人员	通用设备制造人员	专用设备制造人员	汽车制造人员	铁路、船舶、航空设备制造人员	电气机械和器材制造人员
马鞍山市	**148**	**792**	**1227**	**198**	**320**	**19**	**182**	**15**	**50**
花山区	82	473	370	78	95	11	55	3	19
雨山区	65	309	332	54	60	6	116	12	29
博望区	1	10	525	66	165	2	11		2
当涂县									
含山县									
和县									
淮北市	**1779**	**19**	**301**	**50**	**27**	**29**	**35**	**4**	**61**
杜集区	526	4	105	15	5	10	9		11
相山区	731	12	128	22	10	3	10	3	17
烈山区	236	1	44	6	6	14	7	1	19
濉溪县	286	2	24	7	6	2	9		14
铜陵市	**323**	**283**	**273**	**120**	**54**	**14**	**31**	**18**	**48**
铜官区	248	199	205	86	40	10	19	6	40
义安区	59	35	59	21	11	3	8	12	8
郊区	16	49	9	13	3	1	4		
枞阳县									
安庆市	**32**	**31**	**499**	**249**	**84**	**43**	**205**	**12**	**66**
迎江区	9	16	99	38	9	5	67	5	6
大观区	9	2	63	21	14	4	51	2	5
宜秀区	5	4	54	49	20	3	42	1	3
怀宁县									
太湖县									
宿松县									
望江县		2	14	23	3	3	1	1	1
岳西县									
安徽安庆经济开发区			10			1	2		
桐城市	9	7	208	80	27	18	31	1	45
潜山市			51	38	11	9	11	2	6
黄山市	**4**	**13**	**152**	**78**	**24**	**9**	**67**	**1**	**10**
屯溪区	3	4	54	30	8	4	41	1	6
黄山区			24	16	5		1		
徽州区	1	8	69	28	11	4	20		4
歙县		1	4	2			2		
休宁县			1	2		1	3		
黟县									
祁门县									
滁州市	**79**	**63**	**545**	**215**	**120**	**194**	**151**	**30**	**612**
琅琊区	30	14	128	62	33	11	53	2	161
南谯区	3	12	119	60	30	29	36	1	102
来安县									
全椒县									
定远县									
凤阳县									
苏滁现代产业园									
滁州经济技术开发区									
天长市	45	34	223	52	26	134	31	14	300
明光市	1	3	75	41	31	20	31	13	49

4-6a 续表 65 单位：人

地区 性别	生产制造及有关人员								
	采矿人员	金属冶炼和压延加工人员	机械制造基础加工人员	金属制品制造人员	通用设备制造人员	专用设备制造人员	汽车制造人员	铁路、船舶、航空设备制造人员	电气机械和器材制造人员
阜阳市	**9**	**28**	**264**	**96**	**45**	**29**	**10**	**12**	**38**
颍州区	4	6	70	31	6	5	4	3	2
颍东区	2	2	92	20	18	4	4	2	5
颍泉区	1		41	19	8		2	2	7
临泉县									
太和县									
阜南县									
颍上县									
阜阳合肥现代产业园区									
阜阳经济技术开发区									
界首市	2	20	61	26	13	20		5	24
宿州市	**512**	**6**	**161**	**56**	**17**	**16**	**18**	**9**	**24**
埇桥区	510	5	151	55	17	16	18	9	24
砀山县									
萧县	2	1	10	1					
灵璧县									
泗县									
宿州马鞍山现代产业园区									
宿州经济技术开发区									
六安市	**8**	**21**	**357**	**124**	**91**	**17**	**33**	**1**	**93**
金安区	1	12	223	71	65	9	21	1	71
裕安区	5	6	94	42	19	8	11		20
叶集区	2	3	37	11	7		1		1
霍邱县									
舒城县			3						1
金寨县									
霍山县									
亳州市	**3**	**6**	**56**	**35**	**3**	**4**	**2**	**2**	**6**
谯城区	3	6	54	34	3	4	2	2	6
涡阳县									
蒙城县									
利辛县			2	1					
池州市	**30**	**238**	**173**	**111**	**39**	**19**	**51**		**37**
贵池区	30	188	152	46	32	15	51		35
东至县									
石台县									
青阳县									
池州市国家经济技术开发区		12	7	17	6	2			
皖江江南新兴产业集中区		38	14	48	1	2			2
九华山风景区									
宣城市	**19**	**139**	**787**	**318**	**120**	**31**	**501**	**5**	**153**
宣州区	6	15	79	52	16	2	44		20
郎溪县									
泾县									
绩溪县									
旌德县									
宣城市经济开发区									
宁国市	5	80	414	84	47	7	343	1	72
广德市	8	44	294	182	57	22	114	4	61

4-6a 续表 66　　　　单位：人

地　区 性　别	生产制造及有关人员 采矿人员	金属冶炼和压延加工人员	机械制造基础加工人员	金属制品制造人员	通用设备制造人员	专用设备制造人员	汽车制造人员	铁路、船舶、航空设备制造人员	电气机械和器材制造人员
男	**5199**	**1923**	**6141**	**1907**	**1204**	**410**	**2214**	**304**	**1364**
合肥市	**40**	**85**	**827**	**349**	**182**	**95**	**578**	**46**	**239**
瑶海区	8	25	141	84	37	10	73	4	30
庐阳区	4	6	121	52	15	7	36	6	28
蜀山区	6	11	124	49	43	25	89	4	44
包河区	11	13	262	81	44	22	300	11	59
长丰县									
肥东县									
肥西县		5	39	19	17	25	49		57
庐江县									
合肥高新技术产业开发区									
合肥经济技术开发区									
合肥新站高新技术产业开发区	1		7	12	3	2	1	9	6
巢湖市	10	25	133	52	23	4	30	12	15
芜湖市	**10**	**353**	**691**	**154**	**114**	**46**	**666**	**153**	**341**
镜湖区	2	51	139	39	21	4	163	18	34
弋江区	3	117	128	40	28	5	165	7	52
鸠江区	3	39	218	41	43	11	283	48	136
三山区	2	143	184	13	16	25	43	78	98
芜湖县			10	1	3		4		3
繁昌县									
南陵县									
芜湖经济技术开发区		1			2		2	2	
安徽芜湖长江大桥经济开发区									
无为市		2	12	20	1	1	6		18
蚌埠市	**9**	**4**	**210**	**58**	**70**	**24**	**56**	**11**	**22**
龙子湖区	3	1	39	11	13		15	3	1
蚌山区	3		33	6	4	4	6	1	1
禹会区	2	1	78	27	21	11	27	2	14
淮上区	1	2	60	14	32	9	8	5	6
怀远县									
五河县									
固镇县									
蚌埠市高新技术开发区									
蚌埠市经济开发区									
淮南市	**2419**	**24**	**278**	**57**	**47**	**20**	**24**	**7**	**29**
大通区	46	1	19	4	2	9	5	4	2
田家庵区	795	7	157	29	26	4	11	3	14
谢家集区	823	11	62	12	11	4	3		3
八公山区	449	1	23	7	5	3	3		7
潘集区	306	4	17	5	3		2		3
凤台县									
寿县									

4-6a　续表 67　　　　单位：人

地区 性别	生产制造及有关人员								
	采矿人员	金属冶炼和压延加工人员	机械制造基础加工人员	金属制品制造人员	通用设备制造人员	专用设备制造人员	汽车制造人员	铁路、船舶、航空设备制造人员	电气机械和器材制造人员
马鞍山市	**123**	**723**	**1098**	**162**	**290**	**18**	**145**	**15**	**31**
花山区	70	432	330	65	89	11	44	3	15
雨山区	52	281	308	44	57	5	94	12	15
博望区	1	10	460	53	144	2	7		1
当涂县									
含山县									
和县									
淮北市	**1695**	**15**	**286**	**43**	**24**	**15**	**26**	**3**	**38**
杜集区	511	3	104	12	5	10	6		7
相山区	673	10	120	19	9	2	9	3	12
烈山区	230	1	40	5	4	3	5		11
濉溪县	281	1	22	7	6		6		8
铜陵市	**270**	**254**	**236**	**107**	**46**	**12**	**21**	**15**	**33**
铜官区	204	179	173	79	36	9	11	6	27
义安区	50	32	55	17	7	2	8	9	6
郊区	16	43	8	11	3	1	2		
枞阳县									
安庆市	**29**	**26**	**409**	**187**	**67**	**15**	**162**	**12**	**24**
迎江区	8	14	85	30	8	3	54	5	5
大观区	7	2	57	15	11	3	43	2	4
宜秀区	5	3	52	40	17		34	1	2
怀宁县									
太湖县									
宿松县									
望江县		2	14	19	2	1	1	1	
岳西县									
安徽安庆经济开发区			10			1	2		
桐城市	9	5	148	58	18	6	19	1	9
潜山市			43	25	11	1	9	2	4
黄山市	**4**	**11**	**124**	**62**	**19**	**5**	**28**	**1**	**9**
屯溪区	3	4	43	25	6	3	19	1	6
黄山区			16	12	3		1		
徽州区	1	6	61	21	10	2	6		3
歙县		1	3	2			1		
休宁县			1	2			1		
黟县									
祁门县									
滁州市	**62**	**51**	**452**	**165**	**98**	**87**	**103**	**18**	**386**
琅琊区	24	9	110	46	29	9	31	1	86
南谯区	2	10	105	47	27	20	26	1	55
来安县									
全椒县									
定远县									
凤阳县									
苏滁现代产业园									
滁州经济技术开发区									
天长市	36	30	169	46	20	44	27	6	217
明光市		2	68	26	22	14	19	10	28

4-6a 续表 68　　单位：人

地区 性别	生产制造及有关人员								
	采矿人员	金属冶炼和压延加工人员	机械制造基础加工人员	金属制品制造人员	通用设备制造人员	专用设备制造人员	汽车制造人员	铁路、船舶、航空设备制造人员	电气机械和器材制造人员
阜阳市	**8**	**22**	**240**	**76**	**32**	**17**	**9**	**11**	**22**
颍州区	3	5	64	26	3	4	4	3	1
颍东区	2	2	82	15	14	4	4	2	2
颍泉区	1		37	16	7		1	2	2
临泉县									
太和县									
阜南县									
颍上县									
阜阳合肥现代产业园区									
阜阳经济技术开发区									
界首市	2	15	57	19	8	9		4	17
宿州市	**478**	**6**	**131**	**42**	**14**	**7**	**12**	**7**	**20**
埇桥区	476	5	124	41	14	7	12	7	20
砀山县									
萧县	2	1	7	1					
灵璧县									
泗县									
宿州马鞍山现代产业园区									
宿州经济技术开发区									
六安市	**8**	**18**	**293**	**102**	**69**	**14**	**28**	**1**	**57**
金安区	1	10	178	60	50	7	19	1	42
裕安区	5	5	82	31	14	7	8		14
叶集区	2	3	31	11	5		1		1
霍邱县									
舒城县			2						
金寨县									
霍山县									
亳州市	**3**	**5**	**50**	**31**	**3**	**2**	**2**	**2**	**4**
谯城区	3	5	48	30	3	2	2	2	4
涡阳县									
蒙城县									
利辛县			2	1					
池州市	**25**	**204**	**151**	**78**	**34**	**12**	**34**		**29**
贵池区	25	165	136	34	27	8	34		27
东至县									
石台县									
青阳县									
池州市国家经济技术开发区		10	7	12	6	2			
皖江江南新兴产业集中区		29	8	32	1	2			2
九华山风景区									
宣城市	**16**	**122**	**665**	**234**	**95**	**21**	**320**	**2**	**80**
宣州区	4	15	72	41	15	2	36		14
郎溪县									
泾县									
绩溪县									
旌德县									
宣城市经济开发区									
宁国市	5	73	354	66	38	4	213	1	34
广德市	7	34	239	127	42	15	71	1	32

4-6a　续表 69　　　　　　　　　　　　　　　　　　　　　　　　单位：人

地　区 性　别	生产制造及有关人员								
	采矿人员	金属冶炼和压延加工人员	机械制造基础加工人员	金属制品制造人员	通用设备制造人员	专用设备制造人员	汽车制造人员	铁路、船舶、航空设备制造人员	电气机械和器材制造人员
女	**342**	**254**	**951**	**561**	**239**	**268**	**999**	**58**	**870**
合肥市	**13**	**23**	**150**	**89**	**42**	**33**	**180**	**6**	**152**
瑶海区	2	4	21	15	6	1	15	1	16
庐阳区	1	1	26	12	7	3	10	2	16
蜀山区	1	9	21	13	5	7	38		45
包河区	9	2	40	26	6	8	82	1	25
长丰县									
肥东县									
肥西县		3	10	10	10	9	23		46
庐江县									
合肥高新技术产业开发区									
合肥经济技术开发区									
合肥新站高新技术产业开发区			4	1	1		1		1
巢湖市		4	28	12	7	5	11	2	3
芜湖市	**1**	**44**	**99**	**59**	**19**	**13**	**358**	**25**	**223**
镜湖区	1	5	17	12	5	1	62	4	15
弋江区		19	12	14	2	4	80		23
鸠江区		7	37	11	10	5	197	5	104
三山区		13	29	17	2	3	16	16	71
芜湖县			2	1			2		5
繁昌县									
南陵县									
芜湖经济技术开发区									2
安徽芜湖长江大桥经济开发区									
无为市			2	4			1		3
蚌埠市	**3**	**1**	**25**	**28**	**16**	**14**	**56**	**4**	**17**
龙子湖区		1	1	4	1		12	2	1
蚌山区	1		7	4	4		5		1
禹会区	1		13	10	5	7	21		13
淮上区	1		4	10	6	7	18	2	2
怀远县									
五河县									
固镇县									
蚌埠市高新技术开发区									
蚌埠市经济开发区									
淮南市	**100**	**4**	**17**	**24**	**9**	**9**	**9**	**1**	**13**
大通区	1			1		3	2		1
田家庵区	63	2	9	11	4	4	4	1	8
谢家集区	19	1	7	8	1	1	1		1
八公山区	12	1	1	2	4	1	2		2
潘集区	5			2					1
凤台县									
寿县									

4-6a 续表 70

单位：人

地区 性别	生产制造及有关人员								
	采矿人员	金属冶炼和压延加工人员	机械制造基础加工人员	金属制品制造人员	通用设备制造人员	专用设备制造人员	汽车制造人员	铁路、船舶、航空设备制造人员	电气机械和器材制造人员
马鞍山市	**25**	**69**	**129**	**36**	**30**	**1**	**37**		**19**
花山区	12	41	40	13	6		11		4
雨山区	13	28	24	10	3	1	22		14
博望区			65	13	21		4		1
当涂县									
含山县									
和县									
淮北市	**84**	**4**	**15**	**7**	**3**	**14**	**9**	**1**	**23**
杜集区	15	1	1	3			3		4
相山区	58	2	8	3	1	1	1		5
烈山区	6		4	1	2	11	2	1	8
濉溪县	5	1	2			2	3		6
铜陵市	**53**	**29**	**37**	**13**	**8**	**2**	**10**	**3**	**15**
铜官区	44	20	32	7	4	1	8		13
义安区	9	3	4	4	4	1		3	2
郊区		6	1	2			2		
枞阳县									
安庆市	**3**	**5**	**90**	**62**	**17**	**28**	**43**		**42**
迎江区	1	2	14	8	1	2	13		1
大观区	2		6	6	3	1	8		1
宜秀区		1	2	9	3	3	8		1
怀宁县									
太湖县									
宿松县									
望江县				4	1	2			1
岳西县									
安徽安庆经济开发区									
桐城市		2	60	22	9	12	12		36
潜山市			8	13		8	2		2
黄山市		**2**	**28**	**16**	**5**	**4**	**39**		**1**
屯溪区			11	5	2	1	22		
黄山区			8	4	2				
徽州区		2	8	7	1	2	14		1
歙县			1				1		
休宁县						1	2		
黟县									
祁门县									
滁州市	**17**	**12**	**93**	**50**	**22**	**107**	**48**	**12**	**226**
琅琊区	6	5	18	16	4	2	22	1	75
南谯区	1	2	14	13	3	9	10		47
来安县									
全椒县									
定远县									
凤阳县									
苏滁现代产业园									
滁州经济技术开发区									
天长市	9	4	54	6	6	90	4	8	83
明光市	1	1	7	15	9	6	12	3	21

4-6a　续表 71　　　　单位：人

地区 性别	生产制造及有关人员								
	采矿人员	金属冶炼和压延加工人员	机械制造基础加工人员	金属制品制造人员	通用设备制造人员	专用设备制造人员	汽车制造人员	铁路、船舶、航空设备制造人员	电气机械和器材制造人员
阜阳市	**1**	**6**	**24**	**20**	**13**	**12**	**1**	**1**	**16**
颍州区	1	1	6	5	3	1			1
颍东区			10	5	4				3
颍泉区			4	3	1		1		5
临泉县									
太和县									
阜南县									
颍上县									
阜阳合肥现代产业园区									
阜阳经济技术开发区									
界首市		5	4	7	5	11		1	7
宿州市	**34**		**30**	**14**	**3**	**9**	**6**	**2**	**4**
埇桥区	34		27	14	3	9	6	2	4
砀山县									
萧县			3						
灵璧县									
泗县									
宿州马鞍山现代产业园区									
宿州经济技术开发区									
六安市		**3**	**64**	**22**	**22**	**3**	**5**		**36**
金安区		2	45	11	15	2	2		29
裕安区		1	12	11	5	1	3		6
叶集区			6		2				
霍邱县									
舒城县			1						1
金寨县									
霍山县									
亳州市		**1**	**6**	**4**		**2**			**2**
谯城区		1	6	4		2			2
涡阳县									
蒙城县									
利辛县									
池州市	**5**	**34**	**22**	**33**	**5**	**7**	**17**		**8**
贵池区	5	23	16	12	5	7	17		8
东至县									
石台县									
青阳县									
池州市国家经济技术开发区		2		5					
皖江江南新兴产业集中区		9	6	16					
九华山风景区									
宣城市	**3**	**17**	**122**	**84**	**25**	**10**	**181**	**3**	**73**
宣州区	2		7	11	1		8		6
郎溪县									
泾县									
绩溪县									
旌德县									
宣城市经济开发区									
宁国市		7	60	18	9	3	130		38
广德市	1	10	55	55	15	7	43	3	29

4－6a 续表 72　　　　　　　　　　　　　　　　　　　　单位：人

地　区 性　别	生产制造及有关人员								
	计算机、通信和其他电子设备制造人员	仪器仪表制造人员	废弃资源综合利用人员	电力、热力、气体、水生产和输配人员	建筑施工人员	运输设备和通用工程机械操作人员及有关人员	生产辅助人员	其他生产制造及有关人员	不便分类的其他从业人员
安　徽	**8639**	**251**	**295**	**1191**	**58955**	**6230**	**22155**	**1012**	**1645**
合肥市	**1951**	**23**	**71**	**122**	**14294**	**1216**	**3903**	**133**	**637**
瑶海区	390	6	7	22	3617	263	744	36	89
庐阳区	238		5	14	1740	189	540	44	59
蜀山区	502	6	4	28	1602	173	800	14	123
包河区	463	6	50	30	5165	365	1191	29	353
长丰县									
肥东县									
肥西县	187			3	112	19	142	6	
庐江县									
合肥高新技术产业开发区									
合肥经济技术开发区									
合肥新站高新技术产业开发区	31	2	1	2	212	41	90		4
巢湖市	140	3	4	23	1846	166	396	4	9
芜湖市	**937**	**6**	**23**	**77**	**4484**	**499**	**1960**	**171**	**52**
镜湖区	213	5	1	38	934	116	458	14	1
弋江区	390	1	1	13	1230	113	470	13	19
鸠江区	216		12	16	1081	156	558	67	14
三山区	63			4	373	62	359	46	5
芜湖县	16				83	1	14	15	
繁昌县									
南陵县									
芜湖经济技术开发区	2				14		2		
安徽芜湖长江大桥经济开发区									
无为市	37		9	6	769	51	99	16	13
蚌埠市	**435**	**18**	**7**	**45**	**2266**	**211**	**717**	**39**	**42**
龙子湖区	67	3	2	11	361	56	142	8	22
蚌山区	50	2	2	9	467	55	138	3	12
禹会区	239	11	2	19	489	59	269	15	4
淮上区	79	2	1	6	949	41	168	13	4
怀远县									
五河县									
固镇县									
蚌埠市高新技术开发区									
蚌埠市经济开发区									
淮南市	**265**	**8**	**25**	**263**	**2483**	**419**	**1597**	**32**	**62**
大通区	4		1	14	102	17	60	6	1
田家庵区	139	7	22	200	1790	252	1013	10	44
谢家集区	68		1	9	231	66	163	6	
八公山区	37	1	1	20	155	63	235	8	16
潘集区	17			20	205	21	126	2	1
凤台县									
寿县									

4-6a　续表 73　　　　单位：人

地　区 性　别	生产制造及有关人员								不便分类的其他从业人员
	计算机、通信和其他电子设备制造人员	仪器仪表制造人员	废弃资源综合利用人员	电力、热力、气体、水生产和输配人员	建筑施工人员	运输设备和通用工程机械操作人员及有关人员	生产辅助人员	其他生产制造及有关人员	
马鞍山市	**418**	**16**	**38**	**164**	**1864**	**681**	**2080**	**39**	**66**
花山区	211	8	12	99	854	378	1066	24	36
雨山区	128	8	14	59	819	287	863	6	17
博望区	79		12	6	191	16	151	9	13
当涂县									
含山县									
和县									
淮北市	**224**	**4**	**7**	**95**	**2069**	**373**	**1620**	**26**	**89**
杜集区	34	1	2	11	413	82	315	8	4
相山区	86	3	1	64	1079	188	934	12	67
烈山区	74			18	278	77	271	6	10
濉溪县	30		4	2	299	26	100		8
铜陵市	**691**	**8**	**16**	**89**	**1540**	**327**	**989**	**60**	**56**
铜官区	558	8	11	73	1036	233	770	35	43
义安区	103		1	9	374	56	123	9	11
郊区	30		4	7	130	38	96	16	2
枞阳县									
安庆市	**474**	**11**	**9**	**57**	**6187**	**517**	**1598**	**268**	**196**
迎江区	68	4		16	857	106	317	20	40
大观区	53	4		15	275	54	314	9	13
宜秀区	59		2	3	998	68	165	16	37
怀宁县									
太湖县									
宿松县									
望江县	26		1	5	607	32	78	2	7
岳西县									
安徽安庆经济开发区	1						2		
桐城市	227	1	2	12	2686	187	519	215	44
潜山市	40	2	4	6	764	70	203	6	55
黄山市	**170**	**3**	**9**	**22**	**1462**	**153**	**500**	**24**	**13**
屯溪区	107	3	6	10	774	101	233	10	13
黄山区	36			1	349	23	71	1	
徽州区	23			10	289	25	178	12	
歙县	1			1	20	1	14	1	
休宁县	3		3		30	3	4		
黟县									
祁门县									
滁州市	**1329**	**133**	**16**	**43**	**4327**	**389**	**1300**	**84**	**106**
琅琊区	365	4	3	10	1167	115	436	51	72
南谯区	286		5	11	1213	121	276	24	17
来安县									
全椒县									
定远县									
凤阳县									
苏滁现代产业园									
滁州经济技术开发区									
天长市	377	128	1	9	1114	70	406	6	11
明光市	301	1	7	13	833	83	182	3	6

4-6a 续表 74 单位：人

地区 性别	生产制造及有关人员								
	计算机、通信和其他电子设备制造人员	仪器仪表制造人员	废弃资源综合利用人员	电力、热力、气体、水生产和输配人员	建筑施工人员	运输设备和通用工程机械操作人员及有关人员	生产辅助人员	其他生产制造及有关人员	不便分类的其他从业人员
阜阳市	**137**	**6**	**11**	**36**	**4228**	**364**	**1004**	**16**	**87**
颍州区	33	1	4	14	1530	118	301	5	41
颍东区	28	2		9	888	109	290	5	3
颍泉区	57	2	2	8	1070	92	166	2	36
临泉县									
太和县									
阜南县									
颍上县									
阜阳合肥现代产业园区									
阜阳经济技术开发区									
界首市	19	1	5	5	740	45	247	4	7
宿州市	**100**		**7**	**42**	**2260**	**182**	**923**	**2**	**7**
埇桥区	99		7	42	2221	172	918	2	7
砀山县									
萧县	1				39	10	5		
灵璧县									
泗县									
宿州马鞍山现代产业园区									
宿州经济技术开发区									
六安市	**196**	**3**	**16**	**42**	**4092**	**235**	**684**	**36**	**130**
金安区	107	2	3	9	1616	112	371	33	101
裕安区	76	1	12	20	2101	94	183		14
叶集区	5		1	11	314	28	116	2	15
霍邱县	1			1	13	1	3		
舒城县	7			1	48		11	1	
金寨县									
霍山县									
亳州市	**124**	**2**	**1**	**17**	**2632**	**138**	**897**	**7**	**36**
谯城区	124	2	1	17	2611	138	896	7	36
涡阳县									
蒙城县									
利辛县					21		1		
池州市	**209**		**14**	**25**	**1587**	**160**	**586**	**21**	**5**
贵池区	119		14	23	1469	149	480	8	
东至县									
石台县									
青阳县									
池州市国家经济技术开发区	87				88	7	34	5	4
皖江江南新兴产业集中区	3			2	30	4	72	8	1
九华山风景区									
宣城市	**979**	**10**	**25**	**52**	**3180**	**366**	**1797**	**54**	**61**
宣州区	53	2	4	16	942	90	245	10	19
郎溪县									
泾县									
绩溪县									
旌德县									
宣城市经济开发区									
宁国市	308	5	6	15	850	132	958	26	5
广德市	618	3	15	21	1388	144	594	18	37

4-6a　续表 75　　　　单位：人

地　区 性　别	生产制造及有关人员								不便分类的其他从业人员
	计算机、通信和其他电子设备制造人　员	仪器仪表制造人员	废弃资源综合利用人　员	电力、热力、气体、水生产和输配人员	建筑施工人　员	运输设备和通用工程机械操作人员及有关人员	生产辅助人　员	其他生产制造及有关人员	
男	**5127**	**173**	**216**	**960**	**52325**	**5647**	**15636**	**593**	**1059**
合肥市	**1256**	**17**	**49**	**93**	**12371**	**1126**	**2832**	**92**	**411**
瑶海区	252	6	5	17	3019	234	575	21	59
庐阳区	163		4	11	1540	181	384	37	44
蜀山区	335	5	3	20	1393	168	592	10	79
包河区	317	4	34	24	4508	338	834	19	222
长丰县									
肥东县									
肥西县	99			2	96	19	99	4	
庐江县									
合肥高新技术产业开发区									
合肥经济技术开发区									
合肥新站高新技术产业开发区	24	1	1	1	186	35	69		3
巢湖市	66	1	2	18	1629	151	279	1	4
芜湖市	**588**	**4**	**14**	**60**	**4073**	**463**	**1409**	**93**	**35**
镜湖区	135	3		31	803	107	363	8	
弋江区	244	1	1	8	1105	108	339	12	15
鸠江区	128		8	13	1002	146	364	24	9
三山区	39			4	355	57	260	31	4
芜湖县	9				80	1	7	8	
繁昌县									
南陵县									
芜湖经济技术开发区	1				14				
安徽芜湖长江大桥经济开发区									
无为市	32		5	4	714	44	76	10	7
蚌埠市	**218**	**13**	**6**	**36**	**2017**	**191**	**479**	**25**	**33**
龙子湖区	45	2	2	10	320	54	99	6	16
蚌山区	30	1	2	7	402	47	103	2	10
禹会区	108	8	1	14	438	54	183	10	4
淮上区	35	2	1	5	857	36	94	7	3
怀远县									
五河县									
固镇县									
蚌埠市高新技术开发区									
蚌埠市经济开发区									
淮南市	**192**	**6**	**18**	**202**	**2223**	**371**	**1322**	**23**	**48**
大通区	4		1	11	94	16	53	4	1
田家庵区	89	6	16	149	1594	223	814	7	32
谢家集区	57			9	203	56	129	6	
八公山区	29		1	17	148	57	211	5	14
潘集区	13			16	184	19	115	1	1
凤台县									
寿县									

4-6a 续表 76　　单位：人

地区 性别	生产制造及有关人员								
	计算机、通信和其他电子设备制造人员	仪器仪表制造人员	废弃资源综合利用人员	电力、热力、气体、水生产和输配人员	建筑施工人员	运输设备和通用工程机械操作人员及有关人员	生产辅助人员	其他生产制造及有关人员	不便分类的其他从业人员
马鞍山市	**285**	**13**	**31**	**134**	**1663**	**595**	**1629**	**31**	**42**
花山区	149	6	8	77	768	325	857	19	21
雨山区	78	7	12	52	716	254	657	6	12
博望区	58		11	5	179	16	115	6	9
当涂县									
含山县									
和县									
淮北市	**122**	**3**	**3**	**77**	**1847**	**331**	**1307**	**17**	**60**
杜集区	19	1		8	373	71	267	6	2
相山区	53	2	1	51	965	171	745	9	45
烈山区	31			16	250	64	209	2	6
濉溪县	19		2	2	259	25	86		7
铜陵市	**465**	**5**	**12**	**70**	**1432**	**296**	**738**	**47**	**37**
铜官区	383	5	8	56	964	211	569	29	28
义安区	64		1	7	355	54	93	7	7
郊区	18		3	7	113	31	76	11	2
枞阳县									
安庆市	**272**	**10**	**7**	**48**	**5504**	**485**	**1089**	**107**	**106**
迎江区	53	4		15	771	97	233	14	26
大观区	45	3		11	255	54	249	9	9
宜秀区	39		1	3	844	60	103	6	17
怀宁县									
太湖县									
宿松县									
望江县	11		1	3	517	32	38	2	5
岳西县									
安徽安庆经济开发区							2		
桐城市	105	1	2	11	2438	173	325	75	28
潜山市	19	2	3	5	679	69	139	1	21
黄山市	**82**	**1**	**7**	**17**	**1357**	**144**	**322**	**17**	**8**
屯溪区	55	1	5	9	714	94	151	6	8
黄山区	13			1	334	23	40	1	
徽州区	12			6	262	23	124	10	
歙县	1			1	18	1	4		
休宁县	1		2		29	3	3		
黟县									
祁门县									
滁州市	**588**	**91**	**11**	**35**	**3865**	**354**	**817**	**57**	**75**
琅琊区	194	2	2	7	1036	112	283	31	49
南谯区	156		3	8	1057	103	177	19	15
来安县									
全椒县									
定远县									
凤阳县									
苏滁现代产业园									
滁州经济技术开发区									
天长市	143	88	1	8	1031	67	246	5	8
明光市	95	1	5	12	741	72	111	2	3

4-6a 续表 77 单位：人

地区 性别	生产制造及有关人员								不便分类的其他从业人员
	计算机、通信和其他电子设备制造人员	仪器仪表制造人员	废弃资源综合利用人员	电力、热力、气体、水生产和输配人员	建筑施工人员	运输设备和通用工程机械操作人员及有关人员	生产辅助人员	其他生产制造及有关人员	
阜阳市	**91**	**5**	**9**	**35**	**3707**	**318**	**661**	**11**	**50**
颍州区	23	1	3	13	1320	106	215	4	22
颍东区	12	1		9	786	94	207	2	3
颍泉区	42	2	2	8	930	82	104	1	20
临泉县									
太和县									
阜南县									
颍上县									
阜阳合肥现代产业园区									
阜阳经济技术开发区									
界首市	14	1	4	5	671	36	135	4	5
宿州市	**74**		**5**	**40**	**1941**	**155**	**788**	**2**	**5**
埇桥区	73		5	40	1908	146	787	2	5
砀山县									
萧县	1				33	9	1		
灵璧县									
泗县									
宿州马鞍山现代产业园区									
宿州经济技术开发区									
六安市	**120**	**2**	**11**	**33**	**3601**	**215**	**446**	**16**	**81**
金安区	66	2	2	8	1432	103	236	15	64
裕安区	45		8	15	1829	85	136		8
叶集区	5		1	8	287	26	66	1	9
霍邱县				1	13	1	1		
舒城县	4			1	40		7		
金寨县									
霍山县									
亳州市	**73**	**1**	**1**	**14**	**2277**	**123**	**395**	**3**	**21**
谯城区	73	1	1	14	2259	123	394	3	21
涡阳县									
蒙城县									
利辛县					18		1		
池州市	**140**		**12**	**22**	**1471**	**144**	**444**	**19**	**5**
贵池区	82		12	20	1364	133	371	7	
东至县									
石台县									
青阳县									
池州市国家经济技术开发区	55				78	7	17	4	4
皖江江南新兴产业集中区	3			2	29	4	56	8	1
九华山风景区									
宣城市	**561**	**2**	**20**	**44**	**2976**	**336**	**958**	**33**	**42**
宣州区	28		4	14	872	83	168	5	16
郎溪县									
泾县									
绩溪县									
旌德县									
宣城市经济开发区									
宁国市	128	2	6	13	806	121	455	18	3
广德市	405		10	17	1298	132	335	10	23

4-6a 续表 78

单位：人

地　区 性　别	生产制造及有关人员								不便分类的其他从业人员
	计算机、通信和其他电子设备制造人员	仪器仪表制造人员	废弃资源综合利用人员	电力、热力、气体、水生产和输配人员	建筑施工人员	运输设备和通用工程机械操作人员及有关人员	生产辅助人员	其他生产制造及有关人员	
女	**3512**	**78**	**79**	**231**	**6630**	**583**	**6519**	**419**	**586**
合肥市	**695**	**6**	**22**	**29**	**1923**	**90**	**1071**	**41**	**226**
瑶海区	138		2	5	598	29	169	15	30
庐阳区	75		1	3	200	8	156	7	15
蜀山区	167	1	1	8	209	5	208	4	44
包河区	146	2	16	6	657	27	357	10	131
长丰县									
肥东县									
肥西县	88			1	16		43	2	
庐江县									
合肥高新技术产业开发区									
合肥经济技术开发区									
合肥新站高新技术产业开发区	7	1		1	26	6	21		1
巢湖市	74	2	2	5	217	15	117	3	5
芜湖市	**349**	**2**	**9**	**17**	**411**	**36**	**551**	**78**	**17**
镜湖区	78	2	1	7	131	9	95	6	1
弋江区	146			5	125	5	131	1	4
鸠江区	88		4	3	79	10	194	43	5
三山区	24				18	5	99	15	1
芜湖县	7				3		7	7	
繁昌县									
南陵县									
芜湖经济技术开发区	1						2		
安徽芜湖长江大桥经济开发区									
无为市	5		4	2	55	7	23	6	6
蚌埠市	**217**	**5**	**1**	**9**	**249**	**20**	**238**	**14**	**9**
龙子湖区	22	1		1	41	2	43	2	6
蚌山区	20	1		2	65	8	35	1	2
禹会区	131	3	1	5	51	5	86	5	
淮上区	44			1	92	5	74	6	1
怀远县									
五河县									
固镇县									
蚌埠市高新技术开发区									
蚌埠市经济开发区									
淮南市	**73**	**2**	**7**	**61**	**260**	**48**	**275**	**9**	**14**
大通区				3	8	1	7	2	
田家庵区	50	1	6	51	196	29	199	3	12
谢家集区	11		1		28	10	34		
八公山区	8	1		3	7	6	24	3	2
潘集区	4			4	21	2	11	1	
凤台县									
寿县									

4-6a 续表 79

单位：人

地 区 性 别	生产制造及有关人员								不便分类的其他从业人员
	计算机、通信和其他电子设备制造人员	仪器仪表制造人员	废弃资源综合利用人员	电力、热力、气体、水生产和输配人员	建筑施工人员	运输设备和通用工程机械操作人员及有关人员	生产辅助人员	其他生产制造及有关人员	
马鞍山市	**133**	**3**	**7**	**30**	**201**	**86**	**451**	**8**	**24**
花山区	62	2	4	22	86	53	209	5	15
雨山区	50	1	2	7	103	33	206		5
博望区	21		1	1	12		36	3	4
当涂县									
含山县									
和县									
淮北市	**102**	**1**	**4**	**18**	**222**	**42**	**313**	**9**	**29**
杜集区	15		2	3	40	11	48	2	2
相山区	33	1		13	114	17	189	3	22
烈山区	43			2	28	13	62	4	4
濉溪县	11		2		40	1	14		1
铜陵市	**226**	**3**	**4**	**19**	**108**	**31**	**251**	**13**	**19**
铜官区	175	3	3	17	72	22	201	6	15
义安区	39			2	19	2	30	2	4
郊区	12		1		17	7	20	5	
枞阳县									
安庆市	**202**	**1**	**2**	**9**	**683**	**32**	**509**	**161**	**90**
迎江区	15			1	86	9	84	6	14
大观区	8	1		4	20		65		4
宜秀区	20		1		154	8	62	10	20
怀宁县									
太湖县									
宿松县									
望江县	15			2	90		40		2
岳西县									
安徽安庆经济开发区	1								
桐城市	122			1	248	14	194	140	16
潜山市	21		1	1	85	1	64	5	34
黄山市	**88**	**2**	**2**	**5**	**105**	**9**	**178**	**7**	**5**
屯溪区	52	2	1	1	60	7	82	4	5
黄山区	23				15		31		
徽州区	11			4	27	2	54	2	
歙县					2		10	1	
休宁县	2		1		1		1		
黟县									
祁门县									
滁州市	**741**	**42**	**5**	**8**	**462**	**35**	**483**	**27**	**31**
琅琊区	171	2	1	3	131	3	153	20	23
南谯区	130		2	3	156	18	99	5	2
来安县									
全椒县									
定远县									
凤阳县									
苏滁现代产业园									
滁州经济技术开发区									
天长市	234	40		1	83	3	160	1	3
明光市	206		2	1	92	11	71	1	3

4-6a 续表 80 单位：人

地区 性别	生产制造及有关人员								不便分类的其他从业人员
	计算机、通信和其他电子设备制造人员	仪器仪表制造人员	废弃资源综合利用人员	电力、热力、气体、水生产和输配人员	建筑施工人员	运输设备和通用工程机械操作人员及有关人员	生产辅助人员	其他生产制造及有关人员	
阜阳市	**46**	**1**	**2**	**1**	**521**	**46**	**343**	**5**	**37**
颍州区	10		1	1	210	12	86	1	19
颍东区	16	1			102	15	83	3	
颍泉区	15				140	10	62	1	16
临泉县									
太和县									
阜南县									
颍上县									
阜阳合肥现代产业园区									
阜阳经济技术开发区									
界首市	5		1		69	9	112		2
宿州市	**26**		**2**	**2**	**319**	**27**	**135**		**2**
埇桥区	26		2	2	313	26	131		2
砀山县									
萧县					6	1	4		
灵璧县									
泗县									
宿州马鞍山现代产业园区									
宿州经济技术开发区									
六安市	**76**	**1**	**5**	**9**	**491**	**20**	**238**	**20**	**49**
金安区	41		1	1	184	9	135	18	37
裕安区	31	1	4	5	272	9	47		6
叶集区				3	27	2	50	1	6
霍邱县	1						2		
舒城县	3				8		4	1	
金寨县									
霍山县									
亳州市	**51**	**1**		**3**	**355**	**15**	**502**	**4**	**15**
谯城区	51	1		3	352	15	502	4	15
涡阳县									
蒙城县									
利辛县					3				
池州市	**69**		**2**	**3**	**116**	**16**	**142**	**2**	
贵池区	37		2	3	105	16	109	1	
东至县									
石台县									
青阳县									
池州市国家经济技术开发区	32				10		17	1	
皖江江南新兴产业集中区					1		16		
九华山风景区									
宣城市	**418**	**8**	**5**	**8**	**204**	**30**	**839**	**21**	**19**
宣州区	25	2		2	70	7	77	5	3
郎溪县									
泾县									
绩溪县									
旌德县									
宣城市经济开发区									
宁国市	180	3		2	44	11	503	8	2
广德市	213	3	5	4	90	12	259	8	14

4-6b　各地区分性别、职业中类的就业人口(镇)

单位：人

地　区 性　别	合计	党的机关、国家机关、群众团体和社会组织、企事业单位负责人						
		小计	中国共产党机关负责人	国家机关负责人	民主党派和工商联负责人	人民团体和群众团体、社会组织及其他成员组织负责人	基层群众自治组织负责人	企事业单位负责人
安　徽	**864964**	**21650**	**71**	**1327**	**2**	**811**	**478**	**18961**
合肥市	**164986**	**4736**	**5**	**143**	**1**	**83**	**52**	**4452**
瑶海区	961	9						9
庐阳区	3189	336	1	9		1	2	323
蜀山区	1329	25				5	1	19
包河区								
长丰县	21436	704	3	23		9	14	655
肥东县	29415	703		34	1	19	7	642
肥西县	27603	500		6		7	2	485
庐江县	21595	457		33		8	16	400
合肥高新技术产业开发区	13856	832		14		14	1	803
合肥经济技术开发区	25345	692	1	12		13	4	662
合肥新站高新技术产业开发区	16157	396		7		5	2	382
巢湖市	4100	82		5		2	3	72
芜湖市	**57325**	**981**	**10**	**56**		**22**	**35**	**858**
镜湖区	55							
弋江区								
鸠江区	3528	29		3		1	1	24
三山区	866	30				2		28
芜湖县	12941	215		7		2	7	199
繁昌县	7374	256	8	22		3	9	214
南陵县	10986	249		13		9	12	215
芜湖经济技术开发区	9694	53		1		2	2	48
安徽芜湖长江大桥经济开发区	645	12		2		1		9
无为市	11236	137	2	8		2	4	121
蚌埠市	**40266**	**1231**	**13**	**89**		**61**	**12**	**1056**
龙子湖区	342	4				1		3
蚌山区								
禹会区	370	7						7
淮上区	1152	10						10
怀远县	12689	182	13	12		14	5	138
五河县	7984	174		24		20	6	124
固镇县	5686	85		13		16		56
蚌埠市高新技术开发区	2460	103		6				97
蚌埠市经济开发区	9583	666		34		10	1	621
淮南市	**32672**	**833**	**5**	**88**		**38**	**19**	**683**
大通区	2978	75		1		4	1	69
田家庵区	584	5		1				4
谢家集区	191	3					1	2
八公山区	1							
潘集区	2667	44	1	1		6	5	31
凤台县	9925	288	2	43		12	10	221
寿县	16326	418	2	42		16	2	356

4-6b 续表 1　　　　单位：人

地　区 性　别	合计	党的机关、国家机关、群众团体和社会组织、企事业单位负责人						
		小计	中国共产党机关负责人	国家机关负责人	民主党派和工商联负责人	人民团体和群众团体、社会组织及其他成员组织负责人	基层群众自治组织负责人	企事业单位负责人
马鞍山市	**29516**	**717**	**5**	**49**		**59**	**14**	**590**
花山区								
雨山区								
博望区	482	9						9
当涂县	13183	259	2	21		32	8	196
含山县	7704	268		21		21		226
和县	8147	181	3	7		6	6	159
淮北市	**16061**	**281**		**20**		**12**	**8**	**241**
杜集区	1558	12				2	1	9
相山区								
烈山区	1291	13		1			2	10
濉溪县	13212	256		19		10	5	222
铜陵市	**10473**	**364**		**33**		**5**	**13**	**313**
铜官区								
义安区	1228	19				2	1	16
郊区	929	33		1		1	3	28
枞阳县	8316	312		32		2	9	269
安庆市	**58739**	**1930**	**10**	**139**	**1**	**62**	**33**	**1685**
迎江区								
大观区	828	16						16
宜秀区	1224	20					3	17
怀宁县	11563	317		20		21	3	273
太湖县	7750	268	2	32		5	9	220
宿松县	10440	327	2	37		23	2	263
望江县	4152	70		2			1	67
岳西县	5413	223	3	27		4	3	186
安徽安庆经济开发区	6660	388	1	10	1	3	1	372
桐城市	5167	165		6		5	4	150
潜山市	5542	136	2	5		1	7	121
黄山市	**20277**	**477**	**2**	**77**		**14**	**15**	**369**
屯溪区	448	9	1	1				7
黄山区	1645	50		5		1	1	43
徽州区	667	15				1	1	13
歙县	8536	167		22		6	3	136
休宁县	4091	114		18		4	5	87
黟县	1695	65	1	15		1	3	45
祁门县	3195	57		16		1	2	38
滁州市	**89087**	**2089**	**4**	**95**		**48**	**30**	**1912**
琅琊区								
南谯区	2741	91	3	5		1		82
来安县	13220	263		20		4	7	232
全椒县	16363	365		24		9	6	326
定远县	16532	216	1	17		5	4	189
凤阳县	16463	397		12		3	2	380
苏滁现代产业园	1699	30						30
滁州经济技术开发区	6155	267		7		5	2	253
天长市	12212	425		4		19	8	394
明光市	3702	35		6		2	1	26

4-6b 续表 2

单位：人

地区 性别	合计	党的机关、国家机关、群众团体和社会组织、企事业单位负责人						
		小计	中国共产党机关负责人	国家机关负责人	民主党派和工商联负责人	人民团体和群众团体、社会组织及其他成员组织负责人	基层群众自治组织负责人	企事业单位负责人
阜阳市	**101977**	**1985**	**3**	**112**		**174**	**54**	**1642**
颍州区	2433	52		1		14	2	35
颍东区	3499	39		1		1	2	35
颍泉区	5327	62		3		1	4	54
临泉县	20899	518	1	24		15	7	471
太和县	27519	347		21		18	15	293
阜南县	12514	280	1	34		12	4	229
颍上县	21172	403	1	21		64	13	304
阜阳合肥现代产业园区	292	31				5		26
阜阳经济技术开发区	3829	156		6		4	2	144
界首市	4493	97		1		40	5	51
宿州市	**72999**	**1410**	**4**	**111**		**44**	**43**	**1208**
埇桥区	7358	151		3		2	5	141
砀山县	16367	236	3	16		7	9	201
萧县	17091	260		18		2	13	227
灵璧县	16542	421	1	36		22	9	353
泗县	12284	248		38		7	7	196
宿州马鞍山现代产业园区	899	20				4		16
宿州经济技术开发区	2458	74						74
六安市	**59275**	**1666**	**5**	**126**		**33**	**60**	**1442**
金安区	5198	147	1	5		1	7	133
裕安区	3403	58				3	10	45
叶集区	797	26		1			1	24
霍邱县	12193	340		22		17	10	291
舒城县	16185	481	2	40		4	13	422
金寨县	10435	387	1	26		3	9	348
霍山县	11064	227	1	32		5	10	179
亳州市	**57258**	**1094**	**1**	**69**		**65**	**51**	**908**
谯城区	5125	43				8	4	31
涡阳县	16753	338		25		20	24	269
蒙城县	17356	472	1	34		16	11	410
利辛县	18024	241		10		21	12	198
池州市	**19544**	**735**	**2**	**53**		**33**	**19**	**628**
贵池区	1484	17					3	14
东至县	11247	308		16		28	11	253
石台县	1395	114		14		2		98
青阳县	5190	259	2	23		2	5	227
池州市国家经济技术开发区								
皖江江南新兴产业集中区								
九华山风景区	228	37				1		36
宣城市	**34509**	**1121**	**2**	**67**		**58**	**20**	**974**
宣州区	4286	65	1			6		58
郎溪县	9675	280		10		11	7	252
泾县	5838	274	1	25		31	6	211
绩溪县	3819	141		18		1	2	120
旌德县	2589	59		4			3	52
宣城市经济开发区	3991	209		8		7	1	193
宁国市	1191	34		1		2		31
广德市	3120	59		1			1	57

4-6b 续表 3 单位：人

地区 性别	合计	党的机关、国家机关、群众团体和社会组织、企事业单位负责人						
		小计	中国共产党机关负责人	国家机关负责人	民主党派和工商联负责人	人民团体和群众团体、社会组织及其他成员组织负责人	基层群众自治组织负责人	企事业单位负责人
男	**525016**	**16606**	**63**	**1140**	**2**	**545**	**378**	**14478**
合肥市	**102700**	**3685**	**4**	**120**	**1**	**54**	**39**	**3467**
瑶海区	615	8						8
庐阳区	1862	257	1	9		1	2	244
蜀山区	902	17				2	1	14
包河区								
长丰县	13705	536	2	22		3	12	497
肥东县	18663	556		28	1	14	5	508
肥西县	17480	408		5		5		398
庐江县	12829	371		25		6	14	326
合肥高新技术产业开发区	8428	614		11		7		596
合肥经济技术开发区	15363	558	1	9		9	4	535
合肥新站高新技术产业开发区	10356	301		6		5		290
巢湖市	2497	59		5		2	1	51
芜湖市	**36019**	**792**	**8**	**46**		**9**	**30**	**699**
镜湖区	34							
弋江区								
鸠江区	2191	22		2			1	19
三山区	527	23						23
芜湖县	7371	184		7		1	7	169
繁昌县	4574	197	6	18		1	9	163
南陵县	6711	191		8		6	8	169
芜湖经济技术开发区	6380	46		1		1	1	43
安徽芜湖长江大桥经济开发区	432	10		2				8
无为市	7799	119	2	8			4	105
蚌埠市	**23847**	**923**	**12**	**76**		**35**	**11**	**789**
龙子湖区	211	4				1		3
蚌山区								
禹会区	255	5						5
淮上区	702	8						8
怀远县	7341	165	12	11		7	5	130
五河县	4937	120		20		10	5	85
固镇县	3352	71		12		12		47
蚌埠市高新技术开发区	1459	76		4				72
蚌埠市经济开发区	5590	474		29		5	1	439
淮南市	**21106**	**654**	**4**	**80**		**25**	**16**	**529**
大通区	1951	59		1		2	1	55
田家庵区	375	4		1				3
谢家集区	118	2					1	1
八公山区								
潘集区	1907	30	1	1		3	3	22
凤台县	6630	229	2	39		7	9	172
寿县	10125	330	1	38		13	2	276

4-6b 续表 4

单位：人

地区 性别	合计	党的机关、国家机关、群众团体和社会组织、企事业单位负责人						
		小计	中国共产党机关负责人	国家机关负责人	民主党派和工商联负责人	人民团体和群众团体、社会组织及其他成员组织负责人	基层群众自治组织负责人	企事业单位负责人
马鞍山市	**18501**	**576**	**5**	**43**		**39**	**8**	**481**
花山区								
雨山区								
博望区	328	8						8
当涂县	8344	205	2	19		21	4	159
含山县	4944	216		19		13		184
和县	4885	147	3	5		5	4	130
淮北市	**10422**	**207**		**19**		**9**	**6**	**173**
杜集区	1005	9				2	1	6
相山区								
烈山区	845	8		1			1	6
濉溪县	8572	190		18		7	4	161
铜陵市	**6432**	**279**		**31**		**4**	**12**	**232**
铜官区								
义安区	783	16				1	1	14
郊区	589	28		1		1	3	23
枞阳县	5060	235		30		2	8	195
安庆市	**34900**	**1509**	**10**	**126**	**1**	**37**	**29**	**1306**
迎江区								
大观区	481	11						11
宜秀区	694	13					2	11
怀宁县	6844	228		15		12	3	198
太湖县	4707	212	2	31		2	9	168
宿松县	6208	270	2	34		15	2	217
望江县	2109	53		2			1	50
岳西县	3276	181	3	25		3	3	147
安徽安庆经济开发区	4048	292	1	9	1	3		278
桐城市	3292	128		6		2	4	116
潜山市	3241	121	2	4			5	110
黄山市	**11625**	**385**	**2**	**63**		**13**	**15**	**292**
屯溪区	265	9	1	1				7
黄山区	1094	37		5		1	1	30
徽州区	393	9				1	1	7
歙县	4730	136		20		6	3	107
休宁县	2300	95		14		4	5	72
黟县	967	51	1	9		1	3	37
祁门县	1876	48		14			2	32
滁州市	**51258**	**1622**	**3**	**76**		**35**	**24**	**1484**
琅琊区								
南谯区	1705	71	2	2		1		66
来安县	7838	214		17		2	5	190
全椒县	8676	278		18		6	5	249
定远县	9588	165	1	16		5	3	140
凤阳县	9318	292		9		3	2	278
苏滁现代产业园	1188	29						29
滁州经济技术开发区	3698	208		4		4	1	199
天长市	7054	340		4		13	7	316
明光市	2193	25		6		1	1	17

4-6b 续表 5 单位：人

地区 性别	合计	党的机关、国家机关、群众团体和社会组织、企事业单位负责人						
		小计	中国共产党机关负责人	国家机关负责人	民主党派和工商联负责人	人民团体和群众团体、社会组织及其他成员组织负责人	基层群众自治组织负责人	企事业单位负责人
阜阳市	**61555**	**1472**	**3**	**95**		**130**	**44**	**1200**
颍州区	1506	41		1		10	1	29
颍东区	2182	28		1		1	2	24
颍泉区	3175	49		3		1	4	41
临泉县	12445	376	1	19		12	4	340
太和县	16443	269		19		12	12	226
阜南县	7419	207	1	27		11	3	165
颍上县	13157	293	1	19		45	11	217
阜阳合肥现代产业园区	200	18				1		17
阜阳经济技术开发区	2370	112		5		3	2	102
界首市	2658	79		1		34	5	39
宿州市	**41943**	**1028**	**3**	**94**		**27**	**28**	**876**
埇桥区	4550	99		2		2	2	93
砀山县	9198	177	3	14		3	6	151
萧县	9884	194		16		2	9	167
灵璧县	9146	314		30		13	6	265
泗县	7103	185		32		4	5	144
宿州马鞍山现代产业园区	566	13				3		10
宿州经济技术开发区	1496	46						46
六安市	**35605**	**1256**	**4**	**109**		**19**	**44**	**1080**
金安区	3057	114	1	5			6	102
裕安区	2128	47				2	6	39
叶集区	518	19		1			1	17
霍邱县	7835	258		22		9	8	219
舒城县	9565	369	1	35		3	11	319
金寨县	6044	281	1	20		2	5	253
霍山县	6458	168	1	26		3	7	131
亳州市	**35778**	**818**	**1**	**61**		**47**	**43**	**666**
谯城区	3187	30				4	4	22
涡阳县	10773	248		20		12	20	196
蒙城县	10715	352	1	31		11	8	301
利辛县	11103	188		10		20	11	147
池州市	**12002**	**556**	**2**	**43**		**21**	**14**	**476**
贵池区	993	14					3	11
东至县	6919	250		13		20	6	211
石台县	817	82		10				72
青阳县	3152	193	2	20			5	166
池州市国家经济技术开发区								
皖江江南新兴产业集中区								
九华山风景区	121	17				1		16
宣城市	**21323**	**844**	**2**	**58**		**41**	**15**	**728**
宣州区	2668	49	1			6		42
郎溪县	5974	201		10		8	6	177
泾县	3626	208	1	21		21	4	161
绩溪县	2198	112		16		1	2	93
旌德县	1624	39		4			2	33
宣城市经济开发区	2460	157		6		4		147
宁国市	766	31		1		1		29
广德市	2007	47					1	46

4-6b 续表 6

单位：人

地区 性别	合计	党的机关、国家机关、群众团体和社会组织、企事业单位负责人						
		小计	中国共产党机关负责人	国家机关负责人	民主党派和工商联负责人	人民团体和群众团体、社会组织及其他成员组织负责人	基层群众自治组织负责人	企事业单位负责人
女	**339948**	**5044**	**8**	**187**		**266**	**100**	**4483**
合肥市	**62286**	**1051**	**1**	**23**		**29**	**13**	**985**
瑶海区	346	1						1
庐阳区	1327	79						79
蜀山区	427	8				3		5
包河区								
长丰县	7731	168	1	1		6	2	158
肥东县	10752	147		6		5	2	134
肥西县	10123	92		1		2	2	87
庐江县	8766	86		8		2	2	74
合肥高新技术产业开发区	5428	218		3		7	1	207
合肥经济技术开发区	9982	134		3		4		127
合肥新站高新技术产业开发区	5801	95		1			2	92
巢湖市	1603	23					2	21
芜湖市	**21306**	**189**	**2**	**10**		**13**	**5**	**159**
镜湖区	21							
弋江区								
鸠江区	1337	7		1		1		5
三山区	339	7				2		5
芜湖县	5570	31				1		30
繁昌县	2800	59	2	4		2		51
南陵县	4275	58		5		3	4	46
芜湖经济技术开发区	3314	7				1	1	5
安徽芜湖长江大桥经济开发区	213	2				1		1
无为市	3437	18				2		16
蚌埠市	**16419**	**308**	**1**	**13**		**26**	**1**	**267**
龙子湖区	131							
蚌山区								
禹会区	115	2						2
淮上区	450	2						2
怀远县	5348	17	1	1		7		8
五河县	3047	54		4		10	1	39
固镇县	2334	14		1		4		9
蚌埠市高新技术开发区	1001	27		2				25
蚌埠市经济开发区	3993	192		5		5		182
淮南市	**11566**	**179**	**1**	**8**		**13**	**3**	**154**
大通区	1027	16				2		14
田家庵区	209	1						1
谢家集区	73	1						1
八公山区	1							
潘集区	760	14				3	2	9
凤台县	3295	59		4		5	1	49
寿县	6201	88	1	4		3		80

4-6b 续表 7

单位：人

地区 性别	合计	党的机关、国家机关、群众团体和社会组织、企事业单位负责人						
		小计	中国共产党机关负责人	国家机关负责人	民主党派和工商联负责人	人民团体和群众团体、社会组织及其他成员组织负责人	基层群众自治组织负责人	企事业单位负责人
马鞍山市	**11015**	**141**		**6**		**20**	**6**	**109**
花山区								
雨山区								
博望区	154	1						1
当涂县	4839	54		2		11	4	37
含山县	2760	52		2		8		42
和县	3262	34		2		1	2	29
淮北市	**5639**	**74**		**1**		**3**	**2**	**68**
杜集区	553	3						3
相山区								
烈山区	446	5					1	4
濉溪县	4640	66		1		3	1	61
铜陵市	**4041**	**85**		**2**		**1**	**1**	**81**
铜官区								
义安区	445	3				1		2
郊区	340	5						5
枞阳县	3256	77		2			1	74
安庆市	**23839**	**421**		**13**		**25**	**4**	**379**
迎江区								
大观区	347	5						5
宜秀区	530	7					1	6
怀宁县	4719	89		5		9		75
太湖县	3043	56		1		3		52
宿松县	4232	57		3		8		46
望江县	2043	17						17
岳西县	2137	42		2		1		39
安徽安庆经济开发区	2612	96		1			1	94
桐城市	1875	37				3		34
潜山市	2301	15		1		1	2	11
黄山市	**8652**	**92**		**14**		**1**		**77**
屯溪区	183							
黄山区	551	13						13
徽州区	274	6						6
歙县	3806	31		2				29
休宁县	1791	19		4				15
黟县	728	14		6				8
祁门县	1319	9		2		1		6
滁州市	**37829**	**467**	**1**	**19**		**13**	**6**	**428**
琅琊区								
南谯区	1036	20	1	3				16
来安县	5382	49		3		2	2	42
全椒县	7687	87		6		3	1	77
定远县	6944	51		1			1	49
凤阳县	7145	105		3				102
苏滁现代产业园	511	1						1
滁州经济技术开发区	2457	59		3		1	1	54
天长市	5158	85				6	1	78
明光市	1509	10				1		9

4-6b　续表 8　　　　单位：人

地　区 性　别	合计	党的机关、国家机关、群众团体和社会组织、企事业单位负责人						
		小计	中国共产党机关负责人	国家机关负责人	民主党派和工商联负责人	人民团体和群众团体、社会组织及其他成员组织负责人	基层群众自治组织负责人	企事业单位负责人
阜阳市	**40422**	**513**		**17**		**44**	**10**	**442**
颍州区	927	11				4	1	6
颍东区	1317	11						11
颍泉区	2152	13						13
临泉县	8454	142		5		3	3	131
太和县	11076	78		2		6	3	67
阜南县	5095	73		7		1	1	64
颍上县	8015	110		2		19	2	87
阜阳合肥现代产业园区	92	13				4		9
阜阳经济技术开发区	1459	44		1		1		42
界首市	1835	18				6		12
宿州市	**31056**	**382**	**1**	**17**		**17**	**15**	**332**
埇桥区	2808	52		1			3	48
砀山县	7169	59		2		4	3	50
萧县	7207	66		2			4	60
灵璧县	7396	107	1	6		9	3	88
泗县	5181	63		6		3	2	52
宿州马鞍山现代产业园区	333	7				1		6
宿州经济技术开发区	962	28						28
六安市	**23670**	**410**	**1**	**17**		**14**	**16**	**362**
金安区	2141	33				1	1	31
裕安区	1275	11				1	4	6
叶集区	279	7						7
霍邱县	4358	82				8	2	72
舒城县	6620	112	1	5		1	2	103
金寨县	4391	106		6		1	4	95
霍山县	4606	59		6		2	3	48
亳州市	**21480**	**276**		**8**		**18**	**8**	**242**
谯城区	1938	13				4		9
涡阳县	5980	90		5		8	4	73
蒙城县	6641	120		3		5	3	109
利辛县	6921	53				1	1	51
池州市	**7542**	**179**		**10**		**12**	**5**	**152**
贵池区	491	3						3
东至县	4328	58		3		8	5	42
石台县	578	32		4		2		26
青阳县	2038	66		3		2		61
池州市国家经济技术开发区								
皖江江南新兴产业集中区								
九华山风景区	107	20						20
宣城市	**13186**	**277**		**9**		**17**	**5**	**246**
宣州区	1618	16						16
郎溪县	3701	79				3	1	75
泾县	2212	66		4		10	2	50
绩溪县	1621	29		2				27
旌德县	965	20					1	19
宣城市经济开发区	1531	52		2		3	1	46
宁国市	425	3				1		2
广德市	1113	12		1				11

4-6b 续表 9

单位：人

地区 性别	专业技术人员 小计	科学研究人员	工程技术人员	农业技术人员	飞机和船舶技术人员	卫生专业技术人员	经济和金融专业人员	法律、社会和宗教专业人员	教学人员	文学艺术、体育专业人员
安徽	**95624**	**341**	**18473**	**613**	**140**	**16319**	**16893**	**1984**	**38178**	**1101**
合肥市	**23910**	**155**	**7181**	**68**	**14**	**2653**	**5380**	**466**	**7147**	**320**
瑶海区	169	1	41			53	28	3	40	1
庐阳区	799	14	174	4		112	245	15	213	6
蜀山区	104		24			17	11	1	46	
包河区										
长丰县	2246	7	524	5	1	254	506	24	857	27
肥东县	3267	15	756	12	2	404	578	93	1310	47
肥西县	3964	17	1171	7	2	354	1022	59	1232	52
庐江县	2356	5	483	16		451	438	36	885	19
合肥高新技术产业开发区	3182	63	1327	13	3	238	718	66	566	61
合肥经济技术开发区	5269	30	1845	6	6	472	1295	94	1268	73
合肥新站高新技术产业开发区	2269	3	792			269	494	56	602	25
巢湖市	285		44	5		29	45	19	128	9
芜湖市	**5922**	**21**	**1799**	**25**	**25**	**623**	**1294**	**98**	**1892**	**82**
镜湖区	7					3	2		2	
弋江区										
鸠江区	219		44	1	1	40	34	7	88	1
三山区	188	1	53			10	47	1	71	4
芜湖县	1291	3	368	6	11	117	304	21	439	10
繁昌县	842	6	123	4		121	247	13	305	12
南陵县	1130		212	3	8	192	187	19	480	17
芜湖经济技术开发区	1469	6	838	1	1	46	332	20	188	23
安徽芜湖长江大桥经济开发区	33		5		1	5	10		11	1
无为市	743	5	156	10	3	89	131	17	308	14
蚌埠市	**6168**	**28**	**787**	**26**	**24**	**1250**	**1080**	**179**	**2653**	**34**
龙子湖区	13		4			4	1	1	3	
蚌山区										
禹会区	12		3			1	1		6	1
淮上区	61	1	18			10	12		20	
怀远县	1438	1	112	13	15	310	228	37	696	11
五河县	949	4	91	7	3	215	134	21	457	1
固镇县	816	3	66	4	1	178	115	30	405	4
蚌埠市高新技术开发区	431	4	86		1	65	83	9	173	5
蚌埠市经济开发区	2448	15	407	2	4	467	506	81	893	12
淮南市	**3170**	**6**	**658**	**39**	**6**	**564**	**422**	**45**	**1363**	**19**
大通区	264	2	84	4		43	33	2	89	3
田家庵区	23		5			6	2	1	9	
谢家集区	5		1	1		1			2	
八公山区										
潘集区	145	1	49	2		27	12	2	50	1
凤台县	1224	1	289	12	4	201	152	17	524	8
寿县	1509	2	230	20	2	286	223	23	689	7

4-6b 续表 10

单位：人

地区 性别	专业技术人员									
	小计	科学研究人员	工程技术人员	农业技术人员	飞机和船舶技术人员	卫生专业技术人员	经济和金融专业人员	法律、社会和宗教专业人员	教学人员	文学艺术、体育专业人员
马鞍山市	**2981**	**11**	**530**	**22**	**10**	**547**	**511**	**76**	**1185**	**34**
花山区										
雨山区										
博望区	32		8			4	7		11	
当涂县	1183	4	235	6	8	224	193	40	438	13
含山县	779	1	102	1	1	138	139	9	360	7
和县	987	6	185	15	1	181	172	27	376	14
淮北市	**1813**	**3**	**301**	**6**	**1**	**356**	**234**	**29**	**830**	**20**
杜集区	117		17			18	17	2	55	4
相山区										
烈山区	88		28			20	8	2	29	1
濉溪县	1608	3	256	6	1	318	209	25	746	15
铜陵市	**1124**	**2**	**120**	**12**	**5**	**282**	**144**	**24**	**522**	**7**
铜官区										
义安区	74	1	18			12	16	2	24	1
郊区	92		12	2		19	14	3	40	1
枞阳县	958	1	90	10	5	251	114	19	458	5
安庆市	**6363**	**14**	**1074**	**58**	**11**	**1037**	**1185**	**153**	**2616**	**97**
迎江区										
大观区	54		13		8	5	7		20	
宜秀区	49		4			10	7	3	20	3
怀宁县	1268	3	207	7	1	205	211	33	560	21
太湖县	1152	4	178	18		167	232	21	475	28
宿松县	1263	4	155	10		235	183	45	600	11
望江县	217		42	3	1	37	49	5	76	1
岳西县	747	1	110	11		150	139	11	304	13
安徽安庆经济开发区	900	2	224	3	1	142	214	28	255	8
桐城市	354		72	4		48	72	3	139	7
潜山市	359		69	2		38	71	4	167	5
黄山市	**2165**	**4**	**352**	**23**		**440**	**410**	**42**	**824**	**29**
屯溪区	63	1	10			7	9		32	1
黄山区	118		60			5	35	1	13	1
徽州区	32	1	5	1		10	6		7	
歙县	957	2	110	7		228	165	14	400	18
休宁县	414		84	7		68	86	10	146	1
黟县	186		35	3		28	39	5	67	6
祁门县	395		48	5		94	70	12	159	2
滁州市	**7210**	**26**	**1295**	**58**	**15**	**1211**	**1552**	**179**	**2663**	**86**
琅琊区										
南谯区	344		106	5		45	62	10	94	7
来安县	1124	7	235	6	1	201	259	29	350	16
全椒县	1403	5	234	7	2	235	380	22	488	16
定远县	1335	6	154	15		258	208	39	627	13
凤阳县	1289	5	149	10	7	222	200	18	631	12
苏滁现代产业园	133		88			10	19	2	8	6
滁州经济技术开发区	778	3	207	2	1	99	224	15	204	6
天长市	613		94	6		79	174	37	206	9
明光市	191		28	7	4	62	26	7	55	1

4-6b 续表 11 单位：人

地区 性别	专业技术人员									
	小计	科学研究人员	工程技术人员	农业技术人员	飞机和船舶技术人员	卫生专业技术人员	经济和金融专业人员	法律、社会和宗教专业人员	教学人员	文学艺术、体育专业人员
阜阳市	**9536**	**24**	**1024**	**60**	**17**	**2288**	**1121**	**175**	**4600**	**120**
颍州区	128		20	1		25	14	2	62	1
颍东区	216	1	25	1		55	22	10	99	3
颍泉区	242	1	35			59	24	5	111	5
临泉县	2426	8	230	19	6	562	241	43	1256	36
太和县	2376	11	261	15	8	672	286	33	1046	28
阜南县	1463	1	136	9	1	372	196	31	677	13
颍上县	1974	2	210	9	1	395	212	39	1056	21
阜阳合肥现代产业园区	18		2			2	2	2	10	
阜阳经济技术开发区	507		77	4		96	99	10	210	6
界首市	186		28	2	1	50	25		73	7
宿州市	**7055**	**17**	**842**	**73**	**1**	**1451**	**773**	**126**	**3622**	**68**
埇桥区	442	1	62	5		90	39	3	233	4
砀山县	1395	2	135	18		317	172	24	691	11
萧县	1556	4	226	12		307	158	19	800	21
灵璧县	1975	4	194	15	1	411	188	37	1080	18
泗县	1342	1	154	20		285	151	37	675	7
宿州马鞍山现代产业园区	80	1	8	2		6	13	1	47	2
宿州经济技术开发区	265	4	63	1		35	52	5	96	5
六安市	**6210**	**11**	**1033**	**51**	**1**	**1060**	**1037**	**130**	**2747**	**59**
金安区	474		64	3		66	49	8	273	6
裕安区	267		30	3		44	19	3	162	1
叶集区	61		4	3		9	11	3	30	
霍邱县	1396	3	186	10		294	166	24	683	10
舒城县	1606	2	280	17		266	314	40	645	22
金寨县	1155	3	208	7		201	220	22	475	4
霍山县	1251	3	261	8	1	180	258	30	479	16
亳州市	**6541**	**7**	**556**	**35**	**6**	**1501**	**648**	**122**	**3530**	**64**
谯城区	256		29	1		46	23	3	144	9
涡阳县	2037	3	167	12	4	423	197	32	1160	20
蒙城县	2335	3	233	11		542	258	53	1179	26
利辛县	1913	1	127	11	2	490	170	34	1047	9
池州市	**2065**	**5**	**302**	**17**	**3**	**427**	**405**	**41**	**794**	**18**
贵池区	98		30	1		20	18	3	26	
东至县	1094	3	158	7	2	212	198	20	448	10
石台县	220		23	4		48	44	3	91	
青阳县	640	2	85	5	1	146	141	14	228	8
池州市国家经济技术开发区										
皖江江南新兴产业集中区										
九华山风景区	13		6			1	4	1	1	
宣城市	**3391**	**7**	**619**	**40**	**1**	**629**	**697**	**99**	**1190**	**44**
宣州区	315		54	3		58	64	3	120	5
郎溪县	890	4	140	9		199	183	20	316	9
泾县	700		120	7		137	137	30	242	16
绩溪县	430		88	4		84	86	19	146	1
旌德县	292		29	10		61	55	12	120	4
宣城市经济开发区	555	2	119	4	1	65	130	12	191	5
宁国市	60		24			7	7	1	20	
广德市	149	1	45	3		18	35	2	35	4

4-6b　续表 12　　　　单位：人

地区 性别	专业技术人员									
	小计	科学研究人员	工程技术人员	农业技术人员	飞机和船舶技术人员	卫生专业技术人员	经济和金融专业人员	法律、社会和宗教专业人员	教学人员	文学艺术、体育专业人员
男	**45868**	**243**	**15914**	**480**	**119**	**5521**	**5611**	**1159**	**15338**	**674**
合肥市	**11917**	**108**	**6112**	**57**	**11**	**758**	**1678**	**256**	**2482**	**194**
瑶海区	73	1	37			13	5	2	13	1
庐阳区	335	9	139	1		33	73	9	61	4
蜀山区	56		21			10	3		18	
包河区										
长丰县	1056	7	457	5	1	73	160	14	293	20
肥东县	1563	13	663	9	1	111	202	35	477	29
肥西县	1980	10	1019	7	2	108	326	36	425	33
庐江县	1151	4	416	14		146	155	29	368	8
合肥高新技术产业开发区	1712	42	1097	11	3	61	193	27	175	38
合肥经济技术开发区	2701	21	1556	5	4	127	405	58	398	37
合肥新站高新技术产业开发区	1116	1	668			60	138	30	186	18
巢湖市	174		39	5		16	18	16	68	6
芜湖市	**3109**	**15**	**1539**	**19**	**22**	**211**	**422**	**58**	**733**	**52**
镜湖区	3					1			2	
弋江区										
鸠江区	115		37	1	1	16	14	4	39	1
三山区	85	1	41			3	11	1	26	2
芜湖县	655	3	309	5	11	37	84	14	180	5
繁昌县	381	3	98	3		45	93	8	117	8
南陵县	547		190	2	5	63	62	12	193	13
芜湖经济技术开发区	897	5	719		1	10	96	8	36	13
安徽芜湖长江大桥经济开发区	6		4		1		1			
无为市	420	3	141	8	3	36	61	11	140	10
蚌埠市	**2670**	**22**	**681**	**21**	**20**	**400**	**353**	**96**	**1000**	**23**
龙子湖区	5		4			1				
蚌山区										
禹会区	5		3						1	1
淮上区	28		14			2	6		6	
怀远县	630	1	99	10	12	106	68	24	295	8
五河县	415	4	82	6	3	62	51	14	184	1
固镇县	334	2	58	4	1	49	36	18	158	1
蚌埠市高新技术开发区	188	3	77			21	27	2	51	3
蚌埠市经济开发区	1065	12	344	1	4	159	165	38	305	9
淮南市	**1552**	**5**	**572**	**29**	**6**	**184**	**152**	**23**	**540**	**15**
大通区	120	2	73	3		8	7		22	2
田家庵区	10		4			2	1	1	2	
谢家集区	3		1	1					1	
八公山区										
潘集区	90	1	44	2		14	8		20	
凤台县	590	1	266	9	4	59	49	10	177	8
寿县	739	1	184	14	2	101	87	12	318	5

4-6b 续表 13

单位：人

地区 性别	专业技术人员 小计	科学研究人员	工程技术人员	农业技术人员	飞机和船舶技术人员	卫生专业技术人员	经济和金融专业人员	法律、社会和宗教专业人员	教学人员	文学艺术、体育专业人员
马鞍山市	**1474**	**6**	**455**	**20**	**10**	**194**	**187**	**35**	**513**	**21**
花山区										
雨山区										
博望区	16		7			2	1		4	
当涂县	589	4	205	5	8	74	63	16	194	8
含山县	378		90	1	1	53	57	4	157	3
和县	491	2	153	14	1	65	66	15	158	10
淮北市	**857**	**3**	**272**	**6**	**1**	**115**	**97**	**16**	**311**	**12**
杜集区	47		15			4	8	1	15	2
相山区										
烈山区	44		24			5	2	2	10	1
濉溪县	766	3	233	6	1	106	87	13	286	9
铜陵市	**558**	**1**	**110**	**10**	**5**	**92**	**52**	**14**	**268**	**4**
铜官区										
义安区	41	1	17			4	6	2	10	1
郊区	50		12	2		6	6	1	22	1
枞阳县	467		81	8	5	82	40	11	236	2
安庆市	**3190**	**11**	**907**	**44**	**10**	**362**	**406**	**104**	**1221**	**58**
迎江区										
大观区	32		9		7	2	2		11	
宜秀区	21		4			2	1	2	9	2
怀宁县	642	2	177	5	1	59	80	18	278	11
太湖县	603	3	152	13		54	90	12	247	13
宿松县	622	3	134	7		83	66	35	275	9
望江县	119		35	3	1	18	19	4	38	
岳西县	365	1	91	8		64	57	9	122	8
安徽安庆经济开发区	422	2	180	2	1	43	52	17	106	4
桐城市	177		59	4		18	17	3	68	6
潜山市	187		66	2		19	22	4	67	5
黄山市	**991**	**3**	**318**	**17**		**138**	**110**	**26**	**349**	**18**
屯溪区	28	1	10			1	1		14	
黄山区	78		57			2	9		8	
徽州区	14	1	4			4	1		3	
歙县	413	1	93	5		72	39	10	181	11
休宁县	189		76	5		26	28	5	46	1
黟县	98		34	3		8	11	5	30	5
祁门县	171		44	4		25	21	6	67	1
滁州市	**3545**	**21**	**1145**	**46**	**12**	**409**	**491**	**103**	**1202**	**51**
琅琊区										
南谯区	184		93	4		14	21	4	33	4
来安县	557	4	216	4	1	63	94	13	146	8
全椒县	662	4	213	4	2	73	100	13	232	13
定远县	653	5	128	11		91	78	25	300	9
凤阳县	610	5	129	9	6	77	56	11	292	4
苏滁现代产业园	92		80			2	5		1	4
滁州经济技术开发区	385	3	184	2	1	24	78	7	78	3
天长市	305		79	6		37	52	28	92	5
明光市	97		23	6	2	28	7	2	28	1

4-6b 续表 14 单位：人

地区 性别	专业技术人员									
	小计	科学研究人员	工程技术人员	农业技术人员	飞机和船舶技术人员	卫生专业技术人员	经济和金融专业人员	法律、社会和宗教专业人员	教学人员	文学艺术、体育专业人员
阜阳市	**4325**	**14**	**873**	**43**	**11**	**849**	**428**	**109**	**1872**	**71**
颍州区	71		19	1		13	6	1	29	1
颍东区	101		20			27	11	5	36	2
颍泉区	135		34			33	6	3	57	1
临泉县	1083	6	202	16	3	193	90	25	512	24
太和县	1066	7	215	9	5	259	97	24	423	18
阜南县	640	1	109	7	1	134	93	20	256	6
颍上县	929		182	6	1	142	86	26	457	12
阜阳合肥现代产业园区	6						2	1	3	
阜阳经济技术开发区	207		67	2		27	28	4	73	4
界首市	87		25	2	1	21	9		26	3
宿州市	**3149**	**12**	**745**	**52**	**1**	**468**	**296**	**83**	**1405**	**47**
埇桥区	198		53	2		22	15	1	99	2
砀山县	591	1	125	14		101	70	18	246	6
萧县	691	1	202	6		97	63	10	293	15
灵璧县	859	4	171	10	1	142	65	23	415	15
泗县	650	1	134	17		92	62	29	303	5
宿州马鞍山现代产业园区	30	1	5	2		4	3		14	1
宿州经济技术开发区	130	4	55	1		10	18	2	35	3
六安市	**3113**	**9**	**908**	**38**	**1**	**412**	**364**	**80**	**1227**	**35**
金安区	240		58	2		30	15	6	123	2
裕安区	149		25	2		25	9	2	83	
叶集区	37		3	3		5	5	2	19	
霍邱县	686	3	155	9		123	74	18	285	7
舒城县	801	2	258	11		90	95	22	302	14
金寨县	587	2	182	6		76	96	12	202	4
霍山县	613	2	227	5	1	63	70	18	213	8
亳州市	**2875**	**5**	**473**	**30**	**5**	**562**	**263**	**81**	**1381**	**38**
谯城区	117		23	1		20	9	2	54	7
涡阳县	912	2	138	10	3	160	85	22	470	14
蒙城县	1022	2	204	9		188	99	35	455	12
利辛县	824	1	108	10	2	194	70	22	402	5
池州市	**1002**	**4**	**267**	**15**	**3**	**156**	**121**	**22**	**381**	**8**
贵池区	57		25	1		12	6	1	12	
东至县	533	2	134	5	2	77	65	13	216	3
石台县	103		22	4		15	16		42	
青阳县	302	2	80	5	1	52	34	7	111	5
池州市国家经济技术开发区										
皖江江南新兴产业集中区										
九华山风景区	7		6					1		
宣城市	**1541**	**4**	**537**	**33**	**1**	**211**	**191**	**53**	**453**	**27**
宣州区	151		44	3		24	18	1	55	2
郎溪县	396	1	124	8		73	58	9	109	7
泾县	308		104	5		48	39	18	83	7
绩溪县	193		76	4		20	15	10	66	1
旌德县	125		25	8		25	15	8	40	3
宣城市经济开发区	259	2	103	3	1	14	35	5	83	4
宁国市	32		21			1	4		5	
广德市	77	1	40	2		6	7	2	12	3

4-6b 续表 15 单位：人

地区 性别	专业技术人员									
	小计	科学研究人员	工程技术人员	农业技术人员	飞机和船舶技术人员	卫生专业技术人员	经济和金融专业人员	法律、社会和宗教专业人员	教学人员	文学艺术、体育专业人员
女	**49756**	**98**	**2559**	**133**	**21**	**10798**	**11282**	**825**	**22840**	**427**
合肥市	**11993**	**47**	**1069**	**11**	**3**	**1895**	**3702**	**210**	**4665**	**126**
瑶海区	96		4			40	23	1	27	
庐阳区	464	5	35	3		79	172	6	152	2
蜀山区	48		3			7	8	1	28	
包河区										
长丰县	1190		67			181	346	10	564	7
肥东县	1704	2	93	3	1	293	376	58	833	18
肥西县	1984	7	152			246	696	23	807	19
庐江县	1205	1	67	2		305	283	7	517	11
合肥高新技术产业开发区	1470	21	230	2		177	525	39	391	23
合肥经济技术开发区	2568	9	289	1	2	345	890	36	870	36
合肥新站高新技术产业开发区	1153	2	124			209	356	26	416	7
巢湖市	111		5			13	27	3	60	3
芜湖市	**2813**	**6**	**260**	**6**	**3**	**412**	**872**	**40**	**1159**	**30**
镜湖区	4					2	2			
弋江区										
鸠江区	104		7			24	20	3	49	
三山区	103		12			7	36		45	2
芜湖县	636		59	1		80	220	7	259	5
繁昌县	461	3	25	1		76	154	5	188	4
南陵县	583		22	1	3	129	125	7	287	4
芜湖经济技术开发区	572	1	119	1		36	236	12	152	10
安徽芜湖长江大桥经济开发区	27		1			5	9		11	1
无为市	323	2	15	2		53	70	6	168	4
蚌埠市	**3498**	**6**	**106**	**5**	**4**	**850**	**727**	**83**	**1653**	**11**
龙子湖区	8					3	1	1	3	
蚌山区										
禹会区	7					1	1		5	
淮上区	33	1	4			8	6		14	
怀远县	808		13	3	3	204	160	13	401	3
五河县	534		9	1		153	83	7	273	
固镇县	482	1	8			129	79	12	247	3
蚌埠市高新技术开发区	243	1	9		1	44	56	7	122	2
蚌埠市经济开发区	1383	3	63	1		308	341	43	588	3
淮南市	**1618**	**1**	**86**	**10**		**380**	**270**	**22**	**823**	**4**
大通区	144		11	1		35	26	2	67	1
田家庵区	13		1			4	1		7	
谢家集区	2					1			1	
八公山区										
潘集区	55		5			13	4	2	30	1
凤台县	634		23	3		142	103	7	347	
寿县	770	1	46	6		185	136	11	371	2

4-6b　续表 16　　　　单位：人

地区 性别	专业技术人员									
	小计	科学研究人员	工程技术人员	农业技术人员	飞机和船舶技术人员	卫生专业技术人员	经济和金融专业人员	法律、社会和宗教专业人员	教学人员	文学艺术、体育专业人员
马鞍山市	**1507**	**5**	**75**	**2**		**353**	**324**	**41**	**672**	**13**
花山区										
雨山区										
博望区	16		1			2	6		7	
当涂县	594		30	1		150	130	24	244	5
含山县	401	1	12			85	82	5	203	4
和县	496	4	32	1		116	106	12	218	4
淮北市	**956**		**29**			**241**	**137**	**13**	**519**	**8**
杜集区	70		2			14	9	1	40	2
相山区										
烈山区	44		4			15	6		19	
濉溪县	842		23			212	122	12	460	6
铜陵市	**566**	**1**	**10**	**2**		**190**	**92**	**10**	**254**	**3**
铜官区										
义安区	33		1			8	10		14	
郊区	42					13	8	2	18	
枞阳县	491	1	9	2		169	74	8	222	3
安庆市	**3173**	**3**	**167**	**14**	**1**	**675**	**779**	**49**	**1395**	**39**
迎江区										
大观区	22		4		1	3	5		9	
宜秀区	28					8	6	1	11	1
怀宁县	626	1	30	2		146	131	15	282	10
太湖县	549	1	26	5		113	142	9	228	15
宿松县	641	1	21	3		152	117	10	325	2
望江县	98		7			19	30	1	38	1
岳西县	382		19	3		86	82	2	182	5
安徽安庆经济开发区	478		44	1		99	162	11	149	4
桐城市	177		13			30	55		71	1
潜山市	172		3			19	49		100	
黄山市	**1174**	**1**	**34**	**6**		**302**	**300**	**16**	**475**	**11**
屯溪区	35					6	8		18	1
黄山区	40		3			3	26	1	5	1
徽州区	18		1	1		6	5		4	
歙县	544	1	17	2		156	126	4	219	7
休宁县	225		8	2		42	58	5	100	
黟县	88		1			20	28		37	1
祁门县	224		4	1		69	49	6	92	1
滁州市	**3665**	**5**	**150**	**12**	**3**	**802**	**1061**	**76**	**1461**	**35**
琅琊区										
南谯区	160		13	1		31	41	6	61	3
来安县	567	3	19	2		138	165	16	204	8
全椒县	741	1	21	3		162	280	9	256	3
定远县	682	1	26	4		167	130	14	327	4
凤阳县	679		20	1	1	145	144	7	339	8
苏滁现代产业园	41		8			8	14	2	7	2
滁州经济技术开发区	393		23			75	146	8	126	3
天长市	308		15			42	122	9	114	4
明光市	94		5	1	2	34	19	5	27	

4-6b 续表 17　　　　单位：人

地区 性别	专业技术人员 小计	科学研究人员	工程技术人员	农业技术人员	飞机和船舶技术人员	卫生专业技术人员	经济和金融专业人员	法律、社会和宗教专业人员	教学人员	文学艺术、体育专业人员
阜阳市	**5211**	**10**	**151**	**17**	**6**	**1439**	**693**	**66**	**2728**	**49**
颍州区	57		1			12	8	1	33	
颍东区	115	1	5	1		28	11	5	63	1
颍泉区	107	1	1			26	18	2	54	4
临泉县	1343	2	28	3	3	369	151	18	744	12
太和县	1310	4	46	6	3	413	189	9	623	10
阜南县	823		27	2		238	103	11	421	7
颍上县	1045	2	28	3		253	126	13	599	9
阜阳合肥现代产业园区	12		2			2		1	7	
阜阳经济技术开发区	300		10	2		69	71	6	137	2
界首市	99		3			29	16		47	4
宿州市	**3906**	**5**	**97**	**21**		**983**	**477**	**43**	**2217**	**21**
埇桥区	244	1	9	3		68	24	2	134	2
砀山县	804	1	10	4		216	102	6	445	5
萧县	865	3	24	6		210	95	9	507	6
灵璧县	1116		23	5		269	123	14	665	3
泗县	692		20	3		193	89	8	372	2
宿州马鞍山现代产业园区	50		3			2	10	1	33	1
宿州经济技术开发区	135		8			25	34	3	61	2
六安市	**3097**	**2**	**125**	**13**		**648**	**673**	**50**	**1520**	**24**
金安区	234		6	1		36	34	2	150	4
裕安区	118		5	1		19	10	1	79	1
叶集区	24		1			4	6	1	11	
霍邱县	710		31	1		171	92	6	398	3
舒城县	805		22	6		176	219	18	343	8
金寨县	568	1	26	1		125	124	10	273	
霍山县	638	1	34	3		117	188	12	266	8
亳州市	**3666**	**2**	**83**	**5**	**1**	**939**	**385**	**41**	**2149**	**26**
谯城区	139		6			26	14	1	90	2
涡阳县	1125	1	29	2	1	263	112	10	690	6
蒙城县	1313	1	29	2		354	159	18	724	14
利辛县	1089		19	1		296	100	12	645	4
池州市	**1063**	**1**	**35**	**2**		**271**	**284**	**19**	**413**	**10**
贵池区	41		5			8	12	2	14	
东至县	561	1	24	2		135	133	7	232	7
石台县	117		1			33	28	3	49	
青阳县	338		5			94	107	7	117	3
池州市国家经济技术开发区										
皖江江南新兴产业集中区										
九华山风景区	6					1	4		1	
宣城市	**1850**	**3**	**82**	**7**		**418**	**506**	**46**	**737**	**17**
宣州区	164		10			34	46	2	65	3
郎溪县	494	3	16	1		126	125	11	207	2
泾县	392		16	2		89	98	12	159	9
绩溪县	237		12			64	71	9	80	
旌德县	167		4	2		36	40	4	80	1
宣城市经济开发区	296		16	1		51	95	7	108	1
宁国市	28		3			6	3	1	15	
广德市	72		5	1		12	28		23	1

4-6b　续表 18　　　　单位：人

地　区 性　别	专业技术人员		办事人员和有关人员				社会生产服务和生活服务人员		
	新闻出版、文化专业人员	其他专业技术人员	小计	办事人员	安全和消防人员	其他办事人员和有关人员	小计	批发与零售服务人　员	交通运输、仓储和邮政业服务人员
安　徽	**1105**	**477**	**58648**	**46335**	**11641**	**672**	**330764**	**137799**	**61278**
合肥市	**367**	**159**	**13630**	**11425**	**2020**	**185**	**64628**	**24877**	**11972**
瑶海区	1	1	134	114	16	4	483	212	117
庐阳区	13	3	537	509	26	2	1243	616	129
蜀山区	1	4	97	59	38		521	125	151
包河区									
长丰县	23	18	1438	1225	205	8	9152	3545	1927
肥东县	45	5	2000	1614	382	4	10724	3969	2588
肥西县	44	4	2507	2276	224	7	11358	4231	2290
庐江县	19	4	1385	907	463	15	7921	3387	1176
合肥高新技术产业开发区	65	62	1569	1368	178	23	5502	1837	580
合肥经济技术开发区	132	48	2533	2143	286	104	9654	3688	1507
合肥新站高新技术产业开发区	24	4	1232	1072	144	16	6730	2680	1287
巢湖市		6	198	138	58	2	1340	587	220
芜湖市	**40**	**23**	**3356**	**2533**	**774**	**49**	**22261**	**9049**	**4104**
镜湖区			1	1			22	8	3
弋江区									
鸠江区	1	2	110	70	40		1304	528	159
三山区	1		118	98	4	16	369	174	35
芜湖县	6	6	625	415	196	14	4756	1775	911
繁昌县	10	1	517	379	138		2957	1143	728
南陵县	10	2	751	582	163	6	4319	1711	732
芜湖经济技术开发区	5	9	678	571	105	2	3071	1024	860
安徽芜湖长江大桥经济开发区			42	15	26	1	205	64	72
无为市	7	3	514	402	102	10	5258	2622	604
蚌埠市	**75**	**32**	**3803**	**3008**	**757**	**38**	**16005**	**6612**	**3478**
龙子湖区			13	5	8		137	49	36
蚌山区									
禹会区			15	8	7		177	59	65
淮上区			50	37	13		429	163	107
怀远县	10	5	804	666	132	6	4820	1950	1074
五河县	9	7	528	391	127	10	3399	1342	821
固镇县	9	1	384	259	123	2	2528	1048	515
蚌埠市高新技术开发区		5	301	249	44	8	958	483	183
蚌埠市经济开发区	47	14	1708	1393	303	12	3557	1518	677
淮南市	**32**	**16**	**2034**	**1569**	**427**	**38**	**12228**	**4707**	**2780**
大通区	3	1	172	112	53	7	1289	417	318
田家庵区			7	5	2		152	79	29
谢家集区			4	4			59	25	9
八公山区							1	1	
潘集区	1		86	69	16	1	754	265	162
凤台县	15	1	855	666	179	10	3524	1416	719
寿县	13	14	910	713	177	20	6449	2504	1543

4−6b 续表 19

单位：人

地区 性别	专业技术人员		办事人员和有关人员				社会生产服务和生活服务人员		
	新闻出版、文化专业人员	其他专业技术人员	小计	办事人员	安全和消防人员	其他办事人员和有关人员	小计	批发与零售服务人员	交通运输、仓储和邮政业服务人员
马鞍山市	**31**	**24**	**2120**	**1627**	**480**	**13**	**10962**	**4074**	**1810**
花山区									
雨山区									
博望区		2	21	16	4	1	188	61	44
当涂县	9	13	916	707	201	8	4346	1746	752
含山县	16	5	554	437	115	2	3063	1097	506
和县	6	4	629	467	160	2	3365	1170	508
淮北市	**20**	**13**	**1025**	**775**	**241**	**9**	**6011**	**2251**	**1470**
杜集区	3	1	55	31	23	1	498	177	99
相山区									
烈山区			46	33	13		365	97	109
濉溪县	17	12	924	711	205	8	5148	1977	1262
铜陵市	**5**	**1**	**725**	**576**	**146**	**3**	**3211**	**1368**	**551**
铜官区									
义安区			43	26	15	2	376	127	73
郊区		1	90	74	16		251	107	48
枞阳县	5		592	476	115	1	2584	1134	430
安庆市	**74**	**44**	**3635**	**2873**	**704**	**58**	**21952**	**9992**	**2905**
迎江区									
大观区	1		33	29	4		333	87	38
宜秀区	2		29	18	11		464	144	62
怀宁县	13	7	678	549	125	4	5052	2332	467
太湖县	15	14	637	530	97	10	2605	1102	397
宿松县	18	2	701	516	180	5	3906	1839	653
望江县	2	1	122	90	29	3	1408	478	141
岳西县	4	4	489	396	89	4	1857	746	290
安徽安庆经济开发区	10	13	636	514	101	21	2752	1216	448
桐城市	8	1	128	102	19	7	1709	963	230
潜山市	1	2	182	129	49	4	1866	1085	179
黄山市	**35**	**6**	**1793**	**1369**	**390**	**34**	**7097**	**2691**	**1066**
屯溪区	3		53	40	13		164	40	25
黄山区	3		103	82	18	3	690	150	123
徽州区	1	1	25	17	7	1	161	48	29
歙县	12	1	710	532	171	7	2681	1144	377
休宁县	10	2	362	272	75	15	1467	594	198
黟县	2	1	222	164	55	3	723	255	88
祁门县	4	1	318	262	51	5	1211	460	226
滁州市	**82**	**43**	**5035**	**3826**	**1154**	**55**	**31083**	**13164**	**6230**
琅琊区									
南谯区	5	10	202	149	51	2	1086	401	194
来安县	15	5	905	673	228	4	5358	2061	1112
全椒县	12	2	985	735	247	3	6002	2471	1156
定远县	13	2	959	737	213	9	6519	2947	1306
凤阳县	17	18	930	767	158	5	6018	2722	1288
苏滁现代产业园			79	55	24		257	83	55
滁州经济技术开发区	12	5	497	393	98	6	1884	755	373
天长市	7	1	372	229	118	25	2809	1201	548
明光市	1		106	88	17	1	1150	523	198

4-6b 续表 20

单位：人

地区 性别	专业技术人员		办事人员和有关人员				社会生产服务和生活服务人员		
	新闻出版、文化专业人员	其他专业技术人员	小计	办事人员	安全和消防人员	其他办事人员和有关人员	小计	批发与零售服务人员	交通运输、仓储和邮政业服务人员
阜阳市	**80**	**27**	**5111**	**3866**	**1214**	**31**	**43014**	**19832**	**7438**
颍州区	2	1	74	52	20	2	1140	490	192
颍东区			136	88	46	2	1684	671	290
颍泉区	2		104	74	30		1890	872	251
临泉县	21	4	1246	909	332	5	8968	3978	1444
太和县	12	4	1189	895	284	10	11560	5828	1800
阜南县	15	12	768	633	128	7	5003	2195	925
颍上县	23	6	1144	884	259	1	8727	3575	1868
阜阳合肥现代产业园区			18	7	11		97	36	11
阜阳经济技术开发区	5		333	241	90	2	1857	910	309
界首市			99	83	14	2	2088	1277	348
宿州市	**70**	**12**	**4120**	**3189**	**914**	**17**	**24733**	**10824**	**4782**
埇桥区	4	1	236	156	79	1	2588	1076	509
砀山县	24	1	877	689	187	1	4605	2033	950
萧县	7	2	1064	820	242	2	5970	2612	1154
灵璧县	21	6	949	754	188	7	6233	2781	1251
泗县	11	1	770	607	160	3	3905	1753	627
宿州马鞍山现代产业园区			45	37	8		335	109	55
宿州经济技术开发区	3	1	179	126	50	3	1097	460	236
六安市	**61**	**20**	**3800**	**3015**	**752**	**33**	**23290**	**9632**	**4159**
金安区	2	3	233	187	39	7	2252	849	347
裕安区	2	3	73	54	19		1461	672	231
叶集区		1	40	32	6	2	307	132	84
霍邱县	16	4	950	776	162	12	4727	2095	951
舒城县	19	1	1013	801	207	5	6266	2548	1268
金寨县	14	1	662	497	161	4	4291	1851	626
霍山县	8	7	829	668	158	3	3986	1485	652
亳州市	**58**	**14**	**4033**	**3235**	**777**	**21**	**24930**	**11074**	**4804**
谯城区		1	123	87	35	1	1853	956	264
涡阳县	13	6	1453	1164	277	12	7729	3574	1463
蒙城县	24	6	1385	1120	259	6	7414	2963	1619
利辛县	21	1	1072	864	206	2	7934	3581	1458
池州市	**26**	**27**	**1474**	**1153**	**283**	**38**	**7023**	**2821**	**1276**
贵池区			70	49	19	2	506	173	111
东至县	16	20	620	492	119	9	3667	1558	686
石台县	2	5	235	188	27	20	484	190	77
青阳县	8	2	541	420	114	7	2206	844	400
池州市国家经济技术开发区									
皖江江南新兴产业集中区									
九华山风景区			8	4	4		160	56	2
宣城市	**49**	**16**	**2954**	**2296**	**608**	**50**	**12336**	**4831**	**2453**
宣州区	6	2	183	109	68	6	1779	738	354
郎溪县	9	1	723	546	168	9	3050	1233	598
泾县	10	1	589	469	117	3	2338	952	441
绩溪县	2		425	332	92	1	1315	503	250
旌德县	1		358	306	38	14	1031	379	183
宣城市经济开发区	19	7	495	408	73	14	1465	551	275
宁国市		1	47	30	17		338	124	71
广德市	2	4	134	96	35	3	1020	351	281

4-6b 续表 21

单位：人

地区 性别	专业技术人员		办事人员和有关人员				社会生产服务和生活服务人员		
	新闻出版、文化专业人员	其他专业技术人员	小计	办事人员	安全和消防人员	其他办事人员和有关人员	小计	批发与零售服务人员	交通运输、仓储和邮政业服务人员
男	**451**	**358**	**38925**	**27856**	**10636**	**433**	**188012**	**67475**	**52564**
合肥市	**143**	**118**	**8126**	**6207**	**1807**	**112**	**37369**	**12794**	**9869**
瑶海区		1	94	74	16	4	312	120	104
庐阳区	3	3	296	275	20	1	744	351	109
蜀山区		4	71	35	36		322	59	139
包河区									
长丰县	12	14	849	660	185	4	5436	1822	1655
肥东县	19	4	1243	900	342	1	6117	1984	2059
肥西县	11	3	1511	1303	203	5	6810	2253	1910
庐江县	8	3	996	579	407	10	4142	1483	974
合肥高新技术产业开发区	21	44	822	649	161	12	3195	981	477
合肥经济技术开发区	57	33	1420	1098	256	66	5514	1979	1208
合肥新站高新技术产业开发区	12	3	674	539	127	8	4053	1482	1049
巢湖市		6	150	95	54	1	724	280	185
芜湖市	**20**	**18**	**2286**	**1524**	**727**	**35**	**12508**	**4657**	**3525**
镜湖区			1	1			16	3	3
弋江区									
鸠江区	1	1	83	44	39		721	273	130
三山区			72	59	4	9	225	103	30
芜湖县	1	6	440	250	180	10	2353	784	776
繁昌县	5	1	347	222	125		1754	578	651
南陵县	7		512	352	155	5	2284	786	669
芜湖经济技术开发区	1	8	419	319	98	2	1793	531	654
安徽芜湖长江大桥经济开发区			34	8	26		129	27	60
无为市	5	2	378	269	100	9	3233	1572	552
蚌埠市	**31**	**23**	**2506**	**1784**	**698**	**24**	**9156**	**3103**	**2954**
龙子湖区			10	2	8		75	21	31
蚌山区									
禹会区			11	4	7		117	26	57
淮上区			27	14	13		246	68	81
怀远县	4	3	554	422	129	3	2667	888	917
五河县	3	5	382	254	119	9	2022	622	726
固镇县	6	1	289	171	116	2	1436	459	442
蚌埠市高新技术开发区		4	174	127	42	5	563	252	143
蚌埠市经济开发区	18	10	1059	790	264	5	2030	767	557
淮南市	**14**	**12**	**1400**	**986**	**387**	**27**	**7190**	**2208**	**2476**
大通区	2	1	104	53	45	6	803	222	281
田家庵区			7	5	2		100	45	29
谢家集区			4	4			32	10	9
八公山区									
潘集区	1		62	47	14	1	448	130	151
凤台县	6	1	567	398	162	7	1945	593	632
寿县	5	10	656	479	164	13	3862	1208	1374

4-6b 续表 22

单位：人

地区 性别	专业技术人员		办事人员和有关人员				社会生产服务和生活服务人员		
	新闻出版、文化专业人员	其他专业技术人员	小计	办事人员	安全和消防人员	其他办事人员和有关人员	小计	批发与零售服务人员	交通运输、仓储和邮政业服务人员
马鞍山市	**16**	**17**	**1477**	**1024**	**444**	**9**	**6155**	**1951**	**1534**
花山区									
雨山区									
博望区		2	12	9	3		117	39	30
当涂县	3	9	637	443	189	5	2460	861	637
含山县	9	3	387	275	110	2	1751	526	440
和县	4	3	441	297	142	2	1827	525	427
淮北市	**12**	**12**	**725**	**495**	**225**	**5**	**3565**	**1035**	**1284**
杜集区	2		39	17	22		284	73	82
相山区									
烈山区			34	21	13		206	38	94
濉溪县	10	12	652	457	190	5	3075	924	1108
铜陵市	**2**		**522**	**386**	**134**	**2**	**1806**	**679**	**484**
铜官区									
义安区			32	15	15	2	213	65	65
郊区			59	48	11		150	55	44
枞阳县	2		431	323	108		1443	559	375
安庆市	**32**	**35**	**2443**	**1750**	**652**	**41**	**12262**	**5140**	**2490**
迎江区									
大观区	1		21	17	4		188	43	28
宜秀区	1		22	12	10		271	66	59
怀宁县	6	5	440	323	116	1	2747	1160	393
太湖县	6	13	432	335	89	8	1452	535	348
宿松县	9	1	504	334	166	4	2282	952	583
望江县		1	79	50	27	2	706	237	118
岳西县	1	4	320	238	79	3	1008	343	254
安徽安庆经济开发区	5	10	422	312	96	14	1480	575	356
桐城市	2		69	45	18	6	1079	614	196
潜山市	1	1	134	84	47	3	1049	615	155
黄山市	**8**	**4**	**1175**	**812**	**344**	**19**	**3618**	**1196**	**922**
屯溪区	1		37	26	11		68	11	19
黄山区	2		68	50	17	1	366	77	108
徽州区		1	13	6	7		85	22	23
歙县	1		462	309	148	5	1364	515	316
休宁县	1	1	231	154	68	9	730	261	169
黟县	1	1	148	95	51	2	343	108	81
祁门县	2	1	216	172	42	2	662	202	206
滁州市	**31**	**34**	**3313**	**2244**	**1039**	**30**	**17239**	**6093**	**5403**
琅琊区									
南谯区	2	9	107	63	42	2	634	210	173
来安县	5	3	573	368	204	1	2855	888	957
全椒县	6	2	651	423	227	1	3199	1089	1008
定远县	4	2	685	491	190	4	3643	1367	1140
凤阳县	8	13	599	451	145	3	3276	1164	1110
苏滁现代产业园			48	24	24		140	38	45
滁州经济技术开发区	1	4	320	230	87	3	1076	400	310
天长市	5	1	260	139	105	16	1763	680	489
明光市			70	55	15		653	257	171

4-6b 续表 23

单位：人

地区 性别	专业技术人员		办事人员和有关人员				社会生产服务和生活服务人员		
	新闻出版、文化专业人员	其他专业技术人员	小计	办事人员	安全和消防人员	其他办事人员和有关人员	小计	批发与零售服务人员	交通运输、仓储和邮政业服务人员
阜阳市	**35**	**20**	**3619**	**2473**	**1126**	**20**	**25073**	**9970**	**6427**
颍州区		1	51	32	18	1	625	212	163
颍东区			101	54	45	2	960	311	260
颍泉区	1		76	48	28		1087	442	225
临泉县	9	3	914	602	310	2	5107	1909	1246
太和县	6	3	855	580	268	7	7012	3222	1553
阜南县	5	8	538	416	116	6	2845	1029	811
颍上县	12	5	779	545	233	1	5113	1713	1619
阜阳合肥现代产业园区			18	7	11		53	18	10
阜阳经济技术开发区	2		226	143	83		1095	475	259
界首市			61	46	14	1	1176	639	281
宿州市	**32**	**8**	**2815**	**1967**	**836**	**12**	**13849**	**4995**	**4116**
埇桥区	3	1	171	95	75	1	1511	516	447
砀山县	9	1	623	441	182		2648	953	839
萧县	3	1	709	495	212	2	3303	1177	976
灵璧县	9	4	630	453	172	5	3499	1320	1064
泗县	6	1	541	397	142	2	2087	763	548
宿州马鞍山现代产业园区			29	22	7		196	53	46
宿州经济技术开发区	2		112	64	46	2	605	213	196
六安市	**26**	**13**	**2709**	**1987**	**695**	**27**	**12437**	**4287**	**3651**
金安区	1	3	152	115	32	5	1231	416	313
裕安区	1	2	51	34	17		847	325	214
叶集区			29	21	6	2	193	64	76
霍邱县	9	3	698	540	148	10	2715	988	853
舒城县	6	1	725	523	197	5	3443	1152	1129
金寨县	7		488	333	151	4	2006	695	510
霍山县	2	4	566	421	144	1	2002	647	556
亳州市	**26**	**11**	**2869**	**2142**	**710**	**17**	**15126**	**5794**	**4149**
谯城区		1	83	47	35	1	1141	534	235
涡阳县	4	4	1086	821	256	9	4735	1963	1227
蒙城县	13	5	950	703	241	6	4389	1388	1408
利辛县	9	1	750	571	178	1	4861	1909	1279
池州市	**6**	**19**	**994**	**705**	**262**	**27**	**3864**	**1336**	**1128**
贵池区			46	27	17	2	303	96	98
东至县	3	13	413	294	112	7	2073	763	599
石台县		4	157	120	25	12	228	73	68
青阳县	3	2	370	260	104	6	1180	382	362
池州市国家经济技术开发区									
皖江江南新兴产业集中区									
九华山风景区			8	4	4		80	22	1
宣城市	**17**	**14**	**1946**	**1370**	**550**	**26**	**6795**	**2237**	**2152**
宣州区	2	2	126	62	62	2	1040	354	325
郎溪县	6	1	485	327	156	2	1652	563	516
泾县	3	1	392	289	102	1	1251	416	378
绩溪县	1		279	196	82	1	651	223	209
旌德县	1		228	184	35	9	578	176	166
宣城市经济开发区	4	5	306	230	68	8	821	277	230
宁国市		1	33	16	17		190	61	65
广德市		4	97	66	28	3	612	167	263

4-6b　续表 24

单位：人

地　区 性　别	专业技术人员		办事人员和有关人员				社会生产服务和生活服务人员		
	新闻出版、文化专业人员	其他专业技术人员	小计	办事人员	安全和消防人员	其他办事人员和有关人员	小计	批发与零售服务人员	交通运输、仓储和邮政业服务人员
女	**654**	**119**	**19723**	**18479**	**1005**	**239**	**142752**	**70324**	**8714**
合肥市	**224**	**41**	**5504**	**5218**	**213**	**73**	**27259**	**12083**	**2103**
瑶海区	1		40	40			171	92	13
庐阳区	10		241	234	6	1	499	265	20
蜀山区	1		26	24	2		199	66	12
包河区									
长丰县	11	4	589	565	20	4	3716	1723	272
肥东县	26	1	757	714	40	3	4607	1985	529
肥西县	33	1	996	973	21	2	4548	1978	380
庐江县	11	1	389	328	56	5	3779	1904	202
合肥高新技术产业开发区	44	18	747	719	17	11	2307	856	103
合肥经济技术开发区	75	15	1113	1045	30	38	4140	1709	299
合肥新站高新技术产业开发区	12	1	558	533	17	8	2677	1198	238
巢湖市			48	43	4	1	616	307	35
芜湖市	**20**	**5**	**1070**	**1009**	**47**	**14**	**9753**	**4392**	**579**
镜湖区							6	5	
弋江区									
鸠江区		1	27	26	1		583	255	29
三山区	1		46	39		7	144	71	5
芜湖县	5		185	165	16	4	2403	991	135
繁昌县	5		170	157	13		1203	565	77
南陵县	3	2	239	230	8	1	2035	925	63
芜湖经济技术开发区	4	1	259	252	7		1278	493	206
安徽芜湖长江大桥经济开发区			8	7		1	76	37	12
无为市	2	1	136	133	2	1	2025	1050	52
蚌埠市	**44**	**9**	**1297**	**1224**	**59**	**14**	**6849**	**3509**	**524**
龙子湖区			3	3			62	28	5
蚌山区									
禹会区			4	4			60	33	8
淮上区			23	23			183	95	26
怀远县	6	2	250	244	3	3	2153	1062	157
五河县	6	2	146	137	8	1	1377	720	95
固镇县	3		95	88	7		1092	589	73
蚌埠市高新技术开发区		1	127	122	2	3	395	231	40
蚌埠市经济开发区	29	4	649	603	39	7	1527	751	120
淮南市	**18**	**4**	**634**	**583**	**40**	**11**	**5038**	**2499**	**304**
大通区	1		68	59	8	1	486	195	37
田家庵区							52	34	
谢家集区							27	15	
八公山区							1	1	
潘集区			24	22	2		306	135	11
凤台县	9		288	268	17	3	1579	823	87
寿县	8	4	254	234	13	7	2587	1296	169

4-6b 续表 25

单位：人

地区 性别	专业技术人员		办事人员和有关人员				社会生产服务和生活服务人员		
	新闻出版、文化专业人员	其他专业技术人员	小计	办事人员	安全和消防人员	其他办事人员和有关人员	小计	批发与零售服务人员	交通运输、仓储和邮政业服务人员
马鞍山市	**15**	**7**	**643**	**603**	**36**	**4**	**4807**	**2123**	**276**
花山区									
雨山区									
博望区			9	7	1	1	71	22	14
当涂县	6	4	279	264	12	3	1886	885	115
含山县	7	2	167	162	5		1312	571	66
和县	2	1	188	170	18		1538	645	81
淮北市	**8**	**1**	**300**	**280**	**16**	**4**	**2446**	**1216**	**186**
杜集区	1	1	16	14	1	1	214	104	17
相山区									
烈山区			12	12			159	59	15
濉溪县	7		272	254	15	3	2073	1053	154
铜陵市	**3**	**1**	**203**	**190**	**12**	**1**	**1405**	**689**	**67**
铜官区									
义安区			11	11			163	62	8
郊区		1	31	26	5		101	52	4
枞阳县	3		161	153	7	1	1141	575	55
安庆市	**42**	**9**	**1192**	**1123**	**52**	**17**	**9690**	**4852**	**415**
迎江区									
大观区			12	12			145	44	10
宜秀区	1		7	6	1		193	78	3
怀宁县	7	2	238	226	9	3	2305	1172	74
太湖县	9	1	205	195	8	2	1153	567	49
宿松县	9	1	197	182	14	1	1624	887	70
望江县	2		43	40	2	1	702	241	23
岳西县	3		169	158	10	1	849	403	36
安徽安庆经济开发区	5	3	214	202	5	7	1272	641	92
桐城市	6	1	59	57	1	1	630	349	34
潜山市		1	48	45	2	1	817	470	24
黄山市	**27**	**2**	**618**	**557**	**46**	**15**	**3479**	**1495**	**144**
屯溪区	2		16	14	2		96	29	6
黄山区	1		35	32	1	2	324	73	15
徽州区	1		12	11		1	76	26	6
歙县	11	1	248	223	23	2	1317	629	61
休宁县	9	1	131	118	7	6	737	333	29
黟县	1		74	69	4	1	380	147	7
祁门县	2		102	90	9	3	549	258	20
滁州市	**51**	**9**	**1722**	**1582**	**115**	**25**	**13844**	**7071**	**827**
琅琊区									
南谯区	3	1	95	86	9		452	191	21
来安县	10	2	332	305	24	3	2503	1173	155
全椒县	6		334	312	20	2	2803	1382	148
定远县	9		274	246	23	5	2876	1580	166
凤阳县	9	5	331	316	13	2	2742	1558	178
苏滁现代产业园			31	31			117	45	10
滁州经济技术开发区	11	1	177	163	11	3	808	355	63
天长市	2		112	90	13	9	1046	521	59
明光市	1		36	33	2	1	497	266	27

4-6b　续表 26　　　　单位：人

地区 性别	专业技术人员		办事人员和有关人员				社会生产服务和生活服务人员		
	新闻出版、文化专业人员	其他专业技术人员	小计	办事人员	安全和消防人员	其他办事人员和有关人员	小计	批发与零售服务人员	交通运输、仓储和邮政业服务人员
阜阳市	**45**	**7**	**1492**	**1393**	**88**	**11**	**17941**	**9862**	**1011**
颍州区	2		23	20	2	1	515	278	29
颍东区			35	34	1		724	360	30
颍泉区	1		28	26	2		803	430	26
临泉县	12	1	332	307	22	3	3861	2069	198
太和县	6	1	334	315	16	3	4548	2606	247
阜南县	10	4	230	217	12	1	2158	1166	114
颍上县	11	1	365	339	26		3614	1862	249
阜阳合肥现代产业园区							44	18	1
阜阳经济技术开发区	3		107	98	7	2	762	435	50
界首市			38	37		1	912	638	67
宿州市	**38**	**4**	**1305**	**1222**	**78**	**5**	**10884**	**5829**	**666**
埇桥区	1		65	61	4		1077	560	62
砀山县	15		254	248	5	1	1957	1080	111
萧县	4	1	355	325	30		2667	1435	178
灵璧县	12	2	319	301	16	2	2734	1461	187
泗县	5		229	210	18	1	1818	990	79
宿州马鞍山现代产业园区			16	15	1		139	56	9
宿州经济技术开发区	1	1	67	62	4	1	492	247	40
六安市	**35**	**7**	**1091**	**1028**	**57**	**6**	**10853**	**5345**	**508**
金安区	1		81	72	7	2	1021	433	34
裕安区	1	1	22	20	2		614	347	17
叶集区		1	11	11			114	68	8
霍邱县	7	1	252	236	14	2	2012	1107	98
舒城县	13		288	278	10		2823	1396	139
金寨县	7	1	174	164	10		2285	1156	116
霍山县	6	3	263	247	14	2	1984	838	96
亳州市	**32**	**3**	**1164**	**1093**	**67**	**4**	**9804**	**5280**	**655**
谯城区			40	40			712	422	29
涡阳县	9	2	367	343	21	3	2994	1611	236
蒙城县	11	1	435	417	18		3025	1575	211
利辛县	12		322	293	28	1	3073	1672	179
池州市	**20**	**8**	**480**	**448**	**21**	**11**	**3159**	**1485**	**148**
贵池区			24	22	2		203	77	13
东至县	13	7	207	198	7	2	1594	795	87
石台县	2	1	78	68	2	8	256	117	9
青阳县	5		171	160	10	1	1026	462	38
池州市国家经济技术开发区									
皖江江南新兴产业集中区									
九华山风景区							80	34	1
宣城市	**32**	**2**	**1008**	**926**	**58**	**24**	**5541**	**2594**	**301**
宣州区	4		57	47	6	4	739	384	29
郎溪县	3		238	219	12	7	1398	670	82
泾县	7		197	180	15	2	1087	536	63
绩溪县	1		146	136	10		664	280	41
旌德县			130	122	3	5	453	203	17
宣城市经济开发区	15	2	189	178	5	6	644	274	45
宁国市			14	14			148	63	6
广德市	2		37	30	7		408	184	18

4－6b 续表 27 单位：人

地 区 性 别	社会生产服务和生活服务人员								
	住宿和餐饮服务人员	信息传输、软件和信息技术服务人员	金融服务人员	房地产服务人员	租赁和商务服务人员	技术辅助服务人员	水利、环境和公共设施管理服务人员	居民服务人员	电力、燃气及水供应服务人员
安 徽	**49045**	**6368**	**5740**	**4541**	**7248**	**6592**	**17095**	**19149**	**2936**
合肥市	**8321**	**2623**	**1218**	**1412**	**2712**	**2033**	**3744**	**2672**	**504**
瑶海区	41	19	7	23	11	11	11	14	3
庐阳区	99	59	58	48	48	62	29	48	16
蜀山区	83	9	4	7	4	4	71	24	4
包河区									
长丰县	1261	200	120	247	336	278	439	354	57
肥东县	1326	187	151	152	427	193	684	474	113
肥西县	1369	429	163	201	643	402	709	446	79
庐江县	1184	99	188	190	180	135	467	448	95
合肥高新技术产业开发区	573	922	144	107	315	286	356	204	33
合肥经济技术开发区	1264	497	277	274	437	424	489	359	52
合肥新站高新技术产业开发区	870	181	93	153	291	230	403	253	26
巢湖市	251	21	13	10	20	8	86	48	26
芜湖市	**3159**	**327**	**297**	**313**	**356**	**482**	**1243**	**1913**	**134**
镜湖区	3			1		2	2	1	1
弋江区									
鸠江区	261	11	8	15	12	12	52	180	11
三山区	39	17	7	20	14	17	13	18	
芜湖县	603	81	96	91	41	102	311	486	33
繁昌县	371	41	54	29	70	71	164	138	25
南陵县	650	51	61	48	52	72	211	534	20
芜湖经济技术开发区	376	58	30	50	124	124	199	87	16
安徽芜湖长江大桥经济开发区	23	3	1	1		3	23	11	
无为市	833	65	40	58	43	79	268	458	28
蚌埠市	**2111**	**261**	**406**	**228**	**249**	**313**	**715**	**816**	**160**
龙子湖区	25	1	2	1	5	1	9	5	1
蚌山区									
禹会区	24	1		1			10	3	1
淮上区	71	7	2	7	2	9	22	13	7
怀远县	675	62	110	62	59	76	226	284	30
五河县	482	40	56	51	65	46	155	173	22
固镇县	339	36	53	40	39	37	112	146	53
蚌埠市高新技术开发区	95	15	20	10	15	25	22	48	5
蚌埠市经济开发区	400	99	163	56	64	119	159	144	41
淮南市	**1952**	**166**	**203**	**151**	**284**	**204**	**727**	**505**	**89**
大通区	157	21	13	19	38	28	131	62	8
田家庵区	25	1	1	2	1	3	2	3	
谢家集区	11	2	2				2	6	
八公山区									
潘集区	137	4	2	9	28	17	55	41	4
凤台县	576	33	84	27	90	68	189	150	41
寿县	1046	105	101	94	127	88	348	243	36

4-6b　续表 28　　　　　　　　　　　　单位：人

地　区 性　别	社会生产服务和生活服务人员								
	住宿和餐饮服务人员	信息传输、软件和信息技术服务人员	金融服务人员	房地产服务人员	租赁和商务服务人员	技术辅助服务人员	水利、环境和公共设施管理服务人员	居民服务人员	电力、燃气及水供应服务人员
马鞍山市	**2126**	**128**	**217**	**129**	**321**	**178**	**499**	**872**	**142**
花山区									
雨山区									
博望区	28	3		5	2	10	6	23	2
当涂县	597	48	87	61	214	66	186	337	47
含山县	638	38	58	30	49	48	145	293	39
和县	863	39	72	33	56	54	162	219	54
淮北市	**847**	**84**	**104**	**67**	**98**	**86**	**350**	**307**	**58**
杜集区	83	12	5	9	10	14	31	33	2
相山区									
烈山区	54	3	3	16	10	4	33	20	4
濉溪县	710	69	96	42	78	68	286	254	52
铜陵市	**511**	**74**	**59**	**25**	**40**	**53**	**190**	**184**	**39**
铜官区									
义安区	64	3	5	3	5	9	38	28	4
郊区	44	3	3	1	3	3	16	7	1
枞阳县	403	68	51	21	32	41	136	149	34
安庆市	**3990**	**400**	**395**	**246**	**389**	**420**	**807**	**1397**	**217**
迎江区									
大观区	153	2	4	2	4	8	10	17	2
宜秀区	149	1	5	6	11	5	37	23	4
怀宁县	1368	70	77	44	65	83	119	237	41
太湖县	381	75	54	40	49	51	94	188	32
宿松县	478	68	99	50	68	87	176	201	30
望江县	304	23	17	2	53	22	45	275	8
岳西县	323	35	40	17	32	21	79	174	28
安徽安庆经济开发区	393	50	61	60	63	79	117	123	21
桐城市	215	26	11	4	20	36	62	87	17
潜山市	226	50	27	21	24	28	68	72	34
黄山市	**1438**	**116**	**208**	**78**	**231**	**105**	**342**	**495**	**75**
屯溪区	52	2	1	4	4		20	10	
黄山区	244	3	4	7	26	8	69	35	8
徽州区	30	3	2	4	9	3	14	14	
歙县	450	49	81	18	58	44	122	200	16
休宁县	240	26	45	33	59	27	64	111	19
黟县	224	5	20	1	24	10	21	49	8
祁门县	198	28	55	11	51	13	32	76	24
滁州市	**4250**	**446**	**394**	**426**	**430**	**580**	**1636**	**2020**	**264**
琅琊区									
南谯区	150	20	26	40	38	27	78	47	9
来安县	756	71	47	98	80	81	437	383	59
全椒县	820	100	96	121	51	126	343	429	46
定远县	873	99	76	58	59	84	275	443	48
凤阳县	788	70	80	28	120	99	209	334	41
苏滁现代产业园	27	4		8	10	4	35	21	1
滁州经济技术开发区	228	40	40	50	40	90	100	75	24
天长市	414	30	22	15	19	62	107	208	26
明光市	194	12	7	8	13	7	52	80	10

4－6b 续表 29 单位：人

地区 性别	社会生产服务和生活服务人员								
	住宿和餐饮服务人员	信息传输、软件和信息技术服务人员	金融服务人员	房地产服务人员	租赁和商务服务人员	技术辅助服务人员	水利、环境和公共设施管理服务人员	居民服务人员	电力、燃气及水供应服务人员
阜阳市	**6734**	**460**	**513**	**387**	**563**	**576**	**2173**	**2394**	**335**
颍州区	202	11	4	9	26	19	59	66	11
颍东区	286	14	21	21	15	36	166	83	13
颍泉区	358	21	20	10	16	27	97	127	10
临泉县	1438	123	114	124	89	126	399	726	58
太和县	1970	117	136	71	91	149	418	515	96
阜南县	793	63	86	49	73	66	179	319	45
颍上县	1221	77	98	85	208	110	691	393	77
阜阳合肥现代产业园区	22						13	9	
阜阳经济技术开发区	232	22	25	14	37	32	79	85	18
界首市	212	12	9	4	8	11	72	71	7
宿州市	**3432**	**396**	**410**	**301**	**382**	**437**	**1267**	**1317**	**248**
埇桥区	397	59	21	17	53	48	144	131	27
砀山县	586	69	101	78	61	95	229	195	49
萧县	903	85	93	53	77	86	296	317	79
灵璧县	787	75	97	82	93	118	298	373	52
泗县	571	77	78	36	58	69	199	235	36
宿州马鞍山现代产业园区	63	3	3	21	22	4	30	11	1
宿州经济技术开发区	125	28	17	14	18	17	71	55	4
六安市	**3472**	**304**	**456**	**277**	**385**	**450**	**1281**	**1732**	**235**
金安区	323	23	26	24	42	57	96	363	18
裕安区	214	20	16	19	30	11	56	101	19
叶集区	41	3	2	3	1	1	13	13	1
霍邱县	710	44	103	23	84	66	228	205	35
舒城县	817	90	135	135	70	144	280	462	59
金寨县	733	44	97	43	110	73	335	192	41
霍山县	634	80	77	30	48	98	273	396	62
亳州市	**3595**	**278**	**486**	**300**	**413**	**312**	**1207**	**1224**	**190**
谯城区	280	13	12	8	29	12	111	91	4
涡阳县	1108	96	161	83	99	87	330	373	60
蒙城县	1000	92	164	93	181	110	402	360	72
利辛县	1207	77	149	116	104	103	364	400	54
池州市	**1260**	**128**	**129**	**65**	**151**	**113**	**290**	**446**	**93**
贵池区	106	17	2	3	10	7	35	18	5
东至县	642	75	48	34	50	66	129	220	47
石台县	81	10	26	3	10	6	14	26	12
青阳县	369	26	52	25	67	34	90	182	28
池州市国家经济技术开发区									
皖江江南新兴产业集中区									
九华山风景区	62		1		14		22		1
宣城市	**1847**	**177**	**245**	**136**	**244**	**250**	**624**	**855**	**153**
宣州区	278	20	24	16	32	29	73	105	17
郎溪县	455	34	50	41	50	65	170	194	43
泾县	324	37	49	23	40	40	86	222	30
绩溪县	230	25	32	5	28	30	58	101	23
旌德县	137	22	45	14	32	18	52	90	14
宣城市经济开发区	192	34	40	30	46	43	99	64	18
宁国市	65	4	1	3	7	8	24	15	3
广德市	166	1	4	4	9	17	62	64	5

4-6b 续表 30

单位：人

地 区 性 别	社会生产服务和生活服务人员								
	住宿和餐饮服务人员	信息传输、软件和信息技术服务人员	金融服务人员	房地产服务人员	租赁和商务服务人员	技术辅助服务人员	水利、环境和公共设施管理服务人员	居民服务人员	电力、燃气及水供应服务人员
男	**22184**	**4560**	**2815**	**2635**	**5062**	**4349**	**7046**	**6406**	**2431**
合肥市	**3638**	**1974**	**621**	**836**	**1712**	**1353**	**1311**	**799**	**416**
瑶海区	15	14	5	17	7	8	1	7	2
庐阳区	56	44	29	31	25	37	17	11	10
蜀山区	29	6	2	5	2	3	36	8	3
包河区									
长丰县	564	141	72	134	219	191	161	108	46
肥东县	537	148	71	92	257	142	184	152	93
肥西县	611	336	84	109	435	280	265	138	68
庐江县	449	72	91	123	156	82	244	112	81
合肥高新技术产业开发区	283	699	62	67	132	180	112	61	29
合肥经济技术开发区	583	361	146	158	241	274	135	99	43
合肥新站高新技术产业开发区	414	139	54	93	224	151	115	88	21
巢湖市	97	14	5	7	14	5	41	15	20
芜湖市	**1459**	**234**	**125**	**196**	**239**	**310**	**486**	**481**	**112**
镜湖区	2			1		2	2	1	1
弋江区									
鸠江区	123	6	4	11	8	8	25	77	11
三山区	18	11	4	17	4	12	6	7	
芜湖县	225	58	36	50	27	61	83	83	25
繁昌县	156	26	24	15	53	38	62	35	17
南陵县	292	37	24	25	39	48	97	107	17
芜湖经济技术开发区	170	42	10	30	72	79	64	34	15
安徽芜湖长江大桥经济开发区	15	2		1		3	12	6	
无为市	458	52	23	46	36	59	135	131	26
蚌埠市	**972**	**193**	**186**	**129**	**169**	**208**	**301**	**291**	**133**
龙子湖区	7		1	1	4		4	3	1
蚌山区									
禹会区	12	1		1			7		1
淮上区	38	7	1	6		3	14	5	6
怀远县	296	44	44	35	46	50	94	73	22
五河县	222	30	33	22	54	35	66	78	17
固镇县	157	29	27	22	26	26	48	65	49
蚌埠市高新技术开发区	51	10	12	7	9	16	12	20	4
蚌埠市经济开发区	189	72	68	35	30	78	56	47	33
淮南市	**877**	**117**	**105**	**90**	**222**	**137**	**317**	**193**	**69**
大通区	71	16	4	13	29	20	56	18	6
田家庵区	13	1	1	2	1	1		1	
谢家集区	5		2				1	3	
八公山区									
潘集区	61	3	1	7	16	11	25	14	3
凤台县	250	23	43	8	75	49	82	57	31
寿县	477	74	54	60	101	56	153	100	29

4−6b 续表 31 单位：人

地区 性别	社会生产服务和生活服务人员								
	住宿和餐饮服务人员	信息传输、软件和信息技术服务人员	金融服务人员	房地产服务人员	租赁和商务服务人员	技术辅助服务人员	水利、环境和公共设施管理服务人员	居民服务人员	电力、燃气及水供应服务人员
马鞍山市	**989**	**82**	**113**	**78**	**233**	**124**	**210**	**363**	**116**
花山区									
雨山区									
博望区	11	2		3	2	6	5	14	2
当涂县	233	28	49	33	148	43	76	147	43
含山县	333	25	28	20	35	34	71	116	30
和县	412	27	36	22	48	41	58	86	41
淮北市	**424**	**50**	**54**	**41**	**73**	**58**	**149**	**117**	**44**
杜集区	44	7	3	8	8	9	13	18	1
相山区									
烈山区	20	3	1	9	9	3	11	7	4
濉溪县	360	40	50	24	56	46	125	92	39
铜陵市	**203**	**59**	**22**	**15**	**31**	**40**	**89**	**59**	**30**
铜官区									
义安区	19	2		2	4	7	23	6	4
郊区	19	1		1	2	3	9	2	1
枞阳县	165	56	22	12	25	30	57	51	25
安庆市	**1778**	**276**	**183**	**137**	**250**	**272**	**399**	**498**	**182**
迎江区									
大观区	86	1	1	2	2	4	6	8	2
宜秀区	79	1	3	4	6	4	25	6	4
怀宁县	680	45	35	21	35	53	57	112	33
太湖县	132	59	24	27	32	30	50	69	24
宿松县	186	48	48	27	53	59	84	88	27
望江县	155	16	8	2	28	9	30	61	6
岳西县	140	26	22	6	22	15	37	62	24
安徽安庆经济开发区	169	28	22	34	43	56	41	45	18
桐城市	86	20	6	1	16	24	34	32	14
潜山市	65	32	14	13	13	18	35	15	30
黄山市	**548**	**70**	**90**	**36**	**159**	**71**	**142**	**122**	**64**
屯溪区	21	1		4	1		7	2	
黄山区	91	2	2	3	14	6	36	8	8
徽州区	11	2		1	8	2	8	4	
歙县	189	29	40	8	34	28	46	46	13
休宁县	83	14	18	16	50	18	21	25	17
黟县	86	3	6		11	6	10	12	6
祁门县	67	19	24	4	41	11	14	25	20
滁州市	**1860**	**303**	**207**	**244**	**302**	**376**	**576**	**659**	**223**
琅琊区									
南谯区	65	16	14	23	25	15	25	19	8
来安县	311	52	24	66	63	53	144	101	52
全椒县	348	75	52	62	30	86	108	113	39
定远县	388	60	39	35	44	50	106	167	39
凤阳县	353	39	44	13	87	71	72	97	35
苏滁现代产业园	11	3		4	6	3	16	4	1
滁州经济技术开发区	103	28	18	27	23	52	31	18	17
天长市	194	21	12	8	13	43	52	101	25
明光市	87	9	4	6	11	3	22	39	7

4-6b 续表 32

单位：人

地区 性别	社会生产服务和生活服务人员								
	住宿和餐饮服务人员	信息传输、软件和信息技术服务人员	金融服务人员	房地产服务人员	租赁和商务服务人员	技术辅助服务人员	水利、环境和公共设施管理服务人员	居民服务人员	电力、燃气及水供应服务人员
阜阳市	**3450**	**327**	**258**	**235**	**471**	**393**	**989**	**952**	**291**
颍州区	99	7	3	7	24	12	22	23	10
颍东区	141	13	8	11	13	27	75	35	11
颍泉区	196	17	12	6	13	13	45	40	9
临泉县	754	87	62	73	76	87	172	323	45
太和县	1076	79	70	46	70	101	205	208	85
阜南县	381	46	37	33	61	39	76	110	42
颍上县	579	51	53	49	176	84	318	146	66
阜阳合肥现代产业园区	7						7	5	
阜阳经济技术开发区	112	17	9	8	30	22	34	32	16
界首市	105	10	4	2	8	8	35	30	7
宿州市	**1635**	**246**	**191**	**172**	**287**	**280**	**529**	**439**	**205**
埇桥区	191	35	13	12	43	28	60	52	23
砀山县	274	43	41	39	48	60	110	72	36
萧县	461	55	39	33	53	56	106	103	69
灵璧县	359	55	53	46	70	74	130	119	43
泗县	262	43	38	16	43	46	87	78	30
宿州马鞍山现代产业园区	29	1	1	14	17	4	15	4	1
宿州经济技术开发区	59	14	6	12	13	12	21	11	3
六安市	**1322**	**217**	**236**	**152**	**297**	**274**	**516**	**541**	**190**
金安区	118	19	14	14	32	38	34	149	16
裕安区	97	17	10	13	23	11	24	38	18
叶集区	18	2	1	2		1	11	4	1
霍邱县	291	28	54	15	70	45	100	90	26
舒城县	342	70	62	61	56	73	116	119	48
金寨县	240	32	57	29	84	47	104	58	27
霍山县	216	49	38	18	32	59	127	83	54
亳州市	**1861**	**197**	**254**	**162**	**345**	**216**	**597**	**531**	**153**
谯城区	155	9	4	5	25	8	62	40	3
涡阳县	581	64	90	45	84	64	160	162	46
蒙城县	494	61	84	44	146	68	189	143	60
利辛县	631	63	76	68	90	76	186	186	44
池州市	**500**	**86**	**63**	**32**	**103**	**81**	**133**	**123**	**80**
贵池区	34	10		2	9	6	23	4	5
东至县	278	51	23	20	40	48	54	62	38
石台县	23	5	12	1	5	4	4	8	11
青阳县	136	20	27	9	40	23	37	49	25
池州市国家经济技术开发区									
皖江江南新兴产业集中区									
九华山风景区	29		1		9		15		1
宣城市	**668**	**129**	**107**	**80**	**169**	**156**	**302**	**238**	**123**
宣州区	116	11	16	7	24	19	37	40	13
郎溪县	155	24	21	20	37	35	83	66	33
泾县	135	30	26	17	23	24	54	47	25
绩溪县	79	19	6	4	13	17	18	18	19
旌德县	49	15	19	10	28	13	32	24	12
宣城市经济开发区	69	26	17	18	31	32	33	12	15
宁国市	16	3		2	6	2	12	9	2
广德市	49	1	2	2	7	14	33	22	4

4-6b 续表 33

单位：人

地区 性别	社会生产服务和生活服务人员								
	住宿和餐饮服务人员	信息传输、软件和信息技术服务人员	金融服务人员	房地产服务人员	租赁和商务服务人员	技术辅助服务人员	水利、环境和公共设施管理服务人员	居民服务人员	电力、燃气及水供应服务人员
女	**26861**	**1808**	**2925**	**1906**	**2186**	**2243**	**10049**	**12743**	**505**
合肥市	**4683**	**649**	**597**	**576**	**1000**	**680**	**2433**	**1873**	**88**
瑶海区	26	5	2	6	4	3	10	7	1
庐阳区	43	15	29	17	23	25	12	37	6
蜀山区	54	3	2	2	2	1	35	16	1
包河区									
长丰县	697	59	48	113	117	87	278	246	11
肥东县	789	39	80	60	170	51	500	322	20
肥西县	758	93	79	92	208	122	444	308	11
庐江县	735	27	97	67	24	53	223	336	14
合肥高新技术产业开发区	290	223	82	40	183	106	244	143	4
合肥经济技术开发区	681	136	131	116	196	150	354	260	9
合肥新站高新技术产业开发区	456	42	39	60	67	79	288	165	5
巢湖市	154	7	8	3	6	3	45	33	6
芜湖市	**1700**	**93**	**172**	**117**	**117**	**172**	**757**	**1432**	**22**
镜湖区	1								
弋江区									
鸠江区	138	5	4	4	4	4	27	103	
三山区	21	6	3	3	10	5	7	11	
芜湖县	378	23	60	41	14	41	228	403	8
繁昌县	215	15	30	14	17	33	102	103	8
南陵县	358	14	37	23	13	24	114	427	3
芜湖经济技术开发区	206	16	20	20	52	45	135	53	1
安徽芜湖长江大桥经济开发区	8	1	1				11	5	
无为市	375	13	17	12	7	20	133	327	2
蚌埠市	**1139**	**68**	**220**	**99**	**80**	**105**	**414**	**525**	**27**
龙子湖区	18	1	1		1	1	5	2	
蚌山区									
禹会区	12						3	3	
淮上区	33		1	1	2	6	8	8	1
怀远县	379	18	66	27	13	26	132	211	8
五河县	260	10	23	29	11	11	89	95	5
固镇县	182	7	26	18	13	11	64	81	4
蚌埠市高新技术开发区	44	5	8	3	6	9	10	28	1
蚌埠市经济开发区	211	27	95	21	34	41	103	97	8
淮南市	**1075**	**49**	**98**	**61**	**62**	**67**	**410**	**312**	**20**
大通区	86	5	9	6	9	8	75	44	2
田家庵区	12					2	2	2	
谢家集区	6	2					1	3	
八公山区									
潘集区	76	1	1	2	12	6	30	27	1
凤台县	326	10	41	19	15	19	107	93	10
寿县	569	31	47	34	26	32	195	143	7

4-6b　续表 34　　　　　　　　　　　　　　　　　　　　　　　　　　单位：人

地　区 性　别	社会生产服务和生活服务人员								
	住宿和餐饮服务人员	信息传输、软件和信息技术服务人员	金融服务人员	房地产服务人员	租赁和商务服务人员	技术辅助服务人员	水利、环境和公共设施管理服务人员	居民服务人员	电力、燃气及水供应服务人员
马鞍山市	**1137**	**46**	**104**	**51**	**88**	**54**	**289**	**509**	**26**
花山区									
雨山区									
博望区	17	1		2		4	1	9	
当涂县	364	20	38	28	66	23	110	190	4
含山县	305	13	30	10	14	14	74	177	9
和县	451	12	36	11	8	13	104	133	13
淮北市	**423**	**34**	**50**	**26**	**25**	**28**	**201**	**190**	**14**
杜集区	39	5	2	1	2	5	18	15	1
相山区									
烈山区	34		2	7	1	1	22	13	
濉溪县	350	29	46	18	22	22	161	162	13
铜陵市	**308**	**15**	**37**	**10**	**9**	**13**	**101**	**125**	**9**
铜官区									
义安区	45	1	5	1	1	2	15	22	
郊区	25	2	3		1		7	5	
枞阳县	238	12	29	9	7	11	79	98	9
安庆市	**2212**	**124**	**212**	**109**	**139**	**148**	**408**	**899**	**35**
迎江区									
大观区	67	1	3		2	4	4	9	
宜秀区	70		2	2	5	1	12	17	
怀宁县	688	25	42	23	30	30	62	125	8
太湖县	249	16	30	13	17	21	44	119	8
宿松县	292	20	51	23	15	28	92	113	3
望江县	149	7	9		25	13	15	214	2
岳西县	183	9	18	11	10	6	42	112	4
安徽安庆经济开发区	224	22	39	26	20	23	76	78	3
桐城市	129	6	5	3	4	12	28	55	3
潜山市	161	18	13	8	11	10	33	57	4
黄山市	**890**	**46**	**118**	**42**	**72**	**34**	**200**	**373**	**11**
屯溪区	31	1	1		3		13	8	
黄山区	153	1	2	4	12	2	33	27	
徽州区	19	1	2	3	1	1	6	10	
歙县	261	20	41	10	24	16	76	154	3
休宁县	157	12	27	17	9	9	43	86	2
黟县	138	2	14	1	13	4	11	37	2
祁门县	131	9	31	7	10	2	18	51	4
滁州市	**2390**	**143**	**187**	**182**	**128**	**204**	**1060**	**1361**	**41**
琅琊区									
南谯区	85	4	12	17	13	12	53	28	1
来安县	445	19	23	32	17	28	293	282	7
全椒县	472	25	44	59	21	40	235	316	7
定远县	485	39	37	23	15	34	169	276	9
凤阳县	435	31	36	15	33	28	137	237	6
苏滁现代产业园	16	1		4	4	1	19	17	
滁州经济技术开发区	125	12	22	23	17	38	69	57	7
天长市	220	9	10	7	6	19	55	107	1
明光市	107	3	3	2	2	4	30	41	3

4-6b 续表 35　　　　单位：人

地区 性别	社会生产服务和生活服务人员								
	住宿和餐饮服务人员	信息传输、软件和信息技术服务人员	金融服务人员	房地产服务人员	租赁和商务服务人员	技术辅助服务人员	水利、环境和公共设施管理服务人员	居民服务人员	电力、燃气及水供应服务人员
阜阳市	**3284**	**133**	**255**	**152**	**92**	**183**	**1184**	**1442**	**44**
颍州区	103	4	1	2	2	7	37	43	1
颍东区	145	1	13	10	2	9	91	48	2
颍泉区	162	4	8	4	3	14	52	87	1
临泉县	684	36	52	51	13	39	227	403	13
太和县	894	38	66	25	21	48	213	307	11
阜南县	412	17	49	16	12	27	103	209	3
颍上县	642	26	45	36	32	26	373	247	11
阜阳合肥现代产业园区	15						6	4	
阜阳经济技术开发区	120	5	16	6	7	10	45	53	2
界首市	107	2	5	2		3	37	41	
宿州市	**1797**	**150**	**219**	**129**	**95**	**157**	**738**	**878**	**43**
埇桥区	206	24	8	5	10	20	84	79	4
砀山县	312	26	60	39	13	35	119	123	13
萧县	442	30	54	20	24	30	190	214	10
灵璧县	428	20	44	36	23	44	168	254	9
泗县	309	34	40	20	15	23	112	157	6
宿州马鞍山现代产业园区	34	2	2	7	5		15	7	
宿州经济技术开发区	66	14	11	2	5	5	50	44	1
六安市	**2150**	**87**	**220**	**125**	**88**	**176**	**765**	**1191**	**45**
金安区	205	4	12	10	10	19	62	214	2
裕安区	117	3	6	6	7		32	63	1
叶集区	23	1	1	1	1		2	9	
霍邱县	419	16	49	8	14	21	128	115	9
舒城县	475	20	73	74	14	71	164	343	11
金寨县	493	12	40	14	26	26	231	134	14
霍山县	418	31	39	12	16	39	146	313	8
亳州市	**1734**	**81**	**232**	**138**	**68**	**96**	**610**	**693**	**37**
谯城区	125	4	8	3	4	4	49	51	1
涡阳县	527	32	71	38	15	23	170	211	14
蒙城县	506	31	80	49	35	42	213	217	12
利辛县	576	14	73	48	14	27	178	214	10
池州市	**760**	**42**	**66**	**33**	**48**	**32**	**157**	**323**	**13**
贵池区	72	7	2	1	1	1	12	14	
东至县	364	24	25	14	10	18	75	158	9
石台县	58	5	14	2	5	2	10	18	1
青阳县	233	6	25	16	27	11	53	133	3
池州市国家经济技术开发区									
皖江江南新兴产业集中区									
九华山风景区	33				5		7		
宣城市	**1179**	**48**	**138**	**56**	**75**	**94**	**322**	**617**	**30**
宣州区	162	9	8	9	8	10	36	65	4
郎溪县	300	10	29	21	13	30	87	128	10
泾县	189	7	23	6	17	16	32	175	5
绩溪县	151	6	26	1	15	13	40	83	4
旌德县	88	7	26	4	4	5	20	66	2
宣城市经济开发区	123	8	23	12	15	11	66	52	3
宁国市	49	1	1	1	1	6	12	6	1
广德市	117		2	2	2	3	29	42	1

4-6b 续表 36

单位：人

地区 性别	社会生产服务和生活服务人员				农、林、牧、渔业生产及辅助人员				
	修理及制作服务人员	文化、体育和娱乐服务人员	健康服务人员	其他社会生产和生活服务人员	小计	农业生产人员	林业生产人员	畜牧业生产人员	渔业生产人员
安徽	**10425**	**1689**	**556**	**303**	**90742**	**80725**	**1548**	**4285**	**2942**
合肥市	**1985**	**378**	**118**	**59**	**4809**	**3613**	**253**	**253**	**592**
瑶海区	12	2							
庐阳区	25	2	3	1	2	1			
蜀山区	33	1	1		84	55	15	10	2
包河区									
长丰县	317	50	12	9	394	300	22	39	19
肥东县	392	43	19	6	785	637	55	49	21
肥西县	311	68	17		281	177	62	20	9
庐江县	280	60	25	7	2076	1831	60	81	76
合肥高新技术产业开发区	95	38	9	3	37	22	6	6	1
合肥经济技术开发区	257	84	23	22	210	168	20	15	5
合肥新站高新技术产业开发区	227	21	8	7	73	50	5	10	5
巢湖市	36	9	1	4	867	372	8	23	454
芜湖市	**619**	**207**	**33**	**25**	**4312**	**3486**	**78**	**176**	**507**
镜湖区	1								
弋江区									
鸠江区	43	7	3	2	943	897	5	26	13
三山区	14		1		10	5		1	3
芜湖县	120	93	8	5	706	550	25	31	94
繁昌县	95	21	6	1	152	130	4	10	7
南陵县	129	36	8	4	1060	929	25	56	20
芜湖经济技术开发区	83	29	4	7	59	35	9	3	12
安徽芜湖长江大桥经济开发区	3		1		47	46			1
无为市	131	21	2	6	1335	894	10	49	357
蚌埠市	**523**	**80**	**38**	**15**	**5029**	**4625**	**24**	**242**	**67**
龙子湖区	2				12	11		1	
蚌山区									
禹会区	12		1		34	31		2	1
淮上区	16	1		2	183	176	2	2	3
怀远县	169	23	14	6	3270	3093	13	97	18
五河县	119	18	7	2	974	853	5	79	28
固镇县	87	17	2	4	477	400	3	51	14
蚌埠市高新技术开发区	29	4	4		32	30			1
蚌埠市经济开发区	89	17	10	1	47	31	1	10	2
淮南市	**359**	**67**	**25**	**9**	**5674**	**5248**	**33**	**215**	**123**
大通区	67	6	2	2	243	190	5	27	17
田家庵区	5	1			280	265	1	9	
谢家集区	2				61	58	1	1	
八公山区									
潘集区	23	7			631	597		25	3
凤台县	100	20	7	4	958	849	4	52	37
寿县	162	33	16	3	3501	3289	22	101	66

4-6b 续表 37 单位：人

地区 性别	社会生产服务和生活服务人员				农、林、牧、渔业生产及辅助人员				
	修理及制作服务人员	文化、体育和娱乐服务人员	健康服务人员	其他社会生产和生活服务人员	小计	农业生产人员	林业生产人员	畜牧业生产人员	渔业生产人员
马鞍山市	**336**	**57**	**27**	**46**	**2411**	**1739**	**64**	**131**	**439**
花山区									
雨山区									
博望区	3		1		28	24		4	
当涂县	162	18	8	17	1126	669	23	58	358
含山县	78	15	3	26	252	175	17	21	36
和县	93	24	15	3	1005	871	24	48	45
淮北市	**251**	**29**	**5**	**4**	**1421**	**1223**	**9**	**145**	**21**
杜集区	19	3		1	287	263		23	
相山区									
烈山区	7	4	1		249	220	4	22	3
濉溪县	225	22	4	3	885	740	5	100	18
铜陵市	**98**	**9**	**5**	**5**	**1110**	**919**	**46**	**81**	**45**
铜官区									
义安区	15	2			203	180	2	12	6
郊区	8	2	1	4	108	94	2	6	2
枞阳县	75	5	4	1	799	645	42	63	37
安庆市	**656**	**95**	**24**	**19**	**4290**	**3669**	**112**	**236**	**129**
迎江区									
大观区	6				192	186	1		4
宜秀区	11	6			277	252	3	10	12
怀宁县	127	16	3	3	585	495	17	26	9
太湖县	121	12	4	5	502	417	18	48	8
宿松县	127	22	6	2	517	361	18	49	55
望江县	36	4			697	641	2	40	12
岳西县	59	8	4	1	497	451	13	18	
安徽安庆经济开发区	97	12	6	6	54	37	2	5	6
桐城市	35	2		1	232	185	4	17	14
潜山市	37	13	1	1	737	644	34	23	9
黄山市	**200**	**36**	**11**	**5**	**1888**	**1648**	**86**	**128**	**11**
屯溪区	2	3		1	35	32	1	1	
黄山区	10	2	1		177	143	21	10	
徽州区	5				165	150	2	12	
歙县	98	14	7	3	915	838	16	51	5
休宁县	40	9	1	1	322	271	17	30	2
黟县	13	4	1		122	104	6	10	1
祁门县	32	4	1		152	110	23	14	3
滁州市	**1035**	**142**	**40**	**26**	**12106**	**10946**	**180**	**501**	**347**
琅琊区									
南谯区	42	9	4	1	208	164	20	9	8
来安县	139	27	5	2	1083	878	64	79	35
全椒县	188	36	6	13	1165	906	35	109	93
定远县	223	20	6	2	3079	2893	10	121	36
凤阳县	214	14	7	4	3924	3768	16	90	30
苏滁现代产业园	8	1			7	6			
滁州经济技术开发区	53	8	4	4	41	22	5	4	7
天长市	126	23	8		1276	1110	16	31	94
明光市	42	4			1323	1199	14	58	44

4-6b　续表 38　　　　单位：人

地　区 性　别	社会生产服务和生活服务人员				农、林、牧、渔业生产及辅助人员				
	修理及制作服务人员	文化、体育和娱乐服务人员	健康服务人员	其他社会生产和生活服务人员	小计	农业生产人员	林业生产人员	畜牧业生产人员	渔业生产人员
阜阳市	**1337**	**166**	**88**	**18**	**15380**	**14202**	**110**	**676**	**217**
颍州区	46	3	1	1	258	234	1	13	4
颍东区	59	7	1	1	387	343		35	4
颍泉区	70	8	3		1266	1154	8	79	17
临泉县	285	45	18	1	2540	2333	27	95	49
太和县	284	53	25	7	5203	4957	31	137	40
阜南县	176	13	17	4	1707	1620	7	56	14
颍上县	270	31	20	3	3254	2880	29	199	81
阜阳合肥现代产业园区	6				3	3			
阜阳经济技术开发区	90	3	1		23	15	1	4	3
界首市	51	3	2	1	739	663	6	58	5
宿州市	**802**	**93**	**33**	**9**	**17988**	**17209**	**81**	**520**	**38**
埇桥区	95	7	4		1604	1511	4	73	9
砀山县	132	17	7	3	6647	6480	12	142	1
萧县	192	15	6	2	4009	3864	23	109	5
灵璧县	185	31	10		2996	2825	25	117	10
泗县	141	18	6	1	2620	2434	16	70	10
宿州马鞍山现代产业园区	12	1			47	41		5	1
宿州经济技术开发区	45	4		3	65	54	1	4	2
六安市	**746**	**99**	**38**	**24**	**4654**	**3876**	**158**	**330**	**179**
金安区	65	5	5	9	245	204	9	14	11
裕安区	55	10	1	6	156	117	11	15	9
叶集区	12			1	99	82	1	10	5
霍邱县	153	17	10	3	1484	1154	20	148	99
舒城县	217	31	8	2	996	884	32	41	28
金寨县	128	17	1		683	614	14	42	8
霍山县	116	19	13	3	991	821	71	60	19
亳州市	**878**	**114**	**42**	**13**	**6091**	**5596**	**56**	**337**	**61**
谯城区	57	14	1	1	1370	1329	1	31	3
涡阳县	248	26	15	6	1000	909	9	54	17
蒙城县	302	42	9	5	1433	1240	25	119	30
利辛县	271	32	17	1	2288	2118	21	133	11
池州市	**193**	**29**	**13**	**16**	**1609**	**1386**	**64**	**97**	**36**
贵池区	16	3			137	106	3	9	12
东至县	91	10	6	5	1213	1106	27	55	14
石台县	16	3	4	6	72	54	9	5	
青阳县	68	13	3	5	186	120	24	28	10
池州市国家经济技术开发区									
皖江江南新兴产业集中区									
九华山风景区	2				1		1		
宣城市	**407**	**88**	**16**	**10**	**1970**	**1340**	**194**	**217**	**130**
宣州区	65	22	3	3	390	256	21	59	39
郎溪县	91	21	4	1	474	298	55	43	65
泾县	72	18	2	2	209	139	26	33	1
绩溪县	25	4	1		227	180	17	21	7
旌德县	32	10	2	1	207	170	18	11	5
宣城市经济开发区	60	9	2	2	69	36	7	21	5
宁国市	9	2	1	1	112	78	17	11	1
广德市	53	2	1		282	183	33	18	7

4-6b 续表 39　　　　单位：人

地区 性别	社会生产服务和生活服务人员				农、林、牧、渔业生产及辅助人员				
	修理及制作服务人员	文化、体育和娱乐服务人员	健康服务人员	其他社会生产和生活服务人员	小计	农业生产人员	林业生产人员	畜牧业生产人员	渔业生产人员
男	**9162**	**937**	**206**	**180**	**47736**	**40842**	**1157**	**2830**	**2068**
合肥市	**1776**	**207**	**32**	**31**	**2656**	**1975**	**155**	**172**	**282**
瑶海区	11	1							
庐阳区	22	1		1					
蜀山区	29	1			54	36	8	6	2
包河区									
长丰县	291	23	5	4	256	186	15	30	16
肥东县	358	27	10	3	408	314	24	34	17
肥西县	273	44	4		188	113	45	12	8
庐江县	235	28	7	5	1100	945	43	52	42
合肥高新技术产业开发区	85	23	1	3	27	15	3	6	1
合肥经济技术开发区	227	46	4	10	139	110	12	10	5
合肥新站高新技术产业开发区	213	7	1	2	43	28	1	8	4
巢湖市	32	6		3	441	228	4	14	187
芜湖市	**549**	**106**	**11**	**18**	**2607**	**1983**	**61**	**110**	**404**
镜湖区	1								
弋江区									
鸠江区	36	5	2	2	499	467	4	16	10
三山区	13				6	2		1	2
芜湖县	100	38	3	4	342	229	20	16	73
繁昌县	86	11	2		100	83	3	6	7
南陵县	119	18	3	3	583	488	18	38	16
芜湖经济技术开发区	71	15	1	5	44	23	9	2	10
安徽芜湖长江大桥经济开发区	3				25	24			1
无为市	120	19		4	1008	667	7	31	285
蚌埠市	**451**	**46**	**10**	**10**	**2740**	**2462**	**20**	**165**	**42**
龙子湖区	2				6	5		1	
蚌山区									
禹会区	12				17	15		2	
淮上区	15	1		1	96	92	2	2	
怀远县	134	15	4	5	1704	1587	10	62	8
五河县	106	8	2	1	607	521	4	56	21
固镇县	73	11		2	256	204	3	33	10
蚌埠市高新技术开发区	25	2			20	19			1
蚌埠市经济开发区	84	9	4	1	34	19	1	9	2
淮南市	**319**	**42**	**10**	**8**	**3286**	**2984**	**26**	**148**	**89**
大通区	60	4	1	2	156	120	4	18	10
田家庵区	5	1			162	152		6	
谢家集区	2				37	34	1	1	
八公山区									
潘集区	22	4			385	360		20	2
凤台县	85	11	3	3	564	479	3	40	30
寿县	145	22	6	3	1982	1839	18	63	47

4-6b 续表 40

单位：人

地区 性别	社会生产服务和生活服务人员				农、林、牧、渔业生产及辅助人员				
	修理及制作服务人员	文化、体育和娱乐服务人员	健康服务人员	其他社会生产和生活服务人员	小计	农业生产人员	林业生产人员	畜牧业生产人员	渔业生产人员
马鞍山市	**304**	**27**	**10**	**21**	**1380**	**890**	**42**	**89**	**335**
花山区									
雨山区									
博望区	3				20	17		3	
当涂县	145	5	4	8	669	331	15	36	276
含山县	72	10	1	10	155	98	11	16	28
和县	84	12	5	3	536	444	16	34	31
淮北市	**223**	**11**	**2**		**741**	**598**	**9**	**104**	**15**
杜集区	17	1			141	122		18	
相山区									
烈山区	6	1			114	88	4	20	2
濉溪县	200	9	2		486	388	5	66	13
铜陵市	**86**	**3**	**2**	**4**	**664**	**533**	**32**	**53**	**35**
铜官区									
义安区	15	1			120	104	1	7	6
郊区	8		1	4	78	67	2	4	1
枞阳县	63	2	1		466	362	29	42	28
安庆市	**584**	**53**	**6**	**14**	**2204**	**1780**	**87**	**156**	**98**
迎江区									
大观区	5				97	92	1		3
宜秀区	11	3			103	87	3	6	7
怀宁县	109	10	1	3	335	266	15	21	8
太湖县	108	8	2	4	281	222	12	32	7
宿松县	113	11	1	2	294	184	17	31	41
望江县	33	3			290	257	2	21	8
岳西县	53	2	2		293	260	12	11	
安徽安庆经济开发区	83	7		3	34	24		3	5
桐城市	34	1		1	140	102	4	14	12
潜山市	35	8		1	337	286	21	17	7
黄山市	**175**	**18**	**2**	**3**	**953**	**780**	**70**	**83**	**10**
屯溪区	2				23	20	1	1	
黄山区	10	1			119	91	19	7	
徽州区	4				78	67	1	9	
歙县	87	9	2	2	413	363	12	32	4
休宁县	32	5		1	168	130	14	20	2
黟县	12	2			65	53	6	5	1
祁门县	28	1			87	56	17	9	3
滁州市	**883**	**83**	**14**	**13**	**6191**	**5433**	**117**	**301**	**243**
琅琊区									
南谯区	34	5	1	1	131	97	17	5	6
来安县	124	16	3	1	537	404	38	48	28
全椒县	161	20	2	6	580	416	23	65	60
定远县	193	13	2		1513	1394	6	72	28
凤阳县	176	10	2	3	1939	1841	9	54	21
苏滁现代产业园	8	1			4	3			
滁州经济技术开发区	43	2	2	2	27	12	3	2	7
天长市	110	13	2		711	596	13	21	61
明光市	34	3			749	670	8	34	32

4-6b 续表 41　　　　单位：人

地区 性别	社会生产服务和生活服务人员				农、林、牧、渔业生产及辅助人员				
	修理及制作服务人员	文化、体育和娱乐服务人员	健康服务人员	其他社会生产和生活服务人员	小计	农业生产人员	林业生产人员	畜牧业生产人员	渔业生产人员
阜阳市	**1162**	**93**	**40**	**15**	**7546**	**6726**	**78**	**442**	**167**
颍州区	39	2	1	1	123	103	1	11	4
颍东区	50	4	1		201	172		22	4
颍泉区	64	3	2		540	472	3	50	10
临泉县	239	25	8	1	1286	1138	22	61	41
太和县	246	29	15	7	2424	2245	23	93	35
阜南县	163	8	6	3	850	786	7	37	11
颍上县	233	18	6	2	1723	1473	17	122	55
阜阳合肥现代产业园区	6				2	2			
阜阳经济技术开发区	80	1			15	10		3	2
界首市	42	3	1	1	382	325	5	43	5
宿州市	**674**	**57**	**16**	**7**	**8403**	**7880**	**60**	**348**	**35**
埇桥区	82	7	2		765	699	4	49	8
砀山县	112	13	5	3	3263	3151	10	93	1
萧县	165	5	4	1	1759	1662	18	68	5
灵璧县	148	17	1		1261	1146	17	78	9
泗县	116	12	4	1	1289	1169	11	53	9
宿州马鞍山现代产业园区	10	1			27	22		4	1
宿州经济技术开发区	41	2		2	39	31		3	2
六安市	**663**	**52**	**23**	**16**	**2564**	**2036**	**120**	**197**	**138**
金安区	59	3	2	4	145	118	7	7	9
裕安区	46	5		6	100	70	9	8	9
叶集区	12			1	71	58		7	5
霍邱县	135	10	8	2	895	687	16	85	69
舒城县	194	17	3	1	519	432	21	30	26
金寨县	114	9			322	283	9	21	5
霍山县	103	8	10	2	512	388	58	39	15
亳州市	**768**	**71**	**19**	**9**	**3442**	**3093**	**48**	**229**	**44**
谯城区	51	9		1	754	728	1	21	2
涡阳县	223	16	6	4	599	531	8	38	14
蒙城县	268	28	5	3	825	687	23	78	22
利辛县	226	18	8	1	1264	1147	16	92	6
池州市	**170**	**19**	**3**	**7**	**989**	**821**	**55**	**67**	**26**
贵池区	14	2			81	59	3	7	6
东至县	84	8	2	3	736	660	24	33	12
石台县	10	1		3	43	27	7	5	
青阳县	60	8	1	1	128	75	20	22	8
池州市国家经济技术开发区									
皖江江南新兴产业集中区									
九华山风景区	2				1		1		
宣城市	**375**	**49**	**6**	**4**	**1370**	**868**	**177**	**166**	**105**
宣州区	63	13	1	1	273	165	19	45	33
郎溪县	83	14	2		353	215	49	29	50
泾县	65	10	1		156	97	25	25	1
绩溪县	24	2			126	89	13	18	5
旌德县	30	2	1	1	151	119	16	9	5
宣城市经济开发区	53	7		1	52	25	7	16	4
宁国市	9	1	1	1	76	49	15	9	1
广德市	48				183	109	33	15	6

4-6b　续表 42　　　　单位：人

地区 性别	社会生产服务和生活服务人员				农、林、牧、渔业生产及辅助人员				
	修理及制作服务人员	文化、体育和娱乐服务人员	健康服务人员	其他社会生产和生活服务人员	小计	农业生产人员	林业生产人员	畜牧业生产人员	渔业生产人员
女	**1263**	**752**	**350**	**123**	**43006**	**39883**	**391**	**1455**	**874**
合肥市	**209**	**171**	**86**	**28**	**2153**	**1638**	**98**	**81**	**310**
瑶海区	1	1							
庐阳区	3	1	3		2	1			
蜀山区	4		1		30	19	7	4	
包河区									
长丰县	26	27	7	5	138	114	7	9	3
肥东县	34	16	9	3	377	323	31	15	4
肥西县	38	24	13		93	64	17	8	1
庐江县	45	32	18	2	976	886	17	29	34
合肥高新技术产业开发区	10	15	8		10	7	3		
合肥经济技术开发区	30	38	19	12	71	58	8	5	
合肥新站高新技术产业开发区	14	14	7	5	30	22	4	2	1
巢湖市	4	3	1	1	426	144	4	9	267
芜湖市	**70**	**101**	**22**	**7**	**1705**	**1503**	**17**	**66**	**103**
镜湖区									
弋江区									
鸠江区	7	2	1		444	430	1	10	3
三山区	1		1		4	3			1
芜湖县	20	55	5	1	364	321	5	15	21
繁昌县	9	10	4	1	52	47	1	4	
南陵县	10	18	5	1	477	441	7	18	4
芜湖经济技术开发区	12	14	3	2	15	12		1	2
安徽芜湖长江大桥经济开发区			1		22	22			
无为市	11	2	2	2	327	227	3	18	72
蚌埠市	**72**	**34**	**28**	**5**	**2289**	**2163**	**4**	**77**	**25**
龙子湖区					6	6			
蚌山区									
禹会区			1		17	16			1
淮上区	1			1	87	84			3
怀远县	35	8	10	1	1566	1506	3	35	10
五河县	13	10	5	1	367	332	1	23	7
固镇县	14	6	2	2	221	196		18	4
蚌埠市高新技术开发区	4	2	4		12	11			
蚌埠市经济开发区	5	8	6		13	12		1	
淮南市	**40**	**25**	**15**	**1**	**2388**	**2264**	**7**	**67**	**34**
大通区	7	2	1		87	70	1	9	7
田家庵区					118	113	1	3	
谢家集区					24	24			
八公山区									
潘集区	1	3			246	237		5	1
凤台县	15	9	4	1	394	370	1	12	7
寿县	17	11	10		1519	1450	4	38	19

4-6b 续表 43 单位：人

地区 性别	社会生产服务和生活服务人员				农、林、牧、渔业生产及辅助人员				
	修理及制作服务人员	文化、体育和娱乐服务人员	健康服务人员	其他社会生产和生活服务人员	小计	农业生产人员	林业生产人员	畜牧业生产人员	渔业生产人员
马鞍山市	**32**	**30**	**17**	**25**	**1031**	**849**	**22**	**42**	**104**
花山区									
雨山区									
博望区			1		8	7		1	
当涂县	17	13	4	9	457	338	8	22	82
含山县	6	5	2	16	97	77	6	5	8
和县	9	12	10		469	427	8	14	14
淮北市	**28**	**18**	**3**	**4**	**680**	**625**		**41**	**6**
杜集区	2	2		1	146	141		5	
相山区									
烈山区	1	3	1		135	132		2	1
濉溪县	25	13	2	3	399	352		34	5
铜陵市	**12**	**6**	**3**	**1**	**446**	**386**	**14**	**28**	**10**
铜官区									
义安区		1			83	76	1	5	
郊区		2			30	27		2	1
枞阳县	12	3	3	1	333	283	13	21	9
安庆市	**72**	**42**	**18**	**5**	**2086**	**1889**	**25**	**80**	**31**
迎江区									
大观区	1				95	94			1
宜秀区		3			174	165		4	5
怀宁县	18	6	2		250	229	2	5	1
太湖县	13	4	2	1	221	195	6	16	1
宿松县	14	11	5		223	177	1	18	14
望江县	3	1			407	384		19	4
岳西县	6	6	2	1	204	191	1	7	
安徽安庆经济开发区	14	5	6	3	20	13	2	2	1
桐城市	1	1			92	83		3	2
潜山市	2	5	1		400	358	13	6	2
黄山市	**25**	**18**	**9**	**2**	**935**	**868**	**16**	**45**	**1**
屯溪区		3		1	12	12			
黄山区		1	1		58	52	2	3	
徽州区	1				87	83	1	3	
歙县	11	5	5	1	502	475	4	19	1
休宁县	8	4	1		154	141	3	10	
黟县	1	2	1		57	51		5	
祁门县	4	3	1		65	54	6	5	
滁州市	**152**	**59**	**26**	**13**	**5915**	**5513**	**63**	**200**	**104**
琅琊区									
南谯区	8	4	3		77	67	3	4	2
来安县	15	11	2	1	546	474	26	31	7
全椒县	27	16	4	7	585	490	12	44	33
定远县	30	7	4	2	1566	1499	4	49	8
凤阳县	38	4	5	1	1985	1927	7	36	9
苏滁现代产业园					3	3			
滁州经济技术开发区	10	6	2	2	14	10	2	2	
天长市	16	10	6		565	514	3	10	33
明光市	8	1			574	529	6	24	12

4-6b 续表 44

单位：人

地区 性别	社会生产服务和生活服务人员				农、林、牧、渔业生产及辅助人员				
	修理及制作服务人员	文化、体育和娱乐服务人员	健康服务人员	其他社会生产和生活服务人员	小计	农业生产人员	林业生产人员	畜牧业生产人员	渔业生产人员
阜阳市	**175**	**73**	**48**	**3**	**7834**	**7476**	**32**	**234**	**50**
颍州区	7	1			135	131		2	
颍东区	9	3		1	186	171		13	
颍泉区	6	5	1		726	682	5	29	7
临泉县	46	20	10		1254	1195	5	34	8
太和县	38	24	10		2779	2712	8	44	5
阜南县	13	5	11	1	857	834		19	3
颍上县	37	13	14	1	1531	1407	12	77	26
阜阳合肥现代产业园区					1	1			
阜阳经济技术开发区	10	2	1		8	5	1	1	1
界首市	9		1		357	338	1	15	
宿州市	**128**	**36**	**17**	**2**	**9585**	**9329**	**21**	**172**	**3**
埇桥区	13		2		839	812		24	1
砀山县	20	4	2		3384	3329	2	49	
萧县	27	10	2	1	2250	2202	5	41	
灵璧县	37	14	9		1735	1679	8	39	1
泗县	25	6	2		1331	1265	5	17	1
宿州马鞍山现代产业园区	2				20	19		1	
宿州经济技术开发区	4	2		1	26	23	1	1	
六安市	**83**	**47**	**15**	**8**	**2090**	**1840**	**38**	**133**	**41**
金安区	6	2	3	5	100	86	2	7	2
裕安区	9	5	1		56	47	2	7	
叶集区					28	24	1	3	
霍邱县	18	7	2	1	589	467	4	63	30
舒城县	23	14	5	1	477	452	11	11	2
金寨县	14	8	1		361	331	5	21	3
霍山县	13	11	3	1	479	433	13	21	4
亳州市	**110**	**43**	**23**	**4**	**2649**	**2503**	**8**	**108**	**17**
谯城区	6	5	1		616	601		10	1
涡阳县	25	10	9	2	401	378	1	16	3
蒙城县	34	14	4	2	608	553	2	41	8
利辛县	45	14	9		1024	971	5	41	5
池州市	**23**	**10**	**10**	**9**	**620**	**565**	**9**	**30**	**10**
贵池区	2	1			56	47		2	6
东至县	7	2	4	2	477	446	3	22	2
石台县	6	2	4	3	29	27	2		
青阳县	8	5	2	4	58	45	4	6	2
池州市国家经济技术开发区									
皖江江南新兴产业集中区									
九华山风景区									
宣城市	**32**	**39**	**10**	**6**	**600**	**472**	**17**	**51**	**25**
宣州区	2	9	2	2	117	91	2	14	6
郎溪县	8	7	2	1	121	83	6	14	15
泾县	7	8	1	2	53	42	1	8	
绩溪县	1	2	1		101	91	4	3	2
旌德县	2	8	1		56	51	2	2	
宣城市经济开发区	7	2	2	1	17	11		5	1
宁国市		1			36	29	2	2	
广德市	5	2	1		99	74		3	1

4－6b 续表 45　　　　单位：人

地　区 性　别	农林牧渔生产辅助人　员	其他农、林、牧、渔业生产加工人员	生产制造及有关人员 小计	农副产品加工人员	食品、饮料生产加工人员	烟草及其制品加工人员	纺织、针织、印染人员	纺织品、服装和皮革、毛皮制品加工制作人员	木材加工、家具与木制品制作人员
安　徽	**1170**	**72**	**266298**	**4028**	**4876**	**164**	**3096**	**29754**	**9169**
合肥市	**95**	**3**	**53125**	**408**	**1040**	**21**	**299**	**2452**	**2088**
瑶海区			166		3			9	2
庐阳区	1		271	1	5			3	2
蜀山区	2		448	18	3		1	9	15
包河区									
长丰县	12	2	7500	52	266	3	12	309	513
肥东县	22	1	11913	103	261		21	565	739
肥西县	13		8977	49	125	3	15	294	226
庐江县	28		7399	45	87		210	846	120
合肥高新技术产业开发区	2		2731	6	52	11	3	27	38
合肥经济技术开发区	2		6965	82	138	4	22	110	95
合肥新站高新技术产业开发区	3		5429	17	62		6	114	245
巢湖市	10		1326	35	38		9	166	93
芜湖市	**63**	**2**	**20453**	**337**	**275**	**3**	**125**	**1981**	**610**
镜湖区			25	1				9	2
弋江区									
鸠江区	2		923	27	20		3	44	76
三山区	1		151	1	4			4	2
芜湖县	6		5337	29	24	2	18	486	127
繁昌县	1		2646	40	38		34	605	63
南陵县	28	2	3474	43	40		15	561	129
芜湖经济技术开发区			4354	10	33	1	41	33	88
安徽芜湖长江大桥经济开发区			306	14	3		2	37	4
无为市	25		3237	172	113		12	202	119
蚌埠市	**70**	**1**	**7972**	**234**	**193**	**31**	**139**	**602**	**160**
龙子湖区			162	2			1		1
蚌山区									
禹会区			125	1	1	1	2	5	1
淮上区			418	9	10		5	22	6
怀远县	49		2168	74	57		9	140	48
五河县	9		1945	35	64		101	270	49
固镇县	9		1386	104	31		17	137	37
蚌埠市高新技术开发区		1	624	2	8	2	2	14	1
蚌埠市经济开发区	3		1144	7	22	28	2	14	17
淮南市	**54**	**1**	**8708**	**196**	**151**		**64**	**552**	**212**
大通区	4		934	16	19		5	82	43
田家庵区	5		117	1	4			6	4
谢家集区	1		59	1	2			2	3
八公山区									
潘集区	6		1003	37	10		2	17	9
凤台县	16		3074	48	46		14	98	17
寿县	22	1	3521	93	70		43	347	136

4-6b　续表 46　　　　　　　　　　　　　　　　单位：人

地　区 性　别	农林牧渔生产辅助人员	其他农、林、牧、渔业生产加工人员	生产制造及有关人员 小计	农副产品加工人员	食品、饮料生产加工人员	烟草及其制品加工人员	纺织、针织、印染人员	纺织品、服装和皮革、毛皮制品加工制作人员	木材加工、家具与木制品制作人员
马鞍山市	**35**	**3**	**10198**	**192**	**236**	**3**	**46**	**1429**	**347**
花山区									
雨山区									
博望区			202	21	4		2	7	7
当涂县	16	2	5269	47	129		33	869	136
含山县	3		2752	41	44		7	288	133
和县	16	1	1975	83	59	3	4	265	71
淮北市	**18**	**5**	**5478**	**87**	**159**		**46**	**241**	**120**
杜集区	1		583	2	5		3	19	7
相山区									
烈山区			530	5	6		2	25	7
濉溪县	17	5	4365	80	148		41	197	106
铜陵市	**18**	**1**	**3931**	**66**	**30**		**41**	**964**	**118**
铜官区									
义安区	2	1	511	13	7		5	96	18
郊区	4		355	7	2		2	135	12
枞阳县	12		3065	46	21		34	733	88
安庆市	**130**	**14**	**20348**	**186**	**186**	**2**	**369**	**5248**	**836**
迎江区									
大观区	1		200				8	53	21
宜秀区			384	3	8		6	24	11
怀宁县	36	2	3595	35	34	2	48	776	127
太湖县	10	1	2561	22	24		18	707	95
宿松县	33	1	3723	55	29		44	1328	125
望江县	2		1623	8	11		80	809	22
岳西县	8	7	1588	20	25		16	367	74
安徽安庆经济开发区	1	3	1865	14	32		58	158	43
桐城市	12		2561	13	7		75	222	120
潜山市	27		2248	16	16		16	804	198
黄山市	**12**	**3**	**6813**	**99**	**117**		**202**	**1193**	**310**
屯溪区		1	124	3			3	7	1
黄山区	2	1	507	9	7			10	17
徽州区		1	269	2	2		2	54	10
歙县	5		3103	21	33		172	714	169
休宁县	2		1406	40	36		13	222	53
黟县	1		343	13	25		4	22	23
祁门县	2		1061	11	14		8	164	37
滁州市	**127**	**5**	**31472**	**442**	**442**	**42**	**273**	**2734**	**747**
琅琊区									
南谯区	6	1	800	19	24		3	60	31
来安县	27		4483	160	71	1	17	234	163
全椒县	19	3	6428	46	66		48	746	180
定远县	19		4418	69	55		83	676	79
凤阳县	20		3868	72	56	34	18	346	46
苏滁现代产业园	1		1193	1	12	1	1	39	6
滁州经济技术开发区	3		2675	1	85	6	19	101	65
天长市	25		6713	43	56		69	445	152
明光市	7	1	894	31	17		15	87	25

4−6b 续表 47

单位：人

地区 性别	农林牧渔生产辅助人员	其他农、林、牧、渔业生产加工人员	生产制造及有关人员 小计	农副产品加工人员	食品、饮料生产加工人员	烟草及其制品加工人员	纺织、针织、印染人员	纺织品、服装和皮革、毛皮制品加工制作人员	木材加工、家具与木制品制作人员
阜阳市	**164**	**11**	**26765**	**490**	**581**	**4**	**408**	**2905**	**731**
颍州区	6		779	11	14	1	6	57	33
颍东区	5		1035	36	26		8	82	37
颍泉区	7	1	1762	42	34		8	219	45
临泉县	33	3	5172	98	144		73	628	83
太和县	35	3	6785	122	145		114	681	217
阜南县	10		3255	37	69		63	410	120
颍上县	63	2	5625	120	99	1	50	571	163
阜阳合肥现代产业园区			122	1	3			5	
阜阳经济技术开发区			949	6	20	2	14	95	16
界首市	5	2	1281	17	27		72	157	17
宿州市	**135**	**5**	**17631**	**338**	**354**		**238**	**2274**	**630**
埇桥区	6	1	2333	44	42		25	214	156
砀山县	10	2	2598	63	112		83	238	116
萧县	8		4227	69	63		41	236	55
灵璧县	18	1	3953	66	62		58	905	120
泗县	90		3372	76	46		19	515	156
宿州马鞍山现代产业园区			372	9	8		8	55	9
宿州经济技术开发区	3	1	776	11	21		4	111	18
六安市	**108**	**3**	**19569**	**356**	**377**	**2**	**246**	**2468**	**915**
金安区	7		1813	19	21		18	426	79
裕安区	4		1386	31	23		23	446	38
叶集区	1		262	6	8		4	55	33
霍邱县	63		3276	58	42		38	206	83
舒城县	11		5817	111	88		27	894	212
金寨县	5		3252	24	44	2	81	214	221
霍山县	17	3	3763	107	151		55	227	249
亳州市	**39**	**2**	**14502**	**326**	**494**	**47**	**227**	**1399**	**322**
谯城区	6		1478	25	211	1	15	90	28
涡阳县	9	2	4150	80	89	13	24	212	63
蒙城县	19		4306	130	99	33	34	353	153
利辛县	5		4568	91	95		154	744	78
池州市	**19**	**7**	**6626**	**60**	**50**	**1**	**50**	**1463**	**367**
贵池区	5	2	656	11	2		1	88	13
东至县	9	2	4335	26	23		34	1178	274
石台县	1	3	270	2	6	1	2	36	16
青阳县	4		1356	21	19		13	161	64
池州市国家经济技术开发区									
皖江江南新兴产业集中区									
九华山风景区			9						
宣城市	**83**	**6**	**12707**	**211**	**191**	**8**	**323**	**1849**	**656**
宣州区	14	1	1538	47	44	3	8	337	93
郎溪县	13		4258	45	38		232	889	182
泾县	10		1720	52	31		15	100	71
绩溪县	2		1281	14	16		56	116	63
旌德县	3		642	12	12		7	35	60
宣城市经济开发区			1198	21	29	5	2	99	46
宁国市	3	2	600	7	2			38	36
广德市	38	3	1470	13	19		3	235	105

4-6b 续表 48

单位：人

地区 性别	农林牧渔生产辅助人员	其他农、林、牧、渔业生产加工人员	生产制造及有关人员 小计	农副产品加工人员	食品、饮料生产加工人员	烟草及其制品加工人员	纺织、针织、印染人员	纺织品、服装和皮革、毛皮制品加工制作人员	木材加工、家具与木制品制作人员
男	**797**	**42**	**187113**	**2297**	**2376**	**87**	**1118**	**7161**	**7647**
合肥市	**70**	**2**	**38858**	**233**	**427**	**14**	**56**	**448**	**1810**
瑶海区			128					2	1
庐阳区			229	1	2			1	2
蜀山区	2		352	8			1	3	9
包河区									
长丰县	7	2	5570	27	113	2	5	65	409
肥东县	19		8763	65	76		4	84	665
肥西县	10		6576	26	56	2	7	83	206
庐江县	18		5068	30	47		25	108	107
合肥高新技术产业开发区	2		2055	4	27	6	1	11	33
合肥经济技术开发区	2		5016	44	68	4	10	33	90
合肥新站高新技术产业开发区	2		4153	8	22		2	36	203
巢湖市	8		948	20	16		1	22	85
芜湖市	**48**	**1**	**14696**	**205**	**136**	**2**	**59**	**362**	**558**
镜湖区			14					1	2
弋江区									
鸠江区	2		751	15	13			18	66
三山区	1		116		1			1	2
芜湖县	4		3390	16	7	2	5	74	117
繁昌县	1		1793	22	17		21	108	59
南陵县	22	1	2593	31	21		7	82	120
芜湖经济技术开发区			3178	6	16		22	13	80
安徽芜湖长江大桥经济开发区			228	9				4	4
无为市	18		2633	106	61		4	61	108
蚌埠市	**51**		**5816**	**140**	**100**	**25**	**40**	**121**	**131**
龙子湖区			110	1					1
蚌山区									
禹会区			100	1	1			2	1
淮上区			296	6	6		2	3	5
怀远县	37		1618	47	31		2	27	36
五河县	5		1380	20	29		30	60	43
固镇县	6		961	58	15		3	20	31
蚌埠市高新技术开发区			430	1	6	1	1	2	1
蚌埠市经济开发区	3		921	6	12	24	2	7	13
淮南市	**38**	**1**	**7007**	**109**	**70**		**31**	**135**	**186**
大通区	4		709	6	6		2	12	38
田家庵区	4		92	1	1			1	4
谢家集区	1		40	1	1				2
八公山区									
潘集区	3		888	23	3			2	8
凤台县	12		2733	30	22		8	45	15
寿县	14	1	2545	48	37		21	75	119

4-6b 续表 49

单位：人

地区 性别	农林牧渔生产辅助人员	其他农、林、牧、渔业生产加工人员	生产制造及有关人员 小计	农副产品加工人员	食品、饮料生产加工人员	烟草及其制品加工人员	纺织、针织、印染人员	纺织品、服装和皮革、毛皮制品加工制作人员	木材加工、家具与木制品制作人员
马鞍山市	**23**	**1**	**7358**	**113**	**119**	**2**	**13**	**408**	**321**
花山区									
雨山区									
博望区			153	13	1		1	4	6
当涂县	11		3732	28	64		9	245	129
含山县	2		2033	26	22		3	73	119
和县	10	1	1440	46	32	2		86	67
淮北市	**12**	**3**	**4304**	**47**	**115**		**17**	**57**	**94**
杜集区	1		482	2	4		1	2	5
相山区									
烈山区			439	3	3		1	4	2
濉溪县	11	3	3383	42	108		15	51	87
铜陵市	**11**		**2597**	**40**	**14**		**17**	**180**	**104**
铜官区									
义安区	2		359	5	4			16	15
郊区	4		224	7			1	40	10
枞阳县	5		2014	28	10		16	124	79
安庆市	**73**	**10**	**13153**	**111**	**89**	**1**	**157**	**1619**	**721**
迎江区									
大观区	1		132				1	12	20
宜秀区			263	1	4		3	8	11
怀宁县	23	2	2412	22	18	1	21	305	107
太湖县	7	1	1708	17	10		10	202	87
宿松县	20	1	2234	34	13		14	313	105
望江县	2		857	4	6		37	257	18
岳西县	5	5	1099	9	15		7	108	65
安徽安庆经济开发区	1	1	1353	6	11		18	47	41
桐城市	8		1688	10	2		39	50	98
潜山市	6		1407	8	10		7	317	169
黄山市	**7**	**3**	**4482**	**50**	**60**		**58**	**253**	**268**
屯溪区		1	100	2			2		1
黄山区	1	1	426	4	4				16
徽州区		1	194	1	1			14	9
歙县	2		1940	13	15		45	182	148
休宁县	2		885	19	20		7	35	48
黟县			245	5	11		2	2	19
祁门县	2		692	6	9		2	20	27
滁州市	**94**	**3**	**19289**	**240**	**229**	**17**	**110**	**528**	**633**
琅琊区									
南谯区	5	1	570	11	8		2	11	26
来安县	19		3100	76	37	1	8	36	138
全椒县	15	1	3294	24	31		8	136	150
定远县	13		2925	39	29		49	156	61
凤阳县	14		2581	43	29	11	2	79	43
苏滁现代产业园	1		875	1	10	1		14	5
滁州经济技术开发区	3		1675	1	47	4	10	22	59
天长市	20		3672	28	30		23	55	134
明光市	4	1	597	17	8		8	19	17

4-6b 续表 50

单位：人

地区 性别	农林牧渔生产辅助人员	其他农、林、牧、渔业生产加工人员	生产制造及有关人员 小计	农副产品加工人员	食品、饮料生产加工人员	烟草及其制品加工人员	纺织、针织、印染人员	纺织品、服装和皮革、毛皮制品加工制作人员	木材加工、家具与木制品制作人员
阜阳市	**128**	**5**	**19411**	**277**	**271**	**4**	**161**	**821**	**561**
颍州区	4		594	8	3	1	2	7	28
颍东区	3		789	19	8		4	22	31
颍泉区	5		1287	17	18		4	59	32
临泉县	23	1	3658	60	69		41	203	66
太和县	26	2	4789	75	71		45	208	158
阜南县	9		2315	23	33		8	76	95
颍上县	54	2	4293	62	48	1	18	159	122
阜阳合肥现代产业园区			101						
阜阳经济技术开发区			713	3	11	2	5	30	15
界首市	4		872	10	10		34	57	14
宿州市	**77**	**3**	**12668**	**208**	**145**		**86**	**559**	**487**
埇桥区	4	1	1806	29	22		5	72	111
砀山县	7	1	1890	38	40		27	57	71
萧县	6		3227	40	26		18	65	40
灵璧县	11		2574	39	28		21	205	105
泗县	47		2337	48	16		9	113	140
宿州马鞍山现代产业园区			271	7	3		5	13	5
宿州经济技术开发区	2	1	563	7	10		1	34	15
六安市	**72**	**1**	**13470**	**174**	**185**	**2**	**81**	**420**	**675**
金安区	4		1151	10	11		9	56	62
裕安区	4		933	18	11		5	130	30
叶集区	1		169	3	4			8	25
霍邱县	38		2569	41	23		16	36	67
舒城县	10		3706	61	38		12	111	129
金寨县	4		2356	15	18	2	29	40	180
霍山县	11	1	2586	26	80		10	39	182
亳州市	**27**	**1**	**10602**	**195**	**303**	**16**	**71**	**425**	**247**
谯城区	2		1060	14	158	1	8	34	21
涡阳县	7	1	3163	59	46	10	11	67	55
蒙城县	15		3169	66	43	5	13	89	110
利辛县	3		3210	56	56		39	235	61
池州市	**15**	**5**	**4594**	**41**	**20**	**1**	**13**	**366**	**324**
贵池区	5	1	492	5			1	17	13
东至县	6	1	2912	19	10		7	323	243
石台县	1	3	204	1	4	1		3	14
青阳县	3		978	16	6		5	23	54
池州市国家经济技术开发区									
皖江江南新兴产业集中区									
九华山风景区			8						
宣城市	**51**	**3**	**8808**	**114**	**93**	**3**	**148**	**459**	**527**
宣州区	11		1021	22	22		3	82	74
郎溪县	10		2887	29	21		130	228	154
泾县	8		1305	24	16		2	17	58
绩溪县	1		837	7	5		9	13	52
旌德县	2		503	7	3		3	10	55
宣城市经济开发区			865	12	19	3	1	29	40
宁国市	1	1	404	5				11	22
广德市	18	2	986	8	7			69	72

4-6b 续表 51

单位：人

地区 性别	农林牧渔生产辅助人员	其他农、林、牧、渔业生产加工人员	生产制造及有关人员 小计	农副产品加工人员	食品、饮料生产加工人员	烟草及其制品加工人员	纺织、针织、印染人员	纺织品、服装和皮革、毛皮制品加工制作人员	木材加工、家具与木制品制作人员
女	**373**	**30**	**79185**	**1731**	**2500**	**77**	**1978**	**22593**	**1522**
合肥市	**25**	**1**	**14267**	**175**	**613**	**7**	**243**	**2004**	**278**
瑶海区			38		3			7	1
庐阳区	1		42		3			2	
蜀山区			96	10	3			6	6
包河区									
长丰县	5		1930	25	153	1	7	244	104
肥东县	3	1	3150	38	185		17	481	74
肥西县	3		2401	23	69	1	8	211	20
庐江县	10		2331	15	40		185	738	13
合肥高新技术产业开发区			676	2	25	5	2	16	5
合肥经济技术开发区			1949	38	70		12	77	5
合肥新站高新技术产业开发区	1		1276	9	40		4	78	42
巢湖市	2		378	15	22		8	144	8
芜湖市	**15**	**1**	**5757**	**132**	**139**	**1**	**66**	**1619**	**52**
镜湖区			11	1				8	
弋江区									
鸠江区			172	12	7		3	26	10
三山区			35	1	3			3	
芜湖县	2		1947	13	17		13	412	10
繁昌县			853	18	21		13	497	4
南陵县	6	1	881	12	19		8	479	9
芜湖经济技术开发区			1176	4	17	1	19	20	8
安徽芜湖长江大桥经济开发区			78	5	3		2	33	
无为市	7		604	66	52		8	141	11
蚌埠市	**19**	**1**	**2156**	**94**	**93**	**6**	**99**	**481**	**29**
龙子湖区			52	1			1		
蚌山区									
禹会区			25			1	2	3	
淮上区			122	3	4		3	19	1
怀远县	12		550	27	26		7	113	12
五河县	4		565	15	35		71	210	6
固镇县	3		425	46	16		14	117	6
蚌埠市高新技术开发区		1	194	1	2	1	1	12	
蚌埠市经济开发区			223	1	10	4		7	4
淮南市	**16**		**1701**	**87**	**81**		**33**	**417**	**26**
大通区			225	10	13		3	70	5
田家庵区	1		25		3			5	
谢家集区			19		1			2	1
八公山区									
潘集区	3		115	14	7		2	15	1
凤台县	4		341	18	24		6	53	2
寿县	8		976	45	33		22	272	17

4-6b 续表 52 单位：人

地 区 性 别	农林牧渔生产辅助人员	其他农、林、牧、渔业生产加工人员	生产制造及有关人员 小计	农副产品加工人员	食品、饮料生产加工人员	烟草及其制品加工人员	纺织、针织、印染人员	纺织品、服装和皮革、毛皮制品加工制作人员	木材加工、家具与木制品制作人员
马鞍山市	**12**	**2**	**2840**	**79**	**117**	**1**	**33**	**1021**	**26**
花山区									
雨山区									
博望区			49	8	3		1	3	1
当涂县	5	2	1537	19	65		24	624	7
含山县	1		719	15	22		4	215	14
和县	6		535	37	27	1	4	179	4
淮北市	**6**	**2**	**1174**	**40**	**44**		**29**	**184**	**26**
杜集区			101		1		2	17	2
相山区									
烈山区			91	2	3		1	21	5
濉溪县	6	2	982	38	40		26	146	19
铜陵市	**7**	**1**	**1334**	**26**	**16**		**24**	**784**	**14**
铜官区									
义安区		1	152	8	3		5	80	3
郊区			131		2		1	95	2
枞阳县	7		1051	18	11		18	609	9
安庆市	**57**	**4**	**7195**	**75**	**97**	**1**	**212**	**3629**	**115**
迎江区									
大观区			68				7	41	1
宜秀区			121	2	4		3	16	
怀宁县	13		1183	13	16	1	27	471	20
太湖县	3		853	5	14		8	505	8
宿松县	13		1489	21	16		30	1015	20
望江县			766	4	5		43	552	4
岳西县	3	2	489	11	10		9	259	9
安徽安庆经济开发区		2	512	8	21		40	111	2
桐城市	4		873	3	5		36	172	22
潜山市	21		841	8	6		9	487	29
黄山市	**5**		**2331**	**49**	**57**		**144**	**940**	**42**
屯溪区			24	1			1	7	
黄山区	1		81	5	3			10	1
徽州区			75	1	1		2	40	1
歙县	3		1163	8	18		127	532	21
休宁县			521	21	16		6	187	5
黟县	1		98	8	14		2	20	4
祁门县			369	5	5		6	144	10
滁州市	**33**	**2**	**12183**	**202**	**213**	**25**	**163**	**2206**	**114**
琅琊区									
南谯区	1		230	8	16		1	49	5
来安县	8		1383	84	34		9	198	25
全椒县	4	2	3134	22	35		40	610	30
定远县	6		1493	30	26		34	520	18
凤阳县	6		1287	29	27	23	16	267	3
苏滁现代产业园			318		2		1	25	1
滁州经济技术开发区			1000		38	2	9	79	6
天长市	5		3041	15	26		46	390	18
明光市	3		297	14	9		7	68	8

4－6b 续表 53

单位：人

地区 性别	农林牧渔生产辅助人员	其他农、林、牧、渔业生产加工人员	生产制造及有关人员 小计	农副产品加工人员	食品、饮料生产加工人员	烟草及其制品加工人员	纺织、针织、印染人员	纺织品、服装和皮革、毛皮制品加工制作人员	木材加工、家具与木制品制作人员
阜阳市	**36**	**6**	**7354**	**213**	**310**		**247**	**2084**	**170**
颍州区	2		185	3	11		4	50	5
颍东区	2		246	17	18		4	60	6
颍泉区	2	1	475	25	16		4	160	13
临泉县	10	2	1514	38	75		32	425	17
太和县	9	1	1996	47	74		69	473	59
阜南县	1		940	14	36		55	334	25
颍上县	9		1332	58	51		32	412	41
阜阳合肥现代产业园区			21	1	3			5	
阜阳经济技术开发区			236	3	9		9	65	1
界首市	1	2	409	7	17		38	100	3
宿州市	**58**	**2**	**4963**	**130**	**209**		**152**	**1715**	**143**
埇桥区	2		527	15	20		20	142	45
砀山县	3	1	708	25	72		56	181	45
萧县	2		1000	29	37		23	171	15
灵璧县	7	1	1379	27	34		37	700	15
泗县	43		1035	28	30		10	402	16
宿州马鞍山现代产业园区			101	2	5		3	42	4
宿州经济技术开发区	1		213	4	11		3	77	3
六安市	**36**	**2**	**6099**	**182**	**192**		**165**	**2048**	**240**
金安区	3		662	9	10		9	370	17
裕安区			453	13	12		18	316	8
叶集区			93	3	4		4	47	8
霍邱县	25		707	17	19		22	170	16
舒城县	1		2111	50	50		15	783	83
金寨县	1		896	9	26		52	174	41
霍山县	6	2	1177	81	71		45	188	67
亳州市	**12**	**1**	**3900**	**131**	**191**	**31**	**156**	**974**	**75**
谯城区	4		418	11	53		7	56	7
涡阳县	2	1	987	21	43	3	13	145	8
蒙城县	4		1137	64	56	28	21	264	43
利辛县	2		1358	35	39		115	509	17
池州市	**4**	**2**	**2032**	**19**	**30**		**37**	**1097**	**43**
贵池区		1	164	6	2			71	
东至县	3	1	1423	7	13		27	855	31
石台县			66	1	2		2	33	2
青阳县	1		378	5	13		8	138	10
池州市国家经济技术开发区									
皖江江南新兴产业集中区									
九华山风景区			1						
宣城市	**32**	**3**	**3899**	**97**	**98**	**5**	**175**	**1390**	**129**
宣州区	3	1	517	25	22	3	5	255	19
郎溪县	3		1371	16	17		102	661	28
泾县	2		415	28	15		13	83	13
绩溪县	1		444	7	11		47	103	11
旌德县	1		139	5	9		4	25	5
宣城市经济开发区			333	9	10	2	1	70	6
宁国市	2	1	196	2	2			27	14
广德市	20	1	484	5	12		3	166	33

4-6b 续表 54

单位：人

地 区 性 别	生产制造及有关人员								
	纸及纸制品生产加工人员	印刷和记录媒介复制人员	文教、工美、体育和娱乐用品制造人员	石油加工和炼焦、煤化工生产人员	化学原料和化学制品制造人员	医药制造人员	化学纤维制造人员	橡胶和塑料制品制造人员	非金属矿物制品制造人员
安　徽	**1329**	**1069**	**5725**	**206**	**1975**	**843**	**356**	**4918**	**4155**
合肥市	**284**	**285**	**481**	**15**	**277**	**158**	**218**	**860**	**570**
瑶海区		1	1		1			3	1
庐阳区	2	5	1	1		3		2	1
蜀山区	12		3		1	1		14	13
包河区									
长丰县	65	76	34	3	40	30	1	105	87
肥东县	60	32	103	8	90	16	1	104	167
肥西县	63	46	31		50	33		198	92
庐江县	11	25	247	1	10	6	179	37	105
合肥高新技术产业开发区	2	15	6		7	21		64	8
合肥经济技术开发区	56	36	23	1	51	42	1	262	21
合肥新站高新技术产业开发区	11	44	13	1	20	5		55	50
巢湖市	2	5	19		7	1	36	16	25
芜湖市	**56**	**43**	**238**	**2**	**85**	**46**	**6**	**395**	**545**
镜湖区									
弋江区									
鸠江区	1	1	2		10			57	5
三山区	3		2			1		2	1
芜湖县	14	2	153	1	9	1		156	52
繁昌县	10	12	36		17	18		10	152
南陵县	5	7	9	1	6	2		22	15
芜湖经济技术开发区	13	6	14		30	16		92	255
安徽芜湖长江大桥经济开发区	3				3	1	6	4	1
无为市	7	15	22		10	7		52	64
蚌埠市	**41**	**35**	**76**	**3**	**66**	**84**	**11**	**118**	**170**
龙子湖区	1							3	33
蚌山区									
禹会区			3		2			1	20
淮上区	2	1	12		2	2		2	2
怀远县	27	12	23	2	17	5	1	50	43
五河县	3	2	7		6	1	1	9	15
固镇县	4	9	17		15	59	8	34	12
蚌埠市高新技术开发区	1	2	3		8	2		4	2
蚌埠市经济开发区	3	9	11	1	16	15	1	15	43
淮南市	**52**	**25**	**59**	**17**	**108**	**33**	**2**	**67**	**135**
大通区	3	2	7		19	17	1	13	19
田家庵区	5		2	1	1			5	1
谢家集区			2		1				
八公山区									
潘集区	4		1	10	47	1	1	3	28
凤台县	8	2	11	4	16	3		11	25
寿县	32	21	36	2	24	12		35	62

4－6b 续表 55

单位：人

地　区 性　别	生产制造及有关人员								
	纸及纸制品生产加工人员	印刷和记录媒介复制人员	文教、工美、体育和娱乐用品制造人　员	石油加工和炼焦、煤化工生产人员	化学原料和化学制品制造人　员	医药制造人　　员	化学纤维制造人员	橡胶和塑料制品制造人员	非金属矿物制品制造人员
马鞍山市	**31**	**16**	**33**	**20**	**142**	**31**	**3**	**107**	**182**
花山区									
雨山区									
博望区								3	8
当涂县	19	4	8	3	15	23	2	58	94
含山县	4	8	17	1	15	6		28	40
和县	8	4	8	16	112	2	1	18	40
淮北市	**35**	**12**	**27**	**32**	**34**	**8**	**3**	**40**	**76**
杜集区	1			2	6			6	10
相山区									
烈山区	2	1	5	16	2			3	1
濉溪县	32	11	22	14	26	8	3	31	65
铜陵市	**6**	**15**	**9**		**9**	**1**	**1**	**23**	**77**
铜官区									
义安区	1		1		3			3	6
郊区		2			2	1	1	3	2
枞阳县	5	13	8		4			17	69
安庆市	**140**	**100**	**80**	**59**	**63**	**54**	**5**	**1236**	**224**
迎江区									
大观区				2	1	1		2	1
宜秀区	3	1	1		1			90	5
怀宁县	53	21	12		4	10	1	127	32
太湖县	20	14	17		2	2		36	41
宿松县	8	12	16	2	8			20	50
望江县	2	2	2	6	2	3		2	19
岳西县	21	4	13	1	6	21		10	32
安徽安庆经济开发区	10	3	6	48	30	11	2	34	12
桐城市	10	41	8		3	2		882	12
潜山市	13	2	5		6	4	2	33	20
黄山市	**41**	**24**	**95**		**61**	**6**	**1**	**133**	**76**
屯溪区	1		2						2
黄山区	1		3			2		2	5
徽州区	1	2	1		5			10	1
歙县	31	19	45		48	3		99	24
休宁县	4	1	35		7	1	1	9	25
黟县		1	5					3	8
祁门县	3	1	4		1			10	11
滁州市	**164**	**165**	**3443**	**11**	**494**	**52**	**16**	**675**	**804**
琅琊区									
南谯区	5	5	2		5	1	1	25	29
来安县	43	24	220	8	175	11	2	119	70
全椒县	44	23	1761	2	43	6	1	71	56
定远县	19	21	113		190	2	1	64	49
凤阳县	12	13	109		11	5	2	63	500
苏滁现代产业园	2		2		6	1	1	32	6
滁州经济技术开发区	11	20	11	1	5	1	4	85	10
天长市	24	58	1194		40	24	4	203	65
明光市	4	1	31		19	1		13	19

4-6b　续表 56　　　　单位：人

地　区 性　别	生产制造及有关人员								
	纸及纸制品生产加工人员	印刷和记录媒介复制人员	文教、工美、体育和娱乐用品制造人　员	石油加工和炼焦、煤化工生产人员	化学原料和化学制品制造人　员	医药制造人　员	化学纤维制造人员	橡胶和塑料制品制造人员	非金属矿物制品制造人员
阜阳市	**87**	**71**	**279**	**9**	**147**	**129**	**62**	**460**	**279**
颍州区	5	1	6		1	2	1	5	3
颍东区	6	4	3	2	10	2		9	7
颍泉区	4	4	5		12		2	12	8
临泉县	15	14	39	1	56	14		33	59
太和县	23	25	158	3	27	80	5	176	67
阜南县	13	6	21	1	6	7		13	44
颍上县	16	11	32		25	15	2	42	72
阜阳合肥现代产业园区									1
阜阳经济技术开发区	2	5	1	1	8	8		4	11
界首市	3	1	14	1	2	1	52	166	7
宿州市	**51**	**63**	**305**	**8**	**63**	**33**	**8**	**148**	**178**
埇桥区	3	8	17	4	13	3	2	8	17
砀山县	11	5	15	2	13	3	3	41	22
萧县	9	12	38	1	6	7		30	57
灵璧县	11	16	142	1	13	4	2	41	45
泗县	2	13	85		10	4	1	21	28
宿州马鞍山现代产业园区	3		3						
宿州经济技术开发区	12	9	5		8	12		7	9
六安市	**70**	**92**	**267**	**6**	**57**	**51**	**7**	**315**	**273**
金安区	14	17	11		9	5	1	23	26
裕安区	1	3	1		3			14	5
叶集区			1	1	2			1	
霍邱县	9	11	41		13	4		22	20
舒城县	25	23	178	3	11	5	1	169	59
金寨县	4	10	18		8	16	4	19	34
霍山县	17	28	17	2	11	21	1	67	129
亳州市	**68**	**56**	**112**	**16**	**45**	**69**	**6**	**95**	**132**
谯城区	15	4	3		1	51		5	24
涡阳县	11	15	31	7	12	7		31	24
蒙城县	24	25	52	3	17	7		29	47
利辛县	18	12	26	6	15	4	6	30	37
池州市	**22**	**10**	**37**	**5**	**192**	**42**	**1**	**35**	**121**
贵池区	2			1	22	1		3	48
东至县	16	5	11	1	166	38		17	36
石台县		1	2			2	1	1	8
青阳县	4	4	24	3	4	1		14	29
池州市国家经济技术开发区									
皖江江南新兴产业集中区									
九华山风景区									
宣城市	**181**	**57**	**184**	**3**	**132**	**46**	**6**	**211**	**313**
宣州区	7	8	10		21	2	1	21	28
郎溪县	7	10	73	1	16	7	2	71	63
泾县	136	16	36	1	4	2		15	28
绩溪县	9	10	33		34	6		11	12
旌德县	10		7		1	14		4	33
宣城市经济开发区	4	9	1		4	13		30	11
宁国市	4		7		8	1	3	36	15
广德市	4	4	17	1	44	1		23	123

4－6b 续表 57 单位：人

地区 性别	生产制造及有关人员								
	纸及纸制品生产加工人员	印刷和记录媒介复制人员	文教、工美、体育和娱乐用品制造人员	石油加工和炼焦、煤化工生产人员	化学原料和化学制品制造人员	医药制造人员	化学纤维制造人员	橡胶和塑料制品制造人员	非金属矿物制品制造人员
男	**695**	**649**	**949**	**164**	**1396**	**464**	**137**	**2841**	**3070**
合肥市	**136**	**181**	**95**	**13**	**175**	**85**	**53**	**572**	**397**
瑶海区					1			2	1
庐阳区	1	3	1	1		2		2	1
蜀山区	8		1		1			9	8
包河区									
长丰县	16	47	13	2	27	14	1	61	61
肥东县	29	18	24	7	48	6		59	117
肥西县	33	34	7		32	21		133	62
庐江县	5	13	19	1	7	4	34	20	72
合肥高新技术产业开发区	1	11	4		5	11		53	5
合肥经济技术开发区	35	25	16	1	35	22	1	184	19
合肥新站高新技术产业开发区	7	26	7	1	15	5		40	28
巢湖市	1	4	3		4		17	9	23
芜湖市	**32**	**30**	**62**	**1**	**67**	**24**	**5**	**242**	**422**
镜湖区									
弋江区									
鸠江区					8			35	4
三山区	2		1			1		1	1
芜湖县	10	2	11		7			95	36
繁昌县	6	7	28		15	8		6	122
南陵县	3	4	1	1	4	2		14	9
芜湖经济技术开发区	4	3	11		26	7		61	193
安徽芜湖长江大桥经济开发区	2				2		5	1	1
无为市	5	14	10		5	6		29	56
蚌埠市	**24**	**23**	**31**	**3**	**43**	**53**	**9**	**74**	**122**
龙子湖区	1							3	18
蚌山区									
禹会区			2		2			1	16
淮上区	1	1	10		2	2		2	
怀远县	16	9	7	2	11	4	1	31	30
五河县		1	2		2	1	1	6	11
固镇县	3	7	2		11	36	6	20	11
蚌埠市高新技术开发区	1	1	3		5	1		2	
蚌埠市经济开发区	2	4	5	1	10	9	1	9	36
淮南市	**28**	**17**	**27**	**14**	**81**	**15**	**1**	**42**	**112**
大通区	2	2	3		15	7		9	14
田家庵区	3		2	1	1			1	1
谢家集区					1				
八公山区									
潘集区	2			8	38	1	1	3	27
凤台县	4	2	5	3	14	3		4	20
寿县	17	13	17	2	12	4		25	50

4-6b 续表 58　　单位：人

地区 性别	生产制造及有关人员								
	纸及纸制品生产加工人员	印刷和记录媒介复制人员	文教、工美、体育和娱乐用品制造人员	石油加工和炼焦、煤化工生产人员	化学原料和化学制品制造人员	医药制造人员	化学纤维制造人员	橡胶和塑料制品制造人员	非金属矿物制品制造人员
马鞍山市	**16**	**8**	**15**	**14**	**118**	**12**	**1**	**55**	**138**
花山区									
雨山区									
博望区									4
当涂县	12	3	5	3	13	7		31	76
含山县	1	3	7		10	3		11	28
和县	3	2	3	11	95	2	1	13	30
淮北市	**12**	**9**	**6**	**30**	**23**	**5**	**3**	**24**	**54**
杜集区	1			2	5			4	7
相山区									
烈山区	2	1		16	1			2	1
濉溪县	9	8	6	12	17	5	3	18	46
铜陵市	**4**	**7**	**5**		**8**		**1**	**8**	**67**
铜官区									
义安区	1				3			1	6
郊区		1			2		1	2	2
枞阳县	3	6	5		3			5	59
安庆市	**76**	**71**	**51**	**43**	**48**	**32**	**3**	**636**	**182**
迎江区									
大观区				2	1	1		1	
宜秀区		1	1		1			29	3
怀宁县	24	13	8		4	6		76	26
太湖县	16	6	12		2			22	37
宿松县	5	7	11	1	7			8	42
望江县	2		1	3	2	1		1	15
岳西县	7	2	5	1	5	13		6	27
安徽安庆经济开发区	6	2	3	36	19	9	2	18	8
桐城市	7	38	7		3			458	11
潜山市	9	2	3		4	2	1	17	13
黄山市	**22**	**17**	**37**		**45**	**3**	**1**	**85**	**57**
屯溪区			2						1
黄山区			1					1	5
徽州区		2			3			6	
歙县	17	13	18		37	3		69	21
休宁县	2	1	12		5		1	5	20
黟县		1	3						4
祁门县	3		1					4	6
滁州市	**97**	**101**	**280**	**7**	**361**	**34**	**7**	**387**	**560**
琅琊区									
南谯区	1	3	1		5	1		12	17
来安县	24	8	37	5	107	6	2	66	57
全椒县	29	14	94	1	39	4	1	49	50
定远县	10	13	22		149	2	1	42	38
凤阳县	6	8	19		7	2		39	325
苏滁现代产业园	1		1		4			15	5
滁州经济技术开发区	7	17	4	1	3	1	1	46	7
天长市	16	37	97		31	17	2	109	47
明光市	3	1	5		16	1		9	14

4-6b 续表 59 单位：人

地区 性别	生产制造及有关人员								
	纸及纸制品生产加工人员	印刷和记录媒介复制人员	文教、工美、体育和娱乐用品制造人员	石油加工和炼焦、煤化工生产人员	化学原料和化学制品制造人员	医药制造人员	化学纤维制造人员	橡胶和塑料制品制造人员	非金属矿物制品制造人员
阜阳市	**43**	**42**	**110**	**7**	**98**	**64**	**35**	**261**	**204**
颍州区	1		1		1	1		4	3
颍东区	3	3	1	1	6			4	5
颍泉区	3	3	2		8		1	9	5
临泉县	8	8	14	1	37	5		12	45
太和县	16	17	61	3	16	44	2	92	42
阜南县	5	1	8	1	4	3		4	34
颍上县	7	6	15		18	7	1	26	56
阜阳合肥现代产业园区									1
阜阳经济技术开发区		3			7	3			8
界首市		1	8	1	1	1	31	110	5
宿州市	**26**	**34**	**74**	**6**	**39**	**20**	**6**	**79**	**128**
埇桥区	2	5	3	3	9	2	1	7	11
砀山县	4	1	5	1	11	1	2	24	14
萧县	5	8	9	1	4	6		14	43
灵璧县	7	9	40	1	8	2	2	21	32
泗县		5	13		4	1	1	9	20
宿州马鞍山现代产业园区	1		1						
宿州经济技术开发区	7	6	3		3	8		4	8
六安市	**21**	**49**	**54**	**5**	**40**	**25**	**4**	**190**	**193**
金安区		9	4		7	3	1	18	20
裕安区	1	2			2			11	4
叶集区				1	2			1	
霍邱县	4	8	6		9	2		13	17
舒城县	11	13	28	3	6	3		102	46
金寨县		4	6		6	10	2	11	29
霍山县	5	13	10	1	8	7	1	34	77
亳州市	**29**	**27**	**37**	**14**	**31**	**45**	**3**	**55**	**98**
谯城区	5	2	1		1	33		1	11
涡阳县	4	8	9	5	10	3		20	21
蒙城县	10	10	16	3	10	5		17	38
利辛县	10	7	11	6	10	4	3	17	28
池州市	**14**	**5**	**19**	**4**	**124**	**25**	**1**	**20**	**104**
贵池区	1			1	17				43
东至县	9	3	5	1	103	22		14	32
石台县			2			2	1		7
青阳县	4	2	12	2	4	1		6	22
池州市国家经济技术开发区									
皖江江南新兴产业集中区									
九华山风景区									
宣城市	**115**	**28**	**46**	**3**	**95**	**22**	**4**	**111**	**232**
宣州区	4	7	4		16	2		11	20
郎溪县	6	2	14	1	11	4	1	46	47
泾县	94	5	11	1	4	2		8	26
绩溪县	6	5	6		28	3		3	10
旌德县	2		2			4		2	21
宣城市经济开发区	2	7			4	7		12	11
宁国市			2		4		3	19	14
广德市	1	2	7	1	28			10	83

4-6b 续表 60

单位：人

地区 性别	生产制造及有关人员								
	纸及纸制品生产加工人员	印刷和记录媒介复制人员	文教、工美、体育和娱乐用品制造人员	石油加工和炼焦、煤化工生产人员	化学原料和化学制品制造人员	医药制造人员	化学纤维制造人员	橡胶和塑料制品制造人员	非金属矿物制品制造人员
女	**634**	**420**	**4776**	**42**	**579**	**379**	**219**	**2077**	**1085**
合肥市	**148**	**104**	**386**	**2**	**102**	**73**	**165**	**288**	**173**
瑶海区		1	1					1	
庐阳区	1	2				1			
蜀山区	4		2			1		5	5
包河区									
长丰县	49	29	21	1	13	16		44	26
肥东县	31	14	79	1	42	10	1	45	50
肥西县	30	12	24		18	12		65	30
庐江县	6	12	228		3	2	145	17	33
合肥高新技术产业开发区	1	4	2		2	10		11	3
合肥经济技术开发区	21	11	7		16	20		78	2
合肥新站高新技术产业开发区	4	18	6		5			15	22
巢湖市	1	1	16		3	1	19	7	2
芜湖市	**24**	**13**	**176**	**1**	**18**	**22**	**1**	**153**	**123**
镜湖区									
弋江区									
鸠江区	1	1	2		2			22	1
三山区	1		1					1	
芜湖县	4		142	1	2	1		61	16
繁昌县	4	5	8		2	10		4	30
南陵县	2	3	8		2			8	6
芜湖经济技术开发区	9	3	3		4	9		31	62
安徽芜湖长江大桥经济开发区	1				1	1	1	3	
无为市	2	1	12		5	1		23	8
蚌埠市	**17**	**12**	**45**		**23**	**31**	**2**	**44**	**48**
龙子湖区									15
蚌山区									
禹会区			1						4
淮上区	1		2						2
怀远县	11	3	16		6	1		19	13
五河县	3	1	5		4			3	4
固镇县	1	2	15		4	23	2	14	1
蚌埠市高新技术开发区		1			3	1		2	2
蚌埠市经济开发区	1	5	6		6	6		6	7
淮南市	**24**	**8**	**32**	**3**	**27**	**18**	**1**	**25**	**23**
大通区	1		4		4	10	1	4	5
田家庵区	2							4	
谢家集区			2						
八公山区									
潘集区	2		1	2	9				1
凤台县	4		6	1	2			7	5
寿县	15	8	19		12	8		10	12

4—6b 续表 61 单位：人

地区 性别	生产制造及有关人员								
	纸及纸制品生产加工人员	印刷和记录媒介复制人员	文教、工美、体育和娱乐用品制造人员	石油加工和炼焦、煤化工生产人员	化学原料和化学制品制造人员	医药制造人员	化学纤维制造人员	橡胶和塑料制品制造人员	非金属矿物制品制造人员
马鞍山市	**15**	**8**	**18**	**6**	**24**	**19**	**2**	**52**	**44**
花山区									
雨山区									
博望区								3	4
当涂县	7	1	3		2	16	2	27	18
含山县	3	5	10	1	5	3		17	12
和县	5	2	5	5	17			5	10
淮北市	**23**	**3**	**21**	**2**	**11**	**3**		**16**	**22**
杜集区					1			2	3
相山区									
烈山区			5		1			1	
濉溪县	23	3	16	2	9	3		13	19
铜陵市	**2**	**8**	**4**		**1**	**1**		**15**	**10**
铜官区									
义安区			1					2	
郊区		1				1		1	
枞阳县	2	7	3		1			12	10
安庆市	**64**	**29**	**29**	**16**	**15**	**22**	**2**	**600**	**42**
迎江区									
大观区								1	1
宜秀区	3							61	2
怀宁县	29	8	4			4	1	51	6
太湖县	4	8	5			2		14	4
宿松县	3	5	5	1	1			12	8
望江县		2	1	3		2		1	4
岳西县	14	2	8		1	8		4	5
安徽安庆经济开发区	4	1	3	12	11	2		16	4
桐城市	3	3	1			2		424	1
潜山市	4		2		2	2	1	16	7
黄山市	**19**	**7**	**58**		**16**	**3**		**48**	**19**
屯溪区	1								1
黄山区	1		2			2		1	
徽州区	1		1		2			4	1
歙县	14	6	27		11			30	3
休宁县	2		23		2	1		4	5
黟县			2					3	4
祁门县		1	3		1			6	5
滁州市	**67**	**64**	**3163**	**4**	**133**	**18**	**9**	**288**	**244**
琅琊区									
南谯区	4	2	1				1	13	12
来安县	19	16	183	3	68	5		53	13
全椒县	15	9	1667	1	4	2		22	6
定远县	9	8	91		41			22	11
凤阳县	6	5	90		4	3	2	24	175
苏滁现代产业园	1		1		2	1	1	17	1
滁州经济技术开发区	4	3	7		2		3	39	3
天长市	8	21	1097		9	7	2	94	18
明光市	1		26		3			4	5

4-6b 续表 62 单位：人

地区 性别	生产制造及有关人员								
	纸及纸制品生产加工人员	印刷和记录媒介复制人员	文教、工美、体育和娱乐用品制造人员	石油加工和炼焦、煤化工生产人员	化学原料和化学制品制造人员	医药制造人员	化学纤维制造人员	橡胶和塑料制品制造人员	非金属矿物制品制造人员
阜阳市	**44**	**29**	**169**	**2**	**49**	**65**	**27**	**199**	**75**
颍州区	4	1	5			1	1	1	
颍东区	3	1	2	1	4	2		5	2
颍泉区	1	1	3		4		1	3	3
临泉县	7	6	25		19	9		21	14
太和县	7	8	97		11	36	3	84	25
阜南县	8	5	13		2	4		9	10
颍上县	9	5	17		7	8	1	16	16
阜阳合肥现代产业园区									
阜阳经济技术开发区	2	2	1	1	1	5		4	3
界首市	3		6		1		21	56	2
宿州市	**25**	**29**	**231**	**2**	**24**	**13**	**2**	**69**	**50**
埇桥区	1	3	14	1	4	1	1	1	6
砀山县	7	4	10	1	2	2	1	17	8
萧县	4	4	29		2	1		16	14
灵璧县	4	7	102		5	2		20	13
泗县	2	8	72		6	3		12	8
宿州马鞍山现代产业园区	2		2						
宿州经济技术开发区	5	3	2		5	4		3	1
六安市	**49**	**43**	**213**	**1**	**17**	**26**	**3**	**125**	**80**
金安区	14	8	7		2	2		5	6
裕安区		1	1		1			3	1
叶集区			1						
霍邱县	5	3	35		4	2		9	3
舒城县	14	10	150		5	2	1	67	13
金寨县	4	6	12		2	6	2	8	5
霍山县	12	15	7	1	3	14		33	52
亳州市	**39**	**29**	**75**	**2**	**14**	**24**	**3**	**40**	**34**
谯城区	10	2	2			18		4	13
涡阳县	7	7	22	2	2	4		11	3
蒙城县	14	15	36		7	2		12	9
利辛县	8	5	15		5		3	13	9
池州市	**8**	**5**	**18**	**1**	**68**	**17**		**15**	**17**
贵池区	1				5	1		3	5
东至县	7	2	6		63	16		3	4
石台县		1						1	1
青阳县		2	12	1				8	7
池州市国家经济技术开发区									
皖江江南新兴产业集中区									
九华山风景区									
宣城市	**66**	**29**	**138**		**37**	**24**	**2**	**100**	**81**
宣州区	3	1	6		5		1	10	8
郎溪县	1	8	59		5	3	1	25	16
泾县	42	11	25					7	2
绩溪县	3	5	27		6	3		8	2
旌德县	8		5		1	10		2	12
宣城市经济开发区	2	2	1			6		18	
宁国市	4		5		4	1		17	1
广德市	3	2	10		16	1		13	40

4-6b 续表 63

单位：人

地区 性别	生产制造及有关人员								
	采矿人员	金属冶炼和压延加工人员	机械制造基础加工人员	金属制品制造人员	通用设备制造人员	专用设备制造人员	汽车制造人员	铁路、船舶、航空设备制造人员	电气机械和器材制造人员
安　徽	**4863**	**1915**	**10540**	**4903**	**2423**	**921**	**4563**	**604**	**5450**
合肥市	**74**	**300**	**2132**	**813**	**506**	**302**	**1414**	**34**	**2305**
瑶海区		1	2	2			2		
庐阳区	1	3	4	6	2	2	1		2
蜀山区		7	8	6	1		3		11
包河区									
长丰县	3	111	416	153	85	33	135	3	166
肥东县	7	36	409	147	70	32	60	2	106
肥西县	3	37	568	133	154	78	437	10	604
庐江县	47	56	130	120	34	14	43	5	124
合肥高新技术产业开发区	2	4	66	24	11	7	75	2	37
合肥经济技术开发区	3	29	339	111	104	61	610	4	1115
合肥新站高新技术产业开发区	6	7	135	80	25	62	46	3	125
巢湖市	2	9	55	31	20	13	2	5	15
芜湖市	**20**	**326**	**1127**	**317**	**530**	**56**	**1150**	**37**	**1098**
镜湖区			3						
弋江区									
鸠江区		2	25	17	3	2	18	4	10
三山区		9	5	4	2	2	10	2	9
芜湖县		35	405	111	100	19	331	13	293
繁昌县	14	128	191	16	28	2	33	5	53
南陵县	3	10	143	33	17	14	65	2	16
芜湖经济技术开发区		126	293	69	365	13	678	7	363
安徽芜湖长江大桥经济开发区		8	25		2	2	1	2	22
无为市	3	8	37	67	13	2	14	2	332
蚌埠市	**23**	**25**	**299**	**186**	**49**	**18**	**106**	**17**	**43**
龙子湖区		5	22	11	2				
蚌山区									
禹会区			10	1					
淮上区			5	4	5	1	8	1	4
怀远县	1	17	100	51	14	10	52	1	21
五河县	15		54	55	13	1	7	2	8
固镇县	3	3	49	27	5		6	2	7
蚌埠市高新技术开发区	1		26	15	1	2	15		
蚌埠市经济开发区	3		33	22	9	4	18	11	3
淮南市	**1777**	**29**	**302**	**138**	**74**	**32**	**56**	**13**	**89**
大通区	26	4	66	12	18	3	23		10
田家庵区			2	3	4				3
谢家集区	2		1	3					
八公山区									
潘集区	277	2	23	6	3	1	1		3
凤台县	1431	2	48	24	15	8	3	4	24
寿县	41	21	162	90	34	20	29	9	49

4-6b　续表 64　　　　单位：人

地　区 性　别	生产制造及有关人员								
	采矿人员	金属冶炼和压延加工人员	机械制造基础加工人员	金属制品制造人员	通用设备制造人员	专用设备制造人员	汽车制造人员	铁路、船舶、航空设备制造人员	电气机械和器材制造人员
马鞍山市	**79**	**373**	**547**	**210**	**138**	**23**	**183**	**9**	**71**
花山区									
雨山区									
博望区		5	18	20	16	3	5		
当涂县	71	267	298	116	55	12	133	5	40
含山县	2	85	175	55	29	7	31	1	13
和县	6	16	56	19	38	1	14	3	18
淮北市	**737**	**52**	**224**	**88**	**24**	**23**	**39**	**10**	**172**
杜集区	138	7	41	9	1		1	2	2
相山区									
烈山区	159	1	11	4	8	5	4		5
濉溪县	440	44	172	75	15	18	34	8	165
铜陵市	**36**	**33**	**121**	**162**	**12**	**3**	**16**	**4**	**25**
铜官区									
义安区	12	19	18	5	5	2	3		10
郊区	15	5	10	7	2		2		4
枞阳县	9	9	93	150	5	1	11	4	11
安庆市	**48**	**21**	**377**	**427**	**92**	**117**	**234**	**5**	**90**
迎江区									
大观区			12	4			3		
宜秀区	1	2	3	7		3	8		1
怀宁县	22	3	45	89	10	43	66	1	20
太湖县	1	5	53	81	6	43	13		30
宿松县	6	4	62	74	17	5	13	1	9
望江县		1	11	19	5		1	1	2
岳西县	4	1	34	49	8		17		7
安徽安庆经济开发区	10	2	93	43	36	7	101	2	6
桐城市		2	38	30	4	13	10		1
潜山市	4	1	26	31	6	3	2		14
黄山市	**5**	**26**	**193**	**137**	**37**	**22**	**134**	**11**	**26**
屯溪区			7	4	2	11	1		
黄山区		4	6	7	1			3	1
徽州区	1	1	5	2	2	1	3	1	1
歙县	2	10	111	65	21	2	86	5	10
休宁县		8	49	32	5	3	42		4
黟县		3	5	3	5		1	1	
祁门县	2		10	24	1	5	1	1	10
滁州市	**75**	**199**	**1422**	**659**	**247**	**143**	**437**	**328**	**683**
琅琊区									
南谯区	1	1	47	13	7	2	6	1	12
来安县	1	40	318	86	43	16	93	41	68
全椒县	5	16	321	113	98	9	63	3	65
定远县	38	15	85	114	27	6	50		50
凤阳县	10	6	125	143	24	1	37	2	7
苏滁现代产业园		2	67	26	1	4	95		34
滁州经济技术开发区	7	12	64	31	19	4	43	2	249
天长市	13	105	360	91	13	95	37	268	184
明光市		2	35	42	15	6	13	11	14

4－6b 续表 65 单位：人

地区 性别	生产制造及有关人员								
	采矿人员	金属冶炼和压延加工人员	机械制造基础加工人员	金属制品制造人员	通用设备制造人员	专用设备制造人员	汽车制造人员	铁路、船舶、航空设备制造人员	电气机械和器材制造人员
阜阳市	**778**	**88**	**733**	**505**	**132**	**46**	**140**	**43**	**357**
颍州区		1	14	27	3		1	1	1
颍东区	77		14	13	1	1	4	2	7
颍泉区	1	2	49	40	7	3	8	4	5
临泉县	5	15	142	84	28	7	35	10	32
太和县	17	44	167	121	29	18	30	17	131
阜南县	2	3	71	71	16	9	11	3	14
颍上县	674	19	173	96	36	5	35	3	43
阜阳合肥现代产业园区			37	2			4		
阜阳经济技术开发区	1	1	39	21	5	2	10	1	2
界首市	1	3	27	30	7	1	2	2	122
宿州市	**422**	**31**	**658**	**242**	**122**	**45**	**88**	**24**	**105**
埇桥区	334	5	81	17	10	4	20	5	17
砀山县	8	8	77	26	14	6	13	3	18
萧县	57	12	249	73	52	24	20	9	14
灵璧县	1	2	158	74	23	6	21	2	32
泗县	2	3	62	44	19	4	11	2	12
宿州马鞍山现代产业园区			14	2	2	1		3	4
宿州经济技术开发区	20	1	17	6	2		3		8
六安市	**326**	**102**	**883**	**271**	**120**	**23**	**97**	**22**	**200**
金安区		6	130	66	15	5	14	1	8
裕安区	2	3	15	10	7	1	3		2
叶集区	1		8	5		1			4
霍邱县	292	36	71	32	20	4	15	3	15
舒城县	7	11	288	65	17	4	27	6	48
金寨县	15	15	97	51	8	3	15	4	27
霍山县	9	31	274	42	53	5	23	8	96
亳州市	**413**	**19**	**482**	**269**	**64**	**16**	**114**	**17**	**37**
谯城区		2	21	13	8	2			4
涡阳县	130	7	223	97	16	4	20	11	9
蒙城县	228	6	150	78	29	7	71	4	14
利辛县	55	4	88	81	11	3	23	2	10
池州市	**21**	**77**	**159**	**140**	**39**	**3**	**31**	**28**	**17**
贵池区	9	59	30	11	6			13	
东至县	3	11	42	97	14	1	20	15	5
石台县		2	6		1				
青阳县	9	5	81	32	18	2	11		12
池州市国家经济技术开发区									
皖江江南新兴产业集中区									
九华山风景区									
宣城市	**29**	**214**	**881**	**339**	**237**	**49**	**324**	**2**	**132**
宣州区	3	20	46	37	7	2	26		10
郎溪县	4	72	326	96	62	17	28		26
泾县		42	154	35	20	5	6		68
绩溪县	4	20	90	21	77	12	51		2
旌德县	5	6	31	30	5	1		1	3
宣城市经济开发区	2	28	79	46	14	3	86	1	12
宁国市	9	11	62	55	5	1	51		5
广德市	2	15	93	19	47	8	76		6

4-6b 续表 66

单位：人

地区 性别	生产制造及有关人员								
	采矿人员	金属冶炼和压延加工人员	机械制造基础加工人员	金属制品制造人员	通用设备制造人员	专用设备制造人员	汽车制造人员	铁路、船舶、航空设备制造人员	电气机械和器材制造人员
男	**4691**	**1555**	**8841**	**3508**	**1886**	**489**	**3083**	**364**	**3247**
合肥市	**67**	**230**	**1785**	**587**	**406**	**187**	**981**	**30**	**1375**
瑶海区		1	2	1			2		
庐阳区	1	2	4	4	2	1	1		2
蜀山区		4	8	6	1		3		4
包河区									
长丰县	3	94	363	112	64	17	79	2	87
肥东县	7	27	330	111	59	15	37	2	50
肥西县	3	30	460	91	119	49	322	9	340
庐江县	41	35	106	87	31	9	28	4	72
合肥高新技术产业开发区	2	4	53	20	10	4	60	2	26
合肥经济技术开发区	3	22	295	85	83	42	415	4	720
合肥新站高新技术产业开发区	5	5	119	48	22	40	33	3	71
巢湖市	2	6	45	22	15	10	1	4	3
芜湖市	**19**	**281**	**946**	**232**	**379**	**34**	**758**	**30**	**733**
镜湖区			2						
弋江区									
鸠江区			20	15	2	1	9	4	6
三山区		9	4	3	2	1	8	1	4
芜湖县		29	314	70	75	12	214	9	134
繁昌县	13	105	170	10	19	2	25	3	43
南陵县	3	9	127	24	14	6	46	2	7
芜湖经济技术开发区		116	251	54	254	8	445	7	250
安徽芜湖长江大桥经济开发区		6	24		2	2		2	14
无为市	3	7	34	56	11	2	11	2	275
蚌埠市	**21**	**20**	**261**	**129**	**41**	**12**	**68**	**15**	**25**
龙子湖区		1	22	6	1				
蚌山区									
禹会区			10	1					
淮上区			5	4	2	1	2		2
怀远县	1	16	84	31	12	6	38	1	15
五河县	13		48	39	12		4	2	3
固镇县	3	3	45	24	4		6	2	2
蚌埠市高新技术开发区	1		19	10	1	2	6		
蚌埠市经济开发区	3		28	14	9	3	12	10	3
淮南市	**1735**	**24**	**270**	**104**	**57**	**16**	**39**	**8**	**53**
大通区	26	3	62	11	12	3	17		7
田家庵区			2	2	3				2
谢家集区	2		1	2					
八公山区									
潘集区	275	2	22	3	2		1		2
凤台县	1391	2	42	17	15	5	2	3	11
寿县	41	17	141	69	25	8	19	5	31

4－6b 续表 67　　单位：人

地　区 性　别	生产制造及有关人员								
	采矿人员	金属冶炼和压延加工人员	机械制造基础加工人　员	金属制品制造人员	通用设备制造人员	专用设备制造人员	汽车制造人　员	铁路、船舶、航空设备制造人　员	电气机械和器材制造人员
马鞍山市	**68**	**327**	**469**	**148**	**112**	**16**	**110**	**7**	**40**
花山区									
雨山区									
博望区		5	18	12	14	3	4		
当涂县	61	242	258	84	48	7	75	4	22
含山县	2	67	148	38	22	5	20		6
和县	5	13	45	14	28	1	11	3	12
淮北市	**722**	**38**	**203**	**66**	**22**	**9**	**23**	**6**	**105**
杜集区	134	5	33	9	1		1	1	
相山区									
烈山区	151	1	10	4	7	3	3		4
濉溪县	437	32	160	53	14	6	19	5	101
铜陵市	**32**	**27**	**109**	**125**	**7**	**3**	**12**	**3**	**16**
铜官区									
义安区	10	17	15	4	3	2	2		6
郊区	14	5	9	5	2		2		2
枞阳县	8	5	85	116	2	1	8	3	8
安庆市	**39**	**16**	**326**	**316**	**77**	**42**	**176**	**2**	**59**
迎江区									
大观区			9	3			3		
宜秀区	1	2	3	5		2	6		1
怀宁县	17	3	39	65	7	20	46	1	10
太湖县	1	3	50	48	5	8	11		21
宿松县	6	3	56	53	10	3	9	1	6
望江县		1	10	17	5		1		1
岳西县	4	1	28	41	8		13		6
安徽安庆经济开发区	6	1	79	36	33	5	78		3
桐城市		1	30	25	3	4	7		1
潜山市	4	1	22	23	6		2		10
黄山市	**5**	**22**	**157**	**98**	**24**	**16**	**60**	**8**	**11**
屯溪区			7	4	2	8			
黄山区		3	5	3				3	1
徽州区	1	1	3	1	2		1		1
歙县	2	9	98	46	14	2	41	3	4
休宁县		7	33	21	3	1	18		3
黟县		2	4	2	2			1	
祁门县	2		7	21	1	5		1	2
滁州市	**62**	**147**	**1099**	**443**	**196**	**58**	**306**	**150**	**367**
琅琊区									
南谯区	1		42	11	7	1	4	1	5
来安县	1	30	262	59	34	10	57	29	45
全椒县	4	14	261	82	79	7	52	2	47
定远县	30	11	71	80	24	5	34		24
凤阳县	7	4	102	85	15	1	22	2	5
苏滁现代产业园		2	52	24	1		65		20
滁州经济技术开发区	7	9	57	17	16	1	30	1	93
天长市	12	75	222	62	9	30	31	108	119
明光市		2	30	23	11	3	11	7	9

4-6b　续表 68　　　　单位：人

地　区 性　别	生产制造及有关人员								
	采矿人员	金属冶炼和压延加工人员	机械制造基础加工人员	金属制品制造人员	通用设备制造人员	专用设备制造人员	汽车制造人员	铁路、船舶、航空设备制造人员	电气机械和器材制造人员
阜阳市	**767**	**74**	**647**	**363**	**114**	**22**	**105**	**36**	**202**
颍州区		1	13	16	3		1	1	
颍东区	77		13	9	1		2	2	4
颍泉区	1	2	44	31	6		8	3	3
临泉县	5	10	117	68	22	5	23	8	16
太和县	15	39	152	89	28	9	23	15	72
阜南县	2	3	64	46	15	4	10	2	6
颍上县	665	15	149	64	28	2	27	2	19
阜阳合肥现代产业园区			37	1			2		
阜阳经济技术开发区	1	1	39	15	4	1	7	1	1
界首市	1	3	19	24	7	1	2	2	81
宿州市	**403**	**25**	**587**	**167**	**94**	**25**	**59**	**18**	**62**
埇桥区	321	4	72	14	9	1	14	3	11
砀山县	7	7	73	20	11	4	11	3	11
萧县	54	10	228	53	36	14	15	7	10
灵璧县	1	1	135	47	18	4	12	2	14
泗县	2	2	52	27	17	2	6	2	6
宿州马鞍山现代产业园区			13	2	2			1	3
宿州经济技术开发区	18	1	14	4	1		1		7
六安市	**302**	**78**	**675**	**187**	**100**	**12**	**71**	**11**	**85**
金安区		5	108	42	14	3	11		5
裕安区	2	3	14	9	6		3		1
叶集区	1		6						4
霍邱县	268	29	63	22	16	3	11	2	9
舒城县	7	8	197	46	14		19	3	18
金寨县	15	7	76	37	6	2	12	1	11
霍山县	9	26	211	31	44	4	15	5	37
亳州市	**402**	**13**	**424**	**196**	**52**	**8**	**77**	**12**	**28**
谯城区		2	18	9	7				4
涡阳县	129	3	195	71	13	3	12	8	7
蒙城县	219	5	128	60	24	4	47	2	8
利辛县	54	3	83	56	8	1	18	2	9
池州市	**20**	**61**	**141**	**99**	**32**	**2**	**21**	**27**	**10**
贵池区	9	46	28	8	5			13	
东至县	2	8	34	68	14	1	13	14	5
石台县		2	6		1				
青阳县	9	5	73	23	12	1	8		5
池州市国家经济技术开发区									
皖江江南新兴产业集中区									
九华山风景区									
宣城市	**27**	**172**	**742**	**248**	**173**	**27**	**217**	**1**	**76**
宣州区	3	13	44	24	5		20		6
郎溪县	4	58	269	64	48	14	17		7
泾县		34	142	29	18	4	4		47
绩溪县	3	18	69	14	50	3	25		1
旌德县	4	4	25	24	3	1		1	2
宣城市经济开发区	2	20	70	34	12	2	61		9
宁国市	9	10	48	42	4		36		1
广德市	2	15	75	17	33	3	54		3

4－6b 续表 69

单位：人

地 区 性 别	生产制造及有关人员								
	采矿人员	金属冶炼和压延加工人员	机械制造基础加工人员	金属制品制造人员	通用设备制造人员	专用设备制造人员	汽车制造人员	铁路、船舶、航空设备制造人员	电气机械和器材制造人员
女	**172**	**360**	**1699**	**1395**	**537**	**432**	**1480**	**240**	**2203**
合肥市	**7**	**70**	**347**	**226**	**100**	**115**	**433**	**4**	**930**
瑶海区				1					
庐阳区		1		2		1			
蜀山区		3							7
包河区									
长丰县		17	53	41	21	16	56	1	79
肥东县		9	79	36	11	17	23		56
肥西县		7	108	42	35	29	115	1	264
庐江县	6	21	24	33	3	5	15	1	52
合肥高新技术产业开发区			13	4	1	3	15		11
合肥经济技术开发区		7	44	26	21	19	195		395
合肥新站高新技术产业开发区	1	2	16	32	3	22	13		54
巢湖市		3	10	9	5	3	1	1	12
芜湖市	**1**	**45**	**181**	**85**	**151**	**22**	**392**	**7**	**365**
镜湖区			1						
弋江区									
鸠江区		2	5	2	1	1	9		4
三山区			1	1		1	2	1	5
芜湖县		6	91	41	25	7	117	4	159
繁昌县	1	23	21	6	9		8	2	10
南陵县		1	16	9	3	8	19		9
芜湖经济技术开发区		10	42	15	111	5	233		113
安徽芜湖长江大桥经济开发区		2	1				1		8
无为市		1	3	11	2		3		57
蚌埠市	**2**	**5**	**38**	**57**	**8**	**6**	**38**	**2**	**18**
龙子湖区		4		5	1				
蚌山区									
禹会区									
淮上区					3		6	1	2
怀远县		1	16	20	2	4	14		6
五河县	2		6	16	1	1	3		5
固镇县			4	3	1				5
蚌埠市高新技术开发区			7	5			9		
蚌埠市经济开发区			5	8		1	6	1	
淮南市	**42**	**5**	**32**	**34**	**17**	**16**	**17**	**5**	**36**
大通区		1	4	1	6		6		3
田家庵区				1	1				1
谢家集区				1					
八公山区									
潘集区	2		1	3	1	1			1
凤台县	40		6	7		3	1	1	13
寿县		4	21	21	9	12	10	4	18

4-6b　续表 70　　　　单位：人

地　区 性　别	生产制造及有关人员								
	采矿人员	金属冶炼和压延加工人员	机械制造基础加工人员	金属制品制造人员	通用设备制造人员	专用设备制造人员	汽车制造人员	铁路、船舶、航空设备制造人员	电气机械和器材制造人员
马鞍山市	**11**	**46**	**78**	**62**	**26**	**7**	**73**	**2**	**31**
花山区									
雨山区									
博望区				8	2		1		
当涂县	10	25	40	32	7	5	58	1	18
含山县		18	27	17	7	2	11	1	7
和县	1	3	11	5	10		3		6
淮北市	**15**	**14**	**21**	**22**	**2**	**14**	**16**	**4**	**67**
杜集区	4	2	8					1	2
相山区									
烈山区	8		1		1	2	1		1
濉溪县	3	12	12	22	1	12	15	3	64
铜陵市	**4**	**6**	**12**	**37**	**5**		**4**	**1**	**9**
铜官区									
义安区	2	2	3	1	2		1		4
郊区	1		1	2					2
枞阳县	1	4	8	34	3		3	1	3
安庆市	**9**	**5**	**51**	**111**	**15**	**75**	**58**	**3**	**31**
迎江区									
大观区			3	1					
宜秀区				2		1	2		
怀宁县	5		6	24	3	23	20		10
太湖县		2	3	33	1	35	2		9
宿松县		1	6	21	7	2	4		3
望江县			1	2				1	1
岳西县			6	8			4		1
安徽安庆经济开发区	4	1	14	7	3	2	23	2	3
桐城市		1	8	5	1	9	3		
潜山市			4	8		3			4
黄山市		**4**	**36**	**39**	**13**	**6**	**74**	**3**	**15**
屯溪区						3	1		
黄山区		1	1	4	1				
徽州区			2	1		1	2	1	
歙县		1	13	19	7		45	2	6
休宁县		1	16	11	2	2	24		1
黟县		1	1	1	3		1		
祁门县			3	3			1		8
滁州市	**13**	**52**	**323**	**216**	**51**	**85**	**131**	**178**	**316**
琅琊区									
南谯区		1	5	2		1	2		7
来安县		10	56	27	9	6	36	12	23
全椒县	1	2	60	31	19	2	11	1	18
定远县	8	4	14	34	3	1	16		26
凤阳县	3	2	23	58	9		15		2
苏滁现代产业园			15	2		4	30		14
滁州经济技术开发区		3	7	14	3	3	13	1	156
天长市	1	30	138	29	4	65	6	160	65
明光市			5	19	4	3	2	4	5

4-6b 续表 71　　单位：人

地区 性别	生产制造及有关人员								
	采矿人员	金属冶炼和压延加工人员	机械制造基础加工人员	金属制品制造人员	通用设备制造人员	专用设备制造人员	汽车制造人员	铁路、船舶、航空设备制造人员	电气机械和器材制造人员
阜阳市	**11**	**14**	**86**	**142**	**18**	**24**	**35**	**7**	**155**
颍州区			1	11					1
颍东区			1	4		1	2		3
颍泉区			5	9	1	3		1	2
临泉县		5	25	16	6	2	12	2	16
太和县	2	5	15	32	1	9	7	2	59
阜南县			7	25	1	5	1	1	8
颍上县	9	4	24	32	8	3	8	1	24
阜阳合肥现代产业园区				1			2		
阜阳经济技术开发区				6	1	1	3		1
界首市			8	6					41
宿州市	**19**	**6**	**71**	**75**	**28**	**20**	**29**	**6**	**43**
埇桥区	13	1	9	3	1	3	6	2	6
砀山县	1	1	4	6	3	2	2		7
萧县	3	2	21	20	16	10	5	2	4
灵璧县		1	23	27	5	2	9		18
泗县		1	10	17	2	2	5		6
宿州马鞍山现代产业园区			1			1		2	1
宿州经济技术开发区	2		3	2	1		2		1
六安市	**24**	**24**	**208**	**84**	**20**	**11**	**26**	**11**	**115**
金安区		1	22	24	1	2	3	1	3
裕安区			1	1	1	1			1
叶集区			2	5		1			
霍邱县	24	7	8	10	4	1	4	1	6
舒城县		3	91	19	3	4	8	3	30
金寨县		8	21	14	2	1	3	3	16
霍山县		5	63	11	9	1	8	3	59
亳州市	**11**	**6**	**58**	**73**	**12**	**8**	**37**	**5**	**9**
谯城区			3	4	1	2			
涡阳县	1	4	28	26	3	1	8	3	2
蒙城县	9	1	22	18	5	3	24	2	6
利辛县	1	1	5	25	3	2	5		1
池州市	**1**	**16**	**18**	**41**	**7**	**1**	**10**	**1**	**7**
贵池区		13	2	3	1				
东至县	1	3	8	29			7	1	
石台县									
青阳县			8	9	6	1	3		7
池州市国家经济技术开发区									
皖江江南新兴产业集中区									
九华山风景区									
宣城市	**2**	**42**	**139**	**91**	**64**	**22**	**107**	**1**	**56**
宣州区		7	2	13	2	2	6		4
郎溪县		14	57	32	14	3	11		19
泾县		8	12	6	2	1	2		21
绩溪县	1	2	21	7	27	9	26		1
旌德县	1	2	6	6	2				1
宣城市经济开发区		8	9	12	2	1	25	1	3
宁国市		1	14	13	1	1	15		4
广德市			18	2	14	5	22		3

4-6b　续表 72　　　　单位：人

地　区 性　别	生产制造及有关人员								不便分类的其他从业人员
	计算机、通信和其他电子设备制造人　员	仪器仪表制造人员	废弃资源综合利用人　员	电力、热力、气体、水生产和输配人员	建筑施工人　员	运输设备和通用工程机械操作人员及有关人员	生产辅助人　员	其他生产制造及有关人员	
安　徽	**16944**	**229**	**651**	**1037**	**106340**	**7913**	**23962**	**1377**	**1238**
合肥市	**5760**	**30**	**96**	**160**	**22193**	**1828**	**5521**	**201**	**148**
瑶海区	8		1	1	99	2	27		
庐阳区	19			6	156	10	33		1
蜀山区	25			1	258	15	20	3	50
包河区									
长丰县	417	4	19	23	3097	483	708	48	2
肥东县	392	8	40	41	7020	432	826	15	23
肥西县	1059	3	10	27	3323	258	1038	10	16
庐江县	454	6	13	29	3760	193	427	15	1
合肥高新技术产业开发区	889	1	2	5	770	70	472	34	3
合肥经济技术开发区	860	3	4	12	1409	209	1115	33	22
合肥新站高新技术产业开发区	1617	5	5	7	1733	111	780	39	28
巢湖市	20		2	8	568	45	75	4	2
芜湖市	**1494**	**13**	**26**	**69**	**6443**	**471**	**2232**	**297**	**40**
镜湖区					10				
弋江区									
鸠江区	17			5	500	23	44	7	
三山区	11			1	32	6	38		
芜湖县	758	4	1	4	1440	108	501	140	11
繁昌县	23	5	3	30	527	128	421	4	4
南陵县	86	1	3	11	1904	67	151	93	3
芜湖经济技术开发区	478	3		12	384	80	816	35	10
安徽芜湖长江大桥经济开发区	5				117	7	37		
无为市	116		19	6	1529	52	224	18	12
蚌埠市	**604**	**5**	**12**	**88**	**3247**	**329**	**911**	**47**	**58**
龙子湖区	8			4	20	7	42		1
蚌山区									
禹会区	10		1		47	13	5	1	
淮上区	58	1		2	215	6	31	2	1
怀远县	116		3	23	915	109	217	10	7
五河县	74		3	11	907	69	143	20	15
固镇县	28	3	1	16	584	36	128	4	10
蚌埠市高新技术开发区	240	1	1	5	157	11	92	6	11
蚌埠市经济开发区	70		3	27	402	78	253	4	13
淮南市	**375**	**7**	**9**	**86**	**2616**	**364**	**1037**	**31**	**25**
大通区	12	1	1	14	303	42	145	8	1
田家庵区	4				57	11	3		
谢家集区	2				35	1	3	1	
八公山区									
潘集区	26	3	1	33	278	37	138	1	4
凤台县	66			22	545	148	426	5	2
寿县	265	3	7	17	1398	125	322	16	18

4－6b 续表 73

单位：人

地 区 性 别	生产制造及有关人员								不便分类的其他从业人员
	计算机、通信和其他电子设备制造人员	仪器仪表制造人员	废弃资源综合利用人员	电力、热力、气体、水生产和输配人员	建筑施工人员	运输设备和通用工程机械操作人员及有关人员	生产辅助人员	其他生产制造及有关人员	
马鞍山市	**609**	**8**	**44**	**24**	**3813**	**289**	**878**	**82**	**127**
花山区									
雨山区									
博望区	9		1		30	9	24	10	2
当涂县	391	6	11	12	1843	140	378	51	84
含山县	131	1	3	3	1222	63	294	5	36
和县	78	1	29	9	718	77	182	16	5
淮北市	**217**	**2**	**9**	**36**	**1835**	**225**	**854**	**11**	**32**
杜集区	29			6	179	19	87	1	6
相山区									
烈山区	24			4	86	32	111	1	
濉溪县	164	2	9	26	1570	174	656	9	26
铜陵市	**78**	**1**	**4**	**13**	**1717**	**105**	**231**	**10**	**8**
铜官区									
义安区	38		2		188	14	35	7	2
郊区	7		1	12	69	7	43	2	
枞阳县	33	1	1	1	1460	84	153	1	6
安庆市	**610**	**3**	**55**	**52**	**7229**	**415**	**1593**	**192**	**221**
迎江区									
大观区	4		1	1	73	6	7		
宜秀区				1	155	7	43		1
怀宁县	187	1	5	5	1484	45	280	7	68
太湖县	85		8	12	981	66	163	16	25
宿松县	88		20	4	1361	91	256	15	3
望江县	13		1	5	451	20	121	4	15
岳西县	64		2	8	636	52	89	7	12
安徽安庆经济开发区	81	2	16	12	650	70	258	15	65
桐城市	35		1	2	756	37	230	7	18
潜山市	53		1	2	682	21	146	121	14
黄山市	**334**	**21**	**2**	**16**	**2671**	**168**	**611**	**41**	**44**
屯溪区	15				48	7	9	1	
黄山区	4			2	348	15	60		
徽州区	1				150	1	8	2	
歙县	117	21		5	878	68	299	25	3
休宁县	98		2	6	555	28	125	2	6
黟县	17			2	168	21	12	1	34
祁门县	82			1	524	28	98	10	1
滁州市	**2890**	**108**	**41**	**131**	**9605**	**759**	**3060**	**181**	**92**
琅琊区									
南谯区	70	3	5	4	292	38	85	3	10
来安县	271	5	5	36	1561	123	448	10	4
全椒县	342	1	12	9	1636	141	462	39	15
定远县	275	8	4	42	1838	105	334	6	6
凤阳县	87		7	14	1474	134	492	18	37
苏滁现代产业园	259	2		1	346	10	236		
滁州经济技术开发区	948	2	4	4	486	79	269	27	13
天长市	517	84	1	13	1698	98	681	78	4
明光市	121	3	3	8	274	31	53		3

4-6b　续表 74　　　　　　　　　　　　　　　　　　　　　　　　　　　　　　　单位：人

地　区 性　别	生产制造及有关人员								不便分类的其他从业人员
	计算机、通信和其他电子设备制造人员	仪器仪表制造人员	废弃资源综合利用人员	电力、热力、气体、水生产和输配人员	建筑施工人员	运输设备和通用工程机械操作人员及有关人员	生产辅助人员	其他生产制造及有关人员	
阜阳市	**1151**	**10**	**220**	**61**	**13245**	**818**	**1709**	**87**	**186**
颍州区	17		1		520	17	29	1	2
颍东区	12		3	5	525	40	99		2
颍泉区	64			7	1085	32	58	2	1
临泉县	365	4	69	19	2580	160	338	22	29
太和县	282	5	118	11	3443	134	335	40	59
阜南县	128		7	5	1694	164	235	12	38
颍上县	233	1	19	5	2428	212	419	5	45
阜阳合肥现代产业园区					53	7	9		3
阜阳经济技术开发区	18			3	536	32	83	2	4
界首市	32		3	6	381	20	104	3	3
宿州市	**761**	**3**	**16**	**69**	**8597**	**485**	**1234**	**38**	**62**
埇桥区	114	1	1	7	820	63	278		4
砀山县	97		2	19	1258	82	230	10	9
萧县	270	2	1	20	2456	93	249	2	5
灵璧县	124		9	14	1694	104	194	9	15
泗县	113		3	6	1833	106	167	9	27
宿州马鞍山现代产业园区	31				185	13	21	1	
宿州经济技术开发区	12			3	351	24	95	7	2
六安市	**1035**	**8**	**59**	**75**	**8636**	**707**	**1443**	**60**	**86**
金安区	35	3	4	4	650	46	138	19	34
裕安区	25		4	2	637	34	46	7	2
叶集区	3			1	101	10	16	1	2
霍邱县	106	1	24	15	1610	204	273	8	20
舒城县	577	1	9	9	2435	158	341	8	6
金寨县	143	2	12	13	1854	90	199	5	5
霍山县	146	1	6	31	1349	165	430	12	17
亳州市	**424**	**1**	**30**	**51**	**7894**	**395**	**825**	**37**	**67**
谯城区	42			2	705	18	187	1	2
涡阳县	138	1	12	21	2456	149	220	17	46
蒙城县	96		16	13	2112	175	286	15	11
利辛县	148		2	15	2621	53	132	4	8
池州市	**181**	**5**	**7**	**27**	**2669**	**204**	**539**	**23**	**12**
贵池区	5			5	169	56	101		
东至县	81	1	3	12	1825	94	272	14	10
石台县	6			2	129	19	23	4	
青阳县	89	4	4	8	541	35	139	5	2
池州市国家经济技术开发区									
皖江江南新兴产业集中区									
九华山风景区					5		4		
宣城市	**421**	**4**	**21**	**79**	**3930**	**351**	**1284**	**39**	**30**
宣州区	41			3	533	55	120	5	16
郎溪县	84	2	1	42	1401	98	354	9	
泾县	64	1	5	13	576	46	175	3	8
绩溪县	30			4	408	23	158	1	
旌德县	13			1	298	16	35	2	
宣城市经济开发区	88	1	6	6	317	47	185	3	
宁国市	58			5	102	8	71		
广德市	43		9	5	295	58	186	16	6

4－6b　续表 75　　　　　　　　　　　　　　　　　　　　　　　　　　　　单位：人

地　区 性　别	生产制造及有关人员								不便分类的其他从业人员
	计算机、通信和其他电子设备制造人员	仪器仪表制造人员	废弃资源综合利用人员	电力、热力、气体、水生产和输配人员	建筑施工人员	运输设备和通用工程机械操作人员及有关人员	生产辅助人员	其他生产制造及有关人员	
男	**9960**	**137**	**437**	**894**	**93328**	**7269**	**15541**	**832**	**756**
合肥市	**3720**	**23**	**70**	**131**	**19251**	**1662**	**3528**	**130**	**89**
瑶海区	6		1	1	83	2	22		
庐阳区	12			4	142	10	27		1
蜀山区	9			1	238	14	15	1	30
包河区									
长丰县	233	4	14	19	2687	451	447	31	2
肥东县	204	6	28	32	5798	376	468	11	13
肥西县	628	3	7	20	2904	234	649	6	7
庐江县	275	4	12	26	3374	182	279	11	1
合肥高新技术产业开发区	601			5	703	63	314	16	3
合肥经济技术开发区	515	1	3	10	1289	193	723	26	15
合肥新站高新技术产业开发区	1228	5	4	6	1519	96	524	25	16
巢湖市	9		1	7	514	41	60	3	1
芜湖市	**894**	**9**	**20**	**61**	**5952**	**420**	**1539**	**182**	**21**
镜湖区					9				
弋江区									
鸠江区	11			5	461	21	30	7	
三山区	9			1	30	6	28		
芜湖县	392	1	1	3	1308	96	279	71	7
繁昌县	22	5	3	25	497	107	322	3	2
南陵县	60	1	3	9	1766	61	83	73	1
芜湖经济技术开发区	311	2		12	346	72	589	19	3
安徽芜湖长江大桥经济开发区	4				113	7	26		
无为市	85		13	6	1422	50	182	9	8
蚌埠市	**362**	**4**	**12**	**75**	**2886**	**302**	**611**	**33**	**36**
龙子湖区	5			4	20	6	21		1
蚌山区									
禹会区	5		1		44	11	2		
淮上区	24	1		2	190	6	16	1	1
怀远县	59		3	20	815	100	153	10	3
五河县	49		3	10	813	63	103	12	11
固镇县	17	2	1	15	510	32	69	3	5
蚌埠市高新技术开发区	161	1	1	4	138	11	47	3	8
蚌埠市经济开发区	42		3	20	356	73	200	4	7
淮南市	**193**	**5**	**8**	**76**	**2377**	**351**	**808**	**15**	**17**
大通区	10	1	1	12	285	38	101	4	
田家庵区	4				52	11			
谢家集区	1				26	1	2		
八公山区									
潘集区	16	3	1	30	255	36	123	1	4
凤台县	24			20	505	144	376	1	2
寿县	138	1	6	14	1254	121	206	9	11

4-6b　续表 76　　　　单位：人

地区 性别	生产制造及有关人员								不便分类的其他从业人员
	计算机、通信和其他电子设备制造人员	仪器仪表制造人员	废弃资源综合利用人员	电力、热力、气体、水生产和输配人员	建筑施工人员	运输设备和通用工程机械操作人员及有关人员	生产辅助人员	其他生产制造及有关人员	
马鞍山市	**329**	**3**	**37**	**21**	**3433**	**263**	**561**	**61**	**81**
花山区									
雨山区									
博望区	6		1		28	9	18	6	2
当涂县	196	2	8	11	1689	125	238	37	52
含山县	73		3	2	1094	56	187	4	24
和县	54	1	25	8	622	73	118	14	3
淮北市	**109**	**1**	**7**	**32**	**1619**	**213**	**626**	**7**	**23**
杜集区	9			6	157	17	76		3
相山区									
烈山区	13			3	75	30	98	1	
濉溪县	87	1	7	23	1387	166	452	6	20
铜陵市	**53**	**1**	**3**	**11**	**1470**	**97**	**167**	**6**	**6**
铜官区									
义安区	26		1		172	14	32	4	2
郊区	4		1	11	64	6	31	2	
枞阳县	23	1	1		1234	77	104		4
安庆市	**375**	**1**	**35**	**42**	**6285**	**401**	**1018**	**103**	**139**
迎江区									
大观区	3		1	1	63	6	5		
宜秀区				1	143	6	31		1
怀宁县	118	1	3	3	1221	44	176	7	40
太湖县	55		4	9	885	65	110	12	19
宿松县	50		12	3	1191	90	173	8	2
望江县	10		1	5	376	17	64	2	5
岳西县	34		1	6	573	50	59	5	10
安徽安庆经济开发区	53		11	11	554	66	181	10	45
桐城市	24		1	1	701	36	127	4	11
潜山市	28		1	2	578	21	92	55	6
黄山市	**122**	**7**	**1**	**15**	**2399**	**163**	**394**	**24**	**21**
屯溪区	10				48	7	6		
黄山区	3			2	321	15	39		
徽州区					140	1	6	1	
歙县	53	7		5	786	65	210	14	2
休宁县	25		1	5	498	26	67	2	2
黟县	8			2	147	21	9		17
祁门县	23			1	459	28	57	7	
滁州市	**1618**	**64**	**29**	**117**	**8440**	**706**	**1797**	**99**	**59**
琅琊区									
南谯区	31	1	4	4	262	36	59	3	8
来安县	156	3	3	27	1397	114	259	6	2
全椒县	229	1	8	9	1405	132	303	29	12
定远县	160	6	3	42	1512	98	213	1	4
凤阳县	41		5	13	1273	126	259	8	21
苏滁现代产业园	178	2		1	308	10	155		
滁州经济技术开发区	543	1	3	3	418	70	160	16	7
天长市	214	50	1	12	1617	92	356	36	3
明光市	66		2	6	248	28	33		2

4-6b 续表 77 单位：人

地区 性别	生产制造及有关人员								不便分类的其他从业人员
	计算机、通信和其他电子设备制造人员	仪器仪表制造人员	废弃资源综合利用人员	电力、热力、气体、水生产和输配人员	建筑施工人员	运输设备和通用工程机械操作人员及有关人员	生产辅助人员	其他生产制造及有关人员	
阜阳市	**662**	**5**	**120**	**54**	**11393**	**753**	**1091**	**44**	**109**
颍州区	10		1		455	15	17	1	1
颍东区	3		1	4	454	37	75		2
颍泉区	37			7	922	29	32	1	1
临泉县	207	3	43	15	2178	145	216	8	21
太和县	171	2	51	11	2915	127	200	20	28
阜南县	74		6	5	1488	150	138	7	24
颍上县	128		15	3	2136	196	294	4	27
阜阳合肥现代产业园区					48	5	7		2
阜阳经济技术开发区	11			3	458	31	51	2	2
界首市	21		3	6	339	18	61	1	1
宿州市	**425**	**3**	**12**	**62**	**7510**	**444**	**856**	**19**	**31**
埇桥区	50	1	1	6	733	59	225		
砀山县	62		1	18	1137	75	148	6	6
萧县	163	2	1	19	2084	79	173		1
灵璧县	68		7	10	1506	101	122	6	9
泗县	54		2	6	1572	95	110	3	14
宿州马鞍山现代产业园区	21				169	11	13	1	
宿州经济技术开发区	7			3	309	24	65	3	1
六安市	**510**	**5**	**38**	**65**	**7636**	**632**	**903**	**42**	**56**
金安区	21	3	3	4	578	41	85	18	24
裕安区	18		3	2	582	32	40	4	1
叶集区	2				93	10	8	1	
霍邱县	47		13	10	1437	179	215	3	14
舒城县	290	1	6	9	2184	147	189	5	2
金寨县	56	1	8	10	1549	81	129	3	4
霍山县	76		5	30	1213	142	237	8	11
亳州市	**242**		**23**	**46**	**6600**	**357**	**500**	**26**	**46**
谯城区	17			2	603	18	89	1	2
涡阳县	87		10	20	1978	136	151	12	30
蒙城县	57		11	12	1814	153	180	10	8
利辛县	81		2	12	2205	50	80	3	6
池州市	**102**	**3**	**5**	**17**	**2401**	**183**	**373**	**16**	**3**
贵池区	3			1	161	44	76		
东至县	56	1	3	9	1603	89	190	11	2
石台县	2			2	120	18	15	3	
青阳县	41	2	2	5	512	32	89	2	1
池州市国家经济技术开发区									
皖江江南新兴产业集中区									
九华山风景区					5		3		
宣城市	**244**	**3**	**17**	**69**	**3676**	**322**	**769**	**25**	**19**
宣州区	12			2	502	51	71	1	8
郎溪县	34	2	1	36	1324	91	217	7	
泾县	48	1	3	11	542	45	106	3	6
绩溪县	16			4	371	22	93	1	
旌德县	8			1	281	14	25	1	
宣城市经济开发区	60		6	5	289	40	106	2	
宁国市	36			5	94	7	32		
广德市	30		7	5	273	52	119	10	5

4-6b 续表 78

单位：人

地区 性别	生产制造及有关人员								不便分类的其他从业人员
	计算机、通信和其他电子设备制造人员	仪器仪表制造人员	废弃资源综合利用人员	电力、热力、气体、水生产和输配人员	建筑施工人员	运输设备和通用工程机械操作人员及有关人员	生产辅助人员	其他生产制造及有关人员	
女	**6984**	**92**	**214**	**143**	**13012**	**644**	**8421**	**545**	**482**
合肥市	**2040**	**7**	**26**	**29**	**2942**	**166**	**1993**	**71**	**59**
瑶海区	2				16		5		
庐阳区	7			2	14		6		
蜀山区	16				20	1	5	2	20
包河区									
长丰县	184		5	4	410	32	261	17	
肥东县	188	2	12	9	1222	56	358	4	10
肥西县	431		3	7	419	24	389	4	9
庐江县	179	2	1	3	386	11	148	4	
合肥高新技术产业开发区	288	1	2		67	7	158	18	
合肥经济技术开发区	345	2	1	2	120	16	392	7	7
合肥新站高新技术产业开发区	389		1	1	214	15	256	14	12
巢湖市	11		1	1	54	4	15	1	1
芜湖市	**600**	**4**	**6**	**8**	**491**	**51**	**693**	**115**	**19**
镜湖区					1				
弋江区									
鸠江区	6				39	2	14		
三山区	2				2		10		
芜湖县	366	3		1	132	12	222	69	4
繁昌县	1			5	30	21	99	1	2
南陵县	26			2	138	6	68	20	2
芜湖经济技术开发区	167	1			38	8	227	16	7
安徽芜湖长江大桥经济开发区	1				4		11		
无为市	31		6		107	2	42	9	4
蚌埠市	**242**	**1**		**13**	**361**	**27**	**300**	**14**	**22**
龙子湖区	3					1	21		
蚌山区									
禹会区	5				3	2	3	1	
淮上区	34				25		15	1	
怀远县	57			3	100	9	64		4
五河县	25			1	94	6	40	8	4
固镇县	11	1		1	74	4	59	1	5
蚌埠市高新技术开发区	79			1	19		45	3	3
蚌埠市经济开发区	28			7	46	5	53		6
淮南市	**182**	**2**	**1**	**10**	**239**	**13**	**229**	**16**	**8**
大通区	2			2	18	4	44	4	1
田家庵区					5		3		
谢家集区	1				9		1	1	
八公山区									
潘集区	10			3	23	1	15		
凤台县	42			2	40	4	50	4	
寿县	127	2	1	3	144	4	116	7	7

4-6b 续表 79

单位：人

地区 性别	生产制造及有关人员								不便分类的其他从业人员
	计算机、通信和其他电子设备制造人员	仪器仪表制造人员	废弃资源综合利用人员	电力、热力、气体、水生产和输配人员	建筑施工人员	运输设备和通用工程机械操作人员及有关人员	生产辅助人员	其他生产制造及有关人员	
马鞍山市	**280**	**5**	**7**	**3**	**380**	**26**	**317**	**21**	**46**
花山区									
雨山区									
博望区	3				2		6	4	
当涂县	195	4	3	1	154	15	140	14	32
含山县	58	1		1	128	7	107	1	12
和县	24		4	1	96	4	64	2	2
淮北市	**108**	**1**	**2**	**4**	**216**	**12**	**228**	**4**	**9**
杜集区	20				22	2	11	1	3
相山区									
烈山区	11			1	11	2	13		
濉溪县	77	1	2	3	183	8	204	3	6
铜陵市	**25**		**1**	**2**	**247**	**8**	**64**	**4**	**2**
铜官区									
义安区	12		1		16		3	3	
郊区	3			1	5	1	12		
枞阳县	10			1	226	7	49	1	2
安庆市	**235**	**2**	**20**	**10**	**944**	**14**	**575**	**89**	**82**
迎江区									
大观区	1				10		2		
宜秀区					12	1	12		
怀宁县	69		2	2	263	1	104		28
太湖县	30		4	3	96	1	53	4	6
宿松县	38		8	1	170	1	83	7	1
望江县	3				75	3	57	2	10
岳西县	30		1	2	63	2	30	2	2
安徽安庆经济开发区	28	2	5	1	96	4	77	5	20
桐城市	11			1	55	1	103	3	7
潜山市	25				104		54	66	8
黄山市	**212**	**14**	**1**	**1**	**272**	**5**	**217**	**17**	**23**
屯溪区	5						3	1	
黄山区	1				27		21		
徽州区	1				10		2	1	
歙县	64	14			92	3	89	11	1
休宁县	73		1	1	57	2	58		4
黟县	9				21		3	1	17
祁门县	59				65		41	3	1
滁州市	**1272**	**44**	**12**	**14**	**1165**	**53**	**1263**	**82**	**33**
琅琊区									
南谯区	39	2	1		30	2	26		2
来安县	115	2	2	9	164	9	189	4	2
全椒县	113		4		231	9	159	10	3
定远县	115	2	1		326	7	121	5	2
凤阳县	46		2	1	201	8	233	10	16
苏滁现代产业园	81				38		81		
滁州经济技术开发区	405	1	1	1	68	9	109	11	6
天长市	303	34		1	81	6	325	42	1
明光市	55	3	1	2	26	3	20		1

4-6b　续表 80　　　　单位：人

地区 性别	生产制造及有关人员								不便分类的其他从业人员
	计算机、通信和其他电子设备制造人员	仪器仪表制造人员	废弃资源综合利用人员	电力、热力、气体、水生产和输配人员	建筑施工人员	运输设备和通用工程机械操作人员及有关人员	生产辅助人员	其他生产制造及有关人员	
阜阳市	**489**	**5**	**100**	**7**	**1852**	**65**	**618**	**43**	**77**
颍州区	7				65	2	12		1
颍东区	9		2	1	71	3	24		
颍泉区	27				163	3	26	1	
临泉县	158	1	26	4	402	15	122	14	8
太和县	111	3	67		528	7	135	20	31
阜南县	54		1		206	14	97	5	14
颍上县	105	1	4	2	292	16	125	1	18
阜阳合肥现代产业园区					5	2	2		1
阜阳经济技术开发区	7				78	1	32		2
界首市	11				42	2	43	2	2
宿州市	**336**		**4**	**7**	**1087**	**41**	**378**	**19**	**31**
埇桥区	64			1	87	4	53		4
砀山县	35		1	1	121	7	82	4	3
萧县	107			1	372	14	76	2	4
灵璧县	56		2	4	188	3	72	3	6
泗县	59		1		261	11	57	6	13
宿州马鞍山现代产业园区	10				16	2	8		
宿州经济技术开发区	5				42		30	4	1
六安市	**525**	**3**	**21**	**10**	**1000**	**75**	**540**	**18**	**30**
金安区	14		1		72	5	53	1	10
裕安区	7		1		55	2	6	3	1
叶集区	1			1	8		8		2
霍邱县	59	1	11	5	173	25	58	5	6
舒城县	287		3		251	11	152	3	4
金寨县	87	1	4	3	305	9	70	2	1
霍山县	70	1	1	1	136	23	193	4	6
亳州市	**182**	**1**	**7**	**5**	**1294**	**38**	**325**	**11**	**21**
谯城区	25				102		98		
涡阳县	51	1	2	1	478	13	69	5	16
蒙城县	39		5	1	298	22	106	5	3
利辛县	67			3	416	3	52	1	2
池州市	**79**	**2**	**2**	**10**	**268**	**21**	**166**	**7**	**9**
贵池区	2			4	8	12	25		
东至县	25			3	222	5	82	3	8
石台县	4				9	1	8	1	
青阳县	48	2	2	3	29	3	50	3	1
池州市国家经济技术开发区									
皖江江南新兴产业集中区									
九华山风景区							1		
宣城市	**177**	**1**	**4**	**10**	**254**	**29**	**515**	**14**	**11**
宣州区	29			1	31	4	49	4	8
郎溪县	50			6	77	7	137	2	
泾县	16		2	2	34	1	69		2
绩溪县	14				37	1	65		
旌德县	5				17	2	10	1	
宣城市经济开发区	28	1		1	28	7	79	1	
宁国市	22				8	1	39		
广德市	13		2		22	6	67	6	1

4-6c 各地区分性别、职业中类的就业人口(乡村)

单位：人

地区 性别	合计	党的机关、国家机关、群众团体和社会组织、企事业单位负责人						
		小计	中国共产党机关负责人	国家机关负责人	民主党派和工商联负责人	人民团体和群众团体、社会组织及其他成员组织负责人	基层群众自治组织负责人	企事业单位负责人
安徽	**1218089**	**12753**	**43**	**206**		**476**	**1055**	**10973**
合肥市	**86529**	**924**	**4**	**15**		**12**	**77**	**816**
瑶海区	1127	15				1		14
庐阳区	215	2					1	1
蜀山区	627	11						11
包河区	421	1						1
长丰县	15540	184	1	2		4	14	163
肥东县	20266	294		8		1	9	276
肥西县	16164	128	2	2		2	18	104
庐江县	22563	199	1	3		2	25	168
合肥高新技术产业开发区	4							
合肥经济技术开发区	378							
合肥新站高新技术产业开发区	223	6						6
巢湖市	9001	84				2	10	72
芜湖市	**59608**	**760**	**1**	**3**		**8**	**40**	**708**
镜湖区	785	4						4
弋江区								
鸠江区	6501	51					2	49
三山区	1875	14				1	1	12
芜湖县	5548	37					2	35
繁昌县	5867	90				1	5	84
南陵县	12207	192	1			1	18	172
芜湖经济技术开发区	144							
安徽芜湖长江大桥经济开发区	312	4						4
无为市	26369	368		3		5	12	348
蚌埠市	**55930**	**358**	**12**	**4**		**15**	**46**	**281**
龙子湖区	1836	20				1	3	16
蚌山区	669	3						3
禹会区	3652	39		1		2	2	34
淮上区	3952	12	1				2	9
怀远县	23277	82	10	1		2	17	52
五河县	10893	105	1	2			8	94
固镇县	11651	97				10	14	73
蚌埠市高新技术开发区								
蚌埠市经济开发区								
淮南市	**56171**	**705**		**10**		**26**	**80**	**589**
大通区	1818	12				4	4	4
田家庵区	1097	13					5	8
谢家集区	1717	17		1		2	5	9
八公山区	285	7		1				6
潘集区	6245	95		2		6	30	57
凤台县	15204	114		2		3	22	87
寿县	29805	447		4		11	14	418

4-6c　续表 1　　　　单位：人

地　区 性　别	合计	党的机关、国家机关、群众团体和社会组织、企事业单位负责人						
		小计	中国共产党机关负责人	国家机关负责人	民主党派和工商联负责人	人民团体和群众团体、社会组织及其他成员组织负责人	基层群众自治组织负责人	企事业单位负责人
马鞍山市	**29068**	**289**		**4**		**4**	**25**	**256**
花山区	361	2						2
雨山区	628	5		1				4
博望区	2999	61					1	60
当涂县	8340	50		1		1	13	35
含山县	8821	102		2		2	2	96
和县	7919	69				1	9	59
淮北市	**27718**	**142**		**2**		**12**	**21**	**107**
杜集区	2241	24				2	2	20
相山区	1899	10				1	2	7
烈山区	4608	22		1		2	8	11
濉溪县	18970	86		1		7	9	69
铜陵市	**14523**	**175**		**8**		**6**	**26**	**135**
铜官区	389	8						8
义安区	4730	34				1	6	27
郊区	2742	47					4	43
枞阳县	6662	86		8		5	16	57
安庆市	**119273**	**2392**	**5**	**27**		**70**	**99**	**2191**
迎江区	439	5					1	4
大观区	1697	46				1	2	43
宜秀区	1210	16						16
怀宁县	16828	323		8		23	9	283
太湖县	14873	287	1	5		18	14	249
宿松县	21743	578		1		9	29	539
望江县	27264	409	1	5		8	9	386
岳西县	10392	209	2	5		5	6	191
安徽安庆经济开发区	174	5					1	4
桐城市	11015	248	1	1		3	11	232
潜山市	13638	266		2		3	17	244
黄山市	**33831**	**349**	**5**	**16**		**4**	**52**	**272**
屯溪区	1168	16		1				15
黄山区	3177	52					12	40
徽州区	2082	16					4	12
歙县	15307	139	2	9		2	17	109
休宁县	6909	63	2	1		2	11	47
黟县	2300	53	1	5			5	42
祁门县	2888	10					3	7
滁州市	**100393**	**772**	**2**	**15**		**17**	**54**	**684**
琅琊区	546	8		1				7
南谯区	4877	61		2		4	5	50
来安县	11529	72		1		1	8	62
全椒县	11277	77		1			3	73
定远县	27608	175		3		1	16	155
凤阳县	19729	151		5		5	3	138
苏滁现代产业园								
滁州经济技术开发区	1652	6						6
天长市	10733	163	1	1		4	11	146
明光市	12442	59	1	1		2	8	47

4－6c 续表 2

单位：人

地 区 性 别	合计	党的机关、国家机关、群众团体和社会组织、企事业单位负责人						
		小计	中国共产党机关负责人	国家机关负责人	民主党派和工商联负责人	人民团体和群众团体、社会组织及其他成员组织负责人	基层群众自治组织负责人	企事业单位负责人
阜阳市	**227662**	**1712**	**4**	**28**		**79**	**114**	**1487**
颍州区	10342	117	1	1		8	12	95
颍东区	14036	91				3	4	84
颍泉区	14744	89		1		2	8	78
临泉县	53417	364	1	6		30	14	313
太和县	41827	172	2	4		10	11	145
阜南县	38138	316		5		13	23	275
颍上县	41630	417		7		3	23	384
阜阳合肥现代产业园区	1049	14		1			3	10
阜阳经济技术开发区	670	14						14
界首市	11809	118		3		10	16	89
宿州市	**142526**	**980**	**1**	**12**		**57**	**107**	**803**
埇桥区	40186	413		3		21	26	363
砀山县	21100	116		2		2	15	97
萧县	36339	202		1		4	27	170
灵璧县	24228	132		4		19	25	84
泗县	20094	116	1	2		11	13	89
宿州马鞍山现代产业园区	579	1					1	
宿州经济技术开发区								
六安市	**109175**	**1652**	**6**	**25**		**84**	**129**	**1408**
金安区	15354	168	2	1		1	24	140
裕安区	21287	258	1	4		33	28	192
叶集区	4034	78		1		11	6	60
霍邱县	23412	313		9		15	27	262
舒城县	23859	490	2	5		19	27	437
金寨县	15649	251		5		2	11	233
霍山县	5580	94	1			3	6	84
亳州市	**90563**	**588**		**16**		**42**	**99**	**431**
谯城区	29844	136		4		11	18	103
涡阳县	19501	154		2		2	49	101
蒙城县	18610	176		7		24	14	131
利辛县	22608	122		3		5	18	96
池州市	**25616**	**434**	**1**	**9**		**11**	**45**	**368**
贵池区	7341	71		1		2	11	57
东至县	12042	196		4		4	18	170
石台县	1737	37	1	4		1	1	30
青阳县	3965	103				3	15	85
池州市国家经济技术开发区								
皖江江南新兴产业集中区								
九华山风景区	531	27				1		26
宣城市	**39503**	**521**	**2**	**12**		**29**	**41**	**437**
宣州区	11971	115	2	5		1	6	101
郎溪县	5239	69		4		4	7	54
泾县	4836	80				2	10	68
绩溪县	2255	25				1	9	15
旌德县	1949	43		1			4	38
宣城市经济开发区	892	12						12
宁国市	4582	64		1		4	1	58
广德市	7779	113		1		17	4	91

4-6c　续表 3　　　　单位：人

地　区 性　别	合计	党的机关、国家机关、群众团体和社会组织、企事业单位负责人						
		小计	中国共产党机关负责人	国家机关负责人	民主党派和工商联负责人	人民团体和群众团体、社会组织及其他成员组织负责人	基层群众自治组织负责人	企事业单位负责人
男	**746520**	**10230**	**33**	**178**		**326**	**865**	**8828**
合肥市	**56436**	**774**	**3**	**13**		**8**	**67**	**683**
瑶海区	706	13						13
庐阳区	148	1						1
蜀山区	458	11						11
包河区	268	1						1
长丰县	9977	150	1	1		2	10	136
肥东县	13421	234		7		1	7	219
肥西县	10868	111	1	2		2	17	89
庐江县	14876	177	1	3		1	23	149
合肥高新技术产业开发区	3							
合肥经济技术开发区	229							
合肥新站高新技术产业开发区	151	4						4
巢湖市	5331	72				2	10	60
芜湖市	**39529**	**644**	**1**	**2**		**5**	**37**	**599**
镜湖区	530	2						2
弋江区								
鸠江区	3964	46					2	44
三山区	1207	10					1	9
芜湖县	3705	34					2	32
繁昌县	3930	72					4	68
南陵县	7865	162	1			1	18	142
芜湖经济技术开发区	83							
安徽芜湖长江大桥经济开发区	186	3						3
无为市	18059	315		2		4	10	299
蚌埠市	**32680**	**284**	**9**	**3**		**8**	**36**	**228**
龙子湖区	1140	17				1	3	13
蚌山区	439	3						3
禹会区	2440	31				1	2	28
淮上区	2414	10	1				1	8
怀远县	12678	61	8	1		1	14	37
五河县	6616	86		2			5	79
固镇县	6953	76				5	11	60
蚌埠市高新技术开发区								
蚌埠市经济开发区								
淮南市	**34937**	**573**		**9**		**15**	**67**	**482**
大通区	1166	10				3	4	3
田家庵区	690	11					5	6
谢家集区	1065	14		1		1	5	7
八公山区	177	7		1				6
潘集区	4228	74		1		3	23	47
凤台县	9225	95		2		3	17	73
寿县	18386	362		4		5	13	340

4-6c 续表 4 单位：人

地区 性别	合计	党的机关、国家机关、群众团体和社会组织、企事业单位负责人						
		小计	中国共产党机关负责人	国家机关负责人	民主党派和工商联负责人	人民团体和群众团体、社会组织及其他成员组织负责人	基层群众自治组织负责人	企事业单位负责人
马鞍山市	**18555**	**246**		**3**		**1**	**20**	**222**
花山区	241	2						2
雨山区	398	5		1				4
博望区	2090	57					1	56
当涂县	5182	40		1			9	30
含山县	5868	80		1			2	77
和县	4776	62				1	8	53
淮北市	**17241**	**107**		**1**		**10**	**13**	**83**
杜集区	1494	19				1	2	16
相山区	1206	9				1	2	6
烈山区	2672	17		1		2	5	9
濉溪县	11869	62				6	4	52
铜陵市	**9221**	**147**		**8**		**4**	**24**	**111**
铜官区	236	7						7
义安区	3106	31				1	6	24
郊区	1722	35					4	31
枞阳县	4157	74		8		3	14	49
安庆市	**73375**	**1928**	**4**	**24**		**49**	**84**	**1767**
迎江区	302	5					1	4
大观区	1044	28					2	26
宜秀区	734	11						11
怀宁县	10390	246		7		14	8	217
太湖县	9689	229	1	4		14	12	198
宿松县	14081	476		1		8	26	441
望江县	14390	323	1	5		8	6	303
岳西县	6906	173	2	4		3	5	159
安徽安庆经济开发区	101	3						3
桐城市	7339	208		1		1	9	197
潜山市	8399	226		2		1	15	208
黄山市	**20486**	**277**	**2**	**10**		**3**	**48**	**214**
屯溪区	685	13						13
黄山区	2096	40					11	29
徽州区	1216	15					4	11
歙县	8906	114	1	5		2	17	89
休宁县	4206	49	1	1		1	9	37
黟县	1428	36		4			4	28
祁门县	1949	10					3	7
滁州市	**59764**	**609**	**2**	**15**		**7**	**46**	**539**
琅琊区	351	6		1				5
南谯区	3239	53		2		2	5	44
来安县	6824	60		1			8	51
全椒县	6274	60		1			3	56
定远县	16429	145		3			14	128
凤阳县	11697	109		5		2	2	100
苏滁现代产业园								
滁州经济技术开发区	1090	6						6
天长市	6312	122	1	1		1	8	111
明光市	7548	48	1	1		2	6	38

4-6c 续表 5

单位：人

地 区 性 别	合计	党的机关、国家机关、群众团体和社会组织、企事业单位负责人						
		小计	中国共产党机关负责人	国家机关负责人	民主党派和工商联负责人	人民团体和群众团体、社会组织及其他成员组织负责人	基层群众自治组织负责人	企事业单位负责人
阜阳市	**134936**	**1286**	**3**	**28**		**57**	**86**	**1112**
颍州区	6436	88	1	1		7	7	72
颍东区	8762	72				2	3	67
颍泉区	8334	65		1		2	6	56
临泉县	31083	263	1	6		21	10	225
太和县	24050	137	1	4		8	10	114
阜南县	22346	233		5		9	17	202
颍上县	25279	316		7		3	17	289
阜阳合肥现代产业园区	676	11		1			2	8
阜阳经济技术开发区	462	11						11
界首市	7508	90		3		5	14	68
宿州市	**80666**	**756**	**1**	**12**		**42**	**81**	**620**
埇桥区	24774	318		3		15	22	278
砀山县	11480	95		2		2	13	78
萧县	19632	149		1		3	18	127
灵璧县	12967	99		4		13	18	64
泗县	11455	94	1	2		9	9	73
宿州马鞍山现代产业园区	358	1					1	
宿州经济技术开发区								
六安市	**68654**	**1350**	**6**	**16**		**57**	**101**	**1170**
金安区	9372	141	2	1		1	21	116
裕安区	13383	203	1	2		19	21	160
叶集区	2476	62		1		9	2	50
霍邱县	14760	258		5		10	22	221
舒城县	15233	397	2	3		15	22	355
金寨县	9854	212		4		2	8	198
霍山县	3576	77	1			1	5	70
亳州市	**56340**	**461**		**15**		**33**	**80**	**333**
谯城区	18328	100		4		9	11	76
涡阳县	12688	131		2		2	43	84
蒙城县	11448	134		7		17	12	98
利辛县	13876	96		2		5	14	75
池州市	**16788**	**357**		**7**		**9**	**42**	**299**
贵池区	4707	64		1		2	9	52
东至县	7903	164		2		3	17	142
石台县	1098	30		4		1	1	24
青阳县	2744	83				2	15	66
池州市国家经济技术开发区								
皖江江南新兴产业集中区								
九华山风景区	336	16				1		15
宣城市	**26912**	**431**	**2**	**12**		**18**	**33**	**366**
宣州区	7903	97	2	5		1	6	83
郎溪县	3688	55		4		2	4	45
泾县	3561	67				1	8	58
绩溪县	1412	19				1	6	12
旌德县	1387	37		1			4	32
宣城市经济开发区	605	11						11
宁国市	3165	58		1		3	1	53
广德市	5191	87		1		10	4	72

4－6c 续表 6　　　　单位：人

地　区 性　别	合计	党的机关、国家机关、群众团体和社会组织、企事业单位负责人						
		小计	中国共产党机关负责人	国家机关负责人	民主党派和工商联负责人	人民团体和群众团体、社会组织及其他成员组织负责人	基层群众自治组织负责人	企事业单位负责人
女	**471569**	**2523**	**10**	**28**		**150**	**190**	**2145**
合肥市	**30093**	**150**	**1**	**2**		**4**	**10**	**133**
瑶海区	421	2				1		1
庐阳区	67	1					1	
蜀山区	169							
包河区	153							
长丰县	5563	34		1		2	4	27
肥东县	6845	60		1			2	57
肥西县	5296	17	1				1	15
庐江县	7687	22				1	2	19
合肥高新技术产业开发区	1							
合肥经济技术开发区	149							
合肥新站高新技术产业开发区	72	2						2
巢湖市	3670	12						12
芜湖市	**20079**	**116**		**1**		**3**	**3**	**109**
镜湖区	255	2						2
弋江区								
鸠江区	2537	5						5
三山区	668	4				1		3
芜湖县	1843	3						3
繁昌县	1937	18				1	1	16
南陵县	4342	30						30
芜湖经济技术开发区	61							
安徽芜湖长江大桥经济开发区	126	1						1
无为市	8310	53		1		1	2	49
蚌埠市	**23250**	**74**	**3**	**1**		**7**	**10**	**53**
龙子湖区	696	3						3
蚌山区	230							
禹会区	1212	8		1		1		6
淮上区	1538	2					1	1
怀远县	10599	21	2			1	3	15
五河县	4277	19	1				3	15
固镇县	4698	21				5	3	13
蚌埠市高新技术开发区								
蚌埠市经济开发区								
淮南市	**21234**	**132**		**1**		**11**	**13**	**107**
大通区	652	2				1		1
田家庵区	407	2						2
谢家集区	652	3				1		2
八公山区	108							
潘集区	2017	21		1		3	7	10
凤台县	5979	19					5	14
寿县	11419	85				6	1	78

4-6c 续表 7

单位：人

地区 性别	合计	党的机关、国家机关、群众团体和社会组织、企事业单位负责人						
		小计	中国共产党机关负责人	国家机关负责人	民主党派和工商联负责人	人民团体和群众团体、社会组织及其他成员组织负责人	基层群众自治组织负责人	企事业单位负责人
马鞍山市	**10513**	**43**		**1**		**3**	**5**	**34**
花山区	120							
雨山区	230							
博望区	909	4						4
当涂县	3158	10				1	4	5
含山县	2953	22		1		2		19
和县	3143	7					1	6
淮北市	**10477**	**35**		**1**		**2**	**8**	**24**
杜集区	747	5				1		4
相山区	693	1						1
烈山区	1936	5					3	2
濉溪县	7101	24		1		1	5	17
铜陵市	**5302**	**28**				**2**	**2**	**24**
铜官区	153	1						1
义安区	1624	3						3
郊区	1020	12						12
枞阳县	2505	12				2	2	8
安庆市	**45898**	**464**	**1**	**3**		**21**	**15**	**424**
迎江区	137							
大观区	653	18				1		17
宜秀区	476	5						5
怀宁县	6438	77		1		9	1	66
太湖县	5184	58		1		4	2	51
宿松县	7662	102				1	3	98
望江县	12874	86					3	83
岳西县	3486	36		1		2	1	32
安徽安庆经济开发区	73	2					1	1
桐城市	3676	40	1			2	2	35
潜山市	5239	40				2	2	36
黄山市	**13345**	**72**	**3**	**6**		**1**	**4**	**58**
屯溪区	483	3		1				2
黄山区	1081	12					1	11
徽州区	866	1						1
歙县	6401	25	1	4				20
休宁县	2703	14	1			1	2	10
黟县	872	17	1	1			1	14
祁门县	939							
滁州市	**40629**	**163**				**10**	**8**	**145**
琅琊区	195	2						2
南谯区	1638	8				2		6
来安县	4705	12				1		11
全椒县	5003	17						17
定远县	11179	30				1	2	27
凤阳县	8032	42				3	1	38
苏滁现代产业园								
滁州经济技术开发区	562							
天长市	4421	41				3	3	35
明光市	4894	11					2	9

4－6c　续表 8　　　　单位：人

地　区 性　别	合计	党的机关、国家机关、群众团体和社会组织、企事业单位负责人						
		小计	中国共产党机关负责人	国家机关负责人	民主党派和工商联负责人	人民团体和群众团体、社会组织及其他成员组织负责人	基层群众自治组织负责人	企事业单位负责人
阜阳市	**92726**	**426**	**1**			**22**	**28**	**375**
颍州区	3906	29				1	5	23
颍东区	5274	19				1	1	17
颍泉区	6410	24					2	22
临泉县	22334	101				9	4	88
太和县	17777	35	1			2	1	31
阜南县	15792	83				4	6	73
颍上县	16351	101					6	95
阜阳合肥现代产业园区	373	3					1	2
阜阳经济技术开发区	208	3						3
界首市	4301	28				5	2	21
宿州市	**61860**	**224**				**15**	**26**	**183**
埇桥区	15412	95				6	4	85
砀山县	9620	21					2	19
萧县	16707	53				1	9	43
灵璧县	11261	33				6	7	20
泗县	8639	22				2	4	16
宿州马鞍山现代产业园区	221							
宿州经济技术开发区								
六安市	**40521**	**302**		**9**		**27**	**28**	**238**
金安区	5982	27					3	24
裕安区	7904	55		2		14	7	32
叶集区	1558	16				2	4	10
霍邱县	8652	55		4		5	5	41
舒城县	8626	93		2		4	5	82
金寨县	5795	39		1			3	35
霍山县	2004	17				2	1	14
亳州市	**34223**	**127**		**1**		**9**	**19**	**98**
谯城区	11516	36				2	7	27
涡阳县	6813	23					6	17
蒙城县	7162	42				7	2	33
利辛县	8732	26		1			4	21
池州市	**8828**	**77**	**1**	**2**		**2**	**3**	**69**
贵池区	2634	7					2	5
东至县	4139	32		2		1	1	28
石台县	639	7	1					6
青阳县	1221	20				1		19
池州市国家经济技术开发区								
皖江江南新兴产业集中区								
九华山风景区	195	11						11
宣城市	**12591**	**90**				**11**	**8**	**71**
宣州区	4068	18						18
郎溪县	1551	14				2	3	9
泾县	1275	13				1	2	10
绩溪县	843	6					3	3
旌德县	562	6						6
宣城市经济开发区	287	1						1
宁国市	1417	6				1		5
广德市	2588	26				7		19

4-6c 续表 9

单位：人

地区 性别	专业技术人员 小计	科学研究人员	工程技术人员	农业技术人员	飞机和船舶技术人员	卫生专业技术人员	经济和金融专业人员	法律、社会和宗教专业人员	教学人员	文学艺术、体育专业人员
安徽	**46686**	**187**	**10617**	**679**	**52**	**8374**	**6859**	**1011**	**17005**	**1065**
合肥市	**4145**	**19**	**1197**	**63**		**571**	**732**	**79**	**1341**	**72**
瑶海区	148		51			13	34	2	44	3
庐阳区	8	1	3			1	2		1	
蜀山区	16		6	1		2	2	1	1	1
包河区	34		18			1	2		13	
长丰县	680	3	137	6		110	110	4	292	8
肥东县	1142	6	319	12		162	184	49	361	23
肥西县	863	2	266	11		103	169	4	279	19
庐江县	927	6	313	25		136	169	11	238	14
合肥高新技术产业开发区										
合肥经济技术开发区	8		4	1					3	
合肥新站高新技术产业开发区	22		10			1	4		6	1
巢湖市	297	1	70	7		42	56	8	103	3
芜湖市	**2620**	**12**	**715**	**21**	**18**	**470**	**528**	**46**	**704**	**49**
镜湖区	42		12		2	8	7		12	1
弋江区										
鸠江区	200		59		1	25	29	11	61	7
三山区	68		10	1		12	18	1	25	
芜湖县	244	2	81	4	2	48	37	6	57	2
繁昌县	284	2	69	1		51	81	1	72	2
南陵县	539	1	167	8	11	124	84	4	124	4
芜湖经济技术开发区	8		3				2	1	1	
安徽芜湖长江大桥经济开发区	12		2			3	5		2	
无为市	1223	7	312	7	2	199	265	22	350	33
蚌埠市	**1583**	**7**	**206**	**16**	**4**	**290**	**199**	**40**	**770**	**23**
龙子湖区	50		13	3		5	7		21	
蚌山区	34		8			6	7		12	1
禹会区	164		20	2		29	31	2	76	2
淮上区	87		15			18	13		36	1
怀远县	500	1	42	4	4	98	52	5	286	5
五河县	353	2	49	5		77	47	7	142	9
固镇县	395	4	59	2		57	42	26	197	5
蚌埠市高新技术开发区										
蚌埠市经济开发区										
淮南市	**1908**	**5**	**481**	**81**	**1**	**339**	**244**	**18**	**682**	**27**
大通区	51		12	1		16	5	1	14	1
田家庵区	35		7			3	7		17	
谢家集区	51		10	2		10	8		19	1
八公山区	16		5			5	2		4	
潘集区	169		34	2		40	21	4	64	2
凤台县	500	1	124	7		91	49	4	212	4
寿县	1086	4	289	69	1	174	152	9	352	19

4－6c 续表 10 单位：人

地区 性别	专业技术人员 小计	科学研究人员	工程技术人员	农业技术人员	飞机和船舶技术人员	卫生专业技术人员	经济和金融专业人员	法律、社会和宗教专业人员	教学人员	文学艺术、体育专业人员
马鞍山市	**969**	**8**	**243**	**12**	**3**	**167**	**189**	**20**	**296**	**11**
花山区	29		12			5	6	1	4	
雨山区	26		6	1		3	5	1	8	
博望区	116	1	15			19	33	2	40	
当涂县	201	2	40	3		38	43	9	57	2
含山县	348	5	103	2	2	63	60	4	99	6
和县	249		67	6	1	39	42	3	88	3
淮北市	**1041**	**5**	**203**	**26**	**1**	**194**	**106**	**19**	**440**	**23**
杜集区	121	1	24	2		30	17	1	42	2
相山区	95		12	16		10	12	7	34	2
烈山区	175	1	35	2		31	21	1	74	8
濉溪县	650	3	132	6	1	123	56	10	290	11
铜陵市	**629**	**3**	**172**	**8**		**101**	**84**	**19**	**219**	**13**
铜官区	16		7	1		1	2		5	
义安区	167	1	73	2		14	17	2	51	4
郊区	166		29	3		33	28	10	56	4
枞阳县	280	2	63	2		53	37	7	107	5
安庆市	**6563**	**44**	**1764**	**65**	**7**	**898**	**1220**	**317**	**1929**	**168**
迎江区	32		10	2		5	3	2	4	
大观区	85		31		2	8	16	2	21	1
宜秀区	35		8		1	10	5	2	9	
怀宁县	755	7	247	5		116	112	15	205	24
太湖县	1066	7	268	14	1	130	292	14	272	29
宿松县	1611	6	358	16		219	237	208	510	43
望江县	1026	7	267	10	1	118	203	22	332	42
岳西县	654	6	205	7		100	81	17	212	10
安徽安庆经济开发区	7					2	1		4	
桐城市	632	4	172	4	1	80	139	17	186	11
潜山市	660	7	198	7	1	110	131	18	174	8
黄山市	**1253**	**3**	**319**	**25**		**243**	**192**	**22**	**380**	**35**
屯溪区	77		23	6		15	10	2	16	2
黄山区	103		34	2		17	23	1	21	3
徽州区	53		10			11	10		21	1
歙县	527	3	113	5		115	85	4	172	15
休宁县	261		66	7		53	36	3	82	3
黟县	104		40	4		10	15	3	19	10
祁门县	128		33	1		22	13	9	49	1
滁州市	**3300**	**18**	**929**	**50**	**1**	**608**	**608**	**63**	**923**	**52**
琅琊区	21	1	8	2		1	3		5	
南谯区	308	2	99	10	1	45	66	5	67	
来安县	393	2	118	4		68	71	5	109	9
全椒县	382	3	84	6		94	77	10	98	5
定远县	841	6	231	13		169	124	13	260	15
凤阳县	468	2	85	5		87	106	4	162	15
苏滁现代产业园										
滁州经济技术开发区	146		121			4	17	1	3	
天长市	353		94	4		64	79	19	82	7
明光市	388	2	89	6		76	65	6	137	1

4-6c　续表 11　　单位：人

地　区 性　别	专业技术人员									
	小计	科学研究人　员	工程技术人　员	农业技术人　员	飞机和船舶技术人　员	卫生专业技术人员	经济和金融专业人　员	法律、社会和宗教专业人员	教学人员	文学艺术、体育专业人员
阜阳市	**7711**	**23**	**1464**	**126**	**9**	**1558**	**808**	**109**	**3281**	**211**
颍州区	441		81	8		70	48	6	214	11
颍东区	592	2	134	12	1	95	82	9	243	8
颍泉区	527	2	77	4		100	47	10	275	8
临泉县	1912	7	395	39	1	403	149	29	771	92
太和县	1146	6	198	22		268	116	11	477	32
阜南县	1246	3	215	23	4	245	136	13	543	26
颍上县	1269	2	261	13	3	264	156	18	507	27
阜阳合肥现代产业园区	73		6			30	11	5	16	
阜阳经济技术开发区	47		6			2	9	4	25	1
界首市	458	1	91	5		81	54	4	210	6
宿州市	**4113**	**10**	**717**	**63**	**2**	**903**	**429**	**58**	**1777**	**111**
埇桥区	1158	5	216	11	1	225	117	19	511	42
砀山县	591	1	106	5	1	144	74	7	243	7
萧县	1033	3	198	6		249	103	10	435	22
灵璧县	709		95	19		155	75	4	330	20
泗县	602	1	102	21		127	55	18	247	20
宿州马鞍山现代产业园区	20			1		3	5		11	
宿州经济技术开发区										
六安市	**4811**	**14**	**1228**	**52**	**1**	**816**	**713**	**69**	**1755**	**88**
金安区	626	1	128	4		127	88	8	249	16
裕安区	833	2	238	7		118	105	18	309	14
叶集区	168	1	26	3		33	22	3	76	2
霍邱县	793	2	154	10		149	104	8	338	17
舒城县	1253	5	373	13	1	209	227	23	365	18
金寨县	831		228	11		111	125	6	324	13
霍山县	307	3	81	4		69	42	3	94	8
亳州市	**3476**	**11**	**334**	**28**	**3**	**793**	**300**	**55**	**1773**	**119**
谯城区	1038	2	89	4		252	109	13	517	39
涡阳县	819	4	84	5		179	53	14	434	29
蒙城县	802	4	94	10	1	169	76	11	396	25
利辛县	817	1	67	9	2	193	62	17	426	26
池州市	**1068**	**3**	**264**	**16**		**165**	**218**	**38**	**300**	**29**
贵池区	243	1	76	4		51	33	8	51	5
东至县	591	2	148	7		80	142	13	167	19
石台县	76		11	2		16	7	3	33	1
青阳县	129		24	3		17	29	13	36	4
池州市国家经济技术开发区										
皖江江南新兴产业集中区										
九华山风景区	29		5			1	7	1	13	
宣城市	**1496**	**2**	**381**	**27**	**2**	**258**	**289**	**39**	**435**	**34**
宣州区	405	1	90	9	2	73	69	8	134	14
郎溪县	230		64	1		45	41	2	68	3
泾县	192		47	1		27	44	11	55	4
绩溪县	66		34	2		7	11	2	7	1
旌德县	66	1	19	3		12	12	4	11	2
宣城市经济开发区	53		11	2		3	5	1	30	1
宁国市	215		51	2		46	40	8	56	7
广德市	269		65	7		45	67	3	74	2

4-6c 续表 12 单位：人

地区 性别	专业技术人员									
	小计	科学研究人员	工程技术人员	农业技术人员	飞机和船舶技术人员	卫生专业技术人员	经济和金融专业人员	法律、社会和宗教专业人员	教学人员	文学艺术、体育专业人员
男	**24920**	**126**	**9260**	**503**	**46**	**3909**	**2503**	**674**	**6714**	**691**
合肥市	**2331**	**12**	**1067**	**40**		**250**	**263**	**51**	**565**	**43**
瑶海区	81		45			4	11	2	17	1
庐阳区	5	1	3						1	
蜀山区	10		5			1	1	1		1
包河区	21		14			1			6	
长丰县	343	1	116	5		47	38	4	116	7
肥东县	649	4	281	9		66	73	30	161	13
肥西县	508	2	252	9		50	60	3	119	11
庐江县	511	3	275	12		52	57	7	87	9
合肥高新技术产业开发区										
合肥经济技术开发区	5		3						2	
合肥新站高新技术产业开发区	13		10			1			2	
巢湖市	185	1	63	5		28	23	4	54	1
芜湖市	**1452**	**8**	**649**	**14**	**17**	**192**	**206**	**28**	**264**	**40**
镜湖区	19		9		1	4	2		3	
弋江区										
鸠江区	119		51		1	11	13	5	28	6
三山区	33		9	1		5	9	1	7	
芜湖县	144	2	72	3	2	21	12	3	24	2
繁昌县	147	2	61	1		17	31	1	28	2
南陵县	278		159	6	11	40	22	3	31	3
芜湖经济技术开发区	5		2				1	1	1	
安徽芜湖长江大桥经济开发区	7		2			2	3			
无为市	700	4	284	3	2	92	113	14	142	27
蚌埠市	**772**	**5**	**182**	**11**	**3**	**143**	**77**	**29**	**286**	**19**
龙子湖区	24		12	2		1	1		8	
蚌山区	14		7			2	2		3	
禹会区	77		19	2		12	12	2	27	2
淮上区	36		13			11	4		6	1
怀远县	239	1	37	2	3	53	25	4	107	4
五河县	173	2	41	5		34	12	3	59	7
固镇县	209	2	53			30	21	20	76	5
蚌埠市高新技术开发区										
蚌埠市经济开发区										
淮南市	**1062**	**4**	**428**	**57**	**1**	**141**	**84**	**8**	**302**	**15**
大通区	28		11	1		7	3		5	1
田家庵区	18		7			2	3		6	
谢家集区	26		8	1		4	4		8	1
八公山区	6		4				1		1	
潘集区	92		32	2		19	7	1	28	1
凤台县	277	1	114	6		34	25	2	84	3
寿县	615	3	252	47	1	75	41	5	170	9

4-6c 续表 13

单位：人

地区 性别	专业技术人员									
	小计	科学研究人员	工程技术人员	农业技术人员	飞机和船舶技术人员	卫生专业技术人员	经济和金融专业人员	法律、社会和宗教专业人员	教学人员	文学艺术、体育专业人员
马鞍山市	**542**	**8**	**223**	**12**	**3**	**81**	**68**	**7**	**119**	**9**
花山区	14		11				1		2	
雨山区	13		5	1		1	2	1	2	
博望区	46	1	14			7	5	1	14	
当涂县	102	2	36	3		17	15	3	21	1
含山县	217	5	96	2	2	35	29		39	6
和县	150		61	6	1	21	16	2	41	2
淮北市	**520**	**4**	**176**	**17**	**1**	**84**	**40**	**8**	**162**	**13**
杜集区	53	1	20	1		9	5	1	14	
相山区	45		12	10		6	6	3	7	1
烈山区	87		30	1		16	9		27	4
濉溪县	335	3	114	5	1	53	20	4	114	8
铜陵市	**351**	**2**	**149**	**5**		**52**	**32**	**7**	**94**	**7**
铜官区	8		6	1			1			
义安区	95	1	64	1		6	4		16	2
郊区	86		22	2		13	14	5	27	3
枞阳县	162	1	57	1		33	13	2	51	2
安庆市	**3698**	**29**	**1541**	**52**	**5**	**411**	**453**	**258**	**751**	**104**
迎江区	24		10	1		2	1	2	3	
大观区	46		29		1	1	5	1	7	1
宜秀区	23		7		1	6	3	1	5	
怀宁县	408	5	210	3		50	34	6	71	14
太湖县	607	6	237	11	1	68	122	13	109	16
宿松县	982	4	316	15		107	97	195	210	30
望江县	558	5	226	9	1	54	78	12	132	23
岳西县	363	3	179	4		48	30	6	78	7
安徽安庆经济开发区	3					1			2	
桐城市	332	3	154	4		27	35	10	79	8
潜山市	352	3	173	5	1	47	48	12	55	5
黄山市	**657**	**1**	**286**	**19**		**83**	**67**	**10**	**146**	**24**
屯溪区	34		21	4		4	3		1	
黄山区	60		31	2		8	8	1	8	1
徽州区	22		9			6	2		4	1
歙县	254	1	94	4		30	26	1	76	12
休宁县	129		59	6		17	12	2	24	2
黟县	71		40	2		2	9	1	7	8
祁门县	87		32	1		16	7	5	26	
滁州市	**1840**	**14**	**814**	**34**	**1**	**246**	**226**	**44**	**407**	**28**
琅琊区	13	1	7	1		1	2		1	
南谯区	176	1	89	5	1	18	25	2	26	
来安县	231	1	113	3		33	27	4	39	5
全椒县	176	3	68	4		28	23	6	38	3
定远县	478	4	192	9		69	55	8	127	10
凤阳县	237	2	78	3		38	33	3	73	6
苏滁现代产业园										
滁州经济技术开发区	116		109			1	5	1		
天长市	198		80	3		33	34	16	27	4
明光市	215	2	78	6		25	22	4	76	

4-6c 续表 14 单位：人

地区 性别	专业技术人员 小计	科学研究人员	工程技术人员	农业技术人员	飞机和船舶技术人员	卫生专业技术人员	经济和金融专业人员	法律、社会和宗教专业人员	教学人员	文学艺术、体育专业人员
阜阳市	**3925**	**17**	**1202**	**85**	**9**	**788**	**292**	**56**	**1269**	**138**
颍州区	236		75	6		34	15	3	94	8
颍东区	307	1	117	4	1	53	25	4	96	4
颍泉区	269	1	65	2		64	12	5	109	7
临泉县	964	6	314	28	1	208	56	13	268	55
太和县	572	4	161	13		122	44	4	191	23
阜南县	650	2	171	19	4	134	47	9	227	16
颍上县	652	2	210	9	3	122	65	11	198	21
阜阳合肥现代产业园区	20		5			9		2	2	
阜阳经济技术开发区	20		6			1	1	3	9	
界首市	235	1	78	4		41	27	2	75	4
宿州市	**1993**	**5**	**603**	**48**	**2**	**415**	**151**	**33**	**636**	**76**
埇桥区	560	3	181	10	1	99	40	14	180	25
砀山县	285		89	3	1	66	22	4	94	5
萧县	516	2	169	4		121	39	3	159	16
灵璧县	338		82	15		77	25	1	113	18
泗县	285		82	15		50	23	11	86	12
宿州马鞍山现代产业园区	9			1		2	2		4	
宿州经济技术开发区										
六安市	**2641**	**7**	**1072**	**46**	**1**	**408**	**243**	**46**	**717**	**57**
金安区	327	1	111	4		69	22	5	103	10
裕安区	487	1	206	6		75	43	15	117	10
叶集区	75	1	22	3		17	6	1	21	2
霍邱县	399	2	131	8		73	36	5	127	9
舒城县	716	2	334	11	1	93	79	13	159	13
金寨县	483		199	11		60	46	5	147	9
霍山县	154		69	3		21	11	2	43	4
亳州市	**1775**	**6**	**299**	**27**	**1**	**428**	**130**	**38**	**726**	**82**
谯城区	483	1	81	4		119	37	12	193	30
涡阳县	450	2	75	5		97	26	9	203	20
蒙城县	438	3	84	10	1	93	36	6	171	19
利辛县	404		59	8		119	31	11	159	13
池州市	**579**	**3**	**232**	**11**		**84**	**74**	**24**	**111**	**20**
贵池区	160	1	69	3		32	12	7	24	3
东至县	292	2	124	4		35	46	7	55	13
石台县	38		11	1		10	1		13	1
青阳县	74		23	3		6	13	10	13	3
池州市国家经济技术开发区										
皖江江南新兴产业集中区										
九华山风景区	15		5			1	2		6	
宣城市	**782**	**1**	**337**	**25**	**2**	**103**	**97**	**27**	**159**	**16**
宣州区	219	1	85	8	2	30	22	5	59	6
郎溪县	106		53	1		12	15	1	21	2
泾县	107		40	1		15	21	8	18	2
绩溪县	48		31	1		5	5	1	4	
旌德县	39		17	3		6	3	4	3	2
宣城市经济开发区	26		9	2			2	1	12	
宁国市	106		43	2		14	13	5	21	3
广德市	131		59	7		21	16	2	21	1

4-6c　续表 15

单位：人

地　区 性　别	专业技术人员									
	小计	科学研究人　员	工程技术人　员	农业技术人　员	飞机和船舶技术人　员	卫生专业技术人员	经济和金融专业人　员	法律、社会和宗教专业人员	教学人员	文学艺术、体育专业人员
女	**21766**	**61**	**1357**	**176**	**6**	**4465**	**4356**	**337**	**10291**	**374**
合肥市	**1814**	**7**	**130**	**23**		**321**	**469**	**28**	**776**	**29**
瑶海区	67		6			9	23		27	2
庐阳区	3					1	2			
蜀山区	6		1	1		1	1		1	
包河区	13		4				2		7	
长丰县	337	2	21	1		63	72		176	1
肥东县	493	2	38	3		96	111	19	200	10
肥西县	355		14	2		53	109	1	160	8
庐江县	416	3	38	13		84	112	4	151	5
合肥高新技术产业开发区										
合肥经济技术开发区	3		1	1					1	
合肥新站高新技术产业开发区	9						4		4	1
巢湖市	112		7	2		14	33	4	49	2
芜湖市	**1168**	**4**	**66**	**7**	**1**	**278**	**322**	**18**	**440**	**9**
镜湖区	23		3		1	4	5		9	1
弋江区										
鸠江区	81		8			14	16	6	33	1
三山区	35		1			7	9		18	
芜湖县	100		9	1		27	25	3	33	
繁昌县	137		8			34	50		44	
南陵县	261	1	8	2		84	62	1	93	1
芜湖经济技术开发区	3		1				1			
安徽芜湖长江大桥经济开发区	5					1	2		2	
无为市	523	3	28	4		107	152	8	208	6
蚌埠市	**811**	**2**	**24**	**5**	**1**	**147**	**122**	**11**	**484**	**4**
龙子湖区	26		1	1		4	6		13	
蚌山区	20		1			4	5		9	1
禹会区	87		1			17	19		49	
淮上区	51		2			7	9		30	
怀远县	261		5	2	1	45	27	1	179	1
五河县	180		8			43	35	4	83	2
固镇县	186	2	6	2		27	21	6	121	
蚌埠市高新技术开发区										
蚌埠市经济开发区										
淮南市	**846**	**1**	**53**	**24**		**198**	**160**	**10**	**380**	**12**
大通区	23		1			9	2	1	9	
田家庵区	17					1	4		11	
谢家集区	25		2	1		6	4		11	
八公山区	10		1			5	1		3	
潘集区	77		2			21	14	3	36	1
凤台县	223		10	1		57	24	2	128	1
寿县	471	1	37	22		99	111	4	182	10

4－6c 续表 16

单位：人

地区 性别	专业技术人员									
	小计	科学研究人员	工程技术人员	农业技术人员	飞机和船舶技术人员	卫生专业技术人员	经济和金融专业人员	法律、社会和宗教专业人员	教学人员	文学艺术、体育专业人员
马鞍山市	**427**		**20**			**86**	**121**	**13**	**177**	**2**
花山区	15		1			5	5	1	2	
雨山区	13		1			2	3		6	
博望区	70		1			12	28	1	26	
当涂县	99		4			21	28	6	36	1
含山县	131		7			28	31	4	60	
和县	99		6			18	26	1	47	1
淮北市	**521**	**1**	**27**	**9**		**110**	**66**	**11**	**278**	**10**
杜集区	68		4	1		21	12		28	2
相山区	50			6		4	6	4	27	1
烈山区	88	1	5	1		15	12	1	47	4
濉溪县	315		18	1		70	36	6	176	3
铜陵市	**278**	**1**	**23**	**3**		**49**	**52**	**12**	**125**	**6**
铜官区	8		1			1	1		5	
义安区	72		9	1		8	13	2	35	2
郊区	80		7	1		20	14	5	29	1
枞阳县	118	1	6	1		20	24	5	56	3
安庆市	**2865**	**15**	**223**	**13**	**2**	**487**	**767**	**59**	**1178**	**64**
迎江区	8			1		3	2		1	
大观区	39		2		1	7	11	1	14	
宜秀区	12		1			4	2	1	4	
怀宁县	347	2	37	2		66	78	9	134	10
太湖县	459	1	31	3		62	170	1	163	13
宿松县	629	2	42	1		112	140	13	300	13
望江县	468	2	41	1		64	125	10	200	19
岳西县	291	3	26	3		52	51	11	134	3
安徽安庆经济开发区	4					1	1		2	
桐城市	300	1	18		1	53	104	7	107	3
潜山市	308	4	25	2		63	83	6	119	3
黄山市	**596**	**2**	**33**	**6**		**160**	**125**	**12**	**234**	**11**
屯溪区	43		2	2		11	7	2	15	2
黄山区	43		3			9	15		13	2
徽州区	31		1			5	8		17	
歙县	273	2	19	1		85	59	3	96	3
休宁县	132		7	1		36	24	1	58	1
黟县	33			2		8	6	2	12	2
祁门县	41		1			6	6	4	23	1
滁州市	**1460**	**4**	**115**	**16**		**362**	**382**	**19**	**516**	**24**
琅琊区	8		1	1			1		4	
南谯区	132	1	10	5		27	41	3	41	
来安县	162	1	5	1		35	44	1	70	4
全椒县	206		16	2		66	54	4	60	2
定远县	363	2	39	4		100	69	5	133	5
凤阳县	231		7	2		49	73	1	89	9
苏滁现代产业园										
滁州经济技术开发区	30		12			3	12		3	
天长市	155		14	1		31	45	3	55	3
明光市	173		11			51	43	2	61	1

4-6c　续表 17　　　　单位：人

地　区 性　别	专业技术人员 小计	科学研究人员	工程技术人员	农业技术人员	飞机和船舶技术人员	卫生专业技术人员	经济和金融专业人员	法律、社会和宗教专业人员	教学人员	文学艺术、体育专业人员
阜阳市	**3786**	**6**	**262**	**41**		**770**	**516**	**53**	**2012**	**73**
颍州区	205		6	2		36	33	3	120	3
颍东区	285	1	17	8		42	57	5	147	4
颍泉区	258	1	12	2		36	35	5	166	1
临泉县	948	1	81	11		195	93	16	503	37
太和县	574	2	37	9		146	72	7	286	9
阜南县	596	1	44	4		111	89	4	316	10
颍上县	617		51	4		142	91	7	309	6
阜阳合肥现代产业园区	53		1			21	11	3	14	
阜阳经济技术开发区	27					1	8	1	16	1
界首市	223		13	1		40	27	2	135	2
宿州市	**2120**	**5**	**114**	**15**		**488**	**278**	**25**	**1141**	**35**
埇桥区	598	2	35	1		126	77	5	331	17
砀山县	306	1	17	2		78	52	3	149	2
萧县	517	1	29	2		128	64	7	276	6
灵璧县	371		13	4		78	50	3	217	2
泗县	317	1	20	6		77	32	7	161	8
宿州马鞍山现代产业园区	11					1	3		7	
宿州经济技术开发区										
六安市	**2170**	**7**	**156**	**6**		**408**	**470**	**23**	**1038**	**31**
金安区	299		17			58	66	3	146	6
裕安区	346	1	32	1		43	62	3	192	4
叶集区	93		4			16	16	2	55	
霍邱县	394		23	2		76	68	3	211	8
舒城县	537	3	39	2		116	148	10	206	5
金寨县	348		29			51	79	1	177	4
霍山县	153	3	12	1		48	31	1	51	4
亳州市	**1701**	**5**	**35**	**1**	**2**	**365**	**170**	**17**	**1047**	**37**
谯城区	555	1	8			133	72	1	324	9
涡阳县	369	2	9			82	27	5	231	9
蒙城县	364	1	10			76	40	5	225	6
利辛县	413	1	8	1	2	74	31	6	267	13
池州市	**489**		**32**	**5**		**81**	**144**	**14**	**189**	**9**
贵池区	83		7	1		19	21	1	27	2
东至县	299		24	3		45	96	6	112	6
石台县	38			1		6	6	3	20	
青阳县	55		1			11	16	3	23	1
池州市国家经济技术开发区										
皖江江南新兴产业集中区										
九华山风景区	14						5	1	7	
宣城市	**714**	**1**	**44**	**2**		**155**	**192**	**12**	**276**	**18**
宣州区	186		5	1		43	47	3	75	8
郎溪县	124		11			33	26	1	47	1
泾县	85		7			12	23	3	37	2
绩溪县	18		3	1		2	6	1	3	1
旌德县	27	1	2			6	9		8	
宣城市经济开发区	27		2			3	3		18	1
宁国市	109		8			32	27	3	35	4
广德市	138		6			24	51	1	53	1

4-6c 续表 18

单位：人

地区 性别	专业技术人员		办事人员和有关人员				社会生产服务和生活服务人员		
	新闻出版、文化专业人员	其他专业技术人员	小计	办事人员	安全和消防人员	其他办事人员和有关人员	小计	批发与零售服务人员	交通运输、仓储和邮政业服务人员
安徽	**418**	**419**	**25593**	**18406**	**6743**	**444**	**315380**	**120547**	**59646**
合肥市	**45**	**26**	**2500**	**1941**	**527**	**32**	**23067**	**7661**	**4294**
瑶海区	1		101	88	13		531	256	88
庐阳区			12	9	2	1	103	17	17
蜀山区	2		18	12	6		119	17	43
包河区			7	3	3	1	72	25	7
长丰县	2	8	517	397	114	6	3971	1156	817
肥东县	19	7	560	396	155	9	6085	2048	1165
肥西县	9	1	644	582	62		4734	1471	985
庐江县	11	4	378	257	110	11	5521	2119	773
合肥高新技术产业开发区							3		
合肥经济技术开发区			10	4	6		51	18	14
合肥新站高新技术产业开发区			12	10	2		55	22	9
巢湖市	1	6	241	183	54	4	1822	512	376
芜湖市	**37**	**20**	**1480**	**976**	**487**	**17**	**22031**	**9076**	**3043**
镜湖区			22	16	6		180	55	48
弋江区									
鸠江区	7		104	75	28	1	1884	670	186
三山区	1		45	21	24		502	190	101
芜湖县	2	3	131	83	42	6	1598	456	447
繁昌县	3	2	156	94	60	2	1813	586	463
南陵县	10	2	267	160	104	3	3527	1045	593
芜湖经济技术开发区	1		7	6	1		40	11	19
安徽芜湖长江大桥经济开发区			9	5	4		75	20	25
无为市	13	13	739	516	218	5	12412	6043	1161
蚌埠市	**8**	**20**	**770**	**560**	**200**	**10**	**9429**	**3476**	**2371**
龙子湖区		1	46	17	28	1	560	201	132
蚌山区			16	9	7		210	66	43
禹会区	1	1	71	49	19	3	1227	345	482
淮上区		4	53	34	18	1	595	218	152
怀远县	1	2	259	227	31	1	2558	1016	650
五河县	4	11	178	126	50	2	2163	805	498
固镇县	2	1	147	98	47	2	2116	825	414
蚌埠市高新技术开发区									
蚌埠市经济开发区									
淮南市	**13**	**17**	**1153**	**824**	**308**	**21**	**13034**	**4347**	**3557**
大通区	1		25	11	9	5	352	98	74
田家庵区		1	20	13	7		200	64	70
谢家集区		1	46	34	12		332	95	70
八公山区			6	5	1		98	37	22
潘集区	2		95	67	28		1064	349	268
凤台县	3	5	304	204	91	9	2582	975	547
寿县	7	10	657	490	160	7	8406	2729	2506

4-6c　续表 19

单位：人

地　区 性　别	专业技术人员		办事人员和有关人员				社会生产服务和生活服务人员		
	新闻出版、文化专业人员	其他专业技术人员	小计	办事人员	安全和消防人员	其他办事人员和有关人员	小计	批发与零售服务人员	交通运输、仓储和邮政业服务人员
马鞍山市	**9**	**11**	**671**	**466**	**191**	**14**	**8152**	**2369**	**1173**
花山区	1		7	6	1		142	27	23
雨山区	2		35	21	14		193	56	42
博望区	1	5	99	66	33		880	424	153
当涂县	3	4	160	119	31	10	1402	444	332
含山县	2	2	215	154	58	3	3217	875	368
和县			155	100	54	1	2318	543	255
淮北市	**6**	**18**	**503**	**361**	**134**	**8**	**6013**	**2050**	**1525**
杜集区	1	1	70	42	26	2	579	195	139
相山区	2		33	15	17	1	659	271	151
烈山区		2	69	44	24	1	786	214	257
濉溪县	3	15	331	260	67	4	3989	1370	978
铜陵市	**9**	**1**	**420**	**309**	**109**	**2**	**3259**	**1070**	**726**
铜官区			26	15	11		165	39	34
义安区	3		161	108	53		1091	290	241
郊区	3		74	53	21		623	192	185
枞阳县	3	1	159	133	24	2	1380	549	266
安庆市	**66**	**85**	**2969**	**2256**	**646**	**67**	**35325**	**14066**	**4019**
迎江区	1	5	9	7	2		120	26	41
大观区	3	1	52	39	11	2	579	112	60
宜秀区			36	24	12		303	86	54
怀宁县	9	15	356	268	81	7	7147	2550	459
太湖县	13	26	441	343	81	17	3771	1410	503
宿松县	11	3	644	494	141	9	6612	3035	1102
望江县	7	17	406	298	93	15	6749	2286	498
岳西县	10	6	360	279	77	4	2707	942	484
安徽安庆经济开发区			10	4	6		50	10	8
桐城市	8	10	335	252	72	11	3290	1625	375
潜山市	4	2	320	248	70	2	3997	1984	435
黄山市	**12**	**22**	**1024**	**694**	**294**	**36**	**7592**	**2411**	**1209**
屯溪区		3	57	40	17		367	146	45
黄山区	1	1	141	97	40	4	927	240	171
徽州区			73	38	29	6	389	125	40
歙县	3	12	345	221	113	11	3060	1048	433
休宁县	5	6	208	131	65	12	1704	530	291
黟县	3		121	93	28		576	144	94
祁门县			79	74	2	3	569	178	135
滁州市	**27**	**21**	**2051**	**1335**	**672**	**44**	**23879**	**8333**	**5315**
琅琊区		1	13	6	7		112	44	29
南谯区	5	8	187	116	67	4	1395	427	274
来安县	4	3	294	200	90	4	3061	914	535
全椒县	2	3	268	170	96	2	2961	905	484
定远县	7	3	448	305	118	25	6413	2287	1572
凤阳县	2		349	238	111		5130	2093	1375
苏滁现代产业园									
滁州经济技术开发区			56	35	20	1	144	34	33
天长市	2	2	193	112	76	5	1901	719	369
明光市	5	1	243	153	87	3	2762	910	644

4-6c 续表 20

单位：人

地区 性别	专业技术人员		办事人员和有关人员				社会生产服务和生活服务人员		
	新闻出版、文化专业人员	其他专业技术人员	小计	办事人员	安全和消防人员	其他办事人员和有关人员	小计	批发与零售服务人员	交通运输、仓储和邮政业服务人员
阜阳市	**63**	**59**	**3789**	**2611**	**1133**	**45**	**69069**	**29920**	**12490**
颍州区	3		236	176	57	3	3157	1311	625
颍东区	6		368	252	114	2	4894	1918	937
颍泉区	2	2	268	194	74		3376	1435	548
临泉县	14	12	786	508	266	12	15827	6630	2639
太和县	5	11	520	351	164	5	12488	6549	1704
阜南县	18	20	594	423	159	12	10283	4379	1905
颍上县	12	6	706	506	193	7	14570	5466	3336
阜阳合肥现代产业园区		5	49	26	23		442	180	79
阜阳经济技术开发区			34	16	18		301	139	48
界首市	3	3	228	159	65	4	3731	1913	669
宿州市	**27**	**16**	**2001**	**1461**	**525**	**15**	**26157**	**10422**	**5852**
埇桥区	10	1	635	438	196	1	9412	3327	2348
砀山县	2	1	274	180	93	1	3326	1531	662
萧县	5	2	475	360	114	1	5678	2300	1199
灵璧县	5	6	312	253	50	9	4364	1794	991
泗县	5	6	288	220	65	3	3274	1432	632
宿州马鞍山现代产业园区			17	10	7		103	38	20
宿州经济技术开发区									
六安市	**41**	**34**	**2593**	**1902**	**640**	**51**	**28541**	**10113**	**5690**
金安区	3	2	403	317	79	7	3976	1371	719
裕安区	10	12	382	275	99	8	5328	2052	945
叶集区	1	1	117	92	22	3	930	327	240
霍邱县	3	8	431	303	111	17	5867	2102	1547
舒城县	13	6	644	445	193	6	6938	2384	1301
金寨县	10	3	447	341	98	8	3881	1372	663
霍山县	1	2	169	129	38	2	1621	505	275
亳州市	**28**	**32**	**1772**	**1303**	**440**	**29**	**23748**	**9991**	**4656**
谯城区	7	6	484	353	129	2	6712	2881	1298
涡阳县	4	13	467	317	134	16	6112	2715	1038
蒙城县	6	10	374	286	80	8	4448	1543	1097
利辛县	11	3	447	347	97	3	6476	2852	1223
池州市	**14**	**21**	**797**	**611**	**168**	**18**	**6808**	**2360**	**1420**
贵池区	2	12	200	159	32	9	1638	485	434
东至县	6	7	361	287	73	1	3314	1382	580
石台县	2	1	69	47	14	8	421	117	98
青阳县	2	1	126	86	40		1145	317	289
池州市国家经济技术开发区									
皖江江南新兴产业集中区									
九华山风景区	2		41	32	9		290	59	19
宣城市	**13**	**16**	**1100**	**796**	**269**	**35**	**9276**	**2882**	**2306**
宣州区	3	2	281	194	69	18	2554	897	690
郎溪县	5	1	137	97	38	2	1151	333	290
泾县	2	1	153	118	34	1	1240	353	293
绩溪县	2		43	34	9		371	123	54
旌德县	1	1	63	49	9	5	528	137	122
宣城市经济开发区			37	25	9	3	249	50	53
宁国市		5	140	88	50	2	1176	357	262
广德市		6	246	191	51	4	2007	632	542

4-6c 续表 21

单位：人

地区 性别	专业技术人员		办事人员和有关人员				社会生产服务和生活服务人员		
	新闻出版、文化专业人员	其他专业技术人员	小计	办事人员	安全和消防人员	其他办事人员和有关人员	小计	批发与零售服务人员	交通运输、仓储和邮政业服务人员
男	**188**	**306**	**17351**	**10792**	**6270**	**289**	**189752**	**65507**	**52172**
合肥市	**17**	**23**	**1641**	**1129**	**489**	**23**	**13896**	**4122**	**3722**
瑶海区	1		56	44	12		307	139	68
庐阳区			9	6	2	1	62	9	16
蜀山区	1		13	7	6		72	7	40
包河区			5	2	3		47	18	7
长丰县	1	8	338	229	106	3	2415	615	719
肥东县	8	4	362	213	140	9	3581	1114	988
肥西县	1	1	405	347	58		2920	765	869
庐江县	5	4	274	161	106	7	3370	1160	666
合肥高新技术产业开发区							2		
合肥经济技术开发区			9	3	6		30	6	13
合肥新站高新技术产业开发区			7	5	2		31	12	6
巢湖市		6	163	112	48	3	1059	277	330
芜湖市	**17**	**17**	**1088**	**607**	**469**	**12**	**12993**	**5307**	**2714**
镜湖区			15	10	5		104	23	38
弋江区									
鸠江区	4		73	46	26	1	983	325	159
三山区	1		35	11	24		304	104	89
芜湖县		3	102	59	40	3	977	254	384
繁昌县	2	2	121	61	58	2	1180	337	434
南陵县	2	1	185	84	99	2	1939	587	530
芜湖经济技术开发区			3	2	1		16	5	9
安徽芜湖长江大桥经济开发区			6	2	4		36	8	18
无为市	8	11	548	332	212	4	7454	3664	1053
蚌埠市	**4**	**13**	**513**	**320**	**186**	**7**	**5772**	**1712**	**2081**
龙子湖区			41	12	28	1	310	86	112
蚌山区			12	5	7		120	24	38
禹会区		1	45	26	17	2	833	171	452
淮上区		1	37	19	17	1	359	109	122
怀远县	1	2	158	131	26	1	1503	484	556
五河县	2	8	117	71	46		1385	433	435
固镇县	1	1	103	56	45	2	1262	405	366
蚌埠市高新技术开发区									
蚌埠市经济开发区									
淮南市	**9**	**13**	**813**	**514**	**283**	**16**	**8245**	**2232**	**3213**
大通区			18	6	8	4	199	47	63
田家庵区			16	9	7		133	35	64
谢家集区			32	23	9		195	45	60
八公山区			3	2	1		65	16	21
潘集区	2		61	35	26		650	179	242
凤台县	3	5	219	131	81	7	1505	479	466
寿县	4	8	464	308	151	5	5498	1431	2297

4-6c 续表 22 单位：人

地区 性别	专业技术人员		办事人员和有关人员				社会生产服务和生活服务人员		
	新闻出版、文化专业人员	其他专业技术人员	小计	办事人员	安全和消防人员	其他办事人员和有关人员	小计	批发与零售服务人员	交通运输、仓储和邮政业服务人员
马鞍山市	**4**	**8**	**480**	**290**	**182**	**8**	**4763**	**1326**	**1030**
花山区			3	2	1		85	17	20
雨山区	1		24	10	14		102	27	37
博望区		4	72	41	31		551	289	127
当涂县	1	3	117	79	31	7	855	247	285
含山县	2	1	152	97	54	1	1816	457	329
和县			112	61	51		1354	289	232
淮北市	**3**	**12**	**369**	**239**	**126**	**4**	**3731**	**978**	**1331**
杜集区	1	1	50	23	25	2	347	88	125
相山区			27	11	16		390	119	125
烈山区			51	29	22		478	96	221
濉溪县	2	11	241	176	63	2	2516	675	860
铜陵市	**3**		**298**	**198**	**100**		**1939**	**594**	**626**
铜官区			19	9	10		69	13	27
义安区	1		120	70	50		631	155	220
郊区			55	36	19		396	104	157
枞阳县	2		104	83	21		843	322	222
安庆市	**25**	**69**	**1966**	**1317**	**605**	**44**	**20669**	**8240**	**3508**
迎江区	1	4	8	6	2		77	11	34
大观区		1	37	24	11	2	327	61	53
宜秀区			20	8	12		180	46	47
怀宁县	4	11	252	169	76	7	4105	1426	409
太湖县	2	22	281	188	80	13	2294	822	445
宿松县	6	2	456	320	132	4	4217	1862	946
望江县	3	15	262	171	84	7	3334	1268	426
岳西县	2	6	229	156	70	3	1667	547	428
安徽安庆经济开发区			7	1	6		21	4	8
桐城市	5	7	207	137	63	7	2084	1017	340
潜山市	2	1	207	137	69	1	2363	1176	372
黄山市	**7**	**14**	**691**	**399**	**268**	**24**	**4090**	**1181**	**1081**
屯溪区		1	41	24	17		154	55	42
黄山区		1	99	58	37	4	473	113	150
徽州区			48	17	28	3	210	68	36
歙县	2	8	232	123	102	7	1700	516	394
休宁县	3	4	135	69	59	7	921	262	260
黟县	2		80	56	24		288	67	84
祁门县			56	52	1	3	344	100	115
滁州市	**12**	**14**	**1448**	**806**	**612**	**30**	**14372**	**4385**	**4684**
琅琊区			8	2	6		66	24	27
南谯区	3	6	119	58	59	2	814	212	229
来安县	4	2	192	110	79	3	1689	454	466
全椒县		3	196	108	87	1	1570	430	420
定远县	3	1	331	206	108	17	4052	1235	1375
凤阳县	1		248	146	102		3228	1122	1230
苏滁现代产业园									
滁州经济技术开发区			40	20	19	1	91	22	26
天长市		1	145	72	69	4	1178	415	328
明光市	1	1	169	84	83	2	1684	471	583

4-6c 续表 23

单位：人

地区 性别	专业技术人员		办事人员和有关人员				社会生产服务和生活服务人员		
	新闻出版、文化专业人员	其他专业技术人员	小计	办事人员	安全和消防人员	其他办事人员和有关人员	小计	批发与零售服务人员	交通运输、仓储和邮政业服务人员
阜阳市	**33**	**36**	**2610**	**1522**	**1060**	**28**	**41158**	**15882**	**10653**
颍州区	1		157	101	53	3	1890	676	543
颍东区	2		244	141	102	1	2848	995	804
颍泉区	2	2	165	97	68		1901	685	469
临泉县	6	9	556	296	252	8	9199	3346	2219
太和县	4	6	368	210	156	2	7634	3815	1427
阜南县	9	12	409	248	154	7	6033	2265	1614
颍上县	7	4	485	307	173	5	8776	2779	2860
阜阳合肥现代产业园区		2	39	18	21		241	79	66
阜阳经济技术开发区			24	7	17		191	77	43
界首市	2	1	163	97	64	2	2445	1165	608
宿州市	**16**	**8**	**1296**	**790**	**497**	**9**	**16243**	**5536**	**5114**
埇桥区	6	1	420	235	184	1	5991	1766	2080
砀山县		1	196	108	87	1	2084	832	578
萧县	2	1	276	169	107		3423	1184	1030
灵璧县	4	3	200	144	50	6	2688	965	854
泗县	4	2	194	130	63	1	1990	766	556
宿州马鞍山现代产业园区			10	4	6		67	23	16
宿州经济技术开发区									
六安市	**17**	**27**	**1725**	**1107**	**588**	**30**	**16679**	**5297**	**5026**
金安区		2	248	174	72	2	2301	721	633
裕安区	4	10	253	158	90	5	3147	1083	830
叶集区	1	1	84	62	21	1	561	160	211
霍邱县	1	7	293	180	102	11	3670	1125	1380
舒城县	7	4	426	238	184	4	3892	1210	1149
金寨县	4	2	301	210	86	5	2189	721	582
霍山县		1	120	85	33	2	919	277	241
亳州市	**11**	**27**	**1166**	**750**	**396**	**20**	**15339**	**5888**	**4000**
谯城区	1	5	315	188	125	2	4366	1697	1135
涡阳县	3	10	319	200	108	11	3945	1635	873
蒙城县	5	10	235	158	71	6	2775	821	904
利辛县	2	2	297	204	92	1	4253	1735	1088
池州市	**7**	**13**	**526**	**354**	**157**	**15**	**4089**	**1275**	**1287**
贵池区	2	7	129	93	28	8	1004	254	394
东至县	2	4	231	161	69	1	2025	784	518
石台县		1	47	28	13	6	235	63	92
青阳县	2	1	88	50	38		676	147	265
池州市国家经济技术开发区									
皖江江南新兴产业集中区									
九华山风景区	1		31	22	9		149	27	18
宣城市	**3**	**12**	**721**	**450**	**252**	**19**	**5774**	**1552**	**2102**
宣州区	1		188	116	65	7	1605	486	612
郎溪县		1	89	54	33	2	702	174	246
泾县	1	1	93	63	30		802	201	277
绩溪县	1		28	20	8		212	61	49
旌德县		1	38	26	9	3	329	78	114
宣城市经济开发区			19	8	9	2	143	21	46
宁国市		5	103	53	49	1	736	208	243
广德市		4	163	110	49	4	1245	323	515

4-6c 续表 24

单位：人

地区 性别	专业技术人员		办事人员和有关人员				社会生产服务和生活服务人员		
	新闻出版、文化专业人员	其他专业技术人员	小计	办事人员	安全和消防人员	其他办事人员和有关人员	小计	批发与零售服务人员	交通运输、仓储和邮政业服务人员
女	**230**	**113**	**8242**	**7614**	**473**	**155**	**125628**	**55040**	**7474**
合肥市	**28**	**3**	**859**	**812**	**38**	**9**	**9171**	**3539**	**572**
瑶海区			45	44	1		224	117	20
庐阳区			3	3			41	8	1
蜀山区	1		5	5			47	10	3
包河区			2	1		1	25	7	
长丰县	1		179	168	8	3	1556	541	98
肥东县	11	3	198	183	15		2504	934	177
肥西县	8		239	235	4		1814	706	116
庐江县	6		104	96	4	4	2151	959	107
合肥高新技术产业开发区							1		
合肥经济技术开发区			1	1			21	12	1
合肥新站高新技术产业开发区			5	5			24	10	3
巢湖市	1		78	71	6	1	763	235	46
芜湖市	**20**	**3**	**392**	**369**	**18**	**5**	**9038**	**3769**	**329**
镜湖区			7	6	1		76	32	10
弋江区									
鸠江区	3		31	29	2		901	345	27
三山区			10	10			198	86	12
芜湖县	2		29	24	2	3	621	202	63
繁昌县	1		35	33	2		633	249	29
南陵县	8	1	82	76	5	1	1588	458	63
芜湖经济技术开发区	1		4	4			24	6	10
安徽芜湖长江大桥经济开发区			3	3			39	12	7
无为市	5	2	191	184	6	1	4958	2379	108
蚌埠市	**4**	**7**	**257**	**240**	**14**	**3**	**3657**	**1764**	**290**
龙子湖区		1	5	5			250	115	20
蚌山区			4	4			90	42	5
禹会区	1		26	23	2	1	394	174	30
淮上区		3	16	15	1		236	109	30
怀远县			101	96	5		1055	532	94
五河县	2	3	61	55	4	2	778	372	63
固镇县	1		44	42	2		854	420	48
蚌埠市高新技术开发区									
蚌埠市经济开发区									
淮南市	**4**	**4**	**340**	**310**	**25**	**5**	**4789**	**2115**	**344**
大通区	1		7	5	1	1	153	51	11
田家庵区		1	4	4			67	29	6
谢家集区		1	14	11	3		137	50	10
八公山区			3	3			33	21	1
潘集区			34	32	2		414	170	26
凤台县			85	73	10	2	1077	496	81
寿县	3	2	193	182	9	2	2908	1298	209

4-6c 续表 25

单位：人

地区 性别	专业技术人员		办事人员和有关人员				社会生产服务和生活服务人员		
	新闻出版、文化专业人员	其他专业技术人员	小计	办事人员	安全和消防人员	其他办事人员和有关人员	小计	批发与零售服务人员	交通运输、仓储和邮政业服务人员
马鞍山市	**5**	**3**	**191**	**176**	**9**	**6**	**3389**	**1043**	**143**
花山区	1		4	4			57	10	3
雨山区	1		11	11			91	29	5
博望区	1	1	27	25	2		329	135	26
当涂县	2	1	43	40		3	547	197	47
含山县		1	63	57	4	2	1401	418	39
和县			43	39	3	1	964	254	23
淮北市	**3**	**6**	**134**	**122**	**8**	**4**	**2282**	**1072**	**194**
杜集区			20	19	1		232	107	14
相山区	2		6	4	1	1	269	152	26
烈山区		2	18	15	2	1	308	118	36
濉溪县	1	4	90	84	4	2	1473	695	118
铜陵市	**6**	**1**	**122**	**111**	**9**	**2**	**1320**	**476**	**100**
铜官区			7	6	1		96	26	7
义安区	2		41	38	3		460	135	21
郊区	3		19	17	2		227	88	28
枞阳县	1	1	55	50	3	2	537	227	44
安庆市	**41**	**16**	**1003**	**939**	**41**	**23**	**14656**	**5826**	**511**
迎江区		1	1	1			43	15	7
大观区	3		15	15			252	51	7
宜秀区			16	16			123	40	7
怀宁县	5	4	104	99	5		3042	1124	50
太湖县	11	4	160	155	1	4	1477	588	58
宿松县	5	1	188	174	9	5	2395	1173	156
望江县	4	2	144	127	9	8	3415	1018	72
岳西县	8		131	123	7	1	1040	395	56
安徽安庆经济开发区			3	3			29	6	
桐城市	3	3	128	115	9	4	1206	608	35
潜山市	2	1	113	111	1	1	1634	808	63
黄山市	**5**	**8**	**333**	**295**	**26**	**12**	**3502**	**1230**	**128**
屯溪区		2	16	16			213	91	3
黄山区	1		42	39	3		454	127	21
徽州区			25	21	1	3	179	57	4
歙县	1	4	113	98	11	4	1360	532	39
休宁县	2	2	73	62	6	5	783	268	31
黟县	1		41	37	4		288	77	10
祁门县			23	22	1		225	78	20
滁州市	**15**	**7**	**603**	**529**	**60**	**14**	**9507**	**3948**	**631**
琅琊区		1	5	4	1		46	20	2
南谯区	2	2	68	58	8	2	581	215	45
来安县		1	102	90	11	1	1372	460	69
全椒县	2		72	62	9	1	1391	475	64
定远县	4	2	117	99	10	8	2361	1052	197
凤阳县	1		101	92	9		1902	971	145
苏滁现代产业园									
滁州经济技术开发区			16	15	1		53	12	7
天长市	2	1	48	40	7	1	723	304	41
明光市	4		74	69	4	1	1078	439	61

4－6c 续表 26

单位：人

地区 性别	专业技术人员		办事人员和有关人员				社会生产服务和生活服务人员		
	新闻出版、文化专业人员	其他专业技术人员	小计	办事人员	安全和消防人员	其他办事人员和有关人员	小计	批发与零售服务人员	交通运输、仓储和邮政业服务人员
阜阳市	**30**	**23**	**1179**	**1089**	**73**	**17**	**27911**	**14038**	**1837**
颍州区	2		79	75	4		1267	635	82
颍东区	4		124	111	12	1	2046	923	133
颍泉区			103	97	6		1475	750	79
临泉县	8	3	230	212	14	4	6628	3284	420
太和县	1	5	152	141	8	3	4854	2734	277
阜南县	9	8	185	175	5	5	4250	2114	291
颍上县	5	2	221	199	20	2	5794	2687	476
阜阳合肥现代产业园区		3	10	8	2		201	101	13
阜阳经济技术开发区			10	9	1		110	62	5
界首市	1	2	65	62	1	2	1286	748	61
宿州市	**11**	**8**	**705**	**671**	**28**	**6**	**9914**	**4886**	**738**
埇桥区	4		215	203	12		3421	1561	268
砀山县	2		78	72	6		1242	699	84
萧县	3	1	199	191	7	1	2255	1116	169
灵璧县	1	3	112	109		3	1676	829	137
泗县	1	4	94	90	2	2	1284	666	76
宿州马鞍山现代产业园区			7	6	1		36	15	4
宿州经济技术开发区									
六安市	**24**	**7**	**868**	**795**	**52**	**21**	**11862**	**4816**	**664**
金安区	3		155	143	7	5	1675	650	86
裕安区	6	2	129	117	9	3	2181	969	115
叶集区			33	30	1	2	369	167	29
霍邱县	2	1	138	123	9	6	2197	977	167
舒城县	6	2	218	207	9	2	3046	1174	152
金寨县	6	1	146	131	12	3	1692	651	81
霍山县	1	1	49	44	5		702	228	34
亳州市	**17**	**5**	**606**	**553**	**44**	**9**	**8409**	**4103**	**656**
谯城区	6	1	169	165	4		2346	1184	163
涡阳县	1	3	148	117	26	5	2167	1080	165
蒙城县	1		139	128	9	2	1673	722	193
利辛县	9	1	150	143	5	2	2223	1117	135
池州市	**7**	**8**	**271**	**257**	**11**	**3**	**2719**	**1085**	**133**
贵池区		5	71	66	4	1	634	231	40
东至县	4	3	130	126	4		1289	598	62
石台县	2		22	19	1	2	186	54	6
青阳县			38	36	2		469	170	24
池州市国家经济技术开发区									
皖江江南新兴产业集中区									
九华山风景区	1		10	10			141	32	1
宣城市	**10**	**4**	**379**	**346**	**17**	**16**	**3502**	**1330**	**204**
宣州区	2	2	93	78	4	11	949	411	78
郎溪县	5		48	43	5		449	159	44
泾县	1		60	55	4	1	438	152	16
绩溪县	1		15	14	1		159	62	5
旌德县	1		25	23		2	199	59	8
宣城市经济开发区			18	17		1	106	29	7
宁国市			37	35	1	1	440	149	19
广德市		2	83	81	2		762	309	27

4-6c　续表 27　　单位：人

地　区 性　别	社会生产服务和生活服务人员								
	住宿和餐饮服务人　员	信息传输、软件和信息技术服务人　员	金融服务人　　员	房地产服务人员	租赁和商务服务人　员	技术辅助服务人员	水利、环境和公共设施管理服务人员	居民服务人　　员	电力、燃气及水供应服务人　员
安　徽	**53144**	**4247**	**2567**	**3051**	**4826**	**4709**	**25189**	**22153**	**2512**
合肥市	**3838**	**386**	**279**	**471**	**733**	**456**	**2510**	**1198**	**243**
瑶海区	39	20	9	9	26	18	21	21	2
庐阳区	15	2	2		10		28	8	1
蜀山区	21	3			3	1	22	5	4
包河区	21	1		1	1	3	7	2	1
长丰县	692	50	45	64	106	55	610	171	35
肥东县	1083	99	67	102	172	132	532	342	54
肥西县	748	61	33	56	275	108	603	170	29
庐江县	903	116	110	215	86	117	371	344	97
合肥高新技术产业开发区	2				1				
合肥经济技术开发区	11						6	1	1
合肥新站高新技术产业开发区	13	2			5		3	1	
巢湖市	290	32	13	24	48	22	307	133	19
芜湖市	**3740**	**275**	**183**	**245**	**274**	**286**	**1292**	**2713**	**134**
镜湖区	25	3	4	1	1	2	17	13	4
弋江区									
鸠江区	488	25	14	12	14	19	69	325	11
三山区	61	3	2	8		5	34	49	3
芜湖县	207	32	16	17	28	18	117	191	12
繁昌县	267	23	12	14	44	37	160	132	6
南陵县	609	43	30	28	50	50	269	638	32
芜湖经济技术开发区	2					2	5		
安徽芜湖长江大桥经济开发区	8		1	1		1	16		2
无为市	2073	146	104	164	137	152	605	1365	64
蚌埠市	**1376**	**114**	**63**	**81**	**99**	**112**	**722**	**518**	**76**
龙子湖区	97	7	1	7	4	5	57	25	5
蚌山区	34	3	2	5	6	7	18	10	5
禹会区	169	10	1	6	5	12	70	61	12
淮上区	69	10	5	4	12	12	45	32	1
怀远县	345	21	20	22	26	23	171	154	12
五河县	304	37	19	19	24	31	186	114	13
固镇县	358	26	15	18	22	22	175	122	28
蚌埠市高新技术开发区									
蚌埠市经济开发区									
淮南市	**2111**	**145**	**79**	**142**	**301**	**184**	**949**	**594**	**93**
大通区	59	6	5	4	9	5	41	26	2
田家庵区	23		2		3	1	17	9	
谢家集区	78	4	2	3	7	3	27	16	2
八公山区	15	2			8	2	3	1	2
潘集区	208	3	6	4	18	13	91	50	16
凤台县	454	20	15	23	59	36	181	142	28
寿县	1274	110	49	108	197	124	589	350	43

4-6c 续表 28 单位：人

地 区 性 别	社会生产服务和生活服务人员								
	住宿和餐饮服务人员	信息传输、软件和信息技术服务人员	金融服务人员	房地产服务人员	租赁和商务服务人员	技术辅助服务人员	水利、环境和公共设施管理服务人员	居民服务人员	电力、燃气及水供应服务人员
马鞍山市	**2544**	**117**	**56**	**61**	**92**	**92**	**665**	**643**	**87**
花山区	25	3	2		12	1	6	33	6
雨山区	26	2	2	1	5	3	24	18	5
博望区	117	5	3	7	10	9	42	58	12
当涂县	190	23	13	16	12	16	117	146	20
含山县	1159	64	26	23	27	50	211	303	30
和县	1027	20	10	14	26	13	265	85	14
淮北市	**872**	**75**	**32**	**34**	**73**	**104**	**548**	**285**	**65**
杜集区	85	11	5	3	9	14	66	14	8
相山区	76	8	3	2	7	14	61	30	11
烈山区	129	7	4	2	26	15	70	28	5
濉溪县	582	49	20	27	31	61	351	213	41
铜陵市	**460**	**53**	**25**	**28**	**80**	**43**	**344**	**260**	**42**
铜官区	18	3	1	2	10	2	32	14	2
义安区	181	12	7	9	39	15	130	111	9
郊区	75	9	7		9	13	69	25	10
枞阳县	186	29	10	17	22	13	113	110	21
安庆市	**7473**	**869**	**453**	**449**	**643**	**764**	**1812**	**3108**	**272**
迎江区	18	1			6		21	3	1
大观区	307	9	5	5	7	4	21	33	2
宜秀区	69	6	2	3	3	2	52	9	4
怀宁县	3012	112	60	42	70	89	190	362	38
太湖县	508	155	71	70	69	105	203	291	39
宿松县	673	198	96	125	149	191	374	388	46
望江县	1427	136	82	91	186	133	329	1336	29
岳西县	400	72	39	30	48	55	210	244	41
安徽安庆经济开发区	10	1	1	1			15	4	
桐城市	435	87	43	36	42	111	172	185	31
潜山市	614	92	54	46	63	74	225	253	41
黄山市	**1716**	**107**	**88**	**73**	**195**	**110**	**681**	**586**	**90**
屯溪区	70	4	6	3	2	5	50	21	2
黄山区	241	10	7	10	37	4	76	83	15
徽州区	73	1	3	10	20	11	62	26	4
歙县	627	60	35	27	73	48	278	255	24
休宁县	427	18	22	18	37	30	115	123	10
黟县	184	9	7	2	13	7	58	33	5
祁门县	94	5	8	3	13	5	42	45	30
滁州市	**3857**	**324**	**190**	**293**	**340**	**372**	**2022**	**1667**	**161**
琅琊区	10	1			2		16	7	
南谯区	182	30	16	49	40	27	222	57	14
来安县	559	54	19	33	65	27	460	247	29
全椒县	575	38	28	63	27	63	318	343	22
定远县	969	91	59	68	111	139	440	315	33
凤阳县	723	44	27	22	52	40	241	283	20
苏滁现代产业园									
滁州经济技术开发区	18	4	1	7	1	7	20	9	2
天长市	290	31	18	7	18	34	119	187	22
明光市	531	31	22	44	24	35	186	219	19

4-6c 续表 29

单位：人

地 区 性 别	社会生产服务和生活服务人员 住宿和餐饮服务人员	信息传输、软件和信息技术服务人员	金融服务人员	房地产服务人员	租赁和商务服务人员	技术辅助服务人员	水利、环境和公共设施管理服务人员	居民服务人员	电力、燃气及水供应服务人员
阜阳市	**10839**	**550**	**395**	**462**	**687**	**742**	**5440**	**4458**	**365**
颍州区	512	25	22	19	39	34	245	160	20
颍东区	702	41	32	40	34	61	670	231	30
颍泉区	544	39	22	22	34	33	344	181	20
临泉县	2379	124	97	90	131	165	1083	1700	73
太和县	2230	95	51	62	70	141	623	524	72
阜南县	1821	94	62	72	85	107	543	709	55
颍上县	2130	104	85	124	270	155	1615	699	72
阜阳合肥现代产业园区	66	2	2	11	4	2	38	29	2
阜阳经济技术开发区	41	7		2	3	5	30	11	2
界首市	414	19	22	20	17	39	249	214	19
宿州市	**3926**	**354**	**170**	**163**	**303**	**334**	**1803**	**1551**	**213**
埇桥区	1531	130	52	52	148	121	680	584	63
砀山县	441	45	36	27	39	56	164	165	28
萧县	941	69	36	29	49	83	344	327	53
灵璧县	544	40	28	20	34	45	390	276	32
泗县	452	68	17	33	32	29	208	197	36
宿州马鞍山现代产业园区	17	2	1	2	1		17	2	1
宿州经济技术开发区									
六安市	**4432**	**454**	**302**	**307**	**458**	**643**	**2456**	**2194**	**305**
金安区	538	65	53	28	100	137	431	345	43
裕安区	828	86	68	87	83	76	424	391	51
叶集区	126	10	8	6	13	23	100	34	14
霍邱县	887	49	37	54	59	81	430	328	56
舒城县	1047	136	71	74	111	221	589	651	64
金寨县	688	76	55	36	62	71	371	269	52
霍山县	318	32	10	22	30	34	111	176	25
亳州市	**3309**	**215**	**126**	**126**	**189**	**201**	**2473**	**1216**	**170**
谯城区	898	71	29	39	78	63	748	291	54
涡阳县	903	44	30	28	34	41	652	290	33
蒙城县	607	45	32	23	34	46	485	269	41
利辛县	901	55	35	36	43	51	588	366	42
池州市	**1197**	**124**	**62**	**57**	**205**	**140**	**543**	**440**	**68**
贵池区	233	17	12	11	62	22	201	99	23
东至县	538	93	35	34	44	103	176	213	30
石台县	103	4	6	2	5		44	24	7
青阳县	231	6	8	10	24	13	93	95	8
池州市国家经济技术开发区									
皖江江南新兴产业集中区									
九华山风景区	92	4	1		70	2	29	9	
宣城市	**1454**	**85**	**64**	**59**	**154**	**126**	**929**	**722**	**128**
宣州区	293	14	22	15	41	38	232	160	36
郎溪县	193	26	8	8	11	18	111	90	15
泾县	243	9	4	8	31	6	108	126	24
绩溪县	85	6	5	2	9		42	24	7
旌德县	64	7	3	4	14	7	66	89	1
宣城市经济开发区	35	4	1	3	18	1	61	16	1
宁国市	207	4	10	13	21	22	137	74	16
广德市	334	15	11	6	9	34	172	143	28

4—6c 续表 30 单位：人

地区 性别	社会生产服务和生活服务人员 住宿和餐饮服务人员	信息传输、软件和信息技术服务人员	金融服务人员	房地产服务人员	租赁和商务服务人员	技术辅助服务人员	水利、环境和公共设施管理服务人员	居民服务人员	电力、燃气及水供应服务人员
男	**25140**	**3143**	**1445**	**2092**	**3654**	**3149**	**12775**	**7705**	**2263**
合肥市	**1688**	**302**	**163**	**327**	**582**	**316**	**1200**	**414**	**218**
瑶海区	16	13	5	7	15	13	7	4	1
庐阳区	5	2	1		10		13	2	1
蜀山区	6	3			2	1	8	1	4
包河区	14			1	1	2			1
长丰县	314	33	23	43	85	35	303	67	30
肥东县	472	76	43	77	130	95	183	99	48
肥西县	322	55	16	28	224	79	315	69	26
庐江县	432	88	70	153	73	74	213	126	88
合肥高新技术产业开发区	1				1				
合肥经济技术开发区	5						5		1
合肥新站高新技术产业开发区	6	1			5		1		
巢湖市	95	31	5	18	36	17	152	46	18
芜湖市	**1970**	**214**	**99**	**179**	**203**	**199**	**631**	**722**	**123**
镜湖区	11	2	3			1	8	7	4
弋江区									
鸠江区	261	20	5	11	10	12	31	98	9
三山区	25	3	2	7		2	15	16	3
芜湖县	90	25	10	10	24	9	57	64	11
繁昌县	123	17	8	9	34	25	89	42	5
南陵县	280	33	13	17	39	37	134	136	30
芜湖经济技术开发区							1		
安徽芜湖长江大桥经济开发区	3						4		2
无为市	1177	114	58	125	96	113	292	359	59
蚌埠市	**644**	**87**	**41**	**45**	**70**	**68**	**413**	**197**	**67**
龙子湖区	43	5		7	2	3	19	11	5
蚌山区	18	1	1	2	5	5	7	5	4
禹会区	71	7	1	3	5	7	38	22	10
淮上区	33	7	3	3	9	7	24	10	1
怀远县	157	15	12	11	15	13	101	52	10
五河县	152	30	17	10	17	18	116	48	11
固镇县	170	22	7	9	17	15	108	49	26
蚌埠市高新技术开发区									
蚌埠市经济开发区									
淮南市	**981**	**104**	**47**	**100**	**246**	**114**	**430**	**251**	**83**
大通区	21	6	2	3	7	2	19	8	1
田家庵区	10		1		2		9	3	
谢家集区	34	3	1	3	7	3	11	5	2
八公山区	10				7	2	2	1	2
潘集区	83	2	5	3	18	8	40	23	14
凤台县	187	15	7	11	48	20	90	71	26
寿县	636	78	31	80	157	79	259	140	38

4-6c　续表 31　　　　单位：人

地　区 性　别	社会生产服务和生活服务人员								
	住宿和餐饮服务人员	信息传输、软件和信息技术服务人员	金融服务人员	房地产服务人员	租赁和商务服务人员	技术辅助服务人员	水利、环境和公共设施管理服务人员	居民服务人员	电力、燃气及水供应服务人员
马鞍山市	**1285**	**87**	**31**	**42**	**70**	**59**	**305**	**233**	**81**
花山区	5	1			11	1	2	20	5
雨山区	5		2	1	3	3	8	6	4
博望区	32	4		4	3	7	16	26	10
当涂县	76	14	9	10	11	4	60	56	20
含山县	632	50	15	17	19	33	80	82	29
和县	535	18	5	10	23	11	139	43	13
淮北市	**450**	**54**	**19**	**25**	**59**	**68**	**284**	**107**	**61**
杜集区	45	6	3	2	5	8	30	3	7
相山区	44	5	2	2	5	8	36	13	10
烈山区	58	6	1	1	23	9	28	8	5
濉溪县	303	37	13	20	26	43	190	83	39
铜陵市	**164**	**39**	**14**	**17**	**55**	**26**	**169**	**94**	**36**
铜官区	2	1		2	6	1	9	2	1
义安区	57	7	3	4	33	8	57	42	7
郊区	29	7	3		6	6	40	11	9
枞阳县	76	24	8	11	10	11	63	39	19
安庆市	**3482**	**653**	**248**	**324**	**435**	**537**	**910**	**917**	**251**
迎江区	10				6		11	1	1
大观区	162	6	2	4	5	3	11	7	1
宜秀区	34	5	1	2	3	2	24	2	4
怀宁县	1609	80	32	24	50	68	86	157	35
太湖县	179	108	40	52	49	68	104	84	34
宿松县	264	154	55	99	105	152	175	156	44
望江县	667	103	43	62	117	76	131	270	26
岳西县	160	54	24	23	32	36	134	71	40
安徽安庆经济开发区	3			1			5		
桐城市	178	72	23	21	28	77	94	77	26
潜山市	216	71	28	36	40	55	135	92	40
黄山市	**656**	**70**	**43**	**46**	**130**	**68**	**313**	**149**	**82**
屯溪区	18	3		1	2	5	12	4	2
黄山区	80	6	3	5	20	2	33	20	14
徽州区	23		1	8	16	7	30	5	3
歙县	274	38	17	21	46	32	143	71	22
休宁县	172	13	13	8	30	13	44	31	7
黟县	61	5	3		5	5	28	8	4
祁门县	28	5	6	3	11	4	23	10	30
滁州市	**1781**	**226**	**117**	**206**	**237**	**255**	**956**	**539**	**148**
琅琊区	2	1			2		5	2	
南谯区	67	22	11	31	29	23	107	22	13
来安县	242	39	11	22	50	18	197	67	27
全椒县	272	31	15	47	18	43	130	64	21
定远县	472	61	40	49	79	86	230	120	30
凤阳县	336	25	15	17	28	29	121	104	18
苏滁现代产业园									
滁州经济技术开发区	9	2		4	1	7	9	1	2
天长市	127	21	11	7	12	27	59	81	20
明光市	254	24	14	29	18	22	98	78	17

4-6c 续表 32

单位：人

地 区 性 别	社会生产服务和生活服务人员								
	住宿和餐饮服务人员	信息传输、软件和信息技术服务人员	金融服务人员	房地产服务人员	租赁和商务服务人员	技术辅助服务人员	水利、环境和公共设施管理服务人员	居民服务人员	电力、燃气及水供应服务人员
阜阳市	**5560**	**408**	**224**	**295**	**546**	**490**	**2653**	**1844**	**312**
颍州区	256	17	11	11	34	22	116	61	19
颍东区	344	31	18	28	30	41	278	86	27
颍泉区	272	32	11	15	25	18	163	66	18
临泉县	1232	80	63	57	95	115	519	826	58
太和县	1180	80	22	42	54	88	339	207	66
阜南县	934	75	38	39	61	70	268	237	48
颍上县	1063	73	48	82	226	107	811	238	56
阜阳合肥现代产业园区	31	1	1	6	2		18	9	2
阜阳经济技术开发区	24	5		2	2	3	16	5	1
界首市	224	14	12	13	17	26	125	109	17
宿州市	**2031**	**242**	**100**	**107**	**228**	**216**	**975**	**612**	**188**
埇桥区	831	91	30	31	114	81	346	246	56
砀山县	245	29	27	21	32	33	91	60	25
萧县	479	49	16	17	35	56	172	130	47
灵璧县	241	28	16	10	26	26	246	102	28
泗县	227	45	11	26	20	20	107	72	31
宿州马鞍山现代产业园区	8			2	1		13	2	1
宿州经济技术开发区									
六安市	**1744**	**345**	**173**	**207**	**371**	**416**	**1196**	**654**	**278**
金安区	208	50	29	21	90	89	195	102	41
裕安区	349	65	43	57	69	55	230	127	46
叶集区	43	9	5	4	11	13	54	15	13
霍邱县	389	40	20	38	49	56	217	118	48
舒城县	384	107	38	49	78	134	270	168	58
金寨县	244	53	32	23	48	46	165	93	50
霍山县	127	21	6	15	26	23	65	31	22
亳州市	**1748**	**162**	**57**	**88**	**164**	**142**	**1438**	**579**	**152**
谯城区	490	52	14	30	68	45	441	119	49
涡阳县	469	37	16	19	28	31	395	149	28
蒙城县	303	33	16	15	30	33	272	121	36
利辛县	486	40	11	24	38	33	330	190	39
池州市	**439**	**94**	**37**	**43**	**135**	**97**	**313**	**134**	**64**
贵池区	59	12	8	8	58	14	111	30	21
东至县	255	76	22	27	24	70	89	54	29
石台县	22	1	2	2			28	9	6
青阳县	68	2	5	6	14	11	66	38	8
池州市国家经济技术开发区									
皖江江南新兴产业集中区									
九华山风景区	35	3			39	2	19	3	
宣城市	**517**	**56**	**32**	**41**	**123**	**78**	**589**	**259**	**119**
宣州区	101	10	10	8	38	19	134	65	33
郎溪县	73	20	5	7	8	12	72	29	13
泾县	101	3	2	7	22	5	81	49	24
绩溪县	34	3	4	2	5		26	9	7
旌德县	28	5	1	4	11	5	46	22	1
宣城市经济开发区	13	2		3	16	1	33	2	1
宁国市	66	1	5	8	16	17	92	22	16
广德市	101	12	5	2	7	19	105	61	24

4-6c 续表 33

单位：人

地　区 性　别	社会生产服务和生活服务人员								
	住宿和餐饮服务人员	信息传输、软件和信息技术服务人员	金融服务人员	房地产服务人员	租赁和商务服务人员	技术辅助服务人员	水利、环境和公共设施管理服务人员	居民服务人员	电力、燃气及水供应服务人员
女	**28004**	**1104**	**1122**	**959**	**1172**	**1560**	**12414**	**14448**	**249**
合肥市	**2150**	**84**	**116**	**144**	**151**	**140**	**1310**	**784**	**25**
瑶海区	23	7	4	2	11	5	14	17	1
庐阳区	10		1				15	6	
蜀山区	15				1		14	4	
包河区	7	1				1	7	2	
长丰县	378	17	22	21	21	20	307	104	5
肥东县	611	23	24	25	42	37	349	243	6
肥西县	426	6	17	28	51	29	288	101	3
庐江县	471	28	40	62	13	43	158	218	9
合肥高新技术产业开发区	1								
合肥经济技术开发区	6						1	1	
合肥新站高新技术产业开发区	7	1					2	1	
巢湖市	195	1	8	6	12	5	155	87	1
芜湖市	**1770**	**61**	**84**	**66**	**71**	**87**	**661**	**1991**	**11**
镜湖区	14	1	1	1	1	1	9	6	
弋江区									
鸠江区	227	5	9	1	4	7	38	227	2
三山区	36			1		3	19	33	
芜湖县	117	7	6	7	4	9	60	127	1
繁昌县	144	6	4	5	10	12	71	90	1
南陵县	329	10	17	11	11	13	135	502	2
芜湖经济技术开发区	2					2	4		
安徽芜湖长江大桥经济开发区	5		1	1		1	12		
无为市	896	32	46	39	41	39	313	1006	5
蚌埠市	**732**	**27**	**22**	**36**	**29**	**44**	**309**	**321**	**9**
龙子湖区	54	2	1		2	2	38	14	
蚌山区	16	2	1	3	1	2	11	5	1
禹会区	98	3		3		5	32	39	2
淮上区	36	3	2	1	3	5	21	22	
怀远县	188	6	8	11	11	10	70	102	2
五河县	152	7	2	9	7	13	70	66	2
固镇县	188	4	8	9	5	7	67	73	2
蚌埠市高新技术开发区									
蚌埠市经济开发区									
淮南市	**1130**	**41**	**32**	**42**	**55**	**70**	**519**	**343**	**10**
大通区	38		3	1	2	3	22	18	1
田家庵区	13		1		1	1	8	6	
谢家集区	44	1	1				16	11	
八公山区	5	2			1		1		
潘集区	125	1	1	1		5	51	27	2
凤台县	267	5	8	12	11	16	91	71	2
寿县	638	32	18	28	40	45	330	210	5

4－6c 续表 34

单位：人

地　区 性　别	社会生产服务和生活服务人员 住宿和餐饮服务人员	信息传输、软件和信息技术服务人员	金融服务人员	房地产服务人员	租赁和商务服务人员	技术辅助服务人员	水利、环境和公共设施管理服务人员	居民服务人员	电力、燃气及水供应服务人员
马鞍山市	**1259**	**30**	**25**	**19**	**22**	**33**	**360**	**410**	**6**
花山区	20	2	2		1		4	13	1
雨山区	21	2			2		16	12	1
博望区	85	1	3	3	7	2	26	32	2
当涂县	114	9	4	6	1	12	57	90	
含山县	527	14	11	6	8	17	131	221	1
和县	492	2	5	4	3	2	126	42	1
淮北市	**422**	**21**	**13**	**9**	**14**	**36**	**264**	**178**	**4**
杜集区	40	5	2	1	4	6	36	11	1
相山区	32	3	1		2	6	25	17	1
烈山区	71	1	3	1	3	6	42	20	
濉溪县	279	12	7	7	5	18	161	130	2
铜陵市	**296**	**14**	**11**	**11**	**25**	**17**	**175**	**166**	**6**
铜官区	16	2	1		4	1	23	12	1
义安区	124	5	4	5	6	7	73	69	2
郊区	46	2	4		3	7	29	14	1
枞阳县	110	5	2	6	12	2	50	71	2
安庆市	**3991**	**216**	**205**	**125**	**208**	**227**	**902**	**2191**	**21**
迎江区	8	1					10	2	
大观区	145	3	3	1	2	1	10	26	1
宜秀区	35	1	1	1			28	7	
怀宁县	1403	32	28	18	20	21	104	205	3
太湖县	329	47	31	18	20	37	99	207	5
宿松县	409	44	41	26	44	39	199	232	2
望江县	760	33	39	29	69	57	198	1066	3
岳西县	240	18	15	7	16	19	76	173	1
安徽安庆经济开发区	7	1	1				10	4	
桐城市	257	15	20	15	14	34	78	108	5
潜山市	398	21	26	10	23	19	90	161	1
黄山市	**1060**	**37**	**45**	**27**	**65**	**42**	**368**	**437**	**8**
屯溪区	52	1	6	2			38	17	
黄山区	161	4	4	5	17	2	43	63	1
徽州区	50	1	2	2	4	4	32	21	1
歙县	353	22	18	6	27	16	135	184	2
休宁县	255	5	9	10	7	17	71	92	3
黟县	123	4	4	2	8	2	30	25	1
祁门县	66		2		2	1	19	35	
滁州市	**2076**	**98**	**73**	**87**	**103**	**117**	**1066**	**1128**	**13**
琅琊区	8						11	5	
南谯区	115	8	5	18	11	4	115	35	1
来安县	317	15	8	11	15	9	263	180	2
全椒县	303	7	13	16	9	20	188	279	1
定远县	497	30	19	19	32	53	210	195	3
凤阳县	387	19	12	5	24	11	120	179	2
苏滁现代产业园									
滁州经济技术开发区	9	2	1	3			11	8	
天长市	163	10	7		6	7	60	106	2
明光市	277	7	8	15	6	13	88	141	2

4-6c 续表 35

单位：人

地区 性别	社会生产服务和生活服务人员								
	住宿和餐饮服务人员	信息传输、软件和信息技术服务人员	金融服务人员	房地产服务人员	租赁和商务服务人员	技术辅助服务人员	水利、环境和公共设施管理服务人员	居民服务人员	电力、燃气及水供应服务人员
阜阳市	**5279**	**142**	**171**	**167**	**141**	**252**	**2787**	**2614**	**53**
颍州区	256	8	11	8	5	12	129	99	1
颍东区	358	10	14	12	4	20	392	145	3
颍泉区	272	7	11	7	9	15	181	115	2
临泉县	1147	44	34	33	36	50	564	874	15
太和县	1050	15	29	20	16	53	284	317	6
阜南县	887	19	24	33	24	37	275	472	7
颍上县	1067	31	37	42	44	48	804	461	16
阜阳合肥现代产业园区	35	1	1	5	2	2	20	20	
阜阳经济技术开发区	17	2			1	2	14	6	1
界首市	190	5	10	7		13	124	105	2
宿州市	**1895**	**112**	**70**	**56**	**75**	**118**	**828**	**939**	**25**
埇桥区	700	39	22	21	34	40	334	338	7
砀山县	196	16	9	6	7	23	73	105	3
萧县	462	20	20	12	14	27	172	197	6
灵璧县	303	12	12	10	8	19	144	174	4
泗县	225	23	6	7	12	9	101	125	5
宿州马鞍山现代产业园区	9	2	1				4		
宿州经济技术开发区									
六安市	**2688**	**109**	**129**	**100**	**87**	**227**	**1260**	**1540**	**27**
金安区	330	15	24	7	10	48	236	243	2
裕安区	479	21	25	30	14	21	194	264	5
叶集区	83	1	3	2	2	10	46	19	1
霍邱县	498	9	17	16	10	25	213	210	8
舒城县	663	29	33	25	33	87	319	483	6
金寨县	444	23	23	13	14	25	206	176	2
霍山县	191	11	4	7	4	11	46	145	3
亳州市	**1561**	**53**	**69**	**38**	**25**	**59**	**1035**	**637**	**18**
谯城区	408	19	15	9	10	18	307	172	5
涡阳县	434	7	14	9	6	10	257	141	5
蒙城县	304	12	16	8	4	13	213	148	5
利辛县	415	15	24	12	5	18	258	176	3
池州市	**758**	**30**	**25**	**14**	**70**	**43**	**230**	**306**	**4**
贵池区	174	5	4	3	4	8	90	69	2
东至县	283	17	13	7	20	33	87	159	1
石台县	81	3	4		5		16	15	1
青阳县	163	4	3	4	10	2	27	57	
池州市国家经济技术开发区									
皖江江南新兴产业集中区									
九华山风景区	57	1	1		31		10	6	
宣城市	**937**	**29**	**32**	**18**	**31**	**48**	**340**	**463**	**9**
宣州区	192	4	12	7	3	19	98	95	3
郎溪县	120	6	3	1	3	6	39	61	2
泾县	142	6	2	1	9	1	27	77	
绩溪县	51	3	1		4		16	15	
旌德县	36	2	2		3	2	20	67	
宣城市经济开发区	22	2	1		2		28	14	
宁国市	141	3	5	5	5	5	45	52	
广德市	233	3	6	4	2	15	67	82	4

4－6c 续表 36

单位：人

地区 性别	社会生产服务和生活服务人员				农、林、牧、渔业生产及辅助人员				
	修理及制作服务人员	文化、体育和娱乐服务人员	健康服务人员	其他社会生产和生活服务人员	小计	农业生产人员	林业生产人员	畜牧业生产人员	渔业生产人员
安徽	**10623**	**1426**	**404**	**336**	**424884**	**390974**	**5619**	**16982**	**7847**
合肥市	**802**	**130**	**41**	**25**	**24319**	**21091**	**980**	**999**	**1032**
瑶海区	16	3	2	1	2	2			
庐阳区	3				18	14		3	1
蜀山区					208	173	20	11	3
包河区	3				208	199	1		4
长丰县	134	27	2	7	5203	4750	73	279	66
肥东县	248	29	10	2	3509	3119	101	201	34
肥西县	144	39	10	2	3432	2490	622	207	83
庐江县	221	24	14	11	7673	7288	74	135	129
合肥高新技术产业开发区									
合肥经济技术开发区					251	221	17	8	4
合肥新站高新技术产业开发区					22	18	2	1	1
巢湖市	33	8	3	2	3793	2817	70	154	707
芜湖市	**581**	**112**	**41**	**36**	**12682**	**10836**	**184**	**547**	**973**
镜湖区	6	1			54	43	3	1	4
弋江区									
鸠江区	43	4	1	3	2480	2383	3	25	57
三山区	39	6		1	563	542		4	16
芜湖县	31	12	12	2	1143	950	35	23	112
繁昌县	58	9	2		643	503	34	57	40
南陵县	109	19	12		3349	2869	46	312	66
芜湖经济技术开发区	1				52	22	29	1	
安徽芜湖长江大桥经济开发区		1			76	67		5	3
无为市	294	60	14	30	4322	3457	34	119	675
蚌埠市	**330**	**63**	**18**	**10**	**33860**	**32525**	**57**	**856**	**199**
龙子湖区	18			1	419	363	2	44	4
蚌山区	11				141	121	4	14	1
禹会区	51	1		2	1111	1011	5	52	31
淮上区	25	4		6	2287	2228	4	44	4
怀远县	75	16	6	1	17797	17308	10	267	75
五河县	87	22	4		5760	5507	10	149	67
固镇县	63	20	8		6345	5987	22	286	17
蚌埠市高新技术开发区									
蚌埠市经济开发区									
淮南市	**443**	**57**	**13**	**19**	**27000**	**26027**	**94**	**556**	**202**
大通区	19	2	1	1	863	804	2	25	23
田家庵区	11				558	544	3	6	4
谢家集区	17	5		3	840	812	1	10	11
八公山区	5	1			79	57	18	3	1
潘集区	30	6	1	1	3160	3030		95	19
凤台县	92	5		5	8769	8461	22	207	49
寿县	269	38	11	9	12731	12319	48	210	95

4-6c 续表 37　　　　单位：人

地　区 性　别	社会生产服务和生活服务人员				农、林、牧、渔业生产及辅助人员				
	修理及制作服务人员	文化、体育和娱乐服务人员	健康服务人员	其他社会生产和生活服务人员	小计	农业生产人员	林业生产人员	畜牧业生产人员	渔业生产人员
马鞍山市	**204**	**25**	**14**	**10**	**7495**	**5726**	**100**	**288**	**1316**
花山区	1			3	33	28	4	1	
雨山区	8	1			84	79		4	1
博望区	30	6	1	3	456	386	7	26	29
当涂县	63	4	3	3	2594	1400	8	46	1117
含山县	71	9	1		1050	856	27	87	68
和县	31	5	9	1	3278	2977	54	124	101
淮北市	**305**	**28**	**9**	**8**	**11173**	**10565**	**35**	**481**	**27**
杜集区	26	1		3	619	556	4	48	7
相山区	22	3			287	257	4	24	
烈山区	20	6	2	1	2107	2043	9	54	1
濉溪县	237	18	7	4	8160	7709	18	355	19
铜陵市	**113**	**8**	**4**	**3**	**4330**	**3932**	**63**	**187**	**112**
铜官区	7	1			27	15	4	3	5
义安区	40	5	2		1339	1213	15	65	40
郊区	26		2	1	841	752	6	55	21
枞阳县	40	2		2	2123	1952	38	64	46
安庆市	**1091**	**195**	**67**	**44**	**21615**	**19321**	**574**	**1143**	**417**
迎江区	2	1			124	96	4	5	18
大观区	14				436	403	5	14	10
宜秀区	11	1	1		371	321	6	15	27
怀宁县	127	26	7	3	1972	1772	40	108	33
太湖县	304	26	11	6	2814	2333	123	326	19
宿松县	185	28	9	13	2474	1995	90	194	168
望江县	130	49	24	13	8025	7697	33	179	87
岳西县	108	21	11	2	2166	1910	113	118	7
安徽安庆经济开发区					16	15			1
桐城市	116	25	3	4	955	817	46	50	28
潜山市	94	18	1	3	2262	1962	114	134	19
黄山市	**253**	**49**	**10**	**14**	**10894**	**9860**	**333**	**626**	**33**
屯溪区	12		1		139	97	11	26	4
黄山区	23	8	1	1	773	651	81	28	9
徽州区	9	4	1		791	733	6	46	
歙县	118	20	2	12	5799	5415	69	299	4
休宁县	69	10	3	1	2053	1827	41	161	11
黟县	13	5	2		590	493	51	40	
祁门县	9	2			749	644	74	26	5
滁州市	**863**	**96**	**26**	**20**	**39647**	**36394**	**550**	**1725**	**695**
琅琊区	3				186	163	3	11	7
南谯区	51	4	1	1	1075	783	102	72	79
来安县	101	17	1		4186	3491	203	364	78
全椒县	82	10	2	1	4135	3440	95	338	225
定远县	276	28	12	13	12612	11933	40	471	89
凤阳县	202	7		1	8750	8436	26	206	57
苏滁现代产业园									
滁州经济技术开发区	8				6	4		2	
天长市	69	13	5		2736	2505	25	51	127
明光市	71	17	5	4	5961	5639	56	210	33

4-6c 续表 38 单位：人

地区 性别	社会生产服务和生活服务人员				农、林、牧、渔业生产及辅助人员				
	修理及制作服务人员	文化、体育和娱乐服务人员	健康服务人员	其他社会生产和生活服务人员	小计	农业生产人员	林业生产人员	畜牧业生产人员	渔业生产人员
阜阳市	**2339**	**272**	**65**	**45**	**75682**	**71737**	**445**	**2397**	**574**
颍州区	125	12	5	3	2897	2746	29	99	10
颍东区	173	19	4	2	2826	2500	34	239	34
颍泉区	126	25	1	2	5530	5123	17	211	56
临泉县	612	79	14	11	17249	16457	116	437	167
太和县	309	43	9	6	16042	15457	63	368	74
阜南县	396	36	10	9	14979	14388	78	391	60
颍上县	441	50	16	7	12985	12128	69	503	155
阜阳合肥现代产业园区	24	2		1	35	25	4	5	1
阜阳经济技术开发区	13				16	12	2	2	
界首市	120	6	6	4	3123	2901	33	142	17
宿州市	**917**	**119**	**21**	**9**	**75208**	**72263**	**295**	**2231**	**107**
埇桥区	320	47	8	1	15940	15030	113	705	63
砀山县	123	9			14086	13844	10	218	3
萧县	222	16	6	4	21732	21130	24	554	5
灵璧县	143	22	2	3	12489	11780	97	527	15
泗县	108	24	5	1	10725	10262	46	214	20
宿州马鞍山现代产业园区	1	1			236	217	5	13	1
宿州经济技术开发区									
六安市	**993**	**104**	**39**	**51**	**29856**	**25688**	**683**	**2176**	**616**
金安区	124	12	3	7	4202	3744	71	306	42
裕安区	191	22	11	13	4871	4263	156	294	81
叶集区	19	3	1	6	1065	890	20	123	26
霍邱县	201	16	9	11	9717	8114	46	711	341
舒城县	249	27	6	7	3871	3368	163	212	96
金寨县	150	12	4		4712	4114	120	443	19
霍山县	59	12	5	7	1418	1195	107	87	11
亳州市	**947**	**100**	**14**	**15**	**34057**	**32148**	**234**	**1393**	**81**
谯城区	229	25	7	1	12348	11936	52	251	17
涡阳县	270	25	2	7	5844	5436	33	331	15
蒙城县	198	22	4	2	7409	6871	78	379	22
利辛县	250	28	1	5	8456	7905	71	432	27
池州市	**160**	**18**	**4**	**10**	**6420**	**5484**	**229**	**432**	**186**
贵池区	30	5	1	3	2462	2084	71	167	105
东至县	72	10	2	2	2560	2343	57	80	50
石台县	10			1	612	506	65	29	
青阳县	43	3	1	4	779	548	35	153	31
池州市国家经济技术开发区									
皖江江南新兴产业集中区									
九华山风景区	5				7	3	1	3	
宣城市	**282**	**50**	**18**	**17**	**10646**	**7377**	**763**	**945**	**1277**
宣州区	89	21	2	4	3930	2289	131	317	1114
郎溪县	38	7	3		1147	847	82	57	103
泾县	22	5	1	7	1381	1051	125	155	20
绩溪县	11	2		1	1080	929	17	120	2
旌德县	11	3			596	530	26	34	5
宣城市经济开发区	5	1			130	83	19	22	2
宁国市	37	5	9	2	1122	865	121	106	9
广德市	69	6	3	3	1260	783	242	134	22

4-6c　续表 39　　　　单位：人

地区 性别	社会生产服务和生活服务人员				农、林、牧、渔业生产及辅助人员				
	修理及制作服务人员	文化、体育和娱乐服务人员	健康服务人员	其他社会生产和生活服务人员	小计	农业生产人员	林业生产人员	畜牧业生产人员	渔业生产人员
男	**9385**	**935**	**172**	**215**	**222079**	**199661**	**4256**	**10447**	**5433**
合肥市	**735**	**76**	**15**	**16**	**13659**	**11777**	**650**	**630**	**440**
瑶海区	16	1	1	1	1	1			
庐阳区	3				10	7		2	1
蜀山区					128	102	13	9	3
包河区	3				115	108	1		3
长丰县	124	18		6	2892	2608	43	171	47
肥东县	232	17	6	1	1941	1684	67	130	27
肥西县	127	19	5	1	2174	1531	419	131	66
庐江县	202	16	2	7	4379	4109	60	84	91
合肥高新技术产业开发区									
合肥经济技术开发区					138	118	9	7	3
合肥新站高新技术产业开发区					12	9	1	1	1
巢湖市	28	5	1		1869	1500	37	95	198
芜湖市	**515**	**71**	**17**	**29**	**7874**	**6529**	**152**	**309**	**770**
镜湖区	6	1			36	27	2	1	3
弋江区									
鸠江区	36	3	1	2	1315	1245	3	17	41
三山区	35	3			320	306		2	12
芜湖县	28	8	1	2	701	558	28	12	84
繁昌县	51	5	1		375	264	33	40	31
南陵县	94	6	3		1884	1595	42	152	52
芜湖经济技术开发区	1				31	14	16	1	
安徽芜湖长江大桥经济开发区		1			42	36		3	2
无为市	264	44	11	25	3170	2484	28	81	545
蚌埠市	**291**	**43**	**7**	**6**	**18111**	**17210**	**43**	**553**	**149**
龙子湖区	16			1	233	207		19	3
蚌山区	10				92	80	1	9	1
禹会区	45			1	689	619	5	30	25
淮上区	25	2		4	1316	1272	2	32	4
怀远县	64	12	1		9208	8894	8	168	51
五河县	78	18	2		3174	2993	7	103	50
固镇县	53	11	4		3399	3145	20	192	15
蚌埠市高新技术开发区									
蚌埠市经济开发区									
淮南市	**392**	**38**	**2**	**12**	**14989**	**14324**	**66**	**366**	**140**
大通区	17	2		1	502	460	2	17	14
田家庵区	9				292	283	3	4	2
谢家集区	14	4		3	457	438	1	7	7
八公山区	4				37	25	8	3	1
潘集区	28	4		1	1881	1783		70	13
凤台县	81	3		1	4783	4560	20	138	38
寿县	239	25	2	6	7037	6775	32	127	65

4-6c 续表 40

单位：人

地区 性别	社会生产服务和生活服务人员				农、林、牧、渔业生产及辅助人员				
	修理及制作服务人员	文化、体育和娱乐服务人员	健康服务人员	其他社会生产和生活服务人员	小计	农业生产人员	林业生产人员	畜牧业生产人员	渔业生产人员
马鞍山市	**189**	**14**	**4**	**7**	**4221**	**2969**	**68**	**180**	**951**
花山区	1			2	15	11	3	1	
雨山区	6				34	31		2	1
博望区	27	3		3	267	223	4	13	21
当涂县	60	2		1	1499	631	4	29	816
含山县	68	4	1		628	490	22	58	49
和县	27	5	3	1	1778	1583	35	77	64
淮北市	**268**	**17**	**6**	**4**	**5733**	**5309**	**31**	**320**	**21**
杜集区	24			1	327	280	3	35	6
相山区	20	1			146	125	4	16	
烈山区	17	4		1	955	909	8	38	
濉溪县	207	12	6	2	4305	3995	16	231	15
铜陵市	**95**	**5**	**2**	**3**	**2487**	**2202**	**50**	**121**	**89**
铜官区	4	1			17	9	3	2	3
义安区	35	2	1		758	667	11	41	33
郊区	22		1	1	523	457	5	36	18
枞阳县	34	2		2	1189	1069	31	42	35
安庆市	**981**	**132**	**32**	**19**	**10766**	**9166**	**460**	**739**	**305**
迎江区	2	1			67	49	2	3	12
大观区	12				230	205	4	10	9
宜秀区	9		1		169	135	5	10	18
怀宁县	105	18	5	1	1046	905	33	71	25
太湖县	282	19	5	3	1564	1253	87	196	17
宿松县	174	21	2	8	1355	1026	66	130	115
望江县	106	25	12	2	3258	3039	26	110	65
岳西县	100	12	5	1	1312	1110	102	85	4
安徽安庆经济开发区					7	6			1
桐城市	105	21	2	3	569	463	42	31	24
潜山市	86	15		1	1189	975	93	93	15
黄山市	**229**	**31**	**2**	**9**	**5220**	**4544**	**258**	**363**	**27**
屯溪区	10				72	45	6	18	2
黄山区	21	5		1	455	351	73	20	9
徽州区	9	3	1		377	331	6	35	
歙县	107	11		8	2633	2426	38	159	4
休宁县	62	6			998	864	31	86	8
黟县	12	5	1		302	231	40	26	
祁门县	8	1			383	296	64	19	4
滁州市	**743**	**71**	**12**	**12**	**20977**	**18977**	**352**	**969**	**457**
琅琊区	3				97	81	3	8	3
南谯区	44	3		1	628	424	76	44	55
来安县	87	9			2126	1724	108	195	56
全椒县	69	8	1	1	2132	1719	51	198	132
定远县	239	24	6	6	6609	6218	29	251	60
凤阳县	177	5		1	4481	4282	20	120	39
苏滁现代产业园									
滁州经济技术开发区	8				5	3		2	
天长市	59	10	1		1555	1386	22	35	85
明光市	57	12	4	3	3344	3140	43	116	27

4-6c　续表 41　　　　　　　　　　　　　　　　　　　　单位：人

地　区 性　别	社会生产服务和生活服务人员				农、林、牧、渔业生产及辅助人员				
	修理及制作服务人员	文化、体育和娱乐服务人员	健康服务人员	其他社会生产和生活服务人员	小计	农业生产人员	林业生产人员	畜牧业生产人员	渔业生产人员
阜阳市	**2046**	**185**	**29**	**31**	**36722**	**34073**	**311**	**1560**	**442**
颍州区	112	8	2	2	1344	1236	17	70	10
颍东区	152	11	1	2	1437	1225	25	147	27
颍泉区	110	16		1	2298	2045	13	134	45
临泉县	521	51	8	9	8131	7585	80	286	133
太和县	274	30	6	4	7402	7010	42	235	62
阜南县	349	26	3	6	7447	7038	59	264	44
颍上县	386	37	5	5	7056	6488	48	322	110
阜阳合肥现代产业园区	24	1		1	27	19	4	3	1
阜阳经济技术开发区	13				13	10	2	1	
界首市	105	5	4	1	1567	1417	21	98	10
宿州市	**790**	**85**	**10**	**9**	**36071**	**34241**	**220**	**1353**	**85**
埇桥区	278	36	4	1	8136	7549	89	431	48
砀山县	104	7			6905	6758	6	130	3
萧县	192	10	2	4	9766	9403	20	328	3
灵璧县	124	17	2	3	5747	5294	70	321	12
泗县	91	15	2	1	5387	5119	30	137	18
宿州马鞍山现代产业园区	1				130	118	5	6	1
宿州经济技术开发区									
六安市	**862**	**61**	**19**	**30**	**16213**	**13687**	**518**	**1143**	**441**
金安区	109	8	2	3	2215	1958	42	147	36
裕安区	166	14	5	8	2509	2128	113	173	56
叶集区	18	1	1	3	589	502	16	44	23
霍邱县	170	9	3	8	5593	4655	39	376	215
舒城县	226	12	5	4	2107	1752	121	127	87
金寨县	123	9			2376	2033	92	227	14
霍山县	50	8	3	4	824	659	95	49	10
亳州市	**835**	**71**	**6**	**9**	**17946**	**16670**	**182**	**910**	**68**
谯城区	203	19	3	1	6402	6129	40	175	16
涡阳县	242	18	1	4	3309	3033	26	212	13
蒙城县	175	13	1	2	3984	3631	63	240	17
利辛县	215	21	1	2	4251	3877	53	283	22
池州市	**151**	**10**	**1**	**9**	**3830**	**3133**	**204**	**293**	**143**
贵池区	29	3		3	1366	1091	64	106	78
东至县	69	5	1	2	1555	1385	56	55	39
石台县	10				353	273	55	20	
青阳县	40	2		4	551	382	28	110	26
池州市国家经济技术开发区									
皖江江南新兴产业集中区									
九华山风景区	3				5	2	1	2	
宣城市	**263**	**25**	**8**	**10**	**7260**	**4850**	**691**	**638**	**905**
宣州区	78	7	2	2	2640	1484	117	211	775
郎溪县	37	4	2		840	597	73	45	81
泾县	21	4		5	1035	794	111	97	16
绩溪县	11	1			567	472	16	74	2
旌德县	11	3			409	356	22	25	5
宣城市经济开发区	5				86	52	13	16	2
宁国市	35	3	2	2	790	578	113	81	5
广德市	65	3	2	1	893	517	226	89	19

4-6c 续表 42

单位：人

地区 性别	社会生产服务和生活服务人员				农、林、牧、渔业生产及辅助人员				
	修理及制作服务人员	文化、体育和娱乐服务人员	健康服务人员	其他社会生产和生活服务人员	小计	农业生产人员	林业生产人员	畜牧业生产人员	渔业生产人员
女	**1238**	**491**	**232**	**121**	**202805**	**191313**	**1363**	**6535**	**2414**
合肥市	**67**	**54**	**26**	**9**	**10660**	**9314**	**330**	**369**	**592**
瑶海区		2	1		1	1			
庐阳区					8	7		1	
蜀山区					80	71	7	2	
包河区					93	91			1
长丰县	10	9	2	1	2311	2142	30	108	19
肥东县	16	12	4	1	1568	1435	34	71	7
肥西县	17	20	5	1	1258	959	203	76	17
庐江县	19	8	12	4	3294	3179	14	51	38
合肥高新技术产业开发区									
合肥经济技术开发区					113	103	8	1	1
合肥新站高新技术产业开发区					10	9	1		
巢湖市	5	3	2	2	1924	1317	33	59	509
芜湖市	**66**	**41**	**24**	**7**	**4808**	**4307**	**32**	**238**	**203**
镜湖区					18	16	1		1
弋江区									
鸠江区	7	1		1	1165	1138		8	16
三山区	4	3		1	243	236		2	4
芜湖县	3	4	11		442	392	7	11	28
繁昌县	7	4	1		268	239	1	17	9
南陵县	15	13	9		1465	1274	4	160	14
芜湖经济技术开发区					21	8	13		
安徽芜湖长江大桥经济开发区					34	31		2	1
无为市	30	16	3	5	1152	973	6	38	130
蚌埠市	**39**	**20**	**11**	**4**	**15749**	**15315**	**14**	**303**	**50**
龙子湖区	2				186	156	2	25	1
蚌山区	1				49	41	3	5	
禹会区	6	1		1	422	392		22	6
淮上区		2		2	971	956	2	12	
怀远县	11	4	5	1	8589	8414	2	99	24
五河县	9	4	2		2586	2514	3	46	17
固镇县	10	9	4		2946	2842	2	94	2
蚌埠市高新技术开发区									
蚌埠市经济开发区									
淮南市	**51**	**19**	**11**	**7**	**12011**	**11703**	**28**	**190**	**62**
大通区	2		1		361	344		8	9
田家庵区	2				266	261		2	2
谢家集区	3	1			383	374		3	4
八公山区	1	1			42	32	10		
潘集区	2	2	1		1279	1247		25	6
凤台县	11	2		4	3986	3901	2	69	11
寿县	30	13	9	3	5694	5544	16	83	30

4－6c 续表 43　　　　单位：人

地区 性别	社会生产服务和生活服务人员 修理及制作服务人员	文化、体育和娱乐服务人员	健康服务人员	其他社会生产和生活服务人员	农、林、牧、渔业生产及辅助人员 小计	农业生产人员	林业生产人员	畜牧业生产人员	渔业生产人员
马鞍山市	**15**	**11**	**10**	**3**	**3274**	**2757**	**32**	**108**	**365**
花山区				1	18	17	1		
雨山区	2	1			50	48		2	
博望区	3	3	1		189	163	3	13	8
当涂县	3	2	3	2	1095	769	4	17	301
含山县	3	5			422	366	5	29	19
和县	4		6		1500	1394	19	47	37
淮北市	**37**	**11**	**3**	**4**	**5440**	**5256**	**4**	**161**	**6**
杜集区	2	1		2	292	276	1	13	1
相山区	2	2			141	132		8	
烈山区	3	2	2		1152	1134	1	16	1
濉溪县	30	6	1	2	3855	3714	2	124	4
铜陵市	**18**	**3**	**2**		**1843**	**1730**	**13**	**66**	**23**
铜官区	3				10	6	1	1	2
义安区	5	3	1		581	546	4	24	7
郊区	4		1		318	295	1	19	3
枞阳县	6				934	883	7	22	11
安庆市	**110**	**63**	**35**	**25**	**10849**	**10155**	**114**	**404**	**112**
迎江区					57	47	2	2	6
大观区	2				206	198	1	4	1
宜秀区	2	1			202	186	1	5	9
怀宁县	22	8	2	2	926	867	7	37	8
太湖县	22	7	6	3	1250	1080	36	130	2
宿松县	11	7	7	5	1119	969	24	64	53
望江县	24	24	12	11	4767	4658	7	69	22
岳西县	8	9	6	1	854	800	11	33	3
安徽安庆经济开发区					9	9			
桐城市	11	4	1	1	386	354	4	19	4
潜山市	8	3	1	2	1073	987	21	41	4
黄山市	**24**	**18**	**8**	**5**	**5674**	**5316**	**75**	**263**	**6**
屯溪区	2		1		67	52	5	8	2
黄山区	2	3	1		318	300	8	8	
徽州区		1			414	402		11	
歙县	11	9	2	4	3166	2989	31	140	
休宁县	7	4	3	1	1055	963	10	75	3
黟县	1		1		288	262	11	14	
祁门县	1	1			366	348	10	7	1
滁州市	**120**	**25**	**14**	**8**	**18670**	**17417**	**198**	**756**	**238**
琅琊区					89	82		3	4
南谯区	7	1	1		447	359	26	28	24
来安县	14	8	1		2060	1767	95	169	22
全椒县	13	2	1		2003	1721	44	140	93
定远县	37	4	6	7	6003	5715	11	220	29
凤阳县	25	2			4269	4154	6	86	18
苏滁现代产业园									
滁州经济技术开发区					1	1			
天长市	10	3	4		1181	1119	3	16	42
明光市	14	5	1	1	2617	2499	13	94	6

4-6c 续表 44　　　　单位：人

地　区 性　别	社会生产服务和生活服务人员				农、林、牧、渔业生产及辅助人员				
	修理及制作服务人员	文化、体育和娱乐服务人员	健康服务人员	其他社会生产和生活服务人员	小计	农业生产人员	林业生产人员	畜牧业生产人员	渔业生产人员
阜阳市	**293**	**87**	**36**	**14**	**38960**	**37664**	**134**	**837**	**132**
颍州区	13	4	3	1	1553	1510	12	29	
颍东区	21	8	3		1389	1275	9	92	7
颍泉区	16	9	1	1	3232	3078	4	77	11
临泉县	91	28	6	2	9118	8872	36	151	34
太和县	35	13	3	2	8640	8447	21	133	12
阜南县	47	10	7	3	7532	7350	19	127	16
颍上县	55	13	11	2	5929	5640	21	181	45
阜阳合肥现代产业园区		1			8	6		2	
阜阳经济技术开发区					3	2		1	
界首市	15	1	2	3	1556	1484	12	44	7
宿州市	**127**	**34**	**11**		**39137**	**38022**	**75**	**878**	**22**
埇桥区	42	11	4		7804	7481	24	274	15
砀山县	19	2			7181	7086	4	88	
萧县	30	6	4		11966	11727	4	226	2
灵璧县	19	5			6742	6486	27	206	3
泗县	17	9	3		5338	5143	16	77	2
宿州马鞍山现代产业园区		1			106	99		7	
宿州经济技术开发区									
六安市	**131**	**43**	**20**	**21**	**13643**	**12001**	**165**	**1033**	**175**
金安区	15	4	1	4	1987	1786	29	159	6
裕安区	25	8	6	5	2362	2135	43	121	25
叶集区	1	2		3	476	388	4	79	3
霍邱县	31	7	6	3	4124	3459	7	335	126
舒城县	23	15	1	3	1764	1616	42	85	9
金寨县	27	3	4		2336	2081	28	216	5
霍山县	9	4	2	3	594	536	12	38	1
亳州市	**112**	**29**	**8**	**6**	**16111**	**15478**	**52**	**483**	**13**
谯城区	26	6	4		5946	5807	12	76	1
涡阳县	28	7	1	3	2535	2403	7	119	2
蒙城县	23	9	3		3425	3240	15	139	5
利辛县	35	7		3	4205	4028	18	149	5
池州市	**9**	**8**	**3**	**1**	**2590**	**2351**	**25**	**139**	**43**
贵池区	1	2	1		1096	993	7	61	27
东至县	3	5	1		1005	958	1	25	11
石台县				1	259	233	10	9	
青阳县	3	1	1		228	166	7	43	5
池州市国家经济技术开发区									
皖江江南新兴产业集中区									
九华山风景区	2				2	1		1	
宣城市	**19**	**25**	**10**	**7**	**3386**	**2527**	**72**	**307**	**372**
宣州区	11	14		2	1290	805	14	106	339
郎溪县	1	3	1		307	250	9	12	22
泾县	1	1	1	2	346	257	14	58	4
绩溪县		1		1	513	457	1	46	
旌德县					187	174	4	9	
宣城市经济开发区		1			44	31	6	6	
宁国市	2	2	7		332	287	8	25	4
广德市	4	3	1	2	367	266	16	45	3

4-6c　续表 45　　　　单位：人

地区 性别	农林牧渔生产辅助人员	其他农、林、牧、渔业生产加工人员	生产制造及有关人员 小计	农副产品加工人员	食品、饮料生产加工人员	烟草及其制品加工人员	纺织、针织、印染人员	纺织品、服装和皮革、毛皮制品加工制作人员	木材加工、家具与木制品制作人员
安　徽	**3206**	**256**	**391083**	**5349**	**5448**	**102**	**5714**	**51086**	**16152**
合肥市	**206**	**11**	**31500**	**416**	**342**	**15**	**310**	**1746**	**1015**
瑶海区			330	1	6			19	7
庐阳区			72				2	1	9
蜀山区	1		253	2	2			2	3
包河区	3	1	99				2		6
长丰县	32	3	4982	76	46	1	13	158	232
肥东县	51	3	8622	64	87	1	18	397	249
肥西县	30		6360	98	48	13	19	307	130
庐江县	45	2	7862	95	78		236	585	148
合肥高新技术产业开发区			1						
合肥经济技术开发区	1		58	5			1		
合肥新站高新技术产业开发区			106	7	2				20
巢湖市	43	2	2755	68	73		19	277	211
芜湖市	**133**	**9**	**19986**	**632**	**291**	**20**	**207**	**1989**	**880**
镜湖区	3		483	2	1		1	41	18
弋江区									
鸠江区	12		1778	90	28		5	55	189
三山区	1		683	13	7		2	28	56
芜湖县	20	3	2389	47	9	10	13	216	92
繁昌县	9		2881	31	50		92	504	109
南陵县	56		4329	49	35	9	16	517	139
芜湖经济技术开发区			37	1					5
安徽芜湖长江大桥经济开发区	1		136		1		2	28	5
无为市	31	6	7270	399	160	1	76	600	267
蚌埠市	**218**	**5**	**9887**	**240**	**132**	**1**	**128**	**881**	**274**
龙子湖区	5	1	740	9	3		4	12	12
蚌山区	1		265	3	2			5	4
禹会区	12		1031	22	16	1	10	62	61
淮上区	7		909	11	16		4	58	11
怀远县	137		2077	50	31		18	179	67
五河县	26	1	2326	31	33		61	308	58
固镇县	30	3	2539	114	31		31	257	61
蚌埠市高新技术开发区									
蚌埠市经济开发区									
淮南市	**113**	**8**	**12327**	**164**	**183**		**147**	**951**	**387**
大通区	7	2	513	3	3		2	44	39
田家庵区	1		270	3	1			16	6
谢家集区	6		430	1	5		2	25	5
八公山区			78		2		1	7	
潘集区	14	2	1652	16	17		1	37	52
凤台县	28	2	2929	69	43		22	156	30
寿县	57	2	6455	72	112		119	666	255

4-6c 续表 46 单位：人

地区 性别	农林牧渔生产辅助人员	其他农、林、牧、渔业生产加工人员	生产制造及有关人员 小计	农副产品加工人员	食品、饮料生产加工人员	烟草及其制品加工人员	纺织、针织、印染人员	纺织品、服装和皮革、毛皮制品加工制作人员	木材加工、家具与木制品制作人员
马鞍山市	**60**	**5**	**11421**	**322**	**292**		**53**	**1569**	**451**
花山区			148	1				15	2
雨山区			284	2	3			17	5
博望区	8		1375	32	19		4	60	35
当涂县	19	4	3906	41	25		6	1031	101
含山县	11	1	3860	100	54		40	312	199
和县	22		1848	146	191		3	134	109
淮北市	**63**	**2**	**8795**	**105**	**149**	**1**	**119**	**551**	**205**
杜集区	4		827	14	6	1	7	29	26
相山区	1	1	815	15	40		1	39	25
烈山区			1444	16	20		69	85	50
濉溪县	58	1	5709	60	83		42	398	104
铜陵市	**33**	**3**	**5674**	**68**	**29**		**39**	**1177**	**119**
铜官区			147	1	2			9	1
义安区	6		1914	27	12		13	261	40
郊区	7		989	20	3		12	342	15
枞阳县	20	3	2624	20	12		14	565	63
安庆市	**140**	**20**	**50189**	**370**	**361**	**1**	**561**	**13535**	**2522**
迎江区	1		148	2	1		4	9	10
大观区	3	1	498	7	5		2	84	75
宜秀区	2		448	5	11		4	38	17
怀宁县	16	3	6220	43	70		56	1500	306
太湖县	11	2	6435	38	33		34	1462	312
宿松县	22	5	9813	44	44		72	2965	306
望江县	29		10630	50	60		128	4019	325
岳西县	10	8	4273	104	37	1	48	686	162
安徽安庆经济开发区			86	1			3	4	4
桐城市	13	1	5524	35	35		93	654	389
潜山市	33		6114	41	65		117	2114	616
黄山市	**35**	**7**	**12686**	**193**	**476**	**2**	**121**	**1823**	**801**
屯溪区	1		512	19	11		3	53	42
黄山区	2	2	1181	13	269		5	17	41
徽州区	6		760	10	4		5	155	15
歙县	10	2	5430	62	53	2	75	1241	388
休宁县	13		2612	50	78		16	263	147
黟县	3	3	838	34	42		12	10	93
祁门县			1353	5	19		5	84	75
滁州市	**277**	**6**	**30649**	**383**	**330**	**20**	**641**	**2657**	**1125**
琅琊区	2		206		10		3		15
南谯区	38	1	1838	34	24	2	6	49	74
来安县	49	1	3517	90	55	1	17	221	181
全椒县	37		3435	35	24		7	305	141
定远县	77	2	7103	82	80	1	422	990	222
凤阳县	23	2	4858	57	45	14	54	502	152
苏滁现代产业园									
滁州经济技术开发区			1292		2		4	37	7
天长市	28		5381	45	50		54	318	224
明光市	23		3019	40	40	2	74	235	109

4-6c　续表 47　　　　　　　　　　　　　　　　　　　　　　单位：人

地　区 性　别	农林牧渔生产辅助人员	其他农、林、牧、渔业生产加工人员	生产制造及有关人员 小计	农副产品加工人员	食品、饮料生产加工人员	烟草及其制品加工人员	纺织、针织、印染人员	纺织品、服装和皮革、毛皮制品加工制作人员	木材加工、家具与木制品制作人员
阜阳市	**403**	**126**	**69211**	**677**	**1113**	**4**	**1515**	**8417**	**1998**
颍州区	13		3487	30	57		34	222	137
颍东区	18	1	5253	44	96		63	558	173
颍泉区	29	94	4948	76	69	2	40	427	170
临泉县	67	5	17085	160	227	1	557	2310	414
太和县	79	1	11429	70	235		198	1191	306
阜南县	56	6	10554	101	129		302	1391	369
颍上县	118	12	11620	152	202	1	177	1639	300
阜阳合肥现代产业园区			433	3	21			33	24
阜阳经济技术开发区			258	1	4		4	21	8
界首市	23	7	4144	40	73		140	625	97
宿州市	**309**	**3**	**34007**	**504**	**398**		**485**	**4420**	**1342**
埇桥区	28	1	12624	109	146		145	1259	681
砀山县	11		2699	74	39		82	241	147
萧县	19		7210	151	98		67	498	159
灵璧县	70		6212	84	60		143	1425	205
泗县	181	2	5060	77	55		48	973	146
宿州马鞍山现代产业园区			202	9				24	4
宿州经济技术开发区									
六安市	**670**	**23**	**41437**	**451**	**400**		**768**	**5025**	**2242**
金安区	38	1	5860	93	39		88	937	213
裕安区	66	11	9565	79	81		131	1855	346
叶集区	6		1643	28	8		41	129	575
霍邱县	501	4	6266	81	63		167	493	209
舒城县	30	2	10651	109	102		53	1290	380
金寨县	14	2	5486	37	51		264	252	320
霍山县	15	3	1966	24	56		24	69	199
亳州市	**195**	**6**	**26815**	**302**	**619**	**5**	**332**	**2192**	**606**
谯城区	90	2	9091	54	373	1	62	600	200
涡阳县	28	1	6086	82	86	3	37	325	128
蒙城县	56	3	5367	62	91	1	61	524	168
利辛县	21		6271	104	69		172	743	110
池州市	**81**	**8**	**10077**	**135**	**89**	**1**	**74**	**1921**	**766**
贵池区	33	2	2727	43	28		33	480	167
东至县	29	1	5018	38	37	1	25	1274	444
石台县	10	2	522	20	8		3	40	51
青阳县	9	3	1673	34	14		13	122	93
池州市国家经济技术开发区									
皖江江南新兴产业集中区									
九华山风景区			137		2			5	11
宣城市	**270**	**14**	**16422**	**387**	**244**	**32**	**214**	**2232**	**1419**
宣州区	75	4	4679	144	98	28	45	913	242
郎溪县	58		2503	32	28		42	471	123
泾县	29	1	1788	57	31	3	4	74	162
绩溪县	12		670	23	16		16	18	76
旌德县		1	653	13	6		4	19	42
宣城市经济开发区	3	1	411	10	5	1	1	10	17
宁国市	15	6	1864	68	18		10	32	176
广德市	78	1	3854	40	42		92	695	581

4-6c 续表 48

单位：人

地区 性别	农林牧渔生产辅助人员	其他农、林、牧、渔业生产加工人员	生产制造及有关人员 小计	农副产品加工人员	食品、饮料生产加工人员	烟草及其制品加工人员	纺织、针织、印染人员	纺织品、服装和皮革、毛皮制品加工制作人员	木材加工、家具与木制品制作人员
男	**2141**	**141**	**281117**	**3089**	**2833**	**45**	**2333**	**16009**	**12672**
合肥市	**157**	**5**	**24092**	**246**	**143**	**12**	**75**	**428**	**870**
瑶海区			248		1			2	7
庐阳区			61				1		9
蜀山区	1		223	2				1	3
包河区	3		79				1		4
长丰县	21	2	3836	44	19		5	44	180
肥东县	32	1	6624	30	25		8	112	221
肥西县	27		4748	64	23	12	8	86	115
庐江县	34	1	6163	63	41		45	138	128
合肥高新技术产业开发区			1						
合肥经济技术开发区	1		47	4					
合肥新站高新技术产业开发区			84	3	2				16
巢湖市	38	1	1978	36	32		7	45	187
芜湖市	**108**	**6**	**15441**	**411**	**162**	**9**	**90**	**509**	**776**
镜湖区	3		354				1	9	17
弋江区									
鸠江区	9		1425	63	16		1	17	151
三山区			505	7	1		1	6	53
芜湖县	18	1	1743	31	5	5	4	59	79
繁昌县	7		2035	21	24		50	94	101
南陵县	43		3413	35	19	3	4	94	122
芜湖经济技术开发区			28	1					4
安徽芜湖长江大桥经济开发区	1		92				1	3	5
无为市	27	5	5846	253	97	1	28	227	244
蚌埠市	**154**	**2**	**7202**	**129**	**70**	**1**	**49**	**258**	**206**
龙子湖区	4		514	4	1		4	4	11
蚌山区	1		198	1	1				3
禹会区	10		761	15	9	1	1	9	53
淮上区	6		651	6	8		1	12	8
怀远县	87		1507	29	17		4	38	46
五河县	21		1675	15	19		22	128	43
固镇县	25	2	1896	59	15		17	67	42
蚌埠市高新技术开发区									
蚌埠市经济开发区									
淮南市	**86**	**7**	**9228**	**106**	**84**		**73**	**277**	**305**
大通区	7	2	408	3	1		1	4	33
田家庵区			219	3				4	5
谢家集区	4		340	1	4		1	7	2
八公山区			58				1	4	
潘集区	13	2	1463	8	6			10	50
凤台县	26	1	2341	45	18		10	39	23
寿县	36	2	4399	46	55		60	209	192

4-6c　续表 49　　　　　　　　　　　　　　　　　　　　　　　　　单位：人

地　区 性　别	农林牧渔生产辅助人员	其他农、林、牧、渔业生产加工人员	生产制造及有关人员						
			小计	农副产品加工人员	食品、饮料生产加工人员	烟草及其制品加工人员	纺织、针织、印染人员	纺织品、服装和皮革、毛皮制品加工制作人员	木材加工、家具与木制品制作人员
马鞍山市	**49**	**4**	**8258**	**196**	**149**		**22**	**469**	**412**
花山区			122	1				4	2
雨山区			219	1	1			1	5
博望区	6		1090	22	7			11	32
当涂县	16	3	2548	25	8		1	284	98
含山县	8	1	2959	60	30		21	113	180
和县	19		1320	87	103			56	95
淮北市	**51**	**1**	**6746**	**53**	**81**	**1**	**68**	**167**	**159**
杜集区	3		697	9	4	1	1	4	17
相山区		1	589	8	20			4	21
烈山区			1081	8	13		41	32	39
濉溪县	48		4379	28	44		26	127	82
铜陵市	**25**		**3971**	**43**	**18**		**10**	**263**	**112**
铜官区			116	1				2	1
义安区	6		1452	15	9		2	53	38
郊区	7		625	14	1		3	83	15
枞阳县	12		1778	13	8		5	125	58
安庆市	**84**	**12**	**34216**	**230**	**170**	**1**	**223**	**5205**	**2094**
迎江区	1		120	1			2	3	5
大观区	1	1	375	6	5		1	26	69
宜秀区	1		330	4	3		1	9	14
怀宁县	9	3	4298	25	39		24	691	259
太湖县	9	2	4676	27	14		12	552	273
宿松县	17	1	6587	28	18		25	1116	259
望江县	18		6642	34	30		45	1438	269
岳西县	7	4	3145	50	17	1	22	271	146
安徽安庆经济开发区			60	1				1	3
桐城市	8	1	3926	23	15		32	174	317
潜山市	13		4057	31	29		59	924	480
黄山市	**22**	**6**	**9532**	**104**	**299**	**1**	**43**	**692**	**680**
屯溪区	1		371	10	5			5	39
黄山区	1	1	969	5	174		1	6	35
徽州区	5		544	7	2		2	45	14
歙县	4	2	3968	36	27	1	26	527	341
休宁县	9		1971	28	61		7	83	135
黟县	2	3	640	16	18		4	1	69
祁门县			1069	2	12		3	25	47
滁州市	**217**	**5**	**20463**	**214**	**166**	**6**	**346**	**804**	**873**
琅琊区	2		161		6		2		12
南谯区	28	1	1442	21	8	2	4	11	51
来安县	42	1	2521	36	25	1	8	35	157
全椒县	32		2128	21	13		1	75	107
定远县	50	1	4804	49	41	1	244	400	158
凤阳县	18	2	3384	38	23	1	28	130	117
苏滁现代产业园									
滁州经济技术开发区			830		2		1	29	2
天长市	27		3112	29	31		16	41	196
明光市	18		2081	20	17	1	42	83	73

4-6c 续表 50 单位：人

地区 性别	农林牧渔生产辅助人员	其他农、林、牧、渔业生产加工人员	生产制造及有关人员 小计	农副产品加工人员	食品、饮料生产加工人员	烟草及其制品加工人员	纺织、针织、印染人员	纺织品、服装和皮革、毛皮制品加工制作人员	木材加工、家具与木制品制作人员
阜阳市	**274**	**62**	**48943**	**383**	**525**	**2**	**636**	**2761**	**1476**
颍州区	11		2715	16	29		15	62	108
颍东区	13		3850	20	32		27	137	131
颍泉区	15	46	3633	30	34	2	17	110	129
临泉县	44	3	11859	87	114		240	807	317
太和县	53		7915	47	121		75	442	206
阜南县	39	3	7476	62	63		120	495	270
颍上县	83	5	7951	91	91		78	493	212
阜阳合肥现代产业园区			336	1	9			8	17
阜阳经济技术开发区			203	1	2			7	6
界首市	16	5	3005	28	30		64	200	80
宿州市	**170**	**2**	**24271**	**264**	**173**		**164**	**1256**	**948**
埇桥区	18	1	9345	59	70		56	429	434
砀山县	8		1911	38	10		29	73	111
萧县	12		5497	80	40		31	116	121
灵璧县	50		3889	46	27		27	284	166
泗县	82	1	3488	39	26		21	349	112
宿州马鞍山现代产业园区			141	2				5	4
宿州经济技术开发区									
六安市	**409**	**15**	**29859**	**244**	**187**		**291**	**996**	**1647**
金安区	31	1	4055	49	14		28	184	163
裕安区	33	6	6752	45	39		44	383	281
叶集区	4		1087	12	4		15	17	306
霍邱县	305	3	4535	49	25		68	108	160
舒城县	18	2	7685	55	42		11	218	288
金寨县	9	1	4268	21	31		116	74	271
霍山县	9	2	1477	13	32		9	12	178
亳州市	**115**	**1**	**19577**	**180**	**431**		**142**	**715**	**453**
谯城区	42		6639	36	301		35	230	158
涡阳县	24	1	4518	53	53		14	104	103
蒙城县	33		3860	29	38		30	150	108
利辛县	16		4560	62	39		63	231	84
池州市	**53**	**4**	**7403**	**79**	**47**	**1**	**24**	**627**	**634**
贵池区	26	1	1984	25	12		7	82	141
东至县	19	1	3635	26	24	1	12	515	387
石台县	4	1	395	7	3		2	4	38
青阳县	4	1	1269	21	8		3	24	57
池州市国家经济技术开发区									
皖江江南新兴产业集中区									
九华山风景区			120					2	11
宣城市	**167**	**9**	**11915**	**207**	**128**	**11**	**77**	**582**	**1027**
宣州区	51	2	3149	65	59	9	29	191	180
郎溪县	44		1894	20	18		20	151	114
泾县	17		1456	38	12	2	1	20	111
绩溪县	3		538	10	11		4	6	66
旌德县		1	535	7			1	7	34
宣城市经济开发区	2	1	320	7	1		1	1	16
宁国市	9	4	1371	32	8		1	9	121
广德市	41	1	2652	28	19		20	197	385

4-6c 续表 51

单位：人

地区 性别	农林牧渔生产辅助人员	其他农、林、牧、渔业生产加工人员	生产制造及有关人员 小计	农副产品加工人员	食品、饮料生产加工人员	烟草及其制品加工人员	纺织、针织、印染人员	纺织品、服装和皮革、毛皮制品加工制作人员	木材加工、家具与木制品制作人员
女	**1065**	**115**	**109966**	**2260**	**2615**	**57**	**3381**	**35077**	**3480**
合肥市	**49**	**6**	**7408**	**170**	**199**	**3**	**235**	**1318**	**145**
瑶海区			82	1	5			17	
庐阳区			11				1	1	
蜀山区			30		2			1	
包河区		1	20				1		2
长丰县	11	1	1146	32	27	1	8	114	52
肥东县	19	2	1998	34	62	1	10	285	28
肥西县	3		1612	34	25	1	11	221	15
庐江县	11	1	1699	32	37		191	447	20
合肥高新技术产业开发区									
合肥经济技术开发区			11	1			1		
合肥新站高新技术产业开发区			22	4					4
巢湖市	5	1	777	32	41		12	232	24
芜湖市	**25**	**3**	**4545**	**221**	**129**	**11**	**117**	**1480**	**104**
镜湖区			129	2	1			32	1
弋江区									
鸠江区	3		353	27	12		4	38	38
三山区	1		178	6	6		1	22	3
芜湖县	2	2	646	16	4	5	9	157	13
繁昌县	2		846	10	26		42	410	8
南陵县	13		916	14	16	6	12	423	17
芜湖经济技术开发区			9						1
安徽芜湖长江大桥经济开发区			44		1		1	25	
无为市	4	1	1424	146	63		48	373	23
蚌埠市	**64**	**3**	**2685**	**111**	**62**		**79**	**623**	**68**
龙子湖区	1	1	226	5	2			8	1
蚌山区			67	2	1			5	1
禹会区	2		270	7	7		9	53	8
淮上区	1		258	5	8		3	46	3
怀远县	50		570	21	14		14	141	21
五河县	5	1	651	16	14		39	180	15
固镇县	5	1	643	55	16		14	190	19
蚌埠市高新技术开发区									
蚌埠市经济开发区									
淮南市	**27**	**1**	**3099**	**58**	**99**		**74**	**674**	**82**
大通区			105		2		1	40	6
田家庵区	1		51		1			12	1
谢家集区	2		90		1		1	18	3
八公山区			20		2			3	
潘集区	1		189	8	11		1	27	2
凤台县	2	1	588	24	25		12	117	7
寿县	21		2056	26	57		59	457	63

4－6c 续表 52　　单位：人

地区 性别	农林牧渔生产辅助人员	其他农、林、牧、渔业生产加工人员	生产制造及有关人员 小计	农副产品加工人员	食品、饮料生产加工人员	烟草及其制品加工人员	纺织、针织、印染人员	纺织品、服装和皮革、毛皮制品加工制作人员	木材加工、家具与木制品制作人员
马鞍山市	**11**	**1**	**3163**	**126**	**143**		**31**	**1100**	**39**
花山区			26					11	
雨山区			65	1	2			16	
博望区	2		285	10	12		4	49	3
当涂县	3	1	1358	16	17		5	747	3
含山县	3		901	40	24		19	199	19
和县	3		528	59	88		3	78	14
淮北市	**12**	**1**	**2049**	**52**	**68**		**51**	**384**	**46**
杜集区	1		130	5	2		6	25	9
相山区	1		226	7	20		1	35	4
烈山区			363	8	7		28	53	11
濉溪县	10	1	1330	32	39		16	271	22
铜陵市	**8**	**3**	**1703**	**25**	**11**		**29**	**914**	**7**
铜官区			31		2			7	
义安区			462	12	3		11	208	2
郊区			364	6	2		9	259	
枞阳县	8	3	846	7	4		9	440	5
安庆市	**56**	**8**	**15973**	**140**	**191**		**338**	**8330**	**428**
迎江区			28	1	1		2	6	5
大观区	2		123	1			1	58	6
宜秀区	1		118	1	8		3	29	3
怀宁县	7		1922	18	31		32	809	47
太湖县	2		1759	11	19		22	910	39
宿松县	5	4	3226	16	26		47	1849	47
望江县	11		3988	16	30		83	2581	56
岳西县	3	4	1128	54	20		26	415	16
安徽安庆经济开发区			26				3	3	1
桐城市	5		1598	12	20		61	480	72
潜山市	20		2057	10	36		58	1190	136
黄山市	**13**	**1**	**3154**	**89**	**177**	**1**	**78**	**1131**	**121**
屯溪区			141	9	6		3	48	3
黄山区	1	1	212	8	95		4	11	6
徽州区	1		216	3	2		3	110	1
歙县	6		1462	26	26	1	49	714	47
休宁县	4		641	22	17		9	180	12
黟县	1		198	18	24		8	9	24
祁门县			284	3	7		2	59	28
滁州市	**60**	**1**	**10186**	**169**	**164**	**14**	**295**	**1853**	**252**
琅琊区			45		4		1		3
南谯区	10		396	13	16		2	38	23
来安县	7		996	54	30		9	186	24
全椒县	5		1307	14	11		6	230	34
定远县	27	1	2299	33	39		178	590	64
凤阳县	5		1474	19	22	13	26	372	35
苏滁现代产业园									
滁州经济技术开发区			462				3	8	5
天长市	1		2269	16	19		38	277	28
明光市	5		938	20	23	1	32	152	36

4-6c　续表 53　　　　单位：人

地区 性别	农林牧渔生产辅助人员	其他农、林、牧、渔业生产加工人员	生产制造及有关人员 小计	农副产品加工人员	食品、饮料生产加工人员	烟草及其制品加工人员	纺织、针织、印染人员	纺织品、服装和皮革、毛皮制品加工制作人员	木材加工、家具与木制品制作人员
阜阳市	**129**	**64**	**20268**	**294**	**588**	**2**	**879**	**5656**	**522**
颍州区	2		772	14	28		19	160	29
颍东区	5	1	1403	24	64		36	421	42
颍泉区	14	48	1315	46	35		23	317	41
临泉县	23	2	5226	73	113	1	317	1503	97
太和县	26	1	3514	23	114		123	749	100
阜南县	17	3	3078	39	66		182	896	99
颍上县	35	7	3669	61	111	1	99	1146	88
阜阳合肥现代产业园区			97	2	12			25	7
阜阳经济技术开发区			55		2		4	14	2
界首市	7	2	1139	12	43		76	425	17
宿州市	**139**	**1**	**9736**	**240**	**225**		**321**	**3164**	**394**
埇桥区	10		3279	50	76		89	830	247
砀山县	3		788	36	29		53	168	36
萧县	7		1713	71	58		36	382	38
灵璧县	20		2323	38	33		116	1141	39
泗县	99	1	1572	38	29		27	624	34
宿州马鞍山现代产业园区			61	7				19	
宿州经济技术开发区									
六安市	**261**	**8**	**11578**	**207**	**213**		**477**	**4029**	**595**
金安区	7		1805	44	25		60	753	50
裕安区	33	5	2813	34	42		87	1472	65
叶集区	2		556	16	4		26	112	269
霍邱县	196	1	1731	32	38		99	385	49
舒城县	12		2966	54	60		42	1072	92
金寨县	5	1	1218	16	20		148	178	49
霍山县	6	1	489	11	24		15	57	21
亳州市	**80**	**5**	**7238**	**122**	**188**	**5**	**190**	**1477**	**153**
谯城区	48	2	2452	18	72	1	27	370	42
涡阳县	4		1568	29	33	3	23	221	25
蒙城县	23	3	1507	33	53	1	31	374	60
利辛县	5		1711	42	30		109	512	26
池州市	**28**	**4**	**2674**	**56**	**42**		**50**	**1294**	**132**
贵池区	7	1	743	18	16		26	398	26
东至县	10		1383	12	13		13	759	57
石台县	6	1	127	13	5		1	36	13
青阳县	5	2	404	13	6		10	98	36
池州市国家经济技术开发区									
皖江江南新兴产业集中区									
九华山风景区			17		2			3	
宣城市	**103**	**5**	**4507**	**180**	**116**	**21**	**137**	**1650**	**392**
宣州区	24	2	1530	79	39	19	16	722	62
郎溪县	14		609	12	10		22	320	9
泾县	12	1	332	19	19	1	3	54	51
绩溪县	9		132	13	5		12	12	10
旌德县			118	6	6		3	12	8
宣城市经济开发区	1		91	3	4	1		9	1
宁国市	6	2	493	36	10		9	23	55
广德市	37		1202	12	23		72	498	196

4−6c　续表 54　　　　　　　　　　　　　　　　　　　　　　　　　　　　　　单位：人

地　区 性　别	生产制造及有关人员								
	纸及纸制品生产加工人员	印刷和记录媒介复制人员	文教、工美、体育和娱乐用品制造人　员	石油加工和炼焦、煤化工生产人员	化学原料和化学制品制造人　员	医药制造人　　员	化学纤维制造人员	橡胶和塑料制品制造人员	非金属矿物制品制造人员
安　徽	**1715**	**929**	**5203**	**149**	**1538**	**1117**	**248**	**4882**	**5946**
合肥市	**104**	**63**	**176**	**8**	**117**	**33**	**76**	**546**	**467**
瑶海区					2			5	
庐阳区								1	
蜀山区	1		7					11	1
包河区						2			2
长丰县	29	18	14	3	27	5	3	198	117
肥东县	17	16	25	3	25	13		56	62
肥西县	35	14	26		22	9		220	122
庐江县	16	14	66	2	34	3	38	35	88
合肥高新技术产业开发区									
合肥经济技术开发区					1				2
合肥新站高新技术产业开发区			1						8
巢湖市	6	1	37		6	1	35	20	65
芜湖市	**86**	**41**	**165**	**6**	**54**	**31**	**7**	**208**	**357**
镜湖区		1	1		1		1	22	3
弋江区									
鸠江区	3	2	2	2	5	1	2	20	42
三山区	24	3	4			7		13	16
芜湖县	9		6		7	2	1	39	23
繁昌县	20	7	77		15	9	1	14	108
南陵县	11	3	30	2	13	2		19	34
芜湖经济技术开发区								3	
安徽芜湖长江大桥经济开发区							2	2	3
无为市	19	25	45	2	13	10		76	128
蚌埠市	**55**	**30**	**110**	**6**	**53**	**81**	**5**	**124**	**348**
龙子湖区	6	3	4			3		11	149
蚌山区	3	2	3			1		2	12
禹会区	2	3	4		10	4		10	35
淮上区	8	4	13	2	13	2	1	8	23
怀远县	13	3	41	1	7			27	44
五河县	6	10	11	2	11	5	2	17	45
固镇县	17	5	34	1	12	66	2	49	40
蚌埠市高新技术开发区									
蚌埠市经济开发区									
淮南市	**105**	**55**	**104**	**10**	**78**	**23**	**10**	**195**	**241**
大通区	2	1	6	1	2	1		2	7
田家庵区	2							6	24
谢家集区	1		8		2	2		5	11
八公山区	2		1			2		1	2
潘集区	1		5	7	2		1	6	39
凤台县	32	2	27	1	6	2		19	29
寿县	65	52	57	1	66	16	9	156	129

4-6c　续表 55　　　　单位：人

地　区 性　别	生产制造及有关人员 纸及纸制品生产加工人员	印刷和记录媒介复制人员	文教、工美、体育和娱乐用品制造人　员	石油加工和炼焦、煤化工生产人员	化学原料和化学制品制造人　员	医药制造人　　员	化学纤维制造人员	橡胶和塑料制品制造人员	非金属矿物制品制造人员
马鞍山市	**28**	**14**	**35**	**1**	**52**	**23**	**2**	**72**	**171**
花山区	2				1	1		1	2
雨山区	1			1	1	1			1
博望区	6	1	6		1	2	2	16	27
当涂县	9	4	7		10	11		23	49
含山县	6	6	16		17	5		17	59
和县	4	3	6		22	3		15	33
淮北市	**32**	**16**	**46**	**10**	**27**	**10**	**2**	**46**	**94**
杜集区	1		3	2	6	1		12	15
相山区	6		8	1	1	1		1	11
烈山区	4		6		4		1	4	5
濉溪县	21	16	29	7	16	8	1	29	63
铜陵市	**19**	**12**	**18**	**8**	**18**	**4**	**1**	**43**	**79**
铜官区	2					1			
义安区	13	1	10	7	13	1	1	15	38
郊区	2	3		1	4	1		11	13
枞阳县	2	8	8		1	1		17	28
安庆市	**327**	**101**	**228**	**20**	**141**	**89**	**8**	**900**	**676**
迎江区					1			2	1
大观区	1	1	3	4	13	2		1	9
宜秀区	6		1					5	23
怀宁县	46	15	16	1	18	9	1	98	89
太湖县	19	11	31	2	13	9		57	102
宿松县	34	20	22	9	16	2	1	54	162
望江县	16	9	43		27	13	4	39	70
岳西县	153	8	54		18	33	1	22	79
安徽安庆经济开发区	4							3	3
桐城市	28	32	35	2	16	7		576	46
潜山市	20	5	23	2	19	14	1	43	92
黄山市	**53**	**44**	**104**	**3**	**72**	**7**	**6**	**117**	**130**
屯溪区	1	2	6		4	1	2	2	9
黄山区	1		4	1	4	3	1	15	11
徽州区	3	6	8	1	24	1		11	16
歙县	28	23	27	1	29	1	3	52	42
休宁县	13	9	36		9	1		30	27
黟县		1	7		1			4	18
祁门县	7	3	16		1			3	7
滁州市	**134**	**89**	**1855**	**7**	**241**	**36**	**37**	**452**	**737**
琅琊区				1	1			7	4
南谯区	2	6	7		10	1	5	28	36
来安县	13	5	105	3	71	6	3	43	76
全椒县	16	10	551		25	4	4	34	37
定远县	33	30	70	3	66	11	13	106	81
凤阳县	18	6	71		14	4	3	49	362
苏滁现代产业园									
滁州经济技术开发区	1	1			4		4	7	3
天长市	21	9	1001		22	9	1	121	65
明光市	30	22	50		28	1	4	57	73

4－6c 续表 56　　　　单位：人

地　区 性　别	生产制造及有关人员								
	纸及纸制品生产加工人员	印刷和记录媒介复制人员	文教、工美、体育和娱乐用品制造人员	石油加工和炼焦、煤化工生产人员	化学原料和化学制品制造人员	医药制造人员	化学纤维制造人员	橡胶和塑料制品制造人员	非金属矿物制品制造人员
阜阳市	**248**	**184**	**843**	**24**	**256**	**107**	**53**	**948**	**746**
颍州区	21	4	19		4	1		13	19
颍东区	37	30	29	2	47	13		60	51
颍泉区	11	6	19		15	8		26	24
临泉县	64	45	147	3	50	11	11	162	204
太和县	34	28	301	3	42	44	7	210	126
阜南县	27	29	176	3	28	7	9	81	125
颍上县	46	34	117	13	57	21	6	163	154
阜阳合肥现代产业园区	2				2			3	8
阜阳经济技术开发区								1	2
界首市	6	8	35		11	2	20	229	33
宿州市	**137**	**74**	**665**	**9**	**76**	**31**	**14**	**349**	**397**
埇桥区	46	37	122	3	32	12	11	104	116
砀山县	7	7	18	2	9	5	1	47	46
萧县	60	10	88	4	18	9	1	112	142
灵璧县	10	8	282		6	1	1	59	49
泗县	14	12	151		11	4		27	39
宿州马鞍山现代产业园区			4						5
宿州经济技术开发区									
六安市	**115**	**104**	**410**	**11**	**100**	**151**	**12**	**332**	**551**
金安区	21	19	51	1	14	3	1	64	106
裕安区	18	27	34	5	15	10	3	53	77
叶集区	1	1	13		1		1	1	9
霍邱县	34	12	115	1	22	8	3	83	137
舒城县	22	24	174	2	22	10	2	78	90
金寨县	15	15	21	2	16	39	1	37	103
霍山县	4	6	2		10	81	1	16	29
亳州市	**96**	**63**	**204**	**9**	**65**	**435**	**10**	**168**	**243**
谯城区	48	24	34	1	14	410	2	52	88
涡阳县	12	11	70	3	12	14	4	41	38
蒙城县	20	17	47	1	13	3	2	36	43
利辛县	16	11	53	4	26	8	2	39	74
池州市	**12**	**8**	**82**	**3**	**38**	**14**	**1**	**61**	**213**
贵池区	4	2	11	1	8	4	1	12	60
东至县	8	5	23	1	28	5		32	56
石台县			3			1		5	21
青阳县		1	43	1	2	4		12	75
池州市国家经济技术开发区									
皖江江南新兴产业集中区									
九华山风景区			2						1
宣城市	**164**	**31**	**158**	**14**	**150**	**42**	**4**	**321**	**496**
宣州区	10	8	27	4	73	12		80	135
郎溪县	1	3	24	1	11	2	3	16	23
泾县	126	4	41		3	2	1	11	97
绩溪县	2	1	23		2	1		3	12
旌德县	3	4	12		1	19		10	51
宣城市经济开发区	6	3	3		1	1		4	17
宁国市	10	1	10	4	32			123	42
广德市	6	7	18	5	27	5		74	119

4-6c 续表 57

单位：人

地 区 性 别	生产制造及有关人员 纸及纸制品生产加工人员	印刷和记录媒介复制人员	文教、工美、体育和娱乐用品制造人员	石油加工和炼焦、煤化工生产人员	化学原料和化学制品制造人员	医药制造人员	化学纤维制造人员	橡胶和塑料制品制造人员	非金属矿物制品制造人员
男	**829**	**570**	**1374**	**121**	**1072**	**566**	**129**	**2702**	**4352**
合肥市	**51**	**39**	**53**	**4**	**66**	**19**	**25**	**309**	**307**
瑶海区					2			3	
庐阳区								1	
蜀山区			5					6	
包河区						1			1
长丰县	15	7	12	1	16	3	1	119	76
肥东县	5	9	5	2	9	8		33	40
肥西县	18	11	9		12	7		123	73
庐江县	9	11	15	1	21		7	16	70
合肥高新技术产业开发区									
合肥经济技术开发区					1				
合肥新站高新技术产业开发区									5
巢湖市	4	1	7		5		17	8	42
芜湖市	**38**	**28**	**90**	**4**	**42**	**15**	**3**	**99**	**288**
镜湖区		1	1					1	2
弋江区									
鸠江区	2	1	1	2	4	1	1	14	34
三山区	10	1	3			3		5	13
芜湖县	2		4		3	2	1	17	16
繁昌县	8	5	51		14	4		13	86
南陵县	5	2	9	1	11	1		12	29
芜湖经济技术开发区								1	
安徽芜湖长江大桥经济开发区							1	1	3
无为市	11	18	21	1	10	4		35	105
蚌埠市	**20**	**21**	**40**	**4**	**41**	**57**	**4**	**61**	**223**
龙子湖区	1	2	1			2		7	81
蚌山区		1	3			1		1	4
禹会区		2	2		8	4		2	26
淮上区	3	3	6		10	1	1	4	11
怀远县	3	2	9	1	4			12	36
五河县	3	7	4	2	8	3	1	8	33
固镇县	10	4	15	1	11	46	2	27	32
蚌埠市高新技术开发区									
蚌埠市经济开发区									
淮南市	**43**	**28**	**39**	**9**	**38**	**10**	**5**	**111**	**182**
大通区	2	1	2	1	2	1		1	5
田家庵区	1							2	17
谢家集区	1		4		2	1		2	6
八公山区			1			1			1
潘集区				6	1			4	35
凤台县	10	1	5	1	3	1		7	20
寿县	29	26	27	1	30	6	5	95	98

4－6c 续表 58

单位：人

地区 性别	生产制造及有关人员 纸及纸制品生产加工人员	印刷和记录媒介复制人员	文教、工美、体育和娱乐用品制造人员	石油加工和炼焦、煤化工生产人员	化学原料和化学制品制造人员	医药制造人员	化学纤维制造人员	橡胶和塑料制品制造人员	非金属矿物制品制造人员
马鞍山市	**14**	**12**	**8**	**1**	**36**	**14**	**2**	**46**	**132**
花山区	2				1			1	2
雨山区	1			1	1	1			1
博望区	4	1	1			1	2	10	19
当涂县	5	2	3		6	7		15	40
含山县	1	6	2		11	3		9	46
和县	1	3	2		17	2		11	24
淮北市	**17**	**9**	**17**	**9**	**18**	**3**	**1**	**25**	**74**
杜集区	1		1	2	3	1		6	11
相山区	1		1		1	1			7
烈山区	3		2		2		1	1	5
濉溪县	12	9	13	7	12	1		18	51
铜陵市	**6**	**7**	**7**	**7**	**15**	**2**		**17**	**66**
铜官区	1					1			
义安区	3		3	6	11	1		7	31
郊区	1	2		1	3			4	10
枞阳县	1	5	4		1			6	25
安庆市	**144**	**67**	**134**	**15**	**112**	**47**	**6**	**466**	**524**
迎江区					1			1	1
大观区		1		2	10	2		1	7
宜秀区								3	20
怀宁县	20	9	11	1	16	6	1	55	54
太湖县	16	7	16	2	12	4		31	82
宿松县	20	13	12	6	12	2	1	31	125
望江县	8	7	23		18	8	3	25	51
岳西县	51	4	32		15	19	1	12	68
安徽安庆经济开发区	1							2	1
桐城市	19	21	28	2	12	1		278	40
潜山市	9	5	12	2	16	5		27	75
黄山市	**29**	**37**	**50**	**3**	**60**	**1**	**4**	**72**	**109**
屯溪区		2	3		4		2		9
黄山区				1	4	1		5	9
徽州区	1	5	6	1	21			9	12
歙县	19	19	15	1	25		2	40	34
休宁县	7	7	13		5			15	24
黟县		1	4					1	15
祁门县	2	3	9		1			2	6
滁州市	**70**	**52**	**200**	**6**	**164**	**21**	**24**	**261**	**502**
琅琊区				1	1			3	1
南谯区	1	1	7		5		2	14	24
来安县	7	4	14	3	49	2	2	20	57
全椒县	7	8	33		18	2	2	20	28
定远县	17	20	34	2	46	4	9	68	56
凤阳县	11	3	25		8	4	2	25	224
苏滁现代产业园									
滁州经济技术开发区		1			3		3	5	3
天长市	12	3	80		12	8	1	72	50
明光市	15	12	7		22	1	3	34	59

4-6c 续表 59　　　　单位：人

地区 性别	生产制造及有关人员								
	纸及纸制品生产加工人员	印刷和记录媒介复制人员	文教、工美、体育和娱乐用品制造人员	石油加工和炼焦、煤化工生产人员	化学原料和化学制品制造人员	医药制造人员	化学纤维制造人员	橡胶和塑料制品制造人员	非金属矿物制品制造人员
阜阳市	**119**	**108**	**325**	**20**	**164**	**54**	**29**	**553**	**535**
颍州区	5	2	5		4			8	14
颍东区	15	14	16	1	36	3		30	34
颍泉区	3	3	8		11	3		14	17
临泉县	33	30	51	3	24	6	8	93	147
太和县	16	19	100	2	24	24	6	111	89
阜南县	15	17	83	3	20	3	7	47	89
颍上县	28	17	51	11	34	13	4	83	111
阜阳合肥现代产业园区	1				1			3	6
阜阳经济技术开发区								1	1
界首市	3	6	11		10	2	4	163	27
宿州市	**74**	**49**	**149**	**8**	**49**	**16**	**10**	**203**	**266**
埇桥区	27	22	32	3	20	8	9	65	75
砀山县	4	5	6	1	7	3	1	29	30
萧县	30	9	18	4	10	3		70	96
灵璧县	6	5	61		5	1		25	34
泗县	7	8	29		7	1		14	27
宿州马鞍山现代产业园区			3						4
宿州经济技术开发区									
六安市	**54**	**58**	**118**	**9**	**66**	**64**	**8**	**179**	**415**
金安区	9	11	26	1	10	1		39	77
裕安区	7	18	13	4	11	5	3	28	59
叶集区			2				1	1	7
霍邱县	16	8	33	1	15	4	2	38	98
舒城县	11	12	33	1	16	6	1	40	70
金寨县	8	6	9	2	8	29		23	87
霍山县	3	3	2		6	19	1	10	17
亳州市	**34**	**34**	**63**	**7**	**41**	**214**	**5**	**90**	**157**
谯城区	13	11	9	1	10	199	1	26	51
涡阳县	6	5	26	2	8	9	1	26	24
蒙城县	7	8	10	1	9	2	1	14	32
利辛县	8	10	18	3	14	4	2	24	50
池州市	**6**	**4**	**29**	**2**	**30**	**8**	**1**	**27**	**175**
贵池区	2	1	2	1	7	2	1	4	52
东至县	4	3	12		21	3		17	45
石台县			1					2	19
青阳县			13	1	2	3		4	58
池州市国家经济技术开发区									
皖江江南新兴产业集中区									
九华山风景区			1						1
宣城市	**110**	**17**	**52**	**13**	**130**	**21**	**2**	**183**	**397**
宣州区	4	5	7	4	64	6		48	108
郎溪县	1	3	4	1	9	2	1	11	18
泾县	88	1	12		2	1	1	7	80
绩溪县	2		8		2				11
旌德县	2	1	7		1	9		6	36
宣城市经济开发区	4	2	2		1			3	15
宁国市	7		7	3	29			64	33
广德市	2	5	5	5	22	3		44	96

4-6c 续表 60 单位：人

地 区 性 别	生产制造及有关人员								
	纸及纸制品生产加工人员	印刷和记录媒介复制人员	文教、工美、体育和娱乐用品制造人员	石油加工和炼焦、煤化工生产人员	化学原料和化学制品制造人员	医药制造人员	化学纤维制造人员	橡胶和塑料制品制造人员	非金属矿物制品制造人员
女	**886**	**359**	**3829**	**28**	**466**	**551**	**119**	**2180**	**1594**
合肥市	**53**	**24**	**123**	**4**	**51**	**14**	**51**	**237**	**160**
瑶海区								2	
庐阳区									
蜀山区	1		2					5	1
包河区						1			1
长丰县	14	11	2	2	11	2	2	79	41
肥东县	12	7	20	1	16	5		23	22
肥西县	17	3	17		10	2		97	49
庐江县	7	3	51	1	13	3	31	19	18
合肥高新技术产业开发区									
合肥经济技术开发区									2
合肥新站高新技术产业开发区			1						3
巢湖市	2		30		1	1	18	12	23
芜湖市	**48**	**13**	**75**	**2**	**12**	**16**	**4**	**109**	**69**
镜湖区					1		1	21	1
弋江区									
鸠江区	1	1	1		1		1	6	8
三山区	14	2	1			4		8	3
芜湖县	7		2		4			22	7
繁昌县	12	2	26		1	5	1	1	22
南陵县	6	1	21	1	2	1		7	5
芜湖经济技术开发区								2	
安徽芜湖长江大桥经济开发区							1	1	
无为市	8	7	24	1	3	6		41	23
蚌埠市	**35**	**9**	**70**	**2**	**12**	**24**	**1**	**63**	**125**
龙子湖区	5	1	3			1		4	68
蚌山区	3	1						1	8
禹会区	2	1	2		2			8	9
淮上区	5	1	7	2	3	1		4	12
怀远县	10	1	32		3			15	8
五河县	3	3	7		3	2	1	9	12
固镇县	7	1	19		1	20		22	8
蚌埠市高新技术开发区									
蚌埠市经济开发区									
淮南市	**62**	**27**	**65**	**1**	**40**	**13**	**5**	**84**	**59**
大通区			4					1	2
田家庵区	1							4	7
谢家集区			4			1		3	5
八公山区	2					1		1	1
潘集区	1		5	1	1		1	2	4
凤台县	22	1	22		3	1		12	9
寿县	36	26	30		36	10	4	61	31

4-6c 续表 61

单位：人

地区 性别	生产制造及有关人员								
	纸及纸制品生产加工人员	印刷和记录媒介复制人员	文教、工美、体育和娱乐用品制造人员	石油加工和炼焦、煤化工生产人员	化学原料和化学制品制造人员	医药制造人员	化学纤维制造人员	橡胶和塑料制品制造人员	非金属矿物制品制造人员
马鞍山市	**14**	**2**	**27**		**16**	**9**		**26**	**39**
花山区						1			
雨山区									
博望区	2		5		1	1		6	8
当涂县	4	2	4		4	4		8	9
含山县	5		14		6	2		8	13
和县	3		4		5	1		4	9
淮北市	**15**	**7**	**29**	**1**	**9**	**7**	**1**	**21**	**20**
杜集区			2		3			6	4
相山区	5		7	1				1	4
烈山区	1		4		2			3	
濉溪县	9	7	16		4	7	1	11	12
铜陵市	**13**	**5**	**11**	**1**	**3**	**2**	**1**	**26**	**13**
铜官区	1								
义安区	10	1	7	1	2		1	8	7
郊区	1	1			1	1		7	3
枞阳县	1	3	4			1		11	3
安庆市	**183**	**34**	**94**	**5**	**29**	**42**	**2**	**434**	**152**
迎江区								1	
大观区	1		3	2	3				2
宜秀区	6		1					2	3
怀宁县	26	6	5		2	3		43	35
太湖县	3	4	15		1	5		26	20
宿松县	14	7	10	3	4			23	37
望江县	8	2	20		9	5	1	14	19
岳西县	102	4	22		3	14		10	11
安徽安庆经济开发区	3							1	2
桐城市	9	11	7		4	6		298	6
潜山市	11		11		3	9	1	16	17
黄山市	**24**	**7**	**54**		**12**	**6**	**2**	**45**	**21**
屯溪区	1		3			1		2	
黄山区	1		4			2	1	10	2
徽州区	2	1	2		3	1		2	4
歙县	9	4	12		4	1	1	12	8
休宁县	6	2	23		4	1		15	3
黟县			3		1			3	3
祁门县	5		7					1	1
滁州市	**64**	**37**	**1655**	**1**	**77**	**15**	**13**	**191**	**235**
琅琊区								4	3
南谯区	1	5			5	1	3	14	12
来安县	6	1	91		22	4	1	23	19
全椒县	9	2	518		7	2	2	14	9
定远县	16	10	36	1	20	7	4	38	25
凤阳县	7	3	46		6		1	24	138
苏滁现代产业园									
滁州经济技术开发区	1				1		1	2	
天长市	9	6	921		10	1		49	15
明光市	15	10	43		6		1	23	14

4－6c 续表 62

单位：人

地　区 性　别	生产制造及有关人员								
	纸及纸制品生产加工人员	印刷和记录媒介复制人员	文教、工美、体育和娱乐用品制造人　员	石油加工和炼焦、煤化工生产人员	化学原料和化学制品制造人　员	医药制造人　员	化学纤维制造人员	橡胶和塑料制品制造人员	非金属矿物制品制造人员
阜阳市	**129**	**76**	**518**	**4**	**92**	**53**	**24**	**395**	**211**
颍州区	16	2	14			1		5	5
颍东区	22	16	13	1	11	10		30	17
颍泉区	8	3	11		4	5		12	7
临泉县	31	15	96		26	5	3	69	57
太和县	18	9	201	1	18	20	1	99	37
阜南县	12	12	93		8	4	2	34	36
颍上县	18	17	66	2	23	8	2	80	43
阜阳合肥现代产业园区	1				1				2
阜阳经济技术开发区									1
界首市	3	2	24		1		16	66	6
宿州市	**63**	**25**	**516**	**1**	**27**	**15**	**4**	**146**	**131**
埇桥区	19	15	90		12	4	2	39	41
砀山县	3	2	12	1	2	2		18	16
萧县	30	1	70		8	6	1	42	46
灵璧县	4	3	221		1		1	34	15
泗县	7	4	122		4	3		13	12
宿州马鞍山现代产业园区			1						1
宿州经济技术开发区									
六安市	**61**	**46**	**292**	**2**	**34**	**87**	**4**	**153**	**136**
金安区	12	8	25		4	2	1	25	29
裕安区	11	9	21	1	4	5		25	18
叶集区	1	1	11		1				2
霍邱县	18	4	82		7	4	1	45	39
舒城县	11	12	141	1	6	4	1	38	20
金寨县	7	9	12		8	10	1	14	16
霍山县	1	3			4	62		6	12
亳州市	**62**	**29**	**141**	**2**	**24**	**221**	**5**	**78**	**86**
谯城区	35	13	25		4	211	1	26	37
涡阳县	6	6	44	1	4	5	3	15	14
蒙城县	13	9	37		4	1	1	22	11
利辛县	8	1	35	1	12	4		15	24
池州市	**6**	**4**	**53**	**1**	**8**	**6**		**34**	**38**
贵池区	2	1	9		1	2		8	8
东至县	4	2	11	1	7	2		15	11
石台县			2			1		3	2
青阳县		1	30			1		8	17
池州市国家经济技术开发区									
皖江江南新兴产业集中区									
九华山风景区			1						
宣城市	**54**	**14**	**106**	**1**	**20**	**21**	**2**	**138**	**99**
宣州区	6	3	20		9	6		32	27
郎溪县			20		2		2	5	5
泾县	38	3	29		1	1		4	17
绩溪县		1	15			1		3	1
旌德县	1	3	5			10		4	15
宣城市经济开发区	2	1	1			1		1	2
宁国市	3	1	3	1	3			59	9
广德市	4	2	13		5	2		30	23

4-6c 续表 63

单位：人

地区 性别	生产制造及有关人员								
	采矿人员	金属冶炼和压延加工人员	机械制造基础加工人员	金属制品制造人员	通用设备制造人员	专用设备制造人员	汽车制造人员	铁路、船舶、航空设备制造人员	电气机械和器材制造人员
安 徽	**3331**	**1786**	**12645**	**6963**	**2290**	**900**	**3438**	**695**	**4716**
合肥市	**305**	**176**	**1026**	**385**	**198**	**80**	**492**	**30**	**1104**
瑶海区			7	4		3	3		2
庐阳区			4		2		1		
蜀山区			58	1		1	71		1
包河区			2	1			3		
长丰县	12	67	229	89	41	17	175		130
肥东县	5	15	211	54	25	21	42	9	59
肥西县	3	18	335	69	87	22	133	2	840
庐江县	267	23	116	109	36	9	52	5	49
合肥高新技术产业开发区									
合肥经济技术开发区			2		1				5
合肥新站高新技术产业开发区									1
巢湖市	18	53	62	58	6	7	12	14	17
芜湖市	**122**	**125**	**679**	**336**	**102**	**25**	**285**	**21**	**311**
镜湖区		2	22	4	2		12		5
弋江区									
鸠江区	40	4	55	38	2	2	26	1	23
三山区		6	33	13	1	1	20	4	35
芜湖县		12	131	55	40	5	100	2	101
繁昌县	42	67	167	21	18	5	21	6	36
南陵县	29	9	108	44	12	7	40	5	10
芜湖经济技术开发区			2		1		3		5
安徽芜湖长江大桥经济开发区	1	2	3	3		1			1
无为市	10	23	158	158	26	4	63	3	95
蚌埠市	**18**	**35**	**351**	**230**	**69**	**30**	**94**	**15**	**105**
龙子湖区		2	17	13	8		3	1	1
蚌山区			7	3	3		3		
禹会区	7	2	33	14	17	3	3	2	10
淮上区	2	4	17	18	4	1	12	2	7
怀远县	2	10	59	59	3	5	26	4	39
五河县	3	5	137	76	24	10	36	2	28
固镇县	4	12	81	47	10	11	11	4	20
蚌埠市高新技术开发区									
蚌埠市经济开发区									
淮南市	**1261**	**87**	**570**	**267**	**156**	**62**	**133**	**14**	**188**
大通区	10	9	21	3	4	1	5		3
田家庵区	4		5	2	3		1		1
谢家集区	46	1	9	7	1		2		15
八公山区	14		2	1	1	2			1
潘集区	386	3	57	9	4	1	4		13
凤台县	740	14	77	26	17	6	9	1	16
寿县	61	60	399	219	126	52	112	13	139

4－6c 续表 64

单位：人

地区 性别	生产制造及有关人员								
	采矿人员	金属冶炼和压延加工人员	机械制造基础加工人员	金属制品制造人员	通用设备制造人员	专用设备制造人员	汽车制造人员	铁路、船舶、航空设备制造人员	电气机械和器材制造人员
马鞍山市	**26**	**171**	**739**	**310**	**105**	**19**	**85**	**18**	**70**
花山区	2	6	15	7	4	1			
雨山区	8	6	28	2	6		3	2	3
博望区	4	24	442	50	39	1	14		
当涂县	4	91	71	109	30	5	37	4	48
含山县	6	37	138	118	14	11	18	3	6
和县	2	7	45	24	12	1	13	9	13
淮北市	**477**	**20**	**307**	**101**	**42**	**22**	**92**	**8**	**182**
杜集区	97	4	80	7	5	5	7		4
相山区	35	1	12	7	1	2	2	1	6
烈山区	70	5	44	13	3	1	32		49
濉溪县	275	10	171	74	33	14	51	7	123
铜陵市	**149**	**89**	**148**	**101**	**37**	**6**	**24**	**7**	**27**
铜官区	10	2	5	1	4				1
义安区	119	78	78	17	22	2	15	7	17
郊区	12	4	23	19	3	1	5		4
枞阳县	8	5	42	64	8	3	4		5
安庆市	**33**	**78**	**853**	**842**	**188**	**82**	**246**	**33**	**276**
迎江区		1	2	3	1		1		
大观区			20	8	3		3	1	2
宜秀区	1		7	10	1	2	8		1
怀宁县	13	6	71	90	22	15	44	2	21
太湖县	1	14	119	115	41	19	28	13	75
宿松县	4	19	195	161	30	6	45	2	57
望江县	2	13	118	141	33	10	28	2	29
岳西县	5	7	76	110	22	9	39	4	34
安徽安庆经济开发区			3		1		1		
桐城市	3	10	133	120	16	12	13	8	18
潜山市	4	8	109	84	18	9	36	1	39
黄山市	**28**	**26**	**258**	**204**	**61**	**23**	**115**	**8**	**41**
屯溪区		1	11	10	2		9		2
黄山区		1	16	15	2	1	1		
徽州区		5	18	6	4	2	11		
歙县	3	11	114	92	24	8	45	5	25
休宁县	21	5	70	55	18	3	43	2	8
黟县		1	10	5	4	6			1
祁门县	4	2	19	21	7	3	6	1	5
滁州市	**60**	**229**	**1402**	**641**	**300**	**173**	**473**	**261**	**638**
琅琊区			6	4	1	3	2		6
南谯区		10	77	25	14	1	21	2	35
来安县	6	17	161	58	19	12	73	13	70
全椒县	4	13	196	51	39	12	34	3	25
定远县	28	35	273	174	118	31	173	32	241
凤阳县	4	5	255	129	17	5	47		43
苏滁现代产业园									
滁州经济技术开发区			7	5	2	5	15		3
天长市	10	119	232	85	19	70	19	131	156
明光市	8	30	195	110	71	34	89	80	59

4-6c　续表 65　　　　单位：人

地　区 性　别	生产制造及有关人员								
	采矿人员	金属冶炼和压延加工人员	机械制造基础加工人员	金属制品制造人员	通用设备制造人员	专用设备制造人员	汽车制造人员	铁路、船舶、航空设备制造人员	电气机械和器材制造人员
阜阳市	**195**	**201**	**1934**	**1265**	**337**	**136**	**444**	**113**	**815**
颍州区	1	3	93	42	6	1	6	1	6
颍东区	5	12	136	54	21	11	27	2	34
颍泉区	5	5	119	97	18	19	18	8	19
临泉县	22	42	449	266	75	17	85	27	125
太和县	20	73	289	207	69	40	90	30	244
阜南县	16	19	272	274	52	10	62	13	73
颍上县	123	34	441	263	70	32	123	21	115
阜阳合肥现代产业园区	1	3	8	5	1		17		
阜阳经济技术开发区			11	5	2		2		2
界首市	2	10	116	52	23	6	14	11	197
宿州市	**265**	**94**	**1450**	**478**	**177**	**81**	**246**	**91**	**248**
埇桥区	149	29	556	178	56	33	122	36	128
砀山县	8	18	103	51	24	12	34	20	44
萧县	103	18	507	104	42	12	40	21	27
灵璧县	3	6	147	71	20	16	12	5	22
泗县	2	23	122	72	35	7	38	8	26
宿州马鞍山现代产业园区			15	2		1		1	1
宿州经济技术开发区									
六安市	**107**	**169**	**1268**	**863**	**226**	**88**	**288**	**34**	**293**
金安区	15	34	345	263	28	7	47	3	36
裕安区	10	30	138	100	47	19	49	9	46
叶集区	1	5	41	13	3	5	3	3	1
霍邱县	63	49	177	110	77	32	57	12	83
舒城县	13	19	287	153	31	12	78	1	62
金寨县	4	20	186	189	13	9	33	6	35
霍山县	1	12	94	35	27	4	21		30
亳州市	**98**	**49**	**624**	**404**	**97**	**19**	**99**	**20**	**95**
谯城区	3	31	101	76	29	4	14	2	23
涡阳县	76	9	281	172	23	7	21	9	25
蒙城县	6	4	110	77	35	4	30	3	30
利辛县	13	5	132	79	10	4	34	6	17
池州市	**96**	**82**	**332**	**231**	**38**	**17**	**38**	**11**	**156**
贵池区	68	55	101	31	10	2	3	7	21
东至县	7	10	123	148	15	8	23	2	13
石台县	2	1	4	6			1		2
青阳县	19	16	101	42	13	5	11	2	120
池州市国家经济技术开发区									
皖江江南新兴产业集中区									
九华山风景区			3	4		2			
宣城市	**91**	**155**	**704**	**305**	**157**	**37**	**284**	**11**	**167**
宣州区	50	33	137	88	46	9	78	7	25
郎溪县	9	22	147	37	22	9	25	2	18
泾县	5	8	53	18	17	8	5		13
绩溪县	1	4	27	10	8	1	14		
旌德县	5	4	8	31	6	3	2		5
宣城市经济开发区		2	39	11	6	1	21		71
宁国市	10	59	182	43	28	3	93	2	18
广德市	11	23	111	67	24	3	46		17

4-6c 续表 66 单位：人

地区 性别	生产制造及有关人员								
	采矿人员	金属冶炼和压延加工人员	机械制造基础加工人员	金属制品制造人员	通用设备制造人员	专用设备制造人员	汽车制造人员	铁路、船舶、航空设备制造人员	电气机械和器材制造人员
男	**3178**	**1454**	**10610**	**4894**	**1769**	**506**	**2255**	**498**	**2746**
合肥市	**275**	**142**	**870**	**287**	**146**	**59**	**357**	**24**	**674**
瑶海区			6	3		2	3		1
庐阳区			3		1		1		
蜀山区			58	1		1	69		1
包河区			2	1			3		
长丰县	11	50	191	60	29	11	114		58
肥东县	4	11	176	41	20	18	35	9	38
肥西县	3	15	285	53	63	16	86		536
庐江县	240	20	98	88	29	6	37	4	31
合肥高新技术产业开发区									
合肥经济技术开发区			2		1				3
合肥新站高新技术产业开发区									
巢湖市	17	46	49	40	3	5	9	11	6
芜湖市	**110**	**113**	**573**	**251**	**79**	**17**	**191**	**20**	**168**
镜湖区		2	16	2	1		3		2
弋江区									
鸠江区	39	3	45	31	1	2	13	1	12
三山区		6	28	8	1	1	13	4	17
芜湖县		11	105	33	30	4	64	2	38
繁昌县	35	62	146	6	15	3	18	6	27
南陵县	25	9	92	36	9	3	30	4	5
芜湖经济技术开发区			1				3		3
安徽芜湖长江大桥经济开发区	1	2	3	2		1			
无为市	10	18	137	133	22	3	47	3	64
蚌埠市	**15**	**29**	**306**	**147**	**56**	**23**	**45**	**11**	**49**
龙子湖区		2	17	11	6		2	1	1
蚌山区			5	3	3		1		
禹会区	6	2	30	10	16	2	1	2	3
淮上区	1	4	15	7	2	1	3	1	2
怀远县	2	7	56	43	1	2	10	3	16
五河县	2	4	112	45	19	9	21	1	18
固镇县	4	10	71	28	9	9	7	3	9
蚌埠市高新技术开发区									
蚌埠市经济开发区									
淮南市	**1235**	**71**	**475**	**173**	**113**	**34**	**86**	**9**	**109**
大通区	10	7	20	2	3		3		1
田家庵区	4		5	2	3		1		1
谢家集区	46	1	8	6	1		2		9
八公山区	14		2		1				1
潘集区	375	3	51	5	4	1	2		6
凤台县	728	12	61	21	13	5	5		6
寿县	58	48	328	137	88	28	73	9	85

4-6c　续表 67

单位：人

地　区 性　别	生产制造及有关人员								
	采矿人员	金属冶炼和压延加工人员	机械制造基础加工人　员	金属制品制造人员	通用设备制造人员	专用设备制造人员	汽车制造人　员	铁路、船舶、航空设备制造人　员	电气机械和器材制造人员
马鞍山市	**24**	**128**	**637**	**227**	**79**	**14**	**62**	**15**	**45**
花山区	1	5	15	5	3	1			
雨山区	8	6	27	2	6		2	2	2
博望区	3	17	384	43	25	1	10		
当涂县	4	69	68	74	23	3	28	3	29
含山县	6	25	106	84	12	8	13	2	4
和县	2	6	37	19	10	1	9	8	10
淮北市	**470**	**16**	**282**	**76**	**35**	**20**	**43**	**7**	**102**
杜集区	97	4	77	6	5	5	6		3
相山区	35	1	11	4	1	2	1	1	4
烈山区	68	5	42	12	2	1	12		29
濉溪县	270	6	152	54	27	12	24	6	66
铜陵市	**136**	**79**	**122**	**85**	**30**	**5**	**13**	**7**	**20**
铜官区	8	1	5	1	4				1
义安区	108	69	63	14	18	2	6	7	12
郊区	12	4	21	16	3	1	4		4
枞阳县	8	5	33	54	5	2	3		3
安庆市	**31**	**66**	**696**	**613**	**147**	**43**	**175**	**27**	**161**
迎江区			2	2	1				
大观区			16	7	2		2	1	1
宜秀区	1		7	6	1		6		
怀宁县	12	5	51	71	18	10	32	2	12
太湖县	1	14	109	72	31	8	21	8	40
宿松县	4	15	157	132	25	3	33	2	36
望江县	2	10	94	105	25	6	21	2	17
岳西县	5	6	67	80	15	5	24	4	15
安徽安庆经济开发区			3		1		1		
桐城市	2	9	96	74	13	7	13	7	14
潜山市	4	7	94	64	15	4	22	1	26
黄山市	**27**	**20**	**214**	**149**	**48**	**17**	**54**	**4**	**22**
屯溪区			7	7	2		2		1
黄山区		1	16	9	2	1	1		
徽州区		3	17	4	3	2	7		
歙县	3	8	91	72	19	5	20	2	12
休宁县	20	5	58	36	13	1	19	1	6
黟县		1	8	4	4	5			1
祁门县	4	2	17	17	5	3	5	1	2
滁州市	**53**	**174**	**1118**	**442**	**222**	**85**	**319**	**154**	**365**
琅琊区			5	3	1	2	2		3
南谯区		8	66	19	12	1	17	2	20
来安县	5	15	131	45	17	3	51	8	40
全椒县	4	11	163	42	30	6	25	3	16
定远县	25	29	230	112	86	21	113	21	121
凤阳县	4	4	204	84	12	5	30		24
苏滁现代产业园									
滁州经济技术开发区			6	4	2	5	8		2
天长市	9	85	157	63	15	21	16	66	105
明光市	6	22	156	70	47	21	57	54	34

4－6c 续表 68

单位：人

地 区 性 别	生产制造及有关人员								
	采矿人员	金属冶炼和压延加工人员	机械制造基础加工人员	金属制品制造人员	通用设备制造人员	专用设备制造人员	汽车制造人员	铁路、船舶、航空设备制造人员	电气机械和器材制造人员
阜阳市	**183**	**169**	**1607**	**850**	**270**	**58**	**291**	**85**	**484**
颍州区	1	3	78	29	5		5	1	3
颍东区	4	9	123	34	17	3	12	1	14
颍泉区	3	5	97	61	13	2	12	7	11
临泉县	20	31	362	178	63	9	62	21	65
太和县	17	63	240	141	49	19	62	25	149
阜南县	15	17	229	184	43	9	34	9	42
颍上县	120	30	360	176	56	13	77	12	57
阜阳合肥现代产业园区	1	3	7	5	1		15		
阜阳经济技术开发区			11	2	2		1		
界首市	2	8	100	40	21	3	11	9	143
宿州市	**262**	**79**	**1297**	**297**	**138**	**45**	**168**	**72**	**146**
埇桥区	147	24	492	110	48	19	84	26	67
砀山县	7	13	90	36	20	8	22	17	24
萧县	103	17	471	72	29	9	27	17	19
灵璧县	3	5	129	34	16	6	6	5	16
泗县	2	20	101	44	25	2	29	7	19
宿州马鞍山现代产业园区			14	1		1			1
宿州经济技术开发区									
六安市	**92**	**139**	**1017**	**602**	**176**	**50**	**182**	**26**	**167**
金安区	13	30	276	179	27	3	30	3	19
裕安区	10	26	109	68	41	9	40	7	27
叶集区		5	34	8	3		2	2	
霍邱县	53	39	142	73	51	22	32	8	47
舒城县	12	13	231	107	25	9	44	1	31
金寨县	3	15	145	142	10	5	17	5	27
霍山县	1	11	80	25	19	2	17		16
亳州市	**96**	**27**	**537**	**284**	**74**	**10**	**65**	**19**	**42**
谯城区	3	15	89	51	27	2	10	2	11
涡阳县	75	6	238	117	13	4	15	9	8
蒙城县	5	3	96	55	28	2	16	3	16
利辛县	13	3	114	61	6	2	24	5	7
池州市	**90**	**76**	**270**	**169**	**33**	**7**	**28**	**8**	**91**
贵池区	65	51	80	26	9	2	3	6	10
东至县	7	10	96	108	14	5	17		7
石台县	2	1	3	5					
青阳县	16	14	88	29	10		8	2	74
池州市国家经济技术开发区									
皖江江南新兴产业集中区									
九华山风景区			3	1					
宣城市	**79**	**126**	**589**	**242**	**123**	**19**	**176**	**10**	**101**
宣州区	43	26	116	68	33	6	49	6	11
郎溪县	5	17	121	30	19	6	15	2	8
泾县	5	8	46	13	17	3	2		10
绩溪县	1	3	23	9	5		13		
旌德县	4	4	6	26	5	1			3
宣城市经济开发区		1	35	9	4		16		51
宁国市	10	47	152	35	22	2	52	2	8
广德市	11	20	90	52	18	1	29		10

4-6c 续表 69

单位：人

地区 性别	生产制造及有关人员								
	采矿人员	金属冶炼和压延加工人员	机械制造基础加工人员	金属制品制造人员	通用设备制造人员	专用设备制造人员	汽车制造人员	铁路、船舶、航空设备制造人员	电气机械和器材制造人员
女	**153**	**332**	**2035**	**2069**	**521**	**394**	**1183**	**197**	**1970**
合肥市	**30**	**34**	**156**	**98**	**52**	**21**	**135**	**6**	**430**
瑶海区			1	1		1			1
庐阳区			1		1				
蜀山区							2		
包河区									
长丰县	1	17	38	29	12	6	61		72
肥东县	1	4	35	13	5	3	7		21
肥西县		3	50	16	24	6	47	2	304
庐江县	27	3	18	21	7	3	15	1	18
合肥高新技术产业开发区									
合肥经济技术开发区									2
合肥新站高新技术产业开发区									1
巢湖市	1	7	13	18	3	2	3	3	11
芜湖市	**12**	**12**	**106**	**85**	**23**	**8**	**94**	**1**	**143**
镜湖区			6	2	1		9		3
弋江区									
鸠江区	1	1	10	7	1		13		11
三山区			5	5			7		18
芜湖县		1	26	22	10	1	36		63
繁昌县	7	5	21	15	3	2	3		9
南陵县	4		16	8	3	4	10	1	5
芜湖经济技术开发区			1		1				2
安徽芜湖长江大桥经济开发区				1					1
无为市		5	21	25	4	1	16		31
蚌埠市	**3**	**6**	**45**	**83**	**13**	**7**	**49**	**4**	**56**
龙子湖区				2	2		1		
蚌山区			2				2		
禹会区	1		3	4	1	1	2		7
淮上区	1		2	11	2		9	1	5
怀远县		3	3	16	2	3	16	1	23
五河县	1	1	25	31	5	1	15	1	10
固镇县		2	10	19	1	2	4	1	11
蚌埠市高新技术开发区									
蚌埠市经济开发区									
淮南市	**26**	**16**	**95**	**94**	**43**	**28**	**47**	**5**	**79**
大通区		2	1	1	1	1	2		2
田家庵区									
谢家集区			1	1					6
八公山区				1		2			
潘集区	11		6	4			2		7
凤台县	12	2	16	5	4	1	4	1	10
寿县	3	12	71	82	38	24	39	4	54

4-6c 续表 70

单位：人

地区 性别	生产制造及有关人员								
	采矿人员	金属冶炼和压延加工人员	机械制造基础加工人员	金属制品制造人员	通用设备制造人员	专用设备制造人员	汽车制造人员	铁路、船舶、航空设备制造人员	电气机械和器材制造人员
马鞍山市	**2**	**43**	**102**	**83**	**26**	**5**	**23**	**3**	**25**
花山区	1	1		2	1				
雨山区			1				1		1
博望区	1	7	58	7	14		4		
当涂县		22	3	35	7	2	9	1	19
含山县		12	32	34	2	3	5	1	2
和县		1	8	5	2		4	1	3
淮北市	**7**	**4**	**25**	**25**	**7**	**2**	**49**	**1**	**80**
杜集区			3	1			1		1
相山区			1	3			1		2
烈山区	2		2	1	1		20		20
濉溪县	5	4	19	20	6	2	27	1	57
铜陵市	**13**	**10**	**26**	**16**	**7**	**1**	**11**		**7**
铜官区	2	1							
义安区	11	9	15	3	4		9		5
郊区			2	3			1		
枞阳县			9	10	3	1	1		2
安庆市	**2**	**12**	**157**	**229**	**41**	**39**	**71**	**6**	**115**
迎江区		1		1			1		
大观区			4	1	1		1		1
宜秀区				4		2	2		1
怀宁县	1	1	20	19	4	5	12		9
太湖县			10	43	10	11	7	5	35
宿松县		4	38	29	5	3	12		21
望江县		3	24	36	8	4	7		12
岳西县		1	9	30	7	4	15		19
安徽安庆经济开发区									
桐城市	1	1	37	46	3	5		1	4
潜山市		1	15	20	3	5	14		13
黄山市	**1**	**6**	**44**	**55**	**13**	**6**	**61**	**4**	**19**
屯溪区		1	4	3			7		1
黄山区				6					
徽州区		2	1	2	1		4		
歙县		3	23	20	5	3	25	3	13
休宁县	1		12	19	5	2	24	1	2
黟县			2	1		1			
祁门县			2	4	2		1		3
滁州市	**7**	**55**	**284**	**199**	**78**	**88**	**154**	**107**	**273**
琅琊区			1	1		1			3
南谯区		2	11	6	2		4		15
来安县	1	2	30	13	2	9	22	5	30
全椒县		2	33	9	9	6	9		9
定远县	3	6	43	62	32	10	60	11	120
凤阳县		1	51	45	5		17		19
苏滁现代产业园									
滁州经济技术开发区			1	1			7		1
天长市	1	34	75	22	4	49	3	65	51
明光市	2	8	39	40	24	13	32	26	25

4-6c　续表 71　　　　单位：人

地　区 性　别	生产制造及有关人员 采矿人员	金属冶炼和压延加工人员	机械制造基础加工人员	金属制品制造人员	通用设备制造人员	专用设备制造人员	汽车制造人员	铁路、船舶、航空设备制造人员	电气机械和器材制造人员
阜阳市	**12**	**32**	**327**	**415**	**67**	**78**	**153**	**28**	**331**
颍州区			15	13	1	1	1		3
颍东区	1	3	13	20	4	8	15	1	20
颍泉区	2		22	36	5	17	6	1	8
临泉县	2	11	87	88	12	8	23	6	60
太和县	3	10	49	66	20	21	28	5	95
阜南县	1	2	43	90	9	1	28	4	31
颍上县	3	4	81	87	14	19	46	9	58
阜阳合肥现代产业园区			1				2		
阜阳经济技术开发区				3			1		2
界首市		2	16	12	2	3	3	2	54
宿州市	**3**	**15**	**153**	**181**	**39**	**36**	**78**	**19**	**102**
埇桥区	2	5	64	68	8	14	38	10	61
砀山县	1	5	13	15	4	4	12	3	20
萧县		1	36	32	13	3	13	4	8
灵璧县		1	18	37	4	10	6		6
泗县		3	21	28	10	5	9	1	7
宿州马鞍山现代产业园区			1	1				1	
宿州经济技术开发区									
六安市	**15**	**30**	**251**	**261**	**50**	**38**	**106**	**8**	**126**
金安区	2	4	69	84	1	4	17		17
裕安区		4	29	32	6	10	9	2	19
叶集区	1		7	5		5	1	1	1
霍邱县	10	10	35	37	26	10	25	4	36
舒城县	1	6	56	46	6	3	34		31
金寨县	1	5	41	47	3	4	16	1	8
霍山县		1	14	10	8	2	4		14
亳州市	**2**	**22**	**87**	**120**	**23**	**9**	**34**	**1**	**53**
谯城区		16	12	25	2	2	4		12
涡阳县	1	3	43	55	10	3	6		17
蒙城县	1	1	14	22	7	2	14		14
利辛县		2	18	18	4	2	10	1	10
池州市	**6**	**6**	**62**	**62**	**5**	**10**	**10**	**3**	**65**
贵池区	3	4	21	5	1			1	11
东至县			27	40	1	3	6	2	6
石台县			1	1			1		2
青阳县	3	2	13	13	3	5	3		46
池州市国家经济技术开发区									
皖江江南新兴产业集中区									
九华山风景区				3		2			
宣城市	**12**	**29**	**115**	**63**	**34**	**18**	**108**	**1**	**66**
宣州区	7	7	21	20	13	3	29	1	14
郎溪县	4	5	26	7	3	3	10		10
泾县			7	5		5	3		3
绩溪县		1	4	1	3	1	1		
旌德县	1		2	5	1	2	2		2
宣城市经济开发区		1	4	2	2	1	5		20
宁国市		12	30	8	6	1	41		10
广德市		3	21	15	6	2	17		7

4-6c 续表 72

单位：人

地区 性别	生产制造及有关人员								不便分类的其他从业人员
	计算机、通信和其他电子设备制造人员	仪器仪表制造人员	废弃资源综合利用人员	电力、热力、气体、水生产和输配人员	建筑施工人员	运输设备和通用工程机械操作人员及有关人员	生产辅助人员	其他生产制造及有关人员	
安　徽	**16641**	**196**	**1402**	**894**	**195909**	**9449**	**22530**	**1720**	**1710**
合肥市	**918**	**9**	**51**	**102**	**18298**	**1104**	**1728**	**60**	**74**
瑶海区	12				228	9	20	2	
庐阳区					43	2	6	1	
蜀山区	13			1	46	6	24	2	2
包河区				8	53	6	14		
长丰县	153		11	11	2507	338	241	21	3
肥东县	223	1	8	9	6183	293	419	12	54
肥西县	251	5	7	2	2786	194	537	6	3
庐江县	220	3	24	59	4980	169	297	6	3
合肥高新技术产业开发区					1				
合肥经济技术开发区	2				37		2		
合肥新站高新技术产业开发区					51	9	7		
巢湖市	44		1	12	1383	78	161	10	9
芜湖市	**752**	**9**	**96**	**58**	**10134**	**471**	**1341**	**145**	**49**
镜湖区	10			1	295	5	33		
弋江区									
鸠江区	51			2	1002	18	63	5	4
三山区	17		1	1	277	17	83	1	
芜湖县	167		1	10	1085	30	137	39	6
繁昌县	30	7	4	24	847	174	365	10	
南陵县	110	1		7	2765	68	164	71	4
芜湖经济技术开发区					12	1	2	2	
安徽芜湖长江大桥经济开发区				1	52	7	22		
无为市	367	1	90	12	3799	151	472	17	35
蚌埠市	**451**	**2**	**12**	**33**	**4927**	**343**	**656**	**48**	**43**
龙子湖区	11			1	343	19	101	4	1
蚌山区	15				166	16	15		
禹会区	90		1	3	458	49	90	9	9
淮上区	83		3	2	513	22	41	4	9
怀远县	92	1	1	6	1054	93	135	7	4
五河县	97		2	2	1066	61	158	19	8
固镇县	63	1	5	19	1327	83	116	5	12
蚌埠市高新技术开发区									
蚌埠市经济开发区									
淮南市	**820**	**4**	**10**	**62**	**4314**	**452**	**1222**	**52**	**44**
大通区	12				290	19	23		2
田家庵区	5				157	12	22		1
谢家集区	10			2	234	9	22	5	1
八公山区	3				20	3	13		1
潘集区	45		3	7	757	64	115		10
凤台县	106		2	35	1038	117	282	5	6
寿县	639	4	5	18	1818	228	745	42	23

4-6c 续表 73 单位：人

地区 性别	生产制造及有关人员 计算机、通信和其他电子设备制造人员	仪器仪表制造人员	废弃资源综合利用人员	电力、热力、气体、水生产和输配人员	建筑施工人员	运输设备和通用工程机械操作人员及有关人员	生产辅助人员	其他生产制造及有关人员	不便分类的其他从业人员
马鞍山市	**481**	**15**	**11**	**25**	**5188**	**200**	**667**	**206**	**71**
花山区	6	1		1	67	7	5	1	
雨山区	25				123	8	37	1	1
博望区	83		1	3	354	20	119	10	12
当涂县	188	13	1	11	1596	52	139	190	27
含山县	91	1	2	5	2255	81	241	2	29
和县	88		7	5	793	32	126	2	2
淮北市	**521**	**1**	**27**	**31**	**4712**	**222**	**582**	**35**	**51**
杜集区	25			4	345	35	86		1
相山区	8		1		472	28	90		
烈山区	128			21	659	49	103	3	5
濉溪县	360	1	26	6	3236	110	303	32	45
铜陵市	**159**		**13**	**17**	**2859**	**116**	**262**	**26**	**36**
铜官区	20		2	2	35	17	32		
义安区	90		5	9	836	46	106	15	24
郊区	15		1	5	379	23	62	6	2
枞阳县	34		5	1	1609	30	62	5	10
安庆市	**1187**	**8**	**84**	**93**	**22859**	**616**	**2467**	**404**	**220**
迎江区	3			2	85	2	17	1	1
大观区	5		1		197	20	31		1
宜秀区	3			2	243	13	42	5	1
怀宁县	193		6	9	3102	79	251	28	55
太湖县	196	1	13	7	3226	103	317	24	59
宿松县	276		46	26	4406	112	654	23	11
望江县	111		6	4	4933	74	292	31	19
岳西县	188	3	4	22	2018	87	227	12	23
安徽安庆经济开发区				4	41	3	11		
桐城市	106	3	4	5	2612	59	352	102	31
潜山市	106	1	4	12	1996	64	273	178	19
黄山市	**315**	**12**	**7**	**14**	**6742**	**225**	**613**	**42**	**33**
屯溪区	25		1		244	10	40	2	
黄山区	9			1	684	27	38	1	
徽州区	6	2	1	3	378	12	50	3	
歙县	126	8	5	4	2588	66	259	20	7
休宁县	94	1		3	1420	56	123	11	8
黟县	28	1		1	506	23	29	1	18
祁门县	27			2	922	31	74	4	
滁州市	**2771**	**63**	**39**	**66**	**11264**	**949**	**2435**	**141**	**95**
琅琊区	12		2		112	6	10	1	
南谯区	108		6	4	1030	103	114	4	13
来安县	230		4	12	1537	160	242	13	6
全椒县	127	2	3	7	1407	76	181	62	19
定远县	559	9	2	12	2374	215	590	27	16
凤阳县	202		8	5	2149	177	443	18	23
苏滁现代产业园									
滁州经济技术开发区	866		1		144	3	167	4	2
天长市	420	49	3	14	1562	92	452	8	6
明光市	247	3	10	12	949	117	236	4	10

4－6c 续表 74

单位：人

地区 性别	生产制造及有关人员								不便分类的其他从业人员
	计算机、通信和其他电子设备制造人员	仪器仪表制造人员	废弃资源综合利用人员	电力、热力、气体、水生产和输配人员	建筑施工人员	运输设备和通用工程机械操作人员及有关人员	生产辅助人员	其他生产制造及有关人员	
阜阳市	**3688**	**34**	**801**	**111**	**37079**	**1602**	**3097**	**226**	**488**
颍州区	37		5	4	2521	99	98	3	7
颍东区	176	1	7	8	3149	152	247	8	12
颍泉区	119	2		5	3379	81	155	6	6
临泉县	1115	9	361	26	9005	380	672	43	194
太和县	666	7	260	12	6054	177	343	53	30
阜南县	634	5	67	16	5497	238	474	55	166
颍上县	843	9	59	30	5175	376	776	48	63
阜阳合肥现代产业园区	9		1	1	239	23	28	1	3
阜阳经济技术开发区	4			3	165	7	16		
界首市	85	1	41	6	1895	69	288	9	7
宿州市	**1626**	**15**	**39**	**66**	**17194**	**849**	**2140**	**47**	**60**
埇桥区	675	7	3	17	6400	332	1073	7	4
砀山县	196	2	3	7	1102	94	247	9	8
萧县	338	4	2	30	3906	190	441	8	9
灵璧县	167		25	6	3045	118	200	16	10
泗县	240	2	6	6	2631	109	169	7	29
宿州马鞍山现代产业园区	10				110	6	10		
宿州经济技术开发区									
六安市	**1522**	**17**	**129**	**94**	**22687**	**1018**	**1825**	**137**	**285**
金安区	128	2	8	11	2908	124	231	20	119
裕安区	202	2	46	12	5690	167	224	40	50
叶集区	19		4	11	607	40	75	4	33
霍邱县	289	3	43	17	3210	229	349	38	25
舒城县	551	8	13	16	6300	221	506	22	12
金寨县	234	1	11	17	3051	191	308	5	41
霍山县	99	1	4	10	921	46	132	8	5
亳州市	**820**	**3**	**66**	**32**	**17047**	**455**	**1503**	**35**	**107**
谯城区	277		7	6	5495	152	898	10	35
涡阳县	222		15	9	4012	94	237	8	19
蒙城县	167	1	41	11	3386	159	201	13	34
利辛县	154	2	3	6	4154	50	167	4	19
池州市	**234**	**3**	**8**	**27**	**4293**	**342**	**690**	**61**	**12**
贵池区	47		2	13	1162	128	213	10	
东至县	148		6	9	2089	131	273	36	2
石台县	4	2		3	282	22	35	6	
青阳县	34	1		2	674	58	153	8	10
池州市国家经济技术开发区									
皖江江南新兴产业集中区									
九华山风景区	1				86	3	16	1	
宣城市	**376**	**1**	**9**	**63**	**6312**	**485**	**1302**	**55**	**42**
宣州区	113		4	20	1688	139	414	9	7
郎溪县	61		2	9	1159	68	130	3	2
泾县	11	1	1	7	830	70	118	7	2
绩溪县	18			2	345	12	35		
旌德县	22				331	12	38	2	
宣城市经济开发区	5			1	121	10	43	1	
宁国市	72		1	10	506	45	248	18	1
广德市	74		1	14	1332	129	276	15	30

4-6c　续表 75　　　　　　　　　　　　　　　　　　　　　　单位：人

地　区 性　别	生产制造及有关人员								不便分类的其他从业人员
	计算机、通信和其他电子设备制造人　员	仪器仪表制造人员	废弃资源综合利用人　员	电力、热力、气体、水生产和输配人员	建筑施工人　员	运输设备和通用工程机械操作人员及有关人员	生产辅助人　员	其他生产制造及有关人员	
男	**9112**	**114**	**884**	**799**	**170174**	**8766**	**13720**	**942**	**1071**
合肥市	**515**	**5**	**32**	**87**	**15759**	**1013**	**1165**	**35**	**43**
瑶海区	9				186	8	13	2	
庐阳区					38	2	4	1	
蜀山区	7			1	42	6	18	2	1
包河区				8	44	2	12		
长丰县	87		8	9	2183	326	145	12	3
肥东县	146	1	5	7	5057	257	287	5	30
肥西县	119	2	3	2	2462	172	366	4	2
庐江县	125	2	16	51	4470	158	220	3	2
合肥高新技术产业开发区					1				
合肥经济技术开发区	2				33		1		
合肥新站高新技术产业开发区					45	8	5		
巢湖市	20			9	1198	74	94	6	5
芜湖市	**472**	**8**	**76**	**52**	**9306**	**422**	**915**	**104**	**37**
镜湖区	4			1	275	2	14		
弋江区									
鸠江区	22			2	884	18	41	3	3
三山区	9		1	1	259	16	38		
芜湖县	81			9	1006	25	80	27	4
繁昌县	20	7	3	21	769	154	268	4	
南陵县	75	1		7	2557	60	97	56	4
芜湖经济技术开发区					12	1	1	1	
安徽芜湖长江大桥经济开发区				1	49	5	14		
无为市	261		72	10	3495	141	362	13	26
蚌埠市	**225**	**2**	**8**	**31**	**4367**	**325**	**352**	**27**	**26**
龙子湖区	5				295	17	37	2	1
蚌山区	9				138	14	10		
禹会区	42		1	2	410	46	50	6	4
淮上区	38		3	2	458	22	16	2	5
怀远县	46	1		6	948	89	72	4	2
五河县	49		2	2	920	59	106	10	6
固镇县	36	1	2	19	1198	78	61	3	8
蚌埠市高新技术开发区									
蚌埠市经济开发区									
淮南市	**437**	**2**	**9**	**54**	**3865**	**426**	**788**	**32**	**27**
大通区	6				265	18	16		1
田家庵区	2				148	12	9		1
谢家集区	4			1	210	8	8	5	1
八公山区	1				16	3	12		1
潘集区	23		3	6	701	61	102		7
凤台县	52		2	31	897	112	212	1	5
寿县	349	2	4	16	1628	212	429	26	11

4－6c 续表 76 单位：人

地区 性别	生产制造及有关人员								不便分类的其他从业人员
	计算机、通信和其他电子设备制造人员	仪器仪表制造人员	废弃资源综合利用人员	电力、热力、气体、水生产和输配人员	建筑施工人员	运输设备和通用工程机械操作人员及有关人员	生产辅助人员	其他生产制造及有关人员	
马鞍山市	**278**	**8**	**5**	**20**	**4543**	**190**	**440**	**30**	**45**
花山区	4	1		1	60	7	5	1	
雨山区	6				106	8	30	1	1
博望区	52			3	328	20	87	7	7
当涂县	112	7		7	1471	49	87	20	21
含山县	53		1	4	1923	77	159		16
和县	51		4	5	655	29	72	1	
淮北市	**281**	**1**	**17**	**29**	**4054**	**210**	**381**	**20**	**35**
杜集区	15			4	317	33	64		1
相山区	3		1		384	26	51		
烈山区	54			19	572	47	69	2	3
濉溪县	209	1	16	6	2781	104	197	18	31
铜陵市	**85**		**11**	**15**	**2476**	**107**	**186**	**21**	**28**
铜官区	12		2	2	35	17	22		
义安区	44		5	8	787	39	79	12	19
郊区	7		1	4	334	22	50	5	2
枞阳县	22		3	1	1320	29	35	4	7
安庆市	**690**	**6**	**65**	**85**	**19610**	**569**	**1577**	**217**	**132**
迎江区	2			1	81	2	14	1	1
大观区	4				171	16	25		1
宜秀区	2			2	215	9	24	3	1
怀宁县	119		4	8	2483	76	169	15	35
太湖县	112	1	8	6	2885	94	202	16	38
宿松县	140		38	24	3743	106	442	19	8
望江县	64		4	4	4081	64	166	18	13
岳西县	117	1	3	21	1843	83	138	9	17
安徽安庆经济开发区				3	34	2	7		
桐城市	65	3	4	5	2341	57	223	31	13
潜山市	65	1	4	11	1733	60	167	105	5
黄山市	**147**	**3**	**7**	**14**	**6008**	**213**	**368**	**33**	**19**
屯溪区	10		1		229	10	22	1	
黄山区	5			1	633	26	32	1	
徽州区	4		1	3	335	11	26	3	
歙县	68	3	5	4	2312	59	156	16	5
休宁县	37			3	1252	55	71	9	3
黟县	9			1	439	22	17		11
祁门县	14			2	808	30	44	3	
滁州市	**1544**	**38**	**27**	**61**	**9764**	**886**	**1406**	**96**	**55**
琅琊区	3		1		102	5	7	1	
南谯区	54		4	4	912	95	76	1	7
来安县	125		1	11	1359	149	132	9	5
全椒县	80		2	7	1177	70	111	46	12
定远县	330	7	1	11	1960	203	366	19	10
凤阳县	117		7	5	1833	164	246	6	10
苏滁现代产业园									
滁州经济技术开发区	518		1		134	3	95	3	2
天长市	174	29	2	12	1472	84	243	8	2
明光市	143	2	8	11	815	113	130	3	7

4-6c　续表 77　　　　　　　　　　　　　　　　　　　　　　　　　单位：人

地区 性别	生产制造及有关人员								不便分类的其他从业人员
	计算机、通信和其他电子设备制造人员	仪器仪表制造人员	废弃资源综合利用人员	电力、热力、气体、水生产和输配人员	建筑施工人员	运输设备和通用工程机械操作人员及有关人员	生产辅助人员	其他生产制造及有关人员	
阜阳市	**1957**	**23**	**458**	**92**	**31390**	**1491**	**1720**	**125**	**292**
颍州区	18		4	4	2148	90	57	1	6
颍东区	84		7	8	2755	139	138	6	4
颍泉区	68			5	2811	73	81	3	3
临泉县	601	7	240	22	7452	353	387	26	111
太和县	375	3	89	8	5014	166	194	19	22
阜南县	337	4	41	14	4691	222	254	37	98
颍上县	411	9	39	22	4445	353	426	28	43
阜阳合肥现代产业园区	5		1	1	215	22	14		2
阜阳经济技术开发区	3			3	150	6	7		
界首市	55		37	5	1709	67	162	5	3
宿州市	**887**	**8**	**27**	**64**	**14939**	**788**	**1400**	**25**	**36**
埇桥区	366	4	1	16	5533	304	791	4	4
砀山县	111	1	2	7	986	83	130	7	4
萧县	193	3	1	30	3431	181	262	4	5
灵璧县	86		19	6	2643	113	109	6	6
泗县	128		4	5	2253	102	103	4	17
宿州马鞍山现代产业园区	3				93	5	5		
宿州经济技术开发区									
六安市	**809**	**7**	**81**	**80**	**19959**	**929**	**1120**	**87**	**187**
金安区	70		7	10	2506	113	141	16	85
裕安区	126	2	32	11	4986	142	148	28	32
叶集区	7		3	9	563	36	49	1	18
霍邱县	114	1	22	15	2833	214	225	19	12
舒城县	310	2	9	15	5572	200	286	14	10
金寨县	119	1	7	15	2687	182	199	4	25
霍山县	63	1	1	5	812	42	72	5	5
亳州市	**441**	**2**	**48**	**29**	**14234**	**432**	**652**	**19**	**76**
谯城区	130		5	6	4731	144	326	6	23
涡阳县	132		11	7	3225	89	129	6	16
蒙城县	91		30	11	2797	150	113	5	22
利辛县	88	2	2	5	3481	49	84	2	15
池州市	**146**		**6**	**25**	**3934**	**312**	**481**	**33**	**4**
贵池区	34		2	12	1071	118	152	4	
东至县	93		4	8	1868	112	194	22	1
石台县	3			3	256	22	20	4	
青阳县	15			2	657	57	100	3	3
池州市国家经济技术开发区									
皖江江南新兴产业集中区									
九华山风景区	1				82	3	15		
宣城市	**198**	**1**	**7**	**61**	**5966**	**453**	**769**	**38**	**29**
宣州区	52		3	20	1568	130	235	4	5
郎溪县	37		1	8	1107	62	80	3	2
泾县	8	1	1	7	808	67	79	5	1
绩溪县	10			2	322	12	18		
旌德县	16				316	12	29	2	
宣城市经济开发区	2			1	113	8	26	1	
宁国市	36		1	10	490	42	136	12	1
广德市	37		1	13	1242	120	166	11	20

4-6c 续表 78

单位：人

地区 性别	生产制造及有关人员								不便分类的其他从业人员
	计算机、通信和其他电子设备制造人员	仪器仪表制造人员	废弃资源综合利用人员	电力、热力、气体、水生产和输配人员	建筑施工人员	运输设备和通用工程机械操作人员及有关人员	生产辅助人员	其他生产制造及有关人员	
女	**7529**	**82**	**518**	**95**	**25735**	**683**	**8810**	**778**	**639**
合肥市	**403**	**4**	**19**	**15**	**2539**	**91**	**563**	**25**	**31**
瑶海区	3				42	1	7		
庐阳区					5		2		
蜀山区	6				4		6		1
包河区					9	4	2		
长丰县	66		3	2	324	12	96	9	
肥东县	77		3	2	1126	36	132	7	24
肥西县	132	3	4		324	22	171	2	1
庐江县	95	1	8	8	510	11	77	3	1
合肥高新技术产业开发区									
合肥经济技术开发区					4		1		
合肥新站高新技术产业开发区					6	1	2		
巢湖市	24		1	3	185	4	67	4	4
芜湖市	**280**	**1**	**20**	**6**	**828**	**49**	**426**	**41**	**12**
镜湖区	6				20	3	19		
弋江区									
鸠江区	29				118		22	2	1
三山区	8				18	1	45	1	
芜湖县	86		1	1	79	5	57	12	2
繁昌县	10		1	3	78	20	97	6	
南陵县	35				208	8	67	15	
芜湖经济技术开发区							1	1	
安徽芜湖长江大桥经济开发区					3	2	8		
无为市	106	1	18	2	304	10	110	4	9
蚌埠市	**226**		**4**	**2**	**560**	**18**	**304**	**21**	**17**
龙子湖区	6			1	48	2	64	2	
蚌山区	6				28	2	5		
禹会区	48			1	48	3	40	3	5
淮上区	45				55		25	2	4
怀远县	46		1		106	4	63	3	2
五河县	48				146	2	52	9	2
固镇县	27		3		129	5	55	2	4
蚌埠市高新技术开发区									
蚌埠市经济开发区									
淮南市	**383**	**2**	**1**	**8**	**449**	**26**	**434**	**20**	**17**
大通区	6				25	1	7		1
田家庵区	3				9		13		
谢家集区	6			1	24	1	14		
八公山区	2				4		1		
潘集区	22			1	56	3	13		3
凤台县	54			4	141	5	70	4	1
寿县	290	2	1	2	190	16	316	16	12

4-6c 续表 79

单位：人

地 区 性 别	生产制造及有关人员								不便分类的其他从业人员
	计算机、通信和其他电子设备制造人员	仪器仪表制造人员	废弃资源综合利用人员	电力、热力、气体、水生产和输配人员	建筑施工人员	运输设备和通用工程机械操作人员及有关人员	生产辅助人员	其他生产制造及有关人员	
马鞍山市	**203**	**7**	**6**	**5**	**645**	**10**	**227**	**176**	**26**
花山区	2				7				
雨山区	19				17		7		
博望区	31		1		26		32	3	5
当涂县	76	6	1	4	125	3	52	170	6
含山县	38	1	1	1	332	4	82	2	13
和县	37		3		138	3	54	1	2
淮北市	**240**		**10**	**2**	**658**	**12**	**201**	**15**	**16**
杜集区	10				28	2	22		
相山区	5				88	2	39		
烈山区	74			2	87	2	34	1	2
濉溪县	151		10		455	6	106	14	14
铜陵市	**74**		**2**	**2**	**383**	**9**	**76**	**5**	**8**
铜官区	8						10		
义安区	46			1	49	7	27	3	5
郊区	8			1	45	1	12	1	
枞阳县	12		2		289	1	27	1	3
安庆市	**497**	**2**	**19**	**8**	**3249**	**47**	**890**	**187**	**88**
迎江区	1			1	4		3		
大观区	1		1		26	4	6		
宜秀区	1				28	4	18	2	
怀宁县	74		2	1	619	3	82	13	20
太湖县	84		5	1	341	9	115	8	21
宿松县	136		8	2	663	6	212	4	3
望江县	47		2		852	10	126	13	6
岳西县	71	2	1	1	175	4	89	3	6
安徽安庆经济开发区				1	7	1	4		
桐城市	41				271	2	129	71	18
潜山市	41			1	263	4	106	73	14
黄山市	**168**	**9**			**734**	**12**	**245**	**9**	**14**
屯溪区	15				15		18	1	
黄山区	4				51	1	6		
徽州区	2	2			43	1	24		
歙县	58	5			276	7	103	4	2
休宁县	57	1			168	1	52	2	5
黟县	19	1			67	1	12	1	7
祁门县	13				114	1	30	1	
滁州市	**1227**	**25**	**12**	**5**	**1500**	**63**	**1029**	**45**	**40**
琅琊区	9		1		10	1	3		
南谯区	54		2		118	8	38	3	6
来安县	105		3	1	178	11	110	4	1
全椒县	47	2	1		230	6	70	16	7
定远县	229	2	1	1	414	12	224	8	6
凤阳县	85		1		316	13	197	12	13
苏滁现代产业园									
滁州经济技术开发区	348				10		72	1	
天长市	246	20	1	2	90	8	209		4
明光市	104	1	2	1	134	4	106	1	3

4－6c 续表 80

单位：人

地区 性别	生产制造及有关人员								不便分类的其他从业人员
	计算机、通信和其他电子设备制造人员	仪器仪表制造人员	废弃资源综合利用人员	电力、热力、气体、水生产和输配人员	建筑施工人员	运输设备和通用工程机械操作人员及有关人员	生产辅助人员	其他生产制造及有关人员	
阜阳市	**1731**	**11**	**343**	**19**	**5689**	**111**	**1377**	**101**	**196**
颍州区	19		1		373	9	41	2	1
颍东区	92	1			394	13	109	2	8
颍泉区	51	2			568	8	74	3	3
临泉县	514	2	121	4	1553	27	285	17	83
太和县	291	4	171	4	1040	11	149	34	8
阜南县	297	1	26	2	806	16	220	18	68
颍上县	432		20	8	730	23	350	20	20
阜阳合肥现代产业园区	4				24	1	14	1	1
阜阳经济技术开发区	1				15	1	9		
界首市	30	1	4	1	186	2	126	4	4
宿州市	**739**	**7**	**12**	**2**	**2255**	**61**	**740**	**22**	**24**
埇桥区	309	3	2	1	867	28	282	3	
砀山县	85	1	1		116	11	117	2	4
萧县	145	1	1		475	9	179	4	4
灵璧县	81		6		402	5	91	10	4
泗县	112	2	2	1	378	7	66	3	12
宿州马鞍山现代产业园区	7				17	1	5		
宿州经济技术开发区									
六安市	**713**	**10**	**48**	**14**	**2728**	**89**	**705**	**50**	**98**
金安区	58	2	1	1	402	11	90	4	34
裕安区	76		14	1	704	25	76	12	18
叶集区	12		1	2	44	4	26	3	15
霍邱县	175	2	21	2	377	15	124	19	13
舒城县	241	6	4	1	728	21	220	8	2
金寨县	115		4	2	364	9	109	1	16
霍山县	36		3	5	109	4	60	3	
亳州市	**379**	**1**	**18**	**3**	**2813**	**23**	**851**	**16**	**31**
谯城区	147		2		764	8	572	4	12
涡阳县	90		4	2	787	5	108	2	3
蒙城县	76	1	11		589	9	88	8	12
利辛县	66		1	1	673	1	83	2	4
池州市	**88**	**3**	**2**	**2**	**359**	**30**	**209**	**28**	**8**
贵池区	13			1	91	10	61	6	
东至县	55		2	1	221	19	79	14	1
石台县	1	2			26		15	2	
青阳县	19	1			17	1	53	5	7
池州市国家经济技术开发区									
皖江江南新兴产业集中区									
九华山风景区					4		1	1	
宣城市	**178**		**2**	**2**	**346**	**32**	**533**	**17**	**13**
宣州区	61		1		120	9	179	5	2
郎溪县	24		1	1	52	6	50		
泾县	3				22	3	39	2	1
绩溪县	8				23		17		
旌德县	6				15		9		
宣城市经济开发区	3				8	2	17		
宁国市	36				16	3	112	6	
广德市	37			1	90	9	110	4	10

4-7　全省分年龄、性别、职业中类的就业人口

单位：人

年龄组 性　别	合计	党的机关、国家机关、群众团体和社会组织、企事业单位负责人						
		小计	中国共产党机关负责人	国家机关负责人	民主党派和工商联负责人	人民团体和群众团体、社会组织及其他成员组织负责人	基层群众自治组织负责人	企事业单位负责人
总　计	**2766699**	**64109**	**184**	**2830**	**5**	**2243**	**1707**	**57140**
16-19岁	28128	80	1			2		77
20-24岁	146756	1653	1	18		43	12	1579
25-29岁	305293	6526	6	79		185	58	6198
30-34岁	378167	11667	15	215		338	118	10981
35-39岁	281116	9767	14	242	1	275	111	9124
40-44岁	302538	9507	25	428		350	216	8488
45-49岁	381026	9786	34	589	1	345	294	8523
50-54岁	387918	8333	44	624	2	347	413	6903
55-59岁	259530	5420	44	596	1	261	417	4101
60-64岁	89463	724		21		36	38	629
65-69岁	114233	447		11		37	21	378
70-74岁	59306	137		2		15	3	117
75岁及以上	33225	62		5		9	6	42
男	**1682501**	**48826**	**150**	**2360**	**4**	**1454**	**1380**	**43478**
16-19岁	17388	52				1		51
20-24岁	85051	1172	1	9		29	5	1128
25-29岁	182433	4819	3	43		122	35	4616
30-34岁	222720	8445	10	150		199	68	8018
35-39岁	165842	7165	9	169	1	175	72	6739
40-44岁	177190	6981	21	333		207	151	6269
45-49岁	223436	7465	28	499	1	213	241	6483
50-54岁	242444	6790	38	557	1	238	360	5596
55-59岁	174188	4769	40	565	1	202	382	3579
60-64岁	58912	619		20		27	37	535
65-69岁	72860	383		9		24	20	330
70-74岁	38399	118		2		11	3	102
75岁及以上	21638	48		4		6	6	32
女	**1084198**	**15283**	**34**	**470**	**1**	**789**	**327**	**13662**
16-19岁	10740	28	1			1		26
20-24岁	61705	481		9		14	7	451
25-29岁	122860	1707	3	36		63	23	1582
30-34岁	155447	3222	5	65		139	50	2963
35-39岁	115274	2602	5	73		100	39	2385
40-44岁	125348	2526	4	95		143	65	2219
45-49岁	157590	2321	6	90		132	53	2040
50-54岁	145474	1543	6	67	1	109	53	1307
55-59岁	85342	651	4	31		59	35	522
60-64岁	30551	105		1		9	1	94
65-69岁	41373	64		2		13	1	48
70-74岁	20907	19				4		15
75岁及以上	11587	14		1		3		10

4-7 续表 1

单位：人

年龄组 性别	专业技术人员									
	小计	科学研究人员	工程技术人员	农业技术人员	飞机和船舶技术人员	卫生专业技术人员	经济和金融专业人员	法律、社会和宗教专业人员	教学人员	文学艺术、体育专业人员
总　计	**256665**	**1236**	**53393**	**1647**	**298**	**44419**	**48572**	**5635**	**92649**	**3817**
16-19岁	2528	3	251	3		363	193	6	1550	113
20-24岁	27348	142	4655	52	18	5170	4972	299	10705	734
25-29岁	51867	312	11218	127	33	9193	11071	1018	16916	961
30-34岁	50524	262	12192	159	43	8018	11284	1149	15666	750
35-39岁	33535	179	7115	119	39	5394	6106	639	12926	370
40-44岁	27650	96	4939	166	34	4616	4903	630	11537	221
45-49岁	24604	73	4976	249	45	4564	4777	622	8573	232
50-54岁	21064	69	4482	300	52	3556	3044	638	8311	230
55-59岁	13598	91	2919	252	30	2142	1810	463	5497	148
60-64岁	1811	4	355	74	2	530	203	76	510	28
65-69岁	1333	5	211	85	1	530	136	48	282	18
70-74岁	490		61	42		209	48	21	92	9
75岁及以上	313		19	19	1	134	25	26	84	3
男	**122989**	**827**	**45944**	**1251**	**262**	**15407**	**15702**	**3240**	**35438**	**2322**
16-19岁	803	1	215	2		68	71		342	83
20-24岁	9085	74	3925	34	17	980	1327	133	1965	387
25-29岁	20346	205	9524	81	29	1857	3197	436	4008	554
30-34岁	21497	175	10435	116	36	2023	3092	569	4092	449
35-39岁	15504	119	6057	87	33	1941	1725	327	4637	240
40-44岁	13931	68	4152	118	26	1965	1413	374	5394	152
45-49岁	13668	50	4178	180	44	2153	1598	426	4638	143
50-54岁	13723	52	4057	235	44	1881	1533	450	5072	152
55-59岁	11228	75	2794	216	29	1471	1416	398	4508	112
60-64岁	1441	3	337	60	2	364	158	63	406	24
65-69岁	1090	5	198	69	1	409	110	38	232	16
70-74岁	416		58	36		179	43	15	70	7
75岁及以上	257		14	17	1	116	19	11	74	3
女	**133676**	**409**	**7449**	**396**	**36**	**29012**	**32870**	**2395**	**57211**	**1495**
16-19岁	1725	2	36	1		295	122	6	1208	30
20-24岁	18263	68	730	18	1	4190	3645	166	8740	347
25-29岁	31521	107	1694	46	4	7336	7874	582	12908	407
30-34岁	29027	87	1757	43	7	5995	8192	580	11574	301
35-39岁	18031	60	1058	32	6	3453	4381	312	8289	130
40-44岁	13719	28	787	48	8	2651	3490	256	6143	69
45-49岁	10936	23	798	69	1	2411	3179	196	3935	89
50-54岁	7341	17	425	65	8	1675	1511	188	3239	78
55-59岁	2370	16	125	36	1	671	394	65	989	36
60-64岁	370	1	18	14		166	45	13	104	4
65-69岁	243		13	16		121	26	10	50	2
70-74岁	74		3	6		30	5	6	22	2
75岁及以上	56		5	2		18	6	15	10	

4-7　续表 2

单位：人

年龄组 性　别	专业技术人员		办事人员和有关人员				社会生产服务和生活服务人员		
	新闻出版、文化专业人员	其他专业技术人员	小计	办事人员	安全和消防人员	其他办事人员和有关人员	小计	批发与零售服务人　员	交通运输、仓储和邮政业服务人员
总　计	**3418**	**1581**	**163538**	**130101**	**31555**	**1882**	**936231**	**381111**	**169616**
16—19岁	38	8	599	433	140	26	12913	4227	1019
20—24岁	478	123	10467	8677	1646	144	63685	26079	7275
25—29岁	767	251	24154	20797	3072	285	126017	55131	17992
30—34岁	685	316	28885	25079	3511	295	150063	68997	25133
35—39岁	449	199	19063	16721	2115	227	108289	48115	22415
40—44岁	316	192	18321	15838	2252	231	111520	47742	25660
45—49岁	307	186	20152	16531	3361	260	128837	50654	29261
50—54岁	205	177	18826	13670	4963	193	114178	41515	23985
55—59岁	148	98	16022	10497	5369	156	67575	22910	12464
60—64岁	12	17	3137	930	2184	23	20577	6048	2326
65—69岁	7	10	2696	615	2055	26	21388	5888	1643
70—74岁	5	3	919	220	685	14	8168	2494	356
75岁及以上	1	1	297	93	202	2	3021	1311	87
男	**1403**	**1193**	**106127**	**76116**	**28807**	**1204**	**539187**	**192704**	**146068**
16—19岁	15	6	349	202	130	17	7763	1785	798
20—24岁	158	85	5221	3633	1519	69	38092	12825	6129
25—29岁	264	191	12361	9431	2763	167	76827	28554	15404
30—34岁	266	244	15520	12276	3070	174	86640	33659	21310
35—39岁	192	146	11344	9378	1831	135	61667	22804	19241
40—44岁	134	135	11381	9349	1888	144	61080	22047	21825
45—49岁	127	131	13598	10486	2943	169	67243	23977	24523
50—54岁	109	138	15133	10349	4648	136	63279	22323	21243
55—59岁	119	90	14779	9465	5178	136	41057	14017	11507
60—64岁	10	14	2883	780	2083	20	13333	4068	2165
65—69岁	3	9	2488	514	1951	23	14132	3963	1521
70—74岁	5	3	821	176	632	13	5852	1727	327
75岁及以上	1	1	249	77	171	1	2222	955	75
女	**2015**	**388**	**57411**	**53985**	**2748**	**678**	**397044**	**188407**	**23548**
16—19岁	23	2	250	231	10	9	5150	2442	221
20—24岁	320	38	5246	5044	127	75	25593	13254	1146
25—29岁	503	60	11793	11366	309	118	49190	26577	2588
30—34岁	419	72	13365	12803	441	121	63423	35338	3823
35—39岁	257	53	7719	7343	284	92	46622	25311	3174
40—44岁	182	57	6940	6489	364	87	50440	25695	3835
45—49岁	180	55	6554	6045	418	91	61594	26677	4738
50—54岁	96	39	3693	3321	315	57	50899	19192	2742
55—59岁	29	8	1243	1032	191	20	26518	8893	957
60—64岁	2	3	254	150	101	3	7244	1980	161
65—69岁	4	1	208	101	104	3	7256	1925	122
70—74岁			98	44	53	1	2316	767	29
75岁及以上			48	16	31	1	799	356	12

4-7 续表 3

单位：人

年龄组 性　别	社会生产服务和生活服务人员								
	住宿和餐饮服务人　员	信息传输、软件和信息技术服务人　员	金融服务人　　员	房地产服务人员	租赁和商务服务人　员	技术辅助服务人员	水利、环境和公共设施管理服务人员	居民服务人　　员	电力、燃气及水供应服务人　员
总　计	**139127**	**18601**	**16392**	**13906**	**20417**	**19792**	**55793**	**56780**	**7904**
16-19岁	3368	264	55	107	315	262	101	1876	28
20-24岁	9583	3093	1684	1383	2043	3127	400	4324	297
25-29岁	15706	6185	4136	2665	3223	5418	1048	7104	835
30-34岁	19455	4330	4035	2728	2954	4714	1574	8528	1008
35-39岁	15413	1997	1743	1513	1641	2466	2035	5885	865
40-44岁	17396	1136	1256	1263	1299	1424	3664	5927	1005
45-49岁	22295	767	1526	1281	1771	1122	7555	7582	1296
50-54岁	20200	534	1161	1236	2382	739	10345	7602	1263
55-59岁	10759	248	731	939	2387	412	9557	4251	997
60-64岁	2494	23	43	342	1074	68	6220	1317	151
65-69岁	1841	14	14	334	940	28	8684	1465	114
70-74岁	485	3	3	86	314	6	3589	637	36
75岁及以上	132	7	5	29	74	6	1021	282	9
男	**63835**	**13156**	**8023**	**8387**	**14031**	**12959**	**24688**	**18903**	**6651**
16-19岁	2391	148	26	63	183	174	68	922	27
20-24岁	6249	2036	834	900	947	1971	285	1948	246
25-29岁	9720	4431	2154	1768	1561	3517	643	2884	699
30-34岁	10628	3036	1935	1541	1532	3072	782	2999	813
35-39岁	7524	1395	720	747	995	1670	792	1844	667
40-44岁	7291	830	431	582	851	881	1063	1592	766
45-49岁	7363	563	624	623	1311	697	2012	1712	1028
50-54岁	6405	451	672	796	2096	532	3174	1919	1160
55-59岁	3923	227	585	719	2263	352	3624	1309	954
60-64岁	1097	20	27	287	1027	55	3423	605	140
65-69岁	901	13	8	260	907	27	5368	693	109
70-74岁	269	2	3	76	290	6	2636	343	34
75岁及以上	74	4	4	25	68	5	818	133	8
女	**75292**	**5445**	**8369**	**5519**	**6386**	**6833**	**31105**	**37877**	**1253**
16-19岁	977	116	29	44	132	88	33	954	1
20-24岁	3334	1057	850	483	1096	1156	115	2376	51
25-29岁	5986	1754	1982	897	1662	1901	405	4220	136
30-34岁	8827	1294	2100	1187	1422	1642	792	5529	195
35-39岁	7889	602	1023	766	646	796	1243	4041	198
40-44岁	10105	306	825	681	448	543	2601	4335	239
45-49岁	14932	204	902	658	460	425	5543	5870	268
50-54岁	13795	83	489	440	286	207	7171	5683	103
55-59岁	6836	21	146	220	124	60	5933	2942	43
60-64岁	1397	3	16	55	47	13	2797	712	11
65-69岁	940	1	6	74	33	1	3316	772	5
70-74岁	216	1		10	24		953	294	2
75岁及以上	58	3	1	4	6	1	203	149	1

4-7　续表 4　　　　单位：人

年龄组 性　别	社会生产服务和生活服务人员				农、林、牧、渔业生产及辅助人员				
	修理及制作服务人　员	文化、体育和娱乐服务人员	健康服务人　　员	其他社会生产和生活服务人　员	小计	农业生产人　　员	林业生产人　　员	畜牧业生产人员	渔业生产人　　员
总　计	**29112**	**4999**	**1687**	**994**	**526904**	**480700**	**7670**	**22189**	**11334**
16−19岁	1048	220	9	14	2368	2227	9	73	39
20−24岁	3225	916	197	59	8512	7830	39	386	139
25−29岁	5140	1044	277	113	18632	16823	139	945	482
30−34岁	5347	829	296	135	24899	22145	219	1516	692
35−39岁	3470	450	183	98	22165	19342	253	1516	722
40−44岁	3140	340	166	102	32123	27861	477	2148	1139
45−49岁	3005	379	191	152	57503	50456	1073	3352	1886
50−54岁	2497	402	176	141	88978	80291	1596	3867	2300
55−59岁	1444	259	116	101	81406	74380	1518	3043	1746
60−64岁	347	68	23	33	44150	41206	765	1236	629
65−69岁	292	57	38	36	72665	68177	1014	2059	932
70−74岁	110	29	12	8	45131	42857	424	1219	433
75岁及以上	47	6	3	2	28372	27105	144	829	195
男	**25708**	**2869**	**615**	**590**	**276339**	**245343**	**5801**	**13915**	**7942**
16−19岁	1019	146	2	11	1499	1389	9	54	32
20−24岁	3041	591	55	35	4929	4391	34	300	112
25−29岁	4676	657	97	62	9929	8592	111	677	357
30−34岁	4727	452	85	69	12405	10514	158	1028	487
35−39岁	2951	222	46	49	11029	9164	191	950	502
40−44岁	2648	163	58	52	16192	13430	330	1321	760
45−49岁	2492	155	80	83	27920	23403	776	1988	1275
50−54岁	2135	217	71	85	41752	36073	1236	2307	1551
55−59岁	1277	158	67	75	39862	35105	1158	1871	1249
60−64岁	325	48	18	28	24052	22033	589	780	454
65−69岁	269	34	26	33	41273	38198	766	1314	693
70−74岁	104	22	7	6	27507	25920	323	792	336
75岁及以上	44	4	3	2	17990	17131	120	533	134
女	**3404**	**2130**	**1072**	**404**	**250565**	**235357**	**1869**	**8274**	**3392**
16−19岁	29	74	7	3	869	838		19	7
20−24岁	184	325	142	24	3583	3439	5	86	27
25−29岁	464	387	180	51	8703	8231	28	268	125
30−34岁	620	377	211	66	12494	11631	61	488	205
35−39岁	519	228	137	49	11136	10178	62	566	220
40−44岁	492	177	108	50	15931	14431	147	827	379
45−49岁	513	224	111	69	29583	27053	297	1364	611
50−54岁	362	185	105	56	47226	44218	360	1560	749
55−59岁	167	101	49	26	41544	39275	360	1172	497
60−64岁	22	20	5	5	20098	19173	176	456	175
65−69岁	23	23	12	3	31392	29979	248	745	239
70−74岁	6	7	5	2	17624	16937	101	427	97
75岁及以上	3	2			10382	9974	24	296	61

4-7 续表 5

单位：人

年龄组 性别			生产制造及有关人员						
	农林牧渔生产辅助人员	其他农、林、牧、渔业生产加工人员	小计	农副产品加工人员	食品、饮料生产加工人员	烟草及其制品加工人员	纺织、针织、印染人员	纺织品、服装和皮革、毛皮制品加工制作人员	木材加工、家具与木制品制作人员
总　计	**4649**	**362**	**814659**	**11004**	**13482**	**587**	**10144**	**92151**	**29880**
16-19岁	19	1	9085	61	245		180	1142	133
20-24岁	115	3	34629	230	918	17	458	3986	705
25-29岁	226	17	77653	608	1477	31	1107	10180	1872
30-34岁	295	32	111644	839	1834	58	1665	18854	3088
35-39岁	312	20	87907	822	1355	49	1290	15046	2761
40-44岁	476	22	102993	1128	1587	65	1423	14465	3412
45-49岁	696	40	139603	1953	2124	117	1760	14401	5424
50-54岁	863	61	135961	2345	2127	135	1349	8897	6323
55-59岁	664	55	75141	1597	1110	96	544	3618	4114
60-64岁	289	25	18923	485	305	12	137	727	931
65-69岁	431	52	15563	586	274	2	122	560	761
70-74岁	172	26	4415	272	94	4	79	202	258
75岁及以上	91	8	1142	78	32	1	30	73	98
男	**3134**	**204**	**586147**	**6319**	**6832**	**370**	**3919**	**25759**	**24176**
16-19岁	14	1	6607	35	145		97	486	113
20-24岁	91	1	26274	179	517	11	243	1625	624
25-29岁	182	10	57878	385	822	21	533	3635	1627
30-34岁	200	18	77903	514	932	34	657	5673	2521
35-39岁	211	11	58889	423	667	33	469	3991	2201
40-44岁	338	13	67384	562	666	33	428	3296	2628
45-49岁	458	20	93220	1007	906	49	530	3065	4112
50-54岁	555	30	101394	1256	1054	102	509	2164	5068
55-59岁	447	32	62235	968	672	73	288	1177	3555
60-64岁	184	12	16476	333	193	8	85	302	787
65-69岁	269	33	13381	389	170	2	48	229	639
70-74岁	118	18	3649	211	65	3	24	89	222
75岁及以上	67	5	857	57	23	1	8	27	79
女	**1515**	**158**	**228512**	**4685**	**6650**	**217**	**6225**	**66392**	**5704**
16-19岁	5		2478	26	100		83	656	20
20-24岁	24	2	8355	51	401	6	215	2361	81
25-29岁	44	7	19775	223	655	10	574	6545	245
30-34岁	95	14	33741	325	902	24	1008	13181	567
35-39岁	101	9	29018	399	688	16	821	11055	560
40-44岁	138	9	35609	566	921	32	995	11169	784
45-49岁	238	20	46383	946	1218	68	1230	11336	1312
50-54岁	308	31	34567	1089	1073	33	840	6733	1255
55-59岁	217	23	12906	629	438	23	256	2441	559
60-64岁	105	13	2447	152	112	4	52	425	144
65-69岁	162	19	2182	197	104		74	331	122
70-74岁	54	8	766	61	29	1	55	113	36
75岁及以上	24	3	285	21	9		22	46	19

4-7　续表 6　　　　单位：人

年龄组 性　别	生产制造及有关人员								
	纸及纸制品生产加工人员	印刷和记录媒介复制人员	文教、工美、体育和娱乐用品制造人　员	石油加工和炼焦、煤化工生产人员	化学原料和化学制品制造人　员	医药制造人　　员	化学纤维制造人员	橡胶和塑料制品制造人员	非金属矿物制品制造人员
总　计	**3734**	**2884**	**12504**	**633**	**5035**	**2999**	**676**	**12682**	**12188**
16−19岁	30	39	108	1	33	16	7	205	115
20−24岁	112	167	403	30	203	208	22	539	443
25−29岁	305	406	972	49	533	456	70	1159	1035
30−34岁	484	565	1561	71	763	473	92	1800	1566
35−39岁	436	418	1277	57	511	339	78	1436	1221
40−44岁	539	394	1694	76	709	369	98	1728	1509
45−49岁	681	440	2221	144	930	464	125	2399	2180
50−54岁	667	270	2101	124	822	368	102	2049	2189
55−59岁	318	139	1155	52	394	189	51	931	1231
60−64岁	76	22	310	13	79	54	15	194	350
65−69岁	62	22	417	13	39	38	11	177	274
70−74岁	16	1	196	3	18	16	4	48	65
75岁及以上	8	1	89		1	9	1	17	10
男	**1896**	**1755**	**2892**	**526**	**3673**	**1594**	**306**	**7252**	**9052**
16−19岁	18	27	47	1	22	6	4	135	95
20−24岁	86	119	172	26	158	128	13	411	341
25−29岁	195	277	357	45	407	262	36	848	817
30−34岁	271	377	487	60	569	263	48	1189	1160
35−39岁	195	260	298	47	340	168	38	795	868
40−44岁	223	208	314	63	457	165	44	840	988
45−49岁	286	205	355	106	613	215	38	1068	1491
50−54岁	328	147	353	105	661	210	44	1059	1612
55−59岁	184	101	230	46	334	119	25	611	1044
60−64岁	55	12	83	12	65	30	10	148	311
65−69岁	42	20	104	12	33	17	4	121	253
70−74岁	10	1	53	3	13	7	1	22	62
75岁及以上	3	1	39		1	4	1	5	10
女	**1838**	**1129**	**9612**	**107**	**1362**	**1405**	**370**	**5430**	**3136**
16−19岁	12	12	61		11	10	3	70	20
20−24岁	26	48	231	4	45	80	9	128	102
25−29岁	110	129	615	4	126	194	34	311	218
30−34岁	213	188	1074	11	194	210	44	611	406
35−39岁	241	158	979	10	171	171	40	641	353
40−44岁	316	186	1380	13	252	204	54	888	521
45−49岁	395	235	1866	38	317	249	87	1331	689
50−54岁	339	123	1748	19	161	158	58	990	577
55−59岁	134	38	925	6	60	70	26	320	187
60−64岁	21	10	227	1	14	24	5	46	39
65−69岁	20	2	313	1	6	21	7	56	21
70−74岁	6		143		5	9	3	26	3
75岁及以上	5		50			5		12	

4－7 续表 7 单位：人

年龄组 性 别	生产制造及有关人员								
	采矿人员	金属冶炼和压延加工人员	机械制造基础加工人员	金属制品制造人员	通用设备制造人员	专用设备制造人员	汽车制造人员	铁路、船舶、航空设备制造人员	电气机械和器材制造人员
总 计	**13735**	**5878**	**30277**	**14334**	**6156**	**2499**	**11214**	**1661**	**12400**
16－19岁	6	40	388	158	117	40	299	25	558
20－24岁	104	184	1458	676	403	197	865	118	1176
25－29岁	620	430	3375	1666	785	359	1638	211	1915
30－34岁	1874	718	5110	2232	1012	492	2111	257	2152
35－39岁	1865	548	3625	1767	708	308	1377	183	1370
40－44岁	2631	778	3963	1987	742	335	1329	203	1497
45－49岁	3215	1160	5134	2415	957	353	1648	276	1847
50－54岁	2680	1277	4491	2023	917	276	1284	217	1296
55－59岁	577	578	2083	1033	393	107	551	112	473
60－64岁	75	88	391	197	65	19	68	31	58
65－69岁	58	62	210	132	46	12	37	21	43
70－74岁	17	10	38	36	8		5	7	7
75岁及以上	13	5	11	12	3	1	2		8
男	**13068**	**4932**	**25592**	**10309**	**4859**	**1405**	**7552**	**1166**	**7357**
16－19岁	6	34	331	123	96	16	244	17	461
20－24岁	101	170	1318	553	340	148	724	96	903
25－29岁	588	374	3016	1345	683	250	1294	146	1326
30－34岁	1777	600	4489	1717	844	300	1518	182	1327
35－39岁	1763	452	3073	1275	559	157	837	129	725
40－44岁	2487	608	3171	1304	522	142	724	126	676
45－49岁	3031	921	3978	1449	638	142	853	178	778
50－54岁	2609	1113	3738	1399	714	169	812	160	721
55－59岁	553	516	1883	827	350	60	447	86	346
60－64岁	73	75	362	168	60	15	59	25	49
65－69岁	53	55	188	109	43	6	35	15	34
70－74岁	16	10	37	30	7		3	6	4
75岁及以上	11	4	8	10	3		2		7
女	**667**	**946**	**4685**	**4025**	**1297**	**1094**	**3662**	**495**	**5043**
16－19岁		6	57	35	21	24	55	8	97
20－24岁	3	14	140	123	63	49	141	22	273
25－29岁	32	56	359	321	102	109	344	65	589
30－34岁	97	118	621	515	168	192	593	75	825
35－39岁	102	96	552	492	149	151	540	54	645
40－44岁	144	170	792	683	220	193	605	77	821
45－49岁	184	239	1156	966	319	211	795	98	1069
50－54岁	71	164	753	624	203	107	472	57	575
55－59岁	24	62	200	206	43	47	104	26	127
60－64岁	2	13	29	29	5	4	9	6	9
65－69岁	5	7	22	23	3	6	2	6	9
70－74岁	1		1	6	1		2	1	3
75岁及以上	2	1	3	2		1			1

4-7　续表 8　　　　单位：人

年龄组 性　别	生产制造及有关人员								不便分类的其他从业人员
	计算机、通信和其他电子设备制造人员	仪器仪表制造人员	废弃资源综合利用人员	电力、热力、气体、水生产和输配人员	建筑施工人员	运输设备和通用工程机械操作人员及有关人员	生产辅助人员	其他生产制造及有关人员	
总　计	**42224**	**676**	**2348**	**3122**	**361204**	**23592**	**68647**	**4109**	**4593**
16–19岁	2212	6	20	11	1712	355	778	45	555
20–24岁	5268	50	60	154	9496	1545	4250	184	462
25–29岁	7969	99	136	378	24722	3904	8749	437	444
30–34岁	8056	130	148	419	36747	4379	11534	560	485
35–39岁	4787	72	182	279	32552	2681	8070	437	390
40–44岁	4474	84	254	350	43435	2761	8460	514	424
45–49岁	4770	116	392	531	66834	3347	10616	629	541
50–54岁	3134	70	513	498	74626	2888	9261	642	578
55–59岁	1172	36	313	302	45265	1398	4839	370	368
60–64岁	193	7	108	89	12448	202	1034	140	141
65–69岁	143	4	127	83	10244	107	770	106	141
70–74岁	27	1	60	22	2627	22	217	35	46
75岁及以上	19	1	35	6	496	3	69	10	18
男	**24199**	**424**	**1537**	**2653**	**315827**	**21682**	**44897**	**2367**	**2886**
16–19岁	1577	3	18	8	1553	351	506	32	315
20–24岁	3742	38	42	128	8652	1500	3044	122	278
25–29岁	5343	78	102	325	22488	3760	6202	291	273
30–34岁	4573	83	106	349	33122	4184	7649	328	310
35–39岁	2270	46	101	238	28762	2435	5033	241	244
40–44岁	1846	35	160	256	36812	2442	4905	253	241
45–49岁	1996	62	259	408	55289	2832	6056	304	322
50–54岁	1727	41	327	455	63634	2554	6181	368	373
55–59岁	845	29	200	291	41091	1298	3735	251	258
60–64岁	146	6	78	88	11748	198	808	84	108
65–69岁	108	2	86	80	9731	105	582	66	113
70–74岁	14	1	35	21	2485	21	152	21	36
75岁及以上	12		23	6	460	2	44	6	15
女	**18025**	**252**	**811**	**469**	**45377**	**1910**	**23750**	**1742**	**1707**
16–19岁	635	3	2	3	159	4	272	13	240
20–24岁	1526	12	18	26	844	45	1206	62	184
25–29岁	2626	21	34	53	2234	144	2547	146	171
30–34岁	3483	47	42	70	3625	195	3885	232	175
35–39岁	2517	26	81	41	3790	246	3037	196	146
40–44岁	2628	49	94	94	6623	319	3555	261	183
45–49岁	2774	54	133	123	11545	515	4560	325	219
50–54岁	1407	29	186	43	10992	334	3080	274	205
55–59岁	327	7	113	11	4174	100	1104	119	110
60–64岁	47	1	30	1	700	4	226	56	33
65–69岁	35	2	41	3	513	2	188	40	28
70–74岁	13		25	1	142	1	65	14	10
75岁及以上	7	1	12		36	1	25	4	3

4-7a 全省分年龄、性别、职业中类的就业人口(城市)

单位：人

年龄组 性别	合计	党的机关、国家机关、群众团体和社会组织、企事业单位负责人						
		小计	中国共产党机关负责人	国家机关负责人	民主党派和工商联负责人	人民团体和群众团体、社会组织及其他成员组织负责人	基层群众自治组织负责人	企事业单位负责人
总　计	**683646**	**29706**	**70**	**1297**	**3**	**956**	**174**	**27206**
16-19岁	4441	22						22
20-24岁	40349	681		11		14	1	655
25-29岁	89512	2875	3	30		75	6	2761
30-34岁	119859	5720	9	103		151	14	5443
35-39岁	90372	4897	9	135	1	120	13	4619
40-44岁	89344	4669	11	183		158	29	4288
45-49岁	98933	4546	10	251		145	30	4110
50-54岁	82897	3648	13	288	1	156	44	3146
55-59岁	47642	2261	15	280	1	116	34	1815
60-64岁	9228	221		11		12	3	195
65-69岁	7652	118		3		6		109
70-74岁	2479	35				3		32
75岁及以上	938	13		2				11
男	**410965**	**21990**	**54**	**1042**	**2**	**583**	**137**	**20172**
16-19岁	2505	11						11
20-24岁	21379	456		5		6	1	444
25-29岁	50184	2044	2	17		48	3	1974
30-34岁	67570	4051	7	69		80	9	3886
35-39岁	51698	3516	6	92	1	66	7	3344
40-44岁	51322	3319	10	136		91	22	3060
45-49岁	58033	3353	6	203		80	23	3041
50-54岁	56567	2911	10	246		103	38	2514
55-59岁	37200	2002	13	260	1	92	31	1605
60-64岁	6765	187		10		11	3	163
65-69岁	5326	98		2		3		93
70-74岁	1757	32				3		29
75岁及以上	659	10		2				8
女	**272681**	**7716**	**16**	**255**	**1**	**373**	**37**	**7034**
16-19岁	1936	11						11
20-24岁	18970	225		6		8		211
25-29岁	39328	831	1	13		27	3	787
30-34岁	52289	1669	2	34		71	5	1557
35-39岁	38674	1381	3	43		54	6	1275
40-44岁	38022	1350	1	47		67	7	1228
45-49岁	40900	1193	4	48		65	7	1069
50-54岁	26330	737	3	42	1	53	6	632
55-59岁	10442	259	2	20		24	3	210
60-64岁	2463	34		1		1		32
65-69岁	2326	20		1		3		16
70-74岁	722	3						3
75岁及以上	279	3						3

4-7a　续表 1　　　　单位：人

年龄组 性　别	专业技术人员									
	小计	科学研究人　员	工程技术人　员	农业技术人　员	飞机和船舶技术人　员	卫生专业技术人员	经济和金融专业人　员	法律、社会和宗教专业人员	教学人员	文学艺术、体育专业人员
总　计	**114355**	**708**	**24303**	**355**	**106**	**19726**	**24820**	**2640**	**37466**	**1651**
16-19岁	635		54			161	51	3	311	33
20-24岁	10290	59	1620	11	5	2011	2007	131	3861	333
25-29岁	21198	143	4251	39	10	4013	4935	465	6409	460
30-34岁	24235	152	5624	43	15	4301	5829	571	6843	355
35-39岁	17565	133	3781	38	17	2933	3655	364	6109	156
40-44岁	13612	71	2608	45	12	2122	2994	329	5040	96
45-49岁	11496	43	2498	50	16	1821	2772	288	3626	94
50-54岁	9019	48	2197	57	16	1324	1651	279	3155	72
55-59岁	5307	58	1456	52	12	676	795	175	1910	39
60-64岁	535	1	135	10	2	157	70	21	124	7
65-69岁	293		60	6		118	41	10	48	5
70-74岁	92		11	2		47	13	3	14	
75岁及以上	78		8	2	1	42	7	1	16	1
男	**52201**	**458**	**20770**	**268**	**97**	**5977**	**7588**	**1407**	**13386**	**957**
16-19岁	165		49			17	16		54	22
20-24岁	3340	25	1317	4	4	426	518	44	740	168
25-29岁	7970	90	3554	24	8	804	1350	190	1499	246
30-34岁	9869	96	4759	29	14	1003	1558	252	1715	201
35-39岁	7776	88	3183	30	16	965	985	180	2042	96
40-44岁	6477	49	2204	33	11	785	815	185	2182	67
45-49岁	5900	27	2096	32	16	694	874	190	1767	61
50-54岁	5600	35	2012	50	13	595	775	186	1738	54
55-59岁	4373	47	1401	48	12	453	612	153	1504	31
60-64岁	403	1	127	9	2	98	48	17	90	5
65-69岁	202		53	5		71	23	7	35	5
70-74岁	68		11	2		33	11	2	7	
75岁及以上	58		4	2	1	33	3	1	13	1
女	**62154**	**250**	**3533**	**87**	**9**	**13749**	**17232**	**1233**	**24080**	**694**
16-19岁	470		5			144	35	3	257	11
20-24岁	6950	34	303	7	1	1585	1489	87	3121	165
25-29岁	13228	53	697	15	2	3209	3585	275	4910	214
30-34岁	14366	56	865	14	1	3298	4271	319	5128	154
35-39岁	9789	45	598	8	1	1968	2670	184	4067	60
40-44岁	7135	22	404	12	1	1337	2179	144	2858	29
45-49岁	5596	16	402	18		1127	1898	98	1859	33
50-54岁	3419	13	185	7	3	729	876	93	1417	18
55-59岁	934	11	55	4		223	183	22	406	8
60-64岁	132		8	1		59	22	4	34	2
65-69岁	91		7	1		47	18	3	13	
70-74岁	24					14	2	1	7	
75岁及以上	20		4			9	4		3	

4－7a 续表 2

单位：人

年龄组 性 别	专业技术人员		办事人员和有关人员				社会生产服务和生活服务人员		
	新闻出版、文化专业人员	其他专业技术人员	小计	办事人员	安全和消防人员	其他办事人员和有关人员	小计	批发与零售服务人员	交通运输、仓储和邮政业服务人员
总 计	**1895**	**685**	**79297**	**65360**	**13171**	**766**	**290087**	**122765**	**48692**
16－19岁	18	4	165	129	32	4	2636	806	130
20－24岁	213	39	4363	3667	639	57	19182	7840	1713
25－29岁	376	97	10868	9474	1276	118	39796	18161	4516
30－34岁	367	135	14891	13091	1678	122	51485	25135	6983
35－39岁	286	93	10701	9501	1098	102	37697	18042	6389
40－44岁	207	88	9730	8565	1063	102	37428	16877	7832
45－49岁	198	90	10326	8664	1546	116	41307	16534	9084
50－54岁	134	86	8971	6756	2145	70	32785	11407	7419
55－59岁	87	47	7259	4983	2210	66	18053	5567	3855
60－64岁	4	4	1063	330	728	5	4324	1101	433
65－69岁	3	2	714	143	568	3	3869	817	269
70－74岁	2		186	35	150	1	1182	327	54
75岁及以上			60	22	38		343	151	15
男	**764**	**529**	**49851**	**37468**	**11901**	**482**	**161423**	**59722**	**41332**
16－19岁	4	3	91	61	29	1	1494	343	96
20－24岁	65	29	2101	1504	574	23	10911	3778	1381
25－29岁	131	74	5314	4112	1139	63	23287	9244	3778
30－34岁	136	106	7763	6262	1434	67	28597	12116	5775
35－39岁	122	69	6176	5169	939	68	20446	8331	5361
40－44岁	82	64	5907	4964	879	64	19485	7367	6504
45－49岁	79	64	6731	5330	1328	73	20575	7309	7408
50－54岁	69	73	7171	5087	2028	56	18734	6042	6690
55－59岁	69	43	6758	4553	2146	59	11715	3580	3633
60－64岁	3	3	970	271	695	4	2723	741	401
65－69岁	2	1	659	112	544	3	2408	542	245
70－74岁	2		162	25	136	1	811	223	49
75岁及以上			48	18	30		237	106	11
女	**1131**	**156**	**29446**	**27892**	**1270**	**284**	**128664**	**63043**	**7360**
16－19岁	14	1	74	68	3	3	1142	463	34
20－24岁	148	10	2262	2163	65	34	8271	4062	332
25－29岁	245	23	5554	5362	137	55	16509	8917	738
30－34岁	231	29	7128	6829	244	55	22888	13019	1208
35－39岁	164	24	4525	4332	159	34	17251	9711	1028
40－44岁	125	24	3823	3601	184	38	17943	9510	1328
45－49岁	119	26	3595	3334	218	43	20732	9225	1676
50－54岁	65	13	1800	1669	117	14	14051	5365	729
55－59岁	18	4	501	430	64	7	6338	1987	222
60－64岁	1	1	93	59	33	1	1601	360	32
65－69岁	1	1	55	31	24		1461	275	24
70－74岁			24	10	14		371	104	5
75岁及以上			12	4	8		106	45	4

4-7a 续表 3

单位：人

年龄组 性 别	社会生产服务和生活服务人员								
	住宿和餐饮服务人员	信息传输、软件和信息技术服务人员	金融服务人员	房地产服务人员	租赁和商务服务人员	技术辅助服务人员	水利、环境和公共设施管理服务人员	居民服务人员	电力、燃气及水供应服务人员
总 计	**36938**	**7986**	**8085**	**6314**	**8343**	**8491**	**13509**	**15478**	**2456**
16-19岁	732	98	27	28	130	71	10	368	3
20-24岁	2469	1257	670	502	979	1242	72	1111	74
25-29岁	4016	2386	1777	1024	1381	2234	236	1947	258
30-34岁	5147	1921	2169	1230	1323	2015	427	2672	356
35-39岁	4427	1063	999	729	787	1223	556	1832	308
40-44岁	4960	565	694	691	565	693	1109	1843	399
45-49岁	6469	361	787	687	747	498	2269	2246	411
50-54岁	5249	232	612	620	915	297	2775	1900	343
55-59岁	2585	94	326	456	886	184	2313	927	270
60-64岁	496	3	15	138	305	24	1407	277	18
65-69岁	303	4	6	153	239	9	1725	252	14
70-74岁	66	2	1	41	71		519	74	2
75岁及以上	19		2	15	15	1	91	29	
男	**16511**	**5453**	**3763**	**3660**	**5315**	**5461**	**4867**	**4792**	**1957**
16-19岁	506	47	12	16	76	43	6	159	3
20-24岁	1556	785	327	321	446	758	52	470	61
25-29岁	2503	1625	886	672	595	1400	148	757	214
30-34岁	2838	1303	983	672	631	1285	226	864	279
35-39岁	2119	733	417	347	422	797	196	511	209
40-44岁	1992	412	228	300	338	423	290	453	275
45-49岁	2005	256	310	312	530	311	455	468	294
50-54岁	1621	197	330	398	815	244	695	550	323
55-59岁	972	90	262	352	855	170	740	293	266
60-64岁	212	1	6	115	296	20	702	117	17
65-69岁	145	3		109	231	9	945	102	14
70-74岁	32	1	1	35	65		346	36	2
75岁及以上	10		1	11	15	1	66	12	
女	**20427**	**2533**	**4322**	**2654**	**3028**	**3030**	**8642**	**10686**	**499**
16-19岁	226	51	15	12	54	28	4	209	
20-24岁	913	472	343	181	533	484	20	641	13
25-29岁	1513	761	891	352	786	834	88	1190	44
30-34岁	2309	618	1186	558	692	730	201	1808	77
35-39岁	2308	330	582	382	365	426	360	1321	99
40-44岁	2968	153	466	391	227	270	819	1390	124
45-49岁	4464	105	477	375	217	187	1814	1778	117
50-54岁	3628	35	282	222	100	53	2080	1350	20
55-59岁	1613	4	64	104	31	14	1573	634	4
60-64岁	284	2	9	23	9	4	705	160	1
65-69岁	158	1	6	44	8		780	150	
70-74岁	34	1		6	6		173	38	
75岁及以上	9		1	4			25	17	

4-7a 续表 4

单位：人

年龄组 性 别	社会生产服务和生活服务人员				农、林、牧、渔业生产及辅助人员				
	修理及制作服务人 员	文化、体育和娱乐服务人员	健康服务人 员	其他社会生产和生活服务人 员	小计	农业生产人 员	林业生产人 员	畜牧业生产人员	渔业生产人 员
总 计	**8064**	**1884**	**727**	**355**	**11278**	**9001**	**503**	**922**	**545**
16-19岁	150	77	4	2	30	27		3	
20-24岁	755	386	87	25	130	96	1	12	10
25-29岁	1289	408	123	40	361	265	13	36	26
30-34岁	1556	340	156	55	664	455	24	108	42
35-39岁	1026	191	83	42	567	381	27	86	58
40-44岁	943	144	74	39	933	653	56	117	65
45-49岁	950	127	78	59	1609	1223	80	154	105
50-54岁	795	116	59	46	2149	1702	108	164	120
55-59岁	448	69	43	30	1745	1424	88	120	69
60-64岁	81	11	5	10	822	714	39	35	18
65-69岁	48	9	14	7	1250	1118	42	50	24
70-74岁	21	4			679	629	16	23	7
75岁及以上	2	2	1		339	314	9	14	1
男	**7161**	**997**	**237**	**195**	**6524**	**4840**	**388**	**638**	**441**
16-19岁	144	41	1	1	18	16		2	
20-24岁	706	231	26	13	91	64	1	10	9
25-29岁	1170	237	40	18	238	161	9	31	24
30-34岁	1382	172	41	30	405	249	17	82	33
35-39岁	882	88	15	18	376	232	20	61	50
40-44岁	804	58	22	19	579	380	39	80	48
45-49岁	815	45	27	30	899	614	60	103	90
50-54岁	712	60	24	33	1142	830	80	101	93
55-59岁	411	46	26	19	944	701	75	80	55
60-64岁	74	8	4	9	442	360	33	23	15
65-69岁	41	7	10	5	729	631	33	38	17
70-74岁	18	3			428	390	13	16	6
75岁及以上	2	1	1		233	212	8	11	1
女	**903**	**887**	**490**	**160**	**4754**	**4161**	**115**	**284**	**104**
16-19岁	6	36	3	1	12	11		1	
20-24岁	49	155	61	12	39	32		2	1
25-29岁	119	171	83	22	123	104	4	5	2
30-34岁	174	168	115	25	259	206	7	26	9
35-39岁	144	103	68	24	191	149	7	25	8
40-44岁	139	86	52	20	354	273	17	37	17
45-49岁	135	82	51	29	710	609	20	51	15
50-54岁	83	56	35	13	1007	872	28	63	27
55-59岁	37	23	17	11	801	723	13	40	14
60-64岁	7	3	1	1	380	354	6	12	3
65-69岁	7	2	4	2	521	487	9	12	7
70-74岁	3	1			251	239	3	7	1
75岁及以上		1			106	102	1	3	

4-7a 续表 5

单位：人

年龄组 性别	农林牧渔生产辅助人员	其他农、林、牧、渔业生产加工人员	生产制造及有关人员						
			小计	农副产品加工人员	食品、饮料生产加工人员	烟草及其制品加工人员	纺织、针织、印染人员	纺织品、服装和皮革、毛皮制品加工制作人员	木材加工、家具与木制品制作人员
总　计	**273**	**34**	**157278**	**1627**	**3158**	**321**	**1334**	**11311**	**4559**
16-19岁			881	11	52		6	58	14
20-24岁	9	2	5570	46	245	11	37	240	87
25-29岁	20	1	14214	92	388	15	101	892	303
30-34岁	29	6	22629	122	520	30	217	2093	502
35-39岁	12	3	18765	146	335	26	160	1997	460
40-44岁	38	4	22778	191	401	36	228	2160	597
45-49岁	45	2	29421	354	494	67	317	2123	855
50-54岁	47	8	26095	362	449	82	191	1192	1021
55-59岁	39	5	12907	213	199	49	65	418	574
60-64岁	14	2	2230	39	28	3	8	62	81
65-69岁	15	1	1389	32	35		2	54	48
70-74岁	4		296	14	7	1	1	16	12
75岁及以上	1		103	5	5	1	1	6	5
男	**196**	**21**	**117917**	**933**	**1623**	**238**	**468**	**2589**	**3857**
16-19岁			682	3	30		4	25	13
20-24岁	7		4404	37	140	7	16	102	78
25-29岁	12	1	11205	63	223	10	39	268	277
30-34岁	20	4	16732	70	270	18	78	481	413
35-39岁	12	1	13296	76	169	22	55	399	391
40-44岁	29	3	15439	91	163	23	67	404	478
45-49岁	30	2	20438	193	224	35	71	356	694
50-54岁	35	3	20848	199	228	75	85	320	868
55-59岁	29	4	11323	129	131	45	44	167	519
60-64岁	9	2	2014	30	18	2	7	31	71
65-69岁	9	1	1215	25	20		1	25	43
70-74岁	3		249	14	4		1	9	9
75岁及以上	1		72	3	3	1		2	3
女	**77**	**13**	**39361**	**694**	**1535**	**83**	**866**	**8722**	**702**
16-19岁			199	8	22		2	33	1
20-24岁	2	2	1166	9	105	4	21	138	9
25-29岁	8		3009	29	165	5	62	624	26
30-34岁	9	2	5897	52	250	12	139	1612	89
35-39岁		2	5469	70	166	4	105	1598	69
40-44岁	9	1	7339	100	238	13	161	1756	119
45-49岁	15		8983	161	270	32	246	1767	161
50-54岁	12	5	5247	163	221	7	106	872	153
55-59岁	10	1	1584	84	68	4	21	251	55
60-64岁	5		216	9	10	1	1	31	10
65-69岁	6		174	7	15		1	29	5
70-74岁	1		47		3	1		7	3
75岁及以上			31	2	2		1	4	2

4-7a 续表 6

单位：人

年龄组 性别	生产制造及有关人员								
	纸及纸制品生产加工人员	印刷和记录媒介复制人员	文教、工美、体育和娱乐用品制造人员	石油加工和炼焦、煤化工生产人员	化学原料和化学制品制造人员	医药制造人员	化学纤维制造人员	橡胶和塑料制品制造人员	非金属矿物制品制造人员
总计	**690**	**886**	**1576**	**278**	**1522**	**1039**	**72**	**2882**	**2087**
16-19岁	2	6	11		3	8		24	9
20-24岁	21	40	45	14	46	65	1	103	64
25-29岁	60	102	150	22	142	145	3	229	181
30-34岁	113	161	246	32	236	171	12	436	293
35-39岁	76	129	187	31	163	138	9	352	248
40-44岁	112	129	250	35	248	152	11	508	298
45-49岁	148	163	300	63	289	181	21	561	375
50-54岁	86	103	237	64	253	119	10	427	382
55-59岁	52	42	103	16	123	44	2	189	179
60-64岁	11	5	15	1	12	11	2	31	31
65-69岁	6	5	23		6	3		19	21
70-74岁	1	1	8		1	1	1	2	6
75岁及以上	2		1			1		1	
男	**372**	**536**	**569**	**241**	**1205**	**564**	**40**	**1709**	**1630**
16-19岁	1	5	3		2	5		18	9
20-24岁	15	30	28	11	40	44		84	52
25-29岁	42	72	97	21	124	86	1	178	147
30-34岁	75	117	142	28	197	88	9	305	232
35-39岁	39	78	67	27	115	72	5	199	197
40-44岁	41	63	54	31	172	68	5	245	210
45-49岁	60	67	59	47	207	85	10	278	265
50-54岁	45	60	59	60	220	73	7	240	305
55-59岁	39	35	41	15	113	32	1	129	157
60-64岁	9	4	6	1	10	8	2	20	31
65-69岁	4	4	11		4	2		12	19
70-74岁	1	1	1		1			1	6
75岁及以上	1		1			1			
女	**318**	**350**	**1007**	**37**	**317**	**475**	**32**	**1173**	**457**
16-19岁	1	1	8		1	3		6	
20-24岁	6	10	17	3	6	21	1	19	12
25-29岁	18	30	53	1	18	59	2	51	34
30-34岁	38	44	104	4	39	83	3	131	61
35-39岁	37	51	120	4	48	66	4	153	51
40-44岁	71	66	196	4	76	84	6	263	88
45-49岁	88	96	241	16	82	96	11	283	110
50-54岁	41	43	178	4	33	46	3	187	77
55-59岁	13	7	62	1	10	12	1	60	22
60-64岁	2	1	9		2	3		11	
65-69岁	2	1	12		2	1		7	2
70-74岁			7			1	1	1	
75岁及以上	1							1	

4−7a　续表 7　　　　单位：人

年龄组 性　别	生产制造及有关人员								
	采矿人员	金属冶炼和压延加工人员	机械制造基础加工人员	金属制品制造人员	通用设备制造人员	专用设备制造人员	汽车制造人员	铁路、船舶、航空设备制造人员	电气机械和器材制造人员
总　计	**5541**	**2177**	**7092**	**2468**	**1443**	**678**	**3213**	**362**	**2234**
16−19岁		10	46	9	27	6	45	2	55
20−24岁	28	59	257	101	55	56	163	30	141
25−29岁	243	171	698	269	163	94	381	41	296
30−34岁	757	264	1075	387	243	115	623	47	389
35−39岁	778	220	835	315	152	86	453	36	247
40−44岁	1064	336	984	377	201	110	408	42	351
45−49岁	1318	476	1341	433	244	98	568	66	404
50−54岁	1113	464	1199	337	217	85	405	56	240
55−59岁	200	157	534	196	116	21	148	32	94
60−64岁	18	8	72	27	17	7	13	8	7
65−69岁	10	9	36	10	7		4	1	8
70−74岁	4		9	5	1		1	1	1
75岁及以上	8	3	6	2			1		1
男	**5199**	**1923**	**6141**	**1907**	**1204**	**410**	**2214**	**304**	**1364**
16−19岁		9	43	9	27	3	41	2	43
20−24岁	27	55	234	87	48	44	135	26	113
25−29岁	230	146	639	228	151	66	302	36	214
30−34岁	715	241	954	323	209	74	458	37	260
35−39岁	723	195	719	248	132	49	288	28	126
40−44岁	978	276	815	258	149	54	224	32	163
45−49岁	1224	397	1073	288	170	43	322	53	184
50−54岁	1080	437	1055	261	186	56	292	53	167
55−59岁	189	152	498	168	108	15	134	28	78
60−64岁	16	6	65	23	16	6	13	7	7
65−69岁	8	7	34	8	7		4	1	7
70−74岁	3		9	5	1			1	1
75岁及以上	6	2	3	1			1		1
女	**342**	**254**	**951**	**561**	**239**	**268**	**999**	**58**	**870**
16−19岁		1	3			3	4		12
20−24岁	1	4	23	14	7	12	28	4	28
25−29岁	13	25	59	41	12	28	79	5	82
30−34岁	42	23	121	64	34	41	165	10	129
35−39岁	55	25	116	67	20	37	165	8	121
40−44岁	86	60	169	119	52	56	184	10	188
45−49岁	94	79	268	145	74	55	246	13	220
50−54岁	33	27	144	76	31	29	113	3	73
55−59岁	11	5	36	28	8	6	14	4	16
60−64岁	2	2	7	4	1	1		1	
65−69岁	2	2	2	2					1
70−74岁	1						1		
75岁及以上	2	1	3	1					

4－7a　续表 8

单位：人

年龄组 性　别	生产制造及有关人员								不便分类的其他从业人员
	计算机、通信和其他电子设备制造人　员	仪器仪表制造人员	废弃资源综合利用人　　员	电力、热力、气体、水生产和输配人员	建筑施工人　　员	运输设备和通用工程机械操作人员及有关人员	生产辅助人　　员	其他生产制造及有关人员	
总　计	**8639**	**251**	**295**	**1191**	**58955**	**6230**	**22155**	**1012**	**1645**
16－19岁	176		2		138	52	102	7	72
20－24岁	683	13	8	50	1422	290	1108	41	133
25－29岁	1332	31	11	148	4055	793	2545	118	200
30－34岁	1622	47	16	167	6744	1074	3720	155	235
35－39岁	1124	24	33	116	6265	742	2744	138	180
40－44岁	1167	33	20	170	8103	854	3057	145	194
45－49岁	1290	44	56	237	11583	1053	3738	161	228
50－54岁	840	33	70	191	11625	892	3207	143	230
55－59岁	327	20	37	90	6594	419	1582	72	110
60－64岁	45	4	15	10	1391	43	188	17	33
65－69岁	22	1	14	9	853	15	126	10	19
70－74岁	4		11	2	151	3	26	5	9
75岁及以上	7	1	2	1	31		12		2
男	**5127**	**173**	**216**	**960**	**52325**	**5647**	**15636**	**593**	**1059**
16－19岁	136		2		123	52	68	6	44
20－24岁	485	12	6	42	1305	276	800	25	76
25－29岁	928	27	8	127	3752	765	1853	85	126
30－34岁	956	32	14	136	6120	1019	2566	95	153
35－39岁	576	14	24	96	5601	670	1825	71	112
40－44岁	533	16	14	111	7011	730	1887	73	116
45－49岁	622	27	41	169	9815	878	2408	73	137
50－54岁	549	24	46	171	10182	800	2550	95	161
55－59岁	283	17	30	86	6101	397	1393	49	85
60－64岁	35	4	10	10	1332	42	161	11	26
65－69岁	16		11	9	813	15	98	7	15
70－74岁	3		8	2	143	3	19	3	7
75岁及以上	5		2	1	27		8		1
女	**3512**	**78**	**79**	**231**	**6630**	**583**	**6519**	**419**	**586**
16－19岁	40				15		34	1	28
20－24岁	198	1	2	8	117	14	308	16	57
25－29岁	404	4	3	21	303	28	692	33	74
30－34岁	666	15	2	31	624	55	1154	60	82
35－39岁	548	10	9	20	664	72	919	67	68
40－44岁	634	17	6	59	1092	124	1170	72	78
45－49岁	668	17	15	68	1768	175	1330	88	91
50－54岁	291	9	24	20	1443	92	657	48	69
55－59岁	44	3	7	4	493	22	189	23	25
60－64岁	10		5		59	1	27	6	7
65－69岁	6	1	3		40		28	3	4
70－74岁	1		3		8		7	2	2
75岁及以上	2	1			4		4		1

4-7b　全省分年龄、性别、职业中类的就业人口(镇)

单位：人

年龄组 性别	合计	党的机关、国家机关、群众团体和社会组织、企事业单位负责人						
		小计	中国共产党机关负责人	国家机关负责人	民主党派和工商联负责人	人民团体和群众团体、社会组织及其他成员组织负责人	基层群众自治组织负责人	企事业单位负责人
总　计	**864964**	**21650**	**71**	**1327**	**2**	**811**	**478**	**18961**
16-19岁	8608	21				1		20
20-24岁	47305	487	1	6		13	2	465
25-29岁	104531	2173	3	40		68	15	2047
30-34岁	130912	3903	3	93		122	39	3646
35-39岁	96011	3190	4	90		103	41	2952
40-44岁	102176	3173	12	213		122	68	2758
45-49岁	122161	3339	16	301	1	129	83	2809
50-54岁	116662	2922	16	303	1	130	114	2358
55-59岁	73790	1934	16	264		89	103	1462
60-64岁	21787	283		8		14	5	256
65-69岁	24470	159		5		12	5	137
70-74岁	11058	46		2		5	1	38
75岁及以上	5493	20		2		3	2	13
男	**525016**	**16606**	**63**	**1140**	**2**	**545**	**378**	**14478**
16-19岁	5423	16						16
20-24岁	27636	365	1	3		11		350
25-29岁	61978	1638	1	21		40	8	1568
30-34岁	76681	2847	2	66		77	22	2680
35-39岁	56293	2312	3	63		74	29	2143
40-44岁	59066	2353	10	170		74	49	2050
45-49岁	71301	2562	16	266	1	83	69	2127
50-54岁	73690	2408	14	281	1	93	99	1920
55-59岁	50934	1676	16	254		70	89	1247
60-64岁	14821	237		8		7	5	217
65-69岁	16139	135		4		10	5	116
70-74岁	7387	40		2		3	1	34
75岁及以上	3667	17		2		3	2	10
女	**339948**	**5044**	**8**	**187**		**266**	**100**	**4483**
16-19岁	3185	5				1		4
20-24岁	19669	122		3		2	2	115
25-29岁	42553	535	2	19		28	7	479
30-34岁	54231	1056	1	27		45	17	966
35-39岁	39718	878	1	27		29	12	809
40-44岁	43110	820	2	43		48	19	708
45-49岁	50860	777		35		46	14	682
50-54岁	42972	514	2	22		37	15	438
55-59岁	22856	258		10		19	14	215
60-64岁	6966	46				7		39
65-69岁	8331	24		1		2		21
70-74岁	3671	6				2		4
75岁及以上	1826	3						3

4-7b 续表 1

单位：人

年龄组 性别	专业技术人员 小计	科学研究人员	工程技术人员	农业技术人员	飞机和船舶技术人员	卫生专业技术人员	经济和金融专业人员	法律、社会和宗教专业人员	教学人员	文学艺术、体育专业人员
总计	**95624**	**341**	**18473**	**613**	**140**	**16319**	**16893**	**1984**	**38178**	**1101**
16-19岁	827	2	93	1		109	65	2	514	30
20-24岁	9572	39	1718	11	7	1823	1691	102	3763	217
25-29岁	19193	85	4266	36	12	3413	3923	364	6494	263
30-34岁	18750	76	4505	54	23	2901	4049	412	6174	220
35-39岁	12282	38	2343	40	17	1969	1937	183	5445	111
40-44岁	10677	21	1559	71	16	1805	1576	210	5200	65
45-49岁	9564	25	1606	117	21	1766	1657	210	3954	66
50-54岁	8284	20	1311	122	28	1332	1132	227	3941	63
55-59岁	5169	28	868	110	15	761	709	206	2348	51
60-64岁	621	3	112	18		164	81	24	201	7
65-69岁	418	4	67	16	1	167	47	15	91	5
70-74岁	151		19	11		64	14	11	25	2
75岁及以上	116		6	6		45	12	18	28	1
男	**45868**	**243**	**15914**	**480**	**119**	**5521**	**5611**	**1159**	**15338**	**674**
16-19岁	237		75	1		25	25		84	22
20-24岁	3191	24	1472	10	7	324	480	55	616	118
25-29岁	7469	59	3643	24	10	659	1142	154	1484	153
30-34岁	7924	56	3882	42	19	718	1070	209	1633	127
35-39岁	5724	23	2026	27	14	724	569	94	2068	78
40-44岁	5361	15	1291	47	10	768	457	130	2509	43
45-49岁	5320	19	1331	86	20	790	580	141	2246	39
50-54岁	5351	16	1173	95	24	684	601	159	2490	40
55-59岁	4240	25	831	103	14	500	560	172	1931	41
60-64岁	489	2	106	16		109	63	19	159	5
65-69岁	346	4	62	13	1	127	41	14	76	5
70-74岁	131		17	11		57	13	7	19	2
75岁及以上	85		5	5		36	10	5	23	1
女	**49756**	**98**	**2559**	**133**	**21**	**10798**	**11282**	**825**	**22840**	**427**
16-19岁	590	2	18			84	40	2	430	8
20-24岁	6381	15	246	1		1499	1211	47	3147	99
25-29岁	11724	26	623	12	2	2754	2781	210	5010	110
30-34岁	10826	20	623	12	4	2183	2979	203	4541	93
35-39岁	6558	15	317	13	3	1245	1368	89	3377	33
40-44岁	5316	6	268	24	6	1037	1119	80	2691	22
45-49岁	4244	6	275	31	1	976	1077	69	1708	27
50-54岁	2933	4	138	27	4	648	531	68	1451	23
55-59岁	929	3	37	7	1	261	149	34	417	10
60-64岁	132	1	6	2		55	18	5	42	2
65-69岁	72		5	3		40	6	1	15	
70-74岁	20		2			7	1	4	6	
75岁及以上	31		1	1		9	2	13	5	

4-7b 续表 2

单位：人

年龄组 性 别	专业技术人员		办事人员和有关人员				社会生产服务和生活服务人员		
	新闻出版、文化专业人员	其他专业技术人员	小计	办事人员	安全和消防人员	其他办事人员和有关人员	小计	批发与零售服务人员	交通运输、仓储和邮政业服务人员
总 计	**1105**	**477**	**58648**	**46335**	**11641**	**672**	**330764**	**137799**	**61278**
16-19岁	9	2	172	140	24	8	3725	1272	292
20-24岁	159	42	3609	2971	588	50	20196	8335	2563
25-29岁	261	76	8908	7651	1165	92	43893	19213	6614
30-34岁	242	94	10176	8738	1315	123	54591	25232	9313
35-39岁	136	63	6291	5490	714	87	39510	17427	8348
40-44岁	91	63	6532	5646	802	84	40342	17325	9345
45-49岁	92	50	7377	6056	1227	94	45812	18642	10499
50-54岁	58	50	6966	5120	1781	65	40545	15585	8481
55-59岁	48	25	5925	3882	1999	44	24055	8788	4324
60-64岁	5	6	1177	323	848	6	7276	2351	785
65-69岁	2	3	1038	221	803	14	7249	2277	559
70-74岁	2	3	360	72	284	4	2624	895	131
75岁及以上			117	25	91	1	946	457	24
男	**451**	**358**	**38925**	**27856**	**10636**	**433**	**188012**	**67475**	**52564**
16-19岁	3	2	98	68	23	7	2265	556	227
20-24岁	57	28	1819	1248	545	26	12262	4081	2161
25-29岁	85	56	4667	3565	1043	59	26526	9778	5619
30-34岁	93	75	5627	4381	1167	79	31063	11967	7850
35-39岁	56	45	3909	3245	620	44	22234	7984	7165
40-44岁	45	46	4137	3417	669	51	21708	7619	7943
45-49岁	35	33	5088	3942	1083	63	23706	8516	8759
50-54岁	31	38	5628	3934	1651	43	22081	7979	7462
55-59岁	40	23	5494	3529	1924	41	14323	5104	3986
60-64岁	4	6	1078	264	809	5	4639	1516	739
65-69岁		3	960	187	762	11	4700	1463	515
70-74岁	2	3	325	57	264	4	1825	590	120
75岁及以上			95	19	76		680	322	18
女	**654**	**119**	**19723**	**18479**	**1005**	**239**	**142752**	**70324**	**8714**
16-19岁	6		74	72	1	1	1460	716	65
20-24岁	102	14	1790	1723	43	24	7934	4254	402
25-29岁	176	20	4241	4086	122	33	17367	9435	995
30-34岁	149	19	4549	4357	148	44	23528	13265	1463
35-39岁	80	18	2382	2245	94	43	17276	9443	1183
40-44岁	46	17	2395	2229	133	33	18634	9706	1402
45-49岁	57	17	2289	2114	144	31	22106	10126	1740
50-54岁	27	12	1338	1186	130	22	18464	7606	1019
55-59岁	8	2	431	353	75	3	9732	3684	338
60-64岁	1		99	59	39	1	2637	835	46
65-69岁	2		78	34	41	3	2549	814	44
70-74岁			35	15	20		799	305	11
75岁及以上			22	6	15	1	266	135	6

4-7b 续表 3 单位：人

年龄组 性 别	社会生产服务和生活服务人员								
	住宿和餐饮服务人员	信息传输、软件和信息技术服务人员	金融服务人员	房地产服务人员	租赁和商务服务人员	技术辅助服务人员	水利、环境和公共设施管理服务人员	居民服务人员	电力、燃气及水供应服务人员
总 计	**49045**	**6368**	**5740**	**4541**	**7248**	**6592**	**17095**	**19149**	**2936**
16-19岁	914	78	17	36	91	84	25	509	7
20-24岁	2843	958	560	446	580	1003	122	1320	118
25-29岁	5378	2083	1411	869	1101	1760	339	2498	312
30-34岁	7144	1604	1323	900	1057	1680	491	3079	387
35-39岁	5743	671	576	522	555	824	654	2271	336
40-44岁	6483	408	447	400	457	429	1172	2106	371
45-49岁	7667	263	614	388	626	374	2393	2520	513
50-54岁	7175	189	446	389	863	253	3145	2457	455
55-59岁	3847	87	325	313	921	145	2966	1306	334
60-64岁	928	15	16	136	448	20	1947	394	48
65-69岁	693	6	4	105	388	11	2587	426	37
70-74岁	178	1		29	126	4	995	192	12
75岁及以上	52	5	1	8	35	5	259	71	6
男	**22184**	**4560**	**2815**	**2635**	**5062**	**4349**	**7046**	**6406**	**2431**
16-19岁	656	45	8	17	56	55	17	250	7
20-24岁	1894	663	269	289	277	657	93	632	97
25-29岁	3232	1523	706	551	528	1163	203	1004	253
30-34岁	3829	1114	640	488	536	1087	243	1059	307
35-39岁	2828	462	223	230	353	565	245	692	261
40-44岁	2706	290	156	166	298	271	317	562	285
45-49岁	2519	200	265	184	453	233	620	587	400
50-54岁	2292	159	271	244	749	166	864	648	408
55-59岁	1354	80	260	235	869	116	1016	433	315
60-64岁	423	14	12	113	428	17	982	189	45
65-69岁	324	6	4	85	371	11	1535	216	36
70-74岁	96	1		25	112	4	707	103	11
75岁及以上	31	3	1	8	32	4	204	31	6
女	**26861**	**1808**	**2925**	**1906**	**2186**	**2243**	**10049**	**12743**	**505**
16-19岁	258	33	9	19	35	29	8	259	
20-24岁	949	295	291	157	303	346	29	688	21
25-29岁	2146	560	705	318	573	597	136	1494	59
30-34岁	3315	490	683	412	521	593	248	2020	80
35-39岁	2915	209	353	292	202	259	409	1579	75
40-44岁	3777	118	291	234	159	158	855	1544	86
45-49岁	5148	63	349	204	173	141	1773	1933	113
50-54岁	4883	30	175	145	114	87	2281	1809	47
55-59岁	2493	7	65	78	52	29	1950	873	19
60-64岁	505	1	4	23	20	3	965	205	3
65-69岁	369			20	17		1052	210	1
70-74岁	82			4	14		288	89	1
75岁及以上	21	2			3	1	55	40	

4-7b 续表 4

单位：人

年龄组 性别	社会生产服务和生活服务人员				农、林、牧、渔业生产及辅助人员				
	修理及制作服务人员	文化、体育和娱乐服务人员	健康服务人员	其他社会生产和生活服务人员	小计	农业生产人员	林业生产人员	畜牧业生产人员	渔业生产人员
总　计	**10425**	**1689**	**556**	**303**	**90742**	**80725**	**1548**	**4285**	**2942**
16-19岁	328	65	2	5	385	355	3	17	7
20-24岁	1001	269	62	16	1526	1361	8	83	40
25-29岁	1882	319	84	30	3579	3114	33	239	132
30-34岁	1967	272	102	40	4789	4060	59	355	225
35-39岁	1335	151	70	27	4323	3592	59	338	225
40-44岁	1195	112	56	36	6386	5337	117	457	342
45-49岁	1043	147	70	53	10620	9024	250	648	478
50-54岁	840	168	53	46	15749	13831	319	756	602
55-59岁	519	115	35	30	14016	12518	307	563	446
60-64岁	140	33	7	8	7147	6606	145	204	143
65-69岁	113	22	13	8	11497	10744	152	337	179
70-74岁	42	14	2	3	6762	6413	70	180	75
75岁及以上	20	2		1	3963	3770	26	108	48
男	**9162**	**937**	**206**	**180**	**47736**	**40842**	**1157**	**2830**	**2068**
16-19岁	322	44		5	255	233	3	13	5
20-24岁	944	178	16	11	877	753	7	59	32
25-29岁	1711	207	33	15	1919	1565	27	176	99
30-34岁	1752	139	33	19	2423	1915	35	258	157
35-39岁	1120	71	21	14	2211	1718	48	227	145
40-44岁	1008	50	20	17	3270	2573	81	296	221
45-49岁	852	57	27	34	5283	4257	175	393	320
50-54岁	711	84	21	23	7468	6177	256	470	418
55-59岁	451	62	19	23	6895	5858	228	363	320
60-64岁	128	22	4	7	3902	3501	114	140	112
65-69岁	105	11	10	8	6526	5989	105	233	144
70-74岁	40	11	2	3	4161	3897	56	126	63
75岁及以上	18	1		1	2546	2406	22	76	32
女	**1263**	**752**	**350**	**123**	**43006**	**39883**	**391**	**1455**	**874**
16-19岁	6	21	2		130	122		4	2
20-24岁	57	91	46	5	649	608	1	24	8
25-29岁	171	112	51	15	1660	1549	6	63	33
30-34岁	215	133	69	21	2366	2145	24	97	68
35-39岁	215	80	49	13	2112	1874	11	111	80
40-44岁	187	62	36	19	3116	2764	36	161	121
45-49岁	191	90	43	19	5337	4767	75	255	158
50-54岁	129	84	32	23	8281	7654	63	286	184
55-59岁	68	53	16	7	7121	6660	79	200	126
60-64岁	12	11	3	1	3245	3105	31	64	31
65-69岁	8	11	3		4971	4755	47	104	35
70-74岁	2	3			2601	2516	14	54	12
75岁及以上	2	1			1417	1364	4	32	16

4-7b 续表 5

单位：人

年龄组 性别	农林牧渔生产辅助人员	其他农、林、牧、渔业生产加工人员	生产制造及有关人员 小计	农副产品加工人员	食品、饮料生产加工人员	烟草及其制品加工人员	纺织、针织、印染人员	纺织品、服装和皮革、毛皮制品加工制作人员	木材加工、家具与木制品制作人员
总计	**1170**	**72**	**266298**	**4028**	**4876**	**164**	**3096**	**29754**	**9169**
16-19岁	3		3356	9	71		50	244	38
20-24岁	34		11793	78	310	2	108	1009	208
25-29岁	54	7	26672	256	557	8	318	2973	552
30-34岁	80	10	38577	332	691	22	522	5852	996
35-39岁	103	6	30300	315	540	17	437	4998	924
40-44岁	126	7	34943	422	613	23	457	5112	1063
45-49岁	204	16	45284	746	785	28	512	4839	1655
50-54岁	234	7	42040	826	748	35	383	2909	1968
55-59岁	170	12	22602	596	380	24	170	1285	1251
60-64岁	46	3	5238	174	80	4	64	272	244
65-69岁	82	3	4065	161	67	1	37	178	190
70-74岁	23	1	1101	82	26		26	62	55
75岁及以上	11		327	31	8		12	21	25
男	**797**	**42**	**187113**	**2297**	**2376**	**87**	**1118**	**7161**	**7647**
16-19岁	1		2489	5	40		31	105	35
20-24岁	26		9056	61	174	1	62	421	179
25-29岁	48	4	19688	162	303	4	151	949	484
30-34岁	53	5	26718	209	332	11	197	1483	835
35-39岁	70	3	19827	158	256	9	140	1071	747
40-44岁	95	4	22168	204	258	7	122	985	859
45-49岁	133	5	29249	388	317	8	141	887	1323
50-54岁	142	5	30661	444	370	22	127	663	1617
55-59岁	115	11	18247	357	218	21	85	388	1124
60-64岁	33	2	4440	117	46	3	42	101	216
65-69岁	53	2	3436	111	40	1	11	73	155
70-74岁	18	1	893	59	17		6	27	52
75岁及以上	10		241	22	5		3	8	21
女	**373**	**30**	**79185**	**1731**	**2500**	**77**	**1978**	**22593**	**1522**
16-19岁	2		867	4	31		19	139	3
20-24岁	8		2737	17	136	1	46	588	29
25-29岁	6	3	6984	94	254	4	167	2024	68
30-34岁	27	5	11859	123	359	11	325	4369	161
35-39岁	33	3	10473	157	284	8	297	3927	177
40-44岁	31	3	12775	218	355	16	335	4127	204
45-49岁	71	11	16035	358	468	20	371	3952	332
50-54岁	92	2	11379	382	378	13	256	2246	351
55-59岁	55	1	4355	239	162	3	85	897	127
60-64岁	13	1	798	57	34	1	22	171	28
65-69岁	29	1	629	50	27		26	105	35
70-74岁	5		208	23	9		20	35	3
75岁及以上	1		86	9	3		9	13	4

4-7b 续表 6 单位：人

年龄组 性 别	生产制造及有关人员								
	纸及纸制品生产加工人员	印刷和记录媒介复制人员	文教、工美、体育和娱乐用品制造人员	石油加工和炼焦、煤化工生产人员	化学原料和化学制品制造人员	医药制造人员	化学纤维制造人员	橡胶和塑料制品制造人员	非金属矿物制品制造人员
总 计	**1329**	**1069**	**5725**	**206**	**1975**	**843**	**356**	**4918**	**4155**
16-19岁	17	14	27		15	3	3	119	49
20-24岁	42	57	134	9	83	56	15	213	154
25-29岁	109	156	402	17	228	150	35	460	409
30-34岁	166	201	682	24	308	145	45	713	604
35-39岁	151	146	633	13	199	107	37	575	451
40-44岁	199	154	831	27	276	98	42	599	527
45-49岁	228	159	1078	50	365	116	70	917	709
50-54岁	257	97	995	36	299	98	51	792	673
55-59岁	105	62	586	22	145	57	38	362	391
60-64岁	22	12	132	2	33	7	10	74	97
65-69岁	23	10	146	4	17	4	7	71	66
70-74岁	7		55	2	6	1	2	17	19
75岁及以上	3	1	24		1	1	1	6	6
男	**695**	**649**	**949**	**164**	**1396**	**464**	**137**	**2841**	**3070**
16-19岁	10	12	12		12		2	73	39
20-24岁	32	42	55	9	64	39	8	162	117
25-29岁	70	106	103	15	165	84	18	326	328
30-34岁	95	129	139	19	221	84	16	469	460
35-39岁	64	88	114	12	133	49	14	327	314
40-44岁	86	86	106	19	159	44	16	303	349
45-49岁	98	74	140	37	235	54	16	397	478
50-54岁	133	55	108	27	236	60	18	424	496
55-59岁	67	42	84	19	125	42	18	239	320
60-64岁	17	5	30	2	26	6	7	55	84
65-69岁	17	9	31	3	15	1	2	55	61
70-74岁	5		14	2	4		1	7	18
75岁及以上	1	1	13		1	1	1	4	6
女	**634**	**420**	**4776**	**42**	**579**	**379**	**219**	**2077**	**1085**
16-19岁	7	2	15		3	3	1	46	10
20-24岁	10	15	79		19	17	7	51	37
25-29岁	39	50	299	2	63	66	17	134	81
30-34岁	71	72	543	5	87	61	29	244	144
35-39岁	87	58	519	1	66	58	23	248	137
40-44岁	113	68	725	8	117	54	26	296	178
45-49岁	130	85	938	13	130	62	54	520	231
50-54岁	124	42	887	9	63	38	33	368	177
55-59岁	38	20	502	3	20	15	20	123	71
60-64岁	5	7	102		7	1	3	19	13
65-69岁	6	1	115	1	2	3	5	16	5
70-74岁	2		41		2	1	1	10	1
75岁及以上	2		11					2	

4-7b 续表 7

单位：人

年龄组 性别	生产制造及有关人员								
	采矿人员	金属冶炼和压延加工人员	机械制造基础加工人员	金属制品制造人员	通用设备制造人员	专用设备制造人员	汽车制造人员	铁路、船舶、航空设备制造人员	电气机械和器材制造人员
总计	**4863**	**1915**	**10540**	**4903**	**2423**	**921**	**4563**	**604**	**5450**
16-19岁	5	17	142	55	57	22	144	13	326
20-24岁	43	53	491	216	183	68	388	35	565
25-29岁	237	143	1238	569	333	125	715	80	826
30-34岁	705	245	1829	806	401	204	850	101	929
35-39岁	692	176	1302	635	282	117	547	58	596
40-44岁	970	235	1449	702	281	117	528	85	628
45-49岁	1115	370	1751	833	367	128	604	109	822
50-54岁	911	413	1390	650	347	84	505	63	543
55-59岁	145	198	701	315	136	43	230	41	174
60-64岁	15	36	151	64	16	5	31	12	21
65-69岁	18	21	76	45	18	7	19	6	18
70-74岁	6	6	16	10	1		2	1	
75岁及以上	1	2	4	3	1	1			2
男	**4691**	**1555**	**8841**	**3508**	**1886**	**489**	**3083**	**364**	**3247**
16-19岁	5	13	105	39	43	11	114	6	273
20-24岁	42	50	446	176	156	53	324	25	445
25-29岁	229	130	1085	462	292	79	579	44	571
30-34岁	669	195	1616	615	334	119	611	62	568
35-39岁	665	135	1112	455	216	55	330	37	330
40-44岁	929	178	1154	478	184	49	285	45	272
45-49岁	1068	282	1310	494	237	49	307	64	329
50-54岁	901	342	1155	440	268	45	303	37	292
55-59岁	143	172	627	249	122	23	184	29	132
60-64岁	15	30	144	54	15	3	27	10	19
65-69岁	18	20	68	35	17	3	18	4	14
70-74岁	6	6	15	8	1		1	1	
75岁及以上	1	2	4	3	1				2
女	**172**	**360**	**1699**	**1395**	**537**	**432**	**1480**	**240**	**2203**
16-19岁		4	37	16	14	11	30	7	53
20-24岁	1	3	45	40	27	15	64	10	120
25-29岁	8	13	153	107	41	46	136	36	255
30-34岁	36	50	213	191	67	85	239	39	361
35-39岁	27	41	190	180	66	62	217	21	266
40-44岁	41	57	295	224	97	68	243	40	356
45-49岁	47	88	441	339	130	79	297	45	493
50-54岁	10	71	235	210	79	39	202	26	251
55-59岁	2	26	74	66	14	20	46	12	42
60-64岁		6	7	10	1	2	4	2	2
65-69岁		1	8	10	1	4	1	2	4
70-74岁			1	2			1		
75岁及以上						1			

4-7b　续表 8　　　　单位：人

年龄组 性　别	生产制造及有关人员								不便分类的其他从业人员
	计算机、通信和其他电子设备制造人　员	仪器仪表制造人员	废弃资源综合利用人　员	电力、热力、气体、水生产和输配人员	建筑施工人　员	运输设备和通用工程机械操作人员及有关人员	生产辅助人　员	其他生产制造及有关人员	
总　计	**16944**	**229**	**651**	**1037**	**106340**	**7913**	**23962**	**1377**	**1238**
16-19岁	1081	2	4	5	414	86	307	17	122
20-24岁	2309	17	16	48	2752	495	1568	68	122
25-29岁	3232	38	40	133	7524	1381	3271	157	113
30-34岁	3269	44	41	152	11626	1564	4314	194	126
35-39岁	1813	29	55	96	10386	934	2904	135	115
40-44岁	1781	29	80	114	13517	908	2889	187	123
45-49岁	1805	38	115	171	19955	1097	3531	216	165
50-54岁	1159	20	130	156	21434	904	2953	211	156
55-59岁	374	9	85	98	12482	448	1542	107	89
60-64岁	59	1	31	27	3096	62	341	43	45
65-69岁	52	2	31	26	2430	27	253	34	44
70-74岁	6		14	9	596	6	60	8	14
75岁及以上	4		9	2	128	1	29		4
男	**9960**	**137**	**437**	**894**	**93328**	**7269**	**15541**	**832**	**756**
16-19岁	813	1	3	4	376	84	212	11	63
20-24岁	1725	11	9	39	2477	475	1127	50	66
25-29岁	2223	30	34	116	6827	1324	2298	97	71
30-34岁	1923	29	32	130	10546	1504	2944	122	79
35-39岁	879	22	27	83	9244	847	1808	86	76
40-44岁	713	11	50	89	11555	817	1668	88	69
45-49岁	706	17	75	135	16622	924	1926	111	93
50-54岁	633	8	94	143	18405	787	1877	131	93
55-59岁	248	6	52	93	11360	416	1163	79	59
60-64岁	48	1	24	27	2918	60	263	25	36
65-69岁	45	1	21	25	2313	26	195	28	36
70-74岁	3		10	8	568	5	45	4	12
75岁及以上	1		6	2	117		15		3
女	**6984**	**92**	**214**	**143**	**13012**	**644**	**8421**	**545**	**482**
16-19岁	268	1	1	1	38	2	95	6	59
20-24岁	584	6	7	9	275	20	441	18	56
25-29岁	1009	8	6	17	697	57	973	60	42
30-34岁	1346	15	9	22	1080	60	1370	72	47
35-39岁	934	7	28	13	1142	87	1096	49	39
40-44岁	1068	18	30	25	1962	91	1221	99	54
45-49岁	1099	21	40	36	3333	173	1605	105	72
50-54岁	526	12	36	13	3029	117	1076	80	63
55-59岁	126	3	33	5	1122	32	379	28	30
60-64岁	11		7		178	2	78	18	9
65-69岁	7	1	10	1	117	1	58	6	8
70-74岁	3		4	1	28	1	15	4	2
75岁及以上	3		3		11	1	14		1

4-7c 全省分年龄、性别、职业中类的就业人口(乡村)

单位：人

年龄组 性别	合计	党的机关、国家机关、群众团体和社会组织、企事业单位负责人						
		小计	中国共产党机关负责人	国家机关负责人	民主党派和工商联负责人	人民团体和群众团体、社会组织及其他成员组织负责人	基层群众自治组织负责人	企事业单位负责人
总　计	**1218089**	**12753**	**43**	**206**		**476**	**1055**	**10973**
16-19岁	15079	37	1			1		35
20-24岁	59102	485		1		16	9	459
25-29岁	111250	1478		9		42	37	1390
30-34岁	127396	2044	3	19		65	65	1892
35-39岁	94733	1680	1	17		52	57	1553
40-44岁	111018	1665	2	32		70	119	1442
45-49岁	159932	1901	8	37		71	181	1604
50-54岁	188359	1763	15	33		61	255	1399
55-59岁	138098	1225	13	52		56	280	824
60-64岁	58448	220		2		10	30	178
65-69岁	82111	170		3		19	16	132
70-74岁	45769	56				7	2	47
75岁及以上	26794	29		1		6	4	18
男	**746520**	**10230**	**33**	**178**		**326**	**865**	**8828**
16-19岁	9460	25				1		24
20-24岁	36036	351		1		12	4	334
25-29岁	70271	1137		5		34	24	1074
30-34岁	78469	1547	1	15		42	37	1452
35-39岁	57851	1337		14		35	36	1252
40-44岁	66802	1309	1	27		42	80	1159
45-49岁	94102	1550	6	30		50	149	1315
50-54岁	112187	1471	14	30		42	223	1162
55-59岁	86054	1091	11	51		40	262	727
60-64岁	37326	195		2		9	29	155
65-69岁	51395	150		3		11	15	121
70-74岁	29255	46				5	2	39
75岁及以上	17312	21				3	4	14
女	**471569**	**2523**	**10**	**28**		**150**	**190**	**2145**
16-19岁	5619	12	1					11
20-24岁	23066	134				4	5	125
25-29岁	40979	341		4		8	13	316
30-34岁	48927	497	2	4		23	28	440
35-39岁	36882	343	1	3		17	21	301
40-44岁	44216	356	1	5		28	39	283
45-49岁	65830	351	2	7		21	32	289
50-54岁	76172	292	1	3		19	32	237
55-59岁	52044	134	2	1		16	18	97
60-64岁	21122	25				1	1	23
65-69岁	30716	20				8	1	11
70-74岁	16514	10				2		8
75岁及以上	9482	8		1		3		4

4-7c　续表 1　　　　　　　　　　　　　　　　　　　　　　　　　　　　单位：人

年龄组 性　别	专业技术人员									
	小计	科学研究人员	工程技术人员	农业技术人员	飞机和船舶技术人员	卫生专业技术人员	经济和金融专业人员	法律、社会和宗教专业人员	教学人员	文学艺术、体育专业人员
总　计	**46686**	**187**	**10617**	**679**	**52**	**8374**	**6859**	**1011**	**17005**	**1065**
16-19岁	1066	1	104	2		93	77	1	725	50
20-24岁	7486	44	1317	30	6	1336	1274	66	3081	184
25-29岁	11476	84	2701	52	11	1767	2213	189	4013	238
30-34岁	7539	34	2063	62	5	816	1406	166	2649	175
35-39岁	3688	8	991	41	5	492	514	92	1372	103
40-44岁	3361	4	772	50	6	689	333	91	1297	60
45-49岁	3544	5	872	82	8	977	348	124	993	72
50-54岁	3761	1	974	121	8	900	261	132	1215	95
55-59岁	3122	5	595	90	3	705	306	82	1239	58
60-64岁	655		108	46		209	52	31	185	14
65-69岁	622	1	84	63		245	48	23	143	8
70-74岁	247		31	29		98	21	7	53	7
75岁及以上	119		5	11		47	6	7	40	1
男	**24920**	**126**	**9260**	**503**	**46**	**3909**	**2503**	**674**	**6714**	**691**
16-19岁	401	1	91	1		26	30		204	39
20-24岁	2554	25	1136	20	6	230	329	34	609	101
25-29岁	4907	56	2327	33	11	394	705	92	1025	155
30-34岁	3704	23	1794	45	3	302	464	108	744	121
35-39岁	2004	8	848	30	3	252	171	53	527	66
40-44岁	2093	4	657	38	5	412	141	59	703	42
45-49岁	2448	4	751	62	8	669	144	95	625	43
50-54岁	2772	1	872	90	7	602	157	105	844	58
55-59岁	2615	3	562	65	3	518	244	73	1073	40
60-64岁	549		104	35		157	47	27	157	14
65-69岁	542	1	83	51		211	46	17	121	6
70-74岁	217		30	23		89	19	6	44	5
75岁及以上	114		5	10		47	6	5	38	1
女	**21766**	**61**	**1357**	**176**	**6**	**4465**	**4356**	**337**	**10291**	**374**
16-19岁	665		13	1		67	47	1	521	11
20-24岁	4932	19	181	10		1106	945	32	2472	83
25-29岁	6569	28	374	19		1373	1508	97	2988	83
30-34岁	3835	11	269	17	2	514	942	58	1905	54
35-39岁	1684		143	11	2	240	343	39	845	37
40-44岁	1268		115	12	1	277	192	32	594	18
45-49岁	1096	1	121	20		308	204	29	368	29
50-54岁	989		102	31	1	298	104	27	371	37
55-59岁	507	2	33	25		187	62	9	166	18
60-64岁	106		4	11		52	5	4	28	
65-69岁	80		1	12		34	2	6	22	2
70-74岁	30		1	6		9	2	1	9	2
75岁及以上	5			1				2	2	

4-7c 续表 2

单位：人

年龄组 性 别	专业技术人员		办事人员和有关人员				社会生产服务和生活服务人员		
	新闻出版、文化专业人员	其他专业技术人员	小计	办事人员	安全和消防人员	其他办事人员和有关人员	小计	批发与零售服务人员	交通运输、仓储和邮政业服务人员
总 计	**418**	**419**	**25593**	**18406**	**6743**	**444**	**315380**	**120547**	**59646**
16-19岁	11	2	262	164	84	14	6552	2149	597
20-24岁	106	42	2495	2039	419	37	24307	9904	2999
25-29岁	130	78	4378	3672	631	75	42328	17757	6862
30-34岁	76	87	3818	3250	518	50	43987	18630	8837
35-39岁	27	43	2071	1730	303	38	31082	12646	7678
40-44岁	18	41	2059	1627	387	45	33750	13540	8483
45-49岁	17	46	2449	1811	588	50	41718	15478	9678
50-54岁	13	41	2889	1794	1037	58	40848	14523	8085
55-59岁	13	26	2838	1632	1160	46	25467	8555	4285
60-64岁	3	7	897	277	608	12	8977	2596	1108
65-69岁	2	5	944	251	684	9	10270	2794	815
70-74岁	1		373	113	251	9	4362	1272	171
75岁及以上	1	1	120	46	73	1	1732	703	48
男	**188**	**306**	**17351**	**10792**	**6270**	**289**	**189752**	**65507**	**52172**
16-19岁	8	1	160	73	78	9	4004	886	475
20-24岁	36	28	1301	881	400	20	14919	4966	2587
25-29岁	48	61	2380	1754	581	45	27014	9532	6007
30-34岁	37	63	2130	1633	469	28	26980	9576	7685
35-39岁	14	32	1259	964	272	23	18987	6489	6715
40-44岁	7	25	1337	968	340	29	19887	7061	7378
45-49岁	13	34	1779	1214	532	33	22962	8152	8356
50-54岁	9	27	2334	1328	969	37	22464	8302	7091
55-59岁	10	24	2527	1383	1108	36	15019	5333	3888
60-64岁	3	5	835	245	579	11	5971	1811	1025
65-69岁	1	5	869	215	645	9	7024	1958	761
70-74岁	1		334	94	232	8	3216	914	158
75岁及以上	1	1	106	40	65	1	1305	527	46
女	**230**	**113**	**8242**	**7614**	**473**	**155**	**125628**	**55040**	**7474**
16-19岁	3	1	102	91	6	5	2548	1263	122
20-24岁	70	14	1194	1158	19	17	9388	4938	412
25-29岁	82	17	1998	1918	50	30	15314	8225	855
30-34岁	39	24	1688	1617	49	22	17007	9054	1152
35-39岁	13	11	812	766	31	15	12095	6157	963
40-44岁	11	16	722	659	47	16	13863	6479	1105
45-49岁	4	12	670	597	56	17	18756	7326	1322
50-54岁	4	14	555	466	68	21	18384	6221	994
55-59岁	3	2	311	249	52	10	10448	3222	397
60-64岁		2	62	32	29	1	3006	785	83
65-69岁	1		75	36	39		3246	836	54
70-74岁			39	19	19	1	1146	358	13
75岁及以上			14	6	8		427	176	2

4-7c 续表 3

单位：人

年龄组 性 别	社会生产服务和生活服务人员								
	住宿和餐饮服务人 员	信息传输、软件和信息技术服务人 员	金融服务人 员	房地产服务人员	租赁和商务服务人 员	技术辅助服务人员	水利、环境和公共设施管理服务人员	居民服务人 员	电力、燃气及水供应服务人 员
总 计	**53144**	**4247**	**2567**	**3051**	**4826**	**4709**	**25189**	**22153**	**2512**
16–19岁	1722	88	11	43	94	107	66	999	18
20–24岁	4271	878	454	435	484	882	206	1893	105
25–29岁	6312	1716	948	772	741	1424	473	2659	265
30–34岁	7164	805	543	598	574	1019	656	2777	265
35–39岁	5243	263	168	262	299	419	825	1782	221
40–44岁	5953	163	115	172	277	302	1383	1978	235
45–49岁	8159	143	125	206	398	250	2893	2816	372
50–54岁	7776	113	103	227	604	189	4425	3245	465
55–59岁	4327	67	80	170	580	83	4278	2018	393
60–64岁	1070	5	12	68	321	24	2866	646	85
65–69岁	845	4	4	76	313	8	4372	787	63
70–74岁	241		2	16	117	2	2075	371	22
75岁及以上	61	2	2	6	24		671	182	3
男	**25140**	**3143**	**1445**	**2092**	**3654**	**3149**	**12775**	**7705**	**2263**
16–19岁	1229	56	6	30	51	76	45	513	17
20–24岁	2799	588	238	290	224	556	140	846	88
25–29岁	3985	1283	562	545	438	954	292	1123	232
30–34岁	3961	619	312	381	365	700	313	1076	227
35–39岁	2577	200	80	170	220	308	351	641	197
40–44岁	2593	128	47	116	215	187	456	577	206
45–49岁	2839	107	49	127	328	153	937	657	334
50–54岁	2492	95	71	154	532	122	1615	721	429
55–59岁	1597	57	63	132	539	66	1868	583	373
60–64岁	462	5	9	59	303	18	1739	299	78
65–69岁	432	4	4	66	305	7	2888	375	59
70–74岁	141		2	16	113	2	1583	204	21
75岁及以上	33	1	2	6	21		548	90	2
女	**28004**	**1104**	**1122**	**959**	**1172**	**1560**	**12414**	**14448**	**249**
16–19岁	493	32	5	13	43	31	21	486	1
20–24岁	1472	290	216	145	260	326	66	1047	17
25–29岁	2327	433	386	227	303	470	181	1536	33
30–34岁	3203	186	231	217	209	319	343	1701	38
35–39岁	2666	63	88	92	79	111	474	1141	24
40–44岁	3360	35	68	56	62	115	927	1401	29
45–49岁	5320	36	76	79	70	97	1956	2159	38
50–54岁	5284	18	32	73	72	67	2810	2524	36
55–59岁	2730	10	17	38	41	17	2410	1435	20
60–64岁	608		3	9	18	6	1127	347	7
65–69岁	413			10	8	1	1484	412	4
70–74岁	100				4		492	167	1
75岁及以上	28	1			3		123	92	1

4-7c 续表 4 单位：人

年龄组 性别	社会生产服务和生活服务人员				农、林、牧、渔业生产及辅助人员				
	修理及制作服务人员	文化、体育和娱乐服务人员	健康服务人员	其他社会生产和生活服务人员	小计	农业生产人员	林业生产人员	畜牧业生产人员	渔业生产人员
总 计	**10623**	**1426**	**404**	**336**	**424884**	**390974**	**5619**	**16982**	**7847**
16-19岁	570	78	3	7	1953	1845	6	53	32
20-24岁	1469	261	48	18	6856	6373	30	291	89
25-29岁	1969	317	70	43	14692	13444	93	670	324
30-34岁	1824	217	38	40	19446	17630	136	1053	425
35-39岁	1109	108	30	29	17275	15369	167	1092	439
40-44岁	1002	84	36	27	24804	21871	304	1574	732
45-49岁	1012	105	43	40	45274	40209	743	2550	1303
50-54岁	862	118	64	49	71080	64758	1169	2947	1578
55-59岁	477	75	38	41	65645	60438	1123	2360	1231
60-64岁	126	24	11	15	36181	33886	581	997	468
65-69岁	131	26	11	21	59918	56315	820	1672	729
70-74岁	47	11	10	5	37690	35815	338	1016	351
75岁及以上	25	2	2	1	24070	23021	109	707	146
男	**9385**	**935**	**172**	**215**	**222079**	**199661**	**4256**	**10447**	**5433**
16-19岁	553	61	1	5	1226	1140	6	39	27
20-24岁	1391	182	13	11	3961	3574	26	231	71
25-29岁	1795	213	24	29	7772	6866	75	470	234
30-34岁	1593	141	11	20	9577	8350	106	688	297
35-39岁	949	63	10	17	8442	7214	123	662	307
40-44岁	836	55	16	16	12343	10477	210	945	491
45-49岁	825	53	26	19	21738	18532	541	1492	865
50-54岁	712	73	26	29	33142	29066	900	1736	1040
55-59岁	415	50	22	33	32023	28546	855	1428	874
60-64岁	123	18	10	12	19708	18172	442	617	327
65-69岁	123	16	6	20	34018	31578	628	1043	532
70-74岁	46	8	5	3	22918	21633	254	650	267
75岁及以上	24	2	2	1	15211	14513	90	446	101
女	**1238**	**491**	**232**	**121**	**202805**	**191313**	**1363**	**6535**	**2414**
16-19岁	17	17	2	2	727	705		14	5
20-24岁	78	79	35	7	2895	2799	4	60	18
25-29岁	174	104	46	14	6920	6578	18	200	90
30-34岁	231	76	27	20	9869	9280	30	365	128
35-39岁	160	45	20	12	8833	8155	44	430	132
40-44岁	166	29	20	11	12461	11394	94	629	241
45-49岁	187	52	17	21	23536	21677	202	1058	438
50-54岁	150	45	38	20	37938	35692	269	1211	538
55-59岁	62	25	16	8	33622	31892	268	932	357
60-64岁	3	6	1	3	16473	15714	139	380	141
65-69岁	8	10	5	1	25900	24737	192	629	197
70-74岁	1	3	5	2	14772	14182	84	366	84
75岁及以上	1				8859	8508	19	261	45

4-7c　续表 5　　　　单位：人

年龄组 性　别	农林牧渔生产辅助人员	其他农、林、牧、渔业生产加工人员	生产制造及有关人员 小计	农副产品加工人员	食品、饮料生产加工人员	烟草及其制品加工人员	纺织、针织、印染人员	纺织品、服装和皮革、毛皮制品加工制作人员	木材加工、家具与木制品制作人员
总　计	**3206**	**256**	**391083**	**5349**	**5448**	**102**	**5714**	**51086**	**16152**
16-19岁	16	1	4848	41	122		124	840	81
20-24岁	72	1	17266	106	363	4	313	2737	410
25-29岁	152	9	36767	260	532	8	688	6315	1017
30-34岁	186	16	50438	385	623	6	926	10909	1590
35-39岁	197	11	38842	361	480	6	693	8051	1377
40-44岁	312	11	45272	515	573	6	738	7193	1752
45-49岁	447	22	64898	853	845	22	931	7439	2914
50-54岁	582	46	67826	1157	930	18	775	4796	3334
55-59岁	455	38	39632	788	531	23	309	1915	2289
60-64岁	229	20	11455	272	197	5	65	393	606
65-69岁	334	48	10109	393	172	1	83	328	523
70-74岁	145	25	3018	176	61	3	52	124	191
75岁及以上	79	8	712	42	19		17	46	68
男	**2141**	**141**	**281117**	**3089**	**2833**	**45**	**2333**	**16009**	**12672**
16-19岁	13	1	3436	27	75		62	356	65
20-24岁	58	1	12814	81	203	3	165	1102	367
25-29岁	122	5	26985	160	296	7	343	2418	866
30-34岁	127	9	34453	235	330	5	382	3709	1273
35-39岁	129	7	25766	189	242	2	274	2521	1063
40-44岁	214	6	29777	267	245	3	239	1907	1291
45-49岁	295	13	43533	426	365	6	318	1822	2095
50-54岁	378	22	49885	613	456	5	297	1181	2583
55-59岁	303	17	32665	482	323	7	159	622	1912
60-64岁	142	8	10022	186	129	3	36	170	500
65-69岁	207	30	8730	253	110	1	36	131	441
70-74岁	97	17	2507	138	44	3	17	53	161
75岁及以上	56	5	544	32	15		5	17	55
女	**1065**	**115**	**109966**	**2260**	**2615**	**57**	**3381**	**35077**	**3480**
16-19岁	3		1412	14	47		62	484	16
20-24岁	14		4452	25	160	1	148	1635	43
25-29岁	30	4	9782	100	236	1	345	3897	151
30-34岁	59	7	15985	150	293	1	544	7200	317
35-39岁	68	4	13076	172	238	4	419	5530	314
40-44岁	98	5	15495	248	328	3	499	5286	461
45-49岁	152	9	21365	427	480	16	613	5617	819
50-54岁	204	24	17941	544	474	13	478	3615	751
55-59岁	152	21	6967	306	208	16	150	1293	377
60-64岁	87	12	1433	86	68	2	29	223	106
65-69岁	127	18	1379	140	62		47	197	82
70-74岁	48	8	511	38	17		35	71	30
75岁及以上	23	3	168	10	4		12	29	13

4－7c 续表 6

单位：人

年龄组 性 别	生产制造及有关人员								
	纸及纸制品生产加工人员	印刷和记录媒介复制人员	文教、工美、体育和娱乐用品制造人员	石油加工和炼焦、煤化工生产人员	化学原料和化学制品制造人员	医药制造人员	化学纤维制造人员	橡胶和塑料制品制造人员	非金属矿物制品制造人员
总 计	**1715**	**929**	**5203**	**149**	**1538**	**1117**	**248**	**4882**	**5946**
16－19岁	11	19	70	1	15	5	4	62	57
20－24岁	49	70	224	7	74	87	6	223	225
25－29岁	136	148	420	10	163	161	32	470	445
30－34岁	205	203	633	15	219	157	35	651	669
35－39岁	209	143	457	13	149	94	32	509	522
40－44岁	228	111	613	14	185	119	45	621	684
45－49岁	305	118	843	31	276	167	34	921	1096
50－54岁	324	70	869	24	270	151	41	830	1134
55－59岁	161	35	466	14	126	88	11	380	661
60－64岁	43	5	163	10	34	36	3	89	222
65－69岁	33	7	248	9	16	31	4	87	187
70－74岁	8		133	1	11	14	1	29	40
75岁及以上	3		64			7		10	4
男	**829**	**570**	**1374**	**121**	**1072**	**566**	**129**	**2702**	**4352**
16－19岁	7	10	32	1	8	1	2	44	47
20－24岁	39	47	89	6	54	45	5	165	172
25－29岁	83	99	157	9	118	92	17	344	342
30－34岁	101	131	206	13	151	91	23	415	468
35－39岁	92	94	117	8	92	47	19	269	357
40－44岁	96	59	154	13	126	53	23	292	429
45－49岁	128	64	156	22	171	76	12	393	748
50－54岁	150	32	186	18	205	77	19	395	811
55－59岁	78	24	105	12	96	45	6	243	567
60－64岁	29	3	47	9	29	16	1	73	196
65－69岁	21	7	62	9	14	14	2	54	173
70－74岁	4		38	1	8	7		14	38
75岁及以上	1		25			2		1	4
女	**886**	**359**	**3829**	**28**	**466**	**551**	**119**	**2180**	**1594**
16－19岁	4	9	38		7	4	2	18	10
20－24岁	10	23	135	1	20	42	1	58	53
25－29岁	53	49	263	1	45	69	15	126	103
30－34岁	104	72	427	2	68	66	12	236	201
35－39岁	117	49	340	5	57	47	13	240	165
40－44岁	132	52	459	1	59	66	22	329	255
45－49岁	177	54	687	9	105	91	22	528	348
50－54岁	174	38	683	6	65	74	22	435	323
55－59岁	83	11	361	2	30	43	5	137	94
60－64岁	14	2	116	1	5	20	2	16	26
65－69岁	12		186		2	17	2	33	14
70－74岁	4		95		3	7	1	15	2
75岁及以上	2		39			5		9	

4-7c　续表 7　　　　单位：人

年龄组 性别	生产制造及有关人员								
	采矿人员	金属冶炼和压延加工人员	机械制造基础加工人员	金属制品制造人员	通用设备制造人员	专用设备制造人员	汽车制造人员	铁路、船舶、航空设备制造人员	电气机械和器材制造人员
总　计	**3331**	**1786**	**12645**	**6963**	**2290**	**900**	**3438**	**695**	**4716**
16–19岁	1	13	200	94	33	12	110	10	177
20–24岁	33	72	710	359	165	73	314	53	470
25–29岁	140	116	1439	828	289	140	542	90	793
30–34岁	412	209	2206	1039	368	173	638	109	834
35–39岁	395	152	1488	817	274	105	377	89	527
40–44岁	597	207	1530	908	260	108	393	76	518
45–49岁	782	314	2042	1149	346	127	476	101	621
50–54岁	656	400	1902	1036	353	107	374	98	513
55–59岁	232	223	848	522	141	43	173	39	205
60–64岁	42	44	168	106	32	7	24	11	30
65–69岁	30	32	98	77	21	5	14	14	17
70–74岁	7	4	13	21	6		2	5	6
75岁及以上	4		1	7	2		1		5
男	**3178**	**1454**	**10610**	**4894**	**1769**	**506**	**2255**	**498**	**2746**
16–19岁	1	12	183	75	26	2	89	9	145
20–24岁	32	65	638	290	136	51	265	45	345
25–29岁	129	98	1292	655	240	105	413	66	541
30–34岁	393	164	1919	779	301	107	449	83	499
35–39岁	375	122	1242	572	211	53	219	64	269
40–44岁	580	154	1202	568	189	39	215	49	241
45–49岁	739	242	1595	667	231	50	224	61	265
50–54岁	628	334	1528	698	260	68	217	70	262
55–59岁	221	192	758	410	120	22	129	29	136
60–64岁	42	39	153	91	29	6	19	8	23
65–69岁	27	28	86	66	19	3	13	10	13
70–74岁	7	4	13	17	5		2	4	3
75岁及以上	4		1	6	2		1		4
女	**153**	**332**	**2035**	**2069**	**521**	**394**	**1183**	**197**	**1970**
16–19岁		1	17	19	7	10	21	1	32
20–24岁	1	7	72	69	29	22	49	8	125
25–29岁	11	18	147	173	49	35	129	24	252
30–34岁	19	45	287	260	67	66	189	26	335
35–39岁	20	30	246	245	63	52	158	25	258
40–44岁	17	53	328	340	71	69	178	27	277
45–49岁	43	72	447	482	115	77	252	40	356
50–54岁	28	66	374	338	93	39	157	28	251
55–59岁	11	31	90	112	21	21	44	10	69
60–64岁		5	15	15	3	1	5	3	7
65–69岁	3	4	12	11	2	2	1	4	4
70–74岁				4	1			1	3
75岁及以上				1					1

4-7c 续表 8 单位：人

年龄组 性 别	生产制造及有关人员								不便分类的其他从业人员
	计算机、通信和其他电子设备制造人员	仪器仪表制造人员	废弃资源综合利用人员	电力、热力、气体、水生产和输配人员	建筑施工人员	运输设备和通用工程机械操作人员及有关人员	生产辅助人员	其他生产制造及有关人员	
总 计	**16641**	**196**	**1402**	**894**	**195909**	**9449**	**22530**	**1720**	**1710**
16-19岁	955	4	14	6	1160	217	369	21	361
20-24岁	2276	20	36	56	5322	760	1574	75	207
25-29岁	3405	30	85	97	13143	1730	2933	162	131
30-34岁	3165	39	91	100	18377	1741	3500	211	124
35-39岁	1850	19	94	67	15901	1005	2422	164	95
40-44岁	1526	22	154	66	21815	999	2514	182	107
45-49岁	1675	34	221	123	35296	1197	3347	252	148
50-54岁	1135	17	313	151	41567	1092	3101	288	192
55-59岁	471	7	191	114	26189	531	1715	191	169
60-64岁	89	2	62	52	7961	97	505	80	63
65-69岁	69	1	82	48	6961	65	391	62	78
70-74岁	17	1	35	11	1880	13	131	22	23
75岁及以上	8		24	3	337	2	28	10	12
男	**9112**	**114**	**884**	**799**	**170174**	**8766**	**13720**	**942**	**1071**
16-19岁	628	2	13	4	1054	215	226	15	208
20-24岁	1532	15	27	47	4870	749	1117	47	136
25-29岁	2192	21	60	82	11909	1671	2051	109	76
30-34岁	1694	22	60	83	16456	1661	2139	111	78
35-39岁	815	10	50	59	13917	918	1400	84	56
40-44岁	600	8	96	56	18246	895	1350	92	56
45-49岁	668	18	143	104	28852	1030	1722	120	92
50-54岁	545	9	187	141	35047	967	1754	142	119
55-59岁	314	6	118	112	23630	485	1179	123	114
60-64岁	63	1	44	51	7498	96	384	48	46
65-69岁	47	1	54	46	6605	64	289	31	62
70-74岁	8	1	17	11	1774	13	88	14	17
75岁及以上	6		15	3	316	2	21	6	11
女	**7529**	**82**	**518**	**95**	**25735**	**683**	**8810**	**778**	**639**
16-19岁	327	2	1	2	106	2	143	6	153
20-24岁	744	5	9	9	452	11	457	28	71
25-29岁	1213	9	25	15	1234	59	882	53	55
30-34岁	1471	17	31	17	1921	80	1361	100	46
35-39岁	1035	9	44	8	1984	87	1022	80	39
40-44岁	926	14	58	10	3569	104	1164	90	51
45-49岁	1007	16	78	19	6444	167	1625	132	56
50-54岁	590	8	126	10	6520	125	1347	146	73
55-59岁	157	1	73	2	2559	46	536	68	55
60-64岁	26	1	18	1	463	1	121	32	17
65-69岁	22		28	2	356	1	102	31	16
70-74岁	9		18		106		43	8	6
75岁及以上	2		9		21		7	4	1

图书在版编目（CIP）数据

安徽省人口普查年鉴. 2020. 第 4 册 / 安徽省统计局，安徽省第七次全国人口普查领导小组办公室编. -- 北京 ：中国统计出版社, 2022.9
ISBN 978-7-5037-9947-1

Ⅰ. ①安… Ⅱ. ①安… ②安… Ⅲ. ①人口普查－统计资料－安徽－2020－年鉴 Ⅳ. ①C924.255.4-54

中国版本图书馆 CIP 数据核字(2022)第 157082 号

安徽省人口普查年鉴-2020（第 4 册）
Anhui Population Census Yearbook 2020 (Book 4)

作　　者/安徽省统计局　安徽省第七次全国人口普查领导小组办公室
责任编辑/郭　栋　佘竞雄
执行编辑/张　怡
封面设计/李雪燕
出版发行/中国统计出版社有限公司
通信地址/北京市丰台区西三环南路甲 6 号　邮政编码/100073
发行电话/邮购（010）63376909　书店（010）68783171
网　　址/http://www.zgtjcbs.com/
印　　刷/ 合肥同传印务有限公司
经　　销/新华书店
开　　本/880mm×1230mm　1/16
字　　数/1600 千字
印　　张/66.5
版　　别/2022 年 9 月第 1 版
版　　次/2022 年 9 月第 1 次印刷
定　　价/980.00 元（全四册）

中国人口普查
CHINA POPULATION CENSUS

2020

安徽省人口普查年鉴

(第4册)

ANHUI POPULATION CENSUS YEARBOOK 2020

(BOOK 4)

安　徽　省　统　计　局
安徽省第七次全国人口普查领导小组办公室　编

Compiled by
Anhui Provincial Bureau of Statistics
Office of the Leading Group of Anhui province for the Seventh National Population Census

中国统计出版社
China Statistics Press

目　　录

第4册

第二部分　长表数据资料（续）

第五卷　婚姻

第六卷 生育

第七卷 迁移和户口登记地

第八卷　老年人口

第九卷 住房

第三部分　附　录

第二部分 长表数据资料

第五卷 婚姻

5-1 各地区分性别、婚姻状况的15岁及以上人口

单位：人

地区	15岁及以上人口			未婚		
	合计	男	女	小计	男	女
安 徽	**4877094**	**2437492**	**2439602**	**833007**	**499382**	**333625**
合肥市	**768724**	**389445**	**379279**	**169104**	**98131**	**70973**
瑶海区	66299	32736	33563	11976	6636	5340
庐阳区	55061	26826	28235	9869	5346	4523
蜀山区	80237	39255	40982	21361	11203	10158
包河区	95792	48490	47302	21101	12133	8968
长丰县	63836	33021	30815	11889	7386	4503
肥东县	89274	46900	42374	17946	11224	6722
肥西县	81204	42173	39031	18763	11043	7720
庐江县	77794	38697	39097	11693	7238	4455
合肥高新技术产业开发区	22008	11374	10634	7068	4015	3053
合肥经济技术开发区	44938	23364	21574	15783	9136	6647
合肥新站高新技术产业开发区	36075	19266	16809	12680	7631	5049
巢湖市	56206	27343	28863	8975	5140	3835
芜湖市	**330740**	**168879**	**161861**	**62863**	**38178**	**24685**
镜湖区	41512	20008	21504	6829	3607	3222
弋江区	35245	17457	17788	11024	5721	5303
鸠江区	43881	22545	21336	8152	5265	2887
三山区	12784	6798	5986	2190	1500	690
芜湖县	30790	15950	14840	5963	3709	2254
繁昌县	23207	11903	11304	3652	2249	1403
南陵县	39487	19879	19608	5955	3669	2286
芜湖经济技术开发区	14697	8108	6589	3163	2303	860
安徽芜湖长江大桥经济开发区	1746	904	842	216	150	66
无为市	87391	45327	42064	15719	10005	5714
蚌埠市	**225264**	**109989**	**115275**	**34948**	**20409**	**14539**
龙子湖区	16504	8044	8460	2331	1321	1010
蚌山区	12747	6147	6600	1851	1010	841
禹会区	24725	12156	12569	4156	2292	1864
淮上区	19711	9944	9767	3253	1973	1280
怀远县	56122	27499	28623	7622	4748	2874
五河县	36440	17761	18679	4928	3024	1904
固镇县	32615	15692	16923	3851	2383	1468
蚌埠市高新技术开发区	4590	2276	2314	873	541	332
蚌埠市经济开发区	21810	10470	11340	6083	3117	2966
淮南市	**242271**	**122421**	**119850**	**37971**	**23111**	**14860**
大通区	12652	6348	6304	1738	1082	656
田家庵区	57666	28183	29483	11707	6435	5272
谢家集区	17747	8743	9004	2350	1413	937
八公山区	10433	5123	5310	1377	842	535
潘集区	22652	11668	10984	2747	1837	910
凤台县	42750	22037	20713	5283	3471	1812
寿县	78371	40319	38052	12769	8031	4738

5-1　续表 1　　　　单位：人

地　区	15岁及以上人口			未　婚		
	合计	男	女	小计	男	女
马鞍山市	**176186**	**88594**	**87592**	**26134**	**16058**	**10076**
花山区	36918	18186	18732	4787	2791	1996
雨山区	29538	14865	14673	6899	3990	2909
博望区	12823	6699	6124	1743	1195	548
当涂县	36711	18619	18092	4889	3199	1690
含山县	30535	15469	15066	4242	2739	1503
和县	29661	14756	14905	3574	2144	1430
淮北市	**150433**	**73295**	**77138**	**23182**	**12964**	**10218**
杜集区	19534	9697	9837	2622	1553	1069
相山区	42692	20565	22127	6983	3758	3225
烈山区	19598	9371	10227	4358	2099	2259
濉溪县	68609	33662	34947	9219	5554	3665
铜陵市	**101292**	**48981**	**52311**	**15317**	**9097**	**6220**
铜官区	36938	17960	18978	6918	3735	3183
义安区	18495	9309	9186	2182	1446	736
郊区	12009	5856	6153	1397	933	464
枞阳县	33850	15856	17994	4820	2983	1837
安庆市	**393995**	**197769**	**196226**	**63453**	**39267**	**24186**
迎江区	21271	10409	10862	2686	1566	1120
大观区	18686	9081	9605	2727	1576	1151
宜秀区	15540	7595	7945	4062	2034	2028
怀宁县	50011	25053	24958	7202	4459	2743
太湖县	41732	21182	20550	6652	4333	2319
宿松县	58508	30244	28264	10739	7145	3594
望江县	45443	22495	22948	6650	4086	2564
岳西县	28888	14813	14075	4642	3082	1560
安徽安庆经济开发区	11849	5996	5853	2183	1274	909
桐城市	58662	28963	29699	9530	5614	3916
潜山市	43405	21938	21467	6380	4098	2282
黄山市	**116575**	**58439**	**58136**	**16801**	**10604**	**6197**
屯溪区	23962	11480	12482	4459	2363	2096
黄山区	12268	6435	5833	1582	1078	504
徽州区	8375	4216	4159	950	629	321
歙县	35668	18113	17555	5489	3632	1857
休宁县	18433	9163	9270	2296	1547	749
黟县	6497	3330	3167	762	525	237
祁门县	11372	5702	5670	1263	830	433
滁州市	**349705**	**179299**	**170406**	**56218**	**34833**	**21385**
琅琊区	21740	10779	10961	3188	1828	1360
南谯区	28066	14278	13788	4561	2581	1980
来安县	35717	18427	17290	4590	2910	1680
全椒县	36191	18648	17543	5304	3375	1929
定远县	64632	33911	30721	11589	7570	4019
凤阳县	54146	28016	26130	10095	6228	3867
苏滁现代产业园	2124	1323	801	541	407	134
滁州经济技术开发区	12010	6325	5685	3881	2429	1452
天长市	53670	26995	26675	6424	3945	2479
明光市	41409	20597	20812	6045	3560	2485

5－1 续表 2

单位：人

地　区	15岁及以上人口			未　婚		
	合计	男	女	小计	男	女
阜阳市	**628980**	**310541**	**318439**	**116349**	**67841**	**48508**
颍州区	58788	27891	30897	12320	6110	6210
颍东区	43027	21717	21310	7406	4496	2910
颍泉区	45389	22531	22858	7726	4587	3139
临泉县	127739	62693	65046	27368	15685	11683
太和县	108715	54150	54565	18969	11608	7361
阜南县	84899	41370	43529	15886	9170	6716
颍上县	101062	51637	49425	17993	10979	7014
阜阳合肥现代产业园区	2577	1310	1267	346	205	141
阜阳经济技术开发区	8675	4287	4388	1550	847	703
界首市	48109	22955	25154	6785	4154	2631
宿州市	**387346**	**189569**	**197777**	**56565**	**34109**	**22456**
埇桥区	126202	62595	63607	19155	11242	7913
砀山县	56438	27343	29095	7262	4462	2800
萧县	78724	38737	39987	11861	7417	4444
灵璧县	64420	30903	33517	9105	5570	3535
泗县	54169	26330	27839	7743	4579	3164
宿州马鞍山现代产业园区	3135	1580	1555	641	394	247
宿州经济技术开发区	4258	2081	2177	798	445	353
六安市	**353301**	**176707**	**176594**	**55463**	**34864**	**20599**
金安区	63851	31116	32735	11099	6563	4536
裕安区	70815	35200	35615	12363	7594	4769
叶集区	14465	7341	7124	2229	1515	714
霍邱县	67067	33825	33242	9043	5803	3240
舒城县	67152	33649	33503	10072	6428	3644
金寨县	42782	21886	20896	6598	4368	2230
霍山县	27169	13690	13479	4059	2593	1466
亳州市	**339202**	**166141**	**173061**	**56204**	**32976**	**23228**
谯城区	110626	54314	56312	18092	10311	7781
涡阳县	77661	38216	39445	12556	7479	5077
蒙城县	71427	34627	36800	10893	6589	4304
利辛县	79488	38984	40504	14663	8597	6066
池州市	**112979**	**55781**	**57198**	**17109**	**10273**	**6836**
贵池区	45373	21749	23624	7259	3943	3316
东至县	40406	20463	19943	6445	4087	2358
石台县	6193	3035	3158	718	470	248
青阳县	17885	8881	9004	2188	1427	761
池州市国家经济技术开发区	1014	522	492	156	110	46
皖江江南新兴产业集中区	836	469	367	180	122	58
九华山风景区	1272	662	610	163	114	49
宣城市	**200101**	**101642**	**98459**	**25326**	**16667**	**8659**
宣州区	51534	25424	26110	6129	3690	2439
郎溪县	26107	13204	12903	3325	2088	1237
泾县	21573	11056	10517	2757	1993	764
绩溪县	10923	5393	5530	1006	712	294
旌德县	9102	4687	4415	1122	779	343
宣城市经济开发区	8645	4680	3965	2142	1441	701
宁国市	31740	16343	15397	3902	2719	1183
广德市	40477	20855	19622	4943	3245	1698

5-1　续表 3　　　　单位：人

地　区	有配偶			离　婚			丧　偶		
	小计	男	女	小计	男	女	小计	男	女
安　徽	**3638419**	**1791788**	**1846631**	**104775**	**60772**	**44003**	**300893**	**85550**	**215343**
合肥市	**551641**	**274960**	**276681**	**15180**	**7810**	**7370**	**32799**	**8544**	**24255**
瑶海区	50025	24646	25379	1949	932	1017	2349	522	1827
庐阳区	41711	20418	21293	1504	636	868	1977	426	1551
蜀山区	55011	26863	28148	1700	719	981	2165	470	1695
包河区	69562	34762	34800	2313	985	1328	2816	610	2206
长丰县	47819	24028	23791	1118	701	417	3010	906	2104
肥东县	64792	33253	31539	1490	1003	487	5046	1420	3626
肥西县	57891	29454	28437	1125	673	452	3425	1003	2422
庐江县	59116	29118	29998	1179	724	455	5806	1617	4189
合肥高新技术产业开发区	14054	7082	6972	450	188	262	436	89	347
合肥经济技术开发区	27669	13724	13945	642	304	338	844	200	644
合肥新站高新技术产业开发区	21941	11112	10829	607	306	301	847	217	630
巢湖市	42050	20500	21550	1103	639	464	4078	1064	3014
芜湖市	**238465**	**119972**	**118493**	**9272**	**5396**	**3876**	**20140**	**5333**	**14807**
镜湖区	30422	14973	15449	1830	908	922	2431	520	1911
弋江区	21900	10957	10943	1043	502	541	1278	277	1001
鸠江区	32034	15979	16055	1063	595	468	2632	706	1926
三山区	9558	4897	4661	287	186	101	749	215	534
芜湖县	22145	11183	10962	849	550	299	1833	508	1325
繁昌县	17307	8801	8506	706	413	293	1542	440	1102
南陵县	29489	14640	14849	1260	807	453	2783	763	2020
芜湖经济技术开发区	10668	5481	5187	366	205	161	500	119	381
安徽芜湖长江大桥经济开发区	1363	677	686	36	30	6	131	47	84
无为市	63579	32384	31195	1832	1200	632	6261	1738	4523
蚌埠市	**169685**	**81911**	**87774**	**6244**	**3488**	**2756**	**14387**	**4181**	**10206**
龙子湖区	12190	6029	6161	815	407	408	1168	287	881
蚌山区	9622	4731	4891	596	272	324	678	134	544
禹会区	17973	8869	9104	1069	573	496	1527	422	1105
淮上区	15007	7362	7645	428	264	164	1023	345	678
怀远县	42935	20545	22390	1218	823	395	4347	1383	2964
五河县	28217	13525	14692	738	450	288	2557	762	1795
固镇县	25942	12262	13680	599	397	202	2223	650	1573
蚌埠市高新技术开发区	3415	1636	1779	131	47	84	171	52	119
蚌埠市经济开发区	14384	6952	7432	650	255	395	693	146	547
淮南市	**182425**	**91169**	**91256**	**6453**	**3731**	**2722**	**15422**	**4410**	**11012**
大通区	9778	4868	4910	370	210	160	766	188	578
田家庵区	41340	20223	21117	1965	892	1073	2654	633	2021
谢家集区	13177	6558	6619	664	368	296	1556	404	1152
八公山区	7700	3796	3904	491	282	209	865	203	662
潘集区	17787	8980	8807	524	361	163	1594	490	1104
凤台县	33611	17026	16585	959	632	327	2897	908	1989
寿县	59032	29718	29314	1480	986	494	5090	1584	3506

5-1 续表 4

单位：人

地区	有配偶			离婚			丧偶		
	小计	男	女	小计	男	女	小计	男	女
马鞍山市	**132862**	**66687**	**66175**	**5588**	**3037**	**2551**	**11602**	**2812**	**8790**
花山区	28109	14015	14094	1910	899	1011	2112	481	1631
雨山区	19819	9917	9902	1297	625	672	1523	333	1190
博望区	9857	5050	4807	308	220	88	915	234	681
当涂县	28510	14265	14245	954	586	368	2358	569	1789
含山县	23601	11844	11757	599	385	214	2093	501	1592
和县	22966	11596	11370	520	322	198	2601	694	1907
淮北市	**114982**	**56148**	**58834**	**3456**	**1795**	**1661**	**8813**	**2388**	**6425**
杜集区	15068	7509	7559	477	268	209	1367	367	1000
相山区	32701	15916	16785	1322	502	820	1686	389	1297
烈山区	13430	6622	6808	486	285	201	1324	365	959
濉溪县	53783	26101	27682	1171	740	431	4436	1267	3169
铜陵市	**75389**	**36567**	**38822**	**2538**	**1363**	**1175**	**8048**	**1954**	**6094**
铜官区	26692	13194	13498	1449	664	785	1879	367	1512
义安区	14434	7217	7217	400	264	136	1479	382	1097
郊区	9121	4439	4682	286	177	109	1205	307	898
枞阳县	25142	11717	13425	403	258	145	3485	898	2587
安庆市	**295572**	**146668**	**148904**	**7047**	**4125**	**2922**	**27923**	**7709**	**20214**
迎江区	16617	8289	8328	638	292	346	1330	262	1068
大观区	13929	6914	7015	607	287	320	1423	304	1119
宜秀区	10360	5248	5112	208	124	84	910	189	721
怀宁县	38334	19099	19235	782	499	283	3693	996	2697
太湖县	31362	15437	15925	675	431	244	3043	981	2062
宿松县	42814	21292	21522	962	599	363	3993	1208	2785
望江县	34919	17063	17856	759	476	283	3115	870	2245
岳西县	21565	10687	10878	461	296	165	2220	748	1472
安徽安庆经济开发区	8903	4486	4417	244	105	139	519	131	388
桐城市	43624	21650	21974	1027	615	412	4481	1084	3397
潜山市	33145	16503	16642	684	401	283	3196	936	2260
黄山市	**88071**	**43903**	**44168**	**3200**	**1859**	**1341**	**8503**	**2073**	**6430**
屯溪区	17535	8489	9046	846	385	461	1122	243	879
黄山区	9387	4862	4525	431	263	168	868	232	636
徽州区	6630	3311	3319	243	143	100	552	133	419
歙县	26261	13147	13114	886	575	311	3032	759	2273
休宁县	14265	7023	7242	397	254	143	1475	339	1136
黟县	5066	2586	2480	146	95	51	523	124	399
祁门县	8927	4485	4442	251	144	107	931	243	688
滁州市	**265972**	**133930**	**132042**	**7527**	**4574**	**2953**	**19988**	**5962**	**14026**
琅琊区	16714	8329	8385	748	351	397	1090	271	819
南谯区	21526	10967	10559	696	358	338	1283	372	911
来安县	28026	14381	13645	781	499	282	2320	637	1683
全椒县	28020	14234	13786	664	414	250	2203	625	1578
定远县	47971	24340	23631	1312	908	404	3760	1093	2667
凤阳县	39910	20036	19874	1132	741	391	3009	1011	1998
苏滁现代产业园	1483	872	611	46	26	20	54	18	36
滁州经济技术开发区	7713	3760	3953	184	80	104	232	56	176
天长市	42851	21408	21443	895	556	339	3500	1086	2414
明光市	31758	15603	16155	1069	641	428	2537	793	1744

5-1　续表 5

单位：人

地　　区	有配偶			离　婚			丧　偶		
	小计	男	女	小计	男	女	小计	男	女
阜阳市	**462353**	**223609**	**238744**	**11071**	**6942**	**4129**	**39207**	**12149**	**27058**
颍州区	42358	20416	21942	1156	549	607	2954	816	2138
颍东区	32309	15975	16334	833	526	307	2479	720	1759
颍泉区	33882	16537	17345	916	547	369	2865	860	2005
临泉县	89862	43037	46825	2175	1427	748	8334	2544	5790
太和县	81128	39104	42024	1702	1147	555	6916	2291	4625
阜南县	61890	29613	32277	1287	821	466	5836	1766	4070
颍上县	74915	37221	37694	2036	1405	631	6118	2032	4086
阜阳合肥现代产业园区	2034	1025	1009	43	31	12	154	49	105
阜阳经济技术开发区	6723	3294	3429	148	67	81	254	79	175
界首市	37252	17387	19865	775	422	353	3297	992	2305
宿州市	**298346**	**143569**	**154777**	**6799**	**4191**	**2608**	**25636**	**7700**	**17936**
埇桥区	97274	47745	49529	2679	1579	1100	7094	2029	5065
砀山县	44488	21334	23154	736	427	309	3952	1120	2832
萧县	59896	28782	31114	1205	842	363	5762	1696	4066
灵璧县	49472	23112	26360	1107	671	436	4736	1550	3186
泗县	41743	19955	21788	925	596	329	3758	1200	2558
宿州马鞍山现代产业园区	2267	1093	1174	43	28	15	184	65	119
宿州经济技术开发区	3206	1548	1658	104	48	56	150	40	110
六安市	**268067**	**130850**	**137217**	**5459**	**3410**	**2049**	**24312**	**7583**	**16729**
金安区	48026	22873	25153	1050	570	480	3676	1110	2566
裕安区	53345	25736	27609	991	610	381	4116	1260	2856
叶集区	11120	5406	5714	173	110	63	943	310	633
霍邱县	52070	25717	26353	1031	677	354	4923	1628	3295
舒城县	50522	24887	25635	1195	789	406	5363	1545	3818
金寨县	32515	16114	16401	530	345	185	3139	1059	2080
霍山县	20469	10117	10352	489	309	180	2152	671	1481
亳州市	**254620**	**122722**	**131898**	**6122**	**3667**	**2455**	**22256**	**6776**	**15480**
谯城区	83996	40886	43110	2032	1124	908	6506	1993	4513
涡阳县	58124	28181	29943	1453	902	551	5528	1654	3874
蒙城县	54373	25817	28556	1242	733	509	4919	1488	3431
利辛县	58127	27838	30289	1395	908	487	5303	1641	3662
池州市	**85553**	**41989**	**43564**	**2340**	**1416**	**924**	**7977**	**2103**	**5874**
贵池区	34358	16633	17725	794	434	360	2962	739	2223
东至县	30182	15003	15179	897	576	321	2882	797	2085
石台县	4797	2343	2454	91	66	25	587	156	431
青阳县	13850	6815	7035	451	269	182	1396	370	1026
池州市国家经济技术开发区	789	390	399	28	12	16	41	10	31
皖江江南新兴产业集中区	623	333	290	6	4	2	27	10	17
九华山风景区	954	472	482	73	55	18	82	21	61
宣城市	**154416**	**77134**	**77282**	**6479**	**3968**	**2511**	**13880**	**3873**	**10007**
宣州区	39993	19699	20294	1571	953	618	3841	1082	2759
郎溪县	20511	10229	10282	713	468	245	1558	419	1139
泾县	16163	8059	8104	830	523	307	1823	481	1342
绩溪县	8598	4230	4368	317	198	119	1002	253	749
旌德县	6883	3480	3403	326	201	125	771	227	544
宣城市经济开发区	5989	3051	2938	196	102	94	318	86	232
宁国市	24435	12312	12123	1297	723	574	2106	589	1517
广德市	31844	16074	15770	1229	800	429	2461	736	1725

5-1a 各地区分性别、婚姻状况的15岁及以上人口(城市)

单位：人

地 区	15岁及以上人口			未 婚		
	合计	男	女	小计	男	女
安 徽	**1291353**	**631227**	**660126**	**249697**	**136656**	**113041**
合肥市	**324739**	**160484**	**164255**	**71072**	**38795**	**32277**
瑶海区	62865	30992	31873	11369	6269	5100
庐阳区	49373	24068	25305	9194	4962	4232
蜀山区	76645	37311	39334	20899	10842	10057
包河区	95243	48165	47078	21016	12068	8948
长丰县						
肥东县						
肥西县	4896	2639	2257	1844	1054	790
庐江县						
合肥高新技术产业开发区						
合肥经济技术开发区						
合肥新站高新技术产业开发区	5061	2552	2509	925	529	396
巢湖市	30656	14757	15899	5825	3071	2754
芜湖市	**127464**	**63395**	**64069**	**28487**	**16059**	**12428**
镜湖区	39894	19197	20697	6658	3496	3162
弋江区	35245	17457	17788	11024	5721	5303
鸠江区	26389	13684	12705	5960	3779	2181
三山区	8220	4493	3727	1682	1149	533
芜湖县	807	416	391	82	64	18
繁昌县						
南陵县						
芜湖经济技术开发区	185	104	81	22	21	1
安徽芜湖长江大桥经济开发区						
无为市	16724	8044	8680	3059	1829	1230
蚌埠市	**52349**	**25493**	**26856**	**8989**	**4946**	**4043**
龙子湖区	12994	6251	6743	1908	1059	849
蚌山区	11539	5527	6012	1709	913	796
禹会区	16624	8063	8561	3053	1594	1459
淮上区	11192	5652	5540	2319	1380	939
怀远县						
五河县						
固镇县						
蚌埠市高新技术开发区						
蚌埠市经济开发区						
淮南市	**87757**	**42802**	**44955**	**15610**	**8707**	**6903**
大通区	3199	1553	1646	350	190	160
田家庵区	54830	26734	28096	11357	6183	5174
谢家集区	14195	6936	7259	1889	1125	764
八公山区	9928	4860	5068	1303	789	514
潘集区	5605	2719	2886	711	420	291
凤台县						
寿县						

5-1a 续表 1

单位：人

地区	15岁及以上人口			未婚		
	合计	男	女	小计	男	女
马鞍山市	**70645**	**35258**	**35387**	**12285**	**7199**	**5086**
花山区	36160	17803	18357	4711	2745	1966
雨山区	28416	14295	14121	6776	3911	2865
博望区	6069	3160	2909	798	543	255
当涂县						
含山县						
和县						
淮北市	**64718**	**31331**	**33387**	**11442**	**5969**	**5473**
杜集区	11696	5760	5936	1698	973	725
相山区	39300	18885	20415	6613	3520	3093
烈山区	9190	4300	4890	2645	1174	1471
濉溪县	4532	2386	2146	486	302	184
铜陵市	**46627**	**22748**	**23879**	**8068**	**4463**	**3605**
铜官区	36108	17547	18561	6670	3598	3072
义安区	7066	3456	3610	923	552	371
郊区	3453	1745	1708	475	313	162
枞阳县						
安庆市	**93271**	**44905**	**48366**	**15799**	**8578**	**7221**
迎江区	20427	9957	10470	2594	1495	1099
大观区	13938	6714	7224	2069	1158	911
宜秀区	11442	5567	5875	3581	1702	1879
怀宁县						
太湖县						
宿松县						
望江县	7597	3476	4121	1241	686	555
岳西县						
安徽安庆经济开发区	37	29	8	12	10	2
桐城市	27141	13088	14053	4531	2458	2073
潜山市	12689	6074	6615	1771	1069	702
黄山市	**29934**	**14334**	**15600**	**4264**	**2306**	**1958**
屯溪区	20388	9652	10736	3043	1584	1459
黄山区	4731	2292	2439	638	359	279
徽州区	4201	2094	2107	513	323	190
歙县	283	128	155	31	13	18
休宁县	331	168	163	39	27	12
黟县						
祁门县						
滁州市	**70061**	**34333**	**35728**	**10437**	**5969**	**4468**
琅琊区	20878	10317	10561	3099	1767	1332
南谯区	14491	7381	7110	2481	1491	990
来安县						
全椒县						
定远县						
凤阳县						
苏滁现代产业园						
滁州经济技术开发区						
天长市	19789	9673	10116	2695	1526	1169
明光市	14903	6962	7941	2162	1185	977

5-1a 续表 2

单位：人

地　区	15岁及以上人口			未　婚		
	合计	男	女	小计	男	女
阜阳市	**79882**	**38224**	**41658**	**17762**	**9123**	**8639**
颍州区	35098	16380	18718	9248	4240	5008
颍东区	13647	6814	6833	2862	1658	1204
颍泉区	16039	7873	8166	3189	1771	1418
临泉县						
太和县						
阜南县						
颍上县						
阜阳合肥现代产业园区						
阜阳经济技术开发区						
界首市	15098	7157	7941	2463	1454	1009
宿州市	**47412**	**22576**	**24836**	**8378**	**4520**	**3858**
埇桥区	46986	22371	24615	8334	4489	3845
砀山县						
萧县	426	205	221	44	31	13
灵璧县						
泗县						
宿州马鞍山现代产业园区						
宿州经济技术开发区						
六安市	**61629**	**29764**	**31865**	**12677**	**7103**	**5574**
金安区	27439	13113	14326	5001	2742	2259
裕安区	28144	13520	14624	6460	3541	2919
叶集区	5464	2847	2617	1150	776	374
霍邱县	189	92	97	22	13	9
舒城县	393	192	201	44	31	13
金寨县						
霍山县						
亳州市	**45805**	**22256**	**23549**	**9815**	**4963**	**4852**
谯城区	45434	22092	23342	9763	4943	4820
涡阳县						
蒙城县						
利辛县	371	164	207	52	20	32
池州市	**29649**	**13918**	**15731**	**5942**	**2969**	**2973**
贵池区	27799	12927	14872	5606	2737	2869
东至县						
石台县						
青阳县						
池州市国家经济技术开发区	1014	522	492	156	110	46
皖江江南新兴产业集中区	836	469	367	180	122	58
九华山风景区						
宣城市	**59411**	**29406**	**30005**	**8670**	**4987**	**3683**
宣州区	20158	9586	10572	3183	1592	1591
郎溪县						
泾县						
绩溪县						
旌德县						
宣城市经济开发区						
宁国市	19283	9582	9701	2599	1637	962
广德市	19970	10238	9732	2888	1758	1130

5-1a　续表 3　　　　单位：人

地　区	有配偶			离　婚			丧　偶		
	小计	男	女	小计	男	女	小计	男	女
安　徽	**948652**	**464571**	**484081**	**38528**	**17724**	**20804**	**54476**	**12276**	**42200**
合肥市	**235126**	**115816**	**119310**	**8181**	**3632**	**4549**	**10360**	**2241**	**8119**
瑶海区	47299	23306	23993	1904	908	996	2293	509	1784
庐阳区	36977	18125	18852	1381	593	788	1821	388	1433
蜀山区	52159	25371	26788	1660	692	968	1927	406	1521
包河区	69140	34515	34625	2305	979	1326	2782	603	2179
长丰县									
肥东县									
肥西县	2947	1543	1404	59	31	28	46	11	35
庐江县									
合肥高新技术产业开发区									
合肥经济技术开发区									
合肥新站高新技术产业开发区	3900	1945	1955	113	50	63	123	28	95
巢湖市	22704	11011	11693	759	379	380	1368	296	1072
芜湖市	**88863**	**43959**	**44904**	**4145**	**2050**	**2095**	**5969**	**1327**	**4642**
镜湖区	29161	14349	14812	1780	865	915	2295	487	1808
弋江区	21900	10957	10943	1043	502	541	1278	277	1001
鸠江区	18613	9280	9333	715	359	356	1101	266	835
三山区	5963	3119	2844	182	123	59	393	102	291
芜湖县	609	314	295	24	15	9	92	23	69
繁昌县									
南陵县									
芜湖经济技术开发区	137	71	66	4	4		22	8	14
安徽芜湖长江大桥经济开发区									
无为市	12480	5869	6611	397	182	215	788	164	624
蚌埠市	**38110**	**18728**	**19382**	**2398**	**1152**	**1246**	**2852**	**667**	**2185**
龙子湖区	9426	4632	4794	721	344	377	939	216	723
蚌山区	8699	4267	4432	556	243	313	575	104	471
禹会区	11783	5826	5957	868	433	435	920	210	710
淮上区	8202	4003	4199	253	132	121	418	137	281
怀远县									
五河县									
固镇县									
蚌埠市高新技术开发区									
蚌埠市经济开发区									
淮南市	**63964**	**31368**	**32596**	**3268**	**1576**	**1692**	**4915**	**1151**	**3764**
大通区	2543	1268	1275	131	55	76	175	40	135
田家庵区	39139	19134	20005	1914	857	1057	2420	560	1860
谢家集区	10453	5180	5273	618	332	286	1235	299	936
八公山区	7370	3631	3739	443	254	189	812	186	626
潘集区	4459	2155	2304	162	78	84	273	66	207
凤台县									
寿县									

5－1a 续表 4

单位：人

地　　区	有配偶			离　婚			丧　偶		
	小计	男	女	小计	男	女	小计	男	女
马鞍山市	**51273**	**25626**	**25647**	**3290**	**1573**	**1717**	**3797**	**860**	**2937**
花山区	27509	13701	13808	1895	890	1005	2045	467	1578
雨山区	18956	9472	9484	1253	597	656	1431	315	1116
博望区	4808	2453	2355	142	86	56	321	78	243
当涂县									
含山县									
和县									
淮北市	**48377**	**23860**	**24517**	**1898**	**810**	**1088**	**3001**	**692**	**2309**
杜集区	8940	4450	4490	314	165	149	744	172	572
相山区	30023	14609	15414	1238	447	791	1426	309	1117
烈山区	5727	2852	2875	270	141	129	548	133	415
濉溪县	3687	1949	1738	76	57	19	283	78	205
铜陵市	**34404**	**16980**	**17424**	**1755**	**819**	**936**	**2400**	**486**	**1914**
铜官区	26162	12935	13227	1431	652	779	1845	362	1483
义安区	5644	2743	2901	183	96	87	316	65	251
郊区	2598	1302	1296	141	71	70	239	59	180
枞阳县									
安庆市	**70011**	**34157**	**35854**	**2240**	**1049**	**1191**	**5221**	**1121**	**4100**
迎江区	16017	7961	8056	624	281	343	1192	220	972
大观区	10328	5115	5213	542	248	294	999	193	806
宜秀区	7296	3709	3587	151	78	73	414	78	336
怀宁县									
太湖县									
宿松县									
望江县	5892	2645	3247	128	61	67	336	84	252
岳西县									
安徽安庆经济开发区	25	19	6						
桐城市	20471	9979	10492	568	281	287	1571	370	1201
潜山市	9982	4729	5253	227	100	127	709	176	533
黄山市	**23172**	**11213**	**11959**	**1154**	**534**	**620**	**1344**	**281**	**1063**
屯溪区	15607	7516	8091	797	352	445	941	200	741
黄山区	3670	1788	1882	215	104	111	208	41	167
徽州区	3396	1670	1726	126	68	58	166	33	133
歙县	219	104	115	11	6	5	22	5	17
休宁县	280	135	145	5	4	1	7	2	5
黟县									
祁门县									
滁州市	**54718**	**26721**	**27997**	**1986**	**910**	**1076**	**2920**	**733**	**2187**
琅琊区	16022	7965	8057	732	338	394	1025	247	778
南谯区	11270	5632	5638	325	149	176	415	109	306
来安县									
全椒县									
定远县									
凤阳县									
苏滁现代产业园									
滁州经济技术开发区									
天长市	15919	7746	8173	424	196	228	751	205	546
明光市	11507	5378	6129	505	227	278	729	172	557

5-1a　续表 5　　　　单位：人

地　区	有配偶			离　婚			丧　偶		
	小计	男	女	小计	男	女	小计	男	女
阜阳市	**57261**	**27692**	**29569**	**1910**	**741**	**1169**	**2949**	**668**	**2281**
颍州区	23946	11609	12337	807	309	498	1097	222	875
颍东区	9945	4902	5043	298	129	169	542	125	417
颍泉区	11761	5771	5990	439	173	266	650	158	492
临泉县									
太和县									
阜南县									
颍上县									
阜阳合肥现代产业园区									
阜阳经济技术开发区									
界首市	11609	5410	6199	366	130	236	660	163	497
宿州市	**35977**	**17150**	**18827**	**1279**	**549**	**730**	**1778**	**357**	**1421**
埇桥区	35633	16987	18646	1272	543	729	1747	352	1395
砀山县									
萧县	344	163	181	7	6	1	31	5	26
灵璧县									
泗县									
宿州马鞍山现代产业园区									
宿州经济技术开发区									
六安市	**45887**	**21710**	**24177**	**1104**	**493**	**611**	**1961**	**458**	**1503**
金安区	20913	9895	11018	583	267	316	942	209	733
裕安区	20507	9611	10896	432	178	254	745	190	555
叶集区	4006	1978	2028	76	39	37	232	54	178
霍邱县	148	73	75	6	4	2	13	2	11
舒城县	313	153	160	7	5	2	29	3	26
金寨县									
霍山县									
亳州市	**33443**	**16454**	**16989**	**1028**	**423**	**605**	**1519**	**416**	**1103**
谯城区	33140	16319	16821	1025	420	605	1506	410	1096
涡阳县									
蒙城县									
利辛县	303	135	168	3	3		13	6	7
池州市	**22026**	**10430**	**11596**	**583**	**264**	**319**	**1098**	**255**	**843**
贵池区	20614	9707	10907	549	248	301	1030	235	795
东至县									
石台县									
青阳县									
池州市国家经济技术开发区	789	390	399	28	12	16	41	10	31
皖江江南新兴产业集中区	623	333	290	6	4	2	27	10	17
九华山风景区									
宣城市	**46040**	**22707**	**23333**	**2309**	**1149**	**1160**	**2392**	**563**	**1829**
宣州区	15473	7496	7977	693	323	370	809	175	634
郎溪县									
泾县									
绩溪县									
旌德县									
宣城市经济开发区									
宁国市	14979	7330	7649	927	437	490	778	178	600
广德市	15588	7881	7707	689	389	300	805	210	595

5-1b 各地区分性别、婚姻状况的15岁及以上人口(镇)

单位：人

地区	15岁及以上人口			未婚		
	合计	男	女	小计	男	女
安徽	**1516716**	**754154**	**762562**	**276905**	**164174**	**112731**
合肥市	**285324**	**145718**	**139606**	**71812**	**42226**	**29586**
瑶海区	1704	868	836	293	176	117
庐阳区	5279	2533	2746	633	353	280
蜀山区	2508	1298	1210	263	181	82
包河区						
长丰县	36171	18244	17927	7369	4303	3066
肥东县	51100	26348	24752	10775	6504	4271
肥西县	45732	23446	22286	10983	6425	4558
庐江县	37493	17980	19513	5480	3214	2266
合肥高新技术产业开发区	22001	11371	10630	7067	4015	3052
合肥经济技术开发区	44326	23038	21288	15727	9089	6638
合肥新站高新技术产业开发区	30664	16509	14155	11724	7083	4641
巢湖市	8346	4083	4263	1498	883	615
芜湖市	**97843**	**49743**	**48100**	**17354**	**10857**	**6497**
镜湖区	91	42	49	6	3	3
弋江区						
鸠江区	6229	3101	3128	751	489	262
三山区	1434	688	746	189	118	71
芜湖县	19980	10195	9785	4464	2654	1810
繁昌县	12912	6403	6509	1981	1148	833
南陵县	19566	9360	10206	2998	1716	1282
芜湖经济技术开发区	14259	7879	6380	3104	2258	846
安徽芜湖长江大桥经济开发区	1192	616	576	134	92	42
无为市	22180	11459	10721	3727	2379	1348
蚌埠市	**78777**	**37795**	**40982**	**14523**	**8042**	**6481**
龙子湖区	682	338	344	80	49	31
蚌山区						
禹会区	727	382	345	107	73	34
淮上区	2038	995	1043	268	146	122
怀远县	22200	10761	11439	3528	2081	1447
五河县	16271	7723	8548	2308	1331	977
固镇县	10459	4850	5609	1276	704	572
蚌埠市高新技术开发区	4590	2276	2314	873	541	332
蚌埠市经济开发区	21810	10470	11340	6083	3117	2966
淮南市	**60975**	**31053**	**29922**	**8876**	**5463**	**3413**
大通区	6332	3177	3155	920	574	346
田家庵区	947	493	454	105	80	25
谢家集区	290	152	138	38	25	13
八公山区	2	1	1			
潘集区	5238	2806	2432	640	442	198
凤台县	17655	9296	8359	2248	1387	861
寿县	30511	15128	15383	4925	2955	1970

5-1b　续表 1

单位：人

地　　区	15岁及以上人口			未　　婚		
	合计	男	女	小计	男	女
马鞍山市	**54662**	**27057**	**27605**	**7731**	**4675**	**3056**
花山区						
雨山区						
博望区	853	463	390	146	106	40
当涂县	23265	11782	11483	3466	2190	1276
含山县	14986	7269	7717	1963	1202	761
和县	15558	7543	8015	2156	1177	979
淮北市	**33722**	**16441**	**17281**	**4949**	**2863**	**2086**
杜集区	3683	1831	1852	417	244	173
相山区						
烈山区	2536	1292	1244	268	179	89
濉溪县	27503	13318	14185	4264	2440	1824
铜陵市	**22551**	**10637**	**11914**	**3315**	**2035**	**1280**
铜官区	1	1		1	1	
义安区	2146	1123	1023	291	213	78
郊区	2342	1121	1221	223	141	82
枞阳县	18062	8392	9670	2800	1680	1120
安庆市	**105340**	**51404**	**53936**	**16759**	**10267**	**6492**
迎江区						
大观区	1699	827	872	263	165	98
宜秀区	2099	1041	1058	301	208	93
怀宁县	21208	10209	10999	3066	1795	1271
太湖县	14825	7166	7659	2219	1334	885
宿松县	19947	9739	10208	3555	2305	1250
望江县	5299	2559	2740	748	465	283
岳西县	10002	4752	5250	1538	901	637
安徽安庆经济开发区	11515	5821	5694	2146	1251	895
桐城市	9972	4890	5082	1534	965	569
潜山市	8774	4400	4374	1389	878	511
黄山市	**34110**	**16695**	**17415**	**5713**	**3366**	**2347**
屯溪区	1794	940	854	1247	664	583
黄山区	2372	1337	1035	301	225	76
徽州区	1052	533	519	125	78	47
歙县	13548	6559	6989	2167	1291	876
休宁县	6843	3246	3597	855	506	349
黟县	2773	1373	1400	338	203	135
祁门县	5728	2707	3021	680	399	281
滁州市	**133148**	**67787**	**65361**	**22830**	**13891**	**8939**
琅琊区						
南谯区	4657	2336	2321	561	357	204
来安县	19472	9940	9532	2671	1600	1071
全椒县	21467	10905	10562	3312	2040	1272
定远县	25283	12838	12445	4703	2893	1810
凤阳县	25867	13078	12789	5097	2990	2107
苏滁现代产业园	2124	1323	801	541	407	134
滁州经济技术开发区	10051	5129	4922	3043	1824	1219
天长市	17596	8913	8683	2080	1297	783
明光市	6631	3325	3306	822	483	339

5-1b 续表 2

单位：人

地区	15岁及以上人口			未婚		
	合计	男	女	小计	男	女
阜阳市	**179259**	**88369**	**90890**	**33284**	**19097**	**14187**
颍州区	4446	2188	2258	611	359	252
颍东区	5942	3038	2904	907	573	334
颍泉区	7448	3882	3566	1305	793	512
临泉县	38623	18934	19689	9148	5043	4105
太和县	47030	23165	23865	8509	5015	3494
阜南县	23231	10886	12345	3979	2135	1844
颍上县	37109	18716	18393	6381	3747	2634
阜阳合肥现代产业园区	419	236	183	43	31	12
阜阳经济技术开发区	7340	3606	3734	1369	733	636
界首市	7671	3718	3953	1032	668	364
宿州市	**121867**	**59297**	**62570**	**20546**	**11964**	**8582**
埇桥区	13270	6618	6652	1819	1067	752
砀山县	26731	12809	13922	3733	2222	1511
萧县	27646	13672	13974	5153	3043	2110
灵璧县	26259	12662	13597	4862	2832	2030
泗县	21714	10442	11272	3666	2042	1624
宿州马鞍山现代产业园区	1989	1013	976	515	313	202
宿州经济技术开发区	4258	2081	2177	798	445	353
六安市	**102614**	**49937**	**52677**	**15587**	**9427**	**6160**
金安区	10735	4908	5827	2424	1408	1016
裕安区	6187	3038	3149	807	522	285
叶集区	1761	834	927	189	133	56
霍邱县	22893	11484	11409	3084	1884	1200
舒城县	26863	12860	14003	3955	2345	1610
金寨县	16360	8020	8340	2457	1496	961
霍山县	17815	8793	9022	2671	1639	1032
亳州市	**109567**	**54250**	**55317**	**20220**	**11565**	**8655**
谯城区	9095	4528	4567	1154	724	430
涡阳县	33394	16678	16716	6057	3404	2653
蒙城县	33473	16380	17093	5667	3329	2338
利辛县	33605	16664	16941	7342	4108	3234
池州市	**35772**	**17394**	**18378**	**5206**	**3158**	**2048**
贵池区	2888	1490	1398	356	256	100
东至县	20272	9847	10425	3145	1910	1235
石台县	2651	1255	1396	365	199	166
青阳县	9624	4597	5027	1284	749	535
池州市国家经济技术开发区						
皖江江南新兴产业集中区						
九华山风景区	337	205	132	56	44	12
宣城市	**61185**	**30577**	**30608**	**8200**	**5278**	**2922**
宣州区	7812	3821	3991	816	519	297
郎溪县	16153	8021	8132	2077	1258	819
泾县	11034	5328	5706	1420	879	541
绩溪县	6481	3108	3373	655	410	245
旌德县	5144	2529	2615	639	401	238
宣城市经济开发区	7034	3804	3230	1825	1236	589
宁国市	2219	1200	1019	236	184	52
广德市	5308	2766	2542	532	391	141

5-1b 续表 3

单位：人

地 区	有配偶			离 婚			丧 偶		
	小计	男	女	小计	男	女	小计	男	女
安 徽	**1134718**	**554036**	**580682**	**29768**	**16052**	**13716**	**75325**	**19892**	**55433**
合肥市	**199814**	**98938**	**100876**	**4477**	**2270**	**2207**	**9221**	**2284**	**6937**
瑶海区	1357	673	684	25	12	13	29	7	22
庐阳区	4409	2121	2288	118	39	79	119	20	99
蜀山区	2085	1071	1014	26	18	8	134	28	106
包河区									
长丰县	27283	13395	13888	625	323	302	894	223	671
肥东县	37547	18895	18652	772	443	329	2006	506	1500
肥西县	32907	16387	16520	606	309	297	1236	325	911
庐江县	29100	13883	15217	626	318	308	2287	565	1722
合肥高新技术产业开发区	14048	7079	6969	450	188	262	436	89	347
合肥经济技术开发区	27177	13472	13705	635	297	338	787	180	607
合肥新站高新技术产业开发区	17744	8994	8750	491	253	238	705	179	526
巢湖市	6157	2968	3189	103	70	33	588	162	426
芜湖市	**72760**	**36079**	**36681**	**2536**	**1448**	**1088**	**5193**	**1359**	**3834**
镜湖区	81	39	42				4		4
弋江区									
鸠江区	4863	2396	2467	138	87	51	477	129	348
三山区	1191	559	632	30	6	24	24	5	19
芜湖县	14226	7051	7175	491	286	205	799	204	595
繁昌县	9829	4873	4956	427	222	205	675	160	515
南陵县	14901	7034	7867	625	342	283	1042	268	774
芜湖经济技术开发区	10345	5317	5028	358	198	160	452	106	346
安徽芜湖长江大桥经济开发区	960	478	482	25	20	5	73	26	47
无为市	16364	8332	8032	442	287	155	1647	461	1186
蚌埠市	**58688**	**27942**	**30746**	**1942**	**905**	**1037**	**3624**	**906**	**2718**
龙子湖区	527	260	267	35	21	14	40	8	32
蚌山区									
禹会区	562	280	282	14	8	6	44	21	23
淮上区	1597	790	807	48	28	20	125	31	94
怀远县	16930	8079	8851	508	284	224	1234	317	917
五河县	12747	5986	6761	341	169	172	875	237	638
固镇县	8526	3959	4567	215	93	122	442	94	348
蚌埠市高新技术开发区	3415	1636	1779	131	47	84	171	52	119
蚌埠市经济开发区	14384	6952	7432	650	255	395	693	146	547
淮南市	**47392**	**23940**	**23452**	**1344**	**770**	**574**	**3363**	**880**	**2483**
大通区	4853	2409	2444	173	105	68	386	89	297
田家庵区	758	381	377	10	8	2	74	24	50
谢家集区	234	123	111	3	1	2	15	3	12
八公山区	2	1	1						
潘集区	4126	2157	1969	124	91	33	348	116	232
凤台县	14139	7468	6671	441	228	213	827	213	614
寿县	23280	11401	11879	593	337	256	1713	435	1278

5-1b　续表 4　　　　单位：人

地　区	有配偶			离　婚			丧　偶		
	小计	男	女	小计	男	女	小计	男	女
马鞍山市	**42417**	**20963**	**21454**	**1249**	**686**	**563**	**3265**	**733**	**2532**
花山区									
雨山区									
博望区	631	332	299	20	15	5	56	10	46
当涂县	17923	8966	8957	638	352	286	1238	274	964
含山县	11816	5695	6121	298	163	135	909	209	700
和县	12047	5970	6077	293	156	137	1062	240	822
淮北市	**26225**	**12733**	**13492**	**660**	**349**	**311**	**1888**	**496**	**1392**
杜集区	2884	1442	1442	90	50	40	292	95	197
相山区									
烈山区	2013	1022	991	78	47	31	177	44	133
濉溪县	21328	10269	11059	492	252	240	1419	357	1062
铜陵市	**17142**	**7968**	**9174**	**322**	**193**	**129**	**1772**	**441**	**1331**
铜官区									
义安区	1653	837	816	40	29	11	162	44	118
郊区	1848	898	950	50	33	17	221	49	172
枞阳县	13641	6233	7408	232	131	101	1389	348	1041
安庆市	**80388**	**38530**	**41858**	**1756**	**950**	**806**	**6437**	**1657**	**4780**
迎江区									
大观区	1292	626	666	24	14	10	120	22	98
宜秀区	1536	762	774	24	18	6	238	53	185
怀宁县	16520	7903	8617	351	195	156	1271	316	955
太湖县	11481	5432	6049	239	133	106	886	267	619
宿松县	14975	6980	7995	351	179	172	1066	275	791
望江县	4109	1938	2171	92	56	36	350	100	250
岳西县	7745	3619	4126	165	80	85	554	152	402
安徽安庆经济开发区	8641	4345	4296	243	105	138	485	120	365
桐城市	7485	3657	3828	138	96	42	815	172	643
潜山市	6604	3268	3336	129	74	55	652	180	472
黄山市	**25531**	**12420**	**13111**	**833**	**451**	**382**	**2033**	**458**	**1575**
屯溪区	503	264	239	8	3	5	36	9	27
黄山区	1838	1009	829	71	53	18	162	50	112
徽州区	806	407	399	36	18	18	85	30	55
歙县	10237	4927	5310	339	176	163	805	165	640
休宁县	5390	2554	2836	175	94	81	423	92	331
黟县	2224	1107	1117	49	27	22	162	36	126
祁门县	4533	2152	2381	155	80	75	360	76	284
滁州市	**101281**	**50602**	**50679**	**2708**	**1550**	**1158**	**6329**	**1744**	**4585**
琅琊区									
南谯区	3700	1840	1860	155	74	81	241	65	176
来安县	15415	7851	7564	473	260	213	913	229	684
全椒县	16784	8398	8386	424	236	188	947	231	716
定远县	18948	9351	9597	508	296	212	1124	298	826
凤阳县	18961	9423	9538	563	316	247	1246	349	897
苏滁现代产业园	1483	872	611	46	26	20	54	18	36
滁州经济技术开发区	6635	3184	3451	167	71	96	206	50	156
天长市	14130	7086	7044	246	178	68	1140	352	788
明光市	5225	2597	2628	126	93	33	458	152	306

5-1b　续表 5　　　　单位：人

地区	有配偶			离婚			丧偶		
	小计	男	女	小计	男	女	小计	男	女
阜阳市	**133594**	**64738**	**68856**	**3222**	**1799**	**1423**	**9159**	**2735**	**6424**
颍州区	3503	1714	1789	75	41	34	257	74	183
颍东区	4560	2288	2272	102	76	26	373	101	272
颍泉区	5623	2877	2746	112	89	23	408	123	285
临泉县	26884	12984	13900	758	399	359	1833	508	1325
太和县	35387	16962	18425	778	429	349	2356	759	1597
阜南县	17584	8207	9377	427	206	221	1241	338	903
颍上县	28040	13905	14135	751	447	304	1937	617	1320
阜阳合肥现代产业园区	347	193	154	5	4	1	24	8	16
阜阳经济技术开发区	5660	2766	2894	129	57	72	182	50	132
界首市	6006	2842	3164	85	51	34	548	157	391
宿州市	**92736**	**44459**	**48277**	**2136**	**1113**	**1023**	**6449**	**1761**	**4688**
埇桥区	10432	5210	5222	218	130	88	801	211	590
砀山县	20993	9954	11039	399	192	207	1606	441	1165
萧县	20595	9984	10611	450	255	195	1448	390	1058
灵璧县	19568	9197	10371	572	297	275	1257	336	921
泗县	16597	7914	8683	370	179	191	1081	307	774
宿州马鞍山现代产业园区	1345	652	693	23	12	11	106	36	70
宿州经济技术开发区	3206	1548	1658	104	48	56	150	40	110
六安市	**79345**	**37952**	**41393**	**1665**	**906**	**759**	**6017**	**1652**	**4365**
金安区	7675	3307	4368	119	58	61	517	135	382
裕安区	4896	2358	2538	82	55	27	402	103	299
叶集区	1414	655	759	21	11	10	137	35	102
霍邱县	18140	9018	9122	363	204	159	1306	378	928
舒城县	20786	9863	10923	519	275	244	1603	377	1226
金寨县	12849	6148	6701	231	114	117	823	262	561
霍山县	13585	6603	6982	330	189	141	1229	362	867
亳州市	**82337**	**40235**	**42102**	**2125**	**1091**	**1034**	**4885**	**1359**	**3526**
谯城区	7276	3576	3700	123	79	44	542	149	393
涡阳县	25201	12544	12657	698	348	350	1438	382	1056
蒙城县	25539	12286	13253	692	340	352	1575	425	1150
利辛县	24321	11829	12492	612	324	288	1330	403	927
池州市	**27495**	**13220**	**14275**	**827**	**477**	**350**	**2244**	**539**	**1705**
贵池区	2239	1148	1091	42	30	12	251	56	195
东至县	15425	7364	8061	427	248	179	1275	325	950
石台县	2078	997	1081	44	25	19	164	34	130
青阳县	7523	3590	3933	273	136	137	544	122	422
池州市国家经济技术开发区									
皖江江南新兴产业集中区									
九华山风景区	230	121	109	41	38	3	10	2	8
宣城市	**47573**	**23317**	**24256**	**1966**	**1094**	**872**	**3446**	**888**	**2558**
宣州区	6146	2970	3176	282	168	114	568	164	404
郎溪县	12825	6305	6520	472	268	204	779	190	589
泾县	8529	4073	4456	467	233	234	618	143	475
绩溪县	5185	2484	2701	220	113	107	421	101	320
旌德县	3971	1930	2041	201	106	95	333	92	241
宣城市经济开发区	4877	2457	2420	130	62	68	202	49	153
宁国市	1734	908	826	58	45	13	191	63	128
广德市	4306	2190	2116	136	99	37	334	86	248

5-1c 各地区分性别、婚姻状况的15岁及以上人口(乡村)

单位：人

地　区	15岁及以上人口			未　婚		
	合计	男	女	小计	男	女
安　徽	**2069025**	**1052111**	**1016914**	**306405**	**198552**	**107853**
合肥市	**158661**	**83243**	**75418**	**26220**	**17110**	**9110**
瑶海区	1730	876	854	314	191	123
庐阳区	409	225	184	42	31	11
蜀山区	1084	646	438	199	180	19
包河区	549	325	224	85	65	20
长丰县	27665	14777	12888	4520	3083	1437
肥东县	38174	20552	17622	7171	4720	2451
肥西县	30576	16088	14488	5936	3564	2372
庐江县	40301	20717	19584	6213	4024	2189
合肥高新技术产业开发区	7	3	4	1		1
合肥经济技术开发区	612	326	286	56	47	9
合肥新站高新技术产业开发区	350	205	145	31	19	12
巢湖市	17204	8503	8701	1652	1186	466
芜湖市	**105433**	**55741**	**49692**	**17022**	**11262**	**5760**
镜湖区	1527	769	758	165	108	57
弋江区						
鸠江区	11263	5760	5503	1441	997	444
三山区	3130	1617	1513	319	233	86
芜湖县	10003	5339	4664	1417	991	426
繁昌县	10295	5500	4795	1671	1101	570
南陵县	19921	10519	9402	2957	1953	1004
芜湖经济技术开发区	253	125	128	37	24	13
安徽芜湖长江大桥经济开发区	554	288	266	82	58	24
无为市	48487	25824	22663	8933	5797	3136
蚌埠市	**94138**	**46701**	**47437**	**11436**	**7421**	**4015**
龙子湖区	2828	1455	1373	343	213	130
蚌山区	1208	620	588	142	97	45
禹会区	7374	3711	3663	996	625	371
淮上区	6481	3297	3184	666	447	219
怀远县	33922	16738	17184	4094	2667	1427
五河县	20169	10038	10131	2620	1693	927
固镇县	22156	10842	11314	2575	1679	896
蚌埠市高新技术开发区						
蚌埠市经济开发区						
淮南市	**93539**	**48566**	**44973**	**13485**	**8941**	**4544**
大通区	3121	1618	1503	468	318	150
田家庵区	1889	956	933	245	172	73
谢家集区	3262	1655	1607	423	263	160
八公山区	503	262	241	74	53	21
潘集区	11809	6143	5666	1396	975	421
凤台县	25095	12741	12354	3035	2084	951
寿县	47860	25191	22669	7844	5076	2768

5-1c　续表 1　　单位：人

地　区	15岁及以上人口			未　婚		
	合计	男	女	小计	男	女
马鞍山市	**50879**	**26279**	**24600**	**6118**	**4184**	**1934**
花山区	758	383	375	76	46	30
雨山区	1122	570	552	123	79	44
博望区	5901	3076	2825	799	546	253
当涂县	13446	6837	6609	1423	1009	414
含山县	15549	8200	7349	2279	1537	742
和县	14103	7213	6890	1418	967	451
淮北市	**51993**	**25523**	**26470**	**6791**	**4132**	**2659**
杜集区	4155	2106	2049	507	336	171
相山区	3392	1680	1712	370	238	132
烈山区	7872	3779	4093	1445	746	699
濉溪县	36574	17958	18616	4469	2812	1657
铜陵市	**32114**	**15596**	**16518**	**3934**	**2599**	**1335**
铜官区	829	412	417	247	136	111
义安区	9283	4730	4553	968	681	287
郊区	6214	2990	3224	699	479	220
枞阳县	15788	7464	8324	2020	1303	717
安庆市	**195384**	**101460**	**93924**	**30895**	**20422**	**10473**
迎江区	844	452	392	92	71	21
大观区	3049	1540	1509	395	253	142
宜秀区	1999	987	1012	180	124	56
怀宁县	28803	14844	13959	4136	2664	1472
太湖县	26907	14016	12891	4433	2999	1434
宿松县	38561	20505	18056	7184	4840	2344
望江县	32547	16460	16087	4661	2935	1726
岳西县	18886	10061	8825	3104	2181	923
安徽安庆经济开发区	297	146	151	25	13	12
桐城市	21549	10985	10564	3465	2191	1274
潜山市	21942	11464	10478	3220	2151	1069
黄山市	**52531**	**27410**	**25121**	**6824**	**4932**	**1892**
屯溪区	1780	888	892	169	115	54
黄山区	5165	2806	2359	643	494	149
徽州区	3122	1589	1533	312	228	84
歙县	21837	11426	10411	3291	2328	963
休宁县	11259	5749	5510	1402	1014	388
黟县	3724	1957	1767	424	322	102
祁门县	5644	2995	2649	583	431	152
滁州市	**146496**	**77179**	**69317**	**22951**	**14973**	**7978**
琅琊区	862	462	400	89	61	28
南谯区	8918	4561	4357	1519	733	786
来安县	16245	8487	7758	1919	1310	609
全椒县	14724	7743	6981	1992	1335	657
定远县	39349	21073	18276	6886	4677	2209
凤阳县	28279	14938	13341	4998	3238	1760
苏滁现代产业园						
滁州经济技术开发区	1959	1196	763	838	605	233
天长市	16285	8409	7876	1649	1122	527
明光市	19875	10310	9565	3061	1892	1169

5-1c 续表 2

单位：人

地区	15岁及以上人口			未婚		
	合计	男	女	小计	男	女
阜阳市	**369839**	**183948**	**185891**	**65303**	**39621**	**25682**
颍州区	19244	9323	9921	2461	1511	950
颍东区	23438	11865	11573	3637	2265	1372
颍泉区	21902	10776	11126	3232	2023	1209
临泉县	89116	43759	45357	18220	10642	7578
太和县	61685	30985	30700	10460	6593	3867
阜南县	61668	30484	31184	11907	7035	4872
颍上县	63953	32921	31032	11612	7232	4380
阜阳合肥现代产业园区	2158	1074	1084	303	174	129
阜阳经济技术开发区	1335	681	654	181	114	67
界首市	25340	12080	13260	3290	2032	1258
宿州市	**218067**	**107696**	**110371**	**27641**	**17625**	**10016**
埇桥区	65946	33606	32340	9002	5686	3316
砀山县	29707	14534	15173	3529	2240	1289
萧县	50652	24860	25792	6664	4343	2321
灵璧县	38161	18241	19920	4243	2738	1505
泗县	32455	15888	16567	4077	2537	1540
宿州马鞍山现代产业园区	1146	567	579	126	81	45
宿州经济技术开发区						
六安市	**189058**	**97006**	**92052**	**27199**	**18334**	**8865**
金安区	25677	13095	12582	3674	2413	1261
裕安区	36484	18642	17842	5096	3531	1565
叶集区	7240	3660	3580	890	606	284
霍邱县	43985	22249	21736	5937	3906	2031
舒城县	39896	20597	19299	6073	4052	2021
金寨县	26422	13866	12556	4141	2872	1269
霍山县	9354	4897	4457	1388	954	434
亳州市	**183830**	**89635**	**94195**	**26169**	**16448**	**9721**
谯城区	56097	27694	28403	7175	4644	2531
涡阳县	44267	21538	22729	6499	4075	2424
蒙城县	37954	18247	19707	5226	3260	1966
利辛县	45512	22156	23356	7269	4469	2800
池州市	**47558**	**24469**	**23089**	**5961**	**4146**	**1815**
贵池区	14686	7332	7354	1297	950	347
东至县	20134	10616	9518	3300	2177	1123
石台县	3542	1780	1762	353	271	82
青阳县	8261	4284	3977	904	678	226
池州市国家经济技术开发区						
皖江江南新兴产业集中区						
九华山风景区	935	457	478	107	70	37
宣城市	**79505**	**41659**	**37846**	**8456**	**6402**	**2054**
宣州区	23564	12017	11547	2130	1579	551
郎溪县	9954	5183	4771	1248	830	418
泾县	10539	5728	4811	1337	1114	223
绩溪县	4442	2285	2157	351	302	49
旌德县	3958	2158	1800	483	378	105
宣城市经济开发区	1611	876	735	317	205	112
宁国市	10238	5561	4677	1067	898	169
广德市	15199	7851	7348	1523	1096	427

5-1c 续表 3 单位：人

地区	有配偶			离婚			丧偶		
	小计	男	女	小计	男	女	小计	男	女
安徽	**1555049**	**773181**	**781868**	**36479**	**26996**	**9483**	**171092**	**53382**	**117710**
合肥市	**116701**	**60206**	**56495**	**2522**	**1908**	**614**	**13218**	**4019**	**9199**
瑶海区	1369	667	702	20	12	8	27	6	21
庐阳区	325	172	153	5	4	1	37	18	19
蜀山区	767	421	346	14	9	5	104	36	68
包河区	422	247	175	8	6	2	34	7	27
长丰县	20536	10633	9903	493	378	115	2116	683	1433
肥东县	27245	14358	12887	718	560	158	3040	914	2126
肥西县	22037	11524	10513	460	333	127	2143	667	1476
庐江县	30016	15235	14781	553	406	147	3519	1052	2467
合肥高新技术产业开发区	6	3	3						
合肥经济技术开发区	492	252	240	7	7		57	20	37
合肥新站高新技术产业开发区	297	173	124	3	3		19	10	9
巢湖市	13189	6521	6668	241	190	51	2122	606	1516
芜湖市	**76842**	**39934**	**36908**	**2591**	**1898**	**693**	**8978**	**2647**	**6331**
镜湖区	1180	585	595	50	43	7	132	33	99
弋江区									
鸠江区	8558	4303	4255	210	149	61	1054	311	743
三山区	2404	1219	1185	75	57	18	332	108	224
芜湖县	7310	3818	3492	334	249	85	942	281	661
繁昌县	7478	3928	3550	279	191	88	867	280	587
南陵县	14588	7606	6982	635	465	170	1741	495	1246
芜湖经济技术开发区	186	93	93	4	3	1	26	5	21
安徽芜湖长江大桥经济开发区	403	199	204	11	10	1	58	21	37
无为市	34735	18183	16552	993	731	262	3826	1113	2713
蚌埠市	**72887**	**35241**	**37646**	**1904**	**1431**	**473**	**7911**	**2608**	**5303**
龙子湖区	2237	1137	1100	59	42	17	189	63	126
蚌山区	923	464	459	40	29	11	103	30	73
禹会区	5628	2763	2865	187	132	55	563	191	372
淮上区	5208	2569	2639	127	104	23	480	177	303
怀远县	26005	12466	13539	710	539	171	3113	1066	2047
五河县	15470	7539	7931	397	281	116	1682	525	1157
固镇县	17416	8303	9113	384	304	80	1781	556	1225
蚌埠市高新技术开发区									
蚌埠市经济开发区									
淮南市	**71069**	**35861**	**35208**	**1841**	**1385**	**456**	**7144**	**2379**	**4765**
大通区	2382	1191	1191	66	50	16	205	59	146
田家庵区	1443	708	735	41	27	14	160	49	111
谢家集区	2490	1255	1235	43	35	8	306	102	204
八公山区	328	164	164	48	28	20	53	17	36
潘集区	9202	4668	4534	238	192	46	973	308	665
凤台县	19472	9558	9914	518	404	114	2070	695	1375
寿县	35752	18317	17435	887	649	238	3377	1149	2228

5-1c 续表 4 单位：人

地区	有配偶			离婚			丧偶		
	小计	男	女	小计	男	女	小计	男	女
马鞍山市	**39172**	**20098**	**19074**	**1049**	**778**	**271**	**4540**	**1219**	**3321**
花山区	600	314	286	15	9	6	67	14	53
雨山区	863	445	418	44	28	16	92	18	74
博望区	4418	2265	2153	146	119	27	538	146	392
当涂县	10587	5299	5288	316	234	82	1120	295	825
含山县	11785	6149	5636	301	222	79	1184	292	892
和县	10919	5626	5293	227	166	61	1539	454	1085
淮北市	**40380**	**19555**	**20825**	**898**	**636**	**262**	**3924**	**1200**	**2724**
杜集区	3244	1617	1627	73	53	20	331	100	231
相山区	2678	1307	1371	84	55	29	260	80	180
烈山区	5690	2748	2942	138	97	41	599	188	411
濉溪县	28768	13883	14885	603	431	172	2734	832	1902
铜陵市	**23843**	**11619**	**12224**	**461**	**351**	**110**	**3876**	**1027**	**2849**
铜官区	530	259	271	18	12	6	34	5	29
义安区	7137	3637	3500	177	139	38	1001	273	728
郊区	4675	2239	2436	95	73	22	745	199	546
枞阳县	11501	5484	6017	171	127	44	2096	550	1546
安庆市	**145173**	**73981**	**71192**	**3051**	**2126**	**925**	**16265**	**4931**	**11334**
迎江区	600	328	272	14	11	3	138	42	96
大观区	2309	1173	1136	41	25	16	304	89	215
宜秀区	1528	777	751	33	28	5	258	58	200
怀宁县	21814	11196	10618	431	304	127	2422	680	1742
太湖县	19881	10005	9876	436	298	138	2157	714	1443
宿松县	27839	14312	13527	611	420	191	2927	933	1994
望江县	24918	12480	12438	539	359	180	2429	686	1743
岳西县	13820	7068	6752	296	216	80	1666	596	1070
安徽安庆经济开发区	237	122	115	1		1	34	11	23
桐城市	15668	8014	7654	321	238	83	2095	542	1553
潜山市	16559	8506	8053	328	227	101	1835	580	1255
黄山市	**39368**	**20270**	**19098**	**1213**	**874**	**339**	**5126**	**1334**	**3792**
屯溪区	1425	709	716	41	30	11	145	34	111
黄山区	3879	2065	1814	145	106	39	498	141	357
徽州区	2428	1234	1194	81	57	24	301	70	231
歙县	15805	8116	7689	536	393	143	2205	589	1616
休宁县	8595	4334	4261	217	156	61	1045	245	800
黟县	2842	1479	1363	97	68	29	361	88	273
祁门县	4394	2333	2061	96	64	32	571	167	404
滁州市	**109973**	**56607**	**53366**	**2833**	**2114**	**719**	**10739**	**3485**	**7254**
琅琊区	692	364	328	16	13	3	65	24	41
南谯区	6556	3495	3061	216	135	81	627	198	429
来安县	12611	6530	6081	308	239	69	1407	408	999
全椒县	11236	5836	5400	240	178	62	1256	394	862
定远县	29023	14989	14034	804	612	192	2636	795	1841
凤阳县	20949	10613	10336	569	425	144	1763	662	1101
苏滁现代产业园									
滁州经济技术开发区	1078	576	502	17	9	8	26	6	20
天长市	12802	6576	6226	225	182	43	1609	529	1080
明光市	15026	7628	7398	438	321	117	1350	469	881

5-1c　续表 5　　　　单位：人

地　区	有配偶			离　婚			丧　偶		
	小计	男	女	小计	男	女	小计	男	女
阜阳市	**271498**	**131179**	**140319**	**5939**	**4402**	**1537**	**27099**	**8746**	**18353**
颍州区	14909	7093	7816	274	199	75	1600	520	1080
颍东区	17804	8785	9019	433	321	112	1564	494	1070
颍泉区	16498	7889	8609	365	285	80	1807	579	1228
临泉县	62978	30053	32925	1417	1028	389	6501	2036	4465
太和县	45741	22142	23599	924	718	206	4560	1532	3028
阜南县	44306	21406	22900	860	615	245	4595	1428	3167
颍上县	46875	23316	23559	1285	958	327	4181	1415	2766
阜阳合肥现代产业园区	1687	832	855	38	27	11	130	41	89
阜阳经济技术开发区	1063	528	535	19	10	9	72	29	43
界首市	19637	9135	10502	324	241	83	2089	672	1417
宿州市	**169633**	**81960**	**87673**	**3384**	**2529**	**855**	**17409**	**5582**	**11827**
埇桥区	51209	25548	25661	1189	906	283	4546	1466	3080
砀山县	23495	11380	12115	337	235	102	2346	679	1667
萧县	38957	18635	20322	748	581	167	4283	1301	2982
灵璧县	29904	13915	15989	535	374	161	3479	1214	2265
泗县	25146	12041	13105	555	417	138	2677	893	1784
宿州马鞍山现代产业园区	922	441	481	20	16	4	78	29	49
宿州经济技术开发区									
六安市	**142835**	**71188**	**71647**	**2690**	**2011**	**679**	**16334**	**5473**	**10861**
金安区	19438	9671	9767	348	245	103	2217	766	1451
裕安区	27942	13767	14175	477	377	100	2969	967	2002
叶集区	5700	2773	2927	76	60	16	574	221	353
霍邱县	33782	16626	17156	662	469	193	3604	1248	2356
舒城县	29423	14871	14552	669	509	160	3731	1165	2566
金寨县	19666	9966	9700	299	231	68	2316	797	1519
霍山县	6884	3514	3370	159	120	39	923	309	614
亳州市	**138840**	**66033**	**72807**	**2969**	**2153**	**816**	**15852**	**5001**	**10851**
谯城区	43580	20991	22589	884	625	259	4458	1434	3024
涡阳县	32923	15637	17286	755	554	201	4090	1272	2818
蒙城县	28834	13531	15303	550	393	157	3344	1063	2281
利辛县	33503	15874	17629	780	581	199	3960	1232	2728
池州市	**36032**	**18339**	**17693**	**930**	**675**	**255**	**4635**	**1309**	**3326**
贵池区	11505	5778	5727	203	156	47	1681	448	1233
东至县	14757	7639	7118	470	328	142	1607	472	1135
石台县	2719	1346	1373	47	41	6	423	122	301
青阳县	6327	3225	3102	178	133	45	852	248	604
池州市国家经济技术开发区									
皖江江南新兴产业集中区									
九华山风景区	724	351	373	32	17	15	72	19	53
宣城市	**60803**	**31110**	**29693**	**2204**	**1725**	**479**	**8042**	**2422**	**5620**
宣州区	18374	9233	9141	596	462	134	2464	743	1721
郎溪县	7686	3924	3762	241	200	41	779	229	550
泾县	7634	3986	3648	363	290	73	1205	338	867
绩溪县	3413	1746	1667	97	85	12	581	152	429
旌德县	2912	1550	1362	125	95	30	438	135	303
宣城市经济开发区	1112	594	518	66	40	26	116	37	79
宁国市	7722	4074	3648	312	241	71	1137	348	789
广德市	11950	6003	5947	404	312	92	1322	440	882

5-2 全省分性别、职业、婚姻状况的人口

单位：人

职业大类	15岁及以上人口			未婚		
	合计	男	女	小计	男	女
总 计	**2768331**	**1683505**	**1084826**	**329761**	**216670**	**113091**
党的机关、国家机关、群众团体和社会组织、企事业单位负责人	64111	48826	15285	4556	3304	1252
专业技术人员	256844	123101	133743	60004	24316	35688
办事人员和有关人员	163560	106139	57421	25517	13979	11538
社会生产服务和生活服务人员	936968	539651	397317	133485	87147	46338
农、林、牧、渔业生产及辅助人员	527111	276470	250641	23207	18937	4270
生产制造及有关人员	814971	586348	228623	81465	68064	13401
不便分类的其他从业人员	4766	2970	1796	1527	923	604

5-2 续表

单位：人

职业大类	有配偶			离婚			丧偶		
	小计	男	女	小计	男	女	小计	男	女
总 计	**2308497**	**1395085**	**913412**	**72496**	**47031**	**25465**	**57577**	**24719**	**32858**
党的机关、国家机关、群众团体和社会组织、企事业单位负责人	57481	44299	13182	1830	1078	752	244	145	99
专业技术人员	190520	96151	94369	5232	2176	3056	1088	458	630
办事人员和有关人员	131952	88368	43584	4873	2969	1904	1218	823	395
社会生产服务和生活服务人员	760359	432345	328014	29503	15669	13834	13621	4490	9131
农、林、牧、渔业生产及辅助人员	464599	238158	226441	8002	6507	1495	31303	12868	18435
生产制造及有关人员	700557	493837	206720	22915	18541	4374	10034	5906	4128
不便分类的其他从业人员	3029	1927	1102	141	91	50	69	29	40

5-2a　全省分性别、职业、婚姻状况的人口(城市)

单位：人

职业大类	15岁及以上人口			未　婚		
	合计	男	女	小计	男	女
总　计	**683785**	**411052**	**272733**	**95249**	**55913**	**39336**
党的机关、国家机关、群众团体和社会组织、企事业单位负责人	29706	21990	7716	2049	1406	643
专业技术人员	114369	52209	62160	23682	9244	14438
办事人员和有关人员	79298	49852	29446	11622	6087	5535
社会生产服务和生活服务人员	290165	161473	128692	43034	26593	16441
农、林、牧、渔业生产及辅助人员	11278	6524	4754	403	331	72
生产制造及有关人员	157303	117938	39365	14068	12011	2057
不便分类的其他从业人员	1666	1066	600	391	241	150

5-2a　续表

单位：人

职业大类	有配偶			离　婚			丧　偶		
	小计	男	女	小计	男	女	小计	男	女
总　计	**560185**	**341020**	**219165**	**23328**	**12339**	**10989**	**5023**	**1780**	**3243**
党的机关、国家机关、群众团体和社会组织、企事业单位负责人	26611	20015	6596	968	525	443	78	44	34
专业技术人员	87617	41849	45768	2736	1006	1730	334	110	224
办事人员和有关人员	64533	41920	22613	2797	1629	1168	346	216	130
社会生产服务和生活服务人员	232899	129123	103776	11491	5084	6407	2741	673	2068
农、林、牧、渔业生产及辅助人员	10197	5864	4333	215	162	53	463	167	296
生产制造及有关人员	137143	101471	35672	5047	3889	1158	1045	567	478
不便分类的其他从业人员	1185	778	407	74	44	30	16	3	13

5-2b 全省分性别、职业、婚姻状况的人口(镇)

单位：人

职业大类	15岁及以上人口			未婚		
	合计	男	女	小计	男	女
总 计	**865379**	**525264**	**340115**	**100916**	**66146**	**34770**
党的机关、国家机关、群众团体和社会组织、企事业单位负责人	21650	16606	5044	1254	957	297
专业技术人员	95660	45892	49768	20289	8321	11968
办事人员和有关人员	58652	38927	19725	8532	4752	3780
社会生产服务和生活服务人员	330987	188147	142840	39814	26509	13305
农、林、牧、渔业生产及辅助人员	90784	47765	43019	3741	2994	747
生产制造及有关人员	266367	187151	79216	26926	22407	4519
不便分类的其他从业人员	1279	776	503	360	206	154

5-2b 续表

单位：人

职业大类	有配偶			离婚			丧偶		
	小计	男	女	小计	男	女	小计	男	女
总 计	**730719**	**441461**	**289258**	**21004**	**12632**	**8372**	**12740**	**5025**	**7715**
党的机关、国家机关、群众团体和社会组织、企事业单位负责人	19748	15271	4477	566	335	231	82	43	39
专业技术人员	73197	36710	36487	1755	705	1050	419	156	263
办事人员和有关人员	48224	33017	15207	1491	903	588	405	255	150
社会生产服务和生活服务人员	277444	155617	121827	9400	4739	4661	4329	1282	3047
农、林、牧、渔业生产及辅助人员	81014	41932	39082	1303	1001	302	4726	1838	2888
生产制造及有关人员	230223	158376	71847	6456	4927	1529	2762	1441	1321
不便分类的其他从业人员	869	538	331	33	22	11	17	10	7

5-2c　全省分性别、职业、婚姻状况的人口(乡村)

单位：人

职业大类	15岁及以上人口			未婚		
	合计	男	女	小计	男	女
总　计	**1219167**	**747189**	**471978**	**133596**	**94611**	**38985**
党的机关、国家机关、群众团体和社会组织、企事业单位负责人	12755	10230	2525	1253	941	312
专业技术人员	46815	25000	21815	16033	6751	9282
办事人员和有关人员	25610	17360	8250	5363	3140	2223
社会生产服务和生活服务人员	315816	190031	125785	50637	34045	16592
农、林、牧、渔业生产及辅助人员	425049	222181	202868	19063	15612	3451
生产制造及有关人员	391301	281259	110042	40471	33646	6825
不便分类的其他从业人员	1821	1128	693	776	476	300

5-2c　续表

单位：人

职业大类	有配偶			离婚			丧偶		
	小计	男	女	小计	男	女	小计	男	女
总　计	**1017593**	**612604**	**404989**	**28164**	**22060**	**6104**	**39814**	**17914**	**21900**
党的机关、国家机关、群众团体和社会组织、企事业单位负责人	11122	9013	2109	296	218	78	84	58	26
专业技术人员	29706	17592	12114	741	465	276	335	192	143
办事人员和有关人员	19195	13431	5764	585	437	148	467	352	115
社会生产服务和生活服务人员	250016	147605	102411	8612	5846	2766	6551	2535	4016
农、林、牧、渔业生产及辅助人员	373388	190362	183026	6484	5344	1140	26114	10863	15251
生产制造及有关人员	333191	233990	99201	11412	9725	1687	6227	3898	2329
不便分类的其他从业人员	975	611	364	34	25	9	36	16	20

5-3 全省分年龄、性别、受教育

受教育程度 / 年龄	15岁及以上人口			未婚		
	合计	男	女	小计	男	女
总计	**4877094**	**2437492**	**2439602**	**833007**	**499382**	**333625**
15-19岁	**341702**	**184122**	**157580**	**339366**	**183505**	**155861**
15	74931	41190	33741	74902	41187	33715
16	82907	45313	37594	82790	45291	37499
17	71563	38686	32877	71268	38600	32668
18	55474	29384	26090	54877	29228	25649
19	56827	29549	27278	55529	29199	26330
20-24岁	**288976**	**150159**	**138817**	**236872**	**130672**	**106200**
20	59019	30854	28165	56276	30073	26203
21	53768	27925	25843	48955	26394	22561
22	56689	29389	27300	47826	26295	21531
23	57529	29857	27672	43424	24469	18955
24	61971	32134	29837	40391	23441	16950
25-29岁	**398194**	**202838**	**195356**	**133888**	**84367**	**49521**
25	71536	37078	34458	38467	23060	15407
26	71255	36686	34569	30502	18894	11608
27	78473	40027	38446	25822	16511	9311
28	84255	42581	41674	21376	14023	7353
29	92675	46466	46209	17721	11879	5842
30-34岁	**484759**	**238760**	**245999**	**47011**	**33091**	**13920**
30	112483	55914	56569	16214	11134	5080
31	104095	51471	52624	11529	8153	3376
32	94357	46075	48282	8204	5748	2456
33	93629	45972	47657	6417	4634	1783
34	80195	39328	40867	4647	3422	1225
35-39岁	**356881**	**177755**	**179126**	**13445**	**10195**	**3250**
35	71775	35666	36109	3418	2559	859
36	71684	35720	35964	2949	2165	784
37	69235	34591	34644	2543	1929	614
38	74613	37284	37329	2484	1908	576
39	69574	34494	35080	2051	1634	417
40-44岁	**380291**	**191862**	**188429**	**9133**	**7581**	**1552**
40	72468	36015	36453	1986	1616	370
41	78383	39526	38857	2015	1651	364
42	77501	38916	38585	1835	1522	313
43	71968	36652	35316	1648	1376	272
44	79971	40753	39218	1649	1416	233
45-49岁	**487925**	**245509**	**242416**	**9811**	**8698**	**1113**
45	80159	40510	39649	1787	1541	246
46	88335	44925	43410	1850	1631	219
47	97247	48834	48413	1989	1769	220
48	109852	55115	54737	2090	1876	214
49	112332	56125	56207	2095	1881	214
50-54岁	**569957**	**278747**	**291210**	**9432**	**8664**	**768**
50	119527	58280	61247	2193	1991	202
51	115281	56366	58915	2047	1876	171
52	123245	60607	62638	1981	1826	155
53	100549	48623	51926	1551	1445	106
54	111355	54871	56484	1660	1526	134
55-59岁	**453365**	**221744**	**231621**	**6390**	**5904**	**486**
55	106961	52192	54769	1533	1413	120
56	99913	48806	51107	1443	1338	105
57	115057	56730	58327	1716	1578	138
58	94704	46714	47990	1224	1136	88
59	36730	17302	19428	474	439	35
60-64岁	**227274**	**115909**	**111365**	**4631**	**4455**	**176**
60	29521	14439	15082	477	443	34
61	28905	14734	14171	607	579	28
62	46953	24636	22317	1049	1005	44
63	61151	31721	29430	1305	1265	40
64	60744	30379	30365	1193	1163	30
65岁及以上	**887770**	**430087**	**457683**	**23028**	**22250**	**778**

程度、婚姻状况的人口

单位：人

有配偶			离婚			丧偶		
小计	男	女	小计	男	女	小计	男	女
3638419	**1791788**	**1846631**	**104775**	**60772**	**44003**	**300893**	**85550**	**215343**
2322	**610**	**1712**	**14**	**7**	**7**			
29	3	26						
116	21	95	1	1				
292	85	207	3	1	2			
592	154	438	5	2	3			
1293	347	946	5	3	2			
51282	**19131**	**32151**	**796**	**352**	**444**	**26**	**4**	**22**
2719	769	1950	23	12	11	1		1
4754	1514	3240	59	17	42			
8738	3050	5688	120	44	76	5		5
13881	5290	8591	216	95	121	8	3	5
21190	8508	12682	378	184	194	12	1	11
257614	**114883**	**142731**	**6514**	**3537**	**2977**	**178**	**51**	**127**
32441	13696	18745	614	315	299	14	7	7
39836	17311	22525	897	478	419	20	3	17
51429	22888	28541	1194	625	569	28	3	25
61218	27639	33579	1615	905	710	46	14	32
72690	33349	39341	2194	1214	980	70	24	46
421231	**196382**	**224849**	**15940**	**9124**	**6816**	**577**	**163**	**414**
93162	43055	50107	2996	1684	1312	111	41	70
89263	41501	47762	3201	1790	1411	102	27	75
82828	38421	44407	3209	1873	1336	116	33	83
83657	39348	44309	3420	1956	1464	135	34	101
72321	34057	38264	3114	1821	1293	113	28	85
327420	**158441**	**168979**	**15106**	**8868**	**6238**	**910**	**251**	**659**
65365	31402	33963	2844	1666	1178	148	39	109
65481	31696	33785	3100	1813	1287	154	46	108
63546	30920	32626	2966	1699	1267	180	43	137
68654	33357	35297	3262	1952	1310	213	67	146
64374	31066	33308	2934	1738	1196	215	56	159
353460	**174534**	**178926**	**15522**	**9123**	**6399**	**2176**	**624**	**1552**
67203	32557	34646	2992	1762	1230	287	80	207
72605	35752	36853	3386	2012	1374	377	111	266
72064	35382	36682	3175	1891	1284	427	121	306
67055	33529	33526	2792	1610	1182	473	137	336
74533	37314	37219	3177	1848	1329	612	175	437
456313	**225875**	**230438**	**16007**	**9250**	**6757**	**5794**	**1686**	**4108**
74771	37071	37700	2883	1684	1199	718	214	504
82565	41267	41298	3049	1759	1290	871	268	603
90834	44890	45944	3297	1857	1440	1127	318	809
102922	50863	52059	3409	1971	1438	1431	405	1026
105221	51784	53437	3369	1979	1390	1647	481	1166
531961	**257766**	**274195**	**14786**	**8298**	**6488**	**13778**	**4019**	**9759**
111774	53724	58050	3447	1949	1498	2113	616	1497
107626	52037	55589	3144	1706	1438	2464	747	1717
115142	56124	59018	3188	1801	1387	2934	856	2078
93829	45012	48817	2365	1358	1007	2804	808	1996
103590	50869	52721	2642	1484	1158	3463	992	2471
417841	**205084**	**212757**	**9696**	**5459**	**4237**	**19438**	**5297**	**14141**
99193	48380	50813	2456	1346	1110	3779	1053	2726
92197	45116	47081	2285	1263	1022	3988	1089	2899
105784	52343	53441	2539	1457	1082	5018	1352	3666
87107	43305	43802	1727	979	748	4646	1294	3352
33560	15940	17620	689	414	275	2007	509	1498
200399	**103501**	**96898**	**4073**	**2530**	**1543**	**18171**	**5423**	**12748**
26486	13096	13390	737	414	323	1821	486	1335
25642	13138	12504	667	424	243	1989	593	1396
41469	22036	19433	847	520	327	3588	1075	2513
53729	28274	25455	948	593	355	5169	1589	3580
53073	26957	26116	874	579	295	5604	1680	3924
618576	**335581**	**282995**	**6321**	**4224**	**2097**	**239845**	**68032**	**171813**

5-3 续表 1

受教育程度 年　　龄	15岁及以上人口			未　婚		
	合计	男	女	小计	男	女
未上过学	**297813**	**69973**	**227840**	**15976**	**14532**	**1444**
15-19岁	**405**	**260**	**145**	**402**	**260**	**142**
15	72	55	17	72	55	17
16	76	45	31	76	45	31
17	70	47	23	69	47	22
18	93	53	40	92	53	39
19	94	60	34	93	60	33
20-24岁	**593**	**328**	**265**	**494**	**316**	**178**
20	90	48	42	85	47	38
21	111	66	45	102	65	37
22	123	66	57	103	63	40
23	132	69	63	105	69	36
24	137	79	58	99	72	27
25-29岁	**969**	**499**	**470**	**622**	**441**	**181**
25	163	80	83	114	77	37
26	156	85	71	109	77	32
27	191	101	90	121	88	33
28	228	119	109	143	103	40
29	231	114	117	135	96	39
30-34岁	**1429**	**644**	**785**	**701**	**527**	**174**
30	283	133	150	157	110	47
31	309	145	164	162	124	38
32	252	109	143	121	88	33
33	300	134	166	141	108	33
34	285	123	162	120	97	23
35-39岁	**1727**	**673**	**1054**	**588**	**497**	**91**
35	282	127	155	116	99	17
36	331	126	205	119	96	23
37	324	137	187	114	99	15
38	384	132	252	120	100	20
39	406	151	255	119	103	16
40-44岁	**3558**	**1035**	**2523**	**733**	**646**	**87**
40	523	168	355	127	111	16
41	620	202	418	152	140	12
42	728	199	529	141	124	17
43	737	219	518	154	133	21
44	950	247	703	159	138	21
45-49岁	**9497**	**2065**	**7432**	**1052**	**932**	**120**
45	1132	282	850	187	158	29
46	1403	375	1028	204	182	22
47	1872	409	1463	199	176	23
48	2351	456	1895	218	192	26
49	2739	543	2196	244	224	20
50-54岁	**19575**	**3400**	**16175**	**1251**	**1164**	**87**
50	3458	620	2838	291	266	25
51	3666	672	2994	275	253	22
52	4219	765	3454	269	254	15
53	3807	619	3188	204	187	17
54	4425	724	3701	212	204	8
55-59岁	**23565**	**3386**	**20179**	**1054**	**982**	**72**
55	4517	698	3819	227	213	14
56	4610	698	3912	234	219	15
57	5633	769	4864	254	237	17
58	5969	790	5179	227	208	19
59	2836	431	2405	112	105	7
60-64岁	**24805**	**5318**	**19487**	**1085**	**1052**	**33**
60	2330	396	1934	102	95	7
61	2574	559	2015	123	119	4
62	4893	1136	3757	259	249	10
63	7225	1590	5635	312	304	8
64	7783	1637	6146	289	285	4
65岁及以上	**211690**	**52365**	**159325**	**7994**	**7715**	**279**

单位：人

有配偶			离婚			丧偶		
小计	男	女	小计	男	女	小计	男	女
185321	**41452**	**143869**	**2060**	**1051**	**1009**	**94456**	**12938**	**81518**
3		**3**						
1		1						
1		1						
1		1						
98	**12**	**86**	**1**		**1**			
5	1	4						
9	1	8						
20	3	17						
27		27						
37	7	30	1		1			
334	**51**	**283**	**12**	**7**	**5**	**1**		**1**
48	3	45	1		1			
47	8	39						
67	11	56	3	2	1			
81	13	68	3	3		1		1
91	16	75	5	2	3			
693	**102**	**591**	**28**	**13**	**15**	**7**	**2**	**5**
115	18	97	10	4	6	1	1	
141	21	120	5		5	1		1
127	18	109	2	2		2	1	1
154	23	131	4	3	1	1		1
156	22	134	7	4	3	2		2
1075	**153**	**922**	**54**	**22**	**32**	**10**	**1**	**9**
160	26	134	6	2	4			
198	22	176	12	8	4	2		2
196	34	162	11	4	7	3		3
252	31	221	9	1	8	3		3
269	40	229	16	7	9	2	1	1
2703	**348**	**2355**	**73**	**34**	**39**	**49**	**7**	**42**
376	48	328	16	8	8	4	1	3
447	57	390	13	4	9	8	1	7
570	71	499	7	2	5	10	2	8
558	74	484	16	11	5	9	1	8
752	98	654	21	9	12	18	2	16
7983	**992**	**6991**	**214**	**113**	**101**	**248**	**28**	**220**
906	107	799	22	13	9	17	4	13
1141	170	971	33	21	12	25	2	23
1580	206	1374	46	22	24	47	5	42
2002	221	1781	61	32	29	70	11	59
2354	288	2066	52	25	27	89	6	83
17099	**2020**	**15079**	**318**	**128**	**190**	**907**	**88**	**819**
2998	320	2678	51	22	29	118	12	106
3177	374	2803	63	26	37	151	19	132
3694	469	3225	71	23	48	185	19	166
3339	380	2959	70	28	42	194	24	170
3891	477	3414	63	29	34	259	14	245
20480	**2192**	**18288**	**193**	**78**	**115**	**1838**	**134**	**1704**
3949	441	3508	46	23	23	295	21	274
4019	434	3585	31	13	18	326	32	294
4913	489	4424	50	17	33	416	26	390
5153	534	4619	51	17	34	538	31	507
2446	294	2152	15	8	7	263	24	239
20206	**3758**	**16448**	**233**	**142**	**91**	**3281**	**366**	**2915**
1934	256	1678	23	14	9	271	31	240
2153	393	1760	28	18	10	270	29	241
3939	786	3153	47	26	21	648	75	573
5834	1134	4700	69	38	31	1010	114	896
6346	1189	5157	66	46	20	1082	117	965
114647	**31824**	**82823**	**934**	**514**	**420**	**88115**	**12312**	**75803**

5-3 续表 2

受教育程度 年　　龄	15岁及以上人口			未　　婚		
	合计	男	女	小计	男	女
学前教育	**8454**	**2584**	**5870**	**534**	**431**	**103**
15-19岁	**107**	**59**	**48**	**106**	**59**	**47**
15	40	22	18	40	22	18
16	31	16	15	30	16	14
17	16	11	5	16	11	5
18	8	5	3	8	5	3
19	12	5	7	12	5	7
20-24岁	**47**	**29**	**18**	**41**	**26**	**15**
20	10	7	3	10	7	3
21	6	4	2	6	4	2
22	10	9	1	9	8	1
23	13	6	7	11	5	6
24	8	3	5	5	2	3
25-29岁	**62**	**27**	**35**	**28**	**18**	**10**
25	12	6	6	8	3	5
26	8	4	4	4	3	1
27	17	8	9	6	6	
28	14	4	10	5	3	2
29	11	5	6	5	3	2
30-34岁	**77**	**30**	**47**	**18**	**15**	**3**
30	10	7	3	3	3	
31	20	11	9	6	5	1
32	14	3	11	3	2	1
33	16	5	11	4	3	1
34	17	4	13	2	2	
35-39岁	**67**	**20**	**47**	**11**	**9**	**2**
35	11	2	9	3	1	2
36	14	4	10	3	3	
37	13	5	8	2	2	
38	17	6	11	2	2	
39	12	3	9	1	1	
40-44岁	**107**	**27**	**80**	**7**	**3**	**4**
40	16	4	12	1		1
41	13	4	9	1	1	
42	18	3	15	2		2
43	23	6	17	1		1
44	37	10	27	2	2	
45-49岁	**261**	**73**	**188**	**20**	**17**	**3**
45	35	15	20	7	6	1
46	41	14	27	3	2	1
47	47	14	33	5	4	1
48	64	12	52	2	2	
49	74	18	56	3	3	
50-54岁	**551**	**127**	**424**	**28**	**27**	**1**
50	87	18	69	4	4	
51	109	28	81	6	5	1
52	119	28	91	5	5	
53	107	25	82	5	5	
54	129	28	101	8	8	
55-59岁	**712**	**136**	**576**	**27**	**23**	**4**
55	153	34	119	7	6	1
56	127	25	102	4	3	1
57	187	33	154	9	7	2
58	181	31	150	6	6	
59	64	13	51	1	1	
60-64岁	**755**	**211**	**544**	**36**	**33**	**3**
60	70	12	58	2	2	
61	77	27	50	6	6	
62	154	47	107	7	6	1
63	224	69	155	13	12	1
64	230	56	174	8	7	1
65岁及以上	**5708**	**1845**	**3863**	**212**	**201**	**11**

单位：人

有配偶			离　婚			丧　偶		
小计	男	女	小计	男	女	小计	男	女
5519	1687	3832	78	44	34	2323	422	1901
1		1						
1		1						
6	3	3						
1	1							
2	1	1						
3	1	2						
33	9	24	1		1			
4	3	1						
4	1	3						
11	2	9						
8	1	7	1		1			
6	2	4						
55	14	41	2	1	1	2		2
6	4	2	1		1			
13	5	8	1	1				
11	1	10						
11	2	9				1		1
14	2	12				1		1
53	10	43	2	1	1	1		1
8	1	7						
11	1	10						
11	3	8						
13	3	10	1	1		1		1
10	2	8	1		1			
93	22	71	6	2	4	1		1
14	4	10	1		1			
10	2	8	2	1	1			
15	3	12	1		1			
20	5	15	2	1	1			
34	8	26				1		1
228	51	177	6	5	1	7		7
27	8	19	1	1				
36	11	25	1	1		1		1
39	8	31	3	2	1			
60	10	50				2		2
66	14	52	1	1		4		4
490	93	397	5	3	2	28	4	24
79	12	67	1	1		3	1	2
99	23	76	1		1	3		3
109	23	86	1		1	4		4
92	18	74	2	2		8		8
111	17	94				10	3	7
626	104	522	6	3	3	53	6	47
134	26	108				12	2	10
116	21	95	1		1	6	1	5
163	24	139	3	2	1	12		12
158	22	136	2	1	1	15	2	13
55	11	44				8	1	7
604	152	452	13	8	5	102	18	84
56	8	48	1		1	11	2	9
65	19	46	2	1	1	4	1	3
126	34	92	1		1	20	7	13
175	49	126	5	4	1	31	4	27
182	42	140	4	3	1	36	4	32
3330	1229	2101	37	21	16	2129	394	1735

5-3 续表 3

受教育程度 年 龄	15岁及以上人口			未 婚		
	合计	男	女	小计	男	女
小 学	**1113884**	**470633**	**643251**	**37190**	**33767**	**3423**
15-19岁	**1660**	**881**	**779**	**1562**	**867**	**695**
15	248	133	115	244	133	111
16	269	149	120	266	149	117
17	315	163	152	304	162	142
18	373	192	181	341	189	152
19	455	244	211	407	234	173
20-24岁	**3071**	**1585**	**1486**	**1899**	**1248**	**651**
20	507	271	236	414	249	165
21	487	263	224	357	237	120
22	609	316	293	401	263	138
23	671	328	343	368	244	124
24	797	407	390	359	255	104
25-29岁	**7686**	**3573**	**4113**	**2011**	**1527**	**484**
25	1045	524	521	429	306	123
26	1203	583	620	386	276	110
27	1542	718	824	413	324	89
28	1776	795	981	403	314	89
29	2120	953	1167	380	307	73
30-34岁	**16224**	**6297**	**9927**	**1960**	**1609**	**351**
30	2850	1212	1638	460	378	82
31	3032	1224	1808	429	339	90
32	3183	1216	1967	364	300	64
33	3547	1334	2213	369	302	67
34	3612	1311	2301	338	290	48
35-39岁	**21805**	**7283**	**14522**	**1383**	**1190**	**193**
35	3534	1222	2312	260	215	45
36	3776	1280	2496	266	223	43
37	4084	1409	2675	274	239	35
38	4936	1574	3362	294	259	35
39	5475	1798	3677	289	254	35
40-44岁	**50045**	**17297**	**32748**	**2040**	**1847**	**193**
40	6904	2296	4608	340	309	31
41	9100	3199	5901	454	392	62
42	10253	3560	6693	421	382	39
43	10715	3627	7088	392	363	29
44	13073	4615	8458	433	401	32
45-49岁	**113310**	**39540**	**73770**	**3433**	**3239**	**194**
45	15034	5260	9774	537	506	31
46	18253	6450	11803	657	620	37
47	21917	7567	14350	678	638	40
48	27391	9536	17855	761	720	41
49	30715	10727	19988	800	755	45
50-54岁	**190963**	**68201**	**122762**	**4228**	**4066**	**162**
50	34900	12067	22833	859	825	34
51	37968	13486	24482	912	880	32
52	42158	15266	26892	871	837	34
53	36171	12906	23265	775	750	25
54	39766	14476	25290	811	774	37
55-59岁	**156220**	**54825**	**101395**	**3156**	**3034**	**122**
55	37566	13266	24300	755	719	36
56	33814	11823	21991	735	711	24
57	37952	13264	24688	847	815	32
58	33235	11726	21509	597	573	24
59	13653	4746	8907	222	216	6
60-64岁	**97584**	**43008**	**54576**	**2639**	**2591**	**48**
60	10554	3954	6600	235	229	6
61	11055	4591	6464	337	329	8
62	19671	8912	10759	583	573	10
63	27586	12650	14936	779	767	12
64	28718	12901	15817	705	693	12
65岁及以上	**455316**	**228143**	**227173**	**12879**	**12549**	**330**

单位：人

有配偶			离　婚			丧　偶		
小计	男	女	小计	男	女	小计	男	女
915051	**380726**	**534325**	**16811**	**10464**	**6347**	**144832**	**45676**	**99156**
96	**14**	**82**	**2**		**2**			
4		4						
3		3						
10	1	9	1		1			
32	3	29						
47	10	37	1		1			
1131	**319**	**812**	**39**	**18**	**21**	**2**		**2**
92	22	70	1		1			
128	26	102	2		2			
200	49	151	8	4	4			
290	80	210	13	4	9			
421	142	279	15	10	5	2		2
5424	**1917**	**3507**	**243**	**126**	**117**	**8**	**3**	**5**
594	207	387	22	11	11			
784	285	499	32	22	10	1		1
1084	375	709	44	19	25	1		1
1297	441	856	71	38	33	5	2	3
1665	609	1056	74	36	38	1	1	
13533	**4289**	**9244**	**692**	**389**	**303**	**39**	**10**	**29**
2272	766	1506	113	68	45	5		5
2469	824	1645	128	58	70	6	3	3
2686	835	1851	128	81	47	5		5
2998	938	2060	166	89	77	14	5	9
3108	926	2182	157	93	64	9	2	7
19437	**5554**	**13883**	**883**	**498**	**385**	**102**	**41**	**61**
3132	919	2213	130	82	48	12	6	6
3331	951	2380	166	100	66	13	6	7
3613	1060	2553	176	102	74	21	8	13
4430	1205	3225	194	103	91	18	7	11
4931	1419	3512	217	111	106	38	14	24
45688	**14235**	**31453**	**1836**	**1102**	**734**	**481**	**113**	**368**
6269	1828	4441	253	148	105	42	11	31
8216	2568	5648	355	218	137	75	21	54
9364	2933	6431	382	227	155	86	18	68
9837	3024	6813	378	214	164	108	26	82
12002	3882	8120	468	295	173	170	37	133
104921	**34062**	**70859**	**2974**	**1752**	**1222**	**1982**	**487**	**1495**
13861	4430	9431	437	275	162	199	49	150
16805	5463	11342	536	310	226	255	57	198
20211	6470	13741	635	367	268	393	92	301
25470	8292	17178	649	385	264	511	139	372
28574	9407	19167	717	415	302	624	150	474
176957	**60558**	**116399**	**3564**	**2132**	**1432**	**6214**	**1445**	**4769**
32444	10612	21832	744	433	311	853	197	656
35244	11913	23331	753	447	306	1059	246	813
39191	13644	25547	765	461	304	1331	324	1007
33401	11459	21942	638	384	254	1357	313	1044
36677	12930	23747	664	407	257	1614	365	1249
141669	**48425**	**93244**	**2338**	**1414**	**924**	**9057**	**1952**	**7105**
34412	11799	22613	627	364	263	1772	384	1388
30682	10395	20287	537	320	217	1860	397	1463
34218	11617	22601	566	351	215	2321	481	1840
30059	10398	19661	432	264	168	2147	491	1656
12298	4216	8082	176	115	61	957	199	758
84238	**36843**	**47395**	**1287**	**901**	**386**	**9420**	**2673**	**6747**
9304	3436	5868	183	109	74	832	180	652
9547	3870	5677	199	133	66	972	259	713
17007	7641	9366	251	178	73	1830	520	1310
23749	10830	12919	325	233	92	2733	820	1913
24631	11066	13565	329	248	81	3053	894	2159
321957	**174510**	**147447**	**2953**	**2132**	**821**	**117527**	**38952**	**78575**

5-3 续表 4

受教育程度 年龄	15岁及以上人口 合计	男	女	未婚 小计	男	女
初　中	**1821993**	**987527**	**834466**	**163592**	**110780**	**52812**
15–19岁	**67204**	**38154**	**29050**	**65518**	**37712**	**27806**
15	29283	16568	12715	29262	16566	12696
16	14124	8012	6112	14029	7996	6033
17	8916	5092	3824	8697	5027	3670
18	7149	4066	3083	6712	3954	2758
19	7732	4416	3316	6818	4169	2649
20–24岁	**62972**	**34197**	**28775**	**34708**	**23378**	**11330**
20	8384	4874	3510	6583	4344	2239
21	9657	5327	4330	6654	4337	2317
22	12343	6702	5641	7293	4897	2396
23	14571	7786	6785	7029	4801	2228
24	18017	9508	8509	7149	4999	2150
25–29岁	**143534**	**71308**	**72226**	**28274**	**20587**	**7687**
25	22919	11856	11063	7284	5141	2143
26	24348	12418	11930	6051	4416	1635
27	28394	14155	14239	5558	4069	1489
28	31540	15404	16136	4908	3619	1289
29	36333	17475	18858	4473	3342	1131
30–34岁	**216124**	**100360**	**115764**	**14499**	**11140**	**3359**
30	46019	21588	24431	4479	3348	1131
31	44307	20735	23572	3452	2643	809
32	42185	19500	22685	2678	2056	622
33	44126	20253	23873	2201	1732	469
34	39487	18284	21203	1689	1361	328
35–39岁	**190152**	**91527**	**98625**	**5728**	**4622**	**1106**
35	36844	17333	19511	1380	1081	299
36	37663	17998	19665	1193	957	236
37	36870	17785	19085	1068	858	210
38	40249	19624	20625	1109	916	193
39	38526	18787	19739	978	810	168
40–44岁	**212737**	**109239**	**103498**	**4101**	**3510**	**591**
40	40787	20193	20594	931	786	145
41	43783	22237	21546	880	736	144
42	43393	22211	21182	811	702	109
43	40288	21166	19122	738	634	104
44	44486	23432	21054	741	652	89
45–49岁	**261251**	**141438**	**119813**	**3914**	**3503**	**411**
45	43946	23173	20773	743	656	87
46	48558	25964	22594	724	644	80
47	52588	28270	24318	817	731	86
48	57937	31796	26141	839	770	69
49	58222	32235	25987	791	702	89
50–54岁	**268652**	**150949**	**117703**	**3062**	**2796**	**266**
50	59560	32455	27105	802	726	76
51	54594	30488	24106	656	598	58
52	57424	32498	24926	655	605	50
53	46080	26016	20064	449	414	35
54	50994	29492	21502	500	453	47
55–59岁	**195063**	**113360**	**81703**	**1605**	**1467**	**138**
55	48198	27625	20573	411	382	29
56	44259	25344	18915	350	318	32
57	49835	28887	20948	460	414	46
58	39128	23477	15651	285	263	22
59	13643	8027	5616	99	90	9
60–64岁	**59354**	**38299**	**21055**	**615**	**580**	**35**
60	9375	5687	3688	95	87	8
61	8089	5030	3059	106	100	6
62	12327	8104	4223	132	123	9
63	15030	9999	5031	144	135	9
64	14533	9479	5054	138	135	3
65岁及以上	**144950**	**98696**	**46254**	**1568**	**1485**	**83**

单位：人

有配偶			离婚			丧偶		
小计	男	女	小计	男	女	小计	男	女
1562812	**825197**	**737615**	**51892**	**31871**	**20021**	**43697**	**19679**	**24018**
1678	**438**	**1240**	**8**	**4**	**4**			
21	2	19						
95	16	79						
217	64	153	2	1	1			
433	110	323	4	2	2			
912	246	666	2	1	1			
27725	**10580**	**17145**	**522**	**235**	**287**	**17**	**4**	**13**
1785	522	1263	16	8	8			
2958	977	1981	45	13	32			
4971	1781	3190	76	24	52	3		3
7398	2914	4484	137	68	69	7	3	4
10613	4386	6227	248	122	126	7	1	6
111428	**48511**	**62917**	**3719**	**2180**	**1539**	**113**	**30**	**83**
15241	6499	8742	385	212	173	9	4	5
17750	7692	10058	533	307	226	14	3	11
22109	9686	12423	707	399	308	20	1	19
25724	11235	14489	880	541	339	28	9	19
30604	13399	17205	1214	721	493	42	13	29
193016	**83979**	**109037**	**8279**	**5144**	**3135**	**330**	**97**	**233**
39877	17233	22644	1607	984	623	56	23	33
39183	17073	22110	1612	1002	610	60	17	43
37812	16388	21424	1624	1032	592	71	24	47
40023	17383	22640	1828	1122	706	74	16	58
36121	15902	20219	1608	1004	604	69	17	52
175690	**81613**	**94077**	**8169**	**5153**	**3016**	**565**	**139**	**426**
33820	15269	18551	1541	959	582	103	24	79
34690	15976	18714	1685	1041	644	95	24	71
34134	15925	18209	1557	975	582	111	27	84
37253	17535	19718	1751	1131	620	136	42	94
35793	16908	18885	1635	1047	588	120	22	98
198922	**99955**	**98967**	**8484**	**5385**	**3099**	**1230**	**389**	**841**
38045	18312	19733	1641	1047	594	170	48	122
40811	20224	20587	1884	1210	674	208	67	141
40587	20300	20287	1739	1129	610	256	80	176
37754	19505	18249	1524	941	583	272	86	186
41725	21614	20111	1696	1058	638	324	108	216
246074	**131827**	**114247**	**8365**	**5139**	**3226**	**2898**	**969**	**1929**
41249	21399	19850	1560	988	572	394	130	264
45741	24160	21581	1618	990	628	475	170	305
49546	26369	23177	1678	995	683	547	175	372
54640	29723	24917	1753	1084	669	705	219	486
54898	30176	24722	1756	1082	674	777	275	502
252889	**141860**	**111029**	**7207**	**4221**	**2986**	**5494**	**2072**	**3422**
56105	30366	25739	1695	1020	675	958	343	615
51369	28618	22751	1544	870	674	1025	402	623
54039	30556	23483	1568	913	655	1162	424	738
43487	24534	18953	1127	686	441	1017	382	635
47889	27786	20103	1273	732	541	1332	521	811
182272	**106706**	**75566**	**4398**	**2560**	**1838**	**6788**	**2627**	**4161**
45240	26059	19181	1166	650	516	1381	534	847
41382	23867	17515	1086	622	464	1441	537	904
46385	27081	19304	1165	695	470	1825	697	1128
36576	22159	14417	727	435	292	1540	620	920
12689	7540	5149	254	158	96	601	239	362
54018	**35294**	**18724**	**1255**	**820**	**435**	**3466**	**1605**	**1861**
8572	5248	3324	258	164	94	450	188	262
7343	4613	2730	192	127	65	448	190	258
11229	7488	3741	269	181	88	697	312	385
13718	9249	4469	274	174	100	894	441	453
13156	8696	4460	262	174	88	977	474	503
119100	**84434**	**34666**	**1486**	**1030**	**456**	**22796**	**11747**	**11049**

5－3 续表 5

受教育程度 年　　龄	15岁及以上人口 合计	男	女	未　婚 小计	男	女
高　中	**801282**	**456636**	**344646**	**278880**	**163623**	**115257**
15－19岁	**201422**	**109968**	**91454**	**200987**	**109852**	**91135**
15	43949	23837	20112	43946	23836	20110
16	65468	35691	29777	65451	35685	29766
17	54735	29753	24982	54682	29739	24943
18	25124	13812	11312	25027	13787	11240
19	12146	6875	5271	11881	6805	5076
20－24岁	**49538**	**28720**	**20818**	**37151**	**23844**	**13307**
20	9173	5298	3875	8551	5130	3421
21	8212	4785	3427	7123	4424	2699
22	9639	5609	4030	7467	4810	2657
23	10495	6088	4407	7128	4762	2366
24	12019	6940	5079	6882	4718	2164
25－29岁	**84468**	**46860**	**37608**	**25029**	**17961**	**7068**
25	14484	8327	6157	6811	4760	2051
26	14635	8253	6382	5419	3869	1550
27	16731	9234	7497	4873	3505	1368
28	18262	10041	8221	4265	3125	1140
29	20356	11005	9351	3661	2702	959
30－34岁	**100073**	**53437**	**46636**	**9907**	**7465**	**2442**
30	24857	13360	11497	3522	2686	836
31	22355	11869	10486	2494	1862	632
32	19619	10376	9243	1710	1258	452
33	18445	9908	8537	1312	1005	307
34	14797	7924	6873	869	654	215
35－39岁	**61866**	**33709**	**28157**	**2220**	**1677**	**543**
35	12757	6995	5762	597	457	140
36	12442	6760	5682	510	372	138
37	11816	6421	5395	409	305	104
38	12916	7061	5855	393	298	95
39	11935	6472	5463	311	245	66
40－44岁	**58703**	**32683**	**26020**	**1226**	**953**	**273**
40	12009	6571	5438	277	221	56
41	12479	6918	5561	285	231	54
42	12067	6670	5397	268	196	72
43	10623	5964	4659	215	165	50
44	11525	6560	4965	181	140	41
45－49岁	**59971**	**35024**	**24947**	**876**	**684**	**192**
45	10992	6307	4685	192	150	42
46	11357	6654	4703	161	122	39
47	12080	7074	5006	175	138	37
48	13013	7521	5492	183	138	45
49	12529	7468	5061	165	136	29
50－54岁	**54520**	**32463**	**22057**	**589**	**452**	**137**
50	13022	7698	5324	155	127	28
51	11428	6773	4655	141	109	32
52	11606	6939	4667	125	90	35
53	8768	5253	3515	82	67	15
54	9696	5800	3896	86	59	27
55－59岁	**50322**	**30764**	**19558**	**390**	**309**	**81**
55	9984	6032	3952	93	71	22
56	10406	6243	4163	81	64	17
57	13881	8483	5398	108	87	21
58	11302	7154	4148	73	63	10
59	4749	2852	1897	35	24	11
60－64岁	**33364**	**20926**	**12438**	**208**	**169**	**39**
60	5281	3118	2163	35	26	9
61	5337	3229	2108	29	22	7
62	7492	4714	2778	57	47	10
63	8272	5367	2905	48	43	5
64	6982	4498	2484	39	31	8
65岁及以上	**47035**	**32082**	**14953**	**297**	**257**	**40**

单位：人

有配偶			离婚			丧偶		
小计	男	女	小计	男	女	小计	男	女
491473	**277477**	**213996**	**19585**	**10657**	**8928**	**11344**	**4879**	**6465**
431	**113**	**318**	**4**	**3**	**1**			
3	1	2						
16	5	11	1	1				
53	14	39						
96	25	71	1		1			
263	68	195	2	2				
12213	**4793**	**7420**	**167**	**83**	**84**	**7**		**7**
615	164	451	6	4	2	1		1
1082	359	723	7	2	5			
2143	787	1356	27	12	15	2		2
3320	1305	2015	46	21	25	1		1
5053	2178	2875	81	44	37	3		3
57884	**28090**	**29794**	**1528**	**802**	**726**	**27**	**7**	**20**
7543	3510	4033	128	56	72	2	1	1
9002	4275	4727	212	109	103	2		2
11581	5586	5995	273	142	131	4	1	3
13621	6722	6899	370	193	177	6	1	5
16137	7997	8140	545	302	243	13	4	9
86481	**43893**	**42588**	**3583**	**2053**	**1530**	**102**	**26**	**76**
20609	10274	10335	699	390	309	27	10	17
19072	9574	9498	770	430	340	19	3	16
17139	8674	8465	753	442	311	17	2	15
16411	8500	7911	699	397	302	23	6	17
13250	6871	6379	662	394	268	16	5	11
56565	**30276**	**26289**	**2954**	**1716**	**1238**	**127**	**40**	**87**
11564	6199	5365	580	334	246	16	5	11
11281	6021	5260	630	359	271	21	8	13
10814	5788	5026	572	324	248	21	4	17
11858	6379	5479	631	374	257	34	10	24
11048	5889	5159	541	325	216	35	13	22
54379	**30114**	**24265**	**2833**	**1542**	**1291**	**265**	**74**	**191**
11109	6015	5094	577	321	256	46	14	32
11514	6327	5187	623	344	279	57	16	41
11180	6152	5028	574	310	264	45	12	33
9875	5528	4347	484	257	227	49	14	35
10701	6092	4609	575	310	265	68	18	50
55920	**32758**	**23162**	**2699**	**1443**	**1256**	**476**	**139**	**337**
10230	5895	4335	496	244	252	74	18	56
10596	6225	4371	514	279	235	86	28	58
11239	6600	4639	565	304	261	101	32	69
12130	7047	5083	597	309	288	103	27	76
11725	6991	4734	527	307	220	112	34	78
50766	**30538**	**20228**	**2347**	**1180**	**1167**	**818**	**293**	**525**
12120	7212	4908	612	315	297	135	44	91
10616	6370	4246	518	242	276	153	52	101
10800	6525	4275	491	260	231	190	64	126
8199	4960	3239	325	164	161	162	62	100
9031	5471	3560	401	199	202	178	71	107
46713	**29028**	**17685**	**1871**	**976**	**895**	**1348**	**451**	**897**
9255	5674	3581	399	205	194	237	82	155
9637	5876	3761	413	209	204	275	94	181
12937	8019	4918	488	266	222	348	111	237
10508	6771	3737	385	195	190	336	125	211
4376	2688	1688	186	101	85	152	39	113
30580	**19618**	**10962**	**984**	**508**	**476**	**1592**	**631**	**961**
4815	2916	1899	215	103	112	216	73	143
4875	3009	1866	190	105	85	243	93	150
6880	4423	2457	218	108	110	337	136	201
7592	5036	2556	213	112	101	419	176	243
6418	4234	2184	148	80	68	377	153	224
39541	**28256**	**11285**	**615**	**351**	**264**	**6582**	**3218**	**3364**

5-3 续表 6

受教育程度 年　　龄	15岁及以上人口			未　婚		
	合计	男	女	小计	男	女
大学专科	**448817**	**239390**	**209427**	**161261**	**85147**	**76114**
15—19岁	**39615**	**18877**	**20738**	**39515**	**18839**	**20676**
15	1259	536	723	1259	536	723
16	2686	1265	1421	2685	1265	1420
17	5155	2443	2712	5145	2438	2707
18	12343	5890	6453	12316	5876	6440
19	18172	8743	9429	18110	8724	9386
20—24岁	**81179**	**39706**	**41473**	**73080**	**36969**	**36111**
20	18930	9270	9660	18727	9217	9510
21	15259	7532	7727	14742	7395	7347
22	15282	7413	7869	14057	7031	7026
23	15634	7638	7996	13332	6833	6499
24	16074	7853	8221	12222	6493	5729
25—29岁	**85924**	**42740**	**43184**	**35779**	**21010**	**14769**
25	17428	8541	8887	11084	6113	4971
26	16238	8184	8054	8443	4928	3515
27	16858	8485	8373	6718	4057	2661
28	17263	8537	8726	5308	3253	2055
29	18137	8993	9144	4226	2659	1567
30—34岁	**81554**	**41467**	**40087**	**9904**	**6415**	**3489**
30	20913	10542	10371	3677	2363	1314
31	18638	9364	9274	2468	1620	848
32	15760	7856	7904	1655	1034	621
33	14627	7630	6997	1248	832	416
34	11616	6075	5541	856	566	290
35—39岁	**41118**	**22066**	**19052**	**1720**	**1137**	**583**
35	9478	5126	4352	522	363	159
36	8730	4675	4055	421	270	151
37	7995	4304	3691	329	224	105
38	8146	4356	3790	265	164	101
39	6769	3605	3164	183	116	67
40—44岁	**30768**	**17009**	**13759**	**589**	**378**	**211**
40	6493	3469	3024	182	115	67
41	6787	3697	3090	136	85	51
42	6304	3454	2850	117	83	34
43	5460	3114	2346	79	47	32
44	5724	3275	2449	75	48	27
45—49岁	**26132**	**15657**	**10475**	**311**	**202**	**109**
45	5285	3099	2186	69	43	26
46	5165	3066	2099	53	33	20
47	5190	3094	2096	76	55	21
48	5508	3323	2185	54	30	24
49	4984	3075	1909	59	41	18
50—54岁	**21481**	**13377**	**8104**	**170**	**86**	**84**
50	5241	3182	2059	52	25	27
51	4512	2793	1719	39	17	22
52	4645	2929	1716	33	19	14
53	3328	2088	1240	23	11	12
54	3755	2385	1370	23	14	9
55—59岁	**17308**	**11440**	**5868**	**104**	**57**	**47**
55	3962	2583	1379	27	12	15
56	4101	2664	1437	26	18	8
57	4842	3213	1629	25	11	14
58	3184	2183	1001	24	14	10
59	1219	797	422	2	2	
60—64岁	**8126**	**5688**	**2438**	**36**	**25**	**11**
60	1286	834	452	6	4	2
61	1257	884	373	4	2	2
62	1746	1242	504	9	6	3
63	2009	1419	590	6	4	2
64	1828	1309	519	11	9	2
65岁及以上	**15612**	**11363**	**4249**	**53**	**29**	**24**

单位：人

有配偶			离婚			丧偶		
小计	男	女	小计	男	女	小计	男	女
275213	**148479**	**126734**	**9346**	**4419**	**4927**	**2997**	**1345**	**1652**
100	**38**	**62**						
1		1						
10	5	5						
27	14	13						
62	19	43						
8043	**2724**	**5319**	**56**	**13**	**43**			
203	53	150						
512	135	377	5	2	3			
1218	379	839	7	3	4			
2283	804	1479	19	1	18			
3827	1353	2474	25	7	18			
49381	**21404**	**27977**	**742**	**318**	**424**	**22**	**8**	**14**
6277	2398	3879	64	28	36	3	2	1
7702	3227	4475	91	29	62	2		2
10007	4377	5630	130	50	80	3	1	2
11734	5180	6554	215	102	113	6	2	4
13661	6222	7439	242	109	133	8	3	5
69374	**33996**	**35378**	**2213**	**1039**	**1174**	**63**	**17**	**46**
16846	8014	8832	378	161	217	12	4	8
15695	7535	8160	464	207	257	11	2	9
13604	6594	7010	483	223	260	18	5	13
12906	6566	6340	462	229	233	11	3	8
10323	5287	5036	426	219	207	11	3	8
37450	**19961**	**17489**	**1877**	**950**	**927**	**71**	**18**	**53**
8578	4568	4010	365	192	173	13	3	10
7912	4203	3709	380	196	184	17	6	11
7262	3895	3367	388	183	205	16	2	14
7457	3973	3484	411	216	195	13	3	10
6241	3322	2919	333	163	170	12	4	8
28671	**15945**	**12726**	**1402**	**660**	**742**	**106**	**26**	**80**
6005	3208	2797	289	142	147	17	4	13
6319	3468	2851	310	141	169	22	3	19
5876	3227	2649	291	138	153	20	6	14
5109	2936	2173	246	124	122	26	7	19
5362	3106	2256	266	115	151	21	6	15
24547	**14894**	**9653**	**1143**	**517**	**626**	**131**	**44**	**87**
4952	2944	2008	237	103	134	27	9	18
4869	2928	1941	225	99	126	18	6	12
4846	2919	1927	243	112	131	25	8	17
5203	3191	2012	225	96	129	26	6	20
4677	2912	1765	213	107	106	35	15	20
20210	**12810**	**7400**	**891**	**410**	**481**	**210**	**71**	**139**
4930	3046	1884	226	99	127	33	12	21
4249	2676	1573	183	85	98	41	15	26
4376	2789	1587	193	103	90	43	18	25
3125	2004	1121	137	58	79	43	15	28
3530	2295	1235	152	65	87	50	11	39
16334	**11015**	**5319**	**604**	**284**	**320**	**266**	**84**	**182**
3726	2478	1248	149	74	75	60	19	41
3865	2562	1303	148	67	81	62	17	45
4558	3090	1468	186	83	103	73	29	44
3025	2113	912	85	42	43	50	14	36
1160	772	388	36	18	18	21	5	16
7622	**5445**	**2177**	**214**	**109**	**105**	**254**	**109**	**145**
1200	802	398	43	17	26	37	11	26
1174	839	335	36	25	11	43	18	25
1644	1194	450	44	21	23	49	21	28
1898	1364	534	44	24	20	61	27	34
1706	1246	460	47	22	25	64	32	32
13481	**10247**	**3234**	**204**	**119**	**85**	**1874**	**968**	**906**

5-3 续表 7

受教育程度 年　　龄	15岁及以上人口			未　　婚		
	合计	男	女	小计	男	女
大学本科	**349490**	**190859**	**158631**	**159829**	**82975**	**76854**
15-19岁	**31252**	**15898**	**15354**	**31239**	**15891**	**15348**
15	80	39	41	79	39	40
16	253	135	118	253	135	118
17	2351	1175	1176	2350	1174	1176
18	10372	5358	5014	10369	5356	5013
19	18196	9191	9005	18188	9187	9001
20-24岁	**85040**	**42351**	**42689**	**83022**	**41678**	**41344**
20	21866	11058	10808	21847	11051	10796
21	19672	9782	9890	19607	9766	9841
22	17255	8568	8687	17073	8521	8552
23	13796	6854	6942	13243	6671	6572
24	12451	6089	6362	11252	5669	5583
25-29岁	**65856**	**32901**	**32955**	**34906**	**19034**	**15872**
25	13076	6481	6595	10438	5452	4986
26	12715	6206	6509	8388	4472	3916
27	12892	6396	6496	6735	3745	2990
28	13449	6806	6643	5323	3038	2285
29	13724	7012	6712	4022	2327	1695
30-34岁	**61525**	**32437**	**29088**	**8436**	**5047**	**3389**
30	15607	8064	7543	3281	1891	1390
31	13701	7197	6504	2136	1348	788
32	11851	6229	5622	1397	862	535
33	11149	5973	5176	944	553	391
34	9217	4974	4243	678	393	285
35-39岁	**35463**	**19721**	**15742**	**1517**	**905**	**612**
35	7891	4304	3587	460	297	163
36	7769	4326	3443	374	210	164
37	7135	3958	3177	295	170	125
38	7002	3932	3070	246	142	104
39	5666	3201	2465	142	86	56
40-44岁	**21772**	**12877**	**8895**	**361**	**206**	**155**
40	5058	2895	2163	111	66	45
41	4956	2851	2105	86	54	32
42	4225	2497	1728	65	30	35
43	3725	2282	1443	53	27	26
44	3808	2352	1456	46	29	17
45-49岁	**15866**	**10501**	**5365**	**174**	**104**	**70**
45	3402	2137	1265	40	19	21
46	3242	2171	1071	41	23	18
47	3195	2137	1058	31	21	10
48	3242	2216	1026	32	23	9
49	2785	1840	945	30	18	12
50-54岁	**13037**	**9317**	**3720**	**92**	**65**	**27**
50	2980	2027	953	24	15	9
51	2751	1932	819	14	11	3
52	2812	1987	825	23	16	7
53	2114	1578	536	13	11	2
54	2380	1793	587	18	12	6
55-59岁	**9294**	**7094**	**2200**	**47**	**26**	**21**
55	2373	1788	585	10	8	2
56	2357	1810	547	13	5	8
57	2501	1891	610	11	5	6
58	1541	1204	337	10	7	3
59	522	401	121	3	1	2
60-64岁	**3095**	**2311**	**784**	**11**	**5**	**6**
60	590	412	178	2		2
61	482	386	96	2	1	1
62	630	448	182	2	1	1
63	768	600	168	2		2
64	625	465	160	3	3	
65岁及以上	**7290**	**5451**	**1839**	**24**	**14**	**10**

单位：人

有配偶			离　婚			丧　偶		
小计	男	女	小计	男	女	小计	男	女
183834	**105205**	**78629**	**4622**	**2089**	**2533**	**1205**	**590**	**615**
13	**7**	**6**						
1		1						
1	1							
3	2	1						
8	4	4						
2007	**670**	**1337**	**11**	**3**	**8**			
19	7	12						
65	16	49						
180	46	134	2	1	1			
552	182	370	1	1				
1191	419	772	8	1	7			
30682	**13762**	**16920**	**261**	**102**	**159**	**7**	**3**	**4**
2626	1022	1604	12	7	5			
4298	1723	2575	28	11	17	1		1
6120	2638	3482	37	13	24			
8052	3741	4311	74	27	47			
9586	4638	4948	110	44	66	6	3	3
51982	**26925**	**25057**	**1073**	**454**	**619**	**34**	**11**	**23**
12132	6095	6037	184	75	109	10	3	7
11357	5764	5593	203	83	120	5	2	3
10248	5277	4971	203	89	114	3	1	2
9950	5309	4641	244	107	137	11	4	7
8295	4480	3815	239	100	139	5	1	4
32857	**18324**	**14533**	**1057**	**481**	**576**	**32**	**11**	**21**
7223	3917	3306	205	90	115	3		3
7178	4010	3168	211	104	107	6	2	4
6598	3686	2912	234	100	134	8	2	6
6508	3673	2835	240	112	128	8	5	3
5350	3038	2312	167	75	92	7	2	5
20565	**12303**	**8262**	**807**	**356**	**451**	**39**	**12**	**27**
4749	2745	2004	191	82	109	7	2	5
4681	2708	1973	184	87	97	5	2	3
3991	2390	1601	159	74	85	10	3	7
3526	2194	1332	137	58	79	9	3	6
3618	2266	1352	136	55	81	8	2	6
15082	**10122**	**4960**	**560**	**256**	**304**	**50**	**19**	**31**
3232	2059	1173	123	55	68	7	4	3
3078	2089	989	113	54	59	10	5	5
3034	2058	976	117	52	65	13	6	7
3083	2130	953	113	60	53	14	3	11
2655	1786	869	94	35	59	6	1	5
12421	**8997**	**3424**	**424**	**212**	**212**	**100**	**43**	**57**
2830	1950	880	114	55	59	12	7	5
2630	1874	756	76	34	42	31	13	18
2684	1926	758	87	38	49	18	7	11
2018	1523	495	61	33	28	22	11	11
2259	1724	535	86	52	34	17	5	12
8906	**6896**	**2010**	**260**	**132**	**128**	**81**	**40**	**41**
2279	1740	539	64	30	34	20	10	10
2262	1765	497	64	29	35	18	11	7
2396	1839	557	74	39	35	20	8	12
1473	1167	306	40	21	19	18	9	9
496	385	111	18	13	5	5	2	3
2949	**2247**	**702**	**81**	**40**	**41**	**54**	**19**	**35**
570	404	166	14	7	7	4	1	3
453	368	85	19	15	4	8	2	6
604	437	167	17	6	11	7	4	3
729	586	143	17	8	9	20	6	14
593	452	141	14	4	10	15	6	9
6370	**4952**	**1418**	**88**	**53**	**35**	**808**	**432**	**376**

5-3 续表 8

受教育程度 年　龄	15岁及以上人口			未　婚		
	合计	男	女	小计	男	女
硕士研究生	**31740**	**17415**	**14325**	**14254**	**7182**	**7072**
15-19岁	**36**	**25**	**11**	**36**	**25**	**11**
15						
16						
17	5	2	3	5	2	3
18	12	8	4	12	8	4
19	19	15	4	19	15	4
20-24岁	**6282**	**3093**	**3189**	**6231**	**3070**	**3161**
20	56	27	29	56	27	29
21	358	163	195	358	163	195
22	1392	687	705	1388	684	704
23	2139	1039	1100	2130	1035	1095
24	2337	1177	1160	2299	1161	1138
25-29岁	**8592**	**4234**	**4358**	**6308**	**3196**	**3112**
25	2186	1118	1068	2083	1069	1014
26	1718	810	908	1486	718	768
27	1632	791	841	1213	599	614
28	1487	722	765	839	446	393
29	1569	793	776	687	364	323
30-34岁	**6989**	**3588**	**3401**	**1336**	**703**	**633**
30	1754	877	877	540	288	252
31	1552	804	748	314	162	152
32	1354	697	657	234	122	112
33	1288	655	633	168	81	87
34	1041	555	486	80	50	30
35-39岁	**4111**	**2351**	**1760**	**233**	**133**	**100**
35	868	484	384	70	42	28
36	848	472	376	55	29	26
37	882	488	394	41	25	16
38	844	508	336	46	23	23
39	669	399	270	21	14	7
40-44岁	**2170**	**1375**	**795**	**65**	**30**	**35**
40	566	337	229	15	7	8
41	533	335	198	19	10	9
42	424	262	162	7	4	3
43	333	221	112	14	5	9
44	314	220	94	10	4	6
45-49岁	**1435**	**1054**	**381**	**29**	**15**	**14**
45	285	199	86	12	3	9
46	281	207	74	6	4	2
47	312	234	78	7	5	2
48	306	225	81	1	1	
49	251	189	62	3	2	1
50-54岁	**1029**	**788**	**241**	**8**	**5**	**3**
50	243	182	61	4	2	2
51	225	172	53	3	2	1
52	229	168	61			
53	153	121	32			
54	179	145	34	1	1	
55-59岁	**777**	**647**	**130**	**6**	**5**	**1**
55	181	142	39	3	2	1
56	206	169	37			
57	206	174	32	1	1	
58	145	131	14	2	2	
59	39	31	8			
60-64岁	**168**	**130**	**38**	**1**		**1**
60	32	23	9			
61	30	25	5			
62	35	30	5			
63	34	24	10	1		1
64	37	28	9			
65岁及以上	**151**	**130**	**21**	**1**		**1**

单位：人

有配偶			离婚			丧偶		
小计	男	女	小计	男	女	小计	男	女
17114	**10060**	**7054**	**338**	**154**	**184**	**34**	**19**	**15**
51	**23**	**28**						
4	3	1						
9	4	5						
38	16	22						
2277	**1036**	**1241**	**7**	**2**	**5**			
101	48	53	2	1	1			
231	92	139	1		1			
419	192	227						
647	275	372	1	1				
879	429	450	3		3			
5589	**2857**	**2732**	**64**	**28**	**36**			
1210	587	623	4	2	2			
1222	634	588	16	8	8			
1104	571	533	16	4	12			
1106	566	540	14	8	6			
947	499	448	14	6	8			
3781	**2176**	**1605**	**97**	**42**	**55**			
782	435	347	16	7	9			
779	439	340	14	4	10			
817	454	363	24	9	15			
776	472	304	22	13	9			
627	376	251	21	9	12			
2028	**1304**	**724**	**73**	**38**	**35**	**4**	**3**	**1**
528	316	212	23	14	9			
500	319	181	12	5	7	2	1	1
399	249	150	18	9	9			
314	212	102	5	4	1			
287	208	79	15	6	9	2	2	
1364	**1017**	**347**	**40**	**22**	**18**	**2**		**2**
267	192	75	6	4	2			
265	198	67	9	5	4	1		1
296	226	70	8	3	5	1		1
296	220	76	9	4	5			
240	181	59	8	6	2			
988	**771**	**217**	**26**	**9**	**17**	**7**	**3**	**4**
236	178	58	2	2		1		1
216	168	48	5	2	3	1		1
216	165	51	12	3	9	1		1
148	118	30	4	2	2	1	1	
172	142	30	3		3	3	2	1
741	**630**	**111**	**23**	**9**	**14**	**7**	**3**	**4**
171	139	32	5		5	2	1	1
202	167	35	4	2	2			
196	170	26	6	3	3	3		3
136	123	13	5	4	1	2	2	
36	31	5	3		3			
159	**126**	**33**	**6**	**2**	**4**	**2**	**2**	
32	23	9						
28	24	4	1		1	1	1	
35	30	5						
31	23	8	1		1	1	1	
33	26	7	4	2	2			
136	**120**	**16**	**2**	**2**		**12**	**8**	**4**

5-3 续表 9

受教育程度 年　龄	15岁及以上人口 合计	男	女	未婚 小计	男	女
博士研究生	**3621**	**2475**	**1146**	**1491**	**945**	**546**
15-19岁	**1**		**1**	**1**		**1**
15						
16						
17						
18						
19	1		1	1		1
20-24岁	**254**	**150**	**104**	**246**	**143**	**103**
20	3	1	2	3	1	2
21	6	3	3	6	3	3
22	36	19	17	35	18	17
23	78	49	29	78	49	29
24	131	78	53	124	72	52
25-29岁	**1103**	**696**	**407**	**931**	**593**	**338**
25	223	145	78	216	139	77
26	234	143	91	216	135	81
27	216	139	77	185	118	67
28	236	153	83	182	122	60
29	194	116	78	132	79	53
30-34岁	**764**	**500**	**264**	**250**	**170**	**80**
30	190	131	59	95	67	28
31	181	122	59	68	50	18
32	139	89	50	42	26	16
33	131	80	51	30	18	12
34	123	78	45	15	9	6
35-39岁	**572**	**405**	**167**	**45**	**25**	**20**
35	110	73	37	10	4	6
36	111	79	32	8	5	3
37	116	84	32	11	7	4
38	119	91	28	9	4	5
39	116	78	38	7	5	2
40-44岁	**431**	**320**	**111**	**11**	**8**	**3**
40	112	82	30	2	1	1
41	112	83	29	2	2	
42	89	60	29	3	1	2
43	64	53	11	2	2	
44	54	42	12	2	2	
45-49岁	**202**	**157**	**45**	**2**	**2**	
45	48	38	10			
46	35	24	11	1	1	
47	46	35	11	1	1	
48	40	30	10			
49	33	30	3			
50-54岁	**149**	**125**	**24**	**4**	**3**	**1**
50	36	31	5	2	1	1
51	28	22	6	1	1	
52	33	27	6			
53	21	17	4			
54	31	28	3	1	1	
55-59岁	**104**	**92**	**12**	**1**	**1**	
55	27	24	3			
56	33	30	3			
57	20	16	4	1	1	
58	19	18	1			
59	5	4	1			
60-64岁	**23**	**18**	**5**			
60	3	3				
61	4	3	1			
62	5	3	2			
63	3	3				
64	8	6	2			
65岁及以上	**18**	**12**	**6**			

单位：人

有配偶			离　婚			丧　偶		
小计	男	女	小计	男	女	小计	男	女
2082	**1505**	**577**	**43**	**23**	**20**	**5**	**2**	**3**
8	**7**	**1**						
1	1							
7	6	1						
171	**103**	**68**	**1**		**1**			
7	6	1						
18	8	10						
31	21	10						
54	31	23						
61	37	24	1		1			
508	**327**	**181**	**6**	**3**	**3**			
95	64	31						
111	71	40	2	1	1			
97	63	34						
98	61	37	3	1	2			
107	68	39	1	1				
512	**374**	**138**	**13**	**5**	**8**	**2**	**1**	**1**
98	68	30	1		1	1	1	
101	73	28	2	1	1			
101	75	26	4	2	2			
107	86	21	3	1	2			
105	72	33	3	1	2	1		1
411	**308**	**103**	**8**	**4**	**4**	**1**		**1**
108	81	27	1		1	1		1
107	79	28	3	2	1			
82	57	25	4	2	2			
62	51	11						
52	40	12						
194	**152**	**42**	**6**	**3**	**3**			
47	37	10	1	1				
34	23	11						
43	34	9	2		2			
38	29	9	2	1	1			
32	29	3	1	1				
141	**119**	**22**	**4**	**3**	**1**			
32	28	4	2	2				
26	21	5	1		1			
33	27	6						
20	16	4	1	1				
30	27	3						
100	**88**	**12**	**3**	**3**				
27	24	3						
32	29	3	1	1				
18	14	4	1	1				
19	18	1						
4	3	1	1	1				
23	**18**	**5**						
3	3							
4	3	1						
5	3	2						
3	3							
8	6	2						
14	**9**	**5**	**2**	**2**		**2**	**1**	**1**

5-3a 全省分年龄、性别、受教育

受教育程度 年 龄	15岁及以上人口			未 婚		
	合计	男	女	小计	男	女
总 计	**1291353**	**631227**	**660126**	**249697**	**136656**	**113041**
15-19岁	**93032**	**48311**	**44721**	**92773**	**48244**	**44529**
15	17219	9343	7876	17216	9343	7873
16	22326	12030	10296	22314	12029	10285
17	19568	10194	9374	19547	10188	9359
18	15417	7797	7620	15355	7779	7576
19	18502	8947	9555	18341	8905	9436
20-24岁	**93389**	**46346**	**47043**	**83157**	**42774**	**40383**
20	20608	10193	10415	20229	10091	10138
21	18263	9091	9172	17528	8881	8647
22	18202	9018	9184	16619	8496	8123
23	17755	8846	8909	14921	7846	7075
24	18561	9198	9363	13860	7460	6400
25-29岁	**115534**	**56582**	**58952**	**44629**	**25955**	**18674**
25	20400	10161	10239	12632	7059	5573
26	20875	10372	10503	10416	5990	4426
27	22578	10973	11605	8556	5018	3538
28	24175	11802	12373	7030	4215	2815
29	27506	13274	14232	5995	3673	2322
30-34岁	**151744**	**72460**	**79284**	**16023**	**10184**	**5839**
30	34111	16380	17731	5433	3409	2024
31	32483	15602	16881	3950	2574	1376
32	29923	14164	15759	2819	1730	1089
33	29858	14240	15618	2237	1428	809
34	25369	12074	13295	1584	1043	541
35-39岁	**114249**	**55373**	**58876**	**4190**	**2709**	**1481**
35	22928	11072	11856	1109	729	380
36	23045	11251	11794	979	596	383
37	22331	10791	11540	798	529	269
38	24352	11910	12442	761	493	268
39	21593	10349	11244	543	362	181
40-44岁	**113906**	**55783**	**58123**	**2345**	**1650**	**695**
40	21875	10436	11439	531	363	168
41	24118	11809	12309	534	380	154
42	23309	11333	11976	476	338	138
43	21545	10738	10807	414	292	122
44	23059	11467	11592	390	277	113
45-49岁	**128750**	**64269**	**64481**	**2062**	**1559**	**503**
45	22599	11204	11395	401	295	106
46	23735	11843	11892	370	274	96
47	25715	12912	12803	409	306	103
48	28144	14051	14093	454	346	108
49	28557	14259	14298	428	338	90
50-54岁	**138210**	**67498**	**70712**	**1648**	**1263**	**385**
50	29949	14677	15272	424	317	107
51	28936	14105	14831	378	287	91
52	29987	14779	15208	347	268	79
53	23189	11248	11941	250	201	49
54	26149	12689	13460	249	190	59
55-59岁	**111991**	**54158**	**57833**	**950**	**704**	**246**
55	26215	12742	13473	252	187	65
56	25572	12390	13182	203	152	51
57	30554	14827	15727	250	183	67
58	21694	10508	11186	181	134	47
59	7956	3691	4265	64	48	16
60-64岁	**59254**	**29847**	**29407**	**458**	**363**	**95**
60	8721	4323	4398	60	45	15
61	8533	4423	4110	62	48	14
62	12595	6479	6116	110	83	27
63	15192	7720	7472	119	95	24
64	14213	6902	7311	107	92	15
65岁及以上	**171294**	**80600**	**90694**	**1462**	**1251**	**211**

程度、婚姻状况的人口(城市)

单位：人

有配偶			离婚			丧偶		
小计	男	女	小计	男	女	小计	男	女
948652	**464571**	**484081**	**38528**	**17724**	**20804**	**54476**	**12276**	**42200**
256	**64**	**192**	**3**	**3**				
3		3						
12	1	11						
21	6	15						
61	17	44	1	1				
159	40	119	2	2				
10119	**3533**	**6586**	**111**	**39**	**72**	**2**		**2**
378	101	277	1	1				
733	210	523	2		2			
1570	520	1050	13	2	11			
2795	987	1808	38	13	25	1		1
4643	1715	2928	57	23	34	1		1
69407	**29997**	**39410**	**1466**	**621**	**845**	**32**	**9**	**23**
7653	3058	4595	111	44	67	4		4
10270	4304	5966	188	78	110	1		1
13764	5852	7912	253	103	150	5		5
16768	7422	9346	370	163	207	7	2	5
20952	9361	11591	544	233	311	15	7	8
130812	**60055**	**70757**	**4790**	**2195**	**2595**	**119**	**26**	**93**
27877	12617	15260	773	346	427	28	8	20
27620	12632	14988	898	393	505	15	3	12
26071	11949	14122	1011	482	529	22	3	19
26494	12304	14190	1094	499	595	33	9	24
22750	10553	12197	1014	475	539	21	3	18
104712	**50193**	**54519**	**5162**	**2427**	**2735**	**185**	**44**	**141**
20872	9904	10968	916	429	487	31	10	21
20999	10136	10863	1045	515	530	22	4	18
20447	9801	10646	1046	457	589	40	4	36
22372	10852	11520	1169	552	617	50	13	37
20022	9500	10522	986	474	512	42	13	29
105508	**51504**	**54004**	**5558**	**2527**	**3031**	**495**	**102**	**393**
20256	9599	10657	1020	455	565	68	19	49
22340	10858	11482	1167	556	611	77	15	62
21582	10424	11158	1161	554	607	90	17	73
19987	9982	10005	1033	442	591	111	22	89
21343	10641	10702	1177	520	657	149	29	120
119544	**59777**	**59767**	**6060**	**2719**	**3341**	**1084**	**214**	**870**
21001	10401	10600	1039	469	570	158	39	119
22105	11061	11044	1098	475	623	162	33	129
23814	12006	11808	1295	558	737	197	42	155
26113	13037	13076	1331	619	712	246	49	197
26511	13272	13239	1297	598	699	321	51	270
127732	**62947**	**64785**	**6362**	**2782**	**3580**	**2468**	**506**	**1962**
27744	13670	14074	1429	624	805	352	66	286
26732	13148	13584	1356	558	798	470	112	358
27712	13763	13949	1396	640	756	532	108	424
21411	10493	10918	1028	453	575	500	101	399
24133	11873	12260	1153	507	646	614	119	495
102548	**50583**	**51965**	**4717**	**2186**	**2531**	**3776**	**685**	**3091**
24054	11900	12154	1167	518	649	742	137	605
23407	11570	11837	1131	511	620	831	157	674
27957	13829	14128	1291	635	656	1056	180	876
19881	9847	10034	807	363	444	825	164	661
7249	3437	3812	321	159	162	322	47	275
52874	**27630**	**25244**	**2017**	**1014**	**1003**	**3905**	**840**	**3065**
7797	3986	3811	403	188	215	461	104	357
7674	4075	3599	348	193	155	449	107	342
11278	6013	5265	420	205	215	787	178	609
13536	7162	6374	471	235	236	1066	228	838
12589	6394	6195	375	193	182	1142	223	919
125140	**68288**	**56852**	**2282**	**1211**	**1071**	**42410**	**9850**	**32560**

5－3a 续表 1

受教育程度 年　　龄	15岁及以上人口			未　　婚		
	合计	男	女	小计	男	女
未上过学	**41377**	**8542**	**32835**	**1453**	**1163**	**290**
15－19岁	**79**	**52**	**27**	**79**	**52**	**27**
15	13	10	3	13	10	3
16	16	12	4	16	12	4
17	17	12	5	17	12	5
18	14	7	7	14	7	7
19	19	11	8	19	11	8
20－24岁	**103**	**58**	**45**	**97**	**56**	**41**
20	13	4	9	13	4	9
21	17	12	5	17	12	5
22	22	14	8	20	13	7
23	29	18	11	28	18	10
24	22	10	12	19	9	10
25－29岁	**151**	**78**	**73**	**102**	**66**	**36**
25	22	13	9	18	13	5
26	28	16	12	20	14	6
27	26	10	16	17	9	8
28	37	19	18	26	16	10
29	38	20	18	21	14	7
30－34岁	**188**	**84**	**104**	**107**	**68**	**39**
30	38	18	20	30	17	13
31	46	21	25	23	14	9
32	29	15	14	13	11	2
33	37	16	21	23	14	9
34	38	14	24	18	12	6
35－39岁	**230**	**88**	**142**	**76**	**58**	**18**
35	30	16	14	13	11	2
36	58	21	37	19	16	3
37	42	18	24	17	12	5
38	44	15	29	16	10	6
39	56	18	38	11	9	2
40－44岁	**518**	**150**	**368**	**87**	**76**	**11**
40	68	17	51	9	9	
41	89	33	56	24	23	1
42	116	33	83	19	18	1
43	102	32	70	13	11	2
44	143	35	108	22	15	7
45－49岁	**1599**	**309**	**1290**	**124**	**102**	**22**
45	163	38	125	24	20	4
46	239	57	182	22	18	4
47	323	63	260	24	21	3
48	413	79	334	32	25	7
49	461	72	389	22	18	4
50－54岁	**3139**	**541**	**2598**	**135**	**114**	**21**
50	537	86	451	39	28	11
51	597	106	491	28	23	5
52	690	135	555	28	26	2
53	577	92	485	18	15	3
54	738	122	616	22	22	
55－59岁	**3693**	**466**	**3227**	**107**	**87**	**20**
55	756	104	652	28	22	6
56	742	113	629	26	22	4
57	895	96	799	22	19	3
58	953	97	856	21	14	7
59	347	56	291	10	10	
60－64岁	**4246**	**879**	**3367**	**93**	**79**	**14**
60	366	56	310	13	10	3
61	463	105	358	12	10	2
62	824	188	636	21	17	4
63	1281	264	1017	26	22	4
64	1312	266	1046	21	20	1
65岁及以上	**27431**	**5837**	**21594**	**446**	**405**	**41**

单位：人

有配偶			离婚			丧偶		
小计	男	女	小计	男	女	小计	男	女
26423	**5941**	**20482**	**513**	**148**	**365**	**12988**	**1290**	**11698**
6	**2**	**4**						
2	1	1						
1		1						
3	1	2						
47	**11**	**36**	**2**	**1**	**1**			
4		4						
8	2	6						
9	1	8						
11	3	8						
15	5	10	2	1	1			
76	**14**	**62**	**5**	**2**	**3**			
7	1	6	1		1			
22	7	15	1		1			
15	3	12	1	1				
14	2	12						
18	1	17	2	1	1			
142	**28**	**114**	**10**	**1**	**9**	**2**	**1**	**1**
16	5	11	1		1			
37	5	32	2		2			
22	6	16	2		2	1		1
27	4	23	1	1				
40	8	32	4		4	1	1	
409	**69**	**340**	**15**	**4**	**11**	**7**	**1**	**6**
56	7	49	3	1	2			
60	9	51	3	1	2	2		2
94	15	79	2		2	1		1
83	19	64	3	1	2	3	1	2
116	19	97	4	1	3	1		1
1395	**193**	**1202**	**42**	**11**	**31**	**38**	**3**	**35**
132	16	116	3	2	1	4		4
209	37	172	8	2	6			
284	41	243	12		12	3	1	2
358	48	310	10	4	6	13	2	11
412	51	361	9	3	6	18		18
2770	**396**	**2374**	**109**	**25**	**84**	**125**	**6**	**119**
469	56	413	11	1	10	18	1	17
524	75	449	26	7	19	19	1	18
618	104	514	24	5	19	20		20
510	69	441	23	6	17	26	2	24
649	92	557	25	6	19	42	2	40
3274	**357**	**2917**	**50**	**9**	**41**	**262**	**13**	**249**
667	79	588	11	1	10	50	2	48
664	86	578	6	1	5	46	4	42
798	68	730	17	5	12	58	4	54
830	79	751	12	1	11	90	3	87
315	45	270	4	1	3	18		18
3525	**740**	**2785**	**70**	**19**	**51**	**558**	**41**	**517**
307	42	265	5		5	41	4	37
388	87	301	7	2	5	56	6	50
683	157	526	15	5	10	105	9	96
1059	223	836	26	7	19	170	12	158
1088	231	857	17	5	12	186	10	176
14779	**4131**	**10648**	**210**	**76**	**134**	**11996**	**1225**	**10771**

5-3a 续表 2

受教育程度 年　　龄	15岁及以上人口			未　婚		
	合计	男	女	小计	男	女
学前教育	**1041**	**325**	**716**	**70**	**47**	**23**
15-19岁	**23**	**13**	**10**	**23**	**13**	**10**
15	10	6	4	10	6	4
16	5	3	2	5	3	2
17	4	3	1	4	3	1
18	1	1		1	1	
19	3		3	3		3
20-24岁	**13**	**8**	**5**	**11**	**6**	**5**
20	1		1	1		1
21	3	3		3	3	
22	4	3	1	3	2	1
23	3	2	1	2	1	1
24	2		2	2		2
25-29岁	**20**	**10**	**10**	**9**	**6**	**3**
25	4	2	2	1		1
26	3	2	1	2	2	
27	5	3	2	3	3	
28	5	2	3	2	1	1
29	3	1	2	1		1
30-34岁	**10**	**2**	**8**			
30	2	1	1			
31	5	1	4			
32	1		1			
33						
34	2		2			
35-39岁	**15**	**4**	**11**	**1**	**1**	
35	3	1	2			
36	4		4			
37	5	3	2	1	1	
38						
39	3		3			
40-44岁	**20**	**4**	**16**	**3**	**1**	**2**
40	2	1	1			
41	2		2			
42	6		6	2		2
43	4		4			
44	6	3	3	1	1	
45-49岁	**35**	**15**	**20**	**6**	**5**	**1**
45	8	4	4	1	1	
46	6	3	3	2	2	
47	8	3	5	2	1	1
48	5	1	4			
49	8	4	4	1	1	
50-54岁	**81**	**20**	**61**	**3**	**3**	
50	11	3	8			
51	17	6	11			
52	14	1	13	1	1	
53	22	5	17	1	1	
54	17	5	12	1	1	
55-59岁	**91**	**29**	**62**	**1**	**1**	
55	16	6	10			
56	21	8	13			
57	21	7	14			
58	23	6	17	1	1	
59	10	2	8			
60-64岁	**86**	**25**	**61**	**3**	**2**	**1**
60	7	1	6			
61	11	2	9			
62	21	7	14	1	1	
63	24	9	15	1	1	
64	23	6	17	1		1
65岁及以上	**647**	**195**	**452**	**10**	**9**	**1**

单位：人

有配偶			离　婚			丧　偶		
小计	男	女	小计	男	女	小计	男	女
667	**218**	**449**	**21**	**7**	**14**	**283**	**53**	**230**
2	**2**							
1	1							
1	1							
11	**4**	**7**						
3	2	1						
1		1						
2		2						
3	1	2						
2	1	1						
9	**2**	**7**	**1**		**1**			
1	1		1		1			
5	1	4						
1		1						
2		2						
13	**3**	**10**	**1**		**1**			
3	1	2						
4		4						
4	2	2						
2		2	1		1			
15	**3**	**12**	**2**		**2**			
2	1	1						
1		1	1		1			
3		3	1		1			
4		4						
5	2	3						
26	**9**	**17**	**2**	**1**	**1**	**1**		**1**
7	3	4						
4	1	3						
4	1	3	2	1	1			
4	1	3				1		1
7	3	4						
72	**17**	**55**	**2**		**2**	**4**		**4**
11	3	8						
16	6	10	1		1			
11		11	1		1	1		1
20	4	16				1		1
14	4	10				2		2
85	**26**	**59**	**2**	**1**	**1**	**3**	**1**	**2**
16	6	10						
20	8	12				1		1
18	6	12	2	1	1	1		1
21	4	17				1	1	
10	2	8						
70	**18**	**52**	**3**	**2**	**1**	**10**	**3**	**7**
5	1	4				2		2
9	1	8	2	1	1			
17	4	13				3	2	1
18	6	12	1	1		4	1	3
21	6	15				1		1
364	**134**	**230**	**8**	**3**	**5**	**265**	**49**	**216**

5-3a 续表 3

受教育程度 年 龄	15岁及以上人口			未 婚		
	合计	男	女	小计	男	女
小 学	**166497**	**63713**	**102784**	**3300**	**2699**	**601**
15-19岁	**181**	**97**	**84**	**173**	**96**	**77**
15	25	18	7	24	18	6
16	30	16	14	30	16	14
17	30	13	17	30	13	17
18	46	26	20	43	26	17
19	50	24	26	46	23	23
20-24岁	**450**	**247**	**203**	**296**	**197**	**99**
20	72	40	32	64	38	26
21	46	26	20	39	22	17
22	94	51	43	67	44	23
23	108	60	48	61	46	15
24	130	70	60	65	47	18
25-29岁	**1145**	**604**	**541**	**312**	**242**	**70**
25	149	89	60	68	53	15
26	166	86	80	54	40	14
27	216	118	98	59	47	12
28	278	143	135	68	55	13
29	336	168	168	63	47	16
30-34岁	**2829**	**1151**	**1678**	**286**	**218**	**68**
30	467	229	238	72	53	19
31	537	224	313	65	46	19
32	545	218	327	57	45	12
33	644	240	404	43	35	8
34	636	240	396	49	39	10
35-39岁	**3586**	**1173**	**2413**	**168**	**132**	**36**
35	574	209	365	33	26	7
36	616	212	404	38	29	9
37	656	222	434	37	30	7
38	814	250	564	26	20	6
39	926	280	646	34	27	7
40-44岁	**8383**	**2745**	**5638**	**208**	**175**	**33**
40	1145	365	780	29	23	6
41	1522	502	1020	43	33	10
42	1666	559	1107	45	40	5
43	1834	583	1251	37	33	4
44	2216	736	1480	54	46	8
45-49岁	**18712**	**6404**	**12308**	**361**	**319**	**42**
45	2478	817	1661	46	42	4
46	3001	1062	1939	77	69	8
47	3684	1252	2432	69	56	13
48	4523	1529	2994	83	75	8
49	5026	1744	3282	86	77	9
50-54岁	**30020**	**10397**	**19623**	**394**	**341**	**53**
50	5530	1917	3613	75	66	9
51	6279	2177	4102	100	88	12
52	6626	2354	4272	70	60	10
53	5487	1893	3594	76	65	11
54	6098	2056	4042	73	62	11
55-59岁	**22253**	**7357**	**14896**	**261**	**223**	**38**
55	5609	1963	3646	79	65	14
56	5026	1648	3378	50	44	6
57	5627	1849	3778	62	54	8
58	4308	1364	2944	52	43	9
59	1683	533	1150	18	17	1
60-64岁	**14509**	**5836**	**8673**	**167**	**150**	**17**
60	1589	541	1048	13	12	1
61	1725	696	1029	25	22	3
62	2963	1231	1732	36	31	5
63	4041	1686	2355	48	45	3
64	4191	1682	2509	45	40	5
65岁及以上	**64429**	**27702**	**36727**	**674**	**606**	**68**

单位：人

有配偶			离婚			丧偶		
小计	男	女	小计	男	女	小计	男	女
137298	**54388**	**82910**	**3995**	**1719**	**2276**	**21904**	**4907**	**16997**
8	**1**	**7**						
1		1						
3		3						
4	1	3						
152	**50**	**102**	**2**		**2**			
8	2	6						
7	4	3						
26	7	19	1		1			
46	14	32	1		1			
65	23	42						
800	**347**	**453**	**33**	**15**	**18**			
79	36	43	2		2			
108	43	65	4	3	1			
149	68	81	8	3	5			
201	85	116	9	3	6			
263	115	148	10	6	4			
2422	**883**	**1539**	**119**	**49**	**70**	**2**	**1**	**1**
377	168	209	18	8	10			
442	167	275	30	11	19			
471	166	305	16	7	9	1		1
575	195	380	25	9	16	1	1	
557	187	370	30	14	16			
3236	**963**	**2273**	**168**	**73**	**95**	**14**	**5**	**9**
508	168	340	31	14	17	2	1	1
548	166	382	30	17	13			
589	180	409	27	11	16	3	1	2
748	215	533	37	14	23	3	1	2
843	234	609	43	17	26	6	2	4
7760	**2421**	**5339**	**344**	**142**	**202**	**71**	**7**	**64**
1078	324	754	33	18	15	5		5
1403	442	961	63	26	37	13	1	12
1536	489	1047	75	29	46	10	1	9
1706	520	1186	79	28	51	12	2	10
2037	646	1391	94	41	53	31	3	28
17403	**5761**	**11642**	**719**	**280**	**439**	**229**	**44**	**185**
2316	730	1586	91	37	54	25	8	17
2777	941	1836	123	49	74	24	3	21
3399	1119	2280	178	67	111	38	10	28
4219	1374	2845	160	64	96	61	16	45
4692	1597	3095	167	63	104	81	7	74
27932	**9584**	**18348**	**912**	**348**	**564**	**782**	**124**	**658**
5202	1783	3419	166	55	111	87	13	74
5847	1982	3865	192	81	111	140	26	114
6193	2189	4004	196	80	116	167	25	142
5045	1736	3309	183	61	122	183	31	152
5645	1894	3751	175	71	104	205	29	176
20207	**6716**	**13491**	**627**	**268**	**359**	**1158**	**150**	**1008**
5120	1790	3330	180	85	95	230	23	207
4597	1520	3077	137	57	80	242	27	215
5086	1688	3398	148	61	87	331	46	285
3883	1229	2654	123	48	75	250	44	206
1521	489	1032	39	17	22	105	10	95
12595	**5258**	**7337**	**369**	**185**	**184**	**1378**	**243**	**1135**
1362	475	887	71	32	39	143	22	121
1516	626	890	58	29	29	126	19	107
2603	1122	1481	69	32	37	255	46	209
3494	1521	1973	94	48	46	405	72	333
3620	1514	2106	77	44	33	449	84	365
44783	**22404**	**22379**	**702**	**359**	**343**	**18270**	**4333**	**13937**

5-3a 续表 4

受教育程度 年龄	15岁及以上人口 合计	男	女	未婚 小计	男	女
初 中	**398790**	**197711**	**201079**	**22740**	**15321**	**7419**
15-19岁	**7298**	**4177**	**3121**	**7147**	**4147**	**3000**
15	3552	2051	1501	3550	2051	1499
16	1192	675	517	1181	675	506
17	849	486	363	833	482	351
18	811	458	353	776	451	325
19	894	507	387	807	488	319
20-24岁	**8354**	**4519**	**3835**	**4841**	**3233**	**1608**
20	1024	614	410	841	556	285
21	1211	655	556	862	553	309
22	1607	897	710	996	690	306
23	1992	1037	955	1025	684	341
24	2520	1316	1204	1117	750	367
25-29岁	**21930**	**10591**	**11339**	**4340**	**3111**	**1229**
25	3270	1657	1613	1107	780	327
26	3620	1810	1810	919	655	264
27	4307	2042	2265	815	579	236
28	4852	2335	2517	747	548	199
29	5881	2747	3134	752	549	203
30-34岁	**39832**	**17413**	**22419**	**2494**	**1837**	**657**
30	7887	3448	4439	719	512	207
31	7955	3561	4394	582	434	148
32	7811	3394	4417	468	331	137
33	8524	3712	4812	418	318	100
34	7655	3298	4357	307	242	65
35-39岁	**40342**	**17934**	**22408**	**1033**	**770**	**263**
35	7497	3226	4271	263	192	71
36	7820	3502	4318	215	158	57
37	7728	3426	4302	178	136	42
38	8949	4064	4885	209	156	53
39	8348	3716	4632	168	128	40
40-44岁	**48752**	**22836**	**25916**	**819**	**610**	**209**
40	8864	3950	4914	184	140	44
41	10136	4754	5382	173	119	54
42	10013	4649	5364	164	127	37
43	9419	4535	4884	155	117	38
44	10320	4948	5372	143	107	36
45-49岁	**59595**	**29582**	**30013**	**816**	**641**	**175**
45	10320	4998	5322	155	127	28
46	11221	5432	5789	136	101	35
47	11852	5885	5967	159	121	38
48	12787	6466	6321	190	154	36
49	13415	6801	6614	176	138	38
50-54岁	**62915**	**31717**	**31198**	**637**	**503**	**134**
50	13707	6716	6991	181	139	42
51	13033	6569	6464	128	99	29
52	13659	6952	6707	139	113	26
53	10603	5359	5244	91	77	14
54	11913	6121	5792	98	75	23
55-59岁	**48364**	**24203**	**24161**	**314**	**237**	**77**
55	11949	5924	6025	85	70	15
56	11327	5663	5664	61	44	17
57	13329	6641	6688	93	67	26
58	8981	4608	4373	60	45	15
59	2778	1367	1411	15	11	4
60-64岁	**17491**	**9796**	**7695**	**89**	**68**	**21**
60	2737	1473	1264	12	10	2
61	2465	1387	1078	12	9	3
62	3688	2093	1595	20	14	6
63	4414	2537	1877	26	19	7
64	4187	2306	1881	19	16	3
65岁及以上	**43917**	**24943**	**18974**	**210**	**164**	**46**

单位：人

有配偶			离婚			丧偶		
小计	男	女	小计	男	女	小计	男	女
348722	**171458**	**177264**	**15453**	**7369**	**8084**	**11875**	**3563**	**8312**
150	**29**	**121**	**1**	**1**				
2		2						
11		11						
16	4	12						
34	6	28	1	1				
87	19	68						
3450	**1266**	**2184**	**61**	**20**	**41**	**2**		**2**
182	57	125	1	1				
348	102	246	1		1			
604	206	398	7	1	6			
943	345	598	23	8	15	1		1
1373	556	817	29	10	19	1		1
17051	**7236**	**9815**	**524**	**242**	**282**	**15**	**2**	**13**
2113	856	1257	48	21	27	2		2
2624	1121	1503	76	34	42	1		1
3382	1417	1965	105	46	59	5		5
3976	1720	2256	126	66	60	3	1	2
4956	2122	2834	169	75	94	4	1	3
35792	**14828**	**20964**	**1508**	**741**	**767**	**38**	**7**	**31**
6906	2807	4099	256	128	128	6	1	5
7112	2998	4114	257	128	129	4	1	3
7048	2915	4133	287	147	140	8	1	7
7719	3215	4504	376	176	200	11	3	8
7007	2893	4114	332	162	170	9	1	8
37369	**16264**	**21105**	**1856**	**889**	**967**	**84**	**11**	**73**
6904	2876	4028	315	154	161	15	4	11
7201	3153	4048	393	191	202	11		11
7162	3120	4042	369	169	200	19	1	18
8305	3709	4596	411	195	216	24	4	20
7797	3406	4391	368	180	188	15	2	13
45470	**21135**	**24335**	**2235**	**1046**	**1189**	**228**	**45**	**183**
8255	3631	4624	392	169	223	33	10	23
9464	4391	5073	464	237	227	35	7	28
9358	4296	5062	452	221	231	39	5	34
8784	4222	4562	425	186	239	55	10	45
9609	4595	5014	502	233	269	66	13	53
55531	**27590**	**27941**	**2710**	**1250**	**1460**	**538**	**101**	**437**
9620	4632	4988	463	221	242	82	18	64
10494	5097	5397	505	216	289	86	18	68
11044	5505	5539	550	244	306	99	15	84
11886	6002	5884	593	286	307	118	24	94
12487	6354	6133	599	283	316	153	26	127
58166	**29620**	**28546**	**2988**	**1335**	**1653**	**1124**	**259**	**865**
12696	6256	6440	648	287	361	182	34	148
12058	6155	5903	635	259	376	212	56	156
12593	6470	6123	677	311	366	250	58	192
9825	5010	4815	480	228	252	207	44	163
10994	5729	5265	548	250	298	273	67	206
44333	**22609**	**21724**	**2139**	**1011**	**1128**	**1578**	**346**	**1232**
10994	5545	5449	555	235	320	315	74	241
10366	5285	5081	518	247	271	382	87	295
12166	6167	5999	615	317	298	455	90	365
8264	4330	3934	347	162	185	310	71	239
2543	1282	1261	104	50	54	116	24	92
15720	**9066**	**6654**	**668**	**380**	**288**	**1014**	**282**	**732**
2460	1347	1113	134	77	57	131	39	92
2224	1278	946	104	61	43	125	39	86
3305	1941	1364	138	75	63	225	63	162
3993	2365	1628	149	83	66	246	70	176
3738	2135	1603	143	84	59	287	71	216
35690	**21815**	**13875**	**763**	**454**	**309**	**7254**	**2510**	**4744**

5－3a　续表 5

受教育程度 年　　龄	15岁及以上人口			未　　婚		
	合计	男	女	小计	男	女
高　中	**277204**	**148182**	**129022**	**78681**	**45409**	**33272**
15－19岁	**57451**	**31092**	**26359**	**57384**	**31072**	**26312**
15	13133	7044	6089	13133	7044	6089
16	20066	10870	9196	20065	10869	9196
17	16103	8594	7509	16099	8593	7506
18	5805	3240	2565	5792	3237	2555
19	2344	1344	1000	2295	1329	966
20－24岁	**11400**	**6548**	**4852**	**8632**	**5495**	**3137**
20	1850	1062	788	1730	1032	698
21	1734	1018	716	1533	963	570
22	2246	1304	942	1784	1136	648
23	2582	1465	1117	1814	1177	637
24	2988	1699	1289	1771	1187	584
25－29岁	**22794**	**12126**	**10668**	**6867**	**4756**	**2111**
25	3545	1936	1609	1750	1176	574
26	3863	2146	1717	1507	1044	463
27	4475	2387	2088	1364	947	417
28	4897	2571	2326	1152	811	341
29	6014	3086	2928	1094	778	316
30－34岁	**32625**	**16467**	**16158**	**3348**	**2399**	**949**
30	7588	3885	3703	1079	785	294
31	7196	3676	3520	876	642	234
32	6575	3309	3266	580	397	183
33	6198	3105	3093	491	348	143
34	5068	2492	2576	322	227	95
35－39岁	**22860**	**11444**	**11416**	**855**	**583**	**272**
35	4350	2208	2142	210	142	68
36	4365	2170	2195	193	114	79
37	4461	2229	2232	162	114	48
38	5107	2564	2543	167	127	40
39	4577	2273	2304	123	86	37
40－44岁	**24515**	**12560**	**11955**	**589**	**425**	**164**
40	4736	2337	2399	123	88	35
41	5193	2669	2524	145	116	29
42	5154	2608	2546	125	82	43
43	4605	2376	2229	112	82	30
44	4827	2570	2257	84	57	27
45－49岁	**24388**	**13214**	**11174**	**413**	**294**	**119**
45	4614	2402	2212	94	66	28
46	4523	2452	2071	68	48	20
47	4914	2702	2212	84	61	23
48	5253	2846	2407	90	61	29
49	5084	2812	2272	77	58	19
50－54岁	**22411**	**12374**	**10037**	**277**	**188**	**89**
50	5322	2974	2348	68	53	15
51	4764	2608	2156	77	53	24
52	4791	2646	2145	65	41	24
53	3544	1975	1569	39	29	10
54	3990	2171	1819	28	12	16
55－59岁	**22154**	**11837**	**10317**	**171**	**110**	**61**
55	4322	2346	1976	35	17	18
56	4701	2488	2213	42	31	11
57	6288	3344	2944	48	33	15
58	4696	2561	2135	28	21	7
59	2147	1098	1049	18	8	10
60－64岁	**16045**	**8649**	**7396**	**74**	**45**	**29**
60	2815	1489	1326	18	11	7
61	2776	1454	1322	10	6	4
62	3654	1994	1660	22	13	9
63	3768	2073	1695	12	7	5
64	3032	1639	1393	12	8	4
65岁及以上	**20561**	**11871**	**8690**	**71**	**42**	**29**

单位：人

有配偶			离婚			丧偶		
小计	男	女	小计	男	女	小计	男	女
183729	**96668**	**87061**	**9853**	**4671**	**5182**	**4941**	**1434**	**3507**
65	**18**	**47**	**2**	**2**				
1	1							
4	1	3						
13	3	10						
47	13	34	2	2				
2740	**1036**	**1704**	**28**	**17**	**11**			
120	30	90						
201	55	146						
461	168	293	1		1			
758	283	475	10	5	5			
1200	500	700	17	12	5			
15480	**7185**	**8295**	**436**	**182**	**254**	**11**	**3**	**8**
1765	750	1015	29	10	19	1		1
2309	1084	1225	47	18	29			
3045	1413	1632	66	27	39			
3629	1716	1913	113	44	69	3		3
4732	2222	2510	181	83	98	7	3	4
27900	**13399**	**14501**	**1346**	**662**	**684**	**31**	**7**	**24**
6278	2993	3285	221	104	117	10	3	7
6048	2906	3142	268	127	141	4	1	3
5676	2747	2929	314	165	149	5		5
5425	2625	2800	274	129	145	8	3	5
4473	2128	2345	269	137	132	4		4
20668	**10212**	**10456**	**1297**	**637**	**660**	**40**	**12**	**28**
3912	1959	1953	223	105	118	5	2	3
3909	1929	1980	260	125	135	3	2	1
4044	1996	2048	248	118	130	7	1	6
4618	2284	2334	310	150	160	12	3	9
4185	2044	2141	256	139	117	13	4	9
22322	**11406**	**10916**	**1496**	**704**	**792**	**108**	**25**	**83**
4320	2113	2207	278	131	147	15	5	10
4715	2391	2324	318	158	160	15	4	11
4690	2368	2322	320	154	166	19	4	15
4193	2171	2022	276	119	157	24	4	20
4404	2363	2041	304	142	162	35	8	27
22307	**12187**	**10120**	**1483**	**695**	**788**	**185**	**38**	**147**
4218	2214	2004	272	116	156	30	6	24
4163	2274	1889	255	121	134	37	9	28
4479	2486	1993	313	147	166	38	8	30
4790	2623	2167	341	157	184	32	5	27
4657	2590	2067	302	154	148	48	10	38
20408	**11467**	**8941**	**1444**	**655**	**789**	**282**	**64**	**218**
4844	2740	2104	362	170	192	48	11	37
4305	2403	1902	323	136	187	59	16	43
4362	2451	1911	300	143	157	64	11	53
3252	1840	1412	202	92	110	51	14	37
3645	2033	1612	257	114	143	60	12	48
20153	**11005**	**9148**	**1258**	**607**	**651**	**572**	**115**	**457**
3916	2174	1742	272	129	143	99	26	73
4242	2293	1949	301	138	163	116	26	90
5766	3126	2640	316	162	154	158	23	135
4300	2400	1900	240	112	128	128	28	100
1929	1012	917	129	66	63	71	12	59
14530	**8078**	**6452**	**677**	**319**	**358**	**764**	**207**	**557**
2529	1381	1148	148	62	86	120	35	85
2518	1346	1172	135	71	64	113	31	82
3315	1861	1454	149	74	75	168	46	122
3416	1943	1473	153	71	82	187	52	135
2752	1547	1205	92	41	51	176	43	133
17156	**10675**	**6481**	**386**	**191**	**195**	**2948**	**963**	**1985**

5-3a 续表 6

受教育程度 年龄	15岁及以上人口			未婚		
	合计	男	女	小计	男	女
大学专科	**202556**	**104150**	**98406**	**62295**	**32005**	**30290**
15-19岁	**14425**	**6420**	**8005**	**14396**	**6406**	**7990**
15	469	204	265	469	204	265
16	937	414	523	937	414	523
17	1756	732	1024	1755	731	1024
18	4432	1983	2449	4422	1976	2446
19	6831	3087	3744	6813	3081	3732
20-24岁	**30606**	**14787**	**15819**	**27709**	**13882**	**13827**
20	7099	3379	3720	7036	3368	3668
21	5675	2806	2869	5519	2763	2756
22	5619	2698	2921	5215	2579	2636
23	5954	2886	3068	5127	2620	2507
24	6259	3018	3241	4812	2552	2260
25-29岁	**34247**	**16428**	**17819**	**14018**	**8005**	**6013**
25	6619	3211	3408	4193	2281	1912
26	6390	3150	3240	3312	1901	1411
27	6767	3228	3539	2649	1544	1105
28	6933	3297	3636	2115	1217	898
29	7538	3542	3996	1749	1062	687
30-34岁	**37565**	**17983**	**19582**	**4449**	**2712**	**1737**
30	9006	4320	4686	1511	926	585
31	8330	3938	4392	1081	676	405
32	7398	3434	3964	790	442	348
33	7100	3462	3638	618	379	239
34	5731	2829	2902	449	289	160
35-39岁	**21821**	**11020**	**10801**	**936**	**549**	**387**
35	4969	2526	2443	269	170	99
36	4646	2364	2282	233	135	98
37	4239	2125	2114	176	110	66
38	4394	2215	2179	156	83	73
39	3573	1790	1783	102	51	51
40-44岁	**16661**	**8716**	**7945**	**341**	**205**	**136**
40	3463	1731	1732	99	57	42
41	3679	1841	1838	78	46	32
42	3411	1796	1615	65	45	20
43	3058	1679	1379	50	28	22
44	3050	1669	1381	49	29	20
45-49岁	**13770**	**7807**	**5963**	**199**	**120**	**79**
45	2746	1538	1208	42	24	18
46	2658	1481	1177	31	19	12
47	2750	1558	1192	46	30	16
48	2966	1672	1294	40	19	21
49	2650	1558	1092	40	28	12
50-54岁	**11135**	**6527**	**4608**	**128**	**64**	**64**
50	2821	1632	1189	41	20	21
51	2445	1416	1029	31	14	17
52	2362	1412	950	28	16	12
53	1662	981	681	17	7	10
54	1845	1086	759	11	7	4
55-59岁	**8980**	**5467**	**3513**	**62**	**30**	**32**
55	1959	1221	738	15	6	9
56	2141	1262	879	17	10	7
57	2625	1590	1035	16	6	10
58	1621	1016	605	13	7	6
59	634	378	256	1	1	
60-64岁	**4558**	**2990**	**1568**	**22**	**15**	**7**
60	750	450	300	3	2	1
61	718	482	236	1		1
62	975	647	328	8	6	2
63	1107	737	370	3	1	2
64	1008	674	334	7	6	1
65岁及以上	**8788**	**6005**	**2783**	**35**	**17**	**18**

单位：人

有配偶			离婚			丧偶		
小计	男	女	小计	男	女	小计	男	女
133259	**69126**	**64133**	**5388**	**2393**	**2995**	**1614**	**626**	**988**
29	**14**	**15**						
1	1							
10	7	3						
18	6	12						
2883	**903**	**1980**	**14**	**2**	**12**			
63	11	52						
155	43	112	1		1			
401	118	283	3	1	2			
823	266	557	4		4			
1441	465	976	6	1	5			
19897	**8291**	**11606**	**328**	**130**	**198**	**4**	**2**	**2**
2401	922	1479	24	8	16	1		1
3038	1233	1805	40	16	24			
4061	1663	2398	57	21	36			
4726	2038	2688	91	41	50	1	1	
5671	2435	3236	116	44	72	2	1	1
31965	**14780**	**17185**	**1122**	**483**	**639**	**29**	**8**	**21**
7310	3321	3989	177	69	108	8	4	4
7029	3177	3852	216	85	131	4		4
6349	2880	3469	253	110	143	6	2	4
6228	2968	3260	248	114	134	6	1	5
5049	2434	2615	228	105	123	5	1	4
19809	**9978**	**9831**	**1047**	**486**	**561**	**29**	**7**	**22**
4484	2250	2234	209	104	105	7	2	5
4189	2112	2077	218	115	103	6	2	4
3839	1932	1907	218	83	135	6		6
4003	2022	1981	229	109	120	6	1	5
3294	1662	1632	173	75	98	4	2	2
15419	**8143**	**7276**	**850**	**358**	**492**	**51**	**10**	**41**
3187	1599	1588	167	73	94	10	2	8
3407	1727	1680	187	68	119	7		7
3151	1656	1495	182	91	91	13	4	9
2842	1581	1261	153	67	86	13	3	10
2832	1580	1252	161	59	102	8	1	7
12799	**7365**	**5434**	**707**	**304**	**403**	**65**	**18**	**47**
2559	1455	1104	134	56	78	11	3	8
2486	1408	1078	130	52	78	11	2	9
2538	1458	1080	156	66	90	10	4	6
2768	1588	1180	143	63	80	15	2	13
2448	1456	992	144	67	77	18	7	11
10315	**6155**	**4160**	**598**	**280**	**318**	**94**	**28**	**66**
2611	1538	1073	159	72	87	10	2	8
2267	1341	926	124	53	71	23	8	15
2187	1313	874	127	73	54	20	10	10
1530	928	602	93	41	52	22	5	17
1720	1035	685	95	41	54	19	3	16
8354	**5213**	**3141**	**422**	**192**	**230**	**142**	**32**	**110**
1812	1163	649	99	48	51	33	4	29
1983	1201	782	109	44	65	32	7	25
2439	1511	928	132	60	72	38	13	25
1527	978	549	51	23	28	30	8	22
593	360	233	31	17	14	9		9
4239	**2849**	**1390**	**157**	**75**	**82**	**140**	**51**	**89**
693	433	260	32	11	21	22	4	18
668	455	213	26	17	9	23	10	13
909	619	290	33	13	20	25	9	16
1032	701	331	34	19	15	38	16	22
937	641	296	32	15	17	32	12	20
7550	**5435**	**2115**	**143**	**83**	**60**	**1060**	**470**	**590**

5-3a　续表 7

受教育程度 年　　龄	15岁及以上人口			未　　婚		
	合计	男	女	小计	男	女
大学本科	**181638**	**96303**	**85335**	**72798**	**35949**	**36849**
15-19岁	**13563**	**6451**	**7112**	**13559**	**6449**	**7110**
15	17	10	7	17	10	7
16	80	40	40	80	40	40
17	809	354	455	809	354	455
18	4304	2078	2226	4303	2077	2226
19	8353	3969	4384	8350	3968	4382
20-24岁	**39072**	**18606**	**20466**	**38210**	**18343**	**19867**
20	10530	5087	5443	10525	5086	5439
21	9406	4495	4911	9384	4489	4895
22	7874	3714	4160	7801	3697	4104
23	5904	2831	3073	5683	2753	2930
24	5358	2479	2879	4817	2318	2499
25-29岁	**30115**	**14300**	**15815**	**15227**	**7915**	**7312**
25	5565	2620	2945	4324	2151	2173
26	5769	2696	3073	3710	1921	1789
27	5821	2738	3083	2935	1556	1379
28	6225	2994	3231	2371	1282	1089
29	6735	3252	3483	1887	1005	882
30-34岁	**33642**	**16798**	**16844**	**4387**	**2467**	**1920**
30	7975	3900	4075	1654	921	733
31	7319	3607	3712	1095	644	451
32	6564	3285	3279	743	422	321
33	6358	3225	3133	515	276	239
34	5426	2781	2645	380	204	176
35-39岁	**21872**	**11701**	**10171**	**931**	**508**	**423**
35	4803	2503	2300	269	159	110
36	4813	2570	2243	237	118	119
37	4456	2358	2098	190	103	87
38	4318	2362	1956	150	81	69
39	3482	1908	1574	85	47	38
40-44岁	**13003**	**7438**	**5565**	**246**	**132**	**114**
40	3055	1698	1357	73	39	34
41	2997	1686	1311	60	38	22
42	2534	1442	1092	48	22	26
43	2202	1310	892	35	16	19
44	2215	1302	913	30	17	13
45-49岁	**9382**	**6020**	**3362**	**122**	**68**	**54**
45	2016	1231	785	32	14	18
46	1851	1190	661	29	14	15
47	1901	1241	660	19	12	7
48	1921	1258	663	19	12	7
49	1693	1100	593	23	16	7
50-54岁	**7632**	**5255**	**2377**	**62**	**42**	**20**
50	1805	1183	622	14	8	6
51	1610	1083	527	10	7	3
52	1659	1144	515	16	11	5
53	1166	846	320	8	7	1
54	1392	999	393	14	9	5
55-59岁	**5786**	**4236**	**1550**	**30**	**13**	**17**
55	1451	1056	395	8	6	2
56	1437	1061	376	7	1	6
57	1595	1154	441	8	3	5
58	980	736	244	5	2	3
59	323	229	94	2	1	1
60-64岁	**2170**	**1554**	**616**	**9**	**4**	**5**
60	430	293	137	1		1
61	351	276	75	2	1	1
62	440	293	147	2	1	1
63	523	390	133	2		2
64	426	302	124	2	2	
65岁及以上	**5401**	**3944**	**1457**	**15**	**8**	**7**

单位：人

有配偶			离婚			丧偶		
小计	男	女	小计	男	女	小计	男	女
104991	**58687**	**46304**	**3008**	**1281**	**1727**	**841**	**386**	**455**
4	**2**	**2**						
1	1							
3	1	2						
856	**263**	**593**	**6**		**6**			
5	1	4						
22	6	16						
72	17	55	1		1			
221	78	143						
536	161	375	5		5			
14748	**6333**	**8415**	**138**	**50**	**88**	**2**	**2**	
1234	465	769	7	4	3			
2038	768	1270	21	7	14			
2869	1176	1693	17	6	11			
3823	1703	2120	31	9	22			
4784	2221	2563	62	24	38	2	2	
28601	**14093**	**14508**	**635**	**235**	**400**	**19**	**3**	**16**
6221	2944	3277	96	35	61	4		4
6110	2928	3182	111	34	77	3	1	2
5691	2814	2877	128	49	79	2		2
5677	2882	2795	159	66	93	7	1	6
4902	2525	2377	141	51	90	3	1	2
20227	**10882**	**9345**	**699**	**304**	**395**	**15**	**7**	**8**
4406	2295	2111	127	49	78	1		1
4443	2389	2054	131	63	68	2		2
4101	2187	1914	161	67	94	4	1	3
4002	2205	1797	161	72	89	5	4	1
3275	1806	1469	119	53	66	3	2	1
12181	**7055**	**5126**	**551**	**240**	**311**	**25**	**11**	**14**
2848	1603	1245	130	54	76	4	2	2
2814	1587	1227	120	59	61	3	2	1
2370	1368	1002	108	49	59	8	3	5
2070	1254	816	93	38	55	4	2	2
2079	1243	836	100	40	60	6	2	4
8871	**5781**	**3090**	**363**	**161**	**202**	**26**	**10**	**16**
1907	1180	727	71	33	38	6	4	2
1748	1143	605	71	32	39	3	1	2
1798	1194	604	76	31	45	8	4	4
1821	1205	616	75	41	34	6		6
1597	1059	538	70	24	46	3	1	2
7236	**5062**	**2174**	**284**	**129**	**155**	**50**	**22**	**28**
1706	1135	571	79	35	44	6	5	1
1534	1051	483	50	20	30	16	5	11
1572	1103	469	62	26	36	9	4	5
1106	812	294	43	23	20	9	4	5
1318	961	357	50	25	25	10	4	6
5501	**4109**	**1392**	**198**	**88**	**110**	**57**	**26**	**31**
1383	1023	360	47	20	27	13	7	6
1362	1032	330	56	22	34	12	6	6
1518	1121	397	55	26	29	14	4	10
931	713	218	29	13	16	15	8	7
307	220	87	11	7	4	3	1	2
2054	**1506**	**548**	**68**	**33**	**35**	**39**	**11**	**28**
414	287	127	13	6	7	2		2
329	262	67	15	12	3	5	1	4
416	283	133	16	6	10	6	3	3
493	380	113	13	6	7	15	4	11
402	294	108	11	3	8	11	3	8
4712	**3601**	**1111**	**66**	**41**	**25**	**608**	**294**	**314**

5-3a 续表 8

受教育程度 年　　龄	15岁及以上人口			未　婚		
	合计	男	女	小计	男	女
硕士研究生	**19735**	**10599**	**9136**	**7426**	**3485**	**3941**
15-19岁	**11**	**9**	**2**	**11**	**9**	**2**
15						
16						
17						
18	4	4		4	4	
19	7	5	2	7	5	2
20-24岁	**3238**	**1485**	**1753**	**3211**	**1476**	**1735**
20	19	7	12	19	7	12
21	170	76	94	170	76	94
22	719	330	389	716	328	388
23	1137	517	620	1135	517	618
24	1193	555	638	1171	548	623
25-29岁	**4448**	**2030**	**2418**	**3170**	**1488**	**1682**
25	1082	535	547	1031	510	521
26	881	372	509	749	322	427
27	827	367	460	599	265	334
28	806	357	449	440	216	224
29	852	399	453	351	175	176
30-34岁	**4561**	**2250**	**2311**	**800**	**386**	**414**
30	1034	501	533	311	155	156
31	983	503	480	189	91	98
32	909	450	459	140	67	73
33	902	426	476	110	48	62
34	733	370	363	50	25	25
35-39岁	**3080**	**1698**	**1382**	**158**	**90**	**68**
35	622	332	290	45	27	18
36	645	354	291	37	21	16
37	652	344	308	30	18	12
38	630	367	263	32	14	18
39	531	301	230	14	10	4
40-44岁	**1700**	**1073**	**627**	**43**	**20**	**23**
40	448	267	181	12	6	6
41	409	260	149	10	4	6
42	336	198	138	5	3	2
43	266	177	89	11	4	7
44	241	171	70	5	3	2
45-49岁	**1105**	**793**	**312**	**19**	**8**	**11**
45	209	141	68	7	1	6
46	211	149	62	4	2	2
47	248	182	66	5	3	2
48	242	176	66			
49	195	145	50	3	2	1
50-54岁	**766**	**576**	**190**	**8**	**5**	**3**
50	190	143	47	4	2	2
51	169	124	45	3	2	1
52	163	117	46			
53	111	83	28			
54	133	109	24	1	1	
55-59岁	**589**	**490**	**99**	**4**	**3**	**1**
55	135	105	30	2	1	1
56	153	125	28			
57	157	132	25	1	1	
58	115	104	11	1	1	
59	29	24	5			
60-64岁	**130**	**102**	**28**	**1**		**1**
60	24	17	7			
61	21	18	3			
62	27	24	3			
63	31	21	10	1		1
64	27	22	5			
65岁及以上	**107**	**93**	**14**	**1**		**1**

单位：人

有配偶			离婚			丧偶		
小计	男	女	小计	男	女	小计	男	女
12020	**6982**	**5038**	**262**	**117**	**145**	**27**	**15**	**12**
27	**9**	**18**						
3	2	1						
2		2						
22	7	15						
1274	**541**	**733**	**4**	**1**	**3**			
50	24	26	1	1				
132	50	82						
228	102	126						
366	141	225						
498	224	274	3		3			
3711	**1842**	**1869**	**50**	**22**	**28**			
720	344	376	3	2	1			
781	405	376	13	7	6			
757	380	377	12	3	9			
782	373	409	10	5	5			
671	340	331	12	5	7			
2848	**1575**	**1273**	**74**	**33**	**41**			
568	302	266	9	3	6			
597	329	268	11	4	7			
605	319	286	17	7	10			
580	343	237	18	10	8			
498	282	216	19	9	10			
1595	**1021**	**574**	**58**	**29**	**29**	**4**	**3**	**1**
420	252	168	16	9	7			
388	250	138	9	5	4	2	1	1
314	187	127	17	8	9			
251	170	81	4	3	1			
222	162	60	12	4	8	2	2	
1054	**770**	**284**	**30**	**15**	**15**	**2**		**2**
198	137	61	4	3	1			
200	144	56	6	3	3	1		1
235	177	58	7	2	5	1		1
234	172	62	8	4	4			
187	140	47	5	3	2			
730	**561**	**169**	**21**	**7**	**14**	**7**	**3**	**4**
183	139	44	2	2		1		1
161	120	41	4	2	2	1		1
153	115	38	9	2	7	1		1
107	81	26	3	1	2	1	1	
126	106	20	3		3	3	2	1
563	**478**	**85**	**18**	**7**	**11**	**4**	**2**	**2**
128	103	25	3		3	2	1	1
150	124	26	3	1	2			
150	129	21	5	2	3	1		1
108	98	10	5	4	1	1	1	
27	24	3	2		2			
122	**99**	**23**	**5**	**1**	**4**	**2**	**2**	
24	17	7						
19	17	2	1		1	1	1	
27	24	3						
28	20	8	1		1	1	1	
24	21	3	3	1	2			
96	**86**	**10**	**2**	**2**		**8**	**5**	**3**

5－3a 续表 9

受教育程度 年 龄	15岁及以上人口 合计	男	女	未 婚 小计	男	女
博士研究生	**2515**	**1702**	**813**	**934**	**578**	**356**
15－19岁	**1**		**1**	**1**		**1**
15						
16						
17						
18						
19	1		1	1		1
20－24岁	**153**	**88**	**65**	**150**	**86**	**64**
20						
21	1		1	1		1
22	17	7	10	17	7	10
23	46	30	16	46	30	16
24	89	51	38	86	49	37
25－29岁	**684**	**415**	**269**	**584**	**366**	**218**
25	144	98	46	140	95	45
26	155	94	61	143	91	52
27	134	80	54	115	68	47
28	142	84	58	109	69	40
29	109	59	50	77	43	34
30－34岁	**492**	**312**	**180**	**152**	**97**	**55**
30	114	78	36	57	40	17
31	112	71	41	39	27	12
32	91	59	32	28	15	13
33	95	54	41	19	10	9
34	80	50	30	9	5	4
35－39岁	**443**	**311**	**132**	**32**	**18**	**14**
35	80	51	29	7	2	5
36	78	58	20	7	5	2
37	92	66	26	7	5	2
38	96	73	23	5	2	3
39	97	63	34	6	4	2
40－44岁	**354**	**261**	**93**	**9**	**6**	**3**
40	94	70	24	2	1	1
41	91	64	27	1	1	
42	73	48	25	3	1	2
43	55	46	9	1	1	
44	41	33	8	2	2	
45－49岁	**164**	**125**	**39**	**2**	**2**	
45	45	35	10			
46	25	17	8	1	1	
47	35	26	9	1	1	
48	34	24	10			
49	25	23	2			
50－54岁	**111**	**91**	**20**	**4**	**3**	**1**
50	26	23	3	2	1	1
51	22	16	6	1	1	
52	23	18	5			
53	17	14	3			
54	23	20	3	1	1	
55－59岁	**81**	**73**	**8**			
55	18	17	1			
56	24	22	2			
57	17	14	3			
58	17	16	1			
59	5	4	1			
60－64岁	**19**	**16**	**3**			
60	3	3				
61	3	3				
62	3	2	1			
63	3	3				
64	7	5	2			
65岁及以上	**13**	**10**	**3**			

单位：人

有配偶			离婚			丧偶		
小计	男	女	小计	男	女	小计	男	女
1543	**1103**	**440**	**35**	**19**	**16**	**3**	**2**	**1**
3	**2**	**1**						
3	2	1						
99	**49**	**50**	**1**		**1**			
4	3	1						
12	3	9						
19	12	7						
33	15	18						
31	16	15	1		1			
336	**214**	**122**	**4**	**1**	**3**			
57	38	19						
71	43	28	2	1	1			
63	44	19						
74	44	30	2		2			
71	45	26						
400	**288**	**112**	**10**	**4**	**6**	**1**	**1**	
71	48	23	1		1	1	1	
71	53	18						
81	59	22	4	2	2			
89	70	19	2	1	1			
88	58	30	3	1	2			
337	**251**	**86**	**7**	**4**	**3**	**1**		**1**
90	69	21	1		1	1		1
88	61	27	2	2				
66	45	21	4	2	2			
54	45	9						
39	31	8						
158	**121**	**37**	**4**	**2**	**2**			
44	34	10	1	1				
24	16	8						
33	25	8	1		1			
33	24	9	1		1			
24	22	2	1	1				
103	**85**	**18**	**4**	**3**	**1**			
22	20	2	2	2				
20	15	5	1		1			
23	18	5						
16	13	3	1	1				
22	19	3						
78	**70**	**8**	**3**	**3**				
18	17	1						
23	21	2	1	1				
16	13	3	1	1				
17	16	1						
4	3	1	1	1				
19	**16**	**3**						
3	3							
3	3							
3	2	1						
3	3							
7	5	2						
10	**7**	**3**	**2**	**2**		**1**	**1**	

5-3b 全省分年龄、性别、受教育

受教育程度 年龄	15岁及以上人口			未婚		
	合计	男	女	小计	男	女
总计	**1516716**	**754154**	**762562**	**276905**	**164174**	**112731**
15-19岁	**126994**	**69037**	**57957**	**126373**	**68870**	**57503**
15	27421	14961	12460	27417	14961	12456
16	32579	17772	14807	32550	17765	14785
17	28190	15382	12808	28126	15364	12762
18	19728	10594	9134	19562	10551	9011
19	19076	10328	8748	18718	10229	8489
20-24岁	**94398**	**49738**	**44660**	**77170**	**43431**	**33739**
20	19558	10541	9017	18749	10305	8444
21	17710	9441	8269	16227	8972	7255
22	18401	9644	8757	15512	8673	6839
23	18566	9711	8855	13849	7949	5900
24	20163	10401	9762	12833	7532	5301
25-29岁	**135315**	**68265**	**67050**	**42242**	**27026**	**15216**
25	23788	12191	11597	12318	7460	4858
26	23968	12199	11769	9614	6029	3585
27	26825	13554	13271	8139	5294	2845
28	28986	14524	14462	6742	4532	2210
29	31748	15797	15951	5429	3711	1718
30-34岁	**167341**	**81577**	**85764**	**13996**	**9926**	**4070**
30	38588	18997	19591	4905	3402	1503
31	35811	17411	18400	3464	2462	1002
32	32649	15806	16843	2438	1736	702
33	32508	15813	16695	1845	1341	504
34	27785	13550	14235	1344	985	359
35-39岁	**122425**	**59997**	**62428**	**3668**	**2743**	**925**
35	24648	12086	12562	988	725	263
36	24665	12125	12540	798	602	196
37	23689	11671	12018	704	502	202
38	25590	12535	13055	639	482	157
39	23833	11580	12253	539	432	107
40-44岁	**128698**	**63471**	**65227**	**2138**	**1706**	**432**
40	24746	12008	12738	453	363	90
41	26751	13107	13644	490	387	103
42	26227	12868	13359	404	314	90
43	24163	12056	12107	389	306	83
44	26811	13432	13379	402	336	66
45-49岁	**156666**	**77891**	**78775**	**2221**	**1921**	**300**
45	26417	13225	13192	415	349	66
46	29021	14618	14403	437	377	60
47	31310	15532	15778	441	380	61
48	34930	17247	17683	448	394	54
49	34988	17269	17719	480	421	59
50-54岁	**172159**	**84041**	**88118**	**2029**	**1837**	**192**
50	36710	17916	18794	474	427	47
51	35080	17135	17945	418	379	39
52	37061	18205	18856	418	384	34
53	30049	14615	15434	349	321	28
54	33259	16170	17089	370	326	44
55-59岁	**132613**	**64527**	**68086**	**1310**	**1189**	**121**
55	31819	15483	16336	333	302	31
56	29527	14417	15110	283	258	25
57	33636	16528	17108	376	337	39
58	27332	13318	14014	235	217	18
59	10299	4781	5518	83	75	8
60-64岁	**62474**	**31547**	**30927**	**953**	**911**	**42**
60	8057	3881	4176	101	88	13
61	8094	4072	4022	127	120	7
62	13108	6917	6191	218	210	8
63	16689	8557	8132	267	262	5
64	16526	8120	8406	240	231	9
65岁及以上	**217633**	**104063**	**113570**	**4805**	**4614**	**191**

程度、婚姻状况的人口(镇)

单位：人

有配偶			离婚			丧偶		
小计	男	女	小计	男	女	小计	男	女
1134718	**554036**	**580682**	**29768**	**16052**	**13716**	**75325**	**19892**	**55433**
615	**166**	**449**	**6**	**1**	**5**			
4		4						
29	7	22						
63	18	45	1		1			
163	42	121	3	1	2			
356	99	257	2		2			
17003	**6217**	**10786**	**220**	**89**	**131**	**5**	**1**	**4**
804	233	571	5	3	2			
1470	466	1004	13	3	10			
2856	957	1899	32	14	18	1		1
4642	1733	2909	72	28	44	3	1	2
7231	2828	4403	98	41	57	1		1
91108	**40219**	**50889**	**1912**	**1010**	**902**	**53**	**10**	**43**
11295	4643	6652	175	88	87			
14079	6036	8043	266	133	133	9	1	8
18337	8083	10254	341	176	165	8	1	7
21738	9720	12018	489	269	220	17	3	14
25659	11737	13922	641	344	297	19	5	14
148269	**68909**	**79360**	**4876**	**2693**	**2183**	**200**	**49**	**151**
32710	15078	17632	937	505	432	36	12	24
31345	14410	16935	967	532	435	35	7	28
29202	13517	15685	964	541	423	45	12	33
29562	13886	15676	1055	577	478	46	9	37
25450	12018	13432	953	538	415	38	9	29
113882	**54647**	**59235**	**4579**	**2542**	**2037**	**296**	**65**	**231**
22735	10862	11873	873	486	387	52	13	39
22849	11006	11843	956	499	457	62	18	44
22041	10648	11393	893	514	379	51	7	44
23922	11476	12446	969	558	411	60	19	41
22335	10655	11680	888	485	403	71	8	63
121334	**59159**	**62175**	**4621**	**2454**	**2167**	**605**	**152**	**453**
23304	11151	12153	905	475	430	84	19	65
25127	12152	12975	1031	540	491	103	28	75
24751	12025	12726	948	498	450	124	31	93
22873	11306	11567	767	413	354	134	31	103
25279	12525	12754	970	528	442	160	43	117
148199	**73124**	**75075**	**4657**	**2449**	**2208**	**1589**	**397**	**1192**
24947	12368	12579	850	446	404	205	62	143
27425	13686	13739	909	483	426	250	72	178
29616	14599	15017	935	478	457	318	75	243
33107	16265	16842	982	500	482	393	88	305
33104	16206	16898	981	542	439	423	100	323
162313	**79227**	**83086**	**3989**	**2017**	**1972**	**3828**	**960**	**2868**
34672	16840	17832	979	506	473	585	143	442
33151	16172	16979	835	398	437	676	186	490
35009	17222	17787	827	392	435	807	207	600
28328	13768	14560	615	333	282	757	193	564
31153	15225	15928	733	388	345	1003	231	772
123518	**60806**	**62712**	**2482**	**1281**	**1201**	**5303**	**1251**	**4052**
29832	14605	15227	649	328	321	1005	248	757
27589	13586	14003	585	314	271	1070	259	811
31215	15544	15671	636	324	312	1409	323	1086
25367	12554	12813	445	229	216	1285	318	967
9515	4517	4998	167	86	81	534	103	431
55584	**28736**	**26848**	**977**	**605**	**372**	**4960**	**1295**	**3665**
7283	3580	3703	191	112	79	482	101	381
7262	3716	3546	147	85	62	558	151	407
11723	6341	5382	198	121	77	969	245	724
14811	7777	7034	222	142	80	1389	376	1013
14505	7322	7183	219	145	74	1562	422	1140
152893	**82826**	**70067**	**1449**	**911**	**538**	**58486**	**15712**	**42774**

5-3b 续表 1

受教育程度 年龄	15岁及以上人口			未婚		
	合计	男	女	小计	男	女
未上过学	**67127**	**15010**	**52117**	**3404**	**3077**	**327**
15-19岁	**105**	**73**	**32**	**105**	**73**	**32**
15	22	18	4	22	18	4
16	16	8	8	16	8	8
17	21	15	6	21	15	6
18	25	17	8	25	17	8
19	21	15	6	21	15	6
20-24岁	**139**	**77**	**62**	**111**	**73**	**38**
20	21	11	10	21	11	10
21	23	14	9	20	14	6
22	31	19	12	27	18	9
23	31	12	19	22	12	10
24	33	21	12	21	18	3
25-29岁	**230**	**122**	**108**	**147**	**101**	**46**
25	44	19	25	35	19	16
26	31	18	13	20	15	5
27	46	25	21	28	21	7
28	64	33	31	36	26	10
29	45	27	18	28	20	8
30-34岁	**305**	**138**	**167**	**142**	**109**	**33**
30	59	29	30	29	21	8
31	60	22	38	29	21	8
32	53	24	29	24	19	5
33	81	39	42	40	31	9
34	52	24	28	20	17	3
35-39岁	**425**	**161**	**264**	**144**	**119**	**25**
35	72	38	34	33	27	6
36	63	19	44	23	17	6
37	91	39	52	32	27	5
38	95	28	67	26	21	5
39	104	37	67	30	27	3
40-44岁	**872**	**222**	**650**	**146**	**128**	**18**
40	114	28	86	17	15	2
41	161	46	115	32	30	2
42	164	39	125	31	26	5
43	177	45	132	26	21	5
44	256	64	192	40	36	4
45-49岁	**2541**	**516**	**2025**	**219**	**192**	**27**
45	296	61	235	36	30	6
46	378	91	287	45	40	5
47	508	97	411	35	29	6
48	631	115	516	49	43	6
49	728	152	576	54	50	4
50-54岁	**4825**	**833**	**3992**	**258**	**238**	**20**
50	881	154	727	62	58	4
51	909	162	747	52	47	5
52	999	185	814	51	46	5
53	903	141	762	44	40	4
54	1133	191	942	49	47	2
55-59岁	**5791**	**781**	**5010**	**198**	**182**	**16**
55	1070	149	921	47	42	5
56	1133	160	973	30	28	2
57	1421	189	1232	55	50	5
58	1495	195	1300	45	42	3
59	672	88	584	21	20	1
60-64岁	**6197**	**1286**	**4911**	**217**	**214**	**3**
60	578	98	480	22	20	2
61	647	132	515	26	26	
62	1210	273	937	44	43	1
63	1812	393	1419	68	68	
64	1950	390	1560	57	57	
65岁及以上	**45697**	**10801**	**34896**	**1717**	**1648**	**69**

单位：人

有配偶			离婚			丧偶		
小计	男	女	小计	男	女	小计	男	女
42115	**9122**	**32993**	**493**	**199**	**294**	**21115**	**2612**	**18503**
28	**4**	**24**						
3		3						
4	1	3						
9		9						
12	3	9						
80	**19**	**61**	**3**	**2**	**1**			
9		9						
11	3	8						
18	4	14						
27	6	21	1	1				
15	6	9	2	1	1			
157	**27**	**130**	**4**	**2**	**2**	**2**		**2**
28	7	21	2	1	1			
30	1	29				1		1
29	5	24						
40	7	33	1	1				
30	7	23	1		1	1		1
266	**38**	**228**	**13**	**4**	**9**	**2**		**2**
36	9	27	3	2	1			
38	2	36	1		1	1		1
56	11	45	3	1	2			
67	7	60	2		2			
69	9	60	4	1	3	1		1
697	**86**	**611**	**22**	**7**	**15**	**7**	**1**	**6**
92	13	79	3		3	2		2
122	15	107	5	1	4	2		2
128	12	116	3		3	2	1	1
145	19	126	6	5	1			
210	27	183	5	1	4	1		1
2210	**288**	**1922**	**66**	**29**	**37**	**46**	**7**	**39**
256	29	227	3	1	2	1	1	
320	45	275	8	6	2	5		5
445	61	384	14	5	9	14	2	12
550	57	493	23	12	11	9	3	6
639	96	543	18	5	13	17	1	16
4269	**546**	**3723**	**83**	**26**	**57**	**215**	**23**	**192**
785	89	696	14	6	8	20	1	19
807	108	699	19	4	15	31	3	28
875	126	749	23	5	18	50	8	42
800	90	710	14	6	8	45	5	40
1002	133	869	13	5	8	69	6	63
5071	**560**	**4511**	**62**	**19**	**43**	**460**	**20**	**440**
949	101	848	10	5	5	64	1	63
1023	124	899	7	3	4	73	5	68
1227	132	1095	20	4	16	119	3	116
1289	141	1148	20	6	14	141	6	135
583	62	521	5	1	4	63	5	58
5059	**962**	**4097**	**47**	**25**	**22**	**874**	**85**	**789**
479	67	412	6	4	2	71	7	64
553	98	455	5	3	2	63	5	58
984	210	774	11	4	7	171	16	155
1474	294	1180	12	6	6	258	25	233
1569	293	1276	13	8	5	311	32	279
24278	**6592**	**17686**	**193**	**85**	**108**	**19509**	**2476**	**17033**

5-3b 续表 2

受教育程度 年龄	15岁及以上人口			未婚		
	合计	男	女	小计	男	女
学前教育	**1900**	**558**	**1342**	**111**	**82**	**29**
15-19岁	**37**	**22**	**15**	**37**	**22**	**15**
15	10	6	4	10	6	4
16	11	4	7	11	4	7
17	7	4	3	7	4	3
18	4	4		4	4	
19	5	4	1	5	4	1
20-24岁	**14**	**9**	**5**	**13**	**9**	**4**
20	4	3	1	4	3	1
21						
22	3	3		3	3	
23	6	3	3	6	3	3
24	1		1			
25-29岁	**15**	**5**	**10**	**7**	**3**	**4**
25	4	2	2	3	1	2
26	2		2	1		1
27	2	1	1	1	1	
28	4	1	3	2	1	1
29	3	1	2			
30-34岁	**27**	**12**	**15**	**2**	**2**	
30	3	3				
31	8	5	3	1	1	
32	5		5			
33	4	2	2	1	1	
34	7	2	5			
35-39岁	**16**	**4**	**12**	**1**		**1**
35	1		1	1		1
36	3	1	2			
37	2		2			
38	7	2	5			
39	3	1	2			
40-44岁	**25**	**11**	**14**			
40	2	1	1			
41	2	1	1			
42	8	3	5			
43	6	3	3			
44	7	3	4			
45-49岁	**70**	**15**	**55**	**3**	**3**	
45	11	3	8	1	1	
46	8	3	5			
47	12		12			
48	15	3	12	1	1	
49	24	6	18	1	1	
50-54岁	**146**	**30**	**116**	**4**	**4**	
50	26	4	22	1	1	
51	29	7	22	1	1	
52	35	7	28	1	1	
53	25	6	19	1	1	
54	31	6	25			
55-59岁	**181**	**34**	**147**	**5**	**4**	**1**
55	44	11	33	2	2	
56	26	8	18	1	1	
57	42	5	37	1		1
58	48	7	41	1	1	
59	21	3	18			
60-64岁	**196**	**55**	**141**	**6**	**4**	**2**
60	19	4	15			
61	20	8	12	1	1	
62	42	15	27	2	1	1
63	52	14	38	2	1	1
64	63	14	49	1	1	
65岁及以上	**1173**	**361**	**812**	**33**	**31**	**2**

单位：人

有配偶			离　婚			丧　偶		
小计	男	女	小计	男	女	小计	男	女
1228	**364**	**864**	**20**	**14**	**6**	**541**	**98**	**443**
1		**1**						
1		1						
8	**2**	**6**						
1	1							
1		1						
1		1						
2		2						
3	1	2						
24	**9**	**15**	**1**	**1**				
3	3							
6	3	3	1	1				
5		5						
3	1	2						
7	2	5						
14	**3**	**11**	**1**	**1**				
3	1	2						
2		2						
6	1	5	1	1				
3	1	2						
24	**10**	**14**	**1**	**1**				
2	1	1						
2	1	1						
8	3	5						
5	2	3	1	1				
7	3	4						
66	**12**	**54**				**1**		**1**
10	2	8						
7	3	4				1		1
12		12						
14	2	12						
23	5	18						
130	**23**	**107**	**2**	**2**		**10**	**1**	**9**
23	2	21	1	1		1		1
25	6	19				3		3
32	6	26				2		2
21	4	17	1	1		2		2
29	5	24				2	1	1
156	**24**	**132**	**3**	**2**	**1**	**17**	**4**	**13**
38	7	31				4	2	2
24	6	18				1	1	
39	4	35	1	1		1		1
38	4	34	2	1	1	7	1	6
17	3	14				4		4
159	**43**	**116**	**3**	**2**	**1**	**28**	**6**	**22**
15	3	12	1		1	3	1	2
17	7	10				2		2
37	13	24				3	1	2
38	10	28	1	1		11	2	9
52	10	42	1	1		9	2	7
646	**238**	**408**	**9**	**5**	**4**	**485**	**87**	**398**

5-3b 续表 3

受教育程度 年龄	15岁及以上人口			未婚		
	合计	男	女	小计	男	女
小 学	**293280**	**116461**	**176819**	**7991**	**7062**	**929**
15-19岁	**433**	**230**	**203**	**410**	**226**	**184**
15	57	24	33	57	24	33
16	72	45	27	72	45	27
17	89	48	41	86	48	38
18	96	52	44	90	51	39
19	119	61	58	105	58	47
20-24岁	**762**	**412**	**350**	**472**	**310**	**162**
20	118	66	52	97	60	37
21	107	67	40	79	58	21
22	174	90	84	113	70	43
23	177	87	90	92	61	31
24	186	102	84	91	61	30
25-29岁	**2189**	**1041**	**1148**	**530**	**388**	**142**
25	274	136	138	112	76	36
26	354	170	184	115	75	40
27	428	207	221	98	76	22
28	511	236	275	102	81	21
29	622	292	330	103	80	23
30-34岁	**4808**	**1849**	**2959**	**478**	**388**	**90**
30	829	351	478	121	102	19
31	858	347	511	88	70	18
32	979	373	606	80	63	17
33	1076	397	679	97	76	21
34	1066	381	685	92	77	15
35-39岁	**6554**	**2039**	**4515**	**311**	**249**	**62**
35	1113	329	784	60	42	18
36	1151	372	779	60	47	13
37	1200	412	788	67	57	10
38	1472	447	1025	64	53	11
39	1618	479	1139	60	50	10
40-44岁	**15366**	**4979**	**10387**	**441**	**382**	**59**
40	2142	659	1483	75	67	8
41	2847	937	1910	102	84	18
42	3143	1015	2128	75	67	8
43	3261	1018	2243	85	73	12
44	3973	1350	2623	104	91	13
45-49岁	**32352**	**10847**	**21505**	**732**	**678**	**54**
45	4472	1510	2962	124	115	9
46	5337	1805	3532	150	142	8
47	6181	2075	4106	138	126	12
48	7815	2566	5249	143	132	11
49	8547	2891	5656	177	163	14
50-54岁	**52750**	**18469**	**34281**	**846**	**808**	**38**
50	9691	3276	6415	168	157	11
51	10532	3664	6868	169	161	8
52	11711	4160	7551	181	175	6
53	9945	3518	6427	157	153	4
54	10871	3851	7020	171	162	9
55-59岁	**42064**	**13971**	**28093**	**637**	**602**	**35**
55	10288	3424	6864	160	151	9
56	9149	3004	6145	154	146	8
57	10271	3399	6872	180	168	12
58	8858	3000	5858	108	102	6
59	3498	1144	2354	35	35	
60-64岁	**25616**	**10747**	**14869**	**552**	**538**	**14**
60	2732	1002	1730	48	45	3
61	2895	1127	1768	70	69	1
62	5267	2294	2973	131	129	2
63	7190	3139	4051	160	156	4
64	7532	3185	4347	143	139	4
65岁及以上	**110386**	**51877**	**58509**	**2582**	**2493**	**89**

单位：人

有配偶			离婚			丧偶		
小计	男	女	小计	男	女	小计	男	女
244353	**96933**	**147420**	**4336**	**2358**	**1978**	**36600**	**10108**	**26492**
21	**4**	**17**	**2**		**2**			
2		2	1		1			
6	1	5						
13	3	10	1		1			
277	**96**	**181**	**13**	**6**	**7**			
21	6	15						
28	9	19						
56	17	39	5	3	2			
78	24	54	7	2	5			
94	40	54	1	1				
1594	**614**	**980**	**62**	**38**	**24**	**3**	**1**	**2**
159	58	101	3	2	1			
233	91	142	5	4	1	1		1
316	125	191	13	6	7	1		1
391	143	248	17	11	6	1	1	
495	197	298	24	15	9			
4121	**1350**	**2771**	**199**	**109**	**90**	**10**	**2**	**8**
673	228	445	35	21	14			
740	260	480	29	17	12	1		1
853	282	571	44	28	16	2		2
925	300	625	50	20	30	4	1	3
930	280	650	41	23	18	3	1	2
5980	**1671**	**4309**	**241**	**114**	**127**	**22**	**5**	**17**
1024	271	753	27	15	12	2	1	1
1033	296	737	50	26	24	8	3	5
1082	331	751	48	23	25	3	1	2
1353	369	984	53	25	28	2		2
1488	404	1084	63	25	38	7		7
14290	**4316**	**9974**	**518**	**259**	**259**	**117**	**22**	**95**
1977	556	1421	80	35	45	10	1	9
2615	791	1824	113	58	55	17	4	13
2945	894	2051	99	49	50	24	5	19
3054	900	2154	92	40	52	30	5	25
3699	1175	2524	134	77	57	36	7	29
30349	**9698**	**20651**	**770**	**374**	**396**	**501**	**97**	**404**
4169	1318	2851	118	60	58	61	17	44
4962	1579	3383	154	71	83	71	13	58
5790	1856	3934	155	79	76	98	14	84
7373	2327	5046	180	85	95	119	22	97
8055	2618	5437	163	79	84	152	31	121
49375	**16881**	**32494**	**902**	**455**	**447**	**1627**	**325**	**1302**
9086	2974	6112	214	100	114	223	45	178
9901	3359	6542	187	88	99	275	56	219
11016	3830	7186	185	85	100	329	70	259
9292	3212	6080	151	85	66	345	68	277
10080	3506	6574	165	97	68	455	86	369
38447	**12653**	**25794**	**595**	**294**	**301**	**2385**	**422**	**1963**
9487	3106	6381	180	84	96	461	83	378
8371	2694	5677	138	69	69	486	95	391
9320	3057	6263	134	73	61	637	101	536
8090	2747	5343	99	46	53	561	105	456
3179	1049	2130	44	22	22	240	38	202
22228	**9405**	**12823**	**336**	**232**	**104**	**2500**	**572**	**1928**
2425	893	1532	47	29	18	212	35	177
2514	971	1543	48	27	21	263	60	203
4580	2012	2568	64	45	19	492	108	384
6239	2751	3488	81	60	21	710	172	538
6470	2778	3692	96	71	25	823	197	626
77671	**40245**	**37426**	**698**	**477**	**221**	**29435**	**8662**	**20773**

5-3b 续表 4

受教育程度 年龄	15岁及以上人口			未婚		
	合计	男	女	小计	男	女
初　中	**573135**	**297820**	**275315**	**44324**	**30220**	**14104**
15-19岁	**17917**	**10438**	**7479**	**17499**	**10328**	**7171**
15	8228	4718	3510	8227	4718	3509
16	3515	2059	1456	3492	2053	1439
17	2210	1308	902	2165	1295	870
18	1894	1131	763	1775	1101	674
19	2070	1222	848	1840	1161	679
20-24岁	**17939**	**9705**	**8234**	**9754**	**6681**	**3073**
20	2371	1428	943	1876	1280	596
21	2660	1510	1150	1831	1235	596
22	3469	1817	1652	2008	1331	677
23	4179	2233	1946	2019	1404	615
24	5260	2717	2543	2020	1431	589
25-29岁	**44550**	**21462**	**23088**	**8010**	**5889**	**2121**
25	6953	3498	3455	2098	1489	609
26	7488	3685	3803	1679	1241	438
27	8851	4289	4562	1622	1214	408
28	9842	4675	5167	1401	1040	361
29	11416	5315	6101	1210	905	305
30-34岁	**71056**	**31731**	**39325**	**4042**	**3084**	**958**
30	14569	6657	7912	1248	947	301
31	14318	6363	7955	1004	757	247
32	13873	6168	7705	737	563	174
33	14806	6512	8294	580	445	135
34	13490	6031	7459	473	372	101
35-39岁	**65452**	**30140**	**35312**	**1542**	**1200**	**342**
35	12520	5636	6884	383	285	98
36	12998	6005	6993	314	252	62
37	12726	5818	6908	290	214	76
38	13952	6504	7448	289	228	61
39	13256	6177	7079	266	221	45
40-44岁	**72511**	**35479**	**37032**	**991**	**822**	**169**
40	13928	6527	7401	225	190	35
41	15044	7209	7835	232	185	47
42	14864	7260	7604	173	144	29
43	13760	6946	6814	181	149	32
44	14915	7537	7378	180	154	26
45-49岁	**84940**	**44129**	**40811**	**924**	**796**	**128**
45	14523	7399	7124	184	152	32
46	15967	8209	7758	169	143	26
47	17259	8881	8378	192	168	24
48	18718	9850	8868	189	172	17
49	18473	9790	8683	190	161	29
50-54岁	**82853**	**44783**	**38070**	**717**	**640**	**77**
50	18579	9810	8769	188	171	17
51	17016	9158	7858	153	138	15
52	17595	9612	7983	145	133	12
53	14059	7687	6372	115	103	12
54	15604	8516	7088	116	95	21
55-59岁	**58770**	**32694**	**26076**	**335**	**297**	**38**
55	14709	8183	6526	87	79	8
56	13479	7439	6040	68	60	8
57	14954	8320	6634	107	94	13
58	11633	6585	5048	52	48	4
59	3995	2167	1828	21	16	5
60-64岁	**17107**	**10653**	**6454**	**125**	**117**	**8**
60	2624	1477	1147	22	18	4
61	2389	1412	977	22	20	2
62	3633	2351	1282	30	28	2
63	4302	2780	1522	25	25	
64	4159	2633	1526	26	26	
65岁及以上	**40040**	**26606**	**13434**	**385**	**366**	**19**

单位：人

有配偶			离婚			丧偶		
小计	男	女	小计	男	女	小计	男	女
501814	**254382**	**247432**	**14675**	**8252**	**6423**	**12322**	**4966**	**7356**
415	**109**	**306**	**3**	**1**	**2**			
1		1						
23	6	17						
45	13	32						
117	29	88	2	1	1			
229	61	168	1		1			
8061	**2973**	**5088**	**121**	**50**	**71**	**3**	**1**	**2**
494	148	346	1		1			
819	273	546	10	2	8			
1447	480	967	14	6	8			
2120	811	1309	38	17	21	2	1	1
3181	1261	1920	58	25	33	1		1
35514	**15014**	**20500**	**992**	**552**	**440**	**34**	**7**	**27**
4756	1954	2802	99	55	44			
5660	2365	3295	144	78	66	5	1	4
7045	2975	4070	179	99	80	5	1	4
8188	3494	4694	241	140	101	12	1	11
9865	4226	5639	329	180	149	12	4	8
64511	**27220**	**37291**	**2388**	**1400**	**988**	**115**	**27**	**88**
12851	5439	7412	455	267	188	15	4	11
12857	5348	7509	436	253	183	21	5	16
12640	5319	7321	470	277	193	26	9	17
13654	5749	7905	542	314	228	30	4	26
12509	5365	7144	485	289	196	23	5	18
61332	**27517**	**33815**	**2405**	**1391**	**1014**	**173**	**32**	**141**
11641	5084	6557	459	258	201	37	9	28
12180	5489	6691	476	259	217	28	5	23
11939	5312	6627	469	289	180	28	3	25
13105	5957	7148	521	308	213	37	11	26
12467	5675	6792	480	277	203	43	4	39
68625	**33160**	**35465**	**2544**	**1403**	**1141**	**351**	**94**	**257**
13168	6067	7101	485	258	227	50	12	38
14192	6700	7492	561	306	255	59	18	41
14075	6788	7287	542	310	232	74	18	56
13076	6544	6532	432	236	196	71	17	54
14114	7061	7053	524	293	231	97	29	68
80753	**41734**	**39019**	**2453**	**1371**	**1082**	**810**	**228**	**582**
13792	6956	6836	445	258	187	102	33	69
15207	7757	7450	457	265	192	134	44	90
16417	8410	8007	496	258	238	154	45	109
17814	9351	8463	502	276	226	213	51	162
17523	9260	8263	553	314	239	207	55	152
78582	**42623**	**35959**	**1973**	**1044**	**929**	**1581**	**476**	**1105**
17629	9289	8340	486	276	210	276	74	202
16163	8714	7449	415	208	207	285	98	187
16712	9183	7529	404	200	204	334	96	238
13351	7322	6029	305	173	132	288	89	199
14727	8115	6612	363	187	176	398	119	279
55334	**31134**	**24200**	**1157**	**626**	**531**	**1944**	**637**	**1307**
13936	7817	6119	305	164	141	381	123	258
12690	7082	5608	318	170	148	403	127	276
14037	7906	6131	288	150	138	522	170	352
10930	6258	4672	181	107	74	470	172	298
3741	2071	1670	65	35	30	168	45	123
15688	**9932**	**5756**	**300**	**188**	**112**	**994**	**416**	**578**
2401	1377	1024	71	41	30	130	41	89
2195	1315	880	40	24	16	132	53	79
3344	2196	1148	64	44	20	195	83	112
3947	2598	1349	71	43	28	259	114	145
3801	2446	1355	54	36	18	278	125	153
32999	**22966**	**10033**	**339**	**226**	**113**	**6317**	**3048**	**3269**

5－3b 续表 5

受教育程度 年　龄	15岁及以上人口			未　婚		
	合计	男	女	小计	男	女
高　中	**291574**	**164909**	**126665**	**110199**	**63948**	**46251**
15－19岁	**85336**	**46301**	**39035**	**85191**	**46261**	**38930**
15	18738	10039	8699	18736	10039	8697
16	28069	15199	12870	28064	15198	12866
17	23505	12805	10700	23493	12801	10692
18	10466	5681	4785	10433	5673	4760
19	4558	2577	1981	4465	2550	1915
20－24岁	**16712**	**9786**	**6926**	**12136**	**8041**	**4095**
20	2994	1775	1219	2784	1718	1066
21	2752	1632	1120	2364	1506	858
22	3291	1949	1342	2504	1667	837
23	3527	2059	1468	2285	1574	711
24	4148	2371	1777	2199	1576	623
25－29岁	**30783**	**16988**	**13795**	**8148**	**6034**	**2114**
25	5118	2955	2163	2212	1611	601
26	5252	2953	2299	1737	1284	453
27	6165	3358	2807	1552	1144	408
28	6814	3709	3105	1448	1089	359
29	7434	4013	3421	1199	906	293
30－34岁	**37090**	**19646**	**17444**	**3163**	**2423**	**740**
30	9238	4869	4369	1155	883	272
31	8250	4289	3961	791	600	191
32	7245	3846	3399	555	420	135
33	6921	3687	3234	398	314	84
34	5436	2955	2481	264	206	58
35－39岁	**22706**	**12326**	**10380**	**693**	**525**	**168**
35	4801	2641	2160	196	154	42
36	4613	2468	2145	168	132	36
37	4298	2348	1950	128	88	40
38	4593	2477	2116	112	80	32
39	4401	2392	2009	89	71	18
40－44岁	**20605**	**11533**	**9072**	**304**	**216**	**88**
40	4342	2428	1914	66	50	16
41	4432	2456	1976	64	48	16
42	4178	2318	1860	74	47	27
43	3615	2048	1567	53	36	17
44	4038	2283	1755	47	35	12
45－49岁	**20771**	**12156**	**8615**	**223**	**170**	**53**
45	3817	2224	1593	48	38	10
46	4006	2367	1639	45	33	12
47	4163	2448	1715	43	31	12
48	4476	2548	1928	47	32	15
49	4309	2569	1740	40	36	4
50－54岁	**18196**	**10843**	**7353**	**146**	**113**	**33**
50	4445	2648	1797	39	32	7
51	3869	2286	1583	32	26	6
52	3803	2294	1509	30	23	7
53	2911	1746	1165	21	16	5
54	3168	1869	1299	24	16	8
55－59岁	**15958**	**9855**	**6103**	**83**	**68**	**15**
55	3238	1987	1251	26	22	4
56	3339	2048	1291	16	12	4
57	4359	2704	1655	21	17	4
58	3558	2215	1343	15	13	2
59	1464	901	563	5	4	1
60－64岁	**9723**	**6082**	**3641**	**43**	**33**	**10**
60	1515	884	631	6	4	2
61	1580	971	609	7	4	3
62	2163	1383	780	10	9	1
63	2431	1550	881	10	10	
64	2034	1294	740	10	6	4
65岁及以上	**13694**	**9393**	**4301**	**69**	**64**	**5**

单位：人

有配偶			离　婚			丧　偶		
小计	男	女	小计	男	女	小计	男	女
172154	**96375**	**75779**	**5813**	**3111**	**2702**	**3408**	**1475**	**1933**
144	**40**	**104**	**1**		**1**			
2		2						
5	1	4						
12	4	8						
32	8	24	1		1			
93	27	66						
4518	**1722**	**2796**	**56**	**23**	**33**	**2**		**2**
206	54	152	4	3	1			
386	126	260	2		2			
777	280	497	9	2	7	1		1
1223	478	745	18	7	11	1		1
1926	784	1142	23	11	12			
22120	**10688**	**11432**	**512**	**265**	**247**	**3**	**1**	**2**
2867	1332	1535	39	12	27			
3434	1625	1809	80	44	36	1		1
4518	2167	2351	95	47	48			
5241	2551	2690	124	68	56	1	1	
6060	3013	3047	174	94	80	1		1
32701	**16551**	**16150**	**1190**	**663**	**527**	**36**	**9**	**27**
7817	3844	3973	255	137	118	11	5	6
7194	3542	3652	258	147	111	7		7
6452	3293	3159	231	132	99	7	1	6
6280	3241	3039	237	131	106	6	1	5
4958	2631	2327	209	116	93	5	2	3
21024	**11239**	**9785**	**943**	**547**	**396**	**46**	**15**	**31**
4399	2368	2031	201	117	84	5	2	3
4215	2216	1999	218	116	102	12	4	8
3984	2153	1831	176	105	71	10	2	8
4290	2281	2009	179	111	68	12	5	7
4136	2221	1915	169	98	71	7	2	5
19380	**10846**	**8534**	**845**	**449**	**396**	**76**	**22**	**54**
4084	2275	1809	179	98	81	13	5	8
4159	2304	1855	194	100	94	15	4	11
3923	2185	1738	165	81	84	16	5	11
3421	1936	1485	125	71	54	16	5	11
3793	2146	1647	182	99	83	16	3	13
19569	**11520**	**8049**	**822**	**429**	**393**	**157**	**37**	**120**
3588	2108	1480	154	73	81	27	5	22
3761	2240	1521	172	85	87	28	9	19
3930	2327	1603	155	81	74	35	9	26
4221	2426	1795	174	85	89	34	5	29
4069	2419	1650	167	105	62	33	9	24
17155	**10335**	**6820**	**633**	**306**	**327**	**262**	**89**	**173**
4192	2518	1674	170	82	88	44	16	28
3649	2184	1465	135	59	76	53	17	36
3574	2178	1396	132	68	64	67	25	42
2754	1671	1083	87	42	45	49	17	32
2986	1784	1202	109	55	54	49	14	35
15049	**9436**	**5613**	**442**	**225**	**217**	**384**	**126**	**258**
3051	1893	1158	91	44	47	70	28	42
3162	1965	1197	81	48	33	80	23	57
4116	2587	1529	125	65	60	97	35	62
3352	2127	1225	103	46	57	88	29	59
1368	864	504	42	22	20	49	11	38
8988	**5756**	**3232**	**231**	**125**	**106**	**461**	**168**	**293**
1404	840	564	55	31	24	50	9	41
1452	919	533	42	22	20	79	26	53
2014	1321	693	48	21	27	91	32	59
2248	1459	789	46	28	18	127	53	74
1870	1217	653	40	23	17	114	48	66
11506	**8242**	**3264**	**138**	**79**	**59**	**1981**	**1008**	**973**

5-3b 续表 6

受教育程度 年 龄	15岁及以上人口			未 婚		
	合计	男	女	小计	男	女
大学专科	**159056**	**86376**	**72680**	**52083**	**28516**	**23567**
15-19岁	**12557**	**6401**	**6156**	**12525**	**6390**	**6135**
15	337	142	195	337	142	195
16	819	413	406	818	413	405
17	1620	838	782	1616	837	779
18	3826	1913	1913	3818	1909	1909
19	5955	3095	2860	5936	3089	2847
20-24岁	**27387**	**13615**	**13772**	**24053**	**12462**	**11591**
20	6347	3228	3119	6272	3205	3067
21	5057	2565	2492	4845	2511	2334
22	5118	2504	2614	4615	2342	2273
23	5347	2640	2707	4358	2287	2071
24	5518	2678	2840	3963	2117	1846
25-29岁	**31208**	**15463**	**15745**	**11581**	**7026**	**4555**
25	6153	2958	3195	3637	2030	1607
26	5814	2922	2892	2736	1649	1087
27	6153	3131	3022	2185	1374	811
28	6381	3134	3247	1690	1090	600
29	6707	3318	3389	1333	883	450
30-34岁	**30086**	**15332**	**14754**	**3114**	**2089**	**1025**
30	7759	3878	3881	1162	766	396
31	6943	3532	3411	804	544	260
32	5807	2900	2907	512	341	171
33	5303	2787	2516	385	273	112
34	4274	2235	2039	251	165	86
35-39岁	**14430**	**7892**	**6538**	**487**	**342**	**145**
35	3281	1807	1474	158	109	49
36	3051	1650	1401	120	84	36
37	2814	1560	1254	99	66	33
38	2887	1577	1310	63	49	14
39	2397	1298	1099	47	34	13
40-44岁	**11041**	**6223**	**4818**	**158**	**106**	**52**
40	2317	1260	1057	45	27	18
41	2393	1371	1022	34	26	8
42	2262	1242	1020	37	25	12
43	1926	1102	824	26	16	10
44	2143	1248	895	16	12	4
45-49岁	**9856**	**6006**	**3850**	**74**	**50**	**24**
45	1991	1175	816	14	8	6
46	2002	1213	789	16	10	6
47	1950	1171	779	23	18	5
48	2045	1287	758	8	5	3
49	1868	1160	708	13	9	4
50-54岁	**8244**	**5224**	**3020**	**35**	**17**	**18**
50	1959	1217	742	9	3	6
51	1653	1054	599	8	3	5
52	1816	1142	674	5	3	2
53	1310	828	482	6	4	2
54	1506	983	523	7	4	3
55-59岁	**6532**	**4511**	**2021**	**35**	**23**	**12**
55	1597	1044	553	9	4	5
56	1528	1049	479	9	8	1
57	1740	1228	512	8	5	3
58	1205	870	335	9	6	3
59	462	320	142			
60-64岁	**2759**	**2018**	**741**	**8**	**4**	**4**
60	431	299	132	2	1	1
61	429	310	119	1		1
62	614	458	156	1		1
63	680	493	187	2	2	
64	605	458	147	2	1	1
65岁及以上	**4956**	**3691**	**1265**	**13**	**7**	**6**

单位：人

有配偶			离婚			丧偶		
小计	男	女	小计	男	女	小计	男	女
102983	**55981**	**47002**	**2972**	**1419**	**1553**	**1018**	**460**	**558**
32	**11**	**21**						
1		1						
4	1	3						
8	4	4						
19	6	13						
3307	**1145**	**2162**	**27**	**8**	**19**			
75	23	52						
211	53	158	1	1				
500	160	340	3	2	1			
981	352	629	8	1	7			
1540	557	983	15	4	11			
19364	**8323**	**11041**	**253**	**114**	**139**	**10**		**10**
2488	912	1576	28	16	12			
3044	1267	1777	32	6	26	2		2
3925	1738	2187	41	19	22	2		2
4614	2010	2604	74	34	40	3		3
5293	2396	2897	78	39	39	3		3
26222	**12890**	**13332**	**727**	**349**	**378**	**23**	**4**	**19**
6465	3057	3408	128	55	73	4		4
5966	2908	3058	170	79	91	3	1	2
5138	2489	2649	148	69	79	9	1	8
4769	2440	2329	146	73	73	3	1	2
3884	1996	1888	135	73	62	4	1	3
13266	**7215**	**6051**	**640**	**325**	**315**	**37**	**10**	**27**
3007	1641	1366	110	56	54	6	1	5
2788	1501	1287	134	61	73	9	4	5
2579	1428	1151	128	65	63	8	1	7
2679	1450	1229	139	76	63	6	2	4
2213	1195	1018	129	67	62	8	2	6
10401	**5881**	**4520**	**442**	**224**	**218**	**40**	**12**	**28**
2169	1177	992	97	55	42	6	1	5
2255	1292	963	96	51	45	8	2	6
2129	1181	948	90	34	56	6	2	4
1817	1041	776	71	42	29	12	3	9
2031	1190	841	88	42	46	8	4	4
9369	**5774**	**3595**	**361**	**162**	**199**	**52**	**20**	**32**
1880	1124	756	84	37	47	13	6	7
1901	1164	737	80	37	43	5	2	3
1838	1112	726	76	37	39	13	4	9
1959	1252	707	68	26	42	10	4	6
1791	1122	669	53	25	28	11	4	7
7856	**5068**	**2788**	**262**	**109**	**153**	**91**	**30**	**61**
1873	1186	687	61	23	38	16	5	11
1575	1018	557	54	27	27	16	6	10
1737	1112	625	57	22	35	17	5	12
1247	798	449	39	16	23	18	10	8
1424	954	470	51	21	30	24	4	20
6245	**4385**	**1860**	**161**	**73**	**88**	**91**	**30**	**61**
1524	1009	515	46	23	23	18	8	10
1465	1021	444	32	16	16	22	4	18
1657	1195	462	49	18	31	26	10	16
1150	844	306	29	15	14	17	5	12
449	316	133	5	1	4	8	3	5
2615	**1947**	**668**	**48**	**27**	**21**	**88**	**40**	**48**
405	285	120	10	6	4	14	7	7
404	298	106	8	6	2	16	6	10
587	447	140	10	7	3	16	4	12
651	480	171	8	3	5	19	8	11
568	437	131	12	5	7	23	15	8
4306	**3342**	**964**	**51**	**28**	**23**	**586**	**314**	**272**

5-3b 续表 7

受教育程度 年龄	15岁及以上人口			未婚		
	合计	男	女	小计	男	女
大学本科	**120923**	**67489**	**53434**	**54148**	**28834**	**25314**
15-19岁	**10591**	**5560**	**5031**	**10588**	**5558**	**5030**
15	29	14	15	28	14	14
16	77	44	33	77	44	33
17	734	362	372	734	362	372
18	3410	1792	1618	3410	1792	1618
19	6341	3348	2993	6339	3346	2993
20-24岁	**29542**	**15188**	**14354**	**28746**	**14920**	**13826**
20	7682	4019	3663	7674	4017	3657
21	6987	3600	3387	6964	3595	3369
22	5892	3045	2847	5820	3026	2794
23	4677	2373	2304	4448	2306	2142
24	4304	2151	2153	3840	1976	1864
25-29岁	**23309**	**11599**	**11710**	**11634**	**6420**	**5214**
25	4505	2243	2262	3526	1874	1652
26	4445	2159	2286	2827	1509	1318
27	4591	2235	2356	2227	1234	993
28	4822	2444	2378	1746	1020	726
29	4946	2518	2428	1308	783	525
30-34岁	**21699**	**11631**	**10068**	**2596**	**1561**	**1035**
30	5507	2886	2621	1002	572	430
31	4855	2582	2273	645	412	233
32	4269	2271	1998	443	279	164
33	3931	2162	1769	293	174	119
34	3137	1730	1407	213	124	89
35-39岁	**11763**	**6751**	**5012**	**419**	**269**	**150**
35	2602	1476	1126	134	94	40
36	2568	1484	1084	97	64	33
37	2323	1347	976	76	43	33
38	2362	1352	1010	71	42	29
39	1908	1092	816	41	26	15
40-44岁	**7758**	**4690**	**3068**	**81**	**47**	**34**
40	1771	1029	742	23	14	9
41	1734	1000	734	20	11	9
42	1510	921	589	12	4	8
43	1346	847	499	15	10	5
44	1397	893	504	11	8	3
45-49岁	**5788**	**3945**	**1843**	**39**	**26**	**13**
45	1234	796	438	5	3	2
46	1246	868	378	10	7	3
47	1167	804	363	9	7	2
48	1160	823	337	10	8	2
49	981	654	327	5	1	4
50-54岁	**4866**	**3630**	**1236**	**23**	**17**	**6**
50	1071	762	309	7	5	2
51	1020	758	262	3	3	
52	1030	749	281	5	3	2
53	853	651	202	5	4	1
54	892	710	182	3	2	1
55-59岁	**3116**	**2511**	**605**	**14**	**10**	**4**
55	820	642	178	1	1	
56	813	659	154	5	3	2
57	800	641	159	3	2	1
58	505	418	87	4	4	
59	178	151	27	1		1
60-64岁	**837**	**678**	**159**	**2**	**1**	**1**
60	150	111	39	1		1
61	124	105	19			
62	169	136	33			
63	219	185	34			
64	175	141	34	1	1	
65岁及以上	**1654**	**1306**	**348**	**6**	**5**	**1**

单位：人

有配偶			离婚			丧偶		
小计	男	女	小计	男	女	小计	男	女
65075	**37821**	**27254**	**1382**	**662**	**720**	**318**	**172**	**146**
3	**2**	**1**						
1		1						
2	2							
793	**266**	**527**	**3**	**2**	**1**			
8	2	6						
23	5	18						
71	18	53	1	1				
228	66	162	1	1				
463	175	288	1		1			
11584	**5139**	**6445**	**88**	**39**	**49**	**3**	**1**	**2**
974	366	608	5	3	2			
1614	649	965	4	1	3			
2351	996	1355	13	5	8			
3044	1409	1635	32	15	17			
3601	1719	1882	34	15	19	3	1	2
18737	**9902**	**8835**	**352**	**161**	**191**	**14**	**7**	**7**
4438	2287	2151	61	24	37	6	3	3
4137	2135	2002	71	34	37	2	1	1
3758	1957	1801	67	34	33	1	1	
3561	1952	1609	74	34	40	3	2	1
2843	1571	1272	79	35	44	2		2
11018	**6329**	**4689**	**311**	**150**	**161**	**15**	**3**	**12**
2400	1348	1052	66	34	32	2		2
2395	1382	1013	72	36	36	4	2	2
2182	1275	907	63	29	34	2		2
2219	1275	944	69	34	35	3	1	2
1822	1049	773	41	17	24	4		4
7429	**4539**	**2890**	**234**	**103**	**131**	**14**	**1**	**13**
1690	990	700	55	25	30	3		3
1654	965	689	58	24	34	2		2
1448	894	554	48	23	25	2		2
1287	819	468	39	17	22	5	1	4
1350	871	479	34	14	20	2		2
5554	**3835**	**1719**	**173**	**76**	**97**	**22**	**8**	**14**
1184	777	407	44	16	28	1		1
1195	840	355	35	17	18	6	4	2
1117	779	338	37	17	20	4	1	3
1109	797	312	33	15	18	8	3	5
949	642	307	24	11	13	3		3
4671	**3523**	**1148**	**130**	**74**	**56**	**42**	**16**	**26**
1026	737	289	33	18	15	5	2	3
980	737	243	24	12	12	13	6	7
993	731	262	24	12	12	8	3	5
821	634	187	17	9	8	10	4	6
851	684	167	32	23	9	6	1	5
3023	**2449**	**574**	**58**	**40**	**18**	**21**	**12**	**9**
797	630	167	15	8	7	7	3	4
795	645	150	8	7	1	5	4	1
773	623	150	18	12	6	6	4	2
489	406	83	11	8	3	1		1
169	145	24	6	5	1	2	1	1
808	**663**	**145**	**12**	**6**	**6**	**15**	**8**	**7**
146	109	37	1	1		2	1	1
117	101	16	4	3	1	3	1	2
167	135	32	1		1	1	1	
211	182	29	3	1	2	5	2	3
167	136	31	3	1	2	4	3	1
1455	**1174**	**281**	**21**	**11**	**10**	**172**	**116**	**56**

5-3b 续表 8

受教育程度 年 龄	15岁及以上人口			未 婚		
	合计	男	女	小计	男	女
硕士研究生	**8929**	**4989**	**3940**	**4323**	**2234**	**2089**
15-19岁	**18**	**12**	**6**	**18**	**12**	**6**
15						
16						
17	4	2	2	4	2	2
18	7	4	3	7	4	3
19	7	6	1	7	6	1
20-24岁	**1848**	**913**	**935**	**1832**	**904**	**928**
20	20	10	10	20	10	10
21	123	52	71	123	52	71
22	415	212	203	414	211	203
23	602	292	310	599	290	309
24	688	347	341	676	341	335
25-29岁	**2791**	**1436**	**1355**	**1988**	**1046**	**942**
25	689	351	338	649	333	316
26	540	271	269	458	236	222
27	541	273	268	387	202	185
28	499	262	237	278	161	117
29	522	279	243	216	114	102
30-34岁	**2065**	**1102**	**963**	**401**	**228**	**173**
30	572	290	282	168	98	70
31	475	239	236	85	43	42
32	380	202	178	78	43	35
33	355	205	150	44	23	21
34	283	166	117	26	21	5
35-39岁	**964**	**602**	**362**	**60**	**33**	**27**
35	230	139	91	20	12	8
36	188	108	80	15	6	9
37	214	132	82	8	5	3
38	203	133	70	11	7	4
39	129	90	39	6	3	3
40-44岁	**445**	**277**	**168**	**15**	**3**	**12**
40	113	65	48	2		2
41	117	68	49	5	2	3
42	83	59	24	2	1	1
43	63	40	23	2		2
44	69	45	24	4		4
45-49岁	**310**	**245**	**65**	**7**	**6**	**1**
45	70	54	16	3	2	1
46	67	55	12	2	2	
47	59	47	12	1	1	
48	64	49	15	1	1	
49	50	40	10			
50-54岁	**244**	**197**	**47**			
50	50	38	12			
51	46	40	6			
52	63	48	15			
53	39	35	4			
54	46	36	10			
55-59岁	**179**	**152**	**27**	**2**	**2**	
55	44	36	8	1	1	
56	52	43	9			
57	46	40	6			
58	28	26	2	1	1	
59	9	7	2			
60-64岁	**35**	**26**	**9**			
60	8	6	2			
61	9	7	2			
62	8	6	2			
63	3	3				
64	7	4	3			
65岁及以上	**30**	**27**	**3**			

单位：人

有配偶			离婚			丧偶		
小计	男	女	小计	男	女	小计	男	女
4535	**2721**	**1814**	**69**	**33**	**36**	**2**	**1**	**1**
16	**9**	**7**						
1	1							
3	2	1						
12	6	6						
801	**390**	**411**	**2**		**2**			
39	18	21	1		1			
81	35	46	1		1			
154	71	83						
221	101	120						
306	165	141						
1651	**868**	**783**	**13**	**6**	**7**			
403	192	211	1		1			
388	195	193	2	1	1			
298	158	140	4	1	3			
307	179	128	4	3	1			
255	144	111	2	1	1			
882	**560**	**322**	**22**	**9**	**13**			
203	123	80	7	4	3			
170	102	68	3		3			
200	125	75	6	2	4			
188	123	65	4	3	1			
121	87	34	2		2			
416	**266**	**150**	**14**	**8**	**6**			
105	61	44	6	4	2			
109	66	43	3		3			
80	57	23	1	1				
60	39	21	1	1				
62	43	19	3	2	1			
293	**232**	**61**	**10**	**7**	**3**			
65	51	14	2	1	1			
62	51	11	3	2	1			
57	45	12	1	1				
62	48	14	1		1			
47	37	10	3	3				
240	**196**	**44**	**4**	**1**	**3**			
50	38	12						
45	40	5	1		1			
61	48	13	2		2			
38	34	4	1	1				
46	36	10						
172	**148**	**24**	**4**	**2**	**2**	**1**		**1**
41	35	6	2		2			
51	42	9	1	1				
44	39	5	1	1		1		1
27	25	2						
9	7	2						
35	**26**	**9**						
8	6	2						
9	7	2						
8	6	2						
3	3							
7	4	3						
29	**26**	**3**				**1**	**1**	

5-3b 续表 9

受教育程度	15岁及以上人口			未婚		
年龄	合计	男	女	小计	男	女
博士研究生	**792**	**542**	**250**	**322**	**201**	**121**
15-19岁						
15						
16						
17						
18						
19						
20-24岁	**55**	**33**	**22**	**53**	**31**	**22**
20	1	1		1	1	
21	1	1		1	1	
22	8	5	3	8	5	3
23	20	12	8	20	12	8
24	25	14	11	23	12	11
25-29岁	**240**	**149**	**91**	**197**	**119**	**78**
25	48	29	19	46	27	19
26	42	21	21	41	20	21
27	48	35	13	39	28	11
28	49	30	19	39	24	15
29	53	34	19	32	20	12
30-34岁	**205**	**136**	**69**	**58**	**42**	**16**
30	52	34	18	20	13	7
31	44	32	12	17	14	3
32	38	22	16	9	8	1
33	31	22	9	7	4	3
34	40	26	14	5	3	2
35-39岁	**115**	**82**	**33**	**11**	**6**	**5**
35	28	20	8	3	2	1
36	30	18	12	1		1
37	21	15	6	4	2	2
38	19	15	4	3	2	1
39	17	14	3			
40-44岁	**75**	**57**	**18**	**2**	**2**	
40	17	11	6			
41	21	19	2	1	1	
42	15	11	4			
43	9	7	2	1	1	
44	13	9	4			
45-49岁	**38**	**32**	**6**			
45	3	3				
46	10	7	3			
47	11	9	2			
48	6	6				
49	8	7	1			
50-54岁	**35**	**32**	**3**			
50	8	7	1			
51	6	6				
52	9	8	1			
53	4	3	1			
54	8	8				
55-59岁	**22**	**18**	**4**	**1**	**1**	
55	9	7	2			
56	8	7	1			
57	3	2	1	1	1	
58	2	2				
59						
60-64岁	**4**	**2**	**2**			
60						
61	1		1			
62	2	1	1			
63						
64	1	1				
65岁及以上	**3**	**1**	**2**			

单位：人

有配偶			离婚			丧偶		
小计	男	女	小计	男	女	小计	男	女
461	**337**	**124**	**8**	**4**	**4**	**1**		**1**
2	**2**							
2	2							
43	**30**	**13**						
2	2							
1	1							
9	7	2						
10	6	4						
21	14	7						
145	**92**	**53**	**2**	**2**				
32	21	11						
27	18	9						
29	14	15						
23	17	6	1	1				
34	22	12	1	1				
100	**75**	**25**	**3**	**1**	**2**	**1**		**1**
25	18	7						
27	17	10	2	1	1			
17	13	4						
15	13	2	1		1			
16	14	2				1		1
72	**55**	**17**	**1**		**1**			
17	11	6						
19	18	1	1		1			
15	11	4						
8	6	2						
13	9	4						
36	**31**	**5**	**2**	**1**	**1**			
3	3							
10	7	3						
10	9	1	1		1			
5	5		1	1				
8	7	1						
35	**32**	**3**						
8	7	1						
6	6							
9	8	1						
4	3	1						
8	8							
21	**17**	**4**						
9	7	2						
8	7	1						
2	1	1						
2	2							
4	**2**	**2**						
1		1						
2	1	1						
1	1							
3	**1**	**2**						

5-3c 全省分年龄、性别、受教育

受教育程度 年　龄	15岁及以上人口			未　婚		
	合计	男	女	小计	男	女
总　计	**2069025**	**1052111**	**1016914**	**306405**	**198552**	**107853**
15–19岁	**121676**	**66774**	**54902**	**120220**	**66391**	**53829**
15	30291	16886	13405	30269	16883	13386
16	28002	15511	12491	27926	15497	12429
17	23805	13110	10695	23595	13048	10547
18	20329	10993	9336	19960	10898	9062
19	19249	10274	8975	18470	10065	8405
20–24岁	**101189**	**54075**	**47114**	**76545**	**44467**	**32078**
20	18853	10120	8733	17298	9677	7621
21	17795	9393	8402	15200	8541	6659
22	20086	10727	9359	15695	9126	6569
23	21208	11300	9908	14654	8674	5980
24	23247	12535	10712	13698	8449	5249
25–29岁	**147345**	**77991**	**69354**	**47017**	**31386**	**15631**
25	27348	14726	12622	13517	8541	4976
26	26412	14115	12297	10472	6875	3597
27	29070	15500	13570	9127	6199	2928
28	31094	16255	14839	7604	5276	2328
29	33421	17395	16026	6297	4495	1802
30–34岁	**165674**	**84723**	**80951**	**16992**	**12981**	**4011**
30	39784	20537	19247	5876	4323	1553
31	35801	18458	17343	4115	3117	998
32	31785	16105	15680	2947	2282	665
33	31263	15919	15344	2335	1865	470
34	27041	13704	13337	1719	1394	325
35–39岁	**120207**	**62385**	**57822**	**5587**	**4743**	**844**
35	24199	12508	11691	1321	1105	216
36	23974	12344	11630	1172	967	205
37	23215	12129	11086	1041	898	143
38	24671	12839	11832	1084	933	151
39	24148	12565	11583	969	840	129
40–44岁	**137687**	**72608**	**65079**	**4650**	**4225**	**425**
40	25847	13571	12276	1002	890	112
41	27514	14610	12904	991	884	107
42	27965	14715	13250	955	870	85
43	26260	13858	12402	845	778	67
44	30101	15854	14247	857	803	54
45–49岁	**202509**	**103349**	**99160**	**5528**	**5218**	**310**
45	31143	16081	15062	971	897	74
46	35579	18464	17115	1043	980	63
47	40222	20390	19832	1139	1083	56
48	46778	23817	22961	1188	1136	52
49	48787	24597	24190	1187	1122	65
50–54岁	**259588**	**127208**	**132380**	**5755**	**5564**	**191**
50	52868	25687	27181	1295	1247	48
51	51265	25126	26139	1251	1210	41
52	56197	27623	28574	1216	1174	42
53	47311	22760	24551	952	923	29
54	51947	26012	25935	1041	1010	31
55–59岁	**208761**	**103059**	**105702**	**4130**	**4011**	**119**
55	48927	23967	24960	948	924	24
56	44814	21999	22815	957	928	29
57	50867	25375	25492	1090	1058	32
58	45678	22888	22790	808	785	23
59	18475	8830	9645	327	316	11
60–64岁	**105546**	**54515**	**51031**	**3220**	**3181**	**39**
60	12743	6235	6508	316	310	6
61	12278	6239	6039	418	411	7
62	21250	11240	10010	721	712	9
63	29270	15444	13826	919	908	11
64	30005	15357	14648	846	840	6
65岁及以上	**498843**	**245424**	**253419**	**16761**	**16385**	**376**

程度、婚姻状况的人口(乡村)

单位：人

有配偶			离婚			丧偶		
小计	男	女	小计	男	女	小计	男	女
1555049	**773181**	**781868**	**36479**	**26996**	**9483**	**171092**	**53382**	**117710**
1451	**380**	**1071**	**5**	**3**	**2**			
22	3	19						
75	13	62	1	1				
208	61	147	2	1	1			
368	95	273	1		1			
778	208	570	1	1				
24160	**9381**	**14779**	**465**	**224**	**241**	**19**	**3**	**16**
1537	435	1102	17	8	9	1		1
2551	838	1713	44	14	30			
4312	1573	2739	75	28	47	4		4
6444	2570	3874	106	54	52	4	2	2
9316	3965	5351	223	120	103	10	1	9
97099	**44667**	**52432**	**3136**	**1906**	**1230**	**93**	**32**	**61**
13493	5995	7498	328	183	145	10	7	3
15487	6971	8516	443	267	176	10	2	8
19328	8953	10375	600	346	254	15	2	13
22712	10497	12215	756	473	283	22	9	13
26079	12251	13828	1009	637	372	36	12	24
142150	**67418**	**74732**	**6274**	**4236**	**2038**	**258**	**88**	**170**
32575	15360	17215	1286	833	453	47	21	26
30298	14459	15839	1336	865	471	52	17	35
27555	12955	14600	1234	850	384	49	18	31
27601	13158	14443	1271	880	391	56	16	40
24121	11486	12635	1147	808	339	54	16	38
108826	**53601**	**55225**	**5365**	**3899**	**1466**	**429**	**142**	**287**
21758	10636	11122	1055	751	304	65	16	49
21633	10554	11079	1099	799	300	70	24	46
21058	10471	10587	1027	728	299	89	32	57
22360	11029	11331	1124	842	282	103	35	68
22017	10911	11106	1060	779	281	102	35	67
126618	**63871**	**62747**	**5343**	**4142**	**1201**	**1076**	**370**	**706**
23643	11807	11836	1067	832	235	135	42	93
25138	12742	12396	1188	916	272	197	68	129
25731	12933	12798	1066	839	227	213	73	140
24195	12241	11954	992	755	237	228	84	144
27911	14148	13763	1030	800	230	303	103	200
188570	**92974**	**95596**	**5290**	**4082**	**1208**	**3121**	**1075**	**2046**
28823	14302	14521	994	769	225	355	113	242
33035	16520	16515	1042	801	241	459	163	296
37404	18285	19119	1067	821	246	612	201	411
43702	21561	22141	1096	852	244	792	268	524
45606	22306	23300	1091	839	252	903	330	573
241916	**115592**	**126324**	**4435**	**3499**	**936**	**7482**	**2553**	**4929**
49358	23214	26144	1039	819	220	1176	407	769
47743	22717	25026	953	750	203	1318	449	869
52421	25139	27282	965	769	196	1595	541	1054
44090	20751	23339	722	572	150	1547	514	1033
48304	23771	24533	756	589	167	1846	642	1204
191775	**93695**	**98080**	**2497**	**1992**	**505**	**10359**	**3361**	**6998**
45307	21875	23432	640	500	140	2032	668	1364
41201	19960	21241	569	438	131	2087	673	1414
46612	22970	23642	612	498	114	2553	849	1704
41859	20904	20955	475	387	88	2536	812	1724
16796	7986	8810	201	169	32	1151	359	792
91941	**47135**	**44806**	**1079**	**911**	**168**	**9306**	**3288**	**6018**
11406	5530	5876	143	114	29	878	281	597
10706	5347	5359	172	146	26	982	335	647
18468	9682	8786	229	194	35	1832	652	1180
25382	13335	12047	255	216	39	2714	985	1729
25979	13241	12738	280	241	39	2900	1035	1865
340543	**184467**	**156076**	**2590**	**2102**	**488**	**138949**	**42470**	**96479**

5-3c 续表 1

受教育程度 年　　龄	15岁及以上人口			未　婚		
	合计	男	女	小计	男	女
未上过学	**189309**	**46421**	**142888**	**11119**	**10292**	**827**
15-19岁	**221**	**135**	**86**	**218**	**135**	**83**
15	37	27	10	37	27	10
16	44	25	19	44	25	19
17	32	20	12	31	20	11
18	54	29	25	53	29	24
19	54	34	20	53	34	19
20-24岁	**351**	**193**	**158**	**286**	**187**	**99**
20	56	33	23	51	32	19
21	71	40	31	65	39	26
22	70	33	37	56	32	24
23	72	39	33	55	39	16
24	82	48	34	59	45	14
25-29岁	**588**	**299**	**289**	**373**	**274**	**99**
25	97	48	49	61	45	16
26	97	51	46	69	48	21
27	119	66	53	76	58	18
28	127	67	60	81	61	20
29	148	67	81	86	62	24
30-34岁	**936**	**422**	**514**	**452**	**350**	**102**
30	186	86	100	98	72	26
31	203	102	101	110	89	21
32	170	70	100	84	58	26
33	182	79	103	78	63	15
34	195	85	110	82	68	14
35-39岁	**1072**	**424**	**648**	**368**	**320**	**48**
35	180	73	107	70	61	9
36	210	86	124	77	63	14
37	191	80	111	65	60	5
38	245	89	156	78	69	9
39	246	96	150	78	67	11
40-44岁	**2168**	**663**	**1505**	**500**	**442**	**58**
40	341	123	218	101	87	14
41	370	123	247	96	87	9
42	448	127	321	91	80	11
43	458	142	316	115	101	14
44	551	148	403	97	87	10
45-49岁	**5357**	**1240**	**4117**	**709**	**638**	**71**
45	673	183	490	127	108	19
46	786	227	559	137	124	13
47	1041	249	792	140	126	14
48	1307	262	1045	137	124	13
49	1550	319	1231	168	156	12
50-54岁	**11611**	**2026**	**9585**	**858**	**812**	**46**
50	2040	380	1660	190	180	10
51	2160	404	1756	195	183	12
52	2530	445	2085	190	182	8
53	2327	386	1941	142	132	10
54	2554	411	2143	141	135	6
55-59岁	**14081**	**2139**	**11942**	**749**	**713**	**36**
55	2691	445	2246	152	149	3
56	2735	425	2310	178	169	9
57	3317	484	2833	177	168	9
58	3521	498	3023	161	152	9
59	1817	287	1530	81	75	6
60-64岁	**14362**	**3153**	**11209**	**775**	**759**	**16**
60	1386	242	1144	67	65	2
61	1464	322	1142	85	83	2
62	2859	675	2184	194	189	5
63	4132	933	3199	218	214	4
64	4521	981	3540	211	208	3
65岁及以上	**138562**	**35727**	**102835**	**5831**	**5662**	**169**

单位：人

有配偶			离　婚			丧　偶		
小计	男	女	小计	男	女	小计	男	女
116783	**26389**	**90394**	**1054**	**704**	**350**	**60353**	**9036**	**51317**
3		**3**						
1		1						
1		1						
1		1						
64	**6**	**58**	**1**		**1**			
5	1	4						
6	1	5						
14	1	13						
17		17						
22	3	19	1		1			
207	**21**	**186**	**7**	**4**	**3**	**1**		**1**
35	3	32	1		1			
28	3	25						
40	6	34	3	2	1			
43	4	39	2	2		1		1
61	5	56	1		1			
460	**61**	**399**	**19**	**9**	**10**	**5**	**2**	**3**
80	10	70	7	3	4	1	1	
89	13	76	4		4			
83	10	73	1	1		2	1	1
100	14	86	3	2	1	1		1
108	14	94	4	3	1	1		1
667	**87**	**580**	**31**	**17**	**14**	**6**		**6**
108	12	96	2		2			
123	15	108	9	8	1	1		1
118	17	101	6	3	3	2		2
158	20	138	6		6	3		3
160	23	137	8	6	2			
1597	**193**	**1404**	**36**	**23**	**13**	**35**	**5**	**30**
228	28	200	10	7	3	2	1	1
265	33	232	5	2	3	4	1	3
348	44	304	2	2		7	1	6
330	36	294	7	5	2	6		6
426	52	374	12	7	5	16	2	14
4378	**511**	**3867**	**106**	**73**	**33**	**164**	**18**	**146**
518	62	456	16	10	6	12	3	9
612	88	524	17	13	4	20	2	18
851	104	747	20	17	3	30	2	28
1094	116	978	28	16	12	48	6	42
1303	141	1162	25	17	8	54	5	49
10060	**1078**	**8982**	**126**	**77**	**49**	**567**	**59**	**508**
1744	175	1569	26	15	11	80	10	70
1846	191	1655	18	15	3	101	15	86
2201	239	1962	24	13	11	115	11	104
2029	221	1808	33	16	17	123	17	106
2240	252	1988	25	18	7	148	6	142
12135	**1275**	**10860**	**81**	**50**	**31**	**1116**	**101**	**1015**
2333	261	2072	25	17	8	181	18	163
2332	224	2108	18	9	9	207	23	184
2888	289	2599	13	8	5	239	19	220
3034	314	2720	19	10	9	307	22	285
1548	187	1361	6	6		182	19	163
11622	**2056**	**9566**	**116**	**98**	**18**	**1849**	**240**	**1609**
1148	147	1001	12	10	2	159	20	139
1212	208	1004	16	13	3	151	18	133
2272	419	1853	21	17	4	372	50	322
3301	617	2684	31	25	6	582	77	505
3689	665	3024	36	33	3	585	75	510
75590	**21101**	**54489**	**531**	**353**	**178**	**56610**	**8611**	**47999**

5-3c 续表 2

受教育程度 年龄	15岁及以上人口			未婚		
	合计	男	女	小计	男	女
学前教育	**5513**	**1701**	**3812**	**353**	**302**	**51**
15-19岁	**47**	**24**	**23**	**46**	**24**	**22**
15	20	10	10	20	10	10
16	15	9	6	14	9	5
17	5	4	1	5	4	1
18	3		3	3		3
19	4	1	3	4	1	3
20-24岁	**20**	**12**	**8**	**17**	**11**	**6**
20	5	4	1	5	4	1
21	3	1	2	3	1	2
22	3	3		3	3	
23	4	1	3	3	1	2
24	5	3	2	3	2	1
25-29岁	**27**	**12**	**15**	**12**	**9**	**3**
25	4	2	2	4	2	2
26	3	2	1	1	1	
27	10	4	6	2	2	
28	5	1	4	1	1	
29	5	3	2	4	3	1
30-34岁	**40**	**16**	**24**	**16**	**13**	**3**
30	5	3	2	3	3	
31	7	5	2	5	4	1
32	8	3	5	3	2	1
33	12	3	9	3	2	1
34	8	2	6	2	2	
35-39岁	**36**	**12**	**24**	**9**	**8**	**1**
35	7	1	6	2	1	1
36	7	3	4	3	3	
37	6	2	4	1	1	
38	10	4	6	2	2	
39	6	2	4	1	1	
40-44岁	**62**	**12**	**50**	**4**	**2**	**2**
40	12	2	10	1		1
41	9	3	6	1	1	
42	4		4			
43	13	3	10	1		1
44	24	4	20	1	1	
45-49岁	**156**	**43**	**113**	**11**	**9**	**2**
45	16	8	8	5	4	1
46	27	8	19	1		1
47	27	11	16	3	3	
48	44	8	36	1	1	
49	42	8	34	1	1	
50-54岁	**324**	**77**	**247**	**21**	**20**	**1**
50	50	11	39	3	3	
51	63	15	48	5	4	1
52	70	20	50	3	3	
53	60	14	46	3	3	
54	81	17	64	7	7	
55-59岁	**440**	**73**	**367**	**21**	**18**	**3**
55	93	17	76	5	4	1
56	80	9	71	3	2	1
57	124	21	103	8	7	1
58	110	18	92	4	4	
59	33	8	25	1	1	
60-64岁	**473**	**131**	**342**	**27**	**27**	
60	44	7	37	2	2	
61	46	17	29	5	5	
62	91	25	66	4	4	
63	148	46	102	10	10	
64	144	36	108	6	6	
65岁及以上	**3888**	**1289**	**2599**	**169**	**161**	**8**

单位：人

有配偶			离婚			丧偶		
小计	男	女	小计	男	女	小计	男	女
3624	**1105**	**2519**	**37**	**23**	**14**	**1499**	**271**	**1228**
1		**1**						
1		1						
3	**1**	**2**						
1		1						
2	1	1						
14	**3**	**11**	**1**		**1**			
2	1	1						
8	2	6						
3		3	1		1			
1		1						
22	**3**	**19**				**2**		**2**
2		2						
2	1	1						
5	1	4						
8	1	7				1		1
5		5				1		1
26	**4**	**22**				**1**		**1**
5		5						
4		4						
5	1	4						
7	2	5				1		1
5	1	4						
54	**9**	**45**	**3**	**1**	**2**	**1**		**1**
10	2	8	1		1			
7	1	6	1	1				
4		4						
11	3	8	1		1			
22	3	19				1		1
136	**30**	**106**	**4**	**4**		**5**		**5**
10	3	7	1	1				
25	7	18	1	1				
23	7	16	1	1				
42	7	35				1		1
36	6	30	1	1		4		4
288	**53**	**235**	**1**	**1**		**14**	**3**	**11**
45	7	38				2	1	1
58	11	47						
66	17	49				1		1
51	10	41	1	1		5		5
68	8	60				6	2	4
385	**54**	**331**	**1**		**1**	**33**	**1**	**32**
80	13	67				8		8
72	7	65	1		1	4		4
106	14	92				10		10
99	14	85				7		7
28	6	22				4	1	3
375	**91**	**284**	**7**	**4**	**3**	**64**	**9**	**55**
36	4	32				6	1	5
39	11	28				2	1	1
72	17	55	1		1	14	4	10
119	33	86	3	2	1	16	1	15
109	26	83	3	2	1	26	2	24
2320	**857**	**1463**	**20**	**13**	**7**	**1379**	**258**	**1121**

5-3c 续表 3

受教育程度 年 龄	15岁及以上人口			未 婚		
	合计	男	女	小计	男	女
小 学	**654107**	**290459**	**363648**	**25899**	**24006**	**1893**
15-19岁	**1046**	**554**	**492**	**979**	**545**	**434**
15	166	91	75	163	91	72
16	167	88	79	164	88	76
17	196	102	94	188	101	87
18	231	114	117	208	112	96
19	286	159	127	256	153	103
20-24岁	**1859**	**926**	**933**	**1131**	**741**	**390**
20	317	165	152	253	151	102
21	334	170	164	239	157	82
22	341	175	166	221	149	72
23	386	181	205	215	137	78
24	481	235	246	203	147	56
25-29岁	**4352**	**1928**	**2424**	**1169**	**897**	**272**
25	622	299	323	249	177	72
26	683	327	356	217	161	56
27	898	393	505	256	201	55
28	987	416	571	233	178	55
29	1162	493	669	214	180	34
30-34岁	**8587**	**3297**	**5290**	**1196**	**1003**	**193**
30	1554	632	922	267	223	44
31	1637	653	984	276	223	53
32	1659	625	1034	227	192	35
33	1827	697	1130	229	191	38
34	1910	690	1220	197	174	23
35-39岁	**11665**	**4071**	**7594**	**904**	**809**	**95**
35	1847	684	1163	167	147	20
36	2009	696	1313	168	147	21
37	2228	775	1453	170	152	18
38	2650	877	1773	204	186	18
39	2931	1039	1892	195	177	18
40-44岁	**26296**	**9573**	**16723**	**1391**	**1290**	**101**
40	3617	1272	2345	236	219	17
41	4731	1760	2971	309	275	34
42	5444	1986	3458	301	275	26
43	5620	2026	3594	270	257	13
44	6884	2529	4355	275	264	11
45-49岁	**62246**	**22289**	**39957**	**2340**	**2242**	**98**
45	8084	2933	5151	367	349	18
46	9915	3583	6332	430	409	21
47	12052	4240	7812	471	456	15
48	15053	5441	9612	535	513	22
49	17142	6092	11050	537	515	22
50-54岁	**108193**	**39335**	**68858**	**2988**	**2917**	**71**
50	19679	6874	12805	616	602	14
51	21157	7645	13512	643	631	12
52	23821	8752	15069	620	602	18
53	20739	7495	13244	542	532	10
54	22797	8569	14228	567	550	17
55-59岁	**91903**	**33497**	**58406**	**2258**	**2209**	**49**
55	21669	7879	13790	516	503	13
56	19639	7171	12468	531	521	10
57	22054	8016	14038	605	593	12
58	20069	7362	12707	437	428	9
59	8472	3069	5403	169	164	5
60-64岁	**57459**	**26425**	**31034**	**1920**	**1903**	**17**
60	6233	2411	3822	174	172	2
61	6435	2768	3667	242	238	4
62	11441	5387	6054	416	413	3
63	16355	7825	8530	571	566	5
64	16995	8034	8961	517	514	3
65岁及以上	**280501**	**148564**	**131937**	**9623**	**9450**	**173**

单位：人

有配偶			离婚			丧偶		
小计	男	女	小计	男	女	小计	男	女
533400	**229405**	**303995**	**8480**	**6387**	**2093**	**86328**	**30661**	**55667**
67	**9**	**58**						
3		3						
3		3						
8	1	7						
23	2	21						
30	6	24						
702	**173**	**529**	**24**	**12**	**12**	**2**		**2**
63	14	49	1		1			
93	13	80	2		2			
118	25	93	2	1	1			
166	42	124	5	2	3			
262	79	183	14	9	5	2		2
3030	**956**	**2074**	**148**	**73**	**75**	**5**	**2**	**3**
356	113	243	17	9	8			
443	151	292	23	15	8			
619	182	437	23	10	13			
705	213	492	45	24	21	4	1	3
907	297	610	40	15	25	1	1	
6990	**2056**	**4934**	**374**	**231**	**143**	**27**	**7**	**20**
1222	370	852	60	39	21	5		5
1287	397	890	69	30	39	5	3	2
1362	387	975	68	46	22	2		2
1498	443	1055	91	60	31	9	3	6
1621	459	1162	86	56	30	6	1	5
10221	**2920**	**7301**	**474**	**311**	**163**	**66**	**31**	**35**
1600	480	1120	72	53	19	8	4	4
1750	489	1261	86	57	29	5	3	2
1942	549	1393	101	68	33	15	6	9
2329	621	1708	104	64	40	13	6	7
2600	781	1819	111	69	42	25	12	13
23638	**7498**	**16140**	**974**	**701**	**273**	**293**	**84**	**209**
3214	948	2266	140	95	45	27	10	17
4198	1335	2863	179	134	45	45	16	29
4883	1550	3333	208	149	59	52	12	40
5077	1604	3473	207	146	61	66	19	47
6266	2061	4205	240	177	63	103	27	76
57169	**18603**	**38566**	**1485**	**1098**	**387**	**1252**	**346**	**906**
7376	2382	4994	228	178	50	113	24	89
9066	2943	6123	259	190	69	160	41	119
11022	3495	7527	302	221	81	257	68	189
13878	4591	9287	309	236	73	331	101	230
15827	5192	10635	387	273	114	391	112	279
99650	**34093**	**65557**	**1750**	**1329**	**421**	**3805**	**996**	**2809**
18156	5855	12301	364	278	86	543	139	404
19496	6572	12924	374	278	96	644	164	480
21982	7625	14357	384	296	88	835	229	606
19064	6511	12553	304	238	66	829	214	615
20952	7530	13422	324	239	85	954	250	704
83015	**29056**	**53959**	**1116**	**852**	**264**	**5514**	**1380**	**4134**
19805	6903	12902	267	195	72	1081	278	803
17714	6181	11533	262	194	68	1132	275	857
19812	6872	12940	284	217	67	1353	334	1019
18086	6422	11664	210	170	40	1336	342	994
7598	2678	4920	93	76	17	612	151	461
49415	**22180**	**27235**	**582**	**484**	**98**	**5542**	**1858**	**3684**
5517	2068	3449	65	48	17	477	123	354
5517	2273	3244	93	77	16	583	180	403
9824	4507	5317	118	101	17	1083	366	717
14016	6558	7458	150	125	25	1618	576	1042
14541	6774	7767	156	133	23	1781	613	1168
199503	**111861**	**87642**	**1553**	**1296**	**257**	**69822**	**25957**	**43865**

5-3c 续表 4

受教育程度 年龄	15岁及以上人口			未婚		
	合计	男	女	小计	男	女
初 中	**850068**	**491996**	**358072**	**96528**	**65239**	**31289**
15-19岁	**41989**	**23539**	**18450**	**40872**	**23237**	**17635**
15	17503	9799	7704	17485	9797	7688
16	9417	5278	4139	9356	5268	4088
17	5857	3298	2559	5699	3250	2449
18	4444	2477	1967	4161	2402	1759
19	4768	2687	2081	4171	2520	1651
20-24岁	**36679**	**19973**	**16706**	**20113**	**13464**	**6649**
20	4989	2832	2157	3866	2508	1358
21	5786	3162	2624	3961	2549	1412
22	7267	3988	3279	4289	2876	1413
23	8400	4516	3884	3985	2713	1272
24	10237	5475	4762	4012	2818	1194
25-29岁	**77054**	**39255**	**37799**	**15924**	**11587**	**4337**
25	12696	6701	5995	4079	2872	1207
26	13240	6923	6317	3453	2520	933
27	15236	7824	7412	3121	2276	845
28	16846	8394	8452	2760	2031	729
29	19036	9413	9623	2511	1888	623
30-34岁	**105236**	**51216**	**54020**	**7963**	**6219**	**1744**
30	23563	11483	12080	2512	1889	623
31	22034	10811	11223	1866	1452	414
32	20501	9938	10563	1473	1162	311
33	20796	10029	10767	1203	969	234
34	18342	8955	9387	909	747	162
35-39岁	**84358**	**43453**	**40905**	**3153**	**2652**	**501**
35	16827	8471	8356	734	604	130
36	16845	8491	8354	664	547	117
37	16416	8541	7875	600	508	92
38	17348	9056	8292	611	532	79
39	16922	8894	8028	544	461	83
40-44岁	**91474**	**50924**	**40550**	**2291**	**2078**	**213**
40	17995	9716	8279	522	456	66
41	18603	10274	8329	475	432	43
42	18516	10302	8214	474	431	43
43	17109	9685	7424	402	368	34
44	19251	10947	8304	418	391	27
45-49岁	**116716**	**67727**	**48989**	**2174**	**2066**	**108**
45	19103	10776	8327	404	377	27
46	21370	12323	9047	419	400	19
47	23477	13504	9973	466	442	24
48	26432	15480	10952	460	444	16
49	26334	15644	10690	425	403	22
50-54岁	**122884**	**74449**	**48435**	**1708**	**1653**	**55**
50	27274	15929	11345	433	416	17
51	24545	14761	9784	375	361	14
52	26170	15934	10236	371	359	12
53	21418	12970	8448	243	234	9
54	23477	14855	8622	286	283	3
55-59岁	**87929**	**56463**	**31466**	**956**	**933**	**23**
55	21540	13518	8022	239	233	6
56	19453	12242	7211	221	214	7
57	21552	13926	7626	260	253	7
58	18514	12284	6230	173	170	3
59	6870	4493	2377	63	63	
60-64岁	**24756**	**17850**	**6906**	**401**	**395**	**6**
60	4014	2737	1277	61	59	2
61	3235	2231	1004	72	71	1
62	5006	3660	1346	82	81	1
63	6314	4682	1632	93	91	2
64	6187	4540	1647	93	93	
65岁及以上	**60993**	**47147**	**13846**	**973**	**955**	**18**

单位：人

有配偶			离婚			丧偶		
小计	男	女	小计	男	女	小计	男	女
712276	**399357**	**312919**	**21764**	**16250**	**5514**	**19500**	**11150**	**8350**
1113	**300**	**813**	**4**	**2**	**2**			
18	2	16						
61	10	51						
156	47	109	2	1	1			
282	75	207	1		1			
596	166	430	1	1				
16214	**6341**	**9873**	**340**	**165**	**175**	**12**	**3**	**9**
1109	317	792	14	7	7			
1791	602	1189	34	11	23			
2920	1095	1825	55	17	38	3		3
4335	1758	2577	76	43	33	4	2	2
6059	2569	3490	161	87	74	5	1	4
58863	**26261**	**32602**	**2203**	**1386**	**817**	**64**	**21**	**43**
8372	3689	4683	238	136	102	7	4	3
9466	4206	5260	313	195	118	8	2	6
11682	5294	6388	423	254	169	10		10
13560	6021	7539	513	335	178	13	7	6
15783	7051	8732	716	466	250	26	8	18
92713	**41931**	**50782**	**4383**	**3003**	**1380**	**177**	**63**	**114**
20120	8987	11133	896	589	307	35	18	17
19214	8727	10487	919	621	298	35	11	24
18124	8154	9970	867	608	259	37	14	23
18650	8419	10231	910	632	278	33	9	24
16605	7644	8961	791	553	238	37	11	26
76989	**37832**	**39157**	**3908**	**2873**	**1035**	**308**	**96**	**212**
15275	7309	7966	767	547	220	51	11	40
15309	7334	7975	816	591	225	56	19	37
15033	7493	7540	719	517	202	64	23	41
15843	7869	7974	819	628	191	75	27	48
15529	7827	7702	787	590	197	62	16	46
84827	**45660**	**39167**	**3705**	**2936**	**769**	**651**	**250**	**401**
16622	8614	8008	764	620	144	87	26	61
17155	9133	8022	859	667	192	114	42	72
17154	9216	7938	745	598	147	143	57	86
15894	8739	7155	667	519	148	146	59	87
18002	9958	8044	670	532	138	161	66	95
109790	**62503**	**47287**	**3202**	**2518**	**684**	**1550**	**640**	**910**
17837	9811	8026	652	509	143	210	79	131
20040	11306	8734	656	509	147	255	108	147
22085	12454	9631	632	493	139	294	115	179
24940	14370	10570	658	522	136	374	144	230
24888	14562	10326	604	485	119	417	194	223
116141	**69617**	**46524**	**2246**	**1842**	**404**	**2789**	**1337**	**1452**
25780	14821	10959	561	457	104	500	235	265
23148	13749	9399	494	403	91	528	248	280
24734	14903	9831	487	402	85	578	270	308
20311	12202	8109	342	285	57	522	249	273
22168	13942	8226	362	295	67	661	335	326
82605	**52963**	**29642**	**1102**	**923**	**179**	**3266**	**1644**	**1622**
20310	12697	7613	306	251	55	685	337	348
18326	11500	6826	250	205	45	656	323	333
20182	13008	7174	262	228	34	848	437	411
17382	11571	5811	199	166	33	760	377	383
6405	4187	2218	85	73	12	317	170	147
22610	**16296**	**6314**	**287**	**252**	**35**	**1458**	**907**	**551**
3711	2524	1187	53	46	7	189	108	81
2924	2020	904	48	42	6	191	98	93
4580	3351	1229	67	62	5	277	166	111
5778	4286	1492	54	48	6	389	257	132
5617	4115	1502	65	54	11	412	278	134
50411	**39653**	**10758**	**384**	**350**	**34**	**9225**	**6189**	**3036**

5-3c 续表 5

受教育程度 年　　龄	15岁及以上人口			未　　婚		
	合计	男	女	小计	男	女
高　中	**232504**	**143545**	**88959**	**90000**	**54266**	**35734**
15-19岁	**58635**	**32575**	**26060**	**58412**	**32519**	**25893**
15	12078	6754	5324	12077	6753	5324
16	17333	9622	7711	17322	9618	7704
17	15127	8354	6773	15090	8345	6745
18	8853	4891	3962	8802	4877	3925
19	5244	2954	2290	5121	2926	2195
20-24岁	**21426**	**12386**	**9040**	**16383**	**10308**	**6075**
20	4329	2461	1868	4037	2380	1657
21	3726	2135	1591	3226	1955	1271
22	4102	2356	1746	3179	2007	1172
23	4386	2564	1822	3029	2011	1018
24	4883	2870	2013	2912	1955	957
25-29岁	**30891**	**17746**	**13145**	**10014**	**7171**	**2843**
25	5821	3436	2385	2849	1973	876
26	5520	3154	2366	2175	1541	634
27	6091	3489	2602	1957	1414	543
28	6551	3761	2790	1665	1225	440
29	6908	3906	3002	1368	1018	350
30-34岁	**30358**	**17324**	**13034**	**3396**	**2643**	**753**
30	8031	4606	3425	1288	1018	270
31	6909	3904	3005	827	620	207
32	5799	3221	2578	575	441	134
33	5326	3116	2210	423	343	80
34	4293	2477	1816	283	221	62
35-39岁	**16300**	**9939**	**6361**	**672**	**569**	**103**
35	3606	2146	1460	191	161	30
36	3464	2122	1342	149	126	23
37	3057	1844	1213	119	103	16
38	3216	2020	1196	114	91	23
39	2957	1807	1150	99	88	11
40-44岁	**13583**	**8590**	**4993**	**333**	**312**	**21**
40	2931	1806	1125	88	83	5
41	2854	1793	1061	76	67	9
42	2735	1744	991	69	67	2
43	2403	1540	863	50	47	3
44	2660	1707	953	50	48	2
45-49岁	**14812**	**9654**	**5158**	**240**	**220**	**20**
45	2561	1681	880	50	46	4
46	2828	1835	993	48	41	7
47	3003	1924	1079	48	46	2
48	3284	2127	1157	46	45	1
49	3136	2087	1049	48	42	6
50-54岁	**13913**	**9246**	**4667**	**166**	**151**	**15**
50	3255	2076	1179	48	42	6
51	2795	1879	916	32	30	2
52	3012	1999	1013	30	26	4
53	2313	1532	781	22	22	
54	2538	1760	778	34	31	3
55-59岁	**12210**	**9072**	**3138**	**136**	**131**	**5**
55	2424	1699	725	32	32	
56	2366	1707	659	23	21	2
57	3234	2435	799	39	37	2
58	3048	2378	670	30	29	1
59	1138	853	285	12	12	
60-64岁	**7596**	**6195**	**1401**	**91**	**91**	
60	951	745	206	11	11	
61	981	804	177	12	12	
62	1675	1337	338	25	25	
63	2073	1744	329	26	26	
64	1916	1565	351	17	17	
65岁及以上	**12780**	**10818**	**1962**	**157**	**151**	**6**

单位：人

有配偶			离　婚			丧　偶		
小计	男	女	小计	男	女	小计	男	女
135590	**84434**	**51156**	**3919**	**2875**	**1044**	**2995**	**1970**	**1025**
222	**55**	**167**	**1**	**1**				
1	1							
10	3	7	1	1				
37	9	28						
51	14	37						
123	28	95						
4955	**2035**	**2920**	**83**	**43**	**40**	**5**		**5**
289	80	209	2	1	1	1		1
495	178	317	5	2	3			
905	339	566	17	10	7	1		1
1339	544	795	18	9	9			
1927	894	1033	41	21	20	3		3
20284	**10217**	**10067**	**580**	**355**	**225**	**13**	**3**	**10**
2911	1428	1483	60	34	26	1	1	
3259	1566	1693	85	47	38	1		1
4018	2006	2012	112	68	44	4	1	3
4751	2455	2296	133	81	52	2		2
5345	2762	2583	190	125	65	5	1	4
25880	**13943**	**11937**	**1047**	**728**	**319**	**35**	**10**	**25**
6514	3437	3077	223	149	74	6	2	4
5830	3126	2704	244	156	88	8	2	6
5011	2634	2377	208	145	63	5	1	4
4706	2634	2072	188	137	51	9	2	7
3819	2112	1707	184	141	43	7	3	4
14873	**8825**	**6048**	**714**	**532**	**182**	**41**	**13**	**28**
3253	1872	1381	156	112	44	6	1	5
3157	1876	1281	152	118	34	6	2	4
2786	1639	1147	148	101	47	4	1	3
2950	1814	1136	142	113	29	10	2	8
2727	1624	1103	116	88	28	15	7	8
12677	**7862**	**4815**	**492**	**389**	**103**	**81**	**27**	**54**
2705	1627	1078	120	92	28	18	4	14
2640	1632	1008	111	86	25	27	8	19
2567	1599	968	89	75	14	10	3	7
2261	1421	840	83	67	16	9	5	4
2504	1583	921	89	69	20	17	7	10
14044	**9051**	**4993**	**394**	**319**	**75**	**134**	**64**	**70**
2424	1573	851	70	55	15	17	7	10
2672	1711	961	87	73	14	21	10	11
2830	1787	1043	97	76	21	28	15	13
3119	1998	1121	82	67	15	37	17	20
2999	1982	1017	58	48	10	31	15	16
13203	**8736**	**4467**	**270**	**219**	**51**	**274**	**140**	**134**
3084	1954	1130	80	63	17	43	17	26
2662	1783	879	60	47	13	41	19	22
2864	1896	968	59	49	10	59	28	31
2193	1449	744	36	30	6	62	31	31
2400	1654	746	35	30	5	69	45	24
11511	**8587**	**2924**	**171**	**144**	**27**	**392**	**210**	**182**
2288	1607	681	36	32	4	68	28	40
2233	1618	615	31	23	8	79	45	34
3055	2306	749	47	39	8	93	53	40
2856	2244	612	42	37	5	120	68	52
1079	812	267	15	13	2	32	16	16
7062	**5784**	**1278**	**76**	**64**	**12**	**367**	**256**	**111**
882	695	187	12	10	2	46	29	17
905	744	161	13	12	1	51	36	15
1551	1241	310	21	13	8	78	58	20
1928	1634	294	14	13	1	105	71	34
1796	1470	326	16	16		87	62	25
10879	**9339**	**1540**	**91**	**81**	**10**	**1653**	**1247**	**406**

5-3c 续表 6

受教育程度 年龄	15岁及以上人口			未婚		
	合计	男	女	小计	男	女
大学专科	**87205**	**48864**	**38341**	**46883**	**24626**	**22257**
15-19岁	**12633**	**6056**	**6577**	**12594**	**6043**	**6551**
15	453	190	263	453	190	263
16	930	438	492	930	438	492
17	1779	873	906	1774	870	904
18	4085	1994	2091	4076	1991	2085
19	5386	2561	2825	5361	2554	2807
20-24岁	**23186**	**11304**	**11882**	**21318**	**10625**	**10693**
20	5484	2663	2821	5419	2644	2775
21	4527	2161	2366	4378	2121	2257
22	4545	2211	2334	4227	2110	2117
23	4333	2112	2221	3847	1926	1921
24	4297	2157	2140	3447	1824	1623
25-29岁	**20469**	**10849**	**9620**	**10180**	**5979**	**4201**
25	4656	2372	2284	3254	1802	1452
26	4034	2112	1922	2395	1378	1017
27	3938	2126	1812	1884	1139	745
28	3949	2106	1843	1503	946	557
29	3892	2133	1759	1144	714	430
30-34岁	**13903**	**8152**	**5751**	**2341**	**1614**	**727**
30	4148	2344	1804	1004	671	333
31	3365	1894	1471	583	400	183
32	2555	1522	1033	353	251	102
33	2224	1381	843	245	180	65
34	1611	1011	600	156	112	44
35-39岁	**4867**	**3154**	**1713**	**297**	**246**	**51**
35	1228	793	435	95	84	11
36	1033	661	372	68	51	17
37	942	619	323	54	48	6
38	865	564	301	46	32	14
39	799	517	282	34	31	3
40-44岁	**3066**	**2070**	**996**	**90**	**67**	**23**
40	713	478	235	38	31	7
41	715	485	230	24	13	11
42	631	416	215	15	13	2
43	476	333	143	3	3	
44	531	358	173	10	7	3
45-49岁	**2506**	**1844**	**662**	**38**	**32**	**6**
45	548	386	162	13	11	2
46	505	372	133	6	4	2
47	490	365	125	7	7	
48	497	364	133	6	6	
49	466	357	109	6	4	2
50-54岁	**2102**	**1626**	**476**	**7**	**5**	**2**
50	461	333	128	2	2	
51	414	323	91			
52	467	375	92			
53	356	279	77			
54	404	316	88	5	3	2
55-59岁	**1796**	**1462**	**334**	**7**	**4**	**3**
55	406	318	88	3	2	1
56	432	353	79			
57	477	395	82	1		1
58	358	297	61	2	1	1
59	123	99	24	1	1	
60-64岁	**809**	**680**	**129**	**6**	**6**	
60	105	85	20	1	1	
61	110	92	18	2	2	
62	157	137	20			
63	222	189	33	1	1	
64	215	177	38	2	2	
65岁及以上	**1868**	**1667**	**201**	**5**	**5**	

单位：人

有配偶			离婚			丧偶		
小计	男	女	小计	男	女	小计	男	女
38971	**23372**	**15599**	**986**	**607**	**379**	**365**	**259**	**106**
39	**13**	**26**						
5	3	2						
9	3	6						
25	7	18						
1853	**676**	**1177**	**15**	**3**	**12**			
65	19	46						
146	39	107	3	1	2			
317	101	216	1		1			
479	186	293	7		7			
846	331	515	4	2	2			
10120	**4790**	**5330**	**161**	**74**	**87**	**8**	**6**	**2**
1388	564	824	12	4	8	2	2	
1620	727	893	19	7	12			
2021	976	1045	32	10	22	1	1	
2394	1132	1262	50	27	23	2	1	1
2697	1391	1306	48	26	22	3	2	1
11187	**6326**	**4861**	**364**	**207**	**157**	**11**	**5**	**6**
3071	1636	1435	73	37	36			
2700	1450	1250	78	43	35	4	1	3
2117	1225	892	82	44	38	3	2	1
1909	1158	751	68	42	26	2	1	1
1390	857	533	63	41	22	2	1	1
4375	**2768**	**1607**	**190**	**139**	**51**	**5**	**1**	**4**
1087	677	410	46	32	14			
935	590	345	28	20	8	2		2
844	535	309	42	35	7	2	1	1
775	501	274	43	31	12	1		1
734	465	269	31	21	10			
2851	**1921**	**930**	**110**	**78**	**32**	**15**	**4**	**11**
649	432	217	25	14	11	1	1	
657	449	208	27	22	5	7	1	6
596	390	206	19	13	6	1		1
450	314	136	22	15	7	1	1	
499	336	163	17	14	3	5	1	4
2379	**1755**	**624**	**75**	**51**	**24**	**14**	**6**	**8**
513	365	148	19	10	9	3		3
482	356	126	15	10	5	2	2	
470	349	121	11	9	2	2		2
476	351	125	14	7	7	1		1
438	334	104	16	15	1	6	4	2
2039	**1587**	**452**	**31**	**21**	**10**	**25**	**13**	**12**
446	322	124	6	4	2	7	5	2
407	317	90	5	5		2	1	1
452	364	88	9	8	1	6	3	3
348	278	70	5	1	4	3		3
386	306	80	6	3	3	7	4	3
1735	**1417**	**318**	**21**	**19**	**2**	**33**	**22**	**11**
390	306	84	4	3	1	9	7	2
417	340	77	7	7		8	6	2
462	384	78	5	5		9	6	3
348	291	57	5	4	1	3	1	2
118	96	22				4	2	2
768	**649**	**119**	**9**	**7**	**2**	**26**	**18**	**8**
102	84	18	1		1	1		1
102	86	16	2	2		4	2	2
148	128	20	1	1		8	8	
215	183	32	2	2		4	3	1
201	168	33	3	2	1	9	5	4
1625	**1470**	**155**	**10**	**8**	**2**	**228**	**184**	**44**

5-3c 续表 7

受教育程度 年 龄	15岁及以上人口			未 婚		
	合计	男	女	小计	男	女
大学本科	**46929**	**27067**	**19862**	**32883**	**18192**	**14691**
15-19岁	**7098**	**3887**	**3211**	**7092**	**3884**	**3208**
15	34	15	19	34	15	19
16	96	51	45	96	51	45
17	808	459	349	807	458	349
18	2658	1488	1170	2656	1487	1169
19	3502	1874	1628	3499	1873	1626
20-24岁	**16426**	**8557**	**7869**	**16066**	**8415**	**7651**
20	3654	1952	1702	3648	1948	1700
21	3279	1687	1592	3259	1682	1577
22	3489	1809	1680	3452	1798	1654
23	3215	1650	1565	3112	1612	1500
24	2789	1459	1330	2595	1375	1220
25-29岁	**12432**	**7002**	**5430**	**8045**	**4699**	**3346**
25	3006	1618	1388	2588	1427	1161
26	2501	1351	1150	1851	1042	809
27	2480	1423	1057	1573	955	618
28	2402	1368	1034	1206	736	470
29	2043	1242	801	827	539	288
30-34岁	**6184**	**4008**	**2176**	**1453**	**1019**	**434**
30	2125	1278	847	625	398	227
31	1527	1008	519	396	292	104
32	1018	673	345	211	161	50
33	860	586	274	136	103	33
34	654	463	191	85	65	20
35-39岁	**1828**	**1269**	**559**	**167**	**128**	**39**
35	486	325	161	57	44	13
36	388	272	116	40	28	12
37	356	253	103	29	24	5
38	322	218	104	25	19	6
39	276	201	75	16	13	3
40-44岁	**1011**	**749**	**262**	**34**	**27**	**7**
40	232	168	64	15	13	2
41	225	165	60	6	5	1
42	181	134	47	5	4	1
43	177	125	52	3	1	2
44	196	157	39	5	4	1
45-49岁	**696**	**536**	**160**	**13**	**10**	**3**
45	152	110	42	3	2	1
46	145	113	32	2	2	
47	127	92	35	3	2	1
48	161	135	26	3	3	
49	111	86	25	2	1	1
50-54岁	**539**	**432**	**107**	**7**	**6**	**1**
50	104	82	22	3	2	1
51	121	91	30	1	1	
52	123	94	29	2	2	
53	95	81	14			
54	96	84	12	1	1	
55-59岁	**392**	**347**	**45**	**3**	**3**	
55	102	90	12	1	1	
56	107	90	17	1	1	
57	106	96	10			
58	56	50	6	1	1	
59	21	21				
60-64岁	**88**	**79**	**9**			
60	10	8	2			
61	7	5	2			
62	21	19	2			
63	26	25	1			
64	24	22	2			
65岁及以上	**235**	**201**	**34**	**3**	**1**	**2**

单位：人

有配偶			离　婚			丧　偶		
小计	男	女	小计	男	女	小计	男	女
13768	**8697**	**5071**	**232**	**146**	**86**	**46**	**32**	**14**
6	**3**	**3**						
1	1							
2	1	1						
3	1	2						
358	**141**	**217**	**2**	**1**	**1**			
6	4	2						
20	5	15						
37	11	26						
103	38	65						
192	83	109	2	1	1			
4350	**2290**	**2060**	**35**	**13**	**22**	**2**		**2**
418	191	227						
646	306	340	3	3		1		1
900	466	434	7	2	5			
1185	629	556	11	3	8			
1201	698	503	14	5	9	1		1
4644	**2930**	**1714**	**86**	**58**	**28**	**1**	**1**	
1473	864	609	27	16	11			
1110	701	409	21	15	6			
799	506	293	8	6	2			
712	475	237	11	7	4	1	1	
550	384	166	19	14	5			
1612	**1113**	**499**	**47**	**27**	**20**	**2**	**1**	**1**
417	274	143	12	7	5			
340	239	101	8	5	3			
315	224	91	10	4	6	2	1	1
287	193	94	10	6	4			
253	183	70	7	5	2			
955	**709**	**246**	**22**	**13**	**9**			
211	152	59	6	3	3			
213	156	57	6	4	2			
173	128	45	3	2	1			
169	121	48	5	3	2			
189	152	37	2	1	1			
657	**506**	**151**	**24**	**19**	**5**	**2**	**1**	**1**
141	102	39	8	6	2			
135	106	29	7	5	2	1		1
119	85	34	4	4		1	1	
153	128	25	5	4	1			
109	85	24						
514	**412**	**102**	**10**	**9**	**1**	**8**	**5**	**3**
98	78	20	2	2		1		1
116	86	30	2	2		2	2	
119	92	27	1		1	1		1
91	77	14	1	1		3	3	
90	79	11	4	4		1		1
382	**338**	**44**	**4**	**4**		**3**	**2**	**1**
99	87	12	2	2				
105	88	17				1	1	
105	95	10	1	1				
53	48	5				2	1	1
20	20		1	1				
87	**78**	**9**	**1**	**1**				
10	8	2						
7	5	2						
21	19	2						
25	24	1	1	1				
24	22	2						
203	**177**	**26**	**1**	**1**		**28**	**22**	**6**

5-3c 续表 8

受教育程度 年 龄	15岁及以上人口			未 婚		
	合计	男	女	小计	男	女
硕士研究生	**3076**	**1827**	**1249**	**2505**	**1463**	**1042**
15-19岁	**7**	**4**	**3**	**7**	**4**	**3**
15						
16						
17	1		1	1		1
18	1		1	1		1
19	5	4	1	5	4	1
20-24岁	**1196**	**695**	**501**	**1188**	**690**	**498**
20	17	10	7	17	10	7
21	65	35	30	65	35	30
22	258	145	113	258	145	113
23	400	230	170	396	228	168
24	456	275	181	452	272	180
25-29岁	**1353**	**768**	**585**	**1150**	**662**	**488**
25	415	232	183	403	226	177
26	297	167	130	279	160	119
27	264	151	113	227	132	95
28	182	103	79	121	69	52
29	195	115	80	120	75	45
30-34岁	**363**	**236**	**127**	**135**	**89**	**46**
30	148	86	62	61	35	26
31	94	62	32	40	28	12
32	65	45	20	16	12	4
33	31	24	7	14	10	4
34	25	19	6	4	4	
35-39岁	**67**	**51**	**16**	**15**	**10**	**5**
35	16	13	3	5	3	2
36	15	10	5	3	2	1
37	16	12	4	3	2	1
38	11	8	3	3	2	1
39	9	8	1	1	1	
40-44岁	**25**	**25**		**7**	**7**	
40	5	5		1	1	
41	7	7		4	4	
42	5	5				
43	4	4		1	1	
44	4	4		1	1	
45-49岁	**20**	**16**	**4**	**3**	**1**	**2**
45	6	4	2	2		2
46	3	3				
47	5	5		1	1	
48						
49	6	4	2			
50-54岁	**19**	**15**	**4**			
50	3	1	2			
51	10	8	2			
52	3	3				
53	3	3				
54						
55-59岁	**9**	**5**	**4**			
55	2	1	1			
56	1	1				
57	3	2	1			
58	2	1	1			
59	1		1			
60-64岁	**3**	**2**	**1**			
60						
61						
62						
63						
64	3	2	1			
65岁及以上	**14**	**10**	**4**			

单位：人

有配偶			离婚			丧偶		
小计	男	女	小计	男	女	小计	男	女
559	357	202	7	4	3	5	3	2
8	5	3						
4	2	2						
4	3	1						
202	105	97	1	1				
12	6	6						
18	7	11						
37	19	18						
60	33	27	1	1				
75	40	35						
227	147	80	1		1			
87	51	36						
53	34	19	1		1			
49	33	16						
17	14	3						
21	15	6						
51	41	10	1		1			
11	10	1						
12	8	4						
12	10	2	1		1			
8	6	2						
8	7	1						
17	17		1	1				
3	3		1	1				
3	3							
5	5							
3	3							
3	3							
17	15	2						
4	4							
3	3							
4	4							
6	4	2						
18	14	4	1	1				
3	1	2						
10	8	2						
2	2		1	1				
3	3							
6	4	2	1		1	2	1	1
2	1	1						
1	1							
2	2					1		1
1		1				1	1	
			1		1			
2	1	1	1	1				
2	1	1	1	1				
11	8	3				3	2	1

5－3c 续表 9

受教育程度 年　　龄	15岁及以上人口			未　　婚		
	合计	男	女	小计	男	女
博士研究生	**314**	**231**	**83**	**235**	**166**	**69**
15－19岁						
15						
16						
17						
18						
19						
20－24岁	**46**	**29**	**17**	**43**	**26**	**17**
20	2		2	2		2
21	4	2	2	4	2	2
22	11	7	4	10	6	4
23	12	7	5	12	7	5
24	17	13	4	15	11	4
25－29岁	**179**	**132**	**47**	**150**	**108**	**42**
25	31	18	13	30	17	13
26	37	28	9	32	24	8
27	34	24	10	31	22	9
28	45	39	6	34	29	5
29	32	23	9	23	16	7
30－34岁	**67**	**52**	**15**	**40**	**31**	**9**
30	24	19	5	18	14	4
31	25	19	6	12	9	3
32	10	8	2	5	3	2
33	5	4	1	4	4	
34	3	2	1	1	1	
35－39岁	**14**	**12**	**2**	**2**	**1**	**1**
35	2	2				
36	3	3				
37	3	3				
38	4	3	1	1		1
39	2	1	1	1	1	
40－44岁	**2**	**2**				
40	1	1				
41						
42	1	1				
43						
44						
45－49岁						
45						
46						
47						
48						
49						
50－54岁	**3**	**2**	**1**			
50	2	1	1			
51						
52	1	1				
53						
54						
55－59岁	**1**	**1**				
55						
56	1	1				
57						
58						
59						
60－64岁						
60						
61						
62						
63						
64						
65岁及以上	**2**	**1**	**1**			

单位：人

有配偶			离　婚			丧　偶		
小计	男	女	小计	男	女	小计	男	女
78	**65**	**13**				**1**		**1**
3	**3**							
1	1							
2	2							
29	**24**	**5**						
1	1							
5	4	1						
3	2	1						
11	10	1						
9	7	2						
27	**21**	**6**						
6	5	1						
13	10	3						
5	5							
1		1						
2	1	1						
12	**11**	**1**						
2	2							
3	3							
3	3							
3	3							
1		1						
2	**2**							
1	1							
1	1							
3	**2**	**1**						
2	1	1						
1	1							
1	**1**							
1	1							
1	**1**					**1**		**1**

5-4 全省分初婚年龄、性别、初婚年份的人口

单位：人

初婚年龄	初婚年份								
	合计			1980年			1981年		
	合计	男	女	小计	男	女	小计	男	女
总　计	**3187951**	**1566245**	**1621706**	**68432**	**33334**	**35098**	**48869**	**23546**	**25323**
15岁以下	**2988**	**716**	**2272**	**202**	**52**	**150**	**119**	**21**	**98**
15-19岁	**394663**	**127324**	**267339**	**12847**	**3127**	**9720**	**12203**	**3222**	**8981**
15	14685	4002	10683	946	210	736	549	134	415
16	28561	7754	20807	1816	365	1451	1023	224	799
17	57027	16772	40255	3639	838	2801	2137	478	1659
18	104848	33325	71523	3687	901	2786	4101	1014	3087
19	189542	65471	124071	2759	813	1946	4393	1372	3021
20-24岁	**1801943**	**824039**	**977904**	**32542**	**15177**	**17365**	**20357**	**9409**	**10948**
20	291946	104743	187203	3165	1053	2112	2928	1002	1926
21	365746	152332	213414	4813	1970	2843	2560	945	1615
22	419649	199029	220620	7596	3420	4176	3536	1528	2008
23	388639	191083	197556	8916	4386	4530	5495	2673	2822
24	335963	176852	159111	8052	4348	3704	5838	3261	2577
25-29岁	**776822**	**475155**	**301667**	**19469**	**12539**	**6930**	**14128**	**9372**	**4756**
25	269326	152923	116403	6845	4055	2790	4729	2846	1883
26	200641	121336	79305	5196	3358	1838	3963	2576	1387
27	142463	91105	51358	3553	2395	1158	2649	1866	783
28	97658	64791	32867	2411	1670	741	1715	1274	441
29	66734	45000	21734	1464	1061	403	1072	810	262
30-34岁	**139206**	**92592**	**46614**	**2537**	**1867**	**670**	**1634**	**1217**	**417**
30	46770	31619	15151	993	717	276	630	461	169
31	33322	22131	11191	574	436	138	417	316	101
32	24954	16451	8503	443	340	103	256	191	65
33	19242	12519	6723	282	198	84	191	143	48
34	14918	9872	5046	245	176	69	140	106	34
35-39岁	**39319**	**25797**	**13522**	**618**	**439**	**179**	**292**	**218**	**74**
35	11652	7515	4137	175	128	47	87	67	20
36	9086	6015	3071	152	116	36	73	52	21
37	7392	4905	2487	124	82	42	63	49	14
38	6063	4009	2054	77	57	20	41	31	10
39	5126	3353	1773	90	56	34	28	19	9
40-44岁	**17363**	**11108**	**6255**	**162**	**109**	**53**	**111**	**74**	**37**
40	4520	2920	1600	57	33	24	38	25	13
41	3958	2550	1408	41	31	10	35	24	11
42	3439	2126	1313	28	22	6	12	10	2
43	2937	1885	1052	20	13	7	16	11	5
44	2509	1627	882	16	10	6	10	4	6
45-49岁	**8130**	**5111**	**3019**	**45**	**21**	**24**	**18**	**12**	**6**
45	2089	1301	788	15	7	8	7	6	1
46	1875	1213	662	14	7	7	2	1	1
47	1600	1016	584	10	4	6	4	2	2
48	1382	854	528	4	2	2	3	2	1
49	1184	727	457	2	1	1	2	1	1
50岁及以上	**7517**	**4403**	**3114**	**10**	**3**	**7**	**7**	**1**	**6**
平均初婚年龄	**23.93**	**24.74**	**23.14**	**23.58**	**24.78**	**22.45**	**23.33**	**24.66**	**22.10**

5-4 续表 1　　　　单位：人

初婚年龄	初婚年份								
	1982年			1983年			1984年		
	小计	男	女	小计	男	女	小计	男	女
总　计	**64805**	**31091**	**33714**	**66540**	**31987**	**34553**	**72438**	**34922**	**37516**
15岁以下	**149**	**32**	**117**	**133**	**25**	**108**	**126**	**30**	**96**
15–19岁	**18344**	**5325**	**13019**	**16463**	**4892**	**11571**	**16096**	**5016**	**11080**
15	708	167	541	709	160	549	747	193	554
16	1515	340	1175	1276	325	951	1339	351	988
17	2548	664	1884	2505	638	1867	2292	628	1664
18	4623	1276	3347	4190	1204	2986	4477	1345	3132
19	8950	2878	6072	7783	2565	5218	7241	2499	4742
20–24岁	**26777**	**12249**	**14528**	**32277**	**14480**	**17797**	**41007**	**18650**	**22357**
20	8155	3055	5100	11888	4600	7288	10561	4106	6455
21	4284	1738	2546	8704	3796	4908	14004	6227	7777
22	3779	1636	2143	4312	1997	2315	9565	4677	4888
23	4481	2295	2186	3548	1774	1774	3876	1905	1971
24	6078	3525	2553	3825	2313	1512	3001	1735	1266
25–29岁	**16703**	**11408**	**5295**	**14781**	**10451**	**4330**	**12052**	**8897**	**3155**
25	5758	3641	2117	4664	3067	1597	2981	1992	989
26	4093	2729	1364	4061	2892	1169	3323	2439	884
27	3302	2401	901	2681	1948	733	2612	2000	612
28	2180	1591	589	2009	1517	492	1809	1398	411
29	1370	1046	324	1366	1027	339	1327	1068	259
30–34岁	**2285**	**1701**	**584**	**2312**	**1733**	**579**	**2469**	**1843**	**626**
30	940	689	251	886	679	207	900	678	222
31	508	383	125	579	430	149	588	426	162
32	374	279	95	381	268	113	444	335	109
33	268	199	69	264	198	66	292	222	70
34	195	151	44	202	158	44	245	182	63
35–39岁	**394**	**267**	**127**	**387**	**279**	**108**	**463**	**335**	**128**
35	123	90	33	123	88	35	151	108	43
36	100	59	41	89	67	22	96	69	27
37	63	45	18	71	50	21	88	67	21
38	59	40	19	51	36	15	72	52	20
39	49	33	16	53	38	15	56	39	17
40–44岁	**115**	**81**	**34**	**146**	**104**	**42**	**163**	**112**	**51**
40	43	27	16	44	29	15	54	40	14
41	35	28	7	30	22	8	35	22	13
42	16	11	5	37	24	13	31	20	11
43	13	12	1	20	17	3	26	21	5
44	8	3	5	15	12	3	17	9	8
45–49岁	**31**	**23**	**8**	**27**	**15**	**12**	**48**	**30**	**18**
45	11	9	2	8	8		8	4	4
46	6	4	2	5	3	2	19	13	6
47	7	5	2	3	1	2	5	3	2
48	3	2	1	4		4	9	5	4
49	4	3	1	7	3	4	7	5	2
50岁及以上	**7**	**5**	**2**	**14**	**8**	**6**	**14**	**9**	**5**
平均初婚年龄	**22.89**	**24.22**	**21.67**	**22.63**	**23.87**	**21.48**	**22.49**	**23.59**	**21.47**

5-4 续表 2

单位：人

初婚年龄	初婚年份								
	1985年			1986年			1987年		
	小计	男	女	小计	男	女	小计	男	女
总　计	**92452**	**44551**	**47901**	**94390**	**45508**	**48882**	**95201**	**46036**	**49165**
15岁以下	**121**	**24**	**97**	**109**	**35**	**74**	**104**	**24**	**80**
15-19岁	**19169**	**6142**	**13027**	**18052**	**5837**	**12215**	**17509**	**5843**	**11666**
15	789	221	568	613	154	459	535	152	383
16	1708	467	1241	1361	381	980	1146	309	837
17	2905	812	2093	2997	837	2160	2513	774	1739
18	4926	1481	3445	4897	1525	3372	5152	1661	3491
19	8841	3161	5680	8184	2940	5244	8163	2947	5216
20-24岁	**57335**	**27058**	**30277**	**63180**	**30390**	**32790**	**63657**	**30683**	**32974**
20	12053	4712	7341	12557	4927	7630	11478	4555	6923
21	14828	6527	8301	14122	6160	7962	14233	6309	7924
22	17001	8497	8504	14879	7340	7539	14204	6794	7410
23	9641	5183	4458	14274	7734	6540	12713	6601	6112
24	3812	2139	1673	7348	4229	3119	11029	6424	4605
25-29岁	**11507**	**8213**	**3294**	**9198**	**6448**	**2750**	**10134**	**6706**	**3428**
25	2795	1703	1092	2704	1606	1098	5071	3175	1896
26	2581	1845	736	1951	1324	627	1782	1103	679
27	2579	1931	648	1599	1224	375	1205	869	336
28	2115	1665	450	1618	1263	355	976	727	249
29	1437	1069	368	1326	1031	295	1100	832	268
30-34岁	**3228**	**2400**	**828**	**2816**	**2136**	**680**	**2801**	**2081**	**720**
30	1094	817	277	920	694	226	897	679	218
31	833	634	199	707	539	168	642	469	173
32	599	446	153	535	417	118	521	387	134
33	398	282	116	363	266	97	382	287	95
34	304	221	83	291	220	71	359	259	100
35-39岁	**716**	**486**	**230**	**687**	**461**	**226**	**688**	**494**	**194**
35	251	177	74	188	125	63	222	157	65
36	150	95	55	169	128	41	174	130	44
37	143	100	43	123	75	48	129	100	29
38	88	55	33	112	74	38	85	56	29
39	84	59	25	95	59	36	78	51	27
40-44岁	**257**	**175**	**82**	**234**	**141**	**93**	**197**	**132**	**65**
40	71	51	20	82	52	30	72	49	23
41	69	48	21	55	31	24	45	31	14
42	53	33	20	43	27	16	31	22	9
43	31	20	11	35	21	14	27	15	12
44	33	23	10	19	10	9	22	15	7
45-49岁	**84**	**40**	**44**	**80**	**44**	**36**	**82**	**57**	**25**
45	22	14	8	26	18	8	26	19	7
46	16	7	9	16	8	8	25	17	8
47	18	7	11	17	8	9	17	13	4
48	13	7	6	16	9	7	8	4	4
49	15	5	10	5	1	4	6	4	2
50岁及以上	**35**	**13**	**22**	**34**	**16**	**18**	**29**	**16**	**13**
平均初婚年龄	**22.54**	**23.47**	**21.67**	**22.54**	**23.37**	**21.78**	**22.64**	**23.40**	**21.94**

5-4 续表 3

单位：人

初婚年龄	初婚年份								
	1988年			1989年			1990年		
	小计	男	女	小计	男	女	小计	男	女
总 计	**107573**	**52177**	**55396**	**103803**	**50574**	**53229**	**116678**	**57312**	**59366**
15岁以下	**107**	**25**	**82**	**99**	**22**	**77**	**172**	**50**	**122**
15-19岁	**19527**	**6623**	**12904**	**17678**	**6056**	**11622**	**19670**	**7315**	**12355**
15	585	173	412	562	193	369	646	220	426
16	1318	369	949	1158	333	825	1277	460	817
17	2553	776	1777	2412	766	1646	2792	1000	1792
18	5197	1722	3475	4744	1572	3172	5409	2006	3403
19	9874	3583	6291	8802	3192	5610	9546	3629	5917
20-24岁	**69120**	**33162**	**35958**	**66800**	**31915**	**34885**	**75599**	**36242**	**39357**
20	13218	5387	7831	13226	5367	7859	14567	5878	8689
21	14744	6578	8166	15034	6661	8373	17975	8201	9774
22	16498	8007	8491	14443	7025	7418	17593	8650	8943
23	13884	7154	6730	13674	7087	6587	14005	7121	6884
24	10776	6036	4740	10423	5775	4648	11459	6392	5067
25-29岁	**14947**	**9543**	**5404**	**15977**	**10197**	**5780**	**18068**	**11433**	**6635**
25	8471	5246	3225	7368	4488	2880	7731	4663	3068
26	3592	2334	1258	5161	3387	1774	5058	3223	1835
27	1258	796	462	2148	1479	669	3323	2236	1087
28	884	612	272	780	506	274	1403	943	460
29	742	555	187	520	337	183	553	368	185
30-34岁	**2663**	**1972**	**691**	**2080**	**1533**	**547**	**1710**	**1239**	**471**
30	729	561	168	439	321	118	378	246	132
31	632	478	154	516	393	123	353	241	112
32	514	353	161	464	350	114	333	255	78
33	454	333	121	355	239	116	381	282	99
34	334	247	87	306	230	76	265	215	50
35-39岁	**855**	**625**	**230**	**779**	**576**	**203**	**891**	**653**	**238**
35	262	193	69	227	168	59	277	204	73
36	231	160	71	195	143	52	201	151	50
37	154	117	37	153	109	44	160	120	40
38	120	94	26	116	86	30	149	106	43
39	88	61	27	88	70	18	104	72	32
40-44岁	**229**	**155**	**74**	**254**	**189**	**65**	**362**	**248**	**114**
40	66	46	20	83	66	17	96	69	27
41	48	32	16	43	33	10	78	50	28
42	50	35	15	51	35	16	75	50	25
43	38	25	13	43	35	8	57	36	21
44	27	17	10	34	20	14	56	43	13
45-49岁	**86**	**55**	**31**	**87**	**59**	**28**	**140**	**98**	**42**
45	21	14	7	28	24	4	38	23	15
46	17	8	9	18	13	5	35	25	10
47	17	15	2	19	10	9	30	23	7
48	16	9	7	14	7	7	25	19	6
49	15	9	6	8	5	3	12	8	4
50岁及以上	**39**	**17**	**22**	**49**	**27**	**22**	**66**	**34**	**32**
平均初婚年龄	**22.69**	**23.39**	**22.03**	**22.75**	**23.43**	**22.10**	**22.73**	**23.33**	**22.14**

5-4 续表 4

单位：人

初婚年龄	初婚年份								
	1991年			1992年			1993年		
	小计	男	女	小计	男	女	小计	男	女
总　计	**83943**	**40910**	**43033**	**93492**	**45985**	**47507**	**92404**	**45146**	**47258**
15岁以下	**94**	**22**	**72**	**78**	**20**	**58**	**58**	**20**	**38**
15-19岁	**12003**	**4484**	**7519**	**11340**	**4207**	**7133**	**9294**	**3369**	**5925**
15	387	144	243	372	115	257	321	92	229
16	641	200	441	640	232	408	564	177	387
17	1488	546	942	1342	469	873	1157	408	749
18	3191	1115	2076	2756	1007	1749	2348	851	1497
19	6296	2479	3817	6230	2384	3846	4904	1841	3063
20-24岁	**55529**	**25845**	**29684**	**62636**	**29260**	**33376**	**62475**	**28773**	**33702**
20	9959	3972	5987	10267	4206	6061	9285	3602	5683
21	12297	5255	7042	13402	5829	7573	12836	5525	7311
22	13565	6310	7255	15018	6974	8044	15148	7037	8111
23	11508	5783	5725	13745	6832	6913	13882	6640	7242
24	8200	4525	3675	10204	5419	4785	11324	5969	5355
25-29岁	**14515**	**9255**	**5260**	**16951**	**10802**	**6149**	**17770**	**11123**	**6647**
25	6163	3723	2440	6606	3911	2695	7411	4316	3095
26	3811	2417	1394	4649	3019	1630	4427	2786	1641
27	2381	1650	731	2812	1878	934	3033	2068	965
28	1530	1062	468	1749	1199	550	1765	1198	567
29	630	403	227	1135	795	340	1134	755	379
30-34岁	**947**	**689**	**258**	**1262**	**854**	**408**	**1662**	**1079**	**583**
30	253	185	68	546	370	176	795	531	264
31	190	134	56	224	142	82	419	270	149
32	154	113	41	151	97	54	186	111	75
33	189	142	47	143	104	39	136	83	53
34	161	115	46	198	141	57	126	84	42
35-39岁	**515**	**378**	**137**	**713**	**520**	**193**	**604**	**431**	**173**
35	128	99	29	180	130	50	136	102	34
36	124	86	38	160	118	42	160	118	42
37	98	78	20	139	110	29	115	74	41
38	90	62	28	103	79	24	98	70	28
39	75	53	22	131	83	48	95	67	28
40-44岁	**212**	**149**	**63**	**321**	**203**	**118**	**354**	**231**	**123**
40	67	44	23	100	65	35	104	67	37
41	49	35	14	71	43	28	91	63	28
42	42	31	11	62	36	26	68	42	26
43	34	21	13	45	30	15	51	35	16
44	20	18	2	43	29	14	40	24	16
45-49岁	**84**	**61**	**23**	**115**	**80**	**35**	**99**	**66**	**33**
45	29	21	8	24	22	2	31	18	13
46	15	10	5	24	16	8	28	19	9
47	12	10	2	28	17	11	17	16	1
48	14	10	4	22	14	8	13	7	6
49	14	10	4	17	11	6	10	6	4
50岁及以上	**44**	**27**	**17**	**76**	**39**	**37**	**88**	**54**	**34**
平均初婚年龄	**22.89**	**23.49**	**22.32**	**23.16**	**23.72**	**22.61**	**23.35**	**23.91**	**22.81**

5-4 续表 5

单位：人

初婚年龄	初婚年份								
	1994年			1995年			1996年		
	小计	男	女	小计	男	女	小计	男	女
总 计	**90433**	**44361**	**46072**	**96141**	**47257**	**48884**	**84253**	**41382**	**42871**
15岁以下	**59**	**18**	**41**	**62**	**16**	**46**	**33**	**4**	**29**
15-19岁	**8241**	**2981**	**5260**	**7930**	**2682**	**5248**	**6307**	**2021**	**4286**
15	311	104	207	278	90	188	181	46	135
16	503	135	368	534	154	380	397	99	298
17	986	337	649	970	323	647	802	233	569
18	1978	720	1258	1936	658	1278	1515	483	1032
19	4463	1685	2778	4212	1457	2755	3412	1160	2252
20-24岁	**60061**	**27625**	**32436**	**61341**	**28071**	**33270**	**52350**	**23662**	**28688**
20	7836	2866	4970	7412	2529	4883	6648	2251	4397
21	12180	5042	7138	11341	4621	6720	9610	3800	5810
22	15052	7102	7950	15190	7100	8090	12204	5712	6492
23	13770	6749	7021	14774	7205	7569	12776	6131	6645
24	11223	5866	5357	12624	6616	6008	11112	5768	5344
25-29岁	**18953**	**11692**	**7261**	**22651**	**13835**	**8816**	**21375**	**13047**	**8328**
25	8187	4730	3457	9206	5277	3929	8324	4714	3610
26	4840	3014	1826	6098	3753	2345	5786	3519	2267
27	2834	1869	965	3716	2394	1322	3715	2443	1272
28	1860	1241	619	2083	1378	705	2260	1495	765
29	1232	838	394	1548	1033	515	1290	876	414
30-34岁	**1997**	**1342**	**655**	**2732**	**1761**	**971**	**2872**	**1859**	**1013**
30	825	549	276	979	654	325	940	624	316
31	639	436	203	693	439	254	724	471	253
32	313	217	96	622	385	237	532	326	206
33	129	72	57	294	189	105	446	293	153
34	91	68	23	144	94	50	230	145	85
35-39岁	**510**	**346**	**164**	**528**	**350**	**178**	**465**	**302**	**163**
35	91	53	38	91	59	32	126	81	45
36	114	84	30	90	61	29	73	47	26
37	99	71	28	122	84	38	67	49	18
38	100	69	31	109	74	35	108	68	40
39	106	69	37	116	72	44	91	57	34
40-44岁	**349**	**219**	**130**	**476**	**299**	**177**	**388**	**247**	**141**
40	85	58	27	114	65	49	83	52	31
41	84	45	39	124	86	38	93	57	36
42	80	53	27	98	63	35	83	51	32
43	48	30	18	73	44	29	83	59	24
44	52	33	19	67	41	26	46	28	18
45-49岁	**148**	**82**	**66**	**191**	**131**	**60**	**259**	**136**	**123**
45	31	21	10	44	24	20	62	35	27
46	38	15	23	51	45	6	47	27	20
47	22	13	9	34	21	13	53	27	26
48	27	17	10	35	23	12	48	23	25
49	30	16	14	27	18	9	49	24	25
50岁及以上	**115**	**56**	**59**	**230**	**112**	**118**	**204**	**104**	**100**
平均初婚年龄	**23.54**	**24.09**	**23.00**	**23.86**	**24.46**	**23.28**	**24.05**	**24.69**	**23.44**

5-4 续表 6

单位：人

初婚年龄	初婚年份								
	1997年			1998年			1999年		
	小计	男	女	小计	男	女	小计	男	女
总　计	**77748**	**38188**	**39560**	**80492**	**39579**	**40913**	**71355**	**35140**	**36215**
15岁以下	**40**	**9**	**31**	**49**	**10**	**39**	**61**	**12**	**49**
15-19岁	**5443**	**1780**	**3663**	**6008**	**1783**	**4225**	**4943**	**1362**	**3581**
15	157	37	120	207	58	149	205	42	163
16	269	74	195	345	82	263	289	58	231
17	710	207	503	678	189	489	576	126	450
18	1381	445	936	1447	446	1001	1099	326	773
19	2926	1017	1909	3331	1008	2323	2774	810	1964
20-24岁	**46961**	**20818**	**26143**	**46251**	**20516**	**25735**	**41953**	**18371**	**23582**
20	5932	1837	4095	6028	1712	4316	5802	1528	4274
21	8756	3297	5459	8516	3271	5245	7751	2789	4962
22	11174	5186	5988	11462	5366	6096	10115	4914	5201
23	11092	5328	5764	10775	5212	5563	9996	4758	5238
24	10007	5170	4837	9470	4955	4515	8289	4382	3907
25-29岁	**21123**	**12957**	**8166**	**22415**	**13711**	**8704**	**20143**	**12604**	**7539**
25	7938	4426	3512	8083	4639	3444	6695	3860	2835
26	5551	3431	2120	5839	3557	2282	5239	3254	1985
27	3815	2508	1307	3908	2493	1415	3858	2566	1292
28	2343	1589	754	2709	1781	928	2581	1744	837
29	1476	1003	473	1876	1241	635	1770	1180	590
30-34岁	**2848**	**1831**	**1017**	**4134**	**2518**	**1616**	**3280**	**2178**	**1102**
30	948	610	338	1357	859	498	1232	842	390
31	674	431	243	927	548	379	802	520	282
32	503	344	159	794	470	324	540	339	201
33	391	238	153	603	378	225	403	262	141
34	332	208	124	453	263	190	303	215	88
35-39岁	**459**	**284**	**175**	**850**	**525**	**325**	**522**	**328**	**194**
35	166	100	66	423	261	162	192	119	73
36	77	49	28	202	118	84	165	106	59
37	70	39	31	81	52	29	82	54	28
38	61	41	20	81	46	35	40	23	17
39	85	55	30	63	48	15	43	26	17
40-44岁	**515**	**303**	**212**	**420**	**284**	**136**	**195**	**125**	**70**
40	102	50	52	82	62	20	36	29	7
41	113	65	48	101	65	36	47	28	19
42	118	68	50	60	36	24	38	24	14
43	97	61	36	100	67	33	35	22	13
44	85	59	26	77	54	23	39	22	17
45-49岁	**241**	**141**	**100**	**224**	**142**	**82**	**136**	**90**	**46**
45	57	27	30	65	41	24	32	18	14
46	57	36	21	51	35	16	27	21	6
47	47	33	14	48	32	16	28	17	11
48	43	25	18	38	23	15	30	23	7
49	37	20	17	22	11	11	19	11	8
50岁及以上	**118**	**65**	**53**	**141**	**90**	**51**	**122**	**70**	**52**
平均初婚年龄	**24.20**	**24.88**	**23.54**	**24.38**	**25.14**	**23.65**	**24.25**	**25.07**	**23.45**

5-4　续表 7　　　　　　　　　　　　　　　　　　　　　　　　　　　单位：人

初婚年龄	初婚年份								
	2000年			2001年			2002年		
	小计	男	女	小计	男	女	小计	男	女
总　计	**80049**	**39626**	**40423**	**58402**	**28660**	**29742**	**67947**	**33377**	**34570**
15岁以下	**136**	**44**	**92**	**82**	**26**	**56**	**74**	**13**	**61**
15—19岁	**6947**	**1831**	**5116**	**4350**	**1164**	**3186**	**5723**	**1506**	**4217**
15	366	104	262	206	58	148	341	89	252
16	578	162	416	332	80	252	437	102	335
17	941	248	693	527	153	374	737	202	535
18	1610	408	1202	991	256	735	1377	366	1011
19	3452	909	2543	2294	617	1677	2831	747	2084
20—24岁	**47480**	**21292**	**26188**	**34611**	**14915**	**19696**	**39897**	**17420**	**22477**
20	6813	1910	4903	4485	1133	3352	5274	1363	3911
21	9623	3738	5885	6513	2268	4245	7165	2607	4558
22	11415	5520	5895	8839	4180	4659	9965	4631	5334
23	10346	5147	5199	7995	3880	4115	9663	4699	4964
24	9283	4977	4306	6779	3454	3325	7830	4120	3710
25—29岁	**21006**	**13352**	**7654**	**15933**	**10118**	**5815**	**17925**	**11427**	**6498**
25	7075	4100	2975	5614	3213	2401	6149	3571	2578
26	5393	3399	1994	3881	2463	1418	4665	2820	1845
27	3991	2669	1322	2870	1950	920	3237	2245	992
28	2723	1897	826	2088	1452	636	2182	1552	630
29	1824	1287	537	1480	1040	440	1692	1239	453
30—34岁	**3237**	**2272**	**965**	**2615**	**1867**	**748**	**3255**	**2281**	**974**
30	1225	867	358	978	726	252	1191	862	329
31	801	569	232	671	452	219	804	551	253
32	551	376	175	456	328	128	570	399	171
33	364	243	121	337	237	100	404	271	133
34	296	217	79	173	124	49	286	198	88
35—39岁	**683**	**465**	**218**	**536**	**388**	**148**	**716**	**487**	**229**
35	229	157	72	181	128	53	212	146	66
36	166	112	54	113	86	27	175	116	59
37	160	109	51	104	72	32	124	92	32
38	76	55	21	105	81	24	107	69	38
39	52	32	20	33	21	12	98	64	34
40—44岁	**201**	**140**	**61**	**111**	**76**	**35**	**115**	**85**	**30**
40	31	16	15	21	14	7	42	31	11
41	39	32	7	23	14	9	24	18	6
42	45	34	11	18	11	7	19	14	5
43	52	32	20	19	16	3	13	11	2
44	34	26	8	30	21	9	17	11	6
45—49岁	**188**	**132**	**56**	**101**	**67**	**34**	**125**	**83**	**42**
45	37	29	8	17	11	6	18	14	4
46	42	32	10	28	18	10	26	16	10
47	32	22	10	19	12	7	34	25	9
48	38	22	16	23	17	6	25	13	12
49	39	27	12	14	9	5	22	15	7
50岁及以上	**171**	**98**	**73**	**63**	**39**	**24**	**117**	**75**	**42**
平均初婚年龄	**24.03**	**24.92**	**23.14**	**24.15**	**25.08**	**23.26**	**24.15**	**25.10**	**23.22**

5-4 续表 8

单位：人

初婚年龄	初婚年份								
	2003年			2004年			2005年		
	小计	男	女	小计	男	女	小计	男	女
总 计	**68689**	**33706**	**34983**	**70649**	**34915**	**35734**	**70749**	**35254**	**35495**
15岁以下	**82**	**19**	**63**	**69**	**18**	**51**	**70**	**15**	**55**
15–19岁	**5648**	**1436**	**4212**	**6339**	**1567**	**4772**	**7577**	**1984**	**5593**
15	312	76	236	311	78	233	382	108	274
16	451	109	342	498	113	385	582	167	415
17	746	203	543	945	222	723	1114	276	838
18	1322	329	993	1476	378	1098	1961	484	1477
19	2817	719	2098	3109	776	2333	3538	949	2589
20–24岁	**39511**	**17048**	**22463**	**39804**	**17470**	**22334**	**38505**	**17311**	**21194**
20	5178	1367	3811	5421	1500	3921	5636	1679	3957
21	7235	2638	4597	7458	2902	4556	7442	3062	4380
22	9184	4216	4968	9649	4478	5171	9243	4365	4878
23	9361	4463	4898	8876	4201	4675	8667	4186	4481
24	8553	4364	4189	8400	4389	4011	7517	4019	3498
25–29岁	**18529**	**11810**	**6719**	**19296**	**12249**	**7047**	**19000**	**12028**	**6972**
25	6389	3674	2715	6990	4012	2978	6632	3814	2818
26	4676	2938	1738	4902	3072	1830	5017	3107	1910
27	3403	2311	1092	3316	2234	1082	3349	2278	1071
28	2372	1679	693	2490	1757	733	2337	1641	696
29	1689	1208	481	1598	1174	424	1665	1188	477
30–34岁	**3778**	**2644**	**1134**	**3779**	**2692**	**1087**	**3871**	**2763**	**1108**
30	1245	902	343	1188	862	326	1162	852	310
31	922	657	265	899	654	245	909	641	268
32	707	482	225	736	497	239	735	519	216
33	519	357	162	549	385	164	576	409	167
34	385	246	139	407	294	113	489	342	147
35–39岁	**743**	**495**	**248**	**890**	**613**	**277**	**1119**	**756**	**363**
35	242	156	86	316	220	96	400	270	130
36	166	113	53	205	142	63	272	191	81
37	135	96	39	150	98	52	213	149	64
38	111	65	46	126	90	36	131	82	49
39	89	65	24	93	63	30	103	64	39
40–44岁	**185**	**117**	**68**	**250**	**162**	**88**	**312**	**205**	**107**
40	69	50	19	88	61	27	96	63	33
41	52	25	27	83	49	34	84	58	26
42	19	10	9	43	28	15	76	47	29
43	19	13	6	22	16	6	42	26	16
44	26	19	7	14	8	6	14	11	3
45–49岁	**115**	**81**	**34**	**102**	**68**	**34**	**106**	**71**	**35**
45	29	17	12	11	8	3	18	9	9
46	23	17	6	14	10	4	22	14	8
47	22	14	8	22	16	6	22	18	4
48	21	16	5	23	14	9	24	18	6
49	20	17	3	32	20	12	20	12	8
50岁及以上	**98**	**56**	**42**	**120**	**76**	**44**	**189**	**121**	**68**
平均初婚年龄	**24.28**	**25.25**	**23.35**	**24.26**	**25.26**	**23.29**	**24.25**	**25.27**	**23.24**

5-4 续表 9

单位：人

初婚年龄	初婚年份								
	2006年			2007年			2008年		
	小计	男	女	小计	男	女	小计	男	女
总　计	**75244**	**37320**	**37924**	**69046**	**34348**	**34698**	**83812**	**41757**	**42055**
15岁以下	**57**	**17**	**40**	**61**	**20**	**41**	**53**	**11**	**42**
15—19岁	**8081**	**2250**	**5831**	**8521**	**2693**	**5828**	**10707**	**3486**	**7221**
15	320	97	223	287	86	201	314	90	224
16	665	191	474	569	146	423	677	215	462
17	1110	273	837	1252	403	849	1483	471	1012
18	2081	587	1494	2197	721	1476	3171	1032	2139
19	3905	1102	2803	4216	1337	2879	5062	1678	3384
20—24岁	**40628**	**18051**	**22577**	**37328**	**16798**	**20530**	**44911**	**20391**	**24520**
20	6224	1839	4385	6591	2047	4544	8042	2708	5334
21	7886	3204	4682	7593	3137	4456	9880	4174	5706
22	9360	4467	4893	8499	4128	4371	10184	4884	5300
23	8903	4263	4640	7650	3777	3873	9026	4490	4536
24	8255	4278	3977	6995	3709	3286	7779	4135	3644
25—29岁	**20626**	**12951**	**7675**	**17467**	**10959**	**6508**	**21125**	**13101**	**8024**
25	6643	3722	2921	5860	3332	2528	6840	3941	2899
26	5505	3446	2059	4243	2611	1632	5476	3319	2157
27	4054	2682	1372	3379	2230	1149	3811	2470	1341
28	2563	1766	797	2424	1648	776	2943	1953	990
29	1861	1335	526	1561	1138	423	2055	1418	637
30—34岁	**4029**	**2856**	**1173**	**3645**	**2564**	**1081**	**4290**	**2970**	**1320**
30	1276	941	335	1117	775	342	1354	972	382
31	925	648	277	862	600	262	998	698	300
32	713	495	218	661	478	183	786	541	245
33	614	412	202	553	393	160	647	424	223
34	501	360	141	452	318	134	505	335	170
35—39岁	**1177**	**771**	**406**	**1281**	**837**	**444**	**1639**	**1086**	**553**
35	355	225	130	398	267	131	489	317	172
36	268	170	98	301	211	90	368	240	128
37	233	158	75	246	141	105	291	205	86
38	193	132	61	196	126	70	244	165	79
39	128	86	42	140	92	48	247	159	88
40—44岁	**375**	**255**	**120**	**449**	**302**	**147**	**577**	**386**	**191**
40	104	79	25	111	78	33	168	111	57
41	82	56	26	97	64	33	118	83	35
42	72	45	27	79	55	24	123	81	42
43	79	54	25	90	55	35	76	52	24
44	38	21	17	72	50	22	92	59	33
45—49岁	**99**	**62**	**37**	**93**	**62**	**31**	**236**	**148**	**88**
45	19	12	7	28	16	12	90	63	27
46	24	14	10	13	9	4	66	40	26
47	17	13	4	19	13	6	22	12	10
48	16	13	3	16	14	2	31	17	14
49	23	10	13	17	10	7	27	16	11
50岁及以上	**172**	**107**	**65**	**201**	**113**	**88**	**274**	**178**	**96**
平均初婚年龄	**24.28**	**25.26**	**23.30**	**24.16**	**25.13**	**23.20**	**24.17**	**25.11**	**23.23**

5-4 续表 10

单位：人

初婚年龄	初婚年份								
	2009年			2010年			2011年		
	小计	男	女	小计	男	女	小计	男	女
总　计	**80688**	**39975**	**40713**	**87726**	**43573**	**44153**	**78264**	**38743**	**39521**
15岁以下	**53**	**11**	**42**	**62**	**12**	**50**	**42**	**9**	**33**
15-19岁	**10702**	**3778**	**6924**	**11537**	**4250**	**7287**	**8560**	**3238**	**5322**
15	261	88	173	379	106	273	237	62	175
16	647	206	441	738	231	507	547	170	377
17	1402	451	951	1566	546	1020	1244	423	821
18	2851	1042	1809	3116	1163	1953	2365	912	1453
19	5541	1991	3550	5738	2204	3534	4167	1671	2496
20-24岁	**43770**	**19672**	**24098**	**49222**	**22462**	**26760**	**44304**	**19907**	**24397**
20	7799	2722	5077	9436	3522	5914	6795	2483	4312
21	9831	4011	5820	10552	4510	6042	9753	3966	5787
22	10584	5036	5548	11431	5480	5951	10234	4870	5364
23	8337	4152	4185	9969	4969	5000	9502	4580	4922
24	7219	3751	3468	7834	3981	3853	8020	4008	4012
25-29岁	**19228**	**11911**	**7317**	**19251**	**11765**	**7486**	**19143**	**11432**	**7711**
25	6065	3420	2645	6118	3460	2658	6255	3411	2844
26	4973	3002	1971	4839	2908	1931	4876	2803	2073
27	3820	2451	1369	3708	2344	1364	3657	2278	1379
28	2435	1668	767	2793	1866	927	2537	1671	866
29	1935	1370	565	1793	1187	606	1818	1269	549
30-34岁	**4321**	**2882**	**1439**	**4598**	**3066**	**1532**	**3789**	**2530**	**1259**
30	1427	952	475	1414	987	427	1198	820	378
31	1025	694	331	1128	751	377	864	583	281
32	740	497	243	823	521	302	764	497	267
33	618	396	222	656	439	217	588	384	204
34	511	343	168	577	368	209	375	246	129
35-39岁	**1597**	**1052**	**545**	**1716**	**1127**	**589**	**1369**	**887**	**482**
35	417	272	145	436	283	153	356	226	130
36	385	253	132	414	282	132	293	175	118
37	321	213	108	324	215	109	262	173	89
38	257	165	92	288	192	96	251	176	75
39	217	149	68	254	155	99	207	137	70
40-44岁	**630**	**411**	**219**	**713**	**497**	**216**	**627**	**445**	**182**
40	161	113	48	225	153	72	165	121	44
41	158	111	47	171	125	46	155	113	42
42	107	59	48	139	90	49	114	73	41
43	118	77	41	98	70	28	103	76	27
44	86	51	35	80	59	21	90	62	28
45-49岁	**175**	**112**	**63**	**301**	**178**	**123**	**265**	**189**	**76**
45	62	38	24	72	40	32	82	55	27
46	47	33	14	89	50	39	65	46	19
47	37	24	13	79	48	31	49	36	13
48	15	9	6	41	27	14	44	34	10
49	14	8	6	20	13	7	25	18	7
50岁及以上	**212**	**146**	**66**	**326**	**216**	**110**	**165**	**106**	**59**
平均初婚年龄	**24.09**	**24.99**	**23.21**	**24.05**	**24.89**	**23.22**	**24.20**	**24.99**	**23.42**

5-4 续表 11

单位：人

初婚年龄	初婚年份								
	2012年			2013年			2014年		
	小计	男	女	小计	男	女	小计	男	女
总 计	**87517**	**43269**	**44248**	**79696**	**39444**	**40252**	**79635**	**39559**	**40076**
15岁以下	**36**	**10**	**26**	**27**	**6**	**21**	**22**	**6**	**16**
15-19岁	**9111**	**3331**	**5780**	**7340**	**2651**	**4689**	**6513**	**2334**	**4179**
15	278	67	211	239	55	184	167	39	128
16	674	193	481	543	162	381	382	110	272
17	1397	510	887	1101	358	743	976	305	671
18	2494	947	1547	2106	773	1333	1756	642	1114
19	4268	1614	2654	3351	1303	2048	3232	1238	1994
20-24岁	**48460**	**22066**	**26394**	**42196**	**19164**	**23032**	**38910**	**17670**	**21240**
20	6700	2496	4204	5311	1970	3341	4665	1714	2951
21	9204	3892	5312	7228	3034	4194	6155	2503	3652
22	12293	5678	6615	9659	4575	5084	8233	3891	4342
23	10755	5239	5516	10685	5039	5646	9492	4405	5087
24	9508	4761	4747	9313	4546	4767	10365	5157	5208
25-29岁	**22423**	**13023**	**9400**	**22312**	**12712**	**9600**	**25541**	**14211**	**11330**
25	7876	4199	3677	7942	4221	3721	8770	4501	4269
26	5767	3230	2537	5891	3332	2559	6902	3800	3102
27	4019	2441	1578	3898	2240	1658	4728	2720	2008
28	2749	1802	947	2764	1782	982	3123	1916	1207
29	2012	1351	661	1817	1137	680	2018	1274	744
30-34岁	**4554**	**2920**	**1634**	**4711**	**2897**	**1814**	**5086**	**3098**	**1988**
30	1466	967	499	1404	899	505	1479	919	560
31	1025	621	404	1109	695	414	1175	727	448
32	837	555	282	869	512	357	971	590	381
33	714	449	265	728	426	302	790	458	332
34	512	328	184	601	365	236	671	404	267
35-39岁	**1518**	**1015**	**503**	**1587**	**1037**	**550**	**1833**	**1161**	**672**
35	413	268	145	458	277	181	560	335	225
36	338	230	108	335	224	111	419	269	150
37	284	183	101	326	225	101	354	223	131
38	242	168	74	255	171	84	274	181	93
39	241	166	75	213	140	73	226	153	73
40-44岁	**793**	**523**	**270**	**878**	**564**	**314**	**976**	**605**	**371**
40	201	137	64	227	155	72	229	143	86
41	185	124	61	197	121	76	217	143	74
42	157	102	55	189	110	79	218	128	90
43	144	91	53	133	84	49	176	104	72
44	106	69	37	132	94	38	136	87	49
45-49岁	**348**	**218**	**130**	**365**	**241**	**124**	**421**	**260**	**161**
45	92	58	34	97	69	28	116	70	46
46	60	39	21	82	52	30	86	57	29
47	82	46	36	74	45	29	72	46	26
48	69	45	24	64	41	23	84	46	38
49	45	30	15	48	34	14	63	41	22
50岁及以上	**274**	**163**	**111**	**280**	**172**	**108**	**333**	**214**	**119**
平均初婚年龄	**24.40**	**25.13**	**23.68**	**24.77**	**25.48**	**24.08**	**25.19**	**25.88**	**24.52**

5-4 续表 12

单位：人

初婚年龄	初婚年份								
	2015年			2016年			2017年		
	小计	男	女	小计	男	女	小计	男	女
总　计	**76308**	**37935**	**38373**	**66822**	**33205**	**33617**	**59975**	**29978**	**29997**
15岁以下	**15**		**15**	**22**	**2**	**20**	**13**	**2**	**11**
15–19岁	**5398**	**1841**	**3557**	**3781**	**1222**	**2559**	**2973**	**955**	**2018**
15	119	23	96	68	9	59	80	18	62
16	308	70	238	229	48	181	177	49	128
17	705	188	517	553	150	403	454	126	328
18	1525	502	1023	1028	319	709	820	248	572
19	2741	1058	1683	1903	696	1207	1442	514	928
20–24岁	**33985**	**15454**	**18531**	**27679**	**12431**	**15248**	**23357**	**10474**	**12883**
20	4255	1571	2684	3181	1133	2048	2530	877	1653
21	5349	2228	3121	4460	1856	2604	3593	1427	2166
22	7136	3414	3722	5994	2846	3148	5152	2445	2707
23	8003	3735	4268	6619	3026	3593	5507	2534	2973
24	9242	4506	4736	7425	3570	3855	6575	3191	3384
25–29岁	**28148**	**15277**	**12871**	**27069**	**14591**	**12478**	**25669**	**13726**	**11943**
25	9876	5096	4780	7966	3996	3970	6844	3389	3455
26	7292	3811	3481	7633	4019	3614	6668	3532	3136
27	5172	2906	2266	5376	2994	2382	5835	3181	2654
28	3543	2131	1412	3679	2152	1527	3798	2160	1638
29	2265	1333	932	2415	1430	985	2524	1464	1060
30–34岁	**5100**	**3128**	**1972**	**4917**	**2886**	**2031**	**4852**	**2946**	**1906**
30	1600	990	610	1540	939	601	1739	1085	654
31	1197	753	444	1144	682	462	1110	655	455
32	900	565	335	887	518	369	802	471	331
33	806	462	344	730	394	336	643	396	247
34	597	358	239	616	353	263	558	339	219
35–39岁	**1763**	**1095**	**668**	**1607**	**993**	**614**	**1460**	**873**	**587**
35	543	325	218	470	275	195	425	234	191
36	437	267	170	369	238	131	335	205	130
37	326	200	126	323	204	119	267	159	108
38	268	179	89	242	142	100	241	149	92
39	189	124	65	203	134	69	192	126	66
40–44岁	**923**	**554**	**369**	**805**	**501**	**304**	**750**	**453**	**297**
40	189	113	76	168	100	68	173	99	74
41	183	113	70	162	101	61	154	95	59
42	180	104	76	168	97	71	153	91	62
43	191	115	76	167	106	61	129	80	49
44	180	109	71	140	97	43	141	88	53
45–49岁	**518**	**311**	**207**	**495**	**304**	**191**	**447**	**287**	**160**
45	135	82	53	135	85	50	101	60	41
46	125	75	50	124	73	51	107	77	30
47	107	67	40	101	57	44	81	48	33
48	76	41	35	64	42	22	90	59	31
49	75	46	29	71	47	24	68	43	25
50岁及以上	**458**	**275**	**183**	**447**	**275**	**172**	**454**	**262**	**192**
平均初婚年龄	**25.54**	**26.19**	**24.90**	**25.90**	**26.56**	**25.26**	**26.18**	**26.82**	**25.55**

5-4　续表 13　　　　单位：人

初婚年龄	初婚年份								
	2018年			2019年			2020年		
	小计	男	女	小计	男	女	小计	男	女
总　计	**61718**	**30457**	**31261**	**48567**	**24424**	**24143**	**35006**	**17734**	**17272**
15岁以下	**20**	**3**	**17**	**15**	**1**	**14**	**2**		**2**
15–19岁	**2792**	**823**	**1969**	**1975**	**616**	**1359**	**1021**	**301**	**720**
15	101	20	81	76	18	58	33	6	27
16	196	36	160	134	42	92	78	17	61
17	369	91	278	258	71	187	145	53	92
18	755	220	535	533	166	367	259	72	187
19	1371	456	915	974	319	655	506	153	353
20–24岁	**22417**	**9779**	**12638**	**16358**	**7286**	**9072**	**10402**	**4622**	**5780**
20	2196	734	1462	1561	537	1024	888	293	595
21	3293	1275	2018	2214	874	1340	1329	485	844
22	4862	2165	2697	3259	1500	1759	2140	988	1152
23	5772	2659	3113	4139	1900	2239	2547	1188	1359
24	6294	2946	3348	5185	2475	2710	3498	1668	1830
25–29岁	**26986**	**14315**	**12671**	**21322**	**11452**	**9870**	**15963**	**8512**	**7451**
25	6663	3280	3383	5060	2551	2509	3969	1942	2027
26	6463	3327	3136	5007	2577	2430	3571	1860	1711
27	5949	3192	2757	4460	2430	2030	3450	1845	1605
28	4887	2778	2109	3696	2080	1616	2752	1587	1165
29	3024	1738	1286	3099	1814	1285	2221	1278	943
30–34岁	**5995**	**3468**	**2527**	**5671**	**3249**	**2422**	**4844**	**2780**	**2064**
30	2139	1259	880	2079	1188	891	1868	1089	779
31	1521	878	643	1423	801	622	1169	685	484
32	981	558	423	978	572	406	828	457	371
33	756	426	330	703	417	286	583	331	252
34	598	347	251	488	271	217	396	218	178
35–39岁	**1615**	**949**	**666**	**1441**	**795**	**646**	**1093**	**618**	**475**
35	445	244	201	386	212	174	302	169	133
36	379	229	150	333	177	156	220	128	92
37	300	187	113	289	160	129	216	118	98
38	268	162	106	239	134	105	189	106	83
39	223	127	96	194	112	82	166	97	69
40–44岁	**772**	**452**	**320**	**745**	**419**	**326**	**716**	**376**	**340**
40	190	99	91	205	110	95	178	95	83
41	171	97	74	148	84	64	168	85	83
42	152	103	49	147	78	69	145	73	72
43	137	82	55	124	72	52	113	58	55
44	122	71	51	121	75	46	112	65	47
45–49岁	**538**	**338**	**200**	**512**	**304**	**208**	**355**	**212**	**143**
45	130	81	49	117	60	57	98	51	47
46	120	89	31	127	76	51	74	46	28
47	115	72	43	103	67	36	55	38	17
48	98	54	44	76	49	27	59	32	27
49	75	42	33	89	52	37	69	45	24
50岁及以上	**583**	**330**	**253**	**528**	**302**	**226**	**610**	**313**	**297**
平均初婚年龄	**26.56**	**27.21**	**25.92**	**27.01**	**27.58**	**26.43**	**27.61**	**28.11**	**27.10**

5-4a 全省分初婚年龄、性别、初婚年份的人口(城市)

单位：人

初婚年龄	初婚年份								
	合计			1980年			1981年		
	合计	男	女	小计	男	女	小计	男	女
总　计	**884779**	**428698**	**456081**	**15919**	**7541**	**8378**	**13469**	**6292**	**7177**
15岁以下	**421**	**114**	**307**	**31**	**8**	**23**	**17**	**2**	**15**
15-19岁	**63156**	**17731**	**45425**	**1596**	**293**	**1303**	**1951**	**395**	**1556**
15	2000	560	1440	114	23	91	78	16	62
16	3939	975	2964	186	25	161	161	31	130
17	8397	2182	6215	493	91	402	319	68	251
18	16556	4678	11878	451	80	371	705	127	578
19	32264	9336	22928	352	74	278	688	153	535
20-24岁	**453253**	**187946**	**265307**	**7551**	**3035**	**4516**	**5859**	**2334**	**3525**
20	55742	16517	39225	519	135	384	508	119	389
21	77749	28030	49719	915	297	618	634	198	436
22	102197	43290	58907	1634	620	1014	986	363	623
23	110245	48242	62003	2247	922	1325	1758	720	1038
24	107320	51867	55453	2236	1061	1175	1973	934	1039
25-29岁	**295246**	**174862**	**120384**	**5969**	**3623**	**2346**	**5070**	**3108**	**1962**
25	97048	51986	45062	2013	1071	942	1688	887	801
26	76932	44584	32348	1660	986	674	1442	862	580
27	56601	35286	21315	1091	709	382	1000	664	336
28	38598	25378	13220	778	542	236	569	413	156
29	26067	17628	8439	427	315	112	371	282	89
30-34岁	**49916**	**33295**	**16621**	**617**	**471**	**146**	**469**	**370**	**99**
30	17551	11933	5618	262	200	62	209	164	45
31	12061	8104	3957	144	111	33	110	84	26
32	8656	5706	2950	93	74	19	72	56	16
33	6607	4281	2326	67	46	21	48	41	7
34	5041	3271	1770	51	40	11	30	25	5
35-39岁	**12948**	**8445**	**4503**	**109**	**78**	**31**	**70**	**58**	**12**
35	3962	2520	1442	37	27	10	24	19	5
36	3011	1977	1034	21	16	5	19	15	4
37	2424	1604	820	22	13	9	14	14	
38	1901	1255	646	12	11	1	9	8	1
39	1650	1089	561	17	11	6	4	2	2
40-44岁	**5253**	**3431**	**1822**	**34**	**25**	**9**	**26**	**20**	**6**
40	1415	943	472	10	8	2	9	8	1
41	1197	796	401	11	8	3	8	6	2
42	1030	648	382	6	5	1	4	4	
43	870	570	300	3		3	3	1	2
44	741	474	267	4	4		2	1	1
45-49岁	**2460**	**1588**	**872**	**11**	**7**	**4**	**5**	**5**	
45	615	404	211	3	2	1	3	3	
46	592	384	208	4	2	2			
47	501	322	179	2	2				
48	386	246	140	1	1		1	1	
49	366	232	134	1		1	1	1	
50岁及以上	**2126**	**1286**	**840**	**1**	**1**		**2**		**2**
平均初婚年龄	**24.84**	**25.73**	**23.99**	**24.46**	**25.60**	**23.44**	**24.26**	**25.54**	**23.14**

5-4a　续表 1　　　　单位：人

初婚年龄	初婚年份								
	1982年			1983年			1984年		
	小计	男	女	小计	男	女	小计	男	女
总　计	**16423**	**7691**	**8732**	**16066**	**7550**	**8516**	**16743**	**7844**	**8899**
15岁以下	**24**	**6**	**18**	**19**	**5**	**14**	**11**	**2**	**9**
15–19岁	**2968**	**696**	**2272**	**2683**	**684**	**1999**	**2611**	**710**	**1901**
15	102	32	70	85	13	72	103	29	74
16	199	34	165	160	32	128	173	43	130
17	389	83	306	387	75	312	340	76	264
18	756	171	585	659	160	499	685	165	520
19	1522	376	1146	1392	404	988	1310	397	913
20–24岁	**6830**	**2763**	**4067**	**7526**	**2970**	**4556**	**9280**	**3732**	**5548**
20	1304	404	900	2329	731	1598	2131	705	1426
21	818	253	565	1542	567	975	3062	1162	1900
22	1098	395	703	957	353	604	1919	818	1101
23	1485	670	815	1280	535	745	1048	448	600
24	2125	1041	1084	1418	784	634	1120	599	521
25–29岁	**5902**	**3708**	**2194**	**5163**	**3374**	**1789**	**4160**	**2882**	**1278**
25	2009	1086	923	1773	1024	749	1143	714	429
26	1497	925	572	1443	960	483	1224	834	390
27	1217	837	380	919	643	276	853	617	236
28	733	527	206	640	464	176	545	415	130
29	446	333	113	388	283	105	395	302	93
30–34岁	**591**	**438**	**153**	**573**	**436**	**137**	**532**	**408**	**124**
30	277	200	77	232	179	53	219	174	45
31	123	94	29	146	113	33	135	104	31
32	93	67	26	92	68	24	82	60	22
33	52	44	8	59	45	14	48	34	14
34	46	33	13	44	31	13	48	36	12
35–39岁	**74**	**55**	**19**	**69**	**56**	**13**	**105**	**80**	**25**
35	35	28	7	21	16	5	34	23	11
36	11	7	4	16	14	2	21	17	4
37	8	7	1	13	10	3	17	13	4
38	13	7	6	8	7	1	20	17	3
39	7	6	1	11	9	2	13	10	3
40–44岁	**27**	**20**	**7**	**22**	**17**	**5**	**30**	**21**	**9**
40	9	6	3	5	3	2	13	9	4
41	5	4	1	3	3		7	4	3
42	5	4	1	6	4	2	2	1	1
43	6	5	1	5	4	1	7	6	1
44	2	1	1	3	3		1	1	
45–49岁	**5**	**4**	**1**	**5**	**3**	**2**	**11**	**7**	**4**
45	1	1		2	2		2	1	1
46				2	1	1	5	4	1
47	2	2					1		1
48	1		1				3	2	1
49	1	1		1		1			
50岁及以上	**2**	**1**	**1**	**6**	**5**	**1**	**3**	**2**	**1**
平均初婚年龄	**23.93**	**25.22**	**22.79**	**23.54**	**24.86**	**22.37**	**23.20**	**24.42**	**22.12**

5-4a 续表 2 单位：人

初婚年龄	初婚年份								
	1985年			1986年			1987年		
	小计	男	女	小计	男	女	小计	男	女
总 计	**21037**	**9870**	**11167**	**22331**	**10441**	**11890**	**23587**	**11158**	**12429**
15岁以下	**17**	**5**	**12**	**12**	**2**	**10**	**14**	**2**	**12**
15-19岁	**3043**	**839**	**2204**	**2902**	**803**	**2099**	**2853**	**835**	**2018**
15	100	29	71	86	20	66	80	27	53
16	247	60	187	205	57	148	166	39	127
17	449	101	348	457	107	350	359	101	258
18	776	197	579	762	217	545	902	265	637
19	1471	452	1019	1392	402	990	1346	403	943
20-24岁	**12894**	**5454**	**7440**	**15063**	**6572**	**8491**	**16216**	**7215**	**9001**
20	2216	769	1447	2302	809	1493	2140	738	1402
21	3178	1224	1954	3071	1164	1907	2959	1148	1811
22	4135	1814	2321	3736	1600	2136	3596	1511	2085
23	2229	1052	1177	3944	1921	2023	3867	1877	1990
24	1136	595	541	2010	1078	932	3654	1941	1713
25-29岁	**4144**	**2884**	**1260**	**3399**	**2369**	**1030**	**3556**	**2411**	**1145**
25	1100	639	461	942	582	360	1583	999	584
26	1002	715	287	839	552	287	650	418	232
27	959	689	270	626	466	160	551	406	145
28	655	524	131	579	452	127	375	287	88
29	428	317	111	413	317	96	397	301	96
30-34岁	**732**	**551**	**181**	**751**	**567**	**184**	**739**	**547**	**192**
30	284	209	75	297	222	75	247	191	56
31	196	163	33	188	136	52	174	129	45
32	134	100	34	117	93	24	134	89	45
33	72	46	26	82	67	15	98	76	22
34	46	33	13	67	49	18	86	62	24
35-39岁	**146**	**100**	**46**	**127**	**89**	**38**	**150**	**106**	**44**
35	55	39	16	43	26	17	49	33	16
36	31	20	11	28	21	7	37	29	8
37	31	20	11	21	16	5	23	17	6
38	17	13	4	16	13	3	24	16	8
39	12	8	4	19	13	6	17	11	6
40-44岁	**30**	**22**	**8**	**54**	**26**	**28**	**35**	**25**	**10**
40	6	5	1	18	11	7	15	11	4
41	9	6	3	11	3	8	6	5	1
42	5	4	1	9	4	5	4	2	2
43	2	2		8	6	2	6	3	3
44	8	5	3	8	2	6	4	4	
45-49岁	**22**	**10**	**12**	**18**	**10**	**8**	**17**	**13**	**4**
45	5	4	1	3	3		5	5	
46	3		3	7	4	3	6	4	2
47	5	3	2	6	3	3	4	3	1
48	4	3	1	2		2	2	1	1
49	5		5						
50岁及以上	**9**	**5**	**4**	**5**	**3**	**2**	**7**	**4**	**3**
平均初婚年龄	**23.17**	**24.23**	**22.23**	**23.17**	**24.11**	**22.35**	**23.28**	**24.12**	**22.53**

5-4a　续表 3　　　　单位：人

初婚年龄	初婚年份								
	1988年			1989年			1990年		
	小计	男	女	小计	男	女	小计	男	女
总　计	**25485**	**12133**	**13352**	**25347**	**12111**	**13236**	**26798**	**12954**	**13844**
15岁以下	**16**	**4**	**12**	**14**	**4**	**10**	**25**	**10**	**15**
15-19岁	**3250**	**951**	**2299**	**3077**	**960**	**2117**	**3242**	**1068**	**2174**
15	71	17	54	105	33	72	110	38	72
16	199	54	145	192	45	147	179	52	127
17	385	104	281	399	108	291	453	138	315
18	866	249	617	809	250	559	875	290	585
19	1729	527	1202	1572	524	1048	1625	550	1075
20-24岁	**16105**	**7215**	**8890**	**15687**	**6949**	**8738**	**16749**	**7451**	**9298**
20	2414	873	1541	2531	909	1622	2677	998	1679
21	2912	1183	1729	3062	1202	1860	3595	1486	2109
22	3708	1622	2086	3292	1456	1836	3829	1705	2124
23	3706	1731	1975	3702	1745	1957	3494	1605	1889
24	3365	1806	1559	3100	1637	1463	3154	1657	1497
25-29岁	**5129**	**3244**	**1885**	**5691**	**3561**	**2130**	**6013**	**3871**	**2142**
25	2962	1764	1198	2639	1552	1087	2463	1480	983
26	1092	696	396	1913	1226	687	1810	1177	633
27	439	313	126	689	482	207	1143	789	354
28	357	258	99	238	157	81	428	296	132
29	279	213	66	212	144	68	169	129	40
30-34岁	**734**	**531**	**203**	**621**	**453**	**168**	**519**	**375**	**144**
30	255	197	58	151	110	41	136	97	39
31	172	125	47	161	120	41	109	76	33
32	138	84	54	138	100	38	97	71	26
33	104	77	27	96	69	27	106	75	31
34	65	48	17	75	54	21	71	56	15
35-39岁	**177**	**138**	**39**	**168**	**122**	**46**	**157**	**116**	**41**
35	54	43	11	54	36	18	59	41	18
36	42	28	14	39	32	7	27	20	7
37	38	30	8	35	23	12	16	13	3
38	22	20	2	21	14	7	39	31	8
39	21	17	4	19	17	2	16	11	5
40-44岁	**47**	**31**	**16**	**58**	**40**	**18**	**55**	**39**	**16**
40	14	9	5	22	19	3	13	11	2
41	9	6	3	12	7	5	15	11	4
42	9	6	3	14	7	7	14	8	6
43	9	5	4	3	3		9	6	3
44	6	5	1	7	4	3	4	3	1
45-49岁	**19**	**15**	**4**	**18**	**13**	**5**	**22**	**15**	**7**
45	3	2	1	7	6	1	4	4	
46	3	2	1	5	3	2	8	5	3
47	6	6		3	2	1	6	4	2
48	3	2	1	2	1	1	2	1	1
49	4	3	1	1	1		2	1	1
50岁及以上	**8**	**4**	**4**	**13**	**9**	**4**	**16**	**9**	**7**
平均初婚年龄	**23.32**	**24.11**	**22.60**	**23.37**	**24.13**	**22.68**	**23.31**	**24.03**	**22.64**

5－4a 续表 4 单位：人

初婚年龄	初婚年份								
	1991年			1992年			1993年		
	小计	男	女	小计	男	女	小计	男	女
总 计	**20799**	**10051**	**10748**	**22713**	**11042**	**11671**	**23506**	**11397**	**12109**
15岁以下	**17**	**4**	**13**	**18**	**5**	**13**	**5**	**1**	**4**
15－19岁	**2050**	**693**	**1357**	**1810**	**597**	**1213**	**1585**	**508**	**1077**
15	56	22	34	62	20	42	54	9	45
16	105	32	73	79	23	56	86	34	52
17	227	86	141	202	56	146	191	58	133
18	544	191	353	429	131	298	395	120	275
19	1118	362	756	1038	367	671	859	287	572
20－24岁	**13278**	**5777**	**7501**	**14522**	**6243**	**8279**	**15186**	**6490**	**8696**
20	1881	675	1206	1800	631	1169	1701	582	1119
21	2624	1047	1577	2718	1053	1665	2740	1084	1656
22	3357	1421	1936	3374	1416	1958	3555	1493	2062
23	3139	1406	1733	3690	1689	2001	3778	1633	2145
24	2277	1228	1049	2940	1454	1486	3412	1698	1714
25－29岁	**4955**	**3217**	**1738**	**5735**	**3752**	**1983**	**5970**	**3875**	**2095**
25	1967	1163	804	2061	1247	814	2389	1422	967
26	1303	855	448	1603	1023	580	1440	937	503
27	920	664	256	1006	702	304	1075	741	334
28	577	410	167	637	468	169	652	479	173
29	188	125	63	428	312	116	414	296	118
30－34岁	**302**	**221**	**81**	**362**	**256**	**106**	**509**	**341**	**168**
30	90	66	24	147	102	45	269	186	83
31	68	49	19	53	38	15	112	77	35
32	53	39	14	50	31	19	51	32	19
33	50	37	13	51	43	8	43	26	17
34	41	30	11	61	42	19	34	20	14
35－39岁	**127**	**94**	**33**	**181**	**129**	**52**	**155**	**122**	**33**
35	43	35	8	45	30	15	41	32	9
36	37	27	10	47	36	11	50	38	12
37	12	10	2	32	26	6	27	21	6
38	22	12	10	30	17	13	23	19	4
39	13	10	3	27	20	7	14	12	2
40－44岁	**36**	**22**	**14**	**53**	**35**	**18**	**63**	**38**	**25**
40	14	9	5	11	7	4	22	14	8
41	8	7	1	13	8	5	12	9	3
42	6	3	3	9	5	4	12	8	4
43	5		5	12	10	2	7	3	4
44	3	3		8	5	3	10	4	6
45－49岁	**19**	**13**	**6**	**22**	**18**	**4**	**12**	**9**	**3**
45	7	6	1	6	6		1		1
46	3	2	1	2	2		5	4	1
47	3	2	1	5	4	1	5	4	1
48	5	3	2	5	3	2	1	1	
49	1		1	4	3	1			
50岁及以上	**15**	**10**	**5**	**10**	**7**	**3**	**21**	**13**	**8**
平均初婚年龄	**23.48**	**24.18**	**22.82**	**23.77**	**24.50**	**23.08**	**23.88**	**24.58**	**23.22**

5-4a 续表 5

单位：人

初婚年龄	初婚年份								
	1994年			1995年			1996年		
	小计	男	女	小计	男	女	小计	男	女
总　计	**22002**	**10728**	**11274**	**25021**	**12168**	**12853**	**22633**	**11012**	**11621**
15岁以下	**7**	**2**	**5**	**8**	**2**	**6**	**4**		**4**
15-19岁	**1334**	**413**	**921**	**1405**	**408**	**997**	**1103**	**321**	**782**
15	40	12	28	40	12	28	29	10	19
16	69	15	54	86	26	60	63	14	49
17	149	44	105	179	51	128	128	35	93
18	351	110	241	344	95	249	251	76	175
19	725	232	493	756	224	532	632	186	446
20-24岁	**13866**	**5930**	**7936**	**14856**	**6266**	**8590**	**12944**	**5292**	**7652**
20	1426	460	966	1480	457	1023	1283	354	929
21	2487	892	1595	2302	798	1504	1986	658	1328
22	3236	1444	1792	3536	1513	2023	2808	1195	1613
23	3591	1585	2006	3863	1686	2177	3549	1485	2064
24	3126	1549	1577	3675	1812	1863	3318	1600	1718
25-29岁	**5937**	**3789**	**2148**	**7572**	**4697**	**2875**	**7433**	**4621**	**2812**
25	2505	1432	1073	2968	1695	1273	2759	1537	1222
26	1539	1006	533	2116	1283	833	2041	1262	779
27	881	628	253	1285	871	414	1400	939	461
28	621	434	187	688	483	205	808	584	224
29	391	289	102	515	365	150	425	299	126
30-34岁	**599**	**430**	**169**	**849**	**585**	**264**	**876**	**609**	**267**
30	275	196	79	295	217	78	293	211	82
31	192	148	44	232	163	69	223	164	59
32	76	53	23	195	123	72	174	111	63
33	29	14	15	77	48	29	142	92	50
34	27	19	8	50	34	16	44	31	13
35-39岁	**135**	**95**	**40**	**135**	**90**	**45**	**102**	**67**	**35**
35	23	16	7	30	22	8	27	19	8
36	33	21	12	30	19	11	23	16	7
37	31	24	7	28	17	11	9	6	3
38	20	15	5	19	12	7	18	11	7
39	28	19	9	28	20	8	25	15	10
40-44岁	**64**	**34**	**30**	**105**	**70**	**35**	**83**	**54**	**29**
40	20	15	5	32	18	14	23	14	9
41	17	7	10	25	19	6	18	13	5
42	12	7	5	22	16	6	21	12	9
43	10	3	7	12	5	7	12	9	3
44	5	2	3	14	12	2	9	6	3
45-49岁	**28**	**17**	**11**	**43**	**29**	**14**	**49**	**28**	**21**
45	5	3	2	10	6	4	11	7	4
46	4	1	3	13	12	1	13	7	6
47	7	6	1	7	3	4	8	5	3
48	4	2	2	6	5	1	6	4	2
49	8	5	3	7	3	4	11	5	6
50岁及以上	**32**	**18**	**14**	**48**	**21**	**27**	**39**	**20**	**19**
平均初婚年龄	**24.05**	**24.76**	**23.38**	**24.35**	**25.08**	**23.66**	**24.55**	**25.32**	**23.82**

5—4a 续表 6　　单位：人

初婚年龄	初婚年份								
	1997年			1998年			1999年		
	小计	男	女	小计	男	女	小计	男	女
总　计	**21465**	**10400**	**11065**	**21902**	**10657**	**11245**	**20528**	**9969**	**10559**
15岁以下	**6**	**2**	**4**	**7**		**7**	**8**	**2**	**6**
15—19岁	**943**	**256**	**687**	**992**	**247**	**745**	**771**	**192**	**579**
15	25	7	18	24	7	17	30	7	23
16	44	13	31	54	13	41	43	7	36
17	123	35	88	93	26	67	68	16	52
18	236	68	168	268	75	193	148	38	110
19	515	133	382	553	126	427	482	124	358
20—24岁	**11879**	**4767**	**7112**	**11350**	**4485**	**6865**	**11040**	**4249**	**6791**
20	1202	290	912	1172	249	923	1247	241	1006
21	1907	611	1296	1785	596	1189	1727	534	1193
22	2650	1076	1574	2643	1028	1615	2531	1016	1515
23	3106	1307	1799	2915	1234	1681	2912	1173	1739
24	3014	1483	1531	2835	1378	1457	2623	1285	1338
25—29岁	**7366**	**4529**	**2837**	**7878**	**4827**	**3051**	**7310**	**4557**	**2753**
25	2607	1399	1208	2765	1507	1258	2307	1268	1039
26	1901	1152	749	2047	1287	760	1941	1215	726
27	1457	985	472	1432	900	532	1413	929	484
28	876	617	259	956	653	303	999	693	306
29	525	376	149	678	480	198	650	452	198
30—34岁	**924**	**624**	**300**	**1248**	**816**	**432**	**1113**	**778**	**335**
30	303	214	89	426	285	141	454	326	128
31	227	151	76	262	174	88	276	189	87
32	145	104	41	255	159	96	169	109	60
33	142	89	53	169	109	60	127	87	40
34	107	66	41	136	89	47	87	67	20
35—39岁	**134**	**91**	**43**	**255**	**159**	**96**	**166**	**110**	**56**
35	46	27	19	143	87	56	55	37	18
36	25	19	6	51	30	21	59	38	21
37	22	15	7	22	16	6	28	21	7
38	21	17	4	24	16	8	8	4	4
39	20	13	7	15	10	5	16	10	6
40—44岁	**125**	**78**	**47**	**101**	**68**	**33**	**50**	**36**	**14**
40	25	14	11	24	20	4	9	8	1
41	31	21	10	27	18	9	16	11	5
42	30	18	12	16	7	9	7	4	3
43	22	12	10	17	11	6	11	7	4
44	17	13	4	17	12	5	7	6	1
45—49岁	**62**	**36**	**26**	**40**	**31**	**9**	**29**	**20**	**9**
45	14	7	7	9	8	1	7	3	4
46	20	11	9	8	6	2	5	4	1
47	11	8	3	12	9	3	6	4	2
48	7	5	2	5	4	1	7	6	1
49	10	5	5	6	4	2	4	3	1
50岁及以上	**26**	**17**	**9**	**31**	**24**	**7**	**41**	**25**	**16**
平均初婚年龄	**24.75**	**25.60**	**23.95**	**24.97**	**25.89**	**24.09**	**24.88**	**25.84**	**23.97**

5-4a　续表 7　　　　单位：人

初婚年龄	初婚年份								
	2000年			2001年			2002年		
	小计	男	女	小计	男	女	小计	男	女
总　计	**23172**	**11287**	**11885**	**17353**	**8390**	**8963**	**19605**	**9428**	**10177**
15岁以下	**18**	**7**	**11**	**7**	**4**	**3**	**12**	**2**	**10**
15-19岁	**1282**	**297**	**985**	**789**	**185**	**604**	**933**	**210**	**723**
15	66	22	44	34	12	22	55	19	36
16	107	29	78	56	14	42	68	20	48
17	166	38	128	95	31	64	116	27	89
18	300	77	223	172	40	132	234	53	181
19	643	131	512	432	88	344	460	91	369
20-24岁	**12564**	**5003**	**7561**	**9346**	**3572**	**5774**	**10460**	**3986**	**6474**
20	1469	328	1141	925	173	752	1131	210	921
21	2149	686	1463	1465	400	1065	1527	435	1092
22	2915	1213	1702	2294	930	1364	2485	979	1506
23	3012	1291	1721	2397	1022	1375	2787	1176	1611
24	3019	1485	1534	2265	1047	1218	2530	1186	1344
25-29岁	**7794**	**4900**	**2894**	**5977**	**3728**	**2249**	**6653**	**4119**	**2534**
25	2512	1412	1100	2023	1088	935	2199	1185	1014
26	2046	1224	822	1471	899	572	1754	1024	730
27	1504	1017	487	1112	768	344	1198	808	390
28	1046	753	293	786	550	236	868	619	249
29	686	494	192	585	423	162	634	483	151
30-34岁	**1154**	**829**	**325**	**966**	**697**	**269**	**1231**	**892**	**339**
30	434	301	133	379	288	91	474	348	126
31	314	244	70	272	174	98	294	211	83
32	187	137	50	156	122	34	215	160	55
33	120	75	45	105	76	29	143	99	44
34	99	72	27	54	37	17	105	74	31
35-39岁	**234**	**162**	**72**	**194**	**153**	**41**	**215**	**145**	**70**
35	78	54	24	64	51	13	68	46	22
36	63	41	22	33	27	6	49	34	15
37	53	35	18	50	38	12	34	27	7
38	24	21	3	38	31	7	30	18	12
39	16	11	5	9	6	3	34	20	14
40-44岁	**59**	**45**	**14**	**29**	**22**	**7**	**38**	**32**	**6**
40	8	6	2	5	5		14	11	3
41	13	12	1	7	4	3	10	9	1
42	12	9	3	5	3	2	7	6	1
43	14	10	4	4	3	1	3	3	
44	12	8	4	8	7	1	4	3	1
45-49岁	**44**	**31**	**13**	**27**	**17**	**10**	**37**	**26**	**11**
45	7	7		5	3	2	7	5	2
46	13	10	3	7	5	2	10	8	2
47	9	6	3	1	1		12	7	5
48	8	4	4	8	5	3	3	2	1
49	7	4	3	6	3	3	5	4	1
50岁及以上	**23**	**13**	**10**	**18**	**12**	**6**	**26**	**16**	**10**
平均初婚年龄	**24.66**	**25.68**	**23.69**	**24.82**	**25.88**	**23.83**	**24.87**	**25.96**	**23.85**

5-4a 续表 8

单位：人

初婚年龄	初婚年份								
	2003年			2004年			2005年		
	小计	男	女	小计	男	女	小计	男	女
总　计	**20895**	**10053**	**10842**	**21093**	**10249**	**10844**	**20160**	**9854**	**10306**
15岁以下	**17**	**8**	**9**	**8**	**1**	**7**	**13**	**3**	**10**
15-19岁	**981**	**219**	**762**	**1102**	**251**	**851**	**1265**	**283**	**982**
15	37	8	29	57	17	40	61	16	45
16	67	10	57	74	18	56	85	23	62
17	125	33	92	158	43	115	184	42	142
18	236	65	171	245	64	181	301	56	245
19	516	103	413	568	109	459	634	146	488
20-24岁	**10722**	**3960**	**6762**	**10543**	**4080**	**6463**	**9885**	**3903**	**5982**
20	1123	208	915	1093	202	891	1115	243	872
21	1620	457	1163	1708	527	1181	1653	575	1078
22	2406	931	1475	2527	1060	1467	2336	955	1381
23	2743	1085	1658	2567	1060	1507	2470	1077	1393
24	2830	1279	1551	2648	1231	1417	2311	1053	1258
25-29岁	**7353**	**4571**	**2782**	**7603**	**4606**	**2997**	**7030**	**4248**	**2782**
25	2369	1292	1077	2598	1381	1217	2293	1215	1078
26	1873	1131	742	1900	1114	786	1830	1042	788
27	1433	948	485	1405	918	487	1303	852	451
28	977	688	289	1036	706	330	939	668	271
29	701	512	189	664	487	177	665	471	194
30-34岁	**1431**	**1036**	**395**	**1372**	**995**	**377**	**1395**	**1016**	**379**
30	503	373	130	429	326	103	440	320	120
31	341	256	85	332	227	105	329	237	92
32	263	182	81	280	199	81	256	185	71
33	185	129	56	191	144	47	193	137	56
34	139	96	43	140	99	41	177	137	40
35-39岁	**262**	**177**	**85**	**330**	**226**	**104**	**376**	**261**	**115**
35	89	61	28	118	82	36	130	89	41
36	54	40	14	73	51	22	102	75	27
37	52	39	13	54	33	21	70	50	20
38	34	17	17	46	33	13	43	26	17
39	33	20	13	39	27	12	31	21	10
40-44岁	**69**	**44**	**25**	**80**	**53**	**27**	**108**	**77**	**31**
40	33	23	10	26	18	8	39	29	10
41	18	7	11	27	18	9	26	15	11
42	4	2	2	16	11	5	22	19	3
43	7	6	1	5	3	2	16	11	5
44	7	6	1	6	3	3	5	3	2
45-49岁	**33**	**21**	**12**	**33**	**21**	**12**	**39**	**27**	**12**
45	12	8	4	3	3		9	5	4
46	7	4	3	6	5	1	10	7	3
47	7	4	3	6	4	2	7	5	2
48	3	2	1	8	3	5	6	6	
49	4	3	1	10	6	4	7	4	3
50岁及以上	**27**	**17**	**10**	**22**	**16**	**6**	**49**	**36**	**13**
平均初婚年龄	**25.05**	**26.16**	**24.02**	**25.04**	**26.12**	**24.03**	**25.09**	**26.25**	**23.98**

5-4a　续表 9　　　　单位：人

初婚年龄	初婚年份								
	2006年			2007年			2008年		
	小计	男	女	小计	男	女	小计	男	女
总　计	**23521**	**11479**	**12042**	**20026**	**9761**	**10265**	**25103**	**12402**	**12701**
15岁以下	**9**	**3**	**6**	**10**	**5**	**5**	**11**	**3**	**8**
15-19岁	**1341**	**313**	**1028**	**1279**	**329**	**950**	**1712**	**501**	**1211**
15	45	15	30	29	8	21	29	10	19
16	100	28	72	59	9	50	92	31	61
17	139	34	105	176	54	122	193	62	131
18	323	83	240	339	99	240	470	140	330
19	734	153	581	676	159	517	928	258	670
20-24岁	**11130**	**4327**	**6803**	**9503**	**3819**	**5684**	**11670**	**4775**	**6895**
20	1271	255	1016	1280	289	991	1681	439	1242
21	1744	584	1160	1646	537	1109	2202	800	1402
22	2461	975	1486	2077	922	1155	2540	1104	1436
23	2758	1141	1617	2191	975	1216	2621	1153	1468
24	2896	1372	1524	2309	1096	1213	2626	1279	1347
25-29岁	**8759**	**5236**	**3523**	**7133**	**4162**	**2971**	**8971**	**5263**	**3708**
25	2546	1314	1232	2268	1152	1116	2783	1477	1306
26	2353	1365	988	1693	930	763	2359	1333	1026
27	1839	1155	684	1428	898	530	1647	1011	636
28	1155	782	373	1061	686	375	1288	827	461
29	866	620	246	683	496	187	894	615	279
30-34岁	**1673**	**1187**	**486**	**1413**	**989**	**424**	**1750**	**1203**	**547**
30	573	430	143	467	314	153	563	395	168
31	382	266	116	350	241	109	422	301	121
32	264	187	77	247	191	56	338	227	111
33	253	163	90	191	137	54	249	162	87
34	201	141	60	158	106	52	178	118	60
35-39岁	**384**	**265**	**119**	**439**	**300**	**139**	**601**	**398**	**203**
35	123	90	33	135	97	38	194	126	68
36	80	51	29	112	78	34	123	79	44
37	73	52	21	72	42	30	102	73	29
38	66	42	24	71	51	20	82	52	30
39	42	30	12	49	32	17	100	68	32
40-44岁	**146**	**97**	**49**	**147**	**97**	**50**	**201**	**141**	**60**
40	42	30	12	37	23	14	51	34	17
41	32	20	12	29	18	11	40	30	10
42	27	18	9	26	17	9	41	31	10
43	31	23	8	29	21	8	32	24	8
44	14	6	8	26	18	8	37	22	15
45-49岁	**36**	**24**	**12**	**37**	**23**	**14**	**93**	**58**	**35**
45	5	4	1	8	3	5	39	26	13
46	8	4	4	4	3	1	25	15	10
47	6	4	2	9	6	3	8	5	3
48	8	6	2	7	6	1	11	5	6
49	9	6	3	9	5	4	10	7	3
50岁及以上	**43**	**27**	**16**	**65**	**37**	**28**	**94**	**60**	**34**
平均初婚年龄	**25.25**	**26.34**	**24.22**	**25.24**	**26.32**	**24.22**	**25.29**	**26.31**	**24.30**

5-4a 续表 10

单位：人

初婚年龄	初婚年份								
	2009年			2010年			2011年		
	小计	男	女	小计	男	女	小计	男	女
总　计	**24763**	**12082**	**12681**	**25163**	**12412**	**12751**	**25052**	**12248**	**12804**
15岁以下	**5**	**2**	**3**	**8**	**2**	**6**	**5**	**3**	**2**
15-19岁	**1647**	**498**	**1149**	**1736**	**582**	**1154**	**1197**	**413**	**784**
15	30	10	20	34	5	29	20	5	15
16	84	21	63	89	30	59	66	23	43
17	196	50	146	180	53	127	152	45	107
18	416	135	281	458	172	286	318	120	198
19	921	282	639	975	322	653	641	220	421
20-24岁	**11874**	**4790**	**7084**	**12363**	**5198**	**7165**	**12473**	**5120**	**7353**
20	1624	448	1176	1780	562	1218	1318	382	936
21	2341	843	1498	2269	875	1394	2321	814	1507
22	2807	1206	1601	2889	1278	1611	2843	1272	1571
23	2535	1105	1430	2847	1280	1567	3114	1347	1767
24	2567	1188	1379	2578	1203	1375	2877	1305	1572
25-29岁	**8505**	**4942**	**3563**	**8157**	**4693**	**3464**	**8827**	**5020**	**3807**
25	2506	1287	1219	2397	1231	1166	2626	1326	1300
26	2231	1223	1008	2062	1128	934	2358	1251	1107
27	1809	1101	708	1682	1027	655	1800	1088	712
28	1114	745	369	1246	809	437	1191	756	435
29	845	586	259	770	498	272	852	599	253
30-34岁	**1801**	**1223**	**578**	**1817**	**1225**	**592**	**1618**	**1072**	**546**
30	628	425	203	592	426	166	552	374	178
31	439	305	134	444	300	144	362	244	118
32	301	206	95	314	196	118	310	198	112
33	244	163	81	252	173	79	249	163	86
34	189	124	65	215	130	85	145	93	52
35-39岁	**588**	**396**	**192**	**636**	**410**	**226**	**528**	**327**	**201**
35	148	99	49	163	99	64	141	88	53
36	151	110	41	159	109	50	108	62	46
37	132	86	46	120	77	43	112	70	42
38	84	56	28	93	62	31	86	61	25
39	73	45	28	101	63	38	81	46	35
40-44岁	**220**	**143**	**77**	**260**	**182**	**78**	**241**	**178**	**63**
40	59	47	12	80	55	25	66	49	17
41	55	40	15	71	53	18	59	50	9
42	35	16	19	52	32	20	47	29	18
43	40	23	17	29	22	7	38	30	8
44	31	17	14	28	20	8	31	20	11
45-49岁	**68**	**47**	**21**	**100**	**63**	**37**	**120**	**88**	**32**
45	23	17	6	21	14	7	41	28	13
46	18	12	6	36	21	15	25	16	9
47	14	9	5	23	16	7	25	21	4
48	3	3		15	8	7	15	11	4
49	10	6	4	5	4	1	14	12	2
50岁及以上	**55**	**41**	**14**	**86**	**57**	**29**	**43**	**27**	**16**
平均初婚年龄	**25.21**	**26.23**	**24.24**	**25.24**	**26.16**	**24.34**	**25.32**	**26.20**	**24.49**

5-4a 续表 11 单位：人

初婚年龄	初婚年份								
	2012年			2013年			2014年		
	小计	男	女	小计	男	女	小计	男	女
总 计	**27412**	**13461**	**13951**	**25256**	**12389**	**12867**	**25874**	**12786**	**13088**
15岁以下	**1**		**1**	**3**	**1**	**2**	**4**	**2**	**2**
15-19岁	**1326**	**452**	**874**	**1044**	**338**	**706**	**923**	**286**	**637**
15	20	6	14	17	4	13	27	7	20
16	73	15	58	55	16	39	48	11	37
17	171	55	116	138	44	94	123	35	88
18	375	137	238	296	96	200	242	76	166
19	687	239	448	538	178	360	483	157	326
20-24岁	**13192**	**5561**	**7631**	**11597**	**4861**	**6736**	**10533**	**4481**	**6052**
20	1308	395	913	954	274	680	789	226	563
21	2040	766	1274	1559	593	966	1259	471	788
22	3210	1367	1843	2492	1092	1400	2090	921	1169
23	3209	1446	1763	3218	1413	1805	2818	1213	1605
24	3425	1587	1838	3374	1489	1885	3577	1650	1927
25-29岁	**9952**	**5555**	**4397**	**9587**	**5277**	**4310**	**11025**	**5889**	**5136**
25	3304	1636	1668	3160	1578	1582	3560	1696	1864
26	2539	1345	1194	2550	1379	1171	3005	1595	1410
27	1872	1086	786	1748	993	755	2144	1167	977
28	1304	864	440	1293	810	483	1412	838	574
29	933	624	309	836	517	319	904	593	311
30-34岁	**1891**	**1196**	**695**	**1904**	**1188**	**716**	**2130**	**1314**	**816**
30	666	428	238	625	405	220	644	403	241
31	415	238	177	458	292	166	532	343	189
32	322	215	107	308	188	120	399	239	160
33	295	190	105	267	152	115	311	193	118
34	193	125	68	246	151	95	244	136	108
35-39岁	**566**	**385**	**181**	**641**	**408**	**233**	**682**	**429**	**253**
35	172	113	59	195	117	78	211	127	84
36	113	77	36	146	93	53	171	107	64
37	106	73	33	130	92	38	128	78	50
38	90	63	27	93	59	34	93	64	29
39	85	59	26	77	47	30	79	53	26
40-44岁	**287**	**188**	**99**	**277**	**181**	**96**	**330**	**219**	**111**
40	69	46	23	80	53	27	87	60	27
41	72	50	22	64	40	24	72	51	21
42	64	40	24	60	33	27	60	37	23
43	43	22	21	35	27	8	68	43	25
44	39	30	9	38	28	10	43	28	15
45-49岁	**110**	**72**	**38**	**116**	**83**	**33**	**131**	**92**	**39**
45	25	14	11	31	23	8	28	20	8
46	17	13	4	27	19	8	28	19	9
47	25	16	9	22	16	6	24	18	6
48	24	17	7	18	14	4	32	20	12
49	19	12	7	18	11	7	19	15	4
50岁及以上	**87**	**52**	**35**	**87**	**52**	**35**	**116**	**74**	**42**
平均初婚年龄	**25.46**	**26.26**	**24.69**	**25.77**	**26.53**	**25.05**	**26.17**	**26.91**	**25.45**

5—4a 续表 12

单位：人

初婚年龄	初婚年份								
	2015年			2016年			2017年		
	小计	男	女	小计	男	女	小计	男	女
总　计	**25126**	**12390**	**12736**	**22436**	**11053**	**11383**	**20136**	**9966**	**10170**
15岁以下	**3**		**3**	**3**		**3**			
15—19岁	**720**	**215**	**505**	**545**	**163**	**382**	**408**	**109**	**299**
15	10	4	6	5	1	4	11	5	6
16	47	12	35	25	9	16	13	2	11
17	83	22	61	74	23	51	52	11	41
18	187	59	128	134	38	96	102	30	72
19	393	118	275	307	92	215	230	61	169
20—24岁	**9104**	**3837**	**5267**	**7588**	**3195**	**4393**	**6372**	**2681**	**3691**
20	749	224	525	596	178	418	461	144	317
21	1130	424	706	899	318	581	734	258	476
22	1741	792	949	1537	709	828	1337	599	738
23	2310	997	1313	1974	832	1142	1607	674	933
24	3174	1400	1774	2582	1158	1424	2233	1006	1227
25—29岁	**11843**	**6208**	**5635**	**11038**	**5744**	**5294**	**10223**	**5293**	**4930**
25	3887	1923	1964	3052	1455	1597	2568	1200	1368
26	3162	1603	1559	3027	1503	1524	2591	1344	1247
27	2240	1213	1027	2332	1265	1067	2393	1245	1148
28	1536	875	661	1592	908	684	1593	871	722
29	1018	594	424	1035	613	422	1078	633	445
30—34岁	**2095**	**1303**	**792**	**1994**	**1162**	**832**	**2010**	**1202**	**808**
30	668	419	249	635	380	255	736	454	282
31	500	326	174	479	294	185	456	263	193
32	367	232	135	347	203	144	319	185	134
33	322	184	138	284	145	139	258	152	106
34	238	142	96	249	140	109	241	148	93
35—39岁	**695**	**413**	**282**	**668**	**406**	**262**	**563**	**336**	**227**
35	208	124	84	194	109	85	173	93	80
36	168	92	76	149	96	53	130	81	49
37	137	75	62	147	92	55	89	49	40
38	109	70	39	88	51	37	91	57	34
39	73	52	21	90	58	32	80	56	24
40—44岁	**331**	**211**	**120**	**284**	**184**	**100**	**276**	**171**	**105**
40	65	40	25	68	44	24	60	32	28
41	65	45	20	56	35	21	56	31	25
42	67	42	25	56	36	20	56	39	17
43	73	44	29	57	42	15	50	33	17
44	61	40	21	47	27	20	54	36	18
45—49岁	**179**	**108**	**71**	**172**	**110**	**62**	**144**	**91**	**53**
45	46	31	15	57	36	21	25	15	10
46	45	25	20	36	24	12	41	27	14
47	48	33	15	37	19	18	30	14	16
48	20	11	9	26	20	6	21	13	8
49	20	8	12	16	11	5	27	22	5
50岁及以上	**156**	**95**	**61**	**144**	**89**	**55**	**140**	**83**	**57**
平均初婚年龄	**26.50**	**27.15**	**25.87**	**26.75**	**27.39**	**26.12**	**26.98**	**27.60**	**26.37**

5-4a　续表 13　　　　单位：人

初婚年龄	初婚年份								
	2018年			2019年			2020年		
	小计	男	女	小计	男	女	小计	男	女
总　计	**20175**	**9875**	**10300**	**16583**	**8191**	**8392**	**12101**	**5933**	**6168**
15岁以下	**4**		**4**						
15–19岁	**346**	**100**	**246**	**264**	**78**	**186**	**147**	**40**	**107**
15	7	2	5	9	1	8	3		3
16	20	2	18	11	3	8	4		4
17	38	6	32	26	6	20	22	9	13
18	95	32	63	76	24	52	25	7	18
19	186	58	128	142	44	98	93	24	69
20–24岁	**5996**	**2456**	**3540**	**4584**	**1909**	**2675**	**3073**	**1243**	**1830**
20	367	97	270	276	70	206	169	41	128
21	679	241	438	485	169	316	295	100	195
22	1204	513	691	848	367	481	578	246	332
23	1666	688	978	1259	509	750	839	334	505
24	2080	917	1163	1716	794	922	1192	522	670
25–29岁	**10120**	**5203**	**4917**	**8224**	**4222**	**4002**	**6120**	**3084**	**3036**
25	2324	1084	1240	1956	924	1032	1474	662	812
26	2381	1177	1204	1862	925	937	1382	678	704
27	2326	1202	1124	1704	877	827	1326	673	653
28	1923	1083	840	1471	794	677	1056	590	466
29	1166	657	509	1231	702	529	882	481	401
30–34岁	**2433**	**1379**	**1054**	**2331**	**1324**	**1007**	**1847**	**1056**	**791**
30	858	496	362	858	482	376	706	400	306
31	611	342	269	573	326	247	453	266	187
32	390	214	176	391	228	163	324	189	135
33	315	182	133	296	171	125	222	126	96
34	259	145	114	213	117	96	142	75	67
35–39岁	**625**	**357**	**268**	**578**	**308**	**270**	**401**	**228**	**173**
35	167	82	85	156	80	76	117	57	60
36	138	80	58	160	80	80	82	51	31
37	124	81	43	121	69	52	69	41	28
38	107	64	43	76	39	37	71	38	33
39	89	50	39	65	40	25	62	41	21
40–44岁	**291**	**174**	**117**	**262**	**151**	**111**	**219**	**120**	**99**
40	76	40	36	78	46	32	58	33	25
41	69	44	25	46	23	23	47	25	22
42	66	44	22	48	28	20	46	27	19
43	43	28	15	46	29	17	38	22	16
44	37	18	19	44	25	19	30	13	17
45–49岁	**187**	**112**	**75**	**170**	**94**	**76**	**127**	**77**	**50**
45	45	26	19	38	17	21	32	20	12
46	42	33	9	42	26	16	29	14	15
47	41	23	18	30	15	15	18	10	8
48	37	17	20	28	16	12	18	12	6
49	22	13	9	32	20	12	30	21	9
50岁及以上	**173**	**94**	**79**	**170**	**105**	**65**	**167**	**85**	**82**
平均初婚年龄	**27.36**	**27.95**	**26.80**	**27.70**	**28.26**	**27.16**	**27.98**	**28.54**	**27.44**

5-4b 全省分初婚年龄、性别、初婚年份的人口(镇)

单位：人

初婚年龄	初婚年份								
	合计			1980年			1981年		
	合计	男	女	小计	男	女	小计	男	女
总计	**1028869**	**499644**	**529225**	**18918**	**9075**	**9843**	**13707**	**6523**	**7184**
15岁以下	**848**	**196**	**652**	**41**	**10**	**31**	**32**	**8**	**24**
15-19岁	**121180**	**38277**	**82903**	**3514**	**858**	**2656**	**3418**	**882**	**2536**
15	4316	1220	3096	249	63	186	153	37	116
16	8247	2277	5970	510	104	406	294	58	236
17	16939	4942	11997	990	238	752	591	125	466
18	32335	10035	22300	1002	235	767	1181	287	894
19	59343	19803	39540	763	218	545	1199	375	824
20-24岁	**595813**	**269918**	**325895**	**9352**	**4318**	**5034**	**5850**	**2700**	**3150**
20	93749	32078	61671	884	266	618	824	259	565
21	120125	48657	71468	1417	592	825	705	248	457
22	140011	65957	74054	2167	977	1190	1094	478	616
23	129483	63958	65525	2546	1228	1318	1537	755	782
24	112445	59268	53177	2338	1255	1083	1690	960	730
25-29岁	**248986**	**151595**	**97391**	**5228**	**3318**	**1910**	**3958**	**2594**	**1364**
25	88165	50103	38062	1904	1105	799	1330	805	525
26	65121	39417	25704	1396	877	519	1150	729	421
27	44919	28592	16327	975	655	320	726	503	223
28	30445	20028	10417	588	414	174	481	355	126
29	20336	13455	6881	365	267	98	271	202	69
30-34岁	**41427**	**26812**	**14615**	**612**	**454**	**158**	**356**	**277**	**79**
30	14021	9221	4800	238	174	64	141	102	39
31	9937	6398	3539	134	97	37	94	79	15
32	7433	4766	2667	95	71	24	53	43	10
33	5656	3595	2061	74	56	18	41	32	9
34	4380	2832	1548	71	56	15	27	21	6
35-39岁	**11404**	**7255**	**4149**	**131**	**91**	**40**	**61**	**44**	**17**
35	3464	2137	1327	38	29	9	21	17	4
36	2657	1720	937	33	23	10	15	12	3
37	2156	1384	772	23	16	7	16	9	7
38	1743	1113	630	19	15	4	5	4	1
39	1384	901	483	18	8	10	4	2	2
40-44岁	**4826**	**2967**	**1859**	**26**	**20**	**6**	**22**	**14**	**8**
40	1236	757	479	7	5	2	8	5	3
41	1096	666	430	6	4	2	5	4	1
42	958	563	395	5	4	1	2	1	1
43	814	507	307	4	3	1	4	3	1
44	722	474	248	4	4		3	1	2
45-49岁	**2280**	**1401**	**879**	**12**	**5**	**7**	**7**	**4**	**3**
45	579	343	236	3	1	2	2	1	1
46	529	343	186	5	3	2	1		1
47	449	276	173	3	1	2	3	2	1
48	383	240	143	1		1	1	1	
49	340	199	141						
50岁及以上	**2105**	**1223**	**882**	**2**	**1**	**1**	**3**		**3**
平均初婚年龄	**23.87**	**24.65**	**23.14**	**23.47**	**24.62**	**22.41**	**23.23**	**24.54**	**22.05**

5-4b　续表 1　　　　　　单位：人

初婚年龄	初婚年份								
	1982年			1983年			1984年		
	小计	男	女	小计	男	女	小计	男	女
总　计	**18267**	**8650**	**9617**	**18895**	**8958**	**9937**	**20788**	**9860**	**10928**
15岁以下	**47**	**10**	**37**	**36**	**7**	**29**	**42**	**10**	**32**
15–19岁	**5202**	**1503**	**3699**	**4764**	**1404**	**3360**	**4609**	**1423**	**3186**
15	174	41	133	208	45	163	225	60	165
16	384	80	304	340	103	237	390	102	288
17	735	188	547	664	178	486	648	181	467
18	1366	386	980	1247	347	900	1310	383	927
19	2543	808	1735	2305	731	1574	2036	697	1339
20–24岁	**7735**	**3525**	**4210**	**9284**	**4096**	**5188**	**11928**	**5346**	**6582**
20	2339	857	1482	3480	1342	2138	3114	1188	1926
21	1195	464	731	2484	1038	1446	4039	1756	2283
22	1122	484	638	1175	514	661	2839	1360	1479
23	1299	666	633	1012	514	498	1076	554	522
24	1780	1054	726	1133	688	445	860	488	372
25–29岁	**4599**	**3109**	**1490**	**4070**	**2905**	**1165**	**3404**	**2498**	**906**
25	1685	1075	610	1310	890	420	839	556	283
26	1136	758	378	1155	817	338	943	699	244
27	874	611	263	751	523	228	763	570	193
28	554	401	153	518	408	110	515	396	119
29	350	264	86	336	267	69	344	277	67
30–34岁	**544**	**412**	**132**	**596**	**443**	**153**	**645**	**468**	**177**
30	225	167	58	220	168	52	244	180	64
31	121	97	24	147	106	41	160	113	47
32	95	68	27	109	76	33	105	73	32
33	61	45	16	71	54	17	79	58	21
34	42	35	7	49	39	10	57	44	13
35–39岁	**99**	**63**	**36**	**96**	**69**	**27**	**105**	**78**	**27**
35	19	14	5	38	30	8	33	27	6
36	40	21	19	21	15	6	21	13	8
37	16	12	4	17	12	5	27	21	6
38	10	5	5	12	8	4	13	8	5
39	14	11	3	8	4	4	11	9	2
40–44岁	**30**	**20**	**10**	**38**	**27**	**11**	**41**	**28**	**13**
40	9	8	1	13	8	5	11	7	4
41	10	6	4	8	6	2	6	4	2
42	4	2	2	8	5	3	10	8	2
43	4	4		5	4	1	7	6	1
44	3		3	4	4		7	3	4
45–49岁	**9**	**7**	**2**	**8**	**5**	**3**	**11**	**8**	**3**
45	4	4		4	4		1	1	
46	1		1	1	1		6	4	2
47	2	2					1	1	
48				2		2	1	1	
49	2	1	1	1		1	2	1	1
50岁及以上	**2**	**1**	**1**	**3**	**2**	**1**	**3**	**1**	**2**
平均初婚年龄	**22.79**	**24.08**	**21.63**	**22.53**	**23.77**	**21.41**	**22.40**	**23.48**	**21.43**

5－4b 续表 2

单位：人

初婚年龄	初婚年份								
	1985年			1986年			1987年		
	小计	男	女	小计	男	女	小计	男	女
总　计	**26640**	**12653**	**13987**	**27467**	**13197**	**14270**	**28029**	**13401**	**14628**
15岁以下	**45**	**10**	**35**	**27**	**7**	**20**	**25**	**7**	**18**
15－19岁	**5382**	**1687**	**3695**	**5129**	**1708**	**3421**	**5114**	**1707**	**3407**
15	234	73	161	160	43	117	158	46	112
16	452	128	324	385	118	267	321	84	237
17	784	221	563	882	248	634	737	227	510
18	1381	409	972	1382	449	933	1430	469	961
19	2531	856	1675	2320	850	1470	2468	881	1587
20－24岁	**16978**	**7950**	**9028**	**18937**	**9122**	**9815**	**19146**	**9216**	**9930**
20	3526	1355	2171	3764	1391	2373	3346	1252	2094
21	4412	1930	2482	4156	1804	2352	4343	1899	2444
22	5066	2510	2556	4479	2294	2185	4365	2124	2241
23	2880	1529	1351	4379	2392	1987	3825	2000	1825
24	1094	626	468	2159	1241	918	3267	1941	1326
25－29岁	**3164**	**2261**	**903**	**2467**	**1732**	**735**	**2831**	**1822**	**1009**
25	788	498	290	727	422	305	1480	889	591
26	707	513	194	522	379	143	516	313	203
27	712	526	186	443	342	101	285	207	78
28	570	435	135	441	341	100	271	194	77
29	387	289	98	334	248	86	279	219	60
30－34岁	**819**	**577**	**242**	**661**	**474**	**187**	**667**	**484**	**183**
30	290	208	82	208	151	57	221	152	69
31	210	152	58	168	120	48	158	115	43
32	146	98	48	112	82	30	115	90	25
33	91	61	30	98	65	33	86	66	20
34	82	58	24	75	56	19	87	61	26
35－39岁	**160**	**111**	**49**	**164**	**109**	**55**	**171**	**116**	**55**
35	58	40	18	38	29	9	58	36	22
36	30	19	11	49	40	9	38	24	14
37	30	24	6	31	15	16	37	31	6
38	24	14	10	27	16	11	15	9	6
39	18	14	4	19	9	10	23	16	7
40－44岁	**66**	**44**	**22**	**52**	**32**	**20**	**42**	**28**	**14**
40	17	11	6	16	10	6	18	13	5
41	18	11	7	14	6	8	14	8	6
42	14	9	5	10	7	3	6	5	1
43	10	7	3	6	4	2	1	1	
44	7	6	1	6	5	1	3	1	2
45－49岁	**20**	**10**	**10**	**18**	**9**	**9**	**21**	**14**	**7**
45	6	3	3	7	5	2	3	2	1
46	4	3	1	4	1	3	8	4	4
47	5	1	4	4	3	1	4	4	
48	2		2	3		3	3	2	1
49	3	3					3	2	1
50岁及以上	**6**	**3**	**3**	**12**	**4**	**8**	**12**	**7**	**5**
平均初婚年龄	**22.45**	**23.33**	**21.65**	**22.44**	**23.18**	**21.76**	**22.54**	**23.24**	**21.90**

5-4b　续表 3　　　　单位：人

初婚年龄	初婚年份								
	1988年			1989年			1990年		
	小计	男	女	小计	男	女	小计	男	女
总　计	**31982**	**15394**	**16588**	**31071**	**15059**	**16012**	**35049**	**17237**	**17812**
15岁以下	**28**	**7**	**21**	**27**	**6**	**21**	**38**	**12**	**26**
15–19岁	**5799**	**1956**	**3843**	**5295**	**1822**	**3473**	**5881**	**2160**	**3721**
15	161	45	116	180	61	119	204	66	138
16	381	113	268	339	98	241	409	152	257
17	773	228	545	708	230	478	799	277	522
18	1525	502	1023	1401	457	944	1660	589	1071
19	2959	1068	1891	2667	976	1691	2809	1076	1733
20–24岁	**20834**	**9975**	**10859**	**20364**	**9745**	**10619**	**23050**	**11167**	**11883**
20	3838	1539	2299	4023	1584	2439	4329	1730	2599
21	4434	1932	2502	4551	2023	2528	5442	2489	2953
22	4938	2359	2579	4415	2175	2240	5362	2681	2681
23	4279	2269	2010	4151	2200	1951	4339	2240	2099
24	3345	1876	1469	3224	1763	1461	3578	2027	1551
25–29岁	**4310**	**2740**	**1570**	**4613**	**2937**	**1676**	**5277**	**3335**	**1942**
25	2478	1544	934	2172	1342	830	2309	1397	912
26	1084	706	378	1453	940	513	1485	960	525
27	315	195	120	636	437	199	936	615	321
28	236	153	83	221	142	79	405	270	135
29	197	142	55	131	76	55	142	93	49
30–34岁	**733**	**523**	**210**	**501**	**361**	**140**	**424**	**296**	**128**
30	191	143	48	110	77	33	106	65	41
31	184	138	46	124	95	29	87	53	34
32	153	105	48	111	82	29	89	73	16
33	123	83	40	82	55	27	92	64	28
34	82	54	28	74	52	22	50	41	9
35–39岁	**207**	**148**	**59**	**194**	**139**	**55**	**245**	**179**	**66**
35	58	39	19	60	45	15	67	46	21
36	54	35	19	45	33	12	61	45	16
37	47	34	13	36	23	13	48	37	11
38	26	24	2	32	20	12	43	31	12
39	22	16	6	21	18	3	26	20	6
40–44岁	**39**	**28**	**11**	**45**	**34**	**11**	**87**	**56**	**31**
40	13	11	2	18	12	6	25	16	9
41	6	4	2	5	4	1	19	14	5
42	12	9	3	5	5		12	6	6
43	4	3	1	12	9	3	13	8	5
44	4	1	3	5	4	1	18	12	6
45–49岁	**22**	**13**	**9**	**21**	**10**	**11**	**30**	**23**	**7**
45	4	3	1	3	3		8	7	1
46	5	3	2	2	1	1	8	7	1
47	4	3	1	6	3	3	9	6	3
48	3		3	5		5	3	2	1
49	6	4	2	5	3	2	2	1	1
50岁及以上	**10**	**4**	**6**	**11**	**5**	**6**	**17**	**9**	**8**
平均初婚年龄	**22.63**	**23.28**	**22.02**	**22.64**	**23.26**	**22.06**	**22.66**	**23.24**	**22.11**

5-4b 续表 4

单位：人

初婚年龄	初婚年份								
	1991年			1992年			1993年		
	小计	男	女	小计	男	女	小计	男	女
总　计	**25936**	**12500**	**13436**	**29412**	**14426**	**14986**	**29287**	**14244**	**15043**
15岁以下	**27**	**6**	**21**	**25**	**4**	**21**	**17**	**5**	**12**
15-19岁	**3784**	**1358**	**2426**	**3614**	**1306**	**2308**	**3016**	**1110**	**1906**
15	133	45	88	121	41	80	104	30	74
16	205	62	143	203	73	130	167	51	116
17	469	182	287	429	159	270	387	136	251
18	996	315	681	916	313	603	789	287	502
19	1981	754	1227	1945	720	1225	1569	606	963
20-24岁	**17380**	**8127**	**9253**	**19899**	**9364**	**10535**	**20003**	**9203**	**10800**
20	3099	1246	1853	3248	1305	1943	3003	1136	1867
21	3817	1629	2188	4211	1850	2361	4136	1740	2396
22	4390	2052	2338	4751	2200	2551	4838	2247	2591
23	3451	1758	1693	4469	2282	2187	4406	2155	2251
24	2623	1442	1181	3220	1727	1493	3620	1925	1695
25-29岁	**4286**	**2683**	**1603**	**5203**	**3303**	**1900**	**5512**	**3452**	**2060**
25	1885	1144	741	2041	1192	849	2348	1375	973
26	1130	688	442	1456	958	498	1414	904	510
27	672	460	212	847	578	269	919	620	299
28	441	298	143	548	367	181	506	335	171
29	158	93	65	311	208	103	325	218	107
30-34岁	**255**	**181**	**74**	**366**	**247**	**119**	**457**	**287**	**170**
30	69	51	18	157	110	47	229	152	77
31	45	27	18	78	49	29	108	62	46
32	43	32	11	38	22	16	52	30	22
33	46	37	9	33	20	13	37	23	14
34	52	34	18	60	46	14	31	20	11
35-39岁	**115**	**84**	**31**	**186**	**132**	**54**	**149**	**102**	**47**
35	22	14	8	49	35	14	32	22	10
36	23	18	5	37	25	12	42	27	15
37	27	21	6	36	30	6	31	20	11
38	20	14	6	27	23	4	21	18	3
39	23	17	6	37	19	18	23	15	8
40-44岁	**51**	**33**	**18**	**75**	**47**	**28**	**85**	**51**	**34**
40	17	10	7	27	19	8	20	15	5
41	15	9	6	18	10	8	27	17	10
42	10	8	2	10	4	6	15	6	9
43	6	3	3	10	7	3	19	13	6
44	3	3		10	7	3	4		4
45-49岁	**27**	**22**	**5**	**27**	**17**	**10**	**20**	**14**	**6**
45	8	6	2	7	6	1	5	2	3
46	4	3	1	7	4	3	4	3	1
47	3	3		5	2	3	5	5	
48	5	5		4	3	1	5	3	2
49	7	5	2	4	2	2	1	1	
50岁及以上	**11**	**6**	**5**	**17**	**6**	**11**	**28**	**20**	**8**
平均初婚年龄	**22.79**	**23.35**	**22.26**	**23.07**	**23.61**	**22.55**	**23.24**	**23.77**	**22.74**

5-4b　续表 5　　　　单位：人

初婚年龄	初婚年份								
	1994年			1995年			1996年		
	小计	男	女	小计	男	女	小计	男	女
总　计	**29055**	**14206**	**14849**	**30726**	**14999**	**15727**	**27371**	**13252**	**14119**
15岁以下	**21**	**6**	**15**	**14**	**4**	**10**	**6**	**1**	**5**
15–19岁	**2749**	**998**	**1751**	**2600**	**837**	**1763**	**2109**	**650**	**1459**
15	101	35	66	95	30	65	46	13	33
16	146	38	108	178	62	116	116	25	91
17	339	122	217	322	93	229	272	68	204
18	670	240	430	636	215	421	512	163	349
19	1493	563	930	1369	437	932	1163	381	782
20–24岁	**19620**	**9089**	**10531**	**20011**	**9140**	**10871**	**17365**	**7817**	**9548**
20	2560	920	1640	2424	799	1625	2254	725	1529
21	4043	1674	2369	3808	1517	2291	3262	1275	1987
22	5081	2393	2688	4869	2333	2536	4095	1898	2197
23	4356	2193	2163	4783	2304	2479	4176	2038	2138
24	3580	1909	1671	4127	2187	1940	3578	1881	1697
25–29岁	**5876**	**3593**	**2283**	**6968**	**4307**	**2661**	**6689**	**4052**	**2637**
25	2595	1506	1089	2879	1673	1206	2621	1474	1147
26	1498	945	553	1905	1214	691	1862	1141	721
27	888	574	314	1097	714	383	1112	727	385
28	537	340	197	622	409	213	713	453	260
29	358	228	130	465	297	168	381	257	124
30–34岁	**529**	**358**	**171**	**778**	**498**	**280**	**848**	**525**	**323**
30	227	150	77	298	189	109	286	184	102
31	170	119	51	184	116	68	212	133	79
32	82	53	29	176	110	66	144	81	63
33	25	16	9	82	56	26	134	83	51
34	25	20	5	38	27	11	72	44	28
35–39岁	**119**	**79**	**40**	**152**	**98**	**54**	**142**	**84**	**58**
35	23	13	10	22	15	7	38	20	18
36	26	19	7	29	20	9	18	12	6
37	27	20	7	31	23	8	26	17	9
38	25	16	9	38	24	14	38	23	15
39	18	11	7	32	16	16	22	12	10
40–44岁	**82**	**55**	**27**	**109**	**60**	**49**	**107**	**70**	**37**
40	21	16	5	30	18	12	22	17	5
41	19	13	6	25	15	10	28	17	11
42	16	10	6	20	11	9	23	14	9
43	11	7	4	14	6	8	21	12	9
44	15	9	6	20	10	10	13	10	3
45–49岁	**36**	**19**	**17**	**41**	**28**	**13**	**53**	**27**	**26**
45	4	3	1	11	7	4	11	6	5
46	8	4	4	9	8	1	8	7	1
47	6		6	7	4	3	13	5	8
48	11	8	3	6	4	2	14	7	7
49	7	4	3	8	5	3	7	2	5
50岁及以上	**23**	**9**	**14**	**53**	**27**	**26**	**52**	**26**	**26**
平均初婚年龄	**23.37**	**23.89**	**22.88**	**23.71**	**24.30**	**23.14**	**23.90**	**24.52**	**23.32**

5-4b 续表 6　　　　单位：人

初婚年龄	初婚年份								
	1997年			1998年			1999年		
	小计	男	女	小计	男	女	小计	男	女
总　计	**25737**	**12390**	**13347**	**26583**	**12881**	**13702**	**23943**	**11588**	**12355**
15岁以下	**11**	**2**	**9**	**10**	**3**	**7**	**21**	**5**	**16**
15-19岁	**1832**	**606**	**1226**	**2023**	**588**	**1435**	**1693**	**430**	**1263**
15	49	16	33	60	16	44	50	10	40
16	84	26	58	107	25	82	77	20	57
17	219	59	160	211	62	149	192	38	154
18	472	139	333	477	149	328	390	102	288
19	1008	366	642	1168	336	832	984	260	724
20-24岁	**16158**	**7101**	**9057**	**16024**	**7073**	**8951**	**14681**	**6464**	**8217**
20	2035	609	1426	2158	578	1580	2044	536	1508
21	3067	1112	1955	3006	1101	1905	2714	947	1767
22	3842	1784	2058	3968	1893	2075	3622	1749	1873
23	3782	1831	1951	3658	1793	1865	3473	1710	1763
24	3432	1765	1667	3234	1708	1526	2828	1522	1306
25-29岁	**6602**	**3990**	**2612**	**6951**	**4282**	**2669**	**6348**	**3950**	**2398**
25	2579	1434	1145	2619	1531	1088	2189	1281	908
26	1793	1116	677	1843	1121	722	1706	1057	649
27	1111	718	393	1163	771	392	1201	796	405
28	677	445	232	815	527	288	744	492	252
29	442	277	165	511	332	179	508	324	184
30-34岁	**768**	**485**	**283**	**1154**	**685**	**469**	**935**	**576**	**359**
30	271	168	103	362	221	141	339	206	133
31	162	108	54	252	136	116	230	143	87
32	134	84	50	238	142	96	145	86	59
33	104	68	36	176	112	64	135	84	51
34	97	57	40	126	74	52	86	57	29
35-39岁	**132**	**81**	**51**	**246**	**146**	**100**	**145**	**90**	**55**
35	49	36	13	126	75	51	60	38	22
36	25	16	9	58	31	27	42	27	15
37	20	6	14	26	16	10	21	12	9
38	11	7	4	25	13	12	13	9	4
39	27	16	11	11	11		9	4	5
40-44岁	**142**	**75**	**67**	**94**	**59**	**35**	**53**	**32**	**21**
40	34	14	20	16	9	7	8	7	1
41	28	15	13	27	16	11	12	7	5
42	32	17	15	20	12	8	11	4	7
43	24	14	10	19	13	6	9	6	3
44	24	15	9	12	9	3	13	8	5
45-49岁	**57**	**33**	**24**	**52**	**31**	**21**	**39**	**24**	**15**
45	11	6	5	15	6	9	12	6	6
46	12	9	3	15	9	6	9	6	3
47	13	9	4	7	4	3	5	2	3
48	11	5	6	11	10	1	6	4	2
49	10	4	6	4	2	2	7	6	1
50岁及以上	**35**	**17**	**18**	**29**	**14**	**15**	**28**	**17**	**11**
平均初婚年龄	**24.00**	**24.62**	**23.42**	**24.12**	**24.84**	**23.45**	**24.04**	**24.81**	**23.32**

5-4b　续表 7　　单位：人

初婚年龄	初婚年份								
	2000年			2001年			2002年		
	小计	男	女	小计	男	女	小计	男	女
总　计	**26994**	**13079**	**13915**	**19560**	**9384**	**10176**	**23132**	**10999**	**12133**
15岁以下	**47**	**14**	**33**	**28**	**6**	**22**	**22**	**3**	**19**
15-19岁	**2389**	**629**	**1760**	**1416**	**370**	**1046**	**1965**	**514**	**1451**
15	127	35	92	55	14	41	104	32	72
16	185	51	134	101	27	74	124	27	97
17	286	75	211	141	45	96	239	66	173
18	567	155	412	344	90	254	476	126	350
19	1224	313	911	775	194	581	1022	263	759
20-24岁	**16723**	**7393**	**9330**	**12056**	**5108**	**6948**	**14051**	**5924**	**8127**
20	2405	631	1774	1568	359	1209	1840	432	1408
21	3521	1295	2226	2269	752	1517	2604	868	1736
22	4063	1936	2127	3140	1449	1691	3485	1551	1934
23	3586	1842	1744	2774	1378	1396	3423	1633	1790
24	3148	1689	1459	2305	1170	1135	2699	1440	1259
25-29岁	**6627**	**4214**	**2413**	**5141**	**3273**	**1868**	**5889**	**3749**	**2140**
25	2307	1347	960	1874	1073	801	2076	1228	848
26	1714	1098	616	1277	834	443	1563	954	609
27	1255	841	414	921	620	301	1059	740	319
28	831	572	259	641	445	196	658	459	199
29	520	356	164	428	301	127	533	368	165
30-34岁	**874**	**611**	**263**	**703**	**484**	**219**	**882**	**588**	**294**
30	349	250	99	260	180	80	322	211	111
31	204	135	69	179	126	53	222	144	78
32	146	97	49	128	82	46	152	103	49
33	95	70	25	87	60	27	114	79	35
34	80	59	21	49	36	13	72	51	21
35-39岁	**178**	**119**	**59**	**122**	**84**	**38**	**220**	**157**	**63**
35	63	42	21	47	31	16	63	44	19
36	48	37	11	25	19	6	54	36	18
37	36	24	12	22	13	9	46	36	10
38	20	12	8	19	16	3	33	21	12
39	11	4	7	9	5	4	24	20	4
40-44岁	**54**	**37**	**17**	**41**	**28**	**13**	**37**	**26**	**11**
40	9	3	6	11	7	4	14	10	4
41	10	8	2	4	4		4	2	2
42	11	10	1	9	4	5	8	6	2
43	13	7	6	7	6	1	7	6	1
44	11	9	2	10	7	3	4	2	2
45-49岁	**51**	**33**	**18**	**28**	**17**	**11**	**31**	**19**	**12**
45	14	7	7	4	2	2	1	1	
46	8	6	2	8	5	3	3	2	1
47	9	7	2	6	3	3	12	10	2
48	9	7	2	8	6	2	8	3	5
49	11	6	5	2	1	1	7	3	4
50岁及以上	**51**	**29**	**22**	**25**	**14**	**11**	**35**	**19**	**16**
平均初婚年龄	**23.79**	**24.67**	**22.97**	**23.98**	**24.87**	**23.16**	**23.97**	**24.92**	**23.12**

5-4b 续表 8 单位：人

初婚年龄	初婚年份								
	2003年			2004年			2005年		
	小计	男	女	小计	男	女	小计	男	女
总　计	**23389**	**11108**	**12281**	**24221**	**11659**	**12562**	**23914**	**11652**	**12262**
15岁以下	**22**	**2**	**20**	**19**	**3**	**16**	**21**	**6**	**15**
15-19岁	**1890**	**468**	**1422**	**2125**	**490**	**1635**	**2413**	**611**	**1802**
15	116	30	86	108	31	77	114	37	77
16	137	31	106	151	32	119	165	59	106
17	247	76	171	305	68	237	338	73	265
18	449	109	340	488	109	379	623	156	467
19	941	222	719	1073	250	823	1173	286	887
20-24岁	**14005**	**5915**	**8090**	**14271**	**6124**	**8147**	**13523**	**5925**	**7598**
20	1869	474	1395	1902	495	1407	1936	512	1424
21	2618	887	1731	2687	996	1691	2615	1023	1592
22	3222	1430	1792	3579	1608	1971	3215	1476	1739
23	3291	1562	1729	3146	1491	1655	3097	1449	1648
24	3005	1562	1443	2957	1534	1423	2660	1465	1195
25-29岁	**6060**	**3784**	**2276**	**6324**	**4025**	**2299**	**6287**	**3976**	**2311**
25	2175	1218	957	2369	1369	1000	2281	1299	982
26	1546	961	585	1662	1041	621	1670	1053	617
27	1080	730	350	1052	712	340	1059	725	334
28	733	513	220	757	555	202	745	522	223
29	526	362	164	484	348	136	532	377	155
30-34岁	**1110**	**752**	**358**	**1114**	**781**	**333**	**1199**	**824**	**375**
30	366	255	111	374	262	112	372	273	99
31	275	189	86	252	194	58	287	192	95
32	218	154	64	220	137	83	244	164	80
33	140	89	51	159	107	52	161	110	51
34	111	65	46	109	81	28	135	85	50
35-39岁	**196**	**121**	**75**	**235**	**151**	**84**	**318**	**212**	**106**
35	66	37	29	80	53	27	115	73	42
36	45	29	16	48	28	20	85	59	26
37	33	18	15	42	27	15	59	40	19
38	25	16	9	40	26	14	28	19	9
39	27	21	6	25	17	8	31	21	10
40-44岁	**46**	**27**	**19**	**71**	**46**	**25**	**84**	**53**	**31**
40	13	9	4	19	15	4	28	17	11
41	17	10	7	29	16	13	20	16	4
42	8	3	5	10	5	5	27	13	14
43	3	2	1	8	6	2	5	3	2
44	5	3	2	5	4	1	4	4	
45-49岁	**35**	**25**	**10**	**24**	**17**	**7**	**23**	**17**	**6**
45	12	8	4	5	3	2	3	3	
46	5	4	1	1	1		5	4	1
47	6	3	3	5	4	1	4	3	1
48	4	3	1	7	5	2	6	5	1
49	8	7	1	6	4	2	5	2	3
50岁及以上	**25**	**14**	**11**	**38**	**22**	**16**	**46**	**28**	**18**
平均初婚年龄	**24.09**	**25.03**	**23.24**	**24.07**	**25.05**	**23.16**	**24.12**	**25.11**	**23.18**

5-4b　续表 9　　单位：人

初婚年龄	初婚年份								
	2006年			2007年			2008年		
	小计	男	女	小计	男	女	小计	男	女
总　计	**25563**	**12363**	**13200**	**23527**	**11482**	**12045**	**28691**	**14101**	**14590**
15岁以下	**18**	**6**	**12**	**13**	**5**	**8**	**21**	**5**	**16**
15-19岁	**2624**	**671**	**1953**	**2778**	**824**	**1954**	**3430**	**1071**	**2359**
15	98	27	71	86	27	59	93	26	67
16	170	46	124	180	51	129	213	69	144
17	368	68	300	383	116	267	431	129	302
18	673	181	492	691	201	490	1047	324	723
19	1315	349	966	1438	429	1009	1646	523	1123
20-24岁	**14530**	**6310**	**8220**	**13290**	**5844**	**7446**	**16144**	**7241**	**8903**
20	2201	577	1624	2280	665	1615	2815	875	1940
21	2856	1100	1756	2679	1078	1601	3513	1481	2032
22	3383	1605	1778	3122	1473	1649	3678	1740	1938
23	3186	1520	1666	2784	1328	1456	3295	1629	1666
24	2904	1508	1396	2425	1300	1125	2843	1516	1327
25-29岁	**6690**	**4237**	**2453**	**5695**	**3630**	**2065**	**7052**	**4415**	**2637**
25	2294	1311	983	1988	1153	835	2344	1348	996
26	1821	1148	673	1436	917	519	1813	1125	688
27	1262	861	401	1039	699	340	1282	839	443
28	754	513	241	778	539	239	957	641	316
29	559	404	155	454	322	132	656	462	194
30-34岁	**1157**	**799**	**358**	**1144**	**795**	**349**	**1244**	**859**	**385**
30	357	256	101	349	245	104	404	297	107
31	275	184	91	266	187	79	300	208	92
32	212	140	72	210	147	63	217	150	67
33	180	123	57	171	118	53	175	107	68
34	133	96	37	148	98	50	148	97	51
35-39岁	**351**	**219**	**132**	**374**	**228**	**146**	**496**	**312**	**184**
35	98	50	48	120	77	43	158	91	67
36	94	58	36	85	58	27	116	73	43
37	77	49	28	70	38	32	88	59	29
38	48	40	8	59	32	27	75	55	20
39	34	22	12	40	23	17	59	34	25
40-44岁	**110**	**70**	**40**	**139**	**94**	**45**	**172**	**115**	**57**
40	23	16	7	35	29	6	58	38	20
41	25	17	8	35	23	12	34	24	10
42	21	9	12	22	15	7	35	21	14
43	28	19	9	28	14	14	16	10	6
44	13	9	4	19	13	6	29	22	7
45-49岁	**31**	**18**	**13**	**30**	**24**	**6**	**56**	**34**	**22**
45	7	3	4	7	6	1	20	16	4
46	9	5	4	5	4	1	17	10	7
47	6	5	1	4	4		6	3	3
48	3	2	1	7	6	1	7	4	3
49	6	3	3	7	4	3	6	1	5
50岁及以上	**52**	**33**	**19**	**64**	**38**	**26**	**76**	**49**	**27**
平均初婚年龄	**24.10**	**25.09**	**23.17**	**24.03**	**25.01**	**23.10**	**24.01**	**24.92**	**23.13**

5－4b 续表 10

单位：人

初婚年龄	初婚年份								
	2009年			2010年			2011年		
	小计	男	女	小计	男	女	小计	男	女
总　计	**27364**	**13368**	**13996**	**29477**	**14446**	**15031**	**26490**	**12931**	**13559**
15岁以下	**18**	**2**	**16**	**21**	**4**	**17**	**17**	**2**	**15**
15–19岁	**3453**	**1132**	**2321**	**3697**	**1293**	**2404**	**2785**	**979**	**1806**
15	81	22	59	104	35	69	61	19	42
16	190	57	133	212	61	151	175	56	119
17	412	136	276	508	175	333	393	120	273
18	954	324	630	1005	338	667	783	288	495
19	1816	593	1223	1868	684	1184	1373	496	877
20–24岁	**15363**	**6802**	**8561**	**17219**	**7745**	**9474**	**15475**	**6914**	**8561**
20	2674	865	1809	3166	1125	2041	2271	782	1489
21	3407	1322	2085	3693	1527	2166	3277	1302	1975
22	3815	1779	2036	4050	1961	2089	3639	1711	1928
23	2947	1512	1435	3541	1757	1784	3377	1640	1737
24	2520	1324	1196	2769	1375	1394	2911	1479	1432
25–29岁	**6354**	**4039**	**2315**	**6299**	**3947**	**2352**	**6316**	**3801**	**2515**
25	2119	1230	889	2073	1231	842	2158	1177	981
26	1624	1025	599	1602	1001	601	1558	918	640
27	1227	808	419	1151	725	426	1160	735	425
28	774	532	242	893	603	290	858	584	274
29	610	444	166	580	387	193	582	387	195
30–34岁	**1376**	**877**	**499**	**1407**	**914**	**493**	**1208**	**778**	**430**
30	451	290	161	418	283	135	383	256	127
31	322	203	119	354	225	129	274	173	101
32	259	167	92	240	151	89	247	162	85
33	189	110	79	220	146	74	179	109	70
34	155	107	48	175	109	66	125	78	47
35–39岁	**501**	**323**	**178**	**490**	**315**	**175**	**394**	**260**	**134**
35	141	90	51	132	86	46	115	69	46
36	123	77	46	120	79	41	87	56	31
37	94	65	29	104	70	34	63	43	20
38	73	42	31	80	45	35	71	48	23
39	70	49	21	54	35	19	58	44	14
40–44岁	**179**	**115**	**64**	**172**	**118**	**54**	**175**	**112**	**63**
40	35	18	17	62	42	20	41	28	13
41	49	35	14	39	26	13	48	29	19
42	34	20	14	26	18	8	37	23	14
43	39	26	13	30	21	9	23	16	7
44	22	16	6	15	11	4	26	16	10
45–49岁	**49**	**31**	**18**	**94**	**54**	**40**	**65**	**49**	**16**
45	19	11	8	18	9	9	18	10	8
46	17	13	4	25	13	12	19	16	3
47	7	4	3	31	17	14	12	9	3
48	5	2	3	15	11	4	11	10	1
49	1	1		5	4	1	5	4	1
50岁及以上	**71**	**47**	**24**	**78**	**56**	**22**	**55**	**36**	**19**
平均初婚年龄	**24.00**	**24.92**	**23.12**	**23.89**	**24.71**	**23.10**	**24.09**	**24.88**	**23.34**

5-4b　续表 11　　　　单位：人

初婚年龄	初婚年份								
	2012年			2013年			2014年		
	小计	男	女	小计	男	女	小计	男	女
总　计	**30199**	**14787**	**15412**	**27633**	**13641**	**13992**	**27603**	**13609**	**13994**
15岁以下	**10**	**5**	**5**	**4**	**1**	**3**	**8**	**1**	**7**
15-19岁	**2938**	**1015**	**1923**	**2345**	**826**	**1519**	**2034**	**701**	**1333**
15	78	23	55	71	19	52	39	7	32
16	207	50	157	148	42	106	101	24	77
17	408	150	258	338	105	233	270	74	196
18	795	293	502	668	250	418	560	206	354
19	1450	499	951	1120	410	710	1064	390	674
20-24岁	**17321**	**7790**	**9531**	**14977**	**6791**	**8186**	**13933**	**6294**	**7639**
20	2285	833	1452	1845	645	1200	1596	565	1031
21	3231	1322	1909	2533	1050	1483	2226	874	1352
22	4447	1988	2459	3401	1645	1756	2954	1415	1539
23	3935	1904	2031	3870	1827	2043	3430	1606	1824
24	3423	1743	1680	3328	1624	1704	3727	1834	1893
25-29岁	**7612**	**4499**	**3113**	**7791**	**4483**	**3308**	**8833**	**4908**	**3925**
25	2763	1523	1240	2865	1529	1336	3107	1597	1510
26	2027	1152	875	2093	1205	888	2400	1289	1111
27	1333	836	497	1323	755	568	1619	947	672
28	854	559	295	903	600	303	1053	666	387
29	635	429	206	607	394	213	654	409	245
30-34岁	**1440**	**918**	**522**	**1560**	**941**	**619**	**1655**	**1002**	**653**
30	455	298	157	457	289	168	498	308	190
31	365	234	131	364	226	138	370	223	147
32	263	172	91	293	163	130	322	198	124
33	196	119	77	257	150	107	238	133	105
34	161	95	66	189	113	76	227	140	87
35-39岁	**464**	**301**	**163**	**480**	**301**	**179**	**619**	**375**	**244**
35	126	78	48	151	85	66	198	112	86
36	115	73	42	84	56	28	135	87	48
37	77	47	30	99	62	37	126	78	48
38	75	49	26	81	55	26	93	53	40
39	71	54	17	65	43	22	67	45	22
40-44岁	**231**	**156**	**75**	**284**	**174**	**110**	**291**	**184**	**107**
40	59	39	20	73	50	23	70	40	30
41	49	35	14	62	36	26	65	43	22
42	41	28	13	54	32	22	71	47	24
43	53	37	16	44	22	22	48	30	18
44	29	17	12	51	34	17	37	24	13
45-49岁	**109**	**59**	**50**	**114**	**80**	**34**	**127**	**73**	**54**
45	29	16	13	29	21	8	36	20	16
46	18	10	8	26	19	7	28	17	11
47	32	17	15	24	13	11	22	14	8
48	19	9	10	19	13	6	18	11	7
49	11	7	4	16	14	2	23	11	12
50岁及以上	**74**	**44**	**30**	**78**	**44**	**34**	**103**	**71**	**32**
平均初婚年龄	**24.29**	**25.01**	**23.60**	**24.71**	**25.37**	**24.06**	**25.12**	**25.79**	**24.47**

5-4b 续表 12

单位：人

初婚年龄	初婚年份								
	2015年			2016年			2017年		
	小计	男	女	小计	男	女	小计	男	女
总 计	**26678**	**13183**	**13495**	**23480**	**11581**	**11899**	**21218**	**10576**	**10642**
15岁以下	**6**		**6**	**3**		**3**	**4**		**4**
15-19岁	**1624**	**524**	**1100**	**1173**	**365**	**808**	**939**	**295**	**644**
15	33	8	25	14	1	13	21	4	17
16	77	17	60	61	10	51	61	19	42
17	203	51	152	161	39	122	135	45	90
18	465	144	321	320	102	218	267	82	185
19	846	304	542	617	213	404	455	145	310
20-24岁	**12265**	**5532**	**6733**	**9945**	**4409**	**5536**	**8396**	**3707**	**4689**
20	1414	508	906	1044	348	696	824	269	555
21	1902	764	1138	1580	646	934	1265	497	768
22	2653	1260	1393	2133	963	1170	1849	845	1004
23	2912	1347	1565	2455	1148	1307	2034	914	1120
24	3384	1653	1731	2733	1304	1429	2424	1182	1242
25-29岁	**9947**	**5423**	**4524**	**9575**	**5168**	**4407**	**9244**	**4975**	**4269**
25	3564	1825	1739	2847	1440	1407	2516	1272	1244
26	2531	1332	1199	2751	1465	1286	2435	1271	1164
27	1848	1060	788	1888	1039	849	2060	1141	919
28	1232	745	487	1285	752	533	1345	787	558
29	772	461	311	804	472	332	888	504	384
30-34岁	**1713**	**1040**	**673**	**1695**	**989**	**706**	**1658**	**1039**	**619**
30	524	318	206	531	321	210	609	392	217
31	405	256	149	389	215	174	381	233	148
32	309	186	123	322	197	125	270	171	99
33	272	163	109	242	131	111	225	142	83
34	203	117	86	211	125	86	173	101	72
35-39岁	**576**	**351**	**225**	**536**	**322**	**214**	**484**	**279**	**205**
35	196	105	91	163	91	72	134	73	61
36	142	93	49	124	79	45	117	70	47
37	92	56	36	105	66	39	88	52	36
38	92	62	30	79	46	33	86	49	37
39	54	35	19	65	40	25	59	35	24
40-44岁	**280**	**153**	**127**	**242**	**144**	**98**	**232**	**129**	**103**
40	52	28	24	47	23	24	59	31	28
41	56	30	26	50	28	22	44	22	22
42	62	35	27	59	34	25	42	21	21
43	47	26	21	47	28	19	44	25	19
44	63	34	29	39	31	8	43	30	13
45-49岁	**143**	**84**	**59**	**162**	**95**	**67**	**133**	**80**	**53**
45	35	17	18	34	20	14	34	20	14
46	43	26	17	43	24	19	33	23	10
47	23	14	9	37	20	17	21	13	8
48	20	11	9	19	13	6	25	16	9
49	22	16	6	29	18	11	20	8	12
50岁及以上	**124**	**76**	**48**	**149**	**89**	**60**	**128**	**72**	**56**
平均初婚年龄	**25.46**	**26.07**	**24.86**	**25.87**	**26.49**	**25.27**	**26.10**	**26.69**	**25.50**

5-4b 续表 13

单位：人

初婚年龄	初婚年份								
	2018年			2019年			2020年		
	小计	男	女	小计	男	女	小计	男	女
总　计	**21559**	**10571**	**10988**	**17092**	**8523**	**8569**	**12222**	**6108**	**6114**
15岁以下	**4**	**1**	**3**	**2**		**2**			
15-19岁	**777**	**242**	**535**	**566**	**176**	**390**	**292**	**88**	**204**
15	25	2	23	16	5	11	7		7
16	49	14	35	32	7	25	20	5	15
17	97	31	66	79	23	56	46	17	29
18	200	55	145	151	44	107	66	22	44
19	406	140	266	288	97	191	153	44	109
20-24岁	**8001**	**3402**	**4599**	**5968**	**2588**	**3380**	**3758**	**1622**	**2136**
20	714	233	481	515	172	343	293	96	197
21	1151	407	744	763	282	481	493	164	329
22	1727	742	985	1215	542	673	763	333	430
23	2084	943	1141	1510	689	821	929	428	501
24	2325	1077	1248	1965	903	1062	1280	601	679
25-29岁	**9631**	**5101**	**4530**	**7611**	**4076**	**3535**	**5652**	**3009**	**2643**
25	2428	1192	1236	1805	907	898	1434	701	733
26	2355	1219	1136	1810	918	892	1279	656	623
27	2075	1109	966	1606	892	714	1194	636	558
28	1701	956	745	1322	751	571	968	559	409
29	1072	625	447	1068	608	460	777	457	320
30-34岁	**2014**	**1161**	**853**	**1944**	**1114**	**830**	**1682**	**935**	**747**
30	724	435	289	732	425	307	654	359	295
31	522	295	227	496	272	224	407	226	181
32	329	189	140	333	195	138	264	140	124
33	249	133	116	236	139	97	201	119	82
34	190	109	81	147	83	64	156	91	65
35-39岁	**550**	**321**	**229**	**446**	**257**	**189**	**355**	**204**	**151**
35	161	93	68	127	68	59	101	69	32
36	132	81	51	92	53	39	79	44	35
37	91	52	39	96	53	43	75	37	38
38	97	55	42	73	43	30	52	28	24
39	69	40	29	58	40	18	48	26	22
40-44岁	**242**	**138**	**104**	**237**	**121**	**116**	**221**	**114**	**107**
40	59	29	30	68	28	40	51	26	25
41	49	26	23	44	22	22	53	24	29
42	47	32	15	45	22	23	44	18	26
43	46	25	21	41	23	18	34	22	12
44	41	26	15	39	26	13	39	24	15
45-49岁	**175**	**111**	**64**	**171**	**103**	**68**	**98**	**55**	**43**
45	45	27	18	46	24	22	34	17	17
46	35	25	10	40	23	17	20	13	7
47	30	21	9	36	26	10	11	6	5
48	36	24	12	19	13	6	21	11	10
49	29	14	15	30	17	13	12	8	4
50岁及以上	**165**	**94**	**71**	**147**	**88**	**59**	**164**	**81**	**83**
平均初婚年龄	**26.51**	**27.14**	**25.91**	**26.89**	**27.47**	**26.32**	**27.42**	**27.90**	**26.94**

5-4c 全省分初婚年龄、性别、初婚年份的人口(乡村)

单位：人

初婚年龄	初婚年份								
	合计			1980年			1981年		
	合计	男	女	小计	男	女	小计	男	女
总 计	**1274303**	**637903**	**636400**	**33595**	**16718**	**16877**	**21693**	**10731**	**10962**
15岁以下	**1719**	**406**	**1313**	**130**	**34**	**96**	**70**	**11**	**59**
15-19岁	**210327**	**71316**	**139011**	**7737**	**1976**	**5761**	**6834**	**1945**	**4889**
15	8369	2222	6147	583	124	459	318	81	237
16	16375	4502	11873	1120	236	884	568	135	433
17	31691	9648	22043	2156	509	1647	1227	285	942
18	55957	18612	37345	2234	586	1648	2215	600	1615
19	97935	36332	61603	1644	521	1123	2506	844	1662
20-24岁	**752877**	**366175**	**386702**	**15639**	**7824**	**7815**	**8648**	**4375**	**4273**
20	142455	56148	86307	1762	652	1110	1596	624	972
21	167872	75645	92227	2481	1081	1400	1221	499	722
22	177441	89782	87659	3795	1823	1972	1456	687	769
23	148911	78883	70028	4123	2236	1887	2200	1198	1002
24	116198	65717	50481	3478	2032	1446	2175	1367	808
25-29岁	**232590**	**148698**	**83892**	**8272**	**5598**	**2674**	**5100**	**3670**	**1430**
25	84113	50834	33279	2928	1879	1049	1711	1154	557
26	58588	37335	21253	2140	1495	645	1371	985	386
27	40943	27227	13716	1487	1031	456	923	699	224
28	28615	19385	9230	1045	714	331	665	506	159
29	20331	13917	6414	672	479	193	430	326	104
30-34岁	**47863**	**32485**	**15378**	**1308**	**942**	**366**	**809**	**570**	**239**
30	15198	10465	4733	493	343	150	280	195	85
31	11324	7629	3695	296	228	68	213	153	60
32	8865	5979	2886	255	195	60	131	92	39
33	6979	4643	2336	141	96	45	102	70	32
34	5497	3769	1728	123	80	43	83	60	23
35-39岁	**14967**	**10097**	**4870**	**378**	**270**	**108**	**161**	**116**	**45**
35	4226	2858	1368	100	72	28	42	31	11
36	3418	2318	1100	98	77	21	39	25	14
37	2812	1917	895	79	53	26	33	26	7
38	2419	1641	778	46	31	15	27	19	8
39	2092	1363	729	55	37	18	20	15	5
40-44岁	**7284**	**4710**	**2574**	**102**	**64**	**38**	**63**	**40**	**23**
40	1869	1220	649	40	20	20	21	12	9
41	1665	1088	577	24	19	5	22	14	8
42	1451	915	536	17	13	4	6	5	1
43	1253	808	445	13	10	3	9	7	2
44	1046	679	367	8	2	6	5	2	3
45-49岁	**3390**	**2122**	**1268**	**22**	**9**	**13**	**6**	**3**	**3**
45	895	554	341	9	4	5	2	2	
46	754	486	268	5	2	3	1	1	
47	650	418	232	5	1	4	1		1
48	613	368	245	2	1	1	1		1
49	478	296	182	1	1		1		1
50岁及以上	**3286**	**1894**	**1392**	**7**	**1**	**6**	**2**	**1**	**1**
平均初婚年龄	**23.35**	**24.15**	**22.54**	**23.23**	**24.50**	**21.98**	**22.82**	**24.22**	**21.45**

5-4c　续表 1

单位：人

初婚年龄	初婚年份								
	1982年			1983年			1984年		
	小计	男	女	小计	男	女	小计	男	女
总　计	**30115**	**14750**	**15365**	**31579**	**15479**	**16100**	**34907**	**17218**	**17689**
15岁以下	**78**	**16**	**62**	**78**	**13**	**65**	**73**	**18**	**55**
15-19岁	**10174**	**3126**	**7048**	**9016**	**2804**	**6212**	**8876**	**2883**	**5993**
15	432	94	338	416	102	314	419	104	315
16	932	226	706	776	190	586	776	206	570
17	1424	393	1031	1454	385	1069	1304	371	933
18	2501	719	1782	2284	697	1587	2482	797	1685
19	4885	1694	3191	4086	1430	2656	3895	1405	2490
20-24岁	**12212**	**5961**	**6251**	**15467**	**7414**	**8053**	**19799**	**9572**	**10227**
20	4512	1794	2718	6079	2527	3552	5316	2213	3103
21	2271	1021	1250	4678	2191	2487	6903	3309	3594
22	1559	757	802	2180	1130	1050	4807	2499	2308
23	1697	959	738	1256	725	531	1752	903	849
24	2173	1430	743	1274	841	433	1021	648	373
25-29岁	**6202**	**4591**	**1611**	**5548**	**4172**	**1376**	**4488**	**3517**	**971**
25	2064	1480	584	1581	1153	428	999	722	277
26	1460	1046	414	1463	1115	348	1156	906	250
27	1211	953	258	1011	782	229	996	813	183
28	893	663	230	851	645	206	749	587	162
29	574	449	125	642	477	165	588	489	99
30-34岁	**1150**	**851**	**299**	**1143**	**854**	**289**	**1292**	**967**	**325**
30	438	322	116	434	332	102	437	324	113
31	264	192	72	286	211	75	293	209	84
32	186	144	42	180	124	56	257	202	55
33	155	110	45	134	99	35	165	130	35
34	107	83	24	109	88	21	140	102	38
35-39岁	**221**	**149**	**72**	**222**	**154**	**68**	**253**	**177**	**76**
35	69	48	21	64	42	22	84	58	26
36	49	31	18	52	38	14	54	39	15
37	39	26	13	41	28	13	44	33	11
38	36	28	8	31	21	10	39	27	12
39	28	16	12	34	25	9	32	20	12
40-44岁	**58**	**41**	**17**	**86**	**60**	**26**	**92**	**63**	**29**
40	25	13	12	26	18	8	30	24	6
41	20	18	2	19	13	6	22	14	8
42	7	5	2	23	15	8	19	11	8
43	3	3		10	9	1	12	9	3
44	3	2	1	8	5	3	9	5	4
45-49岁	**17**	**12**	**5**	**14**	**7**	**7**	**26**	**15**	**11**
45	6	4	2	2	2		5	2	3
46	5	4	1	2	1	1	8	5	3
47	3	1	2	3	1	2	3	2	1
48	2	2		2		2	5	2	3
49	1	1		5	3	2	5	4	1
50岁及以上	**3**	**3**		**5**	**1**	**4**	**8**	**6**	**2**
平均初婚年龄	**22.39**	**23.78**	**21.05**	**22.23**	**23.46**	**21.04**	**22.20**	**23.28**	**21.16**

5-4c 续表 2

单位：人

初婚年龄	初婚年份								
	1985年			1986年			1987年		
	小计	男	女	小计	男	女	小计	男	女
总　计	**44775**	**22028**	**22747**	**44592**	**21870**	**22722**	**43585**	**21477**	**22108**
15岁以下	**59**	**9**	**50**	**70**	**26**	**44**	**65**	**15**	**50**
15-19岁	**10744**	**3616**	**7128**	**10021**	**3326**	**6695**	**9542**	**3301**	**6241**
15	455	119	336	367	91	276	297	79	218
16	1009	279	730	771	206	565	659	186	473
17	1672	490	1182	1658	482	1176	1417	446	971
18	2769	875	1894	2753	859	1894	2820	927	1893
19	4839	1853	2986	4472	1688	2784	4349	1663	2686
20-24岁	**27463**	**13654**	**13809**	**29180**	**14696**	**14484**	**28295**	**14252**	**14043**
20	6311	2588	3723	6491	2727	3764	5992	2565	3427
21	7238	3373	3865	6895	3192	3703	6931	3262	3669
22	7800	4173	3627	6664	3446	3218	6243	3159	3084
23	4532	2602	1930	5951	3421	2530	5021	2724	2297
24	1582	918	664	3179	1910	1269	4108	2542	1566
25-29岁	**4199**	**3068**	**1131**	**3332**	**2347**	**985**	**3747**	**2473**	**1274**
25	907	566	341	1035	602	433	2008	1287	721
26	872	617	255	590	393	197	616	372	244
27	908	716	192	530	416	114	369	256	113
28	890	706	184	598	470	128	330	246	84
29	622	463	159	579	466	113	424	312	112
30-34岁	**1677**	**1272**	**405**	**1404**	**1095**	**309**	**1395**	**1050**	**345**
30	520	400	120	415	321	94	429	336	93
31	427	319	108	351	283	68	310	225	85
32	319	248	71	306	242	64	272	208	64
33	235	175	60	183	134	49	198	145	53
34	176	130	46	149	115	34	186	136	50
35-39岁	**410**	**275**	**135**	**396**	**263**	**133**	**367**	**272**	**95**
35	138	98	40	107	70	37	115	88	27
36	89	56	33	92	67	25	99	77	22
37	82	56	26	71	44	27	69	52	17
38	47	28	19	69	45	24	46	31	15
39	54	37	17	57	37	20	38	24	14
40-44岁	**161**	**109**	**52**	**128**	**83**	**45**	**120**	**79**	**41**
40	48	35	13	48	31	17	39	25	14
41	42	31	11	30	22	8	25	18	7
42	34	20	14	24	16	8	21	15	6
43	19	11	8	21	11	10	20	11	9
44	18	12	6	5	3	2	15	10	5
45-49岁	**42**	**20**	**22**	**44**	**25**	**19**	**44**	**30**	**14**
45	11	7	4	16	10	6	18	12	6
46	9	4	5	5	3	2	11	9	2
47	8	3	5	7	2	5	9	6	3
48	7	4	3	11	9	2	3	1	2
49	7	2	5	5	1	4	3	2	1
50岁及以上	**20**	**5**	**15**	**17**	**9**	**8**	**10**	**5**	**5**
平均初婚年龄	**22.30**	**23.22**	**21.42**	**22.29**	**23.13**	**21.49**	**22.36**	**23.12**	**21.62**

5-4c　续表 3　　　　单位：人

初婚年龄	初婚年份								
	1988年			1989年			1990年		
	小计	男	女	小计	男	女	小计	男	女
总　计	**50106**	**24650**	**25456**	**47385**	**23404**	**23981**	**54831**	**27121**	**27710**
15岁以下	**63**	**14**	**49**	**58**	**12**	**46**	**109**	**28**	**81**
15–19岁	**10478**	**3716**	**6762**	**9306**	**3274**	**6032**	**10547**	**4087**	**6460**
15	353	111	242	277	99	178	332	116	216
16	738	202	536	627	190	437	689	256	433
17	1395	444	951	1305	428	877	1540	585	955
18	2806	971	1835	2534	865	1669	2874	1127	1747
19	5186	1988	3198	4563	1692	2871	5112	2003	3109
20–24岁	**32181**	**15972**	**16209**	**30749**	**15221**	**15528**	**35800**	**17624**	**18176**
20	6966	2975	3991	6672	2874	3798	7561	3150	4411
21	7398	3463	3935	7421	3436	3985	8938	4226	4712
22	7852	4026	3826	6736	3394	3342	8402	4264	4138
23	5899	3154	2745	5821	3142	2679	6172	3276	2896
24	4066	2354	1712	4099	2375	1724	4727	2708	2019
25–29岁	**5508**	**3559**	**1949**	**5673**	**3699**	**1974**	**6778**	**4227**	**2551**
25	3031	1938	1093	2557	1594	963	2959	1786	1173
26	1416	932	484	1795	1221	574	1763	1086	677
27	504	288	216	823	560	263	1244	832	412
28	291	201	90	321	207	114	570	377	193
29	266	200	66	177	117	60	242	146	96
30–34岁	**1196**	**918**	**278**	**958**	**719**	**239**	**767**	**568**	**199**
30	283	221	62	178	134	44	136	84	52
31	276	215	61	231	178	53	157	112	45
32	223	164	59	215	168	47	147	111	36
33	227	173	54	177	115	62	183	143	40
34	187	145	42	157	124	33	144	118	26
35–39岁	**471**	**339**	**132**	**417**	**315**	**102**	**489**	**358**	**131**
35	150	111	39	113	87	26	151	117	34
36	135	97	38	111	78	33	113	86	27
37	69	53	16	82	63	19	96	70	26
38	72	50	22	63	52	11	67	44	23
39	45	28	17	48	35	13	62	41	21
40–44岁	**143**	**96**	**47**	**151**	**115**	**36**	**220**	**153**	**67**
40	39	26	13	43	35	8	58	42	16
41	33	22	11	26	22	4	44	25	19
42	29	20	9	32	23	9	49	36	13
43	25	17	8	28	23	5	35	22	13
44	17	11	6	22	12	10	34	28	6
45–49岁	**45**	**27**	**18**	**48**	**36**	**12**	**88**	**60**	**28**
45	14	9	5	18	15	3	26	12	14
46	9	3	6	11	9	2	19	13	6
47	7	6	1	10	5	5	15	13	2
48	10	7	3	7	6	1	20	16	4
49	5	2	3	2	1	1	8	6	2
50岁及以上	**21**	**9**	**12**	**25**	**13**	**12**	**33**	**16**	**17**
平均初婚年龄	**22.41**	**23.09**	**21.75**	**22.48**	**23.18**	**21.81**	**22.48**	**23.06**	**21.92**

5-4c 续表 4

单位：人

初婚年龄	初婚年份								
	1991年			1992年			1993年		
	小计	男	女	小计	男	女	小计	男	女
总　计	**37208**	**18359**	**18849**	**41367**	**20517**	**20850**	**39611**	**19505**	**20106**
15岁以下	**50**	**12**	**38**	**35**	**11**	**24**	**36**	**14**	**22**
15-19岁	**6169**	**2433**	**3736**	**5916**	**2304**	**3612**	**4693**	**1751**	**2942**
15	198	77	121	189	54	135	163	53	110
16	331	106	225	358	136	222	311	92	219
17	792	278	514	711	254	457	579	214	365
18	1651	609	1042	1411	563	848	1164	444	720
19	3197	1363	1834	3247	1297	1950	2476	948	1528
20-24岁	**24871**	**11941**	**12930**	**28215**	**13653**	**14562**	**27286**	**13080**	**14206**
20	4979	2051	2928	5219	2270	2949	4581	1884	2697
21	5856	2579	3277	6473	2926	3547	5960	2701	3259
22	5818	2837	2981	6893	3358	3535	6755	3297	3458
23	4918	2619	2299	5586	2861	2725	5698	2852	2846
24	3300	1855	1445	4044	2238	1806	4292	2346	1946
25-29岁	**5274**	**3355**	**1919**	**6013**	**3747**	**2266**	**6288**	**3796**	**2492**
25	2311	1416	895	2504	1472	1032	2674	1519	1155
26	1378	874	504	1590	1038	552	1573	945	628
27	789	526	263	959	598	361	1039	707	332
28	512	354	158	564	364	200	607	384	223
29	284	185	99	396	275	121	395	241	154
30-34岁	**390**	**287**	**103**	**534**	**351**	**183**	**696**	**451**	**245**
30	94	68	26	242	158	84	297	193	104
31	77	58	19	93	55	38	199	131	68
32	58	42	16	63	44	19	83	49	34
33	93	68	25	59	41	18	56	34	22
34	68	51	17	77	53	24	61	44	17
35-39岁	**273**	**200**	**73**	**346**	**259**	**87**	**300**	**207**	**93**
35	63	50	13	86	65	21	63	48	15
36	64	41	23	76	57	19	68	53	15
37	59	47	12	71	54	17	57	33	24
38	48	36	12	46	39	7	54	33	21
39	39	26	13	67	44	23	58	40	18
40-44岁	**125**	**94**	**31**	**193**	**121**	**72**	**206**	**142**	**64**
40	36	25	11	62	39	23	62	38	24
41	26	19	7	40	25	15	52	37	15
42	26	20	6	43	27	16	41	28	13
43	23	18	5	23	13	10	25	19	6
44	14	12	2	25	17	8	26	20	6
45-49岁	**38**	**26**	**12**	**66**	**45**	**21**	**67**	**43**	**24**
45	14	9	5	11	10	1	25	16	9
46	8	5	3	15	10	5	19	12	7
47	6	5	1	18	11	7	7	7	
48	4	2	2	13	8	5	7	3	4
49	6	5	1	9	6	3	9	5	4
50岁及以上	**18**	**11**	**7**	**49**	**26**	**23**	**39**	**21**	**18**
平均初婚年龄	**22.63**	**23.20**	**22.08**	**22.88**	**23.38**	**22.38**	**23.11**	**23.62**	**22.63**

5-4c　续表 5　　　　单位：人

初婚年龄	初婚年份								
	1994年			1995年			1996年		
	小计	男	女	小计	男	女	小计	男	女
总　计	**39376**	**19427**	**19949**	**40394**	**20090**	**20304**	**34249**	**17118**	**17131**
15岁以下	**31**	**10**	**21**	**40**	**10**	**30**	**23**	**3**	**20**
15-19岁	**4158**	**1570**	**2588**	**3925**	**1437**	**2488**	**3095**	**1050**	**2045**
15	170	57	113	143	48	95	106	23	83
16	288	82	206	270	66	204	218	60	158
17	498	171	327	469	179	290	402	130	272
18	957	370	587	956	348	608	752	244	508
19	2245	890	1355	2087	796	1291	1617	593	1024
20-24岁	**26575**	**12606**	**13969**	**26474**	**12665**	**13809**	**22041**	**10553**	**11488**
20	3850	1486	2364	3508	1273	2235	3111	1172	1939
21	5650	2476	3174	5231	2306	2925	4362	1867	2495
22	6735	3265	3470	6785	3254	3531	5301	2619	2682
23	5823	2971	2852	6128	3215	2913	5051	2608	2443
24	4517	2408	2109	4822	2617	2205	4216	2287	1929
25-29岁	**7140**	**4310**	**2830**	**8111**	**4831**	**3280**	**7253**	**4374**	**2879**
25	3087	1792	1295	3359	1909	1450	2944	1703	1241
26	1803	1063	740	2077	1256	821	1883	1116	767
27	1065	667	398	1334	809	525	1203	777	426
28	702	467	235	773	486	287	739	458	281
29	483	321	162	568	371	197	484	320	164
30-34岁	**869**	**554**	**315**	**1105**	**678**	**427**	**1148**	**725**	**423**
30	323	203	120	386	248	138	361	229	132
31	277	169	108	277	160	117	289	174	115
32	155	111	44	251	152	99	214	134	80
33	75	42	33	135	85	50	170	118	52
34	39	29	10	56	33	23	114	70	44
35-39岁	**256**	**172**	**84**	**241**	**162**	**79**	**221**	**151**	**70**
35	45	24	21	39	22	17	61	42	19
36	55	44	11	31	22	9	32	19	13
37	41	27	14	63	44	19	32	26	6
38	55	38	17	52	38	14	52	34	18
39	60	39	21	56	36	20	44	30	14
40-44岁	**203**	**130**	**73**	**262**	**169**	**93**	**198**	**123**	**75**
40	44	27	17	52	29	23	38	21	17
41	48	25	23	74	52	22	47	27	20
42	52	36	16	56	36	20	39	25	14
43	27	20	7	47	33	14	50	38	12
44	32	22	10	33	19	14	24	12	12
45-49岁	**84**	**46**	**38**	**107**	**74**	**33**	**157**	**81**	**76**
45	22	15	7	23	11	12	40	22	18
46	26	10	16	29	25	4	26	13	13
47	9	7	2	20	14	6	32	17	15
48	12	7	5	23	14	9	28	12	16
49	15	7	8	12	10	2	31	17	14
50岁及以上	**60**	**29**	**31**	**129**	**64**	**65**	**113**	**58**	**55**
平均初婚年龄	**23.37**	**23.87**	**22.88**	**23.67**	**24.20**	**23.14**	**23.85**	**24.41**	**23.29**

5–4c 续表 6

单位：人

初婚年龄	1997年			1998年			1999年		
	小计	男	女	小计	男	女	小计	男	女
总　计	**30546**	**15398**	**15148**	**32007**	**16041**	**15966**	**26884**	**13583**	**13301**
15岁以下	**23**	**5**	**18**	**32**	**7**	**25**	**32**	**5**	**27**
15–19岁	**2668**	**918**	**1750**	**2993**	**948**	**2045**	**2479**	**740**	**1739**
15	83	14	69	123	35	88	125	25	100
16	141	35	106	184	44	140	169	31	138
17	368	113	255	374	101	273	316	72	244
18	673	238	435	702	222	480	561	186	375
19	1403	518	885	1610	546	1064	1308	426	882
20–24岁	**18924**	**8950**	**9974**	**18877**	**8958**	**9919**	**16232**	**7658**	**8574**
20	2695	938	1757	2698	885	1813	2511	751	1760
21	3782	1574	2208	3725	1574	2151	3310	1308	2002
22	4682	2326	2356	4851	2445	2406	3962	2149	1813
23	4204	2190	2014	4202	2185	2017	3611	1875	1736
24	3561	1922	1639	3401	1869	1532	2838	1575	1263
25–29岁	**7155**	**4438**	**2717**	**7586**	**4602**	**2984**	**6485**	**4097**	**2388**
25	2752	1593	1159	2699	1601	1098	2199	1311	888
26	1857	1163	694	1949	1149	800	1592	982	610
27	1247	805	442	1313	822	491	1244	841	403
28	790	527	263	938	601	337	838	559	279
29	509	350	159	687	429	258	612	404	208
30–34岁	**1156**	**722**	**434**	**1732**	**1017**	**715**	**1232**	**824**	**408**
30	374	228	146	569	353	216	439	310	129
31	285	172	113	413	238	175	296	188	108
32	224	156	68	301	169	132	226	144	82
33	145	81	64	258	157	101	141	91	50
34	128	85	43	191	100	91	130	91	39
35–39岁	**193**	**112**	**81**	**349**	**220**	**129**	**211**	**128**	**83**
35	71	37	34	154	99	55	77	44	33
36	27	14	13	93	57	36	64	41	23
37	28	18	10	33	20	13	33	21	12
38	29	17	12	32	17	15	19	10	9
39	38	26	12	37	27	10	18	12	6
40–44岁	**248**	**150**	**98**	**225**	**157**	**68**	**92**	**57**	**35**
40	43	22	21	42	33	9	19	14	5
41	54	29	25	47	31	16	19	10	9
42	56	33	23	24	17	7	20	16	4
43	51	35	16	64	43	21	15	9	6
44	44	31	13	48	33	15	19	8	11
45–49岁	**122**	**72**	**50**	**132**	**80**	**52**	**68**	**46**	**22**
45	32	14	18	41	27	14	13	9	4
46	25	16	9	28	20	8	13	11	2
47	23	16	7	29	19	10	17	11	6
48	25	15	10	22	9	13	17	13	4
49	17	11	6	12	5	7	8	2	6
50岁及以上	**57**	**31**	**26**	**81**	**52**	**29**	**53**	**28**	**25**
平均初婚年龄	**23.98**	**24.60**	**23.35**	**24.20**	**24.89**	**23.50**	**23.95**	**24.73**	**23.16**

5-4c 续表 7　　　　单位：人

初婚年龄	初婚年份								
	2000年			2001年			2002年		
	小计	男	女	小计	男	女	小计	男	女
总　计	**29883**	**15260**	**14623**	**21489**	**10886**	**10603**	**25210**	**12950**	**12260**
15岁以下	**71**	**23**	**48**	**47**	**16**	**31**	**40**	**8**	**32**
15—19岁	**3276**	**905**	**2371**	**2145**	**609**	**1536**	**2825**	**782**	**2043**
15	173	47	126	117	32	85	182	38	144
16	286	82	204	175	39	136	245	55	190
17	489	135	354	291	77	214	382	109	273
18	743	176	567	475	126	349	667	187	480
19	1585	465	1120	1087	335	752	1349	393	956
20—24岁	**18193**	**8896**	**9297**	**13209**	**6235**	**6974**	**15386**	**7510**	**7876**
20	2939	951	1988	1992	601	1391	2303	721	1582
21	3953	1757	2196	2779	1116	1663	3034	1304	1730
22	4437	2371	2066	3405	1801	1604	3995	2101	1894
23	3748	2014	1734	2824	1480	1344	3453	1890	1563
24	3116	1803	1313	2209	1237	972	2601	1494	1107
25—29岁	**6585**	**4238**	**2347**	**4815**	**3117**	**1698**	**5383**	**3559**	**1824**
25	2256	1341	915	1717	1052	665	1874	1158	716
26	1633	1077	556	1133	730	403	1348	842	506
27	1232	811	421	837	562	275	980	697	283
28	846	572	274	661	457	204	656	474	182
29	618	437	181	467	316	151	525	388	137
30—34岁	**1209**	**832**	**377**	**946**	**686**	**260**	**1142**	**801**	**341**
30	442	316	126	339	258	81	395	303	92
31	283	190	93	220	152	68	288	196	92
32	218	142	76	172	124	48	203	136	67
33	149	98	51	145	101	44	147	93	54
34	117	86	31	70	51	19	109	73	36
35—39岁	**271**	**184**	**87**	**220**	**151**	**69**	**281**	**185**	**96**
35	88	61	27	70	46	24	81	56	25
36	55	34	21	55	40	15	72	46	26
37	71	50	21	32	21	11	44	29	15
38	32	22	10	48	34	14	44	30	14
39	25	17	8	15	10	5	40	24	16
40—44岁	**88**	**58**	**30**	**41**	**26**	**15**	**40**	**27**	**13**
40	14	7	7	5	2	3	14	10	4
41	16	12	4	12	6	6	10	7	3
42	22	15	7	4	4		4	2	2
43	25	15	10	8	7	1	3	2	1
44	11	9	2	12	7	5	9	6	3
45—49岁	**93**	**68**	**25**	**46**	**33**	**13**	**57**	**38**	**19**
45	16	15	1	8	6	2	10	8	2
46	21	16	5	13	8	5	13	6	7
47	14	9	5	12	8	4	10	8	2
48	21	11	10	7	6	1	14	8	6
49	21	17	4	6	5	1	10	8	2
50岁及以上	**97**	**56**	**41**	**20**	**13**	**7**	**56**	**40**	**16**
平均初婚年龄	**23.75**	**24.59**	**22.87**	**23.77**	**24.64**	**22.87**	**23.75**	**24.63**	**22.81**

5-4c 续表 8 单位：人

初婚年龄	初婚年份								
	2003年			2004年			2005年		
	小计	男	女	小计	男	女	小计	男	女
总 计	**24405**	**12545**	**11860**	**25335**	**13007**	**12328**	**26675**	**13748**	**12927**
15岁以下	**43**	**9**	**34**	**42**	**14**	**28**	**36**	**6**	**30**
15-19岁	**2777**	**749**	**2028**	**3112**	**826**	**2286**	**3899**	**1090**	**2809**
15	159	38	121	146	30	116	207	55	152
16	247	68	179	273	63	210	332	85	247
17	374	94	280	482	111	371	592	161	431
18	637	155	482	743	205	538	1037	272	765
19	1360	394	966	1468	417	1051	1731	517	1214
20-24岁	**14784**	**7173**	**7611**	**14990**	**7266**	**7724**	**15097**	**7483**	**7614**
20	2186	685	1501	2426	803	1623	2585	924	1661
21	2997	1294	1703	3063	1379	1684	3174	1464	1710
22	3556	1855	1701	3543	1810	1733	3692	1934	1758
23	3327	1816	1511	3163	1650	1513	3100	1660	1440
24	2718	1523	1195	2795	1624	1171	2546	1501	1045
25-29岁	**5116**	**3455**	**1661**	**5369**	**3618**	**1751**	**5683**	**3804**	**1879**
25	1845	1164	681	2023	1262	761	2058	1300	758
26	1257	846	411	1340	917	423	1517	1012	505
27	890	633	257	859	604	255	987	701	286
28	662	478	184	697	496	201	653	451	202
29	462	334	128	450	339	111	468	340	128
30-34岁	**1237**	**856**	**381**	**1293**	**916**	**377**	**1277**	**923**	**354**
30	376	274	102	385	274	111	350	259	91
31	306	212	94	315	233	82	293	212	81
32	226	146	80	236	161	75	235	170	65
33	194	139	55	199	134	65	222	162	60
34	135	85	50	158	114	44	177	120	57
35-39岁	**285**	**197**	**88**	**325**	**236**	**89**	**425**	**283**	**142**
35	87	58	29	118	85	33	155	108	47
36	67	44	23	84	63	21	85	57	28
37	50	39	11	54	38	16	84	59	25
38	52	32	20	40	31	9	60	37	23
39	29	24	5	29	19	10	41	22	19
40-44岁	**70**	**46**	**24**	**99**	**63**	**36**	**120**	**75**	**45**
40	23	18	5	43	28	15	29	17	12
41	17	8	9	27	15	12	38	27	11
42	7	5	2	17	12	5	27	15	12
43	9	5	4	9	7	2	21	12	9
44	14	10	4	3	1	2	5	4	1
45-49岁	**47**	**35**	**12**	**45**	**30**	**15**	**44**	**27**	**17**
45	5	1	4	3	2	1	6	1	5
46	11	9	2	7	4	3	7	3	4
47	9	7	2	11	8	3	11	10	1
48	14	11	3	8	6	2	12	7	5
49	8	7	1	16	10	6	8	6	2
50岁及以上	**46**	**25**	**21**	**60**	**38**	**22**	**94**	**57**	**37**
平均初婚年龄	**23.81**	**24.72**	**22.84**	**23.79**	**24.77**	**22.76**	**23.73**	**24.70**	**22.70**

5-4c　续表 9　　　　　　　　　　　　　　　　　　　　　　单位：人

初婚年龄	初婚年份								
	2006年			2007年			2008年		
	小计	男	女	小计	男	女	小计	男	女
总　计	**26160**	**13478**	**12682**	**25493**	**13105**	**12388**	**30018**	**15254**	**14764**
15岁以下	**30**	**8**	**22**	**38**	**10**	**28**	**21**	**3**	**18**
15—19岁	**4116**	**1266**	**2850**	**4464**	**1540**	**2924**	**5565**	**1914**	**3651**
15	177	55	122	172	51	121	192	54	138
16	395	117	278	330	86	244	372	115	257
17	603	171	432	693	233	460	859	280	579
18	1085	323	762	1167	421	746	1654	568	1086
19	1856	600	1256	2102	749	1353	2488	897	1591
20—24岁	**14968**	**7414**	**7554**	**14535**	**7135**	**7400**	**17097**	**8375**	**8722**
20	2752	1007	1745	3031	1093	1938	3546	1394	2152
21	3286	1520	1766	3268	1522	1746	4165	1893	2272
22	3516	1887	1629	3300	1733	1567	3966	2040	1926
23	2959	1602	1357	2675	1474	1201	3110	1708	1402
24	2455	1398	1057	2261	1313	948	2310	1340	970
25—29岁	**5177**	**3478**	**1699**	**4639**	**3167**	**1472**	**5102**	**3423**	**1679**
25	1803	1097	706	1604	1027	577	1713	1116	597
26	1331	933	398	1114	764	350	1304	861	443
27	953	666	287	912	633	279	882	620	262
28	654	471	183	585	423	162	698	485	213
29	436	311	125	424	320	104	505	341	164
30—34岁	**1199**	**870**	**329**	**1088**	**780**	**308**	**1296**	**908**	**388**
30	346	255	91	301	216	85	387	280	107
31	268	198	70	246	172	74	276	189	87
32	237	168	69	204	140	64	231	164	67
33	181	126	55	191	138	53	223	155	68
34	167	123	44	146	114	32	179	120	59
35—39岁	**442**	**287**	**155**	**468**	**309**	**159**	**542**	**376**	**166**
35	134	85	49	143	93	50	137	100	37
36	94	61	33	104	75	29	129	88	41
37	83	57	26	104	61	43	101	73	28
38	79	50	29	66	43	23	87	58	29
39	52	34	18	51	37	14	88	57	31
40—44岁	**119**	**88**	**31**	**163**	**111**	**52**	**204**	**130**	**74**
40	39	33	6	39	26	13	59	39	20
41	25	19	6	33	23	10	44	29	15
42	24	18	6	31	23	8	47	29	18
43	20	12	8	33	20	13	28	18	10
44	11	6	5	27	19	8	26	15	11
45—49岁	**32**	**20**	**12**	**26**	**15**	**11**	**87**	**56**	**31**
45	7	5	2	13	7	6	31	21	10
46	7	5	2	4	2	2	24	15	9
47	5	4	1	6	3	3	8	4	4
48	5	5		2	2		13	8	5
49	8	1	7	1	1		11	8	3
50岁及以上	**77**	**47**	**30**	**72**	**38**	**34**	**104**	**69**	**35**
平均初婚年龄	**23.57**	**24.52**	**22.57**	**23.42**	**24.34**	**22.44**	**23.38**	**24.30**	**22.42**

5-4c 续表 10 单位：人

初婚年龄	初婚年份								
	2009年			2010年			2011年		
	小计	男	女	小计	男	女	小计	男	女
总　计	**28561**	**14525**	**14036**	**33086**	**16715**	**16371**	**26722**	**13564**	**13158**
15岁以下	**30**	**7**	**23**	**33**	**6**	**27**	**20**	**4**	**16**
15-19岁	**5602**	**2148**	**3454**	**6104**	**2375**	**3729**	**4578**	**1846**	**2732**
15	150	56	94	241	66	175	156	38	118
16	373	128	245	437	140	297	306	91	215
17	794	265	529	878	318	560	699	258	441
18	1481	583	898	1653	653	1000	1264	504	760
19	2804	1116	1688	2895	1198	1697	2153	955	1198
20-24岁	**16533**	**8080**	**8453**	**19640**	**9519**	**10121**	**16356**	**7873**	**8483**
20	3501	1409	2092	4490	1835	2655	3206	1319	1887
21	4083	1846	2237	4590	2108	2482	4155	1850	2305
22	3962	2051	1911	4492	2241	2251	3752	1887	1865
23	2855	1535	1320	3581	1932	1649	3011	1593	1418
24	2132	1239	893	2487	1403	1084	2232	1224	1008
25-29岁	**4369**	**2930**	**1439**	**4795**	**3125**	**1670**	**4000**	**2611**	**1389**
25	1440	903	537	1648	998	650	1471	908	563
26	1118	754	364	1175	779	396	960	634	326
27	784	542	242	875	592	283	697	455	242
28	547	391	156	654	454	200	488	331	157
29	480	340	140	443	302	141	384	283	101
30-34岁	**1144**	**782**	**362**	**1374**	**927**	**447**	**963**	**680**	**283**
30	348	237	111	404	278	126	263	190	73
31	264	186	78	330	226	104	228	166	62
32	180	124	56	269	174	95	207	137	70
33	185	123	62	184	120	64	160	112	48
34	167	112	55	187	129	58	105	75	30
35-39岁	**508**	**333**	**175**	**590**	**402**	**188**	**447**	**300**	**147**
35	128	83	45	141	98	43	100	69	31
36	111	66	45	135	94	41	98	57	41
37	95	62	33	100	68	32	87	60	27
38	100	67	33	115	85	30	94	67	27
39	74	55	19	99	57	42	68	47	21
40-44岁	**231**	**153**	**78**	**281**	**197**	**84**	**211**	**155**	**56**
40	67	48	19	83	56	27	58	44	14
41	54	36	18	61	46	15	48	34	14
42	38	23	15	61	40	21	30	21	9
43	39	28	11	39	27	12	42	30	12
44	33	18	15	37	28	9	33	26	7
45-49岁	**58**	**34**	**24**	**107**	**61**	**46**	**80**	**52**	**28**
45	20	10	10	33	17	16	23	17	6
46	12	8	4	28	16	12	21	14	7
47	16	11	5	25	15	10	12	6	6
48	7	4	3	11	8	3	18	13	5
49	3	1	2	10	5	5	6	2	4
50岁及以上	**86**	**58**	**28**	**162**	**103**	**59**	**67**	**43**	**24**
平均初婚年龄	**23.21**	**24.03**	**22.37**	**23.30**	**24.10**	**22.47**	**23.25**	**24.02**	**22.46**

5-4c 续表 11 单位：人

初婚年龄	初婚年份								
	2012年			2013年			2014年		
	小计	男	女	小计	男	女	小计	男	女
总 计	**29906**	**15021**	**14885**	**26807**	**13414**	**13393**	**26158**	**13164**	**12994**
15岁以下	**25**	**5**	**20**	**20**	**4**	**16**	**10**	**3**	**7**
15-19岁	**4847**	**1864**	**2983**	**3951**	**1487**	**2464**	**3556**	**1347**	**2209**
15	180	38	142	151	32	119	101	25	76
16	394	128	266	340	104	236	233	75	158
17	818	305	513	625	209	416	583	196	387
18	1324	517	807	1142	427	715	954	360	594
19	2131	876	1255	1693	715	978	1685	691	994
20-24岁	**17947**	**8715**	**9232**	**15622**	**7512**	**8110**	**14444**	**6895**	**7549**
20	3107	1268	1839	2512	1051	1461	2280	923	1357
21	3933	1804	2129	3136	1391	1745	2670	1158	1512
22	4636	2323	2313	3766	1838	1928	3189	1555	1634
23	3611	1889	1722	3597	1799	1798	3244	1586	1658
24	2660	1431	1229	2611	1433	1178	3061	1673	1388
25-29岁	**4859**	**2969**	**1890**	**4934**	**2952**	**1982**	**5683**	**3414**	**2269**
25	1809	1040	769	1917	1114	803	2103	1208	895
26	1201	733	468	1248	748	500	1497	916	581
27	814	519	295	827	492	335	965	606	359
28	591	379	212	568	372	196	658	412	246
29	444	298	146	374	226	148	460	272	188
30-34岁	**1223**	**806**	**417**	**1247**	**768**	**479**	**1301**	**782**	**519**
30	345	241	104	322	205	117	337	208	129
31	245	149	96	287	177	110	273	161	112
32	252	168	84	268	161	107	250	153	97
33	223	140	83	204	124	80	241	132	109
34	158	108	50	166	101	65	200	128	72
35-39岁	**488**	**329**	**159**	**466**	**328**	**138**	**532**	**357**	**175**
35	115	77	38	112	75	37	151	96	55
36	110	80	30	105	75	30	113	75	38
37	101	63	38	97	71	26	100	67	33
38	77	56	21	81	57	24	88	64	24
39	85	53	32	71	50	21	80	55	25
40-44岁	**275**	**179**	**96**	**317**	**209**	**108**	**355**	**202**	**153**
40	73	52	21	74	52	22	72	43	29
41	64	39	25	71	45	26	80	49	31
42	52	34	18	75	45	30	87	44	43
43	48	32	16	54	35	19	60	31	29
44	38	22	16	43	32	11	56	35	21
45-49岁	**129**	**87**	**42**	**135**	**78**	**57**	**163**	**95**	**68**
45	38	28	10	37	25	12	52	30	22
46	25	16	9	29	14	15	30	21	9
47	25	13	12	28	16	12	26	14	12
48	26	19	7	27	14	13	34	15	19
49	15	11	4	14	9	5	21	15	6
50岁及以上	**113**	**67**	**46**	**115**	**76**	**39**	**114**	**69**	**45**
平均初婚年龄	**23.53**	**24.25**	**22.81**	**23.89**	**24.62**	**23.16**	**24.31**	**24.98**	**23.62**

5－4c　续表 12　　　　单位：人

初婚年龄	初婚年份								
	2015年			2016年			2017年		
	小计	男	女	小计	男	女	小计	男	女
总　计	**24504**	**12362**	**12142**	**20906**	**10571**	**10335**	**18621**	**9436**	**9185**
15岁以下	**6**		**6**	**16**	**2**	**14**	**9**	**2**	**7**
15–19岁	**3054**	**1102**	**1952**	**2063**	**694**	**1369**	**1626**	**551**	**1075**
15	76	11	65	49	7	42	48	9	39
16	184	41	143	143	29	114	103	28	75
17	419	115	304	318	88	230	267	70	197
18	873	299	574	574	179	395	451	136	315
19	1502	636	866	979	391	588	757	308	449
20–24岁	**12616**	**6085**	**6531**	**10146**	**4827**	**5319**	**8589**	**4086**	**4503**
20	2092	839	1253	1541	607	934	1245	464	781
21	2317	1040	1277	1981	892	1089	1594	672	922
22	2742	1362	1380	2324	1174	1150	1966	1001	965
23	2781	1391	1390	2190	1046	1144	1866	946	920
24	2684	1453	1231	2110	1108	1002	1918	1003	915
25–29岁	**6358**	**3646**	**2712**	**6456**	**3679**	**2777**	**6202**	**3458**	**2744**
25	2425	1348	1077	2067	1101	966	1760	917	843
26	1599	876	723	1855	1051	804	1642	917	725
27	1084	633	451	1156	690	466	1382	795	587
28	775	511	264	802	492	310	860	502	358
29	475	278	197	576	345	231	558	327	231
30–34岁	**1292**	**785**	**507**	**1228**	**735**	**493**	**1184**	**705**	**479**
30	408	253	155	374	238	136	394	239	155
31	292	171	121	276	173	103	273	159	114
32	224	147	77	218	118	100	213	115	98
33	212	115	97	204	118	86	160	102	58
34	156	99	57	156	88	68	144	90	54
35–39岁	**492**	**331**	**161**	**403**	**265**	**138**	**413**	**258**	**155**
35	139	96	43	113	75	38	118	68	50
36	127	82	45	96	63	33	88	54	34
37	97	69	28	71	46	25	90	58	32
38	67	47	20	75	45	30	64	43	21
39	62	37	25	48	36	12	53	35	18
40–44岁	**312**	**190**	**122**	**279**	**173**	**106**	**242**	**153**	**89**
40	72	45	27	53	33	20	54	36	18
41	62	38	24	56	38	18	54	42	12
42	51	27	24	53	27	26	55	31	24
43	71	45	26	63	36	27	35	22	13
44	56	35	21	54	39	15	44	22	22
45–49岁	**196**	**119**	**77**	**161**	**99**	**62**	**170**	**116**	**54**
45	54	34	20	44	29	15	42	25	17
46	37	24	13	45	25	20	33	27	6
47	36	20	16	27	18	9	30	21	9
48	36	19	17	19	9	10	44	30	14
49	33	22	11	26	18	8	21	13	8
50岁及以上	**178**	**104**	**74**	**154**	**97**	**57**	**186**	**107**	**79**
平均初婚年龄	**24.64**	**25.35**	**23.92**	**25.03**	**25.76**	**24.30**	**25.43**	**26.14**	**24.69**

5-4c 续表 13

单位：人

初婚年龄	初婚年份								
	2018年			2019年			2020年		
	小计	男	女	小计	男	女	小计	男	女
总　计	**19984**	**10011**	**9973**	**14892**	**7710**	**7182**	**10683**	**5693**	**4990**
15岁以下	**12**	**2**	**10**	**13**	**1**	**12**	**2**		**2**
15-19岁	**1669**	**481**	**1188**	**1145**	**362**	**783**	**582**	**173**	**409**
15	69	16	53	51	12	39	23	6	17
16	127	20	107	91	32	59	54	12	42
17	234	54	180	153	42	111	77	27	50
18	460	133	327	306	98	208	168	43	125
19	779	258	521	544	178	366	260	85	175
20-24岁	**8420**	**3921**	**4499**	**5806**	**2789**	**3017**	**3571**	**1757**	**1814**
20	1115	404	711	770	295	475	426	156	270
21	1463	627	836	966	423	543	541	221	320
22	1931	910	1021	1196	591	605	799	409	390
23	2022	1028	994	1370	702	668	779	426	353
24	1889	952	937	1504	778	726	1026	545	481
25-29岁	**7235**	**4011**	**3224**	**5487**	**3154**	**2333**	**4191**	**2419**	**1772**
25	1911	1004	907	1299	720	579	1061	579	482
26	1727	931	796	1335	734	601	910	526	384
27	1548	881	667	1150	661	489	930	536	394
28	1263	739	524	903	535	368	728	438	290
29	786	456	330	800	504	296	562	340	222
30-34岁	**1548**	**928**	**620**	**1396**	**811**	**585**	**1315**	**789**	**526**
30	557	328	229	489	281	208	508	330	178
31	388	241	147	354	203	151	309	193	116
32	262	155	107	254	149	105	240	128	112
33	192	111	81	171	107	64	160	86	74
34	149	93	56	128	71	57	98	52	46
35-39岁	**440**	**271**	**169**	**417**	**230**	**187**	**337**	**186**	**151**
35	117	69	48	103	64	39	84	43	41
36	109	68	41	81	44	37	59	33	26
37	85	54	31	72	38	34	72	40	32
38	64	43	21	90	52	38	66	40	26
39	65	37	28	71	32	39	56	30	26
40-44岁	**239**	**140**	**99**	**246**	**147**	**99**	**276**	**142**	**134**
40	55	30	25	59	36	23	69	36	33
41	53	27	26	58	39	19	68	36	32
42	39	27	12	54	28	26	55	28	27
43	48	29	19	37	20	17	41	14	27
44	44	27	17	38	24	14	43	28	15
45-49岁	**176**	**115**	**61**	**171**	**107**	**64**	**130**	**80**	**50**
45	40	28	12	33	19	14	32	14	18
46	43	31	12	45	27	18	25	19	6
47	44	28	16	37	26	11	26	22	4
48	25	13	12	29	20	9	20	9	11
49	24	15	9	27	15	12	27	16	11
50岁及以上	**245**	**142**	**103**	**211**	**109**	**102**	**279**	**147**	**132**
平均初婚年龄	**25.79**	**26.57**	**25.01**	**26.36**	**26.98**	**25.70**	**27.42**	**27.90**	**26.87**

5－5　全省分年龄、性别、初婚年龄的人口

单位：人

年　龄	初婚年龄					
	合　计			15岁以下		
	合计	男	女	小计	男	女
总　计	**4044087**	**1938110**	**2105977**	**5825**	**1215**	**4610**
20岁以下	**2336**	**617**	**1719**	**82**	**12**	**70**
20－24岁	**52104**	**19487**	**32617**	**187**	**34**	**153**
20	2743	781	1962	23	3	20
21	4813	1531	3282	31	6	25
22	8863	3094	5769	39	7	32
23	14105	5388	8717	46	12	34
24	21580	8693	12887	48	6	42
25－29岁	**264306**	**118471**	**145835**	**329**	**91**	**238**
25	33069	14018	19051	65	14	51
26	40753	17792	22961	64	15	49
27	52651	23516	29135	54	15	39
28	62879	28558	34321	61	22	39
29	74954	34587	40367	85	25	60
30－34岁	**437748**	**205669**	**232079**	**430**	**109**	**321**
30	96269	44780	51489	78	19	59
31	92566	43318	49248	88	23	65
32	86153	40327	45826	91	21	70
33	87212	41338	45874	96	22	74
34	75548	35906	39642	77	24	53
35－39岁	**343436**	**167560**	**175876**	**240**	**52**	**188**
35	68357	33107	35250	73	20	53
36	68735	33555	35180	49	6	43
37	66692	32662	34030	35	7	28
38	72129	35376	36753	42	10	32
39	67523	32860	34663	41	9	32
40－44岁	**371158**	**184281**	**186877**	**475**	**123**	**352**
40	70482	34399	36083	57	14	43
41	76368	37875	38493	92	27	65
42	75666	37394	38272	101	29	72
43	70320	35276	35044	103	30	73
44	78322	39337	38985	122	23	99
45－49岁	**478114**	**236811**	**241303**	**532**	**143**	**389**
45	78372	38969	39403	124	36	88
46	86485	43294	43191	95	29	66
47	95258	47065	48193	99	21	78
48	107762	53239	54523	103	32	71
49	110237	54244	55993	111	25	86
50－54岁	**560525**	**270083**	**290442**	**690**	**137**	**553**
50	117334	56289	61045	122	28	94
51	113234	54490	58744	150	36	114
52	121264	58781	62483	180	27	153
53	98998	47178	51820	118	20	98
54	109695	53345	56350	120	26	94
55－59岁	**446975**	**215840**	**231135**	**521**	**93**	**428**
55	105428	50779	54649	152	31	121
56	98470	47468	51002	87	19	68
57	113341	55152	58189	107	18	89
58	93480	45578	47902	121	16	105
59	36256	16863	19393	54	9	45
60－64岁	**222643**	**111454**	**111189**	**415**	**93**	**322**
60	29044	13996	15048	42	7	35
61	28298	14155	14143	61	11	50
62	45904	23631	22273	76	16	60
63	59846	30456	29390	108	35	73
64	59551	29216	30335	128	24	104
65岁及以上	**864742**	**407837**	**456905**	**1924**	**328**	**1596**

5-5　续表 1　　　　单位：人

年　龄	初婚年龄								
	15岁			16岁			17岁		
	小计	男	女	小计	男	女	小计	男	女
总　计	**27840**	**6026**	**21814**	**52649**	**11649**	**41000**	**98193**	**24488**	**73705**
20岁以下	**322**	**68**	**254**	**505**	**119**	**386**	**624**	**175**	**449**
20-24岁	**970**	**220**	**750**	**1895**	**518**	**1377**	**3414**	**1003**	**2411**
20	100	14	86	210	48	162	418	109	309
21	141	26	115	258	60	198	472	135	337
22	211	52	159	363	93	270	661	176	485
23	258	71	187	459	136	323	836	243	593
24	260	57	203	605	181	424	1027	340	687
25-29岁	**1522**	**453**	**1069**	**3258**	**996**	**2262**	**6965**	**2349**	**4616**
25	329	96	233	614	169	445	1293	447	846
26	295	85	210	646	217	429	1304	452	852
27	308	92	216	705	213	492	1442	485	957
28	302	96	206	665	221	444	1490	507	983
29	288	84	204	628	176	452	1436	458	978
30-34岁	**1630**	**429**	**1201**	**2707**	**718**	**1989**	**5523**	**1513**	**4010**
30	380	113	267	643	192	451	1373	436	937
31	354	92	262	604	162	442	1201	343	858
32	277	73	204	532	127	405	1081	276	805
33	352	88	264	497	129	368	1040	239	801
34	267	63	204	431	108	323	828	219	609
35-39岁	**1112**	**289**	**823**	**1863**	**451**	**1412**	**3465**	**913**	**2552**
35	295	84	211	363	75	288	714	199	515
36	256	67	189	498	136	362	604	162	442
37	206	58	148	382	86	296	767	218	549
38	189	43	146	324	75	249	755	193	562
39	166	37	129	296	79	217	625	141	484
40-44岁	**1585**	**507**	**1078**	**2460**	**730**	**1730**	**4381**	**1411**	**2970**
40	218	67	151	332	80	252	683	196	487
41	306	104	202	471	144	327	778	216	562
42	311	96	215	539	138	401	917	298	619
43	339	110	229	507	151	356	904	289	615
44	411	130	281	611	217	394	1099	412	687
45-49岁	**2810**	**885**	**1925**	**5253**	**1630**	**3623**	**9897**	**3394**	**6503**
45	520	197	323	614	202	412	1229	437	792
46	582	199	383	1010	362	648	1403	505	898
47	571	162	409	1196	377	819	2145	785	1360
48	558	170	388	1211	342	869	2621	893	1728
49	579	157	422	1222	347	875	2499	774	1725
50-54岁	**3536**	**887**	**2649**	**7097**	**1854**	**5243**	**13275**	**3729**	**9546**
50	693	189	504	1298	345	953	2551	771	1780
51	752	202	550	1532	425	1107	2753	787	1966
52	759	180	579	1566	422	1144	3140	879	2261
53	689	156	533	1225	311	914	2338	652	1686
54	643	160	483	1476	351	1125	2493	640	1853
55-59岁	**2768**	**501**	**2267**	**5569**	**1082**	**4487**	**11198**	**2577**	**8621**
55	752	182	570	1235	259	976	2535	671	1864
56	696	132	564	1360	302	1058	2255	534	1721
57	647	102	545	1558	293	1265	3059	697	2362
58	462	57	405	1056	176	880	2609	548	2061
59	211	28	183	360	52	308	740	127	613
60-64岁	**1572**	**260**	**1312**	**2529**	**408**	**2121**	**4399**	**814**	**3585**
60	179	27	152	258	34	224	481	78	403
61	224	36	188	356	66	290	531	98	433
62	300	51	249	506	80	426	960	183	777
63	450	81	369	628	97	531	1228	230	998
64	419	65	354	781	131	650	1199	225	974
65岁及以上	**10013**	**1527**	**8486**	**19513**	**3143**	**16370**	**35052**	**6610**	**28442**

5-5 续表 2

单位：人

年龄	初婚年龄								
	18岁			19岁			20岁		
	小计	男	女	小计	男	女	小计	男	女
总计	**165634**	**47380**	**118254**	**288592**	**95737**	**192855**	**410635**	**147957**	**262678**
20岁以下	**555**	**161**	**394**	**248**	**82**	**166**			
20-24岁	**5341**	**1712**	**3629**	**7462**	**2625**	**4837**	**8984**	**3089**	**5895**
20	690	201	489	827	249	578	475	157	318
21	738	232	506	1144	388	756	1338	449	889
22	964	290	674	1431	505	926	1967	641	1326
23	1293	385	908	1673	599	1074	2402	843	1559
24	1656	604	1052	2387	884	1503	2802	999	1803
25-29岁	**12438**	**4651**	**7787**	**19368**	**7510**	**11858**	**26303**	**9701**	**16602**
25	1947	717	1230	3004	1191	1813	4002	1445	2557
26	2251	848	1403	3294	1244	2050	4347	1575	2772
27	2483	933	1550	3860	1486	2374	5199	1949	3250
28	2863	1076	1787	4197	1632	2565	6043	2225	3818
29	2894	1077	1817	5013	1957	3056	6712	2507	4205
30-34岁	**11573**	**3519**	**8054**	**23356**	**7654**	**15702**	**38634**	**13168**	**25466**
30	3119	1054	2065	5895	2216	3679	8830	3238	5592
31	2619	885	1734	5211	1767	3444	8420	3064	5356
32	2085	647	1438	4401	1414	2987	7642	2578	5064
33	2102	536	1566	4195	1259	2936	7399	2422	4977
34	1648	397	1251	3654	998	2656	6343	1866	4477
35-39岁	**6525**	**1716**	**4809**	**14436**	**3753**	**10683**	**26476**	**7271**	**19205**
35	1322	352	970	3211	838	2373	5710	1694	4016
36	1380	358	1022	2977	747	2230	5512	1584	3928
37	1116	286	830	2739	708	2031	5101	1382	3719
38	1406	361	1045	2617	693	1924	5389	1391	3998
39	1301	359	942	2892	767	2125	4764	1220	3544
40-44岁	**7838**	**2560**	**5278**	**16322**	**5207**	**11115**	**30413**	**8886**	**21527**
40	1242	377	865	3075	869	2206	5768	1543	4225
41	1475	458	1017	3105	922	2183	6380	1767	4613
42	1482	486	996	3142	1004	2138	6090	1677	4413
43	1678	552	1126	3114	1089	2025	5673	1683	3990
44	1961	687	1274	3886	1323	2563	6502	2216	4286
45-49岁	**17107**	**6165**	**10942**	**28954**	**11033**	**17921**	**43390**	**16502**	**26888**
45	2120	787	1333	4169	1551	2618	6866	2283	4583
46	2545	942	1603	4861	1807	3054	7712	2771	4941
47	3012	1073	1939	5500	2126	3374	8735	3289	5446
48	4441	1632	2809	6376	2423	3953	9972	4024	5948
49	4989	1731	3258	8048	3126	4922	10105	4135	5970
50-54岁	**24902**	**7851**	**17051**	**44486**	**16049**	**28437**	**64531**	**25817**	**38714**
50	5107	1656	3451	9339	3432	5907	12961	5137	7824
51	5084	1684	3400	9243	3303	5940	13457	5447	8010
52	5281	1676	3605	9357	3439	5918	14184	5773	8411
53	4735	1416	3319	7838	2794	5044	11233	4444	6789
54	4695	1419	3276	8709	3081	5628	12696	5016	7680
55-59岁	**19195**	**5128**	**14067**	**33885**	**11216**	**22669**	**49147**	**18955**	**30192**
55	4363	1262	3101	7902	2803	5099	12218	4811	7407
56	4154	1186	2968	7204	2396	4808	10571	4095	6476
57	4554	1183	3371	8802	2868	5934	11817	4592	7225
58	4518	1112	3406	7009	2249	4760	10722	4050	6672
59	1606	385	1221	2968	900	2068	3819	1407	2412
60-64岁	**7143**	**1452**	**5691**	**13012**	**3614**	**9398**	**18979**	**6277**	**12702**
60	835	162	673	1821	513	1308	2869	944	1925
61	765	130	635	1638	447	1191	2605	840	1765
62	1329	266	1063	2380	690	1690	3903	1317	2586
63	2066	450	1616	3360	908	2452	4690	1527	3163
64	2148	444	1704	3813	1056	2757	4912	1649	3263
65岁及以上	**53017**	**12465**	**40552**	**87063**	**26994**	**60069**	**103778**	**38291**	**65487**

5-5 续表 3 单位：人

年 龄	初婚年龄								
	21岁			22岁			23岁		
	小计	男	女	小计	男	女	小计	男	女
总 计	**478644**	**201134**	**277510**	**521281**	**248749**	**272532**	**467029**	**233140**	**233889**
20岁以下									
20-24岁	**8850**	**3425**	**5425**	**8275**	**3747**	**4528**	**4968**	**2300**	**2668**
20									
21	691	235	456						
22	1998	760	1238	1229	570	659			
23	2771	1085	1686	2906	1341	1565	1461	673	788
24	3390	1345	2045	4140	1836	2304	3507	1627	1880
25-29岁	**30010**	**12434**	**17576**	**34097**	**16172**	**17925**	**33165**	**15306**	**17859**
25	4180	1676	2504	5120	2392	2728	5377	2416	2961
26	4876	2020	2856	5600	2672	2928	5513	2569	2944
27	5873	2361	3512	6912	3293	3619	6191	2841	3350
28	6731	2842	3889	7511	3574	3937	7433	3443	3990
29	8350	3535	4815	8954	4241	4713	8651	4037	4614
30-34岁	**48771**	**20255**	**28516**	**55318**	**26229**	**29089**	**50532**	**24485**	**26047**
30	9950	4013	5937	11879	5524	6355	10809	5106	5703
31	10347	4366	5981	11042	5233	5809	10849	5212	5637
32	9879	4163	5716	10913	5168	5745	9763	4678	5085
33	10136	4222	5914	11383	5447	5936	10240	5058	5182
34	8459	3491	4968	10101	4857	5244	8871	4431	4440
35-39岁	**37035**	**14542**	**22493**	**46001**	**21758**	**24243**	**42631**	**20778**	**21853**
35	7507	3120	4387	8935	4327	4608	8414	4223	4191
36	7642	3100	4542	9049	4339	4710	8163	4004	4159
37	7371	2937	4434	8965	4282	4683	8139	3905	4234
38	7423	2799	4624	9861	4574	5287	9136	4434	4702
39	7092	2586	4506	9191	4236	4955	8779	4212	4567
40-44岁	**40731**	**15135**	**25596**	**51357**	**24429**	**26928**	**47243**	**22884**	**24359**
40	6779	2396	4383	9523	4362	5161	9051	4249	4802
41	8412	3151	5261	9468	4474	4994	9601	4685	4916
42	8916	3276	5640	10685	5135	5550	8852	4255	4597
43	7959	2978	4981	10407	5085	5322	9154	4530	4624
44	8665	3334	5331	11274	5373	5901	10585	5165	5420
45-49岁	**57391**	**23870**	**33521**	**67197**	**31402**	**35795**	**61564**	**29769**	**31795**
45	8992	3487	5505	10963	5022	5941	10346	4946	5400
46	10747	4339	6408	11870	5602	6268	11015	5329	5686
47	11465	4762	6703	13915	6501	7414	11998	5756	6242
48	13272	5653	7619	15252	7165	8087	14168	6834	7334
49	12915	5629	7286	15197	7112	8085	14037	6904	7133
50-54岁	**74680**	**33066**	**41614**	**77320**	**36925**	**40395**	**67448**	**33681**	**33767**
50	13114	5562	7552	15422	7117	8305	14451	6915	7536
51	15391	6913	8478	13503	6268	7235	13270	6547	6723
52	17331	7815	9516	17356	8408	8948	12926	6462	6464
53	13861	6021	7840	14640	7115	7525	12516	6330	6186
54	14983	6755	8228	16399	8017	8382	14285	7427	6858
55-59岁	**59550**	**26134**	**33416**	**63947**	**31232**	**32715**	**57500**	**30159**	**27341**
55	14186	6268	7918	14915	7133	7782	13948	7089	6859
56	13751	5949	7802	14085	6893	7192	12387	6425	5962
57	15108	6681	8427	16885	8360	8525	14430	7692	6738
58	11774	5243	6531	13262	6643	6619	12360	6767	5593
59	4731	1993	2738	4800	2203	2597	4375	2186	2189
60-64岁	**23131**	**8965**	**14166**	**27377**	**11926**	**15451**	**27682**	**13611**	**14071**
60	3013	1140	1873	3743	1635	2108	3533	1782	1751
61	3318	1320	1998	3112	1357	1755	3658	1822	1836
62	5149	2035	3114	6146	2708	3438	5204	2605	2599
63	6050	2297	3753	7461	3257	4204	7917	3903	4014
64	5601	2173	3428	6915	2969	3946	7370	3499	3871
65岁及以上	**98495**	**43308**	**55187**	**90392**	**44929**	**45463**	**74296**	**40167**	**34129**

5−5 续表 4

单位：人

年龄	初婚年龄								
	24岁			25岁			26岁		
	小计	男	女	小计	男	女	小计	男	女
总计	**397241**	**212434**	**184807**	**314119**	**180881**	**133238**	**231133**	**141771**	**89362**
20岁以下									
20−24岁	**1758**	**814**	**944**						
20									
21									
22									
23									
24	1758	814	944						
25−29岁	**32426**	**15522**	**16904**	**27157**	**13420**	**13737**	**19161**	**9930**	**9231**
25	4767	2312	2455	2371	1143	1228			
26	5754	2699	3055	4701	2331	2370	2108	1065	1043
27	6604	3149	3455	6214	3121	3093	4644	2418	2226
28	7067	3377	3690	6629	3253	3376	5974	3072	2902
29	8234	3985	4249	7242	3572	3670	6435	3375	3060
30−34岁	**46417**	**23124**	**23293**	**42036**	**22019**	**20017**	**34253**	**18479**	**15774**
30	10538	5197	5341	9863	5104	4759	7660	4035	3625
31	9724	4798	4926	9030	4616	4414	7521	3934	3587
32	9400	4689	4711	8063	4179	3884	6745	3617	3128
33	8876	4455	4421	8339	4448	3891	6456	3635	2821
34	7879	3985	3894	6741	3672	3069	5871	3258	2613
35−39岁	**37597**	**19708**	**17889**	**31289**	**17711**	**13578**	**24739**	**14786**	**9953**
35	7381	3754	3627	6028	3374	2654	4961	2875	2086
36	7514	3982	3532	6228	3508	2720	4935	2947	1988
37	7072	3712	3360	6283	3603	2680	4916	2917	1999
38	8012	4251	3761	6463	3676	2787	5369	3264	2105
39	7618	4009	3609	6287	3550	2737	4558	2783	1775
40−44岁	**40441**	**21072**	**19369**	**32127**	**18474**	**13653**	**24663**	**15374**	**9289**
40	8118	4261	3857	6545	3699	2846	4979	3074	1905
41	8660	4453	4207	6975	4042	2933	5261	3297	1964
42	8190	4253	3937	6721	3837	2884	5111	3183	1928
43	6903	3587	3316	5919	3448	2471	4573	2894	1679
44	8570	4518	4052	5967	3448	2519	4739	2926	1813
45−49岁	**50422**	**26347**	**24075**	**37306**	**21283**	**16023**	**25634**	**15886**	**9748**
45	8562	4541	4021	6392	3713	2679	4083	2549	1534
46	9203	4868	4335	7139	4146	2993	4856	3034	1822
47	9683	5002	4681	7531	4282	3249	5414	3382	2032
48	10924	5625	5299	8032	4551	3481	5686	3518	2168
49	12050	6311	5739	8212	4591	3621	5595	3403	2192
50−54岁	**52996**	**28384**	**24612**	**38336**	**22331**	**16005**	**26136**	**16282**	**9854**
50	12000	6264	5736	9184	5190	3994	5899	3580	2319
51	11015	5779	5236	8099	4704	3395	5673	3532	2141
52	11234	6020	5214	8236	4838	3398	5614	3478	2136
53	8163	4415	3748	6373	3677	2696	4320	2667	1653
54	10584	5906	4678	6444	3922	2522	4630	3025	1605
55−59岁	**45938**	**26038**	**19900**	**32451**	**19836**	**12615**	**20328**	**13061**	**7267**
55	10913	5983	4930	7294	4397	2897	4123	2637	1486
56	10334	5778	4556	7285	4415	2870	4499	2836	1663
57	11414	6531	4883	8554	5278	3276	5455	3542	1913
58	9419	5550	3869	6641	4181	2460	4415	2910	1505
59	3858	2196	1662	2677	1565	1112	1836	1136	700
60−64岁	**25181**	**14298**	**10883**	**20161**	**12782**	**7379**	**15227**	**10700**	**4527**
60	3232	1818	1414	2816	1722	1094	1906	1285	621
61	3125	1869	1256	2528	1628	900	2083	1445	638
62	5253	3099	2154	4116	2731	1385	3122	2266	856
63	6300	3618	2682	5654	3618	2036	4035	2928	1107
64	7271	3894	3377	5047	3083	1964	4081	2776	1305
65岁及以上	**64065**	**37127**	**26938**	**53256**	**33025**	**20231**	**40992**	**27273**	**13719**

5-5 续表 5

单位：人

年 龄	初婚年龄								
	27岁			28岁			29岁		
	小计	男	女	小计	男	女	小计	男	女
总 计	**163150**	**105502**	**57648**	**111336**	**74386**	**36950**	**76430**	**51795**	**24635**
20岁以下									
20-24岁									
20									
21									
22									
23									
24									
25-29岁	**11635**	**6241**	**5394**	**5126**	**2898**	**2228**	**1346**	**797**	**549**
25									
26									
27	2162	1160	1002						
28	4160	2219	1941	1753	999	754			
29	5313	2862	2451	3373	1899	1474	1346	797	549
30-34岁	**26011**	**14521**	**11490**	**19430**	**11323**	**8107**	**13531**	**7853**	**5678**
30	6302	3429	2873	4767	2702	2065	2974	1705	1269
31	5417	2998	2419	4132	2364	1768	3128	1798	1330
32	5240	2923	2317	3570	2044	1526	2577	1505	1072
33	4923	2802	2121	3743	2239	1504	2541	1462	1079
34	4129	2369	1760	3218	1974	1244	2311	1383	928
35-39岁	**18976**	**11888**	**7088**	**13468**	**8845**	**4623**	**9582**	**6252**	**3330**
35	3891	2357	1534	2742	1738	1004	1958	1224	734
36	3787	2324	1463	2848	1859	989	1927	1198	729
37	3630	2297	1333	2469	1629	840	1953	1269	684
38	4024	2555	1469	2855	1902	953	1953	1357	596
39	3644	2355	1289	2554	1717	837	1791	1204	587
40-44岁	**17622**	**11779**	**5843**	**12680**	**8713**	**3967**	**9044**	**6415**	**2629**
40	3491	2293	1198	2691	1810	881	1829	1259	570
41	3887	2593	1294	2613	1781	832	2076	1462	614
42	3615	2402	1213	2611	1764	847	1726	1241	485
43	3194	2163	1031	2258	1564	694	1685	1212	473
44	3435	2328	1107	2507	1794	713	1728	1241	487
45-49岁	**17742**	**11893**	**5849**	**11932**	**8370**	**3562**	**8243**	**5922**	**2321**
45	3203	2220	983	2340	1657	683	1622	1163	459
46	3093	2141	952	2308	1644	664	1684	1233	451
47	3496	2317	1179	2110	1472	638	1652	1176	476
48	4082	2721	1361	2552	1743	809	1626	1173	453
49	3868	2494	1374	2622	1854	768	1659	1177	482
50-54岁	**17424**	**11439**	**5985**	**11511**	**7635**	**3876**	**8082**	**5430**	**2652**
50	3999	2629	1370	2797	1824	973	1877	1271	606
51	3542	2309	1233	2308	1561	747	1753	1162	591
52	3978	2585	1393	2433	1613	820	1697	1140	557
53	2877	1889	988	2000	1329	671	1245	846	399
54	3028	2027	1001	1973	1308	665	1510	1011	499
55-59岁	**12480**	**8447**	**4033**	**7548**	**5122**	**2426**	**4987**	**3362**	**1625**
55	2836	1917	919	1807	1216	591	1334	892	442
56	2477	1695	782	1699	1174	525	1119	772	347
57	3165	2156	1009	1665	1145	520	1196	828	368
58	2785	1911	874	1581	1080	501	855	565	290
59	1217	768	449	796	507	289	483	305	178
60-64岁	**10165**	**7560**	**2605**	**7082**	**5399**	**1683**	**4859**	**3613**	**1246**
60	1241	865	376	883	600	283	555	365	190
61	1272	949	323	800	585	215	583	424	159
62	2276	1739	537	1435	1105	330	993	743	250
63	2761	2106	655	2073	1645	428	1307	1020	287
64	2615	1901	714	1891	1464	427	1421	1061	360
65岁及以上	**31095**	**21734**	**9361**	**22559**	**16081**	**6478**	**16756**	**12151**	**4605**

5-5 续表 6

单位：人

年龄	初婚年龄								
	30岁			31岁			32岁		
	小计	男	女	小计	男	女	小计	男	女
总　计	**53522**	**36276**	**17246**	**37863**	**25223**	**12640**	**28168**	**18536**	**9632**
20岁以下									
20-24岁									
20									
21									
22									
23									
24									
25-29岁									
25									
26									
27									
28									
29									
30-34岁	**8904**	**5284**	**3620**	**4880**	**2808**	**2072**	**2487**	**1416**	**1071**
30	1209	697	512						
31	2098	1203	895	781	460	321			
32	2063	1185	878	1321	761	560	510	279	231
33	1943	1203	740	1554	871	683	1016	588	428
34	1591	996	595	1224	716	508	961	549	412
35-39岁	**7228**	**4606**	**2622**	**5645**	**3482**	**2163**	**4443**	**2657**	**1786**
35	1535	949	586	1107	664	443	844	483	361
36	1527	945	582	1181	721	460	861	513	348
37	1406	897	509	1165	744	421	913	561	352
38	1540	994	546	1162	711	451	944	577	367
39	1220	821	399	1030	642	388	881	523	358
40-44岁	**6570**	**4594**	**1976**	**4922**	**3326**	**1596**	**3984**	**2611**	**1373**
40	1315	920	395	901	581	320	825	531	294
41	1491	991	500	1104	741	363	813	527	286
42	1376	979	397	1041	704	337	854	531	323
43	1145	802	343	947	655	292	727	494	233
44	1243	902	341	929	645	284	765	528	237
45-49岁	**5844**	**4276**	**1568**	**4503**	**3188**	**1315**	**3554**	**2470**	**1084**
45	1201	873	328	917	630	287	692	493	199
46	1142	847	295	898	641	257	703	484	219
47	1205	880	325	916	650	266	695	488	207
48	1253	902	351	919	666	253	762	533	229
49	1043	774	269	853	601	252	702	472	230
50-54岁	**5754**	**3847**	**1907**	**3931**	**2566**	**1365**	**2926**	**1950**	**976**
50	1171	828	343	724	487	237	672	460	212
51	1222	846	376	732	508	224	446	326	120
52	1383	909	474	863	585	278	549	385	164
53	998	622	376	812	480	332	525	324	201
54	980	642	338	800	506	294	734	455	279
55-59岁	**3582**	**2407**	**1175**	**2835**	**1844**	**991**	**2332**	**1482**	**850**
55	948	641	307	723	456	267	585	379	206
56	844	553	291	656	427	229	480	292	188
57	841	569	272	660	438	222	651	404	247
58	668	450	218	556	362	194	415	280	135
59	281	194	87	240	161	79	201	127	74
60-64岁	**3140**	**2326**	**814**	**2198**	**1602**	**596**	**1490**	**1073**	**417**
60	339	221	118	197	123	74	159	97	62
61	377	272	105	260	176	84	150	105	45
62	681	515	166	473	358	115	259	193	66
63	843	649	194	617	473	144	441	337	104
64	900	669	231	651	472	179	481	341	140
65岁及以上	**12500**	**8936**	**3564**	**8949**	**6407**	**2542**	**6952**	**4877**	**2075**

5-5 续表 7

单位：人

年龄	初婚年龄								
	33岁			34岁			35岁		
	小计	男	女	小计	男	女	小计	男	女
总计	**21554**	**14013**	**7541**	**16583**	**10914**	**5669**	**12862**	**8231**	**4631**
20岁以下									
20-24岁									
20									
21									
22									
23									
24									
25-29岁									
25									
26									
27									
28									
29									
30-34岁	**1083**	**622**	**461**	**242**	**141**	**101**			
30									
31									
32									
33	381	213	168						
34	702	409	293	242	141	101			
35-39岁	**3670**	**2102**	**1568**	**2810**	**1618**	**1192**	**1883**	**1050**	**833**
35	717	421	296	463	238	225	186	98	88
36	691	413	278	597	356	241	368	206	162
37	672	371	301	550	333	217	425	229	196
38	825	458	367	592	347	245	438	249	189
39	765	439	326	608	344	264	466	268	198
40-44岁	**3347**	**2107**	**1240**	**2761**	**1723**	**1038**	**2374**	**1452**	**922**
40	732	433	299	641	389	252	513	303	210
41	725	439	286	615	374	241	561	328	233
42	646	434	212	567	355	212	487	305	182
43	634	408	226	412	266	146	414	258	156
44	610	393	217	526	339	187	399	258	141
45-49岁	**2992**	**2057**	**935**	**2458**	**1686**	**772**	**2086**	**1362**	**724**
45	631	421	210	505	340	165	397	247	150
46	575	400	175	533	345	188	410	275	135
47	615	416	199	436	300	136	474	301	173
48	595	414	181	490	362	128	431	293	138
49	576	406	170	494	339	155	374	246	128
50-54岁	**2046**	**1385**	**661**	**1606**	**1119**	**487**	**1408**	**944**	**464**
50	532	366	166	462	330	132	391	260	131
51	413	283	130	368	237	131	328	213	115
52	372	255	117	335	229	106	287	194	93
53	350	242	108	221	166	55	213	146	67
54	379	239	140	220	157	63	189	131	58
55-59岁	**1979**	**1251**	**728**	**1533**	**980**	**553**	**1151**	**736**	**415**
55	579	374	205	325	229	96	206	153	53
56	436	268	168	411	254	157	213	129	84
57	435	276	159	387	237	150	353	223	130
58	375	245	130	275	170	105	261	159	102
59	154	88	66	135	90	45	118	72	46
60-64岁	**1118**	**789**	**329**	**800**	**586**	**214**	**625**	**438**	**187**
60	118	70	48	116	80	36	108	69	39
61	119	79	40	95	66	29	72	44	28
62	187	142	45	171	123	48	117	75	42
63	314	237	77	177	127	50	184	139	45
64	380	261	119	241	190	51	144	111	33
65岁及以上	**5319**	**3700**	**1619**	**4373**	**3061**	**1312**	**3335**	**2249**	**1086**

5-5 续表 8 单位：人

年 龄	初婚年龄								
	36岁			37岁			38岁		
	小计	男	女	小计	男	女	小计	男	女
总 计	**9936**	**6513**	**3423**	**8053**	**5289**	**2764**	**6514**	**4268**	**2246**
20岁以下									
20-24岁									
20									
21									
22									
23									
24									
25-29岁									
25									
26									
27									
28									
29									
30-34岁									
30									
31									
32									
33									
34									
35-39岁	**1156**	**671**	**485**	**715**	**405**	**310**	**354**	**195**	**159**
35									
36	141	80	61						
37	294	161	133	123	70	53			
38	389	229	160	292	159	133	129	74	55
39	332	201	131	300	176	124	225	121	104
40-44岁	**1898**	**1214**	**684**	**1569**	**992**	**577**	**1266**	**792**	**474**
40	358	226	132	276	165	111	239	142	97
41	409	256	153	298	191	107	257	163	94
42	445	279	166	338	209	129	250	145	105
43	361	242	119	325	206	119	262	172	90
44	325	211	114	332	221	111	258	170	88
45-49岁	**1764**	**1169**	**595**	**1496**	**994**	**502**	**1315**	**891**	**424**
45	304	196	108	294	189	105	255	168	87
46	383	248	135	270	181	89	264	188	76
47	411	283	128	323	211	112	244	166	78
48	352	228	124	317	211	106	272	181	91
49	314	214	100	292	202	90	280	188	92
50-54岁	**1134**	**764**	**370**	**1035**	**689**	**346**	**922**	**608**	**314**
50	299	196	103	275	174	101	254	166	88
51	253	165	88	235	151	84	199	128	71
52	238	175	63	229	157	72	202	138	64
53	169	113	56	150	100	50	144	92	52
54	175	115	60	146	107	39	123	84	39
55-59岁	**756**	**496**	**260**	**574**	**390**	**184**	**472**	**320**	**152**
55	138	101	37	131	89	42	108	68	40
56	150	105	45	98	71	27	110	69	41
57	167	110	57	154	106	48	122	89	33
58	214	123	91	113	80	33	91	67	24
59	87	57	30	78	44	34	41	27	14
60-64岁	**574**	**411**	**163**	**458**	**312**	**146**	**430**	**272**	**158**
60	74	45	29	68	41	27	77	41	36
61	80	54	26	58	37	21	56	41	15
62	111	83	28	101	72	29	81	48	33
63	149	105	44	129	91	38	130	88	42
64	160	124	36	102	71	31	86	54	32
65岁及以上	**2654**	**1788**	**866**	**2206**	**1507**	**699**	**1755**	**1190**	**565**

5-5 续表 9

单位：人

年龄	初婚年龄					
	39岁			40岁及以上		
	小计	男	女	小计	男	女
总计	**5453**	**3537**	**1916**	**33848**	**21066**	**12782**
20岁以下						
20-24岁						
20						
21						
22						
23						
24						
25-29岁						
25						
26						
27						
28						
29						
30-34岁						
30						
31						
32						
33						
34						
35-39岁	**97**	**61**	**36**			
35						
36						
37						
38						
39	97	61	36			
40-44岁	**1001**	**616**	**385**	**2084**	**1155**	**929**
40	202	109	93	99	51	48
41	220	133	87	315	156	159
42	203	129	74	450	250	200
43	169	107	62	554	301	253
44	207	138	69	666	397	269
45-49岁	**1103**	**726**	**377**	**5625**	**3498**	**2127**
45	212	135	77	819	486	333
46	221	149	72	963	585	378
47	240	169	71	1177	718	459
48	206	130	76	1289	820	469
49	224	143	81	1377	889	488
50-54岁	**910**	**595**	**315**	**6403**	**4119**	**2284**
50	268	176	92	1472	936	536
51	214	140	74	1299	834	465
52	179	120	59	1355	879	476
53	128	85	43	1117	726	391
54	121	74	47	1160	744	416
55-59岁	**380**	**258**	**122**	**4369**	**2733**	**1636**
55	91	65	26	1081	673	408
56	100	70	30	1009	629	380
57	98	64	34	1057	670	387
58	53	35	18	870	549	321
59	38	24	14	352	212	140
60-64岁	**373**	**242**	**131**	**2523**	**1631**	**892**
60	47	28	19	334	204	130
61	50	35	15	322	219	103
62	74	51	23	501	337	164
63	101	64	37	673	426	247
64	101	64	37	693	445	248
65岁及以上	**1589**	**1039**	**550**	**12844**	**7930**	**4914**

5－5a 全省分年龄、性别、初婚年龄的人口(城市)

单位：人

年 龄	初婚年龄					
	合 计			15岁以下		
	合计	男	女	小计	男	女
总 计	**1041656**	**494571**	**547085**	**851**	**182**	**669**
20岁以下	**259**	**67**	**192**	**9**	**1**	**8**
20－24岁	**10232**	**3572**	**6660**	**20**	**6**	**14**
20	379	102	277	3	1	2
21	735	210	525	3		3
22	1583	522	1061	3	2	1
23	2834	1000	1834	4	1	3
24	4701	1738	2963	7	2	5
25－29岁	**70905**	**30627**	**40278**	**49**	**17**	**32**
25	7768	3102	4666	11	3	8
26	10459	4382	6077	7	1	6
27	14022	5955	8067	9	4	5
28	17145	7587	9558	12	5	7
29	21511	9601	11910	10	4	6
30－34岁	**135721**	**62276**	**73445**	**62**	**21**	**41**
30	28678	12971	15707	14	4	10
31	28533	13028	15505	13	5	8
32	27104	12434	14670	15	5	10
33	27621	12812	14809	12	4	8
34	23785	11031	12754	8	3	5
35－39岁	**110059**	**52664**	**57395**	**31**	**6**	**25**
35	21819	10343	11476	9	3	6
36	22066	10655	11411	8	2	6
37	21533	10262	11271	5		5
38	23591	11417	12174	4		4
39	21050	9987	11063	5	1	4
40－44岁	**111561**	**54133**	**57428**	**77**	**22**	**55**
40	21344	10073	11271	8	3	5
41	23584	11429	12155	12	6	6
42	22833	10995	11838	15	4	11
43	21131	10446	10685	18	5	13
44	22669	11190	11479	24	4	20
45－49岁	**126688**	**62710**	**63978**	**72**	**16**	**56**
45	22198	10909	11289	21	6	15
46	23365	11569	11796	9	4	5
47	25306	12606	12700	10	1	9
48	27690	13705	13985	13	3	10
49	28129	13921	14208	19	2	17
50－54岁	**136562**	**66235**	**70327**	**107**	**25**	**82**
50	29525	14360	15165	14	4	10
51	28558	13818	14740	17	4	13
52	29640	14511	15129	34	8	26
53	22939	11047	11892	22	5	17
54	25900	12499	13401	20	4	16
55－59岁	**111041**	**53454**	**57587**	**69**	**13**	**56**
55	25963	12555	13408	21	3	18
56	25369	12238	13131	10	5	5
57	30304	14644	15660	16	1	15
58	21513	10374	11139	17	4	13
59	7892	3643	4249	5		5
60－64岁	**58796**	**29484**	**29312**	**65**	**15**	**50**
60	8661	4278	4383	6	2	4
61	8471	4375	4096	11	3	8
62	12485	6396	6089	9	2	7
63	15073	7625	7448	17	7	10
64	14106	6810	7296	22	1	21
65岁及以上	**169832**	**79349**	**90483**	**290**	**40**	**250**

5-5a　续表 1　　　　单位：人

年　龄	初婚年龄								
	15岁			16岁			17岁		
	小计	男	女	小计	男	女	小计	男	女
总　计	**3900**	**814**	**3086**	**7652**	**1487**	**6165**	**14952**	**3156**	**11796**
20岁以下	**33**	**9**	**24**	**39**	**6**	**33**	**69**	**18**	**51**
20–24岁	**89**	**22**	**67**	**220**	**56**	**164**	**408**	**116**	**292**
20	8	3	5	20	6	14	46	8	38
21	19	6	13	44	11	33	59	18	41
22	19	4	15	40	8	32	85	25	60
23	22	6	16	53	19	34	97	28	69
24	21	3	18	63	12	51	121	37	84
25–29岁	**156**	**47**	**109**	**396**	**117**	**279**	**881**	**255**	**626**
25	26	4	22	68	17	51	170	50	120
26	31	9	22	84	32	52	147	44	103
27	31	11	20	82	21	61	188	59	129
28	30	10	20	84	23	61	173	49	124
29	38	13	25	78	24	54	203	53	150
30–34岁	**246**	**71**	**175**	**405**	**98**	**307**	**821**	**225**	**596**
30	55	13	42	90	23	67	175	52	123
31	63	20	43	99	29	70	172	51	121
32	32	9	23	68	14	54	149	43	106
33	57	19	38	75	16	59	179	42	137
34	39	10	29	73	16	57	146	37	109
35–39岁	**178**	**53**	**125**	**306**	**78**	**228**	**540**	**136**	**404**
35	55	19	36	56	13	43	104	26	78
36	44	15	29	86	26	60	111	29	82
37	26	6	20	66	13	53	130	37	93
38	24	5	19	45	11	34	124	30	94
39	29	8	21	53	15	38	71	14	57
40–44岁	**237**	**69**	**168**	**366**	**109**	**257**	**719**	**211**	**508**
40	32	11	21	57	11	46	118	34	84
41	45	12	33	68	22	46	119	31	88
42	41	12	29	87	21	66	167	51	116
43	63	17	46	68	23	45	157	42	115
44	56	17	39	86	32	54	158	53	105
45–49岁	**429**	**138**	**291**	**796**	**213**	**583**	**1576**	**477**	**1099**
45	95	36	59	95	25	70	195	54	141
46	102	36	66	143	46	97	207	66	141
47	87	18	69	180	41	139	348	118	230
48	76	26	50	181	41	140	432	123	309
49	69	22	47	197	60	137	394	116	278
50–54岁	**484**	**123**	**361**	**976**	**229**	**747**	**1983**	**461**	**1522**
50	86	21	65	177	43	134	380	100	280
51	108	35	73	244	59	185	412	94	318
52	110	16	94	209	58	151	454	105	349
53	87	26	61	164	39	125	358	86	272
54	93	25	68	182	30	152	379	76	303
55–59岁	**337**	**66**	**271**	**649**	**106**	**543**	**1581**	**304**	**1277**
55	96	17	79	168	28	140	399	82	317
56	85	17	68	169	29	140	336	71	265
57	88	19	69	162	18	144	459	91	368
58	47	8	39	113	24	89	313	52	261
59	21	5	16	37	7	30	74	8	66
60–64岁	**193**	**33**	**160**	**318**	**40**	**278**	**555**	**98**	**457**
60	21	4	17	39	4	35	49	7	42
61	29	5	24	34	3	31	82	10	72
62	35	5	30	78	9	69	112	21	91
63	67	14	53	80	11	69	147	28	119
64	41	5	36	87	13	74	165	32	133
65岁及以上	**1518**	**183**	**1335**	**3181**	**435**	**2746**	**5819**	**855**	**4964**

5—5a 续表 2

单位：人

年 龄	初婚年龄								
	18岁			19岁			20岁		
	小计	男	女	小计	男	女	小计	男	女
总 计	**26366**	**6445**	**19921**	**47191**	**12884**	**34307**	**73047**	**21565**	**51482**
20岁以下	**69**	**18**	**51**	**40**	**15**	**25**			
20—24岁	**655**	**205**	**450**	**1133**	**324**	**809**	**1579**	**435**	**1144**
20	86	30	56	130	31	99	86	23	63
21	88	31	57	151	48	103	228	55	173
22	124	36	88	216	65	151	347	86	261
23	161	46	115	266	81	185	425	128	297
24	196	62	134	370	99	271	493	143	350
25—29岁	**1791**	**631**	**1160**	**3039**	**1027**	**2012**	**4782**	**1416**	**3366**
25	286	95	191	404	139	265	712	212	500
26	338	120	218	533	174	359	769	230	539
27	353	121	232	616	198	418	895	251	644
28	382	136	246	686	247	439	1142	339	803
29	432	159	273	800	269	531	1264	384	880
30—34岁	**1787**	**483**	**1304**	**4054**	**1084**	**2970**	**7721**	**2056**	**5665**
30	482	149	333	1006	324	682	1782	532	1250
31	387	121	266	892	249	643	1639	481	1158
32	323	90	233	784	202	582	1602	425	1177
33	320	67	253	701	158	543	1467	366	1101
34	275	56	219	671	151	520	1231	252	979
35—39岁	**1128**	**290**	**838**	**2580**	**509**	**2071**	**5540**	**1081**	**4459**
35	233	64	169	590	118	472	1214	247	967
36	233	62	171	570	110	460	1061	213	848
37	179	38	141	439	92	347	1093	206	887
38	261	63	198	467	86	381	1182	225	957
39	222	63	159	514	103	411	990	190	800
40—44岁	**1357**	**389**	**968**	**2922**	**764**	**2158**	**6236**	**1399**	**4837**
40	202	52	150	580	134	446	1178	242	936
41	254	75	179	543	138	405	1424	305	1119
42	250	76	174	535	125	410	1240	235	1005
43	293	84	209	575	155	420	1139	268	871
44	358	102	256	689	212	477	1255	349	906
45—49岁	**2839**	**921**	**1918**	**4926**	**1633**	**3293**	**8008**	**2660**	**5348**
45	361	114	247	733	226	507	1357	387	970
46	398	125	273	836	270	566	1475	461	1014
47	515	170	345	918	327	591	1593	535	1058
48	707	244	463	1082	348	734	1727	619	1108
49	858	268	590	1357	462	895	1856	658	1198
50—54岁	**4034**	**1129**	**2905**	**7650**	**2353**	**5297**	**11940**	**4257**	**7683**
50	808	238	570	1624	542	1082	2383	875	1508
51	921	265	656	1667	536	1131	2553	912	1641
52	839	235	604	1607	491	1116	2654	974	1680
53	759	214	545	1294	376	918	2062	710	1352
54	707	177	530	1458	408	1050	2288	786	1502
55—59岁	**2966**	**623**	**2343**	**5769**	**1592**	**4177**	**9229**	**3031**	**6198**
55	682	156	526	1375	436	939	2284	822	1462
56	677	172	505	1299	389	910	2047	683	1364
57	778	144	634	1568	413	1155	2387	761	1626
58	639	122	517	1141	275	866	1906	607	1299
59	190	29	161	386	79	307	605	158	447
60—64岁	**953**	**170**	**783**	**1786**	**365**	**1421**	**2864**	**750**	**2114**
60	104	17	87	281	60	221	498	121	377
61	107	19	88	223	43	180	420	120	300
62	173	28	145	313	73	240	578	148	430
63	287	55	232	452	88	364	689	181	508
64	282	51	231	517	101	416	679	180	499
65岁及以上	**8787**	**1586**	**7201**	**13292**	**3218**	**10074**	**15148**	**4480**	**10668**

5-5a　续表 3

单位：人

年　龄	初婚年龄								
	21岁			22岁			23岁		
	小计	男	女	小计	男	女	小计	男	女
总　计	**95600**	**34450**	**61150**	**119647**	**50613**	**69034**	**126076**	**55780**	**70296**
20岁以下									
20-24岁	**1855**	**642**	**1213**	**2115**	**894**	**1221**	**1573**	**630**	**943**
20									
21	143	41	102						
22	427	154	273	322	142	180			
23	584	197	387	754	313	441	468	181	287
24	701	250	451	1039	439	600	1105	449	656
25-29岁	**6259**	**2322**	**3937**	**8587**	**3858**	**4729**	**9684**	**4089**	**5595**
25	821	280	541	1306	576	730	1522	600	922
26	1029	372	657	1400	657	743	1601	688	913
27	1209	440	769	1763	794	969	1858	770	1088
28	1386	543	843	1849	819	1030	2166	929	1237
29	1814	687	1127	2269	1012	1257	2537	1102	1435
30-34岁	**11087**	**4003**	**7084**	**14484**	**6315**	**8169**	**15315**	**6743**	**8572**
30	2309	804	1505	3093	1328	1765	3198	1428	1770
31	2380	889	1491	2999	1329	1670	3307	1414	1893
32	2238	864	1374	2823	1228	1595	3027	1329	1698
33	2295	833	1462	3011	1297	1714	3120	1413	1707
34	1865	613	1252	2558	1133	1425	2663	1159	1504
35-39岁	**8234**	**2617**	**5617**	**11795**	**4886**	**6909**	**12495**	**5385**	**7110**
35	1651	565	1086	2226	983	1243	2432	1082	1350
36	1672	552	1120	2307	952	1355	2387	1069	1318
37	1673	543	1130	2265	934	1331	2446	1003	1443
38	1695	523	1172	2578	1034	1544	2723	1178	1545
39	1543	434	1109	2419	983	1436	2507	1053	1454
40-44岁	**8953**	**2760**	**6193**	**12825**	**5154**	**7671**	**13805**	**5749**	**8056**
40	1467	394	1073	2425	955	1470	2555	1009	1546
41	1877	583	1294	2414	932	1482	2836	1203	1633
42	2009	608	1401	2687	1122	1565	2644	1090	1554
43	1742	551	1191	2679	1118	1561	2647	1130	1517
44	1858	624	1234	2620	1027	1593	3123	1317	1806
45-49岁	**11848**	**4304**	**7544**	**15356**	**6506**	**8850**	**16700**	**7134**	**9566**
45	1903	635	1268	2653	1032	1621	2897	1196	1701
46	2157	705	1452	2758	1174	1584	3027	1279	1748
47	2351	859	1492	3192	1368	1824	3292	1408	1884
48	2729	1053	1676	3383	1482	1901	3773	1577	2196
49	2708	1052	1656	3370	1450	1920	3711	1674	2037
50-54岁	**15132**	**6063**	**9069**	**17658**	**7618**	**10040**	**17863**	**8048**	**9815**
50	2734	1089	1645	3555	1498	2057	3784	1575	2209
51	3083	1253	1830	3227	1345	1882	3637	1666	1971
52	3527	1411	2116	3930	1716	2214	3560	1604	1956
53	2782	1086	1696	3227	1420	1807	3090	1414	1676
54	3006	1224	1782	3719	1639	2080	3792	1789	2003
55-59岁	**12514**	**4712**	**7802**	**15300**	**6548**	**8752**	**15625**	**7423**	**8202**
55	3069	1183	1886	3619	1569	2050	3652	1684	1968
56	2938	1096	1842	3494	1465	2029	3624	1708	1916
57	3408	1309	2099	4278	1875	2403	4238	2091	2147
58	2271	853	1418	2922	1269	1653	3056	1496	1560
59	828	271	557	987	370	617	1055	444	611
60-64岁	**4171**	**1309**	**2862**	**6123**	**2236**	**3887**	**8099**	**3384**	**4715**
60	692	215	477	1014	363	651	1237	534	703
61	690	233	457	919	347	572	1255	540	715
62	943	290	653	1414	502	912	1696	728	968
63	986	321	665	1517	566	951	2072	869	1203
64	860	250	610	1259	458	801	1839	713	1126
65岁及以上	**15547**	**5718**	**9829**	**15404**	**6598**	**8806**	**14917**	**7195**	**7722**

5-5a 续表 4

单位：人

年龄	初婚年龄								
	24岁			25岁			26岁		
	小计	男	女	小计	男	女	小计	男	女
总 计	**121359**	**59271**	**62088**	**108555**	**58810**	**49745**	**85386**	**50241**	**35145**
20岁以下									
20-24岁	**585**	**242**	**343**						
20									
21									
22									
23									
24	585	242	343						
25-29岁	**10985**	**4923**	**6062**	**10075**	**4685**	**5390**	**7211**	**3599**	**3612**
25	1559	729	830	883	397	486			
26	1879	835	1044	1813	828	985	828	392	436
27	2235	978	1257	2201	1032	1169	1720	849	871
28	2437	1098	1339	2355	1109	1246	2206	1103	1103
29	2875	1283	1592	2823	1319	1504	2457	1255	1202
30-34岁	**16298**	**7421**	**8877**	**16964**	**8342**	**8622**	**14514**	**7503**	**7011**
30	3592	1615	1977	3829	1890	1939	3012	1511	1501
31	3454	1562	1892	3633	1747	1886	3128	1581	1547
32	3389	1529	1860	3240	1579	1661	2962	1523	1439
33	3195	1482	1713	3411	1690	1721	2848	1523	1325
34	2668	1233	1435	2851	1436	1415	2564	1365	1199
35-39岁	**12735**	**6003**	**6732**	**12494**	**6435**	**6059**	**10941**	**6000**	**4941**
35	2583	1180	1403	2404	1235	1169	2297	1233	1064
36	2546	1222	1324	2562	1325	1237	2185	1203	982
37	2421	1148	1273	2523	1303	1220	2198	1177	1021
38	2727	1318	1409	2599	1351	1248	2350	1320	1030
39	2458	1135	1323	2406	1221	1185	1911	1067	844
40-44岁	**13113**	**6088**	**7025**	**11664**	**6253**	**5411**	**9640**	**5626**	**4014**
40	2529	1155	1374	2302	1198	1104	2036	1137	899
41	2837	1305	1532	2578	1401	1177	2041	1200	841
42	2684	1230	1454	2486	1314	1172	1914	1095	819
43	2282	1081	1201	2148	1185	963	1831	1113	718
44	2781	1317	1464	2150	1155	995	1818	1081	737
45-49岁	**15224**	**7444**	**7780**	**12752**	**6990**	**5762**	**9379**	**5736**	**3643**
45	2764	1360	1404	2298	1298	1000	1550	938	612
46	2801	1368	1433	2474	1359	1115	1842	1079	763
47	2899	1426	1473	2595	1407	1188	2040	1279	761
48	3267	1563	1704	2658	1441	1217	2030	1270	760
49	3493	1727	1766	2727	1485	1242	1917	1170	747
50-54岁	**15091**	**7662**	**7429**	**12099**	**7060**	**5039**	**8832**	**5561**	**3271**
50	3419	1688	1731	2960	1667	1293	2067	1261	806
51	3275	1614	1661	2544	1461	1083	1939	1193	746
52	3236	1634	1602	2643	1585	1058	1919	1218	701
53	2300	1210	1090	1947	1135	812	1333	889	444
54	2861	1516	1345	2005	1212	793	1574	1000	574
55-59岁	**13954**	**7424**	**6530**	**10912**	**6567**	**4345**	**7069**	**4563**	**2506**
55	3163	1652	1511	2292	1380	912	1448	945	503
56	3205	1685	1520	2519	1484	1035	1547	998	549
57	3811	2033	1778	3137	1861	1276	2043	1318	725
58	2736	1501	1235	2105	1322	783	1421	914	507
59	1039	553	486	859	520	339	610	388	222
60-64岁	**8463**	**4236**	**4227**	**7499**	**4264**	**3235**	**5743**	**3835**	**1908**
60	1180	615	565	1121	665	456	795	527	268
61	1188	642	546	985	597	388	862	586	276
62	1849	952	897	1543	914	629	1149	797	352
63	2163	1060	1103	2018	1109	909	1453	986	467
64	2083	967	1116	1832	979	853	1484	939	545
65岁及以上	**14911**	**7828**	**7083**	**14096**	**8214**	**5882**	**12057**	**7818**	**4239**

5-5a 续表 5 单位：人

年龄	初婚年龄								
	27岁			28岁			29岁		
	小计	男	女	小计	男	女	小计	男	女
总 计	**62402**	**39447**	**22955**	**42341**	**28128**	**14213**	**28599**	**19583**	**9016**
20岁以下									
20-24岁									
20									
21									
22									
23									
24									
25-29岁	**4462**	**2261**	**2201**	**2011**	**1080**	**931**	**537**	**300**	**237**
25									
26									
27	862	427	435						
28	1571	811	760	666	366	300			
29	2029	1023	1006	1345	714	631	537	300	237
30-34岁	**11191**	**6028**	**5163**	**8151**	**4622**	**3529**	**5564**	**3195**	**2369**
30	2537	1336	1201	1854	1051	803	1181	646	535
31	2345	1261	1084	1691	949	742	1209	698	511
32	2238	1220	1018	1569	857	712	1064	621	443
33	2213	1186	1027	1637	939	698	1102	626	476
34	1858	1025	833	1400	826	574	1008	604	404
35-39岁	**8842**	**5328**	**3514**	**6253**	**4022**	**2231**	**4361**	**2846**	**1515**
35	1801	1059	742	1267	780	487	900	560	340
36	1822	1095	727	1356	871	485	881	567	314
37	1676	1005	671	1168	765	403	896	571	325
38	1957	1204	753	1276	826	450	914	637	277
39	1586	965	621	1186	780	406	770	511	259
40-44岁	**7460**	**4784**	**2676**	**5464**	**3664**	**1800**	**3950**	**2786**	**1164**
40	1457	901	556	1172	760	412	826	562	264
41	1742	1104	638	1138	740	398	886	614	272
42	1482	939	543	1162	767	395	754	552	202
43	1322	864	458	949	653	296	782	563	219
44	1457	976	481	1043	744	299	702	495	207
45-49岁	**6691**	**4455**	**2236**	**4691**	**3315**	**1376**	**3282**	**2408**	**874**
45	1255	841	414	967	679	288	668	479	189
46	1179	818	361	925	647	278	705	524	181
47	1308	886	422	801	565	236	651	475	176
48	1485	977	508	1006	715	291	643	479	164
49	1464	933	531	992	709	283	615	451	164
50-54岁	**6201**	**4201**	**2000**	**4074**	**2847**	**1227**	**2870**	**2019**	**851**
50	1479	987	492	1009	685	324	693	484	209
51	1356	899	457	866	604	262	651	453	198
52	1410	954	456	866	622	244	600	431	169
53	922	652	270	665	475	190	413	292	121
54	1034	709	325	668	461	207	513	359	154
55-59岁	**4379**	**3086**	**1293**	**2638**	**1881**	**757**	**1680**	**1213**	**467**
55	1015	708	307	647	463	184	433	320	113
56	917	660	257	630	477	153	370	274	96
57	1165	820	345	622	433	189	466	339	127
58	900	634	266	512	360	152	273	180	93
59	382	264	118	227	148	79	138	100	38
60-64岁	**3759**	**2706**	**1053**	**2420**	**1869**	**551**	**1651**	**1235**	**416**
60	530	379	151	338	247	91	212	152	60
61	557	412	145	320	238	82	232	178	54
62	828	615	213	544	424	120	364	266	98
63	952	677	275	657	523	134	447	348	99
64	892	623	269	561	437	124	396	291	105
65岁及以上	**9417**	**6598**	**2819**	**6639**	**4828**	**1811**	**4704**	**3581**	**1123**

5－5a　续表 6

单位：人

年　龄	初婚年龄								
	30岁			31岁			32岁		
	小计	男	女	小计	男	女	小计	男	女
总　计	**19188**	**13161**	**6027**	**13124**	**8920**	**4204**	**9349**	**6200**	**3149**
20岁以下									
20－24岁									
20									
21									
22									
23									
24									
25－29岁									
25									
26									
27									
28									
29									
30－34岁	**3604**	**2105**	**1499**	**1949**	**1111**	**838**	**977**	**561**	**416**
30	469	265	204						
31	821	463	358	301	179	122			
32	833	460	373	544	320	224	204	116	88
33	817	506	311	601	322	279	407	240	167
34	664	411	253	503	290	213	366	205	161
35－39岁	**3172**	**2021**	**1151**	**2379**	**1492**	**887**	**1769**	**1056**	**713**
35	637	392	245	448	273	175	351	198	153
36	651	401	250	514	322	192	335	197	138
37	630	417	213	497	331	166	348	211	137
38	710	446	264	518	328	190	405	255	150
39	544	365	179	402	238	164	330	195	135
40－44岁	**2826**	**1972**	**854**	**2034**	**1383**	**651**	**1587**	**1041**	**546**
40	560	397	163	390	250	140	313	204	109
41	654	441	213	438	300	138	327	208	119
42	586	420	166	437	297	140	328	203	125
43	483	320	163	398	288	110	297	205	92
44	543	394	149	371	248	123	322	221	101
45－49岁	**2273**	**1702**	**571**	**1716**	**1223**	**493**	**1301**	**927**	**374**
45	471	354	117	388	271	117	268	193	75
46	423	317	106	336	242	94	255	183	72
47	491	367	124	333	227	106	243	176	67
48	472	344	128	339	252	87	284	207	77
49	416	320	96	320	231	89	251	168	83
50－54岁	**1941**	**1358**	**583**	**1376**	**959**	**417**	**1001**	**712**	**289**
50	435	304	131	282	192	90	256	186	70
51	448	320	128	301	220	81	177	141	36
52	443	305	138	303	219	84	184	139	45
53	311	208	103	243	163	80	155	102	53
54	304	221	83	247	165	82	229	144	85
55－59岁	**1132**	**804**	**328**	**864**	**621**	**243**	**706**	**462**	**244**
55	297	219	78	230	157	73	187	127	60
56	273	190	83	213	157	56	151	98	53
57	290	208	82	209	159	50	205	129	76
58	187	130	57	160	106	54	111	74	37
59	85	57	28	52	42	10	52	34	18
60－64岁	**1027**	**774**	**253**	**644**	**466**	**178**	**441**	**303**	**138**
60	126	91	35	63	43	20	55	34	21
61	136	102	34	89	62	27	53	37	16
62	239	176	63	148	114	34	71	50	21
63	252	206	46	171	122	49	137	104	33
64	274	199	75	173	125	48	125	78	47
65岁及以上	**3213**	**2425**	**788**	**2162**	**1665**	**497**	**1567**	**1138**	**429**

5-5a　续表 7　　　　单位：人

年龄	初婚年龄								
	33岁			34岁			35岁		
	小计	男	女	小计	男	女	小计	男	女
总　计	**7085**	**4627**	**2458**	**5381**	**3517**	**1864**	**4224**	**2688**	**1536**
20岁以下									
20-24岁									
20									
21									
22									
23									
24									
25-29岁									
25									
26									
27									
28									
29									
30-34岁	**432**	**239**	**193**	**95**	**50**	**45**			
30									
31									
32									
33	153	83	70						
34	279	156	123	95	50	45			
35-39岁	**1465**	**843**	**622**	**1168**	**670**	**498**	**749**	**392**	**357**
35	303	182	121	181	97	84	77	34	43
36	278	170	108	261	145	116	143	75	68
37	261	134	127	241	146	95	171	81	90
38	327	175	152	234	139	95	165	87	78
39	296	182	114	251	143	108	193	115	78
40-44岁	**1339**	**859**	**480**	**1054**	**637**	**417**	**954**	**581**	**373**
40	280	164	116	231	133	98	194	109	85
41	299	184	115	248	142	106	219	129	90
42	260	181	79	216	141	75	199	123	76
43	264	168	96	161	100	61	174	112	62
44	236	162	74	198	121	77	168	108	60
45-49岁	**1094**	**751**	**343**	**910**	**622**	**288**	**760**	**504**	**256**
45	251	162	89	187	127	60	138	78	60
46	197	138	59	193	122	71	153	104	49
47	240	161	79	157	101	56	182	113	69
48	214	144	70	191	139	52	165	118	47
49	192	146	46	182	133	49	122	91	31
50-54岁	**690**	**475**	**215**	**556**	**395**	**161**	**484**	**340**	**144**
50	188	133	55	161	115	46	126	89	37
51	152	104	48	128	87	41	113	74	39
52	123	88	35	123	90	33	111	77	34
53	111	74	37	71	52	19	68	49	19
54	116	76	40	73	51	22	66	51	15
55-59岁	**603**	**384**	**219**	**451**	**308**	**143**	**358**	**231**	**127**
55	174	118	56	102	75	27	70	51	19
56	142	88	54	120	83	37	67	44	23
57	142	90	52	133	86	47	121	73	48
58	107	67	40	53	35	18	76	48	28
59	38	21	17	43	29	14	24	15	9
60-64岁	**325**	**231**	**94**	**218**	**154**	**64**	**179**	**133**	**46**
60	33	19	14	40	27	13	38	27	11
61	43	30	13	23	15	8	16	11	5
62	57	48	9	50	36	14	40	28	12
63	82	64	18	52	34	18	44	31	13
64	110	70	40	53	42	11	41	36	5
65岁及以上	**1137**	**845**	**292**	**929**	**681**	**248**	**740**	**507**	**233**

5-5a 续表 8

单位：人

年 龄	初婚年龄								
	36岁			37岁			38岁		
	小计	男	女	小计	男	女	小计	男	女
总 计	**3178**	**2092**	**1086**	**2552**	**1685**	**867**	**1973**	**1302**	**671**
20岁以下									
20-24岁									
20									
21									
22									
23									
24									
25-29岁									
25									
26									
27									
28									
29									
30-34岁									
30									
31									
32									
33									
34									
35-39岁	**462**	**261**	**201**	**279**	**164**	**115**	**126**	**63**	**63**
35									
36	53	32	21						
37	137	73	64	44	28	16			
38	154	89	65	106	59	47	46	28	18
39	118	67	51	129	77	52	80	35	45
40-44岁	**757**	**470**	**287**	**613**	**379**	**234**	**471**	**294**	**177**
40	140	86	54	103	63	40	87	52	35
41	165	95	70	118	74	44	107	70	37
42	185	117	68	148	84	64	87	49	38
43	149	96	53	129	81	48	97	61	36
44	118	76	42	115	77	38	93	62	31
45-49岁	**651**	**432**	**219**	**593**	**393**	**200**	**456**	**312**	**144**
45	105	64	41	121	80	41	99	63	36
46	151	95	56	107	69	38	94	69	25
47	158	119	39	130	83	47	86	59	27
48	120	81	39	130	86	44	88	58	30
49	117	73	44	105	75	30	89	63	26
50-54岁	**382**	**271**	**111**	**336**	**225**	**111**	**313**	**201**	**112**
50	104	72	32	83	51	32	89	54	35
51	76	52	24	73	45	28	70	47	23
52	93	71	22	71	53	18	66	48	18
53	59	42	17	54	35	19	54	29	25
54	50	34	16	55	41	14	34	23	11
55-59岁	**237**	**158**	**79**	**198**	**142**	**56**	**153**	**108**	**45**
55	43	34	9	37	26	11	40	25	15
56	46	34	12	44	36	8	34	19	15
57	64	39	25	56	39	17	38	30	8
58	62	37	25	41	30	11	32	26	6
59	22	14	8	20	11	9	9	8	1
60-64岁	**183**	**129**	**54**	**113**	**83**	**30**	**99**	**66**	**33**
60	21	16	5	20	14	6	21	12	9
61	34	22	12	11	9	2	20	16	4
62	29	21	8	23	13	10	17	11	6
63	44	29	15	34	26	8	23	16	7
64	55	41	14	25	21	4	18	11	7
65岁及以上	**506**	**371**	**135**	**420**	**299**	**121**	**355**	**258**	**97**

5-5a 续表 9

单位：人

年 龄	初婚年龄					
	39岁			40岁及以上		
	小计	男	女	小计	男	女
总 计	**1709**	**1127**	**582**	**9969**	**6396**	**3573**
20岁以下						
20-24岁						
20						
21						
22						
23						
24						
25-29岁						
25						
26						
27						
28						
29						
30-34岁						
30						
31						
32						
33						
34						
35-39岁	**37**	**27**	**10**			
35						
36						
37						
38						
39	37	27	10			
40-44岁	**396**	**256**	**140**	**742**	**434**	**308**
40	73	42	31	29	15	14
41	84	53	31	111	62	49
42	83	54	29	147	85	62
43	76	50	26	208	113	95
44	80	57	23	247	159	88
45-49岁	**408**	**256**	**152**	**1957**	**1238**	**719**
45	82	51	31	276	160	116
46	73	45	28	345	224	121
47	85	55	30	421	262	159
48	78	48	30	417	267	150
49	90	57	33	498	325	173
50-54岁	**328**	**215**	**113**	**2161**	**1428**	**733**
50	94	57	37	535	350	185
51	90	60	30	430	275	155
52	64	47	17	461	312	149
53	38	24	14	350	240	110
54	42	27	15	385	251	134
55-59岁	**134**	**87**	**47**	**1534**	**997**	**537**
55	36	26	10	384	249	135
56	34	23	11	378	253	125
57	40	22	18	380	243	137
58	13	9	4	299	191	108
59	11	7	4	93	61	32
60-64岁	**99**	**65**	**34**	**806**	**535**	**271**
60	13	10	3	114	73	41
61	18	10	8	114	85	29
62	18	14	4	165	111	54
63	27	14	13	203	136	67
64	23	17	6	210	130	80
65岁及以上	**307**	**221**	**86**	**2769**	**1764**	**1005**

5-5b 全省分年龄、性别、初婚年龄的人口(镇)

单位：人

年 龄	初婚年龄					
	合 计			15岁以下		
	合计	男	女	小计	男	女
总 计	**1239811**	**589980**	**649831**	**1497**	**315**	**1182**
20岁以下	**621**	**167**	**454**	**17**	**3**	**14**
20-24岁	**17228**	**6307**	**10921**	**63**	**9**	**54**
20	809	236	573	10		10
21	1483	469	1014	6		6
22	2889	971	1918	16	3	13
23	4717	1762	2955	12	4	8
24	7330	2869	4461	19	2	17
25-29岁	**93073**	**41239**	**51834**	**97**	**26**	**71**
25	11470	4731	6739	23	5	18
26	14354	6170	8184	20	4	16
27	18686	8260	10426	19	7	12
28	22244	9992	12252	11	3	8
29	26319	12086	14233	24	7	17
30-34岁	**153345**	**71651**	**81694**	**130**	**27**	**103**
30	33683	15595	18088	22	3	19
31	32347	14949	17398	27	2	25
32	30211	14070	16141	26	9	17
33	30663	14472	16191	33	7	26
34	26441	12565	13876	22	6	16
35-39岁	**118757**	**57254**	**61503**	**68**	**15**	**53**
35	23660	11361	12299	27	8	19
36	23867	11523	12344	8		8
37	22985	11169	11816	11	3	8
38	24951	12053	12898	11	3	8
39	23294	11148	12146	11	1	10
40-44岁	**126560**	**61765**	**64795**	**133**	**35**	**98**
40	24293	11645	12648	19	4	15
41	26261	12720	13541	27	8	19
42	25823	12554	13269	24	7	17
43	23774	11750	12024	33	10	23
44	26409	13096	13313	30	6	24
45-49岁	**154445**	**75970**	**78475**	**143**	**38**	**105**
45	26002	12876	13126	28	10	18
46	28584	14241	14343	27	7	20
47	30869	15152	15717	32	7	25
48	34482	16853	17629	23	7	16
49	34508	16848	17660	33	7	26
50-54岁	**170130**	**82204**	**87926**	**188**	**39**	**149**
50	36236	17489	18747	36	8	28
51	34662	16756	17906	41	11	30
52	36643	17821	18822	53	6	47
53	29700	14294	15406	31	7	24
54	32889	15844	17045	27	7	20
55-59岁	**131303**	**63338**	**67965**	**120**	**24**	**96**
55	31486	15181	16305	40	7	33
56	29244	14159	15085	19	2	17
57	33260	16191	17069	26	9	17
58	27097	13101	13996	17	2	15
59	10216	4706	5510	18	4	14
60-64岁	**61521**	**30636**	**30885**	**101**	**26**	**75**
60	7956	3793	4163	6		6
61	7967	3952	4015	12	3	9
62	12890	6707	6183	25	7	18
63	16422	8295	8127	31	11	20
64	16286	7889	8397	27	5	22
65岁及以上	**212828**	**99449**	**113379**	**437**	**73**	**364**

5-5b　续表 1　　　　单位：人

年　龄	初婚年龄								
	15岁			16岁			17岁		
	小计	男	女	小计	男	女	小计	男	女
总　计	**7487**	**1699**	**5788**	**14153**	**3208**	**10945**	**26911**	**6655**	**20256**
20岁以下	**79**	**12**	**67**	**134**	**34**	**100**	**181**	**56**	**125**
20-24岁	**258**	**68**	**190**	**517**	**124**	**393**	**1000**	**283**	**717**
20	20	3	17	65	16	49	116	37	79
21	36	7	29	65	13	52	139	42	97
22	55	13	42	93	22	71	206	51	155
23	77	26	51	118	35	83	218	55	163
24	70	19	51	176	38	138	321	98	223
25-29岁	**446**	**134**	**312**	**1005**	**304**	**701**	**2093**	**686**	**1407**
25	86	30	56	197	56	141	365	130	235
26	90	23	67	201	65	136	421	137	284
27	94	28	66	196	54	142	438	142	296
28	92	29	63	201	67	134	467	156	311
29	84	24	60	210	62	148	402	121	281
30-34岁	**525**	**151**	**374**	**768**	**209**	**559**	**1750**	**444**	**1306**
30	108	32	76	171	48	123	434	141	293
31	114	38	76	162	50	112	383	86	297
32	107	26	81	160	48	112	318	61	257
33	115	32	83	153	34	119	333	75	258
34	81	23	58	122	29	93	282	81	201
35-39岁	**330**	**88**	**242**	**564**	**141**	**423**	**1076**	**286**	**790**
35	104	29	75	105	24	81	237	71	166
36	68	16	52	152	42	110	183	47	136
37	51	12	39	120	29	91	214	65	149
38	66	20	46	93	24	69	238	59	179
39	41	11	30	94	22	72	204	44	160
40-44岁	**519**	**164**	**355**	**756**	**234**	**522**	**1458**	**443**	**1015**
40	66	22	44	97	24	73	198	53	145
41	97	36	61	143	48	95	271	65	206
42	108	28	80	179	51	128	304	91	213
43	110	38	72	156	41	115	302	91	211
44	138	40	98	181	70	111	383	143	240
45-49岁	**840**	**265**	**575**	**1579**	**500**	**1079**	**2991**	**1036**	**1955**
45	169	65	104	192	60	132	391	153	238
46	184	61	123	326	120	206	445	162	283
47	176	53	123	363	124	239	636	224	412
48	153	43	110	346	97	249	769	271	498
49	158	43	115	352	99	253	750	226	524
50-54岁	**999**	**257**	**742**	**1948**	**531**	**1417**	**3767**	**1075**	**2692**
50	209	61	148	373	99	274	745	228	517
51	206	60	146	410	128	282	810	223	587
52	236	61	175	442	108	334	865	255	610
53	175	32	143	324	103	221	675	191	484
54	173	43	130	399	93	306	672	178	494
55-59岁	**687**	**135**	**552**	**1502**	**289**	**1213**	**3077**	**702**	**2375**
55	191	49	142	321	63	258	705	184	521
56	189	49	140	386	82	304	655	154	501
57	156	27	129	446	89	357	822	190	632
58	110	8	102	267	41	226	686	144	542
59	41	2	39	82	14	68	209	30	179
60-64岁	**360**	**64**	**296**	**674**	**106**	**568**	**1092**	**176**	**916**
60	39	8	31	66	10	56	113	25	88
61	55	7	48	106	23	83	130	22	108
62	61	12	49	126	20	106	244	40	204
63	106	17	89	165	19	146	320	46	274
64	99	20	79	211	34	177	285	43	242
65岁及以上	**2444**	**361**	**2083**	**4706**	**736**	**3970**	**8426**	**1468**	**6958**

5-5b 续表 2　　单位：人

年　龄	初婚年龄								
	18岁			19岁			20岁		
	小计	男	女	小计	男	女	小计	男	女
总　计	**47198**	**13258**	**33940**	**83486**	**26869**	**56617**	**122587**	**42144**	**80443**
20岁以下	**147**	**42**	**105**	**63**	**20**	**43**			
20-24岁	**1632**	**521**	**1111**	**2298**	**784**	**1514**	**2930**	**964**	**1966**
20	189	52	137	248	76	172	161	52	109
21	217	74	143	341	121	220	428	143	285
22	309	96	213	430	145	285	653	204	449
23	404	113	291	545	174	371	753	253	500
24	513	186	327	734	268	466	935	312	623
25-29岁	**4039**	**1434**	**2605**	**6412**	**2296**	**4116**	**8943**	**3162**	**5781**
25	597	216	381	973	347	626	1315	448	867
26	733	277	456	1085	406	679	1476	529	947
27	810	287	523	1310	465	845	1783	623	1160
28	924	330	594	1392	487	905	2079	747	1332
29	975	324	651	1652	591	1061	2290	815	1475
30-34岁	**3735**	**1078**	**2657**	**7723**	**2372**	**5351**	**13248**	**4198**	**9050**
30	1006	328	678	1928	697	1231	2883	1033	1850
31	853	260	593	1685	521	1164	2927	981	1946
32	657	186	471	1472	452	1020	2588	810	1778
33	675	178	497	1428	388	1040	2633	790	1843
34	544	126	418	1210	314	896	2217	584	1633
35-39岁	**2261**	**584**	**1677**	**5011**	**1233**	**3778**	**9300**	**2363**	**6937**
35	448	106	342	1126	269	857	1978	537	1441
36	455	116	339	995	238	757	1915	498	1417
37	413	107	306	960	237	723	1838	473	1365
38	482	130	352	930	231	699	1912	450	1462
39	463	125	338	1000	258	742	1657	405	1252
40-44岁	**2630**	**841**	**1789**	**5618**	**1721**	**3897**	**10626**	**2941**	**7685**
40	420	128	292	1072	285	787	2040	505	1535
41	500	143	357	1114	303	811	2223	584	1639
42	496	157	339	1080	345	735	2174	576	1598
43	566	175	391	1047	378	669	1963	562	1401
44	648	238	410	1305	410	895	2226	714	1512
45-49岁	**5390**	**1842**	**3548**	**9139**	**3422**	**5717**	**13982**	**5196**	**8786**
45	720	269	451	1383	493	890	2304	741	1563
46	844	290	554	1607	609	998	2515	895	1620
47	971	316	655	1725	664	1061	2819	1025	1794
48	1368	474	894	1975	726	1249	3182	1239	1943
49	1487	493	994	2449	930	1519	3162	1296	1866
50-54岁	**7113**	**2256**	**4857**	**13123**	**4726**	**8397**	**19203**	**7483**	**11720**
50	1523	494	1029	2800	1056	1744	3927	1541	2386
51	1441	485	956	2801	972	1829	4046	1647	2399
52	1494	492	1002	2800	1042	1758	4156	1597	2559
53	1319	409	910	2237	804	1433	3301	1308	1993
54	1336	376	960	2485	852	1633	3773	1390	2383
55-59岁	**5527**	**1461**	**4066**	**9688**	**3147**	**6541**	**14369**	**5418**	**8951**
55	1308	369	939	2275	788	1487	3575	1357	2218
56	1236	351	885	2039	661	1378	3127	1177	1950
57	1316	348	968	2584	835	1749	3519	1373	2146
58	1232	298	934	1960	623	1337	3036	1122	1914
59	435	95	340	830	240	590	1112	389	723
60-64岁	**1845**	**359**	**1486**	**3445**	**937**	**2508**	**5045**	**1565**	**3480**
60	216	40	176	483	131	352	795	246	549
61	188	29	159	472	133	339	735	206	529
62	340	59	281	662	187	475	1003	330	673
63	538	121	417	849	221	628	1219	388	831
64	563	110	453	979	265	714	1293	395	898
65岁及以上	**12879**	**2840**	**10039**	**20966**	**6211**	**14755**	**24941**	**8854**	**16087**

5-5b　续表 3　　单位：人

年　龄	初婚年龄								
	21岁			22岁			23岁		
	小计	男	女	小计	男	女	小计	男	女
总　计	**147794**	**60366**	**87428**	**165251**	**78042**	**87209**	**149416**	**74587**	**74829**
20岁以下									
20-24岁	**3074**	**1115**	**1959**	**2985**	**1297**	**1688**	**1803**	**827**	**976**
20									
21	251	69	182						
22	690	246	444	437	191	246			
23	972	365	607	1062	476	586	556	261	295
24	1161	435	726	1486	630	856	1247	566	681
25-29岁	**10623**	**4269**	**6354**	**12247**	**5757**	**6490**	**12110**	**5580**	**6530**
25	1505	598	907	1821	825	996	1965	865	1100
26	1720	680	1040	2030	928	1102	2049	941	1108
27	2122	837	1285	2476	1172	1304	2291	1044	1247
28	2366	958	1408	2772	1306	1466	2676	1249	1427
29	2910	1196	1714	3148	1526	1622	3129	1481	1648
30-34岁	**17020**	**6895**	**10125**	**19821**	**9277**	**10544**	**18118**	**8797**	**9321**
30	3460	1361	2099	4249	1932	2317	3917	1858	2059
31	3477	1425	2052	3992	1856	2136	3907	1865	2042
32	3518	1421	2097	3855	1848	2007	3562	1726	1836
33	3531	1439	2092	4092	1949	2143	3635	1781	1854
34	3034	1249	1785	3633	1692	1941	3097	1567	1530
35-39岁	**13259**	**4913**	**8346**	**16579**	**7665**	**8914**	**15365**	**7404**	**7961**
35	2676	1071	1605	3238	1517	1721	3064	1560	1504
36	2713	1027	1686	3281	1576	1705	3009	1425	1584
37	2654	1013	1641	3207	1491	1716	2871	1353	1518
38	2716	967	1749	3553	1619	1934	3265	1567	1698
39	2500	835	1665	3300	1462	1838	3156	1499	1657
40-44岁	**14493**	**5133**	**9360**	**18174**	**8487**	**9687**	**16543**	**8094**	**8449**
40	2476	838	1638	3325	1455	1870	3228	1500	1728
41	2985	1018	1967	3382	1564	1818	3397	1632	1765
42	3201	1158	2043	3754	1761	1993	3084	1512	1572
43	2801	1007	1794	3751	1815	1936	3141	1581	1560
44	3030	1112	1918	3962	1892	2070	3693	1869	1824
45-49岁	**18963**	**7789**	**11174**	**22380**	**10531**	**11849**	**20319**	**9884**	**10435**
45	3088	1163	1925	3735	1740	1995	3497	1723	1774
46	3642	1462	2180	4030	1885	2145	3777	1824	1953
47	3772	1565	2207	4531	2137	2394	4039	1943	2096
48	4406	1848	2558	5107	2414	2693	4546	2205	2341
49	4055	1751	2304	4977	2355	2622	4460	2189	2271
50-54岁	**22723**	**10010**	**12713**	**23946**	**11449**	**12497**	**21041**	**10764**	**10277**
50	4107	1727	2380	4856	2213	2643	4633	2298	2335
51	4704	2135	2569	4344	2033	2311	4245	2161	2084
52	5208	2366	2842	5294	2601	2693	3955	2020	1935
53	4201	1815	2386	4500	2220	2280	3910	2001	1909
54	4503	1967	2536	4952	2382	2570	4298	2284	2014
55-59岁	**17460**	**7546**	**9914**	**19131**	**9414**	**9717**	**17489**	**9277**	**8212**
55	4196	1848	2348	4572	2211	2361	4347	2271	2076
56	4114	1779	2335	4263	2148	2115	3740	1973	1767
57	4403	1910	2493	5001	2488	2513	4393	2353	2040
58	3419	1470	1949	3972	1973	1999	3750	2025	1725
59	1328	539	789	1323	594	729	1259	655	604
60-64岁	**6376**	**2409**	**3967**	**7829**	**3347**	**4482**	**7847**	**3864**	**3983**
60	837	298	539	1112	472	640	978	510	468
61	945	385	560	943	399	544	1058	526	532
62	1510	595	915	1806	803	1003	1476	746	730
63	1607	594	1013	2081	894	1187	2267	1104	1163
64	1477	537	940	1887	779	1108	2068	978	1090
65岁及以上	**23803**	**10287**	**13516**	**22159**	**10818**	**11341**	**18781**	**10096**	**8685**

5-5b 续表 4

单位：人

年 龄	初婚年龄								
	24岁			25岁			26岁		
	小计	男	女	小计	男	女	小计	男	女
总 计	**128114**	**68351**	**59763**	**99486**	**57216**	**42270**	**72587**	**44462**	**28125**
20岁以下									
20-24岁	**668**	**315**	**353**						
20									
21									
22									
23									
24	668	315	353						
25-29岁	**11937**	**5635**	**6302**	**9845**	**4887**	**4958**	**6938**	**3553**	**3385**
25	1755	806	949	868	405	463			
26	2131	973	1158	1636	828	808	762	379	383
27	2453	1186	1267	2286	1146	1140	1656	853	803
28	2601	1237	1364	2427	1203	1224	2161	1105	1056
29	2997	1433	1564	2628	1305	1323	2359	1216	1143
30-34岁	**16747**	**8366**	**8381**	**14983**	**7911**	**7072**	**12100**	**6562**	**5538**
30	3824	1881	1943	3514	1825	1689	2791	1487	1304
31	3464	1720	1744	3214	1632	1582	2682	1412	1270
32	3408	1713	1695	2902	1509	1393	2321	1234	1087
33	3217	1627	1590	3014	1644	1370	2251	1277	974
34	2834	1425	1409	2339	1301	1038	2055	1152	903
35-39岁	**13250**	**6997**	**6253**	**10670**	**6169**	**4501**	**8151**	**5021**	**3130**
35	2565	1303	1262	2005	1155	850	1652	988	664
36	2697	1438	1259	2182	1268	914	1625	996	629
37	2476	1317	1159	2140	1237	903	1613	1001	612
38	2822	1499	1323	2204	1277	927	1763	1108	655
39	2690	1440	1250	2139	1232	907	1498	928	570
40-44岁	**14018**	**7371**	**6647**	**10943**	**6278**	**4665**	**8256**	**5193**	**3063**
40	2848	1506	1342	2281	1304	977	1692	1085	607
41	3064	1589	1475	2375	1352	1023	1771	1101	670
42	2846	1509	1337	2319	1309	1010	1719	1091	628
43	2382	1250	1132	1961	1149	812	1527	951	576
44	2878	1517	1361	2007	1164	843	1547	965	582
45-49岁	**16930**	**8892**	**8038**	**12066**	**6940**	**5126**	**8280**	**5173**	**3107**
45	2935	1565	1370	2073	1221	852	1393	884	509
46	3108	1682	1426	2346	1374	972	1541	988	553
47	3333	1712	1621	2449	1433	1016	1723	1077	646
48	3598	1860	1738	2587	1460	1127	1812	1133	679
49	3956	2073	1883	2611	1452	1159	1811	1091	720
50-54岁	**16864**	**9136**	**7728**	**12037**	**7028**	**5009**	**8263**	**5227**	**3036**
50	3851	2058	1793	2882	1644	1238	1905	1164	741
51	3475	1847	1628	2557	1481	1076	1779	1145	634
52	3612	1951	1661	2639	1559	1080	1771	1109	662
53	2566	1403	1163	1934	1118	816	1328	818	510
54	3360	1877	1483	2025	1226	799	1480	991	489
55-59岁	**13891**	**7916**	**5975**	**9546**	**5817**	**3729**	**5964**	**3808**	**2156**
55	3366	1861	1505	2243	1351	892	1205	770	435
56	3129	1750	1379	2123	1299	824	1365	860	505
57	3479	1994	1485	2474	1556	918	1552	994	558
58	2799	1659	1140	1966	1188	778	1292	847	445
59	1118	652	466	740	423	317	550	337	213
60-64岁	**7341**	**4207**	**3134**	**5707**	**3682**	**2025**	**4265**	**3022**	**1243**
60	915	505	410	748	466	282	522	367	155
61	923	567	356	728	476	252	534	385	149
62	1570	941	629	1173	805	368	924	690	234
63	1808	1042	766	1624	1050	574	1116	800	316
64	2125	1152	973	1434	885	549	1169	780	389
65岁及以上	**16468**	**9516**	**6952**	**13689**	**8504**	**5185**	**10370**	**6903**	**3467**

5-5b 续表 5

单位：人

年 龄	初婚年龄								
	27岁			28岁			29岁		
	小计	男	女	小计	男	女	小计	男	女
总 计	**49977**	**32174**	**17803**	**33841**	**22415**	**11426**	**22694**	**15105**	**7589**
20岁以下									
20-24岁									
20									
21									
22									
23									
24									
25-29岁	**4085**	**2202**	**1883**	**1789**	**1035**	**754**	**464**	**279**	**185**
25									
26									
27	752	416	336						
28	1464	777	687	611	338	273			
29	1869	1009	860	1178	697	481	464	279	185
30-34岁	**9134**	**5147**	**3987**	**6793**	**3975**	**2818**	**4691**	**2710**	**1981**
30	2243	1225	1018	1706	940	766	1017	584	433
31	1867	1047	820	1454	844	610	1124	635	489
32	1900	1047	853	1212	713	499	891	518	373
33	1692	990	702	1301	764	537	861	490	371
34	1432	838	594	1120	714	406	798	483	315
35-39岁	**6105**	**3875**	**2230**	**4348**	**2899**	**1449**	**3121**	**2037**	**1084**
35	1253	778	475	922	593	329	630	405	225
36	1232	744	488	897	603	294	645	397	248
37	1153	752	401	800	538	262	627	421	206
38	1264	815	449	952	632	320	618	415	203
39	1203	786	417	777	533	244	601	399	202
40-44岁	**5577**	**3777**	**1800**	**4007**	**2775**	**1232**	**2799**	**1995**	**804**
40	1118	742	376	888	592	296	564	398	166
41	1212	841	371	849	602	247	672	480	192
42	1159	784	375	796	530	266	509	358	151
43	1008	686	322	692	486	206	494	349	145
44	1080	724	356	782	565	217	560	410	150
45-49岁	**5566**	**3745**	**1821**	**3616**	**2509**	**1107**	**2492**	**1740**	**752**
45	1018	715	303	705	495	210	495	344	151
46	1013	689	324	718	520	198	519	370	149
47	1086	714	372	657	448	209	508	349	159
48	1296	868	428	757	507	250	492	343	149
49	1153	759	394	779	539	240	478	334	144
50-54岁	**5229**	**3427**	**1802**	**3425**	**2211**	**1214**	**2329**	**1509**	**820**
50	1189	796	393	810	531	279	533	348	185
51	1013	646	367	681	445	236	474	306	168
52	1213	801	412	761	481	280	501	319	182
53	896	585	311	601	399	202	364	238	126
54	918	599	319	572	355	217	457	298	159
55-59岁	**3591**	**2407**	**1184**	**2214**	**1473**	**741**	**1402**	**905**	**497**
55	849	579	270	514	341	173	394	243	151
56	707	482	225	544	365	179	328	220	108
57	897	598	299	500	339	161	324	216	108
58	830	566	264	445	293	152	224	146	78
59	308	182	126	211	135	76	132	80	52
60-64岁	**2809**	**2065**	**744**	**1957**	**1453**	**504**	**1228**	**898**	**330**
60	299	218	81	241	154	87	148	90	58
61	336	253	83	235	166	69	135	91	44
62	632	475	157	365	272	93	259	204	55
63	809	611	198	570	445	125	322	241	81
64	733	508	225	546	416	130	364	272	92
65岁及以上	**7881**	**5529**	**2352**	**5692**	**4085**	**1607**	**4168**	**3032**	**1136**

5-5b 续表 6　　单位：人

年　龄	初婚年龄								
	30岁			31岁			32岁		
	小计	男	女	小计	男	女	小计	男	女
总　计	**15553**	**10287**	**5266**	**10997**	**7113**	**3884**	**8183**	**5263**	**2920**
20岁以下									
20–24岁									
20									
21									
22									
23									
24									
25–29岁									
25									
26									
27									
28									
29									
30–34岁	**3083**	**1839**	**1244**	**1687**	**947**	**740**	**820**	**462**	**358**
30	410	220	190						
31	752	430	322	263	145	118			
32	709	419	290	449	245	204	156	85	71
33	658	414	244	562	318	244	343	193	150
34	554	356	198	413	239	174	321	184	137
35–39岁	**2364**	**1481**	**883**	**1896**	**1157**	**739**	**1525**	**922**	**603**
35	518	310	208	382	219	163	292	174	118
36	522	323	199	387	234	153	302	191	111
37	449	279	170	390	246	144	336	206	130
38	481	311	170	368	218	150	295	178	117
39	394	258	136	369	240	129	300	173	127
40–44岁	**1972**	**1362**	**610**	**1542**	**1013**	**529**	**1250**	**808**	**442**
40	391	264	127	280	176	104	262	165	97
41	474	309	165	350	225	125	260	168	92
42	405	281	124	330	215	115	263	164	99
43	354	260	94	293	193	100	236	153	83
44	348	248	100	289	204	85	229	158	71
45–49岁	**1732**	**1211**	**521**	**1333**	**922**	**411**	**1105**	**742**	**363**
45	382	269	113	279	183	96	206	148	58
46	354	261	93	274	193	81	221	145	76
47	361	261	100	262	185	77	221	145	76
48	360	232	128	266	185	81	237	156	81
49	275	188	87	252	176	76	220	148	72
50–54岁	**1613**	**1031**	**582**	**1048**	**656**	**392**	**818**	**528**	**290**
50	317	227	90	199	134	65	186	125	61
51	354	224	130	180	120	60	118	80	38
52	380	233	147	227	145	82	149	97	52
53	275	167	108	229	127	102	143	86	57
54	287	180	107	213	130	83	222	140	82
55–59岁	**1046**	**697**	**349**	**772**	**499**	**273**	**634**	**382**	**252**
55	293	192	101	190	123	67	153	91	62
56	241	160	81	196	118	78	145	84	61
57	235	153	82	170	116	54	164	96	68
58	189	129	60	143	93	50	118	78	40
59	88	63	25	73	49	24	54	33	21
60–64岁	**790**	**555**	**235**	**573**	**404**	**169**	**409**	**292**	**117**
60	87	54	33	57	29	28	41	21	20
61	98	64	34	65	36	29	37	26	11
62	179	138	41	112	83	29	77	60	17
63	213	148	65	168	133	35	110	85	25
64	213	151	62	171	123	48	144	100	44
65岁及以上	**2953**	**2111**	**842**	**2146**	**1515**	**631**	**1622**	**1127**	**495**

5-5b 续表 7

单位：人

年 龄	初婚年龄								
	33岁			34岁			35岁		
	小计	男	女	小计	男	女	小计	男	女
总 计	**6198**	**3929**	**2269**	**4762**	**3065**	**1697**	**3736**	**2301**	**1435**
20岁以下									
20–24岁									
20									
21									
22									
23									
24									
25–29岁									
25									
26									
27									
28									
29									
30–34岁	**380**	**227**	**153**	**89**	**57**	**32**			
30									
31									
32									
33	136	82	54						
34	244	145	99	89	57	32			
35–39岁	**1211**	**694**	**517**	**921**	**523**	**398**	**631**	**360**	**271**
35	219	123	96	155	75	80	64	46	18
36	230	130	100	194	120	74	124	67	57
37	240	140	100	166	104	62	136	79	57
38	275	164	111	206	118	88	155	88	67
39	247	137	110	200	106	94	152	80	72
40–44岁	**1049**	**629**	**420**	**899**	**551**	**348**	**808**	**462**	**346**
40	246	139	107	218	135	83	194	109	85
41	213	129	84	199	124	75	202	110	92
42	186	118	68	187	112	75	152	87	65
43	192	116	76	129	77	52	136	81	55
44	212	127	85	166	103	63	124	75	49
45–49岁	**864**	**576**	**288**	**715**	**479**	**236**	**653**	**400**	**253**
45	166	107	59	158	107	51	123	75	48
46	176	116	60	147	96	51	137	90	47
47	189	130	59	137	94	43	153	96	57
48	162	106	56	150	105	45	127	74	53
49	171	117	54	123	77	46	113	65	48
50–54岁	**570**	**384**	**186**	**442**	**306**	**136**	**387**	**242**	**145**
50	152	102	50	126	90	36	108	65	43
51	105	74	31	109	64	45	90	56	34
52	103	66	37	82	56	26	78	48	30
53	88	63	25	65	50	15	59	40	19
54	122	79	43	60	46	14	52	33	19
55–59岁	**562**	**364**	**198**	**439**	**269**	**170**	**340**	**219**	**121**
55	173	112	61	88	58	30	53	37	16
56	121	76	45	115	68	47	60	35	25
57	130	83	47	109	63	46	113	79	34
58	108	73	35	88	53	35	74	43	31
59	30	20	10	39	27	12	40	25	15
60–64岁	**268**	**181**	**87**	**212**	**160**	**52**	**151**	**99**	**52**
60	32	15	17	29	23	6	25	14	11
61	33	21	12	29	22	7	20	13	7
62	38	30	8	46	34	12	23	14	9
63	81	57	24	52	37	15	51	38	13
64	84	58	26	56	44	12	32	20	12
65岁及以上	**1294**	**874**	**420**	**1045**	**720**	**325**	**766**	**519**	**247**

5-5b 续表 8

单位：人

年龄	初婚年龄 36岁 小计	36岁 男	36岁 女	37岁 小计	37岁 男	37岁 女	38岁 小计	38岁 男	38岁 女
总计	**2856**	**1849**	**1007**	**2313**	**1481**	**832**	**1854**	**1183**	**671**
20岁以下									
20-24岁									
20									
21									
22									
23									
24									
25-29岁									
25									
26									
27									
28									
29									
30-34岁									
30									
31									
32									
33									
34									
35-39岁	**384**	**228**	**156**	**234**	**126**	**108**	**104**	**56**	**48**
35									
36	51	27	24						
37	83	47	36	37	19	18			
38	137	82	55	105	56	49	40	22	18
39	113	72	41	92	51	41	64	34	30
40-44岁	**598**	**378**	**220**	**510**	**310**	**200**	**437**	**266**	**171**
40	124	80	44	85	47	38	79	43	36
41	123	79	44	99	67	32	92	57	35
42	153	93	60	95	56	39	92	54	38
43	96	65	31	114	71	43	82	53	29
44	102	61	41	117	69	48	92	59	33
45-49岁	**542**	**358**	**184**	**416**	**277**	**139**	**388**	**240**	**148**
45	96	66	30	74	47	27	79	48	31
46	113	74	39	74	51	23	82	56	26
47	128	85	43	88	57	31	72	44	28
48	112	69	43	95	64	31	79	48	31
49	93	64	29	85	58	27	76	44	32
50-54岁	**334**	**211**	**123**	**311**	**198**	**113**	**261**	**177**	**84**
50	96	60	36	87	53	34	76	52	24
51	81	50	31	72	46	26	60	35	25
52	61	42	19	69	46	23	56	42	14
53	44	25	19	43	25	18	27	20	7
54	52	34	18	40	28	12	42	28	14
55-59岁	**208**	**139**	**69**	**150**	**96**	**54**	**119**	**79**	**40**
55	35	25	10	42	26	16	26	17	9
56	42	32	10	27	20	7	29	19	10
57	44	32	12	31	19	12	28	19	9
58	57	31	26	28	19	9	21	15	6
59	30	19	11	22	12	10	15	9	6
60-64岁	**149**	**102**	**47**	**137**	**88**	**49**	**127**	**77**	**50**
60	22	13	9	23	11	12	21	13	8
61	20	13	7	20	9	11	12	7	5
62	30	23	7	27	20	7	27	17	10
63	34	21	13	36	27	9	49	30	19
64	43	32	11	31	21	10	18	10	8
65岁及以上	**641**	**433**	**208**	**555**	**386**	**169**	**418**	**288**	**130**

5-5b 续表 9

单位：人

年龄	初婚年龄					
	39岁			40岁及以上		
	小计	男	女	小计	男	女
总计	**1459**	**946**	**513**	**9421**	**5697**	**3724**
20岁以下						
20-24岁						
20						
21						
22						
23						
24						
25-29岁						
25						
26						
27						
28						
29						
30-34岁						
30						
31						
32						
33						
34						
35-39岁	**29**	**17**	**12**			
35						
36						
37						
38						
39	29	17	12			
40-44岁	**301**	**181**	**120**	**644**	**323**	**321**
40	55	33	22	27	13	14
41	69	47	22	98	39	59
42	59	33	26	149	74	75
43	56	30	26	152	82	70
44	62	38	24	218	115	103
45-49岁	**315**	**223**	**92**	**1706**	**1040**	**666**
45	64	44	20	249	141	108
46	66	47	19	298	174	124
47	74	56	18	364	208	156
48	62	44	18	415	275	140
49	49	32	17	380	242	138
50-54岁	**244**	**155**	**89**	**1904**	**1188**	**716**
50	78	55	23	432	260	172
51	52	30	22	414	252	162
52	50	28	22	388	250	138
53	33	23	10	332	217	115
54	31	19	12	338	209	129
55-59岁	**105**	**76**	**29**	**1270**	**779**	**491**
55	28	21	7	304	187	117
56	33	25	8	271	170	101
57	26	19	7	318	193	125
58	9	6	3	257	156	101
59	9	5	4	120	73	47
60-64岁	**93**	**55**	**38**	**691**	**443**	**248**
60	11	4	7	90	56	34
61	9	8	1	89	62	27
62	22	13	9	133	89	44
63	22	13	9	174	102	72
64	29	17	12	205	134	71
65岁及以上	**372**	**239**	**133**	**3206**	**1924**	**1282**

5-5c 全省分年龄、性别、初婚年龄的人口(乡村)

单位：人

年龄	初婚年龄					
	合计			15岁以下		
	合计	男	女	小计	男	女
总计	**1762620**	**853559**	**909061**	**3477**	**718**	**2759**
20岁以下	**1456**	**383**	**1073**	**56**	**8**	**48**
20-24岁	**24644**	**9608**	**15036**	**104**	**19**	**85**
20	1555	443	1112	10	2	8
21	2595	852	1743	22	6	16
22	4391	1601	2790	20	2	18
23	6554	2626	3928	30	7	23
24	9549	4086	5463	22	2	20
25-29岁	**100328**	**46605**	**53723**	**183**	**48**	**135**
25	13831	6185	7646	31	6	25
26	15940	7240	8700	37	10	27
27	19943	9301	10642	26	4	22
28	23490	10979	12511	38	14	24
29	27124	12900	14224	51	14	37
30-34岁	**148682**	**71742**	**76940**	**238**	**61**	**177**
30	33908	16214	17694	42	12	30
31	31686	15341	16345	48	16	32
32	28838	13823	15015	50	7	43
33	28928	14054	14874	51	11	40
34	25322	12310	13012	47	15	32
35-39岁	**114620**	**57642**	**56978**	**141**	**31**	**110**
35	22878	11403	11475	37	9	28
36	22802	11377	11425	33	4	29
37	22174	11231	10943	19	4	15
38	23587	11906	11681	27	7	20
39	23179	11725	11454	25	7	18
40-44岁	**133037**	**68383**	**64654**	**265**	**66**	**199**
40	24845	12681	12164	30	7	23
41	26523	13726	12797	53	13	40
42	27010	13845	13165	62	18	44
43	25415	13080	12335	52	15	37
44	29244	15051	14193	68	13	55
45-49岁	**196981**	**98131**	**98850**	**317**	**89**	**228**
45	30172	15184	14988	75	20	55
46	34536	17484	17052	59	18	41
47	39083	19307	19776	57	13	44
48	45590	22681	22909	67	22	45
49	47600	23475	24125	59	16	43
50-54岁	**253833**	**121644**	**132189**	**395**	**73**	**322**
50	51573	24440	27133	72	16	56
51	50014	23916	26098	92	21	71
52	54981	26449	28532	93	13	80
53	46359	21837	24522	65	8	57
54	50906	25002	25904	73	15	58
55-59岁	**204631**	**99048**	**105583**	**332**	**56**	**276**
55	47979	23043	24936	91	21	70
56	43857	21071	22786	58	12	46
57	49777	24317	25460	65	8	57
58	44870	22103	22767	87	10	77
59	18148	8514	9634	31	5	26
60-64岁	**102326**	**51334**	**50992**	**249**	**52**	**197**
60	12427	5925	6502	30	5	25
61	11860	5828	6032	38	5	33
62	20529	10528	10001	42	7	35
63	28351	14536	13815	60	17	43
64	29159	14517	14642	79	18	61
65岁及以上	**482082**	**229039**	**253043**	**1197**	**215**	**982**

5-5c　续表 1　　　　单位：人

年　龄	初婚年龄								
	15岁			16岁			17岁		
	小计	男	女	小计	男	女	小计	男	女
总　计	**16453**	**3513**	**12940**	**30844**	**6954**	**23890**	**56330**	**14677**	**41653**
20岁以下	**210**	**47**	**163**	**332**	**79**	**253**	**374**	**101**	**273**
20-24岁	**623**	**130**	**493**	**1158**	**338**	**820**	**2006**	**604**	**1402**
20	72	8	64	125	26	99	256	64	192
21	86	13	73	149	36	113	274	75	199
22	137	35	102	230	63	167	370	100	270
23	159	39	120	288	82	206	521	160	361
24	169	35	134	366	131	235	585	205	380
25-29岁	**920**	**272**	**648**	**1857**	**575**	**1282**	**3991**	**1408**	**2583**
25	217	62	155	349	96	253	758	267	491
26	174	53	121	361	120	241	736	271	465
27	183	53	130	427	138	289	816	284	532
28	180	57	123	380	131	249	850	302	548
29	166	47	119	340	90	250	831	284	547
30-34岁	**859**	**207**	**652**	**1534**	**411**	**1123**	**2952**	**844**	**2108**
30	217	68	149	382	121	261	764	243	521
31	177	34	143	343	83	260	646	206	440
32	138	38	100	304	65	239	614	172	442
33	180	37	143	269	79	190	528	122	406
34	147	30	117	236	63	173	400	101	299
35-39岁	**604**	**148**	**456**	**993**	**232**	**761**	**1849**	**491**	**1358**
35	136	36	100	202	38	164	373	102	271
36	144	36	108	260	68	192	310	86	224
37	129	40	89	196	44	152	423	116	307
38	99	18	81	186	40	146	393	104	289
39	96	18	78	149	42	107	350	83	267
40-44岁	**829**	**274**	**555**	**1338**	**387**	**951**	**2204**	**757**	**1447**
40	120	34	86	178	45	133	367	109	258
41	164	56	108	260	74	186	388	120	268
42	162	56	106	273	66	207	446	156	290
43	166	55	111	283	87	196	445	156	289
44	217	73	144	344	115	229	558	216	342
45-49岁	**1541**	**482**	**1059**	**2878**	**917**	**1961**	**5330**	**1881**	**3449**
45	256	96	160	327	117	210	643	230	413
46	296	102	194	541	196	345	751	277	474
47	308	91	217	653	212	441	1161	443	718
48	329	101	228	684	204	480	1420	499	921
49	352	92	260	673	188	485	1355	432	923
50-54岁	**2053**	**507**	**1546**	**4173**	**1094**	**3079**	**7525**	**2193**	**5332**
50	398	107	291	748	203	545	1426	443	983
51	438	107	331	878	238	640	1531	470	1061
52	413	103	310	915	256	659	1821	519	1302
53	427	98	329	737	169	568	1305	375	930
54	377	92	285	895	228	667	1442	386	1056
55-59岁	**1744**	**300**	**1444**	**3418**	**687**	**2731**	**6540**	**1571**	**4969**
55	465	116	349	746	168	578	1431	405	1026
56	422	66	356	805	191	614	1264	309	955
57	403	56	347	950	186	764	1778	416	1362
58	305	41	264	676	111	565	1610	352	1258
59	149	21	128	241	31	210	457	89	368
60-64岁	**1019**	**163**	**856**	**1537**	**262**	**1275**	**2752**	**540**	**2212**
60	119	15	104	153	20	133	319	46	273
61	140	24	116	216	40	176	319	66	253
62	204	34	170	302	51	251	604	122	482
63	277	50	227	383	67	316	761	156	605
64	279	40	239	483	84	399	749	150	599
65岁及以上	**6051**	**983**	**5068**	**11626**	**1972**	**9654**	**20807**	**4287**	**16520**

5-5c 续表 2

单位：人

年龄	初婚年龄								
	18岁			19岁			20岁		
	小计	男	女	小计	男	女	小计	男	女
总计	**92070**	**27677**	**64393**	**157915**	**55984**	**101931**	**215001**	**84248**	**130753**
20岁以下	**339**	**101**	**238**	**145**	**47**	**98**			
20-24岁	**3054**	**986**	**2068**	**4031**	**1517**	**2514**	**4475**	**1690**	**2785**
20	415	119	296	449	142	307	228	82	146
21	433	127	306	652	219	433	682	251	431
22	531	158	373	785	295	490	967	351	616
23	728	226	502	862	344	518	1224	462	762
24	947	356	591	1283	517	766	1374	544	830
25-29岁	**6608**	**2586**	**4022**	**9917**	**4187**	**5730**	**12578**	**5123**	**7455**
25	1064	406	658	1627	705	922	1975	785	1190
26	1180	451	729	1676	664	1012	2102	816	1286
27	1320	525	795	1934	823	1111	2521	1075	1446
28	1557	610	947	2119	898	1221	2822	1139	1683
29	1487	594	893	2561	1097	1464	3158	1308	1850
30-34岁	**6051**	**1958**	**4093**	**11579**	**4198**	**7381**	**17665**	**6914**	**10751**
30	1631	577	1054	2961	1195	1766	4165	1673	2492
31	1379	504	875	2634	997	1637	3854	1602	2252
32	1105	371	734	2145	760	1385	3452	1343	2109
33	1107	291	816	2066	713	1353	3299	1266	2033
34	829	215	614	1773	533	1240	2895	1030	1865
35-39岁	**3136**	**842**	**2294**	**6845**	**2011**	**4834**	**11636**	**3827**	**7809**
35	641	182	459	1495	451	1044	2518	910	1608
36	692	180	512	1412	399	1013	2536	873	1663
37	524	141	383	1340	379	961	2170	703	1467
38	663	168	495	1220	376	844	2295	716	1579
39	616	171	445	1378	406	972	2117	625	1492
40-44岁	**3851**	**1330**	**2521**	**7782**	**2722**	**5060**	**13551**	**4546**	**9005**
40	620	197	423	1423	450	973	2550	796	1754
41	721	240	481	1448	481	967	2733	878	1855
42	736	253	483	1527	534	993	2676	866	1810
43	819	293	526	1492	556	936	2571	853	1718
44	955	347	608	1892	701	1191	3021	1153	1868
45-49岁	**8878**	**3402**	**5476**	**14889**	**5978**	**8911**	**21400**	**8646**	**12754**
45	1039	404	635	2053	832	1221	3205	1155	2050
46	1303	527	776	2418	928	1490	3722	1415	2307
47	1526	587	939	2857	1135	1722	4323	1729	2594
48	2366	914	1452	3319	1349	1970	5063	2166	2897
49	2644	970	1674	4242	1734	2508	5087	2181	2906
50-54岁	**13755**	**4466**	**9289**	**23713**	**8970**	**14743**	**33388**	**14077**	**19311**
50	2776	924	1852	4915	1834	3081	6651	2721	3930
51	2722	934	1788	4775	1795	2980	6858	2888	3970
52	2948	949	1999	4950	1906	3044	7374	3202	4172
53	2657	793	1864	4307	1614	2693	5870	2426	3444
54	2652	866	1786	4766	1821	2945	6635	2840	3795
55-59岁	**10702**	**3044**	**7658**	**18428**	**6477**	**11951**	**25549**	**10506**	**15043**
55	2373	737	1636	4252	1579	2673	6359	2632	3727
56	2241	663	1578	3866	1346	2520	5397	2235	3162
57	2460	691	1769	4650	1620	3030	5911	2458	3453
58	2647	692	1955	3908	1351	2557	5780	2321	3459
59	981	261	720	1752	581	1171	2102	860	1242
60-64岁	**4345**	**923**	**3422**	**7781**	**2312**	**5469**	**11070**	**3962**	**7108**
60	515	105	410	1057	322	735	1576	577	999
61	470	82	388	943	271	672	1450	514	936
62	816	179	637	1405	430	975	2322	839	1483
63	1241	274	967	2059	599	1460	2782	958	1824
64	1303	283	1020	2317	690	1627	2940	1074	1866
65岁及以上	**31351**	**8039**	**23312**	**52805**	**17565**	**35240**	**63689**	**24957**	**38732**

5-5c　续表 3　　　　单位：人

年　龄	初婚年龄								
	21岁			22岁			23岁		
	小计	男	女	小计	男	女	小计	男	女
总　计	**235250**	**106318**	**128932**	**236383**	**120094**	**116289**	**191537**	**102773**	**88764**
20岁以下									
20-24岁	**3921**	**1668**	**2253**	**3175**	**1556**	**1619**	**1592**	**843**	**749**
20									
21	297	125	172						
22	881	360	521	470	237	233			
23	1215	523	692	1090	552	538	437	231	206
24	1528	660	868	1615	767	848	1155	612	543
25-29岁	**13128**	**5843**	**7285**	**13263**	**6557**	**6706**	**11371**	**5637**	**5734**
25	1854	798	1056	1993	991	1002	1890	951	939
26	2127	968	1159	2170	1087	1083	1863	940	923
27	2542	1084	1458	2673	1327	1346	2042	1027	1015
28	2979	1341	1638	2890	1449	1441	2591	1265	1326
29	3626	1652	1974	3537	1703	1834	2985	1454	1531
30-34岁	**20664**	**9357**	**11307**	**21013**	**10637**	**10376**	**17099**	**8945**	**8154**
30	4181	1848	2333	4537	2264	2273	3694	1820	1874
31	4490	2052	2438	4051	2048	2003	3635	1933	1702
32	4123	1878	2245	4235	2092	2143	3174	1623	1551
33	4310	1950	2360	4280	2201	2079	3485	1864	1621
34	3560	1629	1931	3910	2032	1878	3111	1705	1406
35-39岁	**15542**	**7012**	**8530**	**17627**	**9207**	**8420**	**14771**	**7989**	**6782**
35	3180	1484	1696	3471	1827	1644	2918	1581	1337
36	3257	1521	1736	3461	1811	1650	2767	1510	1257
37	3044	1381	1663	3493	1857	1636	2822	1549	1273
38	3012	1309	1703	3730	1921	1809	3148	1689	1459
39	3049	1317	1732	3472	1791	1681	3116	1660	1456
40-44岁	**17285**	**7242**	**10043**	**20358**	**10788**	**9570**	**16895**	**9041**	**7854**
40	2836	1164	1672	3773	1952	1821	3268	1740	1528
41	3550	1550	2000	3672	1978	1694	3368	1850	1518
42	3706	1510	2196	4244	2252	1992	3124	1653	1471
43	3416	1420	1996	3977	2152	1825	3366	1819	1547
44	3777	1598	2179	4692	2454	2238	3769	1979	1790
45-49岁	**26580**	**11777**	**14803**	**29461**	**14365**	**15096**	**24545**	**12751**	**11794**
45	4001	1689	2312	4575	2250	2325	3952	2027	1925
46	4948	2172	2776	5082	2543	2539	4211	2226	1985
47	5342	2338	3004	6192	2996	3196	4667	2405	2262
48	6137	2752	3385	6762	3269	3493	5849	3052	2797
49	6152	2826	3326	6850	3307	3543	5866	3041	2825
50-54岁	**36825**	**16993**	**19832**	**35716**	**17858**	**17858**	**28544**	**14869**	**13675**
50	6273	2746	3527	7011	3406	3605	6034	3042	2992
51	7604	3525	4079	5932	2890	3042	5388	2720	2668
52	8596	4038	4558	8132	4091	4041	5411	2838	2573
53	6878	3120	3758	6913	3475	3438	5516	2915	2601
54	7474	3564	3910	7728	3996	3732	6195	3354	2841
55-59岁	**29576**	**13876**	**15700**	**29516**	**15270**	**14246**	**24386**	**13459**	**10927**
55	6921	3237	3684	6724	3353	3371	5949	3134	2815
56	6699	3074	3625	6328	3280	3048	5023	2744	2279
57	7297	3462	3835	7606	3997	3609	5799	3248	2551
58	6084	2920	3164	6368	3401	2967	5554	3246	2308
59	2575	1183	1392	2490	1239	1251	2061	1087	974
60-64岁	**12584**	**5247**	**7337**	**13425**	**6343**	**7082**	**11736**	**6363**	**5373**
60	1484	627	857	1617	800	817	1318	738	580
61	1683	702	981	1250	611	639	1345	756	589
62	2696	1150	1546	2926	1403	1523	2032	1131	901
63	3457	1382	2075	3863	1797	2066	3578	1930	1648
64	3264	1386	1878	3769	1732	2037	3463	1808	1655
65岁及以上	**59145**	**27303**	**31842**	**52829**	**27513**	**25316**	**40598**	**22876**	**17722**

5－5c 续表 4

单位：人

年龄	初婚年龄								
	24岁			25岁			26岁		
	小计	男	女	小计	男	女	小计	男	女
总计	**147768**	**84812**	**62956**	**106078**	**64855**	**41223**	**73160**	**47068**	**26092**
20岁以下									
20－24岁	**505**	**257**	**248**						
20									
21									
22									
23									
24	505	257	248						
25－29岁	**9504**	**4964**	**4540**	**7237**	**3848**	**3389**	**5012**	**2778**	**2234**
25	1453	777	676	620	341	279			
26	1744	891	853	1252	675	577	518	294	224
27	1916	985	931	1727	943	784	1268	716	552
28	2029	1042	987	1847	941	906	1607	864	743
29	2362	1269	1093	1791	948	843	1619	904	715
30－34岁	**13372**	**7337**	**6035**	**10089**	**5766**	**4323**	**7639**	**4414**	**3225**
30	3122	1701	1421	2520	1389	1131	1857	1037	820
31	2806	1516	1290	2183	1237	946	1711	941	770
32	2603	1447	1156	1921	1091	830	1462	860	602
33	2464	1346	1118	1914	1114	800	1357	835	522
34	2377	1327	1050	1551	935	616	1252	741	511
35－39岁	**11612**	**6708**	**4904**	**8125**	**5107**	**3018**	**5647**	**3765**	**1882**
35	2233	1271	962	1619	984	635	1012	654	358
36	2271	1322	949	1484	915	569	1125	748	377
37	2175	1247	928	1620	1063	557	1105	739	366
38	2463	1434	1029	1660	1048	612	1256	836	420
39	2470	1434	1036	1742	1097	645	1149	788	361
40－44岁	**13310**	**7613**	**5697**	**9520**	**5943**	**3577**	**6767**	**4555**	**2212**
40	2741	1600	1141	1962	1197	765	1251	852	399
41	2759	1559	1200	2022	1289	733	1449	996	453
42	2660	1514	1146	1916	1214	702	1478	997	481
43	2239	1256	983	1810	1114	696	1215	830	385
44	2911	1684	1227	1810	1129	681	1374	880	494
45－49岁	**18268**	**10011**	**8257**	**12488**	**7353**	**5135**	**7975**	**4977**	**2998**
45	2863	1616	1247	2021	1194	827	1140	727	413
46	3294	1818	1476	2319	1413	906	1473	967	506
47	3451	1864	1587	2487	1442	1045	1651	1026	625
48	4059	2202	1857	2787	1650	1137	1844	1115	729
49	4601	2511	2090	2874	1654	1220	1867	1142	725
50－54岁	**21041**	**11586**	**9455**	**14200**	**8243**	**5957**	**9041**	**5494**	**3547**
50	4730	2518	2212	3342	1879	1463	1927	1155	772
51	4265	2318	1947	2998	1762	1236	1955	1194	761
52	4386	2435	1951	2954	1694	1260	1924	1151	773
53	3297	1802	1495	2492	1424	1068	1659	960	699
54	4363	2513	1850	2414	1484	930	1576	1034	542
55－59岁	**18093**	**10698**	**7395**	**11993**	**7452**	**4541**	**7295**	**4690**	**2605**
55	4384	2470	1914	2759	1666	1093	1470	922	548
56	4000	2343	1657	2643	1632	1011	1587	978	609
57	4124	2504	1620	2943	1861	1082	1860	1230	630
58	3884	2390	1494	2570	1671	899	1702	1149	553
59	1701	991	710	1078	622	456	676	411	265
60－64岁	**9377**	**5855**	**3522**	**6955**	**4836**	**2119**	**5219**	**3843**	**1376**
60	1137	698	439	947	591	356	589	391	198
61	1014	660	354	815	555	260	687	474	213
62	1834	1206	628	1400	1012	388	1049	779	270
63	2329	1516	813	2012	1459	553	1466	1142	324
64	3063	1775	1288	1781	1219	562	1428	1057	371
65岁及以上	**32686**	**19783**	**12903**	**25471**	**16307**	**9164**	**18565**	**12552**	**6013**

5-5c 续表 5

单位：人

年龄	初婚年龄								
	27岁			28岁			29岁		
	小计	男	女	小计	男	女	小计	男	女
总 计	**50771**	**33881**	**16890**	**35154**	**23843**	**11311**	**25137**	**17107**	**8030**
20岁以下									
20-24岁									
20									
21									
22									
23									
24									
25-29岁	**3088**	**1778**	**1310**	**1326**	**783**	**543**	**345**	**218**	**127**
25									
26									
27	548	317	231						
28	1125	631	494	476	295	181			
29	1415	830	585	850	488	362	345	218	127
30-34岁	**5686**	**3346**	**2340**	**4486**	**2726**	**1760**	**3276**	**1948**	**1328**
30	1522	868	654	1207	711	496	776	475	301
31	1205	690	515	987	571	416	795	465	330
32	1102	656	446	789	474	315	622	366	256
33	1018	626	392	805	536	269	578	346	232
34	839	506	333	698	434	264	505	296	209
35-39岁	**4029**	**2685**	**1344**	**2867**	**1924**	**943**	**2100**	**1369**	**731**
35	837	520	317	553	365	188	428	259	169
36	733	485	248	595	385	210	401	234	167
37	801	540	261	501	326	175	430	277	153
38	803	536	267	627	444	183	421	305	116
39	855	604	251	591	404	187	420	294	126
40-44岁	**4585**	**3218**	**1367**	**3209**	**2274**	**935**	**2295**	**1634**	**661**
40	916	650	266	631	458	173	439	299	140
41	933	648	285	626	439	187	518	368	150
42	974	679	295	653	467	186	463	331	132
43	864	613	251	617	425	192	409	300	109
44	898	628	270	682	485	197	466	336	130
45-49岁	**5485**	**3693**	**1792**	**3625**	**2546**	**1079**	**2469**	**1774**	**695**
45	930	664	266	668	483	185	459	340	119
46	901	634	267	665	477	188	460	339	121
47	1102	717	385	652	459	193	493	352	141
48	1301	876	425	789	521	268	491	351	140
49	1251	802	449	851	606	245	566	392	174
50-54岁	**5994**	**3811**	**2183**	**4012**	**2577**	**1435**	**2883**	**1902**	**981**
50	1331	846	485	978	608	370	651	439	212
51	1173	764	409	761	512	249	628	403	225
52	1355	830	525	806	510	296	596	390	206
53	1059	652	407	734	455	279	468	316	152
54	1076	719	357	733	492	241	540	354	186
55-59岁	**4510**	**2954**	**1556**	**2696**	**1768**	**928**	**1905**	**1244**	**661**
55	972	630	342	646	412	234	507	329	178
56	853	553	300	525	332	193	421	278	143
57	1103	738	365	543	373	170	406	273	133
58	1055	711	344	624	427	197	358	239	119
59	527	322	205	358	224	134	213	125	88
60-64岁	**3597**	**2789**	**808**	**2705**	**2077**	**628**	**1980**	**1480**	**500**
60	412	268	144	304	199	105	195	123	72
61	379	284	95	245	181	64	216	155	61
62	816	649	167	526	409	117	370	273	97
63	1000	818	182	846	677	169	538	431	107
64	990	770	220	784	611	173	661	498	163
65岁及以上	**13797**	**9607**	**4190**	**10228**	**7168**	**3060**	**7884**	**5538**	**2346**

5-5c 续表 6 单位：人

年龄	初婚年龄								
	30岁			31岁			32岁		
	小计	男	女	小计	男	女	小计	男	女
总 计	**18781**	**12828**	**5953**	**13742**	**9190**	**4552**	**10636**	**7073**	**3563**
20岁以下									
20-24岁									
20									
21									
22									
23									
24									
25-29岁									
25									
26									
27									
28									
29									
30-34岁	**2217**	**1340**	**877**	**1244**	**750**	**494**	**690**	**393**	**297**
30	330	212	118						
31	525	310	215	217	136	81			
32	521	306	215	328	196	132	150	78	72
33	468	283	185	391	231	160	266	155	111
34	373	229	144	308	187	121	274	160	114
35-39岁	**1692**	**1104**	**588**	**1370**	**833**	**537**	**1149**	**679**	**470**
35	380	247	133	277	172	105	201	111	90
36	354	221	133	280	165	115	224	125	99
37	327	201	126	278	167	111	229	144	85
38	349	237	112	276	165	111	244	144	100
39	282	198	84	259	164	95	251	155	96
40-44岁	**1772**	**1260**	**512**	**1346**	**930**	**416**	**1147**	**762**	**385**
40	364	259	105	231	155	76	250	162	88
41	363	241	122	316	216	100	226	151	75
42	385	278	107	274	192	82	263	164	99
43	308	222	86	256	174	82	194	136	58
44	352	260	92	269	193	76	214	149	65
45-49岁	**1839**	**1363**	**476**	**1454**	**1043**	**411**	**1148**	**801**	**347**
45	348	250	98	250	176	74	218	152	66
46	365	269	96	288	206	82	227	156	71
47	353	252	101	321	238	83	231	167	64
48	421	326	95	314	229	85	241	170	71
49	352	266	86	281	194	87	231	156	75
50-54岁	**2200**	**1458**	**742**	**1507**	**951**	**556**	**1107**	**710**	**397**
50	419	297	122	243	161	82	230	149	81
51	420	302	118	251	168	83	151	105	46
52	560	371	189	333	221	112	216	149	67
53	412	247	165	340	190	150	227	136	91
54	389	241	148	340	211	129	283	171	112
55-59岁	**1404**	**906**	**498**	**1199**	**724**	**475**	**992**	**638**	**354**
55	358	230	128	303	176	127	245	161	84
56	330	203	127	247	152	95	184	110	74
57	316	208	108	281	163	118	282	179	103
58	292	191	101	253	163	90	186	128	58
59	108	74	34	115	70	45	95	60	35
60-64岁	**1323**	**997**	**326**	**981**	**732**	**249**	**640**	**478**	**162**
60	126	76	50	77	51	26	63	42	21
61	143	106	37	106	78	28	60	42	18
62	263	201	62	213	161	52	111	83	28
63	378	295	83	278	218	60	194	148	46
64	413	319	94	307	224	83	212	163	49
65岁及以上	**6334**	**4400**	**1934**	**4641**	**3227**	**1414**	**3763**	**2612**	**1151**

5-5c 续表 7

单位：人

年龄	初婚年龄								
	33岁			34岁			35岁		
	小计	男	女	小计	男	女	小计	男	女
总计	**8271**	**5457**	**2814**	**6440**	**4332**	**2108**	**4902**	**3242**	**1660**
20岁以下									
20-24岁									
20									
21									
22									
23									
24									
25-29岁									
25									
26									
27									
28									
29									
30-34岁	**271**	**156**	**115**	**58**	**34**	**24**			
30									
31									
32									
33	92	48	44						
34	179	108	71	58	34	24			
35-39岁	**994**	**565**	**429**	**721**	**425**	**296**	**503**	**298**	**205**
35	195	116	79	127	66	61	45	18	27
36	183	113	70	142	91	51	101	64	37
37	171	97	74	143	83	60	118	69	49
38	223	119	104	152	90	62	118	74	44
39	222	120	102	157	95	62	121	73	48
40-44岁	**959**	**619**	**340**	**808**	**535**	**273**	**612**	**409**	**203**
40	206	130	76	192	121	71	125	85	40
41	213	126	87	168	108	60	140	89	51
42	200	135	65	164	102	62	136	95	41
43	178	124	54	122	89	33	104	65	39
44	162	104	58	162	115	47	107	75	32
45-49岁	**1034**	**730**	**304**	**833**	**585**	**248**	**673**	**458**	**215**
45	214	152	62	160	106	54	136	94	42
46	202	146	56	193	127	66	120	81	39
47	186	125	61	142	105	37	139	92	47
48	219	164	55	149	118	31	139	101	38
49	213	143	70	189	129	60	139	90	49
50-54岁	**786**	**526**	**260**	**608**	**418**	**190**	**537**	**362**	**175**
50	192	131	61	175	125	50	157	106	51
51	156	105	51	131	86	45	125	83	42
52	146	101	45	130	83	47	98	69	29
53	151	105	46	85	64	21	86	57	29
54	141	84	57	87	60	27	71	47	24
55-59岁	**814**	**503**	**311**	**643**	**403**	**240**	**453**	**286**	**167**
55	232	144	88	135	96	39	83	65	18
56	173	104	69	176	103	73	86	50	36
57	163	103	60	145	88	57	119	71	48
58	160	105	55	134	82	52	111	68	43
59	86	47	39	53	34	19	54	32	22
60-64岁	**525**	**377**	**148**	**370**	**272**	**98**	**295**	**206**	**89**
60	53	36	17	47	30	17	45	28	17
61	43	28	15	43	29	14	36	20	16
62	92	64	28	75	53	22	54	33	21
63	151	116	35	73	56	17	89	70	19
64	186	133	53	132	104	28	71	55	16
65岁及以上	**2888**	**1981**	**907**	**2399**	**1660**	**739**	**1829**	**1223**	**606**

5-5c 续表 8 单位：人

年龄	初婚年龄								
	36岁			37岁			38岁		
	小计	男	女	小计	男	女	小计	男	女
总　计	**3902**	**2572**	**1330**	**3188**	**2123**	**1065**	**2687**	**1783**	**904**
20岁以下									
20-24岁									
20									
21									
22									
23									
24									
25-29岁									
25									
26									
27									
28									
29									
30-34岁									
30									
31									
32									
33									
34									
35-39岁	**310**	**182**	**128**	**202**	**115**	**87**	**124**	**76**	**48**
35									
36	37	21	16						
37	74	41	33	42	23	19			
38	98	58	40	81	44	37	43	24	19
39	101	62	39	79	48	31	81	52	29
40-44岁	**543**	**366**	**177**	**446**	**303**	**143**	**358**	**232**	**126**
40	94	60	34	88	55	33	73	47	26
41	121	82	39	81	50	31	58	36	22
42	107	69	38	95	69	26	71	42	29
43	116	81	35	82	54	28	83	58	25
44	105	74	31	100	75	25	73	49	24
45-49岁	**571**	**379**	**192**	**487**	**324**	**163**	**471**	**339**	**132**
45	103	66	37	99	62	37	77	57	20
46	119	79	40	89	61	28	88	63	25
47	125	79	46	105	71	34	86	63	23
48	120	78	42	92	61	31	105	75	30
49	104	77	27	102	69	33	115	81	34
50-54岁	**418**	**282**	**136**	**388**	**266**	**122**	**348**	**230**	**118**
50	99	64	35	105	70	35	89	60	29
51	96	63	33	90	60	30	69	46	23
52	84	62	22	89	58	31	80	48	32
53	66	46	20	53	40	13	63	43	20
54	73	47	26	51	38	13	47	33	14
55-59岁	**311**	**199**	**112**	**226**	**152**	**74**	**200**	**133**	**67**
55	60	42	18	52	37	15	42	26	16
56	62	39	23	27	15	12	47	31	16
57	59	39	20	67	48	19	56	40	16
58	95	55	40	44	31	13	38	26	12
59	35	24	11	36	21	15	17	10	7
60-64岁	**242**	**180**	**62**	**208**	**141**	**67**	**204**	**129**	**75**
60	31	16	15	25	16	9	35	16	19
61	26	19	7	27	19	8	24	18	6
62	52	39	13	51	39	12	37	20	17
63	71	55	16	59	38	21	58	42	16
64	62	51	11	46	29	17	50	33	17
65岁及以上	**1507**	**984**	**523**	**1231**	**822**	**409**	**982**	**644**	**338**

5-5c　续表 9　　　　单位：人

年　龄	初婚年龄					
	39岁			40岁及以上		
	小计	男	女	小计	男	女
总　计	**2285**	**1464**	**821**	**14458**	**8973**	**5485**
20岁以下						
20-24岁						
20						
21						
22						
23						
24						
25-29岁						
25						
26						
27						
28						
29						
30-34岁						
30						
31						
32						
33						
34						
35-39岁	**31**	**17**	**14**			
35						
36						
37						
38						
39	31	17	14			
40-44岁	**304**	**179**	**125**	**698**	**398**	**300**
40	74	34	40	43	23	20
41	67	33	34	106	55	51
42	61	42	19	154	91	63
43	37	27	10	194	106	88
44	65	43	22	201	123	78
45-49岁	**380**	**247**	**133**	**1962**	**1220**	**742**
45	66	40	26	294	185	109
46	82	57	25	320	187	133
47	81	58	23	392	248	144
48	66	38	28	457	278	179
49	85	54	31	499	322	177
50-54岁	**338**	**225**	**113**	**2338**	**1503**	**835**
50	96	64	32	505	326	179
51	72	50	22	455	307	148
52	65	45	20	506	317	189
53	57	38	19	435	269	166
54	48	28	20	437	284	153
55-59岁	**141**	**95**	**46**	**1565**	**957**	**608**
55	27	18	9	393	237	156
56	33	22	11	360	206	154
57	32	23	9	359	234	125
58	31	20	11	314	202	112
59	18	12	6	139	78	61
60-64岁	**181**	**122**	**59**	**1026**	**653**	**373**
60	23	14	9	130	75	55
61	23	17	6	119	72	47
62	34	24	10	203	137	66
63	52	37	15	296	188	108
64	49	30	19	278	181	97
65岁及以上	**910**	**579**	**331**	**6869**	**4242**	**2627**

5-6 全省分性别、受教育程度、初婚年龄的人口

单位：人

受教育程度	初婚年龄					
	合计			15岁以下		
	合计	男	女	小计	男	女
总　计	**4044087**	**1938110**	**2105977**	**5825**	**1215**	**4610**
未上过学	281837	55441	226396	1007	66	941
学前教育	7920	2153	5767	23	2	21
小　学	1076694	436866	639828	2253	357	1896
初　中	1658401	876747	781654	1970	568	1402
高　中	522402	293013	229389	407	149	258
大学专科	287556	154243	133313	123	52	71
大学本科	189661	107884	81777	38	20	18
硕士研究生	17486	10233	7253	4	1	3
博士研究生	2130	1530	600			

5-6 续表 1

单位：人

受教育程度	初婚年龄								
	15岁			16岁			17岁		
	小计	男	女	小计	男	女	小计	男	女
总　计	**27840**	**6026**	**21814**	**52649**	**11649**	**41000**	**98193**	**24488**	**73705**
未上过学	4723	248	4475	8801	466	8335	15312	981	14331
学前教育	121	11	110	229	13	216	388	27	361
小　学	11208	1773	9435	21325	3427	17898	38680	7144	31536
初　中	9309	3017	6292	18058	6077	11981	35471	12967	22504
高　中	1735	641	1094	3194	1224	1970	6421	2577	3844
大学专科	522	225	297	768	319	449	1489	595	894
大学本科	215	110	105	266	120	146	410	185	225
硕士研究生	6	1	5	8	3	5	18	10	8
博士研究生	1		1				4	2	2

5-6　续表 2　　单位：人

受教育程度	初婚年龄								
	18岁			19岁			20岁		
	小计	男	女	小计	男	女	小计	男	女
总　计	**165634**	**47380**	**118254**	**288592**	**95737**	**192855**	**410635**	**147957**	**262678**
未上过学	22530	1733	20797	34934	4068	30866	39500	5586	33914
学前教育	542	60	482	949	145	804	1112	218	894
小　学	62020	13684	48336	103071	28368	74703	134405	42098	92307
初　中	64856	25376	39480	117966	49545	68421	180909	77143	103766
高　中	11997	4918	7079	23798	10301	13497	39657	17110	22547
大学专科	2955	1274	1681	6229	2558	3671	11670	4429	7241
大学本科	702	319	383	1584	723	861	3288	1329	1959
硕士研究生	29	16	13	54	23	31	84	38	46
博士研究生	3		3	7	6	1	10	6	4

5-6　续表 3　　单位：人

受教育程度	初婚年龄								
	21岁			22岁			23岁		
	小计	男	女	小计	男	女	小计	男	女
总　计	**478644**	**201134**	**277510**	**521281**	**248749**	**272532**	**467029**	**233140**	**233889**
未上过学	34742	5915	28827	29973	6238	23735	22504	5308	17196
学前教育	975	227	748	838	239	599	634	203	431
小　学	140462	50625	89837	135514	55186	80328	110178	49064	61114
初　中	221233	106476	114757	242375	129289	113086	208078	114210	93868
高　中	55706	27222	28484	70666	38103	32563	69801	38049	31752
大学专科	19460	8069	11391	30398	14279	16119	37035	17476	19559
大学本科	5867	2492	3375	11049	5159	5890	17912	8357	9555
硕士研究生	187	101	86	425	231	194	797	421	376
博士研究生	12	7	5	43	25	18	90	52	38

5-6 续表 4

单位：人

受教育程度	初婚年龄								
	24岁			25岁			26岁		
	小计	男	女	小计	男	女	小计	男	女
总　计	**397241**	**212434**	**184807**	**314119**	**180881**	**133238**	**231133**	**141771**	**89362**
未上过学	16979	4791	12188	12174	4019	8155	8148	3024	5124
学前教育	545	212	333	347	155	192	282	149	133
小　学	85338	42341	42997	61159	33571	27588	42766	25744	17022
初　中	163000	94144	68856	117011	72208	44803	79487	51610	27877
高　中	63515	36752	26763	51657	31776	19881	37570	24327	13243
大学专科	40458	20509	19949	38638	21254	17384	31243	18556	12687
大学本科	25721	12749	12972	30520	16445	14075	28446	16560	11886
硕士研究生	1522	821	701	2363	1283	1080	2882	1583	1299
博士研究生	163	115	48	250	170	80	309	218	91

5-6 续表 5

单位：人

受教育程度	初婚年龄								
	27岁			28岁			29岁		
	小计	男	女	小计	男	女	小计	男	女
总　计	**163150**	**105502**	**57648**	**111336**	**74386**	**36950**	**76430**	**51795**	**24635**
未上过学	6068	2525	3543	4628	1950	2678	3580	1586	1994
学前教育	211	107	104	143	76	67	104	52	52
小　学	29640	19169	10471	20926	13872	7054	15701	10563	5138
初　中	53584	36110	17474	36065	24722	11343	25100	17229	7871
高　中	26000	17692	8308	17500	12337	5163	11443	8129	3314
大学专科	22258	14157	8101	14628	9799	4829	9325	6417	2908
大学本科	22259	13972	8287	15022	10138	4884	9478	6701	2777
硕士研究生	2830	1569	1261	2174	1312	862	1481	946	535
博士研究生	300	201	99	250	180	70	218	172	46

5-6　续表 6　　单位：人

受教育程度	初婚年龄								
	30岁			31岁			32岁		
	小计	男	女	小计	男	女	小计	男	女
总　计	**53522**	**36276**	**17246**	**37863**	**25223**	**12640**	**28168**	**18536**	**9632**
未上过学	2806	1235	1571	2189	979	1210	1731	727	1004
学前教育	88	51	37	75	45	30	54	32	22
小　学	11837	7919	3918	8822	5752	3070	6994	4576	2418
初　中	18271	12412	5859	13519	9091	4428	10384	6891	3493
高　中	7609	5343	2266	5407	3755	1652	3976	2724	1252
大学专科	6115	4348	1767	3786	2616	1170	2551	1771	780
大学本科	5682	4182	1500	3414	2523	891	2060	1520	540
硕士研究生	970	674	296	547	378	169	335	235	100
博士研究生	144	112	32	104	84	20	83	60	23

5-6　续表 7　　单位：人

受教育程度	初婚年龄								
	33岁			34岁			35岁		
	小计	男	女	小计	男	女	小计	男	女
总　计	**21554**	**14013**	**7541**	**16583**	**10914**	**5669**	**12862**	**8231**	**4631**
未上过学	1392	566	826	1116	519	597	889	371	518
学前教育	42	22	20	30	15	15	22	12	10
小　学	5521	3577	1944	4386	2869	1517	3566	2295	1271
初　中	8058	5286	2772	6290	4184	2106	4801	3150	1651
高　中	2971	2049	922	2204	1499	705	1716	1125	591
大学专科	1842	1249	593	1339	918	421	1000	657	343
大学本科	1457	1065	392	1035	763	272	740	523	217
硕士研究生	229	164	65	148	118	30	115	87	28
博士研究生	42	35	7	35	29	6	13	11	2

5-6 续表 8 单位：人

受教育程度	初婚年龄								
	36岁			37岁			38岁		
	小计	男	女	小计	男	女	小计	男	女
总　计	**9936**	**6513**	**3423**	**8053**	**5289**	**2764**	**6514**	**4268**	**2246**
未上过学	790	346	444	643	258	385	555	258	297
学前教育	22	10	12	20	10	10	10	5	5
小　学	2726	1779	947	2281	1503	778	1901	1226	675
初　中	3685	2487	1198	3047	2044	1003	2494	1659	835
高　中	1338	920	418	1039	724	315	824	573	251
大学专科	762	532	230	553	402	151	406	295	111
大学本科	535	384	151	411	306	105	284	224	60
硕士研究生	63	42	21	49	33	16	36	25	11
博士研究生	15	13	2	10	9	1	4	3	1

5-6 续表 9 单位：人

受教育程度	初婚年龄					
	39岁			40岁及以上		
	小计	男	女	小计	男	女
总　计	**5453**	**3537**	**1916**	**33848**	**21066**	**12782**
未上过学	518	233	285	3605	1445	2160
学前教育	11	7	4	103	48	55
小　学	1730	1081	649	12284	7303	4981
初　中	1972	1327	645	11408	7525	3883
高　中	658	463	195	3593	2531	1062
大学专科	332	245	87	1671	1242	429
大学本科	196	148	48	1070	867	203
硕士研究生	29	26	3	101	92	9
博士研究生	7	7		13	13	

5-6a　全省分性别、受教育程度、初婚年龄的人口(城市)

单位：人

受教育程度	初婚年龄 合计 合计	男	女	15岁以下 小计	男	女
总　计	**1041656**	**494571**	**547085**	**851**	**182**	**669**
未上过学	39924	7379	32545	129	11	118
学前教育	971	278	693	1	1	
小　学	163197	61014	102183	279	35	244
初　中	376050	182390	193660	282	79	203
高　中	198523	102773	95750	104	34	70
大学专科	140261	72145	68116	31	10	21
大学本科	108840	60354	48486	22	11	11
硕士研究生	12309	7114	5195	3	1	2
博士研究生	1581	1124	457			

5-6a　续表 1　　单位：人

受教育程度	初婚年龄 15岁 小计	男	女	16岁 小计	男	女	17岁 小计	男	女
总　计	**3900**	**814**	**3086**	**7652**	**1487**	**6165**	**14952**	**3156**	**11796**
未上过学	622	30	592	1201	43	1158	2140	119	2021
学前教育	13	2	11	19	2	17	36	1	35
小　学	1279	172	1107	2664	353	2311	5172	713	4459
初　中	1302	352	950	2688	706	1982	5548	1648	3900
高　中	416	150	266	709	236	473	1405	435	970
大学专科	169	71	98	242	97	145	469	156	313
大学本科	95	37	58	123	49	74	170	75	95
硕士研究生	3		3	6	1	5	10	8	2
博士研究生	1		1				2	1	1

5-6a 续表 2

单位：人

受教育程度	初婚年龄								
	18岁			19岁			20岁		
	小计	男	女	小计	男	女	小计	男	女
总　计	**26366**	**6445**	**19921**	**47191**	**12884**	**34307**	**73047**	**21565**	**51482**
未上过学	3249	199	3050	4666	440	4226	5233	601	4632
学前教育	76	4	72	109	16	93	132	23	109
小　学	8535	1517	7018	13795	2979	10816	18360	4720	13640
初　中	10624	3342	7282	20184	6640	13544	33178	11017	22161
高　中	2720	930	1790	5770	1854	3916	10544	3504	7040
大学专科	886	324	562	2007	687	1320	4149	1188	2961
大学本科	257	120	137	627	255	372	1404	488	916
硕士研究生	16	9	7	30	10	20	41	20	21
博士研究生	3		3	3	3		6	4	2

5-6a 续表 3

单位：人

受教育程度	初婚年龄								
	21岁			22岁			23岁		
	小计	男	女	小计	男	女	小计	男	女
总　计	**95600**	**34450**	**61150**	**119647**	**50613**	**69034**	**126076**	**55780**	**70296**
未上过学	4656	673	3983	4347	798	3549	3543	807	2736
学前教育	111	21	90	101	32	69	88	28	60
小　学	20346	6253	14093	20490	7342	13148	18160	7324	10836
初　中	43473	17370	26103	52418	24196	28222	50312	24057	26255
高　中	16664	6494	10170	23498	10484	13014	26491	12002	14489
大学专科	7565	2628	4937	13063	5334	7729	17211	7188	10023
大学本科	2679	964	1715	5441	2273	3168	9652	4061	5591
硕士研究生	99	42	57	263	141	122	559	284	275
博士研究生	7	5	2	26	13	13	60	29	31

5-6a 续表 4

单位：人

受教育程度	初婚年龄								
	24岁			25岁			26岁		
	小计	男	女	小计	男	女	小计	男	女
总 计	**121359**	**59271**	**62088**	**108555**	**58810**	**49745**	**85386**	**50241**	**35145**
未上过学	2738	715	2023	1874	601	1273	1249	476	773
学前教育	79	31	48	52	25	27	43	26	17
小 学	14682	6709	7973	10855	5476	5379	7637	4374	3263
初 中	41746	21616	20130	32488	18653	13835	22919	14066	8853
高 中	26272	13290	12982	23232	13130	10102	17768	10818	6950
大学专科	20199	9492	10707	20285	10595	9690	16694	9653	7041
大学本科	14448	6763	7685	17899	9317	8582	16777	9541	7236
硕士研究生	1073	570	503	1675	884	791	2066	1125	941
博士研究生	122	85	37	195	129	66	233	162	71

5-6a 续表 5

单位：人

受教育程度	初婚年龄								
	27岁			28岁			29岁		
	小计	男	女	小计	男	女	小计	男	女
总 计	**62402**	**39447**	**22955**	**42341**	**28128**	**14213**	**28599**	**19583**	**9016**
未上过学	900	401	499	689	312	377	517	232	285
学前教育	29	15	14	14	7	7	10	8	2
小 学	5189	3261	1928	3460	2208	1252	2570	1677	893
初 中	15856	10403	5453	10709	7161	3548	7518	5092	2426
高 中	12735	8401	4334	8585	6006	2579	5764	4108	1656
大学专科	12097	7533	4564	8073	5310	2763	5188	3556	1632
大学本科	13397	8204	5193	9122	6100	3022	5798	4093	1705
硕士研究生	1959	1068	891	1512	901	611	1081	696	385
博士研究生	240	161	79	177	123	54	153	121	32

5-6a 续表 6 单位：人

受教育程度	初婚年龄								
	30岁			31岁			32岁		
	小计	男	女	小计	男	女	小计	男	女
总　计	**19188**	**13161**	**6027**	**13124**	**8920**	**4204**	**9349**	**6200**	**3149**
未上过学	351	151	200	289	133	156	253	107	146
学前教育	7	6	1	9	7	2	8	6	2
小　学	1892	1252	640	1398	875	523	1105	677	428
初　中	5412	3571	1841	3895	2563	1332	2953	1883	1070
高　中	3763	2622	1141	2679	1883	796	1952	1349	603
大学专科	3448	2447	1001	2193	1515	678	1435	989	446
大学本科	3524	2554	970	2188	1608	580	1348	984	364
硕士研究生	683	470	213	392	270	122	236	164	72
博士研究生	108	88	20	81	66	15	59	41	18

5-6a 续表 7 单位：人

受教育程度	初婚年龄								
	33岁			34岁			35岁		
	小计	男	女	小计	男	女	小计	男	女
总　计	**7085**	**4627**	**2458**	**5381**	**3517**	**1864**	**4224**	**2688**	**1536**
未上过学	196	78	118	133	62	71	115	50	65
学前教育	3	1	2	5	3	2	6	2	4
小　学	834	516	318	681	407	274	551	316	235
初　中	2343	1490	853	1794	1153	641	1454	907	547
高　中	1493	987	506	1107	726	381	888	594	294
大学专科	1060	721	339	828	555	273	608	388	220
大学本科	961	693	268	693	499	194	496	350	146
硕士研究生	167	116	51	115	91	24	96	72	24
博士研究生	28	25	3	25	21	4	10	9	1

5-6a　续表 8　　单位：人

受教育程度	初婚年龄								
	36岁			37岁			38岁		
	小计	男	女	小计	男	女	小计	男	女
总　计	**3178**	**2092**	**1086**	**2552**	**1685**	**867**	**1973**	**1302**	**671**
未上过学	91	41	50	89	33	56	69	34	35
学前教育				5	3	2			
小　学	413	256	157	335	213	122	282	178	104
初　中	1086	710	376	902	575	327	739	462	277
高　中	689	467	222	540	374	166	414	278	136
大学专科	489	330	159	348	251	97	253	180	73
大学本科	347	244	103	282	200	82	183	148	35
硕士研究生	49	32	17	41	27	14	30	20	10
博士研究生	14	12	2	10	9	1	3	2	1

5-6a　续表 9　　单位：人

受教育程度	初婚年龄					
	39岁			40岁及以上		
	小计	男	女	小计	男	女
总　计	**1709**	**1127**	**582**	**9969**	**6396**	**3573**
未上过学	65	31	34	520	201	319
学前教育				15	8	7
小　学	257	147	110	1976	1064	912
初　中	626	397	229	3601	2281	1320
高　中	369	249	120	1952	1368	584
大学专科	214	162	52	1057	785	272
大学本科	146	112	34	761	611	150
硕士研究生	25	22	3	79	70	9
博士研究生	7	7		8	8	

5－6b 全省分性别、受教育程度、初婚年龄的人口(镇)

单位：人

受教育程度	初婚年龄					
	合计			15岁以下		
	合计	男	女	小计	男	女
总　计	**1239811**	**589980**	**649831**	**1497**	**315**	**1182**
未上过学	63723	11933	51790	206	17	189
学前教育	1789	476	1313	4		4
小　学	285289	109399	175890	515	80	435
初　中	528811	267600	261211	570	144	426
高　中	181375	100961	80414	135	48	87
大学专科	106973	57860	49113	54	21	33
大学本科	66775	38655	28120	12	5	7
硕士研究生	4606	2755	1851	1		1
博士研究生	470	341	129			

5－6b 续表 1

单位：人

受教育程度	初婚年龄								
	15岁			16岁			17岁		
	小计	男	女	小计	男	女	小计	男	女
总　计	**7487**	**1699**	**5788**	**14153**	**3208**	**10945**	**26911**	**6655**	**20256**
未上过学	1023	57	966	1938	92	1846	3352	206	3146
学前教育	29	2	27	51	3	48	83	11	72
小　学	2770	423	2347	5376	812	4564	9781	1639	8142
初　中	2757	866	1891	5258	1716	3542	10664	3612	7052
高　中	602	218	384	1120	419	701	2234	848	1386
大学专科	216	82	134	314	123	191	620	258	362
大学本科	87	50	37	94	41	53	168	78	90
硕士研究生	3	1	2	2	2		7	2	5
博士研究生							2	1	1

5-6b　续表 2　　单位：人

受教育程度	初婚年龄								
	18岁			19岁			20岁		
	小计	男	女	小计	男	女	小计	男	女
总　计	**47198**	**13258**	**33940**	**83486**	**26869**	**56617**	**122587**	**42144**	**80443**
未上过学	5067	346	4721	7893	809	7084	8781	1147	7634
学前教育	123	11	112	210	22	188	243	50	193
小　学	15961	3195	12766	26539	6762	19777	35018	9997	25021
初　中	20009	7271	12738	36634	14153	22481	57494	22364	35130
高　中	4445	1763	2682	8812	3723	5089	14675	6043	8632
大学专科	1252	524	728	2673	1072	1601	4898	1913	2985
大学本科	331	142	189	707	315	392	1443	617	826
硕士研究生	10	6	4	16	11	5	33	12	21
博士研究生				2	2		2	1	1

5-6b　续表 3　　单位：人

受教育程度	初婚年龄								
	21岁			22岁			23岁		
	小计	男	女	小计	男	女	小计	男	女
总　计	**147794**	**60366**	**87428**	**165251**	**78042**	**87209**	**149416**	**74587**	**74829**
未上过学	7724	1225	6499	6943	1329	5614	5308	1195	4113
学前教育	240	64	176	189	54	135	140	44	96
小　学	37361	12507	24854	36481	14028	22453	30066	12591	17475
初　中	71200	32170	39030	78836	40419	38417	67600	36137	31463
高　中	20543	9822	10721	25803	13940	11863	24698	13861	10837
大学专科	8133	3376	4757	12287	5943	6344	14501	7158	7343
大学本科	2515	1149	1366	4561	2247	2314	6862	3463	3399
硕士研究生	74	51	23	138	74	64	216	120	96
博士研究生	4	2	2	13	8	5	25	18	7

5－6b 续表 4

单位：人

受教育程度	初婚年龄								
	24岁			25岁			26岁		
	小计	男	女	小计	男	女	小计	男	女
总 计	**128114**	**68351**	**59763**	**99486**	**57216**	**42270**	**72587**	**44462**	**28125**
未上过学	3989	1043	2946	2834	929	1905	1917	695	1222
学前教育	132	49	83	73	27	46	69	37	32
小 学	23614	11089	12525	16720	8737	7983	11526	6681	4845
初 中	53503	30104	23399	37509	22552	14957	25285	16036	9249
高 中	21981	12984	8997	17325	10874	6451	12277	8129	4148
大学专科	15047	7914	7133	13743	7821	5922	11018	6666	4352
大学本科	9414	4920	4494	10623	5888	4735	9698	5766	3932
硕士研究生	400	224	176	613	354	259	733	405	328
博士研究生	34	24	10	46	34	12	64	47	17

5－6b 续表 5

单位：人

受教育程度	初婚年龄								
	27岁			28岁			29岁		
	小计	男	女	小计	男	女	小计	男	女
总 计	**49977**	**32174**	**17803**	**33841**	**22415**	**11426**	**22694**	**15105**	**7589**
未上过学	1382	592	790	1049	434	615	769	329	440
学前教育	42	22	20	26	12	14	26	8	18
小 学	7887	4869	3018	5651	3605	2046	4194	2732	1462
初 中	16690	10946	5744	11170	7469	3701	7705	5098	2607
高 中	8215	5610	2605	5493	3803	1690	3463	2403	1060
大学专科	7603	4941	2662	4933	3364	1569	3100	2123	977
大学本科	7347	4739	2608	4860	3309	1551	3019	2139	880
硕士研究生	758	420	338	599	375	224	359	227	132
博士研究生	53	35	18	60	44	16	59	46	13

5-6b 续表 6

单位：人

受教育程度	初婚年龄								
	30岁			31岁			32岁		
	小计	男	女	小计	男	女	小计	男	女
总　计	**15553**	**10287**	**5266**	**10997**	**7113**	**3884**	**8183**	**5263**	**2920**
未上过学	621	270	351	485	210	275	394	170	224
学前教育	21	11	10	15	13	2	7	1	6
小　学	2995	1899	1096	2242	1422	820	1780	1138	642
初　中	5493	3556	1937	4157	2657	1500	3225	2037	1188
高　中	2344	1608	736	1686	1112	574	1199	796	403
大学专科	2025	1416	609	1220	824	396	865	595	270
大学本科	1768	1327	441	1032	762	270	600	442	158
硕士研究生	253	179	74	139	96	43	94	69	25
博士研究生	33	21	12	21	17	4	19	15	4

5-6b 续表 7

单位：人

受教育程度	初婚年龄								
	33岁			34岁			35岁		
	小计	男	女	小计	男	女	小计	男	女
总　计	**6198**	**3929**	**2269**	**4762**	**3065**	**1697**	**3736**	**2301**	**1435**
未上过学	307	123	184	235	104	131	204	87	117
学前教育	11	5	6	6	5	1	3	2	1
小　学	1393	845	548	1077	676	401	924	565	359
初　中	2477	1552	925	1995	1262	733	1539	953	586
高　中	899	622	277	714	482	232	524	319	205
大学专科	613	404	209	398	275	123	306	205	101
大学本科	424	322	102	297	229	68	216	155	61
硕士研究生	60	46	14	31	25	6	17	13	4
博士研究生	14	10	4	9	7	2	3	2	1

5-6b 续表 8

单位：人

受教育程度	初婚年龄								
	36岁			37岁			38岁		
	小计	男	女	小计	男	女	小计	男	女
总 计	**2856**	**1849**	**1007**	**2313**	**1481**	**832**	**1854**	**1183**	**671**
未上过学	158	67	91	130	53	77	109	48	61
学前教育	8	4	4	7	5	2	3	1	2
小 学	711	442	269	599	364	235	468	282	186
初 中	1164	763	401	989	634	355	781	495	286
高 中	413	281	132	297	204	93	271	189	82
大学专科	229	166	63	168	120	48	127	96	31
大学本科	159	116	43	116	96	20	89	67	22
硕士研究生	13	9	4	7	5	2	5	4	1
博士研究生	1	1					1	1	

5-6b 续表 9

单位：人

受教育程度	初婚年龄					
	39岁			40岁及以上		
	小计	男	女	小计	男	女
总 计	**1459**	**946**	**513**	**9421**	**5697**	**3724**
未上过学	100	47	53	805	309	496
学前教育	1		1	27	13	14
小 学	424	243	181	3216	1776	1440
初 中	602	415	187	3505	2219	1286
高 中	180	135	45	1027	725	302
大学专科	101	69	32	529	391	138
大学本科	47	33	14	286	238	48
硕士研究生	4	4		21	21	
博士研究生				5	5	

5-6c　全省分性别、受教育程度、初婚年龄的人口(乡村)

单位：人

受教育程度	初婚年龄					
	合　计			15岁以下		
	合计	男	女	小计	男	女
总　计	**1762620**	**853559**	**909061**	**3477**	**718**	**2759**
未上过学	178190	36129	142061	672	38	634
学前教育	5160	1399	3761	18	1	17
小　学	628208	266453	361755	1459	242	1217
初　中	753540	426757	326783	1118	345	773
高　中	142504	89279	53225	168	67	101
大学专科	40322	24238	16084	38	21	17
大学本科	14046	8875	5171	4	4	
硕士研究生	571	364	207			
博士研究生	79	65	14			

5-6c　续表 1　　单位：人

受教育程度	初婚年龄								
	15岁			16岁			17岁		
	小计	男	女	小计	男	女	小计	男	女
总　计	**16453**	**3513**	**12940**	**30844**	**6954**	**23890**	**56330**	**14677**	**41653**
未上过学	3078	161	2917	5662	331	5331	9820	656	9164
学前教育	79	7	72	159	8	151	269	15	254
小　学	7159	1178	5981	13285	2262	11023	23727	4792	18935
初　中	5250	1799	3451	10112	3655	6457	19259	7707	11552
高　中	717	273	444	1365	569	796	2782	1294	1488
大学专科	137	72	65	212	99	113	400	181	219
大学本科	33	23	10	49	30	19	72	32	40
硕士研究生							1		1
博士研究生									

5-6c 续表 2

单位：人

受教育程度	初婚年龄								
	18岁			19岁			20岁		
	小计	男	女	小计	男	女	小计	男	女
总　计	**92070**	**27677**	**64393**	**157915**	**55984**	**101931**	**215001**	**84248**	**130753**
未上过学	14214	1188	13026	22375	2819	19556	25486	3838	21648
学前教育	343	45	298	630	107	523	737	145	592
小　学	37524	8972	28552	62737	18627	44110	81027	27381	53646
初　中	34223	14763	19460	61148	28752	32396	90237	43762	46475
高　中	4832	2225	2607	9216	4724	4492	14438	7563	6875
大学专科	817	426	391	1549	799	750	2623	1328	1295
大学本科	114	57	57	250	153	97	441	224	217
硕士研究生	3	1	2	8	2	6	10	6	4
博士研究生				2	1	1	2	1	1

5-6c 续表 3

单位：人

受教育程度	初婚年龄								
	21岁			22岁			23岁		
	小计	男	女	小计	男	女	小计	男	女
总　计	**235250**	**106318**	**128932**	**236383**	**120094**	**116289**	**191537**	**102773**	**88764**
未上过学	22362	4017	18345	18683	4111	14572	13653	3306	10347
学前教育	624	142	482	548	153	395	406	131	275
小　学	82755	31865	50890	78543	33816	44727	61952	29149	32803
初　中	106560	56936	49624	111121	64674	46447	90166	54016	36150
高　中	18499	10906	7593	21365	13679	7686	18612	12186	6426
大学专科	3762	2065	1697	5048	3002	2046	5323	3130	2193
大学本科	673	379	294	1047	639	408	1398	833	565
硕士研究生	14	8	6	24	16	8	22	17	5
博士研究生	1		1	4	4		5	5	

5-6c 续表 4 单位：人

受教育程度	初婚年龄								
	24岁			25岁			26岁		
	小计	男	女	小计	男	女	小计	男	女
总 计	**147768**	**84812**	**62956**	**106078**	**64855**	**41223**	**73160**	**47068**	**26092**
未上过学	10252	3033	7219	7466	2489	4977	4982	1853	3129
学前教育	334	132	202	222	103	119	170	86	84
小 学	47042	24543	22499	33584	19358	14226	23603	14689	8914
初 中	67751	42424	25327	47014	31003	16011	31283	21508	9775
高 中	15262	10478	4784	11100	7772	3328	7525	5380	2145
大学专科	5212	3103	2109	4610	2838	1772	3531	2237	1294
大学本科	1859	1066	793	1998	1240	758	1971	1253	718
硕士研究生	49	27	22	75	45	30	83	53	30
博士研究生	7	6	1	9	7	2	12	9	3

5-6c 续表 5 单位：人

受教育程度	初婚年龄								
	27岁			28岁			29岁		
	小计	男	女	小计	男	女	小计	男	女
总 计	**50771**	**33881**	**16890**	**35154**	**23843**	**11311**	**25137**	**17107**	**8030**
未上过学	3786	1532	2254	2890	1204	1686	2294	1025	1269
学前教育	140	70	70	103	57	46	68	36	32
小 学	16564	11039	5525	11815	8059	3756	8937	6154	2783
初 中	21038	14761	6277	14186	10092	4094	9877	7039	2838
高 中	5050	3681	1369	3422	2528	894	2216	1618	598
大学专科	2558	1683	875	1622	1125	497	1037	738	299
大学本科	1515	1029	486	1040	729	311	661	469	192
硕士研究生	113	81	32	63	36	27	41	23	18
博士研究生	7	5	2	13	13		6	5	1

5－6c 续表 6 单位：人

受教育程度	初婚年龄								
	30岁			31岁			32岁		
	小计	男	女	小计	男	女	小计	男	女
总　计	**18781**	**12828**	**5953**	**13742**	**9190**	**4552**	**10636**	**7073**	**3563**
未上过学	1834	814	1020	1415	636	779	1084	450	634
学前教育	60	34	26	51	25	26	39	25	14
小　学	6950	4768	2182	5182	3455	1727	4109	2761	1348
初　中	7366	5285	2081	5467	3871	1596	4206	2971	1235
高　中	1502	1113	389	1042	760	282	825	579	246
大学专科	642	485	157	373	277	96	251	187	64
大学本科	390	301	89	194	153	41	112	94	18
硕士研究生	34	25	9	16	12	4	5	2	3
博士研究生	3	3		2	1	1	5	4	1

5－6c 续表 7 单位：人

受教育程度	初婚年龄								
	33岁			34岁			35岁		
	小计	男	女	小计	男	女	小计	男	女
总　计	**8271**	**5457**	**2814**	**6440**	**4332**	**2108**	**4902**	**3242**	**1660**
未上过学	889	365	524	748	353	395	570	234	336
学前教育	28	16	12	19	7	12	13	8	5
小　学	3294	2216	1078	2628	1786	842	2091	1414	677
初　中	3238	2244	994	2501	1769	732	1808	1290	518
高　中	579	440	139	383	291	92	304	212	92
大学专科	169	124	45	113	88	25	86	64	22
大学本科	72	50	22	45	35	10	28	18	10
硕士研究生	2	2		2	2		2	2	
博士研究生				1	1				

5-6c　续表 8　　单位：人

受教育程度	初婚年龄								
	36岁			37岁			38岁		
	小计	男	女	小计	男	女	小计	男	女
总　计	**3902**	**2572**	**1330**	**3188**	**2123**	**1065**	**2687**	**1783**	**904**
未上过学	541	238	303	424	172	252	377	176	201
学前教育	14	6	8	8	2	6	7	4	3
小　学	1602	1081	521	1347	926	421	1151	766	385
初　中	1435	1014	421	1156	835	321	974	702	272
高　中	236	172	64	202	146	56	139	106	33
大学专科	44	36	8	37	31	6	26	19	7
大学本科	29	24	5	13	10	3	12	9	3
硕士研究生	1	1		1	1		1	1	
博士研究生									

5-6c　续表 9　　单位：人

受教育程度	初婚年龄					
	39岁			40岁及以上		
	小计	男	女	小计	男	女
总　计	**2285**	**1464**	**821**	**14458**	**8973**	**5485**
未上过学	353	155	198	2280	935	1345
学前教育	10	7	3	61	27	34
小　学	1049	691	358	7092	4463	2629
初　中	744	515	229	4302	3025	1277
高　中	109	79	30	614	438	176
大学专科	17	14	3	85	66	19
大学本科	3	3		23	18	5
硕士研究生				1	1	
博士研究生						

第二部分　长表数据资料

第六卷　生育

6-1 各地区分性别、孩次的出生人口
(2019.11.1-2020.10.31)

单位：人

地区	出生人数				第一孩			
	合计	男	女	性别比(女=100)	小计	男	女	性别比(女=100)
安徽	**53913**	**28784**	**25129**	**114.54**	**23267**	**12290**	**10977**	**111.96**
合肥市	**10225**	**5538**	**4687**	**118.16**	**5038**	**2669**	**2369**	**112.66**
瑶海区	910	482	428	112.62	474	237	237	100.00
庐阳区	824	458	366	125.14	411	238	173	137.57
蜀山区	1020	538	482	111.62	518	279	239	116.74
包河区	1428	782	646	121.05	742	388	354	109.60
长丰县	1045	583	462	126.19	452	233	219	106.39
肥东县	928	518	410	126.34	469	259	210	123.33
肥西县	1216	651	565	115.22	573	315	258	122.09
庐江县	712	383	329	116.41	266	138	128	107.81
合肥高新技术产业开发区	400	226	174	129.89	228	124	104	119.23
合肥经济技术开发区	676	356	320	111.25	368	187	181	103.31
合肥新站高新技术产业开发区	560	279	281	99.29	314	152	162	93.83
巢湖市	506	282	224	125.89	223	119	104	114.42
芜湖市	**2938**	**1516**	**1422**	**106.61**	**1501**	**741**	**760**	**97.50**
镜湖区	345	163	182	89.56	204	94	110	85.45
弋江区	332	167	165	101.21	218	106	112	94.64
鸠江区	498	251	247	101.62	269	133	136	97.79
三山区	154	78	76	102.63	79	41	38	107.89
芜湖县	287	146	141	103.55	130	64	66	96.97
繁昌县	178	78	100	78.00	81	32	49	65.31
南陵县	291	151	140	107.86	130	63	67	94.03
芜湖经济技术开发区	189	113	76	148.68	95	54	41	131.71
安徽芜湖长江大桥经济开发区	22	13	9	144.44	12	7	5	140.00
无为市	642	356	286	124.48	283	147	136	108.09
蚌埠市	**2526**	**1352**	**1174**	**115.16**	**988**	**530**	**458**	**115.72**
龙子湖区	116	52	64	81.25	58	25	33	75.76
蚌山区	110	62	48	129.17	57	34	23	147.83
禹会区	241	125	116	107.76	111	62	49	126.53
淮上区	273	146	127	114.96	99	54	45	120.00
怀远县	618	336	282	119.15	212	106	106	100.00
五河县	451	232	219	105.94	163	74	89	83.15
固镇县	426	227	199	114.07	144	87	57	152.63
蚌埠市高新技术开发区	51	24	27	88.89	23	13	10	130.00
蚌埠市经济开发区	240	148	92	160.87	121	75	46	163.04
淮南市	**2202**	**1182**	**1020**	**115.88**	**919**	**487**	**432**	**112.73**
大通区	127	60	67	89.55	56	31	25	124.00
田家庵区	555	289	266	108.65	286	144	142	101.41
谢家集区	111	53	58	91.38	51	21	30	70.00
八公山区	54	24	30	80.00	29	16	13	123.08
潘集区	277	143	134	106.72	90	43	47	91.49
凤台县	464	260	204	127.45	170	93	77	120.78
寿县	614	353	261	135.25	237	139	98	141.84

6-1　续表 1　　　　单位：人

地　区	出生人数				第　一　孩			
	合计	男	女	性别比(女=100)	小计	男	女	性别比(女=100)
马鞍山市	**1622**	**891**	**731**	**121.89**	**809**	**434**	**375**	**115.73**
花山区	336	176	160	110.00	186	88	98	89.80
雨山区	254	141	113	124.78	165	97	68	142.65
博望区	138	71	67	105.97	49	21	28	75.00
当涂县	371	198	173	114.45	166	88	78	112.82
含山县	287	169	118	143.22	135	81	54	150.00
和县	236	136	100	136.00	108	59	49	120.41
淮北市	**1816**	**958**	**858**	**111.66**	**713**	**367**	**346**	**106.07**
杜集区	174	91	83	109.64	81	46	35	131.43
相山区	494	253	241	104.98	241	120	121	99.17
烈山区	202	101	101	100.00	82	41	41	100.00
濉溪县	946	513	433	118.48	309	160	149	107.38
铜陵市	**777**	**428**	**349**	**122.64**	**395**	**213**	**182**	**117.03**
铜官区	303	160	143	111.89	175	90	85	105.88
义安区	135	77	58	132.76	75	45	30	150.00
郊区	96	45	51	88.24	50	21	29	72.41
枞阳县	243	146	97	150.52	95	57	38	150.00
安庆市	**3846**	**2058**	**1788**	**115.10**	**1620**	**852**	**768**	**110.94**
迎江区	204	108	96	112.50	106	63	43	146.51
大观区	112	59	53	111.32	57	26	31	83.87
宜秀区	176	84	92	91.30	90	41	49	83.67
怀宁县	448	237	211	112.32	182	91	91	100.00
太湖县	453	227	226	100.44	201	94	107	87.85
宿松县	577	341	236	144.49	223	131	92	142.39
望江县	509	290	219	132.42	158	88	70	125.71
岳西县	290	143	147	97.28	114	51	63	80.95
安徽安庆经济开发区	111	64	47	136.17	63	35	28	125.00
桐城市	541	279	262	106.49	250	136	114	119.30
潜山市	425	226	199	113.57	176	96	80	120.00
黄山市	**1111**	**600**	**511**	**117.42**	**510**	**280**	**230**	**121.74**
屯溪区	254	139	115	120.87	121	67	54	124.07
黄山区	96	52	44	118.18	46	24	22	109.09
徽州区	111	64	47	136.17	49	26	23	113.04
歙县	308	167	141	118.44	141	84	57	147.37
休宁县	183	95	88	107.95	80	41	39	105.13
黟县	57	29	28	103.57	26	14	12	116.67
祁门县	102	54	48	112.50	47	24	23	104.35
滁州市	**3562**	**1887**	**1675**	**112.66**	**1583**	**853**	**730**	**116.85**
琅琊区	230	113	117	96.58	117	58	59	98.31
南谯区	370	195	175	111.43	187	91	96	94.79
来安县	321	160	161	99.38	131	72	59	122.03
全椒县	320	171	149	114.77	165	83	82	101.22
定远县	669	369	300	123.00	264	157	107	146.73
凤阳县	582	324	258	125.58	221	116	105	110.48
苏滁现代产业园	19	8	11	72.73	6	3	3	100.00
滁州经济技术开发区	139	77	62	124.19	72	41	31	132.26
天长市	537	285	252	113.10	249	133	116	114.66
明光市	375	185	190	97.37	171	99	72	137.50

6-1 续表 2 单位：人

地区	出生人数				第一孩			
	合计	男	女	性别比(女=100)	小计	男	女	性别比(女=100)
阜阳市	**7881**	**4259**	**3622**	**117.59**	**3130**	**1681**	**1449**	**116.01**
颍州区	828	452	376	120.21	393	218	175	124.57
颍东区	507	259	248	104.44	197	101	96	105.21
颍泉区	532	288	244	118.03	190	113	77	146.75
临泉县	1713	902	811	111.22	716	381	335	113.73
太和县	1255	667	588	113.44	466	237	229	103.49
阜南县	1143	650	493	131.85	411	223	188	118.62
颍上县	1069	600	469	127.93	410	228	182	125.27
阜阳合肥现代产业园区	41	26	15	173.33	15	12	3	400.00
阜阳经济技术开发区	109	54	55	98.18	46	17	29	58.62
界首市	684	361	323	111.76	286	151	135	111.85
宿州市	**5027**	**2660**	**2367**	**112.38**	**1870**	**977**	**893**	**109.41**
埇桥区	1558	806	752	107.18	611	312	299	104.35
砀山县	823	433	390	111.03	326	180	146	123.29
萧县	1010	554	456	121.49	364	187	177	105.65
灵璧县	858	466	392	118.88	293	150	143	104.90
泗县	664	339	325	104.31	232	124	108	114.81
宿州马鞍山现代产业园区	48	24	24	100.00	15	7	8	87.50
宿州经济技术开发区	66	38	28	135.71	29	17	12	141.67
六安市	**3341**	**1802**	**1539**	**117.09**	**1330**	**706**	**624**	**113.14**
金安区	693	348	345	100.87	293	131	162	80.86
裕安区	772	443	329	134.65	308	181	127	142.52
叶集区	159	85	74	114.86	56	33	23	143.48
霍邱县	527	302	225	134.22	185	103	82	125.61
舒城县	568	286	282	101.42	239	122	117	104.27
金寨县	391	210	181	116.02	161	84	77	109.09
霍山县	231	128	103	124.27	88	52	36	144.44
亳州市	**4279**	**2223**	**2056**	**108.12**	**1571**	**826**	**745**	**110.87**
谯城区	1479	772	707	109.19	570	310	260	119.23
涡阳县	905	475	430	110.47	333	172	161	106.83
蒙城县	946	477	469	101.71	315	160	155	103.23
利辛县	949	499	450	110.89	353	184	169	108.88
池州市	**990**	**510**	**480**	**106.25**	**446**	**240**	**206**	**116.50**
贵池区	463	230	233	98.71	216	114	102	111.76
东至县	297	153	144	106.25	116	61	55	110.91
石台县	56	28	28	100.00	32	16	16	100.00
青阳县	149	84	65	129.23	69	40	29	137.93
池州市国家经济技术开发区	12	7	5	140.00	6	3	3	100.00
皖江江南新兴产业集中区	2	1	1	100.00				
九华山风景区	11	7	4	175.00	7	6	1	600.00
宣城市	**1770**	**920**	**850**	**108.24**	**844**	**434**	**410**	**105.85**
宣州区	464	253	211	119.91	231	124	107	115.89
郎溪县	236	115	121	95.04	104	47	57	82.46
泾县	158	78	80	97.50	76	41	35	117.14
绩溪县	87	40	47	85.11	31	16	15	106.67
旌德县	80	41	39	105.13	32	15	17	88.24
宣城市经济开发区	93	47	46	102.17	52	29	23	126.09
宁国市	284	147	137	107.30	145	68	77	88.31
广德市	368	199	169	117.75	173	94	79	118.99

6-1 续表 3

单位：人

地　区	第二孩				第三孩			
	小计	男	女	性别比(女=100)	小计	男	女	性别比(女=100)
安　徽	**25490**	**13289**	**12201**	**108.92**	**4469**	**2788**	**1681**	**165.85**
合肥市	**4722**	**2554**	**2168**	**117.80**	**433**	**299**	**134**	**223.13**
瑶海区	399	221	178	124.16	33	21	12	175.00
庐阳区	379	198	181	109.39	34	22	12	183.33
蜀山区	478	243	235	103.40	21	16	5	320.00
包河区	630	359	271	132.47	51	31	20	155.00
长丰县	525	300	225	133.33	65	47	18	261.11
肥东县	408	225	183	122.95	45	32	13	246.15
肥西县	587	298	289	103.11	52	36	16	225.00
庐江县	386	206	180	114.44	58	38	20	190.00
合肥高新技术产业开发区	164	95	69	137.68	8	7	1	700.00
合肥经济技术开发区	274	148	126	117.46	33	21	12	175.00
合肥新站高新技术产业开发区	228	115	113	101.77	17	12	5	240.00
巢湖市	264	146	118	123.73	16	16		
芜湖市	**1339**	**709**	**630**	**112.54**	**84**	**60**	**24**	**250.00**
镜湖区	134	63	71	88.73	7	6	1	600.00
弋江区	109	57	52	109.62	4	4		
鸠江区	215	110	105	104.76	13	7	6	116.67
三山区	73	35	38	92.11	2	2		
芜湖县	147	74	73	101.37	10	8	2	400.00
繁昌县	89	41	48	85.42	7	4	3	133.33
南陵县	153	81	72	112.50	7	6	1	600.00
芜湖经济技术开发区	91	58	33	175.76	3	1	2	50.00
安徽芜湖长江大桥经济开发区	10	6	4	150.00				
无为市	318	184	134	137.31	31	22	9	244.44
蚌埠市	**1159**	**604**	**555**	**108.83**	**309**	**172**	**137**	**125.55**
龙子湖区	49	21	28	75.00	7	5	2	250.00
蚌山区	43	21	22	95.45	8	5	3	166.67
禹会区	110	54	56	96.43	18	8	10	80.00
淮上区	145	76	69	110.14	24	13	11	118.18
怀远县	265	148	117	126.50	108	58	50	116.00
五河县	221	115	106	108.49	58	36	22	163.64
固镇县	197	96	101	95.05	69	37	32	115.63
蚌埠市高新技术开发区	25	10	15	66.67	3	1	2	50.00
蚌埠市经济开发区	104	63	41	153.66	14	9	5	180.00
淮南市	**1049**	**545**	**504**	**108.13**	**213**	**137**	**76**	**180.26**
大通区	59	21	38	55.26	11	7	4	175.00
田家庵区	250	134	116	115.52	17	10	7	142.86
谢家集区	49	27	22	122.73	11	5	6	83.33
八公山区	22	7	15	46.67	3	1	2	50.00
潘集区	135	69	66	104.55	45	25	20	125.00
凤台县	214	117	97	120.62	70	45	25	180.00
寿县	320	170	150	113.33	56	44	12	366.67

6-1 续表 4

单位：人

地区	第二孩				第三孩			
	小计	男	女	性别比(女=100)	小计	男	女	性别比(女=100)
马鞍山市	**761**	**417**	**344**	**121.22**	**47**	**37**	**10**	**370.00**
花山区	140	81	59	137.29	9	6	3	200.00
雨山区	86	42	44	95.45	2	2		
博望区	83	44	39	112.82	5	5		
当涂县	192	102	90	113.33	12	8	4	200.00
含山县	142	79	63	125.40	9	8	1	800.00
和县	118	69	49	140.82	10	8	2	400.00
淮北市	**886**	**457**	**429**	**106.53**	**190**	**120**	**70**	**171.43**
杜集区	75	38	37	102.70	16	7	9	77.78
相山区	220	114	106	107.55	28	17	11	154.55
烈山区	103	48	55	87.27	17	12	5	240.00
濉溪县	488	257	231	111.26	129	84	45	186.67
铜陵市	**343**	**184**	**159**	**115.72**	**36**	**29**	**7**	**414.29**
铜官区	122	65	57	114.04	5	5		
义安区	55	29	26	111.54	5	3	2	150.00
郊区	39	19	20	95.00	7	5	2	250.00
枞阳县	127	71	56	126.79	19	16	3	533.33
安庆市	**1955**	**1038**	**917**	**113.20**	**254**	**156**	**98**	**159.18**
迎江区	89	42	47	89.36	8	3	5	60.00
大观区	49	31	18	172.22	6	2	4	50.00
宜秀区	78	37	41	90.24	8	6	2	300.00
怀宁县	246	134	112	119.64	20	12	8	150.00
太湖县	217	111	106	104.72	32	20	12	166.67
宿松县	249	142	107	132.71	95	59	36	163.89
望江县	321	185	136	136.03	30	17	13	130.77
岳西县	158	81	77	105.19	18	11	7	157.14
安徽安庆经济开发区	46	27	19	142.11	2	2		
桐城市	268	128	140	91.43	20	14	6	233.33
潜山市	234	120	114	105.26	15	10	5	200.00
黄山市	**574**	**307**	**267**	**114.98**	**24**	**11**	**13**	**84.62**
屯溪区	125	68	57	119.30	7	3	4	75.00
黄山区	46	25	21	119.05	3	3		
徽州区	60	37	23	160.87	1		1	
歙县	163	81	82	98.78	4	2	2	100.00
休宁县	99	53	46	115.22	4	1	3	33.33
黟县	28	13	15	86.67	3	2	1	200.00
祁门县	53	30	23	130.43	2		2	
滁州市	**1742**	**889**	**853**	**104.22**	**208**	**127**	**81**	**156.79**
琅琊区	104	53	51	103.92	8	2	6	33.33
南谯区	169	95	74	128.38	11	7	4	175.00
来安县	176	77	99	77.78	14	11	3	366.67
全椒县	142	79	63	125.40	12	8	4	200.00
定远县	327	163	164	99.39	69	43	26	165.38
凤阳县	295	165	130	126.92	56	36	20	180.00
苏滁现代产业园	11	5	6	83.33	2		2	
滁州经济技术开发区	61	33	28	117.86	5	2	3	66.67
天长市	279	146	133	109.77	7	5	2	250.00
明光市	178	73	105	69.52	24	13	11	118.18

6-1　续表 5　　　　　　　　　　　　　　　　　　　　　　　　　　单位：人

地　区	第　二　孩				第　三　孩			
	小计	男	女	性别比(女=100)	小计	男	女	性别比(女=100)
阜阳市	**3492**	**1805**	**1687**	**106.99**	**1062**	**649**	**413**	**157.14**
颍州区	340	179	161	111.18	81	46	35	131.43
颍东区	232	108	124	87.10	67	43	24	179.17
颍泉区	264	128	136	94.12	66	41	25	164.00
临泉县	721	365	356	102.53	225	126	99	127.27
太和县	595	299	296	101.01	173	119	54	220.37
阜南县	481	270	211	127.96	207	123	84	146.43
颍上县	470	253	217	116.59	159	99	60	165.00
阜阳合肥现代产业园区	21	13	8	162.50	3	1	2	50.00
阜阳经济技术开发区	48	29	19	152.63	14	8	6	133.33
界首市	320	161	159	101.26	67	43	24	179.17
宿州市	**2446**	**1240**	**1206**	**102.82**	**615**	**386**	**229**	**168.56**
埇桥区	746	369	377	97.88	177	111	66	168.18
砀山县	406	193	213	90.61	86	57	29	196.55
萧县	491	267	224	119.20	127	79	48	164.58
灵璧县	399	215	184	116.85	139	87	52	167.31
泗县	351	167	184	90.76	70	44	26	169.23
宿州马鞍山现代产业园区	23	14	9	155.56	9	2	7	28.57
宿州经济技术开发区	30	15	15	100.00	7	6	1	600.00
六安市	**1783**	**930**	**853**	**109.03**	**208**	**156**	**52**	**300.00**
金安区	363	191	172	111.05	34	24	10	240.00
裕安区	419	229	190	120.53	42	31	11	281.82
叶集区	93	44	49	89.80	9	7	2	350.00
霍邱县	279	152	127	119.69	56	43	13	330.77
舒城县	301	145	156	92.95	26	19	7	271.43
金寨县	195	100	95	105.26	31	25	6	416.67
霍山县	133	69	64	107.81	10	7	3	233.33
亳州市	**1866**	**904**	**962**	**93.97**	**699**	**403**	**296**	**136.15**
谯城区	711	338	373	90.62	174	110	64	171.88
涡阳县	398	198	200	99.00	145	85	60	141.67
蒙城县	388	187	201	93.03	204	109	95	114.74
利辛县	369	181	188	96.28	176	99	77	128.57
池州市	**503**	**247**	**256**	**96.48**	**37**	**21**	**16**	**131.25**
贵池区	236	113	123	91.87	10	3	7	42.86
东至县	161	77	84	91.67	17	13	4	325.00
石台县	23	11	12	91.67	1	1		
青阳县	71	40	31	129.03	9	4	5	80.00
池州市国家经济技术开发区	6	4	2	200.00				
皖江江南新兴产业集中区	2	1	1	100.00				
九华山风景区	4	1	3	33.33				
宣城市	**870**	**459**	**411**	**111.68**	**50**	**25**	**25**	**100.00**
宣州区	211	116	95	122.11	18	11	7	157.14
郎溪县	123	64	59	108.47	8	4	4	100.00
泾县	81	37	44	84.09	1		1	
绩溪县	54	23	31	74.19	2	1	1	100.00
旌德县	44	24	20	120.00	4	2	2	100.00
宣城市经济开发区	38	16	22	72.73	3	2	1	200.00
宁国市	137	78	59	132.20	2	1	1	100.00
广德市	182	101	81	124.69	12	4	8	50.00

6-1 续表 6

单位：人

地区	第四孩				第五孩及以上			
	小计	男	女	性别比(女=100)	小计	男	女	性别比(女=100)
安徽	**581**	**359**	**222**	**161.71**	**106**	**58**	**48**	**120.83**
合肥市	**28**	**12**	**16**	**75.00**	**4**	**4**		
瑶海区	4	3	1	300.00				
庐阳区								
蜀山区	3		3					
包河区	4	3	1	300.00	1	1		
长丰县	2	2			1	1		
肥东县	5	1	4	25.00	1	1		
肥西县	3	1	2	50.00	1	1		
庐江县	2	1	1	100.00				
合肥高新技术产业开发区								
合肥经济技术开发区	1		1					
合肥新站高新技术产业开发区	1		1					
巢湖市	3	1	2	50.00				
芜湖市	**12**	**5**	**7**	**71.43**	**2**	**1**	**1**	**100.00**
镜湖区								
弋江区	1		1					
鸠江区	1	1						
三山区								
芜湖县								
繁昌县	1	1						
南陵县	1	1						
芜湖经济技术开发区								
安徽芜湖长江大桥经济开发区								
无为市	8	2	6	33.33	2	1	1	100.00
蚌埠市	**65**	**45**	**20**	**225.00**	**5**	**1**	**4**	**25.00**
龙子湖区	2	1	1	100.00				
蚌山区	2	2						
禹会区	2	1	1	100.00				
淮上区	5	3	2	150.00				
怀远县	31	23	8	287.50	2	1	1	100.00
五河县	9	7	2	350.00				
固镇县	13	7	6	116.67	3		3	
蚌埠市高新技术开发区								
蚌埠市经济开发区	1	1						
淮南市	**17**	**10**	**7**	**142.86**	**4**	**3**	**1**	**300.00**
大通区					1	1		
田家庵区	2	1	1	100.00				
谢家集区								
八公山区								
潘集区	7	6	1	600.00				
凤台县	7	3	4	75.00	3	2	1	200.00
寿县	1		1					

6-1　续表 7　　　　　　　　　　　　　　　　　　　　　　　　　　　　单位：人

地　区	第　四　孩				第五孩及以上			
	小计	男	女	性别比(女=100)	小计	男	女	性别比(女=100)
马鞍山市	**4**	**2**	**2**	**100.00**	**1**	**1**		
花山区	1	1						
雨山区	1		1					
博望区					1	1		
当涂县	1		1					
含山县	1	1						
和县								
淮北市	**22**	**10**	**12**	**83.33**	**5**	**4**	**1**	**400.00**
杜集区	2		2					
相山区	4	1	3	33.33	1	1		
烈山区								
濉溪县	16	9	7	128.57	4	3	1	300.00
铜陵市	**1**		**1**		**2**	**2**		
铜官区	1		1					
义安区								
郊区								
枞阳县					2	2		
安庆市	**15**	**12**	**3**	**400.00**	**2**		**2**	
迎江区	1		1					
大观区								
宜秀区								
怀宁县								
太湖县	3	2	1	200.00				
宿松县	9	9			1		1	
望江县								
岳西县								
安徽安庆经济开发区								
桐城市	2	1	1	100.00	1		1	
潜山市								
黄山市	**1**	**1**			**2**	**1**	**1**	**100.00**
屯溪区					1	1		
黄山区					1		1	
徽州区	1	1						
歙县								
休宁县								
黟县								
祁门县								
滁州市	**28**	**17**	**11**	**154.55**	**1**	**1**		
琅琊区	1		1					
南谯区	3	2	1	200.00				
来安县								
全椒县	1	1						
定远县	9	6	3	200.00				
凤阳县	10	7	3	233.33				
苏滁现代产业园								
滁州经济技术开发区					1	1		
天长市	2	1	1	100.00				
明光市	2		2					

6-1 续表 8

单位：人

地 区	第四孩				第五孩及以上			
	小计	男	女	性别比（女=100）	小计	男	女	性别比（女=100）
阜阳市	**164**	**105**	**59**	**177.97**	**33**	**19**	**14**	**135.71**
颍州区	12	8	4	200.00	2	1	1	100.00
颍东区	10	6	4	150.00	1	1		
颍泉区	11	5	6	83.33	1	1		
临泉县	43	28	15	186.67	8	2	6	33.33
太和县	21	12	9	133.33				
阜南县	33	25	8	312.50	11	9	2	450.00
颍上县	21	15	6	250.00	9	5	4	125.00
阜阳合肥现代产业园区	1		1		1		1	
阜阳经济技术开发区	1		1					
界首市	11	6	5	120.00				
宿州市	**77**	**48**	**29**	**165.52**	**19**	**9**	**10**	**90.00**
埇桥区	21	12	9	133.33	3	2	1	200.00
砀山县	5	3	2	150.00				
萧县	22	17	5	340.00	6	4	2	200.00
灵璧县	21	13	8	162.50	6	1	5	20.00
泗县	7	2	5	40.00	4	2	2	100.00
宿州马鞍山现代产业园区	1	1						
宿州经济技术开发区								
六安市	**18**	**8**	**10**	**80.00**	**2**	**2**		
金安区	2	1	1	100.00	1	1		
裕安区	3	2	1	200.00				
叶集区	1	1						
霍邱县	6	3	3	100.00	1	1		
舒城县	2		2					
金寨县	4	1	3	33.33				
霍山县								
亳州市	**119**	**80**	**39**	**205.13**	**24**	**10**	**14**	**71.43**
谯城区	20	13	7	185.71	4	1	3	33.33
涡阳县	24	18	6	300.00	5	2	3	66.67
蒙城县	33	19	14	135.71	6	2	4	50.00
利辛县	42	30	12	250.00	9	5	4	125.00
池州市	**4**	**2**	**2**	**100.00**				
贵池区	1		1					
东至县	3	2	1	200.00				
石台县								
青阳县								
池州市国家经济技术开发区								
皖江江南新兴产业集中区								
九华山风景区								
宣城市	**6**	**2**	**4**	**50.00**				
宣州区	4	2	2	100.00				
郎溪县	1		1					
泾县								
绩溪县								
旌德县								
宣城市经济开发区								
宁国市								
广德市	1		1					

6-1a 各地区分性别、孩次的出生人口
(2019.11.1-2020.10.31)(城市)

单位：人

地区	出生人数				第一孩			
	合计	男	女	性别比(女=100)	小计	男	女	性别比(女=100)
安徽	**15125**	**7942**	**7183**	**110.57**	**7591**	**3963**	**3628**	**109.23**
合肥市	**4423**	**2365**	**2058**	**114.92**	**2274**	**1200**	**1074**	**111.73**
瑶海区	827	437	390	112.05	429	213	216	98.61
庐阳区	696	380	316	120.25	359	204	155	131.61
蜀山区	980	515	465	110.75	506	270	236	114.41
包河区	1427	781	646	120.90	742	388	354	109.60
长丰县								
肥东县								
肥西县	78	44	34	129.41	39	24	15	160.00
庐江县								
合肥高新技术产业开发区								
合肥经济技术开发区								
合肥新站高新技术产业开发区	102	45	57	78.95	56	26	30	86.67
巢湖市	313	163	150	108.67	143	75	68	110.29
芜湖市	**1273**	**644**	**629**	**102.38**	**732**	**361**	**371**	**97.30**
镜湖区	332	158	174	90.80	198	91	107	85.05
弋江区	332	167	165	101.21	218	106	112	94.64
鸠江区	343	173	170	101.76	196	98	98	100.00
三山区	96	46	50	92.00	48	26	22	118.18
芜湖县	7	5	2	250.00	1		1	
繁昌县								
南陵县								
芜湖经济技术开发区	1	1			1	1		
安徽芜湖长江大桥经济开发区								
无为市	162	94	68	138.24	70	39	31	125.81
蚌埠市	**500**	**258**	**242**	**106.61**	**240**	**130**	**110**	**118.18**
龙子湖区	81	36	45	80.00	40	18	22	81.82
蚌山区	104	58	46	126.09	55	33	22	150.00
禹会区	145	74	71	104.23	73	41	32	128.13
淮上区	170	90	80	112.50	72	38	34	111.76
怀远县								
五河县								
固镇县								
蚌埠市高新技术开发区								
蚌埠市经济开发区								
淮南市	**789**	**413**	**376**	**109.84**	**393**	**199**	**194**	**102.58**
大通区	34	19	15	126.67	17	11	6	183.33
田家庵区	535	277	258	107.36	278	140	138	101.45
谢家集区	84	42	42	100.00	44	19	25	76.00
八公山区	50	22	28	78.57	26	15	11	136.36
潘集区	86	53	33	160.61	28	14	14	100.00
凤台县								
寿县								

6－1a 续表 1

单位：人

地区	出生人数				第一孩			
	合计	男	女	性别比（女=100）	小计	男	女	性别比（女=100）
马鞍山市	**660**	**346**	**314**	**110.19**	**373**	**193**	**180**	**107.22**
花山区	333	174	159	109.43	184	87	97	89.69
雨山区	246	134	112	119.64	159	92	67	137.31
博望区	81	38	43	88.37	30	14	16	87.50
当涂县								
含山县								
和县								
淮北市	**682**	**353**	**329**	**107.29**	**327**	**167**	**160**	**104.38**
杜集区	100	58	42	138.10	54	33	21	157.14
相山区	448	227	221	102.71	220	108	112	96.43
烈山区	84	39	45	86.67	38	17	21	80.95
濉溪县	50	29	21	138.10	15	9	6	150.00
铜陵市	**398**	**209**	**189**	**110.58**	**233**	**121**	**112**	**108.04**
铜官区	295	157	138	113.77	172	89	83	107.23
义安区	76	43	33	130.30	44	27	17	158.82
郊区	27	9	18	50.00	17	5	12	41.67
枞阳县								
安庆市	**1010**	**508**	**502**	**101.20**	**470**	**248**	**222**	**111.71**
迎江区	201	106	95	111.58	104	62	42	147.62
大观区	71	38	33	115.15	38	17	21	80.95
宜秀区	146	69	77	89.61	73	34	39	87.18
怀宁县								
太湖县								
宿松县								
望江县	92	50	42	119.05	30	13	17	76.47
岳西县								
安徽安庆经济开发区								
桐城市	322	162	160	101.25	154	86	68	126.47
潜山市	178	83	95	87.37	71	36	35	102.86
黄山市	**352**	**189**	**163**	**115.95**	**171**	**90**	**81**	**111.11**
屯溪区	230	125	105	119.05	115	63	52	121.15
黄山区	54	26	28	92.86	28	13	15	86.67
徽州区	62	36	26	138.46	27	14	13	107.69
歙县	3	1	2	50.00	1		1	
休宁县	3	1	2	50.00				
黟县								
祁门县								
滁州市	**915**	**478**	**437**	**109.38**	**467**	**254**	**213**	**119.25**
琅琊区	223	111	112	99.11	115	58	57	101.75
南谯区	256	133	123	108.13	131	64	67	95.52
来安县								
全椒县								
定远县								
凤阳县								
苏滁现代产业园								
滁州经济技术开发区								
天长市	261	143	118	121.19	133	78	55	141.82
明光市	175	91	84	108.33	88	54	34	158.82

6-1a　续表 2　　　　单位：人

地　　区	出生人数				第　一　孩			
	合计	男	女	性别比(女=100)	小计	男	女	性别比(女=100)
阜阳市	**972**	**525**	**447**	**117.45**	**472**	**255**	**217**	**117.51**
颍州区	458	261	197	132.49	257	141	116	121.55
颍东区	154	72	82	87.80	67	31	36	86.11
颍泉区	170	92	78	117.95	66	41	25	164.00
临泉县								
太和县								
阜南县								
颍上县								
阜阳合肥现代产业园区								
阜阳经济技术开发区								
界首市	190	100	90	111.11	82	42	40	105.00
宿州市	**643**	**324**	**319**	**101.57**	**294**	**148**	**146**	**101.37**
埇桥区	640	323	317	101.89	293	148	145	102.07
砀山县								
萧县	3	1	2	50.00	1		1	
灵璧县								
泗县								
宿州马鞍山现代产业园区								
宿州经济技术开发区								
六安市	**830**	**443**	**387**	**114.47**	**364**	**184**	**180**	**102.22**
金安区	358	181	177	102.26	165	72	93	77.42
裕安区	394	222	172	129.07	170	95	75	126.67
叶集区	71	37	34	108.82	26	15	11	136.36
霍邱县	2	1	1	100.00				
舒城县	5	2	3	66.67	3	2	1	200.00
金寨县								
霍山县								
亳州市	**636**	**350**	**286**	**122.38**	**266**	**145**	**121**	**119.83**
谯城区	632	348	284	122.54	266	145	121	119.83
涡阳县								
蒙城县								
利辛县	4	2	2	100.00				
池州市	**359**	**175**	**184**	**95.11**	**170**	**88**	**82**	**107.32**
贵池区	345	167	178	93.82	164	85	79	107.59
东至县								
石台县								
青阳县								
池州市国家经济技术开发区	12	7	5	140.00	6	3	3	100.00
皖江江南新兴产业集中区	2	1	1	100.00				
九华山风景区								
宣城市	**683**	**362**	**321**	**112.77**	**345**	**180**	**165**	**109.09**
宣州区	242	132	110	120.00	125	71	54	131.48
郎溪县								
泾县								
绩溪县								
旌德县								
宣城市经济开发区								
宁国市	230	121	109	111.01	116	54	62	87.10
广德市	211	109	102	106.86	104	55	49	112.24

6－1a 续表 3

单位：人

地 区	第二孩				第三孩			
	小计	男	女	性别比（女=100）	小计	男	女	性别比（女=100）
安 徽	**6899**	**3568**	**3331**	**107.11**	**567**	**375**	**192**	**195.31**
合肥市	**1996**	**1063**	**933**	**113.93**	**140**	**94**	**46**	**204.35**
瑶海区	364	201	163	123.31	30	20	10	200.00
庐阳区	309	157	152	103.29	28	19	9	211.11
蜀山区	451	229	222	103.15	20	16	4	400.00
包河区	629	358	271	132.10	51	31	20	155.00
长丰县								
肥东县								
肥西县	38	20	18	111.11	1		1	
庐江县								
合肥高新技术产业开发区								
合肥经济技术开发区								
合肥新站高新技术产业开发区	43	18	25	72.00	3	1	2	50.00
巢湖市	162	80	82	97.56	7	7		
芜湖市	**509**	**263**	**246**	**106.91**	**24**	**17**	**7**	**242.86**
镜湖区	127	61	66	92.42	7	6	1	600.00
弋江区	109	57	52	109.62	4	4		
鸠江区	139	71	68	104.41	7	3	4	75.00
三山区	48	20	28	71.43				
芜湖县	6	5	1	500.00				
繁昌县								
南陵县								
芜湖经济技术开发区								
安徽芜湖长江大桥经济开发区								
无为市	80	49	31	158.06	6	4	2	200.00
蚌埠市	**228**	**110**	**118**	**93.22**	**29**	**17**	**12**	**141.67**
龙子湖区	35	15	20	75.00	5	3	2	150.00
蚌山区	40	19	21	90.48	8	5	3	166.67
禹会区	69	31	38	81.58	3	2	1	200.00
淮上区	84	45	39	115.38	13	7	6	116.67
怀远县								
五河县								
固镇县								
蚌埠市高新技术开发区								
蚌埠市经济开发区								
淮南市	**361**	**191**	**170**	**112.35**	**30**	**19**	**11**	**172.73**
大通区	16	7	9	77.78	1	1		
田家庵区	241	129	112	115.18	15	8	7	114.29
谢家集区	36	20	16	125.00	4	3	1	300.00
八公山区	22	7	15	46.67	2		2	
潘集区	46	28	18	155.56	8	7	1	700.00
凤台县								
寿县								

6-1a　续表 4　　单位：人

地　　区	第二孩				第三孩			
	小计	男	女	性别比（女=100）	小计	男	女	性别比（女=100）
马鞍山市	**271**	**141**	**130**	**108.46**	**14**	**11**	**3**	**366.67**
花山区	139	80	59	135.59	9	6	3	200.00
雨山区	84	40	44	90.91	2	2		
博望区	48	21	27	77.78	3	3		
当涂县								
含山县								
和县								
淮北市	**305**	**155**	**150**	**103.33**	**44**	**28**	**16**	**175.00**
杜集区	40	22	18	122.22	6	3	3	100.00
相山区	200	102	98	104.08	24	15	9	166.67
烈山区	38	16	22	72.73	8	6	2	300.00
濉溪县	27	15	12	125.00	6	4	2	200.00
铜陵市	**155**	**81**	**74**	**109.46**	**9**	**7**	**2**	**350.00**
铜官区	117	63	54	116.67	5	5		
义安区	29	15	14	107.14	3	1	2	50.00
郊区	9	3	6	50.00	1	1		
枞阳县								
安庆市	**497**	**238**	**259**	**91.89**	**40**	**22**	**18**	**122.22**
迎江区	88	41	47	87.23	8	3	5	60.00
大观区	30	20	10	200.00	3	1	2	50.00
宜秀区	67	31	36	86.11	6	4	2	200.00
怀宁县								
太湖县								
宿松县								
望江县	59	36	23	156.52	3	1	2	50.00
岳西县								
安徽安庆经济开发区								
桐城市	154	67	87	77.01	12	9	3	300.00
潜山市	99	43	56	76.79	8	4	4	100.00
黄山市	**170**	**94**	**76**	**123.68**	**10**	**5**	**5**	**100.00**
屯溪区	108	59	49	120.41	7	3	4	75.00
黄山区	23	11	12	91.67	2	2		
徽州区	34	22	12	183.33	1		1	
歙县	2	1	1	100.00				
休宁县	3	1	2	50.00				
黟县								
祁门县								
滁州市	**426**	**212**	**214**	**99.07**	**18**	**10**	**8**	**125.00**
琅琊区	103	52	51	101.96	4	1	3	33.33
南谯区	118	64	54	118.52	5	3	2	150.00
来安县								
全椒县								
定远县								
凤阳县								
苏滁现代产业园								
滁州经济技术开发区								
天长市	124	64	60	106.67	3	1	2	50.00
明光市	81	32	49	65.31	6	5	1	500.00

6−1a 续表 5

单位：人

地　　区	第二孩				第三孩			
	小计	男	女	性别比（女=100）	小计	男	女	性别比（女=100）
阜阳市	**420**	**212**	**208**	**101.92**	**73**	**53**	**20**	**265.00**
颍州区	171	98	73	134.25	26	19	7	271.43
颍东区	69	30	39	76.92	17	11	6	183.33
颍泉区	88	40	48	83.33	15	10	5	200.00
临泉县								
太和县								
阜南县								
颍上县								
阜阳合肥现代产业园区								
阜阳经济技术开发区								
界首市	92	44	48	91.67	15	13	2	650.00
宿州市	**321**	**155**	**166**	**93.37**	**26**	**19**	**7**	**271.43**
埇桥区	319	154	165	93.33	26	19	7	271.43
砀山县								
萧县	2	1	1	100.00				
灵璧县								
泗县								
宿州马鞍山现代产业园区								
宿州经济技术开发区								
六安市	**426**	**233**	**193**	**120.73**	**36**	**24**	**12**	**200.00**
金安区	173	96	77	124.68	18	12	6	200.00
裕安区	209	118	91	129.67	13	8	5	160.00
叶集区	40	18	22	81.82	5	4	1	400.00
霍邱县	2	1	1	100.00				
舒城县	2		2					
金寨县								
霍山县								
亳州市	**309**	**160**	**149**	**107.38**	**54**	**40**	**14**	**285.71**
谯城区	306	159	147	108.16	53	39	14	278.57
涡阳县								
蒙城县								
利辛县	3	1	2	50.00	1	1		
池州市	**182**	**86**	**96**	**89.58**	**6**	**1**	**5**	**20.00**
贵池区	174	81	93	87.10	6	1	5	20.00
东至县								
石台县								
青阳县								
池州市国家经济技术开发区	6	4	2	200.00				
皖江江南新兴产业集中区	2	1	1	100.00				
九华山风景区								
宣城市	**323**	**174**	**149**	**116.78**	**14**	**8**	**6**	**133.33**
宣州区	110	55	55	100.00	7	6	1	600.00
郎溪县								
泾县								
绩溪县								
旌德县								
宣城市经济开发区								
宁国市	113	67	46	145.65	1		1	
广德市	100	52	48	108.33	6	2	4	50.00

6-1a　续表 6　　单位：人

地　区	第四孩 小计	男	女	性别比（女=100）	第五孩及以上 小计	男	女	性别比（女=100）
安　徽	**61**	**32**	**29**	**110.34**	**7**	**4**	**3**	**133.33**
合肥市	**12**	**7**	**5**	**140.00**	**1**	**1**		
瑶海区	4	3	1	300.00				
庐阳区								
蜀山区	3		3					
包河区	4	3	1	300.00	1	1		
长丰县								
肥东县								
肥西县								
庐江县								
合肥高新技术产业开发区								
合肥经济技术开发区								
合肥新站高新技术产业开发区								
巢湖市	1	1						
芜湖市	**8**	**3**	**5**	**60.00**				
镜湖区								
弋江区	1		1					
鸠江区	1	1						
三山区								
芜湖县								
繁昌县								
南陵县								
芜湖经济技术开发区								
安徽芜湖长江大桥经济开发区								
无为市	6	2	4	50.00				
蚌埠市	**3**	**1**	**2**	**50.00**				
龙子湖区	1		1					
蚌山区	1	1						
禹会区								
淮上区	1		1					
怀远县								
五河县								
固镇县								
蚌埠市高新技术开发区								
蚌埠市经济开发区								
淮南市	**5**	**4**	**1**	**400.00**				
大通区								
田家庵区	1		1					
谢家集区								
八公山区								
潘集区	4	4						
凤台县								
寿县								

6－1a　续表 7　　　　单位：人

地　　区	第　四　孩				第五孩及以上			
	小计	男	女	性别比(女=100)	小计	男	女	性别比(女=100)
马鞍山市	**2**	**1**	**1**	**100.00**				
花山区	1	1						
雨山区	1		1					
博望区								
当涂县								
含山县								
和县								
淮北市	**3**	**1**	**2**	**50.00**	**3**	**2**	**1**	**200.00**
杜集区								
相山区	3	1	2	50.00	1	1		
烈山区								
濉溪县					2	1	1	100.00
铜陵市	**1**		**1**					
铜官区	1		1					
义安区								
郊区								
枞阳县								
安庆市	**2**		**2**		**1**		**1**	
迎江区	1		1					
大观区								
宜秀区								
怀宁县								
太湖县								
宿松县								
望江县								
岳西县								
安徽安庆经济开发区								
桐城市	1		1		1		1	
潜山市								
黄山市					**1**		**1**	
屯溪区								
黄山区					1		1	
徽州区								
歙县								
休宁县								
黟县								
祁门县								
滁州市	**4**	**2**	**2**	**100.00**				
琅琊区	1		1					
南谯区	2	2						
来安县								
全椒县								
定远县								
凤阳县								
苏滁现代产业园								
滁州经济技术开发区								
天长市	1		1					
明光市								

6-1a　续表 8

单位：人

地　　区	第　四　孩				第五孩及以上			
	小计	男	女	性别比(女=100)	小计	男	女	性别比(女=100)
阜阳市	**7**	**5**	**2**	**250.00**				
颍州区	4	3	1	300.00				
颍东区	1		1					
颍泉区	1	1						
临泉县								
太和县								
阜南县								
颍上县								
阜阳合肥现代产业园区								
阜阳经济技术开发区								
界首市	1	1						
宿州市	**2**	**2**						
埇桥区	2	2						
砀山县								
萧县								
灵璧县								
泗县								
宿州马鞍山现代产业园区								
宿州经济技术开发区								
六安市	**3**	**1**	**2**	**50.00**	**1**	**1**		
金安区	1		1		1	1		
裕安区	2	1	1	100.00				
叶集区								
霍邱县								
舒城县								
金寨县								
霍山县								
亳州市	**7**	**5**	**2**	**250.00**				
谯城区	7	5	2	250.00				
涡阳县								
蒙城县								
利辛县								
池州市	**1**		**1**					
贵池区	1		1					
东至县								
石台县								
青阳县								
池州市国家经济技术开发区								
皖江江南新兴产业集中区								
九华山风景区								
宣城市	**1**		**1**					
宣州区								
郎溪县								
泾县								
绩溪县								
旌德县								
宣城市经济开发区								
宁国市								
广德市	1		1					

6-1b 各地区分性别、孩次的出生人口
(2019.11.1-2020.10.31)(镇)

单位：人

地　区	出生人数				第　一　孩			
	合计	男	女	性别比(女=100)	小计	男	女	性别比(女=100)
安　徽	**18678**	**10016**	**8662**	**115.63**	**8126**	**4324**	**3802**	**113.73**
合肥市	**4551**	**2497**	**2054**	**121.57**	**2263**	**1204**	**1059**	**113.69**
瑶海区	38	20	18	111.11	20	10	10	100.00
庐阳区	121	74	47	157.45	50	34	16	212.50
蜀山区	32	20	12	166.67	10	7	3	233.33
包河区								
长丰县	788	440	348	126.44	351	186	165	112.73
肥东县	698	403	295	136.61	371	207	164	126.22
肥西县	862	458	404	113.37	427	234	193	121.24
庐江县	414	229	185	123.78	153	77	76	101.32
合肥高新技术产业开发区	400	226	174	129.89	228	124	104	119.23
合肥经济技术开发区	674	354	320	110.63	368	187	181	103.31
合肥新站高新技术产业开发区	454	231	223	103.59	255	124	131	94.66
巢湖市	70	42	28	150.00	30	14	16	87.50
芜湖市	**997**	**522**	**475**	**109.89**	**468**	**241**	**227**	**106.17**
镜湖区								
弋江区								
鸠江区	52	25	27	92.59	25	14	11	127.27
三山区	31	17	14	121.43	17	8	9	88.89
芜湖县	215	106	109	97.25	102	51	51	100.00
繁昌县	120	57	63	90.48	52	25	27	92.59
南陵县	193	99	94	105.32	85	41	44	93.18
芜湖经济技术开发区	186	111	75	148.00	93	52	41	126.83
安徽芜湖长江大桥经济开发区	18	10	8	125.00	10	6	4	150.00
无为市	182	97	85	114.12	84	44	40	110.00
蚌埠市	**968**	**530**	**438**	**121.00**	**393**	**210**	**183**	**114.75**
龙子湖区	16	7	9	77.78	10	3	7	42.86
蚌山区								
禹会区	8	4	4	100.00	4	2	2	100.00
淮上区	32	21	11	190.91	8	6	2	300.00
怀远县	259	123	136	90.44	89	34	55	61.82
五河县	212	113	99	114.14	80	38	42	90.48
固镇县	150	90	60	150.00	58	39	19	205.26
蚌埠市高新技术开发区	51	24	27	88.89	23	13	10	130.00
蚌埠市经济开发区	240	148	92	160.87	121	75	46	163.04
淮南市	**598**	**315**	**283**	**111.31**	**238**	**131**	**107**	**122.43**
大通区	51	23	28	82.14	21	12	9	133.33
田家庵区	6	5	1	500.00	3	2	1	200.00
谢家集区	5		5					
八公山区								
潘集区	58	23	35	65.71	22	9	13	69.23
凤台县	181	94	87	108.05	69	34	35	97.14
寿县	297	170	127	133.86	123	74	49	151.02

6-1b 续表 1

单位：人

地　区	出生人数				第　一　孩			
	合计	男	女	性别比(女=100)	小计	男	女	性别比(女=100)
马鞍山市	**535**	**297**	**238**	**124.79**	**261**	**142**	**119**	**119.33**
花山区								
雨山区								
博望区	7	3	4	75.00	2	1	1	100.00
当涂县	235	126	109	115.60	114	60	54	111.11
含山县	169	102	67	152.24	85	53	32	165.63
和县	124	66	58	113.79	60	28	32	87.50
淮北市	**441**	**234**	**207**	**113.04**	**155**	**85**	**70**	**121.43**
杜集区	29	18	11	163.64	14	10	4	250.00
相山区								
烈山区	24	13	11	118.18	9	7	2	350.00
濉溪县	388	203	185	109.73	132	68	64	106.25
铜陵市	**186**	**106**	**80**	**132.50**	**78**	**47**	**31**	**151.61**
铜官区								
义安区	11	9	2	450.00	7	6	1	600.00
郊区	22	12	10	120.00	10	5	5	100.00
枞阳县	153	85	68	125.00	61	36	25	144.00
安庆市	**1139**	**611**	**528**	**115.72**	**456**	**231**	**225**	**102.67**
迎江区								
大观区	10	5	5	100.00	4	2	2	100.00
宜秀区	14	6	8	75.00	8	2	6	33.33
怀宁县	234	125	109	114.68	94	43	51	84.31
太湖县	193	96	97	98.97	88	44	44	100.00
宿松县	252	152	100	152.00	87	51	36	141.67
望江县	71	31	40	77.50	24	11	13	84.62
岳西县	112	54	58	93.10	32	12	20	60.00
安徽安庆经济开发区	106	61	45	135.56	59	33	26	126.92
桐城市	70	37	33	112.12	28	13	15	86.67
潜山市	77	44	33	133.33	32	20	12	166.67
黄山市	**384**	**210**	**174**	**120.69**	**167**	**96**	**71**	**135.21**
屯溪区	5	3	2	150.00	1	1		
黄山区	16	8	8	100.00	3	2	1	200.00
徽州区	22	15	7	214.29	9	5	4	125.00
歙县	167	96	71	135.21	75	47	28	167.86
休宁县	80	38	42	90.48	35	17	18	94.44
黟县	30	16	14	114.29	12	6	6	100.00
祁门县	64	34	30	113.33	32	18	14	128.57
滁州市	**1495**	**791**	**704**	**112.36**	**653**	**346**	**307**	**112.70**
琅琊区								
南谯区	53	31	22	140.91	23	10	13	76.92
来安县	229	115	114	100.88	102	56	46	121.74
全椒县	232	117	115	101.74	123	59	64	92.19
定远县	323	178	145	122.76	135	82	53	154.72
凤阳县	298	156	142	109.86	103	49	54	90.74
苏滁现代产业园	19	8	11	72.73	6	3	3	100.00
滁州经济技术开发区	132	74	58	127.59	70	40	30	133.33
天长市	161	85	76	111.84	71	35	36	97.22
明光市	48	27	21	128.57	20	12	8	150.00

6-1b 续表 2

单位：人

地区	出生人数				第一孩			
	合计	男	女	性别比(女=100)	小计	男	女	性别比(女=100)
阜阳市	**2282**	**1245**	**1037**	**120.06**	**937**	**497**	**440**	**112.95**
颍州区	69	32	37	86.49	18	10	8	125.00
颍东区	60	31	29	106.90	25	13	12	108.33
颍泉区	83	45	38	118.42	33	18	15	120.00
临泉县	523	273	250	109.20	249	132	117	112.82
太和县	583	303	280	108.21	231	118	113	104.42
阜南县	326	201	125	160.80	113	64	49	130.61
颍上县	411	237	174	136.21	169	91	78	116.67
阜阳合肥现代产业园区	10	5	5	100.00	3	3		
阜阳经济技术开发区	95	47	48	97.92	38	15	23	65.22
界首市	122	71	51	139.22	58	33	25	132.00
宿州市	**1631**	**852**	**779**	**109.37**	**641**	**338**	**303**	**111.55**
埇桥区	137	68	69	98.55	53	30	23	130.43
砀山县	424	218	206	105.83	177	98	79	124.05
萧县	328	185	143	129.37	130	70	60	116.67
灵璧县	351	184	167	110.18	132	63	69	91.30
泗县	298	147	151	97.35	114	58	56	103.57
宿州马鞍山现代产业园区	27	12	15	80.00	6	2	4	50.00
宿州经济技术开发区	66	38	28	135.71	29	17	12	141.67
六安市	**1104**	**595**	**509**	**116.90**	**426**	**231**	**195**	**118.46**
金安区	132	61	71	85.92	50	22	28	78.57
裕安区	69	39	30	130.00	25	13	12	108.33
叶集区	22	15	7	214.29	7	5	2	250.00
霍邱县	210	125	85	147.06	74	43	31	138.71
舒城县	287	145	142	102.11	116	64	52	123.08
金寨县	207	109	98	111.22	88	46	42	109.52
霍山县	177	101	76	132.89	66	38	28	135.71
亳州市	**1414**	**717**	**697**	**102.87**	**553**	**293**	**260**	**112.69**
谯城区	143	72	71	101.41	55	32	23	139.13
涡阳县	366	189	177	106.78	149	75	74	101.35
蒙城县	437	214	223	95.96	159	81	78	103.85
利辛县	468	242	226	107.08	190	105	85	123.53
池州市	**329**	**174**	**155**	**112.26**	**142**	**79**	**63**	**125.40**
贵池区	22	13	9	144.44	12	9	3	300.00
东至县	170	88	82	107.32	61	31	30	103.33
石台县	29	11	18	61.11	13	4	9	44.44
青阳县	106	60	46	130.43	54	33	21	157.14
池州市国家经济技术开发区								
皖江江南新兴产业集中区								
九华山风景区	2	2			2	2		
宣城市	**624**	**320**	**304**	**105.26**	**295**	**153**	**142**	**107.75**
宣州区	79	40	39	102.56	43	20	23	86.96
郎溪县	177	89	88	101.14	81	37	44	84.09
泾县	108	56	52	107.69	53	30	23	130.43
绩溪县	66	29	37	78.38	26	13	13	100.00
旌德县	50	25	25	100.00	15	7	8	87.50
宣城市经济开发区	87	45	42	107.14	49	28	21	133.33
宁国市	15	7	8	87.50	7	5	2	250.00
广德市	42	29	13	223.08	21	13	8	162.50

6-1b　续表 3　　　　单位：人

地　区	第二孩 小计	第二孩 男	第二孩 女	第二孩 性别比(女=100)	第三孩 小计	第三孩 男	第三孩 女	第三孩 性别比(女=100)
安　徽	**8990**	**4689**	**4301**	**109.02**	**1414**	**912**	**502**	**181.67**
合肥市	**2082**	**1153**	**929**	**124.11**	**198**	**138**	**60**	**230.00**
瑶海区	17	9	8	112.50	1	1		
庐阳区	65	37	28	132.14	6	3	3	100.00
蜀山区	21	13	8	162.50	1		1	
包河区								
长丰县	397	226	171	132.16	39	27	12	225.00
肥东县	290	171	119	143.70	34	24	10	240.00
肥西县	404	204	200	102.00	29	20	9	222.22
庐江县	230	130	100	130.00	31	22	9	244.44
合肥高新技术产业开发区	164	95	69	137.68	8	7	1	700.00
合肥经济技术开发区	272	146	126	115.87	33	21	12	175.00
合肥新站高新技术产业开发区	184	96	88	109.09	14	11	3	366.67
巢湖市	38	26	12	216.67	2	2		
芜湖市	**500**	**262**	**238**	**110.08**	**28**	**18**	**10**	**180.00**
镜湖区								
弋江区								
鸠江区	26	11	15	73.33	1		1	
三山区	14	9	5	180.00				
芜湖县	107	51	56	91.07	6	4	2	200.00
繁昌县	64	29	35	82.86	4	3	1	300.00
南陵县	103	54	49	110.20	4	3	1	300.00
芜湖经济技术开发区	90	58	32	181.25	3	1	2	50.00
安徽芜湖长江大桥经济开发区	8	4	4	100.00				
无为市	88	46	42	109.52	10	7	3	233.33
蚌埠市	**466**	**252**	**214**	**117.76**	**94**	**57**	**37**	**154.05**
龙子湖区	4	2	2	100.00	1	1		
蚌山区								
禹会区	3	2	1	200.00	1		1	
淮上区	20	11	9	122.22	2	2		
怀远县	132	70	62	112.90	31	15	16	93.75
五河县	108	57	51	111.76	23	17	6	283.33
固镇县	70	37	33	112.12	19	12	7	171.43
蚌埠市高新技术开发区	25	10	15	66.67	3	1	2	50.00
蚌埠市经济开发区	104	63	41	153.66	14	9	5	180.00
淮南市	**290**	**142**	**148**	**95.95**	**68**	**41**	**27**	**151.85**
大通区	25	8	17	47.06	4	2	2	100.00
田家庵区	3	3						
谢家集区	2		2		3		3	
八公山区								
潘集区	27	11	16	68.75	8	3	5	60.00
凤台县	85	45	40	112.50	27	15	12	125.00
寿县	148	75	73	102.74	26	21	5	420.00

6－1b 续表 4

单位：人

地 区	第二孩				第三孩			
	小计	男	女	性别比(女=100)	小计	男	女	性别比(女=100)
马鞍山市	**259**	**144**	**115**	**125.22**	**15**	**11**	**4**	**275.00**
花山区								
雨山区								
博望区	5	2	3	66.67				
当涂县	114	61	53	115.09	7	5	2	250.00
含山县	81	46	35	131.43	3	3		
和县	59	35	24	145.83	5	3	2	150.00
淮北市	**228**	**114**	**114**	**100.00**	**50**	**29**	**21**	**138.10**
杜集区	12	6	6	100.00	2	2		
相山区								
烈山区	12	4	8	50.00	3	2	1	200.00
濉溪县	204	104	100	104.00	45	25	20	125.00
铜陵市	**96**	**50**	**46**	**108.70**	**10**	**7**	**3**	**233.33**
铜官区								
义安区	4	3	1	300.00				
郊区	10	6	4	150.00	2	1	1	100.00
枞阳县	82	41	41	100.00	8	6	2	300.00
安庆市	**581**	**312**	**269**	**115.99**	**96**	**62**	**34**	**182.35**
迎江区								
大观区	5	2	3	66.67	1	1		
宜秀区	5	3	2	150.00	1	1		
怀宁县	129	76	53	143.40	11	6	5	120.00
太湖县	94	45	49	91.84	11	7	4	175.00
宿松县	107	61	46	132.61	53	35	18	194.44
望江县	43	18	25	72.00	4	2	2	100.00
岳西县	75	40	35	114.29	5	2	3	66.67
安徽安庆经济开发区	45	26	19	136.84	2	2		
桐城市	37	20	17	117.65	4	3	1	300.00
潜山市	41	21	20	105.00	4	3	1	300.00
黄山市	**213**	**110**	**103**	**106.80**	**3**	**3**		
屯溪区	3	1	2	50.00				
黄山区	13	6	7	85.71				
徽州区	13	10	3	333.33				
歙县	90	47	43	109.30	2	2		
休宁县	45	21	24	87.50				
黟县	17	9	8	112.50	1	1		
祁门县	32	16	16	100.00				
滁州市	**745**	**384**	**361**	**106.37**	**90**	**56**	**34**	**164.71**
琅琊区								
南谯区	28	19	9	211.11	2	2		
来安县	122	55	67	82.09	5	4	1	400.00
全椒县	101	53	48	110.42	8	5	3	166.67
定远县	154	76	78	97.44	34	20	14	142.86
凤阳县	162	84	78	107.69	28	19	9	211.11
苏滁现代产业园	11	5	6	83.33	2		2	
滁州经济技术开发区	57	32	25	128.00	5	2	3	66.67
天长市	87	47	40	117.50	2	2		
明光市	23	13	10	130.00	4	2	2	100.00

6-1b 续表 5

单位：人

地　区	第二孩				第三孩			
	小计	男	女	性别比(女=100)	小计	男	女	性别比(女=100)
阜阳市	**1034**	**542**	**492**	**110.16**	**266**	**177**	**89**	**198.88**
颍州区	35	14	21	66.67	13	6	7	85.71
颍东区	27	13	14	92.86	7	4	3	133.33
颍泉区	39	22	17	129.41	9	5	4	125.00
临泉县	212	100	112	89.29	54	36	18	200.00
太和县	282	138	144	95.83	63	42	21	200.00
阜南县	160	98	62	158.06	41	28	13	215.38
颍上县	180	101	79	127.85	55	40	15	266.67
阜阳合肥现代产业园区	4	2	2	100.00	1		1	
阜阳经济技术开发区	43	25	18	138.89	13	7	6	116.67
界首市	52	29	23	126.09	10	9	1	900.00
宿州市	**795**	**392**	**403**	**97.27**	**179**	**114**	**65**	**175.38**
埇桥区	62	27	35	77.14	22	11	11	100.00
砀山县	211	93	118	78.81	36	27	9	300.00
萧县	151	87	64	135.94	42	25	17	147.06
灵璧县	167	87	80	108.75	42	29	13	223.08
泗县	160	75	85	88.24	23	14	9	155.56
宿州马鞍山现代产业园区	14	8	6	133.33	7	2	5	40.00
宿州经济技术开发区	30	15	15	100.00	7	6	1	600.00
六安市	**606**	**308**	**298**	**103.36**	**67**	**55**	**12**	**458.33**
金安区	75	34	41	82.93	7	5	2	250.00
裕安区	41	23	18	127.78	3	3		
叶集区	13	8	5	160.00	2	2		
霍邱县	117	67	50	134.00	17	15	2	750.00
舒城县	154	68	86	79.07	16	13	3	433.33
金寨县	101	50	51	98.04	16	12	4	300.00
霍山县	105	58	47	123.40	6	5	1	500.00
亳州市	**620**	**285**	**335**	**85.07**	**214**	**123**	**91**	**135.16**
谯城区	68	29	39	74.36	19	11	8	137.50
涡阳县	172	90	82	109.76	41	22	19	115.79
蒙城县	191	85	106	80.19	76	42	34	123.53
利辛县	189	81	108	75.00	78	48	30	160.00
池州市	**166**	**82**	**84**	**97.62**	**19**	**12**	**7**	**171.43**
贵池区	10	4	6	66.67				
东至县	96	48	48	100.00	11	8	3	266.67
石台县	16	7	9	77.78				
青阳县	44	23	21	109.52	8	4	4	100.00
池州市国家经济技术开发区								
皖江江南新兴产业集中区								
九华山风景区								
宣城市	**309**	**157**	**152**	**103.29**	**17**	**9**	**8**	**112.50**
宣州区	29	18	11	163.64	4	1	3	33.33
郎溪县	92	49	43	113.95	4	3	1	300.00
泾县	55	26	29	89.66				
绩溪县	38	15	23	65.22	2	1	1	100.00
旌德县	33	17	16	106.25	2	1	1	100.00
宣城市经济开发区	35	15	20	75.00	3	2	1	200.00
宁国市	8	2	6	33.33				
广德市	19	15	4	375.00	2	1	1	100.00

6−1b 续表 6

单位：人

地 区	第四孩				第五孩及以上			
	小计	男	女	性别比（女=100）	小计	男	女	性别比（女=100）
安 徽	**123**	**74**	**49**	**151.02**	**25**	**17**	**8**	**212.50**
合肥市	**7**	**1**	**6**	**16.67**	**1**	**1**		
瑶海区								
庐阳区								
蜀山区								
包河区								
长丰县	1	1						
肥东县	2		2		1	1		
肥西县	2		2					
庐江县								
合肥高新技术产业开发区								
合肥经济技术开发区	1		1					
合肥新站高新技术产业开发区	1		1					
巢湖市								
芜湖市	**1**	**1**						
镜湖区								
弋江区								
鸠江区								
三山区								
芜湖县								
繁昌县								
南陵县	1	1						
芜湖经济技术开发区								
安徽芜湖长江大桥经济开发区								
无为市								
蚌埠市	**13**	**10**	**3**	**333.33**	**2**	**1**	**1**	**100.00**
龙子湖区	1	1						
蚌山区								
禹会区								
淮上区	2	2						
怀远县	5	3	2	150.00	2	1	1	100.00
五河县	1	1						
固镇县	3	2	1	200.00				
蚌埠市高新技术开发区								
蚌埠市经济开发区	1	1						
淮南市	**1**		**1**		**1**	**1**		
大通区					1	1		
田家庵区								
谢家集区								
八公山区								
潘集区	1		1					
凤台县								
寿县								

6-1b 续表 7

单位：人

地区	第四孩 小计	第四孩 男	第四孩 女	第四孩 性别比(女=100)	第五孩及以上 小计	第五孩及以上 男	第五孩及以上 女	第五孩及以上 性别比(女=100)
马鞍山市								
花山区								
雨山区								
博望区								
当涂县								
含山县								
和县								
淮北市	**6**	**4**	**2**	**200.00**	**2**	**2**		
杜集区	1		1					
相山区								
烈山区								
濉溪县	5	4	1	400.00	2	2		
铜陵市					**2**	**2**		
铜官区								
义安区								
郊区								
枞阳县					2	2		
安庆市	**6**	**6**						
迎江区								
大观区								
宜秀区								
怀宁县								
太湖县								
宿松县	5	5						
望江县								
岳西县								
安徽安庆经济开发区								
桐城市	1	1						
潜山市								
黄山市					**1**	**1**		
屯溪区					1	1		
黄山区								
徽州区								
歙县								
休宁县								
黟县								
祁门县								
滁州市	**7**	**5**	**2**	**250.00**				
琅琊区								
南谯区								
来安县								
全椒县								
定远县								
凤阳县	5	4	1	400.00				
苏滁现代产业园								
滁州经济技术开发区								
天长市	1	1						
明光市	1		1					

6-1b 续表 8

单位：人

地　区	第四孩				第五孩及以上			
	小计	男	女	性别比(女=100)	小计	男	女	性别比(女=100)
阜阳市	**37**	**23**	**14**	**164.29**	**8**	**6**	**2**	**300.00**
颍州区	2	1	1	100.00	1	1		
颍东区	1	1						
颍泉区	2		2					
临泉县	7	4	3	133.33	1	1		
太和县	7	5	2	250.00				
阜南县	8	8			4	3	1	300.00
颍上县	6	4	2	200.00	1	1		
阜阳合肥现代产业园区	1		1		1		1	
阜阳经济技术开发区	1		1					
界首市	2		2					
宿州市	**13**	**6**	**7**	**85.71**	**3**	**2**	**1**	**200.00**
埇桥区								
砀山县								
萧县	4	2	2	100.00	1	1		
灵璧县	8	4	4	100.00	2	1	1	100.00
泗县	1		1					
宿州马鞍山现代产业园区								
宿州经济技术开发区								
六安市	**5**	**1**	**4**	**25.00**				
金安区								
裕安区								
叶集区								
霍邱县	2		2					
舒城县	1		1					
金寨县	2	1	1	100.00				
霍山县								
亳州市	**22**	**15**	**7**	**214.29**	**5**	**1**	**4**	**25.00**
谯城区					1		1	
涡阳县	4	2	2	100.00				
蒙城县	9	5	4	125.00	2	1	1	100.00
利辛县	9	8	1	800.00	2		2	
池州市	**2**	**1**	**1**	**100.00**				
贵池区								
东至县	2	1	1	100.00				
石台县								
青阳县								
池州市国家经济技术开发区								
皖江江南新兴产业集中区								
九华山风景区								
宣城市	**3**	**1**	**2**	**50.00**				
宣州区	3	1	2	50.00				
郎溪县								
泾县								
绩溪县								
旌德县								
宣城市经济开发区								
宁国市								
广德市								

6-1c　各地区分性别、孩次的出生人口
(2019.11.1-2020.10.31)(乡村)

单位：人

地　　区	出生人数				第　一　孩			
	合计	男	女	性别比(女=100)	小计	男	女	性别比(女=100)
安　徽	**20110**	**10826**	**9284**	**116.61**	**7550**	**4003**	**3547**	**112.86**
合肥市	**1251**	**676**	**575**	**117.57**	**501**	**265**	**236**	**112.29**
瑶海区	45	25	20	125.00	25	14	11	127.27
庐阳区	7	4	3	133.33	2		2	
蜀山区	8	3	5	60.00	2	2		
包河区	1	1						
长丰县	257	143	114	125.44	101	47	54	87.04
肥东县	230	115	115	100.00	98	52	46	113.04
肥西县	276	149	127	117.32	107	57	50	114.00
庐江县	298	154	144	106.94	113	61	52	117.31
合肥高新技术产业开发区								
合肥经济技术开发区	2	2						
合肥新站高新技术产业开发区	4	3	1	300.00	3	2	1	200.00
巢湖市	123	77	46	167.39	50	30	20	150.00
芜湖市	**668**	**350**	**318**	**110.06**	**301**	**139**	**162**	**85.80**
镜湖区	13	5	8	62.50	6	3	3	100.00
弋江区								
鸠江区	103	53	50	106.00	48	21	27	77.78
三山区	27	15	12	125.00	14	7	7	100.00
芜湖县	65	35	30	116.67	27	13	14	92.86
繁昌县	58	21	37	56.76	29	7	22	31.82
南陵县	98	52	46	113.04	45	22	23	95.65
芜湖经济技术开发区	2	1	1	100.00	1	1		
安徽芜湖长江大桥经济开发区	4	3	1	300.00	2	1	1	100.00
无为市	298	165	133	124.06	129	64	65	98.46
蚌埠市	**1058**	**564**	**494**	**114.17**	**355**	**190**	**165**	**115.15**
龙子湖区	19	9	10	90.00	8	4	4	100.00
蚌山区	6	4	2	200.00	2	1	1	100.00
禹会区	88	47	41	114.63	34	19	15	126.67
淮上区	71	35	36	97.22	19	10	9	111.11
怀远县	359	213	146	145.89	123	72	51	141.18
五河县	239	119	120	99.17	83	36	47	76.60
固镇县	276	137	139	98.56	86	48	38	126.32
蚌埠市高新技术开发区								
蚌埠市经济开发区								
淮南市	**815**	**454**	**361**	**125.76**	**288**	**157**	**131**	**119.85**
大通区	42	18	24	75.00	18	8	10	80.00
田家庵区	14	7	7	100.00	5	2	3	66.67
谢家集区	22	11	11	100.00	7	2	5	40.00
八公山区	4	2	2	100.00	3	1	2	50.00
潘集区	133	67	66	101.52	40	20	20	100.00
凤台县	283	166	117	141.88	101	59	42	140.48
寿县	317	183	134	136.57	114	65	49	132.65

6－1c 续表 1

单位：人

地区	出生人数				第一孩			
	合计	男	女	性别比（女=100）	小计	男	女	性别比（女=100）
马鞍山市	**427**	**248**	**179**	**138.55**	**175**	**99**	**76**	**130.26**
花山区	3	2	1	200.00	2	1	1	100.00
雨山区	8	7	1	700.00	6	5	1	500.00
博望区	50	30	20	150.00	17	6	11	54.55
当涂县	136	72	64	112.50	52	28	24	116.67
含山县	118	67	51	131.37	50	28	22	127.27
和县	112	70	42	166.67	48	31	17	182.35
淮北市	**693**	**371**	**322**	**115.22**	**231**	**115**	**116**	**99.14**
杜集区	45	15	30	50.00	13	3	10	30.00
相山区	46	26	20	130.00	21	12	9	133.33
烈山区	94	49	45	108.89	35	17	18	94.44
濉溪县	508	281	227	123.79	162	83	79	105.06
铜陵市	**193**	**113**	**80**	**141.25**	**84**	**45**	**39**	**115.38**
铜官区	8	3	5	60.00	3	1	2	50.00
义安区	48	25	23	108.70	24	12	12	100.00
郊区	47	24	23	104.35	23	11	12	91.67
枞阳县	90	61	29	210.34	34	21	13	161.54
安庆市	**1697**	**939**	**758**	**123.88**	**694**	**373**	**321**	**116.20**
迎江区	3	2	1	200.00	2	1	1	100.00
大观区	31	16	15	106.67	15	7	8	87.50
宜秀区	16	9	7	128.57	9	5	4	125.00
怀宁县	214	112	102	109.80	88	48	40	120.00
太湖县	260	131	129	101.55	113	50	63	79.37
宿松县	325	189	136	138.97	136	80	56	142.86
望江县	346	209	137	152.55	104	64	40	160.00
岳西县	178	89	89	100.00	82	39	43	90.70
安徽安庆经济开发区	5	3	2	150.00	4	2	2	100.00
桐城市	149	80	69	115.94	68	37	31	119.35
潜山市	170	99	71	139.44	73	40	33	121.21
黄山市	**375**	**201**	**174**	**115.52**	**172**	**94**	**78**	**120.51**
屯溪区	19	11	8	137.50	5	3	2	150.00
黄山区	26	18	8	225.00	15	9	6	150.00
徽州区	27	13	14	92.86	13	7	6	116.67
歙县	138	70	68	102.94	65	37	28	132.14
休宁县	100	56	44	127.27	45	24	21	114.29
黟县	27	13	14	92.86	14	8	6	133.33
祁门县	38	20	18	111.11	15	6	9	66.67
滁州市	**1152**	**618**	**534**	**115.73**	**463**	**253**	**210**	**120.48**
琅琊区	7	2	5	40.00	2		2	
南谯区	61	31	30	103.33	33	17	16	106.25
来安县	92	45	47	95.74	29	16	13	123.08
全椒县	88	54	34	158.82	42	24	18	133.33
定远县	346	191	155	123.23	129	75	54	138.89
凤阳县	284	168	116	144.83	118	67	51	131.37
苏滁现代产业园								
滁州经济技术开发区	7	3	4	75.00	2	1	1	100.00
天长市	115	57	58	98.28	45	20	25	80.00
明光市	152	67	85	78.82	63	33	30	110.00

6-1c　续表 2

单位：人

地　区	出生人数				第　一　孩			
	合计	男	女	性别比(女=100)	小计	男	女	性别比(女=100)
阜阳市	**4627**	**2489**	**2138**	**116.42**	**1721**	**929**	**792**	**117.30**
颍州区	301	159	142	111.97	118	67	51	131.37
颍东区	293	156	137	113.87	105	57	48	118.75
颍泉区	279	151	128	117.97	91	54	37	145.95
临泉县	1190	629	561	112.12	467	249	218	114.22
太和县	672	364	308	118.18	235	119	116	102.59
阜南县	817	449	368	122.01	298	159	139	114.39
颍上县	658	363	295	123.05	241	137	104	131.73
阜阳合肥现代产业园区	31	21	10	210.00	12	9	3	300.00
阜阳经济技术开发区	14	7	7	100.00	8	2	6	33.33
界首市	372	190	182	104.40	146	76	70	108.57
宿州市	**2753**	**1484**	**1269**	**116.94**	**935**	**491**	**444**	**110.59**
埇桥区	781	415	366	113.39	265	134	131	102.29
砀山县	399	215	184	116.85	149	82	67	122.39
萧县	679	368	311	118.33	233	117	116	100.86
灵璧县	507	282	225	125.33	161	87	74	117.57
泗县	366	192	174	110.34	118	66	52	126.92
宿州马鞍山现代产业园区	21	12	9	133.33	9	5	4	125.00
宿州经济技术开发区								
六安市	**1407**	**764**	**643**	**118.82**	**540**	**291**	**249**	**116.87**
金安区	203	106	97	109.28	78	37	41	90.24
裕安区	309	182	127	143.31	113	73	40	182.50
叶集区	66	33	33	100.00	23	13	10	130.00
霍邱县	315	176	139	126.62	111	60	51	117.65
舒城县	276	139	137	101.46	120	56	64	87.50
金寨县	184	101	83	121.69	73	38	35	108.57
霍山县	54	27	27	100.00	22	14	8	175.00
亳州市	**2229**	**1156**	**1073**	**107.74**	**752**	**388**	**364**	**106.59**
谯城区	704	352	352	100.00	249	133	116	114.66
涡阳县	539	286	253	113.04	184	97	87	111.49
蒙城县	509	263	246	106.91	156	79	77	102.60
利辛县	477	255	222	114.86	163	79	84	94.05
池州市	**302**	**161**	**141**	**114.18**	**134**	**73**	**61**	**119.67**
贵池区	96	50	46	108.70	40	20	20	100.00
东至县	127	65	62	104.84	55	30	25	120.00
石台县	27	17	10	170.00	19	12	7	171.43
青阳县	43	24	19	126.32	15	7	8	87.50
池州市国家经济技术开发区								
皖江江南新兴产业集中区								
九华山风景区	9	5	4	125.00	5	4	1	400.00
宣城市	**463**	**238**	**225**	**105.78**	**204**	**101**	**103**	**98.06**
宣州区	143	81	62	130.65	63	33	30	110.00
郎溪县	59	26	33	78.79	23	10	13	76.92
泾县	50	22	28	78.57	23	11	12	91.67
绩溪县	21	11	10	110.00	5	3	2	150.00
旌德县	30	16	14	114.29	17	8	9	88.89
宣城市经济开发区	6	2	4	50.00	3	1	2	50.00
宁国市	39	19	20	95.00	22	9	13	69.23
广德市	115	61	54	112.96	48	26	22	118.18

6－1c 续表 3

单位：人

地　区	第二孩				第三孩			
	小计	男	女	性别比(女=100)	小计	男	女	性别比(女=100)
安　徽	**9601**	**5032**	**4569**	**110.13**	**2488**	**1501**	**987**	**152.08**
合肥市	**644**	**338**	**306**	**110.46**	**95**	**67**	**28**	**239.29**
瑶海区	18	11	7	157.14	2		2	
庐阳区	5	4	1	400.00				
蜀山区	6	1	5	20.00				
包河区	1	1						
长丰县	128	74	54	137.04	26	20	6	333.33
肥东县	118	54	64	84.38	11	8	3	266.67
肥西县	145	74	71	104.23	22	16	6	266.67
庐江县	156	76	80	95.00	27	16	11	145.45
合肥高新技术产业开发区								
合肥经济技术开发区	2	2						
合肥新站高新技术产业开发区	1	1						
巢湖市	64	40	24	166.67	7	7		
芜湖市	**330**	**184**	**146**	**126.03**	**32**	**25**	**7**	**357.14**
镜湖区	7	2	5	40.00				
弋江区								
鸠江区	50	28	22	127.27	5	4	1	400.00
三山区	11	6	5	120.00	2	2		
芜湖县	34	18	16	112.50	4	4		
繁昌县	25	12	13	92.31	3	1	2	50.00
南陵县	50	27	23	117.39	3	3		
芜湖经济技术开发区	1		1					
安徽芜湖长江大桥经济开发区	2	2						
无为市	150	89	61	145.90	15	11	4	275.00
蚌埠市	**465**	**242**	**223**	**108.52**	**186**	**98**	**88**	**111.36**
龙子湖区	10	4	6	66.67	1	1		
蚌山区	3	2	1	200.00				
禹会区	38	21	17	123.53	14	6	8	75.00
淮上区	41	20	21	95.24	9	4	5	80.00
怀远县	133	78	55	141.82	77	43	34	126.47
五河县	113	58	55	105.45	35	19	16	118.75
固镇县	127	59	68	86.76	50	25	25	100.00
蚌埠市高新技术开发区								
蚌埠市经济开发区								
淮南市	**398**	**212**	**186**	**113.98**	**115**	**77**	**38**	**202.63**
大通区	18	6	12	50.00	6	4	2	200.00
田家庵区	6	2	4	50.00	2	2		
谢家集区	11	7	4	175.00	4	2	2	100.00
八公山区					1	1		
潘集区	62	30	32	93.75	29	15	14	107.14
凤台县	129	72	57	126.32	43	30	13	230.77
寿县	172	95	77	123.38	30	23	7	328.57

6-1c　续表 4　　　　单位：人

地　区	第二孩				第三孩			
	小计	男	女	性别比(女=100)	小计	男	女	性别比(女=100)
马鞍山市	**231**	**132**	**99**	**133.33**	**18**	**15**	**3**	**500.00**
花山区	1	1						
雨山区	2	2						
博望区	30	21	9	233.33	2	2		
当涂县	78	41	37	110.81	5	3	2	150.00
含山县	61	33	28	117.86	6	5	1	500.00
和县	59	34	25	136.00	5	5		
淮北市	**353**	**188**	**165**	**113.94**	**96**	**63**	**33**	**190.91**
杜集区	23	10	13	76.92	8	2	6	33.33
相山区	20	12	8	150.00	4	2	2	100.00
烈山区	53	28	25	112.00	6	4	2	200.00
濉溪县	257	138	119	115.97	78	55	23	239.13
铜陵市	**92**	**53**	**39**	**135.90**	**17**	**15**	**2**	**750.00**
铜官区	5	2	3	66.67				
义安区	22	11	11	100.00	2	2		
郊区	20	10	10	100.00	4	3	1	300.00
枞阳县	45	30	15	200.00	11	10	1	1000.00
安庆市	**877**	**488**	**389**	**125.45**	**118**	**72**	**46**	**156.52**
迎江区	1	1						
大观区	14	9	5	180.00	2		2	
宜秀区	6	3	3	100.00	1	1		
怀宁县	117	58	59	98.31	9	6	3	200.00
太湖县	123	66	57	115.79	21	13	8	162.50
宿松县	142	81	61	132.79	42	24	18	133.33
望江县	219	131	88	148.86	23	14	9	155.56
岳西县	83	41	42	97.62	13	9	4	225.00
安徽安庆经济开发区	1	1						
桐城市	77	41	36	113.89	4	2	2	100.00
潜山市	94	56	38	147.37	3	3		
黄山市	**191**	**103**	**88**	**117.05**	**11**	**3**	**8**	**37.50**
屯溪区	14	8	6	133.33				
黄山区	10	8	2	400.00	1	1		
徽州区	13	5	8	62.50				
歙县	71	33	38	86.84	2		2	
休宁县	51	31	20	155.00	4	1	3	33.33
黟县	11	4	7	57.14	2	1	1	100.00
祁门县	21	14	7	200.00	2		2	
滁州市	**571**	**293**	**278**	**105.40**	**100**	**61**	**39**	**156.41**
琅琊区	1	1			4	1	3	33.33
南谯区	23	12	11	109.09	4	2	2	100.00
来安县	54	22	32	68.75	9	7	2	350.00
全椒县	41	26	15	173.33	4	3	1	300.00
定远县	173	87	86	101.16	35	23	12	191.67
凤阳县	133	81	52	155.77	28	17	11	154.55
苏滁现代产业园								
滁州经济技术开发区	4	1	3	33.33				
天长市	68	35	33	106.06	2	2		
明光市	74	28	46	60.87	14	6	8	75.00

6-1c 续表 5　　　　单位：人

地区	第二孩				第三孩			
	小计	男	女	性别比（女=100）	小计	男	女	性别比（女=100）
阜阳市	**2038**	**1051**	**987**	**106.48**	**723**	**419**	**304**	**137.83**
颍州区	134	67	67	100.00	42	21	21	100.00
颍东区	136	65	71	91.55	43	28	15	186.67
颍泉区	137	66	71	92.96	42	26	16	162.50
临泉县	509	265	244	108.61	171	90	81	111.11
太和县	313	161	152	105.92	110	77	33	233.33
阜南县	321	172	149	115.44	166	95	71	133.80
颍上县	290	152	138	110.14	104	59	45	131.11
阜阳合肥现代产业园区	17	11	6	183.33	2	1	1	100.00
阜阳经济技术开发区	5	4	1	400.00	1	1		
界首市	176	88	88	100.00	42	21	21	100.00
宿州市	**1330**	**693**	**637**	**108.79**	**410**	**253**	**157**	**161.15**
埇桥区	365	188	177	106.21	129	81	48	168.75
砀山县	195	100	95	105.26	50	30	20	150.00
萧县	338	179	159	112.58	85	54	31	174.19
灵璧县	232	128	104	123.08	97	58	39	148.72
泗县	191	92	99	92.93	47	30	17	176.47
宿州马鞍山现代产业园区	9	6	3	200.00	2		2	
宿州经济技术开发区								
六安市	**751**	**389**	**362**	**107.46**	**105**	**77**	**28**	**275.00**
金安区	115	61	54	112.96	9	7	2	350.00
裕安区	169	88	81	108.64	26	20	6	333.33
叶集区	40	18	22	81.82	2	1	1	100.00
霍邱县	160	84	76	110.53	39	28	11	254.55
舒城县	145	77	68	113.24	10	6	4	150.00
金寨县	94	50	44	113.64	15	13	2	650.00
霍山县	28	11	17	64.71	4	2	2	100.00
亳州市	**937**	**459**	**478**	**96.03**	**431**	**240**	**191**	**125.65**
谯城区	337	150	187	80.21	102	60	42	142.86
涡阳县	226	108	118	91.53	104	63	41	153.66
蒙城县	197	102	95	107.37	128	67	61	109.84
利辛县	177	99	78	126.92	97	50	47	106.38
池州市	**155**	**79**	**76**	**103.95**	**12**	**8**	**4**	**200.00**
贵池区	52	28	24	116.67	4	2	2	100.00
东至县	65	29	36	80.56	6	5	1	500.00
石台县	7	4	3	133.33	1	1		
青阳县	27	17	10	170.00	1		1	
池州市国家经济技术开发区								
皖江江南新兴产业集中区								
九华山风景区	4	1	3	33.33				
宣城市	**238**	**128**	**110**	**116.36**	**19**	**8**	**11**	**72.73**
宣州区	72	43	29	148.28	7	4	3	133.33
郎溪县	31	15	16	93.75	4	1	3	33.33
泾县	26	11	15	73.33	1		1	
绩溪县	16	8	8	100.00				
旌德县	11	7	4	175.00	2	1	1	100.00
宣城市经济开发区	3	1	2	50.00				
宁国市	16	9	7	128.57	1	1		
广德市	63	34	29	117.24	4	1	3	33.33

6-1c　续表 6　　单位：人

地　区	第　四　孩				第五孩及以上			
	小计	男	女	性别比(女=100)	小计	男	女	性别比(女=100)
安　徽	**397**	**253**	**144**	**175.69**	**74**	**37**	**37**	**100.00**
合肥市	**9**	**4**	**5**	**80.00**	**2**	**2**		
瑶海区								
庐阳区								
蜀山区								
包河区								
长丰县	1	1			1	1		
肥东县	3	1	2	50.00				
肥西县	1	1			1	1		
庐江县	2	1	1	100.00				
合肥高新技术产业开发区								
合肥经济技术开发区								
合肥新站高新技术产业开发区								
巢湖市	2		2					
芜湖市	**3**	**1**	**2**	**50.00**	**2**	**1**	**1**	**100.00**
镜湖区								
弋江区								
鸠江区								
三山区								
芜湖县								
繁昌县	1	1						
南陵县								
芜湖经济技术开发区								
安徽芜湖长江大桥经济开发区								
无为市	2		2		2	1	1	100.00
蚌埠市	**49**	**34**	**15**	**226.67**	**3**		**3**	
龙子湖区								
蚌山区	1	1						
禹会区	2	1	1	100.00				
淮上区	2	1	1	100.00				
怀远县	26	20	6	333.33				
五河县	8	6	2	300.00				
固镇县	10	5	5	100.00	3		3	
蚌埠市高新技术开发区								
蚌埠市经济开发区								
淮南市	**11**	**6**	**5**	**120.00**	**3**	**2**	**1**	**200.00**
大通区								
田家庵区	1	1						
谢家集区								
八公山区								
潘集区	2	2						
凤台县	7	3	4	75.00	3	2	1	200.00
寿县	1		1					

6−1c 续表 7

单位：人

地　区	第　四　孩				第五孩及以上			
	小计	男	女	性别比(女=100)	小计	男	女	性别比(女=100)
马鞍山市	**2**	**1**	**1**	**100.00**	**1**	**1**		
花山区								
雨山区								
博望区					1	1		
当涂县	1		1					
含山县	1	1						
和县								
淮北市	**13**	**5**	**8**	**62.50**				
杜集区	1		1					
相山区	1		1					
烈山区								
濉溪县	11	5	6	83.33				
铜陵市								
铜官区								
义安区								
郊区								
枞阳县								
安庆市	**7**	**6**	**1**	**600.00**	**1**		**1**	
迎江区								
大观区								
宜秀区								
怀宁县								
太湖县	3	2	1	200.00				
宿松县	4	4			1		1	
望江县								
岳西县								
安徽安庆经济开发区								
桐城市								
潜山市								
黄山市	**1**	**1**						
屯溪区								
黄山区								
徽州区	1	1						
歙县								
休宁县								
黟县								
祁门县								
滁州市	**17**	**10**	**7**	**142.86**	**1**	**1**		
琅琊区								
南谯区	1		1					
来安县								
全椒县	1	1						
定远县	9	6	3	200.00				
凤阳县	5	3	2	150.00				
苏滁现代产业园								
滁州经济技术开发区					1	1		
天长市								
明光市	1		1					

6-1c　续表 8　　　　单位：人

地　　区	第　四　孩				第五孩及以上			
	小计	男	女	性别比 (女=100)	小计	男	女	性别比 (女=100)
阜阳市	**120**	**77**	**43**	**179.07**	**25**	**13**	**12**	**108.33**
颍州区	6	4	2	200.00	1		1	
颍东区	8	5	3	166.67	1	1		
颍泉区	8	4	4	100.00	1	1		
临泉县	36	24	12	200.00	7	1	6	16.67
太和县	14	7	7	100.00				
阜南县	25	17	8	212.50	7	6	1	600.00
颍上县	15	11	4	275.00	8	4	4	100.00
阜阳合肥现代产业园区								
阜阳经济技术开发区								
界首市	8	5	3	166.67				
宿州市	**62**	**40**	**22**	**181.82**	**16**	**7**	**9**	**77.78**
埇桥区	19	10	9	111.11	3	2	1	200.00
砀山县	5	3	2	150.00				
萧县	18	15	3	500.00	5	3	2	150.00
灵璧县	13	9	4	225.00	4		4	
泗县	6	2	4	50.00	4	2	2	100.00
宿州马鞍山现代产业园区	1	1						
宿州经济技术开发区								
六安市	**10**	**6**	**4**	**150.00**	**1**	**1**		
金安区	1	1						
裕安区	1	1						
叶集区	1	1						
霍邱县	4	3	1	300.00	1	1		
舒城县	1		1					
金寨县	2		2					
霍山县								
亳州市	**90**	**60**	**30**	**200.00**	**19**	**9**	**10**	**90.00**
谯城区	13	8	5	160.00	3	1	2	50.00
涡阳县	20	16	4	400.00	5	2	3	66.67
蒙城县	24	14	10	140.00	4	1	3	33.33
利辛县	33	22	11	200.00	7	5	2	250.00
池州市	**1**	**1**						
贵池区								
东至县	1	1						
石台县								
青阳县								
池州市国家经济技术开发区								
皖江江南新兴产业集中区								
九华山风景区								
宣城市	**2**	**1**	**1**	**100.00**				
宣州区	1	1						
郎溪县	1		1					
泾县								
绩溪县								
旌德县								
宣城市经济开发区								
宁国市								
广德市								

6-2 全省按年龄、受教育程度、生育孩次

受教育程度 年　龄	合　计	生男孩的妇女人数	生女孩的妇女人数	一　孩		
				小计	男	女
总　计	**53913**	**28784**	**25129**	**23267**	**12290**	**10977**
15-19岁	**605**	**321**	**284**	**526**	**281**	**245**
15	5	4	1	5	4	1
16	34	19	15	34	19	15
17	84	38	46	78	36	42
18	143	76	67	128	67	61
19	339	184	155	281	155	126
20-24岁	**7808**	**4148**	**3660**	**5354**	**2845**	**2509**
20	672	340	332	534	276	258
21	989	542	447	746	411	335
22	1515	800	715	1038	534	504
23	1928	1058	870	1325	727	598
24	2704	1408	1296	1711	897	814
25-29岁	**21138**	**11223**	**9915**	**11220**	**5850**	**5370**
25	3633	1903	1730	2212	1150	1062
26	3850	1993	1857	2190	1106	1084
27	4324	2292	2032	2366	1252	1114
28	4723	2517	2206	2361	1228	1133
29	4608	2518	2090	2091	1114	977
30-34岁	**17279**	**9311**	**7968**	**4943**	**2632**	**2311**
30	4941	2673	2268	1823	969	854
31	4152	2263	1889	1301	721	580
32	3295	1735	1560	822	416	406
33	2812	1527	1285	609	310	299
34	2079	1113	966	388	216	172
35-39岁	**5470**	**2924**	**2546**	**925**	**501**	**424**
35	1604	854	750	280	148	132
36	1331	714	617	236	129	107
37	1067	569	498	180	109	71
38	883	483	400	132	65	67
39	585	304	281	97	50	47
40-44岁	**1285**	**674**	**611**	**217**	**120**	**97**
40	422	217	205	45	22	23
41	350	194	156	66	38	28
42	240	118	122	45	22	23
43	146	76	70	40	23	17
44	127	69	58	21	15	6
45-49岁	**328**	**183**	**145**	**82**	**61**	**21**
45	73	41	32	15	9	6
46	50	31	19	16	13	3
47	69	37	32	22	19	3
48	64	39	25	16	12	4
49	72	35	37	13	8	5

分的育龄妇女人数(2019.11.1—2020.10.31)

单位：人

二孩			三孩及以上		
小计	男	女	小计	男	女
25490	**13289**	**12201**	**5156**	**3205**	**1951**
78	**39**	**39**	**1**	**1**	
6	2	4			
15	9	6			
57	28	29	1	1	
2236	**1174**	**1062**	**218**	**129**	**89**
133	61	72	5	3	2
227	123	104	16	8	8
445	247	198	32	19	13
547	295	252	56	36	20
884	448	436	109	63	46
8586	**4513**	**4073**	**1332**	**860**	**472**
1298	683	615	123	70	53
1480	773	707	180	114	66
1693	878	815	265	162	103
2020	1050	970	342	239	103
2095	1129	966	422	275	147
10150	**5295**	**4855**	**2186**	**1384**	**802**
2616	1383	1233	502	321	181
2379	1245	1134	472	297	175
2015	1045	970	458	274	184
1808	959	849	395	258	137
1332	663	669	359	234	125
3510	**1792**	**1718**	**1035**	**631**	**404**
1047	534	513	277	172	105
862	441	421	233	144	89
669	331	338	218	129	89
558	303	255	193	115	78
374	183	191	114	71	43
752	**385**	**367**	**316**	**169**	**147**
274	136	138	103	59	44
210	114	96	74	42	32
134	65	69	61	31	30
66	32	34	40	21	19
68	38	30	38	16	22
178	**91**	**87**	**68**	**31**	**37**
44	24	20	14	8	6
21	10	11	13	8	5
29	13	16	18	5	13
39	22	17	9	5	4
45	22	23	14	5	9

6-2 续表 1

受教育程度 年　　龄	合　计	生男孩的妇女人数	生女孩的妇女人数	一　孩		
				小计	男	女
未上过学	**123**	**60**	**63**	**34**	**19**	**15**
15-19岁						
15						
16						
17						
18						
19						
20-24岁	**15**	**7**	**8**	**10**	**6**	**4**
20	1	1		1	1	
21	1		1	1		1
22	4	2	2	2	1	1
23	5	2	3	4	2	2
24	4	2	2	2	2	
25-29岁	**31**	**17**	**14**	**12**	**7**	**5**
25	10	7	3	4	4	
26	4	2	2	3	1	2
27	9	5	4	3	1	2
28	4	3	1	1	1	
29	4		4	1		1
30-34岁	**29**	**12**	**17**	**6**	**2**	**4**
30	6	3	3	2	1	1
31	10	5	5	1		1
32	2		2			
33	5	2	3			
34	6	2	4	3	1	2
35-39岁	**21**	**10**	**11**	**1**	**1**	
35	7	4	3	1	1	
36	6	4	2			
37	2		2			
38	3	2	1			
39	3		3			
40-44岁	**17**	**10**	**7**	**4**	**3**	**1**
40	5	3	2			
41	6	4	2	2	1	1
42						
43	4	1	3	1	1	
44	2	2		1	1	
45-49岁	**10**	**4**	**6**	**1**		**1**
45	2	1	1	1		1
46	3	1	2			
47	2	1	1			
48						
49	3	1	2			

单位：人

二孩			三孩及以上		
小计	男	女	小计	男	女
51	**24**	**27**	**38**	**17**	**21**
2	**1**	**1**	**3**		**3**
2	1	1			
			1		1
			2		2
14	**6**	**8**	**5**	**4**	**1**
5	2	3	1	1	
			1	1	
5	3	2	1	1	
2	1	1	1	1	
2		2	1		1
12	**5**	**7**	**11**	**5**	**6**
3	1	2	1	1	
4	2	2	5	3	2
1		1	1		1
2	1	1	3	1	2
2	1	1	1		1
10	**4**	**6**	**10**	**5**	**5**
1		1	5	3	2
4	3	1	2	1	1
2		2			
1	1		2	1	1
2		2	1		1
7	**5**	**2**	**6**	**2**	**4**
1	1		4	2	2
4	3	1			
1		1	2		2
1	1				
6	**3**	**3**	**3**	**1**	**2**
			1	1	
2	1	1	1		1
1	1		1		1
3	1	2			

6−2 续表 2

受教育程度 年龄	合计	生男孩的妇女人数	生女孩的妇女人数	一孩		
				小计	男	女
学前教育	**8**	**2**	**6**	**4**	**1**	**3**
15−19岁	**1**		**1**	**1**		**1**
15						
16	1		1	1		1
17						
18						
19						
20−24岁						
20						
21						
22						
23						
24						
25−29岁	**2**	**1**	**1**	**1**	**1**	
25						
26						
27	1	1		1	1	
28						
29	1		1			
30−34岁	**3**		**3**	**1**		**1**
30	1		1			
31						
32	1		1			
33	1		1	1		1
34						
35−39岁	**2**	**1**	**1**	**1**		**1**
35	1	1				
36	1		1	1		1
37						
38						
39						
40−44岁						
40						
41						
42						
43						
44						
45−49岁						
45						
46						
47						
48						
49						

单位：人

二孩			三孩及以上		
小计	男	女	小计	男	女
4	**1**	**3**			
1		**1**			
1		1			
2		**2**			
1		1			
1		1			
1	**1**				
1	1				

6-2 续表 3

受教育程度 年　龄	合　计	生男孩的妇女人数	生女孩的妇女人数	一　孩		
				小计	男	女
小　学	**1790**	**966**	**824**	**440**	**248**	**192**
15-19岁	**19**	**14**	**5**	**14**	**10**	**4**
15						
16						
17	2	2		2	2	
18	7	6	1	4	3	1
19	10	6	4	8	5	3
20-24岁	**172**	**91**	**81**	**92**	**51**	**41**
20	19	10	9	12	8	4
21	26	14	12	13	7	6
22	32	19	13	17	11	6
23	45	25	20	26	15	11
24	50	23	27	24	10	14
25-29岁	**415**	**249**	**166**	**123**	**75**	**48**
25	56	32	24	25	14	11
26	79	53	26	28	19	9
27	78	48	30	26	16	10
28	88	44	44	22	10	12
29	114	72	42	22	16	6
30-34岁	**557**	**285**	**272**	**100**	**52**	**48**
30	132	66	66	33	18	15
31	125	63	62	28	16	12
32	102	55	47	14	10	4
33	111	50	61	22	8	14
34	87	51	36	3		3
35-39岁	**324**	**157**	**167**	**60**	**28**	**32**
35	79	41	38	16	10	6
36	60	30	30	12	6	6
37	61	26	35	12	5	7
38	78	40	38	11	5	6
39	46	20	26	9	2	7
40-44岁	**206**	**111**	**95**	**32**	**18**	**14**
40	55	29	26	4	3	1
41	51	28	23	12	5	7
42	48	26	22	6	4	2
43	25	14	11	6	3	3
44	27	14	13	4	3	1
45-49岁	**97**	**59**	**38**	**19**	**14**	**5**
45	16	11	5	3	2	1
46	15	12	3	5	4	1
47	23	12	11	5	4	1
48	19	10	9	2	1	1
49	24	14	10	4	3	1

单位：人

二孩			三孩及以上		
小计	男	女	小计	男	女
872	**459**	**413**	**478**	**259**	**219**
5	**4**	**1**			
3	3				
2	1	1			
69	**36**	**33**	**11**	**4**	**7**
6	1	5	1	1	
10	6	4	3	1	2
15	8	7			
17	10	7	2		2
21	11	10	5	2	3
203	**120**	**83**	**89**	**54**	**35**
25	15	10	6	3	3
39	24	15	12	10	2
32	21	11	20	11	9
47	23	24	19	11	8
60	37	23	32	19	13
301	**144**	**157**	**156**	**89**	**67**
63	28	35	36	20	16
69	34	35	28	13	15
56	24	32	32	21	11
62	28	34	27	14	13
51	30	21	33	21	12
144	**70**	**74**	**120**	**59**	**61**
35	15	20	28	16	12
27	13	14	21	11	10
24	10	14	25	11	14
35	20	15	32	15	17
23	12	11	14	6	8
102	**56**	**46**	**72**	**37**	**35**
27	14	13	24	12	12
25	15	10	14	8	6
21	11	10	21	11	10
11	5	6	8	6	2
18	11	7	5		5
48	**29**	**19**	**30**	**16**	**14**
8	7	1	5	2	3
5	3	2	5	5	
9	5	4	9	3	6
12	6	6	5	3	2
14	8	6	6	3	3

6-2 续表 4

受教育程度 年 龄	合 计	生男孩的妇女人数	生女孩的妇女人数	一 孩		
				小计	男	女
初 中	**23941**	**12906**	**11035**	**7697**	**4120**	**3577**
15-19岁	**451**	**238**	**213**	**385**	**203**	**182**
15	5	4	1	5	4	1
16	28	17	11	28	17	11
17	67	30	37	61	28	33
18	106	53	53	95	47	48
19	245	134	111	196	107	89
20-24岁	**4173**	**2261**	**1912**	**2564**	**1398**	**1166**
20	439	229	210	345	182	163
21	616	349	267	426	244	182
22	838	457	381	523	281	242
23	993	543	450	608	337	271
24	1287	683	604	662	354	308
25-29岁	**8403**	**4472**	**3931**	**2868**	**1482**	**1386**
25	1594	816	778	719	370	349
26	1589	839	750	600	303	297
27	1685	874	811	574	288	286
28	1792	976	816	509	267	242
29	1743	967	776	466	254	212
30-34岁	**7294**	**3984**	**3310**	**1306**	**712**	**594**
30	1916	1044	872	393	207	186
31	1653	904	749	327	182	145
32	1440	767	673	242	136	106
33	1304	738	566	199	107	92
34	981	531	450	145	80	65
35-39岁	**2766**	**1504**	**1262**	**415**	**225**	**190**
35	751	405	346	107	60	47
36	675	361	314	107	58	49
37	572	312	260	81	48	33
38	464	258	206	65	30	35
39	304	168	136	55	29	26
40-44岁	**679**	**352**	**327**	**111**	**62**	**49**
40	217	107	110	25	11	14
41	188	103	85	30	20	10
42	119	60	59	25	11	14
43	83	46	37	20	13	7
44	72	36	36	11	7	4
45-49岁	**175**	**95**	**80**	**48**	**38**	**10**
45	41	22	19	8	6	2
46	20	11	9	6	5	1
47	39	20	19	15	13	2
48	36	24	12	12	9	3
49	39	18	21	7	5	2

单位：人

二孩			三孩及以上		
小计	男	女	小计	男	女
12717	**6560**	**6157**	**3527**	**2226**	**1301**
65	**34**	**31**	**1**	**1**	
6	2	4			
11	6	5			
48	26	22	1	1	
1449	**762**	**687**	**160**	**101**	**59**
91	45	46	3	2	1
179	100	79	11	5	6
288	159	129	27	17	10
344	178	166	41	28	13
547	280	267	78	49	29
4593	**2381**	**2212**	**942**	**609**	**333**
782	398	384	93	48	45
867	464	403	122	72	50
921	472	449	190	114	76
1031	526	505	252	183	69
992	521	471	285	192	93
4472	**2303**	**2169**	**1516**	**969**	**547**
1167	608	559	356	229	127
1004	517	487	322	205	117
883	448	435	315	183	132
828	443	385	277	188	89
590	287	303	246	164	82
1665	**852**	**813**	**686**	**427**	**259**
468	237	231	176	108	68
408	205	203	160	98	62
340	172	168	151	92	59
279	153	126	120	75	45
170	85	85	79	54	25
374	**183**	**191**	**194**	**107**	**87**
133	60	73	59	36	23
107	55	52	51	28	23
64	31	33	30	18	12
37	20	17	26	13	13
33	17	16	28	12	16
99	**45**	**54**	**28**	**12**	**16**
27	12	15	6	4	2
9	3	6	5	3	2
17	5	12	7	2	5
22	14	8	2	1	1
24	11	13	8	2	6

6-2 续表 5

受教育程度 年龄	合计	生男孩的妇女人数	生女孩的妇女人数	一孩		
				小计	男	女
高中	**10216**	**5389**	**4827**	**4416**	**2325**	**2091**
15-19岁	**110**	**55**	**55**	**102**	**54**	**48**
15						
16	5	2	3	5	2	3
17	13	5	8	13	5	8
18	26	14	12	25	14	11
19	66	34	32	59	33	26
20-24岁	**1838**	**925**	**913**	**1302**	**652**	**650**
20	158	73	85	128	60	68
21	218	108	110	185	93	92
22	370	191	179	261	128	133
23	472	243	229	334	166	168
24	620	310	310	394	205	189
25-29岁	**4007**	**2162**	**1845**	**1969**	**1072**	**897**
25	747	415	332	443	247	196
26	755	399	356	418	225	193
27	788	433	355	376	211	165
28	867	490	377	392	226	166
29	850	425	425	340	163	177
30-34岁	**3203**	**1696**	**1507**	**844**	**441**	**403**
30	994	531	463	308	166	142
31	773	409	364	205	114	91
32	610	329	281	141	70	71
33	487	254	233	117	53	64
34	339	173	166	73	38	35
35-39岁	**868**	**454**	**414**	**156**	**79**	**77**
35	269	140	129	44	22	22
36	198	109	89	33	17	16
37	176	92	84	42	24	18
38	126	64	62	23	8	15
39	99	49	50	14	8	6
40-44岁	**165**	**82**	**83**	**35**	**20**	**15**
40	50	24	26	10	6	4
41	51	30	21	13	8	5
42	36	12	24	4	1	3
43	16	9	7	5	3	2
44	12	7	5	3	2	1
45-49岁	**25**	**15**	**10**	**8**	**7**	**1**
45	4	2	2	1	1	
46	7	5	2	5	4	1
47	3	2	1	1	1	
48	8	4	4	1	1	
49	3	2	1			

单位：人

二孩			三孩及以上		
小计	男	女	小计	男	女
5110	**2631**	**2479**	**690**	**433**	**257**
8	**1**	**7**			
1		1			
7	1	6			
504	**258**	**246**	**32**	**15**	**17**
29	13	16	1		1
32	14	18	1	1	
104	61	43	5	2	3
129	72	57	9	5	4
210	98	112	16	7	9
1839	**959**	**880**	**199**	**131**	**68**
289	156	133	15	12	3
306	153	153	31	21	10
370	192	178	42	30	12
428	235	193	47	29	18
446	223	223	64	39	25
2055	**1057**	**998**	**304**	**198**	**106**
606	312	294	80	53	27
503	250	253	65	45	20
399	214	185	70	45	25
326	173	153	44	28	16
221	108	113	45	27	18
588	**300**	**288**	**124**	**75**	**49**
191	96	95	34	22	12
135	73	62	30	19	11
111	53	58	23	15	8
80	45	35	23	11	12
71	33	38	14	8	6
103	**49**	**54**	**27**	**13**	**14**
32	13	19	8	5	3
31	18	13	7	4	3
25	10	15	7	1	6
9	5	4	2	1	1
6	3	3	3	2	1
13	**7**	**6**	**4**	**1**	**3**
2	1	1	1		1
2	1	1			
1	1		1		1
5	2	3	2	1	1
3	2	1			

6－2 续表 6

受教育程度 年 龄	合 计	生男孩的 妇女人数	生女孩的 妇女人数	一 孩		
				小计	男	女
大学专科	**10175**	**5377**	**4798**	**5834**	**3033**	**2801**
15－19岁	**21**	**13**	**8**	**21**	**13**	**8**
15						
16						
17	2	1	1	2	1	1
18	4	3	1	4	3	1
19	15	9	6	15	9	6
20－24岁	**1333**	**705**	**628**	**1140**	**601**	**539**
20	54	27	27	47	25	22
21	123	67	56	117	64	53
22	242	117	125	208	101	107
23	336	199	137	284	166	118
24	578	295	283	484	245	239
25－29岁	**4823**	**2506**	**2317**	**3361**	**1711**	**1650**
25	884	461	423	706	354	352
26	900	443	457	683	328	355
27	1010	518	492	730	383	347
28	1069	546	523	696	345	351
29	960	538	422	546	301	245
30－34岁	**3172**	**1712**	**1460**	**1173**	**631**	**542**
30	937	507	430	464	240	224
31	814	442	372	304	173	131
32	608	317	291	204	101	103
33	459	252	207	120	67	53
34	354	194	160	81	50	31
35－39岁	**706**	**372**	**334**	**121**	**70**	**51**
35	230	121	109	45	21	24
36	197	103	94	41	26	15
37	104	57	47	11	6	5
38	105	57	48	15	11	4
39	70	34	36	9	6	3
40－44岁	**107**	**63**	**44**	**14**	**6**	**8**
40	44	26	18	2	1	1
41	26	16	10	2	1	1
42	18	12	6	3	1	2
43	13	4	9	6	2	4
44	6	5	1	1	1	
45－49岁	**13**	**6**	**7**	**4**	**1**	**3**
45	6	3	3	2		2
46	4	2	2			
47						
48	1	1		1	1	
49	2		2	1		1

单位：人

二孩			三孩及以上		
小计	男	女	小计	男	女
4023	**2137**	**1886**	**318**	**207**	**111**
181	**95**	**86**	**12**	**9**	**3**
7	2	5			
5	2	3	1	1	
34	16	18			
49	30	19	3	3	
86	45	41	8	5	3
1382	**742**	**640**	**80**	**53**	**27**
171	101	70	7	6	1
206	108	98	11	7	4
270	131	139	10	4	6
353	187	166	20	14	6
382	215	167	32	22	10
1847	**985**	**862**	**152**	**96**	**56**
456	255	201	17	12	5
468	242	226	42	27	15
372	196	176	32	20	12
306	166	140	33	19	14
245	126	119	28	18	10
525	**262**	**263**	**60**	**40**	**20**
160	84	76	25	16	9
145	69	76	11	8	3
82	44	38	11	7	4
82	40	42	8	6	2
56	25	31	5	3	2
80	**48**	**32**	**13**	**9**	**4**
37	22	15	5	3	2
22	13	9	2	2	
13	10	3	2	1	1
5	1	4	2	1	1
3	2	1	2	2	
8	**5**	**3**	**1**		**1**
4	3	1			
3	2	1	1		1
1		1			

6－2 续表 7

受教育程度 年　　龄	合　计	生男孩的妇女人数	生女孩的妇女人数	一　孩		
				小计	男	女
大学本科	**6914**	**3708**	**3206**	**4333**	**2273**	**2060**
15－19岁	**3**	**1**	**2**	**3**	**1**	**2**
15						
16						
17						
18						
19	3	1	2	3	1	2
20－24岁	**273**	**156**	**117**	**243**	**135**	**108**
20	1		1	1		1
21	5	4	1	4	3	1
22	29	14	15	27	12	15
23	76	45	31	68	40	28
24	162	93	69	143	80	63
25－29岁	**3221**	**1696**	**1525**	**2671**	**1390**	**1281**
25	331	165	166	304	154	150
26	498	245	253	436	219	217
27	719	397	322	626	336	290
28	826	424	402	670	348	322
29	847	465	382	635	333	302
30－34岁	**2631**	**1420**	**1211**	**1254**	**657**	**597**
30	845	457	388	534	283	251
31	673	383	290	357	195	162
32	470	243	227	184	88	96
33	376	202	174	119	59	60
34	267	135	132	60	32	28
35－39岁	**684**	**381**	**303**	**142**	**79**	**63**
35	239	133	106	60	32	28
36	164	95	69	32	16	16
37	132	72	60	27	19	8
38	89	50	39	14	8	6
39	60	31	29	9	4	5
40－44岁	**94**	**50**	**44**	**18**	**10**	**8**
40	45	26	19	3	1	2
41	23	10	13	6	2	4
42	13	7	6	6	5	1
43	5	2	3	2	1	1
44	8	5	3	1	1	
45－49岁	**8**	**4**	**4**	**2**	**1**	**1**
45	4	2	2			
46	1		1			
47	2	2		1	1	
48						
49	1		1	1		1

单位：人

二孩			三孩及以上		
小计	男	女	小计	男	女
2484	**1377**	**1107**	**97**	**58**	**39**
30	**21**	**9**			
1	1				
2	2				
8	5	3			
19	13	6			
534	**297**	**237**	**16**	**9**	**7**
26	11	15	1		1
59	23	36	3	3	
91	59	32	2	2	
153	75	78	3	1	2
205	129	76	7	3	4
1333	**738**	**595**	**44**	**25**	**19**
301	170	131	10	4	6
306	184	122	10	4	6
278	150	128	8	5	3
247	135	112	10	8	2
201	99	102	6	4	2
510	**280**	**230**	**32**	**22**	**10**
171	95	76	8	6	2
123	72	51	9	7	2
97	49	48	8	4	4
69	37	32	6	5	1
50	27	23	1		1
73	**39**	**34**	**3**	**1**	**2**
39	24	15	3	1	2
17	8	9			
7	2	5			
3	1	2			
7	4	3			
4	**2**	**2**	**2**	**1**	**1**
3	1	2	1	1	
			1		1
1	1				

6-2 续表 8

受教育程度 年龄	合计	生男孩的妇女人数	生女孩的妇女人数	一孩		
				小计	男	女
硕士研究生	**700**	**354**	**346**	**482**	**261**	**221**
15-19岁						
15						
16						
17						
18						
19						
20-24岁	**4**	**3**	**1**	**3**	**2**	**1**
20						
21						
22						
23	1	1		1	1	
24	3	2	1	2	1	1
25-29岁	**228**	**117**	**111**	**207**	**109**	**98**
25	11	7	4	11	7	4
26	23	12	11	20	11	9
27	34	16	18	30	16	14
28	74	32	42	68	29	39
29	86	50	36	78	46	32
30-34岁	**367**	**190**	**177**	**244**	**131**	**113**
30	104	62	42	85	53	32
31	100	55	45	76	40	36
32	56	21	35	32	9	23
33	64	25	39	28	14	14
34	43	27	16	23	15	8
35-39岁	**88**	**38**	**50**	**26**	**18**	**8**
35	24	6	18	5	1	4
36	27	10	17	9	6	3
37	19	10	9	7	7	
38	16	10	6	4	3	1
39	2	2		1	1	
40-44岁	**13**	**6**	**7**	**2**	**1**	**1**
40	4	2	2			
41	4	3	1	1	1	
42	5	1	4	1		1
43						
44						
45-49岁						
45						
46						
47						
48						
49						

单位：人

二孩			三孩及以上		
小计	男	女	小计	男	女
210	**88**	**122**	**8**	**5**	**3**
1	**1**				
1	1				
20	**8**	**12**	**1**		**1**
3	1	2			
4		4			
6	3	3			
7	4	3	1		1
120	**57**	**63**	**3**	**2**	**1**
17	7	10	2	2	
24	15	9			
24	12	12			
35	11	24	1		1
20	12	8			
59	**17**	**42**	**3**	**3**	
18	4	14	1	1	
18	4	14			
12	3	9			
10	5	5	2	2	
1	1				
10	**5**	**5**	**1**		**1**
4	2	2			
3	2	1			
3	1	2	1		1

6-2 续表 9

受教育程度 年龄	合计	生男孩的妇女人数	生女孩的妇女人数	一孩		
				小计	男	女
博士研究生	**46**	**22**	**24**	**27**	**10**	**17**
15-19岁						
15						
16						
17						
18						
19						
20-24岁						
20						
21						
22						
23						
24						
25-29岁	**8**	**3**	**5**	**8**	**3**	**5**
25						
26	2		2	2		2
27						
28	3	2	1	3	2	1
29	3	1	2	3	1	2
30-34岁	**23**	**12**	**11**	**15**	**6**	**9**
30	6	3	3	4	1	3
31	4	2	2	3	1	2
32	6	3	3	5	2	3
33	5	4	1	3	2	1
34	2		2			
35-39岁	**11**	**7**	**4**	**3**	**1**	**2**
35	4	3	1	2	1	1
36	3	2	1	1		1
37	1		1			
38	2	2				
39	1		1			
40-44岁	**4**		**4**	**1**		**1**
40	2		2	1		1
41	1		1			
42	1		1			
43						
44						
45-49岁						
45						
46						
47						
48						
49						

单位：人

二孩			三孩及以上		
小计	男	女	小计	男	女
19	**12**	**7**			
8	**6**	**2**			
2	2				
1	1				
1	1				
2	2				
2		2			
8	**6**	**2**			
2	2				
2	2				
1		1			
2	2				
1		1			
3		**3**			
1		1			
1		1			
1		1			

6-2a 全省按年龄、受教育程度、生育孩次

受教育程度 年龄	合计	生男孩的妇女人数	生女孩的妇女人数	一孩		
				小计	男	女
总计	**15125**	**7942**	**7183**	**7591**	**3963**	**3628**
15-19岁	**65**	**34**	**31**	**56**	**29**	**27**
15						
16	5	4	1	5	4	1
17	9	4	5	9	4	5
18	13	9	4	10	7	3
19	38	17	21	32	14	18
20-24岁	**1423**	**783**	**640**	**1093**	**597**	**496**
20	75	34	41	66	31	35
21	133	79	54	109	63	46
22	257	135	122	199	102	97
23	379	221	158	295	172	123
24	579	314	265	424	229	195
25-29岁	**5829**	**2943**	**2886**	**3958**	**1996**	**1962**
25	845	426	419	624	322	302
26	1009	498	511	756	368	388
27	1255	642	613	883	451	432
28	1363	669	694	890	441	449
29	1357	708	649	805	414	391
30-34岁	**5488**	**2956**	**2532**	**2012**	**1081**	**931**
30	1500	834	666	737	403	334
31	1347	721	626	534	295	239
32	1082	581	501	350	176	174
33	891	475	416	236	122	114
34	668	345	323	155	85	70
35-39岁	**1868**	**970**	**898**	**364**	**200**	**164**
35	553	284	269	114	55	59
36	461	241	220	96	55	41
37	372	188	184	73	50	23
38	289	159	130	45	21	24
39	193	98	95	36	19	17
40-44岁	**391**	**220**	**171**	**86**	**46**	**40**
40	136	78	58	19	9	10
41	108	66	42	24	17	7
42	74	37	37	17	7	10
43	41	20	21	19	9	10
44	32	19	13	7	4	3
45-49岁	**61**	**36**	**25**	**22**	**14**	**8**
45	13	6	7	3	1	2
46	10	7	3	5	4	1
47	16	10	6	7	5	2
48	5	1	4	2	1	1
49	17	12	5	5	3	2

分的育龄妇女人数(2019.11.1—2020.10.31)(城市)

单位：人

二孩			三孩及以上		
小计	男	女	小计	男	女
6899	**3568**	**3331**	**635**	**411**	**224**
9	**5**	**4**			
3	2	1			
6	3	3			
315	**176**	**139**	**15**	**10**	**5**
8	2	6	1	1	
22	15	7	2	1	1
56	32	24	2	1	1
82	48	34	2	1	1
147	79	68	8	6	2
1773	**882**	**891**	**98**	**65**	**33**
216	100	116	5	4	1
239	119	120	14	11	3
353	179	174	19	12	7
446	211	235	27	17	10
519	273	246	33	21	12
3183	**1686**	**1497**	**293**	**189**	**104**
706	396	310	57	35	22
753	387	366	60	39	21
669	369	300	63	36	27
599	314	285	56	39	17
456	220	236	57	40	17
1326	**655**	**671**	**178**	**115**	**63**
392	200	192	47	29	18
335	166	169	30	20	10
252	112	140	47	26	21
212	113	99	32	25	7
135	64	71	22	15	7
259	**145**	**114**	**46**	**29**	**17**
106	61	45	11	8	3
72	39	33	12	10	2
45	25	20	12	5	7
18	9	9	4	2	2
18	11	7	7	4	3
34	**19**	**15**	**5**	**3**	**2**
8	3	5	2	2	
5	3	2			
8	5	3	1		1
2		2	1		1
11	8	3	1	1	

6－2a 续表 1

受教育程度 年　　龄	合　计	生男孩的 妇女人数	生女孩的 妇女人数	一　孩		
				小计	男	女
未上过学	**16**	**11**	**5**	**8**	**6**	**2**
15－19岁						
15						
16						
17						
18						
19						
20－24岁	**3**	**2**	**1**	**2**	**2**	
20						
21						
22	1		1			
23						
24	2	2		2	2	
25－29岁	**6**	**5**	**1**	**4**	**3**	**1**
25	2	2		1	1	
26	2	2		1	1	
27						
28	1	1		1	1	
29	1		1	1		1
30－34岁	**3**		**3**	**1**		**1**
30						
31	1		1			
32						
33						
34	2		2	1		1
35－39岁	**1**	**1**				
35						
36	1	1				
37						
38						
39						
40－44岁	**2**	**2**		**1**	**1**	
40						
41	2	2		1	1	
42						
43						
44						
45－49岁	**1**	**1**				
45						
46						
47						
48						
49	1	1				

单位：人

二孩			三孩及以上		
小计	男	女	小计	男	女
6	**4**	**2**	**2**	**1**	**1**
1		**1**			
1		1			
1	**1**		**1**	**1**	
1	1				
			1	1	
1		**1**	**1**		**1**
			1		1
1		1			
1	**1**				
1	1				
1	**1**				
1	1				
1	**1**				
1	1				

6－2a 续表 2

受教育程度 年龄	合计	生男孩的妇女人数	生女孩的妇女人数	一孩 小计	一孩 男	一孩 女
学前教育	**4**	**2**	**2**	**2**	**1**	**1**
15－19岁						
15						
16						
17						
18						
19						
20－24岁						
20						
21						
22						
23						
24						
25－29岁	**2**	**1**	**1**	**1**	**1**	
25						
26						
27	1	1		1	1	
28						
29	1		1			
30－34岁						
30						
31						
32						
33						
34						
35－39岁	**2**	**1**	**1**	**1**		**1**
35	1	1				
36	1		1	1		1
37						
38						
39						
40－44岁						
40						
41						
42						
43						
44						
45－49岁						
45						
46						
47						
48						
49						

单位：人

二孩			三孩及以上		
小计	男	女	小计	男	女
2	**1**	**1**			
1		**1**			
1		1			
1	**1**				
1	1				

6-2a 续表 3

受教育程度 年龄	合计	生男孩的妇女人数	生女孩的妇女人数	一孩		
				小计	男	女
小学	**250**	**147**	**103**	**76**	**49**	**27**
15-19岁	**3**	**3**		**1**	**1**	
15						
16						
17						
18	3	3		1	1	
19						
20-24岁	**20**	**13**	**7**	**13**	**8**	**5**
20	2	2		1	1	
21	1	1				
22	4	3	1	3	2	1
23	8	4	4	6	3	3
24	5	3	2	3	2	1
25-29岁	**47**	**30**	**17**	**25**	**17**	**8**
25	8	6	2	8	6	2
26	10	8	2	5	5	
27	10	6	4	3	2	1
28	7	2	5	3	1	2
29	12	8	4	6	3	3
30-34岁	**100**	**59**	**41**	**24**	**15**	**9**
30	16	10	6	5	4	1
31	25	13	12	10	6	4
32	16	8	8	4	3	1
33	25	15	10	5	2	3
34	18	13	5			
35-39岁	**47**	**23**	**24**	**5**	**2**	**3**
35	11	8	3	1		1
36	8	3	5	2	1	1
37	13	5	8	1		1
38	10	5	5	1	1	
39	5	2	3			
40-44岁	**23**	**11**	**12**	**3**	**2**	**1**
40	7	4	3			
41	4	4		1	1	
42	8	2	6	2	1	1
43	2		2			
44	2	1	1			
45-49岁	**10**	**8**	**2**	**5**	**4**	**1**
45	1	1		1	1	
46	2	2		2	2	
47	3	2	1	2	1	1
48	1		1			
49	3	3				

单位：人

二孩			三孩及以上		
小计	男	女	小计	男	女
126	**72**	**54**	**48**	**26**	**22**
2	**2**				
2	2				
6	**4**	**2**	**1**	**1**	
			1	1	
1	1				
1	1				
2	1	1			
2	1	1			
17	**11**	**6**	**5**	**2**	**3**
5	3	2			
5	4	1	2		2
4	1	3			
3	3		3	2	1
58	**33**	**25**	**18**	**11**	**7**
5	2	3	6	4	2
13	6	7	2	1	1
8	3	5	4	2	2
17	10	7	3	3	
15	12	3	3	1	2
24	**12**	**12**	**18**	**9**	**9**
7	7		3	1	2
4	1	3	2	1	1
5	1	4	7	4	3
5	2	3	4	2	2
3	1	2	2	1	1
15	**7**	**8**	**5**	**2**	**3**
6	4	2	1		1
2	2		1	1	
3		3	3	1	2
2		2			
2	1	1			
4	**3**	**1**	**1**	**1**	
1	1				
1		1			
2	2		1	1	

6-2a 续表 4

受教育程度 年　　龄	合　计	生男孩的 妇女人数	生女孩的 妇女人数	一　孩		
				小计	男	女
初　中	**3712**	**1953**	**1759**	**1220**	**648**	**572**
15-19岁	**37**	**20**	**17**	**33**	**17**	**16**
15						
16	5	4	1	5	4	1
17	8	3	5	8	3	5
18	3	2	1	3	2	1
19	21	11	10	17	8	9
20-24岁	**477**	**272**	**205**	**308**	**179**	**129**
20	30	13	17	23	11	12
21	60	39	21	43	28	15
22	84	44	40	61	30	31
23	137	81	56	92	55	37
24	166	95	71	89	55	34
25-29岁	**1140**	**568**	**572**	**494**	**243**	**251**
25	188	95	93	97	54	43
26	217	109	108	116	57	59
27	269	128	141	131	59	72
28	239	114	125	82	39	43
29	227	122	105	68	34	34
30-34岁	**1272**	**683**	**589**	**249**	**138**	**111**
30	307	167	140	77	42	35
31	286	147	139	62	33	29
32	279	154	125	48	29	19
33	225	124	101	36	20	16
34	175	91	84	26	14	12
35-39岁	**593**	**301**	**292**	**92**	**46**	**46**
35	147	68	79	23	10	13
36	151	79	72	24	13	11
37	117	57	60	15	10	5
38	108	58	50	15	5	10
39	70	39	31	15	8	7
40-44岁	**158**	**91**	**67**	**33**	**18**	**15**
40	50	28	22	8	4	4
41	49	28	21	8	6	2
42	24	16	8	5	2	3
43	21	12	9	9	5	4
44	14	7	7	3	1	2
45-49岁	**35**	**18**	**17**	**11**	**7**	**4**
45	9	5	4	1		1
46	4	2	2	1	1	
47	9	4	5	3	2	1
48	4	1	3	2	1	1
49	9	6	3	4	3	1

单位：人

二孩			三孩及以上		
小计	男	女	小计	男	女
2160	**1083**	**1077**	**332**	**222**	**110**
4	**3**	**1**			
4	3	1			
159	**87**	**72**	**10**	**6**	**4**
7	2	5			
16	11	5	1		1
21	13	8	2	1	1
44	25	19	1	1	
71	36	35	6	4	2
600	**294**	**306**	**46**	**31**	**15**
90	41	49	1		1
92	46	46	9	6	3
130	62	68	8	7	1
142	66	76	15	9	6
146	79	67	13	9	4
868	**442**	**426**	**155**	**103**	**52**
196	105	91	34	20	14
194	93	101	30	21	9
202	108	94	29	17	12
160	85	75	29	19	10
116	51	65	33	26	7
413	**195**	**218**	**88**	**60**	**28**
104	45	59	20	13	7
110	57	53	17	9	8
82	35	47	20	12	8
75	37	38	18	16	2
42	21	21	13	10	3
96	**53**	**43**	**29**	**20**	**9**
35	18	17	7	6	1
32	14	18	9	8	1
14	11	3	5	3	2
10	7	3	2		2
5	3	2	6	3	3
20	**9**	**11**	**4**	**2**	**2**
6	3	3	2	2	
3	1	2			
5	2	3	1		1
1		1	1		1
5	3	2			

6-2a 续表 5

受教育程度 年 龄	合 计	生男孩的 妇女人数	生女孩的 妇女人数	一 孩		
				小计	男	女
高 中	**2839**	**1474**	**1365**	**1289**	**657**	**632**
15-19岁	**18**	**9**	**9**	**15**	**9**	**6**
15						
16						
17	1	1		1	1	
18	5	3	2	4	3	1
19	12	5	7	10	5	5
20-24岁	**369**	**184**	**185**	**282**	**141**	**141**
20	22	7	15	22	7	15
21	38	18	20	34	16	18
22	79	39	40	60	31	29
23	95	51	44	72	39	33
24	135	69	66	94	48	46
25-29岁	**1032**	**528**	**504**	**590**	**304**	**286**
25	195	92	103	132	64	68
26	187	94	93	129	69	60
27	197	104	93	112	57	55
28	213	128	85	107	66	41
29	240	110	130	110	48	62
30-34岁	**990**	**525**	**465**	**301**	**147**	**154**
30	270	139	131	95	42	53
31	235	121	114	73	39	34
32	200	124	76	57	32	25
33	165	87	78	49	22	27
34	120	54	66	27	12	15
35-39岁	**328**	**172**	**156**	**72**	**40**	**32**
35	95	53	42	18	7	11
36	72	40	32	17	11	6
37	76	39	37	24	16	8
38	44	23	21	7	3	4
39	41	17	24	6	3	3
40-44岁	**95**	**50**	**45**	**26**	**14**	**12**
40	28	14	14	7	3	4
41	27	18	9	9	7	2
42	23	8	15	4	1	3
43	9	5	4	4	2	2
44	8	5	3	2	1	1
45-49岁	**7**	**6**	**1**	**3**	**2**	**1**
45						
46	3	2	1	2	1	1
47	2	2		1	1	
48						
49	2	2				

单位：人

二　孩			三孩及以上		
小计	男	女	小计	男	女
1436	**740**	**696**	**114**	**77**	**37**
3		**3**			
1		1			
2		2			
84	**41**	**43**	**3**	**2**	**1**
3	1	2	1	1	
19	8	11			
22	12	10	1		1
40	20	20	1	1	
417	**203**	**214**	**25**	**21**	**4**
60	25	35	3	3	
55	22	33	3	3	
80	43	37	5	4	1
99	57	42	7	5	2
123	56	67	7	6	1
640	**347**	**293**	**49**	**31**	**18**
166	92	74	9	5	4
153	75	78	9	7	2
129	84	45	14	8	6
108	58	50	8	7	1
84	38	46	9	4	5
228	**114**	**114**	**28**	**18**	**10**
68	39	29	9	7	2
51	25	26	4	4	
45	20	25	7	3	4
32	18	14	5	2	3
32	12	20	3	2	1
60	**31**	**29**	**9**	**5**	**4**
20	10	10	1	1	
16	10	6	2	1	1
15	6	9	4	1	3
4	2	2	1	1	
5	3	2	1	1	
4	**4**				
1	1				
1	1				
2	2				

6-2a 续表 6

受教育程度 年龄	合计	生男孩的妇女人数	生女孩的妇女人数	一孩		
				小计	男	女
大学专科	**4212**	**2188**	**2024**	**2428**	**1251**	**1177**
15-19岁	**6**	**2**	**4**	**6**	**2**	**4**
15						
16						
17						
18	2	1	1	2	1	1
19	4	1	3	4	1	3
20-24岁	**443**	**248**	**195**	**388**	**212**	**176**
20	20	12	8	19	12	7
21	32	20	12	30	18	12
22	78	44	34	65	35	30
23	114	71	43	102	62	40
24	199	101	98	172	85	87
25-29岁	**1892**	**936**	**956**	**1392**	**691**	**701**
25	292	148	144	239	120	119
26	357	175	182	296	139	157
27	422	210	212	315	160	155
28	438	199	239	309	142	167
29	383	204	179	233	130	103
30-34岁	**1415**	**767**	**648**	**553**	**300**	**253**
30	392	216	176	208	111	97
31	348	186	162	134	78	56
32	289	154	135	108	51	57
33	228	125	103	60	34	26
34	158	86	72	43	26	17
35-39岁	**398**	**201**	**197**	**76**	**42**	**34**
35	139	71	68	31	16	15
36	110	50	60	24	13	11
37	56	32	24	6	4	2
38	55	30	25	8	5	3
39	38	18	20	7	4	3
40-44岁	**54**	**33**	**21**	**11**	**4**	**7**
40	24	15	9	2	1	1
41	12	7	5	1	1	
42	8	6	2	2		2
43	7	2	5	5	1	4
44	3	3		1	1	
45-49岁	**4**	**1**	**3**	**2**		**2**
45	1		1	1		1
46	1	1				
47						
48						
49	2		2	1		1

单位：人

二孩			三孩及以上		
小计	男	女	小计	男	女
1688	**876**	**812**	**96**	**61**	**35**
54	**35**	**19**	**1**	**1**	
1		1			
2	2				
13	9	4			
12	9	3			
26	15	11	1	1	
482	**236**	**246**	**18**	**9**	**9**
52	27	25	1	1	
60	35	25	1	1	
103	49	54	4	1	3
125	54	71	4	3	1
142	71	71	8	3	5
814	**435**	**379**	**48**	**32**	**16**
182	103	79	2	2	
200	98	102	14	10	4
170	97	73	11	6	5
157	85	72	11	6	5
105	52	53	10	8	2
295	**142**	**153**	**27**	**17**	**10**
97	50	47	11	5	6
81	33	48	5	4	1
44	24	20	6	4	2
45	23	22	2	2	
28	12	16	3	2	1
41	**27**	**14**	**2**	**2**	
21	13	8	1	1	
11	6	5			
6	6				
1		1	1	1	
2	2				
2	**1**	**1**			
1	1				
1		1			

6-2a 续表 7

受教育程度 年 龄	合 计	生男孩的 妇女人数	生女孩的 妇女人数	一 孩		
				小计	男	女
大学本科	**3629**	**1934**	**1695**	**2260**	**1188**	**1072**
15-19岁	**1**		**1**	**1**		**1**
15						
16						
17						
18						
19	1		1	1		1
20-24岁	**109**	**63**	**46**	**98**	**54**	**44**
20	1		1	1		1
21	2	1	1	2	1	1
22	11	5	6	10	4	6
23	25	14	11	23	13	10
24	70	43	27	62	36	26
25-29岁	**1574**	**809**	**765**	**1328**	**675**	**653**
25	156	80	76	143	74	69
26	222	103	119	196	90	106
27	339	186	153	307	165	142
28	415	204	211	340	172	168
29	442	236	206	342	174	168
30-34岁	**1462**	**796**	**666**	**725**	**398**	**327**
30	450	261	189	302	171	131
31	387	220	167	206	114	92
32	255	125	130	110	55	55
33	204	105	99	64	33	31
34	166	85	81	43	25	18
35-39岁	**429**	**235**	**194**	**96**	**53**	**43**
35	141	77	64	38	21	17
36	100	60	40	21	12	9
37	94	45	49	20	13	7
38	57	32	25	10	4	6
39	37	21	16	7	3	4
40-44岁	**50**	**29**	**21**	**11**	**7**	**4**
40	25	15	10	2	1	1
41	11	6	5	4	1	3
42	7	4	3	3	3	
43	2	1	1	1	1	
44	5	3	2	1	1	
45-49岁	**4**	**2**	**2**	**1**	**1**	
45	2		2			
46						
47	2	2		1	1	
48						
49						

单位：人

二孩			三孩及以上		
小计	男	女	小计	男	女
1330	**725**	**605**	**39**	**21**	**18**
11	**9**	**2**			
1	1				
2	1	1			
8	7	1			
244	**133**	**111**	**2**	**1**	**1**
13	6	7			
26	13	13			
32	21	11			
74	32	42	1		1
99	61	38	1	1	
716	**387**	**329**	**21**	**11**	**10**
143	87	56	5	3	2
177	106	71	4		4
140	67	73	5	3	2
135	68	67	5	4	1
121	59	62	2	1	1
318	**173**	**145**	**15**	**9**	**6**
100	54	46	3	2	1
77	46	31	2	2	
67	29	38	7	3	4
45	26	19	2	2	
29	18	11	1		1
38	**22**	**16**	**1**		**1**
22	14	8	1		1
7	5	2			
4	1	3			
1		1			
4	2	2			
3	**1**	**2**			
2		2			
1	1				

6-2a 续表 8

受教育程度 年龄	合计	生男孩的妇女人数	生女孩的妇女人数	一孩		
				小计	男	女
硕士研究生	**437**	**217**	**220**	**294**	**156**	**138**
15-19岁						
15						
16						
17						
18						
19						
20-24岁	**2**	**1**	**1**	**2**	**1**	**1**
20						
21						
22						
23						
24	2	1	1	2	1	1
25-29岁	**130**	**63**	**67**	**118**	**59**	**59**
25	4	3	1	4	3	1
26	13	7	6	12	7	5
27	17	7	10	14	7	7
28	48	19	29	46	18	28
29	48	27	21	42	24	18
30-34岁	**233**	**118**	**115**	**151**	**79**	**72**
30	61	39	22	48	33	15
31	63	33	30	47	24	23
32	40	14	26	21	5	16
33	41	16	25	20	9	11
34	28	16	12	15	8	7
35-39岁	**64**	**31**	**33**	**22**	**17**	**5**
35	17	4	13	3	1	2
36	17	7	10	7	5	2
37	16	10	6	7	7	
38	13	9	4	4	3	1
39	1	1		1	1	
40-44岁	**8**	**4**	**4**	**1**		**1**
40	2	2				
41	2	1	1			
42	4	1	3	1		1
43						
44						
45-49岁						
45						
46						
47						
48						
49						

单位：人

二孩			三孩及以上		
小计	男	女	小计	男	女
139	**58**	**81**	**4**	**3**	**1**
11	**4**	**7**	**1**		**1**
1		1			
3		3			
2	1	1			
5	3	2	1		1
81	**38**	**43**	**1**	**1**	
12	5	7	1	1	
16	9	7			
19	9	10			
21	7	14			
13	8	5			
40	**12**	**28**	**2**	**2**	
13	2	11	1	1	
10	2	8			
9	3	6			
8	5	3	1	1	
7	**4**	**3**			
2	2				
2	1	1			
3	1	2			

6－2a　续表 9

受教育程度 年　　龄	合　计	生男孩的妇女人数	生女孩的妇女人数	一　孩		
				小计	男	女
博士研究生	**26**	**16**	**10**	**14**	**7**	**7**
15－19岁						
15						
16						
17						
18						
19						
20－24岁						
20						
21						
22						
23						
24						
25－29岁	**6**	**3**	**3**	**6**	**3**	**3**
25						
26	1		1	1		1
27						
28	2	2		2	2	
29	3	1	2	3	1	2
30－34岁	**13**	**8**	**5**	**8**	**4**	**4**
30	4	2	2	2		2
31	2	1	1	2	1	1
32	3	2	1	2	1	1
33	3	3		2	2	
34	1		1			
35－39岁	**6**	**5**	**1**			
35	2	2				
36	1	1				
37						
38	2	2				
39	1		1			
40－44岁	**1**		**1**			
40						
41	1		1			
42						
43						
44						
45－49岁						
45						
46						
47						
48						
49						

单位：人

二孩			三孩及以上		
小计	男	女	小计	男	女
12	**9**	**3**			
5	**4**	**1**			
2	2				
1	1				
1	1				
1		1			
6	**5**	**1**			
2	2				
1	1				
2	2				
1		1			
1		**1**			
1		1			

6-2b 全省按年龄、受教育程度、生育孩次

受教育程度 年　　龄	合　计	生男孩的 妇女人数	生女孩的 妇女人数	一　孩		
				小计	男	女
总　计	**18678**	**10016**	**8662**	**8126**	**4324**	**3802**
15-19岁	**168**	**92**	**76**	**149**	**83**	**66**
15	1	1		1	1	
16	8	5	3	8	5	3
17	15	4	11	15	4	11
18	40	24	16	36	22	14
19	104	58	46	89	51	38
20-24岁	**2586**	**1369**	**1217**	**1861**	**987**	**874**
20	192	92	100	148	74	74
21	291	157	134	226	122	104
22	510	258	252	358	186	172
23	673	383	290	485	275	210
24	920	479	441	644	330	314
25-29岁	**7434**	**4022**	**3412**	**4040**	**2157**	**1883**
25	1310	688	622	835	446	389
26	1314	694	620	759	391	368
27	1537	824	713	875	466	409
28	1633	896	737	816	441	375
29	1640	920	720	755	413	342
30-34岁	**6031**	**3203**	**2828**	**1682**	**870**	**812**
30	1703	901	802	617	316	301
31	1411	745	666	445	248	197
32	1152	604	548	281	139	142
33	1013	552	461	213	98	115
34	752	401	351	126	69	57
35-39岁	**1911**	**1040**	**871**	**285**	**155**	**130**
35	555	294	261	83	48	35
36	483	266	217	79	38	41
37	359	200	159	48	29	19
38	317	174	143	43	21	22
39	197	106	91	32	19	13
40-44岁	**439**	**226**	**213**	**78**	**45**	**33**
40	146	71	75	15	7	8
41	129	67	62	28	15	13
42	76	34	42	14	8	6
43	43	30	13	11	7	4
44	45	24	21	10	8	2
45-49岁	**109**	**64**	**45**	**31**	**27**	**4**
45	25	14	11	6	4	2
46	20	14	6	8	7	1
47	20	11	9	6	6	
48	28	19	9	7	7	
49	16	6	10	4	3	1

分的育龄妇女人数(2019.11.1—2020.10.31)(镇)

单位：人

二孩			三孩及以上		
小计	男	女	小计	男	女
8990	**4689**	**4301**	**1562**	**1003**	**559**
19	**9**	**10**			
4	2	2			
15	7	8			
679	**351**	**328**	**46**	**31**	**15**
43	18	25	1		1
58	29	29	7	6	1
145	70	75	7	2	5
177	101	76	11	7	4
256	133	123	20	16	4
3001	**1604**	**1397**	**393**	**261**	**132**
437	226	211	38	16	22
505	267	238	50	36	14
584	312	272	78	46	32
719	385	334	98	70	28
756	414	342	129	93	36
3699	**1903**	**1796**	**650**	**430**	**220**
931	481	450	155	104	51
833	417	416	133	80	53
741	377	364	130	88	42
675	363	312	125	91	34
519	265	254	107	67	40
1266	**666**	**600**	**360**	**219**	**141**
385	192	193	87	54	33
311	172	139	93	56	37
234	121	113	77	50	27
209	118	91	65	35	30
127	63	64	38	24	14
263	**125**	**138**	**98**	**56**	**42**
97	46	51	34	18	16
76	38	38	25	14	11
44	16	28	18	10	8
22	14	8	10	9	1
24	11	13	11	5	6
63	**31**	**32**	**15**	**6**	**9**
15	9	6	4	1	3
7	4	3	5	3	2
9	3	6	5	2	3
21	12	9			
11	3	8	1		1

6-2b 续表 1

受教育程度 年龄	合计	生男孩的妇女人数	生女孩的妇女人数	一孩		
				小计	男	女
未上过学	**26**	**17**	**9**	**5**	**5**	
15-19岁						
15						
16						
17						
18						
19						
20-24岁	**2**	**2**		**2**	**2**	
20						
21						
22						
23	2	2		2	2	
24						
25-29岁	**6**	**4**	**2**			
25	1	1				
26						
27	3	2	1			
28	2	1	1			
29						
30-34岁	**7**	**5**	**2**	**1**	**1**	
30	2	2		1	1	
31	3	3				
32						
33	1		1			
34	1		1			
35-39岁	**7**	**3**	**4**	**1**	**1**	
35	1	1		1	1	
36	4	2	2			
37	1		1			
38						
39	1		1			
40-44岁	**3**	**3**		**1**	**1**	
40						
41	1	1				
42						
43						
44	2	2		1	1	
45-49岁	**1**		**1**			
45						
46						
47						
48						
49	1		1			

单位：人

二孩			三孩及以上		
小计	男	女	小计	男	女
15	**9**	**6**	**6**	**3**	**3**
6	**4**	**2**			
1	1				
3	2	1			
2	1	1			
3	**2**	**1**	**3**	**2**	**1**
1	1				
1	1		2	2	
1		1			
			1		1
3	**1**	**2**	**3**	**1**	**2**
2	1	1	2	1	1
1		1			
			1		1
2	**2**				
1	1				
1	1				
1		**1**			
1		1			

6-2b 续表 2

受教育程度 年 龄	合 计	生男孩的 妇女人数	生女孩的 妇女人数	一 孩		
				小计	男	女
学前教育	**1**		**1**			
15-19岁						
15						
16						
17						
18						
19						
20-24岁						
20						
21						
22						
23						
24						
25-29岁						
25						
26						
27						
28						
29						
30-34岁	**1**		**1**			
30						
31						
32	1		1			
33						
34						
35-39岁						
35						
36						
37						
38						
39						
40-44岁						
40						
41						
42						
43						
44						
45-49岁						
45						
46						
47						
48						
49						

单位：人

二孩			三孩及以上		
小计	男	女	小计	男	女
1		**1**			
1		**1**			
1		1			

6-2b 续表 3

受教育程度 年龄	合计	生男孩的妇女人数	生女孩的妇女人数	一孩		
				小计	男	女
小学	**532**	**274**	**258**	**139**	**71**	**68**
15-19岁	**4**	**3**	**1**	**3**	**2**	**1**
15						
16						
17						
18						
19	4	3	1	3	2	1
20-24岁	**40**	**21**	**19**	**21**	**9**	**12**
20	2		2	1		1
21	6	4	2	3	2	1
22	12	6	6	7	4	3
23	11	4	7	6	1	5
24	9	7	2	4	2	2
25-29岁	**108**	**71**	**37**	**39**	**22**	**17**
25	11	6	5	4	2	2
26	22	12	10	10	5	5
27	18	13	5	7	3	4
28	22	13	9	9	4	5
29	35	27	8	9	8	1
30-34岁	**168**	**69**	**99**	**27**	**12**	**15**
30	45	17	28	10	6	4
31	32	15	17	5	2	3
32	34	14	20	2	2	
33	36	14	22	8	2	6
34	21	9	12	2		2
35-39岁	**99**	**48**	**51**	**25**	**12**	**13**
35	28	13	15	8	6	2
36	18	10	8	6	2	4
37	18	7	11	5	2	3
38	20	11	9	2	1	1
39	15	7	8	4	1	3
40-44岁	**78**	**40**	**38**	**16**	**7**	**9**
40	19	13	6	2	2	
41	26	12	14	8	2	6
42	17	7	10	2	1	1
43	8	4	4	2		2
44	8	4	4	2	2	
45-49岁	**35**	**22**	**13**	**8**	**7**	**1**
45	5	3	2	1		1
46	5	5		2	2	
47	10	6	4	3	3	
48	8	4	4			
49	7	4	3	2	2	

单位：人

二孩			三孩及以上		
小计	男	女	小计	男	女
280	**141**	**139**	**113**	**62**	**51**
1	**1**				
1	1				
19	**12**	**7**			
1		1			
3	2	1			
5	2	3			
5	3	2			
5	5				
53	**37**	**16**	**16**	**12**	**4**
5	3	2	2	1	1
9	4	5	3	3	
9	8	1	2	2	
11	7	4	2	2	
19	15	4	7	4	3
101	**35**	**66**	**40**	**22**	**18**
27	6	21	8	5	3
20	10	10	7	3	4
21	6	15	11	6	5
22	8	14	6	4	2
11	5	6	8	4	4
49	**25**	**24**	**25**	**11**	**14**
16	5	11	4	2	2
8	7	1	4	1	3
8	2	6	5	3	2
11	7	4	7	3	4
6	4	2	5	2	3
36	**19**	**17**	**26**	**14**	**12**
9	5	4	8	6	2
11	6	5	7	4	3
8	3	5	7	3	4
5	3	2	1	1	
3	2	1	3		3
21	**12**	**9**	**6**	**3**	**3**
3	3		1		1
1	1		2	2	
4	2	2	3	1	2
8	4	4			
5	2	3			

6-2b 续表 4

受教育程度 年　　龄	合　计	生男孩的妇女人数	生女孩的妇女人数	一　孩		
				小计	男	女
初　中	**7545**	**4060**	**3485**	**2364**	**1279**	**1085**
15-19岁	**118**	**61**	**57**	**102**	**53**	**49**
15	1	1		1	1	
16	7	4	3	7	4	3
17	13	3	10	13	3	10
18	29	16	13	25	14	11
19	68	37	31	56	31	25
20-24岁	**1188**	**633**	**555**	**748**	**395**	**353**
20	113	54	59	83	40	43
21	166	88	78	115	60	55
22	256	135	121	160	87	73
23	289	173	116	179	110	69
24	364	183	181	211	98	113
25-29岁	**2617**	**1384**	**1233**	**886**	**474**	**412**
25	521	249	272	247	121	126
26	486	270	216	179	93	86
27	508	264	244	165	85	80
28	557	302	255	154	90	64
29	545	299	246	141	85	56
30-34岁	**2379**	**1302**	**1077**	**433**	**236**	**197**
30	577	325	252	113	63	50
31	540	282	258	116	68	48
32	465	255	210	81	45	36
33	445	255	190	72	37	35
34	352	185	167	51	23	28
35-39岁	**976**	**537**	**439**	**134**	**77**	**57**
35	252	132	120	25	16	9
36	258	143	115	43	23	20
37	204	117	87	27	17	10
38	168	92	76	20	9	11
39	94	53	41	19	12	7
40-44岁	**217**	**113**	**104**	**45**	**29**	**16**
40	72	31	41	10	4	6
41	61	33	28	14	11	3
42	35	17	18	9	5	4
43	23	19	4	6	5	1
44	26	13	13	6	4	2
45-49岁	**50**	**30**	**20**	**16**	**15**	**1**
45	12	7	5	4	4	
46	8	5	3	3	2	1
47	9	5	4	3	3	
48	14	11	3	5	5	
49	7	2	5	1	1	

单位：人

二孩			三孩及以上		
小计	男	女	小计	男	女
4175	**2134**	**2041**	**1006**	**647**	**359**
16	**8**	**8**			
4	2	2			
12	6	6			
406	**216**	**190**	**34**	**22**	**12**
29	14	15	1		1
45	23	22	6	5	1
91	47	44	5	1	4
101	58	43	9	5	4
140	74	66	13	11	2
1474	**746**	**728**	**257**	**164**	**93**
246	119	127	28	9	19
277	157	120	30	20	10
291	152	139	52	27	25
329	158	171	74	54	20
331	160	171	73	54	19
1518	**781**	**737**	**428**	**285**	**143**
361	193	168	103	69	34
335	163	172	89	51	38
299	152	147	85	58	27
289	154	135	84	64	20
234	119	115	67	43	24
610	**317**	**293**	**232**	**143**	**89**
170	82	88	57	34	23
156	83	73	59	37	22
122	64	58	55	36	19
113	64	49	35	19	16
49	24	25	26	17	9
121	**53**	**68**	**51**	**31**	**20**
45	20	25	17	7	10
33	15	18	14	7	7
19	6	13	7	6	1
9	6	3	8	8	
15	6	9	5	3	2
30	**13**	**17**	**4**	**2**	**2**
7	3	4	1		1
4	2	2	1	1	
5	1	4	1	1	
9	6	3			
5	1	4	1		1

6-2b 续表 5

受教育程度 年龄	合计	生男孩的妇女人数	生女孩的妇女人数	一孩		
				小计	男	女
高中	**3782**	**2004**	**1778**	**1630**	**879**	**751**
15-19岁	**40**	**22**	**18**	**38**	**22**	**16**
15						
16	1	1		1	1	
17	1		1	1		1
18	10	7	3	10	7	3
19	28	14	14	26	14	12
20-24岁	**655**	**338**	**317**	**480**	**255**	**225**
20	57	30	27	46	26	20
21	66	33	33	56	29	27
22	128	66	62	91	48	43
23	165	85	80	123	62	61
24	239	124	115	164	90	74
25-29岁	**1520**	**841**	**679**	**755**	**417**	**338**
25	273	161	112	168	101	67
26	267	138	129	148	75	73
27	304	176	128	147	88	59
28	342	190	152	153	85	68
29	334	176	158	139	68	71
30-34岁	**1181**	**608**	**573**	**303**	**158**	**145**
30	371	197	174	115	63	52
31	284	140	144	73	42	31
32	223	110	113	51	24	27
33	185	94	91	41	14	27
34	118	67	51	23	15	8
35-39岁	**327**	**169**	**158**	**45**	**20**	**25**
35	104	52	52	17	10	7
36	67	36	31	7	2	5
37	57	30	27	5	3	2
38	57	30	27	11	2	9
39	42	21	21	5	3	2
40-44岁	**48**	**20**	**28**	**5**	**3**	**2**
40	16	6	10	1	1	
41	16	7	9	2		2
42	8	2	6			
43	5	4	1	1	1	
44	3	1	2	1	1	
45-49岁	**11**	**6**	**5**	**4**	**4**	
45	2		2			
46	3	3		3	3	
47	1		1			
48	5	3	2	1	1	
49						

单位：人

二孩			三孩及以上		
小计	男	女	小计	男	女
1908	**967**	**941**	**244**	**158**	**86**
2		**2**			
2		2			
170	**80**	**90**	**5**	**3**	**2**
11	4	7			
10	4	6			
35	17	18	2	1	1
42	23	19			
72	32	40	3	2	1
687	**370**	**317**	**78**	**54**	**24**
99	56	43	6	4	2
108	55	53	11	8	3
141	76	65	16	12	4
175	97	78	14	8	6
164	86	78	31	22	9
784	**384**	**400**	**94**	**66**	**28**
228	113	115	28	21	7
193	85	108	18	13	5
152	73	79	20	13	7
130	71	59	14	9	5
81	42	39	14	10	4
227	**117**	**110**	**55**	**32**	**23**
76	35	41	11	7	4
45	26	19	15	8	7
41	20	21	11	7	4
34	23	11	12	5	7
31	13	18	6	5	1
33	**14**	**19**	**10**	**3**	**7**
10	3	7	5	2	3
12	6	6	2	1	1
6	2	4	2		2
4	3	1			
1		1	1		1
5	**2**	**3**	**2**		**2**
1		1	1		1
			1		1
4	2	2			

6-2b　续表 6

受教育程度 年　龄	合　计	生男孩的妇女人数	生女孩的妇女人数	一孩		
				小计	男	女
大学专科	**3986**	**2142**	**1844**	**2253**	**1181**	**1072**
15-19岁	**6**	**6**		**6**	**6**	
15						
16						
17	1	1		1	1	
18	1	1		1	1	
19	4	4		4	4	
20-24岁	**585**	**310**	**275**	**506**	**270**	**236**
20	20	8	12	18	8	10
21	52	31	21	51	30	21
22	104	45	59	90	41	49
23	169	96	73	142	81	61
24	240	130	110	205	110	95
25-29岁	**1883**	**1009**	**874**	**1289**	**666**	**623**
25	383	201	182	303	156	147
26	337	168	169	246	121	125
27	404	206	198	303	157	146
28	389	215	174	235	120	115
29	370	219	151	202	112	90
30-34岁	**1214**	**647**	**567**	**417**	**218**	**199**
30	360	192	168	170	84	86
31	298	159	139	108	59	49
32	229	118	111	73	37	36
33	171	94	77	38	21	17
34	156	84	72	28	17	11
35-39岁	**245**	**139**	**106**	**31**	**19**	**12**
35	78	43	35	9	4	5
36	63	38	25	9	6	3
37	39	20	19	5	2	3
38	43	24	19	6	5	1
39	22	14	8	2	2	
40-44岁	**45**	**27**	**18**	**2**	**1**	**1**
40	18	10	8			
41	12	8	4	1		1
42	8	5	3			
43	4	2	2	1	1	
44	3	2	1			
45-49岁	**8**	**4**	**4**	**2**	**1**	**1**
45	4	2	2	1		1
46	3	1	2			
47						
48	1	1		1	1	
49						

单位：人

二孩			三孩及以上		
小计	男	女	小计	男	女
1596	**865**	**731**	**137**	**96**	**41**
72	**34**	**38**	**7**	**6**	**1**
2		2			
			1	1	
14	4	10			
25	13	12	2	2	
31	17	14	4	3	1
563	**318**	**245**	**31**	**25**	**6**
78	43	35	2	2	
87	44	43	4	3	1
95	46	49	6	3	3
147	89	58	7	6	1
156	96	60	12	11	1
735	**389**	**346**	**62**	**40**	**22**
180	101	79	10	7	3
178	93	85	12	7	5
145	72	73	11	9	2
117	63	54	16	10	6
115	60	55	13	7	6
187	**102**	**85**	**27**	**18**	**9**
59	32	27	10	7	3
48	28	20	6	4	2
29	15	14	5	3	2
31	15	16	6	4	2
20	12	8			
34	**19**	**15**	**9**	**7**	**2**
15	8	7	3	2	1
9	6	3	2	2	
7	4	3	1	1	
2	1	1	1		1
1		1	2	2	
5	**3**	**2**	**1**		**1**
3	2	1			
2	1	1	1		1

6-2b 续表 7

受教育程度 年　　龄	合　计	生男孩的妇女人数	生女孩的妇女人数	一　孩		
				小计	男	女
大学本科	**2551**	**1387**	**1164**	**1558**	**810**	**748**
15-19岁						
15						
16						
17						
18						
19						
20-24岁	**116**	**65**	**51**	**104**	**56**	**48**
20						
21	1	1		1	1	
22	10	6	4	10	6	4
23	37	23	14	33	19	14
24	68	35	33	60	30	30
25-29岁	**1215**	**664**	**551**	**994**	**532**	**462**
25	115	66	49	107	62	45
26	193	101	92	169	93	76
27	284	154	130	238	124	114
28	300	165	135	247	133	114
29	323	178	145	233	120	113
30-34岁	**947**	**500**	**447**	**410**	**195**	**215**
30	309	147	162	175	81	94
31	217	124	93	115	62	53
32	181	99	82	60	26	34
33	152	85	67	46	19	27
34	88	45	43	14	7	7
35-39岁	**229**	**135**	**94**	**42**	**24**	**18**
35	83	50	33	19	10	9
36	61	33	28	11	4	7
37	36	26	10	6	5	1
38	27	16	11	4	4	
39	22	10	12	2	1	1
40-44岁	**40**	**21**	**19**	**7**	**3**	**4**
40	17	11	6	1		1
41	11	4	7	2	1	1
42	6	3	3	3	2	1
43	3	1	2	1		1
44	3	2	1			
45-49岁	**4**	**2**	**2**	**1**		**1**
45	2	2				
46	1		1			
47						
48						
49	1		1	1		1

单位：人

二孩			三孩及以上		
小计	男	女	小计	男	女
941	**542**	**399**	**52**	**35**	**17**
12	**9**	**3**			
4	4				
8	5	3			
210	**126**	**84**	**11**	**6**	**5**
8	4	4			
22	6	16	2	2	
44	28	16	2	2	
52	32	20	1		1
84	56	28	6	2	4
516	**291**	**225**	**21**	**14**	**7**
129	65	64	5	1	4
97	58	39	5	4	1
118	71	47	3	2	1
102	62	40	4	4	
70	35	35	4	3	1
170	**98**	**72**	**17**	**13**	**4**
59	36	23	5	4	1
43	24	19	7	5	2
29	20	9	1	1	
19	9	10	4	3	1
20	9	11			
32	**17**	**15**	**1**	**1**	
15	10	5	1	1	
9	3	6			
3	1	2			
2	1	1			
3	2	1			
1	**1**		**2**	**1**	**1**
1	1		1	1	
			1		1

6-2b 续表 8

受教育程度 年龄	合计	生男孩的妇女人数	生女孩的妇女人数	一孩 小计	一孩 男	一孩 女
硕士研究生	**237**	**126**	**111**	**166**	**96**	**70**
15-19岁						
15						
16						
17						
18						
19						
20-24岁						
20						
21						
22						
23						
24						
25-29岁	**85**	**49**	**36**	**77**	**46**	**31**
25	6	4	2	6	4	2
26	9	5	4	7	4	3
27	16	9	7	15	9	6
28	21	10	11	18	9	9
29	33	21	12	31	20	11
30-34岁	**124**	**68**	**56**	**84**	**48**	**36**
30	37	20	17	31	17	14
31	35	21	14	27	15	12
32	16	7	9	11	4	7
33	21	9	12	7	5	2
34	15	11	4	8	7	1
35-39岁	**23**	**7**	**16**	**4**	**1**	**3**
35	7	2	5	2		2
36	10	3	7	2	1	1
37	3		3			
38	2	1	1			
39	1	1				
40-44岁	**5**	**2**	**3**	**1**	**1**	
40	2		2			
41	2	2		1	1	
42	1		1			
43						
44						
45-49岁						
45						
46						
47						
48						
49						

单位：人

二孩			三孩及以上		
小计	男	女	小计	男	女
67	**28**	**39**	**4**	**2**	**2**
8	**3**	**5**			
2	1	1			
1		1			
3	1	2			
2	1	1			
38	**19**	**19**	**2**	**1**	**1**
5	2	3	1	1	
8	6	2			
5	3	2			
13	4	9	1		1
7	4	3			
18	**5**	**13**	**1**	**1**	
5	2	3			
8	2	6			
3		3			
1		1	1	1	
1	1				
3	**1**	**2**	**1**		**1**
2		2			
1	1				
			1		1

6-2b 续表 9

受教育程度 年龄	合计	生男孩的妇女人数	生女孩的妇女人数	一孩		
				小计	男	女
博士研究生	**18**	**6**	**12**	**11**	**3**	**8**
15-19岁						
15						
16						
17						
18						
19						
20-24岁						
20						
21						
22						
23						
24						
25-29岁						
25						
26						
27						
28						
29						
30-34岁	**10**	**4**	**6**	**7**	**2**	**5**
30	2	1	1	2	1	1
31	2	1	1	1		1
32	3	1	2	3	1	2
33	2	1	1	1		1
34	1		1			
35-39岁	**5**	**2**	**3**	**3**	**1**	**2**
35	2	1	1	2	1	1
36	2	1	1	1		1
37	1		1			
38						
39						
40-44岁	**3**		**3**	**1**		**1**
40	2		2	1		1
41						
42	1		1			
43						
44						
45-49岁						
45						
46						
47						
48						
49						

单位：人

二孩			三孩及以上		
小计	男	女	小计	男	女
7	**3**	**4**			
3	**2**	**1**			
1	1				
1	1				
1		1			
2	**1**	**1**			
1	1				
1		1			
2		**2**			
1		1			
1		1			

6-2c 全省按年龄、受教育程度、生育孩次

受教育程度 年龄	合计	生男孩的妇女人数	生女孩的妇女人数	一孩		
				小计	男	女
总计	**20110**	**10826**	**9284**	**7550**	**4003**	**3547**
15-19岁	**372**	**195**	**177**	**321**	**169**	**152**
15	4	3	1	4	3	1
16	21	10	11	21	10	11
17	60	30	30	54	28	26
18	90	43	47	82	38	44
19	197	109	88	160	90	70
20-24岁	**3799**	**1996**	**1803**	**2400**	**1261**	**1139**
20	405	214	191	320	171	149
21	565	306	259	411	226	185
22	748	407	341	481	246	235
23	876	454	422	545	280	265
24	1205	615	590	643	338	305
25-29岁	**7875**	**4258**	**3617**	**3222**	**1697**	**1525**
25	1478	789	689	753	382	371
26	1527	801	726	675	347	328
27	1532	826	706	608	335	273
28	1727	952	775	655	346	309
29	1611	890	721	531	287	244
30-34岁	**5760**	**3152**	**2608**	**1249**	**681**	**568**
30	1738	938	800	469	250	219
31	1394	797	597	322	178	144
32	1061	550	511	191	101	90
33	908	500	408	160	90	70
34	659	367	292	107	62	45
35-39岁	**1691**	**914**	**777**	**276**	**146**	**130**
35	496	276	220	83	45	38
36	387	207	180	61	36	25
37	336	181	155	59	30	29
38	277	150	127	44	23	21
39	195	100	95	29	12	17
40-44岁	**455**	**228**	**227**	**53**	**29**	**24**
40	140	68	72	11	6	5
41	113	61	52	14	6	8
42	90	47	43	14	7	7
43	62	26	36	10	7	3
44	50	26	24	4	3	1
45-49岁	**158**	**83**	**75**	**29**	**20**	**9**
45	35	21	14	6	4	2
46	20	10	10	3	2	1
47	33	16	17	9	8	1
48	31	19	12	7	4	3
49	39	17	22	4	2	2

分的育龄妇女人数(2019.11.1—2020.10.31)(乡村)

单位：人

二孩			三孩及以上		
小计	男	女	小计	男	女
9601	**5032**	**4569**	**2959**	**1791**	**1168**
50	**25**	**25**	**1**	**1**	
6	2	4			
8	5	3			
36	18	18	1	1	
1242	**647**	**595**	**157**	**88**	**69**
82	41	41	3	2	1
147	79	68	7	1	6
244	145	99	23	16	7
288	146	142	43	28	15
481	236	245	81	41	40
3812	**2027**	**1785**	**841**	**534**	**307**
645	357	288	80	50	30
736	387	349	116	67	49
756	387	369	168	104	64
855	454	401	217	152	65
820	442	378	260	161	99
3268	**1706**	**1562**	**1243**	**765**	**478**
979	506	473	290	182	108
793	441	352	279	178	101
605	299	306	265	150	115
534	282	252	214	128	86
357	178	179	195	127	68
918	**471**	**447**	**497**	**297**	**200**
270	142	128	143	89	54
216	103	113	110	68	42
183	98	85	94	53	41
137	72	65	96	55	41
112	56	56	54	32	22
230	**115**	**115**	**172**	**84**	**88**
71	29	42	58	33	25
62	37	25	37	18	19
45	24	21	31	16	15
26	9	17	26	10	16
26	16	10	20	7	13
81	**41**	**40**	**48**	**22**	**26**
21	12	9	8	5	3
9	3	6	8	5	3
12	5	7	12	3	9
16	10	6	8	5	3
23	11	12	12	4	8

6－2c 续表 1

受教育程度 年龄	合计	生男孩的妇女人数	生女孩的妇女人数	一孩		
				小计	男	女
未上过学	**81**	**32**	**49**	**21**	**8**	**13**
15－19岁						
15						
16						
17						
18						
19						
20－24岁	**10**	**3**	**7**	**6**	**2**	**4**
20	1	1		1	1	
21	1		1	1		1
22	3	2	1	2	1	1
23	3		3	2		2
24	2		2			
25－29岁	**19**	**8**	**11**	**8**	**4**	**4**
25	7	4	3	3	3	
26	2		2	2		2
27	6	3	3	3	1	2
28	1	1				
29	3		3			
30－34岁	**19**	**7**	**12**	**4**	**1**	**3**
30	4	1	3	1		1
31	6	2	4	1		1
32	2		2			
33	4	2	2			
34	3	2	1	2	1	1
35－39岁	**13**	**6**	**7**			
35	6	3	3			
36	1	1				
37	1		1			
38	3	2	1			
39	2		2			
40－44岁	**12**	**5**	**7**	**2**	**1**	**1**
40	5	3	2			
41	3	1	2	1		1
42						
43	4	1	3	1	1	
44						
45－49岁	**8**	**3**	**5**	**1**		**1**
45	2	1	1	1		1
46	3	1	2			
47	2	1	1			
48						
49	1		1			

单位：人

二孩			三孩及以上		
小计	男	女	小计	男	女
30	**11**	**19**	**30**	**13**	**17**
1	**1**		**3**		**3**
1	1				
			1		1
			2		2
7	**1**	**6**	**4**	**3**	**1**
3		3	1	1	
2	1	1	1	1	
			1	1	
2		2	1		1
8	**3**	**5**	**7**	**3**	**4**
2		2	1	1	
3	1	2	2	1	1
1		1	1		1
1	1		3	1	2
1	1				
6	**2**	**4**	**7**	**4**	**3**
1		1	5	3	2
1	1				
1		1			
1	1		2	1	1
2		2			
4	**2**	**2**	**6**	**2**	**4**
1	1		4	2	2
2	1	1			
1		1	2		2
4	**2**	**2**	**3**	**1**	**2**
			1	1	
2	1	1	1		1
1	1		1		1
1		1			

6-2c 续表 2

受教育程度 年龄	合计	生男孩的妇女人数	生女孩的妇女人数	一孩		
				小计	男	女
学前教育	**3**		**3**	**2**		**2**
15-19岁	**1**		**1**	**1**		**1**
15						
16	1		1	1		1
17						
18						
19						
20-24岁						
20						
21						
22						
23						
24						
25-29岁						
25						
26						
27						
28						
29						
30-34岁	**2**		**2**	**1**		**1**
30	1		1			
31						
32						
33	1		1	1		1
34						
35-39岁						
35						
36						
37						
38						
39						
40-44岁						
40						
41						
42						
43						
44						
45-49岁						
45						
46						
47						
48						
49						

单位：人

二孩			三孩及以上		
小计	男	女	小计	男	女
1		**1**			
1		**1**			
1		1			

6-2c 续表 3

受教育程度 年 龄	合 计	生男孩的妇女人数	生女孩的妇女人数	一 孩		
				小计	男	女
小 学	**1008**	**545**	**463**	**225**	**128**	**97**
15-19岁	**12**	**8**	**4**	**10**	**7**	**3**
15						
16						
17	2	2		2	2	
18	4	3	1	3	2	1
19	6	3	3	5	3	2
20-24岁	**112**	**57**	**55**	**58**	**34**	**24**
20	15	8	7	10	7	3
21	19	9	10	10	5	5
22	16	10	6	7	5	2
23	26	17	9	14	11	3
24	36	13	23	17	6	11
25-29岁	**260**	**148**	**112**	**59**	**36**	**23**
25	37	20	17	13	6	7
26	47	33	14	13	9	4
27	50	29	21	16	11	5
28	59	29	30	10	5	5
29	67	37	30	7	5	2
30-34岁	**289**	**157**	**132**	**49**	**25**	**24**
30	71	39	32	18	8	10
31	68	35	33	13	8	5
32	52	33	19	8	5	3
33	50	21	29	9	4	5
34	48	29	19	1		1
35-39岁	**178**	**86**	**92**	**30**	**14**	**16**
35	40	20	20	7	4	3
36	34	17	17	4	3	1
37	30	14	16	6	3	3
38	48	24	24	8	3	5
39	26	11	15	5	1	4
40-44岁	**105**	**60**	**45**	**13**	**9**	**4**
40	29	12	17	2	1	1
41	21	12	9	3	2	1
42	23	17	6	2	2	
43	15	10	5	4	3	1
44	17	9	8	2	1	1
45-49岁	**52**	**29**	**23**	**6**	**3**	**3**
45	10	7	3	1	1	
46	8	5	3	1		1
47	10	4	6			
48	10	6	4	2	1	1
49	14	7	7	2	1	1

单位：人

二孩			三孩及以上		
小计	男	女	小计	男	女
466	**246**	**220**	**317**	**171**	**146**
2	**1**	**1**			
1	1				
1		1			
44	**20**	**24**	**10**	**3**	**7**
5	1	4			
6	3	3	3	1	2
9	5	4			
10	6	4	2		2
14	5	9	5	2	3
133	**72**	**61**	**68**	**40**	**28**
20	12	8	4	2	2
25	17	8	9	7	2
18	9	9	16	9	7
32	15	17	17	9	8
38	19	19	22	13	9
142	**76**	**66**	**98**	**56**	**42**
31	20	11	22	11	11
36	18	18	19	9	10
27	15	12	17	13	4
23	10	13	18	7	11
25	13	12	22	16	6
71	**33**	**38**	**77**	**39**	**38**
12	3	9	21	13	8
15	5	10	15	9	6
11	7	4	13	4	9
19	11	8	21	10	11
14	7	7	7	3	4
51	**30**	**21**	**41**	**21**	**20**
12	5	7	15	6	9
12	7	5	6	3	3
10	8	2	11	7	4
4	2	2	7	5	2
13	8	5	2		2
23	**14**	**9**	**23**	**12**	**11**
5	4	1	4	2	2
4	2	2	3	3	
4	2	2	6	2	4
3	2	1	5	3	2
7	4	3	5	2	3

6-2c 续表 4

受教育程度 年　龄	合 计	生男孩的妇女人数	生女孩的妇女人数	一 孩		
				小计	男	女
初 中	**12684**	**6893**	**5791**	**4113**	**2193**	**1920**
15-19岁	**296**	**157**	**139**	**250**	**133**	**117**
15	4	3	1	4	3	1
16	16	9	7	16	9	7
17	46	24	22	40	22	18
18	74	35	39	67	31	36
19	156	86	70	123	68	55
20-24岁	**2508**	**1356**	**1152**	**1508**	**824**	**684**
20	296	162	134	239	131	108
21	390	222	168	268	156	112
22	498	278	220	302	164	138
23	567	289	278	337	172	165
24	757	405	352	362	201	161
25-29岁	**4646**	**2520**	**2126**	**1488**	**765**	**723**
25	885	472	413	375	195	180
26	886	460	426	305	153	152
27	908	482	426	278	144	134
28	996	560	436	273	138	135
29	971	546	425	257	135	122
30-34岁	**3643**	**1999**	**1644**	**624**	**338**	**286**
30	1032	552	480	203	102	101
31	827	475	352	149	81	68
32	696	358	338	113	62	51
33	634	359	275	91	50	41
34	454	255	199	68	43	25
35-39岁	**1197**	**666**	**531**	**189**	**102**	**87**
35	352	205	147	59	34	25
36	266	139	127	40	22	18
37	251	138	113	39	21	18
38	188	108	80	30	16	14
39	140	76	64	21	9	12
40-44岁	**304**	**148**	**156**	**33**	**15**	**18**
40	95	48	47	7	3	4
41	78	42	36	8	3	5
42	60	27	33	11	4	7
43	39	15	24	5	3	2
44	32	16	16	2	2	
45-49岁	**90**	**47**	**43**	**21**	**16**	**5**
45	20	10	10	3	2	1
46	8	4	4	2	2	
47	21	11	10	9	8	1
48	18	12	6	5	3	2
49	23	10	13	2	1	1

单位：人

二孩			三孩及以上		
小计	男	女	小计	男	女
6382	**3343**	**3039**	**2189**	**1357**	**832**
45	**23**	**22**	**1**	**1**	
6	2	4			
7	4	3			
32	17	15	1	1	
884	**459**	**425**	**116**	**73**	**43**
55	29	26	2	2	
118	66	52	4		4
176	99	77	20	15	5
199	95	104	31	22	9
336	170	166	59	34	25
2519	**1341**	**1178**	**639**	**414**	**225**
446	238	208	64	39	25
498	261	237	83	46	37
500	258	242	130	80	50
560	302	258	163	120	43
515	282	233	199	129	70
2086	**1080**	**1006**	**933**	**581**	**352**
610	310	300	219	140	79
475	261	214	203	133	70
382	188	194	201	108	93
379	204	175	164	105	59
240	117	123	146	95	51
642	**340**	**302**	**366**	**224**	**142**
194	110	84	99	61	38
142	65	77	84	52	32
136	73	63	76	44	32
91	52	39	67	40	27
79	40	39	40	27	13
157	**77**	**80**	**114**	**56**	**58**
53	22	31	35	23	12
42	26	16	28	13	15
31	14	17	18	9	9
18	7	11	16	5	11
13	8	5	17	6	11
49	**23**	**26**	**20**	**8**	**12**
14	6	8	3	2	1
2		2	4	2	2
7	2	5	5	1	4
12	8	4	1	1	
14	7	7	7	2	5

6-2c 续表 5

受教育程度 年 龄	合 计	生男孩的 妇女人数	生女孩的 妇女人数	一 孩		
				小计	男	女
高 中	**3595**	**1911**	**1684**	**1497**	**789**	**708**
15-19岁	**52**	**24**	**28**	**49**	**23**	**26**
15						
16	4	1	3	4	1	3
17	11	4	7	11	4	7
18	11	4	7	11	4	7
19	26	15	11	23	14	9
20-24岁	**814**	**403**	**411**	**540**	**256**	**284**
20	79	36	43	60	27	33
21	114	57	57	95	48	47
22	163	86	77	110	49	61
23	212	107	105	139	65	74
24	246	117	129	136	67	69
25-29岁	**1455**	**793**	**662**	**624**	**351**	**273**
25	279	162	117	143	82	61
26	301	167	134	141	81	60
27	287	153	134	117	66	51
28	312	172	140	132	75	57
29	276	139	137	91	47	44
30-34岁	**1032**	**563**	**469**	**240**	**136**	**104**
30	353	195	158	98	61	37
31	254	148	106	59	33	26
32	187	95	92	33	14	19
33	137	73	64	27	17	10
34	101	52	49	23	11	12
35-39岁	**213**	**113**	**100**	**39**	**19**	**20**
35	70	35	35	9	5	4
36	59	33	26	9	4	5
37	43	23	20	13	5	8
38	25	11	14	5	3	2
39	16	11	5	3	2	1
40-44岁	**22**	**12**	**10**	**4**	**3**	**1**
40	6	4	2	2	2	
41	8	5	3	2	1	1
42	5	2	3			
43	2		2			
44	1	1				
45-49岁	**7**	**3**	**4**	**1**	**1**	
45	2	2		1	1	
46	1		1			
47						
48	3	1	2			
49	1		1			

单位：人

二孩			三孩及以上		
小计	男	女	小计	男	女
1766	**924**	**842**	**332**	**198**	**134**
3	**1**	**2**			
3	1	2			
250	**137**	**113**	**24**	**10**	**14**
18	9	9	1		1
19	9	10			
50	36	14	3	1	2
65	37	28	8	5	3
98	46	52	12	4	8
735	**386**	**349**	**96**	**56**	**40**
130	75	55	6	5	1
143	76	67	17	10	7
149	73	76	21	14	7
154	81	73	26	16	10
159	81	78	26	11	15
631	**326**	**305**	**161**	**101**	**60**
212	107	105	43	27	16
157	90	67	38	25	13
118	57	61	36	24	12
88	44	44	22	12	10
56	28	28	22	13	9
133	**69**	**64**	**41**	**25**	**16**
47	22	25	14	8	6
39	22	17	11	7	4
25	13	12	5	5	
14	4	10	6	4	2
8	8		5	1	4
10	**4**	**6**	**8**	**5**	**3**
2		2	2	2	
3	2	1	3	2	1
4	2	2	1		1
1		1	1		1
			1	1	
4	**1**	**3**	**2**	**1**	**1**
1	1				
1		1			
1		1	2	1	1
1		1			

6-2c 续表 6

受教育程度 年龄	合计	生男孩的妇女人数	生女孩的妇女人数	一孩		
				小计	男	女
大学专科	**1977**	**1047**	**930**	**1153**	**601**	**552**
15-19岁	**9**	**5**	**4**	**9**	**5**	**4**
15						
16						
17	1		1	1		1
18	1	1		1	1	
19	7	4	3	7	4	3
20-24岁	**305**	**147**	**158**	**246**	**119**	**127**
20	14	7	7	10	5	5
21	39	16	23	36	16	20
22	60	28	32	53	25	28
23	53	32	21	40	23	17
24	139	64	75	107	50	57
25-29岁	**1048**	**561**	**487**	**680**	**354**	**326**
25	209	112	97	164	78	86
26	206	100	106	141	68	73
27	184	102	82	112	66	46
28	242	132	110	152	83	69
29	207	115	92	111	59	52
30-34岁	**543**	**298**	**245**	**203**	**113**	**90**
30	185	99	86	86	45	41
31	168	97	71	62	36	26
32	90	45	45	23	13	10
33	60	33	27	22	12	10
34	40	24	16	10	7	3
35-39岁	**63**	**32**	**31**	**14**	**9**	**5**
35	13	7	6	5	1	4
36	24	15	9	8	7	1
37	9	5	4			
38	7	3	4	1	1	
39	10	2	8			
40-44岁	**8**	**3**	**5**	**1**	**1**	
40	2	1	1			
41	2	1	1			
42	2	1	1	1	1	
43	2		2			
44						
45-49岁	**1**	**1**				
45	1	1				
46						
47						
48						
49						

单位：人

二孩			三孩及以上		
小计	男	女	小计	男	女
739	**396**	**343**	**85**	**50**	**35**
55	**26**	**29**	**4**	**2**	**2**
4	2	2			
3		3			
7	3	4			
12	8	4	1	1	
29	13	16	3	1	2
337	**188**	**149**	**31**	**19**	**12**
41	31	10	4	3	1
59	29	30	6	3	3
72	36	36			
81	44	37	9	5	4
84	48	36	12	8	4
298	**161**	**137**	**42**	**24**	**18**
94	51	43	5	3	2
90	51	39	16	10	6
57	27	30	10	5	5
32	18	14	6	3	3
25	14	11	5	3	2
43	**18**	**25**	**6**	**5**	**1**
4	2	2	4	4	
16	8	8			
9	5	4			
6	2	4			
8	1	7	2	1	1
5	**2**	**3**	**2**		**2**
1	1		1		1
2	1	1			
			1		1
2		2			
1	**1**				
1	1				

6-2c 续表 7

受教育程度 年龄	合计	生男孩的 妇女人数	生女孩的 妇女人数	一孩		
				小计	男	女
大学本科	**734**	**387**	**347**	**515**	**275**	**240**
15-19岁	**2**	**1**	**1**	**2**	**1**	**1**
15						
16						
17						
18						
19	2	1	1	2	1	1
20-24岁	**48**	**28**	**20**	**41**	**25**	**16**
20						
21	2	2		1	1	
22	8	3	5	7	2	5
23	14	8	6	12	8	4
24	24	15	9	21	14	7
25-29岁	**432**	**223**	**209**	**349**	**183**	**166**
25	60	19	41	54	18	36
26	83	41	42	71	36	35
27	96	57	39	81	47	34
28	111	55	56	83	43	40
29	82	51	31	60	39	21
30-34岁	**222**	**124**	**98**	**119**	**64**	**55**
30	86	49	37	57	31	26
31	69	39	30	36	19	17
32	34	19	15	14	7	7
33	20	12	8	9	7	2
34	13	5	8	3		3
35-39岁	**26**	**11**	**15**	**4**	**2**	**2**
35	15	6	9	3	1	2
36	3	2	1			
37	2	1	1	1	1	
38	5	2	3			
39	1		1			
40-44岁	**4**		**4**			
40	3		3			
41	1		1			
42						
43						
44						
45-49岁						
45						
46						
47						
48						
49						

单位：人

二孩			三孩及以上		
小计	男	女	小计	男	女
213	**110**	**103**	**6**	**2**	**4**
7	**3**	**4**			
1	1				
1	1				
2		2			
3	1	2			
80	**38**	**42**	**3**	**2**	**1**
5	1	4	1		1
11	4	7	1	1	
15	10	5			
27	11	16	1	1	
22	12	10			
101	**60**	**41**	**2**		**2**
29	18	11			
32	20	12	1		1
20	12	8			
10	5	5	1		1
10	5	5			
22	**9**	**13**			
12	5	7			
3	2	1			
1		1			
5	2	3			
1		1			
3		**3**	**1**		**1**
2		2	1		1
1		1			

6-2c 续表 8

受教育程度 年龄	合计	生男孩的妇女人数	生女孩的妇女人数	一孩 小计	一孩 男	一孩 女
硕士研究生	**26**	**11**	**15**	**22**	**9**	**13**
15-19岁						
15						
16						
17						
18						
19						
20-24岁	**2**	**2**		**1**	**1**	
20						
21						
22						
23	1	1		1	1	
24	1	1				
25-29岁	**13**	**5**	**8**	**12**	**4**	**8**
25	1		1	1		1
26	1		1	1		1
27	1		1	1		1
28	5	3	2	4	2	2
29	5	2	3	5	2	3
30-34岁	**10**	**4**	**6**	**9**	**4**	**5**
30	6	3	3	6	3	3
31	2	1	1	2	1	1
32						
33	2		2	1		1
34						
35-39岁	**1**		**1**			
35						
36						
37						
38	1		1			
39						
40-44岁						
40						
41						
42						
43						
44						
45-49岁						
45						
46						
47						
48						
49						

单位：人

二孩			三孩及以上		
小计	男	女	小计	男	女
4	**2**	**2**			
1	**1**				
1	1				
1	**1**				
1	1				
1		**1**			
1		1			
1		**1**			
1		1			

6-2c 续表 9

受教育程度 年龄	合计	生男孩的妇女人数	生女孩的妇女人数	一孩		
				小计	男	女
博士研究生	**2**		**2**	**2**		**2**
15-19岁						
15						
16						
17						
18						
19						
20-24岁						
20						
21						
22						
23						
24						
25-29岁	**2**		**2**	**2**		**2**
25						
26	1		1	1		1
27						
28	1		1	1		1
29						
30-34岁						
30						
31						
32						
33						
34						
35-39岁						
35						
36						
37						
38						
39						
40-44岁						
40						
41						
42						
43						
44						
45-49岁						
45						
46						
47						
48						
49						

单位：人

二　　孩			三孩及以上		
小计	男	女	小计	男	女

6-3 全省育龄妇女分年龄、孩次的生育状况
(2019.11.1-2020.10.31)

单位：人、‰

年龄	平均育龄妇女人数	出生人数	生育率	第一孩		第二孩		第三孩及以上	
				出生数	生育率	出生数	生育率	出生数	生育率
总计	**1363291**	**53957**	**39.58**	**23275**	**17.07**	**25513**	**18.71**	**5169**	**3.79**
15-19岁	**154576**	**896**	**5.80**	**765**	**4.95**	**128**	**0.83**	**3**	**0.02**
15	35752	12	0.34	12	0.34				
16	35781	57	1.59	52	1.45	5	0.14		
17	29309	109	3.72	103	3.51	6	0.20		
18	25672	231	9.00	205	7.99	26	1.01		
19	28062	487	17.35	393	14.00	91	3.24	3	0.11
20-24岁	**143074**	**9325**	**65.18**	**6233**	**43.56**	**2811**	**19.65**	**281**	**1.96**
20	27580	846	30.67	646	23.42	188	6.82	12	0.44
21	26548	1214	45.73	888	33.45	303	11.41	23	0.87
22	26968	1676	62.15	1146	42.49	494	18.32	36	1.33
23	29284	2404	82.09	1553	53.03	762	26.02	89	3.04
24	32694	3185	97.42	2000	61.17	1064	32.54	121	3.70
25-29岁	**205295**	**21829**	**106.33**	**11060**	**53.87**	**9258**	**45.10**	**1511**	**7.36**
25	34732	3844	110.68	2248	64.72	1452	41.81	144	4.15
26	35456	3947	111.32	2220	62.61	1500	42.31	227	6.40
27	40012	4580	114.47	2388	59.68	1898	47.44	294	7.35
28	44310	4761	107.45	2240	50.55	2140	48.30	381	8.60
29	50785	4697	92.49	1964	38.67	2268	44.66	465	9.16
30-34岁	**237017**	**15653**	**66.04**	**4134**	**17.44**	**9429**	**39.78**	**2090**	**8.82**
30	56564	4683	82.79	1602	28.32	2582	45.65	499	8.82
31	50014	3717	74.32	1029	20.57	2228	44.55	460	9.20
32	49055	3134	63.89	712	14.51	1966	40.08	456	9.30
33	42819	2262	52.83	460	10.74	1436	33.54	366	8.55
34	38565	1857	48.15	331	8.58	1217	31.56	309	8.01
35-39岁	**178535**	**4828**	**27.04**	**801**	**4.49**	**3089**	**17.30**	**938**	**5.25**
35	36080	1469	40.72	267	7.40	962	26.66	240	6.65
36	35209	1192	33.85	204	5.79	741	21.05	247	7.02
37	35721	918	25.70	149	4.17	574	16.07	195	5.46
38	36423	746	20.48	119	3.27	483	13.26	144	3.95
39	35102	503	14.33	62	1.77	329	9.37	112	3.19
40-44岁	**190856**	**1098**	**5.75**	**197**	**1.03**	**626**	**3.28**	**275**	**1.44**
40	38840	388	9.99	61	1.57	236	6.08	91	2.34
41	38852	297	7.64	50	1.29	176	4.53	71	1.83
42	35875	173	4.82	35	0.98	87	2.43	51	1.42
43	37701	128	3.40	31	0.82	65	1.72	32	0.85
44	39588	112	2.83	20	0.51	62	1.57	30	0.76
45-49岁	**253938**	**328**	**1.29**	**85**	**0.33**	**172**	**0.68**	**71**	**0.28**
45	41713	48	1.15	17	0.41	22	0.53	9	0.22
46	45086	67	1.49	18	0.40	30	0.67	19	0.42
47	53088	65	1.22	19	0.36	34	0.64	12	0.23
48	55313	68	1.23	15	0.27	42	0.76	11	0.20
49	58738	80	1.36	16	0.27	44	0.75	20	0.34

6-3a　全省育龄妇女分年龄、孩次的生育状况(2019.11.1-2020.10.31)(城市)

单位：人、‰

年　龄	平均育龄妇女人数	出生人数	生育率	第一孩		第二孩		第三孩及以上	
				出生数	生育率	出生数	生育率	出生数	生育率
总　计	**415628**	**15135**	**36.41**	**7593**	**18.27**	**6907**	**16.62**	**635**	**1.53**
15-19岁	**46150**	**98**	**2.12**	**87**	**1.89**	**10**	**0.22**	**1**	**0.02**
15	9341	1	0.11	1	0.11				
16	9908	7	0.71	7	0.71				
17	8295	10	1.21	10	1.21				
18	8269	24	2.90	19	2.30	5	0.60		
19	10337	56	5.42	50	4.84	5	0.48	1	0.10
20-24岁	**47125**	**1799**	**38.18**	**1363**	**28.92**	**420**	**8.91**	**16**	**0.34**
20	9977	98	9.82	84	8.42	13	1.30	1	0.10
21	9095	185	20.34	148	16.27	35	3.85	2	0.22
22	8937	325	36.37	251	28.09	73	8.17	1	0.11
23	9315	477	51.21	361	38.75	112	12.02	4	0.43
24	9801	714	72.85	519	52.95	187	19.08	8	0.82
25-29岁	**62440**	**6180**	**98.98**	**4036**	**64.64**	**2020**	**32.35**	**124**	**1.99**
25	10539	947	89.86	710	67.37	227	21.54	10	0.95
26	10697	1088	101.71	791	73.95	277	25.90	20	1.87
27	11908	1354	113.71	913	76.67	424	35.61	17	1.43
28	13463	1378	102.35	850	63.14	497	36.92	31	2.30
29	15833	1413	89.24	772	48.76	595	37.58	46	2.91
30-34岁	**76781**	**5041**	**65.65**	**1700**	**22.14**	**3048**	**39.70**	**293**	**3.82**
30	17804	1487	83.52	672	37.74	761	42.74	54	3.03
31	16339	1216	74.42	429	26.26	718	43.94	69	4.22
32	15921	993	62.37	272	17.08	660	41.45	61	3.83
33	14058	702	49.94	182	12.95	469	33.36	51	3.63
34	12659	643	50.79	145	11.45	440	34.76	58	4.58
35-39岁	**58371**	**1626**	**27.86**	**308**	**5.28**	**1165**	**19.96**	**153**	**2.62**
35	11833	511	43.18	105	8.87	371	31.35	35	2.96
36	11627	404	34.75	79	6.79	280	24.08	45	3.87
37	11919	300	25.17	54	4.53	213	17.87	33	2.77
38	11948	253	21.18	47	3.93	182	15.23	24	2.01
39	11044	158	14.31	23	2.08	119	10.78	16	1.45
40-44岁	**58394**	**329**	**5.63**	**76**	**1.30**	**209**	**3.58**	**44**	**0.75**
40	12195	125	10.25	24	1.97	87	7.13	14	1.15
41	12280	91	7.41	19	1.55	60	4.89	12	0.98
42	10951	54	4.93	14	1.28	31	2.83	9	0.82
43	11363	30	2.64	12	1.06	14	1.23	4	0.35
44	11605	29	2.50	7	0.60	17	1.46	5	0.43
45-49岁	**66367**	**62**	**0.93**	**23**	**0.35**	**35**	**0.53**	**4**	**0.06**
45	11539	11	0.95	6	0.52	4	0.35	1	0.09
46	12032	15	1.25	6	0.50	8	0.66	1	0.08
47	13862	8	0.58	3	0.22	4	0.29	1	0.07
48	14167	13	0.92	5	0.35	8	0.56		
49	14767	15	1.02	3	0.20	11	0.74	1	0.07

6－3b 全省育龄妇女分年龄、孩次的生育状况
(2019.11.1－2020.10.31)(镇)

单位：人、‰

年 龄	平均育龄妇女人数	出生人数	生育率	第一孩		第二孩		第三孩及以上	
				出生数	生育率	出生数	生育率	出生数	生育率
总 计	**465771**	**18690**	**40.13**	**8127**	**17.45**	**8997**	**19.32**	**1566**	**3.36**
15－19岁	**56297**	**247**	**4.39**	**214**	**3.80**	**33**	**0.59**		
15	13719	4	0.29	4	0.29				
16	14261	9	0.63	9	0.63				
17	10881	29	2.67	27	2.48	2	0.18		
18	8494	67	7.89	60	7.06	7	0.82		
19	8942	138	15.43	114	12.75	24	2.68		
20－24岁	**46298**	**3132**	**67.65**	**2197**	**47.45**	**864**	**18.66**	**71**	**1.53**
20	8856	240	27.10	179	20.21	56	6.32	5	0.56
21	8562	408	47.65	303	35.39	97	11.33	8	0.93
22	8548	559	65.40	401	46.91	153	17.90	5	0.58
23	9478	824	86.94	582	61.41	226	23.84	16	1.69
24	10854	1101	101.44	732	67.44	332	30.59	37	3.41
25－29岁	**70762**	**7694**	**108.73**	**3978**	**56.22**	**3275**	**46.28**	**441**	**6.23**
25	11753	1377	117.16	835	71.05	506	43.05	36	3.06
26	12172	1382	113.54	809	66.46	501	41.16	72	5.92
27	13930	1636	117.44	865	62.10	691	49.61	80	5.74
28	15435	1655	107.22	784	50.79	751	48.66	120	7.77
29	17472	1644	94.09	685	39.21	826	47.28	133	7.61
30－34岁	**82640**	**5460**	**66.07**	**1381**	**16.71**	**3455**	**41.81**	**624**	**7.55**
30	19641	1593	81.11	520	26.48	916	46.64	157	7.99
31	17585	1285	73.07	370	21.04	793	45.10	122	6.94
32	17109	1098	64.18	245	14.32	710	41.50	143	8.36
33	14960	823	55.01	151	10.09	564	37.70	108	7.22
34	13345	661	49.53	95	7.12	472	35.37	94	7.04
35－39岁	**62375**	**1678**	**26.90**	**256**	**4.10**	**1094**	**17.54**	**328**	**5.26**
35	12542	486	38.75	91	7.26	321	25.59	74	5.90
36	12259	438	35.73	65	5.30	268	21.86	105	8.57
37	12460	332	26.65	42	3.37	221	17.74	69	5.54
38	12778	243	19.02	36	2.82	163	12.76	44	3.44
39	12336	179	14.51	22	1.78	121	9.81	36	2.92
40－44岁	**65634**	**372**	**5.67**	**72**	**1.10**	**214**	**3.26**	**86**	**1.31**
40	13464	141	10.47	25	1.86	84	6.24	32	2.38
41	13648	95	6.96	16	1.17	56	4.10	23	1.69
42	12345	54	4.37	11	0.89	30	2.43	13	1.05
43	12875	47	3.65	13	1.01	25	1.94	9	0.70
44	13302	35	2.63	7	0.53	19	1.43	9	0.68
45－49岁	**81765**	**107**	**1.31**	**29**	**0.35**	**62**	**0.76**	**16**	**0.20**
45	13881	19	1.37	6	0.43	9	0.65	4	0.29
46	14951	25	1.67	8	0.54	12	0.80	5	0.33
47	17084	21	1.23	7	0.41	12	0.70	2	0.12
48	17661	23	1.30	5	0.28	18	1.02		
49	18188	19	1.04	3	0.16	11	0.60	5	0.27

6-3c　全省育龄妇女分年龄、孩次的生育状况 (2019.11.1-2020.10.31)(乡村)

单位：人、‰

年　龄	平均育龄妇女人数	出生人数	生育率	第一孩		第二孩		第三孩及以上	
				出生数	生育率	出生数	生育率	出生数	生育率
总　计	**481892**	**20132**	**41.78**	**7555**	**15.68**	**9609**	**19.94**	**2968**	**6.16**
15-19岁	**52129**	**551**	**10.57**	**464**	**8.90**	**85**	**1.63**	**2**	**0.04**
15	12692	7	0.55	7	0.55				
16	11612	41	3.53	36	3.10	5	0.43		
17	10133	70	6.91	66	6.51	4	0.39		
18	8909	140	15.71	126	14.14	14	1.57		
19	8783	293	33.36	229	26.07	62	7.06	2	0.23
20-24岁	**49651**	**4394**	**88.50**	**2673**	**53.84**	**1527**	**30.75**	**194**	**3.91**
20	8747	508	58.08	383	43.79	119	13.60	6	0.69
21	8891	621	69.85	437	49.15	171	19.23	13	1.46
22	9483	792	83.52	494	52.09	268	28.26	30	3.16
23	10491	1103	105.14	610	58.15	424	40.42	69	6.58
24	12039	1370	113.80	749	62.21	545	45.27	76	6.31
25-29岁	**72093**	**7955**	**110.34**	**3046**	**42.25**	**3963**	**54.97**	**946**	**13.12**
25	12440	1520	122.19	703	56.51	719	57.80	98	7.88
26	12587	1477	117.34	620	49.26	722	57.36	135	10.73
27	14174	1590	112.18	610	43.04	783	55.24	197	13.90
28	15412	1728	112.12	606	39.32	892	57.88	230	14.92
29	17480	1640	93.82	507	29.00	847	48.46	286	16.36
30-34岁	**77596**	**5152**	**66.40**	**1053**	**13.57**	**2926**	**37.71**	**1173**	**15.12**
30	19119	1603	83.84	410	21.44	905	47.34	288	15.06
31	16090	1216	75.57	230	14.29	717	44.56	269	16.72
32	16025	1043	65.09	195	12.17	596	37.19	252	15.73
33	13801	737	53.40	127	9.20	403	29.20	207	15.00
34	12561	553	44.03	91	7.24	305	24.28	157	12.50
35-39岁	**57789**	**1524**	**26.37**	**237**	**4.10**	**830**	**14.36**	**457**	**7.91**
35	11705	472	40.32	71	6.07	270	23.07	131	11.19
36	11323	350	30.91	60	5.30	193	17.04	97	8.57
37	11342	286	25.22	53	4.67	140	12.34	93	8.20
38	11697	250	21.37	36	3.08	138	11.80	76	6.50
39	11722	166	14.16	17	1.45	89	7.59	60	5.12
40-44岁	**66828**	**397**	**5.94**	**49**	**0.73**	**203**	**3.04**	**145**	**2.17**
40	13181	122	9.26	12	0.91	65	4.93	45	3.41
41	12924	111	8.59	15	1.16	60	4.64	36	2.79
42	12579	65	5.17	10	0.79	26	2.07	29	2.31
43	13463	51	3.79	6	0.45	26	1.93	19	1.41
44	14681	48	3.27	6	0.41	26	1.77	16	1.09
45-49岁	**105806**	**159**	**1.50**	**33**	**0.31**	**75**	**0.71**	**51**	**0.48**
45	16293	18	1.10	5	0.31	9	0.55	4	0.25
46	18103	27	1.49	4	0.22	10	0.55	13	0.72
47	22142	36	1.63	9	0.41	18	0.81	9	0.41
48	23485	32	1.36	5	0.21	16	0.68	11	0.47
49	25783	46	1.78	10	0.39	22	0.85	14	0.54

6−4 各地区育龄妇女年龄别生育率

单位：‰

地区	15−19岁	20−24岁	25−29岁	30−34岁	35−39岁	40−44岁	45−49岁	总和生育率
安徽	**5.80**	**65.18**	**106.33**	**66.04**	**27.04**	**5.75**	**1.29**	**1387.16**
合肥市	**1.98**	**35.84**	**102.45**	**75.24**	**33.47**	**7.16**	**1.23**	**1286.91**
瑶海区	6.07	41.90	90.71	65.61	33.40	9.45	0.88	1240.13
庐阳区	1.58	40.82	103.20	72.38	33.22	3.75	0.41	1276.83
蜀山区	1.32	13.97	72.95	74.08	33.72	6.70	1.28	1020.08
包河区	0.44	31.94	94.41	73.89	37.35	6.45	1.52	1230.01
长丰县	1.90	80.75	127.01	81.62	39.16	8.08	1.59	1700.59
肥东县	2.47	54.73	107.08	72.00	28.38	7.23	1.29	1365.91
肥西县	2.49	42.51	121.80	85.10	35.80	8.31	1.15	1485.86
庐江县	3.47	52.12	98.17	69.38	26.82	6.55	2.06	1292.81
合肥高新技术产业开发区	1.05	12.37	106.57	87.76	46.63	10.99		1326.85
合肥经济技术开发区	0.80	16.46	106.73	76.07	31.22	5.67		1184.74
合肥新站高新技术产业开发区	1.63	26.95	119.68	81.83	29.66	9.49	0.78	1350.16
巢湖市	1.07	45.74	108.22	70.95	29.76	7.05	1.33	1320.52
芜湖市	**2.20**	**36.87**	**96.87**	**59.23**	**22.07**	**5.24**	**0.59**	**1115.35**
镜湖区	2.41	22.02	77.95	57.02	27.33	3.64	0.53	954.52
弋江区		20.93	98.89	54.92	15.54	5.93	1.45	988.28
鸠江区	2.40	48.93	109.26	65.03	25.12	6.39	1.50	1293.15
三山区	2.78	97.22	118.69	60.74	8.13	2.26		1449.11
芜湖县	5.78	43.59	109.98	68.27	20.79	7.81	0.58	1284.03
繁昌县	2.89	45.36	90.91	53.07	30.35	5.19		1138.83
南陵县	3.69	45.66	93.49	58.90	18.39	4.06	0.87	1125.29
芜湖经济技术开发区	3.73	40.86	92.06	61.19	20.48	10.08		1141.95
安徽芜湖长江大桥经济开发区		119.05	194.44	42.86				1781.75
无为市	1.26	38.63	90.66	56.78	23.01	4.89	0.19	1077.16
蚌埠市	**8.00**	**77.36**	**106.34**	**61.97**	**24.86**	**5.83**	**1.12**	**1427.46**
龙子湖区	5.81	41.21	46.66	67.69	21.08	3.24		928.47
蚌山区		41.27	68.03	58.32	22.45	1.78	3.15	975.01
禹会区	5.12	60.64	94.38	48.66	18.87	10.18		1189.26
淮上区	8.95	122.98	115.38	59.56	21.94	9.27	1.04	1695.66
怀远县	11.21	118.33	118.20	53.75	26.52	5.77	2.46	1681.19
五河县	9.55	123.53	120.25	74.51	21.76	2.25	0.47	1761.60
固镇县	18.06	118.72	128.52	67.55	29.15	6.96	0.54	1847.55
蚌埠市高新技术开发区		55.56	62.22	57.07	28.67	8.33		1059.25
蚌埠市经济开发区	0.84	12.08	104.28	71.20	31.55	6.11	1.09	1135.80
淮南市	**3.87**	**67.32**	**97.03**	**58.55**	**25.94**	**4.81**	**1.13**	**1293.25**
大通区	4.08	60.61	91.73	59.82	34.15	6.73	1.78	1294.43
田家庵区	2.11	26.38	95.99	62.54	27.21	4.69	1.06	1099.86
谢家集区	2.72	44.91	79.15	65.55	21.65			1069.90
八公山区	5.15	45.45	38.02	50.26	41.18			900.37
潘集区	14.67	149.03	105.54	64.57	19.79	8.83	2.49	1824.60
凤台县	6.39	131.91	110.74	56.52	27.22	8.87	0.95	1712.99
寿县	2.85	71.51	97.60	53.06	23.72	2.82	1.21	1263.91

6-4　续表 1　　单位：‰

地　　区	15-19岁	20-24岁	25-29岁	30-34岁	35-39岁	40-44岁	45-49岁	总和生育率
马鞍山市	**3.41**	**57.06**	**109.49**	**60.06**	**24.18**	**3.83**	**0.86**	**1294.41**
花山区	3.07	36.90	108.38	58.59	25.86	3.85	0.97	1188.13
雨山区	2.33	18.96	112.85	53.80	26.60	3.93		1092.26
博望区		98.36	97.33	83.97	23.08	7.92		1553.28
当涂县	7.04	70.45	104.11	58.31	29.33	2.35	1.51	1365.58
含山县	1.56	89.69	107.30	61.28	18.20	2.63	1.19	1409.26
和县	4.62	82.76	126.86	59.41	18.47	4.79	0.72	1488.08
淮北市	**10.30**	**75.80**	**109.42**	**64.58**	**24.82**	**6.83**	**1.04**	**1463.94**
杜集区	10.53	80.72	80.92	56.34	16.34	2.44	1.03	1241.59
相山区	6.60	45.01	112.35	56.66	28.02	7.95	0.76	1286.67
烈山区	6.14	53.38	115.21	74.57	20.04	4.37	0.99	1373.47
濉溪县	15.73	105.67	113.95	70.36	25.60	7.79	1.24	1701.65
铜陵市	**1.79**	**34.26**	**113.72**	**62.36**	**20.78**	**5.05**	**0.50**	**1192.37**
铜官区	0.76	14.45	106.99	53.93	17.98	3.41	0.49	990.10
义安区	3.33	66.88	107.64	60.42	18.48	3.22		1299.85
郊区	10.99	98.36	120.40	69.64	30.21	12.29	1.36	1716.20
枞阳县	0.99	41.67	127.66	74.64	22.90	5.74	0.48	1370.41
安庆市	**2.41**	**55.53**	**110.15**	**72.82**	**28.44**	**4.19**	**0.74**	**1371.33**
迎江区		48.61	116.20	64.02	13.92	2.09		1224.23
大观区		29.78	84.45	56.10	21.64	2.25		971.12
宜秀区	1.87	22.89	136.08	82.61	24.21	4.01		1358.36
怀宁县	1.72	58.73	94.55	69.79	27.85	4.55	0.32	1287.52
太湖县	4.14	69.22	131.30	72.94	29.63	6.62		1569.28
宿松县	5.53	67.71	110.04	73.31	28.34	5.36	2.37	1463.28
望江县	1.74	62.10	104.72	87.10	38.51	3.84	0.99	1494.93
岳西县	1.42	64.76	114.74	70.60	36.35	3.27	1.15	1461.36
安徽安庆经济开发区	2.53	48.43	108.56	59.13	13.13	1.89		1168.35
桐城市	1.05	44.83	104.93	71.60	27.37	4.96	0.84	1277.84
潜山市	2.93	68.38	115.10	76.71	29.16	2.70		1474.88
黄山市	**2.94**	**70.89**	**105.15**	**69.33**	**29.99**	**4.73**	**1.00**	**1420.15**
屯溪区	1.18	30.50	92.93	70.71	23.85	3.75		1114.69
黄山区		50.00	108.70	67.26	30.14			1280.49
徽州区	7.19	141.79	106.71	87.76	52.63	3.30	2.05	2007.17
歙县	2.25	80.30	93.63	71.16	30.10	3.13	2.18	1413.76
休宁县	2.69	99.36	133.55	61.39	36.83	3.11	1.14	1690.31
黟县		122.64	114.29	71.77	6.13	17.09		1659.63
祁门县	15.23	128.21	122.98	53.05	29.50	12.96		1809.59
滁州市	**4.24**	**66.92**	**102.03**	**62.91**	**25.26**	**4.82**	**1.16**	**1336.76**
琅琊区	4.12	45.25	99.90	59.25	23.43	11.98	0.83	1223.74
南谯区	0.97	60.16	119.86	80.19	22.90	5.54	0.67	1451.43
来安县	6.88	53.96	90.05	70.27	20.95	4.84	3.55	1252.49
全椒县	4.06	48.40	98.84	63.98	20.53	2.51	1.50	1199.10
定远县	4.58	71.71	107.97	61.57	27.89	5.86	0.52	1400.48
凤阳县	5.85	89.39	87.39	56.80	26.95	5.64	0.72	1363.67
苏滁现代产业园		28.17	44.78	93.46			12.35	893.74
滁州经济技术开发区	3.21	32.38	81.00	49.38	44.60	2.10	1.73	1072.04
天长市	3.45	85.57	126.97	59.54	20.32	2.66	1.17	1498.41
明光市	4.14	70.54	96.96	62.23	29.39	3.39	0.42	1335.41

6－4 续表 2　　　　　　　　　　　　　　　　　　　　　　　　单位：‰

地　区	15－19岁	20－24岁	25－29岁	30－34岁	35－39岁	40－44岁	45－49岁	总　和 生育率
阜阳市	**9.16**	**87.88**	**109.02**	**61.00**	**26.55**	**7.74**	**3.34**	**1523.46**
颍州区	4.84	64.03	120.26	59.61	30.51	14.17	4.16	1487.88
颍东区	6.20	91.61	96.71	61.38	23.05	11.47	3.37	1469.02
颍泉区	11.98	94.63	106.15	51.24	30.40	4.50	0.96	1499.28
临泉县	8.65	80.09	117.81	73.32	29.98	7.28	3.65	1603.88
太和县	12.20	92.68	100.76	64.36	22.12	5.12	2.58	1499.09
阜南县	10.73	89.98	117.99	65.68	30.82	7.34	4.36	1634.52
颍上县	8.67	96.46	90.97	45.24	20.59	6.85	3.40	1360.91
阜阳合肥现代产业园区	27.78	112.50	124.14	57.32	9.26	28.17		1795.84
阜阳经济技术开发区		64.64	87.91	45.83	22.13	8.95	2.27	1158.63
界首市	11.24	123.94	129.88	62.83	29.80	8.33	3.95	1849.77
宿州市	**10.06**	**107.77**	**113.39**	**66.15**	**27.28**	**5.46**	**1.09**	**1656.00**
埇桥区	10.53	86.74	101.29	60.40	28.52	6.21	1.12	1474.06
砀山县	9.44	139.45	127.24	82.00	21.03	6.61	0.66	1932.22
萧县	11.97	111.93	115.02	67.85	26.47	5.45	0.94	1698.13
灵璧县	8.77	122.62	122.64	65.18	27.52	3.76	1.88	1761.87
泗县	10.61	106.77	118.70	65.19	29.81	4.68	0.87	1683.11
宿州马鞍山现代产业园区		195.40	96.94	42.68	52.08			1935.54
宿州经济技术开发区		100.72	87.45	70.23	39.33	4.63		1511.81
六安市	**5.39**	**69.26**	**106.96**	**63.67**	**25.22**	**4.12**	**0.99**	**1378.07**
金安区	2.26	72.15	109.94	70.83	23.75	3.15	0.57	1413.24
裕安区	5.85	60.48	103.66	65.61	28.92	2.69	0.54	1338.69
叶集区	11.31	107.91	146.00	50.38	23.76	12.35	1.26	1764.85
霍邱县	8.63	87.30	100.05	50.93	19.47	5.69	0.88	1364.76
舒城县	4.96	51.90	108.16	61.12	26.60	4.21	1.29	1291.22
金寨县	7.66	80.56	107.68	65.34	28.51	4.92	2.19	1484.28
霍山县	1.34	58.82	98.00	80.07	27.03	1.06	0.61	1334.65
亳州市	**11.81**	**107.01**	**109.73**	**64.53**	**23.47**	**7.42**	**2.09**	**1630.37**
谯城区	10.45	93.84	109.31	65.91	24.46	6.12	1.70	1558.94
涡阳县	12.29	110.24	112.73	55.93	20.22	5.77	1.72	1594.46
蒙城县	15.93	125.48	108.39	69.94	27.09	10.53	3.55	1804.54
利辛县	10.34	110.78	108.64	66.00	22.26	8.01	1.49	1637.58
池州市	**2.75**	**46.07**	**111.33**	**69.10**	**26.57**	**3.65**	**0.74**	**1301.04**
贵池区	2.36	38.80	123.33	79.03	29.58	4.38	0.38	1389.28
东至县	1.96	42.16	88.30	62.04	24.73	3.28		1112.36
石台县	18.35	53.76	125.00	117.35	32.79		2.61	1749.28
青阳县	2.73	87.66	126.34	53.35	26.52	4.29	2.97	1519.35
池州市国家经济技术开发区			203.70	14.49				1090.98
皖江江南新兴产业集中区		76.92		23.81				503.66
九华山风景区		38.46	139.53	59.70				1188.49
宣城市	**3.50**	**69.51**	**112.85**	**66.42**	**26.66**	**4.50**	**0.35**	**1418.91**
宣州区	1.70	66.29	130.07	64.53	20.60	5.86	0.31	1446.74
郎溪县	5.17	83.47	84.54	63.94	28.87	6.04	0.59	1363.11
泾县	3.10	45.98	118.37	67.53	34.73	1.27	0.92	1359.50
绩溪县	8.20	50.00	125.85	83.11	33.99			1505.76
旌德县	7.14	45.45	112.07	106.25	35.84	9.49		1581.26
宣城市经济开发区		51.61	110.00	52.19	22.22	6.23		1211.29
宁国市	3.95	73.74	113.19	65.41	26.47	2.36		1425.60
广德市	4.96	81.28	106.09	63.61	25.62	4.55	0.42	1432.70

6-4a　各地区育龄妇女年龄别生育率(城市)

单位：‰

地　　区	15-19岁	20-24岁	25-29岁	30-34岁	35-39岁	40-44岁	45-49岁	总　和 生育率
安　徽	**2.12**	**38.18**	**98.98**	**65.65**	**27.86**	**5.63**	**0.93**	**1196.76**
合肥市	**1.74**	**27.50**	**89.44**	**71.51**	**34.33**	**6.98**	**1.23**	**1163.64**
瑶海区	6.35	38.99	86.72	65.32	32.50	9.54	0.92	1201.72
庐阳区	1.69	37.62	99.86	69.72	33.51	2.74	0.45	1227.94
蜀山区	0.90	12.94	72.46	72.74	34.18	6.19	1.35	1003.71
包河区	0.44	32.07	94.51	74.04	37.44	6.49	1.53	1232.57
长丰县								
肥东县								
肥西县		17.07	105.10	78.55	40.82	30.30		1359.19
庐江县								
合肥高新技术产业开发区								
合肥经济技术开发区								
合肥新站高新技术产业开发区	11.24	29.41	133.72	100.82	34.33	21.86		1656.89
巢湖市	0.78	36.23	101.72	67.64	28.46	7.07	2.22	1220.56
芜湖市	**1.18**	**28.57**	**97.26**	**60.13**	**23.26**	**4.59**	**0.87**	**1079.25**
镜湖区	2.47	21.14	74.99	58.36	28.02	3.14	0.56	943.39
弋江区		20.93	98.89	54.92	15.54	5.93	1.45	988.28
鸠江区	3.18	31.89	109.13	67.26	28.28	7.91	1.84	1247.48
三山区	3.26	86.54	122.64	55.28	12.71			1402.13
芜湖县			125.00	130.43	58.82			1571.29
繁昌县								
南陵县								
芜湖经济技术开发区			333.33					1666.67
安徽芜湖长江大桥经济开发区								
无为市		63.94	104.80	62.59	21.09	3.87		1281.48
蚌埠市	**2.92**	**43.39**	**85.05**	**58.12**	**24.09**	**5.66**	**0.39**	**1098.15**
龙子湖区		20.62	44.72	65.00	23.59	1.92		779.22
蚌山区		41.24	70.76	61.61	23.77	1.89	1.70	1004.88
禹会区		29.22	97.84	47.28	21.14	8.63		1020.58
淮上区	8.39	96.67	115.89	61.78	28.75	10.67		1610.70
怀远县								
五河县								
固镇县								
蚌埠市高新技术开发区								
蚌埠市经济开发区								
淮南市	**2.36**	**30.55**	**91.14**	**64.53**	**25.68**	**4.17**	**0.90**	**1096.63**
大通区		13.70	74.71	81.73	15.75	10.53		982.08
田家庵区	2.16	24.13	98.21	63.40	26.83	4.90	1.11	1103.65
谢家集区	3.50	38.46	84.75	57.30	16.91			1004.57
八公山区		38.83	40.16	52.49	40.25			858.65
潘集区	7.25	106.06	103.94	85.21	16.84	7.75	3.42	1652.37
凤台县								
寿县								

6-4a 续表 1 单位：‰

地　　区	15-19岁	20-24岁	25-29岁	30-34岁	35-39岁	40-44岁	45-49岁	总　和 生育率
马鞍山市	**2.47**	**34.09**	**108.56**	**58.81**	**25.84**	**3.60**	**0.54**	**1169.57**
花山区	3.11	37.69	107.93	59.29	26.11	3.88	0.99	1194.95
雨山区	2.35	18.46	112.70	53.61	26.14	4.02		1086.47
博望区		139.24	96.46	76.43	22.73			1674.32
当涂县								
含山县								
和县								
淮北市	**3.95**	**43.38**	**99.73**	**63.81**	**23.43**	**6.22**	**0.55**	**1205.35**
杜集区	8.72	69.50	70.42	63.25	15.15	1.94		1144.91
相山区	3.84	39.64	110.25	56.09	27.46	8.02	0.83	1230.65
烈山区	1.28	26.76	112.24	91.46	18.26			1250.06
濉溪县	9.43	117.12	62.15	108.11		7.46		1521.34
铜陵市	**1.41**	**19.85**	**104.98**	**56.28**	**18.48**	**4.11**	**0.75**	**1029.28**
铜官区	0.82	13.81	107.07	52.87	18.26	3.46	0.50	983.95
义安区		43.17	103.93	77.13	19.08			1216.59
郊区	20.41	86.96	81.82	44.12	20.20	22.73	4.67	1404.51
枞阳县								
安庆市	**0.87**	**38.98**	**116.95**	**72.97**	**27.51**	**3.59**	**0.35**	**1306.04**
迎江区		49.53	114.15	64.60	13.99	2.13		1222.01
大观区		16.18	68.60	45.37	24.16	2.73		785.23
宜秀区	1.99	14.49	132.96	85.14	26.79	5.32		1333.44
怀宁县								
太湖县								
宿松县								
望江县		37.97	110.39	70.53	44.08	7.16	1.82	1359.75
岳西县								
安徽安庆经济开发区								
桐城市		52.86	116.81	76.29	29.12	4.14	0.59	1399.04
潜山市	2.70	87.50	145.71	92.68	33.56	1.48		1818.09
黄山市	**2.48**	**52.20**	**98.89**	**70.36**	**30.39**	**2.05**		**1281.87**
屯溪区	1.69	42.44	93.28	70.88	26.26	2.03		1182.85
黄山区		33.33	139.42	61.54	28.57			1314.33
徽州区	12.50	137.50	85.43	74.20	56.99	5.18		1859.04
歙县		100.00	111.11	71.43				1412.70
休宁县			58.82	95.24				770.31
黟县								
祁门县								
滁州市	**2.00**	**67.95**	**119.17**	**64.59**	**23.61**	**6.17**	**0.96**	**1422.28**
琅琊区	4.26	45.87	99.90	57.33	21.65	12.32	0.86	1210.90
南谯区		69.39	134.23	87.19	25.80	5.43	1.30	1616.69
来安县								
全椒县								
定远县								
凤阳县								
苏滁现代产业园								
滁州经济技术开发区								
天长市	1.72	87.78	134.93	58.36	20.49	1.86	0.75	1529.50
明光市	2.05	73.35	106.56	56.70	28.01	5.00	1.09	1363.79

6−4a　续表 2　　　　单位：‰

地　　区	15−19岁	20−24岁	25−29岁	30−34岁	35−39岁	40−44岁	45−49岁	总　和生育率
阜阳市	**2.67**	**49.50**	**95.50**	**56.16**	**28.03**	**9.74**	**2.90**	**1222.47**
颍州区	2.12	34.21	103.19	59.91	31.63	13.43	5.19	1248.39
颍东区	2.78	59.74	93.94	56.32	22.88	11.38	1.38	1242.06
颍泉区	5.41	67.10	76.92	50.50	22.86	1.27	1.38	1127.16
临泉县								
太和县								
阜南县								
颍上县								
阜阳合肥现代产业园区								
阜阳经济技术开发区								
界首市	1.73	92.11	99.47	53.17	29.41	9.15	1.24	1431.39
宿州市	**3.56**	**60.90**	**98.97**	**64.02**	**28.68**	**9.04**	**0.74**	**1329.57**
埇桥区	3.57	60.62	98.97	64.17	28.86	9.11	0.74	1330.21
砀山县								
萧县		111.11	100.00	43.48				1272.95
灵璧县								
泗县								
宿州马鞍山现代产业园区								
宿州经济技术开发区								
六安市	**1.68**	**60.17**	**106.40**	**68.09**	**28.74**	**4.41**	**0.89**	**1351.91**
金安区	0.81	64.32	108.19	67.97	25.99	2.41	0.65	1351.70
裕安区	2.01	50.99	100.22	70.71	31.23	5.63	0.67	1307.24
叶集区	4.13	120.00	134.78	48.54	27.91	9.35	3.27	1739.90
霍邱县				181.82				909.09
舒城县		125.00	117.65	58.82	125.00			2132.35
金寨县								
霍山县								
亳州市	**2.27**	**57.07**	**102.14**	**60.61**	**24.37**	**5.24**	**1.42**	**1265.52**
谯城区	2.29	57.34	103.02	60.09	24.08	5.30	1.43	1267.78
涡阳县								
蒙城县								
利辛县				136.36	55.56			959.60
池州市	**1.93**	**28.55**	**120.24**	**76.20**	**22.17**	**3.61**	**0.54**	**1266.13**
贵池区	2.01	28.49	120.49	80.28	23.62	3.79	0.57	1296.29
东至县								
石台县								
青阳县								
池州市国家经济技术开发区			203.70	14.49				1090.98
皖江江南新兴产业集中区		76.92		23.81				503.66
九华山风景区								
宣城市	**3.31**	**58.86**	**111.41**	**61.93**	**23.51**	**4.19**	**0.56**	**1318.89**
宣州区	1.26	43.97	124.19	67.62	19.06	4.75	0.75	1308.04
郎溪县								
泾县								
绩溪县								
旌德县								
宣城市经济开发区								
宁国市	4.61	69.82	112.64	62.80	26.19	1.92		1389.92
广德市	5.13	67.94	96.51	55.46	24.89	5.92	0.89	1283.68

6－4b 各地区育龄妇女年龄别生育率(镇)

单位：‰

地　　区	15－19岁	20－24岁	25－29岁	30－34岁	35－39岁	40－44岁	45－49岁	总　和 生育率
安　徽	**4.39**	**67.65**	**108.73**	**66.07**	**26.90**	**5.67**	**1.31**	**1403.57**
合肥市	**1.86**	**42.84**	**118.62**	**80.72**	**32.81**	**7.26**	**1.24**	**1426.71**
瑶海区		71.43	119.21	71.43	62.50	12.66		1686.10
庐阳区		81.97	126.84	84.55	30.09	15.38		1694.20
蜀山区	40.00	81.97	94.12	114.29	10.42	14.49		1776.40
包河区								
长丰县	2.03	82.26	135.01	85.51	39.03	7.36	2.24	1767.24
肥东县	2.63	77.45	121.34	75.91	28.28	6.81	1.38	1569.01
肥西县	2.61	53.68	127.98	85.93	37.12	7.47	1.00	1578.92
庐江县	2.68	61.82	106.40	74.90	25.05	6.49	2.09	1397.15
合肥高新技术产业开发区	1.05	12.37	106.57	87.76	46.68	10.99		1327.14
合肥经济技术开发区	0.81	16.47	106.64	76.07	31.47	5.70		1185.77
合肥新站高新技术产业开发区	1.27	26.27	116.97	78.31	28.87	6.61	1.00	1296.59
巢湖市		44.12	108.77	61.16	31.25	6.62		1259.62
芜湖市	**3.53**	**52.36**	**100.40**	**59.18**	**22.30**	**6.02**	**0.38**	**1220.83**
镜湖区								
弋江区								
鸠江区		73.77	94.70	55.79	22.22	4.65		1255.67
三山区		148.15	84.97	83.33				1582.24
芜湖县	2.87	54.89	110.73	62.24	20.73	7.51	0.90	1299.33
繁昌县	5.01	46.98	85.91	51.16	37.12	6.00		1160.90
南陵县	2.88	67.72	107.90	56.20	17.62	3.76	0.84	1284.60
芜湖经济技术开发区	3.80	41.50	90.81	61.05	20.76	10.31		1141.17
安徽芜湖长江大桥经济开发区		125.00	196.43	52.63				1870.30
无为市	5.49	35.36	102.04	59.95	25.79	6.33		1174.85
蚌埠市	**4.57**	**56.99**	**105.66**	**60.84**	**27.83**	**5.08**	**1.70**	**1313.39**
龙子湖区		250.00	88.24	175.00	41.67			2774.51
蚌山区								
禹会区		90.91	83.33	55.56		37.04		1334.18
淮上区		160.71	112.24	61.54	37.04	14.49		1930.14
怀远县	4.77	95.41	109.76	48.31	26.48	3.84	3.35	1459.59
五河县	7.72	113.40	107.27	67.62	24.22	2.66	1.03	1619.61
固镇县	18.52	109.02	118.85	53.40	27.18	5.24	1.54	1668.85
蚌埠市高新技术开发区		55.56	62.22	57.07	28.67	8.33		1059.25
蚌埠市经济开发区	0.84	12.08	104.28	71.20	31.55	6.11	1.09	1135.80
淮南市	**2.82**	**82.28**	**103.62**	**55.43**	**27.08**	**7.39**	**1.23**	**1399.24**
大通区	7.19	47.95	75.47	43.62	42.45	4.31		1104.99
田家庵区		45.45	100.00	21.74				835.97
谢家集区				444.44	200.00			3222.22
八公山区								
潘集区		127.45	119.40	55.79	22.99	17.14	3.33	1730.56
凤台县	2.43	95.24	94.02	49.15	25.76	10.17		1383.79
寿县	2.64	78.58	115.23	61.21	25.94	5.31	1.80	1453.58

6-4b　续表 1　　　　单位：‰

地　　区	15-19岁	20-24岁	25-29岁	30-34岁	35-39岁	40-44岁	45-49岁	总　和 生育率
马鞍山市	**1.33**	**71.48**	**110.71**	**55.21**	**21.59**	**1.32**	**0.66**	**1311.56**
花山区								
雨山区								
博望区			121.21	74.07	37.04			1161.62
当涂县		59.41	100.46	53.81	30.42		0.80	1224.49
含山县	2.91	101.83	125.21	62.87	16.31	1.50	1.12	1558.75
和县	1.62	66.30	114.72	48.62	13.92	2.85		1240.14
淮北市	**8.00**	**85.81**	**116.37**	**63.54**	**27.92**	**7.99**	**3.07**	**1563.50**
杜集区		84.34	100.00	30.49	15.87		5.41	1180.52
相山区								
烈山区		117.65	163.93	45.45	10.64	17.70	5.81	1805.94
濉溪县	8.81	83.95	115.91	67.91	30.67	8.01	2.50	1588.86
铜陵市		**57.14**	**141.38**	**63.60**	**22.46**	**6.84**	**0.66**	**1460.42**
铜官区								
义安区		78.95	133.33	24.69				1184.86
郊区		121.21	109.38	90.91	43.48	25.97		1954.74
枞阳县		47.77	146.50	65.53	22.16	5.85	0.81	1443.06
安庆市	**3.36**	**71.49**	**116.02**	**68.57**	**29.93**	**4.82**	**0.57**	**1473.83**
迎江区								
大观区		64.52	72.73	68.97				1031.04
宜秀区		88.24	140.35	40.82	22.73			1460.65
怀宁县	3.18	70.06	121.98	63.23	31.15	4.93		1472.65
太湖县	2.23	96.77	132.73	73.17	39.36	6.35		1753.04
宿松县	7.03	109.09	137.04	70.87	33.56	7.46	2.07	1835.62
望江县		75.00	94.70	109.24	56.99			1679.68
岳西县	2.99	43.65	104.17	72.42	26.93	5.47		1278.13
安徽安庆经济开发区		46.51	106.61	58.20	13.22	1.94		1132.40
桐城市	7.58	26.43	84.42	58.39	24.84	6.67	1.38	1048.54
潜山市		89.47	99.32	66.14	19.35			1371.41
黄山市	**1.78**	**63.34**	**116.73**	**67.09**	**34.69**	**8.32**	**1.09**	**1465.24**
屯溪区		5.85		37.04		86.96		649.21
黄山区		58.82	77.78	77.92	16.67			1155.95
徽州区		318.18	138.89	166.67	71.43			3475.83
歙县	2.04	83.33	125.86	70.48	35.34	3.06	1.28	1607.01
休宁县		55.56	138.51	58.14	40.27	3.06	2.90	1492.17
黟县		105.26	87.38	84.62	12.05	22.90		1561.03
祁门县	8.47	120.97	102.80	45.45	37.34	15.77		1654.09
滁州市	**4.58**	**63.67**	**98.05**	**66.55**	**25.93**	**4.14**	**1.29**	**1321.03**
琅琊区								
南谯区		73.17	102.88	64.75		6.37		1235.85
来安县	4.22	65.06	95.09	78.41	16.03	3.80	4.52	1335.62
全椒县		51.24	104.28	64.42	22.70	2.29	0.79	1228.62
定远县	4.83	80.79	110.16	71.20	26.73	5.63		1496.68
凤阳县	7.94	69.92	89.43	61.66	32.67	7.08	0.75	1347.23
苏滁现代产业园		28.17	44.78	93.46			12.35	893.74
滁州经济技术开发区	1.99	35.24	91.23	55.56	51.91	2.45	1.92	1201.50
天长市	8.40	89.29	107.74	55.22	20.83	2.71	0.85	1425.27
明光市		42.42	78.84	76.27	22.10			1098.17

6-4b 续表 2

单位：‰

地区	15－19岁	20－24岁	25－29岁	30－34岁	35－39岁	40－44岁	45－49岁	总和生育率
阜阳市	**7.71**	**87.51**	**104.09**	**58.03**	**24.35**	**6.17**	**2.52**	**1451.87**
颍州区	20.55	87.38	140.00	54.90	29.85	11.63		1721.54
颍东区	19.23	75.95	83.61	58.82	7.58	9.22		1272.04
颍泉区	6.69	109.95	86.26	47.22	45.30	10.34		1528.81
临泉县	4.88	73.68	104.83	72.95	29.11	3.63	3.50	1462.85
太和县	8.57	90.23	99.11	62.33	22.88	5.17	2.53	1454.03
阜南县	6.74	81.12	112.50	54.69	26.42	10.04	3.29	1473.95
颍上县	7.99	92.04	100.00	43.84	17.91	5.98	2.29	1350.28
阜阳合肥现代产业园区	200.00	222.22	76.92	173.91		111.11		3920.85
阜阳经济技术开发区		65.79	96.28	42.23	24.61	5.14	2.69	1183.67
界首市	18.96	176.47	142.42	61.27	28.41	5.80	2.70	2180.18
宿州市	**5.12**	**97.13**	**108.52**	**64.03**	**27.01**	**3.99**	**1.30**	**1535.43**
埇桥区	8.24	96.77	92.33	47.77	22.45	1.86		1347.16
砀山县	9.06	136.66	124.91	80.55	24.47	6.66	0.70	1915.03
萧县	3.50	72.66	96.51	60.09	25.51	3.24	0.66	1310.88
灵璧县	1.75	82.37	114.46	61.84	22.41	1.70	2.75	1436.39
泗县	8.58	97.04	115.02	59.86	36.67	5.42	2.07	1623.32
宿州马鞍山现代产业园区		169.81	64.52	52.17	57.14			1718.22
宿州经济技术开发区		100.72	87.45	70.23	39.33	4.63		1511.81
六安市	**4.55**	**89.69**	**105.59**	**64.29**	**25.91**	**4.33**	**1.30**	**1478.33**
金安区	1.30	129.03	98.85	90.74	17.79	3.36		1705.36
裕安区	15.38	82.28	109.89	50.15	30.57			1441.34
叶集区	100.00	115.38	157.89	44.44	39.47			2285.99
霍邱县	4.46	106.06	100.00	48.74	17.47	4.45	0.80	1409.90
舒城县	4.42	71.82	109.24	63.44	26.27	6.64	2.42	1421.26
金寨县	6.73	92.05	111.27	63.17	36.44	5.30	2.08	1585.19
霍山县		70.03	98.51	78.85	30.30	1.41	0.93	1400.14
亳州市	**8.34**	**103.28**	**98.83**	**58.72**	**19.44**	**7.53**	**1.87**	**1490.04**
谯城区	17.62	182.80	104.51	66.04	17.91	7.21		1980.45
涡阳县	6.19	76.49	92.38	50.55	15.77	5.05	1.24	1238.40
蒙城县	10.24	106.92	93.55	61.98	23.32	9.37	2.30	1538.40
利辛县	7.62	101.48	108.91	62.10	19.79	8.23	2.60	1553.63
池州市	**2.99**	**69.64**	**105.66**	**58.28**	**28.37**	**4.38**	**0.86**	**1350.91**
贵池区		166.67	100.00	56.07	50.00			1863.71
东至县	1.65	54.12	96.87	57.14	27.03	4.48		1206.43
石台县	12.99	35.71	91.95	112.00	38.10			1453.75
青阳县	3.86	99.01	125.75	49.34	26.26	6.19	3.36	1568.80
池州市国家经济技术开发区								
皖江江南新兴产业集中区								
九华山风景区			181.82					909.09
宣城市	**4.57**	**71.21**	**107.37**	**65.37**	**26.71**	**4.71**	**0.54**	**1402.38**
宣州区	7.14	86.09	122.81	55.56	23.65	9.26		1522.53
郎溪县	5.12	96.30	92.40	60.64	24.84	7.29	0.94	1437.65
泾县	4.26	38.89	120.60	60.18	30.02	1.84	1.57	1286.76
绩溪县	9.52	31.58	109.70	84.42	34.36			1347.94
旌德县	10.00	42.55	73.62	105.93	34.83	4.18		1355.57
宣城市经济开发区		56.34	108.11	55.16	24.90	6.92		1257.09
宁国市		115.38	190.48	63.49				1846.76
广德市		105.88	117.65	62.18	16.95			1513.27

6-4c　各地区育龄妇女年龄别生育率(乡村)

单位：‰

地　　区	15-19岁	20-24岁	25-29岁	30-34岁	35-39岁	40-44岁	45-49岁	总　和 生育率
安　徽	**10.57**	**88.50**	**110.34**	**66.40**	**26.37**	**5.94**	**1.50**	**1548.11**
合肥市	**2.92**	**43.94**	**98.79**	**71.65**	**31.92**	**7.51**	**1.21**	**1289.71**
瑶海区		88.24	174.60	68.97	39.22			1855.10
庐阳区		250.00	333.33	230.77	83.33			4487.18
蜀山区		111.11	111.11	166.67	55.56	125.00		2847.22
包河区			58.82					294.12
长丰县	1.59	77.04	106.30	70.80	39.49	9.41	0.73	1526.83
肥东县	2.09	19.42	78.83	63.20	28.60	8.06	1.13	1006.60
肥西县	2.96	34.09	107.03	84.62	31.71	6.24	1.51	1340.77
庐江县	4.44	42.39	88.92	62.50	29.41	6.64	2.02	1181.64
合肥高新技术产业开发区								
合肥经济技术开发区			142.86	76.92				1098.90
合肥新站高新技术产业开发区		125.00	142.86	52.63				1602.44
巢湖市	4.95	102.44	126.79	91.89	33.74	7.26		1835.41
芜湖市	**2.65**	**39.18**	**91.60**	**57.38**	**19.33**	**5.25**	**0.50**	**1079.41**
镜湖区		60.61	195.65	17.24		18.87		1461.84
弋江区								
鸠江区		112.15	118.45	60.34	15.21	3.24	1.66	1555.23
三山区		113.21	154.64	45.87		9.71		1617.14
芜湖县	25.48	10.75	106.23	83.94	18.10	9.32		1269.08
繁昌县		42.78	101.45	56.96	14.93	3.37		1097.42
南陵县	5.13	23.09	70.87	63.38	19.88	4.55	0.89	938.98
芜湖经济技术开发区			166.67	111.11				1388.89
安徽芜湖长江大桥经济开发区		100.00	187.50					1437.50
无为市		32.54	79.87	52.01	22.69	4.84	0.35	961.53
蚌埠市	**17.15**	**134.34**	**121.21**	**66.14**	**21.44**	**6.87**	**1.01**	**1840.82**
龙子湖区	28.99	75.47	42.74	48.95		13.51		1048.28
蚌山区		41.67	39.22	28.57			21.28	653.65
禹会区	21.28	152.71	88.05	51.28	15.33	11.54		1700.91
淮上区	16.39	164.29	115.38	52.63		4.93	2.82	1782.19
怀远县	18.25	137.40	125.55	59.04	26.56	7.72	1.81	1881.72
五河县	11.79	132.03	133.50	82.97	18.26	1.72		1901.34
固镇县	17.82	125.32	134.22	77.58	30.79	8.32		1970.28
蚌埠市高新技术开发区								
蚌埠市经济开发区								
淮南市	**6.69**	**106.60**	**98.48**	**53.88**	**25.30**	**3.36**	**1.29**	**1478.00**
大通区		128.21	153.85	61.64	42.25	8.40	6.71	2005.32
田家庵区		128.21	16.67	53.76	66.67			1326.51
谢家集区		76.92	59.41	75.47	33.71			1227.54
八公山区	142.86	142.86			58.82			1722.69
潘集区	24.15	183.41	100.44	53.21	20.62	5.56	1.63	1945.07
凤台县	9.49	158.70	125.31	63.38	28.71	7.58	1.72	1974.39
寿县	3.03	67.28	84.45	46.96	21.99	0.66	0.81	1125.94

6-4c 续表 1

单位：‰

地 区	15-19岁	20-24岁	25-29岁	30-34岁	35-39岁	40-44岁	45-49岁	总 和 生育率
马鞍山市	**9.10**	**86.61**	**109.38**	**70.45**	**24.58**	**8.17**	**1.59**	**1549.39**
花山区			136.36					681.82
雨山区		50.00	117.65	60.61	45.45			1368.54
博望区		61.54	94.44	98.36	20.98	18.52		1469.21
当涂县	26.04	102.46	111.75	68.41	27.10	7.46	2.72	1729.74
含山县		76.92	88.34	59.17	21.28	4.23	1.27	1256.05
和县	12.10	110.09	144.89	82.19	27.45	8.77	1.72	1936.04
淮北市	**23.69**	**116.12**	**115.83**	**66.64**	**24.44**	**6.85**	**0.33**	**1769.50**
杜集区	30.77	105.77	94.24	57.47	19.87	6.13		1571.27
相山区	63.49	129.41	139.53	68.38	37.74	6.85		2227.00
烈山区	14.43	100.37	108.11	65.67	26.88	3.95		1597.09
濉溪县	25.64	119.72	117.78	67.67	23.34	7.57	0.45	1810.95
铜陵市	**4.62**	**61.97**	**114.16**	**77.58**	**24.93**	**5.04**		**1441.41**
铜官区		83.33	103.45	100.00				1433.91
义安区	8.20	87.59	108.57	45.87	23.53	8.73		1412.47
郊区	10.10	98.77	160.00	82.80	30.67			1911.72
枞阳县	2.92	33.61	100.61	90.24	24.54	5.54		1287.33
安庆市	**2.96**	**56.62**	**103.11**	**75.82**	**27.89**	**4.12**	**1.03**	**1357.72**
迎江区			272.73					1363.64
大观区		79.37	160.92	105.77	17.24			1816.48
宜秀区		135.14	170.73	95.24				2005.52
怀宁县		51.49	72.80	76.40	23.71	4.15	0.59	1145.66
太湖县	5.79	55.64	130.48	72.76	21.28	6.87		1464.14
宿松县	4.37	51.09	96.26	75.00	24.03	3.70	2.55	1284.99
望江县	2.82	64.87	105.38	88.14	32.45	3.17	0.94	1488.90
岳西县		77.67	121.16	68.97	45.53	1.48	1.81	1583.07
安徽安庆经济开发区	333.33	166.67	222.22	125.00				4236.11
桐城市		42.07	93.65	69.46	25.21	5.56	0.85	1184.00
潜山市	5.31	51.38	99.42	67.97	29.85	5.12		1295.25
黄山市	**5.02**	**95.92**	**100.40**	**70.39**	**23.79**	**3.53**	**1.55**	**1502.97**
屯溪区		88.24	117.65	80.00				1429.41
黄山区		65.79	77.59	73.39	42.11			1294.38
徽州区		31.25	139.78	92.59	28.99		6.37	1494.91
歙县	2.53	77.54	65.98	71.87	24.18	3.29	2.89	1241.40
休宁县	5.65	126.26	132.91	62.50	34.48	3.34		1825.75
黟县		142.86	140.19	50.63		9.71		1716.93
祁门县	25.32	140.85	168.42	70.80	10.20	6.85		2112.16
滁州市	**5.08**	**70.12**	**95.23**	**56.64**	**25.90**	**4.60**	**1.15**	**1293.58**
琅琊区			100.00	121.21	133.33			1772.73
南谯区	1.96	37.31	90.60	71.43	32.00	5.15		1192.33
来安县	11.86	36.04	80.16	51.45	31.80	6.68	2.31	1101.52
全椒县	12.71	42.81	86.50	62.81	13.33	3.10	2.73	1119.98
定远县	4.36	65.13	106.19	52.75	29.00	6.08	0.89	1322.04
凤阳县	3.44	109.11	85.28	51.61	20.13	4.15	0.70	1372.09
苏滁现代产业园								
滁州经济技术开发区	8.33	10.99	27.52	17.09				319.70
天长市		75.99	137.40	70.18	18.69	4.55	2.14	1544.74
明光市	6.77	77.89	92.33	63.80	33.97	2.72		1387.44

6-4c　续表 2　　　　单位：‰

地　区	15-19岁	20-24岁	25-29岁	30-34岁	35-39岁	40-44岁	45-49岁	总　和生育率
阜阳市	**12.32**	**97.72**	**115.24**	**64.21**	**27.53**	**8.12**	**3.88**	**1645.04**
颍州区	14.98	155.21	149.29	60.14	27.73	16.95	3.49	2138.98
颍东区	6.79	115.20	102.20	65.90	27.94	12.15	5.63	1679.06
颍泉区	21.01	113.46	140.27	53.50	33.15	5.71	1.01	1840.53
临泉县	10.91	82.76	124.28	73.52	30.48	9.33	3.72	1675.07
太和县	15.48	94.81	102.31	66.21	21.35	5.07	2.62	1539.23
阜南县	12.32	93.02	120.63	71.22	33.28	5.89	4.85	1706.09
颍上县	9.09	98.93	85.45	46.21	22.65	7.41	4.06	1369.02
阜阳合肥现代产业园区		98.59	128.79	37.31	10.75	16.13		1457.87
阜阳经济技术开发区		57.14	44.94	66.67		34.48		1016.18
界首市	16.60	123.67	147.93	70.75	30.60	8.48	6.35	2021.97
宿州市	**17.23**	**128.04**	**120.50**	**68.46**	**26.99**	**5.38**	**1.06**	**1838.21**
埇桥区	18.12	108.43	104.97	59.09	29.72	4.10	1.63	1630.28
砀山县	10.04	141.73	129.82	83.83	16.54	6.56	0.63	1945.74
萧县	21.46	135.16	127.53	74.07	27.45	7.12	1.10	1969.50
灵璧县	18.87	156.06	129.73	68.50	33.71	5.74	1.33	2069.67
泗县	13.07	113.94	121.79	70.19	22.78	4.02		1728.97
宿州马鞍山现代产业园区		235.29	152.78	20.41	38.46			2234.71
宿州经济技术开发区								
六安市	**8.54**	**62.74**	**108.28**	**60.34**	**22.60**	**3.82**	**0.82**	**1335.66**
金安区	6.17	61.22	119.46	64.48	23.36	4.26	0.80	1398.78
裕安区	11.70	70.30	106.22	62.29	25.42		0.54	1382.36
叶集区	5.88	94.49	154.93	54.69	11.63	20.62		1711.17
霍邱县	11.05	76.83	100.61	51.60	20.86	6.53	0.93	1341.94
舒城县	5.51	39.15	107.09	58.73	26.19	1.61	0.45	1193.60
金寨县	8.35	71.43	103.88	67.87	20.09	4.60	2.27	1392.42
霍山县	5.59	39.22	96.49	84.39	16.39			1210.38
亳州市	**18.99**	**131.32**	**121.67**	**71.18**	**26.77**	**8.00**	**2.40**	**1901.64**
谯城区	24.02	123.54	118.23	73.31	26.22	6.68	2.20	1871.06
涡阳县	18.28	139.76	133.68	62.18	25.24	6.51	2.13	1938.90
蒙城县	22.07	145.81	125.64	79.77	31.99	12.02	4.67	2109.84
利辛县	13.45	121.33	109.97	69.57	24.65	7.89	0.56	1737.11
池州市	**4.19**	**49.44**	**106.86**	**73.96**	**29.57**	**2.77**	**0.79**	**1337.89**
贵池区	6.94	89.66	142.86	80.50	54.05	7.98		1909.92
东至县	2.41	32.00	79.03	68.67	21.39	1.40		1024.51
石台县	31.25	81.08	169.23	126.76	25.64		5.35	2196.56
青阳县		66.04	127.82	63.73	27.17		2.42	1435.86
池州市国家经济技术开发区								
皖江江南新兴产业集中区								
九华山风景区		47.62	125.00	72.73				1226.73
宣城市	**2.28**	**83.25**	**124.30**	**76.80**	**32.59**	**4.68**		**1619.47**
宣州区		103.09	147.06	64.10	21.74	5.94		1709.68
郎溪县	5.29	59.63	61.40	73.68	40.54	2.98		1217.64
泾县		61.73	113.10	87.80	50.63			1566.31
绩溪县		120.00	192.98	76.92	32.26			2110.82
旌德县		52.63	202.90	107.14	38.46	25.97		2135.54
宣城市经济开发区			133.33	32.26				827.96
宁国市		81.40	90.16	84.27	39.37	6.13		1506.67
广德市	5.88	97.66	126.58	87.94	31.33	3.64		1765.14

6-5 各地区按活产子女数分的15-64岁妇女人数

单位：人

地区	15-64岁妇女人数	活产0个	活产1个	活产2个	活产3个	活产4个	活产5个及以上
安徽	**1981919**	**392693**	**630108**	**758508**	**163558**	**30354**	**6698**
合肥市	**324148**	**84409**	**122657**	**99273**	**15190**	**2202**	**417**
瑶海区	29511	6716	13411	8253	958	143	30
庐阳区	24519	5626	11706	6299	786	86	16
蜀山区	36257	11991	15563	7684	851	148	20
包河区	41861	11103	18403	10881	1267	182	25
长丰县	26009	5439	7514	9944	2598	436	78
肥东县	34134	7885	9653	13719	2471	343	63
肥西县	33310	9109	11316	10897	1722	230	36
庐江县	31314	5170	10471	13278	2063	264	68
合肥高新技术产业开发区	9875	3565	3723	2264	276	37	10
合肥经济技术开发区	20071	7544	6697	5030	674	109	17
合肥新站高新技术产业开发区	15473	5812	4943	4023	585	89	21
巢湖市	21814	4449	9257	7001	939	135	33
芜湖市	**132097**	**28836**	**56778**	**40458**	**5164**	**725**	**136**
镜湖区	17335	3944	10418	2682	245	37	9
弋江区	15623	5888	6782	2639	276	33	5
鸠江区	17433	3510	7835	5277	694	101	16
三山区	4931	876	1947	1855	223	28	2
芜湖县	12211	2581	5012	4130	429	51	8
繁昌县	9220	1629	4304	3021	239	23	4
南陵县	15488	2671	6589	5553	595	74	6
芜湖经济技术开发区	5867	1145	2811	1690	199	19	3
安徽芜湖长江大桥经济开发区	660	84	246	287	39	4	
无为市	33329	6508	10834	13324	2225	355	83
蚌埠市	**92647**	**17124**	**27216**	**35380**	**10507**	**1981**	**439**
龙子湖区	6649	1222	3313	1820	264	24	6
蚌山区	5436	1033	2768	1375	232	24	4
禹会区	10186	2249	4087	3012	744	73	21
淮上区	8166	1520	2021	3680	790	134	21
怀远县	22138	3334	3622	9773	4284	921	204
五河县	14669	2249	3239	7068	1735	313	65
固镇县	13414	1795	2669	6271	2130	443	106
蚌埠市高新技术开发区	2045	403	972	570	84	11	5
蚌埠市经济开发区	9944	3319	4525	1811	244	38	7
淮南市	**95949**	**17589**	**33217**	**34936**	**8488**	**1411**	**308**
大通区	5019	848	1885	1747	452	71	16
田家庵区	25124	6136	12253	5503	988	200	44
谢家集区	6839	1134	3433	1831	364	62	15
八公山区	4167	647	2463	913	124	16	4
潘集区	8755	1163	2250	3585	1388	294	75
凤台县	16402	2188	3524	7983	2296	358	53
寿县	29643	5473	7409	13374	2876	410	101

6-5　续表 1　　单位：人

地　　区	15-64岁妇女人数	活产0个	活产1个	活产2个	活产3个	活产4个	活产5个及以上
马鞍山市	**68350**	**12223**	**32064**	**21006**	**2669**	**331**	**57**
花山区	15069	2612	9386	2759	265	44	3
雨山区	12200	3366	6515	2073	202	35	9
博望区	4802	671	1458	2232	396	37	8
当涂县	14374	2076	6203	5422	589	70	14
含山县	11523	1813	4389	4465	760	81	15
和县	10382	1685	4113	4055	457	64	8
淮北市	**63429**	**12156**	**18991**	**24485**	**6304**	**1227**	**266**
杜集区	7661	1280	2360	3027	781	184	29
相山区	19170	3910	8692	5440	962	142	24
烈山区	8277	2460	2158	2782	713	125	39
濉溪县	28321	4506	5781	13236	3848	776	174
铜陵市	**40777**	**7357**	**17557**	**13345**	**2068**	**359**	**91**
铜官区	15995	3742	8983	2934	278	53	5
义安区	7023	917	3174	2591	288	46	7
郊区	4457	583	1748	1718	332	60	16
枞阳县	13302	2115	3652	6102	1170	200	63
安庆市	**159550**	**27661**	**54010**	**65682**	**10243**	**1578**	**376**
迎江区	8873	1490	5242	1925	179	28	9
大观区	7342	1345	4103	1678	183	31	2
宜秀区	6767	2191	2153	2101	272	42	8
怀宁县	19911	3151	6341	8840	1293	236	50
太湖县	16571	2590	4702	7853	1242	147	37
宿松县	22909	4000	3826	11311	3083	533	156
望江县	18553	2989	5695	8382	1276	170	41
岳西县	11868	1797	3750	5294	852	145	30
安徽安庆经济开发区	5088	1062	2515	1337	151	17	6
桐城市	24121	4459	9492	9036	991	126	17
潜山市	17547	2587	6191	7925	721	103	20
黄山市	**45649**	**7318**	**20926**	**16272**	**1005**	**108**	**20**
屯溪区	10485	2406	5710	2243	111	13	2
黄山区	4578	630	2233	1606	96	11	2
徽州区	3326	409	1566	1279	62	7	3
歙县	13529	2146	5253	5688	389	44	9
休宁县	6990	898	3215	2757	113	6	1
黟县	2394	317	1161	837	73	6	
祁门县	4347	512	1788	1862	161	21	3
滁州市	**138529**	**25457**	**49657**	**53016**	**8678**	**1427**	**294**
琅琊区	9121	1670	4580	2585	242	35	9
南谯区	11696	2337	4929	3907	438	67	18
来安县	13688	2018	5298	5497	748	105	22
全椒县	13906	2309	6026	4963	527	68	13
定远县	24599	4673	5972	10478	2819	541	116
凤阳县	21434	4778	4875	9019	2343	359	60
苏滁现代产业园	719	165	246	261	39	8	
滁州经济技术开发区	5298	1619	1967	1487	198	22	5
天长市	21492	3009	9945	8037	435	59	7
明光市	16576	2879	5819	6782	889	163	44

6-5 续表 2

单位：人

地区	15-64岁妇女人数	活产0个	活产1个	活产2个	活产3个	活产4个	活产5个及以上
阜阳市	**260216**	**56150**	**42776**	**113975**	**37440**	**8057**	**1818**
颍州区	26346	7065	6434	9877	2462	436	72
颍东区	17396	3342	3550	7820	2184	427	73
颍泉区	18544	3747	3571	8333	2409	412	72
临泉县	52890	13339	7026	21125	8739	2114	547
太和县	44074	8573	6722	21557	5886	1131	205
阜南县	35379	7626	4251	14547	6619	1826	510
颍上县	40434	8214	6000	18696	6125	1167	232
阜阳合肥现代产业园区	1032	174	114	469	203	58	14
阜阳经济技术开发区	3977	836	1032	1635	391	72	11
界首市	20144	3234	4076	9916	2422	414	82
宿州市	**157933**	**26750**	**31634**	**72550**	**21548**	**4496**	**955**
埇桥区	52741	9326	14229	22044	5830	1090	222
砀山县	22100	3537	4068	10203	3267	825	200
萧县	30761	5380	4919	14285	4748	1153	276
灵璧县	26773	4106	3673	13338	4535	933	188
泗县	22305	3696	3999	11275	2847	428	60
宿州马鞍山现代产业园区	1300	280	217	587	167	44	5
宿州经济技术开发区	1953	425	529	818	154	23	4
六安市	**140989**	**23684**	**45530**	**61288**	**9014**	**1200**	**273**
金安区	26734	5167	9186	10756	1422	165	38
裕安区	29325	5558	9632	12285	1647	165	38
叶集区	5697	830	1251	3085	459	56	16
霍邱县	25407	3692	4971	12708	3318	576	142
舒城县	26289	4209	10106	10785	1047	118	24
金寨县	16634	2553	5380	7737	865	87	12
霍山县	10903	1675	5004	3932	256	33	3
亳州市	**139118**	**27267**	**22928**	**61740**	**21310**	**4718**	**1155**
谯城区	46328	9255	9909	21232	4910	835	187
涡阳县	31251	5977	5139	13697	4846	1271	321
蒙城县	29433	5199	4150	13732	5123	1008	221
利辛县	32106	6836	3730	13079	6431	1604	426
池州市	**45969**	**7901**	**17789**	**18194**	**1794**	**249**	**42**
贵池区	19091	3770	7414	7053	737	95	22
东至县	16245	2728	5449	7190	749	115	14
石台县	2358	300	1013	968	63	12	2
青阳县	6979	908	3329	2515	206	19	2
池州市国家经济技术开发区	443	61	217	147	15	2	1
皖江江南新兴产业集中区	331	72	119	119	16	4	1
九华山风景区	522	62	248	202	8	2	
宣城市	**76569**	**10811**	**36378**	**26908**	**2136**	**285**	**51**
宣州区	19891	2993	9150	7023	627	83	15
郎溪县	10306	1544	4442	3783	446	78	13
泾县	7790	971	3854	2722	200	37	6
绩溪县	4029	377	1980	1545	116	9	2
旌德县	3225	437	1506	1188	81	10	3
宣城市经济开发区	3482	851	1629	928	66	6	2
宁国市	12238	1540	6420	4030	224	21	3
广德市	15608	2098	7397	5689	376	41	7

6-6　全省按受教育程度、活产子女数分的15-64岁妇女人数

单位：人

受教育程度	15-64岁妇女人数	活产0个	活产1个	活产2个	活产3个	活产4个	活产5个及以上
总　计	**1981919**	**392693**	**630108**	**758508**	**163558**	**30354**	**6698**
未上过学	68515	2572	10568	34478	15745	4094	1058
学前教育	2007	131	378	1062	348	74	14
小　学	416078	9243	96626	225502	67492	14021	3194
初　中	788212	72057	266934	368730	67885	10477	2129
高　中	329693	124762	116825	76882	9560	1407	257
大学专科	205178	87942	81919	33156	1928	202	31
大学本科	156792	86929	51944	17271	560	74	14
硕士研究生	14304	8399	4541	1319	39	5	1
博士研究生	1140	658	373	108	1		

6-7　全省按职业、活产子女数分的15-64岁妇女人数

单位：人

职业大类	15-64岁妇女人数	活产0个	活产1个	活产2个	活产3个	活产4个	活产5个及以上	妇女平均活产子女数
总　计	**1010959**	**149907**	**354934**	**407056**	**80998**	**14784**	**3280**	**1.47**
党的机关、国家机关、群众团体和社会组织、企事业单位负责人	15188	1933	7247	5291	618	81	18	1.32
专业技术人员	133370	44988	60406	26020	1708	213	35	0.89
办事人员和有关人员	57067	15490	28653	11851	936	108	29	0.98
社会生产服务和生活服务人员	386946	60115	146794	151260	24173	3794	810	1.40
农、林、牧、渔业生产及辅助人员	191243	8236	31364	103631	37607	8449	1956	2.07
生产制造及有关人员	225390	18485	79984	108491	15871	2130	429	1.58
不便分类的其他从业人员	1755	660	486	512	85	9	3	1.03

6-8 各地区按存活子女数分的15-64岁妇女人数

单位：人

地　区	15-64岁妇女人数	存活0个	存活1个	存活2个	存活3个	存活4个	存活5个及以上
安　徽	**1981919**	**418504**	**626204**	**746169**	**157495**	**27977**	**5570**
合肥市	**324148**	**88781**	**121074**	**97342**	**14633**	**1987**	**331**
瑶海区	29511	7179	13204	8046	930	131	21
庐阳区	24519	6062	11493	6112	759	79	14
蜀山区	36257	12447	15313	7522	824	134	17
包河区	41861	11747	18097	10614	1220	160	23
长丰县	26009	5721	7440	9828	2545	411	64
肥东县	34134	8414	9534	13464	2373	302	47
肥西县	33310	9469	11216	10722	1664	208	31
庐江县	31314	5568	10434	13080	1954	227	51
合肥高新技术产业开发区	9875	3711	3673	2189	262	33	7
合肥经济技术开发区	20071	7726	6613	4965	651	100	16
合肥新站高新技术产业开发区	15473	5945	4898	3956	572	87	15
巢湖市	21814	4792	9159	6844	879	115	25
芜湖市	**132097**	**30392**	**56433**	**39655**	**4880**	**639**	**98**
镜湖区	17335	4174	10293	2605	226	33	4
弋江区	15623	6015	6738	2588	252	26	4
鸠江区	17433	3725	7778	5171	655	92	12
三山区	4931	924	1949	1824	206	26	2
芜湖县	12211	2811	4953	4002	400	39	6
繁昌县	9220	1783	4270	2930	216	18	3
南陵县	15488	2814	6595	5454	556	67	2
芜湖经济技术开发区	5867	1234	2776	1655	184	16	2
安徽芜湖长江大桥经济开发区	660	86	250	283	37	4	
无为市	33329	6826	10831	13143	2148	318	63
蚌埠市	**92647**	**18179**	**27041**	**34940**	**10263**	**1850**	**374**
龙子湖区	6649	1271	3297	1798	260	21	2
蚌山区	5436	1116	2719	1348	228	22	3
禹会区	10186	2383	4031	2963	729	64	16
淮上区	8166	1571	2022	3655	781	122	15
怀远县	22138	3663	3633	9619	4185	861	177
五河县	14669	2398	3227	7023	1679	287	55
固镇县	13414	1966	2666	6182	2078	427	95
蚌埠市高新技术开发区	2045	422	966	561	82	9	5
蚌埠市经济开发区	9944	3389	4480	1791	241	37	6
淮南市	**95949**	**19128**	**32735**	**34346**	**8188**	**1303**	**249**
大通区	5019	923	1870	1713	431	66	16
田家庵区	25124	6563	12033	5356	949	187	36
谢家集区	6839	1296	3371	1761	342	56	13
八公山区	4167	680	2453	896	120	15	3
潘集区	8755	1336	2193	3568	1327	273	58
凤台县	16402	2364	3513	7897	2245	336	47
寿县	29643	5966	7302	13155	2774	370	76

6-8 续表 1

单位：人

地 区	15—64岁妇女人数	存活0个	存活1个	存活2个	存活3个	存活4个	存活5个及以上
马鞍山市	**68350**	**13053**	**31904**	**20577**	**2505**	**269**	**42**
花山区	15069	2762	9331	2685	254	34	3
雨山区	12200	3531	6422	2016	194	31	6
博望区	4802	767	1458	2183	361	29	4
当涂县	14374	2203	6224	5331	545	61	10
含山县	11523	1931	4376	4402	730	69	15
和县	10382	1859	4093	3960	421	45	4
淮北市	**63429**	**13188**	**18801**	**23990**	**6078**	**1145**	**227**
杜集区	7661	1355	2345	3000	757	177	27
相山区	19170	4152	8604	5340	930	123	21
烈山区	8277	2720	2098	2646	668	114	31
濉溪县	28321	4961	5754	13004	3723	731	148
铜陵市	**40777**	**7760**	**17531**	**13146**	**1950**	**318**	**72**
铜官区	15995	3933	8893	2856	266	44	3
义安区	7023	970	3206	2549	257	35	6
郊区	4457	639	1755	1698	301	53	11
枞阳县	13302	2218	3677	6043	1126	186	52
安庆市	**159550**	**29594**	**54098**	**64697**	**9584**	**1316**	**261**
迎江区	8873	1635	5179	1868	166	19	6
大观区	7342	1420	4066	1651	177	26	2
宜秀区	6767	2347	2099	2032	252	31	6
怀宁县	19911	3338	6409	8706	1212	209	37
太湖县	16571	2741	4720	7787	1177	118	28
宿松县	22909	4235	3861	11237	2969	486	121
望江县	18553	3111	5765	8315	1181	150	31
岳西县	11868	2011	3776	5205	763	101	12
安徽安庆经济开发区	5088	1131	2495	1305	140	14	3
桐城市	24121	4773	9491	8830	915	101	11
潜山市	17547	2852	6237	7761	632	61	4
黄山市	**45649**	**7860**	**20926**	**15935**	**839**	**83**	**6**
屯溪区	10485	2590	5596	2190	96	12	1
黄山区	4578	683	2245	1555	85	9	1
徽州区	3326	422	1584	1259	57	4	
歙县	13529	2277	5296	5600	316	37	3
休宁县	6990	983	3226	2687	88	6	
黟县	2394	329	1180	828	54	3	
祁门县	4347	576	1799	1816	143	12	1
滁州市	**138529**	**26977**	**49548**	**52226**	**8262**	**1282**	**234**
琅琊区	9121	1846	4493	2521	225	29	7
南谯区	11696	2534	4892	3788	411	60	11
来安县	13688	2190	5277	5413	694	95	19
全椒县	13906	2448	6031	4887	488	44	8
定远县	24599	4945	5969	10345	2733	506	101
凤阳县	21434	5002	4861	8925	2267	335	44
苏滁现代产业园	719	168	250	257	37	7	
滁州经济技术开发区	5298	1659	1958	1464	193	20	4
天长市	21492	3186	9968	7934	356	42	6
明光市	16576	2999	5849	6692	858	144	34

6-8 续表 2

单位：人

地 区	15-64岁妇女人数	存活0个	存活1个	存活2个	存活3个	存活4个	存活5个及以上
阜阳市	**260216**	**59226**	**42490**	**112637**	**36619**	**7637**	**1607**
颍州区	26346	7563	6268	9648	2403	404	60
颍东区	17396	3511	3549	7750	2130	392	64
颍泉区	18544	3969	3559	8225	2339	393	59
临泉县	52890	13878	6991	20951	8549	2026	495
太和县	44074	9194	6650	21203	5766	1079	182
阜南县	35379	8154	4219	14331	6493	1722	460
颍上县	40434	8505	6053	18592	5980	1111	193
阜阳合肥现代产业园区	1032	182	112	473	198	54	13
阜阳经济技术开发区	3977	895	1006	1617	379	70	10
界首市	20144	3375	4083	9847	2382	386	71
宿州市	**157933**	**28710**	**31401**	**71695**	**21050**	**4264**	**813**
埇桥区	52741	10011	14118	21715	5668	1035	194
砀山县	22100	3881	3992	10042	3206	801	178
萧县	30761	5709	4898	14158	4682	1085	229
灵璧县	26773	4478	3659	13175	4423	881	157
泗县	22305	3906	3989	11205	2761	398	46
宿州马鞍山现代产业园区	1300	287	218	587	160	43	5
宿州经济技术开发区	1953	438	527	813	150	21	4
六安市	**140989**	**25469**	**45493**	**60296**	**8477**	**1041**	**213**
金安区	26734	5505	9137	10586	1334	140	32
裕安区	29325	6007	9521	12073	1551	148	25
叶集区	5697	871	1269	3060	437	49	11
霍邱县	25407	4217	4923	12473	3163	512	119
舒城县	26289	4401	10185	10643	954	89	17
金寨县	16634	2682	5412	7632	817	82	9
霍山县	10903	1786	5046	3829	221	21	
亳州市	**139118**	**29627**	**22632**	**60737**	**20692**	**4445**	**985**
谯城区	46328	10145	9737	20821	4714	774	137
涡阳县	31251	6644	5046	13422	4675	1191	273
蒙城县	29433	5643	4117	13533	4998	951	191
利辛县	32106	7195	3732	12961	6305	1529	384
池州市	**45969**	**8720**	**17656**	**17774**	**1605**	**187**	**27**
贵池区	19091	4207	7279	6820	692	79	14
东至县	16245	2908	5477	7123	644	85	8
石台县	2358	364	1001	939	48	4	2
青阳县	6979	1036	3312	2434	184	12	1
池州市国家经济技术开发区	443	65	215	146	14	2	1
皖江江南新兴产业集中区	331	74	123	114	16	3	1
九华山风景区	522	66	249	198	7	2	
宣城市	**76569**	**11840**	**36441**	**26176**	**1870**	**211**	**31**
宣州区	19891	3260	9155	6853	559	56	8
郎溪县	10306	1671	4449	3713	403	60	10
泾县	7790	1110	3852	2632	167	27	2
绩溪县	4029	401	2001	1513	104	9	1
旌德县	3225	499	1503	1143	72	7	1
宣城市经济开发区	3482	871	1625	923	56	6	1
宁国市	12238	1719	6422	3896	186	13	2
广德市	15608	2309	7434	5503	323	33	6

6-9　全省按受教育程度、存活子女数分的15-64岁妇女人数

单位：人

受教育程度	15-64岁妇女人数	存活0个	存活1个	存活2个	存活3个	存活4个	存活5个及以上
总　计	**1981919**	**418504**	**626204**	**746169**	**157495**	**27977**	**5570**
未上过学	68515	3653	11002	33986	15168	3792	914
学前教育	2007	172	391	1034	329	68	13
小　学	416078	15626	97792	222079	64897	12987	2697
初　中	788212	83710	264707	362873	65537	9659	1726
高　中	329693	128246	115318	75496	9184	1253	196
大学专科	205178	89905	80858	32424	1813	160	18
大学本科	156792	88049	51274	16878	533	53	5
硕士研究生	14304	8476	4494	1295	33	5	1
博士研究生	1140	667	368	104	1		

6-10　全省按职业、存活子女数分的15-64岁妇女人数

单位：人

职业大类	15-64岁妇女人数	存活0个	存活1个	存活2个	存活3个	存活4个	存活5个及以上	妇女平均存活子女数
总　计	**1010959**	**163101**	**352543**	**401000**	**77966**	**13613**	**2736**	**1.44**
党的机关、国家机关、群众团体和社会组织、企事业单位负责人	15188	2168	7134	5203	588	78	17	1.30
专业技术人员	133370	46461	59630	25462	1621	177	19	0.87
办事人员和有关人员	57067	16214	28273	11567	893	98	22	0.96
社会生产服务和生活服务人员	386946	65573	145445	148673	23146	3446	663	1.37
农、林、牧、渔业生产及辅助人员	191243	10394	32062	102716	36486	7914	1671	2.02
生产制造及有关人员	225390	21614	79511	106879	15153	1892	341	1.54
不便分类的其他从业人员	1755	677	488	500	79	8	3	1.01

6-11 各地区15-64岁妇女平均活产子女数和平均存活子女数

单位：人、%

地区	15-64岁妇女人数	活产子女总数			存活子女总数			存活子女数占活产子女数的百分比	妇女平均活产子女数	妇女平均存活子女数
		合计	男	女	合计	男	女			
安　徽	**1981919**	**2794699**	**1513419**	**1281280**	**2732176**	**1475779**	**1256397**	**97.76**	**1.41**	**1.38**
合肥市	**324148**	**377781**	**206852**	**170929**	**369334**	**201864**	**167470**	**97.76**	**1.17**	**1.14**
瑶海区	29511	33523	18361	15162	32721	17924	14797	97.61	1.14	1.11
庐阳区	24519	27088	14608	12480	26382	14202	12180	97.39	1.10	1.08
蜀山区	36257	34180	18476	15704	33454	18068	15386	97.88	0.94	0.92
包河区	41861	44822	24357	20465	43743	23719	20024	97.59	1.07	1.04
长丰县	26009	37346	20622	16724	36705	20226	16479	98.28	1.44	1.41
肥东县	34134	46223	26251	19972	45042	25523	19519	97.44	1.35	1.32
肥西县	33310	39391	21644	17747	38652	21205	17447	98.12	1.18	1.16
庐江县	31314	44629	24204	20425	43629	23600	20029	97.76	1.43	1.39
合肥高新技术产业开发区	9875	9277	5067	4210	9004	4901	4103	97.06	0.94	0.91
合肥经济技术开发区	20071	19301	10488	8813	18977	10288	8689	98.32	0.96	0.95
合肥新站高新技术产业开发区	15473	15210	8376	6834	14952	8234	6718	98.30	0.98	0.97
巢湖市	21814	26791	14398	12393	26073	13974	12099	97.32	1.23	1.20
芜湖市	**132097**	**156820**	**84702**	**72118**	**153454**	**82723**	**70731**	**97.85**	**1.19**	**1.16**
镜湖区	17335	16711	8777	7934	16333	8569	7764	97.74	0.96	0.94
弋江区	15623	13046	6996	6050	12795	6848	5947	98.08	0.84	0.82
鸠江区	17433	20963	11511	9452	20518	11250	9268	97.88	1.20	1.18
三山区	4931	6448	3466	2982	6329	3392	2937	98.15	1.31	1.28
芜湖县	12211	14807	7914	6893	14345	7637	6708	96.88	1.21	1.17
繁昌县	9220	11176	5865	5311	10865	5680	5185	97.22	1.21	1.18
南陵县	15488	19812	10396	9416	19449	10179	9270	98.17	1.28	1.26
芜湖经济技术开发区	5867	6881	3768	3113	6712	3681	3031	97.54	1.17	1.14
安徽芜湖长江大桥经济开发区	660	953	497	456	943	492	451	98.95	1.44	1.43
无为市	33329	46023	25512	20511	45165	24995	20170	98.14	1.38	1.36
蚌埠市	**92647**	**139727**	**75399**	**64328**	**137066**	**73743**	**63323**	**98.10**	**1.51**	**1.48**
龙子湖区	6649	7871	4196	3675	7767	4135	3632	98.68	1.18	1.17
蚌山区	5436	6333	3393	2940	6205	3320	2885	97.98	1.17	1.14
禹会区	10186	12741	6957	5784	12481	6804	5677	97.96	1.25	1.23
淮上区	8166	12399	6772	5627	12244	6675	5569	98.75	1.52	1.50
怀远县	22138	40777	22041	18736	39793	21425	18368	97.59	1.84	1.80
五河县	14669	24180	13191	10989	23748	12904	10844	98.21	1.65	1.62
固镇县	13414	23927	12789	11138	23470	12502	10968	98.09	1.78	1.75
蚌埠市高新技术开发区	2045	2433	1322	1111	2395	1297	1098	98.44	1.19	1.17
蚌埠市经济开发区	9944	9066	4738	4328	8963	4681	4282	98.86	0.91	0.90
淮南市	**95949**	**135822**	**74470**	**61352**	**132500**	**72407**	**60093**	**97.55**	**1.42**	**1.38**
大通区	5019	7105	3756	3349	6939	3660	3279	97.66	1.42	1.38
田家庵区	25124	27249	14512	12737	26525	14090	12435	97.34	1.08	1.06
谢家集区	6839	8513	4553	3960	8211	4377	3834	96.45	1.24	1.20
八公山区	4167	4745	2531	2214	4680	2492	2188	98.63	1.14	1.12
潘集区	8755	15161	8353	6808	14708	8053	6655	97.01	1.73	1.68
凤台县	16402	28090	15857	12233	27633	15570	12063	98.37	1.71	1.68
寿县	29643	44959	24908	20051	43804	24165	19639	97.43	1.52	1.48

6-11　续表 1　　　　单位：人、%

地　　区	15-64岁妇女人数	活产子女总数			存活子女总数			存活子女数占活产子女数的百分比	妇女平均活产子女数	妇女平均存活子女数
		合计	男	女	合计	男	女			
马鞍山市	**68350**	**83709**	**45878**	**37831**	**81871**	**44760**	**37111**	**97.80**	**1.22**	**1.20**
花山区	15069	15890	8518	7372	15614	8349	7265	98.26	1.05	1.04
雨山区	12200	11454	6006	5448	11191	5856	5335	97.70	0.94	0.92
博望区	4802	7300	4083	3217	7044	3920	3124	96.49	1.52	1.47
当涂县	14374	19167	10482	8685	18817	10262	8555	98.17	1.33	1.31
含山县	11523	16005	8986	7019	15728	8828	6900	98.27	1.39	1.36
和县	10382	13893	7803	6090	13477	7545	5932	97.01	1.34	1.30
淮北市	**63429**	**93181**	**50260**	**42921**	**90788**	**48798**	**41990**	**97.43**	**1.47**	**1.43**
杜集区	7661	11639	6158	5481	11460	6051	5409	98.46	1.52	1.50
相山区	19170	23159	12347	10812	22681	12074	10607	97.94	1.21	1.18
烈山区	8277	10567	5679	4888	10014	5365	4649	94.77	1.28	1.21
濉溪县	28321	47816	26076	21740	46633	25308	21325	97.53	1.69	1.65
铜陵市	**40777**	**52369**	**27534**	**24835**	**51325**	**26899**	**24426**	**98.01**	**1.28**	**1.26**
铜官区	15995	15924	8372	7552	15596	8168	7428	97.94	1.00	0.98
义安区	7023	9440	4932	4508	9246	4808	4438	97.94	1.34	1.32
郊区	4457	6508	3407	3101	6328	3298	3030	97.23	1.46	1.42
枞阳县	13302	20497	10823	9674	20155	10625	9530	98.33	1.54	1.52
安庆市	**159550**	**224415**	**120394**	**104021**	**218880**	**117177**	**101703**	**97.53**	**1.41**	**1.37**
迎江区	8873	9788	5095	4693	9520	4952	4568	97.26	1.10	1.07
大观区	7342	8142	4306	3836	8013	4226	3787	98.42	1.11	1.09
宜秀区	6767	7380	3944	3436	7073	3768	3305	95.84	1.09	1.05
怀宁县	19911	29114	15779	13335	28492	15420	13072	97.86	1.46	1.43
太湖县	16571	24919	13273	11646	24441	12980	11461	98.08	1.50	1.47
宿松县	22909	38657	21653	17004	37826	21145	16681	97.85	1.69	1.65
望江县	18553	27184	14474	12710	26702	14190	12512	98.23	1.47	1.44
岳西县	11868	17634	9305	8329	16939	8918	8021	96.06	1.49	1.43
安徽安庆经济开发区	5088	5745	3102	2643	5598	3013	2585	97.44	1.13	1.10
桐城市	24121	31130	16492	14638	30357	16036	14321	97.52	1.29	1.26
潜山市	17547	24722	12971	11751	23919	12529	11390	96.75	1.41	1.36
黄山市	**45649**	**57023**	**29264**	**27759**	**55676**	**28457**	**27219**	**97.64**	**1.25**	**1.22**
屯溪区	10485	10592	5443	5149	10318	5285	5033	97.41	1.01	0.98
黄山区	4578	5788	2914	2874	5651	2834	2817	97.63	1.26	1.23
徽州区	3326	4354	2246	2108	4289	2212	2077	98.51	1.31	1.29
歙县	13529	18018	9253	8765	17607	8994	8613	97.72	1.33	1.30
休宁县	6990	9098	4687	4411	8888	4572	4316	97.69	1.30	1.27
黟县	2394	3078	1581	1497	3010	1538	1472	97.79	1.29	1.26
祁门县	4347	6095	3140	2955	5913	3022	2891	97.01	1.40	1.36
滁州市	**138529**	**189013**	**103042**	**85971**	**185156**	**100739**	**84417**	**97.96**	**1.36**	**1.34**
琅琊区	9121	10663	5708	4955	10362	5526	4836	97.18	1.17	1.14
南谯区	11696	14418	7585	6833	13997	7354	6643	97.08	1.23	1.20
来安县	13688	19074	10230	8844	18665	9970	8695	97.86	1.39	1.36
全椒县	13906	17876	9986	7890	17487	9753	7734	97.82	1.29	1.26
定远县	24599	38178	21518	16660	37428	21075	16353	98.04	1.55	1.52
凤阳县	21434	31704	17677	14027	31081	17276	13805	98.03	1.48	1.45
苏滁现代产业园	719	917	484	433	903	477	426	98.47	1.28	1.26
滁州经济技术开发区	5298	5648	3057	2591	5565	3009	2556	98.53	1.07	1.05
天长市	21492	27596	14791	12805	27103	14505	12598	98.21	1.28	1.26
明光市	16576	22939	12006	10933	22565	11794	10771	98.37	1.38	1.36

6-11 续表 2　　单位：人、%

地　　区	15-64岁妇女人数	活产子女总数			存活子女总数			存活子女数占活产子女数的百分比	妇女平均活产子女数	妇女平均存活子女数
		合计	男	女	合计	男	女			
阜阳市	**260216**	**424905**	**230355**	**194550**	**416631**	**225304**	**191327**	**98.05**	**1.63**	**1.60**
颍州区	26346	35695	19045	16650	34703	18464	16239	97.22	1.35	1.32
颍东区	17396	27833	15161	12672	27342	14890	12452	98.24	1.60	1.57
颍泉区	18544	29488	15968	13520	28903	15617	13286	98.02	1.59	1.56
临泉县	52890	86826	46225	40601	85235	45189	40046	98.17	1.64	1.61
太和县	44074	73096	40238	32858	71619	39332	32287	97.98	1.66	1.62
阜南县	35379	63241	34083	29158	61700	33184	28516	97.56	1.79	1.74
颍上县	40434	67669	37345	30324	66641	36693	29948	98.48	1.67	1.65
阜阳合肥现代产业园区	1032	1966	1064	902	1936	1044	892	98.47	1.91	1.88
阜阳经济技术开发区	3977	5824	3116	2708	5709	3045	2664	98.03	1.46	1.44
界首市	20144	33267	18110	15157	32843	17846	14997	98.73	1.65	1.63
宿州市	**157933**	**264397**	**142389**	**122008**	**259231**	**139225**	**120006**	**98.05**	**1.67**	**1.64**
埇桥区	52741	81343	43833	37510	79710	42854	36856	97.99	1.54	1.51
砀山县	22100	38634	21130	17504	37835	20645	17190	97.93	1.75	1.71
萧县	30761	53796	28984	24812	52778	28373	24405	98.11	1.75	1.72
灵璧县	26773	48675	26054	22621	47618	25396	22222	97.83	1.82	1.78
泗县	22305	37114	19781	17333	36511	19387	17124	98.38	1.66	1.64
宿州马鞍山现代产业园区	1300	2096	1120	976	2072	1106	966	98.85	1.61	1.59
宿州经济技术开发区	1953	2739	1487	1252	2707	1464	1243	98.83	1.40	1.39
六安市	**140989**	**201395**	**111886**	**89509**	**196807**	**109082**	**87725**	**97.72**	**1.43**	**1.40**
金安区	26734	35832	19570	16262	35047	19093	15954	97.81	1.34	1.31
裕安区	29325	40009	22732	17277	39049	22165	16884	97.60	1.36	1.33
叶集区	5697	9107	5299	3808	8955	5205	3750	98.33	1.60	1.57
霍邱县	25407	43387	23955	19432	42025	23116	18909	96.86	1.71	1.65
舒城县	26289	35412	19026	16386	34776	18628	16148	98.20	1.35	1.32
金寨县	16634	23863	13829	10034	23504	13600	9904	98.50	1.43	1.41
霍山县	10903	13785	7475	6310	13451	7275	6176	97.58	1.26	1.23
亳州市	**139118**	**235348**	**129177**	**106171**	**229131**	**125365**	**103766**	**97.36**	**1.69**	**1.65**
谯城区	46328	71446	39316	32130	69340	38003	31337	97.05	1.54	1.50
涡阳县	31251	53875	29434	24441	52117	28380	23737	96.74	1.72	1.67
蒙城县	29433	52185	28795	23390	50983	28023	22960	97.70	1.77	1.73
利辛县	32106	57842	31632	26210	56691	30959	25732	98.01	1.80	1.77
池州市	**45969**	**60775**	**31466**	**29309**	**58909**	**30363**	**28546**	**96.93**	**1.32**	**1.28**
贵池区	19091	24229	12564	11665	23387	12089	11298	96.52	1.27	1.23
东至县	16245	22607	11803	10804	22035	11441	10594	97.47	1.39	1.36
石台县	2358	3196	1578	1618	3049	1489	1560	95.40	1.36	1.29
青阳县	6979	9064	4644	4420	8786	4478	4308	96.93	1.30	1.26
池州市国家经济技术开发区	443	569	318	251	562	315	247	98.77	1.28	1.27
皖江江南新兴产业集中区	331	426	220	206	416	217	199	97.65	1.29	1.26
九华山风景区	522	684	339	345	674	334	340	98.54	1.31	1.29
宣城市	**76569**	**98019**	**50351**	**47668**	**95417**	**48873**	**46544**	**97.35**	**1.28**	**1.25**
宣州区	19891	25487	13053	12434	24803	12661	12142	97.32	1.28	1.25
郎溪县	10306	13732	7137	6595	13380	6934	6446	97.44	1.33	1.30
泾县	7790	10076	5128	4948	9735	4926	4809	96.62	1.29	1.25
绩溪县	4029	5466	2771	2695	5382	2722	2660	98.46	1.36	1.34
旌德县	3225	4180	2132	2048	4038	2062	1976	96.60	1.30	1.25
宣城市经济开发区	3482	3719	1952	1767	3669	1921	1748	98.66	1.07	1.05
宁国市	12238	15251	7740	7511	14834	7504	7330	97.27	1.25	1.21
广德市	15608	20108	10438	9670	19576	10143	9433	97.35	1.29	1.25

6-12　全省按年龄分的15-64岁妇女平均活产子女数和平均存活子女数

单位：人、%

年龄	15-64岁妇女人数	活产子女总数			存活子女总数			存活子女数占活产子女数的百分比	妇女平均活产子女数	妇女平均存活子女数
		合计	男	女	合计	男	女			
总计	**1981919**	**2794699**	**1513419**	**1281280**	**2732176**	**1475779**	**1256397**	**97.76**	**1.41**	**1.38**
15-19岁	**157580**	**1138**	**596**	**542**	**1125**	**588**	**537**	**98.86**	**0.01**	**0.01**
15	33741	9	5	4	9	5	4	100.00		
16	37594	49	25	24	47	24	23	95.92		
17	32877	133	70	63	132	70	62	99.25		
18	26090	282	145	137	279	143	136	98.94	0.01	0.01
19	27278	665	351	314	658	346	312	98.95	0.02	0.02
20-24岁	**138817**	**32723**	**17110**	**15613**	**32150**	**16767**	**15383**	**98.25**	**0.24**	**0.23**
20	28165	1681	888	793	1651	866	785	98.22	0.06	0.06
21	25843	2903	1544	1359	2851	1510	1341	98.21	0.11	0.11
22	27300	5542	2884	2658	5454	2828	2626	98.41	0.20	0.20
23	27672	8789	4603	4186	8621	4497	4124	98.09	0.32	0.31
24	29837	13808	7191	6617	13573	7066	6507	98.30	0.46	0.45
25-29岁	**195356**	**183219**	**96431**	**86788**	**179922**	**94537**	**85385**	**98.20**	**0.94**	**0.92**
25	34458	21089	11076	10013	20712	10853	9859	98.21	0.61	0.60
26	34569	26703	13818	12885	26233	13554	12679	98.24	0.77	0.76
27	38446	35568	18678	16890	34912	18296	16616	98.16	0.93	0.91
28	41674	44437	23570	20867	43632	23116	20516	98.19	1.07	1.05
29	46209	55422	29289	26133	54433	28718	25715	98.22	1.20	1.18
30-34岁	**245999**	**357905**	**190396**	**167509**	**350977**	**186373**	**164604**	**98.06**	**1.45**	**1.43**
30	56569	74362	39413	34949	72874	38521	34353	98.00	1.31	1.29
31	52624	73958	39202	34756	72527	38391	34136	98.07	1.41	1.38
32	48282	71400	38035	33365	70038	37256	32782	98.09	1.48	1.45
33	47657	73277	39194	34083	71887	38403	33484	98.10	1.54	1.51
34	40867	64908	34552	30356	63651	33802	29849	98.06	1.59	1.56
35-39岁	**179126**	**296367**	**160442**	**135925**	**290645**	**157099**	**133546**	**98.07**	**1.65**	**1.62**
35	36109	58770	31765	27005	57601	31055	26546	98.01	1.63	1.60
36	35964	59502	32095	27407	58383	31461	26922	98.12	1.65	1.62
37	34644	57414	30889	26525	56248	30242	26006	97.97	1.66	1.62
38	37329	61934	33704	28230	60780	33024	27756	98.14	1.66	1.63
39	35080	58747	31989	26758	57633	31317	26316	98.10	1.67	1.64
40-44岁	**188429**	**309650**	**168941**	**140709**	**303259**	**165159**	**138100**	**97.94**	**1.64**	**1.61**
40	36453	61219	33454	27765	59978	32739	27239	97.97	1.68	1.65
41	38857	64110	34924	29186	62843	34170	28673	98.02	1.65	1.62
42	38585	63423	34618	28805	62114	33866	28248	97.94	1.64	1.61
43	35316	57552	31258	26294	56314	30523	25791	97.85	1.63	1.59
44	39218	63346	34687	28659	62010	33861	28149	97.89	1.62	1.58
45-49岁	**242416**	**391260**	**214845**	**176415**	**382582**	**209530**	**173052**	**97.78**	**1.61**	**1.58**
45	39649	63588	34690	28898	62258	33890	28368	97.91	1.60	1.57
46	43410	69624	38024	31600	68138	37105	31033	97.87	1.60	1.57
47	48413	77639	42724	34915	75929	41701	34228	97.80	1.60	1.57
48	54737	88787	48773	40014	86697	47495	39202	97.65	1.62	1.58
49	56207	91622	50634	40988	89560	49339	40221	97.75	1.63	1.59
50-54岁	**291210**	**514144**	**281566**	**232578**	**501942**	**274080**	**227862**	**97.63**	**1.77**	**1.72**
50	61247	102905	56499	46406	100587	55070	45517	97.75	1.68	1.64
51	58915	100185	54823	45362	97840	53401	44439	97.66	1.70	1.66
52	62638	110200	60535	49665	107649	58948	48701	97.69	1.76	1.72
53	51926	94991	51997	42994	92687	50590	42097	97.57	1.83	1.78
54	56484	105863	57712	48151	103179	56071	47108	97.46	1.87	1.83
55-59岁	**231621**	**466293**	**252915**	**213378**	**454457**	**245702**	**208755**	**97.46**	**2.01**	**1.96**
55	54769	105081	57360	47721	102470	55738	46732	97.52	1.92	1.87
56	51107	99998	54235	45763	97493	52722	44771	97.49	1.96	1.91
57	58327	116404	62870	53534	113397	61047	52350	97.42	2.00	1.94
58	47990	101557	55233	46324	98937	53663	45274	97.42	2.12	2.06
59	19428	43253	23217	20036	42160	22532	19628	97.47	2.23	2.17
60-64岁	**111365**	**242000**	**130177**	**111823**	**235117**	**125944**	**109173**	**97.16**	**2.17**	**2.11**
60	15082	30982	16612	14370	30190	16139	14051	97.44	2.05	2.00
61	14171	29560	15852	13708	28737	15348	13389	97.22	2.09	2.03
62	22317	47496	25618	21878	46116	24751	21365	97.09	2.13	2.07
63	29430	64585	34671	29914	62758	33555	29203	97.17	2.19	2.13
64	30365	69377	37424	31953	67316	36151	31165	97.03	2.28	2.22

6－13 全省按受教育程度分的15－64岁妇女平均活产子女数和平均存活子女数

单位：人、%

受教育程度	15－64岁妇女人数	活产子女总数			存活子女总数			存活子女数占活产子女数的百分比	妇女平均活产子女数	妇女平均存活子女数
		合计	男	女	合计	男	女			
总　计	**1981919**	**2794699**	**1513419**	**1281280**	**2732176**	**1475779**	**1256397**	**97.76**	**1.41**	**1.38**
未上过学	68515	148734	80920	67814	144443	78290	66153	97.11	2.17	2.11
学前教育	2007	3915	2144	1771	3786	2062	1724	96.70	1.95	1.89
小　学	416078	823100	448678	374422	802743	436257	366486	97.53	1.98	1.93
初　中	788212	1261241	682678	578563	1234761	666709	568052	97.90	1.60	1.57
高　中	329693	306269	164911	141358	299904	161196	138708	97.92	0.93	0.91
大学专科	205178	154989	82911	72078	151882	81131	70751	98.00	0.76	0.74
大学本科	156792	88538	47063	41475	86870	46082	40788	98.12	0.56	0.55
硕士研究生	14304	7321	3806	3515	7208	3750	3458	98.46	0.51	0.50
博士研究生	1140	592	308	284	579	302	277	97.80	0.52	0.51

第二部分 长表数据资料

第七卷 迁移和户口登记地

7-1　全省按现住地、户口登记地类型分的户口登记地在外乡镇街道人口

单位：人

现住地	合计					省内				
	合计	乡	镇的村委会	镇的居委会	街道	小计	乡	镇的村委会	镇的居委会	街道
安　徽	**1624905**	**233714**	**869060**	**191275**	**330856**	**1492060**	**212642**	**796266**	**177611**	**305541**
合肥市	**460034**	**67936**	**238512**	**60941**	**92645**	**421721**	**61652**	**219022**	**56818**	**84229**
瑶海区	50637	7790	23787	6755	12305	47190	7162	22108	6290	11630
庐阳区	36240	4742	15974	4844	10680	33744	4365	14734	4558	10087
蜀山区	51359	6467	21748	7441	15703	46355	5815	19697	6802	14041
包河区	68642	8367	30799	8876	20600	61203	7148	27529	8152	18374
长丰县	36200	7935	21998	3758	2509	33868	7474	20573	3559	2262
肥东县	41051	7572	24622	6576	2281	38702	7098	23170	6317	2117
肥西县	53917	9809	31195	8055	4858	49880	9021	28771	7667	4421
庐江县	16535	1419	12608	1876	632	15529	1305	11952	1745	527
合肥高新技术产业开发区	17485	1976	9562	1742	4205	15723	1745	8635	1565	3778
合肥经济技术开发区	35474	4590	19340	4508	7036	30948	3937	17065	4075	5871
合肥新站高新技术产业开发区	29580	5051	15686	4106	4737	27030	4563	14293	3811	4363
巢湖市	22914	2218	11193	2404	7099	21549	2019	10495	2277	6758
芜湖市	**117620**	**11718**	**60983**	**13871**	**31048**	**103537**	**9466**	**53423**	**12422**	**28226**
镜湖区	19946	1451	5330	1915	11250	18070	1210	4597	1742	10521
弋江区	23063	2250	8968	2461	9384	20841	1901	8068	2261	8611
鸠江区	18431	2647	8286	2766	4732	15732	2127	6958	2432	4215
三山区	5910	704	3143	505	1558	4753	418	2528	430	1377
芜湖县	11698	1071	8437	1132	1058	10079	839	7366	979	895
繁昌县	6697	424	4781	999	493	6100	325	4433	908	434
南陵县	9084	521	7210	1029	324	8457	486	6758	940	273
芜湖经济技术开发区	10726	1262	6361	1479	1624	8182	879	4671	1260	1372
安徽芜湖长江大桥经济开发区	114	42	24	5	43	89	26	21	3	39
无为市	11951	1346	8443	1580	582	11234	1255	8023	1467	489
蚌埠市	**76642**	**11921**	**33930**	**8675**	**22116**	**71685**	**11082**	**31614**	**8150**	**20839**
龙子湖区	7709	772	2495	741	3701	7301	696	2323	706	3576
蚌山区	7441	1315	2384	656	3086	6983	1207	2197	612	2967
禹会区	9815	1340	3011	746	4718	9237	1233	2769	685	4550
淮上区	7176	663	4901	616	996	6672	589	4559	577	947
怀远县	9706	2637	4802	1822	445	9149	2495	4491	1763	400
五河县	8083	902	5945	1047	189	7646	862	5658	981	145
固镇县	6870	1935	3554	1096	285	6469	1853	3343	1032	241
蚌埠市高新技术开发区	4342	357	1914	667	1404	4156	340	1835	637	1344
蚌埠市经济开发区	15500	2000	4924	1284	7292	14072	1807	4439	1157	6669
淮南市	**71381**	**9189**	**29395**	**9747**	**23050**	**67570**	**8507**	**27573**	**9295**	**22195**
大通区	4834	553	1868	646	1767	4607	523	1753	608	1723
田家庵区	29594	3143	9583	3998	12870	27791	2854	8863	3796	12278
谢家集区	5501	430	1350	870	2851	5276	399	1222	847	2808
八公山区	3625	247	904	353	2121	3523	234	847	341	2101
潘集区	5428	1088	2873	492	975	5104	1013	2706	461	924
凤台县	13728	2011	7940	2002	1775	13135	1884	7633	1910	1708
寿县	8671	1717	4877	1386	691	8134	1600	4549	1332	653

7-1 续表 1

单位：人

现住地	合计					省内				
	合计	乡	镇的村委会	镇的居委会	街道	小计	乡	镇的村委会	镇的居委会	街道
马鞍山市	**59033**	**5901**	**29169**	**7950**	**16013**	**51709**	**4939**	**25360**	**7115**	**14295**
花山区	19711	1865	7346	2401	8099	17811	1618	6534	2202	7457
雨山区	17520	2275	7098	1967	6180	15590	1955	6169	1789	5677
博望区	1265	108	892	164	101	782	53	543	126	60
当涂县	9044	1195	5417	1579	853	7730	959	4687	1424	660
含山县	4682	196	3704	638	144	4270	177	3402	577	114
和县	6811	262	4712	1201	636	5526	177	4025	997	327
淮北市	**47611**	**3000**	**24967**	**7689**	**11955**	**44173**	**2597**	**22940**	**7263**	**11373**
杜集区	4154	283	2034	902	935	3742	233	1777	844	888
相山区	24008	1139	9977	3914	8978	22637	975	9300	3740	8622
烈山区	4905	356	2924	765	860	4173	276	2464	689	744
濉溪县	14544	1222	10032	2108	1182	13621	1113	9399	1990	1119
铜陵市	**34676**	**4629**	**15159**	**4154**	**10734**	**32861**	**4324**	**14292**	**3992**	**10253**
铜官区	21109	2654	7728	1875	8852	20080	2485	7305	1804	8486
义安区	5069	1249	2388	562	870	4753	1184	2207	533	829
郊区	2499	221	1134	349	795	2339	209	1044	334	752
枞阳县	5999	505	3909	1368	217	5689	446	3736	1321	186
安庆市	**98751**	**19459**	**53942**	**9094**	**16256**	**92474**	**18356**	**50343**	**8558**	**15217**
迎江区	13974	2899	4231	1156	5688	13333	2792	3971	1098	5472
大观区	6786	710	2550	745	2781	6218	654	2263	687	2614
宜秀区	9406	1781	4739	921	1965	8595	1654	4261	853	1827
怀宁县	9482	1120	6892	1080	390	8798	1030	6419	1029	320
太湖县	6563	1914	3918	576	155	6135	1849	3651	522	113
宿松县	10388	5294	3808	943	343	9669	5014	3498	897	260
望江县	5870	880	4309	492	189	5433	819	4016	443	155
岳西县	4466	1210	2793	376	87	4198	1168	2619	360	51
安徽安庆经济开发区	8010	1416	3309	971	2314	7505	1324	3047	921	2213
桐城市	15748	1058	11537	1042	2111	14959	946	11016	995	2002
潜山市	8058	1177	5856	792	233	7631	1106	5582	753	190
黄山市	**40041**	**8394**	**22513**	**4448**	**4686**	**35317**	**7531**	**19737**	**4038**	**4011**
屯溪区	13950	2196	6207	2177	3370	12534	1950	5501	2029	3054
黄山区	4288	989	2627	413	259	3578	891	2171	350	166
徽州区	3576	834	2285	238	219	3302	798	2093	214	197
歙县	8629	1882	5698	697	352	7814	1732	5200	634	248
休宁县	4757	1020	3136	352	249	4296	950	2824	322	200
黟县	1394	204	848	246	96	1076	131	655	219	71
祁门县	3447	1269	1712	325	141	2717	1079	1293	270	75
滁州市	**114448**	**12508**	**70458**	**14758**	**16724**	**101230**	**10948**	**62560**	**13376**	**14346**
琅琊区	12556	1345	5691	1545	3975	11525	1247	5137	1453	3688
南谯区	18772	1841	10685	2222	4024	16878	1614	9683	2014	3567
来安县	9610	1476	6151	1183	800	7080	1222	4682	905	271
全椒县	12355	1683	8527	1696	449	11403	1598	7985	1535	285
定远县	10304	1510	6388	1873	533	9811	1457	6121	1789	444
凤阳县	9563	439	7077	1654	393	8870	394	6614	1538	324
苏滁现代产业园	1646	221	1200	103	122	915	108	687	63	57
滁州经济技术开发区	10463	1383	5827	923	2330	8279	922	4482	814	2061
天长市	18310	1756	11702	2392	2460	16305	1585	10420	2167	2133
明光市	10869	854	7210	1167	1638	10164	801	6749	1098	1516

7-1 续表 2

单位：人

现住地	合计					省内				
	合计	乡	镇的村委会	镇的居委会	街道	小计	乡	镇的村委会	镇的居委会	街道
阜阳市	**117460**	**16162**	**64238**	**14279**	**22781**	**111286**	**15152**	**60759**	**13544**	**21831**
颍州区	26246	3343	11348	3180	8375	25126	3140	10813	3100	8073
颍东区	10358	797	5113	1593	2855	9725	698	4767	1492	2768
颍泉区	9218	871	4741	997	2609	8553	777	4359	931	2486
临泉县	16707	1914	9580	2039	3174	15891	1780	9091	1958	3062
太和县	13995	1533	10789	1405	268	13380	1456	10395	1326	203
阜南县	12077	3350	7031	1502	194	11528	3232	6730	1408	158
颍上县	10982	1964	6306	1887	825	10378	1872	5997	1748	761
阜阳合肥现代产业园区	439	36	306	80	17	405	32	284	74	15
阜阳经济技术开发区	6018	921	2889	900	1308	5822	889	2782	880	1271
界首市	11420	1433	6135	696	3156	10478	1276	5541	627	3034
宿州市	**80661**	**13845**	**44427**	**8263**	**14126**	**75139**	**12898**	**41366**	**7602**	**13273**
埇桥区	35543	5130	15489	2825	12099	33434	4721	14451	2658	11604
砀山县	5735	667	3776	1121	171	5074	565	3384	1005	120
萧县	11750	1801	8177	1416	356	10695	1622	7552	1255	266
灵璧县	12865	3109	8117	1355	284	12094	2988	7637	1267	202
泗县	10340	1825	6952	1363	200	9702	1740	6568	1251	143
宿州马鞍山现代产业园区	1042	700	249	31	62	944	681	208	22	33
宿州经济技术开发区	3386	613	1667	152	954	3196	581	1566	144	905
六安市	**107211**	**19747**	**61808**	**8450**	**17206**	**101636**	**18842**	**58399**	**8021**	**16374**
金安区	34340	5187	18576	1924	8653	33230	5044	17950	1835	8401
裕安区	31642	5825	17627	2154	6036	30855	5685	17206	2081	5883
叶集区	3454	818	1827	263	546	2987	687	1569	235	496
霍邱县	8718	3083	4194	751	690	7715	2926	3648	694	447
舒城县	13373	2127	8781	1799	666	12250	2010	7891	1742	607
金寨县	8571	1955	5470	822	324	7781	1776	4998	731	276
霍山县	7113	752	5333	737	291	6818	714	5137	703	264
亳州市	**88471**	**11846**	**55463**	**9043**	**12119**	**84015**	**11028**	**52751**	**8650**	**11586**
谯城区	38914	5990	22812	2726	7386	36360	5449	21267	2577	7067
涡阳县	15484	1071	9848	2061	2504	14892	1004	9477	2007	2404
蒙城县	17274	2328	10927	2026	1993	16640	2232	10554	1936	1918
利辛县	16799	2457	11876	2230	236	16123	2343	11453	2130	197
池州市	**35585**	**3635**	**22046**	**3597**	**6307**	**32499**	**3209**	**20145**	**3288**	**5857**
贵池区	21282	1868	12151	2125	5138	19806	1710	11282	1957	4857
东至县	5533	375	4353	582	223	5054	338	3998	538	180
石台县	1313	213	820	167	113	1184	196	732	161	95
青阳县	5651	830	3917	549	355	5053	729	3547	492	285
池州市国家经济技术开发区	798	72	321	56	349	728	58	279	53	338
皖江江南新兴产业集中区	647	134	352	65	96	374	62	188	41	83
九华山风景区	361	143	132	53	33	300	116	119	46	19
宣城市	**75280**	**13824**	**42050**	**6316**	**13090**	**65208**	**12111**	**35982**	**5479**	**11636**
宣州区	20668	3335	9264	1526	6543	18977	3053	8246	1434	6244
郎溪县	7167	1168	4645	1043	311	5694	967	3713	871	143
泾县	6363	1361	3896	809	297	5638	1263	3404	749	222
绩溪县	3620	900	2265	277	178	3279	852	2079	245	103
旌德县	2030	348	1360	216	106	1782	293	1222	191	76
宣城市经济开发区	6625	924	3112	544	2045	5539	784	2603	453	1699
宁国市	16217	3330	9240	616	3031	14739	3046	8330	542	2821
广德市	12590	2458	8268	1285	579	9560	1853	6385	994	328

7−1 续表 3

单位：人

现住地	省外									
	小计					北京				
	小计	乡	镇的村委会	镇的居委会	街道	小计	乡	镇的村委会	镇的居委会	街道
安　徽	**132845**	**21072**	**72794**	**13664**	**25315**	**694**	**29**	**91**	**82**	**492**
合肥市	**38313**	**6284**	**19490**	**4123**	**8416**	**286**	**15**	**25**	**32**	**214**
瑶海区	3447	628	1679	465	675	17	2	1	2	12
庐阳区	2496	377	1240	286	593	29	5	2	1	21
蜀山区	5004	652	2051	639	1662	61		5	7	49
包河区	7439	1219	3270	724	2226	82	2	3	8	69
长丰县	2332	461	1425	199	247	1				1
肥东县	2349	474	1452	259	164	3		1		2
肥西县	4037	788	2424	388	437	8			2	6
庐江县	1006	114	656	131	105	6		2	2	2
合肥高新技术产业开发区	1762	231	927	177	427	31		3	4	24
合肥经济技术开发区	4526	653	2275	433	1165	27		5	4	18
合肥新站高新技术产业开发区	2550	488	1393	295	374	14	2	1	2	9
巢湖市	1365	199	698	127	341	7	4	2		1
芜湖市	**14083**	**2252**	**7560**	**1449**	**2822**	**53**	**2**	**4**	**3**	**44**
镜湖区	1876	241	733	173	729	18				18
弋江区	2222	349	900	200	773	13		1		12
鸠江区	2699	520	1328	334	517	6	1	2		3
三山区	1157	286	615	75	181	1				1
芜湖县	1619	232	1071	153	163	6			2	4
繁昌县	597	99	348	91	59	1				1
南陵县	627	35	452	89	51	1			1	
芜湖经济技术开发区	2544	383	1690	219	252	1	1			
安徽芜湖长江大桥经济开发区	25	16	3	2	4					
无为市	717	91	420	113	93	6		1		5
蚌埠市	**4957**	**839**	**2316**	**525**	**1277**	**33**			**1**	**32**
龙子湖区	408	76	172	35	125	6				6
蚌山区	458	108	187	44	119	2				2
禹会区	578	107	242	61	168	9				9
淮上区	504	74	342	39	49					
怀远县	557	142	311	59	45	1				1
五河县	437	40	287	66	44	2				2
固镇县	401	82	211	64	44					
蚌埠市高新技术开发区	186	17	79	30	60	1				1
蚌埠市经济开发区	1428	193	485	127	623	12			1	11
淮南市	**3811**	**682**	**1822**	**452**	**855**	**31**	**1**	**3**	**3**	**24**
大通区	227	30	115	38	44	3				3
田家庵区	1803	289	720	202	592	20	1	1	2	16
谢家集区	225	31	128	23	43	1				1
八公山区	102	13	57	12	20	3				3
潘集区	324	75	167	31	51					
凤台县	593	127	307	92	67	2		1		1
寿县	537	117	328	54	38	2		1	1	

7-1 续表 4　　　　单位：人

现住地	省外									
	小计					北京				
	小计	乡	镇的村委会	镇的居委会	街道	小计	乡	镇的村委会	镇的居委会	街道
马鞍山市	**7324**	**962**	**3809**	**835**	**1718**	**27**	**2**	**3**	**5**	**17**
花山区	1900	247	812	199	642	5	1	1	2	1
雨山区	1930	320	929	178	503	12			2	10
博望区	483	55	349	38	41					
当涂县	1314	236	730	155	193	8	1		1	6
含山县	412	19	302	61	30	2		2		
和县	1285	85	687	204	309					
淮北市	**3438**	**403**	**2027**	**426**	**582**	**15**		**1**	**4**	**10**
杜集区	412	50	257	58	47	2				2
相山区	1371	164	677	174	356	12			4	8
烈山区	732	80	460	76	116					
濉溪县	923	109	633	118	63	1		1		
铜陵市	**1815**	**305**	**867**	**162**	**481**	**14**			**2**	**12**
铜官区	1029	169	423	71	366	11				11
义安区	316	65	181	29	41					
郊区	160	12	90	15	43					
枞阳县	310	59	173	47	31	3			2	1
安庆市	**6277**	**1103**	**3599**	**536**	**1039**	**34**		**7**	**3**	**24**
迎江区	641	107	260	58	216	4				4
大观区	568	56	287	58	167	3				3
宜秀区	811	127	478	68	138					
怀宁县	684	90	473	51	70	3				3
太湖县	428	65	267	54	42	8			3	5
宿松县	719	280	310	46	83	2				2
望江县	437	61	293	49	34					
岳西县	268	42	174	16	36					
安徽安庆经济开发区	505	92	262	50	101					
桐城市	789	112	521	47	109	12		7		5
潜山市	427	71	274	39	43	2				2
黄山市	**4724**	**863**	**2776**	**410**	**675**	**37**		**6**	**7**	**24**
屯溪区	1416	246	706	148	316	22		4	5	13
黄山区	710	98	456	63	93	10			2	8
徽州区	274	36	192	24	22					
歙县	815	150	498	63	104	2		1		1
休宁县	461	70	312	30	49					
黟县	318	73	193	27	25	2		1		1
祁门县	730	190	419	55	66	1				1
滁州市	**13218**	**1560**	**7898**	**1382**	**2378**	**29**		**3**	**4**	**22**
琅琊区	1031	98	554	92	287	5				5
南谯区	1894	227	1002	208	457	7			1	6
来安县	2530	254	1469	278	529	2		1	1	
全椒县	952	85	542	161	164	5				5
定远县	493	53	267	84	89	6		1	2	3
凤阳县	693	45	463	116	69					
苏滁现代产业园	731	113	513	40	65					
滁州经济技术开发区	2184	461	1345	109	269	2				2
天长市	2005	171	1282	225	327	1				1
明光市	705	53	461	69	122	1		1		

7-1 续表 5

单位：人

现住地	省外									
	小计					北京				
	小计	乡	镇的村委会	镇的居委会	街道	小计	乡	镇的村委会	镇的居委会	街道
阜阳市	**6174**	**1010**	**3479**	**735**	**950**	**47**	**2**	**11**	**4**	**30**
颍州区	1120	203	535	80	302	4	1			3
颍东区	633	99	346	101	87	5		1	1	3
颍泉区	665	94	382	66	123	10		2		8
临泉县	816	134	489	81	112	9		4		5
太和县	615	77	394	79	65	14		4	2	8
阜南县	549	118	301	94	36	3			1	2
颍上县	604	92	309	139	64					
阜阳合肥现代产业园区	34	4	22	6	2					
阜阳经济技术开发区	196	32	107	20	37	1	1			
界首市	942	157	594	69	122	1				1
宿州市	**5522**	**947**	**3061**	**661**	**853**	**17**	**3**	**7**	**1**	**6**
埇桥区	2109	409	1038	167	495	6	1	1		4
砀山县	661	102	392	116	51	6	1	3	1	1
萧县	1055	179	625	161	90	1		1		
灵璧县	771	121	480	88	82	2	1			1
泗县	638	85	384	112	57	2		2		
宿州马鞍山现代产业园区	98	19	41	9	29					
宿州经济技术开发区	190	32	101	8	49					
六安市	**5575**	**905**	**3409**	**429**	**832**	**24**		**6**	**4**	**14**
金安区	1110	143	626	89	252	11		2	1	8
裕安区	787	140	421	73	153	3				3
叶集区	467	131	258	28	50					
霍邱县	1003	157	546	57	243	2			1	1
舒城县	1123	117	890	57	59	4		3	1	
金寨县	790	179	472	91	48	2		1		1
霍山县	295	38	196	34	27	2			1	1
亳州市	**4456**	**818**	**2712**	**393**	**533**	**16**	**2**	**7**		**7**
谯城区	2554	541	1545	149	319	6		1		5
涡阳县	592	67	371	54	100	4	2	2		
蒙城县	634	96	373	90	75	2				2
利辛县	676	114	423	100	39	4		4		
池州市	**3086**	**426**	**1901**	**309**	**450**	**7**			**4**	**3**
贵池区	1476	158	869	168	281	3			1	2
东至县	479	37	355	44	43	4			3	1
石台县	129	17	88	6	18					
青阳县	598	101	370	57	70					
池州市国家经济技术开发区	70	14	42	3	11					
皖江江南新兴产业集中区	273	72	164	24	13					
九华山风景区	61	27	13	7	14					
宣城市	**10072**	**1713**	**6068**	**837**	**1454**	**24**	**2**	**8**	**5**	**9**
宣州区	1691	282	1018	92	299	9	1	6	1	1
郎溪县	1473	201	932	172	168	5	1		2	2
泾县	725	98	492	60	75	6		1	2	3
绩溪县	341	48	186	32	75	1				1
旌德县	248	55	138	25	30	1		1		
宣城市经济开发区	1086	140	509	91	346	1				1
宁国市	1478	284	910	74	210	1				1
广德市	3030	605	1883	291	251					

7-1 续表 6

单位：人

现住地	省外									
	天津					河北				
	小计	乡	镇的村委会	镇的居委会	街道	小计	乡	镇的村委会	镇的居委会	街道
安徽	**463**	**31**	**107**	**74**	**251**	**5168**	**943**	**2752**	**481**	**992**
合肥市	**201**	**16**	**38**	**28**	**119**	**1718**	**327**	**877**	**177**	**337**
瑶海区	12	1	3		8	143	28	84	12	19
庐阳区	8	1	1	1	5	86	22	44	12	8
蜀山区	42	1	6	12	23	165	25	52	18	70
包河区	54	4	9	5	36	455	91	211	52	101
长丰县	5		1	2	2	86	15	50	10	11
肥东县	4		2	1	1	119	34	71	9	5
肥西县	6	2			4	126	18	86	13	9
庐江县	3	2	1			41	5	29	5	2
合肥高新技术产业开发区	7		1	1	5	64	14	26	7	17
合肥经济技术开发区	41	4	9	3	25	215	27	109	18	61
合肥新站高新技术产业开发区	9		2	2	5	149	42	74	13	20
巢湖市	10	1	3	1	5	69	6	41	8	14
芜湖市	**42**	**1**	**7**	**10**	**24**	**876**	**170**	**505**	**72**	**129**
镜湖区	7	1	2		4	62	10	29	3	20
弋江区	13		2	5	6	184	25	92	20	47
鸠江区	11			4	7	136	22	69	17	28
三山区						308	95	181	11	21
芜湖县	2		1		1	26	4	18		4
繁昌县	2		1	1		30	1	21	6	2
南陵县	1				1	11		10	1	
芜湖经济技术开发区	1				1	86	11	58	11	6
安徽芜湖长江大桥经济开发区										
无为市	5		1		4	33	2	27	3	1
蚌埠市	**12**		**3**	**2**	**7**	**148**	**33**	**70**	**15**	**30**
龙子湖区						10	4	3	1	2
蚌山区	1			1		11	5	2		4
禹会区						16	4	5	2	5
淮上区						15	2	10	3	
怀远县						25	8	15	1	1
五河县	1			1		9	1	5	2	1
固镇县						4	2	2		
蚌埠市高新技术开发区						4			4	
蚌埠市经济开发区	10		3		7	54	7	28	2	17
淮南市	**16**	**1**	**5**	**2**	**8**	**222**	**51**	**90**	**19**	**62**
大通区						14		10		4
田家庵区	15		5	2	8	146	36	44	15	51
谢家集区						6		2	1	3
八公山区										
潘集区						11	4	3	2	2
凤台县						31	6	23	1	1
寿县	1	1				14	5	8		1

7-1 续表 7

单位：人

现住地	省外									
	天津					河北				
	小计	乡	镇的村委会	镇的居委会	街道	小计	乡	镇的村委会	镇的居委会	街道
马鞍山市	**8**	**1**	**2**	**3**	**2**	**164**	**25**	**109**	**9**	**21**
花山区	3			1	2	38	7	19	2	10
雨山区	4	1	2	1		63	10	40	2	11
博望区	1			1		5	1	2	2	
当涂县						16	1	15		
含山县						14	1	13		
和县						28	5	20	3	
淮北市	**14**	**2**	**6**	**2**	**4**	**151**	**12**	**96**	**25**	**18**
杜集区						10	2	7	1	
相山区	5	2	2	1		44	6	19	6	13
烈山区	4		1		3	71	3	53	11	4
濉溪县	5		3	1	1	26	1	17	7	1
铜陵市	**6**			**2**	**4**	**47**	**11**	**28**	**1**	**7**
铜官区	4				4	29	10	15		4
义安区	2			2		8	1	5		2
郊区										
枞阳县						10		8	1	1
安庆市	**30**		**11**	**3**	**16**	**186**	**43**	**105**	**20**	**18**
迎江区	6		2		4	22	9	9	3	1
大观区	5				5	15	2	8	1	4
宜秀区	1			1		40	11	25	2	2
怀宁县						19	3	9	5	2
太湖县						10		8	2	
宿松县						10	5	4		1
望江县						5		4	1	
岳西县	1				1	5	2	3		
安徽安庆经济开发区						20	3	11	1	5
桐城市	10		5	2	3	27	8	15	4	
潜山市	7		4		3	13		9	1	3
黄山市	**17**	**1**	**5**	**1**	**10**	**161**	**29**	**82**	**9**	**41**
屯溪区	9		3		6	55	12	25	5	13
黄山区	4		1	1	2	31	4	21		6
徽州区						4	1	3		
歙县	1		1			12	5	6		1
休宁县	1	1				6		4	1	1
黟县						2		1	1	
祁门县	2				2	51	7	22	2	20
滁州市	**19**		**4**	**6**	**9**	**262**	**52**	**152**	**30**	**28**
琅琊区	1			1		33	6	23		4
南谯区	4			1	3	45	10	18	10	7
来安县	1				1	36	12	21	3	
全椒县	1		1			18		11	5	2
定远县						9		4	3	2
凤阳县	2		1	1		8	1	4	2	1
苏滁现代产业园						10		9		1
滁州经济技术开发区	6		1	3	2	71	22	39	5	5
天长市	4		1		3	14	1	7	2	4
明光市						18		16		2

7-1 续表 8

单位：人

现住地	省外									
	天津					河北				
	小计	乡	镇的村委会	镇的居委会	街道	小计	乡	镇的村委会	镇的居委会	街道
阜阳市	**25**	**1**	**11**		**13**	**179**	**20**	**108**	**28**	**23**
颍州区	6		3		3	37	6	17	2	12
颍东区						19	2	7	7	3
颍泉区	2		1		1	34	6	27		1
临泉县	7		1		6	17	1	9	6	1
太和县	5		4		1	19	2	10	5	2
阜南县	2		2			9	1	8		
颍上县						13		7	6	
阜阳合肥现代产业园区						2		2		
阜阳经济技术开发区						8	1	4		3
界首市	3	1			2	21	1	17	2	1
宿州市	**16**	**1**	**3**	**6**	**6**	**133**	**24**	**72**	**16**	**21**
埇桥区	7		1	4	2	57	11	27	3	16
砀山县						11	1	7	1	2
萧县	2			2		27	2	20	5	
灵璧县	2		2			20	5	9	4	2
泗县	4	1			3	15	2	9	3	1
宿州马鞍山现代产业园区										
宿州经济技术开发区	1				1	3	3			
六安市	**15**	**2**	**2**	**6**	**5**	**553**	**75**	**233**	**32**	**213**
金安区	4		1		3	65	10	37	2	16
裕安区	4			4		26	5	12	5	4
叶集区						5	2	3		
霍邱县	2		1	1		414	53	157	16	188
舒城县	2	1			1	21	3	10	3	5
金寨县	1	1				8	2	4	2	
霍山县	2			1	1	14		10	4	
亳州市	**10**	**2**	**4**	**1**	**3**	**99**	**29**	**55**	**4**	**11**
谯城区	2		2			59	14	34	2	9
涡阳县	5	2	1	1	1	21	6	12	1	2
蒙城县	2				2	8	4	4		
利辛县	1		1			11	5	5	1	
池州市	**8**				**8**	**90**	**10**	**63**	**6**	**11**
贵池区	6				6	56	4	42	4	6
东至县						5	1	4		
石台县						4	1	1		2
青阳县	2				2	17	3	13	1	
池州市国家经济技术开发区						2			1	1
皖江江南新兴产业集中区						3		3		
九华山风景区						3	1			2
宣城市	**24**	**3**	**6**	**2**	**13**	**179**	**32**	**107**	**18**	**22**
宣州区	8	1	1	1	5	40	5	25	6	4
郎溪县	1				1	20	5	12	3	
泾县	2				2	7	1	6		
绩溪县						8	2	3		3
旌德县										
宣城市经济开发区	8		5	1	2	64	8	35	7	14
宁国市	4	2			2	22	7	14	1	
广德市	1				1	18	4	12	1	1

7-1 续表 9 单位：人

现住地	省外									
	山西					内蒙古				
	小计	乡	镇的村委会	镇的居委会	街道	小计	乡	镇的村委会	镇的居委会	街道
安　徽	**2322**	**366**	**1284**	**214**	**458**	**1023**	**136**	**459**	**173**	**255**
合肥市	**849**	**139**	**430**	**87**	**193**	**364**	**42**	**157**	**58**	**107**
瑶海区	66	16	35	4	11	22	3	9	4	6
庐阳区	41	7	18	3	13	21	1	6	7	7
蜀山区	129	21	51	14	43	68	2	25	21	20
包河区	154	27	74	9	44	73	12	20	8	33
长丰县	39	10	23	3	3	13	4	6	3	
肥东县	23	3	15	3	2	11	1	9		1
肥西县	106	18	58	16	14	40	4	29	4	3
庐江县	28	3	16	3	6	13	1	10	2	
合肥高新技术产业开发区	43	4	27	4	8	10	4	3		3
合肥经济技术开发区	121	21	54	14	32	66	7	25	7	27
合肥新站高新技术产业开发区	73	7	43	11	12	18	3	9	1	5
巢湖市	26	2	16	3	5	9		6	1	2
芜湖市	**291**	**53**	**155**	**24**	**59**	**124**	**20**	**61**	**18**	**25**
镜湖区	22	4	7	2	9	8		3	1	4
弋江区	51	12	14	5	20	28	7	7	4	10
鸠江区	57	12	26	6	13	18	2	8	3	5
三山区	24	1	21		2	10	5	3	2	
芜湖县	20	2	15	2	1	8		3	2	3
繁昌县	12	1	7	1	3	15	3	8	4	
南陵县	6	1	3	1	1	4		4		
芜湖经济技术开发区	92	18	59	6	9	28	2	22	1	3
安徽芜湖长江大桥经济开发区										
无为市	7	2	3	1	1	5	1	3	1	
蚌埠市	**53**	**8**	**15**	**13**	**17**	**47**	**5**	**20**	**8**	**14**
龙子湖区	4	1		3						
蚌山区	1				1	1				1
禹会区	8	2	3	1	2	5		4	1	
淮上区	2		1		1					
怀远县	1			1		2	1		1	
五河县	1		1			4		4		
固镇县	3	1	2			3		1	2	
蚌埠市高新技术开发区	7			3	4	1			1	
蚌埠市经济开发区	26	4	8	5	9	31	4	11	3	13
淮南市	**79**	**14**	**33**	**15**	**17**	**36**	**5**	**17**	**4**	**10**
大通区	10	1	2	7		4		2	1	1
田家庵区	45	12	15	1	17	17	1	9	1	6
谢家集区	2		1	1		2				2
八公山区						1				1
潘集区	9	1	4	4						
凤台县	8		7	1		5		3	2	
寿县	5		4	1		7	4	3		

7-1 续表 10

单位：人

现住地	省外									
	山西					内蒙古				
	小计	乡	镇的村委会	镇的居委会	街道	小计	乡	镇的村委会	镇的居委会	街道
马鞍山市	**79**	**14**	**42**	**4**	**19**	**87**	**20**	**33**	**19**	**15**
花山区	18	1	11		6	21	4	4	5	8
雨山区	27	8	12	1	6	48	13	19	10	6
博望区	1		1							
当涂县	17	5	7	1	4	10	2	7	1	
含山县	8		6		2	4	1		3	
和县	8		5	2	1	4		3		1
淮北市	**44**	**7**	**18**	**5**	**14**	**27**	**2**	**4**	**12**	**9**
杜集区	3	1	2			4		1	1	2
相山区	14	3	4	2	5	6		2	3	1
烈山区	20	3	8	1	8	7	1		4	2
濉溪县	7		4	2	1	10	1	1	4	4
铜陵市	**22**	**4**	**10**	**3**	**5**	**9**	**2**	**1**	**5**	**1**
铜官区	12	3	4		5	5		1	3	1
义安区	4		4			3	2		1	
郊区	1		1							
枞阳县	5	1	1	3		1			1	
安庆市	**112**	**17**	**66**	**7**	**22**	**42**	**5**	**24**	**10**	**3**
迎江区	11	1	5		5	8		1	7	
大观区	5		2		3	2	1	1		
宜秀区	16	4	10		2	5	1	3		1
怀宁县	20	1	16		3	2		2		
太湖县	13	3	7	2	1	2			2	
宿松县	3	1	1		1	3	1			2
望江县	1	1				3		2	1	
岳西县	1				1	1		1		
安徽安庆经济开发区	15		9	5	1					
桐城市	23	3	16		4	9	2	7		
潜山市	4	3			1	7		7		
黄山市	**61**	**8**	**32**	**5**	**16**	**31**	**3**	**14**	**6**	**8**
屯溪区	15		6	2	7	5			1	4
黄山区	13	1	8		4	13	3	7		3
徽州区	2	1	1							
歙县	9	1	6		2	5		1	4	
休宁县	11	3	5	2	1	2		2		
黟县	1		1			3		1	1	1
祁门县	10	2	5	1	2	3		3		
滁州市	**284**	**44**	**211**	**11**	**18**	**48**	**4**	**21**	**9**	**14**
琅琊区	8	1	5	1	1	6		3		3
南谯区	26	3	18		5	5	1	2		2
来安县	25	3	20		2	10		5		5
全椒县	13		9	4		8		3	4	1
定远县	3		2		1	2		1	1	
凤阳县	9	1	4	3	1	4	1	1		2
苏滁现代产业园	40	5	33	1	1	3	1	2		
滁州经济技术开发区	137	27	103	2	5	7	1	3	2	1
天长市	12	3	7		2	3		1	2	
明光市	11	1	10							

7-1 续表 11

单位：人

现住地	省外									
	山西					内蒙古				
	小计	乡	镇的村委会	镇的居委会	街道	小计	乡	镇的村委会	镇的居委会	街道
阜阳市	**81**	**16**	**43**	**5**	**17**	**50**	**6**	**29**	**4**	**11**
颍州区	26	6	11		9	5		4		1
颍东区	9	3	6			8	1	6		1
颍泉区	4		4			10	2	4	1	3
临泉县	12	3	7	1	1	2	1			1
太和县	9		8	1		6		4		2
阜南县	5		2	3		6		1	2	3
颍上县	7	1	2		4	2		1	1	
阜阳合肥现代产业园区						1		1		
阜阳经济技术开发区	2	1			1	7	2	5		
界首市	7	2	3		2	3		3		
宿州市	**54**	**14**	**23**	**2**	**15**	**47**	**9**	**19**	**6**	**13**
埇桥区	21	3	8	2	8	25	6	5	1	13
砀山县	11	5	4		2	8	3	4	1	
萧县	10	2	5		3	9		5	4	
灵璧县	5	1	3		1	3		3		
泗县	4	2	1		1	2		2		
宿州马鞍山现代产业园区	1	1								
宿州经济技术开发区	2		2							
六安市	**73**	**4**	**55**	**6**	**8**	**28**	**1**	**22**	**2**	**3**
金安区	17	2	10	4	1	5		4	1	
裕安区	5		3		2	6		6		
叶集区	3	1	2							
霍邱县	17		12	1	4	10		7		3
舒城县	26	1	24		1	5	1	4		
金寨县	5		4	1		1			1	
霍山县						1		1		
亳州市	**71**	**9**	**44**	**7**	**11**	**26**	**4**	**11**	**5**	**6**
谯城区	38	6	20	3	9	15	3	3	4	5
涡阳县	16		13	1	2	5		4		1
蒙城县	9		8	1		3	1	2		
利辛县	8	3	3	2		3		2	1	
池州市	**53**	**3**	**44**	**2**	**4**	**11**	**1**	**5**		**5**
贵池区	19	1	15		3	5		1		4
东至县	3		3							
石台县	7		7							
青阳县	22	1	18	2	1	5		4		1
池州市国家经济技术开发区	1	1								
皖江江南新兴产业集中区	1		1			1	1			
九华山风景区										
宣城市	**116**	**12**	**63**	**18**	**23**	**46**	**7**	**21**	**7**	**11**
宣州区	4		4			6	1	3	2	
郎溪县	13	5	7		1	10	4	4	2	
泾县	6		4		2	1				1
绩溪县	1		1			4		2		2
旌德县	3	1	1		1					
宣城市经济开发区	40	1	14	12	13	19	2	7	3	7
宁国市	17	2	9		6	2		2		
广德市	32	3	23	6		4		3		1

7-1　续表 12　　　　单位：人

现住地	省外									
	辽宁					吉林				
	小计	乡	镇的村委会	镇的居委会	街道	小计	乡	镇的村委会	镇的居委会	街道
安　徽	**1781**	**233**	**745**	**219**	**584**	**1838**	**254**	**858**	**242**	**484**
合肥市	**652**	**78**	**259**	**73**	**242**	**622**	**72**	**238**	**94**	**218**
瑶海区	45	5	17	8	15	66	11	29	5	21
庐阳区	29	5	9	5	10	30	4	9	8	9
蜀山区	103	13	23	15	52	82	12	18	14	38
包河区	132	20	41	12	59	127	19	40	14	54
长丰县	29	12	11	3	3	27	1	16	1	9
肥东县	18	5	9	2	2	27		10	8	9
肥西县	43	5	15	9	14	40	5	22	10	3
庐江县	20		15		5	10		9		1
合肥高新技术产业开发区	40	2	17	3	18	28	2	13	4	9
合肥经济技术开发区	121	8	66	12	35	115	11	38	14	52
合肥新站高新技术产业开发区	45	1	22	3	19	54	6	28	11	9
巢湖市	27	2	14	1	10	16	1	6	5	4
芜湖市	**213**	**30**	**79**	**31**	**73**	**348**	**37**	**209**	**32**	**70**
镜湖区	40	2	8	7	23	35	4	11	4	16
弋江区	39	10	4	5	20	41	8	14	1	18
鸠江区	46	7	20	8	11	69	7	47	7	8
三山区	15	3	4	2	6	22	1	14	3	4
芜湖县	14	1	6	3	4	19	3	13		3
繁昌县	15	1	10	2	2	14	4	5		5
南陵县	3		3			8		7		1
芜湖经济技术开发区	37	6	20	4	7	133	9	97	15	12
安徽芜湖长江大桥经济开发区										
无为市	4		4			7	1	1	2	3
蚌埠市	**91**	**9**	**33**	**10**	**39**	**84**	**13**	**28**	**11**	**32**
龙子湖区	5		4		1	2	1			1
蚌山区	7	4			3	16	9	6		1
禹会区	3			1	2	6	1	1		4
淮上区	12	1	6	4	1	7	1	3	2	1
怀远县	2		1		1	3		2	1	
五河县	16		10		6	1				1
固镇县	4	1		1	2	10	1	6	2	1
蚌埠市高新技术开发区	8		1	1	6	1		1		
蚌埠市经济开发区	34	3	11	3	17	38		9	6	23
淮南市	**46**	**12**	**14**	**4**	**16**	**63**	**11**	**19**	**12**	**21**
大通区	3	1			2	6	1	4		1
田家庵区	23	5	4	3	11	24	3	7	1	13
谢家集区	3		2		1	2	2			
八公山区	2		1		1	5	4	1		
潘集区	2		1		1	3		1		2
凤台县	9	6	3			20	1	4	11	4
寿县	4		3	1		3		2		1

7-1 续表 13　　　　单位：人

现住地	省外									
	辽宁					吉林				
	小计	乡	镇的村委会	镇的居委会	街道	小计	乡	镇的村委会	镇的居委会	街道
马鞍山市	**85**	**6**	**31**	**11**	**37**	**82**	**17**	**37**	**7**	**21**
花山区	31	4	3	4	20	29	2	14	2	11
雨山区	29	1	15	1	12	24	4	12	1	7
博望区	1		1			2		1		1
当涂县	10		3	4	3	15	8	5	1	1
含山县	4		3	1		1			1	
和县	10	1	6	1	2	11	3	5	2	1
淮北市	**23**	**3**	**5**	**5**	**10**	**32**	**2**	**16**	**8**	**6**
杜集区	3		1	1	1	2		2		
相山区	11	1	1	3	6	18	1	10	3	4
烈山区	6	1	2		3	5	1	2	1	1
濉溪县	3	1	1	1		7		2	4	1
铜陵市	**13**		**5**	**2**	**6**	**23**	**6**	**5**	**4**	**8**
铜官区	6		1	1	4	13	3		3	7
义安区	3		1		2	5	3	2		
郊区	1		1			1				1
枞阳县	3		2	1		4		3	1	
安庆市	**108**	**20**	**47**	**7**	**34**	**65**	**23**	**11**	**13**	**18**
迎江区	14	2	4	1	7	13	7		3	3
大观区	18		10		8	7		2	1	4
宜秀区	11		6	1	4	11	2	3		6
怀宁县	26	14	6		6	2	1	1		
太湖县	3		2	1		3	1	1	1	
宿松县	2		1	1		2	1			1
望江县	12	3	9			9	7		2	
岳西县	1		1			3		2		1
安徽安庆经济开发区	15		7	1	7	11	3	1	4	3
桐城市	4	1		1	2	3		1	2	
潜山市	2		1	1		1	1			
黄山市	**66**	**3**	**39**	**13**	**11**	**48**	**5**	**33**	**3**	**7**
屯溪区	19	2	3	7	7	25	3	15	1	6
黄山区	19		11	5	3	14	1	12		1
徽州区	2		2			1		1		
歙县	2	1			1					
休宁县	15		15			5	1	2	2	
黟县	1		1			1		1		
祁门县	8		7	1		2		2		
滁州市	**107**	**10**	**64**	**18**	**15**	**121**	**18**	**70**	**16**	**17**
琅琊区	6		2	3	1	10	2	4		4
南谯区	18	5	12		1	22	2	17	1	2
来安县	21	2	15		4	25	10	12	1	2
全椒县	13		10	1	2	6		3	3	
定远县	3		1		2	3				3
凤阳县	7		3	4		9		7	2	
苏滁现代产业园	9	1	6	1	1	10	1	7	1	1
滁州经济技术开发区	16	2	6	5	3	20	3	10	5	2
天长市	10		6	3	1	9		7	1	1
明光市	4		3	1		7		3	2	2

7-1　续表 14　　　　　　　　　　　　　　　　　　　　　　　　　　单位：人

现住地	省外									
	辽宁					吉林				
	小计	乡	镇的村委会	镇的居委会	街道	小计	乡	镇的村委会	镇的居委会	街道
阜阳市	**93**	**14**	**44**	**12**	**23**	**51**	**3**	**28**	**10**	**10**
颍州区	30	2	16		12	17		7	4	6
颍东区	4	4				2	2			
颍泉区	25	4	16	2	3	5		1	2	2
临泉县	10	1	4	2	3	3	1	2		
太和县	13	1	3	4	5	4		1	2	1
阜南县	2		2			7		6	1	
颍上县	4	1	2	1		2		2		
阜阳合肥现代产业园区						1			1	
阜阳经济技术开发区						3		3		
界首市	5	1	1	3		7		6		1
宿州市	**59**	**4**	**29**	**9**	**17**	**50**	**6**	**34**	**3**	**7**
埇桥区	29	2	11	6	10	27	2	19	1	5
砀山县	8	1	4		3	2	1		1	
萧县	5		3	2		5	1	4		
灵璧县	9		7	1	1	2		1		1
泗县	8	1	4		3	11	2	8	1	
宿州马鞍山现代产业园区						2		2		
宿州经济技术开发区						1				1
六安市	**76**	**10**	**43**	**8**	**15**	**48**	**10**	**28**	**4**	**6**
金安区	14		5	3	6	7	2	1	3	1
裕安区	17	3	9	2	3	18	2	13		3
叶集区						1	1			
霍邱县	8		4	1	3	1		1		
舒城县	14	6	4	2	2	13	3	10		
金寨县	18	1	17			7	2	3	1	1
霍山县	5		4		1	1				1
亳州市	**38**	**5**	**15**	**5**	**13**	**61**	**7**	**31**	**11**	**12**
谯城区	21	5	5	2	9	41	7	16	8	10
涡阳县	4		1	1	2	3		2		1
蒙城县	5		4		1	15		11	3	1
利辛县	8		5	2	1	2		2		
池州市	**41**	**14**	**9**	**9**	**9**	**21**	**1**	**11**	**3**	**6**
贵池区	29	13	3	7	6	9		3	2	4
东至县	4		2	1	1	1		1		
石台县	2		1	1		1		1		
青阳县	3		3			6		4	1	1
池州市国家经济技术开发区										
皖江江南新兴产业集中区						2		2		
九华山风景区	3	1			2	2	1			1
宣城市	**70**	**15**	**29**	**2**	**24**	**119**	**23**	**60**	**11**	**25**
宣州区	8		4		4	9		4		5
郎溪县						17	2	12		3
泾县	5	2	3			12	1	7	1	3
绩溪县	1				1	3		2	1	
旌德县	3		3			1			1	
宣城市经济开发区	12		7	1	4	22	6	8	2	6
宁国市	14		3	1	10	10	1	3		6
广德市	27	13	9		5	45	13	24	6	2

7−1 续表 15

单位：人

现住地	省外									
	黑龙江					上海				
	小计	乡	镇的村委会	镇的居委会	街道	小计	乡	镇的村委会	镇的居委会	街道
安徽	**2632**	**382**	**1085**	**407**	**758**	**2503**	**72**	**372**	**406**	**1653**
合肥市	**928**	**148**	**346**	**149**	**285**	**709**	**17**	**63**	**75**	**554**
瑶海区	86	17	23	16	30	67	3	5	5	54
庐阳区	53	7	22	15	9	97		7	4	86
蜀山区	139	18	47	20	54	138	1	6	16	115
包河区	157	20	40	29	68	175	2	10	11	152
长丰县	58	8	34	5	11	11	3	1		7
肥东县	31	7	17	1	6	33		13	5	15
肥西县	91	19	43	16	13	36	3	4	12	17
庐江县	25	1	13	1	10	18	2	5	6	5
合肥高新技术产业开发区	44	4	18	8	14	36		4	3	29
合肥经济技术开发区	149	28	50	26	45	46	2	3	8	33
合肥新站高新技术产业开发区	72	16	31	10	15	21			4	17
巢湖市	23	3	8	2	10	31	1	5	1	24
芜湖市	**256**	**45**	**112**	**36**	**63**	**255**	**2**	**26**	**47**	**180**
镜湖区	30	1	10	8	11	85		2	6	77
弋江区	45	8	14	3	20	33			6	27
鸠江区	60	18	20	8	14	43	1	2	11	29
三山区	10	2	7		1	3				3
芜湖县	20	2	14	2	2	17		6	4	7
繁昌县	10		6	3	1	10		2	3	5
南陵县	3	1	1	1		29		8	11	10
芜湖经济技术开发区	70	12	35	10	13	12		1	2	9
安徽芜湖长江大桥经济开发区										
无为市	8	1	5	1	1	23	1	5	4	13
蚌埠市	**134**	**14**	**37**	**22**	**61**	**145**	**6**	**21**	**17**	**101**
龙子湖区	15	4	5	1	5	13	1			12
蚌山区	13		1	4	8	17		2		15
禹会区	21	3	3	5	10	21		7		14
淮上区	13	1	10	1	1	2		1		1
怀远县	6	1	2	1	2	14	2	5	7	
五河县	10	1	5		4	5		4	1	
固镇县	7	1	3	2	1	12	1	1	9	1
蚌埠市高新技术开发区	6		1	1	4	5				5
蚌埠市经济开发区	43	3	7	7	26	56	2	1		53
淮南市	**74**	**7**	**18**	**10**	**39**	**98**	**3**	**15**	**26**	**54**
大通区	3	2			1	7			2	5
田家庵区	42	4	7	2	29	54		6	11	37
谢家集区	9	1	4	3	1	3			1	2
八公山区	2				2	3				3
潘集区						2		1		1
凤台县	14		4	4	6	12	3	2	4	3
寿县	4		3	1		17		6	8	3

7-1 续表 16 单位：人

现住地	省外									
	黑龙江					上海				
	小计	乡	镇的村委会	镇的居委会	街道	小计	乡	镇的村委会	镇的居委会	街道
马鞍山市	**109**	**18**	**47**	**18**	**26**	**183**		**12**	**23**	**148**
花山区	36	5	15	10	6	93		1	8	84
雨山区	43	9	16	4	14	45		2	3	40
博望区	7	2	5							
当涂县	14	2	4	4	4	10			3	7
含山县	1				1	12		2	3	7
和县	8		7		1	23		7	6	10
淮北市	**73**	**8**	**33**	**14**	**18**	**79**		**17**	**5**	**57**
杜集区	7	2	3		2	2			1	1
相山区	32	4	13	5	10	46		2	2	42
烈山区	12	1	4	2	5	14		5	1	8
濉溪县	22	1	13	7	1	17		10	1	6
铜陵市	**19**	**1**	**7**	**1**	**10**	**65**	**3**	**6**	**12**	**44**
铜官区	14	1	4	1	8	44	1	3		40
义安区	2				2	10	1		6	3
郊区	2		2			9	1	3	5	
枞阳县	1		1			2			1	1
安庆市	**101**	**17**	**35**	**19**	**30**	**91**	**2**	**12**	**22**	**55**
迎江区	16	4	3	2	7	23		1	2	20
大观区	9		4	2	3	16		1	2	13
宜秀区	15	2	3	5	5	7			1	6
怀宁县	8	1	5	2		1				1
太湖县	9	1	4	2	2	7			7	
宿松县						6	1		3	2
望江县	5		4	1		5		1	1	3
岳西县	4		2		2	4			2	2
安徽安庆经济开发区	9		2	5	2	6		2	3	1
桐城市	20	8	7		5	10	1	4		5
潜山市	6	1	1		4	6		3	1	2
黄山市	**71**	**13**	**31**	**8**	**19**	**120**	**4**	**15**	**32**	**69**
屯溪区	21	2	10	1	8	46	2	2	6	36
黄山区	12	1	7	1	3	25	1	1	13	10
徽州区	3	1		1	1	3				3
歙县	16	1	4	4	7	28		9	7	12
休宁县	8	3	5			11		3	2	6
黟县	4		3	1		3	1		2	
祁门县	7	5	2			4			2	2
滁州市	**269**	**31**	**143**	**27**	**68**	**186**	**3**	**27**	**46**	**110**
琅琊区	23	5	12		6	55	1	1	10	43
南谯区	45	5	21	4	15	15		2	2	11
来安县	56	2	32	9	13	19		5	6	8
全椒县	27	3	17	1	6	20		1	9	10
定远县	10		5	1	4	11		3	6	2
凤阳县	21	4	12	3	2	11		4	5	2
苏滁现代产业园	18	4	9	2	3	1				1
滁州经济技术开发区	34	4	19	3	8	8		2	2	4
天长市	25	4	11	3	7	26	1	3	4	18
明光市	10		5	1	4	20	1	6	2	11

7-1 续表 17　　单位：人

现住地	省外									
	黑龙江					上海				
	小计	乡	镇的村委会	镇的居委会	街道	小计	乡	镇的村委会	镇的居委会	街道
阜阳市	**133**	**24**	**63**	**19**	**27**	**78**	**6**	**25**	**16**	**31**
颍州区	38	13	13	2	10	18	1	3	1	13
颍东区	14	2	7	3	2	4		1		3
颍泉区	23		11	3	9	2				2
临泉县	3	1	1		1	14	2	6		6
太和县	25	2	17	2	4	5		2	2	1
阜南县	10	6		4		11		2	5	4
颍上县	11		7	4		18	2	8	7	1
阜阳合肥现代产业园区	1		1							
阜阳经济技术开发区	5		4		1	4		3	1	
界首市	3		2	1		2	1			1
宿州市	**127**	**17**	**48**	**27**	**35**	**81**	**3**	**30**	**12**	**36**
埇桥区	71	11	23	16	21	47	3	12	4	28
砀山县	17	3	8	5	1	13		11	2	
萧县	13		6	5	2	6		1	1	4
灵璧县	16	1	8	1	6	9		2	3	4
泗县	6	1	3		2	5		3	2	
宿州马鞍山现代产业园区	1	1								
宿州经济技术开发区	3				3	1		1		
六安市	**61**	**3**	**34**	**13**	**11**	**72**	**9**	**22**	**12**	**29**
金安区	11	1	3	3	4	13	2		2	9
裕安区	10		3	4	3	12		5		7
叶集区	1		1			7		6	1	
霍邱县	9		7	2		24	6	9	5	4
舒城县	14		12	2		6		1	1	4
金寨县	14	2	7	1	4	6	1	1	2	2
霍山县	2		1	1		4			1	3
亳州市	**118**	**12**	**61**	**19**	**26**	**61**	**4**	**34**	**11**	**12**
谯城区	50	6	20	6	18	16	1	12		3
涡阳县	28	3	15	3	7	9		5	2	2
蒙城县	11	2	4	5		19		11	5	3
利辛县	29	1	22	5	1	17	3	6	4	4
池州市	**33**	**7**	**12**	**4**	**10**	**69**	**3**	**8**	**8**	**50**
贵池区	14	3	8		3	36		3	4	29
东至县	4	2		1	1	5		1		4
石台县	2				2	7		3	1	3
青阳县	5		3		2	16		1	3	12
池州市国家经济技术开发区	1		1			2				2
皖江江南新兴产业集中区	2	2								
九华山风景区	5			3	2	3	3			
宣城市	**126**	**17**	**58**	**21**	**30**	**211**	**7**	**39**	**42**	**123**
宣州区	20	3	7	3	7	64	4	5	9	46
郎溪县	16	2	9		5	40	1	13	10	16
泾县	9		3	4	2	12	1	1	4	6
绩溪县	2		2			8		5		3
旌德县	3		1	2		15			4	11
宣城市经济开发区	12	1	3	1	7	15	1	2	3	9
宁国市	23	5	5	8	5	21		5	1	15
广德市	41	6	28	3	4	36		8	11	17

7-1 续表 18 单位：人

现住地	省外									
	江苏					浙江				
	小计	乡	镇的村委会	镇的居委会	街道	小计	乡	镇的村委会	镇的居委会	街道
安　徽	**21793**	**1941**	**10963**	**3109**	**5780**	**8008**	**872**	**4167**	**1017**	**1952**
合肥市	**4625**	**517**	**2277**	**677**	**1154**	**1958**	**220**	**863**	**294**	**581**
瑶海区	484	72	220	98	94	325	56	146	47	76
庐阳区	247	33	110	24	80	166	17	85	32	32
蜀山区	616	56	242	99	219	244	22	71	41	110
包河区	935	114	417	111	293	376	39	146	60	131
长丰县	265	39	157	33	36	89	9	49	17	14
肥东县	280	27	169	56	28	113	18	75	11	9
肥西县	433	56	260	52	65	139	17	81	14	27
庐江县	116	10	62	26	18	65	3	35	16	11
合肥高新技术产业开发区	300	10	181	31	78	52	1	24	5	22
合肥经济技术开发区	449	44	207	77	121	178	14	60	19	85
合肥新站高新技术产业开发区	283	36	159	37	51	108	8	50	19	31
巢湖市	217	20	93	33	71	103	16	41	13	33
芜湖市	**1860**	**159**	**846**	**285**	**570**	**893**	**96**	**393**	**115**	**289**
镜湖区	327	35	76	33	183	215	21	91	17	86
弋江区	313	29	131	39	114	208	20	84	21	83
鸠江区	330	31	131	60	108	155	20	66	13	56
三山区	108	5	59	15	29	17		8	3	6
芜湖县	210	16	127	33	34	137	19	58	28	32
繁昌县	89	3	47	20	19	21	2	10	7	2
南陵县	116	4	74	23	15	55	2	34	12	7
芜湖经济技术开发区	210	21	122	30	37	52	11	22	6	13
安徽芜湖长江大桥经济开发区	6	3	1		2	1			1	
无为市	151	12	78	32	29	32	1	20	7	4
蚌埠市	**938**	**112**	**439**	**106**	**281**	**326**	**45**	**159**	**48**	**74**
龙子湖区	86	5	34	8	39	22	4	10	3	5
蚌山区	78	10	39	5	24	43	8	15	10	10
禹会区	140	22	64	15	39	38	5	12	6	15
淮上区	83	6	61	5	11	36	2	34		
怀远县	116	17	67	19	13	49	9	35	3	2
五河县	123	9	72	22	20	41	3	25	10	3
固镇县	77	14	42	11	10	28	5	11	7	5
蚌埠市高新技术开发区	29	1	15	2	11	13	3	6	2	2
蚌埠市经济开发区	206	28	45	19	114	56	6	11	7	32
淮南市	**549**	**62**	**264**	**79**	**144**	**244**	**28**	**110**	**36**	**70**
大通区	28	3	13	9	3	9		2	1	6
田家庵区	267	22	128	26	91	131	18	48	18	47
谢家集区	38	5	20	4	9	17		11	4	2
八公山区	12		7	2	3	5		3		2
潘集区	58	7	22	6	23	14	3	8	2	1
凤台县	55	11	19	16	9	37	6	18	6	7
寿县	91	14	55	16	6	31	1	20	5	5

7—1 续表 19　　单位：人

现住地	省外									
	江苏					浙江				
	小计	乡	镇的村委会	镇的居委会	街道	小计	乡	镇的村委会	镇的居委会	街道
马鞍山市	**2475**	**157**	**1046**	**382**	**890**	**277**	**33**	**165**	**35**	**44**
花山区	684	39	259	71	315	90	7	47	13	23
雨山区	517	46	211	52	208	54	8	29	4	13
博望区	253	19	179	25	30	7		6		1
当涂县	283	21	118	73	71	57	10	37	5	5
含山县	72	2	46	17	7	23	3	17	3	
和县	666	30	233	144	259	46	5	29	10	2
淮北市	**646**	**47**	**340**	**119**	**140**	**107**	**7**	**65**	**13**	**22**
杜集区	114	12	70	20	12	6		3	1	2
相山区	337	21	148	64	104	46	1	21	7	17
烈山区	72	5	34	18	15	23	3	15	3	2
濉溪县	123	9	88	17	9	32	3	26	2	1
铜陵市	**282**	**28**	**121**	**41**	**92**	**136**	**20**	**67**	**7**	**42**
铜官区	169	16	60	21	72	78	14	26	3	35
义安区	43	4	26	3	10	19	1	11	4	3
郊区	25	2	17	3	3	12	2	10		
枞阳县	45	6	18	14	7	27	3	20		4
安庆市	**632**	**80**	**334**	**63**	**155**	**352**	**39**	**189**	**36**	**88**
迎江区	59	5	20	5	29	53	6	23	7	17
大观区	68	7	34	9	18	33	2	17	1	13
宜秀区	84	6	39	13	26	44	8	23	3	10
怀宁县	70	3	56	6	5	28		19	6	3
太湖县	34	2	17	6	9	26	2	18	4	2
宿松县	65	28	24	1	12	48	12	20	7	9
望江县	47	3	27	13	4	23	1	11	2	9
岳西县	21	1	18		2	10	3	6	1	
安徽安庆经济开发区	55	9	30	2	14	42		20	1	21
桐城市	91	13	47	6	25	19		13	2	4
潜山市	38	3	22	2	11	26	5	19	2	
黄山市	**372**	**16**	**231**	**52**	**73**	**614**	**66**	**372**	**60**	**116**
屯溪区	97	2	46	19	30	259	33	150	25	51
黄山区	59	2	38	9	10	54	4	34	7	9
徽州区	45	1	33	7	4	50	2	39	3	6
歙县	82	5	59	6	12	141	10	80	15	36
休宁县	32	3	13	5	11	56	7	36	4	9
黟县	20	1	15	2	2	21	4	12	2	3
祁门县	37	2	27	4	4	33	6	21	4	2
滁州市	**4542**	**269**	**2289**	**626**	**1358**	**501**	**40**	**296**	**76**	**89**
琅琊区	370	41	165	32	132	42	5	25	4	8
南谯区	687	45	258	88	296	86	9	52	12	13
来安县	1228	56	567	173	432	44	1	38	3	2
全椒县	291	17	121	70	83	59	8	33	7	11
定远县	117	11	66	15	25	35	4	19	6	6
凤阳县	124	6	88	22	8	73	4	36	16	17
苏滁现代产业园	131	14	83	15	19	17	1	12		4
滁州经济技术开发区	282	14	143	25	100	36	1	25		10
天长市	1067	55	653	153	206	68	3	38	15	12
明光市	245	10	145	33	57	41	4	18	13	6

7-1　续表 20　　　　单位：人

现住地	省外									
	江苏					浙江				
	小计	乡	镇的村委会	镇的居委会	街道	小计	乡	镇的村委会	镇的居委会	街道
阜阳市	**535**	**62**	**265**	**99**	**109**	**386**	**31**	**221**	**47**	**87**
颍州区	121	16	50	22	33	72	4	34	2	32
颍东区	47	3	24	8	12	15	1	8	2	4
颍泉区	66	3	46	5	12	89	5	50	8	26
临泉县	32	1	21	5	5	78	6	61	7	4
太和县	32	4	15	2	11	19	2	14	2	1
阜南县	55	7	24	17	7	18	7	7	3	1
颍上县	94	19	36	26	13	58	5	24	19	10
阜阳合肥现代产业园区	2		2			1		1		
阜阳经济技术开发区	14	2	10	2		8		4		4
界首市	72	7	37	12	16	28	1	18	4	5
宿州市	**1573**	**169**	**928**	**235**	**241**	**272**	**53**	**122**	**41**	**56**
埇桥区	476	61	265	40	110	112	25	47	11	29
砀山县	156	10	97	34	15	25	2	13	5	5
萧县	373	37	218	63	55	33	2	20	7	4
灵璧县	263	20	180	37	26	66	21	25	9	11
泗县	238	34	133	53	18	31	3	13	9	6
宿州马鞍山现代产业园区	16	2	9	3	2	1		1		
宿州经济技术开发区	51	5	26	5	15	4		3		1
六安市	**613**	**63**	**364**	**68**	**118**	**215**	**34**	**128**	**20**	**33**
金安区	142	14	71	16	41	51	5	28	3	15
裕安区	135	11	71	13	40	50	7	24	6	13
叶集区	34	6	16	1	11	10	2	7		1
霍邱县	70	7	50	5	8	33	10	18	4	1
舒城县	92	5	70	6	11	32	3	23	5	1
金寨县	84	17	45	19	3	24	4	17	1	2
霍山县	56	3	41	8	4	15	3	11	1	
亳州市	**438**	**62**	**248**	**52**	**76**	**261**	**29**	**160**	**34**	**38**
谯城区	156	26	89	12	29	94	11	60	8	15
涡阳县	112	9	71	12	20	36	5	25	4	2
蒙城县	86	12	39	13	22	84	6	50	12	16
利辛县	84	15	49	15	5	47	7	25	10	5
池州市	**374**	**17**	**221**	**47**	**89**	**323**	**23**	**195**	**30**	**75**
贵池区	179	7	105	18	49	142	11	77	15	39
东至县	71	4	45	10	12	51	1	33	3	14
石台县	11	1	8		2	11	1	5		5
青阳县	75	3	38	15	19	56	6	33	7	10
池州市国家经济技术开发区	13		9		4	7		7		
皖江江南新兴产业集中区	17	1	13		3	54	4	40	5	5
九华山风景区	8	1	3	4		2				2
宣城市	**1339**	**121**	**750**	**178**	**290**	**1143**	**108**	**662**	**125**	**248**
宣州区	323	25	201	17	80	223	17	143	8	55
郎溪县	384	31	210	65	78	87	5	45	11	26
泾县	68	8	33	15	12	45	1	24	10	10
绩溪县	28	3	7	6	12	55	6	27	4	18
旌德县	15	1	8	4	2	30	2	17	7	4
宣城市经济开发区	61	4	26	4	27	51	1	34	3	13
宁国市	102	19	52	8	23	281	40	172	17	52
广德市	358	30	213	59	56	371	36	200	65	70

7-1 续表 21 单位：人

现住地	省外				
	福建				
	小计	乡	镇的村委会	镇的居委会	街道
安徽	**4061**	**526**	**2333**	**467**	**735**
合肥市	**1457**	**200**	**788**	**183**	**286**
瑶海区	230	21	124	48	37
庐阳区	114	10	77	5	22
蜀山区	148	14	64	17	53
包河区	407	69	211	28	99
长丰县	86	12	53	14	7
肥东县	114	36	64	10	4
肥西县	69	9	43	11	6
庐江县	30		22	7	1
合肥高新技术产业开发区	47	9	15	10	13
合肥经济技术开发区	107	13	52	12	30
合肥新站高新技术产业开发区	63		38	18	7
巢湖市	42	7	25	3	7
芜湖市	**359**	**35**	**203**	**58**	**63**
镜湖区	34	5	17	4	8
弋江区	82	6	41	5	30
鸠江区	99	13	56	17	13
三山区	4		1		3
芜湖县	28	3	18	5	2
繁昌县	35	5	17	12	1
南陵县	37	1	27	8	1
芜湖经济技术开发区	31	1	20	7	3
安徽芜湖长江大桥经济开发区					
无为市	9	1	6		2
蚌埠市	**173**	**26**	**85**	**24**	**38**
龙子湖区	12	3	2		7
蚌山区	16	1	5	7	3
禹会区	19	2	10	4	3
淮上区	24		20	3	1
怀远县	9	4	5		
五河县	5		5		
固镇县	10		8	1	1
蚌埠市高新技术开发区	9	6	1		2
蚌埠市经济开发区	69	10	29	9	21
淮南市	**126**	**17**	**44**	**20**	**45**
大通区	4		2	1	1
田家庵区	74	9	22	11	32
谢家集区	9	1	3	2	3
八公山区	4		3	1	
潘集区	5	2		2	1
凤台县	11	2	4	3	2
寿县	19	3	10		6

7-1　续表 22　　单位：人

现住地	省外				
	福建				
	小计	乡	镇的村委会	镇的居委会	街道
马鞍山市	**128**	**13**	**76**	**19**	**20**
花山区	42	4	21	11	6
雨山区	41	4	22	3	12
博望区	6	2	4		
当涂县	19	3	11	3	2
含山县	8		7	1	
和县	12		11	1	
淮北市	**80**	**8**	**53**	**9**	**10**
杜集区	18		14	3	1
相山区	43	7	29	2	5
烈山区	6		4	1	1
濉溪县	13	1	6	3	3
铜陵市	**86**	**7**	**64**	**2**	**13**
铜官区	70	7	57	1	5
义安区	1		1		
郊区	14		6		8
枞阳县	1			1	
安庆市	**239**	**39**	**151**	**3**	**46**
迎江区	46	8	25		13
大观区	17		5		12
宜秀区	43	6	33		4
怀宁县	13	2	11		
太湖县	14		12		2
宿松县	19	7	9		3
望江县	11		3		8
岳西县	21	3	15		3
安徽安庆经济开发区	19	5	14		
桐城市	18	1	13	3	1
潜山市	18	7	11		
黄山市	**187**	**43**	**107**	**11**	**26**
屯溪区	98	15	59	6	18
黄山区	9		7		2
徽州区	6	2	4		
歙县	27	7	14	2	4
休宁县	11	4	7		
黟县	14	8	4		2
祁门县	22	7	12	3	
滁州市	**277**	**23**	**174**	**27**	**53**
琅琊区	46	2	23	2	19
南谯区	30	14	10	1	5
来安县	91	5	71	13	2
全椒县	15		6	2	7
定远县	13		10	1	2
凤阳县	29		19	5	5
苏滁现代产业园	2			1	1
滁州经济技术开发区	14		12	1	1
天长市	15	1	10		4
明光市	22	1	13	1	7

7-1 续表 23 单位：人

现住地	省外				
	福建				
	小计	乡	镇的村委会	镇的居委会	街道
阜阳市	**214**	**27**	**123**	**24**	**40**
颍州区	49	9	15	3	22
颍东区	22	1	10	4	7
颍泉区	25	3	13	2	7
临泉县	24	3	13	5	3
太和县	16	2	13		1
阜南县	18	3	12	3	
颍上县	33	5	22	6	
阜阳合肥现代产业园区					
阜阳经济技术开发区	6		5	1	
界首市	21	1	20		
宿州市	**147**	**20**	**87**	**18**	**22**
埇桥区	61	10	31	5	15
砀山县	19	3	10	6	
萧县	19	4	14	1	
灵璧县	29	2	15	5	7
泗县	11		10	1	
宿州马鞍山现代产业园区	4	1	3		
宿州经济技术开发区	4		4		
六安市	**156**	**12**	**111**	**21**	**12**
金安区	40	3	27	7	3
裕安区	28	1	23	2	2
叶集区	12	5	7		
霍邱县	19	1	12	4	2
舒城县	14	2	9	3	
金寨县	30		24	5	1
霍山县	13		9		4
亳州市	**122**	**21**	**56**	**24**	**21**
谯城区	50	14	25	1	10
涡阳县	27		15	1	11
蒙城县	26	3	9	14	
利辛县	19	4	7	8	
池州市	**100**	**8**	**79**	**6**	**7**
贵池区	61		49	5	7
东至县	9		8	1	
石台县	12		12		
青阳县	14	8	6		
池州市国家经济技术开发区					
皖江江南新兴产业集中区	3		3		
九华山风景区	1		1		
宣城市	**210**	**27**	**132**	**18**	**33**
宣州区	55	5	40	4	6
郎溪县	6		3		3
泾县	29		26	1	2
绩溪县	2		2		
旌德县	11		10	1	
宣城市经济开发区	39	5	13	6	15
宁国市	29	8	17		4
广德市	39	9	21	6	3

7-1 续表 24

单位：人

现住地	省外									
	江西					山东				
	小计	乡	镇的村委会	镇的居委会	街道	小计	乡	镇的村委会	镇的居委会	街道
安徽	**6762**	**1228**	**3934**	**670**	**930**	**7202**	**848**	**4378**	**569**	**1407**
合肥市	**2214**	**405**	**1213**	**243**	**353**	**2402**	**297**	**1421**	**175**	**509**
瑶海区	237	74	110	21	32	163	12	94	19	38
庐阳区	153	15	98	22	18	160	17	95	11	37
蜀山区	252	39	109	36	68	349	43	181	29	96
包河区	395	62	206	39	88	384	52	177	29	126
长丰县	162	29	108	8	17	190	35	136	8	11
肥东县	233	47	144	30	12	131	20	90	12	9
肥西县	216	41	135	18	22	280	42	191	13	34
庐江县	64	11	36	11	6	38	6	22	6	4
合肥高新技术产业开发区	95	21	50	10	14	110	6	67	8	29
合肥经济技术开发区	181	27	86	27	41	389	39	238	19	93
合肥新站高新技术产业开发区	168	33	101	16	18	119	14	81	11	13
巢湖市	58	6	30	5	17	89	11	49	10	19
芜湖市	**743**	**148**	**411**	**71**	**113**	**825**	**128**	**477**	**61**	**159**
镜湖区	132	25	60	11	36	130	17	65	12	36
弋江区	115	16	65	12	22	153	24	75	6	48
鸠江区	132	27	72	14	19	247	47	144	19	37
三山区	28	6	12	3	7	74	13	44	4	13
芜湖县	99	22	57	9	11	47	5	27	3	12
繁昌县	31	9	18	3	1	24	2	17	3	2
南陵县	29	5	22		2	12		9		3
芜湖经济技术开发区	131	27	77	14	13	117	19	81	9	8
安徽芜湖长江大桥经济开发区	3	3								
无为市	43	8	28	5	2	21	1	15	5	
蚌埠市	**169**	**34**	**85**	**14**	**36**	**381**	**55**	**199**	**28**	**99**
龙子湖区	7	2	4		1	40	4	23	4	9
蚌山区	18	3	10		5	34	8	14	5	7
禹会区	22	3	8	4	7	31	5	12	1	13
淮上区	11	3	8			43	4	31		8
怀远县	28	8	16	1	3	33	6	21	5	1
五河县	12	4	7		1	25		15	10	
固镇县	19	4	10	5		29	7	15	1	6
蚌埠市高新技术开发区	9		6		3	16	3	9	1	3
蚌埠市经济开发区	43	7	16	4	16	130	18	59	1	52
淮南市	**155**	**33**	**97**	**11**	**14**	**226**	**34**	**119**	**21**	**52**
大通区	10		9	1		18	1	10	3	4
田家庵区	66	14	35	6	11	128	15	66	7	40
谢家集区	8	2	4	2		5	1	4		
八公山区	3		3			2		1	1	
潘集区	7	2	4	1		20	1	14	2	3
凤台县	31	8	21	1	1	35	9	16	5	5
寿县	30	7	21		2	18	7	8	3	

7-1 续表 25

单位：人

现住地	省外									
	江西					山东				
	小计	乡	镇的村委会	镇的居委会	街道	小计	乡	镇的村委会	镇的居委会	街道
马鞍山市	**286**	**55**	**159**	**29**	**43**	**304**	**21**	**209**	**12**	**62**
花山区	108	28	51	13	16	79	8	51	4	16
雨山区	91	16	43	10	22	99	6	63	1	29
博望区	11	2	9			11		8		3
当涂县	38	8	24	3	3	49	7	33	1	8
含山县	11		8	2	1	18		12	3	3
和县	27	1	24	1	1	48		42	3	3
淮北市	**111**	**18**	**62**	**20**	**11**	**285**	**13**	**197**	**16**	**59**
杜集区	13	1	8	4		22	5	14	1	2
相山区	38	3	19	9	7	118	5	75	5	33
烈山区	33	7	18	4	4	53	1	33	4	15
濉溪县	27	7	17	3		92	2	75	6	9
铜陵市	**144**	**38**	**54**	**20**	**32**	**79**	**3**	**37**	**9**	**30**
铜官区	91	21	37	8	25	45	1	13	8	23
义安区	19	3	12	3	1	18		18		
郊区	5		1	3	1	9		2	1	6
枞阳县	29	14	4	6	5	7	2	4		1
安庆市	**573**	**72**	**390**	**52**	**59**	**286**	**37**	**166**	**21**	**62**
迎江区	29	3	20	1	5	27	3	9	7	8
大观区	49	3	23	10	13	41	2	25	4	10
宜秀区	70	4	48	9	9	40	5	23	4	8
怀宁县	59	4	47	8		53		33		20
太湖县	41	11	26	1	3	12	2	8	1	1
宿松县	94	29	52	1	12	11	3	7		1
望江县	80	6	65	7	2	22	8	13	1	
岳西县	17	3	11	3		7	3	2	1	1
安徽安庆经济开发区	35	3	21	4	7	19	1	9	2	7
桐城市	72	5	57	4	6	33	8	21		4
潜山市	27	1	20	4	2	21	2	16	1	2
黄山市	**405**	**80**	**253**	**30**	**42**	**132**	**16**	**76**	**17**	**23**
屯溪区	192	45	118	11	18	52	10	20	7	15
黄山区	22	3	8	4	7	30	1	27		2
徽州区	21		16	4	1	12		7	5	
歙县	62	17	39	3	3	15	4	9		2
休宁县	30	3	23	2	2	7	1	4	1	1
黟县	18	2	9	3	4	7		4	1	2
祁门县	60	10	40	3	7	9		5	3	1
滁州市	**488**	**68**	**315**	**32**	**73**	**647**	**61**	**441**	**65**	**80**
琅琊区	40	2	25	3	10	40	4	26	5	5
南谯区	52	11	34		7	95	4	70	7	14
来安县	56	10	33	3	10	95	10	66	13	6
全椒县	51	4	38	3	6	43	6	22	12	3
定远县	28	1	16	11		31	1	5	8	17
凤阳县	44	2	32	5	5	33	2	26	5	
苏滁现代产业园	41	8	30	1	2	36		29	3	4
滁州经济技术开发区	78	15	43	4	16	143	22	105	1	15
天长市	58	4	40		14	86	6	64	8	8
明光市	40	11	24	2	3	45	6	28	3	8

7-1 续表 26　　　　单位：人

现住地	省外									
	江西					山东				
	小计	乡	镇的村委会	镇的居委会	街道	小计	乡	镇的村委会	镇的居委会	街道
阜阳市	**213**	**36**	**119**	**20**	**38**	**273**	**38**	**152**	**39**	**44**
颍州区	64	11	33	3	17	78	23	36	7	12
颍东区	13	3	2		8	42	3	31	4	4
颍泉区	22	9	8	3	2	22	4	10	4	4
临泉县	23	2	14	2	5	25	4	14	3	4
太和县	23	2	13	8		33		25	2	6
阜南县	16	4	12			21		12	4	5
颍上县	30	2	24	3	1	23		13	7	3
阜阳合肥现代产业园区	3		3			3	1	1	1	
阜阳经济技术开发区	10	2	4		4	8	1	4	3	
界首市	9	1	6	1	1	18	2	6	4	6
宿州市	**170**	**35**	**104**	**13**	**18**	**446**	**49**	**262**	**46**	**89**
埇桥区	74	17	45	2	10	227	31	107	17	72
砀山县	9	2	3	3	1	69	5	51	12	1
萧县	26	4	17	5		65	4	50	7	4
灵璧县	32	9	20	2	1	26	2	19	3	2
泗县	21	1	16	1	3	37	3	26	7	1
宿州马鞍山现代产业园区	2	1			1	16	4	6		6
宿州经济技术开发区	6	1	3		2	6		3		3
六安市	**247**	**66**	**132**	**29**	**20**	**232**	**24**	**145**	**20**	**43**
金安区	53	6	29	9	9	50	4	31	1	14
裕安区	57	26	21	7	3	47	5	22	5	15
叶集区	10	3	7			11	2	2	1	6
霍邱县	21	14	6	1		24	2	17	1	4
舒城县	60	8	40	8	4	59	5	48	3	3
金寨县	24	7	10	4	3	29	6	16	6	1
霍山县	22	2	19		1	12		9	3	
亳州市	**90**	**25**	**46**	**17**	**2**	**188**	**35**	**117**	**11**	**25**
谯城区	40	10	21	8	1	99	19	68	4	8
涡阳县	5	1	4			17	5	3	1	8
蒙城县	19	7	9	3		36	4	22	3	7
利辛县	26	7	12	6	1	36	7	24	3	2
池州市	**265**	**35**	**183**	**22**	**25**	**80**	**13**	**57**	**1**	**9**
贵池区	99	10	59	14	16	52	12	33	1	6
东至县	99	6	84	6	3	8		8		
石台县	1		1							
青阳县	48	13	30	1	4	5		4		1
池州市国家经济技术开发区	5		5			5		4		1
皖江江南新兴产业集中区	11	5	4	1	1	5		5		
九华山风景区	2	1			1	5	1	3		1
宣城市	**489**	**80**	**311**	**47**	**51**	**416**	**24**	**303**	**27**	**62**
宣州区	82	22	38	12	10	75	1	62		12
郎溪县	51	10	38	2	1	44	2	36	2	4
泾县	30	1	21	4	4	33	5	24	1	3
绩溪县	21	2	14	5		16		8	2	6
旌德县	9	5	3	1		11	1	8	1	1
宣城市经济开发区	71	4	45	6	16	35	5	14	1	15
宁国市	77	10	58	2	7	91	4	68	6	13
广德市	148	26	94	15	13	111	6	83	14	8

7-1 续表 27　　　　单位：人

现住地	省外									
	河南					湖北				
	小计	乡	镇的村委会	镇的居委会	街道	小计	乡	镇的村委会	镇的居委会	街道
安　徽	**22912**	**5288**	**14309**	**1481**	**1834**	**8200**	**1256**	**4700**	**843**	**1401**
合肥市	**6543**	**1643**	**3886**	**404**	**610**	**2793**	**429**	**1515**	**282**	**567**
瑶海区	580	142	335	50	53	197	38	105	18	36
庐阳区	415	99	254	23	39	221	38	119	27	37
蜀山区	738	181	401	46	110	378	36	187	44	111
包河区	1153	306	619	72	156	605	106	292	68	139
长丰县	505	119	319	36	31	167	20	96	17	34
肥东县	381	98	253	21	9	146	37	83	13	13
肥西县	947	259	571	65	52	319	56	192	33	38
庐江县	114	28	78	7	1	82	3	67	4	8
合肥高新技术产业开发区	280	61	179	12	28	134	12	73	5	44
合肥经济技术开发区	771	164	492	35	80	271	46	133	25	67
合肥新站高新技术产业开发区	485	141	277	30	37	198	29	123	20	26
巢湖市	174	45	108	7	14	75	8	45	8	14
芜湖市	**2295**	**504**	**1426**	**153**	**212**	**787**	**97**	**440**	**84**	**166**
镜湖区	221	46	110	21	44	82	8	39	11	24
弋江区	285	75	133	15	62	104	7	34	9	54
鸠江区	426	124	230	38	34	172	25	91	25	31
三山区	231	87	111	11	22	49	6	20	6	17
芜湖县	191	28	136	17	10	130	13	101	6	10
繁昌县	67	17	42	2	6	40	5	28	6	1
南陵县	70	1	63	6		24	3	17	2	2
芜湖经济技术开发区	692	108	526	31	27	146	25	89	15	17
安徽芜湖长江大桥经济开发区	3	1	1	1		3	1			2
无为市	109	17	74	11	7	37	4	21	4	8
蚌埠市	**736**	**160**	**442**	**55**	**79**	**167**	**27**	**85**	**16**	**39**
龙子湖区	100	20	54	10	16	11	2	2	1	6
蚌山区	78	14	47	4	13	19	6	11		2
禹会区	92	28	48	7	9	16	1	9	2	4
淮上区	121	32	79	7	3	30	5	13	5	7
怀远县	56	15	37	3	1	18	4	9	1	4
五河县	45	2	37	4	2	15	3	8	3	1
固镇县	65	14	36	10	5	13	1	11	1	
蚌埠市高新技术开发区	28		22	1	5	6	1	2	1	2
蚌埠市经济开发区	151	35	82	9	25	39	4	20	2	13
淮南市	**672**	**175**	**362**	**51**	**84**	**191**	**26**	**103**	**30**	**32**
大通区	30	7	18	3	2	16	1	11	3	1
田家庵区	240	50	124	22	44	78	14	30	12	22
谢家集区	60	15	33	1	11	19		15	3	1
八公山区	15	6	7	1	1	4		4		
潘集区	81	27	40	4	10	24	4	15	4	1
凤台县	162	39	95	15	13	35	3	20	7	5
寿县	84	31	45	5	3	15	4	8	1	2

7-1　续表 28　　　　单位：人

现住地	省外									
	河南					湖北				
	小计	乡	镇的村委会	镇的居委会	街道	小计	乡	镇的村委会	镇的居委会	街道
马鞍山市	**1055**	**281**	**649**	**66**	**59**	**328**	**41**	**186**	**45**	**56**
花山区	233	74	133	10	16	73	7	40	10	16
雨山区	341	112	187	16	26	91	12	46	16	17
博望区	65	9	54		2	16	3	9	4	
当涂县	240	69	147	14	10	60	15	33	5	7
含山县	71	2	47	21	1	35	1	27	3	4
和县	105	15	81	5	4	53	3	31	7	12
淮北市	**823**	**172**	**506**	**76**	**69**	**147**	**5**	**87**	**30**	**25**
杜集区	122	23	75	12	12	24		14	9	1
相山区	353	75	216	24	38	42	1	25	6	10
烈山区	108	19	59	13	17	16	3	6	4	3
濉溪县	240	55	156	27	2	65	1	42	11	11
铜陵市	**226**	**43**	**150**	**9**	**24**	**136**	**21**	**72**	**11**	**32**
铜官区	105	22	63	3	17	71	9	37	5	20
义安区	65	7	49	6	3	27	9	11	2	5
郊区	22	2	17		3	13	1	5	2	5
枞阳县	34	12	21		1	25	2	19	2	2
安庆市	**759**	**186**	**463**	**45**	**65**	**684**	**131**	**419**	**55**	**79**
迎江区	80	22	44	5	9	50	5	22	3	20
大观区	96	6	73	9	8	45	10	19	5	11
宜秀区	100	28	65	3	4	69	9	45	6	9
怀宁县	90	6	74	1	9	40	7	25	4	4
太湖县	54	18	34	1	1	65	7	50	4	4
宿松县	81	30	23	7	21	156	59	81	13	3
望江县	46	12	30	4		43	4	30	7	2
岳西县	18	7	8	1	2	51	5	38	2	6
安徽安庆经济开发区	59	21	32	3	3	48	19	21	1	7
桐城市	89	25	54	4	6	70	4	55	1	10
潜山市	46	11	26	7	2	47	2	33	9	3
黄山市	**425**	**110**	**273**	**15**	**27**	**423**	**89**	**254**	**44**	**36**
屯溪区	127	35	76	4	12	76	15	30	12	19
黄山区	58	17	40		1	82	19	48	10	5
徽州区	30	7	20		3	14	5	8		1
歙县	62	19	37	3	3	65	10	46	6	3
休宁县	41	8	29	1	3	51	2	44	1	4
黟县	29	5	20	2	2	55	14	32	7	2
祁门县	78	19	51	5	3	80	24	46	8	2
滁州市	**1937**	**417**	**1353**	**93**	**74**	**542**	**90**	**346**	**45**	**61**
琅琊区	118	9	91	10	8	32	3	19	1	9
南谯区	246	35	188	13	10	81	8	57	9	7
来安县	240	44	173	17	6	84	19	51	10	4
全椒县	113	10	92	8	3	50	9	32	6	3
定远县	63	15	36	8	4	19		14		5
凤阳县	100	7	75	13	5	30	5	19	3	3
苏滁现代产业园	164	30	120	6	8	26	8	13		5
滁州经济技术开发区	707	246	427	14	20	114	26	67	7	14
天长市	118	19	89	3	7	79	9	56	5	9
明光市	68	2	62	1	3	27	3	18	4	2

7－1　续表 29　　　　单位：人

现住地	省外									
	河南					湖北				
	小计	乡	镇的村委会	镇的居委会	街道	小计	乡	镇的村委会	镇的居委会	街道
阜阳市	**1992**	**404**	**1228**	**202**	**158**	**347**	**44**	**170**	**67**	**66**
颍州区	252	70	140	11	31	50	4	27	6	13
颍东区	179	37	99	36	7	54	4	24	15	11
颍泉区	170	41	88	19	22	20	4	13		3
临泉县	317	42	218	30	27	43	6	18	6	13
太和县	139	20	98	16	5	39	2	28	9	
阜南县	178	46	104	26	2	43	16	16	8	3
颍上县	127	21	68	23	15	41	2	18	15	6
阜阳合肥现代产业园区	8		6	2		2		1		1
阜阳经济技术开发区	61	19	27	6	9	18	1	11	3	3
界首市	561	108	380	33	40	37	5	14	5	13
宿州市	**921**	**232**	**547**	**73**	**69**	**200**	**24**	**112**	**25**	**39**
埇桥区	325	82	189	14	40	77	8	35	10	24
砀山县	160	31	102	25	2	18	3	9	2	4
萧县	191	62	104	22	3	36	5	25	5	1
灵璧县	91	26	59	2	4	30	6	18	3	3
泗县	91	13	65	5	8	18	1	11	4	2
宿州马鞍山现代产业园区	15	5	6	4		3				3
宿州经济技术开发区	48	13	22	1	12	18	1	14	1	2
六安市	**1273**	**232**	**888**	**61**	**92**	**415**	**63**	**265**	**31**	**56**
金安区	191	30	115	8	38	109	10	66	8	25
裕安区	106	27	67	3	9	62	13	28	10	11
叶集区	283	77	168	19	19	25	9	15		1
霍邱县	139	18	103	4	14	49	5	39	1	4
舒城县	285	23	247	10	5	59	4	51	1	3
金寨县	232	52	160	16	4	89	18	51	9	11
霍山县	37	5	28	1	3	22	4	15	2	1
亳州市	**1653**	**351**	**1109**	**81**	**112**	**210**	**38**	**130**	**12**	**30**
谯城区	1319	300	868	57	94	101	26	48	1	26
涡阳县	103	13	76	6	8	15		13	1	1
蒙城县	103	20	71	6	6	52	8	40	2	2
利辛县	128	18	94	12	4	42	4	29	8	1
池州市	**404**	**74**	**271**	**37**	**22**	**282**	**54**	**168**	**32**	**28**
贵池区	208	26	147	21	14	162	27	94	20	21
东至县	62	10	45	6	1	35	1	28	5	1
石台县	11	2	8	1		12		8	1	3
青阳县	62	16	38	6	2	43	9	28	4	2
池州市国家经济技术开发区	9	2	5		2	4	1	2	1	
皖江江南新兴产业集中区	45	16	26	3		15	6	7	1	1
九华山风景区	7	2	2		3	11	10	1		
宣城市	**1198**	**304**	**756**	**60**	**78**	**548**	**77**	**348**	**34**	**89**
宣州区	172	35	117	3	17	54	10	31	2	11
郎溪县	176	42	118	16		97	13	72	4	8
泾县	95	15	76	3	1	67	6	53	1	7
绩溪县	39	10	23	3	3	34	1	12	7	14
旌德县	11	2	8		1	15	1	12		2
宣城市经济开发区	150	27	81	13	29	63	10	26	3	24
宁国市	153	47	96	2	8	57	5	37	1	14
广德市	402	126	237	20	19	161	31	105	16	9

7-1 续表 30

单位：人

现住地	省外									
	湖南					广东				
	小计	乡	镇的村委会	镇的居委会	街道	小计	乡	镇的村委会	镇的居委会	街道
安徽	**5060**	**875**	**3050**	**477**	**658**	**2478**	**230**	**838**	**404**	**1006**
合肥市	**1564**	**287**	**854**	**156**	**267**	**1005**	**99**	**278**	**187**	**441**
瑶海区	132	35	58	20	19	110	17	37	22	34
庐阳区	114	17	59	21	17	80	10	18	6	46
蜀山区	180	21	92	23	44	189	6	42	40	101
包河区	304	46	150	25	83	249	21	63	38	127
长丰县	97	21	67	6	3	35	8	18	5	4
肥东县	87	12	60	8	7	30	3	17	3	7
肥西县	150	39	92	9	10	61	8	21	6	26
庐江县	35	5	26	4		12	1	7	2	2
合肥高新技术产业开发区	65	10	39	7	9	62	4	13	20	25
合肥经济技术开发区	194	26	104	14	50	77	8	14	17	38
合肥新站高新技术产业开发区	143	42	71	14	16	63	9	21	23	10
巢湖市	63	13	36	5	9	37	4	7	5	21
芜湖市	**627**	**102**	**378**	**56**	**91**	**219**	**12**	**82**	**35**	**90**
镜湖区	94	13	53	9	19	59	1	13	4	41
弋江区	72	9	34	5	24	45	5	11	6	23
鸠江区	132	25	75	13	19	31	2	10	8	11
三山区	46	10	22	3	11	15	1	6	2	6
芜湖县	101	16	77	4	4	19	2	10	6	1
繁昌县	26	8	16	2		6		4	1	1
南陵县	27		20	7		11		9	1	1
芜湖经济技术开发区	105	20	67	8	10	29	1	17	5	6
安徽芜湖长江大桥经济开发区										
无为市	24	1	14	5	4	4		2	2	
蚌埠市	**170**	**25**	**108**	**19**	**18**	**102**	**15**	**27**	**9**	**51**
龙子湖区	12		10	2		3			1	2
蚌山区	13	4	6	1	2	16	3	3	1	9
禹会区	23	10	9		4	17	4	4	2	7
淮上区	22	1	14	6	1	6		6		
怀远县	23	2	20		1	11	3	5	3	
五河县	20	4	14	2		3		3		
固镇县	21	1	11	5	4	8	1	2	2	3
蚌埠市高新技术开发区	9	1	4	1	3	2	1			1
蚌埠市经济开发区	27	2	20	2	3	36	3	4		29
淮南市	**133**	**28**	**79**	**9**	**17**	**79**	**10**	**21**	**12**	**36**
大通区	13	5	7	1		4			1	3
田家庵区	48	9	25	4	10	43	6	5	7	25
谢家集区	5		2		3	2		1		1
八公山区	1		1			3		1		2
潘集区	16	4	11	1		3		3		
凤台县	21	1	15	2	3	7	2		4	1
寿县	29	9	18	1	1	17	2	11		4

7－1 续表 31　　单位：人

现住地	省外									
	湖南					广东				
	小计	乡	镇的村委会	镇的居委会	街道	小计	乡	镇的村委会	镇的居委会	街道
马鞍山市	**211**	**32**	**121**	**30**	**28**	**86**	**6**	**36**	**15**	**29**
花山区	56	4	23	12	17	24		9	2	13
雨山区	46	5	25	8	8	31	2	12	5	12
博望区	2		2			7	2	5		
当涂县	57	18	32	6	1	14	2	3	6	3
含山县	15	1	14			4		4		
和县	35	4	25	4	2	6		3	2	1
淮北市	**94**	**17**	**53**	**13**	**11**	**58**	**2**	**29**	**6**	**21**
杜集区	8	2	4	1	1	11		9		2
相山区	41	9	17	9	6	23	1	6	4	12
烈山区	22	5	13	1	3	11		7	1	3
濉溪县	23	1	19	2	1	13	1	7	1	4
铜陵市	**63**	**9**	**38**	**7**	**9**	**43**	**3**	**16**	**6**	**18**
铜官区	43	8	26	3	6	27	3	7	5	12
义安区	6	1	5			7		5	1	1
郊区	5		2		3	5		2		3
枞阳县	9		5	4		4		2		2
安庆市	**382**	**70**	**264**	**17**	**31**	**198**	**23**	**58**	**30**	**87**
迎江区	41	4	24	1	12	37	4	5	2	26
大观区	16	2	11	1	2	24		5	5	14
宜秀区	50	7	35	4	4	13	2	2	4	5
怀宁县	42	5	34	3		13		8	3	2
太湖县	12		10		2	22	1	7	9	5
宿松县	47	27	18	1	1	25	10	7	3	5
望江县	30	2	27		1	10		6	1	3
岳西县	16	5	9		2	5		2	1	2
安徽安庆经济开发区	33	6	21	1	5	24	4	6	1	13
桐城市	71	8	56	5	2	20		9	1	10
潜山市	24	4	19	1		5	2	1		2
黄山市	**244**	**47**	**171**	**13**	**13**	**80**	**7**	**23**	**14**	**36**
屯溪区	64	12	42	4	6	38	2	5	8	23
黄山区	26	4	17	2	3	4		2	2	
徽州区	10	2	8			8	2	2	2	2
歙县	57	11	42	1	3	12		10	2	
休宁县	29	2	23	3	1	4		1		3
黟县	29	7	20	2		6	2	1		3
祁门县	29	9	19	1		8	1	2		5
滁州市	**329**	**43**	**217**	**33**	**36**	**135**	**5**	**52**	**30**	**48**
琅琊区	21		16	3	2	24		4	6	14
南谯区	54	10	32	2	10	16	2	3	2	9
来安县	61	12	38	9	2	22	1	16	3	2
全椒县	27	7	17		3	18	1	7	7	3
定远县	17	1	6	8	2	4			2	2
凤阳县	43	2	33	3	5	13		8	4	1
苏滁现代产业园	4	1	2		1	5	1	2	1	1
滁州经济技术开发区	46	8	26	6	6	16		6	1	9
天长市	37	2	30	2	3	11		5	3	3
明光市	19		17		2	6		1	1	4

7-1　续表 32　　　　单位：人

现住地	省外									
	湖南					广东				
	小计	乡	镇的村委会	镇的居委会	街道	小计	乡	镇的村委会	镇的居委会	街道
阜阳市	**183**	**23**	**125**	**14**	**21**	**90**	**9**	**48**	**7**	**26**
颍州区	37	3	21	5	8	21	3	7	1	10
颍东区	17	1	15		1	11	1	6	4	
颍泉区	14		12	1	1	10	1	5	1	3
临泉县	24	7	13	1	3	7		4		3
太和县	33	9	18	5	1	17	2	10		5
阜南县	15	1	10	2	2	10	2	7	1	
颍上县	8		7		1	1		1		
阜阳合肥现代产业园区	1		1							
阜阳经济技术开发区	12		11		1	5		2		3
界首市	22	2	17		3	8		6		2
宿州市	**121**	**25**	**64**	**19**	**13**	**84**	**14**	**35**	**12**	**23**
埇桥区	45	4	27	4	10	36	4	13	3	16
砀山县	12	2	8	2		11		4	4	3
萧县	20	8	4	7	1	9	1	8		
灵璧县	19	7	7	5		6	1	4	1	
泗县	14	3	8	1	2	11	3	4	3	1
宿州马鞍山现代产业园区	3		3			2			1	1
宿州经济技术开发区	8	1	7			9	5	2		2
六安市	**212**	**47**	**137**	**11**	**17**	**84**	**5**	**35**	**11**	**33**
金安区	47	12	28	4	3	24		11	1	12
裕安区	33	5	25		3	16	1	4	1	10
叶集区	13	2	6		5	3	1			2
霍邱县	17	10	6		1	14	1	10	3	
舒城县	50	6	40	1	3	6		2	3	1
金寨县	39	8	24	5	2	9	2	3		4
霍山县	13	4	8	1		12		5	3	4
亳州市	**154**	**23**	**81**	**21**	**29**	**88**	**11**	**50**	**11**	**16**
谯城区	67	11	37	7	12	48	6	28	3	11
涡阳县	32	1	14	3	14	17	1	12	3	1
蒙城县	18	3	11	4		14	3	7	2	2
利辛县	37	8	19	7	3	9	1	3	3	2
池州市	**169**	**27**	**91**	**29**	**22**	**47**	**2**	**22**	**8**	**15**
贵池区	98	11	43	24	20	24	1	7	7	9
东至县	30	4	24	2		7		6		1
石台县	2	1	1			2		1		1
青阳县	17	6	9	2		8	1	3	1	3
池州市国家经济技术开发区	5	2	2		1					
皖江江南新兴产业集中区	16	2	12	1	1	6		5		1
九华山风景区	1	1								
宣城市	**404**	**70**	**269**	**30**	**35**	**80**	**7**	**26**	**11**	**36**
宣州区	64	10	42	6	6	9	1	5		3
郎溪县	37	5	24	5	3	7	1	3	1	2
泾县	31	8	18	4	1	8		1	2	5
绩溪县	16	2	11		3	5	1	1		3
旌德县	7		7			8		4		4
宣城市经济开发区	47	4	24	3	16	11	1	3		7
宁国市	60	15	39	3	3	14	2	2	4	6
广德市	142	26	104	9	3	18	1	7	4	6

7−1 续表 33 单位：人

现住地	省外									
	广西					海南				
	小计	乡	镇的村委会	镇的居委会	街道	小计	乡	镇的村委会	镇的居委会	街道
安　徽	**1530**	**258**	**942**	**135**	**195**	**382**	**39**	**138**	**59**	**146**
合肥市	**418**	**76**	**213**	**50**	**79**	**149**	**14**	**45**	**24**	**66**
瑶海区	38	3	28	5	2	9	1	3	1	4
庐阳区	23	2	9	8	4	8		3	2	3
蜀山区	63	10	23	3	27	25	2	7	5	11
包河区	65	17	29	6	13	30	2	3	4	21
长丰县	15	2	9	2	2	6	2	2	1	1
肥东县	34	9	20	2	3	9	3	4	2	
肥西县	65	16	40	8	1	8	1	2	1	4
庐江县	9	4	1	4						
合肥高新技术产业开发区	15	3	8	2	2	2		1		1
合肥经济技术开发区	68	4	38	6	20	40	2	15	6	17
合肥新站高新技术产业开发区	13	3	4	3	3	3	1			2
巢湖市	10	3	4	1	2	9		5	2	2
芜湖市	**188**	**32**	**118**	**19**	**19**	**20**	**1**	**6**	**8**	**5**
镜湖区	16	1	11	1	3	3				3
弋江区	29	5	14	5	5	7	1	2	2	2
鸠江区	18	4	6	5	3	4		1	3	
三山区	12	4	4	1	3					
芜湖县	32	4	25	2	1	1			1	
繁昌县	13	1	10	2						
南陵县	21	9	9	1	2	3		3		
芜湖经济技术开发区	36	1	32	2	1					
安徽芜湖长江大桥经济开发区										
无为市	11	3	7		1	2			2	
蚌埠市	**76**	**16**	**34**	**9**	**17**	**24**		**6**	**5**	**13**
龙子湖区	5	3	2			4				4
蚌山区	2	1	1							
禹会区	5	1	3	1						
淮上区	1		1							
怀远县	6	1	4		1					
五河县	2		1		1	2			2	
固镇县	3	1	1	1		1		1		
蚌埠市高新技术开发区										
蚌埠市经济开发区	52	9	21	7	15	17		5	3	9
淮南市	**28**	**4**	**17**	**5**	**2**	**22**		**13**	**3**	**6**
大通区	6		4		2					
田家庵区	14	2	8	4		11		6	1	4
谢家集区										
八公山区	1			1						
潘集区	4	1	3			5		4		1
凤台县	2		2			3			2	1
寿县	1	1				3		3		

7-1 续表 34

单位：人

现住地	省外									
	广西					海南				
	小计	乡	镇的村委会	镇的居委会	街道	小计	乡	镇的村委会	镇的居委会	街道
马鞍山市	**65**	**7**	**42**	**8**	**8**	**16**	**2**	**3**	**3**	**8**
花山区	7		2	1	4	12	2	1	1	8
雨山区	21	5	11	3	2					
博望区	9	1	7	1		2		2		
当涂县	15	1	12		2	2			2	
含山县	4		4							
和县	9		6	3						
淮北市	**39**	**7**	**24**	**3**	**5**	**14**	**4**	**8**	**1**	**1**
杜集区	2		2							
相山区	17	5	5	2	5	7	4	3		
烈山区	13	1	11	1		6		4	1	1
濉溪县	7	1	6			1		1		
铜陵市	**33**	**5**	**19**	**1**	**8**	**13**	**2**	**2**	**2**	**7**
铜官区	20	3	11		6	12	2	2	2	6
义安区	2	1	1			1				1
郊区	2		2							
枞阳县	9	1	5	1	2					
安庆市	**98**	**17**	**59**	**5**	**17**	**23**	**3**	**7**	**3**	**10**
迎江区	10	1	3	1	5	2			1	1
大观区	7	4	1		2	2				2
宜秀区	20	4	13		3	5	1			4
怀宁县	11		9	1	1					
太湖县	6	1	5							
宿松县	11	5	3	1	2	7		4	2	1
望江县	11		9	2		1		1		
岳西县	2	1	1			1				1
安徽安庆经济开发区	5		4		1	1				1
桐城市	13	1	9		3					
潜山市	2		2			4	2	2		
黄山市	**59**	**8**	**46**	**4**	**1**	**6**	**1**	**2**	**3**	
屯溪区	23	5	15	2	1	3	1		2	
黄山区	7		6	1						
徽州区	4		4							
歙县	10	2	8							
休宁县	4	1	2	1		1			1	
黟县	4		4							
祁门县	7		7			2		2		
滁州市	**124**	**13**	**90**	**9**	**12**	**15**		**11**	**2**	**2**
琅琊区	10	1	9							
南谯区	12		10	1	1	1		1		
来安县	12	2	10			2			2	
全椒县	5		4		1	2		1		1
定远县	7		3	3	1	3		3		
凤阳县	8		6	1	1					
苏滁现代产业园	4	2		2						
滁州经济技术开发区	44	7	32		5	2		1		1
天长市	14	1	10	2	1	1		1		
明光市	8		6		2	4		4		

7-1　续表 35　　单位：人

现住地	省外									
	广西					海南				
	小计	乡	镇的村委会	镇的居委会	街道	小计	乡	镇的村委会	镇的居委会	街道
阜阳市	**58**	**12**	**34**	**5**	**7**	**20**	**2**	**8**		**10**
颍州区	8	2	5		1	2				2
颍东区	13	4	7		2	1		1		
颍泉区	5	2	3			4		1		3
临泉县	3	2	1			2		2		
太和县	10	1	7	2		7		3		4
阜南县	7	1	5		1					
颍上县	2		1	1						
阜阳合肥现代产业园区						1		1		
阜阳经济技术开发区	3		1	2		1				1
界首市	7		4		3	2	2			
宿州市	**37**	**4**	**26**	**6**	**1**	**7**		**3**	**2**	**2**
埇桥区	10	2	6	1	1	2				2
砀山县	5		5			2		1	1	
萧县	12	1	10	1		1		1		
灵璧县	6		3	3		1		1		
泗县	3	1	1	1		1			1	
宿州马鞍山现代产业园区										
宿州经济技术开发区	1		1							
六安市	**76**	**12**	**60**	**1**	**3**	**21**	**6**	**7**	**2**	**6**
金安区	12	6	4		2	2		1		1
裕安区	7	1	6			4	2			2
叶集区	1		1							
霍邱县	12	3	9			1		1		
舒城县	34		33	1		1			1	
金寨县	9	2	6		1	5		1	1	3
霍山县	1		1			8	4	4		
亳州市	**27**	**7**	**18**		**2**	**11**		**8**	**1**	**2**
谯城区	9		7		2	7		4	1	2
涡阳县	5	4	1			1		1		
蒙城县	4	2	2							
利辛县	9	1	8			3		3		
池州市	**37**	**8**	**23**	**2**	**4**	**7**	**2**	**3**		**2**
贵池区	17	2	11		4	2		1		1
东至县	5	1	4			1				1
石台县	3		3			1	1			
青阳县	11	4	5	2		3	1	2		
池州市国家经济技术开发区										
皖江江南新兴产业集中区	1	1								
九华山风景区										
宣城市	**167**	**30**	**119**	**8**	**10**	**14**	**2**	**6**		**6**
宣州区	20	2	18			4	1	3		
郎溪县	28	10	15	3		3		1		2
泾县	10	1	8		1	1	1			
绩溪县	1		1							
旌德县	4	1	3							
宣城市经济开发区	63	7	44	4	8	5		2		3
宁国市	20	5	13	1	1	1				1
广德市	21	4	17							

7-1 续表 36

单位：人

现住地	省外									
	重庆					四川				
	小计	乡	镇的村委会	镇的居委会	街道	小计	乡	镇的村委会	镇的居委会	街道
安徽	**2767**	**494**	**1502**	**283**	**488**	**6870**	**1401**	**4093**	**612**	**764**
合肥市	**735**	**106**	**382**	**86**	**161**	**1924**	**335**	**1090**	**227**	**272**
瑶海区	34	2	21	4	7	167	20	86	37	24
庐阳区	65	4	37	11	13	114	23	51	18	22
蜀山区	108	20	41	17	30	232	30	118	35	49
包河区	140	21	65	11	43	315	30	164	40	81
长丰县	57	14	28	3	12	124	42	69	5	8
肥东县	31	5	20	4	2	146	28	101	15	2
肥西县	87	10	52	13	12	290	66	184	20	20
庐江县	27	1	22	3	1	67	9	47	9	2
合肥高新技术产业开发区	28	5	9	5	9	75	20	42	8	5
合肥经济技术开发区	91	13	43	7	28	234	36	138	20	40
合肥新站高新技术产业开发区	39	9	21	7	2	100	21	55	15	9
巢湖市	28	2	23	1	2	60	10	35	5	10
芜湖市	**276**	**41**	**133**	**39**	**63**	**614**	**145**	**332**	**55**	**82**
镜湖区	38	7	13	7	11	51	10	26	3	12
弋江区	36	3	18	7	8	99	22	33	3	41
鸠江区	66	6	31	13	16	100	34	47	10	9
三山区	23	7	7	1	8	54	18	30	3	3
芜湖县	27	5	15	2	5	80	21	51	6	2
繁昌县	14	2	8	2	2	45	8	32	3	2
南陵县	16		16			38	1	29	6	2
芜湖经济技术开发区	36	5	16	3	12	97	21	55	14	7
安徽芜湖长江大桥经济开发区						2	2			
无为市	20	6	9	4	1	48	8	29	7	4
蚌埠市	**113**	**27**	**48**	**12**	**26**	**250**	**62**	**135**	**18**	**35**
龙子湖区	2	1			1	17	7	6		4
蚌山区	19	9	5	4	1	27	14	13		
禹会区	9		4		5	20	6	9	2	3
淮上区	13	1	6	1	5	24	4	16		4
怀远县	20	2	12	3	3	54	18	26	5	5
五河县	10	2	7	1		34	4	30		
固镇县	9		5		4	28	7	17	4	
蚌埠市高新技术开发区	2			1	1	4		2	2	
蚌埠市经济开发区	29	12	9	2	6	42	2	16	5	19
淮南市	**103**	**27**	**42**	**19**	**15**	**223**	**42**	**140**	**15**	**26**
大通区	3		1	2		17	3	11	3	
田家庵区	55	15	17	10	13	75	15	35	8	17
谢家集区	6		6			10	2	6		2
八公山区	5		1	3	1	7		7		
潘集区	5	2	3			14	3	9		2
凤台县	7	4	2		1	40	12	23	4	1
寿县	22	6	12	4		60	7	49		4

7-1 续表 37

单位：人

现住地	省外									
	重庆					四川				
	小计	乡	镇的村委会	镇的居委会	街道	小计	乡	镇的村委会	镇的居委会	街道
马鞍山市	**96**	**15**	**52**	**7**	**22**	**350**	**49**	**237**	**33**	**31**
花山区	25	5	10	1	9	60	13	35	3	9
雨山区	27	3	15	3	6	103	12	59	15	17
博望区	6		5	1		20	2	17	1	
当涂县	19	5	9	1	4	94	14	68	9	3
含山县	9	2	6		1	27	2	24	1	
和县	10		7	1	2	46	6	34	4	2
淮北市	**30**	**3**	**15**	**4**	**8**	**125**	**16**	**88**	**9**	**12**
杜集区	1				1	5		4		1
相山区	10	2	3	2	3	29	1	19	5	4
烈山区	13	1	7	1	4	27	2	20		5
濉溪县	6		5	1		64	13	45	4	2
铜陵市	**52**	**12**	**28**	**8**	**4**	**96**	**27**	**37**	**3**	**29**
铜官区	11	2	5	1	3	39	5	17	1	16
义安区	17	9	7		1	27	16	8	1	2
郊区	4		4			15		4	1	10
枞阳县	20	1	12	7		15	6	8		1
安庆市	**160**	**37**	**90**	**18**	**15**	**351**	**72**	**212**	**27**	**40**
迎江区	6	1	2	1	2	25	5	12	2	6
大观区	10		4	4	2	27	7	12	1	7
宜秀区	11	1	6	1	3	39	4	28	1	6
怀宁县	25	15	3	2	5	48	5	32	7	4
太湖县	9	3	6			37	3	31	1	2
宿松县	23	4	16	3		41	17	19	2	3
望江县	14	6	6	1	1	16	4	11		1
岳西县	14	1	13			24	2	14	3	5
安徽安庆经济开发区	8		6	1	1	29	5	18	5	1
桐城市	14	5	8	1		46	11	27	4	4
潜山市	26	1	20	4	1	19	9	8	1	1
黄山市	**168**	**39**	**91**	**13**	**25**	**374**	**124**	**212**	**19**	**19**
屯溪区	25	10	6	3	6	55	19	26	8	2
黄山区	44	7	30	3	4	35	15	17	1	2
徽州区	13	4	8		1	12	2	10		
歙县	16	3	9	1	3	61	18	36	1	6
休宁县	13	1	9	1	2	61	14	43	1	3
黟县	15	5	7	1	2	34	9	22	2	1
祁门县	42	9	22	4	7	116	47	58	6	5
滁州市	**260**	**27**	**178**	**16**	**39**	**611**	**83**	**416**	**45**	**67**
琅琊区	11	1	4	3	3	41	2	37		2
南谯区	52	4	30	4	14	121	18	79	15	9
来安县	33		27	3	3	89	12	61	3	13
全椒县	16	1	12	1	2	58	7	35	7	9
定远县	28	6	17	3	2	36	3	24	4	5
凤阳县	12		12			44	1	27	10	6
苏滁现代产业园	3		2		1	27	2	22	1	2
滁州经济技术开发区	52	5	37	1	9	84	17	52	1	14
天长市	38	8	25	1	4	88	18	63	3	4
明光市	15	2	12		1	23	3	16	1	3

7-1　续表 38　　　　单位：人

现住地	省外									
	重庆					四川				
	小计	乡	镇的村委会	镇的居委会	街道	小计	乡	镇的村委会	镇的居委会	街道
阜阳市	**135**	**21**	**76**	**7**	**31**	**266**	**60**	**139**	**41**	**26**
颍州区	38	5	17	1	15	42	6	20	5	11
颍东区	28	10	13	1	4	38	10	22	5	1
颍泉区	4		3		1	36	4	19	6	7
临泉县	6		3		3	36	18	13	2	3
太和县	12	1	10	1		30	1	23	6	
阜南县	14	1	12		1	24	5	15	4	
颍上县	19	3	10	3	3	46	14	20	11	1
阜阳合肥现代产业园区						2	2			
阜阳经济技术开发区	5	1	2		2	1			1	
界首市	9		6	1	2	11		7	1	3
宿州市	**111**	**45**	**41**	**11**	**14**	**250**	**79**	**132**	**20**	**19**
埇桥区	48	30	14	1	3	97	35	41	8	13
砀山县	7	3	4			21	10	9	2	
萧县	26	9	8	5	4	50	20	30		
灵璧县	10	2	4		4	41	6	29	3	3
泗县	13	1	7	4	1	26	7	13	6	
宿州马鞍山现代产业园区	1			1		4		2		2
宿州经济技术开发区	6		4		2	11	1	8	1	1
六安市	**123**	**12**	**78**	**13**	**20**	**307**	**71**	**204**	**18**	**14**
金安区	52	4	32	3	13	68	10	46	4	8
裕安区	18		11	4	3	41	13	24	1	3
叶集区	6	1	2	2	1	11	2	7	2	
霍邱县	9	2	6		1	35	4	30	1	
舒城县	19	2	16	1		71	10	56	2	3
金寨县	17	3	10	3	1	61	29	25	7	
霍山县	2		1		1	20	3	16	1	
亳州市	**72**	**14**	**44**	**5**	**9**	**174**	**31**	**97**	**23**	**23**
谯城区	29	9	11	3	6	74	11	40	10	13
涡阳县	11		9	2		30	7	9	5	9
蒙城县	17	5	12			19	1	11	6	1
利辛县	15		12		3	51	12	37	2	
池州市	**67**	**11**	**43**	**10**	**3**	**201**	**38**	**128**	**24**	**11**
贵池区	31	4	19	5	3	75	5	54	10	6
东至县	9	1	7	1		23	3	17	1	2
石台县	8	4	4			14	1	13		
青阳县	12	2	9	1		47	8	28	9	2
池州市国家经济技术开发区	1		1							
皖江江南新兴产业集中区	6		3	3		37	17	15	4	1
九华山风景区						5	4	1		
宣城市	**266**	**57**	**161**	**15**	**33**	**754**	**167**	**494**	**35**	**58**
宣州区	29	7	15	3	4	93	35	48	6	4
郎溪县	46	11	30	3	2	96	10	71	8	7
泾县	28	2	22	3	1	61	14	41	4	2
绩溪县	19		14	3	2	31	4	25		2
旌德县	9		8		1	24	10	14		
宣城市经济开发区	33	7	10		16	70	12	31	5	22
宁国市	31	7	17	2	5	175	32	123	6	14
广德市	71	23	45	1	2	204	50	141	6	7

7-1 续表 39

单位：人

现住地	省外									
	贵州					云南				
	小计	乡	镇的村委会	镇的居委会	街道	小计	乡	镇的村委会	镇的居委会	街道
安徽	**4653**	**1047**	**3022**	**277**	**307**	**4091**	**967**	**2651**	**213**	**260**
合肥市	**871**	**140**	**551**	**67**	**113**	**863**	**230**	**486**	**51**	**96**
瑶海区	38	6	21	4	7	65	24	33	3	5
庐阳区	53	5	34	5	9	34	13	17	1	3
蜀山区	110	12	69	9	20	77	11	34	7	25
包河区	149	32	71	15	31	90	25	42	4	19
长丰县	41	5	36			63	16	43	4	
肥东县	96	17	67	10	2	123	38	77	8	
肥西县	107	14	78	11	4	130	36	83	7	4
庐江县	50	5	38	5	2	53	10	37	3	3
合肥高新技术产业开发区	52	10	30	1	11	27	8	17	2	
合肥经济技术开发区	81	19	43	2	17	90	13	48	8	21
合肥新站高新技术产业开发区	51	10	35	4	2	57	15	33	2	7
巢湖市	43	5	29	1	8	54	21	22	2	9
芜湖市	**424**	**90**	**276**	**22**	**36**	**590**	**140**	**398**	**24**	**28**
镜湖区	58	7	42	1	8	28	4	16	1	7
弋江区	32	9	11	1	11	37	16	13	2	6
鸠江区	84	35	42	2	5	71	19	47	3	2
三山区	23	4	15	1	3	48	14	26	1	7
芜湖县	96	18	70	5	3	181	39	135	5	2
繁昌县	14	5	7	2		37	15	22		
南陵县	35	1	32	2		32	5	27		
芜湖经济技术开发区	53	4	38	5	6	120	21	86	9	4
安徽芜湖长江大桥经济开发区	2	1	1			3	3			
无为市	27	6	18	3		33	4	26	3	
蚌埠市	**127**	**45**	**59**	**9**	**14**	**81**	**32**	**33**	**5**	**11**
龙子湖区	7	2	4		1	7	4	2		1
蚌山区	6		3	1	2	4	4			
禹会区	16	4	8	2	2	7	3	2	2	
淮上区	11	4	6		1	7	1	5		1
怀远县	27	17	7	2	1	20	11	8	1	
五河县	18	3	14	1		11	1	7	2	1
固镇县	18	9	9			12	6	6		
蚌埠市高新技术开发区	3			2	1	1				1
蚌埠市经济开发区	21	6	8	1	6	12	2	3		7
淮南市	**112**	**22**	**63**	**11**	**16**	**74**	**16**	**49**	**5**	**4**
大通区	1	1				2	1	1		
田家庵区	50	9	20	7	14	19	2	13	1	3
谢家集区	8		7	1		6	2	4		
八公山区	10		10			5		5		
潘集区	10	2	7		1	11	4	4	3	
凤台县	20	9	9	1	1	13	4	8		1
寿县	13	1	10	2		18	3	14	1	

7-1　续表 40　　　　单位：人

现住地	省外									
	贵州					云南				
	小计	乡	镇的村委会	镇的居委会	街道	小计	乡	镇的村委会	镇的居委会	街道
马鞍山市	**190**	**30**	**136**	**10**	**14**	**314**	**54**	**231**	**6**	**23**
花山区	23	1	17	2	3	36	13	21	1	1
雨山区	53	8	33	3	9	25	8	14	2	1
博望区	8	1	7			29	6	19	3	1
当涂县	44	13	27	2	2	141	20	101		20
含山县	30	1	29			24	1	23		
和县	32	6	23	3		59	6	53		
淮北市	**56**	**6**	**45**	**2**	**3**	**54**	**9**	**42**	**2**	**1**
杜集区	3	1	2			8		8		
相山区	7	2	4		1	7	2	4	1	
烈山区	19		16	1	2	14	2	11		1
濉溪县	27	3	23	1		25	5	19	1	
铜陵市	**68**	**15**	**46**	**1**	**6**	**46**	**14**	**23**	**1**	**8**
铜官区	21	7	10		4	21	8	4	1	8
义安区	8	4	3		1	3		3		
郊区	11	3	8			2		2		
枞阳县	28	1	25	1	1	20	6	14		
安庆市	**299**	**77**	**190**	**23**	**9**	**178**	**50**	**106**	**11**	**11**
迎江区	18	7	9		2	9	4	4		1
大观区	19	3	12	3	1	1		1		
宜秀区	34	7	19	5	3	39	11	22	2	4
怀宁县	46	6	39		1	31	11	19		1
太湖县	16	5	9	2		8		3	4	1
宿松县	41	28	12		1	13	9	4		
望江县	21	2	18	1		12	2	9	1	
岳西县	13	2	9	2		9	3	4		2
安徽安庆经济开发区	21	3	14	4		15	6	6	3	
桐城市	39	5	30	4		27	2	23		2
潜山市	31	9	19	2	1	14	2	11	1	
黄山市	**231**	**59**	**155**	**9**	**8**	**155**	**48**	**99**	**5**	**3**
屯溪区	27	5	17	1	4	14	6	6	2	
黄山区	49	5	42	1	1	28	2	26		
徽州区	16	4	12			5	2	3		
歙县	43	13	25	4	1	49	15	32	1	1
休宁县	20	8	11		1	16	3	11	2	
黟县	36	6	30			2	1	1		
祁门县	40	18	18	3	1	41	19	20		2
滁州市	**436**	**91**	**318**	**16**	**11**	**456**	**87**	**324**	**27**	**18**
琅琊区	22	7	14	1		21	2	19		
南谯区	57	15	38	1	3	34	9	19	5	1
来安县	78	13	63		2	98	26	64	5	3
全椒县	39	7	31	1		29	1	24	4	
定远县	15	1	14			17	6	11		
凤阳县	35	4	21	6	4	13	4	9		
苏滁现代产业园	37	7	30			70	16	46	1	7
滁州经济技术开发区	34	8	24	1	1	77	9	62	5	1
天长市	96	23	67	6		68	11	50	3	4
明光市	23	6	16		1	29	3	20	4	2

7-1 续表 41 单位：人

现住地	省外									
	贵州					云南				
	小计	乡	镇的村委会	镇的居委会	街道	小计	乡	镇的村委会	镇的居委会	街道
阜阳市	**198**	**59**	**112**	**16**	**11**	**119**	**22**	**86**	**5**	**6**
颍州区	28	7	16		5	11	2	8	1	
颍东区	13	3	7	3		31	2	27		2
颍泉区	9	1	5	2	1	13		12	1	
临泉县	37	14	16	6	1	23	7	15		1
太和县	37	14	22		1	13	1	12		
阜南县	32	4	25	3		12	6	4	1	1
颍上县	11	1	10			8	2	5	1	
阜阳合肥现代产业园区	2	1		1		1			1	
阜阳经济技术开发区	4	1	1	1	1					
界首市	25	13	10		2	7	2	3		2
宿州市	**151**	**35**	**93**	**10**	**13**	**120**	**31**	**73**	**11**	**5**
埇桥区	50	6	32	3	9	45	21	18	3	3
砀山县	20	9	9	2		10	4	6		
萧县	27	10	15	2		19	2	14	3	
灵璧县	30	6	21	1	2	22	2	17	2	1
泗县	22	4	15	2	1	23	2	17	3	1
宿州马鞍山现代产业园区	1		1							
宿州经济技术开发区	1				1	1		1		
六安市	**212**	**63**	**125**	**12**	**12**	**195**	**36**	**144**	**6**	**9**
金安区	31	5	21	1	4	36	9	20	3	4
裕安区	22	4	12	4	2	23	6	16		1
叶集区	18	16	2			2			1	1
霍邱县	19	7	11		1	14	5	8	1	
舒城县	87	17	65	1	4	94	8	85		1
金寨县	28	11	11	5	1	21	7	12		2
霍山县	7	3	3	1		5	1	3	1	
亳州市	**98**	**29**	**57**	**7**	**5**	**86**	**8**	**63**	**9**	**6**
谯城区	28	13	15			22	3	16	2	1
涡阳县	25	6	16	1	2	27	1	19	3	4
蒙城县	16	3	7	4	2	19	2	16	1	
利辛县	29	7	19	2	1	18	2	12	3	1
池州市	**185**	**41**	**128**	**11**	**5**	**88**	**13**	**64**	**3**	**8**
贵池区	48	5	38	1	4	34	3	22	1	8
东至县	29	2	23	4		3		3		
石台县	5	2	2	1		9	2	7		
青阳县	62	12	48	1	1	29	3	26		
池州市国家经济技术开发区	9	6	2	1		6	2	4		
皖江江南新兴产业集中区	32	14	15	3		6	2	2	2	
九华山风景区						1	1			
宣城市	**995**	**245**	**668**	**51**	**31**	**672**	**177**	**430**	**42**	**23**
宣州区	140	36	95	2	7	91	27	61	2	1
郎溪县	132	15	90	27		112	19	85	7	1
泾县	96	18	73	1	4	43	9	33		1
绩溪县	16	8	8			20	8	12		
旌德县	22	6	15		1	28	16	10	2	
宣城市经济开发区	32	6	18	3	5	40	12	15	1	12
宁国市	109	34	69	1	5	110	33	68	5	4
广德市	448	122	300	17	9	228	53	146	25	4

7-1　续表 42　　　　单位：人

现住地	省外									
	西藏					陕西				
	小计	乡	镇的村委会	镇的居委会	街道	小计	乡	镇的村委会	镇的居委会	街道
安　徽	**301**	**66**	**143**	**23**	**69**	**3429**	**536**	**1954**	**307**	**632**
合肥市	**88**	**25**	**27**	**6**	**30**	**1181**	**182**	**633**	**99**	**267**
瑶海区	3		3			58	9	31	7	11
庐阳区	8		1		7	67	10	30	8	19
蜀山区	27	12	7	2	6	146	17	56	15	58
包河区	16	3	3		10	191	37	80	10	64
长丰县	9	1	7	1		71	20	38	2	11
肥东县	2				2	64	12	34	15	3
肥西县	3		1	2		138	24	86	13	15
庐江县						51	1	33	4	13
合肥高新技术产业开发区						58	6	42	7	3
合肥经济技术开发区	9		3	1	5	201	32	120	11	38
合肥新站高新技术产业开发区	11	9	2			100	13	59	7	21
巢湖市						36	1	24		11
芜湖市	**14**	**7**	**3**		**4**	**469**	**76**	**262**	**46**	**85**
镜湖区	12	6	3		3	36	1	18	4	13
弋江区						80	14	31	8	27
鸠江区	1				1	103	20	44	14	25
三山区						10		8	1	1
芜湖县						60	6	49	3	2
繁昌县						21	7	8	4	2
南陵县						17		15	2	
芜湖经济技术开发区	1	1				105	17	70	6	12
安徽芜湖长江大桥经济开发区						2	2			
无为市						35	9	19	4	3
蚌埠市	**14**	**1**		**1**	**12**	**128**	**25**	**61**	**13**	**29**
龙子湖区						7	4	3		
蚌山区						3	2		1	
禹会区						23	3	13	3	4
淮上区						12	2	6	2	2
怀远县						15		9	1	5
五河县						8	2	6		
固镇县						9	5	4		
蚌埠市高新技术开发区						11	1	5	2	3
蚌埠市经济开发区	14	1		1	12	40	6	15	4	15
淮南市	**6**	**1**	**1**	**4**		**58**	**13**	**26**	**5**	**14**
大通区						9	2	5		2
田家庵区	4			4		29	6	9	4	10
谢家集区						3		2		1
八公山区										
潘集区						6	1	4		1
凤台县	2	1	1			3		3		
寿县						8	4	3	1	

7−1 续表 43　　单位：人

现住地	省外									
	西藏					陕西				
	小计	乡	镇的村委会	镇的居委会	街道	小计	乡	镇的村委会	镇的居委会	街道
马鞍山市	**2**				**2**	**169**	**34**	**81**	**29**	**25**
花山区						45	7	17	9	12
雨山区						55	21	19	9	6
博望区						5		5		
当涂县						31	6	14	9	2
含山县	2				2	5		4		1
和县						28		22	2	4
淮北市	**95**		**93**		**2**	**74**	**2**	**45**	**14**	**13**
杜集区						12	1	5	3	3
相山区	2				2	15	1	4	4	6
烈山区	93		93			9		9		
濉溪县						38		27	7	4
铜陵市	**13**	**12**		**1**		**38**	**7**	**19**	**1**	**11**
铜官区	13	12		1		19	2	12		5
义安区						10		6		4
郊区						2	1	1		
枞阳县						7	4		1	2
安庆市	**5**		**3**	**1**	**1**	**146**	**24**	**93**	**10**	**19**
迎江区	3		3			17	5	4	3	5
大观区						12	3	7		2
宜秀区						21	1	16		4
怀宁县						16	4	10	2	
太湖县						9	1	5	1	2
宿松县						7	2	5		
望江县						6		3	3	
岳西县						10	1	6		3
安徽安庆经济开发区						4	1	2	1	
桐城市	1				1	31	1	28		2
潜山市	1			1		13	5	7		1
黄山市	**2**	**1**			**1**	**150**	**25**	**104**	**9**	**12**
屯溪区	1				1	24	3	13	3	5
黄山区						42	3	34	1	4
徽州区						7		7		
歙县						27	7	16	2	2
休宁县						21	4	16		1
黟县						8	6	2		
祁门县	1	1				21	2	16	3	
滁州市	**3**		**2**	**1**		**258**	**31**	**174**	**26**	**27**
琅琊区						27	3	12	7	5
南谯区						20	6	12		2
来安县						42	5	34	1	2
全椒县						16	3	10	3	
定远县	3		2	1		6	1	3	1	1
凤阳县						8	1	6	1	
苏滁现代产业园						24	2	18	3	1
滁州经济技术开发区						75	9	50	8	8
天长市						29	1	19	2	7
明光市						11		10		1

7-1 续表 44

单位：人

现住地	省外									
	西藏					陕西				
	小计	乡	镇的村委会	镇的居委会	街道	小计	乡	镇的村委会	镇的居委会	街道
阜阳市	**9**		**4**	**1**	**4**	**145**	**19**	**75**	**9**	**42**
颍州区	2				2	24	2	13	1	8
颍东区						24	1	13	4	6
颍泉区	3		1	1	1	7	2	5		
临泉县						28	8	12	1	7
太和县	2		2			13	2	8		3
阜南县						17	3	10	1	3
颍上县						13	1	7	1	4
阜阳合肥现代产业园区										
阜阳经济技术开发区	1				1	4		1		3
界首市	1		1			15		6	1	8
宿州市	**8**		**1**	**2**	**5**	**146**	**24**	**81**	**18**	**23**
埇桥区						63	16	31	2	14
砀山县	3		1		2	19	2	9	5	3
萧县	2			2		32	2	22	7	1
灵璧县						13	3	8		2
泗县	3				3	14		10	4	
宿州马鞍山现代产业园区						1		1		
宿州经济技术开发区						4	1			3
六安市	**5**		**2**	**1**	**2**	**126**	**22**	**78**	**7**	**19**
金安区	3		1		2	22	5	11		6
裕安区						20	4	7	2	7
叶集区						6	1	2	1	2
霍邱县						26	5	18	1	2
舒城县						22	2	18	1	1
金寨县	1		1			23	4	17	2	
霍山县	1			1		7	1	5		1
亳州市	**6**		**1**	**1**	**4**	**68**	**6**	**48**	**9**	**5**
谯城区	5			1	4	42	5	34	2	1
涡阳县						9		6	1	2
蒙城县						10	1	5	3	1
利辛县	1		1			7		3	3	1
池州市	**1**				**1**	**45**	**5**	**33**	**2**	**5**
贵池区						20	3	12	1	4
东至县	1				1	6	1	5		
石台县						3	1	1	1	
青阳县						11		10		1
池州市国家经济技术开发区										
皖江江南新兴产业集中区						4		4		
九华山风景区						1		1		
宣城市	**30**	**19**	**6**	**4**	**1**	**228**	**41**	**141**	**10**	**36**
宣州区	29	19	6	4		34	9	22	1	2
郎溪县						37	7	29	1	
泾县						12	2	8		2
绩溪县						6		5		1
旌德县						10	6	3	1	
宣城市经济开发区	1				1	53	8	22	2	21
宁国市						31	2	22	4	3
广德市						45	7	30	1	7

7-1 续表 45 单位：人

现住地	省外									
	甘肃					青海				
	小计	乡	镇的村委会	镇的居委会	街道	小计	乡	镇的村委会	镇的居委会	街道
安徽	**2274**	**476**	**1295**	**180**	**323**	**479**	**48**	**202**	**87**	**142**
合肥市	**629**	**122**	**339**	**54**	**114**	**138**	**13**	**50**	**25**	**50**
瑶海区	27	7	11	1	8	11		1	2	8
庐阳区	36	6	22	2	6	6			2	4
蜀山区	93	11	53	11	18	21	3	4	9	5
包河区	115	22	54	10	29	33		16	1	16
长丰县	55	13	34	5	3	6	1	5		
肥东县	33	13	13	2	5	11		6	4	1
肥西县	79	16	50	3	10	6		4	1	1
庐江县	12		10		2	1		1		
合肥高新技术产业开发区	37	8	18	8	3	9	5	1		3
合肥经济技术开发区	78	13	36	7	22	15		1	5	9
合肥新站高新技术产业开发区	37	8	26	2	1	16	4	9	1	2
巢湖市	27	5	12	3	7	3		2		1
芜湖市	**278**	**41**	**168**	**28**	**41**	**38**	**4**	**16**	**6**	**12**
镜湖区	14	3	4	2	5	1	1			
弋江区	36	7	13	3	13	7		3		4
鸠江区	55	9	28	9	9	10		6	3	1
三山区	16	2	11	1	2	1				1
芜湖县	38	3	32	2	1	5		3	1	1
繁昌县	3			2	1					
南陵县	7	1	4	1	1	2		2		
芜湖经济技术开发区	101	16	72	4	9	10	3	2		5
安徽芜湖长江大桥经济开发区										
无为市	8		4	4		2			2	
蚌埠市	**124**	**30**	**46**	**15**	**33**	**31**	**3**	**12**	**3**	**13**
龙子湖区	4	3	1			4		1	1	2
蚌山区	5	2	1		2	2	1			1
禹会区	4		2		2	3		1		2
淮上区	7	4	3			2		2		
怀远县	13	9	4							
五河县	9	1	6	2		1				1
固镇县	6		6							
蚌埠市高新技术开发区	9		4	5						
蚌埠市经济开发区	67	11	19	8	29	19	2	8	2	7
淮南市	**75**	**23**	**37**	**8**	**7**	**12**	**6**		**3**	**3**
大通区	5	1	3		1					
田家庵区	28	10	11	1	6	6	2		2	2
谢家集区	1		1							
八公山区	7	3	2	2		1			1	
潘集区	13	7	6							
凤台县	6		4	2		1				1
寿县	15	2	10	3		4	4			

7-1　续表 46　　　　单位：人

现住地	省外									
	甘肃					青海				
	小计	乡	镇的村委会	镇的居委会	街道	小计	乡	镇的村委会	镇的居委会	街道
马鞍山市	**71**	**18**	**38**	**5**	**10**	**7**	**1**	**4**		**2**
花山区	23	9	6	1	7	3	1	1		1
雨山区	22	4	12	3	3	2		1		1
博望区	2	1	1							
当涂县	15	2	13							
含山县	5	2	2	1						
和县	4		4			2		2		
淮北市	**53**	**7**	**35**	**5**	**6**	**16**	**1**	**8**		**7**
杜集区	5		5							
相山区	16	4	9		3	8		3		5
烈山区	14		12		2	8	1	5		2
濉溪县	18	3	9	5	1					
铜陵市	**28**	**8**	**12**		**8**	**5**				**5**
铜官区	24	8	8		8	5				5
义安区	3		3							
郊区										
枞阳县	1		1							
安庆市	**83**	**13**	**54**	**6**	**10**	**22**	**2**	**9**		**11**
迎江区	6		5		1	2		1		1
大观区	12	3	6		3	4				4
宜秀区	10	2	6		2	4		1		3
怀宁县	13	1	12			1	1			
太湖县	5	3	2			1		1		
宿松县	2	1		1						
望江县	1		1			1		1		
岳西县	8		8							
安徽安庆经济开发区	9	2	5	1	1	1	1			
桐城市	7		3	3	1	5		2		3
潜山市	10	1	6	1	2	3		3		
黄山市	**64**	**15**	**40**	**4**	**5**	**10**	**2**	**5**	**1**	**2**
屯溪区	17	7	7	1	2	2				2
黄山区	17	3	12		2	2	2			
徽州区	4		2	2		2		2		
歙县	8	1	5	1	1	2		2		
休宁县	4	1	3							
黟县	3	2	1							
祁门县	11	1	10			2		1	1	
滁州市	**233**	**41**	**167**	**11**	**14**	**58**	**6**	**24**	**24**	**4**
琅琊区	17	1	14		2	2		1		1
南谯区	28	9	13	3	3	27	1	3	23	
来安县	52	7	40		5	5	1	4		
全椒县	6	1	1	2	2	1				1
定远县	1	1				2	2			
凤阳县	9		7	2						
苏滁现代产业园	47	9	37		1	2		1	1	
滁州经济技术开发区	55	12	39	3	1	13	2	10		1
天长市	16	1	14	1		2		2		
明光市	2		2			4		3		1

7-1 续表 47

单位：人

现住地	省外									
	甘肃					青海				
	小计	乡	镇的村委会	镇的居委会	街道	小计	乡	镇的村委会	镇的居委会	街道
阜阳市	**152**	**38**	**84**	**15**	**15**	**37**		**23**	**7**	**7**
颍州区	28	7	16		5	4		1		3
颍东区	7	1	4	2		2				2
颍泉区	11	2	8		1	14		9	5	
临泉县	19	4	11	2	2	2		2		
太和县	31	6	16	8	1	1		1		
阜南县	8	3	3	1	1					
颍上县	24	10	13	1		2			2	
阜阳合肥现代产业园区	2		2							
阜阳经济技术开发区	4		4							
界首市	18	5	7	1	5	12		10		2
宿州市	**92**	**19**	**56**	**5**	**12**	**14**		**7**	**4**	**3**
埇桥区	47	14	25	1	7	6			4	2
砀山县	2	1			1	6		6		
萧县	24	3	13	4	4	2		1		1
灵璧县	9		9							
泗县	3		3							
宿州马鞍山现代产业园区	6		6							
宿州经济技术开发区	1	1								
六安市	**71**	**15**	**43**	**7**	**6**	**16**	**1**	**14**		**1**
金安区	14	1	10	1	2	8		8		
裕安区	13	4	9			1				1
叶集区	2		1		1	3		3		
霍邱县	10		4	4	2					
舒城县	20	5	15			4	1	3		
金寨县	3		2		1					
霍山县	9	5	2	2						
亳州市	**117**	**38**	**73**	**4**	**2**	**29**	**6**	**11**	**6**	**6**
谯城区	61	21	38		2	17	5	6	3	3
涡阳县	7		7			8	1	5	2	
蒙城县	28	8	17	3		1				1
利辛县	21	9	11	1		3			1	2
池州市	**57**	**16**	**29**	**5**	**7**	**12**		**7**	**3**	**2**
贵池区	37	10	17	4	6	8		6	2	
东至县	1		1							
石台县	1		1							
青阳县	14	5	7	1	1	2				2
池州市国家经济技术开发区										
皖江江南新兴产业集中区	3	1	2			2		1	1	
九华山风景区	1		1							
宣城市	**147**	**32**	**74**	**8**	**33**	**34**	**3**	**12**	**5**	**14**
宣州区	13	4	7		2	10	1	4		5
郎溪县	6		3		3	1		1		
泾县	6	2	4			1		1		
绩溪县	4	1	1	1	1					
旌德县	8	3	2	1	2					
宣城市经济开发区	40	4	14	3	19	16	2	1	4	9
宁国市	16	2	12		2	4		3	1	
广德市	54	16	31	3	4	2		2		

7-1 续表 48 单位：人

现住地	省外									
	宁夏					新疆				
	小计	乡	镇的村委会	镇的居委会	街道	小计	乡	镇的村委会	镇的居委会	街道
安　徽	**311**	**50**	**135**	**33**	**93**	**858**	**180**	**292**	**120**	**266**
合肥市	**120**	**21**	**42**	**15**	**42**	**307**	**69**	**104**	**45**	**89**
瑶海区	1		1			14	3	5	2	4
庐阳区	7	5	2			11	1	1	2	7
蜀山区	22		5	4	13	59	13	12	10	24
包河区	32	8	6	1	17	46	10	8	4	24
长丰县	2				2	18		9	5	4
肥东县	8	1	5	2		8		3	2	3
肥西县	7	3		3	1	7	1	1	3	2
庐江县	12	1	11			4	2	1	1	
合肥高新技术产业开发区	6	1	5			5	1	1	2	1
合肥经济技术开发区	16	2	7	2	5	85	30	38	7	10
合肥新站高新技术产业开发区	2			2		36	6	18	7	5
巢湖市	5			1	4	14	2	7		5
芜湖市	**21**	**3**	**11**		**7**	**85**	**31**	**23**	**11**	**20**
镜湖区	1				1	17	8	4	1	4
弋江区	5	2			3	30	9	6	2	13
鸠江区	2		2			15	9	5	1	
三山区	1		1			4	2		1	1
芜湖县	1		1			4		3		1
繁昌县	1		1			1		1		
南陵县	1				1	8		4	3	1
芜湖经济技术开发区	9	1	6		2	3	1		2	
安徽芜湖长江大桥经济开发区										
无为市						3	2		1	
蚌埠市	**39**	**5**	**15**	**8**	**11**	**41**	**6**	**11**	**9**	**15**
龙子湖区						3	1	2		
蚌山区	1				1	5		3		2
禹会区	1		1			3				3
淮上区										
怀远县						5	4	1		
五河县						4		1	3	
固镇县						2		1		1
蚌埠市高新技术开发区						2				2
蚌埠市经济开发区	37	5	14	8	10	17	1	3	6	7
淮南市	**17**	**3**	**5**	**1**	**8**	**41**	**7**	**16**	**9**	**9**
大通区	1				1	1				1
田家庵区	13	2	5	1	5	38	7	15	8	8
谢家集区										
八公山区	1				1					
潘集区	1				1					
凤台县						1			1	
寿县	1	1				1		1		

7-1 续表 49 单位：人

现住地	省外									
	宁夏					新疆				
	小计	乡	镇的村委会	镇的居委会	街道	小计	乡	镇的村委会	镇的居委会	街道
马鞍山市	**8**		**6**	**1**	**1**	**62**	**10**	**16**	**1**	**35**
花山区						3	1			2
雨山区	3		2		1	13	2	7		4
博望区						7	4			3
当涂县	1		1			35	3	6	1	25
含山县	1			1		2		2		
和县	3		3			2		1		1
淮北市	**14**		**9**	**1**	**4**	**59**	**23**	**27**	**3**	**6**
杜集区	1				1	4		4		
相山区	1		1			23	3	13	1	6
烈山区	5		2	1	2	28	20	6	2	
濉溪县	7		6		1	4		4		
铜陵市	**4**	**3**			**1**	**6**	**1**			**5**
铜官区	1				1	6	1			5
义安区	3	3								
郊区										
枞阳县										
安庆市	**6**		**5**	**1**		**32**	**4**	**19**	**5**	**4**
迎江区	1			1		3	1			2
大观区						5	1	4		
宜秀区	1		1			8	1	3	3	1
怀宁县						4		3	1	
太湖县						2	1	1		
宿松县										
望江县						2		2		
岳西县						1		1		
安徽安庆经济开发区	1		1			1			1	
桐城市						5		4		1
潜山市	3		3			1		1		
黄山市	**2**		**2**			**9**	**1**	**3**	**3**	**2**
屯溪区						5		2	2	1
黄山区						1				1
徽州区										
歙县	1		1							
休宁县	1		1							
黟县										
祁门县						3	1	1	1	
滁州市	**7**	**2**	**2**	**1**	**2**	**34**	**1**	**14**	**10**	**9**
琅琊区										
南谯区	1			1		7	1	3	2	1
来安县	2	1	1			1		1		
全椒县						2		1	1	
定远县						1		1		
凤阳县						4		3		1
苏滁现代产业园										
滁州经济技术开发区	2	1	1			9			4	5
天长市	2				2	8		3	3	2
明光市						2		2		

7-1 续表 50

单位：人

现住地	省外									
	宁夏					新疆				
	小计	乡	镇的村委会	镇的居委会	街道	小计	乡	镇的村委会	镇的居委会	街道
阜阳市	**9**	**2**	**4**	**1**	**2**	**56**	**9**	**21**	**11**	**15**
颍州区	4		1	1	2	4		1	2	1
颍东区						11		5	2	4
颍泉区						6	1	5		
临泉县	3		3			7		1	2	4
太和县						8	3	3		2
阜南县	1	1				5	1		4	
颍上县	1	1				6	2	1	1	2
阜阳合肥现代产业园区						1				1
阜阳经济技术开发区						1		1		
界首市						7	2	4		1
宿州市	**7**		**2**	**1**	**4**	**61**	**8**	**20**	**7**	**26**
埇桥区	3		2	1		15	4	3		8
砀山县	4				4	7		4	2	1
萧县						10		6	1	3
灵璧县						9		6	3	
泗县						1			1	
宿州马鞍山现代产业园区						19	4	1		14
宿州经济技术开发区										
六安市	**8**	**3**	**2**		**3**	**18**	**4**	**2**	**3**	**9**
金安区	5	2	1		2	3		2	1	
裕安区	1				1	2				2
叶集区										
霍邱县						4	4			
舒城县	2	1	1			7			1	6
金寨县										
霍山县						2			1	1
亳州市	**33**	**6**	**21**	**2**	**4**	**31**	**4**	**12**		**15**
谯城区	24	6	13	1	4	14	3	4		7
涡阳县	7		7			3		3		
蒙城县						8	1	1		6
利辛县	2		1	1		6		4		2
池州市	**2**		**2**			**7**		**2**	**1**	**4**
贵池区						2			1	1
东至县	2		2			1		1		
石台县										
青阳县						3				3
池州市国家经济技术开发区										
皖江江南新兴产业集中区						1		1		
九华山风景区										
宣城市	**14**	**2**	**7**	**1**	**4**	**9**	**2**	**2**	**2**	**3**
宣州区	1		1			2				2
郎溪县						1		1		
泾县						1		1		
绩溪县										
旌德县										
宣城市经济开发区	11	2	5		4	1				1
宁国市	1		1			2	2			
广德市	1			1		2			2	

7-1a 全省按现住地、户口登记地类型分的户口登记地在外乡镇街道人口(城市)

单位：人

现住地	合计					省内				
	合计	乡	镇的村委会	镇的居委会	街道	小计	乡	镇的村委会	镇的居委会	街道
安　徽	**824981**	**105867**	**380111**	**91893**	**247110**	**766003**	**96506**	**351624**	**85807**	**232066**
合肥市	**227308**	**29714**	**101106**	**30777**	**65711**	**207859**	**26662**	**92451**	**28470**	**60276**
瑶海区	47407	7163	21720	6466	12058	44101	6555	20146	6008	11392
庐阳区	32712	4174	14466	4396	9676	30447	3863	13322	4126	9136
蜀山区	50510	6351	21098	7398	15663	45730	5727	19226	6764	14013
包河区	68231	8226	30571	8869	20565	60865	7021	27342	8146	18356
长丰县										
肥东县										
肥西县	4865	1328	2535	527	475	4393	1218	2272	475	428
庐江县										
合肥高新技术产业开发区										
合肥经济技术开发区										
合肥新站高新技术产业开发区	3822	614	1395	1076	737	3527	567	1281	990	689
巢湖市	19761	1858	9321	2045	6537	18796	1711	8862	1961	6262
芜湖市	**73899**	**7820**	**30773**	**8471**	**26835**	**66139**	**6454**	**27325**	**7712**	**24648**
镜湖区	19821	1445	5257	1906	11213	17973	1206	4542	1735	10490
弋江区	23063	2250	8968	2461	9384	20841	1901	8068	2261	8611
鸠江区	17598	2555	7792	2597	4654	15161	2061	6619	2310	4171
三山区	4267	524	2203	320	1220	3348	288	1708	274	1078
芜湖县	98	14	44	15	25	88	13	41	15	19
繁昌县										
南陵县										
芜湖经济技术开发区	5			2	3	5			2	3
安徽芜湖长江大桥经济开发区										
无为市	9047	1032	6509	1170	336	8723	985	6347	1115	276
蚌埠市	**30524**	**3641**	**11868**	**2727**	**12288**	**28786**	**3341**	**11057**	**2554**	**11834**
龙子湖区	7251	624	2287	734	3606	6877	564	2131	699	3483
蚌山区	7286	1247	2343	655	3041	6845	1146	2165	611	2923
禹会区	9405	1207	2768	738	4692	8910	1125	2579	680	4526
淮上区	6582	563	4470	600	949	6154	506	4182	564	902
怀远县										
五河县										
固镇县										
蚌埠市高新技术开发区										
蚌埠市经济开发区										
淮南市	**43159**	**4603**	**13998**	**5523**	**19035**	**40964**	**4252**	**13076**	**5279**	**18357**
大通区	2076	230	708	195	943	2032	223	691	190	928
田家庵区	29348	3073	9433	3996	12846	27562	2787	8726	3794	12255
谢家集区	5274	362	1256	841	2815	5073	335	1146	820	2772
八公山区	3403	235	864	230	2074	3313	223	813	223	2054
潘集区	3058	703	1737	261	357	2984	684	1700	252	348
凤台县										
寿县										

7-1a 续表 1

单位：人

现住地	合计					省内				
	合计	乡	镇的村委会	镇的居委会	街道	小计	乡	镇的村委会	镇的居委会	街道
马鞍山市	**37837**	**4114**	**14941**	**4478**	**14304**	**33719**	**3537**	**12987**	**4068**	**13127**
花山区	19512	1801	7249	2388	8074	17641	1566	6449	2190	7436
雨山区	17373	2253	7012	1954	6154	15457	1935	6095	1776	5651
博望区	952	60	680	136	76	621	36	443	102	40
当涂县										
含山县										
和县										
淮北市	**30754**	**1680**	**13298**	**5224**	**10552**	**28703**	**1412**	**12261**	**4962**	**10068**
杜集区	3215	200	1400	735	880	2967	169	1264	694	840
相山区	23437	1098	9692	3869	8778	22155	938	9063	3704	8450
烈山区	3492	296	1985	580	631	3081	230	1791	527	533
濉溪县	610	86	221	40	263	500	75	143	37	245
铜陵市	**26714**	**3823**	**10124**	**2616**	**10151**	**25459**	**3635**	**9577**	**2519**	**9728**
铜官区	20799	2623	7521	1862	8793	19780	2456	7102	1793	8429
义安区	4111	1048	1873	480	710	3985	1029	1801	464	691
郊区	1804	152	730	274	648	1694	150	674	262	608
枞阳县										
安庆市	**53266**	**7572**	**28550**	**4625**	**12519**	**50495**	**7195**	**27036**	**4373**	**11891**
迎江区	13900	2883	4192	1150	5675	13281	2776	3942	1096	5467
大观区	6378	645	2278	710	2745	5880	603	2028	663	2586
宜秀区	8958	1654	4534	861	1909	8239	1559	4103	799	1778
怀宁县										
太湖县										
宿松县										
望江县	4144	611	3128	328	77	3986	593	3023	307	63
岳西县										
安徽安庆经济开发区	37	10	19	4	4	27	8	14	2	3
桐城市	13675	910	9841	958	1966	13078	822	9471	917	1868
潜山市	6174	859	4558	614	143	6004	834	4455	589	126
黄山市	**18785**	**3498**	**9353**	**2504**	**3430**	**17091**	**3218**	**8462**	**2303**	**3108**
屯溪区	12329	1905	5348	1988	3088	11092	1686	4732	1858	2816
黄山区	2840	776	1725	264	75	2629	745	1615	221	48
徽州区	3238	801	2024	213	200	3006	771	1865	189	181
歙县	121	6	95	15	5	116	6	93	13	4
休宁县	257	10	161	24	62	248	10	157	22	59
黟县										
祁门县										
滁州市	**47651**	**4586**	**27160**	**6002**	**9903**	**44232**	**4240**	**25265**	**5648**	**9079**
琅琊区	12402	1333	5582	1532	3955	11416	1235	5069	1442	3670
南谯区	12195	1001	7117	1514	2563	11157	888	6513	1409	2347
来安县										
全椒县										
定远县										
凤阳县										
苏滁现代产业园										
滁州经济技术开发区										
天长市	14338	1499	8722	1993	2124	13350	1405	8180	1882	1883
明光市	8716	753	5739	963	1261	8309	712	5503	915	1179

7-1a 续表 2

单位：人

现住地	合计					省内				
	合计	乡	镇的村委会	镇的居委会	街道	小计	乡	镇的村委会	镇的居委会	街道
阜阳市	**51166**	**5644**	**23948**	**5684**	**15890**	**48773**	**5250**	**22700**	**5481**	**15342**
颍州区	23822	2926	10027	2984	7885	22921	2787	9612	2919	7603
颍东区	8892	678	4324	1214	2676	8513	604	4139	1168	2602
颍泉区	8376	783	4171	929	2493	7884	711	3909	872	2392
临泉县										
太和县										
阜南县										
颍上县										
阜阳合肥现代产业园区										
阜阳经济技术开发区										
界首市	10076	1257	5426	557	2836	9455	1148	5040	522	2745
宿州市	**30242**	**4317**	**12199**	**2199**	**11527**	**28910**	**4065**	**11636**	**2090**	**11119**
埇桥区	30135	4306	12178	2137	11514	28813	4054	11619	2029	11111
砀山县										
萧县	107	11	21	62	13	97	11	17	61	8
灵璧县										
泗县										
宿州马鞍山现代产业园区										
宿州经济技术开发区										
六安市	**55921**	**9971**	**28221**	**3716**	**14013**	**54341**	**9691**	**27432**	**3577**	**13641**
金安区	25158	3997	11833	1494	7834	24494	3908	11513	1432	7641
裕安区	28323	5241	15331	1985	5766	27788	5156	15063	1934	5635
叶集区	2388	721	1035	226	406	2008	615	835	200	358
霍邱县	4		4			3		3		
舒城县	48	12	18	11	7	48	12	18	11	7
金寨县										
霍山县										
亳州市	**35628**	**5445**	**20619**	**2421**	**7143**	**33584**	**5011**	**19443**	**2285**	**6845**
谯城区	35520	5436	20523	2420	7141	33500	5011	19360	2285	6844
涡阳县										
蒙城县										
利辛县	108	9	96	1	2	84		83		1
池州市	**21091**	**1904**	**11858**	**2133**	**5196**	**19720**	**1733**	**11078**	**1963**	**4946**
贵池区	19646	1698	11185	2012	4751	18618	1613	10611	1869	4525
东至县										
石台县										
青阳县										
池州市国家经济技术开发区	798	72	321	56	349	728	58	279	53	338
皖江江南新兴产业集中区	647	134	352	65	96	374	62	188	41	83
九华山风景区										
宣城市	**41036**	**7535**	**22095**	**2793**	**8613**	**37228**	**6810**	**19838**	**2523**	**8057**
宣州区	15513	2449	6540	1184	5340	14760	2341	6151	1137	5131
郎溪县										
泾县										
绩溪县										
旌德县										
宣城市经济开发区										
宁国市	14811	2982	8442	552	2835	13813	2797	7855	498	2663
广德市	10712	2104	7113	1057	438	8655	1672	5832	888	263

7-1a　续表 3　　　　单位：人

现住地	省外									
	小计					北京				
	小计	乡	镇的村委会	镇的居委会	街道	小计	乡	镇的村委会	镇的居委会	街道
安　徽	**58978**	**9361**	**28487**	**6086**	**15044**	**396**	**10**	**26**	**39**	**321**
合肥市	**19449**	**3052**	**8655**	**2307**	**5435**	**189**	**7**	**13**	**19**	**150**
瑶海区	3306	608	1574	458	666	17	2	1	2	12
庐阳区	2265	311	1144	270	540	23	2	2	1	18
蜀山区	4780	624	1872	634	1650	61		5	7	49
包河区	7366	1205	3229	723	2209	82	2	3	8	69
长丰县										
肥东县										
肥西县	472	110	263	52	47					
庐江县										
合肥高新技术产业开发区										
合肥经济技术开发区										
合肥新站高新技术产业开发区	295	47	114	86	48	2			1	1
巢湖市	965	147	459	84	275	4	1	2		1
芜湖市	**7760**	**1366**	**3448**	**759**	**2187**	**38**		**1**		**37**
镜湖区	1848	239	715	171	723	18				18
弋江区	2222	349	900	200	773	13		1		12
鸠江区	2437	494	1173	287	483	1				1
三山区	919	236	495	46	142	1				1
芜湖县	10	1	3		6					
繁昌县										
南陵县										
芜湖经济技术开发区										
安徽芜湖长江大桥经济开发区										
无为市	324	47	162	55	60	5				5
蚌埠市	**1738**	**300**	**811**	**173**	**454**	**17**				**17**
龙子湖区	374	60	156	35	123	6				6
蚌山区	441	101	178	44	118	2				2
禹会区	495	82	189	58	166	9				9
淮上区	428	57	288	36	47					
怀远县										
五河县										
固镇县										
蚌埠市高新技术开发区										
蚌埠市经济开发区										
淮南市	**2195**	**351**	**922**	**244**	**678**	**24**	**1**	**1**	**2**	**20**
大通区	44	7	17	5	15					
田家庵区	1786	286	707	202	591	20	1	1	2	16
谢家集区	201	27	110	21	43	1				1
八公山区	90	12	51	7	20	3				3
潘集区	74	19	37	9	9					
凤台县										
寿县										

7－1a　续表 4　　　　　　　　　　　　　　　　　　　　　　　单位：人

现 住 地	省　外									
	小　计					北　京				
	小计	乡	镇　的 村委会	镇　的 居委会	街道	小计	乡	镇　的 村委会	镇　的 居委会	街道
马鞍山市	**4118**	**577**	**1954**	**410**	**1177**	**17**	**1**	**1**	**4**	**11**
花山区	1871	235	800	198	638	5	1	1	2	1
雨山区	1916	318	917	178	503	12			2	10
博望区	331	24	237	34	36					
当涂县										
含山县										
和县										
淮北市	**2051**	**268**	**1037**	**262**	**484**	**13**			**4**	**9**
杜集区	248	31	136	41	40	2				2
相山区	1282	160	629	165	328	11			4	7
烈山区	411	66	194	53	98					
濉溪县	110	11	78	3	18					
铜陵市	**1255**	**188**	**547**	**97**	**423**	**11**				**11**
铜官区	1019	167	419	69	364	11				11
义安区	126	19	72	16	19					
郊区	110	2	56	12	40					
枞阳县										
安庆市	**2771**	**377**	**1514**	**252**	**628**	**13**		**3**		**10**
迎江区	619	107	250	54	208	4				4
大观区	498	42	250	47	159	1				1
宜秀区	719	95	431	62	131					
怀宁县										
太湖县										
宿松县										
望江县	158	18	105	21	14					
岳西县										
安徽安庆经济开发区	10	2	5	2	1					
桐城市	597	88	370	41	98	8		3		5
潜山市	170	25	103	25	17					
黄山市	**1694**	**280**	**891**	**201**	**322**	**24**		**4**	**7**	**13**
屯溪区	1237	219	616	130	272	22		4	5	13
黄山区	211	31	110	43	27	2			2	
徽州区	232	30	159	24	19					
歙县	5		2	2	1					
休宁县	9		4	2	3					
黟县										
祁门县										
滁州市	**3419**	**346**	**1895**	**354**	**824**	**8**				**8**
琅琊区	986	98	513	90	285	5				5
南谯区	1038	113	604	105	216	2				2
来安县										
全椒县										
定远县										
凤阳县										
苏滁现代产业园										
滁州经济技术开发区										
天长市	988	94	542	111	241	1				1
明光市	407	41	236	48	82					

7-1a 续表 5

单位：人

现住地	省外									
	小计					北京				
	小计	乡	镇的村委会	镇的居委会	街道	小计	乡	镇的村委会	镇的居委会	街道
阜阳市	**2393**	**394**	**1248**	**203**	**548**	**18**	**1**	**2**		**15**
颍州区	901	139	415	65	282	4	1			3
颍东区	379	74	185	46	74	4		1		3
颍泉区	492	72	262	57	101	9		1		8
临泉县										
太和县										
阜南县										
颍上县										
阜阳合肥现代产业园区										
阜阳经济技术开发区										
界首市	621	109	386	35	91	1				1
宿州市	**1332**	**252**	**563**	**109**	**408**	**4**				**4**
埇桥区	1322	252	559	108	403	4				4
砀山县										
萧县	10		4	1	5					
灵璧县										
泗县										
宿州马鞍山现代产业园区										
宿州经济技术开发区										
六安市	**1580**	**280**	**789**	**139**	**372**	**9**			**1**	**8**
金安区	664	89	320	62	193	6			1	5
裕安区	535	85	268	51	131	3				3
叶集区	380	106	200	26	48					
霍邱县	1		1							
舒城县										
金寨县										
霍山县										
亳州市	**2044**	**434**	**1176**	**136**	**298**	**6**		**1**		**5**
谯城区	2020	425	1163	135	297	6		1		5
涡阳县										
蒙城县										
利辛县	24	9	13	1	1					
池州市	**1371**	**171**	**780**	**170**	**250**	**3**			**1**	**2**
贵池区	1028	85	574	143	226	3			1	2
东至县										
石台县										
青阳县										
池州市国家经济技术开发区	70	14	42	3	11					
皖江江南新兴产业集中区	273	72	164	24	13					
九华山风景区										
宣城市	**3808**	**725**	**2257**	**270**	**556**	**2**			**1**	**1**
宣州区	753	108	389	47	209	1			1	
郎溪县										
泾县										
绩溪县										
旌德县										
宣城市经济开发区										
宁国市	998	185	587	54	172	1				1
广德市	2057	432	1281	169	175					

7-1a 续表 6

单位：人

现住地	省外									
	天津					河北				
	小计	乡	镇的村委会	镇的居委会	街道	小计	乡	镇的村委会	镇的居委会	街道
安　徽	**263**	**16**	**47**	**48**	**152**	**2514**	**504**	**1272**	**241**	**497**
合肥市	**118**	**8**	**17**	**19**	**74**	**913**	**166**	**428**	**108**	**211**
瑶海区	12	1	3		8	143	28	84	12	19
庐阳区	7	1		1	5	74	17	38	12	7
蜀山区	42	1	6	12	23	158	25	45	18	70
包河区	50	4	7	5	34	447	90	207	52	98
长丰县										
肥东县										
肥西县	1	1				21		21		
庐江县										
合肥高新技术产业开发区										
合肥经济技术开发区										
合肥新站高新技术产业开发区	2			1	1	17		5	7	5
巢湖市	4		1		3	53	6	28	7	12
芜湖市	**36**	**1**	**5**	**9**	**21**	**616**	**143**	**336**	**42**	**95**
镜湖区	7	1	2		4	62	10	29	3	20
弋江区	13		2	5	6	184	25	92	20	47
鸠江区	11			4	7	81	19	47	6	9
三山区						274	89	156	10	19
芜湖县										
繁昌县										
南陵县										
芜湖经济技术开发区										
安徽芜湖长江大桥经济开发区										
无为市	5		1		4	15		12	3	
蚌埠市	**1**			**1**		**52**	**15**	**20**	**6**	**11**
龙子湖区						10	4	3	1	2
蚌山区	1			1		11	5	2		4
禹会区						16	4	5	2	5
淮上区						15	2	10	3	
怀远县										
五河县										
固镇县										
蚌埠市高新技术开发区										
蚌埠市经济开发区										
淮南市	**15**		**5**	**2**	**8**	**156**	**34**	**51**	**17**	**54**
大通区						6		6		
田家庵区	15		5	2	8	143	34	43	15	51
谢家集区						6		2	1	3
八公山区										
潘集区						1			1	
凤台县										
寿县										

7-1a　续表 7　　　　单位：人

现住地	省外									
	天津					河北				
	小计	乡	镇的村委会	镇的居委会	街道	小计	乡	镇的村委会	镇的居委会	街道
马鞍山市	**8**	**1**	**2**	**3**	**2**	**104**	**18**	**60**	**5**	**21**
花山区	3			1	2	38	7	19	2	10
雨山区	4	1	2	1		63	10	40	2	11
博望区	1			1		3	1	1	1	
当涂县										
含山县										
和县										
淮北市	**10**	**2**	**3**	**1**	**4**	**89**	**10**	**43**	**18**	**18**
杜集区						7		6	1	
相山区	5	2	2	1		44	6	19	6	13
烈山区	4		1		3	34	3	16	11	4
濉溪县	1				1	4	1	2		1
铜陵市	**5**			**1**	**4**	**29**	**10**	**15**		**4**
铜官区	4				4	29	10	15		4
义安区	1			1						
郊区										
枞阳县										
安庆市	**21**		**8**	**2**	**11**	**97**	**29**	**52**	**10**	**6**
迎江区	6		2		4	20	9	7	3	1
大观区	5				5	9	1	5	1	2
宜秀区						40	11	25	2	2
怀宁县										
太湖县										
宿松县										
望江县						1		1		
岳西县										
安徽安庆经济开发区						1				1
桐城市	9		5	2	2	24	8	12	4	
潜山市	1		1			2		2		
黄山市	**10**		**3**	**1**	**6**	**43**	**9**	**21**	**5**	**8**
屯溪区	9		3		6	32	4	17	5	6
黄山区	1			1		7	4	1		2
徽州区						4	1	3		
歙县										
休宁县										
黟县										
祁门县										
滁州市	**8**			**2**	**6**	**89**	**16**	**55**	**7**	**11**
琅琊区	1			1		31	6	23		2
南谯区	4			1	3	31	9	11	7	4
来安县										
全椒县										
定远县										
凤阳县										
苏滁现代产业园										
滁州经济技术开发区										
天长市	3				3	11	1	6		4
明光市						16		15		1

7—1a 续表 8

单位：人

现住地	省外									
	天津					河北				
	小计	乡	镇的村委会	镇的居委会	街道	小计	乡	镇的村委会	镇的居委会	街道
阜阳市	**6**	**1**			**5**	**78**	**13**	**45**	**7**	**13**
颍州区	3				3	32	6	15	2	9
颍东区						13	1	4	5	3
颍泉区	1				1	30	5	24		1
临泉县										
太和县										
阜南县										
颍上县										
阜阳合肥现代产业园区										
阜阳经济技术开发区										
界首市	2	1			1	3	1	2		
宿州市	**6**		**1**	**3**	**2**	**38**	**6**	**19**	**1**	**12**
埇桥区	6		1	3	2	38	6	19	1	12
砀山县										
萧县										
灵璧县										
泗县										
宿州马鞍山现代产业园区										
宿州经济技术开发区										
六安市	**5**		**1**	**4**		**52**	**7**	**25**	**6**	**14**
金安区	1		1			25	2	12	1	10
裕安区	4			4		23	4	10	5	4
叶集区						4	1	3		
霍邱县										
舒城县										
金寨县										
霍山县										
亳州市	**1**		**1**			**48**	**11**	**27**	**1**	**9**
谯城区	1		1			47	11	26	1	9
涡阳县										
蒙城县										
利辛县						1		1		
池州市	**6**				**6**	**55**	**4**	**39**	**5**	**7**
贵池区	6				6	50	4	36	4	6
东至县										
石台县										
青阳县										
池州市国家经济技术开发区						2			1	1
皖江江南新兴产业集中区						3		3		
九华山风景区										
宣城市	**7**	**3**	**1**		**3**	**55**	**13**	**36**	**3**	**3**
宣州区	3	1	1		1	17	2	10	2	3
郎溪县										
泾县										
绩溪县										
旌德县										
宣城市经济开发区										
宁国市	3	2			1	21	7	14		
广德市	1				1	17	4	12	1	

7−1a　续表 9　　　　　　　　　　　　　　　　　　　　　　　　单位：人

现住地	省外									
	山西					内蒙古				
	小计	乡	镇的村委会	镇的居委会	街道	小计	乡	镇的村委会	镇的居委会	街道
安　徽	**977**	**176**	**470**	**66**	**265**	**478**	**65**	**171**	**89**	**153**
合肥市	**418**	**73**	**196**	**33**	**116**	**197**	**20**	**68**	**41**	**68**
瑶海区	65	16	34	4	11	22	3	9	4	6
庐阳区	39	7	17	2	13	20	1	6	7	6
蜀山区	126	19	50	14	43	67	2	24	21	20
包河区	152	26	73	9	44	73	12	20	8	33
长丰县										
肥东县										
肥西县	19	3	11	2	3	6	1	4		1
庐江县										
合肥高新技术产业开发区										
合肥经济技术开发区										
合肥新站高新技术产业开发区	3		2	1		3	1	1		1
巢湖市	14	2	9	1	2	6		4	1	1
芜湖市	**150**	**30**	**65**	**12**	**43**	**64**	**14**	**22**	**9**	**19**
镜湖区	22	4	7	2	9	8		3	1	4
弋江区	51	12	14	5	20	28	7	7	4	10
鸠江区	53	12	24	5	12	17	2	7	3	5
三山区	22	1	19		2	8	5	3		
芜湖县										
繁昌县										
南陵县										
芜湖经济技术开发区										
安徽芜湖长江大桥经济开发区										
无为市	2	1	1			3		2	1	
蚌埠市	**14**	**3**	**3**	**4**	**4**	**6**		**4**	**1**	**1**
龙子湖区	4	1		3						
蚌山区	1				1	1				1
禹会区	8	2	3	1	2	5		4	1	
淮上区	1				1					
怀远县										
五河县										
固镇县										
蚌埠市高新技术开发区										
蚌埠市经济开发区										
淮南市	**47**	**12**	**16**	**2**	**17**	**20**	**1**	**9**	**1**	**9**
大通区										
田家庵区	45	12	15	1	17	17	1	9	1	6
谢家集区	2		1	1		2				2
八公山区						1				1
潘集区										
凤台县										
寿县										

7−1a 续表 10 单位：人

现住地	省外									
	山西					内蒙古				
	小计	乡	镇的村委会	镇的居委会	街道	小计	乡	镇的村委会	镇的居委会	街道
马鞍山市	**46**	**9**	**24**	**1**	**12**	**69**	**17**	**23**	**15**	**14**
花山区	18	1	11		6	21	4	4	5	8
雨山区	27	8	12	1	6	48	13	19	10	6
博望区	1		1							
当涂县										
含山县										
和县										
淮北市	**34**	**7**	**13**	**1**	**13**	**12**	**1**	**2**	**6**	**3**
杜集区	3	1	2			3			1	2
相山区	12	3	4		5	6		2	3	1
烈山区	19	3	7	1	8	3	1		2	
濉溪县										
铜陵市	**14**	**3**	**6**		**5**	**7**	**2**	**1**	**3**	**1**
铜官区	12	3	4		5	5		1	3	1
义安区	2		2			2	2			
郊区										
枞阳县										
安庆市	**54**	**11**	**30**		**13**	**15**	**2**	**9**	**3**	**1**
迎江区	11	1	5		5	3			3	
大观区	5		2		3	2	1	1		
宜秀区	16	4	10		2	4	1	2		1
怀宁县										
太湖县										
宿松县										
望江县										
岳西县										
安徽安庆经济开发区										
桐城市	19	3	13		3	5		5		
潜山市	3	3				1		1		
黄山市	**9**		**5**	**1**	**3**	**10**		**3**	**1**	**6**
屯溪区	8		4	1	3	5			1	4
黄山区						5		3		2
徽州区	1		1							
歙县										
休宁县										
黟县										
祁门县										
滁州市	**33**	**3**	**25**	**1**	**4**	**11**		**5**	**1**	**5**
琅琊区	8	1	5	1	1	6		3		3
南谯区	10	1	7		2	4		2		2
来安县										
全椒县										
定远县										
凤阳县										
苏滁现代产业园										
滁州经济技术开发区										
天长市	5		4		1	1			1	
明光市	10	1	9							

7-1a 续表 11

单位：人

现住地	省外									
	山西					内蒙古				
	小计	乡	镇的村委会	镇的居委会	街道	小计	乡	镇的村委会	镇的居委会	街道
阜阳市	**32**	**8**	**14**		**10**	**14**	**3**	**5**	**1**	**5**
颍州区	24	6	9		9	5		4		1
颍东区	4	2	2			2	1			1
颍泉区	3		3			7	2	1	1	3
临泉县										
太和县										
阜南县										
颍上县										
阜阳合肥现代产业园区										
阜阳经济技术开发区										
界首市	1				1					
宿州市	**16**	**2**	**4**	**2**	**8**	**18**	**3**	**2**		**13**
埇桥区	16	2	4	2	8	18	3	2		13
砀山县										
萧县										
灵璧县										
泗县										
宿州马鞍山现代产业园区										
宿州经济技术开发区										
六安市	**16**	**3**	**10**		**3**	**8**		**7**	**1**	
金安区	9	2	6		1	4		3	1	
裕安区	5		3		2	4		4		
叶集区	2	1	1							
霍邱县										
舒城县										
金寨县										
霍山县										
亳州市	**27**	**6**	**13**	**3**	**5**	**11**	**1**	**2**	**4**	**4**
谯城区	27	6	13	3	5	11	1	2	4	4
涡阳县										
蒙城县										
利辛县										
池州市	**19**	**2**	**14**		**3**	**6**	**1**	**1**		**4**
贵池区	17	1	13		3	5		1		4
东至县										
石台县										
青阳县										
池州市国家经济技术开发区	1	1								
皖江江南新兴产业集中区	1		1			1	1			
九华山风景区										
宣城市	**48**	**4**	**32**	**6**	**6**	**10**		**8**	**2**	
宣州区	3		3			5		3	2	
郎溪县										
泾县										
绩溪县										
旌德县										
宣城市经济开发区										
宁国市	16	1	9		6	2		2		
广德市	29	3	20	6		3		3		

7-1a 续表 12

单位：人

现住地	省外									
	辽宁					吉林				
	小计	乡	镇的村委会	镇的居委会	街道	小计	乡	镇的村委会	镇的居委会	街道
安徽	**856**	**118**	**262**	**118**	**358**	**882**	**136**	**353**	**111**	**282**
合肥市	**341**	**47**	**106**	**45**	**143**	**316**	**49**	**96**	**49**	**122**
瑶海区	45	5	17	8	15	64	11	28	5	20
庐阳区	26	5	9	5	7	29	3	9	8	9
蜀山区	100	13	23	15	49	82	12	18	14	38
包河区	132	20	41	12	59	123	19	39	14	51
长丰县										
肥东县										
肥西县	7	2	1	3	1					
庐江县										
合肥高新技术产业开发区										
合肥经济技术开发区										
合肥新站高新技术产业开发区	6		2	2	2	9	3		5	1
巢湖市	25	2	13		10	9	1	2	3	3
芜湖市	**127**	**21**	**29**	**18**	**59**	**167**	**20**	**84**	**14**	**49**
镜湖区	40	2	8	7	23	35	4	11	4	16
弋江区	39	10	4	5	20	41	8	14	1	18
鸠江区	37	7	14	5	11	68	7	47	6	8
三山区	10	2	2	1	5	19	1	12	2	4
芜湖县										
繁昌县										
南陵县										
芜湖经济技术开发区										
安徽芜湖长江大桥经济开发区										
无为市	1		1			4			1	3
蚌埠市	**23**	**4**	**7**	**5**	**7**	**28**	**11**	**9**	**2**	**6**
龙子湖区	5		4		1					
蚌山区	7	4			3	16	9	6		1
禹会区	3			1	2	6	1	1		4
淮上区	8		3	4	1	6	1	2	2	1
怀远县										
五河县										
固镇县										
蚌埠市高新技术开发区										
蚌埠市经济开发区										
淮南市	**29**	**5**	**7**	**3**	**14**	**31**	**7**	**9**	**1**	**14**
大通区	1				1					
田家庵区	23	5	4	3	11	24	3	7	1	13
谢家集区	3		2		1					
八公山区	2		1		1	5	4	1		
潘集区						2		1		1
凤台县										
寿县										

7-1a　续表 13　　　　单位：人

现住地	省外									
	辽宁					吉林				
	小计	乡	镇的村委会	镇的居委会	街道	小计	乡	镇的村委会	镇的居委会	街道
马鞍山市	61	5	19	5	32	55	6	27	3	19
花山区	31	4	3	4	20	29	2	14	2	11
雨山区	29	1	15	1	12	24	4	12	1	7
博望区	1		1			2		1		1
当涂县										
含山县										
和县										
淮北市	20	3	4	3	10	26	2	14	4	6
杜集区	2		1		1	2		2		
相山区	11	1	1	3	6	18	1	10	3	4
烈山区	6	1	2		3	5	1	2	1	1
濉溪县	1	1				1				1
铜陵市	6		1	1	4	16	4	1	3	8
铜官区	5			1	4	13	3		3	7
义安区						2	1	1		
郊区	1		1			1				1
枞阳县										
安庆市	46	3	21	4	18	35	14	3	7	11
迎江区	11	2	3	1	5	13	7		3	3
大观区	18		10		8	7		2	1	4
宜秀区	11		6	1	4	6	1	1		4
怀宁县										
太湖县										
宿松县										
望江县	2		2			7	6		1	
岳西县										
安徽安庆经济开发区										
桐城市	3	1		1	1	2			2	
潜山市	1			1						
黄山市	24	2	6	9	7	32	3	23	1	5
屯溪区	19	2	3	7	7	24	3	15	1	5
黄山区	3		1	2		8		8		
徽州区	2		2							
歙县										
休宁县										
黟县										
祁门县										
滁州市	22	2	13	4	3	21	4	12	1	4
琅琊区	6		2	3	1	10	2	4		4
南谯区	10	2	7		1	7	2	4	1	
来安县										
全椒县										
定远县										
凤阳县										
苏滁现代产业园										
滁州经济技术开发区										
天长市	5		4		1	1		1		
明光市	1			1		3		3		

7－1a 续表 14　　　　单位：人

现住地	省外									
	辽宁					吉林				
	小计	乡	镇的村委会	镇的居委会	街道	小计	乡	镇的村委会	镇的居委会	街道
阜阳市	**37**	**4**	**15**	**3**	**15**	**24**	**1**	**10**	**6**	**7**
颍州区	27	2	13		12	14		4	4	6
颍东区						1	1			
颍泉区	5	1	1		3	2			2	
临泉县										
太和县										
阜南县										
颍上县										
阜阳合肥现代产业园区										
阜阳经济技术开发区										
界首市	5	1	1	3		7		6		1
宿州市	**24**	**1**	**9**	**5**	**9**	**16**	**2**	**8**	**1**	**5**
埇桥区	24	1	9	5	9	16	2	8	1	5
砀山县										
萧县										
灵璧县										
泗县										
宿州马鞍山现代产业园区										
宿州经济技术开发区										
六安市	**21**	**3**	**7**	**3**	**8**	**23**	**3**	**13**	**3**	**4**
金安区	11		2	3	6	5	1		3	1
裕安区	10	3	5		2	17	1	13		3
叶集区						1	1			
霍邱县										
舒城县										
金寨县										
霍山县										
亳州市	**21**	**5**	**5**	**2**	**9**	**34**	**6**	**11**	**8**	**9**
谯城区	21	5	5	2	9	34	6	11	8	9
涡阳县										
蒙城县										
利辛县										
池州市	**21**	**8**	**1**	**7**	**5**	**9**		**4**	**2**	**3**
贵池区	21	8	1	7	5	7		2	2	3
东至县										
石台县										
青阳县										
池州市国家经济技术开发区										
皖江江南新兴产业集中区						2		2		
九华山风景区										
宣城市	**33**	**5**	**12**	**1**	**15**	**49**	**4**	**29**	**6**	**10**
宣州区	6		3		3	7		4		3
郎溪县										
泾县										
绩溪县										
旌德县										
宣城市经济开发区										
宁国市	12		2	1	9	10	1	3		6
广德市	15	5	7		3	32	3	22	6	1

7-1a　续表 15　　　　单位：人

现住地	省外									
	黑龙江					上海				
	小计	乡	镇的村委会	镇的居委会	街道	小计	乡	镇的村委会	镇的居委会	街道
安　徽	**1236**	**184**	**418**	**200**	**434**	**1447**	**21**	**86**	**155**	**1185**
合肥市	**444**	**66**	**131**	**85**	**162**	**505**	**9**	**27**	**41**	**428**
瑶海区	81	17	20	15	29	66	2	5	5	54
庐阳区	44	6	16	14	8	89		2	3	84
蜀山区	132	17	43	20	52	138	1	6	16	115
包河区	150	19	38	29	64	174	2	9	11	152
长丰县										
肥东县										
肥西县	17	5	9	2	1	9	3	2	4	
庐江县										
合肥高新技术产业开发区										
合肥经济技术开发区										
合肥新站高新技术产业开发区	9	1		5	3	7			2	5
巢湖市	11	1	5		5	22	1	3		18
芜湖市	**148**	**28**	**55**	**19**	**46**	**170**		**3**	**24**	**143**
镜湖区	30	1	10	8	11	85		2	6	77
弋江区	45	8	14	3	20	33			6	27
鸠江区	58	18	20	7	13	38		1	10	27
三山区	9	1	7		1	2				2
芜湖县										
繁昌县										
南陵县										
芜湖经济技术开发区										
安徽芜湖长江大桥经济开发区										
无为市	6		4	1	1	12			2	10
蚌埠市	**61**	**7**	**19**	**11**	**24**	**50**	**1**	**7**		**42**
龙子湖区	15	4	5	1	5	13	1			12
蚌山区	13		1	4	8	17		2		15
禹会区	21	3	3	5	10	18		4		14
淮上区	12		10	1	1	2		1		1
怀远县										
五河县										
固镇县										
蚌埠市高新技术开发区										
蚌埠市经济开发区										
淮南市	**53**	**5**	**11**	**5**	**32**	**61**		**6**	**12**	**43**
大通区										
田家庵区	42	4	7	2	29	54		6	11	37
谢家集区	9	1	4	3	1	3			1	2
八公山区	2				2	3				3
潘集区						1				1
凤台县										
寿县										

7－1a　续表 16　　　　单位：人

现住地	省外									
	黑龙江					上海				
	小计	乡	镇的村委会	镇的居委会	街道	小计	乡	镇的村委会	镇的居委会	街道
马鞍山市	**84**	**16**	**34**	**14**	**20**	**138**		**3**	**11**	**124**
花山区	36	5	15	10	6	93		1	8	84
雨山区	43	9	16	4	14	45		2	3	40
博望区	5	2	3							
当涂县										
含山县										
和县										
淮北市	**42**	**7**	**12**	**7**	**16**	**59**		**8**	**1**	**50**
杜集区	6	2	2		2	1				1
相山区	27	4	8	5	10	45		2	1	42
烈山区	9	1	2	2	4	12		5		7
濉溪县						1		1		
铜陵市	**16**	**1**	**6**	**1**	**8**	**52**	**2**	**5**	**4**	**41**
铜官区	14	1	4	1	8	44	1	3		40
义安区						2			1	1
郊区	2		2			6	1	2	3	
枞阳县										
安庆市	**56**	**10**	**13**	**9**	**24**	**57**	**1**	**3**	**7**	**46**
迎江区	16	4	3	2	7	23		1	2	20
大观区	7		2	2	3	16		1	2	13
宜秀区	13	1	3	4	5	6			1	5
怀宁县										
太湖县										
宿松县										
望江县	1			1		3			1	2
岳西县										
安徽安庆经济开发区										
桐城市	15	5	5		5	6	1	1		4
潜山市	4				4	3			1	2
黄山市	**26**	**3**	**14**	**2**	**7**	**59**	**2**	**2**	**12**	**43**
屯溪区	18	2	10	1	5	46	2	2	6	36
黄山区	5		4		1	10			6	4
徽州区	3	1		1	1	3				3
歙县										
休宁县										
黟县										
祁门县										
滁州市	**80**	**14**	**37**	**6**	**23**	**95**	**3**	**6**	**16**	**70**
琅琊区	23	5	12		6	55	1	1	10	43
南谯区	31	5	13	3	10	4			1	3
来安县										
全椒县										
定远县										
凤阳县										
苏滁现代产业园										
滁州经济技术开发区										
天长市	18	4	8	2	4	22	1	1	3	17
明光市	8		4	1	3	14	1	4	2	7

7-1a 续表 17

单位：人

现住地	省外									
	黑龙江					上海				
	小计	乡	镇的村委会	镇的居委会	街道	小计	乡	镇的村委会	镇的居委会	街道
阜阳市	**56**	**7**	**26**	**7**	**16**	**21**		**2**	**1**	**18**
颍州区	28	5	11	2	10	15		2	1	12
颍东区	10	2	6	1	1	3				3
颍泉区	15		7	3	5	2				2
临泉县										
太和县										
阜南县										
颍上县										
阜阳合肥现代产业园区										
阜阳经济技术开发区										
界首市	3		2	1		1				1
宿州市	**46**	**5**	**13**	**9**	**19**	**31**		**2**	**2**	**27**
埇桥区	46	5	13	9	19	31		2	2	27
砀山县										
萧县										
灵璧县										
泗县										
宿州马鞍山现代产业园区										
宿州经济技术开发区										
六安市	**17**	**1**	**4**	**7**	**5**	**20**	**2**	**1**	**2**	**15**
金安区	10	1	3	3	3	11	2		1	8
裕安区	7		1	4	2	7				7
叶集区						2		1	1	
霍邱县										
舒城县										
金寨县										
霍山县										
亳州市	**38**	**1**	**14**	**6**	**17**	**6**	**1**	**2**		**3**
谯城区	38	1	14	6	17	6	1	2		3
涡阳县										
蒙城县										
利辛县										
池州市	**15**	**3**	**9**		**3**	**36**		**2**	**4**	**30**
贵池区	12	1	8		3	34		2	4	28
东至县										
石台县										
青阳县										
池州市国家经济技术开发区	1		1			2				2
皖江江南新兴产业集中区	2	2								
九华山风景区										
宣城市	**54**	**10**	**20**	**12**	**12**	**87**		**7**	**18**	**62**
宣州区	10	1	3	3	3	46		1	6	39
郎溪县										
泾县										
绩溪县										
旌德县										
宣城市经济开发区										
宁国市	22	5	4	8	5	16		2	1	13
广德市	22	4	13	1	4	25		4	11	10

7-1a 续表 18

单位：人

现住地	省外									
	江苏					浙江				
	小计	乡	镇的村委会	镇的居委会	街道	小计	乡	镇的村委会	镇的居委会	街道
安 徽	**9397**	**867**	**4176**	**1202**	**3152**	**4020**	**428**	**1888**	**494**	**1210**
合肥市	**2438**	**288**	**1041**	**360**	**749**	**1190**	**148**	**471**	**191**	**380**
瑶海区	468	71	209	96	92	318	55	140	47	76
庐阳区	219	26	97	22	74	155	14	78	31	32
蜀山区	588	54	219	97	218	241	22	68	41	110
包河区	929	113	413	111	292	370	39	141	60	130
长丰县										
肥东县										
肥西县	42	4	30	3	5	13	4	9		
庐江县										
合肥高新技术产业开发区										
合肥经济技术开发区										
合肥新站高新技术产业开发区	28	2	12	8	6	13		7	4	2
巢湖市	164	18	61	23	62	80	14	28	8	30
芜湖市	**1067**	**102**	**378**	**142**	**445**	**599**	**61**	**244**	**57**	**237**
镜湖区	324	34	76	32	182	212	21	88	17	86
弋江区	313	29	131	39	114	208	20	84	21	83
鸠江区	288	31	109	42	106	143	19	56	13	55
三山区	74	5	38	11	20	16		7	3	6
芜湖县	4		1		3	3				3
繁昌县										
南陵县										
芜湖经济技术开发区										
安徽芜湖长江大桥经济开发区										
无为市	64	3	23	18	20	17	1	9	3	4
蚌埠市	**342**	**33**	**169**	**29**	**111**	**131**	**18**	**64**	**19**	**30**
龙子湖区	80	5	29	8	38	21	4	9	3	5
蚌山区	77	10	38	5	24	42	8	14	10	10
禹会区	114	14	49	13	38	35	5	9	6	15
淮上区	71	4	53	3	11	33	1	32		
怀远县										
五河县										
固镇县										
蚌埠市高新技术开发区										
蚌埠市经济开发区										
淮南市	**336**	**29**	**163**	**35**	**109**	**158**	**20**	**61**	**22**	**55**
大通区	9	1	3	3	2	6		2	1	3
田家庵区	267	22	128	26	91	129	18	46	18	47
谢家集区	38	5	20	4	9	14		10	2	2
八公山区	11		7	1	3	5		3		2
潘集区	11	1	5	1	4	4	2		1	1
凤台县										
寿县										

7-1a　续表 19　　　　单位：人

现住地	省外									
	江苏					浙江				
	小计	乡	镇的村委会	镇的居委会	街道	小计	乡	镇的村委会	镇的居委会	街道
马鞍山市	**1382**	**91**	**600**	**145**	**546**	**147**	**15**	**78**	**17**	**37**
花山区	670	37	250	70	313	90	7	47	13	23
雨山区	515	46	209	52	208	51	8	26	4	13
博望区	197	8	141	23	25	6		5		1
当涂县										
含山县										
和县										
淮北市	**377**	**29**	**162**	**84**	**102**	**61**	**3**	**28**	**10**	**20**
杜集区	42	6	17	12	7	4		2	1	1
相山区	288	19	126	60	83	46	1	21	7	17
烈山区	42	3	17	10	12	11	2	5	2	2
濉溪县	5	1	2	2						
铜陵市	**197**	**18**	**77**	**25**	**77**	**94**	**13**	**38**	**6**	**37**
铜官区	167	16	59	20	72	77	13	26	3	35
义安区	15	2	9	2	2	9		4	3	2
郊区	15		9	3	3	8		8		
枞阳县										
安庆市	**293**	**28**	**137**	**27**	**101**	**156**	**13**	**82**	**16**	**45**
迎江区	58	5	20	5	28	53	6	23	7	17
大观区	61	6	32	5	18	28	2	14	1	11
宜秀区	75	3	35	12	25	39	5	22	3	9
怀宁县										
太湖县										
宿松县										
望江县	10	2	5	2	1	8		2	1	5
岳西县										
安徽安庆经济开发区										
桐城市	69	11	33	3	22	15		10	2	3
潜山市	20	1	12		7	13		11	2	
黄山市	**144**	**5**	**82**	**26**	**31**	**327**	**37**	**199**	**33**	**58**
屯溪区	70	2	34	13	21	249	32	143	23	51
黄山区	31	2	18	6	5	32	4	18	7	3
徽州区	41	1	29	7	4	44	1	37	3	3
歙县	1		1			1				1
休宁县	1				1	1		1		
黟县										
祁门县										
滁州市	**1342**	**99**	**629**	**172**	**442**	**164**	**14**	**79**	**36**	**35**
琅琊区	365	41	162	30	132	42	5	25	4	8
南谯区	303	13	138	41	111	45	2	22	10	11
来安县										
全椒县										
定远县										
凤阳县										
苏滁现代产业园										
滁州经济技术开发区										
天长市	547	39	274	75	159	46	3	22	10	11
明光市	127	6	55	26	40	31	4	10	12	5

7-1a 续表 20 单位：人

现住地	省外									
	江苏					浙江				
	小计	乡	镇的村委会	镇的居委会	街道	小计	乡	镇的村委会	镇的居委会	街道
阜阳市	**237**	**16**	**120**	**37**	**64**	**148**	**9**	**74**	**8**	**57**
颍州区	102	9	43	19	31	58	3	26	1	28
颍东区	32	1	16	4	11	6		3		3
颍泉区	48	2	35	3	8	77	5	41	7	24
临泉县										
太和县										
阜南县										
颍上县										
阜阳合肥现代产业园区										
阜阳经济技术开发区										
界首市	55	4	26	11	14	7	1	4		2
宿州市	**285**	**39**	**124**	**25**	**97**	**53**	**12**	**17**	**6**	**18**
埇桥区	279	39	123	24	93	53	12	17	6	18
砀山县										
萧县	6		1	1	4					
灵璧县										
泗县										
宿州马鞍山现代产业园区										
宿州经济技术开发区										
六安市	**211**	**19**	**88**	**21**	**83**	**64**	**4**	**31**	**7**	**22**
金安区	87	10	31	10	36	32	3	14	1	14
裕安区	100	5	49	10	36	28		15	6	7
叶集区	24	4	8	1	11	4	1	2		1
霍邱县										
舒城县										
金寨县										
霍山县										
亳州市	**119**	**20**	**59**	**12**	**28**	**53**	**6**	**27**	**5**	**15**
谯城区	118	20	59	12	27	53	6	27	5	15
涡阳县										
蒙城县										
利辛县	1				1					
池州市	**167**	**5**	**96**	**16**	**50**	**171**	**12**	**109**	**15**	**35**
贵池区	137	4	74	16	43	110	8	62	10	30
东至县										
石台县										
青阳县										
池州市国家经济技术开发区	13		9		4	7		7		
皖江江南新兴产业集中区	17	1	13		3	54	4	40	5	5
九华山风景区										
宣城市	**460**	**46**	**251**	**46**	**117**	**504**	**43**	**286**	**46**	**129**
宣州区	153	10	80	5	58	112	6	66	2	38
郎溪县										
泾县										
绩溪县										
旌德县										
宣城市经济开发区										
宁国市	82	15	40	7	20	168	22	94	9	43
广德市	225	21	131	34	39	224	15	126	35	48

7–1a　续表 21　　　　　　　　　　　　　　　　　　　　　　　单位：人

现住地	省外				
	福建				
	小计	乡	镇的村委会	镇的居委会	街道
安　徽	**2245**	**275**	**1239**	**230**	**501**
合肥市	**948**	**117**	**501**	**112**	**218**
瑶海区	228	20	123	48	37
庐阳区	108	9	72	5	22
蜀山区	143	10	64	17	52
包河区	407	69	211	28	99
长丰县					
肥东县					
肥西县	19	3	12	3	1
庐江县					
合肥高新技术产业开发区					
合肥经济技术开发区					
合肥新站高新技术产业开发区	13		2	9	2
巢湖市	30	6	17	2	5
芜湖市	**223**	**25**	**120**	**26**	**52**
镜湖区	34	5	17	4	8
弋江区	82	6	41	5	30
鸠江区	99	13	56	17	13
三山区	1		1		
芜湖县	1		1		
繁昌县					
南陵县					
芜湖经济技术开发区					
安徽芜湖长江大桥经济开发区					
无为市	6	1	4		1
蚌埠市	**68**	**6**	**36**	**13**	**13**
龙子湖区	12	3	2		7
蚌山区	16	1	5	7	3
禹会区	18	2	10	4	2
淮上区	22		19	2	1
怀远县					
五河县					
固镇县					
蚌埠市高新技术开发区					
蚌埠市经济开发区					
淮南市	**85**	**11**	**25**	**13**	**36**
大通区	2		1		1
田家庵区	71	8	21	11	31
谢家集区	9	1	3	2	3
八公山区					
潘集区	3	2			1
凤台县					
寿县					

7－1a 续表 22

单位：人

现住地	省外				
	福建				
	小计	乡	镇的村委会	镇的居委会	街道
马鞍山市	**88**	**10**	**46**	**14**	**18**
花山区	42	4	21	11	6
雨山区	41	4	22	3	12
博望区	5	2	3		
当涂县					
含山县					
和县					
淮北市	**50**	**7**	**34**	**5**	**4**
杜集区	6		4	2	
相山区	39	7	27	2	3
烈山区	5		3	1	1
濉溪县					
铜陵市	**80**	**6**	**60**	**1**	**13**
铜官区	69	6	57	1	5
义安区					
郊区	11		3		8
枞阳县					
安庆市	**137**	**19**	**82**	**3**	**33**
迎江区	46	8	25		13
大观区	17		5		12
宜秀区	43	6	33		4
怀宁县					
太湖县					
宿松县					
望江县	6		2		4
岳西县					
安徽安庆经济开发区					
桐城市	14	1	10	3	
潜山市	11	4	7		
黄山市	**107**	**17**	**66**	**6**	**18**
屯溪区	98	15	59	6	18
黄山区	3		3		
徽州区	4	2	2		
歙县					
休宁县	2		2		
黟县					
祁门县					
滁州市	**79**	**10**	**41**	**3**	**25**
琅琊区	43	2	20	2	19
南谯区	21	6	10	1	4
来安县					
全椒县					
定远县					
凤阳县					
苏滁现代产业园					
滁州经济技术开发区					
天长市	5	1	4		
明光市	10	1	7		2

7-1a　续表 23　　　　单位：人

现住地	省外				
	福建				
	小计	乡	镇的村委会	镇的居委会	街道
阜阳市	**98**	**13**	**45**	**9**	**31**
颍州区	42	8	11	3	20
颍东区	22	1	10	4	7
颍泉区	16	3	7	2	4
临泉县					
太和县					
阜南县					
颍上县					
阜阳合肥现代产业园区					
阜阳经济技术开发区					
界首市	18	1	17		
宿州市	**45**	**9**	**23**	**5**	**8**
埇桥区	45	9	23	5	8
砀山县					
萧县					
灵璧县					
泗县					
宿州马鞍山现代产业园区					
宿州经济技术开发区					
六安市	**50**	**4**	**36**	**6**	**4**
金安区	31	3	22	4	2
裕安区	17	1	12	2	2
叶集区	2		2		
霍邱县					
舒城县					
金寨县					
霍山县					
亳州市	**41**	**10**	**20**	**1**	**10**
谯城区	41	10	20	1	10
涡阳县					
蒙城县					
利辛县					
池州市	**49**		**39**	**5**	**5**
贵池区	46		36	5	5
东至县					
石台县					
青阳县					
池州市国家经济技术开发区					
皖江江南新兴产业集中区	3		3		
九华山风景区					
宣城市	**97**	**11**	**65**	**8**	**13**
宣州区	40		31	3	6
郎溪县					
泾县					
绩溪县					
旌德县					
宣城市经济开发区					
宁国市	29	8	17		4
广德市	28	3	17	5	3

7-1a 续表 24

单位：人

现住地	省外									
	江西					山东				
	小计	乡	镇的村委会	镇的居委会	街道	小计	乡	镇的村委会	镇的居委会	街道
安徽	**3090**	**564**	**1639**	**338**	**549**	**3445**	**418**	**1902**	**268**	**857**
合肥市	**1073**	**195**	**534**	**125**	**219**	**1159**	**141**	**600**	**96**	**322**
瑶海区	216	73	94	20	29	151	11	84	18	38
庐阳区	145	13	93	22	17	146	15	89	8	34
蜀山区	245	38	103	36	68	347	43	179	29	96
包河区	395	62	206	39	88	378	52	171	29	126
长丰县										
肥东县										
肥西县	20	3	13	2	2	52	6	35	2	9
庐江县										
合肥高新技术产业开发区										
合肥经济技术开发区										
合肥新站高新技术产业开发区	10	1	5	2	2	16	3	6	4	3
巢湖市	42	5	20	4	13	69	11	36	6	16
芜湖市	**390**	**76**	**192**	**40**	**82**	**572**	**96**	**312**	**41**	**123**
镜湖区	122	25	50	11	36	130	17	65	12	36
弋江区	115	16	65	12	22	153	24	75	6	48
鸠江区	116	24	61	12	19	231	46	134	18	33
三山区	21	6	7	3	5	46	9	29	2	6
芜湖县										
繁昌县										
南陵县										
芜湖经济技术开发区										
安徽芜湖长江大桥经济开发区										
无为市	16	5	9	2		12		9	3	
蚌埠市	**54**	**9**	**28**	**4**	**13**	**138**	**14**	**78**	**10**	**36**
龙子湖区	7	2	4		1	36	1	22	4	9
蚌山区	18	3	10		5	32	7	14	5	6
禹会区	22	3	8	4	7	28	2	12	1	13
淮上区	7	1	6			42	4	30		8
怀远县										
五河县										
固镇县										
蚌埠市高新技术开发区										
蚌埠市经济开发区										
淮南市	**77**	**16**	**42**	**8**	**11**	**144**	**17**	**75**	**9**	**43**
大通区						4		1		3
田家庵区	64	14	33	6	11	127	15	65	7	40
谢家集区	7	2	3	2		5	1	4		
八公山区	3		3			2		1	1	
潘集区	3		3			6	1	4	1	
凤台县										
寿县										

7-1a 续表 25 单位：人

现住地	省外									
	江西					山东				
	小计	乡	镇的村委会	镇的居委会	街道	小计	乡	镇的村委会	镇的居委会	街道
马鞍山市	**203**	**44**	**98**	**23**	**38**	**183**	**9**	**121**	**5**	**48**
花山区	108	28	51	13	16	73	3	50	4	16
雨山区	91	16	43	10	22	99	6	63	1	29
博望区	4		4			11		8		3
当涂县										
含山县										
和县										
淮北市	**75**	**11**	**37**	**16**	**11**	**180**	**11**	**106**	**9**	**54**
杜集区	9		6	3		20	5	12	1	2
相山区	37	3	18	9	7	112	4	70	5	33
烈山区	24	6	10	4	4	38	1	20	3	14
濉溪县	5	2	3			10	1	4		5
铜陵市	**109**	**23**	**45**	**14**	**27**	**63**	**1**	**25**	**8**	**29**
铜官区	91	21	37	8	25	44	1	13	7	23
义安区	14	2	8	3	1	11		11		
郊区	4			3	1	8		1	1	6
枞阳县										
安庆市	**260**	**17**	**183**	**26**	**34**	**125**	**9**	**78**	**11**	**27**
迎江区	29	3	20	1	5	22	3	6	7	6
大观区	49	3	23	10	13	31		22		9
宜秀区	60	3	40	8	9	37	4	23	3	7
怀宁县										
太湖县										
宿松县										
望江县	38	2	35	1		1		1		
岳西县										
安徽安庆经济开发区	2		2							
桐城市	66	5	52	3	6	21	2	15		4
潜山市	16	1	11	3	1	13		11	1	1
黄山市	**208**	**44**	**126**	**19**	**19**	**57**	**8**	**22**	**12**	**15**
屯溪区	178	41	111	10	16	40	7	12	6	15
黄山区	10	3	1	4	2	5	1	4		
徽州区	18		13	4	1	11		6	5	
歙县	1		1							
休宁县	1			1		1			1	
黟县										
祁门县										
滁州市	**121**	**19**	**75**	**4**	**23**	**174**	**14**	**115**	**18**	**27**
琅琊区	35	2	20	3	10	36	4	22	5	5
南谯区	41	6	31		4	60	1	46	5	8
来安县										
全椒县										
定远县										
凤阳县										
苏滁现代产业园										
滁州经济技术开发区										
天长市	17		11		6	53	4	34	7	8
明光市	28	11	13	1	3	25	5	13	1	6

7－1a 续表 26 单位：人

现住地	省外									
	江西					山东				
	小计	乡	镇的村委会	镇的居委会	街道	小计	乡	镇的村委会	镇的居委会	街道
阜阳市	**83**	**17**	**33**	**6**	**27**	**124**	**29**	**63**	**15**	**17**
颍州区	46	6	21	3	16	73	23	35	7	8
颍东区	12	3	1		8	24	2	15	3	4
颍泉区	19	7	7	3	2	21	4	10	3	4
临泉县										
太和县										
阜南县										
颍上县										
阜阳合肥现代产业园区										
阜阳经济技术开发区										
界首市	6	1	4		1	6		3	2	1
宿州市	**37**	**8**	**20**	**2**	**7**	**159**	**27**	**63**	**16**	**53**
埇桥区	37	8	20	2	7	159	27	63	16	53
砀山县										
萧县										
灵璧县										
泗县										
宿州马鞍山现代产业园区										
宿州经济技术开发区										
六安市	**76**	**29**	**33**	**7**	**7**	**77**	**7**	**38**	**3**	**29**
金安区	34	5	18	5	6	35	3	18	1	13
裕安区	33	21	9	2	1	32	2	19	1	10
叶集区	9	3	6			10	2	1	1	6
霍邱县										
舒城县										
金寨县										
霍山县										
亳州市	**30**	**8**	**13**	**8**	**1**	**89**	**17**	**62**	**3**	**7**
谯城区	30	8	13	8	1	85	17	58	3	7
涡阳县										
蒙城县										
利辛县						4		4		
池州市	**79**	**13**	**40**	**14**	**12**	**47**	**12**	**27**	**1**	**7**
贵池区	63	8	31	13	11	37	12	18	1	6
东至县										
石台县										
青阳县										
池州市国家经济技术开发区	5		5			5		4		1
皖江江南新兴产业集中区	11	5	4	1	1	5		5		
九华山风景区										
宣城市	**215**	**35**	**140**	**22**	**18**	**154**	**6**	**117**	**11**	**20**
宣州区	43	6	22	7	8	25	1	18		6
郎溪县										
泾县										
绩溪县										
旌德县										
宣城市经济开发区										
宁国市	58	9	44	2	3	53	1	41	4	7
广德市	114	20	74	13	7	76	4	58	7	7

7-1a 续表 27

单位：人

现住地	省外									
	河南					湖北				
	小计	乡	镇的村委会	镇的居委会	街道	小计	乡	镇的村委会	镇的居委会	街道
安徽	**10257**	**2500**	**6009**	**639**	**1109**	**3540**	**505**	**1786**	**416**	**833**
合肥市	**3016**	**772**	**1671**	**206**	**367**	**1456**	**217**	**734**	**168**	**337**
瑶海区	550	133	315	49	53	183	35	95	17	36
庐阳区	376	84	241	20	31	188	22	107	26	33
蜀山区	691	170	365	46	110	374	36	183	44	111
包河区	1137	299	610	72	156	603	106	291	68	138
长丰县										
肥东县										
肥西县	85	31	44	7	3	46	8	24	7	7
庐江县										
合肥高新技术产业开发区										
合肥经济技术开发区										
合肥新站高新技术产业开发区	50	18	22	6	4	14	4	5	2	3
巢湖市	127	37	74	6	10	48	6	29	4	9
芜湖市	**1157**	**319**	**589**	**85**	**164**	**387**	**46**	**168**	**47**	**126**
镜湖区	220	46	110	21	43	82	8	39	11	24
弋江区	285	75	133	15	62	104	7	34	9	54
鸠江区	409	122	215	38	34	152	24	75	23	30
三山区	180	62	91	6	21	38	6	12	4	16
芜湖县										
繁昌县										
南陵县										
芜湖经济技术开发区										
安徽芜湖长江大桥经济开发区										
无为市	63	14	40	5	4	11	1	8		2
蚌埠市	**349**	**84**	**196**	**28**	**41**	**66**	**9**	**30**	**8**	**19**
龙子湖区	97	19	52	10	16	11	2	2	1	6
蚌山区	74	14	43	4	13	19	6	11		2
禹会区	70	21	33	7	9	14	1	7	2	4
淮上区	108	30	68	7	3	22		10	5	7
怀远县										
五河县										
固镇县										
蚌埠市高新技术开发区										
蚌埠市经济开发区										
淮南市	**322**	**78**	**163**	**25**	**56**	**108**	**16**	**50**	**19**	**23**
大通区	4	3	1							
田家庵区	239	50	123	22	44	78	14	30	12	22
谢家集区	47	14	21	1	11	19		15	3	1
八公山区	14	5	7	1	1	4		4		
潘集区	18	6	11	1		7	2	1	4	
凤台县										
寿县										

7-1a 续表 28

单位：人

现住地	省外									
	河南					湖北				
	小计	乡	镇的村委会	镇的居委会	街道	小计	乡	镇的村委会	镇的居委会	街道
马鞍山市	**606**	**190**	**348**	**26**	**42**	**177**	**22**	**92**	**30**	**33**
花山区	229	74	131	10	14	73	7	40	10	16
雨山区	340	112	186	16	26	90	12	45	16	17
博望区	37	4	31		2	14	3	7	4	
当涂县										
含山县										
和县										
淮北市	**506**	**100**	**299**	**44**	**63**	**87**	**3**	**52**	**14**	**18**
杜集区	89	14	52	11	12	13		4	8	1
相山区	343	74	208	24	37	41	1	24	6	10
烈山区	68	10	36	9	13	3	2	1		
濉溪县	6	2	3		1	30		23		7
铜陵市	**136**	**23**	**87**	**7**	**19**	**97**	**16**	**45**	**9**	**27**
铜官区	103	22	62	3	16	71	9	37	5	20
义安区	21	1	15	4	1	16	7	3	2	4
郊区	12		10		2	10		5	2	3
枞阳县										
安庆市	**347**	**69**	**226**	**26**	**26**	**247**	**30**	**140**	**27**	**50**
迎江区	79	22	44	5	8	49	5	21	3	20
大观区	82	3	63	8	8	42	9	18	4	11
宜秀区	85	17	62	2	4	52	7	30	6	9
怀宁县										
太湖县										
宿松县										
望江县	22	4	16	2		26	2	18	6	
岳西县										
安徽安庆经济开发区						6	2	3	1	
桐城市	66	21	35	4	6	54	4	39	1	10
潜山市	13	2	6	5		18	1	11	6	
黄山市	**150**	**46**	**92**	**4**	**8**	**107**	**19**	**46**	**20**	**22**
屯溪区	108	34	65	4	5	71	13	29	11	18
黄山区	14	5	9			18	1	8	7	2
徽州区	28	7	18		3	14	5	8		1
歙县						2			2	
休宁县						2		1		1
黟县										
祁门县										
滁州市	**363**	**48**	**275**	**19**	**21**	**136**	**18**	**86**	**9**	**23**
琅琊区	108	9	81	10	8	32	3	19	1	9
南谯区	157	21	123	6	7	45	4	31	5	5
来安县										
全椒县										
定远县										
凤阳县										
苏滁现代产业园										
滁州经济技术开发区										
天长市	61	16	39	2	4	47	9	28	2	8
明光市	37	2	32	1	2	12	2	8	1	1

7-1a 续表 29

单位：人

现住地	省外									
	河南					湖北				
	小计	乡	镇的村委会	镇的居委会	街道	小计	乡	镇的村委会	镇的居委会	街道
阜阳市	**870**	**185**	**546**	**53**	**86**	**113**	**13**	**50**	**13**	**37**
颍州区	193	39	116	8	30	42	3	23	3	13
颍东区	115	32	64	12	7	37	3	16	9	9
颍泉区	138	30	69	18	21	13	4	7		2
临泉县										
太和县										
阜南县										
颍上县										
阜阳合肥现代产业园区										
阜阳经济技术开发区										
界首市	424	84	297	15	28	21	3	4	1	13
宿州市	**204**	**52**	**117**	**8**	**27**	**61**	**6**	**23**	**7**	**25**
埇桥区	204	52	117	8	27	57	6	20	7	24
砀山县										
萧县						4		3		1
灵璧县										
泗县										
宿州马鞍山现代产业园区										
宿州经济技术开发区										
六安市	**468**	**108**	**282**	**23**	**55**	**118**	**24**	**50**	**15**	**29**
金安区	123	15	74	4	30	56	7	25	6	18
裕安区	79	18	53	1	7	45	8	18	9	10
叶集区	265	75	154	18	18	17	9	7		1
霍邱县	1		1							
舒城县										
金寨县										
霍山县										
亳州市	**1058**	**233**	**685**	**51**	**89**	**88**	**23**	**40**	**1**	**24**
谯城区	1049	233	677	50	89	88	23	40	1	24
涡阳县										
蒙城县										
利辛县	9		8	1						
池州市	**187**	**31**	**121**	**21**	**14**	**109**	**12**	**66**	**19**	**12**
贵池区	133	13	90	18	12	90	5	57	17	11
东至县										
石台县										
青阳县										
池州市国家经济技术开发区	9	2	5		2	4	1	2	1	
皖江江南新兴产业集中区	45	16	26	3		15	6	7	1	1
九华山风景区										
宣城市	**518**	**162**	**312**	**13**	**31**	**183**	**31**	**114**	**10**	**28**
宣州区	79	15	50	3	11	28	4	15	1	8
郎溪县										
泾县										
绩溪县										
旌德县										
宣城市经济开发区										
宁国市	103	32	64	2	5	39	4	20	1	14
广德市	336	115	198	8	15	116	23	79	8	6

7−1a 续表 30

单位：人

现住地	省外									
	湖南					广东				
	小计	乡	镇的村委会	镇的居委会	街道	小计	乡	镇的村委会	镇的居委会	街道
安徽	**2187**	**349**	**1197**	**241**	**400**	**1398**	**112**	**373**	**218**	**695**
合肥市	**787**	**131**	**385**	**100**	**171**	**662**	**60**	**161**	**118**	**323**
瑶海区	127	35	53	20	19	103	17	30	22	34
庐阳区	104	14	55	20	15	66	7	17	5	37
蜀山区	174	21	86	23	44	185	6	38	40	101
包河区	303	45	150	25	83	248	21	63	38	126
长丰县										
肥东县										
肥西县	15	3	7	4	1	7	3	1		3
庐江县										
合肥高新技术产业开发区										
合肥经济技术开发区										
合肥新站高新技术产业开发区	21	6	11	4		23	3	9	9	2
巢湖市	43	7	23	4	9	30	3	3	4	20
芜湖市	**327**	**54**	**172**	**29**	**72**	**144**	**8**	**40**	**18**	**78**
镜湖区	93	13	52	9	19	59	1	13	4	41
弋江区	72	9	34	5	24	45	5	11	6	23
鸠江区	123	25	68	12	18	29	2	10	6	11
三山区	34	7	16		11	10		6	1	3
芜湖县										
繁昌县										
南陵县										
芜湖经济技术开发区										
安徽芜湖长江大桥经济开发区										
无为市	5		2	3		1			1	
蚌埠市	**59**	**12**	**31**	**9**	**7**	**39**	**7**	**10**	**4**	**18**
龙子湖区	12		10	2		3			1	2
蚌山区	13	4	6	1	2	16	3	3	1	9
禹会区	17	7	6		4	16	4	3	2	7
淮上区	17	1	9	6	1	4		4		
怀远县										
五河县										
固镇县										
蚌埠市高新技术开发区										
蚌埠市经济开发区										
淮南市	**58**	**9**	**32**	**4**	**13**	**50**	**6**	**7**	**7**	**30**
大通区	1		1			2				2
田家庵区	47	9	24	4	10	43	6	5	7	25
谢家集区	5		2		3	2		1		1
八公山区	1		1			3		1		2
潘集区	4		4							
凤台县										
寿县										

7-1a　续表 31　　　　单位：人

现住地	省外									
	湖南					广东				
	小计	乡	镇的村委会	镇的居委会	街道	小计	乡	镇的村委会	镇的居委会	街道
马鞍山市	**101**	**8**	**48**	**20**	**25**	**54**	**2**	**20**	**7**	**25**
花山区	56	4	23	12	17	24		9	2	13
雨山区	44	4	24	8	8	30	2	11	5	12
博望区	1		1							
当涂县										
含山县										
和县										
淮北市	**72**	**16**	**34**	**11**	**11**	**38**	**1**	**17**	**5**	**15**
杜集区	7	2	3	1	1	9		7		2
相山区	40	9	16	9	6	21	1	6	4	10
烈山区	21	5	12	1	3	8		4	1	3
濉溪县	4		3		1					
铜陵市	**51**	**8**	**31**	**3**	**9**	**34**	**3**	**10**	**5**	**16**
铜官区	43	8	26	3	6	27	3	7	5	12
义安区	5		5			3		2		1
郊区	3				3	4		1		3
枞阳县										
安庆市	**142**	**18**	**93**	**12**	**19**	**92**	**6**	**20**	**11**	**55**
迎江区	41	4	24	1	12	36	4	4	2	26
大观区	14	1	10	1	2	23		5	4	14
宜秀区	45	7	30	4	4	13	2	2	4	5
怀宁县										
太湖县										
宿松县										
望江县	4		4			1		1		
岳西县										
安徽安庆经济开发区										
桐城市	35	6	23	5	1	17		7	1	9
潜山市	3		2	1		2		1		1
黄山市	**49**	**13**	**33**	**1**	**2**	**43**	**4**	**6**	**12**	**21**
屯溪区	34	10	23		1	33	2	4	8	19
黄山区	4	1	2	1		3		1	2	
徽州区	10	2	8			7	2	1	2	2
歙县										
休宁县	1				1					
黟县										
祁门县										
滁州市	**87**	**6**	**63**	**5**	**13**	**42**		**9**	**7**	**26**
琅琊区	19		14	3	2	24		4	6	14
南谯区	36	5	22	1	8	9		3		6
来安县										
全椒县										
定远县										
凤阳县										
苏滁现代产业园										
滁州经济技术开发区										
天长市	22	1	19	1	1	5		1	1	3
明光市	10		8		2	4		1		3

7－1a 续表 32　　　　单位：人

现住地	省外									
	湖南					广东				
	小计	乡	镇的村委会	镇的居委会	街道	小计	乡	镇的村委会	镇的居委会	街道
阜阳市	**52**	**6**	**32**	**5**	**9**	**29**	**4**	**8**	**2**	**15**
颍州区	27	3	14	4	6	16	2	3	1	10
颍东区	8	1	6		1	3	1	2		
颍泉区	11		9	1	1	8	1	3	1	3
临泉县										
太和县										
阜南县										
颍上县										
阜阳合肥现代产业园区										
阜阳经济技术开发区										
界首市	6	2	3		1	2				2
宿州市	**31**	**1**	**17**	**4**	**9**	**29**	**1**	**11**	**2**	**15**
埇桥区	31	1	17	4	9	29	1	11	2	15
砀山县										
萧县										
灵璧县										
泗县										
宿州马鞍山现代产业园区										
宿州经济技术开发区										
六安市	**49**	**10**	**24**	**4**	**11**	**40**	**2**	**13**	**2**	**23**
金安区	19	6	6	4	3	21		9	1	11
裕安区	18	2	13		3	16	1	4	1	10
叶集区	12	2	5		5	3	1			2
霍邱县										
舒城县										
金寨县										
霍山县										
亳州市	**58**	**11**	**33**	**6**	**8**	**39**	**5**	**20**	**3**	**11**
谯城区	58	11	33	6	8	39	5	20	3	11
涡阳县										
蒙城县										
利辛县										
池州市	**79**	**8**	**45**	**15**	**11**	**29**	**1**	**11**	**7**	**10**
贵池区	58	4	31	14	9	23	1	6	7	9
东至县										
石台县										
青阳县										
池州市国家经济技术开发区	5	2	2		1					
皖江江南新兴产业集中区	16	2	12	1	1	6		5		1
九华山风景区										
宣城市	**185**	**38**	**124**	**13**	**10**	**34**	**2**	**10**	**8**	**14**
宣州区	27	4	16	2	5	5		3		2
郎溪县										
泾县										
绩溪县										
旌德县										
宣城市经济开发区										
宁国市	41	12	24	2	3	13	1	2	4	6
广德市	117	22	84	9	2	16	1	5	4	6

7-1a 续表 33

单位：人

现住地	省外									
	广西					海南				
	小计	乡	镇的村委会	镇的居委会	街道	小计	乡	镇的村委会	镇的居委会	街道
安徽	**568**	**107**	**297**	**57**	**107**	**188**	**17**	**55**	**26**	**90**
合肥市	**205**	**36**	**98**	**23**	**48**	**78**	**5**	**18**	**13**	**42**
瑶海区	37	2	28	5	2	9	1	3	1	4
庐阳区	23	2	9	8	4	8		3	2	3
蜀山区	62	10	22	3	27	25	2	7	5	11
包河区	64	16	29	6	13	30	2	3	4	21
长丰县										
肥东县										
肥西县	10	3	7			1				1
庐江县										
合肥高新技术产业开发区										
合肥经济技术开发区										
合肥新站高新技术产业开发区	1	1								
巢湖市	8	2	3	1	2	5		2	1	2
芜湖市	**78**	**16**	**36**	**11**	**15**	**15**	**1**	**3**	**6**	**5**
镜湖区	16	1	11	1	3	3				3
弋江区	29	5	14	5	5	7	1	2	2	2
鸠江区	18	4	6	5	3	4		1	3	
三山区	10	4	3		3					
芜湖县										
繁昌县										
南陵县										
芜湖经济技术开发区										
安徽芜湖长江大桥经济开发区										
无为市	5	2	2		1	1			1	
蚌埠市	**13**	**5**	**7**	**1**		**4**				**4**
龙子湖区	5	3	2			4				4
蚌山区	2	1	1							
禹会区	5	1	3	1						
淮上区	1		1							
怀远县										
五河县										
固镇县										
蚌埠市高新技术开发区										
蚌埠市经济开发区										
淮南市	**15**	**2**	**8**	**5**		**15**		**10**	**1**	**4**
大通区										
田家庵区	14	2	8	4		11		6	1	4
谢家集区										
八公山区	1			1						
潘集区						4		4		
凤台县										
寿县										

7－1a 续表 34

单位：人

现住地	省外									
	广西					海南				
	小计	乡	镇的村委会	镇的居委会	街道	小计	乡	镇的村委会	镇的居委会	街道
马鞍山市	**29**	**5**	**13**	**5**	**6**	**12**	**2**	**1**	**1**	**8**
花山区	7		2	1	4	12	2	1	1	8
雨山区	21	5	11	3	2					
博望区	1			1						
当涂县										
含山县										
和县										
淮北市	**25**	**6**	**11**	**3**	**5**	**13**	**4**	**8**		**1**
杜集区	2		2							
相山区	17	5	5	2	5	7	4	3		
烈山区	6	1	4	1		5		4		1
濉溪县						1		1		
铜陵市	**21**	**3**	**12**		**6**	**12**	**2**	**2**	**2**	**6**
铜官区	19	3	10		6	12	2	2	2	6
义安区	1		1							
郊区	1		1							
枞阳县										
安庆市	**45**	**10**	**22**	**2**	**11**	**9**	**1**		**1**	**7**
迎江区	8	1	3	1	3	2			1	1
大观区	6	4			2	2				2
宜秀区	19	4	12		3	5	1			4
怀宁县										
太湖县										
宿松县										
望江县	2		1	1						
岳西县										
安徽安庆经济开发区										
桐城市	10	1	6		3					
潜山市										
黄山市	**25**	**5**	**18**	**2**		**2**	**1**		**1**	
屯溪区	19	5	12	2		2	1		1	
黄山区	3		3							
徽州区	3		3							
歙县										
休宁县										
黟县										
祁门县										
滁州市	**31**	**1**	**24**	**3**	**3**	**6**		**6**		
琅琊区	10	1	9							
南谯区	10		8	1	1	1		1		
来安县										
全椒县										
定远县										
凤阳县										
苏滁现代产业园										
滁州经济技术开发区										
天长市	6		3	2	1	1		1		
明光市	5		4		1	4		4		

7-1a　续表 35　　　　单位：人

现住地	省外									
	广西					海南				
	小计	乡	镇的村委会	镇的居委会	街道	小计	乡	镇的村委会	镇的居委会	街道
阜阳市	**14**	**4**	**6**		**4**	**6**		**1**		**5**
颍州区	5	2	2		1	2				2
颍东区	3		3							
颍泉区	3	2	1			4		1		3
临泉县										
太和县										
阜南县										
颍上县										
阜阳合肥现代产业园区										
阜阳经济技术开发区										
界首市	3				3					
宿州市	**6**		**4**	**1**	**1**	**2**				**2**
埇桥区	6		4	1	1	2				2
砀山县										
萧县										
灵璧县										
泗县										
宿州马鞍山现代产业园区										
宿州经济技术开发区										
六安市	**11**	**4**	**5**		**2**	**4**	**1**	**1**		**2**
金安区	6	3	1		2	1		1		
裕安区	5	1	4			3	1			2
叶集区										
霍邱县										
舒城县										
金寨县										
霍山县										
亳州市	**7**		**5**		**2**	**5**		**2**	**1**	**2**
谯城区	7		5		2	5		2	1	2
涡阳县										
蒙城县										
利辛县										
池州市	**11**	**2**	**5**		**4**	**2**		**1**		**1**
贵池区	10	1	5		4	2		1		1
东至县										
石台县										
青阳县										
池州市国家经济技术开发区										
皖江江南新兴产业集中区	1	1								
九华山风景区										
宣城市	**32**	**8**	**23**	**1**		**3**		**2**		**1**
宣州区	6	1	5			2		2		
郎溪县										
泾县										
绩溪县										
旌德县										
宣城市经济开发区										
宁国市	14	4	9	1		1				1
广德市	12	3	9							

7－1a　续表 36　　　　单位：人

现住地	省外									
	重庆					四川				
	小计	乡	镇的村委会	镇的居委会	街道	小计	乡	镇的村委会	镇的居委会	街道
安　徽	**1145**	**216**	**515**	**148**	**266**	**2666**	**508**	**1425**	**276**	**457**
合肥市	**344**	**47**	**158**	**47**	**92**	**852**	**107**	**422**	**140**	**183**
瑶海区	32	2	20	4	6	159	19	79	37	24
庐阳区	61	4	34	11	12	108	22	48	18	20
蜀山区	88	19	25	15	29	195	27	89	34	45
包河区	138	21	63	11	43	312	30	162	39	81
长丰县										
肥东县										
肥西县	2			1	1	21	1	12	5	3
庐江县										
合肥高新技术产业开发区										
合肥经济技术开发区										
合肥新站高新技术产业开发区	4			4		14	1	7	3	3
巢湖市	19	1	16	1	1	43	7	25	4	7
芜湖市	**149**	**23**	**61**	**27**	**38**	**308**	**88**	**137**	**16**	**67**
镜湖区	36	7	12	6	11	49	9	26	3	11
弋江区	36	3	18	7	8	99	22	33	3	41
鸠江区	57	6	22	13	16	93	33	44	7	9
三山区	10	1	6	1	2	46	18	24	1	3
芜湖县										
繁昌县										
南陵县										
芜湖经济技术开发区										
安徽芜湖长江大桥经济开发区										
无为市	10	6	3		1	21	6	10	2	3
蚌埠市	**37**	**9**	**11**	**5**	**12**	**68**	**22**	**33**	**2**	**11**
龙子湖区	1				1	11	3	4		4
蚌山区	17	8	4	4	1	23	12	11		
禹会区	7		2		5	14	4	5	2	3
淮上区	12	1	5	1	5	20	3	13		4
怀远县										
五河县										
固镇县										
蚌埠市高新技术开发区										
蚌埠市经济开发区										
淮南市	**63**	**15**	**23**	**11**	**14**	**88**	**17**	**44**	**8**	**19**
大通区	1			1		2	1	1		
田家庵区	54	15	16	10	13	75	15	35	8	17
谢家集区	6		6			6	1	3		2
八公山区	2		1		1	4		4		
潘集区						1		1		
凤台县										
寿县										

7-1a 续表 37

单位：人

现住地	省外									
	重庆					四川				
	小计	乡	镇的村委会	镇的居委会	街道	小计	乡	镇的村委会	镇的居委会	街道
马鞍山市	**57**	**8**	**29**	**5**	**15**	**173**	**24**	**104**	**19**	**26**
花山区	25	5	10	1	9	60	13	35	3	9
雨山区	27	3	15	3	6	101	11	58	15	17
博望区	5		4	1		12		11	1	
当涂县										
含山县										
和县										
淮北市	**22**	**3**	**10**	**3**	**6**	**59**	**5**	**42**	**4**	**8**
杜集区	1				1	2		1		1
相山区	10	2	3	2	3	25	1	18	3	3
烈山区	9	1	5	1	2	15	2	9		4
濉溪县	2		2			17	2	14	1	
铜陵市	**15**	**2**	**9**	**1**	**3**	**60**	**5**	**26**	**1**	**28**
铜官区	10	2	5	1	2	39	5	17	1	16
义安区	3		2		1	7		5		2
郊区	2		2			14		4		10
枞阳县										
安庆市	**54**	**8**	**26**	**11**	**9**	**135**	**28**	**77**	**8**	**22**
迎江区	6	1	2	1	2	24	5	11	2	6
大观区	10		4	4	2	24	7	10	1	6
宜秀区	9	1	4	1	3	37	4	27	1	5
怀宁县										
太湖县										
宿松县										
望江县	6	1	3	1	1	7	1	5		1
岳西县										
安徽安庆经济开发区						1			1	
桐城市	10	5	4	1		35	8	21	2	4
潜山市	13		9	3	1	7	3	3	1	
黄山市	**41**	**13**	**13**	**6**	**9**	**69**	**23**	**35**	**8**	**3**
屯溪区	21	9	3	3	6	50	17	24	7	2
黄山区	8		3	3	2	13	6	5	1	1
徽州区	12	4	7		1	6		6		
歙县										
休宁县										
黟县										
祁门县										
滁州市	**78**	**6**	**47**	**7**	**18**	**163**	**14**	**123**	**13**	**13**
琅琊区	11	1	4	3	3	35	2	31		2
南谯区	39	3	22	3	11	83	8	56	12	7
来安县										
全椒县										
定远县										
凤阳县										
苏滁现代产业园										
滁州经济技术开发区										
天长市	19	1	13	1	4	26	2	23		1
明光市	9	1	8			19	2	13	1	3

7-1a 续表 38

单位：人

现住地	省外									
	重庆					四川				
	小计	乡	镇的村委会	镇的居委会	街道	小计	乡	镇的村委会	镇的居委会	街道
阜阳市	**60**	**12**	**25**	**3**	**20**	**79**	**15**	**32**	**12**	**20**
颍州区	33	2	15	1	15	37	5	17	4	11
颍东区	20	10	6	1	3	20	8	9	2	1
颍泉区	1		1			17	2	5	5	5
临泉县										
太和县										
阜南县										
颍上县										
阜阳合肥现代产业园区										
阜阳经济技术开发区										
界首市	6		3	1	2	5		1	1	3
宿州市	**38**	**26**	**8**	**1**	**3**	**66**	**26**	**24**	**3**	**13**
埇桥区	38	26	8	1	3	66	26	24	3	13
砀山县										
萧县										
灵璧县										
泗县										
宿州马鞍山现代产业园区										
宿州经济技术开发区										
六安市	**48**	**3**	**25**	**9**	**11**	**73**	**17**	**42**	**7**	**7**
金安区	29	2	17	3	7	41	6	27	4	4
裕安区	14		7	4	3	23	9	10	1	3
叶集区	5	1	1	2	1	9	2	5	2	
霍邱县										
舒城县										
金寨县										
霍山县										
亳州市	**23**	**8**	**7**	**3**	**5**	**79**	**20**	**36**	**10**	**13**
谯城区	23	8	7	3	5	70	11	36	10	13
涡阳县										
蒙城县										
利辛县						9	9			
池州市	**20**	**1**	**9**	**8**	**2**	**90**	**20**	**50**	**13**	**7**
贵池区	13	1	5	5	2	53	3	35	9	6
东至县										
石台县										
青阳县										
池州市国家经济技术开发区	1		1							
皖江江南新兴产业集中区	6		3	3		37	17	15	4	1
九华山风景区										
宣城市	**96**	**32**	**54**	**1**	**9**	**304**	**77**	**198**	**12**	**17**
宣州区	13	4	5	1	3	32	13	12	4	3
郎溪县										
泾县										
绩溪县										
旌德县										
宣城市经济开发区										
宁国市	18	6	8		4	129	25	88	5	11
广德市	65	22	41		2	143	39	98	3	3

7-1a　续表 39　　　　　　　　　　　　　　　　　　　　　　　　单位：人

现住地	省外									
	贵州					云南				
	小计	乡	镇的村委会	镇的居委会	街道	小计	乡	镇的村委会	镇的居委会	街道
安　徽	**1507**	**365**	**870**	**95**	**177**	**1089**	**280**	**608**	**66**	**135**
合肥市	**364**	**57**	**196**	**38**	**73**	**307**	**88**	**137**	**18**	**64**
瑶海区	38	6	21	4	7	63	24	31	3	5
庐阳区	51	4	34	4	9	34	13	17	1	3
蜀山区	85	10	46	9	20	71	11	28	7	25
包河区	148	32	70	15	31	89	24	42	4	19
长丰县										
肥东县										
肥西县	6	1	4	1		19	11	5	2	1
庐江县										
合肥高新技术产业开发区										
合肥经济技术开发区										
合肥新站高新技术产业开发区	6		2	4		7	1	4		2
巢湖市	30	4	19	1	6	24	4	10	1	9
芜湖市	**193**	**57**	**108**	**5**	**23**	**186**	**49**	**107**	**8**	**22**
镜湖区	54	7	41	1	5	26	4	14	1	7
弋江区	32	9	11	1	11	37	16	13	2	6
鸠江区	78	34	37	2	5	63	15	43	3	2
三山区	20	3	15		2	42	12	23		7
芜湖县						2	1	1		
繁昌县										
南陵县										
芜湖经济技术开发区										
安徽芜湖长江大桥经济开发区										
无为市	9	4	4	1		16	1	13	2	
蚌埠市	**29**	**9**	**11**	**3**	**6**	**18**	**10**	**4**	**2**	**2**
龙子湖区	3	2			1	6	3	2		1
蚌山区	6		3	1	2	3	3			
禹会区	15	4	7	2	2	5	3		2	
淮上区	5	3	1		1	4	1	2		1
怀远县										
五河县										
固镇县										
蚌埠市高新技术开发区										
蚌埠市经济开发区										
淮南市	**68**	**9**	**37**	**8**	**14**	**29**	**5**	**20**	**1**	**3**
大通区										
田家庵区	48	9	18	7	14	18	2	12	1	3
谢家集区	8		7	1		5	2	3		
八公山区	10		10			5		5		
潘集区	2		2			1	1			
凤台县										
寿县										

7－1a 续表 40　　单位：人

现住地	省外									
	贵州					云南				
	小计	乡	镇的村委会	镇的居委会	街道	小计	乡	镇的村委会	镇的居委会	街道
马鞍山市	**79**	**9**	**53**	**5**	**12**	**65**	**16**	**41**	**5**	**3**
花山区	23	1	17	2	3	31	8	21	1	1
雨山区	53	8	33	3	9	23	8	12	2	1
博望区	3		3			11		8	2	1
当涂县										
含山县										
和县										
淮北市	**19**	**3**	**13**		**3**	**19**	**5**	**12**	**1**	**1**
杜集区	2	1	1			1		1		
相山区	6	2	3		1	6	2	3	1	
烈山区	7		5		2	8	2	5		1
濉溪县	4		4			4	1	3		
铜陵市	**28**	**8**	**16**		**4**	**21**	**8**	**4**	**1**	**8**
铜官区	21	7	10		4	21	8	4	1	8
义安区	1	1								
郊区	6		6							
枞阳县										
安庆市	**109**	**22**	**67**	**14**	**6**	**69**	**10**	**49**	**3**	**7**
迎江区	18	7	9		2	9	4	4		1
大观区	13	1	8	3	1	1		1		
宜秀区	32	6	18	5	3	29	4	19	2	4
怀宁县										
太湖县										
宿松县										
望江县	4		3	1		6		5	1	
岳西县										
安徽安庆经济开发区										
桐城市	32	3	25	4		20	2	16		2
潜山市	10	5	4	1		4		4		
黄山市	**47**	**9**	**32**	**2**	**4**	**18**	**6**	**10**	**2**	
屯溪区	24	5	14	1	4	11	4	5	2	
黄山区	12	1	10	1		4	1	3		
徽州区	11	3	8			3	1	2		
歙县										
休宁县										
黟县										
祁门县										
滁州市	**94**	**31**	**59**	**2**	**2**	**62**	**13**	**40**	**6**	**3**
琅琊区	22	7	14	1		15	2	13		
南谯区	37	14	20	1	2	16	5	6	4	1
来安县										
全椒县										
定远县										
凤阳县										
苏滁现代产业园										
滁州经济技术开发区										
天长市	21	6	15			22	5	16	1	
明光市	14	4	10			9	1	5	1	2

7-1a 续表 41

单位：人

现住地	省外									
	贵州					云南				
	小计	乡	镇的村委会	镇的居委会	街道	小计	乡	镇的村委会	镇的居委会	街道
阜阳市	**52**	**19**	**22**	**4**	**7**	**22**	**1**	**19**		**2**
颍州区	22	6	11		5	6	1	5		
颍东区	10	3	5	2		7		7		
颍泉区	4		2	2		7		7		
临泉县										
太和县										
阜南县										
颍上县										
阜阳合肥现代产业园区										
阜阳经济技术开发区										
界首市	16	10	4		2	2				2
宿州市	**20**	**2**	**11**		**7**	**5**	**3**	**1**		**1**
埇桥区	20	2	11		7	5	3	1		1
砀山县										
萧县										
灵璧县										
泗县										
宿州马鞍山现代产业园区										
宿州经济技术开发区										
六安市	**24**	**7**	**13**	**1**	**3**	**32**	**10**	**14**	**4**	**4**
金安区	13	3	8	1	1	20	8	7	3	2
裕安区	8	2	4		2	10	2	7		1
叶集区	3	2	1			2			1	1
霍邱县										
舒城县										
金寨县										
霍山县										
亳州市	**15**	**7**	**8**			**13**	**2**	**8**	**2**	**1**
谯城区	15	7	8			13	2	8	2	1
涡阳县										
蒙城县										
利辛县										
池州市	**69**	**21**	**42**	**5**	**1**	**27**	**6**	**11**	**3**	**7**
贵池区	28	1	25	1	1	15	2	5	1	7
东至县										
石台县										
青阳县										
池州市国家经济技术开发区	9	6	2	1		6	2	4		
皖江江南新兴产业集中区	32	14	15	3		6	2	2	2	
九华山风景区										
宣城市	**297**	**95**	**182**	**8**	**12**	**196**	**48**	**131**	**10**	**7**
宣州区	30	9	16	1	4	9	4	4		1
郎溪县										
泾县										
绩溪县										
旌德县										
宣城市经济开发区										
宁国市	45	9	32	1	3	60	17	38	2	3
广德市	222	77	134	6	5	127	27	89	8	3

7－1a 续表 42

单位：人

现住地	省外									
	西藏					陕西				
	小计	乡	镇的村委会	镇的居委会	街道	小计	乡	镇的村委会	镇的居委会	街道
安　徽	**126**	**52**	**24**	**13**	**37**	**1395**	**228**	**678**	**128**	**361**
合肥市	**48**	**15**	**11**	**2**	**20**	**505**	**82**	**223**	**43**	**157**
瑶海区	1		1			56	9	29	7	11
庐阳区	4				4	63	10	29	8	16
蜀山区	27	12	7	2	6	144	16	55	15	58
包河区	16	3	3		10	191	37	80	10	64
长丰县										
肥东县										
肥西县						20	7	10	1	2
庐江县										
合肥高新技术产业开发区										
合肥经济技术开发区										
合肥新站高新技术产业开发区						12	2	8	2	
巢湖市						19	1	12		6
芜湖市	**13**	**6**	**3**		**4**	**230**	**35**	**100**	**28**	**67**
镜湖区	12	6	3		3	36	1	18	4	13
弋江区						80	14	31	8	27
鸠江区	1				1	100	20	41	14	25
三山区						7		6		1
芜湖县										
繁昌县										
南陵县										
芜湖经济技术开发区										
安徽芜湖长江大桥经济开发区										
无为市						7		4	2	1
蚌埠市						**33**	**6**	**18**	**5**	**4**
龙子湖区						5	3	2		
蚌山区						2	1		1	
禹会区						18	1	11	2	4
淮上区						8	1	5	2	
怀远县										
五河县										
固镇县										
蚌埠市高新技术开发区										
蚌埠市经济开发区										
淮南市	**4**			**4**		**38**	**8**	**12**	**4**	**14**
大通区						4	2			2
田家庵区	4			4		29	6	9	4	10
谢家集区						3		2		1
八公山区										
潘集区						2		1		1
凤台县										
寿县										

7-1a　续表 43　　　　单位：人

现住地	省外									
	西藏					陕西				
	小计	乡	镇的村委会	镇的居委会	街道	小计	乡	镇的村委会	镇的居委会	街道
马鞍山市						**103**	**28**	**39**	**18**	**18**
花山区						45	7	17	9	12
雨山区						55	21	19	9	6
博望区						3		3		
当涂县										
含山县										
和县										
淮北市	**2**				**2**	**40**	**1**	**26**	**4**	**9**
杜集区						8		5		3
相山区	2				2	15	1	4	4	6
烈山区						4		4		
濉溪县						13		13		
铜陵市	**13**	**12**		**1**		**27**	**3**	**15**		**9**
铜官区	13	12		1		19	2	12		5
义安区						6		2		4
郊区						2	1	1		
枞阳县										
安庆市	**4**		**3**		**1**	**85**	**13**	**54**	**5**	**13**
迎江区	3		3			17	5	4	3	5
大观区						11	3	6		2
宜秀区						20		16		4
怀宁县										
太湖县										
宿松县										
望江县						3		1	2	
岳西县										
安徽安庆经济开发区										
桐城市	1				1	28	1	25		2
潜山市						6	4	2		
黄山市	**1**				**1**	**33**	**5**	**17**	**3**	**8**
屯溪区	1				1	22	3	11	3	5
黄山区						9	2	4		3
徽州区						2		2		
歙县										
休宁县										
黟县										
祁门县										
滁州市						**54**	**9**	**31**	**8**	**6**
琅琊区						27	3	12	7	5
南谯区						14	5	8		1
来安县										
全椒县										
定远县										
凤阳县										
苏滁现代产业园										
滁州经济技术开发区										
天长市						5	1	3	1	
明光市						8		8		

7－1a　续表 44　　　　　　　　　　　　　　　　　　　　单位：人

现住地	省外									
	西藏					陕西				
	小计	乡	镇的村委会	镇的居委会	街道	小计	乡	镇的村委会	镇的居委会	街道
阜阳市	**5**		**1**	**1**	**3**	**46**	**4**	**21**	**1**	**20**
颍州区	2				2	18	2	7	1	8
颍东区						13	1	7		5
颍泉区	3		1	1	1	4	1	3		
临泉县										
太和县										
阜南县										
颍上县										
阜阳合肥现代产业园区										
阜阳经济技术开发区										
界首市						11		4		7
宿州市						**37**	**7**	**21**		**9**
埇桥区						37	7	21		9
砀山县										
萧县										
灵璧县										
泗县										
宿州马鞍山现代产业园区										
宿州经济技术开发区										
六安市	**2**				**2**	**35**	**7**	**13**	**1**	**14**
金安区	2				2	16	5	6		5
裕安区						14	1	5	1	7
叶集区						5	1	2		2
霍邱县										
舒城县										
金寨县										
霍山县										
亳州市	**5**			**1**	**4**	**35**	**3**	**29**	**2**	**1**
谯城区	5			1	4	35	3	29	2	1
涡阳县										
蒙城县										
利辛县										
池州市						**17**	**2**	**12**	**1**	**2**
贵池区						13	2	8	1	2
东至县										
石台县										
青阳县										
池州市国家经济技术开发区										
皖江江南新兴产业集中区						4		4		
九华山风景区										
宣城市	**29**	**19**	**6**	**4**		**77**	**15**	**47**	**5**	**10**
宣州区	29	19	6	4		12	6	5		1
郎溪县										
泾县										
绩溪县										
旌德县										
宣城市经济开发区										
宁国市						24	2	16	4	2
广德市						41	7	26	1	7

7-1a　续表 45　　　　单位：人

现住地	省外									
	甘肃					青海				
	小计	乡	镇的村委会	镇的居委会	街道	小计	乡	镇的村委会	镇的居委会	街道
安　徽	**901**	**203**	**459**	**66**	**173**	**214**	**12**	**78**	**37**	**87**
合肥市	**300**	**56**	**147**	**28**	**69**	**71**	**3**	**21**	**14**	**33**
瑶海区	27	7	11	1	8	10		1	2	7
庐阳区	34	6	20	2	6	6			2	4
蜀山区	88	11	48	11	18	21	3	4	9	5
包河区	115	22	54	10	29	33		16	1	16
长丰县										
肥东县										
肥西县	10	5	2	1	2					
庐江县										
合肥高新技术产业开发区										
合肥经济技术开发区										
合肥新站高新技术产业开发区	4		3	1						
巢湖市	22	5	9	2	6	1				1
芜湖市	**120**	**21**	**55**	**16**	**28**	**17**	**1**	**6**	**5**	**5**
镜湖区	14	3	4	2	5	1	1			
弋江区	36	7	13	3	13	7		3		4
鸠江区	53	9	26	9	9	7		3	3	1
三山区	14	2	11		1					
芜湖县										
繁昌县										
南陵县										
芜湖经济技术开发区										
安徽芜湖长江大桥经济开发区										
无为市	3		1	2		2			2	
蚌埠市	**15**	**5**	**6**		**4**	**11**	**1**	**4**	**1**	**5**
龙子湖区	1		1			4		1	1	2
蚌山区	4	1	1		2	2	1			1
禹会区	4		2		2	3		1		2
淮上区	6	4	2			2		2		
怀远县										
五河县										
固镇县										
蚌埠市高新技术开发区										
蚌埠市经济开发区										
淮南市	**42**	**17**	**15**	**3**	**7**	**7**	**2**		**3**	**2**
大通区	2		1		1					
田家庵区	28	10	11	1	6	6	2		2	2
谢家集区	1		1							
八公山区	7	3	2	2		1			1	
潘集区	4	4								
凤台县										
寿县										

7-1a　续表 46　　　　单位：人

现住地	省外									
	甘肃					青海				
	小计	乡	镇的村委会	镇的居委会	街道	小计	乡	镇的村委会	镇的居委会	街道
马鞍山市	**47**	**14**	**19**	**4**	**10**	**5**	**1**	**2**		**2**
花山区	23	9	6	1	7	3	1	1		1
雨山区	22	4	12	3	3	2		1		1
博望区	2	1	1							
当涂县										
含山县										
和县										
淮北市	**29**	**4**	**19**		**6**	**12**	**1**	**4**		**7**
杜集区	3		3							
相山区	16	4	9		3	8		3		5
烈山区	9		7		2	4	1	1		2
濉溪县	1				1					
铜陵市	**26**	**8**	**10**		**8**	**5**				**5**
铜官区	24	8	8		8	5				5
义安区	2		2							
郊区										
枞阳县										
安庆市	**33**	**3**	**20**	**3**	**7**	**14**		**3**		**11**
迎江区	6		5		1	2		1		1
大观区	5		2		3	4				4
宜秀区	10	2	6		2	4		1		3
怀宁县										
太湖县										
宿松县										
望江县										
岳西县										
安徽安庆经济开发区										
桐城市	7		3	3	1	4		1		3
潜山市	5	1	4							
黄山市	**20**	**6**	**9**	**3**	**2**	**4**		**2**		**2**
屯溪区	16	6	7	1	2	2				2
黄山区	1		1							
徽州区	3		1	2		2		2		
歙县										
休宁县										
黟县										
祁门县										
滁州市	**36**	**2**	**30**	**1**	**3**	**6**		**4**		**2**
琅琊区	15	1	12		2	2		1		1
南谯区	9	1	7		1	3		3		
来安县										
全椒县										
定远县										
凤阳县										
苏滁现代产业园										
滁州经济技术开发区										
天长市	12		11	1						
明光市						1				1

7-1a 续表 47

单位：人

现住地	省外									
	甘肃					青海				
	小计	乡	镇的村委会	镇的居委会	街道	小计	乡	镇的村委会	镇的居委会	街道
阜阳市	**32**	**8**	**14**	**2**	**8**	**24**		**12**	**5**	**7**
颍州区	17	5	7		5	4		1		3
颍东区	5	1	2	2		2				2
颍泉区	5	2	3			14		9	5	
临泉县										
太和县										
阜南县										
颍上县										
阜阳合肥现代产业园区										
阜阳经济技术开发区										
界首市	5		2		3	4		2		2
宿州市	**37**	**13**	**18**	**1**	**5**	**5**			**4**	**1**
埇桥区	37	13	18	1	5	5			4	1
砀山县										
萧县										
灵璧县										
泗县										
宿州马鞍山现代产业园区										
宿州经济技术开发区										
六安市	**16**	**3**	**10**	**1**	**2**	**1**				**1**
金安区	9		6	1	2					
裕安区	6	3	3			1				1
叶集区	1		1							
霍邱县										
舒城县										
金寨县										
霍山县										
亳州市	**48**	**19**	**27**		**2**	**13**	**2**	**6**	**2**	**3**
谯城区	48	19	27		2	13	2	6	2	3
涡阳县										
蒙城县										
利辛县										
池州市	**35**	**7**	**18**	**4**	**6**	**10**		**7**	**3**	
贵池区	32	6	16	4	6	8		6	2	
东至县										
石台县										
青阳县										
池州市国家经济技术开发区										
皖江江南新兴产业集中区	3	1	2			2		1	1	
九华山风景区										
宣城市	**65**	**17**	**42**		**6**	**9**	**1**	**7**		**1**
宣州区	4	1	2		1	5	1	3		1
郎溪县										
泾县										
绩溪县										
旌德县										
宣城市经济开发区										
宁国市	15	2	11		2	2		2		
广德市	46	14	29		3	2		2		

7-1a 续表 48 单位：人

现住地	省外									
	宁夏					新疆				
	小计	乡	镇的村委会	镇的居委会	街道	小计	乡	镇的村委会	镇的居委会	街道
安徽	**144**	**28**	**45**	**12**	**59**	**407**	**97**	**119**	**49**	**142**
合肥市	**65**	**13**	**13**	**6**	**33**	**140**	**29**	**31**	**19**	**61**
瑶海区	1		1			14	3	5	2	4
庐阳区	4	3	1			11	1	1	2	7
蜀山区	22		5	4	13	58	13	11	10	24
包河区	31	8	6	1	16	46	10	8	4	24
长丰县										
肥东县										
肥西县	3	2		1		1			1	
庐江县										
合肥高新技术产业开发区										
合肥经济技术开发区										
合肥新站高新技术产业开发区						1		1		
巢湖市	4				4	9	2	5		2
芜湖市	**9**	**2**	**3**		**4**	**60**	**23**	**14**	**5**	**18**
镜湖区	1				1	17	8	4	1	4
弋江区	5	2			3	30	9	6	2	13
鸠江区	2		2			7	2	4	1	
三山区	1		1			4	2		1	1
芜湖县										
繁昌县										
南陵县										
芜湖经济技术开发区										
安徽芜湖长江大桥经济开发区										
无为市						2	2			
蚌埠市	**2**		**1**		**1**	**10**		**5**		**5**
龙子湖区						2		2		
蚌山区	1				1	5		3		2
禹会区	1		1			3				3
淮上区										
怀远县										
五河县										
固镇县										
蚌埠市高新技术开发区										
蚌埠市经济开发区										
淮南市	**14**	**2**	**5**	**1**	**6**	**38**	**7**	**15**	**8**	**8**
大通区										
田家庵区	13	2	5	1	5	38	7	15	8	8
谢家集区										
八公山区	1				1					
潘集区										
凤台县										
寿县										

7-1a　续表 49　　　　　　　　　　　　　　　　　　　　　　单位：人

现 住 地	省外									
	宁夏					新疆				
	小计	乡	镇的村委会	镇的居委会	街道	小计	乡	镇的村委会	镇的居委会	街道
马鞍山市	**3**		**2**		**1**	**22**	**6**	**7**		**9**
花山区						3	1			2
雨山区	3		2		1	13	2	7		4
博望区						6	3			3
当涂县										
含山县										
和县										
淮北市	**7**		**3**	**1**	**3**	**53**	**23**	**21**	**3**	**6**
杜集区	1				1	3		3		
相山区	1		1			23	3	13	1	6
烈山区	5		2	1	2	27	20	5	2	
濉溪县										
铜陵市	**4**	**3**			**1**	**6**	**1**			**5**
铜官区	1				1	6	1			5
义安区	3	3								
郊区										
枞阳县										
安庆市	**2**		**1**	**1**		**19**	**3**	**9**	**3**	**4**
迎江区	1			1		3	1			2
大观区						5	1	4		
宜秀区	1		1			8	1	3	3	1
怀宁县										
太湖县										
宿松县										
望江县										
岳西县										
安徽安庆经济开发区										
桐城市						2		1		1
潜山市						1		1		
黄山市						**5**		**2**	**2**	**1**
屯溪区						5		2	2	1
黄山区										
徽州区										
歙县										
休宁县										
黟县										
祁门县										
滁州市	**2**				**2**	**12**		**6**	**3**	**3**
琅琊区										
南谯区						6		3	2	1
来安县										
全椒县										
定远县										
凤阳县										
苏滁现代产业园										
滁州经济技术开发区										
天长市	2				2	4		1	1	2
明光市						2		2		

7-1a 续表 50 单位：人

现住地	省外									
	宁夏					新疆				
	小计	乡	镇的村委会	镇的居委会	街道	小计	乡	镇的村委会	镇的居委会	街道
阜阳市	**2**				**2**	**11**	**1**	**5**	**2**	**3**
颍州区	2				2	2			1	1
颍东区						3			1	2
颍泉区						5	1	4		
临泉县										
太和县										
阜南县										
颍上县										
阜阳合肥现代产业园区										
阜阳经济技术开发区										
界首市						1		1		
宿州市	**3**		**2**	**1**		**10**	**1**	**1**		**8**
埇桥区	3		2	1		10	1	1		8
砀山县										
萧县										
灵璧县										
泗县										
宿州马鞍山现代产业园区										
宿州经济技术开发区										
六安市	**5**	**2**	**1**		**2**	**5**		**2**	**1**	**2**
金安区	4	2	1		1	3		2	1	
裕安区	1				1	2				2
叶集区										
霍邱县										
舒城县										
金寨县										
霍山县										
亳州市	**24**	**6**	**13**	**1**	**4**	**10**	**3**			**7**
谯城区	24	6	13	1	4	10	3			7
涡阳县										
蒙城县										
利辛县										
池州市						**3**		**1**	**1**	**1**
贵池区						2			1	1
东至县										
石台县										
青阳县										
池州市国家经济技术开发区										
皖江江南新兴产业集中区						1		1		
九华山风景区										
宣城市	**2**		**1**	**1**		**3**			**2**	**1**
宣州区						1				1
郎溪县										
泾县										
绩溪县										
旌德县										
宣城市经济开发区										
宁国市	1		1							
广德市	1			1		2			2	

7-1b　全省按现住地、户口登记地类型分的户口登记地在外乡镇街道人口(镇)

单位：人

现住地	合计					省内				
	合计	乡	镇的村委会	镇的居委会	街道	小计	乡	镇的村委会	镇的居委会	街道
安　徽	**700623**	**110556**	**428053**	**89825**	**72189**	**647283**	**102926**	**397147**	**83495**	**63715**
合肥市	**212163**	**34259**	**126282**	**26842**	**24780**	**196116**	**31598**	**117175**	**25291**	**22052**
瑶海区	1544	119	1123	174	128	1471	117	1056	172	126
庐阳区	3472	556	1481	443	992	3252	496	1388	428	940
蜀山区	592	87	451	30	24	482	69	363	28	22
包河区										
长丰县	32308	7279	19790	3179	2060	30491	6928	18663	3051	1849
肥东县	39120	7216	23573	6316	2015	37059	6802	22312	6083	1862
肥西县	39393	6609	23859	5434	3491	37045	6208	22398	5230	3209
庐江县	15320	1310	11738	1736	536	14601	1218	11306	1622	455
合肥高新技术产业开发区	17485	1976	9562	1742	4205	15723	1745	8635	1565	3778
合肥经济技术开发区	35437	4575	19324	4502	7036	30911	3922	17049	4069	5871
合肥新站高新技术产业开发区	25532	4371	14158	3026	3977	23331	3947	12910	2818	3656
巢湖市	1960	161	1223	260	316	1750	146	1095	225	284
芜湖市	**39973**	**3560**	**27568**	**5068**	**3777**	**34454**	**2796**	**23988**	**4432**	**3238**
镜湖区	9		4	3	2	8		4	2	2
弋江区										
鸠江区	438	64	238	111	25	325	44	177	84	20
三山区	1494	166	833	181	314	1275	121	720	152	282
芜湖县	11242	1020	8112	1096	1014	9714	802	7104	947	861
繁昌县	5587	315	4090	875	307	5186	269	3854	793	270
南陵县	8521	500	6742	985	294	8021	480	6386	902	253
芜湖经济技术开发区	10713	1261	6360	1477	1615	8171	878	4670	1258	1365
安徽芜湖长江大桥经济开发区	103	40	20	3	40	78	24	17	1	36
无为市	1866	194	1169	337	166	1676	178	1056	293	149
蚌埠市	**43088**	**7495**	**20356**	**5694**	**9543**	**40417**	**7100**	**19187**	**5368**	**8762**
龙子湖区	326	69	173	3	81	302	60	159	3	80
蚌山区										
禹会区	53	5	46		2	44	5	37		2
淮上区	436	77	316	4	39	390	61	287	3	39
怀远县	8994	2468	4364	1778	384	8612	2374	4152	1730	356
五河县	7711	851	5678	1023	159	7368	822	5469	957	120
固镇县	5726	1668	2941	935	182	5473	1631	2809	881	152
蚌埠市高新技术开发区	4342	357	1914	667	1404	4156	340	1835	637	1344
蚌埠市经济开发区	15500	2000	4924	1284	7292	14072	1807	4439	1157	6669
淮南市	**22039**	**3570**	**11603**	**3708**	**3158**	**20964**	**3384**	**11037**	**3539**	**3004**
大通区	2574	237	1102	439	796	2409	224	1010	408	767
田家庵区	153	36	108	1	8	144	35	101	1	7
谢家集区	58	26	16	12	4	50	24	12	10	4
八公山区	3	1	1	1		1	1			
潘集区	1353	218	557	194	384	1173	182	467	178	346
凤台县	10019	1460	5449	1759	1351	9667	1409	5272	1686	1300
寿县	7879	1592	4370	1302	615	7520	1509	4175	1256	580

7-1b 续表 1

单位：人

现住地	合计					省内				
	合计	乡	镇的村委会	镇的居委会	街道	小计	乡	镇的村委会	镇的居委会	街道
马鞍山市	**18271**	**1492**	**12329**	**3153**	**1297**	**16066**	**1262**	**11086**	**2830**	**888**
花山区										
雨山区										
博望区	72	13	48	1	10	43	5	27	1	10
当涂县	8027	1085	4734	1503	705	7100	931	4222	1382	565
含山县	4333	177	3452	600	104	4041	169	3229	562	81
和县	5839	217	4095	1049	478	4882	157	3608	885	232
淮北市	**14106**	**1164**	**9696**	**2219**	**1027**	**13369**	**1070**	**9231**	**2090**	**978**
杜集区	569	60	354	136	19	481	46	295	123	17
相山区										
烈山区	504	32	196	90	186	471	31	182	82	176
濉溪县	13033	1072	9146	1993	822	12417	993	8754	1885	785
铜陵市	**6332**	**600**	**4032**	**1411**	**289**	**5985**	**521**	**3856**	**1360**	**248**
铜官区										
义安区	312	89	148	40	35	228	57	110	35	26
郊区	338	50	189	43	56	321	47	179	40	55
枞阳县	5682	461	3695	1328	198	5436	417	3567	1285	167
安庆市	**39675**	**10428**	**22017**	**4041**	**3189**	**37501**	**10041**	**20710**	**3799**	**2951**
迎江区										
大观区	133	7	97	28	1	113	4	86	22	1
宜秀区	242	44	122	44	32	209	43	97	40	29
怀宁县	8743	968	6459	1030	286	8304	938	6132	983	251
太湖县	5939	1791	3507	526	115	5669	1761	3352	476	80
宿松县	8983	4612	3292	832	247	8559	4462	3093	796	208
望江县	1160	201	788	128	43	1011	168	704	101	38
岳西县	3779	1080	2313	336	50	3644	1060	2224	324	36
安徽安庆经济开发区	7881	1396	3270	934	2281	7393	1307	3018	886	2182
桐城市	1494	123	1233	53	85	1395	110	1155	48	82
潜山市	1321	206	936	130	49	1204	188	849	123	44
黄山市	**17095**	**4074**	**10535**	**1581**	**905**	**15385**	**3804**	**9493**	**1441**	**647**
屯溪区	1391	277	682	163	269	1246	252	619	149	226
黄山区	865	111	537	82	135	598	75	359	80	84
徽州区	123	7	96	13	7	104	5	80	13	6
歙县	7413	1635	4947	588	243	6827	1551	4576	542	158
休宁县	3600	830	2384	258	128	3348	800	2215	236	97
黟县	948	113	583	207	45	815	109	492	183	31
祁门县	2755	1101	1306	270	78	2447	1012	1152	238	45
滁州市	**54905**	**6446**	**35274**	**7759**	**5426**	**47854**	**5645**	**31232**	**6880**	**4097**
琅琊区										
南谯区	3086	357	1540	368	821	2630	312	1408	291	619
来安县	8344	1328	5207	1097	712	6281	1122	4089	844	226
全椒县	11466	1652	7756	1640	418	10659	1578	7328	1487	266
定远县	9243	1324	5743	1727	449	8933	1288	5608	1661	376
凤阳县	8334	293	6114	1596	331	7805	262	5784	1489	270
苏滁现代产业园	1646	221	1200	103	122	915	108	687	63	57
滁州经济技术开发区	8965	1061	4834	884	2186	7623	814	4037	797	1975
天长市	3123	186	2340	331	266	2416	141	1840	240	195
明光市	698	24	540	13	121	592	20	451	8	113

7-1b　续表 2　　　　单位：人

现住地	合计					省内				
	合计	乡	镇的村委会	镇的居委会	街道	小计	乡	镇的村委会	镇的居委会	街道
阜阳市	**58618**	**9208**	**35760**	**7890**	**5760**	**56392**	**8919**	**34519**	**7470**	**5484**
颍州区	924	135	531	112	146	867	117	497	108	145
颍东区	613	55	285	173	100	564	50	262	154	98
颍泉区	322	20	260	26	16	286	11	236	23	16
临泉县	15722	1702	9075	2006	2939	15163	1626	8756	1934	2847
太和县	13433	1458	10369	1383	223	12991	1418	10088	1307	178
阜南县	11025	3107	6329	1452	137	10701	3056	6159	1372	114
颍上县	10212	1785	5866	1762	799	9790	1740	5662	1648	740
阜阳合肥现代产业园区	68	2	51	12	3	66	1	50	12	3
阜阳经济技术开发区	5629	868	2645	852	1264	5447	840	2545	832	1230
界首市	670	76	349	112	133	517	60	264	80	113
宿州市	**43793**	**8190**	**27905**	**5691**	**2007**	**41194**	**7841**	**26447**	**5225**	**1681**
埇桥区	2247	281	1171	584	211	2003	239	1042	546	176
砀山县	5228	584	3438	1063	143	4730	505	3162	963	100
萧县	10325	1525	7331	1233	236	9666	1433	6959	1093	181
灵璧县	11819	2795	7493	1303	228	11386	2760	7223	1235	168
泗县	9781	1701	6573	1329	178	9300	1650	6302	1225	123
宿州马鞍山现代产业园区	1007	691	232	27	57	913	673	193	19	28
宿州经济技术开发区	3386	613	1667	152	954	3196	581	1566	144	905
六安市	**43675**	**8275**	**28609**	**4339**	**2452**	**40874**	**7917**	**26763**	**4104**	**2090**
金安区	7265	831	5519	345	570	6994	809	5320	328	537
裕安区	1354	264	896	89	105	1271	246	847	78	100
叶集区	539	14	480	23	22	517	13	460	22	22
霍邱县	7619	2817	3506	687	609	6812	2695	3092	635	390
舒城县	12135	1965	7880	1702	588	11307	1884	7221	1659	543
金寨县	7831	1670	5121	766	274	7285	1586	4776	687	236
霍山县	6932	714	5207	727	284	6688	684	5047	695	262
亳州市	**47583**	**5612**	**31462**	**6077**	**4432**	**46269**	**5446**	**30666**	**5897**	**4260**
谯城区	1185	111	852	155	67	1014	91	713	150	60
涡阳县	14469	991	9250	1988	2240	14107	958	9040	1943	2166
蒙城县	16572	2188	10466	1975	1943	16189	2138	10268	1907	1876
利辛县	15357	2322	10894	1959	182	14959	2259	10645	1897	158
池州市	**11668**	**1260**	**8516**	**1213**	**679**	**10770**	**1166**	**7910**	**1126**	**568**
贵池区	529	39	347	47	96	412	25	257	40	90
东至县	5136	326	4071	536	203	4789	307	3810	504	168
石台县	1050	176	643	144	87	976	169	597	138	72
青阳县	4749	653	3352	478	266	4427	613	3155	436	223
池州市国家经济技术开发区										
皖江江南新兴产业集中区										
九华山风景区	204	66	103	8	27	166	52	91	8	15
宣城市	**27639**	**4923**	**16109**	**3139**	**3468**	**23673**	**4416**	**13847**	**2643**	**2767**
宣州区	2949	427	1416	244	862	2723	401	1278	222	822
郎溪县	6646	1068	4284	1021	273	5399	887	3532	854	126
泾县	5526	1228	3339	732	227	5126	1182	3087	684	173
绩溪县	3367	842	2155	245	125	3101	810	2002	213	76
旌德县	1794	312	1203	193	86	1650	275	1146	169	60
宣城市经济开发区	5939	852	2792	523	1772	5005	733	2383	433	1456
宁国市	524	120	345	19	40	313	90	185	12	26
广德市	894	74	575	162	83	356	38	234	56	28

7-1b 续表 3　　　　单位：人

现住地	省外									
	小计					北京				
	小计	乡	镇的村委会	镇的居委会	街道	小计	乡	镇的村委会	镇的居委会	街道
安徽	**53340**	**7630**	**30906**	**6330**	**8474**	**229**	**11**	**36**	**36**	**146**
合肥市	**16047**	**2661**	**9107**	**1551**	**2728**	**90**	**5**	**12**	**10**	**63**
瑶海区	73	2	67	2	2					
庐阳区	220	60	93	15	52	6	3			3
蜀山区	110	18	88	2	2					
包河区										
长丰县	1817	351	1127	128	211					
肥东县	2061	414	1261	233	153	3		1		2
肥西县	2348	401	1461	204	282	7			1	6
庐江县	719	92	432	114	81	4		2		2
合肥高新技术产业开发区	1762	231	927	177	427	31		3	4	24
合肥经济技术开发区	4526	653	2275	433	1165	27		5	4	18
合肥新站高新技术产业开发区	2201	424	1248	208	321	12	2	1	1	8
巢湖市	210	15	128	35	32					
芜湖市	**5519**	**764**	**3580**	**636**	**539**	**12**	**2**	**2**	**3**	**5**
镜湖区	1			1						
弋江区										
鸠江区	113	20	61	27	5	3	1	2		
三山区	219	45	113	29	32					
芜湖县	1528	218	1008	149	153	6			2	4
繁昌县	401	46	236	82	37	1				1
南陵县	500	20	356	83	41	1			1	
芜湖经济技术开发区	2542	383	1690	219	250	1	1			
安徽芜湖长江大桥经济开发区	25	16	3	2	4					
无为市	190	16	113	44	17					
蚌埠市	**2671**	**395**	**1169**	**326**	**781**	**16**			**1**	**15**
龙子湖区	24	9	14		1					
蚌山区										
禹会区	9		9							
淮上区	46	16	29	1						
怀远县	382	94	212	48	28	1				1
五河县	343	29	209	66	39	2				2
固镇县	253	37	132	54	30					
蚌埠市高新技术开发区	186	17	79	30	60	1				1
蚌埠市经济开发区	1428	193	485	127	623	12			1	11
淮南市	**1075**	**186**	**566**	**169**	**154**	**7**		**2**	**1**	**4**
大通区	165	13	92	31	29	3				3
田家庵区	9	1	7		1					
谢家集区	8	2	4	2						
八公山区	2		1	1						
潘集区	180	36	90	16	38					
凤台县	352	51	177	73	51	2		1		1
寿县	359	83	195	46	35	2		1	1	

7-1b　续表 4　　　　单位：人

现住地	省外									
	小计					北京				
	小计	乡	镇的村委会	镇的居委会	街道	小计	乡	镇的村委会	镇的居委会	街道
马鞍山市	**2205**	**230**	**1243**	**323**	**409**	**6**	**1**	**2**	**1**	**2**
花山区										
雨山区										
博望区	29	8	21							
当涂县	927	154	512	121	140	4	1		1	2
含山县	292	8	223	38	23	2		2		
和县	957	60	487	164	246					
淮北市	**737**	**94**	**465**	**129**	**49**	**1**		**1**		
杜集区	88	14	59	13	2					
相山区										
烈山区	33	1	14	8	10					
濉溪县	616	79	392	108	37	1		1		
铜陵市	**347**	**79**	**176**	**51**	**41**	**3**			**2**	**1**
铜官区										
义安区	84	32	38	5	9					
郊区	17	3	10	3	1					
枞阳县	246	44	128	43	31	3			2	1
安庆市	**2174**	**387**	**1307**	**242**	**238**	**18**		**4**	**3**	**11**
迎江区										
大观区	20	3	11	6						
宜秀区	33	1	25	4	3					
怀宁县	439	30	327	47	35	3				3
太湖县	270	30	155	50	35	8			3	5
宿松县	424	150	199	36	39	2				2
望江县	149	33	84	27	5					
岳西县	135	20	89	12	14					
安徽安庆经济开发区	488	89	252	48	99					
桐城市	99	13	78	5	3	4		4		
潜山市	117	18	87	7	5	1				1
黄山市	**1710**	**270**	**1042**	**140**	**258**	**9**				**9**
屯溪区	145	25	63	14	43					
黄山区	267	36	178	2	51	8				8
徽州区	19	2	16		1					
歙县	586	84	371	46	85	1				1
休宁县	252	30	169	22	31					
黟县	133	4	91	24	14					
祁门县	308	89	154	32	33					
滁州市	**7051**	**801**	**4042**	**879**	**1329**	**16**		**1**	**3**	**12**
琅琊区										
南谯区	456	45	132	77	202	2				2
来安县	2063	206	1118	253	486	2		1	1	
全椒县	807	74	428	153	152	5				5
定远县	310	36	135	66	73	5			2	3
凤阳县	529	31	330	107	61					
苏滁现代产业园	731	113	513	40	65					
滁州经济技术开发区	1342	247	797	87	211	2				2
天长市	707	45	500	91	71					
明光市	106	4	89	5	8					

7-1b 续表 5

单位：人

现住地	省外									
	小计					北京				
	小计	乡	镇的村委会	镇的居委会	街道	小计	乡	镇的村委会	镇的居委会	街道
阜阳市	**2226**	**289**	**1241**	**420**	**276**	**16**	**1**	**3**	**3**	**9**
颍州区	57	18	34	4	1					
颍东区	49	5	23	19	2					
颍泉区	36	9	24	3						
临泉县	559	76	319	72	92	1				1
太和县	442	40	281	76	45	12		3	2	7
阜南县	324	51	170	80	23	2			1	1
颍上县	422	45	204	114	59					
阜阳合肥现代产业园区	2	1	1							
阜阳经济技术开发区	182	28	100	20	34	1	1			
界首市	153	16	85	32	20					
宿州市	**2599**	**349**	**1458**	**466**	**326**	**9**	**1**	**5**	**1**	**2**
埇桥区	244	42	129	38	35					
砀山县	498	79	276	100	43	6	1	3	1	1
萧县	659	92	372	140	55					
灵璧县	433	35	270	68	60	1				1
泗县	481	51	271	104	55	2		2		
宿州马鞍山现代产业园区	94	18	39	8	29					
宿州经济技术开发区	190	32	101	8	49					
六安市	**2801**	**358**	**1846**	**235**	**362**	**8**		**1**	**2**	**5**
金安区	271	22	199	17	33	3				3
裕安区	83	18	49	11	5					
叶集区	22	1	20	1						
霍邱县	807	122	414	52	219	2			1	1
舒城县	828	81	659	43	45					
金寨县	546	84	345	79	38	1		1		
霍山县	244	30	160	32	22	2			1	1
亳州市	**1314**	**166**	**796**	**180**	**172**	**5**		**3**		**2**
谯城区	171	20	139	5	7					
涡阳县	362	33	210	45	74					
蒙城县	383	50	198	68	67	2				2
利辛县	398	63	249	62	24	3		3		
池州市	**898**	**94**	**606**	**87**	**111**	**2**			**2**	
贵池区	117	14	90	7	6					
东至县	347	19	261	32	35	2			2	
石台县	74	7	46	6	15					
青阳县	322	40	197	42	43					
池州市国家经济技术开发区										
皖江江南新兴产业集中区										
九华山风景区	38	14	12		12					
宣城市	**3966**	**507**	**2262**	**496**	**701**	**11**	**1**		**4**	**6**
宣州区	226	26	138	22	40					
郎溪县	1247	181	752	167	147	5	1		2	2
泾县	400	46	252	48	54	4			2	2
绩溪县	266	32	153	32	49	1				1
旌德县	144	37	57	24	26					
宣城市经济开发区	934	119	409	90	316	1				1
宁国市	211	30	160	7	14					
广德市	538	36	341	106	55					

7-1b　续表 6　　　　单位：人

现住地	省外									
	天津					河北				
	小计	乡	镇的村委会	镇的居委会	街道	小计	乡	镇的村委会	镇的居委会	街道
安　徽	**152**	**9**	**40**	**24**	**79**	**2040**	**330**	**1113**	**198**	**399**
合肥市	**74**	**7**	**19**	**9**	**39**	**704**	**135**	**398**	**55**	**116**
瑶海区										
庐阳区	1		1			9	2	6		1
蜀山区						2		2		
包河区										
长丰县	3		1	2		73	14	44	6	9
肥东县	4		2	1	1	108	29	69	5	5
肥西县	4				4	77	8	54	8	7
庐江县	3	2	1			22	4	13	4	1
合肥高新技术产业开发区	7		1	1	5	64	14	26	7	17
合肥经济技术开发区	41	4	9	3	25	215	27	109	18	61
合肥新站高新技术产业开发区	7		2	1	4	126	37	68	6	15
巢湖市	4	1	2	1		8		7	1	
芜湖市	**5**		**2**	**1**	**2**	**191**	**23**	**136**	**19**	**13**
镜湖区										
弋江区										
鸠江区						1		1		
三山区						34	6	25	1	2
芜湖县	2		1		1	26	4	18		4
繁昌县	2		1	1		23	1	15	6	1
南陵县						11		10	1	
芜湖经济技术开发区	1				1	86	11	58	11	6
安徽芜湖长江大桥经济开发区										
无为市						10	1	9		
蚌埠市	**11**		**3**	**1**	**7**	**88**	**14**	**47**	**9**	**18**
龙子湖区										
蚌山区										
禹会区										
淮上区										
怀远县						18	4	13	1	
五河县	1			1		9	1	5	2	1
固镇县						3	2	1		
蚌埠市高新技术开发区						4			4	
蚌埠市经济开发区	10		3		7	54	7	28	2	17
淮南市						**45**	**13**	**23**	**2**	**7**
大通区						8		4		4
田家庵区						1		1		
谢家集区										
八公山区										
潘集区						7	4	1	1	1
凤台县						18	5	11	1	1
寿县						11	4	6		1

7－1b 续表 7

单位：人

现住地	省外									
	天津					河北				
	小计	乡	镇的村委会	镇的居委会	街道	小计	乡	镇的村委会	镇的居委会	街道
马鞍山市						**39**	**2**	**34**	**3**	
花山区										
雨山区										
博望区										
当涂县						13		13		
含山县						10	1	9		
和县						16	1	12	3	
淮北市	**1**			**1**		**22**		**15**	**7**	
杜集区										
相山区										
烈山区										
濉溪县	1			1		22		15	7	
铜陵市	**1**			**1**		**15**	**1**	**11**	**1**	**2**
铜官区										
义安区	1			1		7	1	5		1
郊区										
枞阳县						8		6	1	1
安庆市	**5**		**3**	**1**	**1**	**57**	**10**	**33**	**9**	**5**
迎江区										
大观区						1		1		
宜秀区	1			1						
怀宁县						10	1	4	5	
太湖县						8		6	2	
宿松县						5	4	1		
望江县						1			1	
岳西县	1				1	4	2	2		
安徽安庆经济开发区						19	3	11	1	4
桐城市						3		3		
潜山市	3		3			6		5		1
黄山市	**6**	**1**	**2**		**3**	**66**	**15**	**35**	**3**	**13**
屯溪区						23	8	8		7
黄山区	2		1		1	23		19		4
徽州区										
歙县	1		1			6	3	3		
休宁县	1	1				2		1	1	
黟县						1			1	
祁门县	2				2	11	4	4	1	2
滁州市	**10**		**4**	**3**	**3**	**110**	**20**	**58**	**21**	**11**
琅琊区										
南谯区						1			1	
来安县	1				1	34	12	19	3	
全椒县	1		1			16		9	5	2
定远县						6		1	3	2
凤阳县	1		1			4		1	2	1
苏滁现代产业园						10		9		1
滁州经济技术开发区	6		1	3	2	34	8	17	5	4
天长市	1		1			3		1	2	
明光市						2		1		1

7-1b　续表 8　　单位：人

现住地	省外									
	天津					河北				
	小计	乡	镇的村委会	镇的居委会	街道	小计	乡	镇的村委会	镇的居委会	街道
阜阳市	**10**		**4**		**6**	**61**	**5**	**33**	**18**	**5**
颍州区										
颍东区						3	1	2		
颍泉区						3		3		
临泉县	6		1		5	11	1	4	6	
太和县	3		2		1	13	1	7	4	1
阜南县	1		1			5	1	4		
颍上县						10		4	6	
阜阳合肥现代产业园区										
阜阳经济技术开发区						7	1	3		3
界首市						9		6	2	1
宿州市	**9**	**1**	**1**	**3**	**4**	**65**	**8**	**36**	**14**	**7**
埇桥区	1			1		10	1	5	2	2
砀山县						7		4	1	2
萧县	2			2		21		17	4	
灵璧县	1		1			14	3	5	4	2
泗县	4	1			3	10	1	5	3	1
宿州马鞍山现代产业园区										
宿州经济技术开发区	1				1	3	3			
六安市	**4**			**2**	**2**	**429**	**53**	**172**	**21**	**183**
金安区						6	1	4		1
裕安区										
叶集区										
霍邱县	1			1		393	52	148	16	177
舒城县	1				1	12		7		5
金寨县						4		3	1	
霍山县	2			1	1	14		10	4	
亳州市	**4**			**1**	**3**	**31**	**10**	**17**	**2**	**2**
谯城区						4		4		
涡阳县	2			1	1	14	4	7	1	2
蒙城县	2				2	8	4	4		
利辛县						5	2	2	1	
池州市	**1**				**1**	**22**	**6**	**14**	**1**	**1**
贵池区						4		4		
东至县						4	1	3		
石台县						3	1	1		1
青阳县	1				1	10	3	6	1	
池州市国家经济技术开发区										
皖江江南新兴产业集中区										
九华山风景区						1	1			
宣城市	**11**		**2**	**1**	**8**	**95**	**15**	**51**	**13**	**16**
宣州区	4				4	8		4	3	1
郎溪县	1				1	19	5	11	3	
泾县						5		5		
绩溪县						6	2	3		1
旌德县										
宣城市经济开发区	5		2	1	2	56	8	28	7	13
宁国市	1				1					
广德市						1				1

7-1b 续表 9 单位：人

现住地	省外									
	山西					内蒙古				
	小计	乡	镇的村委会	镇的居委会	街道	小计	乡	镇的村委会	镇的居委会	街道
安徽	**1013**	**136**	**595**	**121**	**161**	**432**	**54**	**218**	**71**	**89**
合肥市	**356**	**57**	**191**	**44**	**64**	**145**	**18**	**77**	**12**	**38**
瑶海区										
庐阳区	2		1	1		1				1
蜀山区	3	2	1			1		1		
包河区										
长丰县	30	10	16	1	3	8	2	5	1	
肥东县	23	3	15	3	2	10	1	8		1
肥西县	38	7	20	7	4	24	1	20	1	2
庐江县	18	3	10	2	3	9	1	6	2	
合肥高新技术产业开发区	43	4	27	4	8	10	4	3		3
合肥经济技术开发区	121	21	54	14	32	66	7	25	7	27
合肥新站高新技术产业开发区	68	7	41	10	10	15	2	8	1	4
巢湖市	10		6	2	2	1		1		
芜湖市	**135**	**22**	**88**	**11**	**14**	**56**	**5**	**36**	**9**	**6**
镜湖区										
弋江区										
鸠江区	2		1	1		1		1		
三山区	2		2			2			2	
芜湖县	19	1	15	2	1	8		3	2	3
繁昌县	11	1	7	1	2	12	2	6	4	
南陵县	6	1	3	1	1	3		3		
芜湖经济技术开发区	92	18	59	6	9	28	2	22	1	3
安徽芜湖长江大桥经济开发区										
无为市	3	1	1		1	2	1	1		
蚌埠市	**34**	**4**	**9**	**8**	**13**	**39**	**5**	**14**	**7**	**13**
龙子湖区										
蚌山区										
禹会区										
淮上区	1		1							
怀远县						2	1		1	
五河县						2		2		
固镇县						3		1	2	
蚌埠市高新技术开发区	7			3	4	1			1	
蚌埠市经济开发区	26	4	8	5	9	31	4	11	3	13
淮南市	**23**	**2**	**11**	**10**		**16**	**4**	**8**	**3**	**1**
大通区	10	1	2	7		4		2	1	1
田家庵区										
谢家集区										
八公山区										
潘集区	5	1	3	1						
凤台县	5		4	1		5		3	2	
寿县	3		2	1		7	4	3		

7-1b　续表 10　　　　单位：人

现住地	省外									
	山西					内蒙古				
	小计	乡	镇的村委会	镇的居委会	街道	小计	乡	镇的村委会	镇的居委会	街道
马鞍山市	**21**	**1**	**12**	**3**	**5**	**13**	**2**	**6**	**4**	**1**
花山区										
雨山区										
博望区										
当涂县	10	1	5	1	3	6	2	3	1	
含山县	6		4		2	3			3	
和县	5		3	2		4		3		1
淮北市	**6**		**4**	**2**		**12**	**1**	**1**	**4**	**6**
杜集区										
相山区										
烈山区						2				2
濉溪县	6		4	2		10	1	1	4	4
铜陵市	**5**		**2**	**3**		**1**			**1**	
铜官区										
义安区	2		2							
郊区										
枞阳县	3			3		1			1	
安庆市	**38**	**4**	**22**	**6**	**6**	**14**	**1**	**8**	**3**	**2**
迎江区										
大观区										
宜秀区										
怀宁县	9	1	5		3	1		1		
太湖县	6	1	4	1		2			2	
宿松县	3	1	1		1	2				2
望江县	1	1				2		1	1	
岳西县	1				1					
安徽安庆经济开发区	15		9	5	1					
桐城市	3		3			3	1	2		
潜山市						4		4		
黄山市	**37**	**5**	**18**	**3**	**11**	**14**	**3**	**5**	**5**	**1**
屯溪区	7		2	1	4					
黄山区	13	1	8		4	8	3	4		1
徽州区										
歙县	6	1	4		1	4			4	
休宁县	3	1		2		1		1		
黟县						1			1	
祁门县	8	2	4		2					
滁州市	**172**	**21**	**129**	**10**	**12**	**26**	**3**	**11**	**8**	**4**
琅琊区										
南谯区	9	2	6		1	1	1			
来安县	22	3	17		2	6		4		2
全椒县	12		8	4		7		2	4	1
定远县	2		1		1	1			1	
凤阳县	7	1	2	3	1	3	1	1		1
苏滁现代产业园	40	5	33	1	1	3	1	2		
滁州经济技术开发区	75	10	58	2	5	3		1	2	
天长市	4		3		1	2		1	1	
明光市	1		1							

7-1b 续表 11 单位：人

现住地	省外									
	山西					内蒙古				
	小计	乡	镇的村委会	镇的居委会	街道	小计	乡	镇的村委会	镇的居委会	街道
阜阳市	**24**	**4**	**9**	**5**	**6**	**22**	**1**	**12**	**3**	**6**
颍州区										
颍东区	1	1				1		1		
颍泉区						1		1		
临泉县	4	2	1	1		2	1			1
太和县	6		5	1		6		4		2
阜南县	5		2	3		5			2	3
颍上县	5		1		4	2		1	1	
阜阳合肥现代产业园区										
阜阳经济技术开发区	2	1			1	5		5		
界首市	1				1					
宿州市	**22**	**8**	**9**		**5**	**19**	**4**	**10**	**5**	
埇桥区						4	1	3		
砀山县	7	4	2		1	8	3	4	1	
萧县	5		3		2	5		1	4	
灵璧县	3	1	1		1	2		2		
泗县	4	2	1		1					
宿州马鞍山现代产业园区	1	1								
宿州经济技术开发区	2		2							
六安市	**45**	**1**	**38**	**2**	**4**	**11**	**1**	**9**	**1**	
金安区	4		4			1		1		
裕安区										
叶集区	1		1							
霍邱县	13		9	1	3	4		4		
舒城县	23	1	21		1	4	1	3		
金寨县	4		3	1		1			1	
霍山县						1		1		
亳州市	**25**		**19**	**2**	**4**	**8**		**7**	**1**	
谯城区	10		7		3	1		1		
涡阳县	8		7		1	4		4		
蒙城县	6		5	1		1		1		
利辛县	1			1		2		1	1	
池州市	**8**		**8**			**5**		**4**		**1**
贵池区										
东至县	2		2							
石台县	3		3							
青阳县	3		3			5		4		1
池州市国家经济技术开发区										
皖江江南新兴产业集中区										
九华山风景区										
宣城市	**62**	**7**	**26**	**12**	**17**	**31**	**6**	**10**	**5**	**10**
宣州区						1	1			
郎溪县	13	5	7		1	9	3	4	2	
泾县	4		2		2	1				1
绩溪县						2		1		1
旌德县	3	1	1		1					
宣城市经济开发区	39	1	13	12	13	17	2	5	3	7
宁国市										
广德市	3		3			1				1

7-1b 续表 12

单位：人

现住地	省外									
	辽宁					吉林				
	小计	乡	镇的村委会	镇的居委会	街道	小计	乡	镇的村委会	镇的居委会	街道
安徽	**690**	**74**	**339**	**84**	**193**	**770**	**79**	**403**	**109**	**179**
合肥市	**290**	**27**	**144**	**25**	**94**	**279**	**20**	**129**	**39**	**91**
瑶海区						1		1		
庐阳区	3				3	1	1			
蜀山区										
包河区										
长丰县	27	10	11	3	3	24	1	14	1	8
肥东县	17	4	9	2	2	27		10	8	9
肥西县	28	2	11	3	12	24	2	15	4	3
庐江县	14		10		4	8		7		1
合肥高新技术产业开发区	40	2	17	3	18	28	2	13	4	9
合肥经济技术开发区	121	8	66	12	35	115	11	38	14	52
合肥新站高新技术产业开发区	39	1	20	1	17	45	3	28	6	8
巢湖市	1			1		6		3	2	1
芜湖市	**71**	**9**	**40**	**10**	**12**	**175**	**16**	**122**	**16**	**21**
镜湖区										
弋江区										
鸠江区										
三山区	4	1	2	1		3		2	1	
芜湖县	14	1	6	3	4	19	3	13		3
繁昌县	14	1	10	2	1	14	4	5		5
南陵县	1		1			6		5		1
芜湖经济技术开发区	37	6	20	4	7	133	9	97	15	12
安徽芜湖长江大桥经济开发区										
无为市	1		1							
蚌埠市	**64**	**5**	**22**	**5**	**32**	**47**		**13**	**9**	**25**
龙子湖区						1				1
蚌山区										
禹会区										
淮上区	1	1								
怀远县	1				1	3		2	1	
五河县	16		10		6	1				1
固镇县	4	1		1	2	3		1	2	
蚌埠市高新技术开发区	8		1	1	6	1		1		
蚌埠市经济开发区	34	3	11	3	17	38		9	6	23
淮南市	**14**	**7**	**4**	**1**	**2**	**24**	**3**	**8**	**8**	**5**
大通区	2	1			1	5	1	3		1
田家庵区										
谢家集区						2	2			
八公山区										
潘集区	2		1		1	1				1
凤台县	6	6				14		4	8	2
寿县	4		3	1		2		1		1

7－1b　续表 13　　　　单位：人

现住地	省外									
	辽宁					吉林				
	小计	乡	镇的村委会	镇的居委会	街道	小计	乡	镇的村委会	镇的居委会	街道
马鞍山市	**13**		**5**	**5**	**3**	**16**	**6**	**6**	**3**	**1**
花山区										
雨山区										
博望区										
当涂县	7		1	4	2	5	3	2		
含山县	1			1		1			1	
和县	5		4		1	10	3	4	2	1
淮北市	**2**		**1**	**1**		**5**		**1**	**4**	
杜集区										
相山区										
烈山区										
濉溪县	2		1	1		5		1	4	
铜陵市	**4**		**1**	**1**	**2**	**6**	**2**	**3**	**1**	
铜官区										
义安区	2				2	2	2			
郊区										
枞阳县	2		1	1		4		3	1	
安庆市	**32**	**4**	**17**	**3**	**8**	**16**	**6**	**2**	**5**	**3**
迎江区										
大观区										
宜秀区										
怀宁县	7	1	5		1	1		1		
太湖县	1			1						
宿松县	2		1	1		1	1			
望江县	7	3	4			2	1		1	
岳西县										
安徽安庆经济开发区	15		7	1	7	11	3	1	4	3
桐城市										
潜山市						1	1			
黄山市	**19**	**1**	**15**		**3**	**9**	**1**	**7**		**1**
屯溪区						1				1
黄山区	10		7		3	4	1	3		
徽州区										
歙县	1	1								
休宁县	3		3			2		2		
黟县	1		1			1		1		
祁门县	4		4			1		1		
滁州市	**66**	**8**	**35**	**13**	**10**	**86**	**14**	**48**	**12**	**12**
琅琊区										
南谯区	3	3				11		9		2
来安县	18	2	12		4	25	10	12	1	2
全椒县	13		10	1	2	6		3	3	
定远县	3		1		2	3				3
凤阳县	6		3	3		8		7	1	
苏滁现代产业园	9	1	6	1	1	10	1	7	1	1
滁州经济技术开发区	9	2	1	5	1	17	3	7	5	2
天长市	4		1	3		5		3	1	1
明光市	1		1			1				1

7-1b　续表 14　　　　　　　　　　　　　　　　　　　　　　　单位：人

现住地	省外									
	辽宁					吉林				
	小计	乡	镇的村委会	镇的居委会	街道	小计	乡	镇的村委会	镇的居委会	街道
阜阳市	**17**	**3**	**3**	**7**	**4**	**13**		**9**	**3**	**1**
颍州区										
颍东区										
颍泉区										
临泉县	5	1	1	2	1	2		2		
太和县	9	1	1	4	3	4		1	2	1
阜南县						2		1	1	
颍上县	3	1	1	1		2		2		
阜阳合肥现代产业园区										
阜阳经济技术开发区						3		3		
界首市										
宿州市	**22**	**1**	**11**	**3**	**7**	**17**	**2**	**12**	**1**	**2**
埇桥区	2		1		1					
砀山县	8	1	4		3	1	1			
萧县	3		1	2		4	1	3		
灵璧县	5		4	1		1				1
泗县	4		1		3	8		7	1	
宿州马鞍山现代产业园区						2		2		
宿州经济技术开发区						1				1
六安市	**36**	**5**	**21**	**4**	**6**	**16**	**3**	**11**	**1**	**1**
金安区	2		2			1		1		
裕安区	6		4	2						
叶集区										
霍邱县	8		4	1	3	1		1		
舒城县	12	5	4	1	2	9	3	6		
金寨县	3		3			5		3	1	1
霍山县	5		4		1					
亳州市	**10**		**6**	**3**	**1**	**22**		**18**	**2**	**2**
谯城区						4		3		1
涡阳县	1			1		2		2		
蒙城县	4		3		1	14		11	2	1
利辛县	5		3	2		2		2		
池州市	**13**	**3**	**5**	**2**	**3**	**3**	**1**	**1**		**1**
贵池区	3	3								
东至县	4		2	1	1					
石台县	2		1	1						
青阳县	2		2			1		1		
池州市国家经济技术开发区										
皖江江南新兴产业集中区										
九华山风景区	2				2	2	1			1
宣城市	**17**	**1**	**9**	**1**	**6**	**36**	**5**	**13**	**5**	**13**
宣州区						2				2
郎溪县						11	2	6		3
泾县	3	1	2			5	1	1	1	2
绩溪县	1				1	3		2	1	
旌德县	1		1			1			1	
宣城市经济开发区	11		6	1	4	12	2	3	2	5
宁国市	1				1					
广德市						2		1		1

7-1b 续表 15 单位：人

现住地	省外									
	黑龙江					上海				
	小计	乡	镇的村委会	镇的居委会	街道	小计	乡	镇的村委会	镇的居委会	街道
安徽	**1071**	**136**	**486**	**173**	**276**	**754**	**15**	**145**	**210**	**384**
合肥市	**430**	**71**	**197**	**54**	**108**	**172**	**3**	**22**	**32**	**115**
瑶海区	3		3							
庐阳区	9	1	6	1	1	8		5	1	2
蜀山区										
包河区										
长丰县	47	8	29	3	7	6	1			5
肥东县	28	6	15	1	6	24		7	5	12
肥西县	56	8	32	8	8	25		2	6	17
庐江县	22	1	11		10	12		1	6	5
合肥高新技术产业开发区	44	4	18	8	14	36		4	3	29
合肥经济技术开发区	149	28	50	26	45	46	2	3	8	33
合肥新站高新技术产业开发区	63	15	31	5	12	13			2	11
巢湖市	9		2	2	5	2			1	1
芜湖市	**103**	**16**	**54**	**17**	**16**	**62**	**2**	**12**	**19**	**29**
镜湖区										
弋江区										
鸠江区	1			1		3	1	1	1	
三山区	1	1				1				1
芜湖县	20	2	14	2	2	15		4	4	7
繁昌县	8		4	3	1	7		2	2	3
南陵县	3	1	1	1		20		3	10	7
芜湖经济技术开发区	70	12	35	10	13	12		1	2	9
安徽芜湖长江大桥经济开发区										
无为市						4	1	1		2
蚌埠市	**65**	**6**	**13**	**11**	**35**	**82**	**2**	**7**	**14**	**59**
龙子湖区										
蚌山区										
禹会区										
淮上区	1	1								
怀远县	4	1	1	1	1	8		2	6	
五河县	9	1	4		4	5		4	1	
固镇县	2			2		8			7	1
蚌埠市高新技术开发区	6		1	1	4	5				5
蚌埠市经济开发区	43	3	7	7	26	56	2	1		53
淮南市	**17**	**1**	**5**	**5**	**6**	**23**		**2**	**10**	**11**
大通区	2	1			1	7			2	5
田家庵区										
谢家集区										
八公山区										
潘集区										
凤台县	13		4	4	5	6			3	3
寿县	2		1	1		10		2	5	3

7-1b　续表 16　　　　单位：人

现住地	省外									
	黑龙江					上海				
	小计	乡	镇的村委会	镇的居委会	街道	小计	乡	镇的村委会	镇的居委会	街道
马鞍山市	**17**		**11**	**4**	**2**	**37**		**8**	**10**	**19**
花山区										
雨山区										
博望区	2		2							
当涂县	9		4	4	1	10			3	7
含山县	1				1	9		1	3	5
和县	5		5			18		7	4	7
淮北市	**19**		**10**	**7**	**2**	**7**			**2**	**5**
杜集区						1			1	
相山区										
烈山区	1				1	2			1	1
濉溪县	18		10	7	1	4				4
铜陵市	**3**		**1**		**2**	**5**		**1**	**3**	**1**
铜官区										
义安区	2				2					
郊区						3		1	2	
枞阳县	1		1			2			1	1
安庆市	**29**	**1**	**15**	**9**	**4**	**25**	**1**	**4**	**15**	**5**
迎江区										
大观区										
宜秀区	2	1		1		1				1
怀宁县	7		5	2		1				1
太湖县	6		4	1	1	7			7	
宿松县						5	1		3	1
望江县	1		1			2		1		1
岳西县	1				1	2			2	
安徽安庆经济开发区	9		2	5	2	6		2	3	1
桐城市	2		2			1		1		
潜山市	1		1							
黄山市	**32**	**7**	**13**	**2**	**10**	**37**		**11**	**8**	**18**
屯溪区	3				3					
黄山区	5	1	1	1	2	2				2
徽州区										
歙县	10	1	4		5	21		8	2	11
休宁县	4		4			9		3	2	4
黟县	4		3	1		2			2	
祁门县	6	5	1			3			2	1
滁州市	**145**	**15**	**73**	**17**	**40**	**70**		**12**	**28**	**30**
琅琊区										
南谯区	10		4	1	5	3		1		2
来安县	48	2	26	7	13	15		3	5	7
全椒县	19	3	9	1	6	19			9	10
定远县	3				3	10		2	6	2
凤阳县	16	4	8	3	1	10		3	5	2
苏滁现代产业园	18	4	9	2	3	1				1
滁州经济技术开发区	25	2	15	2	6	8		2	2	4
天长市	5		1	1	3	3		1	1	1
明光市	1		1			1				1

7-1b 续表 17 单位：人

现住地	省外									
	黑龙江					上海				
	小计	乡	镇的村委会	镇的居委会	街道	小计	乡	镇的村委会	镇的居委会	街道
阜阳市	**40**	**5**	**19**	**9**	**7**	**37**	**1**	**11**	**15**	**10**
颍州区	1	1								
颍东区	1				1					
颍泉区										
临泉县	3	1	1		1	7		1		6
太和县	20	2	12	2	4	5		2	2	1
阜南县	4	1		3		9		2	5	2
颍上县	8		4	4		12	1	3	7	1
阜阳合肥现代产业园区	1		1							
阜阳经济技术开发区	2		1		1	4		3	1	
界首市										
宿州市	**52**	**4**	**18**	**16**	**14**	**26**		**10**	**10**	**6**
埇桥区	9		3	5	1	4		2	2	
砀山县	15	3	6	5	1	5		3	2	
萧县	7		1	5	1	4			1	3
灵璧县	14		7	1	6	8		2	3	3
泗县	4	1	1		2	4		2	2	
宿州马鞍山现代产业园区										
宿州经济技术开发区	3				3	1		1		
六安市	**28**	**1**	**17**	**5**	**5**	**31**	**1**	**9**	**10**	**11**
金安区	1				1	2			1	1
裕安区										
叶集区						3		3		
霍邱县	7		5	2		14		5	5	4
舒城县	9		8	1		4			1	3
金寨县	9	1	3	1	4	4	1	1	2	
霍山县	2		1	1		4			1	3
亳州市	**40**	**3**	**22**	**10**	**5**	**28**	**3**	**8**	**9**	**8**
谯城区	3		2		1					
涡阳县	14		8	3	3	4			2	2
蒙城县	9	2	2	5		10		3	4	3
利辛县	14	1	10	2	1	14	3	5	3	3
池州市	**10**	**2**	**2**	**1**	**5**	**23**		**5**	**4**	**14**
贵池区						2		1		1
东至县	4	2		1	1	3		1		2
石台县	2				2	4		2	1	1
青阳县	2		2			14		1	3	10
池州市国家经济技术开发区										
皖江江南新兴产业集中区										
九华山风景区	2				2					
宣城市	**41**	**4**	**16**	**6**	**15**	**89**	**2**	**23**	**21**	**43**
宣州区	5	1	1		3	7		1	2	4
郎溪县	15	2	8		5	39	1	13	10	15
泾县	4		2	1	1	5		1	2	2
绩溪县						6		5		1
旌德县	3		1	2		12			4	8
宣城市经济开发区	11	1	3	1	6	12	1	1	3	7
宁国市						1				1
广德市	3		1	2		7		2		5

7-1b 续表 18 单位：人

现住地	省外									
	江苏					浙江				
	小计	乡	镇的村委会	镇的居委会	街道	小计	乡	镇的村委会	镇的居委会	街道
安徽	**9188**	**676**	**4678**	**1628**	**2206**	**2820**	**236**	**1530**	**437**	**617**
合肥市	**1894**	**193**	**1045**	**290**	**366**	**658**	**54**	**335**	**86**	**183**
瑶海区	10		8	1	1	5		5		
庐阳区	27	7	12	2	6	11	3	7	1	
蜀山区	9	2	6		1	3		3		
包河区										
长丰县	206	30	127	21	28	65	7	35	10	13
肥东县	251	24	147	54	26	99	12	69	11	7
肥西县	283	35	159	44	45	87	7	55	5	20
庐江县	93	9	46	24	14	50	1	27	15	7
合肥高新技术产业开发区	300	10	181	31	78	52	1	24	5	22
合肥经济技术开发区	449	44	207	77	121	178	14	60	19	85
合肥新站高新技术产业开发区	237	31	134	28	44	94	8	42	15	29
巢湖市	29	1	18	8	2	14	1	8	5	
芜湖市	**647**	**46**	**367**	**131**	**103**	**266**	**34**	**125**	**57**	**50**
镜湖区	1			1						
弋江区										
鸠江区	28		10	18		5	1	4		
三山区	32		21	4	7	1		1		
芜湖县	191	16	115	31	29	131	19	55	28	29
繁昌县	53		25	17	11	13	1	4	7	1
南陵县	92	1	59	19	13	54	2	33	12	7
芜湖经济技术开发区	210	21	122	30	37	52	11	22	6	13
安徽芜湖长江大桥经济开发区	6	3	1		2	1			1	
无为市	34	5	14	11	4	9		6	3	
蚌埠市	**488**	**59**	**211**	**63**	**155**	**156**	**21**	**64**	**28**	**43**
龙子湖区	5		5			1		1		
蚌山区										
禹会区	3		3							
淮上区	7	2	5			3	1	2		
怀远县	88	15	48	15	10	32	4	23	3	2
五河县	106	7	61	22	16	33	2	18	10	3
固镇县	44	6	29	5	4	18	5	3	6	4
蚌埠市高新技术开发区	29	1	15	2	11	13	3	6	2	2
蚌埠市经济开发区	206	28	45	19	114	56	6	11	7	32
淮南市	**160**	**17**	**73**	**37**	**33**	**57**	**7**	**25**	**13**	**12**
大通区	17	1	9	6	1	3				3
田家庵区						2		2		
谢家集区						2			2	
八公山区										
潘集区	40	4	12	5	19	9	1	7	1	
凤台县	34	4	9	13	8	22	5	7	5	5
寿县	69	8	43	13	5	19	1	9	5	4

7-1b 续表 19 单位：人

现住地	省外									
	江苏					浙江				
	小计	乡	镇的村委会	镇的居委会	街道	小计	乡	镇的村委会	镇的居委会	街道
马鞍山市	**799**	**45**	**295**	**194**	**265**	**101**	**18**	**58**	**18**	**7**
花山区										
雨山区										
博望区	6	2	4							
当涂县	206	18	83	59	46	54	10	34	5	5
含山县	63		40	16	7	21	3	15	3	
和县	524	25	168	119	212	26	5	9	10	2
淮北市	**137**	**11**	**90**	**25**	**11**	**17**	**3**	**13**	**1**	
杜集区	39	3	28	7	1					
相山区										
烈山区	6		1	4	1	1	1			
濉溪县	92	8	61	14	9	16	2	13	1	
铜陵市	**46**	**4**	**20**	**14**	**8**	**31**	**6**	**20**	**1**	**4**
铜官区										
义安区	9	2	5	1	1	4	1	2	1	
郊区	3	1	2			2	2			
枞阳县	34	1	13	13	7	25	3	18		4
安庆市	**243**	**22**	**152**	**29**	**40**	**129**	**10**	**69**	**18**	**32**
迎江区										
大观区	2	1	1			3		3		
宜秀区	1			1		2		1		1
怀宁县	67	3	55	6	3	16		10	5	1
太湖县	23	1	9	6	7	18		13	4	1
宿松县	32	7	15		10	33	7	13	6	7
望江县	25		13	11	1	3		2	1	
岳西县	17		15		2	6	3	2	1	
安徽安庆经济开发区	55	9	30	2	14	42		20	1	21
桐城市	12		8	2	2	2		1		1
潜山市	9	1	6	1	1	4		4		
黄山市	**163**	**6**	**101**	**20**	**36**	**206**	**14**	**124**	**21**	**47**
屯溪区	25		11	5	9	5	1	3	1	
黄山区	12		8		4	14		11		3
徽州区	2		2			1				1
歙县	66	4	48	4	10	112	4	65	11	32
休宁县	22	1	8	5	8	47	4	30	4	9
黟县	14		10	2	2	6		2	2	2
祁门县	22	1	14	4	3	21	5	13	3	
滁州市	**2506**	**119**	**1177**	**382**	**828**	**261**	**11**	**164**	**37**	**49**
琅琊区										
南谯区	251	13	45	30	163	11		7	2	2
来安县	1036	38	438	159	401	33		30	2	1
全椒县	251	17	88	67	79	56	6	33	7	10
定远县	81	10	40	6	25	30	4	15	6	5
凤阳县	103	5	69	22	7	59		27	16	16
苏滁现代产业园	131	14	83	15	19	17	1	12		4
滁州经济技术开发区	239	11	111	21	96	34		24		10
天长市	367	11	258	61	37	20		15	4	1
明光市	47		45	1	1	1		1		

7-1b 续表 20

单位：人

现住地	省外									
	江苏					浙江				
	小计	乡	镇的村委会	镇的居委会	街道	小计	乡	镇的村委会	镇的居委会	街道
阜阳市	**201**	**22**	**95**	**52**	**32**	**123**	**8**	**70**	**24**	**21**
颍州区	9	6	3			3		1	1	1
颍东区	4	2	1	1		2			2	
颍泉区	5		3	2		2		1	1	
临泉县	21		12	4	5	33	1	23	5	4
太和县	25	1	13	2	9	15		12	2	1
阜南县	39	2	17	16	4	12	5	3	3	1
颍上县	74	9	28	25	12	37	2	18	7	10
阜阳合肥现代产业园区										
阜阳经济技术开发区	14	2	10	2		7		4		3
界首市	10		8		2	12		8	3	1
宿州市	**754**	**48**	**419**	**179**	**108**	**130**	**8**	**68**	**32**	**22**
埇桥区	40		24	10	6	18	3	9	5	1
砀山县	128	9	74	31	14	19		10	5	4
萧县	221	11	121	54	35	28	1	18	7	2
灵璧县	121	4	70	29	18	35	3	17	7	8
泗县	178	17	95	48	18	25	1	10	8	6
宿州马鞍山现代产业园区	15	2	9	2	2	1		1		
宿州经济技术开发区	51	5	26	5	15	4		3		1
六安市	**274**	**19**	**187**	**40**	**28**	**104**	**21**	**64**	**12**	**7**
金安区	38		34	1	3	16	2	11	2	1
裕安区	5		2	1	2	11	6	3		2
叶集区	2		2							
霍邱县	54	5	37	5	7	23	7	11	4	1
舒城县	64	3	45	6	10	21	1	15	4	1
金寨县	65	8	36	19	2	19	3	13	1	2
霍山县	46	3	31	8	4	14	2	11	1	
亳州市	**193**	**22**	**97**	**33**	**41**	**97**	**1**	**60**	**15**	**21**
谯城区	4		4			2		2		
涡阳县	79	6	45	11	17	9		5	2	2
蒙城县	57	4	21	11	21	57		36	6	15
利辛县	53	12	27	11	3	29	1	17	7	4
池州市	**111**	**6**	**66**	**20**	**19**	**97**	**3**	**58**	**10**	**26**
贵池区	8	1	5	1	1	5		4	1	
东至县	61	4	38	9	10	48		32	3	13
石台县	2				2	8	1	2		5
青阳县	36		20	10	6	34	2	20	6	6
池州市国家经济技术开发区										
皖江江南新兴产业集中区										
九华山风景区	4	1	3			2				2
宣城市	**572**	**37**	**283**	**119**	**133**	**387**	**17**	**213**	**64**	**93**
宣州区	52	3	34	6	9	44	2	29	6	7
郎溪县	317	24	163	61	69	79	5	39	11	24
泾县	48	4	19	14	11	35	1	18	7	9
绩溪县	20		6	6	8	42	1	20	4	17
旌德县	12	1	5	4	2	19	1	9	6	3
宣城市经济开发区	54	2	24	4	24	47	1	31	3	12
宁国市	7		4	1	2	38	2	30	3	3
广德市	62	3	28	23	8	83	4	37	24	18

7－1b 续表 21 单位：人

现住地	省外				
	福建				
	小计	乡	镇的村委会	镇的居委会	街道
安　徽	**1447**	**174**	**868**	**208**	**197**
合肥市	**467**	**78**	**262**	**64**	**63**
瑶海区	1		1		
庐阳区	6	1	5		
蜀山区	5	4			1
包河区					
长丰县	78	11	50	12	5
肥东县	113	36	63	10	4
肥西县	28	3	18	4	3
庐江县	22		16	6	
合肥高新技术产业开发区	47	9	15	10	13
合肥经济技术开发区	107	13	52	12	30
合肥新站高新技术产业开发区	50		36	9	5
巢湖市	10	1	6	1	2
芜湖市	**122**	**7**	**73**	**32**	**10**
镜湖区					
弋江区					
鸠江区					
三山区	3				3
芜湖县	25	3	15	5	2
繁昌县	30	2	15	12	1
南陵县	31	1	22	8	
芜湖经济技术开发区	31	1	20	7	3
安徽芜湖长江大桥经济开发区					
无为市	2		1		1
蚌埠市	**94**	**19**	**40**	**11**	**24**
龙子湖区					
蚌山区					
禹会区					
淮上区	2		1	1	
怀远县	4	3	1		
五河县	5		5		
固镇县	5		3	1	1
蚌埠市高新技术开发区	9	6	1		2
蚌埠市经济开发区	69	10	29	9	21
淮南市	**35**	**4**	**16**	**6**	**9**
大通区	1		1		
田家庵区	3	1	1		1
谢家集区					
八公山区	2		1	1	
潘集区	2			2	
凤台县	8		3	3	2
寿县	19	3	10		6

7-1b 续表 22

单位：人

现住地	省外				
	福建				
	小计	乡	镇的村委会	镇的居委会	街道
马鞍山市	**32**	**3**	**22**	**5**	**2**
花山区					
雨山区					
博望区					
当涂县	15	3	7	3	2
含山县	8		7	1	
和县	9		8	1	
淮北市	**16**		**10**	**3**	**3**
杜集区	6		5		1
相山区					
烈山区					
濉溪县	10		5	3	2
铜陵市					
铜官区					
义安区					
郊区					
枞阳县					
安庆市	**73**	**14**	**49**		**10**
迎江区					
大观区					
宜秀区					
怀宁县	11	2	9		
太湖县	7		5		2
宿松县	14	4	8		2
望江县	3				3
岳西县	14	1	10		3
安徽安庆经济开发区	19	5	14		
桐城市	2		2		
潜山市	3	2	1		
黄山市	**43**	**14**	**21**	**4**	**4**
屯溪区					
黄山区					
徽州区					
歙县	22	5	11	2	4
休宁县	9	4	5		
黟县	4	2	2		
祁门县	8	3	3	2	
滁州市	**170**	**5**	**118**	**23**	**24**
琅琊区					
南谯区	1				1
来安县	90	5	70	13	2
全椒县	14		5	2	7
定远县	12		10		2
凤阳县	21		11	5	5
苏滁现代产业园	2			1	1
滁州经济技术开发区	12		10	1	1
天长市	10		6		4
明光市	8		6	1	1

7－1b　续表 23　　　　单位：人

现住地	省外				
	福建				
	小计	乡	镇的村委会	镇的居委会	街道
阜阳市	**85**	**7**	**62**	**13**	**3**
颍州区	1	1			
颍东区					
颍泉区	4		4		
临泉县	24	3	13	5	3
太和县	15	2	13		
阜南县	9	1	7	1	
颍上县	25		19	6	
阜阳合肥现代产业园区					
阜阳经济技术开发区	6		5	1	
界首市	1		1		
宿州市	**69**	**7**	**47**	**10**	**5**
埇桥区					
砀山县	15	2	7	6	
萧县	15	3	11	1	
灵璧县	20	1	12	2	5
泗县	11		10	1	
宿州马鞍山现代产业园区	4	1	3		
宿州经济技术开发区	4		4		
六安市	**69**		**50**	**11**	**8**
金安区	9		5	3	1
裕安区	5		5		
叶集区	4		4		
霍邱县	13		10	1	2
舒城县	9		7	2	
金寨县	18		12	5	1
霍山县	11		7		4
亳州市	**63**	**8**	**26**	**18**	**11**
谯城区	6	2	4		
涡阳县	24		12	1	11
蒙城县	23	3	6	14	
利辛县	10	3	4	3	
池州市	**23**	**2**	**20**		**1**
贵池区	5		4		1
东至县	5		5		
石台县	11		11		
青阳县	2	2			
池州市国家经济技术开发区					
皖江江南新兴产业集中区					
九华山风景区					
宣城市	**86**	**6**	**52**	**8**	**20**
宣州区	7	1	6		
郎溪县	6		3		3
泾县	26		23	1	2
绩溪县	2		2		
旌德县	3		2	1	
宣城市经济开发区	39	5	13	6	15
宁国市					
广德市	3		3		

7-1b 续表 24 单位：人

现住地	省外									
	江西					山东				
	小计	乡	镇的村委会	镇的居委会	街道	小计	乡	镇的村委会	镇的居委会	街道
安徽	**2861**	**482**	**1773**	**296**	**310**	**2837**	**309**	**1834**	**262**	**432**
合肥市	**1004**	**185**	**596**	**108**	**115**	**1098**	**138**	**718**	**69**	**173**
瑶海区	8		7	1		5	1	4		
庐阳区	8	2	5		1	14	2	6	3	3
蜀山区	5		5							
包河区										
长丰县	124	20	86	5	13	149	26	107	6	10
肥东县	218	47	131	28	12	126	19	88	12	7
肥西县	143	26	95	11	11	174	28	118	10	18
庐江县	60	11	33	11	5	23	6	14	2	1
合肥高新技术产业开发区	95	21	50	10	14	110	6	67	8	29
合肥经济技术开发区	181	27	86	27	41	389	39	238	19	93
合肥新站高新技术产业开发区	153	31	92	14	16	100	11	72	7	10
巢湖市	9		6	1	2	8		4	2	2
芜湖市	**313**	**62**	**193**	**29**	**29**	**235**	**30**	**150**	**20**	**35**
镜湖区										
弋江区										
鸠江区	12	2	9	1		12	1	6	1	4
三山区	7		5		2	27	4	14	2	7
芜湖县	97	22	55	9	11	45	4	26	3	12
繁昌县	20	2	15	3		17	1	12	3	1
南陵县	27	4	21		2	11		8		3
芜湖经济技术开发区	131	27	77	14	13	117	19	81	9	8
安徽芜湖长江大桥经济开发区	3	3								
无为市	16	2	11	2	1	6	1	3	2	
蚌埠市	**101**	**18**	**50**	**10**	**23**	**219**	**26**	**115**	**17**	**61**
龙子湖区						1		1		
蚌山区										
禹会区										
淮上区	4	2	2							
怀远县	21	4	13	1	3	25	1	19	4	1
五河县	8	4	3		1	24		14	10	
固镇县	16	1	10	5		23	4	13	1	5
蚌埠市高新技术开发区	9		6		3	16	3	9	1	3
蚌埠市经济开发区	43	7	16	4	16	130	18	59	1	52
淮南市	**58**	**8**	**45**	**3**	**2**	**52**	**7**	**29**	**10**	**6**
大通区	10		9	1		13		9	3	1
田家庵区	1		1			1		1		
谢家集区										
八公山区										
潘集区	2		1	1		9		5	1	3
凤台县	22	4	17	1		15	1	9	3	2
寿县	23	4	17		2	14	6	5	3	

7－1b　续表 25　　　　　　　　　　　　　　　　　　　　　　　　　　　　　　　单位：人

现住地	省外									
	江西					山东				
	小计	乡	镇的村委会	镇的居委会	街道	小计	乡	镇的村委会	镇的居委会	街道
马鞍山市	**62**	**9**	**45**	**5**	**3**	**85**	**6**	**61**	**5**	**13**
花山区										
雨山区										
博望区	5	2	3							
当涂县	31	6	20	3	2	36	6	22	1	7
含山县	9		7	2		13		9	1	3
和县	17	1	15		1	36		30	3	3
淮北市	**19**	**4**	**11**	**4**		**65**	**1**	**54**	**5**	**5**
杜集区	2	1		1		1		1		
相山区										
烈山区						4		3		1
濉溪县	17	3	11	3		60	1	50	5	4
铜陵市	**27**	**11**	**5**	**6**	**5**	**12**	**2**	**9**		**1**
铜官区										
义安区	1		1			5		5		
郊区						1		1		
枞阳县	26	11	4	6	5	6	2	3		1
安庆市	**197**	**26**	**136**	**22**	**13**	**89**	**19**	**49**	**9**	**12**
迎江区										
大观区						5	1		4	
宜秀区	3		3							
怀宁县	30	2	22	6		21		19		2
太湖县	27	4	19	1	3	10	1	7	1	1
宿松县	55	13	38	1	3	6	2	3		1
望江县	30	2	23	5		15	7	7	1	
岳西县	12	2	7	3		3	1		1	1
安徽安庆经济开发区	33	3	19	4	7	18	1	8	2	7
桐城市	5		4	1		9	6	3		
潜山市	2		1	1		2		2		
黄山市	**104**	**17**	**63**	**9**	**15**	**50**	**6**	**35**	**4**	**5**
屯溪区	11	4	5		2	12	3	8	1	
黄山区	6		2		4	19		17		2
徽州区	1		1							
歙县	33	8	19	3	3	11	3	6		2
休宁县	19	1	16	1	1	2		2		
黟县	12		5	3	4	2			1	1
祁门县	22	4	15	2	1	4		2	2	
滁州市	**286**	**37**	**183**	**24**	**42**	**321**	**27**	**213**	**46**	**35**
琅琊区										
南谯区	1	1				27	2	17	2	6
来安县	53	10	31	2	10	69	10	42	12	5
全椒县	41	3	30	3	5	34	5	14	12	3
定远县	18		8	10		19	1	1	8	9
凤阳县	39	1	29	5	4	23		18	5	
苏滁现代产业园	41	8	30	1	2	36		29	3	4
滁州经济技术开发区	63	12	33	3	15	88	8	72	1	7
天长市	25	2	17		6	18	1	16	1	
明光市	5		5			7		4	2	1

7-1b 续表 26

单位：人

现住地	省外									
	江西					山东				
	小计	乡	镇的村委会	镇的居委会	街道	小计	乡	镇的村委会	镇的居委会	街道
阜阳市	**92**	**11**	**57**	**14**	**10**	**96**	**4**	**57**	**17**	**18**
颍州区	1	1								
颍东区						4	1	3		
颍泉区										
临泉县	22	2	13	2	5	16	2	9	3	2
太和县	20	2	10	8		28		21	2	5
阜南县	13	4	9			18		9	4	5
颍上县	26	2	20	3	1	16		10	3	3
阜阳合肥现代产业园区										
阜阳经济技术开发区	8		4		4	8	1	4	3	
界首市	2		1	1		6		1	2	3
宿州市	**86**	**16**	**51**	**9**	**10**	**168**	**12**	**114**	**24**	**18**
埇桥区	16	2	11		3	9	1	6	1	1
砀山县	8	2	2	3	1	46	3	34	8	1
萧县	22	3	14	5		41		31	6	4
灵璧县	20	7	13			20	1	15	2	2
泗县	12		8	1	3	30	3	19	7	1
宿州马鞍山现代产业园区	2	1			1	16	4	6		6
宿州经济技术开发区	6	1	3		2	6		3		3
六安市	**140**	**31**	**78**	**22**	**9**	**121**	**11**	**89**	**14**	**7**
金安区	15		8	4	3	10		10		
裕安区	17	4	8	5		6	1	1	3	1
叶集区	1		1							
霍邱县	20	14	5	1		21	2	15		4
舒城县	48	7	31	8	2	48	4	40	3	1
金寨县	17	4	6	4	3	26	4	16	5	1
霍山县	22	2	19		1	10		7	3	
亳州市	**38**	**14**	**17**	**6**	**1**	**58**	**11**	**26**	**7**	**14**
谯城区	3		3			1	1			
涡阳县	2	1	1			14	5	2	1	6
蒙城县	14	7	6	1		22		13	3	6
利辛县	19	6	7	5	1	21	5	11	3	2
池州市	**137**	**11**	**111**	**7**	**8**	**13**	**1**	**10**		**2**
贵池区	21	1	20							
东至县	81	4	68	6	3	5		5		
石台县										
青阳县	33	5	23	1	4	3		2		1
池州市国家经济技术开发区										
皖江江南新兴产业集中区										
九华山风景区	2	1			1	5	1	3		1
宣城市	**197**	**22**	**132**	**18**	**25**	**155**	**8**	**105**	**15**	**27**
宣州区	7	2	4		1	4		2		2
郎溪县	45	9	33	2	1	33	1	30	2	
泾县	23	1	16	4	2	21	2	15	1	3
绩溪县	20	2	13	5		13		7	2	4
旌德县	6	4	1	1		10	1	7	1	1
宣城市经济开发区	65	3	41	6	15	33	4	13	1	15
宁国市	11	1	10			20		18	1	1
广德市	20		14		6	21		13	7	1

7－1b　续表 27　　　　单位：人

现住地	省外									
	河南					湖北				
	小计	乡	镇的村委会	镇的居委会	街道	小计	乡	镇的村委会	镇的居委会	街道
安　徽	**9231**	**1912**	**6062**	**679**	**578**	**3262**	**480**	**1990**	**333**	**459**
合肥市	**2945**	**717**	**1852**	**148**	**228**	**1108**	**185**	**630**	**83**	**210**
瑶海区	19	1	18			5		5		
庐阳区	39	15	13	3	8	33	16	12	1	4
蜀山区	17	8	9							
包河区										
长丰县	409	100	258	22	29	125	14	72	8	31
肥东县	337	85	226	18	8	117	32	63	9	13
肥西县	526	128	334	27	37	164	36	98	11	19
庐江县	86	26	53	6	1	58	3	45	4	6
合肥高新技术产业开发区	280	61	179	12	28	134	12	73	5	44
合肥经济技术开发区	771	164	492	35	80	271	46	133	25	67
合肥新站高新技术产业开发区	435	123	255	24	33	183	25	117	18	23
巢湖市	26	6	15	1	4	18	1	12	2	3
芜湖市	**1061**	**174**	**778**	**67**	**42**	**346**	**42**	**236**	**33**	**35**
镜湖区										
弋江区										
鸠江区	6	2	4			4		3	1	
三山区	47	21	20	5	1	11		8	2	1
芜湖县	189	28	134	17	10	127	13	100	6	8
繁昌县	35	11	19	2	3	22	1	15	5	1
南陵县	57		51	6		20	2	14	2	2
芜湖经济技术开发区	692	108	526	31	27	146	25	89	15	17
安徽芜湖长江大桥经济开发区	3	1	1	1		3	1			2
无为市	32	3	23	5	1	13		7	2	4
蚌埠市	**311**	**56**	**193**	**26**	**36**	**83**	**16**	**41**	**8**	**18**
龙子湖区	3	1	2							
蚌山区										
禹会区	3		3							
淮上区	11	2	9			7	5	2		
怀远县	35	10	21	3	1	10	3	4	1	2
五河县	37	1	30	4	2	13	3	6	3	1
固镇县	43	7	24	9	3	8		7	1	
蚌埠市高新技术开发区	28		22	1	5	6	1	2	1	2
蚌埠市经济开发区	151	35	82	9	25	39	4	20	2	13
淮南市	**222**	**52**	**123**	**21**	**26**	**67**	**5**	**44**	**11**	**7**
大通区	25	3	17	3	2	15		11	3	1
田家庵区										
谢家集区	3		3							
八公山区										
潘集区	51	17	21	3	10	15	1	14		
凤台县	89	11	56	11	11	27	1	15	7	4
寿县	54	21	26	4	3	10	3	4	1	2

7-1b 续表 28

单位：人

现住地	省外									
	河南					湖北				
	小计	乡	镇的村委会	镇的居委会	街道	小计	乡	镇的村委会	镇的居委会	街道
马鞍山市	**243**	**45**	**179**	**14**	**5**	**107**	**14**	**67**	**13**	**13**
花山区										
雨山区										
博望区	6	2	4			1		1		
当涂县	128	36	81	9	2	51	11	29	5	6
含山县	34	1	30	2	1	17		13	3	1
和县	75	6	64	3	2	38	3	24	5	6
淮北市	**230**	**57**	**141**	**29**	**3**	**41**	**1**	**24**	**12**	**4**
杜集区	22	9	12	1		9		9		
相山区										
烈山区	7		4	1	2	3		1	2	
濉溪县	201	48	125	27	1	29	1	14	10	4
铜陵市	**40**	**11**	**25**	**2**	**2**	**19**	**2**	**12**	**2**	**3**
铜官区										
义安区	5		2	2	1	3		3		
郊区	4		4			1				1
枞阳县	31	11	19		1	15	2	9	2	2
安庆市	**245**	**64**	**150**	**16**	**15**	**291**	**75**	**176**	**22**	**18**
迎江区										
大观区	6	1	5			1			1	
宜秀区	2		1	1		14		14		
怀宁县	63	4	50	1	8	31	5	19	4	3
太湖县	25	5	18	1	1	45	6	31	4	4
宿松县	35	16	13	5	1	108	44	51	11	2
望江县	14	8	4	2		7	2	4	1	
岳西县	10	4	3	1	2	25	1	22	1	1
安徽安庆经济开发区	59	21	32	3	3	40	17	16		7
桐城市	10		10			9		9		
潜山市	21	5	14	2		11		10		1
黄山市	**153**	**29**	**101**	**10**	**13**	**141**	**17**	**96**	**16**	**12**
屯溪区	14	1	7		6	5	2	1	1	1
黄山区	19	5	13		1	33	9	20	1	3
徽州区	2		2							
歙县	47	12	30	3	2	33		28	4	1
休宁县	19	3	15		1	17		13	1	3
黟县	13	1	9	2	1	26		17	7	2
祁门县	39	7	25	5	2	27	6	17	2	2
滁州市	**1090**	**243**	**749**	**63**	**35**	**265**	**51**	**153**	**29**	**32**
琅琊区										
南谯区	36	7	20	6	3	10	2	3	3	2
来安县	198	38	138	16	6	64	19	34	8	3
全椒县	101	10	81	7	3	42	9	26	5	2
定远县	41	11	23	7		15		10		5
凤阳县	75	4	54	13	4	23	5	14	2	2
苏滁现代产业园	164	30	120	6	8	26	8	13		5
滁州经济技术开发区	426	142	268	8	8	55	7	30	7	11
天长市	36	1	32		3	24		20	3	1
明光市	13		13			6	1	3	1	1

7－1b 续表 29　　　　单位：人

现住地	省外									
	河南					湖北				
	小计	乡	镇的村委会	镇的居委会	街道	小计	乡	镇的村委会	镇的居委会	街道
阜阳市	**740**	**126**	**441**	**118**	**55**	**146**	**7**	**76**	**38**	**25**
颍州区	23	8	13	2		2		2		
颍东区	12		8	4		5		2	3	
颍泉区	12	9	3			3		3		
临泉县	255	31	173	28	23	30	3	10	4	13
太和县	99	13	69	15	2	37	1	27	9	
阜南县	123	27	71	24	1	11		5	3	3
颍上县	87	12	40	21	14	32	1	13	12	6
阜阳合肥现代产业园区										
阜阳经济技术开发区	59	19	26	6	8	17	1	10	3	3
界首市	70	7	38	18	7	9	1	4	4	
宿州市	**499**	**104**	**305**	**55**	**35**	**102**	**7**	**67**	**16**	**12**
埇桥区	57	10	34	3	10	9		6	3	
砀山县	119	26	69	22	2	13	1	8	1	3
萧县	123	35	69	19		26	3	18	5	
灵璧县	59	5	50	1	3	20	2	13	3	2
泗县	78	10	55	5	8	13		8	3	2
宿州马鞍山现代产业园区	15	5	6	4		3				3
宿州经济技术开发区	48	13	22	1	12	18	1	14	1	2
六安市	**583**	**82**	**447**	**32**	**22**	**184**	**16**	**133**	**14**	**21**
金安区	36	10	20	4	2	37	1	29	2	5
裕安区	8		8			2	1	1		
叶集区	4	1	3			2		2		
霍邱县	98	12	71	4	11	28	3	21	1	3
舒城县	218	17	190	9	2	45	4	37	1	3
金寨县	188	37	133	14	4	55	5	33	8	9
霍山县	31	5	22	1	3	15	2	10	2	1
亳州市	**311**	**45**	**228**	**22**	**16**	**64**	**11**	**43**	**9**	**1**
谯城区	104	14	84	4	2	2		2		
涡阳县	69	8	47	6	8	12		10	1	1
蒙城县	56	8	39	4	5	16	7	8	1	
利辛县	82	15	58	8	1	34	4	23	7	
池州市	**110**	**12**	**83**	**10**	**5**	**62**	**4**	**45**	**6**	**7**
贵池区	29	1	25	2	1	6		3	1	2
东至县	31	2	25	3	1	22		20	2	
石台县	8	1	6	1		6		2	1	3
青阳县	36	7	25	4		25	2	19	2	2
池州市国家经济技术开发区										
皖江江南新兴产业集中区										
九华山风景区	6	1	2		3	3	2	1		
宣城市	**448**	**95**	**267**	**46**	**40**	**236**	**27**	**147**	**21**	**41**
宣州区	17	5	9		3	4		3	1	
郎溪县	146	39	91	16		84	11	64	4	5
泾县	56	11	41	3	1	31	2	22	1	6
绩溪县	30	7	18	3	2	20	1	9	7	3
旌德县	7	1	5		1	5		3		2
宣城市经济开发区	124	26	57	13	28	54	8	22	2	22
宁国市	20	2	17		1	6		6		
广德市	48	4	29	11	4	32	5	18	6	3

7-1b　续表 30　　　　　　　　　　　　　　　　　　　　　　　　　　　单位：人

现住地	省外									
	湖南					广东				
	小计	乡	镇的村委会	镇的居委会	街道	小计	乡	镇的村委会	镇的居委会	街道
安　徽	**2115**	**391**	**1336**	**186**	**202**	**806**	**74**	**315**	**155**	**262**
合肥市	**681**	**124**	**413**	**50**	**94**	**306**	**34**	**100**	**66**	**106**
瑶海区	1		1			4		4		
庐阳区	5		3	1	1	14	3	1	1	9
蜀山区	4		4			4		4		
包河区										
长丰县	77	11	60	3	3	33	8	17	4	4
肥东县	79	12	53	7	7	22	1	12	2	7
肥西县	95	26	58	3	8	38	4	15	6	13
庐江县	27	2	21	4		9		5	2	2
合肥高新技术产业开发区	65	10	39	7	9	62	4	13	20	25
合肥经济技术开发区	194	26	104	14	50	77	8	14	17	38
合肥新站高新技术产业开发区	122	36	60	10	16	40	6	12	14	8
巢湖市	12	1	10	1		3		3		
芜湖市	**266**	**44**	**181**	**25**	**16**	**65**	**4**	**35**	**15**	**11**
镜湖区										
弋江区										
鸠江区	2		1		1	2			2	
三山区	11	3	5	3		5	1		1	3
芜湖县	96	15	73	4	4	18	2	9	6	1
繁昌县	21	5	14	2						
南陵县	20		14	6		10		8	1	1
芜湖经济技术开发区	105	20	67	8	10	29	1	17	5	6
安徽芜湖长江大桥经济开发区										
无为市	11	1	7	2	1	1		1		
蚌埠市	**85**	**9**	**56**	**10**	**10**	**55**	**7**	**10**	**5**	**33**
龙子湖区										
蚌山区										
禹会区	1		1							
淮上区	1		1							
怀远县	19	1	17		1	10	3	4	3	
五河县	14	4	8	2		1		1		
固镇县	14	1	5	5	3	6		1	2	3
蚌埠市高新技术开发区	9	1	4	1	3	2	1			1
蚌埠市经济开发区	27	2	20	2	3	36	3	4		29
淮南市	**45**	**12**	**24**	**5**	**4**	**18**	**2**	**10**	**1**	**5**
大通区	11	4	6	1		1				1
田家庵区										
谢家集区										
八公山区										
潘集区	8	1	6	1		1		1		
凤台县	10		5	2	3	1			1	
寿县	16	7	7	1	1	15	2	9		4

7－1b 续表 31

单位：人

现住地	省外									
	湖南					广东				
	小计	乡	镇的村委会	镇的居委会	街道	小计	乡	镇的村委会	镇的居委会	街道
马鞍山市	**81**	**18**	**56**	**5**	**2**	**17**	**2**	**9**	**2**	**4**
花山区										
雨山区										
博望区						5	1	4		
当涂县	38	13	23	1	1	7	1	2	1	3
含山县	12	1	11			1		1		
和县	31	4	22	4	1	4		2	1	1
淮北市	**6**		**5**	**1**		**12**	**1**	**8**	**1**	**2**
杜集区						2		2		
相山区										
烈山区										
濉溪县	6		5	1		10	1	6	1	2
铜陵市	**9**	**1**	**4**	**4**		**5**		**3**		**2**
铜官区										
义安区	1	1								
郊区						1		1		
枞阳县	8		4	4		4		2		2
安庆市	**141**	**30**	**101**	**4**	**6**	**74**	**9**	**25**	**17**	**23**
迎江区										
大观区						1			1	
宜秀区										
怀宁县	32	2	28	2		12		8	3	1
太湖县	7		5		2	16	1	2	8	5
宿松县	25	12	12	1		16	3	6	3	4
望江县	12	1	11			2		1	1	
岳西县	7	4	3							
安徽安庆经济开发区	31	6	20	1	4	24	4	6	1	13
桐城市	8	1	7			2		2		
潜山市	19	4	15			1	1			
黄山市	**123**	**22**	**83**	**7**	**11**	**29**		**14**	**2**	**13**
屯溪区	21	2	10	4	5	5		1		4
黄山区	8	2	3		3					
徽州区						1		1		
歙县	50	9	37	1	3	12		10	2	
休宁县	24	1	21	2		3				3
黟县	9		9			1				1
祁门县	11	8	3			7		2		5
滁州市	**189**	**29**	**113**	**25**	**22**	**76**	**4**	**32**	**20**	**20**
琅琊区										
南谯区	13	4	6	1	2	5	1		1	3
来安县	54	8	35	9	2	17	1	11	3	2
全椒县	24	7	14		3	18	1	7	7	3
定远县	14	1	3	8	2	4			2	2
凤阳县	31	2	23	1	5	11		6	4	1
苏滁现代产业园	4	1	2		1	5	1	2	1	1
滁州经济技术开发区	38	6	22	5	5	14		5	1	8
天长市	11		8	1	2	2		1	1	
明光市										

7-1b 续表 32

单位：人

现住地	省外									
	湖南					广东				
	小计	乡	镇的村委会	镇的居委会	街道	小计	乡	镇的村委会	镇的居委会	街道
阜阳市	**75**	**10**	**51**	**7**	**7**	**24**	**1**	**14**	**3**	**6**
颍州区	6		6							
颍东区						3		1	2	
颍泉区	1		1			1		1		
临泉县	16	7	5	1	3	5		2		3
太和县	23	3	15	5		7	1	5		1
阜南县	8		7	1		4		3	1	
颍上县	6		5		1					
阜阳合肥现代产业园区										
阜阳经济技术开发区	12		11		1	3		1		2
界首市	3		1		2	1		1		
宿州市	**64**	**20**	**26**	**15**	**3**	**33**	**6**	**11**	**9**	**7**
埇桥区	3	1	1		1	2		1	1	
砀山县	11	2	7	2		7		1	3	3
萧县	18	8	2	7	1	1		1		
灵璧县	12	5	2	5		4		3	1	
泗县	11	3	6	1	1	8	1	3	3	1
宿州马鞍山现代产业园区	1		1			2			1	1
宿州经济技术开发区	8	1	7			9	5	2		2
六安市	**121**	**29**	**82**	**7**	**3**	**22**	**1**	**12**	**5**	**4**
金安区	22	6	16			1		1		
裕安区	10	1	9							
叶集区										
霍邱县	15	10	4		1	8		5	3	
舒城县	31	4	26	1		4		2	1	1
金寨县	31	4	20	5	2	5	1	2		2
霍山县	12	4	7	1		4		2	1	1
亳州市	**40**	**6**	**25**	**3**	**6**	**23**		**12**	**7**	**4**
谯城区	3		3			2		2		
涡阳县	14	1	7	2	4	9		5	3	1
蒙城县	5	1	3	1		7		3	2	2
利辛县	18	4	12		2	5		2	2	1
池州市	**41**	**15**	**21**	**5**		**13**	**1**	**6**	**1**	**5**
贵池区	14	6	7	1		1		1		
东至县	14	3	9	2		4		3		1
石台县						2		1		1
青阳县	12	5	5	2		6	1	1	1	3
池州市国家经济技术开发区										
皖江江南新兴产业集中区										
九华山风景区	1	1								
宣城市	**148**	**22**	**95**	**13**	**18**	**34**	**2**	**14**	**1**	**17**
宣州区	13	4	8	1		3		2		1
郎溪县	33	5	20	5	3	5	1	3	1	
泾县	19	5	9	4	1	4		1		3
绩溪县	13	2	8		3	4	1	1		2
旌德县	5		5			7		3		4
宣城市经济开发区	38	3	22	3	10	10		3		7
宁国市	12	2	10							
广德市	15	1	13		1	1		1		

7-1b 续表 33 单位：人

现住地	省外									
	广西					海南				
	小计	乡	镇的村委会	镇的居委会	街道	小计	乡	镇的村委会	镇的居委会	街道
安徽	**660**	**92**	**421**	**70**	**77**	**152**	**15**	**57**	**27**	**53**
合肥市	**180**	**28**	**97**	**24**	**31**	**68**	**9**	**26**	**10**	**23**
瑶海区										
庐阳区										
蜀山区	1		1							
包河区										
长丰县	11	2	6	1	2	4	2	2		
肥东县	32	9	18	2	3	9	3	4	2	
肥西县	32	4	21	6	1	7	1	2	1	3
庐江县	8	3	1	4						
合肥高新技术产业开发区	15	3	8	2	2	2		1		1
合肥经济技术开发区	68	4	38	6	20	40	2	15	6	17
合肥新站高新技术产业开发区	12	2	4	3	3	3	1			2
巢湖市	1	1				3		2	1	
芜湖市	**88**	**9**	**67**	**8**	**4**	**4**		**2**	**2**	
镜湖区										
弋江区										
鸠江区										
三山区	1			1						
芜湖县	28	2	23	2	1	1			1	
繁昌县	9		7	2						
南陵县	13	6	4	1	2	2		2		
芜湖经济技术开发区	36	1	32	2	1					
安徽芜湖长江大桥经济开发区										
无为市	1		1			1			1	
蚌埠市	**56**	**10**	**22**	**8**	**16**	**19**		**5**	**5**	**9**
龙子湖区										
蚌山区										
禹会区										
淮上区										
怀远县	2		1		1					
五河县						2			2	
固镇县	2	1		1						
蚌埠市高新技术开发区										
蚌埠市经济开发区	52	9	21	7	15	17		5	3	9
淮南市	**9**	**1**	**6**		**2**	**3**			**2**	**1**
大通区	6		4		2					
田家庵区										
谢家集区										
八公山区										
潘集区	1		1							
凤台县	1		1			3			2	1
寿县	1	1								

7-1b　续表 34　　　　单位：人

现住地	省外									
	广西					海南				
	小计	乡	镇的村委会	镇的居委会	街道	小计	乡	镇的村委会	镇的居委会	街道
马鞍山市	**21**		**17**	**2**	**2**	**2**			**2**	
花山区										
雨山区										
博望区										
当涂县	13		11		2	2			2	
含山县	2		2							
和县	6		4	2						
淮北市	**5**		**5**							
杜集区										
相山区										
烈山区										
濉溪县	5		5							
铜陵市	**5**	**2**		**1**	**2**	**1**				**1**
铜官区										
义安区	1	1				1				1
郊区										
枞阳县	4	1		1	2					
安庆市	**30**	**2**	**24**	**3**	**1**	**4**		**2**		**2**
迎江区										
大观区	1		1							
宜秀区	1		1							
怀宁县	8		7	1						
太湖县	3	1	2							
宿松县	3		2	1		1				1
望江县	5		4	1		1		1		
岳西县	2	1	1							
安徽安庆经济开发区	5		4		1	1				1
桐城市	1		1							
潜山市	1		1			1		1		
黄山市	**18**	**2**	**14**	**1**	**1**	**3**		**2**	**1**	
屯溪区	3		2		1					
黄山区	1		1							
徽州区	1		1							
歙县	7	1	6							
休宁县	3	1	1	1		1			1	
黟县	2		2							
祁门县	1		1			2		2		
滁州市	**60**	**7**	**41**	**5**	**7**	**8**		**4**	**2**	**2**
琅琊区										
南谯区	2		2							
来安县	10	2	8			2			2	
全椒县	4		3		1	2		1		1
定远县	3			2	1	3		3		
凤阳县	7		5	1	1					
苏滁现代产业园	4	2		2						
滁州经济技术开发区	22	2	17		3	1				1
天长市	6	1	5							
明光市	2		1		1					

7-1b 续表 35　　　　单位：人

现住地	省外									
	广西					海南				
	小计	乡	镇的村委会	镇的居委会	街道	小计	乡	镇的村委会	镇的居委会	街道
阜阳市	**18**	**3**	**10**	**4**	**1**	**12**	**2**	**5**		**5**
颍州区										
颍东区	1				1					
颍泉区										
临泉县	2	1	1			2		2		
太和县	8	1	5	2		7		3		4
阜南县	3	1	2							
颍上县	1		1							
阜阳合肥现代产业园区										
阜阳经济技术开发区	3		1	2		1				1
界首市						2	2			
宿州市	**14**		**10**	**4**		**4**		**2**	**2**	
埇桥区										
砀山县	4		4			2		1	1	
萧县	2		2			1		1		
灵璧县	5		2	3						
泗县	2		1	1		1			1	
宿州马鞍山现代产业园区										
宿州经济技术开发区	1		1							
六安市	**50**	**2**	**46**	**1**	**1**	**10**	**1**	**4**	**1**	**4**
金安区	3		3			1				1
裕安区	1		1							
叶集区	1		1							
霍邱县	8	2	6			1		1		
舒城县	32		31	1		1			1	
金寨县	4		3		1	4		1		3
霍山县	1		1			3	1	2		
亳州市	**12**	**4**	**8**							
谯城区										
涡阳县	4	4								
蒙城县										
利辛县	8		8							
池州市	**14**	**3**	**9**	**2**		**5**	**2**	**2**		**1**
贵池区	2		2							
东至县	3		3			1				1
石台县	2		2			1	1			
青阳县	7	3	2	2		3	1	2		
池州市国家经济技术开发区										
皖江江南新兴产业集中区										
九华山风景区										
宣城市	**80**	**19**	**45**	**7**	**9**	**9**	**1**	**3**		**5**
宣州区	2		2							
郎溪县	27	10	14	3		3		1		2
泾县	4	1	2		1	1	1			
绩溪县										
旌德县	2		2							
宣城市经济开发区	36	7	17	4	8	5		2		3
宁国市	2		2							
广德市	7	1	6							

7-1b　续表 36　　　　　　　　　　　　　　　　　　　　　　　　　　单位：人

现住地	省外									
	重庆					四川				
	小计	乡	镇的村委会	镇的居委会	街道	小计	乡	镇的村委会	镇的居委会	街道
安徽	**1054**	**167**	**621**	**99**	**167**	**2769**	**524**	**1728**	**283**	**234**
合肥市	**328**	**48**	**183**	**33**	**64**	**841**	**166**	**524**	**78**	**73**
瑶海区						5		5		
庐阳区	4		3		1	6	1	3		2
蜀山区	7		6	1		19		18	1	
包河区										
长丰县	46	12	19	3	12	90	29	52	2	7
肥东县	25	3	16	4	2	118	21	80	15	2
肥西县	67	5	47	7	8	165	35	110	10	10
庐江县	17		13	3	1	43	5	29	9	
合肥高新技术产业开发区	28	5	9	5	9	75	20	42	8	5
合肥经济技术开发区	91	13	43	7	28	234	36	138	20	40
合肥新站高新技术产业开发区	35	9	21	3	2	79	19	43	12	5
巢湖市	8	1	6		1	7		4	1	2
芜湖市	**94**	**14**	**49**	**10**	**21**	**259**	**48**	**164**	**35**	**12**
镜湖区										
弋江区										
鸠江区						4	1	2	1	
三山区	9	6			3	5		3	2	
芜湖县	23	2	15	1	5	74	20	46	6	2
繁昌县	8	1	4	2	1	35	4	28	1	2
南陵县	12		12			27		21	6	
芜湖经济技术开发区	36	5	16	3	12	97	21	55	14	7
安徽芜湖长江大桥经济开发区						2	2			
无为市	6		2	4		15		9	5	1
蚌埠市	**58**	**13**	**29**	**5**	**11**	**128**	**25**	**66**	**15**	**22**
龙子湖区						4	3	1		
蚌山区										
禹会区	1		1			1		1		
淮上区						2	1	1		
怀远县	12		11	1		39	14	18	4	3
五河县	6	1	4	1		15	2	13		
固镇县	8		4		4	21	3	14	4	
蚌埠市高新技术开发区	2			1	1	4		2	2	
蚌埠市经济开发区	29	12	9	2	6	42	2	16	5	19
淮南市	**23**	**8**	**9**	**5**	**1**	**67**	**12**	**45**	**6**	**4**
大通区	1			1		11		8	3	
田家庵区										
谢家集区						1		1		
八公山区										
潘集区	1		1			5	1	3		1
凤台县	4	2	1		1	22	5	14	3	
寿县	17	6	7	4		28	6	19		3

7－1b 续表 37

单位：人

现住地	省外									
	重庆					四川				
	小计	乡	镇的村委会	镇的居委会	街道	小计	乡	镇的村委会	镇的居委会	街道
马鞍山市	**19**		**14**	**1**	**4**	**125**	**9**	**103**	**10**	**3**
花山区										
雨山区										
博望区										
当涂县	10		6	1	3	70	5	57	7	1
含山县	4		4			19	1	18		
和县	5		4		1	36	3	28	3	2
淮北市	**5**		**2**	**1**	**2**	**38**	**7**	**26**	**3**	**2**
杜集区										
相山区										
烈山区	2				2	3		3		
濉溪县	3		2	1		35	7	23	3	2
铜陵市	**29**	**10**	**13**	**6**		**28**	**20**	**6**	**1**	**1**
铜官区										
义安区	12	9	3			15	14	1		
郊区						1			1	
枞阳县	17	1	10	6		12	6	5		1
安庆市	**58**	**11**	**38**	**4**	**5**	**134**	**25**	**83**	**17**	**9**
迎江区										
大观区										
宜秀区	1		1			1				1
怀宁县	9		3	2	4	35	2	22	7	4
太湖县	5	3	2			26	3	20	1	2
宿松县	15	3	11	1		24	8	13	2	1
望江县	6	5	1			6	2	4		
岳西县	5		5			4		3	1	
安徽安庆经济开发区	8		6	1	1	27	4	18	4	1
桐城市	4		4			8	3	3	2	
潜山市	5		5			3	3			
黄山市	**69**	**11**	**44**	**3**	**11**	**139**	**41**	**79**	**8**	**11**
屯溪区	1		1			5	2	2	1	
黄山区	26	5	19		2	4		3		1
徽州区	1		1			6	2	4		
歙县	12	2	6	1	3	42	9	29	1	3
休宁县	7	1	5	1		26	5	19		2
黟县	1		1			9	1	5	2	1
祁门县	21	3	11	1	6	47	22	17	4	4
滁州市	**54**	**5**	**37**	**5**	**7**	**283**	**40**	**177**	**28**	**38**
琅琊区										
南谯区	5		1	1	3	14	4	6	3	1
来安县	10		8	1	1	69	8	47	3	11
全椒县	13	1	9	1	2	40	5	24	7	4
定远县	3	1		2		18	2	9	2	5
凤阳县	5		5			29		14	9	6
苏滁现代产业园	3		2		1	27	2	22	1	2
滁州经济技术开发区	3		3			48	11	28	1	8
天长市	11	3	8			38	8	27	2	1
明光市	1		1							

7-1b 续表 38 单位：人

现住地	省外									
	重庆					四川				
	小计	乡	镇的村委会	镇的居委会	街道	小计	乡	镇的村委会	镇的居委会	街道
阜阳市	**43**	**4**	**32**	**4**	**3**	**76**	**16**	**32**	**24**	**4**
颍州区	2		2			1		1		
颍东区						3		1	2	
颍泉区	1		1							
临泉县	1		1			13	3	5	2	3
太和县	11	1	9	1		10		5	5	
阜南县	9	1	8			14	4	6	4	
颍上县	12	1	7	3	1	32	8	13	10	1
阜阳合肥现代产业园区						1	1			
阜阳经济技术开发区	5	1	2		2	1			1	
界首市	2		2			1		1		
宿州市	**51**	**15**	**19**	**9**	**8**	**118**	**35**	**67**	**12**	**4**
埇桥区	5	3	2			10	4	5	1	
砀山县	5	3	2			16	8	6	2	
萧县	19	7	6	4	2	36	15	21		
灵璧县	6	1	1		4	21		18	2	1
泗县	9	1	4	4		20	7	7	6	
宿州马鞍山现代产业园区	1			1		4		2		2
宿州经济技术开发区	6		4		2	11	1	8	1	1
六安市	**50**	**5**	**39**		**6**	**127**	**17**	**95**	**9**	**6**
金安区	16		11		5	18	2	12		4
裕安区	2		2			5	2	3		
叶集区										
霍邱县	4	1	3			22		21	1	
舒城县	15	1	14			41	8	30	1	2
金寨县	11	3	8			25	2	17	6	
霍山县	2		1		1	16	3	12	1	
亳州市	**30**	**3**	**23**	**2**	**2**	**53**	**4**	**31**	**9**	**9**
谯城区	1		1			1		1		
涡阳县	9		7	2		20	4	4	4	8
蒙城县	11	3	8			11		6	4	1
利辛县	9		7		2	21		20	1	
池州市	**24**	**3**	**19**	**2**		**62**	**8**	**42**	**9**	**3**
贵池区	3	1	2			2		1	1	
东至县	7		6	1		18	2	14	1	1
石台县	3		3			7	1	6		
青阳县	11	2	8	1		30	1	20	7	2
池州市国家经济技术开发区										
皖江江南新兴产业集中区										
九华山风景区						5	4	1		
宣城市	**119**	**17**	**71**	**9**	**22**	**291**	**51**	**188**	**19**	**33**
宣州区	6		5		1	12	3	8	1	
郎溪县	45	10	30	3	2	77	10	52	8	7
泾县	10		6	3	1	43	7	31	3	2
绩溪县	18		13	3	2	27	4	22		1
旌德县	1				1	16	8	8		
宣城市经济开发区	30	7	9		14	63	11	28	5	19
宁国市	5		4		1	21	4	15		2
广德市	4		4			32	4	24	2	2

7－1b 续表 39 单位：人

现住地	省外									
	贵州					云南				
	小计	乡	镇的村委会	镇的居委会	街道	小计	乡	镇的村委会	镇的居委会	街道
安徽	**1828**	**341**	**1253**	**138**	**96**	**1782**	**378**	**1189**	**108**	**107**
合肥市	**408**	**70**	**285**	**15**	**38**	**350**	**81**	**213**	**24**	**32**
瑶海区						2		2		
庐阳区	1	1								
蜀山区	22	1	21			1		1		
包河区										
长丰县	28	4	24			30	7	21	2	
肥东县	89	16	66	6	1	67	27	37	3	
肥西县	64	6	51	3	4	54	10	38	3	3
庐江县	26	3	19	3	1	32	8	18	3	3
合肥高新技术产业开发区	52	10	30	1	11	27	8	17	2	
合肥经济技术开发区	81	19	43	2	17	90	13	48	8	21
合肥新站高新技术产业开发区	41	9	30		2	44	8	29	2	5
巢湖市	4	1	1		2	3		2	1	
芜湖市	**185**	**22**	**139**	**16**	**8**	**344**	**73**	**250**	**15**	**6**
镜湖区										
弋江区										
鸠江区	5		5			7	4	3		
三山区	2			1	1	6	2	3	1	
芜湖县	91	17	66	5	3	158	35	117	4	2
繁昌县	7		5	2		23	6	17		
南陵县	22		20	2		21	2	19		
芜湖经济技术开发区	51	4	38	5	4	120	21	86	9	4
安徽芜湖长江大桥经济开发区	2	1	1			3	3			
无为市	5		4	1		6		5	1	
蚌埠市	**64**	**24**	**27**	**6**	**7**	**37**	**10**	**16**	**2**	**9**
龙子湖区	3		3			1	1			
蚌山区										
禹会区										
淮上区	2		2			2		2		
怀远县	19	14	3	2		8	5	3		
五河县	9		8	1		8	1	4	2	1
固镇县	7	4	3			5	1	4		
蚌埠市高新技术开发区	3			2	1	1				1
蚌埠市经济开发区	21	6	8	1	6	12	2	3		7
淮南市	**23**	**7**	**13**	**2**	**1**	**15**	**2**	**12**		**1**
大通区						1		1		
田家庵区	1		1							
谢家集区										
八公山区										
潘集区	6	2	3		1	2		2		
凤台县	9	5	4			6	1	4		1
寿县	7		5	2		6	1	5		

7-1b　续表 40　　　　单位：人

现住地	省外									
	贵州					云南				
	小计	乡	镇的村委会	镇的居委会	街道	小计	乡	镇的村委会	镇的居委会	街道
马鞍山市	**72**	**14**	**54**	**2**	**2**	**169**	**25**	**125**		**19**
花山区										
雨山区										
博望区	1		1			1	1			
当涂县	27	10	14	1	2	109	19	71		19
含山县	28		28			15		15		
和县	16	4	11	1		44	5	39		
淮北市	**16**	**2**	**13**	**1**		**9**	**2**	**7**		
杜集区	1		1							
相山区										
烈山区	2		2							
濉溪县	13	2	10	1		9	2	7		
铜陵市	**29**	**2**	**25**		**2**	**12**	**1**	**11**		
铜官区										
义安区	5	1	3		1	3		3		
郊区	1		1							
枞阳县	23	1	21		1	9	1	8		
安庆市	**101**	**30**	**60**	**9**	**2**	**57**	**11**	**36**	**8**	**2**
迎江区										
大观区										
宜秀区	1		1			3		3		
怀宁县	28	3	24		1	16		16		
太湖县	8	2	4	2		5			4	1
宿松县	24	18	5		1	6	4	2		
望江县	3	1	2							
岳西县	8	1	5	2		2		1		1
安徽安庆经济开发区	21	3	14	4		15	6	6	3	
桐城市	5	2	3			1		1		
潜山市	3		2	1		9	1	7	1	
黄山市	**88**	**18**	**63**	**5**	**2**	**67**	**18**	**44**	**2**	**3**
屯溪区	2		2			1	1			
黄山区	14	2	11		1	15	1	14		
徽州区										
歙县	24	6	14	4		32	8	22	1	1
休宁县	10	3	7			8	1	6	1	
黟县	23		23							
祁门县	15	7	6	1	1	11	7	2		2
滁州市	**200**	**41**	**141**	**12**	**6**	**220**	**58**	**133**	**15**	**14**
琅琊区										
南谯区	4	1	2		1	3	3			
来安县	40	7	32		1	53	18	27	5	3
全椒县	28	3	25			21	1	16	4	
定远县	1		1			5	3	2		
凤阳县	25	4	12	5	4	8	4	4		
苏滁现代产业园	37	7	30			70	16	46	1	7
滁州经济技术开发区	17	6	10	1		16	6	6	3	1
天长市	46	11	29	6		42	6	31	2	3
明光市	2	2				2	1	1		

7-1b 续表 41

单位：人

现住地	省外									
	贵州					云南				
	小计	乡	镇的村委会	镇的居委会	街道	小计	乡	镇的村委会	镇的居委会	街道
阜阳市	**66**	**12**	**42**	**10**	**2**	**29**	**6**	**18**	**3**	**2**
颍州区						2	1		1	
颍东区	1			1		4		4		
颍泉区										
临泉县	24	8	10	6		10	2	7		1
太和县	18	1	16		1	3		3		
阜南县	10	1	7	2		6	1	3	1	1
颍上县	5		5			3	1	1	1	
阜阳合肥现代产业园区										
阜阳经济技术开发区	4	1	1	1	1					
界首市	4	1	3			1	1			
宿州市	**65**	**13**	**43**	**6**	**3**	**53**	**13**	**29**	**7**	**4**
埇桥区	13	1	9	2	1	18	9	6	1	2
砀山县	12	5	6	1		8	3	5		
萧县	9	3	5	1		6		4	2	
灵璧县	15	2	13			9		7	1	1
泗县	14	2	9	2	1	11	1	6	3	1
宿州马鞍山现代产业园区	1		1							
宿州经济技术开发区	1				1	1		1		
六安市	**88**	**21**	**56**	**5**	**6**	**126**	**15**	**108**	**1**	**2**
金安区	7		5		2	8		8		
裕安区						3	1	2		
叶集区										
霍邱县	6	1	5			11	5	6		
舒城县	53	12	37		4	87	7	80		
金寨县	16	6	6	4		13	2	9		2
霍山县	6	2	3	1		4		3	1	
亳州市	**37**	**10**	**18**	**4**	**5**	**20**	**1**	**12**	**3**	**4**
谯城区	4	3	1							
涡阳县	11		9		2	10		4	2	4
蒙城县	7	2		3	2	5	1	4		
利辛县	15	5	8	1	1	5		4	1	
池州市	**35**	**3**	**28**	**3**	**1**	**21**	**2**	**19**		
贵池区	6		6			2		2		
东至县	16		15	1		1		1		
石台县	5	2	2	1		4		4		
青阳县	8	1	5	1	1	13	1	12		
池州市国家经济技术开发区										
皖江江南新兴产业集中区										
九华山风景区						1	1			
宣城市	**351**	**52**	**246**	**42**	**11**	**253**	**60**	**156**	**28**	**9**
宣州区	9	1	7		1	14	3	10	1	
郎溪县	108	12	69	27		85	18	60	6	1
泾县	31	8	20	1	2	10	1	9		
绩溪县	15	7	8			15	4	11		
旌德县	5	2	2		1	17	15		2	
宣城市经济开发区	28	6	15	3	4	26	6	12	1	7
宁国市	35	10	24		1	23	7	15	1	
广德市	120	6	101	11	2	63	6	39	17	1

7-1b 续表 42 单位：人

现住地	省外									
	西藏					陕西				
	小计	乡	镇的村委会	镇的居委会	街道	小计	乡	镇的村委会	镇的居委会	街道
安徽	**77**	**14**	**21**	**10**	**32**	**1488**	**207**	**912**	**147**	**222**
合肥市	**40**	**10**	**16**	**4**	**10**	**576**	**83**	**343**	**49**	**101**
瑶海区	2		2			1		1		
庐阳区	4		1		3	4		1		3
蜀山区						2	1	1		
包河区										
长丰县	9	1	7	1		45	8	26	1	10
肥东县	2				2	60	12	30	15	3
肥西县	3		1	2		77	12	51	7	7
庐江县						30	1	13	3	13
合肥高新技术产业开发区						58	6	42	7	3
合肥经济技术开发区	9		3	1	5	201	32	120	11	38
合肥新站高新技术产业开发区	11	9	2			88	11	51	5	21
巢湖市						10		7		3
芜湖市	**1**	**1**				**207**	**28**	**144**	**18**	**17**
镜湖区										
弋江区										
鸠江区						3		3		
三山区						3		2	1	
芜湖县						57	6	46	3	2
繁昌县						14	3	5	4	2
南陵县						14		12	2	
芜湖经济技术开发区	1	1				105	17	70	6	12
安徽芜湖长江大桥经济开发区						2	2			
无为市						9		6	2	1
蚌埠市	**14**	**1**		**1**	**12**	**71**	**12**	**33**	**7**	**19**
龙子湖区						2	1	1		
蚌山区										
禹会区										
淮上区						2	1	1		
怀远县						6		4	1	1
五河县						5	2	3		
固镇县						5	1	4		
蚌埠市高新技术开发区						11	1	5	2	3
蚌埠市经济开发区	14	1		1	12	40	6	15	4	15
淮南市	**2**	**1**	**1**			**15**	**5**	**9**	**1**	
大通区						5		5		
田家庵区										
谢家集区										
八公山区										
潘集区						3	1	2		
凤台县	2	1	1			2		2		
寿县						5	4		1	

7-1b 续表 43 单位：人

现住地	省外									
	西藏					陕西				
	小计	乡	镇的村委会	镇的居委会	街道	小计	乡	镇的村委会	镇的居委会	街道
马鞍山市	**2**				**2**	**46**	**4**	**27**	**9**	**6**
花山区										
雨山区										
博望区						2		2		
当涂县						21	4	8	8	1
含山县	2				2	5		4		1
和县						18		13	1	4
淮北市						**26**	**1**	**11**	**10**	**4**
杜集区						4	1		3	
相山区										
烈山区										
濉溪县						22		11	7	4
铜陵市						**9**	**4**	**2**	**1**	**2**
铜官区										
义安区						2		2		
郊区										
枞阳县						7	4		1	2
安庆市	**1**			**1**		**31**	**6**	**19**	**5**	**1**
迎江区										
大观区										
宜秀区										
怀宁县						8	3	3	2	
太湖县						6	1	4	1	
宿松县						5	1	4		
望江县						1			1	
岳西县						4		3		1
安徽安庆经济开发区						4	1	2	1	
桐城市						2		2		
潜山市	1			1		1		1		
黄山市	**1**	**1**				**43**	**12**	**25**	**4**	**2**
屯溪区										
黄山区						3	1	2		
徽州区						4		4		
歙县						23	6	13	2	2
休宁县						6	3	3		
黟县										
祁门县	1	1				7	2	3	2	
滁州市	**2**		**1**	**1**		**155**	**15**	**114**	**9**	**17**
琅琊区										
南谯区						4	1	2		1
来安县						35	4	28	1	2
全椒县						13	3	9	1	
定远县	2		1	1		4		3		1
凤阳县						4		4		
苏滁现代产业园						24	2	18	3	1
滁州经济技术开发区						50	5	36	4	5
天长市						19		12		7
明光市						2		2		

7-1b　续表 44　　　　单位：人

现住地	省外									
	西藏					陕西				
	小计	乡	镇的村委会	镇的居委会	街道	小计	乡	镇的村委会	镇的居委会	街道
阜阳市	**3**		**2**		**1**	**44**	**4**	**18**	**7**	**15**
颍州区										
颍东区						4			4	
颍泉区										
临泉县						21	3	10	1	7
太和县	1		1			5	1	4		
阜南县						4		1	1	2
颍上县						5		2		3
阜阳合肥现代产业园区										
阜阳经济技术开发区	1				1	4		1		3
界首市	1		1			1			1	
宿州市	**8**		**1**	**2**	**5**	**60**	**6**	**31**	**12**	**11**
埇桥区						10	3	1	1	5
砀山县	3		1		2	11	1	6	3	1
萧县	2			2		17	1	11	5	
灵璧县						6		4		2
泗县	3				3	11		8	3	
宿州马鞍山现代产业园区						1		1		
宿州经济技术开发区						4	1			3
六安市	**1**			**1**		**66**	**12**	**48**	**4**	**2**
金安区						3		3		
裕安区						2	2			
叶集区						1			1	
霍邱县						21	5	14	1	1
舒城县						17	1	14	1	1
金寨县						16	3	12	1	
霍山县	1			1		6	1	5		
亳州市						**17**		**10**	**5**	**2**
谯城区						2		2		
涡阳县						4		3		1
蒙城县						5		2	3	
利辛县						6		3	2	1
池州市	**1**				**1**	**19**	**1**	**16**	**1**	**1**
贵池区						2		2		
东至县	1				1	6	1	5		
石台县						1			1	
青阳县						9		8		1
池州市国家经济技术开发区										
皖江江南新兴产业集中区										
九华山风景区						1		1		
宣城市	**1**				**1**	**103**	**14**	**62**	**5**	**22**
宣州区						2		1	1	
郎溪县						34	7	26	1	
泾县						4		4		
绩溪县						4		3		1
旌德县						3		2	1	
宣城市经济开发区	1				1	51	7	21	2	21
宁国市						3		3		
广德市						2		2		

7-1b 续表 45

单位：人

现住地	省外									
	甘肃					青海				
	小计	乡	镇 的村委会	镇 的居委会	街道	小计	乡	镇 的村委会	镇 的居委会	街道
安 徽	**1080**	**198**	**644**	**106**	**132**	**220**	**25**	**97**	**48**	**50**
合肥市	**284**	**58**	**160**	**25**	**41**	**60**	**9**	**23**	**11**	**17**
瑶海区						1				1
庐阳区	2		2							
蜀山区	5		5							
包河区										
长丰县	46	13	25	5	3	4		4		
肥东县	28	11	10	2	5	11		6	4	1
肥西县	47	5	34	2	6	3		1	1	1
庐江县	6		5		1	1		1		
合肥高新技术产业开发区	37	8	18	8	3	9	5	1		3
合肥经济技术开发区	78	13	36	7	22	15		1	5	9
合肥新站高新技术产业开发区	33	8	23	1	1	16	4	9	1	2
巢湖市	2		2							
芜湖市	**151**	**19**	**110**	**11**	**11**	**21**	**3**	**10**	**1**	**7**
镜湖区										
弋江区										
鸠江区	2		2			3		3		
三山区	1			1		1				1
芜湖县	38	3	32	2	1	5		3	1	1
繁昌县	1			1						
南陵县	6		4	1	1	2		2		
芜湖经济技术开发区	101	16	72	4	9	10	3	2		5
安徽芜湖长江大桥经济开发区										
无为市	2			2						
蚌埠市	**102**	**22**	**36**	**15**	**29**	**20**	**2**	**8**	**2**	**8**
龙子湖区	3	3								
蚌山区										
禹会区										
淮上区										
怀远县	12	8	4							
五河县	7		5	2		1				1
固镇县	4		4							
蚌埠市高新技术开发区	9		4	5						
蚌埠市经济开发区	67	11	19	8	29	19	2	8	2	7
淮南市	**28**	**4**	**19**	**5**		**2**	**1**			**1**
大通区	2	1	1							
田家庵区										
谢家集区										
八公山区										
潘集区	9	3	6							
凤台县	4		2	2		1				1
寿县	13		10	3		1	1			

7-1b 续表 46

单位：人

现住地	省外									
	甘肃					青海				
	小计	乡	镇的村委会	镇的居委会	街道	小计	乡	镇的村委会	镇的居委会	街道
马鞍山市	**17**	**3**	**13**	**1**		**2**		**2**		
花山区										
雨山区										
博望区										
当涂县	11	2	9							
含山县	3	1	1	1						
和县	3		3			2		2		
淮北市	**16**	**3**	**8**	**5**						
杜集区	1		1							
相山区										
烈山区										
濉溪县	15	3	7	5						
铜陵市	**2**		**2**							
铜官区										
义安区	1		1							
郊区										
枞阳县	1		1							
安庆市	**29**	**4**	**21**	**2**	**2**	**5**	**1**	**4**		
迎江区										
大观区										
宜秀区										
怀宁县	10	1	9							
太湖县										
宿松县	2	1		1						
望江县										
岳西县	7		7							
安徽安庆经济开发区	9	2	5	1	1	1	1			
桐城市						1		1		
潜山市	1				1	3		3		
黄山市	**32**	**6**	**22**	**1**	**3**	**5**	**2**	**3**		
屯溪区	1	1								
黄山区	16	3	11		2	2	2			
徽州区										
歙县	8	1	5	1	1	2		2		
休宁县	3		3							
黟县	1		1							
祁门县	3	1	2			1		1		
滁州市	**138**	**22**	**98**	**8**	**10**	**46**	**5**	**15**	**24**	**2**
琅琊区										
南谯区	6		1	3	2	23			23	
来安县	51	7	39		5	5	1	4		
全椒县	5		1	2	2	1				1
定远县	1	1				2	2			
凤阳县	8		6	2						
苏滁现代产业园	47	9	37		1	2		1	1	
滁州经济技术开发区	19	4	14	1		8	2	5		1
天长市	1	1				2		2		
明光市						3		3		

7-1b 续表 47

单位：人

现住地	省外									
	甘肃					青海				
	小计	乡	镇的村委会	镇的居委会	街道	小计	乡	镇的村委会	镇的居委会	街道
阜阳市	**81**	**21**	**45**	**11**	**4**	**8**		**6**	**2**	
颍州区	5		5							
颍东区										
颍泉区	3		3							
临泉县	15	4	9	1	1	2		2		
太和县	28	6	13	8	1					
阜南县	3	1	2							
颍上县	12	6	5	1		2			2	
阜阳合肥现代产业园区										
阜阳经济技术开发区	4		4							
界首市	11	4	4	1	2	4		4		
宿州市	**31**	**4**	**20**	**3**	**4**	**6**		**4**		**2**
埇桥区	1	1				1				1
砀山县	1	1				3		3		
萧县	14	1	6	3	4	2		1		1
灵璧县	5		5							
泗县	3		3							
宿州马鞍山现代产业园区	6		6							
宿州经济技术开发区	1	1								
六安市	**31**	**7**	**16**	**6**	**2**	**14**		**14**		
金安区	3		3			8		8		
裕安区										
叶集区						3		3		
霍邱县	8		3	4	1					
舒城县	10	2	8			3		3		
金寨县	2		1		1					
霍山县	8	5	1	2						
亳州市	**54**	**10**	**40**	**4**		**10**		**5**	**3**	**2**
谯城区	10		10			1			1	
涡阳县	6		6			7		5	2	
蒙城县	25	8	14	3						
利辛县	13	2	10	1		2				2
池州市	**15**	**5**	**9**	**1**		**2**				**2**
贵池区	2	1	1							
东至县	1		1							
石台县										
青阳县	11	4	6	1		2				2
池州市国家经济技术开发区										
皖江江南新兴产业集中区										
九华山风景区	1		1							
宣城市	**69**	**10**	**25**	**8**	**26**	**19**	**2**	**3**	**5**	**9**
宣州区	1		1							
郎溪县	6		3		3	1		1		
泾县	3		3							
绩溪县	4	1	1	1	1					
旌德县	6	3		1	2					
宣城市经济开发区	40	4	14	3	19	16	2	1	4	9
宁国市	1		1			2		1	1	
广德市	8	2	2	3	1					

7-1b　续表 48　　　　单位：人

现住地	省外									
	宁夏					新疆				
	小计	乡	镇的村委会	镇的居委会	街道	小计	乡	镇的村委会	镇的居委会	街道
安　徽	**139**	**19**	**73**	**18**	**29**	**373**	**72**	**129**	**66**	**106**
合肥市	**50**	**8**	**26**	**9**	**7**	**161**	**40**	**71**	**25**	**25**
瑶海区										
庐阳区	2	2								
蜀山区										
包河区										
长丰县	2				2	18		9	5	4
肥东县	6	1	3	2		8		3	2	3
肥西县	3	1		2		5	1	1	1	2
庐江县	12	1	11			4	2	1	1	
合肥高新技术产业开发区	6	1	5			5	1	1	2	1
合肥经济技术开发区	16	2	7	2	5	85	30	38	7	10
合肥新站高新技术产业开发区	2			2		35	6	17	7	5
巢湖市	1			1		1		1		
芜湖市	**12**	**1**	**8**		**3**	**22**	**8**	**7**	**6**	**1**
镜湖区										
弋江区										
鸠江区						7	7			
三山区										
芜湖县	1		1			4		3		1
繁昌县	1		1							
南陵县	1				1	7		4	3	
芜湖经济技术开发区	9	1	6		2	3	1		2	
安徽芜湖长江大桥经济开发区										
无为市						1			1	
蚌埠市	**37**	**5**	**14**	**8**	**10**	**27**	**4**	**5**	**9**	**9**
龙子湖区										
蚌山区										
禹会区										
淮上区										
怀远县						3	3			
五河县						4		1	3	
固镇县						1		1		
蚌埠市高新技术开发区						2				2
蚌埠市经济开发区	37	5	14	8	10	17	1	3	6	7
淮南市	**3**	**1**			**2**	**2**			**1**	**1**
大通区	1				1	1				1
田家庵区										
谢家集区										
八公山区										
潘集区	1				1					
凤台县						1			1	
寿县	1	1								

7-1b 续表 49

单位：人

现住地	省外									
	宁夏					新疆				
	小计	乡	镇的村委会	镇的居委会	街道	小计	乡	镇的村委会	镇的居委会	街道
马鞍山市	**5**		**4**	**1**		**36**	**3**	**8**	**1**	**24**
花山区										
雨山区										
博望区										
当涂县	1		1			33	3	6	1	23
含山县	1			1		2		2		
和县	3		3			1				1
淮北市	**3**		**3**			**1**		**1**		
杜集区										
相山区										
烈山区										
濉溪县	3		3			1		1		
铜陵市										
铜官区										
义安区										
郊区										
枞阳县										
安庆市	**1**		**1**			**7**	**1**	**4**	**2**	
迎江区										
大观区										
宜秀区										
怀宁县						3		2	1	
太湖县						1	1			
宿松县										
望江县										
岳西县										
安徽安庆经济开发区						1			1	
桐城市						2		2		
潜山市	1		1							
黄山市	**1**		**1**			**3**	**1**	**1**	**1**	
屯溪区										
黄山区										
徽州区										
歙县										
休宁县	1		1							
黟县										
祁门县						3	1	1	1	
滁州市	**3**	**1**	**2**			**17**		**6**	**6**	**5**
琅琊区										
南谯区										
来安县	2	1	1			1		1		
全椒县						1			1	
定远县						1		1		
凤阳县						3		3		
苏滁现代产业园										
滁州经济技术开发区	1		1			9			4	5
天长市						2		1	1	
明光市										

7-1b　续表 50　　　　单位：人

现住地	省外									
	宁夏					新疆				
	小计	乡	镇的村委会	镇的居委会	街道	小计	乡	镇的村委会	镇的居委会	街道
阜阳市	**1**	**1**				**23**	**4**	**5**	**6**	**8**
颍州区						1		1		
颍东区										
颍泉区										
临泉县						6		1	1	4
太和县						4	3			1
阜南县						5	1		4	
颍上县	1	1				4		1	1	2
阜阳合肥现代产业园区										
阜阳经济技术开发区						1		1		
界首市						2		1		1
宿州市	**3**				**3**	**40**	**6**	**12**	**7**	**15**
埇桥区						2	2			
砀山县	3				3	7		4	2	1
萧县						5		4	1	
灵璧县						6		3	3	
泗县						1			1	
宿州马鞍山现代产业园区						19	4	1		14
宿州经济技术开发区										
六安市						**12**	**3**		**2**	**7**
金安区										
裕安区										
叶集区										
霍邱县						3	3			
舒城县						7			1	6
金寨县										
霍山县						2			1	1
亳州市	**8**		**8**			**13**		**7**		**6**
谯城区						3		3		
涡阳县	7		7			3		3		
蒙城县						6				6
利辛县	1		1			1		1		
池州市	**2**		**2**			**4**		**1**		**3**
贵池区										
东至县	2		2			1		1		
石台县										
青阳县						3				3
池州市国家经济技术开发区										
皖江江南新兴产业集中区										
九华山风景区										
宣城市	**10**	**2**	**4**		**4**	**5**	**2**	**1**		**2**
宣州区	1		1			1				1
郎溪县						1		1		
泾县										
绩溪县										
旌德县										
宣城市经济开发区	9	2	3		4	1				1
宁国市						2	2			
广德市										

7–1c　全省按现住地、户口登记地类型分的户口登记地在外乡镇街道人口(乡村)

单位：人

现住地	合计					省内				
	合计	乡	镇的村委会	镇的居委会	街道	小计	乡	镇的村委会	镇的居委会	街道
安　徽	**99301**	**17291**	**60896**	**9557**	**11557**	**78774**	**13210**	**47495**	**8309**	**9760**
合肥市	**20563**	**3963**	**11124**	**3322**	**2154**	**17746**	**3392**	**9396**	**3057**	**1901**
瑶海区	1686	508	944	115	119	1618	490	906	110	112
庐阳区	56	12	27	5	12	45	6	24	4	11
蜀山区	257	29	199	13	16	143	19	108	10	6
包河区	411	141	228	7	35	338	127	187	6	18
长丰县	3892	656	2208	579	449	3377	546	1910	508	413
肥东县	1931	356	1049	260	266	1643	296	858	234	255
肥西县	9659	1872	4801	2094	892	8442	1595	4101	1962	784
庐江县	1215	109	870	140	96	928	87	646	123	72
合肥高新技术产业开发区										
合肥经济技术开发区	37	15	16	6		37	15	16	6	
合肥新站高新技术产业开发区	226	66	133	4	23	172	49	102	3	18
巢湖市	1193	199	649	99	246	1003	162	538	91	212
芜湖市	**3748**	**338**	**2642**	**332**	**436**	**2944**	**216**	**2110**	**278**	**340**
镜湖区	116	6	69	6	35	89	4	51	5	29
弋江区										
鸠江区	395	28	256	58	53	246	22	162	38	24
三山区	149	14	107	4	24	130	9	100	4	17
芜湖县	358	37	281	21	19	277	24	221	17	15
繁昌县	1110	109	691	124	186	914	56	579	115	164
南陵县	563	21	468	44	30	436	6	372	38	20
芜湖经济技术开发区	8	1	1		6	6	1	1		4
安徽芜湖长江大桥经济开发区	11	2	4	2	3	11	2	4	2	3
无为市	1038	120	765	73	80	835	92	620	59	64
蚌埠市	**3030**	**785**	**1706**	**254**	**285**	**2482**	**641**	**1370**	**228**	**243**
龙子湖区	132	79	35	4	14	122	72	33	4	13
蚌山区	155	68	41	1	45	138	61	32	1	44
禹会区	357	128	197	8	24	283	103	153	5	22
淮上区	158	23	115	12	8	128	22	90	10	6
怀远县	712	169	438	44	61	537	121	339	33	44
五河县	372	51	267	24	30	278	40	189	24	25
固镇县	1144	267	613	161	103	996	222	534	151	89
蚌埠市高新技术开发区										
蚌埠市经济开发区										
淮南市	**6183**	**1016**	**3794**	**516**	**857**	**5642**	**871**	**3460**	**477**	**834**
大通区	184	86	58	12	28	166	76	52	10	28
田家庵区	93	34	42	1	16	85	32	36	1	16
谢家集区	169	42	78	17	32	153	40	64	17	32
八公山区	219	11	39	122	47	209	10	34	118	47
潘集区	1017	167	579	37	234	947	147	539	31	230
凤台县	3709	551	2491	243	424	3468	475	2361	224	408
寿县	792	125	507	84	76	614	91	374	76	73

7-1c　续表 1　　　　单位：人

现住地	合计					省内				
	合计	乡	镇的村委会	镇的居委会	街道	小计	乡	镇的村委会	镇的居委会	街道
马鞍山市	**2925**	**295**	**1899**	**319**	**412**	**1924**	**140**	**1287**	**217**	**280**
花山区	199	64	97	13	25	170	52	85	12	21
雨山区	147	22	86	13	26	133	20	74	13	26
博望区	241	35	164	27	15	118	12	73	23	10
当涂县	1017	110	683	76	148	630	28	465	42	95
含山县	349	19	252	38	40	229	8	173	15	33
和县	972	45	617	152	158	644	20	417	112	95
淮北市	**2751**	**156**	**1973**	**246**	**376**	**2101**	**115**	**1448**	**211**	**327**
杜集区	370	23	280	31	36	294	18	218	27	31
相山区	571	41	285	45	200	482	37	237	36	172
烈山区	909	28	743	95	43	621	15	491	80	35
濉溪县	901	64	665	75	97	704	45	502	68	89
铜陵市	**1630**	**206**	**1003**	**127**	**294**	**1417**	**168**	**859**	**113**	**277**
铜官区	310	31	207	13	59	300	29	203	11	57
义安区	646	112	367	42	125	540	98	296	34	112
郊区	357	19	215	32	91	324	12	191	32	89
枞阳县	317	44	214	40	19	253	29	169	36	19
安庆市	**5810**	**1459**	**3375**	**428**	**548**	**4478**	**1120**	**2597**	**386**	**375**
迎江区	74	16	39	6	13	52	16	29	2	5
大观区	275	58	175	7	35	225	47	149	2	27
宜秀区	206	83	83	16	24	147	52	61	14	20
怀宁县	739	152	433	50	104	494	92	287	46	69
太湖县	624	123	411	50	40	466	88	299	46	33
宿松县	1405	682	516	111	96	1110	552	405	101	52
望江县	566	68	393	36	69	436	58	289	35	54
岳西县	687	130	480	40	37	554	108	395	36	15
安徽安庆经济开发区	92	10	20	33	29	85	9	15	33	28
桐城市	579	25	463	31	60	486	14	390	30	52
潜山市	563	112	362	48	41	423	84	278	41	20
黄山市	**4161**	**822**	**2625**	**363**	**351**	**2841**	**509**	**1782**	**294**	**256**
屯溪区	230	14	177	26	13	196	12	150	22	12
黄山区	583	102	365	67	49	351	71	197	49	34
徽州区	215	26	165	12	12	192	22	148	12	10
歙县	1095	241	656	94	104	871	175	531	79	86
休宁县	900	180	591	70	59	700	140	452	64	44
黟县	446	91	265	39	51	261	22	163	36	40
祁门县	692	168	406	55	63	270	67	141	32	30
滁州市	**11892**	**1476**	**8024**	**997**	**1395**	**9144**	**1063**	**6063**	**848**	**1170**
琅琊区	154	12	109	13	20	109	12	68	11	18
南谯区	3491	483	2028	340	640	3091	414	1762	314	601
来安县	1266	148	944	86	88	799	100	593	61	45
全椒县	889	31	771	56	31	744	20	657	48	19
定远县	1061	186	645	146	84	878	169	513	128	68
凤阳县	1229	146	963	58	62	1065	132	830	49	54
苏滁现代产业园										
滁州经济技术开发区	1498	322	993	39	144	656	108	445	17	86
天长市	849	71	640	68	70	539	39	400	45	55
明光市	1455	77	931	191	256	1263	69	795	175	224

7－1c　续表 2

单位：人

现住地	合计					省内				
	合计	乡	镇的村委会	镇的居委会	街道	小计	乡	镇的村委会	镇的居委会	街道
阜阳市	**7676**	**1310**	**4530**	**705**	**1131**	**6121**	**983**	**3540**	**593**	**1005**
颍州区	1500	282	790	84	344	1338	236	704	73	325
颍东区	853	64	504	206	79	648	44	366	170	68
颍泉区	520	68	310	42	100	383	55	214	36	78
临泉县	985	212	505	33	235	728	154	335	24	215
太和县	562	75	420	22	45	389	38	307	19	25
阜南县	1052	243	702	50	57	827	176	571	36	44
颍上县	770	179	440	125	26	588	132	335	100	21
阜阳合肥现代产业园区	371	34	255	68	14	339	31	234	62	12
阜阳经济技术开发区	389	53	244	48	44	375	49	237	48	41
界首市	674	100	360	27	187	506	68	237	25	176
宿州市	**6626**	**1338**	**4323**	**373**	**592**	**5035**	**992**	**3283**	**287**	**473**
埇桥区	3161	543	2140	104	374	2618	428	1790	83	317
砀山县	507	83	338	58	28	344	60	222	42	20
萧县	1318	265	825	121	107	932	178	576	101	77
灵璧县	1046	314	624	52	56	708	228	414	32	34
泗县	559	124	379	34	22	402	90	266	26	20
宿州马鞍山现代产业园区	35	9	17	4	5	31	8	15	3	5
宿州经济技术开发区										
六安市	**7615**	**1501**	**4978**	**395**	**741**	**6421**	**1234**	**4204**	**340**	**643**
金安区	1917	359	1224	85	249	1742	327	1117	75	223
裕安区	1965	320	1400	80	165	1796	283	1296	69	148
叶集区	527	83	312	14	118	462	59	274	13	116
霍邱县	1095	266	684	64	81	900	231	553	59	57
舒城县	1190	150	883	86	71	895	114	652	72	57
金寨县	740	285	349	56	50	496	190	222	44	40
霍山县	181	38	126	10	7	130	30	90	8	2
亳州市	**5260**	**789**	**3382**	**545**	**544**	**4162**	**571**	**2642**	**468**	**481**
谯城区	2209	443	1437	151	178	1846	347	1194	142	163
涡阳县	1015	80	598	73	264	785	46	437	64	238
蒙城县	702	140	461	51	50	451	94	286	29	42
利辛县	1334	126	886	270	52	1080	84	725	233	38
池州市	**2826**	**471**	**1672**	**251**	**432**	**2009**	**310**	**1157**	**199**	**343**
贵池区	1107	131	619	66	291	776	72	414	48	242
东至县	397	49	282	46	20	265	31	188	34	12
石台县	263	37	177	23	26	208	27	135	23	23
青阳县	902	177	565	71	89	626	116	392	56	62
池州市国家经济技术开发区										
皖江江南新兴产业集中区										
九华山风景区	157	77	29	45	6	134	64	28	38	4
宣城市	**6605**	**1366**	**3846**	**384**	**1009**	**4307**	**885**	**2297**	**313**	**812**
宣州区	2206	459	1308	98	341	1494	311	817	75	291
郎溪县	521	100	361	22	38	295	80	181	17	17
泾县	837	133	557	77	70	512	81	317	65	49
绩溪县	253	58	110	32	53	178	42	77	32	27
旌德县	236	36	157	23	20	132	18	76	22	16
宣城市经济开发区	686	72	320	21	273	534	51	220	20	243
宁国市	882	228	453	45	156	613	159	290	32	132
广德市	984	280	580	66	58	549	143	319	50	37

7-1c 续表 3

单位：人

现住地	省外									
	小计					北京				
	小计	乡	镇的村委会	镇的居委会	街道	小计	乡	镇的村委会	镇的居委会	街道
安徽	**20527**	**4081**	**13401**	**1248**	**1797**	**69**	**8**	**29**	**7**	**25**
合肥市	**2817**	**571**	**1728**	**265**	**253**	**7**	**3**		**3**	**1**
瑶海区	68	18	38	5	7					
庐阳区	11	6	3	1	1					
蜀山区	114	10	91	3	10					
包河区	73	14	41	1	17					
长丰县	515	110	298	71	36	1				1
肥东县	288	60	191	26	11					
肥西县	1217	277	700	132	108	1			1	
庐江县	287	22	224	17	24	2			2	
合肥高新技术产业开发区										
合肥经济技术开发区										
合肥新站高新技术产业开发区	54	17	31	1	5					
巢湖市	190	37	111	8	34	3	3			
芜湖市	**804**	**122**	**532**	**54**	**96**	**3**		**1**		**2**
镜湖区	27	2	18	1	6					
弋江区										
鸠江区	149	6	94	20	29	2				2
三山区	19	5	7		7					
芜湖县	81	13	60	4	4					
繁昌县	196	53	112	9	22					
南陵县	127	15	96	6	10					
芜湖经济技术开发区	2				2					
安徽芜湖长江大桥经济开发区										
无为市	203	28	145	14	16	1		1		
蚌埠市	**548**	**144**	**336**	**26**	**42**					
龙子湖区	10	7	2		1					
蚌山区	17	7	9		1					
禹会区	74	25	44	3	2					
淮上区	30	1	25	2	2					
怀远县	175	48	99	11	17					
五河县	94	11	78		5					
固镇县	148	45	79	10	14					
蚌埠市高新技术开发区										
蚌埠市经济开发区										
淮南市	**541**	**145**	**334**	**39**	**23**					
大通区	18	10	6	2						
田家庵区	8	2	6							
谢家集区	16	2	14							
八公山区	10	1	5	4						
潘集区	70	20	40	6	4					
凤台县	241	76	130	19	16					
寿县	178	34	133	8	3					

7-1c 续表 4

单位：人

现住地	省外									
	小计					北京				
	小计	乡	镇的村委会	镇的居委会	街道	小计	乡	镇的村委会	镇的居委会	街道
马鞍山市	**1001**	**155**	**612**	**102**	**132**	**4**				**4**
花山区	29	12	12	1	4					
雨山区	14	2	12							
博望区	123	23	91	4	5					
当涂县	387	82	218	34	53	4				4
含山县	120	11	79	23	7					
和县	328	25	200	40	63					
淮北市	**650**	**41**	**525**	**35**	**49**	**1**				**1**
杜集区	76	5	62	4	5					
相山区	89	4	48	9	28	1				1
烈山区	288	13	252	15	8					
濉溪县	197	19	163	7	8					
铜陵市	**213**	**38**	**144**	**14**	**17**					
铜官区	10	2	4	2	2					
义安区	106	14	71	8	13					
郊区	33	7	24		2					
枞阳县	64	15	45	4						
安庆市	**1332**	**339**	**778**	**42**	**173**	**3**				**3**
迎江区	22		10	4	8					
大观区	50	11	26	5	8	2				2
宜秀区	59	31	22	2	4					
怀宁县	245	60	146	4	35					
太湖县	158	35	112	4	7					
宿松县	295	130	111	10	44					
望江县	130	10	104	1	15					
岳西县	133	22	85	4	22					
安徽安庆经济开发区	7	1	5		1					
桐城市	93	11	73	1	8					
潜山市	140	28	84	7	21	1				1
黄山市	**1320**	**313**	**843**	**69**	**95**	**4**		**2**		**2**
屯溪区	34	2	27	4	1					
黄山区	232	31	168	18	15					
徽州区	23	4	17		2					
歙县	224	66	125	15	18	1		1		
休宁县	200	40	139	6	15					
黟县	185	69	102	3	11	2		1		1
祁门县	422	101	265	23	33	1				1
滁州市	**2748**	**413**	**1961**	**149**	**225**	**5**		**2**	**1**	**2**
琅琊区	45		41	2	2					
南谯区	400	69	266	26	39	3			1	2
来安县	467	48	351	25	43					
全椒县	145	11	114	8	12					
定远县	183	17	132	18	16	1		1		
凤阳县	164	14	133	9	8					
苏滁现代产业园										
滁州经济技术开发区	842	214	548	22	58					
天长市	310	32	240	23	15					
明光市	192	8	136	16	32	1		1		

7-1c　续表 5　　　　单位：人

现住地	省外									
	小计					北京				
	小计	乡	镇的村委会	镇的居委会	街道	小计	乡	镇的村委会	镇的居委会	街道
阜阳市	**1555**	**327**	**990**	**112**	**126**	**13**		**6**	**1**	**6**
颍州区	162	46	86	11	19					
颍东区	205	20	138	36	11	1			1	
颍泉区	137	13	96	6	22	1		1		
临泉县	257	58	170	9	20	8		4		4
太和县	173	37	113	3	20	2		1		1
阜南县	225	67	131	14	13	1				1
颍上县	182	47	105	25	5					
阜阳合肥现代产业园区	32	3	21	6	2					
阜阳经济技术开发区	14	4	7		3					
界首市	168	32	123	2	11					
宿州市	**1591**	**346**	**1040**	**86**	**119**	**4**	**2**	**2**		
埇桥区	543	115	350	21	57	2	1	1		
砀山县	163	23	116	16	8					
萧县	386	87	249	20	30	1		1		
灵璧县	338	86	210	20	22	1	1			
泗县	157	34	113	8	2					
宿州马鞍山现代产业园区	4	1	2	1						
宿州经济技术开发区										
六安市	**1194**	**267**	**774**	**55**	**98**	**7**		**5**	**1**	**1**
金安区	175	32	107	10	26	2		2		
裕安区	169	37	104	11	17					
叶集区	65	24	38	1	2					
霍邱县	195	35	131	5	24					
舒城县	295	36	231	14	14	4		3	1	
金寨县	244	95	127	12	10	1				1
霍山县	51	8	36	2	5					
亳州市	**1098**	**218**	**740**	**77**	**63**	**5**	**2**	**3**		
谯城区	363	96	243	9	15					
涡阳县	230	34	161	9	26	4	2	2		
蒙城县	251	46	175	22	8					
利辛县	254	42	161	37	14	1		1		
池州市	**817**	**161**	**515**	**52**	**89**	**2**			**1**	**1**
贵池区	331	59	205	18	49					
东至县	132	18	94	12	8	2			1	1
石台县	55	10	42		3					
青阳县	276	61	173	15	27					
池州市国家经济技术开发区										
皖江江南新兴产业集中区										
九华山风景区	23	13	1	7	2					
宣城市	**2298**	**481**	**1549**	**71**	**197**	**11**	**1**	**8**		**2**
宣州区	712	148	491	23	50	8	1	6		1
郎溪县	226	20	180	5	21					
泾县	325	52	240	12	21	2		1		1
绩溪县	75	16	33		26					
旌德县	104	18	81	1	4	1		1		
宣城市经济开发区	152	21	100	1	30					
宁国市	269	69	163	13	24					
广德市	435	137	261	16	21					

7-1c 续表 6

单位：人

现住地	省外									
	天津					河北				
	小计	乡	镇的村委会	镇的居委会	街道	小计	乡	镇的村委会	镇的居委会	街道
安徽	**48**	**6**	**20**	**2**	**20**	**614**	**109**	**367**	**42**	**96**
合肥市	**9**	**1**	**2**		**6**	**101**	**26**	**51**	**14**	**10**
瑶海区										
庐阳区						3	3			
蜀山区						5		5		
包河区	4		2		2	8	1	4		3
长丰县	2				2	13	1	6	4	2
肥东县						11	5	2	4	
肥西县	1	1				28	10	11	5	2
庐江县						19	1	16	1	1
合肥高新技术产业开发区										
合肥经济技术开发区										
合肥新站高新技术产业开发区						6	5	1		
巢湖市	2				2	8		6		2
芜湖市	**1**				**1**	**69**	**4**	**33**	**11**	**21**
镜湖区										
弋江区										
鸠江区						54	3	21	11	19
三山区										
芜湖县										
繁昌县						7		6		1
南陵县	1				1					
芜湖经济技术开发区										
安徽芜湖长江大桥经济开发区										
无为市						8	1	6		1
蚌埠市						**8**	**4**	**3**		**1**
龙子湖区										
蚌山区										
禹会区										
淮上区										
怀远县						7	4	2		1
五河县										
固镇县						1		1		
蚌埠市高新技术开发区										
蚌埠市经济开发区										
淮南市	**1**	**1**				**21**	**4**	**16**		**1**
大通区										
田家庵区						2	2			
谢家集区										
八公山区										
潘集区						3		2		1
凤台县						13	1	12		
寿县	1	1				3	1	2		

7-1c　续表 7　　　　　　　　　　　　　　　　　　　　　　　　　　单位：人

现住地	省外									
	天津					河北				
	小计	乡	镇的村委会	镇的居委会	街道	小计	乡	镇的村委会	镇的居委会	街道
马鞍山市						**21**	**5**	**15**	**1**	
花山区										
雨山区										
博望区						2		1	1	
当涂县						3	1	2		
含山县						4		4		
和县						12	4	8		
淮北市	**3**		**3**			**40**	**2**	**38**		
杜集区						3	2	1		
相山区										
烈山区						37		37		
濉溪县	3		3							
铜陵市						**3**		**2**		**1**
铜官区										
义安区						1				1
郊区										
枞阳县						2		2		
安庆市	**4**				**4**	**32**	**4**	**20**	**1**	**7**
迎江区						2		2		
大观区						5	1	2		2
宜秀区										
怀宁县						9	2	5		2
太湖县						2		2		
宿松县						5	1	3		1
望江县						3		3		
岳西县						1		1		
安徽安庆经济开发区										
桐城市	1				1					
潜山市	3				3	5		2	1	2
黄山市	**1**				**1**	**52**	**5**	**26**	**1**	**20**
屯溪区										
黄山区	1				1	1		1		
徽州区										
歙县						6	2	3		1
休宁县						4		3		1
黟县						1		1		
祁门县						40	3	18	1	18
滁州市	**1**			**1**		**63**	**16**	**39**	**2**	**6**
琅琊区						2				2
南谯区						13	1	7	2	3
来安县						2		2		
全椒县						2		2		
定远县						3		3		
凤阳县	1			1		4	1	3		
苏滁现代产业园										
滁州经济技术开发区						37	14	22		1
天长市										
明光市										

7－1c 续表 8

单位：人

现住地	省外									
	天津					河北				
	小计	乡	镇的村委会	镇的居委会	街道	小计	乡	镇的村委会	镇的居委会	街道
阜阳市	**9**		**7**		**2**	**40**	**2**	**30**	**3**	**5**
颍州区	3		3			5		2		3
颍东区						3		1	2	
颍泉区	1		1			1	1			
临泉县	1				1	6		5		1
太和县	2		2			6	1	3	1	1
阜南县	1		1			4		4		
颍上县						3		3		
阜阳合肥现代产业园区						2		2		
阜阳经济技术开发区						1		1		
界首市	1				1	9		9		
宿州市	**1**		**1**			**30**	**10**	**17**	**1**	**2**
埇桥区						9	4	3		2
砀山县						4	1	3		
萧县						6	2	3	1	
灵璧县	1		1			6	2	4		
泗县						5	1	4		
宿州马鞍山现代产业园区										
宿州经济技术开发区										
六安市	**6**	**2**	**1**		**3**	**72**	**15**	**36**	**5**	**16**
金安区	3				3	34	7	21	1	5
裕安区						3	1	2		
叶集区						1	1			
霍邱县	1		1			21	1	9		11
舒城县	1	1				9	3	3	3	
金寨县	1	1				4	2	1	1	
霍山县										
亳州市	**5**	**2**	**3**			**20**	**8**	**11**	**1**	
谯城区	1		1			8	3	4	1	
涡阳县	3	2	1			7	2	5		
蒙城县										
利辛县	1		1			5	3	2		
池州市	**1**				**1**	**13**		**10**		**3**
贵池区						2		2		
东至县						1		1		
石台县						1				1
青阳县	1				1	7		7		
池州市国家经济技术开发区										
皖江江南新兴产业集中区										
九华山风景区						2				2
宣城市	**6**		**3**	**1**	**2**	**29**	**4**	**20**	**2**	**3**
宣州区	1			1		15	3	11	1	
郎溪县						1		1		
泾县	2				2	2	1	1		
绩溪县						2				2
旌德县										
宣城市经济开发区	3		3			8		7		1
宁国市						1			1	
广德市										

7-1c　续表 9　　　　单位：人

现住地	省外									
	山西					内蒙古				
	小计	乡	镇的村委会	镇的居委会	街道	小计	乡	镇的村委会	镇的居委会	街道
安　徽	**332**	**54**	**219**	**27**	**32**	**113**	**17**	**70**	**13**	**13**
合肥市	**75**	**9**	**43**	**10**	**13**	**22**	**4**	**12**	**5**	**1**
瑶海区	1		1							
庐阳区										
蜀山区										
包河区	2	1	1							
长丰县	9		7	2		5	2	1	2	
肥东县						1		1		
肥西县	49	8	27	7	7	10	2	5	3	
庐江县	10		6	1	3	4		4		
合肥高新技术产业开发区										
合肥经济技术开发区										
合肥新站高新技术产业开发区	2				2					
巢湖市	2		1		1	2		1		1
芜湖市	**6**	**1**	**2**	**1**	**2**	**4**	**1**	**3**		
镜湖区										
弋江区										
鸠江区	2		1		1					
三山区										
芜湖县	1	1								
繁昌县	1				1	3	1	2		
南陵县						1		1		
芜湖经济技术开发区										
安徽芜湖长江大桥经济开发区										
无为市	2		1	1						
蚌埠市	**5**	**1**	**3**	**1**		**2**		**2**		
龙子湖区										
蚌山区										
禹会区										
淮上区										
怀远县	1			1						
五河县	1		1			2		2		
固镇县	3	1	2							
蚌埠市高新技术开发区										
蚌埠市经济开发区										
淮南市	**9**		**6**	**3**						
大通区										
田家庵区										
谢家集区										
八公山区										
潘集区	4		1	3						
凤台县	3		3							
寿县	2		2							

7－1c 续表 10

单位：人

现住地	省外									
	山西					内蒙古				
	小计	乡	镇的村委会	镇的居委会	街道	小计	乡	镇的村委会	镇的居委会	街道
马鞍山市	**12**	**4**	**6**		**2**	**5**	**1**	**4**		
花山区										
雨山区										
博望区										
当涂县	7	4	2		1	4		4		
含山县	2		2			1	1			
和县	3		2		1					
淮北市	**4**		**1**	**2**	**1**	**3**		**1**	**2**	
杜集区						1		1		
相山区	2			2						
烈山区	1		1			2			2	
濉溪县	1				1					
铜陵市	**3**	**1**	**2**			**1**			**1**	
铜官区										
义安区						1			1	
郊区	1		1							
枞阳县	2	1	1							
安庆市	**20**	**2**	**14**	**1**	**3**	**13**	**2**	**7**	**4**	
迎江区						5		1	4	
大观区										
宜秀区						1		1		
怀宁县	11		11			1		1		
太湖县	7	2	3	1	1					
宿松县						1	1			
望江县						1		1		
岳西县						1		1		
安徽安庆经济开发区										
桐城市	1				1	1	1			
潜山市	1				1	2		2		
黄山市	**15**	**3**	**9**	**1**	**2**	**7**		**6**		**1**
屯溪区										
黄山区										
徽州区	1	1								
歙县	3		2		1	1		1		
休宁县	8	2	5		1	1		1		
黟县	1		1			2		1		1
祁门县	2		1	1		3		3		
滁州市	**79**	**20**	**57**		**2**	**11**	**1**	**5**		**5**
琅琊区										
南谯区	7		5		2					
来安县	3		3			4		1		3
全椒县	1		1			1		1		
定远县	1		1			1		1		
凤阳县	2		2			1				1
苏滁现代产业园										
滁州经济技术开发区	62	17	45			4	1	2		1
天长市	3	3								
明光市										

7-1c　续表 11

单位：人

现住地	省外									
	山西					内蒙古				
	小计	乡	镇的村委会	镇的居委会	街道	小计	乡	镇的村委会	镇的居委会	街道
阜阳市	**25**	**4**	**20**		**1**	**14**	**2**	**12**		
颍州区	2		2							
颍东区	4		4			5		5		
颍泉区	1		1			2		2		
临泉县	8	1	6		1					
太和县	3		3							
阜南县						1		1		
颍上县	2	1	1							
阜阳合肥现代产业园区						1		1		
阜阳经济技术开发区						2	2			
界首市	5	2	3			3		3		
宿州市	**16**	**4**	**10**		**2**	**10**	**2**	**7**	**1**	
埇桥区	5	1	4			3	2		1	
砀山县	4	1	2		1					
萧县	5	2	2		1	4		4		
灵璧县	2		2			1		1		
泗县						2		2		
宿州马鞍山现代产业园区										
宿州经济技术开发区										
六安市	**12**		**7**	**4**	**1**	**9**		**6**		**3**
金安区	4			4						
裕安区						2		2		
叶集区										
霍邱县	4		3		1	6		3		3
舒城县	3		3			1		1		
金寨县	1		1							
霍山县										
亳州市	**19**	**3**	**12**	**2**	**2**	**7**	**3**	**2**		**2**
谯城区	1				1	3	2			1
涡阳县	8		6	1	1	1				1
蒙城县	3		3			2	1	1		
利辛县	7	3	3	1		1		1		
池州市	**26**	**1**	**22**	**2**	**1**					
贵池区	2		2							
东至县	1		1							
石台县	4		4							
青阳县	19	1	15	2	1					
池州市国家经济技术开发区										
皖江江南新兴产业集中区										
九华山风景区										
宣城市	**6**	**1**	**5**			**5**	**1**	**3**		**1**
宣州区	1		1							
郎溪县						1	1			
泾县	2		2							
绩溪县	1		1			2		1		1
旌德县										
宣城市经济开发区	1		1			2		2		
宁国市	1	1								
广德市										

7-1c 续表 12

单位：人

现住地	省外									
	辽宁					吉林				
	小计	乡	镇的村委会	镇的居委会	街道	小计	乡	镇的村委会	镇的居委会	街道
安徽	**235**	**41**	**144**	**17**	**33**	**186**	**39**	**102**	**22**	**23**
合肥市	**21**	**4**	**9**	**3**	**5**	**27**	**3**	**13**	**6**	**5**
瑶海区						1				1
庐阳区										
蜀山区	3				3					
包河区						4		1		3
长丰县	2	2				3		2		1
肥东县	1	1								
肥西县	8	1	3	3	1	16	3	7	6	
庐江县	6		5		1	2		2		
合肥高新技术产业开发区										
合肥经济技术开发区										
合肥新站高新技术产业开发区										
巢湖市	1		1			1		1		
芜湖市	**15**		**10**	**3**	**2**	**6**	**1**	**3**	**2**	
镜湖区										
弋江区										
鸠江区	9		6	3		1			1	
三山区	1				1					
芜湖县										
繁昌县	1				1					
南陵县	2		2			2		2		
芜湖经济技术开发区										
安徽芜湖长江大桥经济开发区										
无为市	2		2			3	1	1	1	
蚌埠市	**4**		**4**			**9**	**2**	**6**		**1**
龙子湖区						1	1			
蚌山区										
禹会区										
淮上区	3		3			1		1		
怀远县	1		1							
五河县										
固镇县						7	1	5		1
蚌埠市高新技术开发区										
蚌埠市经济开发区										
淮南市	**3**		**3**			**8**	**1**	**2**	**3**	**2**
大通区						1		1		
田家庵区										
谢家集区										
八公山区										
潘集区										
凤台县	3		3			6	1		3	2
寿县						1		1		

7-1c 续表 13 单位：人

现住地	省外									
	辽宁					吉林				
	小计	乡	镇的村委会	镇的居委会	街道	小计	乡	镇的村委会	镇的居委会	街道
马鞍山市	**11**	**1**	**7**	**1**	**2**	**11**	**5**	**4**	**1**	**1**
花山区										
雨山区										
博望区										
当涂县	3		2		1	10	5	3	1	1
含山县	3		3							
和县	5	1	2	1	1	1		1		
淮北市	**1**			**1**		**1**		**1**		
杜集区	1			1						
相山区										
烈山区										
濉溪县						1		1		
铜陵市	**3**		**3**			**1**		**1**		
铜官区	1		1							
义安区	1		1			1		1		
郊区										
枞阳县	1		1							
安庆市	**30**	**13**	**9**		**8**	**14**	**3**	**6**	**1**	**4**
迎江区	3		1		2					
大观区										
宜秀区						5	1	2		2
怀宁县	19	13	1		5	1	1			
太湖县	2		2			3	1	1	1	
宿松县						1				1
望江县	3		3							
岳西县	1		1			3		2		1
安徽安庆经济开发区										
桐城市	1				1	1		1		
潜山市	1		1							
黄山市	**23**		**18**	**4**	**1**	**7**	**1**	**3**	**2**	**1**
屯溪区										
黄山区	6		3	3		2		1		1
徽州区						1		1		
歙县	1				1					
休宁县	12		12			3	1		2	
黟县										
祁门县	4		3	1		1		1		
滁州市	**19**		**16**	**1**	**2**	**14**		**10**	**3**	**1**
琅琊区										
南谯区	5		5			4		4		
来安县	3		3							
全椒县										
定远县										
凤阳县	1			1		1			1	
苏滁现代产业园										
滁州经济技术开发区	7		5		2	3		3		
天长市	1		1			3		3		
明光市	2		2			3			2	1

7－1c　续表 14　　　　单位：人

现住地	省外									
	辽宁					吉林				
	小计	乡	镇的村委会	镇的居委会	街道	小计	乡	镇的村委会	镇的居委会	街道
阜阳市	**39**	**7**	**26**	**2**	**4**	**14**	**2**	**9**	**1**	**2**
颍州区	3		3			3		3		
颍东区	4	4				1	1			
颍泉区	20	3	15	2		3		1		2
临泉县	5		3		2	1	1			
太和县	4		2		2					
阜南县	2		2			5		5		
颍上县	1		1							
阜阳合肥现代产业园区						1			1	
阜阳经济技术开发区										
界首市										
宿州市	**13**	**2**	**9**	**1**	**1**	**17**	**2**	**14**	**1**	
埇桥区	3	1	1	1		11		11		
砀山县						1			1	
萧县	2		2			1		1		
灵璧县	4		3		1	1		1		
泗县	4	1	3			3	2	1		
宿州马鞍山现代产业园区										
宿州经济技术开发区										
六安市	**19**	**2**	**15**	**1**	**1**	**9**	**4**	**4**		**1**
金安区	1		1			1	1			
裕安区	1				1	1	1			
叶集区										
霍邱县										
舒城县	2	1		1		4		4		
金寨县	15	1	14			2	2			
霍山县						1				1
亳州市	**7**		**4**		**3**	**5**	**1**	**2**	**1**	**1**
谯城区						3	1	2		
涡阳县	3		1		2	1				1
蒙城县	1		1			1			1	
利辛县	3		2		1					
池州市	**7**	**3**	**3**		**1**	**9**		**6**	**1**	**2**
贵池区	5	2	2		1	2		1		1
东至县						1		1		
石台县						1		1		
青阳县	1		1			5		3	1	1
池州市国家经济技术开发区										
皖江江南新兴产业集中区										
九华山风景区	1	1								
宣城市	**20**	**9**	**8**		**3**	**34**	**14**	**18**		**2**
宣州区	2		1		1					
郎溪县						6		6		
泾县	2	1	1			7		6		1
绩溪县										
旌德县	2		2							
宣城市经济开发区	1		1			10	4	5		1
宁国市	1		1							
广德市	12	8	2		2	11	10	1		

7-1c　续表 15　　　　单位：人

现住地	省外									
	黑龙江					上海				
	小计	乡	镇的村委会	镇的居委会	街道	小计	乡	镇的村委会	镇的居委会	街道
安　徽	**325**	**62**	**181**	**34**	**48**	**302**	**36**	**141**	**41**	**84**
合肥市	**54**	**11**	**18**	**10**	**15**	**32**	**5**	**14**	**2**	**11**
瑶海区	2			1	1	1	1			
庐阳区										
蜀山区	7	1	4		2					
包河区	7	1	2		4	1		1		
长丰县	11		5	2	4	5	2	1		2
肥东县	3	1	2			9		6		3
肥西县	18	6	2	6	4	2			2	
庐江县	3		2	1		6	2	4		
合肥高新技术产业开发区										
合肥经济技术开发区										
合肥新站高新技术产业开发区						1				1
巢湖市	3	2	1			7		2		5
芜湖市	**5**	**1**	**3**		**1**	**23**		**11**	**4**	**8**
镜湖区										
弋江区										
鸠江区	1				1	2				2
三山区										
芜湖县						2		2		
繁昌县	2		2			3			1	2
南陵县						9		5	1	3
芜湖经济技术开发区										
安徽芜湖长江大桥经济开发区										
无为市	2	1	1			7		4	2	1
蚌埠市	**8**	**1**	**5**		**2**	**13**	**3**	**7**	**3**	
龙子湖区										
蚌山区										
禹会区						3		3		
淮上区										
怀远县	2		1		1	6	2	3	1	
五河县	1		1							
固镇县	5	1	3		1	4	1	1	2	
蚌埠市高新技术开发区										
蚌埠市经济开发区										
淮南市	**4**	**1**	**2**		**1**	**14**	**3**	**7**	**4**	
大通区	1	1								
田家庵区										
谢家集区										
八公山区										
潘集区						1		1		
凤台县	1				1	6	3	2	1	
寿县	2		2			7		4	3	

7－1c 续表 16 单位：人

现住地	省外									
	黑龙江					上海				
	小计	乡	镇的村委会	镇的居委会	街道	小计	乡	镇的村委会	镇的居委会	街道
马鞍山市	**8**	**2**	**2**		**4**	**8**		**1**	**2**	**5**
花山区										
雨山区										
博望区										
当涂县	5	2			3					
含山县						3		1		2
和县	3		2		1	5			2	3
淮北市	**12**	**1**	**11**			**13**		**9**	**2**	**2**
杜集区	1		1							
相山区	5		5			1			1	
烈山区	2		2							
濉溪县	4	1	3			12		9	1	2
铜陵市						**8**	**1**		**5**	**2**
铜官区										
义安区						8	1		5	2
郊区										
枞阳县										
安庆市	**16**	**6**	**7**	**1**	**2**	**9**		**5**		**4**
迎江区										
大观区	2		2							
宜秀区										
怀宁县	1	1								
太湖县	3	1		1	1					
宿松县						1				1
望江县	3		3							
岳西县	3		2		1	2				2
安徽安庆经济开发区										
桐城市	3	3				3		2		1
潜山市	1	1				3		3		
黄山市	**13**	**3**	**4**	**4**	**2**	**24**	**2**	**2**	**12**	**8**
屯溪区										
黄山区	2		2			13	1	1	7	4
徽州区										
歙县	6			4	2	7		1	5	1
休宁县	4	3	1			2				2
黟县						1	1			
祁门县	1		1			1				1
滁州市	**44**	**2**	**33**	**4**	**5**	**21**		**9**	**2**	**10**
琅琊区										
南谯区	4		4			8		1	1	6
来安县	8		6	2		4		2	1	1
全椒县	8		8			1		1		
定远县	7		5	1	1	1		1		
凤阳县	5		4		1	1		1		
苏滁现代产业园										
滁州经济技术开发区	9	2	4	1	2					
天长市	2		2			1		1		
明光市	1				1	5		2		3

7-1c　续表 17　　　　单位：人

现住地	省外									
	黑龙江					上海				
	小计	乡	镇的村委会	镇的居委会	街道	小计	乡	镇的村委会	镇的居委会	街道
阜阳市	**37**	**12**	**18**	**3**	**4**	**20**	**5**	**12**		**3**
颍州区	9	7	2			3	1	1		1
颍东区	3		1	2		1		1		
颍泉区	8		4		4					
临泉县						7	2	5		
太和县	5		5							
阜南县	6	5		1		2				2
颍上县	3		3			6	1	5		
阜阳合肥现代产业园区										
阜阳经济技术开发区	3		3							
界首市						1	1			
宿州市	**29**	**8**	**17**	**2**	**2**	**24**	**3**	**18**		**3**
埇桥区	16	6	7	2	1	12	3	8		1
砀山县	2		2			8		8		
萧县	6		5		1	2		1		1
灵璧县	2	1	1			1				1
泗县	2		2			1		1		
宿州马鞍山现代产业园区	1	1								
宿州经济技术开发区										
六安市	**16**	**1**	**13**	**1**	**1**	**21**	**6**	**12**		**3**
金安区										
裕安区	3		2		1	5		5		
叶集区	1		1			2		2		
霍邱县	2		2			10	6	4		
舒城县	5		4	1		2		1		1
金寨县	5	1	4			2				2
霍山县										
亳州市	**40**	**8**	**25**	**3**	**4**	**27**		**24**	**2**	**1**
谯城区	9	5	4			10		10		
涡阳县	14	3	7		4	5		5		
蒙城县	2		2			9		8	1	
利辛县	15		12	3		3		1	1	1
池州市	**8**	**2**	**1**	**3**	**2**	**10**	**3**	**1**		**6**
贵池区	2	2								
东至县						2				2
石台县						3		1		2
青阳县	3		1		2	2				2
池州市国家经济技术开发区										
皖江江南新兴产业集中区										
九华山风景区	3			3		3	3			
宣城市	**31**	**3**	**22**	**3**	**3**	**35**	**5**	**9**	**3**	**18**
宣州区	5	1	3		1	11	4	3	1	3
郎溪县	1		1			1				1
泾县	5		1	3	1	7	1		2	4
绩溪县	2		2			2				2
旌德县						3				3
宣城市经济开发区	1				1	3		1		2
宁国市	1		1			4		3		1
广德市	16	2	14			4		2		2

7-1c 续表 18　　　　单位：人

现住地	省外									
	江苏					浙江				
	小计	乡	镇的村委会	镇的居委会	街道	小计	乡	镇的村委会	镇的居委会	街道
安徽	**3208**	**398**	**2109**	**279**	**422**	**1168**	**208**	**749**	**86**	**125**
合肥市	**293**	**36**	**191**	**27**	**39**	**110**	**18**	**57**	**17**	**18**
瑶海区	6	1	3	1	1	2	1	1		
庐阳区	1		1							
蜀山区	19		17	2						
包河区	6	1	4		1	6		5		1
长丰县	59	9	30	12	8	24	2	14	7	1
肥东县	29	3	22	2	2	14	6	6		2
肥西县	108	17	71	5	15	39	6	17	9	7
庐江县	23	1	16	2	4	15	2	8	1	4
合肥高新技术产业开发区										
合肥经济技术开发区										
合肥新站高新技术产业开发区	18	3	13	1	1	1		1		
巢湖市	24	1	14	2	7	9	1	5		3
芜湖市	**146**	**11**	**101**	**12**	**22**	**28**	**1**	**24**	**1**	**2**
镜湖区	2	1			1	3		3		
弋江区										
鸠江区	14		12		2	7		6		1
三山区	2				2					
芜湖县	15		11	2	2	3		3		
繁昌县	36	3	22	3	8	8	1	6		1
南陵县	24	3	15	4	2	1		1		
芜湖经济技术开发区										
安徽芜湖长江大桥经济开发区										
无为市	53	4	41	3	5	6		5	1	
蚌埠市	**108**	**20**	**59**	**14**	**15**	**39**	**6**	**31**	**1**	**1**
龙子湖区	1				1					
蚌山区	1		1			1		1		
禹会区	23	8	12	2	1	3		3		
淮上区	5		3	2						
怀远县	28	2	19	4	3	17	5	12		
五河县	17	2	11		4	8	1	7		
固镇县	33	8	13	6	6	10		8	1	1
蚌埠市高新技术开发区										
蚌埠市经济开发区										
淮南市	**53**	**16**	**28**	**7**	**2**	**29**	**1**	**24**	**1**	**3**
大通区	2	1	1							
田家庵区										
谢家集区						1		1		
八公山区	1			1						
潘集区	7	2	5			1		1		
凤台县	21	7	10	3	1	15	1	11	1	2
寿县	22	6	12	3	1	12		11		1

7-1c　续表 19　　　　　　　　　　　　　　　　　　　　　　　　单位：人

现住地	省外									
	江苏					浙江				
	小计	乡	镇的村委会	镇的居委会	街道	小计	乡	镇的村委会	镇的居委会	街道
马鞍山市	**294**	**21**	**151**	**43**	**79**	**29**		**29**		
花山区	14	2	9	1	2					
雨山区	2		2			3		3		
博望区	50	9	34	2	5	1		1		
当涂县	77	3	35	14	25	3		3		
含山县	9	2	6	1		2		2		
和县	142	5	65	25	47	20		20		
淮北市	**132**	**7**	**88**	**10**	**27**	**29**	**1**	**24**	**2**	**2**
杜集区	33	3	25	1	4	2		1		1
相山区	49	2	22	4	21					
烈山区	24	2	16	4	2	11		10	1	
濉溪县	26		25	1		16	1	13	1	1
铜陵市	**39**	**6**	**24**	**2**	**7**	**11**	**1**	**9**		**1**
铜官区	2		1	1		1	1			
义安区	19		12		7	6		5		1
郊区	7	1	6			2		2		
枞阳县	11	5	5	1		2		2		
安庆市	**96**	**30**	**45**	**7**	**14**	**67**	**16**	**38**	**2**	**11**
迎江区	1				1					
大观区	5		1	4		2				2
宜秀区	8	3	4		1	3	3			
怀宁县	3		1		2	12		9	1	2
太湖县	11	1	8		2	8	2	5		1
宿松县	33	21	9	1	2	15	5	7	1	2
望江县	12	1	9		2	12	1	7		4
岳西县	4	1	3			4		4		
安徽安庆经济开发区										
桐城市	10	2	6	1	1	2		2		
潜山市	9	1	4	1	3	9	5	4		
黄山市	**65**	**5**	**48**	**6**	**6**	**81**	**15**	**49**	**6**	**11**
屯溪区	2		1	1		5		4	1	
黄山区	16		12	3	1	8		5		3
徽州区	2		2			5	1	2		2
歙县	15	1	10	2	2	28	6	15	4	3
休宁县	9	2	5		2	8	3	5		
黟县	6	1	5			15	4	10		1
祁门县	15	1	13		1	12	1	8	1	2
滁州市	**694**	**51**	**483**	**72**	**88**	**76**	**15**	**53**	**3**	**5**
琅琊区	5		3	2						
南谯区	133	19	75	17	22	30	7	23		
来安县	192	18	129	14	31	11	1	8	1	1
全椒县	40		33	3	4	3	2			1
定远县	36	1	26	9		5		4		1
凤阳县	21	1	19		1	14	4	9		1
苏滁现代产业园										
滁州经济技术开发区	43	3	32	4	4	2	1	1		
天长市	153	5	121	17	10	2		1	1	
明光市	71	4	45	6	16	9		7	1	1

7-1c 续表 20 单位：人

现住地	省外									
	江苏					浙江				
	小计	乡	镇的村委会	镇的居委会	街道	小计	乡	镇的村委会	镇的居委会	街道
阜阳市	**97**	**24**	**50**	**10**	**13**	**115**	**14**	**77**	**15**	**9**
颍州区	10	1	4	3	2	11	1	7		3
颍东区	11		7	3	1	7	1	5		1
颍泉区	13	1	8		4	10		8		2
临泉县	11	1	9	1		45	5	38	2	
太和县	7	3	2		2	4	2	2		
阜南县	16	5	7	1	3	6	2	4		
颍上县	20	10	8	1	1	21	3	6	12	
阜阳合肥现代产业园区	2		2			1		1		
阜阳经济技术开发区						1				1
界首市	7	3	3	1		9		6	1	2
宿州市	**534**	**82**	**385**	**31**	**36**	**89**	**33**	**37**	**3**	**16**
埇桥区	157	22	118	6	11	41	10	21		10
砀山县	28	1	23	3	1	6	2	3		1
萧县	146	26	96	8	16	5	1	2		2
灵璧县	142	16	110	8	8	31	18	8	2	3
泗县	60	17	38	5		6	2	3	1	
宿州马鞍山现代产业园区	1			1						
宿州经济技术开发区										
六安市	**128**	**25**	**89**	**7**	**7**	**47**	**9**	**33**	**1**	**4**
金安区	17	4	6	5	2	3		3		
裕安区	30	6	20	2	2	11	1	6		4
叶集区	8	2	6			6	1	5		
霍邱县	16	2	13		1	10	3	7		
舒城县	28	2	25		1	11	2	8	1	
金寨县	19	9	9		1	5	1	4		
霍山县	10		10			1	1			
亳州市	**126**	**20**	**92**	**7**	**7**	**111**	**22**	**73**	**14**	**2**
谯城区	34	6	26		2	39	5	31	3	
涡阳县	33	3	26	1	3	27	5	20	2	
蒙城县	29	8	18	2	1	27	6	14	6	1
利辛县	30	3	22	4	1	18	6	8	3	1
池州市	**96**	**6**	**59**	**11**	**20**	**55**	**8**	**28**	**5**	**14**
贵池区	34	2	26	1	5	27	3	11	4	9
东至县	10		7	1	2	3	1	1		1
石台县	9	1	8			3		3		
青阳县	39	3	18	5	13	22	4	13	1	4
池州市国家经济技术开发区										
皖江江南新兴产业集中区										
九华山风景区	4			4						
宣城市	**307**	**38**	**216**	**13**	**40**	**252**	**48**	**163**	**15**	**26**
宣州区	118	12	87	6	13	67	9	48		10
郎溪县	67	7	47	4	9	8		6		2
泾县	20	4	14	1	1	10		6	3	1
绩溪县	8	3	1		4	13	5	7		1
旌德县	3		3			11	1	8	1	1
宣城市经济开发区	7	2	2		3	4		3		1
宁国市	13	4	8		1	75	16	48	5	6
广德市	71	6	54	2	9	64	17	37	6	4

7-1c 续表 21

单位：人

现住地	省外				
	福建				
	小计	乡	镇的村委会	镇的居委会	街道
安　徽	**369**	**77**	**226**	**29**	**37**
合肥市	**42**	**5**	**25**	**7**	**5**
瑶海区	1	1			
庐阳区					
蜀山区					
包河区					
长丰县	8	1	3	2	2
肥东县	1		1		
肥西县	22	3	13	4	2
庐江县	8		6	1	1
合肥高新技术产业开发区					
合肥经济技术开发区					
合肥新站高新技术产业开发区					
巢湖市	2		2		
芜湖市	**14**	**3**	**10**		**1**
镜湖区					
弋江区					
鸠江区					
三山区					
芜湖县	2		2		
繁昌县	5	3	2		
南陵县	6		5		1
芜湖经济技术开发区					
安徽芜湖长江大桥经济开发区					
无为市	1		1		
蚌埠市	**11**	**1**	**9**		**1**
龙子湖区					
蚌山区					
禹会区	1				1
淮上区					
怀远县	5	1	4		
五河县					
固镇县	5		5		
蚌埠市高新技术开发区					
蚌埠市经济开发区					
淮南市	**6**	**2**	**3**	**1**	
大通区	1			1	
田家庵区					
谢家集区					
八公山区	2		2		
潘集区					
凤台县	3	2	1		
寿县					

7—1c 续表 22 单位：人

现住地	省外				
	福建				
	小计	乡	镇的村委会	镇的居委会	街道
马鞍山市	**8**		**8**		
花山区					
雨山区					
博望区	1		1		
当涂县	4		4		
含山县					
和县	3		3		
淮北市	**14**	**1**	**9**	**1**	**3**
杜集区	6		5	1	
相山区	4		2		2
烈山区	1		1		
濉溪县	3	1	1		1
铜陵市	**6**	**1**	**4**	**1**	
铜官区	1	1			
义安区	1		1		
郊区	3		3		
枞阳县	1			1	
安庆市	**29**	**6**	**20**		**3**
迎江区					
大观区					
宜秀区					
怀宁县	2		2		
太湖县	7		7		
宿松县	5	3	1		1
望江县	2		1		1
岳西县	7	2	5		
安徽安庆经济开发区					
桐城市	2		1		1
潜山市	4	1	3		
黄山市	**37**	**12**	**20**	**1**	**4**
屯溪区					
黄山区	6		4		2
徽州区	2		2		
歙县	5	2	3		
休宁县					
黟县	10	6	2		2
祁门县	14	4	9	1	
滁州市	**28**	**8**	**15**	**1**	**4**
琅琊区	3		3		
南谯区	8	8			
来安县	1		1		
全椒县	1		1		
定远县	1			1	
凤阳县	8		8		
苏滁现代产业园					
滁州经济技术开发区	2		2		
天长市					
明光市	4				4

7-1c　续表 23　　　　单位：人

现住地	省外				
	福建				
	小计	乡	镇的村委会	镇的居委会	街道
阜阳市	**31**	**7**	**16**	**2**	**6**
颍州区	6		4		2
颍东区					
颍泉区	5		2		3
临泉县					
太和县	1				1
阜南县	9	2	5	2	
颍上县	8	5	3		
阜阳合肥现代产业园区					
阜阳经济技术开发区					
界首市	2		2		
宿州市	**33**	**4**	**17**	**3**	**9**
埇桥区	16	1	8		7
砀山县	4	1	3		
萧县	4	1	3		
灵璧县	9	1	3	3	2
泗县					
宿州马鞍山现代产业园区					
宿州经济技术开发区					
六安市	**37**	**8**	**25**	**4**	
金安区					
裕安区	6		6		
叶集区	6	5	1		
霍邱县	6	1	2	3	
舒城县	5	2	2	1	
金寨县	12		12		
霍山县	2		2		
亳州市	**18**	**3**	**10**	**5**	
谯城区	3	2	1		
涡阳县	3		3		
蒙城县	3		3		
利辛县	9	1	3	5	
池州市	**28**	**6**	**20**	**1**	**1**
贵池区	10		9		1
东至县	4		3	1	
石台县	1		1		
青阳县	12	6	6		
池州市国家经济技术开发区					
皖江江南新兴产业集中区					
九华山风景区	1		1		
宣城市	**27**	**10**	**15**	**2**	
宣州区	8	4	3	1	
郎溪县					
泾县	3		3		
绩溪县					
旌德县	8		8		
宣城市经济开发区					
宁国市					
广德市	8	6	1	1	

7-1c 续表 24

单位：人

现住地	省外									
	江西					山东				
	小计	乡	镇的村委会	镇的居委会	街道	小计	乡	镇的村委会	镇的居委会	街道
安徽	**811**	**182**	**522**	**36**	**71**	**920**	**121**	**642**	**39**	**118**
合肥市	**137**	**25**	**83**	**10**	**19**	**145**	**18**	**103**	**10**	**14**
瑶海区	13	1	9		3	7		6	1	
庐阳区										
蜀山区	2	1	1			2		2		
包河区						6		6		
长丰县	38	9	22	3	4	41	9	29	2	1
肥东县	15		13	2		5	1	2		2
肥西县	53	12	27	5	9	54	8	38	1	7
庐江县	4		3		1	15		8	4	3
合肥高新技术产业开发区										
合肥经济技术开发区										
合肥新站高新技术产业开发区	5	1	4			3		3		
巢湖市	7	1	4		2	12		9	2	1
芜湖市	**40**	**10**	**26**	**2**	**2**	**18**	**2**	**15**		**1**
镜湖区	10		10							
弋江区										
鸠江区	4	1	2	1		4		4		
三山区						1		1		
芜湖县	2		2			2	1	1		
繁昌县	11	7	3		1	7	1	5		1
南陵县	2	1	1			1		1		
芜湖经济技术开发区										
安徽芜湖长江大桥经济开发区										
无为市	11	1	8	1	1	3		3		
蚌埠市	**14**	**7**	**7**			**24**	**15**	**6**	**1**	**2**
龙子湖区						3	3			
蚌山区						2	1			1
禹会区						3	3			
淮上区						1		1		
怀远县	7	4	3			8	5	2	1	
五河县	4		4			1		1		
固镇县	3	3				6	3	2		1
蚌埠市高新技术开发区										
蚌埠市经济开发区										
淮南市	**20**	**9**	**10**		**1**	**30**	**10**	**15**	**2**	**3**
大通区						1	1			
田家庵区	1		1							
谢家集区	1		1							
八公山区										
潘集区	2	2				5		5		
凤台县	9	4	4		1	20	8	7	2	3
寿县	7	3	4			4	1	3		

7-1c　续表 25　　　　单位：人

现住地	省外									
	江西					山东				
	小计	乡	镇的村委会	镇的居委会	街道	小计	乡	镇的村委会	镇的居委会	街道
马鞍山市	**21**	**2**	**16**	**1**	**2**	**36**	**6**	**27**	**2**	**1**
花山区						6	5	1		
雨山区										
博望区	2		2							
当涂县	7	2	4		1	13	1	11		1
含山县	2		1		1	5		3	2	
和县	10		9	1		12		12		
淮北市	**17**	**3**	**14**			**40**	**1**	**37**	**2**	
杜集区	2		2			1		1		
相山区	1		1			6	1	5		
烈山区	9	1	8			11		10	1	
濉溪县	5	2	3			22		21	1	
铜陵市	**8**	**4**	**4**			**4**		**3**	**1**	
铜官区						1			1	
义安区	4	1	3			2		2		
郊区	1		1							
枞阳县	3	3				1		1		
安庆市	**116**	**29**	**71**	**4**	**12**	**72**	**9**	**39**	**1**	**23**
迎江区						5		3		2
大观区						5	1	3		1
宜秀区	7	1	5	1		3	1		1	1
怀宁县	29	2	25	2		32		14		18
太湖县	14	7	7			2	1	1		
宿松县	39	16	14		9	5	1	4		
望江县	12	2	7	1	2	6	1	5		
岳西县	5	1	4			4	2	2		
安徽安庆经济开发区						1		1		
桐城市	1		1			3		3		
潜山市	9		8		1	6	2	3		1
黄山市	**93**	**19**	**64**	**2**	**8**	**25**	**2**	**19**	**1**	**3**
屯溪区	3		2	1						
黄山区	6		5		1	6		6		
徽州区	2		2			1		1		
歙县	28	9	19			4	1	3		
休宁县	10	2	7		1	4	1	2		1
黟县	6	2	4			5		4		1
祁门县	38	6	25	1	6	5		3	1	1
滁州市	**81**	**12**	**57**	**4**	**8**	**152**	**20**	**113**	**1**	**18**
琅琊区	5		5			4		4		
南谯区	10	4	3		3	8	1	7		
来安县	3		2	1		26		24	1	1
全椒县	10	1	8		1	9	1	8		
定远县	10	1	8	1		12		4		8
凤阳县	5	1	3		1	10	2	8		
苏滁现代产业园										
滁州经济技术开发区	15	3	10	1	1	55	14	33		8
天长市	16	2	12		2	15	1	14		
明光市	7		6	1		13	1	11		1

7-1c 续表 26 单位：人

现住地	省外									
	江西					山东				
	小计	乡	镇的村委会	镇的居委会	街道	小计	乡	镇的村委会	镇的居委会	街道
阜阳市	**38**	**8**	**29**		**1**	**53**	**5**	**32**	**7**	**9**
颍州区	17	4	12		1	5		1		4
颍东区	1		1			14		13	1	
颍泉区	3	2	1			1			1	
临泉县	1		1			9	2	5		2
太和县	3		3			5		4		1
阜南县	3		3			3		3		
颍上县	4		4			7		3	4	
阜阳合肥现代产业园区	3		3			3	1	1	1	
阜阳经济技术开发区	2	2								
界首市	1		1			6	2	2		2
宿州市	**47**	**11**	**33**	**2**	**1**	**119**	**10**	**85**	**6**	**18**
埇桥区	21	7	14			59	3	38		18
砀山县	1		1			23	2	17	4	
萧县	4	1	3			24	4	19	1	
灵璧县	12	2	7	2	1	6	1	4	1	
泗县	9	1	8			7		7		
宿州马鞍山现代产业园区										
宿州经济技术开发区										
六安市	**31**	**6**	**21**		**4**	**34**	**6**	**18**	**3**	**7**
金安区	4	1	3			5	1	3		1
裕安区	7	1	4		2	9	2	2	1	4
叶集区						1		1		
霍邱县	1		1			3		2	1	
舒城县	12	1	9		2	11	1	8		2
金寨县	7	3	4			3	2		1	
霍山县						2		2		
亳州市	**22**	**3**	**16**	**3**		**41**	**7**	**29**	**1**	**4**
谯城区	7	2	5			13	1	10	1	1
涡阳县	3		3			3		1		2
蒙城县	5		3	2		14	4	9		1
利辛县	7	1	5	1		11	2	9		
池州市	**49**	**11**	**32**	**1**	**5**	**20**		**20**		
贵池区	15	1	8	1	5	15		15		
东至县	18	2	16			3		3		
石台县	1		1							
青阳县	15	8	7			2		2		
池州市国家经济技术开发区										
皖江江南新兴产业集中区										
九华山风景区										
宣城市	**77**	**23**	**39**	**7**	**8**	**107**	**10**	**81**	**1**	**15**
宣州区	32	14	12	5	1	46		42		4
郎溪县	6	1	5			11	1	6		4
泾县	7		5		2	12	3	9		
绩溪县	1		1			3		1		2
旌德县	3	1	2			1		1		
宣城市经济开发区	6	1	4		1	2	1	1		
宁国市	8		4		4	18	3	9	1	5
广德市	14	6	6	2		14	2	12		

7-1c　续表 27　　　　单位：人

现住地	省外									
	河南					湖北				
	小计	乡	镇的村委会	镇的居委会	街道	小计	乡	镇的村委会	镇的居委会	街道
安　徽	**3424**	**876**	**2238**	**163**	**147**	**1398**	**271**	**924**	**94**	**109**
合肥市	**582**	**154**	**363**	**50**	**15**	**229**	**27**	**151**	**31**	**20**
瑶海区	11	8	2	1		9	3	5	1	
庐阳区										
蜀山区	30	3	27			4		4		
包河区	16	7	9			2		1		1
长丰县	96	19	61	14	2	42	6	24	9	3
肥东县	44	13	27	3	1	29	5	20	4	
肥西县	336	100	193	31	12	109	12	70	15	12
庐江县	28	2	25	1		24		22		2
合肥高新技术产业开发区										
合肥经济技术开发区										
合肥新站高新技术产业开发区						1		1		
巢湖市	21	2	19			9	1	4	2	2
芜湖市	**77**	**11**	**59**	**1**	**6**	**54**	**9**	**36**	**4**	**5**
镜湖区	1				1					
弋江区										
鸠江区	11		11			16	1	13	1	1
三山区	4	4								
芜湖县	2		2			3		1		2
繁昌县	32	6	23		3	18	4	13	1	
南陵县	13	1	12			4	1	3		
芜湖经济技术开发区										
安徽芜湖长江大桥经济开发区										
无为市	14		11	1	2	13	3	6	2	2
蚌埠市	**76**	**20**	**53**	**1**	**2**	**18**	**2**	**14**		**2**
龙子湖区										
蚌山区	4		4							
禹会区	19	7	12			2		2		
淮上区	2		2			1		1		
怀远县	21	5	16			8	1	5		2
五河县	8	1	7			2		2		
固镇县	22	7	12	1	2	5	1	4		
蚌埠市高新技术开发区										
蚌埠市经济开发区										
淮南市	**128**	**45**	**76**	**5**	**2**	**16**	**5**	**9**		**2**
大通区	1	1				1	1			
田家庵区	1		1							
谢家集区	10	1	9							
八公山区	1	1								
潘集区	12	4	8			2	1			1
凤台县	73	28	39	4	2	8	2	5		1
寿县	30	10	19	1		5	1	4		

7−1c 续表 28

单位：人

现住地	省外									
	河南					湖北				
	小计	乡	镇的村委会	镇的居委会	街道	小计	乡	镇的村委会	镇的居委会	街道
马鞍山市	**206**	**46**	**122**	**26**	**12**	**44**	**5**	**27**	**2**	**10**
花山区	4		2		2					
雨山区	1		1			1		1		
博望区	22	3	19			1		1		
当涂县	112	33	66	5	8	9	4	4		1
含山县	37	1	17	19		18	1	14		3
和县	30	9	17	2	2	15		7	2	6
淮北市	**87**	**15**	**66**	**3**	**3**	**19**	**1**	**11**	**4**	**3**
杜集区	11		11			2		1	1	
相山区	10	1	8		1	1		1		
烈山区	33	9	19	3	2	10	1	4	2	3
濉溪县	33	5	28			6		5	1	
铜陵市	**50**	**9**	**38**		**3**	**20**	**3**	**15**		**2**
铜官区	2		1		1					
义安区	39	6	32		1	8	2	5		1
郊区	6	2	3		1	2	1			1
枞阳县	3	1	2			10		10		
安庆市	**167**	**53**	**87**	**3**	**24**	**146**	**26**	**103**	**6**	**11**
迎江区	1				1	1		1		
大观区	8	2	5	1		2	1	1		
宜秀区	13	11	2			3	2	1		
怀宁县	27	2	24		1	9	2	6		1
太湖县	29	13	16			20	1	19		
宿松县	46	14	10	2	20	48	15	30	2	1
望江县	10		10			10		8		2
岳西县	8	3	5			26	4	16	1	5
安徽安庆经济开发区						2		2		
桐城市	13	4	9			7		7		
潜山市	12	4	6		2	18	1	12	3	2
黄山市	**122**	**35**	**80**	**1**	**6**	**175**	**53**	**112**	**8**	**2**
屯溪区	5		4		1					
黄山区	25	7	18			31	9	20	2	
徽州区										
歙县	15	7	7		1	30	10	18		2
休宁县	22	5	14	1	2	32	2	30		
黟县	16	4	11		1	29	14	15		
祁门县	39	12	26		1	53	18	29	6	
滁州市	**484**	**126**	**329**	**11**	**18**	**141**	**21**	**107**	**7**	**6**
琅琊区	10		10							
南谯区	53	7	45	1		26	2	23	1	
来安县	42	6	35	1		20		17	2	1
全椒县	12		11	1		8		6	1	1
定远县	22	4	13	1	4	4		4		
凤阳县	25	3	21		1	7		5	1	1
苏滁现代产业园										
滁州经济技术开发区	281	104	159	6	12	59	19	37		3
天长市	21	2	18	1		8		8		
明光市	18		17		1	9		7	2	

7-1c　续表 29　　　　单位：人

现住地	省外									
	河南					湖北				
	小计	乡	镇的村委会	镇的居委会	街道	小计	乡	镇的村委会	镇的居委会	街道
阜阳市	**382**	**93**	**241**	**31**	**17**	**88**	**24**	**44**	**16**	**4**
颍州区	36	23	11	1	1	6	1	2	3	
颍东区	52	5	27	20		12	1	6	3	2
颍泉区	20	2	16	1	1	4		3		1
临泉县	62	11	45	2	4	13	3	8	2	
太和县	40	7	29	1	3	2	1	1		
阜南县	55	19	33	2	1	32	16	11	5	
颍上县	40	9	28	2	1	9	1	5	3	
阜阳合肥现代产业园区	8		6	2		2		1		1
阜阳经济技术开发区	2		1		1	1		1		
界首市	67	17	45		5	7	1	6		
宿州市	**218**	**76**	**125**	**10**	**7**	**37**	**11**	**22**	**2**	**2**
埇桥区	64	20	38	3	3	11	2	9		
砀山县	41	5	33	3		5	2	1	1	1
萧县	68	27	35	3	3	6	2	4		
灵璧县	32	21	9	1	1	10	4	5		1
泗县	13	3	10			5	1	3	1	
宿州马鞍山现代产业园区										
宿州经济技术开发区										
六安市	**222**	**42**	**159**	**6**	**15**	**113**	**23**	**82**	**2**	**6**
金安区	32	5	21		6	16	2	12		2
裕安区	19	9	6	2	2	15	4	9	1	1
叶集区	14	1	11	1	1	6		6		
霍邱县	40	6	31		3	21	2	18		1
舒城县	67	6	57	1	3	14		14		
金寨县	44	15	27	2		34	13	18	1	2
霍山县	6		6			7	2	5		
亳州市	**284**	**73**	**196**	**8**	**7**	**58**	**4**	**47**	**2**	**5**
谯城区	166	53	107	3	3	11	3	6		2
涡阳县	34	5	29			3		3		
蒙城县	47	12	32	2	1	36	1	32	1	2
利辛县	37	3	28	3	3	8		6	1	1
池州市	**107**	**31**	**67**	**6**	**3**	**111**	**38**	**57**	**7**	**9**
贵池区	46	12	32	1	1	66	22	34	2	8
东至县	31	8	20	3		13	1	8	3	1
石台县	3	1	2			6		6		
青阳县	26	9	13	2	2	18	7	9	2	
池州市国家经济技术开发区										
皖江江南新兴产业集中区										
九华山风景区	1	1				8	8			
宣城市	**232**	**47**	**177**	**1**	**7**	**129**	**19**	**87**	**3**	**20**
宣州区	76	15	58		3	22	6	13		3
郎溪县	30	3	27			13	2	8		3
泾县	39	4	35			36	4	31		1
绩溪县	9	3	5		1	14		3		11
旌德县	4	1	3			10	1	9		
宣城市经济开发区	26	1	24		1	9	2	4	1	2
宁国市	30	13	15		2	12	1	11		
广德市	18	7	10	1		13	3	8	2	

7－1c　续表 30　　单位：人

现住地	省外									
	湖南					广东				
	小计	乡	镇的村委会	镇的居委会	街道	小计	乡	镇的村委会	镇的居委会	街道
安徽	**758**	**135**	**517**	**50**	**56**	**274**	**44**	**150**	**31**	**49**
合肥市	**96**	**32**	**56**	**6**	**2**	**37**	**5**	**17**	**3**	**12**
瑶海区	4		4			3		3		
庐阳区	5	3	1		1					
蜀山区	2		2							
包河区	1	1				1				1
长丰县	20	10	7	3		2		1	1	
肥东县	8		7	1		8	2	5	1	
肥西县	40	10	27	2	1	16	1	5		10
庐江县	8	3	5			3	1	2		
合肥高新技术产业开发区										
合肥经济技术开发区										
合肥新站高新技术产业开发区										
巢湖市	8	5	3			4	1	1	1	1
芜湖市	**34**	**4**	**25**	**2**	**3**	**10**		**7**	**2**	**1**
镜湖区	1		1							
弋江区										
鸠江区	7		6	1						
三山区	1		1							
芜湖县	5	1	4			1		1		
繁昌县	5	3	2			6		4	1	1
南陵县	7		6	1		1		1		
芜湖经济技术开发区										
安徽芜湖长江大桥经济开发区										
无为市	8		5		3	2		1	1	
蚌埠市	**26**	**4**	**21**		**1**	**8**	**1**	**7**		
龙子湖区										
蚌山区										
禹会区	5	3	2			1		1		
淮上区	4		4			2		2		
怀远县	4	1	3			1		1		
五河县	6		6			2		2		
固镇县	7		6		1	2	1	1		
蚌埠市高新技术开发区										
蚌埠市经济开发区										
淮南市	**30**	**7**	**23**			**11**	**2**	**4**	**4**	**1**
大通区	1	1				1			1	
田家庵区	1		1							
谢家集区										
八公山区										
潘集区	4	3	1			2		2		
凤台县	11	1	10			6	2		3	1
寿县	13	2	11			2		2		

7-1c 续表 31

单位：人

现住地	省外									
	湖南					广东				
	小计	乡	镇的村委会	镇的居委会	街道	小计	乡	镇的村委会	镇的居委会	街道
马鞍山市	**29**	**6**	**17**	**5**	**1**	**15**	**2**	**7**	**6**	
花山区										
雨山区	2	1	1			1		1		
博望区	1		1			2	1	1		
当涂县	19	5	9	5		7	1	1	5	
含山县	3		3			3		3		
和县	4		3		1	2		1	1	
淮北市	**16**	**1**	**14**	**1**		**8**		**4**		**4**
杜集区	1		1							
相山区	1		1			2				2
烈山区	1		1			3		3		
濉溪县	13	1	11	1		3		1		2
铜陵市	**3**		**3**			**4**		**3**	**1**	
铜官区										
义安区						4		3	1	
郊区	2		2							
枞阳县	1		1							
安庆市	**99**	**22**	**70**	**1**	**6**	**32**	**8**	**13**	**2**	**9**
迎江区						1		1		
大观区	2	1	1							
宜秀区	5		5							
怀宁县	10	3	6	1		1				1
太湖县	5		5			6		5	1	
宿松县	22	15	6		1	9	7	1		1
望江县	14	1	12		1	7		4		3
岳西县	9	1	6		2	5		2	1	2
安徽安庆经济开发区	2		1		1					
桐城市	28	1	26		1	1				1
潜山市	2		2			2	1			1
黄山市	**72**	**12**	**55**	**5**		**8**	**3**	**3**		**2**
屯溪区	9		9							
黄山区	14	1	12	1		1		1		
徽州区										
歙县	7	2	5							
休宁县	4	1	2	1		1		1		
黟县	20	7	11	2		5	2	1		2
祁门县	18	1	16	1		1	1			
滁州市	**53**	**8**	**41**	**3**	**1**	**17**	**1**	**11**	**3**	**2**
琅琊区	2		2							
南谯区	5	1	4			2	1		1	
来安县	7	4	3			5		5		
全椒县	3		3							
定远县	3		3							
凤阳县	12		10	2		2		2		
苏滁现代产业园										
滁州经济技术开发区	8	2	4	1	1	2		1		1
天长市	4	1	3			4		3	1	
明光市	9		9			2			1	1

7-1c　续表 32　　单位：人

现住地	省外									
	湖南					广东				
	小计	乡	镇的村委会	镇的居委会	街道	小计	乡	镇的村委会	镇的居委会	街道
阜阳市	**56**	**7**	**42**	**2**	**5**	**37**	**4**	**26**	**2**	**5**
颍州区	4		1	1	2	5	1	4		
颍东区	9		9			5		3	2	
颍泉区	2		2			1		1		
临泉县	8		8			2		2		
太和县	10	6	3		1	10	1	5		4
阜南县	7	1	3	1	2	6	2	4		
颍上县	2		2			1		1		
阜阳合肥现代产业园区	1		1							
阜阳经济技术开发区						2		1		1
界首市	13		13			5		5		
宿州市	**26**	**4**	**21**		**1**	**22**	**7**	**13**	**1**	**1**
埇桥区	11	2	9			5	3	1		1
砀山县	1		1			4		3	1	
萧县	2		2			8	1	7		
灵璧县	7	2	5			2	1	1		
泗县	3		2		1	3	2	1		
宿州马鞍山现代产业园区	2		2							
宿州经济技术开发区										
六安市	**42**	**8**	**31**		**3**	**22**	**2**	**10**	**4**	**6**
金安区	6		6			2		1		1
裕安区	5	2	3							
叶集区	1		1							
霍邱县	2		2			6	1	5		
舒城县	19	2	14		3	2			2	
金寨县	8	4	4			4	1	1		2
霍山县	1		1			8		3	2	3
亳州市	**56**	**6**	**23**	**12**	**15**	**26**	**6**	**18**	**1**	**1**
谯城区	6		1	1	4	7	1	6		
涡阳县	18		7	1	10	8	1	7		
蒙城县	13	2	8	3		7	3	4		
利辛县	19	4	7	7	1	4	1	1	1	1
池州市	**49**	**4**	**25**	**9**	**11**	**5**		**5**		
贵池区	26	1	5	9	11					
东至县	16	1	15			3		3		
石台县	2	1	1							
青阳县	5	1	4			2		2		
池州市国家经济技术开发区										
皖江江南新兴产业集中区										
九华山风景区										
宣城市	**71**	**10**	**50**	**4**	**7**	**12**	**3**	**2**	**2**	**5**
宣州区	24	2	18	3	1	1	1			
郎溪县	4		4			2				2
泾县	12	3	9			4			2	2
绩溪县	3		3			1				1
旌德县	2		2			1		1		
宣城市经济开发区	9	1	2		6	1	1			
宁国市	7	1	5	1		1	1			
广德市	10	3	7			1		1		

7-1c 续表 33

单位：人

现住地	省外									
	广西					海南				
	小计	乡	镇的村委会	镇的居委会	街道	小计	乡	镇的村委会	镇的居委会	街道
安徽	**302**	**59**	**224**	**8**	**11**	**42**	**7**	**26**	**6**	**3**
合肥市	**33**	**12**	**18**	**3**		**3**		**1**	**1**	**1**
瑶海区	1	1								
庐阳区										
蜀山区										
包河区	1	1								
长丰县	4		3	1		2			1	1
肥东县	2		2							
肥西县	23	9	12	2						
庐江县	1	1								
合肥高新技术产业开发区										
合肥经济技术开发区										
合肥新站高新技术产业开发区										
巢湖市	1		1			1		1		
芜湖市	**22**	**7**	**15**			**1**		**1**		
镜湖区										
弋江区										
鸠江区										
三山区	1		1							
芜湖县	4	2	2							
繁昌县	4	1	3							
南陵县	8	3	5			1		1		
芜湖经济技术开发区										
安徽芜湖长江大桥经济开发区										
无为市	5	1	4							
蚌埠市	**7**	**1**	**5**		**1**	**1**		**1**		
龙子湖区										
蚌山区										
禹会区										
淮上区										
怀远县	4	1	3							
五河县	2		1		1					
固镇县	1		1			1		1		
蚌埠市高新技术开发区										
蚌埠市经济开发区										
淮南市	**4**	**1**	**3**			**4**		**3**		**1**
大通区										
田家庵区										
谢家集区										
八公山区										
潘集区	3	1	2			1				1
凤台县	1		1							
寿县						3		3		

7-1c 续表 34

单位：人

现住地	省外									
	广西					海南				
	小计	乡	镇的村委会	镇的居委会	街道	小计	乡	镇的村委会	镇的居委会	街道
马鞍山市	**15**	**2**	**12**	**1**		**2**		**2**		
花山区										
雨山区										
博望区	8	1	7			2		2		
当涂县	2	1	1							
含山县	2		2							
和县	3		2	1						
淮北市	**9**	**1**	**8**			**1**			**1**	
杜集区										
相山区										
烈山区	7		7			1			1	
濉溪县	2	1	1							
铜陵市	**7**		**7**							
铜官区	1		1							
义安区										
郊区	1		1							
枞阳县	5		5							
安庆市	**23**	**5**	**13**		**5**	**10**	**2**	**5**	**2**	**1**
迎江区	2				2					
大观区										
宜秀区										
怀宁县	3		2		1					
太湖县	3		3							
宿松县	8	5	1		2	6		4	2	
望江县	4		4							
岳西县						1				1
安徽安庆经济开发区										
桐城市	2		2							
潜山市	1		1			3	2	1		
黄山市	**16**	**1**	**14**	**1**		**1**			**1**	
屯溪区	1		1			1			1	
黄山区	3		2	1						
徽州区										
歙县	3	1	2							
休宁县	1		1							
黟县	2		2							
祁门县	6		6							
滁州市	**33**	**5**	**25**	**1**	**2**	**1**		**1**		
琅琊区										
南谯区										
来安县	2		2							
全椒县	1		1							
定远县	4		3	1						
凤阳县	1		1							
苏滁现代产业园										
滁州经济技术开发区	22	5	15		2	1		1		
天长市	2		2							
明光市	1		1							

7-1c　续表 35　　单位：人

现住地	省外									
	广西					海南				
	小计	乡	镇的村委会	镇的居委会	街道	小计	乡	镇的村委会	镇的居委会	街道
阜阳市	**26**	**5**	**18**	**1**	**2**	**2**		**2**		
颍州区	3		3							
颍东区	9	4	4		1	1		1		
颍泉区	2		2							
临泉县	1	1								
太和县	2		2							
阜南县	4		3		1					
颍上县	1			1						
阜阳合肥现代产业园区						1		1		
阜阳经济技术开发区										
界首市	4		4							
宿州市	**17**	**4**	**12**	**1**		**1**		**1**		
埇桥区	4	2	2							
砀山县	1		1							
萧县	10	1	8	1						
灵璧县	1		1			1		1		
泗县	1	1								
宿州马鞍山现代产业园区										
宿州经济技术开发区										
六安市	**15**	**6**	**9**			**7**	**4**	**2**	**1**	
金安区	3	3								
裕安区	1		1			1	1			
叶集区										
霍邱县	4	1	3							
舒城县	2		2							
金寨县	5	2	3			1			1	
霍山县						5	3	2		
亳州市	**8**	**3**	**5**			**6**		**6**		
谯城区	2		2			2		2		
涡阳县	1		1			1		1		
蒙城县	4	2	2							
利辛县	1	1				3		3		
池州市	**12**	**3**	**9**							
贵池区	5	1	4							
东至县	2	1	1							
石台县	1		1							
青阳县	4	1	3							
池州市国家经济技术开发区										
皖江江南新兴产业集中区										
九华山风景区										
宣城市	**55**	**3**	**51**		**1**	**2**	**1**	**1**		
宣州区	12	1	11			2	1	1		
郎溪县	1		1							
泾县	6		6							
绩溪县	1		1							
旌德县	2	1	1							
宣城市经济开发区	27		27							
宁国市	4	1	2		1					
广德市	2		2							

7-1c 续表 36 单位：人

现住地	省外									
	重庆					四川				
	小计	乡	镇的村委会	镇的居委会	街道	小计	乡	镇的村委会	镇的居委会	街道
安徽	**568**	**111**	**366**	**36**	**55**	**1435**	**369**	**940**	**53**	**73**
合肥市	**63**	**11**	**41**	**6**	**5**	**231**	**62**	**144**	**9**	**16**
瑶海区	2		1		1	3	1	2		
庐阳区										
蜀山区	13	1	10	1	1	18	3	11		4
包河区	2		2			3		2	1	
长丰县	11	2	9			34	13	17	3	1
肥东县	6	2	4			28	7	21		
肥西县	18	5	5	5	3	104	30	62	5	7
庐江县	10	1	9			24	4	18		2
合肥高新技术产业开发区										
合肥经济技术开发区										
合肥新站高新技术产业开发区						7	1	5		1
巢湖市	1		1			10	3	6		1
芜湖市	**33**	**4**	**23**	**2**	**4**	**47**	**9**	**31**	**4**	**3**
镜湖区	2		1	1		2	1			1
弋江区										
鸠江区	9		9			3		1	2	
三山区	4		1		3	3		3		
芜湖县	4	3		1		6	1	5		
繁昌县	6	1	4		1	10	4	4	2	
南陵县	4		4			11	1	8		2
芜湖经济技术开发区										
安徽芜湖长江大桥经济开发区										
无为市	4		4			12	2	10		
蚌埠市	**18**	**5**	**8**	**2**	**3**	**54**	**15**	**36**	**1**	**2**
龙子湖区	1	1				2	1	1		
蚌山区	2	1	1			4	2	2		
禹会区	1		1			5	2	3		
淮上区	1		1			2		2		
怀远县	8	2	1	2	3	15	4	8	1	2
五河县	4	1	3			19	2	17		
固镇县	1		1			7	4	3		
蚌埠市高新技术开发区										
蚌埠市经济开发区										
淮南市	**17**	**4**	**10**	**3**		**68**	**13**	**51**	**1**	**3**
大通区	1		1			4	2	2		
田家庵区	1		1							
谢家集区						3	1	2		
八公山区	3			3		3		3		
潘集区	4	2	2			8	2	5		1
凤台县	3	2	1			18	7	9	1	1
寿县	5		5			32	1	30		1

7-1c　续表 37　　　　单位：人

现住地	省外									
	重庆					四川				
	小计	乡	镇的村委会	镇的居委会	街道	小计	乡	镇的村委会	镇的居委会	街道
马鞍山市	**20**	**7**	**9**	**1**	**3**	**52**	**16**	**30**	**4**	**2**
花山区										
雨山区						2	1	1		
博望区	1		1			8	2	6		
当涂县	9	5	3		1	24	9	11	2	2
含山县	5	2	2		1	8	1	6	1	
和县	5		3	1	1	10	3	6	1	
淮北市	**3**		**3**			**28**	**4**	**20**	**2**	**2**
杜集区						3		3		
相山区						4		1	2	1
烈山区	2		2			9		8		1
濉溪县	1		1			12	4	8		
铜陵市	**8**		**6**	**1**	**1**	**8**	**2**	**5**	**1**	
铜官区	1				1					
义安区	2		2			5	2	2	1	
郊区	2		2							
枞阳县	3		2	1		3		3		
安庆市	**48**	**18**	**26**	**3**	**1**	**82**	**19**	**52**	**2**	**9**
迎江区						1		1		
大观区						3		2		1
宜秀区	1		1			1		1		
怀宁县	16	15			1	13	3	10		
太湖县	4		4			11		11		
宿松县	8	1	5	2		17	9	6		2
望江县	2		2			3	1	2		
岳西县	9	1	8			20	2	11	2	5
安徽安庆经济开发区						1	1			
桐城市						3		3		
潜山市	8	1	6	1		9	3	5		1
黄山市	**58**	**15**	**34**	**4**	**5**	**166**	**60**	**98**	**3**	**5**
屯溪区	3	1	2							
黄山区	10	2	8			18	9	9		
徽州区										
歙县	4	1	3			19	9	7		3
休宁县	6		4		2	35	9	24	1	1
黟县	14	5	6	1	2	25	8	17		
祁门县	21	6	11	3	1	69	25	41	2	1
滁州市	**128**	**16**	**94**	**4**	**14**	**165**	**29**	**116**	**4**	**16**
琅琊区						6		6		
南谯区	8	1	7			24	6	17		1
来安县	23		19	2	2	20	4	14		2
全椒县	3		3			18	2	11		5
定远县	25	5	17	1	2	18	1	15	2	
凤阳县	7		7			15	1	13	1	
苏滁现代产业园										
滁州经济技术开发区	49	5	34	1	9	36	6	24		6
天长市	8	4	4			24	8	13	1	2
明光市	5	1	3		1	4	1	3		

7－1c 续表 38

单位：人

现住地	省外									
	重庆					四川				
	小计	乡	镇的村委会	镇的居委会	街道	小计	乡	镇的村委会	镇的居委会	街道
阜阳市	**32**	**5**	**19**		**8**	**111**	**29**	**75**	**5**	**2**
颍州区	3	3				4	1	2	1	
颍东区	8		7		1	15	2	12	1	
颍泉区	2		1		1	19	2	14	1	2
临泉县	5		2		3	23	15	8		
太和县	1		1			20	1	18	1	
阜南县	5		4		1	10	1	9		
颍上县	7	2	3		2	14	6	7	1	
阜阳合肥现代产业园区						1	1			
阜阳经济技术开发区										
界首市	1		1			5		5		
宿州市	**22**	**4**	**14**	**1**	**3**	**66**	**18**	**41**	**5**	**2**
埇桥区	5	1	4			21	5	12	4	
砀山县	2		2			5	2	3		
萧县	7	2	2	1	2	14	5	9		
灵璧县	4	1	3			20	6	11	1	2
泗县	4		3		1	6		6		
宿州马鞍山现代产业园区										
宿州经济技术开发区										
六安市	**25**	**4**	**14**	**4**	**3**	**107**	**37**	**67**	**2**	**1**
金安区	7	2	4		1	9	2	7		
裕安区	2		2			13	2	11		
叶集区	1		1			2		2		
霍邱县	5	1	3		1	13	4	9		
舒城县	4	1	2	1		30	2	26	1	1
金寨县	6		2	3	1	36	27	8	1	
霍山县						4		4		
亳州市	**19**	**3**	**14**		**2**	**42**	**7**	**30**	**4**	**1**
谯城区	5	1	3		1	3		3		
涡阳县	2		2			10	3	5	1	1
蒙城县	6	2	4			8	1	5	2	
利辛县	6		5		1	21	3	17	1	
池州市	**23**	**7**	**15**		**1**	**49**	**10**	**36**	**2**	**1**
贵池区	15	2	12		1	20	2	18		
东至县	2	1	1			5	1	3		1
石台县	5	4	1			7		7		
青阳县	1		1			17	7	8	2	
池州市国家经济技术开发区										
皖江江南新兴产业集中区										
九华山风景区										
宣城市	**51**	**8**	**36**	**5**	**2**	**159**	**39**	**108**	**4**	**8**
宣州区	10	3	5	2		49	19	28	1	1
郎溪县	1	1				19		19		
泾县	18	2	16			18	7	10	1	
绩溪县	1		1			4		3		1
旌德县	8		8			8	2	6		
宣城市经济开发区	3		1		2	7	1	3		3
宁国市	8	1	5	2		25	3	20	1	1
广德市	2	1		1		29	7	19	1	2

7-1c 续表 39 单位：人

现住地	省外									
	贵州					云南				
	小计	乡	镇的村委会	镇的居委会	街道	小计	乡	镇的村委会	镇的居委会	街道
安徽	**1318**	**341**	**899**	**44**	**34**	**1220**	**309**	**854**	**39**	**18**
合肥市	**99**	**13**	**70**	**14**	**2**	**206**	**61**	**136**	**9**	
瑶海区										
庐阳区	1			1						
蜀山区	3	1	2			5		5		
包河区	1		1			1	1			
长丰县	13	1	12			33	9	22	2	
肥东县	7	1	1	4	1	56	11	40	5	
肥西县	37	7	23	7		57	15	40	2	
庐江县	24	2	19	2	1	21	2	19		
合肥高新技术产业开发区										
合肥经济技术开发区										
合肥新站高新技术产业开发区	4	1	3			6	6			
巢湖市	9		9			27	17	10		
芜湖市	**46**	**11**	**29**	**1**	**5**	**60**	**18**	**41**	**1**	
镜湖区	4		1		3	2		2		
弋江区										
鸠江区	1	1				1		1		
三山区	1	1								
芜湖县	5	1	4			21	3	17	1	
繁昌县	7	5	2			14	9	5		
南陵县	13	1	12			11	3	8		
芜湖经济技术开发区	2				2					
安徽芜湖长江大桥经济开发区										
无为市	13	2	10	1		11	3	8		
蚌埠市	**34**	**12**	**21**		**1**	**26**	**12**	**13**	**1**	
龙子湖区	1		1							
蚌山区						1	1			
禹会区	1		1			2		2		
淮上区	4	1	3			1		1		
怀远县	8	3	4		1	12	6	5	1	
五河县	9	3	6			3		3		
固镇县	11	5	6			7	5	2		
蚌埠市高新技术开发区										
蚌埠市经济开发区										
淮南市	**21**	**6**	**13**	**1**	**1**	**30**	**9**	**17**	**4**	
大通区	1	1				1	1			
田家庵区	1		1			1		1		
谢家集区						1		1		
八公山区										
潘集区	2		2			8	3	2	3	
凤台县	11	4	5	1	1	7	3	4		
寿县	6	1	5			12	2	9	1	

7-1c 续表 40 单位：人

现住地	省外									
	贵州					云南				
	小计	乡	镇的村委会	镇的居委会	街道	小计	乡	镇的村委会	镇的居委会	街道
马鞍山市	**39**	**7**	**29**	**3**		**80**	**13**	**65**	**1**	**1**
花山区						5	5			
雨山区						2		2		
博望区	4	1	3			17	5	11	1	
当涂县	17	3	13	1		32	1	30		1
含山县	2	1	1			9	1	8		
和县	16	2	12	2		15	1	14		
淮北市	**21**	**1**	**19**	**1**		**26**	**2**	**23**	**1**	
杜集区						7		7		
相山区	1		1			1		1		
烈山区	10		9	1		6		6		
濉溪县	10	1	9			12	2	9	1	
铜陵市	**11**	**5**	**5**	**1**		**13**	**5**	**8**		
铜官区										
义安区	2	2								
郊区	4	3	1			2		2		
枞阳县	5		4	1		11	5	6		
安庆市	**89**	**25**	**63**		**1**	**52**	**29**	**21**		**2**
迎江区										
大观区	6	2	4							
宜秀区	1	1				7	7			
怀宁县	18	3	15			15	11	3		1
太湖县	8	3	5			3		3		
宿松县	17	10	7			7	5	2		
望江县	14	1	13			6	2	4		
岳西县	5	1	4			7	3	3		1
安徽安庆经济开发区										
桐城市	2		2			6		6		
潜山市	18	4	13		1	1	1			
黄山市	**96**	**32**	**60**	**2**	**2**	**70**	**24**	**45**	**1**	
屯溪区	1		1			2	1	1		
黄山区	23	2	21			9		9		
徽州区	5	1	4			2	1	1		
歙县	19	7	11		1	17	7	10		
休宁县	10	5	4		1	8	2	5	1	
黟县	13	6	7			2	1	1		
祁门县	25	11	12	2		30	12	18		
滁州市	**142**	**19**	**118**	**2**	**3**	**174**	**16**	**151**	**6**	**1**
琅琊区						6		6		
南谯区	16		16			15	1	13	1	
来安县	38	6	31		1	45	8	37		
全椒县	11	4	6	1		8		8		
定远县	14	1	13			12	3	9		
凤阳县	10		9	1		5		5		
苏滁现代产业园										
滁州经济技术开发区	17	2	14		1	61	3	56	2	
天长市	29	6	23			4		3		1
明光市	7		6		1	18	1	14	3	

7-1c　续表 41　　　　单位：人

现 住 地	省外									
	贵州					云南				
	小计	乡	镇的村委会	镇的居委会	街道	小计	乡	镇的村委会	镇的居委会	街道
阜阳市	**80**	**28**	**48**	**2**	**2**	**68**	**15**	**49**	**2**	**2**
颍州区	6	1	5			3		3		
颍东区	2		2			20	2	16		2
颍泉区	5	1	3		1	6		5	1	
临泉县	13	6	6		1	13	5	8		
太和县	19	13	6			10	1	9		
阜南县	22	3	18	1		6	5	1		
颍上县	6	1	5			5	1	4		
阜阳合肥现代产业园区	2	1		1		1			1	
阜阳经济技术开发区										
界首市	5	2	3			4	1	3		
宿州市	**66**	**20**	**39**	**4**	**3**	**62**	**15**	**43**	**4**	
埇桥区	17	3	12	1	1	22	9	11	2	
砀山县	8	4	3	1		2	1	1		
萧县	18	7	10	1		13	2	10	1	
灵璧县	15	4	8	1	2	13	2	10	1	
泗县	8	2	6			12	1	11		
宿州马鞍山现代产业园区										
宿州经济技术开发区										
六安市	**100**	**35**	**56**	**6**	**3**	**37**	**11**	**22**	**1**	**3**
金安区	11	2	8		1	8	1	5		2
裕安区	14	2	8	4		10	3	7		
叶集区	15	14	1							
霍邱县	13	6	6		1	3		2	1	
舒城县	34	5	28	1		7	1	5		1
金寨县	12	5	5	1	1	8	5	3		
霍山县	1	1				1	1			
亳州市	**46**	**12**	**31**	**3**		**53**	**5**	**43**	**4**	**1**
谯城区	9	3	6			9	1	8		
涡阳县	14	6	7	1		17	1	15	1	
蒙城县	9	1	7	1		14	1	12	1	
利辛县	14	2	11	1		13	2	8	2	1
池州市	**81**	**17**	**58**	**3**	**3**	**40**	**5**	**34**		**1**
贵池区	14	4	7		3	17	1	15		1
东至县	13	2	8	3		2		2		
石台县						5	2	3		
青阳县	54	11	43			16	2	14		
池州市国家经济技术开发区										
皖江江南新兴产业集中区										
九华山风景区										
宣城市	**347**	**98**	**240**	**1**	**8**	**223**	**69**	**143**	**4**	**7**
宣州区	101	26	72	1	2	68	20	47	1	
郎溪县	24	3	21			27	1	25	1	
泾县	65	10	53		2	33	8	24		1
绩溪县	1	1				5	4	1		
旌德县	17	4	13			11	1	10		
宣城市经济开发区	4		3		1	14	6	3		5
宁国市	29	15	13		1	27	9	15	2	1
广德市	106	39	65		2	38	20	18		

7-1c 续表 42

单位：人

现住地	省外									
	西藏					陕西				
	小计	乡	镇的村委会	镇的居委会	街道	小计	乡	镇的村委会	镇的居委会	街道
安徽	**98**		**98**			**546**	**101**	**364**	**32**	**49**
合肥市						**100**	**17**	**67**	**7**	**9**
瑶海区						1		1		
庐阳区										
蜀山区										
包河区										
长丰县						26	12	12	1	1
肥东县						4		4		
肥西县						41	5	25	5	6
庐江县						21		20	1	
合肥高新技术产业开发区										
合肥经济技术开发区										
合肥新站高新技术产业开发区										
巢湖市						7		5		2
芜湖市						**32**	**13**	**18**		**1**
镜湖区										
弋江区										
鸠江区										
三山区										
芜湖县						3		3		
繁昌县						7	4	3		
南陵县						3		3		
芜湖经济技术开发区										
安徽芜湖长江大桥经济开发区										
无为市						19	9	9		1
蚌埠市						**24**	**7**	**10**	**1**	**6**
龙子湖区										
蚌山区						1	1			
禹会区						5	2	2	1	
淮上区						2				2
怀远县						9		5		4
五河县						3		3		
固镇县						4	4			
蚌埠市高新技术开发区										
蚌埠市经济开发区										
淮南市						**5**		**5**		
大通区										
田家庵区										
谢家集区										
八公山区										
潘集区						1		1		
凤台县						1		1		
寿县						3		3		

7-1c 续表 43

单位：人

现住地	省外									
	西藏					陕西				
	小计	乡	镇的村委会	镇的居委会	街道	小计	乡	镇的村委会	镇的居委会	街道
马鞍山市						**20**	**2**	**15**	**2**	**1**
花山区										
雨山区										
博望区										
当涂县						10	2	6	1	1
含山县										
和县						10		9	1	
淮北市	**93**		**93**			**8**		**8**		
杜集区										
相山区										
烈山区	93		93			5		5		
濉溪县						3		3		
铜陵市						**2**		**2**		
铜官区										
义安区						2		2		
郊区										
枞阳县										
安庆市						**30**	**5**	**20**		**5**
迎江区										
大观区						1		1		
宜秀区						1	1			
怀宁县						8	1	7		
太湖县						3		1		2
宿松县						2	1	1		
望江县						2		2		
岳西县						6	1	3		2
安徽安庆经济开发区										
桐城市						1		1		
潜山市						6	1	4		1
黄山市						**74**	**8**	**62**	**2**	**2**
屯溪区						2		2		
黄山区						30		28	1	1
徽州区						1		1		
歙县						4	1	3		
休宁县						15	1	13		1
黟县						8	6	2		
祁门县						14		13	1	
滁州市	**1**		**1**			**49**	**7**	**29**	**9**	**4**
琅琊区										
南谯区						2		2		
来安县						7	1	6		
全椒县						3		1	2	
定远县	1		1			2	1		1	
凤阳县						4	1	2	1	
苏滁现代产业园										
滁州经济技术开发区						25	4	14	4	3
天长市						5		4	1	
明光市						1				1

7－1c　续表 44　　　　单位：人

现住地	省外									
	西藏					陕西				
	小计	乡	镇的村委会	镇的居委会	街道	小计	乡	镇的村委会	镇的居委会	街道
阜阳市	**1**		**1**			**55**	**11**	**36**	**1**	**7**
颍州区						6		6		
颍东区						7		6		1
颍泉区						3	1	2		
临泉县						7	5	2		
太和县	1		1			8	1	4		3
阜南县						13	3	9		1
颍上县						8	1	5	1	1
阜阳合肥现代产业园区										
阜阳经济技术开发区										
界首市						3		2		1
宿州市						**49**	**11**	**29**	**6**	**3**
埇桥区						16	6	9	1	
砀山县						8	1	3	2	2
萧县						15	1	11	2	1
灵璧县						7	3	4		
泗县						3		2	1	
宿州马鞍山现代产业园区										
宿州经济技术开发区										
六安市	**2**		**2**			**25**	**3**	**17**	**2**	**3**
金安区	1		1			3		2		1
裕安区						4	1	2	1	
叶集区										
霍邱县						5		4		1
舒城县						5	1	4		
金寨县	1		1			7	1	5	1	
霍山县						1				1
亳州市	**1**		**1**			**16**	**3**	**9**	**2**	**2**
谯城区						5	2	3		
涡阳县						5		3	1	1
蒙城县						5	1	3		1
利辛县	1		1			1			1	
池州市						**9**	**2**	**5**		**2**
贵池区						5	1	2		2
东至县										
石台县						2	1	1		
青阳县						2		2		
池州市国家经济技术开发区										
皖江江南新兴产业集中区										
九华山风景区										
宣城市						**48**	**12**	**32**		**4**
宣州区						20	3	16		1
郎溪县						3		3		
泾县						8	2	4		2
绩溪县						2		2		
旌德县						7	6	1		
宣城市经济开发区						2	1	1		
宁国市						4		3		1
广德市						2		2		

7-1c 续表 45

单位：人

现住地	省外									
	甘肃					青海				
	小计	乡	镇的村委会	镇的居委会	街道	小计	乡	镇的村委会	镇的居委会	街道
安徽	**293**	**75**	**192**	**8**	**18**	**45**	**11**	**27**	**2**	**5**
合肥市	**45**	**8**	**32**	**1**	**4**	**7**	**1**	**6**		
瑶海区										
庐阳区										
蜀山区										
包河区										
长丰县	9		9			2	1	1		
肥东县	5	2	3							
肥西县	22	6	14		2	3		3		
庐江县	6		5		1					
合肥高新技术产业开发区										
合肥经济技术开发区										
合肥新站高新技术产业开发区										
巢湖市	3		1	1	1	2		2		
芜湖市	**7**	**1**	**3**	**1**	**2**					
镜湖区										
弋江区										
鸠江区										
三山区	1				1					
芜湖县										
繁昌县	2			1	1					
南陵县	1	1								
芜湖经济技术开发区										
安徽芜湖长江大桥经济开发区										
无为市	3		3							
蚌埠市	**7**	**3**	**4**							
龙子湖区										
蚌山区	1	1								
禹会区										
淮上区	1		1							
怀远县	1	1								
五河县	2	1	1							
固镇县	2		2							
蚌埠市高新技术开发区										
蚌埠市经济开发区										
淮南市	**5**	**2**	**3**			**3**	**3**			
大通区	1		1							
田家庵区										
谢家集区										
八公山区										
潘集区										
凤台县	2		2							
寿县	2	2				3	3			

7－1c 续表 46 单位：人

现住地	省外									
	甘肃					青海				
	小计	乡	镇的村委会	镇的居委会	街道	小计	乡	镇的村委会	镇的居委会	街道
马鞍山市	**7**	**1**	**6**							
花山区										
雨山区										
博望区										
当涂县	4		4							
含山县	2	1	1							
和县	1		1							
淮北市	**8**		**8**			**4**		**4**		
杜集区	1		1							
相山区										
烈山区	5		5			4		4		
濉溪县	2		2							
铜陵市										
铜官区										
义安区										
郊区										
枞阳县										
安庆市	**21**	**6**	**13**	**1**	**1**	**3**	**1**	**2**		
迎江区										
大观区	7	3	4							
宜秀区										
怀宁县	3		3			1	1			
太湖县	5	3	2			1		1		
宿松县										
望江县	1		1			1		1		
岳西县	1		1							
安徽安庆经济开发区										
桐城市										
潜山市	4		2	1	1					
黄山市	**12**	**3**	**9**			**1**			**1**	
屯溪区										
黄山区										
徽州区	1		1							
歙县										
休宁县	1	1								
黟县	2	2								
祁门县	8		8			1			1	
滁州市	**59**	**17**	**39**	**2**	**1**	**6**	**1**	**5**		
琅琊区	2		2							
南谯区	13	8	5			1	1			
来安县	1		1							
全椒县	1	1								
定远县										
凤阳县	1		1							
苏滁现代产业园										
滁州经济技术开发区	36	8	25	2	1	5		5		
天长市	3		3							
明光市	2		2							

7-1c　续表 47　　　　单位：人

现住地	省外									
	甘肃					青海				
	小计	乡	镇的村委会	镇的居委会	街道	小计	乡	镇的村委会	镇的居委会	街道
阜阳市	39	9	25	2	3	5		5		
颍州区	6	2	4							
颍东区	2		2							
颍泉区	3		2		1					
临泉县	4		2	1	1					
太和县	3		3			1		1		
阜南县	5	2	1	1	1					
颍上县	12	4	8							
阜阳合肥现代产业园区	2		2							
阜阳经济技术开发区										
界首市	2	1	1			4		4		
宿州市	24	2	18	1	3	3		3		
埇桥区	9		7		2					
砀山县	1				1	3		3		
萧县	10	2	7	1						
灵璧县	4		4							
泗县										
宿州马鞍山现代产业园区										
宿州经济技术开发区										
六安市	24	5	17		2	1	1			
金安区	2	1	1							
裕安区	7	1	6							
叶集区	1				1					
霍邱县	2		1		1					
舒城县	10	3	7			1	1			
金寨县	1		1							
霍山县	1		1							
亳州市	15	9	6			6	4		1	1
谯城区	3	2	1			3	3			
涡阳县	1		1			1	1			
蒙城县	3		3			1				1
利辛县	8	7	1			1			1	
池州市	7	4	2		1					
贵池区	3	3								
东至县										
石台县	1		1							
青阳县	3	1	1		1					
池州市国家经济技术开发区										
皖江江南新兴产业集中区										
九华山风景区										
宣城市	13	5	7		1	6		2		4
宣州区	8	3	4		1	5		1		4
郎溪县										
泾县	3	2	1			1		1		
绩溪县										
旌德县	2		2							
宣城市经济开发区										
宁国市										
广德市										

7—1c 续表 48

单位：人

现住地	省外									
	宁夏					新疆				
	小计	乡	镇的村委会	镇的居委会	街道	小计	乡	镇的村委会	镇的居委会	街道
安徽	**28**	**3**	**17**	**3**	**5**	**78**	**11**	**44**	**5**	**18**
合肥市	**5**		**3**		**2**	**6**		**2**	**1**	**3**
瑶海区										
庐阳区	1		1							
蜀山区						1		1		
包河区	1				1					
长丰县										
肥东县	2		2							
肥西县	1				1	1			1	
庐江县										
合肥高新技术产业开发区										
合肥经济技术开发区										
合肥新站高新技术产业开发区										
巢湖市						4		1		3
芜湖市						**3**		**2**		**1**
镜湖区										
弋江区										
鸠江区						1		1		
三山区										
芜湖县										
繁昌县						1		1		
南陵县						1				1
芜湖经济技术开发区										
安徽芜湖长江大桥经济开发区										
无为市										
蚌埠市						**4**	**2**	**1**		**1**
龙子湖区						1	1			
蚌山区										
禹会区										
淮上区										
怀远县						2	1	1		
五河县										
固镇县						1				1
蚌埠市高新技术开发区										
蚌埠市经济开发区										
淮南市						**1**		**1**		
大通区										
田家庵区										
谢家集区										
八公山区										
潘集区										
凤台县										
寿县						1		1		

7-1c 续表 49 单位：人

现住地	省外									
	宁夏					新疆				
	小计	乡	镇的村委会	镇的居委会	街道	小计	乡	镇的村委会	镇的居委会	街道
马鞍山市						**4**	**1**	**1**		**2**
花山区										
雨山区										
博望区						1	1			
当涂县						2				2
含山县										
和县						1		1		
淮北市	**4**		**3**		**1**	**5**		**5**		
杜集区						1		1		
相山区										
烈山区						1		1		
濉溪县	4		3		1	3		3		
铜陵市										
铜官区										
义安区										
郊区										
枞阳县										
安庆市	**3**		**3**			**6**		**6**		
迎江区										
大观区										
宜秀区										
怀宁县						1		1		
太湖县						1		1		
宿松县										
望江县						2		2		
岳西县						1		1		
安徽安庆经济开发区	1		1							
桐城市						1		1		
潜山市	2		2							
黄山市	**1**		**1**			**1**				**1**
屯溪区										
黄山区						1				1
徽州区										
歙县	1		1							
休宁县										
黟县										
祁门县										
滁州市	**2**	**1**		**1**		**5**	**1**	**2**	**1**	**1**
琅琊区										
南谯区	1			1		1	1			
来安县										
全椒县						1		1		
定远县										
凤阳县						1				1
苏滁现代产业园										
滁州经济技术开发区	1	1								
天长市						2		1	1	
明光市										

7－1c 续表 50

单位：人

现住地	省外 宁夏 小计	宁夏 乡	宁夏 镇的村委会	宁夏 镇的居委会	宁夏 街道	新疆 小计	新疆 乡	新疆 镇的村委会	新疆 镇的居委会	新疆 街道
阜阳市	**6**	**1**	**4**	**1**		**22**	**4**	**11**	**3**	**4**
颍州区	2		1	1		1			1	
颍东区						8		5	1	2
颍泉区						1		1		
临泉县	3		3			1			1	
太和县						4		3		1
阜南县	1	1								
颍上县						2	2			
阜阳合肥现代产业园区						1				1
阜阳经济技术开发区										
界首市						4	2	2		
宿州市	**1**				**1**	**11**	**1**	**7**		**3**
埇桥区						3	1	2		
砀山县	1				1					
萧县						5		2		3
灵璧县						3		3		
泗县										
宿州马鞍山现代产业园区										
宿州经济技术开发区										
六安市	**3**	**1**	**1**		**1**	**1**	**1**			
金安区	1				1					
裕安区										
叶集区										
霍邱县						1	1			
舒城县	2	1	1							
金寨县										
霍山县										
亳州市	**1**			**1**		**8**	**1**	**5**		**2**
谯城区						1		1		
涡阳县										
蒙城县						2	1	1		
利辛县	1			1		5		3		2
池州市										
贵池区										
东至县										
石台县										
青阳县										
池州市国家经济技术开发区										
皖江江南新兴产业集中区										
九华山风景区										
宣城市	**2**		**2**			**1**		**1**		
宣州区										
郎溪县										
泾县						1		1		
绩溪县										
旌德县										
宣城市经济开发区	2		2							
宁国市										
广德市										

7-2 全省按现住地、职业和性别分的户口登记地在本省其他乡镇街道人口

单位：人

现住地	合计			党的机关、国家机关、群众团体和社会组织、企事业单位负责人		
	合计	男	女	小计	男	女
安　徽	**682543**	**405075**	**277468**	**25243**	**18959**	**6284**
合肥市	**215067**	**130028**	**85039**	**8016**	**6014**	**2002**
瑶海区	24490	14781	9709	924	670	254
庐阳区	17374	10172	7202	1014	771	243
蜀山区	25043	13899	11144	1292	941	351
包河区	34498	20485	14013	1806	1316	490
长丰县	16311	10466	5845	548	422	126
肥东县	18857	11871	6986	426	340	86
肥西县	25697	16452	9245	412	334	78
庐江县	7411	4214	3197	176	133	43
合肥高新技术产业开发区	8680	5230	3450	435	314	121
合肥经济技术开发区	15291	9180	6111	400	320	80
合肥新站高新技术产业开发区	12251	7780	4471	290	226	64
巢湖市	9164	5498	3666	293	227	66
芜湖市	**46501**	**28064**	**18437**	**1151**	**920**	**231**
镜湖区	8564	4983	3581	134	110	24
弋江区	7669	4552	3117	218	181	37
鸠江区	7341	4580	2761	279	217	62
三山区	2140	1383	757	67	49	18
芜湖县	5490	2935	2555	72	64	8
繁昌县	2895	1778	1117	116	87	29
南陵县	3704	2198	1506	113	87	26
芜湖经济技术开发区	4723	3095	1628	21	20	1
安徽芜湖长江大桥经济开发区	45	21	24			
无为市	3930	2539	1391	131	105	26
蚌埠市	**28261**	**16376**	**11885**	**997**	**739**	**258**
龙子湖区	3092	1798	1294	66	50	16
蚌山区	3059	1786	1273	113	81	32
禹会区	3828	2246	1582	126	100	26
淮上区	2777	1631	1146	61	47	14
怀远县	3690	2084	1606	91	82	9
五河县	2609	1519	1090	75	48	27
固镇县	2473	1417	1056	37	26	11
蚌埠市高新技术开发区	1705	1017	688	62	45	17
蚌埠市经济开发区	5028	2878	2150	366	260	106
淮南市	**26884**	**17068**	**9816**	**859**	**639**	**220**
大通区	1871	1132	739	73	54	19
田家庵区	10352	6155	4197	411	290	121
谢家集区	1883	1080	803	28	18	10
八公山区	1277	787	490	29	24	5
潘集区	2194	1631	563	40	30	10
凤台县	6408	4564	1844	158	128	30
寿县	2899	1719	1180	120	95	25

7-2 续表 1

单位：人

现住地	合计			党的机关、国家机关、群众团体和社会组织、企事业单位负责人		
	合计	男	女	小计	男	女
马鞍山市	**22581**	**13637**	**8944**	**792**	**589**	**203**
花山区	8458	5130	3328	328	238	90
雨山区	6272	3737	2535	237	171	66
博望区	436	284	152	15	14	1
当涂县	3500	2131	1369	82	56	26
含山县	1605	987	618	65	57	8
和县	2310	1368	942	65	53	12
淮北市	**17037**	**10511**	**6526**	**659**	**484**	**175**
杜集区	1433	875	558	20	16	4
相山区	9003	5391	3612	489	358	131
烈山区	1049	619	430	16	13	3
濉溪县	5552	3626	1926	134	97	37
铜陵市	**13914**	**8221**	**5693**	**735**	**552**	**183**
铜官区	8647	5137	3510	531	394	137
义安区	2328	1405	923	84	67	17
郊区	1021	635	386	26	22	4
枞阳县	1918	1044	874	94	69	25
安庆市	**42125**	**24059**	**18066**	**2104**	**1580**	**524**
迎江区	6671	3949	2722	374	276	98
大观区	2939	1672	1267	154	110	44
宜秀区	3686	2191	1495	212	147	65
怀宁县	3710	2149	1561	144	100	44
太湖县	2508	1415	1093	107	78	29
宿松县	3661	2039	1622	127	108	19
望江县	2970	1344	1626	103	84	19
岳西县	1658	948	710	91	75	16
安徽安庆经济开发区	3817	2297	1520	238	182	56
桐城市	6643	4058	2585	356	271	85
潜山市	3862	1997	1865	198	149	49
黄山市	**18235**	**9897**	**8338**	**803**	**584**	**219**
屯溪区	6017	3256	2761	441	317	124
黄山区	2066	1204	862	122	86	36
徽州区	1908	1047	861	54	40	14
歙县	4074	2127	1947	66	50	16
休宁县	2188	1152	1036	62	44	18
黟县	650	361	289	33	25	8
祁门县	1332	750	582	25	22	3
滁州市	**53280**	**31118**	**22162**	**1753**	**1336**	**417**
琅琊区	5773	3522	2251	199	153	46
南谯区	8236	5212	3024	333	249	84
来安县	4174	2487	1687	74	57	17
全椒县	7796	4139	3657	173	137	36
定远县	4828	2815	2013	53	42	11
凤阳县	3902	2146	1756	115	88	27
苏滁现代产业园	706	491	215	8	8	
滁州经济技术开发区	4349	2671	1678	164	125	39
天长市	8864	5137	3727	524	399	125
明光市	4652	2498	2154	110	78	32

7-2　续表 2　　单位：人

现住地	合计			党的机关、国家机关、群众团体和社会组织、企事业单位负责人		
	合计	男	女	小计	男	女
阜阳市	**43007**	**25277**	**17730**	**1523**	**1130**	**393**
颍州区	9431	5399	4032	345	248	97
颍东区	4264	2539	1725	181	136	45
颍泉区	3687	2077	1610	186	133	53
临泉县	5842	3312	2530	252	185	67
太和县	4997	2962	2035	103	80	23
阜南县	3996	2278	1718	110	81	29
颍上县	4318	2818	1500	119	92	27
阜阳合肥现代产业园区	216	141	75	10	5	5
阜阳经济技术开发区	2526	1553	973	99	71	28
界首市	3730	2198	1532	118	99	19
宿州市	**30445**	**17261**	**13184**	**997**	**745**	**252**
埇桥区	14476	8523	5953	507	378	129
砀山县	1983	1115	868	54	44	10
萧县	3969	2179	1790	97	74	23
灵璧县	4531	2243	2288	167	122	45
泗县	3683	2093	1590	113	90	23
宿州马鞍山现代产业园区	295	185	110	3	2	1
宿州经济技术开发区	1508	923	585	56	35	21
六安市	**44208**	**25709**	**18499**	**1813**	**1358**	**455**
金安区	13985	8085	5900	598	464	134
裕安区	12455	7471	4984	581	428	153
叶集区	1169	687	482	75	58	17
霍邱县	3061	1901	1160	95	71	24
舒城县	6051	3477	2574	223	170	53
金寨县	4080	2293	1787	181	125	56
霍山县	3407	1795	1612	60	42	18
亳州市	**32113**	**19263**	**12850**	**1045**	**742**	**303**
谯城区	14516	8614	5902	582	402	180
涡阳县	5356	3437	1919	126	93	33
蒙城县	6527	3903	2624	258	187	71
利辛县	5714	3309	2405	79	60	19
池州市	**14356**	**8314**	**6042**	**515**	**415**	**100**
贵池区	8617	4958	3659	222	180	42
东至县	1955	1066	889	52	46	6
石台县	579	337	242	52	44	8
青阳县	2375	1451	924	135	107	28
池州市国家经济技术开发区	406	250	156	21	17	4
皖江江南新兴产业集中区	219	132	87	7	7	
九华山风景区	205	120	85	26	14	12
宣城市	**34529**	**20272**	**14257**	**1481**	**1132**	**349**
宣州区	9490	5577	3913	401	310	91
郎溪县	2984	1681	1303	102	71	31
泾县	2526	1577	949	105	80	25
绩溪县	1721	949	772	56	47	9
旌德县	774	457	317	18	12	6
宣城市经济开发区	2836	1724	1112	152	116	36
宁国市	8613	5072	3541	462	352	110
广德市	5585	3235	2350	185	144	41

7－2 续表 3　　单位：人

现住地	专业技术人员			办事人员和有关人员			社会生产服务和生活服务人员		
	小计	男	女	小计	男	女	小计	男	女
安　徽	**102449**	**45877**	**56572**	**60942**	**37189**	**23753**	**287184**	**158274**	**128910**
合肥市	**35069**	**16191**	**18878**	**20954**	**11869**	**9085**	**93337**	**53315**	**40022**
瑶海区	3301	1439	1862	2375	1391	984	12630	7235	5395
庐阳区	3051	1268	1783	2118	1189	929	8509	4832	3677
蜀山区	6046	2586	3460	3198	1725	1473	11784	6541	5243
包河区	6272	2878	3394	4512	2530	1982	15652	8729	6923
长丰县	1724	786	938	942	517	425	6693	4047	2646
肥东县	2061	966	1095	1109	638	471	6716	3835	2881
肥西县	3500	1776	1724	1916	1097	819	9951	6003	3948
庐江县	905	415	490	524	369	155	2844	1369	1475
合肥高新技术产业开发区	2005	1062	943	901	468	433	3589	2083	1506
合肥经济技术开发区	3030	1515	1515	1403	771	632	6002	3437	2565
合肥新站高新技术产业开发区	1723	804	919	919	491	428	5266	3211	2055
巢湖市	1451	696	755	1037	683	354	3701	1993	1708
芜湖市	**7372**	**3533**	**3839**	**4392**	**2697**	**1695**	**19971**	**11257**	**8714**
镜湖区	1748	744	1004	1361	850	511	4107	2340	1767
弋江区	1489	702	787	954	529	425	3554	2017	1537
鸠江区	1245	628	617	593	339	254	3332	2012	1320
三山区	257	127	130	173	120	53	783	459	324
芜湖县	554	285	269	236	156	80	2114	984	1130
繁昌县	340	142	198	166	114	52	1161	662	499
南陵县	411	180	231	266	175	91	1463	775	688
芜湖经济技术开发区	779	455	324	331	188	143	1578	936	642
安徽芜湖长江大桥经济开发区	8	1	7	2	1	1	16	7	9
无为市	541	269	272	310	225	85	1863	1065	798
蚌埠市	**4641**	**1897**	**2744**	**2499**	**1539**	**960**	**12960**	**7216**	**5744**
龙子湖区	523	220	303	254	163	91	1584	881	703
蚌山区	487	205	282	273	164	109	1527	837	690
禹会区	509	199	310	263	162	101	1941	1089	852
淮上区	349	138	211	147	85	62	1405	783	622
怀远县	612	246	366	311	203	108	1579	846	733
五河县	349	129	220	150	97	53	1175	676	499
固镇县	380	153	227	133	97	36	1024	555	469
蚌埠市高新技术开发区	260	116	144	185	109	76	725	432	293
蚌埠市经济开发区	1172	491	681	783	459	324	2000	1117	883
淮南市	**3815**	**1734**	**2081**	**2408**	**1494**	**914**	**10674**	**5638**	**5036**
大通区	234	105	129	121	73	48	855	463	392
田家庵区	1921	832	1089	1259	735	524	4569	2491	2078
谢家集区	218	85	133	166	109	57	904	397	507
八公山区	133	50	83	92	56	36	542	273	269
潘集区	145	75	70	90	68	22	636	358	278
凤台县	751	393	358	443	295	148	1937	1011	926
寿县	413	194	219	237	158	79	1231	645	586

7-2　续表 4　　单位：人

现住地	专业技术人员			办事人员和有关人员			社会生产服务和生活服务人员		
	小计	男	女	小计	男	女	小计	男	女
马鞍山市	**3288**	**1513**	**1775**	**1993**	**1152**	**841**	**9573**	**5204**	**4369**
花山区	1323	593	730	824	470	354	3820	2091	1729
雨山区	1021	468	553	623	353	270	2628	1394	1234
博望区	44	22	22	31	18	13	179	102	77
当涂县	394	186	208	277	155	122	1358	768	590
含山县	201	102	99	106	71	35	572	312	260
和县	305	142	163	132	85	47	1016	537	479
淮北市	**2899**	**1240**	**1659**	**1608**	**1023**	**585**	**6580**	**3570**	**3010**
杜集区	183	60	123	87	48	39	591	300	291
相山区	1807	773	1034	1014	628	386	3639	1946	1693
烈山区	109	42	67	58	36	22	367	184	183
濉溪县	800	365	435	449	311	138	1983	1140	843
铜陵市	**2314**	**1013**	**1301**	**1580**	**986**	**594**	**5193**	**2726**	**2467**
铜官区	1604	707	897	1129	690	439	3295	1717	1578
义安区	282	128	154	206	138	68	868	458	410
郊区	126	53	73	106	67	39	391	218	173
枞阳县	302	125	177	139	91	48	639	333	306
安庆市	**5803**	**2640**	**3163**	**3423**	**2175**	**1248**	**16423**	**8564**	**7859**
迎江区	1230	522	708	781	497	284	2740	1460	1280
大观区	499	220	279	313	186	127	1335	683	652
宜秀区	447	187	260	273	145	128	1504	828	676
怀宁县	440	196	244	235	152	83	1477	787	690
太湖县	368	175	193	184	118	66	905	473	432
宿松县	503	254	249	258	186	72	1354	715	639
望江县	276	127	149	158	95	63	967	426	541
岳西县	270	125	145	147	91	56	640	353	287
安徽安庆经济开发区	495	219	276	339	217	122	1575	845	730
桐城市	798	393	405	449	295	154	2332	1280	1052
潜山市	477	222	255	286	193	93	1594	714	880
黄山市	**2215**	**931**	**1284**	**1833**	**1094**	**739**	**7214**	**3443**	**3771**
屯溪区	1003	403	600	819	495	324	2708	1303	1405
黄山区	193	85	108	206	137	69	1010	474	536
徽州区	153	54	99	149	65	84	627	321	306
歙县	430	186	244	315	188	127	1233	563	670
休宁县	215	97	118	168	96	72	842	409	433
黟县	83	51	32	80	52	28	259	104	155
祁门县	138	55	83	96	61	35	535	269	266
滁州市	**5553**	**2606**	**2947**	**3462**	**2219**	**1243**	**19910**	**10925**	**8985**
琅琊区	645	298	347	520	323	197	2448	1355	1093
南谯区	1139	526	613	624	377	247	3134	1812	1322
来安县	339	157	182	268	165	103	1664	879	785
全椒县	525	236	289	350	229	121	2826	1480	1346
定远县	428	218	210	330	237	93	1947	1072	875
凤阳县	467	223	244	242	148	94	1604	815	789
苏滁现代产业园	57	40	17	25	11	14	111	62	49
滁州经济技术开发区	545	288	257	339	220	119	1279	742	537
天长市	948	417	531	516	356	160	3039	1748	1291
明光市	460	203	257	248	153	95	1858	960	898

7-2 续表 5

单位：人

现住地	专业技术人员			办事人员和有关人员			社会生产服务和生活服务人员		
	小计	男	女	小计	男	女	小计	男	女
阜阳市	**7376**	**3069**	**4307**	**3658**	**2431**	**1227**	**19751**	**10997**	**8754**
颍州区	1808	719	1089	1097	721	376	4569	2481	2088
颍东区	712	294	418	303	195	108	1894	1030	864
颍泉区	586	252	334	318	191	127	1832	951	881
临泉县	1191	489	702	540	380	160	2490	1357	1133
太和县	785	321	464	342	242	100	2606	1535	1071
阜南县	641	270	371	230	159	71	1715	934	781
颍上县	707	343	364	292	185	107	1627	935	692
阜阳合肥现代产业园区	39	8	31	19	17	2	46	22	24
阜阳经济技术开发区	340	138	202	211	140	71	1303	775	528
界首市	567	235	332	306	201	105	1669	977	692
宿州市	**4813**	**2062**	**2751**	**2627**	**1654**	**973**	**12895**	**6813**	**6082**
埇桥区	2252	955	1297	1416	855	561	6456	3493	2963
砀山县	347	137	210	194	135	59	811	447	364
萧县	526	206	320	285	177	108	1717	877	840
灵璧县	867	373	494	300	199	101	1812	880	932
泗县	588	274	314	277	189	88	1316	665	651
宿州马鞍山现代产业园区	40	15	25	26	18	8	98	59	39
宿州经济技术开发区	193	102	91	129	81	48	685	392	293
六安市	**6229**	**2884**	**3345**	**3668**	**2474**	**1194**	**18334**	**9554**	**8780**
金安区	1964	875	1089	1284	837	447	5851	3113	2738
裕安区	1830	873	957	1031	694	337	5591	3024	2567
叶集区	160	61	99	78	56	22	394	211	183
霍邱县	520	225	295	319	234	85	1257	712	545
舒城县	734	375	359	414	288	126	2264	1169	1095
金寨县	558	265	293	300	213	87	1575	699	876
霍山县	463	210	253	242	152	90	1402	626	776
亳州市	**5046**	**2024**	**3022**	**2489**	**1682**	**807**	**14986**	**8821**	**6165**
谯城区	2164	823	1341	1108	749	359	7221	4279	2942
涡阳县	802	341	461	476	343	133	2344	1388	956
蒙城县	1182	487	695	548	349	199	2870	1658	1212
利辛县	898	373	525	357	241	116	2551	1496	1055
池州市	**1914**	**830**	**1084**	**1301**	**805**	**496**	**5856**	**3048**	**2808**
贵池区	1158	496	662	802	488	314	3672	1888	1784
东至县	301	124	177	151	99	52	729	388	341
石台县	89	33	56	80	49	31	198	85	113
青阳县	292	138	154	201	122	79	998	549	449
池州市国家经济技术开发区	48	26	22	38	25	13	93	50	43
皖江江南新兴产业集中区	13	6	7	15	10	5	33	18	15
九华山风景区	13	7	6	14	12	2	133	70	63
宣城市	**4102**	**1710**	**2392**	**3047**	**1895**	**1152**	**13527**	**7183**	**6344**
宣州区	1357	560	797	1040	672	368	4225	2318	1907
郎溪县	292	114	178	212	132	80	1004	496	508
泾县	275	122	153	220	160	60	1083	573	510
绩溪县	160	72	88	159	94	65	618	280	338
旌德县	98	36	62	87	47	40	338	181	157
宣城市经济开发区	417	188	229	337	198	139	1030	571	459
宁国市	902	393	509	597	376	221	3106	1617	1489
广德市	601	225	376	395	216	179	2123	1147	976

7-2　续表 6　　　　　　　　　　　　　　　　　　　　　　　　单位：人

现住地	农、林、牧、渔业生产及辅助人员			生产制造及有关人员			不便分类的其他从业人员		
	小计	男	女	小计	男	女	小计	男	女
安　徽	**16163**	**8742**	**7421**	**189201**	**135199**	**54002**	**1361**	**835**	**526**
合肥市	**2248**	**1347**	**901**	**54971**	**40997**	**13974**	**472**	**295**	**177**
瑶海区	87	59	28	5110	3946	1164	63	41	22
庐阳区	54	35	19	2586	2048	538	42	29	13
蜀山区	76	50	26	2571	2010	561	76	46	30
包河区	239	143	96	5801	4753	1048	216	136	80
长丰县	363	223	140	6041	4471	1570			
肥东县	401	238	163	8127	5846	2281	17	8	9
肥西县	333	226	107	9573	7010	2563	12	6	6
庐江县	284	137	147	2676	1789	887	2	2	
合肥高新技术产业开发区	17	14	3	1732	1288	444	1	1	
合肥经济技术开发区	38	29	9	4406	3100	1306	12	8	4
合肥新站高新技术产业开发区	62	36	26	3965	2996	969	26	16	10
巢湖市	294	157	137	2383	1740	643	5	2	3
芜湖市	**818**	**457**	**361**	**12753**	**9172**	**3581**	**44**	**28**	**16**
镜湖区	21	12	9	1193	927	266			
弋江区	53	35	18	1390	1079	311	11	9	2
鸠江区	94	59	35	1788	1318	470	10	7	3
三山区	36	25	11	822	602	220	2	1	1
芜湖县	228	81	147	2280	1362	918	6	3	3
繁昌县	44	30	14	1064	741	323	4	2	2
南陵县	189	101	88	1262	880	382			
芜湖经济技术开发区	14	10	4	1996	1485	511	4	1	3
安徽芜湖长江大桥经济开发区	1		1	18	12	6			
无为市	138	104	34	940	766	174	7	5	2
蚌埠市	**892**	**440**	**452**	**6220**	**4510**	**1710**	**52**	**35**	**17**
龙子湖区	38	19	19	616	458	158	11	7	4
蚌山区	33	19	14	620	474	146	6	6	
禹会区	43	24	19	943	669	274	3	3	
淮上区	68	37	31	746	540	206	1	1	
怀远县	352	144	208	744	563	181	1		1
五河县	138	84	54	711	477	234	11	8	3
固镇县	163	77	86	733	508	225	3	1	2
蚌埠市高新技术开发区	24	15	9	443	296	147	6	4	2
蚌埠市经济开发区	33	21	12	664	525	139	10	5	5
淮南市	**1107**	**610**	**497**	**7988**	**6931**	**1057**	**33**	**22**	**11**
大通区	61	34	27	526	402	124	1	1	
田家庵区	122	86	36	2053	1711	342	17	10	7
谢家集区	45	20	25	522	451	71			
八公山区	57	25	32	419	355	64	5	4	1
潘集区	235	119	116	1047	980	67	1	1	
凤台县	295	154	141	2823	2582	241	1	1	
寿县	292	172	120	598	450	148	8	5	3

7-2 续表 7

单位：人

现住地	农、林、牧、渔业生产及辅助人员			生产制造及有关人员			不便分类的其他从业人员		
	小计	男	女	小计	男	女	小计	男	女
马鞍山市	**399**	**248**	**151**	**6492**	**4901**	**1591**	**44**	**30**	**14**
花山区	52	31	21	2092	1695	397	19	12	7
雨山区	47	33	14	1706	1310	396	10	8	2
博望区	14	7	7	150	119	31	3	2	1
当涂县	123	81	42	1258	880	378	8	5	3
含山县	34	20	14	624	423	201	3	2	1
和县	129	76	53	662	474	188	1	1	
淮北市	**336**	**168**	**168**	**4910**	**4001**	**909**	**45**	**25**	**20**
杜集区	35	20	15	516	431	85	1		1
相山区	65	43	22	1951	1620	331	38	23	15
烈山区	74	32	42	423	311	112	2	1	1
濉溪县	162	73	89	2020	1639	381	4	1	3
铜陵市	**248**	**159**	**89**	**3809**	**2762**	**1047**	**35**	**23**	**12**
铜官区	54	46	8	2009	1567	442	25	16	9
义安区	97	59	38	783	550	233	8	5	3
郊区	31	18	13	339	255	84	2	2	
枞阳县	66	36	30	678	390	288			
安庆市	**865**	**492**	**373**	**13322**	**8500**	**4822**	**185**	**108**	**77**
迎江区	41	29	12	1480	1149	331	25	16	9
大观区	27	17	10	604	453	151	7	3	4
宜秀区	58	35	23	1161	835	326	31	14	17
怀宁县	126	82	44	1275	823	452	13	9	4
太湖县	60	35	25	874	528	346	10	8	2
宿松县	115	69	46	1303	706	597	1	1	
望江县	146	63	83	1319	549	770	1		1
岳西县	61	32	29	449	272	177			
安徽安庆经济开发区	23	16	7	1108	792	316	39	26	13
桐城市	109	63	46	2576	1739	837	23	17	6
潜山市	99	51	48	1173	654	519	35	14	21
黄山市	**522**	**270**	**252**	**5624**	**3565**	**2059**	**24**	**10**	**14**
屯溪区	46	27	19	996	710	286	4	1	3
黄山区	71	51	20	464	371	93			
徽州区	33	15	18	892	552	340			
歙县	234	105	129	1795	1034	761	1	1	
休宁县	81	39	42	817	466	351	3	1	2
黟县	24	13	11	156	109	47	15	7	8
祁门县	33	20	13	504	323	181	1		1
滁州市	**2709**	**1377**	**1332**	**19788**	**12583**	**7205**	**105**	**72**	**33**
琅琊区	78	49	29	1845	1318	527	38	26	12
南谯区	140	91	49	2837	2136	701	29	21	8
来安县	201	111	90	1627	1117	510	1	1	
全椒县	491	253	238	3426	1799	1627	5	5	
定远县	642	307	335	1427	938	489	1	1	
凤阳县	404	166	238	1062	702	360	8	4	4
苏滁现代产业园	4	3	1	501	367	134			
滁州经济技术开发区	32	21	11	1980	1270	710	10	5	5
天长市	272	175	97	3557	2036	1521	8	6	2
明光市	445	201	244	1526	900	626	5	3	2

7-2　续表 8　　　　单位：人

现 住 地	农、林、牧、渔业生产及辅助人员			生产制造及有关人员			不便分类的其他从业人员		
	小计	男	女	小计	男	女	小计	男	女
阜阳市	**1084**	**553**	**531**	**9535**	**7054**	**2481**	**80**	**43**	**37**
颍州区	102	56	46	1492	1165	327	18	9	9
颍东区	92	48	44	1082	836	246			
颍泉区	95	44	51	655	498	157	15	8	7
临泉县	196	98	98	1167	799	368	6	4	2
太和县	153	81	72	991	696	295	17	7	10
阜南县	141	63	78	1145	761	384	14	10	4
颍上县	160	81	79	1410	1181	229	3	1	2
阜阳合肥现代产业园区				101	88	13	1	1	
阜阳经济技术开发区	14	7	7	557	421	136	2	1	1
界首市	131	75	56	935	609	326	4	2	2
宿州市	**1880**	**769**	**1111**	**7205**	**5204**	**2001**	**28**	**14**	**14**
埇桥区	566	273	293	3273	2566	707	6	3	3
砀山县	219	104	115	357	248	109	1		1
萧县	426	150	276	915	695	220	3		3
灵璧县	394	104	290	989	564	425	2	1	1
泗县	233	112	121	1141	754	387	15	9	6
宿州马鞍山现代产业园区	12	5	7	116	86	30			
宿州经济技术开发区	30	21	9	414	291	123	1	1	
六安市	**954**	**539**	**415**	**13087**	**8821**	**4266**	**123**	**79**	**44**
金安区	272	163	109	3928	2577	1351	88	56	32
裕安区	151	86	65	3256	2357	899	15	9	6
叶集区	42	23	19	417	277	140	3	1	2
霍邱县	140	79	61	723	573	150	7	7	
舒城县	143	86	57	2270	1388	882	3	1	2
金寨县	125	66	59	1339	923	416	2	2	
霍山县	81	36	45	1154	726	428	5	3	2
亳州市	**1152**	**673**	**479**	**7350**	**5297**	**2053**	**45**	**24**	**21**
谯城区	369	209	160	3050	2140	910	22	12	10
涡阳县	169	115	54	1422	1147	275	17	10	7
蒙城县	171	103	68	1496	1119	377	2		2
利辛县	443	246	197	1382	891	491	4	2	2
池州市	**298**	**202**	**96**	**4472**	**3014**	**1458**			
贵池区	169	115	54	2594	1791	803			
东至县	49	30	19	673	379	294			
石台县	14	6	8	146	120	26			
青阳县	64	49	15	685	486	199			
池州市国家经济技术开发区	2	2		204	130	74			
皖江江南新兴产业集中区				151	91	60			
九华山风景区				19	17	2			
宣城市	**651**	**438**	**213**	**11675**	**7887**	**3788**	**46**	**27**	**19**
宣州区	217	135	82	2231	1570	661	19	12	7
郎溪县	93	71	22	1281	797	484			
泾县	64	44	20	773	593	180	6	5	1
绩溪县	33	17	16	695	439	256			
旌德县	27	19	8	206	162	44			
宣城市经济开发区	30	25	5	870	626	244			
宁国市	92	65	27	3450	2267	1183	4	2	2
广德市	95	62	33	2169	1433	736	17	8	9

7-3 全省按现住地、职业和性别分的户口登记地在外省人口

单位：人

现住地	合计			党的机关、国家机关、群众团体和社会组织、企事业单位负责人		
	合计	男	女	小计	男	女
安　徽	**82897**	**55159**	**27738**	**3361**	**2674**	**687**
合肥市	**22807**	**15488**	**7319**	**1084**	**845**	**239**
瑶海区	2056	1262	794	139	113	26
庐阳区	1560	1066	494	118	97	21
蜀山区	2585	1721	864	176	130	46
包河区	4135	2795	1340	287	217	70
长丰县	1376	915	461	54	40	14
肥东县	1551	1091	460	79	63	16
肥西县	3003	2073	930	31	27	4
庐江县	709	483	226	13	10	3
合肥高新技术产业开发区	1220	879	341	71	55	16
合肥经济技术开发区	2209	1512	697	34	28	6
合肥新站高新技术产业开发区	1690	1229	461	53	41	12
巢湖市	713	462	251	29	24	5
芜湖市	**9002**	**6104**	**2898**	**228**	**181**	**47**
镜湖区	1050	661	389	25	16	9
弋江区	1061	718	343	31	24	7
鸠江区	1658	1178	480	64	47	17
三山区	837	616	221	9	6	3
芜湖县	1181	705	476	50	45	5
繁昌县	464	350	114	11	10	1
南陵县	357	187	170	12	11	1
芜湖经济技术开发区	2024	1451	573	12	10	2
安徽芜湖长江大桥经济开发区	14	10	4			
无为市	356	228	128	14	12	2
蚌埠市	**2360**	**1507**	**853**	**102**	**80**	**22**
龙子湖区	202	128	74	10	6	4
蚌山区	264	168	96	17	12	5
禹会区	307	211	96	9	8	1
淮上区	301	191	110	8	7	1
怀远县	343	198	145	6	6	
五河县	267	171	96	12	7	5
固镇县	224	133	91	5	5	
蚌埠市高新技术开发区	92	58	34	6	5	1
蚌埠市经济开发区	360	249	111	29	24	5
淮南市	**1767**	**1193**	**574**	**59**	**45**	**14**
大通区	128	94	34	7	6	1
田家庵区	578	374	204	25	17	8
谢家集区	133	82	51	8	6	2
八公山区	50	35	15			
潘集区	200	144	56	2	2	
凤台县	361	259	102	10	8	2
寿县	317	205	112	7	6	1

7-3　续表 1　　　　单位：人

现住地	合计			党的机关、国家机关、群众团体和社会组织、企事业单位负责人		
	合计	男	女	小计	男	女
马鞍山市	**4352**	**2861**	**1491**	**180**	**141**	**39**
花山区	1029	662	367	67	54	13
雨山区	969	639	330	39	28	11
博望区	297	193	104	11	10	1
当涂县	899	572	327	20	16	4
含山县	289	219	70	15	11	4
和县	869	576	293	28	22	6
淮北市	**1602**	**1104**	**498**	**71**	**54**	**17**
杜集区	250	181	69	4	3	1
相山区	592	397	195	39	30	9
烈山区	201	131	70	7	6	1
濉溪县	559	395	164	21	15	6
铜陵市	**1080**	**686**	**394**	**67**	**50**	**17**
铜官区	563	355	208	46	33	13
义安区	198	137	61	6	6	
郊区	104	64	40	2	2	
枞阳县	215	130	85	13	9	4
安庆市	**4200**	**2819**	**1381**	**194**	**155**	**39**
迎江区	395	271	124	32	25	7
大观区	386	294	92	16	12	4
宜秀区	508	341	167	36	30	6
怀宁县	536	378	158	10	8	2
太湖县	269	187	82	16	14	2
宿松县	459	303	156	21	17	4
望江县	322	164	158	12	8	4
岳西县	144	84	60	6	6	
安徽安庆经济开发区	359	242	117	16	11	5
桐城市	510	345	165	17	15	2
潜山市	312	210	102	12	9	3
黄山市	**3344**	**2424**	**920**	**161**	**124**	**37**
屯溪区	799	493	306	101	71	30
黄山区	583	479	104	19	15	4
徽州区	187	123	64	10	9	1
歙县	564	371	193	16	14	2
休宁县	333	226	107	9	9	
黟县	265	207	58	3	3	
祁门县	613	525	88	3	3	
滁州市	**9780**	**6293**	**3487**	**334**	**287**	**47**
琅琊区	646	442	204	17	17	
南谯区	1168	831	337	53	45	8
来安县	1960	1296	664	45	41	4
全椒县	768	470	298	17	14	3
定远县	355	196	159	11	9	2
凤阳县	448	272	176	42	40	2
苏滁现代产业园	657	494	163	14	13	1
滁州经济技术开发区	1913	1177	736	37	28	9
天长市	1413	863	550	75	61	14
明光市	452	252	200	23	19	4

7-3 续表 2

单位：人

现住地	合计			党的机关、国家机关、群众团体和社会组织、企事业单位负责人		
	合计	男	女	小计	男	女
阜阳市	**3686**	**2343**	**1343**	**149**	**121**	**28**
颍州区	531	361	170	26	19	7
颍东区	446	325	121	12	10	2
颍泉区	437	274	163	27	21	6
临泉县	494	305	189	18	15	3
太和县	363	196	167	9	7	2
阜南县	331	216	115	12	11	1
颍上县	399	237	162	16	13	3
阜阳合肥现代产业园区	17	10	7	1	1	
阜阳经济技术开发区	114	75	39	14	11	3
界首市	554	344	210	14	13	1
宿州市	**3278**	**1902**	**1376**	**115**	**95**	**20**
埇桥区	1199	759	440	46	36	10
砀山县	374	199	175	10	10	
萧县	644	354	290	16	12	4
灵璧县	495	244	251	21	19	2
泗县	407	241	166	13	10	3
宿州马鞍山现代产业园区	45	30	15	5	5	
宿州经济技术开发区	114	75	39	4	3	1
六安市	**3736**	**2445**	**1291**	**140**	**106**	**34**
金安区	664	399	265	44	36	8
裕安区	404	235	169	24	17	7
叶集区	251	146	105	15	13	2
霍邱县	775	623	152	10	7	3
舒城县	920	572	348	17	13	4
金寨县	521	338	183	24	14	10
霍山县	201	132	69	6	6	
亳州市	**2650**	**1674**	**976**	**84**	**61**	**23**
谯城区	1452	936	516	52	39	13
涡阳县	370	250	120	13	10	3
蒙城县	413	248	165	17	11	6
利辛县	415	240	175	2	1	1
池州市	**2111**	**1504**	**607**	**87**	**76**	**11**
贵池区	970	720	250	23	21	2
东至县	305	224	81	22	18	4
石台县	80	66	14	2	2	
青阳县	426	282	144	23	20	3
池州市国家经济技术开发区	61	49	12	7	7	
皖江江南新兴产业集中区	256	153	103	8	7	1
九华山风景区	13	10	3	2	1	1
宣城市	**7142**	**4812**	**2330**	**306**	**253**	**53**
宣州区	1166	799	367	48	41	7
郎溪县	1110	703	407	35	30	5
泾县	504	358	146	26	21	5
绩溪县	235	159	76	16	12	4
旌德县	175	128	47	9	6	3
宣城市经济开发区	421	316	105	17	12	5
宁国市	1123	738	385	61	48	13
广德市	2408	1611	797	94	83	11

7-3　续表 3　　　　单位：人

现住地	专业技术人员			办事人员和有关人员			社会生产服务和生活服务人员		
	小计	男	女	小计	男	女	小计	男	女
安　徽	**9114**	**5653**	**3461**	**4813**	**2994**	**1819**	**26917**	**15586**	**11331**
合肥市	**3102**	**1911**	**1191**	**1709**	**1011**	**698**	**8783**	**5385**	**3398**
瑶海区	209	96	113	151	87	64	1269	739	530
庐阳区	209	138	71	147	85	62	740	453	287
蜀山区	514	292	222	261	144	117	1127	735	392
包河区	619	385	234	427	262	165	1818	1108	710
长丰县	118	75	43	59	29	30	497	279	218
肥东县	113	65	48	77	54	23	557	342	215
肥西县	291	191	100	163	96	67	821	524	297
庐江县	80	54	26	38	22	16	195	93	102
合肥高新技术产业开发区	251	168	83	93	56	37	384	249	135
合肥经济技术开发区	376	241	135	144	84	60	598	380	218
合肥新站高新技术产业开发区	225	147	78	98	62	36	554	371	183
巢湖市	97	59	38	51	30	21	223	112	111
芜湖市	**1081**	**734**	**347**	**440**	**284**	**156**	**2702**	**1566**	**1136**
镜湖区	151	100	51	127	81	46	569	332	237
弋江区	156	106	50	68	41	27	436	248	188
鸠江区	237	159	78	71	50	21	544	335	209
三山区	75	49	26	36	22	14	157	94	63
芜湖县	110	69	41	20	11	9	218	101	117
繁昌县	37	25	12	12	9	3	126	81	45
南陵县	26	12	14	16	9	7	147	63	84
芜湖经济技术开发区	250	190	60	75	50	25	367	241	126
安徽芜湖长江大桥经济开发区	1	1		1	1		5	4	1
无为市	38	23	15	14	10	4	133	67	66
蚌埠市	**299**	**168**	**131**	**142**	**91**	**51**	**909**	**535**	**374**
龙子湖区	23	15	8	9	3	6	100	60	40
蚌山区	23	9	14	8	5	3	125	71	54
禹会区	32	17	15	10	7	3	117	69	48
淮上区	31	14	17	10	6	4	141	78	63
怀远县	27	16	11	19	13	6	95	51	44
五河县	36	23	13	18	15	3	70	37	33
固镇县	17	10	7	4	1	3	83	48	35
蚌埠市高新技术开发区	15	8	7	12	8	4	34	19	15
蚌埠市经济开发区	95	56	39	52	33	19	144	102	42
淮南市	**230**	**147**	**83**	**92**	**58**	**34**	**657**	**389**	**268**
大通区	20	13	7	5	2	3	53	40	13
田家庵区	112	62	50	53	32	21	252	151	101
谢家集区	12	4	8	4	2	2	56	32	24
八公山区	6	5	1	2	1	1	32	21	11
潘集区	15	12	3	11	9	2	60	30	30
凤台县	32	25	7	11	9	2	105	57	48
寿县	33	26	7	6	3	3	99	58	41

7-3 续表 4 单位：人

现住地	专业技术人员			办事人员和有关人员			社会生产服务和生活服务人员		
	小计	男	女	小计	男	女	小计	男	女
马鞍山市	**524**	**301**	**223**	**248**	**156**	**92**	**1444**	**822**	**622**
花山区	144	76	68	75	46	29	463	255	208
雨山区	161	93	68	64	38	26	347	212	135
博望区	27	16	11	8	4	4	111	59	52
当涂县	38	21	17	38	29	9	235	142	93
含山县	20	13	7	11	8	3	62	40	22
和县	134	82	52	52	31	21	226	114	112
淮北市	**221**	**134**	**87**	**80**	**52**	**28**	**537**	**318**	**219**
杜集区	27	15	12	11	8	3	68	40	28
相山区	101	53	48	45	29	16	266	162	104
烈山区	22	10	12	5	4	1	49	27	22
濉溪县	71	56	15	19	11	8	154	89	65
铜陵市	**129**	**82**	**47**	**73**	**46**	**27**	**392**	**219**	**173**
铜官区	71	40	31	47	29	18	231	134	97
义安区	32	26	6	15	11	4	65	40	25
郊区	9	7	2	6	5	1	31	15	16
枞阳县	17	9	8	5	1	4	65	30	35
安庆市	**389**	**244**	**145**	**256**	**171**	**85**	**1378**	**767**	**611**
迎江区	48	31	17	45	32	13	154	88	66
大观区	45	34	11	33	20	13	112	62	50
宜秀区	51	32	19	26	13	13	168	99	69
怀宁县	37	26	11	43	29	14	137	81	56
太湖县	33	21	12	22	18	4	81	49	32
宿松县	27	11	16	14	9	5	140	80	60
望江县	20	10	10	7	6	1	110	42	68
岳西县	18	5	13	9	5	4	53	31	22
安徽安庆经济开发区	35	19	16	25	18	7	149	89	60
桐城市	45	32	13	20	11	9	166	87	79
潜山市	30	23	7	12	10	2	108	59	49
黄山市	**343**	**242**	**101**	**173**	**108**	**65**	**916**	**509**	**407**
屯溪区	97	52	45	74	50	24	346	185	161
黄山区	83	66	17	19	9	10	128	84	44
徽州区	19	14	5	19	12	7	57	29	28
歙县	45	30	15	24	15	9	121	60	61
休宁县	26	19	7	13	5	8	95	48	47
黟县	33	29	4	19	13	6	79	48	31
祁门县	40	32	8	5	4	1	90	55	35
滁州市	**790**	**487**	**303**	**532**	**319**	**213**	**2282**	**1254**	**1028**
琅琊区	75	43	32	50	35	15	207	118	89
南谯区	131	72	59	64	39	25	264	150	114
来安县	156	95	61	166	94	72	624	353	271
全椒县	52	27	25	51	34	17	229	116	113
定远县	13	5	8	29	19	10	119	51	68
凤阳县	34	16	18	29	16	13	121	57	64
苏滁现代产业园	50	44	6	25	17	8	35	21	14
滁州经济技术开发区	133	101	32	47	27	20	183	120	63
天长市	118	70	48	58	31	27	348	198	150
明光市	28	14	14	13	7	6	152	70	82

7-3　续表 5　　　　单位：人

现 住 地	专业技术人员			办事人员和有关人员			社会生产服务和生活服务人员		
	小计	男	女	小计	男	女	小计	男	女
阜阳市	**362**	**197**	**165**	**176**	**99**	**77**	**1470**	**828**	**642**
颍州区	70	41	29	33	19	14	232	140	92
颍东区	69	52	17	13	7	6	126	71	55
颍泉区	25	11	14	21	15	6	217	127	90
临泉县	45	25	20	24	13	11	197	110	87
太和县	33	10	23	15	3	12	176	101	75
阜南县	23	12	11	12	7	5	83	38	45
颍上县	41	12	29	18	8	10	147	78	69
阜阳合肥现代产业园区				4	2	2	5	2	3
阜阳经济技术开发区	7	2	5	6	3	3	49	30	19
界首市	49	32	17	30	22	8	238	131	107
宿州市	**315**	**159**	**156**	**172**	**108**	**64**	**1099**	**582**	**517**
埇桥区	118	58	60	65	40	25	438	253	185
砀山县	40	18	22	31	19	12	139	74	65
萧县	71	39	32	33	22	11	182	84	98
灵璧县	37	18	19	15	9	6	168	79	89
泗县	38	24	14	18	11	7	116	59	57
宿州马鞍山现代产业园区	7	2	5	2	2		12	7	5
宿州经济技术开发区	4		4	8	5	3	44	26	18
六安市	**380**	**246**	**134**	**168**	**107**	**61**	**1062**	**560**	**502**
金安区	91	52	39	38	21	17	258	127	131
裕安区	53	26	27	9	5	4	172	95	77
叶集区	16	6	10	10	5	5	72	35	37
霍邱县	70	50	20	41	35	6	158	99	59
舒城县	53	39	14	20	13	7	170	80	90
金寨县	62	43	19	32	19	13	156	84	72
霍山县	35	30	5	18	9	9	76	40	36
亳州市	**245**	**134**	**111**	**84**	**58**	**26**	**1145**	**643**	**502**
谯城区	154	86	68	38	26	12	717	417	300
涡阳县	40	22	18	18	12	6	114	65	49
蒙城县	28	13	15	15	11	4	153	81	72
利辛县	23	13	10	13	9	4	161	80	81
池州市	**176**	**115**	**61**	**109**	**80**	**29**	**540**	**324**	**216**
贵池区	105	75	30	53	39	14	280	163	117
东至县	20	11	9	18	16	2	87	58	29
石台县	8	4	4	7	5	2	16	11	5
青阳县	33	18	15	19	13	6	121	66	55
池州市国家经济技术开发区	5	4	1	4	2	2	7	5	2
皖江江南新兴产业集中区	4	2	2	7	4	3	21	15	6
九华山风景区	1	1		1	1		8	6	2
宣城市	**528**	**352**	**176**	**359**	**246**	**113**	**1601**	**885**	**716**
宣州区	116	80	36	68	45	23	381	224	157
郎溪县	66	38	28	58	40	18	174	83	91
泾县	47	33	14	24	15	9	118	59	59
绩溪县	40	30	10	19	11	8	60	33	27
旌德县	12	7	5	12	7	5	34	18	16
宣城市经济开发区	55	39	16	33	27	6	103	69	34
宁国市	85	52	33	53	35	18	276	151	125
广德市	107	73	34	92	66	26	455	248	207

7-3 续表 6　　单位：人

现住地	农、林、牧、渔业生产及辅助人员			生产制造及有关人员			不便分类的其他从业人员		
	小计	男	女	小计	男	女	小计	男	女
安　徽	**2420**	**948**	**1472**	**36171**	**27234**	**8937**	**101**	**70**	**31**
合肥市	**202**	**109**	**93**	**7895**	**6207**	**1688**	**32**	**20**	**12**
瑶海区	8	6	2	278	220	58	2	1	1
庐阳区	8	6	2	336	286	50	2	1	1
蜀山区	8	5	3	493	411	82	6	4	2
包河区	14	9	5	952	803	149	18	11	7
长丰县	30	17	13	616	473	143	2	2	
肥东县	63	32	31	662	535	127			
肥西县	22	12	10	1674	1222	452	1	1	
庐江县	14	2	12	369	302	67			
合肥高新技术产业开发区				421	351	70			
合肥经济技术开发区	4	4		1052	775	277	1		1
合肥新站高新技术产业开发区	9	5	4	751	603	148			
巢湖市	22	11	11	291	226	65			
芜湖市	**86**	**41**	**45**	**4459**	**3293**	**1166**	**6**	**5**	**1**
镜湖区				178	132	46			
弋江区	5	4	1	363	293	70	2	2	
鸠江区	12	9	3	728	576	152	2	2	
三山区	5	2	3	554	442	112	1	1	
芜湖县	18	7	11	764	472	292	1		1
繁昌县	2	2		276	223	53			
南陵县	28	7	21	128	85	43			
芜湖经济技术开发区	4	3	1	1316	957	359			
安徽芜湖长江大桥经济开发区				7	4	3			
无为市	12	7	5	145	109	36			
蚌埠市	**124**	**32**	**92**	**781**	**599**	**182**	**3**	**2**	**1**
龙子湖区	5	2	3	55	42	13			
蚌山区				91	71	20			
禹会区	4	2	2	135	108	27			
淮上区	10	4	6	101	82	19			
怀远县	61	6	55	135	106	29			
五河县	21	11	10	110	78	32			
固镇县	21	5	16	93	63	30	1	1	
蚌埠市高新技术开发区				23	17	6	2	1	1
蚌埠市经济开发区	2	2		38	32	6			
淮南市	**107**	**38**	**69**	**619**	**514**	**105**	**3**	**2**	**1**
大通区	4		4	39	33	6			
田家庵区	5	2	3	129	109	20	2	1	1
谢家集区	5	1	4	48	37	11			
八公山区	3	2	1	7	6	1			
潘集区	8	1	7	104	90	14			
凤台县	38	19	19	165	141	24			
寿县	44	13	31	127	98	29	1	1	

7-3　续表 7　　　　单位：人

现 住 地	农、林、牧、渔业生产及辅助人员			生产制造及有关人员			不便分类的其他从业人员		
	小计	男	女	小计	男	女	小计	男	女
马鞍山市	**120**	**62**	**58**	**1832**	**1376**	**456**	**4**	**3**	**1**
花山区	2	1	1	277	230	47	1		1
雨山区	5	2	3	353	266	87			
博望区	10	6	4	129	97	32	1	1	
当涂县	34	15	19	533	348	185	1	1	
含山县	6	3	3	175	144	31			
和县	63	35	28	365	291	74	1	1	
淮北市	**65**	**38**	**27**	**624**	**504**	**120**	**4**	**4**	
杜集区	15	13	2	125	102	23			
相山区	4	3	1	135	118	17	2	2	
烈山区	10	5	5	106	77	29	2	2	
濉溪县	36	17	19	258	207	51			
铜陵市	**19**	**10**	**9**	**399**	**278**	**121**	**1**	**1**	
铜官区	4	3	1	163	115	48	1	1	
义安区	8	5	3	72	49	23			
郊区	3	2	1	53	33	20			
枞阳县	4		4	111	81	30			
安庆市	**161**	**75**	**86**	**1812**	**1399**	**413**	**10**	**8**	**2**
迎江区				115	94	21	1	1	
大观区	3	2	1	177	164	13			
宜秀区	10	5	5	216	161	55	1	1	
怀宁县	47	21	26	258	210	48	4	3	1
太湖县	15	3	12	102	82	20			
宿松县	32	24	8	225	162	63			
望江县	25	10	15	148	88	60			
岳西县	8	2	6	50	35	15			
安徽安庆经济开发区	1	1		131	103	28	2	1	1
桐城市	8	4	4	253	195	58	1	1	
潜山市	12	3	9	137	105	32	1	1	
黄山市	**66**	**22**	**44**	**1684**	**1419**	**265**	**1**		**1**
屯溪区	6	3	3	175	132	43			
黄山区	9	4	5	325	301	24			
徽州区	4	2	2	78	57	21			
歙县	29	4	25	329	248	81			
休宁县	9	4	5	181	141	40			
黟县	5	2	3	125	112	13	1		1
祁门县	4	3	1	471	428	43			
滁州市	**373**	**145**	**228**	**5458**	**3794**	**1664**	**11**	**7**	**4**
琅琊区	6	3	3	285	223	62	6	3	3
南谯区	28	16	12	628	509	119			
来安县	104	50	54	865	663	202			
全椒县	27	12	15	392	267	125			
定远县	56	14	42	127	98	29			
凤阳县	46	7	39	175	136	39	1		1
苏滁现代产业园	1	1		532	398	134			
滁州经济技术开发区	1	1		1508	896	612	4	4	
天长市	50	22	28	764	481	283			
明光市	54	19	35	182	123	59			

7-3 续表 8

单位：人

现住地	农、林、牧、渔业生产及辅助人员			生产制造及有关人员			不便分类的其他从业人员		
	小计	男	女	小计	男	女	小计	男	女
阜阳市	**184**	**63**	**121**	**1337**	**1028**	**309**	**8**	**7**	**1**
颍州区	3		3	167	142	25			
颍东区	15	9	6	209	175	34	2	1	1
颍泉区	28	5	23	116	92	24	3	3	
临泉县	40	12	28	168	128	40	2	2	
太和县	31	6	25	99	69	30			
阜南县	33	17	16	167	130	37	1	1	
颍上县	22	5	17	155	121	34			
阜阳合肥现代产业园区				7	5	2			
阜阳经济技术开发区	2	2		36	27	9			
界首市	10	7	3	213	139	74			
宿州市	**418**	**81**	**337**	**1157**	**876**	**281**	**2**	**1**	**1**
埇桥区	83	24	59	449	348	101			
砀山县	63	10	53	91	68	23			
萧县	115	10	105	227	187	40			
灵璧县	89	17	72	164	101	63	1	1	
泗县	62	18	44	159	119	40	1		1
宿州马鞍山现代产业园区	3	1	2	16	13	3			
宿州经济技术开发区	3	1	2	51	40	11			
六安市	**91**	**27**	**64**	**1883**	**1392**	**491**	**12**	**7**	**5**
金安区	12	3	9	213	155	58	8	5	3
裕安区	12	1	11	134	91	43			
叶集区	6	3	3	130	83	47	2	1	1
霍邱县	8	3	5	486	428	58	2	1	1
舒城县	13	3	10	647	424	223			
金寨县	27	7	20	220	171	49			
霍山县	13	7	6	53	40	13			
亳州市	**200**	**91**	**109**	**892**	**687**	**205**			
谯城区	44	18	26	447	350	97			
涡阳县	37	19	18	148	122	26			
蒙城县	80	47	33	120	85	35			
利辛县	39	7	32	177	130	47			
池州市	**38**	**25**	**13**	**1161**	**884**	**277**			
贵池区	22	15	7	487	407	80			
东至县	9	5	4	149	116	33			
石台县	2	1	1	45	43	2			
青阳县	5	4	1	225	161	64			
池州市国家经济技术开发区				38	31	7			
皖江江南新兴产业集中区				216	125	91			
九华山风景区				1	1				
宣城市	**166**	**89**	**77**	**4178**	**2984**	**1194**	**4**	**3**	**1**
宣州区	40	22	18	511	385	126	2	2	
郎溪县	23	11	12	754	501	253			
泾县	18	10	8	271	220	51			
绩溪县	3	2	1	97	71	26			
旌德县	8	3	5	100	87	13			
宣城市经济开发区	8	4	4	205	165	40			
宁国市	18	15	3	630	437	193			
广德市	48	22	26	1610	1118	492	2	1	1

7-4　全省按现住地、户口登记地类型、受教育程度分的户口登记地在本省其他乡镇街道人口

单位：人

现住地	合计					未上过学				
	合计	乡	镇的村委会	镇的居委会	街道	小计	乡	镇的村委会	镇的居委会	街道
安　徽	**1454136**	**207354**	**774929**	**173243**	**298610**	**37331**	**6429**	**21647**	**3742**	**5513**
合肥市	**410161**	**60064**	**212677**	**55215**	**82205**	**12036**	**2233**	**7282**	**1266**	**1255**
瑶海区	45849	6961	21413	6124	11351	1510	289	844	167	210
庐阳区	32760	4238	14245	4437	9840	897	165	496	100	136
蜀山区	45346	5708	19222	6648	13768	1030	179	585	108	158
包河区	59660	7016	26837	7934	17873	1871	305	1124	153	289
长丰县	32527	7178	19747	3424	2178	1120	296	705	89	30
肥东县	37615	6918	22505	6130	2062	1535	332	956	209	38
肥西县	48298	8752	27873	7393	4280	1279	265	805	148	61
庐江县	15132	1278	11632	1700	522	404	49	309	35	11
合肥高新技术产业开发区	15306	1704	8396	1524	3682	350	46	238	18	48
合肥经济技术开发区	30191	3870	16626	3953	5742	784	109	523	73	79
合肥新站高新技术产业开发区	26374	4458	13934	3713	4269	662	124	358	111	69
巢湖市	21103	1983	10247	2235	6638	594	74	339	55	126
芜湖市	**101118**	**9251**	**52062**	**12148**	**27657**	**2901**	**332**	**1597**	**266**	**706**
镜湖区	17731	1191	4493	1712	10335	524	50	192	36	246
弋江区	20483	1880	7912	2227	8464	498	54	190	39	215
鸠江区	15305	2069	6758	2376	4102	534	80	283	70	101
三山区	4602	400	2448	416	1338	172	24	69	11	68
芜湖县	9817	823	7160	958	876	142	5	128	3	6
繁昌县	5960	321	4325	888	426	81	3	60	9	9
南陵县	8239	475	6577	923	264	175	14	149	10	2
芜湖经济技术开发区	7919	841	4526	1213	1339	278	27	160	47	44
安徽芜湖长江大桥经济开发区	84	25	21	3	35	3	2			1
无为市	10978	1226	7842	1432	478	494	73	366	41	14
蚌埠市	**69963**	**10832**	**30783**	**7913**	**20435**	**1782**	**339**	**836**	**208**	**399**
龙子湖区	7135	687	2260	681	3507	219	19	90	16	94
蚌山区	6825	1189	2138	592	2906	135	35	41	5	54
禹会区	9024	1206	2680	676	4462	241	51	76	11	103
淮上区	6490	575	4428	557	930	146	17	92	10	27
怀远县	8924	2436	4389	1707	392	335	82	136	101	16
五河县	7427	842	5509	935	141	303	46	225	32	
固镇县	6310	1808	3254	1011	237	144	44	75	19	6
蚌埠市高新技术开发区	4041	334	1784	616	1307	73	15	32	6	20
蚌埠市经济开发区	13787	1755	4341	1138	6553	186	30	69	8	79
淮南市	**66197**	**8316**	**26912**	**9133**	**21836**	**1580**	**225**	**789**	**217**	**349**
大通区	4492	507	1708	599	1678	134	21	60	18	35
田家庵区	27255	2794	8660	3729	12072	405	47	153	57	148
谢家集区	5181	391	1187	834	2769	193	12	52	39	90
八公山区	3466	232	827	335	2072	74	9	31	9	25
潘集区	4952	982	2602	455	913	201	54	105	13	29
凤台县	12899	1840	7485	1877	1697	379	51	271	44	13
寿县	7952	1570	4443	1304	635	194	31	117	37	9

7－4 续表 1　　单位：人

现住地	合计					未上过学				
	合计	乡	镇的村委会	镇的居委会	街道	小计	乡	镇的村委会	镇的居委会	街道
马鞍山市	**50569**	**4852**	**24714**	**6985**	**14018**	**2027**	**225**	**1224**	**227**	**351**
花山区	17439	1591	6362	2171	7315	642	80	310	68	184
雨山区	15288	1919	6039	1765	5565	501	96	224	53	128
博望区	755	53	524	120	58	35	2	26	6	1
当涂县	7513	938	4545	1384	646	284	21	208	38	17
含山县	4168	174	3312	571	111	234	15	206	13	
和县	5406	177	3932	974	323	331	11	250	49	21
淮北市	**43049**	**2538**	**22301**	**7104**	**11106**	**1035**	**94**	**539**	**167**	**235**
杜集区	3629	224	1733	823	849	148	16	69	33	30
相山区	22097	958	9043	3671	8425	514	38	229	78	169
烈山区	4106	272	2431	676	727	104	15	47	22	20
濉溪县	13217	1084	9094	1934	1105	269	25	194	34	16
铜陵市	**32047**	**4222**	**13873**	**3920**	**10032**	**1524**	**231**	**816**	**149**	**328**
铜官区	19607	2428	7090	1775	8314	741	117	330	39	255
义安区	4602	1153	2127	520	802	222	56	120	20	26
郊区	2279	206	1013	327	733	224	23	113	45	43
枞阳县	5559	435	3643	1298	183	337	35	253	45	4
安庆市	**90064**	**17865**	**48979**	**8353**	**14867**	**2034**	**491**	**1201**	**105**	**237**
迎江区	12985	2702	3855	1071	5357	334	113	121	13	87
大观区	6114	644	2221	676	2573	126	18	68	5	35
宜秀区	8394	1611	4164	833	1786	208	40	122	11	35
怀宁县	8562	998	6247	1002	315	228	29	175	20	4
太湖县	5967	1804	3543	511	109	191	70	116	4	1
宿松县	9460	4897	3441	876	246	152	84	55	12	1
望江县	5285	790	3922	423	150	118	32	79	4	3
岳西县	4047	1130	2519	348	50	75	24	46	3	2
安徽安庆经济开发区	7332	1294	2984	903	2151	144	37	56	14	37
桐城市	14523	924	10676	973	1950	288	13	234	11	30
潜山市	7395	1071	5407	737	180	170	31	129	8	2
黄山市	**34415**	**7331**	**19209**	**3950**	**3925**	**818**	**235**	**472**	**57**	**54**
屯溪区	12281	1910	5389	1983	2999	246	54	123	26	43
黄山区	3477	869	2104	344	160	98	40	52	5	1
徽州区	3197	770	2027	211	189	72	22	44	5	1
歙县	7609	1687	5059	623	240	181	49	125	5	2
休宁县	4170	919	2740	316	195	118	38	69	6	5
黟县	1037	129	633	207	68	19	4	13	2	
祁门县	2644	1047	1257	266	74	84	28	46	8	2
滁州市	**98249**	**10645**	**60645**	**13015**	**13944**	**2065**	**257**	**1347**	**232**	**229**
琅琊区	11232	1219	4988	1422	3603	242	37	119	33	53
南谯区	16332	1552	9357	1953	3470	665	82	423	57	103
来安县	6881	1195	4547	877	262	108	29	70	8	1
全椒县	11074	1545	7755	1494	280	116	12	88	15	1
定远县	9534	1429	5924	1743	438	257	32	182	43	
凤阳县	8637	384	6441	1495	317	108	4	87	14	3
苏滁现代产业园	892	104	671	63	54	19	1	17		1
滁州经济技术开发区	8026	898	4347	797	1984	120	12	85	8	15
天长市	15794	1542	10072	2103	2077	277	29	181	37	30
明光市	9847	777	6543	1068	1459	153	19	95	17	22

7-4　续表 2　　　　单位：人

现住地	合计					未上过学				
	合计	乡	镇的村委会	镇的居委会	街道	小计	乡	镇的村委会	镇的居委会	街道
阜阳市	**108749**	**14824**	**59470**	**13204**	**21251**	**2600**	**479**	**1388**	**291**	**442**
颍州区	24524	3065	10589	3029	7841	548	91	239	55	163
颍东区	9481	681	4656	1453	2691	220	27	98	38	57
颍泉区	8347	757	4253	908	2429	140	12	72	15	41
临泉县	15570	1747	8935	1913	2975	318	34	178	37	69
太和县	13114	1430	10187	1296	201	174	19	140	14	1
阜南县	11253	3168	6572	1358	155	558	176	325	53	4
颍上县	10149	1829	5864	1705	751	232	56	136	34	6
阜阳合肥现代产业园区	389	31	274	71	13	10		7	3	
阜阳经济技术开发区	5671	869	2711	852	1239	108	14	55	20	19
界首市	10251	1247	5429	619	2956	292	50	138	22	82
宿州市	**73304**	**12570**	**40392**	**7414**	**12928**	**1063**	**218**	**563**	**108**	**174**
埇桥区	32611	4595	14103	2609	11304	584	107	264	57	156
砀山县	4947	549	3310	972	116	29	3	17	9	
萧县	10417	1585	7355	1218	259	128	20	86	18	4
灵璧县	11812	2899	7486	1235	192	175	49	114	11	1
泗县	9475	1705	6408	1220	142	59	7	40	10	2
宿州马鞍山现代产业园区	926	668	203	22	33	23	20	1	2	
宿州经济技术开发区	3116	569	1527	138	882	65	12	41	1	11
六安市	**99009**	**18353**	**56741**	**7858**	**16057**	**1389**	**316**	**830**	**67**	**176**
金安区	32375	4905	17441	1798	8231	405	84	216	12	93
裕安区	30030	5506	16705	2041	5778	484	105	291	27	61
叶集区	2918	672	1524	229	493	37	3	27	1	6
霍邱县	7555	2872	3569	672	442	175	72	86	13	4
舒城县	11916	1962	7654	1712	588	177	34	124	8	11
金寨县	7577	1737	4855	715	270	50	11	35	3	1
霍山县	6638	699	4993	691	255	61	7	51	3	
亳州市	**82127**	**10757**	**51591**	**8467**	**11312**	**1836**	**233**	**1189**	**172**	**242**
谯城区	35450	5299	20738	2510	6903	838	109	524	54	151
涡阳县	14601	985	9299	1969	2348	299	14	161	60	64
蒙城县	16272	2186	10319	1898	1869	355	58	247	26	24
利辛县	15804	2287	11235	2090	192	344	52	257	32	3
池州市	**31656**	**3127**	**19616**	**3206**	**5707**	**1169**	**150**	**794**	**80**	**145**
贵池区	19277	1671	10968	1902	4736	736	92	483	42	119
东至县	4944	333	3905	528	178	202	15	168	17	2
石台县	1151	190	715	158	88	49	8	36	4	1
青阳县	4913	703	3450	481	279	128	21	90	13	4
池州市国家经济技术开发区	706	58	271	52	325	33	5	12	3	13
皖江江南新兴产业集中区	371	60	188	41	82	15	3	5	1	6
九华山风景区	294	112	119	44	19	6	6			
宣城市	**63459**	**11807**	**34964**	**5358**	**11330**	**1472**	**371**	**780**	**130**	**191**
宣州区	18468	2970	8006	1409	6083	462	103	220	44	95
郎溪县	5536	934	3610	852	140	178	36	112	27	3
泾县	5472	1234	3292	729	217	138	45	77	12	4
绩溪县	3202	836	2034	236	96	50	18	26	6	
旌德县	1731	285	1186	187	73	30	7	17	4	2
宣城市经济开发区	5390	761	2531	444	1654	146	29	75	8	34
宁国市	14344	2974	8091	530	2749	345	104	179	13	49
广德市	9316	1813	6214	971	318	123	29	74	16	4

7-4 续表 3 单位：人

现住地	学前教育					小学				
	小计	乡	镇的村委会	镇的居委会	街道	小计	乡	镇的村委会	镇的居委会	街道
安　徽	**56856**	**8288**	**31792**	**6494**	**10282**	**262169**	**43035**	**156624**	**25338**	**37172**
合肥市	**15249**	**2162**	**8119**	**2160**	**2808**	**61242**	**10100**	**36301**	**6969**	**7872**
瑶海区	1937	288	950	258	441	7523	1298	3981	865	1379
庐阳区	1348	179	627	177	365	4609	696	2322	512	1079
蜀山区	1405	124	573	230	478	4513	705	2271	544	993
包河区	2050	229	926	256	639	8116	1197	4396	853	1670
长丰县	1618	404	981	167	66	6190	1485	3966	530	209
肥东县	1459	265	893	246	55	7832	1482	5016	1093	241
肥西县	1894	312	1096	335	151	7185	1402	4390	1042	351
庐江县	705	38	582	70	15	3743	327	3068	300	48
合肥高新技术产业开发区	438	55	208	46	129	1504	179	921	125	279
合肥经济技术开发区	951	96	492	176	187	3121	385	2010	356	370
合肥新站高新技术产业开发区	814	121	430	142	121	2952	590	1627	371	364
巢湖市	630	51	361	57	161	3954	354	2333	378	889
芜湖市	**3305**	**288**	**1805**	**381**	**831**	**17284**	**1657**	**10368**	**1700**	**3559**
镜湖区	428	25	137	37	229	2382	188	747	205	1242
弋江区	506	39	175	51	241	2467	166	947	228	1126
鸠江区	555	61	237	84	173	2320	343	1196	326	455
三山区	222	24	107	15	76	799	77	445	35	242
芜湖县	319	12	250	37	20	2090	162	1663	149	116
繁昌县	242	10	193	27	12	1320	90	994	162	74
南陵县	304	20	243	28	13	2000	139	1675	153	33
芜湖经济技术开发区	341	56	198	46	41	1224	154	690	182	198
安徽芜湖长江大桥经济开发区	5				5	13	5	3	1	4
无为市	383	41	265	56	21	2669	333	2008	259	69
蚌埠市	**3041**	**526**	**1509**	**359**	**647**	**13101**	**2482**	**6731**	**1259**	**2629**
龙子湖区	265	24	108	30	103	1293	161	521	95	516
蚌山区	282	62	115	26	79	1195	267	428	90	410
禹会区	326	51	119	20	136	1535	220	522	110	683
淮上区	299	20	222	22	35	1235	125	922	58	130
怀远县	421	132	185	91	13	2001	634	987	328	52
五河县	439	42	346	38	13	1964	244	1496	206	18
固镇县	349	102	177	63	7	1589	500	872	182	35
蚌埠市高新技术开发区	174	11	89	26	48	778	70	422	100	186
蚌埠市经济开发区	486	82	148	43	213	1511	261	561	90	599
淮南市	**2475**	**359**	**1202**	**318**	**596**	**12002**	**1779**	**5783**	**1450**	**2990**
大通区	261	36	123	14	88	782	104	342	79	257
田家庵区	851	92	298	131	330	3853	419	1492	501	1441
谢家集区	160	10	43	31	76	1163	87	307	185	584
八公山区	106	13	29	13	51	702	47	181	70	404
潘集区	259	50	173	12	24	1009	231	602	76	100
凤台县	527	86	359	71	11	2529	445	1722	271	91
寿县	311	72	177	46	16	1964	446	1137	268	113

7-4　续表 4　　单位：人

现住地	学前教育					小学				
	小计	乡	镇的村委会	镇的居委会	街道	小计	乡	镇的村委会	镇的居委会	街道
马鞍山市	**1723**	**151**	**949**	**233**	**390**	**9623**	**1017**	**5606**	**1198**	**1802**
花山区	561	54	258	72	177	3296	402	1501	374	1019
雨山区	463	50	189	41	183	2189	340	1016	229	604
博望区	37	1	29	5	2	201	14	135	38	14
当涂县	288	36	173	62	17	1438	178	918	244	98
含山县	179	9	152	13	5	1188	52	994	107	35
和县	195	1	148	40	6	1311	31	1042	206	32
淮北市	**1796**	**102**	**1020**	**275**	**399**	**6124**	**445**	**3675**	**865**	**1139**
杜集区	136	8	61	25	42	573	54	274	127	118
相山区	875	31	416	128	300	2769	154	1403	374	838
烈山区	111	8	52	24	27	471	38	238	108	87
濉溪县	674	55	491	98	30	2311	199	1760	256	96
铜陵市	**1066**	**120**	**530**	**112**	**304**	**5976**	**942**	**3052**	**675**	**1307**
铜官区	625	61	255	43	266	3093	469	1325	254	1045
义安区	166	41	92	17	16	989	302	480	88	119
郊区	53	5	27	7	14	505	50	281	63	111
枞阳县	222	13	156	45	8	1389	121	966	270	32
安庆市	**3501**	**705**	**1993**	**288**	**515**	**19711**	**4586**	**11814**	**1392**	**1919**
迎江区	524	115	188	34	187	2384	641	889	171	683
大观区	196	17	81	24	74	1179	161	540	123	355
宜秀区	270	60	119	24	67	1394	339	772	107	176
怀宁县	322	39	240	35	8	2105	281	1591	193	40
太湖县	285	83	179	17	6	1703	518	1079	88	18
宿松县	357	186	130	32	9	2542	1400	964	150	28
望江县	262	39	203	15	5	1461	245	1121	81	14
岳西县	197	53	129	14	1	922	298	571	50	3
安徽安庆经济开发区	248	43	92	35	78	1409	292	630	163	324
桐城市	514	24	382	32	76	2759	113	2235	152	259
潜山市	326	46	250	26	4	1853	298	1422	114	19
黄山市	**1222**	**305**	**720**	**93**	**104**	**6681**	**1670**	**4076**	**501**	**434**
屯溪区	320	50	145	50	75	1717	323	815	231	348
黄山区	150	31	107	7	5	744	196	482	55	11
徽州区	132	37	82	4	9	655	165	437	36	17
歙县	267	73	183	7	4	1688	423	1153	81	31
休宁县	185	54	115	9	7	1066	255	745	47	19
黟县	29	2	23	3	1	183	26	126	28	3
祁门县	139	58	65	13	3	628	282	318	23	5
滁州市	**4030**	**410**	**2590**	**515**	**515**	**19349**	**2274**	**13040**	**2029**	**2006**
琅琊区	407	37	191	43	136	2308	290	1160	263	595
南谯区	648	63	390	73	122	2989	323	1943	274	449
来安县	280	38	200	35	7	1347	265	930	123	29
全椒县	427	68	288	64	7	2482	365	1854	225	38
定远县	434	62	295	69	8	1875	284	1315	250	26
凤阳县	410	19	302	80	9	1499	66	1190	222	21
苏滁现代产业园	17	2	15			157	20	114	12	11
滁州经济技术开发区	253	24	122	26	81	1163	139	706	90	228
天长市	745	68	508	83	86	3312	331	2280	351	350
明光市	409	29	279	42	59	2217	191	1548	219	259

7－4 续表 5

单位：人

现住地	学前教育					小学				
	小计	乡	镇的村委会	镇的居委会	街道	小计	乡	镇的村委会	镇的居委会	街道
阜阳市	**4690**	**664**	**2444**	**611**	**971**	**20708**	**3425**	**11905**	**2269**	**3109**
颍州区	991	116	385	133	357	3594	560	1589	463	982
颍东区	425	30	189	68	138	1721	151	929	240	401
颍泉区	359	33	183	38	105	1395	149	778	134	334
临泉县	617	61	332	82	142	3362	422	1987	381	572
太和县	523	62	397	53	11	2528	276	2025	203	24
阜南县	583	161	338	74	10	2895	903	1674	299	19
颍上县	417	78	242	86	11	1947	458	1141	280	68
阜阳合肥现代产业园区	18	4	11	3		59	4	40	14	1
阜阳经济技术开发区	301	54	141	48	58	999	192	479	134	194
界首市	456	65	226	26	139	2208	310	1263	121	514
宿州市	**3372**	**611**	**1951**	**284**	**526**	**12678**	**2402**	**7561**	**1098**	**1617**
埇桥区	1437	233	655	81	468	4431	703	2052	285	1391
砀山县	262	37	177	44	4	631	83	405	131	12
萧县	497	75	356	58	8	1880	289	1332	211	48
灵璧县	570	152	357	52	9	2688	695	1769	202	22
泗县	431	59	325	44	3	2378	441	1679	236	22
宿州马鞍山现代产业园区	40	28	11		1	152	96	42	8	6
宿州经济技术开发区	135	27	70	5	33	518	95	282	25	116
六安市	**4046**	**819**	**2444**	**232**	**551**	**20683**	**4499**	**12842**	**1108**	**2234**
金安区	1259	208	718	46	287	6843	1180	4108	269	1286
裕安区	1298	286	753	58	201	5956	1324	3606	318	708
叶集区	132	41	73	3	15	604	157	374	15	58
霍邱县	309	108	158	22	21	1903	827	925	100	51
舒城县	434	74	296	49	15	2456	461	1674	245	76
金寨县	333	77	219	30	7	1575	397	1067	73	38
霍山县	281	25	227	24	5	1346	153	1088	88	17
亳州市	**3791**	**526**	**2411**	**346**	**508**	**16922**	**2391**	**11166**	**1531**	**1834**
谯城区	1780	274	1065	114	327	6700	1115	4072	400	1113
涡阳县	577	32	357	92	96	3382	202	2342	426	412
蒙城县	721	111	462	70	78	3594	542	2400	360	292
利辛县	713	109	527	70	7	3246	532	2352	345	17
池州市	**1187**	**114**	**764**	**104**	**205**	**6863**	**719**	**4765**	**438**	**941**
贵池区	685	53	408	56	168	3978	370	2555	265	788
东至县	216	18	174	20	4	1266	94	1087	62	23
石台县	43	6	27	7	3	224	36	158	16	14
青阳县	202	33	141	19	9	1107	159	831	74	43
池州市国家经济技术开发区	34	1	12	1	20	154	18	64	12	60
皖江江南新兴产业集中区	2	1	1			74	14	42	5	13
九华山风景区	5	2	1	1	1	60	28	28	4	
宣城市	**2362**	**426**	**1341**	**183**	**412**	**13222**	**2647**	**7939**	**856**	**1780**
宣州区	671	112	301	45	213	3693	698	1823	242	930
郎溪县	211	28	148	30	5	1314	231	923	141	19
泾县	233	60	130	37	6	1432	351	918	127	36
绩溪县	136	35	86	10	5	708	187	473	34	14
旌德县	70	14	51	5		487	78	371	22	16
宣城市经济开发区	186	28	88	15	55	951	164	471	61	255
宁国市	505	96	283	10	116	2879	608	1722	79	470
广德市	350	53	254	31	12	1758	330	1238	150	40

7-4 续表 6　　　　单位：人

现住地	初中					高中				
	小计	乡	镇的村委会	镇的居委会	街道	小计	乡	镇的村委会	镇的居委会	街道
安　徽	**442724**	**68546**	**254984**	**48029**	**71165**	**290030**	**37486**	**151967**	**35458**	**65119**
合肥市	**107212**	**17161**	**61926**	**13495**	**14630**	**74308**	**9984**	**36669**	**10715**	**16940**
瑶海区	14187	2353	7304	1720	2810	8624	1112	3504	1345	2663
庐阳区	8334	1154	4153	1104	1923	5992	714	2377	799	2102
蜀山区	7639	1046	3802	1090	1701	7179	756	2874	1165	2384
包河区	14181	1992	7441	1724	3024	10056	1030	4171	1510	3345
长丰县	10712	2510	6857	973	372	6043	1248	3468	751	576
肥东县	12809	2441	7927	1991	450	8020	1345	4642	1360	673
肥西县	13283	2605	7994	2022	662	8568	1513	4858	1381	816
庐江县	5461	456	4388	510	107	2830	285	2104	352	89
合肥高新技术产业开发区	2524	312	1550	222	440	2334	206	1191	246	691
合肥经济技术开发区	5778	689	3740	695	654	4905	623	2597	626	1059
合肥新站高新技术产业开发区	6042	1067	3370	848	757	5877	867	3177	759	1074
巢湖市	6262	536	3400	596	1730	3880	285	1706	421	1468
芜湖市	**27146**	**2487**	**15457**	**2849**	**6353**	**19066**	**1309**	**9329**	**2376**	**6052**
镜湖区	4515	318	1237	430	2530	3703	182	698	354	2469
弋江区	3561	232	1335	306	1688	3047	175	880	306	1686
鸠江区	3719	542	1742	531	904	2501	249	1016	410	826
三山区	1236	122	604	69	441	810	74	406	88	242
芜湖县	3147	276	2416	267	188	2103	152	1488	215	248
繁昌县	2116	131	1634	252	99	1359	48	951	238	122
南陵县	3097	178	2546	305	68	1697	85	1297	232	83
芜湖经济技术开发区	1952	224	1159	267	302	1412	109	803	228	272
安徽芜湖长江大桥经济开发区	40	14	11	2	13	10	2	3		5
无为市	3763	450	2773	420	120	2424	233	1787	305	99
蚌埠市	**21626**	**3773**	**10549**	**2218**	**5086**	**13637**	**1787**	**5265**	**1590**	**4995**
龙子湖区	2514	264	889	206	1155	1502	107	348	177	870
蚌山区	2184	407	826	194	757	1567	235	402	117	813
禹会区	2774	427	924	163	1260	1942	232	399	151	1160
淮上区	2105	237	1511	126	231	1797	111	1151	241	294
怀远县	3208	929	1606	545	128	1632	406	908	249	69
五河县	2803	293	2136	330	44	1180	151	850	149	30
固镇县	2402	710	1271	358	63	1174	302	563	235	74
蚌埠市高新技术开发区	1185	123	581	160	321	774	54	278	138	304
蚌埠市经济开发区	2451	383	805	136	1127	2069	189	366	133	1381
淮南市	**22855**	**3124**	**10168**	**3001**	**6562**	**12836**	**1361**	**4566**	**1855**	**5054**
大通区	1624	192	706	219	507	818	82	252	128	356
田家庵区	7666	843	2714	1022	3087	5326	492	1309	737	2788
谢家集区	2051	175	500	320	1056	1062	77	204	149	632
八公山区	1512	102	384	131	895	646	42	134	66	404
潘集区	2273	455	1213	236	369	707	118	302	74	213
凤台县	4906	785	3053	625	443	2514	256	1289	433	536
寿县	2823	572	1598	448	205	1763	294	1076	268	125

7−4 续表 7 单位：人

现住地	初中					高中				
	小计	乡	镇的村委会	镇的居委会	街道	小计	乡	镇的村委会	镇的居委会	街道
马鞍山市	**15012**	**1493**	**8152**	**2013**	**3354**	**9197**	**757**	**4038**	**1377**	**3025**
花山区	5443	541	2334	642	1926	3348	269	992	462	1625
雨山区	3620	505	1516	451	1148	2863	270	1063	356	1174
博望区	316	26	227	42	21	85	6	59	10	10
当涂县	2387	312	1534	378	163	1309	167	782	263	97
含山县	1523	71	1222	194	36	624	17	487	108	12
和县	1723	38	1319	306	60	968	28	655	178	107
淮北市	**14205**	**982**	**7844**	**2335**	**3044**	**9144**	**379**	**4677**	**1533**	**2555**
杜集区	1325	85	674	307	259	952	39	476	200	237
相山区	6719	317	3152	1094	2156	4712	131	1819	817	1945
烈山区	1015	69	502	216	228	633	27	409	98	99
濉溪县	5146	511	3516	718	401	2847	182	1973	418	274
铜陵市	**8957**	**1370**	**4277**	**1014**	**2296**	**6276**	**609**	**2431**	**916**	**2320**
铜官区	4966	685	2048	416	1817	3638	309	1057	380	1892
义安区	1670	475	828	161	206	847	179	366	101	201
郊区	739	80	340	87	232	406	29	135	63	179
枞阳县	1582	130	1061	350	41	1385	92	873	372	48
安庆市	**28155**	**5738**	**16588**	**2245**	**3584**	**18745**	**3813**	**9707**	**1783**	**3442**
迎江区	3640	845	1242	308	1245	2645	477	699	227	1242
大观区	1773	205	725	193	650	1446	145	452	178	671
宜秀区	1994	490	977	177	350	1338	219	606	154	359
怀宁县	3059	351	2322	311	75	1825	198	1326	233	68
太湖县	1823	563	1112	128	20	1126	380	635	90	21
宿松县	2954	1556	1112	239	47	2285	1167	828	227	63
望江县	1822	286	1375	124	37	996	128	775	74	19
岳西县	1370	374	883	98	15	863	240	561	56	6
安徽安庆经济开发区	2015	417	826	217	555	1582	249	594	193	546
桐城市	5223	266	4129	278	550	3209	406	2170	220	413
潜山市	2482	385	1885	172	40	1430	204	1061	131	34
黄山市	**12301**	**2850**	**7512**	**1053**	**886**	**6391**	**1199**	**3505**	**859**	**828**
屯溪区	3466	598	1723	482	663	2364	324	985	424	631
黄山区	1228	353	738	106	31	730	148	486	65	31
徽州区	1456	373	975	67	41	494	113	287	46	48
歙县	3102	692	2154	189	67	1518	296	1016	157	49
休宁县	1526	331	1081	78	36	774	155	491	79	49
黟县	421	48	281	64	28	182	36	101	36	9
祁门县	1102	455	560	67	20	329	127	139	52	11
滁州市	**32562**	**3779**	**21182**	**3874**	**3727**	**20843**	**2172**	**12840**	**2837**	**2994**
琅琊区	3841	427	1919	441	1054	2104	205	825	282	792
南谯区	5118	523	3185	550	860	2716	250	1391	382	693
来安县	2585	458	1711	331	85	1634	295	1088	191	60
全椒县	4033	606	2855	474	98	2291	299	1599	326	67
定远县	3194	465	2139	528	62	2285	437	1311	409	128
凤阳县	2575	115	2031	390	39	2238	83	1740	343	72
苏滁现代产业园	364	39	287	23	15	186	21	139	12	14
滁州经济技术开发区	2208	280	1300	179	449	1459	119	800	159	381
天长市	5164	565	3402	620	577	3519	292	2308	483	436
明光市	3480	301	2353	338	488	2411	171	1639	250	351

7-4 续表 8 单位：人

现住地	初中					高中				
	小计	乡	镇的村委会	镇的居委会	街道	小计	乡	镇的村委会	镇的居委会	街道
阜阳市	**35701**	**5180**	**20181**	**4286**	**6054**	**24598**	**2798**	**14553**	**2688**	**4559**
颍州区	6470	899	2857	789	1925	5098	482	2533	560	1523
颍东区	3163	246	1611	480	826	2491	108	1282	396	705
颍泉区	2655	255	1428	323	649	2260	170	1213	248	629
临泉县	4387	581	2379	557	870	4349	452	2932	392	573
太和县	5037	582	3961	445	49	2998	339	2323	290	46
阜南县	4044	1086	2409	498	51	1925	566	1124	206	29
颍上县	3801	711	2216	629	245	2291	318	1406	314	253
阜阳合肥现代产业园区	171	19	127	22	3	56	3	45	6	2
阜阳经济技术开发区	1974	293	1042	292	347	1227	162	602	183	280
界首市	3999	508	2151	251	1089	1903	198	1093	93	519
宿州市	**24121**	**4477**	**13677**	**2243**	**3724**	**18002**	**3170**	**10259**	**1622**	**2951**
埇桥区	11273	1917	5257	826	3273	6709	871	2762	549	2527
砀山县	1107	151	713	217	26	2056	179	1509	321	47
萧县	3645	558	2588	416	83	2967	505	2181	220	61
灵璧县	3562	863	2312	351	36	3017	740	1976	269	32
泗县	3120	562	2139	377	42	2130	441	1448	223	18
宿州马鞍山现代产业园区	280	199	71	5	5	358	296	44	3	15
宿州经济技术开发区	1134	227	597	51	259	765	138	339	37	251
六安市	**31908**	**6451**	**19370**	**2091**	**3996**	**22335**	**3706**	**13044**	**1886**	**3699**
金安区	10311	1693	5901	493	2224	7218	1003	3911	417	1887
裕安区	8865	1869	5215	500	1281	6315	938	3708	427	1242
叶集区	987	247	564	40	136	829	144	367	133	185
霍邱县	2729	1091	1329	200	109	1364	515	655	114	80
舒城县	4209	673	2880	506	150	2949	518	1894	403	134
金寨县	2873	680	1926	199	68	1587	349	1021	173	44
霍山县	1934	198	1555	153	28	2073	239	1488	219	127
亳州市	**28138**	**4002**	**17996**	**2808**	**3332**	**17153**	**1858**	**11308**	**1775**	**2212**
谯城区	12033	1970	7156	824	2083	6584	758	4059	477	1290
涡阳县	5304	364	3526	734	680	2994	270	1885	350	489
蒙城县	5464	791	3576	574	523	3396	392	2200	411	393
利辛县	5337	877	3738	676	46	4179	438	3164	537	40
池州市	**9724**	**1069**	**6424**	**815**	**1416**	**5729**	**500**	**3538**	**600**	**1091**
贵池区	5519	497	3333	498	1191	3273	245	1780	347	901
东至县	1616	120	1324	139	33	973	57	788	94	34
石台县	369	84	227	39	19	217	28	152	29	8
青阳县	1806	290	1340	112	64	962	127	681	96	58
池州市国家经济技术开发区	206	21	94	9	82	115	6	44	11	54
皖江江南新兴产业集中区	102	18	56	9	19	140	19	72	16	33
九华山风景区	106	39	50	9	8	49	18	21	7	3
宣城市	**23101**	**4610**	**13681**	**1689**	**3121**	**11770**	**2084**	**6238**	**1046**	**2402**
宣州区	6153	1078	2923	405	1747	3281	498	1303	252	1228
郎溪县	2291	438	1500	323	30	823	111	548	141	23
泾县	2029	479	1251	246	53	953	186	569	160	38
绩溪县	1465	395	956	92	22	426	114	266	27	19
旌德县	627	104	443	63	17	274	39	187	37	11
宣城市经济开发区	1535	213	859	109	354	1134	126	518	79	411
宁国市	5415	1187	3250	156	822	2884	588	1590	108	598
广德市	3586	716	2499	295	76	1995	422	1257	242	74

7-4 续表 9

单位：人

现住地	大学专科					大学本科				
	小计	乡	镇的村委会	镇的居委会	街道	小计	乡	镇的村委会	镇的居委会	街道
安徽	**190072**	**23683**	**88359**	**27507**	**50523**	**160939**	**18638**	**65694**	**24728**	**51879**
合肥市	**73405**	**10316**	**36060**	**10641**	**16388**	**58913**	**7371**	**24186**	**8933**	**18423**
瑶海区	7434	1058	3208	1046	2122	4256	541	1525	668	1522
庐阳区	6857	929	2820	1067	2041	4186	368	1353	612	1853
蜀山区	10513	1421	4778	1570	2744	10895	1285	3828	1633	4149
包河区	11798	1234	5248	1774	3542	9701	889	3085	1438	4289
长丰县	4847	886	2790	602	569	1906	337	937	302	330
肥东县	3669	640	1997	690	342	2147	390	1013	509	235
肥西县	9389	1595	5325	1358	1111	6207	997	3234	1015	961
庐江县	1034	82	656	196	100	901	38	501	228	134
合肥高新技术产业开发区	3477	481	1836	391	769	4197	381	2321	424	1071
合肥经济技术开发区	6123	662	3604	811	1046	7393	1136	3254	1100	1903
合肥新站高新技术产业开发区	5945	1102	3036	848	959	3779	553	1813	581	832
巢湖市	2319	226	762	288	1043	3345	456	1322	423	1144
芜湖市	**15079**	**1511**	**7007**	**2038**	**4523**	**14941**	**1534**	**6112**	**2366**	**4929**
镜湖区	2791	176	637	288	1690	3012	222	772	328	1690
弋江区	5216	664	2418	554	1580	4551	469	1774	674	1634
鸠江区	2391	307	1058	373	653	3064	472	1168	546	878
三山区	1003	49	652	159	143	331	28	158	37	108
芜湖县	623	45	431	83	64	1360	170	773	199	218
繁昌县	487	28	299	103	57	341	11	188	93	49
南陵县	560	22	403	108	27	396	17	260	85	34
芜湖经济技术开发区	1343	165	729	207	242	1316	104	760	225	227
安徽芜湖长江大桥经济开发区	6	2	1		3	6		2		4
无为市	659	53	379	163	64	564	41	257	179	87
蚌埠市	**7359**	**817**	**2456**	**1023**	**3063**	**8785**	**1060**	**3290**	**1176**	**3259**
龙子湖区	751	49	178	97	427	518	60	113	51	294
蚌山区	858	113	213	92	440	565	66	107	62	330
禹会区	1016	87	226	97	606	1155	137	409	120	489
淮上区	575	38	349	64	124	313	25	177	32	79
怀远县	768	150	338	220	60	532	100	218	166	48
五河县	449	40	298	96	15	277	25	151	82	19
固镇县	416	96	200	99	21	230	53	94	53	30
蚌埠市高新技术开发区	669	47	284	98	240	361	14	93	80	174
蚌埠市经济开发区	1857	197	370	160	1130	4834	580	1928	530	1796
淮南市	**7482**	**706**	**2130**	**1257**	**3389**	**6521**	**731**	**2165**	**981**	**2644**
大通区	604	53	178	91	282	254	19	45	49	141
田家庵区	3987	330	931	616	2110	4812	545	1674	633	1960
谢家集区	398	20	58	81	239	145	10	22	27	86
八公山区	294	13	54	32	195	126	6	14	11	95
潘集区	345	58	136	39	112	151	15	68	5	63
凤台县	1285	136	531	255	363	721	79	251	166	225
寿县	569	96	242	143	88	312	57	91	90	74

7-4 续表 10 单位：人

现住地	大学专科					大学本科				
	小计	乡	镇的村委会	镇的居委会	街道	小计	乡	镇的村委会	镇的居委会	街道
马鞍山市	**5915**	**505**	**2198**	**934**	**2278**	**6585**	**652**	**2427**	**951**	**2555**
花山区	2225	125	587	315	1198	1723	94	350	215	1064
雨山区	2332	291	847	264	930	3074	345	1114	350	1265
博望区	51	3	34	8	6	30	1	14	11	4
当涂县	695	76	350	181	88	1095	145	575	214	161
含山县	219	5	132	69	13	188	5	111	63	9
和县	393	5	248	97	43	475	62	263	98	52
淮北市	**5411**	**171**	**2430**	**1036**	**1774**	**5114**	**357**	**2051**	**849**	**1857**
杜集区	332	14	120	91	107	152	8	56	38	50
相山区	3157	70	973	649	1465	3192	211	1013	496	1472
烈山区	794	20	633	77	64	946	94	533	127	192
濉溪县	1128	67	704	219	138	824	44	449	188	143
铜陵市	**3825**	**478**	**1282**	**466**	**1599**	**4222**	**461**	**1448**	**560**	**1753**
铜官区	2884	387	865	268	1364	3499	392	1181	359	1567
义安区	391	54	156	66	115	298	44	84	60	110
郊区	212	13	68	33	98	132	5	48	27	52
枞阳县	338	24	193	99	22	293	20	135	114	24
安庆市	**9939**	**1455**	**4558**	**1347**	**2579**	**7508**	**1036**	**2971**	**1130**	**2371**
迎江区	1892	301	452	160	979	1436	198	246	146	846
大观区	772	62	216	84	410	561	33	128	63	337
宜秀区	1155	164	593	133	265	1948	293	935	219	501
怀宁县	574	66	340	120	48	428	33	241	88	66
太湖县	523	117	283	103	20	302	69	136	76	21
宿松县	621	288	175	106	52	517	206	168	100	43
望江县	339	42	214	57	26	277	18	148	65	46
岳西县	323	83	180	55	5	294	58	147	72	17
安徽安庆经济开发区	1356	189	640	173	354	530	63	134	105	228
桐城市	1749	75	1092	199	383	737	27	410	74	226
潜山市	635	68	373	157	37	478	38	278	122	40
黄山市	**3312**	**528**	**1463**	**639**	**682**	**3544**	**536**	**1429**	**710**	**869**
屯溪区	1624	185	620	309	510	2443	371	957	441	674
黄山区	360	78	177	63	42	152	23	60	37	32
徽州区	231	45	130	25	31	147	15	69	24	39
歙县	449	97	229	93	30	396	55	197	87	57
休宁县	287	54	146	51	36	207	31	89	44	43
黟县	126	7	65	39	15	76	6	24	35	11
祁门县	235	62	96	59	18	123	35	33	42	13
滁州市	**10745**	**983**	**5675**	**1855**	**2232**	**8256**	**746**	**3850**	**1581**	**2079**
琅琊区	1246	119	444	186	497	1025	98	321	167	439
南谯区	2799	245	1504	380	670	1298	65	499	215	519
来安县	573	52	382	95	44	334	57	156	88	33
全椒县	1119	138	726	225	30	571	51	327	160	33
定远县	883	90	406	244	143	583	54	272	189	68
凤阳县	647	34	385	186	42	1106	62	689	233	122
苏滁现代产业园	98	13	66	8	11	49	8	31	8	2
滁州经济技术开发区	1066	99	507	125	335	1701	224	817	204	456
天长市	1607	147	861	291	308	1135	107	515	230	283
明光市	707	46	394	115	152	454	20	223	87	124

7-4 续表 11

单位：人

现住地	大学专科					大学本科				
	小计	乡	镇的村委会	镇的居委会	街道	小计	乡	镇的村委会	镇的居委会	街道
阜阳市	**11387**	**1258**	**5237**	**1642**	**3250**	**8572**	**969**	**3590**	**1349**	**2664**
颍州区	3937	418	1647	480	1392	3655	482	1284	519	1370
颍东区	857	57	332	129	339	574	57	206	95	216
颍泉区	885	76	356	88	365	615	56	212	61	286
临泉县	1456	125	661	247	423	1043	69	446	214	314
太和县	1049	91	767	158	33	757	54	544	126	33
阜南县	754	180	410	141	23	481	93	285	84	19
颍上县	856	113	433	204	106	569	91	274	145	59
阜阳合肥现代产业园区	43	1	23	15	4	30		19	8	3
阜阳经济技术开发区	687	113	263	114	197	349	39	121	60	129
界首市	863	84	345	66	368	499	28	199	37	235
宿州市	**8098**	**1089**	**3735**	**1138**	**2136**	**5717**	**581**	**2571**	**886**	**1679**
埇桥区	4444	494	1646	409	1895	3560	256	1434	387	1483
砀山县	594	71	342	163	18	260	24	143	84	9
萧县	829	93	526	177	33	457	43	279	114	21
灵璧县	1082	248	604	189	41	691	148	340	155	48
泗县	807	124	475	188	20	525	71	288	135	31
宿州马鞍山现代产业园区	38	16	19	1	2	34	13	15	3	3
宿州经济技术开发区	304	43	123	11	127	190	26	72	8	84
六安市	**9504**	**1353**	**4481**	**1206**	**2464**	**8690**	**1173**	**3600**	**1200**	**2717**
金安区	3844	485	1803	344	1212	2312	240	736	198	1138
裕安区	2787	386	1179	274	948	4153	584	1912	423	1234
叶集区	159	44	64	12	39	162	36	50	25	51
霍邱县	520	141	208	97	74	531	114	199	117	101
舒城县	987	122	501	272	92	677	79	270	220	108
金寨县	630	126	336	110	58	501	93	242	116	50
霍山县	577	49	390	97	41	354	27	191	101	35
亳州市	**8262**	**1136**	**4531**	**987**	**1608**	**5796**	**596**	**2897**	**809**	**1494**
谯城区	4227	706	2268	311	942	3137	356	1537	310	934
涡阳县	1244	72	646	199	327	781	31	373	104	273
蒙城县	1620	189	884	246	301	1088	100	534	204	250
利辛县	1171	169	733	231	38	790	109	453	191	37
池州市	**3590**	**333**	**1876**	**522**	**859**	**3262**	**237**	**1416**	**617**	**992**
贵池区	2556	228	1358	288	682	2426	181	1024	381	840
东至县	362	21	213	93	35	302	8	150	100	44
石台县	120	20	52	35	13	126	8	61	28	29
青阳县	370	46	197	74	53	328	27	164	92	45
池州市国家经济技术开发区	116	6	36	9	65	42	1	7	7	27
皖江江南新兴产业集中区	23	2	8	6	7	14	3	3	4	4
九华山风景区	43	10	12	17	4	24	9	7	5	3
宣城市	**6759**	**1044**	**3240**	**776**	**1699**	**4513**	**598**	**1691**	**630**	**1594**
宣州区	2513	326	1024	238	925	1574	145	394	164	871
郎溪县	419	54	226	108	31	282	35	149	72	26
泾县	402	70	215	76	41	276	43	128	69	36
绩溪县	225	57	130	27	11	182	29	93	37	23
旌德县	137	32	75	19	11	103	11	42	35	15
宣城市经济开发区	676	94	277	84	221	715	104	234	80	297
宁国市	1484	261	738	89	396	794	120	321	74	279
广德市	903	150	555	135	63	587	111	330	99	47

7-4 续表 12

单位：人

现住地	硕士研究生					博士研究生				
	小计	乡	镇的村委会	镇的居委会	街道	小计	乡	镇的村委会	镇的居委会	街道
安徽	**12837**	**1162**	**3639**	**1785**	**6251**	**1178**	**87**	**223**	**162**	**706**
合肥市	**7004**	**664**	**1980**	**936**	**3424**	**792**	**73**	**154**	**100**	**465**
瑶海区	356	22	95	53	186	22		2	2	18
庐阳区	489	33	88	62	306	48		9	4	35
蜀山区	1853	171	439	267	976	319	21	72	41	185
包河区	1685	114	411	207	953	202	26	35	19	122
长丰县	88	11	41	10	26	3	1	2		
肥东县	137	21	59	32	25	7	2	2		3
肥西县	448	56	155	80	157	45	7	16	12	10
庐江县	51	3	23	7	18	3		1	2	
合肥高新技术产业开发区	450	43	130	49	228	32	1	1	3	27
合肥经济技术开发区	1050	157	398	105	390	86	13	8	11	54
合肥新站高新技术产业开发区	285	32	118	48	87	18	2	5	5	6
巢湖市	112	1	23	16	72	7		1	1	5
芜湖市	**1309**	**133**	**379**	**155**	**642**	**87**		**8**	**17**	**62**
镜湖区	363	30	73	31	229	13			3	10
弋江区	582	81	188	57	256	55		5	12	38
鸠江区	208	15	57	34	102	13		1	2	10
三山区	26	2	6	2	16	3		1		2
芜湖县	31	1	11	5	14	2				2
繁昌县	14		6	4	4					
南陵县	10		4	2	4					
芜湖经济技术开发区	53	2	27	11	13					
安徽芜湖长江大桥经济开发区	1		1							
无为市	21	2	6	9	4	1		1		
蚌埠市	**602**	**48**	**145**	**79**	**330**	**30**		**2**	**1**	**27**
龙子湖区	66	3	12	9	42	7		1		6
蚌山区	37	4	6	6	21	2				2
禹会区	35	1	5	4	25					
淮上区	20	2	4	4	10					
怀远县	27	3	11	7	6					
五河县	11	1	6	2	2	1		1		
固镇县	6	1	2	2	1					
蚌埠市高新技术开发区	26		5	8	13	1				1
蚌埠市经济开发区	374	33	94	37	210	19			1	18
淮南市	**413**	**26**	**106**	**52**	**229**	**33**	**5**	**3**	**2**	**23**
大通区	15		2	1	12					
田家庵区	325	22	86	30	187	30	4	3	2	21
谢家集区	8		1	2	5	1				1
八公山区	6			3	3					
潘集区	7	1	3		3					
凤台县	36	1	9	12	14	2	1			1
寿县	16	2	5	4	5					

7-4 续表 13 单位：人

现住地	硕士研究生					博士研究生				
	小计	乡	镇的村委会	镇的居委会	街道	小计	乡	镇的村委会	镇的居委会	街道
马鞍山市	**454**	**52**	**116**	**49**	**237**	**33**		**4**	**3**	**26**
花山区	183	26	27	20	110	18		3	3	12
雨山区	232	22	69	21	120	14		1		13
博望区										
当涂县	16	3	5	4	4	1				1
含山县	13		8	4	1					
和县	10	1	7		2					
淮北市	**212**	**8**	**64**	**40**	**100**	**8**		**1**	**4**	**3**
杜集区	11		3	2	6					
相山区	151	6	37	31	77	8		1	4	3
烈山区	32	1	17	4	10					
濉溪县	18	1	7	3	7					
铜陵市	**187**	**10**	**34**	**26**	**117**	**14**	**1**	**3**	**2**	**8**
铜官区	149	7	27	15	100	12	1	2	1	8
义安区	17	2		6	9	2		1	1	
郊区	8	1	1	2	4					
枞阳县	13		6	3	4					
安庆市	**440**	**41**	**139**	**57**	**203**	**31**		**8**	**6**	**17**
迎江区	120	12	17	10	81	10		1	2	7
大观区	56	3	9	6	38	5		2		3
宜秀区	82	6	39	8	29	5		1		4
怀宁县	18	1	11	1	5	3		1	1	1
太湖县	14	4	3	5	2					
宿松县	31	10	9	9	3	1			1	
望江县	7		6	1		3		1	2	
岳西县	3		2		1					
安徽安庆经济开发区	46	4	12	3	27	2				2
桐城市	42		22	7	13	2		2		
潜山市	21	1	9	7	4					
黄山市	**134**	**8**	**28**	**35**	**63**	**12**		**4**	**3**	**5**
屯溪区	92	5	19	17	51	9		2	3	4
黄山区	13		1	6	6	2		1		1
徽州区	10		3	4	3					
歙县	8	2	2	4						
休宁县	6	1	3	2		1		1		
黟县	1				1					
祁门县	4			2	2					
滁州市	**372**	**22**	**115**	**84**	**151**	**27**	**2**	**6**	**8**	**11**
琅琊区	56	6	8	7	35	3		1		2
南谯区	94	1	21	21	51	5		1	1	3
来安县	20	1	10	6	3					
全椒县	33	6	16	5	6	2		2		
定远县	19	3	3	11	2	4	2	1		1
凤阳县	46	1	16	21	8	8		1	6	1
苏滁现代产业园	2		2							
滁州经济技术开发区	51	1	10	5	35	5			1	4
天长市	35	3	17	8	7					
明光市	16		12		4					

7-4 续表 14

单位：人

现住地	硕士研究生					博士研究生				
	小计	乡	镇的村委会	镇的居委会	街道	小计	乡	镇的村委会	镇的居委会	街道
阜阳市	**455**	**49**	**161**	**65**	**180**	**38**	**2**	**11**	**3**	**22**
颍州区	206	17	51	28	110	25		4	2	19
颍东区	30	5	9	7	9					
颍泉区	35	6	10	1	18	3		1		2
临泉县	37	3	20	2	12	1			1	
太和县	43	7	25	7	4	5		5		
阜南县	13	3	7	3						
颍上县	36	4	16	13	3					
阜阳合肥现代产业园区	2		2							
阜阳经济技术开发区	22		7	1	14	4	2	1		1
界首市	31	4	14	3	10					
宿州市	**237**	**21**	**70**	**34**	**112**	**16**	**1**	**5**	**1**	**9**
埇桥区	164	13	32	15	104	9	1	1		7
砀山县	8	1	4	3						
萧县	12	2	6	3	1	2		1	1	
灵璧县	23	4	11	6	2	4		3		1
泗县	25		14	7	4					
宿州马鞍山现代产业园区						1				1
宿州经济技术开发区	5	1	3		1					
六安市	**424**	**34**	**124**	**62**	**204**	**30**	**2**	**6**	**6**	**16**
金安区	173	11	46	17	99	10	1	2	2	5
裕安区	156	13	40	10	93	16	1	1	4	10
叶集区	8		5		3					
霍邱县	23	4	8	9	2	1		1		
舒城县	25	1	13	9	2	2		2		
金寨县	27	4	9	11	3	1				1
霍山县	12	1	3	6	2					
亳州市	**219**	**15**	**89**	**36**	**79**	**10**		**4**	**3**	**3**
谯城区	144	11	54	18	61	7		3	2	2
涡阳县	19		8	4	7	1		1		
蒙城县	33	3	16	7	7	1				1
利辛县	23	1	11	7	4	1			1	
池州市	**124**	**5**	**36**	**30**	**53**	**8**		**3**		**5**
贵池区	96	5	24	25	42	8		3		5
东至县	7		1	3	3					
石台县	3		2		1					
青阳县	10		6	1	3					
池州市国家经济技术开发区	6		2		4					
皖江江南新兴产业集中区	1		1							
九华山风景区	1			1						
宣城市	**251**	**26**	**53**	**45**	**127**	**9**	**1**	**1**	**3**	**4**
宣州区	115	9	18	17	71	6	1		2	3
郎溪县	18	1	4	10	3					
泾县	8		4	1	3	1			1	
绩溪县	10	1	4	3	2					
旌德县	3			2	1					
宣城市经济开发区	47	3	9	8	27					
宁国市	38	10	8	1	19					
广德市	12	2	6	3	1	2		1		1

7－5 全省按现住地、户口登记地类型、受教育程度分的户口登记地在外省人口

单位：人

现住地	合计					未上过学				
	合计	乡	镇的村委会	镇的居委会	街道	小计	乡	镇的村委会	镇的居委会	街道
安　徽	**130693**	**20784**	**71614**	**13416**	**24879**	**1660**	**372**	**957**	**123**	**208**
合肥市	**37763**	**6187**	**19194**	**4061**	**8321**	**503**	**109**	**289**	**37**	**68**
瑶海区	3384	615	1650	457	662	65	17	35	5	8
庐阳区	2455	375	1216	280	584	51	6	30	3	12
蜀山区	4943	640	2032	627	1644	61	7	33	10	11
包河区	7326	1197	3208	713	2208	98	21	60	3	14
长丰县	2288	452	1398	196	242	29	9	15	2	3
肥东县	2299	459	1421	257	162	29	5	18	4	2
肥西县	3978	780	2386	383	429	53	17	32	3	1
庐江县	992	114	646	128	104	12	2	9	1	
合肥高新技术产业开发区	1741	229	915	175	422	23	5	14		4
合肥经济技术开发区	4502	651	2260	429	1162	31	5	19	1	6
合肥新站高新技术产业开发区	2511	479	1375	290	367	34	10	16	5	3
巢湖市	1344	196	687	126	335	17	5	8		4
芜湖市	**13856**	**2220**	**7431**	**1426**	**2779**	**163**	**38**	**86**	**8**	**31**
镜湖区	1852	239	722	172	719	23	5	12		6
弋江区	2187	342	883	196	766	16	2	7		7
鸠江区	2656	513	1303	330	510	48	13	22	3	10
三山区	1137	285	600	74	178	12	3	5	1	3
芜湖县	1598	227	1062	151	158	9	4	5		
繁昌县	593	99	348	89	57	2	1		1	
南陵县	614	34	445	85	50	4		4		
芜湖经济技术开发区	2490	375	1654	216	245	32	8	20	1	3
安徽芜湖长江大桥经济开发区	25	16	3	2	4					
无为市	704	90	411	111	92	17	2	11	2	2
蚌埠市	**4864**	**827**	**2271**	**515**	**1251**	**71**	**18**	**38**	**7**	**8**
龙子湖区	401	75	168	34	124	5	1	3		1
蚌山区	448	105	184	43	116	6	3	2	1	
禹会区	565	104	237	60	164	21	4	12	2	3
淮上区	494	74	335	38	47	8		6	2	
怀远县	544	139	304	57	44	11	2	8		1
五河县	427	40	279	65	43	4	1	2	1	
固镇县	398	82	210	62	44	9	3	4	1	1
蚌埠市高新技术开发区	183	17	76	30	60					
蚌埠市经济开发区	1404	191	478	126	609	7	4	1		2
淮南市	**3761**	**675**	**1794**	**447**	**845**	**36**	**8**	**14**	**6**	**8**
大通区	221	28	113	38	42					
田家庵区	1791	287	714	202	588	17	4	3	3	7
谢家集区	215	30	121	22	42	2		2		
八公山区	98	12	55	11	20	2		1		1
潘集区	320	75	165	30	50	5		3	2	
凤台县	589	127	305	91	66	5	1	3	1	
寿县	527	116	321	53	37	5	3	2		

7-5　续表 1　　　　单位：人

现住地	合计					未上过学				
	合计	乡	镇的村委会	镇的居委会	街道	小计	乡	镇的村委会	镇的居委会	街道
马鞍山市	**7197**	**954**	**3737**	**817**	**1689**	**120**	**24**	**73**	**11**	**12**
花山区	1859	243	789	195	632	37	9	21	2	5
雨山区	1901	320	914	173	494	27	9	14		4
博望区	471	54	339	38	40	9	1	6	1	1
当涂县	1290	234	717	150	189	23	5	14	4	
含山县	408	19	300	61	28	5		5		
和县	1268	84	678	200	306	19		13	4	2
淮北市	**3391**	**398**	**2000**	**421**	**572**	**46**	**9**	**32**	**4**	**1**
杜集区	402	48	252	58	44	8	2	4	2	
相山区	1350	162	665	172	351	23	6	15	1	1
烈山区	728	79	459	75	115	4	1	3		
濉溪县	911	109	624	116	62	11		10	1	
铜陵市	**1787**	**298**	**859**	**156**	**474**	**38**	**11**	**17**	**2**	**8**
铜官区	1015	166	419	69	361	19	8	4		7
义安区	310	63	179	27	41	4		2	1	1
郊区	158	12	89	15	42	8	2	5	1	
枞阳县	304	57	172	45	30	7	1	6		
安庆市	**6143**	**1077**	**3535**	**522**	**1009**	**55**	**15**	**28**	**4**	**8**
迎江区	626	105	254	57	210	5	1	3		1
大观区	559	56	283	57	163	4		1	1	2
宜秀区	794	121	473	65	135	8	1	7		
怀宁县	666	88	461	50	67	3	1	1		1
太湖县	420	64	263	52	41	3	1	2		
宿松县	703	274	304	46	79	4	3	1		
望江县	423	61	288	46	28	9	3	4		2
岳西县	261	40	169	16	36	4	1	3		
安徽安庆经济开发区	501	92	259	49	101	7	2	2	2	1
桐城市	775	108	514	46	107	8	2	4	1	1
潜山市	415	68	267	38	42					
黄山市	**4644**	**856**	**2731**	**400**	**657**	**52**	**13**	**30**	**4**	**5**
屯溪区	1394	244	695	146	309	14	3	6	1	4
黄山区	701	98	450	63	90	7	1	4	2	
徽州区	263	35	185	22	21	4	1	3		
歙县	800	149	490	61	100	10	3	6	1	
休宁县	454	67	309	30	48	3	2	1		
黟县	315	73	192	27	23	9	3	6		
祁门县	717	190	410	51	66	5		4		1
滁州市	**13016**	**1551**	**7778**	**1351**	**2336**	**97**	**17**	**53**	**11**	**16**
琅琊区	1017	97	548	90	282	9		8		1
南谯区	1862	224	988	203	447	36	9	18	6	3
来安县	2494	254	1446	273	521	11	2	4		5
全椒县	940	83	533	160	164	4	1		3	
定远县	488	52	264	83	89	2	2			
凤阳县	674	44	452	110	68	4		2		2
苏滁现代产业园	726	113	509	39	65	3		1	1	1
滁州经济技术开发区	2167	461	1336	108	262	5		2	1	2
天长市	1960	170	1250	218	322	17	1	14		2
明光市	688	53	452	67	116	6	2	4		

7—5 续表 2　　　　单位：人

现住地	合计					未上过学				
	合计	乡	镇的村委会	镇的居委会	街道	小计	乡	镇的村委会	镇的居委会	街道
阜阳市	**6065**	**997**	**3414**	**724**	**930**	**100**	**25**	**60**	**5**	**10**
颍州区	1096	200	524	79	293	19	7	9		3
颍东区	623	98	340	100	85	12	3	4	4	1
颍泉区	653	92	375	65	121	13	3	7		3
临泉县	802	131	482	79	110	9	1	7		1
太和县	603	76	390	75	62	9	2	7		
阜南县	541	117	294	94	36	10	1	8		1
颍上县	598	91	306	138	63	5	2	2		1
阜阳合肥现代产业园区	33	4	21	6	2	2		2		
阜阳经济技术开发区	192	31	104	20	37	3	1	1	1	
界首市	924	157	578	68	121	18	5	13		
宿州市	**5412**	**933**	**3004**	**645**	**830**	**56**	**7**	**36**	**7**	**6**
埇桥区	2075	399	1028	163	485	24	4	14	2	4
砀山县	642	102	379	113	48	3	1	1		1
萧县	1034	176	615	156	87	15		11	4	
灵璧县	755	121	468	86	80	7		5	1	1
泗县	628	84	380	111	53	3	1	2		
宿州马鞍山现代产业园区	95	19	38	9	29					
宿州经济技术开发区	183	32	96	7	48	4	1	3		
六安市	**5482**	**895**	**3354**	**421**	**812**	**43**	**6**	**32**	**1**	**4**
金安区	1094	140	617	89	248	10	1	6	1	2
裕安区	766	138	411	71	146	6		5		1
叶集区	459	131	253	28	47	2	1	1		
霍邱县	985	153	538	56	238	12		11		1
舒城县	1108	117	879	54	58	4		4		
金寨县	782	178	467	89	48	4	1	3		
霍山县	288	38	189	34	27	5	3	2		
亳州市	**4390**	**805**	**2672**	**388**	**525**	**81**	**23**	**45**	**5**	**8**
谯城区	2512	531	1519	147	315	39	9	24	2	4
涡阳县	583	66	366	53	98	10	2	7	1	
蒙城县	629	96	370	89	74	14	5	5	1	3
利辛县	666	112	417	99	38	18	7	9	1	1
池州市	**3031**	**421**	**1873**	**305**	**432**	**34**	**7**	**23**	**3**	**1**
贵池区	1452	156	857	167	272	12		9	2	1
东至县	464	35	347	42	40	8	1	6	1	
石台县	128	17	88	6	17	5	2	3		
青阳县	586	101	363	56	66	5	1	4		
池州市国家经济技术开发区	70	14	42	3	11					
皖江江南新兴产业集中区	272	72	163	24	13	3	2	1		
九华山风景区	59	26	13	7	13	1	1			
宣城市	**9891**	**1690**	**5967**	**817**	**1417**	**165**	**42**	**101**	**8**	**14**
宣州区	1663	278	1004	91	290	36	9	23	1	3
郎溪县	1440	199	914	166	161	34	4	24	3	3
泾县	704	95	480	59	70	6		6		
绩溪县	331	46	182	31	72	1	1			
旌德县	247	55	138	25	29	2	1	1		
宣城市经济开发区	1074	138	502	88	346	4		3		1
宁国市	1455	281	898	73	203	34	10	18		6
广德市	2977	598	1849	284	246	48	17	26	4	1

7-5 续表 3

单位：人

现住地	学前教育					小学				
	小计	乡	镇的村委会	镇的居委会	街道	小计	乡	镇的村委会	镇的居委会	街道
安徽	**3289**	**470**	**1802**	**371**	**646**	**18718**	**3421**	**11722**	**1512**	**2063**
合肥市	**876**	**140**	**477**	**89**	**170**	**4454**	**905**	**2651**	**383**	**515**
瑶海区	124	22	63	18	21	479	109	246	56	68
庐阳区	61	8	40	3	10	356	70	211	22	53
蜀山区	89	9	37	18	25	377	74	224	37	42
包河区	166	26	76	16	48	786	171	424	56	135
长丰县	81	13	54	6	8	413	96	263	27	27
肥东县	76	15	52	4	5	460	108	290	42	20
肥西县	83	19	40	5	19	528	98	357	46	27
庐江县	21	2	14	4	1	158	13	108	20	17
合肥高新技术产业开发区	26	3	14	2	7	174	31	94	19	30
合肥经济技术开发区	53	8	32	4	9	261	42	168	22	29
合肥新站高新技术产业开发区	59	10	31	8	10	262	60	147	25	30
巢湖市	37	5	24	1	7	200	33	119	11	37
芜湖市	**341**	**47**	**188**	**45**	**61**	**1898**	**339**	**1180**	**139**	**240**
镜湖区	54	5	28	1	20	237	44	118	15	60
弋江区	51	6	28	2	15	245	32	122	21	70
鸠江区	70	11	34	16	9	364	89	214	32	29
三山区	45	11	23	6	5	197	54	110	5	28
芜湖县	31	5	18	5	3	237	31	172	22	12
繁昌县	11	1	8	1	1	105	21	69	9	6
南陵县	20		12	6	2	112	5	94	7	6
芜湖经济技术开发区	37	6	24	5	2	260	43	183	17	17
安徽芜湖长江大桥经济开发区	3	1			2	2	1	1		
无为市	19	1	13	3	2	139	19	97	11	12
蚌埠市	**144**	**24**	**70**	**16**	**34**	**688**	**150**	**373**	**51**	**114**
龙子湖区	12	1	8		3	76	20	31	5	20
蚌山区	13	3	7		3	78	22	36	8	12
禹会区	15	1	5	3	6	83	18	42	6	17
淮上区	18	3	14	1		89	19	61	4	5
怀远县	15	6	6	2	1	118	28	75	8	7
五河县	18	3	8	4	3	75	7	55	6	7
固镇县	16	3	7	2	4	54	19	26	4	5
蚌埠市高新技术开发区	12	2	6	2	2	28	3	12	3	10
蚌埠市经济开发区	25	2	9	2	12	87	14	35	7	31
淮南市	**97**	**12**	**47**	**13**	**25**	**442**	**92**	**235**	**48**	**67**
大通区	8	1	5	1	1	29	5	14	4	6
田家庵区	32	3	10	4	15	148	27	72	14	35
谢家集区	6			2	4	36	8	17	4	7
八公山区	3		1	1	1	25	2	17	4	2
潘集区	12	2	10			25	7	13	3	2
凤台县	16	6	7	2	1	86	32	34	10	10
寿县	20		14	3	3	93	11	68	9	5

7-5 续表 4

单位：人

现住地	学前教育					小学				
	小计	乡	镇的村委会	镇的居委会	街道	小计	乡	镇的村委会	镇的居委会	街道
马鞍山市	**198**	**19**	**105**	**20**	**54**	**1200**	**176**	**744**	**103**	**177**
花山区	72	4	31	9	28	280	45	147	26	62
雨山区	49	7	26	4	12	238	47	149	16	26
博望区	17	1	13	1	2	104	17	76	5	6
当涂县	25	6	10	3	6	234	45	139	27	23
含山县	9		7	1	1	96	3	78	7	8
和县	26	1	18	2	5	248	19	155	22	52
淮北市	**81**	**8**	**44**	**14**	**15**	**411**	**49**	**265**	**52**	**45**
杜集区	7	1	4	1	1	64	12	38	11	3
相山区	37	1	18	6	12	170	18	106	23	23
烈山区	4		4			44	2	30	1	11
濉溪县	33	6	18	7	2	133	17	91	17	8
铜陵市	**47**	**6**	**27**	**2**	**12**	**306**	**60**	**188**	**18**	**40**
铜官区	29	4	12	2	11	150	25	93	9	23
义安区	8	2	5		1	64	22	33	3	6
郊区	4		4			27	4	16	2	5
枞阳县	6		6			65	9	46	4	6
安庆市	**174**	**32**	**86**	**18**	**38**	**968**	**191**	**632**	**55**	**90**
迎江区	24	5	6	5	8	86	20	51	3	12
大观区	18		9		9	71	10	32	9	20
宜秀区	22	2	11	2	7	117	13	93	4	7
怀宁县	12	1	5	4	2	77	15	56	3	3
太湖县	13	1	8	2	2	60	8	43	6	3
宿松县	25	15	6		4	124	56	58	4	6
望江县	10	3	6		1	94	18	66	5	5
岳西县	5		5			53	4	43	2	4
安徽安庆经济开发区	21	5	9	3	4	80	14	49	6	11
桐城市	19		17	1	1	129	24	83	8	14
潜山市	5		4	1		77	9	58	5	5
黄山市	**106**	**12**	**64**	**14**	**16**	**760**	**146**	**510**	**39**	**65**
屯溪区	44	9	20	6	9	201	38	124	14	25
黄山区	10		6	2	2	143	21	109	7	6
徽州区	8		6	2		35	6	26	1	2
歙县	23	3	16	3	1	140	36	80	9	15
休宁县	6		5		1	61	13	42	1	5
黟县	8		6		2	54	15	33	3	3
祁门县	7		5	1	1	126	17	96	4	9
滁州市	**306**	**31**	**169**	**43**	**63**	**1620**	**194**	**1071**	**151**	**204**
琅琊区	43	6	21	2	14	180	23	124	11	22
南谯区	48	4	25	7	12	289	39	179	27	44
来安县	62	7	35	11	9	321	30	210	25	56
全椒县	28	2	14	7	5	121	6	83	16	16
定远县	11	2	7	2		59	7	37	10	5
凤阳县	17		11	4	2	70	4	47	13	6
苏滁现代产业园	7	1	4		2	67	13	47	4	3
滁州经济技术开发区	20		17	2	1	135	31	84	4	16
天长市	55	6	28	7	14	287	37	192	33	25
明光市	15	3	7	1	4	91	4	68	8	11

7-5　续表 5　　　　单位：人

现住地	学前教育					小学				
	小计	乡	镇的村委会	镇的居委会	街道	小计	乡	镇的村委会	镇的居委会	街道
阜阳市	**173**	**25**	**94**	**21**	**33**	**980**	**189**	**578**	**106**	**107**
颍州区	26	5	13	2	6	126	29	61	11	25
颍东区	17	2	7	4	4	108	19	72	9	8
颍泉区	25	3	13	4	5	100	18	56	14	12
临泉县	24	2	17	3	2	167	29	109	13	16
太和县	25	4	9	1	11	101	10	60	19	12
阜南县	11		5	5	1	98	23	48	19	8
颍上县	16	2	11	2	1	94	23	46	16	9
阜阳合肥现代产业园区						6	3	3		
阜阳经济技术开发区	5	1	4			25	5	14	2	4
界首市	24	6	15		3	155	30	109	3	13
宿州市	**187**	**26**	**117**	**17**	**27**	**746**	**151**	**420**	**95**	**80**
埇桥区	69	15	36	3	15	310	76	157	34	43
砀山县	27	3	19	2	3	64	10	35	14	5
萧县	39	4	27	4	4	113	18	69	15	11
灵璧县	27	2	18	5	2	98	16	60	14	8
泗县	18	2	12	2	2	115	19	75	15	6
宿州马鞍山现代产业园区	3		3			7		4	3	
宿州经济技术开发区	4		2	1	1	39	12	20		7
六安市	**139**	**24**	**71**	**13**	**31**	**782**	**158**	**517**	**52**	**55**
金安区	33	7	15	2	9	156	20	101	11	24
裕安区	22	3	12	1	6	106	23	60	10	13
叶集区	8	2	6			94	24	62	3	5
霍邱县	26	4	9	2	11	130	28	90	4	8
舒城县	23	1	15	4	3	120	14	96	9	1
金寨县	17	6	7	2	2	135	44	79	10	2
霍山县	10	1	7	2		41	5	29	5	2
亳州市	**141**	**35**	**70**	**17**	**19**	**819**	**174**	**521**	**45**	**79**
谯城区	92	25	46	6	15	482	116	294	15	57
涡阳县	13	3	8	2		106	16	71	7	12
蒙城县	17	3	6	4	4	109	19	67	15	8
利辛县	19	4	10	5		122	23	89	8	2
池州市	**71**	**5**	**46**	**9**	**11**	**580**	**77**	**418**	**28**	**57**
贵池区	30		19	2	9	266	35	181	7	43
东至县	14	1	9	3	1	82	3	74	3	2
石台县	4		4			30	4	22	1	3
青阳县	16	3	9	3	1	132	18	95	11	8
池州市国家经济技术开发区	1		1			11	1	9		1
皖江江南新兴产业集中区	5	1	4			52	13	34	5	
九华山风景区	1			1		7	3	3	1	
宣城市	**208**	**24**	**127**	**20**	**37**	**2064**	**370**	**1419**	**147**	**128**
宣州区	42	8	26	1	7	346	53	248	13	32
郎溪县	26	1	12	8	5	338	48	235	38	17
泾县	24	4	16		4	179	19	142	11	7
绩溪县	11	1	7		3	39	6	26	2	5
旌德县	4		2		2	74	15	51	4	4
宣城市经济开发区	18	1	13	1	3	69	13	41	5	10
宁国市	33	6	19	2	6	346	79	227	15	25
广德市	50	3	32	8	7	673	137	449	59	28

7−5 续表 6

单位：人

现住地	初中					高中				
	小计	乡	镇的村委会	镇的居委会	街道	小计	乡	镇的村委会	镇的居委会	街道
安徽	**44815**	**8144**	**28270**	**3729**	**4672**	**24450**	**3659**	**13826**	**2759**	**4206**
合肥市	**10048**	**1927**	**6152**	**917**	**1052**	**6774**	**1061**	**3812**	**823**	**1078**
瑶海区	1131	217	594	138	182	757	120	372	132	133
庐阳区	682	140	370	68	104	489	69	242	76	102
蜀山区	798	120	492	85	101	751	116	364	97	174
包河区	1662	306	998	126	232	1095	164	553	136	242
长丰县	838	180	530	68	60	464	75	297	40	52
肥东县	930	213	588	79	50	488	76	296	70	46
肥西县	1355	283	883	114	75	876	151	571	86	68
庐江县	397	55	274	45	23	196	21	133	19	23
合肥高新技术产业开发区	372	67	240	27	38	246	25	154	27	40
合肥经济技术开发区	733	144	480	49	60	666	124	412	60	70
合肥新站高新技术产业开发区	718	143	438	79	58	533	91	317	66	59
巢湖市	432	59	265	39	69	213	29	101	14	69
芜湖市	**4511**	**839**	**2754**	**378**	**540**	**2815**	**402**	**1616**	**280**	**517**
镜湖区	510	85	248	52	125	371	41	140	44	146
弋江区	419	56	205	34	124	370	60	155	25	130
鸠江区	844	181	479	91	93	411	75	216	44	76
三山区	418	133	220	10	55	229	46	131	20	32
芜湖县	614	106	430	45	33	433	49	308	33	43
繁昌县	271	50	178	25	18	112	19	61	23	9
南陵县	248	21	197	17	13	136	6	95	24	11
芜湖经济技术开发区	857	149	604	55	49	634	87	451	47	49
安徽芜湖长江大桥经济开发区	11	8	2		1	7	6		1	
无为市	319	50	191	49	29	112	13	59	19	21
蚌埠市	**1535**	**332**	**861**	**142**	**200**	**658**	**107**	**291**	**84**	**176**
龙子湖区	138	28	67	12	31	80	17	30	8	25
蚌山区	189	53	89	21	26	74	11	32	6	25
禹会区	179	45	89	12	33	115	20	35	21	39
淮上区	191	39	131	9	12	96	6	68	11	11
怀远县	264	81	146	21	16	54	11	32	6	5
五河县	196	21	148	18	9	42	5	25	5	7
固镇县	191	38	112	26	15	69	14	30	18	7
蚌埠市高新技术开发区	53	5	30	7	11	28	3	12	3	10
蚌埠市经济开发区	134	22	49	16	47	100	20	27	6	47
淮南市	**1246**	**247**	**724**	**124**	**151**	**581**	**87**	**252**	**86**	**156**
大通区	83	11	42	13	17	52	5	31	10	6
田家庵区	319	59	153	28	79	234	30	79	30	95
谢家集区	113	19	75	8	11	36	2	22	5	7
八公山区	38	9	22	1	6	16	1	6	2	7
潘集区	134	37	79	11	7	53	13	20	10	10
凤台县	302	56	185	42	19	103	16	50	17	20
寿县	257	56	168	21	12	87	20	44	12	11

7-5 续表 7

单位：人

现住地	初中					高中				
	小计	乡	镇的村委会	镇的居委会	街道	小计	乡	镇的村委会	镇的居委会	街道
马鞍山市	**2501**	**378**	**1566**	**197**	**360**	**1186**	**154**	**541**	**202**	**289**
花山区	546	93	284	46	123	340	46	132	55	107
雨山区	460	97	267	30	66	314	48	142	48	76
博望区	237	27	179	12	19	63	5	42	10	6
当涂县	603	116	379	41	67	213	44	98	26	45
含山县	184	8	147	21	8	70	4	43	16	7
和县	471	37	310	47	77	186	7	84	47	48
淮北市	**1140**	**143**	**764**	**114**	**119**	**514**	**67**	**269**	**81**	**97**
杜集区	188	23	123	20	22	83	3	58	15	7
相山区	388	44	229	38	77	226	24	104	35	63
烈山区	126	20	71	25	10	59	16	24	4	15
濉溪县	438	56	341	31	10	146	24	83	27	12
铜陵市	**631**	**110**	**361**	**52**	**108**	**316**	**62**	**142**	**29**	**83**
铜官区	305	57	151	20	77	183	33	76	14	60
义安区	124	22	91	4	7	57	12	28	7	10
郊区	60	4	36	6	14	29		18	2	9
枞阳县	142	27	83	22	10	47	17	20	6	4
安庆市	**2377**	**470**	**1520**	**161**	**226**	**1257**	**190**	**732**	**107**	**228**
迎江区	166	31	88	9	38	128	14	48	13	53
大观区	161	20	99	18	24	157	14	92	8	43
宜秀区	270	50	191	15	14	134	14	79	14	27
怀宁县	308	41	230	17	20	170	18	120	16	16
太湖县	167	33	118	10	6	87	14	52	11	10
宿松县	306	122	134	16	34	153	51	73	12	17
望江县	195	30	132	22	11	69	6	51	10	2
岳西县	121	19	80	5	17	42	10	25	2	5
安徽安庆经济开发区	172	38	95	17	22	108	16	58	8	26
桐城市	341	51	241	19	30	137	21	91	3	22
潜山市	170	35	112	13	10	72	12	43	10	7
黄山市	**2025**	**442**	**1329**	**121**	**133**	**744**	**114**	**432**	**86**	**112**
屯溪区	402	87	236	35	44	272	46	146	27	53
黄山区	303	40	221	19	23	84	12	52	12	8
徽州区	110	15	87	3	5	53	7	32	11	3
歙县	409	75	286	20	28	120	21	61	13	25
休宁县	236	33	183	12	8	81	9	55	6	11
黟县	149	49	88	10	2	45	4	37	2	2
祁门县	416	143	228	22	23	89	15	49	15	10
滁州市	**4750**	**661**	**3150**	**397**	**542**	**3321**	**427**	**2063**	**311**	**520**
琅琊区	364	43	231	30	60	172	14	92	18	48
南谯区	665	100	422	44	99	303	43	139	40	81
来安县	965	111	620	92	142	633	68	357	62	146
全椒县	320	26	209	48	37	242	22	142	33	45
定远县	161	20	96	24	21	123	13	65	24	21
凤阳县	250	20	182	33	15	156	13	119	17	7
苏滁现代产业园	248	36	189	12	11	254	39	192	8	15
滁州经济技术开发区	845	228	535	29	53	731	155	476	39	61
天长市	658	56	466	66	70	519	42	359	50	68
明光市	274	21	200	19	34	188	18	122	20	28

7-5 续表 8

单位：人

现住地	初中					高中				
	小计	乡	镇的村委会	镇的居委会	街道	小计	乡	镇的村委会	镇的居委会	街道
阜阳市	**2751**	**480**	**1673**	**321**	**277**	**915**	**130**	**537**	**102**	**146**
颍州区	363	69	201	28	65	132	27	64	7	34
颍东区	291	41	165	57	28	95	19	51	10	15
颍泉区	321	52	193	32	44	111	10	72	8	21
临泉县	385	73	230	46	36	123	21	79	8	15
太和县	264	38	200	18	8	93	9	62	14	8
阜南县	279	63	167	39	10	71	19	36	10	6
颍上县	301	51	174	55	21	87	5	39	27	16
阜阳合肥现代产业园区	13		10	2	1	5		4	1	
阜阳经济技术开发区	77	13	38	11	15	41	2	29	1	9
界首市	457	80	295	33	49	157	18	101	16	22
宿州市	**2075**	**389**	**1261**	**194**	**231**	**1303**	**232**	**712**	**160**	**199**
埇桥区	843	194	466	49	134	353	62	161	30	100
砀山县	146	28	98	13	7	249	32	159	45	13
萧县	473	76	304	63	30	231	61	123	31	16
灵璧县	266	42	179	20	25	236	43	150	23	20
泗县	258	34	162	42	20	136	14	84	28	10
宿州马鞍山现代产业园区	17	4	8	3	2	56	14	19	1	22
宿州经济技术开发区	72	11	44	4	13	42	6	16	2	18
六安市	**2055**	**396**	**1362**	**118**	**179**	**1270**	**181**	**795**	**104**	**190**
金安区	342	48	216	22	56	224	25	133	23	43
裕安区	260	57	152	31	20	149	32	81	8	28
叶集区	192	72	105	5	10	119	25	59	18	17
霍邱县	422	74	265	26	57	201	31	98	10	62
舒城县	468	56	381	12	19	333	30	273	16	14
金寨县	284	74	182	16	12	171	27	109	20	15
霍山县	87	15	61	6	5	73	11	42	9	11
亳州市	**1954**	**357**	**1288**	**152**	**157**	**674**	**108**	**410**	**76**	**80**
谯城区	1061	217	711	42	91	395	72	238	35	50
涡阳县	250	33	172	18	27	87	10	54	7	16
蒙城县	318	47	203	47	21	83	15	46	13	9
利辛县	325	60	202	45	18	109	11	72	21	5
池州市	**1210**	**217**	**814**	**84**	**95**	**521**	**66**	**308**	**63**	**84**
贵池区	506	65	353	38	50	250	28	137	33	52
东至县	192	23	144	15	10	75	3	61	6	5
石台县	59	7	45	2	5	13	3	7		3
青阳县	245	55	159	15	16	117	18	65	17	17
池州市国家经济技术开发区	24	9	14		1	16	4	9	2	1
皖江江南新兴产业集中区	156	44	94	12	6	41	7	25	5	4
九华山风景区	28	14	5	2	7	9	3	4		2
宣城市	**4006**	**756**	**2691**	**257**	**302**	**1601**	**271**	**914**	**165**	**251**
宣州区	629	115	416	31	67	282	46	166	17	53
郎溪县	661	95	461	58	47	245	33	140	34	38
泾县	287	37	214	18	18	110	13	67	14	16
绩溪县	129	26	82	9	12	69	8	30	10	21
旌德县	95	24	56	7	8	44	12	17	6	9
宣城市经济开发区	196	27	132	5	32	108	17	62	7	22
宁国市	626	139	411	29	47	243	28	148	18	49
广德市	1383	293	919	100	71	500	114	284	59	43

7-5 续表 9

单位：人

现住地	大学专科					大学本科				
	小计	乡	镇的村委会	镇的居委会	街道	小计	乡	镇的村委会	镇的居委会	街道
安　徽	**15539**	**2132**	**7394**	**1999**	**4014**	**19100**	**2263**	**6681**	**2598**	**7558**
合肥市	**5388**	**818**	**2666**	**657**	**1247**	**7848**	**1005**	**2562**	**983**	**3298**
瑶海区	522	87	230	65	140	273	40	93	42	98
庐阳区	382	47	193	53	89	376	30	117	46	183
蜀山区	754	100	334	110	210	1489	145	368	209	767
包河区	1037	115	490	122	310	1892	326	456	204	906
长丰县	302	59	161	28	54	153	20	74	25	34
肥东县	206	28	126	29	23	102	14	47	27	14
肥西县	562	120	283	60	99	450	83	193	55	119
庐江县	101	13	50	22	16	93	7	47	16	23
合肥高新技术产业开发区	296	48	143	36	69	489	40	222	58	169
合肥经济技术开发区	598	81	353	64	100	1883	202	678	211	792
合肥新站高新技术产业开发区	476	99	246	54	77	362	56	154	45	107
巢湖市	152	21	57	14	60	286	42	113	45	86
芜湖市	**1758**	**271**	**816**	**232**	**439**	**2045**	**249**	**703**	**303**	**790**
镜湖区	252	25	78	31	118	327	30	84	21	192
弋江区	387	86	146	35	120	563	74	177	66	246
鸠江区	316	64	135	49	68	549	77	190	92	190
三山区	129	21	69	13	26	96	17	37	16	26
芜湖县	130	15	77	14	24	130	16	47	29	38
繁昌县	46	6	15	15	10	41	1	17	13	10
南陵县	57	1	25	18	13	34	1	18	12	3
芜湖经济技术开发区	390	51	245	43	51	259	30	120	41	68
安徽芜湖长江大桥经济开发区						1				1
无为市	51	2	26	14	9	45	3	13	13	16
蚌埠市	**494**	**57**	**190**	**61**	**186**	**1131**	**127**	**403**	**141**	**460**
龙子湖区	42	4	15	5	18	43	3	12	4	24
蚌山区	48	9	12	5	22	34	4	4	2	24
禹会区	47	8	16	3	20	96	8	37	12	39
淮上区	54	7	37	3	7	36		18	7	11
怀远县	47	7	25	8	7	32	4	11	11	6
五河县	48	3	22	19	4	43		18	12	13
固镇县	37	3	20	6	8	21	2	10	5	4
蚌埠市高新技术开发区	28	2	8	4	14	30	2	7	11	10
蚌埠市经济开发区	143	14	35	8	86	796	104	286	77	329
淮南市	**369**	**80**	**131**	**42**	**116**	**907**	**142**	**363**	**126**	**276**
大通区	25	3	14	4	4	24	3	7	6	8
田家庵区	188	46	49	17	76	773	111	323	104	235
谢家集区	16	1	4	1	10	6		1	2	3
八公山区	7		4	1	2	7		4	2	1
潘集区	52	13	23	2	14	38	3	16	2	17
凤台县	49	10	20	12	7	28	6	6	7	9
寿县	32	7	17	5	3	31	19	6	3	3

7-5 续表 10

单位：人

现住地	大学专科					大学本科				
	小计	乡	镇 的村委会	镇 的居委会	街道	小计	乡	镇 的村委会	镇 的居委会	街道
马鞍山市	**726**	**73**	**288**	**110**	**255**	**1123**	**118**	**390**	**155**	**460**
花山区	252	23	92	23	114	267	19	71	30	147
雨山区	195	32	79	15	69	555	72	219	52	212
博望区	23		16	4	3	17	3	7	4	3
当涂县	88	8	36	28	16	96	10	41	18	27
含山县	22	1	12	7	2	21	3	8	8	2
和县	146	9	53	33	51	167	11	44	43	69
淮北市	**499**	**35**	**308**	**71**	**85**	**616**	**81**	**273**	**76**	**186**
杜集区	32	6	16	5	5	19	1	8	4	6
相山区	159	19	58	25	57	311	46	120	40	105
烈山区	216	7	186	16	7	230	31	114	24	61
濉溪县	92	3	48	25	16	56	3	31	8	14
铜陵市	**208**	**25**	**71**	**25**	**87**	**215**	**23**	**52**	**26**	**114**
铜官区	145	18	47	12	68	165	21	36	12	96
义安区	31	3	13	5	10	19	1	7	7	4
郊区	15	2	5	1	7	13		4	3	6
枞阳县	17	2	6	7	2	18	1	5	4	8
安庆市	**689**	**103**	**323**	**84**	**179**	**556**	**72**	**192**	**87**	**205**
迎江区	110	19	36	12	43	101	15	21	15	50
大观区	82	7	30	13	32	55	5	15	8	27
宜秀区	96	25	37	11	23	122	14	47	16	45
怀宁县	57	8	34	4	11	34	4	13	5	12
太湖县	40	2	23	8	7	47	5	17	14	11
宿松县	51	11	24	7	9	37	15	8	7	7
望江县	25	1	16	6	2	20		13	3	4
岳西县	20	4	10	1	5	16	2	3	6	5
安徽安庆经济开发区	64	9	30	9	16	47	8	16	4	19
桐城市	90	9	52	7	22	44	1	22	6	15
潜山市	54	8	31	6	9	33	3	17	3	10
黄山市	**454**	**74**	**203**	**59**	**118**	**454**	**51**	**154**	**67**	**182**
屯溪区	183	27	77	21	58	243	30	79	34	100
黄山区	73	16	30	9	18	72	8	27	11	26
徽州区	25	2	16	3	4	27	4	14	2	7
歙县	55	8	28	9	10	40	3	13	5	19
休宁县	43	8	15	7	13	24	2	8	4	10
黟县	28	2	14	6	6	22		8	6	8
祁门县	47	11	23	4	9	26	4	5	5	12
滁州市	**1662**	**152**	**823**	**235**	**452**	**1144**	**68**	**412**	**179**	**485**
琅琊区	115	7	45	14	49	113	4	24	14	71
南谯区	293	20	126	41	106	198	9	68	32	89
来安县	312	24	140	52	96	174	12	74	28	60
全椒县	146	17	65	29	35	77	9	19	24	25
定远县	77	5	42	12	18	50	3	15	10	22
凤阳县	89	6	45	16	22	71	1	37	19	14
苏滁现代产业园	96	17	56	9	14	50	7	20	5	18
滁州经济技术开发区	242	35	145	15	47	171	12	72	14	73
天长市	227	17	125	37	48	193	10	66	25	92
明光市	65	4	34	10	17	47	1	17	8	21

7-5　续表 11

单位：人

现住地	大学专科					大学本科				
	小计	乡	镇的村委会	镇的居委会	街道	小计	乡	镇的村委会	镇的居委会	街道
阜阳市	**579**	**86**	**253**	**79**	**161**	**513**	**57**	**195**	**85**	**176**
颍州区	161	34	60	6	61	238	28	101	23	86
颍东区	69	12	31	11	15	27	1	9	5	12
颍泉区	50	2	23	4	21	28	1	11	3	13
临泉县	45	2	24	4	15	48	3	16	5	24
太和县	60	5	30	14	11	47	8	18	9	12
阜南县	39	8	18	8	5	31	3	12	11	5
颍上县	52	3	22	17	10	42	5	11	21	5
阜阳合肥现代产业园区	3	1		1	1	4		2	2	
阜阳经济技术开发区	26	7	11	4	4	14	2	7		5
界首市	74	12	34	10	18	34	6	8	6	14
宿州市	**579**	**82**	**256**	**97**	**144**	**438**	**41**	**196**	**69**	**132**
埇桥区	224	25	80	22	97	237	20	111	22	84
砀山县	109	24	48	26	11	41	4	18	12	7
萧县	95	13	45	23	14	66	4	35	15	12
灵璧县	88	12	48	15	13	30	5	8	6	11
泗县	50	6	30	10	4	43	7	14	13	9
宿州马鞍山现代产业园区	5	1	1	1	2	7		3	1	3
宿州经济技术开发区	8	1	4		3	14	1	7		6
六安市	**685**	**78**	**362**	**62**	**183**	**475**	**49**	**202**	**67**	**157**
金安区	200	27	101	14	58	118	11	43	14	50
裕安区	84	10	37	9	28	133	12	62	12	47
叶集区	17	6	6	1	4	27	1	14	1	11
霍邱县	123	8	42	6	67	67	8	20	8	31
舒城县	120	14	91	4	11	36	2	17	8	9
金寨县	98	11	56	20	11	67	14	28	20	5
霍山县	43	2	29	8	4	27	1	18	4	4
亳州市	**389**	**64**	**191**	**51**	**83**	**305**	**43**	**138**	**38**	**86**
谯城区	224	55	111	21	37	206	36	89	25	56
涡阳县	75	2	37	11	25	37		17	4	16
蒙城县	48	2	23	7	16	37	5	19	2	11
利辛县	42	5	20	12	5	25	2	13	7	3
池州市	**311**	**33**	**147**	**52**	**79**	**285**	**16**	**112**	**63**	**94**
贵池区	177	18	81	35	43	196	10	74	47	65
东至县	55	4	32	6	13	37		21	8	8
石台县	12	1	5	1	5	5		2	2	1
青阳县	41	4	20	5	12	27	2	9	5	11
池州市国家经济技术开发区	10		7	1	2	8		2		6
皖江江南新兴产业集中区	9	5	1	2	1	6		4		2
九华山风景区	7	1	1	2	3	6	4		1	1
宣城市	**749**	**101**	**366**	**82**	**200**	**1045**	**121**	**334**	**133**	**457**
宣州区	207	37	89	19	62	113	10	33	9	61
郎溪县	91	9	31	18	33	40	8	10	6	16
泾县	37	5	20	4	8	59	17	15	12	15
绩溪县	40	2	20	2	16	37	2	15	8	12
旌德县	14	2	8	2	2	13	1	3	6	3
宣城市经济开发区	69	10	45	2	12	595	67	202	67	259
宁国市	90	9	50	3	28	76	9	25	5	37
广德市	201	27	103	32	39	112	7	31	20	54

7-5 续表 12

单位：人

现住地	硕士研究生					博士研究生				
	小计	乡	镇的村委会	镇的居委会	街道	小计	乡	镇的村委会	镇的居委会	街道
安　徽	**2659**	**277**	**858**	**273**	**1251**	**463**	**46**	**104**	**52**	**261**
合肥市	**1495**	**177**	**495**	**131**	**692**	**377**	**45**	**90**	**41**	**201**
瑶海区	33	3	17	1	12					
庐阳区	54	3	13	9	29	4	2			2
蜀山区	458	54	127	38	239	166	15	53	23	75
包河区	427	46	125	38	218	163	22	26	12	103
长丰县	8		4		4					
肥东县	7		4	2	1	1				1
肥西县	65	9	27	12	17	6			2	4
庐江县	13	1	10	1	1	1		1		
合肥高新技术产业开发区	98	8	32	4	54	17	2	2	2	11
合肥经济技术开发区	262	42	111	16	93	15	3	7	2	3
合肥新站高新技术产业开发区	64	10	25	8	21	3		1		2
巢湖市	6	1		2	3	1	1			
芜湖市	**301**	**35**	**85**	**37**	**144**	**24**		**3**	**4**	**17**
镜湖区	69	4	13	6	46	9		1	2	6
弋江区	126	26	41	12	47	10		2	1	7
鸠江区	51	3	13	3	32	3				3
三山区	11		5	3	3					
芜湖县	14	1	5	3	5					
繁昌县	4			1	3	1			1	
南陵县	3			1	2					
芜湖经济技术开发区	20	1	7	7	5	1				1
安徽芜湖长江大桥经济开发区	1			1						
无为市	2		1		1					
蚌埠市	**128**	**12**	**43**	**13**	**60**	**15**		**2**		**13**
龙子湖区	3	1	1		1	2		1		1
蚌山区	5		2		3	1				1
禹会区	9		1	1	7					
淮上区	2			1	1					
怀远县	2			1	1	1		1		
五河县	1		1							
固镇县	1		1							
蚌埠市高新技术开发区	2		1		1	2				2
蚌埠市经济开发区	103	11	36	10	46	9				9
淮南市	**71**	**7**	**26**	**2**	**36**	**12**		**2**		**10**
大通区										
田家庵区	68	7	23	2	36	12		2		10
谢家集区										
八公山区										
潘集区	1		1							
凤台县										
寿县	2		2							

7-5 续表 13

单位：人

现住地	硕士研究生					博士研究生				
	小计	乡	镇的村委会	镇的居委会	街道	小计	乡	镇的村委会	镇的居委会	街道
马鞍山市	**140**	**12**	**30**	**18**	**80**	**3**			**1**	**2**
花山区	64	4	11	4	45	1				1
雨山区	61	8	18	7	28	2			1	1
博望区	1			1						
当涂县	8			3	5					
含山县	1			1						
和县	5		1	2	2					
淮北市	**83**	**6**	**45**	**9**	**23**	**1**				**1**
杜集区	1		1							
相山区	35	4	15	4	12	1				1
烈山区	45	2	27	5	11					
濉溪县	2		2							
铜陵市	**24**	**1**	**1**	**2**	**20**	**2**				**2**
铜官区	17				17	2				2
义安区	3	1			2					
郊区	2		1		1					
枞阳县	2			2						
安庆市	**64**	**4**	**20**	**6**	**34**	**3**		**2**		**1**
迎江区	6		1		5					
大观区	9		3		6	2		2		
宜秀区	25	2	8	3	12					
怀宁县	4		2	1	1	1				1
太湖县	3			1	2					
宿松县	3	1			2					
望江县	1				1					
岳西县										
安徽安庆经济开发区	2				2					
桐城市	7		4	1	2					
潜山市	4	1	2		1					
黄山市	**42**	**3**	**8**	**9**	**22**	**7**	**1**	**1**	**1**	**4**
屯溪区	30	3	6	7	14	5	1	1	1	2
黄山区	8		1	1	6	1				1
徽州区	1		1							
歙县	2			1	1	1				1
休宁县										
黟县										
祁门县	1				1					
滁州市	**107**	**1**	**36**	**19**	**51**	**9**		**1**	**5**	**3**
琅琊区	21		3	1	17					
南谯区	28		11	5	12	2			1	1
来安县	15		6	2	7	1			1	
全椒县	2		1		1					
定远县	5		2	1	2					
凤阳县	14		8	6		3		1	2	
苏滁现代产业园	1				1					
滁州经济技术开发区	16		5	4	7	2				2
天长市	4	1			3					
明光市	1				1	1			1	

7-5 续表 14

单位：人

现住地	硕士研究生					博士研究生				
	小计	乡	镇的村委会	镇的居委会	街道	小计	乡	镇的村委会	镇的居委会	街道
阜阳市	**49**	**5**	**22**	**5**	**17**	**5**		**2**		**3**
颍州区	28	1	14	2	11	3		1		2
颍东区	4	1	1		2					
颍泉区	5	3			2					
临泉县	1				1					
太和县	4		4							
阜南县	2			2						
颍上县						1		1		
阜阳合肥现代产业园区										
阜阳经济技术开发区	1			1						
界首市	4		3		1	1				1
宿州市	**28**	**5**	**6**	**6**	**11**					
埇桥区	15	3	3	1	8					
砀山县	3		1	1	1					
萧县	2		1	1						
灵璧县	3	1		2						
泗县	5	1	1	1	2					
宿州马鞍山现代产业园区										
宿州经济技术开发区										
六安市	**32**	**3**	**12**	**4**	**13**	**1**		**1**		
金安区	11	1	2	2	6					
裕安区	5	1	1		3	1		1		
叶集区										
霍邱县	4		3		1					
舒城县	4		2	1	1					
金寨县	6	1	3	1	1					
霍山县	2		1		1					
亳州市	**26**	**1**	**9**	**4**	**12**	**1**				**1**
谯城区	13	1	6	1	5					
涡阳县	5			3	2					
蒙城县	2		1		1	1				1
利辛县	6		2		4					
池州市	**18**		**5**	**3**	**10**	**1**				**1**
贵池区	15		3	3	9					
东至县						1				1
石台县										
青阳县	3		2		1					
池州市国家经济技术开发区										
皖江江南新兴产业集中区										
九华山风景区										
宣城市	**51**	**5**	**15**	**5**	**26**	**2**				**2**
宣州区	7		3		4	1				1
郎溪县	5	1	1	1	2					
泾县	2				2					
绩溪县	5		2		3					
旌德县	1				1					
宣城市经济开发区	15	3	4	1	7					
宁国市	6	1		1	4	1				1
广德市	10		5	2	3					

7-6　全省按现住地和出生地分的人口

单位：人

现住地	出生地							
	合计	省内		省外				
		本县市区	本省其他县市区	北京	天津	河北	山西	内蒙古
安　徽	**6038744**	**5120023**	**715687**	**2139**	**748**	**6700**	**3268**	**1498**
合肥市	**921840**	**549881**	**317666**	**788**	**240**	**2282**	**1161**	**542**
瑶海区	80232	38403	37101	65	23	185	85	42
庐阳区	67594	30351	32703	89	29	166	77	51
蜀山区	95842	40187	47129	141	40	315	234	109
包河区	115556	44111	60079	200	52	630	226	119
长丰县	78271	57898	17360	13	8	77	34	20
肥东县	106054	91703	11376	29	7	135	35	22
肥西县	95834	61616	29543	30	5	125	116	36
庐江县	94544	90386	2467	35	3	56	28	13
合肥高新技术产业开发区	26078	8203	15507	22	6	97	67	15
合肥经济技术开发区	53606	16194	31821	78	41	266	159	78
合肥新站高新技术产业开发区	42461	15642	24027	25	12	151	74	21
巢湖市	65768	55187	8553	61	14	79	26	16
芜湖市	**386778**	**310028**	**56702**	**372**	**104**	**1102**	**371**	**179**
镜湖区	47778	32831	11288	59	16	107	47	24
弋江区	40347	23226	14217	28	14	296	68	39
鸠江区	51921	36037	12309	43	12	161	67	22
三山区	15229	11602	2253	10	3	308	22	14
芜湖县	35747	30032	3871	7		36	25	7
繁昌县	26748	24123	1857	3	4	27	14	19
南陵县	46249	43493	1804	3	1	13	9	3
芜湖经济技术开发区	17382	8020	6599	9		82	104	29
安徽芜湖长江大桥经济开发区	2084	1850	191					
无为市	103293	98814	2313	210	54	72	15	22
蚌埠市	**291746**	**252562**	**30410**	**67**	**35**	**253**	**131**	**80**
龙子湖区	19688	15728	3123	7	3	24	10	7
蚌山区	15398	11171	3395	7	6	27	7	7
禹会区	29928	24184	4753	11	2	38	15	6
淮上区	25265	21388	3123	3	3	16	5	2
怀远县	77003	74399	1422	6		22	11	2
五河县	47959	46223	1011	2		9	17	6
固镇县	44574	42268	1464			6	9	7
蚌埠市高新技术开发区	5901	3895	1633	3	3	21	11	1
蚌埠市经济开发区	26030	13306	10486	28	18	90	46	42
淮南市	**300660**	**260440**	**32148**	**41**	**21**	**309**	**125**	**53**
大通区	15337	12676	2239			21	7	6
田家庵区	68968	49209	16530	23	17	192	80	31
谢家集区	20513	17292	2732		1	16	2	1
八公山区	11790	9704	1903	2		1	1	
潘集区	29363	26275	2478	2	1	14	12	
凤台县	56958	51856	3954	6	2	40	13	8
寿县	97731	93428	2312	8		25	10	7

7−6 续表 1

单位：人

现住地	出生地							
	合计	省内		省外				
		本县市区	本省其他县市区	北京	天津	河北	山西	内蒙古
马鞍山市	**205997**	**161745**	**31607**	**179**	**22**	**309**	**149**	**138**
花山区	42700	25403	13353	41	8	115	49	45
雨山区	33208	17527	11994	45	7	111	47	61
博望区	15404	14139	442	1		5		1
当涂县	42829	38385	2710	13		27	21	11
含山县	36606	34583	1215	50	5	23	13	12
和县	35250	31708	1893	29	2	28	19	8
淮北市	**189681**	**152409**	**31581**	**27**	**16**	**187**	**85**	**47**
杜集区	23704	18220	4717	2	1	17	8	3
相山区	52484	30985	18862	19	9	64	43	31
烈山区	23504	17618	5013	1	5	76	21	2
濉溪县	89989	85586	2989	5	1	30	13	11
铜陵市	**118710**	**95952**	**18952**	**45**	**9**	**87**	**47**	**18**
铜官区	42870	26258	14269	29	6	56	33	10
义安区	21241	18897	1766	3	1	8	6	4
郊区	14184	11804	2055		1	5	1	2
枞阳县	40415	38993	862	13	1	18	7	2
安庆市	**470694**	**427558**	**32024**	**165**	**53**	**248**	**149**	**70**
迎江区	24647	17007	6529	22	6	31	15	16
大观区	21535	15643	4847	12	4	35	7	8
宜秀区	17998	12468	4682	9	1	36	19	7
怀宁县	59803	56261	2219	35	19	30	22	6
太湖县	50459	48390	1117	12	2	12	16	3
宿松县	73034	70216	1015	10	1	15	9	4
望江县	55217	52957	1358	5		5	9	3
岳西县	34827	33604	635	2	2	7	2	2
安徽安庆经济开发区	13704	7444	5580	9	1	18	18	3
桐城市	68553	65089	2378	37	5	41	17	7
潜山市	50917	48479	1664	12	12	18	15	11
黄山市	**136157**	**113012**	**17123**	**51**	**15**	**182**	**70**	**38**
屯溪区	28223	15555	10775	15	8	72	20	8
黄山区	14008	11776	1451	20	2	28	14	11
徽州区	9862	7870	1650			5	3	
歙县	41613	39257	1214	6	1	15	12	8
休宁县	21600	19942	997	3	2	10	9	3
黟县	7363	6631	377	2		3	1	4
祁门县	13488	11981	659	5	2	49	11	4
滁州市	**417437**	**365134**	**35121**	**42**	**22**	**320**	**298**	**63**
琅琊区	25745	17799	6331	10	6	44	11	8
南谯区	33133	20737	9954	10	5	65	30	12
来安县	41599	36738	1848	5	1	36	30	8
全椒县	41727	38888	1731	3	1	20	13	7
定远县	78662	76010	1590	3		6	7	5
凤阳县	67734	64163	2509	2	3	14	13	8
苏滁现代产业园	2394	936	725			11	37	2
滁州经济技术开发区	13782	4475	7140	5	1	78	128	6
天长市	62593	58550	1492	1	2	23	15	4
明光市	50068	46838	1801	3	3	23	14	3

7-6 续表 2

单位：人

现住地	出生地							
	合计	省内		省外				
		本县市区	本省其他县市区	北京	天津	河北	山西	内蒙古
阜阳市	**829925**	**789225**	**28994**	**165**	**114**	**283**	**186**	**69**
颍州区	76335	63427	11496	24	5	44	45	8
颍东区	56223	51386	3695	9	7	38	16	8
颍泉区	59267	54943	3492	12	3	33	7	7
临泉县	168018	164898	1178	27	41	54	35	6
太和县	142474	139590	1752	14	13	35	20	14
阜南县	115671	113119	1004	50	32	22	25	6
颍上县	133384	129238	2442	9	8	21	12	5
阜阳合肥现代产业园区	3554	3297	221			2		1
阜阳经济技术开发区	11251	9013	2045	3	3	7	4	6
界首市	63748	60314	1669	17	2	27	22	8
宿州市	**509963**	**482592**	**17439**	**32**	**11**	**176**	**108**	**49**
埇桥区	162906	148201	10990	14	2	96	55	25
砀山县	73319	71506	493	5	1	16	18	9
萧县	102556	99306	1554	2	3	29	14	9
灵璧县	89761	86920	1408	6	3	18	11	6
泗县	71740	69430	847	4	2	13	8	
宿州马鞍山现代产业园区	4175	3951	118					
宿州经济技术开发区	5506	3278	2029	1		4	2	
六安市	**433405**	**392939**	**30313**	**66**	**29**	**513**	**87**	**38**
金安区	77763	63565	12377	11	3	45	24	11
裕安区	87508	75735	10300	17	7	28	6	8
叶集区	18434	16657	1029	3	1	9	3	1
霍邱县	86758	83438	1183	14	5	376	23	10
舒城县	79048	74661	2586	7	4	24	28	5
金寨县	52291	49305	1370	12	5	16	3	1
霍山县	31603	29578	1468	2	4	15		2
亳州市	**459609**	**442568**	**10188**	**44**	**20**	**135**	**99**	**38**
谯城区	143778	135969	4608	17	5	61	51	21
涡阳县	105805	102952	1755	12	3	29	25	6
蒙城县	100164	97017	1868	6	3	21	15	5
利辛县	109862	106630	1957	9	9	24	8	6
池州市	**134155**	**118915**	**11056**	**16**	**17**	**115**	**73**	**20**
贵池区	53883	44858	7159	7	7	68	29	11
东至县	48229	45955	1334	9	6	13	14	4
石台县	7237	6294	761			7	7	
青阳县	21147	19131	1249		3	19	21	4
池州市国家经济技术开发区	1249	919	250			3	1	
皖江江南新兴产业集中区	930	456	185		1	2	1	1
九华山风景区	1480	1302	118			3		
宣城市	**231987**	**205063**	**14363**	**39**	**20**	**199**	**129**	**56**
宣州区	60128	54814	3104	15	8	46	9	11
郎溪县	30639	27306	1328	5	1	17	17	10
泾县	24818	22296	1516	2		12	5	1
绩溪县	12542	11616	493	5		8	2	3
旌德县	10544	9491	641	1		4	4	1
宣城市经济开发区	9975	6608	2267	2	7	60	40	22
宁国市	36574	31712	3095	6	2	27	21	4
广德市	46767	41220	1919	3	2	25	31	4

7-6 续表 3

单位：人

现住地	出生地							
	省外							
	辽宁	吉林	黑龙江	上海	江苏	浙江	福建	江西
安　徽	**3102**	**2805**	**3887**	**9916**	**35354**	**12516**	**4720**	**8997**
合肥市	**1098**	**921**	**1394**	**2756**	**7556**	**2593**	**1569**	**2694**
瑶海区	81	78	121	331	750	353	213	231
庐阳区	85	70	105	363	696	241	132	221
蜀山区	252	157	238	471	1262	392	184	361
包河区	260	210	296	627	1658	569	449	541
长丰县	28	26	65	171	422	127	95	169
肥东县	24	36	44	120	382	123	113	232
肥西县	48	49	106	107	518	164	74	247
庐江县	25	12	29	76	208	99	30	101
合肥高新技术产业开发区	58	39	62	99	429	66	48	123
合肥经济技术开发区	149	156	203	168	575	233	127	217
合肥新站高新技术产业开发区	50	56	76	90	315	121	57	174
巢湖市	38	32	49	133	341	105	47	77
芜湖市	**296**	**427**	**402**	**985**	**2927**	**1074**	**412**	**980**
镜湖区	67	58	84	339	819	291	75	190
弋江区	64	54	68	98	416	215	83	143
鸠江区	45	91	84	134	453	163	106	191
三山区	22	22	15	18	130	28	6	42
芜湖县	13	22	22	40	242	125	25	110
繁昌县	17	11	14	25	108	37	31	40
南陵县	3	6	9	61	160	57	40	40
芜湖经济技术开发区	42	141	86	47	244	49	29	137
安徽芜湖长江大桥经济开发区					9	2		2
无为市	23	22	20	223	346	107	17	85
蚌埠市	**164**	**118**	**174**	**391**	**1811**	**508**	**202**	**245**
龙子湖区	9	10	17	50	237	48	15	15
蚌山区	13	16	18	40	195	49	18	25
禹会区	20	12	26	52	262	44	27	22
淮上区	17	8	10	24	123	48	22	19
怀远县	4	3	6	74	212	90	6	40
五河县	16	4	10	5	178	74	13	17
固镇县	9	5	6	20	133	49	19	31
蚌埠市高新技术开发区	12	10	13	17	59	13	12	14
蚌埠市经济开发区	64	50	68	109	412	93	70	62
淮南市	**151**	**193**	**129**	**1103**	**1301**	**388**	**157**	**238**
大通区	8	9	6	16	71	8	6	15
田家庵区	99	110	80	175	536	146	77	101
谢家集区	10	5	10	26	103	23	7	9
八公山区	6	5	4	7	29	5	6	5
潘集区	16	13	7	8	118	17	10	12
凤台县	11	48	16	107	154	63	21	45
寿县	1	3	6	764	290	126	30	51

7-6　续表 4　　　　单位：人

现住地	出生地							
	省外							
	辽宁	吉林	黑龙江	上海	江苏	浙江	福建	江西
马鞍山市	**304**	**251**	**253**	**640**	**3772**	**471**	**159**	**407**
花山区	136	112	107	295	1266	174	61	140
雨山区	138	75	102	236	950	124	49	131
博望区	1	2	11	7	389	22	8	17
当涂县	14	45	18	21	383	48	19	46
含山县	5	6	6	32	137	32	10	25
和县	10	11	9	49	647	71	12	48
淮北市	**83**	**68**	**150**	**141**	**1201**	**161**	**77**	**125**
杜集区	5	7	16	11	274	10	9	16
相山区	63	45	82	78	693	67	45	42
烈山区	10	8	19	26	101	27	5	35
濉溪县	5	8	33	26	133	57	18	32
铜陵市	**87**	**70**	**62**	**218**	**799**	**252**	**130**	**203**
铜官区	67	51	47	156	546	166	103	118
义安区	10	10	7	30	100	26	4	29
郊区	3	3	6	20	76	29	17	10
枞阳县	7	6	2	12	77	31	6	46
安庆市	**207**	**89**	**148**	**564**	**1222**	**812**	**408**	**952**
迎江区	29	19	28	89	171	74	58	60
大观区	35	13	18	76	184	56	13	69
宜秀区	11	8	17	28	77	55	34	70
怀宁县	55	8	16	34	119	70	26	77
太湖县	5	4	6	74	68	125	39	73
宿松县	6	2	5	121	197	180	100	240
望江县	23	13	10	55	110	60	32	140
岳西县	1	3	4	15	29	66	38	41
安徽安庆经济开发区	25	12	14	22	89	52	23	47
桐城市	6	6	20	36	104	27	24	84
潜山市	11	1	10	14	74	47	21	51
黄山市	**79**	**67**	**99**	**153**	**484**	**908**	**204**	**577**
屯溪区	36	42	43	69	159	316	107	245
黄山区	14	14	17	19	64	79	12	24
徽州区	2	1	2	7	50	62	7	25
歙县	2	2	18	34	98	262	27	87
休宁县	15	4	6	13	36	111	10	82
黟县	1	2	4	2	24	25	15	25
祁门县	9	2	9	9	53	53	26	89
滁州市	**133**	**158**	**305**	**414**	**5793**	**632**	**307**	**594**
琅琊区	17	17	40	88	615	66	48	40
南谯区	22	26	60	68	855	104	28	68
来安县	25	29	58	46	1397	47	96	63
全椒县	13	8	19	31	296	49	18	59
定远县	5	3	13	53	213	62	21	58
凤阳县	4	13	18	23	166	100	32	54
苏滁现代产业园	12	10	15	3	129	16	1	41
滁州经济技术开发区	18	27	46	19	272	37	17	90
天长市	13	16	27	37	1330	64	18	65
明光市	4	9	9	46	520	87	28	56

7-6 续表 5

单位：人

现住地	出生地							
	省外							
	辽宁	吉林	黑龙江	上海	江苏	浙江	福建	江西
阜阳市	**152**	**70**	**187**	**615**	**973**	**1242**	**276**	**321**
颍州区	36	13	69	53	141	93	46	72
颍东区	12	5	24	29	103	88	36	32
颍泉区	27	4	24	14	108	91	21	31
临泉县	21	9	12	49	75	280	28	28
太和县	12	9	26	21	48	71	14	36
阜南县	23	11	11	146	162	227	42	39
颍上县	10	2	10	278	241	305	59	58
阜阳合肥现代产业园区		1		1	1	3		4
阜阳经济技术开发区	3	4	5	1	20	13	6	6
界首市	8	12	6	23	74	71	24	15
宿州市	**87**	**64**	**178**	**138**	**2953**	**409**	**164**	**194**
埇桥区	64	42	103	52	770	160	68	93
砀山县	5	3	21	13	259	36	14	14
萧县	6	6	20	14	568	34	21	23
灵璧县	8	4	21	35	506	121	29	31
泗县	4	5	7	21	791	50	24	23
宿州马鞍山现代产业园区		3	1	1	13	2	3	3
宿州经济技术开发区		1	5	2	46	6	5	7
六安市	**82**	**70**	**71**	**934**	**1599**	**645**	**174**	**343**
金安区	14	7	9	236	320	114	46	80
裕安区	19	23	20	195	333	93	28	65
叶集区		1	1	27	69	17	11	9
霍邱县	10	1	11	281	301	176	22	34
舒城县	14	22	14	38	221	96	24	88
金寨县	19	13	14	129	258	108	31	40
霍山县	6	3	2	28	97	41	12	27
亳州市	**46**	**71**	**147**	**304**	**611**	**584**	**141**	**125**
谯城区	25	44	46	30	143	94	52	47
涡阳县	8	5	34	30	152	131	36	9
蒙城县	6	18	36	102	135	205	18	39
利辛县	7	4	31	142	181	154	35	30
池州市	**46**	**29**	**48**	**147**	**508**	**420**	**123**	**435**
贵池区	25	15	21	63	235	168	81	132
东至县	11	4	10	33	121	89	14	216
石台县	2	2	2	4	21	15	12	9
青阳县	4	5	8	41	98	80	12	54
池州市国家经济技术开发区	1		1	2	12	12		5
皖江江南新兴产业集中区		1	3		16	54	3	17
九华山风景区	3	2	3	4	5	2	1	2
宣城市	**87**	**139**	**140**	**413**	**1844**	**1417**	**217**	**564**
宣州区	12	13	27	114	431	226	56	96
郎溪县	5	20	17	63	525	92	10	55
泾县	6	16	11	69	131	84	29	35
绩溪县	3	1	2	6	26	117	3	25
旌德县	4	4	4	29	42	95	14	12
宣城市经济开发区	12	17	12	27	72	45	33	63
宁国市	15	21	20	44	138	325	33	104
广德市	30	47	47	61	479	433	39	174

7-6 续表 6

单位：人

现住地	出生地 省外 山东	河南	湖北	湖南	广东	广西	海南	重庆	四川
安　徽	**11870**	**29811**	**11663**	**6757**	**3679**	**2412**	**514**	**3702**	**12012**
合肥市	**3672**	**7658**	**3639**	**1973**	**1035**	**614**	**175**	**999**	**3049**
瑶海区	277	692	247	160	111	46	18	55	208
庐阳区	337	553	315	172	78	49	6	83	211
蜀山区	682	1048	544	282	180	102	29	170	418
包河区	775	1474	822	408	243	105	34	198	478
长丰县	187	507	187	109	47	23	4	75	251
肥东县	146	385	181	105	38	51	6	48	281
肥西县	299	957	385	153	74	87	21	107	400
庐江县	67	163	144	54	31	19	2	36	147
合肥高新技术产业开发区	158	336	166	86	45	23	5	34	117
合肥经济技术开发区	461	838	351	216	99	75	32	107	285
合肥新站高新技术产业开发区	153	496	207	142	60	14	8	46	129
巢湖市	130	209	90	86	29	20	10	40	124
芜湖市	**1206**	**2560**	**1129**	**805**	**299**	**258**	**29**	**380**	**1050**
镜湖区	285	313	185	156	53	31	5	61	108
弋江区	220	317	128	97	53	33	8	32	133
鸠江区	306	474	239	152	62	34	5	96	180
三山区	93	237	62	56	16	12	1	26	74
芜湖县	51	196	137	105	17	38	5	42	101
繁昌县	34	77	42	28	8	18		31	59
南陵县	22	90	47	27	20	31	1	18	71
芜湖经济技术开发区	129	674	169	128	34	34	2	51	132
安徽芜湖长江大桥经济开发区	1	5	5	2	1			1	3
无为市	65	177	115	54	35	27	2	22	189
蚌埠市	**725**	**999**	**276**	**243**	**144**	**106**	**28**	**150**	**873**
龙子湖区	105	121	24	10	10	6	5	4	57
蚌山区	85	119	22	25	15	4		27	55
禹会区	76	125	29	22	16	9		12	81
淮上区	48	130	38	21	21	3	2	9	113
怀远县	44	109	36	30	19	4		25	270
五河县	31	59	24	41	9	4	1	15	74
固镇县	35	78	16	32	21	17	1	16	135
蚌埠市高新技术开发区	39	42	19	12	4	4		2	20
蚌埠市经济开发区	262	216	68	50	29	55	19	40	68
淮南市	**651**	**952**	**320**	**211**	**116**	**64**	**17**	**153**	**620**
大通区	71	55	17	21	5	6		7	29
田家庵区	325	351	133	83	39	32	8	72	187
谢家集区	93	71	31	9	3	2	1	8	36
八公山区	35	25	3	6	3	1		6	7
潘集区	49	96	40	29	5	4	4	12	63
凤台县	42	214	48	32	25	11	2	22	114
寿县	36	140	48	31	36	8	2	26	184

7-6 续表 7

单位：人

现住地	出生地 省外 山东	河南	湖北	湖南	广东	广西	海南	重庆	四川
马鞍山市	**702**	**1293**	**544**	**401**	**177**	**133**	**22**	**185**	**644**
花山区	249	333	163	110	37	27	10	48	141
雨山区	255	425	157	114	58	33	6	51	200
博望区	19	72	25	19	7	16	1	4	46
当涂县	74	242	77	85	19	22	3	29	123
含山县	37	95	58	31	11	9	1	28	60
和县	68	126	64	42	45	26	1	25	74
淮北市	**598**	**1276**	**182**	**129**	**71**	**49**	**21**	**51**	**237**
杜集区	94	162	30	14	9	4		2	23
相山区	331	552	64	64	28	19	9	21	63
烈山区	74	130	17	23	13	12	9	14	35
濉溪县	99	432	71	28	21	14	3	14	116
铜陵市	**238**	**355**	**250**	**136**	**52**	**74**	**17**	**85**	**180**
铜官区	179	187	131	87	40	23	10	28	85
义安区	28	86	46	24	7	8	3	30	45
郊区	20	29	31	8		8		6	20
枞阳县	11	53	42	17	5	35	4	21	30
安庆市	**522**	**969**	**1271**	**543**	**399**	**190**	**60**	**263**	**564**
迎江区	61	97	85	48	28	17	1	10	54
大观区	88	109	66	37	30	16	4	44	38
宜秀区	46	100	68	58	14	19	6	10	42
怀宁县	93	111	88	72	64	25	3	35	86
太湖县	28	79	193	24	24	16	1	13	51
宿松县	29	105	307	65	94	30	28	63	83
望江县	35	88	72	41	45	23	2	14	36
岳西县	14	38	148	32	22	8	1	10	36
安徽安庆经济开发区	35	75	57	38	23	6	1	12	43
桐城市	49	100	107	88	32	16	3	23	51
潜山市	44	67	80	40	23	14	10	29	44
黄山市	**202**	**511**	**464**	**305**	**99**	**84**	**15**	**165**	**439**
屯溪区	91	159	84	92	38	35	6	31	81
黄山区	33	59	88	30	7	9		39	42
徽州区	19	28	25	16	15	6	2	13	16
歙县	27	88	75	64	13	13	2	18	70
休宁县	9	59	55	41	6	9		13	75
黟县	8	39	55	31	9	4	2	8	33
祁门县	15	79	82	31	11	8	3	43	122
滁州市	**825**	**2126**	**635**	**460**	**157**	**202**	**20**	**328**	**1135**
琅琊区	93	146	43	39	18	22	1	18	68
南谯区	127	283	101	80	21	23	6	55	163
来安县	124	257	84	64	26	18	3	43	149
全椒县	38	132	60	33	15	16	3	34	113
定远县	50	109	41	48	21	28	2	37	127
凤阳县	45	128	50	68	12	10		13	172
苏滁现代产业园	41	165	27	3	2	4		2	32
滁州经济技术开发区	137	662	111	47	16	44	2	54	86
天长市	101	139	82	36	13	18	1	47	119
明光市	69	105	36	42	13	19	2	25	106

7-6 续表 8

单位：人

现住地	出生地								
	省外								
	山东	河南	湖北	湖南	广东	广西	海南	重庆	四川
阜阳市	**447**	**3527**	**494**	**265**	**427**	**104**	**18**	**147**	**485**
颍州区	96	291	50	43	34	12		41	46
颍东区	74	270	77	38	36	12	4	27	63
颍泉区	44	193	34	20	17	6	1	10	44
临泉县	48	799	76	39	44	14	2	7	53
太和县	50	336	39	37	68	20	2	16	57
阜南县	41	288	63	27	148	15	1	11	58
颍上县	42	181	86	11	49	8	1	21	133
阜阳合肥现代产业园区	3	3	4	1	1		1	1	2
阜阳经济技术开发区	12	47	18	11	4	3	2	1	1
界首市	37	1119	47	38	26	14	4	12	28
宿州市	**923**	**1640**	**287**	**155**	**127**	**81**	**12**	**132**	**584**
埇桥区	578	472	112	64	45	25	5	68	239
砀山县	148	545	37	13	10	12		6	40
萧县	79	367	47	23	24	14	2	26	138
灵璧县	44	100	38	27	21	11	2	11	97
泗县	51	95	37	19	15	13	3	15	51
宿州马鞍山现代产业园区	12	14	5	3	2			1	6
宿州经济技术开发区	11	47	11	6	10	6		5	13
六安市	**325**	**1846**	**904**	**284**	**174**	**123**	**26**	**135**	**692**
金安区	72	218	177	62	33	14	6	45	115
裕安区	70	128	132	48	23	12	2	23	72
叶集区	10	420	51	14	12	3	4	10	30
霍邱县	44	339	98	21	30	15		9	170
舒城县	61	314	166	58	13	56	3	26	184
金寨县	43	380	190	59	45	17	4	18	77
霍山县	25	47	90	22	18	6	7	4	44
亳州市	**206**	**2407**	**255**	**191**	**227**	**56**	**30**	**72**	**301**
谯城区	84	1869	100	79	68	17	9	26	78
涡阳县	33	238	31	38	33	14	11	12	42
蒙城县	49	141	66	27	80	13	3	18	89
利辛县	40	159	58	47	46	12	7	16	92
池州市	**132**	**438**	**351**	**208**	**73**	**66**	**5**	**85**	**282**
贵池区	73	236	198	95	29	29		40	110
东至县	23	63	49	51	26	14	3	14	48
石台县	6	14	17	3	3	2	1	10	19
青阳县	18	63	55	33	6	19	1	16	59
池州市国家经济技术开发区	4	11	4	4	1	1		1	2
皖江江南新兴产业集中区	4	45	18	21	6	1		4	37
九华山风景区	4	6	10	1	2				7
宣城市	**496**	**1254**	**662**	**448**	**102**	**208**	**19**	**372**	**877**
宣州区	90	191	69	83	19	28	5	67	139
郎溪县	56	196	140	44	8	37	2	102	113
泾县	45	101	79	36	11	13	2	30	76
绩溪县	19	42	33	13	10	6		13	30
旌德县	16	18	18	4	5	8		10	32
宣城市经济开发区	46	144	63	47	14	61	6	31	63
宁国市	103	166	72	72	17	32		40	190
广德市	121	396	188	149	18	23	4	79	234

7-6 续表 9

单位：人

现住地	出生地								
	省外								港澳台或国外
	贵州	云南	西藏	陕西	甘肃	青海	宁夏	新疆	
安　徽	**7320**	**6916**	**241**	**4664**	**3070**	**714**	**422**	**1449**	**168**
合肥市	**1181**	**1146**	**79**	**1570**	**877**	**284**	**153**	**540**	**55**
瑶海区	59	77	1	65	40	74	4	31	5
庐阳区	82	53	2	148	55	14	13	38	6
蜀山区	167	95	28	264	153	61	25	107	15
包河区	178	112	13	293	183	54	36	107	16
长丰县	88	113	8	75	49	5		28	2
肥东县	111	155	1	74	45	11	16	16	3
肥西县	126	152	4	169	87	7	7	15	
庐江县	107	106		53	27	3	10	6	1
合肥高新技术产业开发区	61	39	1	77	49	13	10	16	1
合肥经济技术开发区	81	103	8	217	104	19	22	119	4
合肥新站高新技术产业开发区	59	56	12	95	41	17	2	33	
巢湖市	62	85	1	40	44	6	8	24	2
芜湖市	**640**	**891**	**15**	**575**	**365**	**54**	**35**	**118**	**8**
镜湖区	76	54	13	76	27	7	5	27	1
弋江区	47	55		89	56	8	3	38	1
鸠江区	108	102		125	68	17	9	26	
三山区	35	70		19	26	2	1	4	
芜湖县	102	265		61	39	5	1	4	1
繁昌县	32	55		26	5			1	2
南陵县	103	82		16	10		1	7	1
芜湖经济技术开发区	54	116	1	109	106	8	11	6	
安徽芜湖长江大桥经济开发区	2	6		4					
无为市	81	86	1	50	28	7	4	5	2
蚌埠市	**250**	**233**	**6**	**230**	**161**	**40**	**45**	**81**	**5**
龙子湖区	6	8		10	7	3	2	7	
蚌山区	10	8	1	14	7	3	1	6	2
禹会区	22	10		27	10	2	3	10	
淮上区	25	12		17	8	4		3	
怀远县	66	47		26	21		1	7	1
五河县	34	33	1	29	12	1		5	1
固镇县	57	98		25	11			6	
蚌埠市高新技术开发区	5	1		25	8	1	2		
蚌埠市经济开发区	25	16	4	57	77	26	36	37	1
淮南市	**256**	**193**	**2**	**95**	**106**	**18**	**22**	**64**	**3**
大通区	9	8		10	7		1	3	
田家庵区	127	31		44	46	12	19	52	1
谢家集区	8	9		2	3				
八公山区	12	6			7	1			
潘集区	21	28		11	15	1	1	1	
凤台县	37	44	2	5	10	1		4	1
寿县	42	67		23	18	3	1	4	1

7-6　续表 10　　　　　　　　　　　　　　　　　　　　单位：人

现住地	出生地								
	省外								港澳台或国外
	贵州	云南	西藏	陕西	甘肃	青海	宁夏	新疆	
马鞍山市	**328**	**569**	**1**	**288**	**155**	**29**	**11**	**96**	**13**
花山区	34	65		92	47	9	5	20	5
雨山区	70	39	1	100	62	9	3	25	3
博望区	34	98		8	3			7	
当涂县	103	191		44	20	2	1	30	3
含山县	47	53		9	8			4	1
和县	40	123		35	15	9	2	10	1
淮北市	**133**	**136**	**93**	**125**	**86**	**23**	**17**	**91**	**5**
杜集区	16	8		15	7		2	2	
相山区	29	20	1	48	29	12	7	55	4
烈山区	29	22	92	10	17	9	3	28	
濉溪县	59	86		52	33	2	5	6	1
铜陵市	**138**	**88**	**14**	**59**	**49**	**10**	**9**	**22**	**3**
铜官区	39	31	14	34	34	9	3	19	2
义安区	26	13		12	7		3	2	
郊区	16	6		5	1	1		1	
枞阳县	57	38		8	7		3		1
安庆市	**450**	**322**	**3**	**212**	**125**	**37**	**21**	**62**	**12**
迎江区	21	11		35	11	1	3	8	2
大观区	21	5	1	20	16	5	2	13	
宜秀区	31	42		20	7	4	1	6	2
怀宁县	78	97	1	28	16	1	1	7	
太湖县	29	24		13	8	1	1	6	2
宿松县	53	24		14	13		2	3	
望江县	35	17		9	10	4	3	2	1
岳西县	28	16		10	9	1		2	1
安徽安庆经济开发区	20	13		4	11	3	3	3	
桐城市	83	43		42	12	12		11	
潜山市	51	30	1	17	12	5	5	1	4
黄山市	**322**	**210**	**3**	**152**	**82**	**8**	**4**	**17**	**13**
屯溪区	44	24	1	29	23	1	1	11	2
黄山区	60	33		39	19	2		2	1
徽州区	20	5		6	4	2		1	
歙县	73	76		27	11	1	1	1	10
休宁县	33	27	1	22	6		1		
黟县	40	2		8	7		1		
祁门县	52	43	1	21	12	2		2	
滁州市	**795**	**652**	**3**	**348**	**276**	**65**	**9**	**60**	**5**
琅琊区	40	28		42	26	4		15	2
南谯区	80	51		32	33	25	1	8	
来安县	131	135		74	53	6	2	3	
全椒县	46	49		20	8	1		3	
定远县	50	56	1	24	9	3		7	
凤阳县	58	22	1	15	13		1	4	
苏滁现代产业园	36	75		20	47	2			
滁州经济技术开发区	33	78	1	71	59	12	2	7	1
天长市	235	72		33	19	8	2	9	2
明光市	86	86		17	9	4	1	4	

7-6 续表 11 单位：人

现住地	出生地								
	省外								港澳台或国外
	贵州	云南	西藏	陕西	甘肃	青海	宁夏	新疆	
阜阳市	**319**	**237**	**11**	**200**	**185**	**42**	**19**	**115**	**11**
颍州区	33	23	2	29	35	5	8	14	1
颍东区	36	30	1	40	12	2	1	12	
颍泉区	19	23	2	5	14	14		3	1
临泉县	62	59		33	25	2	3	5	6
太和县	47	34	2	21	26	2	2	39	1
阜南县	40	19		17	16	1	2	3	2
颍上县	42	35		31	27	5		14	
阜阳合肥现代产业园区	3			1	2			1	
阜阳经济技术开发区	1			3	5			4	
界首市	36	14	4	20	23	11	3	20	
宿州市	**366**	**565**	**2**	**234**	**135**	**17**	**13**	**85**	**11**
埇桥区	157	207	1	92	54	8	4	37	3
砀山县	22	23	1	25	11	1	5	5	2
萧县	42	49		72	36	7	2	18	1
灵璧县	82	159		17	16	1	2	3	3
泗县	59	121		21	8			2	1
宿州马鞍山现代产业园区	4	5		1	8			19	
宿州经济技术开发区		1		6	2			1	1
六安市	**392**	**291**	**4**	**157**	**94**	**22**	**10**	**19**	**4**
金安区	43	48		27	17	11	5	8	
裕安区	43	35	1	19	17			5	1
叶集区	22	8		7	2	3			
霍邱县	59	48		30	6	1	1	2	
舒城县	149	107	1	34	30	6	3	3	2
金寨县	56	38	1	27	9	1		1	1
霍山县	20	7	1	13	13		1		
亳州市	**158**	**240**	**1**	**97**	**140**	**18**	**34**	**47**	**8**
谯城区	37	40		43	65	11	24	14	1
涡阳县	38	78		12	10	4	9	12	3
蒙城县	35	68		23	41	2		11	4
利辛县	48	54	1	19	24	1	1	10	
池州市	**258**	**122**	**1**	**69**	**69**	**11**	**3**	**12**	**2**
贵池区	69	42	1	29	40	7		6	
东至县	55	14		20	10		3	1	2
石台县	11	12		2	1				
青阳县	79	36		13	14	2		4	
池州市国家经济技术开发区	10	5							
皖江江南新兴产业集中区	33	11		4	3	2		1	
九华山风景区	1	2		1	1				
宣城市	**1334**	**1021**	**3**	**253**	**165**	**36**	**17**	**20**	**10**
宣州区	199	184	1	36	17	8	1	6	3
郎溪县	185	229		40	8	5		3	
泾县	122	60	2	17	6	1		4	
绩溪县	22	32		8	3			1	
旌德县	30	35		11	10				1
宣城市经济开发区	36	56		52	44	13	11	1	
宁国市	134	123		27	18	5	3	4	1
广德市	606	302		62	59	4	2	1	5

7-7　全省按现住地和五年前常住地分的人口

单位：人

现住地	五年前常住地							
	合计	省内		省外				
		本县市区	本省其他县市区	北京	天津	河北	山西	内蒙古
安　徽	**5682190**	**5186273**	**286099**	**9029**	**2564**	**4583**	**2312**	**913**
合肥市	**864125**	**702402**	**119205**	**2412**	**514**	**1202**	**656**	**276**
瑶海区	75326	65679	7121	198	35	49	34	12
庐阳区	62939	51693	8813	180	23	59	24	13
蜀山区	89689	69514	14877	317	92	121	99	45
包河区	107779	80417	19558	512	124	302	125	63
长丰县	72705	61823	7938	99	31	55	22	15
肥东县	100130	90770	6711	137	18	73	14	10
肥西县	89789	68739	16340	181	39	88	93	24
庐江县	89353	85660	1467	139	7	40	22	6
合肥高新技术产业开发区	24080	14597	7265	126	22	50	25	13
合肥经济技术开发区	49911	30990	13592	229	63	214	122	59
合肥新站高新技术产业开发区	39853	26107	11314	110	18	111	56	10
巢湖市	62571	56413	4209	184	42	40	20	6
芜湖市	**367947**	**323178**	**25993**	**1783**	**473**	**684**	**241**	**101**
镜湖区	45703	41175	3218	77	20	27	14	3
弋江区	38504	29171	7685	39	14	87	33	18
鸠江区	48955	40567	5507	211	17	132	51	11
三山区	14318	12353	1048	40	10	154	18	3
芜湖县	33986	30300	2314	19	7	12	17	4
繁昌县	25573	24321	694	7	5	12	12	10
南陵县	44141	41991	864	16	7	8	5	2
芜湖经济技术开发区	16295	11539	2717	52	10	61	70	20
安徽芜湖长江大桥经济开发区	1959	1852	49	1	1	1		
无为市	98513	89909	1897	1321	382	190	21	30
蚌埠市	**273200**	**252897**	**14791**	**112**	**34**	**118**	**36**	**36**
龙子湖区	18767	17637	904	5	3	6	1	
蚌山区	14628	12660	1633	15	3	8		
禹会区	28489	26256	1764	16	1	7	3	
淮上区	23590	21747	1322	13	1	7	3	
怀远县	71852	69965	580	25	10	23	2	
五河县	44460	43442	287	4	1	8	4	5
固镇县	41296	40328	555	5	1	5	4	8
蚌埠市高新技术开发区	5553	4505	891	1	1	2	2	
蚌埠市经济开发区	24565	16357	6855	28	13	52	17	23
淮南市	**284118**	**265319**	**11336**	**89**	**13**	**162**	**58**	**30**
大通区	14476	13507	812	2	1	8	6	1
田家庵区	65486	57513	6601	26	9	111	37	16
谢家集区	19727	19254	324	2		4	1	1
八公山区	11399	11133	197	1		1		
潘集区	27067	26318	493	2		10	4	1
凤台县	53446	51493	1251	13	1	14	7	3
寿县	92517	86101	1658	43	2	14	3	8

7-7 续表 1

单位：人

现住地	五年前常住地							
	合计	省内		省外				
		本县市区	本省其他县市区	北京	天津	河北	山西	内蒙古
马鞍山市	**195930**	**178185**	**9783**	**1007**	**45**	**162**	**76**	**62**
花山区	40923	37638	2142	64	8	16	19	6
雨山区	31856	25985	4497	52	5	51	23	27
博望区	14486	13581	229	8	4	7	2	2
当涂县	40557	38307	1310	26	2	4	7	8
含山县	34630	32026	572	707	23	59	7	4
和县	33478	30648	1033	150	3	25	18	15
淮北市	**177307**	**166229**	**8342**	**53**	**20**	**115**	**32**	**13**
杜集区	22441	21323	848	4	2	7	1	2
相山区	49497	43974	4682	22	12	22	7	3
烈山区	22188	19756	1746	9	3	69	20	2
濉溪县	83181	81176	1066	18	3	17	4	6
铜陵市	**113044**	**104740**	**5279**	**127**	**14**	**42**	**13**	**10**
铜官区	40959	36215	3794	50	4	13	10	4
义安区	20267	19429	442	8	4	8		
郊区	13460	12796	367	2		2		
枞阳县	38358	36300	676	67	6	19	3	6
安庆市	**444925**	**405584**	**15350**	**1084**	**366**	**331**	**196**	**70**
迎江区	23394	20539	2157	50	14	10	3	11
大观区	20634	18685	1196	38	4	12	3	3
宜秀区	17026	13066	3072	23	5	24	15	7
怀宁县	56515	51011	1290	257	138	65	30	10
太湖县	47385	44772	643	53	17	20	20	
宿松县	69065	63364	888	71	14	29	8	5
望江县	51712	46623	820	54	17	36	43	6
岳西县	32821	31002	562	33	5	10	7	
安徽安庆经济开发区	13042	10608	1990	19	1	7	11	2
桐城市	65018	61389	1633	299	33	69	29	9
潜山市	48313	44525	1099	187	118	49	27	17
黄山市	**129156**	**118119**	**5532**	**97**	**16**	**124**	**41**	**28**
屯溪区	26671	22571	3236	39	6	21	7	4
黄山区	13339	12134	432	19	3	32	9	10
徽州区	9300	8668	323	1		2	3	1
歙县	39539	37167	681	14	2	18	8	6
休宁县	20515	19355	454	9	1	2	5	1
黟县	7045	6623	137	9	1	2	1	3
祁门县	12747	11601	269	6	3	47	8	3
滁州市	**394132**	**363647**	**16487**	**162**	**34**	**232**	**234**	**32**
琅琊区	24429	21746	1764	12	6	24	7	4
南谯区	31193	24510	4645	37	4	53	12	5
来安县	39607	36645	878	18	3	34	21	6
全椒县	39684	37813	869	12	6	16	9	2
定远县	73918	70902	1085	23	2	4	3	1
凤阳县	63175	61289	1179	12	1	8	4	2
苏滁现代产业园	2289	952	607	3	1	7	37	1
滁州经济技术开发区	13070	6786	4279	11	5	65	124	6
天长市	59333	57566	565	16	1	5	11	3
明光市	47434	45438	616	18	5	16	6	2

7-7 续表 2

单位：人

现住地	五年前常住地							
	合计	省内		省外				
		本县市区	本省其他县市区	北京	天津	河北	山西	内蒙古
阜阳市	**776092**	**731563**	**15072**	**994**	**711**	**653**	**358**	**96**
颍州区	70857	62940	6266	114	19	40	27	8
颍东区	52503	48375	1676	54	64	24	8	4
颍泉区	55465	51952	1587	77	12	41	6	2
临泉县	157013	149568	1032	295	287	265	115	34
太和县	133969	130272	892	48	106	155	114	7
阜南县	107481	101815	766	246	128	47	37	8
颍上县	125544	116850	1395	60	77	49	8	8
阜阳合肥现代产业园区	3282	3000	157		1	3		
阜阳经济技术开发区	10487	9651	652	14	2	2	1	3
界首市	59491	57140	649	86	15	27	42	22
宿州市	**474582**	**462278**	**5956**	**148**	**37**	**98**	**50**	**29**
埇桥区	152192	147467	2911	56	7	28	14	4
砀山县	67727	66607	248	18	3	17	14	14
萧县	95522	93729	621	19	12	25	8	8
灵璧县	83126	81306	549	30	13	15	11	2
泗县	66960	65609	380	22	1	9	2	1
宿州马鞍山现代产业园区	3857	3724	54		1	1		
宿州经济技术开发区	5198	3836	1193	3		3	1	
六安市	**409838**	**374171**	**17967**	**288**	**98**	**263**	**59**	**22**
金安区	73296	63098	6914	71	17	28	14	5
裕安区	82163	73500	5721	56	19	18	2	1
叶集区	17346	16011	615	3	3	2		
霍邱县	82346	78258	902	40	7	175	14	8
舒城县	75069	69365	1900	44	25	10	23	8
金寨县	49440	45402	1055	61	24	22	6	
霍山县	30178	28537	860	13	3	8		
亳州市	**429055**	**414612**	**5261**	**229**	**89**	**188**	**58**	**34**
谯城区	134155	129381	2596	105	19	60	31	6
涡阳县	99400	96646	814	47	12	53	16	18
蒙城县	92793	89914	801	29	8	40	9	7
利辛县	102707	98671	1050	48	50	35	2	3
池州市	**127394**	**117225**	**4675**	**310**	**64**	**81**	**109**	**34**
贵池区	51082	46256	3011	53	8	41	43	4
东至县	45802	42752	719	241	50	26	41	22
石台县	6904	6454	205	6	2	2	6	
青阳县	20122	18933	495	7	2	9	19	8
池州市国家经济技术开发区	1170	935	135	1		1		
皖江江南新兴产业集中区	903	534	80	2	2	2		
九华山风景区	1411	1361	30					
宣城市	**221345**	**206124**	**5070**	**134**	**36**	**128**	**95**	**40**
宣州区	57276	54690	1020	32	12	19	5	4
郎溪县	29184	27234	475	12		16	7	7
泾县	23792	22335	451	29	1	5	4	3
绩溪县	11969	11279	187	16	3	6	1	4
旌德县	10049	9411	171	6	1	8	4	1
宣城市经济开发区	9463	7219	1207	7	8	48	37	17
宁国市	34969	32707	883	14	4	15	16	2
广德市	44643	41249	676	18	7	11	21	2

7-7 续表 3

单位：人

现住地	五年前常住地							
	省外							
	辽宁	吉林	黑龙江	上海	江苏	浙江	福建	江西
安 徽	**2638**	**1581**	**1693**	**33343**	**43509**	**38356**	**4834**	**4225**
合肥市	**670**	**471**	**618**	**7030**	**7239**	**4183**	**958**	**1232**
瑶海区	30	21	53	466	386	280	67	88
庐阳区	31	20	27	508	388	264	54	77
蜀山区	100	72	119	720	787	447	103	174
包河区	132	102	85	1212	1177	734	220	234
长丰县	26	18	26	724	677	370	67	90
肥东县	22	20	17	590	428	236	68	107
肥西县	60	38	58	670	855	510	93	109
庐江县	16	10	21	433	680	264	25	43
合肥高新技术产业开发区	54	15	31	345	439	159	66	46
合肥经济技术开发区	137	112	105	599	708	508	116	135
合肥新站高新技术产业开发区	32	25	56	319	377	217	41	89
巢湖市	30	18	20	444	337	194	38	40
芜湖市	**194**	**280**	**192**	**3393**	**3450**	**1667**	**274**	**402**
镜湖区	20	13	12	196	246	101	29	42
弋江区	37	30	38	164	246	164	58	64
鸠江区	37	32	37	403	428	235	55	88
三山区	16	13	11	107	113	43	5	17
芜湖县	13	17	15	136	228	183	27	39
繁昌县	17	6	7	75	90	45	17	20
南陵县	1	2	1	570	273	181	21	17
芜湖经济技术开发区	29	105	51	163	227	127	24	55
安徽芜湖长江大桥经济开发区	1			15	16	6		1
无为市	23	62	20	1564	1583	582	38	59
蚌埠市	**67**	**66**	**68**	**963**	**1170**	**868**	**176**	**81**
龙子湖区	3	3	3	31	48	32	8	1
蚌山区	6	11	4	63	66	27	9	7
禹会区	4	5	7	100	104	39	11	12
淮上区	10	5	5	88	93	93	21	6
怀远县	1	1	5	418	287	272	30	10
五河县	7	1	8	50	280	219	18	
固镇县	2	4	2	49	84	104	11	5
蚌埠市高新技术开发区	2	6		27	27	18	8	8
蚌埠市经济开发区	32	30	34	137	181	64	60	32
淮南市	**33**	**33**	**34**	**3389**	**1218**	**790**	**145**	**80**
大通区	1	2		12	21	27	5	3
田家庵区	15	13	21	122	189	116	59	37
谢家集区	3	2	5	15	23	24	9	1
八公山区	1	4	1	11	3	7	2	4
潘集区		4		23	56	20	10	2
凤台县	6	5	6	215	113	92	12	12
寿县	7	3	1	2991	813	504	48	21

7-7　续表 4　　　　　　　　　　　　　　　　　　　　　　　单位：人

现住地	五年前常住地							
	省外							
	辽宁	吉林	黑龙江	上海	江苏	浙江	福建	江西
马鞍山市	**65**	**56**	**75**	**707**	**2381**	**570**	**116**	**150**
花山区	17	16	16	143	396	64	24	22
雨山区	23	18	19	104	335	83	29	46
博望区	2	2	7	31	356	88	11	16
当涂县	10	10	12	37	241	50	13	28
含山县	7	2	13	242	430	105	16	15
和县	6	8	8	150	623	180	23	23
淮北市	**29**	**19**	**31**	**212**	**508**	**248**	**53**	**72**
杜集区	5	2	5	10	82	15	5	12
相山区	14	5	13	71	174	58	23	22
烈山区	5	6	7	20	83	29	4	23
濉溪县	5	6	6	111	169	146	21	15
铜陵市	**21**	**21**	**25**	**414**	**1018**	**443**	**60**	**79**
铜官区	10	6	12	188	187	110	31	30
义安区	3	3		90	97	58	4	12
郊区	2	2	2	20	138	61	8	7
枞阳县	6	10	11	116	596	214	17	30
安庆市	**652**	**189**	**69**	**2896**	**3037**	**6333**	**1170**	**618**
迎江区	22	8	14	89	95	82	19	19
大观区	47	4	4	50	119	61	27	35
宜秀区	19	10	8	65	124	125	41	42
怀宁县	313	28	8	262	518	668	70	147
太湖县	19	1	6	377	205	776	73	41
宿松县	12	8	2	707	556	1535	586	127
望江县	128	89	4	706	430	1507	152	83
岳西县	7	4	4	122	134	544	115	16
安徽安庆经济开发区	15	2	3	32	74	59	8	14
桐城市	30	20	11	304	337	163	31	52
潜山市	40	15	5	182	445	813	48	42
黄山市	**59**	**28**	**41**	**549**	**505**	**1978**	**104**	**188**
屯溪区	10	13	9	91	99	203	29	52
黄山区	17	9	12	140	63	146	10	14
徽州区			1	30	59	117	6	10
歙县	3	1	8	176	155	959	14	42
休宁县	16	2	6	70	55	321	8	17
黟县	1	1		17	21	39	12	2
祁门县	12	2	5	25	53	193	25	51
滁州市	**100**	**82**	**149**	**1325**	**5249**	**1463**	**191**	**309**
琅琊区	6	7	9	137	288	87	22	19
南谯区	12	12	28	219	828	211	28	35
来安县	22	16	33	93	1115	58	18	26
全椒县	10	3	12	126	331	116	16	35
定远县	4	2	7	346	893	407	19	11
凤阳县	3	4	6	61	200	161	22	33
苏滁现代产业园	16	6	12	43	154	36	5	27
滁州经济技术开发区	12	22	18	80	260	59	18	58
天长市	6	8	19	76	521	79	18	33
明光市	9	2	5	144	659	249	25	32

7-7 续表 5

单位：人

现住地	五年前常住地 省外 辽宁	吉林	黑龙江	上海	江苏	浙江	福建	江西
阜阳市	**405**	**88**	**113**	**4298**	**4523**	**9707**	**814**	**219**
颍州区	39	7	25	190	225	344	45	51
颍东区	13	4	11	233	529	937	64	13
颍泉区	28	4	23	134	451	753	37	20
临泉县	97	22	18	481	562	2809	136	24
太和县	47	13	16	127	308	627	51	16
阜南县	131	8	12	750	968	1311	148	39
颍上县	22		2	2244	1281	2503	276	40
阜阳合肥现代产业园区		3		13	31	52	2	3
阜阳经济技术开发区	1	3	1	20	22	47	7	5
界首市	27	24	5	106	146	324	48	8
宿州市	**33**	**33**	**57**	**519**	**2052**	**1120**	**114**	**82**
埇桥区	12	20	25	160	382	371	48	48
砀山县	7		6	85	327	64	9	6
萧县	3	2	10	63	439	74	18	11
灵璧县	4	2	10	107	393	413	28	10
泗县	7	7	5	88	454	162	6	2
宿州马鞍山现代产业园区		2	1		15	2	3	1
宿州经济技术开发区				16	42	34	2	4
六安市	**76**	**53**	**37**	**4057**	**6660**	**3035**	**170**	**182**
金安区	9	7	7	962	1134	482	34	43
裕安区	19	7	6	938	1228	289	28	29
叶集区	1	1		133	223	75	8	6
霍邱县	11	4	6	905	1126	505	29	21
舒城县	14	21	10	308	1471	1108	31	43
金寨县	16	12	7	640	1242	395	26	23
霍山县	6	1	1	171	236	181	14	17
亳州市	**79**	**51**	**107**	**1292**	**1927**	**2319**	**215**	**91**
谯城区	25	26	28	163	281	259	51	24
涡阳县	22	5	38	182	437	611	50	12
蒙城县	15	17	16	405	371	669	35	27
利辛县	17	3	25	542	838	780	79	28
池州市	**88**	**30**	**14**	**671**	**917**	**1420**	**126**	**174**
贵池区	17	14	7	230	342	332	43	71
东至县	63	8	1	237	321	710	50	64
石台县	1	2	1	20	38	76	14	3
青阳县	2	3	1	161	114	165	14	24
池州市国家经济技术开发区		1	2	15	24	18	2	4
皖江江南新兴产业集中区	3	2	2	7	73	116	3	6
九华山风景区	2			1	5	3		2
宣城市	**67**	**81**	**63**	**1628**	**1655**	**2212**	**148**	**266**
宣州区	11	8	13	306	283	321	22	40
郎溪县	6	12	7	185	435	258	10	19
泾县	5	4	2	332	102	140	10	23
绩溪县	2		2	76	46	202	14	26
旌德县		1		177	43	69	18	7
宣城市经济开发区	8	18	11	116	78	83	26	39
宁国市	16	8	10	177	153	386	12	29
广德市	19	30	18	259	515	753	36	83

7-7　续表 6　　　　　　　　　　　　　　　　　　　　　　　　　　单位：人

现住地	五年前常住地								
	省外								
	山东	河南	湖北	湖南	广东	广西	海南	重庆	四川
安　徽	**6539**	**13252**	**5687**	**3127**	**9167**	**1376**	**744**	**1728**	**4216**
合肥市	**1687**	**3415**	**1663**	**919**	**1681**	**322**	**161**	**469**	**1167**
瑶海区	88	224	84	43	119	25	3	22	64
庐阳区	82	164	90	51	81	10	5	45	57
蜀山区	239	377	230	119	248	60	23	81	169
包河区	310	536	369	191	343	52	47	79	191
长丰县	86	196	76	45	92	6	7	17	49
肥东县	93	197	72	43	105	20	5	20	117
肥西县	212	571	184	87	190	37	8	51	189
庐江县	37	79	67	35	84	5	2	15	45
合肥高新技术产业开发区	97	181	113	49	92	17	6	20	64
合肥经济技术开发区	310	521	214	149	179	71	34	75	138
合肥新站高新技术产业开发区	75	287	118	65	106	11	8	25	54
巢湖市	58	82	46	42	42	8	13	19	30
芜湖市	**628**	**1333**	**588**	**398**	**524**	**150**	**30**	**165**	**359**
镜湖区	65	80	47	47	42	17	5	28	31
弋江区	89	133	67	41	33	27	7	23	51
鸠江区	140	257	126	94	157	22	6	34	48
三山区	54	115	25	22	26	1	3	8	32
芜湖县	30	122	63	61	44	10	2	15	40
繁昌县	18	53	25	12	15	10		11	28
南陵县	14	31	13	10	32	14		6	12
芜湖经济技术开发区	64	410	76	64	74	21	4	22	68
安徽芜湖长江大桥经济开发区	1	4	2		3	1		1	
无为市	153	128	144	47	98	27	3	17	49
蚌埠市	**259**	**332**	**103**	**87**	**209**	**61**	**23**	**70**	**144**
龙子湖区	19	26	4	2	13	2		1	2
蚌山区	14	23	10	8	11			13	17
禹会区	21	43	14	8	18	2	1	3	14
淮上区	27	34	20	5	41	2		6	13
怀远县	26	27	10	14	36	1	4	16	33
五河县	20	21	8	9	22	2		1	16
固镇县	19	34	3	9	25	2	1		14
蚌埠市高新技术开发区	7	14	6	5	8	1			1
蚌埠市经济开发区	106	110	28	27	35	49	17	30	34
淮南市	**145**	**290**	**136**	**89**	**163**	**29**	**13**	**67**	**122**
大通区	10	8	9	12	6			2	9
田家庵区	89	120	44	26	45	21	9	44	42
谢家集区	5	14	14	1	5			3	4
八公山区		4		1	4			1	3
潘集区	7	45	18	12	6	1	1	3	5
凤台县	12	49	24	17	40	2	2	3	19
寿县	22	50	27	20	57	5	1	11	40

7-7 续表 7

单位：人

现住地	五年前常住地								
	省外								
	山东	河南	湖北	湖南	广东	广西	海南	重庆	四川
马鞍山市	**322**	**530**	**215**	**138**	**248**	**50**	**22**	**42**	**178**
花山区	41	68	31	24	42	11	3	3	19
雨山区	70	120	47	28	63	8		14	61
博望区	11	42	6	9	19		1	2	11
当涂县	26	132	28	19	24	11	2	4	45
含山县	86	63	42	20	40	9	8	9	14
和县	88	105	61	38	60	11	8	10	28
淮北市	**178**	**407**	**76**	**70**	**96**	**25**	**19**	**27**	**93**
杜集区	18	46	15	7	5		2	1	2
相山区	57	148	22	26	34	9	9	7	28
烈山区	42	80	13	22	16	12	6	13	19
濉溪县	61	133	26	15	41	4	2	6	44
铜陵市	**65**	**128**	**71**	**38**	**95**	**84**	**14**	**25**	**43**
铜官区	21	53	37	18	49	12	5	4	18
义安区	9	41	8	5	17			5	4
郊区	10	7	3	4	5	1		1	7
枞阳县	25	27	23	11	24	71	9	15	14
安庆市	**810**	**739**	**751**	**310**	**1956**	**186**	**254**	**144**	**362**
迎江区	25	35	38	15	61	9	2	2	12
大观区	64	66	21	12	69	10	2	7	15
宜秀区	48	57	40	21	43	17	2	6	29
怀宁县	272	118	140	55	442	30	21	37	102
太湖县	17	45	55	35	115	10	5	5	16
宿松县	55	70	170	31	453	24	173	15	52
望江县	126	165	95	32	358	38	12	21	37
岳西县	27	16	35	12	95	11	2	5	13
安徽安庆经济开发区	12	26	24	18	32	2	6	6	18
桐城市	43	86	82	53	117	21	8	10	31
潜山市	121	55	51	26	171	14	21	30	37
黄山市	**120**	**216**	**292**	**136**	**158**	**43**	**5**	**87**	**243**
屯溪区	31	41	29	34	36	20	1	8	21
黄山区	36	26	55	16	26	3		21	21
徽州区	13	8	11	6	19	2	1	3	4
歙县	21	26	40	23	34	6	3	7	30
休宁县	3	34	33	19	13	3		7	40
黟县	4	19	52	13	16	2		4	29
祁门县	12	62	72	25	14	7		37	98
滁州市	**445**	**1398**	**324**	**179**	**334**	**94**	**26**	**168**	**338**
琅琊区	22	75	19	10	33	6	7	7	24
南谯区	70	125	41	23	48	10	5	44	64
来安县	66	176	63	29	34	5	4	17	40
全椒县	30	88	25	16	41	4	2	8	34
定远县	17	34	15	10	41	6	1	24	18
凤阳县	14	51	11	24	29	4		5	20
苏滁现代产业园	26	130	12	2	25			1	20
滁州经济技术开发区	112	590	90	39	32	45	1	47	64
天长市	53	81	36	12	30	8	2	10	43
明光市	35	48	12	14	21	6	4	5	11

7-7　续表 8　　　　单位：人

现 住 地	五年前常住地								
	省　　外								
	山东	河南	湖北	湖南	广东	广西	海南	重庆	四川
阜阳市	**607**	**1547**	**440**	**156**	**1987**	**73**	**60**	**117**	**198**
颍州区	68	137	41	21	90	7	2	35	25
颍东区	51	93	47	12	159	11	1	18	29
颍泉区	44	92	19	7	56	4	8	6	23
临泉县	152	402	99	32	329	18	9	12	35
太和县	135	194	53	21	386	9	16	14	27
阜南县	51	173	99	21	502	7	12	5	19
颍上县	26	90	45	16	331	7	2	16	29
阜阳合肥现代产业园区	3	3	2		4		1		1
阜阳经济技术开发区	7	13	6	5	7	1	4	4	
界首市	70	350	29	21	123	9	5	7	10
宿州市	**330**	**491**	**91**	**62**	**212**	**27**	**12**	**62**	**155**
埇桥区	123	152	23	28	64	6	3	25	53
砀山县	62	89	10	4	48	4	3	4	8
萧县	68	118	20	5	26	9		16	44
灵璧县	19	52	21	7	37		3	7	28
泗县	38	54	10	13	16	3	2	9	15
宿州马鞍山现代产业园区	12	9		3	5			1	3
宿州经济技术开发区	8	17	7	2	16	5	1		4
六安市	**253**	**733**	**282**	**153**	**423**	**65**	**24**	**67**	**206**
金安区	35	110	50	25	84	11	4	22	36
裕安区	49	52	26	21	49	8	2	10	20
叶集区	11	172	12	6	34	2	1	3	5
霍邱县	28	64	48	18	68	7	3	7	29
舒城县	58	201	57	35	51	32	4	10	61
金寨县	49	116	72	41	116	5	5	13	44
霍山县	23	18	17	7	21		5	2	11
亳州市	**211**	**810**	**151**	**93**	**570**	**27**	**50**	**34**	**118**
谯城区	57	577	60	30	138	14	15	16	49
涡阳县	67	83	13	25	107	2	17	5	11
蒙城县	30	63	43	17	167	5	4	7	13
利辛县	57	87	35	21	158	6	14	6	45
池州市	**168**	**231**	**193**	**119**	**231**	**22**	**13**	**48**	**124**
贵池区	51	133	110	68	58	15	3	27	40
东至县	92	42	41	32	130	3	6	9	36
石台县	7	8	11	3	3	2	2	6	12
青阳县	8	31	24	7	19	2		2	16
池州市国家经济技术开发区	5	4	2	4	8			2	
皖江江南新兴产业集中区	5	12	4	5	10		2	2	18
九华山风景区		1	1		3				2
宣城市	**311**	**652**	**311**	**180**	**280**	**118**	**18**	**136**	**366**
宣州区	67	91	26	27	45	14	2	13	33
郎溪县	22	102	62	18	30	14	2	19	59
泾县	21	47	55	18	31	7	3	12	32
绩溪县	11	19	12	4	14			2	9
旌德县	9	3	13	5	22	2		2	16
宣城市经济开发区	30	114	39	33	31	56	4	20	44
宁国市	77	81	34	25	35	14	5	21	85
广德市	74	195	70	50	72	11	2	47	88

7-7 续表 9　　单位：人

现住地	五年前常住地								
	省外								港澳台或国外
	贵州	云南	西藏	陕西	甘肃	青海	宁夏	新疆	
安　徽	**2856**	**3096**	**294**	**2989**	**1771**	**431**	**382**	**1548**	**1035**
合肥市	**567**	**595**	**78**	**918**	**470**	**106**	**110**	**402**	**327**
瑶海区	12	34	4	42	13	1	5	12	12
庐阳区	29	24	2	40	16	1	5	13	50
蜀山区	88	49	26	130	77	4	20	84	78
包河区	112	92	10	150	87	31	21	69	92
长丰县	16	22	9	46	22	11	3	17	4
肥东县	57	73	1	38	19	6	14	12	17
肥西县	65	83	2	100	64	3	5	29	12
庐江县	30	39		48	11	3	7	9	4
合肥高新技术产业开发区	35	29	1	60	30	6	4	10	13
合肥经济技术开发区	64	75	6	186	74	19	18	72	17
合肥新站高新技术产业开发区	33	39	14	48	32	13	3	31	9
巢湖市	26	36	3	30	25	8	5	44	19
芜湖市	**238**	**420**	**19**	**349**	**198**	**26**	**12**	**109**	**96**
镜湖区	33	20	13	16	8			11	47
弋江区	23	32		65	25	5		28	7
鸠江区	55	43	1	74	41	8	1	29	8
三山区	4	22	3	12	15		1	22	2
芜湖县	54	134	1	39	32	2	1	2	3
繁昌县	8	29		17	2	1		1	5
南陵县	10	14		13	2		2	5	4
芜湖经济技术开发区	27	89	1	48	60	9	4	4	
安徽芜湖长江大桥经济开发区		3		1					
无为市	24	34		64	13	1	3	7	20
蚌埠市	**78**	**49**	**4**	**76**	**70**	**24**	**43**	**55**	**30**
龙子湖区	1	3		3	1			1	4
蚌山区	4	3		4	1	1		2	5
禹会区	10	5	1	12		1	2	2	3
淮上区	8	2		7	1	5		5	
怀远县	20	16		8	2	1		6	3
五河县	7	6		2	3	1		7	1
固镇县	8	1		4	3		3	2	1
蚌埠市高新技术开发区	2			4	2		1	2	2
蚌埠市经济开发区	18	13	3	32	57	15	37	28	11
淮南市	**69**	**52**	**3**	**48**	**54**	**12**	**23**	**42**	**32**
大通区	1	1		5	3			1	1
田家庵区	31	10		24	29	5	13	36	13
谢家集区	2	3					1		7
八公山区	9	5		1	4		1		1
潘集区	4	6		1	10		1	2	2
凤台县	13	10	2	2	3		3	1	1
寿县	9	17	1	15	5	7	4	2	7

7-7　续表 10　　　　单位：人

现住地	五年前常住地								
	省外								港澳台或国外
	贵州	云南	西藏	陕西	甘肃	青海	宁夏	新疆	
马鞍山市	**127**	**261**	**5**	**110**	**54**	**11**	**12**	**81**	**84**
花山区	8	16		12	11	1	2	3	37
雨山区	40	13		37	21	2	1	11	23
博望区	7	14	1	5	3			6	3
当涂县	31	111		15	10		1	29	4
含山县	16	55	1	17	1		3	7	11
和县	25	52	3	24	8	8	5	25	6
淮北市	**44**	**46**	**97**	**36**	**33**	**10**	**10**	**46**	**18**
杜集区	2	4		6	3		1	2	4
相山区	4	5	3	8	12	2	1	10	10
烈山区	17	11	93	7	12	8	3	30	2
濉溪县	21	26	1	15	6		5	4	2
铜陵市	**42**	**29**	**14**	**25**	**22**		**3**	**12**	**28**
铜官区	12	11	13	11	7			7	17
义安区	1	4		7	3			1	4
郊区	11							2	2
枞阳县	18	14	1	7	12		3	2	5
安庆市	**352**	**342**	**27**	**284**	**141**	**78**	**36**	**125**	**83**
迎江区	11	16		12	9			3	12
大观区	15	10		17	13	3	4	6	12
宜秀区	28	37		19	10	7	1	10	5
怀宁县	127	153	9	110	26	14	7	31	6
太湖县	10	7		11	16	1	2	6	6
宿松县	34	20		13	26	1	3	5	8
望江县	34	24		46	4	9	5	6	2
岳西县	9	10	1	4	5	2		5	4
安徽安庆经济开发区	16	16		6	6	2		3	4
桐城市	30	22	5	28	12	29	1	26	5
潜山市	38	27	12	18	14	10	13	24	19
黄山市	**127**	**97**	**5**	**85**	**50**	**6**		**12**	**65**
屯溪区	14	6		13	11			4	12
黄山区	23	20		13	18	2		1	8
徽州区	3	1		2	2	2			2
歙县	13	31	1	12	1			2	35
休宁县	13	4	1	16				4	3
黟县	24	1		8	3				1
祁门县	37	34	3	21	15	2		1	4
滁州市	**256**	**344**	**2**	**203**	**205**	**27**	**6**	**39**	**48**
琅琊区	12	21		17	16	1		5	16
南谯区	51	19		15	21	6		8	4
来安县	41	52		37	44	5	2		6
全椒县	20	22		6	5			3	4
定远县	10	22		4	2			2	3
凤阳县	8	5		6	7			3	3
苏滁现代产业园	28	74	1	19	42	2			
滁州经济技术开发区	30	69	1	68	57	10	2	8	2
天长市	39	46		23	11		2	1	9
明光市	17	14		8		3		9	1

7—7 续表 11 单位：人

现住地	五年前常住地								
	省外								港澳台或国外
	贵州	云南	西藏	陕西	甘肃	青海	宁夏	新疆	
阜阳市	**183**	**98**	**19**	**267**	**151**	**61**	**52**	**407**	**55**
颍州区	17	7		26	17	3	8	7	6
颍东区	11	7		16	3	4	3	29	
颍泉区	11	7		10	8	11	6	15	11
临泉县	40	20	1	47	22	9	8	27	6
太和县	33	22	10	37	35	4	5	165	4
阜南县	27	19		32	23	8	11	47	11
颍上县	17	6	1	29	17	12	2	73	10
阜阳合肥现代产业园区	1			1			1		
阜阳经济技术开发区	1		1		2		1	3	1
界首市	25	10	6	69	24	10	7	41	6
宿州市	**81**	**85**	**2**	**170**	**64**	**14**	**6**	**83**	**29**
埇桥区	30	37	1	40	25	6	1	10	12
砀山县	9	8	1	20	7	1	4	16	4
萧县	14	14		84	19	7	1	31	4
灵璧县	15	12		13	7			7	5
泗县	12	14		10	5				4
宿州马鞍山现代产业园区				1				19	
宿州经济技术开发区	1			2	1				
六安市	**117**	**146**	**7**	**110**	**50**	**4**	**7**	**28**	**25**
金安区	21	22	1	25	13		1	5	6
裕安区	12	15	4	11	8	2	1	6	6
叶集区	11	3		2	3				
霍邱县	11	16	1	28	1			2	4
舒城县	50	72		20	16	2	5	9	5
金寨县	9	15	1	17	2			4	
霍山县	3	3		7	7			2	4
亳州市	**64**	**79**	**8**	**73**	**63**	**15**	**45**	**67**	**25**
谯城区	17	24	5	25	27	8	18	18	2
涡阳县	22	23	1	14	6	3	18	14	6
蒙城县	6	15		13	14	3	2	19	9
利辛县	19	17	2	21	16	1	7	16	8
池州市	**72**	**61**	**1**	**66**	**45**	**10**	**3**	**18**	**31**
贵池区	19	12		14	34	6		6	14
东至县	18	17	1	46	5	1	3	6	9
石台县	4	11		2	1			2	
青阳县	18	19		4	4	2		3	6
池州市国家经济技术开发区	5	1							1
皖江江南新兴产业集中区	8	1			1	1		1	1
九华山风景区									
宣城市	**439**	**392**	**3**	**169**	**101**	**27**	**14**	**22**	**59**
宣州区	66	51		21	7	6	3	1	17
郎溪县	73	57		28	3	3		4	5
泾县	59	38		10	5			1	7
绩溪县	5	12	2	5	4			2	4
旌德县	19	24		12	4				1
宣城市经济开发区	30	35		48	36	12	9		
宁国市	49	55	1	17	10	4	1	10	13
广德市	138	120		28	32	2	1	4	12

第二部分 长表数据资料

第八卷 老年人口

8-1　各地区分性别、健康状况的60岁及以上老年人口

单位：人

地　区	60岁及以上人口			健　康		
	合计	男	女	小计	男	女
安　徽	**1115044**	**545996**	**569048**	**571624**	**298620**	**273004**
合肥市	**137577**	**67537**	**70040**	**80043**	**41237**	**38806**
瑶海区	10258	4896	5362	6064	3062	3002
庐阳区	9738	4641	5097	6093	3030	3063
蜀山区	12595	6046	6549	8515	4214	4301
包河区	14241	6825	7416	9759	4846	4913
长丰县	11905	6002	5903	5649	3075	2574
肥东县	19300	9456	9844	10887	5572	5315
肥西县	14013	7054	6959	8251	4378	3873
庐江县	19409	9841	9568	10926	5887	5039
合肥高新技术产业开发区	2166	1059	1107	1386	697	689
合肥经济技术开发区	4263	2099	2164	2399	1219	1180
合肥新站高新技术产业开发区	3528	1743	1785	2051	1073	978
巢湖市	16161	7875	8286	8063	4184	3879
芜湖市	**73901**	**36657**	**37244**	**35256**	**18855**	**16401**
镜湖区	10864	5270	5594	5923	3043	2880
弋江区	5738	2794	2944	2999	1541	1458
鸠江区	9532	4677	4855	3807	2049	1758
三山区	2641	1341	1300	1141	645	496
芜湖县	6487	3301	3186	2919	1591	1328
繁昌县	5388	2716	2672	2347	1314	1033
南陵县	10299	5197	5102	5254	2852	2402
芜湖经济技术开发区	2011	997	1014	1132	598	534
安徽芜湖长江大桥经济开发区	514	283	231	196	119	77
无为市	20427	10081	10346	9538	5103	4435
蚌埠市	**55925**	**27559**	**28366**	**29206**	**15241**	**13965**
龙子湖区	4542	2189	2353	2451	1245	1206
蚌山区	3058	1441	1617	1778	866	912
禹会区	5951	2871	3080	2999	1529	1470
淮上区	4063	2062	2001	1791	953	838
怀远县	15834	7941	7893	7896	4202	3694
五河县	9647	4743	4904	5236	2759	2477
固镇县	8439	4225	4214	4341	2346	1995
蚌埠市高新技术开发区	699	343	356	412	215	197
蚌埠市经济开发区	3692	1744	1948	2302	1126	1176
淮南市	**61225**	**30491**	**30734**	**30750**	**16277**	**14473**
大通区	3441	1724	1717	1723	936	787
田家庵区	11888	5770	6118	6655	3381	3274
谢家集区	5454	2618	2836	2578	1360	1218
八公山区	2833	1333	1500	1504	761	743
潘集区	5708	2853	2855	2344	1238	1106
凤台县	10757	5406	5351	4675	2514	2161
寿县	21144	10787	10357	11271	6087	5184

8-1 续表 1

单位：人

地　区	60岁及以上人口			健　康		
	合计	男	女	小计	男	女
马鞍山市	**45440**	**21928**	**23512**	**22648**	**11812**	**10836**
花山区	8871	4236	4635	4380	2272	2108
雨山区	6193	2941	3252	3037	1566	1471
博望区	3227	1605	1622	1638	866	772
当涂县	9228	4555	4673	4379	2373	2006
含山县	7993	3820	4173	4376	2227	2149
和县	9928	4771	5157	4838	2508	2330
淮北市	**31540**	**14849**	**16691**	**14444**	**7323**	**7121**
杜集区	5176	2471	2705	2294	1170	1124
相山区	7398	3520	3878	3910	1971	1939
烈山区	4463	2118	2345	1950	1013	937
濉溪县	14503	6740	7763	6290	3169	3121
铜陵市	**28531**	**13825**	**14706**	**13724**	**7171**	**6553**
铜官区	7400	3477	3923	4076	2042	2034
义安区	5519	2757	2762	2425	1351	1074
郊区	4167	2048	2119	1756	975	781
枞阳县	11445	5543	5902	5467	2803	2664
安庆市	**91588**	**45572**	**46016**	**49704**	**26385**	**23319**
迎江区	5071	2456	2615	3085	1585	1500
大观区	5394	2553	2841	3090	1554	1536
宜秀区	2918	1420	1498	1704	896	808
怀宁县	12365	6138	6227	7337	3851	3486
太湖县	10121	5199	4922	4296	2390	1906
宿松县	13090	6470	6620	8083	4188	3895
望江县	10400	5068	5332	6595	3418	3177
岳西县	6261	3207	3054	2293	1318	975
安徽安庆经济开发区	2093	1050	1043	1071	587	484
桐城市	13384	6630	6754	7663	4028	3635
潜山市	10491	5381	5110	4487	2570	1917
黄山市	**32393**	**15935**	**16458**	**16586**	**8811**	**7775**
屯溪区	5144	2468	2676	2928	1500	1428
黄山区	3467	1817	1650	1941	1091	850
徽州区	2217	1097	1120	1185	629	556
歙县	10481	5100	5381	4902	2596	2306
休宁县	5639	2742	2897	2975	1564	1411
黟县	2022	1021	1001	1084	577	507
祁门县	3423	1690	1733	1571	854	717
滁州市	**78353**	**38988**	**39365**	**43825**	**23252**	**20573**
琅琊区	4596	2237	2359	2393	1236	1157
南谯区	5327	2666	2661	2910	1547	1363
来安县	9063	4480	4583	5053	2675	2378
全椒县	8539	4168	4371	4506	2385	2121
定远县	14286	7077	7209	8277	4388	3889
凤阳县	11706	6011	5695	6967	3740	3227
苏滁现代产业园	225	114	111	130	68	62
滁州经济技术开发区	1011	491	520	652	336	316
天长市	12784	6322	6462	6932	3662	3270
明光市	10816	5422	5394	6005	3215	2790

8-1　续表 2　　　　单位：人

地　　区	60岁及以上人口			健　　康		
	合计	男	女	小计	男	女
阜阳市	**134218**	**63575**	**70643**	**65784**	**33291**	**32493**
颍州区	10477	4865	5612	5424	2648	2776
颍东区	9193	4441	4752	4540	2301	2239
颍泉区	10028	4747	5281	5367	2710	2657
临泉县	26798	12252	14546	12643	6226	6417
太和县	23687	11208	12479	12673	6371	6302
阜南县	18110	8421	9689	7827	3989	3838
颍上县	22893	11582	11311	11601	6180	5421
阜阳合肥现代产业园区	550	275	275	267	142	125
阜阳经济技术开发区	1067	517	550	525	272	253
界首市	11415	5267	6148	4917	2452	2465
宿州市	**92646**	**44390**	**48256**	**48091**	**24587**	**23504**
埇桥区	25580	12351	13229	12966	6671	6295
砀山县	15867	7290	8577	8125	4060	4065
萧县	21286	10113	11173	11625	5903	5722
灵璧县	15897	7878	8019	8327	4344	3983
泗县	12843	6166	6677	6491	3302	3189
宿州马鞍山现代产业园区	628	319	309	316	174	142
宿州经济技术开发区	545	273	272	241	133	108
六安市	**89435**	**44821**	**44614**	**46262**	**24625**	**21637**
金安区	14770	7317	7453	7739	4053	3686
裕安区	15838	7981	7857	9182	4847	4335
叶集区	3560	1837	1723	1722	941	781
霍邱县	19753	10030	9723	9194	5030	4164
舒城县	17829	8881	8948	10149	5284	4865
金寨县	11099	5554	5545	5363	2886	2477
霍山县	6586	3221	3365	2913	1584	1329
亳州市	**78266**	**37401**	**40865**	**35503**	**18173**	**17330**
谯城区	22228	10406	11822	10911	5418	5493
涡阳县	19208	9145	10063	8427	4367	4060
蒙城县	17140	8264	8876	8180	4181	3999
利辛县	19690	9586	10104	7985	4207	3778
池州市	**29235**	**14665**	**14570**	**13936**	**7505**	**6431**
贵池区	11444	5711	5733	5370	2870	2500
东至县	9876	4902	4974	4862	2597	2265
石台县	2074	1072	1002	742	432	310
青阳县	5312	2690	2622	2691	1444	1247
池州市国家经济技术开发区	148	77	71	76	46	30
皖江江南新兴产业集中区	109	57	52	47	26	21
九华山风景区	272	156	116	148	90	58
宣城市	**54771**	**27803**	**26968**	**25862**	**14075**	**11787**
宣州区	14496	7256	7240	6546	3561	2985
郎溪县	6237	3128	3109	2870	1541	1329
泾县	7154	3740	3414	3318	1890	1428
绩溪县	4039	2010	2029	2274	1205	1069
旌德县	3205	1663	1542	1610	883	727
宣城市经济开发区	1172	586	586	656	363	293
宁国市	8272	4258	4014	4288	2314	1974
广德市	10196	5162	5034	4300	2318	1982

8-1 续表 3

单位：人

地　区	基本健康			不健康，但生活能自理			不健康，生活不能自理		
	小计	男	女	小计	男	女	小计	男	女
安　徽	**384914**	**174964**	**209950**	**129741**	**60167**	**69574**	**28765**	**12245**	**16520**
合肥市	**42693**	**19358**	**23335**	**11708**	**5536**	**6172**	**3133**	**1406**	**1727**
瑶海区	3257	1412	1845	701	325	376	236	97	139
庐阳区	2790	1222	1568	619	271	348	236	118	118
蜀山区	3105	1407	1698	720	315	405	255	110	145
包河区	3388	1512	1876	799	347	452	295	120	175
长丰县	4217	1980	2237	1679	779	900	360	168	192
肥东县	6247	2861	3386	1645	786	859	521	237	284
肥西县	4348	1983	2365	1159	592	567	255	101	154
庐江县	6494	2981	3513	1647	808	839	342	165	177
合肥高新技术产业开发区	560	268	292	168	74	94	52	20	32
合肥经济技术开发区	1304	604	700	464	227	237	96	49	47
合肥新站高新技术产业开发区	1108	485	623	262	134	128	107	51	56
巢湖市	5875	2643	3232	1845	878	967	378	170	208
芜湖市	**29259**	**13416**	**15843**	**7763**	**3691**	**4072**	**1623**	**695**	**928**
镜湖区	3767	1702	2065	903	400	503	271	125	146
弋江区	2081	953	1128	573	270	303	85	30	55
鸠江区	4229	1955	2274	1256	560	696	240	113	127
三山区	1065	496	569	363	164	199	72	36	36
芜湖县	2720	1290	1430	685	350	335	163	70	93
繁昌县	2225	1008	1217	681	338	343	135	56	79
南陵县	3870	1789	2081	979	475	504	196	81	115
芜湖经济技术开发区	647	300	347	177	79	98	55	20	35
安徽芜湖长江大桥经济开发区	212	99	113	87	54	33	19	11	8
无为市	8443	3824	4619	2059	1001	1058	387	153	234
蚌埠市	**18975**	**8699**	**10276**	**6350**	**3016**	**3334**	**1394**	**603**	**791**
龙子湖区	1569	708	861	389	180	209	133	56	77
蚌山区	990	446	544	226	101	125	64	28	36
禹会区	2149	985	1164	668	296	372	135	61	74
淮上区	1580	766	814	605	306	299	87	37	50
怀远县	5380	2524	2856	2126	1032	1094	432	183	249
五河县	3160	1405	1755	1023	488	535	228	91	137
固镇县	2870	1313	1557	1043	489	554	185	77	108
蚌埠市高新技术开发区	194	80	114	51	25	26	42	23	19
蚌埠市经济开发区	1083	472	611	219	99	120	88	47	41
淮南市	**22135**	**10338**	**11797**	**6800**	**3185**	**3615**	**1540**	**691**	**849**
大通区	1182	538	644	404	186	218	132	64	68
田家庵区	4129	1882	2247	855	387	468	249	120	129
谢家集区	2113	934	1179	609	256	353	154	68	86
八公山区	969	430	539	283	111	172	77	31	46
潘集区	2261	1102	1159	900	426	474	203	87	116
凤台县	4215	1992	2223	1563	758	805	304	142	162
寿县	7266	3460	3806	2186	1061	1125	421	179	242

8-1　续表 4　　　　单位：人

地　　区	基本健康			不健康，但生活能自理			不健康，生活不能自理		
	小计	男	女	小计	男	女	小计	男	女
马鞍山市	**17058**	**7544**	**9514**	**4593**	**2064**	**2529**	**1141**	**508**	**633**
花山区	3477	1520	1957	735	308	427	279	136	143
雨山区	2341	1045	1296	582	237	345	233	93	140
博望区	1253	565	688	268	141	127	68	33	35
当涂县	3603	1617	1986	1080	501	579	166	64	102
含山县	2688	1164	1524	773	348	425	156	81	75
和县	3696	1633	2063	1155	529	626	239	101	138
淮北市	**11383**	**5081**	**6302**	**4589**	**1977**	**2612**	**1124**	**468**	**656**
杜集区	1770	821	949	880	373	507	232	107	125
相山区	2415	1099	1316	820	345	475	253	105	148
烈山区	1674	718	956	678	317	361	161	70	91
濉溪县	5524	2443	3081	2211	942	1269	478	186	292
铜陵市	**10761**	**4753**	**6008**	**3320**	**1566**	**1754**	**726**	**335**	**391**
铜官区	2453	1050	1403	648	282	366	223	103	120
义安区	2126	948	1178	795	381	414	173	77	96
郊区	1692	723	969	588	284	304	131	66	65
枞阳县	4490	2032	2458	1289	619	670	199	89	110
安庆市	**30946**	**14095**	**16851**	**8815**	**4193**	**4622**	**2123**	**899**	**1224**
迎江区	1509	667	842	355	150	205	122	54	68
大观区	1753	764	989	403	167	236	148	68	80
宜秀区	897	373	524	256	121	135	61	30	31
怀宁县	3959	1779	2180	839	415	424	230	93	137
太湖县	4148	2000	2148	1391	691	700	286	118	168
宿松县	3529	1590	1939	1185	562	623	293	130	163
望江县	2834	1209	1625	779	369	410	192	72	120
岳西县	2678	1291	1387	1057	503	554	233	95	138
安徽安庆经济开发区	823	381	442	159	61	98	40	21	19
桐城市	4493	2003	2490	1012	506	506	216	93	123
潜山市	4323	2038	2285	1379	648	731	302	125	177
黄山市	**11603**	**5233**	**6370**	**3495**	**1577**	**1918**	**709**	**314**	**395**
屯溪区	1692	740	952	370	166	204	154	62	92
黄山区	1100	525	575	360	172	188	66	29	37
徽州区	759	344	415	240	109	131	33	15	18
歙县	4069	1847	2222	1288	561	727	222	96	126
休宁县	1993	855	1138	557	265	292	114	58	56
黟县	670	316	354	240	113	127	28	15	13
祁门县	1320	606	714	440	191	249	92	39	53
滁州市	**24351**	**11087**	**13264**	**8318**	**3881**	**4437**	**1859**	**768**	**1091**
琅琊区	1572	719	853	459	209	250	172	73	99
南谯区	1618	757	861	612	285	327	187	77	110
来安县	2831	1280	1551	1015	455	560	164	70	94
全椒县	2996	1307	1689	856	406	450	181	70	111
定远县	4074	1816	2258	1625	752	873	310	121	189
凤阳县	3442	1646	1796	1108	539	569	189	86	103
苏滁现代产业园	61	27	34	29	17	12	5	2	3
滁州经济技术开发区	277	118	159	65	26	39	17	11	6
天长市	4082	1854	2228	1393	646	747	377	160	217
明光市	3398	1563	1835	1156	546	610	257	98	159

8-1 续表 5　　单位：人

地　区	基本健康			不健康，但生活能自理			不健康，生活不能自理		
	小计	男	女	小计	男	女	小计	男	女
阜阳市	**45144**	**20109**	**25035**	**19320**	**8534**	**10786**	**3970**	**1641**	**2329**
颍州区	3354	1462	1892	1365	600	765	334	155	179
颍东区	3148	1447	1701	1266	587	679	239	106	133
颍泉区	3033	1327	1706	1316	578	738	312	132	180
临泉县	9346	4015	5331	3983	1683	2300	826	328	498
太和县	7491	3308	4183	2908	1279	1629	615	250	365
阜南县	6457	2837	3620	3172	1363	1809	654	232	422
颍上县	7681	3689	3992	3072	1470	1602	539	243	296
阜阳合肥现代产业园区	189	92	97	79	35	44	15	6	9
阜阳经济技术开发区	335	153	182	144	61	83	63	31	32
界首市	4110	1779	2331	2015	878	1137	373	158	215
宿州市	**30036**	**13401**	**16635**	**12025**	**5402**	**6623**	**2494**	**1000**	**1494**
埇桥区	8343	3728	4615	3450	1607	1843	821	345	476
砀山县	5260	2258	3002	2086	831	1255	396	141	255
萧县	6425	2814	3611	2815	1232	1583	421	164	257
灵璧县	5324	2487	2837	1787	858	929	459	189	270
泗县	4327	1947	2380	1684	777	907	341	140	201
宿州马鞍山现代产业园区	172	80	92	115	55	60	25	10	15
宿州经济技术开发区	185	87	98	88	42	46	31	11	20
六安市	**30610**	**14269**	**16341**	**10373**	**5001**	**5372**	**2190**	**926**	**1264**
金安区	5249	2394	2855	1413	702	711	369	168	201
裕安区	4745	2227	2518	1508	739	769	403	168	235
叶集区	1243	598	645	503	252	251	92	46	46
霍邱县	7381	3526	3855	2705	1293	1412	473	181	292
舒城县	5366	2495	2871	1889	926	963	425	176	249
金寨县	4009	1862	2147	1489	694	795	238	112	126
霍山县	2617	1167	1450	866	395	471	190	75	115
亳州市	**28196**	**12744**	**15452**	**12006**	**5433**	**6573**	**2561**	**1051**	**1510**
谯城区	7480	3311	4169	3060	1364	1696	777	313	464
涡阳县	7173	3197	3976	2962	1315	1647	646	266	380
蒙城县	5945	2694	3251	2435	1144	1291	580	245	335
利辛县	7598	3542	4056	3549	1610	1939	558	227	331
池州市	**11175**	**5167**	**6008**	**3395**	**1669**	**1726**	**729**	**324**	**405**
贵池区	4271	1969	2302	1492	726	766	311	146	165
东至县	3838	1756	2082	968	466	502	208	83	125
石台县	889	421	468	374	189	185	69	30	39
青阳县	1968	916	1052	524	271	253	129	59	70
池州市国家经济技术开发区	53	24	29	15	4	11	4	3	1
皖江江南新兴产业集中区	55	28	27	5	3	2	2		2
九华山风景区	101	53	48	17	10	7	6	3	3
宣城市	**20589**	**9670**	**10919**	**6871**	**3442**	**3429**	**1449**	**616**	**833**
宣州区	5985	2744	3241	1641	812	829	324	139	185
郎溪县	2348	1105	1243	847	411	436	172	71	101
泾县	2837	1380	1457	823	399	424	176	71	105
绩溪县	1215	542	673	443	216	227	107	47	60
旌德县	1156	562	594	363	175	188	76	43	33
宣城市经济开发区	350	150	200	84	48	36	82	25	57
宁国市	2762	1324	1438	986	512	474	236	108	128
广德市	3936	1863	2073	1684	869	815	276	112	164

8-1a　各地区分性别、健康状况的60岁及以上老年人口(城市)

单位：人

地　区	60岁及以上人口			健　康		
	合计	男	女	小计	男	女
安　徽	**230548**	**110447**	**120101**	**131905**	**66688**	**65217**
合肥市	**51386**	**24539**	**26847**	**32992**	**16418**	**16574**
瑶海区	9988	4767	5221	5879	2968	2911
庐阳区	8893	4232	4661	5507	2749	2758
蜀山区	11430	5447	5983	7895	3866	4029
包河区	14136	6773	7363	9687	4805	4882
长丰县						
肥东县						
肥西县	300	152	148	207	101	106
庐江县						
合肥高新技术产业开发区						
合肥经济技术开发区						
合肥新站高新技术产业开发区	705	352	353	474	241	233
巢湖市	5934	2816	3118	3343	1688	1655
芜湖市	**25205**	**12251**	**12954**	**13368**	**6909**	**6459**
镜湖区	10414	5044	5370	5816	2975	2841
弋江区	5738	2794	2944	2999	1541	1458
鸠江区	4171	2055	2116	2129	1115	1014
三山区	1453	736	717	650	369	281
芜湖县	272	129	143	110	63	47
繁昌县						
南陵县						
芜湖经济技术开发区	76	41	35	25	14	11
安徽芜湖长江大桥经济开发区						
无为市	3081	1452	1629	1639	832	807
蚌埠市	**12080**	**5802**	**6278**	**6813**	**3424**	**3389**
龙子湖区	3612	1733	1879	2012	1024	988
蚌山区	2735	1278	1457	1675	803	872
禹会区	3974	1906	2068	2258	1137	1121
淮上区	1759	885	874	868	460	408
怀远县						
五河县						
固镇县						
蚌埠市高新技术开发区						
蚌埠市经济开发区						
淮南市	**19866**	**9537**	**10329**	**10862**	**5529**	**5333**
大通区	842	423	419	506	268	238
田家庵区	11003	5323	5680	6286	3183	3103
谢家集区	4213	1984	2229	2085	1082	1003
八公山区	2729	1288	1441	1477	749	728
潘集区	1079	519	560	508	247	261
凤台县						
寿县						

8－1a 续表 1

单位：人

地　　区	60岁及以上人口			健　　康		
	合计	男	女	小计	男	女
马鞍山市	**15692**	**7496**	**8196**	**7913**	**4086**	**3827**
花山区	8624	4115	4509	4337	2246	2091
雨山区	5823	2765	3058	2911	1497	1414
博望区	1245	616	629	665	343	322
当涂县						
含山县						
和县						
淮北市	**12290**	**5817**	**6473**	**6290**	**3167**	**3123**
杜集区	2916	1375	1541	1415	715	700
相山区	6481	3092	3389	3612	1808	1804
烈山区	1901	885	1016	817	417	400
濉溪县	992	465	527	446	227	219
铜陵市	**9442**	**4492**	**4950**	**5123**	**2622**	**2501**
铜官区	7260	3409	3851	4004	2004	2000
义安区	1311	653	658	759	419	340
郊区	871	430	441	360	199	161
枞阳县						
安庆市	**18399**	**8930**	**9469**	**10786**	**5582**	**5204**
迎江区	4656	2250	2406	2948	1507	1441
大观区	3949	1861	2088	2359	1181	1178
宜秀区	1357	664	693	845	447	398
怀宁县						
太湖县						
宿松县						
望江县	1190	552	638	817	394	423
岳西县						
安徽安庆经济开发区	4	3	1	4	3	1
桐城市	4849	2408	2441	2693	1412	1281
潜山市	2394	1192	1202	1120	638	482
黄山市	**6283**	**3046**	**3237**	**3705**	**1895**	**1810**
屯溪区	4484	2145	2339	2657	1341	1316
黄山区	939	467	472	569	295	274
徽州区	708	356	352	412	218	194
歙县	90	47	43	29	18	11
休宁县	62	31	31	38	23	15
黟县						
祁门县						
滁州市	**12188**	**5900**	**6288**	**6969**	**3563**	**3406**
琅琊区	4323	2090	2233	2306	1183	1123
南谯区	1843	903	940	1225	623	602
来安县						
全椒县						
定远县						
凤阳县						
苏滁现代产业园						
滁州经济技术开发区						
天长市	3003	1456	1547	1795	910	885
明光市	3019	1451	1568	1643	847	796

8-1a　续表 2　　单位：人

地　　区	60岁及以上人口			健　　康		
	合计	男	女	小计	男	女
阜阳市	**11885**	**5491**	**6394**	**6661**	**3214**	**3447**
颍州区	4704	2168	2536	2870	1368	1502
颍东区	2069	972	1097	1068	527	541
颍泉区	2541	1195	1346	1447	718	729
临泉县						
太和县						
阜南县						
颍上县						
阜阳合肥现代产业园区						
阜阳经济技术开发区						
界首市	2571	1156	1415	1276	601	675
宿州市	**7364**	**3383**	**3981**	**4129**	**2000**	**2129**
埇桥区	7231	3323	3908	4089	1978	2111
砀山县						
萧县	133	60	73	40	22	18
灵璧县						
泗县						
宿州马鞍山现代产业园区						
宿州经济技术开发区						
六安市	**8911**	**4296**	**4615**	**5541**	**2780**	**2761**
金安区	4482	2138	2344	2629	1307	1322
裕安区	3449	1673	1776	2380	1193	1187
叶集区	806	401	405	452	240	212
霍邱县	48	24	24	14	7	7
舒城县	126	60	66	66	33	33
金寨县						
霍山县						
亳州市	**5636**	**2668**	**2968**	**2893**	**1446**	**1447**
谯城区	5577	2638	2939	2868	1433	1435
涡阳县						
蒙城县						
利辛县	59	30	29	25	13	12
池州市	**4449**	**2183**	**2266**	**2498**	**1305**	**1193**
贵池区	4192	2049	2143	2375	1233	1142
东至县						
石台县						
青阳县						
池州市国家经济技术开发区	148	77	71	76	46	30
皖江江南新兴产业集中区	109	57	52	47	26	21
九华山风景区						
宣城市	**9472**	**4616**	**4856**	**5362**	**2748**	**2614**
宣州区	3228	1549	1679	1994	1008	986
郎溪县						
泾县						
绩溪县						
旌德县						
宣城市经济开发区						
宁国市	2793	1350	1443	1556	799	757
广德市	3451	1717	1734	1812	941	871

8-1a 续表 3

单位：人

地　区	基本健康			不健康，但生活能自理			不健康，生活不能自理		
	小计	男	女	小计	男	女	小计	男	女
安　徽	**73187**	**32413**	**40774**	**19255**	**8596**	**10659**	**6201**	**2750**	**3451**
合肥市	**14027**	**6193**	**7834**	**3208**	**1418**	**1790**	**1159**	**510**	**649**
瑶海区	3189	1382	1807	687	320	367	233	97	136
庐阳区	2624	1147	1477	548	231	317	214	105	109
蜀山区	2693	1220	1473	613	260	353	229	101	128
包河区	3364	1504	1860	792	345	447	293	119	174
长丰县									
肥东县									
肥西县	74	39	35	16	9	7	3	3	
庐江县									
合肥高新技术产业开发区									
合肥经济技术开发区									
合肥新站高新技术产业开发区	174	78	96	39	25	14	18	8	10
巢湖市	1909	823	1086	513	228	285	169	77	92
芜湖市	**8972**	**4050**	**4922**	**2264**	**1031**	**1233**	**601**	**261**	**340**
镜湖区	3535	1592	1943	806	357	449	257	120	137
弋江区	2081	953	1128	573	270	303	85	30	55
鸠江区	1508	710	798	416	176	240	118	54	64
三山区	582	264	318	174	78	96	47	25	22
芜湖县	108	41	67	35	20	15	19	5	14
繁昌县									
南陵县									
芜湖经济技术开发区	41	23	18	8	4	4	2		2
安徽芜湖长江大桥经济开发区									
无为市	1117	467	650	252	126	126	73	27	46
蚌埠市	**3965**	**1788**	**2177**	**1031**	**473**	**558**	**271**	**117**	**154**
龙子湖区	1199	534	665	288	129	159	113	46	67
蚌山区	838	381	457	171	73	98	51	21	30
禹会区	1303	587	716	333	148	185	80	34	46
淮上区	625	286	339	239	123	116	27	16	11
怀远县									
五河县									
固镇县									
蚌埠市高新技术开发区									
蚌埠市经济开发区									
淮南市	**6895**	**3090**	**3805**	**1617**	**696**	**921**	**492**	**222**	**270**
大通区	239	107	132	62	30	32	35	18	17
田家庵区	3722	1689	2033	767	345	422	228	106	122
谢家集区	1600	684	916	414	170	244	114	48	66
八公山区	910	403	507	267	106	161	75	30	45
潘集区	424	207	217	107	45	62	40	20	20
凤台县									
寿县									

8-1a　续表 4　　　　单位：人

地　区	基本健康			不健康，但生活能自理			不健康，生活不能自理		
	小计	男	女	小计	男	女	小计	男	女
马鞍山市	**5970**	**2621**	**3349**	**1301**	**564**	**737**	**508**	**225**	**283**
花山区	3329	1446	1883	685	290	395	273	133	140
雨山区	2173	966	1207	522	217	305	217	85	132
博望区	468	209	259	94	57	37	18	7	11
当涂县									
含山县									
和县									
淮北市	**4065**	**1819**	**2246**	**1492**	**634**	**858**	**443**	**197**	**246**
杜集区	918	408	510	449	190	259	134	62	72
相山区	2045	938	1107	615	257	358	209	89	120
烈山区	740	313	427	271	124	147	73	31	42
濉溪县	362	160	202	157	63	94	27	15	12
铜陵市	**3194**	**1356**	**1838**	**848**	**389**	**459**	**277**	**125**	**152**
铜官区	2405	1031	1374	632	274	358	219	100	119
义安区	443	181	262	85	44	41	24	9	15
郊区	346	144	202	131	71	60	34	16	18
枞阳县									
安庆市	**5836**	**2556**	**3280**	**1338**	**590**	**748**	**439**	**202**	**237**
迎江区	1318	578	740	278	117	161	112	48	64
大观区	1230	529	701	247	99	148	113	52	61
宜秀区	371	147	224	112	54	58	29	16	13
怀宁县									
太湖县									
宿松县									
望江县	272	107	165	75	40	35	26	11	15
岳西县									
安徽安庆经济开发区									
桐城市	1734	796	938	339	164	175	83	36	47
潜山市	911	399	512	287	116	171	76	39	37
黄山市	**1986**	**875**	**1111**	**424**	**203**	**221**	**168**	**73**	**95**
屯溪区	1427	623	804	264	124	140	136	57	79
黄山区	289	127	162	63	38	25	18	7	11
徽州区	211	96	115	73	34	39	12	8	4
歙县	37	21	16	22	7	15	2	1	1
休宁县	22	8	14	2		2			
黟县									
祁门县									
滁州市	**3766**	**1689**	**2077**	**1045**	**473**	**572**	**408**	**175**	**233**
琅琊区	1437	651	786	415	188	227	165	68	97
南谯区	448	205	243	117	53	64	53	22	31
来安县									
全椒县									
定远县									
凤阳县									
苏滁现代产业园									
滁州经济技术开发区									
天长市	884	397	487	222	98	124	102	51	51
明光市	997	436	561	291	134	157	88	34	54

8－1a 续表 5

单位：人

地区	基本健康			不健康，但生活能自理			不健康，生活不能自理		
	小计	男	女	小计	男	女	小计	男	女
阜阳市	**3518**	**1524**	**1994**	**1331**	**580**	**751**	**375**	**173**	**202**
颍州区	1249	541	708	463	199	264	122	60	62
颍东区	703	319	384	230	99	131	68	27	41
颍泉区	737	314	423	283	128	155	74	35	39
临泉县									
太和县									
阜南县									
颍上县									
阜阳合肥现代产业园区									
阜阳经济技术开发区									
界首市	829	350	479	355	154	201	111	51	60
宿州市	**2257**	**967**	**1290**	**728**	**307**	**421**	**250**	**109**	**141**
埇桥区	2201	944	1257	696	293	403	245	108	137
砀山县									
萧县	56	23	33	32	14	18	5	1	4
灵璧县									
泗县									
宿州马鞍山现代产业园区									
宿州经济技术开发区									
六安市	**2541**	**1136**	**1405**	**603**	**277**	**326**	**226**	**103**	**123**
金安区	1435	632	803	298	141	157	120	58	62
裕安区	805	366	439	192	83	109	72	31	41
叶集区	227	101	126	98	47	51	29	13	16
霍邱县	29	15	14	5	2	3			
舒城县	45	22	23	10	4	6	5	1	4
金寨县									
霍山县									
亳州市	**1826**	**801**	**1025**	**711**	**327**	**384**	**206**	**94**	**112**
谯城区	1807	794	1013	698	319	379	204	92	112
涡阳县									
蒙城县									
利辛县	19	7	12	13	8	5	2	2	
池州市	**1432**	**637**	**795**	**427**	**197**	**230**	**92**	**44**	**48**
贵池区	1324	585	739	407	190	217	86	41	45
东至县									
石台县									
青阳县									
池州市国家经济技术开发区	53	24	29	15	4	11	4	3	1
皖江江南新兴产业集中区	55	28	27	5	3	2	2		2
九华山风景区									
宣城市	**2937**	**1311**	**1626**	**887**	**437**	**450**	**286**	**120**	**166**
宣州区	934	418	516	217	91	126	83	32	51
郎溪县									
泾县									
绩溪县									
旌德县									
宣城市经济开发区									
宁国市	886	381	505	244	123	121	107	47	60
广德市	1117	512	605	426	223	203	96	41	55

8-1b 各地区分性别、健康状况的60岁及以上老年人口(镇)

单位：人

地区	60岁及以上人口			健康		
	合计	男	女	小计	男	女
安徽	**280107**	**135610**	**144497**	**148718**	**76426**	**72292**
合肥市	**36655**	**17898**	**18757**	**22021**	**11203**	**10818**
瑶海区	154	77	77	106	55	51
庐阳区	672	310	362	517	241	276
蜀山区	695	349	346	415	220	195
包河区						
长丰县	3572	1716	1856	1995	998	997
肥东县	7866	3814	4052	4745	2392	2353
肥西县	4909	2398	2511	3322	1686	1636
庐江县	7661	3760	3901	4596	2357	2239
合肥高新技术产业开发区	2164	1058	1106	1384	696	688
合肥经济技术开发区	3956	1938	2018	2268	1141	1127
合肥新站高新技术产业开发区	2742	1345	1397	1549	814	735
巢湖市	2264	1133	1131	1124	603	521
芜湖市	**18831**	**9339**	**9492**	**9628**	**5136**	**4492**
镜湖区	20	10	10	10	6	4
弋江区						
鸠江区	1732	836	896	571	314	257
三山区	150	77	73	129	65	64
芜湖县	3039	1539	1500	1728	915	813
繁昌县	2462	1193	1269	1247	674	573
南陵县	3898	1918	1980	2184	1143	1041
芜湖经济技术开发区	1847	913	934	1091	575	516
安徽芜湖长江大桥经济开发区	314	170	144	146	86	60
无为市	5369	2683	2686	2522	1358	1164
蚌埠市	**14906**	**7148**	**7758**	**8137**	**4109**	**4028**
龙子湖区	147	66	81	86	42	44
蚌山区						
禹会区	165	82	83	77	41	36
淮上区	451	221	230	168	88	80
怀远县	4509	2201	2308	2226	1136	1090
五河县	3417	1624	1793	1935	984	951
固镇县	1826	867	959	931	477	454
蚌埠市高新技术开发区	699	343	356	412	215	197
蚌埠市经济开发区	3692	1744	1948	2302	1126	1176
淮南市	**13693**	**6702**	**6991**	**6856**	**3538**	**3318**
大通区	1693	807	886	807	420	387
田家庵区	230	115	115	82	44	38
谢家集区	75	39	36	28	15	13
八公山区	1	1		1	1	
潘集区	1304	656	648	547	286	261
凤台县	3077	1483	1594	1362	697	665
寿县	7313	3601	3712	4029	2075	1954

8-1b 续表 1

单位：人

地　区	60岁及以上人口			健　康		
	合计	男	女	小计	男	女
马鞍山市	**12812**	**6127**	**6685**	**6710**	**3428**	**3282**
花山区						
雨山区						
博望区	193	98	95	105	64	41
当涂县	5122	2533	2589	2559	1358	1201
含山县	3470	1626	1844	1988	983	1005
和县	4027	1870	2157	2058	1023	1035
淮北市	**6459**	**2975**	**3484**	**2916**	**1425**	**1491**
杜集区	1103	538	565	487	251	236
相山区						
烈山区	657	304	353	365	179	186
濉溪县	4699	2133	2566	2064	995	1069
铜陵市	**6335**	**3098**	**3237**	**3117**	**1626**	**1491**
铜官区	1	1				
义安区	647	330	317	258	151	107
郊区	840	411	429	402	232	170
枞阳县	4847	2356	2491	2457	1243	1214
安庆市	**21513**	**10621**	**10892**	**11537**	**6059**	**5478**
迎江区						
大观区	476	232	244	209	109	100
宜秀区	726	356	370	370	191	179
怀宁县	4491	2197	2294	2716	1414	1302
太湖县	2964	1491	1473	1373	744	629
宿松县	3763	1831	1932	2380	1212	1168
望江县	1113	561	552	633	332	301
岳西县	1592	778	814	594	323	271
安徽安庆经济开发区	1977	990	987	1026	562	464
桐城市	2362	1150	1212	1383	705	678
潜山市	2049	1035	1014	853	467	386
黄山市	**7725**	**3740**	**3985**	**4098**	**2145**	**1953**
屯溪区	142	71	71	64	37	27
黄山区	631	333	298	356	202	154
徽州区	332	166	166	202	106	96
歙县	2976	1413	1563	1293	680	613
休宁县	1647	789	858	1032	526	506
黟县	673	332	341	442	216	226
祁门县	1324	636	688	709	378	331
滁州市	**24843**	**12207**	**12636**	**14336**	**7469**	**6867**
琅琊区						
南谯区	1004	505	499	579	303	276
来安县	3732	1836	1896	2202	1152	1050
全椒县	3715	1785	1930	1936	1015	921
定远县	4443	2161	2282	2775	1418	1357
凤阳县	4953	2465	2488	2955	1547	1408
苏滁现代产业园	225	114	111	130	68	62
滁州经济技术开发区	858	412	446	565	289	276
天长市	3923	1930	1993	2142	1123	1019
明光市	1990	999	991	1052	554	498

8-1b　续表 2　　　　单位：人

地　区	60岁及以上人口			健　康		
	合计	男	女	小计	男	女
阜阳市	**32151**	**15255**	**16896**	**15959**	**8048**	**7911**
颍州区	874	407	467	364	178	186
颍东区	1337	657	680	583	309	274
颍泉区	1443	696	747	759	404	355
临泉县	6032	2772	3260	2923	1402	1521
太和县	8455	4016	4439	4689	2351	2338
阜南县	3918	1753	2165	1617	796	821
颍上县	7359	3670	3689	3715	1945	1770
阜阳合肥现代产业园区	98	51	47	41	23	18
阜阳经济技术开发区	833	402	431	425	222	203
界首市	1802	831	971	843	418	425
宿州市	**23381**	**10981**	**12400**	**12370**	**6216**	**6154**
埇桥区	2835	1355	1480	1338	690	648
砀山县	6359	2899	3460	3368	1657	1711
萧县	5134	2402	2732	2879	1447	1432
灵璧县	4383	2096	2287	2331	1172	1159
泗县	3813	1799	2014	2035	1020	1015
宿州马鞍山现代产业园区	312	157	155	178	97	81
宿州经济技术开发区	545	273	272	241	133	108
六安市	**21280**	**10289**	**10991**	**11280**	**5803**	**5477**
金安区	1793	793	1000	1018	471	547
裕安区	1382	675	707	677	351	326
叶集区	473	217	256	215	110	105
霍邱县	5288	2619	2669	2602	1377	1225
舒城县	5713	2761	2952	3471	1745	1726
金寨县	2924	1435	1489	1592	838	754
霍山县	3707	1789	1918	1705	911	794
亳州市	**17998**	**8556**	**9442**	**8683**	**4367**	**4316**
谯城区	1737	791	946	873	423	450
涡阳县	5358	2535	2823	2469	1270	1199
蒙城县	5910	2814	3096	3019	1481	1538
利辛县	4993	2416	2577	2322	1193	1129
池州市	**8079**	**3985**	**4094**	**4324**	**2251**	**2073**
贵池区	867	438	429	366	197	169
东至县	4563	2229	2334	2479	1277	1202
石台县	606	304	302	280	160	120
青阳县	1991	975	1016	1167	594	573
池州市国家经济技术开发区						
皖江江南新兴产业集中区						
九华山风景区	52	39	13	32	23	9
宣城市	**13446**	**6689**	**6757**	**6746**	**3603**	**3143**
宣州区	1918	945	973	825	451	374
郎溪县	3104	1533	1571	1570	821	749
泾县	2422	1185	1237	1156	610	546
绩溪县	1651	816	835	1018	534	484
旌德县	1436	723	713	843	448	395
宣城市经济开发区	733	364	369	415	230	185
宁国市	763	407	356	386	207	179
广德市	1419	716	703	533	302	231

8-1b 续表 3

单位：人

地　区	基本健康			不健康，但生活能自理			不健康，生活不能自理		
	小计	男	女	小计	男	女	小计	男	女
安　徽	**94269**	**42308**	**51961**	**29781**	**13711**	**16070**	**7339**	**3165**	**4174**
合肥市	**10913**	**4905**	**6008**	**2820**	**1352**	**1468**	**901**	**438**	**463**
瑶海区	41	20	21	6	2	4	1		1
庐阳区	106	43	63	31	16	15	18	10	8
蜀山区	230	107	123	43	20	23	7	2	5
包河区									
长丰县	1166	525	641	314	145	169	97	48	49
肥东县	2335	1046	1289	539	255	284	247	121	126
肥西县	1251	543	708	252	133	119	84	36	48
庐江县	2315	1049	1266	571	265	306	179	89	90
合肥高新技术产业开发区	560	268	292	168	74	94	52	20	32
合肥经济技术开发区	1210	561	649	391	189	202	87	47	40
合肥新站高新技术产业开发区	903	393	510	205	96	109	85	42	43
巢湖市	796	350	446	300	157	143	44	23	21
芜湖市	**7111**	**3199**	**3912**	**1704**	**842**	**862**	**388**	**162**	**226**
镜湖区	7	3	4	2		2	1	1	
弋江区									
鸠江区	880	405	475	245	99	146	36	18	18
三山区	18	11	7	2		2	1	1	
芜湖县	1056	485	571	194	110	84	61	29	32
繁昌县	949	395	554	218	106	112	48	18	30
南陵县	1303	580	723	331	161	170	80	34	46
芜湖经济技术开发区	556	254	302	149	65	84	51	19	32
安徽芜湖长江大桥经济开发区	117	54	63	42	23	19	9	7	2
无为市	2225	1012	1213	521	278	243	101	35	66
蚌埠市	**4825**	**2129**	**2696**	**1509**	**718**	**791**	**435**	**192**	**243**
龙子湖区	45	17	28	14	6	8	2	1	1
蚌山区									
禹会区	72	33	39	12	7	5	4	1	3
淮上区	187	92	95	80	38	42	16	3	13
怀远县	1540	707	833	588	287	301	155	71	84
五河县	1068	447	621	333	164	169	81	29	52
固镇县	636	281	355	212	92	120	47	17	30
蚌埠市高新技术开发区	194	80	114	51	25	26	42	23	19
蚌埠市经济开发区	1083	472	611	219	99	120	88	47	41
淮南市	**4873**	**2249**	**2624**	**1576**	**742**	**834**	**388**	**173**	**215**
大通区	599	260	339	215	95	120	72	32	40
田家庵区	135	65	70	7	3	4	6	3	3
谢家集区	38	19	19	9	5	4			
八公山区									
潘集区	461	228	233	244	121	123	52	21	31
凤台县	1213	548	665	413	194	219	89	44	45
寿县	2427	1129	1298	688	324	364	169	73	96

8-1b 续表 4

单位：人

地区	基本健康			不健康，但生活能自理			不健康，生活不能自理		
	小计	男	女	小计	男	女	小计	男	女
马鞍山市	**4482**	**1973**	**2509**	**1321**	**598**	**723**	**299**	**128**	**171**
花山区									
雨山区									
博望区	70	26	44	12	4	8	6	4	2
当涂县	1907	866	1041	560	268	292	96	41	55
含山县	1076	465	611	315	136	179	91	42	49
和县	1429	616	813	434	190	244	106	41	65
淮北市	**2391**	**1063**	**1328**	**892**	**379**	**513**	**260**	**108**	**152**
杜集区	383	188	195	186	75	111	47	24	23
相山区									
烈山区	210	89	121	62	27	35	20	9	11
濉溪县	1798	786	1012	644	277	367	193	75	118
铜陵市	**2408**	**1087**	**1321**	**692**	**326**	**366**	**118**	**59**	**59**
铜官区				1	1				
义安区	294	132	162	83	43	40	12	4	8
郊区	317	129	188	90	35	55	31	15	16
枞阳县	1797	826	971	518	247	271	75	40	35
安庆市	**7333**	**3363**	**3970**	**2100**	**981**	**1119**	**543**	**218**	**325**
迎江区									
大观区	214	101	113	47	20	27	6	2	4
宜秀区	270	123	147	73	36	37	13	6	7
怀宁县	1347	582	765	322	163	159	106	38	68
太湖县	1146	542	604	343	165	178	102	40	62
宿松县	1002	452	550	303	134	169	78	33	45
望江县	370	177	193	89	40	49	21	12	9
岳西县	647	301	346	277	126	151	74	28	46
安徽安庆经济开发区	758	348	410	153	59	94	40	21	19
桐城市	744	327	417	197	100	97	38	18	20
潜山市	835	410	425	296	138	158	65	20	45
黄山市	**2692**	**1196**	**1496**	**776**	**331**	**445**	**159**	**68**	**91**
屯溪区	61	27	34	14	6	8	3	1	2
黄山区	195	94	101	68	34	34	12	3	9
徽州区	105	49	56	25	11	14			
歙县	1240	551	689	372	153	219	71	29	42
休宁县	464	190	274	124	56	68	27	17	10
黟县	179	89	90	44	22	22	8	5	3
祁门县	448	196	252	129	49	80	38	13	25
滁州市	**7624**	**3423**	**4201**	**2346**	**1086**	**1260**	**537**	**229**	**308**
琅琊区									
南谯区	269	124	145	129	66	63	27	12	15
来安县	1108	507	601	345	140	205	77	37	40
全椒县	1401	601	800	301	140	161	77	29	48
定远县	1174	519	655	395	177	218	99	47	52
凤阳县	1474	680	794	433	202	231	91	36	55
苏滁现代产业园	61	27	34	29	17	12	5	2	3
滁州经济技术开发区	224	95	129	58	22	36	11	6	5
天长市	1261	571	690	415	196	219	105	40	65
明光市	652	299	353	241	126	115	45	20	25

8-1b 续表 5

单位：人

地 区	基本健康			不健康，但生活能自理			不健康，生活不能自理		
	小计	男	女	小计	男	女	小计	男	女
阜阳市	**10888**	**4837**	**6051**	**4361**	**1944**	**2417**	**943**	**426**	**517**
颍州区	345	150	195	132	66	66	33	13	20
颍东区	497	220	277	219	107	112	38	21	17
颍泉区	471	207	264	167	65	102	46	20	26
临泉县	2105	930	1175	799	346	453	205	94	111
太和县	2667	1165	1502	895	407	488	204	93	111
阜南县	1407	589	818	721	300	421	173	68	105
颍上县	2512	1194	1318	972	457	515	160	74	86
阜阳合肥现代产业园区	41	19	22	14	7	7	2	2	
阜阳经济技术开发区	248	111	137	114	46	68	46	23	23
界首市	595	252	343	328	143	185	36	18	18
宿州市	**7550**	**3290**	**4260**	**2816**	**1214**	**1602**	**645**	**261**	**384**
埇桥区	992	438	554	393	182	211	112	45	67
砀山县	2091	886	1205	739	291	448	161	65	96
萧县	1582	670	912	578	247	331	95	38	57
灵璧县	1471	672	799	444	196	248	137	56	81
泗县	1168	511	657	514	226	288	96	42	54
宿州马鞍山现代产业园区	61	26	35	60	30	30	13	4	9
宿州经济技术开发区	185	87	98	88	42	46	31	11	20
六安市	**7205**	**3206**	**3999**	**2209**	**1042**	**1167**	**586**	**238**	**348**
金安区	594	230	364	136	66	70	45	26	19
裕安区	514	233	281	140	66	74	51	25	26
叶集区	194	83	111	50	18	32	14	6	8
霍邱县	1915	899	1016	624	288	336	147	55	92
舒城县	1591	719	872	500	242	258	151	55	96
金寨县	955	417	538	317	154	163	60	26	34
霍山县	1442	625	817	442	208	234	118	45	73
亳州市	**6261**	**2838**	**3423**	**2498**	**1111**	**1387**	**556**	**240**	**316**
谯城区	570	239	331	232	103	129	62	26	36
涡阳县	1990	880	1110	740	310	430	159	75	84
蒙城县	1916	889	1027	766	362	404	209	82	127
利辛县	1785	830	955	760	336	424	126	57	69
池州市	**2857**	**1310**	**1547**	**692**	**338**	**354**	**206**	**86**	**120**
贵池区	360	173	187	99	51	48	42	17	25
东至县	1609	734	875	376	175	201	99	43	56
石台县	233	101	132	76	36	40	17	7	10
青阳县	637	287	350	139	75	64	48	19	29
池州市国家经济技术开发区									
皖江江南新兴产业集中区									
九华山风景区	18	15	3	2	1	1			
宣城市	**4856**	**2240**	**2616**	**1469**	**707**	**762**	**375**	**139**	**236**
宣州区	858	387	471	201	95	106	34	12	22
郎溪县	1093	510	583	350	167	183	91	35	56
泾县	969	443	526	233	108	125	64	24	40
绩溪县	453	203	250	139	65	74	41	14	27
旌德县	432	200	232	126	58	68	35	17	18
宣城市经济开发区	212	92	120	44	24	20	62	18	44
宁国市	253	129	124	104	61	43	20	10	10
广德市	586	276	310	272	129	143	28	9	19

8-1c　各地区分性别、健康状况的60岁及以上老年人口(乡村)

单位：人

地　区	60岁及以上人口			健　康		
	合计	男	女	小计	男	女
安　徽	**604389**	**299939**	**304450**	**291001**	**155506**	**135495**
合肥市	**49536**	**25100**	**24436**	**25030**	**13616**	**11414**
瑶海区	116	52	64	79	39	40
庐阳区	173	99	74	69	40	29
蜀山区	470	250	220	205	128	77
包河区	105	52	53	72	41	31
长丰县	8333	4286	4047	3654	2077	1577
肥东县	11434	5642	5792	6142	3180	2962
肥西县	8804	4504	4300	4722	2591	2131
庐江县	11748	6081	5667	6330	3530	2800
合肥高新技术产业开发区	2	1	1	2	1	1
合肥经济技术开发区	307	161	146	131	78	53
合肥新站高新技术产业开发区	81	46	35	28	18	10
巢湖市	7963	3926	4037	3596	1893	1703
芜湖市	**29865**	**15067**	**14798**	**12260**	**6810**	**5450**
镜湖区	430	216	214	97	62	35
弋江区						
鸠江区	3629	1786	1843	1107	620	487
三山区	1038	528	510	362	211	151
芜湖县	3176	1633	1543	1081	613	468
繁昌县	2926	1523	1403	1100	640	460
南陵县	6401	3279	3122	3070	1709	1361
芜湖经济技术开发区	88	43	45	16	9	7
安徽芜湖长江大桥经济开发区	200	113	87	50	33	17
无为市	11977	5946	6031	5377	2913	2464
蚌埠市	**28939**	**14609**	**14330**	**14256**	**7708**	**6548**
龙子湖区	783	390	393	353	179	174
蚌山区	323	163	160	103	63	40
禹会区	1812	883	929	664	351	313
淮上区	1853	956	897	755	405	350
怀远县	11325	5740	5585	5670	3066	2604
五河县	6230	3119	3111	3301	1775	1526
固镇县	6613	3358	3255	3410	1869	1541
蚌埠市高新技术开发区						
蚌埠市经济开发区						
淮南市	**27666**	**14252**	**13414**	**13032**	**7210**	**5822**
大通区	906	494	412	410	248	162
田家庵区	655	332	323	287	154	133
谢家集区	1166	595	571	465	263	202
八公山区	103	44	59	26	11	15
潘集区	3325	1678	1647	1289	705	584
凤台县	7680	3923	3757	3313	1817	1496
寿县	13831	7186	6645	7242	4012	3230

8-1c 续表 1

单位：人

地 区	60岁及以上人口			健 康		
	合计	男	女	小计	男	女
马鞍山市	**16936**	**8305**	**8631**	**8025**	**4298**	**3727**
花山区	247	121	126	43	26	17
雨山区	370	176	194	126	69	57
博望区	1789	891	898	868	459	409
当涂县	4106	2022	2084	1820	1015	805
含山县	4523	2194	2329	2388	1244	1144
和县	5901	2901	3000	2780	1485	1295
淮北市	**12791**	**6057**	**6734**	**5238**	**2731**	**2507**
杜集区	1157	558	599	392	204	188
相山区	917	428	489	298	163	135
烈山区	1905	929	976	768	417	351
濉溪县	8812	4142	4670	3780	1947	1833
铜陵市	**12754**	**6235**	**6519**	**5484**	**2923**	**2561**
铜官区	139	67	72	72	38	34
义安区	3561	1774	1787	1408	781	627
郊区	2456	1207	1249	994	544	450
枞阳县	6598	3187	3411	3010	1560	1450
安庆市	**51676**	**26021**	**25655**	**27381**	**14744**	**12637**
迎江区	415	206	209	137	78	59
大观区	969	460	509	522	264	258
宜秀区	835	400	435	489	258	231
怀宁县	7874	3941	3933	4621	2437	2184
太湖县	7157	3708	3449	2923	1646	1277
宿松县	9327	4639	4688	5703	2976	2727
望江县	8097	3955	4142	5145	2692	2453
岳西县	4669	2429	2240	1699	995	704
安徽安庆经济开发区	112	57	55	41	22	19
桐城市	6173	3072	3101	3587	1911	1676
潜山市	6048	3154	2894	2514	1465	1049
黄山市	**18385**	**9149**	**9236**	**8783**	**4771**	**4012**
屯溪区	518	252	266	207	122	85
黄山区	1897	1017	880	1016	594	422
徽州区	1177	575	602	571	305	266
歙县	7415	3640	3775	3580	1898	1682
休宁县	3930	1922	2008	1905	1015	890
黟县	1349	689	660	642	361	281
祁门县	2099	1054	1045	862	476	386
滁州市	**41322**	**20881**	**20441**	**22520**	**12220**	**10300**
琅琊区	273	147	126	87	53	34
南谯区	2480	1258	1222	1106	621	485
来安县	5331	2644	2687	2851	1523	1328
全椒县	4824	2383	2441	2570	1370	1200
定远县	9843	4916	4927	5502	2970	2532
凤阳县	6753	3546	3207	4012	2193	1819
苏滁现代产业园						
滁州经济技术开发区	153	79	74	87	47	40
天长市	5858	2936	2922	2995	1629	1366
明光市	5807	2972	2835	3310	1814	1496

8-1c　续表 2

单位：人

地　区	60岁及以上人口			健　康		
	合计	男	女	小计	男	女
阜阳市	**90182**	**42829**	**47353**	**43164**	**22029**	**21135**
颍州区	4899	2290	2609	2190	1102	1088
颍东区	5787	2812	2975	2889	1465	1424
颍泉区	6044	2856	3188	3161	1588	1573
临泉县	20766	9480	11286	9720	4824	4896
太和县	15232	7192	8040	7984	4020	3964
阜南县	14192	6668	7524	6210	3193	3017
颍上县	15534	7912	7622	7886	4235	3651
阜阳合肥现代产业园区	452	224	228	226	119	107
阜阳经济技术开发区	234	115	119	100	50	50
界首市	7042	3280	3762	2798	1433	1365
宿州市	**61901**	**30026**	**31875**	**31592**	**16371**	**15221**
埇桥区	15514	7673	7841	7539	4003	3536
砀山县	9508	4391	5117	4757	2403	2354
萧县	16019	7651	8368	8706	4434	4272
灵璧县	11514	5782	5732	5996	3172	2824
泗县	9030	4367	4663	4456	2282	2174
宿州马鞍山现代产业园区	316	162	154	138	77	61
宿州经济技术开发区						
六安市	**59244**	**30236**	**29008**	**29441**	**16042**	**13399**
金安区	8495	4386	4109	4092	2275	1817
裕安区	11007	5633	5374	6125	3303	2822
叶集区	2281	1219	1062	1055	591	464
霍邱县	14417	7387	7030	6578	3646	2932
舒城县	11990	6060	5930	6612	3506	3106
金寨县	8175	4119	4056	3771	2048	1723
霍山县	2879	1432	1447	1208	673	535
亳州市	**54632**	**26177**	**28455**	**23927**	**12360**	**11567**
谯城区	14914	6977	7937	7170	3562	3608
涡阳县	13850	6610	7240	5958	3097	2861
蒙城县	11230	5450	5780	5161	2700	2461
利辛县	14638	7140	7498	5638	3001	2637
池州市	**16707**	**8497**	**8210**	**7114**	**3949**	**3165**
贵池区	6385	3224	3161	2629	1440	1189
东至县	5313	2673	2640	2383	1320	1063
石台县	1468	768	700	462	272	190
青阳县	3321	1715	1606	1524	850	674
池州市国家经济技术开发区						
皖江江南新兴产业集中区						
九华山风景区	220	117	103	116	67	49
宣城市	**31853**	**16498**	**15355**	**13754**	**7724**	**6030**
宣州区	9350	4762	4588	3727	2102	1625
郎溪县	3133	1595	1538	1300	720	580
泾县	4732	2555	2177	2162	1280	882
绩溪县	2388	1194	1194	1256	671	585
旌德县	1769	940	829	767	435	332
宣城市经济开发区	439	222	217	241	133	108
宁国市	4716	2501	2215	2346	1308	1038
广德市	5326	2729	2597	1955	1075	880

8-1c 续表 3

单位：人

地　区	基本健康			不健康，但生活能自理			不健康，生活不能自理		
	小计	男	女	小计	男	女	小计	男	女
安　徽	**217458**	**100243**	**117215**	**80705**	**37860**	**42845**	**15225**	**6330**	**8895**
合肥市	**17753**	**8260**	**9493**	**5680**	**2766**	**2914**	**1073**	**458**	**615**
瑶海区	27	10	17	8	3	5	2		2
庐阳区	60	32	28	40	24	16	4	3	1
蜀山区	182	80	102	64	35	29	19	7	12
包河区	24	8	16	7	2	5	2	1	1
长丰县	3051	1455	1596	1365	634	731	263	120	143
肥东县	3912	1815	2097	1106	531	575	274	116	158
肥西县	3023	1401	1622	891	450	441	168	62	106
庐江县	4179	1932	2247	1076	543	533	163	76	87
合肥高新技术产业开发区									
合肥经济技术开发区	94	43	51	73	38	35	9	2	7
合肥新站高新技术产业开发区	31	14	17	18	13	5	4	1	3
巢湖市	3170	1470	1700	1032	493	539	165	70	95
芜湖市	**13176**	**6167**	**7009**	**3795**	**1818**	**1977**	**634**	**272**	**362**
镜湖区	225	107	118	95	43	52	13	4	9
弋江区									
鸠江区	1841	840	1001	595	285	310	86	41	45
三山区	465	221	244	187	86	101	24	10	14
芜湖县	1556	764	792	456	220	236	83	36	47
繁昌县	1276	613	663	463	232	231	87	38	49
南陵县	2567	1209	1358	648	314	334	116	47	69
芜湖经济技术开发区	50	23	27	20	10	10	2	1	1
安徽芜湖长江大桥经济开发区	95	45	50	45	31	14	10	4	6
无为市	5101	2345	2756	1286	597	689	213	91	122
蚌埠市	**10185**	**4782**	**5403**	**3810**	**1825**	**1985**	**688**	**294**	**394**
龙子湖区	325	157	168	87	45	42	18	9	9
蚌山区	152	65	87	55	28	27	13	7	6
禹会区	774	365	409	323	141	182	51	26	25
淮上区	768	388	380	286	145	141	44	18	26
怀远县	3840	1817	2023	1538	745	793	277	112	165
五河县	2092	958	1134	690	324	366	147	62	85
固镇县	2234	1032	1202	831	397	434	138	60	78
蚌埠市高新技术开发区									
蚌埠市经济开发区									
淮南市	**10367**	**4999**	**5368**	**3607**	**1747**	**1860**	**660**	**296**	**364**
大通区	344	171	173	127	61	66	25	14	11
田家庵区	272	128	144	81	39	42	15	11	4
谢家集区	475	231	244	186	81	105	40	20	20
八公山区	59	27	32	16	5	11	2	1	1
潘集区	1376	667	709	549	260	289	111	46	65
凤台县	3002	1444	1558	1150	564	586	215	98	117
寿县	4839	2331	2508	1498	737	761	252	106	146

8-1c　续表 4　　　　单位：人

地　区	基本健康			不健康，但生活能自理			不健康，生活不能自理		
	小计	男	女	小计	男	女	小计	男	女
马鞍山市	**6606**	**2950**	**3656**	**1971**	**902**	**1069**	**334**	**155**	**179**
花山区	148	74	74	50	18	32	6	3	3
雨山区	168	79	89	60	20	40	16	8	8
博望区	715	330	385	162	80	82	44	22	22
当涂县	1696	751	945	520	233	287	70	23	47
含山县	1612	699	913	458	212	246	65	39	26
和县	2267	1017	1250	721	339	382	133	60	73
淮北市	**4927**	**2199**	**2728**	**2205**	**964**	**1241**	**421**	**163**	**258**
杜集区	469	225	244	245	108	137	51	21	30
相山区	370	161	209	205	88	117	44	16	28
烈山区	724	316	408	345	166	179	68	30	38
濉溪县	3364	1497	1867	1410	602	808	258	96	162
铜陵市	**5159**	**2310**	**2849**	**1780**	**851**	**929**	**331**	**151**	**180**
铜官区	48	19	29	15	7	8	4	3	1
义安区	1389	635	754	627	294	333	137	64	73
郊区	1029	450	579	367	178	189	66	35	31
枞阳县	2693	1206	1487	771	372	399	124	49	75
安庆市	**17777**	**8176**	**9601**	**5377**	**2622**	**2755**	**1141**	**479**	**662**
迎江区	191	89	102	77	33	44	10	6	4
大观区	309	134	175	109	48	61	29	14	15
宜秀区	256	103	153	71	31	40	19	8	11
怀宁县	2612	1197	1415	517	252	265	124	55	69
太湖县	3002	1458	1544	1048	526	522	184	78	106
宿松县	2527	1138	1389	882	428	454	215	97	118
望江县	2192	925	1267	615	289	326	145	49	96
岳西县	2031	990	1041	780	377	403	159	67	92
安徽安庆经济开发区	65	33	32	6	2	4			
桐城市	2015	880	1135	476	242	234	95	39	56
潜山市	2577	1229	1348	796	394	402	161	66	95
黄山市	**6925**	**3162**	**3763**	**2295**	**1043**	**1252**	**382**	**173**	**209**
屯溪区	204	90	114	92	36	56	15	4	11
黄山区	616	304	312	229	100	129	36	19	17
徽州区	443	199	244	142	64	78	21	7	14
歙县	2792	1275	1517	894	401	493	149	66	83
休宁县	1507	657	850	431	209	222	87	41	46
黟县	491	227	264	196	91	105	20	10	10
祁门县	872	410	462	311	142	169	54	26	28
滁州市	**12961**	**5975**	**6986**	**4927**	**2322**	**2605**	**914**	**364**	**550**
琅琊区	135	68	67	44	21	23	7	5	2
南谯区	901	428	473	366	166	200	107	43	64
来安县	1723	773	950	670	315	355	87	33	54
全椒县	1595	706	889	555	266	289	104	41	63
定远县	2900	1297	1603	1230	575	655	211	74	137
凤阳县	1968	966	1002	675	337	338	98	50	48
苏滁现代产业园									
滁州经济技术开发区	53	23	30	7	4	3	6	5	1
天长市	1937	886	1051	756	352	404	170	69	101
明光市	1749	828	921	624	286	338	124	44	80

8－1c 续表 5

单位：人

地 区	基本健康			不健康，但生活能自理			不健康，生活不能自理		
	小计	男	女	小计	男	女	小计	男	女
阜阳市	**30738**	**13748**	**16990**	**13628**	**6010**	**7618**	**2652**	**1042**	**1610**
颍州区	1760	771	989	770	335	435	179	82	97
颍东区	1948	908	1040	817	381	436	133	58	75
颍泉区	1825	806	1019	866	385	481	192	77	115
临泉县	7241	3085	4156	3184	1337	1847	621	234	387
太和县	4824	2143	2681	2013	872	1141	411	157	254
阜南县	5050	2248	2802	2451	1063	1388	481	164	317
颍上县	5169	2495	2674	2100	1013	1087	379	169	210
阜阳合肥现代产业园区	148	73	75	65	28	37	13	4	9
阜阳经济技术开发区	87	42	45	30	15	15	17	8	9
界首市	2686	1177	1509	1332	581	751	226	89	137
宿州市	**20229**	**9144**	**11085**	**8481**	**3881**	**4600**	**1599**	**630**	**969**
埇桥区	5150	2346	2804	2361	1132	1229	464	192	272
砀山县	3169	1372	1797	1347	540	807	235	76	159
萧县	4787	2121	2666	2205	971	1234	321	125	196
灵璧县	3853	1815	2038	1343	662	681	322	133	189
泗县	3159	1436	1723	1170	551	619	245	98	147
宿州马鞍山现代产业园区	111	54	57	55	25	30	12	6	6
宿州经济技术开发区									
六安市	**20864**	**9927**	**10937**	**7561**	**3682**	**3879**	**1378**	**585**	**793**
金安区	3220	1532	1688	979	495	484	204	84	120
裕安区	3426	1628	1798	1176	590	586	280	112	168
叶集区	822	414	408	355	187	168	49	27	22
霍邱县	5437	2612	2825	2076	1003	1073	326	126	200
舒城县	3730	1754	1976	1379	680	699	269	120	149
金寨县	3054	1445	1609	1172	540	632	178	86	92
霍山县	1175	542	633	424	187	237	72	30	42
亳州市	**20109**	**9105**	**11004**	**8797**	**3995**	**4802**	**1799**	**717**	**1082**
谯城区	5103	2278	2825	2130	942	1188	511	195	316
涡阳县	5183	2317	2866	2222	1005	1217	487	191	296
蒙城县	4029	1805	2224	1669	782	887	371	163	208
利辛县	5794	2705	3089	2776	1266	1510	430	168	262
池州市	**6886**	**3220**	**3666**	**2276**	**1134**	**1142**	**431**	**194**	**237**
贵池区	2587	1211	1376	986	485	501	183	88	95
东至县	2229	1022	1207	592	291	301	109	40	69
石台县	656	320	336	298	153	145	52	23	29
青阳县	1331	629	702	385	196	189	81	40	41
池州市国家经济技术开发区									
皖江江南新兴产业集中区									
九华山风景区	83	38	45	15	9	6	6	3	3
宣城市	**12796**	**6119**	**6677**	**4515**	**2298**	**2217**	**788**	**357**	**431**
宣州区	4193	1939	2254	1223	626	597	207	95	112
郎溪县	1255	595	660	497	244	253	81	36	45
泾县	1868	937	931	590	291	299	112	47	65
绩溪县	762	339	423	304	151	153	66	33	33
旌德县	724	362	362	237	117	120	41	26	15
宣城市经济开发区	138	58	80	40	24	16	20	7	13
宁国市	1623	814	809	638	328	310	109	51	58
广德市	2233	1075	1158	986	517	469	152	62	90

8-2　全省分年龄、性别、健康状况的60岁及以上老年人口

单位：人

年　龄	60岁及以上人口			健　康		
	合计	男	女	小计	男	女
总　计	**1115044**	**545996**	**569048**	**571624**	**298620**	**273004**
60–64岁	**227274**	**115909**	**111365**	**160242**	**84169**	**76073**
60	29521	14439	15082	22212	11085	11127
61	28905	14734	14171	21182	11039	10143
62	46953	24636	22317	33379	18014	15365
63	61151	31721	29430	42345	22715	19630
64	60744	30379	30365	41124	21316	19808
65–69岁	**323268**	**159733**	**163535**	**195214**	**101426**	**93788**
65	64051	32008	32043	41950	21848	20102
66	70176	35026	35150	44310	23064	21246
67	65176	31979	33197	39100	20210	18890
68	68214	33251	34963	39238	20248	18990
69	55651	27469	28182	30616	16056	14560
70–74岁	**235261**	**117692**	**117569**	**112300**	**60229**	**52071**
70	51474	25759	25715	27126	14491	12635
71	52364	26267	26097	25989	13980	12009
72	49775	25023	24752	23421	12548	10873
73	42759	21319	21440	19070	10293	8777
74	38889	19324	19565	16694	8917	7777
75–79岁	**161932**	**79606**	**82326**	**61033**	**32245**	**28788**
75	35521	17685	17836	14770	7863	6907
76	35066	17496	17570	13643	7252	6391
77	31405	15504	15901	11852	6251	5601
78	29653	14341	15312	10583	5567	5016
79	30287	14580	15707	10185	5312	4873
80–84岁	**96384**	**45009**	**51375**	**27599**	**13913**	**13686**
80	25690	12311	13379	8219	4204	4015
81	18826	8793	10033	5453	2716	2737
82	19858	9386	10472	5620	2877	2743
83	16855	7687	9168	4488	2232	2256
84	15155	6832	8323	3819	1884	1935
85–89岁	**50832**	**21233**	**29599**	**11776**	**5375**	**6401**
85	13249	5775	7474	3211	1531	1680
86	13110	5505	7605	3158	1476	1682
87	10932	4557	6375	2419	1096	1323
88	7705	3075	4630	1738	749	989
89	5836	2321	3515	1250	523	727
90–94岁	**16136**	**5709**	**10427**	**2822**	**1072**	**1750**
90	5224	2024	3200	1009	434	575
91	3817	1272	2545	640	228	412
92	3291	1126	2165	547	197	350
93	2218	765	1453	345	122	223
94	1586	522	1064	281	91	190
95–99岁	**3501**	**1016**	**2485**	**569**	**177**	**392**
95	1236	386	850	220	75	145
96	917	264	653	138	39	99
97	637	165	472	93	29	64
98	409	118	291	74	25	49
99	302	83	219	44	9	35
100岁及以上	**456**	**89**	**367**	**69**	**14**	**55**

8−2 续表 单位：人

年 龄	基本健康			不健康，但生活能自理			不健康，生活不能自理		
	小计	男	女	小计	男	女	小计	男	女
总 计	**384914**	**174964**	**209950**	**129741**	**60167**	**69574**	**28765**	**12245**	**16520**
60−64岁	**52811**	**24343**	**28468**	**12270**	**6386**	**5884**	**1951**	**1011**	**940**
60	5725	2534	3191	1349	699	650	235	121	114
61	6010	2813	3197	1458	755	703	255	127	128
62	10689	5054	5635	2485	1342	1143	400	226	174
63	14840	6914	7926	3448	1828	1620	518	264	254
64	15547	7028	8519	3530	1762	1768	543	273	270
65−69岁	**99519**	**44356**	**55163**	**24759**	**12145**	**12614**	**3776**	**1806**	**1970**
65	17343	7765	9578	4127	2085	2042	631	310	321
66	20363	9169	11194	4756	2428	2328	747	365	382
67	20279	9014	11265	5071	2425	2646	726	330	396
68	22334	9865	12469	5744	2718	3026	898	420	478
69	19200	8543	10657	5061	2489	2572	774	381	393
70−74岁	**91429**	**42337**	**49092**	**27099**	**12984**	**14115**	**4433**	**2142**	**2291**
70	18401	8363	10038	5129	2495	2634	818	410	408
71	19873	9195	10678	5580	2654	2926	922	438	484
72	19557	9122	10435	5849	2871	2978	948	482	466
73	17496	8077	9419	5343	2541	2802	850	408	442
74	16102	7580	8522	5198	2423	2775	895	404	491
75−79岁	**69629**	**32718**	**36911**	**26159**	**12263**	**13896**	**5111**	**2380**	**2731**
75	14742	6920	7822	5110	2450	2660	899	452	447
76	14965	7147	7818	5446	2611	2835	1012	486	526
77	13459	6360	7099	5098	2425	2673	996	468	528
78	13000	6045	6955	5044	2271	2773	1026	458	568
79	13463	6246	7217	5461	2506	2955	1178	516	662
80−84岁	**42539**	**19513**	**23026**	**20925**	**9338**	**11587**	**5321**	**2245**	**3076**
80	11348	5269	6079	4953	2304	2649	1170	534	636
81	8410	3901	4509	4046	1775	2271	917	401	516
82	8817	4080	4737	4354	1954	2400	1067	475	592
83	7364	3284	4080	3922	1753	2169	1081	418	663
84	6600	2979	3621	3650	1552	2098	1086	417	669
85−89岁	**21489**	**9015**	**12474**	**12880**	**5188**	**7692**	**4687**	**1655**	**3032**
85	5821	2489	3332	3213	1386	1827	1004	369	635
86	5624	2368	3256	3180	1256	1924	1148	405	743
87	4545	1934	2611	2878	1132	1746	1090	395	695
88	3146	1276	1870	2032	777	1255	789	273	516
89	2353	948	1405	1577	637	940	656	213	443
90−94岁	**6178**	**2295**	**3883**	**4576**	**1560**	**3016**	**2560**	**782**	**1778**
90	2089	854	1235	1461	520	941	665	216	449
91	1499	527	972	1063	347	716	615	170	445
92	1247	444	803	950	321	629	547	164	383
93	791	282	509	651	232	419	431	129	302
94	552	188	364	451	140	311	302	103	199
95−99岁	**1193**	**361**	**832**	**940**	**274**	**666**	**799**	**204**	**595**
95	409	125	284	347	113	234	260	73	187
96	328	98	230	237	69	168	214	58	156
97	205	57	148	167	42	125	172	37	135
98	142	45	97	108	30	78	85	18	67
99	109	36	73	81	20	61	68	18	50
100岁及以上	**127**	**26**	**101**	**133**	**29**	**104**	**127**	**20**	**107**

8-2a　全省分年龄、性别、健康状况的60岁及以上老年人口(城市)

单位：人

年龄	60岁及以上人口			健康		
	合计	男	女	小计	男	女
总计	**230548**	**110447**	**120101**	**131905**	**66688**	**65217**
60-64岁	**59254**	**29847**	**29407**	**43952**	**22510**	**21442**
60	8721	4323	4398	6778	3356	3422
61	8533	4423	4110	6562	3440	3122
62	12595	6479	6116	9463	4949	4514
63	15192	7720	7472	11041	5754	5287
64	14213	6902	7311	10108	5011	5097
65-69岁	**65297**	**31326**	**33971**	**42635**	**21237**	**21398**
65	14132	6867	7265	9919	4955	4964
66	14833	7296	7537	10026	5056	4970
67	12759	6081	6678	8171	4081	4090
68	13117	6098	7019	8233	4007	4226
69	10456	4984	5472	6286	3138	3148
70-74岁	**42459**	**20506**	**21953**	**22407**	**11495**	**10912**
70	9689	4702	4987	5643	2890	2753
71	9531	4620	4911	5134	2640	2494
72	8665	4198	4467	4461	2283	2178
73	7645	3672	3973	3799	1972	1827
74	6929	3314	3615	3370	1710	1660
75-79岁	**30012**	**13910**	**16102**	**12864**	**6480**	**6384**
75	6267	2933	3334	2904	1480	1424
76	6326	2987	3339	2818	1405	1413
77	5657	2625	3032	2436	1210	1226
78	5756	2632	3124	2356	1191	1165
79	6006	2733	3273	2350	1194	1156
80-84岁	**19681**	**8944**	**10737**	**6660**	**3362**	**3298**
80	4996	2288	2708	1834	888	946
81	3984	1834	2150	1349	681	668
82	3969	1817	2152	1369	706	663
83	3466	1549	1917	1106	568	538
84	3266	1456	1810	1002	519	483
85-89岁	**10012**	**4350**	**5662**	**2674**	**1281**	**1393**
85	2631	1112	1519	742	345	397
86	2544	1098	1446	705	334	371
87	2126	942	1184	560	271	289
88	1571	691	880	398	194	204
89	1140	507	633	269	137	132
90-94岁	**3137**	**1320**	**1817**	**610**	**279**	**331**
90	1046	474	572	232	118	114
91	750	312	438	141	65	76
92	602	239	363	110	46	64
93	436	177	259	73	26	47
94	303	118	185	54	24	30
95-99岁	**629**	**225**	**404**	**95**	**42**	**53**
95	231	85	146	39	19	20
96	173	72	101	30	13	17
97	111	29	82	13	5	8
98	67	23	44	7	2	5
99	47	16	31	6	3	3
100岁及以上	**67**	**19**	**48**	**8**	**2**	**6**

8-2a 续表 单位：人

年 龄	基本健康			不健康，但生活能自理			不健康，生活不能自理		
	小计	男	女	小计	男	女	小计	男	女
总 计	**73187**	**32413**	**40774**	**19255**	**8596**	**10659**	**6201**	**2750**	**3451**
60-64岁	**12486**	**5816**	**6670**	**2399**	**1288**	**1111**	**417**	**233**	**184**
60	1569	765	804	318	172	146	56	30	26
61	1588	760	828	320	182	138	63	41	22
62	2571	1225	1346	475	258	217	86	47	39
63	3378	1555	1823	665	354	311	108	57	51
64	3380	1511	1869	621	322	299	104	58	46
65-69岁	**18205**	**7953**	**10252**	**3764**	**1794**	**1970**	**693**	**342**	**351**
65	3422	1528	1894	657	323	334	134	61	73
66	3901	1787	2114	779	386	393	127	67	60
67	3682	1593	2089	770	342	428	136	65	71
68	3885	1635	2250	839	385	454	160	71	89
69	3315	1410	1905	719	358	361	136	78	58
70-74岁	**15565**	**6894**	**8671**	**3654**	**1676**	**1978**	**833**	**441**	**392**
70	3210	1423	1787	689	307	382	147	82	65
71	3436	1538	1898	772	341	431	189	101	88
72	3259	1444	1815	787	381	406	158	90	68
73	2945	1288	1657	738	333	405	163	79	84
74	2715	1201	1514	668	314	354	176	89	87
75-79岁	**12492**	**5453**	**7039**	**3636**	**1506**	**2130**	**1020**	**471**	**549**
75	2544	1086	1458	656	276	380	163	91	72
76	2571	1163	1408	745	326	419	192	93	99
77	2327	1026	1301	684	297	387	210	92	118
78	2474	1078	1396	725	277	448	201	86	115
79	2576	1100	1476	826	330	496	254	109	145
80-84岁	**8673**	**3794**	**4879**	**3120**	**1263**	**1857**	**1228**	**525**	**703**
80	2204	977	1227	719	311	408	239	112	127
81	1772	794	978	647	251	396	216	108	108
82	1758	767	991	590	227	363	252	117	135
83	1529	645	884	569	241	328	262	95	167
84	1410	611	799	595	233	362	259	93	166
85-89岁	**4312**	**1881**	**2431**	**1858**	**751**	**1107**	**1168**	**437**	**731**
85	1149	471	678	462	198	264	278	98	180
86	1090	466	624	467	191	276	282	107	175
87	940	422	518	393	164	229	233	85	148
88	669	310	359	305	112	193	199	75	124
89	464	212	252	231	86	145	176	72	104
90-94岁	**1221**	**538**	**683**	**670**	**263**	**407**	**636**	**240**	**396**
90	417	197	220	213	89	124	184	70	114
91	296	126	170	159	62	97	154	59	95
92	246	109	137	129	45	84	117	39	78
93	165	68	97	97	42	55	101	41	60
94	97	38	59	72	25	47	80	31	49
95-99岁	**212**	**77**	**135**	**138**	**50**	**88**	**184**	**56**	**128**
95	70	22	48	57	24	33	65	20	45
96	64	30	34	28	12	16	51	17	34
97	35	10	25	27	5	22	36	9	27
98	21	8	13	21	8	13	18	5	13
99	22	7	15	5	1	4	14	5	9
100岁及以上	**21**	**7**	**14**	**16**	**5**	**11**	**22**	**5**	**17**

8-2b　全省分年龄、性别、健康状况的60岁及以上老年人口(镇)

单位：人

年　龄	60岁及以上人口			健　康		
	合计	男	女	小计	男	女
总　计	**280107**	**135610**	**144497**	**148718**	**76426**	**72292**
60-64岁	**62474**	**31547**	**30927**	**44543**	**23174**	**21369**
60	8057	3881	4176	6113	3014	3099
61	8094	4072	4022	5945	3090	2855
62	13108	6917	6191	9398	5073	4325
63	16689	8557	8132	11729	6203	5526
64	16526	8120	8406	11358	5794	5564
65-69岁	**82888**	**40207**	**42681**	**50904**	**25783**	**25121**
65	17056	8408	8648	11368	5830	5538
66	18358	8893	9465	11713	5940	5773
67	16677	8006	8671	10230	5105	5125
68	17001	8180	8821	9952	4992	4960
69	13796	6720	7076	7641	3916	3725
70-74岁	**56772**	**28154**	**28618**	**27883**	**14764**	**13119**
70	12661	6322	6339	6771	3598	3173
71	12788	6344	6444	6538	3470	3068
72	11857	5863	5994	5709	3004	2705
73	10171	5000	5171	4702	2490	2212
74	9295	4625	4670	4163	2202	1961
75-79岁	**38278**	**18623**	**19655**	**15009**	**7809**	**7200**
75	8460	4139	4321	3716	1940	1776
76	8281	4069	4212	3322	1759	1563
77	7438	3706	3732	2950	1571	1379
78	6994	3299	3695	2573	1293	1280
79	7105	3410	3695	2448	1246	1202
80-84岁	**22762**	**10390**	**12372**	**6731**	**3310**	**3421**
80	5982	2825	3157	2004	1038	966
81	4413	1999	2414	1310	611	699
82	4763	2178	2585	1393	692	701
83	4081	1803	2278	1134	537	597
84	3523	1585	1938	890	432	458
85-89岁	**12163**	**5014**	**7149**	**2848**	**1278**	**1570**
85	3120	1341	1779	776	380	396
86	3137	1289	1848	748	327	421
87	2594	1039	1555	580	262	318
88	1851	747	1104	437	181	256
89	1461	598	863	307	128	179
90-94岁	**3869**	**1409**	**2460**	**648**	**263**	**385**
90	1257	492	765	240	106	134
91	906	308	598	138	55	83
92	776	276	500	117	48	69
93	536	192	344	79	30	49
94	394	141	253	74	24	50
95-99岁	**803**	**243**	**560**	**136**	**42**	**94**
95	287	89	198	50	14	36
96	208	61	147	28	7	21
97	147	44	103	26	9	17
98	107	30	77	24	10	14
99	54	19	35	8	2	6
100岁及以上	**98**	**23**	**75**	**16**	**3**	**13**

8-2b 续表

单位：人

年 龄	基本健康			不健康，但生活能自理			不健康，生活不能自理		
	小计	男	女	小计	男	女	小计	男	女
总 计	**94269**	**42308**	**51961**	**29781**	**13711**	**16070**	**7339**	**3165**	**4174**
60-64岁	**14236**	**6463**	**7773**	**3178**	**1623**	**1555**	**517**	**287**	**230**
60	1538	653	885	334	171	163	72	43	29
61	1682	754	928	399	191	208	68	37	31
62	2936	1410	1526	663	367	296	111	67	44
63	3964	1831	2133	873	459	414	123	64	59
64	4116	1815	2301	909	435	474	143	76	67
65-69岁	**25000**	**10990**	**14010**	**6031**	**2954**	**3077**	**953**	**480**	**473**
65	4469	1970	2499	1068	529	539	151	79	72
66	5238	2270	2968	1199	573	626	208	110	98
67	5081	2250	2831	1183	560	623	183	91	92
68	5467	2408	3059	1362	667	695	220	113	107
69	4745	2092	2653	1219	625	594	191	87	104
70-74岁	**21626**	**9934**	**11692**	**6179**	**2949**	**3230**	**1084**	**507**	**577**
70	4421	2002	2419	1270	624	646	199	98	101
71	4786	2190	2596	1244	585	659	220	99	121
72	4589	2086	2503	1319	651	668	240	122	118
73	4049	1843	2206	1199	571	628	221	96	125
74	3781	1813	1968	1147	518	629	204	92	112
75-79岁	**16298**	**7545**	**8753**	**5678**	**2660**	**3018**	**1293**	**609**	**684**
75	3364	1533	1831	1136	542	594	244	124	120
76	3505	1623	1882	1220	572	648	234	115	119
77	3155	1483	1672	1090	543	547	243	109	134
78	3075	1419	1656	1090	476	614	256	111	145
79	3199	1487	1712	1142	527	615	316	150	166
80-84岁	**10098**	**4571**	**5527**	**4544**	**1944**	**2600**	**1389**	**565**	**824**
80	2628	1206	1422	1037	447	590	313	134	179
81	1955	886	1069	902	407	495	246	95	151
82	2119	950	1169	953	411	542	298	125	173
83	1804	807	997	876	360	516	267	99	168
84	1592	722	870	776	319	457	265	112	153
85-89岁	**5187**	**2149**	**3038**	**2903**	**1155**	**1748**	**1225**	**432**	**793**
85	1391	575	816	697	300	397	256	86	170
86	1366	582	784	723	268	455	300	112	188
87	1052	428	624	653	243	410	309	106	203
88	754	307	447	465	187	278	195	72	123
89	624	257	367	365	157	208	165	56	109
90-94岁	**1509**	**565**	**944**	**1053**	**360**	**693**	**659**	**221**	**438**
90	496	211	285	348	115	233	173	60	113
91	360	124	236	250	81	169	158	48	110
92	299	101	198	212	79	133	148	48	100
93	207	73	134	145	50	95	105	39	66
94	147	56	91	98	35	63	75	26	49
95-99岁	**282**	**84**	**198**	**190**	**59**	**131**	**195**	**58**	**137**
95	92	26	66	72	24	48	73	25	48
96	89	26	63	49	16	33	42	12	30
97	45	11	34	32	10	22	44	14	30
98	39	12	27	24	4	20	20	4	16
99	17	9	8	13	5	8	16	3	13
100岁及以上	**33**	**7**	**26**	**25**	**7**	**18**	**24**	**6**	**18**

8–2c 全省分年龄、性别、健康状况的60岁及以上老年人口(乡村)

单位：人

年 龄	60岁及以上人口			健 康		
	合计	男	女	小计	男	女
总 计	**604389**	**299939**	**304450**	**291001**	**155506**	**135495**
60–64岁	**105546**	**54515**	**51031**	**71747**	**38485**	**33262**
60	12743	6235	6508	9321	4715	4606
61	12278	6239	6039	8675	4509	4166
62	21250	11240	10010	14518	7992	6526
63	29270	15444	13826	19575	10758	8817
64	30005	15357	14648	19658	10511	9147
65–69岁	**175083**	**88200**	**86883**	**101675**	**54406**	**47269**
65	32863	16733	16130	20663	11063	9600
66	36985	18837	18148	22571	12068	10503
67	35740	17892	17848	20699	11024	9675
68	38096	18973	19123	21053	11249	9804
69	31399	15765	15634	16689	9002	7687
70–74岁	**136030**	**69032**	**66998**	**62010**	**33970**	**28040**
70	29124	14735	14389	14712	8003	6709
71	30045	15303	14742	14317	7870	6447
72	29253	14962	14291	13251	7261	5990
73	24943	12647	12296	10569	5831	4738
74	22665	11385	11280	9161	5005	4156
75–79岁	**93642**	**47073**	**46569**	**33160**	**17956**	**15204**
75	20794	10613	10181	8150	4443	3707
76	20459	10440	10019	7503	4088	3415
77	18310	9173	9137	6466	3470	2996
78	16903	8410	8493	5654	3083	2571
79	17176	8437	8739	5387	2872	2515
80–84岁	**53941**	**25675**	**28266**	**14208**	**7241**	**6967**
80	14712	7198	7514	4381	2278	2103
81	10429	4960	5469	2794	1424	1370
82	11126	5391	5735	2858	1479	1379
83	9308	4335	4973	2248	1127	1121
84	8366	3791	4575	1927	933	994
85–89岁	**28657**	**11869**	**16788**	**6254**	**2816**	**3438**
85	7498	3322	4176	1693	806	887
86	7429	3118	4311	1705	815	890
87	6212	2576	3636	1279	563	716
88	4283	1637	2646	903	374	529
89	3235	1216	2019	674	258	416
90–94岁	**9130**	**2980**	**6150**	**1564**	**530**	**1034**
90	2921	1058	1863	537	210	327
91	2161	652	1509	361	108	253
92	1913	611	1302	320	103	217
93	1246	396	850	193	66	127
94	889	263	626	153	43	110
95–99岁	**2069**	**548**	**1521**	**338**	**93**	**245**
95	718	212	506	131	42	89
96	536	131	405	80	19	61
97	379	92	287	54	15	39
98	235	65	170	43	13	30
99	201	48	153	30	4	26
100岁及以上	**291**	**47**	**244**	**45**	**9**	**36**

8－2c　续表　　　　单位：人

年　龄	基本健康			不健康，但生活能自理			不健康，生活不能自理		
	小计	男	女	小计	男	女	小计	男	女
总　计	**217458**	**100243**	**117215**	**80705**	**37860**	**42845**	**15225**	**6330**	**8895**
60－64岁	**26089**	**12064**	**14025**	**6693**	**3475**	**3218**	**1017**	**491**	**526**
60	2618	1116	1502	697	356	341	107	48	59
61	2740	1299	1441	739	382	357	124	49	75
62	5182	2419	2763	1347	717	630	203	112	91
63	7498	3528	3970	1910	1015	895	287	143	144
64	8051	3702	4349	2000	1005	995	296	139	157
65－69岁	**56314**	**25413**	**30901**	**14964**	**7397**	**7567**	**2130**	**984**	**1146**
65	9452	4267	5185	2402	1233	1169	346	170	176
66	11224	5112	6112	2778	1469	1309	412	188	224
67	11516	5171	6345	3118	1523	1595	407	174	233
68	12982	5822	7160	3543	1666	1877	518	236	282
69	11140	5041	6099	3123	1506	1617	447	216	231
70－74岁	**54238**	**25509**	**28729**	**17266**	**8359**	**8907**	**2516**	**1194**	**1322**
70	10770	4938	5832	3170	1564	1606	472	230	242
71	11651	5467	6184	3564	1728	1836	513	238	275
72	11709	5592	6117	3743	1839	1904	550	270	280
73	10502	4946	5556	3406	1637	1769	466	233	233
74	9606	4566	5040	3383	1591	1792	515	223	292
75－79岁	**40839**	**19720**	**21119**	**16845**	**8097**	**8748**	**2798**	**1300**	**1498**
75	8834	4301	4533	3318	1632	1686	492	237	255
76	8889	4361	4528	3481	1713	1768	586	278	308
77	7977	3851	4126	3324	1585	1739	543	267	276
78	7451	3548	3903	3229	1518	1711	569	261	308
79	7688	3659	4029	3493	1649	1844	608	257	351
80－84岁	**23768**	**11148**	**12620**	**13261**	**6131**	**7130**	**2704**	**1155**	**1549**
80	6516	3086	3430	3197	1546	1651	618	288	330
81	4683	2221	2462	2497	1117	1380	455	198	257
82	4940	2363	2577	2811	1316	1495	517	233	284
83	4031	1832	2199	2477	1152	1325	552	224	328
84	3598	1646	1952	2279	1000	1279	562	212	350
85－89岁	**11990**	**4985**	**7005**	**8119**	**3282**	**4837**	**2294**	**786**	**1508**
85	3281	1443	1838	2054	888	1166	470	185	285
86	3168	1320	1848	1990	797	1193	566	186	380
87	2553	1084	1469	1832	725	1107	548	204	344
88	1723	659	1064	1262	478	784	395	126	269
89	1265	479	786	981	394	587	315	85	230
90－94岁	**3448**	**1192**	**2256**	**2853**	**937**	**1916**	**1265**	**321**	**944**
90	1176	446	730	900	316	584	308	86	222
91	843	277	566	654	204	450	303	63	240
92	702	234	468	609	197	412	282	77	205
93	419	141	278	409	140	269	225	49	176
94	308	94	214	281	80	201	147	46	101
95－99岁	**699**	**200**	**499**	**612**	**165**	**447**	**420**	**90**	**330**
95	247	77	170	218	65	153	122	28	94
96	175	42	133	160	41	119	121	29	92
97	125	36	89	108	27	81	92	14	78
98	82	25	57	63	18	45	47	9	38
99	70	20	50	63	14	49	38	10	28
100岁及以上	**73**	**12**	**61**	**92**	**17**	**75**	**81**	**9**	**72**

8-3　全省分性别、婚姻状况、健康状况的60岁及以上老年人口

单位：人

婚姻状况	60岁及以上人口			健　康		
	合计	男	女	小计	男	女
总　计	**1115044**	**545996**	**569048**	**571624**	**298620**	**273004**
未　婚	27659	26705	954	8871	8529	342
有配偶	818975	439082	379893	467063	259377	207686
离　婚	10394	6754	3640	5605	3541	2064
丧　偶	258016	73455	184561	90085	27173	62912

8-3　续表

单位：人

婚姻状况	基本健康			不健康，但生活能自理			不健康，生活不能自理		
	小计	男	女	小计	男	女	小计	男	女
总　计	**384914**	**174964**	**209950**	**129741**	**60167**	**69574**	**28765**	**12245**	**16520**
未　婚	11657	11327	330	6282	6086	196	849	763	86
有配偶	262172	131810	130362	74463	39714	34749	15277	8181	7096
离　婚	3317	2174	1143	1271	915	356	201	124	77
丧　偶	107768	29653	78115	47725	13452	34273	12438	3177	9261

8-3a　全省分性别、婚姻状况、健康状况的60岁及以上老年人口(城市)

单位：人

婚姻状况	60岁及以上人口			健　康		
	合计	男	女	小计	男	女
总　计	**230548**	**110447**	**120101**	**131905**	**66688**	**65217**
未　婚	1920	1614	306	611	483	128
有配偶	178014	95918	82096	111170	60980	50190
离　婚	4299	2225	2074	2494	1231	1263
丧　偶	46315	10690	35625	17630	3994	13636

8-3a　续表

单位：人

婚姻状况	基本健康			不健康，但生活能自理			不健康，生活不能自理		
	小计	男	女	小计	男	女	小计	男	女
总　计	**73187**	**32413**	**40774**	**19255**	**8596**	**10659**	**6201**	**2750**	**3451**
未　婚	728	626	102	448	407	41	133	98	35
有配偶	52247	26816	25431	11487	6223	5264	3110	1899	1211
离　婚	1301	696	605	412	249	163	92	49	43
丧　偶	18911	4275	14636	6908	1717	5191	2866	704	2162

8-3b 全省分性别、婚姻状况、健康状况的60岁及以上老年人口(镇)

单位：人

婚姻状况	60岁及以上人口			健　康		
	合计	男	女	小计	男	女
总　计	**280107**	**135610**	**144497**	**148718**	**76426**	**72292**
未　婚	5758	5525	233	1743	1655	88
有配偶	208477	111562	96915	122653	67598	55055
离　婚	2426	1516	910	1301	806	495
丧　偶	63446	17007	46439	23021	6367	16654

8-3b 续表

单位：人

婚姻状况	基本健康			不健康，但生活能自理			不健康，生活不能自理		
	小计	男	女	小计	男	女	小计	男	女
总　计	**94269**	**42308**	**51961**	**29781**	**13711**	**16070**	**7339**	**3165**	**4174**
未　婚	2439	2359	80	1332	1287	45	244	224	20
有配偶	64839	32627	32212	17274	9311	7963	3711	2026	1685
离　婚	754	466	288	326	216	110	45	28	17
丧　偶	26237	6856	19381	10849	2897	7952	3339	887	2452

8-3c 全省分性别、婚姻状况、健康状况的60岁及以上老年人口(乡村)

单位：人

婚姻状况	60岁及以上人口			健　康		
	合计	男	女	小计	男	女
总　计	**604389**	**299939**	**304450**	**291001**	**155506**	**135495**
未　婚	19981	19566	415	6517	6391	126
有配偶	432484	231602	200882	233240	130799	102441
离　婚	3669	3013	656	1810	1504	306
丧　偶	148255	45758	102497	49434	16812	32622

8-3c 续表

单位：人

婚姻状况	基本健康			不健康，但生活能自理			不健康，生活不能自理		
	小计	男	女	小计	男	女	小计	男	女
总　计	**217458**	**100243**	**117215**	**80705**	**37860**	**42845**	**15225**	**6330**	**8895**
未　婚	8490	8342	148	4502	4392	110	472	441	31
有配偶	145086	72367	72719	45702	24180	21522	8456	4256	4200
离　婚	1262	1012	250	533	450	83	64	47	17
丧　偶	62620	18522	44098	29968	8838	21130	6233	1586	4647

8-4　全省分性别、主要生活来源、健康状况的60岁及以上老年人口

单位：人

主要生活来源	60岁及以上人口			健　康		
	合计	男	女	小计	男	女
总　计	**1115044**	**545996**	**569048**	**571624**	**298620**	**273004**
劳动收入	285148	186686	98462	204838	136935	67903
离退休金/养老金	250160	136589	113571	145456	81081	64375
最低生活保障金	72329	41150	31179	15940	9381	6559
失业保险金	52	23	29	22	12	10
财产性收入	11234	6013	5221	5452	2996	2456
家庭其他成员供养	435891	146611	289280	171817	54762	117055
其　他	60230	28924	31306	28099	13453	14646

8-4　续表

单位：人

主要生活来源	基本健康			不健康，但生活能自理			不健康，生活不能自理		
	小计	男	女	小计	男	女	小计	男	女
总　计	**384914**	**174964**	**209950**	**129741**	**60167**	**69574**	**28765**	**12245**	**16520**
劳动收入	73390	45412	27978	6704	4210	2494	216	129	87
离退休金/养老金	80649	42202	38447	18570	10135	8435	5485	3171	2314
最低生活保障金	27821	16050	11771	23577	13356	10221	4991	2363	2628
失业保险金	18	6	12	12	5	7			
财产性收入	4226	2206	2020	1410	739	671	146	72	74
家庭其他成员供养	175785	58174	117611	71788	27842	43946	16501	5833	10668
其　他	23025	10914	12111	7680	3880	3800	1426	677	749

8－4a　全省分性别、主要生活来源、健康状况的60岁及以上老年人口(城市)

单位：人

主要生活来源	60岁及以上人口			健康		
	合计	男	女	小计	男	女
总　计	**230548**	**110447**	**120101**	**131905**	**66688**	**65217**
劳动收入	19426	13982	5444	14932	10932	4000
离退休金/养老金	141387	72907	68480	85518	45310	40208
最低生活保障金	8948	3958	4990	2689	1142	1547
失业保险金	8	4	4	4	2	2
财产性收入	1022	541	481	611	331	280
家庭其他成员供养	50832	15302	35530	23764	7013	16751
其　他	8925	3753	5172	4387	1958	2429

8－4a　续表

单位：人

主要生活来源	基本健康			不健康，但生活能自理			不健康，生活不能自理		
	小计	男	女	小计	男	女	小计	男	女
总　计	**73187**	**32413**	**40774**	**19255**	**8596**	**10659**	**6201**	**2750**	**3451**
劳动收入	4195	2840	1355	287	201	86	12	9	3
离退休金/养老金	43746	21322	22424	9020	4577	4443	3103	1698	1405
最低生活保障金	3342	1449	1893	2348	1133	1215	569	234	335
失业保险金	3	2	1	1		1			
财产性收入	306	151	155	98	56	42	7	3	4
家庭其他成员供养	18428	5394	13034	6425	2202	4223	2215	693	1522
其　他	3167	1255	1912	1076	427	649	295	113	182

8-4b　全省分性别、主要生活来源、健康状况的60岁及以上老年人口(镇)

单位：人

主要生活来源	60岁及以上人口			健康		
	合计	男	女	小计	男	女
总　计	**280107**	**135610**	**144497**	**148718**	**76426**	**72292**
劳动收入	60544	40924	19620	44958	31012	13946
离退休金/养老金	70726	39630	31096	42216	23967	18249
最低生活保障金	17332	9320	8012	4213	2223	1990
失业保险金	31	13	18	9	6	3
财产性收入	2650	1438	1212	1355	756	599
家庭其他成员供养	113825	37134	76691	48842	15073	33769
其　他	14999	7151	7848	7125	3389	3736

8-4b　续表

单位：人

主要生活来源	基本健康			不健康，但生活能自理			不健康，生活不能自理		
	小计	男	女	小计	男	女	小计	男	女
总　计	**94269**	**42308**	**51961**	**29781**	**13711**	**16070**	**7339**	**3165**	**4174**
劳动收入	14371	9142	5229	1178	739	439	37	31	6
离退休金/养老金	22201	12041	10160	4826	2718	2108	1483	904	579
最低生活保障金	6790	3673	3117	5172	2855	2317	1157	569	588
失业保险金	13	4	9	9	3	6			
财产性收入	972	510	462	293	160	133	30	12	18
家庭其他成员供养	44265	14292	29973	16450	6299	10151	4268	1470	2798
其　他	5657	2646	3011	1853	937	916	364	179	185

8-4c 全省分性别、主要生活来源、健康状况的60岁及以上老年人口(乡村)

单位：人

主要生活来源	60岁及以上人口			健康		
	合计	男	女	小计	男	女
总　计	**604389**	**299939**	**304450**	**291001**	**155506**	**135495**
劳动收入	205178	131780	73398	144948	94991	49957
离退休金/养老金	38047	24052	13995	17722	11804	5918
最低生活保障金	46049	27872	18177	9038	6016	3022
失业保险金	13	6	7	9	4	5
财产性收入	7562	4034	3528	3486	1909	1577
家庭其他成员供养	271234	94175	177059	99211	32676	66535
其　他	36306	18020	18286	16587	8106	8481

8-4c 续表

单位：人

主要生活来源	基本健康			不健康，但生活能自理			不健康，生活不能自理		
	小计	男	女	小计	男	女	小计	男	女
总　计	**217458**	**100243**	**117215**	**80705**	**37860**	**42845**	**15225**	**6330**	**8895**
劳动收入	54824	33430	21394	5239	3270	1969	167	89	78
离退休金/养老金	14702	8839	5863	4724	2840	1884	899	569	330
最低生活保障金	17689	10928	6761	16057	9368	6689	3265	1560	1705
失业保险金	2		2	2	2				
财产性收入	2948	1545	1403	1019	523	496	109	57	52
家庭其他成员供养	113092	38488	74604	48913	19341	29572	10018	3670	6348
其　他	14201	7013	7188	4751	2516	2235	767	385	382

8-5　全省分性别、居住状况、健康状况的60岁及以上老年人口

单位：人

居住状况	60岁及以上人口			健　康		
	合计	男	女	小计	男	女
总　计	**1115044**	**545996**	**569048**	**571624**	**298620**	**273004**
与配偶和子女同住	179514	99292	80222	111910	63793	48117
与配偶同住	551768	293397	258371	299192	165312	133880
与子女同住	154845	44906	109939	64335	20346	43989
独居(有保姆)	1386	568	818	368	190	178
独居(无保姆)	172272	77229	95043	70451	34546	35905
养老机构	10793	7180	3613	1284	997	287
其　他	44466	23424	21042	24084	13436	10648

8-5　续表

单位：人

居住状况	基本健康			不健康，但生活能自理			不健康，生活不能自理		
	小计	男	女	小计	男	女	小计	男	女
总　计	**384914**	**174964**	**209950**	**129741**	**60167**	**69574**	**28765**	**12245**	**16520**
与配偶和子女同住	49804	25611	24193	14472	8027	6445	3328	1861	1467
与配偶同住	187963	93955	94008	54141	28587	25554	10472	5543	4929
与子女同住	57862	15801	42061	24332	6685	17647	8316	2074	6242
独居(有保姆)	433	183	250	217	83	134	368	112	256
独居(无保姆)	71196	29860	41336	28651	12084	16567	1974	739	1235
养老机构	3606	2799	807	3156	2165	991	2747	1219	1528
其　他	14050	6755	7295	4772	2536	2236	1560	697	863

8-5a 全省分性别、居住状况、健康状况的60岁及以上老年人口(城市)

单位：人

居住状况	60岁及以上人口			健康		
	合计	男	女	小计	男	女
总　计	**230548**	**110447**	**120101**	**131905**	**66688**	**65217**
与配偶和子女同住	47430	26560	20870	32013	18232	13781
与配偶同住	111179	60063	51116	66157	36556	29601
与子女同住	35087	8944	26143	17460	4671	12789
独居(有保姆)	462	166	296	98	43	55
独居(无保姆)	27009	9999	17010	11839	4836	7003
养老机构	2104	950	1154	113	50	63
其　他	7277	3765	3512	4225	2300	1925

8-5a 续表

单位：人

居住状况	基本健康			不健康，但生活能自理			不健康，生活不能自理		
	小计	男	女	小计	男	女	小计	男	女
总　计	**73187**	**32413**	**40774**	**19255**	**8596**	**10659**	**6201**	**2750**	**3451**
与配偶和子女同住	11986	6312	5674	2688	1538	1150	743	478	265
与配偶同住	35300	18155	17145	7808	4183	3625	1914	1169	745
与子女同住	12175	2939	9236	3783	937	2846	1669	397	1272
独居(有保姆)	135	49	86	76	25	51	153	49	104
独居(无保姆)	11053	3760	7293	3710	1283	2427	407	120	287
养老机构	439	238	201	580	291	289	972	371	601
其　他	2099	960	1139	610	339	271	343	166	177

8-5b　全省分性别、居住状况、健康状况的60岁及以上老年人口(镇)

单位：人

居住状况	60岁及以上人口			健康		
	合计	男	女	小计	男	女
总　计	**280107**	**135610**	**144497**	**148718**	**76426**	**72292**
与配偶和子女同住	51863	28745	23118	32899	18740	14159
与配偶同住	130787	69915	60872	73008	40315	32693
与子女同住	43791	12241	31550	19416	5852	13564
独居(有保姆)	408	174	234	114	66	48
独居(无保姆)	38209	16341	21868	16176	7584	8592
养老机构	3452	2308	1144	411	317	94
其　他	11597	5886	5711	6694	3552	3142

8-5b　续表

单位：人

居住状况	基本健康			不健康，但生活能自理			不健康，生活不能自理		
	小计	男	女	小计	男	女	小计	男	女
总　计	**94269**	**42308**	**51961**	**29781**	**13711**	**16070**	**7339**	**3165**	**4174**
与配偶和子女同住	14218	7349	6869	3805	2128	1677	941	528	413
与配偶同住	43499	21936	21563	11912	6368	5544	2368	1296	1072
与子女同住	15990	4109	11881	6150	1694	4456	2235	586	1649
独居(有保姆)	131	61	70	53	22	31	110	25	85
独居(无保姆)	15722	6307	9415	5855	2295	3560	456	155	301
养老机构	1215	929	286	938	656	282	888	406	482
其　他	3494	1617	1877	1068	548	520	341	169	172

8－5c 全省分性别、居住状况、健康状况的60岁及以上老年人口(乡村)

单位：人

居住状况	60岁及以上人口			健康		
	合计	男	女	小计	男	女
总　计	**604389**	**299939**	**304450**	**291001**	**155506**	**135495**
与配偶和子女同住	80221	43987	36234	46998	26821	20177
与配偶同住	309802	163419	146383	160027	88441	71586
与子女同住	75967	23721	52246	27459	9823	17636
独居(有保姆)	516	228	288	156	81	75
独居(无保姆)	107054	50889	56165	42436	22126	20310
养老机构	5237	3922	1315	760	630	130
其　他	25592	13773	11819	13165	7584	5581

8－5c 续表

单位：人

居住状况	基本健康			不健康，但生活能自理			不健康，生活不能自理		
	小计	男	女	小计	男	女	小计	男	女
总　计	**217458**	**100243**	**117215**	**80705**	**37860**	**42845**	**15225**	**6330**	**8895**
与配偶和子女同住	23600	11950	11650	7979	4361	3618	1644	855	789
与配偶同住	109164	53864	55300	34421	18036	16385	6190	3078	3112
与子女同住	29697	8753	20944	14399	4054	10345	4412	1091	3321
独居(有保姆)	167	73	94	88	36	52	105	38	67
独居(无保姆)	44421	19793	24628	19086	8506	10580	1111	464	647
养老机构	1952	1632	320	1638	1218	420	887	442	445
其　他	8457	4178	4279	3094	1649	1445	876	362	514

8-6　各地区分性别、主要生活来源的60岁及以上老年人口

单位：人

地　区	60岁及以上人口			劳动收入		
	合计	男	女	小计	男	女
安　徽	**1115044**	**545996**	**569048**	**285148**	**186686**	**98462**
合肥市	**137577**	**67537**	**70040**	**25075**	**17566**	**7509**
瑶海区	10258	4896	5362	717	543	174
庐阳区	9738	4641	5097	622	461	161
蜀山区	12595	6046	6549	1050	743	307
包河区	14241	6825	7416	1270	912	358
长丰县	11905	6002	5903	3282	2211	1071
肥东县	19300	9456	9844	4332	2940	1392
肥西县	14013	7054	6959	3457	2523	934
庐江县	19409	9841	9568	5271	3849	1422
合肥高新技术产业开发区	2166	1059	1107	278	218	60
合肥经济技术开发区	4263	2099	2164	649	459	190
合肥新站高新技术产业开发区	3528	1743	1785	503	373	130
巢湖市	16161	7875	8286	3644	2334	1310
芜湖市	**73901**	**36657**	**37244**	**12436**	**9356**	**3080**
镜湖区	10864	5270	5594	364	283	81
弋江区	5738	2794	2944	320	243	77
鸠江区	9532	4677	4855	1969	1322	647
三山区	2641	1341	1300	546	416	130
芜湖县	6487	3301	3186	1414	1060	354
繁昌县	5388	2716	2672	1167	870	297
南陵县	10299	5197	5102	2929	2113	816
芜湖经济技术开发区	2011	997	1014	294	217	77
安徽芜湖长江大桥经济开发区	514	283	231	123	92	31
无为市	20427	10081	10346	3310	2740	570
蚌埠市	**55925**	**27559**	**28366**	**14176**	**8967**	**5209**
龙子湖区	4542	2189	2353	466	316	150
蚌山区	3058	1441	1617	178	128	50
禹会区	5951	2871	3080	661	474	187
淮上区	4063	2062	2001	1110	734	376
怀远县	15834	7941	7893	6845	4007	2838
五河县	9647	4743	4904	2421	1649	772
固镇县	8439	4225	4214	2345	1545	800
蚌埠市高新技术开发区	699	343	356	21	19	2
蚌埠市经济开发区	3692	1744	1948	129	95	34
淮南市	**61225**	**30491**	**30734**	**15330**	**9864**	**5466**
大通区	3441	1724	1717	595	406	189
田家庵区	11888	5770	6118	873	588	285
谢家集区	5454	2618	2836	574	353	221
八公山区	2833	1333	1500	214	122	92
潘集区	5708	2853	2855	1432	955	477
凤台县	10757	5406	5351	3636	2309	1327
寿县	21144	10787	10357	8006	5131	2875

8−6 续表 1

单位：人

地　区	60岁及以上人口			劳动收入		
	合计	男	女	小计	男	女
马鞍山市	**45440**	**21928**	**23512**	**7974**	**5586**	**2388**
花山区	8871	4236	4635	345	254	91
雨山区	6193	2941	3252	332	248	84
博望区	3227	1605	1622	595	480	115
当涂县	9228	4555	4673	2331	1658	673
含山县	7993	3820	4173	1531	1152	379
和县	9928	4771	5157	2840	1794	1046
淮北市	**31540**	**14849**	**16691**	**5272**	**3270**	**2002**
杜集区	5176	2471	2705	669	400	269
相山区	7398	3520	3878	462	301	161
烈山区	4463	2118	2345	1097	615	482
濉溪县	14503	6740	7763	3044	1954	1090
铜陵市	**28531**	**13825**	**14706**	**4413**	**3292**	**1121**
铜官区	7400	3477	3923	341	256	85
义安区	5519	2757	2762	1299	953	346
郊区	4167	2048	2119	632	481	151
枞阳县	11445	5543	5902	2141	1602	539
安庆市	**91588**	**45572**	**46016**	**18078**	**12889**	**5189**
迎江区	5071	2456	2615	297	236	61
大观区	5394	2553	2841	389	268	121
宜秀区	2918	1420	1498	639	489	150
怀宁县	12365	6138	6227	2145	1649	496
太湖县	10121	5199	4922	1636	1234	402
宿松县	13090	6470	6620	1979	1503	476
望江县	10400	5068	5332	5110	2962	2148
岳西县	6261	3207	3054	1176	903	273
安徽安庆经济开发区	2093	1050	1043	235	190	45
桐城市	13384	6630	6754	2127	1684	443
潜山市	10491	5381	5110	2345	1771	574
黄山市	**32393**	**15935**	**16458**	**10528**	**6405**	**4123**
屯溪区	5144	2468	2676	681	457	224
黄山区	3467	1817	1650	1113	802	311
徽州区	2217	1097	1120	795	493	302
歙县	10481	5100	5381	4625	2527	2098
休宁县	5639	2742	2897	1789	1117	672
黟县	2022	1021	1001	647	430	217
祁门县	3423	1690	1733	878	579	299
滁州市	**78353**	**38988**	**39365**	**26225**	**16423**	**9802**
琅琊区	4596	2237	2359	583	417	166
南谯区	5327	2666	2661	1204	848	356
来安县	9063	4480	4583	3403	2125	1278
全椒县	8539	4168	4371	3157	1891	1266
定远县	14286	7077	7209	5529	3322	2207
凤阳县	11706	6011	5695	4549	2794	1755
苏滁现代产业园	225	114	111	58	44	14
滁州经济技术开发区	1011	491	520	147	112	35
天长市	12784	6322	6462	4049	2583	1466
明光市	10816	5422	5394	3546	2287	1259

8-6　续表 2　　单位：人

地　区	60岁及以上人口			劳动收入		
	合计	男	女	小计	男	女
阜阳市	**134218**	**63575**	**70643**	**46582**	**28040**	**18542**
颍州区	10477	4865	5612	2080	1315	765
颍东区	9193	4441	4752	2543	1638	905
颍泉区	10028	4747	5281	3849	2182	1667
临泉县	26798	12252	14546	8957	5313	3644
太和县	23687	11208	12479	10654	6016	4638
阜南县	18110	8421	9689	6594	3880	2714
颍上县	22893	11582	11311	9058	5809	3249
阜阳合肥现代产业园区	550	275	275	110	80	30
阜阳经济技术开发区	1067	517	550	134	102	32
界首市	11415	5267	6148	2603	1705	898
宿州市	**92646**	**44390**	**48256**	**34541**	**20144**	**14397**
埇桥区	25580	12351	13229	6106	3913	2193
砀山县	15867	7290	8577	7836	4217	3619
萧县	21286	10113	11173	10720	5870	4850
灵璧县	15897	7878	8019	5338	3347	1991
泗县	12843	6166	6677	4286	2609	1677
宿州马鞍山现代产业园区	628	319	309	173	129	44
宿州经济技术开发区	545	273	272	82	59	23
六安市	**89435**	**44821**	**44614**	**25237**	**17581**	**7656**
金安区	14770	7317	7453	4023	2776	1247
裕安区	15838	7981	7857	4268	2973	1295
叶集区	3560	1837	1723	952	685	267
霍邱县	19753	10030	9723	6032	4133	1899
舒城县	17829	8881	8948	4969	3628	1341
金寨县	11099	5554	5545	3256	2167	1089
霍山县	6586	3221	3365	1737	1219	518
亳州市	**78266**	**37401**	**40865**	**20801**	**13272**	**7529**
谯城区	22228	10406	11822	6486	3857	2629
涡阳县	19208	9145	10063	4123	2809	1314
蒙城县	17140	8264	8876	4398	2906	1492
利辛县	19690	9586	10104	5794	3700	2094
池州市	**29235**	**14665**	**14570**	**6313**	**4805**	**1508**
贵池区	11444	5711	5733	2151	1612	539
东至县	9876	4902	4974	2523	1875	648
石台县	2074	1072	1002	438	339	99
青阳县	5312	2690	2622	1079	874	205
池州市国家经济技术开发区	148	77	71	35	33	2
皖江江南新兴产业集中区	109	57	52	25	19	6
九华山风景区	272	156	116	62	53	9
宣城市	**54771**	**27803**	**26968**	**12167**	**9226**	**2941**
宣州区	14496	7256	7240	3238	2450	788
郎溪县	6237	3128	3109	1232	1030	202
泾县	7154	3740	3414	1518	1217	301
绩溪县	4039	2010	2029	1239	785	454
旌德县	3205	1663	1542	704	539	165
宣城市经济开发区	1172	586	586	228	176	52
宁国市	8272	4258	4014	1793	1332	461
广德市	10196	5162	5034	2215	1697	518

8-6 续表 3　　单位：人

地　区	离退休金/养老金			最低生活保障金			失业保险金		
	小计	男	女	小计	男	女	小计	男	女
安　徽	**250160**	**136589**	**113571**	**72329**	**41150**	**31179**	**52**	**23**	**29**
合肥市	**47388**	**24839**	**22549**	**9656**	**5114**	**4542**	**17**	**9**	**8**
瑶海区	6752	3475	3277	430	137	293			
庐阳区	6793	3353	3440	364	138	226	1	1	
蜀山区	8277	4115	4162	440	198	242	1	1	
包河区	8368	4268	4100	961	400	561			
长丰县	1267	757	510	1481	855	626			
肥东县	2915	1743	1172	1391	770	621			
肥西县	2556	1400	1156	1006	571	435	5	2	3
庐江县	2532	1451	1081	1304	835	469			
合肥高新技术产业开发区	966	504	462	237	99	138			
合肥经济技术开发区	1508	810	698	327	164	163			
合肥新站高新技术产业开发区	927	524	403	632	280	352	10	5	5
巢湖市	4527	2439	2088	1083	667	416			
芜湖市	**25445**	**13042**	**12403**	**4596**	**2759**	**1837**	**4**	**1**	**3**
镜湖区	9243	4519	4724	198	105	93			
弋江区	3877	1955	1922	394	191	203			
鸠江区	3202	1626	1576	581	338	243	1		1
三山区	587	308	279	207	124	83			
芜湖县	1920	980	940	445	273	172			
繁昌县	1736	881	855	407	225	182	2		2
南陵县	1481	845	636	785	512	273	1	1	
芜湖经济技术开发区	682	358	324	198	103	95			
安徽芜湖长江大桥经济开发区	19	15	4	50	41	9			
无为市	2698	1555	1143	1331	847	484			
蚌埠市	**16195**	**8432**	**7763**	**3443**	**2072**	**1371**	**1**		**1**
龙子湖区	3036	1508	1528	152	71	81			
蚌山区	2237	1077	1160	151	73	78			
禹会区	3216	1597	1619	331	167	164	1		1
淮上区	519	324	195	378	214	164			
怀远县	1511	892	619	1097	715	382			
五河县	1111	670	441	549	356	193			
固镇县	1070	649	421	582	387	195			
蚌埠市高新技术开发区	530	271	259	16	6	10			
蚌埠市经济开发区	2965	1444	1521	187	83	104			
淮南市	**19454**	**10763**	**8691**	**3235**	**1980**	**1255**	**1**	**1**	
大通区	1487	811	676	231	138	93			
田家庵区	8441	4343	4098	346	169	177			
谢家集区	3163	1803	1360	201	105	96			
八公山区	1874	1098	776	79	15	64			
潘集区	832	587	245	414	262	152			
凤台县	1459	845	614	765	489	276			
寿县	2198	1276	922	1199	802	397	1	1	

8-6 续表 4

单位：人

地区	离退休金/养老金			最低生活保障金			失业保险金		
	小计	男	女	小计	男	女	小计	男	女
马鞍山市	**18174**	**9261**	**8913**	**2302**	**1321**	**981**			
花山区	7351	3621	3730	216	88	128			
雨山区	4734	2334	2400	218	95	123			
博望区	511	263	248	220	148	72			
当涂县	2702	1389	1313	480	301	179			
含山县	1358	749	609	592	342	250			
和县	1518	905	613	576	347	229			
淮北市	**10103**	**6182**	**3921**	**2244**	**1014**	**1230**			
杜集区	2216	1467	749	498	208	290			
相山区	4625	2596	2029	362	148	214			
烈山区	1374	893	481	378	162	216			
濉溪县	1888	1226	662	1006	496	510			
铜陵市	**9244**	**4869**	**4375**	**1267**	**758**	**509**			
铜官区	5693	2831	2862	207	75	132			
义安区	1396	785	611	319	204	115			
郊区	1049	575	474	287	156	131			
枞阳县	1106	678	428	454	323	131			
安庆市	**16797**	**9605**	**7192**	**4329**	**2773**	**1556**	**2**	**1**	**1**
迎江区	3599	1820	1779	113	53	60			
大观区	3871	1884	1987	78	30	48			
宜秀区	434	265	169	186	95	91			
怀宁县	1186	800	386	418	262	156			
太湖县	973	665	308	716	496	220	1	1	
宿松县	1560	986	574	705	465	240			
望江县	841	528	313	289	153	136	1		1
岳西县	649	432	217	557	367	190			
安徽安庆经济开发区	1030	572	458	88	38	50			
桐城市	1697	1007	690	528	369	159			
潜山市	957	646	311	651	445	206			
黄山市	**7222**	**4110**	**3112**	**1608**	**886**	**722**			
屯溪区	2937	1516	1421	142	56	86			
黄山区	625	351	274	183	112	71			
徽州区	371	230	141	82	50	32			
歙县	1302	866	436	593	315	278			
休宁县	801	473	328	278	165	113			
黟县	401	225	176	116	71	45			
祁门县	785	449	336	214	117	97			
滁州市	**14511**	**7981**	**6530**	**3702**	**2211**	**1491**	**4**	**2**	**2**
琅琊区	2627	1334	1293	113	48	65	1	1	
南谯区	1173	685	488	296	170	126			
来安县	1414	794	620	412	231	181			
全椒县	1456	820	636	467	247	220	2	1	1
定远县	1611	950	661	871	554	317			
凤阳县	1562	888	674	554	372	182			
苏滁现代产业园	19	8	11	13	5	8			
滁州经济技术开发区	345	185	160	49	25	24			
天长市	2320	1261	1059	482	289	193	1		1
明光市	1984	1056	928	445	270	175			

8-6 续表 5　　　　单位：人

地区	离退休金/养老金			最低生活保障金			失业保险金		
	小计	男	女	小计	男	女	小计	男	女
阜阳市	**17738**	**9935**	**7803**	**9801**	**5167**	**4634**	**10**	**5**	**5**
颍州区	3085	1617	1468	883	419	464			
颍东区	1552	903	649	677	388	289	2	1	1
颍泉区	1781	954	827	810	406	404			
临泉县	2471	1426	1045	2011	958	1053			
太和县	2815	1607	1208	1745	872	873	1	1	
阜南县	1958	1079	879	1074	604	470	4	1	3
颍上县	1897	1134	763	1441	923	518	3	2	1
阜阳合肥现代产业园区	40	29	11	107	50	57			
阜阳经济技术开发区	210	134	76	110	50	60			
界首市	1929	1052	877	943	497	446			
宿州市	**12118**	**7161**	**4957**	**7857**	**3984**	**3873**	**5**	**2**	**3**
埇桥区	5849	3318	2531	2103	1094	1009	1		1
砀山县	1565	898	667	1371	597	774	2	1	1
萧县	1896	1200	696	2314	1054	1260			
灵璧县	1440	926	514	1031	651	380	1		1
泗县	1215	722	493	940	539	401			
宿州马鞍山现代产业园区	48	29	19	58	29	29			
宿州经济技术开发区	105	68	37	40	20	20	1	1	
六安市	**12346**	**6941**	**5405**	**6036**	**4001**	**2035**			
金安区	3148	1692	1456	753	488	265			
裕安区	2522	1414	1108	957	655	302			
叶集区	480	273	207	272	178	94			
霍邱县	1918	1117	801	1701	1149	552			
舒城县	1954	1112	842	1290	896	394			
金寨县	1466	813	653	607	381	226			
霍山县	858	520	338	456	254	202			
亳州市	**8882**	**5270**	**3612**	**7399**	**3884**	**3515**	**3**		**3**
谯城区	2620	1513	1107	2085	1009	1076	1		1
涡阳县	2242	1361	881	1851	932	919	2		2
蒙城县	2022	1185	837	1187	674	513			
利辛县	1998	1211	787	2276	1269	1007			
池州市	**4147**	**2475**	**1672**	**1618**	**1028**	**590**			
贵池区	1987	1182	805	626	368	258			
东至县	998	633	365	445	291	154			
石台县	302	178	124	194	131	63			
青阳县	803	446	357	319	218	101			
池州市国家经济技术开发区	23	14	9	6	1	5			
皖江江南新兴产业集中区	11	6	5	6	3	3			
九华山风景区	23	16	7	22	16	6			
宣城市	**10396**	**5723**	**4673**	**3236**	**2198**	**1038**	**5**	**2**	**3**
宣州区	2988	1564	1424	822	546	276			
郎溪县	1394	716	678	352	219	133	3	1	2
泾县	1149	651	498	597	424	173			
绩溪县	862	513	349	192	98	94			
旌德县	515	295	220	215	150	65			
宣城市经济开发区	352	188	164	55	35	20			
宁国市	1604	930	674	477	340	137	1		1
广德市	1532	866	666	526	386	140	1	1	

8-6　续表 6

单位：人

地　区	财产性收入			家庭其他成员供养			其　他		
	小计	男	女	小计	男	女	小计	男	女
安　徽	**11234**	**6013**	**5221**	**435891**	**146611**	**289280**	**60230**	**28924**	**31306**
合肥市	**1171**	**631**	**540**	**45815**	**15383**	**30432**	**8455**	**3995**	**4460**
瑶海区	41	22	19	1831	522	1309	487	197	290
庐阳区	26	16	10	1562	516	1046	370	156	214
蜀山区	37	17	20	2224	714	1510	566	258	308
包河区	125	63	62	2697	834	1863	820	348	472
长丰县	152	79	73	4771	1624	3147	952	476	476
肥东县	326	174	152	8850	3088	5762	1486	741	745
肥西县	151	76	75	5768	1929	3839	1070	553	517
庐江县	184	107	77	9023	3069	5954	1095	530	565
合肥高新技术产业开发区	3	1	2	543	178	365	139	59	80
合肥经济技术开发区	8	5	3	1410	490	920	361	171	190
合肥新站高新技术产业开发区	30	19	11	993	348	645	433	194	239
巢湖市	88	52	36	6143	2071	4072	676	312	364
芜湖市	**257**	**142**	**115**	**28447**	**10032**	**18415**	**2716**	**1325**	**1391**
镜湖区	10	5	5	893	295	598	156	63	93
弋江区	13	6	7	879	290	589	255	109	146
鸠江区	10	6	4	3447	1218	2229	322	167	155
三山区	2		2	1153	421	732	146	72	74
芜湖县	15	8	7	2447	866	1581	246	114	132
繁昌县	5	3	2	1805	614	1191	266	123	143
南陵县	85	47	38	4618	1482	3136	400	197	203
芜湖经济技术开发区	2	1	1	570	200	370	265	118	147
安徽芜湖长江大桥经济开发区	1	1		278	110	168	43	24	19
无为市	114	65	49	12357	4536	7821	617	338	279
蚌埠市	**403**	**212**	**191**	**19080**	**6613**	**12467**	**2627**	**1263**	**1364**
龙子湖区	6	3	3	743	227	516	139	64	75
蚌山区	5	2	3	381	112	269	106	49	57
禹会区	8	3	5	1446	497	949	288	133	155
淮上区	3	1	2	1659	601	1058	394	188	206
怀远县	148	80	68	5676	1973	3703	557	274	283
五河县	92	41	51	4904	1751	3153	570	276	294
固镇县	137	79	58	3821	1323	2498	484	242	242
蚌埠市高新技术开发区				105	35	70	27	12	15
蚌埠市经济开发区	4	3	1	345	94	251	62	25	37
淮南市	**572**	**308**	**264**	**19182**	**5874**	**13308**	**3451**	**1701**	**1750**
大通区	8	5	3	1039	317	722	81	47	34
田家庵区	22	13	9	1809	489	1320	397	168	229
谢家集区	17	10	7	1221	275	946	278	72	206
八公山区	1	1		563	78	485	102	19	83
潘集区	96	46	50	2535	798	1737	399	205	194
凤台县	258	127	131	3947	1279	2668	692	357	335
寿县	170	106	64	8068	2638	5430	1502	833	669

8-6 续表 7

单位：人

地区	财产性收入			家庭其他成员供养			其他		
	小计	男	女	小计	男	女	小计	男	女
马鞍山市	**340**	**180**	**160**	**15085**	**4879**	**10206**	**1565**	**701**	**864**
花山区	4	2	2	729	195	534	226	76	150
雨山区	10	4	6	749	204	545	150	56	94
博望区	9	6	3	1729	632	1097	163	76	87
当涂县	54	29	25	3243	974	2269	418	204	214
含山县	94	53	41	4062	1344	2718	356	180	176
和县	169	86	83	4573	1530	3043	252	109	143
淮北市	**604**	**317**	**287**	**10937**	**3009**	**7928**	**2380**	**1057**	**1323**
杜集区	9	4	5	1600	323	1277	184	69	115
相山区	23	7	16	1691	379	1312	235	89	146
烈山区	25	13	12	1320	327	993	269	108	161
濉溪县	547	293	254	6326	1980	4346	1692	791	901
铜陵市	**50**	**30**	**20**	**12146**	**4246**	**7900**	**1411**	**630**	**781**
铜官区	7	4	3	932	250	682	220	61	159
义安区	9	4	5	2096	634	1462	400	177	223
郊区	1		1	2026	753	1273	172	83	89
枞阳县	33	22	11	7092	2609	4483	619	309	310
安庆市	**346**	**195**	**151**	**48941**	**18565**	**30376**	**3095**	**1544**	**1551**
迎江区	2	1	1	955	308	647	105	38	67
大观区	6	3	3	970	336	634	80	32	48
宜秀区	17	9	8	1502	498	1004	140	64	76
怀宁县	101	58	43	8028	3131	4897	487	238	249
太湖县	26	15	11	6395	2586	3809	374	202	172
宿松县	38	23	15	8414	3291	5123	394	202	192
望江县	41	18	23	3932	1329	2603	186	78	108
岳西县	9	5	4	3577	1347	2230	293	153	140
安徽安庆经济开发区	6	3	3	620	194	426	114	53	61
桐城市	60	37	23	8282	3184	5098	690	349	341
潜山市	40	23	17	6266	2361	3905	232	135	97
黄山市	**173**	**96**	**77**	**11359**	**3705**	**7654**	**1503**	**733**	**770**
屯溪区	44	24	20	1219	359	860	121	56	65
黄山区	35	19	16	1392	466	926	119	67	52
徽州区	13	8	5	892	283	609	64	33	31
歙县	26	14	12	3443	1142	2301	492	236	256
休宁县	17	11	6	2534	863	1671	220	113	107
黟县	24	11	13	629	190	439	205	94	111
祁门县	14	9	5	1250	402	848	282	134	148
滁州市	**735**	**401**	**334**	**29916**	**10335**	**19581**	**3260**	**1635**	**1625**
琅琊区	6	2	4	1097	364	733	169	71	98
南谯区	80	42	38	2292	778	1514	282	143	139
来安县	118	65	53	3336	1062	2274	380	203	177
全椒县	264	134	130	2821	901	1920	372	174	198
定远县	97	56	41	5680	1972	3708	498	223	275
凤阳县	62	36	26	4552	1694	2858	427	227	200
苏滁现代产业园	14	6	8	79	30	49	42	21	21
滁州经济技术开发区	9	5	4	412	146	266	49	18	31
天长市	45	28	17	5477	1936	3541	410	225	185
明光市	40	27	13	4170	1452	2718	631	330	301

8-6 续表 8

单位：人

地区	财产性收入			家庭其他成员供养			其他		
	小计	男	女	小计	男	女	小计	男	女
阜阳市	**1504**	**802**	**702**	**51381**	**16264**	**35117**	**7202**	**3362**	**3840**
颍州区	118	66	52	3498	1067	2431	813	381	432
颍东区	163	89	74	3847	1206	2641	409	216	193
颍泉区	213	101	112	2886	877	2009	489	227	262
临泉县	224	116	108	11621	3754	7867	1514	685	829
太和县	286	146	140	7343	2184	5159	843	382	461
阜南县	135	75	60	7286	2304	4982	1059	478	581
颍上县	154	93	61	9278	3103	6175	1062	518	544
阜阳合肥现代产业园区	13	9	4	233	79	154	47	28	19
阜阳经济技术开发区	5	4	1	448	156	292	160	71	89
界首市	193	103	90	4941	1534	3407	806	376	430
宿州市	**1421**	**731**	**690**	**31670**	**10067**	**21603**	**5034**	**2301**	**2733**
埇桥区	664	346	318	9060	2869	6191	1797	811	986
砀山县	168	84	84	4345	1228	3117	580	265	315
萧县	208	102	106	4912	1336	3576	1236	551	685
灵璧县	223	109	114	7208	2523	4685	656	322	334
泗县	145	82	63	5590	1905	3685	667	309	358
宿州马鞍山现代产业园区	12	7	5	273	100	173	64	25	39
宿州经济技术开发区	1	1		282	106	176	34	18	16
六安市	**807**	**468**	**339**	**40942**	**13741**	**27201**	**4067**	**2089**	**1978**
金安区	206	120	86	5990	1916	4074	650	325	325
裕安区	134	83	51	7161	2474	4687	796	382	414
叶集区	48	27	21	1641	579	1062	167	95	72
霍邱县	237	130	107	8500	2811	5689	1365	690	675
舒城县	83	50	33	8885	2851	6034	648	344	304
金寨县	71	41	30	5471	2013	3458	228	139	89
霍山县	28	17	11	3294	1097	2197	213	114	99
亳州市	**2100**	**1046**	**1054**	**30150**	**9756**	**20394**	**8931**	**4173**	**4758**
谯城区	423	213	210	7576	2407	5169	3037	1407	1630
涡阳县	756	387	369	7793	2539	5254	2441	1117	1324
蒙城县	383	197	186	7514	2520	4994	1636	782	854
利辛县	538	249	289	7267	2290	4977	1817	867	950
池州市	**164**	**96**	**68**	**15789**	**5609**	**10180**	**1204**	**652**	**552**
贵池区	42	26	16	6279	2322	3957	359	201	158
东至县	69	36	33	5311	1801	3510	530	266	264
石台县	18	11	7	1024	359	665	98	54	44
青阳县	35	23	12	2892	1018	1874	184	111	73
池州市国家经济技术开发区				77	28	49	7	1	6
皖江江南新兴产业集中区				57	22	35	10	7	3
九华山风景区				149	59	90	16	12	4
宣城市	**587**	**358**	**229**	**25051**	**8533**	**16518**	**3329**	**1763**	**1566**
宣州区	131	81	50	6345	2119	4226	972	496	476
郎溪县	75	44	31	2898	953	1945	283	165	118
泾县	62	40	22	3456	1190	2266	372	218	154
绩溪县	17	11	6	1452	475	977	277	128	149
旌德县	9	4	5	1609	594	1015	153	81	72
宣城市经济开发区	1		1	458	153	305	78	34	44
宁国市	231	141	90	3548	1187	2361	618	328	290
广德市	61	37	24	5285	1862	3423	576	313	263

8-6a 各地区分性别、主要生活来源的60岁及以上老年人口(城市)

单位：人

地　区	60岁及以上人口			劳动收入		
	合计	男	女	小计	男	女
安　徽	**230548**	**110447**	**120101**	**19426**	**13982**	**5444**
合肥市	**51386**	**24539**	**26847**	**3876**	**2806**	**1070**
瑶海区	9988	4767	5221	684	520	164
庐阳区	8893	4232	4661	555	407	148
蜀山区	11430	5447	5983	750	533	217
包河区	14136	6773	7363	1215	878	337
长丰县						
肥东县						
肥西县	300	152	148	64	46	18
庐江县						
合肥高新技术产业开发区						
合肥经济技术开发区						
合肥新站高新技术产业开发区	705	352	353	62	46	16
巢湖市	5934	2816	3118	546	376	170
芜湖市	**25205**	**12251**	**12954**	**1620**	**1236**	**384**
镜湖区	10414	5044	5370	291	219	72
弋江区	5738	2794	2944	320	243	77
鸠江区	4171	2055	2116	459	336	123
三山区	1453	736	717	233	181	52
芜湖县	272	129	143	57	49	8
繁昌县						
南陵县						
芜湖经济技术开发区	76	41	35	14	10	4
安徽芜湖长江大桥经济开发区						
无为市	3081	1452	1629	246	198	48
蚌埠市	**12080**	**5802**	**6278**	**713**	**489**	**224**
龙子湖区	3612	1733	1879	158	109	49
蚌山区	2735	1278	1457	100	64	36
禹会区	3974	1906	2068	170	117	53
淮上区	1759	885	874	285	199	86
怀远县						
五河县						
固镇县						
蚌埠市高新技术开发区						
蚌埠市经济开发区						
淮南市	**19866**	**9537**	**10329**	**1071**	**698**	**373**
大通区	842	423	419	27	24	3
田家庵区	11003	5323	5680	551	376	175
谢家集区	4213	1984	2229	137	84	53
八公山区	2729	1288	1441	191	110	81
潘集区	1079	519	560	165	104	61
凤台县						
寿县						

8-6a　续表 1　　　　单位：人

地　区	60岁及以上人口			劳动收入		
	合计	男	女	小计	男	女
马鞍山市	**15692**	**7496**	**8196**	**788**	**602**	**186**
花山区	8624	4115	4509	301	221	80
雨山区	5823	2765	3058	265	200	65
博望区	1245	616	629	222	181	41
当涂县						
含山县						
和县						
淮北市	**12290**	**5817**	**6473**	**865**	**539**	**326**
杜集区	2916	1375	1541	248	142	106
相山区	6481	3092	3389	224	154	70
烈山区	1901	885	1016	200	115	85
濉溪县	992	465	527	193	128	65
铜陵市	**9442**	**4492**	**4950**	**532**	**397**	**135**
铜官区	7260	3409	3851	315	238	77
义安区	1311	653	658	147	109	38
郊区	871	430	441	70	50	20
枞阳县						
安庆市	**18399**	**8930**	**9469**	**1946**	**1480**	**466**
迎江区	4656	2250	2406	186	157	29
大观区	3949	1861	2088	131	94	37
宜秀区	1357	664	693	243	197	46
怀宁县						
太湖县						
宿松县						
望江县	1190	552	638	253	148	105
岳西县						
安徽安庆经济开发区	4	3	1	3	3	
桐城市	4849	2408	2441	677	552	125
潜山市	2394	1192	1202	453	329	124
黄山市	**6283**	**3046**	**3237**	**811**	**562**	**249**
屯溪区	4484	2145	2339	459	304	155
黄山区	939	467	472	187	130	57
徽州区	708	356	352	115	93	22
歙县	90	47	43	34	21	13
休宁县	62	31	31	16	14	2
黟县						
祁门县						
滁州市	**12188**	**5900**	**6288**	**1686**	**1185**	**501**
琅琊区	4323	2090	2233	480	348	132
南谯区	1843	903	940	289	223	66
来安县						
全椒县						
定远县						
凤阳县						
苏滁现代产业园						
滁州经济技术开发区						
天长市	3003	1456	1547	491	333	158
明光市	3019	1451	1568	426	281	145

8-6a 续表 2

单位：人

地区	60岁及以上人口			劳动收入		
	合计	男	女	小计	男	女
阜阳市	**11885**	**5491**	**6394**	**1180**	**802**	**378**
颍州区	4704	2168	2536	384	252	132
颍东区	2069	972	1097	227	157	70
颍泉区	2541	1195	1346	322	218	104
临泉县						
太和县						
阜南县						
颍上县						
阜阳合肥现代产业园区						
阜阳经济技术开发区						
界首市	2571	1156	1415	247	175	72
宿州市	**7364**	**3383**	**3981**	**568**	**389**	**179**
埇桥区	7231	3323	3908	524	365	159
砀山县						
萧县	133	60	73	44	24	20
灵璧县						
泗县						
宿州马鞍山现代产业园区						
宿州经济技术开发区						
六安市	**8911**	**4296**	**4615**	**1038**	**776**	**262**
金安区	4482	2138	2344	472	346	126
裕安区	3449	1673	1776	351	271	80
叶集区	806	401	405	180	131	49
霍邱县	48	24	24	6	6	
舒城县	126	60	66	29	22	7
金寨县						
霍山县						
亳州市	**5636**	**2668**	**2968**	**736**	**525**	**211**
谯城区	5577	2638	2939	725	516	209
涡阳县						
蒙城县						
利辛县	59	30	29	11	9	2
池州市	**4449**	**2183**	**2266**	**506**	**410**	**96**
贵池区	4192	2049	2143	446	358	88
东至县						
石台县						
青阳县						
池州市国家经济技术开发区	148	77	71	35	33	2
皖江江南新兴产业集中区	109	57	52	25	19	6
九华山风景区						
宣城市	**9472**	**4616**	**4856**	**1490**	**1086**	**404**
宣州区	3228	1549	1679	328	251	77
郎溪县						
泾县						
绩溪县						
旌德县						
宣城市经济开发区						
宁国市	2793	1350	1443	431	306	125
广德市	3451	1717	1734	731	529	202

8-6a　续表 3　　　　单位：人

地区	离退休金/养老金			最低生活保障金			失业保险金		
	小计	男	女	小计	男	女	小计	男	女
安　徽	**141387**	**72907**	**68480**	**8948**	**3958**	**4990**	**8**	**4**	**4**
合肥市	**33389**	**16895**	**16494**	**2345**	**928**	**1417**	**2**	**2**	
瑶海区	6674	3423	3251	421	136	285			
庐阳区	6338	3121	3217	340	126	214	1	1	
蜀山区	8181	4064	4117	362	143	219	1	1	
包河区	8364	4265	4099	960	400	560			
长丰县									
肥东县									
肥西县	98	54	44	16	8	8			
庐江县									
合肥高新技术产业开发区									
合肥经济技术开发区									
合肥新站高新技术产业开发区	317	176	141	47	24	23			
巢湖市	3417	1792	1625	199	91	108			
芜湖市	**17528**	**8694**	**8834**	**1077**	**545**	**532**			
镜湖区	9200	4491	4709	138	66	72			
弋江区	3877	1955	1922	394	191	203			
鸠江区	2716	1331	1385	225	111	114			
三山区	421	220	201	113	63	50			
芜湖县	44	25	19	13	7	6			
繁昌县									
南陵县									
芜湖经济技术开发区	3	2	1	7	7				
安徽芜湖长江大桥经济开发区									
无为市	1267	670	597	187	100	87			
蚌埠市	**8721**	**4315**	**4406**	**553**	**257**	**296**	**1**		**1**
龙子湖区	2962	1460	1502	89	36	53			
蚌山区	2196	1058	1138	61	26	35			
禹会区	3152	1548	1604	191	87	104	1		1
淮上区	411	249	162	212	108	104			
怀远县									
五河县									
固镇县									
蚌埠市高新技术开发区									
蚌埠市经济开发区									
淮南市	**14431**	**7777**	**6654**	**438**	**156**	**282**			
大通区	686	365	321	14	2	12			
田家庵区	8419	4325	4094	234	97	137			
谢家集区	3077	1742	1335	58	20	38			
八公山区	1841	1075	766	77	14	63			
潘集区	408	270	138	55	23	32			
凤台县									
寿县									

8-6a 续表 4

单位：人

地　区	离退休金/养老金			最低生活保障金			失业保险金		
	小计	男	女	小计	男	女	小计	男	女
马鞍山市	**12127**	**5968**	**6159**	**472**	**214**	**258**			
花山区	7292	3584	3708	197	79	118			
雨山区	4629	2277	2352	192	81	111			
博望区	206	107	99	83	54	29			
当涂县									
含山县									
和县									
淮北市	**7070**	**4151**	**2919**	**698**	**270**	**428**			
杜集区	1516	982	534	244	88	156			
相山区	4547	2537	2010	247	96	151			
烈山区	949	582	367	162	63	99			
濉溪县	58	50	8	45	23	22			
铜陵市	**6789**	**3457**	**3332**	**362**	**147**	**215**			
铜官区	5622	2795	2827	199	71	128			
义安区	705	408	297	53	25	28			
郊区	462	254	208	110	51	59			
枞阳县									
安庆市	**9428**	**4888**	**4540**	**454**	**225**	**229**	**1**		**1**
迎江区	3578	1806	1772	81	30	51			
大观区	3268	1607	1661	51	17	34			
宜秀区	314	176	138	99	47	52			
怀宁县									
太湖县									
宿松县									
望江县	392	216	176	33	18	15	1		1
岳西县									
安徽安庆经济开发区	1		1						
桐城市	1267	716	551	120	70	50			
潜山市	608	367	241	70	43	27			
黄山市	**3607**	**1888**	**1719**	**159**	**69**	**90**			
屯溪区	2890	1485	1405	110	44	66			
黄山区	411	222	189	30	15	15			
徽州区	277	159	118	16	9	7			
歙县	16	14	2	2		2			
休宁县	13	8	5	1	1				
黟县									
祁门县									
滁州市	**6119**	**3164**	**2955**	**399**	**198**	**201**	**1**	**1**	
琅琊区	2617	1327	1290	97	37	60	1	1	
南谯区	676	379	297	75	35	40			
来安县									
全椒县									
定远县									
凤阳县									
苏滁现代产业园									
滁州经济技术开发区									
天长市	1368	728	640	88	49	39			
明光市	1458	730	728	139	77	62			

8-6a 续表 5 单位：人

地区	离退休金/养老金			最低生活保障金			失业保险金		
	小计	男	女	小计	男	女	小计	男	女
阜阳市	**5956**	**3065**	**2891**	**679**	**316**	**363**			
颍州区	2638	1329	1309	285	124	161			
颍东区	1029	552	477	132	57	75			
颍泉区	1238	627	611	104	52	52			
临泉县									
太和县									
阜南县									
颍上县									
阜阳合肥现代产业园区									
阜阳经济技术开发区									
界首市	1051	557	494	158	83	75			
宿州市	**4228**	**2221**	**2007**	**219**	**78**	**141**			
埇桥区	4194	2198	1996	201	74	127			
砀山县									
萧县	34	23	11	18	4	14			
灵璧县									
泗县									
宿州马鞍山现代产业园区									
宿州经济技术开发区									
六安市	**4504**	**2357**	**2147**	**244**	**126**	**118**			
金安区	2559	1318	1241	124	60	64			
裕安区	1729	927	802	67	34	33			
叶集区	206	105	101	43	25	18			
霍邱县	4	2	2	4	3	1			
舒城县	6	5	1	6	4	2			
金寨县									
霍山县									
亳州市	**1658**	**917**	**741**	**329**	**136**	**193**	**1**		**1**
谯城区	1642	907	735	320	131	189	1		1
涡阳县									
蒙城县									
利辛县	16	10	6	9	5	4			
池州市	**1679**	**963**	**716**	**178**	**80**	**98**			
贵池区	1645	943	702	166	76	90			
东至县									
石台县									
青阳县									
池州市国家经济技术开发区	23	14	9	6	1	5			
皖江江南新兴产业集中区	11	6	5	6	3	3			
九华山风景区									
宣城市	**4153**	**2187**	**1966**	**342**	**213**	**129**	**2**	**1**	**1**
宣州区	1923	975	948	109	54	55			
郎溪县									
泾县									
绩溪县									
旌德县									
宣城市经济开发区									
宁国市	1177	648	529	94	58	36	1		1
广德市	1053	564	489	139	101	38	1	1	

8-6a 续表 6

单位：人

地 区	财产性收入			家庭其他成员供养			其 他		
	小计	男	女	小计	男	女	小计	男	女
安 徽	**1022**	**541**	**481**	**50832**	**15302**	**35530**	**8925**	**3753**	**5172**
合肥市	**250**	**131**	**119**	**9299**	**2842**	**6457**	**2225**	**935**	**1290**
瑶海区	39	21	18	1739	497	1242	431	170	261
庐阳区	21	13	8	1310	423	887	328	141	187
蜀山区	27	11	16	1730	529	1201	379	166	213
包河区	124	62	62	2664	826	1838	809	342	467
长丰县									
肥东县									
肥西县				103	35	68	19	9	10
庐江县									
合肥高新技术产业开发区									
合肥经济技术开发区									
合肥新站高新技术产业开发区	20	12	8	188	63	125	71	31	40
巢湖市	19	12	7	1565	469	1096	188	76	112
芜湖市	**52**	**25**	**27**	**4177**	**1407**	**2770**	**751**	**344**	**407**
镜湖区	10	5	5	635	207	428	140	56	84
弋江区	13	6	7	879	290	589	255	109	146
鸠江区	7	4	3	646	215	431	118	58	60
三山区	1		1	576	215	361	109	57	52
芜湖县				132	36	96	26	12	14
繁昌县									
南陵县									
芜湖经济技术开发区				45	17	28	7	5	2
安徽芜湖长江大桥经济开发区									
无为市	21	10	11	1264	427	837	96	47	49
蚌埠市	**16**	**5**	**11**	**1571**	**519**	**1052**	**505**	**217**	**288**
龙子湖区	4	1	3	309	89	220	90	38	52
蚌山区	5	2	3	277	84	193	96	44	52
禹会区	4	1	3	353	110	243	103	43	60
淮上区	3	1	2	632	236	396	216	92	124
怀远县									
五河县									
固镇县									
蚌埠市高新技术开发区									
蚌埠市经济开发区									
淮南市	**49**	**26**	**23**	**3116**	**646**	**2470**	**761**	**234**	**527**
大通区	2	1	1	109	29	80	4	2	2
田家庵区	22	13	9	1393	352	1041	384	160	224
谢家集区	5	3	2	741	110	631	195	25	170
八公山区	1	1		521	71	450	98	17	81
潘集区	19	8	11	352	84	268	80	30	50
凤台县									
寿县									

8-6a　续表 7　　　　单位：人

地　区	财产性收入			家庭其他成员供养			其　他		
	小计	男	女	小计	男	女	小计	男	女
马鞍山市	**21**	**11**	**10**	**1874**	**552**	**1322**	**410**	**149**	**261**
花山区	4	2	2	632	166	466	198	63	135
雨山区	10	4	6	599	156	443	128	47	81
博望区	7	5	2	643	230	413	84	39	45
当涂县									
含山县									
和县									
淮北市	**40**	**17**	**23**	**3105**	**654**	**2451**	**512**	**186**	**326**
杜集区	1		1	836	140	696	71	23	48
相山区	18	5	13	1232	226	1006	213	74	139
烈山区	14	6	8	499	98	401	77	21	56
濉溪县	7	6	1	538	190	348	151	68	83
铜陵市	**9**	**6**	**3**	**1467**	**393**	**1074**	**283**	**92**	**191**
铜官区	6	4	2	914	244	670	204	57	147
义安区	3	2	1	364	95	269	39	14	25
郊区				189	54	135	40	21	19
枞阳县									
安庆市	**53**	**30**	**23**	**5926**	**2056**	**3870**	**591**	**251**	**340**
迎江区	2	1	1	705	219	486	104	37	67
大观区	5	3	2	441	124	317	53	16	37
宜秀区	7	4	3	596	196	400	98	44	54
怀宁县									
太湖县									
宿松县									
望江县	6	2	4	481	158	323	24	10	14
岳西县									
安徽安庆经济开发区									
桐城市	15	9	6	2505	940	1565	265	121	144
潜山市	18	11	7	1198	419	779	47	23	24
黄山市	**51**	**29**	**22**	**1491**	**421**	**1070**	**164**	**77**	**87**
屯溪区	40	22	18	895	251	644	90	39	51
黄山区	2	2		282	81	201	27	17	10
徽州区	9	5	4	252	71	181	39	19	20
歙县				34	11	23	4	1	3
休宁县				28	7	21	4	1	3
黟县									
祁门县									
滁州市	**44**	**27**	**17**	**3487**	**1098**	**2389**	**452**	**227**	**225**
琅琊区	6	2	4	981	315	666	141	60	81
南谯区	10	5	5	712	218	494	81	43	38
来安县									
全椒县									
定远县									
凤阳县									
苏滁现代产业园									
滁州经济技术开发区									
天长市	13	10	3	974	300	674	69	36	33
明光市	15	10	5	820	265	555	161	88	73

8-6a 续表 8 单位：人

地区	财产性收入			家庭其他成员供养			其他		
	小计	男	女	小计	男	女	小计	男	女
阜阳市	**162**	**82**	**80**	**3326**	**962**	**2364**	**582**	**264**	**318**
颍州区	58	32	26	1094	320	774	245	111	134
颍东区	20	11	9	603	165	438	58	30	28
颍泉区	33	15	18	725	236	489	119	47	72
临泉县									
太和县									
阜南县									
颍上县									
阜阳合肥现代产业园区									
阜阳经济技术开发区									
界首市	51	24	27	904	241	663	160	76	84
宿州市	**41**	**17**	**24**	**2005**	**547**	**1458**	**303**	**131**	**172**
埇桥区	41	17	24	1972	540	1432	299	129	170
砀山县									
萧县				33	7	26	4	2	2
灵璧县									
泗县									
宿州马鞍山现代产业园区									
宿州经济技术开发区									
六安市	**66**	**33**	**33**	**2821**	**897**	**1924**	**238**	**107**	**131**
金安区	20	10	10	1226	372	854	81	32	49
裕安区	37	18	19	1143	367	776	122	56	66
叶集区	6	4	2	344	121	223	27	15	12
霍邱县	1		1	27	10	17	6	3	3
舒城县	2	1	1	81	27	54	2	1	1
金寨县									
霍山县									
亳州市	**66**	**38**	**28**	**2251**	**759**	**1492**	**595**	**293**	**302**
谯城区	66	38	28	2235	756	1479	588	290	298
涡阳县									
蒙城县									
利辛县				16	3	13	7	3	4
池州市	**28**	**18**	**10**	**1924**	**652**	**1272**	**134**	**60**	**74**
贵池区	28	18	10	1790	602	1188	117	52	65
东至县									
石台县									
青阳县									
池州市国家经济技术开发区				77	28	49	7	1	6
皖江江南新兴产业集中区				57	22	35	10	7	3
九华山风景区									
宣城市	**74**	**46**	**28**	**2992**	**897**	**2095**	**419**	**186**	**233**
宣州区	18	10	8	703	200	503	147	59	88
郎溪县									
泾县									
绩溪县									
旌德县									
宣城市经济开发区									
宁国市	25	18	7	949	266	683	116	54	62
广德市	31	18	13	1340	431	909	156	73	83

8-6b　各地区分性别、主要生活来源的60岁及以上老年人口(镇)

单位：人

地　区	60岁及以上人口			劳动收入		
	合计	男	女	小计	男	女
安　徽	**280107**	**135610**	**144497**	**60544**	**40924**	**19620**
合肥市	**36655**	**17898**	**18757**	**6151**	**4512**	**1639**
瑶海区	154	77	77	13	10	3
庐阳区	672	310	362	16	16	
蜀山区	695	349	346	144	100	44
包河区						
长丰县	3572	1716	1856	562	418	144
肥东县	7866	3814	4052	1397	1004	393
肥西县	4909	2398	2511	765	590	175
庐江县	7661	3760	3901	1568	1143	425
合肥高新技术产业开发区	2164	1058	1106	277	217	60
合肥经济技术开发区	3956	1938	2018	503	369	134
合肥新站高新技术产业开发区	2742	1345	1397	423	314	109
巢湖市	2264	1133	1131	483	331	152
芜湖市	**18831**	**9339**	**9492**	**3508**	**2641**	**867**
镜湖区	20	10	10	5	5	
弋江区						
鸠江区	1732	836	896	485	317	168
三山区	150	77	73	11	8	3
芜湖县	3039	1539	1500	601	438	163
繁昌县	2462	1193	1269	387	275	112
南陵县	3898	1918	1980	825	613	212
芜湖经济技术开发区	1847	913	934	256	191	65
安徽芜湖长江大桥经济开发区	314	170	144	65	51	14
无为市	5369	2683	2686	873	743	130
蚌埠市	**14906**	**7148**	**7758**	**2332**	**1548**	**784**
龙子湖区	147	66	81	22	15	7
蚌山区						
禹会区	165	82	83	21	17	4
淮上区	451	221	230	107	73	34
怀远县	4509	2201	2308	1211	747	464
五河县	3417	1624	1793	533	387	146
固镇县	1826	867	959	288	195	93
蚌埠市高新技术开发区	699	343	356	21	19	2
蚌埠市经济开发区	3692	1744	1948	129	95	34
淮南市	**13693**	**6702**	**6991**	**3048**	**2050**	**998**
大通区	1693	807	886	219	146	73
田家庵区	230	115	115	80	55	25
谢家集区	75	39	36	29	19	10
八公山区	1	1				
潘集区	1304	656	648	267	176	91
凤台县	3077	1483	1594	525	368	157
寿县	7313	3601	3712	1928	1286	642

8-6b 续表 1

单位：人

地 区	60岁及以上人口			劳动收入		
	合计	男	女	小计	男	女
马鞍山市	**12812**	**6127**	**6685**	**2326**	**1681**	**645**
花山区						
雨山区						
博望区	193	98	95	27	25	2
当涂县	5122	2533	2589	983	748	235
含山县	3470	1626	1844	515	389	126
和县	4027	1870	2157	801	519	282
淮北市	**6459**	**2975**	**3484**	**795**	**517**	**278**
杜集区	1103	538	565	122	70	52
相山区						
烈山区	657	304	353	106	51	55
濉溪县	4699	2133	2566	567	396	171
铜陵市	**6335**	**3098**	**3237**	**1023**	**789**	**234**
铜官区	1	1				
义安区	647	330	317	184	141	43
郊区	840	411	429	93	74	19
枞阳县	4847	2356	2491	746	574	172
安庆市	**21513**	**10621**	**10892**	**3408**	**2553**	**855**
迎江区						
大观区	476	232	244	76	48	28
宜秀区	726	356	370	160	120	40
怀宁县	4491	2197	2294	611	474	137
太湖县	2964	1491	1473	347	274	73
宿松县	3763	1831	1932	485	370	115
望江县	1113	561	552	415	259	156
岳西县	1592	778	814	207	167	40
安徽安庆经济开发区	1977	990	987	204	168	36
桐城市	2362	1150	1212	381	290	91
潜山市	2049	1035	1014	522	383	139
黄山市	**7725**	**3740**	**3985**	**1916**	**1210**	**706**
屯溪区	142	71	71	47	32	15
黄山区	631	333	298	220	166	54
徽州区	332	166	166	127	75	52
歙县	2976	1413	1563	806	469	337
休宁县	1647	789	858	362	234	128
黟县	673	332	341	136	85	51
祁门县	1324	636	688	218	149	69
滁州市	**24843**	**12207**	**12636**	**7038**	**4452**	**2586**
琅琊区						
南谯区	1004	505	499	177	126	51
来安县	3732	1836	1896	978	644	334
全椒县	3715	1785	1930	942	579	363
定远县	4443	2161	2282	1297	784	513
凤阳县	4953	2465	2488	1482	914	568
苏滁现代产业园	225	114	111	58	44	14
滁州经济技术开发区	858	412	446	119	93	26
天长市	3923	1930	1993	1321	832	489
明光市	1990	999	991	664	436	228

8-6b　续表 2　　　单位：人

地　区	60岁及以上人口			劳动收入		
	合计	男	女	小计	男	女
阜阳市	**32151**	**15255**	**16896**	**9345**	**5786**	**3559**
颍州区	874	407	467	230	139	91
颍东区	1337	657	680	366	240	126
颍泉区	1443	696	747	679	385	294
临泉县	6032	2772	3260	1324	833	491
太和县	8455	4016	4439	2964	1745	1219
阜南县	3918	1753	2165	871	533	338
颍上县	7359	3670	3689	2199	1454	745
阜阳合肥现代产业园区	98	51	47	33	26	7
阜阳经济技术开发区	833	402	431	93	71	22
界首市	1802	831	971	586	360	226
宿州市	**23381**	**10981**	**12400**	**7244**	**4288**	**2956**
埇桥区	2835	1355	1480	584	369	215
砀山县	6359	2899	3460	2528	1411	1117
萧县	5134	2402	2732	1873	1087	786
灵璧县	4383	2096	2287	1207	746	461
泗县	3813	1799	2014	904	564	340
宿州马鞍山现代产业园区	312	157	155	66	52	14
宿州经济技术开发区	545	273	272	82	59	23
六安市	**21280**	**10289**	**10991**	**4797**	**3398**	**1399**
金安区	1793	793	1000	322	239	83
裕安区	1382	675	707	260	186	74
叶集区	473	217	256	91	73	18
霍邱县	5288	2619	2669	1148	829	319
舒城县	5713	2761	2952	1353	958	395
金寨县	2924	1435	1489	719	479	240
霍山县	3707	1789	1918	904	634	270
亳州市	**17998**	**8556**	**9442**	**3705**	**2511**	**1194**
谯城区	1737	791	946	512	313	199
涡阳县	5358	2535	2823	923	647	276
蒙城县	5910	2814	3096	1025	718	307
利辛县	4993	2416	2577	1245	833	412
池州市	**8079**	**3985**	**4094**	**1541**	**1168**	**373**
贵池区	867	438	429	142	112	30
东至县	4563	2229	2334	1012	746	266
石台县	606	304	302	71	60	11
青阳县	1991	975	1016	298	234	64
池州市国家经济技术开发区						
皖江江南新兴产业集中区						
九华山风景区	52	39	13	18	16	2
宣城市	**13446**	**6689**	**6757**	**2367**	**1820**	**547**
宣州区	1918	945	973	373	274	99
郎溪县	3104	1533	1571	495	419	76
泾县	2422	1185	1237	341	269	72
绩溪县	1651	816	835	342	228	114
旌德县	1436	723	713	244	192	52
宣城市经济开发区	733	364	369	95	78	17
宁国市	763	407	356	166	116	50
广德市	1419	716	703	311	244	67

8-6b 续表 3

单位：人

地区	离退休金/养老金			最低生活保障金			失业保险金		
	小计	男	女	小计	男	女	小计	男	女
安徽	**70726**	**39630**	**31096**	**17332**	**9320**	**8012**	**31**	**13**	**18**
合肥市	**10602**	**5826**	**4776**	**3238**	**1619**	**1619**	**9**	**4**	**5**
瑶海区	56	38	18	9	1	8			
庐阳区	448	227	221	6	1	5			
蜀山区	84	42	42	43	33	10			
包河区									
长丰县	812	469	343	336	166	170			
肥东县	1908	1098	810	666	337	329			
肥西县	1804	968	836	335	150	185			
庐江县	2010	1101	909	495	282	213			
合肥高新技术产业开发区	966	504	462	237	99	138			
合肥经济技术开发区	1503	805	698	301	147	154			
合肥新站高新技术产业开发区	602	343	259	577	252	325	9	4	5
巢湖市	409	231	178	233	151	82			
芜湖市	**5355**	**2874**	**2481**	**1213**	**677**	**536**	**2**		**2**
镜湖区	1	1		2	1	1			
弋江区									
鸠江区	256	158	98	146	83	63			
三山区	95	52	43	3	1	2			
芜湖县	1355	691	664	170	81	89			
繁昌县	1266	627	639	123	60	63	2		2
南陵县	1118	619	499	219	126	93			
芜湖经济技术开发区	677	354	323	181	88	93			
安徽芜湖长江大桥经济开发区	11	8	3	18	14	4			
无为市	576	364	212	351	223	128			
蚌埠市	**6246**	**3271**	**2975**	**846**	**447**	**399**			
龙子湖区	33	19	14	12	5	7			
蚌山区									
禹会区	12	9	3	5	3	2			
淮上区	50	33	17	56	28	28			
怀远县	1184	654	530	314	182	132			
五河县	849	490	359	172	90	82			
固镇县	623	351	272	84	50	34			
蚌埠市高新技术开发区	530	271	259	16	6	10			
蚌埠市经济开发区	2965	1444	1521	187	83	104			
淮南市	**3872**	**2154**	**1718**	**786**	**457**	**329**	**1**	**1**	
大通区	776	424	352	118	60	58			
田家庵区	4	3	1	21	15	6			
谢家集区	8	5	3	4	3	1			
八公山区	1	1							
潘集区	204	148	56	150	93	57			
凤台县	1087	584	503	183	99	84			
寿县	1792	989	803	310	187	123	1	1	

8-6b 续表 4

单位：人

地 区	离退休金/养老金			最低生活保障金			失业保险金		
	小计	男	女	小计	男	女	小计	男	女
马鞍山市	**4216**	**2242**	**1974**	**609**	**339**	**270**			
花山区									
雨山区									
博望区	48	25	23	12	9	3			
当涂县	2050	1042	1008	219	129	90			
含山县	991	530	461	172	94	78			
和县	1127	645	482	206	107	99			
淮北市	**1924**	**1243**	**681**	**575**	**263**	**312**			
杜集区	507	344	163	130	52	78			
相山区									
烈山区	289	200	89	35	10	25			
濉溪县	1128	699	429	410	201	209			
铜陵市	**1362**	**786**	**576**	**240**	**159**	**81**			
铜官区				1	1				
义安区	121	70	51	29	19	10			
郊区	370	197	173	36	18	18			
枞阳县	871	519	352	174	121	53			
安庆市	**4307**	**2643**	**1664**	**941**	**567**	**374**			
迎江区									
大观区	211	101	110	7	4	3			
宜秀区	73	52	21	34	22	12			
怀宁县	686	467	219	116	69	47			
太湖县	626	390	236	150	91	59			
宿松县	947	559	388	152	84	68			
望江县	183	111	72	74	35	39			
岳西县	325	215	110	111	69	42			
安徽安庆经济开发区	1001	558	443	80	34	46			
桐城市	144	97	47	99	73	26			
潜山市	111	93	18	118	86	32			
黄山市	**2279**	**1320**	**959**	**326**	**156**	**170**			
屯溪区	16	9	7	5	2	3			
黄山区	90	51	39	37	19	18			
徽州区	29	23	6	13	6	7			
歙县	812	492	320	119	56	63			
休宁县	521	294	227	58	27	31			
黟县	274	146	128	24	16	8			
祁门县	537	305	232	70	30	40			
滁州市	**6063**	**3384**	**2679**	**1113**	**616**	**497**	**3**	**1**	**2**
琅琊区									
南谯区	280	167	113	50	33	17			
来安县	1074	604	470	137	70	67			
全椒县	1195	655	540	213	96	117	2	1	1
定远县	1195	669	526	217	134	83			
凤阳县	1349	738	611	223	119	104			
苏滁现代产业园	19	8	11	13	5	8			
滁州经济技术开发区	327	175	152	44	22	22			
天长市	451	257	194	139	88	51	1		1
明光市	173	111	62	77	49	28			

8-6b 续表 5

单位：人

地　　区	离退休金/养老金			最低生活保障金			失业保险金		
	小计	男	女	小计	男	女	小计	男	女
阜阳市	**5539**	**3206**	**2333**	**2185**	**1125**	**1060**	**9**	**4**	**5**
颍州区	70	48	22	61	30	31			
颍东区	143	94	49	131	74	57	2	1	1
颍泉区	82	61	21	120	62	58			
临泉县	1115	647	468	445	203	242			
太和县	1583	899	684	561	280	281	1	1	
阜南县	897	493	404	196	92	104	4	1	3
颍上县	1324	761	563	422	257	165	2	1	1
阜阳合肥现代产业园区	2	2		26	14	12			
阜阳经济技术开发区	192	121	71	82	36	46			
界首市	131	80	51	141	77	64			
宿州市	**4584**	**2694**	**1890**	**1726**	**846**	**880**	**3**	**2**	**1**
埇桥区	746	479	267	239	117	122			
砀山县	1162	617	545	439	182	257	2	1	1
萧县	984	583	401	460	201	259			
灵璧县	817	498	319	231	159	72			
泗县	735	430	305	292	157	135			
宿州马鞍山现代产业园区	35	19	16	25	10	15			
宿州经济技术开发区	105	68	37	40	20	20	1	1	
六安市	**4805**	**2632**	**2173**	**1284**	**760**	**524**			
金安区	290	166	124	79	46	33			
裕安区	238	141	97	79	46	33			
叶集区	72	46	26	25	10	15			
霍邱县	1195	663	532	449	277	172			
舒城县	1386	721	665	353	224	129			
金寨县	896	467	429	85	47	38			
霍山县	728	428	300	214	110	104			
亳州市	**3790**	**2170**	**1620**	**1185**	**623**	**562**	**2**		**2**
谯城区	134	82	52	154	67	87			
涡阳县	1412	798	614	278	140	138	2		2
蒙城县	1334	755	579	328	184	144			
利辛县	910	535	375	425	232	193			
池州市	**1687**	**979**	**708**	**386**	**253**	**133**			
贵池区	50	41	9	65	44	21			
东至县	798	481	317	197	130	67			
石台县	219	126	93	43	27	16			
青阳县	612	324	288	77	51	26			
池州市国家经济技术开发区									
皖江江南新兴产业集中区									
九华山风景区	8	7	1	4	1	3			
宣城市	**4095**	**2206**	**1889**	**679**	**413**	**266**	**2**	**1**	**1**
宣州区	438	250	188	128	66	62			
郎溪县	1153	572	581	130	78	52	2	1	1
泾县	906	494	412	135	80	55			
绩溪县	672	377	295	61	25	36			
旌德县	414	227	187	55	41	14			
宣城市经济开发区	297	159	138	25	16	9			
宁国市	96	58	38	61	55	6			
广德市	119	69	50	84	52	32			

8-6b 续表 6

单位：人

地区	财产性收入			家庭其他成员供养			其他		
	小计	男	女	小计	男	女	小计	男	女
安徽	**2650**	**1438**	**1212**	**113825**	**37134**	**76691**	**14999**	**7151**	**7848**
合肥市	**279**	**144**	**135**	**13604**	**4494**	**9110**	**2772**	**1299**	**1473**
瑶海区	2	1	1	52	15	37	22	12	10
庐阳区	5	3	2	170	56	114	27	7	20
蜀山区	6	4	2	283	104	179	135	66	69
包河区									
长丰县	15	6	9	1477	480	997	370	177	193
肥东县	118	60	58	3196	1043	2153	581	272	309
肥西县	15	6	9	1639	516	1123	351	168	183
庐江县	83	43	40	3140	1019	2121	365	172	193
合肥高新技术产业开发区	3	1	2	542	178	364	139	59	80
合肥经济技术开发区	8	5	3	1287	445	842	354	167	187
合肥新站高新技术产业开发区	10	7	3	772	269	503	349	156	193
巢湖市	14	8	6	1046	369	677	79	43	36
芜湖市	**50**	**34**	**16**	**7840**	**2690**	**5150**	**863**	**423**	**440**
镜湖区				11	2	9	1	1	
弋江区									
鸠江区	1	1		785	244	541	59	33	26
三山区	1		1	40	16	24			
芜湖县	9	5	4	818	282	536	86	42	44
繁昌县	4	2	2	588	183	405	92	46	46
南陵县	11	9	2	1569	480	1089	156	71	85
芜湖经济技术开发区	2	1	1	483	171	312	248	108	140
安徽芜湖长江大桥经济开发区				186	78	108	34	19	15
无为市	22	16	6	3360	1234	2126	187	103	84
蚌埠市	**67**	**34**	**33**	**4673**	**1495**	**3178**	**742**	**353**	**389**
龙子湖区	1	1		70	23	47	9	3	6
蚌山区									
禹会区	1		1	107	45	62	19	8	11
淮上区				148	43	105	90	44	46
怀远县	38	21	17	1545	486	1059	217	111	106
五河县	12	3	9	1619	545	1074	232	109	123
固镇县	11	6	5	734	224	510	86	41	45
蚌埠市高新技术开发区				105	35	70	27	12	15
蚌埠市经济开发区	4	3	1	345	94	251	62	25	37
淮南市	**154**	**81**	**73**	**5121**	**1578**	**3543**	**711**	**381**	**330**
大通区	5	3	2	517	143	374	58	31	27
田家庵区				123	41	82	2	1	1
谢家集区	1	1		32	11	21	1		1
八公山区									
潘集区	37	18	19	571	180	391	75	41	34
凤台县	71	37	34	1016	299	717	195	96	99
寿县	40	22	18	2862	904	1958	380	212	168

8－6b 续表 7

单位：人

地 区	财产性收入			家庭其他成员供养			其 他		
	小计	男	女	小计	男	女	小计	男	女
马鞍山市	**125**	**68**	**57**	**4981**	**1530**	**3451**	**555**	**267**	**288**
花山区									
雨山区									
博望区				106	39	67			
当涂县	36	19	17	1557	454	1103	277	141	136
含山县	42	28	14	1576	501	1075	174	84	90
和县	47	21	26	1742	536	1206	104	42	62
淮北市	**82**	**42**	**40**	**2492**	**660**	**1832**	**591**	**250**	**341**
杜集区				289	58	231	55	14	41
相山区									
烈山区	2	1	1	178	27	151	47	15	32
濉溪县	80	41	39	2025	575	1450	489	221	268
铜陵市	**13**	**10**	**3**	**3372**	**1204**	**2168**	**325**	**150**	**175**
铜官区									
义安区				294	89	205	19	11	8
郊区				299	115	184	42	7	35
枞阳县	13	10	3	2779	1000	1779	264	132	132
安庆市	**161**	**92**	**69**	**11896**	**4365**	**7531**	**800**	**401**	**399**
迎江区									
大观区	1		1	166	70	96	15	9	6
宜秀区	5	3	2	423	144	279	31	15	16
怀宁县	58	33	25	2838	1064	1774	182	90	92
太湖县	15	8	7	1673	652	1021	153	76	77
宿松县	22	14	8	2072	762	1310	85	42	43
望江县	7	4	3	423	146	277	11	6	5
岳西县	3	1	2	855	286	569	91	40	51
安徽安庆经济开发区	6	3	3	573	175	398	113	52	61
桐城市	30	19	11	1611	613	998	97	58	39
潜山市	14	7	7	1262	453	809	22	13	9
黄山市	**50**	**25**	**25**	**2833**	**884**	**1949**	**321**	**145**	**176**
屯溪区				69	25	44	5	3	2
黄山区	17	8	9	250	79	171	17	10	7
徽州区	4	3	1	156	58	98	3	1	2
歙县	7	2	5	1102	340	762	130	54	76
休宁县	8	5	3	665	212	453	33	17	16
黟县	10	4	6	157	48	109	72	33	39
祁门县	4	3	1	434	122	312	61	27	34
滁州市	**256**	**135**	**121**	**9395**	**3157**	**6238**	**975**	**462**	**513**
琅琊区									
南谯区	25	13	12	434	148	286	38	18	20
来安县	38	21	17	1309	409	900	196	88	108
全椒县	73	39	34	1148	352	796	142	63	79
定远县	33	14	19	1566	507	1059	135	53	82
凤阳县	41	24	17	1720	593	1127	138	77	61
苏滁现代产业园	14	6	8	79	30	49	42	21	21
滁州经济技术开发区	5	3	2	315	102	213	48	17	31
天长市	25	13	12	1857	670	1187	129	70	59
明光市	2	2		967	346	621	107	55	52

8-6b 续表 8

单位：人

地区	财产性收入			家庭其他成员供养			其他		
	小计	男	女	小计	男	女	小计	男	女
阜阳市	**411**	**239**	**172**	**13032**	**4098**	**8934**	**1630**	**797**	**833**
颍州区	12	6	6	387	125	262	114	59	55
颍东区	25	13	12	595	179	416	75	56	19
颍泉区	19	12	7	445	130	315	98	46	52
临泉县	68	39	29	2832	930	1902	248	120	128
太和县	149	79	70	2922	885	2037	275	127	148
阜南县	35	23	12	1675	503	1172	240	108	132
颍上县	80	50	30	2993	977	2016	339	170	169
阜阳合肥现代产业园区	2	2		32	7	25	3		3
阜阳经济技术开发区	5	4	1	330	112	218	131	58	73
界首市	16	11	5	821	250	571	107	53	54
宿州市	**246**	**123**	**123**	**8395**	**2515**	**5880**	**1183**	**513**	**670**
埇桥区	55	32	23	994	272	722	217	86	131
砀山县	46	24	22	1934	549	1385	248	115	133
萧县	40	19	21	1445	372	1073	332	140	192
灵璧县	76	32	44	1962	621	1341	90	40	50
泗县	24	11	13	1628	535	1093	230	102	128
宿州马鞍山现代产业园区	4	4		150	60	90	32	12	20
宿州经济技术开发区	1	1		282	106	176	34	18	16
六安市	**193**	**109**	**84**	**9414**	**2990**	**6424**	**787**	**400**	**387**
金安区	37	24	13	1003	294	709	62	24	38
裕安区	15	10	5	711	253	458	79	39	40
叶集区	6	3	3	254	75	179	25	10	15
霍邱县	54	32	22	2138	662	1476	304	156	148
舒城县	30	14	16	2404	746	1658	187	98	89
金寨县	34	17	17	1156	407	749	34	18	16
霍山县	17	9	8	1748	553	1195	96	55	41
亳州市	**362**	**180**	**182**	**7331**	**2323**	**5008**	**1623**	**749**	**874**
谯城区	23	11	12	671	208	463	243	110	133
涡阳县	115	59	56	2113	660	1453	515	231	284
蒙城县	113	59	54	2629	859	1770	481	239	242
利辛县	111	51	60	1918	596	1322	384	169	215
池州市	**66**	**37**	**29**	**3975**	**1330**	**2645**	**424**	**218**	**206**
贵池区				574	213	361	36	28	8
东至县	40	20	20	2247	730	1517	269	122	147
石台县	6	4	2	242	75	167	25	12	13
青阳县	20	13	7	903	309	594	81	44	37
池州市国家经济技术开发区									
皖江江南新兴产业集中区									
九华山风景区				9	3	6	13	12	1
宣城市	**135**	**85**	**50**	**5471**	**1821**	**3650**	**697**	**343**	**354**
宣州区	20	14	6	841	284	557	118	57	61
郎溪县	42	26	16	1164	368	796	118	69	49
泾县	21	15	6	924	290	634	95	37	58
绩溪县	5	2	3	490	145	345	81	39	42
旌德县	5	2	3	645	227	418	73	34	39
宣城市经济开发区	1		1	249	81	168	66	30	36
宁国市	23	16	7	344	126	218	73	36	37
广德市	18	10	8	814	300	514	73	41	32

8-6c 各地区分性别、主要生活来源的60岁及以上老年人口(乡村)

单位：人

地区	60岁及以上人口			劳动收入		
	合计	男	女	小计	男	女
安　徽	**604389**	**299939**	**304450**	**205178**	**131780**	**73398**
合肥市	**49536**	**25100**	**24436**	**15048**	**10248**	**4800**
瑶海区	116	52	64	20	13	7
庐阳区	173	99	74	51	38	13
蜀山区	470	250	220	156	110	46
包河区	105	52	53	55	34	21
长丰县	8333	4286	4047	2720	1793	927
肥东县	11434	5642	5792	2935	1936	999
肥西县	8804	4504	4300	2628	1887	741
庐江县	11748	6081	5667	3703	2706	997
合肥高新技术产业开发区	2	1	1	1	1	
合肥经济技术开发区	307	161	146	146	90	56
合肥新站高新技术产业开发区	81	46	35	18	13	5
巢湖市	7963	3926	4037	2615	1627	988
芜湖市	**29865**	**15067**	**14798**	**7308**	**5479**	**1829**
镜湖区	430	216	214	68	59	9
弋江区						
鸠江区	3629	1786	1843	1025	669	356
三山区	1038	528	510	302	227	75
芜湖县	3176	1633	1543	756	573	183
繁昌县	2926	1523	1403	780	595	185
南陵县	6401	3279	3122	2104	1500	604
芜湖经济技术开发区	88	43	45	24	16	8
安徽芜湖长江大桥经济开发区	200	113	87	58	41	17
无为市	11977	5946	6031	2191	1799	392
蚌埠市	**28939**	**14609**	**14330**	**11131**	**6930**	**4201**
龙子湖区	783	390	393	286	192	94
蚌山区	323	163	160	78	64	14
禹会区	1812	883	929	470	340	130
淮上区	1853	956	897	718	462	256
怀远县	11325	5740	5585	5634	3260	2374
五河县	6230	3119	3111	1888	1262	626
固镇县	6613	3358	3255	2057	1350	707
蚌埠市高新技术开发区						
蚌埠市经济开发区						
淮南市	**27666**	**14252**	**13414**	**11211**	**7116**	**4095**
大通区	906	494	412	349	236	113
田家庵区	655	332	323	242	157	85
谢家集区	1166	595	571	408	250	158
八公山区	103	44	59	23	12	11
潘集区	3325	1678	1647	1000	675	325
凤台县	7680	3923	3757	3111	1941	1170
寿县	13831	7186	6645	6078	3845	2233

8-6c　续表 1　　　　单位：人

地　区	60岁及以上人口			劳动收入		
	合计	男	女	小计	男	女
马鞍山市	**16936**	**8305**	**8631**	**4860**	**3303**	**1557**
花山区	247	121	126	44	33	11
雨山区	370	176	194	67	48	19
博望区	1789	891	898	346	274	72
当涂县	4106	2022	2084	1348	910	438
含山县	4523	2194	2329	1016	763	253
和县	5901	2901	3000	2039	1275	764
淮北市	**12791**	**6057**	**6734**	**3612**	**2214**	**1398**
杜集区	1157	558	599	299	188	111
相山区	917	428	489	238	147	91
烈山区	1905	929	976	791	449	342
濉溪县	8812	4142	4670	2284	1430	854
铜陵市	**12754**	**6235**	**6519**	**2858**	**2106**	**752**
铜官区	139	67	72	26	18	8
义安区	3561	1774	1787	968	703	265
郊区	2456	1207	1249	469	357	112
枞阳县	6598	3187	3411	1395	1028	367
安庆市	**51676**	**26021**	**25655**	**12724**	**8856**	**3868**
迎江区	415	206	209	111	79	32
大观区	969	460	509	182	126	56
宜秀区	835	400	435	236	172	64
怀宁县	7874	3941	3933	1534	1175	359
太湖县	7157	3708	3449	1289	960	329
宿松县	9327	4639	4688	1494	1133	361
望江县	8097	3955	4142	4442	2555	1887
岳西县	4669	2429	2240	969	736	233
安徽安庆经济开发区	112	57	55	28	19	9
桐城市	6173	3072	3101	1069	842	227
潜山市	6048	3154	2894	1370	1059	311
黄山市	**18385**	**9149**	**9236**	**7801**	**4633**	**3168**
屯溪区	518	252	266	175	121	54
黄山区	1897	1017	880	706	506	200
徽州区	1177	575	602	553	325	228
歙县	7415	3640	3775	3785	2037	1748
休宁县	3930	1922	2008	1411	869	542
黟县	1349	689	660	511	345	166
祁门县	2099	1054	1045	660	430	230
滁州市	**41322**	**20881**	**20441**	**17501**	**10786**	**6715**
琅琊区	273	147	126	103	69	34
南谯区	2480	1258	1222	738	499	239
来安县	5331	2644	2687	2425	1481	944
全椒县	4824	2383	2441	2215	1312	903
定远县	9843	4916	4927	4232	2538	1694
凤阳县	6753	3546	3207	3067	1880	1187
苏滁现代产业园						
滁州经济技术开发区	153	79	74	28	19	9
天长市	5858	2936	2922	2237	1418	819
明光市	5807	2972	2835	2456	1570	886

8-6c 续表 2 单位：人

地 区	60岁及以上人口			劳动收入		
	合计	男	女	小计	男	女
阜阳市	**90182**	**42829**	**47353**	**36057**	**21452**	**14605**
颍州区	4899	2290	2609	1466	924	542
颍东区	5787	2812	2975	1950	1241	709
颍泉区	6044	2856	3188	2848	1579	1269
临泉县	20766	9480	11286	7633	4480	3153
太和县	15232	7192	8040	7690	4271	3419
阜南县	14192	6668	7524	5723	3347	2376
颍上县	15534	7912	7622	6859	4355	2504
阜阳合肥现代产业园区	452	224	228	77	54	23
阜阳经济技术开发区	234	115	119	41	31	10
界首市	7042	3280	3762	1770	1170	600
宿州市	**61901**	**30026**	**31875**	**26729**	**15467**	**11262**
埇桥区	15514	7673	7841	4998	3179	1819
砀山县	9508	4391	5117	5308	2806	2502
萧县	16019	7651	8368	8803	4759	4044
灵璧县	11514	5782	5732	4131	2601	1530
泗县	9030	4367	4663	3382	2045	1337
宿州马鞍山现代产业园区	316	162	154	107	77	30
宿州经济技术开发区						
六安市	**59244**	**30236**	**29008**	**19402**	**13407**	**5995**
金安区	8495	4386	4109	3229	2191	1038
裕安区	11007	5633	5374	3657	2516	1141
叶集区	2281	1219	1062	681	481	200
霍邱县	14417	7387	7030	4878	3298	1580
舒城县	11990	6060	5930	3587	2648	939
金寨县	8175	4119	4056	2537	1688	849
霍山县	2879	1432	1447	833	585	248
亳州市	**54632**	**26177**	**28455**	**16360**	**10236**	**6124**
谯城区	14914	6977	7937	5249	3028	2221
涡阳县	13850	6610	7240	3200	2162	1038
蒙城县	11230	5450	5780	3373	2188	1185
利辛县	14638	7140	7498	4538	2858	1680
池州市	**16707**	**8497**	**8210**	**4266**	**3227**	**1039**
贵池区	6385	3224	3161	1563	1142	421
东至县	5313	2673	2640	1511	1129	382
石台县	1468	768	700	367	279	88
青阳县	3321	1715	1606	781	640	141
池州市国家经济技术开发区						
皖江江南新兴产业集中区						
九华山风景区	220	117	103	44	37	7
宣城市	**31853**	**16498**	**15355**	**8310**	**6320**	**1990**
宣州区	9350	4762	4588	2537	1925	612
郎溪县	3133	1595	1538	737	611	126
泾县	4732	2555	2177	1177	948	229
绩溪县	2388	1194	1194	897	557	340
旌德县	1769	940	829	460	347	113
宣城市经济开发区	439	222	217	133	98	35
宁国市	4716	2501	2215	1196	910	286
广德市	5326	2729	2597	1173	924	249

8-6c　续表 3　　单位：人

地　区	离退休金/养老金			最低生活保障金			失业保险金		
	小计	男	女	小计	男	女	小计	男	女
安　徽	**38047**	**24052**	**13995**	**46049**	**27872**	**18177**	**13**	**6**	**7**
合肥市	**3397**	**2118**	**1279**	**4073**	**2567**	**1506**	**6**	**3**	**3**
瑶海区	22	14	8						
庐阳区	7	5	2	18	11	7			
蜀山区	12	9	3	35	22	13			
包河区	4	3	1	1		1			
长丰县	455	288	167	1145	689	456			
肥东县	1007	645	362	725	433	292			
肥西县	654	378	276	655	413	242	5	2	3
庐江县	522	350	172	809	553	256			
合肥高新技术产业开发区									
合肥经济技术开发区	5	5		26	17	9			
合肥新站高新技术产业开发区	8	5	3	8	4	4	1	1	
巢湖市	701	416	285	651	425	226			
芜湖市	**2562**	**1474**	**1088**	**2306**	**1537**	**769**	**2**	**1**	**1**
镜湖区	42	27	15	58	38	20			
弋江区									
鸠江区	230	137	93	210	144	66	1		1
三山区	71	36	35	91	60	31			
芜湖县	521	264	257	262	185	77			
繁昌县	470	254	216	284	165	119			
南陵县	363	226	137	566	386	180	1	1	
芜湖经济技术开发区	2	2		10	8	2			
安徽芜湖长江大桥经济开发区	8	7	1	32	27	5			
无为市	855	521	334	793	524	269			
蚌埠市	**1228**	**846**	**382**	**2044**	**1368**	**676**			
龙子湖区	41	29	12	51	30	21			
蚌山区	41	19	22	90	47	43			
禹会区	52	40	12	135	77	58			
淮上区	58	42	16	110	78	32			
怀远县	327	238	89	783	533	250			
五河县	262	180	82	377	266	111			
固镇县	447	298	149	498	337	161			
蚌埠市高新技术开发区									
蚌埠市经济开发区									
淮南市	**1151**	**832**	**319**	**2011**	**1367**	**644**			
大通区	25	22	3	99	76	23			
田家庵区	18	15	3	91	57	34			
谢家集区	78	56	22	139	82	57			
八公山区	32	22	10	2	1	1			
潘集区	220	169	51	209	146	63			
凤台县	372	261	111	582	390	192			
寿县	406	287	119	889	615	274			

8-6c 续表 4

单位：人

地区	离退休金/养老金			最低生活保障金			失业保险金		
	小计	男	女	小计	男	女	小计	男	女
马鞍山市	**1831**	**1051**	**780**	**1221**	**768**	**453**			
花山区	59	37	22	19	9	10			
雨山区	105	57	48	26	14	12			
博望区	257	131	126	125	85	40			
当涂县	652	347	305	261	172	89			
含山县	367	219	148	420	248	172			
和县	391	260	131	370	240	130			
淮北市	**1109**	**788**	**321**	**971**	**481**	**490**			
杜集区	193	141	52	124	68	56			
相山区	78	59	19	115	52	63			
烈山区	136	111	25	181	89	92			
濉溪县	702	477	225	551	272	279			
铜陵市	**1093**	**626**	**467**	**665**	**452**	**213**			
铜官区	71	36	35	7	3	4			
义安区	570	307	263	237	160	77			
郊区	217	124	93	141	87	54			
枞阳县	235	159	76	280	202	78			
安庆市	**3062**	**2074**	**988**	**2934**	**1981**	**953**	**1**	**1**	
迎江区	21	14	7	32	23	9			
大观区	392	176	216	20	9	11			
宜秀区	47	37	10	53	26	27			
怀宁县	500	333	167	302	193	109			
太湖县	347	275	72	566	405	161	1	1	
宿松县	613	427	186	553	381	172			
望江县	266	201	65	182	100	82			
岳西县	324	217	107	446	298	148			
安徽安庆经济开发区	28	14	14	8	4	4			
桐城市	286	194	92	309	226	83			
潜山市	238	186	52	463	316	147			
黄山市	**1336**	**902**	**434**	**1123**	**661**	**462**			
屯溪区	31	22	9	27	10	17			
黄山区	124	78	46	116	78	38			
徽州区	65	48	17	53	35	18			
歙县	474	360	114	472	259	213			
休宁县	267	171	96	219	137	82			
黟县	127	79	48	92	55	37			
祁门县	248	144	104	144	87	57			
滁州市	**2329**	**1433**	**896**	**2190**	**1397**	**793**			
琅琊区	10	7	3	16	11	5			
南谯区	217	139	78	171	102	69			
来安县	340	190	150	275	161	114			
全椒县	261	165	96	254	151	103			
定远县	416	281	135	654	420	234			
凤阳县	213	150	63	331	253	78			
苏滁现代产业园									
滁州经济技术开发区	18	10	8	5	3	2			
天长市	501	276	225	255	152	103			
明光市	353	215	138	229	144	85			

8-6c 续表 5　　单位：人

地　区	离退休金/养老金			最低生活保障金			失业保险金		
	小计	男	女	小计	男	女	小计	男	女
阜阳市	**6243**	**3664**	**2579**	**6937**	**3726**	**3211**	**1**	**1**	
颍州区	377	240	137	537	265	272			
颍东区	380	257	123	414	257	157			
颍泉区	461	266	195	586	292	294			
临泉县	1356	779	577	1566	755	811			
太和县	1232	708	524	1184	592	592			
阜南县	1061	586	475	878	512	366			
颍上县	573	373	200	1019	666	353	1	1	
阜阳合肥现代产业园区	38	27	11	81	36	45			
阜阳经济技术开发区	18	13	5	28	14	14			
界首市	747	415	332	644	337	307			
宿州市	**3306**	**2246**	**1060**	**5912**	**3060**	**2852**	**2**		**2**
埇桥区	909	641	268	1663	903	760	1		1
砀山县	403	281	122	932	415	517			
萧县	878	594	284	1836	849	987			
灵璧县	623	428	195	800	492	308	1		1
泗县	480	292	188	648	382	266			
宿州马鞍山现代产业园区	13	10	3	33	19	14			
宿州经济技术开发区									
六安市	**3037**	**1952**	**1085**	**4508**	**3115**	**1393**			
金安区	299	208	91	550	382	168			
裕安区	555	346	209	811	575	236			
叶集区	202	122	80	204	143	61			
霍邱县	719	452	267	1248	869	379			
舒城县	562	386	176	931	668	263			
金寨县	570	346	224	522	334	188			
霍山县	130	92	38	242	144	98			
亳州市	**3434**	**2183**	**1251**	**5885**	**3125**	**2760**			
谯城区	844	524	320	1611	811	800			
涡阳县	830	563	267	1573	792	781			
蒙城县	688	430	258	859	490	369			
利辛县	1072	666	406	1842	1032	810			
池州市	**781**	**533**	**248**	**1054**	**695**	**359**			
贵池区	292	198	94	395	248	147			
东至县	200	152	48	248	161	87			
石台县	83	52	31	151	104	47			
青阳县	191	122	69	242	167	75			
池州市国家经济技术开发区									
皖江江南新兴产业集中区									
九华山风景区	15	9	6	18	15	3			
宣城市	**2148**	**1330**	**818**	**2215**	**1572**	**643**	**1**		**1**
宣州区	627	339	288	585	426	159			
郎溪县	241	144	97	222	141	81	1		1
泾县	243	157	86	462	344	118			
绩溪县	190	136	54	131	73	58			
旌德县	101	68	33	160	109	51			
宣城市经济开发区	55	29	26	30	19	11			
宁国市	331	224	107	322	227	95			
广德市	360	233	127	303	233	70			

8－6c 续表 6

单位：人

地　区	财产性收入			家庭其他成员供养			其　他		
	小计	男	女	小计	男	女	小计	男	女
安　徽	**7562**	**4034**	**3528**	**271234**	**94175**	**177059**	**36306**	**18020**	**18286**
合肥市	**642**	**356**	**286**	**22912**	**8047**	**14865**	**3458**	**1761**	**1697**
瑶海区				40	10	30	34	15	19
庐阳区				82	37	45	15	8	7
蜀山区	4	2	2	211	81	130	52	26	26
包河区	1	1		33	8	25	11	6	5
长丰县	137	73	64	3294	1144	2150	582	299	283
肥东县	208	114	94	5654	2045	3609	905	469	436
肥西县	136	70	66	4026	1378	2648	700	376	324
庐江县	101	64	37	5883	2050	3833	730	358	372
合肥高新技术产业开发区				1		1			
合肥经济技术开发区				123	45	78	7	4	3
合肥新站高新技术产业开发区				33	16	17	13	7	6
巢湖市	55	32	23	3532	1233	2299	409	193	216
芜湖市	**155**	**83**	**72**	**16430**	**5935**	**10495**	**1102**	**558**	**544**
镜湖区				247	86	161	15	6	9
弋江区									
鸠江区	2	1	1	2016	759	1257	145	76	69
三山区				537	190	347	37	15	22
芜湖县	6	3	3	1497	548	949	134	60	74
繁昌县	1	1		1217	431	786	174	77	97
南陵县	74	38	36	3049	1002	2047	244	126	118
芜湖经济技术开发区				42	12	30	10	5	5
安徽芜湖长江大桥经济开发区	1	1		92	32	60	9	5	4
无为市	71	39	32	7733	2875	4858	334	188	146
蚌埠市	**320**	**173**	**147**	**12836**	**4599**	**8237**	**1380**	**693**	**687**
龙子湖区	1	1		364	115	249	40	23	17
蚌山区				104	28	76	10	5	5
禹会区	3	2	1	986	342	644	166	82	84
淮上区				879	322	557	88	52	36
怀远县	110	59	51	4131	1487	2644	340	163	177
五河县	80	38	42	3285	1206	2079	338	167	171
固镇县	126	73	53	3087	1099	1988	398	201	197
蚌埠市高新技术开发区									
蚌埠市经济开发区									
淮南市	**369**	**201**	**168**	**10945**	**3650**	**7295**	**1979**	**1086**	**893**
大通区	1	1		413	145	268	19	14	5
田家庵区				293	96	197	11	7	4
谢家集区	11	6	5	448	154	294	82	47	35
八公山区				42	7	35	4	2	2
潘集区	40	20	20	1612	534	1078	244	134	110
凤台县	187	90	97	2931	980	1951	497	261	236
寿县	130	84	46	5206	1734	3472	1122	621	501

8-6c　续表 7　　　　单位：人

地　区	财产性收入			家庭其他成员供养			其　他		
	小计	男	女	小计	男	女	小计	男	女
马鞍山市	**194**	**101**	**93**	**8230**	**2797**	**5433**	**600**	**285**	**315**
花山区				97	29	68	28	13	15
雨山区				150	48	102	22	9	13
博望区	2	1	1	980	363	617	79	37	42
当涂县	18	10	8	1686	520	1166	141	63	78
含山县	52	25	27	2486	843	1643	182	96	86
和县	122	65	57	2831	994	1837	148	67	81
淮北市	**482**	**258**	**224**	**5340**	**1695**	**3645**	**1277**	**621**	**656**
杜集区	8	4	4	475	125	350	58	32	26
相山区	5	2	3	459	153	306	22	15	7
烈山区	9	6	3	643	202	441	145	72	73
濉溪县	460	246	214	3763	1215	2548	1052	502	550
铜陵市	**28**	**14**	**14**	**7307**	**2649**	**4658**	**803**	**388**	**415**
铜官区	1		1	18	6	12	16	4	12
义安区	6	2	4	1438	450	988	342	152	190
郊区	1		1	1538	584	954	90	55	35
枞阳县	20	12	8	4313	1609	2704	355	177	178
安庆市	**132**	**73**	**59**	**31119**	**12144**	**18975**	**1704**	**892**	**812**
迎江区				250	89	161	1	1	
大观区				363	142	221	12	7	5
宜秀区	5	2	3	483	158	325	11	5	6
怀宁县	43	25	18	5190	2067	3123	305	148	157
太湖县	11	7	4	4722	1934	2788	221	126	95
宿松县	16	9	7	6342	2529	3813	309	160	149
望江县	28	12	16	3028	1025	2003	151	62	89
岳西县	6	4	2	2722	1061	1661	202	113	89
安徽安庆经济开发区				47	19	28	1	1	
桐城市	15	9	6	4166	1631	2535	328	170	158
潜山市	8	5	3	3806	1489	2317	163	99	64
黄山市	**72**	**42**	**30**	**7035**	**2400**	**4635**	**1018**	**511**	**507**
屯溪区	4	2	2	255	83	172	26	14	12
黄山区	16	9	7	860	306	554	75	40	35
徽州区				484	154	330	22	13	9
歙县	19	12	7	2307	791	1516	358	181	177
休宁县	9	6	3	1841	644	1197	183	95	88
黟县	14	7	7	472	142	330	133	61	72
祁门县	10	6	4	816	280	536	221	107	114
滁州市	**435**	**239**	**196**	**17034**	**6080**	**10954**	**1833**	**946**	**887**
琅琊区				116	49	67	28	11	17
南谯区	45	24	21	1146	412	734	163	82	81
来安县	80	44	36	2027	653	1374	184	115	69
全椒县	191	95	96	1673	549	1124	230	111	119
定远县	64	42	22	4114	1465	2649	363	170	193
凤阳县	21	12	9	2832	1101	1731	289	150	139
苏滁现代产业园									
滁州经济技术开发区	4	2	2	97	44	53	1	1	
天长市	7	5	2	2646	966	1680	212	119	93
明光市	23	15	8	2383	841	1542	363	187	176

8-6c 续表 8

单位：人

地　区	财产性收入			家庭其他成员供养			其　他		
	小计	男	女	小计	男	女	小计	男	女
阜阳市	**931**	**481**	**450**	**35023**	**11204**	**23819**	**4990**	**2301**	**2689**
颍州区	48	28	20	2017	622	1395	454	211	243
颍东区	118	65	53	2649	862	1787	276	130	146
颍泉区	161	74	87	1716	511	1205	272	134	138
临泉县	156	77	79	8789	2824	5965	1266	565	701
太和县	137	67	70	4421	1299	3122	568	255	313
阜南县	100	52	48	5611	1801	3810	819	370	449
颍上县	74	43	31	6285	2126	4159	723	348	375
阜阳合肥现代产业园区	11	7	4	201	72	129	44	28	16
阜阳经济技术开发区				118	44	74	29	13	16
界首市	126	68	58	3216	1043	2173	539	247	292
宿州市	**1134**	**591**	**543**	**21270**	**7005**	**14265**	**3548**	**1657**	**1891**
埇桥区	568	297	271	6094	2057	4037	1281	596	685
砀山县	122	60	62	2411	679	1732	332	150	182
萧县	168	83	85	3434	957	2477	900	409	491
灵璧县	147	77	70	5246	1902	3344	566	282	284
泗县	121	71	50	3962	1370	2592	437	207	230
宿州马鞍山现代产业园区	8	3	5	123	40	83	32	13	19
宿州经济技术开发区									
六安市	**548**	**326**	**222**	**28707**	**9854**	**18853**	**3042**	**1582**	**1460**
金安区	149	86	63	3761	1250	2511	507	269	238
裕安区	82	55	27	5307	1854	3453	595	287	308
叶集区	36	20	16	1043	383	660	115	70	45
霍邱县	182	98	84	6335	2139	4196	1055	531	524
舒城县	51	35	16	6400	2078	4322	459	245	214
金寨县	37	24	13	4315	1606	2709	194	121	73
霍山县	11	8	3	1546	544	1002	117	59	58
亳州市	**1672**	**828**	**844**	**20568**	**6674**	**13894**	**6713**	**3131**	**3582**
谯城区	334	164	170	4670	1443	3227	2206	1007	1199
涡阳县	641	328	313	5680	1879	3801	1926	886	1040
蒙城县	270	138	132	4885	1661	3224	1155	543	612
利辛县	427	198	229	5333	1691	3642	1426	695	731
池州市	**70**	**41**	**29**	**9890**	**3627**	**6263**	**646**	**374**	**272**
贵池区	14	8	6	3915	1507	2408	206	121	85
东至县	29	16	13	3064	1071	1993	261	144	117
石台县	12	7	5	782	284	498	73	42	31
青阳县	15	10	5	1989	709	1280	103	67	36
池州市国家经济技术开发区									
皖江江南新兴产业集中区									
九华山风景区				140	56	84	3		3
宣城市	**378**	**227**	**151**	**16588**	**5815**	**10773**	**2213**	**1234**	**979**
宣州区	93	57	36	4801	1635	3166	707	380	327
郎溪县	33	18	15	1734	585	1149	165	96	69
泾县	41	25	16	2532	900	1632	277	181	96
绩溪县	12	9	3	962	330	632	196	89	107
旌德县	4	2	2	964	367	597	80	47	33
宣城市经济开发区				209	72	137	12	4	8
宁国市	183	107	76	2255	795	1460	429	238	191
广德市	12	9	3	3131	1131	2000	347	199	148

8-7　全省分年龄、性别、主要生活来源的人口

单位：人

年　龄	15岁及以上人口			劳动收入		
	合计	男	女	小计	男	女
总　计	**4877094**	**2437492**	**2439602**	**2763410**	**1686962**	**1076448**
45岁以下	**2250803**	**1145496**	**1105307**	**1445602**	**854888**	**590714**
45-49岁	**487925**	**245509**	**242416**	**382832**	**225108**	**157724**
45	80159	40510	39649	64203	37390	26813
46	88335	44925	43410	70512	41451	29061
47	97247	48834	48413	76854	44877	31977
48	109852	55115	54737	85602	50348	35254
49	112332	56125	56207	85661	51042	34619
50-54岁	**569957**	**278747**	**291210**	**389680**	**244599**	**145081**
50	119527	58280	61247	86726	52339	34387
51	115281	56366	58915	80756	50068	30688
52	123245	60607	62638	84331	53328	31003
53	100549	48623	51926	66242	42052	24190
54	111355	54871	56484	71625	46812	24813
55-59岁	**453365**	**221744**	**231621**	**260148**	**175681**	**84467**
55	106961	52192	54769	65110	43196	21914
56	99913	48806	51107	58276	39468	18808
57	115057	56730	58327	64400	44308	20092
58	94704	46714	47990	52959	36059	16900
59	36730	17302	19428	19403	12650	6753
60-64岁	**227274**	**115909**	**111365**	**88322**	**58575**	**29747**
60	29521	14439	15082	12176	7788	4388
61	28905	14734	14171	11116	7272	3844
62	46953	24636	22317	18296	12403	5893
63	61151	31721	29430	23585	15968	7617
64	60744	30379	30365	23149	15144	8005
65-69岁	**323268**	**159733**	**163535**	**111514**	**71886**	**39628**
65	64051	32008	32043	23793	15467	8326
66	70176	35026	35150	25012	16191	8821
67	65176	31979	33197	22747	14604	8143
68	68214	33251	34963	22733	14444	8289
69	55651	27469	28182	17229	11180	6049

8-7 续表 1

单位：人

年 龄	15岁及以上人口			劳动收入		
	合计	男	女	小计	男	女
70-74岁	**235261**	**117692**	**117569**	**56147**	**36859**	**19288**
70	51474	25759	25715	14633	9359	5274
71	52364	26267	26097	13277	8763	4514
72	49775	25023	24752	11812	7803	4009
73	42759	21319	21440	9021	6014	3007
74	38889	19324	19565	7404	4920	2484
75-79岁	**161932**	**79606**	**82326**	**21876**	**14750**	**7126**
75	35521	17685	17836	6045	4095	1950
76	35066	17496	17570	5351	3577	1774
77	31405	15504	15901	4208	2852	1356
78	29653	14341	15312	3442	2309	1133
79	30287	14580	15707	2830	1917	913
80-84岁	**96384**	**45009**	**51375**	**5405**	**3527**	**1878**
80	25690	12311	13379	2036	1312	724
81	18826	8793	10033	1094	739	355
82	19858	9386	10472	972	649	323
83	16855	7687	9168	724	455	269
84	15155	6832	8323	579	372	207
85-89岁	**50832**	**21233**	**29599**	**1569**	**943**	**626**
85	13249	5775	7474	538	344	194
86	13110	5505	7605	403	237	166
87	10932	4557	6375	292	174	118
88	7705	3075	4630	216	122	94
89	5836	2321	3515	120	66	54
90-94岁	**16136**	**5709**	**10427**	**259**	**124**	**135**
90	5224	2024	3200	99	52	47
91	3817	1272	2545	69	32	37
92	3291	1126	2165	45	19	26
93	2218	765	1453	29	16	13
94	1586	522	1064	17	5	12
95-99岁	**3501**	**1016**	**2485**	**49**	**20**	**29**
95	1236	386	850	16	9	7
96	917	264	653	11	5	6
97	637	165	472	8	2	6
98	409	118	291	5	1	4
99	302	83	219	9	3	6
100岁及以上	**456**	**89**	**367**	**7**	**2**	**5**

8-7　续表 2　　单位：人

年　龄	离退休金/养老金			最低生活保障金			失业保险金		
	小计	男	女	小计	男	女	小计	男	女
总　计	**334407**	**150758**	**183649**	**108631**	**62643**	**45988**	**1040**	**641**	**399**
45岁以下	**133**	**58**	**75**	**13491**	**8066**	**5425**	**404**	**213**	**191**
45–49岁	**2375**	**124**	**2251**	**6398**	**3872**	**2526**	**270**	**115**	**155**
45	170	13	157	1024	624	400	35	12	23
46	261	15	246	1114	669	445	41	17	24
47	340	17	323	1259	753	506	49	27	22
48	559	33	526	1457	880	577	77	35	42
49	1045	46	999	1544	946	598	68	24	44
50–54岁	**31220**	**2968**	**28252**	**8122**	**4968**	**3154**	**208**	**188**	**20**
50	4912	273	4639	1651	1020	631	39	21	18
51	6063	410	5653	1587	989	598	38	38	
52	6991	602	6389	1696	1024	672	57	57	
53	5800	658	5142	1517	929	588	47	45	2
54	7454	1025	6429	1671	1006	665	27	27	
55–59岁	**50519**	**11019**	**39500**	**8291**	**4587**	**3704**	**106**	**102**	**4**
55	10086	1852	8234	1680	949	731	44	42	2
56	11038	2170	8868	1723	948	775	13	12	1
57	14421	3115	11306	2161	1227	934	21	20	1
58	10237	2469	7768	1918	1050	868	23	23	
59	4737	1413	3324	809	413	396	5	5	
60–64岁	**58635**	**31073**	**27562**	**7921**	**4767**	**3154**	**7**	**2**	**5**
60	8326	4091	4235	784	424	360	1		1
61	8586	4555	4031	916	561	355	1		1
62	12786	6917	5869	1613	1025	588	1	1	
63	14819	7989	6830	2319	1429	890			
64	14118	7521	6597	2289	1328	961	4	1	3
65–69岁	**66050**	**35127**	**30923**	**16542**	**9704**	**6838**	**12**	**5**	**7**
65	14077	7565	6512	2772	1579	1193	1		1
66	14920	7989	6931	3308	2017	1291	2	1	1
67	12695	6682	6013	3367	1979	1388	3	1	2
68	13245	6944	6301	3806	2226	1580	2	1	1
69	11113	5947	5166	3289	1903	1386	4	2	2

8－7 续表 3 单位：人

年 龄	离退休金/养老金			最低生活保障金			失业保险金		
	小计	男	女	小计	男	女	小计	男	女
70－74岁	**48754**	**27162**	**21592**	**17119**	**10049**	**7070**	**9**	**6**	**3**
70	10698	5863	4835	3367	1961	1406	2	1	1
71	10806	6008	4798	3597	2089	1508	3	2	1
72	9964	5562	4402	3642	2168	1474	2	2	
73	8884	4963	3921	3344	1952	1392	2	1	1
74	8402	4766	3636	3169	1879	1290			
75－79岁	**37090**	**20899**	**16191**	**14540**	**8636**	**5904**	**15**	**5**	**10**
75	7713	4378	3335	2977	1801	1176	3	2	1
76	7739	4419	3320	3158	1876	1282			
77	7115	4044	3071	2869	1700	1169	4	1	3
78	7118	3965	3153	2677	1575	1102	4	1	3
79	7405	4093	3312	2859	1684	1175	4	1	3
80－84岁	**24134**	**13476**	**10658**	**9222**	**5044**	**4178**	**6**	**4**	**2**
80	6254	3515	2739	2442	1397	1045	4	3	1
81	4882	2704	2178	1929	1029	900			
82	4927	2756	2171	1872	1052	820			
83	4186	2350	1836	1599	851	748	2	1	1
84	3885	2151	1734	1380	715	665			
85－89岁	**11504**	**6548**	**4956**	**4868**	**2225**	**2643**	**2**		**2**
85	3115	1714	1401	1240	606	634			
86	2963	1679	1284	1227	553	674			
87	2422	1387	1035	1039	468	571			
88	1691	980	711	747	330	417	2		2
89	1313	788	525	615	268	347			
90－94岁	**3357**	**1965**	**1392**	**1632**	**583**	**1049**	**1**	**1**	
90	1163	723	440	554	226	328	1	1	
91	798	423	375	362	118	244			
92	635	359	276	338	117	221			
93	437	259	178	224	78	146			
94	324	201	123	154	44	110			
95－99岁	**580**	**309**	**271**	**419**	**133**	**286**			
95	206	103	103	150	57	93			
96	163	95	68	111	28	83			
97	103	50	53	77	22	55			
98	62	35	27	50	17	33			
99	46	26	20	31	9	22			
100岁及以上	**56**	**30**	**26**	**66**	**9**	**57**			

8-7　续表 4　　　　单位：人

年　龄	财产性收入			家庭其他成员供养			其　他		
	小计	男	女	小计	男	女	小计	男	女
总　计	**34396**	**17870**	**16526**	**1433113**	**426262**	**1006851**	**202097**	**92356**	**109741**
45岁以下	**10791**	**5478**	**5313**	**697910**	**239463**	**458447**	**82472**	**37330**	**45142**
45–49岁	**3635**	**1855**	**1780**	**74529**	**6708**	**67821**	**17886**	**7727**	**10159**
45	591	315	276	11255	905	10350	2881	1251	1630
46	573	302	271	12742	1134	11608	3092	1337	1755
47	738	392	346	14526	1281	13245	3481	1487	1994
48	849	418	431	17206	1610	15596	4102	1791	2311
49	884	428	456	18800	1778	17022	4330	1861	2469
50–54岁	**4708**	**2424**	**2284**	**113679**	**13875**	**99804**	**22340**	**9725**	**12615**
50	1008	486	522	20672	2160	18512	4519	1981	2538
51	919	494	425	21441	2395	19046	4477	1972	2505
52	988	536	452	24425	2991	21434	4757	2069	2688
53	853	400	453	21937	2786	19151	4153	1753	2400
54	940	508	432	25204	3543	21661	4434	1950	2484
55–59岁	**4028**	**2100**	**1928**	**111104**	**19605**	**91499**	**19169**	**8650**	**10519**
55	919	467	452	24758	3760	20998	4364	1926	2438
56	877	463	414	23837	3859	19978	4149	1886	2263
57	956	516	440	28305	5314	22991	4793	2230	2563
58	881	465	416	24531	4788	19743	4155	1860	2295
59	395	189	206	9673	1884	7789	1708	748	960
60–64岁	**1961**	**1045**	**916**	**60578**	**15728**	**44850**	**9850**	**4719**	**5131**
60	243	131	112	6773	1464	5309	1218	541	677
61	236	124	112	6911	1664	5247	1139	558	581
62	389	215	174	11908	3115	8793	1960	960	1000
63	512	286	226	17217	4747	12470	2699	1302	1397
64	581	289	292	17769	4738	13031	2834	1358	1476
65–69岁	**3355**	**1777**	**1578**	**108747**	**33254**	**75493**	**17048**	**7980**	**9068**
65	601	324	277	19667	5608	14059	3140	1465	1675
66	720	383	337	22634	6753	15881	3580	1692	1888
67	765	390	375	22095	6675	15420	3504	1648	1856
68	677	363	314	24089	7550	16539	3662	1723	1939
69	592	317	275	20262	6668	13594	3162	1452	1710

8-7 续表 5 单位：人

年 龄	财产性收入			家庭其他成员供养			其 他		
	小计	男	女	小计	男	女	小计	男	女
70-74岁	**2752**	**1466**	**1286**	**96361**	**35094**	**61267**	**14119**	**7056**	**7063**
70	592	307	285	19172	6770	12402	3010	1498	1512
71	610	318	292	20943	7525	13418	3128	1562	1566
72	599	316	283	20757	7690	13067	2999	1482	1517
73	516	291	225	18414	6799	11615	2578	1299	1279
74	435	234	201	17075	6310	10765	2404	1215	1189
75-79岁	**1814**	**1023**	**791**	**76732**	**29300**	**47432**	**9865**	**4993**	**4872**
75	398	231	167	16147	6080	10067	2238	1098	1140
76	401	242	159	16300	6264	10036	2117	1118	999
77	360	196	164	14933	5717	9216	1916	994	922
78	334	176	158	14283	5427	8856	1795	888	907
79	321	178	143	15069	5812	9257	1799	895	904
80-84岁	**861**	**465**	**396**	**51298**	**19840**	**31458**	**5458**	**2653**	**2805**
80	267	156	111	13144	5115	8029	1543	813	730
81	180	86	94	9650	3711	5939	1091	524	567
82	172	88	84	10814	4290	6524	1101	551	550
83	126	65	61	9306	3549	5757	912	416	496
84	116	70	46	8384	3175	5209	811	349	462
85-89岁	**365**	**190**	**175**	**29720**	**10150**	**19570**	**2804**	**1177**	**1627**
85	110	50	60	7518	2737	4781	728	324	404
86	102	57	45	7683	2655	5028	732	324	408
87	66	41	25	6525	2243	4282	588	244	344
88	48	23	25	4573	1452	3121	428	168	260
89	39	19	20	3421	1063	2358	328	117	211
90-94岁	**106**	**40**	**66**	**9934**	**2716**	**7218**	**847**	**280**	**567**
90	39	14	25	3116	920	2196	252	88	164
91	27	14	13	2354	615	1739	207	70	137
92	19	8	11	2081	561	1520	173	62	111
93	14	3	11	1392	377	1015	122	32	90
94	7	1	6	991	243	748	93	28	65
95-99岁	**19**	**7**	**12**	**2227**	**486**	**1741**	**207**	**61**	**146**
95	8	4	4	782	194	588	74	19	55
96	4	1	3	576	119	457	52	16	36
97	2	1	1	412	78	334	35	12	23
98	3	1	2	270	58	212	19	6	13
99	2		2	187	37	150	27	8	19
100岁及以上	**1**		**1**	**294**	**43**	**251**	**32**	**5**	**27**

8-7a 全省分年龄、性别、主要生活来源的人口(城市)

单位：人

年龄	15岁及以上人口			劳动收入		
	合计	男	女	小计	男	女
总计	**1291353**	**631227**	**660126**	**683469**	**411694**	**271775**
45岁以下	**681854**	**334855**	**346999**	**434545**	**245449**	**189096**
45-49岁	**128750**	**64269**	**64481**	**99166**	**58272**	**40894**
45	22599	11204	11395	17875	10244	7631
46	23735	11843	11892	18672	10828	7844
47	25715	12912	12803	20037	11779	8258
48	28144	14051	14093	21442	12667	8775
49	28557	14259	14298	21140	12754	8386
50-54岁	**138210**	**67498**	**70712**	**82904**	**56788**	**26116**
50	29949	14677	15272	19899	12839	7060
51	28936	14105	14831	18029	12171	5858
52	29987	14779	15208	17895	12467	5428
53	23189	11248	11941	13057	9222	3835
54	26149	12689	13460	14024	10089	3935
55-59岁	**111991**	**54158**	**57833**	**47428**	**37203**	**10225**
55	26215	12742	13473	12373	9413	2960
56	25572	12390	13182	11310	8819	2491
57	30554	14827	15727	12505	10024	2481
58	21694	10508	11186	8623	6871	1752
59	7956	3691	4265	2617	2076	541
60-64岁	**59254**	**29847**	**29407**	**8937**	**6603**	**2334**
60	8721	4323	4398	1411	1044	367
61	8533	4423	4110	1268	941	327
62	12595	6479	6116	1836	1368	468
63	15192	7720	7472	2360	1766	594
64	14213	6902	7311	2062	1484	578
65-69岁	**65297**	**31326**	**33971**	**7344**	**5148**	**2196**
65	14132	6867	7265	1838	1292	546
66	14833	7296	7537	1855	1303	552
67	12759	6081	6678	1454	1033	421
68	13117	6098	7019	1263	871	392
69	10456	4984	5472	934	649	285

8-7a 续表 1

单位：人

年 龄	15岁及以上人口			劳动收入		
	合计	男	女	小计	男	女
70-74岁	**42459**	**20506**	**21953**	**2354**	**1678**	**676**
70	9689	4702	4987	712	510	202
71	9531	4620	4911	577	417	160
72	8665	4198	4467	457	310	147
73	7645	3672	3973	353	254	99
74	6929	3314	3615	255	187	68
75-79岁	**30012**	**13910**	**16102**	**599**	**434**	**165**
75	6267	2933	3334	192	148	44
76	6326	2987	3339	146	106	40
77	5657	2625	3032	103	67	36
78	5756	2632	3124	84	64	20
79	6006	2733	3273	74	49	25
80-84岁	**19681**	**8944**	**10737**	**137**	**82**	**55**
80	4996	2288	2708	49	31	18
81	3984	1834	2150	18	11	7
82	3969	1817	2152	25	12	13
83	3466	1549	1917	26	14	12
84	3266	1456	1810	19	14	5
85-89岁	**10012**	**4350**	**5662**	**49**	**31**	**18**
85	2631	1112	1519	15	11	4
86	2544	1098	1446	13	8	5
87	2126	942	1184	9	8	1
88	1571	691	880	7	1	6
89	1140	507	633	5	3	2
90-94岁	**3137**	**1320**	**1817**	**5**	**5**	
90	1046	474	572	3	3	
91	750	312	438	1	1	
92	602	239	363			
93	436	177	259	1	1	
94	303	118	185			
95-99岁	**629**	**225**	**404**	**1**	**1**	
95	231	85	146	1	1	
96	173	72	101			
97	111	29	82			
98	67	23	44			
99	47	16	31			
100岁及以上	**67**	**19**	**48**			

8-7a 续表 2 单位：人

年 龄	离退休金/养老金			最低生活保障金			失业保险金		
	小计	男	女	小计	男	女	小计	男	女
总 计	**199457**	**82958**	**116499**	**14171**	**6867**	**7304**	**715**	**454**	**261**
45岁以下	**89**	**36**	**53**	**1693**	**961**	**732**	**264**	**139**	**125**
45–49岁	**1726**	**81**	**1645**	**983**	**565**	**418**	**197**	**81**	**116**
45	131	9	122	145	80	65	27	10	17
46	211	12	199	166	96	70	30	13	17
47	238	9	229	185	99	86	36	17	19
48	387	18	369	237	134	103	52	22	30
49	759	33	726	250	156	94	52	19	33
50–54岁	**21699**	**2047**	**19652**	**1227**	**725**	**502**	**166**	**150**	**16**
50	3488	176	3312	256	139	117	28	14	14
51	4280	279	4001	256	160	96	29	29	
52	4888	406	4482	253	148	105	50	50	
53	4029	458	3571	207	127	80	38	36	2
54	5014	728	4286	255	151	104	21	21	
55–59岁	**34556**	**7887**	**26669**	**1320**	**658**	**662**	**80**	**80**	
55	7036	1406	5630	276	146	130	28	28	
56	7614	1613	6001	282	141	141	12	12	
57	10039	2277	7762	356	175	181	17	17	
58	6775	1688	5087	285	131	154	19	19	
59	3092	903	2189	121	65	56	4	4	
60–64岁	**37056**	**18987**	**18069**	**1165**	**561**	**604**	**3**		**3**
60	5686	2793	2893	122	64	58			
61	5665	2933	2732	130	76	54	1		1
62	8144	4259	3885	222	102	120			
63	9106	4723	4383	353	165	188			
64	8455	4279	4176	338	154	184	2		2
65–69岁	**38095**	**19325**	**18770**	**2168**	**1008**	**1160**	**2**	**2**	
65	8336	4283	4053	397	187	210			
66	8719	4468	4251	459	206	253			
67	7344	3697	3647	438	205	233			
68	7555	3759	3796	454	202	252	1	1	
69	6141	3118	3023	420	208	212	1	1	

8-7a 续表 3

单位：人

年龄	离退休金/养老金			最低生活保障金			失业保险金		
	小计	男	女	小计	男	女	小计	男	女
70-74岁	**25718**	**13444**	**12274**	**2045**	**970**	**1075**	**1**	**1**	
70	5908	3029	2879	398	193	205			
71	5724	2986	2738	434	203	231	1	1	
72	5222	2752	2470	439	204	235			
73	4571	2416	2155	430	204	226			
74	4293	2261	2032	344	166	178			
75-79岁	**19149**	**9855**	**9294**	**1628**	**730**	**898**	**2**	**1**	**1**
75	3873	2009	1864	296	134	162			
76	3951	2055	1896	370	172	198			
77	3565	1852	1713	316	144	172	1		1
78	3766	1920	1846	316	139	177			
79	3994	2019	1975	330	141	189	1	1	
80-84岁	**13111**	**6810**	**6301**	**1045**	**400**	**645**			
80	3301	1711	1590	262	112	150			
81	2656	1386	1270	226	79	147			
82	2695	1400	1295	183	65	118			
83	2269	1185	1084	197	77	120			
84	2190	1128	1062	177	67	110			
85-89岁	**6132**	**3300**	**2832**	**621**	**223**	**398**			
85	1693	852	841	148	56	92			
86	1554	817	737	160	55	105			
87	1281	714	567	135	51	84			
88	932	527	405	96	35	61			
89	672	390	282	82	26	56			
90-94岁	**1798**	**1012**	**786**	**206**	**52**	**154**			
90	626	371	255	74	22	52			
91	442	238	204	39	8	31			
92	345	190	155	34	8	26			
93	224	126	98	35	11	24			
94	161	87	74	24	3	21			
95-99岁	**300**	**160**	**140**	**60**	**13**	**47**			
95	114	57	57	25	7	18			
96	83	53	30	15	3	12			
97	49	22	27	13	2	11			
98	27	14	13	6	1	5			
99	27	14	13	1		1			
100岁及以上	**28**	**14**	**14**	**10**	**1**	**9**			

8-7a　续表 4　　　　单位：人

年　龄	财产性收入			家庭其他成员供养			其　他		
	小计	男	女	小计	男	女	小计	男	女
总　计	**5988**	**3193**	**2795**	**341051**	**103747**	**237304**	**46502**	**22314**	**24188**
45岁以下	**2458**	**1211**	**1247**	**220319**	**76374**	**143945**	**22486**	**10685**	**11801**
45–49岁	**841**	**431**	**410**	**20685**	**2373**	**18312**	**5152**	**2466**	**2686**
45	141	79	62	3404	346	3058	876	436	440
46	129	67	62	3654	402	3252	873	425	448
47	164	94	70	4038	436	3602	1017	478	539
48	203	100	103	4660	569	4091	1163	541	622
49	204	91	113	4929	620	4309	1223	586	637
50–54岁	**932**	**556**	**376**	**25828**	**4306**	**21522**	**5454**	**2926**	**2528**
50	214	114	100	4947	786	4161	1117	609	508
51	173	108	65	5001	748	4253	1168	610	558
52	215	142	73	5538	930	4608	1148	636	512
53	149	86	63	4749	796	3953	960	523	437
54	181	106	75	5593	1046	4547	1061	548	513
55–59岁	**735**	**454**	**281**	**23387**	**5392**	**17995**	**4485**	**2484**	**2001**
55	170	103	67	5304	1081	4223	1028	565	463
56	175	101	74	5115	1110	4005	1064	594	470
57	200	122	78	6261	1552	4709	1176	660	516
58	134	87	47	4953	1219	3734	905	493	412
59	56	41	15	1754	430	1324	312	172	140
60–64岁	**288**	**159**	**129**	**10073**	**2711**	**7362**	**1732**	**826**	**906**
60	38	23	15	1240	292	948	224	107	117
61	29	21	8	1238	348	890	202	104	98
62	58	34	24	2001	553	1448	334	163	171
63	82	44	38	2789	786	2003	502	236	266
64	81	37	44	2805	732	2073	470	216	254
65–69岁	**373**	**197**	**176**	**14656**	**4468**	**10188**	**2659**	**1178**	**1481**
65	81	44	37	2954	830	2124	526	231	295
66	94	54	40	3140	999	2141	566	266	300
67	76	39	37	2929	877	2052	518	230	288
68	66	31	35	3164	959	2205	614	275	339
69	56	29	27	2469	803	1666	435	176	259

8-7a 续表 5 单位：人

年 龄	财产性收入			家庭其他成员供养			其 他		
	小计	男	女	小计	男	女	小计	男	女
70-74岁	**205**	**105**	**100**	**10258**	**3480**	**6778**	**1878**	**828**	**1050**
70	44	20	24	2202	760	1442	425	190	235
71	52	31	21	2337	796	1541	406	186	220
72	50	23	27	2118	743	1375	379	166	213
73	34	18	16	1901	623	1278	356	157	199
74	25	13	12	1700	558	1142	312	129	183
75-79岁	**96**	**55**	**41**	**7238**	**2311**	**4927**	**1300**	**524**	**776**
75	21	13	8	1577	509	1068	308	120	188
76	23	12	11	1560	534	1026	276	108	168
77	17	9	8	1404	444	960	251	109	142
78	18	12	6	1341	405	936	231	92	139
79	17	9	8	1356	419	937	234	95	139
80-84岁	**39**	**17**	**22**	**4577**	**1382**	**3195**	**772**	**253**	**519**
80	10	5	5	1181	349	832	193	80	113
81	5	1	4	906	302	604	173	55	118
82	10	6	4	908	288	620	148	46	102
83	8	4	4	829	228	601	137	41	96
84	6	1	5	753	215	538	121	31	90
85-89岁	**16**	**8**	**8**	**2786**	**684**	**2102**	**408**	**104**	**304**
85	5	3	2	675	166	509	95	24	71
86	4	2	2	708	185	523	105	31	74
87	4	1	3	609	149	460	88	19	69
88	2	2		465	108	357	69	18	51
89	1		1	329	76	253	51	12	39
90-94岁	**4**		**4**	**986**	**221**	**765**	**138**	**30**	**108**
90	1		1	303	70	233	39	8	31
91	1		1	233	56	177	34	9	25
92	1		1	201	39	162	21	2	19
93	1		1	147	32	115	28	7	21
94				102	24	78	16	4	12
95-99岁	**1**		**1**	**232**	**41**	**191**	**35**	**10**	**25**
95				83	18	65	8	2	6
96	1		1	64	12	52	10	4	6
97				39	2	37	10	3	7
98				32	7	25	2	1	1
99				14	2	12	5		5
100岁及以上				**26**	**4**	**22**	**3**		**3**

8-7b　全省分年龄、性别、主要生活来源的人口(镇)

单位：人

年　龄	15岁及以上人口			劳动收入		
	合计	男	女	小计	男	女
总　计	**1516716**	**754154**	**762562**	**863605**	**526101**	**337504**
45岁以下	**775171**	**392085**	**383086**	**490131**	**288167**	**201964**
45-49岁	**156666**	**77891**	**78775**	**122508**	**71702**	**50806**
45	26417	13225	13192	21112	12273	8839
46	29021	14618	14403	23126	13553	9573
47	31310	15532	15778	24606	14322	10284
48	34930	17247	17683	27031	15829	11202
49	34988	17269	17719	26633	15725	10908
50-54岁	**172159**	**84041**	**88118**	**116790**	**74119**	**42671**
50	36710	17916	18794	26674	16202	10472
51	35080	17135	17945	24465	15258	9207
52	37061	18205	18856	25159	16060	9099
53	30049	14615	15434	19515	12677	6838
54	33259	16170	17089	20977	13922	7055
55-59岁	**132613**	**64527**	**68086**	**73632**	**51189**	**22443**
55	31819	15483	16336	18969	12934	6035
56	29527	14417	15110	16811	11705	5106
57	33636	16528	17108	18380	12953	5427
58	27332	13318	14014	14460	10193	4267
59	10299	4781	5518	5012	3404	1608
60-64岁	**62474**	**31547**	**30927**	**21369**	**14646**	**6723**
60	8057	3881	4176	3018	2009	1009
61	8094	4072	4022	2787	1874	913
62	13108	6917	6191	4570	3244	1326
63	16689	8557	8132	5642	3936	1706
64	16526	8120	8406	5352	3583	1769
65-69岁	**82888**	**40207**	**42681**	**23829**	**15882**	**7947**
65	17056	8408	8648	5327	3611	1716
66	18358	8893	9465	5438	3631	1807
67	16677	8006	8671	4943	3276	1667
68	17001	8180	8821	4677	3045	1632
69	13796	6720	7076	3444	2319	1125

8-7b 续表 1

单位：人

年 龄	15岁及以上人口			劳动收入		
	合计	男	女	小计	男	女
70-74岁	**56772**	**28154**	**28618**	**10470**	**7088**	**3382**
70	12661	6322	6339	2818	1913	905
71	12788	6344	6444	2529	1702	827
72	11857	5863	5994	2140	1445	695
73	10171	5000	5171	1646	1117	529
74	9295	4625	4670	1337	911	426
75-79岁	**38278**	**18623**	**19655**	**3685**	**2549**	**1136**
75	8460	4139	4321	1085	751	334
76	8281	4069	4212	891	622	269
77	7438	3706	3732	685	480	205
78	6994	3299	3695	547	370	177
79	7105	3410	3695	477	326	151
80-84岁	**22762**	**10390**	**12372**	**883**	**573**	**310**
80	5982	2825	3157	347	221	126
81	4413	1999	2414	182	116	66
82	4763	2178	2585	159	108	51
83	4081	1803	2278	116	77	39
84	3523	1585	1938	79	51	28
85-89岁	**12163**	**5014**	**7149**	**247**	**156**	**91**
85	3120	1341	1779	78	50	28
86	3137	1289	1848	60	43	17
87	2594	1039	1555	46	21	25
88	1851	747	1104	42	31	11
89	1461	598	863	21	11	10
90-94岁	**3869**	**1409**	**2460**	**46**	**24**	**22**
90	1257	492	765	12	5	7
91	906	308	598	16	11	5
92	776	276	500	8	4	4
93	536	192	344	7	3	4
94	394	141	253	3	1	2
95-99岁	**803**	**243**	**560**	**15**	**6**	**9**
95	287	89	198	2	1	1
96	208	61	147	4	2	2
97	147	44	103	3	1	2
98	107	30	77	4	1	3
99	54	19	35	2	1	1
100岁及以上	**98**	**23**	**75**			

8-7b　续表 2　　单位：人

年　龄	离退休金/养老金			最低生活保障金			失业保险金		
	小计	男	女	小计	男	女	小计	男	女
总　计	**94409**	**43065**	**51344**	**25830**	**14222**	**11608**	**239**	**129**	**110**
45岁以下	**38**	**16**	**22**	**2981**	**1785**	**1196**	**106**	**53**	**53**
45–49岁	**605**	**35**	**570**	**1522**	**888**	**634**	**56**	**23**	**33**
45	36	2	34	241	149	92	6	2	4
46	45	1	44	253	145	108	10	3	7
47	94	8	86	292	168	124	7	5	2
48	165	13	152	348	184	164	18	9	9
49	265	11	254	388	242	146	15	4	11
50–54岁	**8767**	**751**	**8016**	**1934**	**1145**	**789**	**28**	**25**	**3**
50	1317	80	1237	389	235	154	10	7	3
51	1653	107	1546	376	227	149	6	6	
52	1956	156	1800	395	237	158	4	4	
53	1612	164	1448	371	214	157	4	4	
54	2229	244	1985	403	232	171	4	4	
55–59岁	**14273**	**2633**	**11640**	**2061**	**1084**	**977**	**18**	**15**	**3**
55	2779	374	2405	382	201	181	11	9	2
56	3099	482	2617	444	230	214			
57	3922	720	3202	582	324	258	3	2	1
58	3045	645	2400	472	241	231	3	3	
59	1428	412	1016	181	88	93	1	1	
60–64岁	**16958**	**9116**	**7842**	**2004**	**1129**	**875**	**4**	**2**	**2**
60	2270	1084	1186	198	100	98	1		1
61	2463	1323	1140	240	131	109			
62	3673	2034	1639	407	252	155	1	1	
63	4376	2392	1984	568	326	242			
64	4176	2283	1893	591	320	271	2	1	1
65–69岁	**18984**	**10207**	**8777**	**4161**	**2274**	**1887**	**5**	**1**	**4**
65	4157	2281	1876	688	361	327	1		1
66	4339	2336	2003	866	488	378	1		1
67	3572	1890	1682	837	450	387	2	1	1
68	3762	1980	1782	986	544	442			
69	3154	1720	1434	784	431	353	1		1

8-7b 续表 3

单位：人

年　龄	离退休金/养老金			最低生活保障金			失业保险金		
	小计	男	女	小计	男	女	小计	男	女
70－74岁	**13899**	**7955**	**5944**	**4065**	**2277**	**1788**	**7**	**4**	**3**
70	3032	1722	1310	779	434	345	2	1	1
71	3124	1788	1336	880	472	408	1		1
72	2815	1587	1228	865	502	363	2	2	
73	2517	1443	1074	770	420	350	2	1	1
74	2411	1415	996	771	449	322			
75－79岁	**10332**	**6061**	**4271**	**3382**	**1936**	**1446**	**9**	**3**	**6**
75	2198	1275	923	676	391	285	1	1	
76	2142	1276	866	728	411	317			
77	2063	1236	827	648	375	273	3	1	2
78	1948	1108	840	669	385	284	4	1	3
79	1981	1166	815	661	374	287	1		1
80－84岁	**6423**	**3738**	**2685**	**2110**	**1094**	**1016**	**4**	**2**	**2**
80	1679	977	702	529	291	238	3	2	1
81	1297	753	544	417	217	200			
82	1297	761	536	444	234	210			
83	1128	651	477	399	191	208	1		1
84	1022	596	426	321	161	160			
85－89岁	**3090**	**1898**	**1192**	**1129**	**459**	**670**	**1**		**1**
85	830	498	332	280	124	156			
86	782	489	293	304	117	187			
87	662	394	268	244	98	146			
88	439	268	171	159	63	96	1		1
89	377	249	128	142	57	85			
90－94岁	**883**	**565**	**318**	**381**	**121**	**260**	**1**	**1**	
90	316	208	108	122	48	74	1	1	
91	203	117	86	88	22	66			
92	157	95	62	78	20	58			
93	110	75	35	53	22	31			
94	97	70	27	40	9	31			
95－99岁	**145**	**83**	**62**	**89**	**26**	**63**			
95	45	24	21	38	14	24			
96	42	25	17	19	4	15			
97	29	17	12	21	7	14			
98	20	12	8	7	1	6			
99	9	5	4	4		4			
100岁及以上	**12**	**7**	**5**	**11**	**4**	**7**			

8-7b 续表 4

单位：人

年 龄	财产性收入			家庭其他成员供养			其 他		
	小计	男	女	小计	男	女	小计	男	女
总 计	**9460**	**5063**	**4397**	**465697**	**139325**	**326372**	**57476**	**26249**	**31227**
45岁以下	**3218**	**1686**	**1532**	**253212**	**88834**	**164378**	**25485**	**11544**	**13941**
45–49岁	**1094**	**582**	**512**	**25433**	**2310**	**23123**	**5448**	**2351**	**3097**
45	173	94	79	3922	314	3608	927	391	536
46	160	89	71	4438	390	4048	989	437	552
47	252	123	129	4956	449	4507	1103	457	646
48	266	137	129	5900	557	5343	1202	518	684
49	243	139	104	6217	600	5617	1227	548	679
50–54岁	**1314**	**706**	**608**	**37130**	**4562**	**32568**	**6196**	**2733**	**3463**
50	290	146	144	6746	673	6073	1284	573	711
51	268	148	120	7053	820	6233	1259	569	690
52	261	143	118	7983	1032	6951	1303	573	730
53	241	129	112	7147	924	6223	1159	503	656
54	254	140	114	8201	1113	7088	1191	515	676
55–59岁	**1184**	**651**	**533**	**36097**	**6485**	**29612**	**5348**	**2470**	**2878**
55	269	146	123	8131	1241	6890	1278	578	700
56	245	148	97	7774	1313	6461	1154	539	615
57	280	159	121	9126	1732	7394	1343	638	705
58	279	152	127	7931	1570	6361	1142	514	628
59	111	46	65	3135	629	2506	431	201	230
60–64岁	**555**	**297**	**258**	**18845**	**5022**	**13823**	**2739**	**1335**	**1404**
60	75	42	33	2163	491	1672	332	155	177
61	77	39	38	2224	541	1683	303	164	139
62	110	67	43	3766	1019	2747	581	300	281
63	124	69	55	5249	1475	3774	730	359	371
64	169	80	89	5443	1496	3947	793	357	436
65–69岁	**823**	**446**	**377**	**30741**	**9398**	**21343**	**4345**	**1999**	**2346**
65	158	83	75	5906	1689	4217	819	383	436
66	185	94	91	6613	1943	4670	916	401	515
67	181	101	80	6236	1884	4352	906	404	502
68	155	83	72	6492	2092	4400	929	436	493
69	144	85	59	5494	1790	3704	775	375	400

8-7b 续表 5

单位：人

年 龄	财产性收入			家庭其他成员供养			其 他		
	小计	男	女	小计	男	女	小计	男	女
70-74岁	**597**	**325**	**272**	**24374**	**8806**	**15568**	**3360**	**1699**	**1661**
70	141	76	65	5181	1815	3366	708	361	347
71	138	77	61	5326	1910	3416	790	395	395
72	128	74	54	5176	1891	3285	731	362	369
73	107	55	52	4549	1668	2881	580	296	284
74	83	43	40	4142	1522	2620	551	285	266
75-79岁	**405**	**226**	**179**	**18147**	**6711**	**11436**	**2318**	**1137**	**1181**
75	96	57	39	3876	1420	2456	528	244	284
76	86	47	39	3914	1442	2472	520	271	249
77	88	51	37	3498	1332	2166	453	231	222
78	73	34	39	3352	1216	2136	401	185	216
79	62	37	25	3507	1301	2206	416	206	210
80-84岁	**178**	**99**	**79**	**11839**	**4258**	**7581**	**1325**	**626**	**699**
80	61	40	21	3022	1126	1896	341	168	173
81	34	18	16	2200	768	1432	283	127	156
82	39	18	21	2534	911	1623	290	146	144
83	25	12	13	2191	771	1420	221	101	120
84	19	11	8	1892	682	1210	190	84	106
85-89岁	**69**	**32**	**37**	**6956**	**2198**	**4758**	**671**	**271**	**400**
85	22	8	14	1715	584	1131	195	77	118
86	20	13	7	1787	551	1236	184	76	108
87	9	5	4	1526	478	1048	107	43	64
88	10	4	6	1107	343	764	93	38	55
89	8	2	6	821	242	579	92	37	55
90-94岁	**21**	**12**	**9**	**2347**	**620**	**1727**	**190**	**66**	**124**
90	6	4	2	740	205	535	60	21	39
91	7	6	1	557	139	418	35	13	22
92	1		1	486	135	351	46	22	24
93	4	1	3	337	88	249	25	3	22
94	3	1	2	227	53	174	24	7	17
95-99岁	**2**	**1**	**1**	**509**	**110**	**399**	**43**	**17**	**26**
95				186	43	143	16	7	9
96	1	1		130	27	103	12	2	10
97				88	16	72	6	3	3
98	1		1	71	13	58	4	3	1
99				34	11	23	5	2	3
100岁及以上				**67**	**11**	**56**	**8**	**1**	**7**

8-7c　全省分年龄、性别、主要生活来源的人口(乡村)

单位：人

年　龄	15岁及以上人口			劳动收入		
	合计	男	女	小计	男	女
总　计	**2069025**	**1052111**	**1016914**	**1216336**	**749167**	**467169**
45岁以下	**793778**	**418556**	**375222**	**520926**	**321272**	**199654**
45-49岁	**202509**	**103349**	**99160**	**161158**	**95134**	**66024**
45	31143	16081	15062	25216	14873	10343
46	35579	18464	17115	28714	17070	11644
47	40222	20390	19832	32211	18776	13435
48	46778	23817	22961	37129	21852	15277
49	48787	24597	24190	37888	22563	15325
50-54岁	**259588**	**127208**	**132380**	**189986**	**113692**	**76294**
50	52868	25687	27181	40153	23298	16855
51	51265	25126	26139	38262	22639	15623
52	56197	27623	28574	41277	24801	16476
53	47311	22760	24551	33670	20153	13517
54	51947	26012	25935	36624	22801	13823
55-59岁	**208761**	**103059**	**105702**	**139088**	**87289**	**51799**
55	48927	23967	24960	33768	20849	12919
56	44814	21999	22815	30155	18944	11211
57	50867	25375	25492	33515	21331	12184
58	45678	22888	22790	29876	18995	10881
59	18475	8830	9645	11774	7170	4604
60-64岁	**105546**	**54515**	**51031**	**58016**	**37326**	**20690**
60	12743	6235	6508	7747	4735	3012
61	12278	6239	6039	7061	4457	2604
62	21250	11240	10010	11890	7791	4099
63	29270	15444	13826	15583	10266	5317
64	30005	15357	14648	15735	10077	5658
65-69岁	**175083**	**88200**	**86883**	**80341**	**50856**	**29485**
65	32863	16733	16130	16628	10564	6064
66	36985	18837	18148	17719	11257	6462
67	35740	17892	17848	16350	10295	6055
68	38096	18973	19123	16793	10528	6265
69	31399	15765	15634	12851	8212	4639

8-7c 续表 1

单位：人

年 龄	15岁及以上人口			劳动收入		
	合计	男	女	小计	男	女
70—74岁	**136030**	**69032**	**66998**	**43323**	**28093**	**15230**
70	29124	14735	14389	11103	6936	4167
71	30045	15303	14742	10171	6644	3527
72	29253	14962	14291	9215	6048	3167
73	24943	12647	12296	7022	4643	2379
74	22665	11385	11280	5812	3822	1990
75—79岁	**93642**	**47073**	**46569**	**17592**	**11767**	**5825**
75	20794	10613	10181	4768	3196	1572
76	20459	10440	10019	4314	2849	1465
77	18310	9173	9137	3420	2305	1115
78	16903	8410	8493	2811	1875	936
79	17176	8437	8739	2279	1542	737
80—84岁	**53941**	**25675**	**28266**	**4385**	**2872**	**1513**
80	14712	7198	7514	1640	1060	580
81	10429	4960	5469	894	612	282
82	11126	5391	5735	788	529	259
83	9308	4335	4973	582	364	218
84	8366	3791	4575	481	307	174
85—89岁	**28657**	**11869**	**16788**	**1273**	**756**	**517**
85	7498	3322	4176	445	283	162
86	7429	3118	4311	330	186	144
87	6212	2576	3636	237	145	92
88	4283	1637	2646	167	90	77
89	3235	1216	2019	94	52	42
90—94岁	**9130**	**2980**	**6150**	**208**	**95**	**113**
90	2921	1058	1863	84	44	40
91	2161	652	1509	52	20	32
92	1913	611	1302	37	15	22
93	1246	396	850	21	12	9
94	889	263	626	14	4	10
95—99岁	**2069**	**548**	**1521**	**33**	**13**	**20**
95	718	212	506	13	7	6
96	536	131	405	7	3	4
97	379	92	287	5	1	4
98	235	65	170	1		1
99	201	48	153	7	2	5
100岁及以上	**291**	**47**	**244**	**7**	**2**	**5**

8-7c 续表 2 单位：人

年龄	离退休金/养老金			最低生活保障金			失业保险金		
	小计	男	女	小计	男	女	小计	男	女
总 计	**40541**	**24735**	**15806**	**68630**	**41554**	**27076**	**86**	**58**	**28**
45岁以下	**6**	**6**		**8817**	**5320**	**3497**	**34**	**21**	**13**
45-49岁	**44**	**8**	**36**	**3893**	**2419**	**1474**	**17**	**11**	**6**
45	3	2	1	638	395	243	2		2
46	5	2	3	695	428	267	1	1	
47	8		8	782	486	296	6	5	1
48	7	2	5	872	562	310	7	4	3
49	21	2	19	906	548	358	1	1	
50-54岁	**754**	**170**	**584**	**4961**	**3098**	**1863**	**14**	**13**	**1**
50	107	17	90	1006	646	360	1		1
51	130	24	106	955	602	353	3	3	
52	147	40	107	1048	639	409	3	3	
53	159	36	123	939	588	351	5	5	
54	211	53	158	1013	623	390	2	2	
55-59岁	**1690**	**499**	**1191**	**4910**	**2845**	**2065**	**8**	**7**	**1**
55	271	72	199	1022	602	420	5	5	
56	325	75	250	997	577	420	1		1
57	460	118	342	1223	728	495	1	1	
58	417	136	281	1161	678	483	1	1	
59	217	98	119	507	260	247			
60-64岁	**4621**	**2970**	**1651**	**4752**	**3077**	**1675**			
60	370	214	156	464	260	204			
61	458	299	159	546	354	192			
62	969	624	345	984	671	313			
63	1337	874	463	1398	938	460			
64	1487	959	528	1360	854	506			
65-69岁	**8971**	**5595**	**3376**	**10213**	**6422**	**3791**	**5**	**2**	**3**
65	1584	1001	583	1687	1031	656			
66	1862	1185	677	1983	1323	660	1	1	
67	1779	1095	684	2092	1324	768	1		1
68	1928	1205	723	2366	1480	886	1		1
69	1818	1109	709	2085	1264	821	2	1	1

8-7c　续表 3　　　　单位：人

年　龄	离退休金/养老金			最低生活保障金			失业保险金		
	小计	男	女	小计	男	女	小计	男	女
70—74岁	**9137**	**5763**	**3374**	**11009**	**6802**	**4207**	**1**	**1**	
70	1758	1112	646	2190	1334	856			
71	1958	1234	724	2283	1414	869	1	1	
72	1927	1223	704	2338	1462	876			
73	1796	1104	692	2144	1328	816			
74	1698	1090	608	2054	1264	790			
75—79岁	**7609**	**4983**	**2626**	**9530**	**5970**	**3560**	**4**	**1**	**3**
75	1642	1094	548	2005	1276	729	2	1	1
76	1646	1088	558	2060	1293	767			
77	1487	956	531	1905	1181	724			
78	1404	937	467	1692	1051	641			
79	1430	908	522	1868	1169	699	2		2
80—84岁	**4600**	**2928**	**1672**	**6067**	**3550**	**2517**	**2**	**2**	
80	1274	827	447	1651	994	657	1	1	
81	929	565	364	1286	733	553			
82	935	595	340	1245	753	492			
83	789	514	275	1003	583	420	1	1	
84	673	427	246	882	487	395			
85—89岁	**2282**	**1350**	**932**	**3118**	**1543**	**1575**	**1**		**1**
85	592	364	228	812	426	386			
86	627	373	254	763	381	382			
87	479	279	200	660	319	341			
88	320	185	135	492	232	260	1		1
89	264	149	115	391	185	206			
90—94岁	**676**	**388**	**288**	**1045**	**410**	**635**			
90	221	144	77	358	156	202			
91	153	68	85	235	88	147			
92	133	74	59	226	89	137			
93	103	58	45	136	45	91			
94	66	44	22	90	32	58			
95—99岁	**135**	**66**	**69**	**270**	**94**	**176**			
95	47	22	25	87	36	51			
96	38	17	21	77	21	56			
97	25	11	14	43	13	30			
98	15	9	6	37	15	22			
99	10	7	3	26	9	17			
100岁及以上	**16**	**9**	**7**	**45**	**4**	**41**			

8-7c　续表 4　　　　单位：人

年　龄	财产性收入			家庭其他成员供养			其　他		
	小计	男	女	小计	男	女	小计	男	女
总　计	**18948**	**9614**	**9334**	**626365**	**183190**	**443175**	**98119**	**43793**	**54326**
45岁以下	**5115**	**2581**	**2534**	**224379**	**74255**	**150124**	**34501**	**15101**	**19400**
45–49岁	**1700**	**842**	**858**	**28411**	**2025**	**26386**	**7286**	**2910**	**4376**
45	277	142	135	3929	245	3684	1078	424	654
46	284	146	138	4650	342	4308	1230	475	755
47	322	175	147	5532	396	5136	1361	552	809
48	380	181	199	6646	484	6162	1737	732	1005
49	437	198	239	7654	558	7096	1880	727	1153
50–54岁	**2462**	**1162**	**1300**	**50721**	**5007**	**45714**	**10690**	**4066**	**6624**
50	504	226	278	8979	701	8278	2118	799	1319
51	478	238	240	9387	827	8560	2050	793	1257
52	512	251	261	10904	1029	9875	2306	860	1446
53	463	185	278	10041	1066	8975	2034	727	1307
54	505	262	243	11410	1384	10026	2182	887	1295
55–59岁	**2109**	**995**	**1114**	**51620**	**7728**	**43892**	**9336**	**3696**	**5640**
55	480	218	262	11323	1438	9885	2058	783	1275
56	457	214	243	10948	1436	9512	1931	753	1178
57	476	235	241	12918	2030	10888	2274	932	1342
58	468	226	242	11647	1999	9648	2108	853	1255
59	228	102	126	4784	825	3959	965	375	590
60–64岁	**1118**	**589**	**529**	**31660**	**7995**	**23665**	**5379**	**2558**	**2821**
60	130	66	64	3370	681	2689	662	279	383
61	130	64	66	3449	775	2674	634	290	344
62	221	114	107	6141	1543	4598	1045	497	548
63	306	173	133	9179	2486	6693	1467	707	760
64	331	172	159	9521	2510	7011	1571	785	786
65–69岁	**2159**	**1134**	**1025**	**63350**	**19388**	**43962**	**10044**	**4803**	**5241**
65	362	197	165	10807	3089	7718	1795	851	944
66	441	235	206	12881	3811	9070	2098	1025	1073
67	508	250	258	12930	3914	9016	2080	1014	1066
68	456	249	207	14433	4499	9934	2119	1012	1107
69	392	203	189	12299	4075	8224	1952	901	1051

8-7c 续表 5

单位：人

年 龄	财产性收入			家庭其他成员供养			其 他		
	小计	男	女	小计	男	女	小计	男	女
70—74岁	**1950**	**1036**	**914**	**61729**	**22808**	**38921**	**8881**	**4529**	**4352**
70	407	211	196	11789	4195	7594	1877	947	930
71	420	210	210	13280	4819	8461	1932	981	951
72	421	219	202	13463	5056	8407	1889	954	935
73	375	218	157	11964	4508	7456	1642	846	796
74	327	178	149	11233	4230	7003	1541	801	740
75—79岁	**1313**	**742**	**571**	**51347**	**20278**	**31069**	**6247**	**3332**	**2915**
75	281	161	120	10694	4151	6543	1402	734	668
76	292	183	109	10826	4288	6538	1321	739	582
77	255	136	119	10031	3941	6090	1212	654	558
78	243	130	113	9590	3806	5784	1163	611	552
79	242	132	110	10206	4092	6114	1149	594	555
80—84岁	**644**	**349**	**295**	**34882**	**14200**	**20682**	**3361**	**1774**	**1587**
80	196	111	85	8941	3640	5301	1009	565	444
81	141	67	74	6544	2641	3903	635	342	293
82	123	64	59	7372	3091	4281	663	359	304
83	93	49	44	6286	2550	3736	554	274	280
84	91	58	33	5739	2278	3461	500	234	266
85—89岁	**280**	**150**	**130**	**19978**	**7268**	**12710**	**1725**	**802**	**923**
85	83	39	44	5128	1987	3141	438	223	215
86	78	42	36	5188	1919	3269	443	217	226
87	53	35	18	4390	1616	2774	393	182	211
88	36	17	19	3001	1001	2000	266	112	154
89	30	17	13	2271	745	1526	185	68	117
90—94岁	**81**	**28**	**53**	**6601**	**1875**	**4726**	**519**	**184**	**335**
90	32	10	22	2073	645	1428	153	59	94
91	19	8	11	1564	420	1144	138	48	90
92	17	8	9	1394	387	1007	106	38	68
93	9	2	7	908	257	651	69	22	47
94	4		4	662	166	496	53	17	36
95—99岁	**16**	**6**	**10**	**1486**	**335**	**1151**	**129**	**34**	**95**
95	8	4	4	513	133	380	50	10	40
96	2		2	382	80	302	30	10	20
97	2	1	1	285	60	225	19	6	13
98	2	1	1	167	38	129	13	2	11
99	2		2	139	24	115	17	6	11
100岁及以上	**1**		**1**	**201**	**28**	**173**	**21**	**4**	**17**

8-8　全省分性别、婚姻状况、主要生活来源的60岁及以上老年人口

单位：人

婚姻状况	60岁及以上人口			劳动收入		
	合计	男	女	小计	男	女
总　计	**1115044**	**545996**	**569048**	**285148**	**186686**	**98462**
未　婚	27659	26705	954	4113	4034	79
有配偶	818975	439082	379893	248776	166182	82594
离　婚	10394	6754	3640	2452	2116	336
丧　偶	258016	73455	184561	29807	14354	15453

8-8　续表 1

单位：人

婚姻状况	离退休金/养老金			最低生活保障金			失业保险金		
	小计	男	女	小计	男	女	小计	男	女
总　计	**250160**	**136589**	**113571**	**72329**	**41150**	**31179**	**52**	**23**	**29**
未　婚	1531	1268	263	16520	16222	298	2	2	
有配偶	199145	118680	80465	35305	18251	17054	38	18	20
离　婚	4344	2258	2086	897	722	175			
丧　偶	45140	14383	30757	19607	5955	13652	12	3	9

8-8　续表 2

单位：人

婚姻状况	财产性收入			家庭其他成员供养			其　他		
	小计	男	女	小计	男	女	小计	男	女
总　计	**11234**	**6013**	**5221**	**435891**	**146611**	**289280**	**60230**	**28924**	**31306**
未　婚	348	337	11	1140	1028	112	4005	3814	191
有配偶	8678	4823	3855	285341	110354	174987	41692	20774	20918
离　婚	97	81	16	2073	1218	855	531	359	172
丧　偶	2111	772	1339	147337	34011	113326	14002	3977	10025

8-8a 全省分性别、婚姻状况、主要生活来源的60岁及以上老年人口(城市)

单位：人

婚姻状况	60岁及以上人口			劳动收入		
	合计	男	女	小计	男	女
总　计	**230548**	**110447**	**120101**	**19426**	**13982**	**5444**
未　婚	1920	1614	306	230	217	13
有配偶	178014	95918	82096	17293	12872	4421
离　婚	4299	2225	2074	346	242	104
丧　偶	46315	10690	35625	1557	651	906

8-8a 续表 1

单位：人

婚姻状况	离退休金/养老金			最低生活保障金			失业保险金		
	小计	男	女	小计	男	女	小计	男	女
总　计	**141387**	**72907**	**68480**	**8948**	**3958**	**4990**	**8**	**4**	**4**
未　婚	491	302	189	784	754	30			
有配偶	113606	64606	49000	5148	2509	2639	6	3	3
离　婚	3185	1586	1599	209	136	73			
丧　偶	24105	6413	17692	2807	559	2248	2	1	1

8-8a 续表 2

单位：人

婚姻状况	财产性收入			家庭其他成员供养			其　他		
	小计	男	女	小计	男	女	小计	男	女
总　计	**1022**	**541**	**481**	**50832**	**15302**	**35530**	**8925**	**3753**	**5172**
未　婚	13	10	3	152	123	29	250	208	42
有配偶	851	489	362	34902	12368	22534	6208	3071	3137
离　婚	17	13	4	417	176	241	125	72	53
丧　偶	141	29	112	15361	2635	12726	2342	402	1940

8-8b　全省分性别、婚姻状况、主要生活来源的60岁及以上老年人口(镇)

单位：人

婚姻状况	60岁及以上人口			劳动收入		
	合计	男	女	小计	男	女
总　计	**280107**	**135610**	**144497**	**60544**	**40924**	**19620**
未　婚	5758	5525	233	782	753	29
有配偶	208477	111562	96915	53542	37059	16483
离　婚	2426	1516	910	509	432	77
丧　偶	63446	17007	46439	5711	2680	3031

8-8b　续表 1　　单位：人

婚姻状况	离退休金/养老金			最低生活保障金			失业保险金		
	小计	男	女	小计	男	女	小计	男	女
总　计	**70726**	**39630**	**31096**	**17332**	**9320**	**8012**	**31**	**13**	**18**
未　婚	396	343	53	3281	3215	66	1	1	
有配偶	57117	34632	22485	9021	4640	4381	24	11	13
离　婚	940	504	436	228	175	53			
丧　偶	12273	4151	8122	4802	1290	3512	6	1	5

8-8b　续表 2　　单位：人

婚姻状况	财产性收入			家庭其他成员供养			其　他		
	小计	男	女	小计	男	女	小计	男	女
总　计	**2650**	**1438**	**1212**	**113825**	**37134**	**76691**	**14999**	**7151**	**7848**
未　婚	60	55	5	310	274	36	928	884	44
有配偶	2133	1200	933	76168	28761	47407	10472	5259	5213
离　婚	20	18	2	573	293	280	156	94	62
丧　偶	437	165	272	36774	7806	28968	3443	914	2529

8-8c 全省分性别、婚姻状况、主要生活来源的60岁及以上老年人口(乡村)

单位：人

婚姻状况	60岁及以上人口			劳动收入		
	合计	男	女	小计	男	女
总 计	**604389**	**299939**	**304450**	**205178**	**131780**	**73398**
未 婚	19981	19566	415	3101	3064	37
有配偶	432484	231602	200882	177941	116251	61690
离 婚	3669	3013	656	1597	1442	155
丧 偶	148255	45758	102497	22539	11023	11516

8-8c 续表 1

单位：人

婚姻状况	离退休金/养老金			最低生活保障金			失业保险金		
	小计	男	女	小计	男	女	小计	男	女
总 计	**38047**	**24052**	**13995**	**46049**	**27872**	**18177**	**13**	**6**	**7**
未 婚	644	623	21	12455	12253	202	1	1	
有配偶	28422	19442	8980	21136	11102	10034	8	4	4
离 婚	219	168	51	460	411	49			
丧 偶	8762	3819	4943	11998	4106	7892	4	1	3

8-8c 续表 2

单位：人

婚姻状况	财产性收入			家庭其他成员供养			其 他		
	小计	男	女	小计	男	女	小计	男	女
总 计	**7562**	**4034**	**3528**	**271234**	**94175**	**177059**	**36306**	**18020**	**18286**
未 婚	275	272	3	678	631	47	2827	2722	105
有配偶	5694	3134	2560	174271	69225	105046	25012	12444	12568
离 婚	60	50	10	1083	749	334	250	193	57
丧 偶	1533	578	955	95202	23570	71632	8217	2661	5556

8-9 全省分性别、居住状况、主要生活来源的60岁及以上老年人口

单位：人

居住状况	60岁及以上人口			劳动收入		
	合计	男	女	小计	男	女
总　计	**1115044**	**545996**	**569048**	**285148**	**186686**	**98462**
与配偶和子女同住	179514	99292	80222	54481	37881	16600
与配偶同住	551768	293397	258371	167444	108219	59225
与子女同住	154845	44906	109939	19336	10424	8912
独居(有保姆)	1386	568	818	134	85	49
独居(无保姆)	172272	77229	95043	31298	20683	10615
养老机构	10793	7180	3613	156	107	49
其　他	44466	23424	21042	12299	9287	3012

8-9 续表 1

单位：人

居住状况	离退休金/养老金			最低生活保障金			失业保险金		
	小计	男	女	小计	男	女	小计	男	女
总　计	**250160**	**136589**	**113571**	**72329**	**41150**	**31179**	**52**	**23**	**29**
与配偶和子女同住	46063	27861	18202	6203	3242	2961	5	3	2
与配偶同住	136486	81073	55413	26837	13819	13018	31	14	17
与子女同住	28018	9525	18493	8575	2508	6067	9	3	6
独居(有保姆)	591	277	314	92	53	39			
独居(无保姆)	31429	13670	17759	22754	15134	7620	5	1	4
养老机构	1801	1008	793	3579	3143	436	2	2	
其　他	5772	3175	2597	4289	3251	1038			

8-9 续表 2

单位：人

居住状况	财产性收入			家庭其他成员供养			其　他		
	小计	男	女	小计	男	女	小计	男	女
总　计	**11234**	**6013**	**5221**	**435891**	**146611**	**289280**	**60230**	**28924**	**31306**
与配偶和子女同住	1517	879	638	64387	25819	38568	6858	3607	3251
与配偶同住	6514	3570	2944	185052	72189	112863	29404	14513	14891
与子女同住	899	342	557	91974	20369	71605	6034	1735	4299
独居(有保姆)	7	5	2	513	134	379	49	14	35
独居(无保姆)	1939	992	947	74544	22091	52453	10303	4658	5645
养老机构	41	31	10	3190	1246	1944	2024	1643	381
其　他	317	194	123	16231	4763	11468	5558	2754	2804

8-9a　全省分性别、居住状况、主要生活来源的60岁及以上老年人口(城市)

单位：人

居住状况	60岁及以上人口			劳动收入		
	合计	男	女	小计	男	女
总　计	**230548**	**110447**	**120101**	**19426**	**13982**	**5444**
与配偶和子女同住	47430	26560	20870	5041	3929	1112
与配偶同住	111179	60063	51116	9231	6644	2587
与子女同住	35087	8944	26143	1452	786	666
独居(有保姆)	462	166	296	7	5	2
独居(无保姆)	27009	9999	17010	1980	1353	627
养老机构	2104	950	1154	25	11	14
其　他	7277	3765	3512	1690	1254	436

8-9a　续表 1

单位：人

居住状况	离退休金/养老金			最低生活保障金			失业保险金		
	小计	男	女	小计	男	女	小计	男	女
总　计	**141387**	**72907**	**68480**	**8948**	**3958**	**4990**	**8**	**4**	**4**
与配偶和子女同住	28475	16700	11775	1078	547	531	2	2	
与配偶同住	76386	43232	33154	3666	1780	1886	3	1	2
与子女同住	16368	4970	11398	1460	293	1167	2		2
独居(有保姆)	354	144	210	10	3	7			
独居(无保姆)	15944	5944	10000	2136	931	1205	1	1	
养老机构	921	406	515	218	170	48			
其　他	2939	1511	1428	380	234	146			

8-9a　续表 2

单位：人

居住状况	财产性收入			家庭其他成员供养			其　他		
	小计	男	女	小计	男	女	小计	男	女
总　计	**1022**	**541**	**481**	**50832**	**15302**	**35530**	**8925**	**3753**	**5172**
与配偶和子女同住	232	151	81	11176	4474	6702	1426	757	669
与配偶同住	553	307	246	17475	6192	11283	3865	1907	1958
与子女同住	116	34	82	14288	2579	11709	1401	282	1119
独居(有保姆)				83	12	71	8	2	6
独居(无保姆)	95	37	58	5477	1330	4147	1376	403	973
养老机构	3	1	2	752	262	490	185	100	85
其　他	23	11	12	1581	453	1128	664	302	362

8-9b　全省分性别、居住状况、主要生活来源的60岁及以上老年人口(镇)

单位：人

居住状况	60岁及以上人口			劳动收入		
	合计	男	女	小计	男	女
总　计	**280107**	**135610**	**144497**	**60544**	**40924**	**19620**
与配偶和子女同住	51863	28745	23118	13708	9909	3799
与配偶同住	130787	69915	60872	33196	22180	11016
与子女同住	43791	12241	31550	4413	2393	2020
独居(有保姆)	408	174	234	26	20	6
独居(无保姆)	38209	16341	21868	6061	4027	2034
养老机构	3452	2308	1144	43	29	14
其　他	11597	5886	5711	3097	2366	731

8-9b　续表 1

单位：人

居住状况	离退休金/养老金			最低生活保障金			失业保险金		
	小计	男	女	小计	男	女	小计	男	女
总　计	**70726**	**39630**	**31096**	**17332**	**9320**	**8012**	**31**	**13**	**18**
与配偶和子女同住	13367	8243	5124	1784	928	856	3	1	2
与配偶同住	38480	23184	15296	6614	3399	3215	20	9	11
与子女同住	7858	2909	4949	2344	638	1706	5	2	3
独居(有保姆)	199	104	95	18	13	5			
独居(无保姆)	8599	3882	4717	4579	2735	1844	2		2
养老机构	526	339	187	1070	943	127	1	1	
其　他	1697	969	728	923	664	259			

8-9b　续表 2

单位：人

居住状况	财产性收入			家庭其他成员供养			其　他		
	小计	男	女	小计	男	女	小计	男	女
总　计	**2650**	**1438**	**1212**	**113825**	**37134**	**76691**	**14999**	**7151**	**7848**
与配偶和子女同住	430	248	182	20519	8308	12211	2052	1108	944
与配偶同住	1532	865	667	44032	16834	27198	6913	3444	3469
与子女同住	232	98	134	27199	5736	21463	1740	465	1275
独居(有保姆)	1	1		147	33	114	17	3	14
独居(无保姆)	398	186	212	16186	4522	11664	2384	989	1395
养老机构	5	4	1	1198	488	710	609	504	105
其　他	52	36	16	4544	1213	3331	1284	638	646

8-9c　全省分性别、居住状况、主要生活来源的60岁及以上老年人口(乡村)

单位：人

居住状况	60岁及以上人口			劳动收入		
	合计	男	女	小计	男	女
总　计	**604389**	**299939**	**304450**	**205178**	**131780**	**73398**
与配偶和子女同住	80221	43987	36234	35732	24043	11689
与配偶同住	309802	163419	146383	125017	79395	45622
与子女同住	75967	23721	52246	13471	7245	6226
独居(有保姆)	516	228	288	101	60	41
独居(无保姆)	107054	50889	56165	23257	15303	7954
养老机构	5237	3922	1315	88	67	21
其　他	25592	13773	11819	7512	5667	1845

8-9c　续表 1

单位：人

居住状况	离退休金/养老金			最低生活保障金			失业保险金		
	小计	男	女	小计	男	女	小计	男	女
总　计	**38047**	**24052**	**13995**	**46049**	**27872**	**18177**	**13**	**6**	**7**
与配偶和子女同住	4221	2918	1303	3341	1767	1574			
与配偶同住	21620	14657	6963	16557	8640	7917	8	4	4
与子女同住	3792	1646	2146	4771	1577	3194	2	1	1
独居(有保姆)	38	29	9	64	37	27			
独居(无保姆)	6886	3844	3042	16039	11468	4571	2		2
养老机构	354	263	91	2291	2030	261	1	1	
其　他	1136	695	441	2986	2353	633			

8-9c　续表 2

单位：人

居住状况	财产性收入			家庭其他成员供养			其　他		
	小计	男	女	小计	男	女	小计	男	女
总　计	**7562**	**4034**	**3528**	**271234**	**94175**	**177059**	**36306**	**18020**	**18286**
与配偶和子女同住	855	480	375	32692	13037	19655	3380	1742	1638
与配偶同住	4429	2398	2031	123545	49163	74382	18626	9162	9464
与子女同住	551	210	341	50487	12054	38433	2893	988	1905
独居(有保姆)	6	4	2	283	89	194	24	9	15
独居(无保姆)	1446	769	677	52881	16239	36642	6543	3266	3277
养老机构	33	26	7	1240	496	744	1230	1039	191
其　他	242	147	95	10106	3097	7009	3610	1814	1796

8-10　各地区分性别、居住状况的60岁及以上老年人口

单位：人

地　区	60岁及以上人口			与配偶和子女同住		
	合计	男	女	小计	男	女
安　徽	**1115044**	**545996**	**569048**	**179514**	**99292**	**80222**
合肥市	**137577**	**67537**	**70040**	**24652**	**13849**	**10803**
瑶海区	10258	4896	5362	2254	1271	983
庐阳区	9738	4641	5097	2337	1294	1043
蜀山区	12595	6046	6549	2995	1657	1338
包河区	14241	6825	7416	3409	1892	1517
长丰县	11905	6002	5903	1385	774	611
肥东县	19300	9456	9844	2499	1385	1114
肥西县	14013	7054	6959	2114	1200	914
庐江县	19409	9841	9568	3237	1888	1349
合肥高新技术产业开发区	2166	1059	1107	569	327	242
合肥经济技术开发区	4263	2099	2164	1044	587	457
合肥新站高新技术产业开发区	3528	1743	1785	767	432	335
巢湖市	16161	7875	8286	2042	1142	900
芜湖市	**73901**	**36657**	**37244**	**11624**	**6746**	**4878**
镜湖区	10864	5270	5594	2286	1293	993
弋江区	5738	2794	2944	1331	755	576
鸠江区	9532	4677	4855	1439	842	597
三山区	2641	1341	1300	377	222	155
芜湖县	6487	3301	3186	960	570	390
繁昌县	5388	2716	2672	634	381	253
南陵县	10299	5197	5102	1283	753	530
芜湖经济技术开发区	2011	997	1014	325	192	133
安徽芜湖长江大桥经济开发区	514	283	231	80	48	32
无为市	20427	10081	10346	2909	1690	1219
蚌埠市	**55925**	**27559**	**28366**	**9954**	**5488**	**4466**
龙子湖区	4542	2189	2353	853	477	376
蚌山区	3058	1441	1617	538	310	228
禹会区	5951	2871	3080	913	500	413
淮上区	4063	2062	2001	718	392	326
怀远县	15834	7941	7893	2608	1435	1173
五河县	9647	4743	4904	1720	928	792
固镇县	8439	4225	4214	1692	941	751
蚌埠市高新技术开发区	699	343	356	144	85	59
蚌埠市经济开发区	3692	1744	1948	768	420	348
淮南市	**61225**	**30491**	**30734**	**9398**	**5165**	**4233**
大通区	3441	1724	1717	590	331	259
田家庵区	11888	5770	6118	2163	1202	961
谢家集区	5454	2618	2836	837	466	371
八公山区	2833	1333	1500	546	309	237
潘集区	5708	2853	2855	869	468	401
凤台县	10757	5406	5351	1576	853	723
寿县	21144	10787	10357	2817	1536	1281

8-10 续表 1

单位：人

地　　区	60岁及以上人口			与配偶和子女同住		
	合计	男	女	小计	男	女
马鞍山市	**45440**	**21928**	**23512**	**6783**	**3819**	**2964**
花山区	8871	4236	4635	1320	736	584
雨山区	6193	2941	3252	888	505	383
博望区	3227	1605	1622	536	319	217
当涂县	9228	4555	4673	1570	909	661
含山县	7993	3820	4173	1133	631	502
和县	9928	4771	5157	1336	719	617
淮北市	**31540**	**14849**	**16691**	**4662**	**2508**	**2154**
杜集区	5176	2471	2705	695	379	316
相山区	7398	3520	3878	1294	708	586
烈山区	4463	2118	2345	485	266	219
濉溪县	14503	6740	7763	2188	1155	1033
铜陵市	**28531**	**13825**	**14706**	**3781**	**2174**	**1607**
铜官区	7400	3477	3923	1317	755	562
义安区	5519	2757	2762	529	314	215
郊区	4167	2048	2119	523	300	223
枞阳县	11445	5543	5902	1412	805	607
安庆市	**91588**	**45572**	**46016**	**15499**	**8968**	**6531**
迎江区	5071	2456	2615	843	497	346
大观区	5394	2553	2841	985	564	421
宜秀区	2918	1420	1498	481	292	189
怀宁县	12365	6138	6227	1725	1003	722
太湖县	10121	5199	4922	1988	1128	860
宿松县	13090	6470	6620	1920	1079	841
望江县	10400	5068	5332	1889	1072	817
岳西县	6261	3207	3054	1189	672	517
安徽安庆经济开发区	2093	1050	1043	364	210	154
桐城市	13384	6630	6754	2222	1355	867
潜山市	10491	5381	5110	1893	1096	797
黄山市	**32393**	**15935**	**16458**	**6684**	**3771**	**2913**
屯溪区	5144	2468	2676	1370	758	612
黄山区	3467	1817	1650	613	361	252
徽州区	2217	1097	1120	548	314	234
歙县	10481	5100	5381	1856	1048	808
休宁县	5639	2742	2897	1294	721	573
黟县	2022	1021	1001	405	232	173
祁门县	3423	1690	1733	598	337	261
滁州市	**78353**	**38988**	**39365**	**14120**	**7806**	**6314**
琅琊区	4596	2237	2359	905	506	399
南谯区	5327	2666	2661	820	461	359
来安县	9063	4480	4583	1325	733	592
全椒县	8539	4168	4371	1270	696	574
定远县	14286	7077	7209	2307	1263	1044
凤阳县	11706	6011	5695	2598	1456	1142
苏滁现代产业园	225	114	111	28	14	14
滁州经济技术开发区	1011	491	520	220	122	98
天长市	12784	6322	6462	2626	1449	1177
明光市	10816	5422	5394	2021	1106	915

8-10　续表 2

单位：人

地　　区	60岁及以上人口			与配偶和子女同住		
	合计	男	女	小计	男	女
阜阳市	**134218**	**63575**	**70643**	**23624**	**12307**	**11317**
颍州区	10477	4865	5612	2144	1125	1019
颍东区	9193	4441	4752	2050	1069	981
颍泉区	10028	4747	5281	1625	853	772
临泉县	26798	12252	14546	5495	2775	2720
太和县	23687	11208	12479	2369	1220	1149
阜南县	18110	8421	9689	3578	1863	1715
颍上县	22893	11582	11311	4125	2244	1881
阜阳合肥现代产业园区	550	275	275	96	50	46
阜阳经济技术开发区	1067	517	550	264	136	128
界首市	11415	5267	6148	1878	972	906
宿州市	**92646**	**44390**	**48256**	**13723**	**7335**	**6388**
埇桥区	25580	12351	13229	4287	2333	1954
砀山县	15867	7290	8577	1685	851	834
萧县	21286	10113	11173	2065	1098	967
灵璧县	15897	7878	8019	3011	1624	1387
泗县	12843	6166	6677	2457	1303	1154
宿州马鞍山现代产业园区	628	319	309	97	57	40
宿州经济技术开发区	545	273	272	121	69	52
六安市	**89435**	**44821**	**44614**	**12223**	**6819**	**5404**
金安区	14770	7317	7453	1803	1009	794
裕安区	15838	7981	7857	2487	1400	1087
叶集区	3560	1837	1723	593	341	252
霍邱县	19753	10030	9723	2020	1124	896
舒城县	17829	8881	8948	2492	1395	1097
金寨县	11099	5554	5545	1820	996	824
霍山县	6586	3221	3365	1008	554	454
亳州市	**78266**	**37401**	**40865**	**10789**	**5689**	**5100**
谯城区	22228	10406	11822	2697	1405	1292
涡阳县	19208	9145	10063	2806	1482	1324
蒙城县	17140	8264	8876	3115	1650	1465
利辛县	19690	9586	10104	2171	1152	1019
池州市	**29235**	**14665**	**14570**	**4545**	**2622**	**1923**
贵池区	11444	5711	5733	1591	932	659
东至县	9876	4902	4974	1627	933	694
石台县	2074	1072	1002	354	196	158
青阳县	5312	2690	2622	863	495	368
池州市国家经济技术开发区	148	77	71	19	11	8
皖江江南新兴产业集中区	109	57	52	10	5	5
九华山风景区	272	156	116	81	50	31
宣城市	**54771**	**27803**	**26968**	**7453**	**4226**	**3227**
宣州区	14496	7256	7240	1504	862	642
郎溪县	6237	3128	3109	754	441	313
泾县	7154	3740	3414	876	509	367
绩溪县	4039	2010	2029	590	336	254
旌德县	3205	1663	1542	599	328	271
宣城市经济开发区	1172	586	586	129	77	52
宁国市	8272	4258	4014	1146	658	488
广德市	10196	5162	5034	1855	1015	840

8-10 续表 3

单位：人

地区	与配偶同住			与子女同住			独居(有保姆)		
	小计	男	女	小计	男	女	小计	男	女
安　徽	**551768**	**293397**	**258371**	**154845**	**44906**	**109939**	**1386**	**568**	**818**
合肥市	**66545**	**35815**	**30730**	**20306**	**5543**	**14763**	**227**	**84**	**143**
瑶海区	4501	2431	2070	1792	490	1302	17	5	12
庐阳区	4452	2398	2054	1530	386	1144	36	11	25
蜀山区	5828	3116	2712	2018	542	1476	34	13	21
包河区	6359	3397	2962	2420	611	1809	37	10	27
长丰县	6481	3477	3004	1478	452	1026	14	8	6
肥东县	9927	5255	4672	2512	705	1807	23	13	10
肥西县	7181	3857	3324	1840	516	1324	20	7	13
庐江县	8970	5007	3963	3005	842	2163	23	9	14
合肥高新技术产业开发区	895	473	422	410	109	301	4	3	1
合肥经济技术开发区	1767	945	822	844	244	600	3		3
合肥新站高新技术产业开发区	1521	832	689	628	181	447	1	1	
巢湖市	8663	4627	4036	1829	465	1364	15	4	11
芜湖市	**36054**	**19690**	**16364**	**9791**	**2648**	**7143**	**102**	**43**	**59**
镜湖区	5279	2871	2408	1540	385	1155	25	8	17
弋江区	2793	1520	1273	788	190	598	4	1	3
鸠江区	4815	2603	2212	1244	339	905	13	4	9
三山区	1358	748	610	320	103	217	1	1	
芜湖县	3100	1717	1383	927	260	667	7	5	2
繁昌县	2757	1529	1228	675	188	487	3	3	
南陵县	5137	2808	2329	1260	335	925	12	7	5
芜湖经济技术开发区	962	535	427	318	89	229	2		2
安徽芜湖长江大桥经济开发区	257	142	115	67	19	48	1		1
无为市	9596	5217	4379	2652	740	1912	34	14	20
蚌埠市	**28142**	**14879**	**13263**	**7699**	**2289**	**5410**	**49**	**22**	**27**
龙子湖区	2195	1183	1012	586	150	436	7	4	3
蚌山区	1616	861	755	366	79	287	4	1	3
禹会区	3154	1683	1471	792	227	565	4	3	1
淮上区	2150	1133	1017	500	168	332	1	1	
怀远县	8060	4235	3825	2199	746	1453	16	7	9
五河县	4678	2454	2224	1446	436	1010	4	2	2
固镇县	3955	2085	1870	1237	365	872	3	2	1
蚌埠市高新技术开发区	343	180	163	106	33	73	1		1
蚌埠市经济开发区	1991	1065	926	467	85	382	9	2	7
淮南市	**32014**	**17071**	**14943**	**7672**	**2211**	**5461**	**59**	**22**	**37**
大通区	1851	1002	849	389	99	290	4	3	1
田家庵区	6264	3382	2882	1576	429	1147	19	8	11
谢家集区	2840	1533	1307	760	207	553	3	1	2
八公山区	1365	737	628	435	102	333			
潘集区	2851	1508	1343	821	267	554	3		3
凤台县	5665	2992	2673	1296	412	884	10	2	8
寿县	11178	5917	5261	2395	695	1700	20	8	12

8-10 续表 4

单位：人

地区	与配偶同住			与子女同住			独居(有保姆)		
	小计	男	女	小计	男	女	小计	男	女
马鞍山市	**23711**	**12714**	**10997**	**5576**	**1465**	**4111**	**61**	**23**	**38**
花山区	4965	2691	2274	1034	244	790	12	5	7
雨山区	3460	1874	1586	760	176	584	10	5	5
博望区	1554	837	717	492	145	347	2	1	1
当涂县	4710	2547	2163	1201	321	880	2	1	1
含山县	3807	2017	1790	950	261	689	13	4	9
和县	5215	2748	2467	1139	318	821	22	7	15
淮北市	**16872**	**8810**	**8062**	**4176**	**1171**	**3005**	**36**	**15**	**21**
杜集区	2955	1547	1408	576	149	427	3	1	2
相山区	4035	2144	1891	998	245	753	10	6	4
烈山区	2481	1296	1185	532	166	366	5	2	3
濉溪县	7401	3823	3578	2070	611	1459	18	6	12
铜陵市	**14919**	**8172**	**6747**	**3529**	**892**	**2637**	**40**	**15**	**25**
铜官区	3798	2066	1732	1095	270	825	14	7	7
义安区	3250	1807	1443	595	153	442	9	2	7
郊区	2145	1173	972	530	131	399	5	3	2
枞阳县	5726	3126	2600	1309	338	971	12	3	9
安庆市	**40249**	**22231**	**18018**	**14786**	**4391**	**10395**	**111**	**44**	**67**
迎江区	2602	1459	1143	660	154	506	8	2	6
大观区	2631	1434	1197	762	171	591	13	4	9
宜秀区	1377	767	610	479	108	371	1		1
怀宁县	5559	3106	2453	1715	528	1187	4	2	2
太湖县	4016	2202	1814	1847	619	1228	11	2	9
宿松县	5962	3210	2752	1932	610	1322	14	5	9
望江县	4639	2502	2137	1641	512	1129	9	2	7
岳西县	2214	1239	975	1333	441	892	6	4	2
安徽安庆经济开发区	1112	613	499	291	81	210	3	2	1
桐城市	5676	3214	2462	2352	621	1731	20	8	12
潜山市	4461	2485	1976	1774	546	1228	22	13	9
黄山市	**14468**	**7933**	**6535**	**4765**	**1198**	**3567**	**58**	**23**	**35**
屯溪区	2315	1259	1056	771	170	601	15	5	10
黄山区	1607	896	711	489	142	347	15	4	11
徽州区	1011	550	461	338	89	249	1	1	
歙县	4627	2525	2102	1544	399	1145	11	4	7
休宁县	2370	1304	1066	899	209	690	8	5	3
黟县	930	511	419	279	75	204	4	3	1
祁门县	1608	888	720	445	114	331	4	1	3
滁州市	**38886**	**20669**	**18217**	**11390**	**3395**	**7995**	**107**	**45**	**62**
琅琊区	2337	1252	1085	615	174	441	12	3	9
南谯区	2842	1533	1309	744	202	542	4	3	1
来安县	4905	2621	2284	1124	306	818	13	7	6
全椒县	4481	2369	2112	1120	310	810	13	6	7
定远县	7125	3761	3364	2055	626	1429	22	9	13
凤阳县	5283	2800	2483	1970	701	1269	18	8	10
苏滁现代产业园	126	67	59	32	9	23			
滁州经济技术开发区	502	271	231	172	50	122			
天长市	6043	3222	2821	2090	596	1494	16	5	11
明光市	5242	2773	2469	1468	421	1047	9	4	5

8-10 续表 5

单位：人

地　区	与配偶同住			与子女同住			独居(有保姆)		
	小计	男	女	小计	男	女	小计	男	女
阜阳市	**65081**	**33300**	**31781**	**19462**	**6134**	**13328**	**126**	**60**	**66**
颍州区	4899	2535	2364	1590	443	1147	17	5	12
颍东区	4110	2114	1996	1441	471	970	8	5	3
颍泉区	5082	2602	2480	1289	408	881	11	4	7
临泉县	11796	5946	5850	4671	1412	3259	21	13	8
太和县	13523	6858	6665	2390	796	1594	16	9	7
阜南县	7928	4047	3881	3116	975	2141	15	8	7
颍上县	11181	5874	5307	3169	1080	2089	28	12	16
阜阳合肥现代产业园区	252	130	122	94	35	59			
阜阳经济技术开发区	457	237	220	144	45	99	1		1
界首市	5853	2957	2896	1558	469	1089	9	4	5
宿州市	**48283**	**24924**	**23359**	**12430**	**3847**	**8583**	**100**	**44**	**56**
埇桥区	12833	6733	6100	3669	1109	2560	34	16	18
砀山县	9587	4830	4757	1525	388	1137	10	5	5
萧县	12396	6370	6026	1975	541	1434	33	12	21
灵璧县	7084	3687	3397	2819	1034	1785	13	7	6
泗县	5826	3002	2824	2257	716	1541	10	4	6
宿州马鞍山现代产业园区	322	173	149	98	33	65			
宿州经济技术开发区	235	129	106	87	26	61			
六安市	**44253**	**23532**	**20721**	**11411**	**3306**	**8105**	**115**	**52**	**63**
金安区	7682	4072	3610	1659	436	1223	20	11	9
裕安区	7683	4098	3585	2189	670	1519	38	18	20
叶集区	1783	947	836	474	136	338	4	2	2
霍邱县	11280	5932	5348	1807	555	1252	15	7	8
舒城县	7915	4255	3660	2466	681	1785	13	2	11
金寨县	5051	2696	2355	1707	525	1182	21	12	9
霍山县	2859	1532	1327	1109	303	806	4		4
亳州市	**40221**	**20692**	**19529**	**10378**	**3294**	**7084**	**55**	**24**	**31**
谯城区	12077	6136	5941	2516	757	1759	14	6	8
涡阳县	9519	4909	4610	2769	861	1908	11	6	5
蒙城县	7951	4125	3826	2927	974	1953	17	10	7
利辛县	10674	5522	5152	2166	702	1464	13	2	11
池州市	**13912**	**7658**	**6254**	**4406**	**1186**	**3220**	**55**	**22**	**33**
贵池区	5903	3244	2659	1648	428	1220	18	4	14
东至县	4415	2429	1986	1528	427	1101	22	12	10
石台县	873	495	378	341	101	240	5	1	4
青阳县	2514	1373	1141	788	201	587	9	4	5
池州市国家经济技术开发区	65	38	27	33	11	22			
皖江江南新兴产业集中区	62	34	28	12	2	10			
九华山风景区	80	45	35	56	16	40	1	1	
宣城市	**28158**	**15307**	**12851**	**7068**	**1936**	**5132**	**85**	**30**	**55**
宣州区	8061	4366	3695	1673	449	1224	20	5	15
郎溪县	3490	1871	1619	750	202	548	5	2	3
泾县	3394	1876	1518	957	272	685	22	8	14
绩溪县	2140	1181	959	490	123	367	7	1	6
旌德县	1364	741	623	462	155	307	10	3	7
宣城市经济开发区	621	345	276	141	37	104	3	2	1
宁国市	4043	2227	1816	1199	321	878	10	7	3
广德市	5045	2700	2345	1396	377	1019	8	2	6

8-10 续表 6 单位：人

地区	独居(无保姆)			养老机构			其他		
	小计	男	女	小计	男	女	小计	男	女
安徽	**172272**	**77229**	**95043**	**10793**	**7180**	**3613**	**44466**	**23424**	**21042**
合肥市	**19242**	**8430**	**10812**	**1267**	**827**	**440**	**5338**	**2989**	**2349**
瑶海区	1286	501	785	79	25	54	329	173	156
庐阳区	996	360	636	59	22	37	328	170	158
蜀山区	1181	430	751	113	57	56	426	231	195
包河区	1411	572	839	118	56	62	487	287	200
长丰县	1957	914	1043	151	119	32	439	258	181
肥东县	3122	1384	1738	200	162	38	1017	552	465
肥西县	2161	1015	1146	120	98	22	577	361	216
庐江县	3205	1551	1654	121	101	20	848	443	405
合肥高新技术产业开发区	191	76	115	1		1	96	71	25
合肥经济技术开发区	415	205	210	29	17	12	161	101	60
合肥新站高新技术产业开发区	372	165	207	117	63	54	122	69	53
巢湖市	2945	1257	1688	159	107	52	508	273	235
芜湖市	**12528**	**5489**	**7039**	**690**	**462**	**228**	**3112**	**1579**	**1533**
镜湖区	1437	556	881	37	13	24	260	144	116
弋江区	673	252	421	1	1		148	75	73
鸠江区	1601	665	936	85	50	35	335	174	161
三山区	508	223	285	14	10	4	63	34	29
芜湖县	1151	551	600	128	84	44	214	114	100
繁昌县	1041	466	575	51	34	17	227	115	112
南陵县	1885	907	978	119	81	38	603	306	297
芜湖经济技术开发区	319	137	182	36	17	19	49	27	22
安徽芜湖长江大桥经济开发区	78	47	31	15	14	1	16	13	3
无为市	3835	1685	2150	204	158	46	1197	577	620
蚌埠市	**7791**	**3578**	**4213**	**370**	**246**	**124**	**1920**	**1057**	**863**
龙子湖区	712	293	419	31	8	23	158	74	84
蚌山区	440	145	295	11	5	6	83	40	43
禹会区	861	334	527	28	13	15	199	111	88
淮上区	581	296	285	5	5		108	67	41
怀远县	2331	1155	1176	123	87	36	497	276	221
五河县	1331	654	677	47	39	8	421	230	191
固镇县	1135	569	566	63	54	9	354	209	145
蚌埠市高新技术开发区	54	17	37	36	20	16	15	8	7
蚌埠市经济开发区	346	115	231	26	15	11	85	42	43
淮南市	**8985**	**4176**	**4809**	**694**	**551**	**143**	**2403**	**1295**	**1108**
大通区	465	209	256	47	29	18	95	51	44
田家庵区	1498	554	944	32	16	16	336	179	157
谢家集区	835	324	511	49	27	22	130	60	70
八公山区	390	141	249	26	9	17	71	35	36
潘集区	892	434	458	93	80	13	179	96	83
凤台县	1808	902	906	59	56	3	343	189	154
寿县	3097	1612	1485	388	334	54	1249	685	564

8－10 续表 7 单位：人

地　区	独居(无保姆)			养老机构			其　他		
	小计	男	女	小计	男	女	小计	男	女
马鞍山市	**7141**	**2836**	**4305**	**564**	**288**	**276**	**1604**	**783**	**821**
花山区	1186	412	774	144	51	93	210	97	113
雨山区	814	251	563	121	53	68	140	77	63
博望区	523	226	297	21	15	6	99	62	37
当涂县	1444	593	851	61	47	14	240	137	103
含山县	1431	596	835	57	34	23	602	277	325
和县	1743	758	985	160	88	72	313	133	180
淮北市	**4597**	**1761**	**2836**	**187**	**105**	**82**	**1010**	**479**	**531**
杜集区	789	311	478	30	14	16	128	70	58
相山区	825	302	523	35	17	18	201	98	103
烈山区	800	313	487	28	13	15	132	62	70
濉溪县	2183	835	1348	94	61	33	549	249	300
铜陵市	**4955**	**1928**	**3027**	**215**	**113**	**102**	**1092**	**531**	**561**
铜官区	934	271	663	71	30	41	171	78	93
义安区	921	366	555	79	46	33	136	69	67
郊区	783	328	455	36	23	13	145	90	55
枞阳县	2317	963	1354	29	14	15	640	294	346
安庆市	**15202**	**6889**	**8313**	**827**	**467**	**360**	**4914**	**2582**	**2332**
迎江区	747	242	505	58	21	37	153	81	72
大观区	739	264	475	97	32	65	167	84	83
宜秀区	442	164	278	44	33	11	94	56	38
怀宁县	2251	967	1284	88	44	44	1023	488	535
太湖县	1695	927	768	96	64	32	468	257	211
宿松县	2336	1100	1236	119	66	53	807	400	407
望江县	1673	703	970	50	28	22	499	249	250
岳西县	1055	562	493	81	55	26	383	234	149
安徽安庆经济开发区	264	101	163	15	9	6	44	34	10
桐城市	2285	984	1301	75	44	31	754	404	350
潜山市	1715	875	840	104	71	33	522	295	227
黄山市	**4789**	**2120**	**2669**	**124**	**92**	**32**	**1505**	**798**	**707**
屯溪区	489	186	303	43	23	20	141	67	74
黄山区	596	317	279	17	12	5	130	85	45
徽州区	257	100	157				62	43	19
歙县	1709	747	962	19	18	1	715	359	356
休宁县	787	353	434	27	22	5	254	128	126
黟县	338	156	182	11	11		55	33	22
祁门县	613	261	352	7	6	1	148	83	65
滁州市	**10252**	**4959**	**5293**	**660**	**486**	**174**	**2938**	**1628**	**1310**
琅琊区	536	193	343	46	21	25	145	88	57
南谯区	693	316	377	60	50	10	164	101	63
来安县	1347	575	772	90	75	15	259	163	96
全椒县	1338	616	722	55	37	18	262	134	128
定远县	1984	990	994	90	72	18	703	356	347
凤阳县	1362	748	614	77	74	3	398	224	174
苏滁现代产业园	28	13	15				11	11	
滁州经济技术开发区	81	22	59	1		1	35	26	9
天长市	1551	771	780	135	86	49	323	193	130
明光市	1332	715	617	106	71	35	638	332	306

8-10 续表 8

单位：人

地区	独居(无保姆)			养老机构			其他		
	小计	男	女	小计	男	女	小计	男	女
阜阳市	**20057**	**8652**	**11405**	**1187**	**709**	**478**	**4681**	**2413**	**2268**
颍州区	1292	482	810	183	105	78	352	170	182
颍东区	1162	505	657	123	94	29	299	183	116
颍泉区	1601	637	964	106	69	37	314	174	140
临泉县	3567	1478	2089	182	86	96	1066	542	524
太和县	4690	1971	2719	133	78	55	566	276	290
阜南县	2461	1052	1409	200	92	108	812	384	428
颍上县	3286	1721	1565	195	143	52	909	508	401
阜阳合肥现代产业园区	74	38	36	1	1		33	21	12
阜阳经济技术开发区	113	54	59	29	13	16	59	32	27
界首市	1811	714	1097	35	28	7	271	123	148
宿州市	**14506**	**6260**	**8246**	**762**	**490**	**272**	**2842**	**1490**	**1352**
埇桥区	3764	1632	2132	198	103	95	795	425	370
砀山县	2601	982	1619	123	83	40	336	151	185
萧县	4088	1705	2383	101	62	39	628	325	303
灵璧县	2224	1076	1148	173	133	40	573	317	256
泗县	1686	793	893	137	100	37	470	248	222
宿州马鞍山现代产业园区	78	38	40	12	4	8	21	14	7
宿州经济技术开发区	65	34	31	18	5	13	19	10	9
六安市	**15919**	**8047**	**7872**	**1163**	**857**	**306**	**4351**	**2208**	**2143**
金安区	2470	1220	1250	246	148	98	890	421	469
裕安区	2534	1334	1200	166	114	52	741	347	394
叶集区	525	283	242	66	60	6	115	68	47
霍邱县	3668	1856	1812	249	197	52	714	359	355
舒城县	3569	1786	1783	215	173	42	1159	589	570
金寨县	1985	1008	977	115	82	33	400	235	165
霍山县	1168	560	608	106	83	23	332	189	143
亳州市	**12452**	**5348**	**7104**	**900**	**672**	**228**	**3471**	**1682**	**1789**
谯城区	3840	1562	2278	189	121	68	895	419	476
涡阳县	2922	1249	1673	242	183	59	939	455	484
蒙城县	2229	1004	1225	229	180	49	672	321	351
利辛县	3461	1533	1928	240	188	52	965	487	478
池州市	**4630**	**2193**	**2437**	**359**	**272**	**87**	**1328**	**712**	**616**
贵池区	1847	837	1010	104	87	17	333	179	154
东至县	1488	686	802	146	104	42	650	311	339
石台县	361	186	175	47	35	12	93	58	35
青阳县	862	441	421	62	46	16	214	130	84
池州市国家经济技术开发区	25	12	13				6	5	1
皖江江南新兴产业集中区	18	12	6				7	4	3
九华山风景区	29	19	10				25	25	
宣城市	**9226**	**4563**	**4663**	**824**	**543**	**281**	**1957**	**1198**	**759**
宣州区	2636	1215	1421	159	115	44	443	244	199
郎溪县	978	446	532	60	39	21	200	127	73
泾县	1426	764	662	173	128	45	306	183	123
绩溪县	684	298	386	18	7	11	110	64	46
旌德县	540	298	242	68	55	13	162	83	79
宣城市经济开发区	168	76	92	57	19	38	53	30	23
宁国市	1375	712	663	168	112	56	331	221	110
广德市	1419	754	665	121	68	53	352	246	106

8-10a 各地区分性别、居住状况的60岁及以上老年人口(城市)

单位：人

地区	60岁及以上人口			与配偶和子女同住		
	合计	男	女	小计	男	女
安徽	**230548**	**110447**	**120101**	**47430**	**26560**	**20870**
合肥市	**51386**	**24539**	**26847**	**12001**	**6666**	**5335**
瑶海区	9988	4767	5221	2200	1239	961
庐阳区	8893	4232	4661	2097	1160	937
蜀山区	11430	5447	5983	2881	1589	1292
包河区	14136	6773	7363	3394	1883	1511
长丰县						
肥东县						
肥西县	300	152	148	95	47	48
庐江县						
合肥高新技术产业开发区						
合肥经济技术开发区						
合肥新站高新技术产业开发区	705	352	353	173	100	73
巢湖市	5934	2816	3118	1161	648	513
芜湖市	**25205**	**12251**	**12954**	**5245**	**2998**	**2247**
镜湖区	10414	5044	5370	2220	1253	967
弋江区	5738	2794	2944	1331	755	576
鸠江区	4171	2055	2116	773	460	313
三山区	1453	736	717	202	117	85
芜湖县	272	129	143	52	30	22
繁昌县						
南陵县						
芜湖经济技术开发区	76	41	35	9	5	4
安徽芜湖长江大桥经济开发区						
无为市	3081	1452	1629	658	378	280
蚌埠市	**12080**	**5802**	**6278**	**2208**	**1231**	**977**
龙子湖区	3612	1733	1879	659	369	290
蚌山区	2735	1278	1457	497	285	212
禹会区	3974	1906	2068	672	370	302
淮上区	1759	885	874	380	207	173
怀远县						
五河县						
固镇县						
蚌埠市高新技术开发区						
蚌埠市经济开发区						
淮南市	**19866**	**9537**	**10329**	**3665**	**2040**	**1625**
大通区	842	423	419	173	98	75
田家庵区	11003	5323	5680	2055	1142	913
谢家集区	4213	1984	2229	715	396	319
八公山区	2729	1288	1441	532	302	230
潘集区	1079	519	560	190	102	88
凤台县						
寿县						

8-10a 续表 1

单位：人

地区	60岁及以上人口			与配偶和子女同住		
	合计	男	女	小计	男	女
马鞍山市	**15692**	**7496**	**8196**	**2352**	**1326**	**1026**
花山区	8624	4115	4509	1289	718	571
雨山区	5823	2765	3058	823	469	354
博望区	1245	616	629	240	139	101
当涂县						
含山县						
和县						
淮北市	**12290**	**5817**	**6473**	**2017**	**1114**	**903**
杜集区	2916	1375	1541	432	241	191
相山区	6481	3092	3389	1222	670	552
烈山区	1901	885	1016	232	129	103
濉溪县	992	465	527	131	74	57
铜陵市	**9442**	**4492**	**4950**	**1577**	**908**	**669**
铜官区	7260	3409	3851	1289	738	551
义安区	1311	653	658	177	108	69
郊区	871	430	441	111	62	49
枞阳县						
安庆市	**18399**	**8930**	**9469**	**3558**	**2096**	**1462**
迎江区	4656	2250	2406	821	483	338
大观区	3949	1861	2088	695	402	293
宜秀区	1357	664	693	280	172	108
怀宁县						
太湖县						
宿松县						
望江县	1190	552	638	307	166	141
岳西县						
安徽安庆经济开发区	4	3	1			
桐城市	4849	2408	2441	951	578	373
潜山市	2394	1192	1202	504	295	209
黄山市	**6283**	**3046**	**3237**	**1638**	**921**	**717**
屯溪区	4484	2145	2339	1173	650	523
黄山区	939	467	472	184	106	78
徽州区	708	356	352	229	136	93
歙县	90	47	43	29	16	13
休宁县	62	31	31	23	13	10
黟县						
祁门县						
滁州市	**12188**	**5900**	**6288**	**2817**	**1573**	**1244**
琅琊区	4323	2090	2233	892	497	395
南谯区	1843	903	940	453	260	193
来安县						
全椒县						
定远县						
凤阳县						
苏滁现代产业园						
滁州经济技术开发区						
天长市	3003	1456	1547	735	413	322
明光市	3019	1451	1568	737	403	334

8-10a 续表 2

单位：人

地　区	60岁及以上人口			与配偶和子女同住		
	合计	男	女	小计	男	女
阜阳市	**11885**	**5491**	**6394**	**2801**	**1473**	**1328**
颍州区	4704	2168	2536	1189	633	556
颍东区	2069	972	1097	452	235	217
颍泉区	2541	1195	1346	544	288	256
临泉县						
太和县						
阜南县						
颍上县						
阜阳合肥现代产业园区						
阜阳经济技术开发区						
界首市	2571	1156	1415	616	317	299
宿州市	**7364**	**3383**	**3981**	**1757**	**940**	**817**
埇桥区	7231	3323	3908	1743	933	810
砀山县						
萧县	133	60	73	14	7	7
灵璧县						
泗县						
宿州马鞍山现代产业园区						
宿州经济技术开发区						
六安市	**8911**	**4296**	**4615**	**1928**	**1079**	**849**
金安区	4482	2138	2344	904	501	403
裕安区	3449	1673	1776	813	458	355
叶集区	806	401	405	188	107	81
霍邱县	48	24	24	2	1	1
舒城县	126	60	66	21	12	9
金寨县						
霍山县						
亳州市	**5636**	**2668**	**2968**	**1172**	**629**	**543**
谯城区	5577	2638	2939	1167	626	541
涡阳县						
蒙城县						
利辛县	59	30	29	5	3	2
池州市	**4449**	**2183**	**2266**	**808**	**485**	**323**
贵池区	4192	2049	2143	779	469	310
东至县						
石台县						
青阳县						
池州市国家经济技术开发区	148	77	71	19	11	8
皖江江南新兴产业集中区	109	57	52	10	5	5
九华山风景区						
宣城市	**9472**	**4616**	**4856**	**1886**	**1081**	**805**
宣州区	3228	1549	1679	545	319	226
郎溪县						
泾县						
绩溪县						
旌德县						
宣城市经济开发区						
宁国市	2793	1350	1443	582	342	240
广德市	3451	1717	1734	759	420	339

8-10a　续表 3　　单位：人

地　区	与配偶同住			与子女同住			独居(有保姆)		
	小计	男	女	小计	男	女	小计	男	女
安　徽	**111179**	**60063**	**51116**	**35087**	**8944**	**26143**	**462**	**166**	**296**
合肥市	**23371**	**12554**	**10817**	**8459**	**2188**	**6271**	**132**	**43**	**89**
瑶海区	4394	2374	2020	1720	472	1248	17	5	12
庐阳区	4105	2213	1892	1368	343	1025	35	11	24
蜀山区	5156	2755	2401	1915	511	1404	32	13	19
包河区	6315	3372	2943	2402	606	1796	37	10	27
长丰县									
肥东县									
肥西县	97	54	43	62	19	43	1	1	
庐江县									
合肥高新技术产业开发区									
合肥经济技术开发区									
合肥新站高新技术产业开发区	309	170	139	125	34	91	1	1	
巢湖市	2995	1616	1379	867	203	664	9	2	7
芜湖市	**12053**	**6587**	**5466**	**3609**	**893**	**2716**	**43**	**16**	**27**
镜湖区	5055	2748	2307	1480	368	1112	24	8	16
弋江区	2793	1520	1273	788	190	598	4	1	3
鸠江区	1945	1070	875	641	167	474	4	2	2
三山区	761	421	340	154	49	105			
芜湖县	103	56	47	41	15	26			
繁昌县									
南陵县									
芜湖经济技术开发区	37	20	17	11	2	9			
安徽芜湖长江大桥经济开发区									
无为市	1359	752	607	494	102	392	11	5	6
蚌埠市	**6119**	**3300**	**2819**	**1554**	**392**	**1162**	**14**	**7**	**7**
龙子湖区	1736	947	789	478	119	359	6	3	3
蚌山区	1437	766	671	324	65	259	4	1	3
禹会区	2067	1118	949	529	128	401	3	2	1
淮上区	879	469	410	223	80	143	1	1	
怀远县									
五河县									
固镇县									
蚌埠市高新技术开发区									
蚌埠市经济开发区									
淮南市	**10242**	**5534**	**4708**	**2756**	**727**	**2029**	**25**	**12**	**13**
大通区	454	253	201	109	25	84	4	3	1
田家庵区	5789	3128	2661	1463	393	1070	18	8	10
谢家集区	2119	1144	975	630	166	464	3	1	2
八公山区	1325	716	609	412	96	316			
潘集区	555	293	262	142	47	95			
凤台县									
寿县									

8-10a 续表 4　　单位：人

地　区	与配偶同住			与子女同住			独居(有保姆)		
	小计	男	女	小计	男	女	小计	男	女
马鞍山市	**8653**	**4686**	**3967**	**1917**	**460**	**1457**	**23**	**10**	**13**
花山区	4825	2612	2213	1000	237	763	12	5	7
雨山区	3258	1766	1492	722	166	556	10	5	5
博望区	570	308	262	195	57	138	1		1
当涂县									
含山县									
和县									
淮北市	**6744**	**3575**	**3169**	**1601**	**405**	**1196**	**15**	**5**	**10**
杜集区	1685	884	801	345	83	262	2		2
相山区	3489	1868	1621	898	222	676	9	5	4
烈山区	1056	558	498	221	53	168	2		2
濉溪县	514	265	249	137	47	90	2		2
铜陵市	**4947**	**2714**	**2233**	**1344**	**328**	**1016**	**23**	**10**	**13**
铜官区	3723	2026	1697	1081	268	813	14	7	7
义安区	766	438	328	166	42	124	6	1	5
郊区	458	250	208	97	18	79	3	2	1
枞阳县									
安庆市	**8308**	**4633**	**3675**	**3128**	**808**	**2320**	**38**	**11**	**27**
迎江区	2380	1337	1043	633	151	482	8	2	6
大观区	1960	1069	891	543	113	430	12	4	8
宜秀区	592	330	262	257	59	198	1		1
怀宁县									
太湖县									
宿松县									
望江县	448	243	205	270	77	193	2		2
岳西县									
安徽安庆经济开发区	2	1	1						
桐城市	1921	1090	831	941	265	676	10	3	7
潜山市	1005	563	442	484	143	341	5	2	3
黄山市	**2823**	**1547**	**1276**	**943**	**205**	**738**	**21**	**6**	**15**
屯溪区	2045	1112	933	659	140	519	15	5	10
黄山区	444	248	196	138	31	107	6	1	5
徽州区	269	152	117	127	27	100			
歙县	37	20	17	10	5	5			
休宁县	28	15	13	9	2	7			
黟县									
祁门县									
滁州市	**5628**	**3025**	**2603**	**1948**	**502**	**1446**	**25**	**9**	**16**
琅琊区	2159	1155	1004	592	166	426	11	2	9
南谯区	807	438	369	363	87	276	3	3	
来安县									
全椒县									
定远县									
凤阳县									
苏滁现代产业园									
滁州经济技术开发区									
天长市	1358	732	626	469	116	353	9	4	5
明光市	1304	700	604	524	133	391	2		2

8-10a　续表 5　　单位：人

地　区	与配偶同住			与子女同住			独居(有保姆)		
	小计	男	女	小计	男	女	小计	男	女
阜阳市	**5470**	**2862**	**2608**	**1893**	**503**	**1390**	**27**	**10**	**17**
颍州区	2154	1139	1015	742	167	575	13	5	8
颍东区	1005	520	485	296	89	207	5	2	3
颍泉区	1160	613	547	399	128	271	3		3
临泉县									
太和县									
阜南县									
颍上县									
阜阳合肥现代产业园区									
阜阳经济技术开发区									
界首市	1151	590	561	456	119	337	6	3	3
宿州市	**3310**	**1750**	**1560**	**1294**	**318**	**976**	**19**	**10**	**9**
埇桥区	3229	1709	1520	1285	317	968	19	10	9
砀山县									
萧县	81	41	40	9	1	8			
灵璧县									
泗县									
宿州马鞍山现代产业园区									
宿州经济技术开发区									
六安市	**4229**	**2282**	**1947**	**1453**	**388**	**1065**	**13**	**4**	**9**
金安区	2232	1193	1039	670	167	503	5	2	3
裕安区	1551	844	707	632	190	442	5	1	4
叶集区	349	192	157	131	28	103	3	1	2
霍邱县	28	15	13	3	1	2			
舒城县	69	38	31	17	2	15			
金寨县									
霍山县									
亳州市	**2661**	**1381**	**1280**	**884**	**248**	**636**	**10**	**5**	**5**
谯城区	2619	1359	1260	879	246	633	10	5	5
涡阳县									
蒙城县									
利辛县	42	22	20	5	2	3			
池州市	**2207**	**1216**	**991**	**762**	**200**	**562**	**14**	**3**	**11**
贵池区	2080	1144	936	717	187	530	14	3	11
东至县									
石台县									
青阳县									
池州市国家经济技术开发区	65	38	27	33	11	22			
皖江江南新兴产业集中区	62	34	28	12	2	10			
九华山风景区									
宣城市	**4414**	**2417**	**1997**	**1542**	**379**	**1163**	**20**	**5**	**15**
宣州区	1694	930	764	455	100	355	10	1	9
郎溪县									
泾县									
绩溪县									
旌德县									
宣城市经济开发区									
宁国市	1110	620	490	576	152	424	5	3	2
广德市	1610	867	743	511	127	384	5	1	4

8-10a 续表 6 单位：人

地　区	独居(无保姆)			养老机构			其　他		
	小计	男	女	小计	男	女	小计	男	女
安　徽	**27009**	**9999**	**17010**	**2104**	**950**	**1154**	**7277**	**3765**	**3512**
合肥市	**5321**	**2001**	**3320**	**418**	**168**	**250**	**1684**	**919**	**765**
瑶海区	1254	484	770	79	25	54	324	168	156
庐阳区	926	325	601	55	20	35	307	160	147
蜀山区	997	351	646	86	30	56	363	198	165
包河区	1389	564	825	115	54	61	484	284	200
长丰县									
肥东县									
肥西县	25	14	11				20	17	3
庐江县									
合肥高新技术产业开发区									
合肥经济技术开发区									
合肥新站高新技术产业开发区	49	19	30	30	19	11	18	9	9
巢湖市	681	244	437	53	20	33	168	83	85
芜湖市	**3353**	**1288**	**2065**	**160**	**85**	**75**	**742**	**384**	**358**
镜湖区	1341	511	830	37	13	24	257	143	114
弋江区	673	252	421	1	1		148	75	73
鸠江区	622	244	378	40	25	15	146	87	59
三山区	283	116	167	14	10	4	39	23	16
芜湖县	35	14	21	36	10	26	5	4	1
繁昌县									
南陵县									
芜湖经济技术开发区	13	9	4	3	3		3	2	1
安徽芜湖长江大桥经济开发区									
无为市	386	142	244	29	23	6	144	50	94
蚌埠市	**1722**	**651**	**1071**	**69**	**26**	**43**	**394**	**195**	**199**
龙子湖区	566	224	342	30	8	22	137	63	74
蚌山区	382	118	264	11	5	6	80	38	42
禹会区	544	207	337	24	9	15	135	72	63
淮上区	230	102	128	4	4		42	22	20
怀远县									
五河县									
固镇县									
蚌埠市高新技术开发区									
蚌埠市经济开发区									
淮南市	**2526**	**892**	**1634**	**128**	**61**	**67**	**524**	**271**	**253**
大通区	73	29	44	14	6	8	15	9	6
田家庵区	1328	469	859	30	14	16	320	169	151
谢家集区	610	212	398	38	19	19	98	46	52
八公山区	363	130	233	26	9	17	71	35	36
潘集区	152	52	100	20	13	7	20	12	8
凤台县									
寿县									

8-10a 续表 7

单位：人

地　区	独居(无保姆)			养老机构			其　他		
	小计	男	女	小计	男	女	小计	男	女
马鞍山市	**2084**	**705**	**1379**	**286**	**119**	**167**	**377**	**190**	**187**
花山区	1153	399	754	144	51	93	201	93	108
雨山区	754	234	520	121	53	68	135	72	63
博望区	177	72	105	21	15	6	41	25	16
当涂县									
含山县									
和县									
淮北市	**1519**	**546**	**973**	**56**	**20**	**36**	**338**	**152**	**186**
杜集区	382	135	247	12	5	7	58	27	31
相山区	659	231	428	27	12	15	177	84	93
烈山区	334	125	209	17	3	14	39	17	22
濉溪县	144	55	89				64	24	40
铜陵市	**1220**	**368**	**852**	**84**	**40**	**44**	**247**	**124**	**123**
铜官区	912	263	649	71	30	41	170	77	93
义安区	168	54	114	2	1	1	26	9	17
郊区	140	51	89	11	9	2	51	38	13
枞阳县									
安庆市	**2387**	**865**	**1522**	**172**	**70**	**102**	**808**	**447**	**361**
迎江区	623	188	435	46	12	34	145	77	68
大观区	540	185	355	65	22	43	134	66	68
宜秀区	167	59	108	7	6	1	53	38	15
怀宁县									
太湖县									
宿松县									
望江县	113	43	70	10	5	5	40	18	22
岳西县									
安徽安庆经济开发区							2	2	
桐城市	639	252	387	24	14	10	363	206	157
潜山市	305	138	167	20	11	9	71	40	31
黄山市	**631**	**246**	**385**	**43**	**23**	**20**	**184**	**98**	**86**
屯溪区	426	161	265	43	23	20	123	54	69
黄山区	137	60	77				30	21	9
徽州区	54	19	35				29	22	7
歙县	12	5	7				2	1	1
休宁县	2	1	1						
黟县									
祁门县									
滁州市	**1175**	**473**	**702**	**195**	**100**	**95**	**400**	**218**	**182**
琅琊区	494	172	322	46	21	25	129	77	52
南谯区	139	67	72	11	5	6	67	43	24
来安县									
全椒县									
定远县									
凤阳县									
苏滁现代产业园									
滁州经济技术开发区									
天长市	289	125	164	66	26	40	77	40	37
明光市	253	109	144	72	48	24	127	58	69

8-10a 续表 8 单位：人

地　区	独居(无保姆)			养老机构			其　他		
	小计	男	女	小计	男	女	小计	男	女
阜阳市	**1180**	**395**	**785**	**130**	**65**	**65**	**384**	**183**	**201**
颍州区	416	133	283	54	26	28	136	65	71
颍东区	234	76	158	29	17	12	48	33	15
颍泉区	283	89	194	36	15	21	116	62	54
临泉县									
太和县									
阜南县									
颍上县									
阜阳合肥现代产业园区									
阜阳经济技术开发区									
界首市	247	97	150	11	7	4	84	23	61
宿州市	**706**	**239**	**467**	**86**	**36**	**50**	**192**	**90**	**102**
埇桥区	681	232	449	86	36	50	188	86	102
砀山县									
萧县	25	7	18				4	4	
灵璧县									
泗县									
宿州马鞍山现代产业园区									
宿州经济技术开发区									
六安市	**930**	**387**	**543**	**53**	**28**	**25**	**305**	**128**	**177**
金安区	471	178	293	46	24	22	154	73	81
裕安区	325	144	181	3		3	120	36	84
叶集区	105	52	53	4	4		26	17	9
霍邱县	13	7	6				2		2
舒城县	16	6	10				3	2	1
金寨县									
霍山县									
亳州市	**647**	**270**	**377**	**33**	**14**	**19**	**229**	**121**	**108**
谯城区	640	267	373	33	14	19	229	121	108
涡阳县									
蒙城县									
利辛县	7	3	4						
池州市	**520**	**217**	**303**	**7**	**5**	**2**	**131**	**57**	**74**
贵池区	477	193	284	7	5	2	118	48	70
东至县									
石台县									
青阳县									
池州市国家经济技术开发区	25	12	13				6	5	1
皖江江南新兴产业集中区	18	12	6				7	4	3
九华山风景区									
宣城市	**1088**	**456**	**632**	**184**	**90**	**94**	**338**	**188**	**150**
宣州区	370	134	236	33	10	23	121	55	66
郎溪县									
泾县									
绩溪县									
旌德县									
宣城市经济开发区									
宁国市	332	135	197	79	40	39	109	58	51
广德市	386	187	199	72	40	32	108	75	33

8-10b 各地区分性别、居住状况的60岁及以上老年人口(镇)

单位：人

地区	60岁及以上人口			与配偶和子女同住		
	合计	男	女	小计	男	女
安徽	**280107**	**135610**	**144497**	**51863**	**28745**	**23118**
合肥市	**36655**	**17898**	**18757**	**7487**	**4272**	**3215**
瑶海区	154	77	77	24	13	11
庐阳区	672	310	362	217	122	95
蜀山区	695	349	346	99	58	41
包河区						
长丰县	3572	1716	1856	712	403	309
肥东县	7866	3814	4052	1482	828	654
肥西县	4909	2398	2511	1107	643	464
庐江县	7661	3760	3901	1395	822	573
合肥高新技术产业开发区	2164	1058	1106	569	327	242
合肥经济技术开发区	3956	1938	2018	1027	579	448
合肥新站高新技术产业开发区	2742	1345	1397	585	327	258
巢湖市	2264	1133	1131	270	150	120
芜湖市	**18831**	**9339**	**9492**	**2975**	**1759**	**1216**
镜湖区	20	10	10	4	2	2
弋江区						
鸠江区	1732	836	896	252	147	105
三山区	150	77	73	48	28	20
芜湖县	3039	1539	1500	578	342	236
繁昌县	2462	1193	1269	362	218	144
南陵县	3898	1918	1980	611	358	253
芜湖经济技术开发区	1847	913	934	309	182	127
安徽芜湖长江大桥经济开发区	314	170	144	46	29	17
无为市	5369	2683	2686	765	453	312
蚌埠市	**14906**	**7148**	**7758**	**3041**	**1672**	**1369**
龙子湖区	147	66	81	24	13	11
蚌山区						
禹会区	165	82	83	32	17	15
淮上区	451	221	230	72	42	30
怀远县	4509	2201	2308	838	464	374
五河县	3417	1624	1793	723	385	338
固镇县	1826	867	959	440	246	194
蚌埠市高新技术开发区	699	343	356	144	85	59
蚌埠市经济开发区	3692	1744	1948	768	420	348
淮南市	**13693**	**6702**	**6991**	**2342**	**1264**	**1078**
大通区	1693	807	886	270	149	121
田家庵区	230	115	115	42	22	20
谢家集区	75	39	36	9	5	4
八公山区	1	1				
潘集区	1304	656	648	230	121	109
凤台县	3077	1483	1594	629	333	296
寿县	7313	3601	3712	1162	634	528

8－10b 续表 1　　单位：人

地　区	60岁及以上人口			与配偶和子女同住		
	合计	男	女	小计	男	女
马鞍山市	**12812**	**6127**	**6685**	**2260**	**1271**	**989**
花山区						
雨山区						
博望区	193	98	95	20	12	8
当涂县	5122	2533	2589	928	538	390
含山县	3470	1626	1844	652	364	288
和县	4027	1870	2157	660	357	303
淮北市	**6459**	**2975**	**3484**	**966**	**502**	**464**
杜集区	1103	538	565	104	53	51
相山区						
烈山区	657	304	353	40	22	18
濉溪县	4699	2133	2566	822	427	395
铜陵市	**6335**	**3098**	**3237**	**904**	**521**	**383**
铜官区	1	1				
义安区	647	330	317	101	59	42
郊区	840	411	429	88	51	37
枞阳县	4847	2356	2491	715	411	304
安庆市	**21513**	**10621**	**10892**	**4191**	**2417**	**1774**
迎江区						
大观区	476	232	244	140	78	62
宜秀区	726	356	370	85	51	34
怀宁县	4491	2197	2294	816	475	341
太湖县	2964	1491	1473	658	374	284
宿松县	3763	1831	1932	751	426	325
望江县	1113	561	552	209	123	86
岳西县	1592	778	814	371	213	158
安徽安庆经济开发区	1977	990	987	361	208	153
桐城市	2362	1150	1212	400	246	154
潜山市	2049	1035	1014	400	223	177
黄山市	**7725**	**3740**	**3985**	**1868**	**1061**	**807**
屯溪区	142	71	71	63	34	29
黄山区	631	333	298	124	68	56
徽州区	332	166	166	101	56	45
歙县	2976	1413	1563	751	424	327
休宁县	1647	789	858	431	245	186
黟县	673	332	341	138	79	59
祁门县	1324	636	688	260	155	105
滁州市	**24843**	**12207**	**12636**	**5239**	**2888**	**2351**
琅琊区						
南谯区	1004	505	499	135	74	61
来安县	3732	1836	1896	681	379	302
全椒县	3715	1785	1930	797	439	358
定远县	4443	2161	2282	907	491	416
凤阳县	4953	2465	2488	1148	651	497
苏滁现代产业园	225	114	111	28	14	14
滁州经济技术开发区	858	412	446	202	113	89
天长市	3923	1930	1993	970	531	439
明光市	1990	999	991	371	196	175

8-10b　续表 2　　　　单位：人

地　区	60岁及以上人口			与配偶和子女同住		
	合计	男	女	小计	男	女
阜阳市	**32151**	**15255**	**16896**	**6152**	**3234**	**2918**
颍州区	874	407	467	161	86	75
颍东区	1337	657	680	316	164	152
颍泉区	1443	696	747	239	128	111
临泉县	6032	2772	3260	1330	686	644
太和县	8455	4016	4439	1053	554	499
阜南县	3918	1753	2165	852	439	413
颍上县	7359	3670	3689	1670	897	773
阜阳合肥现代产业园区	98	51	47	28	14	14
阜阳经济技术开发区	833	402	431	227	118	109
界首市	1802	831	971	276	148	128
宿州市	**23381**	**10981**	**12400**	**3852**	**2020**	**1832**
埇桥区	2835	1355	1480	410	217	193
砀山县	6359	2899	3460	816	410	406
萧县	5134	2402	2732	641	345	296
灵璧县	4383	2096	2287	967	504	463
泗县	3813	1799	2014	856	451	405
宿州马鞍山现代产业园区	312	157	155	41	24	17
宿州经济技术开发区	545	273	272	121	69	52
六安市	**21280**	**10289**	**10991**	**3689**	**2050**	**1639**
金安区	1793	793	1000	282	147	135
裕安区	1382	675	707	198	112	86
叶集区	473	217	256	68	40	28
霍邱县	5288	2619	2669	800	438	362
舒城县	5713	2761	2952	1034	586	448
金寨县	2924	1435	1489	652	361	291
霍山县	3707	1789	1918	655	366	289
亳州市	**17998**	**8556**	**9442**	**3325**	**1752**	**1573**
谯城区	1737	791	946	193	100	93
涡阳县	5358	2535	2823	1178	622	556
蒙城县	5910	2814	3096	1243	654	589
利辛县	4993	2416	2577	711	376	335
池州市	**8079**	**3985**	**4094**	**1441**	**830**	**611**
贵池区	867	438	429	132	75	57
东至县	4563	2229	2334	808	464	344
石台县	606	304	302	114	66	48
青阳县	1991	975	1016	377	218	159
池州市国家经济技术开发区						
皖江江南新兴产业集中区						
九华山风景区	52	39	13	10	7	3
宣城市	**13446**	**6689**	**6757**	**2131**	**1232**	**899**
宣州区	1918	945	973	180	105	75
郎溪县	3104	1533	1571	438	260	178
泾县	2422	1185	1237	413	243	170
绩溪县	1651	816	835	346	200	146
旌德县	1436	723	713	332	181	151
宣城市经济开发区	733	364	369	106	62	44
宁国市	763	407	356	77	46	31
广德市	1419	716	703	239	135	104

8－10b 续表 3

单位：人

地　区	与配偶同住			与子女同住			独居(有保姆)		
	小计	男	女	小计	男	女	小计	男	女
安　徽	**130787**	**69915**	**60872**	**43791**	**12241**	**31550**	**408**	**174**	**234**
合肥市	**16048**	**8691**	**7357**	**6532**	**1794**	**4738**	**55**	**22**	**33**
瑶海区	70	37	33	29	7	22			
庐阳区	246	130	116	154	38	116	1		1
蜀山区	378	200	178	63	16	47	2		2
包河区									
长丰县	1516	815	701	727	209	518	2	2	
肥东县	3565	1900	1665	1306	360	946	8	5	3
肥西县	2083	1139	944	928	259	669	15	6	9
庐江县	3420	1899	1521	1313	333	980	18	6	12
合肥高新技术产业开发区	893	472	421	410	109	301	4	3	1
合肥经济技术开发区	1554	833	721	824	240	584	3		3
合肥新站高新技术产业开发区	1173	641	532	492	143	349			
巢湖市	1150	625	525	286	80	206	2		2
芜湖市	**9034**	**4987**	**4047**	**2741**	**724**	**2017**	**26**	**13**	**13**
镜湖区	11	7	4	2	1	1			
弋江区									
鸠江区	891	479	412	233	57	176	4	1	3
三山区	57	33	24	37	11	26			
芜湖县	1409	789	620	461	118	343	4	3	1
繁昌县	1214	673	541	374	92	282	3	3	
南陵县	1858	1027	831	563	145	418	6	3	3
芜湖经济技术开发区	879	490	389	302	87	215	2		2
安徽芜湖长江大桥经济开发区	172	96	76	38	12	26	1		1
无为市	2543	1393	1150	731	201	530	6	3	3
蚌埠市	**7274**	**3851**	**3423**	**2179**	**552**	**1627**	**17**	**4**	**13**
龙子湖区	73	38	35	18	4	14			
蚌山区									
禹会区	81	40	41	16	7	9			
淮上区	229	118	111	51	11	40			
怀远县	2164	1152	1012	654	187	467	7	2	5
五河县	1587	833	754	558	153	405			
固镇县	806	425	381	309	72	237			
蚌埠市高新技术开发区	343	180	163	106	33	73	1		1
蚌埠市经济开发区	1991	1065	926	467	85	382	9	2	7
淮南市	**6966**	**3707**	**3259**	**1772**	**483**	**1289**	**18**	**3**	**15**
大通区	917	481	436	194	46	148			
田家庵区	100	54	46	44	13	31			
谢家集区	42	24	18	5	1	4			
八公山区									
潘集区	616	327	289	179	52	127	1		1
凤台县	1505	804	701	408	119	289	4		4
寿县	3786	2017	1769	942	252	690	13	3	10

8-10b 续表 4

单位：人

地　区	与配偶同住			与子女同住			独居(有保姆)		
	小计	男	女	小计	男	女	小计	男	女
马鞍山市	**6241**	**3366**	**2875**	**1756**	**453**	**1303**	**25**	**7**	**18**
花山区									
雨山区									
博望区	109	61	48	31	6	25			
当涂县	2613	1429	1184	647	165	482	1	1	
含山县	1530	817	713	540	150	390	10	3	7
和县	1989	1059	930	538	132	406	14	3	11
淮北市	**3332**	**1733**	**1599**	**932**	**256**	**676**	**7**	**5**	**2**
杜集区	639	337	302	99	31	68	1	1	
相山区									
烈山区	389	200	189	83	26	57	3	2	1
濉溪县	2304	1196	1108	750	199	551	3	2	1
铜陵市	**3228**	**1779**	**1449**	**826**	**207**	**619**	**7**	**3**	**4**
铜官区									
义安区	356	198	158	78	22	56			
郊区	469	261	208	87	18	69			
枞阳县	2403	1320	1083	661	167	494	7	3	4
安庆市	**9081**	**5061**	**4020**	**3842**	**1118**	**2724**	**24**	**13**	**11**
迎江区									
大观区	187	106	81	67	15	52			
宜秀区	357	201	156	114	26	88			
怀宁县	1863	1056	807	712	200	512	2	2	
太湖县	1169	643	526	573	189	384	4		4
宿松县	1637	886	751	652	196	456	2	2	
望江县	479	266	213	216	71	145			
岳西县	561	321	240	386	113	273	5	3	2
安徽安庆经济开发区	1034	569	465	279	77	202	3	2	1
桐城市	970	549	421	471	123	348	1		1
潜山市	824	464	360	372	108	264	7	4	3
黄山市	**3192**	**1755**	**1437**	**1296**	**315**	**981**	**16**	**9**	**7**
屯溪区	36	20	16	25	9	16			
黄山区	281	158	123	80	27	53	2	1	1
徽州区	138	73	65	42	16	26	1	1	
歙县	1160	635	525	575	134	441	5	3	2
休宁县	660	363	297	279	62	217	5	3	2
黟县	331	178	153	82	20	62	1	1	
祁门县	586	328	258	213	47	166	2		2
滁州市	**11594**	**6194**	**5400**	**4060**	**1200**	**2860**	**44**	**18**	**26**
琅琊区									
南谯区	559	303	256	140	47	93			
来安县	1889	1019	870	544	161	383	9	5	4
全椒县	1733	927	806	600	166	434	7	3	4
定远县	2112	1119	993	718	201	517	10	4	6
凤阳县	2191	1164	1027	855	278	577	11	4	7
苏滁现代产业园	126	67	59	32	9	23			
滁州经济技术开发区	408	218	190	148	42	106			
天长市	1610	862	748	762	219	543	2		2
明光市	966	515	451	261	77	184	5	2	3

8－10b 续表 5 单位：人

地 区	与配偶同住			与子女同住			独居(有保姆)		
	小计	男	女	小计	男	女	小计	男	女
阜阳市	**15030**	**7709**	**7321**	**4909**	**1525**	**3384**	**41**	**25**	**16**
颍州区	416	208	208	118	38	80			
颍东区	549	287	262	239	82	157	1	1	
颍泉区	740	377	363	170	59	111	4	3	1
临泉县	2495	1273	1222	1158	329	829	10	8	2
太和县	4632	2356	2276	970	314	656	6	4	2
阜南县	1635	833	802	761	234	527	4	3	1
颍上县	3246	1707	1539	1138	365	773	14	5	9
阜阳合肥现代产业园区	42	21	21	14	5	9			
阜阳经济技术开发区	347	182	165	111	31	80	1		1
界首市	928	465	463	230	68	162	1	1	
宿州市	**11658**	**6030**	**5628**	**3486**	**991**	**2495**	**21**	**10**	**11**
埇桥区	1470	773	697	391	101	290	1		1
砀山县	3697	1870	1827	699	180	519	6	4	2
萧县	2769	1429	1340	594	152	442	6	2	4
灵璧县	1728	908	820	976	313	663	5	3	2
泗县	1614	842	772	680	197	483	3	1	2
宿州马鞍山现代产业园区	145	79	66	59	22	37			
宿州经济技术开发区	235	129	106	87	26	61			
六安市	**9662**	**5176**	**4486**	**3297**	**886**	**2411**	**30**	**9**	**21**
金安区	747	394	353	284	66	218	9	6	3
裕安区	611	328	283	228	74	154	1	1	
叶集区	237	122	115	79	18	61			
霍邱县	2787	1471	1316	626	182	444	3		3
舒城县	2532	1368	1164	860	216	644	10	1	9
金寨县	1207	658	549	527	147	380	4	1	3
霍山县	1541	835	706	693	183	510	3		3
亳州市	**8301**	**4312**	**3989**	**2945**	**925**	**2020**	**12**	**6**	**6**
谯城区	915	468	447	216	53	163			
涡阳县	2280	1182	1098	895	279	616	6	4	2
蒙城县	2599	1360	1239	1130	360	770	5	1	4
利辛县	2507	1302	1205	704	233	471	1	1	
池州市	**3551**	**1970**	**1581**	**1328**	**327**	**1001**	**26**	**12**	**14**
贵池区	383	213	170	142	28	114	1	1	
东至县	1997	1102	895	732	185	547	17	8	9
石台县	267	155	112	95	24	71	1		1
青阳县	889	489	400	353	90	263	7	3	4
池州市国家经济技术开发区									
皖江江南新兴产业集中区									
九华山风景区	15	11	4	6		6			
宣城市	**6595**	**3594**	**3001**	**1890**	**485**	**1405**	**39**	**15**	**24**
宣州区	1009	549	460	239	61	178	5	2	3
郎溪县	1678	893	785	395	81	314	5	2	3
泾县	1098	611	487	399	113	286	15	7	8
绩溪县	761	427	334	259	66	193	5	1	4
旌德县	563	307	256	233	70	163	6	1	5
宣城市经济开发区	349	196	153	98	26	72	2	2	
宁国市	385	207	178	92	26	66			
广德市	752	404	348	175	42	133	1		1

8-10b　续表 6　　　　单位：人

地　区	独居(无保姆)			养老机构			其　他		
	小计	男	女	小计	男	女	小计	男	女
安　徽	**38209**	**16341**	**21868**	**3452**	**2308**	**1144**	**11597**	**5886**	**5711**
合肥市	**4579**	**1950**	**2629**	**439**	**317**	**122**	**1515**	**852**	**663**
瑶海区	27	16	11				4	4	
庐阳区	30	8	22	4	2	2	20	10	10
蜀山区	103	38	65	22	22		28	15	13
包河区									
长丰县	432	175	257	36	31	5	147	81	66
肥东县	1016	418	598	127	103	24	362	200	162
肥西县	561	229	332	21	11	10	194	111	83
庐江县	1123	491	632	48	36	12	344	173	171
合肥高新技术产业开发区	191	76	115	1		1	96	71	25
合肥经济技术开发区	359	169	190	29	17	12	160	100	60
合肥新站高新技术产业开发区	319	144	175	82	40	42	91	50	41
巢湖市	418	186	232	69	55	14	69	37	32
芜湖市	**3042**	**1321**	**1721**	**188**	**113**	**75**	**825**	**422**	**403**
镜湖区	3		3						
弋江区									
鸠江区	287	119	168	9	6	3	56	27	29
三山区	4	3	1				4	2	2
芜湖县	454	204	250	28	25	3	105	58	47
繁昌县	406	157	249	3	3		100	47	53
南陵县	603	264	339	56	30	26	201	91	110
芜湖经济技术开发区	282	119	163	33	14	19	40	21	19
安徽芜湖长江大桥经济开发区	50	28	22				7	5	2
无为市	953	427	526	59	35	24	312	171	141
蚌埠市	**1682**	**666**	**1016**	**166**	**105**	**61**	**547**	**298**	**249**
龙子湖区	28	9	19				4	2	2
蚌山区									
禹会区	26	12	14				10	6	4
淮上区	86	41	45				13	9	4
怀远县	597	251	346	74	47	27	175	98	77
五河县	358	144	214	17	14	3	174	95	79
固镇县	187	77	110	13	9	4	71	38	33
蚌埠市高新技术开发区	54	17	37	36	20	16	15	8	7
蚌埠市经济开发区	346	115	231	26	15	11	85	42	43
淮南市	**1856**	**847**	**1009**	**166**	**127**	**39**	**573**	**271**	**302**
大通区	230	88	142	23	13	10	59	30	29
田家庵区	36	20	16				8	6	2
谢家集区	16	8	8				3	1	2
八公山区	1	1							
潘集区	190	98	92	35	32	3	53	26	27
凤台县	433	179	254	5	5		93	43	50
寿县	950	453	497	103	77	26	357	165	192

8-10b 续表 7

单位：人

地区	独居(无保姆)			养老机构			其他		
	小计	男	女	小计	男	女	小计	男	女
马鞍山市	**1805**	**678**	**1127**	**163**	**97**	**66**	**562**	**255**	**307**
花山区									
雨山区									
博望区	26	13	13				7	6	1
当涂县	716	265	451	51	39	12	166	96	70
含山县	482	180	302	29	10	19	227	102	125
和县	581	220	361	83	48	35	162	51	111
淮北市	**930**	**341**	**589**	**76**	**44**	**32**	**216**	**94**	**122**
杜集区	214	92	122	8	5	3	38	19	19
相山区									
烈山区	100	37	63	1		1	41	17	24
濉溪县	616	212	404	67	39	28	137	58	79
铜陵市	**1043**	**443**	**600**	**26**	**14**	**12**	**301**	**131**	**170**
铜官区	1	1							
义安区	103	47	56				9	4	5
郊区	141	54	87	13	6	7	42	21	21
枞阳县	798	341	457	13	8	5	250	106	144
安庆市	**3048**	**1336**	**1712**	**237**	**139**	**98**	**1090**	**537**	**553**
迎江区									
大观区	60	22	38	8	4	4	14	7	7
宜秀区	122	47	75	28	23	5	20	8	12
怀宁县	656	267	389	43	25	18	399	172	227
太湖县	388	188	200	39	20	19	133	77	56
宿松县	535	238	297	16	6	10	170	77	93
望江县	131	56	75	27	14	13	51	31	20
岳西县	178	80	98	18	11	7	73	37	36
安徽安庆经济开发区	243	93	150	15	9	6	42	32	10
桐城市	386	160	226	31	21	10	103	51	52
潜山市	349	185	164	12	6	6	85	45	40
黄山市	**961**	**410**	**551**	**25**	**15**	**10**	**367**	**175**	**192**
屯溪区	12	5	7				6	3	3
黄山区	103	53	50	10	7	3	31	19	12
徽州区	41	17	24				9	3	6
歙县	330	141	189	1		1	154	76	78
休宁县	185	77	108	8	3	5	79	36	43
黟县	96	41	55				25	13	12
祁门县	194	76	118	6	5	1	63	25	38
滁州市	**2855**	**1278**	**1577**	**176**	**144**	**32**	**875**	**485**	**390**
琅琊区									
南谯区	130	55	75	15	15		25	11	14
来安县	476	183	293	22	19	3	111	70	41
全椒县	467	193	274	7	4	3	104	53	51
定远县	482	218	264	46	37	9	168	91	77
凤阳县	516	238	278	28	25	3	204	105	99
苏滁现代产业园	28	13	15				11	11	
滁州经济技术开发区	69	18	51	1		1	30	21	9
天长市	437	224	213	35	31	4	107	63	44
明光市	250	136	114	22	13	9	115	60	55

8-10b 续表 8

单位：人

地 区	独居(无保姆)			养老机构			其 他		
	小计	男	女	小计	男	女	小计	男	女
阜阳市	**4501**	**1920**	**2581**	**368**	**240**	**128**	**1150**	**602**	**548**
颍州区	132	43	89	22	15	7	25	17	8
颍东区	142	56	86	51	48	3	39	19	20
颍泉区	249	100	149	3	3		38	26	12
临泉县	714	299	415	72	30	42	253	147	106
太和县	1486	626	860	62	37	25	246	125	121
阜南县	453	159	294	35	14	21	178	71	107
颍上县	908	472	436	98	78	20	285	146	139
阜阳合肥现代产业园区	11	8	3				3	3	
阜阳经济技术开发区	79	36	43	18	9	9	50	26	24
界首市	327	121	206	7	6	1	33	22	11
宿州市	**3235**	**1321**	**1914**	**351**	**219**	**132**	**778**	**390**	**388**
埇桥区	443	197	246	34	13	21	86	54	32
砀山县	939	335	604	56	37	19	146	63	83
萧县	877	352	525	58	32	26	189	90	99
灵璧县	439	205	234	89	68	21	179	95	84
泗县	426	175	251	85	61	24	149	72	77
宿州马鞍山现代产业园区	46	23	23	11	3	8	10	6	4
宿州经济技术开发区	65	34	31	18	5	13	19	10	9
六安市	**3275**	**1469**	**1806**	**340**	**236**	**104**	**987**	**463**	**524**
金安区	259	109	150	36	19	17	176	52	124
裕安区	252	115	137	33	16	17	59	29	30
叶集区	71	30	41				18	7	11
霍邱县	835	397	438	52	37	15	185	94	91
舒城县	888	388	500	97	71	26	292	131	161
金寨县	397	180	217	36	28	8	101	60	41
霍山县	573	250	323	86	65	21	156	90	66
亳州市	**2273**	**953**	**1320**	**296**	**214**	**82**	**846**	**394**	**452**
谯城区	310	118	192	8	8		95	44	51
涡阳县	623	249	374	84	61	23	292	138	154
蒙城县	601	257	344	122	82	40	210	100	110
利辛县	739	329	410	82	63	19	249	112	137
池州市	**1109**	**490**	**619**	**182**	**131**	**51**	**442**	**225**	**217**
贵池区	147	70	77	36	33	3	26	18	8
东至县	623	271	352	104	75	29	282	124	158
石台县	97	42	55	5	2	3	27	15	12
青阳县	240	105	135	37	21	16	88	49	39
池州市国家经济技术开发区									
皖江江南新兴产业集中区									
九华山风景区	2	2					19	19	
宣城市	**2015**	**918**	**1097**	**253**	**153**	**100**	**523**	**292**	**231**
宣州区	390	176	214	21	10	11	74	42	32
郎溪县	424	193	231	49	31	18	115	73	42
泾县	377	155	222	25	16	9	95	40	55
绩溪县	211	86	125	16	7	9	53	29	24
旌德县	173	91	82	49	38	11	80	35	45
宣城市经济开发区	94	40	54	57	19	38	27	19	8
宁国市	137	74	63	35	32	3	37	22	15
广德市	209	103	106	1		1	42	32	10

8-10c 各地区分性别、居住状况的60岁及以上老年人口(乡村)

单位：人

地区	60岁及以上人口			与配偶和子女同住		
	合计	男	女	小计	男	女
安徽	**604389**	**299939**	**304450**	**80221**	**43987**	**36234**
合肥市	**49536**	**25100**	**24436**	**5164**	**2911**	**2253**
瑶海区	116	52	64	30	19	11
庐阳区	173	99	74	23	12	11
蜀山区	470	250	220	15	10	5
包河区	105	52	53	15	9	6
长丰县	8333	4286	4047	673	371	302
肥东县	11434	5642	5792	1017	557	460
肥西县	8804	4504	4300	912	510	402
庐江县	11748	6081	5667	1842	1066	776
合肥高新技术产业开发区	2	1	1			
合肥经济技术开发区	307	161	146	17	8	9
合肥新站高新技术产业开发区	81	46	35	9	5	4
巢湖市	7963	3926	4037	611	344	267
芜湖市	**29865**	**15067**	**14798**	**3404**	**1989**	**1415**
镜湖区	430	216	214	62	38	24
弋江区						
鸠江区	3629	1786	1843	414	235	179
三山区	1038	528	510	127	77	50
芜湖县	3176	1633	1543	330	198	132
繁昌县	2926	1523	1403	272	163	109
南陵县	6401	3279	3122	672	395	277
芜湖经济技术开发区	88	43	45	7	5	2
安徽芜湖长江大桥经济开发区	200	113	87	34	19	15
无为市	11977	5946	6031	1486	859	627
蚌埠市	**28939**	**14609**	**14330**	**4705**	**2585**	**2120**
龙子湖区	783	390	393	170	95	75
蚌山区	323	163	160	41	25	16
禹会区	1812	883	929	209	113	96
淮上区	1853	956	897	266	143	123
怀远县	11325	5740	5585	1770	971	799
五河县	6230	3119	3111	997	543	454
固镇县	6613	3358	3255	1252	695	557
蚌埠市高新技术开发区						
蚌埠市经济开发区						
淮南市	**27666**	**14252**	**13414**	**3391**	**1861**	**1530**
大通区	906	494	412	147	84	63
田家庵区	655	332	323	66	38	28
谢家集区	1166	595	571	113	65	48
八公山区	103	44	59	14	7	7
潘集区	3325	1678	1647	449	245	204
凤台县	7680	3923	3757	947	520	427
寿县	13831	7186	6645	1655	902	753

8-10c　续表 1　　单位：人

地　区	60岁及以上人口			与配偶和子女同住		
	合计	男	女	小计	男	女
马鞍山市	**16936**	**8305**	**8631**	**2171**	**1222**	**949**
花山区	247	121	126	31	18	13
雨山区	370	176	194	65	36	29
博望区	1789	891	898	276	168	108
当涂县	4106	2022	2084	642	371	271
含山县	4523	2194	2329	481	267	214
和县	5901	2901	3000	676	362	314
淮北市	**12791**	**6057**	**6734**	**1679**	**892**	**787**
杜集区	1157	558	599	159	85	74
相山区	917	428	489	72	38	34
烈山区	1905	929	976	213	115	98
濉溪县	8812	4142	4670	1235	654	581
铜陵市	**12754**	**6235**	**6519**	**1300**	**745**	**555**
铜官区	139	67	72	28	17	11
义安区	3561	1774	1787	251	147	104
郊区	2456	1207	1249	324	187	137
枞阳县	6598	3187	3411	697	394	303
安庆市	**51676**	**26021**	**25655**	**7750**	**4455**	**3295**
迎江区	415	206	209	22	14	8
大观区	969	460	509	150	84	66
宜秀区	835	400	435	116	69	47
怀宁县	7874	3941	3933	909	528	381
太湖县	7157	3708	3449	1330	754	576
宿松县	9327	4639	4688	1169	653	516
望江县	8097	3955	4142	1373	783	590
岳西县	4669	2429	2240	818	459	359
安徽安庆经济开发区	112	57	55	3	2	1
桐城市	6173	3072	3101	871	531	340
潜山市	6048	3154	2894	989	578	411
黄山市	**18385**	**9149**	**9236**	**3178**	**1789**	**1389**
屯溪区	518	252	266	134	74	60
黄山区	1897	1017	880	305	187	118
徽州区	1177	575	602	218	122	96
歙县	7415	3640	3775	1076	608	468
休宁县	3930	1922	2008	840	463	377
黟县	1349	689	660	267	153	114
祁门县	2099	1054	1045	338	182	156
滁州市	**41322**	**20881**	**20441**	**6064**	**3345**	**2719**
琅琊区	273	147	126	13	9	4
南谯区	2480	1258	1222	232	127	105
来安县	5331	2644	2687	644	354	290
全椒县	4824	2383	2441	473	257	216
定远县	9843	4916	4927	1400	772	628
凤阳县	6753	3546	3207	1450	805	645
苏滁现代产业园						
滁州经济技术开发区	153	79	74	18	9	9
天长市	5858	2936	2922	921	505	416
明光市	5807	2972	2835	913	507	406

8-10c 续表 2　　单位：人

地区	60岁及以上人口			与配偶和子女同住		
	合计	男	女	小计	男	女
阜阳市	**90182**	**42829**	**47353**	**14671**	**7600**	**7071**
颍州区	4899	2290	2609	794	406	388
颍东区	5787	2812	2975	1282	670	612
颍泉区	6044	2856	3188	842	437	405
临泉县	20766	9480	11286	4165	2089	2076
太和县	15232	7192	8040	1316	666	650
阜南县	14192	6668	7524	2726	1424	1302
颍上县	15534	7912	7622	2455	1347	1108
阜阳合肥现代产业园区	452	224	228	68	36	32
阜阳经济技术开发区	234	115	119	37	18	19
界首市	7042	3280	3762	986	507	479
宿州市	**61901**	**30026**	**31875**	**8114**	**4375**	**3739**
埇桥区	15514	7673	7841	2134	1183	951
砀山县	9508	4391	5117	869	441	428
萧县	16019	7651	8368	1410	746	664
灵璧县	11514	5782	5732	2044	1120	924
泗县	9030	4367	4663	1601	852	749
宿州马鞍山现代产业园区	316	162	154	56	33	23
宿州经济技术开发区						
六安市	**59244**	**30236**	**29008**	**6606**	**3690**	**2916**
金安区	8495	4386	4109	617	361	256
裕安区	11007	5633	5374	1476	830	646
叶集区	2281	1219	1062	337	194	143
霍邱县	14417	7387	7030	1218	685	533
舒城县	11990	6060	5930	1437	797	640
金寨县	8175	4119	4056	1168	635	533
霍山县	2879	1432	1447	353	188	165
亳州市	**54632**	**26177**	**28455**	**6292**	**3308**	**2984**
谯城区	14914	6977	7937	1337	679	658
涡阳县	13850	6610	7240	1628	860	768
蒙城县	11230	5450	5780	1872	996	876
利辛县	14638	7140	7498	1455	773	682
池州市	**16707**	**8497**	**8210**	**2296**	**1307**	**989**
贵池区	6385	3224	3161	680	388	292
东至县	5313	2673	2640	819	469	350
石台县	1468	768	700	240	130	110
青阳县	3321	1715	1606	486	277	209
池州市国家经济技术开发区						
皖江江南新兴产业集中区						
九华山风景区	220	117	103	71	43	28
宣城市	**31853**	**16498**	**15355**	**3436**	**1913**	**1523**
宣州区	9350	4762	4588	779	438	341
郎溪县	3133	1595	1538	316	181	135
泾县	4732	2555	2177	463	266	197
绩溪县	2388	1194	1194	244	136	108
旌德县	1769	940	829	267	147	120
宣城市经济开发区	439	222	217	23	15	8
宁国市	4716	2501	2215	487	270	217
广德市	5326	2729	2597	857	460	397

8-10c 续表 3

单位：人

地区	与配偶同住			与子女同住			独居(有保姆)		
	小计	男	女	小计	男	女	小计	男	女
安徽	**309802**	**163419**	**146383**	**75967**	**23721**	**52246**	**516**	**228**	**288**
合肥市	**27126**	**14570**	**12556**	**5315**	**1561**	**3754**	**40**	**19**	**21**
瑶海区	37	20	17	43	11	32			
庐阳区	101	55	46	8	5	3			
蜀山区	294	161	133	40	15	25			
包河区	44	25	19	18	5	13			
长丰县	4965	2662	2303	751	243	508	12	6	6
肥东县	6362	3355	3007	1206	345	861	15	8	7
肥西县	5001	2664	2337	850	238	612	4		4
庐江县	5550	3108	2442	1692	509	1183	5	3	2
合肥高新技术产业开发区	2	1	1						
合肥经济技术开发区	213	112	101	20	4	16			
合肥新站高新技术产业开发区	39	21	18	11	4	7			
巢湖市	4518	2386	2132	676	182	494	4	2	2
芜湖市	**14967**	**8116**	**6851**	**3441**	**1031**	**2410**	**33**	**14**	**19**
镜湖区	213	116	97	58	16	42	1		1
弋江区									
鸠江区	1979	1054	925	370	115	255	5	1	4
三山区	540	294	246	129	43	86	1	1	
芜湖县	1588	872	716	425	127	298	3	2	1
繁昌县	1543	856	687	301	96	205			
南陵县	3279	1781	1498	697	190	507	6	4	2
芜湖经济技术开发区	46	25	21	5		5			
安徽芜湖长江大桥经济开发区	85	46	39	29	7	22			
无为市	5694	3072	2622	1427	437	990	17	6	11
蚌埠市	**14749**	**7728**	**7021**	**3966**	**1345**	**2621**	**18**	**11**	**7**
龙子湖区	386	198	188	90	27	63	1	1	
蚌山区	179	95	84	42	14	28			
禹会区	1006	525	481	247	92	155	1	1	
淮上区	1042	546	496	226	77	149			
怀远县	5896	3083	2813	1545	559	986	9	5	4
五河县	3091	1621	1470	888	283	605	4	2	2
固镇县	3149	1660	1489	928	293	635	3	2	1
蚌埠市高新技术开发区									
蚌埠市经济开发区									
淮南市	**14806**	**7830**	**6976**	**3144**	**1001**	**2143**	**16**	**7**	**9**
大通区	480	268	212	86	28	58			
田家庵区	375	200	175	69	23	46	1		1
谢家集区	679	365	314	125	40	85			
八公山区	40	21	19	23	6	17			
潘集区	1680	888	792	500	168	332	2		2
凤台县	4160	2188	1972	888	293	595	6	2	4
寿县	7392	3900	3492	1453	443	1010	7	5	2

8−10c 续表 4

单位：人

地区	与配偶同住			与子女同住			独居(有保姆)		
	小计	男	女	小计	男	女	小计	男	女
马鞍山市	**8817**	**4662**	**4155**	**1903**	**552**	**1351**	**13**	**6**	**7**
花山区	140	79	61	34	7	27			
雨山区	202	108	94	38	10	28			
博望区	875	468	407	266	82	184	1	1	
当涂县	2097	1118	979	554	156	398	1		1
含山县	2277	1200	1077	410	111	299	3	1	2
和县	3226	1689	1537	601	186	415	8	4	4
淮北市	**6796**	**3502**	**3294**	**1643**	**510**	**1133**	**14**	**5**	**9**
杜集区	631	326	305	132	35	97			
相山区	546	276	270	100	23	77	1	1	
烈山区	1036	538	498	228	87	141			
濉溪县	4583	2362	2221	1183	365	818	13	4	9
铜陵市	**6744**	**3679**	**3065**	**1359**	**357**	**1002**	**10**	**2**	**8**
铜官区	75	40	35	14	2	12			
义安区	2128	1171	957	351	89	262	3	1	2
郊区	1218	662	556	346	95	251	2	1	1
枞阳县	3323	1806	1517	648	171	477	5		5
安庆市	**22860**	**12537**	**10323**	**7816**	**2465**	**5351**	**49**	**20**	**29**
迎江区	222	122	100	27	3	24			
大观区	484	259	225	152	43	109	1		1
宜秀区	428	236	192	108	23	85			
怀宁县	3696	2050	1646	1003	328	675	2		2
太湖县	2847	1559	1288	1274	430	844	7	2	5
宿松县	4325	2324	2001	1280	414	866	12	3	9
望江县	3712	1993	1719	1155	364	791	7	2	5
岳西县	1653	918	735	947	328	619	1	1	
安徽安庆经济开发区	76	43	33	12	4	8			
桐城市	2785	1575	1210	940	233	707	9	5	4
潜山市	2632	1458	1174	918	295	623	10	7	3
黄山市	**8453**	**4631**	**3822**	**2526**	**678**	**1848**	**21**	**8**	**13**
屯溪区	234	127	107	87	21	66			
黄山区	882	490	392	271	84	187	7	2	5
徽州区	604	325	279	169	46	123			
歙县	3430	1870	1560	959	260	699	6	1	5
休宁县	1682	926	756	611	145	466	3	2	1
黟县	599	333	266	197	55	142	3	2	1
祁门县	1022	560	462	232	67	165	2	1	1
滁州市	**21664**	**11450**	**10214**	**5382**	**1693**	**3689**	**38**	**18**	**20**
琅琊区	178	97	81	23	8	15	1	1	
南谯区	1476	792	684	241	68	173	1		1
来安县	3016	1602	1414	580	145	435	4	2	2
全椒县	2748	1442	1306	520	144	376	6	3	3
定远县	5013	2642	2371	1337	425	912	12	5	7
凤阳县	3092	1636	1456	1115	423	692	7	4	3
苏滁现代产业园									
滁州经济技术开发区	94	53	41	24	8	16			
天长市	3075	1628	1447	859	261	598	5	1	4
明光市	2972	1558	1414	683	211	472	2	2	

8-10c　续表 5　　　　单位：人

地　区	与配偶同住			与子女同住			独居(有保姆)		
	小计	男	女	小计	男	女	小计	男	女
阜阳市	**44581**	**22729**	**21852**	**12660**	**4106**	**8554**	**58**	**25**	**33**
颍州区	2329	1188	1141	730	238	492	4		4
颍东区	2556	1307	1249	906	300	606	2	2	
颍泉区	3182	1612	1570	720	221	499	4	1	3
临泉县	9301	4673	4628	3513	1083	2430	11	5	6
太和县	8891	4502	4389	1420	482	938	10	5	5
阜南县	6293	3214	3079	2355	741	1614	11	5	6
颍上县	7935	4167	3768	2031	715	1316	14	7	7
阜阳合肥现代产业园区	210	109	101	80	30	50			
阜阳经济技术开发区	110	55	55	33	14	19			
界首市	3774	1902	1872	872	282	590	2		2
宿州市	**33315**	**17144**	**16171**	**7650**	**2538**	**5112**	**60**	**24**	**36**
埇桥区	8134	4251	3883	1993	691	1302	14	6	8
砀山县	5890	2960	2930	826	208	618	4	1	3
萧县	9546	4900	4646	1372	388	984	27	10	17
灵璧县	5356	2779	2577	1843	721	1122	8	4	4
泗县	4212	2160	2052	1577	519	1058	7	3	4
宿州马鞍山现代产业园区	177	94	83	39	11	28			
宿州经济技术开发区									
六安市	**30362**	**16074**	**14288**	**6661**	**2032**	**4629**	**72**	**39**	**33**
金安区	4703	2485	2218	705	203	502	6	3	3
裕安区	5521	2926	2595	1329	406	923	32	16	16
叶集区	1197	633	564	264	90	174	1	1	
霍邱县	8465	4446	4019	1178	372	806	12	7	5
舒城县	5314	2849	2465	1589	463	1126	3	1	2
金寨县	3844	2038	1806	1180	378	802	17	11	6
霍山县	1318	697	621	416	120	296	1		1
亳州市	**29259**	**14999**	**14260**	**6549**	**2121**	**4428**	**33**	**13**	**20**
谯城区	8543	4309	4234	1421	458	963	4	1	3
涡阳县	7239	3727	3512	1874	582	1292	5	2	3
蒙城县	5352	2765	2587	1797	614	1183	12	9	3
利辛县	8125	4198	3927	1457	467	990	12	1	11
池州市	**8154**	**4472**	**3682**	**2316**	**659**	**1657**	**15**	**7**	**8**
贵池区	3440	1887	1553	789	213	576	3		3
东至县	2418	1327	1091	796	242	554	5	4	1
石台县	606	340	266	246	77	169	4	1	3
青阳县	1625	884	741	435	111	324	2	1	1
池州市国家经济技术开发区									
皖江江南新兴产业集中区									
九华山风景区	65	34	31	50	16	34	1	1	
宣城市	**17149**	**9296**	**7853**	**3636**	**1072**	**2564**	**26**	**10**	**16**
宣州区	5358	2887	2471	979	288	691	5	2	3
郎溪县	1812	978	834	355	121	234			
泾县	2296	1265	1031	558	159	399	7	1	6
绩溪县	1379	754	625	231	57	174	2		2
旌德县	801	434	367	229	85	144	4	2	2
宣城市经济开发区	272	149	123	43	11	32	1		1
宁国市	2548	1400	1148	531	143	388	5	4	1
广德市	2683	1429	1254	710	208	502	2	1	1

8－10c 续表 6

单位：人

地区	独居(无保姆)			养老机构			其他		
	小计	男	女	小计	男	女	小计	男	女
安徽	**107054**	**50889**	**56165**	**5237**	**3922**	**1315**	**25592**	**13773**	**11819**
合肥市	**9342**	**4479**	**4863**	**410**	**342**	**68**	**2139**	**1218**	**921**
瑶海区	5	1	4				1	1	
庐阳区	40	27	13				1		1
蜀山区	81	41	40	5	5		35	18	17
包河区	22	8	14	3	2	1	3	3	
长丰县	1525	739	786	115	88	27	292	177	115
肥东县	2106	966	1140	73	59	14	655	352	303
肥西县	1575	772	803	99	87	12	363	233	130
庐江县	2082	1060	1022	73	65	8	504	270	234
合肥高新技术产业开发区									
合肥经济技术开发区	56	36	20				1	1	
合肥新站高新技术产业开发区	4	2	2	5	4	1	13	10	3
巢湖市	1846	827	1019	37	32	5	271	153	118
芜湖市	**6133**	**2880**	**3253**	**342**	**264**	**78**	**1545**	**773**	**772**
镜湖区	93	45	48				3	1	2
弋江区									
鸠江区	692	302	390	36	19	17	133	60	73
三山区	221	104	117				20	9	11
芜湖县	662	333	329	64	49	15	104	52	52
繁昌县	635	309	326	48	31	17	127	68	59
南陵县	1282	643	639	63	51	12	402	215	187
芜湖经济技术开发区	24	9	15				6	4	2
安徽芜湖长江大桥经济开发区	28	19	9	15	14	1	9	8	1
无为市	2496	1116	1380	116	100	16	741	356	385
蚌埠市	**4387**	**2261**	**2126**	**135**	**115**	**20**	**979**	**564**	**415**
龙子湖区	118	60	58	1		1	17	9	8
蚌山区	58	27	31				3	2	1
禹会区	291	115	176	4	4		54	33	21
淮上区	265	153	112	1	1		53	36	17
怀远县	1734	904	830	49	40	9	322	178	144
五河县	973	510	463	30	25	5	247	135	112
固镇县	948	492	456	50	45	5	283	171	112
蚌埠市高新技术开发区									
蚌埠市经济开发区									
淮南市	**4603**	**2437**	**2166**	**400**	**363**	**37**	**1306**	**753**	**553**
大通区	162	92	70	10	10		21	12	9
田家庵区	134	65	69	2	2		8	4	4
谢家集区	209	104	105	11	8	3	29	13	16
八公山区	26	10	16						
潘集区	550	284	266	38	35	3	106	58	48
凤台县	1375	723	652	54	51	3	250	146	104
寿县	2147	1159	988	285	257	28	892	520	372

8-10c　续表 7　　单位：人

地　区	独居(无保姆)			养老机构			其　他		
	小计	男	女	小计	男	女	小计	男	女
马鞍山市	**3252**	**1453**	**1799**	**115**	**72**	**43**	**665**	**338**	**327**
花山区	33	13	20				9	4	5
雨山区	60	17	43				5	5	
博望区	320	141	179				51	31	20
当涂县	728	328	400	10	8	2	74	41	33
含山县	949	416	533	28	24	4	375	175	200
和县	1162	538	624	77	40	37	151	82	69
淮北市	**2148**	**874**	**1274**	**55**	**41**	**14**	**456**	**233**	**223**
杜集区	193	84	109	10	4	6	32	24	8
相山区	166	71	95	8	5	3	24	14	10
烈山区	366	151	215	10	10		52	28	24
濉溪县	1423	568	855	27	22	5	348	167	181
铜陵市	**2692**	**1117**	**1575**	**105**	**59**	**46**	**544**	**276**	**268**
铜官区	21	7	14				1	1	
义安区	650	265	385	77	45	32	101	56	45
郊区	502	223	279	12	8	4	52	31	21
枞阳县	1519	622	897	16	6	10	390	188	202
安庆市	**9767**	**4688**	**5079**	**418**	**258**	**160**	**3016**	**1598**	**1418**
迎江区	124	54	70	12	9	3	8	4	4
大观区	139	57	82	24	6	18	19	11	8
宜秀区	153	58	95	9	4	5	21	10	11
怀宁县	1595	700	895	45	19	26	624	316	308
太湖县	1307	739	568	57	44	13	335	180	155
宿松县	1801	862	939	103	60	43	637	323	314
望江县	1429	604	825	13	9	4	408	200	208
岳西县	877	482	395	63	44	19	310	197	113
安徽安庆经济开发区	21	8	13						
桐城市	1260	572	688	20	9	11	288	147	141
潜山市	1061	552	509	72	54	18	366	210	156
黄山市	**3197**	**1464**	**1733**	**56**	**54**	**2**	**954**	**525**	**429**
屯溪区	51	20	31				12	10	2
黄山区	356	204	152	7	5	2	69	45	24
徽州区	162	64	98				24	18	6
歙县	1367	601	766	18	18		559	282	277
休宁县	600	275	325	19	19		175	92	83
黟县	242	115	127	11	11		30	20	10
祁门县	419	185	234	1	1		85	58	27
滁州市	**6222**	**3208**	**3014**	**289**	**242**	**47**	**1663**	**925**	**738**
琅琊区	42	21	21				16	11	5
南谯区	424	194	230	34	30	4	72	47	25
来安县	871	392	479	68	56	12	148	93	55
全椒县	871	423	448	48	33	15	158	81	77
定远县	1502	772	730	44	35	9	535	265	270
凤阳县	846	510	336	49	49		194	119	75
苏滁现代产业园									
滁州经济技术开发区	12	4	8				5	5	
天长市	825	422	403	34	29	5	139	90	49
明光市	829	470	359	12	10	2	396	214	182

8-10c 续表 8

单位：人

地区	独居(无保姆)			养老机构			其他		
	小计	男	女	小计	男	女	小计	男	女
阜阳市	**14376**	**6337**	**8039**	**689**	**404**	**285**	**3147**	**1628**	**1519**
颍州区	744	306	438	107	64	43	191	88	103
颍东区	786	373	413	43	29	14	212	131	81
颍泉区	1069	448	621	67	51	16	160	86	74
临泉县	2853	1179	1674	110	56	54	813	395	418
太和县	3204	1345	1859	71	41	30	320	151	169
阜南县	2008	893	1115	165	78	87	634	313	321
颍上县	2378	1249	1129	97	65	32	624	362	262
阜阳合肥现代产业园区	63	30	33	1	1		30	18	12
阜阳经济技术开发区	34	18	16	11	4	7	9	6	3
界首市	1237	496	741	17	15	2	154	78	76
宿州市	**10565**	**4700**	**5865**	**325**	**235**	**90**	**1872**	**1010**	**862**
埇桥区	2640	1203	1437	78	54	24	521	285	236
砀山县	1662	647	1015	67	46	21	190	88	102
萧县	3186	1346	1840	43	30	13	435	231	204
灵璧县	1785	871	914	84	65	19	394	222	172
泗县	1260	618	642	52	39	13	321	176	145
宿州马鞍山现代产业园区	32	15	17	1	1		11	8	3
宿州经济技术开发区									
六安市	**11714**	**6191**	**5523**	**770**	**593**	**177**	**3059**	**1617**	**1442**
金安区	1740	933	807	164	105	59	560	296	264
裕安区	1957	1075	882	130	98	32	562	282	280
叶集区	349	201	148	62	56	6	71	44	27
霍邱县	2820	1452	1368	197	160	37	527	265	262
舒城县	2665	1392	1273	118	102	16	864	456	408
金寨县	1588	828	760	79	54	25	299	175	124
霍山县	595	310	285	20	18	2	176	99	77
亳州市	**9532**	**4125**	**5407**	**571**	**444**	**127**	**2396**	**1167**	**1229**
谯城区	2890	1177	1713	148	99	49	571	254	317
涡阳县	2299	1000	1299	158	122	36	647	317	330
蒙城县	1628	747	881	107	98	9	462	221	241
利辛县	2715	1201	1514	158	125	33	716	375	341
池州市	**3001**	**1486**	**1515**	**170**	**136**	**34**	**755**	**430**	**325**
贵池区	1223	574	649	61	49	12	189	113	76
东至县	865	415	450	42	29	13	368	187	181
石台县	264	144	120	42	33	9	66	43	23
青阳县	622	336	286	25	25		126	81	45
池州市国家经济技术开发区									
皖江江南新兴产业集中区									
九华山风景区	27	17	10				6	6	
宣城市	**6123**	**3189**	**2934**	**387**	**300**	**87**	**1096**	**718**	**378**
宣州区	1876	905	971	105	95	10	248	147	101
郎溪县	554	253	301	11	8	3	85	54	31
泾县	1049	609	440	148	112	36	211	143	68
绩溪县	473	212	261	2		2	57	35	22
旌德县	367	207	160	19	17	2	82	48	34
宣城市经济开发区	74	36	38				26	11	15
宁国市	906	503	403	54	40	14	185	141	44
广德市	824	464	360	48	28	20	202	139	63

8-11　全省分年龄、性别、居住状况的60岁及以上老年人口

单位：人

年　龄	60岁及以上人口			与配偶和子女同住		
	合计	男	女	小计	男	女
总　计	**1115044**	**545996**	**569048**	**179514**	**99292**	**80222**
60-64岁	**227274**	**115909**	**111365**	**56404**	**30336**	**26068**
60	29521	14439	15082	8201	4164	4037
61	28905	14734	14171	7457	3939	3518
62	46953	24636	22317	11838	6559	5279
63	61151	31721	29430	14983	8247	6736
64	60744	30379	30365	13925	7427	6498
65-69岁	**323268**	**159733**	**163535**	**62813**	**33540**	**29273**
65	64051	32008	32043	14106	7577	6529
66	70176	35026	35150	14598	7786	6812
67	65176	31979	33197	12652	6712	5940
68	68214	33251	34963	12212	6444	5768
69	55651	27469	28182	9245	5021	4224
70-74岁	**235261**	**117692**	**117569**	**32631**	**18534**	**14097**
70	51474	25759	25715	8297	4589	3708
71	52364	26267	26097	7615	4320	3295
72	49775	25023	24752	6708	3844	2864
73	42759	21319	21440	5327	3067	2260
74	38889	19324	19565	4684	2714	1970
75-79岁	**161932**	**79606**	**82326**	**16426**	**9760**	**6666**
75	35521	17685	17836	3955	2289	1666
76	35066	17496	17570	3764	2273	1491
77	31405	15504	15901	3236	1891	1345
78	29653	14341	15312	2855	1735	1120
79	30287	14580	15707	2616	1572	1044
80-84岁	**96384**	**45009**	**51375**	**7632**	**4748**	**2884**
80	25690	12311	13379	2239	1376	863
81	18826	8793	10033	1494	938	556
82	19858	9386	10472	1575	966	609
83	16855	7687	9168	1190	765	425
84	15155	6832	8323	1134	703	431
85-89岁	**50832**	**21233**	**29599**	**2887**	**1900**	**987**
85	13249	5775	7474	853	562	291
86	13110	5505	7605	777	509	268
87	10932	4557	6375	577	378	199
88	7705	3075	4630	378	247	131
89	5836	2321	3515	302	204	98
90-94岁	**16136**	**5709**	**10427**	**623**	**413**	**210**
90	5224	2024	3200	245	164	81
91	3817	1272	2545	140	94	46
92	3291	1126	2165	102	69	33
93	2218	765	1453	86	54	32
94	1586	522	1064	50	32	18
95-99岁	**3501**	**1016**	**2485**	**88**	**55**	**33**
95	1236	386	850	35	24	11
96	917	264	653	30	16	14
97	637	165	472	10	7	3
98	409	118	291	9	7	2
99	302	83	219	4	1	3
100岁及以上	**456**	**89**	**367**	**10**	**6**	**4**

8-11 续表 1

单位：人

年 龄	与配偶同住			与子女同住			独居(有保姆)		
	小计	男	女	小计	男	女	小计	男	女
总 计	**551768**	**293397**	**258371**	**154845**	**44906**	**109939**	**1386**	**568**	**818**
60-64岁	**114510**	**57643**	**56867**	**21746**	**6914**	**14832**	**113**	**65**	**48**
60	14093	6873	7220	2827	827	2000	12	7	5
61	14188	7127	7061	2717	829	1888	16	11	5
62	23383	12116	11267	4501	1486	3015	26	14	12
63	30889	15713	15176	5845	1929	3916	30	16	14
64	31957	15814	16143	5856	1843	4013	29	17	12
65-69岁	**178305**	**88562**	**89743**	**31405**	**10169**	**21236**	**172**	**90**	**82**
65	34367	16990	17377	6087	1948	4139	35	21	14
66	38069	18924	19145	6654	2229	4425	37	15	22
67	36012	17733	18279	6356	2085	4271	31	15	16
68	38340	18955	19385	6704	2169	4535	42	23	19
69	31517	15960	15557	5604	1738	3866	27	16	11
70-74岁	**130696**	**69563**	**61133**	**26341**	**8034**	**18307**	**183**	**79**	**104**
70	29098	15024	14074	5103	1641	3462	33	13	20
71	29479	15583	13896	5689	1698	3991	30	12	18
72	27880	14895	12985	5504	1725	3779	41	22	19
73	23416	12690	10726	5209	1550	3659	27	6	21
74	20823	11371	9452	4836	1420	3416	52	26	26
75-79岁	**78630**	**45582**	**33048**	**25236**	**6924**	**18312**	**198**	**69**	**129**
75	18512	10360	8152	4801	1408	3393	37	11	26
76	17771	10191	7580	5009	1374	3635	40	20	20
77	15177	8858	6319	4856	1365	3491	27	9	18
78	13800	8064	5736	5054	1324	3730	35	11	24
79	13370	8109	5261	5516	1453	4063	59	18	41
80-84岁	**35071**	**22303**	**12768**	**22759**	**5956**	**16803**	**296**	**104**	**192**
80	10605	6602	4003	5129	1309	3820	45	15	30
81	7236	4527	2709	4089	1027	3062	55	17	38
82	7077	4562	2515	4821	1312	3509	63	23	40
83	5572	3623	1949	4439	1164	3275	61	24	37
84	4581	2989	1592	4281	1144	3137	72	25	47
85-89岁	**12167**	**8065**	**4102**	**17533**	**4620**	**12913**	**262**	**102**	**160**
85	3728	2428	1300	4014	1082	2932	53	17	36
86	3324	2205	1119	4354	1127	3227	64	27	37
87	2472	1655	817	3975	1082	2893	65	27	38
88	1593	1051	542	2872	726	2146	48	18	30
89	1050	726	324	2318	603	1715	32	13	19
90-94岁	**2131**	**1500**	**631**	**7571**	**1809**	**5762**	**126**	**44**	**82**
90	862	614	248	2214	565	1649	32	16	16
91	543	365	178	1748	390	1358	30	10	20
92	351	253	98	1589	365	1224	24	5	19
93	240	173	67	1151	287	864	24	9	15
94	135	95	40	869	202	667	16	4	12
95-99岁	**241**	**170**	**71**	**1956**	**443**	**1513**	**31**	**10**	**21**
95	100	73	27	671	161	510	7	3	4
96	55	42	13	516	121	395	7	2	5
97	39	27	12	379	76	303	6	1	5
98	25	13	12	233	53	180	7	3	4
99	22	15	7	157	32	125	4	1	3
100岁及以上	**17**	**9**	**8**	**298**	**37**	**261**	**5**	**5**	

8-11 续表 2

单位：人

年龄	独居(无保姆)			养老机构			其他		
	小计	男	女	小计	男	女	小计	男	女
总计	**172272**	**77229**	**95043**	**10793**	**7180**	**3613**	**44466**	**23424**	**21042**
60-64岁	**21710**	**13194**	**8516**	**648**	**522**	**126**	**12143**	**7235**	**4908**
60	2602	1522	1080	59	38	21	1727	1008	719
61	2776	1734	1042	73	61	12	1678	1033	645
62	4422	2753	1669	138	113	25	2645	1595	1050
63	6028	3711	2317	177	144	33	3199	1961	1238
64	5882	3474	2408	201	166	35	2894	1638	1256
65-69岁	**35898**	**18946**	**16952**	**1407**	**1131**	**276**	**13268**	**7295**	**5973**
65	6285	3609	2676	211	174	37	2960	1689	1271
66	7443	4102	3341	295	229	66	3080	1741	1339
67	7251	3772	3479	281	230	51	2593	1432	1161
68	7969	4026	3943	342	276	66	2605	1358	1247
69	6950	3437	3513	278	222	56	2030	1075	955
70-74岁	**35881**	**16045**	**19836**	**1877**	**1502**	**375**	**7652**	**3935**	**3717**
70	6804	3282	3522	323	264	59	1816	946	870
71	7503	3481	4022	360	291	69	1688	882	806
72	7652	3409	4243	423	334	89	1567	794	773
73	7027	3011	4016	379	303	76	1374	692	682
74	6895	2862	4033	392	310	82	1207	621	586
75-79岁	**34301**	**13323**	**20978**	**2228**	**1570**	**658**	**4913**	**2378**	**2535**
75	6711	2793	3918	403	305	98	1102	519	583
76	7018	2811	4207	442	318	124	1022	509	513
77	6715	2602	4113	466	329	137	928	450	478
78	6540	2459	4081	443	306	137	926	442	484
79	7317	2658	4659	474	312	162	935	458	477
80-84岁	**25148**	**9146**	**16002**	**2215**	**1331**	**884**	**3263**	**1421**	**1842**
80	6318	2301	4017	518	330	188	836	378	458
81	4938	1758	3180	424	257	167	590	269	321
82	5199	1929	3270	446	288	158	677	306	371
83	4540	1609	2931	422	239	183	631	263	368
84	4153	1549	2604	405	217	188	529	205	324
85-89岁	**14278**	**4947**	**9331**	**1606**	**794**	**812**	**2099**	**805**	**1294**
85	3730	1282	2448	363	195	168	508	209	299
86	3708	1256	2452	365	182	183	518	199	319
87	3016	1063	1953	378	188	190	449	164	285
88	2194	775	1419	267	123	144	353	135	218
89	1630	571	1059	233	106	127	271	98	173
90-94岁	**4194**	**1385**	**2809**	**650**	**284**	**366**	**841**	**274**	**567**
90	1430	500	930	199	87	112	242	78	164
91	1003	293	710	147	62	85	206	58	148
92	874	294	580	152	68	84	199	72	127
93	511	174	337	91	34	57	115	34	81
94	376	124	252	61	33	28	79	32	47
95-99岁	**782**	**224**	**558**	**154**	**44**	**110**	**249**	**70**	**179**
95	280	87	193	57	15	42	86	23	63
96	199	51	148	44	16	28	66	16	50
97	133	35	98	29	5	24	41	14	27
98	94	28	66	15	5	10	26	9	17
99	76	23	53	9	3	6	30	8	22
100岁及以上	**80**	**19**	**61**	**8**	**2**	**6**	**38**	**11**	**27**

8-11a 全省分年龄、性别、居住状况的60岁及以上老年人口(城市)

单位：人

年 龄	60岁及以上人口			与配偶和子女同住		
	合计	男	女	小计	男	女
总 计	**230548**	**110447**	**120101**	**47430**	**26560**	**20870**
60-64岁	**59254**	**29847**	**29407**	**16901**	**9346**	**7555**
60	8721	4323	4398	2574	1372	1202
61	8533	4423	4110	2501	1359	1142
62	12595	6479	6116	3585	2043	1542
63	15192	7720	7472	4323	2416	1907
64	14213	6902	7311	3918	2156	1762
65-69岁	**65297**	**31326**	**33971**	**15880**	**8488**	**7392**
65	14132	6867	7265	3723	2030	1693
66	14833	7296	7537	3792	2046	1746
67	12759	6081	6678	3171	1670	1501
68	13117	6098	7019	2973	1521	1452
69	10456	4984	5472	2221	1221	1000
70-74岁	**42459**	**20506**	**21953**	**7612**	**4309**	**3303**
70	9689	4702	4987	1951	1081	870
71	9531	4620	4911	1781	1002	779
72	8665	4198	4467	1522	863	659
73	7645	3672	3973	1282	737	545
74	6929	3314	3615	1076	626	450
75-79岁	**30012**	**13910**	**16102**	**4036**	**2439**	**1597**
75	6267	2933	3334	935	539	396
76	6326	2987	3339	905	570	335
77	5657	2625	3032	789	471	318
78	5756	2632	3124	733	467	266
79	6006	2733	3273	674	392	282
80-84岁	**19681**	**8944**	**10737**	**2008**	**1265**	**743**
80	4996	2288	2708	576	368	208
81	3984	1834	2150	393	240	153
82	3969	1817	2152	398	237	161
83	3466	1549	1917	314	209	105
84	3266	1456	1810	327	211	116
85-89岁	**10012**	**4350**	**5662**	**777**	**552**	**225**
85	2631	1112	1519	209	141	68
86	2544	1098	1446	211	157	54
87	2126	942	1184	165	112	53
88	1571	691	880	109	82	27
89	1140	507	633	83	60	23
90-94岁	**3137**	**1320**	**1817**	**185**	**140**	**45**
90	1046	474	572	69	49	20
91	750	312	438	47	39	8
92	602	239	363	36	29	7
93	436	177	259	20	14	6
94	303	118	185	13	9	4
95-99岁	**629**	**225**	**404**	**29**	**20**	**9**
95	231	85	146	9	6	3
96	173	72	101	15	9	6
97	111	29	82	3	3	
98	67	23	44	1	1	
99	47	16	31	1	1	
100岁及以上	**67**	**19**	**48**	**2**	**1**	**1**

8-11a　续表 1　　　　单位：人

年　龄	与配偶同住			与子女同住			独居(有保姆)		
	小计	男	女	小计	男	女	小计	男	女
总　计	**111179**	**60063**	**51116**	**35087**	**8944**	**26143**	**462**	**166**	**296**
60-64岁	**28962**	**14988**	**13974**	**6593**	**1820**	**4773**	**36**	**15**	**21**
60	4199	2139	2060	908	242	666	3	1	2
61	4141	2215	1926	858	240	618	3	2	1
62	6156	3240	2916	1435	432	1003	12	4	8
63	7441	3884	3557	1709	467	1242	6	3	3
64	7025	3510	3515	1683	439	1244	12	5	7
65-69岁	**33842**	**17020**	**16822**	**7704**	**2112**	**5592**	**31**	**14**	**17**
65	7142	3593	3549	1643	444	1199	3	2	1
66	7579	3893	3686	1739	507	1232	10	5	5
67	6549	3295	3254	1485	415	1070	7	2	5
68	6969	3433	3536	1581	416	1165	6	3	3
69	5603	2806	2797	1256	330	926	5	2	3
70-74岁	**22693**	**12185**	**10508**	**5780**	**1497**	**4283**	**32**	**4**	**28**
70	5229	2710	2519	1190	319	871	6		6
71	5152	2747	2405	1277	331	946	9	2	7
72	4693	2510	2183	1167	307	860	2	1	1
73	4006	2203	1803	1126	287	839	5		5
74	3613	2015	1598	1020	253	767	10	1	9
75-79岁	**14709**	**8449**	**6260**	**5158**	**1133**	**4025**	**55**	**15**	**40**
75	3206	1766	1440	999	249	750	8	2	6
76	3234	1822	1412	1014	231	783	12	7	5
77	2764	1602	1162	946	205	741	7	2	5
78	2723	1585	1138	1057	199	858	12	2	10
79	2782	1674	1108	1142	249	893	16	2	14
80-84岁	**7675**	**5007**	**2668**	**4727**	**1070**	**3657**	**122**	**42**	**80**
80	2129	1335	794	1069	215	854	16	6	10
81	1687	1102	585	856	199	657	24	5	19
82	1560	1030	530	958	228	730	24	9	15
83	1219	810	409	942	213	729	25	9	16
84	1080	730	350	902	215	687	33	13	20
85-89岁	**2692**	**1934**	**758**	**3420**	**850**	**2570**	**115**	**46**	**69**
85	806	556	250	794	175	619	23	10	13
86	700	496	204	842	214	628	30	11	19
87	559	413	146	778	194	584	26	11	15
88	406	293	113	565	140	425	26	11	15
89	221	176	45	441	127	314	10	3	7
90-94岁	**556**	**437**	**119**	**1346**	**361**	**985**	**53**	**20**	**33**
90	235	183	52	378	103	275	13	6	7
91	139	105	34	315	86	229	15	5	10
92	81	68	13	287	75	212	13	3	10
93	64	53	11	210	56	154	8	4	4
94	37	28	9	156	41	115	4	2	2
95-99岁	**49**	**42**	**7**	**318**	**94**	**224**	**14**	**6**	**8**
95	22	19	3	111	31	80	2	2	
96	13	12	1	92	34	58	1	1	
97	6	5	1	63	13	50	4		4
98	6	4	2	33	11	22	5	2	3
99	2	2		19	5	14	2	1	1
100岁及以上	**1**	**1**		**41**	**7**	**34**	**4**	**4**	

8-11a 续表 2 单位：人

年 龄	独居(无保姆)			养老机构			其 他		
	小计	男	女	小计	男	女	小计	男	女
总 计	**27009**	**9999**	**17010**	**2104**	**950**	**1154**	**7277**	**3765**	**3512**
60-64岁	**4233**	**2195**	**2038**	**102**	**71**	**31**	**2427**	**1412**	**1015**
60	622	325	297	13	10	3	402	234	168
61	648	369	279	9	3	6	373	235	138
62	845	425	420	24	20	4	538	315	223
63	1093	573	520	20	14	6	600	363	237
64	1025	503	522	36	24	12	514	265	249
65-69岁	**5487**	**2434**	**3053**	**161**	**100**	**61**	**2192**	**1158**	**1034**
65	1072	496	576	27	17	10	522	285	237
66	1187	546	641	27	11	16	499	288	211
67	1100	477	623	27	18	9	420	204	216
68	1128	490	638	42	25	17	418	210	208
69	1000	425	575	38	29	9	333	171	162
70-74岁	**5002**	**1813**	**3189**	**247**	**147**	**100**	**1093**	**551**	**542**
70	1004	420	584	44	29	15	265	143	122
71	1017	389	628	40	25	15	255	124	131
72	1009	381	628	57	31	26	215	105	110
73	983	322	661	45	25	20	198	98	100
74	989	301	688	61	37	24	160	81	79
75-79岁	**5054**	**1440**	**3614**	**346**	**154**	**192**	**654**	**280**	**374**
75	904	286	618	50	22	28	165	69	96
76	983	275	708	63	29	34	115	53	62
77	964	270	694	79	33	46	108	42	66
78	1035	303	732	76	32	44	120	44	76
79	1168	306	862	78	38	40	146	72	74
80-84岁	**4213**	**1176**	**3037**	**490**	**198**	**292**	**446**	**186**	**260**
80	1004	275	729	100	45	55	102	44	58
81	850	220	630	92	30	62	82	38	44
82	832	230	602	100	46	54	97	37	60
83	777	221	556	102	46	56	87	41	46
84	750	230	520	96	31	65	78	26	52
85-89岁	**2244**	**692**	**1552**	**479**	**174**	**305**	**285**	**102**	**183**
85	620	165	455	112	39	73	67	26	41
86	590	164	426	98	34	64	73	22	51
87	435	150	285	108	40	68	55	22	33
88	338	117	221	77	31	46	50	17	33
89	261	96	165	84	30	54	40	15	25
90-94岁	**646**	**213**	**433**	**225**	**92**	**133**	**126**	**57**	**69**
90	220	74	146	82	33	49	49	26	23
91	161	45	116	48	21	27	25	11	14
92	130	41	89	42	18	24	13	5	8
93	85	32	53	29	11	18	20	7	13
94	50	21	29	24	9	15	19	8	11
95-99岁	**119**	**33**	**86**	**51**	**13**	**38**	**49**	**17**	**32**
95	54	19	35	14	4	10	19	4	15
96	24	6	18	18	5	13	10	5	5
97	17	4	13	10	2	8	8	2	6
98	12	2	10	4	1	3	6	2	4
99	12	2	10	5	1	4	6	4	2
100岁及以上	**11**	**3**	**8**	**3**	**1**	**2**	**5**	**2**	**3**

8-11b　全省分年龄、性别、居住状况的60岁及以上老年人口(镇)

单位：人

年　龄	60岁及以上人口			与配偶和子女同住		
	合计	男	女	小计	男	女
总　计	**280107**	**135610**	**144497**	**51863**	**28745**	**23118**
60-64岁	**62474**	**31547**	**30927**	**17167**	**9174**	**7993**
60	8057	3881	4176	2407	1219	1188
61	8094	4072	4022	2246	1192	1054
62	13108	6917	6191	3699	2063	1636
63	16689	8557	8132	4522	2465	2057
64	16526	8120	8406	4293	2235	2058
65-69岁	**82888**	**40207**	**42681**	**18454**	**9939**	**8515**
65	17056	8408	8648	4263	2296	1967
66	18358	8893	9465	4373	2353	2020
67	16677	8006	8671	3711	1965	1746
68	17001	8180	8821	3544	1916	1628
69	13796	6720	7076	2563	1409	1154
70-74岁	**56772**	**28154**	**28618**	**9067**	**5193**	**3874**
70	12661	6322	6339	2326	1294	1032
71	12788	6344	6444	2163	1242	921
72	11857	5863	5994	1847	1072	775
73	10171	5000	5171	1449	838	611
74	9295	4625	4670	1282	747	535
75-79岁	**38278**	**18623**	**19655**	**4279**	**2587**	**1692**
75	8460	4139	4321	1044	627	417
76	8281	4069	4212	964	594	370
77	7438	3706	3732	826	480	346
78	6994	3299	3695	755	451	304
79	7105	3410	3695	690	435	255
80-84岁	**22762**	**10390**	**12372**	**1977**	**1242**	**735**
80	5982	2825	3157	575	351	224
81	4413	1999	2414	403	267	136
82	4763	2178	2585	387	239	148
83	4081	1803	2278	318	198	120
84	3523	1585	1938	294	187	107
85-89岁	**12163**	**5014**	**7149**	**725**	**481**	**244**
85	3120	1341	1779	238	164	74
86	3137	1289	1848	187	125	62
87	2594	1039	1555	137	88	49
88	1851	747	1104	92	57	35
89	1461	598	863	71	47	24
90-94岁	**3869**	**1409**	**2460**	**174**	**116**	**58**
90	1257	492	765	70	47	23
91	906	308	598	33	21	12
92	776	276	500	27	18	9
93	536	192	344	32	21	11
94	394	141	253	12	9	3
95-99岁	**803**	**243**	**560**	**19**	**13**	**6**
95	287	89	198	8	5	3
96	208	61	147	7	6	1
97	147	44	103			
98	107	30	77	3	2	1
99	54	19	35	1		1
100岁及以上	**98**	**23**	**75**	**1**		**1**

8−11b 续表 1 单位：人

年 龄	与配偶同住			与子女同住			独居(有保姆)		
	小计	男	女	小计	男	女	小计	男	女
总 计	**130787**	**69915**	**60872**	**43791**	**12241**	**31550**	**408**	**174**	**234**
60−64岁	**29497**	**15148**	**14349**	**7066**	**2065**	**5001**	**37**	**23**	**14**
60	3605	1788	1817	879	236	643	2	1	1
61	3839	1955	1884	872	236	636	8	6	2
62	6141	3303	2838	1478	447	1031	6	3	3
63	7833	4025	3808	1916	601	1315	14	9	5
64	8079	4077	4002	1921	545	1376	7	4	3
65−69岁	**42552**	**21123**	**21429**	**9714**	**2869**	**6845**	**44**	**25**	**19**
65	8538	4275	4263	1927	565	1362	9	5	4
66	9247	4502	4745	2079	626	1453	8	2	6
67	8603	4229	4374	1941	576	1365	8	7	1
68	8820	4355	4465	2044	615	1429	12	6	6
69	7344	3762	3582	1723	487	1236	7	5	2
70−74岁	**29853**	**15896**	**13957**	**7329**	**2183**	**5146**	**63**	**33**	**30**
70	6709	3507	3202	1498	492	1006	14	6	8
71	6799	3585	3214	1637	478	1159	11	6	5
72	6259	3303	2956	1525	466	1059	13	6	7
73	5332	2886	2446	1424	381	1043	8	3	5
74	4754	2615	2139	1245	366	879	17	12	5
75−79岁	**17770**	**10479**	**7291**	**6816**	**1862**	**4954**	**55**	**17**	**38**
75	4173	2349	1824	1320	365	955	10	3	7
76	4024	2337	1687	1359	365	994	9	4	5
77	3467	2097	1370	1319	399	920	8	2	6
78	3123	1840	1283	1359	364	995	10	3	7
79	2983	1856	1127	1459	369	1090	18	5	13
80−84岁	**7802**	**5009**	**2793**	**5877**	**1489**	**4388**	**76**	**26**	**50**
80	2289	1451	838	1340	347	993	15	4	11
81	1610	985	625	1073	260	813	12	5	7
82	1581	1043	538	1272	343	929	19	8	11
83	1310	850	460	1137	280	857	17	7	10
84	1012	680	332	1055	259	796	13	2	11
85−89岁	**2758**	**1850**	**908**	**4522**	**1174**	**3348**	**88**	**32**	**56**
85	820	545	275	1007	260	747	18	3	15
86	737	480	257	1142	291	851	24	11	13
87	541	363	178	1014	279	735	19	7	12
88	363	251	112	739	192	547	15	5	10
89	297	211	86	620	152	468	12	6	6
90−94岁	**499**	**370**	**129**	**1905**	**463**	**1442**	**36**	**15**	**21**
90	206	153	53	569	142	427	11	6	5
91	122	89	33	447	95	352	8	3	5
92	73	55	18	378	89	289	6	2	4
93	60	44	16	293	77	216	5	3	2
94	38	29	9	218	60	158	6	1	5
95−99岁	**51**	**37**	**14**	**493**	**125**	**368**	**8**	**2**	**6**
95	19	15	4	169	43	126	4	1	3
96	11	7	4	127	33	94	2		2
97	11	9	2	99	26	73	1		1
98	6	3	3	67	12	55	1	1	
99	4	3	1	31	11	20			
100岁及以上	**5**	**3**	**2**	**69**	**11**	**58**	**1**	**1**	

8-11b 续表 2

单位：人

年 龄	独居(无保姆)			养老机构			其 他		
	小计	男	女	小计	男	女	小计	男	女
总 计	**38209**	**16341**	**21868**	**3452**	**2308**	**1144**	**11597**	**5886**	**5711**
60-64岁	**5129**	**3064**	**2065**	**196**	**148**	**48**	**3382**	**1925**	**1457**
60	666	370	296	23	13	10	475	254	221
61	644	387	257	23	21	2	462	275	187
62	1017	639	378	43	32	11	724	430	294
63	1432	884	548	62	47	15	910	526	384
64	1370	784	586	45	35	10	811	440	371
65-69岁	**7971**	**3986**	**3985**	**459**	**369**	**90**	**3694**	**1896**	**1798**
65	1418	764	654	66	57	9	835	446	389
66	1690	887	803	101	79	22	860	444	416
67	1629	786	843	92	72	20	693	371	322
68	1719	842	877	112	93	19	750	353	397
69	1515	707	808	88	68	20	556	282	274
70-74岁	**7931**	**3439**	**4492**	**575**	**463**	**112**	**1954**	**947**	**1007**
70	1521	705	816	97	78	19	496	240	256
71	1623	727	896	111	90	21	444	216	228
72	1705	739	966	138	113	25	370	164	206
73	1501	637	864	110	85	25	347	170	177
74	1581	631	950	119	97	22	297	157	140
75-79岁	**7521**	**2682**	**4839**	**688**	**474**	**214**	**1149**	**522**	**627**
75	1519	591	928	122	93	29	272	111	161
76	1554	565	989	129	92	37	242	112	130
77	1462	528	934	130	90	40	226	110	116
78	1385	444	941	141	98	43	221	99	122
79	1601	554	1047	166	101	65	188	90	98
80-84岁	**5550**	**1822**	**3728**	**754**	**471**	**283**	**726**	**331**	**395**
80	1407	470	937	170	114	56	186	88	98
81	1056	345	711	140	89	51	119	48	71
82	1189	362	827	165	109	56	150	74	76
83	988	314	674	149	84	65	162	70	92
84	910	331	579	130	75	55	109	51	58
85-89岁	**3087**	**1028**	**2059**	**516**	**269**	**247**	**467**	**180**	**287**
85	805	255	550	115	66	49	117	48	69
86	813	273	540	121	66	55	113	43	70
87	662	213	449	127	60	67	94	29	65
88	475	165	310	85	41	44	82	36	46
89	332	122	210	68	36	32	61	24	37
90-94岁	**872**	**283**	**589**	**208**	**96**	**112**	**175**	**66**	**109**
90	298	103	195	52	24	28	51	17	34
91	205	61	144	48	21	27	43	18	25
92	180	62	118	63	29	34	49	21	28
93	98	31	67	31	13	18	17	3	14
94	91	26	65	14	9	5	15	7	8
95-99岁	**136**	**34**	**102**	**53**	**17**	**36**	**43**	**15**	**28**
95	45	13	32	27	6	21	15	6	9
96	38	7	31	9	5	4	14	3	11
97	22	4	18	10	3	7	4	2	2
98	19	7	12	6	3	3	5	2	3
99	12	3	9	1		1	5	2	3
100岁及以上	**12**	**3**	**9**	**3**	**1**	**2**	**7**	**4**	**3**

8-11c 全省分年龄、性别、居住状况的60岁及以上老年人口(乡村)

单位：人

年龄	60岁及以上人口			与配偶和子女同住		
	合计	男	女	小计	男	女
总计	**604389**	**299939**	**304450**	**80221**	**43987**	**36234**
60-64岁	**105546**	**54515**	**51031**	**22336**	**11816**	**10520**
60	12743	6235	6508	3220	1573	1647
61	12278	6239	6039	2710	1388	1322
62	21250	11240	10010	4554	2453	2101
63	29270	15444	13826	6138	3366	2772
64	30005	15357	14648	5714	3036	2678
65-69岁	**175083**	**88200**	**86883**	**28479**	**15113**	**13366**
65	32863	16733	16130	6120	3251	2869
66	36985	18837	18148	6433	3387	3046
67	35740	17892	17848	5770	3077	2693
68	38096	18973	19123	5695	3007	2688
69	31399	15765	15634	4461	2391	2070
70-74岁	**136030**	**69032**	**66998**	**15952**	**9032**	**6920**
70	29124	14735	14389	4020	2214	1806
71	30045	15303	14742	3671	2076	1595
72	29253	14962	14291	3339	1909	1430
73	24943	12647	12296	2596	1492	1104
74	22665	11385	11280	2326	1341	985
75-79岁	**93642**	**47073**	**46569**	**8111**	**4734**	**3377**
75	20794	10613	10181	1976	1123	853
76	20459	10440	10019	1895	1109	786
77	18310	9173	9137	1621	940	681
78	16903	8410	8493	1367	817	550
79	17176	8437	8739	1252	745	507
80-84岁	**53941**	**25675**	**28266**	**3647**	**2241**	**1406**
80	14712	7198	7514	1088	657	431
81	10429	4960	5469	698	431	267
82	11126	5391	5735	790	490	300
83	9308	4335	4973	558	358	200
84	8366	3791	4575	513	305	208
85-89岁	**28657**	**11869**	**16788**	**1385**	**867**	**518**
85	7498	3322	4176	406	257	149
86	7429	3118	4311	379	227	152
87	6212	2576	3636	275	178	97
88	4283	1637	2646	177	108	69
89	3235	1216	2019	148	97	51
90-94岁	**9130**	**2980**	**6150**	**264**	**157**	**107**
90	2921	1058	1863	106	68	38
91	2161	652	1509	60	34	26
92	1913	611	1302	39	22	17
93	1246	396	850	34	19	15
94	889	263	626	25	14	11
95-99岁	**2069**	**548**	**1521**	**40**	**22**	**18**
95	718	212	506	18	13	5
96	536	131	405	8	1	7
97	379	92	287	7	4	3
98	235	65	170	5	4	1
99	201	48	153	2		2
100岁及以上	**291**	**47**	**244**	**7**	**5**	**2**

8-11c　续表 1　　　　单位：人

年　龄	与配偶同住			与子女同住			独居(有保姆)		
	小计	男	女	小计	男	女	小计	男	女
总　计	**309802**	**163419**	**146383**	**75967**	**23721**	**52246**	**516**	**228**	**288**
60-64岁	**56051**	**27507**	**28544**	**8087**	**3029**	**5058**	**40**	**27**	**13**
60	6289	2946	3343	1040	349	691	7	5	2
61	6208	2957	3251	987	353	634	5	3	2
62	11086	5573	5513	1588	607	981	8	7	1
63	15615	7804	7811	2220	861	1359	10	4	6
64	16853	8227	8626	2252	859	1393	10	8	2
65-69岁	**101911**	**50419**	**51492**	**13987**	**5188**	**8799**	**97**	**51**	**46**
65	18687	9122	9565	2517	939	1578	23	14	9
66	21243	10529	10714	2836	1096	1740	19	8	11
67	20860	10209	10651	2930	1094	1836	16	6	10
68	22551	11167	11384	3079	1138	1941	24	14	10
69	18570	9392	9178	2625	921	1704	15	9	6
70-74岁	**78150**	**41482**	**36668**	**13232**	**4354**	**8878**	**88**	**42**	**46**
70	17160	8807	8353	2415	830	1585	13	7	6
71	17528	9251	8277	2775	889	1886	10	4	6
72	16928	9082	7846	2812	952	1860	26	15	11
73	14078	7601	6477	2659	882	1777	14	3	11
74	12456	6741	5715	2571	801	1770	25	13	12
75-79岁	**46151**	**26654**	**19497**	**13262**	**3929**	**9333**	**88**	**37**	**51**
75	11133	6245	4888	2482	794	1688	19	6	13
76	10513	6032	4481	2636	778	1858	19	9	10
77	8946	5159	3787	2591	761	1830	12	5	7
78	7954	4639	3315	2638	761	1877	13	6	7
79	7605	4579	3026	2915	835	2080	25	11	14
80-84岁	**19594**	**12287**	**7307**	**12155**	**3397**	**8758**	**98**	**36**	**62**
80	6187	3816	2371	2720	747	1973	14	5	9
81	3939	2440	1499	2160	568	1592	19	7	12
82	3936	2489	1447	2591	741	1850	20	6	14
83	3043	1963	1080	2360	671	1689	19	8	11
84	2489	1579	910	2324	670	1654	26	10	16
85-89岁	**6717**	**4281**	**2436**	**9591**	**2596**	**6995**	**59**	**24**	**35**
85	2102	1327	775	2213	647	1566	12	4	8
86	1887	1229	658	2370	622	1748	10	5	5
87	1372	879	493	2183	609	1574	20	9	11
88	824	507	317	1568	394	1174	7	2	5
89	532	339	193	1257	324	933	10	4	6
90-94岁	**1076**	**693**	**383**	**4320**	**985**	**3335**	**37**	**9**	**28**
90	421	278	143	1267	320	947	8	4	4
91	282	171	111	986	209	777	7	2	5
92	197	130	67	924	201	723	5		5
93	116	76	40	648	154	494	11	2	9
94	60	38	22	495	101	394	6	1	5
95-99岁	**141**	**91**	**50**	**1145**	**224**	**921**	**9**	**2**	**7**
95	59	39	20	391	87	304	1		1
96	31	23	8	297	54	243	4	1	3
97	22	13	9	217	37	180	1	1	
98	13	6	7	133	30	103	1		1
99	16	10	6	107	16	91	2		2
100岁及以上	**11**	**5**	**6**	**188**	**19**	**169**			

8-11c 续表 2

单位：人

年 龄	独居(无保姆)			养老机构			其 他		
	小计	男	女	小计	男	女	小计	男	女
总 计	**107054**	**50889**	**56165**	**5237**	**3922**	**1315**	**25592**	**13773**	**11819**
60–64岁	**12348**	**7935**	**4413**	**350**	**303**	**47**	**6334**	**3898**	**2436**
60	1314	827	487	23	15	8	850	520	330
61	1484	978	506	41	37	4	843	523	320
62	2560	1689	871	71	61	10	1383	850	533
63	3503	2254	1249	95	83	12	1689	1072	617
64	3487	2187	1300	120	107	13	1569	933	636
65–69岁	**22440**	**12526**	**9914**	**787**	**662**	**125**	**7382**	**4241**	**3141**
65	3795	2349	1446	118	100	18	1603	958	645
66	4566	2669	1897	167	139	28	1721	1009	712
67	4522	2509	2013	162	140	22	1480	857	623
68	5122	2694	2428	188	158	30	1437	795	642
69	4435	2305	2130	152	125	27	1141	622	519
70–74岁	**22948**	**10793**	**12155**	**1055**	**892**	**163**	**4605**	**2437**	**2168**
70	4279	2157	2122	182	157	25	1055	563	492
71	4863	2365	2498	209	176	33	989	542	447
72	4938	2289	2649	228	190	38	982	525	457
73	4543	2052	2491	224	193	31	829	424	405
74	4325	1930	2395	212	176	36	750	383	367
75–79岁	**21726**	**9201**	**12525**	**1194**	**942**	**252**	**3110**	**1576**	**1534**
75	4288	1916	2372	231	190	41	665	339	326
76	4481	1971	2510	250	197	53	665	344	321
77	4289	1804	2485	257	206	51	594	298	296
78	4120	1712	2408	226	176	50	585	299	286
79	4548	1798	2750	230	173	57	601	296	305
80–84岁	**15385**	**6148**	**9237**	**971**	**662**	**309**	**2091**	**904**	**1187**
80	3907	1556	2351	248	171	77	548	246	302
81	3032	1193	1839	192	138	54	389	183	206
82	3178	1337	1841	181	133	48	430	195	235
83	2775	1074	1701	171	109	62	382	152	230
84	2493	988	1505	179	111	68	342	128	214
85–89岁	**8947**	**3227**	**5720**	**611**	**351**	**260**	**1347**	**523**	**824**
85	2305	862	1443	136	90	46	324	135	189
86	2305	819	1486	146	82	64	332	134	198
87	1919	700	1219	143	88	55	300	113	187
88	1381	493	888	105	51	54	221	82	139
89	1037	353	684	81	40	41	170	59	111
90–94岁	**2676**	**889**	**1787**	**217**	**96**	**121**	**540**	**151**	**389**
90	912	323	589	65	30	35	142	35	107
91	637	187	450	51	20	31	138	29	109
92	564	191	373	47	21	26	137	46	91
93	328	111	217	31	10	21	78	24	54
94	235	77	158	23	15	8	45	17	28
95–99岁	**527**	**157**	**370**	**50**	**14**	**36**	**157**	**38**	**119**
95	181	55	126	16	5	11	52	13	39
96	137	38	99	17	6	11	42	8	34
97	94	27	67	9		9	29	10	19
98	63	19	44	5	1	4	15	5	10
99	52	18	34	3	2	1	19	2	17
100岁及以上	**57**	**13**	**44**	**2**		**2**	**26**	**5**	**21**

8-12　全省分性别、婚姻状况、居住状况的60岁及以上老年人口

单位：人

居住状况	60岁及以上人口			未　婚		
	合计	男	女	小计	男	女
总　计	**1115044**	**545996**	**569048**	**27659**	**26705**	**954**
与配偶和子女同住	179514	99292	80222			
与配偶同住	551768	293397	258371			
与子女同住	154845	44906	109939	526	503	23
独居(有保姆)	1386	568	818	65	59	6
独居(无保姆)	172272	77229	95043	16595	16223	372
养老机构	10793	7180	3613	4868	4633	235
其　他	44466	23424	21042	5605	5287	318

8-12　续表

单位：人

居住状况	有配偶			离　婚			丧　偶		
	小计	男	女	小计	男	女	小计	男	女
总　计	**818975**	**439082**	**379893**	**10394**	**6754**	**3640**	**258016**	**73455**	**184561**
与配偶和子女同住	179514	99292	80222						
与配偶同住	551768	293397	258371						
与子女同住	35909	14618	21291	3181	1784	1397	115229	28001	87228
独居(有保姆)	238	137	101	40	24	16	1043	348	695
独居(无保姆)	28077	18287	9790	5725	3967	1758	121875	38752	83123
养老机构	1345	741	604	150	117	33	4430	1689	2741
其　他	22124	12610	9514	1298	862	436	15439	4665	10774

8-12a 全省分性别、婚姻状况、居住状况的60岁及以上老年人口(城市)

单位：人

居住状况	60岁及以上人口			未婚		
	合计	男	女	小计	男	女
总 计	**230548**	**110447**	**120101**	**1920**	**1614**	**306**
与配偶和子女同住	47430	26560	20870			
与配偶同住	111179	60063	51116			
与子女同住	35087	8944	26143	36	29	7
独居(有保姆)	462	166	296	6	3	3
独居(无保姆)	27009	9999	17010	1018	869	149
养老机构	2104	950	1154	259	235	24
其 他	7277	3765	3512	601	478	123

8-12a 续表

单位：人

居住状况	有配偶			离婚			丧偶		
	小计	男	女	小计	男	女	小计	男	女
总 计	**178014**	**95918**	**82096**	**4299**	**2225**	**2074**	**46315**	**10690**	**35625**
与配偶和子女同住	47430	26560	20870						
与配偶同住	111179	60063	51116						
与子女同住	10308	3733	6575	1340	511	829	23403	4671	18732
独居(有保姆)	67	31	36	20	9	11	369	123	246
独居(无保姆)	4526	2911	1615	2335	1339	996	19130	4880	14250
养老机构	474	263	211	64	47	17	1307	405	902
其 他	4030	2357	1673	540	319	221	2106	611	1495

8-12b 全省分性别、婚姻状况、居住状况的60岁及以上老年人口(镇)

单位：人

居住状况	60岁及以上人口			未婚		
	合计	男	女	小计	男	女
总 计	**280107**	**135610**	**144497**	**5758**	**5525**	**233**
与配偶和子女同住	51863	28745	23118			
与配偶同住	130787	69915	60872			
与子女同住	43791	12241	31550	129	123	6
独居(有保姆)	408	174	234	18	15	3
独居(无保姆)	38209	16341	21868	2929	2848	81
养老机构	3452	2308	1144	1505	1431	74
其 他	11597	5886	5711	1177	1108	69

8-12b 续表

单位：人

居住状况	有配偶			离婚			丧偶		
	小计	男	女	小计	男	女	小计	男	女
总 计	**208477**	**111562**	**96915**	**2426**	**1516**	**910**	**63446**	**17007**	**46439**
与配偶和子女同住	51863	28745	23118						
与配偶同住	130787	69915	60872						
与子女同住	11786	4468	7318	780	432	348	31096	7218	23878
独居(有保姆)	63	36	27	13	10	3	314	113	201
独居(无保姆)	7025	4608	2417	1281	843	438	26974	8042	18932
养老机构	413	224	189	44	33	11	1490	620	870
其 他	6540	3566	2974	308	198	110	3572	1014	2558

8-12c 全省分性别、婚姻状况、居住状况的60岁及以上老年人口(乡村)

单位：人

居住状况	60岁及以上人口			未婚		
	合计	男	女	小计	男	女
总计	**604389**	**299939**	**304450**	**19981**	**19566**	**415**
与配偶和子女同住	80221	43987	36234			
与配偶同住	309802	163419	146383			
与子女同住	75967	23721	52246	361	351	10
独居(有保姆)	516	228	288	41	41	
独居(无保姆)	107054	50889	56165	12648	12506	142
养老机构	5237	3922	1315	3104	2967	137
其他	25592	13773	11819	3827	3701	126

8-12c 续表

单位：人

居住状况	有配偶			离婚			丧偶		
	小计	男	女	小计	男	女	小计	男	女
总计	**432484**	**231602**	**200882**	**3669**	**3013**	**656**	**148255**	**45758**	**102497**
与配偶和子女同住	80221	43987	36234						
与配偶同住	309802	163419	146383						
与子女同住	13815	6417	7398	1061	841	220	60730	16112	44618
独居(有保姆)	108	70	38	7	5	2	360	112	248
独居(无保姆)	16526	10768	5758	2109	1785	324	75771	25830	49941
养老机构	458	254	204	42	37	5	1633	664	969
其他	11554	6687	4867	450	345	105	9761	3040	6721

第二部分　长表数据资料

第九卷　住房

9-1 各地区按建筑层数、承重类型分的家庭户户数

单位：户

地区	合计	建筑层数				承重类型				
		平房	多层(7层及以下)	高层(8-33层)	超高层(34层及以上)	钢及钢筋混凝土结构	混合结构	砖木结构	竹草土坯结构	其他结构
安徽	**2005193**	**478960**	**1181502**	**323686**	**21045**	**1070671**	**691892**	**233257**	**2241**	**7132**
合肥市	**298630**	**43713**	**127808**	**113497**	**13612**	**198746**	**78471**	**20404**	**71**	**938**
瑶海区	29110	640	15051	12235	1184	22713	6085	233	1	78
庐阳区	23132	414	11086	10069	1563	16778	6141	173		40
蜀山区	30973	986	11909	15907	2171	24298	6244	384	2	45
包河区	38209	437	11774	22783	3215	30759	7154	163		133
长丰县	26187	7573	8381	8947	1286	17373	5992	2678	11	133
肥东县	33097	11095	14526	7053	423	17143	10785	5028	10	131
肥西县	29656	6050	11246	10901	1459	19793	6799	2865	20	179
庐江县	32189	8956	20264	2957	12	13306	14894	3861	14	114
合肥高新技术产业开发区	6971	85	2023	4346	517	6029	934	7		1
合肥经济技术开发区	13503	598	3861	7806	1238	10828	2471	167	2	35
合肥新站高新技术产业开发区	11084	244	3395	6910	535	9705	1319	44	1	15
巢湖市	24519	6635	14292	3583	9	10021	9653	4801	10	34
芜湖市	**129541**	**26353**	**70805**	**30483**	**1900**	**78508**	**36994**	**13812**	**42**	**185**
镜湖区	18256	595	9354	7273	1034	14230	3623	393	2	8
弋江区	12146	488	5494	5528	636	9382	2439	318	1	6
鸠江区	17660	3252	8777	5631		11854	3901	1871	8	26
三山区	5194	650	2829	1663	52	3478	1277	438		1
芜湖县	11597	2727	6643	2214	13	6397	3598	1576	8	18
繁昌县	9460	2017	6286	1156	1	4835	3062	1540	10	13
南陵县	16646	3647	11060	1856	83	7868	6954	1783	7	34
芜湖经济技术开发区	5638	325	2792	2463	58	5102	309	220	2	5
安徽芜湖长江大桥经济开发区	789	96	234	458	1	511	216	62		
无为市	32155	12556	17336	2241	22	14851	11615	5611	4	74
蚌埠市	**99432**	**17846**	**57734**	**22231**	**1621**	**62225**	**29559**	**7140**	**29**	**479**
龙子湖区	7631	760	4492	1985	394	5329	2210	82		10
蚌山区	5771	122	2655	2683	311	4845	888	20	2	16
禹会区	10824	1176	6029	3462	157	7201	3361	220	4	38
淮上区	8220	1439	4611	2009	161	6120	1623	416	5	56
怀远县	26439	6657	17828	1939	15	11404	12248	2656	7	124
五河县	15938	3410	9957	2570	1	9040	5320	1481	9	88
固镇县	14534	4262	8221	2050	1	9462	2695	2260	2	115
蚌埠市高新技术开发区	1909	4	878	1027		1734	175			
蚌埠市经济开发区	8166	16	3063	4506	581	7090	1039	5		32
淮南市	**102582**	**27818**	**61058**	**13421**	**285**	**52355**	**44388**	**5355**	**28**	**456**
大通区	5573	1170	3601	797	5	3010	2239	312	4	8
田家庵区	24646	1890	14820	7677	259	15179	9005	320	1	141
谢家集区	8018	1952	5437	629		3714	4095	203	1	5
八公山区	4610	455	3729	426		3375	1100	131	2	2
潘集区	10264	1885	7999	380		6024	3616	560	2	62
凤台县	19332	4488	12822	2004	18	8001	9126	2063	5	137
寿县	30139	15978	12650	1508	3	13052	15207	1766	13	101

注：本表数据为居住在普通住宅的家庭户，下表同。

9-1 续表 1

单位：户

地区	合计	建筑层数				承重类型				
		平房	多层（7层及以下）	高层（8-33层）	超高层（34层及以上）	钢及钢筋混凝土结构	混合结构	砖木结构	竹草土坯结构	其他结构
马鞍山市	**73045**	**15633**	**46927**	**10307**	**178**	**39452**	**23567**	**9886**	**14**	**126**
花山区	16484	416	11922	4058	88	11529	4830	113	3	9
雨山区	11519	591	7652	3194	82	8322	2996	192	2	7
博望区	5095	1869	3024	202		2288	1577	1223	2	5
当涂县	14842	3329	10087	1418	8	7526	5580	1675	1	60
含山县	12144	4484	7037	623		4734	4549	2849	2	10
和县	12961	4944	7205	812		5053	4035	3834	4	35
淮北市	**64131**	**16973**	**39134**	**7852**	**172**	**31876**	**24541**	**7474**	**71**	**169**
杜集区	8345	3002	4812	531		2659	4603	1051	14	18
相山区	18607	1608	11484	5343	172	12891	5043	632	5	36
烈山区	8045	2426	5207	412		3471	3674	846	20	34
濉溪县	29134	9937	17631	1566		12855	11221	4945	32	81
铜陵市	**45808**	**5897**	**33376**	**6523**	**12**	**20114**	**20574**	**5020**	**20**	**80**
铜官区	15515	261	10181	5061	12	10568	4807	134		6
义安区	8563	2291	5387	885		3666	3057	1826	4	10
郊区	5751	1019	4541	191		1791	3203	746	2	9
枞阳县	15979	2326	13267	386		4089	9507	2314	14	55
安庆市	**149855**	**18514**	**119103**	**11725**	**513**	**78038**	**63418**	**8039**	**95**	**265**
迎江区	9441	91	5520	3497	333	6837	2557	42		5
大观区	8062	442	6877	743		3897	4061	88	1	15
宜秀区	4408	315	2653	1310	130	2382	1919	65	2	40
怀宁县	18735	1996	16107	632		7960	9833	925	3	14
太湖县	16008	2396	13227	385		9252	5815	915	3	23
宿松县	22365	3327	18595	443		11814	8696	1811	7	37
望江县	16347	2115	13821	411		6766	8808	765		8
岳西县	11237	1984	8804	448	1	6081	4687	426	14	29
安徽安庆经济开发区	4734	22	3511	1152	49	3410	1303	19	1	1
桐城市	22109	3413	16577	2119		12755	7377	1836	58	83
潜山市	16409	2413	13411	585		6884	8362	1147	6	10
黄山市	**47630**	**4843**	**39943**	**2844**		**29444**	**10705**	**6631**	**574**	**276**
屯溪区	9450	239	7392	1819		9067	242	139	2	
黄山区	5215	1292	3881	42		3205	835	1162	10	3
徽州区	3352	115	3079	158		1150	1790	364	28	20
歙县	14263	1009	12722	532		7889	3942	1884	373	175
休宁县	7377	837	6354	186		3723	2110	1428	79	37
黟县	2857	596	2261			1709	395	690	39	24
祁门县	5116	755	4254	107		2701	1391	964	43	17
滁州市	**132260**	**45562**	**66770**	**19772**	**156**	**66425**	**43336**	**22043**	**20**	**436**
琅琊区	8883	837	4978	3045	23	5825	2670	369		19
南谯区	11091	2268	4152	4556	115	7133	2692	1203	1	62
来安县	14031	5138	7212	1680	1	5535	6556	1896		44
全椒县	14384	5556	6889	1936	3	6651	4010	3683	1	39
定远县	23478	13089	9115	1273	1	8982	6604	7847	4	41
凤阳县	19471	6031	12625	814	1	12311	6038	1095	3	24
苏滁现代产业园	484		30	451	3	484				
滁州经济技术开发区	3332	33	1300	1994	5	2750	523	11		48
天长市	20535	6075	12539	1920	1	8258	8336	3911	1	29
明光市	16571	6535	7930	2103	3	8496	5907	2028	10	130

9-1　续表 2　　单位：户

地　区	合　计	建筑层数				承重类型				
		平房	多层（7层及以下）	高层（8–33层）	超高层（34层及以上）	钢及钢筋混凝土结构	混合结构	砖木结构	竹草土坯结构	其他结构
阜阳市	**255394**	**80015**	**154952**	**19518**	**909**	**124851**	**84935**	**44101**	**87**	**1420**
颍州区	23240	3591	14568	4774	307	12086	8804	2029	4	317
颍东区	16425	3128	11031	2027	239	8872	5685	1817	2	49
颍泉区	18955	4817	11709	2198	231	9074	7213	2622	2	44
临泉县	49613	16425	30978	2172	38	22481	17962	8908	38	224
太和县	48346	20854	24485	2982	25	25474	9673	13051	10	138
阜南县	34494	11745	21377	1370	2	18189	10706	5347	14	238
颍上县	38043	11431	25319	1293		15840	16420	5551	6	226
阜阳合肥现代产业园区	1078	172	589	311	6	552	434	89		3
阜阳经济技术开发区	3413	150	2550	712	1	2229	1097	61		26
界首市	21787	7702	12346	1679	60	10054	6941	4626	11	155
宿州市	**170414**	**60080**	**95397**	**14578**	**359**	**76171**	**70200**	**23311**	**103**	**629**
埇桥区	53430	14320	30414	8352	344	30170	18035	5028	21	176
砀山县	26381	11601	13369	1396	15	9302	12351	4584	47	97
萧县	36556	15367	20245	944		8136	22228	6108	10	74
灵璧县	28821	9780	17231	1810		14626	10675	3330	22	168
泗县	22379	8519	12719	1141		12057	6045	4181	2	94
宿州马鞍山现代产业园区	1242	174	757	311		659	508	60	1	14
宿州经济技术开发区	1605	319	662	624		1221	358	20		6
六安市	**147551**	**40837**	**84473**	**21779**	**462**	**68535**	**65415**	**12877**	**265**	**459**
金安区	27547	5107	14197	7975	268	14901	10816	1733	5	92
裕安区	28183	5438	16275	6300	170	15157	11131	1823	34	38
叶集区	5839	2157	3210	472		2402	2713	686	3	35
霍邱县	31113	16383	13235	1495		10978	16930	3046	20	139
舒城县	27083	5993	18796	2272	22	10596	13518	2849	41	79
金寨县	17205	2739	12006	2460		9351	7002	814	11	27
霍山县	10581	3020	6754	805	2	5150	3305	1926	151	49
亳州市	**153185**	**46222**	**91416**	**15002**	**545**	**75893**	**50977**	**25509**	**59**	**747**
谯城区	48892	16529	24087	7825	451	24424	14685	9544	21	218
涡阳县	34712	10138	22270	2258	46	17077	12190	5288	13	144
蒙城县	32125	7490	21351	3236	48	17185	11622	3146	16	156
利辛县	37456	12065	23708	1683		17207	12480	7531	9	229
池州市	**47562**	**7335**	**35890**	**4335**	**2**	**23199**	**18975**	**5217**	**56**	**115**
贵池区	19702	2337	14478	2887		11053	7067	1514	12	56
东至县	15752	2675	12445	631	1	6807	7006	1891	18	30
石台县	2929	697	2188	44		1630	778	495	9	17
青阳县	8116	1533	5955	628		3129	3692	1266	17	12
池州市国家经济技术开发区	366	23	325	18		306	54	6		
皖江江南新兴产业集中区	260	2	130	127	1	260				
九华山风景区	437	68	369			14	378	45		
宣城市	**88173**	**21319**	**56716**	**9819**	**319**	**44839**	**25837**	**16438**	**707**	**352**
宣州区	24197	6225	14056	3776	140	11779	7440	4890	32	56
郎溪县	10934	2707	6886	1341		4709	4107	2101	11	6
泾县	10269	3893	5872	504		5227	1755	3094	73	120
绩溪县	5193	340	4601	252		2432	2095	661	2	3
旌德县	4080	789	3238	53		2487	830	741	14	8
宣城市经济开发区	3159	394	1546	1054	165	2297	525	335	1	1
宁国市	14100	2866	9820	1400	14	8545	3388	1623	439	105
广德市	16241	4105	10697	1439		7363	5697	2993	135	53

9-1a 各地区按建筑层数、承重类型分的家庭户户数(城市)

单位：户

地区	合计	建筑层数				承重类型				
		平房	多层(7层及以下)	高层(8-33层)	超高层(34层及以上)	钢及钢筋混凝土结构	混合结构	砖木结构	竹草土坯结构	其他结构
安徽	**524214**	**26273**	**291619**	**192595**	**13727**	**386321**	**126930**	**9834**	**56**	**1073**
合肥市	**132188**	**2528**	**57497**	**64635**	**7528**	**100925**	**29841**	**1143**	**2**	**277**
瑶海区	27634	628	14462	11612	932	21350	5972	233	1	78
庐阳区	20745	355	10753	8672	965	14483	6085	138		39
蜀山区	29515	304	11191	15849	2171	23923	5480	81		31
包河区	38147	396	11753	22783	3215	30753	7128	154		112
长丰县										
肥东县										
肥西县	1540	8	485	932	115	1482	57	1		
庐江县										
合肥高新技术产业开发区										
合肥经济技术开发区										
合肥新站高新技术产业开发区	2222	92	800	1209	121	1754	441	16	1	10
巢湖市	12385	745	8053	3578	9	7180	4678	520		7
芜湖市	**50133**	**2409**	**24444**	**21536**	**1744**	**39536**	**9161**	**1400**	**2**	**34**
镜湖区	17550	385	8858	7273	1034	13996	3282	266		6
弋江区	12146	488	5494	5528	636	9382	2439	318	1	6
鸠江区	10206	452	4249	5505		8509	1331	355		11
三山区	3112	219	1704	1137	52	2610	365	137		
芜湖县	321	152	169			73	178	69		1
繁昌县										
南陵县										
芜湖经济技术开发区	87	52	35			4	35	48		
安徽芜湖长江大桥经济开发区										
无为市	6711	661	3935	2093	22	4962	1531	207	1	10
蚌埠市	**23180**	**879**	**11829**	**9449**	**1023**	**18783**	**4129**	**221**		**47**
龙子湖区	6154	310	3666	1784	394	4806	1271	73		4
蚌山区	5256	28	2305	2612	311	4721	518	1		16
禹会区	7368	191	3650	3370	157	5529	1771	67		1
淮上区	4402	350	2208	1683	161	3727	569	80		26
怀远县										
五河县										
固镇县										
蚌埠市高新技术开发区										
蚌埠市经济开发区										
淮南市	**37993**	**2910**	**25553**	**9266**	**264**	**24047**	**13288**	**501**	**6**	**151**
大通区	1444	62	948	429	5	1055	381	6	2	
田家庵区	23330	1402	13994	7675	259	14620	8331	241	1	137
谢家集区	6328	857	4844	627		3339	2864	122	1	2
八公山区	4371	410	3622	339		3247	1028	93	2	1
潘集区	2520	179	2145	196		1786	684	39		11
凤台县										
寿县										

9-1a　续表 1　　　　单位：户

地　区	合　计	建筑层数				承重类型				
		平房	多层（7层及以下）	高层（8-33层）	超高层（34层及以上）	钢及钢筋混凝土结构	混合结构	砖木结构	竹草土坯结构	其他结构
马鞍山市	**29569**	**1302**	**20644**	**7453**	**170**	**20865**	**8065**	**625**	**3**	**11**
花山区	16178	298	11735	4057	88	11416	4681	72	1	8
雨山区	11063	379	7408	3194	82	8145	2789	126	1	2
博望区	2328	625	1501	202		1304	595	427	1	1
当涂县										
含山县										
和县										
淮北市	**27002**	**3171**	**17497**	**6162**	**172**	**16705**	**9156**	**1090**	**7**	**44**
杜集区	4895	1142	3222	531		1610	2848	432	3	2
相山区	16985	600	10992	5221	172	12592	4206	161		26
烈山区	3292	607	2275	410		1915	1235	127	4	11
濉溪县	1830	822	1008			588	867	370		5
铜陵市	**19890**	**414**	**13417**	**6047**	**12**	**13414**	**6206**	**264**		**6**
铜官区	15230	194	10052	4972	12	10397	4728	101		4
义安区	3138	147	2106	885		2253	750	134		1
郊区	1522	73	1259	190		764	728	29		1
枞阳县										
安庆市	**35988**	**1627**	**25400**	**8498**	**463**	**24021**	**11299**	**586**	**7**	**75**
迎江区	9025	36	5160	3496	333	6728	2277	17		3
大观区	6190	70	5377	743		3171	2993	13		13
宜秀区	2609	93	1076	1310	130	2046	513	13		37
怀宁县										
太湖县										
宿松县										
望江县	3014	210	2401	403		1959	955	99		1
岳西县										
安徽安庆经济开发区										
桐城市	10089	827	7236	2026		7122	2641	306	4	16
潜山市	5061	391	4150	520		2995	1920	138	3	5
黄山市	**12544**	**332**	**10212**	**2000**		**11095**	**1275**	**171**	**2**	**1**
屯溪区	8533	137	6606	1790		8317	141	73	2	
黄山区	2087	114	1939	34		1872	150	65		
徽州区	1676	23	1496	157		805	846	24		1
歙县	118	56	62			33	79	6		
休宁县	130	2	109	19		68	59	3		
黟县										
祁门县										
滁州市	**27910**	**2466**	**15583**	**9727**	**134**	**20497**	**6652**	**687**		**74**
琅琊区	8517	551	4899	3044	23	5811	2535	154		17
南谯区	5549	178	2317	2947	107	4300	1131	113		5
来安县										
全椒县										
定远县										
凤阳县										
苏滁现代产业园										
滁州经济技术开发区										
天长市	7759	871	5004	1883	1	5439	2015	297		8
明光市	6085	866	3363	1853	3	4947	971	123		44

9-1a 续表 2 单位：户

地区	合计	建筑层数				承重类型				
		平房	多层（7层及以下）	高层（8-33层）	超高层（34层及以上）	钢及钢筋混凝土结构	混合结构	砖木结构	竹草土坯结构	其他结构
阜阳市	**30143**	**2034**	**16961**	**10313**	**835**	**20129**	**8913**	**872**	**3**	**226**
颍州区	12652	702	7210	4435	305	8594	3620	260	1	177
颍东区	5152	148	2755	2010	239	3048	2022	66		16
颍泉区	6071	328	3319	2193	231	4752	1207	101		11
临泉县										
太和县										
阜南县										
颍上县										
阜阳合肥现代产业园区										
阜阳经济技术开发区										
界首市	6268	856	3677	1675	60	3735	2064	445	2	22
宿州市	**19901**	**1127**	**10362**	**8068**	**344**	**15445**	**4302**	**123**		**31**
埇桥区	19700	1076	10212	8068	344	15398	4155	119		28
砀山县										
萧县	201	51	150			47	147	4		3
灵璧县										
泗县										
宿州马鞍山现代产业园区										
宿州经济技术开发区										
六安市	**24119**	**749**	**10007**	**12930**	**433**	**20067**	**3846**	**186**	**2**	**18**
金安区	11079	151	3947	6718	263	9146	1909	22	1	1
裕安区	10879	105	4827	5777	170	9613	1259	3		4
叶集区	1915	399	1082	434		1213	589	100	1	12
霍邱县	87	36	51			4	61	21		1
舒城县	159	58	100	1		91	28	40		
金寨县										
霍山县										
亳州市	**17637**	**1895**	**7610**	**7682**	**450**	**14197**	**2831**	**587**	**1**	**21**
谯城区	17511	1868	7511	7682	450	14197	2727	565	1	21
涡阳县										
蒙城县										
利辛县	126	27	99				104	22		
池州市	**11811**	**294**	**8504**	**3012**	**1**	**8124**	**3537**	**113**		**37**
贵池区	11185	269	8049	2867		7558	3483	107		37
东至县										
石台县										
青阳县										
池州市国家经济技术开发区	366	23	325	18		306	54	6		
皖江江南新兴产业集中区	260	2	130	127	1	260				
九华山风景区										
宣城市	**24206**	**2136**	**16099**	**5817**	**154**	**18471**	**4429**	**1265**	**21**	**20**
宣州区	8681	310	5235	2996	140	7116	1361	198		6
郎溪县										
泾县										
绩溪县										
旌德县										
宣城市经济开发区										
宁国市	8122	636	6074	1398	14	6448	1331	327	10	6
广德市	7403	1190	4790	1423		4907	1737	740	11	8

9-1b 各地区按建筑层数、承重类型分的家庭户户数(镇)

单位：户

地 区	合 计	建筑层数				承重类型				
		平房	多层(7层及以下)	高层(8-33层)	超高层(34层及以上)	钢及钢筋混凝土结构	混合结构	砖木结构	竹草土坯结构	其他结构
安 徽	**595803**	**96673**	**367534**	**124381**	**7215**	**376386**	**173902**	**43560**	**255**	**1700**
合肥市	**101944**	**7736**	**41780**	**46425**	**6003**	**79172**	**19463**	**3137**	**12**	**160**
瑶海区	791	12	252	340	187	678	113			
庐阳区	2197		239	1360	598	2186	11			
蜀山区	1018	301	659	58		320	590	100		8
包河区										
长丰县	14468	643	4401	8142	1282	12994	1269	183	3	19
肥东县	18806	1845	9555	6983	423	13836	4256	681	2	31
肥西县	16666	777	5766	8791	1332	14130	2213	264		59
庐江县	15650	2409	10294	2935	12	8957	5651	1015	5	22
合肥高新技术产业开发区	6968	84	2021	4346	517	6026	934	7		1
合肥经济技术开发区	13186	351	3792	7805	1238	10813	2294	71	1	7
合肥新站高新技术产业开发区	8767	123	2570	5660	414	7883	859	20		5
巢湖市	3427	1191	2231	5		1349	1273	796	1	8
芜湖市	**38265**	**6991**	**22259**	**8859**	**156**	**26457**	**8676**	**3066**	**13**	**53**
镜湖区	36	5	31			14	18	4		
弋江区										
鸠江区	2673	761	1809	103		1369	919	381	2	2
三山区	632		106	526		632				
芜湖县	7075	774	4077	2211	13	5163	1472	429	4	7
繁昌县	5294	474	3671	1148	1	3924	1054	308	3	5
南陵县	8336	1027	5395	1831	83	6076	1912	341	2	5
芜湖经济技术开发区	5423	203	2699	2463	58	5094	197	125	2	5
安徽芜湖长江大桥经济开发区	555	23	73	458	1	477	59	19		
无为市	8241	3724	4398	119		3708	3045	1459		29
蚌埠市	**32923**	**2745**	**17290**	**12291**	**597**	**25427**	**6409**	**934**	**3**	**150**
龙子湖区	302	22	200	80		241	61			
蚌山区										
禹会区	288	44	184	60		92	192	4		
淮上区	882	90	473	319		788	74	17		3
怀远县	9695	1387	6364	1929	15	6617	2619	415	3	41
五河县	7063	730	3769	2564		4868	1905	279		11
固镇县	4618	452	2359	1806	1	3997	344	214		63
蚌埠市高新技术开发区	1909	4	878	1027		1734	175			
蚌埠市经济开发区	8166	16	3063	4506	581	7090	1039	5		32
淮南市	**25041**	**6331**	**15094**	**3596**	**20**	**13826**	**10248**	**879**	**5**	**83**
大通区	2708	573	1769	366		1435	1096	172	1	4
田家庵区	402	52	349	1		244	146	12		
谢家集区	137	128	9			62	70	5		
八公山区	2		2				2			
潘集区	2314	384	1755	175		1260	975	71		8
凤台县	7233	639	4994	1582	18	3789	3197	223		24
寿县	12245	4555	6216	1472	2	7036	4762	396	4	47

9-1b 续表 1 单位：户

地区	合计	建筑层数				承重类型				
		平房	多层（7层及以下）	高层（8-33层）	超高层（34层及以上）	钢及钢筋混凝土结构	混合结构	砖木结构	竹草土坯结构	其他结构
马鞍山市	**22260**	**4416**	**15210**	**2626**	**8**	**12945**	**6611**	**2662**	**2**	**40**
花山区										
雨山区										
博望区	338	109	229			104	129	105		
当涂县	9229	1464	6452	1305	8	5853	2688	661	1	26
含山县	6222	1330	4271	621		3230	2199	789		4
和县	6471	1513	4258	700		3758	1595	1107	1	10
淮北市	**14280**	**3346**	**9370**	**1564**		**8430**	**3978**	**1843**	**10**	**19**
杜集区	1691	715	976			882	454	355		
相山区										
烈山区	1263	244	1018	1		824	309	124	4	2
濉溪县	11326	2387	7376	1563		6724	3215	1364	6	17
铜陵市	**10182**	**1351**	**8446**	**385**		**3785**	**5121**	**1256**	**5**	**15**
铜官区	1	1						1		
义安区	926	291	635			342	345	238	1	
郊区	1105	191	914			407	543	146	1	8
枞阳县	8150	868	6897	385		3036	4233	871	3	7
安庆市	**41008**	**3931**	**33911**	**3116**	**50**	**24796**	**14468**	**1648**	**13**	**83**
迎江区										
大观区	655	168	487			206	428	20		1
宜秀区	890	154	736			210	667	11	2	
怀宁县	8254	591	7034	629		4866	3099	283		6
太湖县	5799	542	4877	380		3849	1716	222	2	10
宿松县	8095	628	7032	435		5584	2151	343		17
望江县	1736	221	1514	1		835	816	83		2
岳西县	3908	423	3053	431	1	2229	1553	104	2	20
安徽安庆经济开发区	4598	18	3434	1097	49	3338	1240	19		1
桐城市	3863	695	3079	89		2358	1160	315	7	23
潜山市	3210	491	2665	54		1321	1638	248		3
黄山市	**13194**	**1026**	**11333**	**835**		**9308**	**2716**	**1143**	**9**	**18**
屯溪区	187	7	154	26		175	7	5		
黄山区	798	217	574	7		401	176	220	1	
徽州区	391	17	373	1		68	265	57		1
歙县	5230	222	4478	530		4005	995	209	6	15
休宁县	2803	233	2405	165		1833	699	271		
黟县	1200	145	1055			900	124	173	2	1
祁门县	2585	185	2294	106		1926	450	208		1
滁州市	**49457**	**9452**	**30989**	**9002**	**14**	**30241**	**15177**	**3926**	**4**	**109**
琅琊区										
南谯区	2042	227	648	1167		1579	360	84		19
来安县	7391	1305	4411	1674	1	4226	2673	488		4
全椒县	8513	1115	5471	1924	3	5933	2065	507	1	7
定远县	9516	2790	5509	1216	1	5775	2561	1172		8
凤阳县	9358	1726	6837	794	1	6823	2160	368	2	5
苏滁现代产业园	484		30	451	3	484				
滁州经济技术开发区	3046	12	1294	1735	5	2488	500	10		48
天长市	6397	1363	4998	36		1772	3693	926		6
明光市	2710	914	1791	5		1161	1165	371	1	12

9-1b　续表 2　　　　单位：户

地　区	合　计	建筑层数				承重类型				
		平房	多层(7层及以下)	高层(8-33层)	超高层(34层及以上)	钢及钢筋混凝土结构	混合结构	砖木结构	竹草土坯结构	其他结构
阜阳市	**70309**	**15115**	**46488**	**8639**	**67**	**41371**	**20563**	**7903**	**19**	**453**
颍州区	1862	338	1201	321	2	636	956	202		68
颍东区	2190	385	1801	4		1338	609	227	1	15
颍泉区	2725	823	1902			921	1288	511	2	3
临泉县	13608	2524	8901	2145	38	8730	3484	1325	6	63
太和县	20256	5536	11727	2968	25	12881	4158	3158	4	55
阜南县	9460	1451	6657	1350	2	6595	2218	567	3	77
颍上县	13805	2683	9844	1278		6961	5619	1102	2	121
阜阳合肥现代产业园区	151	39	112			56	73	20		2
阜阳经济技术开发区	2859	58	2229	572		1933	880	23		23
界首市	3393	1278	2114	1		1320	1278	768	1	26
宿州市	**49826**	**12427**	**30915**	**6469**	**15**	**26760**	**18563**	**4293**	**31**	**179**
埇桥区	5658	1151	4251	256		3272	2054	320	3	9
砀山县	12005	4015	6580	1395	15	5394	5042	1510	17	42
萧县	11161	3045	7178	938		4251	5862	1028	2	18
灵璧县	10184	2217	6158	1809		6205	3278	642	7	52
泗县	8479	1636	5705	1138		5926	1751	761	1	40
宿州马鞍山现代产业园区	734	44	381	309		491	218	12	1	12
宿州经济技术开发区	1605	319	662	624		1221	358	20		6
六安市	**42724**	**7870**	**26604**	**8224**	**26**	**25080**	**14604**	**2898**	**59**	**83**
金安区	4798	615	3171	1010	2	3059	1551	181	2	5
裕安区	2579	481	1813	285		1386	1020	168	1	4
叶集区	790	133	640	17		355	394	41		
霍邱县	9810	2896	5471	1443		5325	3910	535	6	34
舒城县	11193	1793	7147	2231	22	5767	4518	885	6	17
金寨县	6696	503	3759	2434		5240	1269	175	6	6
霍山县	6858	1449	4603	804	2	3948	1942	913	38	17
亳州市	**43113**	**7898**	**27915**	**7206**	**94**	**24718**	**14290**	**3904**	**10**	**191**
谯城区	4034	1123	2788	123		1382	2083	534	3	32
涡阳县	12437	2117	8085	2189	46	7499	3947	959	1	31
蒙城县	13475	2257	7941	3229	48	8598	3891	946	4	36
利辛县	13167	2401	9101	1665		7239	4369	1465	2	92
池州市	**15068**	**1687**	**12081**	**1300**		**8107**	**5943**	**982**	**9**	**27**
贵池区	1227	179	1047	1		601	533	91		2
东至县	8319	1023	6669	627		4371	3357	568	5	18
石台县	1199	111	1044	44		783	340	72	1	3
青阳县	4246	361	3257	628		2340	1660	239	3	4
池州市国家经济技术开发区										
皖江江南新兴产业集中区										
九华山风景区	77	13	64			12	53	12		
宣城市	**26209**	**4351**	**17849**	**3844**	**165**	**15963**	**7072**	**3086**	**51**	**37**
宣州区	3728	915	2076	737		1948	1073	699	2	6
郎溪县	6616	1086	4193	1337		3881	1929	803	1	2
泾县	5046	940	3602	504		3559	854	617	5	11
绩溪县	2885	151	2484	250		1695	1050	136	1	3
旌德县	2251	233	1965	53		1644	403	201		3
宣城市经济开发区	2521	163	1241	952	165	2050	353	116	1	1
宁国市	1006	254	752			455	359	153	33	6
广德市	2156	609	1536	11		731	1051	361	8	5

9-1c 各地区按建筑层数、承重类型分的家庭户户数(乡村)

单位：户

地　区	合　计	建筑层数				承重类型				
		平房	多层(7层及以下)	高层(8-33层)	超高层(34层及以上)	钢及钢筋混凝土结构	混合结构	砖木结构	竹草土坯结构	其他结构
安　徽	**885176**	**356014**	**522349**	**6710**	**103**	**307964**	**391060**	**179863**	**1930**	**4359**
合肥市	**64498**	**33449**	**28531**	**2437**	**81**	**18649**	**29167**	**16124**	**57**	**501**
瑶海区	685		337	283	65	685				
庐阳区	190	59	94	37		109	45	35		1
蜀山区	440	381	59			55	174	203	2	6
包河区	62	41	21			6	26	9		21
长丰县	11719	6930	3980	805	4	4379	4723	2495	8	114
肥东县	14291	9250	4971	70		3307	6529	4347	8	100
肥西县	11450	5265	4995	1178	12	4181	4529	2600	20	120
庐江县	16539	6547	9970	22		4349	9243	2846	9	92
合肥高新技术产业开发区	3	1	2			3				
合肥经济技术开发区	317	247	69	1		15	177	96	1	28
合肥新站高新技术产业开发区	95	29	25	41		68	19	8		
巢湖市	8707	4699	4008			1492	3702	3485	9	19
芜湖市	**41143**	**16953**	**24102**	**88**		**12515**	**19157**	**9346**	**27**	**98**
镜湖区	670	205	465			220	323	123	2	2
弋江区										
鸠江区	4781	2039	2719	23		1976	1651	1135	6	13
三山区	1450	431	1019			236	912	301		1
芜湖县	4201	1801	2397	3		1161	1948	1078	4	10
繁昌县	4166	1543	2615	8		911	2008	1232	7	8
南陵县	8310	2620	5665	25		1792	5042	1442	5	29
芜湖经济技术开发区	128	70	58			4	77	47		
安徽芜湖长江大桥经济开发区	234	73	161			34	157	43		
无为市	17203	8171	9003	29		6181	7039	3945	3	35
蚌埠市	**43329**	**14222**	**28615**	**491**	**1**	**18015**	**19021**	**5985**	**26**	**282**
龙子湖区	1175	428	626	121		282	878	9		6
蚌山区	515	94	350	71		124	370	19	2	
禹会区	3168	941	2195	32		1580	1398	149	4	37
淮上区	2936	999	1930	7		1605	980	319	5	27
怀远县	16744	5270	11464	10		4787	9629	2241	4	83
五河县	8875	2680	6188	6	1	4172	3415	1202	9	77
固镇县	9916	3810	5862	244		5465	2351	2046	2	52
蚌埠市高新技术开发区										
蚌埠市经济开发区										
淮南市	**39548**	**18577**	**20411**	**559**	**1**	**14482**	**20852**	**3975**	**17**	**222**
大通区	1421	535	884	2		520	762	134	1	4
田家庵区	914	436	477	1		315	528	67		4
谢家集区	1553	967	584	2		313	1161	76		3
八公山区	237	45	105	87		128	70	38		1
潘集区	5430	1322	4099	9		2978	1957	450	2	43
凤台县	12099	3849	7828	422		4212	5929	1840	5	113
寿县	17894	11423	6434	36	1	6016	10445	1370	9	54

9-1c 续表 1

单位：户

地区	合计	建筑层数				承重类型				
		平房	多层（7层及以下）	高层（8—33层）	超高层（34层及以上）	钢及钢筋混凝土结构	混合结构	砖木结构	竹草土坯结构	其他结构
马鞍山市	**21216**	**9915**	**11073**	**228**		**5642**	**8891**	**6599**	**9**	**75**
花山区	306	118	187	1		113	149	41	2	1
雨山区	456	212	244			177	207	66	1	5
博望区	2429	1135	1294			880	853	691	1	4
当涂县	5613	1865	3635	113		1673	2892	1014		34
含山县	5922	3154	2766	2		1504	2350	2060	2	6
和县	6490	3431	2947	112		1295	2440	2727	3	25
淮北市	**22849**	**10456**	**12267**	**126**		**6741**	**11407**	**4541**	**54**	**106**
杜集区	1759	1145	614			167	1301	264	11	16
相山区	1622	1008	492	122		299	837	471	5	10
烈山区	3490	1575	1914	1		732	2130	595	12	21
濉溪县	15978	6728	9247	3		5543	7139	3211	26	59
铜陵市	**15736**	**4132**	**11513**	**91**		**2915**	**9247**	**3500**	**15**	**59**
铜官区	284	66	129	89		171	79	32		2
义安区	4499	1853	2646			1071	1962	1454	3	9
郊区	3124	755	2368	1		620	1932	571	1	
枞阳县	7829	1458	6370	1		1053	5274	1443	11	48
安庆市	**72859**	**12956**	**59792**	**111**		**29221**	**37651**	**5805**	**75**	**107**
迎江区	416	55	360	1		109	280	25		2
大观区	1217	204	1013			520	640	55	1	1
宜秀区	909	68	841			126	739	41		3
怀宁县	10481	1405	9073	3		3094	6734	642	3	8
太湖县	10209	1854	8350	5		5403	4099	693	1	13
宿松县	14270	2699	11563	8		6230	6545	1468	7	20
望江县	11597	1684	9906	7		3972	7037	583		5
岳西县	7329	1561	5751	17		3852	3134	322	12	9
安徽安庆经济开发区	136	4	77	55		72	63		1	
桐城市	8157	1891	6262	4		3275	3576	1215	47	44
潜山市	8138	1531	6596	11		2568	4804	761	3	2
黄山市	**21892**	**3485**	**18398**	**9**		**9041**	**6714**	**5317**	**563**	**257**
屯溪区	730	95	632	3		575	94	61		
黄山区	2330	961	1368	1		932	509	877	9	3
徽州区	1285	75	1210			277	679	283	28	18
歙县	8915	731	8182	2		3851	2868	1669	367	160
休宁县	4444	602	3840	2		1822	1352	1154	79	37
黟县	1657	451	1206			809	271	517	37	23
祁门县	2531	570	1960	1		775	941	756	43	16
滁州市	**54893**	**33644**	**20198**	**1043**	**8**	**15687**	**21507**	**17430**	**16**	**253**
琅琊区	366	286	79	1		14	135	215		2
南谯区	3500	1863	1187	442	8	1254	1201	1006	1	38
来安县	6640	3833	2801	6		1309	3883	1408		40
全椒县	5871	4441	1418	12		718	1945	3176		32
定远县	13962	10299	3606	57		3207	4043	6675	4	33
凤阳县	10113	4305	5788	20		5488	3878	727	1	19
苏滁现代产业园										
滁州经济技术开发区	286	21	6	259		262	23	1		
天长市	6379	3841	2537	1		1047	2628	2688	1	15
明光市	7776	4755	2776	245		2388	3771	1534	9	74

9-1c 续表 2 单位：户

地区	合计	建筑层数				承重类型				
		平房	多层(7层及以下)	高层(8-33层)	超高层(34层及以上)	钢及钢筋混凝土结构	混合结构	砖木结构	竹草土坯结构	其他结构
阜阳市	**154942**	**62866**	**91503**	**566**	**7**	**63351**	**55459**	**35326**	**65**	**741**
颍州区	8726	2551	6157	18		2856	4228	1567	3	72
颍东区	9083	2595	6475	13		4486	3054	1524	1	18
颍泉区	10159	3666	6488	5		3401	4718	2010		30
临泉县	36005	13901	22077	27		13751	14478	7583	32	161
太和县	28090	15318	12758	14		12593	5515	9893	6	83
阜南县	25034	10294	14720	20		11594	8488	4780	11	161
颍上县	24238	8748	15475	15		8879	10801	4449	4	105
阜阳合肥现代产业园区	927	133	477	311	6	496	361	69		1
阜阳经济技术开发区	554	92	321	140	1	296	217	38		3
界首市	12126	5568	6555	3		4999	3599	3413	8	107
宿州市	**100687**	**46526**	**54120**	**41**		**33966**	**47335**	**18895**	**72**	**419**
埇桥区	28072	12093	15951	28		11500	11826	4589	18	139
砀山县	14376	7586	6789	1		3908	7309	3074	30	55
萧县	25194	12271	12917	6		3838	16219	5076	8	53
灵璧县	18637	7563	11073	1		8421	7397	2688	15	116
泗县	13900	6883	7014	3		6131	4294	3420	1	54
宿州马鞍山现代产业园区	508	130	376	2		168	290	48		2
宿州经济技术开发区										
六安市	**80708**	**32218**	**47862**	**625**	**3**	**23388**	**46965**	**9793**	**204**	**358**
金安区	11670	4341	7079	247	3	2696	7356	1530	2	86
裕安区	14725	4852	9635	238		4158	8852	1652	33	30
叶集区	3134	1625	1488	21		834	1730	545	2	23
霍邱县	21216	13451	7713	52		5649	12959	2490	14	104
舒城县	15731	4142	11549	40		4738	8972	1924	35	62
金寨县	10509	2236	8247	26		4111	5733	639	5	21
霍山县	3723	1571	2151	1		1202	1363	1013	113	32
亳州市	**92435**	**36429**	**55891**	**114**	**1**	**36978**	**33856**	**21018**	**48**	**535**
谯城区	27347	13538	13788	20	1	8845	9875	8445	17	165
涡阳县	22275	8021	14185	69		9578	8243	4329	12	113
蒙城县	18650	5233	13410	7		8587	7731	2200	12	120
利辛县	24163	9637	14508	18		9968	8007	6044	7	137
池州市	**20683**	**5354**	**15305**	**23**	**1**	**6968**	**9495**	**4122**	**47**	**51**
贵池区	7290	1889	5382	19		2894	3051	1316	12	17
东至县	7433	1652	5776	4	1	2436	3649	1323	13	12
石台县	1730	586	1144			847	438	423	8	14
青阳县	3870	1172	2698			789	2032	1027	14	8
池州市国家经济技术开发区										
皖江江南新兴产业集中区										
九华山风景区	360	55	305			2	325	33		
宣城市	**37758**	**14832**	**22768**	**158**		**10405**	**14336**	**12087**	**635**	**295**
宣州区	11788	5000	6745	43		2715	5006	3993	30	44
郎溪县	4318	1621	2693	4		828	2178	1298	10	4
泾县	5223	2953	2270			1668	901	2477	68	109
绩溪县	2308	189	2117	2		737	1045	525	1	
旌德县	1829	556	1273			843	427	540	14	5
宣城市经济开发区	638	231	305	102		247	172	219		
宁国市	4972	1976	2994	2		1642	1698	1143	396	93
广德市	6682	2306	4371	5		1725	2909	1892	116	40

9-2　各地区按住房建成时间分的家庭户住房状况

单位：户、间、平方米

地区	合计			1949年以前		
	户数	间数	面积	户数	间数	面积
安　徽	**2005193**	**6508346**	**245603565**	**1781**	**4847**	**167968**
合肥市	**298630**	**807932**	**28402632**	**110**	**279**	**9269**
瑶海区	29110	69817	2459374	11	23	621
庐阳区	23132	56531	2019038	2	4	138
蜀山区	30973	78108	2920533	2	6	231
包河区	38209	95672	3473491	5	10	316
长丰县	26187	76863	2435640	2	9	230
肥东县	33097	94820	3270421	22	44	1704
肥西县	29656	81612	2800216	16	42	1386
庐江县	32189	101418	3505105	17	54	1910
合肥高新技术产业开发区	6971	17797	657387			
合肥经济技术开发区	13503	35285	1298210	1	2	70
合肥新站高新技术产业开发区	11084	28477	1000034			
巢湖市	24519	71532	2563183	32	85	2663
芜湖市	**129541**	**359606**	**13186843**	**103**	**243**	**8176**
镜湖区	18256	43826	1669356	12	26	855
弋江区	12146	31114	1182444	2	5	155
鸠江区	17660	50366	1835928	1	4	200
三山区	5194	14333	527638	4	4	215
芜湖县	11597	32444	1183282	6	15	446
繁昌县	9460	26286	1023129	11	20	760
南陵县	16646	47661	1788782	29	65	2409
芜湖经济技术开发区	5638	13442	512181			
安徽芜湖长江大桥经济开发区	789	2227	87560			
无为市	32155	97907	3376543	38	104	3136
蚌埠市	**99432**	**313078**	**12229680**	**19**	**41**	**1511**
龙子湖区	7631	20553	720802	1	1	45
蚌山区	5771	13104	519468			
禹会区	10824	31643	1157669	1	1	60
淮上区	8220	22081	967543	2	4	158
怀远县	26439	94695	3737058	12	30	1138
五河县	15938	56611	2256994	2	3	70
固镇县	14534	48925	1848034	1	2	40
蚌埠市高新技术开发区	1909	4788	186319			
蚌埠市经济开发区	8166	20678	835793			
淮南市	**102582**	**318712**	**10680117**	**66**	**188**	**5117**
大通区	5573	18514	654451	11	28	729
田家庵区	24646	66801	2410868	5	19	767
谢家集区	8018	21509	728244	5	28	570
八公山区	4610	12149	403698	1	3	150
潘集区	10264	35359	1226559	1	2	35
凤台县	19332	70157	2448839	6	16	395
寿县	30139	94223	2807458	37	92	2471

9-2 续表 1 单位：户、间、平方米

地　区	合　计			1949年以前		
	户数	间数	面积	户数	间数	面积
马鞍山市	**73045**	**204052**	**7520628**	**54**	**139**	**4481**
花山区	16484	40990	1478722	1	2	60
雨山区	11519	29134	1058222	8	18	841
博望区	5095	16230	627227	8	24	958
当涂县	14842	42488	1614968	8	18	451
含山县	12144	38002	1278500	21	60	1578
和县	12961	37208	1462989	8	17	593
淮北市	**64131**	**223699**	**8041771**	**26**	**79**	**2589**
杜集区	8345	27835	969556	7	21	897
相山区	18607	49939	1825077			
烈山区	8045	28679	913905	5	15	410
濉溪县	29134	117246	4333233	14	43	1282
铜陵市	**45808**	**140044**	**4762336**	**18**	**43**	**1507**
铜官区	15515	39735	1356276	4	9	296
义安区	8563	25106	934789	4	6	305
郊区	5751	18250	646736	1	1	80
枞阳县	15979	56953	1824535	9	27	826
安庆市	**149855**	**505534**	**19274913**	**147**	**391**	**13288**
迎江区	9441	24691	925252	1	2	70
大观区	8062	21527	794900	26	98	3290
宜秀区	4408	15311	682694	1	2	80
怀宁县	18735	64001	2537892	2	4	200
太湖县	16008	55699	2009080	7	21	685
宿松县	22365	80745	3339844	5	8	350
望江县	16347	53816	2285649	4	8	378
岳西县	11237	46429	1451009	4	11	601
安徽安庆经济开发区	4734	12810	484960	2	7	208
桐城市	22109	73676	2566041	84	194	6293
潜山市	16409	56829	2197592	11	36	1133
黄山市	**47630**	**166865**	**6554718**	**428**	**1301**	**44933**
屯溪区	9450	28316	1151256	9	26	1190
黄山区	5215	17260	693103	30	76	2787
徽州区	3352	11837	484082	15	48	1911
歙县	14263	53999	1995177	171	578	18228
休宁县	7377	27391	1184325	47	124	4335
黟县	2857	9764	353053	134	395	13980
祁门县	5116	18298	693722	22	54	2502
滁州市	**132260**	**413338**	**14094889**	**56**	**148**	**4418**
琅琊区	8883	24254	866435	8	22	723
南谯区	11091	31508	1133544	1	2	130
来安县	14031	42262	1604979	2	14	440
全椒县	14384	44057	1397587	10	22	666
定远县	23478	75655	2232747	3	11	280
凤阳县	19471	67530	2242066	4	8	170
苏滁现代产业园	484	1205	46665			
滁州经济技术开发区	3332	8756	341884	4	15	430
天长市	20535	63655	2620863	10	25	879
明光市	16571	54456	1608119	14	29	700

9-2　续表 2　　单位：户、间、平方米

地　区	合　计			1949年以前		
	户数	间数	面积	户数	间数	面积
阜阳市	**255394**	**981078**	**39860885**	**82**	**217**	**7534**
颍州区	23240	84595	3552781	7	30	820
颍东区	16425	66698	2801097	2	5	140
颍泉区	18955	72339	2934305	7	22	878
临泉县	49613	204200	8402419	17	44	1737
太和县	48346	188274	6571213	15	34	906
阜南县	34494	124956	5411127	12	28	940
颍上县	38043	148520	6290407	12	29	1200
阜阳合肥现代产业园区	1078	4469	185789	1	5	200
阜阳经济技术开发区	3413	10239	458210			
界首市	21787	76788	3253537	9	20	713
宿州市	**170414**	**622171**	**23504691**	**63**	**201**	**7103**
埇桥区	53430	193600	7026454	15	59	1915
砀山县	26381	106284	3585714	15	54	1684
萧县	36556	129746	4811262	28	76	3014
灵璧县	28821	105295	4377274	1	1	90
泗县	22379	76987	3292546	4	11	400
宿州马鞍山现代产业园区	1242	4916	189515			
宿州经济技术开发区	1605	5343	221926			
六安市	**147551**	**477758**	**17650619**	**75**	**170**	**5680**
金安区	27547	80391	3075478	33	57	2201
裕安区	28183	94142	3545736	17	44	1369
叶集区	5839	20662	802261			
霍邱县	31113	96823	3381025	3	10	301
舒城县	27083	90453	3108964	12	31	814
金寨县	17205	60198	2433049	5	14	588
霍山县	10581	35089	1304106	5	14	407
亳州市	**153185**	**550490**	**23356663**	**99**	**267**	**9815**
谯城区	48892	163093	7294122	41	90	4105
涡阳县	34712	130916	5245601	28	86	2722
蒙城县	32125	123051	5452787	17	51	1590
利辛县	37456	133430	5364153	13	40	1398
池州市	**47562**	**161653**	**6201859**	**50**	**141**	**4912**
贵池区	19702	63860	2443197	11	30	930
东至县	15752	57213	2119534	18	42	1542
石台县	2929	10297	376641	7	22	655
青阳县	8116	26387	1106995	11	33	1335
池州市国家经济技术开发区	366	1091	46830			
皖江江南新兴产业集中区	260	574	20972			
九华山风景区	437	2231	87690	3	14	450
宣城市	**88173**	**262336**	**10280321**	**385**	**999**	**37635**
宣州区	24197	68823	2566567	51	120	4625
郎溪县	10934	30904	1171933	8	17	760
泾县	10269	29989	1145056	204	532	19249
绩溪县	5193	18267	684580	53	140	5500
旌德县	4080	13886	519594	26	75	2866
宣城市经济开发区	3159	9016	335100			
宁国市	14100	42368	1769695	29	71	2677
广德市	16241	49083	2087796	14	44	1958

9-2 续表 3

单位：户、间、平方米

地 区	1949—1959年			1960—1969年		
	户数	间数	面积	户数	间数	面积
安 徽	**2536**	**6215**	**197625**	**7557**	**19290**	**629975**
合肥市	**471**	**881**	**24826**	**925**	**2004**	**60121**
瑶海区	126	210	5071	257	489	13171
庐阳区	91	145	3534	84	135	3939
蜀山区	44	66	1799	25	56	1432
包河区	73	144	4014	62	101	2885
长丰县	7	17	420	67	158	4317
肥东县	36	82	2942	129	353	11951
肥西县	6	14	425	26	64	2106
庐江县	35	90	2814	82	234	7216
合肥高新技术产业开发区						
合肥经济技术开发区				1	3	87
合肥新站高新技术产业开发区				4	16	520
巢湖市	53	113	3807	188	395	12497
芜湖市	**211**	**439**	**15235**	**470**	**1083**	**36218**
镜湖区	44	80	2262	74	172	5072
弋江区	7	17	510	10	24	796
鸠江区	42	69	2408	64	146	4833
三山区	4	9	243	14	33	1005
芜湖县	20	43	1441	31	70	2607
繁昌县	15	32	1056	58	113	3969
南陵县	42	95	3881	92	212	7457
芜湖经济技术开发区				3	15	580
安徽芜湖长江大桥经济开发区				2	2	75
无为市	37	94	3434	122	296	9824
蚌埠市	**77**	**219**	**7252**	**252**	**714**	**27998**
龙子湖区	11	28	889	26	73	2114
蚌山区	5	7	332	3	10	300
禹会区	10	20	664	83	267	13705
淮上区	2	3	147	11	27	965
怀远县	25	85	2870	77	210	7434
五河县	16	60	1827	15	38	1229
固镇县	8	16	523	37	89	2251
蚌埠市高新技术开发区						
蚌埠市经济开发区						
淮南市	**267**	**671**	**19353**	**572**	**1407**	**40301**
大通区	35	89	2375	77	204	5369
田家庵区	104	256	7521	216	489	15523
谢家集区	40	103	3026	88	228	5011
八公山区	6	11	350	46	102	2663
潘集区	1	1	26	8	19	570
凤台县	29	83	2618	29	77	2427
寿县	52	128	3437	108	288	8738

9-2　续表 4　　　　单位：户、间、平方米

地　区	1949–1959年			1960–1969年		
	户数	间数	面积	户数	间数	面积
马鞍山市	**127**	**269**	**8963**	**470**	**1038**	**32990**
花山区	36	73	2113	65	144	3725
雨山区	7	12	287	183	385	11178
博望区	12	22	910	35	85	3399
当涂县	18	45	1619	55	134	4733
含山县	30	65	2141	47	119	3569
和县	24	52	1893	85	171	6386
淮北市	**54**	**169**	**5036**	**287**	**835**	**23578**
杜集区	10	24	1037	94	217	6567
相山区	28	96	2444	63	197	5380
烈山区	11	37	1185	82	272	7463
濉溪县	5	12	370	48	149	4168
铜陵市	**47**	**113**	**3273**	**197**	**447**	**13624**
铜官区	6	13	326	31	69	1904
义安区	14	36	1087	40	105	3267
郊区	13	24	675	67	115	3008
枞阳县	14	40	1185	59	158	5445
安庆市	**113**	**312**	**11323**	**299**	**782**	**27477**
迎江区	8	18	696	11	20	641
大观区	15	63	2112	14	41	1406
宜秀区	4	11	984	6	15	570
怀宁县	11	31	1150	21	46	2128
太湖县	12	27	790	25	67	2309
宿松县	5	15	500	43	114	4083
望江县	8	21	1028	14	28	1409
岳西县	3	5	230	19	54	1726
安徽安庆经济开发区	1	2	69	3	10	375
桐城市	29	76	2367	116	324	10874
潜山市	17	43	1397	27	63	1956
黄山市	**178**	**500**	**16671**	**843**	**2454**	**83672**
屯溪区	7	12	408	45	100	3961
黄山区	10	23	795	64	160	6097
徽州区	12	33	1250	75	234	7950
歙县	89	269	8694	408	1290	41314
休宁县	19	52	1817	111	310	11738
黟县	30	89	2925	79	199	7178
祁门县	11	22	782	61	161	5434
滁州市	**142**	**398**	**11658**	**359**	**992**	**28604**
琅琊区	9	18	656	23	68	1849
南谯区	8	27	824	20	60	1674
来安县	17	51	1451	44	106	3243
全椒县	7	15	580	58	149	4228
定远县	13	40	1419	60	170	4769
凤阳县	37	84	2437	43	110	3180
苏滁现代产业园						
滁州经济技术开发区	1	8	200			
天长市	14	43	1281	31	91	3508
明光市	36	112	2810	80	238	6153

9－2 续表 5 单位：户、间、平方米

地 区	1949－1959年			1960－1969年		
	户数	间数	面积	户数	间数	面积
阜阳市	**164**	**439**	**13648**	**569**	**1557**	**48118**
颍州区	25	85	2420	40	113	3181
颍东区	7	12	295	28	70	2272
颍泉区	12	33	1025	50	136	3724
临泉县	25	80	2520	102	302	9519
太和县	37	88	2495	127	359	9880
阜南县	15	35	984	86	244	8199
颍上县	18	48	1790	82	203	6930
阜阳合肥现代产业园区	1	1	70			
阜阳经济技术开发区				1	5	356
界首市	24	57	2049	53	125	4057
宿州市	**164**	**476**	**15811**	**467**	**1360**	**41731**
埇桥区	41	94	3265	121	356	9742
砀山县	47	180	5375	122	368	10530
萧县	53	131	4594	162	460	15347
灵璧县	13	34	1202	37	101	2980
泗县	9	35	1300	23	70	2932
宿州马鞍山现代产业园区				1	1	40
宿州经济技术开发区	1	2	75	1	4	160
六安市	**93**	**251**	**7988**	**313**	**844**	**28623**
金安区	7	12	504	23	54	2137
裕安区	14	50	1416	43	120	4436
叶集区	3	6	250	20	42	1970
霍邱县	26	87	2355	80	248	6555
舒城县	10	18	622	34	89	2692
金寨县	22	48	1630	40	96	3583
霍山县	11	30	1211	73	195	7250
亳州市	**130**	**354**	**12244**	**363**	**883**	**32881**
谯城区	55	128	4705	159	410	16317
涡阳县	37	118	3701	56	147	4904
蒙城县	27	77	2893	84	178	6530
利辛县	11	31	945	64	148	5130
池州市	**59**	**144**	**4811**	**197**	**549**	**17692**
贵池区	10	26	1081	39	101	3552
东至县	24	52	1565	74	234	7338
石台县	8	21	615	25	66	1888
青阳县	15	33	1150	57	142	4574
池州市国家经济技术开发区						
皖江江南新兴产业集中区						
九华山风景区	2	12	400	2	6	340
宣城市	**239**	**580**	**19533**	**974**	**2341**	**86347**
宣州区	37	74	2600	144	335	11314
郎溪县	9	21	625	56	111	4453
泾县	55	141	4885	191	434	15011
绩溪县	34	93	2845	133	404	13416
旌德县	21	62	1496	58	146	5154
宣城市经济开发区				16	37	1480
宁国市	47	116	4339	256	593	24113
广德市	36	73	2743	120	281	11406

9-2 续表 6

单位：户、间、平方米

地 区	1970-1979年			1980-1989年			1990-1999年		
	户数	间数	面积	户数	间数	面积	户数	间数	面积
安 徽	**28826**	**75370**	**2419301**	**142454**	**406417**	**13186366**	**403140**	**1269252**	**44145626**
合肥市	**3722**	**8773**	**270140**	**17780**	**46021**	**1432557**	**54463**	**153035**	**5046506**
瑶海区	453	949	25856	1881	3876	107114	4752	10511	322794
庐阳区	412	826	23535	2360	4765	143549	4017	8909	294150
蜀山区	438	943	26700	1863	4220	123172	4475	10845	354743
包河区	518	999	28240	1564	3410	94803	4583	10063	302740
长丰县	179	513	15402	893	2807	80990	4675	14623	434717
肥东县	528	1398	48966	3063	8795	288474	8690	25268	859202
肥西县	122	289	9533	1013	2961	94837	5160	15549	517593
庐江县	369	1102	35278	2073	6326	207628	10235	33680	1139499
合肥高新技术产业开发区	7	14	450	103	214	6016	357	761	25552
合肥经济技术开发区	18	53	2303	90	309	10618	536	1665	56063
合肥新站高新技术产业开发区	14	55	1830	49	135	5322	512	1372	48480
巢湖市	664	1632	52047	2828	8203	270034	6471	19789	690973
芜湖市	**1881**	**4500**	**151293**	**9596**	**25400**	**857994**	**29410**	**87084**	**3065410**
镜湖区	255	550	16539	1322	2976	89382	3407	7902	273315
弋江区	39	102	3203	279	699	22859	1049	2900	98906
鸠江区	233	562	16309	1268	3540	114857	3168	10056	340046
三山区	58	129	4705	265	780	26001	784	2596	93834
芜湖县	154	365	12994	927	2470	83815	2444	7192	262561
繁昌县	325	701	25831	1111	2850	105310	2547	7592	297080
南陵县	332	886	30612	1351	3670	131529	5015	15324	565282
芜湖经济技术开发区	19	61	2774	130	378	15700	267	751	29367
安徽芜湖长江大桥经济开发区	3	6	200	22	49	1955	139	499	19975
无为市	463	1138	38126	2921	7988	266586	10590	32272	1085044
蚌埠市	**1031**	**2434**	**82285**	**6213**	**16843**	**544264**	**14795**	**44532**	**1586374**
龙子湖区	167	367	10526	766	2220	70575	2004	5338	176740
蚌山区	32	57	1751	209	429	15405	1039	2052	74266
禹会区	218	478	14048	1157	2914	84905	1939	6087	209045
淮上区	64	99	4054	443	1086	47385	1022	2924	134842
怀远县	314	823	31409	1603	4733	158077	4008	13296	483188
五河县	115	297	9925	640	1806	57860	2062	6933	241257
固镇县	112	295	10090	1028	2879	88481	2153	6746	227741
蚌埠市高新技术开发区				77	170	4624	110	248	8290
蚌埠市经济开发区	9	18	482	290	606	16952	458	908	31005
淮南市	**1840**	**4445**	**127192**	**7908**	**20583**	**618647**	**26436**	**83254**	**2572932**
大通区	130	352	11212	327	1047	34030	935	3669	128355
田家庵区	639	1539	43178	2571	6131	179753	4077	11610	382100
谢家集区	290	679	18100	823	1895	55419	1395	3646	116984
八公山区	174	380	9994	548	1328	37141	767	2080	63211
潘集区	188	394	11908	970	2477	80402	2324	7763	247362
凤台县	182	478	13925	1297	3689	114320	3785	12345	407106
寿县	237	623	18875	1372	4016	117582	13153	42141	1227814

9－2 续表 7

单位：户、间、平方米

地区	1970－1979年			1980－1989年			1990－1999年		
	户数	间数	面积	户数	间数	面积	户数	间数	面积
马鞍山市	**1616**	**3748**	**120494**	**8188**	**21129**	**682247**	**17186**	**48907**	**1727277**
花山区	425	930	26489	1747	4160	120595	3176	7615	243381
雨山区	220	458	13817	1377	3236	91642	1539	4032	132299
博望区	98	244	9212	568	1511	56630	1375	4336	164834
当涂县	249	589	20987	1313	3451	121056	3593	10346	377720
含山县	252	629	18367	1502	4306	131026	3558	11103	356486
和县	372	898	31622	1681	4465	161298	3945	11475	452557
淮北市	**1648**	**4359**	**132033**	**6010**	**17905**	**552716**	**10898**	**35808**	**1184822**
杜集区	404	1016	34918	1393	4117	136657	1823	5929	197492
相山区	505	1149	33127	1524	3910	115014	2925	7828	254859
烈山区	433	1240	35048	1389	4152	122997	1485	5110	154626
濉溪县	306	954	28940	1704	5726	178048	4665	16941	577845
铜陵市	**652**	**1575**	**46843**	**3808**	**10191**	**310038**	**13311**	**42751**	**1370578**
铜官区	142	292	7975	1494	3522	95783	3534	8387	247769
义安区	260	615	19585	906	2302	78674	1862	5375	192306
郊区	84	198	6340	470	1206	40383	1640	5567	194102
枞阳县	166	470	12943	938	3161	95198	6275	23422	736401
安庆市	**1136**	**2961**	**101933**	**8411**	**23348**	**825836**	**35989**	**122396**	**4629724**
迎江区	70	142	4253	1269	2745	84257	2026	4926	169429
大观区	254	572	18129	1837	4170	128365	2679	7366	275816
宜秀区	13	50	2152	291	1128	58139	1126	4684	225847
怀宁县	120	322	12554	876	2747	107582	6633	23865	937624
太湖县	59	165	5493	427	1308	44390	1911	6430	229271
宿松县	161	417	14432	793	2341	89780	3722	12998	531853
望江县	79	223	8457	564	1627	66812	4250	14097	580718
岳西县	46	159	4819	243	765	23467	848	3199	99481
安徽安庆经济开发区				208	678	21480	1120	2945	102194
桐城市	231	614	21070	1272	3902	130500	7393	26218	863796
潜山市	103	297	10574	631	1937	71064	4281	15668	613695
黄山市	**2313**	**7001**	**242898**	**6390**	**21099**	**754792**	**8836**	**31275**	**1189434**
屯溪区	148	370	13516	661	2064	78796	1651	5277	203478
黄山区	271	665	25602	777	2068	75761	985	3028	112309
徽州区	197	615	22970	357	1287	49797	704	2658	111706
歙县	847	2878	94021	2304	8270	276113	2942	11239	406843
休宁县	407	1215	44453	1089	3682	142560	1187	4376	189785
黟县	202	562	19217	430	1333	47266	605	2154	75672
祁门县	241	696	23119	772	2395	84499	762	2543	89641
滁州市	**2153**	**6173**	**178191**	**14450**	**45601**	**1326623**	**28867**	**90519**	**2811158**
琅琊区	164	465	13949	986	3111	92488	1955	5319	174590
南谯区	180	629	17145	1077	3738	112087	1462	4372	145609
来安县	162	427	14050	1406	3978	137790	2992	8817	321666
全椒县	384	1265	32343	2466	8464	216175	3326	10836	321691
定远县	263	769	20467	2463	7919	204270	6588	21141	557517
凤阳县	292	794	21930	1736	5316	155788	4189	13547	424868
苏滁现代产业园									
滁州经济技术开发区	24	60	2780	14	69	2763	58	174	6050
天长市	346	847	31708	2393	6988	254640	4143	12549	482097
明光市	338	917	23819	1909	6018	150622	4154	13764	377070

9-2　续表 8　　　　单位：户、间、平方米

地　区	1970—1979年			1980—1989年			1990—1999年		
	户数	间数	面积	户数	间数	面积	户数	间数	面积
阜阳市	**2665**	**7503**	**231532**	**15864**	**47107**	**1487637**	**43820**	**138767**	**4794705**
颍州区	166	453	14803	1295	4114	134457	4429	14126	513660
颍东区	155	419	13169	802	2419	79756	2076	6989	256063
颍泉区	185	526	16172	1007	2967	95774	2791	9162	332718
临泉县	613	1822	57037	3037	9285	307200	7791	25786	899488
太和县	614	1733	47339	3844	11688	320632	9248	29406	859158
阜南县	270	727	24337	1758	4936	160975	6628	19630	684589
颍上县	376	1066	33713	2300	6800	229860	6606	20708	762205
阜阳合肥现代产业园区	3	8	250	25	71	2173	104	423	15604
阜阳经济技术开发区	6	21	896	58	188	7852	382	1256	56718
界首市	277	728	23816	1738	4639	148958	3765	11281	414502
宿州市	**2212**	**6249**	**196025**	**11522**	**35732**	**1133406**	**27253**	**92333**	**3135346**
埇桥区	776	2104	59619	3995	12249	358363	8252	27775	897052
砀山县	433	1368	41611	1931	6635	203651	4484	17066	532469
萧县	612	1745	58401	2960	8930	294213	7034	23615	824337
灵璧县	219	540	18366	1429	4123	139363	3940	12035	441585
泗县	166	474	17063	1164	3577	129578	3366	10919	404654
宿州马鞍山现代产业园区	1	4	260	18	89	3308	79	391	12663
宿州经济技术开发区	5	14	705	25	129	4930	98	532	22586
六安市	**1044**	**2760**	**95836**	**5522**	**16017**	**567970**	**40777**	**137742**	**4889573**
金安区	122	290	10862	747	2147	85417	6824	22511	856764
裕安区	109	315	11844	714	2454	90520	5770	22460	834852
叶集区	34	92	3495	260	793	31090	1855	6670	249444
霍邱县	191	547	16801	1258	3581	115906	13334	41245	1366850
舒城县	218	556	18337	1371	3735	122265	8815	31023	1035829
金寨县	139	353	13026	498	1366	54391	2608	8741	363073
霍山县	231	607	21471	674	1941	68381	1571	5092	182761
亳州市	**1511**	**4127**	**138788**	**8280**	**24088**	**822633**	**21413**	**65613**	**2503295**
谯城区	533	1600	57463	3006	9454	347849	7493	23353	938602
涡阳县	325	853	27753	1622	4718	155328	5098	16055	583814
蒙城县	350	898	30080	1379	3848	138721	3877	12325	502156
利辛县	303	776	23492	2273	6068	180735	4945	13880	478723
池州市	**869**	**2515**	**81157**	**3561**	**10889**	**375790**	**10029**	**35499**	**1359995**
贵池区	189	547	18175	913	2764	98046	4042	13904	522033
东至县	424	1304	40047	1591	5129	170657	3357	12624	465232
石台县	77	222	6858	334	1002	33076	464	1523	53825
青阳县	172	414	15257	691	1872	69326	2057	6986	300348
池州市国家经济技术开发区	1	4	140	4	11	560	19	67	3554
皖江江南新兴产业集中区									
九华山风景区	6	24	680	28	111	4125	90	395	15003
宣城市	**2533**	**6247**	**222661**	**8951**	**24464**	**893216**	**19657**	**59737**	**2278497**
宣州区	449	1055	36287	2638	6827	239153	6398	18542	679151
郎溪县	190	450	15275	1020	2606	91312	2664	7839	279924
泾县	560	1300	46123	1351	3513	124530	2128	6124	228494
绩溪县	326	930	29531	747	2604	89492	1197	4346	159791
旌德县	239	641	21419	558	1666	56743	947	3341	121919
宣城市经济开发区	33	79	2823	124	405	13247	300	993	36357
宁国市	403	997	39464	1272	3486	143199	2426	7472	310775
广德市	333	795	31739	1241	3357	135540	3597	11080	462086

9-2 续表 9 单位：户、间、平方米

地 区	2000—2009年			2010—2014年			2015年以后		
	户数	间数	面积	户数	间数	面积	户数	间数	面积
安　徽	**642452**	**2164927**	**83669121**	**488018**	**1642482**	**65635914**	**288429**	**919546**	**35551669**
合肥市	**97391**	**271897**	**9967643**	**73121**	**189318**	**6916144**	**50647**	**135724**	**4675426**
瑶海区	11091	28014	1051183	6696	16365	597158	3843	9380	336406
庐阳区	7377	18745	718736	5164	13021	482302	3625	9981	349155
蜀山区	10662	28457	1123794	9737	23982	954796	3727	9533	333866
包河区	12722	33082	1282620	10367	26523	1004726	8315	21340	753147
长丰县	6972	21294	672678	8423	23038	775523	4969	14404	451363
肥东县	9011	26054	934769	5815	16199	564666	5803	16627	557747
肥西县	8377	24151	843624	7596	19043	677167	7340	19499	653545
庐江县	11480	36986	1300109	5356	15732	557196	2542	7214	253455
合肥高新技术产业开发区	2187	5934	223736	2504	5963	223258	1813	4911	178375
合肥经济技术开发区	5483	14534	545593	4430	11199	409114	2944	7520	274362
合肥新站高新技术产业开发区	4047	10395	376616	3189	7685	272332	3269	8819	294934
巢湖市	7982	24251	894185	3844	10568	397906	2457	6496	239071
芜湖市	**44270**	**126819**	**4719739**	**30275**	**78755**	**2995642**	**13325**	**35283**	**1337136**
镜湖区	5417	13920	554392	5393	12474	495278	2332	5726	232261
弋江区	6225	15723	596866	3256	8202	327258	1279	3442	131891
鸠江区	6156	18089	663823	4828	12888	501867	1900	5012	191585
三山区	1763	5064	185817	1614	3762	142321	688	1956	73497
芜湖县	3895	11186	410176	3140	8375	306629	980	2728	102613
繁昌县	2912	8490	336422	1948	5152	199245	533	1336	53456
南陵县	4849	14408	552506	3530	9185	352329	1406	3816	142777
芜湖经济技术开发区	2617	6656	251354	1814	4157	155954	788	1424	56452
安徽芜湖长江大桥经济开发区	155	569	22028	429	1005	39530	39	97	3797
无为市	10281	32714	1146355	4323	13555	475231	3380	9746	348807
蚌埠市	**31423**	**107697**	**4375995**	**28007**	**90678**	**3655267**	**17615**	**49920**	**1948734**
龙子湖区	2043	6179	228966	1478	3603	130451	1135	2744	100496
蚌山区	1358	3162	130366	1513	3624	147104	1612	3763	149944
禹会区	2755	9414	357862	2468	6971	266573	2193	5491	210807
淮上区	2398	7355	346304	2798	6962	287826	1480	3621	145862
怀远县	9586	36222	1473047	7272	27689	1123944	3542	11607	455951
五河县	4626	18076	730200	5944	20895	873140	2518	8503	341486
固镇县	4915	17693	701162	3992	14503	568301	2288	6702	249445
蚌埠市高新技术开发区	513	1272	51787	567	1411	58042	642	1687	63576
蚌埠市经济开发区	3229	8324	356301	1975	5020	199886	2205	5802	231167
淮南市	**36750**	**121129**	**4182405**	**20949**	**65386**	**2349707**	**7794**	**21649**	**764463**
大通区	2152	7631	271073	1544	4481	165736	362	1013	35572
田家庵区	8787	25255	963468	5434	14646	560143	2813	6856	258415
谢家集区	3422	9648	333535	1757	4737	175854	198	545	19745
八公山区	1541	4203	148924	1261	3358	118200	266	684	23065
潘集区	4254	16212	578401	2042	7351	266627	476	1140	41228
凤台县	7394	28943	1026583	4801	18607	669608	1809	5919	211857
寿县	9200	29237	860421	4110	12206	393539	1870	5492	174581

9-2 续表 10

单位：户、间、平方米

地区	2000—2009年			2010—2014年			2015年以后		
	户数	间数	面积	户数	间数	面积	户数	间数	面积
马鞍山市	**24031**	**69986**	**2706467**	**15343**	**42215**	**1616404**	**6030**	**16621**	**621305**
花山区	5977	15201	592823	3317	8228	312173	1740	4637	177363
雨山区	3584	9389	372403	3601	9144	342656	1000	2460	93099
博望区	1796	6162	239063	901	2860	112339	302	986	39882
当涂县	5043	15074	585863	3705	10418	412522	858	2413	90017
含山县	3648	12257	427717	2079	6498	234946	1007	2965	102670
和县	3983	11903	488598	1740	5067	201768	1123	3160	118274
淮北市	**21694**	**82542**	**3055916**	**16794**	**60003**	**2269938**	**6720**	**21999**	**815143**
杜集区	2220	8230	292643	1646	5920	210970	748	2361	88375
相山区	7305	20340	779557	4061	10694	415996	2196	5725	218700
烈山区	1884	8094	260339	2164	7524	256119	592	2235	75718
濉溪县	10285	45878	1723377	8923	35865	1386853	3184	11678	432350
铜陵市	**15008**	**48665**	**1695738**	**8892**	**25394**	**927845**	**3875**	**10865**	**392890**
铜官区	4462	12072	424907	3934	10234	383648	1908	5137	193668
义安区	2938	9303	361277	1784	5275	202298	755	2089	75990
郊区	2186	7381	267123	1024	3004	107436	266	754	27589
枞阳县	5422	19909	642431	2150	6881	234463	946	2885	95643
安庆市	**56172**	**196933**	**7577518**	**30142**	**102587**	**3957284**	**17446**	**55824**	**2130530**
迎江区	2183	6132	241062	2292	6362	258484	1581	4344	166360
大观区	2265	6660	262112	746	1882	77997	226	675	25673
宜秀区	1056	3860	166791	848	2455	102699	1063	3106	125432
怀宁县	7485	25419	1014284	2543	8046	321195	1044	3521	141175
太湖县	6251	22781	820566	4450	15745	575896	2866	9155	329680
宿松县	9341	35050	1449684	5469	20095	853097	2826	9707	396065
望江县	6603	21789	930855	3079	10167	438094	1746	5856	257898
岳西县	4929	21202	665675	3553	14906	465902	1592	6128	189108
安徽安庆经济开发区	2059	5617	218982	593	1571	62163	748	1980	79489
桐城市	7381	25265	900714	3686	11463	422964	1917	5620	207463
潜山市	6619	23158	906793	2883	9895	378793	1837	5732	212187
黄山市	**15163**	**54293**	**2231253**	**9468**	**33297**	**1363230**	**4011**	**15645**	**627835**
屯溪区	4061	12493	531800	2142	5904	238651	726	2070	79456
黄山区	1739	5725	237776	864	3326	142980	475	2189	88996
徽州区	1165	4031	166655	614	2104	87750	213	827	34093
歙县	4064	16331	632384	2463	9267	366038	975	3877	151542
休宁县	2229	8670	394519	1538	5902	261190	750	3060	133928
黟县	694	2544	92897	492	1643	63059	191	845	30859
祁门县	1211	4499	175222	1355	5151	203562	681	2777	108961
滁州市	**37246**	**121671**	**4332385**	**34621**	**105301**	**3905339**	**14366**	**42535**	**1496513**
琅琊区	2048	5696	208153	2705	6809	267795	985	2746	106232
南谯区	2110	6191	225242	4586	11942	460067	1647	4547	170766
来安县	3913	12435	491638	4083	12431	488983	1412	4003	145718
全椒县	2999	8949	317046	3342	9167	330657	1792	5190	174201
定远县	7121	23247	730441	4577	15123	496185	2390	7235	217399
凤阳县	6138	22352	754390	5418	19554	680393	1614	5765	198910
苏滁现代产业园				39	95	3798	445	1110	42867
滁州经济技术开发区	772	1998	81125	1594	4066	157841	865	2366	90695
天长市	6996	22718	969519	5483	16920	726711	1119	3474	150520
明光市	5149	18085	554831	2794	9194	292909	2097	6099	199205

9－2 续表 11

单位：户、间、平方米

地区	2000－2009年			2010－2014年			2015年以后		
	户数	间数	面积	户数	间数	面积	户数	间数	面积
阜阳市	**73567**	**282343**	**11656412**	**70586**	**311157**	**13538166**	**48077**	**191988**	**8083133**
颍州区	6289	24413	1079444	6205	25728	1189454	4784	15533	614542
颍东区	4498	19235	821389	4749	22040	976237	4108	15509	651776
颍泉区	6003	24100	1013754	5369	22501	941877	3531	12892	528383
临泉县	14060	56592	2320488	14544	68343	2987122	9424	41946	1817308
太和县	13277	52120	1860342	12708	58671	2228103	8476	34175	1242358
阜南县	10532	35058	1483977	8778	36813	1737214	6415	27485	1309912
颍上县	10547	40592	1726578	11435	51518	2326216	6667	27556	1201915
阜阳合肥现代产业园区	314	1743	73863	400	1507	64513	230	711	29116
阜阳经济技术开发区	1915	5686	264761	752	2224	95914	299	859	31713
界首市	6132	22804	1011816	5646	21812	991516	4143	15322	656110
宿州市	**52706**	**203471**	**7839386**	**47375**	**185601**	**7435330**	**28652**	**96748**	**3700553**
埇桥区	17888	70384	2654740	13021	51134	1957197	9321	29445	1084561
砀山县	7267	30333	1026492	7527	32736	1149157	4555	17544	614745
萧县	11613	44102	1666687	9338	35316	1375426	4756	15371	569243
灵璧县	8593	32189	1361422	9484	37866	1654855	5105	18406	757411
泗县	6467	22616	967689	6759	24682	1144036	4421	14603	624894
宿州马鞍山现代产业园区	388	1929	75988	577	2023	80605	178	479	16651
宿州经济技术开发区	490	1918	86368	669	1844	74054	316	900	33048
六安市	**47799**	**162643**	**6100225**	**28344**	**87755**	**3348401**	**23584**	**69576**	**2606323**
金安区	7817	23270	890937	5731	15142	588850	6243	16908	637806
裕安区	10639	36767	1407355	6647	19745	739800	4230	12187	454144
叶集区	1964	7288	286432	1161	4085	162511	542	1686	67069
霍邱县	8270	26355	947612	4635	14736	558386	3316	10014	366259
舒城县	9245	32679	1130579	3839	11936	427478	3539	10386	370348
金寨县	6270	23585	957133	3557	12878	523629	4066	13117	515996
霍山县	3594	12699	480177	2774	9233	347747	1648	5278	194701
亳州市	**45129**	**170870**	**7442160**	**45945**	**178352**	**7940003**	**30315**	**105936**	**4454844**
谯城区	11841	41043	1955486	14295	49303	2324165	11469	37712	1645430
涡阳县	12268	49671	2006716	9581	38929	1656233	5697	20339	804430
蒙城县	10125	40920	1870791	10299	42936	1943202	5967	21818	956824
利辛县	10895	39236	1609167	11770	47184	2016403	7182	26067	1048160
池州市	**16959**	**59909**	**2362074**	**10287**	**33775**	**1301767**	**5551**	**18232**	**693661**
贵池区	7946	27045	1055717	4559	13583	523632	1993	5860	220031
东至县	5030	18512	704353	3295	12222	460377	1939	7094	268423
石台县	899	3187	119500	694	2543	94215	421	1711	66009
青阳县	2706	9476	411764	1345	4304	180368	1062	3127	122873
池州市国家经济技术开发区	175	542	25067	130	351	13538	37	116	3971
皖江江南新兴产业集中区	1	3	120	193	429	15518	66	142	5334
九华山风景区	202	1144	45553	71	343	14119	33	182	7020
宣城市	**27144**	**84059**	**3423805**	**17869**	**52908**	**2115447**	**10421**	**31001**	**1203180**
宣州区	6884	20968	802057	5034	13963	529226	2562	6939	262154
郎溪县	3440	10026	396074	2391	6577	259409	1156	3257	124101
泾县	2747	8378	338150	1855	5731	229294	1178	3836	139320
绩溪县	1228	4442	174664	899	3138	125632	576	2170	83709
旌德县	1033	3709	146304	802	2804	108904	396	1442	54789
宣城市经济开发区	816	2458	94847	1163	3084	115289	707	1960	71057
宁国市	5252	16129	687728	2628	8072	339639	1787	5432	217761
广德市	5744	17949	783981	3097	9539	408054	2059	5965	250289

9–2a 各地区按住房建成时间分的家庭户住房状况(城市)

单位：户、间、平方米

地 区	合 计			1949年以前		
	户数	间数	面积	户数	间数	面积
安 徽	**524214**	**1388366**	**52096452**	**225**	**523**	**18611**
合肥市	**132188**	**328649**	**11961174**	**22**	**48**	**1629**
瑶海区	27634	66078	2325359	11	23	621
庐阳区	20745	49446	1758974	2	4	138
蜀山区	29515	73744	2775797	2	6	231
包河区	38147	95425	3466353	5	10	316
长丰县						
肥东县						
肥西县	1540	3995	136508			
庐江县						
合肥高新技术产业开发区						
合肥经济技术开发区						
合肥新站高新技术产业开发区	2222	5619	213306			
巢湖市	12385	34342	1284877	2	5	323
芜湖市	**50133**	**127750**	**4813730**	**37**	**87**	**2591**
镜湖区	17550	41736	1582750	12	26	855
弋江区	12146	31114	1182444	2	5	155
鸠江区	10206	26572	992642			
三山区	3112	7794	284199	1	1	20
芜湖县	321	968	32940			
繁昌县						
南陵县						
芜湖经济技术开发区	87	273	10856			
安徽芜湖长江大桥经济开发区						
无为市	6711	19293	727899	22	55	1561
蚌埠市	**23180**	**54016**	**2046243**	**2**	**3**	**135**
龙子湖区	6154	14220	501030	1	1	45
蚌山区	5256	11419	437065			
禹会区	7368	17536	648058			
淮上区	4402	10841	460090	1	2	90
怀远县						
五河县						
固镇县						
蚌埠市高新技术开发区						
蚌埠市经济开发区						
淮南市	**37993**	**100217**	**3578064**	**7**	**26**	**997**
大通区	1444	3666	136006			
田家庵区	23330	62146	2248907	5	19	767
谢家集区	6328	15844	548033	1	4	80
八公山区	4371	11342	380335	1	3	150
潘集区	2520	7219	264783			
凤台县						
寿县						

9-2a 续表 1 单位：户、间、平方米

地区	合计			1949年以前		
	户数	间数	面积	户数	间数	面积
马鞍山市	**29569**	**74454**	**2714809**	**9**	**21**	**909**
花山区	16178	39830	1434169	1	2	60
雨山区	11063	27194	989286	7	17	751
博望区	2328	7430	291354	1	2	98
当涂县						
含山县						
和县						
淮北市	**27002**	**74133**	**2687183**	**3**	**11**	**417**
杜集区	4895	14348	490726	2	7	287
相山区	16985	42886	1599275			
烈山区	3292	8478	288314	1	4	130
濉溪县	1830	8421	308868			
铜陵市	**19890**	**50908**	**1753389**	**4**	**9**	**296**
铜官区	15230	38621	1319380	4	9	296
义安区	3138	8367	294823			
郊区	1522	3920	139186			
枞阳县						
安庆市	**35988**	**100082**	**3849057**	**66**	**142**	**4840**
迎江区	9025	22792	845702	1	2	70
大观区	6190	13960	480124			
宜秀区	2609	8112	353581			
怀宁县						
太湖县						
宿松县						
望江县	3014	9010	384589	1	2	70
岳西县						
安徽安庆经济开发区						
桐城市	10089	30488	1137294	64	138	4700
潜山市	5061	15720	647767			
黄山市	**12544**	**36717**	**1482107**	**8**	**20**	**886**
屯溪区	8533	24542	989638	3	7	320
黄山区	2087	6048	242338	2	5	149
徽州区	1676	5136	201364	2	7	327
歙县	118	443	21569	1	1	90
休宁县	130	548	27198			
黟县						
祁门县						
滁州市	**27910**	**78705**	**2884989**	**20**	**40**	**1472**
琅琊区	8517	22680	822623	7	18	593
南谯区	5549	14708	570899			
来安县						
全椒县						
定远县						
凤阳县						
苏滁现代产业园						
滁州经济技术开发区						
天长市	7759	22549	901866	5	11	549
明光市	6085	18768	589601	8	11	330

9-2a　续表 2　　　　单位：户、间、平方米

地　区	合　计			1949年以前		
	户数	间数	面积	户数	间数	面积
阜阳市	**30143**	**87751**	**3368419**	**11**	**39**	**875**
颍州区	12652	37094	1339442	5	24	520
颍东区	5152	13897	531889			
颍泉区	6071	18612	742981	1	3	50
临泉县						
太和县						
阜南县						
颍上县						
阜阳合肥现代产业园区						
阜阳经济技术开发区						
界首市	6268	18148	754107	5	12	305
宿州市	**19901**	**55688**	**2176685**	**2**	**9**	**330**
埇桥区	19700	55137	2138128	2	9	330
砀山县						
萧县	201	551	38557			
灵璧县						
泗县						
宿州马鞍山现代产业园区						
宿州经济技术开发区						
六安市	**24119**	**65457**	**2540825**	**1**	**3**	**99**
金安区	11079	29049	1123936			
裕安区	10879	29320	1130622	1	3	99
叶集区	1915	6159	262481			
霍邱县	87	389	10122			
舒城县	159	540	13664			
金寨县						
霍山县						
亳州市	**17637**	**53626**	**2299186**	**25**	**46**	**2400**
谯城区	17511	53167	2282380	25	46	2400
涡阳县						
蒙城县						
利辛县	126	459	16806			
池州市	**11811**	**33503**	**1290406**	**2**	**5**	**140**
贵池区	11185	31838	1222604	2	5	140
东至县						
石台县						
青阳县						
池州市国家经济技术开发区	366	1091	46830			
皖江江南新兴产业集中区	260	574	20972			
九华山风景区						
宣城市	**24206**	**66710**	**2650186**	**6**	**14**	**595**
宣州区	8681	23134	852412	3	7	225
郎溪县						
泾县						
绩溪县						
旌德县						
宣城市经济开发区						
宁国市	8122	22499	897691	3	7	370
广德市	7403	21077	900083			

9-2a 续表 3

单位：户、间、平方米

地　区	1949-1959年			1960-1969年		
	户数	间数	面积	户数	间数	面积
安　徽	**881**	**1803**	**52999**	**1999**	**4376**	**135918**
合肥市	**363**	**630**	**16612**	**521**	**958**	**26700**
瑶海区	126	210	5071	253	481	12946
庐阳区	91	145	3534	84	135	3939
蜀山区	44	66	1799	20	41	917
包河区	73	144	4014	62	101	2885
长丰县						
肥东县						
肥西县						
庐江县						
合肥高新技术产业开发区						
合肥经济技术开发区						
合肥新站高新技术产业开发区						
巢湖市	29	65	2194	102	200	6013
芜湖市	**94**	**180**	**5513**	**154**	**361**	**10525**
镜湖区	44	80	2262	71	169	4942
弋江区	7	17	510	10	24	796
鸠江区	35	58	1909	42	83	2319
三山区	3	7	193	5	10	320
芜湖县						
繁昌县						
南陵县						
芜湖经济技术开发区						
安徽芜湖长江大桥经济开发区						
无为市	5	18	639	26	75	2148
蚌埠市	**18**	**31**	**940**	**85**	**261**	**13220**
龙子湖区	8	14	389	21	52	1364
蚌山区	4	6	232	1	1	50
禹会区	6	11	319	61	205	11721
淮上区				2	3	85
怀远县						
五河县						
固镇县						
蚌埠市高新技术开发区						
蚌埠市经济开发区						
淮南市	**153**	**368**	**10935**	**352**	**799**	**22941**
大通区	10	34	913	10	21	584
田家庵区	104	256	7521	216	489	15523
谢家集区	33	67	2151	80	187	4171
八公山区	6	11	350	46	102	2663
潘集区						
凤台县						
寿县						

9-2a　续表 4　　　　单位：户、间、平方米

地　　区	1949-1959年			1960-1969年		
	户数	间数	面积	户数	间数	面积
马鞍山市	**47**	**90**	**2690**	**249**	**530**	**14920**
花山区	36	73	2113	60	134	3355
雨山区	6	10	227	179	367	10523
博望区	5	7	350	10	29	1042
当涂县						
含山县						
和县						
淮北市	**23**	**54**	**1571**	**142**	**298**	**9053**
杜集区	2	4	122	68	124	3832
相山区	19	44	1089	33	70	2005
烈山区	2	6	360	39	100	3116
濉溪县				2	4	100
铜陵市	**10**	**22**	**651**	**35**	**78**	**2219**
铜官区	6	13	326	31	69	1904
义安区	2	5	160	1	2	70
郊区	2	4	165	3	7	245
枞阳县						
安庆市	**30**	**59**	**2672**	**87**	**179**	**5970**
迎江区	6	13	536	11	20	641
大观区				5	9	251
宜秀区	3	9	861	4	8	370
怀宁县						
太湖县						
宿松县						
望江县	1	3	150	4	7	375
岳西县						
安徽安庆经济开发区						
桐城市	12	20	673	52	114	3616
潜山市	8	14	452	11	21	717
黄山市	**9**	**18**	**563**	**51**	**107**	**3661**
屯溪区	5	9	218	30	62	2295
黄山区	1	1	15	3	7	225
徽州区	3	8	330	17	37	1091
歙县				1	1	50
休宁县						
黟县						
祁门县						
滁州市	**44**	**125**	**3487**	**57**	**168**	**4561**
琅琊区	7	14	496	18	52	1369
南谯区	4	15	405	2	6	230
来安县						
全椒县						
定远县						
凤阳县						
苏滁现代产业园						
滁州经济技术开发区						
天长市	12	38	1011	14	51	1613
明光市	21	58	1575	23	59	1349

9－2a 续表 5

单位：户、间、平方米

地区	1949－1959年			1960－1969年		
	户数	间数	面积	户数	间数	面积
阜阳市	**41**	**116**	**3347**	**93**	**236**	**6426**
颍州区	21	77	2102	24	69	1687
颍东区	6	11	260	18	39	1105
颍泉区	4	9	285	26	76	1859
临泉县						
太和县						
阜南县						
颍上县						
阜阳合肥现代产业园区						
阜阳经济技术开发区						
界首市	10	19	700	25	52	1775
宿州市	**9**	**18**	**520**	**34**	**81**	**2301**
埇桥区	8	17	430	33	80	2276
砀山县						
萧县	1	1	90	1	1	25
灵璧县						
泗县						
宿州马鞍山现代产业园区						
宿州经济技术开发区						
六安市	**2**	**5**	**180**	**23**	**53**	**2054**
金安区				5	17	530
裕安区				1	2	101
叶集区	2	5	180	16	32	1400
霍邱县						
舒城县				1	2	23
金寨县						
霍山县						
亳州市	**15**	**42**	**1775**	**43**	**113**	**5675**
谯城区	15	42	1775	43	113	5675
涡阳县						
蒙城县						
利辛县						
池州市				**7**	**15**	**539**
贵池区				7	15	539
东至县						
石台县						
青阳县						
池州市国家经济技术开发区						
皖江江南新兴产业集中区						
九华山风景区						
宣城市	**23**	**45**	**1543**	**66**	**139**	**5153**
宣州区	4	6	183	6	14	411
郎溪县						
泾县						
绩溪县						
旌德县						
宣城市经济开发区						
宁国市	4	7	350	30	60	1977
广德市	15	32	1010	30	65	2765

9-2a　续表 6　　单位：户、间、平方米

地　　区	1970—1979年			1980—1989年			1990—1999年		
	户数	间数	面积	户数	间数	面积	户数	间数	面积
安　徽	**7994**	**17711**	**532965**	**36315**	**88493**	**2752089**	**83119**	**219110**	**7551574**
合肥市	**2051**	**4227**	**119242**	**8053**	**17333**	**502924**	**19722**	**45565**	**1462225**
瑶海区	452	947	25744	1873	3861	106539	4636	10222	311440
庐阳区	410	815	23255	2335	4672	140529	3976	8749	288135
蜀山区	407	853	23662	1690	3682	105017	3943	9236	301411
包河区	517	995	28120	1559	3388	94238	4572	10000	300714
长丰县									
肥东县									
肥西县				3	21	420	61	122	3230
庐江县									
合肥高新技术产业开发区									
合肥经济技术开发区									
合肥新站高新技术产业开发区				22	57	1759	203	520	17399
巢湖市	265	617	18461	571	1652	54422	2331	6716	239896
芜湖市	**576**	**1317**	**40225**	**2408**	**6012**	**189887**	**6871**	**18155**	**623912**
镜湖区	253	547	16349	1263	2817	83522	3216	7324	248992
弋江区	39	102	3203	279	699	22859	1049	2900	98906
鸠江区	139	324	9067	404	1150	37167	710	2338	75549
三山区	22	51	1965	94	278	9299	261	807	28387
芜湖县	4	11	336	42	122	3529	134	411	14093
繁昌县									
南陵县									
芜湖经济技术开发区	1	1	70	20	64	2878	43	140	5203
安徽芜湖长江大桥经济开发区									
无为市	118	281	9235	306	882	30633	1458	4235	152782
蚌埠市	**362**	**717**	**20800**	**1815**	**4150**	**130563**	**4046**	**9530**	**330324**
龙子湖区	151	313	8666	593	1402	44378	1633	3723	121015
蚌山区	28	53	1581	176	329	10580	938	1706	57174
禹会区	165	326	9231	907	2039	56186	1174	3200	106043
淮上区	18	25	1322	139	380	19419	301	901	46092
怀远县									
五河县									
固镇县									
蚌埠市高新技术开发区									
蚌埠市经济开发区									
淮南市	**1167**	**2637**	**74261**	**4253**	**10048**	**296010**	**5771**	**15612**	**505425**
大通区	30	63	2672	35	100	3377	38	100	3239
田家庵区	634	1527	42718	2524	5997	175615	3751	10462	341254
谢家集区	267	564	15704	767	1711	49496	988	2407	75594
八公山区	173	379	9974	526	1260	35455	734	1944	59631
潘集区	63	104	3193	401	980	32067	260	699	25707
凤台县									
寿县									

9-2a 续表 7　　　　　　　　　　　　　　　　　　　　　单位：户、间、平方米

地区	1970-1979年			1980-1989年			1990-1999年		
	户数	间数	面积	户数	间数	面积	户数	间数	面积
马鞍山市	**655**	**1407**	**41196**	**3228**	**7639**	**222253**	**4955**	**12175**	**396493**
花山区	411	889	24977	1688	3958	112512	3079	7208	228194
雨山区	201	405	11713	1315	3019	84685	1360	3286	103089
博望区	43	113	4506	225	662	25056	516	1681	65210
当涂县									
含山县									
和县									
淮北市	**909**	**1970**	**58124**	**2982**	**7570**	**231280**	**4545**	**12346**	**405263**
杜集区	220	459	14118	798	2141	68915	1046	3074	100009
相山区	449	915	26612	1327	3055	90887	2592	6381	210109
烈山区	225	542	15789	746	1958	58314	557	1446	46787
濉溪县	15	54	1605	111	416	13164	350	1445	48358
铜陵市	**195**	**391**	**11374**	**1710**	**3990**	**109889**	**4118**	**9894**	**295604**
铜官区	141	290	7905	1478	3464	93960	3489	8211	241996
义安区	49	91	3109	144	351	10719	410	1041	32179
郊区	5	10	360	88	175	5210	219	642	21429
枞阳县									
安庆市	**440**	**983**	**32079**	**3848**	**8876**	**292652**	**8382**	**23364**	**868095**
迎江区	68	134	3973	1201	2520	75006	1853	4113	132163
大观区	225	470	14772	1710	3685	110744	1849	3943	128910
宜秀区	4	18	850	110	410	23729	214	852	48631
怀宁县									
太湖县									
宿松县									
望江县	31	81	2730	169	472	18898	669	2068	88720
岳西县									
安徽安庆经济开发区									
桐城市	78	190	6116	464	1256	43464	2503	8030	289570
潜山市	34	90	3638	194	533	20811	1294	4358	180101
黄山市	**186**	**431**	**14874**	**765**	**2200**	**79948**	**2095**	**6304**	**236225**
屯溪区	119	271	9201	539	1569	57806	1402	4194	157657
黄山区	22	52	1871	142	328	10500	375	970	33176
徽州区	41	96	3442	61	220	7999	280	1002	38951
歙县	4	12	360	19	67	2693	31	109	4911
休宁县				4	16	950	7	29	1530
黟县									
祁门县									
滁州市	**416**	**1054**	**33401**	**1986**	**5645**	**174886**	**4739**	**13502**	**455193**
琅琊区	150	402	12255	817	2362	72127	1890	5027	166341
南谯区	23	84	2612	187	534	18504	659	1733	64970
来安县									
全椒县									
定远县									
凤阳县									
苏滁现代产业园									
滁州经济技术开发区									
天长市	118	274	10733	433	1101	43815	1127	3325	124342
明光市	125	294	7801	549	1648	40440	1063	3417	99540

9−2a　续表 8　　　　单位：户、间、平方米

地　区	1970−1979年			1980−1989年			1990−1999年		
	户数	间数	面积	户数	间数	面积	户数	间数	面积
阜阳市	**276**	**663**	**20583**	**1752**	**4754**	**152322**	**5832**	**17085**	**598849**
颍州区	94	212	5904	693	2078	63754	2945	8832	292729
颍东区	52	106	3040	173	399	12494	732	1865	63833
颍泉区	71	216	6892	406	1129	36387	1003	3090	111052
临泉县									
太和县									
阜南县									
颍上县									
阜阳合肥现代产业园区									
阜阳经济技术开发区									
界首市	59	129	4747	480	1148	39687	1152	3298	131235
宿州市	**268**	**629**	**18112**	**1249**	**3596**	**114897**	**2820**	**8337**	**287829**
埇桥区	263	623	17722	1231	3548	111597	2774	8223	279702
砀山县									
萧县	5	6	390	18	48	3300	46	114	8127
灵璧县									
泗县									
宿州马鞍山现代产业园区									
宿州经济技术开发区									
六安市	**71**	**161**	**5965**	**198**	**625**	**21908**	**1368**	**4102**	**157355**
金安区	49	108	3896	92	299	10083	542	1491	58971
裕安区	1	2	150	13	64	1810	344	922	36754
叶集区	19	48	1843	78	215	8758	380	1294	51461
霍邱县	1	2	50	3	9	166	47	209	5207
舒城县	1	1	26	12	38	1091	55	186	4962
金寨县									
霍山县									
亳州市	**147**	**472**	**18660**	**749**	**2680**	**109578**	**2250**	**7641**	**341902**
谯城区	146	469	18590	737	2645	108548	2237	7600	339637
涡阳县									
蒙城县									
利辛县	1	3	70	12	35	1030	13	41	2265
池州市	**32**	**90**	**3044**	**157**	**449**	**16083**	**1611**	**4550**	**167689**
贵池区	31	86	2904	153	438	15523	1592	4483	164135
东至县									
石台县									
青阳县									
池州市国家经济技术开发区	1	4	140	4	11	560	19	67	3554
皖江江南新兴产业集中区									
九华山风景区									
宣城市	**243**	**562**	**21025**	**1162**	**2926**	**107009**	**3994**	**10948**	**419191**
宣州区	43	86	3031	458	1112	35190	1554	3920	131701
郎溪县									
泾县									
绩溪县									
旌德县									
宣城市经济开发区									
宁国市	71	165	5822	311	822	30841	1199	3331	128525
广德市	129	311	12172	393	992	40978	1241	3697	158965

9-2a 续表 9

单位：户、间、平方米

地　区	2000-2009年			2010-2014年			2015年以后		
	户数	间数	面积	户数	间数	面积	户数	间数	面积
安　徽	**172237**	**475628**	**18710630**	**135058**	**350972**	**13699318**	**86386**	**229750**	**8642348**
合肥市	**47121**	**122889**	**4741436**	**33348**	**83293**	**3179573**	**20987**	**53706**	**1910833**
瑶海区	10891	27464	1030718	6023	14660	536732	3369	8210	295548
庐阳区	6959	17526	667762	4306	10609	391634	2582	6791	240048
蜀山区	10327	27393	1088905	9388	23016	922534	3694	9451	331321
包河区	12704	33018	1280465	10346	26450	1003154	8309	21319	752447
长丰县									
肥东县									
肥西县	423	1116	41431	469	1193	39949	584	1543	51478
庐江县									
合肥高新技术产业开发区									
合肥经济技术开发区									
合肥新站高新技术产业开发区	1146	2857	114906	129	306	11958	722	1879	67284
巢湖市	4671	13515	517249	2687	7059	273612	1727	4513	172707
芜湖市	**18139**	**47074**	**1802222**	**15039**	**36708**	**1440012**	**6815**	**17856**	**698843**
镜湖区	5059	12810	506847	5311	12254	487360	2321	5709	231621
弋江区	6225	15723	596866	3256	8202	327258	1279	3442	131891
鸠江区	3526	9116	340451	3906	9830	383932	1444	3673	142248
三山区	1160	3036	108814	1212	2615	98393	354	989	36808
芜湖县	114	355	12386	24	62	2388	3	7	208
繁昌县									
南陵县									
芜湖经济技术开发区	15	48	1820	6	13	520	2	7	365
安徽芜湖长江大桥经济开发区									
无为市	2040	5986	235038	1324	3732	140161	1412	4029	155702
蚌埠市	**5030**	**12133**	**488810**	**6000**	**13485**	**528865**	**5822**	**13706**	**532586**
龙子湖区	1555	3822	144412	1152	2492	90238	1040	2401	90523
蚌山区	1150	2396	92881	1434	3349	132548	1525	3579	142019
禹会区	1348	3263	131892	1732	3804	150812	1975	4688	181854
淮上区	977	2652	119625	1682	3840	155267	1282	3038	118190
怀远县									
五河县									
固镇县									
蚌埠市高新技术开发区									
蚌埠市经济开发区									
淮南市	**13675**	**37960**	**1425858**	**9266**	**24516**	**931287**	**3349**	**8251**	**310350**
大通区	597	1526	53953	566	1417	56867	158	405	14401
田家庵区	8078	22751	875617	5228	13864	533964	2790	6781	255928
谢家集区	2569	6698	240184	1468	3813	145357	155	393	15296
八公山区	1479	3928	140417	1233	3226	114299	173	489	17396
潘集区	952	3057	115687	771	2196	80800	73	183	7329
凤台县									
寿县									

9-2a 续表 10

单位：户、间、平方米

地 区	2000-2009年			2010-2014年			2015年以后		
	户数	间数	面积	户数	间数	面积	户数	间数	面积
马鞍山市	**10202**	**26475**	**1046355**	**7369**	**18644**	**705405**	**2855**	**7473**	**284588**
花山区	5864	14777	576368	3307	8182	310097	1732	4607	176493
雨山区	3452	8738	350136	3554	8928	336269	989	2424	91893
博望区	886	2960	119851	508	1534	59039	134	442	16202
当涂县									
含山县									
和县									
淮北市	**9518**	**27943**	**1058454**	**5957**	**16223**	**625664**	**2923**	**7718**	**297357**
杜集区	1336	4400	154461	877	2638	94034	546	1501	54948
相山区	6903	18407	714763	3723	9145	364549	1939	4869	189261
烈山区	554	1542	55227	881	2115	78572	287	765	30019
濉溪县	725	3594	134003	476	2325	88509	151	583	23129
铜陵市	**5956**	**15855**	**564909**	**5391**	**14042**	**520163**	**2471**	**6627**	**248284**
铜官区	4354	11559	408846	3824	9902	371439	1903	5104	192708
义安区	979	2648	95800	1088	2976	107211	465	1253	45575
郊区	623	1648	60263	479	1164	41513	103	270	10001
枞阳县									
安庆市	**11134**	**32665**	**1298633**	**7155**	**20046**	**808144**	**4846**	**13768**	**535972**
迎江区	2051	5462	214963	2268	6270	255049	1566	4258	163301
大观区	1648	4173	157329	587	1286	52945	166	394	15173
宜秀区	589	1958	83714	667	1890	77031	1018	2967	118395
怀宁县									
太湖县									
宿松县									
望江县	1097	3333	147492	723	2093	86420	319	951	39734
岳西县									
安徽安庆经济开发区									
桐城市	3630	11335	424780	2111	6042	233490	1175	3363	130885
潜山市	2119	6404	270355	799	2465	103209	602	1835	68484
黄山市	**5702**	**17174**	**723895**	**2805**	**7810**	**318294**	**923**	**2653**	**103761**
屯溪区	3768	11203	475695	1984	5327	213622	683	1900	72824
黄山区	1074	3233	133996	348	1085	47264	120	367	15142
徽州区	776	2349	94318	391	1104	42827	105	313	12079
歙县	25	100	4853	24	97	5636	13	56	2976
休宁县	59	289	15033	58	197	8945	2	17	740
黟县									
祁门县									
滁州市	**7317**	**21542**	**798856**	**8997**	**24145**	**945407**	**4334**	**12484**	**467726**
琅琊区	1981	5430	200171	2671	6668	264259	976	2707	105012
南谯区	1179	3044	120258	2281	5891	233075	1214	3401	130845
来安县									
全椒县									
定远县									
凤阳县									
苏滁现代产业园									
滁州经济技术开发区									
天长市	2544	7705	306545	2770	7837	321393	736	2207	91865
明光市	1613	5363	171882	1275	3749	126680	1408	4169	140004

9-2a 续表 11 单位：户、间、平方米

地区	2000-2009年			2010-2014年			2015年以后		
	户数	间数	面积	户数	间数	面积	户数	间数	面积
阜阳市	**8035**	**24788**	**1019684**	**6909**	**19698**	**811742**	**7194**	**20372**	**754591**
颍州区	3271	9968	383058	2359	6707	263748	3240	9127	325940
颍东区	1371	3949	158552	1049	2786	115727	1751	4742	176878
颍泉区	1720	5603	243536	1688	5052	207781	1152	3434	135139
临泉县									
太和县									
阜南县									
颍上县									
阜阳合肥现代产业园区									
阜阳经济技术开发区									
界首市	1673	5268	234538	1813	5153	224486	1051	3069	116634
宿州市	**5840**	**17459**	**724737**	**4671**	**12332**	**516079**	**5008**	**13227**	**511880**
埇桥区	5787	17303	713917	4606	12133	501961	4996	13201	510193
砀山县									
萧县	53	156	10820	65	199	14118	12	26	1687
灵璧县									
泗县									
宿州马鞍山现代产业园区									
宿州经济技术开发区									
六安市	**7132**	**19174**	**772317**	**7574**	**19915**	**769496**	**7750**	**21419**	**811451**
金安区	2780	7148	280166	3035	7572	297812	4576	12414	472478
裕安区	3695	9712	391023	3916	10427	394764	2908	8188	305921
叶集区	605	2098	95658	570	1727	71974	245	740	31207
霍邱县	23	110	2954	10	46	1390	3	13	355
舒城县	29	106	2516	43	143	3556	18	64	1490
金寨县									
霍山县									
亳州市	**3952**	**13724**	**669090**	**4986**	**13957**	**573565**	**5470**	**14951**	**576541**
谯城区	3891	13470	660364	4960	13877	570840	5457	14905	574551
涡阳县									
蒙城县									
利辛县	61	254	8726	26	80	2725	13	46	1990
池州市	**4757**	**14142**	**555720**	**3566**	**9599**	**371006**	**1679**	**4653**	**176185**
贵池区	4581	13597	530533	3243	8819	341950	1576	4395	166880
东至县									
石台县									
青阳县									
池州市国家经济技术开发区	175	542	25067	130	351	13538	37	116	3971
皖江江南新兴产业集中区	1	3	120	193	429	15518	66	142	5334
九华山风景区									
宣城市	**8727**	**24631**	**1019654**	**6025**	**16559**	**654616**	**3960**	**10886**	**421400**
宣州区	2357	6556	250332	2809	7525	283875	1447	3908	147464
郎溪县									
泾县									
绩溪县									
旌德县									
宣城市经济开发区									
宁国市	3566	9900	405619	1657	4601	186872	1281	3606	137315
广德市	2804	8175	363703	1559	4433	183869	1232	3372	136621

9-2b　各地区按住房建成时间分的家庭户住房状况(镇)

单位：户、间、平方米

地　区	合　计			1949年以前		
	户数	间数	面积	户数	间数	面积
安　徽	**595803**	**1817019**	**69505290**	**624**	**1655**	**56470**
合肥市	**101944**	**273138**	**9805412**	**47**	**123**	**4041**
瑶海区	791	2043	73405			
庐阳区	2197	6455	236650			
蜀山区	1018	2829	99349			
包河区						
长丰县	14468	39214	1332501			
肥东县	18806	50533	1860429	12	23	1003
肥西县	16666	42158	1475077	13	36	1160
庐江县	15650	45343	1657422	9	32	895
合肥高新技术产业开发区	6968	17786	656912			
合肥经济技术开发区	13186	34315	1267131	1	2	70
合肥新站高新技术产业开发区	8767	22557	775345			
巢湖市	3427	9905	371191	12	30	913
芜湖市	**38265**	**105502**	**3921054**	**33**	**83**	**2655**
镜湖区	36	85	3568			
弋江区						
鸠江区	2673	8069	297531	1	4	200
三山区	632	1868	75661			
芜湖县	7075	19275	707557	3	7	240
繁昌县	5294	14293	542152	5	9	325
南陵县	8336	22650	880885	18	40	1245
芜湖经济技术开发区	5423	12873	489287			
安徽芜湖长江大桥经济开发区	555	1376	54482			
无为市	8241	25013	869931	6	23	645
蚌埠市	**32923**	**93985**	**3760568**	**4**	**11**	**425**
龙子湖区	302	926	34862			
蚌山区						
禹会区	288	973	35560			
淮上区	882	2320	98208			
怀远县	9695	29818	1202961	4	11	425
五河县	7063	21173	859042			
固镇县	4618	13309	507823			
蚌埠市高新技术开发区	1909	4788	186319			
蚌埠市经济开发区	8166	20678	835793			
淮南市	**25041**	**75883**	**2596508**	**42**	**104**	**2838**
大通区	2708	8814	321057	11	28	729
田家庵区	402	1479	52762			
谢家集区	137	383	14635			
八公山区	2	6	200			
潘集区	2314	7369	258563			
凤台县	7233	21425	797336	3	4	120
寿县	12245	36407	1151955	28	72	1989

9-2b 续表 1 单位：户、间、平方米

地区	合计			1949年以前		
	户数	间数	面积	户数	间数	面积
马鞍山市	**22260**	**63662**	**2434439**	**36**	**101**	**2897**
花山区						
雨山区						
博望区	338	995	49115	6	21	760
当涂县	9229	25869	984290	7	17	391
含山县	6222	18962	679782	19	56	1448
和县	6471	17836	721252	4	7	298
淮北市	**14280**	**46810**	**1724108**	**5**	**11**	**402**
杜集区	1691	5514	189521	2	6	280
相山区						
烈山区	1263	3879	113081			
濉溪县	11326	37417	1421506	3	5	122
铜陵市	**10182**	**33719**	**1149499**	**6**	**18**	**456**
铜官区	1	1	15			
义安区	926	2835	113807			
郊区	1105	3228	110484			
枞阳县	8150	27655	925193	6	18	456
安庆市	**41008**	**134352**	**5273944**	**30**	**81**	**2589**
迎江区						
大观区	655	3087	125786			
宜秀区	890	3260	141904	1	2	80
怀宁县	8254	26381	1052386	2	4	200
太湖县	5799	18464	702709	6	18	605
宿松县	8095	26832	1182634	1	2	60
望江县	1736	5572	249368	2	3	180
岳西县	3908	14264	467088			
安徽安庆经济开发区	4598	12321	461480	2	7	208
桐城市	3863	12868	459330	14	38	1078
潜山市	3210	11303	431259	2	7	178
黄山市	**13194**	**44230**	**1762402**	**145**	**433**	**16778**
屯溪区	187	960	37212			
黄山区	798	2865	120230	9	20	720
徽州区	391	1723	76140	8	27	1044
歙县	5230	17826	696653	40	157	5723
休宁县	2803	8976	384251	29	73	2645
黟县	1200	3668	139725	49	134	5453
祁门县	2585	8212	308191	10	22	1193
滁州市	**49457**	**148658**	**5435837**	**20**	**55**	**1596**
琅琊区						
南谯区	2042	5623	199226			
来安县	7391	22192	841559	2	14	440
全椒县	8513	23463	855379	8	18	586
定远县	9516	29578	983551	1	3	100
凤阳县	9358	29077	1017001	4	8	170
苏滁现代产业园	484	1205	46665			
滁州经济技术开发区	3046	7982	313226			
天长市	6397	20256	896550	4	9	230
明光市	2710	9282	282680	1	3	70

9-2b 续表 2

单位：户、间、平方米

地 区	合 计			1949年以前		
	户数	间数	面积	户数	间数	面积
阜阳市	**70309**	**245053**	**9957853**	**20**	**45**	**1556**
颍州区	1862	7739	386073			
颍东区	2190	9422	400530			
颍泉区	2725	11076	402181			
临泉县	13608	46778	1916433	1	2	80
太和县	20256	71259	2610520	5	10	256
阜南县	9460	28425	1205725	7	16	470
颍上县	13805	49560	2145394	7	17	750
阜阳合肥现代产业园区	151	672	27998			
阜阳经济技术开发区	2859	8196	344816			
界首市	3393	11926	518183			
宿州市	**49826**	**166116**	**6404026**	**13**	**36**	**1349**
埇桥区	5658	19181	700994	1	2	105
砀山县	12005	45613	1608220	8	25	844
萧县	11161	35227	1367913	3	6	310
灵璧县	10184	31851	1296054			
泗县	8479	26684	1114553	1	3	90
宿州马鞍山现代产业园区	734	2217	94366			
宿州经济技术开发区	1605	5343	221926			
六安市	**42724**	**122471**	**4730343**	**61**	**131**	**4213**
金安区	4798	11547	445257	31	53	1901
裕安区	2579	7584	310261	12	29	880
叶集区	790	2499	102486			
霍邱县	9810	29198	1149869	1	4	93
舒城县	11193	31823	1144686	10	26	692
金寨县	6696	18750	757529	3	7	290
霍山县	6858	21070	820255	4	12	357
亳州市	**43113**	**139240**	**5722116**	**25**	**90**	**2493**
谯城区	4034	12660	620445	4	11	280
涡阳县	12437	39640	1550656	8	35	725
蒙城县	13475	44894	1863222	11	32	978
利辛县	13167	42046	1687793	2	12	510
池州市	**15068**	**48514**	**1836356**	**20**	**52**	**1953**
贵池区	1227	4353	166957	4	10	270
东至县	8319	27206	994169	11	21	863
石台县	1199	3723	137762	2	7	200
青阳县	4246	12895	526455	2	9	430
池州市国家经济技术开发区						
皖江江南新兴产业集中区						
九华山风景区	77	337	11013	1	5	190
宣城市	**26209**	**75686**	**2990825**	**117**	**281**	**10229**
宣州区	3728	10140	372181	29	57	2203
郎溪县	6616	18132	725132	7	14	685
泾县	5046	13872	546159	54	133	4559
绩溪县	2885	9492	374336	13	43	1637
旌德县	2251	7187	274793	7	16	593
宣城市经济开发区	2521	7110	269009			
宁国市	1006	3173	140971	5	14	412
广德市	2156	6580	288244	2	4	140

9－2b 续表 3

单位：户、间、平方米

地区	1949－1959年			1960－1969年		
	户数	间数	面积	户数	间数	面积
安 徽	**689**	**1726**	**56444**	**1918**	**4712**	**155103**
合肥市	**69**	**161**	**4827**	**165**	**384**	**12081**
瑶海区				4	8	225
庐阳区						
蜀山区				3	10	355
包河区						
长丰县	7	17	420	29	63	1894
肥东县	22	45	1479	38	71	2647
肥西县	1	2	60	8	19	470
庐江县	29	73	2089	44	118	3344
合肥高新技术产业开发区						
合肥经济技术开发区				1	3	87
合肥新站高新技术产业开发区				4	16	520
巢湖市	10	24	779	34	76	2539
芜湖市	**41**	**86**	**3535**	**109**	**238**	**8960**
镜湖区						
弋江区						
鸠江区	6	9	410	3	9	535
三山区						
芜湖县	2	4	210	7	12	474
繁昌县	10	20	740	17	31	975
南陵县	13	31	1253	34	71	2710
芜湖经济技术开发区				2	11	420
安徽芜湖长江大桥经济开发区				2	2	75
无为市	10	22	922	44	102	3771
蚌埠市	**33**	**125**	**4020**	**71**	**195**	**6524**
龙子湖区	1	4	260			
蚌山区						
禹会区				1	4	80
淮上区				5	16	550
怀远县	17	67	2180	53	145	4924
五河县	12	50	1405	10	26	860
固镇县	3	4	175	2	4	110
蚌埠市高新技术开发区						
蚌埠市经济开发区						
淮南市	**77**	**175**	**4854**	**150**	**382**	**11173**
大通区	22	50	1197	60	158	3925
田家庵区						
谢家集区				1	4	80
八公山区						
潘集区						
凤台县	19	47	1478	8	19	551
寿县	36	78	2179	81	201	6617

9-2b　续表 4　　　　单位：户、间、平方米

地　区	1949-1959年			1960-1969年		
	户数	间数	面积	户数	间数	面积
马鞍山市	**48**	**103**	**3721**	**104**	**224**	**8348**
花山区						
雨山区						
博望区	1	2	50	6	17	820
当涂县	11	31	1129	34	81	2822
含山县	18	33	1124	16	32	1114
和县	18	37	1418	48	94	3592
淮北市	**6**	**17**	**550**	**38**	**139**	**3678**
杜集区	1	2	120	11	42	1270
相山区						
烈山区	3	10	310	10	49	1152
濉溪县	2	5	120	17	48	1256
铜陵市	**22**	**51**	**1478**	**101**	**215**	**6211**
铜官区						
义安区	2	4	170	7	11	525
郊区	11	20	510	57	96	2163
枞阳县	9	27	798	37	108	3523
安庆市	**34**	**83**	**2918**	**97**	**266**	**9814**
迎江区						
大观区	1	5	120	2	6	180
宜秀区				2	7	200
怀宁县	9	22	810	10	24	1014
太湖县	7	13	380	13	31	1094
宿松县	3	10	290	18	48	1670
望江县	5	10	560	4	8	422
岳西县	2	4	160	10	18	727
安徽安庆经济开发区	1	2	69	2	6	275
桐城市	6	17	529	32	108	3858
潜山市				4	10	374
黄山市	**27**	**60**	**2362**	**147**	**365**	**13260**
屯溪区				1	2	120
黄山区	1	2	80	15	36	1577
徽州区	1	3	160	4	11	386
歙县	12	31	1215	45	134	4488
休宁县	5	9	370	41	104	4030
黟县	2	5	205	12	22	703
祁门县	6	10	332	29	56	1956
滁州市	**56**	**142**	**4481**	**122**	**309**	**9415**
琅琊区						
南谯区	2	7	215	2	8	178
来安县	12	32	931	24	60	1756
全椒县	3	5	180	21	49	1366
定远县	10	29	1113	38	99	3033
凤阳县	25	51	1582	24	60	1854
苏滁现代产业园						
滁州经济技术开发区						
天长市	1	3	180	7	20	915
明光市	3	15	280	6	13	313

9-2b 续表 5

单位：户、间、平方米

地区	1949-1959年			1960-1969年		
	户数	间数	面积	户数	间数	面积
阜阳市	**41**	**111**	**3554**	**108**	**294**	**9607**
颍州区				2	8	250
颍东区				2	9	300
颍泉区				6	12	350
临泉县	7	25	720	12	28	1129
太和县	21	50	1694	30	73	2022
阜南县	1	3	60	19	62	2000
颍上县	11	31	1030	35	97	3376
阜阳合肥现代产业园区						
阜阳经济技术开发区						
界首市	1	2	50	2	5	180
宿州市	**69**	**230**	**7393**	**123**	**340**	**9985**
埇桥区	12	29	1121	25	69	1881
砀山县	35	149	4325	52	151	4578
萧县	13	27	1105	25	74	2012
灵璧县	5	8	287	14	28	739
泗县	3	15	480	5	13	575
宿州马鞍山现代产业园区				1	1	40
宿州经济技术开发区	1	2	75	1	4	160
六安市	**50**	**120**	**3778**	**151**	**376**	**12830**
金安区	2	4	130	1	1	90
裕安区	5	14	330	15	36	1462
叶集区				1	1	70
霍邱县	9	26	660	39	108	3005
舒城县	8	15	508	21	53	1533
金寨县	20	45	1480	30	69	2547
霍山县	6	16	670	44	108	4123
亳州市	**37**	**86**	**2962**	**101**	**200**	**6136**
谯城区	5	6	230	3	7	200
涡阳县	15	35	1280	13	28	858
蒙城县	15	38	1092	56	111	3458
利辛县	2	7	360	29	54	1620
池州市	**24**	**54**	**1668**	**63**	**162**	**5144**
贵池区	1	3	120	4	11	354
东至县	16	34	1005	30	85	2696
石台县				5	11	355
青阳县	6	13	413	24	55	1739
池州市国家经济技术开发区						
皖江江南新兴产业集中区						
九华山风景区	1	4	130			
宣城市	**55**	**122**	**4343**	**268**	**623**	**21937**
宣州区	12	23	870	32	69	2453
郎溪县	3	7	205	33	65	2417
泾县	17	39	1360	75	164	5156
绩溪县	7	17	612	25	65	2224
旌德县	6	12	431	21	54	1870
宣城市经济开发区				9	19	698
宁国市	5	16	517	43	104	4219
广德市	5	8	348	30	83	2900

9-2b 续表 6　　单位：户、间、平方米

地区	1970-1979年			1980-1989年			1990-1999年		
	户数	间数	面积	户数	间数	面积	户数	间数	面积
安　徽	**7327**	**18592**	**616321**	**33409**	**95059**	**3241054**	**102808**	**316236**	**11576543**
合肥市	**705**	**1742**	**61435**	**3355**	**9070**	**316031**	**11866**	**32724**	**1195163**
瑶海区	1	2	112	8	15	575	116	289	11354
庐阳区				8	19	455	5	15	425
蜀山区	20	64	2308	97	296	10514	309	834	30170
包河区									
长丰县	92	214	7008	289	840	27697	1274	3634	124964
肥东县	214	507	19875	1060	2714	102898	2962	7727	308418
肥西县	46	98	3356	426	1076	33589	1444	3426	112053
庐江县	165	425	13909	732	2036	67724	3644	10931	393921
合肥高新技术产业开发区	7	14	450	102	211	5916	357	761	25552
合肥经济技术开发区	13	44	1948	75	264	9524	369	1126	38635
合肥新站高新技术产业开发区	13	52	1730	20	56	2605	290	789	27681
巢湖市	134	322	10739	538	1543	54534	1096	3192	121990
芜湖市	**424**	**1031**	**35696**	**2356**	**6302**	**220253**	**7173**	**21354**	**771985**
镜湖区							10	19	868
弋江区									
鸠江区	31	72	2157	261	661	24127	792	2419	86468
三山区									
芜湖县	62	149	5455	370	990	33984	920	2650	99083
繁昌县	76	167	5570	365	922	32665	1009	2899	106983
南陵县	96	225	8258	405	1121	40531	1589	4742	178772
芜湖经济技术开发区	14	49	2284	77	238	9834	178	504	19304
安徽芜湖长江大桥经济开发区	1	1	30	5	8	335	34	107	4768
无为市	144	368	11942	873	2362	78777	2641	8014	275739
蚌埠市	**238**	**618**	**25182**	**1385**	**3601**	**122562**	**3326**	**9666**	**363660**
龙子湖区	1	4	150	7	26	793	69	228	8514
蚌山区									
禹会区	11	44	1600	19	82	2817	55	206	6013
淮上区	6	11	502	40	110	4096	113	359	17223
怀远县	131	345	15938	539	1546	56071	1316	4147	161771
五河县	42	103	3290	213	528	18732	652	1973	73680
固镇县	38	93	3220	200	533	18477	553	1597	57164
蚌埠市高新技术开发区				77	170	4624	110	248	8290
蚌埠市经济开发区	9	18	482	290	606	16952	458	908	31005
淮南市	**401**	**964**	**28091**	**1533**	**4275**	**129381**	**6600**	**20413**	**651727**
大通区	70	169	4390	194	554	17488	519	1928	72777
田家庵区	3	7	280	2	11	260	75	303	10305
谢家集区	2	5	205	2	5	140	33	89	3435
八公山区									
潘集区	87	176	4722	220	522	16173	669	2052	64222
凤台县	73	184	5464	339	950	30285	1457	4180	145571
寿县	166	423	13030	776	2233	65035	3847	11861	355417

9-2b 续表 7 单位：户、间、平方米

地区	1970-1979年			1980-1989年			1990-1999年		
	户数	间数	面积	户数	间数	面积	户数	间数	面积
马鞍山市	**460**	**1043**	**36056**	**1772**	**4833**	**164550**	**5266**	**15267**	**573203**
花山区									
雨山区									
博望区	7	20	780	34	64	3259	107	321	15667
当涂县	165	400	13427	661	1795	62683	2027	5887	210978
含山县	115	258	7999	524	1521	46025	1383	4189	142779
和县	173	365	13850	553	1453	52583	1749	4870	203779
淮北市	**343**	**919**	**29998**	**1249**	**3617**	**119542**	**2663**	**8413**	**294419**
杜集区	120	322	11880	346	995	35291	433	1393	44287
相山区									
烈山区	92	248	6974	293	778	22383	376	1145	30981
濉溪县	131	349	11144	610	1844	61868	1854	5875	219151
铜陵市	**129**	**320**	**9713**	**603**	**1805**	**57537**	**3223**	**11476**	**376212**
铜官区									
义安区	25	57	2100	122	309	11149	261	768	30176
郊区	36	86	2446	73	176	5799	277	940	32158
枞阳县	68	177	5167	408	1320	40589	2685	9768	313878
安庆市	**242**	**642**	**22237**	**1733**	**5321**	**194698**	**8602**	**28719**	**1111235**
迎江区									
大观区	15	53	1555	50	218	8041	274	1351	57498
宜秀区	4	10	310	66	233	11450	387	1531	67736
怀宁县	68	171	6283	406	1231	47094	1989	6994	272890
太湖县	22	62	2066	185	579	19065	858	2668	95347
宿松县	53	112	3933	292	798	31980	1169	3737	161844
望江县	11	29	1062	84	226	9531	490	1509	68529
岳西县	17	55	1793	117	301	9244	404	1373	42929
安徽安庆经济开发区				203	656	20380	1063	2660	88085
桐城市	41	117	4292	217	708	25083	1219	4082	148330
潜山市	11	33	943	113	371	12830	749	2814	108047
黄山市	**416**	**1154**	**40133**	**1451**	**4534**	**169903**	**2257**	**7791**	**297618**
屯溪区	1	2	90	34	157	7127	50	300	10733
黄山区	44	103	4143	161	423	16711	141	491	18860
徽州区	12	45	1830	71	278	12099	103	440	20279
歙县	118	393	12920	542	1837	64267	940	3291	124744
休宁县	119	308	11530	247	746	30501	425	1453	59975
黟县	53	126	4221	127	352	12895	247	782	27299
祁门县	69	177	5399	269	741	26303	351	1034	35728
滁州市	**700**	**1828**	**55476**	**3686**	**11004**	**357013**	**8575**	**25984**	**893821**
琅琊区									
南谯区	61	199	5050	119	372	11911	224	717	21275
来安县	84	227	7337	525	1538	51398	1324	3886	140979
全椒县	118	309	8880	658	1902	61602	1626	4673	164593
定远县	125	371	10744	750	2404	73604	1892	5833	180175
凤阳县	149	339	9468	786	2312	72306	1716	5256	176599
苏滁现代产业园									
滁州经济技术开发区	23	54	2540	3	11	613	54	151	5320
天长市	104	241	8989	565	1602	62520	1115	3405	143721
明光市	36	88	2468	280	863	23059	624	2063	61159

9-2b　续表 8　　　　单位：户、间、平方米

地　　区	1970—1979年			1980—1989年			1990—1999年		
	户数	间数	面积	户数	间数	面积	户数	间数	面积
阜阳市	**580**	**1615**	**53612**	**3488**	**10216**	**343494**	**11529**	**36292**	**1349080**
颍州区	9	47	2020	105	360	16206	328	1253	61115
颍东区	32	86	2866	108	340	12318	308	1178	44425
颍泉区	17	46	1327	119	380	11452	395	1280	43910
临泉县	130	363	11431	603	1781	58439	1929	5916	218768
太和县	168	476	14896	1148	3444	102238	3447	10847	348398
阜南县	55	145	5485	350	874	31176	1727	5019	201373
颍上县	131	359	12222	766	2299	87366	2412	7790	310660
阜阳合肥现代产业园区	1	3	110	7	17	530	22	98	3880
阜阳经济技术开发区	3	9	346	35	101	3232	289	857	37663
界首市	34	81	2909	247	620	20537	672	2054	78888
宿州市	**652**	**1800**	**58470**	**2933**	**8994**	**302149**	**7529**	**25218**	**907844**
埇桥区	184	471	13649	552	1564	44376	989	3148	105927
砀山县	208	689	21410	865	3071	100853	1947	7807	257669
萧县	115	295	10380	705	1965	66608	2052	6315	238730
灵璧县	98	212	7454	476	1293	47741	1422	4027	150648
泗县	41	115	4612	307	957	36861	990	3257	127254
宿州马鞍山现代产业园区	1	4	260	3	15	780	31	132	5030
宿州经济技术开发区	5	14	705	25	129	4930	98	532	22586
六安市	**509**	**1226**	**40781**	**2120**	**5396**	**189494**	**9198**	**27016**	**1018493**
金安区	35	81	3065	151	347	14923	889	2045	78786
裕安区	29	69	2287	125	338	13177	599	1878	75872
叶集区	6	19	630	28	84	3095	254	793	31561
霍邱县	120	321	9401	536	1454	48666	2772	8443	322639
舒城县	115	262	8348	704	1713	55084	2806	8406	290442
金寨县	93	213	7887	243	570	21971	898	2454	108223
霍山县	111	261	9163	333	890	32578	980	2997	110970
亳州市	**547**	**1361**	**42635**	**2379**	**6669**	**223299**	**6879**	**20289**	**791191**
谯城区	26	78	3111	187	466	19791	705	2035	92969
涡阳县	136	319	9102	721	2060	68520	2355	7068	267472
蒙城县	248	611	19508	799	2248	75803	1955	6008	241678
利辛县	137	353	10914	672	1895	59185	1864	5178	189072
池州市	**254**	**641**	**20090**	**1123**	**3253**	**109009**	**3109**	**10662**	**404639**
贵池区	11	29	870	79	217	8498	278	1018	38845
东至县	163	427	12505	710	2070	65447	1642	5803	208952
石台县	15	31	1128	104	322	10920	224	660	23236
青阳县	62	138	5177	220	593	22534	924	3006	128193
池州市国家经济技术开发区									
皖江江南新兴产业集中区									
九华山风景区	3	16	410	10	51	1610	41	175	5413
宣城市	**727**	**1688**	**56716**	**2243**	**6169**	**222139**	**5013**	**14952**	**576253**
宣州区	88	186	6847	423	1053	35529	882	2485	89502
郎溪县	112	269	9123	484	1223	44197	1201	3310	126974
泾县	180	396	12924	336	866	29867	856	2244	85464
绩溪县	125	312	8614	317	1063	38767	640	2241	86018
旌德县	100	241	7945	247	716	24112	511	1720	62645
宣城市经济开发区	16	41	1543	42	119	3893	146	468	19178
宁国市	39	87	3477	133	372	15715	236	754	32675
广德市	67	156	6243	261	757	30059	541	1730	73797

9-2b 续表 9

单位：户、间、平方米

地　区	2000-2009年			2010-2014年			2015年以后		
	户数	间数	面积	户数	间数	面积	户数	间数	面积
安　徽	**191862**	**607272**	**23847536**	**163134**	**493073**	**19414741**	**94032**	**278694**	**10541078**
合肥市	**30424**	**82764**	**3073265**	**32184**	**82921**	**2971402**	**23129**	**63249**	**2167167**
瑶海区	124	364	13295	271	744	25346	267	621	22498
庐阳区	390	1098	45684	855	2402	90368	939	2921	99718
蜀山区	235	663	23931	335	915	30676	19	47	1395
包河区									
长丰县	3271	8727	302460	6478	17024	586583	3028	8695	281475
肥东县	5160	13839	538882	4625	12385	436269	4713	13222	448958
肥西县	4174	10831	390542	5515	13419	487568	5039	13251	446279
庐江县	5504	16275	611974	3779	10508	384769	1744	4945	178797
合肥高新技术产业开发区	2186	5928	223436	2503	5961	223183	1813	4911	178375
合肥经济技术开发区	5379	14223	535546	4415	11158	407720	2933	7495	273601
合肥新站高新技术产业开发区	2876	7459	259165	3059	7375	260194	2505	6810	223450
巢湖市	1125	3357	128350	349	1030	38726	129	331	12621
芜湖市	**13129**	**37289**	**1394906**	**10732**	**27981**	**1058311**	**4268**	**11138**	**424753**
镜湖区	10	25	1068	15	40	1592	1	1	40
弋江区									
鸠江区	1033	3325	122973	334	993	38532	212	577	22129
三山区	35	144	8439	294	823	32900	303	901	34322
芜湖县	2331	6366	230021	2557	6756	248847	823	2341	89243
繁昌县	1712	4759	181542	1663	4387	169256	437	1099	44096
南陵县	2508	6944	280801	2563	6401	250547	1110	3075	116768
芜湖经济技术开发区	2563	6517	246174	1803	4137	155184	786	1417	56087
安徽芜湖长江大桥经济开发区	49	164	6212	428	1003	39465	36	91	3597
无为市	2888	9045	317676	1075	3441	121988	560	1636	58471
蚌埠市	**10475**	**31662**	**1328779**	**9915**	**27364**	**1096709**	**7476**	**20743**	**812707**
龙子湖区	88	353	14693	128	288	9757	8	23	695
蚌山区									
禹会区	100	319	13193	37	160	5568	65	158	6289
淮上区	187	666	31642	471	997	37562	60	161	6633
怀远县	3356	11022	461321	2551	7578	307453	1728	4957	192878
五河县	1581	5291	225676	3058	8727	356346	1495	4475	179053
固镇县	1421	4415	174166	1128	3183	122095	1273	3480	132416
蚌埠市高新技术开发区	513	1272	51787	567	1411	58042	642	1687	63576
蚌埠市经济开发区	3229	8324	356301	1975	5020	199886	2205	5802	231167
淮南市	**8331**	**26633**	**944166**	**5650**	**16817**	**605014**	**2257**	**6120**	**219264**
大通区	1003	3621	134163	712	1972	73536	117	334	12852
田家庵区	262	889	32977	53	247	8280	7	22	660
谢家集区	64	192	7235	32	77	3230	3	11	310
八公山区				2	6	200			
潘集区	802	3019	111952	305	1181	47069	231	419	14425
凤台县	2796	8619	330704	1730	5273	200220	808	2149	82943
寿县	3404	10293	327135	2816	8061	272479	1091	3185	108074

9-2b　续表 10　　　　单位：户、间、平方米

地　区	2000—2009年			2010—2014年			2015年以后		
	户数	间数	面积	户数	间数	面积	户数	间数	面积
马鞍山市	**7613**	**22468**	**887664**	**5030**	**14135**	**554750**	**1931**	**5488**	**203250**
花山区									
雨山区									
博望区	105	328	15685	47	136	8159	25	86	3935
当涂县	3196	9128	356291	2504	6792	272797	624	1738	63772
含山县	2045	6640	246886	1440	4304	161166	662	1929	71241
和县	2267	6372	268802	1039	2903	112628	620	1735	64302
淮北市	**3952**	**14106**	**526947**	**4643**	**15135**	**582279**	**1381**	**4453**	**166293**
杜集区	379	1302	45471	342	1254	44069	57	198	6853
相山区									
烈山区	248	837	24454	217	713	23277	24	99	3550
濉溪县	3325	11967	457022	4084	13168	514933	1300	4156	155890
铜陵市	**3503**	**12020**	**417630**	**1977**	**5916**	**213142**	**618**	**1898**	**67120**
铜官区	1	1	15						
义安区	376	1253	51911	108	354	14253	25	79	3523
郊区	360	1139	39464	257	670	24285	34	101	3659
枞阳县	2766	9627	326240	1612	4892	174604	559	1718	59938
安庆市	**16365**	**54825**	**2159616**	**9162**	**29724**	**1192723**	**4743**	**14691**	**578114**
迎江区									
大观区	216	1035	42170	75	288	11634	22	131	4588
宜秀区	280	1057	44463	125	349	14725	25	71	2940
怀宁县	3439	10804	439867	1738	5216	207786	593	1915	76442
太湖县	2185	7277	276139	1430	4465	177993	1093	3351	130020
宿松县	3181	10912	482446	2404	8084	364405	974	3129	136006
望江县	730	2414	102848	287	973	47130	123	400	19106
岳西县	1651	6402	209072	1205	4454	148507	502	1657	54656
安徽安庆经济开发区	2041	5558	216251	538	1452	56723	748	1980	79489
桐城市	1316	4597	163762	732	2329	82610	286	872	29788
潜山市	1326	4769	182598	628	2114	81210	377	1185	45079
黄山市	**4197**	**14573**	**602488**	**3345**	**11006**	**446402**	**1209**	**4314**	**173458**
屯溪区	46	282	10860	44	162	6528	11	55	1754
黄山区	185	700	30392	136	572	25882	106	518	21865
徽州区	118	542	23356	52	270	11960	22	107	5026
歙县	1773	6106	250812	1379	4549	180045	381	1328	52439
休宁县	1008	3332	148480	645	2065	90186	284	886	36534
黟县	336	1095	41938	311	893	36738	63	259	10273
祁门县	731	2516	96650	778	2495	95063	342	1161	45567
滁州市	**15448**	**48923**	**1843103**	**15320**	**44496**	**1685591**	**5530**	**15917**	**585341**
琅琊区									
南谯区	228	770	24255	1258	3145	121228	148	405	15114
来安县	1959	6268	251635	2646	7801	299950	815	2366	87133
全椒县	2149	5981	231521	2462	6315	238795	1468	4211	147856
定远县	3545	11196	380233	2315	7155	247453	840	2488	87096
凤阳县	2962	9804	351304	2899	8876	319564	793	2371	84154
苏滁现代产业园				39	95	3798	445	1110	42867
滁州经济技术开发区	769	1984	80715	1460	3733	145191	737	2049	78847
天长市	2732	8930	399782	1664	5377	246053	205	669	34160
明光市	1104	3990	123658	577	1999	63559	79	248	8114

9-2b 续表 11

单位：户、间、平方米

地区	2000-2009年			2010-2014年			2015年以后		
	户数	间数	面积	户数	间数	面积	户数	间数	面积
阜阳市	**24110**	**85065**	**3505661**	**18350**	**70333**	**3007520**	**12083**	**41082**	**1683769**
颍州区	535	2722	147378	556	2321	117409	327	1028	41695
颍东区	704	3144	133525	662	3039	135696	374	1626	71400
颍泉区	997	4198	156141	750	3481	125615	441	1679	63386
临泉县	4716	16423	664817	3463	12775	559117	2747	9465	401932
太和县	6239	22803	859167	5288	20531	792581	3910	13025	489268
阜南县	3807	11362	481586	2078	6705	300556	1416	4239	183019
颍上县	4241	15189	656876	4111	16298	751943	2091	7480	321171
阜阳合肥现代产业园区	67	348	14053	41	156	7425	13	50	2000
阜阳经济技术开发区	1762	5050	222114	525	1496	56245	245	683	25216
界首市	1042	3826	170004	876	3531	160933	519	1807	84682
宿州市	**15198**	**53633**	**2110567**	**14546**	**48402**	**1961857**	**8763**	**27463**	**1044412**
埇桥区	2048	7144	269266	1079	4019	160140	768	2735	104529
砀山县	3251	13273	470558	3472	13158	484833	2167	7290	263150
萧县	3720	12743	504614	3267	9947	398080	1261	3855	146074
灵璧县	2945	9566	394967	3101	10308	443111	2123	6409	251107
泗县	2591	8373	355022	2566	8073	356896	1975	5878	232763
宿州马鞍山现代产业园区	153	616	29772	392	1053	44743	153	396	13741
宿州经济技术开发区	490	1918	86368	669	1844	74054	316	900	33048
六安市	**13225**	**39176**	**1557431**	**9776**	**27462**	**1084583**	**7634**	**21568**	**818740**
金安区	1378	3143	120215	1552	3843	150613	759	2030	75534
裕安区	968	2932	123774	474	1349	55794	352	939	36685
叶集区	314	1022	42725	153	475	19831	34	105	4574
霍邱县	2797	8384	340572	2256	6737	276178	1280	3721	148655
舒城县	3489	10267	379917	2050	5596	208666	1990	5485	199496
金寨县	1870	5571	235846	1345	3626	143480	2194	6195	235805
霍山县	2409	7857	314382	1946	5836	230021	1025	3093	117991
亳州市	**13254**	**44964**	**1906475**	**12545**	**42183**	**1810318**	**7346**	**23398**	**936607**
谯城区	1262	3997	199104	1197	3949	203217	645	2111	101543
涡阳县	4250	14841	586099	2997	9293	391217	1942	5961	225383
蒙城县	3444	12390	551167	4120	14388	606989	2827	9068	362549
利辛县	4298	13736	570105	4231	14553	608895	1932	6258	247132
池州市	**5015**	**16655**	**650358**	**3354**	**10567**	**396736**	**2106**	**6468**	**246759**
贵池区	536	2062	79596	272	840	32693	42	163	5711
东至县	2657	8786	330839	1985	6472	239236	1105	3508	132626
石台县	413	1302	49046	314	964	35364	122	426	17513
青阳县	1394	4438	188522	783	2291	89443	831	2352	90004
池州市国家经济技术开发区									
皖江江南新兴产业集中区									
九华山风景区	15	67	2355				6	19	905
宣城市	**7623**	**22516**	**938480**	**6605**	**18631**	**747404**	**3558**	**10704**	**413324**
宣州区	935	2718	101585	860	2230	82661	467	1319	50531
郎溪县	2069	5747	243371	1817	4942	198463	890	2555	99697
泾县	1645	4596	193074	1166	3296	134572	717	2138	79183
绩溪县	726	2392	100718	630	1959	79872	402	1400	55874
旌德县	618	2043	84013	527	1652	66138	214	733	27046
宣城市经济开发区	687	2008	77806	1045	2789	105208	576	1666	60683
宁国市	314	1063	47898	164	548	25532	67	215	10526
广德市	629	1949	90015	396	1215	54958	225	678	29784

9-2c　各地区按住房建成时间分的家庭户住房状况(乡村)

单位：户、间、平方米

地　区	合计			1949年以前		
	户数	间数	面积	户数	间数	面积
安　徽	**885176**	**3302961**	**124001823**	**932**	**2669**	**92887**
合肥市	**64498**	**206145**	**6636046**	**41**	**108**	**3599**
瑶海区	685	1696	60610			
庐阳区	190	630	23414			
蜀山区	440	1535	45387			
包河区	62	247	7138			
长丰县	11719	37649	1103139	2	9	230
肥东县	14291	44287	1409992	10	21	701
肥西县	11450	35459	1188631	3	6	226
庐江县	16539	56075	1847683	8	22	1015
合肥高新技术产业开发区	3	11	475			
合肥经济技术开发区	317	970	31079			
合肥新站高新技术产业开发区	95	301	11383			
巢湖市	8707	27285	907115	18	50	1427
芜湖市	**41143**	**126354**	**4452059**	**33**	**73**	**2930**
镜湖区	670	2005	83038			
弋江区						
鸠江区	4781	15725	545755			
三山区	1450	4671	167778	3	3	195
芜湖县	4201	12201	442785	3	8	206
繁昌县	4166	11993	480977	6	11	435
南陵县	8310	25011	907897	11	25	1164
芜湖经济技术开发区	128	296	12038			
安徽芜湖长江大桥经济开发区	234	851	33078			
无为市	17203	53601	1778713	10	26	930
蚌埠市	**43329**	**165077**	**6422869**	**13**	**27**	**951**
龙子湖区	1175	5407	184910			
蚌山区	515	1685	82403			
禹会区	3168	13134	474051	1	1	60
淮上区	2936	8920	409245	1	2	68
怀远县	16744	64877	2534097	8	19	713
五河县	8875	35438	1397952	2	3	70
固镇县	9916	35616	1340211	1	2	40
蚌埠市高新技术开发区						
蚌埠市经济开发区						
淮南市	**39548**	**142612**	**4505545**	**17**	**58**	**1282**
大通区	1421	6034	197388			
田家庵区	914	3176	109199			
谢家集区	1553	5282	165576	4	24	490
八公山区	237	801	23163			
潘集区	5430	20771	703213	1	2	35
凤台县	12099	48732	1651503	3	12	275
寿县	17894	57816	1655503	9	20	482

9-2c 续表 1

单位：户、间、平方米

地区	合计			1949年以前		
	户数	间数	面积	户数	间数	面积
马鞍山市	**21216**	**65936**	**2371380**	**9**	**17**	**675**
花山区	306	1160	44553			
雨山区	456	1940	68936	1	1	90
博望区	2429	7805	286758	1	1	100
当涂县	5613	16619	630678	1	1	60
含山县	5922	19040	598718	2	4	130
和县	6490	19372	741737	4	10	295
淮北市	**22849**	**102756**	**3630480**	**18**	**57**	**1770**
杜集区	1759	7973	289309	3	8	330
相山区	1622	7053	225802			
烈山区	3490	16322	512510	4	11	280
濉溪县	15978	71408	2602859	11	38	1160
铜陵市	**15736**	**55417**	**1859448**	**8**	**16**	**755**
铜官区	284	1113	36881			
义安区	4499	13904	526159	4	6	305
郊区	3124	11102	397066	1	1	80
枞阳县	7829	29298	899342	3	9	370
安庆市	**72859**	**271100**	**10151912**	**51**	**168**	**5859**
迎江区	416	1899	79550			
大观区	1217	4480	188990	26	98	3290
宜秀区	909	3939	187209			
怀宁县	10481	37620	1485506			
太湖县	10209	37235	1306371	1	3	80
宿松县	14270	53913	2157210	4	6	290
望江县	11597	39234	1651692	1	3	128
岳西县	7329	32165	983921	4	11	601
安徽安庆经济开发区	136	489	23480			
桐城市	8157	30320	969417	6	18	515
潜山市	8138	29806	1118566	9	29	955
黄山市	**21892**	**85918**	**3310209**	**275**	**848**	**27269**
屯溪区	730	2814	124406	6	19	870
黄山区	2330	8347	330535	19	51	1918
徽州区	1285	4978	206578	5	14	540
歙县	8915	35730	1276955	130	420	12415
休宁县	4444	17867	772876	18	51	1690
黟县	1657	6096	213328	85	261	8527
祁门县	2531	10086	385531	12	32	1309
滁州市	**54893**	**185975**	**5774063**	**16**	**53**	**1350**
琅琊区	366	1574	43812	1	4	130
南谯区	3500	11177	363419	1	2	130
来安县	6640	20070	763420			
全椒县	5871	20594	542208	2	4	80
定远县	13962	46077	1249196	2	8	180
凤阳县	10113	38453	1225065			
苏滁现代产业园						
滁州经济技术开发区	286	774	28658	4	15	430
天长市	6379	20850	822447	1	5	100
明光市	7776	26406	735838	5	15	300

9-2c　续表 2　　　　　　　　　　　　　　　　　　　　　　单位：户、间、平方米

地　区	合　计			1949年以前		
	户数	间数	面积	户数	间数	面积
阜阳市	**154942**	**648274**	**26534613**	**51**	**133**	**5103**
颍州区	8726	39762	1827266	2	6	300
颍东区	9083	43379	1868678	2	5	140
颍泉区	10159	42651	1789143	6	19	828
临泉县	36005	157422	6485986	16	42	1657
太和县	28090	117015	3960693	10	24	650
阜南县	25034	96531	4205402	5	12	470
颍上县	24238	98960	4145013	5	12	450
阜阳合肥现代产业园区	927	3797	157791	1	5	200
阜阳经济技术开发区	554	2043	113394			
界首市	12126	46714	1981247	4	8	408
宿州市	**100687**	**400367**	**14923980**	**48**	**156**	**5424**
埇桥区	28072	119282	4187332	12	48	1480
砀山县	14376	60671	1977494	7	29	840
萧县	25194	93968	3404792	25	70	2704
灵璧县	18637	73444	3081220	1	1	90
泗县	13900	50303	2177993	3	8	310
宿州马鞍山现代产业园区	508	2699	95149			
宿州经济技术开发区						
六安市	**80708**	**289830**	**10379451**	**13**	**36**	**1368**
金安区	11670	39795	1506285	2	4	300
裕安区	14725	57238	2104853	4	12	390
叶集区	3134	12004	437294			
霍邱县	21216	67236	2221034	2	6	208
舒城县	15731	58090	1950614	2	5	122
金寨县	10509	41448	1675520	2	7	298
霍山县	3723	14019	483851	1	2	50
亳州市	**92435**	**357624**	**15335361**	**49**	**131**	**4922**
谯城区	27347	97266	4391297	12	33	1425
涡阳县	22275	91276	3694945	20	51	1997
蒙城县	18650	78157	3589565	6	19	612
利辛县	24163	90925	3659554	11	28	888
池州市	**20683**	**79636**	**3075097**	**28**	**84**	**2819**
贵池区	7290	27669	1053636	5	15	520
东至县	7433	30007	1125365	7	21	679
石台县	1730	6574	238879	5	15	455
青阳县	3870	13492	580540	9	24	905
池州市国家经济技术开发区						
皖江江南新兴产业集中区						
九华山风景区	360	1894	76677	2	9	260
宣城市	**37758**	**119940**	**4639310**	**262**	**704**	**26811**
宣州区	11788	35549	1341974	19	56	2197
郎溪县	4318	12772	446801	1	3	75
泾县	5223	16117	598897	150	399	14690
绩溪县	2308	8775	310244	40	97	3863
旌德县	1829	6699	244801	19	59	2273
宣城市经济开发区	638	1906	66091			
宁国市	4972	16696	731033	21	50	1895
广德市	6682	21426	899469	12	40	1818

9-2c 续表 3

单位：户、间、平方米

地 区	1949-1959年			1960-1969年		
	户数	间数	面积	户数	间数	面积
安 徽	**966**	**2686**	**88182**	**3640**	**10202**	**338954**
合肥市	**39**	**90**	**3387**	**239**	**662**	**21340**
瑶海区						
庐阳区						
蜀山区				2	5	160
包河区						
长丰县				38	95	2423
肥东县	14	37	1463	91	282	9304
肥西县	5	12	365	18	45	1636
庐江县	6	17	725	38	116	3872
合肥高新技术产业开发区						
合肥经济技术开发区						
合肥新站高新技术产业开发区						
巢湖市	14	24	834	52	119	3945
芜湖市	**76**	**173**	**6187**	**207**	**484**	**16733**
镜湖区				3	3	130
弋江区						
鸠江区	1	2	89	19	54	1979
三山区	1	2	50	9	23	685
芜湖县	18	39	1231	24	58	2133
繁昌县	5	12	316	41	82	2994
南陵县	29	64	2628	58	141	4747
芜湖经济技术开发区				1	4	160
安徽芜湖长江大桥经济开发区						
无为市	22	54	1873	52	119	3905
蚌埠市	**26**	**63**	**2292**	**96**	**258**	**8254**
龙子湖区	2	10	240	5	21	750
蚌山区	1	1	100	2	9	250
禹会区	4	9	345	21	58	1904
淮上区	2	3	147	4	8	330
怀远县	8	18	690	24	65	2510
五河县	4	10	422	5	12	369
固镇县	5	12	348	35	85	2141
蚌埠市高新技术开发区						
蚌埠市经济开发区						
淮南市	**37**	**128**	**3564**	**70**	**226**	**6187**
大通区	3	5	265	7	25	860
田家庵区						
谢家集区	7	36	875	7	37	760
八公山区						
潘集区	1	1	26	8	19	570
凤台县	10	36	1140	21	58	1876
寿县	16	50	1258	27	87	2121

9-2c　续表 4　　　　单位：户、间、平方米

地　区	1949-1959年			1960-1969年		
	户数	间数	面积	户数	间数	面积
马鞍山市	**32**	**76**	**2552**	**117**	**284**	**9722**
花山区				5	10	370
雨山区	1	2	60	4	18	655
博望区	6	13	510	19	39	1537
当涂县	7	14	490	21	53	1911
含山县	12	32	1017	31	87	2455
和县	6	15	475	37	77	2794
淮北市	**25**	**98**	**2915**	**107**	**398**	**10847**
杜集区	7	18	795	15	51	1465
相山区	9	52	1355	30	127	3375
烈山区	6	21	515	33	123	3195
濉溪县	3	7	250	29	97	2812
铜陵市	**15**	**40**	**1144**	**61**	**154**	**5194**
铜官区						
义安区	10	27	757	32	92	2672
郊区				7	12	600
枞阳县	5	13	387	22	50	1922
安庆市	**49**	**170**	**5733**	**115**	**337**	**11693**
迎江区	2	5	160			
大观区	14	58	1992	7	26	975
宜秀区	1	2	123			
怀宁县	2	9	340	11	22	1114
太湖县	5	14	410	12	36	1215
宿松县	2	5	210	25	66	2413
望江县	2	8	318	6	13	612
岳西县	1	1	70	9	36	999
安徽安庆经济开发区				1	4	100
桐城市	11	39	1165	32	102	3400
潜山市	9	29	945	12	32	865
黄山市	**142**	**422**	**13746**	**645**	**1982**	**66751**
屯溪区	2	3	190	14	36	1546
黄山区	8	20	700	46	117	4295
徽州区	8	22	760	54	186	6473
歙县	77	238	7479	362	1155	36776
休宁县	14	43	1447	70	206	7708
黟县	28	84	2720	67	177	6475
祁门县	5	12	450	32	105	3478
滁州市	**42**	**131**	**3690**	**180**	**515**	**14628**
琅琊区	2	4	160	5	16	480
南谯区	2	5	204	16	46	1266
来安县	5	19	520	20	46	1487
全椒县	4	10	400	37	100	2862
定远县	3	11	306	22	71	1736
凤阳县	12	33	855	19	50	1326
苏滁现代产业园						
滁州经济技术开发区	1	8	200			
天长市	1	2	90	10	20	980
明光市	12	39	955	51	166	4491

9－2c 续表 5

单位：户、间、平方米

地　　区	1949－1959年			1960－1969年		
	户数	间数	面积	户数	间数	面积
阜阳市	**82**	**212**	**6747**	**368**	**1027**	**32085**
颍州区	4	8	318	14	36	1244
颍东区	1	1	35	8	22	867
颍泉区	8	24	740	18	48	1515
临泉县	18	55	1800	90	274	8390
太和县	16	38	801	97	286	7858
阜南县	14	32	924	67	182	6199
颍上县	7	17	760	47	106	3554
阜阳合肥现代产业园区	1	1	70			
阜阳经济技术开发区				1	5	356
界首市	13	36	1299	26	68	2102
宿州市	**86**	**228**	**7898**	**310**	**939**	**29445**
埇桥区	21	48	1714	63	207	5585
砀山县	12	31	1050	70	217	5952
萧县	39	103	3399	136	385	13310
灵璧县	8	26	915	23	73	2241
泗县	6	20	820	18	57	2357
宿州马鞍山现代产业园区						
宿州经济技术开发区						
六安市	**41**	**126**	**4030**	**139**	**415**	**13739**
金安区	5	8	374	17	36	1517
裕安区	9	36	1086	27	82	2873
叶集区	1	1	70	3	9	500
霍邱县	17	61	1695	41	140	3550
舒城县	2	3	114	12	34	1136
金寨县	2	3	150	10	27	1036
霍山县	5	14	541	29	87	3127
亳州市	**78**	**226**	**7507**	**219**	**570**	**21070**
谯城区	35	80	2700	113	290	10442
涡阳县	22	83	2421	43	119	4046
蒙城县	12	39	1801	28	67	3072
利辛县	9	24	585	35	94	3510
池州市	**35**	**90**	**3143**	**127**	**372**	**12009**
贵池区	9	23	961	28	75	2659
东至县	8	18	560	44	149	4642
石台县	8	21	615	20	55	1533
青阳县	9	20	737	33	87	2835
池州市国家经济技术开发区						
皖江江南新兴产业集中区						
九华山风景区	1	8	270	2	6	340
宣城市	**161**	**413**	**13647**	**640**	**1579**	**59257**
宣州区	21	45	1547	106	252	8450
郎溪县	6	14	420	23	46	2036
泾县	38	102	3525	116	270	9855
绩溪县	27	76	2233	108	339	11192
旌德县	15	50	1065	37	92	3284
宣城市经济开发区				7	18	782
宁国市	38	93	3472	183	429	17917
广德市	16	33	1385	60	133	5741

9-2c　续表 6　　　　单位：户、间、平方米

地　区	1970-1979年			1980-1989年			1990-1999年		
	户数	间数	面积	户数	间数	面积	户数	间数	面积
安　徽	**13505**	**39067**	**1270015**	**72730**	**222865**	**7193223**	**217213**	**733906**	**25017509**
合肥市	**966**	**2804**	**89463**	**6372**	**19618**	**613602**	**22875**	**74746**	**2389118**
瑶海区									
庐阳区	2	11	280	17	74	2565	36	145	5590
蜀山区	11	26	730	76	242	7641	223	775	23162
包河区	1	4	120	5	22	565	11	63	2026
长丰县	87	299	8394	604	1967	53293	3401	10989	309753
肥东县	314	891	29091	2003	6081	185576	5728	17541	550784
肥西县	76	191	6177	584	1864	60828	3655	12001	402310
庐江县	204	677	21369	1341	4290	139904	6591	22749	745578
合肥高新技术产业开发区				1	3	100			
合肥经济技术开发区	5	9	355	15	45	1094	167	539	17428
合肥新站高新技术产业开发区	1	3	100	7	22	958	19	63	3400
巢湖市	265	693	22847	1719	5008	161078	3044	9881	329087
芜湖市	**881**	**2152**	**75372**	**4832**	**13086**	**447854**	**15366**	**47575**	**1669513**
镜湖区	2	3	190	59	159	5860	181	559	23455
弋江区									
鸠江区	63	166	5085	603	1729	53563	1666	5299	178029
三山区	36	78	2740	171	502	16702	523	1789	65447
芜湖县	88	205	7203	515	1358	46302	1390	4131	149385
繁昌县	249	534	20261	746	1928	72645	1538	4693	190097
南陵县	236	661	22354	946	2549	90998	3426	10582	386510
芜湖经济技术开发区	4	11	420	33	76	2988	46	107	4860
安徽芜湖长江大桥经济开发区	2	5	170	17	41	1620	105	392	15207
无为市	201	489	16949	1742	4744	157176	6491	20023	656523
蚌埠市	**431**	**1099**	**36303**	**3013**	**9092**	**291139**	**7423**	**25336**	**892390**
龙子湖区	15	50	1710	166	792	25404	302	1387	47211
蚌山区	4	4	170	33	100	4825	101	346	17092
禹会区	42	108	3217	231	793	25902	710	2681	96989
淮上区	40	63	2230	264	596	23870	608	1664	71527
怀远县	183	478	15471	1064	3187	102006	2692	9149	321417
五河县	73	194	6635	427	1278	39128	1410	4960	167577
固镇县	74	202	6870	828	2346	70004	1600	5149	170577
蚌埠市高新技术开发区									
蚌埠市经济开发区									
淮南市	**272**	**844**	**24840**	**2122**	**6260**	**193256**	**14065**	**47229**	**1415780**
大通区	30	120	4150	98	393	13165	378	1641	52339
田家庵区	2	5	180	45	123	3878	251	845	30541
谢家集区	21	110	2191	54	179	5783	374	1150	37955
八公山区	1	1	20	22	68	1686	33	136	3580
潘集区	38	114	3993	349	975	32162	1395	5012	157433
凤台县	109	294	8461	958	2739	84035	2328	8165	261535
寿县	71	200	5845	596	1783	52547	9306	30280	872397

9－2c 续表 7 单位：户、间、平方米

地区	1970—1979年			1980—1989年			1990—1999年		
	户数	间数	面积	户数	间数	面积	户数	间数	面积
马鞍山市	**501**	**1298**	**43242**	**3188**	**8657**	**295444**	**6965**	**21465**	**757581**
花山区	14	41	1512	59	202	8083	97	407	15187
雨山区	19	53	2104	62	217	6957	179	746	29210
博望区	48	111	3926	309	785	28315	752	2334	83957
当涂县	84	189	7560	652	1656	58373	1566	4459	166742
含山县	137	371	10368	978	2785	85001	2175	6914	213707
和县	199	533	17772	1128	3012	108715	2196	6605	248778
淮北市	**396**	**1470**	**43911**	**1779**	**6718**	**201894**	**3690**	**15049**	**485140**
杜集区	64	235	8920	249	981	32451	344	1462	53196
相山区	56	234	6515	197	855	24127	333	1447	44750
烈山区	116	450	12285	350	1416	42300	552	2519	76858
濉溪县	160	551	16191	983	3466	103016	2461	9621	310336
铜陵市	**328**	**864**	**25756**	**1495**	**4396**	**142612**	**5970**	**21381**	**698762**
铜官区	1	2	70	16	58	1823	45	176	5773
义安区	186	467	14376	640	1642	56806	1191	3566	129951
郊区	43	102	3534	309	855	29374	1144	3985	140515
枞阳县	98	293	7776	530	1841	54609	3590	13654	422523
安庆市	**454**	**1336**	**47617**	**2830**	**9151**	**338486**	**19005**	**70313**	**2650394**
迎江区	2	8	280	68	225	9251	173	813	37266
大观区	14	49	1802	77	267	9580	556	2072	89408
宜秀区	5	22	992	115	485	22960	525	2301	109480
怀宁县	52	151	6271	470	1516	60488	4644	16871	664734
太湖县	37	103	3427	242	729	25325	1053	3762	133924
宿松县	108	305	10499	501	1543	57800	2553	9261	370009
望江县	37	113	4665	311	929	38383	3091	10520	423469
岳西县	29	104	3026	126	464	14223	444	1826	56552
安徽安庆经济开发区				5	22	1100	57	285	14109
桐城市	112	307	10662	591	1938	61953	3671	14106	425896
潜山市	58	174	5993	324	1033	37423	2238	8496	325547
黄山市	**1711**	**5416**	**187891**	**4174**	**14365**	**504941**	**4484**	**17180**	**655591**
屯溪区	28	97	4225	88	338	13863	199	783	35088
黄山区	205	510	19588	474	1317	48550	469	1567	60273
徽州区	144	474	17698	225	789	29699	321	1216	52476
歙县	725	2473	80741	1743	6366	209153	1971	7839	277188
休宁县	288	907	32923	838	2920	111109	755	2894	128280
黟县	149	436	14996	303	981	34371	358	1372	48373
祁门县	172	519	17720	503	1654	58196	411	1509	53913
滁州市	**1037**	**3291**	**89314**	**8778**	**28952**	**794724**	**15553**	**51033**	**1462144**
琅琊区	14	63	1694	169	749	20361	65	292	8249
南谯区	96	346	9483	771	2832	81672	579	1922	59364
来安县	78	200	6713	881	2440	86392	1668	4931	180687
全椒县	266	956	23463	1808	6562	154573	1700	6163	157098
定远县	138	398	9723	1713	5515	130666	4696	15308	377342
凤阳县	143	455	12462	950	3004	83482	2473	8291	248269
苏滁现代产业园									
滁州经济技术开发区	1	6	240	11	58	2150	4	23	730
天长市	124	332	11986	1395	4285	148305	1901	5819	214034
明光市	177	535	13550	1080	3507	87123	2467	8284	216371

9-2c　续表 8　　　　单位：户、间、平方米

地　区	1970—1979年			1980—1989年			1990—1999年		
	户数	间数	面积	户数	间数	面积	户数	间数	面积
阜阳市	**1809**	**5225**	**157337**	**10624**	**32137**	**991821**	**26459**	**85390**	**2846776**
颍州区	63	194	6879	497	1676	54497	1156	4041	159816
颍东区	71	227	7263	521	1680	54944	1036	3946	147805
颍泉区	97	264	7953	482	1458	47935	1393	4792	177756
临泉县	483	1459	45606	2434	7504	248761	5862	19870	680720
太和县	446	1257	32443	2696	8244	218394	5801	18559	510760
阜南县	215	582	18852	1408	4062	129799	4901	14611	483216
颍上县	245	707	21491	1534	4501	142494	4194	12918	451545
阜阳合肥现代产业园区	2	5	140	18	54	1643	82	325	11724
阜阳经济技术开发区	3	12	550	23	87	4620	93	399	19055
界首市	184	518	16160	1011	2871	88734	1941	5929	204379
宿州市	**1292**	**3820**	**119443**	**7340**	**23142**	**716360**	**16904**	**58778**	**1939673**
埇桥区	329	1010	28248	2212	7137	202390	4489	16404	511423
砀山县	225	679	20201	1066	3564	102798	2537	9259	274800
萧县	492	1444	47631	2237	6917	224305	4936	17186	577480
灵璧县	121	328	10912	953	2830	91622	2518	8008	290937
泗县	125	359	12451	857	2620	92717	2376	7662	277400
宿州马鞍山现代产业园区				15	74	2528	48	259	7633
宿州经济技术开发区									
六安市	**464**	**1373**	**49090**	**3204**	**9996**	**356568**	**30211**	**106624**	**3713725**
金安区	38	101	3901	504	1501	60411	5393	18975	719007
裕安区	79	244	9407	576	2052	75533	4827	19660	722226
叶集区	9	25	1022	154	494	19237	1221	4583	166422
霍邱县	70	224	7350	719	2118	67074	10515	32593	1039004
舒城县	102	293	9963	655	1984	66090	5954	22431	740425
金寨县	46	140	5139	255	796	32420	1710	6287	254850
霍山县	120	346	12308	341	1051	35803	591	2095	71791
亳州市	**817**	**2294**	**77493**	**5152**	**14739**	**489756**	**12284**	**37683**	**1370202**
谯城区	361	1053	35762	2082	6343	219510	4551	13718	505996
涡阳县	189	534	18651	901	2658	86808	2743	8987	316342
蒙城县	102	287	10572	580	1600	62918	1922	6317	260478
利辛县	165	420	12508	1589	4138	120520	3068	8661	287386
池州市	**583**	**1784**	**58023**	**2281**	**7187**	**250698**	**5309**	**20287**	**787667**
贵池区	147	432	14401	681	2109	74025	2172	8403	319053
东至县	261	877	27542	881	3059	105210	1715	6821	256280
石台县	62	191	5730	230	680	22156	240	863	30589
青阳县	110	276	10080	471	1279	46792	1133	3980	172155
池州市国家经济技术开发区									
皖江江南新兴产业集中区									
九华山风景区	3	8	270	18	60	2515	49	220	9590
宣城市	**1563**	**3997**	**144920**	**5546**	**15369**	**564068**	**10650**	**33837**	**1283053**
宣州区	318	783	26409	1757	4662	168434	3962	12137	457948
郎溪县	78	181	6152	536	1383	47115	1463	4529	152950
泾县	380	904	33199	1015	2647	94663	1272	3880	143030
绩溪县	201	618	20917	430	1541	50725	557	2105	73773
旌德县	139	400	13474	311	950	32631	436	1621	59274
宣城市经济开发区	17	38	1280	82	286	9354	154	525	17179
宁国市	293	745	30165	828	2292	96643	991	3387	149575
广德市	137	328	13324	587	1608	64503	1815	5653	229324

9-2c 续表 9

单位：户、间、平方米

地区	2000-2009年			2010-2014年			2015年以后		
	户数	间数	面积	户数	间数	面积	户数	间数	面积
安徽	**278353**	**1082027**	**41110955**	**189826**	**798437**	**32521855**	**108011**	**411102**	**16368243**
合肥市	**19846**	**66244**	**2152942**	**7589**	**23104**	**765169**	**6531**	**18769**	**597426**
瑶海区	76	186	7170	402	961	35080	207	549	18360
庐阳区	28	121	5290	3	10	300	104	269	9389
蜀山区	100	401	10958	14	51	1586	14	35	1150
包河区	18	64	2155	21	73	1572	6	21	700
长丰县	3701	12567	370218	1945	6014	188940	1941	5709	169888
肥东县	3851	12215	395887	1190	3814	128397	1090	3405	108789
肥西县	3780	12204	411651	1612	4431	149650	1717	4705	155788
庐江县	5976	20711	688135	1577	5224	172427	798	2269	74658
合肥高新技术产业开发区	1	6	300	1	2	75			
合肥经济技术开发区	104	311	10047	15	41	1394	11	25	761
合肥新站高新技术产业开发区	25	79	2545	1	4	180	42	130	4200
巢湖市	2186	7379	248586	808	2479	85568	601	1652	53743
芜湖市	**13002**	**42456**	**1522611**	**4504**	**14066**	**497319**	**2242**	**6289**	**213540**
镜湖区	348	1085	46477	67	180	6326	10	16	600
弋江区									
鸠江区	1597	5648	200399	588	2065	79403	244	762	27208
三山区	568	1884	68564	108	324	11028	31	66	2367
芜湖县	1450	4465	167769	559	1557	55394	154	380	13162
繁昌县	1200	3731	154880	285	765	29989	96	237	9360
南陵县	2341	7464	271705	967	2784	101782	296	741	26009
芜湖经济技术开发区	39	91	3360	5	7	250			
安徽芜湖长江大桥经济开发区	106	405	15816	1	2	65	3	6	200
无为市	5353	17683	593641	1924	6382	213082	1408	4081	134634
蚌埠市	**15918**	**63902**	**2558406**	**12092**	**49829**	**2029693**	**4317**	**15471**	**603441**
龙子湖区	400	2004	69861	198	823	30456	87	320	9278
蚌山区	208	766	37485	79	275	14556	87	184	7925
禹会区	1307	5832	212777	699	3007	110193	153	645	22664
淮上区	1234	4037	195037	645	2125	94997	138	422	21039
怀远县	6230	25200	1011726	4721	20111	816491	1814	6650	263073
五河县	3045	12785	504524	2886	12168	516794	1023	4028	162433
固镇县	3494	13278	526996	2864	11320	446206	1015	3222	117029
蚌埠市高新技术开发区									
蚌埠市经济开发区									
淮南市	**14744**	**56536**	**1812381**	**6033**	**24053**	**813406**	**2188**	**7278**	**234849**
大通区	552	2484	82957	266	1092	35333	87	274	8319
田家庵区	447	1615	54874	153	535	17899	16	53	1827
谢家集区	789	2758	86116	257	847	27267	40	141	4139
八公山区	62	275	8507	26	126	3701	93	195	5669
潘集区	2500	10136	350762	966	3974	138758	172	538	19474
凤台县	4598	20324	695879	3071	13334	469388	1001	3770	128914
寿县	5796	18944	533286	1294	4145	121060	779	2307	66507

9-2c 续表 10

单位：户、间、平方米

地区	2000-2009年			2010-2014年			2015年以后		
	户数	间数	面积	户数	间数	面积	户数	间数	面积
马鞍山市	**6216**	**21043**	**772448**	**2944**	**9436**	**356249**	**1244**	**3660**	**133467**
花山区	113	424	16455	10	46	2076	8	30	870
雨山区	132	651	22267	47	216	6387	11	36	1206
博望区	805	2874	103527	346	1190	45141	143	458	19745
当涂县	1847	5946	229572	1201	3626	139725	234	675	26245
含山县	1603	5617	180831	639	2194	73780	345	1036	31429
和县	1716	5531	219796	701	2164	89140	503	1425	53972
淮北市	**8224**	**40493**	**1470515**	**6194**	**28645**	**1061995**	**2416**	**9828**	**351493**
杜集区	505	2528	92711	427	2028	72867	145	662	26574
相山区	402	1933	64794	338	1549	51447	257	856	29439
烈山区	1082	5715	180658	1066	4696	154270	281	1371	42149
濉溪县	6235	30317	1132352	4363	20372	783411	1733	6939	253331
铜陵市	**5549**	**20790**	**713199**	**1524**	**5436**	**194540**	**786**	**2340**	**77486**
铜官区	107	512	16046	110	332	12209	5	33	960
义安区	1583	5402	213566	588	1945	80834	265	757	26892
郊区	1203	4594	167396	288	1170	41638	129	383	13929
枞阳县	2656	10282	316191	538	1989	59859	387	1167	35705
安庆市	**28673**	**109443**	**4119269**	**13825**	**52817**	**1956417**	**7857**	**27365**	**1016444**
迎江区	132	670	26099	24	92	3435	15	86	3059
大观区	401	1452	62613	84	308	13418	38	150	5912
宜秀区	187	845	38614	56	216	10943	20	68	4097
怀宁县	4046	14615	574417	805	2830	113409	451	1606	64733
太湖县	4066	15504	544427	3020	11280	397903	1773	5804	199660
宿松县	6160	24138	967238	3065	12011	488692	1852	6578	260059
望江县	4776	16042	680515	2069	7101	304544	1304	4505	199058
岳西县	3278	14800	456603	2348	10452	317395	1090	4471	134452
安徽安庆经济开发区	18	59	2731	55	119	5440			
桐城市	2435	9333	312172	843	3092	106864	456	1385	46790
潜山市	3174	11985	453840	1456	5316	194374	858	2712	98624
黄山市	**5264**	**22546**	**904870**	**3318**	**14481**	**598534**	**1879**	**8678**	**350616**
屯溪区	247	1008	45245	114	415	18501	32	115	4878
黄山区	480	1792	73388	380	1669	69834	249	1304	51989
徽州区	271	1140	48981	171	730	32963	86	407	16988
歙县	2266	10125	376719	1060	4621	180357	581	2493	96127
休宁县	1162	5049	231006	835	3640	162059	464	2157	96654
黟县	358	1449	50959	181	750	26321	128	586	20586
祁门县	480	1983	78572	577	2656	108499	339	1616	63394
滁州市	**14481**	**51206**	**1690426**	**10304**	**36660**	**1274341**	**4502**	**14134**	**443446**
琅琊区	67	266	7982	34	141	3536	9	39	1220
南谯区	703	2377	80729	1047	2906	105764	285	741	24807
来安县	1954	6167	240003	1437	4630	189033	597	1637	58585
全椒县	850	2968	85525	880	2852	91862	324	979	26345
定远县	3576	12051	350208	2262	7968	248732	1550	4747	130303
凤阳县	3176	12548	403086	2519	10678	360829	821	3394	114756
苏滁现代产业园									
滁州经济技术开发区	3	14	410	134	333	12650	128	317	11848
天长市	1720	6083	263192	1049	3706	159265	178	598	24495
明光市	2432	8732	259291	942	3446	102670	610	1682	51087

9-2c 续表 11 单位：户、间、平方米

地区	2000-2009年			2010-2014年			2015年以后		
	户数	间数	面积	户数	间数	面积	户数	间数	面积
阜阳市	**41422**	**172490**	**7131067**	**45327**	**221126**	**9718904**	**28800**	**130534**	**5644773**
颍州区	2483	11723	549008	3290	16700	808297	1217	5378	246907
颍东区	2423	12142	529312	3038	16215	724814	1983	9141	403498
颍泉区	3286	14299	614077	2931	13968	608481	1938	7779	329858
临泉县	9344	40169	1655671	11081	55568	2428005	6677	32481	1415376
太和县	7038	29317	1001175	7420	38140	1435522	4566	21150	753090
阜南县	6725	23696	1002391	6700	30108	1436658	4999	23246	1126893
颍上县	6306	25403	1069702	7324	35220	1574273	4576	20076	880744
阜阳合肥现代产业园区	247	1395	59810	359	1351	57088	217	661	27116
阜阳经济技术开发区	153	636	42647	227	728	39669	54	176	6497
界首市	3417	13710	607274	2957	13128	606097	2573	10446	454794
宿州市	**31668**	**132379**	**5004082**	**28158**	**124867**	**4957394**	**14881**	**56058**	**2144261**
埇桥区	10053	45937	1671557	7336	34982	1295096	3557	13509	469839
砀山县	4016	17060	555934	4055	19578	664324	2388	10254	351595
萧县	7840	31203	1151253	6006	25170	963228	3483	11490	421482
灵璧县	5648	22623	966455	6383	27558	1211744	2982	11997	506304
泗县	3876	14243	612667	4193	16609	787140	2446	8725	392131
宿州马鞍山现代产业园区	235	1313	46216	185	970	35862	25	83	2910
宿州经济技术开发区									
六安市	**27442**	**104293**	**3770477**	**10994**	**40378**	**1494322**	**8200**	**26589**	**976132**
金安区	3659	12979	490556	1144	3727	140425	908	2464	89794
裕安区	5976	24123	892558	2257	7969	289242	970	3060	111538
叶集区	1045	4168	148049	438	1883	70706	263	841	31288
霍邱县	5450	17861	604086	2369	7953	280818	2033	6280	217249
舒城县	5727	22306	748146	1746	6197	215256	1531	4837	169362
金寨县	4400	18014	721287	2212	9252	380149	1872	6922	280191
霍山县	1185	4842	165795	828	3397	117726	623	2185	76710
亳州市	**27923**	**112182**	**4866595**	**28414**	**122212**	**5556120**	**17499**	**67587**	**2941696**
谯城区	6688	23576	1096018	8138	31477	1550108	5367	20696	969336
涡阳县	8018	34830	1420617	6584	29636	1265016	3755	14378	579047
蒙城县	6681	28530	1319624	6179	28548	1336213	3140	12750	594275
利辛县	6536	25246	1030336	7513	32551	1404783	5237	19763	799038
池州市	**7187**	**29112**	**1155996**	**3367**	**13609**	**534025**	**1766**	**7111**	**270717**
贵池区	2829	11386	445588	1044	3924	148989	375	1302	47440
东至县	2373	9726	373514	1310	5750	221141	834	3586	135797
石台县	486	1885	70454	380	1579	58851	299	1285	48496
青阳县	1312	5038	223242	562	2013	90925	231	775	32869
池州市国家经济技术开发区									
皖江江南新兴产业集中区									
九华山风景区	187	1077	43198	71	343	14119	27	163	6115
宣城市	**10794**	**36912**	**1465671**	**5239**	**17718**	**713427**	**2903**	**9411**	**368456**
宣州区	3592	11694	450140	1365	4208	162690	648	1712	64159
郎溪县	1371	4279	152703	574	1635	60946	266	702	24404
泾县	1102	3782	145076	689	2435	94722	461	1698	60137
绩溪县	502	2050	73946	269	1179	45760	174	770	27835
旌德县	415	1666	62291	275	1152	42766	182	709	27743
宣城市经济开发区	129	450	17041	118	295	10081	131	294	10374
宁国市	1372	5166	234211	807	2923	127235	439	1611	69920
广德市	2311	7825	330263	1142	3891	169227	602	1915	83884

9-3　各地区按住房设施状况分的家庭户户数

单位：户

地　区	合　计	住房所在建筑有无电梯		主要炊事燃料				
		有	无	燃气	电	煤炭	柴草	其他
安　徽	**2005193**	**369571**	**1635622**	**1397205**	**230718**	**19627**	**302393**	**55250**
合肥市	**298630**	**130630**	**168000**	**229666**	**49657**	**2258**	**8954**	**8095**
瑶海区	29110	13753	15357	26500	1503	167	1	939
庐阳区	23132	11896	11236	21739	888	50	27	428
蜀山区	30973	18483	12490	28347	1957	24	181	464
包河区	38209	26505	11704	35388	2072	95	3	651
长丰县	26187	10453	15734	19803	3812	227	671	1674
肥东县	33097	7864	25233	17907	10805	738	1617	2030
肥西县	29656	12646	17010	19566	7129	348	1722	891
庐江县	32189	3351	28838	13425	15437	207	2634	486
合肥高新技术产业开发区	6971	5041	1930	6600	364			7
合肥经济技术开发区	13503	9241	4262	12085	1158	29	155	76
合肥新站高新技术产业开发区	11084	7635	3449	10537	355	82	21	89
巢湖市	24519	3762	20757	17769	4177	291	1922	360
芜湖市	**129541**	**33987**	**95554**	**105857**	**13466**	**362**	**5989**	**3867**
镜湖区	18256	8672	9584	17312	553	31	63	297
弋江区	12146	6342	5804	11658	355	2	23	108
鸠江区	17660	5853	11807	15649	1157	42	530	282
三山区	5194	1771	3423	4341	616	6	102	129
芜湖县	11597	2347	9250	9448	1535	14	323	277
繁昌县	9460	1241	8219	7249	658	30	746	777
南陵县	16646	2145	14501	11626	1881	6	1855	1278
芜湖经济技术开发区	5638	2608	3030	5205	292	4	69	68
安徽芜湖长江大桥经济开发区	789	462	327	726	38		13	12
无为市	32155	2546	29609	22643	6381	227	2265	639
蚌埠市	**99432**	**24999**	**74433**	**78970**	**6759**	**677**	**9838**	**3188**
龙子湖区	7631	2456	5175	6546	743	40	24	278
蚌山区	5771	3044	2727	5516	122	5	51	77
禹会区	10824	3700	7124	9092	643	29	343	717
淮上区	8220	2254	5966	7511	301	41	292	75
怀远县	26439	2144	24295	21456	1100	46	3496	341
五河县	15938	2816	13122	10711	2289	246	1599	1093
固镇县	14534	2358	12176	8220	1473	270	4032	539
蚌埠市高新技术开发区	1909	1073	836	1908	1			
蚌埠市经济开发区	8166	5154	3012	8010	87		1	68
淮南市	**102582**	**14760**	**87822**	**82706**	**11919**	**1042**	**3260**	**3655**
大通区	5573	846	4727	4903	420	44	93	113
田家庵区	24646	8213	16433	23145	836	62	35	568
谢家集区	8018	700	7318	7127	437	75	76	303
八公山区	4610	463	4147	3887	298	42	23	360
潘集区	10264	473	9791	9013	533	55	284	379
凤台县	19332	2172	17160	15152	2438	134	1145	463
寿县	30139	1893	28246	19479	6957	630	1604	1469

9-3 续表 1

单位：户

地　区	合 计	住房所在建筑有无电梯		主要炊事燃料				
		有	无	燃气	电	煤炭	柴草	其他
马鞍山市	**73045**	**11334**	**61711**	**58822**	**8838**	**383**	**3725**	**1277**
花山区	16484	4328	12156	15732	499	8	144	101
雨山区	11519	3447	8072	10753	423	5	93	245
博望区	5095	234	4861	2960	1515	30	469	121
当涂县	14842	1622	13220	11439	2517	22	532	332
含山县	12144	730	11414	7903	2737	182	1046	276
和县	12961	973	11988	10035	1147	136	1441	202
淮北市	**64131**	**8789**	**55342**	**49174**	**3083**	**1934**	**5127**	**4813**
杜集区	8345	578	7767	7343	301	192	267	242
相山区	18607	5811	12796	17705	243	276	180	203
烈山区	8045	454	7591	6256	438	268	530	553
濉溪县	29134	1946	27188	17870	2101	1198	4150	3815
铜陵市	**45808**	**7189**	**38619**	**32718**	**2684**	**79**	**9049**	**1278**
铜官区	15515	5363	10152	15327	62		8	118
义安区	8563	963	7600	6209	908	1	725	720
郊区	5751	237	5514	4229	245	5	1073	199
枞阳县	15979	626	15353	6953	1469	73	7243	241
安庆市	**149855**	**13773**	**136082**	**84932**	**5759**	**526**	**56319**	**2319**
迎江区	9441	3925	5516	9004	116	1	223	97
大观区	8062	716	7346	7009	253	11	615	174
宜秀区	4408	1470	2938	3578	129	22	651	28
怀宁县	18735	866	17869	9898	901	17	7588	331
太湖县	16008	526	15482	5645	826	88	9101	348
宿松县	22365	666	21699	12481	916	176	8516	276
望江县	16347	619	15728	7543	586	27	8041	150
岳西县	11237	541	10696	2844	282	36	7888	187
安徽安庆经济开发区	4734	1224	3510	4427	140	3	22	142
桐城市	22109	2460	19649	14663	1054	83	5818	491
潜山市	16409	760	15649	7840	556	62	7856	95
黄山市	**47630**	**3515**	**44115**	**30975**	**7670**	**296**	**8190**	**499**
屯溪区	9450	2052	7398	7618	1486	75	134	137
黄山区	5215	94	5121	4193	171	2	740	109
徽州区	3352	211	3141	1953	862	14	511	12
歙县	14263	689	13574	5983	4153	53	4013	61
休宁县	7377	282	7095	5184	738	108	1244	103
黟县	2857	18	2839	1857	144	3	841	12
祁门县	5116	169	4947	4187	116	41	707	65
滁州市	**132260**	**21956**	**110304**	**108855**	**12054**	**821**	**6532**	**3998**
琅琊区	8883	3223	5660	8540	99	76	75	93
南谯区	11091	4856	6235	9226	442	110	969	344
来安县	14031	1762	12269	13486	303	6	140	96
全椒县	14384	2140	12244	11049	1326	86	1706	217
定远县	23478	1542	21936	16328	4334	199	1149	1468
凤阳县	19471	1133	18338	15836	2654	168	609	204
苏滁现代产业园	484	484		482	1			1
滁州经济技术开发区	3332	2083	1249	3257	46	3	5	21
天长市	20535	2342	18193	19006	998	70	328	133
明光市	16571	2391	14180	11645	1851	103	1551	1421

9-3 续表 2

单位：户

地 区	合 计	住房所在建筑有无电梯		主要炊事燃料				
		有	无	燃气	电	煤炭	柴草	其他
阜阳市	**255394**	**23809**	**231585**	**139923**	**36937**	**3220**	**70376**	**4938**
颍州区	23240	5579	17661	17171	2033	291	2889	856
颍东区	16425	2447	13978	10753	781	147	4499	245
颍泉区	18955	2626	16329	11763	2534	222	4109	327
临泉县	49613	2793	46820	17289	8420	542	22903	459
太和县	48346	3593	44753	23102	10669	475	13795	305
阜南县	34494	1802	32692	19876	3001	556	10247	814
颍上县	38043	1835	36208	27258	3146	619	5783	1237
阜阳合肥现代产业园区	1078	354	724	790	33	33	205	17
阜阳经济技术开发区	3413	813	2600	2566	317	115	50	365
界首市	21787	1967	19820	9355	6003	220	5896	313
宿州市	**170414**	**16801**	**153613**	**131595**	**20033**	**4330**	**11460**	**2996**
埇桥区	53430	9159	44271	43425	4736	2089	2182	998
砀山县	26381	1649	24732	19474	3509	382	2767	249
萧县	36556	1373	35183	27511	5911	1119	1809	206
灵璧县	28821	2024	26797	21618	3471	437	2889	406
泗县	22379	1581	20798	17228	2229	248	1755	919
宿州马鞍山现代产业园区	1242	352	890	864	116	39	48	175
宿州经济技术开发区	1605	663	942	1475	61	16	10	43
六安市	**147551**	**24269**	**123282**	**97745**	**16681**	**1749**	**28484**	**2892**
金安区	27547	8705	18842	20864	3447	247	2509	480
裕安区	28183	6970	21213	21717	3335	398	2254	479
叶集区	5839	557	5282	4747	345	71	472	204
霍邱县	31113	1751	29362	23983	3154	524	2655	797
舒城县	27083	2604	24479	14552	5512	348	5993	678
金寨县	17205	2774	14431	7481	500	100	9112	12
霍山县	10581	908	9673	4401	388	61	5489	242
亳州市	**153185**	**17903**	**135282**	**75093**	**23404**	**1307**	**45516**	**7865**
谯城区	48892	9110	39782	20489	12167	84	13316	2836
涡阳县	34712	2808	31904	14872	5902	461	12226	1251
蒙城县	32125	3722	28403	19988	3003	269	7150	1715
利辛县	37456	2263	35193	19744	2332	493	12824	2063
池州市	**47562**	**4751**	**42811**	**36156**	**2183**	**78**	**7560**	**1585**
贵池区	19702	3132	16570	15859	693	53	2531	566
东至县	15752	724	15028	11251	956	17	2832	696
石台县	2929	53	2876	1990	50		812	77
青阳县	8116	681	7435	6148	376	8	1358	226
池州市国家经济技术开发区	366	35	331	364			2	
皖江江南新兴产业集中区	260	126	134	138	107			15
九华山风景区	437		437	406	1		25	5
宣城市	**88173**	**11106**	**77067**	**54018**	**9591**	**565**	**22014**	**1985**
宣州区	24197	4156	20041	15731	3716	178	3934	638
郎溪县	10934	1486	9448	7633	543	94	2452	212
泾县	10269	574	9695	7482	736	44	1674	333
绩溪县	5193	323	4870	820	2403	17	1934	19
旌德县	4080	101	3979	1253	1325	16	1442	44
宣城市经济开发区	3159	1282	1877	2480	160	6	368	145
宁国市	14100	1565	12535	9591	312	96	3733	368
广德市	16241	1619	14622	9028	396	114	6477	226

9-3 续表 3 单位：户

地区	住房内有无管道自来水		住房内有无厨房			住房内有无厕所	
	有	无	独立使用	与其他户合用	无	水冲式卫生厕所	水冲式非卫生厕所
安　徽	**1880135**	**125058**	**1947930**	**14857**	**42406**	**1493925**	**74111**
合肥市	**290128**	**8502**	**288724**	**3262**	**6644**	**265861**	**5154**
瑶海区	28695	415	27949	304	857	28014	324
庐阳区	22859	273	22498	185	449	22772	72
蜀山区	30400	573	30301	184	488	29916	248
包河区	37461	748	36525	306	1378	36478	325
长丰县	25785	402	25507	213	467	23180	578
肥东县	32093	1004	31477	429	1191	25447	545
肥西县	28832	824	28112	794	750	26413	496
庐江县	30715	1474	31699	236	254	24124	1553
合肥高新技术产业开发区	6914	57	6897	20	54	6869	69
合肥经济技术开发区	12924	579	13044	351	108	12885	104
合肥新站高新技术产业开发区	10791	293	10912	107	65	10692	90
巢湖市	22659	1860	23803	133	583	19071	750
芜湖市	**128043**	**1498**	**127398**	**684**	**1459**	**110584**	**4139**
镜湖区	18127	129	17902	115	239	17689	89
弋江区	12048	98	12066	24	56	11605	48
鸠江区	17462	198	17138	157	365	14108	642
三山区	5141	53	5113	17	64	4676	169
芜湖县	11474	123	11446	54	97	10649	389
繁昌县	9163	297	9186	70	204	8096	309
南陵县	16452	194	16530	39	77	15242	406
芜湖经济技术开发区	5609	29	5569	30	39	5291	25
安徽芜湖长江大桥经济开发区	783	6	781	3	5	735	7
无为市	31784	371	31667	175	313	22493	2055
蚌埠市	**86192**	**13240**	**95668**	**560**	**3204**	**76890**	**3698**
龙子湖区	7115	516	7404	65	162	6704	191
蚌山区	5461	310	5660	5	106	5457	88
禹会区	8795	2029	10462	71	291	8270	322
淮上区	5702	2518	7675	59	486	5610	264
怀远县	21420	5019	25292	208	939	18175	1729
五河县	15068	870	15102	93	743	12197	441
固镇县	12601	1933	14018	55	461	10422	651
蚌埠市高新技术开发区	1901	8	1909			1909	
蚌埠市经济开发区	8129	37	8146	4	16	8146	12
淮南市	**88667**	**13915**	**98633**	**649**	**3300**	**67963**	**4104**
大通区	5169	404	5301	39	233	3582	103
田家庵区	23926	720	24221	114	311	22898	284
谢家集区	7815	203	7860	27	131	6389	265
八公山区	4515	95	4520	9	81	3695	27
潘集区	6380	3884	9327	71	866	4322	1070
凤台县	15654	3678	18081	94	1157	10874	1092
寿县	25208	4931	29323	295	521	16203	1263

9-3　续表 4　　单位：户

地　区	住房内有无管道自来水		住房内有无厨房			住房内有无厕所	
	有	无	独立使用	与其他户合用	无	水冲式卫生厕所	水冲式非卫生厕所
马鞍山市	**72068**	**977**	**70879**	**570**	**1596**	**64198**	**1252**
花山区	16190	294	16309	65	110	16039	50
雨山区	11411	108	11314	62	143	11136	33
博望区	5038	57	4905	41	149	3877	275
当涂县	14725	117	14466	129	247	12873	313
含山县	11861	283	11546	107	491	9656	282
和县	12843	118	12339	166	456	10617	299
淮北市	**56200**	**7931**	**62404**	**216**	**1511**	**42883**	**1777**
杜集区	7103	1242	8041	60	244	6063	398
相山区	17756	851	18436	24	147	17540	104
烈山区	6297	1748	7706	24	315	5528	166
濉溪县	25044	4090	28221	108	805	13752	1109
铜陵市	**44177**	**1631**	**45084**	**312**	**412**	**35759**	**992**
铜官区	15372	143	15441	15	59	15295	47
义安区	8410	153	8458	30	75	7616	113
郊区	5270	481	5593	70	88	4206	132
枞阳县	15125	854	15592	197	190	8642	700
安庆市	**142474**	**7381**	**147209**	**1333**	**1313**	**117429**	**5380**
迎江区	9378	63	9397	17	27	9103	15
大观区	7688	374	7991	23	48	7339	191
宜秀区	4380	28	4327	26	55	3255	119
怀宁县	17885	850	18315	218	202	12262	700
太湖县	14904	1104	15736	181	91	13184	796
宿松县	19795	2570	21610	321	434	18526	971
望江县	16342	5	16129	85	133	14831	377
岳西县	9997	1240	11066	105	66	9306	226
安徽安庆经济开发区	4697	37	4674	21	39	4565	33
桐城市	21021	1088	21848	113	148	14273	1038
潜山市	16387	22	16116	223	70	10785	914
黄山市	**46168**	**1462**	**46955**	**307**	**368**	**40145**	**876**
屯溪区	9354	96	9380	31	39	9129	156
黄山区	5185	30	5176	15	24	4572	71
徽州区	3321	31	3289	20	43	3082	40
歙县	13944	319	13958	131	174	11486	346
休宁县	7113	264	7269	70	38	5701	141
黟县	2833	24	2827	15	15	2430	52
祁门县	4418	698	5056	25	35	3745	70
滁州市	**118088**	**14172**	**128684**	**818**	**2758**	**97202**	**4482**
琅琊区	8344	539	8697	35	151	8029	131
南谯区	10207	884	10908	55	128	9475	159
来安县	12646	1385	13867	55	109	10049	1142
全椒县	13058	1326	13914	85	385	11041	269
定远县	22130	1348	22693	151	634	14730	838
凤阳县	15472	3999	18650	81	740	11562	684
苏滁现代产业园	484		478	6		484	
滁州经济技术开发区	3324	8	3322	4	6	3297	18
天长市	17820	2715	20262	142	131	16075	401
明光市	14603	1968	15893	204	474	12460	840

9-3 续表 5　　　　单位：户

地　　区	住房内有无管道自来水		住房内有无厨房			住房内有无厕所	
	有	无	独立使用	与其他户合用	无	水冲式卫生厕所	水冲式非卫生厕所
阜阳市	**242398**	**12996**	**246748**	**1464**	**7182**	**162703**	**15222**
颍州区	21396	1844	22476	174	590	17855	1755
颍东区	15812	613	16107	60	258	13850	525
颍泉区	18352	603	18541	78	336	13351	766
临泉县	48542	1071	48447	218	948	28380	4227
太和县	45415	2931	46853	336	1157	25129	2556
阜南县	33252	1242	33047	266	1181	22995	2002
颍上县	35384	2659	35926	206	1911	25017	2138
阜阳合肥现代产业园区	959	119	1062	4	12	657	71
阜阳经济技术开发区	2732	681	3319	32	62	3110	35
界首市	20554	1233	20970	90	727	12359	1147
宿州市	**158364**	**12050**	**164989**	**812**	**4613**	**102808**	**7732**
埇桥区	51177	2253	52081	250	1099	38996	1510
砀山县	23574	2807	24837	39	1505	13731	1513
萧县	35011	1545	35828	120	608	17036	2307
灵璧县	25175	3646	27686	262	873	16734	1370
泗县	21302	1077	21771	125	483	13792	955
宿州马鞍山现代产业园区	889	353	1220	4	18	1070	60
宿州经济技术开发区	1236	369	1566	12	27	1449	17
六安市	**139591**	**7960**	**143906**	**1697**	**1948**	**103635**	**5645**
金安区	26564	983	26721	549	277	22965	720
裕安区	26553	1630	27750	191	242	20296	897
叶集区	5666	173	5758	37	44	4125	156
霍邱县	28613	2500	30280	332	501	17930	1739
舒城县	26458	625	25977	426	680	16885	1670
金寨县	16515	690	16983	132	90	14217	295
霍山县	9222	1359	10437	30	114	7217	168
亳州市	**144752**	**8433**	**147825**	**1120**	**4240**	**94784**	**9652**
谯城区	46344	2548	47282	453	1157	30169	4326
涡阳县	33123	1589	33567	254	891	23312	1822
蒙城县	29143	2982	30717	128	1280	19863	1621
利辛县	36142	1314	36259	285	912	21440	1883
池州市	**44471**	**3091**	**46839**	**332**	**391**	**38692**	**1276**
贵池区	18340	1362	19520	83	99	16404	366
东至县	15314	438	15413	184	155	12115	663
石台县	2537	392	2853	41	35	2101	67
青阳县	7301	815	8043	20	53	7068	165
池州市国家经济技术开发区	346	20	365		1	347	1
皖江江南新兴产业集中区	259	1	210	3	47	259	
九华山风景区	374	63	435	1	1	398	14
宣城市	**78354**	**9819**	**85985**	**721**	**1467**	**72389**	**2730**
宣州区	23329	868	23647	193	357	19598	985
郎溪县	10605	329	10744	38	152	9572	187
泾县	9218	1051	10081	72	116	7564	245
绩溪县	5119	74	5119	25	49	4542	60
旌德县	2785	1295	3985	44	51	3678	80
宣城市经济开发区	3138	21	3125	8	26	3008	34
宁国市	10918	3182	13477	191	432	11518	431
广德市	13242	2999	15807	150	284	12909	708

9-3 续表 6

单位：户

地 区	住房内有无厕所			住房内有无洗澡设施			
	卫生旱厕	普通旱厕	无	统一供热水	家庭自装热水器	其他	无
安 徽	**170215**	**198419**	**68523**	**16287**	**1701401**	**116644**	**170861**
合肥市	**10746**	**10794**	**6075**	**5244**	**264255**	**12657**	**16474**
瑶海区	64	71	637	459	27394	255	1002
庐阳区	27	36	225	718	21832	154	428
蜀山区	122	331	356	1006	28966	278	723
包河区	450	157	799	1084	35160	336	1629
长丰县	1070	857	502	165	21369	2812	1841
肥东县	2476	3579	1050	390	24841	2805	5061
肥西县	970	1052	725	577	25798	1215	2066
庐江县	3928	2096	488	211	27975	2768	1235
合肥高新技术产业开发区	4		29	35	6880	8	48
合肥经济技术开发区	66	390	58	180	12877	138	308
合肥新站高新技术产业开发区	28	235	39	126	10715	60	183
巢湖市	1541	1990	1167	293	20448	1828	1950
芜湖市	**6866**	**5196**	**2756**	**1170**	**118953**	**5249**	**4169**
镜湖区	143	113	222	216	17557	201	282
弋江区	237	185	71	149	11821	70	106
鸠江区	895	1266	749	228	16202	515	715
三山区	87	77	185	47	4776	205	166
芜湖县	361	77	121	80	10634	552	331
繁昌县	410	204	441	77	8326	496	561
南陵县	532	339	127	113	15141	903	489
芜湖经济技术开发区	102	166	54	56	5401	116	65
安徽芜湖长江大桥经济开发区	25	6	16	5	737	29	18
无为市	4074	2763	770	199	28358	2162	1436
蚌埠市	**5183**	**9140**	**4521**	**873**	**90164**	**2851**	**5544**
龙子湖区	310	255	171	49	7220	147	215
蚌山区	85	47	94	57	5621	11	82
禹会区	707	872	653	177	9813	339	495
淮上区	341	1477	528	44	7489	222	465
怀远县	1700	3395	1440	68	23290	845	2236
五河县	962	1270	1068	220	13683	910	1125
固镇县	1076	1824	561	106	13220	340	868
蚌埠市高新技术开发区				40	1867	2	
蚌埠市经济开发区	2		6	112	7961	35	58
淮南市	**9829**	**14293**	**6393**	**705**	**86437**	**7016**	**8424**
大通区	280	933	675	80	4801	166	526
田家庵区	389	505	570	212	22935	584	915
谢家集区	334	435	595	21	6948	510	539
八公山区	93	274	521	119	3846	387	258
潘集区	1121	2321	1430	26	8167	1007	1064
凤台县	1715	4134	1517	106	15676	1075	2475
寿县	5897	5691	1085	141	24064	3287	2647

9-3 续表 7

单位：户

地区	住房内有无厕所			住房内有无洗澡设施			
	卫生旱厕	普通旱厕	无	统一供热水	家庭自装热水器	其他	无
马鞍山市	**2270**	**2169**	**3156**	**730**	**65246**	**3250**	**3819**
花山区	106	64	225	348	15753	124	259
雨山区	143	64	143	197	10968	121	233
博望区	366	256	321	39	4622	154	280
当涂县	701	508	447	89	13253	966	534
含山县	413	637	1156	49	9886	1015	1194
和县	541	640	864	8	10764	870	1319
淮北市	**4496**	**10734**	**4241**	**220**	**53069**	**4605**	**6237**
杜集区	385	938	561	22	7067	361	895
相山区	248	312	403	104	17361	314	828
烈山区	403	1176	772	41	6047	870	1087
濉溪县	3460	8308	2505	53	22594	3060	3427
铜陵市	**3770**	**4145**	**1142**	**311**	**39912**	**3339**	**2246**
铜官区	58	16	99	156	15062	88	209
义安区	440	133	261	22	7381	659	501
郊区	685	470	258	19	4809	486	437
枞阳县	2587	3526	524	114	12660	2106	1099
安庆市	**12489**	**12422**	**2135**	**910**	**132711**	**9821**	**6413**
迎江区	125	168	30	30	9086	108	217
大观区	112	309	111	88	7545	246	183
宜秀区	475	533	26	99	3914	247	148
怀宁县	2708	2720	345	61	16530	1346	798
太湖县	791	952	285	38	14126	1131	713
宿松县	1057	1339	472	139	18964	1395	1867
望江县	994	136	9	98	15339	625	285
岳西县	827	494	384	58	9517	1258	404
安徽安庆经济开发区	51	47	38	87	4378	184	85
桐城市	3149	3481	168	133	18738	2234	1004
潜山市	2200	2243	267	79	14574	1047	709
黄山市	**2310**	**2407**	**1892**	**221**	**41826**	**2504**	**3079**
屯溪区	69	50	46	70	9087	102	191
黄山区	290	202	80	18	4819	191	187
徽州区	64	45	121	11	3021	108	212
歙县	801	841	789	52	11730	1200	1281
休宁县	681	520	334	57	6234	459	627
黟县	169	130	76	4	2541	159	153
祁门县	236	619	446	9	4394	285	428
滁州市	**12763**	**12897**	**4916**	**959**	**116764**	**5508**	**9029**
琅琊区	80	438	205	120	8398	81	284
南谯区	265	821	371	75	9993	267	756
来安县	1365	1189	286	111	13046	347	527
全椒县	750	1488	836	70	12060	649	1605
定远县	2942	4159	809	172	19481	1809	2016
凤阳县	4409	2162	654	98	17799	714	860
苏滁现代产业园				13	463	3	5
滁州经济技术开发区	1	12	4	65	3215	40	12
天长市	2078	1588	393	128	18557	577	1273
明光市	873	1040	1358	107	13752	1021	1691

9-3　续表 8　　　　　　　　　　　　　　　　　　　　单位：户

地　　区	住房内有无厕所			住房内有无洗澡设施			
	卫生旱厕	普通旱厕	无	统　一供热水	家庭自装热水器	其他	无
阜阳市	**33256**	**36992**	**7221**	**1188**	**197178**	**13358**	**43670**
颍州区	1730	944	956	232	19705	949	2354
颍东区	1160	608	282	73	13659	879	1814
颍泉区	2876	1709	253	61	15161	1072	2661
临泉县	8210	7939	857	152	38152	2477	8832
太和县	8968	10900	793	134	33852	2275	12085
阜南县	2635	5508	1354	120	26494	2460	5420
颍上县	3909	4976	2003	200	30605	2013	5225
阜阳合肥现代产业园区	189	108	53	1	843	100	134
阜阳经济技术开发区	99	125	44	161	2967	96	189
界首市	3480	4175	626	54	15740	1037	4956
宿州市	**24472**	**26466**	**8936**	**636**	**143478**	**11565**	**14735**
埇桥区	4194	4595	4135	283	45951	2974	4222
砀山县	4704	5317	1116	58	21553	1717	3053
萧县	7697	9026	490	124	30676	2696	3060
灵璧县	4483	5289	945	58	23652	2437	2674
泗县	3360	2141	2131	101	19207	1492	1579
宿州马鞍山现代产业园区	22	34	56	2	968	204	68
宿州经济技术开发区	12	64	63	10	1471	45	79
六安市	**18660**	**14248**	**5363**	**1208**	**127269**	**10358**	**8716**
金安区	2005	1479	378	436	24428	1783	900
裕安区	4617	1951	422	384	25411	1469	919
叶集区	927	537	94	55	5072	378	334
霍邱县	4651	5630	1163	105	24396	2930	3682
舒城县	4345	2903	1280	106	23414	2056	1507
金寨县	969	639	1085	93	15752	614	746
霍山县	1146	1109	941	29	8796	1128	628
亳州市	**14019**	**28381**	**6349**	**854**	**108182**	**13755**	**30394**
谯城区	4534	8708	1155	408	34336	4411	9737
涡阳县	3042	5156	1380	126	25057	2391	7138
蒙城县	2611	5928	2102	159	23511	2956	5499
利辛县	3832	8589	1712	161	25278	3997	8020
池州市	**3733**	**2928**	**933**	**443**	**42351**	**2623**	**2145**
贵池区	1328	1370	234	312	17581	852	957
东至县	1505	1008	461	82	13955	1108	607
石台县	364	224	173	11	2485	207	226
青阳县	509	313	61	21	7341	417	337
池州市国家经济技术开发区	13	5		3	340	21	2
皖江江南新兴产业集中区			1	12	237	8	3
九华山风景区	14	8	3	2	412	10	13
宣城市	**5353**	**5207**	**2494**	**615**	**73606**	**8185**	**5767**
宣州区	2056	1013	545	225	20294	2545	1133
郎溪县	581	381	213	88	9246	945	655
泾县	923	1113	424	18	8376	1166	709
绩溪县	252	261	78	22	4372	455	344
旌德县	114	81	127	31	3487	296	266
宣城市经济开发区	56	42	19	25	2937	124	73
宁国市	607	1031	513	68	11769	788	1475
广德市	764	1285	575	138	13125	1866	1112

9-3a 各地区按住房设施状况分的家庭户户数(城市)

单位：户

地区	合计	住房所在建筑有无电梯		主要炊事燃料				
		有	无	燃气	电	煤炭	柴草	其他
安徽	**524214**	**214554**	**309660**	**484560**	**22342**	**2002**	**4959**	**10351**
合肥市	**132188**	**73749**	**58439**	**122840**	**6522**	**438**	**102**	**2286**
瑶海区	27634	12822	14812	25138	1458	166	1	871
庐阳区	20745	9848	10897	19423	839	50	7	426
蜀山区	29515	18424	11091	27901	1390	18	6	200
包河区	38147	26505	11642	35381	2044	95	2	625
长丰县								
肥东县								
肥西县	1540	1098	442	1429	98	4		9
庐江县								
合肥高新技术产业开发区								
合肥经济技术开发区								
合肥新站高新技术产业开发区	2222	1340	882	2079	76	47	13	7
巢湖市	12385	3712	8673	11489	617	58	73	148
芜湖市	**50133**	**24136**	**25997**	**47608**	**1635**	**66**	**119**	**705**
镜湖区	17550	8670	8880	16815	448	30	17	240
弋江区	12146	6342	5804	11658	355	2	23	108
鸠江区	10206	5663	4543	9956	136	6	14	94
三山区	3112	1227	1885	2684	331	1	13	83
芜湖县	321		321	315	1		4	1
繁昌县								
南陵县								
芜湖经济技术开发区	87		87	48	37		1	1
安徽芜湖长江大桥经济开发区								
无为市	6711	2234	4477	6132	327	27	47	178
蚌埠市	**23180**	**10687**	**12493**	**21895**	**595**	**34**	**69**	**587**
龙子湖区	6154	2230	3924	5613	295	13	1	232
蚌山区	5256	2967	2289	5130	75	3		48
禹会区	7368	3581	3787	6977	106	13	5	267
淮上区	4402	1909	2493	4175	119	5	63	40
怀远县								
五河县								
固镇县								
蚌埠市高新技术开发区								
蚌埠市经济开发区								
淮南市	**37993**	**9943**	**28050**	**35397**	**1353**	**159**	**59**	**1025**
大通区	1444	447	997	1386	30	4	3	21
田家庵区	23330	8205	15125	22034	769	56	15	456
谢家集区	6328	691	5637	5860	236	50	27	155
八公山区	4371	378	3993	3697	262	42	13	357
潘集区	2520	222	2298	2420	56	7	1	36
凤台县								
寿县								

9-3a 续表 1 单位：户

地　区	合　计	住房所在建筑有无电梯		主要炊事燃料				
		有	无	燃气	电	煤炭	柴草	其他
马鞍山市	**29569**	**7990**	**21579**	**27648**	**1289**	**26**	**201**	**405**
花山区	16178	4326	11852	15606	415	8	72	77
雨山区	11063	3445	7618	10503	303	4	33	220
博望区	2328	219	2109	1539	571	14	96	108
当涂县								
含山县								
和县								
淮北市	**27002**	**6693**	**20309**	**24972**	**467**	**317**	**431**	**815**
杜集区	4895	568	4327	4528	133	71	66	97
相山区	16985	5686	11299	16504	173	126	14	168
烈山区	3292	432	2860	3105	47	32	42	66
濉溪县	1830	7	1823	835	114	88	309	484
铜陵市	**19890**	**6423**	**13467**	**19528**	**145**		**25**	**192**
铜官区	15230	5276	9954	15052	57		5	116
义安区	3138	935	2203	2994	72		19	53
郊区	1522	212	1310	1482	16		1	23
枞阳县								
安庆市	**35988**	**9372**	**26616**	**32707**	**910**	**46**	**1883**	**442**
迎江区	9025	3923	5102	8849	74	1	6	95
大观区	6190	707	5483	5913	194	10		73
宜秀区	2609	1461	1148	2433	90		64	22
怀宁县								
太湖县								
宿松县								
望江县	3014	454	2560	2604	112	11	273	14
岳西县								
安徽安庆经济开发区								
桐城市	10089	2255	7834	8997	306	11	599	176
潜山市	5061	572	4489	3911	134	13	941	62
黄山市	**12544**	**2271**	**10273**	**10320**	**1858**	**36**	**101**	**229**
屯溪区	8533	2019	6514	6883	1421	32	60	137
黄山区	2087	63	2024	1950	38		15	84
徽州区	1676	173	1503	1272	382	4	10	8
歙县	118		118	96	13		9	
休宁县	130	16	114	119	4		7	
黟县								
祁门县								
滁州市	**27910**	**10671**	**17239**	**25839**	**758**	**232**	**79**	**1002**
琅琊区	8517	3222	5295	8282	88	69	9	69
南谯区	5549	3201	2348	5247	105	32	5	160
来安县								
全椒县								
定远县								
凤阳县								
苏滁现代产业园								
滁州经济技术开发区								
天长市	7759	2177	5582	7458	160	49	23	69
明光市	6085	2071	4014	4852	405	82	42	704

9-3a 续表 2

单位：户

地　　区	合　计	住房所在建筑有无电梯		主要炊事燃料				
		有	无	燃气	电	煤炭	柴草	其他
阜阳市	**30143**	**11821**	**18322**	**26701**	**2118**	**284**	**293**	**747**
颍州区	12652	5162	7490	11412	630	109	38	463
颍东区	5152	2311	2841	4794	228	37	59	34
颍泉区	6071	2487	3584	5371	428	60	74	138
临泉县								
太和县								
阜南县								
颍上县								
阜阳合肥现代产业园区								
阜阳经济技术开发区								
界首市	6268	1861	4407	5124	832	78	122	112
宿州市	**19901**	**8601**	**11300**	**18779**	**772**	**62**	**38**	**250**
埇桥区	19700	8600	11100	18597	760	62	31	250
砀山县								
萧县	201	1	200	182	12		7	
灵璧县								
泗县								
宿州马鞍山现代产业园区								
宿州经济技术开发区								
六安市	**24119**	**13915**	**10204**	**22948**	**550**	**82**	**63**	**476**
金安区	11079	7205	3874	10779	192	15	1	92
裕安区	10879	6235	4644	10433	187	18	18	223
叶集区	1915	473	1442	1600	88	33	33	161
霍邱县	87		87	70	15		2	
舒城县	159	2	157	66	68	16	9	
金寨县								
霍山县								
亳州市	**17637**	**8727**	**8910**	**14863**	**2168**	**74**	**193**	**339**
谯城区	17511	8727	8784	14828	2156	27	161	339
涡阳县								
蒙城县								
利辛县	126		126	35	12	47	32	
池州市	**11811**	**3231**	**8580**	**11087**	**258**	**44**	**101**	**321**
贵池区	11185	3070	8115	10585	151	44	99	306
东至县								
石台县								
青阳县								
池州市国家经济技术开发区	366	35	331	364			2	
皖江江南新兴产业集中区	260	126	134	138	107			15
九华山风景区								
宣城市	**24206**	**6324**	**17882**	**21428**	**944**	**102**	**1202**	**530**
宣州区	8681	3254	5427	7776	565	30	75	235
郎溪县								
泾县								
绩溪县								
旌德县								
宣城市经济开发区								
宁国市	8122	1508	6614	7541	159	42	197	183
广德市	7403	1562	5841	6111	220	30	930	112

9-3a 续表 3 单位：户

地区	住房内有无管道自来水		住房内有无厨房			住房内有无厕所	
	有	无	独立使用	与其他户合用	无	水冲式卫生厕所	水冲式非卫生厕所
安　徽	**511428**	**12786**	**513190**	**3024**	**8000**	**495063**	**5315**
合肥市	**130365**	**1823**	**127909**	**1012**	**3267**	**127318**	**1155**
瑶海区	27228	406	26515	285	834	26570	324
庐阳区	20531	214	20121	181	443	20411	68
蜀山区	29271	244	28933	166	416	28965	186
包河区	37428	719	36467	304	1376	36459	311
长丰县							
肥东县							
肥西县	1532	8	1468	19	53	1536	2
庐江县							
合肥高新技术产业开发区							
合肥经济技术开发区							
合肥新站高新技术产业开发区	2112	110	2188	24	10	2112	7
巢湖市	12263	122	12217	33	135	11265	257
芜湖市	**49788**	**345**	**49438**	**237**	**458**	**47751**	**530**
镜湖区	17432	118	17222	112	216	17237	47
弋江区	12048	98	12066	24	56	11605	48
鸠江区	10145	61	10047	64	95	9705	113
三山区	3092	20	3076	4	32	2931	54
芜湖县	320	1	319		2	233	26
繁昌县							
南陵县							
芜湖经济技术开发区	86	1	83		4	61	
安徽芜湖长江大桥经济开发区							
无为市	6665	46	6625	33	53	5979	242
蚌埠市	**22483**	**697**	**22755**	**106**	**319**	**21568**	**214**
龙子湖区	6071	83	6005	47	102	5846	59
蚌山区	5206	50	5213	3	40	5225	9
禹会区	7280	88	7278	44	46	6957	33
淮上区	3926	476	4259	12	131	3540	113
怀远县							
五河县							
固镇县							
蚌埠市高新技术开发区							
蚌埠市经济开发区							
淮南市	**36740**	**1253**	**37415**	**125**	**453**	**34813**	**398**
大通区	1428	16	1437	1	6	1394	
田家庵区	22902	428	22974	92	264	22092	224
谢家集区	6202	126	6252	9	67	5663	84
八公山区	4279	92	4286	9	76	3586	25
潘集区	1929	591	2466	14	40	2078	65
凤台县							
寿县							

9-3a 续表 4 单位：户

地区	住房内有无管道自来水		住房内有无厨房			住房内有无厕所	
	有	无	独立使用	与其他户合用	无	水冲式卫生厕所	水冲式非卫生厕所
马鞍山市	**29154**	**415**	**29164**	**137**	**268**	**28475**	**217**
花山区	15892	286	16007	65	106	15795	46
雨山区	10958	105	10865	60	138	10778	32
博望区	2304	24	2292	12	24	1902	139
当涂县							
含山县							
和县							
淮北市	**25425**	**1577**	**26566**	**78**	**358**	**23619**	**440**
杜集区	4428	467	4759	51	85	3766	248
相山区	16448	537	16844	18	123	16438	66
烈山区	2895	397	3227	5	60	2718	34
濉溪县	1654	176	1736	4	90	697	92
铜陵市	**19691**	**199**	**19770**	**36**	**84**	**19589**	**81**
铜官区	15091	139	15158	15	57	15069	35
义安区	3106	32	3112	13	13	3054	36
郊区	1494	28	1500	8	14	1466	10
枞阳县							
安庆市	**35689**	**299**	**35571**	**211**	**206**	**33151**	**497**
迎江区	8966	59	8985	16	24	8980	13
大观区	6097	93	6136	13	41	6151	7
宜秀区	2595	14	2543	12	54	2270	31
怀宁县							
太湖县							
宿松县							
望江县	3014		2998	10	6	2917	57
岳西县							
安徽安庆经济开发区							
桐城市	9956	133	9991	58	40	8697	261
潜山市	5061		4918	102	41	4136	128
黄山市	**12441**	**103**	**12435**	**37**	**72**	**12310**	**96**
屯溪区	8455	78	8474	26	33	8378	74
黄山区	2070	17	2067	5	15	2041	16
徽州区	1670	6	1646	6	24	1658	5
歙县	118		118			105	1
休宁县	128	2	130			128	
黟县							
祁门县							
滁州市	**27062**	**848**	**27390**	**200**	**320**	**26525**	**240**
琅琊区	8232	285	8398	32	87	7968	124
南谯区	5493	56	5455	25	69	5365	25
来安县							
全椒县							
定远县							
凤阳县							
苏滁现代产业园							
滁州经济技术开发区							
天长市	7484	275	7665	44	50	7417	67
明光市	5853	232	5872	99	114	5775	24

9-3a 续表 5 单位：户

地 区	住房内有无管道自来水		住房内有无厨房			住房内有无厕所	
	有	无	独立使用	与其他户合用	无	水冲式卫生厕所	水冲式非卫生厕所
阜阳市	**28140**	**2003**	**29356**	**162**	**625**	**27569**	**410**
颍州区	11650	1002	12329	75	248	11808	208
颍东区	4861	291	5086	17	49	5037	15
颍泉区	5768	303	5953	21	97	5410	61
临泉县							
太和县							
阜南县							
颍上县							
阜阳合肥现代产业园区							
阜阳经济技术开发区							
界首市	5861	407	5988	49	231	5314	126
宿州市	**19074**	**827**	**19469**	**139**	**293**	**18966**	**222**
埇桥区	18877	823	19271	138	291	18831	213
砀山县							
萧县	197	4	198	1	2	135	9
灵璧县							
泗县							
宿州马鞍山现代产业园区							
宿州经济技术开发区							
六安市	**24000**	**119**	**23825**	**126**	**168**	**23447**	**183**
金安区	11044	35	10939	46	94	10903	104
裕安区	10839	40	10767	60	52	10827	15
叶集区	1873	42	1881	20	14	1561	48
霍邱县	86	1	87			55	16
舒城县	158	1	151		8	101	
金寨县							
霍山县							
亳州市	**16525**	**1112**	**17099**	**121**	**417**	**15741**	**242**
谯城区	16403	1108	16990	120	401	15691	242
涡阳县							
蒙城县							
利辛县	122	4	109	1	16	50	
池州市	**11497**	**314**	**11660**	**63**	**88**	**11446**	**45**
贵池区	10892	293	11085	60	40	10840	44
东至县							
石台县							
青阳县							
池州市国家经济技术开发区	346	20	365		1	347	1
皖江江南新兴产业集中区	259	1	210	3	47	259	
九华山风景区							
宣城市	**23354**	**852**	**23368**	**234**	**604**	**22775**	**345**
宣州区	8534	147	8504	56	121	8312	87
郎溪县							
泾县							
绩溪县							
旌德县							
宣城市经济开发区							
宁国市	7706	416	7700	97	325	7538	128
广德市	7114	289	7164	81	158	6925	130

9-3a 续表 6 单位：户

地区	住房内有无厕所			住房内有无洗澡设施			
	卫生旱厕	普通旱厕	无	统一供热水	家庭自装热水器	其他	无
安徽	**5734**	**8287**	**9815**	**8333**	**491310**	**9023**	**15548**
合肥市	**693**	**859**	**2163**	**3442**	**123806**	**1102**	**3838**
瑶海区	64	71	605	415	26007	253	959
庐阳区	19	26	221	689	19513	137	406
蜀山区	42	77	245	986	27937	113	479
包河区	437	141	799	1084	35110	331	1622
长丰县							
肥东县							
肥西县			2	18	1495	11	16
庐江县							
合肥高新技术产业开发区							
合肥经济技术开发区							
合肥新站高新技术产业开发区	2	95	6	20	2132	14	56
巢湖市	129	449	285	230	11612	243	300
芜湖市	**675**	**586**	**591**	**728**	**48116**	**532**	**757**
镜湖区	40	38	188	216	16964	159	211
弋江区	237	185	71	149	11821	70	106
鸠江区	119	121	148	186	9781	75	164
三山区	9	40	78	41	2922	75	74
芜湖县	59	1	2	3	278	30	10
繁昌县							
南陵县							
芜湖经济技术开发区	18	8		7	70	5	5
安徽芜湖长江大桥经济开发区							
无为市	193	193	104	126	6280	118	187
蚌埠市	**170**	**540**	**688**	**297**	**22017**	**335**	**531**
龙子湖区	72	26	151	44	5849	89	172
蚌山区	3	5	14	57	5147	9	43
禹会区	7	55	316	170	6909	140	149
淮上区	88	454	207	26	4112	97	167
怀远县							
五河县							
固镇县							
蚌埠市高新技术开发区							
蚌埠市经济开发区							
淮南市	**382**	**818**	**1582**	**360**	**34695**	**1332**	**1606**
大通区	1	2	47	9	1377	5	53
田家庵区	183	310	521	211	21809	510	800
谢家集区	70	139	372	17	5605	362	344
八公山区	68	234	458	119	3624	387	241
潘集区	60	133	184	4	2280	68	168
凤台县							
寿县							

9-3a　续表 7　　　　单位：户

地　　区	住房内有无厕所			住房内有无洗澡设施			
	卫生旱厕	普通旱厕	无	统　一供热水	家庭自装热水器	其他	无
马鞍山市	**256**	**170**	**451**	**565**	**28195**	**282**	**527**
花山区	75	59	203	346	15500	93	239
雨山区	60	63	130	197	10566	107	193
博望区	121	48	118	22	2129	82	95
当涂县							
含山县							
和县							
淮北市	**570**	**1367**	**1006**	**149**	**24610**	**912**	**1331**
杜集区	100	359	422	17	4337	171	370
相山区	49	104	328	98	16126	281	480
烈山区	54	349	137	31	2779	217	265
濉溪县	367	555	119	3	1368	243	216
铜陵市	**31**	**41**	**148**	**175**	**19251**	**147**	**317**
铜官区	28	4	94	156	14793	81	200
义安区	2	31	15	11	3020	59	48
郊区	1	6	39	8	1438	7	69
枞阳县							
安庆市	**1108**	**1093**	**139**	**382**	**33832**	**1111**	**663**
迎江区		10	22	30	8798	73	124
大观区	2	6	24	78	5954	76	82
宜秀区	139	152	17	93	2392	55	69
怀宁县							
太湖县							
宿松县							
望江县	34	6		42	2904	45	23
岳西县							
安徽安庆经济开发区							
桐城市	570	522	39	94	9112	706	177
潜山市	363	397	37	45	4672	156	188
黄山市	**56**	**27**	**55**	**113**	**12095**	**135**	**201**
屯溪区	28	19	34	70	8252	85	126
黄山区	25	1	4	8	2043	24	12
徽州区	3	1	9	10	1601	17	48
歙县		4	8	1	98	9	10
休宁县		2		24	101		5
黟县							
祁门县							
滁州市	**245**	**409**	**491**	**333**	**26209**	**590**	**778**
琅琊区	67	217	141	119	8153	73	172
南谯区	15	59	85	41	5286	93	129
来安县							
全椒县							
定远县							
凤阳县							
苏滁现代产业园							
滁州经济技术开发区							
天长市	116	90	69	96	7378	99	186
明光市	47	43	196	77	5392	325	291

9-3a 续表 8 单位：户

地区	住房内有无厕所			住房内有无洗澡设施			
	卫生旱厕	普通旱厕	无	统一供热水	家庭自装热水器	其他	无
阜阳市	**447**	**929**	**788**	**295**	**27597**	**509**	**1742**
颍州区	140	97	399	217	11521	261	653
颍东区	22	21	57	38	4925	49	140
颍泉区	97	393	110	32	5641	86	312
临泉县							
太和县							
阜南县							
颍上县							
阜阳合肥现代产业园区							
阜阳经济技术开发区							
界首市	188	418	222	8	5510	113	637
宿州市	**75**	**54**	**584**	**176**	**18620**	**431**	**674**
埇桥区	39	35	582	176	18434	427	663
砀山县							
萧县	36	19	2		186	4	11
灵璧县							
泗县							
宿州马鞍山现代产业园区							
宿州经济技术开发区							
六安市	**246**	**181**	**62**	**634**	**23026**	**243**	**216**
金安区	4	34	34	304	10633	60	82
裕安区	28	2	7	292	10424	115	48
叶集区	190	98	18	38	1748	60	69
霍邱县	6	8	2		79	1	7
舒城县	18	39	1		142	7	10
金寨县							
霍山县							
亳州市	**295**	**693**	**666**	**272**	**15744**	**340**	**1281**
谯城区	295	649	634	272	15650	340	1249
涡阳县							
蒙城县							
利辛县		44	32		94		32
池州市	**119**	**186**	**15**	**204**	**11198**	**213**	**196**
贵池区	106	181	14	189	10621	184	191
东至县							
石台县							
青阳县							
池州市国家经济技术开发区	13	5		3	340	21	2
皖江江南新兴产业集中区			1	12	237	8	3
九华山风景区							
宣城市	**366**	**334**	**386**	**208**	**22299**	**809**	**890**
宣州区	166	70	46	42	8248	224	167
郎溪县							
泾县							
绩溪县							
旌德县							
宣城市经济开发区							
宁国市	87	159	210	45	7412	214	451
广德市	113	105	130	121	6639	371	272

9-3b 各地区按住房设施状况分的家庭户户数(镇)

单位：户

地区	合计	住房所在建筑有无电梯		主要炊事燃料				
		有	无	燃气	电	煤炭	柴草	其他
安徽	**595803**	**141130**	**454673**	**470652**	**64612**	**5693**	**36726**	**18120**
合肥市	**101944**	**53897**	**48047**	**83580**	**14166**	**671**	**968**	**2559**
瑶海区	791	526	265	708	23	1		59
庐阳区	2197	2010	187	2184	12			1
蜀山区	1018	59	959	385	308	5	74	246
包河区								
长丰县	14468	9585	4883	13316	429	52	20	651
肥东县	18806	7729	11077	14688	2879	263	236	740
肥西县	16666	10268	6398	14458	1520	161	11	516
庐江县	15650	3162	12488	8575	6469	65	418	123
合肥高新技术产业开发区	6968	5041	1927	6600	361			7
合肥经济技术开发区	13186	9240	3946	12067	951	28	64	76
合肥新站高新技术产业开发区	8767	6254	2513	8403	268	24	3	69
巢湖市	3427	23	3404	2196	946	72	142	71
芜湖市	**38265**	**9444**	**28821**	**32496**	**3634**	**121**	**783**	**1231**
镜湖区	36		36	31	3		2	
弋江区								
鸠江区	2673	134	2539	2199	365	8	68	33
三山区	632	537	95	632				
芜湖县	7075	2302	4773	6506	396	13	61	99
繁昌县	5294	1208	4086	4660	217	12	60	345
南陵县	8336	2022	6314	7075	439	4	256	562
芜湖经济技术开发区	5423	2607	2816	5068	249	4	36	66
安徽芜湖长江大桥经济开发区	555	462	93	534	18		1	2
无为市	8241	172	8069	5791	1947	80	299	124
蚌埠市	**32923**	**13425**	**19498**	**29500**	**1389**	**217**	**794**	**1023**
龙子湖区	302	81	221	280	10	2	1	9
蚌山区								
禹会区	288	65	223	225	16	4	5	38
淮上区	882	318	564	824	19	21	12	6
怀远县	9695	2021	7674	8718	421	17	369	170
五河县	7063	2711	4352	5415	625	122	313	588
固镇县	4618	2002	2616	4120	210	51	93	144
蚌埠市高新技术开发区	1909	1073	836	1908	1			
蚌埠市经济开发区	8166	5154	3012	8010	87		1	68
淮南市	**25041**	**3987**	**21054**	**20204**	**2891**	**344**	**363**	**1239**
大通区	2708	392	2316	2358	210	17	31	92
田家庵区	402		402	311	1		4	86
谢家集区	137		137	113	24			
八公山区	2		2	1				1
潘集区	2314	195	2119	1973	155	9	39	138
凤台县	7233	1680	5553	6329	615	63	73	153
寿县	12245	1720	10525	9119	1886	255	216	769

9－3b　续表 1　　单位：户

地　区	合　计	住房所在建筑有无电梯		主要炊事燃料				
		有	无	燃气	电	煤炭	柴草	其他
马鞍山市	**22260**	**3002**	**19258**	**18046**	**2841**	**244**	**648**	**481**
花山区								
雨山区								
博望区	338	2	336	157	100		80	1
当涂县	9229	1454	7775	7667	1166	18	199	179
含山县	6222	707	5515	4589	1221	108	136	168
和县	6471	839	5632	5633	354	118	233	133
淮北市	**14280**	**1875**	**12405**	**11206**	**680**	**533**	**558**	**1303**
杜集区	1691	9	1682	1448	76	35	65	67
相山区								
烈山区	1263	8	1255	1071	62	5	60	65
濉溪县	11326	1858	9468	8687	542	493	433	1171
铜陵市	**10182**	**565**	**9617**	**6868**	**803**	**38**	**2205**	**268**
铜官区	1		1		1			
义安区	926	8	918	651	56	1	66	152
郊区	1105	8	1097	826	59	2	139	79
枞阳县	8150	549	7601	5391	687	35	2000	37
安庆市	**41008**	**3602**	**37406**	**30273**	**1305**	**300**	**7965**	**1165**
迎江区								
大观区	655	7	648	444	41		137	33
宜秀区	890	1	889	662	10		215	3
怀宁县	8254	757	7497	6230	292	12	1508	212
太湖县	5799	451	5348	4003	308	50	1191	247
宿松县	8095	541	7554	6742	97	119	931	206
望江县	1736	9	1727	1208	19	1	419	89
岳西县	3908	440	3468	2350	182	32	1223	121
安徽安庆经济开发区	4598	1169	3429	4305	139	3	9	142
桐城市	3863	127	3736	2619	130	49	963	102
潜山市	3210	100	3110	1710	87	34	1369	10
黄山市	**13194**	**1018**	**12176**	**10480**	**1744**	**78**	**748**	**144**
屯溪区	187	27	160	175	6	3	3	
黄山区	798	15	783	683	41		72	2
徽州区	391	1	390	255	83		53	
歙县	5230	595	4635	3521	1264	25	383	37
休宁县	2803	223	2580	2294	310	36	102	61
黟县	1200	11	1189	1128	14		53	5
祁门县	2585	146	2439	2424	26	14	82	39
滁州市	**49457**	**9890**	**39567**	**44787**	**2661**	**188**	**720**	**1101**
琅琊区								
南谯区	2042	1190	852	1873	7	42	55	65
来安县	7391	1734	5657	7232	68	4	11	76
全椒县	8513	2100	6413	7960	256	8	184	105
定远县	9516	1363	8153	8110	731	58	123	494
凤阳县	9358	1035	8323	8173	914	71	121	79
苏滁现代产业园	484	484		482	1			1
滁州经济技术开发区	3046	1825	1221	2993	28	1	3	21
天长市	6397	142	6255	6003	289	1	51	53
明光市	2710	17	2693	1961	367	3	172	207

9-3b 续表 2

单位：户

地区	合计	住房所在建筑有无电梯		主要炊事燃料				
		有	无	燃气	电	煤炭	柴草	其他
阜阳市	**70309**	**9928**	**60381**	**47534**	**12361**	**1012**	**7734**	**1668**
颍州区	1862	330	1532	1394	247	33	160	28
颍东区	2190	31	2159	1638	151	19	349	33
颍泉区	2725	37	2688	1364	638	89	565	69
临泉县	13608	2378	11230	8286	3076	234	1839	173
太和县	20256	3402	16854	12711	4695	138	2574	138
阜南县	9460	1531	7929	7341	1031	238	614	236
颍上县	13805	1542	12263	11150	936	205	868	646
阜阳合肥现代产业园区	151		151	128	1		22	
阜阳经济技术开发区	2859	653	2206	2297	225	40	15	282
界首市	3393	24	3369	1225	1361	16	728	63
宿州市	**49826**	**7354**	**42472**	**40526**	**5763**	**652**	**1748**	**1137**
埇桥区	5658	311	5347	4781	652	130	41	54
砀山县	12005	1607	10398	9304	1567	119	879	136
萧县	11161	1058	10103	9108	1624	131	208	90
灵璧县	10184	1910	8274	8705	815	118	379	167
泗县	8479	1459	7020	6523	1028	123	223	582
宿州马鞍山现代产业园区	734	346	388	630	16	15	8	65
宿州经济技术开发区	1605	663	942	1475	61	16	10	43
六安市	**42724**	**9052**	**33672**	**33838**	**3686**	**579**	**3784**	**837**
金安区	4798	1141	3657	4121	420	103	100	54
裕安区	2579	350	2229	2197	291	27	45	19
叶集区	790	39	751	691	54	1	26	18
霍邱县	9810	1596	8214	8507	567	198	225	313
舒城县	11193	2427	8766	8333	1934	150	518	258
金寨县	6696	2613	4083	5868	146	44	633	5
霍山县	6858	886	5972	4121	274	56	2237	170
亳州市	**43113**	**8276**	**34837**	**30218**	**6201**	**525**	**3610**	**2559**
谯城区	4034	180	3854	1006	1737	1	733	557
涡阳县	12437	2544	9893	8562	2294	160	808	613
蒙城县	13475	3567	9908	10501	1393	123	936	522
利辛县	13167	1985	11182	10149	777	241	1133	867
池州市	**15068**	**1423**	**13645**	**12546**	**718**	**7**	**1111**	**686**
贵池区	1227	13	1214	1012	90	1	107	17
东至县	8319	685	7634	6532	513	3	797	474
石台县	1199	51	1148	1111	17		51	20
青阳县	4246	674	3572	3817	98	3	153	175
池州市国家经济技术开发区								
皖江江南新兴产业集中区								
九华山风景区	77		77	74			3	
宣城市	**26209**	**4392**	**21817**	**18550**	**3769**	**184**	**2987**	**719**
宣州区	3728	797	2931	2501	649	49	353	176
郎溪县	6616	1461	5155	5643	228	65	579	101
泾县	5046	558	4488	4563	120	17	99	247
绩溪县	2885	308	2577	738	1727	14	393	13
旌德县	2251	82	2169	1014	882	12	308	35
宣城市经济开发区	2521	1160	1361	2248	97		101	75
宁国市	1006	5	1001	619	29	8	307	43
广德市	2156	21	2135	1224	37	19	847	29

9-3b 续表 3

单位：户

地　　区	住房内有无管道自来水		住房内有无厨房			住房内有无厕所	
	有	无	独立使用	与其他户合用	无	水冲式卫生厕所	水冲式非卫生厕所
安　徽	**566334**	**29469**	**578793**	**6194**	**10816**	**500091**	**17230**
合肥市	**100171**	**1773**	**99048**	**1484**	**1412**	**95739**	**1555**
瑶海区	783	8	749	19	23	759	
庐阳区	2196	1	2194	2	1	2197	
蜀山区	827	191	951	11	56	717	51
包河区							
长丰县	14379	89	14301	72	95	13957	259
肥东县	18471	335	18092	201	513	16818	305
肥西县	16561	105	15725	593	348	16224	148
庐江县	15262	388	15428	127	95	14047	438
合肥高新技术产业开发区	6914	54	6894	20	54	6866	69
合肥经济技术开发区	12870	316	12755	335	96	12878	68
合肥新站高新技术产业开发区	8620	147	8637	78	52	8535	79
巢湖市	3288	139	3322	26	79	2741	138
芜湖市	**37986**	**279**	**37774**	**192**	**299**	**33859**	**1058**
镜湖区	36		36			22	9
弋江区							
鸠江区	2632	41	2557	41	75	1548	162
三山区	632		632			631	1
芜湖县	7055	20	7008	35	32	6844	130
繁昌县	5240	54	5203	41	50	4996	109
南陵县	8287	49	8280	16	40	8029	77
芜湖经济技术开发区	5396	27	5363	29	31	5199	18
安徽芜湖长江大桥经济开发区	555		550	1	4	536	3
无为市	8153	88	8145	29	67	6054	549
蚌埠市	**30107**	**2816**	**32229**	**150**	**544**	**29255**	**864**
龙子湖区	193	109	299		3	209	3
蚌山区							
禹会区	176	112	272	1	15	184	27
淮上区	713	169	873	7	2	753	36
怀远县	8069	1626	9351	75	269	7471	601
五河县	6752	311	6842	45	176	6266	131
固镇县	4174	444	4537	18	63	4317	54
蚌埠市高新技术开发区	1901	8	1909			1909	
蚌埠市经济开发区	8129	37	8146	4	16	8146	12
淮南市	**21980**	**3061**	**24159**	**177**	**705**	**17772**	**903**
大通区	2527	181	2607	20	81	1846	72
田家庵区	276	126	398	3	1	283	23
谢家集区	134	3	130	1	6	83	1
八公山区	2		2			2	
潘集区	1436	878	2142	32	140	1114	290
凤台县	6313	920	6906	39	288	5784	202
寿县	11292	953	11974	82	189	8660	315

9-3b　续表 4　　单位：户

地区	住房内有无管道自来水		住房内有无厨房			住房内有无厕所	
	有	无	独立使用	与其他户合用	无	水冲式卫生厕所	水冲式非卫生厕所
马鞍山市	**22052**	**208**	**21669**	**229**	**362**	**19867**	**379**
花山区							
雨山区							
博望区	335	3	301	7	30	229	18
当涂县	9156	73	9110	58	61	8251	112
含山县	6119	103	6040	61	121	5638	144
和县	6442	29	6218	103	150	5749	105
淮北市	**12536**	**1744**	**13905**	**35**	**340**	**10408**	**473**
杜集区	1620	71	1656	3	32	1329	45
相山区							
烈山区	875	388	1236	4	23	1047	1
濉溪县	10041	1285	11013	28	285	8032	427
铜陵市	**9798**	**384**	**9969**	**130**	**83**	**7434**	**257**
铜官区	1				1		1
义安区	914	12	917	4	5	780	10
郊区	1049	56	1089	4	12	915	14
枞阳县	7834	316	7963	122	65	5739	232
安庆市	**39839**	**1169**	**39851**	**716**	**441**	**34787**	**1155**
迎江区							
大观区	644	11	652	2	1	402	98
宜秀区	885	5	878	11	1	529	56
怀宁县	8099	155	8014	180	60	6689	217
太湖县	5602	197	5637	97	65	5275	165
宿松县	7868	227	7686	221	188	7464	183
望江县	1736		1691	37	8	1651	15
岳西县	3658	250	3831	51	26	3594	42
安徽安庆经济开发区	4561	37	4538	21	39	4484	33
桐城市	3578	285	3784	35	44	2498	163
潜山市	3208	2	3140	61	9	2201	183
黄山市	**12888**	**306**	**12909**	**144**	**141**	**12218**	**108**
屯溪区	186	1	186		1	179	
黄山区	792	6	787	3	8	694	18
徽州区	389	2	378	4	9	353	3
歙县	5143	87	5074	83	73	4971	50
休宁县	2757	46	2746	36	21	2575	15
黟县	1191	9	1180	9	11	1123	16
祁门县	2430	155	2558	9	18	2323	6
滁州市	**47263**	**2194**	**48536**	**284**	**637**	**43708**	**1058**
琅琊区							
南谯区	2006	36	2036	1	5	1927	26
来安县	7178	213	7331	26	34	6717	86
全椒县	8414	99	8428	30	55	8223	39
定远县	9390	126	9247	74	195	8161	370
凤阳县	8316	1042	9040	49	269	7434	266
苏滁现代产业园	484		478	6		484	
滁州经济技术开发区	3040	6	3038	3	5	3031	12
天长市	5965	432	6283	84	30	5585	67
明光市	2470	240	2655	11	44	2146	192

9-3b 续表 5

单位：户

地区	住房内有无管道自来水		住房内有无厨房			住房内有无厕所	
	有	无	独立使用	与其他户合用	无	水冲式卫生厕所	水冲式非卫生厕所
阜阳市	**65235**	**5074**	**67604**	**672**	**2033**	**53475**	**3150**
颍州区	1640	222	1804	6	52	1178	324
颍东区	2118	72	2126	9	55	1828	61
颍泉区	2700	25	2696	9	20	2030	68
临泉县	13254	354	13255	88	265	10558	905
太和县	18892	1364	19551	252	453	14210	779
阜南县	8761	699	8936	156	368	8235	248
颍上县	12173	1632	13087	107	611	10832	476
阜阳合肥现代产业园区	97	54	145	4	2	56	27
阜阳经济技术开发区	2284	575	2769	32	58	2752	20
界首市	3316	77	3235	9	149	1796	242
宿州市	**45663**	**4163**	**48182**	**371**	**1273**	**35881**	**2054**
埇桥区	5356	302	5571	13	74	4356	164
砀山县	10964	1041	11484	14	507	7386	700
萧县	10699	462	10936	58	167	7275	585
灵璧县	8794	1390	9633	206	345	7783	384
泗县	7971	508	8271	66	142	6946	198
宿州马鞍山现代产业园区	643	91	721	2	11	686	6
宿州经济技术开发区	1236	369	1566	12	27	1449	17
六安市	**41178**	**1546**	**41016**	**960**	**748**	**35254**	**1426**
金安区	4660	138	4323	378	97	4511	44
裕安区	2481	98	2512	37	30	2146	63
叶集区	771	19	779	4	7	641	40
霍邱县	9379	431	9537	102	171	7609	536
舒城县	11074	119	10524	352	317	8849	479
金寨县	6607	89	6591	75	30	6107	157
霍山县	6206	652	6750	12	96	5391	107
亳州市	**40132**	**2981**	**41520**	**282**	**1311**	**33789**	**1934**
谯城区	3894	140	3867	44	123	2519	542
涡阳县	11396	1041	11969	94	374	10254	473
蒙城县	12262	1213	12874	55	546	10933	440
利辛县	12580	587	12810	89	268	10083	479
池州市	**14736**	**332**	**14762**	**181**	**125**	**13214**	**427**
贵池区	1159	68	1207	5	15	1069	9
东至县	8216	103	8101	151	67	7014	332
石台县	1166	33	1174	14	11	1086	14
青阳县	4135	111	4203	11	32	3973	70
池州市国家经济技术开发区							
皖江江南新兴产业集中区							
九华山风景区	60	17	77			72	2
宣城市	**24770**	**1439**	**25660**	**187**	**362**	**23431**	**429**
宣州区	3537	191	3660	21	47	3095	104
郎溪县	6530	86	6530	15	71	6138	61
泾县	4966	80	4913	56	77	4541	68
绩溪县	2838	47	2831	20	34	2710	21
旌德县	1941	310	2177	33	41	2089	49
宣城市经济开发区	2509	12	2492	7	22	2442	24
宁国市	704	302	949	28	29	795	40
广德市	1745	411	2108	7	41	1621	62

9-3b　续表 6　　　　单位：户

地　区	住房内有无厕所			住房内有无洗澡设施			
	卫生旱厕	普通旱厕	无	统　一 供热水	家庭自装 热水器	其他	无
安　徽	**29607**	**32918**	**15957**	**5368**	**531067**	**25448**	**33920**
合肥市	**1563**	**1763**	**1324**	**1460**	**94372**	**2721**	**3391**
瑶海区			32	21	729		41
庐阳区				27	2163	7	
蜀山区	29	149	72	20	751	130	117
包河区							
长丰县	71	64	117	100	13501	600	267
肥东县	474	773	436	361	16518	572	1355
肥西县	37	28	229	404	15388	278	596
庐江县	687	320	158	154	14345	721	430
合肥高新技术产业开发区	4		29	35	6877	8	48
合肥经济技术开发区	33	181	26	180	12735	92	179
合肥新站高新技术产业开发区	19	101	33	106	8512	35	114
巢湖市	209	147	192	52	2853	278	244
芜湖市	**1386**	**1359**	**603**	**305**	**35844**	**1164**	**952**
镜湖区	1	1	3		32	1	3
弋江区							
鸠江区	219	581	163	32	2371	89	181
三山区				5	627		
芜湖县	36	29	36	69	6725	176	105
繁昌县	42	17	130	33	5024	116	121
南陵县	104	76	50	80	7893	201	162
芜湖经济技术开发区	51	122	33	49	5243	84	47
安徽芜湖长江大桥经济开发区	3	1	12	5	535	4	11
无为市	930	532	176	32	7394	493	322
蚌埠市	**548**	**1391**	**865**	**497**	**30775**	**596**	**1055**
龙子湖区	5	84	1	1	281	8	12
蚌山区							
禹会区	11	42	24		260	5	23
淮上区	28	41	24	15	827	7	33
怀远县	256	966	401	45	8996	159	495
五河县	171	184	311	200	6198	352	313
固镇县	75	74	98	84	4385	28	121
蚌埠市高新技术开发区				40	1867	2	
蚌埠市经济开发区	2		6	112	7961	35	58
淮南市	**1889**	**2818**	**1659**	**216**	**21061**	**1752**	**2012**
大通区	93	397	300	71	2321	68	248
田家庵区	69	25	2		359	16	27
谢家集区	38	8	7		116	16	5
八公山区					2		
潘集区	220	316	374	14	1745	345	210
凤台县	191	676	380	49	6252	316	616
寿县	1278	1396	596	82	10266	991	906

9-3b 续表 7 单位：户

地　区	住房内有无厕所			住房内有无洗澡设施			
	卫生旱厕	普通旱厕	无	统一供热水	家庭自装热水器	其他	无
马鞍山市	**683**	**576**	**755**	**128**	**19846**	**1368**	**918**
花山区							
雨山区							
博望区	31	41	19	1	319	6	12
当涂县	362	264	240	83	8370	553	223
含山县	118	94	228	39	5461	425	297
和县	172	177	268	5	5696	384	386
淮北市	**920**	**1540**	**939**	**34**	**11560**	**1372**	**1314**
杜集区	87	175	55	3	1434	86	168
相山区							
烈山区	58	61	96	7	814	316	126
濉溪县	775	1304	788	24	9312	970	1020
铜陵市	**1021**	**1170**	**300**	**89**	**8512**	**1074**	**507**
铜官区							1
义安区	93	25	18	2	643	228	53
郊区	70	27	79	9	912	114	70
枞阳县	858	1118	203	78	6957	732	383
安庆市	**2348**	**2207**	**511**	**359**	**37056**	**2143**	**1450**
迎江区							
大观区	51	67	37		521	106	28
宜秀区	169	135	1	6	766	100	18
怀宁县	654	596	98	48	7612	399	195
太湖县	91	192	76	27	5346	214	212
宿松县	88	233	127	104	7280	295	416
望江县	45	25		22	1636	56	22
岳西县	121	67	84	38	3490	264	116
安徽安庆经济开发区	31	12	38	87	4271	158	82
桐城市	653	521	28	22	3276	327	238
潜山市	445	359	22	5	2858	224	123
黄山市	**247**	**239**	**382**	**57**	**12120**	**423**	**594**
屯溪区	5	1	2		180	2	5
黄山区	54	21	11	6	730	33	29
徽州区	8	5	22		354	10	27
歙县	51	57	101	33	4770	173	254
休宁县	75	49	89	8	2564	91	140
黟县	10	9	42	4	1148	6	42
祁门县	44	97	115	6	2374	108	97
滁州市	**2321**	**1453**	**917**	**460**	**46652**	**968**	**1377**
琅琊区							
南谯区	8	24	57	26	1901	38	77
来安县	326	194	68	92	7081	104	114
全椒县	79	79	93	51	8235	61	166
定远县	406	404	175	118	8781	294	323
凤阳县	1009	402	247	79	8827	193	259
苏滁现代产业园				13	463	3	5
滁州经济技术开发区			3	51	2945	40	10
天长市	422	254	69	21	6046	106	224
明光市	71	96	205	9	2373	129	199

9-3b 续表 8 单位：户

地 区	住房内有无厕所			住房内有无洗澡设施			
	卫生旱厕	普通旱厕	无	统一供热水	家庭自装热水器	其他	无
阜阳市	**5637**	**6243**	**1804**	**485**	**58918**	**2447**	**8459**
颍州区	145	114	101	1	1516	74	271
颍东区	115	120	66	17	1798	130	245
颍泉区	432	185	10	18	2153	196	358
临泉县	1030	937	178	75	11667	408	1458
太和县	2175	2736	356	93	16480	698	2985
阜南县	302	491	184	42	8289	289	840
颍上县	714	1052	731	128	11889	475	1313
阜阳合肥现代产业园区	28	39	1		106	9	36
阜阳经济技术开发区	15	31	41	99	2565	48	147
界首市	681	538	136	12	2455	120	806
宿州市	**4781**	**5546**	**1564**	**231**	**44095**	**2462**	**3038**
埇桥区	536	339	263	24	5185	213	236
砀山县	1578	2011	330	39	10471	511	984
萧县	1218	1932	151	60	10118	458	525
灵璧县	852	886	279	35	8579	792	778
泗县	576	289	470	62	7618	387	412
宿州马鞍山现代产业园区	9	25	8	1	653	56	24
宿州经济技术开发区	12	64	63	10	1471	45	79
六安市	**2526**	**2086**	**1432**	**290**	**38403**	**2064**	**1967**
金安区	77	54	112	57	4364	215	162
裕安区	162	143	65	14	2297	170	98
叶集区	33	69	7	3	733	33	21
霍邱县	766	604	295	53	8455	550	752
舒城县	869	669	327	65	10081	523	524
金寨县	211	134	87	70	6483	47	96
霍山县	408	413	539	28	5990	526	314
亳州市	**2133**	**3230**	**2027**	**366**	**35207**	**2374**	**5166**
谯城区	315	554	104	28	2852	390	764
涡阳县	462	772	476	85	10510	461	1381
蒙城县	450	681	971	133	11179	540	1623
利辛县	906	1223	476	120	10666	983	1398
池州市	**788**	**380**	**259**	**109**	**13875**	**654**	**430**
贵池区	64	52	33	7	1100	59	61
东至县	565	229	179	75	7575	420	249
石台县	30	35	34	8	1100	42	49
青阳县	128	62	13	19	4025	131	71
池州市国家经济技术开发区							
皖江江南新兴产业集中区							
九华山风景区	1	2			75	2	
宣城市	**816**	**917**	**616**	**282**	**22771**	**1866**	**1290**
宣州区	211	161	157	100	3014	401	213
郎溪县	186	143	88	77	5900	369	270
泾县	152	173	112	11	4434	411	190
绩溪县	46	80	28	21	2579	169	116
旌德县	32	27	54	27	2022	97	105
宣城市经济开发区	21	25	9	24	2385	55	57
宁国市	54	82	35	14	793	41	158
广德市	114	226	133	8	1644	323	181

9-3c 各地区按住房设施状况分的家庭户户数(乡村)

单位：户

地 区	合 计	住房所在建筑有无电梯		主要炊事燃料				
		有	无	燃气	电	煤炭	柴草	其他
安 徽	**885176**	**13887**	**871289**	**441993**	**143764**	**11932**	**260708**	**26779**
合肥市	**64498**	**2984**	**61514**	**23246**	**28969**	**1149**	**7884**	**3250**
瑶海区	685	405	280	654	22			9
庐阳区	190	38	152	132	37		20	1
蜀山区	440		440	61	259	1	101	18
包河区	62		62	7	28		1	26
长丰县	11719	868	10851	6487	3383	175	651	1023
肥东县	14291	135	14156	3219	7926	475	1381	1290
肥西县	11450	1280	10170	3679	5511	183	1711	366
庐江县	16539	189	16350	4850	8968	142	2216	363
合肥高新技术产业开发区	3		3		3			
合肥经济技术开发区	317	1	316	18	207	1	91	
合肥新站高新技术产业开发区	95	41	54	55	11	11	5	13
巢湖市	8707	27	8680	4084	2614	161	1707	141
芜湖市	**41143**	**407**	**40736**	**25753**	**8197**	**175**	**5087**	**1931**
镜湖区	670	2	668	466	102	1	44	57
弋江区								
鸠江区	4781	56	4725	3494	656	28	448	155
三山区	1450	7	1443	1025	285	5	89	46
芜湖县	4201	45	4156	2627	1138	1	258	177
繁昌县	4166	33	4133	2589	441	18	686	432
南陵县	8310	123	8187	4551	1442	2	1599	716
芜湖经济技术开发区	128	1	127	89	6		32	1
安徽芜湖长江大桥经济开发区	234		234	192	20		12	10
无为市	17203	140	17063	10720	4107	120	1919	337
蚌埠市	**43329**	**887**	**42442**	**27575**	**4775**	**426**	**8975**	**1578**
龙子湖区	1175	145	1030	653	438	25	22	37
蚌山区	515	77	438	386	47	2	51	29
禹会区	3168	54	3114	1890	521	12	333	412
淮上区	2936	27	2909	2512	163	15	217	29
怀远县	16744	123	16621	12738	679	29	3127	171
五河县	8875	105	8770	5296	1664	124	1286	505
固镇县	9916	356	9560	4100	1263	219	3939	395
蚌埠市高新技术开发区								
蚌埠市经济开发区								
淮南市	**39548**	**830**	**38718**	**27105**	**7675**	**539**	**2838**	**1391**
大通区	1421	7	1414	1159	180	23	59	
田家庵区	914	8	906	800	66	6	16	26
谢家集区	1553	9	1544	1154	177	25	49	148
八公山区	237	85	152	189	36		10	2
潘集区	5430	56	5374	4620	322	39	244	205
凤台县	12099	492	11607	8823	1823	71	1072	310
寿县	17894	173	17721	10360	5071	375	1388	700

9-3c 续表 1

单位：户

地 区	合 计	住房所在建筑有无电梯		主要炊事燃料				
		有	无	燃气	电	煤炭	柴草	其他
马鞍山市	**21216**	**342**	**20874**	**13128**	**4708**	**113**	**2876**	**391**
花山区	306	2	304	126	84		72	24
雨山区	456	2	454	250	120	1	60	25
博望区	2429	13	2416	1264	844	16	293	12
当涂县	5613	168	5445	3772	1351	4	333	153
含山县	5922	23	5899	3314	1516	74	910	108
和县	6490	134	6356	4402	793	18	1208	69
淮北市	**22849**	**221**	**22628**	**12996**	**1936**	**1084**	**4138**	**2695**
杜集区	1759	1	1758	1367	92	86	136	78
相山区	1622	125	1497	1201	70	150	166	35
烈山区	3490	14	3476	2080	329	231	428	422
濉溪县	15978	81	15897	8348	1445	617	3408	2160
铜陵市	**15736**	**201**	**15535**	**6322**	**1736**	**41**	**6819**	**818**
铜官区	284	87	197	275	4		3	2
义安区	4499	20	4479	2564	780		640	515
郊区	3124	17	3107	1921	170	3	933	97
枞阳县	7829	77	7752	1562	782	38	5243	204
安庆市	**72859**	**799**	**72060**	**21952**	**3544**	**180**	**46471**	**712**
迎江区	416	2	414	155	42		217	2
大观区	1217	2	1215	652	18	1	478	68
宜秀区	909	8	901	483	29	22	372	3
怀宁县	10481	109	10372	3668	609	5	6080	119
太湖县	10209	75	10134	1642	518	38	7910	101
宿松县	14270	125	14145	5739	819	57	7585	70
望江县	11597	156	11441	3731	455	15	7349	47
岳西县	7329	101	7228	494	100	4	6665	66
安徽安庆经济开发区	136	55	81	122	1		13	
桐城市	8157	78	8079	3047	618	23	4256	213
潜山市	8138	88	8050	2219	335	15	5546	23
黄山市	**21892**	**226**	**21666**	**10175**	**4068**	**182**	**7341**	**126**
屯溪区	730	6	724	560	59	40	71	
黄山区	2330	16	2314	1560	92	2	653	23
徽州区	1285	37	1248	426	397	10	448	4
歙县	8915	94	8821	2366	2876	28	3621	24
休宁县	4444	43	4401	2771	424	72	1135	42
黟县	1657	7	1650	729	130	3	788	7
祁门县	2531	23	2508	1763	90	27	625	26
滁州市	**54893**	**1395**	**53498**	**38229**	**8635**	**401**	**5733**	**1895**
琅琊区	366	1	365	258	11	7	66	24
南谯区	3500	465	3035	2106	330	36	909	119
来安县	6640	28	6612	6254	235	2	129	20
全椒县	5871	40	5831	3089	1070	78	1522	112
定远县	13962	179	13783	8218	3603	141	1026	974
凤阳县	10113	98	10015	7663	1740	97	488	125
苏滁现代产业园								
滁州经济技术开发区	286	258	28	264	18	2	2	
天长市	6379	23	6356	5545	549	20	254	11
明光市	7776	303	7473	4832	1079	18	1337	510

9-3c 续表 2　　　　单位：户

地区	合计	住房所在建筑有无电梯		主要炊事燃料				
		有	无	燃气	电	煤炭	柴草	其他
阜阳市	**154942**	**2060**	**152882**	**65688**	**22458**	**1924**	**62349**	**2523**
颍州区	8726	87	8639	4365	1156	149	2691	365
颍东区	9083	105	8978	4321	402	91	4091	178
颍泉区	10159	102	10057	5028	1468	73	3470	120
临泉县	36005	415	35590	9003	5344	308	21064	286
太和县	28090	191	27899	10391	5974	337	11221	167
阜南县	25034	271	24763	12535	1970	318	9633	578
颍上县	24238	293	23945	16108	2210	414	4915	591
阜阳合肥现代产业园区	927	354	573	662	32	33	183	17
阜阳经济技术开发区	554	160	394	269	92	75	35	83
界首市	12126	82	12044	3006	3810	126	5046	138
宿州市	**100687**	**846**	**99841**	**72290**	**13498**	**3616**	**9674**	**1609**
埇桥区	28072	248	27824	20047	3324	1897	2110	694
砀山县	14376	42	14334	10170	1942	263	1888	113
萧县	25194	314	24880	18221	4275	988	1594	116
灵璧县	18637	114	18523	12913	2656	319	2510	239
泗县	13900	122	13778	10705	1201	125	1532	337
宿州马鞍山现代产业园区	508	6	502	234	100	24	40	110
宿州经济技术开发区								
六安市	**80708**	**1302**	**79406**	**40959**	**12445**	**1088**	**24637**	**1579**
金安区	11670	359	11311	5964	2835	129	2408	334
裕安区	14725	385	14340	9087	2857	353	2191	237
叶集区	3134	45	3089	2456	203	37	413	25
霍邱县	21216	155	21061	15406	2572	326	2428	484
舒城县	15731	175	15556	6153	3510	182	5466	420
金寨县	10509	161	10348	1613	354	56	8479	7
霍山县	3723	22	3701	280	114	5	3252	72
亳州市	**92435**	**900**	**91535**	**30012**	**15035**	**708**	**41713**	**4967**
谯城区	27347	203	27144	4655	8274	56	12422	1940
涡阳县	22275	264	22011	6310	3608	301	11418	638
蒙城县	18650	155	18495	9487	1610	146	6214	1193
利辛县	24163	278	23885	9560	1543	205	11659	1196
池州市	**20683**	**97**	**20586**	**12523**	**1207**	**27**	**6348**	**578**
贵池区	7290	49	7241	4262	452	8	2325	243
东至县	7433	39	7394	4719	443	14	2035	222
石台县	1730	2	1728	879	33		761	57
青阳县	3870	7	3863	2331	278	5	1205	51
池州市国家经济技术开发区								
皖江江南新兴产业集中区								
九华山风景区	360		360	332	1		22	5
宣城市	**37758**	**390**	**37368**	**14040**	**4878**	**279**	**17825**	**736**
宣州区	11788	105	11683	5454	2502	99	3506	227
郎溪县	4318	25	4293	1990	315	29	1873	111
泾县	5223	16	5207	2919	616	27	1575	86
绩溪县	2308	15	2293	82	676	3	1541	6
旌德县	1829	19	1810	239	443	4	1134	9
宣城市经济开发区	638	122	516	232	63	6	267	70
宁国市	4972	52	4920	1431	124	46	3229	142
广德市	6682	36	6646	1693	139	65	4700	85

9-3c　续表 3　　　　　　　　　　　　　　　　　　　单位：户

地　区	住房内有无管道自来水		住房内有无厨房			住房内有无厕所	
	有	无	独立使用	与其他户合用	无	水冲式卫生厕所	水冲式非卫生厕所
安　徽	**802373**	**82803**	**855947**	**5639**	**23590**	**498771**	**51566**
合肥市	**59592**	**4906**	**61767**	**766**	**1965**	**42804**	**2444**
瑶海区	684	1	685			685	
庐阳区	132	58	183	2	5	164	4
蜀山区	302	138	417	7	16	234	11
包河区	33	29	58	2	2	19	14
长丰县	11406	313	11206	141	372	9223	319
肥东县	13622	669	13385	228	678	8629	240
肥西县	10739	711	10919	182	349	8653	346
庐江县	15453	1086	16271	109	159	10077	1115
合肥高新技术产业开发区		3	3			3	
合肥经济技术开发区	54	263	289	16	12	7	36
合肥新站高新技术产业开发区	59	36	87	5	3	45	4
巢湖市	7108	1599	8264	74	369	5065	355
芜湖市	**40269**	**874**	**40186**	**255**	**702**	**28974**	**2551**
镜湖区	659	11	644	3	23	430	33
弋江区							
鸠江区	4685	96	4534	52	195	2855	367
三山区	1417	33	1405	13	32	1114	114
芜湖县	4099	102	4119	19	63	3572	233
繁昌县	3923	243	3983	29	154	3100	200
南陵县	8165	145	8250	23	37	7213	329
芜湖经济技术开发区	127	1	123	1	4	31	7
安徽芜湖长江大桥经济开发区	228	6	231	2	1	199	4
无为市	16966	237	16897	113	193	10460	1264
蚌埠市	**33602**	**9727**	**40684**	**304**	**2341**	**26067**	**2620**
龙子湖区	851	324	1100	18	57	649	129
蚌山区	255	260	447	2	66	232	79
禹会区	1339	1829	2912	26	230	1129	262
淮上区	1063	1873	2543	40	353	1317	115
怀远县	13351	3393	15941	133	670	10704	1128
五河县	8316	559	8260	48	567	5931	310
固镇县	8427	1489	9481	37	398	6105	597
蚌埠市高新技术开发区							
蚌埠市经济开发区							
淮南市	**29947**	**9601**	**37059**	**347**	**2142**	**15378**	**2803**
大通区	1214	207	1257	18	146	342	31
田家庵区	748	166	849	19	46	523	37
谢家集区	1479	74	1478	17	58	643	180
八公山区	234	3	232		5	107	2
潘集区	3015	2415	4719	25	686	1130	715
凤台县	9341	2758	11175	55	869	5090	890
寿县	13916	3978	17349	213	332	7543	948

9-3c 续表 4

单位：户

地　　区	住房内有无管道自来水		住房内有无厨房			住房内有无厕所	
	有	无	独立使用	与其他户合用	无	水冲式卫生厕所	水冲式非卫生厕所
马鞍山市	**20862**	**354**	**20046**	**204**	**966**	**15856**	**656**
花山区	298	8	302		4	244	4
雨山区	453	3	449	2	5	358	1
博望区	2399	30	2312	22	95	1746	118
当涂县	5569	44	5356	71	186	4622	201
含山县	5742	180	5506	46	370	4018	138
和县	6401	89	6121	63	306	4868	194
淮北市	**18239**	**4610**	**21933**	**103**	**813**	**8856**	**864**
杜集区	1055	704	1626	6	127	968	105
相山区	1308	314	1592	6	24	1102	38
烈山区	2527	963	3243	15	232	1763	131
濉溪县	13349	2629	15472	76	430	5023	590
铜陵市	**14688**	**1048**	**15345**	**146**	**245**	**8736**	**654**
铜官区	280	4	283		1	226	11
义安区	4390	109	4429	13	57	3782	67
郊区	2727	397	3004	58	62	1825	108
枞阳县	7291	538	7629	75	125	2903	468
安庆市	**66946**	**5913**	**71787**	**406**	**666**	**49491**	**3728**
迎江区	412	4	412	1	3	123	2
大观区	947	270	1203	8	6	786	86
宜秀区	900	9	906	3		456	32
怀宁县	9786	695	10301	38	142	5573	483
太湖县	9302	907	10099	84	26	7909	631
宿松县	11927	2343	13924	100	246	11062	788
望江县	11592	5	11440	38	119	10263	305
岳西县	6339	990	7235	54	40	5712	184
安徽安庆经济开发区	136		136			81	
桐城市	7487	670	8073	20	64	3078	614
潜山市	8118	20	8058	60	20	4448	603
黄山市	**20839**	**1053**	**21611**	**126**	**155**	**15617**	**672**
屯溪区	713	17	720	5	5	572	82
黄山区	2323	7	2322	7	1	1837	37
徽州区	1262	23	1265	10	10	1071	32
歙县	8683	232	8766	48	101	6410	295
休宁县	4228	216	4393	34	17	2998	126
黟县	1642	15	1647	6	4	1307	36
祁门县	1988	543	2498	16	17	1422	64
滁州市	**43763**	**11130**	**52758**	**334**	**1801**	**26969**	**3184**
琅琊区	112	254	299	3	64	61	7
南谯区	2708	792	3417	29	54	2183	108
来安县	5468	1172	6536	29	75	3332	1056
全椒县	4644	1227	5486	55	330	2818	230
定远县	12740	1222	13446	77	439	6569	468
凤阳县	7156	2957	9610	32	471	4128	418
苏滁现代产业园							
滁州经济技术开发区	284	2	284	1	1	266	6
天长市	4371	2008	6314	14	51	3073	267
明光市	6280	1496	7366	94	316	4539	624

9-3c　续表 5　　　　单位：户

地　区	住房内有无管道自来水		住房内有无厨房			住房内有无厕所	
	有	无	独立使用	与其他户合用	无	水冲式卫生厕所	水冲式非卫生厕所
阜阳市	**149023**	**5919**	**149788**	**630**	**4524**	**81659**	**11662**
颍州区	8106	620	8343	93	290	4869	1223
颍东区	8833	250	8895	34	154	6985	449
颍泉区	9884	275	9892	48	219	5911	637
临泉县	35288	717	35192	130	683	17822	3322
太和县	26523	1567	27302	84	704	10919	1777
阜南县	24491	543	24111	110	813	14760	1754
颍上县	23211	1027	22839	99	1300	14185	1662
阜阳合肥现代产业园区	862	65	917		10	601	44
阜阳经济技术开发区	448	106	550		4	358	15
界首市	11377	749	11747	32	347	5249	779
宿州市	**93627**	**7060**	**97338**	**302**	**3047**	**47961**	**5456**
埇桥区	26944	1128	27239	99	734	15809	1133
砀山县	12610	1766	13353	25	998	6345	813
萧县	24115	1079	24694	61	439	9626	1713
灵璧县	16381	2256	18053	56	528	8951	986
泗县	13331	569	13500	59	341	6846	757
宿州马鞍山现代产业园区	246	262	499	2	7	384	54
宿州经济技术开发区							
六安市	**74413**	**6295**	**79065**	**611**	**1032**	**44934**	**4036**
金安区	10860	810	11459	125	86	7551	572
裕安区	13233	1492	14471	94	160	7323	819
叶集区	3022	112	3098	13	23	1923	68
霍邱县	19148	2068	20656	230	330	10266	1187
舒城县	15226	505	15302	74	355	7935	1191
金寨县	9908	601	10392	57	60	8110	138
霍山县	3016	707	3687	18	18	1826	61
亳州市	**88095**	**4340**	**89206**	**717**	**2512**	**45254**	**7476**
谯城区	26047	1300	26425	289	633	11959	3542
涡阳县	21727	548	21598	160	517	13058	1349
蒙城县	16881	1769	17843	73	734	8930	1181
利辛县	23440	723	23340	195	628	11307	1404
池州市	**18238**	**2445**	**20417**	**88**	**178**	**14032**	**804**
贵池区	6289	1001	7228	18	44	4495	313
东至县	7098	335	7312	33	88	5101	331
石台县	1371	359	1679	27	24	1015	53
青阳县	3166	704	3840	9	21	3095	95
池州市国家经济技术开发区							
皖江江南新兴产业集中区							
九华山风景区	314	46	358	1	1	326	12
宣城市	**30230**	**7528**	**36957**	**300**	**501**	**26183**	**1956**
宣州区	11258	530	11483	116	189	8191	794
郎溪县	4075	243	4214	23	81	3434	126
泾县	4252	971	5168	16	39	3023	177
绩溪县	2281	27	2288	5	15	1832	39
旌德县	844	985	1808	11	10	1589	31
宣城市经济开发区	629	9	633	1	4	566	10
宁国市	2508	2464	4828	66	78	3185	263
广德市	4383	2299	6535	62	85	4363	516

9-3c 续表 6

单位：户

地 区	住房内有无厕所			住房内有无洗澡设施			
	卫生旱厕	普通旱厕	无	统一供热水	家庭自装热水器	其他	无
安 徽	**134874**	**157214**	**42751**	**2586**	**679024**	**82173**	**121393**
合肥市	**8490**	**8172**	**2588**	**342**	**46077**	**8834**	**9245**
瑶海区				23	658	2	2
庐阳区	8	10	4	2	156	10	22
蜀山区	51	105	39		278	35	127
包河区	13	16			50	5	7
长丰县	999	793	385	65	7868	2212	1574
肥东县	2002	2806	614	29	8323	2233	3706
肥西县	933	1024	494	155	8915	926	1454
庐江县	3241	1776	330	57	13630	2047	805
合肥高新技术产业开发区					3		
合肥经济技术开发区	33	209	32		142	46	129
合肥新站高新技术产业开发区	7	39			71	11	13
巢湖市	1203	1394	690	11	5983	1307	1406
芜湖市	**4805**	**3251**	**1562**	**137**	**34993**	**3553**	**2460**
镜湖区	102	74	31		561	41	68
弋江区							
鸠江区	557	564	438	10	4050	351	370
三山区	78	37	107	1	1227	130	92
芜湖县	266	47	83	8	3631	346	216
繁昌县	368	187	311	44	3302	380	440
南陵县	428	263	77	33	7248	702	327
芜湖经济技术开发区	33	36	21		88	27	13
安徽芜湖长江大桥经济开发区	22	5	4		202	25	7
无为市	2951	2038	490	41	14684	1551	927
蚌埠市	**4465**	**7209**	**2968**	**79**	**37372**	**1920**	**3958**
龙子湖区	233	145	19	4	1090	50	31
蚌山区	82	42	80		474	2	39
禹会区	689	775	313	7	2644	194	323
淮上区	225	982	297	3	2550	118	265
怀远县	1444	2429	1039	23	14294	686	1741
五河县	791	1086	757	20	7485	558	812
固镇县	1001	1750	463	22	8835	312	747
蚌埠市高新技术开发区							
蚌埠市经济开发区							
淮南市	**7558**	**10657**	**3152**	**129**	**30681**	**3932**	**4806**
大通区	186	534	328		1103	93	225
田家庵区	137	170	47	1	767	58	88
谢家集区	226	288	216	4	1227	132	190
八公山区	25	40	63		220		17
潘集区	841	1872	872	8	4142	594	686
凤台县	1524	3458	1137	57	9424	759	1859
寿县	4619	4295	489	59	13798	2296	1741

9-3c 续表 7 单位：户

地区	住房内有无厕所			住房内有无洗澡设施			
	卫生旱厕	普通旱厕	无	统一供热水	家庭自装热水器	其他	无
马鞍山市	**1331**	**1423**	**1950**	**37**	**17205**	**1600**	**2374**
花山区	31	5	22	2	253	31	20
雨山区	83	1	13		402	14	40
博望区	214	167	184	16	2174	66	173
当涂县	339	244	207	6	4883	413	311
含山县	295	543	928	10	4425	590	897
和县	369	463	596	3	5068	486	933
淮北市	**3006**	**7827**	**2296**	**37**	**16899**	**2321**	**3592**
杜集区	198	404	84	2	1296	104	357
相山区	199	208	75	6	1235	33	348
烈山区	291	766	539	3	2454	337	696
濉溪县	2318	6449	1598	26	11914	1847	2191
铜陵市	**2718**	**2934**	**694**	**47**	**12149**	**2118**	**1422**
铜官区	30	12	5		269	7	8
义安区	345	77	228	9	3718	372	400
郊区	614	437	140	2	2459	365	298
枞阳县	1729	2408	321	36	5703	1374	716
安庆市	**9033**	**9122**	**1485**	**169**	**61823**	**6567**	**4300**
迎江区	125	158	8		288	35	93
大观区	59	236	50	10	1070	64	73
宜秀区	167	246	8		756	92	61
怀宁县	2054	2124	247	13	8918	947	603
太湖县	700	760	209	11	8780	917	501
宿松县	969	1106	345	35	11684	1100	1451
望江县	915	105	9	34	10799	524	240
岳西县	706	427	300	20	6027	994	288
安徽安庆经济开发区	20	35			107	26	3
桐城市	1926	2438	101	17	6350	1201	589
潜山市	1392	1487	208	29	7044	667	398
黄山市	**2007**	**2141**	**1455**	**51**	**17611**	**1946**	**2284**
屯溪区	36	30	10		655	15	60
黄山区	211	180	65	4	2046	134	146
徽州区	53	39	90	1	1066	81	137
歙县	750	780	680	18	6862	1018	1017
休宁县	606	469	245	25	3569	368	482
黟县	159	121	34		1393	153	111
祁门县	192	522	331	3	2020	177	331
滁州市	**10197**	**11035**	**3508**	**166**	**43903**	**3950**	**6874**
琅琊区	13	221	64	1	245	8	112
南谯区	242	738	229	8	2806	136	550
来安县	1039	995	218	19	5965	243	413
全椒县	671	1409	743	19	3825	588	1439
定远县	2536	3755	634	54	10700	1515	1693
凤阳县	3400	1760	407	19	8972	521	601
苏滁现代产业园							
滁州经济技术开发区	1	12	1	14	270		2
天长市	1540	1244	255	11	5133	372	863
明光市	755	901	957	21	5987	567	1201

9－3c 续表 8 单位：户

地区	住房内有无厕所			住房内有无洗澡设施			
	卫生旱厕	普通旱厕	无	统一供热水	家庭自装热水器	其他	无
阜阳市	**27172**	**29820**	**4629**	**408**	**110663**	**10402**	**33469**
颍州区	1445	733	456	14	6668	614	1430
颍东区	1023	467	159	18	6936	700	1429
颍泉区	2347	1131	133	11	7367	790	1991
临泉县	7180	7002	679	77	26485	2069	7374
太和县	6793	8164	437	41	17372	1577	9100
阜南县	2333	5017	1170	78	18205	2171	4580
颍上县	3195	3924	1272	72	18716	1538	3912
阜阳合肥现代产业园区	161	69	52	1	737	91	98
阜阳经济技术开发区	84	94	3	62	402	48	42
界首市	2611	3219	268	34	7775	804	3513
宿州市	**19616**	**20866**	**6788**	**229**	**80763**	**8672**	**11023**
埇桥区	3619	4221	3290	83	22332	2334	3323
砀山县	3126	3306	786	19	11082	1206	2069
萧县	6443	7075	337	64	20372	2234	2524
灵璧县	3631	4403	666	23	15073	1645	1896
泗县	2784	1852	1661	39	11589	1105	1167
宿州马鞍山现代产业园区	13	9	48	1	315	148	44
宿州经济技术开发区							
六安市	**15888**	**11981**	**3869**	**284**	**65840**	**8051**	**6533**
金安区	1924	1391	232	75	9431	1508	656
裕安区	4427	1806	350	78	12690	1184	773
叶集区	704	370	69	14	2591	285	244
霍邱县	3879	5018	866	52	15862	2379	2923
舒城县	3458	2195	952	41	13191	1526	973
金寨县	758	505	998	23	9269	567	650
霍山县	738	696	402	1	2806	602	314
亳州市	**11591**	**24458**	**3656**	**216**	**57231**	**11041**	**23947**
谯城区	3924	7505	417	108	15834	3681	7724
涡阳县	2580	4384	904	41	14547	1930	5757
蒙城县	2161	5247	1131	26	12332	2416	3876
利辛县	2926	7322	1204	41	14518	3014	6590
池州市	**2826**	**2362**	**659**	**130**	**17278**	**1756**	**1519**
贵池区	1158	1137	187	116	5860	609	705
东至县	940	779	282	7	6380	688	358
石台县	334	189	139	3	1385	165	177
青阳县	381	251	48	2	3316	286	266
池州市国家经济技术开发区							
皖江江南新兴产业集中区							
九华山风景区	13	6	3	2	337	8	13
宣城市	**4171**	**3956**	**1492**	**125**	**28536**	**5510**	**3587**
宣州区	1679	782	342	83	9032	1920	753
郎溪县	395	238	125	11	3346	576	385
泾县	771	940	312	7	3942	755	519
绩溪县	206	181	50	1	1793	286	228
旌德县	82	54	73	4	1465	199	161
宣城市经济开发区	35	17	10	1	552	69	16
宁国市	466	790	268	9	3564	533	866
广德市	537	954	312	9	4842	1172	659

9-4　各地区按住房来源分的家庭户户数

单位：户

地　区	合　计	租赁廉租住房/公租房	租　赁其他住房	购买新建商品房	购　买二手房	购买原公有住房	购买经济适用房/两限房	自建住房	继承或赠　予	其　他
安　徽	**2005193**	**34276**	**143302**	**386009**	**106445**	**55228**	**21026**	**1126003**	**12573**	**120331**
合肥市	**298630**	**5296**	**51157**	**94230**	**28136**	**12857**	**2758**	**70942**	**2638**	**30616**
瑶海区	29110	422	6634	10617	4230	2389	438	513	251	3616
庐阳区	23132	282	4892	8699	3608	2303	306	445	319	2278
蜀山区	30973	1017	6241	14287	4573	2270	295	994	150	1146
包河区	38209	1003	10377	13367	4861	2637	326	391	262	4985
长丰县	26187	446	2756	7883	1602	342	91	10906	189	1972
肥东县	33097	300	3739	7087	989	615	207	17111	271	2778
肥西县	29656	497	6094	9408	1594	327	76	7264	254	4142
庐江县	32189	335	2112	5022	970	372	211	21065	231	1871
合肥高新技术产业开发区	6971	221	1389	2955	805	242	21	44	153	1141
合肥经济技术开发区	13503	273	2823	5605	1701	175	444	716	207	1559
合肥新站高新技术产业开发区	11084	177	2162	4458	982	149	89	304	225	2538
巢湖市	24519	323	1938	4842	2221	1036	254	11189	126	2590
芜湖市	**129541**	**3519**	**9282**	**28576**	**9680**	**2456**	**2008**	**55620**	**776**	**17624**
镜湖区	18256	597	2016	6399	2838	1089	377	1054	153	3733
弋江区	12146	385	1216	4304	1765	183	241	920	21	3111
鸠江区	17660	309	1930	3105	1181	427	66	7469	67	3106
三山区	5194	459	243	1174	367	22	32	1663	104	1130
芜湖县	11597	150	754	2448	345	188	671	5234	75	1732
繁昌县	9460	158	488	2574	632	142	102	4736	52	576
南陵县	16646	420	767	3431	770	94	150	9680	158	1176
芜湖经济技术开发区	5638	634	642	1438	718	12	108	463	15	1608
安徽芜湖长江大桥经济开发区	789	21	21	10	8			309	19	401
无为市	32155	386	1205	3693	1056	299	261	24092	112	1051
蚌埠市	**99432**	**2212**	**4658**	**22245**	**4753**	**2788**	**870**	**50932**	**745**	**10229**
龙子湖区	7631	378	800	2341	869	714	20	1498	62	949
蚌山区	5771	162	553	3070	485	213	131	428	52	677
禹会区	10824	317	661	2410	720	826	159	3657	109	1965
淮上区	8220	166	490	1197	100	8	18	4000	50	2191
怀远县	26439	410	603	2283	829	258	213	20534	174	1135
五河县	15938	314	401	2588	340	122	118	10860	120	1075
固镇县	14534	259	468	2170	229	125	71	9949	129	1134
蚌埠市高新技术开发区	1909	66	87	1419	189	74	24		6	44
蚌埠市经济开发区	8166	140	595	4767	992	448	116	6	43	1059
淮南市	**102582**	**1897**	**4257**	**22231**	**6091**	**6972**	**825**	**53321**	**799**	**6189**
大通区	5573	143	178	1713	262	245	8	2598	124	302
田家庵区	24646	638	1619	10202	3054	3141	362	3738	263	1629
谢家集区	8018	45	248	3319	712	946	33	2407	99	209
八公山区	4610	131	131	1425	328	1165	46	982	14	388
潘集区	10264	220	247	800	459	338	36	7276	34	854
凤台县	19332	323	816	2256	617	575	163	12597	160	1825
寿县	30139	397	1018	2516	659	562	177	23723	105	982

9-4 续表 1 单位：户

地 区	合 计	租赁廉租住房/公租房	租 赁其他住房	购买新建商品房	购 买二手房	购买原公有住房	购买经济适用房/两限房	自建住房	继承或赠 予	其 他
马鞍山市	**73045**	**1208**	**4144**	**20380**	**6723**	**4172**	**1564**	**28769**	**881**	**5204**
花山区	16484	270	1301	7895	3283	2173	526	746	104	186
雨山区	11519	388	1026	5360	1641	1294	354	882	109	465
博望区	5095	17	97	549	64	13	49	2088	342	1876
当涂县	14842	284	540	2448	759	247	121	8329	203	1911
含山县	12144	96	458	2095	401	273	412	8057	54	298
和县	12961	153	722	2033	575	172	102	8667	69	468
淮北市	**64131**	**1961**	**2808**	**11730**	**4376**	**4864**	**1052**	**33266**	**412**	**3662**
杜集区	8345	761	213	759	355	1397	220	4300	35	305
相山区	18607	434	1451	7687	2851	2029	336	2144	157	1518
烈山区	8045	425	218	504	506	1143	243	4095	49	862
濉溪县	29134	341	926	2780	664	295	253	22727	171	977
铜陵市	**45808**	**629**	**2912**	**10746**	**3793**	**2493**	**1360**	**21096**	**299**	**2480**
铜官区	15515	284	1462	6498	2815	2065	643	260	152	1336
义安区	8563	77	401	1603	418	186	242	5127	61	448
郊区	5751	151	136	603	247	69	360	3625	49	511
枞阳县	15979	117	913	2042	313	173	115	12084	37	185
安庆市	**149855**	**1748**	**8528**	**23670**	**7095**	**4360**	**979**	**97657**	**965**	**4853**
迎江区	9441	240	943	4408	1420	1057	115	420	154	684
大观区	8062	130	778	1999	1432	1473	43	1712	130	365
宜秀区	4408	42	270	1426	108	6	10	2060	77	409
怀宁县	18735	312	1017	2379	456	132	148	14032	45	214
太湖县	16008	183	814	1679	457	210	177	12239	64	185
宿松县	22365	113	1216	1379	708	525	79	17952	86	307
望江县	16347	103	385	1311	335	168	58	13877	11	99
岳西县	11237	170	497	934	279	113	97	8849	19	279
安徽安庆经济开发区	4734	57	568	1853	703	252	60	207	88	946
桐城市	22109	262	1126	4405	544	329	98	14134	158	1053
潜山市	16409	136	914	1897	653	95	94	12175	133	312
黄山市	**47630**	**821**	**2701**	**9150**	**3187**	**1194**	**533**	**28644**	**508**	**892**
屯溪区	9450	331	940	3592	1580	569	95	1807	144	392
黄山区	5215	57	257	987	377	117	66	3255	26	73
徽州区	3352	86	180	662	220	56	128	1980	28	12
歙县	14263	86	590	1756	411	93	63	10896	161	207
休宁县	7377	91	337	950	308	117	37	5423	35	79
黟县	2857	64	102	377	87	84	10	1995	85	53
祁门县	5116	106	295	826	204	158	134	3288	29	76
滁州市	**132260**	**2227**	**7462**	**29138**	**7620**	**2768**	**1534**	**71682**	**966**	**8863**
琅琊区	8883	220	1153	2918	1262	636	220	941	146	1387
南谯区	11091	235	1223	3877	1251	114	81	2525	146	1639
来安县	14031	157	730	1973	1005	332	103	8971	111	649
全椒县	14384	360	511	4441	887	371	173	6713	47	881
定远县	23478	105	629	3369	734	425	188	17165	131	732
凤阳县	19471	326	722	2323	478	360	182	14496	194	390
苏滁现代产业园	484	9	91	46	3					335
滁州经济技术开发区	3332	78	433	1683	331	24	30	39	45	669
天长市	20535	395	934	5785	777	215	425	10423	88	1493
明光市	16571	342	1036	2723	892	291	132	10409	58	688

9-4 续表 2

单位：户

地区	合计	租赁廉租住房/公租房	租赁其他住房	购买新建商品房	购买二手房	购买原公有住房	购买经济适用房/两限房	自建住房	继承或赠予	其他
阜阳市	**255394**	**3268**	**11533**	**23890**	**4574**	**3041**	**1929**	**197041**	**851**	**9267**
颍州区	23240	429	2019	5730	947	941	280	10997	46	1851
颍东区	16425	319	928	1766	603	268	137	11199	41	1164
颍泉区	18955	167	899	2124	421	420	240	13692	86	906
临泉县	49613	576	1857	2538	346	272	187	42650	316	871
太和县	48346	656	1847	4037	240	310	249	39820	45	1142
阜南县	34494	368	1408	1757	656	185	213	28721	129	1057
颍上县	38043	269	830	2843	601	257	521	31722	114	886
阜阳合肥现代产业园区	1078	2	55	55	9			705	3	249
阜阳经济技术开发区	3413	87	364	1359	250	78	17	837	3	418
界首市	21787	395	1326	1681	501	310	85	16698	68	723
宿州市	**170414**	**2053**	**6943**	**20983**	**3698**	**2526**	**1277**	**127441**	**553**	**4940**
埇桥区	53430	792	2971	10635	2317	2019	213	32859	200	1424
砀山县	26381	262	382	2349	164	87	105	22191	81	760
萧县	36556	318	1106	2160	371	177	106	31624	86	608
灵璧县	28821	285	1454	2502	376	170	551	22986	66	431
泗县	22379	194	759	2655	414	73	217	16775	59	1233
宿州马鞍山现代产业园区	1242	138	66	44	5		73	655	10	251
宿州经济技术开发区	1605	64	205	638	51		12	351	51	233
六安市	**147551**	**2465**	**10131**	**26758**	**3832**	**1587**	**2070**	**94661**	**703**	**5344**
金安区	27547	614	3557	7638	921	288	1114	11654	175	1586
裕安区	28183	433	1696	8775	922	92	156	14690	110	1309
叶集区	5839	40	255	856	100	61	13	4403	20	91
霍邱县	31113	159	1075	1817	600	224	252	26002	137	847
舒城县	27083	404	1871	2872	817	434	78	19391	167	1049
金寨县	17205	543	1095	2600	227	300	262	11824	31	323
霍山县	10581	272	582	2200	245	188	195	6697	63	139
亳州市	**153185**	**2908**	**6992**	**14014**	**3533**	**1089**	**1166**	**117662**	**468**	**5353**
谯城区	48892	1344	2765	5666	1535	275	163	33937	208	2999
涡阳县	34712	536	1243	2611	541	303	166	28055	75	1182
蒙城县	32125	703	1244	2937	803	337	665	24812	57	567
利辛县	37456	325	1740	2800	654	174	172	30858	128	605
池州市	**47562**	**513**	**3265**	**9671**	**2731**	**630**	**386**	**27984**	**311**	**2071**
贵池区	19702	186	1381	6163	1608	275	201	8748	151	989
东至县	15752	69	1296	1393	498	185	71	11710	96	434
石台县	2929	19	137	440	131	57	43	2012	18	72
青阳县	8116	107	397	1505	451	103	68	5095	34	356
池州市国家经济技术开发区	366		16	157	39			52	12	90
皖江江南新兴产业集中区	260	126	4	3		2	1			124
九华山风景区	437	6	34	10	4	8	2	367		6
宣城市	**88173**	**1551**	**6529**	**18597**	**6623**	**1431**	**715**	**49285**	**698**	**2744**
宣州区	24197	359	1938	5390	2003	401	188	12871	202	845
郎溪县	10934	248	635	2587	605	211	182	6089	39	338
泾县	10269	211	592	1750	698	267	103	6287	196	165
绩溪县	5193	77	245	837	245	70	9	3552	105	53
旌德县	4080	37	214	646	173	117	13	2775	28	77
宣城市经济开发区	3159	138	361	1591	201	18	2	758	4	86
宁国市	14100	251	1442	3521	1644	169	58	6750	66	199
广德市	16241	230	1102	2275	1054	178	160	10203	58	981

9－4a 各地区按住房来源分的家庭户户数(城市)

单位：户

地区	合计	租赁廉租住房/公租房	租赁其他住房	购买新建商品房	购买二手房	购买原公有住房	购买经济适用房/两限房	自建住房	继承或赠予	其他
安徽	**524214**	**15534**	**71974**	**211327**	**66088**	**38647**	**8987**	**52003**	**4530**	**55124**
合肥市	**132188**	**2991**	**29454**	**50373**	**19099**	**10573**	**1480**	**3040**	**1048**	**14130**
瑶海区	27634	406	6289	9815	4115	2380	438	498	247	3446
庐阳区	20745	271	4698	7042	3358	2269	279	358	304	2166
蜀山区	29515	1007	5914	14074	4525	2256	287	321	142	989
包河区	38147	1003	10366	13367	4861	2637	326	345	262	4980
长丰县										
肥东县										
肥西县	1540	26	335	906	124	24	3	19	3	100
庐江县										
合肥高新技术产业开发区										
合肥经济技术开发区										
合肥新站高新技术产业开发区	2222	6	467	1052	252	63	57	99	19	207
巢湖市	12385	272	1385	4117	1864	944	90	1400	71	2242
芜湖市	**50133**	**2026**	**6091**	**16979**	**6746**	**1839**	**805**	**4088**	**316**	**11243**
镜湖区	17550	596	2005	6380	2832	1088	355	461	143	3690
弋江区	12146	385	1216	4304	1765	183	241	920	21	3111
鸠江区	10206	295	1756	2897	1097	345	54	867	41	2854
三山区	3112	455	203	700	196	20	32	431	86	989
芜湖县	321		8			2	1	283		27
繁昌县										
南陵县										
芜湖经济技术开发区	87		3					79		5
安徽芜湖长江大桥经济开发区										
无为市	6711	295	900	2698	856	201	122	1047	25	567
蚌埠市	**23180**	**880**	**2331**	**8910**	**2148**	**1753**	**314**	**1803**	**222**	**4819**
龙子湖区	6154	327	756	2275	865	711	19	379	60	762
蚌山区	5256	139	532	3070	484	213	131	11	40	636
禹会区	7368	303	642	2401	713	821	158	445	87	1798
淮上区	4402	111	401	1164	86	8	6	968	35	1623
怀远县										
五河县										
固镇县										
蚌埠市高新技术开发区										
蚌埠市经济开发区										
淮南市	**37993**	**815**	**2182**	**16569**	**4512**	**5456**	**447**	**4796**	**434**	**2782**
大通区	1444	15	60	1013	147	60		25	58	66
田家庵区	23330	637	1608	10179	3053	3136	362	2509	258	1588
谢家集区	6328	45	242	3306	703	945	24	787	92	184
八公山区	4371	44	131	1418	328	1165	46	840	12	387
潘集区	2520	74	141	653	281	150	15	635	14	557
凤台县										
寿县										

9-4a 续表 1

单位：户

地区	合计	租赁廉租住房/公租房	租赁其他住房	购买新建商品房	购买二手房	购买原公有住房	购买经济适用房/两限房	自建住房	继承或赠予	其他
马鞍山市	**29569**	**673**	**2388**	**13792**	**4974**	**3476**	**929**	**1538**	**405**	**1394**
花山区	16178	269	1288	7892	3280	2173	526	462	104	184
雨山区	11063	387	1012	5360	1639	1294	354	443	109	465
博望区	2328	17	88	540	55	9	49	633	192	745
当涂县										
含山县										
和县										
淮北市	**27002**	**1058**	**1780**	**8764**	**3458**	**3903**	**630**	**4965**	**219**	**2225**
杜集区	4895	452	158	730	258	1057	155	1780	32	273
相山区	16985	339	1427	7635	2837	2026	336	743	152	1490
烈山区	3292	265	171	375	354	819	136	688	33	451
濉溪县	1830	2	24	24	9	1	3	1754	2	11
铜陵市	**19890**	**380**	**1882**	**8407**	**3361**	**2206**	**1080**	**567**	**213**	**1794**
铜官区	15230	284	1444	6413	2794	2065	643	114	150	1323
义安区	3138	33	338	1537	350	122	238	284	34	202
郊区	1522	63	100	457	217	19	199	169	29	269
枞阳县										
安庆市	**35988**	**824**	**3613**	**13974**	**4189**	**3029**	**295**	**7092**	**512**	**2460**
迎江区	9025	240	939	4407	1420	1057	115	12	153	682
大观区	6190	121	740	1921	1417	1450	30	46	125	340
宜秀区	2609	37	230	1364	101	2	8	465	73	329
怀宁县										
太湖县										
宿松县										
望江县	3014	67	227	1168	245	128	32	1106	4	37
岳西县										
安徽安庆经济开发区										
桐城市	10089	237	805	3818	481	310	59	3388	105	886
潜山市	5061	122	672	1296	525	82	51	2075	52	186
黄山市	**12544**	**459**	**1310**	**5165**	**2139**	**709**	**273**	**1965**	**130**	**394**
屯溪区	8533	330	925	3572	1576	543	95	1010	121	361
黄山区	2087	44	207	877	329	108	60	442	5	15
徽州区	1676	85	173	660	212	53	118	360	4	11
歙县	118		1		17	4		96		
休宁县	130		4	56	5	1		57		7
黟县										
祁门县										
滁州市	**27910**	**941**	**3274**	**12613**	**3109**	**1102**	**480**	**3437**	**274**	**2680**
琅琊区	8517	220	1134	2917	1257	635	220	608	141	1385
南谯区	5549	69	796	2938	721	72	22	318	74	539
来安县										
全椒县										
定远县										
凤阳县										
苏滁现代产业园										
滁州经济技术开发区										
天长市	7759	343	628	4508	604	163	163	1090	31	229
明光市	6085	309	716	2250	527	232	75	1421	28	527

9−4a 续表 2

单位：户

地　区	合　计	租赁廉租住房/公租房	租　赁其他住房	购买新建商品房	购　买二手房	购买原公有住房	购买经济适用房/两限房	自建住房	继承或赠　予	其　他
阜阳市	**30143**	**1211**	**4565**	**10800**	**2247**	**1879**	**501**	**5064**	**92**	**3784**
颍州区	12652	371	1776	5551	907	925	172	1577	34	1339
颍东区	5152	297	798	1638	525	245	93	487	20	1049
颍泉区	6071	158	824	2014	367	408	192	1321	16	771
临泉县										
太和县										
阜南县										
颍上县										
阜阳合肥现代产业园区										
阜阳经济技术开发区										
界首市	6268	385	1167	1597	448	301	44	1679	22	625
宿州市	**19901**	**427**	**2600**	**9714**	**1992**	**1469**	**146**	**2463**	**132**	**958**
埇桥区	19700	427	2593	9713	1992	1468	146	2275	131	955
砀山县										
萧县	201		7	1		1		188	1	3
灵璧县										
泗县										
宿州马鞍山现代产业园区										
宿州经济技术开发区										
六安市	**24119**	**742**	**3163**	**14188**	**1466**	**270**	**1057**	**1444**	**124**	**1665**
金安区	11079	472	1687	5928	684	179	1011	253	65	800
裕安区	10879	238	1263	7575	740	50	40	134	46	793
叶集区	1915	29	197	683	40	41	6	875	5	39
霍邱县	87	3						84		
舒城县	159		16	2	2			98	8	33
金寨县										
霍山县										
亳州市	**17637**	**1321**	**2445**	**5507**	**1191**	**257**	**119**	**4063**	**149**	**2585**
谯城区	17511	1321	2444	5507	1191	257	119	3940	147	2585
涡阳县										
蒙城县										
利辛县	126		1					123	2	
池州市	**11811**	**275**	**1292**	**6242**	**1582**	**252**	**182**	**1064**	**113**	**809**
贵池区	11185	149	1272	6082	1543	250	181	1012	101	595
东至县										
石台县										
青阳县										
池州市国家经济技术开发区	366		16	157	39			52	12	90
皖江江南新兴产业集中区	260	126	4	3		2	1			124
九华山风景区										
宣城市	**24206**	**511**	**3604**	**9330**	**3875**	**474**	**249**	**4614**	**147**	**1402**
宣州区	8681	105	1425	4015	1437	212	83	667	104	633
郎溪县										
泾县										
绩溪县										
旌德县										
宣城市经济开发区										
宁国市	8122	225	1251	3415	1555	124	58	1393	23	78
广德市	7403	181	928	1900	883	138	108	2554	20	691

9-4b 各地区按住房来源分的家庭户户数(镇)

单位：户

地区	合计	租赁廉租住房/公租房	租赁其他住房	购买新建商品房	购买二手房	购买原公有住房	购买经济适用房/两限房	自建住房	继承或赠予	其他
安徽	**595803**	**16715**	**62878**	**163913**	**35590**	**15040**	**10196**	**238930**	**4622**	**47919**
合肥市	**101944**	**1822**	**18758**	**41597**	**8299**	**2156**	**1200**	**13367**	**1326**	**13419**
瑶海区	791	8	245	345	41	4		15	4	129
庐阳区	2197	11	141	1657	249	34	27		12	66
蜀山区	1018	10	302	212	42	10	8	277	8	149
包河区										
长丰县	14468	239	2391	7286	1415	317	85	1220	140	1375
肥东县	18806	287	3541	6922	943	607	194	3582	239	2491
肥西县	16666	249	3983	7815	1251	249	54	525	159	2381
庐江县	15650	323	1961	4823	912	362	184	5217	176	1692
合肥高新技术产业开发区	6968	221	1389	2955	805	241	21	42	153	1141
合肥经济技术开发区	13186	273	2816	5600	1698	173	444	420	206	1556
合肥新站高新技术产业开发区	8767	171	1678	3368	730	86	32	169	205	2328
巢湖市	3427	30	311	614	213	73	151	1900	24	111
芜湖市	**38265**	**1423**	**2848**	**11136**	**2682**	**532**	**1062**	**13271**	**270**	**5041**
镜湖区	36		3	3	1	1	21	7		
弋江区										
鸠江区	2673	9	141	161	71	64	9	1997	18	203
三山区	632	4	24	440	163					1
芜湖县	7075	142	739	2372	327	182	598	1448	51	1216
繁昌县	5294	149	389	2545	530	111	78	1021	33	438
南陵县	8336	393	706	3288	711	84	129	2056	102	867
芜湖经济技术开发区	5423	634	638	1438	717	12	108	258	15	1603
安徽芜湖长江大桥经济开发区	555	21	21	10	7			76	19	401
无为市	8241	71	187	879	155	78	119	6408	32	312
蚌埠市	**32923**	**1196**	**2161**	**12916**	**2395**	**992**	**388**	**8343**	**350**	**4182**
龙子湖区	302	48	34	65	2	3	1	105		44
蚌山区										
禹会区	288		5	3	3	2		209		66
淮上区	882	55	81	14	10		12	295	2	413
怀远县	9695	402	577	2166	718	245	164	4337	116	970
五河县	7063	313	395	2481	319	122	46	2399	74	914
固镇县	4618	172	387	2001	162	98	25	992	109	672
蚌埠市高新技术开发区	1909	66	87	1419	189	74	24		6	44
蚌埠市经济开发区	8166	140	595	4767	992	448	116	6	43	1059
淮南市	**25041**	**937**	**1757**	**5262**	**1368**	**1424**	**309**	**11769**	**163**	**2052**
大通区	2708	127	114	691	108	185	4	1231	52	196
田家庵区	402		11	18	1	4		339		29
谢家集区	137		1	2		1		130		3
八公山区	2								1	1
潘集区	2314	144	87	103	162	187	17	1518	11	85
凤台县	7233	293	624	2066	539	530	136	2113	43	889
寿县	12245	373	920	2382	558	517	152	6438	56	849

9-4b 续表 1

单位：户

地 区	合 计	租赁廉租住房/公租房	租 赁 其他住房	购买新建商品房	购 买 二手房	购买原公有住房	购买经济适用房/两限房	自建住房	继承或赠 予	其 他
马鞍山市	**22260**	**414**	**1586**	**6454**	**1611**	**622**	**606**	**8653**	**263**	**2051**
花山区										
雨山区										
博望区	338		1	4	1	1		211	28	92
当涂县	9229	178	496	2424	742	241	112	3314	152	1570
含山县	6222	95	426	2059	372	231	404	2452	42	141
和县	6471	141	663	1967	496	149	90	2676	41	248
淮北市	**14280**	**796**	**949**	**2786**	**873**	**932**	**412**	**6458**	**150**	**924**
杜集区	1691	309	49	28	94	340	65	783	2	21
相山区										
烈山区	1263	160	36	79	147	323	104	388	2	24
濉溪县	11326	327	864	2679	632	269	243	5287	146	879
铜陵市	**10182**	**206**	**955**	**2126**	**344**	**217**	**264**	**5690**	**29**	**351**
铜官区	1		1							
义安区	926	3	30	33	39	4	1	770	5	41
郊区	1105	88	18	94	10	44	153	518	11	169
枞阳县	8150	115	906	1999	295	169	110	4402	13	141
安庆市	**41008**	**830**	**4383**	**9038**	**2623**	**1151**	**588**	**20286**	**272**	**1837**
迎江区										
大观区	655	9	11	41	7	19	10	555	1	2
宜秀区	890	4	22	58	1	2	1	721	1	80
怀宁县	8254	310	956	2328	432	116	145	3759	33	175
太湖县	5799	176	752	1521	377	205	149	2486	25	108
宿松县	8095	109	1099	1293	650	388	68	4235	49	204
望江县	1736	31	92	98	58	33	20	1364	1	39
岳西县	3908	107	429	868	258	106	81	1895	7	157
安徽安庆经济开发区	4598	57	552	1853	703	252	60	137	88	896
桐城市	3863	20	288	511	37	18	24	2823	35	107
潜山市	3210	7	182	467	100	12	30	2311	32	69
黄山市	**13194**	**337**	**1293**	**3900**	**890**	**453**	**234**	**5642**	**103**	**342**
屯溪区	187		10	10	1	26		135	2	3
黄山区	798	1	39	72	19	3	4	612	16	32
徽州区	391	1	1		2		7	375	5	
歙县	5230	77	564	1734	310	80	61	2220	24	160
休宁县	2803	90	307	886	286	112	19	1040	18	45
黟县	1200	62	92	373	74	76	10	452	26	35
祁门县	2585	106	280	825	198	156	133	808	12	67
滁州市	**49457**	**1107**	**3422**	**14830**	**3618**	**1438**	**730**	**19381**	**484**	**4447**
琅琊区										
南谯区	2042	70	236	552	307	23	5	300	9	540
来安县	7391	149	663	1930	841	304	31	2792	97	584
全椒县	8513	340	452	4292	782	344	111	1739	20	433
定远县	9516	86	580	3008	597	373	132	3993	114	633
凤阳县	9358	318	681	2182	425	346	167	4813	146	280
苏滁现代产业园	484	9	91	46	3					335
滁州经济技术开发区	3046	77	377	1531	330	24	30	14	44	619
天长市	6397	44	272	1117	149	13	237	3552	39	974
明光市	2710	14	70	172	184	11	17	2178	15	49

9-4b　续表 2　　　　单位：户

地　区	合　计	租赁廉租住房/公租房	租　赁其他住房	购买新建商品房	购　买二手房	购买原公有住房	购买经济适用房/两限房	自建住房	继承或赠　予	其　他
阜阳市	**70309**	**1952**	**6180**	**12210**	**1997**	**1078**	**1159**	**41371**	**226**	**4136**
颍州区	1862	46	100	111	27	9	101	1193	2	273
颍东区	2190	18	67	89	67	17	17	1865	1	49
颍泉区	2725	7	46	86	29	5	37	2478	29	8
临泉县	13608	555	1745	2471	328	264	137	7385	50	673
太和县	20256	638	1756	3956	226	302	237	11999	23	1119
阜南县	9460	337	1278	1637	558	152	176	4308	56	958
颍上县	13805	263	748	2539	499	242	410	8400	56	648
阜阳合肥现代产业园区	151		5	4				140		2
阜阳经济技术开发区	2859	80	340	1261	226	78	17	498	3	356
界首市	3393	8	95	56	37	9	27	3105	6	50
宿州市	**49826**	**1592**	**4028**	**10334**	**1576**	**1000**	**987**	**27058**	**251**	**3000**
埇桥区	5658	358	244	557	284	521	50	3340	22	282
砀山县	12005	252	358	2316	161	86	102	7967	60	703
萧县	11161	310	1039	2121	353	167	87	6705	56	323
灵璧县	10184	280	1395	2322	347	156	536	4956	22	170
泗县	8479	190	724	2339	375	70	128	3536	31	1086
宿州马鞍山现代产业园区	734	138	63	41	5		72	203	9	203
宿州经济技术开发区	1605	64	205	638	51		12	351	51	233
六安市	**42724**	**1429**	**6009**	**11324**	**1999**	**1196**	**733**	**17384**	**280**	**2370**
金安区	4798	84	1569	1447	140	84	46	948	34	446
裕安区	2579	40	256	675	158	28	55	1134	19	214
叶集区	790	6	31	137	48	12	7	533	4	12
霍邱县	9810	130	854	1639	489	203	115	5839	54	487
舒城县	11193	389	1735	2799	743	418	65	4056	114	874
金寨县	6696	509	1002	2447	197	281	257	1750	18	235
霍山县	6858	271	562	2180	224	170	188	3124	37	102
亳州市	**43113**	**1542**	**4209**	**8291**	**2108**	**794**	**999**	**23066**	**121**	**1983**
谯城区	4034	11	191	74	198	11	33	3306	3	207
涡阳县	12437	527	1151	2590	523	294	154	6193	32	973
蒙城县	13475	695	1213	2926	775	330	658	6387	24	467
利辛县	13167	309	1654	2701	612	159	154	7180	62	336
池州市	**15068**	**215**	**1849**	**3342**	**1029**	**348**	**181**	**7043**	**103**	**958**
贵池区	1227	28	61	58	36	7	7	796	26	208
东至县	8319	68	1266	1373	473	178	63	4464	52	382
石台县	1199	19	130	425	119	54	43	354	12	43
青阳县	4246	99	375	1484	400	102	66	1384	13	323
池州市国家经济技术开发区										
皖江江南新兴产业集中区										
九华山风景区	77	1	17	2	1	7	2	45		2
宣城市	**26209**	**917**	**2491**	**8367**	**2178**	**707**	**344**	**10148**	**231**	**826**
宣州区	3728	224	329	1060	289	71	27	1593	33	102
郎溪县	6616	247	612	2393	560	192	160	2201	28	223
泾县	5046	205	556	1691	632	234	100	1388	116	124
绩溪县	2885	76	242	835	217	67	2	1391	16	39
旌德县	2251	36	211	642	156	99	13	1029	7	58
宣城市经济开发区	2521	74	321	1500	192	13	2	357	4	58
宁国市	1006	11	103	53	42	16		705	15	61
广德市	2156	44	117	193	90	15	40	1484	12	161

9－4c　各地区按住房来源分的家庭户户数(乡村)

单位：户

地　区	合　计	租赁廉租住房/公租房	租　赁其他住房	购买新建商品房	购　买二手房	购买原公有住房	购买经济适用房/两限房	自建住房	继承或赠　予	其　他
安　徽	**885176**	**2027**	**8450**	**10769**	**4767**	**1541**	**1843**	**835070**	**3421**	**17288**
合肥市	**64498**	**483**	**2945**	**2260**	**738**	**128**	**78**	**54535**	**264**	**3067**
瑶海区	685	8	100	457	74	5				41
庐阳区	190		53		1			87	3	46
蜀山区	440		25	1	6	4		396		8
包河区	62		11					46		5
长丰县	11719	207	365	597	187	25	6	9686	49	597
肥东县	14291	13	198	165	46	8	13	13529	32	287
肥西县	11450	222	1776	687	219	54	19	6720	92	1661
庐江县	16539	12	151	199	58	10	27	15848	55	179
合肥高新技术产业开发区	3					1		2		
合肥经济技术开发区	317		7	5	3	2		296	1	3
合肥新站高新技术产业开发区	95		17	38				36	1	3
巢湖市	8707	21	242	111	144	19	13	7889	31	237
芜湖市	**41143**	**70**	**343**	**461**	**252**	**85**	**141**	**38261**	**190**	**1340**
镜湖区	670	1	8	16	5		1	586	10	43
弋江区										
鸠江区	4781	5	33	47	13	18	3	4605	8	49
三山区	1450		16	34	8	2		1232	18	140
芜湖县	4201	8	7	76	18	4	72	3503	24	489
繁昌县	4166	9	99	29	102	31	24	3715	19	138
南陵县	8310	27	61	143	59	10	21	7624	56	309
芜湖经济技术开发区	128		1		1			126		
安徽芜湖长江大桥经济开发区	234				1			233		
无为市	17203	20	118	116	45	20	20	16637	55	172
蚌埠市	**43329**	**136**	**166**	**419**	**210**	**43**	**168**	**40786**	**173**	**1228**
龙子湖区	1175	3	10	1	2			1014	2	143
蚌山区	515	23	21		1			417	12	41
禹会区	3168	14	14	6	4	3	1	3003	22	101
淮上区	2936		8	19	4			2737	13	155
怀远县	16744	8	26	117	111	13	49	16197	58	165
五河县	8875	1	6	107	21		72	8461	46	161
固镇县	9916	87	81	169	67	27	46	8957	20	462
蚌埠市高新技术开发区										
蚌埠市经济开发区										
淮南市	**39548**	**145**	**318**	**400**	**211**	**92**	**69**	**36756**	**202**	**1355**
大通区	1421	1	4	9	7		4	1342	14	40
田家庵区	914	1		5		1		890	5	12
谢家集区	1553		5	11	9		9	1490	7	22
八公山区	237	87		7				142	1	
潘集区	5430	2	19	44	16	1	4	5123	9	212
凤台县	12099	30	192	190	78	45	27	10484	117	936
寿县	17894	24	98	134	101	45	25	17285	49	133

9-4c　续表 1　　　　单位：户

地　区	合　计	租赁廉租住房/公租房	租　赁其他住房	购买新建商品房	购　买二手房	购买原公有住房	购买经济适用房/两限房	自建住房	继承或赠　予	其　他
马鞍山市	**21216**	**121**	**170**	**134**	**138**	**74**	**29**	**18578**	**213**	**1759**
花山区	306	1	13	3	3			284		2
雨山区	456	1	14		2			439		
博望区	2429		8	5	8	3		1244	122	1039
当涂县	5613	106	44	24	17	6	9	5015	51	341
含山县	5922	1	32	36	29	42	8	5605	12	157
和县	6490	12	59	66	79	23	12	5991	28	220
淮北市	**22849**	**107**	**79**	**180**	**45**	**29**	**10**	**21843**	**43**	**513**
杜集区	1759		6	1	3			1737	1	11
相山区	1622	95	24	52	14	3		1401	5	28
烈山区	3490		11	50	5	1	3	3019	14	387
濉溪县	15978	12	38	77	23	25	7	15686	23	87
铜陵市	**15736**	**43**	**75**	**213**	**88**	**70**	**16**	**14839**	**57**	**335**
铜官区	284		17	85	21			146	2	13
义安区	4499	41	33	33	29	60	3	4073	22	205
郊区	3124		18	52	20	6	8	2938	9	73
枞阳县	7829	2	7	43	18	4	5	7682	24	44
安庆市	**72859**	**94**	**532**	**658**	**283**	**180**	**96**	**70279**	**181**	**556**
迎江区	416		4	1				408	1	2
大观区	1217		27	37	8	4	3	1111	4	23
宜秀区	909	1	18	4	6	2	1	874	3	
怀宁县	10481	2	61	51	24	16	3	10273	12	39
太湖县	10209	7	62	158	80	5	28	9753	39	77
宿松县	14270	4	117	86	58	137	11	13717	37	103
望江县	11597	5	66	45	32	7	6	11407	6	23
岳西县	7329	63	68	66	21	7	16	6954	12	122
安徽安庆经济开发区	136		16					70		50
桐城市	8157	5	33	76	26	1	15	7923	18	60
潜山市	8138	7	60	134	28	1	13	7789	49	57
黄山市	**21892**	**25**	**98**	**85**	**158**	**32**	**26**	**21037**	**275**	**156**
屯溪区	730	1	5	10	3			662	21	28
黄山区	2330	12	11	38	29	6	2	2201	5	26
徽州区	1285		6	2	6	3	3	1245	19	1
歙县	8915	9	25	22	84	9	2	8580	137	47
休宁县	4444	1	26	8	17	4	18	4326	17	27
黟县	1657	2	10	4	13	8		1543	59	18
祁门县	2531		15	1	6	2	1	2480	17	9
滁州市	**54893**	**179**	**766**	**1695**	**893**	**228**	**324**	**48864**	**208**	**1736**
琅琊区	366		19	1	5	1		333	5	2
南谯区	3500	96	191	387	223	19	54	1907	63	560
来安县	6640	8	67	43	164	28	72	6179	14	65
全椒县	5871	20	59	149	105	27	62	4974	27	448
定远县	13962	19	49	361	137	52	56	13172	17	99
凤阳县	10113	8	41	141	53	14	15	9683	48	110
苏滁现代产业园										
滁州经济技术开发区	286	1	56	152	1			25	1	50
天长市	6379	8	34	160	24	39	25	5781	18	290
明光市	7776	19	250	301	181	48	40	6810	15	112

9－4c 续表 2

单位：户

地 区	合 计	租赁廉租住房/公租房	租 赁其他住房	购买新建商品房	购 买二手房	购买原公有住房	购买经济适用房/两限房	自建住房	继承或赠 予	其 他
阜阳市	**154942**	**105**	**788**	**880**	**330**	**84**	**269**	**150606**	**533**	**1347**
颍州区	8726	12	143	68	13	7	7	8227	10	239
颍东区	9083	4	63	39	11	6	27	8847	20	66
颍泉区	10159	2	29	24	25	7	11	9893	41	127
临泉县	36005	21	112	67	18	8	50	35265	266	198
太和县	28090	18	91	81	14	8	12	27821	22	23
阜南县	25034	31	130	120	98	33	37	24413	73	99
颍上县	24238	6	82	304	102	15	111	23322	58	238
阜阳合肥现代产业园区	927	2	50	51	9			565	3	247
阜阳经济技术开发区	554	7	24	98	24			339		62
界首市	12126	2	64	28	16		14	11914	40	48
宿州市	**100687**	**34**	**315**	**935**	**130**	**57**	**144**	**97920**	**170**	**982**
埇桥区	28072	7	134	365	41	30	17	27244	47	187
砀山县	14376	10	24	33	3	1	3	14224	21	57
萧县	25194	8	60	38	18	9	19	24731	29	282
灵璧县	18637	5	59	180	29	14	15	18030	44	261
泗县	13900	4	35	316	39	3	89	13239	28	147
宿州马鞍山现代产业园区	508		3	3			1	452	1	48
宿州经济技术开发区										
六安市	**80708**	**294**	**959**	**1246**	**367**	**121**	**280**	**75833**	**299**	**1309**
金安区	11670	58	301	263	97	25	57	10453	76	340
裕安区	14725	155	177	525	24	14	61	13422	45	302
叶集区	3134	5	27	36	12	8		2995	11	40
霍邱县	21216	26	221	178	111	21	137	20079	83	360
舒城县	15731	15	120	71	72	16	13	15237	45	142
金寨县	10509	34	93	153	30	19	5	10074	13	88
霍山县	3723	1	20	20	21	18	7	3573	26	37
亳州市	**92435**	**45**	**338**	**216**	**234**	**38**	**48**	**90533**	**198**	**785**
谯城区	27347	12	130	85	146	7	11	26691	58	207
涡阳县	22275	9	92	21	18	9	12	21862	43	209
蒙城县	18650	8	31	11	28	7	7	18425	33	100
利辛县	24163	16	85	99	42	15	18	23555	64	269
池州市	**20683**	**23**	**124**	**87**	**120**	**30**	**23**	**19877**	**95**	**304**
贵池区	7290	9	48	23	29	18	13	6940	24	186
东至县	7433	1	30	20	25	7	8	7246	44	52
石台县	1730		7	15	12	3		1658	6	29
青阳县	3870	8	22	21	51	1	2	3711	21	33
池州市国家经济技术开发区										
皖江江南新兴产业集中区										
九华山风景区	360	5	17	8	3	1		322		4
宣城市	**37758**	**123**	**434**	**900**	**570**	**250**	**122**	**34523**	**320**	**516**
宣州区	11788	30	184	315	277	118	78	10611	65	110
郎溪县	4318	1	23	194	45	19	22	3888	11	115
泾县	5223	6	36	59	66	33	3	4899	80	41
绩溪县	2308	1	3	2	28	3	7	2161	89	14
旌德县	1829	1	3	4	17	18		1746	21	19
宣城市经济开发区	638	64	40	91	9	5		401		28
宁国市	4972	15	88	53	47	29		4652	28	60
广德市	6682	5	57	182	81	25	12	6165	26	129

9-5　各地区按月租房费用分的家庭户户数

单位：户

地　区	合　计	200元以下	200-499元	500-999元	1000-1999元
安　徽	**177578**	**26861**	**41305**	**48957**	**49106**
合肥市	**56453**	**3457**	**7846**	**13084**	**25141**
瑶海区	7056	348	840	1457	3884
庐阳区	5174	117	365	1039	2902
蜀山区	7258	276	503	1172	3373
包河区	11380	499	1537	1456	5950
长丰县	3202	352	539	1583	667
肥东县	4039	444	1092	1522	896
肥西县	6591	407	1489	1904	2484
庐江县	2447	340	668	764	577
合肥高新技术产业开发区	1610	97	21	213	889
合肥经济技术开发区	3096	104	151	578	1599
合肥新站高新技术产业开发区	2339	125	102	685	1312
巢湖市	2261	348	539	711	608
芜湖市	**12801**	**1310**	**3174**	**4619**	**3171**
镜湖区	2613	105	411	922	1058
弋江区	1601	95	191	659	610
鸠江区	2239	136	579	799	598
三山区	702	330	192	95	63
芜湖县	904	100	316	356	99
繁昌县	646	220	165	164	80
南陵县	1187	161	382	425	138
芜湖经济技术开发区	1276	30	399	691	148
安徽芜湖长江大桥经济开发区	42	4	23	13	
无为市	1591	129	516	495	377
蚌埠市	**6870**	**1697**	**1537**	**2575**	**908**
龙子湖区	1178	341	214	487	133
蚌山区	715	91	89	356	169
禹会区	978	288	220	375	88
淮上区	656	66	216	300	65
怀远县	1013	334	289	241	108
五河县	715	313	144	206	38
固镇县	727	149	274	211	56
蚌埠市高新技术开发区	153	23	20	66	40
蚌埠市经济开发区	735	92	71	333	211
淮南市	**6154**	**1895**	**2215**	**1248**	**673**
大通区	321	107	159	33	17
田家庵区	2257	424	932	477	404
谢家集区	293	115	132	37	6
八公山区	262	87	164	9	1
潘集区	467	296	98	53	14
凤台县	1139	485	375	183	65
寿县	1415	381	355	456	166

9-5 续表 1

单位：户

地 区	合 计	200元以下	200-499元	500-999元	1000-1999元
马鞍山市	**5352**	**1146**	**1362**	**1904**	**760**
花山区	1571	311	246	665	305
雨山区	1414	352	275	562	196
博望区	114	11	32	34	23
当涂县	824	160	264	253	129
含山县	554	137	175	146	40
和县	875	175	370	244	67
淮北市	**4769**	**1977**	**856**	**1229**	**627**
杜集区	974	791	121	47	12
相山区	1885	365	277	755	457
烈山区	643	419	138	48	38
濉溪县	1267	402	320	379	120
铜陵市	**3541**	**509**	**781**	**1270**	**884**
铜官区	1746	101	237	755	584
义安区	478	91	97	138	149
郊区	287	175	55	42	11
枞阳县	1030	142	392	335	140
安庆市	**10276**	**1401**	**3668**	**3211**	**1559**
迎江区	1183	50	286	543	286
大观区	908	115	126	384	278
宜秀区	312	9	121	98	66
怀宁县	1329	308	575	294	90
太湖县	997	133	387	321	99
宿松县	1329	191	679	330	75
望江县	488	113	171	102	63
岳西县	667	125	212	202	93
安徽安庆经济开发区	625	41	162	252	156
桐城市	1388	139	523	423	220
潜山市	1050	177	426	262	133
黄山市	**3522**	**603**	**1190**	**1013**	**598**
屯溪区	1271	115	323	418	380
黄山区	314	60	105	99	31
徽州区	266	59	104	65	25
歙县	676	89	257	200	98
休宁县	428	120	179	83	36
黟县	166	41	64	37	15
祁门县	401	119	158	111	13
滁州市	**9689**	**2418**	**2180**	**2833**	**2043**
琅琊区	1373	206	152	499	489
南谯区	1458	268	224	473	467
来安县	887	194	181	317	175
全椒县	871	420	190	180	72
定远县	734	159	313	178	43
凤阳县	1048	357	289	257	121
苏滁现代产业园	100		4	49	45
滁州经济技术开发区	511	5	31	237	223
天长市	1329	437	300	319	238
明光市	1378	372	496	324	170

9-5　续表 2　　单位：户

地　区	合　计	200元以下	200－499元	500－999元	1000－1999元
阜阳市	**14801**	**2465**	**4077**	**4154**	**3459**
颍州区	2448	298	532	655	847
颍东区	1247	172	284	401	343
颍泉区	1066	74	183	238	521
临泉县	2433	447	770	620	468
太和县	2503	256	1050	690	403
阜南县	1776	340	550	552	254
颍上县	1099	288	211	330	220
阜阳合肥现代产业园区	57	2	12	33	10
阜阳经济技术开发区	451	61	81	150	132
界首市	1721	527	404	485	261
宿州市	**8996**	**2146**	**2202**	**2456**	**1870**
埇桥区	3763	979	572	1139	985
砀山县	644	176	159	191	91
萧县	1424	409	498	300	161
灵璧县	1739	317	590	391	375
泗县	953	162	199	320	209
宿州马鞍山现代产业园区	204	70	82	25	8
宿州经济技术开发区	269	33	102	90	41
六安市	**12596**	**1948**	**2849**	**3625**	**3628**
金安区	4171	627	496	1367	1557
裕安区	2129	380	279	523	844
叶集区	295	21	81	72	81
霍邱县	1234	221	323	308	277
舒城县	2275	281	846	588	478
金寨县	1638	204	511	535	346
霍山县	854	214	313	232	45
亳州市	**9900**	**2124**	**3721**	**2171**	**1270**
谯城区	4109	827	1208	956	806
涡阳县	1779	440	739	366	107
蒙城县	1947	275	864	472	232
利辛县	2065	582	910	377	125
池州市	**3778**	**429**	**1211**	**1306**	**772**
贵池区	1567	133	166	688	566
东至县	1365	99	776	376	87
石台县	156	34	56	33	29
青阳县	504	70	160	192	73
池州市国家经济技术开发区	16		5	4	7
皖江江南新兴产业集中区	130	86	39	5	
九华山风景区	40	7	9	8	10
宣城市	**8080**	**1336**	**2436**	**2259**	**1743**
宣州区	2297	235	604	625	738
郎溪县	883	86	312	250	168
泾县	803	225	222	261	76
绩溪县	322	50	193	59	14
旌德县	251	42	109	81	15
宣城市经济开发区	499	40	161	183	103
宁国市	1693	466	573	376	258
广德市	1332	192	262	424	371

9-5 续表 3

单位：户

地 区	2000-2999元	3000-3999元	4000-5999元	6000-7999元	8000-9999元	10000元及以上
安 徽	**7561**	**1682**	**893**	**422**	**256**	**535**
合肥市	**5523**	**976**	**274**	**68**	**30**	**54**
瑶海区	412	90	17	2	1	5
庐阳区	608	113	26	2	1	1
蜀山区	1558	284	71	12	2	7
包河区	1619	252	44	15	3	5
长丰县	28	17	8	1	2	5
肥东县	48	9	18	5	3	2
肥西县	245	27	16	12	2	5
庐江县	26	19	14	13	11	15
合肥高新技术产业开发区	302	65	22			1
合肥经济技术开发区	552	80	26	4		2
合肥新站高新技术产业开发区	92	14	6		3	
巢湖市	33	6	6	2	2	6
芜湖市	**302**	**101**	**57**	**32**	**11**	**24**
镜湖区	93	19	3		2	
弋江区	33	6	6			1
鸠江区	102	16	6	2		1
三山区	12	4	5			1
芜湖县	8	6	8	4	1	6
繁昌县	10	3	1		1	2
南陵县	24	27	8	16	1	5
芜湖经济技术开发区	6	1		1		
安徽芜湖长江大桥经济开发区		2				
无为市	14	17	20	9	6	8
蚌埠市	**73**	**14**	**18**	**19**	**17**	**12**
龙子湖区		2	1			
蚌山区	3				7	
禹会区	4	2	1			
淮上区	3	1	4	1		
怀远县	23	4	4	5	1	4
五河县	4	1		3	3	3
固镇县	7	2	7	10	6	5
蚌埠市高新技术开发区	4					
蚌埠市经济开发区	25	2	1			
淮南市	**46**	**25**	**18**	**10**	**9**	**15**
大通区		3	2			
田家庵区	12	6	2			
谢家集区	1				1	1
八公山区			1			
潘集区	2			2		2
凤台县	15	6	4	1	1	4
寿县	16	10	9	7	7	8

9-5　续表 4　　　　单位：户

地　　区	2000—2999元	3000—3999元	4000—5999元	6000—7999元	8000—9999元	10000元及以上
马鞍山市	**104**	**25**	**27**	**10**	**9**	**5**
花山区	33	5	4			2
雨山区	23	2	3	1		
博望区	5	2	3	1	2	1
当涂县	13	2	3			
含山县	19	11	10	8	6	2
和县	11	3	4		1	
淮北市	**48**	**10**	**6**	**3**	**4**	**9**
杜集区	1		1		1	
相山区	18	5		1	1	6
烈山区						
濉溪县	29	5	5	2	2	3
铜陵市	**66**	**7**	**6**	**12**	**2**	**4**
铜官区	55	2	2	7	1	2
义安区	3					
郊区	1	1		1		1
枞阳县	7	4	4	4	1	1
安庆市	**221**	**82**	**66**	**31**	**12**	**25**
迎江区	15	1	2			
大观区	5					
宜秀区	12	2	4			
怀宁县	21	19	15	6	1	
太湖县	27	10	7	4	3	6
宿松县	24	15	10	3	1	1
望江县	19	7	3	3	2	5
岳西县	8	11	5	5	3	3
安徽安庆经济开发区	7	2	3	1		1
桐城市	64	8	5	3		3
潜山市	19	7	12	6	2	6
黄山市	**59**	**25**	**8**	**13**	**6**	**7**
屯溪区	25	6	1	2	1	
黄山区	7	7	2	2		1
徽州区	7	2	1		2	1
歙县	15	5	1	7	2	2
休宁县	5	3	1			1
黟县		2	2	2	1	2
祁门县						
滁州市	**109**	**34**	**24**	**19**	**11**	**18**
琅琊区	21	4		2		
南谯区	20	3		1		2
来安县	11	3	1	2	2	1
全椒县	3			3	2	1
定远县	13	9	14	3		2
凤阳县	11	6	2	1	3	1
苏滁现代产业园	2					
滁州经济技术开发区	14	1				
天长市	6	6	6	4	4	9
明光市	8	2	1	3		2

9－5 续表 5

单位：户

地　区	2000－2999元	3000－3999元	4000－5999元	6000－7999元	8000－9999元	10000元及以上
阜阳市	**287**	**87**	**76**	**56**	**43**	**97**
颍州区	79	10	11	7	3	6
颍东区	13	12	7	6	3	6
颍泉区	36	3	4	2	2	3
临泉县	53	18	13	11	7	26
太和县	29	17	13	13	7	25
阜南县	32	13	10	10	5	10
颍上县	15	6	13	4	1	11
阜阳合肥现代产业园区						
阜阳经济技术开发区	12	4	1	1	9	
界首市	18	4	4	2	6	10
宿州市	**113**	**38**	**51**	**25**	**19**	**76**
埇桥区	29	7	14	2	7	29
砀山县	8	3	8	6	2	
萧县	21	10	12	5	3	5
灵璧县	20	9	10	8	1	18
泗县	18	9	6	1	6	23
宿州马鞍山现代产业园区	15		1	3		
宿州经济技术开发区	2					1
六安市	**235**	**89**	**94**	**38**	**36**	**54**
金安区	60	22	22	13	3	4
裕安区	41	10	19	8	11	14
叶集区	14	10	7	2	1	6
霍邱县	54	21	16	2	6	6
舒城县	39	9	7	7	5	15
金寨县	13	6	17	1		5
霍山县	14	11	6	5	10	4
亳州市	**205**	**117**	**108**	**54**	**31**	**99**
谯城区	122	56	50	13	17	54
涡阳县	33	22	30	32	3	7
蒙城县	18	19	17	6	10	34
利辛县	32	20	11	3	1	4
池州市	**22**	**11**	**17**	**4**	**1**	**5**
贵池区	8	2	1	1		2
东至县	8	7	10	2		
石台县	1		3			
青阳县	3	1	3		1	1
池州市国家经济技术开发区						
皖江江南新兴产业集中区						
九华山风景区	2	1		1		2
宣城市	**148**	**41**	**43**	**28**	**15**	**31**
宣州区	46	17	10	6	2	14
郎溪县	19	13	8	12	5	10
泾县	9	3	3	2	1	1
绩溪县			3	2	1	
旌德县	2		2			
宣城市经济开发区	9	1	1			1
宁国市	15		4		1	
广德市	48	7	12	6	5	5

9-5a 各地区按月租房费用分的家庭户户数(城市)

单位：户

地 区	合 计	200元以下	200-499元	500-999元	1000-1999元
安 徽	**87508**	**10400**	**15162**	**23404**	**31760**
合肥市	**32445**	**1395**	**3421**	**5594**	**16899**
瑶海区	6695	343	760	1382	3698
庐阳区	4969	113	347	1001	2853
蜀山区	6921	255	420	1008	3316
包河区	11369	496	1534	1453	5950
长丰县					
肥东县					
肥西县	361	3	50	77	194
庐江县					
合肥高新技术产业开发区					
合肥经济技术开发区					
合肥新站高新技术产业开发区	473	4	21	60	336
巢湖市	1657	181	289	613	552
芜湖市	**8117**	**696**	**1609**	**2848**	**2635**
镜湖区	2601	102	407	919	1056
弋江区	1601	95	191	659	610
鸠江区	2051	102	488	765	582
三山区	658	324	185	85	43
芜湖县	8	3	2	2	1
繁昌县					
南陵县					
芜湖经济技术开发区	3		3		
安徽芜湖长江大桥经济开发区					
无为市	1195	70	333	418	343
蚌埠市	**3211**	**719**	**597**	**1423**	**448**
龙子湖区	1083	291	210	450	129
蚌山区	671	88	57	347	169
禹会区	945	282	205	366	87
淮上区	512	58	125	260	63
怀远县					
五河县					
固镇县					
蚌埠市高新技术开发区					
蚌埠市经济开发区					
淮南市	**2997**	**747**	**1244**	**560**	**420**
大通区	75	20	30	20	4
田家庵区	2245	421	931	470	403
谢家集区	287	115	131	35	5
八公山区	175	87	77	9	1
潘集区	215	104	75	26	7
凤台县					
寿县					

9－5a 续表 1

单位：户

地 区	合 计	200元以下	200－499元	500－999元	1000－1999元
马鞍山市	**3061**	**670**	**532**	**1251**	**521**
花山区	1557	311	238	660	304
雨山区	1399	351	267	558	194
博望区	105	8	27	33	23
当涂县					
含山县					
和县					
淮北市	**2838**	**993**	**475**	**830**	**508**
杜集区	610	470	85	43	11
相山区	1766	272	261	746	457
烈山区	436	247	116	37	36
濉溪县	26	4	13	4	4
铜陵市	**2262**	**206**	**354**	**896**	**733**
铜官区	1728	98	235	743	583
义安区	371	36	74	115	144
郊区	163	72	45	38	6
枞阳县					
安庆市	**4437**	**423**	**1287**	**1627**	**943**
迎江区	1179	50	284	541	286
大观区	861	97	112	372	275
宜秀区	267	6	96	87	63
怀宁县					
太湖县					
宿松县					
望江县	294	72	81	78	37
岳西县					
安徽安庆经济开发区					
桐城市	1042	96	383	344	170
潜山市	794	102	331	205	112
黄山市	**1769**	**216**	**511**	**568**	**423**
屯溪区	1255	114	319	411	378
黄山区	251	45	90	91	21
徽州区	258	56	101	64	24
歙县	1			1	
休宁县	4	1	1	1	
黟县					
祁门县					
滁州市	**4215**	**846**	**895**	**1259**	**1134**
琅琊区	1354	202	142	495	489
南谯区	865	59	146	264	375
来安县					
全椒县					
定远县					
凤阳县					
苏滁现代产业园					
滁州经济技术开发区					
天长市	971	312	167	257	209
明光市	1025	273	440	243	61

9-5a　续表 2　　　　单位：户

地　区	合　计	200元以下	200-499元	500-999元	1000-1999元
阜阳市	**5776**	**936**	**1218**	**1600**	**1863**
颍州区	2147	243	451	575	805
颍东区	1095	131	237	364	331
颍泉区	982	67	170	218	491
临泉县					
太和县					
阜南县					
颍上县					
阜阳合肥现代产业园区					
阜阳经济技术开发区					
界首市	1552	495	360	443	236
宿州市	**3027**	**515**	**434**	**1063**	**948**
埇桥区	3020	514	433	1060	946
砀山县					
萧县	7	1	1	3	2
灵璧县					
泗县					
宿州马鞍山现代产业园区					
宿州经济技术开发区					
六安市	**3905**	**614**	**332**	**1105**	**1706**
金安区	2159	433	177	601	901
裕安区	1501	163	104	441	730
叶集区	226	13	44	58	73
霍邱县	3	3			
舒城县	16	2	7	5	2
金寨县					
霍山县					
亳州市	**3766**	**733**	**1147**	**881**	**754**
谯城区	3765	733	1146	881	754
涡阳县					
蒙城县					
利辛县	1		1		
池州市	**1567**	**168**	**172**	**653**	**563**
贵池区	1421	82	128	644	556
东至县					
石台县					
青阳县					
池州市国家经济技术开发区	16		5	4	7
皖江江南新兴产业集中区	130	86	39	5	
九华山风景区					
宣城市	**4115**	**523**	**934**	**1246**	**1262**
宣州区	1530	57	225	514	670
郎溪县					
泾县					
绩溪县					
旌德县					
宣城市经济开发区					
宁国市	1476	347	510	360	247
广德市	1109	119	199	372	345

9-5a 续表 3 单位：户

地区	2000－2999元	3000－3999元	4000－5999元	6000－7999元	8000－9999元	10000元及以上
安徽	**5138**	**926**	**344**	**117**	**75**	**182**
合肥市	**4193**	**726**	**159**	**31**	**7**	**20**
瑶海区	400	87	17	2	1	5
庐阳区	537	91	23	2	1	1
蜀山区	1551	282	69	12	1	7
包河区	1617	252	44	15	3	5
长丰县						
肥东县						
肥西县	27	7	1			2
庐江县						
合肥高新技术产业开发区						
合肥经济技术开发区						
合肥新站高新技术产业开发区	46	3	2		1	
巢湖市	15	4	3			
芜湖市	**242**	**43**	**27**	**5**	**4**	**8**
镜湖区	93	19	3		2	
弋江区	33	6	6			1
鸠江区	98	10	4	2		
三山区	11	4	5			1
芜湖县						
繁昌县						
南陵县						
芜湖经济技术开发区						
安徽芜湖长江大桥经济开发区						
无为市	7	4	9	3	2	6
蚌埠市	**9**	**3**	**5**		**7**	
龙子湖区		2	1			
蚌山区	3				7	
禹会区	3	1	1			
淮上区	3		3			
怀远县						
五河县						
固镇县						
蚌埠市高新技术开发区						
蚌埠市经济开发区						
淮南市	**14**	**7**	**3**	**1**		**1**
大通区		1				
田家庵区	12	6	2			
谢家集区						1
八公山区			1			
潘集区	2			1		
凤台县						
寿县						

9－5a　续表 4　　　　单位：户

地　　区	2000－2999元	3000－3999元	4000－5999元	6000－7999元	8000－9999元	10000元及以上
马鞍山市	**61**	**9**	**10**	**2**	**2**	**3**
花山区	33	5	4			2
雨山区	23	2	3	1		
博望区	5	2	3	1	2	1
当涂县						
含山县						
和县						
淮北市	**18**	**4**	**1**	**1**	**2**	**6**
杜集区					1	
相山区	18	4		1	1	6
烈山区						
濉溪县			1			
铜陵市	**58**	**2**	**2**	**7**	**1**	**3**
铜官区	55	2	2	7	1	2
义安区	2					
郊区	1					1
枞阳县						
安庆市	**98**	**15**	**22**	**10**	**3**	**9**
迎江区	15	1	2			
大观区	5					
宜秀区	10	1	4			
怀宁县						
太湖县						
宿松县						
望江县	15	4	1	2	1	3
岳西县						
安徽安庆经济开发区						
桐城市	38	3	5	2		1
潜山市	15	6	10	6	2	5
黄山市	**33**	**9**	**3**	**2**	**3**	**1**
屯溪区	24	6	1	1	1	
黄山区	2	1		1		
徽州区	7	2	1		2	1
歙县						
休宁县			1			
黟县						
祁门县						
滁州市	**47**	**11**	**4**	**8**	**2**	**9**
琅琊区	20	4		2		
南谯区	18	2				1
来安县						
全椒县						
定远县						
凤阳县						
苏滁现代产业园						
滁州经济技术开发区						
天长市	5	4	3	4	2	8
明光市	4	1	1	2		

9-5a 续表 5

单位：户

地　　区	2000-2999元	3000-3999元	4000-5999元	6000-7999元	8000-9999元	10000元及以上
阜阳市	**103**	**14**	**10**	**10**	**6**	**16**
颍州区	59	5	1	4	2	2
颍东区	10	5	5	4	2	6
颍泉区	26	3	1	2	1	3
临泉县						
太和县						
阜南县						
颍上县						
阜阳合肥现代产业园区						
阜阳经济技术开发区						
界首市	8	1	3		1	5
宿州市	**21**	**4**	**9**	**1**	**6**	**26**
埇桥区	21	4	9	1	6	26
砀山县						
萧县						
灵璧县						
泗县						
宿州马鞍山现代产业园区						
宿州经济技术开发区						
六安市	**53**	**18**	**28**	**17**	**13**	**19**
金安区	19	5	9	10	2	2
裕安区	21	3	12	5	10	12
叶集区	13	10	7	2	1	5
霍邱县						
舒城县						
金寨县						
霍山县						
亳州市	**99**	**42**	**44**	**10**	**13**	**43**
谯城区	99	42	44	10	13	43
涡阳县						
蒙城县						
利辛县						
池州市	**6**	**2**	**1**	**1**		**1**
贵池区	6	2	1	1		1
东至县						
石台县						
青阳县						
池州市国家经济技术开发区						
皖江江南新兴产业集中区						
九华山风景区						
宣城市	**83**	**17**	**16**	**11**	**6**	**17**
宣州区	32	11	3	5	1	12
郎溪县						
泾县						
绩溪县						
旌德县						
宣城市经济开发区						
宁国市	9		2		1	
广德市	42	6	11	6	4	5

9–5b　各地区按月租房费用分的家庭户户数(镇)

单位：户

地　　区	合　计	200元以下	200–499元	500–999元	1000–1999元
安　徽	**79593**	**13705**	**22486**	**23135**	**16187**
合肥市	**20580**	**1341**	**3120**	**6548**	**7869**
瑶海区	253	5	60	36	140
庐阳区	152	3		4	49
蜀山区	312	13	68	162	57
包河区					
长丰县	2630	157	318	1480	632
肥东县	3828	380	992	1494	886
肥西县	4232	107	687	1164	2036
庐江县	2284	291	610	728	568
合肥高新技术产业开发区	1610	97	21	213	889
合肥经济技术开发区	3089	102	146	578	1599
合肥新站高新技术产业开发区	1849	121	77	619	972
巢湖市	341	65	141	70	41
芜湖市	**4271**	**450**	**1425**	**1723**	**508**
镜湖区	3			1	2
弋江区					
鸠江区	150	21	78	31	8
三山区	28			7	20
芜湖县	881	86	312	352	98
繁昌县	538	145	139	163	76
南陵县	1099	127	349	419	132
芜湖经济技术开发区	1272	29	396	691	148
安徽芜湖长江大桥经济开发区	42	4	23	13	
无为市	258	38	128	46	24
蚌埠市	**3357**	**898**	**798**	**1097**	**445**
龙子湖区	82	46	4	29	3
蚌山区					
禹会区	5		1	3	1
淮上区	136	8	86	37	2
怀远县	979	327	278	232	104
五河县	708	310	144	203	38
固镇县	559	92	194	194	46
蚌埠市高新技术开发区	153	23	20	66	40
蚌埠市经济开发区	735	92	71	333	211
淮南市	**2694**	**1020**	**765**	**616**	**220**
大通区	241	87	125	12	13
田家庵区	11	2	1	7	1
谢家集区	1		1		
八公山区					
潘集区	231	184	16	25	3
凤台县	917	388	307	143	58
寿县	1293	359	315	429	145

9—5b 续表 1 单位：户

地 区	合 计	200元以下	200—499元	500—999元	1000—1999元
马鞍山市	**2000**	**422**	**640**	**624**	**224**
花山区					
雨山区					
博望区	1		1		
当涂县	674	155	137	237	127
含山县	521	121	164	146	36
和县	804	146	338	241	61
淮北市	**1745**	**868**	**344**	**379**	**112**
杜集区	358	320	34	2	1
相山区					
烈山区	196	172	18	5	1
濉溪县	1191	376	292	372	110
铜陵市	**1161**	**245**	**406**	**344**	**145**
铜官区	1	1			
义安区	33	6	15	8	4
郊区	106	100	3	1	2
枞阳县	1021	138	388	335	139
安庆市	**5213**	**813**	**2120**	**1468**	**567**
迎江区					
大观区	20	14	3	2	1
宜秀区	26	1	18	3	2
怀宁县	1266	291	558	276	82
太湖县	928	117	353	309	95
宿松县	1208	160	618	310	68
望江县	123	30	50	18	16
岳西县	536	86	163	184	86
安徽安庆经济开发区	609	41	154	244	156
桐城市	308	29	127	75	46
潜山市	189	44	76	47	15
黄山市	**1630**	**343**	**638**	**424**	**165**
屯溪区	10	1	2	6	1
黄山区	40	2	13	4	9
徽州区	2	1			1
歙县	641	73	249	193	94
休宁县	397	115	163	76	36
黟县	154	38	59	36	12
祁门县	386	113	152	109	12
滁州市	**4529**	**1276**	**1078**	**1332**	**731**
琅琊区					
南谯区	306	88	29	123	66
来安县	812	166	150	307	172
全椒县	792	373	171	170	69
定远县	666	139	300	163	28
凤阳县	999	347	266	248	117
苏滁现代产业园	100		4	49	45
滁州经济技术开发区	454	5	31	204	200
天长市	316	108	115	55	29
明光市	84	50	12	13	5

9-5b　续表 2　　　　单位：户

地　区	合　计	200元以下	200—499元	500—999元	1000—1999元
阜阳市	**8132**	**1393**	**2618**	**2285**	**1439**
颍州区	146	36	34	30	25
颍东区	85	20	21	19	12
颍泉区	53	3	4	11	23
临泉县	2300	424	730	583	448
太和县	2394	243	1027	666	363
阜南县	1615	308	510	507	230
颍上县	1011	278	192	304	199
阜阳合肥现代产业园区	5	1		2	2
阜阳经济技术开发区	420	58	77	143	116
界首市	103	22	23	20	21
宿州市	**5620**	**1534**	**1663**	**1307**	**888**
埇桥区	602	422	88	51	27
砀山县	610	176	152	171	85
萧县	1349	374	478	289	158
灵璧县	1675	307	569	375	367
泗县	914	154	193	306	202
宿州马鞍山现代产业园区	201	68	81	25	8
宿州经济技术开发区	269	33	102	90	41
六安市	**7438**	**958**	**2115**	**2277**	**1761**
金安区	1653	118	215	661	604
裕安区	296	57	77	47	87
叶集区	37	1	24	7	3
霍邱县	984	183	254	252	216
舒城县	2124	244	774	556	470
金寨县	1511	147	468	524	338
霍山县	833	208	303	230	43
亳州市	**5751**	**1300**	**2475**	**1188**	**466**
谯城区	202	59	32	36	37
涡阳县	1678	409	715	343	91
蒙城县	1908	268	857	459	226
利辛县	1963	564	871	350	112
池州市	**2064**	**220**	**1000**	**608**	**196**
贵池区	89	36	30	13	8
东至县	1334	85	768	371	85
石台县	149	33	53	32	28
青阳县	474	65	144	188	71
池州市国家经济技术开发区					
皖江江南新兴产业集中区					
九华山风景区	18	1	5	4	4
宣城市	**3408**	**624**	**1281**	**915**	**451**
宣州区	553	120	288	68	56
郎溪县	859	78	304	246	165
泾县	761	205	212	252	75
绩溪县	318	47	192	59	14
旌德县	247	40	108	81	15
宣城市经济开发区	395	28	93	161	102
宁国市	114	56	37	10	7
广德市	161	50	47	38	17

9-5b 续表 3

单位：户

地区	2000—2999元	3000—3999元	4000—5999元	6000—7999元	8000—9999元	10000元及以上
安徽	**2207**	**661**	**469**	**270**	**162**	**311**
合肥市	**1285**	**233**	**104**	**31**	**20**	**29**
瑶海区	10	2				
庐阳区	71	22	3			
蜀山区	7	2	2		1	
包河区						
长丰县	20	11	6	1	2	3
肥东县	42	9	17	4	2	2
肥西县	199	15	10	9	2	3
庐江县	24	16	14	11	9	13
合肥高新技术产业开发区	302	65	22			1
合肥经济技术开发区	552	80	26	4		2
合肥新站高新技术产业开发区	44	10	4		2	
巢湖市	14	1		2	2	5
芜湖市	**53**	**54**	**22**	**20**	**2**	**14**
镜湖区						
弋江区						
鸠江区	4	6	1			1
三山区	1					
芜湖县	8	6	8	4	1	6
繁昌县	9	3	1			2
南陵县	19	26	8	14	1	4
芜湖经济技术开发区	6	1		1		
安徽芜湖长江大桥经济开发区		2				
无为市	6	10	4	1		1
蚌埠市	**59**	**10**	**12**	**18**	**10**	**10**
龙子湖区						
蚌山区						
禹会区						
淮上区		1	1	1		
怀远县	22	4	4	5	1	2
五河县	3	1		3	3	3
固镇县	5	2	6	9	6	5
蚌埠市高新技术开发区	4					
蚌埠市经济开发区	25	2	1			
淮南市	**22**	**14**	**10**	**8**	**8**	**11**
大通区		2	2			
田家庵区						
谢家集区						
八公山区						
潘集区				1		2
凤台县	11	4	1	1	1	3
寿县	11	8	7	6	7	6

9-5b　续表 4

单位：户

地　　区	2000—2999元	3000—3999元	4000—5999元	6000—7999元	8000—9999元	10000元及以上
马鞍山市	**42**	**15**	**17**	**7**	**7**	**2**
花山区						
雨山区						
博望区						
当涂县	13	2	3			
含山县	19	10	10	7	6	2
和县	10	3	4		1	
淮北市	**28**	**4**	**3**	**2**	**2**	**3**
杜集区	1					
相山区						
烈山区						
濉溪县	27	4	3	2	2	3
铜陵市	**7**	**4**	**4**	**4**	**1**	**1**
铜官区						
义安区						
郊区						
枞阳县	7	4	4	4	1	1
安庆市	**109**	**53**	**41**	**19**	**9**	**14**
迎江区						
大观区						
宜秀区	1	1				
怀宁县	18	19	15	6	1	
太湖县	25	9	7	4	3	6
宿松县	22	15	10	3	1	1
望江县	4	2	1	1	1	
岳西县	2	1	4	4	3	3
安徽安庆经济开发区	7	2	3	1		1
桐城市	26	3				2
潜山市	4	1	1			1
黄山市	**22**	**16**	**4**	**10**	**3**	**5**
屯溪区						
黄山区	3	6	1	1		1
徽州区						
歙县	15	5	1	7	2	2
休宁县	4	3				
黟县		2	2	2	1	2
祁门县						
滁州市	**49**	**19**	**18**	**10**	**9**	**7**
琅琊区						
南谯区						
来安县	10	1	1	2	2	1
全椒县	3			3	2	1
定远县	11	8	12	3		2
凤阳县	8	6	2	1	3	1
苏滁现代产业园	2					
滁州经济技术开发区	13	1				
天长市	1	2	3		2	1
明光市	1	1		1		1

9-5b　续表 5　　单位：户

地　　区	2000-2999元	3000-3999元	4000-5999元	6000-7999元	8000-9999元	10000元及以上
阜阳市	**143**	**59**	**54**	**37**	**33**	**71**
颍州区	11	2	4	1		3
颍东区	2	6	2	2	1	
颍泉区	8		3		1	
临泉县	48	12	13	10	7	25
太和县	26	15	11	12	7	24
阜南县	21	11	9	6	4	9
颍上县	8	6	11	4	1	8
阜阳合肥现代产业园区						
阜阳经济技术开发区	12	4		1	9	
界首市	7	3	1	1	3	2
宿州市	**84**	**27**	**35**	**23**	**11**	**48**
埇桥区	5	2	4	1		2
砀山县	7	3	8	6	2	
萧县	19	9	9	5	3	5
灵璧县	19	6	7	7	1	17
泗县	17	7	6	1	5	23
宿州马鞍山现代产业园区	15		1	3		
宿州经济技术开发区	2					1
六安市	**143**	**58**	**52**	**20**	**23**	**31**
金安区	29	13	9	2	1	1
裕安区	13	6	3	3	1	2
叶集区	1					1
霍邱县	36	17	14	2	6	4
舒城县	38	8	7	7	5	15
金寨县	12	4	13	1		4
霍山县	14	10	6	5	10	4
亳州市	**93**	**66**	**57**	**41**	**15**	**50**
谯城区	16	9	1	2	1	9
涡阳县	31	22	28	31	3	5
蒙城县	17	17	17	5	10	32
利辛县	29	18	11	3	1	4
池州市	**10**	**9**	**14**	**3**		**4**
贵池区	1					1
东至县	6	7	10	2		
石台县	1		2			
青阳县	2	1	2			1
池州市国家经济技术开发区						
皖江江南新兴产业集中区						
九华山风景区		1		1		2
宣城市	**58**	**20**	**22**	**17**	**9**	**11**
宣州区	10	3	5	1	1	1
郎溪县	18	13	8	12	5	10
泾县	9	2	3	2	1	
绩溪县			3	2	1	
旌德县	2		1			
宣城市经济开发区	9	1	1			
宁国市	4					
广德市	6	1	1		1	

9–5c　各地区按月租房费用分的家庭户户数(乡村)

单位：户

地　　区	合　计	200元以下	200–499元	500–999元	1000–1999元
安　徽	**10477**	**2756**	**3657**	**2418**	**1159**
合肥市	**3428**	**721**	**1305**	**942**	**373**
瑶海区	108		20	39	46
庐阳区	53	1	18	34	
蜀山区	25	8	15	2	
包河区	11	3	3	3	
长丰县	572	195	221	103	35
肥东县	211	64	100	28	10
肥西县	1998	297	752	663	254
庐江县	163	49	58	36	9
合肥高新技术产业开发区					
合肥经济技术开发区	7	2	5		
合肥新站高新技术产业开发区	17		4	6	4
巢湖市	263	102	109	28	15
芜湖市	**413**	**164**	**140**	**48**	**28**
镜湖区	9	3	4	2	
弋江区					
鸠江区	38	13	13	3	8
三山区	16	6	7	3	
芜湖县	15	11	2	2	
繁昌县	108	75	26	1	4
南陵县	88	34	33	6	6
芜湖经济技术开发区	1	1			
安徽芜湖长江大桥经济开发区					
无为市	138	21	55	31	10
蚌埠市	**302**	**80**	**142**	**55**	**15**
龙子湖区	13	4		8	1
蚌山区	44	3	32	9	
禹会区	28	6	14	6	
淮上区	8		5	3	
怀远县	34	7	11	9	4
五河县	7	3		3	
固镇县	168	57	80	17	10
蚌埠市高新技术开发区					
蚌埠市经济开发区					
淮南市	**463**	**128**	**206**	**72**	**33**
大通区	5		4	1	
田家庵区	1	1			
谢家集区	5			2	1
八公山区	87		87		
潘集区	21	8	7	2	4
凤台县	222	97	68	40	7
寿县	122	22	40	27	21

9-5c 续表 1

单位：户

地 区	合 计	200元以下	200-499元	500-999元	1000-1999元
马鞍山市	**291**	**54**	**190**	**29**	**15**
花山区	14		8	5	1
雨山区	15	1	8	4	2
博望区	8	3	4	1	
当涂县	150	5	127	16	2
含山县	33	16	11		4
和县	71	29	32	3	6
淮北市	**186**	**116**	**37**	**20**	**7**
杜集区	6	1	2	2	
相山区	119	93	16	9	
烈山区	11		4	6	1
濉溪县	50	22	15	3	6
铜陵市	**118**	**58**	**21**	**30**	**6**
铜官区	17	2	2	12	1
义安区	74	49	8	15	1
郊区	18	3	7	3	3
枞阳县	9	4	4		1
安庆市	**626**	**165**	**261**	**116**	**49**
迎江区	4		2	2	
大观区	27	4	11	10	2
宜秀区	19	2	7	8	1
怀宁县	63	17	17	18	8
太湖县	69	16	34	12	4
宿松县	121	31	61	20	7
望江县	71	11	40	6	10
岳西县	131	39	49	18	7
安徽安庆经济开发区	16		8	8	
桐城市	38	14	13	4	4
潜山市	67	31	19	10	6
黄山市	**123**	**44**	**41**	**21**	**10**
屯溪区	6		2	1	1
黄山区	23	13	2	4	1
徽州区	6	2	3	1	
歙县	34	16	8	6	4
休宁县	27	4	15	6	
黟县	12	3	5	1	3
祁门县	15	6	6	2	1
滁州市	**945**	**296**	**207**	**242**	**178**
琅琊区	19	4	10	4	
南谯区	287	121	49	86	26
来安县	75	28	31	10	3
全椒县	79	47	19	10	3
定远县	68	20	13	15	15
凤阳县	49	10	23	9	4
苏滁现代产业园					
滁州经济技术开发区	57			33	23
天长市	42	17	18	7	
明光市	269	49	44	68	104

9-5c　续表 2　　　　单位：户

地　区	合　计	200元以下	200-499元	500-999元	1000-1999元
阜阳市	**893**	**136**	**241**	**269**	**157**
颍州区	155	19	47	50	17
颍东区	67	21	26	18	
颍泉区	31	4	9	9	7
临泉县	133	23	40	37	20
太和县	109	13	23	24	40
阜南县	161	32	40	45	24
颍上县	88	10	19	26	21
阜阳合肥现代产业园区	52	1	12	31	8
阜阳经济技术开发区	31	3	4	7	16
界首市	66	10	21	22	4
宿州市	**349**	**97**	**105**	**86**	**34**
埇桥区	141	43	51	28	12
砀山县	34		7	20	6
萧县	68	34	19	8	1
灵璧县	64	10	21	16	8
泗县	39	8	6	14	7
宿州马鞍山现代产业园区	3	2	1		
宿州经济技术开发区					
六安市	**1253**	**376**	**402**	**243**	**161**
金安区	359	76	104	105	52
裕安区	332	160	98	35	27
叶集区	32	7	13	7	5
霍邱县	247	35	69	56	61
舒城县	135	35	65	27	6
金寨县	127	57	43	11	8
霍山县	21	6	10	2	2
亳州市	**383**	**91**	**99**	**102**	**50**
谯城区	142	35	30	39	15
涡阳县	101	31	24	23	16
蒙城县	39	7	7	13	6
利辛县	101	18	38	27	13
池州市	**147**	**41**	**39**	**45**	**13**
贵池区	57	15	8	31	2
东至县	31	14	8	5	2
石台县	7	1	3	1	1
青阳县	30	5	16	4	2
池州市国家经济技术开发区					
皖江江南新兴产业集中区					
九华山风景区	22	6	4	4	6
宣城市	**557**	**189**	**221**	**98**	**30**
宣州区	214	58	91	43	12
郎溪县	24	8	8	4	3
泾县	42	20	10	9	1
绩溪县	4	3	1		
旌德县	4	2	1		
宣城市经济开发区	104	12	68	22	1
宁国市	103	63	26	6	4
广德市	62	23	16	14	9

9－5c 续表 3

单位：户

地　　区	2000－2999元	3000－3999元	4000－5999元	6000－7999元	8000－9999元	10000元及以上
安　徽	**216**	**95**	**80**	**35**	**19**	**42**
合肥市	**45**	**17**	**11**	**6**	**3**	**5**
瑶海区	2	1				
庐阳区						
蜀山区						
包河区	2					
长丰县	8	6	2			2
肥东县	6		1	1	1	
肥西县	19	5	5	3		
庐江县	2	3		2	2	2
合肥高新技术产业开发区						
合肥经济技术开发区						
合肥新站高新技术产业开发区	2	1				
巢湖市	4	1	3			1
芜湖市	**7**	**4**	**8**	**7**	**5**	**2**
镜湖区						
弋江区						
鸠江区			1			
三山区						
芜湖县						
繁昌县	1				1	
南陵县	5	1		2		1
芜湖经济技术开发区						
安徽芜湖长江大桥经济开发区						
无为市	1	3	7	5	4	1
蚌埠市	**5**	**1**	**1**	**1**		**2**
龙子湖区						
蚌山区						
禹会区	1	1				
淮上区						
怀远县	1					2
五河县	1					
固镇县	2		1	1		
蚌埠市高新技术开发区						
蚌埠市经济开发区						
淮南市	**10**	**4**	**5**	**1**	**1**	**3**
大通区						
田家庵区						
谢家集区	1				1	
八公山区						
潘集区						
凤台县	4	2	3			1
寿县	5	2	2	1		2

9-5c 续表 4

单位：户

地　　区	2000—2999元	3000—3999元	4000—5999元	6000—7999元	8000—9999元	10000元及以上
马鞍山市	**1**	**1**		**1**		
花山区						
雨山区						
博望区						
当涂县						
含山县		1		1		
和县	1					
淮北市	**2**	**2**	**2**			
杜集区			1			
相山区		1				
烈山区						
濉溪县	2	1	1			
铜陵市	**1**	**1**		**1**		
铜官区						
义安区	1					
郊区		1		1		
枞阳县						
安庆市	**14**	**14**	**3**	**2**		**2**
迎江区						
大观区						
宜秀区	1					
怀宁县	3					
太湖县	2	1				
宿松县	2					
望江县		1	1			2
岳西县	6	10	1	1		
安徽安庆经济开发区						
桐城市		2		1		
潜山市			1			
黄山市	**4**		**1**	**1**		**1**
屯溪区	1			1		
黄山区	2		1			
徽州区						
歙县						
休宁县	1					1
黟县						
祁门县						
滁州市	**13**	**4**	**2**	**1**		**2**
琅琊区	1					
南谯区	2	1		1		1
来安县	1	2				
全椒县						
定远县	2	1	2			
凤阳县	3					
苏滁现代产业园						
滁州经济技术开发区	1					
天长市						
明光市	3					1

9-5c 续表 5

单位：户

地　区	2000—2999元	3000—3999元	4000—5999元	6000—7999元	8000—9999元	10000元及以上
阜阳市	**41**	**14**	**12**	**9**	**4**	**10**
颍州区	9	3	6	2	1	1
颍东区	1	1				
颍泉区	2					
临泉县	5	6		1		1
太和县	3	2	2	1		1
阜南县	11	2	1	4	1	1
颍上县	7		2			3
阜阳合肥现代产业园区						
阜阳经济技术开发区			1			
界首市	3			1	2	3
宿州市	**8**	**7**	**7**	**1**	**2**	**2**
埇桥区	3	1	1		1	1
砀山县	1					
萧县	2	1	3			
灵璧县	1	3	3	1		1
泗县	1	2			1	
宿州马鞍山现代产业园区						
宿州经济技术开发区						
六安市	**39**	**13**	**14**	**1**		**4**
金安区	12	4	4	1		1
裕安区	7	1	4			
叶集区						
霍邱县	18	4	2			2
舒城县	1	1				
金寨县	1	2	4			1
霍山县		1				
亳州市	**13**	**9**	**7**	**3**	**3**	**6**
谯城区	7	5	5	1	3	2
涡阳县	2		2	1		2
蒙城县	1	2		1		2
利辛县	3	2				
池州市	**6**		**2**		**1**	
贵池区	1					
东至县	2					
石台县			1			
青阳县	1		1		1	
池州市国家经济技术开发区						
皖江江南新兴产业集中区						
九华山风景区	2					
宣城市	**7**	**4**	**5**			**3**
宣州区	4	3	2			1
郎溪县	1					
泾县		1				1
绩溪县						
旌德县			1			
宣城市经济开发区						1
宁国市	2		2			
广德市						

9-6　各地区按住房来源分的同时拥有厨房和厕所的家庭户户数

单位：户

地　区	合　计	租赁廉租住房/公租房	租赁其他住房	购买新建商品房	购买二手房	购买原公有住房	购买经济适用房/两限房	自建住房	继承或赠予	其　他
安　徽	**1912540**	**33160**	**129875**	**385329**	**105418**	**53456**	**20890**	**1056615**	**11469**	**116328**
合肥市	**288686**	**5076**	**46542**	**94091**	**28003**	**12616**	**2751**	**67091**	**2519**	**29997**
瑶海区	28037	413	5815	10600	4211	2341	438	459	239	3521
庐阳区	22626	271	4533	8684	3598	2290	305	413	307	2225
蜀山区	30329	966	5826	14275	4562	2252	294	911	144	1099
包河区	36704	983	9006	13354	4857	2618	326	357	258	4945
长丰县	25401	419	2659	7870	1591	317	91	10365	179	1910
肥东县	31291	281	3261	7063	969	590	206	15964	263	2694
肥西县	28424	477	5505	9387	1581	317	75	6800	231	4051
庐江县	31551	312	2042	5018	965	365	210	20589	222	1828
合肥高新技术产业开发区	6914	220	1340	2953	804	242	21	42	151	1141
合肥经济技术开发区	13350	254	2759	5604	1697	174	444	664	200	1554
合肥新站高新技术产业开发区	11004	176	2117	4453	982	149	89	293	221	2524
巢湖市	23055	304	1679	4830	2186	961	252	10234	104	2505
芜湖市	**125926**	**3478**	**8739**	**28543**	**9626**	**2341**	**1993**	**53099**	**721**	**17386**
镜湖区	17851	592	1830	6382	2826	1067	375	941	147	3691
弋江区	12051	384	1191	4302	1763	182	240	870	21	3098
鸠江区	16732	306	1814	3105	1171	394	65	6747	65	3065
三山区	4978	459	218	1172	365	18	32	1497	99	1118
芜湖县	11426	150	742	2448	343	184	669	5107	70	1713
繁昌县	8889	148	439	2571	622	129	95	4320	36	529
南陵县	16477	417	734	3430	765	87	150	9577	150	1167
芜湖经济技术开发区	5551	632	621	1438	717	12	108	422	15	1586
安徽芜湖长江大桥经济开发区	768	17	21	9	8			295	17	401
无为市	31203	373	1129	3686	1046	268	259	23323	101	1018
蚌埠市	**93027**	**2190**	**4335**	**22183**	**4682**	**2695**	**862**	**45385**	**696**	**9999**
龙子湖区	7381	376	763	2339	859	695	19	1337	59	934
蚌山区	5595	161	542	3063	482	211	131	301	51	653
禹会区	10046	314	607	2410	717	810	159	2976	107	1946
淮上区	7341	166	467	1186	96	7	18	3186	46	2169
怀远县	24484	401	512	2271	794	243	212	18813	154	1084
五河县	14425	313	347	2582	334	110	115	9519	103	1002
固镇县	13699	255	420	2152	222	97	68	9248	127	1110
蚌埠市高新技术开发区	1909	66	87	1419	189	74	24		6	44
蚌埠市经济开发区	8147	138	590	4761	989	448	116	5	43	1057
淮南市	**94760**	**1840**	**3604**	**22146**	**5981**	**6559**	**816**	**47325**	**675**	**5814**
大通区	4851	139	139	1702	255	160	8	2078	93	277
田家庵区	23901	629	1457	10198	3037	3067	362	3350	238	1563
谢家集区	7393	45	188	3312	708	888	33	1951	84	184
八公山区	4074	130	96	1424	324	1085	45	578	12	380
潘集区	8466	218	199	793	453	330	35	5685	21	732
凤台县	17292	294	615	2227	597	539	159	10978	140	1743
寿县	28783	385	910	2490	607	490	174	22705	87	935

9－6　续表 1　　　　单位：户

地　区	合　计	租赁廉租住房/公租房	租　赁其他住房	购买新建商品房	购　买二手房	购买原公有住房	购买经济适用房/两限房	自建住房	继承或赠　予	其　他
马鞍山市	**69073**	**1116**	**3688**	**20345**	**6669**	**4106**	**1564**	**25912**	**790**	**4883**
花山区	16234	259	1182	7892	3281	2170	526	662	87	175
雨山区	11270	369	918	5353	1638	1288	354	817	103	430
博望区	4693	16	86	549	63	13	49	1919	297	1701
当涂县	14239	284	502	2441	745	234	121	7820	200	1892
含山县	10799	50	389	2092	383	244	412	6924	45	260
和县	11838	138	611	2018	559	157	102	7770	58	425
淮北市	**59187**	**1851**	**2445**	**11716**	**4349**	**4772**	**1049**	**29065**	**397**	**3543**
杜集区	7660	690	193	756	354	1376	219	3747	35	290
相山区	18153	431	1346	7685	2851	2009	335	1852	154	1490
烈山区	7116	394	195	502	485	1112	242	3300	46	840
濉溪县	26258	336	711	2773	659	275	253	20166	162	923
铜陵市	**44443**	**544**	**2809**	**10739**	**3783**	**2471**	**1360**	**20036**	**290**	**2411**
铜官区	15387	253	1417	6494	2814	2053	643	245	152	1316
义安区	8265	53	378	1601	415	185	242	4889	61	441
郊区	5459	123	112	603	246	62	360	3420	47	486
枞阳县	15332	115	902	2041	308	171	115	11482	30	168
安庆市	**146745**	**1706**	**7988**	**23647**	**7067**	**4303**	**976**	**95451**	**906**	**4701**
迎江区	9399	237	926	4407	1419	1052	115	412	152	679
大观区	7928	114	763	1998	1430	1469	43	1625	129	357
宜秀区	4329	42	216	1426	108	6	10	2043	76	402
怀宁县	18225	311	960	2376	456	126	147	13610	38	201
太湖县	15669	182	765	1675	450	210	177	11991	54	165
宿松县	21558	107	1072	1374	702	491	79	17393	73	267
望江县	16206	103	378	1308	334	168	58	13758	11	88
岳西县	10812	165	463	934	278	112	96	8489	16	259
安徽安庆经济开发区	4687	53	532	1851	703	252	60	206	88	942
桐城市	21838	259	1058	4403	540	322	98	13962	156	1040
潜山市	16094	133	855	1895	647	95	93	11962	113	301
黄山市	**45504**	**789**	**2508**	**9144**	**3150**	**1159**	**531**	**26977**	**409**	**837**
屯溪区	9375	327	922	3589	1578	559	95	1779	137	389
黄山区	5117	57	240	986	374	117	66	3185	23	69
徽州区	3197	82	159	662	216	55	128	1861	23	11
歙县	13366	81	534	1756	393	89	63	10157	106	187
休宁县	7022	78	296	950	303	109	36	5156	26	68
黟县	2772	64	89	376	86	84	10	1949	69	45
祁门县	4655	100	268	825	200	146	133	2890	25	68
滁州市	**126059**	**2190**	**6917**	**29103**	**7485**	**2584**	**1514**	**66705**	**895**	**8666**
琅琊区	8634	215	1095	2914	1256	632	220	792	139	1371
南谯区	10662	231	1105	3876	1221	101	79	2293	137	1619
来安县	13687	157	703	1972	998	316	103	8691	111	636
全椒县	13367	359	463	4433	859	353	165	5851	42	842
定远县	22337	100	543	3361	720	376	186	16216	123	712
凤阳县	18498	325	678	2319	470	345	179	13637	174	371
苏滁现代产业园	484	9	91	46	3					335
滁州经济技术开发区	3325	77	431	1683	331	24	30	39	45	665
天长市	20060	394	866	5781	773	175	423	10101	81	1466
明光市	15005	323	942	2718	854	262	129	9085	43	649

9-6 续表 2

单位：户

地　区	合　计	租赁廉租住房/公租房	租　赁其他住房	购买新建商品房	购　买二手房	购买原公有住房	购买经济适用房/两限房	自建住房	继承或赠　予	其　他
阜阳市	**243713**	**3173**	**10093**	**23839**	**4501**	**2937**	**1906**	**187842**	**757**	**8665**
颍州区	22002	424	1736	5724	946	920	280	10291	42	1639
颍东区	15958	315	865	1765	600	258	134	10839	38	1144
颍泉区	18494	166	812	2123	421	411	240	13364	77	880
临泉县	48102	564	1705	2537	345	267	181	41402	289	812
太和县	46905	644	1648	4036	240	305	249	38613	40	1130
阜南县	32266	321	1205	1752	642	178	211	26832	111	1014
颍上县	34901	262	703	2814	563	237	512	29026	91	693
阜阳合肥现代产业园区	1013	2	55	55	9			640	3	249
阜阳经济技术开发区	3339	84	317	1358	250	78	17	820	3	412
界首市	20733	391	1047	1675	485	283	82	16015	63	692
宿州市	**158995**	**2003**	**6239**	**20916**	**3654**	**2439**	**1267**	**117320**	**482**	**4675**
埇桥区	48769	756	2632	10613	2292	1976	212	28804	171	1313
砀山县	24544	262	367	2346	163	75	105	20402	75	749
萧县	35698	318	1062	2157	366	161	105	30854	82	593
灵璧县	27262	280	1231	2492	372	163	546	21723	56	399
泗县	20019	188	692	2626	405	64	214	14629	39	1162
宿州马鞍山现代产业园区	1173	138	64	44	5		73	588	10	251
宿州经济技术开发区	1530	61	191	638	51		12	320	49	208
六安市	**140984**	**2399**	**9384**	**26717**	**3761**	**1510**	**2052**	**89468**	**630**	**5063**
金安区	26965	604	3406	7630	909	281	1105	11349	161	1520
裕安区	27591	429	1608	8756	916	91	156	14258	104	1273
叶集区	5718	40	231	856	100	60	13	4318	15	85
霍邱县	29698	149	967	1810	569	204	246	24871	118	764
舒城县	25356	383	1606	2869	806	416	77	18044	155	1000
金寨县	16070	539	1050	2600	223	284	261	10783	27	303
霍山县	9586	255	516	2196	238	174	194	5845	50	118
亳州市	**144318**	**2862**	**5784**	**13983**	**3441**	**978**	**1153**	**110659**	**395**	**5063**
谯城区	46997	1326	2283	5652	1509	262	158	32694	187	2926
涡阳县	32781	531	1055	2606	533	284	161	26426	66	1119
蒙城县	29369	690	855	2932	754	275	662	22692	36	473
利辛县	35171	315	1591	2793	645	157	172	28847	106	545
池州市	**46368**	**446**	**3136**	**9656**	**2717**	**622**	**386**	**27099**	**292**	**2014**
贵池区	19388	175	1353	6157	1604	272	201	8504	147	975
东至县	15220	61	1238	1386	494	183	71	11290	84	413
石台县	2730	19	118	439	126	56	43	1848	18	63
青阳县	8019	105	374	1504	451	101	68	5041	31	344
池州市国家经济技术开发区	365		16	157	38			52	12	90
皖江江南新兴产业集中区	213	80	4	3		2	1			123
九华山风景区	433	6	33	10	4	8	2	364		6
宣城市	**84752**	**1497**	**5664**	**18561**	**6549**	**1364**	**710**	**47181**	**615**	**2611**
宣州区	23435	346	1778	5380	1977	372	187	12391	186	818
郎溪县	10610	247	584	2578	600	205	181	5855	36	324
泾县	9772	200	533	1744	685	254	100	5935	171	150
绩溪县	5084	76	216	837	240	65	9	3495	100	46
旌德县	3926	29	180	645	169	112	13	2685	21	72
宣城市经济开发区	3117	138	342	1590	201	17	2	739	2	86
宁国市	13326	237	1071	3518	1637	166	58	6430	54	155
广德市	15482	224	960	2269	1040	173	160	9651	45	960

9-6a 各地区按住房来源分的同时拥有厨房和厕所的家庭户户数(城市)

单位：户

地区	合计	租赁廉租住房/公租房	租赁其他住房	购买新建商品房	购买二手房	购买原公有住房	购买经济适用房/两限房	自建住房	继承或赠予	其他
安徽	**510039**	**15097**	**65202**	**211105**	**65877**	**37922**	**8964**	**47538**	**4311**	**54023**
合肥市	**128233**	**2893**	**26429**	**50310**	**19050**	**10421**	**1477**	**2776**	**1008**	**13869**
瑶海区	26595	401	5499	9798	4096	2332	438	445	235	3351
庐阳区	20246	260	4340	7027	3348	2256	278	331	292	2114
蜀山区	29020	962	5563	14063	4521	2241	286	300	136	948
包河区	36644	983	8996	13354	4857	2618	326	311	258	4941
长丰县										
肥东县										
肥西县	1487	15	296	905	124	24	3	19	2	99
庐江县										
合肥高新技术产业开发区										
合肥经济技术开发区										
合肥新站高新技术产业开发区	2211	6	463	1052	252	63	57	92	19	207
巢湖市	12030	266	1272	4111	1852	887	89	1278	66	2209
芜湖市	**49262**	**2019**	**5707**	**16954**	**6724**	**1774**	**803**	**3829**	**307**	**11145**
镜湖区	17195	591	1819	6363	2820	1066	354	395	137	3650
弋江区	12051	384	1191	4302	1763	182	240	870	21	3098
鸠江区	10015	295	1654	2897	1093	324	54	824	41	2833
三山区	3022	455	181	698	194	16	32	380	83	983
芜湖县	317		8			2	1	279		27
繁昌县										
南陵县										
芜湖经济技术开发区	83		3					78		2
安徽芜湖长江大桥经济开发区										
无为市	6579	294	851	2694	854	184	122	1003	25	552
蚌埠市	**22342**	**875**	**2218**	**8891**	**2131**	**1717**	**313**	**1215**	**216**	**4766**
龙子湖区	5978	326	721	2273	855	692	18	287	57	749
蚌山区	5210	138	529	3063	481	211	131	4	39	614
禹会区	7037	300	588	2401	711	807	158	194	87	1791
淮上区	4117	111	380	1154	84	7	6	730	33	1612
怀远县										
五河县										
固镇县										
蚌埠市高新技术开发区										
蚌埠市经济开发区										
淮南市	**36236**	**801**	**1906**	**16559**	**4487**	**5226**	**446**	**3819**	**384**	**2608**
大通区	1395	12	52	1013	147	42		14	52	63
田家庵区	22678	629	1447	10175	3036	3063	362	2210	233	1523
谢家集区	5944	45	184	3301	700	887	24	558	82	163
八公山区	3898	43	96	1417	324	1085	45	499	10	379
潘集区	2321	72	127	653	280	149	15	538	7	480
凤台县										
寿县										

9-6a 续表 1

单位：户

地区	合计	租赁廉租住房/公租房	租赁其他住房	购买新建商品房	购买二手房	购买原公有住房	购买经济适用房/两限房	自建住房	继承或赠予	其他
马鞍山市	**28983**	**643**	**2159**	**13782**	**4968**	**3467**	**929**	**1375**	**365**	**1295**
花山区	15951	258	1175	7889	3278	2170	526	395	87	173
雨山区	10831	369	906	5353	1636	1288	354	392	103	430
博望区	2201	16	78	540	54	9	49	588	175	692
当涂县										
含山县										
和县										
淮北市	**25820**	**972**	**1644**	**8759**	**3442**	**3846**	**628**	**4137**	**215**	**2177**
杜集区	4436	389	143	728	257	1040	155	1427	32	265
相山区	16622	336	1331	7633	2837	2006	335	530	150	1464
烈山区	3124	245	150	374	339	800	135	608	32	441
濉溪县	1638	2	20	24	9		3	1572	1	7
铜陵市	**19706**	**341**	**1807**	**8401**	**3361**	**2194**	**1080**	**540**	**213**	**1769**
铜官区	15109	253	1400	6409	2794	2053	643	104	150	1303
义安区	3115	29	325	1535	350	122	238	280	34	202
郊区	1482	59	82	457	217	19	199	156	29	264
枞阳县										
安庆市	**35699**	**801**	**3453**	**13970**	**4183**	**3014**	**294**	**7053**	**507**	**2424**
迎江区	8992	237	922	4406	1419	1052	115	12	152	677
大观区	6146	105	726	1920	1415	1446	30	46	125	333
宜秀区	2540	37	176	1364	101	2	8	457	72	323
怀宁县										
太湖县										
宿松县										
望江县	3008	67	225	1168	245	128	32	1106	4	33
岳西县										
安徽安庆经济开发区										
桐城市	10018	234	771	3817	480	304	59	3371	103	879
潜山市	4995	121	633	1295	523	82	50	2061	51	179
黄山市	**12432**	**451**	**1258**	**5162**	**2134**	**697**	**273**	**1946**	**121**	**390**
屯溪区	8475	326	908	3569	1574	533	95	998	114	358
黄山区	2070	44	192	877	329	108	60	442	3	15
徽州区	1647	81	153	660	210	52	118	359	4	10
歙县	110		1		16	3		90		
休宁县	130		4	56	5	1		57		7
黟县										
祁门县										
滁州市	**27256**	**924**	**3015**	**12606**	**3091**	**1070**	**479**	**3165**	**262**	**2644**
琅琊区	8343	215	1077	2913	1251	632	220	528	137	1370
南谯区	5429	67	706	2938	719	68	22	302	72	535
来安县										
全椒县										
定远县										
凤阳县										
苏滁现代产业园										
滁州经济技术开发区										
天长市	7659	343	581	4505	603	152	162	1066	29	218
明光市	5825	299	651	2250	518	218	75	1269	24	521

9－6a　续表 2　　　　单位：户

地　　区	合　计	租赁廉租住房/公租房	租　赁其他住房	购买新建商品房	购　买二手房	购买原公有住房	购买经济适用房/两限房	自建住房	继承或赠　予	其　他
阜阳市	**29034**	**1201**	**3908**	**10790**	**2238**	**1823**	**499**	**4847**	**87**	**3641**
颍州区	12152	366	1508	5547	907	904	172	1477	32	1239
颍东区	5069	295	745	1637	525	238	93	480	20	1036
颍泉区	5919	157	738	2013	367	401	192	1283	15	753
临泉县										
太和县										
阜南县										
颍上县										
阜阳合肥现代产业园区										
阜阳经济技术开发区										
界首市	5894	383	917	1593	439	280	42	1607	20	613
宿州市	**19194**	**402**	**2326**	**9704**	**1983**	**1442**	**146**	**2140**	**123**	**928**
埇桥区	18997	402	2319	9703	1983	1441	146	1956	122	925
砀山县										
萧县	197		7	1		1		184	1	3
灵璧县										
泗县										
宿州马鞍山现代产业园区										
宿州经济技术开发区										
六安市	**23916**	**742**	**3049**	**14168**	**1465**	**268**	**1049**	**1418**	**121**	**1636**
金安区	10966	472	1624	5923	683	178	1003	241	63	779
裕安区	10826	238	1229	7560	740	50	40	134	46	789
叶集区	1889	29	183	683	40	40	6	867	5	36
霍邱县	85	3						82		
舒城县	150		13	2	2			94	7	32
金寨县										
霍山县										
亳州市	**16787**	**1307**	**2014**	**5494**	**1173**	**245**	**117**	**3742**	**134**	**2561**
谯城区	16694	1307	2014	5494	1173	245	117	3649	134	2561
涡阳县										
蒙城县										
利辛县	93							93		
池州市	**11715**	**224**	**1269**	**6236**	**1580**	**250**	**182**	**1058**	**113**	**803**
贵池区	11137	144	1249	6076	1542	248	181	1006	101	590
东至县										
石台县										
青阳县										
池州市国家经济技术开发区	365		16	157	38			52	12	90
皖江江南新兴产业集中区	213	80	4	3		2	1			123
九华山风景区										
宣城市	**23424**	**501**	**3040**	**9319**	**3867**	**468**	**249**	**4478**	**135**	**1367**
宣州区	8547	103	1322	4009	1434	211	83	661	101	623
郎溪县										
泾县										
绩溪县										
旌德县										
宣城市经济开发区										
宁国市	7718	219	907	3412	1553	121	58	1367	18	63
广德市	7159	179	811	1898	880	136	108	2450	16	681

9-6b 各地区按住房来源分的同时拥有厨房和厕所的家庭户户数(镇)

单位：户

地区	合计	租赁廉租住房/公租房	租赁其他住房	购买新建商品房	购买二手房	购买原公有住房	购买经济适用房/两限房	自建住房	继承或赠予	其他
安徽	**573796**	**16190**	**57196**	**163622**	**35103**	**14266**	**10127**	**226455**	**4331**	**46506**
合肥市	**99767**	**1739**	**17519**	**41541**	**8253**	**2091**	**1197**	**12893**	**1280**	**13254**
瑶海区	757	4	216	345	41	4		14	4	129
庐阳区	2196	11	140	1657	249	34	27		12	66
蜀山区	917	4	245	211	36	8	8	252	8	145
包河区										
长丰县	14295	238	2320	7279	1407	304	85	1172	135	1355
肥东县	18069	270	3086	6903	935	584	193	3423	232	2443
肥西县	16221	244	3641	7800	1243	242	53	493	152	2353
庐江县	15428	300	1899	4820	907	355	183	5135	170	1659
合肥高新技术产业开发区	6911	220	1340	2953	804	241	21	40	151	1141
合肥经济技术开发区	13075	254	2753	5599	1696	173	444	405	199	1552
合肥新站高新技术产业开发区	8701	170	1640	3363	730	86	32	165	201	2314
巢湖市	3197	24	239	611	205	60	151	1794	16	97
芜湖市	**37491**	**1406**	**2726**	**11129**	**2660**	**491**	**1053**	**12798**	**249**	**4979**
镜湖区	33		3	3	1	1	20	5		
弋江区										
鸠江区	2481	7	131	161	68	55	8	1842	17	192
三山区	632	4	24	440	163					1
芜湖县	7019	142	728	2372	326	178	596	1415	49	1213
繁昌县	5137	146	353	2542	524	103	75	938	27	429
南陵县	8265	390	680	3287	706	77	129	2038	98	860
芜湖经济技术开发区	5364	632	618	1438	716	12	108	241	15	1584
安徽芜湖长江大桥经济开发区	539	17	21	9	7			67	17	401
无为市	8021	68	168	877	149	65	117	6252	26	299
蚌埠市	**31786**	**1183**	**1975**	**12896**	**2368**	**958**	**386**	**7578**	**340**	**4102**
龙子湖区	298	47	33	65	2	3	1	104		43
蚌山区										
禹会区	255		5	3	3			178		66
淮上区	857	55	81	14	10		12	273	2	410
怀远县	9153	396	494	2158	699	234	163	3952	109	948
五河县	6667	313	341	2480	316	110	45	2121	71	870
固镇县	4500	168	344	1996	160	89	25	945	109	664
蚌埠市高新技术开发区	1909	66	87	1419	189	74	24		6	44
蚌埠市经济开发区	8147	138	590	4761	989	448	116	5	43	1057
淮南市	**23101**	**908**	**1447**	**5202**	**1310**	**1268**	**301**	**10604**	**131**	**1930**
大通区	2384	126	85	680	102	118	4	1052	35	182
田家庵区	400		10	18	1	3		339		29
谢家集区	125		1	2		1		118		3
八公山区	2								1	1
潘集区	1894	144	62	100	160	180	16	1165	8	59
凤台县	6712	275	469	2042	528	510	132	1880	35	841
寿县	11584	363	820	2360	519	456	149	6050	52	815

9-6b 续表 1

单位：户

地区	合计	租赁廉租住房/公租房	租赁其他住房	购买新建商品房	购买二手房	购买原公有住房	购买经济适用房/两限房	自建住房	继承或赠予	其他
马鞍山市	**21304**	**359**	**1404**	**6435**	**1574**	**570**	**606**	**8103**	**251**	**2002**
花山区										
雨山区										
博望区	300		1	4	1	1		175	27	91
当涂县	8966	178	461	2417	728	228	112	3135	150	1557
含山县	5922	50	373	2056	359	202	404	2309	39	130
和县	6116	131	569	1958	486	139	90	2484	35	224
淮北市	**13228**	**776**	**753**	**2784**	**865**	**903**	**411**	**5710**	**148**	**878**
杜集区	1618	301	45	28	94	336	64	731	2	17
相山区										
烈山区	1149	149	36	79	143	311	104	310	1	16
濉溪县	10461	326	672	2677	628	256	243	4669	145	845
铜陵市	**9843**	**180**	**936**	**2125**	**342**	**208**	**264**	**5441**	**27**	**320**
铜官区										
义安区	904	3	27	33	38	4	1	753	5	40
郊区	1022	64	14	94	10	37	153	488	10	152
枞阳县	7917	113	895	1998	294	167	110	4200	12	128
安庆市	**40183**	**813**	**4039**	**9025**	**2611**	**1123**	**587**	**19952**	**259**	**1774**
迎江区										
大观区	618	9	10	41	7	19	10	521		1
宜秀区	888	4	22	58	1	2	1	720	1	79
怀宁县	8108	310	905	2326	432	110	144	3685	31	165
太湖县	5683	175	711	1517	371	205	149	2437	24	94
宿松县	7821	103	961	1290	648	368	68	4150	45	188
望江县	1728	31	90	98	58	33	20	1363	1	34
岳西县	3810	102	398	868	258	105	81	1840	6	152
安徽安庆经济开发区	4551	53	516	1851	703	252	60	136	88	892
桐城市	3796	20	255	510	34	17	24	2798	35	103
潜山市	3180	6	171	466	99	12	30	2302	28	66
黄山市	**12727**	**313**	**1165**	**3897**	**877**	**430**	**233**	**5410**	**87**	**315**
屯溪区	185		10	10	1	26		133	2	3
黄山区	783	1	38	71	17	3	4	606	15	28
徽州区	361	1	1		1		7	346	5	
歙县	5082	72	511	1734	307	77	61	2152	18	150
休宁县	2704	77	267	886	282	104	19	1013	14	42
黟县	1151	62	80	372	73	76	10	426	22	30
祁门县	2461	100	258	824	196	144	132	734	11	62
滁州市	**48169**	**1093**	**3197**	**14815**	**3566**	**1385**	**719**	**18549**	**463**	**4382**
琅琊区										
南谯区	1984	69	227	551	300	19	5	265	8	540
来安县	7304	149	639	1929	838	295	31	2746	97	580
全椒县	8389	339	418	4286	771	338	104	1695	18	420
定远县	9212	83	499	3006	589	354	131	3816	109	625
凤阳县	8956	317	637	2178	418	332	165	4507	137	265
苏滁现代产业园	484	9	91	46	3					335
滁州经济技术开发区	3040	76	376	1531	330	24	30	14	44	615
天长市	6309	43	252	1116	147	13	236	3500	38	964
明光市	2491	8	58	172	170	10	17	2006	12	38

9-6b　续表 2　　单位：户

地　区	合　计	租赁廉租住房/公租房	租　赁其他住房	购买新建商品房	购　买二手房	购买原公有住房	购买经济适用房/两限房	自建住房	继承或赠　予	其　他
阜阳市	**67313**	**1877**	**5437**	**12194**	**1954**	**1038**	**1149**	**39614**	**208**	**3842**
颍州区	1722	46	91	111	27	9	101	1138	2	197
颍东区	2075	16	59	89	66	15	14	1770	1	45
颍泉区	2699	7	46	86	29	5	37	2453	29	7
临泉县	13235	548	1597	2470	327	259	136	7212	47	639
太和县	19686	626	1563	3955	226	297	237	11652	21	1109
阜南县	8987	291	1083	1632	554	149	175	4113	53	937
颍上县	12777	258	629	2532	469	223	405	7701	47	513
阜阳合肥现代产业园区	148		5	4				137		2
阜阳经济技术开发区	2792	78	293	1260	226	78	17	487	3	350
界首市	3192	7	71	55	30	3	27	2951	5	43
宿州市	**47481**	**1570**	**3644**	**10315**	**1555**	**952**	**981**	**25341**	**236**	**2887**
埇桥区	5354	348	211	553	274	512	50	3118	22	266
砀山县	11365	252	343	2316	160	74	102	7361	58	699
萧县	10910	310	996	2119	349	154	87	6526	55	314
灵璧县	9665	275	1177	2316	346	149	531	4701	18	152
泗县	7941	186	665	2332	370	63	127	3128	25	1045
宿州马鞍山现代产业园区	716	138	61	41	5		72	187	9	203
宿州经济技术开发区	1530	61	191	638	51		12	320	49	208
六安市	**40843**	**1375**	**5505**	**11305**	**1953**	**1130**	**729**	**16337**	**253**	**2256**
金安区	4621	76	1498	1444	133	78	45	901	32	414
裕安区	2502	37	243	673	153	28	55	1089	18	206
叶集区	780	6	28	137	48	12	7	527	4	11
霍邱县	9422	123	766	1632	466	184	114	5635	44	458
舒城县	10659	370	1498	2796	737	402	65	3838	106	847
金寨县	6590	509	974	2447	195	267	256	1695	16	231
霍山县	6269	254	498	2176	221	159	187	2652	33	89
亳州市	**40469**	**1514**	**3461**	**8277**	**2048**	**707**	**990**	**21503**	**102**	**1867**
谯城区	3863	8	151	73	195	10	31	3197	2	196
涡阳县	11746	523	969	2586	516	275	149	5760	30	938
蒙城县	12326	682	829	2921	731	272	656	5792	14	429
利辛县	12534	301	1512	2697	606	150	154	6754	56	304
池州市	**14718**	**199**	**1751**	**3334**	**1023**	**343**	**181**	**6868**	**89**	**930**
贵池区	1180	22	58	58	35	7	7	766	25	202
东至县	8094	60	1209	1366	471	176	63	4343	40	366
石台县	1159	19	114	425	116	53	43	336	12	41
青阳县	4208	97	353	1483	400	100	66	1378	12	319
池州市国家经济技术开发区										
皖江江南新兴产业集中区										
九华山风景区	77	1	17	2	1	7	2	45		2
宣城市	**25373**	**885**	**2237**	**8348**	**2144**	**669**	**340**	**9754**	**208**	**788**
宣州区	3554	215	290	1057	279	60	27	1501	29	96
郎溪县	6474	246	563	2384	557	187	159	2134	27	217
泾县	4886	195	501	1688	627	223	97	1334	104	117
绩溪县	2835	76	213	835	214	64	2	1383	16	32
旌德县	2175	28	177	641	153	95	13	1006	6	56
宣城市经济开发区	2493	74	302	1499	192	12	2	352	2	58
宁国市	955	9	92	53	40	16		677	14	54
广德市	2001	42	99	191	82	12	40	1367	10	158

9-6c 各地区按住房来源分的同时拥有厨房和厕所的家庭户户数(乡村)

单位：户

地区	合计	租赁廉租住房/公租房	租赁其他住房	购买新建商品房	购买二手房	购买原公有住房	购买经济适用房/两限房	自建住房	继承或赠予	其他
安徽	**828705**	**1873**	**7477**	**10602**	**4438**	**1268**	**1799**	**782622**	**2827**	**15799**
合肥市	**60686**	**444**	**2594**	**2240**	**700**	**104**	**77**	**51422**	**231**	**2874**
瑶海区	685	8	100	457	74	5				41
庐阳区	184		53		1			82	3	45
蜀山区	392		18	1	5	3		359		6
包河区	60		10					46		4
长丰县	11106	181	339	591	184	13	6	9193	44	555
肥东县	13222	11	175	160	34	6	13	12541	31	251
肥西县	10716	218	1568	682	214	51	19	6288	77	1599
庐江县	16123	12	143	198	58	10	27	15454	52	169
合肥高新技术产业开发区	3					1		2		
合肥经济技术开发区	275		6	5	1	1		259	1	2
合肥新站高新技术产业开发区	92		14	38				36	1	3
巢湖市	7828	14	168	108	129	14	12	7162	22	199
芜湖市	**39173**	**53**	**306**	**460**	**242**	**76**	**137**	**36472**	**165**	**1262**
镜湖区	623	1	8	16	5		1	541	10	41
弋江区										
鸠江区	4236	4	29	47	10	15	3	4081	7	40
三山区	1324		13	34	8	2		1117	16	134
芜湖县	4090	8	6	76	17	4	72	3413	21	473
繁昌县	3752	2	86	29	98	26	20	3382	9	100
南陵县	8212	27	54	143	59	10	21	7539	52	307
芜湖经济技术开发区	104				1			103		
安徽芜湖长江大桥经济开发区	229				1			228		
无为市	16603	11	110	115	43	19	20	16068	50	167
蚌埠市	**38899**	**132**	**142**	**396**	**183**	**20**	**163**	**36592**	**140**	**1131**
龙子湖区	1105	3	9	1	2			946	2	142
蚌山区	385	23	13		1			297	12	39
禹会区	2754	14	14	6	3	3	1	2604	20	89
淮上区	2367		6	18	2			2183	11	147
怀远县	15331	5	18	113	95	9	49	14861	45	136
五河县	7758		6	102	18		70	7398	32	132
固镇县	9199	87	76	156	62	8	43	8303	18	446
蚌埠市高新技术开发区										
蚌埠市经济开发区										
淮南市	**35423**	**131**	**251**	**385**	**184**	**65**	**69**	**32902**	**160**	**1276**
大通区	1072	1	2	9	6		4	1012	6	32
田家庵区	823			5		1		801	5	11
谢家集区	1324		3	9	8		9	1275	2	18
八公山区	174	87		7				79	1	
潘集区	4251	2	10	40	13	1	4	3982	6	193
凤台县	10580	19	146	185	69	29	27	9098	105	902
寿县	17199	22	90	130	88	34	25	16655	35	120

9-6c　续表 1　　　　单位：户

地　区	合　计	租赁廉租住房/公租房	租　赁其他住房	购买新建商品房	购　买二手房	购买原公有住房	购买经济适用房/两限房	自建住房	继承或赠　予	其　他
马鞍山市	**18786**	**114**	**125**	**128**	**127**	**69**	**29**	**16434**	**174**	**1586**
花山区	283	1	7	3	3			267		2
雨山区	439		12		2			425		
博望区	2192		7	5	8	3		1156	95	918
当涂县	5273	106	41	24	17	6	9	4685	50	335
含山县	4877		16	36	24	42	8	4615	6	130
和县	5722	7	42	60	73	18	12	5286	23	201
淮北市	**20139**	**103**	**48**	**173**	**42**	**23**	**10**	**19218**	**34**	**488**
杜集区	1606		5		3			1589	1	8
相山区	1531	95	15	52	14	3		1322	4	26
烈山区	2843		9	49	3	1	3	2382	13	383
濉溪县	14159	8	19	72	22	19	7	13925	16	71
铜陵市	**14894**	**23**	**66**	**213**	**80**	**69**	**16**	**14055**	**50**	**322**
铜官区	278		17	85	20			141	2	13
义安区	4246	21	26	33	27	59	3	3856	22	199
郊区	2955		16	52	19	6	8	2776	8	70
枞阳县	7415	2	7	43	14	4	5	7282	18	40
安庆市	**70863**	**92**	**496**	**652**	**273**	**166**	**95**	**68446**	**140**	**503**
迎江区	407		4	1				400		2
大观区	1164		27	37	8	4	3	1058	4	23
宜秀区	901	1	18	4	6	2	1	866	3	
怀宁县	10117	1	55	50	24	16	3	9925	7	36
太湖县	9986	7	54	158	79	5	28	9554	30	71
宿松县	13737	4	111	84	54	123	11	13243	28	79
望江县	11470	5	63	42	31	7	6	11289	6	21
岳西县	7002	63	65	66	20	7	15	6649	10	107
安徽安庆经济开发区	136		16					70		50
桐城市	8024	5	32	76	26	1	15	7793	18	58
潜山市	7919	6	51	134	25	1	13	7599	34	56
黄山市	**20345**	**25**	**85**	**85**	**139**	**32**	**25**	**19621**	**201**	**132**
屯溪区	715	1	4	10	3			648	21	28
黄山区	2264	12	10	38	28	6	2	2137	5	26
徽州区	1189		5	2	5	3	3	1156	14	1
歙县	8174	9	22	22	70	9	2	7915	88	37
休宁县	4188	1	25	8	16	4	17	4086	12	19
黟县	1621	2	9	4	13	8		1523	47	15
祁门县	2194		10	1	4	2	1	2156	14	6
滁州市	**50634**	**173**	**705**	**1682**	**828**	**129**	**316**	**44991**	**170**	**1640**
琅琊区	291		18	1	5			264	2	1
南谯区	3249	95	172	387	202	14	52	1726	57	544
来安县	6383	8	64	43	160	21	72	5945	14	56
全椒县	4978	20	45	147	88	15	61	4156	24	422
定远县	13125	17	44	355	131	22	55	12400	14	87
凤阳县	9542	8	41	141	52	13	14	9130	37	106
苏滁现代产业园										
滁州经济技术开发区	285	1	55	152	1			25	1	50
天长市	6092	8	33	160	23	10	25	5535	14	284
明光市	6689	16	233	296	166	34	37	5810	7	90

9－6c 续表 2

单位：户

地区	合计	租赁廉租住房/公租房	租赁其他住房	购买新建商品房	购买二手房	购买原公有住房	购买经济适用房/两限房	自建住房	继承或赠予	其他
阜阳市	**147366**	**95**	**748**	**855**	**309**	**76**	**258**	**143381**	**462**	**1182**
颍州区	8128	12	137	66	12	7	7	7676	8	203
颍东区	8814	4	61	39	9	5	27	8589	17	63
颍泉区	9876	2	28	24	25	5	11	9628	33	120
临泉县	34867	16	108	67	18	8	45	34190	242	173
太和县	27219	18	85	81	14	8	12	26961	19	21
阜南县	23279	30	122	120	88	29	36	22719	58	77
颍上县	22124	4	74	282	94	14	107	21325	44	180
阜阳合肥现代产业园区	865	2	50	51	9			503	3	247
阜阳经济技术开发区	547	6	24	98	24			333		62
界首市	11647	1	59	27	16		13	11457	38	36
宿州市	**92320**	**31**	**269**	**897**	**116**	**45**	**140**	**89839**	**123**	**860**
埇桥区	24418	6	102	357	35	23	16	23730	27	122
砀山县	13179	10	24	30	3	1	3	13041	17	50
萧县	24591	8	59	37	17	6	18	24144	26	276
灵璧县	17597	5	54	176	26	14	15	17022	38	247
泗县	12078	2	27	294	35	1	87	11501	14	117
宿州马鞍山现代产业园区	457		3	3			1	401	1	48
宿州经济技术开发区										
六安市	**76225**	**282**	**830**	**1244**	**343**	**112**	**274**	**71713**	**256**	**1171**
金安区	11378	56	284	263	93	25	57	10207	66	327
裕安区	14263	154	136	523	23	13	61	13035	40	278
叶集区	3049	5	20	36	12	8		2924	6	38
霍邱县	20191	23	201	178	103	20	132	19154	74	306
舒城县	14547	13	95	71	67	14	12	14112	42	121
金寨县	9480	30	76	153	28	17	5	9088	11	72
霍山县	3317	1	18	20	17	15	7	3193	17	29
亳州市	**87062**	**41**	**309**	**212**	**220**	**26**	**46**	**85414**	**159**	**635**
谯城区	26440	11	118	85	141	7	10	25848	51	169
涡阳县	21035	8	86	20	17	9	12	20666	36	181
蒙城县	17043	8	26	11	23	3	6	16900	22	44
利辛县	22544	14	79	96	39	7	18	22000	50	241
池州市	**19935**	**23**	**116**	**86**	**114**	**29**	**23**	**19173**	**90**	**281**
贵池区	7071	9	46	23	27	17	13	6732	21	183
东至县	7126	1	29	20	23	7	8	6947	44	47
石台县	1571		4	14	10	3		1512	6	22
青阳县	3811	8	21	21	51	1	2	3663	19	25
池州市国家经济技术开发区										
皖江江南新兴产业集中区										
九华山风景区	356	5	16	8	3	1		319		4
宣城市	**35955**	**111**	**387**	**894**	**538**	**227**	**121**	**32949**	**272**	**456**
宣州区	11334	28	166	314	264	101	77	10229	56	99
郎溪县	4136	1	21	194	43	18	22	3721	9	107
泾县	4886	5	32	56	58	31	3	4601	67	33
绩溪县	2249		3	2	26	1	7	2112	84	14
旌德县	1751	1	3	4	16	17		1679	15	16
宣城市经济开发区	624	64	40	91	9	5		387		28
宁国市	4653	9	72	53	44	29		4386	22	38
广德市	6322	3	50	180	78	25	12	5834	19	121

9-7 全省按户主的受教育程度、住房来源分的家庭户户数

单位：户

受教育程度	合 计	租赁廉租住房/公租房	租 赁 其他住房	购买新建商品房	购 买 二手房	购买原公有住房	购买经济适用房/两限房	自建住房	继承或赠 予	其 他
总 计	**1827481**	**33834**	**140816**	**378265**	**103763**	**52844**	**20282**	**968568**	**11898**	**117211**
未上过学	92939	1831	4270	4982	1774	1572	628	69486	995	7401
学前教育	2938	58	94	151	57	69	19	2275	35	180
小 学	469522	6307	23890	36082	11839	8028	3694	348449	3165	28068
初 中	761711	12976	57932	126597	36811	18366	8573	445523	4566	50367
高 中	244008	5970	24599	76006	20874	12651	3848	80427	1783	17850
大学专科	140583	3496	17088	68251	16366	6873	2128	17203	853	8325
大学本科	103937	2877	11427	59497	14068	4711	1297	5015	461	4584
硕士研究生	10547	279	1333	6094	1769	428	82	175	37	350
博士研究生	1296	40	183	605	205	146	13	15	3	86

9-7a 全省按户主的受教育程度、住房来源分的家庭户户数(城市)

单位：户

受教育程度	合 计	租赁廉租住房/公租房	租 赁 其他住房	购买新建商品房	购 买 二手房	购买原公有住房	购买经济适用房/两限房	自建住房	继承或赠 予	其 他
总 计	**511347**	**15381**	**70845**	**207348**	**64463**	**36895**	**8787**	**49052**	**4389**	**54187**
未上过学	14120	916	1733	2568	834	1091	273	3368	249	3088
学前教育	415	23	40	76	19	57	4	102	8	86
小 学	67764	2880	9341	16132	5681	5549	1294	14813	868	11206
初 中	177983	5806	26410	61318	20711	12803	3280	22945	1661	23049
高 中	100579	2785	13238	43846	14002	9072	1991	5153	884	9608
大学专科	77387	1611	11219	40709	11295	4617	1115	1879	458	4484
大学本科	64453	1194	7760	37802	10348	3208	757	762	234	2388
硕士研究生	7626	137	950	4422	1413	364	64	27	24	225
博士研究生	1020	29	154	475	160	134	9	3	3	53

9-7b 全省按户主的受教育程度、住房来源分的家庭户户数(镇)

单位：户

受教育程度	合计	租赁廉租住房/公租房	租赁其他住房	购买新建商品房	购买二手房	购买原公有住房	购买经济适用房/两限房	自建住房	继承或赠予	其他
总计	**566146**	**16495**	**61835**	**161247**	**34893**	**14537**	**9886**	**215913**	**4476**	**46864**
未上过学	21699	791	2056	2159	708	395	300	12383	322	2585
学前教育	656	28	39	58	27	11	12	412	15	54
小学	122647	2915	12202	17849	4793	2102	1962	68642	1112	11070
初中	243491	6417	27735	60380	14030	5019	4452	102811	1824	20823
高中	85940	2933	10387	30764	6384	3357	1660	22878	679	6898
大学专科	52276	1719	5525	26898	4902	2131	955	6432	317	3397
大学本科	36389	1543	3499	21363	3651	1448	525	2275	195	1890
硕士研究生	2785	138	364	1648	354	63	16	74	12	116
博士研究生	263	11	28	128	44	11	4	6		31

9-7c 全省按户主的受教育程度、住房来源分的家庭户户数(乡村)

单位：户

受教育程度	合计	租赁廉租住房/公租房	租赁其他住房	购买新建商品房	购买二手房	购买原公有住房	购买经济适用房/两限房	自建住房	继承或赠予	其他
总计	**749988**	**1958**	**8136**	**9670**	**4407**	**1412**	**1609**	**703603**	**3033**	**16160**
未上过学	57120	124	481	255	232	86	55	53735	424	1728
学前教育	1867	7	15	17	11	1	3	1761	12	40
小学	279111	512	2347	2101	1365	377	438	264994	1185	5792
初中	340237	753	3787	4899	2070	544	841	319767	1081	6495
高中	57489	252	974	1396	488	222	197	52396	220	1344
大学专科	10920	166	344	644	169	125	58	8892	78	444
大学本科	3095	140	168	332	69	55	15	1978	32	306
硕士研究生	136	4	19	24	2	1	2	74	1	9
博士研究生	13		1	2	1	1		6		2

9-8 全省按户主的受教育程度、月租房费用分的家庭户户数

单位：户

受教育程度	合 计	200元以下	200-499元	500-999元	1000-1999元
总 计	**174650**	**26530**	**40809**	**48150**	**48128**
未上过学	6101	1904	2069	1313	708
学前教育	152	58	53	20	16
小 学	30197	6859	9849	7971	4700
初 中	70908	10998	18299	21760	16492
高 中	30569	3953	6225	8707	9654
大学专科	20584	1541	2504	5104	9154
大学本科	14304	1103	1649	2983	6515
硕士研究生	1612	101	146	265	779
博士研究生	223	13	15	27	110

9-8 续表

单位：户

受教育程度	2000-2999元	3000-3999元	4000-5999元	6000-7999元	8000-9999元	10000元及以上
总 计	**7352**	**1633**	**866**	**410**	**249**	**523**
未上过学	57	20	15	8	3	4
学前教育	4					1
小 学	395	161	109	60	34	59
初 中	1808	542	389	209	133	278
高 中	1360	272	168	82	46	102
大学专科	1829	269	97	24	19	43
大学本科	1596	302	80	27	14	35
硕士研究生	256	57	7			1
博士研究生	47	10	1			

9−8a 全省按户主的受教育程度、月租房费用分的家庭户户数(城市)

单位：户

受教育程度	合 计	200元以下	200−499元	500−999元	1000−1999元
总 计	**86226**	**10306**	**15031**	**23101**	**31184**
未上过学	2649	765	782	601	456
学前教育	63	27	12	8	13
小 学	12221	2488	3330	3408	2675
初 中	32216	4353	6771	9908	9708
高 中	16023	1714	2371	4307	6384
大学专科	12830	589	1041	2906	6617
大学本科	8954	317	650	1763	4682
硕士研究生	1087	44	63	178	553
博士研究生	183	9	11	22	96

9−8a 续表

单位：户

受教育程度	2000−2999元	3000−3999元	4000−5999元	6000−7999元	8000−9999元	10000元及以上
总 计	**5002**	**900**	**332**	**114**	**75**	**181**
未上过学	31	4	3	2	2	3
学前教育	3					
小 学	183	55	35	16	14	17
初 中	961	218	120	51	40	86
高 中	964	148	67	23	7	38
大学专科	1388	197	54	11	5	22
大学本科	1238	226	46	11	7	14
硕士研究生	198	44	6			1
博士研究生	36	8	1			

9-8b　全省按户主的受教育程度、月租房费用分的家庭户户数(镇)

单位：户

受教育程度	合　计	200元以下	200-499元	500-999元	1000-1999元
总　计	**78330**	**13521**	**22235**	**22722**	**15868**
未上过学	2847	932	1011	623	228
学前教育	67	21	32	9	3
小　学	15117	3418	5399	4039	1840
初　中	34152	5636	9947	10718	6220
高　中	13320	1992	3490	4012	3114
大学专科	7244	810	1340	2067	2449
大学本科	5042	655	936	1169	1779
硕士研究生	502	53	77	80	221
博士研究生	39	4	3	5	14

9-8b　续表

单位：户

受教育程度	2000-2999元	3000-3999元	4000-5999元	6000-7999元	8000-9999元	10000元及以上
总　计	**2155**	**645**	**459**	**265**	**159**	**301**
未上过学	23	14	10	4	1	1
学前教育	1					1
小　学	174	93	61	41	17	35
初　中	731	280	227	141	85	167
高　中	372	104	90	50	36	60
大学专科	431	66	38	13	13	17
大学本科	354	74	32	16	7	20
硕士研究生	58	12	1			
博士研究生	11	2				

9-8c 全省按户主的受教育程度、月租房费用分的家庭户户数(乡村)

单位：户

受教育程度	合　计	200元以下	200-499元	500-999元	1000-1999元
总　计	**10094**	**2703**	**3543**	**2327**	**1076**
未上过学	605	207	276	89	24
学前教育	22	10	9	3	
小　学	2859	953	1120	524	185
初　中	4540	1009	1581	1134	564
高　中	1226	247	364	388	156
大学专科	510	142	123	131	88
大学本科	308	131	63	51	54
硕士研究生	23	4	6	7	5
博士研究生	1		1		

9-8c　续表

单位：户

受教育程度	2000-2999元	3000-3999元	4000-5999元	6000-7999元	8000-9999元	10000元及以上
总　计	**195**	**88**	**75**	**31**	**15**	**41**
未上过学	3	2	2	2		
学前教育						
小　学	38	13	13	3	3	7
初　中	116	44	42	17	8	25
高　中	24	20	11	9	3	4
大学专科	10	6	5		1	4
大学本科	4	2	2			1
硕士研究生		1				
博士研究生						

9-9　全省按户主的职业、住房来源分的家庭户户数

单位：户

职业大类	合　计	租赁廉租住房/公租房	租　赁其他住房	购买新建商品房	购　买二手房
总　计	**1237082**	**19015**	**98691**	**270497**	**73256**
党的机关、国家机关、群众团体和社会组织、企事业单位负责人	35067	442	3693	15772	3585
专业技术人员	98212	2666	10681	46413	11821
办事人员和有关人员	78832	2300	6339	35015	8189
社会生产服务和生活服务人员	385467	7624	47235	101240	30297
农、林、牧、渔业生产及辅助人员	247760	423	2383	5452	1868
生产制造及有关人员	389895	5521	28115	66149	17347
不便分类的其他从业人员	1849	39	245	456	149

9-9　续表

单位：户

职业大类	购买原公有住房	购买经济适用房/两限房	自建住房	继承或赠　予	其　他
总　计	**18955**	**12325**	**669316**	**6309**	**68718**
党的机关、国家机关、群众团体和社会组织、企事业单位负责人	646	349	8664	166	1750
专业技术人员	3603	1315	15563	519	5631
办事人员和有关人员	3405	1214	15835	562	5973
社会生产服务和生活服务人员	6108	4576	159585	2416	26386
农、林、牧、渔业生产及辅助人员	522	805	231810	647	3850
生产制造及有关人员	4633	4038	237117	1985	24990
不便分类的其他从业人员	38	28	742	14	138

9－9a 全省按户主的职业、住房来源分的家庭户户数(城市)

单位：户

职业大类	合计	租赁廉租住房/公租房	租赁其他住房	购买新建商品房	购买二手房
总计	**325018**	**8132**	**51912**	**142660**	**45137**
党的机关、国家机关、群众团体和社会组织、企事业单位负责人	17146	202	2315	9790	2521
专业技术人员	49475	1046	6699	26846	8147
办事人员和有关人员	39976	956	4121	21250	5809
社会生产服务和生活服务人员	132149	3557	26266	53341	18816
农、林、牧、渔业生产及辅助人员	5684	113	382	1071	302
生产制造及有关人员	79806	2240	11938	30062	9433
不便分类的其他从业人员	782	18	191	300	109

9－9a 续表

单位：户

职业大类	购买原公有住房	购买经济适用房/两限房	自建住房	继承或赠予	其他
总计	**11489**	**4668**	**29222**	**2213**	**29585**
党的机关、国家机关、群众团体和社会组织、企事业单位负责人	369	172	833	70	874
专业技术人员	2179	598	1156	236	2568
办事人员和有关人员	2167	656	1621	253	3143
社会生产服务和生活服务人员	3813	1828	10864	992	12672
农、林、牧、渔业生产及辅助人员	47	59	3102	42	566
生产制造及有关人员	2883	1347	11595	613	9695
不便分类的其他从业人员	31	8	51	7	67

9-9b　全省按户主的职业、住房来源分的家庭户户数(镇)

单位：户

职业大类	合　计	租赁廉租住房/公租房	租　赁其他住房	购买新建商品房	购　买二手房
总　计	**388107**	**9713**	**41033**	**120418**	**24991**
党的机关、国家机关、群众团体和社会组织、企事业单位负责人	12122	216	1252	5791	1003
专业技术人员	37451	1443	3734	19090	3537
办事人员和有关人员	28756	1264	2045	13473	2305
社会生产服务和生活服务人员	141915	3687	18729	45420	10384
农、林、牧、渔业生产及辅助人员	43057	218	1256	3261	892
生产制造及有关人员	124304	2868	13966	33242	6834
不便分类的其他从业人员	502	17	51	141	36

9-9b　续表

单位：户

职业大类	购买原公有住房	购买经济适用房/两限房	自建住房	继承或赠　予	其　他
总　计	**6716**	**6474**	**146785**	**2518**	**29459**
党的机关、国家机关、群众团体和社会组织、企事业单位负责人	254	160	2659	70	717
专业技术人员	1321	659	4920	208	2539
办事人员和有关人员	1191	533	5272	251	2422
社会生产服务和生活服务人员	2099	2437	47001	1015	11143
农、林、牧、渔业生产及辅助人员	271	430	35273	142	1314
生产制造及有关人员	1573	2238	51477	827	11279
不便分类的其他从业人员	7	17	183	5	45

9-9c 全省按户主的职业、住房来源分的家庭户户数(乡村)

单位：户

职业大类	合计	租赁廉租住房/公租房	租赁其他住房	购买新建商品房	购买二手房
总计	**523957**	**1170**	**5746**	**7419**	**3128**
党的机关、国家机关、群众团体和社会组织、企事业单位负责人	5799	24	126	191	61
专业技术人员	11286	177	248	477	137
办事人员和有关人员	10100	80	173	292	75
社会生产服务和生活服务人员	111403	380	2240	2479	1097
农、林、牧、渔业生产及辅助人员	199019	92	745	1120	674
生产制造及有关人员	185785	413	2211	2845	1080
不便分类的其他从业人员	565	4	3	15	4

9-9c 续表

单位：户

职业大类	购买原公有住房	购买经济适用房/两限房	自建住房	继承或赠予	其他
总计	**750**	**1183**	**493309**	**1578**	**9674**
党的机关、国家机关、群众团体和社会组织、企事业单位负责人	23	17	5172	26	159
专业技术人员	103	58	9487	75	524
办事人员和有关人员	47	25	8942	58	408
社会生产服务和生活服务人员	196	311	101720	409	2571
农、林、牧、渔业生产及辅助人员	204	316	193435	463	1970
生产制造及有关人员	177	453	174045	545	4016
不便分类的其他从业人员		3	508	2	26

9-10　全省按户主的职业、月租房费用分的家庭户户数

单位：户

职业大类	合　计	200元以下	200-499元	500-999元	1000-1999元
总　计	**117706**	**13608**	**25633**	**33902**	**35791**
党的机关、国家机关、群众团体和社会组织、企事业单位负责人	4135	164	379	905	1838
专业技术人员	13347	1234	1900	3270	5547
办事人员和有关人员	8639	1111	1604	1894	3160
社会生产服务和生活服务人员	54859	5434	10770	16062	18071
农、林、牧、渔业生产及辅助人员	2806	871	959	588	319
生产制造及有关人员	33636	4767	9944	11112	6769
不便分类的其他从业人员	284	27	77	71	87

9-10　续表

单位：户

职业大类	2000-2999元	3000-3999元	4000-5999元	6000-7999元	8000-9999元	10000元及以上
总　计	**5794**	**1330**	**723**	**328**	**197**	**400**
党的机关、国家机关、群众团体和社会组织、企事业单位负责人	553	161	66	18	13	38
专业技术人员	1120	181	40	19	14	22
办事人员和有关人员	682	111	34	12	11	20
社会生产服务和生活服务人员	2818	724	455	187	108	230
农、林、牧、渔业生产及辅助人员	27	17	8	6	2	9
生产制造及有关人员	577	135	120	85	47	80
不便分类的其他从业人员	17	1		1	2	1

9–10a　全省按户主的职业、月租房费用分的家庭户户数(城市)

单位：户

职业大类	合　计	200元以下	200–499元	500–999元	1000–1999元
总　计	**60044**	**5002**	**10134**	**16583**	**23122**
党的机关、国家机关、群众团体和社会组织、企事业单位负责人	2517	52	139	468	1294
专业技术人员	7745	344	711	1805	3885
办事人员和有关人员	5077	444	635	1015	2317
社会生产服务和生活服务人员	29823	2349	4742	8507	11735
农、林、牧、渔业生产及辅助人员	495	95	128	132	123
生产制造及有关人员	14178	1705	3730	4604	3690
不便分类的其他从业人员	209	13	49	52	78

9–10a　续表

单位：户

职业大类	2000–2999元	3000–3999元	4000–5999元	6000–7999元	8000–9999元	10000元及以上
总　计	**3909**	**732**	**282**	**99**	**54**	**127**
党的机关、国家机关、群众团体和社会组织、企事业单位负责人	400	103	36	9	3	13
专业技术人员	831	128	24	4	4	9
办事人员和有关人员	547	72	21	8	6	12
社会生产服务和生活服务人员	1803	378	169	55	25	60
农、林、牧、渔业生产及辅助人员	10	4	1	1	1	
生产制造及有关人员	303	46	31	22	15	32
不便分类的其他从业人员	15	1				1

9-10b　全省按户主的职业、月租房费用分的家庭户户数(镇)

单位：户

职业大类	合　计	200元以下	200-499元	500-999元	1000-1999元
总　计	**50746**	**7071**	**13270**	**15462**	**11758**
党的机关、国家机关、群众团体和社会组织、企事业单位负责人	1468	86	206	390	512
专业技术人员	5177	711	1095	1389	1601
办事人员和有关人员	3309	601	894	806	812
社会生产服务和生活服务人员	22416	2651	5288	6787	5869
农、林、牧、渔业生产及辅助人员	1474	441	520	337	150
生产制造及有关人员	16834	2567	5243	5736	2806
不便分类的其他从业人员	68	14	24	17	8

9-10b　续表

单位：户

职业大类	2000-2999元	3000-3999元	4000-5999元	6000-7999元	8000-9999元	10000元及以上
总　计	**1713**	**522**	**373**	**208**	**131**	**238**
党的机关、国家机关、群众团体和社会组织、企事业单位负责人	150	57	26	9	10	22
专业技术人员	284	46	14	15	10	12
办事人员和有关人员	131	37	12	4	5	7
社会生产服务和生活服务人员	920	305	250	121	75	150
农、林、牧、渔业生产及辅助人员	9	7	2	4	1	3
生产制造及有关人员	217	70	69	54	28	44
不便分类的其他从业人员	2			1	2	

9－10c　全省按户主的职业、月租房费用分的家庭户户数(乡村)

单位：户

职业大类	合　计	200元以下	200－499元	500－999元	1000－1999元
总　计	**6916**	**1535**	**2229**	**1857**	**911**
党的机关、国家机关、群众团体和社会组织、企事业单位负责人	150	26	34	47	32
专业技术人员	425	179	94	76	61
办事人员和有关人员	253	66	75	73	31
社会生产服务和生活服务人员	2620	434	740	768	467
农、林、牧、渔业生产及辅助人员	837	335	311	119	46
生产制造及有关人员	2624	495	971	772	273
不便分类的其他从业人员	7		4	2	1

9－10c　续表

单位：户

职业大类	2000－2999元	3000－3999元	4000－5999元	6000－7999元	8000－9999元	10000元及以上
总　计	**172**	**76**	**68**	**21**	**12**	**35**
党的机关、国家机关、群众团体和社会组织、企事业单位负责人	3	1	4			3
专业技术人员	5	7	2			1
办事人员和有关人员	4	2	1			1
社会生产服务和生活服务人员	95	41	36	11	8	20
农、林、牧、渔业生产及辅助人员	8	6	5	1		6
生产制造及有关人员	57	19	20	9	4	4
不便分类的其他从业人员						

9-11　全省按户主的职业分的家庭户住房状况

职业大类	户　数 (户)	人　数 (人)	平均每户 住房间数 (间/户)	人均住房 建筑面积 (平方米/人)	人均住房 间　数 (间/人)
总　计	**1237082**	**3839248**	**3.31**	**40.60**	**1.07**
党的机关、国家机关、群众团体和社会组织、企事业单位负责人	35067	108259	3.14	40.56	1.02
专业技术人员	98212	274629	2.85	38.87	1.02
办事人员和有关人员	78832	225107	2.91	39.30	1.02
社会生产服务和生活服务人员	385467	1183834	3.14	39.35	1.02
农、林、牧、渔业生产及辅助人员	247760	770030	3.71	43.34	1.19
生产制造及有关人员	389895	1272056	3.45	40.73	1.06
不便分类的其他从业人员	1849	5333	3.08	40.36	1.07

9-11a　全省按户主的职业分的家庭户住房状况(城市)

职业大类	户　数 (户)	人　数 (人)	平均每户 住房间数 (间/户)	人均住房 建筑面积 (平方米/人)	人均住房 间　数 (间/人)
总　计	**325018**	**934296**	**2.69**	**35.59**	**0.94**
党的机关、国家机关、群众团体和社会组织、企事业单位负责人	17146	51624	2.85	37.84	0.95
专业技术人员	49475	135857	2.65	36.84	0.97
办事人员和有关人员	39976	111378	2.70	37.34	0.97
社会生产服务和生活服务人员	132149	374896	2.62	34.85	0.92
农、林、牧、渔业生产及辅助人员	5684	17447	3.44	42.29	1.12
生产制造及有关人员	79806	241010	2.75	34.27	0.91
不便分类的其他从业人员	782	2084	2.49	34.17	0.93

9-11b 全省按户主的职业分的家庭户住房状况(镇)

职业大类	户 数 (户)	人 数 (人)	平均每户住房间数 (间/户)	人均住房建筑面积 (平方米/人)	人均住房间 数 (间/人)
总 计	**388107**	**1204253**	**3.11**	**38.58**	**1.00**
党的机关、国家机关、群众团体和社会组织、企事业单位负责人	12122	37217	3.13	40.99	1.02
专业技术人员	37451	104727	2.82	38.57	1.01
办事人员和有关人员	28756	82135	2.90	39.25	1.02
社会生产服务和生活服务人员	141915	438583	3.04	38.23	0.98
农、林、牧、渔业生产及辅助人员	43057	137715	3.53	41.24	1.10
生产制造及有关人员	124304	402379	3.17	37.70	0.98
不便分类的其他从业人员	502	1497	3.05	38.71	1.02

9-11c 全省按户主的职业分的家庭户住房状况(乡村)

职业大类	户 数 (户)	人 数 (人)	平均每户住房间数 (间/户)	人均住房建筑面积 (平方米/人)	人均住房间 数 (间/人)
总 计	**523957**	**1700699**	**3.86**	**44.79**	**1.19**
党的机关、国家机关、群众团体和社会组织、企事业单位负责人	5799	19418	4.01	46.95	1.20
专业技术人员	11286	34045	3.77	47.85	1.25
办事人员和有关人员	10100	31594	3.79	46.32	1.21
社会生产服务和生活服务人员	111403	370355	3.89	45.22	1.17
农、林、牧、渔业生产及辅助人员	199019	614868	3.75	43.84	1.21
生产制造及有关人员	185785	628667	3.95	45.15	1.17
不便分类的其他从业人员	565	1752	3.94	49.13	1.27

9-12　全省按户主的职业、人均住房建筑面积分的家庭户户数

单位：户

职业大类	合　计	人均住房建筑面积(平方米)			
		8及以下	9-12	13-16	17-19
总　计	**1237082**	**6041**	**19530**	**46713**	**36440**
党的机关、国家机关、群众团体和社会组织、企事业单位负责人	35067	92	293	947	1127
专业技术人员	98212	202	815	2585	3248
办事人员和有关人员	78832	185	735	2375	2473
社会生产服务和生活服务人员	385467	2127	6803	15540	13079
农、林、牧、渔业生产及辅助人员	247760	1160	4378	10048	4892
生产制造及有关人员	389895	2256	6470	15149	11569
不便分类的其他从业人员	1849	19	36	69	52

9-12　续表

单位：户

职业大类	人均住房建筑面积(平方米)					
	20-29	30-39	40-49	50-59	60-69	70及以上
总　计	**267064**	**247123**	**187620**	**112624**	**97574**	**216353**
党的机关、国家机关、群众团体和社会组织、企事业单位负责人	7841	7545	5508	3012	2710	5992
专业技术人员	22310	21518	16321	8846	6950	15417
办事人员和有关人员	17264	17174	13336	7400	5976	11914
社会生产服务和生活服务人员	90489	77402	55962	33036	26986	64043
农、林、牧、渔业生产及辅助人员	43035	45288	38233	23949	24528	52249
生产制造及有关人员	85731	77834	57999	36208	30282	66397
不便分类的其他从业人员	394	362	261	173	142	341

9-12a 全省按户主的职业、人均住房建筑面积分的家庭户户数(城市)

单位：户

职业大类	合 计	人均住房建筑面积(平方米)			
		8及以下	9-12	13-16	17-19
总 计	**325018**	**1493**	**4843**	**12911**	**14014**
党的机关、国家机关、群众团体和社会组织、企事业单位负责人	17146	28	108	472	645
专业技术人员	49475	56	364	1331	1876
办事人员和有关人员	39976	61	322	1174	1454
社会生产服务和生活服务人员	132149	712	2373	5827	6013
农、林、牧、渔业生产及辅助人员	5684	26	88	218	146
生产制造及有关人员	79806	596	1571	3843	3839
不便分类的其他从业人员	782	14	17	46	41

9-12a 续表

单位：户

职业大类	人均住房建筑面积(平方米)					
	20-29	30-39	40-49	50-59	60-69	70及以上
总 计	**87710**	**72476**	**49078**	**24697**	**18134**	**39662**
党的机关、国家机关、群众团体和社会组织、企事业单位负责人	4276	3965	2776	1373	1136	2367
专业技术人员	12064	11415	8456	4118	3154	6641
办事人员和有关人员	9637	9060	7015	3430	2715	5108
社会生产服务和生活服务人员	37019	28794	18958	9398	6838	16217
农、林、牧、渔业生产及辅助人员	1116	1059	867	560	438	1166
生产制造及有关人员	23395	18025	10909	5763	3814	8051
不便分类的其他从业人员	203	158	97	55	39	112

9-12b　全省按户主的职业、人均住房建筑面积分的家庭户户数(镇)

单位：户

职业大类	合　计	人均住房建筑面积(平方米)			
		8及以下	9-12	13-16	17-19
总　计	**388107**	**2352**	**6186**	**14445**	**12442**
党的机关、国家机关、群众团体和社会组织、企事业单位负责人	12122	35	91	284	363
专业技术人员	37451	98	293	906	1175
办事人员和有关人员	28756	73	266	852	828
社会生产服务和生活服务人员	141915	867	2365	5362	4805
农、林、牧、渔业生产及辅助人员	43057	285	797	1775	972
生产制造及有关人员	124304	989	2366	5252	4292
不便分类的其他从业人员	502	5	8	14	7

9-12b　续表

单位：户

职业大类	人均住房建筑面积(平方米)					
	20-29	30-39	40-49	50-59	60-69	70及以上
总　计	**91208**	**81151**	**57896**	**34844**	**27685**	**59898**
党的机关、国家机关、群众团体和社会组织、企事业单位负责人	2650	2609	1875	1052	1004	2159
专业技术人员	8517	8242	6142	3634	2635	5809
办事人员和有关人员	6032	6365	4814	2959	2247	4320
社会生产服务和生活服务人员	34642	29412	20523	12348	9415	22176
农、林、牧、渔业生产及辅助人员	8129	8242	6726	4041	4084	8006
生产制造及有关人员	31119	26168	17751	10754	8262	17351
不便分类的其他从业人员	119	113	65	56	38	77

9-12c 全省按户主的职业、人均住房建筑面积分的家庭户户数(乡村)

单位：户

职业大类	合　计	人均住房建筑面积(平方米)			
		8及以下	9-12	13-16	17-19
总　计	**523957**	**2196**	**8501**	**19357**	**9984**
党的机关、国家机关、群众团体和社会组织、企事业单位负责人	5799	29	94	191	119
专业技术人员	11286	48	158	348	197
办事人员和有关人员	10100	51	147	349	191
社会生产服务和生活服务人员	111403	548	2065	4351	2261
农、林、牧、渔业生产及辅助人员	199019	849	3493	8055	3774
生产制造及有关人员	185785	671	2533	6054	3438
不便分类的其他从业人员	565		11	9	4

9-12c 续表

单位：户

职业大类	人均住房建筑面积(平方米)					
	20-29	30-39	40-49	50-59	60-69	70及以上
总　计	**88146**	**93496**	**80646**	**53083**	**51755**	**116793**
党的机关、国家机关、群众团体和社会组织、企事业单位负责人	915	971	857	587	570	1466
专业技术人员	1729	1861	1723	1094	1161	2967
办事人员和有关人员	1595	1749	1507	1011	1014	2486
社会生产服务和生活服务人员	18828	19196	16481	11290	10733	25650
农、林、牧、渔业生产及辅助人员	33790	35987	30640	19348	20006	43077
生产制造及有关人员	31217	33641	29339	19691	18206	40995
不便分类的其他从业人员	72	91	99	62	65	152

9–13　各地区按拥有全部家用汽车总价分的家庭户户数

单位：户

地　区	合　计	不　满10万元	10万元以上，不满20万元	20万元以上，不满30万元	30万元以上，不满50万元	50万元以上，不满100万元	100万元及以上	没有汽车
安　徽	**2005193**	**259895**	**416187**	**76563**	**34214**	**12622**	**3393**	**1202319**
合肥市	**298630**	**42101**	**72397**	**17730**	**9127**	**3601**	**1034**	**152640**
瑶海区	29110	4507	7017	1571	751	260	68	14936
庐阳区	23132	2963	6306	1973	1079	437	100	10274
蜀山区	30973	3202	8982	3082	1780	732	285	12910
包河区	38209	4461	10800	3771	2074	802	219	16082
长丰县	26187	4983	5261	720	335	133	35	14720
肥东县	33097	5559	6596	1059	462	202	41	19178
肥西县	29656	4648	7543	1308	581	231	45	15300
庐江县	32189	3765	6127	1074	413	202	59	20549
合肥高新技术产业开发区	6971	934	2211	650	379	177	60	2560
合肥经济技术开发区	13503	2294	4181	1109	594	201	67	5057
合肥新站高新技术产业开发区	11084	1890	3184	639	316	106	20	4929
巢湖市	24519	2895	4189	774	363	118	35	16145
芜湖市	**129541**	**15929**	**26133**	**5520**	**2565**	**938**	**263**	**78193**
镜湖区	18256	2207	3704	924	559	241	56	10565
弋江区	12146	1571	2721	763	357	125	34	6575
鸠江区	17660	1941	3826	871	381	121	29	10491
三山区	5194	651	1117	213	75	29	5	3104
芜湖县	11597	1757	2543	411	169	68	27	6622
繁昌县	9460	1189	1973	321	159	49	11	5758
南陵县	16646	1814	3552	600	222	92	29	10337
芜湖经济技术开发区	5638	878	1363	214	96	32	7	3048
安徽芜湖长江大桥经济开发区	789	91	156	22	10	1		509
无为市	32155	3830	5178	1181	537	180	65	21184
蚌埠市	**99432**	**12483**	**16780**	**2905**	**1314**	**471**	**144**	**65335**
龙子湖区	7631	856	946	167	70	20	7	5565
蚌山区	5771	721	981	204	90	36	9	3730
禹会区	10824	1405	1453	229	130	36	7	7564
淮上区	8220	1174	1337	162	72	23	14	5438
怀远县	26439	3205	4562	731	318	110	34	17479
五河县	15938	2007	2519	306	170	54	17	10865
固镇县	14534	1810	2348	287	100	54	9	9926
蚌埠市高新技术开发区	1909	347	510	106	32	14	5	895
蚌埠市经济开发区	8166	958	2124	713	332	124	42	3873
淮南市	**102582**	**12274**	**16067**	**2833**	**1093**	**398**	**101**	**69816**
大通区	5573	738	707	129	61	20	4	3914
田家庵区	24646	2749	4976	1057	400	141	29	15294
谢家集区	8018	840	871	133	38	10	3	6123
八公山区	4610	455	498	59	20	6	2	3570
潘集区	10264	1251	1399	195	70	23	16	7310
凤台县	19332	2097	3207	578	200	74	26	13150
寿县	30139	4144	4409	682	304	124	21	20455

9－13 续表 1

单位：户

地区	合计	不满10万元	10万元以上，不满20万元	20万元以上，不满30万元	30万元以上，不满50万元	50万元以上，不满100万元	100万元及以上	没有汽车
马鞍山市	**73045**	**7506**	**17253**	**3605**	**1573**	**537**	**118**	**42453**
花山区	16484	1845	3953	959	433	144	24	9126
雨山区	11519	1247	2649	559	259	130	23	6652
博望区	5095	524	1424	277	157	70	17	2626
当涂县	14842	1457	3924	700	261	71	24	8405
含山县	12144	1174	2469	401	171	46	11	7872
和县	12961	1259	2834	709	292	76	19	7772
淮北市	**64131**	**9368**	**11197**	**1619**	**683**	**229**	**60**	**40975**
杜集区	8345	1114	887	94	45	10	4	6191
相山区	18607	2888	4065	844	370	133	34	10273
烈山区	8045	1200	1045	84	36	13		5667
濉溪县	29134	4166	5200	597	232	73	22	18844
铜陵市	**45808**	**5078**	**9346**	**1835**	**679**	**209**	**67**	**28594**
铜官区	15515	1590	3714	895	366	114	34	8802
义安区	8563	1074	1423	239	78	29	5	5715
郊区	5751	594	1043	191	50	12	8	3853
枞阳县	15979	1820	3166	510	185	54	20	10224
安庆市	**149855**	**17129**	**42459**	**7380**	**3009**	**1065**	**300**	**78513**
迎江区	9441	695	2106	508	204	59	26	5843
大观区	8062	657	1599	324	101	40	10	5331
宜秀区	4408	421	1186	256	115	42	13	2375
怀宁县	18735	1720	6266	1210	418	130	27	8964
太湖县	16008	2372	4548	623	323	69	21	8052
宿松县	22365	2906	5134	881	392	157	47	12848
望江县	16347	1520	5620	936	309	123	28	7811
岳西县	11237	1812	2987	435	177	62	17	5747
安徽安庆经济开发区	4734	509	1130	206	109	41	11	2728
桐城市	22109	2599	6445	1222	524	203	64	11052
潜山市	16409	1918	5438	779	337	139	36	7762
黄山市	**47630**	**6376**	**10798**	**1773**	**769**	**290**	**76**	**27548**
屯溪区	9450	1220	2575	543	244	87	26	4755
黄山区	5215	710	1218	225	107	32	5	2918
徽州区	3352	498	898	123	58	26	5	1744
歙县	14263	2056	2772	384	164	76	26	8785
休宁县	7377	977	1768	262	124	40	10	4196
黟县	2857	288	586	79	32	10	2	1860
祁门县	5116	627	981	157	40	19	2	3290
滁州市	**132260**	**17440**	**28623**	**4989**	**2147**	**753**	**200**	**78108**
琅琊区	8883	1203	1924	492	215	77	18	4954
南谯区	11091	1718	2786	543	245	95	18	5686
来安县	14031	1771	3325	420	219	59	11	8226
全椒县	14384	1845	2482	367	147	35	5	9503
定远县	23478	3186	4262	648	219	82	37	15044
凤阳县	19471	2739	3842	711	227	70	21	11861
苏滁现代产业园	484	60	125	18	8	1	1	271
滁州经济技术开发区	3332	506	926	206	106	68	8	1512
天长市	20535	2382	6263	1180	554	187	60	9909
明光市	16571	2030	2688	404	207	79	21	11142

9-13 续表 2

单位：户

地 区	合 计	不 满10万元	10万元以上，不满20万元	20万元以上，不满30万元	30万元以上，不满50万元	50万元以上，不满100万元	100万元及以上	没有汽车
阜阳市	**255394**	**31222**	**42459**	**6397**	**2628**	**929**	**262**	**171497**
颍州区	23240	2920	5014	998	463	174	57	13614
颍东区	16425	2103	3255	399	137	50	8	10473
颍泉区	18955	2636	3122	488	176	77	28	12428
临泉县	49613	5925	6702	899	364	106	37	35580
太和县	48346	5487	7287	986	406	119	29	34032
阜南县	34494	4445	6172	930	443	139	31	22334
颍上县	38043	4363	6579	1044	332	117	31	25577
阜阳合肥现代产业园区	1078	121	228	29	14	4		682
阜阳经济技术开发区	3413	634	772	153	98	69	13	1674
界首市	21787	2588	3328	471	195	74	28	15103
宿州市	**170414**	**25058**	**29600**	**4135**	**1528**	**472**	**140**	**109481**
埇桥区	53430	7274	9311	1437	543	189	62	34614
砀山县	26381	4295	4042	485	168	49	12	17330
萧县	36556	5845	5218	534	204	67	25	24663
灵璧县	28821	4002	5823	934	340	89	19	17614
泗县	22379	3237	4679	653	231	69	21	13489
宿州马鞍山现代产业园区	1242	144	187	24	14	1		872
宿州经济技术开发区	1605	261	340	68	28	8	1	899
六安市	**147551**	**18410**	**34148**	**5794**	**2482**	**913**	**238**	**85566**
金安区	27547	3615	6566	1083	508	199	54	15522
裕安区	28183	3561	7064	1341	619	193	56	15349
叶集区	5839	638	1362	319	117	69	20	3314
霍邱县	31113	3209	4472	740	314	128	22	22228
舒城县	27083	3655	7070	1130	474	162	39	14553
金寨县	17205	2004	4583	719	268	104	30	9497
霍山县	10581	1728	3031	462	182	58	17	5103
亳州市	**153185**	**23646**	**25341**	**3654**	**1554**	**688**	**141**	**98161**
谯城区	48892	7704	7994	1228	582	286	59	31039
涡阳县	34712	5077	5869	831	333	120	19	22463
蒙城县	32125	5843	6554	909	406	177	35	18201
利辛县	37456	5022	4924	686	233	105	28	26458
池州市	**47562**	**5191**	**12395**	**2096**	**979**	**339**	**62**	**26500**
贵池区	19702	2070	5066	753	347	148	34	11284
东至县	15752	1750	4139	744	352	106	15	8646
石台县	2929	389	699	100	49	12	1	1679
青阳县	8116	852	2195	441	203	68	11	4346
池州市国家经济技术开发区	366	53	101	10	10	1	1	190
皖江江南新兴产业集中区	260	21	47	5	5	1		181
九华山风景区	437	56	148	43	13	3		174
宣城市	**88173**	**10684**	**21191**	**4298**	**2084**	**790**	**187**	**48939**
宣州区	24197	2557	4872	1028	493	178	47	15022
郎溪县	10934	1172	2421	476	218	88	12	6547
泾县	10269	1361	1984	372	214	58	15	6265
绩溪县	5193	754	990	149	85	31	6	3178
旌德县	4080	522	806	143	78	34	10	2487
宣城市经济开发区	3159	441	825	212	89	32	5	1555
宁国市	14100	1939	3993	787	366	159	40	6816
广德市	16241	1938	5300	1131	541	210	52	7069

9-13a 各地区按拥有全部家用汽车总价分的家庭户户数(城市)

单位：户

地　区	合　计	不　满10万元	10万元以上，不满20万元	20万元以上，不满30万元	30万元以上，不满50万元	50万元以上，不满100万元	100万元及以上	没有汽车
安　徽	**524214**	**65592**	**125292**	**30474**	**14921**	**5745**	**1593**	**280597**
合肥市	**132188**	**16488**	**35354**	**10692**	**5738**	**2225**	**673**	**61018**
瑶海区	27634	4218	6576	1500	719	256	68	14297
庐阳区	20745	2742	5540	1614	831	322	73	9623
蜀山区	29515	2944	8743	3020	1756	728	284	12040
包河区	38147	4453	10792	3767	2072	800	218	16045
长丰县								
肥东县								
肥西县	1540	224	572	105	42	16	6	575
庐江县								
合肥高新技术产业开发区								
合肥经济技术开发区								
合肥新站高新技术产业开发区	2222	326	619	144	69	20	1	1043
巢湖市	12385	1581	2512	542	249	83	23	7395
芜湖市	**50133**	**6274**	**10790**	**2671**	**1381**	**519**	**145**	**28353**
镜湖区	17550	2106	3582	903	555	239	56	10109
弋江区	12146	1571	2721	763	357	125	34	6575
鸠江区	10206	1263	2609	572	277	87	24	5374
三山区	3112	384	603	114	33	10	1	1967
芜湖县	321	65	60	12	6	4		174
繁昌县								
南陵县								
芜湖经济技术开发区	87	11	18	5				53
安徽芜湖长江大桥经济开发区								
无为市	6711	874	1197	302	153	54	30	4101
蚌埠市	**23180**	**2873**	**3426**	**607**	**278**	**91**	**30**	**15875**
龙子湖区	6154	643	704	142	68	16	7	4574
蚌山区	5256	615	913	201	89	35	9	3394
禹会区	7368	965	1005	170	75	25	6	5122
淮上区	4402	650	804	94	46	15	8	2785
怀远县								
五河县								
固镇县								
蚌埠市高新技术开发区								
蚌埠市经济开发区								
淮南市	**37993**	**4135**	**6521**	**1282**	**474**	**159**	**35**	**25387**
大通区	1444	191	248	44	27	5	1	928
田家庵区	23330	2540	4801	1032	385	138	29	14405
谢家集区	6328	639	639	93	26	6	3	4922
八公山区	4371	433	474	52	19	4	1	3388
潘集区	2520	332	359	61	17	6	1	1744
凤台县								
寿县								

9-13a　续表 1　　　　单位：户

地　区	合　计	不　满 10万元	10万元以上， 不满20万元	20万元以上， 不满30万元	30万元以上， 不满50万元	50万元以上， 不满100万元	100万元 及以上	没有汽车
马鞍山市	**29569**	**3206**	**7187**	**1662**	**781**	**315**	**61**	**16357**
花山区	16178	1803	3899	953	430	143	23	8927
雨山区	11063	1201	2534	553	258	130	23	6364
博望区	2328	202	754	156	93	42	15	1066
当涂县								
含山县								
和县								
淮北市	**27002**	**3931**	**5120**	**971**	**427**	**147**	**36**	**16370**
杜集区	4895	620	523	64	29	7	2	3650
相山区	16985	2614	3868	829	365	130	33	9146
烈山区	3292	447	403	37	20	5		2380
濉溪县	1830	250	326	41	13	5	1	1194
铜陵市	**19890**	**2113**	**4517**	**1074**	**417**	**131**	**39**	**11599**
铜官区	15230	1554	3647	890	364	112	34	8629
义安区	3138	383	650	140	44	15	2	1904
郊区	1522	176	220	44	9	4	3	1066
枞阳县								
安庆市	**35988**	**3749**	**9510**	**2017**	**873**	**331**	**106**	**19402**
迎江区	9025	666	2063	504	201	58	26	5507
大观区	6190	476	1128	240	81	34	10	4221
宜秀区	2609	269	770	170	77	35	9	1279
怀宁县								
太湖县								
宿松县								
望江县	3014	394	886	178	83	32	9	1432
岳西县								
安徽安庆经济开发区								
桐城市	10089	1318	2973	611	279	105	31	4772
潜山市	5061	626	1690	314	152	67	21	2191
黄山市	**12544**	**1690**	**3419**	**706**	**334**	**119**	**30**	**6246**
屯溪区	8533	1109	2321	510	236	82	24	4251
黄山区	2087	287	542	119	52	18	4	1065
徽州区	1676	270	477	63	38	17	2	809
歙县	118	13	25	3	2	1		74
休宁县	130	11	54	11	6	1		47
黟县								
祁门县								
滁州市	**27910**	**3772**	**7150**	**1623**	**799**	**313**	**76**	**14177**
琅琊区	8517	1157	1886	486	208	77	18	4685
南谯区	5549	896	1683	347	150	64	11	2398
来安县								
全椒县								
定远县								
凤阳县								
苏滁现代产业园								
滁州经济技术开发区								
天长市	7759	897	2464	596	311	121	39	3331
明光市	6085	822	1117	194	130	51	8	3763

9-13a 续表 2 单位：户

地 区	合 计	不满10万元	10万元以上，不满20万元	20万元以上，不满30万元	30万元以上，不满50万元	50万元以上，不满100万元	100万元及以上	没有汽车
阜阳市	**30143**	**4124**	**6780**	**1435**	**654**	**247**	**86**	**16817**
颍州区	12652	1633	3254	765	362	129	48	6461
颍东区	5152	803	1135	144	61	18		2991
颍泉区	6071	918	1288	294	128	58	22	3363
临泉县								
太和县								
阜南县								
颍上县								
阜阳合肥现代产业园区								
阜阳经济技术开发区								
界首市	6268	770	1103	232	103	42	16	4002
宿州市	**19901**	**3000**	**4403**	**922**	**382**	**132**	**42**	**11020**
埇桥区	19700	2967	4383	920	380	132	42	10876
砀山县								
萧县	201	33	20	2	2			144
灵璧县								
泗县								
宿州马鞍山现代产业园区								
宿州经济技术开发区								
六安市	**24119**	**3005**	**6477**	**1628**	**784**	**310**	**74**	**11841**
金安区	11079	1386	2839	662	291	134	30	5737
裕安区	10879	1405	3102	790	429	136	31	4986
叶集区	1915	189	496	165	62	40	13	950
霍邱县	87	7	13	3	1			63
舒城县	159	18	27	8	1			105
金寨县								
霍山县								
亳州市	**17637**	**3107**	**3841**	**816**	**424**	**229**	**41**	**9179**
谯城区	17511	3089	3831	814	424	229	41	9083
涡阳县								
蒙城县								
利辛县	126	18	10	2				96
池州市	**11811**	**1339**	**3381**	**561**	**270**	**104**	**26**	**6130**
贵池区	11185	1265	3233	546	255	102	25	5759
东至县								
石台县								
青阳县								
池州市国家经济技术开发区	366	53	101	10	10	1	1	190
皖江江南新兴产业集中区	260	21	47	5	5	1		181
九华山风景区								
宣城市	**24206**	**2786**	**7416**	**1807**	**905**	**373**	**93**	**10826**
宣州区	8681	958	2242	609	311	98	26	4437
郎溪县								
泾县								
绩溪县								
旌德县								
宣城市经济开发区								
宁国市	8122	1085	2621	553	262	129	29	3443
广德市	7403	743	2553	645	332	146	38	2946

9-13b　各地区按拥有全部家用汽车总价分的家庭户户数(镇)

单位：户

地　　区	合　计	不　满10万元	10万元以上，不满20万元	20万元以上，不满30万元	30万元以上，不满50万元	50万元以上，不满100万元	100万元及以上	没有汽车
安　徽	**595803**	**82759**	**129509**	**24521**	**10959**	**3985**	**972**	**343098**
合肥市	**101944**	**16290**	**26814**	**5584**	**2766**	**1117**	**285**	**49088**
瑶海区	791	118	224	40	22	1		386
庐阳区	2197	191	742	357	246	115	27	519
蜀山区	1018	176	188	47	12	3		592
包河区								
长丰县	14468	2958	3776	525	251	104	22	6832
肥东县	18806	3203	4280	745	325	147	23	10083
肥西县	16666	2652	4890	882	391	135	28	7688
庐江县	15650	1835	3303	656	267	138	39	9412
合肥高新技术产业开发区	6968	933	2211	650	379	177	59	2559
合肥经济技术开发区	13186	2220	4135	1106	592	201	67	4865
合肥新站高新技术产业开发区	8767	1546	2543	488	247	85	19	3839
巢湖市	3427	458	522	88	34	11	1	2313
芜湖市	**38265**	**5031**	**8153**	**1495**	**640**	**204**	**69**	**22673**
镜湖区	36	5	8					23
弋江区								
鸠江区	2673	248	394	105	30	8	2	1886
三山区	632	120	268	58	28	8	3	147
芜湖县	7075	1128	1703	299	129	49	20	3747
繁昌县	5294	667	1204	208	108	25	6	3076
南陵县	8336	980	1921	350	125	46	23	4891
芜湖经济技术开发区	5423	857	1335	206	96	32	7	2890
安徽芜湖长江大桥经济开发区	555	67	106	12	5			365
无为市	8241	959	1214	257	119	36	8	5648
蚌埠市	**32923**	**4273**	**6387**	**1460**	**651**	**247**	**70**	**19835**
龙子湖区	302	45	54	4		1		198
蚌山区								
禹会区	288	49	48	9	4			178
淮上区	882	128	112	12	6		1	623
怀远县	9695	1292	1721	351	153	62	12	6104
五河县	7063	896	1106	160	83	27	7	4784
固镇县	4618	558	712	105	41	19	3	3180
蚌埠市高新技术开发区	1909	347	510	106	32	14	5	895
蚌埠市经济开发区	8166	958	2124	713	332	124	42	3873
淮南市	**25041**	**2980**	**3760**	**746**	**290**	**124**	**26**	**17115**
大通区	2708	343	315	60	22	12	2	1954
田家庵区	402	95	57	10	7	1		232
谢家集区	137	20	28	7	2			80
八公山区	2	1						1
潘集区	2314	274	345	45	11	3	2	1634
凤台县	7233	795	1282	285	102	44	8	4717
寿县	12245	1452	1733	339	146	64	14	8497

9-13b 续表 1　　单位：户

地　　区	合　计	不　满10万元	10万元以上，不满20万元	20万元以上，不满30万元	30万元以上，不满50万元	50万元以上，不满100万元	100万元及以上	没有汽车
马鞍山市	**22260**	**2245**	**5481**	**1141**	**480**	**138**	**43**	**12732**
花山区								
雨山区								
博望区	338	32	127	17	6	4		152
当涂县	9229	936	2536	546	212	62	24	4913
含山县	6222	610	1347	235	109	23	5	3893
和县	6471	667	1471	343	153	49	14	3774
淮北市	**14280**	**2239**	**2414**	**315**	**134**	**38**	**12**	**9128**
杜集区	1691	248	159	13	6		2	1263
相山区								
烈山区	1263	199	134	7	4	2		917
濉溪县	11326	1792	2121	295	124	36	10	6948
铜陵市	**10182**	**1155**	**1965**	**323**	**128**	**41**	**12**	**6558**
铜官区	1							1
义安区	926	127	136	22	15	2		624
郊区	1105	104	170	57	6	4	1	763
枞阳县	8150	924	1659	244	107	35	11	5170
安庆市	**41008**	**5232**	**11317**	**2095**	**867**	**316**	**86**	**21095**
迎江区								
大观区	655	71	155	30	3			396
宜秀区	890	65	201	38	15	2	2	567
怀宁县	8254	853	2644	568	190	52	13	3934
太湖县	5799	1028	1677	254	151	42	16	2631
宿松县	8095	1050	1759	359	158	69	18	4682
望江县	1736	167	493	84	20	10	2	960
岳西县	3908	682	1141	215	84	38	7	1741
安徽安庆经济开发区	4598	494	1105	202	109	39	11	2638
桐城市	3863	388	1106	191	81	39	11	2047
潜山市	3210	434	1036	154	56	25	6	1499
黄山市	**13194**	**1808**	**3013**	**544**	**199**	**90**	**29**	**7511**
屯溪区	187	29	60	9	5			84
黄山区	798	107	191	30	13	4		453
徽州区	391	58	91	13	6	6	1	216
歙县	5230	761	1193	220	87	50	20	2899
休宁县	2803	410	692	120	50	15	4	1512
黟县	1200	115	264	43	15	4	2	757
祁门县	2585	328	522	109	23	11	2	1590
滁州市	**49457**	**6721**	**10951**	**1884**	**828**	**272**	**61**	**28740**
琅琊区								
南谯区	2042	281	450	89	43	13	2	1164
来安县	7391	977	1825	258	158	42	10	4121
全椒县	8513	1176	1657	276	123	23	2	5256
定远县	9516	1271	1881	319	110	40	10	5885
凤阳县	9358	1388	1841	343	125	41	13	5607
苏滁现代产业园	484	60	125	18	8	1	1	271
滁州经济技术开发区	3046	469	848	197	104	67	8	1353
天长市	6397	803	1923	300	132	38	12	3189
明光市	2710	296	401	84	25	7	3	1894

9-13b　续表 2　　　　单位：户

地　区	合　计	不　满10万元	10万元以上，不满20万元	20万元以上，不满30万元	30万元以上，不满50万元	50万元以上，不满100万元	100万元及以上	没有汽车
阜阳市	**70309**	**9209**	**11794**	**2118**	**982**	**362**	**73**	**45771**
颍州区	1862	229	307	68	21	9		1228
颍东区	2190	247	356	65	16	5	1	1500
颍泉区	2725	418	397	47	19	1	3	1840
临泉县	13608	1753	1982	330	172	53	14	9304
太和县	20256	2678	3329	587	275	91	24	13272
阜南县	9460	1248	1773	350	192	63	6	5828
颍上县	13805	1651	2466	464	158	61	10	8995
阜阳合肥现代产业园区	151	10	28	6	4			103
阜阳经济技术开发区	2859	564	647	136	93	68	13	1338
界首市	3393	411	509	65	32	11	2	2363
宿州市	**49826**	**8179**	**9280**	**1520**	**614**	**178**	**37**	**30018**
埇桥区	5658	759	749	102	30	11	3	4004
砀山县	12005	2219	2029	328	114	33	6	7276
萧县	11161	1984	1972	261	119	36	10	6779
灵璧县	10184	1536	2174	428	172	47	6	5821
泗县	8479	1334	1901	315	142	42	11	4734
宿州马鞍山现代产业园区	734	86	115	18	9	1		505
宿州经济技术开发区	1605	261	340	68	28	8	1	899
六安市	**42724**	**5404**	**10493**	**1908**	**815**	**262**	**67**	**23775**
金安区	4798	712	1254	169	110	18	8	2527
裕安区	2579	302	495	103	35	8	2	1634
叶集区	790	107	149	35	9	9	1	480
霍邱县	9810	970	1634	318	164	56	10	6658
舒城县	11193	1404	2906	590	245	80	20	5948
金寨县	6696	778	1960	345	110	46	13	3444
霍山县	6858	1131	2095	348	142	45	13	3084
亳州市	**43113**	**7046**	**7596**	**1281**	**584**	**233**	**38**	**26335**
谯城区	4034	682	569	72	25	11	1	2674
涡阳县	12437	1781	2096	395	195	61	6	7903
蒙城县	13475	2749	2911	460	241	94	19	7001
利辛县	13167	1834	2020	354	123	67	12	8757
池州市	**15068**	**1610**	**4029**	**844**	**344**	**117**	**13**	**8111**
贵池区	1227	136	306	37	10	4	1	733
东至县	8319	900	2122	410	179	60	7	4641
石台县	1199	147	300	55	24	8	1	664
青阳县	4246	420	1276	325	128	44	4	2049
池州市国家经济技术开发区								
皖江江南新兴产业集中区								
九华山风景区	77	7	25	17	3	1		24
宣城市	**26209**	**3337**	**6062**	**1263**	**637**	**246**	**51**	**14613**
宣州区	3728	416	695	118	72	49	10	2368
郎溪县	6616	732	1552	353	164	67	8	3740
泾县	5046	714	1107	224	135	36	8	2822
绩溪县	2885	435	614	96	45	20	4	1671
旌德县	2251	270	483	77	40	20	8	1353
宣城市经济开发区	2521	350	724	194	83	28	5	1137
宁国市	1006	127	206	42	22	3	1	605
广德市	2156	293	681	159	76	23	7	917

9－13c 各地区按拥有全部家用汽车总价分的家庭户户数(乡村)

单位：户

地　　区	合　计	不　满 10万元	10万元以上， 不满20万元	20万元以上， 不满30万元	30万元以上， 不满50万元	50万元以上， 不满100万元	100万元 及以上	没有汽车
安　徽	**885176**	**111544**	**161386**	**21568**	**8334**	**2892**	**828**	**578624**
合肥市	**64498**	**9323**	**10229**	**1454**	**623**	**259**	**76**	**42534**
瑶海区	685	171	217	31	10	3		253
庐阳区	190	30	24	2	2			132
蜀山区	440	82	51	15	12	1	1	278
包河区	62	8	8	4	2	2	1	37
长丰县	11719	2025	1485	195	84	29	13	7888
肥东县	14291	2356	2316	314	137	55	18	9095
肥西县	11450	1772	2081	321	148	80	11	7037
庐江县	16539	1930	2824	418	146	64	20	11137
合肥高新技术产业开发区	3	1					1	1
合肥经济技术开发区	317	74	46	3	2			192
合肥新站高新技术产业开发区	95	18	22	7		1		47
巢湖市	8707	856	1155	144	80	24	11	6437
芜湖市	**41143**	**4624**	**7190**	**1354**	**544**	**215**	**49**	**27167**
镜湖区	670	96	114	21	4	2		433
弋江区								
鸠江区	4781	430	823	194	74	26	3	3231
三山区	1450	147	246	41	14	11	1	990
芜湖县	4201	564	780	100	34	15	7	2701
繁昌县	4166	522	769	113	51	24	5	2682
南陵县	8310	834	1631	250	97	46	6	5446
芜湖经济技术开发区	128	10	10	3				105
安徽芜湖长江大桥经济开发区	234	24	50	10	5	1		144
无为市	17203	1997	2767	622	265	90	27	11435
蚌埠市	**43329**	**5337**	**6967**	**838**	**385**	**133**	**44**	**29625**
龙子湖区	1175	168	188	21	2	3		793
蚌山区	515	106	68	3	1	1		336
禹会区	3168	391	400	50	51	11	1	2264
淮上区	2936	396	421	56	20	8	5	2030
怀远县	16744	1913	2841	380	165	48	22	11375
五河县	8875	1111	1413	146	87	27	10	6081
固镇县	9916	1252	1636	182	59	35	6	6746
蚌埠市高新技术开发区								
蚌埠市经济开发区								
淮南市	**39548**	**5159**	**5786**	**805**	**329**	**115**	**40**	**27314**
大通区	1421	204	144	25	12	3	1	1032
田家庵区	914	114	118	15	8	2		657
谢家集区	1553	181	204	33	10	4		1121
八公山区	237	21	24	7	1	2	1	181
潘集区	5430	645	695	89	42	14	13	3932
凤台县	12099	1302	1925	293	98	30	18	8433
寿县	17894	2692	2676	343	158	60	7	11958

9-13c　续表 1　　　　单位：户

地　区	合　计	不　满10万元	10万元以上，不满20万元	20万元以上，不满30万元	30万元以上，不满50万元	50万元以上，不满100万元	100万元及以上	没有汽车
马鞍山市	**21216**	**2055**	**4585**	**802**	**312**	**84**	**14**	**13364**
花山区	306	42	54	6	3	1	1	199
雨山区	456	46	115	6	1			288
博望区	2429	290	543	104	58	24	2	1408
当涂县	5613	521	1388	154	49	9		3492
含山县	5922	564	1122	166	62	23	6	3979
和县	6490	592	1363	366	139	27	5	3998
淮北市	**22849**	**3198**	**3663**	**333**	**122**	**44**	**12**	**15477**
杜集区	1759	246	205	17	10	3		1278
相山区	1622	274	197	15	5	3	1	1127
烈山区	3490	554	508	40	12	6		2370
濉溪县	15978	2124	2753	261	95	32	11	10702
铜陵市	**15736**	**1810**	**2864**	**438**	**134**	**37**	**16**	**10437**
铜官区	284	36	67	5	2	2		172
义安区	4499	564	637	77	19	12	3	3187
郊区	3124	314	653	90	35	4	4	2024
枞阳县	7829	896	1507	266	78	19	9	5054
安庆市	**72859**	**8148**	**21632**	**3268**	**1269**	**418**	**108**	**38016**
迎江区	416	29	43	4	3	1		336
大观区	1217	110	316	54	17	6		714
宜秀区	909	87	215	48	23	5	2	529
怀宁县	10481	867	3622	642	228	78	14	5030
太湖县	10209	1344	2871	369	172	27	5	5421
宿松县	14270	1856	3375	522	234	88	29	8166
望江县	11597	959	4241	674	206	81	17	5419
岳西县	7329	1130	1846	220	93	24	10	4006
安徽安庆经济开发区	136	15	25	4		2		90
桐城市	8157	893	2366	420	164	59	22	4233
潜山市	8138	858	2712	311	129	47	9	4072
黄山市	**21892**	**2878**	**4366**	**523**	**236**	**81**	**17**	**13791**
屯溪区	730	82	194	24	3	5	2	420
黄山区	2330	316	485	76	42	10	1	1400
徽州区	1285	170	330	47	14	3	2	719
歙县	8915	1282	1554	161	75	25	6	5812
休宁县	4444	556	1022	131	68	24	6	2637
黟县	1657	173	322	36	17	6		1103
祁门县	2531	299	459	48	17	8		1700
滁州市	**54893**	**6947**	**10522**	**1482**	**520**	**168**	**63**	**35191**
琅琊区	366	46	38	6	7			269
南谯区	3500	541	653	107	52	18	5	2124
来安县	6640	794	1500	162	61	17	1	4105
全椒县	5871	669	825	91	24	12	3	4247
定远县	13962	1915	2381	329	109	42	27	9159
凤阳县	10113	1351	2001	368	102	29	8	6254
苏滁现代产业园								
滁州经济技术开发区	286	37	78	9	2	1		159
天长市	6379	682	1876	284	111	28	9	3389
明光市	7776	912	1170	126	52	21	10	5485

9-13c 续表 2

单位：户

地　区	合　计	不　满 10万元	10万元以上， 不满20万元	20万元以上， 不满30万元	30万元以上， 不满50万元	50万元以上， 不满100万元	100万元 及以上	没有汽车
阜阳市	**154942**	**17889**	**23885**	**2844**	**992**	**320**	**103**	**108909**
颍州区	8726	1058	1453	165	80	36	9	5925
颍东区	9083	1053	1764	190	60	27	7	5982
颍泉区	10159	1300	1437	147	29	18	3	7225
临泉县	36005	4172	4720	569	192	53	23	26276
太和县	28090	2809	3958	399	131	28	5	20760
阜南县	25034	3197	4399	580	251	76	25	16506
颍上县	24238	2712	4113	580	174	56	21	16582
阜阳合肥现代产业园区	927	111	200	23	10	4		579
阜阳经济技术开发区	554	70	125	17	5	1		336
界首市	12126	1407	1716	174	60	21	10	8738
宿州市	**100687**	**13879**	**15917**	**1693**	**532**	**162**	**61**	**68443**
埇桥区	28072	3548	4179	415	133	46	17	19734
砀山县	14376	2076	2013	157	54	16	6	10054
萧县	25194	3828	3226	271	83	31	15	17740
灵璧县	18637	2466	3649	506	168	42	13	11793
泗县	13900	1903	2778	338	89	27	10	8755
宿州马鞍山现代产业园区	508	58	72	6	5			367
宿州经济技术开发区								
六安市	**80708**	**10001**	**17178**	**2258**	**883**	**341**	**97**	**49950**
金安区	11670	1517	2473	252	107	47	16	7258
裕安区	14725	1854	3467	448	155	49	23	8729
叶集区	3134	342	717	119	46	20	6	1884
霍邱县	21216	2232	2825	419	149	72	12	15507
舒城县	15731	2233	4137	532	228	82	19	8500
金寨县	10509	1226	2623	374	158	58	17	6053
霍山县	3723	597	936	114	40	13	4	2019
亳州市	**92435**	**13493**	**13904**	**1557**	**546**	**226**	**62**	**62647**
谯城区	27347	3933	3594	342	133	46	17	19282
涡阳县	22275	3296	3773	436	138	59	13	14560
蒙城县	18650	3094	3643	449	165	83	16	11200
利辛县	24163	3170	2894	330	110	38	16	17605
池州市	**20683**	**2242**	**4985**	**691**	**365**	**118**	**23**	**12259**
贵池区	7290	669	1527	170	82	42	8	4792
东至县	7433	850	2017	334	173	46	8	4005
石台县	1730	242	399	45	25	4		1015
青阳县	3870	432	919	116	75	24	7	2297
池州市国家经济技术开发区								
皖江江南新兴产业集中区								
九华山风景区	360	49	123	26	10	2		150
宣城市	**37758**	**4561**	**7713**	**1228**	**542**	**171**	**43**	**23500**
宣州区	11788	1183	1935	301	110	31	11	8217
郎溪县	4318	440	869	123	54	21	4	2807
泾县	5223	647	877	148	79	22	7	3443
绩溪县	2308	319	376	53	40	11	2	1507
旌德县	1829	252	323	66	38	14	2	1134
宣城市经济开发区	638	91	101	18	6	4		418
宁国市	4972	727	1166	192	82	27	10	2768
广德市	6682	902	2066	327	133	41	7	3206

第三部分 附录

附录1 安徽省第七次全国人口普查公报

安徽省第七次全国人口普查公报[1]（第一号）

——全省人口情况

安徽省统计局

安徽省第七次全国人口普查领导小组办公室

2021 年 5 月 18 日

根据安徽省第七次全国人口普查结果，现将 2020 年 11 月 1 日零时全省人口的基本情况公布如下：

一、人口总量

全省常住人口[2]为 61027171 人，与 2010 年安徽省第六次全国人口普查的 59500468 人相比，增加 1526703 人，增长 2.57%，年均增长率为 0.25%。

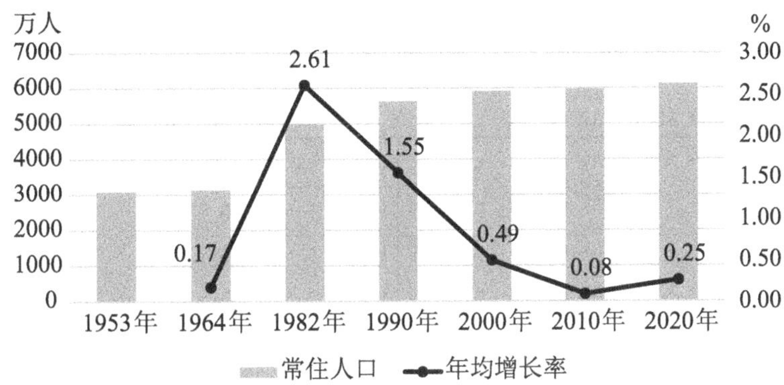

图 1-1 全省历次人口普查常住人口及年均增长率

二、户别人口

全省共有家庭户[3] 21910377 户，集体户 977701 户，家庭户人口为 57272157 人，集体户人口为 3755014 人。平均每个家庭户的人口为 2.61 人，比 2010 年安徽省第六次全国人口普查减少 0.39 人。

三、民族人口

全省常住人口中，汉族人口为 60594623 人，占 99.29 %；各少数民族人口为 432548 人，占 0.71%。与 2010 年安徽省第六次全国人口普查相比，汉族人口增加 1489797 人,增长 2.52%；各少数民族人口增加 36906 人，增长 9.33%。

注释：

[1] 本公报数据均为初步汇总数据。

[2] 常住人口包括：居住在本乡镇街道且户口在本乡镇街道或户口待定的人；居住在本乡镇街道且离开户口登记地所在的乡镇街道半年以上的人；户口在本乡镇街道且外出不满半年或在境外工作学习的人。

[3] 家庭户是指以家庭成员关系为主、居住一处共同生活的人组成的户。

安徽省第七次全国人口普查公报[1]（第二号）

——地区人口情况

安徽省统计局

安徽省第七次全国人口普查领导小组办公室

2021年5月18日

根据安徽省第七次全国人口普查结果，现将2020年11月1日零时全省16个市的常住人口[2]有关数据公布如下：

一、地区人口

16个市中，常住人口超过800万人的市有2个，在300万人至800万人之间的市有8个，少于300万人的市有6个。其中，常住人口居前五位的市合计人口占全省常住人口比重为52.90%。

表2-1　各地区常住人口

单位：人、%

地区	常住人口数	比重[3]	
		2020年	2010年
全　省	61027171	100.00	100.00
合　肥	9369881	15.35	12.53
淮　北	1970265	3.23	3.55
亳　州	4996844	8.19	8.15
宿　州	5324476	8.72	9.00
蚌　埠	3296408	5.40	5.32
阜　阳	8200264	13.44	12.77
淮　南	3033528	4.97	5.62
滁　州	3987054	6.53	6.62
六　安	4393699	7.20	7.74
马鞍山	2159930	3.54	3.70
芜　湖	3644420	5.97	5.96
宣　城	2500063	4.10	4.26
铜　陵	1311726	2.15	2.63
池　州	1342764	2.20	2.36
安　庆	4165284	6.83	7.52
黄　山	1330565	2.18	2.28

二、地区人口变化

与2010年安徽省第六次全国人口普查相比，16个市中，有6个市常住人口增加。分别为：合肥、阜阳、亳州、蚌埠、芜湖、滁州，分别增加1912854人、600351人、146187人、131941人、99353人、49186人。

注释：

[1]本公报数据均为初步汇总数据。部分数据因四舍五入的原因,存在总计与分项合计不等的情况。

[2]常住人口包括：居住在本乡镇街道且户口在本乡镇街道或户口待定的人；居住在本乡镇街道且离开户口登记地所在的乡镇街道半年以上的人；户口在本乡镇街道且外出不满半年或在境外工作学习的人。

[3]指各市常住人口占全省常住人口的比重。

安徽省第七次全国人口普查公报[1]（第三号）

——人口性别构成情况

安徽省统计局

安徽省第七次全国人口普查领导小组办公室

2021年5月18日

根据安徽省第七次全国人口普查结果，现将2020年11月1日零时全省及16个市的人口性别构成情况公布如下：

一、全省人口性别构成

全省常住人口[2]中，男性人口为31103394人，占50.97%；女性人口为29923777人，占49.03%。常住人口性别比（以女性为100，男性对女性的比例）由2010年安徽省第六次全国人口普查的103.39提高为103.94。

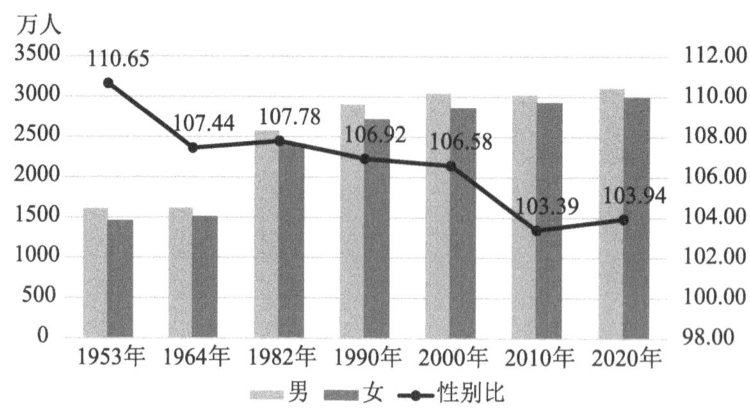

图3-1 全省历次人口普查人口性别构成

二、地区人口性别构成

16个市中，常住人口性别比在101以下的市有3个，在101至103之间的市有5个，在103至105之间的市有3个，在105以上的市有5个。

表3-1 各地区人口性别构成

单位：%

地区	占常住人口比重		性别比
	男	女	
全省	50.97	49.03	103.94
合肥	51.46	48.54	106.02
淮北	50.06	49.94	100.26
亳州	51.12	48.88	104.60
宿州	50.62	49.38	102.52
蚌埠	50.64	49.36	102.61
阜阳	50.70	49.30	102.82

续表

地 区	占常住人口比重		性别比
	男	女	
淮 南	51.01	48.99	104.12
滁 州	51.48	48.52	106.08
六 安	51.38	48.62	105.68
马鞍山	51.15	48.85	104.71
芜 湖	51.28	48.72	105.24
宣 城	51.39	48.61	105.70
铜 陵	49.96	50.04	99.84
池 州	50.02	49.98	100.06
安 庆	50.49	49.51	101.99
黄 山	50.58	49.42	102.35

注释：

[1] 本公报数据均为初步汇总数据。

[2] 常住人口包括：居住在本乡镇街道且户口在本乡镇街道或户口待定的人；居住在本乡镇街道且离开户口登记地所在的乡镇街道半年以上的人；户口在本乡镇街道且外出不满半年或在境外工作学习的人。

安徽省第七次全国人口普查公报[1]（第四号）

——人口年龄构成情况

安徽省统计局

安徽省第七次全国人口普查领导小组办公室

2021年5月18日

根据安徽省第七次全国人口普查结果，现将2020年11月1日零时全省及16个市的人口年龄构成情况公布如下：

一、全省人口年龄构成

全省常住人口[2]中，0-14岁[3]人口为11742682人，占19.24%；15-59岁人口为37815253人，占61.96%；60岁及以上人口为11469236人，占18.79%，其中65岁及以上人口为9159411人，占15.01%。与2010年安徽省第六次全国人口普查相比，0-14岁人口的比重上升1.47个百分点，15-59岁人口的比重下降5.25个百分点，60岁及以上人口的比重上升3.78个百分点，65岁及以上人口的比重上升4.78个百分点。

表4-1　全省常住人口年龄构成

单位：人、%

年　龄	人口数	比重
总　计	**61027171**	**100.00**
0-14岁	11742682	19.24
15-59岁	37815253	61.96
60岁及以上	11469236	18.79
其中：65岁及以上	9159411	15.01

二、地区人口年龄构成

16个市中，15-59岁人口比重在65%以上的市有2个，在60%-65%之间的市有9个，在60%以下的市有5个。

16个市65岁及以上人口比重均超过7%，其中，12个市65岁及以上人口比重超过14%。

表4-2　各地区人口年龄构成

单位：%

地　区	占常住人口比重			
	0-14岁	15-59岁	60岁及以上	其中：65岁及以上
全　省	19.24	61.96	18.79	15.01
合　肥	16.52	68.22	15.26	11.99
淮　北	20.47	63.07	16.46	13.44
亳　州	25.61	57.89	16.51	13.61
宿　州	23.53	58.31	18.15	14.83

续表

地 区	占常住人口比重			
	0-14 岁	15-59 岁	60 岁及以上	其中：65 岁及以上
蚌 埠	22.21	59.77	18.03	14.40
阜 阳	24.44	58.69	16.88	13.79
淮 南	19.68	59.34	20.98	16.37
滁 州	16.26	63.89	19.85	15.97
六 安	18.53	60.21	21.26	16.86
马鞍山	14.35	63.92	21.73	17.53
芜 湖	14.54	65.17	20.30	16.11
宣 城	13.64	63.78	22.59	18.04
铜 陵	14.37	62.94	22.69	17.46
池 州	15.58	62.40	22.03	16.74
安 庆	16.68	61.81	21.50	17.06
黄 山	14.32	61.58	24.10	18.11

注释：

[1]本公报数据均为初步汇总数据。部分数据因四舍五入的原因,存在总计与分项合计不等的情况。

[2]常住人口包括：居住在本乡镇街道且户口在本乡镇街道或户口待定的人；居住在本乡镇街道且离开户口登记地所在的乡镇街道半年以上的人；户口在本乡镇街道且外出不满半年或在境外工作学习的人。

[3]全省常住人口中，0-15 岁人口为 12471376 人，16-59 岁人口为 37086559 人。

安徽省第七次全国人口普查公报[1]（第五号）

——人口受教育情况

安徽省统计局

安徽省第七次全国人口普查领导小组办公室

2021年5月18日

根据安徽省第七次全国人口普查结果，现将2020年11月1日零时全省及16个市的人口受教育基本情况公布如下：

一、受教育程度人口

全省常住人口[2]中，拥有大学（指大专及以上）文化程度的人口为8104629人；拥有高中（含中专）文化程度的人口为8113247人；拥有初中文化程度的人口为20581055人；拥有小学文化程度的人口为16401022人（以上各种受教育程度的人包括各类学校的毕业生、肄业生和在校生）。与2010年安徽省第六次全国人口普查相比，每10万人中拥有大学文化程度的由6733人上升为13280人；拥有高中文化程度的由10840人上升为13294人；拥有初中文化程度的由38604人下降为33724人；拥有小学文化程度的由27763人下降为26875人。

表5-1　各地区每10万人口中拥有的各类受教育程度人数

单位：人/10万人

地区	大学（大专及以上）	高中（含中专）	初中	小学
全　省	13280	13294	33724	26875
合　肥	26390	14934	26931	19791
淮　北	12596	12621	38219	22543
亳　州	6710	9833	37345	29993
宿　州	9194	16690	36824	25698
蚌　埠	11592	12165	35029	27165
阜　阳	6853	9636	38992	29278
淮　南	11491	12454	36616	27540
滁　州	12939	19128	33556	24084
六　安	9683	13638	33731	32191
马鞍山	15157	13227	32387	26484
芜　湖	17336	13576	29670	27120
宣　城	11309	12140	34218	30145
铜　陵	15427	14358	28754	25963
池　州	13353	11901	29989	29897
安　庆	12719	13421	31353	31264
黄　山	12892	12277	35543	27870

二、平均受教育年限[3]

与 2010 年安徽省第六次全国人口普查相比，全省常住人口中，15 岁及以上人口的平均受教育年限由 8.28 年提高至 9.35 年。

16 个市中，平均受教育年限在 9.5 年及以上的市有 4 个，在 9.0 年至 9.5 年之间的市有 7 个，在 9.0 年以下的市有 5 个。

表 5-2 各地区 15 岁及以上人口平均受教育年限

单位：年

地 区	2020 年	2010 年
全 省	9.35	8.28
合 肥	10.80	9.58
淮 北	9.40	8.75
亳 州	8.38	7.43
宿 州	9.56	8.11
蚌 埠	9.19	8.50
阜 阳	8.51	7.61
淮 南	9.23	8.52
滁 州	9.77	7.90
六 安	8.98	8.02
马鞍山	9.27	8.35
芜 湖	9.50	8.63
宣 城	8.79	7.86
铜 陵	9.01	8.11
池 州	8.74	8.02
安 庆	9.18	8.18
黄 山	9.16	8.40

三、文盲人口

全省常住人口中，文盲人口（15 岁及以上不识字的人）为 2739952 人，与 2010 年安徽省第六次全国人口普查相比，文盲人口减少 2103845 人，文盲率[4]由 8.14%下降为 4.49%，下降 3.65 个百分点。

注释：

[1] 本公报数据均为初步汇总数据。

[2] 常住人口包括：居住在本乡镇街道且户口在本乡镇街道或户口待定的人；居住在本乡镇街道且离开户口登记地所在的乡镇街道半年以上的人；户口在本乡镇街道且外出不满半年或在境外工作学习的人。

[3] 平均受教育年限是将各种受教育程度折算成受教育年限计算平均数得出的，具体的折算标准是：小学=6 年，初中=9 年，高中=12 年，大专及以上=16 年。

[4] 文盲率是指常住人口中 15 岁及以上不识字人口所占比例。

安徽省第七次全国人口普查公报[1]（第六号）

——城乡人口和流动人口情况

安徽省统计局

安徽省第七次全国人口普查领导小组办公室

2021 年 5 月 18 日

根据安徽省第七次全国人口普查结果，现将 2020 年 11 月 1 日零时全省人口城乡分布及流动情况公布如下：

一、城乡[2]人口

全省常住人口[3]中，居住在城镇的人口为 35595103 人，占 58.33%；居住在乡村的人口为 25432068 人，占 41.67%。与 2010 年安徽省第六次全国人口普查相比，城镇人口增加 10017986 人，乡村人口减少 8491283 人，城镇人口比重上升 15.34 个百分点。

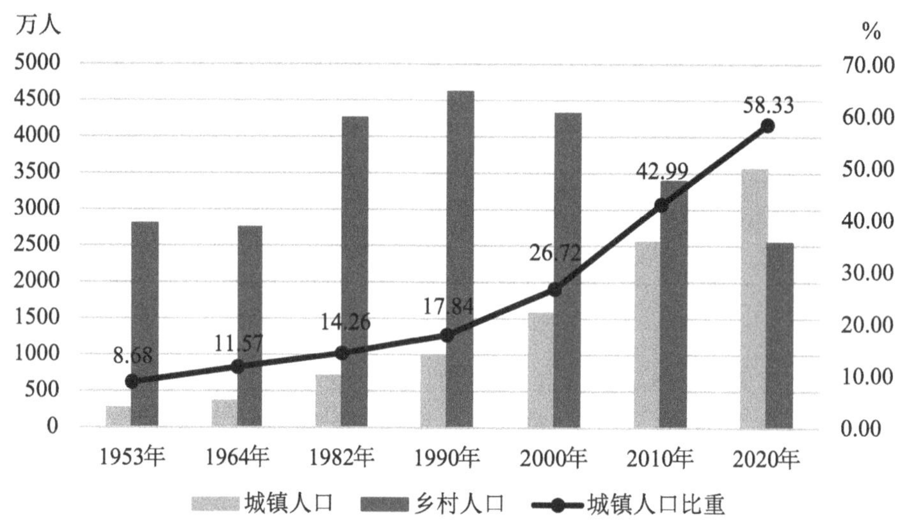

图 6-1　全省历次人口普查城乡人口

二、流动人口[4]

全省常住人口中，人户分离人口[5]为 18099918 人，其中，市辖区内人户分离[6]人口为 4227612 人，流动人口为 13872306 人。流动人口中，跨省流入人口为 1550509 人，省内流动人口为 12321797 人。

与 2010 年安徽省第六次全国人口普查相比，人户分离人口增加 10999310 人，增长 154.91%；市辖区内人户分离人口增加 2797818 人，增长 195.68%；流动人口增加 8201492 人，增长 144.63%。

注释：

[1] 本公报数据均为初步汇总数据。

[2] 城镇、乡村是按国家统计局《统计上划分城乡的规定》划分的。

[3] 常住人口包括：居住在本乡镇街道且户口在本乡镇街道或户口待定的人；居住在本乡镇街道且离开

户口登记地所在的乡镇街道半年以上的人；户口在本乡镇街道且外出不满半年或在境外工作学习的人。

[4]流动人口是指人户分离人口中扣除市辖区内人户分离的人口。

[5]人户分离人口是指居住地与户口登记地所在的乡镇街道不一致且离开户口登记地半年以上的人口。

[6]市辖区内人户分离人口是指一个地级市所辖的区内和区与区之间，居住地和户口登记地不在同一乡镇街道的人口。

第三部分 附录

附录 2 国务院关于开展第七次全国人口普查的通知

国务院关于开展第七次全国人口普查的通知

国发〔2019〕24号

各省、自治区、直辖市人民政府，国务院各部委、各直属机构：

根据《中华人民共和国统计法》和《全国人口普查条例》规定，国务院决定于2020年开展第七次全国人口普查。现将有关事项通知如下：

一、总体要求

（一）指导思想。以习近平新时代中国特色社会主义思想为指导，全面贯彻党的十九大和十九届二中、三中、四中全会精神，认真落实党中央、国务院关于统计改革发展的决策部署，坚持实事求是、改革创新，科学设计、精心组织，周密部署、依法实施，确保第七次全国人口普查数据真实准确，全面客观反映我国人口发展状况。

（二）普查目的。第七次全国人口普查是在中国特色社会主义进入新时代开展的重大国情国力调查，将全面查清我国人口数量、结构、分布、城乡住房等方面情况，为完善人口发展战略和政策体系，促进人口长期均衡发展，科学制定国民经济和社会发展规划，推动经济高质量发展，开启全面建设社会主义现代化国家新征程，向第二个百年奋斗目标进军，提供科学准确的统计信息支持。

二、普查对象、内容和时间

普查对象是普查标准时点在中华人民共和国境内的自然人以及在中华人民共和国境外但未定居的中国公民，不包括在中华人民共和国境内短期停留的境外人员。

普查主要调查人口和住户的基本情况，内容包括：姓名、公民身份号码、性别、年龄、民族、受教育程度、行业、职业、迁移流动、婚姻生育、死亡、住房情况等。

普查标准时点是2020年11月1日零时。

三、组织实施

第七次全国人口普查涉及范围广、参与部门多、技术要求高、工作难度大，各地区、各部门要按照“全国统一领导、部门分工协作、地方分级负责、各方共同参与”的原则，认真做好普查的宣传动员和组织实施工作。

为加强组织领导，国务院决定成立第七次全国人口普查领导小组，负责普查组织实施中重大问题的研究和决策。普查领导小组办公室设在国家统计局，具体负责普查的组织实施。各成员单位要按照职能分工，各负其责、通力协作、密切配合，共同做好普查工作。对普查工作中遇到的困难和问题，要及时采取措施予以解决。

地方各级人民政府要设立相应的普查领导小组及其办公室，认真做好本地区普查工作。要充分发挥街道办事处和乡镇政府、居民委员会和村民委员会的作用，广泛引导、动员和组织社会力量积极参与并认真配合做好普查工作。

地方普查机构可根据工作需要，招聘或者从有关单位借调符合条件的普查指导员和普查员。为稳定普查工作队伍，确保普查工作顺利进行，应及时支付招聘人员的劳动报酬，保证借调人员在原单位的工资、福利及其他待遇不变，并保留其原有工作岗位。

四、经费保障

第七次全国人口普查所需经费，由中央和地方各级人民政府共同负担，并列入相应年度的财政预算，按时拨付、确保到位。

五、工作要求

（一）坚持依法普查。各地区、各部门要按照《中华人民共和国统计法》、《中华人民共和国统计法实施条例》、《全国人口普查条例》等法律法规要求，认真做好普查各项工作。普查取得的数据，严格限定用于普查目的，不得作为任何部门和单位对各级行政管理工作实施考核、奖惩的依据。普查中获得的能够识别或者推断单个普查对象身份的资料，不得作为对普查对象实施处罚等具体行政行为的依据。

（二）确保数据质量。建立健全普查数据质量追溯和问责机制，各级人民政府统计机构要加大对普查工作中违纪违法行为的查处和通报曝光力度，坚决杜绝人为干扰普查工作的现象，确保普查工作顺利进行和普查数据真实准确。对普查中发现应当给予党纪政务处分或组织处理的统计违纪违法责任人，由统计机构按规定提出处分处理建议并及时移送任免机关、纪检监察机关或组织（人事）部门。

（三）提升信息化水平。采取电子化方式开展普查登记，探索使用智能手机采集数据。广泛应用部门行政记录，推进大数据在普查中的应用，提高普查数据采集处理效能。全流程加强对公民个人信息的保护，各级普查机构及其工作人员必须严格履行保密义务，严禁向任何机构、单位、个人泄露或出售公民个人信息。

（四）加强宣传工作。各级普查机构要会同宣传部门认真做好普查宣传的策划和组织工作。采用多种手段，广泛深入宣传第七次全国人口普查的重要意义和要求，引导广大普查对象依法配合普查，如实申报普查项目，为普查工作顺利实施创造良好舆论环境。

附件：国务院第七次全国人口普查领导小组组成人员名单（略）

国务院

2019 年 10 月 31 日

（此件公开发布）

第三部分 附录

附录 3 安徽省人民政府关于认真做好第七次全国人口普查工作的通知

安徽省人民政府关于认真做好第七次全国人口普查工作的通知

皖政〔2019〕83号

各市、县人民政府，省政府各部门、各直属机构：

国务院决定于2020年开展第七次全国人口普查。为做好我省人口普查工作，根据《全国人口普查条例》和《国务院关于开展第七次全国人口普查的通知》（国发〔2019〕24号）要求，现将有关事项通知如下：

一、普查内容时间

普查主要调查人口和住户的基本情况，内容包括：姓名、公民身份号码、性别、年龄、民族、受教育程度、行业、职业、迁移流动、婚姻生育、死亡、住房情况等。

普查的标准时点是2020年11月1日零时。

二、加强组织领导

人口普查是一项庞大的社会系统工程，涉及范围广、参与部门多、技术要求高、工作难度大。各地、各部门要按照"全省统一领导、部门分工协作、地方分级负责、各方共同参与"的原则，认真做好我省普查的组织实施工作。

为加强组织领导，省政府决定成立安徽省第七次全国人口普查领导小组，负责普查重大问题的研究和决策。普查领导小组办公室设在省统计局，具体负责普查的组织实施，公安部门负责户口整顿工作，财政部门负责经费保障工作，各成员单位要按照职能分工，各负其责，通力协作，密切配合，共同做好普查工作。对普查工作中遇到的困难和问题，要及时采取措施予以解决。

各市、县（市、区）政府要设立相应的普查领导小组及其办公室，认真做好本地区普查工作。各地可根据工作需要，招聘或者从有关单位借调符合条件的普查指导员和普查员，也可探索引入由政府购买第三方服务的方式聘用普查指导员和普查员。及时支付招聘人员的劳动报酬，保证借调人员在原单位的工资、福利及其他待遇不变，并保留其原有工作岗位。

要充分发挥街道办事处和乡镇政府、居民委员会和村民委员会的作用，广泛引导、动员和组织社会力量积极参与并认真配合做好普查工作。

三、加强经费保障

按《全国人口普查条例》规定，人口普查所需经费，由国务院和地方各级人民政府共同负担，并列入相应年度的财政预算，按时拨付，确保足额到位。各地要结合实际，充分考虑物价上涨、人口增加、普查难度加大、招聘人员的劳动报酬、普查员和普查指导员补贴发放、数据采集设备和普查物资购置等因素，对属于本级负担的经费支出作出预算安排。要认真落实办公地点、交通工具等工作条件。要加强普查经费管理，厉行节约，提高普查经费使用效率。

四、加强宣传动员

各级普查机构要会同宣传部门认真做好普查宣传的策划和组织工作。充分运用各种宣传手段，采取多种宣传形式，发挥新闻媒体作用，广泛深入宣传第七次全国人口普查目的、意义、要求以及普查工作中涌现出的典型事迹，引导广大人民群众依法配合普查，如实申报普查项目，为普查工作顺利实施营造良好舆论环境。

五、其他工作要求

（一）坚持依法普查。各地、各部门要严格按照《中华人民共和国统计法》《中华人民共和国统计法实施条例》《全国人口普查条例》等法律法规要求，按照普查方案规定，认真做好普查各项工作。人口普查取得的数据，严格限定用于普查目的，不得作为任何部门和单位对各级行政管理工作实施考核、奖惩的依据。普查中获得的能够识别或者推断单个普查对象身份的资料，不得作为对普查对象实施处罚等具体行政行为的依据。

（二）确保数据质量。建立严格的岗位责任制，实施科学有序的系统管理，一级对一级负责，确保人口普查数据质量。建立健全普查数据质量追溯和问责机制，各级政府统计机构要加大对普查工作中违法违纪行为的查处和通报曝光力度，坚决杜绝人为干扰普查工作的现象，确保普查数据真实准确。对普查中发现应当给予党纪政务处分或组织处理的统计违纪违法责任人，由统计机构按规定提出处分处理建议并及时移送任免机关、纪检监察机关或组织（人事）部门。

（三）提升信息化水平。采取电子化的方式开展普查登记，由普查员使用电子采集设备（PAD 或智能手机）入户登记普查对象信息、并联网实时上报，或由普查对象通过互联网自主填报等方式进行。广泛应用部门行政记录，推进大数据在普查中的应用，提高普查数据采集处理效能。全流程加强对公民个人信息的保护，各级普查机构及其工作人员必须严格履行保密义务，严禁向任何机构、单位、个人泄露或出售公民个人信息。

附件：安徽省第七次全国人口普查领导小组成员名单

安徽省人民政府

2019 年 12 月 30 日

附件

安徽省第七次全国人口普查领导小组成员名单

组　长：邓向阳　　省委常委、常务副省长

副组长：李必方　　省政府副秘书长

　　　　吴劲松　　省统计局局长

成　员：夏少权　　省委宣传部副部长

　　　　于德志　　省发展改革委副主任

　　　　刘海石　　省公安厅副厅长

　　　　潘海滨　　省自然资源厅副厅长

　　　　陈扬年　　省住房城乡建设厅副厅长

　　　　杜昌智　　省卫生健康委副主任

　　　　文霞平　　省委网信办副主任

　　　　储常连　　省教育厅副厅长

　　　　时先政　　省民委副主任

　　　　汪　韧　　省民政厅副厅长

　　　　张国安　　省司法厅副厅长

　　　　王召远　　省财政厅副厅长

　　　　任予赞　　省人力资源社会保障厅副厅长

　　　　汤高平　　省农业农村厅总农艺师

　　　　李大华　　省应急厅副厅长

　　　　樊忠厚　　省政府外事办（省港澳办）二级巡视员

　　　　刘存俊　　省市场监管局副局长

　　　　朱训义　　省广电局副局长

　　　　程龙干　　省统计局副局长

　　　　陶　钧　　省管局副局长

　　　　张胜利　　省委台办副主任

　　　　阮怀楼　　省总工会副主席

　　　　单　强　　团省委副书记

　　　　龚明珠　　省妇联一级巡视员

　　　　周光斌　　省军区政治工作局副主任

　　　　张晓丽　　武警安徽总队政治工作部副主任

　　　　杨安昱　　省通信管理局副局长

　　普查领导小组办公室主任由省统计局副局长程龙干兼任。

第三部分 附录

附录 4 第七次全国人口普查方案

第七次全国人口普查方案

国家统计局
国务院第七次全国人口普查领导小组办公室

第一部分 总说明

根据《中华人民共和国统计法》《中华人民共和国统计法实施条例》《全国人口普查条例》和《国务院关于开展第七次全国人口普查的通知》，制定本方案。

一、普查目的

全面查清我国人口数量、结构、分布、城乡住房等方面情况，为完善人口发展战略和政策体系，促进人口长期均衡发展，科学制定国民经济和社会发展规划，推动经济高质量发展，开启全面建设社会主义现代化国家新征程，向第二个百年奋斗目标进军，提供科学准确的统计信息支持。

二、普查时点

普查的标准时点是 2020 年 11 月 1 日零时。

三、普查对象

普查对象是指普查标准时点在中华人民共和国境内的自然人以及在中华人民共和国境外但未定居的中国公民，不包括在中华人民共和国境内短期停留的境外人员。

四、普查内容和普查表

普查登记的主要内容包括：姓名、公民身份号码、性别、年龄、民族、受教育程度、行业、职业、迁移流动、婚姻生育、死亡、住房情况等。

根据不同的普查对象和普查内容，具体分为四种普查表。

（一）第七次全国人口普查短表

普查短表包括反映人口基本状况的项目，由全部住户（不包括港澳台居民和外籍人员）填报。

（二）第七次全国人口普查长表

普查长表包括所有短表项目和人口的经济活动、婚姻生育和住房等情况的项目，在全部住户中抽取 10% 的户（不包括港澳台居民和外籍人员）填报。

（三）第七次全国人口普查港澳台居民和外籍人员普查表

港澳台居民和外籍人员普查表包括反映人口基本状况的项目以及入境目的、居住时间、身份或国籍、就业情况等项目，由在境内居住的港澳台居民和外籍人员填报。

（四）第七次全国人口普查死亡人口调查表

死亡人口调查表包括死亡人口的基本信息，由 2019 年 11 月 1 日至 2020 年 10 月 31 日期间有死亡人口的户填报。

五、普查方法

普查采用全面调查的方法，以户为单位进行登记。

普查采用按现住地登记的原则，每个人必须在现住地进行登记。普查对象不在户口登记地居住的，户口登记地要登记相应信息。

普查登记采用普查员入户询问、当场填报，或由普查对象自主填报等方式进行。

普查数据采集原则上采用电子化的方式。采取普查员使用电子采集设备（PAD 或智能手机）登记普查对象信息并联网实时上报，或由普查对象通过互联网自主填报等方式进行。

普查员应按照工作要求，在户口整顿基础上对所负责普查小区进行全面摸底，掌握普查小区内的人口和居住情况，编制《户主姓名底册》，根据《户主姓名底册》进行入户登记工作，并参考部门行政记录等资料进行比对复查，确保普查登记真实准确、不重不漏。

六、普查数据处理

各级普查机构负责普查数据处理。国务院人口普查办公室统一编制数据采集、审核、编辑、汇总程序。

国务院人口普查办公室集中部署数据采集处理环境。各级普查机构应保障必要的数据处理办公环境和网络条件，采取必要的安全措施，确保数据处理工作安全、顺利地进行。

七、普查组织实施

（一）全国统一领导

国务院第七次全国人口普查领导小组负责普查组织实施中重大问题的研究和决策。普查领导小组办公室设在国家统计局，具体负责普查的组织实施。

（二）部门分工协作

领导小组各成员单位要按照职能分工，各负其责、通力协作、密切配合，共同做好普查工作。对普查工作中遇到的困难和问题，要及时采取措施予以解决。

（三）地方分级负责

地方各级人民政府设立相应的普查领导小组及其办公室，领导和组织实施本区域内的普查工作。村民委员会和居民委员会设立人口普查小组，协助街道办事处和乡镇政府动员和组织社会力量，做好本区域内的普查工作。

普查指导员和普查员可以从国家机关、社会团体、企业事业单位借调，也可以从村民委员会、居民委员会或者社会招聘。借调和招聘工作由县级人民政府负责。

（四）各方共同参与

国家机关、社会团体、企业事业单位应当按照《中华人民共和国统计法》《中华人民共和国统计法实施条例》和《全国人口普查条例》的规定，参与并配合普查工作。

八、普查质量控制

普查实行严格的质量控制制度，建立健全普查数据质量追溯和问责机制，确保普查数据可核查、可追溯、可问责。国务院人口普查办公室统一领导、统筹协调普查全过程质量控制的有关工作。地方各级普查机构主要负责人对本行政区域普查数据质量负总责，确保普查数据真实、准确、完整、及时。各级普查办公室必须严格执行各阶段工作要求，保证各阶段工作质量达到规定标准，确保普查工作质量与数据质量合格达标。

九、普查宣传

各级宣传部门和普查机构应制定宣传工作方案，深入开展普查宣传。

各级宣传部门应组织协调新闻媒体及有关部门，通过报刊、广播、电视、互联网、手机和户外广告等多种渠道，充分利用微博、微信、短视频等新媒体传播手段，宣传普查的重大意义、政策规定和工作要求，积极营造良好的普查氛围。

各级普查机构要组织开展形式多样的宣传活动，动员社会各界支持、参与普查。

十、普查法规与纪律要求

坚持依法普查，普查工作要严格按照《中华人民共和国统计法》《中华人民共和国统计法实施条例》《全国人口普查条例》《国务院关于开展第七次全国人口普查的通知》及相关规定组织开展。

普查对象应当依法履行普查义务，如实提供普查信息，不得虚报、瞒报、拒报。拒绝提供普查所需的资料，或者提供不真实、不完整的普查资料的，由县级以上人民政府统计机构责令改正，予以批评教育，情节严重的依法严肃处理。普查取得的数据，严格限定用于普查目的，不得作为任何部门和单位对各级行政管理工作实施考核、奖惩的依据。普查中获得的能够识别或者推断单个普查对象身份的资料，任何单位和个人不得对外提供、泄露，不得作为对普查对象实施处罚等具体行政行为的依据，不得用于普查以外的目的。各级普查机构及其工作人员，必须严格履行保密义务。

十一、普查主要工作阶段

普查工作分三个阶段进行：

一是准备阶段（2019 年 10 月—2020 年 10 月）。这一阶段的主要工作是：组建各级普查机构，制定普查方案和工作计划，进行普查试点，落实普查经费和物资，准备数据采集处理环境，开展普查宣传，选聘培训普查指导员和普查员，普查区域划分及绘图，进行户口整顿，开展摸底等。

二是普查登记阶段（2020 年 11 月—12 月）。这一阶段的主要工作是：普查员入户登记，进行比对复查，开展事后质量抽查等。

三是数据汇总和发布阶段（2020 年 12 月—2022 年 12 月）。这一阶段的主要工作是：数据处理、汇总、评估，发布主要数据公报，普查资料开发利用等。

十二、其他

（一）香港特别行政区、澳门特别行政区的人口数，按照香港特别行政区政府、澳门特别行政区政府公布的资料计算。

台湾地区的人口数，按照台湾地区有关主管部门公布的资料计算。

（二）因交通极为不便等特殊因素，需采用其他登记时间和方法的地区，须报请国务院人口普查办公室批准。

（三）对认真执行本方案，忠于职守，坚持原则，在普查工作中做出显著成绩的单位和个人，按照国家有关规定给予表彰奖励。

（四）本方案由国务院人口普查办公室负责解释。

第二部分　普查表式

第七次全国人口普查短表

经国务院批准进行第七次全国人口普查
人口普查的标准时点为2020年11月1日零时
人口普查的原始资料不向任何单位和个人提供，
仅供汇总使用
公民应履行如实申报普查项目的义务

表　　号：R　6　0　1　表
制定机关：国　家　统　计　局
国务院人口普查办公室
批准文号：国发（2019）24号
有效期至：2021年3月

地址：_____省（区、市）_____市（地、州、盟）_____县（市、区、旗）_____乡（镇、街道）_____普查区_____普查小区_____户编号

一、住户项目

H1．户别
1．家庭户
2．集体户

H2．本户应登记人数
2020年10月31日晚居住本户的人数_____人
户口在本户，2020年10月31日晚未住本户的人数_____人

H3．本户2019年11月1日至2020年10月31日期间的出生人口
男_____人 女_____人

H4．本户2019年11月1日至2020年10月31日期间的死亡人口
男_____人 女_____人

H5．住所类型
1．普通住宅
2．集体住所
3．工作地住所
4．其他住房
5．无住房
（选择2—5的，跳至个人项目。）

H6．本户现住房建筑面积
_____平方米

H7．本户现住房间数

_____间

二、个人项目

每个人都填报的项目

D1．姓名

____

D2．与户主关系

0．户主
1．配偶
2．子女
3．父母
4．岳父母或公婆
5．祖父母
6．媳婿
7．孙子女
8．兄弟姐妹
9．其他

D3．公民身份号码

□□□□□□□□□□□□□□□□□□

D4．性别

1．男
2．女

D5．出生年月

出生于：_______年_______月

D6．民族

_______族

D7．普查时点（2020年11月1日零时）居住地

1．本普查小区
2．本村（居）委会其他普查小区
3．本乡（镇、街道）其他村（居）委会
4．本县（市、区、旗）其他乡（镇、街道）
5．其他县（市、区、旗），请在下面填写地址

______省（区、市）
______市（地、州、盟）
______县（市、区、旗）
6．香港特别行政区、澳门特别行政区、台湾地区
7．国外

D8．户口登记地
1．本村（居）委会
2．本乡（镇、街道）其他村（居）委会
3．本县（市、区、旗）其他乡（镇、街道）
4．其他县（市、区、旗），请在下面填写地址
______省（区、市）
______市（地、州、盟）
______县（市、区、旗）
5．户口待定→D11

D9．离开户口登记地时间
1．没有离开户口登记地→D11
2．不满半年
3．半年以上，不满一年
4．一年以上，不满二年
5．二年以上，不满三年
6．三年以上，不满四年
7．四年以上，不满五年
8．五年以上，不满十年
9．十年以上

D10．离开户口登记地原因
0．工作就业
1．学习培训
2．随同离开/投亲靠友
3．拆迁/搬家
4．寄挂户口
5．婚姻嫁娶
6．照料孙子女
7．为子女就学
8．养老/康养
9．其他

3周岁及以上（2017年10月31日以前出生）的人填报的项目
D11．受教育程度
1．未上过学

2．学前教育
3．小学
4．初中
5．高中
6．大学专科
7．大学本科
8．硕士研究生
9．博士研究生

15 周岁及以上（2005 年 10 月 31 日以前出生）的人填报的项目

D12．是否识字

1．是
2．否

第七次全国人口普查长表

经国务院批准进行第七次全国人口普查
人口普查的标准时点为2020年11月1日零时
人口普查的原始资料不向任何单位和个人提供，
仅供汇总使用
公民应履行如实申报普查项目的义务

表　　号：R 6 0 2 表
制定机关：国 家 统 计 局
国务院人口普查办公室
批准文号：国发（2019）24号
有效期至：2021 年 3 月

地址：_____省（区、市）_____市（地、州、盟）_____县（市、区、旗）_____乡（镇、街道）_____普查区_____普查小区_____户编号

一、住户项目

H1．户别
1．家庭户
2．集体户

H2．本户应登记人数
2020年10月31日晚居住本户的人数_____人
户口在本户，2020年10月31日晚未住本户的人数_____人

H3．本户2019年11月1日至2020年10月31日期间的出生人口
男_____人　女_____人

H4．本户2019年11月1日至2020年10月31日期间的死亡人口
男_____人　女_____人

H5．住所类型
1．普通住宅
2．集体住所
3．工作地住所
4．其他住房
5．无住房
（选择2—5的，跳至个人项目。）

H6．本户现住房建筑面积
_____平方米

H7．本户现住房间数
_____间

H8．住房所在建筑的总层数

1．平房
2．多层（7 层及以下）
3．高层（8—33 层）
4．超高层（34 层及以上）

H9．承重类型

1．钢及钢筋混凝土结构
2．混合结构
3．砖木结构
4．竹草土坯结构
5．其他结构

H10．住房建成年代

1．1949 年以前
2．1949—1959 年
3．1960—1969 年
4．1970—1979 年
5．1980—1989 年
6．1990—1999 年
7．2000—2009 年
8．2010—2014 年
9．2015 年以后

H11．住房所在建筑有无电梯

1．有
2．无

H12．主要炊事燃料

1．燃气
2．电
3．煤炭
4．柴草
5．其他

H13．住房内有无管道自来水

1．有
2．无

H14．住房内有无厨房

1．独立使用
2．与其他户合用

3．无

H15．住房内有无厕所

1．水冲式卫生厕所
2．水冲式非卫生厕所
3．卫生旱厕
4．普通旱厕
5．无

H16．住房内有无洗澡设施

1．统一供热水
2．家庭自装热水器
3．其他
4．无

H17．住房来源

1．租赁廉租房/公租房
2．租赁其他住房
3．购买新建商品房
4．购买二手房
5．购买原公有住房
6．购买经济适用房/两限房
7．自建住房
8．继承或赠予
9．其他

（选择 3—9 的，跳至 H19。）

H18．月租房费用

0．200 元以下
1．200—499 元
2．500—999 元
3．1000—1999 元
4．2000—2999 元
5．3000—3999 元
6．4000—5999 元
7．6000—7999 元
8．8000—9999 元
9．10000 元以上

H19．拥有全部家用汽车的总价

1．不满 10 万元
2．10 万元以上，不满 20 万元

3．20 万元以上，不满 30 万元
4．30 万元以上，不满 50 万元
5．50 万元以上，不满 100 万元
6．100 万元以上
7．没有汽车

二、个人项目

每个人都填报的项目

C1．姓名

____

C2．与户主关系

0．户主
1．配偶
2．子女
3．父母
4．岳父母或公婆
5．祖父母
6．媳婿
7．孙子女
8．兄弟姐妹
9．其他

C3．公民身份号码

□□□□□□□□□□□□□□□□□□

C4．性别

1．男
2．女

C5．出生年月

出生于：________年________月

C6．民族

________族

C7．普查时点（2020 年 11 月 1 日零时）居住地

1．本普查小区
2．本村（居）委会其他普查小区
3．本乡（镇、街道）其他村（居）委会
4．本县（市、区、旗）其他乡（镇、街道）

5．其他县（市、区、旗），请在下面填写地址

_______省（区、市）

_______市（地、州、盟）

_______县（市、区、旗）

6．香港特别行政区、澳门特别行政区、台湾地区

7．国外

C8．户口登记地

1．本村（居）委会

2．本乡（镇、街道）其他村（居）委会

3．本县（市、区、旗）其他乡（镇、街道）

4．其他县（市、区、旗），请在下面填写地址

_______省（区、市）

_______市（地、州、盟）

_______县（市、区、旗）

5．户口待定→C12

C9．离开户口登记地时间

1．没有离开户口登记地→C12

2．不满半年

3．半年以上，不满一年

4．一年以上，不满二年

5．二年以上，不满三年

6．三年以上，不满四年

7．四年以上，不满五年

8．五年以上，不满十年

9．十年以上

C10．离开户口登记地原因

0．工作就业

1．学习培训

2．随同离开/投亲靠友

3．拆迁/搬家

4．寄挂户口

5．婚姻嫁娶

6．照料孙子女

7．为子女就学

8．养老/康养

9．其他

C11．户口登记地类型

1．乡

2．镇的村委会
3．镇的居委会
4．街道

C12．是否有农村土地承包经营权

1．有
2．无

C13．出生地

1．本县（市、区、旗）
2．本省其他县（市、区、旗）
3．省外：_______省（区、市）

5周岁及以上（2015年10月31日以前出生）的人填报的项目

C14．五年前常住地

2015年11月1日常住地：
1．本县（市、区、旗）
2．其他地区，请在下面填写地址
_____省（区、市）
_____市（地、州、盟）
_____县（市、区、旗）

3周岁及以上（2017年10月31日以前出生）的人填报的项目

C15．受教育程度

1．未上过学→C17
2．学前教育→C17
3．小学
4．初中
5．高中
6．大学专科
7．大学本科
8．硕士研究生
9．博士研究生

C16．学业完成情况

1．在校
2．毕业
3．肄业
4．辍学
5．其他

15 周岁及以上（2005 年 10 月 31 日以前出生）的人填报的项目

C17．是否识字

1．是

2．否

C18．工作情况

10 月 25—31 日是否为取得收入而工作了一小时以上（包括临时工、依托互联网平台灵活就业、家庭经营无酬帮工等）

1．是，上周工作时间_______小时

2．在职休假、在职学习培训、临时停工（保留工资）

3．未做任何工作→C22

C19．工作单位或生产经营活动所属类型

1．企业、事业、机关或社会团体等法人单位

2．个体经营户

3．经营农村家庭承包地（家庭农林牧渔生产经营活动）

4．自由职业/灵活就业

C20．行业

单位详细名称：____

主要产品或主要业务：___________________________________

C21．职业

本人从事的具体工作：___________________________________→C23

C22．未工作原因

1．在校学习

2．离退休

3．料理家务

4．丧失工作能力

5．其他

C23．主要生活来源

1．劳动收入

2．离退休金/养老金

3．最低生活保障金

4．失业保险金

5．财产性收入

6．家庭其他成员供养

7．其他

C24．婚姻状况

1．未婚→C28

2．有配偶

3．离婚

4．丧偶

C25．初婚年月

_______年_______月

15至64周岁（1955年11月1日—2005年10月31日出生）的妇女填报的项目

C26．生育子女数

1．未生育→C28

2．有生育（请填报生育的子女数）

生过几个孩子：

男_______人

女_______人

其中现在存活几个孩子：

男_______人

女_______人

15至50周岁（1969年11月1日—2005年10月31日出生）的妇女填报的项目

C27．过去一年（2019年11月1日—2020年10月31日）的生育状况

1．一年内未生育（结束）

2．一年内有生育（请填报生育时间和孩子性别）

生育时间：

____月

婴儿性别：

1．男

2．女

一年内生育两个以上孩子的，请填报第二个孩子的状况。

生育时间：

____月

婴儿性别：

1．男

2．女

60周岁及以上（1960年10月31日以前出生）的人填报的项目

C28．居住状况

1．与配偶和子女同住

2．与配偶同住

3．与子女同住
4．独居（有保姆）
5．独居（无保姆）
6．养老机构
7．其他

C29．身体健康状况

1．健康
2．基本健康
3．不健康，但生活能自理
4．不健康，生活不能自理

第七次全国人口普查港澳台居民和外籍人员普查表

The Seventh National Population Census Form for Residents from Hong Kong, Macao, Taiwan and from Foreign Countries

中国政府决定进行第七次全国人口普查人口普查标准时点为2020年11月1日零时我们将对您在普查表中填写的信息给予保密，敬请合作。

The Government of China has decided to conduct the 7th National Population Census, with zero hour on 1 November 2020 as the reference time.
Information provided will be kept confidential.
Your cooperation is highly appreciated.

表号：R603表
制定机关：国家统计局
国务院人口普查办公室
批准文号：国发〔2019〕24号
有效期至：2021年3月
Form number: R603
Form issued by: National Bureau of Statistics
Office of the State Council for the Seventh National Population Census
Approval number: 〔2019〕24
Valid until: March 2021

地址 Address：

_____省（区、市）Province

_____市（地、州、盟）City (prefecture)

_____县（市、区、旗）County (city, district)

_____乡（镇、街道）Town (township, street)

_____普查区 Enumeration area (village/community committee)

_____普查小区 Enumeration block

_____户编号 Household number

一、住户项目

Household Information

F1. 户别

Type of household

1. 家庭户 Family household
2. 集体户 Collective household

F2. 住所类型

Type of dwelling

1. 普通住宅 Conventional dwellings
2. 集体住所 Collective living quarters
3. 工作地住所 Living in work places
4. 其他住房 Other dwellings
5. 无住房 With no dwellings

（选择2—5的，跳至个人项目。）

(If the answer is 2-5, then skip to 'Individual Information'.)

F3. 本户现住房建筑面积

Floor space for this household

_____平方米 m^2

F4. 本户现住房间数

Number of rooms for this household

_____间 rooms

二、个人项目

Individual Information

R1. 姓名 Full name

____

R2. 与户主关系

Relationship with head of household

0. 户主 Head of household
1. 配偶 Spouse
2. 子女 Son or daughter
3. 父母 Parent
4. 岳父母或公婆 Parent-in-law
5. 祖父母 Grandparent
6. 媳婿 Son-in-law or daughter-in-law
7. 孙子女 Grandchild
8. 兄弟姐妹 Brother or sister
9. 其他 Other relationship

R3. 性别

Sex

1. 男 Male
2. 女 Female

R4. 出生年月

Date of birth

出生于 Born in：_______年 year_______月 month

R5. 来内地（大陆）或来华目的

Purpose for stay in the mainland of China

1. 商务 Business
2. 就业 Work
3. 学习 Study
4. 定居 Residence
5. 探亲 Visiting relatives

6. 其他 Others

R6. 已在内地（大陆）或在华居住时间

Duration of stay in the mainland of China

1. 不满三个月 Less than 3 months
2. 三个月以上，不满半年 3 months to less than 6 months
3. 半年以上，不满一年 6 months to less than 12 months
4. 一年以上，不满二年 1 year to less than 2 years
5. 二年以上，不满五年 2 years to less than 5 years
6. 五年以上 5 years or more

R7. 受教育程度

3 周岁及以上（2017 年 10 月 31 日以前出生）的人填报

Educational attainment

For persons aged 3 and over（Born before 31st Oct. 2017）

1. 未上过学 No schooling
2. 学前教育 Pre-primary education
3. 小学 Primary education
4. 初中 Junior secondary education
5. 高中 Senior secondary education
6. 大学专科 College
7. 大学本科 University
8. 硕士研究生 Master
9. 博士研究生 Doctor

R8. 身份或国籍

Citizenship

1. 香港特别行政区居民 Hong Kong SAR resident
2. 澳门特别行政区居民 Macao SAR resident
3. 台湾地区居民 Taiwan resident
4. 外国人 Foreigner：国籍 Country________（结束）(End)

15 周岁及以上（2005 年 10 月 31 日以前出生）港澳台居民填报的项目

For persons aged 15 and over (Born before 31st Oct. 2005) from Hong Kong, Macao and Taiwan

R9. 工作情况

10 月 25—31 日是否为取得收入而工作了一小时以上

1．是
2．在职休假、在职学习培训、临时停工（保留工资）
3．未做任何工作→R12

R10．行业

1．农、林、牧、渔业

2．采矿业
3．制造业
4．电力、热力、燃气及水生产和供应业
5．建筑业
6．批发和零售业
7．交通运输、仓储和邮政业
8．住宿和餐饮业
9．信息传输、软件和信息技术服务业
10．金融业
11．房地产业
12．租赁和商务服务业
13．科学研究和技术服务业
14．水利、环境和公共设施管理业
15．居民服务、修理和其他服务业
16．教育
17．卫生和社会工作
18．文化、体育和娱乐业
19．公共管理、社会保障和社会组织
20．国际组织

R11．职业

1．党的机关、国家机关、群众团体和社会组织、企事业单位负责人
2．专业技术人员
3．办事人员和有关人员
4．社会生产服务和生活服务人员
5．农、林、牧、渔业生产及辅助人员
6．生产制造及有关人员
7．不便分类的其他从业人员

R12．婚姻状况

1．未婚
2．有配偶
3．离婚
4．丧偶

第七次全国人口普查死亡人口调查表

（2019年11月1日至2020年10月31日死亡的人口登记）

经国务院批准进行第七次全国人口普查
人口普查的标准时点为2020年11月1日零时
人口普查的原始资料不向任何单位和个人提供，
仅供汇总使用
公民应履行如实申报普查项目的义务

表　　号：R 6 0 4 表
制定机关：国 家 统 计 局
国务院人口普查办公室
批准文号：国发〔2019〕24号
有效期至：2 0 2 1 年 3 月

地址：_____省（区、市）_____市（地、州、盟）_____县（市、区、旗）_____乡（镇、街道）_____普查区_____普查小区_____户编号

每个死亡人口都登记的项目

S1．姓名

____

S2．公民身份号码

□□□□□□□□□□□□□□□□□□

S3．性别

1．男
2．女

S4．出生年月

出生于：_______年_______月

S5．死亡时间

死亡于：_______月

S6．民族

_______族

死亡时满3周岁的人登记的项目

S7．受教育程度

1．未上过学
2．学前教育
3．小学
4．初中
5．高中
6．大学专科
7．大学本科

8．硕士研究生

9．博士研究生

死亡时满 15 周岁的人登记的项目

S8．婚姻状况

1．未婚

2．有配偶

3．离婚

4．丧偶

第三部分　普查表填写说明

一、普查表的种类

第七次全国人口普查表分为《第七次全国人口普查短表》《第七次全国人口普查长表》《第七次全国人口普查港澳台居民和外籍人员普查表》和《第七次全国人口普查死亡人口调查表》四种表。

二、标准时点

第七次全国人口普查的标准时点为2020年11月1日零时。

普查员在掌握普查标准时点时，应注意以下两点：

（一）2020年11月1日零时以后出生的人不登记；2020年11月1日零时以后死亡的人仍要在普查短表中登记。

（二）2020年11月1日零时以后居住地发生变化的人，仍在原居住地登记。

三、普查对象

普查对象是指普查标准时点在中华人民共和国境内的自然人以及在中华人民共和国境外但未定居的中国公民，不包括在中华人民共和国境内短期停留的境外人员。

（一）普查短表和普查长表的普查对象具体是指2020年10月31日晚住本普查小区的人，以及户口登记在本普查小区但2020年10月31日晚未住本普查小区的人。

1.2020年10月31日晚住本普查小区的人，无论其户口登记在何处。

2.户口登记在本普查小区，但2020年10月31日晚未住本普查小区的人，无论其外出时间长短、外出原因如何。

（二）港澳台居民和外籍人员普查表的普查对象具体是指2020年10月31日晚住本普查小区的港澳台居民和外籍人员。

（三）死亡人口调查表的登记对象具体是指2019年11月1日至2020年10月31日期间本普查小区的死亡人口。

四、登记原则

人口普查采用按现住地登记的原则，每个人必须在现住地进行登记。普查对象不在户口登记地居住的，户口登记地要登记相应信息。

人口普查以户为单位进行登记，户分为家庭户和集体户。集体户以一个住房单元为一户进行普查登记。

为便于理解登记对象，并考虑到普查中可能遇到的特殊情况，普查员在入户登记时可采取以下方式询问住户：

应在您家普查登记的人包括：

•2020年10月31日晚住在您家里的人。

•经常居住在您家，由于临时出差、探亲、旅游或值夜班等原因，2020年10月31日晚未住在您家的人（视为2020年10月31日晚住在您家）。

•幼儿园全托孩子，小学、初中住校生（视为2020年10月31日晚住在您家）。

•户口登记在现住房地址的其他人。

不包括：

•现役军人和武警。

•由于临时出差、探亲、旅游等原因，2020 年 10 月 31 日晚暂住在您家的人。

•2020 年 11 月 1 日零时以后出生的人。

五、普查项目

（一）普查短表

按户填报的项目有：户别、本户应登记人数、本户 2019 年 11 月 1 日至 2020 年 10 月 31 日期间的出生人口、本户 2019 年 11 月 1 日至 2020 年 10 月 31 日期间的死亡人口、住所类型、本户现住房建筑面积、本户现住房间数。

按人填报的项目有：姓名、与户主关系、公民身份号码、性别、出生年月、民族、普查时点（2020 年 11 月 1 日零时）居住地、户口登记地、离开户口登记地时间、离开户口登记地原因、受教育程度、是否识字。

（二）普查长表

按户填报的项目有：户别、本户应登记人数、本户 2019 年 11 月 1 日至 2020 年 10 月 31 日期间的出生人口、本户 2019 年 11 月 1 日至 2020 年 10 月 31 日期间的死亡人口、住所类型、本户现住房建筑面积、本户现住房间数、住房所在建筑的总层数、承重类型、住房建成年代、住房所在建筑有无电梯、主要炊事燃料、住房内有无管道自来水、住房内有无厨房、住房内有无厕所、住房内有无洗澡设施、住房来源、月租房费用、拥有全部家用汽车的总价。

按人填报的项目有：姓名、与户主关系、公民身份号码、性别、出生年月、民族、普查时点（2020 年 11 月 1 日零时）居住地、户口登记地、离开户口登记地时间、离开户口登记地原因、户口登记地类型、是否有农村土地承包经营权、出生地、五年前常住地、受教育程度、学业完成情况、是否识字、工作情况、经常工作单位或生产经营活动所属类型、行业、职业、未工作原因、主要生活来源、婚姻状况、初婚年月、生育子女数、过去一年（2019 年 11 月 1 日—2020 年 10 月 31 日）的生育状况、居住状况、身体健康状况。

（三）港澳台居民和外籍人员普查表

按户填报的项目有：户别、住所类型、本户现住房建筑面积、本户现住房间数。

按人填报的项目有：姓名、与户主关系、性别、出生年月、来内地（大陆）或来华目的、已在内地（大陆）或在华居住时间、受教育程度、身份或国籍、工作情况、行业、职业、婚姻状况。

（四）死亡人口调查表

填报的项目有：姓名、公民身份号码、性别、出生年月、死亡时间、民族、受教育程度、婚姻状况。

六、普查表的填写方法

（一）普查表以户为单位进行登记。普查短表、死亡人口调查表采用普查员入户询问、当场填报，或由普查对象通过互联网自主填报等方式进行。普查长表、港澳台居民和外籍人员普查表采用普查指导员和普查员入户询问、当场填报的登记方式。

（二）普查小区中的每一户有且只有一个户编号，为“001”开始的 3 位顺序码，在《户主姓名底册》编制完成后自动生成，普查表上的户编号与其一致，不可修改。

（三）普查表的填写顺序：先填写住户项目，再逐人填写个人项目。

普查员填写普查短表时，填写按人登记的项目时，表内第一人应填户主，然后依次填户主的配偶和其他关系的人。全户死亡的户，只填写“H4.本户 2019 年 11 月 1 日至 2020 年 10 月 31 日期间的死亡人口”，其他住户项目和个人项目均不再登记。

普查员填写普查长表时，与普查短表相同的项目直接代入短表信息，经向普查对象核实确认后，再填报其他项目。

（四）普查表每户最多可以填写 20 人。对于超过 20 人的大集体户，可酌情分成若干集体户填写。

（五）有标准选项的项目，根据实际情况选填，并且每个问题只能选择一个标准选项。民族、普查时点（2020年11月1日零时）居住地、户口登记地、出生地、五年前常住地等项目可根据列表栏进行选择。没有标准选项的项目，用文字或阿拉伯数字据情填报。

（六）如果填写错误或发生逻辑关系异常，数据采集程序会给出审核提示。审核类型分为强制性审核和确认性审核，若为强制性审核错误，必须根据提示信息对错误项目进行修改；若为确认性审核提示，应根据提示信息对异常项目进行核实，确认无误后，继续进行填报。

（七）普查员每填完一户，应即刻进行审核，将通过审核的信息向申报人当面宣读，核对无误后，由申报人签字确认。

第四部分　指标解释

一、普查短表

（一）住户项目

H1.户别——按家庭户、集体户的类别填报。

1.家庭户：以家庭成员关系为主，居住一处共同生活的人口，作为一个家庭户。单身居住独自生活的，也作为一个家庭户。

2.集体户：相互之间没有家庭成员关系，集体居住共同生活的人口作为一个集体户。

H2.本户应登记人数——包括两个部分。一部分是 2020 年 10 月 31 日晚居住本户的人数，既包括户口在本户、2020 年 10 月 31 日晚居住本户的人数，也包括户口不在本户、2020 年 10 月 31 日晚居住本户的人数，填写 H2 的第一项；另一部分是户口在本户，2020 年 10 月 31 日晚未居住本户的人数，填写 H2 的第二项。

H3.本户 2019 年 11 月 1 日至 2020 年 10 月 31 日期间的出生人口——填写本户在 2019 年 11 月 1 日至 2020 年 10 月 31 日期间出生的人数。分别填写男、女的合计数。若本户在此期间没有出生人口，请填写“0”。

H4.本户 2019 年 11 月 1 日至 2020 年 10 月 31 日期间的死亡人口——填写本户在 2019 年 11 月 1 日至 2020 年 10 月 31 日期间死亡的人数。分别填写男、女的合计数。若本户在此期间没有死亡人口，请填写“0”。

填写 H3、H4 时应注意：

不要漏掉出生时有某种生命现象（如在胎儿脱离母体时，有呼吸或心跳，脐带搏动、随意肌收缩等）不久即死亡的婴儿，既要填写出生人数，也要填写死亡人数。

H5.住所类型——按居住的住所类型填报。

1.普通住宅：指人工建造的，有墙、顶、门、窗等结构，具有独立入口，专门供人居住的房屋或场所。如单元房、平房、四合院、独栋别墅、筒子楼、窑洞等传统意义上的住宅。

2.集体住所：指学生宿舍、职工宿舍、工棚、养老院、福利院、宗教场所等。

3.工作地住所：指居住在办公楼、发廊、商铺、餐馆等工作场所。

4.其他住房：指居住在上述场所以外的其他房屋或场所。

5.无住房：指本户没有住房，居无定所（如流动人口中那些睡在桥下、公园、车站或睡在运载货物、商品车辆上的人等）。

H6.本户现住房建筑面积——本户现住房的建筑面积以房屋所有权证（不动产权证）或租赁凭证上的相关信息为准。

若只知道使用面积的，可用使用面积乘以 1.33，换算成建筑面积。填写本项目时应注意：

1.在租借房屋居住的户，按租借住房的实际情况填写其住房建筑面积。

2.合住在同一所住房里的住户，其建筑面积为各户所独立使用的房间面积加上公共使用面积（包括厨房、厕所、门厅、阳台等）的分摊部分：两户合住的，各按二分之一计算；三户合住的，各按三分之一计算，依此类推。

3.建筑面积应填写整数，不为整数时四舍五入获得。

H7.本户现住房间数——指除厨房、厕所、过道和厅以外的所有自然间数（包括扩建的房间）。填写本项目时应注意：

1.在租借房屋居住的户，按租借住房的实际居住情况填写其住房间数。

2.合住同一所住房的，在填写住房间数时，填写其独立使用的房间数。

（二）个人项目

D1.姓名——填写被登记人的正式姓名。没有正式姓名的可填小名或某某氏，但不能填笔名、代号等。婴儿未起名的，可填“未取名”。

D2.与户主关系——指被登记人与本户户主的关系。申报人不是户主的，不要将被登记人与申报人的关系错填为与户主的关系。

0.户主：按家庭日常生活习惯确定户主。

1.配偶：指户主的妻子或丈夫。

2.子女：指户主的子女。

3.父母：指户主的父母或继父母、养父母。

4.岳父母或公婆：指户主配偶的父母或继父母、养父母。

5.祖父母：指户主或配偶的祖父母、外祖父母、曾祖父母、外曾祖父母。

6.媳婿：指户主子女的配偶。

7.孙子女：指户主的孙子女、外孙子女、孙媳婿、外孙媳婿、重孙子女、重孙媳婿、重外孙子女、重外孙媳婿。

8.兄弟姐妹：指户主及其配偶的兄弟姐妹以及他们的配偶。

9.其他：指以上九种人以外的成员。

在登记家庭户时，户主应登记为第一人，选填“0.户主”。如果户主的配偶也在本户登记，应登记为第二人，选填“1.配偶”，然后再登记该户的其他成员；如果户主没有配偶，或户主配偶不在本户登记，第二人登记本户其他成员。

在登记集体户时，任选一人登记为户主，选填“0.户主”，本户其他成员与户主关系一律登记为其他，选填“9.其他”。

D3.公民身份号码——指18位公民身份号码。无公民身份号码的填写18位0。

D4.性别——指被登记人的性别。

D5.出生年月——指被登记人的出生年、月。

出生年月按公历填写，只知道农历的，要换算成公历。按照一般的规律，农历的月份与公历的月份相差一个月左右，换算时农历的月份加1即可作为公历的月份，但要注意农历的12月应当是公历下一年的1月。

D6.民族——指被登记人的民族。

外国人加入中国籍，其民族和我国的某一民族相同的，就选填某一民族；没有相同民族的，按外国人加入中国籍填写，选填“入籍”。

D7.普查时点（2020年11月1日零时）居住地——指被登记人在普查标准时点居住的地址。

1.本普查小区：指普查时点居住在本普查小区的人。如果本户在本普查小区拥有一套以上的住房，可确定其中一处进行登记。

2.本村（居）委会其他普查小区：指户口登记地在本普查小区，普查时点居住在本村（居）委会其他普查小区的人。

3.本乡（镇、街道）其他村（居）委会：指户口登记地在本普查小区，普查时点居住在本乡（镇、街道）其他村（居）委会的人。

4.本县（市、区、旗）其他乡（镇、街道）：指户口登记地在本普查小区，普查时点居住在本县（市、区、旗）的其他乡（镇、街道）的人。

5.其他县（市、区、旗）：指户口登记地在本普查小区，普查时点居住在本县（市、区、旗）以外地区的人。填报本选项的人还需选填普查时点居住地所在省（区、市）、市（地、州、盟）、县（市、区、旗）

的具体名称。

6.香港特别行政区、澳门特别行政区、台湾地区：指户口登记地在本户，普查时点居住在香港特别行政区、澳门特别行政区、台湾地区的人。

7.国外：指户口登记地在本户，普查时点居住在国外的人。

D8.户口登记地——指被登记人的居民户口簿上的地址。

1.本村（居）委会：指户口登记地在本村（居）委会的人。

2.本乡（镇、街道）其他村（居）委会：指普查时点居住本普查小区，户口登记地在本乡（镇、街道）其他村（居）委会的人。

3.本县（市、区、旗）其他乡（镇、街道）：指普查时点居住本普查小区，户口登记地在本县（市、区、旗）的其他乡（镇、街道）的人。

4.其他县（市、区、旗）：指普查时点居住本普查小区，户口登记地在本县（市、区、旗）以外地区的人。填报本选项的人还需填写户口登记地所在省（区、市）、市（地、州、盟）、县（市、区、旗）的具体名称。

5.户口待定：指普查时点居住本普查小区，在任何地方都没有登记户口的人。包括手持户口迁移证、出生证、退伍证等情况。

D9.离开户口登记地时间——指到普查标准时点为止，被登记人离开户口登记地（居住地与户口登记地不一致）的时间。

没有离开户口登记地是指户口登记地在本村（居）委会，普查标准时点居住在本普查小区或本村（居）委会其他普查小区。

若常年外出的人由于农忙、节假日等原因偶尔回家的，或回家后因疫情原因推迟外出的，还应该从第一次离开户口登记地的时间开始计算。

D10.离开户口登记地原因——指被登记人离开户口登记地（居住地与户口登记地不一致）的原因。

0.工作就业：指十五周岁及以上因务工经商、工作招聘、调动等原因离开户口登记地的人。

1.学习培训：指六周岁及以上因考入各级各类学校或参加各种学习班、培训班而离开户口登记地的人。

2.随同离开/投亲靠友：指因跟随亲属、投亲靠友而离开户口登记地的人。

3.拆迁/搬家：指因房屋拆迁、改造或者搬家而离开户口登记地的人。

4.寄挂户口：指户口落在集体户或没有在户口登记地居住过、只落户口的人。

5.婚姻嫁娶：指十五周岁及以上因结婚而离开户口登记地的人。

6.照料孙子女：指为照料孙子女而离开户口登记地的人。

7.为子女就学：指为子女就学而离开户口登记地的人。

8.养老/康养：指因旅游（度假）养老/康养、候鸟式养老/康养、回籍贯地养老/康养、居住在养老院而离开户口登记地的人，不包括跟随子女养老。

9.其他：指上述几种以外的原因。

凡具有两种以上原因的，按其主要的原因选填一个标准选项。

D11.受教育程度——指按照国家教育体制，被登记人接受教育的情况。通过自学或成人学历教育经国家统一考试合格的，分别归入相应的受教育程度。

1.未上过学：指从未接受过各级各类学校教育。包括参加过各种扫盲班或成人识字班学习，且以后再没有接受过各级各类学校教育的人。

2.学前教育：指仅接受过或正在接受专门学前教育机构教育，即在幼儿园或附设幼儿班接受保育和教育。

3.小学：指接受的最高一级教育为小学，无论其是否在校、毕业、肄业或辍学。

4.初中：指接受的最高一级教育为初中，无论其是否在校、毕业、肄业或辍学。

5.高中：指接受的最高一级教育为普通高中、成人高中和中等职业学校，无论其是否在校、毕业、肄业或辍学。

6.大学专科：指接受的最高一级教育为大学专科。在普通高等学校学习大学专科的，无论其是否在校、毕业、肄业或辍学，都填报此项。

凡国家授权承认学历的开放大学、广播电视大学、职工大学等成人高校和普通高等学校举办的函授大学、夜大学和其他形式的大学，按教育部颁布的大学专科教学大纲进行授课的，其毕业生选填此项；其肄业生、在校生按原有受教育程度填报。含成人专科和网络专科。

通过自学，经国家统一举办的自学考试合格，并取得大学专科毕业证书的，也选填此项。

7.大学本科：指接受的最高一级教育为大学本科。在普通高等学校学习大学本科的，无论其是否在校、毕业、肄业或辍学，都填报此项。

凡国家授权承认学历的开放大学、广播电视大学、职工大学等成人高校和普通高等学校举办的函授大学、夜大学和其他形式的大学，按教育部颁布的大学本科教学大纲进行授课的，其毕业生选填此项；其肄业生、在校生按原有受教育程度填报。含成人本科和网络本科。

通过自学和进修大学课程，经考试合格，并取得大学本科毕业证书的，也选填此项。

8.硕士研究生：指接受的最高一级教育为硕士研究生，无论其是否在校、毕业、肄业或辍学。含 2016 年 12 月 1 日以后录取的非全日制硕士研究生。

在职接受硕士研究生教育的，其毕业生选填此项；肄业生和在校生按原有受教育程度填报。

9.博士研究生：指接受的最高一级教育为博士研究生，无论其是否在校、毕业、肄业或辍学。含 2016 年 12 月 1 日以后录取的非全日制博士研究生。

在职接受博士研究生教育的，其毕业生选填此项；肄业生和在校生按原有受教育程度填报。

凡是没有按教育部的教学大纲培养或只学单科的人，不能填报“大学专科”“大学本科”“硕士研究生”或“博士研究生”，一律按原有受教育程度填报。

D12.是否识字：指被登记人是否达到国家规定的脱盲标准（城镇居民和企、事业单位职工识字 2000 个，农村居民识字 1500 个）。登记时可询问，日常生活中是否能读懂简单的书信或书写简短的句子。如果能阅读通俗书报、能写便条就认为具有识字能力。

二、普查长表

（一）住户项目

H1.户别——与短表 H1 相同。

H2.本户应登记人数——与短表 H2 相同。

H3.本户 2019 年 11 月 1 日至 2020 年 10 月 31 日期间的出生人口——与短表 H3 相同。

H4.本户 2019 年 11 月 1 日至 2020 年 10 月 31 日期间的死亡人口——与短表 H4 相同。

H5.住所类型——与短表 H5 相同。

H6.本户现住房建筑面积——与短表 H6 相同。

H7.本户现住房间数——与短表 H7 相同。

H8.住房所在建筑的总层数——层数是指建筑物的自然层数，一般按室内地坪以上计算。

采光窗在室外地坪以上的半地下室，其室内层高在 2.20m 以上（不含 2.20m）的，计算自然层数；假层、附层（夹层）、插层、阁楼（暗楼）、装饰性塔楼，以及突出屋面的楼梯间、水箱间不计层数。

其中，平房是指只有一层的房子。

H9.承重类型——指在房屋建筑中，由各种构件（屋架、梁、板、柱等）组成的能够承受各种作用的体系。

1.钢及钢筋混凝土结构：指承重的主要构件是用钢及钢筋混凝土建造的。它包括“钢结构”“钢、钢筋混凝土”和“钢筋混凝土”三种结构类型。

钢结构：承重的主要构件是钢材料建成的，包括悬索结构。

钢、钢筋混凝土结构：承重的主要构件是用钢、钢筋混凝土建造的。如一幢房屋一部分梁柱采用钢、钢筋混凝土构架建成。

钢筋混凝土结构：承重的主要构件是用钢筋混凝土建造的。包括薄壳结构、大模板现浇结构及使用滑模、升板等建造的钢筋混凝土结构的建筑物。

2.混合结构：指承重的主要构件是用钢筋混凝土和砖木建造的。如一幢房屋的梁是用钢筋混凝土制成，以砖墙为承重墙，或者梁是用木材建造，柱是用钢筋混凝土建造。

3.砖木结构：指承重的主要构件是用砖、木材建造的。如一幢房屋是木制房架、砖墙、木柱建成的。

4.竹草土坯结构：指承重的主要构件是用竹、草、土坯等建造的。如竹楼、土窑洞等。

5.其他结构：指不属于上述类型的结构。

H10.住房建成年代——指本户住房所属建筑物的建成年份。

本户住房所属建筑物翻修过的，按翻修时的年份选填。经过改建的，如改建面积大于原面积的，按改建时的年份选填；如改建面积小于原面积的，按原建成年份选填。

H11.住房所在建筑有无电梯——指本户住房所属建筑物内部、外部是否安装电梯。

H12.主要炊事燃料——指本户用于炊事的主要燃料。

如果本户用于炊事的燃料有两种以上，选填主要的一种。

H13.住房内有无管道自来水——指本户住房内是否有经过公用设施净化处理的管道输送水。

在院子里自己打的机井不能算作有自来水。

H14.住房内有无厨房——指本户住房内是否有专供做饭使用的房间，无论是否装有上下水道及固定灶具。

在公用过道、客堂等处烧饭的和在庭院、路边搭建的、临时简陋设施中做饭的都不算有厨房。

H15.住房内有无厕所——指本户住房内是否有厕所。

1.水冲式卫生厕所：指有上下水系统，或厕间有备水桶（瓢冲），坐便或蹲便器有水封或无水封的厕所，且粪便及污水冲入到下水道、化粪池和厕坑，无蝇，不会造成环境污染。

2.水冲式非卫生厕所：指虽然是水冲式厕所，但是粪便被冲到开放的水渠、沟塘等开放水体或者不确定冲到何处，会污染环境。

3.卫生旱厕：指有固定盖板的厕所，粪便基本无暴露，保持无蝇。比如通风改良厕所、堆肥厕所、双坑交替厕所、粪尿分集厕所、阁楼厕所、深坑防冻厕所等。

4.普通旱厕：包括无盖板的敞开式旱厕，有或无防渗处理。通常粪便暴露、有蛆蝇。

5.无：指没有厕所。

H16.住房内有无洗澡设施——指住房内是否有固定浴缸（浴盆）或淋浴龙头等能使用的洗浴设施。

1.统一供热水：指本户洗浴用热水由社区、物业管理部门或其他公共设施统一供应。

2.家庭自装热水器：指本户洗浴用热水是由自己安装的各种热水器，如电热水器、燃气（罐装、管道）热水器等。

3.其他：指上述两种以外的洗浴设施。

4.无：指住房内没有洗浴设施。

H17.住房来源——指本户获取现住房的方式。

1.租赁廉租房/公租房：指向政府相关部门申请并租住廉租房、公租房。

2.租赁其他住房：指通过私人、单位或房屋中介等渠道租住住房。

3.购买新建商品房：指按市场价购买的新建商品房。

4.购买二手房：指购买那些进入房屋市场进行交易，第二次及以上进行产权登记的住房，包括二手商品房、允许上市交易的已售公房、经济适用房等。

5.购买原公有住房：指个人以成本价或优惠价购买的、原作为福利分配给本单位职工的住房。

6.购买经济适用房/两限房：指向政府相关部门申请并购买经济适用房、两限房。

7.自建住房：指个人建造的住房，其产权属于个人所有。

8.继承或赠予：指从亲属处继承而来或者受他人赠予而获取住房。

9.其他：指上述几种住房来源以外的情况。

H18.月租房费用——指最近用于交纳房租的单月金额，不包括水电费、物业费、取暖费等附加费用。月租房费用不为整数时，按四舍五入计算。

若多人合租作一户登记时，则需将每人月租费加总计算。

H19.拥有全部家用汽车的总价——是指住户拥有的全部供家庭生活使用的汽车价格之和。

汽车价格按汽车实际购买价格（含税）的方式计算。

若住户有多辆家用汽车，则按全部家用汽车的价格总和选填。

（二）个人项目

C1.姓名——与短表 D1 相同。

C2.与户主关系——与短表 D2 相同。

C3.公民身份号码——与短表 D3 相同。

C4.性别——与短表 D4 相同。

C5.出生年月——与短表 D5 相同。

C6.民族——与短表 D6 相同。

C7.普查时点（2020 年 11 月 1 日零时）居住地——与短表 D7 相同。

C8.户口登记地——与短表 D8 相同。

C9.离开户口登记地时间——与短表 D9 相同。

C10.离开户口登记地原因——与短表 D10 相同。

C11.户口登记地类型——指离开户口登记地（居住地与户口登记地不一致）时的户口登记地类型。

若离开时户口登记地的类型是“乡”，而现在已改成“镇”，应选填“1.乡”，不要填报“2.镇的村委会”或“3.镇的居委会”。

C12.是否有农村土地承包经营权——指被登记人户口所在的户是否有农村土地承包经营权。

户口所在的户应以被登记人的户口簿为准。拥有农村土地承包经营权是指被登记人户口登记地在农村地区或以前的农村地区，目前户口所在的户与集体经济组织签订了农村土地承包合同。

拥有农村土地承包经营权的户，目前可能实际经营承包地，也可能因各种原因不再经营承包地，包括以转包、出租、入股、托管等方式流转所承包土地经营权。

C13.出生地——指被登记人的出生地点。

1.本县（市、区、旗）：指出生在本县、县级市、区、旗。

2.本省其他县（市、区、旗）：指出生在本省的其他县、县级市、区、旗。

3.省外：指出生在本省（区、市）以外其他地区，并选填出生地所在省（区、市）的名称。在港、澳、台或国外出生的，根据实际情况选填 “香港特别行政区”“澳门特别行政区”“台湾地区”或“国外”。

C14.五年前常住地——指被登记人在普查标准时点的五年前，即 2015 年 11 月 1 日零时的常住地。

五年前居住在本县（市、区、旗）以外其他地区的人，还需选填五年前常住地的地址。

五年前居住在港、澳、台或国外的，根据实际情况选填“香港特别行政区”“澳门特别行政区”“台湾地区”或“国外”。

C15.受教育程度——与短表 D11 项相同。

C16.学业完成情况——指受教育程度为小学及以上的人完成学业的情况。

1.在校：正在接受各级各类学校教育并有学籍。

2.毕业：已修完全部课程，并经过考试鉴定合格。

3.肄业：修完全部课程，但考试不及格或因种种原因未取得毕业资格。

4.辍学：未能修完所规定的全部课程，中途退学。

5.其他：私塾、自学等其他方式。

C17.是否识字——与短表D12项相同。

C18.工作情况——指被登记人在10月25—31日期间，即普查标准时点前一周，是否为取得收入而工作了1小时以上，包括临时工、互联网灵活就业、家庭经营无酬帮工。

工作是指为获取工资、实物报酬或经营收入而从事的各种生产、经营或服务性活动，其目的是为了取得收入，无论实际是否取得。不包括义务劳动和公益性劳动。

1.是：指在10月25—31日期间，为取得收入而干过固定的、临时的或兼职的工作，并且工作时间超过1小时。在校学生利用课余或假期以及退休人员为取得收入而从事了工作，也选填此项。

家庭成员在自家或亲属经营的公司、企业、商铺或网店工作，即使本人没有劳动报酬，也选填此项。

选填“1.是”的人，还需填写工作时间。工作时间按在10月25—31日期间实际的工作时间填写，而不是按国家或企业规定的制度工作时间填写。

计算工作时间，要注意把握以下几种情况：

（1）从事一种以上有收入工作的，几项工作时间相加计算。

（2）在规定的工作时间以外加班工作的，加班时间一并计算在内。

（3）农村既干家务又从事农业或其他有收入工作的人，家务劳动时间除外。

2.在职休假、在职学习培训、临时停工（保留工资）：

在职休假是指在10月25—31日期间，因各种休假或请假临时未工作，包括公休假、年休假、空勤人员、船员、火车乘务人员的轮休假、病假、工伤假、产假、事假、探亲假、婚丧假等。个人档案、人事关系已在某单位，但因各种原因尚未到新单位报到上班，如军人转业或工作调动等，也视为休假。

在职学习培训是指有工作单位，在10月25—31日期间参加脱产学习或培训。

临时停工（保留工资）是指在10月25—31日期间，由于机械或电力故障、原料或燃料短缺、天气或其他灾害等原因导致的暂时未工作，但仍可以有工资收入。

打零工、计件工等临时就业或灵活就业的人，因为上述原因停工并且没有收入，不填此项，应填“3.未做任何工作”。

3.未做任何工作：指在10月25—31日期间，没有工作单位，也未从事过任何可以有收入的工作。

对于下岗、内退人员，如果未与原单位解除劳动合同，仍有工资性收入的，选填“2.在职休假、在职学习培训、临时停工”；如果没有工资性收入，选填“3.未做任何工作”。对于承包土地的农民，在10月25—31日期间，如果干农活或其他有收入的工作超过1小时，选填“1.是”；如果外出打工，未从事任何工作，选填“3.未做任何工作”；如果正处于农业生产季节，没有外出打工，期间临时没有干农活，选填“2.在职休假、在职学习培训、临时停工”。

对于从事季节性生产经营的人，如果生产经营仍在进行中，只是在10月25—31日期间没有工作，选填“2.在职休假、在职学习培训、临时停工”；如果正处于季节性歇业，选填“3.未做任何工作”。

C19.工作单位或生产经营活动所属类型——指普查标准时点前一周的主要工作单位或生产经营活动类型。

1.企业、事业、机关或社会团体等法人单位：法人单位指依法成立，有自己的名称、组织机构和场所，能够独立承担民事责任，独立拥有和使用（或授权使用）资产承担负债，有权与其他单位签订合同，会计上独立核算，能够编制资产负债表的单位。包括企业、事业、机关、社会团体、民办非企业单位、基金会、居委会、村委会、农民专业合作社、农村集体经济组织和其他组织机构。

2.个体经营户：指资产归个人所有，以个体劳动为基础，劳动成果归劳动者个人占有和支配的一种经济组织。既包括在各级工商行政管理机关登记注册、领取《营业执照》的个体工商户，也包括没有领取《营业执照》，但实际从事个体经营活动的人。

3.经营农村家庭承包地（家庭农林牧渔生产经营活动）：指在自家承包的耕地、林地、草地、池塘以及其他合法用于农业的土地上，从事农林牧渔业生产经营活动，也包括家庭在转包和租用他人农业用地上从事农林牧渔业生产经营活动，所从事的农业生产活动以自营劳动为主，不雇佣长期雇工，但可能雇佣临时短工。

农业生产季节在承包土地上从事农业生产，但上周未做任何工作的人，也选填此项。

普查标准时点前一周未在自家承包土地上工作而从事其他生产经营活动的人，或外出务工经商的人不填此项，选填上周实际工作单位或生产经营活动。

4.自由职业/灵活就业：指除个体经营户以外的自雇就业或自主型的个体就业。包括律师、自由撰稿人、歌手、模特等自主就业人员，也包括家庭自雇家政服务、街头小贩、其他类型打零工的临时就业人员，还包括依赖平台承接工作任务、不隶属于任何雇主的劳动者。

C20.行业——指普查标准时点前一周主要工作所在单位的生产经营活动。如果前一周从事两项不同工作，按工作时间长短确定主要工作；如果工作时间相同，再按报酬高低确定主要工作。

行业是按照经济活动的同一性进行分类的，不是按其所属的行政管理系统来分的。产业活动单位是划分行业的分类标准。产业活动单位是指：（1）具有一个场所、从事一种或主要从事一种经济活动；（2）单独组织生产、经营或业务活动；（3）掌握收入和支出的会计核算资料。

填写行业时要注意以下情况：

有工作单位的，既要填写单位名称，也要填写单位的主要产品或从事的主要业务。单位名称要具体到分厂、分公司或营业部，即产业活动单位，不能笼统地只填写总厂名称。最重要的是单位的主要产品或主要业务要详细填写，要用动宾词组表达，如“生产服装”或“销售服装”，不能简写为“服装”。保密单位，填写其公开使用的名称和公开的主要产品或主要业务。

没有工作单位的，只填写主要产品或主要业务，如“送外卖”“当滴滴司机”。务农人员不能笼统地填写“农业”，要根据其具体的农业生产活动或农户具体从事的主要业务填写。如“种粮食”“养猪”等。

C21.职业——指普查标准时点前一周主要工作具体是干什么。如果前一周从事两项不同工作，按工作时间长短确定主要工作；如果工作时间相同，再按报酬高低确定主要工作。

职业分类是以工作性质的同一性为基本原则。所谓“同一性”，是指不论其所在工作单位是什么经济类型，不论用工形式是固定工还是临时工，也不论其隶属于哪个行业，凡是从事同一性质工作的人都划分为同一类。

填写职业时应注意以下情况：

填写职业要具体、详细。不能笼统地写“工人”“农民”“公务员”“工程师”等，而应具体填写其实际工作种类，如“铸轧工”“捕鱼”“统计人员”“通信工程技术员”等。具有专业技术职称的行政领导人员，应按行政领导职务填写其职业；同时担任两个以上职务的领导干部，应按主要职务填写其职业。工种尚未确定，暂时又无具体工作岗位的，要填写“工种未定”。

C22.未工作原因——指被登记人在普查标准时点前一周没有工作的主要原因。

1.在校学习：指在各级各类学校学习，并有正式学籍的人员。不包括有工作单位，脱产学习的人员。

2.离退休：指已办理离休、退休手续，定期领取离退休生活费，且未从事任何有收入劳动的人。

3.料理家务：指主要在自己家里从事家务劳动，且没有劳动收入的人。离、退休人员从事家务劳动的，选填“2.离退休”。为自家经营的摊位、商店、门市部、工厂工作的人，农村中既料理家务又务农或从事家庭副业的人，在别人家干家务活的临时工或小时工，均属于有工作的人，不选填此项。

4.丧失工作能力：指经专门机构鉴定或虽未鉴定但本人或其法定监护人认为，其因生理或心理疾患已丧失了从事劳动的能力。包括年老体弱生活不能自理的人员，但不包括离休、退休人员，这些人不论是身体残疾还是年老体弱生活不能自理，均选填“2.离退休”。

5.其他：指上述几种以外的原因。

C23.主要生活来源——指被登记人主要依靠什么生活。

如果被登记人同时有几种生活来源，选填其认为最主要的一项。

1.劳动收入：指主要依靠劳动报酬、经营利润或家庭收益（包括现金和实物收入）生活。

2.离退休金/养老金：指办理了离休、退休或退职手续，主要依靠从原工作单位或社会保险经办机构领取的离退休金（包括退职费）生活。

3.最低生活保障金：指建立最低生活保障制度的地区，家庭人均收入低于当地规定的最低生活保障线，主要依靠从政府有关部门或集体领取最低生活保障金生活，以及依靠民政部门发放的烈军属、五保户、残疾人等的生活抚恤金生活。

4.失业保险金：指失业保险经办机构依法支付给符合条件的失业人员的基本生活费用，是对失业人员在失业期间失去工资收入的一种临时补偿。

5.财产性收入：指以资金储蓄、借贷入股以及财产运营、房屋租赁等所取得的利息、股息、红利、租金等收入。

6.家庭其他成员供养：指主要依靠家庭其他成员或亲属的供养和资助生活。

7.其他：指上述几种以外的情况。

C24.婚姻状况——指被登记人在普查标准时点的实际婚姻状况。

1.未婚：指从未结过婚。

2.有配偶：指有配偶，处于婚姻中。

3.离婚：指曾经结过婚，但已办理了离婚手续且没有再婚，或正在办理离婚手续。

4.丧偶：指配偶已去世，且没有再婚。

人口普查的婚姻是指事实婚姻，不是单指法律意义上的婚姻，对不到法定结婚年龄，或未办理结婚手续而同居、实际结婚的人，应根据其在普查标准时点的实际情况，按照被登记人的申报选填。

C25.初婚年月——指被登记人第一次结婚时的年、月。

C26.生育子女数——指截止到普查标准时点，15 至 64 周岁妇女的生育状况。

1.未生育：指被登记妇女没有生育过子女。

2.有生育：指被登记妇女生育过子女，需分别填写生过和存活的子女数。

生过几个孩子：指生育的活产男孩和女孩数，包括产后不久就死亡的婴儿。胎儿脱离母体时（不管孕期长短），凡有过呼吸或心跳、脐带搏动、随意肌收缩等生命现象的，都视为“活产”。这里所说的“子女”是指该妇女的亲生子女，不包括丈夫前妻的子女和领养的子女，但鉴于有些家庭不愿公开领养关系，可尊重申报人的意愿，按亲生子女填报。

其中现在存活几个孩子：指活产子女中，仍然存活的男孩和女孩数，无论是否与父母一起居住。在普查标准时点前已死亡的孩子不包括在内。无存活子女的填写“0”。

C27.过去一年（2019 年 11 月 1 日—2020 年 10 月 31 日）的生育状况——指普查标准时点前 12 个月内，15 至 50 周岁被登记妇女的生育状况。

1.一年内未生育：指过去一年内没有生育过子女。

2.一年内有生育：指过去一年内生育过子女，需选填生育时间和孩子性别。

一年内生育两个以上孩子的，包括两次生育或生育多胞胎，还需填报第二个孩子的状况，第三个或以上的孩子不用填报。

C28.居住状况——指普查标准时点前一个月，60 周岁及以上被登记人的主要居住状况。

1.与配偶和子女同住：指与配偶和子女住在一起。

2.与配偶同住：指子女不在身边，与配偶住在一起。

3.与子女同住：指配偶不在身边，与子女住在一起。

4.独居（有保姆）：指本户中只有老人和保姆。

5.独居（无保姆）：指独身一人居住。

6.养老机构：指在提供养老服务的场所，包括敬老院、老年公寓等居住的情况。凡在养老机构居住的老年人，不论与谁同住。

7.其他：指上述几种以外的状况。

C29.身体健康状况——指60周岁及以上被登记人根据自身健康状况，对普查标准时点前一个月能否保证正常生活做出的自我判断。

1.健康：指过去一个月健康状况良好，完全可以保证日常的生活。

2.基本健康：指过去一个月健康状况一般，可以保证日常的生活。

3.不健康，但生活能自理：指普查标准时点前一个月健康状况不是太好，但可以基本保证正常的生活。

4.不健康，生活不能自理：指普查标准时点前一个月健康状况较差，不能照顾自己日常的生活起居，如吃饭、穿衣、自行走动等。

三、港澳台居民和外籍人员普查表

（一）住户项目

F1.户别——与短表H1相同。

F2.住所类型——与短表H5相同。

F3.本户现住房建筑面积——与短表H6相同。

F4.本户现住房间数——与短表H7相同。

（二）个人项目

R1.姓名——填写被登记人的正式姓名。婴儿未起名的，可填“未取名”。外籍人员的姓名最好用中文填写，也可以用其它文字填写。

R2.与户主关系——与短表D2相同。

R3.性别——与短表D4相同。

R4.出生年月——与短表D5相同。

R5.来内地（大陆）或来华目的——指被登记人来中华人民共和国境内居住的原因。

1.商务：指进行各种商务活动的人。

2.就业：指已有工作或正在寻找工作的人。

3.学习：指已经或准备在各类学校学习的人。

4.定居：指在中华人民共和国境内定居但没有工作或上学的人。包括在中华人民共和国境内工作人士的家属。

5.探亲：指探望亲戚或朋友的人。

6.其他：指上述以外的其他原因。

R6.已在内地（大陆）或在华居住时间——指到普查标准时点为止，被登记人在中华人民共和国境内居住的时间。

R7.受教育程度——指被登记人接受教育情况。按照被登记人的申报选填。

R8.身份或国籍——指被登记人是香港特别行政区居民、澳门特别行政区居民还是台湾地区居民。如果是外国人，还应填写国籍。

R9.工作情况——参照长表C18。

R10.行业——指被登记人的工作单位主要生产的产品或提供的服务类别，参照《国民经济行业分类（GB/T4754—2017）》，按标准选项据情选填。

R11.职业——指被登记人所从事的工作类别，按标准选项据情选填。

1.党的机关、国家机关、群众团体和社会组织、企事业单位负责人：指在中国共产党机关，国家机关，民主党派和工商联，人民团体和群众团体、社会组织及其工作机构，基层群众自治组织，企业、事业单位中担任领导职务并具有决策、管理权的人员。

2.专业技术人员：指从事科学研究和专业技术工作的人员。

3.办事人员和有关人员：指在公共管理和社会组织机构中从事行政业务、行政事务、行政执法和仲裁、安全保卫、消防和应急救援等工作的人员。

4.社会生产服务和生活服务人员：指从事商品批发零售、交通运输、仓储、邮政和快递、信息传输、软件和信息技术、住宿和餐饮以及金融、房地产、租赁和商务技术辅助、生态保护、文化、体育和娱乐等社会生产服务与生活服务工作的人员。

5.农、林、牧、渔业生产及辅助人员：指从事农、林、牧、渔业生产活动及辅助生产的人员。

6.生产制造及有关人员：指从事产品生产及设备制造，矿产开采，工程施工和运输设备操作的人员及有关人员。

7.不便分类的其他从业人员。

R12.婚姻状况——参照长表 C24。

四、死亡人口调查表

凡在普查短表户记录 H4 中，登记了 2019 年 11 月 1 日至 2020 年 10 月 31 日期间有死亡人口的户，还要登记死亡人口的具体情况。

S1.姓名——与短表 D1 相同。

S2.公民身份号码——与短表 D3 相同。

S3.性别——与短表 D4 相同。

S4.出生年月——与短表 D5 相同。

S5.死亡时间——指死亡人口死亡时的月份。

S6.民族——与短表 D6 相同。

S7.受教育程度——与短表 D11 相同。

S8.婚姻状况——与长表 C24 相同。

为保证死亡人口的登记质量，普查员在入户登记时应注意以下几点：

1.登记死亡人口时，一般以死亡前的常住地为登记地，而不以死亡发生时的地点（如医院等）为登记地。

2.本户常住人口中有死亡的，不论其与该户有无亲属关系，都应作为该户死亡人口予以登记。

3.对于无法确定死亡人口常住地，或登记时与死亡人口常住地联系不上的，如孤寡老人、流动人口等，一律在死亡发生地登记。